모든 성경은 하나님의 감동으로 된 것으로

교훈과 책망과 바르게 함과

의로 교육하기에 유익하니

(디모데후서 3:16)

_______________ 님께

주후 ______ 년 ___ 월 ___ 일

_______________ 드립니다.

컬 러 판

맥아더 성경 주석

The MacArthur Bible Commentary

Unleashing God's Truth,
One Verse at a Time

컬러판

맥아더 성경 주석

존 맥아더 지음

아바서원

추천사

존 맥아더는 우리 시대의 가장 치열한 성경 강해자이다. 성경의 어떤 부분도 피상적으로 지나치지 않고 항상 진지하고 섬세하게 원문을 검토하며 석의하는 그는 설교자의 의도를 강요하거나 주입하지 않으면서 언제나 본문의 메시지에 충실한 순종의 전달자이다. 그래서 그의 강해는 믿을 만하고 어떤 경우에도 우리를 실망시키지 않는다. 『맥아더 성경 주석』은 한국 교회를 피상성에서 건져내고 반석 위에 세우는 데 기여할 것이다.

– 이동원 목사(지구촌교회 원로)

맥아더 목사의 목회 활동은 말씀을 연구하고 가르치는 일에 집중되어 있다. 그가 저술한 성경 공부 교재들은 이미 많은 사람에게 사랑받는 책이 되었다. 『맥아더 성경 주석』도 철저히 목회 현장을 염두에 두고 쓰인 책이다. 최신의 학문적 성과를 등한시하지 않으면서 맥아더 목사 특유의 통찰을 담은 이 주석은 목회자와 평신도 모두에게 없어서는 안 될 성경 해설서가 될 것이다.

– 김구원 교수(개신대학교대학원 구약학)

모든 성도가 신학자가 되어야 한다고 생각하는 존 맥아더 목사는 그의 교회에 성경 공부 과정이 너무 많다는 지적에 오히려 부족하다고 느낀다고 답한 일화가 있을 정도로 말씀에 대한 사랑을 자극하고 가르치는 일에 열정적이다. 다른 많은 언어로 번역되어 온 『맥아더 성경 주석』이 드디어 한국어판으로 출간하게 됨을 하나님께 깊이 감사드린다. 이 책은 신학생과 목회자는 물론 모든 성도가 하나님을 바로 아는 길로 안내하는 길라잡이가 될 것이다.

– 김상우(Grace to Korea 대표)

성경의 의미를 조금 더 쉽고 명료하게 이해할 수 있다면 성경 읽기는 굉장히 재미있고 유익한 일이 될 것이다. 『맥아더 성경 주석』은 많은 그리스도인과 목회자가 갈망하던 바람을 충족해주는 책이다. 이 책은 난해하거나 복잡하지 않고 단권으로 성경 전체를 복음적이면서도 쉽고 명확하게 한 절 한 절 설명해준다. 성경 읽기나 큐티, 그룹 성경 공부나 설교 준비에 많은 도움이 될 것이다.

– 김서택 목사(대구동부교회)

방대한 성경 본문의 핵심을 정확하고 명료하게 설명해주는 이 단권 주석은 주의 말씀을 사랑하는 청년과 대학생들에게 최고의 선물이 될 것이다. 게다가 45년 이상 성경 연구에 혼신을 다한 강해 설교자 존 맥아더 목사의 주석이라면 더욱 그렇다. 적극 추천하는 바이다.

– 김수억 목사(전 죠이선교회 대표)

성경을 읽어도 때론 그 의미를 잘 몰라 아쉬울 때가 많다. 이 성경 주석은 미국의 탁월한 강해 설교자인 존 맥아더 목사가 하나님의 말씀에 갈급한 신실한 그리스도인을 위해 만들어낸 출중한 성경 내비게이션이다. 진리의 길로 가는 최상의 안내를 받을 수 있을 것이다.

– 류호준 교수(백석대학교신학대학원 구약학)

이 책은 설교와 성경 연구의 장인(匠人)이 직접 만든 간편하면서도 실제적인 연장으로, 누구의 손에 들려도 그 쓰임새를 다할 것이다. 설교자에게는 깐깐한 선생 노릇을 하고 성도에게는 꼼꼼한 안내자가 되어 줄 것이다. 나 역시 서가에 꽂아두고 참고할 책이 아니라 책상 위에 펼쳐두고 살펴볼 책 한 권을 얻었다.

– 박대영 목사(「묵상과 설교」 편집장)

같은 재료를 사용해도 음식의 맛이 다르듯 강해 설교자들의 설교에도 그 영향력의 차이가 크다. 설교의 질과 영향력에서 최고라 손꼽히는 존 맥아더 목사의 능력 있는 설교의 밑바탕이 되는 성경에 대한 이해와 그 진수가 이 주석서에 담겨 있다.

– 박성민 목사(한국대학생선교회 대표)

우리 시대 최고의 성경 교사이자 강해 설교의 대가인 존 맥아더 목사의 성경 주석서가 한국 교회에 소개되어 참으로 기쁘게 생각한다. 본서는 설교자가 하나님의 말씀을 올바르고 온전하게 선포하도록 돕는 최상의 지침서가 되어줄 것이다. 한국 교회의 모든 설교자가 이 주석서를 통해 설교의 능력을 회복하길 소망한다.

– 신민규 목사(전 나사렛대학교 총장)

『맥아더 성경 주석』은 하나님의 구원 이야기를 역사와 문맥, 신학의 관점에서 명쾌하게 설명하는 걸작이다. 독자가 성경의 전체 내용을 간파하도록 연대와 지도는 물론 중요한 인물의 생애를 비롯해 단어 연구와 주제까지 적절하게 제시하는 섬세함이 돋보인다. 본문에 충실하여 교회를 세우는 데 요긴하게 쓰일 주석의 최고봉이다

– 윤철원 교수(서울신학대학 신약학)

이 시대의 위대한 강해 설교자 존 맥아더의 단권 성경 주석 출간은 성경의 권위를 믿고 성경 연구를 사모하는 한국 교회의 목회자들과 평신도들에게 큰 유익을 줄 것이다. 매일 성경을 읽고 연구할 때 이 단권 주석을 옆에 펼쳐놓고 수시로 참조하면 많은 도움을 받을 수 있을 것이다.

– 오성종 교수(칼빈대학교 신약학)

존 맥아더 목사는 고집스럽게 원문에 충실한 설교를 해온 설교가다. 『맥아더 성경 주석』은 구약과 신약 간의 역사적 성취와 계시의 통일성을 심도 있게 보여주는 훌륭한 주석서이다. 말씀의 깊이를 사모하는 진중한 성도와 신학도, 하나님의 말씀을 전하는 교사와 설교자가 이 주석서를 성령의 조명 가운데 읽어간다면 짧은 시간에 풍성한 열매를 얻게 되리라고 확신한다.

– 장동수 교수(침례신학대학교 신약학)

쉽지만 가볍지는 않은, 구체적이지만 전체적인 조망을 유지하는, 그래서 성도들에게 성경을 이해하기 쉽게 가르칠 수 있는 주석서가 한국 교회에 필요했다. 맥아더의 단권 주석서는 학자적 치밀함과 목회적 감성을 겸비하면서 이런 목적을 멋지게 이룬 책이다. 성경이 새롭게 열리는 기쁨을 선사할 것이다.

– 정현구 목사(서울영동교회)

탁월한 강해 설교자 존 맥아더 목사의 신약 주석은 내가 설교 준비를 할 때 늘 찾아보는 주석이다. 그런데 이번에 성경 전체를 다룬 『맥아더 성경 주석』이 나온다니 참으로 반가운 소식이 아닐 수 없다. 성경을 사랑하고 연구하고 말씀을 증거하고자 하는 목회자들과 신학생들, 그리고 성도들에게 『맥아더 성경 주석』을 축복의 선물로 추천한다.

– 주승중 목사(주안장로교회)

포스트모던 교회 강단의 거친 등선을 45년 동안 강해 설교의 외길로 오롯이 걸어온 존 맥아더! 그의 신구약 성경 단권 주석이 우리말의 옷을 입고 마침내 출간된다니 반가운 소식이 아닐 수 없다. 설교자의 열정과 신학자의 논리로 일목요연하게 풀어낸 『맥아더 성경 주석』은 성경을 영의 양식으로 단단하게 곱씹어야 할 오늘의 설교자와 신학생, 신실한 그리스도인에게 큰 도움을 줄 것이다.

– 허주 교수(아세아연합신학대학교 신약학)

차례

"에스라가 모든 백성 위에 서서 그들 목전에 책을 펴니…
하나님의 율법책을 낭독하고 그 뜻을 해석하여
백성에게 그 낭독하는 것을 다 깨닫게 하니"(느 8:5, 8).

성경에 대한 관심이 되살아난 이 중대한 사건은 비록 2,400년 전(주전 445년경)에 일어난 일이지만 (순종할 목적으로) 성경을 읽고 이해하며 하나님의 복을 아는 것(계 1:3)은 그 이후 모든 세대에 가장 필요한 일이 되었다. 그래서 나는 토마스 넬슨 출판사의 웨인 킨드(Wayne Kinde)의 격려와 마스터스 칼리지 및 신학교의 부학장인 리처드 메이휴(Richard Mayhue)의 편집에 힘입어 21세기의 영적 필요에 부응할 단권 주석을 쓰게 되었다.

이 단권 주석은 1997년 출판된 *The MacArthur Study Bible*(맥아더 스터디 바이블)의 설명을 중심으로 하고 있다. 그 이후 이 책의 설명들이 개정과 수정 작업을 거쳐 철저히 검토되면서 정확성과 확실성이 향상되었다. 또한 (서론과 함께 실렸던) 성경 각 책의 개요가 주석 안에 합쳐졌다. 게다가 각 책의 주석 말미에 연구를 위한 도서 목록과 주석 등 자료를 첨부해 연구 활동이 활발히 이루어지도록 했다. 그뿐 아니라 *The MacArthur Study Bible*에 있던 350개 외에 300개 이상의 새로운 지도와 도표, 다이어그램, 단어 연구가 추가되어 주석 자료 외에 전체적으로 약 700개의 연구·교육 보조 자료가 실렸다.

이 성경 단권 주석은 경제적·공간적 제한을 느끼는 사람들에게 유익한 소도서관 역할을 해줄 것이다. 이 주석과 함께 『맥아더 스터디 바이블』을 본다면 그 효용성이 배가될 것이다.

새 신자부터 목회자까지, 모든 사람이 이 주석으로 유익을 얻게 되리라고 생각한다. 이 책은 하나님의 백성이 성경의 귀중한 진리를 쉽게 이해함으로써 그 진리에 순종하도록 하려는 목적을 가지고 있다. 이 책을 통해 하나님의 말씀을 알고 깨닫고 순종해서 3,400년 전 여호수아를 향한 하나님의 약속이 오늘날 생생해지기를 바란다.

"이 율법책을 네 입에서 떠나지 말게 하며 주야로 그것을 묵상하여 그 안에 기록된 대로 다 지켜 행하라 그리하면 네 길이 평탄하게 될 것이며 네가 형통하리라"(수 1:8).

성경의 본질과 목적

성경은 하나님이 주신 영감으로 작성된 66개 문서의 모음집이다. 이 문서들이 두 개의 약속, 곧 구약과(39권) 신약으로(27권) 모아졌다. 이스라엘의 여러 선지자와 제사장, 왕, 지도자가 히브리어로 (아람어로 쓰인 두 개의 단락과 함께) 구약을 썼다. 또한 사도들과 그의 동료들은 헬라어로 신약을 썼다. 이 두 개의 약속은 창조에서 완성으로, 영원한 과거에서 영원한 미래로 나아간다.

구약은 우주의 창조에서 시작해 예수 그리스도가 처음 이 땅에 오시기 약 400년 전까지 오랜 기간에 걸쳐 기록됐다.

구약의 역사는 다음과 같이 흘러간다.

- 우주의 창조
- 인간의 타락
- 홍수를 통한 땅의 심판
- 아브라함, 이삭, 야곱(이스라엘): 택한 민족의 조상들
- 이스라엘의 역사
- 애굽 포로기(430년)
- 출애굽과 광야 방황(40년)
- 가나안 정복(7년)
- 사사 시대(350년)
- 통일 왕국(사울과 다윗, 솔로몬, 110년)
- 분열 왕국(유다와 이스라엘, 350년)
- 바벨론 포로생활(70년)
- 귀환과 성전 재건(140년)

이 역사의 세부적 내용은 5개의 범주로 나눠진 서른아홉 권의 책 속에 설명되어 있다. 5개의 범주는 다음과 같다.

- 율법서(5권, 창세기-신명기)
- 역사서(12권, 여호수아-에스더)
- 지혜서(5권, 욥기-아가)
- 대선지서(5권, 이사야-다니엘)
- 소선지서(12권, 호세아-말라기)

구약이 완성되고 나서 약 400년간 침묵의 시간이 흘렀는데, 그 기간 하나님은 아무 말씀도 하시지

않았고 영감받은 성경도 없었다. 그러다가 약속된 주, 구세주가 왔다고 선언한 세례 요한의 등장으로 이 침묵은 마침내 깨졌다. 신약은 그리스도의 탄생부터 모든 역사가 완성되기까지, 그리고 마지막 영원의 상태에 이르는 나머지 역사를 기록한다.

39권의 구약은 주로 이스라엘의 역사와 오실 구세주에 대한 약속을 담고 있지만, 27권의 신약은 주로 그리스도의 존재와 교회의 설립에 대한 내용으로 되어 있다. 4권의 복음서는 그리스도의 탄생과 삶, 죽음, 부활, 승천에 대한 기록이다. 4인의 복음서 저자는 각각 역사상 가장 위대하고 중요한 사건, 곧 신인(神人)이신 예수 그리스도의 오심을 다른 각도에서 바라본다. 마태는 그리스도의 나라의 관점에서 그리스도를 본다. 마가는 종의 신분의 관점에서 그리스도를 본다. 누가는 그리스도의 인성의 관점에서 그리스도를 본다. 요한은 그분의 신성의 관점에서 그리스도를 본다.

사도행전은 주님이요 구주인 예수 그리스도의 삶과 죽음, 부활이 끼친 영향, 그분의 승천부터 성령의 강림, 교회 설립까지 기록하는데, 그것은 사도들과 동역자들이 복음을 전파하던 초기에 일어난 일이다. 사도행전은 유다와 사마리아를 거쳐 로마 제국으로 교회가 설립된 것을 기록하고 있다.

21개의 서신은 예수 그리스도의 인격과 사역의 중요성, 그리고 그것이 그리스도 재림 때까지 신자의 생활과 복음 증거에 어떤 의미를 가지는지를 교회와 개인에게 설명해준다.

신약은 요한계시록으로 끝이 난다. 요한계시록은 현재 교회 시대의 모습을 그리는 것으로 시작해 이 땅에 그분의 나라를 세우기 위한 그리스도의 재림으로 끝난다. 그 내용은 경건하지 못한 자에게는 심판을, 믿는 자들에게는 영광과 복을 가져다준다. 구세주의 천년 통치 이후 최후의 심판이 있을 것이며, 그 뒤에는 영원한 상태에 이를 것이다. 전 역사에 걸쳐 모든 그리스도인은 그들을 위해 준비된 최후의 영원한 영광에 들어가고, 나머지 경건하지 못한 자들은 지옥으로 떨어져 영원한 형벌을 받게 된다.

성경을 이해하려면 창조부터 완성에 이르는 역사의 흐름을 파악하는 것이 필요하다. 또한 성경 전체를 묶는 주제에 초점을 맞추는 것이 필수다. 성경 전체에서 펼쳐지는 지속적인 주제는 다음과 같다. 하나님이 자신의 영광을 위하여 일군의 사람을 창조하고 모아서 그들이 영원한 하나님 나라의 신하가 되어 영원히 그분을 찬송하고 높이고 섬기게 하셨으며, 그들을 통하여 그분의 지혜와 능력, 자비, 은혜, 영광을 드러내기로 결정하셨다. 택하신 사람을 모으기 위해 하나님은 그들을 죄에서 구속하셔야 한다. 성경은 이 구속을 위한 하나님의 계획을 영원 전에 그것이 생길 때부터 영원한 미래에 그것이 완성될 때까지 드러내 보여준다. 언약과 약속, 여러 시대 등은 한줄기로 이어지는 이 구속의 계획에 비하면 이차적이다.

유일한 하나님이 계신다. 성경은 한 분 창조주를 말한다. 성경에는 생겨나고 실행되어 완성에 이르는 하나의 은혜로운 계획이 기록되어 있다. 성경은 예정부터 영화에 이르기까지 하나님이 그분의 영광의 찬송을 위해 택하신 백성을 구속하는 이야기다.

하나님의 구속의 목적과 계획이 성경에서 펼쳐지면서 다음과 같은 5개의 모티브가 반복되어 지속적으로 강조된다.

- 하나님의 성품
- 죄와 불순종에 대한 심판
- 믿음과 순종에 따르는 복
- 구세주와 죄를 위한 희생
- 도래할 나라와 영광

구약과 신약에 계시된 모든 것은 다음 다섯 가지 범주와 관련된다. 또한 성경이 가르치거나 예증하는 것은 다음과 같다. 첫째, 하나님의 성품과 속성들이다. 둘째, 죄의 비참함과 하나님의 거룩한 표준에 대한 불순종이다. 셋째, 믿음과 하나님의 표준에 대한 순종이 가져다주는 복이다. 넷째, 자신의 의와 대속으로 죄인을 용서하고 의롭다고 선포하며 하나님의 표준에 순종하도록 변화시킬 수 있는 구세주의 필요성이다. 다섯째, 구세주의 지상 왕국에 임할 구속사의 영광스러운 결말과 그 뒤에 따라올 하나님과 그리스도의 영원한 통치와 영광이다.

성경을 공부할 때 반복해서 나타나는 이 범주들을 파악하고, 그것을 큰 고리로 삼아 거기에 반드시 모든 구절을 걸어봐야 한다. 성경 전체를 읽어가는 동안 성경의 각 부분을 이 지배적인 5개의 주제들에 연결할 수 있어야 한다. 동시에 구약에서 소개된 것이 신약에서 더욱 분명하게 드러난다는 것을 알아야 한다.

1. 하나님의 성품에 대한 계시

다른 무엇보다도 성경은 하나님의 자기계시다. 하나님은 자신을 우주의 통치자로서 사람을 창조하고 사람에게 자신을 알리는 분으로 계시하신다. 그 자기계시에서 절대적으로 거룩한 하나님의 표준이 확립된다. 아담과 하와, 가인과 아벨을 포함해 모세 율법 이전과 이후의 모든 사람을 위한 의의 표준이 확정되었고 이 표준은 신약의 마지막 페이지까지 견지된다. 그 표준을 어기면 현세와 영원에 걸쳐 심판을 받을 수밖에 없다.

구약에는 하나님이 다음과 같은 수단으로 자기계시를 하신 분으로 기록되어 있다.

- 창조: 일차적으로 하나님의 형상대로 만들어진 사람
- 천사
- 표적과 이적, 기적
- 환상
- 선지자와 다른 사람들의 말
- 기록된 성경(구약)

신약에서도 하나님은 본질적으로 동일한 수단으로 자신을 계시하시지만, 더 분명하고 충만하게 계시하셨다고 기록되어 있다.

- 성육신: 신인이신 예수 그리스도, 하나님 자신의 형상
- 천사
- 표적과 이적, 기적
- 환상
- 사도들과 선지자들의 말
- 기록된 성경(신약)

2. 죄와 불순종에 내려지는 하나님의 심판에 대한 계시

성경은 하나님의 심판을 초래하는 사람의 죄의 문제를 반복해서 다룬다. 성경은 거듭해서 하나님의 표준을 어긴 치명적인 결과가 시간과 영원에서 어떻게 드러나는지를 보여준다. 성경에는 총 1,189개의 장이 있다. 그중 오직 네 장(처음 두 장과 마지막 두 장)은 타락한 세상을 포함하지 않는다. 그 네 장은

타락 이전과 새 하늘과 새 땅을 창조한 다음의 일에 대한 것이다. 나머지 장들은 죄가 초래한 비극의 연대기다.

구약에서 하나님은 아담과 하와에서 시작해 가인과 아벨, 족장, 모세와 이스라엘, 왕, 제사장, 선지자, 이방 나라에 이르기까지 죄에서 비롯된 재앙을 보여주셨다. 구약 전체에는 죄와 하나님의 율법에 불순종해 야기된 지속적인 파멸의 냉엄한 기록이 나타난다.

신약에서는 죄의 비극이 더욱 분명해진다. 예수와 사도들의 설교와 가르침은 회개의 요구로 시작해 회개의 요구로 끝난다. 헤롯 왕, 유대 지도자, 이스라엘 민족(빌라도와 로마, 온 세상과 함께) 모두가 주님이신 구주를 거부하고, 하나님의 진리를 경멸하며, 결국 스스로를 정죄했다. 죄의 연대기는 세상 끝날 때까지, 그리스도가 심판하러 재림하실 때까지 완화되지 않은 채 계속될 것이다. 신약에서의 불순종은 구약에서의 불순종보다 더욱 뻔뻔하다. 이는 신약의 불순종이 신약에서 진리의 더 밝은 빛 속에 드러난 주님, 구주 예수 그리스도를 배척한 것이기 때문이다.

3. 믿음과 순종에 내리시는 하나님의 복에 대한 계시

성경은 하나님을 신뢰하고 그분께 순종하고자 하는 사람한테 시간 속에서, 영원 속에서 놀라운 보상이 임하리라는 것을 반복해 약속한다. 구약에서 하나님은 죄의 회개, 그분에 대한 믿음, (아벨부터 시작해 족장들을 거쳐 이스라엘 남은 자들에 이르는) 하나님의 말씀에 대한 순종, 심지어 (니느웨 사람들 같은) 믿는 이방인에게 임하는 복을 보여주셨다.

인간을 위한 하나님의 표준과 그분의 뜻, 도덕법은 언제나 사람들에게 알려졌다. 하나님의 표준을 지키지 못하는 자신의 무능력을 직면한 사람들, 즉 죄를 깨닫고 자신의 능력과 일로는 하나님을 기쁘시게 할 수 없음을 고백하고 사죄와 은혜를 간구하는 사람들에게는 은혜로운 구속과 시간과 영원 속에서 복이 임한다.

신약에서 다시 하나님은 회개하는 사람들을 위한 구속의 충만한 복을 보여주셨다. 세례 요한의 회개하라는 요구에 응답한 사람들이 있었다. 어떤 사람들은 예수님의 설교를 듣고 회개했다. 또 다른 사람들은 사도들의 설교를 통해 복음에 순종했다. 그리고 마지막으로 로마 전역에 복음을 듣고 믿은 이방인들이 있었다. 그 모든 사람과 전 역사를 통해 믿을 모든 사람에게는 이 세상과 오는 세상에서 받을 복이 약속되어 있다.

4. 구주와 죄를 위한 희생에 대한 계시

이것이 구약과 신약 모두의 핵심이다. 예수님은 구약이 모형과 예언으로 그분에 대해 말한다고 가르치셨다. 그리고 신약은 구주의 오심에 대한 성경의 기록이다. 복의 약속은 죄인에게 주어지는 은혜와 자비에 달려 있다. 은혜는 죄의 책임이 죄인에게 돌려지지 않는 것이다. 그런 사죄는 거룩한 공의를 만족시키기 위한 죗값을 완전히 치르는 것에 달려 있다. 이를 위해서는 죄인 대신 죽는 존재, 곧 대속물이 필요하다. 하나님이 선택하신 대속물, 곧 그 일을 할 수 있는 유일한 인물은 예수님이었다.

구원은 구약 시대이든 신약 시대이든 언제나 동일한 은혜의 수단으로 주어진다. 어떤 죄인이든 회개하는 마음으로 자기가 마땅히 받아야 할 하나님의 진노의 심판에서 자신을 구원할 능력이 없음을 확실히 깨닫고 그분의 자비를 구한다면, 하나님이 하신 사죄의 약속이 그에게 주어진다. 그런 후에 하나님은 그를 의롭다고 선언하신다. 이는 그리스도의 희생과 순종이 그 사람의 것으로 간주되기 때문이다.

구약에서도 하나님은 그리스도 대속 사역을 예상하면서 동일한 방법으로 죄인을 의롭다고 하셨다. 그러므로 전반적인 구속사에 걸쳐 은혜와 구원의 연속성이 존재한다. 다양한 언약과 약속, 중요한 시기가 이런 근본적인 연속성을 변경시키지 못한다. 또한 구약의 증인 역할을 한 사람들이 이스라엘이고 신약의 증인 역할을 하는 사람들이 교회라는 불연속성도 이런 근본적인 연속성을 바꾸지 못한다. 이런 근본적인 연속성은 십자가를 중심으로 한다. 십자가는 하나님의 계획에서 중단된 적이 없으며, 모든 것이 십자가를 가리킨다.

구주와 희생제물은 구약 전체에 약속되어 있다. 창세기에서는 사탄을 멸망시킬 여인의 후손이 그 구주다. 스가랴서에서 그 구주는 찔림을 받은 자로서 이스라엘이 그에게 돌이킬 것이며, 그를 통해 하나님은 자기 죄를 애통해하는 모든 사람에게 사죄의 샘을 열 것이다. 모세 율법의 희생제도가 상징한

「청종하는 백성들에게 율법을 읽어주는 에스라(*Ezra Reading the Law in the Hearing of the People*)」 1866년. 귀스타브 도레. 판화. 『성경(*The Holy Bible: Old and New Testaments*)』 삽화.

것도 바로 그 구주다. 그리고 선지자들이 고난받는 대속제물이라고 말한 것도 바로 그 구주다. 구약에서 그는 자기 백성의 죄악을 위해 죽는 메시아다. 구약의 처음부터 끝까지 죄를 위한 희생제물인 구주가 주제로 드러난다. 하나님이 회개하는 신자를 은혜로 용서하시는 것은 오직 죄에 대한 구주의 완전한 대속 때문이다.

신약에서는 주님이신 구주가 와서 약속되었던 죄를 위한 희생제사를 십자가 위에서 실제로 드렸다. 완전한 생활로 모든 의를 성취한 구주는 죽음으로 공의를 성취했다. 이렇듯 하나님은 인간의 마음으로는 상상할 수 없는 큰 값을 직접 지불하고 죄를 대속하셨다. 이제 하나님은 그분의 백성이 자비를 얻는 데 필요한 모든 공로를 은혜로 베푸신다. 성경이 은혜로 말미암은 구원이라고 말할 때 의미하는 것이 이것이다.

5. 주님이신 구주의 나라와 영광에 대한 계시

성경의 이 결정적 구성 요소가 전체 역사를 하나님이 정하신 절정으로 이끈다. 구속사는 하나님의 통제 하에서 하나님의 영원한 영광이라는 정점에 도달한다. 구속사는 그것이 시작할 때와 동일한 엄밀함과 정확성으로 결말에 도달할 것이다. 종말론의 진리는 애매하거나 불분명하지 않다. 그리고 덜 중요한 것도 아니다. 모든 책에서 이야기가 어떻게 끝나는가 하는 것이 가장 결정적이고 압도적이듯 성경에서도 그렇다. 성경은 하나님이 계획하신 마지막 날의 매우 구체적인 몇몇 특징을 열거한다.

구약에는 메시아가 통치하는 지상 왕국이 반복해 언급되는데, 그 구세주가 장차 오셔서 다스릴 것이라고 한다. 그 나라가 임하면 이스라엘의 구원, 이방인의 구원, 저주의 영향에서 갱신되는 땅, 이미 죽은 하나님 백성의 몸의 부활 등이 발생할 것이다. 마지막으로 구약은 우주의 '역창조'(uncreation), 즉 붕괴가 발생할 것이며 새 하늘과 새 땅의 창조와 (이것은 경건한 자들의 영원한 상태가 될 것임) 불경건한 자들을 위한 마지막 지옥의 창조를 예언한다.

신약에서는 이 특징들이 분명히 밝혀지고 확대된다. 왕이 버림을 받고 처형되었지만 영광 가운데 다시 오셔서 심판과 부활과 모든 믿는 자를 위한 나라를 세울 것이다. 모든 민족한테서 온 무수한 이방인이 구속받은 자들 속에 포함될 것이다. 이스라엘은 구원을 받아 잠정적으로 제외되었던 복의 뿌리에 접붙임을 받을 것이다.

이스라엘에게 약속된 나라가 이루어질 것이다. 새롭게 된 땅에서 주님이신 구주의 통치가 이루어지고, 구주가 자신의 정당한 권위를 되찾고 온 세상에 권세를 행사하면서 합당한 칭송과 경배를 받을 것이다. 그 나라 이후에는 새롭게 되었지만 여전히 죄의 흠을 가진 피조 세계가 와해되고 새 하늘과 새 땅이 창조될 것이다. 이것이 영원한 상태가 될 것이며, 불경건한 자들은 분리되어 지옥에 있게 될 것이다.

성경은 바로 이 다섯 가지의 주제로 채워져 있다. 시작할 때 이 주제들을 이해해야 지속적으로 떠오르는 질문, 곧 "왜 성경은 이것을 말하는가?"에 대한 답을 알 수 있다. 모든 것이 이 영광스러운 패턴에 들어맞는다. 성경을 읽을 때 이 다섯 고리에 진리를 걸어라. 그러면 성경은 66권으로 분리된 책이나 두 개로 분리된 문서가 아니라 이 모든 것을 신성한 저자가 하나의 주제로 쓴 한 권의 책임이 드러날 것이다.

하나님의 영광을 위한 죄인의 구속이라는 이 장엄하고 압도적인 주제가 이야기의 처음부터 끝까지 모든 독자의 관심을 끌기를 기도한다. 그리스도인이여, 이것은 당신의 이야기다. 이것은 당신을 위해, 당신에 대해 하나님이 하시는 말씀이다. 이것은 하나님이 당신을 위해 어떤 계획을 세우셨는지, 왜 당신을 만드셨는지, 당신이 누구였는지, 당신이 그리스도 안에서 무엇이 되었는지, 영원한 영광 속에서 당신을 위해 무엇을 준비하셨는지를 이야기하는 책이다.

성경의 핵심적 가르침

성경

우리는 성경이 하나님이 사람에게 주신 기록된 계시이므로 성령이 주신 성경 66권은 완전한(plenary, 모든 부분이 똑같이 영감된) 하나님의 말씀이라고 가르친다(고전 2:7-14; 벧후 1:20, 21).

우리는 이 하나님의 말씀이 객관적이고 명제적인 계시이며(고전 2:13; 살전 2:13), 모든 말이 축자적으로 영감되었으며(딤후 3:16), 원래 문서에는 절대 오류가 없고 틀림이 없으며 하나님의 숨결이 불어넣어진 것이라고 가르친다. 우리는 성경의 문자적 · 문법적 · 역사적 해석을 가르치고, 이는 창세기의 앞부분이 6일 간의 창조를 묘사한다고 믿는 입장이다(창 1:31; 출 31:17).

우리는 성경만이 유일하게 무오한 믿음과 행위의 규범이라고 가르친다(마 5:18; 24:35; 요 10:35; 16:12-13; 17:17; 고전 2:13; 딤후 3:15-17; 히 4:12; 벧후 1:20, 21).

우리는 하나님이 이중 저작의 과정으로, 이 기록된 내용 속에서 말씀하셨다고 가르친다. 성령께서 인간 저자를 감독하여 그들 각자의 인격적 특성과 서로 다른 문체로, 사람에게 주시는 하나님의 말씀을 전체든 부분이든 오류 없이(마 5:18; 딤후 3:16) 작성하고 기록하셨다(벧후 1:20, 21).

우리는 성경의 어떤 구절이 다양한 방법으로 적용될 수는 있지만 그것의 참된 해석은 오직 하나라고 가르친다. 성경의 의미는 연구자가 성령의 조명 아래서 문자적·문법적·역사적 해석 방법을 신실하게 사용함으로써 찾을 수 있다(요 7:17; 16:12-15; 고전 2:7-15; 요일 2:20). 성경을 올바로 적용하는 것이 모든 시대의 의무임을 깨닫고 성경의 참된 의도와 의미를 세심하게 확인하는 것이 신자의 의무다. 하지만 성경의 진리가 사람들을 판단할 뿐 사람이 성경을 판단하지는 못한다.

하나님

우리는 살아 계신 오직 한 분, 참되신 하나님이 계시며(신 6:4; 사 45:5-7; 고전 8:4), 그분은 무한하고 전지한 영이시며(요 4:24), 모든 속성이 완전하며, 본질이 하나이며, 성부와 성자와 성령의 삼위로 영원히 존재하며(마 28:19; 고후 13:13), 각 위격은 동일한 경배와 순종을 받아야 한다고 가르친다.

성부 하나님

우리는 삼위 가운데 첫 번째 위격이신 성부 하나님이 자신의 목적과 은혜에 따라 모든 것을 명하고 처분한다고 가르친다(시 145:8, 9; 고전 8:6). 그분은 만물의 창조자이시다(창 1:1-31; 엡 3:9). 우주에서 유일하게 절대적이고 전능한 통치자인 그분은 창조와 섭리, 구속에서 주권을 행사하신다(시 103:19; 롬 11:36). 그분의 아버지 되심은 성삼위 내에서의 명칭과 모든 사람에 대한 관계에서 드러난다. 창조주로서 그분은 모든 사람의 창조자이시지만(엡 4:6), 오직 신자에게만 영적인 아버지이시다(롬 8:14; 고후 6:18). 또한 자신의 영광을 위하여 발생할 모든 일을 정하셨으며(엡 1:11), 모든 피조물과 사건을 지속적으로 유지하고 지도하고 다스리신다(대상 29:11).

주권자이신 그분은 죄의 원인도 아니고 죄를 용인하시지도 않으며(합 1:13), 도덕적이고 지적인 피조물의 책임을 빼앗으시지도 않는다(벧전 1:17). 성부는 영원 전에 자신의 백성이 될 사람들을 은혜로 선택하셨다(엡 1:4-6). 그분은 예수 그리스도를 통해 그분께 오는 모든 사람을 죄에서 건지시며, 자신의 소유로 삼으신다. 그리고 자녀로 입양한 그들의 아버지가 되신다(요 1:12; 롬 8:15; 갈 4:5; 히 12:5-9).

성자 하나님

우리는 성삼위의 제2위이신 예수 그리스도가 모든 신적 탁월성을 소유하시며, 이 점에서 성부와 동등하고 동일한 본질을 가지며 똑같이 영원하다고 가르친다(요 10:30; 14:9).

우리는 성부 하나님이 그분의 아들 예수 그리스도를 통해 자신의 뜻에 따라 "하늘과 땅과 그 안에 있는 모든 것"을 창조하셨으며, 예수 그리스도에 의해 만물이 계속 존재하며 움직인다고 가르친다(요 1:3; 골 1:15-17; 히 1:2).

우리는 성육신에서(하나님이 사람이 되는 것) 그리스도는 오직 신성의 특권을 포기한 것일 뿐 신성의 본질은 그 정도나 종류에 있어서 전혀 포기하지 않으셨다고 가르친다. 성육신에서 영원히 존재하는 성삼위의 제2위는 인간의 모든 본질적 특성을 받았고, 그로 말미암아 신인(God-man)이 되셨다(빌 2:5-8; 골 2:9).

우리는 예수 그리스도가 나뉠 수 없는 한 인격 속에서 인성과 신성을 대표한다고 가르친다(미 5:2; 요 5:23; 14:9, 10; 골 2:9).

우리는 예수 그리스도가 동정녀에게서 탄생했고(사 7:14; 마 1:23, 25; 눅 1:26-35), 그는 성육신하신 하나님이며(요 1:1, 14), 성육신의 목적은 하나님을 계시하고 인간을 구속하며 하나님 나라를 통치하는 것이라고 가르친다(시 2:7-9; 사 9:6; 요 1:29; 빌 2:9-11; 히 7:25, 26; 벧전 1:18, 19).

우리는 성육신 속에서 성삼위의 제2위가 하나님과의 공존에 수반되는 완전한 특권을 비우고, 아들의 자리를 취했으며, 자신의 신성한 속성들을 벗지 않으면서도 종에게 어울리는 존재를 입으셨다고 가르친다(빌 2:5-8).

우리는 우리 주 예수 그리스도가 피 흘리심과 십자가 위에서 당하신 희생의 죽음으로 우리의 구속을 성취했으며, 그의 죽음은 자발적이고 대속적이며 대신하는 것이며, 하나님의 진노를 달래는 것이며, 구속하는 것이라고 가르친다(요 10:15; 롬 3:24, 25; 5:8; 벧전 2:24).

우리는 우리 주 예수 그리스도의 죽음의 효력을 근거로, 믿는 죄인은 형벌과 죗값, 죄의 세력과 죄의 존재에서 (미래에) 해방될 것이며, 의롭다고 선언되고, 영생을 받고, 하나님의 가족에 입양된다고 가르친다(롬 3:25; 5:8, 9; 고후 5:14, 15; 벧전 2:24; 3:18).

우리는 우리의 칭의가 주 예수 그리스도의 죽음으로부터의 신체적 부활로 확보되며, 그는 지금 승천하여 하나님 우편에 계시며, 거기서 지금 우리의 대언자요 대제사장으로서 중보하고 계신다고 가르친다(마 28:6; 눅 24:38, 39; 행 2:30, 31; 롬 4:25; 8:34; 히 7:25; 9:24; 요일 2:1).

우리는 예수 그리스도가 무덤에서 부활한 것은 하나님이 자기 아들의 신성을 확증한 것이며, 하나님이 십자가에서 이룬 그리스도의 대속 사역을 받아들이셨다는 증거를 제공한 것이라고 가르친다. 또한 예수의 신체적 부활은 모든 신자가 미래에 부활할 것에 대한 보장이다(요 5:26-29; 14:19; 롬 4:25; 6:5-10; 고전 15:20, 23).

우리는 예수가 자기 몸인 교회를 휴거 때 자신에게로 맞아들이기 위해 다시 오실 것이며, 영광 중에 교회와 함께 재림하여 지상에 천년왕국을 이룰 것이라고 가르친다(행 1:9-11; 살전 4:13-18; 계 20장).

또한 우리는 하나님이 주 예수 그리스도를 통해 모든 인류를 심판하실 것이라고 가르친다(요 5:22, 23).

a. 신자들(고전 3:10-15; 고후 5:10)

b. 그분의 영광스러운 재림 때 땅에 살고 있는 모든 사람(마 25:31-46)

c. 크고 흰 보좌 심판 때에 믿지 않고 죽은 자들(계 20:11-15)

하나님과 사람 사이의 중보이시며(딤전 2:5), 그의 몸인 교회의 머리이시며(엡 1:22; 5:23; 골 1:18), 앞으로 오셔서 다윗의 보좌에서 다스리실 우주의 왕이신(사 9:6, 7; 겔 37:24-28; 눅 1:31-33) 주 예수 그리스도는 그분을 주님과 구주로 믿지 않은 모든 사람을 심판할 최후의 심판자이시다(마 25:14-46; 행 17:30, 31).

성령 하나님

우리는 성령이 신성한 인격이며 영원하고, 다른 것에서 유래되지 않으며, 지성(고전 2:10-13)과 감정(엡 4:30), 의지(고전 12:11), 영원성(히 9:14), 무소부재(시 139:7-10), 전지(사 40:13, 14), 전능(롬 15:13), 신실성(요 16:13)을 포함한 인격과 신성의 모든 속성을 소유하셨다고 가르친다. 이 모든 신성한 속성에서 성령은 아버지와 아들과 동등하며 동일한 본질이다(마 28:19; 행 5:3, 4; 28:25, 26; 고전 12:4-6; 고후 13:13; 렘 31:31-34; 히 10:15-17).

우리는 전 인류와 관련된 신성한 뜻을 실행하는 것이 성령의 일이라고 가르친다. 또한 창조에서(창 1:2), 성육신에서(마 1:18), 기록된 계시에서(벧후 1:20, 21), 구원의 일에서(요 3:5-7) 성령의 주권적인 활동을 인정한다.

우리는 그리스도의 몸을 세우는 일을 시작하고 완성하기 위해 성령이 그리스도의 약속대로(요 14:16, 17; 15:26) 성부의 보내심을 받아 이 땅에 오신 오순절에 성령의 독특한 일이 시작되었다고 가르친다. 그의 활동은 죄와 의와 심판에 대해 세상의 잘못을 깨우치고, 주 예수 그리스도를 영화롭게 하며, 신자를 그리스도의 형상으로 변화시키는 일을 포함하고 있다(요 16:7-9; 행 1:5; 2:4; 롬 8:29; 고후 3:18; 엡 2:22).

우리는 성령이 초자연적이고 주권적으로 중생을 일으키며, 모든 신자에게 그리스도의 몸에 연합하는 세례를 베푸신다고 가르친다(고전 12:13). 또한 성령은 신자들 안에 거하며, 신자를 성화시키고, 가르쳐서 섬기게 하며, 그들을 구속의 날까지 인치신다(롬 8:9-11; 고후 3:6; 엡 1:13).

우리는 성령이 신성한 교사로서 사도들과 선지자들을 모든 진리로 인도하여 하나님의 계시인 성경을 기록하도록 했다고 가르친다(벧후 1:19-21). 모든 신자는 구원받는 순간부터 성령이 그 안에 거하시며, 성령으로 태어난 모든 사람은 성령의 충만을 받아야 하는(성령의 통제를 받는) 의무를 지고 있다(롬 8:9-11; 엡 5:18; 요일 2:20, 27).

우리는 성령이 교회에 영적 은사를 베푸신다고 가르친다. 성령은 거창한 과시로 자신과 자신의 은사를 자랑하시지 않고, 잃은 자를 구속하시는 그리스도의 일을 이루시고, 신자들을 가장 거룩한 믿음으로 세워 그리스도를 영화롭게 하신다(요 16:13, 14; 행 1:8; 고전 12:4-11; 고후 3:18).

우리는 이 점에서 성령 하나님은 오늘날 성도를 온전케 하기 위한 목적으로 자신의 모든 은사를 내리시는 데 있어 주권적이며, 교회의 초기에 있었던 방언을 말하는 것과 기적을 행하는 것은 사도들이 하나님 진리의 계시자라는 사실을 가리키며 입증하기 위한 목적이었을 뿐, 신자의 삶을 특징짓는 것으로 의도된 게 아니었다고 가르친다(고전 12:4-11; 13:8-10; 고후 12:12; 엡 4:7-12; 히 2:1-4).

사람

우리는 사람이 하나님 형상과 그분의 모양대로 직접 하나님에 의해 창조되었다고 가르친다. 사람은 죄가 없이 지성과 의지, 자기결정, 하나님 앞에서 도덕적인 책임을 지는 이성적인 존재로 만들어졌다(창 2:7, 15-25; 약 3:9).

우리는 하나님이 사람을 만드신 의도는 그분을 영화롭게 하며, 그분과의 교제를 즐기며, 그분의 뜻 안에서 살며, 이렇게 함으로써 하나님이 사람을 만드신 목적을 세상에서 이루는 것이라고 가르친다(사 43:7; 골 1:16; 계 4:11).

우리는 계시된 하나님의 뜻과 말씀에 불순종한 아담의 죄로 말미암아 사람은 순결을 잃었으며, 영적·신체적 죽음의 형벌을 초래했으며, 하나님의 진노의 대상이 되었으며, 내적 부패와 절대적 무능력, 곧 하나님의 은혜를 떠나서는 그분이 받으실 만한 것을 선택하거나 행할 수 없는 상태에 떨어졌다고 가르친다. 스스로 치료할 수 있는 모든 회복력을 상실한 사람은 절망적인 상실에 빠졌다. 그러므로 사람의 구원은 전적으로 우리 주 예수 그리스도의 구속 사역을 통한 하나님의 은혜에 달려 있다(창 2:16, 17; 3:1-19; 요 3:36; 롬 3:23; 6:23; 고전 2:14; 엡 2:1-3; 딤전 2:13, 14; 요일 1:8).

우리는 모든 사람이 아담 안에 있었으므로 아담의 죄로 부패한 본성이 모든 시대 모든 사람에게 유전되었지만, 오직 예수 그리스도만은 예외라고 가르친다. 그러므로 모든 사람은 본성적으로 스스로의 선택에 따라, 하나님의 확정하심에 따라 죄인이다(시 14:1-3; 렘 17:9; 롬 3:9-18, 23; 5:10-12).

구원

우리는 구원은 하나님으로부터 오는 은혜이며, 그 근거는 사람의 행위로 얻어지는 공로가 아니라 예수 그리스도의 구속, 곧 그분이 흘리신 피의 공로라고 가르친다(요 1:12; 엡 1:4-7; 2:8-10; 벧전 1:18, 19).

선택

우리는 선택이란 하나님의 행동으로, 그분이 은혜로 중생시키고 구원하고 성화시킬 사람들을 창세 전에 그리스도 안에서 선택하셨다고 가르친다(롬 8:28-30; 엡 1:4-11; 살후 2:13; 딤후 2:10; 벧전 1:1, 2).

우리는 주권적 선택에 대하여 사람이 회개하고 그리스도를 구주와 주님으로 믿어야 하는 책임과 모순되거나, 그 책임을 부정하는 것이 아니라고 가르친다(겔 18:23, 32; 33:11; 요 3:18, 19, 36; 5:40; 살후 2:10-12; 계 22:17). 그럼에도 주권적 은혜가 은사 자체뿐 아니라 그것을 받을 수 있는 수단까지 포함하므로, 주권적 선택은 하나님이 결정하신 바다. 하나님이 부르시는 모든 사람은 믿음으로 올 것이며, 믿음으로 오는 모든 사람을 아버지께서 받으실 것이다(요 6:37-40, 44; 행 13:48; 약 4:8).

우리는 전적으로 타락하여 자격이 없는 죄인들에게 내리는 하나님의 호의는 죄인들 편의 어떤 주도적 행동과도 무관하고, 죄인들이 자기들의 뜻을 가지고 행할 어떤 일을 하나님이 예상하고 호의를 내리는 것도 아니며, 오직 하나님의 주권적 은혜와 자비의 결과라고 가르친다(엡 1:4-7; 딛 3:4-7; 벧전 1:2).

우리는 선택을 단순히 추상적인 주권에 근거한 것으로 이해하면 안 된다고 가르친다. 주권은 진정 하나님께 있지만 그분의 다른 속성들, 특히 그분의 전지하심과 공의, 지혜, 은혜, 사랑과의 조화 속에서 행사된다(롬 9:11-16). 이 주권은 우리 주 예수 그리스도의 생애에서 계시된 그분의 성품과 완전히 일치되는 방식으로 언제나 하나님의 뜻을 높일 것이다(마 11:25-28; 딤후 1:9).

중생

우리는 중생이 성령의 초자연적인 활동으로, 중생에 의해 신적 성품과 신적 생명이 주어진다고 가르친다(요 3:3-8; 딛 3:5). 중생은 순간적으로 일어나며, 하나님의 말씀을 도구로 하여 성령의 능력으로만 이루어지고, 그 일이 일어나면 회개하는 죄인은 성령의 능력으로, 하나님이 제공하시는 구원에 믿음으로 반응한다. 참된 중생은 회개에 합당한 열매로 증명되며, 그 열매는 의로운 태도와 행동으로 드러난다. 선행이 중생의 합당한 증거요 열매가 될 것이다(고전 6:19, 20; 엡 5:17-21; 빌 2:12하; 골 3:12-17; 벧후 1:4-11). 이 순종으로 신자는 점점 우리 주 예수 그리스도의 형상을 닮아간다(고후 3:18). 그런 닮음은 그리스도께서 오실 때 신자가 영화됨으로써 절정에 이른다(롬 8:16, 17; 벧후 1:4; 요일 3:2, 3).

칭의

우리는 하나님 앞에서 사람이 받는 칭의는 하나님의 행위이며(롬 8:30, 33), 그리스도에 대한 믿음을 통하여 자기들의 죄를 회개하고(눅 13:3; 행 2:38; 3:19; 11:18; 롬 2:4; 고후 7:10; 사 55:6, 7) 그리스도를 주권적인 주님으로 고백하는 사람들이 의롭다고 선언된다고 가르친다(롬 10:9, 10; 고전 12:3; 고후 4:5; 빌 2:11). 이 칭의는 사람의 어떤 미덕이나 행위의 결과가 아니며(롬 3:20; 4:6), 우리의 죄를 그리스도께 넘기고(골 2:14; 벧전 2:24) 그리스도의 의를 우리에게 전가하는 일을 수반한다(고전 1:2, 30; 6:11; 고후 5:21). 이 수단으로 하나님은 "자기도 의로우시며 또한 예수 믿는 자를 의롭다 하려" 하실 수 있다(롬 3:26).

성화

우리는 모든 신자가 칭의에 의해 하나님께로 성별되며, 따라서 거룩하다고 선포되고 성도의 신분을 얻는다고 가르친다. 이 성화는 위치에 대한 것으로, 순간적으로 일어나기 때문에 점진적인 성화와 혼동하지 말아야 한다. 이 성화는 신자의 위치와 관련된 것이지 그의 현재의 행위나 상태에 대한 것이 아니다(행 20:32; 고전 1:2, 30; 6:11; 살후 2:13; 히 2:11; 3:1; 10:10, 14; 13:12; 벧전 1:2).

우리는 성령의 활동에 따른 점진적 성화가 있으며, 이것에 의해 신자의 상태가 하나님의 말씀에 순종하고 성령의 힘주심으로 그리스도의 형상에 더욱 접근한다고 가르친다. 신자는 하나님의 뜻에 순응함으로써 더욱 거룩한 삶을 살 수 있으며, 점점 더 주 예수 그리스도를 닮아간다(요 17:17, 19; 롬 6:1-22; 고후 3:18; 살전 4:3, 4; 5:23).

이 점에서 우리는 구원받은 각 사람(육신에 대항해서 싸우는 그리스도 안에 있는 새로운 피조물)에게 매일 갈등이 일어나지만 내주하는 성령의 능력을 통해 승리에 꼭 필요한 것이 공급된다고 가르친다. 그럼에도 투쟁은 사는 동안 신자와 함께하며 완전히 끝나는 일이 없다. 이 세상에서 죄를 제거할 수 있다는 모든 선언은 비성경적이다. 죄를 제거하는 것은 불가능하지만 성령이 죄에 대한 승리에 필요한 것을 제공한다(갈 5:16-25; 빌 3:12; 골 3:9, 10; 벧전 1:14-16; 요일 3:5-9).

안전

우리는 구속받은 모든 사람은 일단 구원을 받으면 하나님의 능력에 의해 보호를 받으며, 따라서 그리스도 안에서 영원히 안전하다고 가르친다(요 5:24; 6:37-40; 10:27-30; 롬 5:9, 10; 8:1, 31-39; 고전 1:4-9; 엡 4:30; 히 7:25; 13:5; 벧전 1:4, 5; 유 24절). 그리고 하나님의 말씀의 약속을 통해 구원의 확신을 가지고 즐거워하는 것이 신자들의 특권이지만, 하나님의 말씀은 그리스도인의 자유를 악한 삶과 육체적 욕망의 기회로 삼는 것을 분명히 금한다고 가르친다(롬 6:15-22; 13:13, 14; 갈 5:13, 16, 17, 25, 26; 딛 2:11-14).

분리

우리는 죄에서의 분리를 구약과 신약 전체가 요구하고 있으며, 성경은 말세에 배교와 세속성이 증가하리라는 것을 분명히 말한다고 가르친다(고후 6:14-7:1; 딤후 3:1-5).

우리는 우리에게 주어진 하나님의 과분한 은혜에 감사하면서 우리의 영광스러운 하나님은 우리의 모든 것을 받으실 만한 분이시기에 구원받은 모든 사람은 하나님에 대한 진정한 사랑을 증명할 수 있도록, 우리 주 예수 그리스도에게 비난이 돌아가는 일이 없도록 살아야 한다고 가르친다. 또한 하나님이 종교적 배교 또는 세속적이고 악한 행위와 관련된 모든 것에서 떠나라고 명령하셨음을 가르친다(롬 12:1, 2; 고전 5:9-13; 고후 6:14-7:1; 요일 2:15-17; 요이 9-11절).

우리는 신자들이 우리 주 예수 그리스도를 위해 구별되어야 한다고 가르치며(살후 1:11, 12; 히 12:1, 2), 그리스도인의 삶은 팔복에(마 5:2-12) 합당한 생활 태도로 증명되는 순종적이고 의로운 생활이어야 하며, 지속적으로 거룩을 추구하는 생활이어야 함을 단언한다(롬 12:1, 2; 고후 7:1; 히 12:14; 딛 2:11-14; 요일 3:1-10).

교회

우리는 예수 그리스도를 신뢰하는 모든 사람은 즉시 성령에 의해 그리스도가 그 머리이신(엡 1:22; 4:15; 골 1:18) 하나의 통일된 영적인 몸, 곧 그리스도의 신부인(고후 11:2; 엡 5:23-32; 계 19:7, 8) 교회(고전 12:12, 13)로 영입된다고 가르친다.

우리는 그리스도의 몸인 교회는 오순절 때에 형성되기 시작했으며(행 2:1-21, 38-47), 그리스도께서 휴거 때 자기 소유인 사람들을 위하여 오시면 완성된다고 가르친다(고전 15:51, 52; 살전 4:13-18).

우리는 교회는 이처럼 그리스도에 의해 설계되고, 현세에서 중생한 모든 신자로 구성된 유일한 영적 유기체라고 가르친다(엡 2:11-3:6). 교회는 이스라엘과 구분되며(고전 10:32), 이 세대에 이를 때까지 드러나지 않던 신비다(엡 3:1-6; 5:32).

우리는 지역 교회의 설립과 연속성이 신약성경 속에 분명히 가르쳐지고 묘사되었으며(행 14:23, 27; 20:17, 28; 갈 1:2; 빌 1:1; 살전 1:1; 살후 1:1), 한 영적 몸의 지체들은 지역의 회중에 속하라는 명령을 받는다고 가르친다(고전 11:18-20; 히 10:25).

우리는 교회에서 단 하나의 최고 권위는 그리스도(엡 1:22; 골 1:18)라고 가르친다. 또한 교회의 리더십과 은사, 질서, 권징, 예배는 모두 성경에서 발견되는 그리스도의 주권에 의해 지정된다고 가르친다. 그리스도 아래서, 회중 위에서 섬기는 성경적으로 지명된 일꾼들은 장로(감독, 목사, 목사-교사라고도 불리는 남성임, 행 20:28; 엡 4:11)와 집사로서 성경의 모든 요구 조건을 만족시켜야 한다(딤전 3:1-13; 딛 1:5-9; 벧전 5:1-5).

우리는 이 지도자들이 그리스도의 종으로서 지도하거나 다스리며(딤전 5:17-22) 교회를 지도하는 그리스도의 권세를 가진다고 가르친다. 회중은 그들의 지도에 복종해야 한다(히 13:7, 17).

우리는 제자도의 중요성(마 28:19, 20; 딤후 2:2)과 모든 신자가 서로에 대해 가지는 책임(마 18:15-17), 회중 가운데 범죄한 지체를 성경의 기준에 따라 징계해야 할 필요성을 가르친다(마 18:15-22; 행 5:1-11; 고전 5:1-13; 살후 3:6-15; 딤전 1:19, 20; 딛 1:10-16).

우리는 지역 교회의 자율성, 곧 어떤 외적 권위나 통제로부터 자유롭고 어떤 개인이나 조직적 위계에 따른 간섭도 받지 않고 스스로를 다스릴 수 있는 권리를 가르친다(딛 1:5). 또한 참 교회들이 힘을 합쳐 믿음을 전파하는 것이 성경적이라고 가르친다. 하지만 그들의 합력이 어느 정도여야 하고 그 방법이 어떠해야 한다는 것은 오직 지역 교회의 목사들과 그들의 성경 해석과 적용을 통해 판단해야 한다(행 15:19-31; 20:28; 고전 5:4-7, 13; 벧전 5:1-4).

우리는 교회의 목적은 믿음 안에서 스스로를 세움에 의해(엡 4:13-16), 말씀을 가르침에 의해(딤후 2:2, 15; 3:16, 17), 교제에 의해(행 2:47; 요일 1:3), 성경의 제도를 지킴에 의해(눅 22:19; 행 2:38-42), 온 세상에 복음을 보내고 가르침에 의해(마 28:19; 행 1:8) 하나님을 영화롭게 하는 것이라고 가르친다.

우리는 모든 성도가 섬기는 일로 부름받았다고 가르친다(고전 15:58; 엡 4:12; 계 22:12).

우리는 하나님께서 이 세상에서 자신의 목적을 이루시는 일에 교회가 참여해야 한다고 가르친다. 그 목적을 위해 하나님은 교회에게 영적 은사들을 주신다. 하나님은 성도를 준비시켜서 섬기는 일을 하도록 사람들을 택해 교회에 주시며(엡 4:7-12), 그리스도의 몸의 각 지체에게 독특하고 특별한 영적 능력을 주신다(롬 12:5-8; 고전 12:4-31; 벧전 4:10, 11).

우리는 초대 교회에 두 가지 은사가 주어졌다고 가르친다. 첫째는 하나님의 계시와 병 고침의 은사로, 이것은 사도들의 메시지를 확증하기 위한 목적으로 사도 시대에 한시적으로 주어졌다(히 2:3, 4; 고후 12:12). 둘째는 신자들이 서로의 덕을 세우기 위해 주어진 섬기는 은사다. 신약의 계시가 완결된 지금 어떤 사람이 말하는 메시지의 정당성을 평가하는 유일한 기준은 성경이며, 어떤 사람이나 그의 메시지의 정당성을 확증하기 위해 기적을 일으키는 은사는 더 이상 필요하지 않다(고전 13:8-12). 기적적인 은사들은 믿는 자를 속이기 위한 사탄의 짓일 수도 있다(마 24:24). 오늘날 활용되는 유일한 은사는 계시의 성격을 가지지 않은, 덕을 세우기 위해 주어지는 은사들뿐이다(롬 12:6-8).

우리는 오늘날 어떤 사람도 병 고침의 은사를 가지고 있지 않지만, 하나님은 믿음의 기도를 들으시고 병든 자, 고통당하는 자, 고난당하는 자를 위한 그분의 완전한 뜻에 따라 기도에 응답하신다고 가르친다(눅 18:1-8; 요 5:7-9; 고후 12:6-10; 약 5:13-16; 요일 5:14, 15).

우리는 두 가지 규례, 곧 세례와 성찬이 지역 교회에 주어졌다고 가르친다(행 2:38-42). 물에 잠기는 기독교의 세례(행 8:36-39)는 한 신자가 십자가에 달리시고 장사되시고 부활하신 구주에 대한 신앙, 그리고 죄에 대한 죽음과 새 생명으로의 부활에서 구주와 연합했음을 공표하는 엄숙하고도 아름다운 증언이다(롬 6:1-11). 또한 눈에 보이는 그리스도의 교회와 교통하며 하나가 된다는 표시이기도 하다(행 2:41, 42).

우리는 성찬이 구주가 오실 때까지 그의 죽으심을 기념하고 선포하는 것이며, 엄숙한 자기반성 후

「아테네에서 설교하는 바울(*Saint Paul Preaching in Athens*)」 1697년. 헨리 쿡. 캔버스에 유화. 352X457.2mm. 햄프턴 코트 궁전. 런던.

에 거기에 참여해야 한다는 것을 가르친다(고전 11:23-32). 또한 성찬의 빵과 포도주가 그리스도의 살과 피를 상징적으로 표시하지만, 그럼에도 성찬은 거기에 특별한 방식으로 임해 자기 백성과 교제를 나누시는 부활하신 그리스도와의 실제 교통이라고 가르친다(고전 10:16).

천사들

거룩한 천사들

우리는 천사는 피조물이므로 경배의 대상이 되어서는 안 된다고 가르친다. 비록 사람보다 높은 자리에 있지만 그들은 하나님을 섬기고 경배하기 위해 지음을 받았다(눅 2:9-14; 히 1:6, 7, 14; 2:6, 7; 계 5:11-14).

타락한 천사들

우리는 사탄이 피조된 천사이며 죄의 원인이라고 가르친다. 그는 창조주에게 반역하고(사 14:12-17; 겔 28:11-19), 타락할 때 많은 천사가 자신과 함께하도록 했으며(마 25:41; 계 12:1-14), 하와를 유혹하여 죄를 인류 사회에 끌어와서(창 3:1-15) 하나님의 심판을 자초했다.

그리고 우리는 사탄이 하나님과 사람의 적으로 공개적으로 선포되었으며(사 14:13, 14; 마 4:1-11; 계 12:9, 10), 예수 그리스도의 죽음과 부활에 의해 패배당한 이 세상의 임금이며(롬 16:20), 불못에서 영원한 형벌을 당할 것임을 가르친다(사 14:12-17; 겔 28:11-19; 마 25:41; 계 20:10).

마지막 일들(종말론)

죽음

우리의 몸은 죽어도 비물질적인 우리의 의식은 없어지지 않으며(계 6:9-11), 영혼과 육체의 분리가 발생하며(약 2:26), 구속받은 자의 영혼은 즉시 그리스도 앞으로 인도되고(눅 23:43; 고후 5:8; 빌 1:23), 구속받은 자들에게 있어 이 분리는 첫 번째 부활이 시작될(계 20:4-6) 휴거 때까지 계속되며(살전 4:13-17), 휴거 때 우리의 영혼과 육체가 재결합하여 주님과 함께 영원한 영광 가운데 있게 될 것이라고 가르친다(고전 15:35-44, 50-54; 빌 3:21). 그때까지 구속받은 자의 영혼은 우리 주 예수 그리스도와의 즐거운 교통 속에 있다(고후 5:8).

우리는 모든 사람이 몸으로 다시 살아날 것을 가르치는데, 구원받은 사람은 영생으로(요 6:39; 롬 8:10, 11, 19-23; 고후 4:14), 구원받지 못한 사람은 심판과 영원한 형벌로 다시 살아날 것이다(단 12:2; 요 5:29; 계 20:13-15).

우리는 구원받지 못한 영혼들은 죽을 때 형벌 하에 갇혀 마지막 부활 때까지 기다릴 것이며(눅 16:19-26; 계 20:13-15), 그때 영혼과 부활한 몸이 결합할 것이라고 가르친다(요 5:28, 29). 그다음 그들은 흰 보좌 심판을 받고(계 20:11-15), 지옥 또는 불못에 떨어져서(마 25:41-46), 하나님의 생명에서 영원히 단절될 것이다(단 12:2; 마 25:41-46; 살후 1:7-9).

교회의 휴거

우리는 7년 환난 전에 우리 주 예수 그리스도께서 직접 몸으로 오셔서(살전 4:16; 딛 2:13) 교회를 땅에서 취해갈 것이며(요 14:1-3; 고전 15:51-53; 살전 4:15-5:11), 이 사건과 그리스도가 성도들과 함께 영광스럽게 다시 오는 사건 사이에 신자들에게 그 행위대로 보상하실 것이라고 가르친다(고전 3:11-15;

고후 5:10).

환난 기간

우리는 땅에서 교회가 취해져 옮겨간 직후(요 14:1-3; 살전 4:13-18) 하나님의 의로운 심판이 믿지 않는 세상에 쏟아질 것이며(렘 30:7; 단 9:27; 12:1; 살후 2:7-12; 계 16장), 이 심판은 그리스도께서 영광 가운데 땅으로 다시 오실 때 절정에 이를 것이라고 가르친다(마 24:27-31; 25:31-46; 살후 2:7-12). 그때 구약 성도와 환난당한 성도들이 부활할 것이며, 살아 있는 자는 심판을 받게 될 것이다(단 12:2, 3; 계 20:4-6). 이 기간은 다니엘이 한 예언의 칠십 번째 이레를 포함한다(단 9:24-27; 마 24:15-31; 25:31-46).

재림과 천년 통치

우리는 환난의 시기 이후 그리스도가 이 땅에 오셔서 다윗의 보좌를 차지하고(마 25:31; 눅 1:32, 33; 행 1:10, 11; 2:29, 30) 지상에 천년 동안 메시아 왕국을 세울 것이라고 가르친다(계 20:1-7). 이 기간에 부활한 성도들이 이스라엘과 지상의 모든 나라를 그리스도와 함께 통치할 것이다(겔 37:21-28; 단 7:17-22; 계 19:11-16). 이 통치 이전에 적그리스도와 거짓 선지자가 무너질 것이며, 사탄이 세상에서 축출될 것이다(단 7:17-27; 계 20:1-6).

우리는 이 왕국 자체가 이스라엘이 불순종으로 말미암아 빼앗겼던 나라를 그들에게 회복시켜 주겠다는(단 28:15-68) 하나님 약속의 성취가 될 것이라고 가르친다(사 65:17-25; 겔 37:21-28; 슥 8:1-17). 이스라엘은 불순종의 결과로 잠시 한편으로 밀려나 있지만(마 21:43; 롬 11:1-26), 다시 정신을 차리면 회개를 통해 축복의 땅에 들어갈 것이다(렘 31:31-34; 겔 36:22-32; 롬 11:25-29).

우리는 우리 주님의 이 통치 시기가 조화와 공의, 평화, 의, 장수(長壽)의 성격을 가질 것이며(사 11장; 65:17-25; 겔 36:33-38), 사탄이 풀려남으로써 이 시기가 끝날 것이라고 가르친다(계 20:7).

잃어버린 자의 심판

우리는 그리스도의 천년 통치 이후 풀려난(계 20:7) 사탄이 땅의 민족들을 속이고 그들을 모아 성도와 사랑받는 도시를 대항하여 전쟁을 벌일 것이며, 이때 하늘에서 내려온 불이 사탄과 그의 군대를 삼킬 것이라고 가르친다(계 20:9). 이 일이 일어나 후 사탄은 불과 유황의 못에 던져질 것이며(마 25:41; 계 20:10), 이제 모든 사람의 심판자인 그리스도(요 5:22)가 큰 자와 작은 자를 전부 부활시켜 흰 보좌에서 심판하실 것이다.

우리는 구원받지 못한 자가 심판을 받기 위해 부활할 때, 몸으로 부활하며 몸으로 심판을 받으며(요 5:28, 29) 불못 속에서 영원히 의식을 가진 채 심판을 받을 것이라고 가르친다(마 25:41; 계 20:11-15).

영원

우리는 천년이 끝날 때 사탄이 잠시 풀려난다는 것, 불신자의 심판이 있으리라는 것(살후 1:9; 계 20:7-15), 구원받은 자는 하나님과 함께 영원한 영광의 상태로 들어간다는 것, 그 후 이 땅의 형질이 와해되고(벧후 3:10) 오직 의인만 거할 수 있는 새 땅으로 대체될 것을 가르친다(엡 5:5; 계 20:15, 21, 22). 이런 일이 있은 후 하늘에서 천상의 도시가 내려와서(계 21:2) 성도의 거처가 될 것이며, 거기서 그들은 하나님과 교제하고 성도 상호간의 교제를 영원히 즐길 것이다(요 17:3; 계 21; 22장). 구속의 사명을 완수한 우리 주 예수 그리스도는 그 나라를 성부 하나님께 넘길 것이며(고전 15:23-28), 모든 영역에서 삼위 하나님이 영원 무궁히 통치하실 것이다(고전 15:28).

이 책을 통해 얻을 수 있는 가장 큰 유익이 여기 소개되어 있다. 이것은 가장 중요한 질문인 "청년이 무엇으로 그 행실을 깨끗하게 하리이까?"에 대한 답이다. 시편 저자는 "주의 말씀만 지킬 따름이니이다"라고 대답한다(시 119:9).

하나님의 말씀은 왜 그렇게 중요한가

하나님의 말씀은 당신의 삶을 위한 하나님의 마음과 뜻을 담고 있기 때문이다(딤후 3:16, 17). 하나님의 말씀은 예수 그리스도의 종인 당신을 위한 절대적이고 신성한 권위의 유일한 원천이다.

하나님의 말씀은 전체적으로 무오하다. "여호와의 율법은 완전하여 영혼을 소성시키며 여호와의 증거는 확실하여 우둔한 자를 지혜롭게 하며"(시 19:7).

하나님의 말씀은 부분적으로도 무오하다. "하나님의 말씀은 다 순전하며 하나님은 그를 의지하는 자의 방패시니라 너는 그의 말씀에 더하지 말라 그가 너를 책망하시겠고 너는 거짓말하는 자가 될까 두려우니라"(잠 30:5, 6).

하나님의 말씀은 완전하다. "내가 이 두루마리의 예언의 말씀을 듣는 모든 사람에게 증언하노니 만일 누구든지 이것들 외에 더하면 하나님이 이 두루마리에 기록된 재앙들을 그에게 더하실 것이요 만일 누구든지 이 두루마리의 예언의 말씀에서 제하여 버리면 하나님이 이 두루마리에 기록된 생명나무와 및 거룩한 성에 참여함을 제하여 버리시리라"(계 22:18, 19).

하나님의 말씀은 권위가 있으며 결정적이다. "여호와여 주의 말씀은 영원히 하늘에 굳게 섰사오며"(시 119:89).

하나님의 말씀은 당신의 필요를 완전히 충족시킨다. "이는 하나님의 사람으로 온전하게 하며 모든 선한 일을 행할 능력을 갖추게 하려 함이라"(딤후 3:17).

하나님의 말씀은 약속한 것을 이룰 것이다. "내 입에서 나가는 말도 이와 같이 헛되이 내게로 되돌아오지 아니하고 나의 기뻐하는 뜻을 이루며 내가 보낸 일에 형통함이니라"(사 55:11).

하나님의 말씀은 당신에게 구원의 확신을 준다. "하나님께 속한 자는 하나님의 말씀을 듣나니"(요 8:47. 참고. 20:31).

하나님의 말씀을 공부할 때 어떻게 유익을 얻을 수 있는가

오늘날 수많은 책과 다양한 자료를 제공하는 컴퓨터가 있긴 하지만, 성경은 "매일 하나님과 동행"하는 그리스도인을 지지할 수 있는 신성한 계시와 능력의 유일한 원천이다. 다음과 같은 성경의 귀중한 약속에 주목하라.

성경은 진리의 원천이다. "그들을 진리로 거룩하게 하옵소서 아버지의 말씀은 진리니이다"(요 17:17).

성경은 순종에 따르는 하나님의 복의 원천이다. "예수께서 이르시되 오히려 하나님의 말씀을 듣고 지키는 자가 복이 있느니라 하시니라"(눅 11:28).
성경은 승리의 원천이다. "성령의 검 곧 하나님의 말씀을 가지라"(엡 6:17).
성경은 성장의 원천이다. "갓난 아기들 같이 순전하고 신령한 젖을 사모하라 이는 그로 말미암아 너희로 구원에 이르도록 자라게 하려 함이라"(벧전 2:2).
성경은 능력의 원천이다. "내가 복음을 부끄러워하지 아니하노니 이 복음은 모든 믿는 자에게 구원을 주시는 하나님의 능력이 됨이라 먼저는 유대인에게요 그리고 헬라인에게로다"(롬 1:16).
성경은 인도의 원천이다. "주의 말씀은 내 발에 등이요 내 길에 빛이니이다"(시 119:105).

하나님의 말씀에 나는 어떻게 반응해야 하는가

성경이 이처럼 중요하고 비할 데 없는 영원한 유익을 주기 때문에 당신은 다음과 같이 반응해야 한다.

- 성경을 믿으라(요 6:68, 69).
- 성경을 존중하라(욥 23:12).
- 성경을 사랑하라(시 119:97).
- 성경에 순종하라(요일 2:5).
- 성경을 수호하라(딤전 6:20).
- 성경을 위해 싸우라(유 3절).
- 성경을 전파하라(딤후 4:2).
- 성경을 공부하라(스 7:10).

누가 성경을 공부할 수 있는가

모든 사람이 성경을 배우는 학생이 될 수는 없다. 말씀을 공부하여 복을 받기에 필요한 다음의 조건에 비춰 자신을 점검해보라.

- 당신은 예수 그리스도에 대한 믿음으로 구원을 받았는가(고전 2:14-16)?
- 당신은 하나님의 말씀에 굶주려 있는가(벧전 2:2)?
- 당신은 부지런히 하나님의 말씀을 탐구하는가(행 17:11)?
- 당신은 거룩을 추구하는가(벧전 1:14-16)?
- 당신은 성령으로 충만한가(엡 5:18)?

가장 중요한 것은 첫째 질문이다. 만약 예수 그리스도를 당신 인생의 구원자요 주님으로 영접한 적이 없다면 당신의 마음은 사탄에 의해서 하나님의 진리에 가려져 있는 것이다(고후 4:4).

만약 그리스도가 필요하다면 지금 당장 읽기를 중단하고 죄를 버리고 하나님께 돌아가기 위해 당신 자신의 말로 기도하라. "너희는 그 은혜에 의하여 믿음으로 말미암아 구원을 받았으니 이것은 너희에게서 난 것이 아니요 하나님의 선물이라 행위에서 난 것이 아니니 이는 누구든지 자랑하지 못하게 함이라"(엡 2:8, 9).

성경 공부의 기본 요소들은 무엇인가

개인적인 성경 공부는 간단하다. 이제부터 쉽게 따라할 수 있는 성경 공부의 단계를 살펴보도록 하겠다.

단계 1—읽기 당신이 어떤 본문의 핵심 진리를 이해할 수 있을 때까지 그 본문을 반복해서 읽으라. 이사야는 이렇게 말했다. "그들이 이르기를 그가 누구에게 지식을 가르치며 누구에게 도를 전하여 깨닫게 하려는가? 젖 떨어져 품을 떠난 자들에게 하려는가? 대저 경계에 경계를 더하며 경계에 경계를 더하며 교훈에 교훈을 더하며 교훈에 교훈을 더하되 여기서도 조금, 저기서도 조금 하는구나 하는도다"(사 28:9, 10).

당신이 성경을 어떻게 읽어나갈 것인지에 대한 계획을 세우라. 대부분의 다른 책과 달리 당신은 맨 앞 장에서 마지막 장까지 차례대로 읽어나가지는 않을 것이다. 성경 읽기를 위한 좋은 계획이 많이 있지만 나에게 유익했던 계획은 이것이다.

구약을 최소한 일 년에 한 번 읽는다. 읽어나가면서 특별히 기억하기 원하는 것을 책의 여백에 기록해두고, 이해가 안 되는 곳은 다른 곳에 별도로 적어두라. 읽어나가는 동안 많은 질문의 답을 본문 자체에서 발견할 수 있을 것이다. 답을 찾을 수 없는 질문을 출발점으로 삼아 주석이나 다른 참고자료를 이용한다면 더 깊은 연구를 시작할 수 있다.

신약을 읽을 때는 다른 계획을 세우라. 대략 한 달 동안 한 권의 책을 반복해 읽는다. 이렇게 하면 신약성경의 내용을 기억할 수 있어 어떤 내용을 찾기 위해 성구사전에 의지하지 않아도 된다.

이것을 시험해보려면 요한일서 같은 짧은 책을 골라서 앉은 자리에서 한 번씩 30일 동안 읽어보라. 한 달이 지날 때쯤이면 그 내용의 상당 부분을 기억할 것이다. 색인 카드에 각 장의 중심 주제를 기록하라. 읽을 때마다 그 카드를 참조하면 성경 각 장의 내용을 기억하기 시작할 것이다. 실제로 머릿속으로 그 책의 내용을 그릴 수 있게 될 것이다.

긴 책은 짧은 단원으로 나눈 뒤 각 단원을 매일 한 번씩 읽기를 30일 동안 계속한다. 예를 들면 요한복음은 스물 한 개의 장으로 되어 있다. 그것을 일곱 장으로 된 세 개의 단원으로 나눠 매일 읽으면 90일 정도면 요한복음이 끝날 것이다. 변화를 주고자 한다면 긴 책과 짧은 책을 교대로 읽으라. 그러면 3년 내에 신약성경 전체를 잘 알게 될 것이다.

단계 2—해석 사도행전 8:30에 보면 빌립이 에티오피아 내시에게 "읽는 것을 깨닫느냐?"라고 질문한다. 이를 다른 말로 하면 "읽고 있는 것을 이해하느냐?"라는 것이다. 또 다른 말로 하면 "지금 성경이 하는 말의 뜻이 무엇인가?"라고 묻는 것이다. 본문을 읽고 바로 적용으로 뛰어드는 것으로는 충분하지 않다. 먼저 그 뜻이 무엇인지를 정확히 알아야 한다. 그렇지 않으면 적용이 잘못될 수 있다.

성경을 읽을 때 단순한 질문 하나를 염두에 두라. "이것의 뜻이 무엇인가?" 이 질문에 답하려면 신앙의 유비(the analogy of faith)라고 불리는 해석의 기본 원리를 사용해야 하는데, 그 원리는 '성경으로 성경을 해석한다'는 것이다. 성령을 교사로 삼아서(요일 2:27) 성령의 저작인 성경을 연구하되 상호참고, 구절 비교, 성구사전, 색인, 그 외의 다른 도움을 받는다. 여전히 불분명한 본문에 대해서는 목사나 믿을 만한 참고자료의 도움을 받으라.

피해야 할 오류들 성경을 해석할 때 피해야 할 일반적 오류가 몇 가지 있다.

1. 바른 해석을 희생시키면서 어떤 결론을 이끌어내는 일을 피하라. 당신이 듣고 싶은 것을 성경에서 끌어내지 말고, 하나님이 성경을 기록하실 때 의도하셨던 것을 들으라는 것이다.

2. 피상적인 해석을 피하라. 사람들이 "나에게 이 구절의 뜻은…" "내가 느끼기에 이 구절이 말하는 것은…"이라고 말하는 것을 들은 적이 있을 것이다. 성경 해석의 첫 번째 단계는 우리가 연결해야 할 다음과 같은 네 가지 간격이 있음을 인식하는 것이다. 그것은 언어와 문화, 지리, 역사다.

3. 본문을 영화(靈化)시키지 말라. 다른 글을 이해하려고 할 때 당신이 사용하는 것과 같은 정상적이고 문자적이고 역사적이고 문법적인 의미로 본문을 해석하고 이해하라.

연결해야 할 간격 성경은 아주 오래전에 기록되었다. 그러므로 그 당시 하나님이 말씀하신 것을 오늘날 우리가 이해하려면 넘어야 하는 간격이 있다. 즉 언어적·문화적·지리적·역사적 간격이다. 성경을 올바로 해석하려면 상당한 시간과 노력이 필요하다.

1. 언어 성경은 원래 헬라어, 히브리어, 아람어로 기록되었다. 때로는 원어의 한 단어 또는 구절을 이해하는 것이 성경 본문의 정확한 해석을 위한 열쇠가 될 수 있다.

2. 문화 문화적 간격은 까다로울 수 있다. 어떤 사람들은 어려운 성경의 명령들을 문화적 차이로 치부해버리려고 한다. 성경은 먼저 그것이 기록된 문화의 맥락에서 이해되어야 한다는 것을 인식하라. 1세기 유대인의 문화를 이해하지 못하면 복음서를 이해하기가 어렵다. 사도행전과 서신서들은 그리스와 로마의 문화에 비춰 읽어야 한다.

3. 지리 극복되어야 할 세 번째 간격은 지리적 간격이다. 성경의 지리는 성경을 생생하게 만들어준다. 좋은 성경 지도는 성지의 지리를 이해하는 데 도움을 주는 빼놓을 수 없는 참고자료다.

4. 역사 역사적 간격도 극복해야 한다. 다른 종교 경전들과 달리 성경은 실제 역사적인 인물들과 사건들에 대한 기록을 포함하고 있다. 성경 역사에 대한 이해는 성경에 등장하는 사람들과 사건들에 대한 올바른 역사적 조망을 가지게 해줄 것이다. 좋은 성경 사전 또는 성경 백과사전은 이런 점에서 기초적인 역사 연구의 유용한 자료가 된다.

해석의 원리 성경 해석의 원리가 되는 네 가지 지침이 있는데 문자적·역사적·문법적 원리, 종합의 원리다.

1. 문자적 원리 성경은 문자적·일반적·자연적 의미로 이해되어야 한다. 성경이 비유적 표현과 상징을 포함하고 있지만 그것들은 문자적 진리를 전달하기 위한 의도로 사용되었다. 하지만 일반적으로 성경은 문자적 단어로 말하며, 따라서 우리는 그것을 있는 그대로 받아들여야 한다.

2. 역사적 원리 이 원리는 우리가 본문을 역사적 맥락에서 해석해야 한다는 뜻이다. 우리는 그 본문의 첫 수신인이었던 사람들에게 그것이 어떤 의미를 가졌는지 물어야 한다. 이런 방식으로 성경의 원래 의도에 대한 적절한 배경적 지식을 습득할 수 있다.

「서신을 쓰고 있는 사도 바울[*Saint Paul Writing His Epistles*]」 발렌틴 드 불로뉴로 추정. 1618-1620. 캔버스에 유화. 99.38X52.38mm. 휴스턴 미술관, 휴스턴.

3. 문법적 원리 이것은 원어의 기초적인 문법적 구조를 이해할 것을 요구한다. 그 대명사는 누구를 가리키는 것인가? 주동사의 시제는 무엇인가? 이런 간단한 질문들을 던지면 본문의 의미가 분명해지는 것을 발견하게 될 것이다.

4. 종합 원리 이것은 개혁자들이 성경의 유비(analogia scriptura)라고 부른 것이다. 이것은 성경 그 자체로 모순을 안고 있지 않는다는 뜻이다. 만약 어떤 본문에 대한 해석이 성경의 다른 곳에서 가르치는 진리와 모순된다면 우리의 해석은 올바른 것일 수 없다. 성경의 완전한 의미를 이해하려면 그것을 성경의 다른 부분과 비교해보아야 한다.

단계 3—평가 당신은 지금까지 성경을

읽으면서 "성경이 무엇을 말하고 있는가?"를 질문했다. 그 후에는 그것을 해석하면서 "성경이 무엇을 뜻하는가?"를 질문했다. 이제는 당신이 올바른 해석을 했는지 확인하기 위해 다른 사람에게 자문을 구해야 할 차례다. 기억하라! 성경은 결코 자기모순에 빠지지 않는다.

성경 개론, 주석, 성경 배경에 관한 책들을 읽어보라. 그 책들은 하나님께서 다른 사람들에게 비춰주신 빛인데, 그것을 통해 당신의 생각이 더욱 풍요로워질 수 있다. 평가 작업을 통해 진정한 구도자가 되라. 하나님의 진리가 지금까지 당신이 믿어오던 것 또는 당신 삶의 패턴을 바꿀 것을 요구한다고 해도 하나님의 진리를 받아들이는 사람이 되라.

단계 4—적용 다음 질문은 이것이다. "하나님의 진리가 어떻게 내 삶으로 들어와 내 삶을 변화시킬 것인가?" 성경이 당신 영혼의 가장 깊은 곳까지 침투하는 것을 막으면서 성경 공부를 하는 것은 마치 음식을 먹지 않는 잔치를 준비하는 것과 같다. 가장 근본적인 질문은 "성경의 어떤 본문에 포함되어 있는 신성한 진리와 원리를 어떻게 하면 내 태도와 행동에 적용할 수 있는가?"이다.

개인 성경 공부를 이 시점까지 밀고온 사람들에게 예수님이 하신 약속이 있다. "너희가 이것을 알고 행하면 복이 있으리라"(요 13:17).

성경을 읽고 해석했으므로 이제 당신은 성경이 무엇을 말하며, 성경 말씀이 뜻한 바가 무엇인지에 대한 기본적인 이해를 가지게 되었을 것이다. 그러나 성경 공부는 거기서 끝나는 것이 아니다. 성경 공부의 궁극적 목적은 그것이 당신에게 말하고 당신이 영적으로 성장하도록 하는 것이다. 이를 위해서는 개인적 적용이 필요하다.

스스로에게 "이것이 내 생활에 의미하는 것은 무엇이며, 내가 그것을 어떻게 실천적으로 적용할 것인가?"라고 질문할 때까지 성경 공부는 끝난 것이 아니다. 성경을 읽고 해석해서 얻은 지식으로부터 우리의 개인적인 생활에 적용되는 실천적인 원리를 이끌어내야 한다.

만약 순종해야 할 명령이 있다면 순종해야 한다. 우리가 받아야 할 약속이 있다면 그것을 주장해야 한다. 따라야 할 경고가 있다면 그것에 주의해야 한다. 최후의 단계는 성경에 굴복하고 성경이 우리의 삶을 변화시키도록 하는 것이다. 만약 이 단계를 건너뛴다면 결코 성경 공부를 즐기지 못할 것이며, 성경은 절대로 당신의 삶을 변화시키지 못할 것이다.

단계 5—상호연결하기 이 마지막 단계는 성경의 어떤 특정한 본문이나 책에서 배운 교리를 성경의 다른 곳에서 가르치는 신성한 진리 또는 원리와 연결시켜 큰 그림을 그리는 것이다. 성경은 66개의 부분으로 구성된 한 권의 책이며, 다양한 방식으로 또 여러 환경에서 반복해 가르친 많은 진리와 원리를 포함하고 있다는 사실을 항상 명심하라. 상호 연결과 참조를 통해 당신은 삶에 꼭 필요한 건전한 교리적 기초를 세우기 시작할 것이다.

이제 다음은

시인이 이렇게 말했다. "복 있는 사람은 악인들의 꾀를 따르지 아니하며 죄인들의 길에 서지 아니하며 오만한 자들의 자리에 앉지 아니하고 오직 여호와의 율법을 즐거워하여 그의 율법을 주야로 묵상하는도다"(시 1:1, 2).

성경을 공부하는 것만으로는 부족하다. 진정한 의미에서 우리의 뇌를 목욕시키는 중이다. 우리는 우리의 뇌를 하나님의 말씀이라는 세정제로 씻고 있는 것이다.

성경책명 약자표

구약

창세기	창	역대하	대하	다니엘	단
출애굽기	출	에스라	스	호세아	호
레위기	레	느헤미야	느	요엘	욜
민수기	민	에스더	에	아모스	암
신명기	신	욥기	욥	오바댜	옵
여호수아	수	시편	시	요나	욘
사사기	삿	잠언	잠	미가	미
룻기	룻	전도서	전	나훔	나
사무엘상	삼상	아가	아	하박국	합
사무엘하	삼하	이사야	사	스바냐	습
열왕기상	왕상	예레미야	렘	학개	학
열왕기하	왕하	예레미야애가	애	스가랴	슥
역대상	대상	에스겔	겔	말라기	말

신약

마태복음	마	에베소서	엡	히브리서	히
마가복음	막	빌립보서	빌	야고보서	약
누가복음	눅	골로새서	골	베드로전서	벧전
요한복음	요	데살로니가전서	살전	베드로후서	벧후
사도행전	행	데살로니가후서	살후	요한일서	요일
로마서	롬	디모데전서	딤전	요한이서	요이
고린도전서	고전	디모데후서	딤후	요한삼서	요삼
고린도후서	고후	디도서	딛	유다서	유
갈라디아서	갈	빌레몬서	몬	요한계시록	계

도표와 지도, 핵심 자료 목록

여호수아

사사기

룻기

사무엘상

사무엘하

열왕기상

열왕기하

역대상

역대하

에스라

느헤미야

에스더

욥기

시편

잠언

마가복음

누가복음

요한복음

단어 연구 목록

일러두기

1. 원서에서는 NKJV 성경을 사용했으나, 한국어판에서는 대한성서공회의 개역개정 4판 성경을 사용했다. 다만 저자의 설명과 개역개정판 번역 사이에 차이가 있을 경우에는 옮긴이 주를 달아 첨언했다.
2. 인명과 지명은 성경 본문 그대로 사용했으나, 성경에 나오지 않는 외래어는 외래어표기법을 따랐다.
   예) 아우구스투스 카이사르 → 가이사 아구스도, 티베리우스 → 디베료, 헤롯 안티파스 → 헤롯 안디바, 메소포타미아 → 메소보다미아, 유프라테스 → 유브라데
3. 도량형 단위는 현재 국내에서 사용하는 단위로 바꾸었다. 다만 고대 유대인들이 쓰는 길이 단위인 규빗은 시대에 따라 적용되는 길이가 달라 규빗 그대로 사용했다.
   예) 마일 → 킬로미터/미터, 피트 → 킬로미터/미터, 파운드 → 킬로그램/그램, 갤런/온스 → 리터
4. 이 책에 실린 지도 및 도표 등 여러 시각 자료의 저작권은 다음과 같다.

Nelson's Complete Book of Bible Map & Charts(Nashville: Thomas Nelson Pulishers, 1996)

오경(55쪽), 족장들의 이동(74쪽), 야곱의 생애(86쪽), 성경에 나타나는 선과 악의 순환(132쪽), 모세의 생애(136쪽), 성막 기구들(145쪽), 이스라엘의 방황(184쪽), 성경에 나오는 주목할 만한 선생들(200쪽), 구약성경에 나오는 이스라엘의 다른 거룩한 시간들(203쪽), 구약의 노래들(227쪽), 기드온의 전투(264쪽), 구약에 나오는 여인들(286쪽), 사무엘의 생애와 주요 활동 지역(295쪽), 다윗의 생애와 주요 활동 지역(310쪽), 사울 왕의 쇠퇴와 몰락(318쪽), 다윗이 거둔 승리들(329쪽), 다윗의 가문(341쪽), 다윗이 겪은 환난(346쪽), 솔로몬의 열두 지역(364쪽), 솔로몬의 제국(366쪽), 엘리야의 생애(382쪽), 차례로 이어진 세계적인 네 제국(391쪽), 엘리사의 사역(396쪽), 성경에 언급된 아람의 군주들(402쪽), 디글랏 빌레셀이 이끄는 앗수르 군대의 이스라엘과 유다 침공(주전 734-732년)(413쪽), 살만에셀 사르곤이 이끈 앗수르 군대의 이스라엘 침공(주전 725/722년)(415쪽), 산헤립이 이끈 앗수르 군대의 유다 침공(주전 701년)(419쪽), 주님을 위해 감옥에 갇힌 사람들(454쪽), 선지자들의 고향(657쪽), 소명을 받은 예레미야(725쪽), 애굽으로 끌려간 예레미야(745쪽), 바벨론의 팔레스타인 침공(750쪽), 에스겔의 일생과 시대적 상황(778쪽), 에스겔의 예언 범위(779쪽), 에스겔에 등장하는 비유(782쪽), 다니엘의 꿈과 환상의 상관관계(810쪽), 요나의 이동 경로(850쪽), 요나와 선원들(852쪽), 왜 네 편의 복음서인가(932쪽), 신약의 정치적 통치자들(938쪽), 마리아와 요셉, 예수의 애굽 피난(939쪽), 그리스도 시대의 중부 팔레스타인(1024쪽), 예수의 족보(1066쪽), 시험: 두 아담의 대비(1067쪽), 그리스도를 가리키는 구절들(1127쪽), 사람들이 좋아하는 열 가지 신화(1134쪽), 대제사장적 기도(1169쪽), 예수의 죽음(1173쪽), 빌립의 여행(1201쪽), 신약성경에 나온 유명한 여행(1207쪽), 베드로의 사역과 바울의 사역이 가진 유사성(1210쪽), 바울의 생애(1211쪽), 바울의 1차 전도여행(1212쪽), 바울의 2차 전도여행(1215쪽), 바울의 3차 전도여행(1223쪽), 바울의 가이사랴 옥살이(1232쪽), 로마를 향한 바울의 여행(1235쪽), 바울이 겪은 두 번의 로마 옥살이(1236쪽), 구원, 사람의 가장 큰 자산(1254쪽), 아담과 그리스도: 비교와 대비(1256쪽), 가족을 위한 성경적 지침(1302쪽), 신약성경에 나오는 성령의 은사 목록(1314쪽), 사랑의 길(1320쪽), 부활에 대한 몇 가지 선택안(1327쪽), 율법과 은혜(1375쪽), 그리스도 안에서 새로운 피조물이 된 사람의 성품(1424쪽), 찬송과 노래(1438쪽), 골로새서와 에베소서 비교(1439쪽), 요한계시록에 대한 네 가지 견해(1645쪽)

The MacArthur Study Bible, by John MacArthur(Nashville: Word Publishing, 1997)
© 1993 by Thomas Nelson, Inc.

노아의 대홍수 연표(66쪽), 창세기 10장에 나오는 족속들(70쪽), 아브라함의 여정(71쪽), 야곱, 가나안으로 돌아오다(94쪽), 애굽으로 내려가는 요셉의 여정(98쪽), 아담에서 이스라엘 열두 지파까지(106쪽), 요셉, 그리스도의 모형(108쪽), 모세의 피신과 애굽의 귀환(115쪽), 출애굽 여정의 날짜들(127쪽), 출애굽 경로(129쪽), 십계명(137쪽), 성막 플랜(163쪽), 구약의 제사와 그리스도의 제사 비교(164쪽), 이스라엘의 절기를 성취하신 그리스도(168쪽), 유대 절기(170쪽), 이스라엘 지파의 배치도(177쪽), 광야에서 요단까지(192쪽), 사형(210쪽), 이스라엘의 월력(212쪽), 사역을 위한 여호수아의 준비(244쪽), 약속의 땅 주변의 족속들(246쪽), 중앙과 남부 지역의 전투(250쪽), 북부 지역의 전투(251쪽), 지파들에게 땅을 분배함(253쪽), 도피성(254쪽), 이스라엘의 사사들(262쪽), 사사들의 활동 지역(270쪽), 모압과 베들레헴(275쪽), 룻과 잠언 31장에 나오는 현숙한 아내(278쪽), 사무엘이 활동한 지역(288쪽), 언약궤가 옮겨간 지역(291쪽), 블레셋의 위협하에 있던 지역(292쪽), 사울이 군사작전을 펼친 지역(301쪽), 다윗이 왕이 되기 전 이스라엘(308쪽), 다윗의 도성(330쪽), 다윗 왕국(337쪽), 솔로몬의 성전(367쪽), 솔로몬의 예루살렘(370쪽), 분열 왕국의 영토(376쪽), 분열 왕국의 왕들(378쪽), 엘리야와 엘리사의 사역(385쪽), 죽음에서 소생한 사례들(408쪽), 앗수르 제국(410쪽), 히스기야 시대의 예루살렘(417쪽), 구약에 나오는 거짓 신들(420쪽), 바벨론 제국(421쪽), 느부갓네살의 유다 침공(주전 605-586년)(426쪽), 사무엘서와 열왕기서, 역대기의 간략한 일치표(433쪽), 역대기의 언급된 다윗 언약(437쪽), 성전의 직무(440쪽), 널리 퍼져나간 솔로몬의 명성(448쪽), 역대기에 사용된 자료(462쪽), 포로기 이후의 예루살렘 귀환(467쪽), 유대인의 귀환 경로(468쪽), 바사 제국(472쪽), 느헤미야 연대기(478쪽), 느헤미야 시대의 예루살렘(480쪽), 살아도 죽은 것 같은 욥의 처지(514쪽), 욥의 인물 평전(519쪽), 시편의 유형(530쪽), 시편에 나타난 하나님의 이미지들(537쪽), 다윗 시편의 역사적 배경(543쪽), 시편의 메시아에 대한 예언(564쪽), 시편에 나타난 그리스도(581쪽), 전도서의 헛된 것들(1:2; 12:8)(636쪽), 창세기에 대한 솔로몬의 묵상(640쪽), 아가서에 나오는 지방색(646-650쪽), 아가서에 나타난 지명(649쪽), 그리스도의 초림으로 성취된 이사야의 예언(710-711쪽), 이스라엘의 미래 왕국에 대한 이사야의 예언(712쪽), 하나님의 심판에 대한 예화(730쪽), 예레미야의 실물 교육(734쪽), 말씀의 상징들(737쪽), 예레미야가 받은 핍박(744쪽), 열왕기하와 예레미야, 예레미야애가 비교(754쪽), 다른 애가들(756쪽), 애가를 넘어(757쪽), 에스겔 연대기(761쪽), 에스겔의 상징 설교(775쪽), 천년왕국의 희생제사들(794쪽), 에스겔의 성전(795쪽), 거룩한 구역(798쪽), 천년왕국의 절기들(799쪽), 땅의 회복(800쪽), 다니엘서에 등장하는 왕국들(805쪽), 알렉산더의 그리스 제국(811쪽), 하나님이 이스라엘에게 보여주신 인애(822쪽), 주(여호와)의 날(834쪽), 아모스의 다섯 가지 환상(841쪽), 이스라엘의 궁극적 회복(842쪽), 에돔에 대한 하나님의 심판(846쪽), 요나의 열 가지 기적(853쪽), 하나님의 죄 용서하심(859쪽), 앗수르/니느웨에 대한 하나님의 심판(865쪽), 성경에 나오는 노래들(871쪽), '여호와의 날'의 성취(875쪽), 이스라엘을 회복시키겠다는 하나님의 약속(877쪽), 그리스도 계보의 스룹바벨(880쪽), 성경의 성전들(881쪽), 예루살렘의 다른 이름들(894쪽), 구약에 나타난 하나님의 이름들(906쪽), 마카비 통치하에서의 영토 확장(914쪽), 로마 통치하에서의 팔레스타인(915쪽), 예수의 기적(963쪽), 그리스도의 재판, 십자가, 부활(985쪽), 그리스도의 사역 개관(989쪽), 그리스도의 생애 개관(998쪽), 예수의 비유(1008쪽), 헤롯의 가계(1014쪽), 신약 시대의 로마 제국(1015쪽), 시편의 메시아 예언(1029쪽), 헤롯 성전의 설계(1030쪽), 'I AM' 진술(1147쪽), 유대교 절기(1153쪽), 일곱 가지 표적(1157쪽), 신약 시대의 로마 제국(1187쪽), 사도행전에 나오는 주요 설교(1198쪽), 사도들의 사역(1208쪽), 1세기 로마(1242쪽), 부활하신 그리스도의 나타나심(1324쪽), 고린도 시의 아고라(1333쪽), 에베소 시(1389쪽), 그리스도의 호칭(1430쪽), 교회가 존재했던 도시들(주후 100년경)(1444쪽), 바울의 두 번에 걸친 로마 옥살이(1487쪽), 성경 해설의 사례(1520쪽), 주의 날(1595쪽), 배교자의 프로필(1628쪽), 일곱 교회(1641쪽), 그리스도의 영광(1669쪽)

The MacArthur Bible Handbook, by John MacArthur(Nashville: Thomas Nelson Pulishers, 2003)
© 2003 by Thomas Nelson, Inc.

에덴동산(59쪽), 족장들은 몇 살까지 살았을까(65쪽), 사랑에 빠진 커플(85쪽), 기업 무를 자(277쪽), 룻의 가계도(280쪽), 사울의 가계도(297쪽), 사무엘하의 이야기 전개(327쪽), 에스더 연표(495쪽), 예수의 세례(997쪽), 요한의 생애(1118쪽), 팔레스타인(1129쪽), 오순절에 모였던 나라들(1188쪽), 사도 바울의 경력(1214쪽), 하나님 나라 방식의 멘토링(1286쪽), 갈라디아의 도시들(1366쪽), 에베소서의 단어 연구(1398쪽), 지극히 높으신 그리스도(1429쪽), 골로새서의 단어 연구(1439쪽), 데살로니가전서의 단어 연구(1448쪽), 디모데의 사역(1484쪽), 디모데후서에 나오는 단어 연구(1493쪽), 빌레몬서에 나타난 사랑의 역사(役事)(1507쪽), 그리스도의 우월성(1512쪽), 야고보서와 산상보훈(1556쪽), 이교도 가운데서 생활하는 법(1573쪽), 하나님의 관점에서 본 고난(1579쪽), 베드로의 생애(1585쪽), 요한계시록의 일곱 교회(1644쪽)

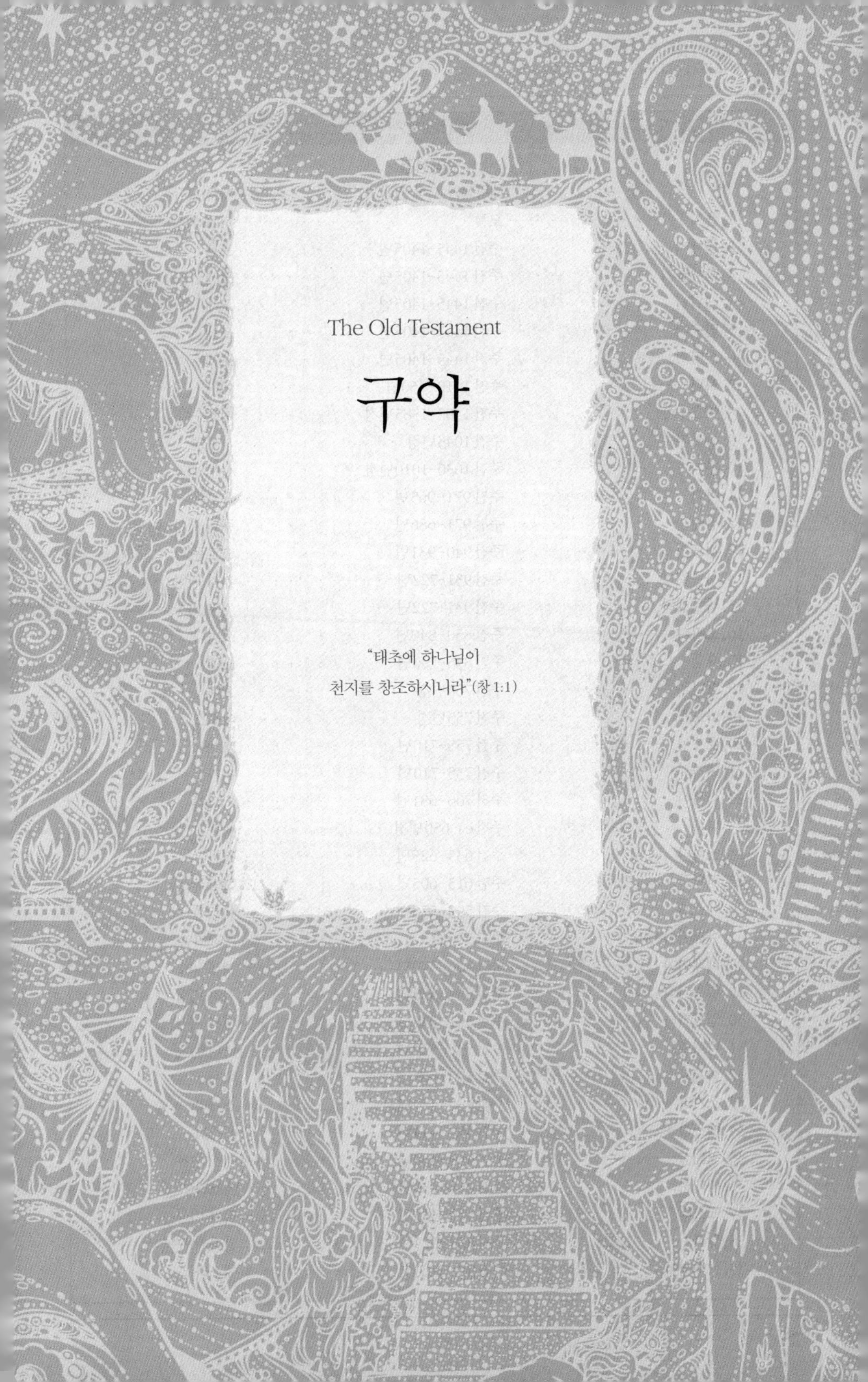

The Old Testament

구약

"태초에 하나님이
천지를 창조하시니라"(창 1:1)

계시의 발전

구약성경

책	대략적인 저작 연대	저자
1. 욥기	모름	저자 미상
2. 창세기	주전 1445-1405년	모세
3. 출애굽기	주전 1445-1405년	모세
4. 레위기	주전 1445-1405년	모세
5. 민수기	주전 1445-1405년	모세
6. 신명기	주전 1445-1405년	모세
7. 시편	주전 1410-450년	여러 사람
8. 여호수아	주전 1405-1385년경	여호수아
9. 사사기	주전 1043년경	사무엘
10. 룻기	주전 1030-1010년경	사무엘(?)
11. 아가	주전 971-965년	솔로몬
12. 잠언	주전 971-686년	주된 저자 솔로몬
13. 전도서	주전 940-931년	솔로몬
14. 사무엘상	주전 931-722년	저자 미상
15. 사무엘하	주전 931-722년	저자 미상
16. 오바댜	주전 850-840년	오바댜
17. 요엘	주전 835-796년	요엘
18. 요나	주전 760년경	요나
19. 아모스	주전 755년경	아모스
20. 호세아	주전 755-710년	호세아
21. 미가	주전 735-710년	미가
22. 이사야	주전 700-681년	이사야
23. 나훔	주전 ca. 650년경	나훔
24. 스바냐	주전 635-625년	스바냐
25. 하박국	주전 615-605년	하박국
26. 에스겔	주전 590-570년	에스겔
27. 예레미야애가	주전 586년	예레미야
28. 예레미야	주전 586-570년	예레미야
29. 열왕기상	주전 561-538년	저자 미상
30. 열왕기하	주전 561-538년	저자 미상
31. 다니엘	주전 536-530년	다니엘
32. 학개	주전 520년경	학개
33. 스가랴	주전 480-470년	스가랴
34. 에스라	주전 457-444년	에스라
35. 역대상	주전 450-430년	에스라(?)
36. 역대하	주전 450-430년	에스라(?)
37. 에스더	주전 450-331년	저자 미상
38. 말라기	주전 433-424년	말라기
39. 느헤미야	주전 424-400년	에스라

THE PENTATEUCH 오경

성경의 맨 앞에 나오는 다섯 책(창세기와 출애굽기, 레위기, 민수기, 신명기)을 오경(五經)이라 부르는데, 오경은 '다섯 두루마리'라는 뜻으로 하나의 완전한 문학 단위(a complete literary unit)를 이룬다. 오경을 구성하는 독립된 다섯 권의 책은 내용과 역사적 연속성이 서로 분리되지 않는 한 작품으로 기록되었고, 각 권은 앞 권이 끝나는 시점에서 다시 시작한다.

창세기는 "태초에 하나님이 천지를 창조하시니라"(1:1)로 시작하는데, 이런 창세기의 첫 마디는 하나님은 영원히 계시고 '시간이 시작되기 전'에도 계셨다는 것을 암시하며, 시간과 공간이 극적으로 생겨났다고 선언한다. 창조의 정확한 연대는 알 수 없지만, 분명히 수백만 년이 아니라 수천 년 전으로 보인다. 시작을 설명하는 창세기는 11장의 아브라함부터(주전 2165-1990년경) 요셉이 애굽에서 죽을 때까지(주전 1804년경) 약 300년 간의 일을 다룬다. 그 후 요셉이 죽고 모세가 애굽에서 태어날 때까지 또다시 거의 300년에 이르는 공백이 있다(주전 1525년경, 출 2장).

출애굽기는 "…이름은 이러하니"로 시작하며(1:1), 창세기 말미에서 애굽으로 내려가 요셉과 함께한(창 46장 이하) 야곱의 가족을 열거한다. 오경의 둘째 권은 이스라엘의 애굽 탈출을 기록하며, 광야에서 이스라엘을 인도한 구름이 최근에 세운 성막에 내려앉는 데서 끝난다.

레위기의 첫 히브리어 문장은 '이제 여호와께서 모세를 부르셨다'(Now the LORD called to Moses)로 옮길 수 있다(레 1:1). 회막을 덮은 임재의 구름 속에서(레 1:1) 하나님은 이스라엘이 그들의 거룩한 하나님께 어떻게 나와야 하는지를 규정하는 의식법(ceremonial law)을 주려고 모세를 부르신다. 레위기는 "이것은 여호와께서 시내 산에서 이스라엘 자손을 위하여 모세에게 명령하신 계명이니라"(레 27:34)는 말로 끝난다.

레위기와 아주 비슷하게 민수기는 하나님이 회막에서 모세를 부르시는 장면으로 시작하는데, 하나님이 이번에는 이스라엘이 대적들과 치를 전쟁을 준비하도록 인구조사를 하라고 명하신다. 히브리어 성경의 민수기 제목인 '광야'는 민수기의 내용을 정확히 반영하고 있다. 이스라엘은 하나님을 신뢰하지 못했기에 적들과 무력으로 싸워 약속의 땅을 취하려고 하지 않았다. 이스라엘은 스스로 하나님을 거역했고, 그로 말미암아 40년 간 광야에서 방황하다가 모압 평지에 도착했다.

"호렙 산에서 세일 산을 지나 가데스 바네아까지 열하룻길이었더라"(신 1:2). 그런데 이스라엘의 여정이 40년이나 걸린 것은 이들이 하나님을 거역했기 때문이다. 신명기는 모세가 모압 평지에서 행한 설교로, 하나님의 백성이 이제 약속의 땅(창 12:1-3)에 들어가도록 준비시키는 데 목적이 있었다. 제목 *신명기*(*Deuteronomy*)는 '두 번째 법'을 뜻하는 헬라어 *듀테로스 노모스*(*deuteros nomos*)에서 왔다. 신명기는 율법을 재확인하며, 율법을 이스라엘이 처할 새로운 환경에 재적용하는 데 초점을 맞춘다.

모세는 오경의 인간 저자다(출 17:14; 24:4; 민 33:1, 2; 신 31:9; 수 1:8; 왕하 21:8). 그래서 오경의 또 다른 제목은 '모세의 책'이다. 하나님은 모세를 통해 자신을, 자신이 이전에 하신 일을, 이스라엘의 가족사를, 인류를 구속(救贖)하려는 계획에서 이스라엘이 해야 할 역할을 계시하셨다. 오경은 성경 나머지 부분의 기초이기도 하다.

오경은 구약과 신약에서 수천 번 인용되거나 암시되며, 이스라엘의 영감 된 첫 성경이었다. 오랫동안 이스라엘의 성경은 오경뿐이었다. 일반적으로 오경을 일컫는 다른 이름은 토라(*Torah*), 즉 율법이다. 이는 오경의 교훈적 성격을 염두에 둔 제목이다. 이스라엘은 이것을 묵상하고(수 1:8), 자녀들에게 가르치며(신 6:4-8), 공적으로 낭독해야 했다(느 8:1 이하). 자신이 죽기 직전, 약속의 땅에 들어가기 직전에 모세는 이런 공적 낭독이 이스라엘의 마음에 새겨지고, 이스라엘과 하나님의 관계를 바꿔놓으며, 궁극적으로 이스라엘의 행동을 바꿔놓아야 한다고 했다. "곧 백성의 남녀와 어린이와 네 성읍 안에 거류하는 타국인을 모으고 그들에게 듣고 배우고 네 하나님 여호와를 경외하며 이 율법의 모든 말씀을 지켜 행하게 하고"(신 31:12).

명령들 사이의 관계는 중요하다. 첫째, 백성은 율법이 자신들에게 무엇을 요구하며, 하나님에 대해 무엇을 말하는지 배우려고 율법을 들으러 모여야 했다. 둘째, 백성은 하나님이 누군지에 대한 정확한 이해를 바탕으로 그분을 경외하기 위해 하나님에 대해 배워야 했다. 셋째, 백성은 올바른 동기에서 순종하고 선을 행하기 위해 하나님을 경외해야 했다. 다른 이유로 행하는 선행은 동기가 잘못된 것이다. 제사장들은 백성에게 율법을 가르치고(말 2:4-7), 부모들은 가정에서 자녀들에게 율법을 가르쳐야 했다(신 6:4 이하). 간단히 말해 율법의 가르침이 구약 신자들과 하나님의 관계를 위한 올바른 기초가 되어야 했다.

이스라엘은 자신들이 사는 세상에 대한 지식을 자신들의 조상 메소보다미아인뿐 아니라 애굽인을 통해서도 얻었기에 세상이 어떻게 창조되었고, 어떻게 해서 현재 상태에 이르렀으며, 이스라엘이 어떻게 생겨났는지에 대해 상당히 혼란스러워했다. 창세기 1-11장은 이스라엘이 창조 세계, 인간의 노동, 죄, 결혼, 살인, 죽음, 중혼(重婚), 심판, 여러 언어와 문화 등의 기원과 성격을 이해하는 데 도움이 되었다. 창세기 1-11장은 이스라엘의 첫 성경, 곧 오경의 나머지 부분을 설명하는 세계관을 확고하게 제시한다.

창세기의 이후 부분은 이스라엘에게 그들이 누군지 설명하며, 하나님이 한 민족으로서 이들을 향해 갖고 계시는 목적도 함께 설명한다. 창세기 12:1-3에서 하나님은 아브라함에게 나타나 땅, 후손, 복을 주겠다는 삼중적 약속을 하셨다. 수년 후 아브라함 시대의 문화에서 전형적인 의식을 통해 하나님은 삼중적 약속을 언약으로 격상시키셨다(창 15:7 이하). 창세기 나머지 부분은 세 약속의 성취를 다루지만 특별히 씨, 즉 후손에 대한 약속에 초점을 맞춘다. 족장들이 택한 아내마다 불임이었는데, 이것은 이스라엘에게 하나님이 주실 자녀를 기다릴 때 신뢰하고 인내하는 게 얼마나 중요한지 가르쳐주었다.

「십계명을 든 모세(*Moses with the Then Commandments*)」 1659년. 렘브란트. 캔버스에 유화. 136.5x168.5cm. 베를린 국립 회화관. 베를린.

오경의 나머지 부분에서 창세기 12:1-3의 약속이 아브라함 언약에서 어떻게 확대되고, 초기 단계에서 어떻게 성취되는지 살펴볼 수 있다. 출애굽기와 민수기는 하나님과의 관계에서 오는 복에 초점을 맞춘다. 출애굽기에서 이스라엘은 조상의 하나님을 만나며, 그분의 인도로 애굽에서 나와 약속의 땅을 향한다. 레위기는 백성과 제사장들이 예배와 삶의 모든 부분에서 어떻게 하나님께 나아가야 하는지를 세세하게 다룬다. 거룩과 깨끗함은 단순하고 실제적인 방식으로 하나가 된다. 민수기와 신명기는 약속의 땅을 향한 여정과 그 땅에 들어가기 위한 준비에 초점을 맞춘다. 오경은 이스라엘과 하나님 간의 관계 그리고 관련된 많은 문제를 다룬다. 그러나 오경의 토대를 이루는 주제는 하나님이 아브라함에게 주신 약속이 초기에 어떻게 점진적으로 성취되는가 하는 것이다.

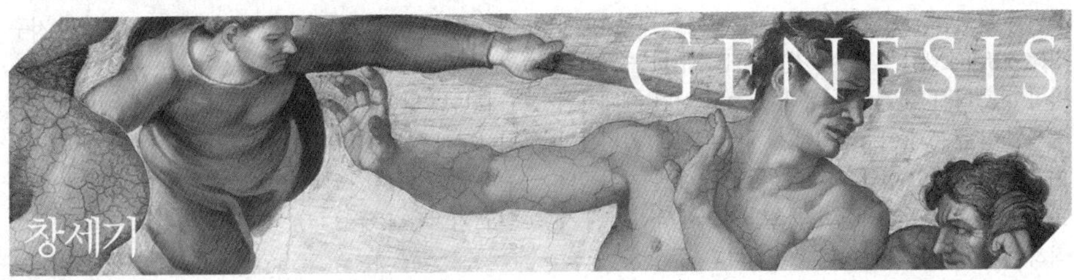

제목

영어 제목 제네시스(Genesis)는 구약의 헬라어 번역(70인역, LXX)에서 왔으며, '기원'을 뜻한다. 한편 히브리어 제목은 '태초에'라고 번역되는 창세기의 첫 단어에서 왔다. 창세기는 오경과 성경 전체의 서문 역할을 한다. 창세기는 신약성경에서 35회 이상 인용되고 구약성경과 신약성경에서 수백 차례 암시되는데, 이것만으로도 창세기가 성경에서 갖는 영향력을 짐작할 수 있다. 구원 이야기는 창세기 3장에서 시작해 구속받은 신자들의 영원한 나라가 영화롭게 그려지는 요한계시록 21, 22장에 가서야 완성된다.

저자와 저작 연대

창세기 저자는 자신을 밝히지 않았다. 창세기는 모세가 태어나기 거의 3세기 전에 끝나지만, 구약성경(출 17:14; 민 33:2; 수 8:31; 왕상 2:3; 왕하 14:6; 스 6:18; 느 13:1; 단 9:11, 13; 말 4:4)과 신약성경(마 8:4; 막 12:26; 눅 16:29; 24:27, 44; 요 5:46; 7:22; 행 15:1; 롬 10:19; 고전 9:9; 고후 3:15) 둘 다 창세기를 모세의 저작으로 보는데, 모세의 교육 배경으로 볼 때 창세기 저자로 적합하다(참고. 행 7:22). 모세가 창세기의 저자가 아니라고 제대로 반박할 만한 설득력 있는 이유가 지금껏 제시되지 않고 있다. 창세기는 출애굽(주전 1445년경) 후에, 모세가 죽기(주전 1405년경) 전에 기록되었다. 모세에 대한 간략한 전기를 보고 싶다면 출애굽기 1-6장을 읽어보라.

배경과 무대

창세기의 첫 무대는 영원한 과거다. 의지의 행위와 신적인 말씀으로 모든 창조 세계가 생겨나라고 명하신 하나님은 그 세계를 채우셨으며, 마침내 자신의 형상대로 빚은 흙덩이에 생명을 불어 넣어 아담을 창조하셨다. 하나님은 인간을 창조의 정점, 곧 자신과 교제하며 자신의 이름을 영화롭게 할 동반자로 정하셨다.

창세기 초기 사건들의 역사적 배경은 분명 메소보다미아적인 것이다. 창세기가 기록된 역사적 순간을 정확히 짚어내기는 어렵지만, 이스라엘은 요단강을 건너 약속의 땅에 들어가기(주전 1405년경) 이전 어느 시점에 창세기를 처음 들었다.

창세기에는 뚜렷히 구분되지만 연속되는 지리적 무대 세 곳이 등장한다. 메소보다미아(1-11장), 약속의 땅(12-36장), 애굽(37-50장)이다. 세 장소에 상응하는 시간은 창조에서 주전 2090년경까지, 주전 2090-1897년, 주전 1897-1804년이다. 전체적으로 창세기가 다루는 시간은 성경의 나머지 시간을 모두 합친 것보다 길다.

역사적 · 신학적 주제

시작을 말하는 창세기에서 하나님은 자신을 계시하셨고, 이스라엘과 이웃한 민족들의 세계관과 때로는 날카롭게 대조되는 세계관을 계시하셨다. 저자는 하나님의 존재를 변호하거나 하나님과 그분의 일에 대한 체계적 논의를 제시하지 않는다. 오히려 이스라엘의 하나님은 자신을 이스라엘과 이웃한 민족들의 어쭙잖은 신들과 분명하게 구분하신다. 성부, 성자, 성령, 인간, 죄, 구속(救贖), 언약, 약속, 사탄, 천사, 하나님 나라, 관계, 이스라엘, 심판, 복에 대한 신학적 기초가 계시된다.

창세기 1-11장(원역사, primeval history)은 우주의 기원, 곧 시간과 공간의 시작을 계시하고 있다. 또한 인간이 처음 경험한 많은 것, 이를 테면 결혼, 가정, 타락, 죄, 구속, 심판, 족속들(열방이나 민족들)이 어떻게 시작되었는지 계시한다. 창세기 12-50장(족장의 역사)은 이스라엘에게, 그들이 어떻게 조상인 에벨까지(그래서 '히브리인'이라고 불림. 창 10:24, 25), 훨씬 더 멀게는 노아의 아들 셈까지 거슬러 올라가(그래서 '셈족'이라고 불림. 창 10:21) 한 가족으로 존재하게 되었는지 말한다. 하나님의 백성은 자신들의 조상과 가족사뿐 아니라 자신들의 제도, 관습, 언어, 다양한 문화, 특히 죄와 죽음 등 인간의 근본적인 경험의 기원까지 알 수 있다.

이스라엘은 가나안에 들어가 가나안 거민들의 집과 소유를 탈취할 준비를 하고 있었는데, 하나님은 이스라엘이 맞닥뜨리게 될 대적들의 배경을 알려주셨다. 게다가 이스라엘은 이제 자신들이 선포하고 살육이라는 부도덕을 자행할 전쟁의 실제적 근거, 모세의 다른 네 저작(출애굽기와 레위기, 민수기, 신명기)에 부합하는 근거를 알아야 했다. 궁극적으로 유대 민족은 이전 세계사의 선택된 한 부분과 이스라엘이 생겨난 배경을, 자신들이 여호수아의 지도 아래 가나안 땅에서, 예전 자신들의 조상인 첫 족장 아브라함이 약속받은 땅에서 새롭게 시작하며 살아갈 근거로 이해할 것이다.

창세기 12:1-3은 주로 하나님이 아브라함에게 주신 약속에 초점을 맞춘다. 그 결과 관점은 창세기 1-10장의 세상 모든 민족에서 한 작은 민족 이스라엘로 좁혀지는데, 하나님은 이스라엘을 통해 자신의 구속 계획을 점진적으로 성취하실 것이다. 이것은 "이방의 빛"이 되어야 하는 이스라엘의 사명을 강조한다(사 42:6). 하나님은 땅, 후손(씨), 복을 약속하셨다. 이런 삼중적 약속이 아브라함 언약의 기초다(창 15:1-20). 성경의 나머지 부분은 이런 약속의 성취를 증언한다.

대체로 창세기 1-11장은 하나님의 성품과 하나님의 일에 관해 단 하나의 메시지를 전한다. 1-11장의 연속되는 여러 기사에서 인간의 의도적인 불순종에 반응하시는 하나님의 풍성한 은혜를 드러내는 패턴이 나타난다. 예외 없이 각 기사에서 하나님은 은혜를 더 분명하게 드러내신다. 그러나 또한 예외 없이 인간은 더 크고 더욱 죄악된 거역으로 응수한다. 성경적으로 말하면 죄가 넘칠수록 하나님의 은혜는 더해졌다(참고. 롬 5:20).

창세기는 신학적 의미와 역사적 의미를 모두 내포하는 마지막 주제에서 성경의 나머지 책과 구분되는데, 성경 첫 권이 마지막 권과 밀접히 연결된다는 점에서 그렇다는 뜻이다. 요한계시록에서 창세기의 잃어버린 낙원이 회복될 것이다. 사도 요한은 자신의 책에 기록된 사건들을 창세기 3장의 저주에서 시작된 문제에 대한 미래의 해결책으로 분명하게 제시한다. 요한은 타락이 창조 세계의 파괴에 미치는 영향에, 하나님이 자신의 창조 세계에서 저주의 영향을 제거하시는 방식에 초점을 맞춘다. 요한의 표현을 빌리면 이렇다. "다시 저주가 없으며…"(계 22:3).

하나님 말씀의 마지막 장에서 신자들은 에덴동산에, 하나님의 영원한 낙원에 돌아가 생명나무의 열매를 먹는다(계 22:1-14). 그때 이들은 어린 양의 피에 빤 옷을 입고 참여한다(계 22:14).

해석상의 과제

창세기에서 더 큰 계획과 목적을 구성하는 메시지 하나하나를 이해한다는 건 결코 쉽지 않다. 창세기의 기사 하나하나와 전체 메시지 양쪽 모두 믿음과 행위에 중요한 가르침을 주기 때문이다. 창세기는 하나님의 명령에 따른 창조, *엑스 니힐로*(*ex nihilo*), 즉 '무로부터'의 창조를 말한다. 엄청난 세 가지 사건, 곧 타락과 대홍수, 족속들의 흩어짐은 세상 역사를 이해하는 역사적 배경으로 제시된다. 초점은 아브라함부터 줄곧 하나님의 구속과 복에 집중된다.

많은 부분에 있어 창세기 관습은 현대 관습과 매우 다르다. 창세기 관습은 고대 근동을 배경으로 설명해야 한다. 각 관습을 성경 밖의 자료, 심지어 성경의 다른 부분에 기록된 관습을 토대로 설명하려 들기 전에 그 관습이 자리한 앞뒤 문맥을 적절히 다뤄야 한다.

창세기는 내용상 원역사(창 1-11장), 족장의 역사(창 12-50장) 두 부분으로 나뉜다. 원역사는 중요한 네 가지 사건을 기록한다. 창조(창 1, 2장), 타락(창 3-5장), 대홍수(창 6-9장), 흩어짐(창 10, 11장)이다. 족장의 역사는 훌륭한 네 명의 인물을 집중 조명한다. 아브라함(창 12:1-25:8), 이삭(창 21:1-35:29), 야곱(창 25:21-50:14), 요셉(창 30:22-50:26)이다.

창세기의 문학적 구조는 빈번하게 되풀이되는 '…의 계보(족보)'라는 표현에 기초하며, 이는 뒤이은 모든 줄거리의 기초가 된다.

「아담과 하와의 타락 및 에덴동산에서의 추방(*The Downfall of Adam and Eve and their Expulsion from the Garden of Eden*)」 1509-1510년. 미켈란젤로. 프레스코화. 시스티나 성당. 로마.

창세기 개요

I. 천지 창조(1:1-2:3)

II. 하늘과 땅에 대한 기사(2:4-4:26)

- A. 에덴동산의 아담과 하와(2:4-25)
- B. 타락과 그 결과(3:1-24)
- C. 형제 살인(4:1-24)
- D. 셋의 후손에게서 보이는 희망(4:25-26)

III. 아담의 후손(5:1-6:8)

- A. 족보 — 아담에서 노아까지(5:1-32)
- B. 대홍수 이전에 만연한 죄(6:1-8)

IV. 노아의 후손(6:9-9:29)

- A. 대홍수 준비(6:9-7:9)
- B. 대홍수와 구원(7:10-8:19)
- C. 노아 언약 (8:20-9:17)
- D. 노아 후손의 역사(9:18-29)

V. 셈, 함, 야벳의 후손(10:1-11:9)

- A. 족속들(10:1-32)
- B. 족속들이 흩어지다(11:1-9)

VI. 셈의 후손: 족보 — 셈에서 데라까지 (11:10-26)

VII. 데라의 후손(11:27-25:11)

- A. 족보(11:27-32)
- B. 아브라함 언약: 그의 땅과 그의 사람들 (12:1-22:19)
  1. 약속의 땅으로 향하는 여정(12:1-9)
  2. 애굽에서 구조되다(12:10-20)
  3. 땅을 나누다(13:1-18)
  4. 왕들에게 승리하다(14:1-24)
  5. 언약을 비준하다(15:1-21)
  6. 하갈과 이스마엘을 인정하지 않으시다 (16:1-16)
  7. 언약을 재확인하시다(17:1-27)
  8. 이삭이 태어나리라고 예언하시다 (18:1-15)
  9. 소돔과 고모라(18:16-19:38)
  10. 블레셋과 만나다(20:1-18)
  11. 이삭이 태어나다 (21:1-34)
  12. 아브라함이 믿음으로 이삭을 바치다 (22:1-19)
- C. 아브라함이 씨에 대해 약속을 받다 (22:20-25:11)
  1. 리브가의 배경(22:20-24)
  2. 사라의 죽음(23:1-20)
  3. 이삭과 리브가의 결혼(24:1-67)
  4. 유일한 상속자 이삭(25:1-6)
  5. 아브라함의 죽음(25:7-11)

VIII. 이스마엘의 후손(25:12-18)

IX. 이삭의 후손(25:19-35:29)

- A. 에서와 야곱이 경쟁하다(25:19-34)
- B. 이삭이 언약의 복을 받다(26:1-35)
- C. 야곱이 아버지를 속여 축복을 받다 (27:1-40)
- D. 야곱이 이국 땅에서 복을 받다 (27:41-32:32)
  1. 야곱을 라반에게 보내다(27:41-28:9)
  2. 야곱이 벧엘에서 천사를 만나다 (28:10-22)
  3. 야곱이 라반과 다투다(29:1-30)
  4. 야곱이 약속된 씨를 얻다 (29:31-30:24)
  5. 야곱이 아람을 떠나다(30:25-31:55)
  6. 야곱이 마하나임과 브니엘에서 천사들을 만나다(32:1-32)
- E. 야곱과 에서가 다시 만나 화해하다 (33:1-17)
- F. 세겜에서 마므레로 가는 여정에서 일어난 사건과 죽음(33:18-35:29)

X. 에서의 후손(36:1-37:1)

XI. 야곱의 후손(37:2-50:26)

- A. 요셉의 꿈 (37:2-11)
- B. 야곱의 가정에 일어난 비극(37:12-38:30)
- C. 요셉, 애굽의 총리가 되다(39:1-41:57)
- D. 가족이 다시 만나다(42:1-45:28)
- E. 애굽으로 이주하다(46:1-50:26)
  1. 애굽으로 가는 여정(46:1-27)
  2. 고센에 정착하다(46:28-47:31)
  3. 야곱이 열두 지파를 축복하다 (48:1-49:28)
  4. 야곱이 죽어 가나안에 묻히다 (49:29-50:14)
  5. 요셉이 애굽에서 죽다(50:15-26)

천지 창조 (1:1-2:3)

1:1 하나님이 천지를 창조하셨다는 진술은 다음 몇 가지로 이해된다. 첫째, 창조는 오래되지 않았다. 다시 말해 수천 년 전이지 수백만 년 전은 아니다. 둘째, 천지는 *엑스 니힐로*(*ex nihilo*), 즉 '무로부터' 창조되었다. 셋째, 창조는 특별하다. 즉 창조는 '날'(days)이라 불리고 '저녁과 아침'(the evening and the morning) 같은 어구로 한층 더 구분되고 24시간을 단위로 하며 연속되는 여섯 단계로 이뤄졌다. 성경은 지구 나이가 1만 살이 넘는다는 그 어떤 창조 연대설도 지지하지 않는다. **태초에** 하나님은 영원히 존재하지만(시 90:2), 이 표현은 우주가 시간과 공간에서 시작되었다는 것을 의미한다. 하나님은 모압 평지에서 이스라엘에게 그들이 누구며 자신이 그들에게 무엇이 되려 하는지 설명하면서 자신의 백성이 그들이 사는 세상의 기원을 알길 원하셨다. **하나님** 엘로힘(Elohim)은 '지고한 존재'라는 뜻이며, 신을 가리키는 일반 용어이자 참 하나님을 가리키는 특별한 이름이다. 하지만 엘로힘은 이따금 상대적 의미로 사용되어 이방 신들(31:30), 천사들(시 8:5), 사람들(시 82:6), 재판관(출 21:6)을 가리키기도 한다. 모세는 하나님의 존재를 전혀 변호하려 들지 않으며, 그분의 존재는 기정사실로 받아들여진다. 그뿐 아니라 모세는 하나님이 어떻게 생겼다거나, 어떻게 일하신다고 설명하지 않지만 다른 곳에서는 이 부분을 다룬다(참고. 사 43:10, 13). 모든 것을 오직 믿음으로 믿어야 한다(참고. 히 11:3, 6). **천지를** 하나님의 모든 창조 세계는 연속되는 엿새에 걸쳐 이뤄진 모든 창조를 포함하는 이 진술로 요약 정리된다. **창조하시니라** 이 단어는 다른 곳에서 이따금 이미 존재하는 물질을 이용한 창조 행위를 가리키기도 하지만(사 65:18) 여기서는 오직 하나님의 창조 행위를 가리킨다. 문맥상 이것은 선재(先在)하는 물질 없이 이뤄지는 창조를 말하는 게 분명하다(성경 다른 곳에서처럼. 예를 들면 사 40:28; 45:8, 12, 18; 48:13; 렘 10:16; 행 17:24). 하나님의 단순한 명령으로 피조물이 생겨났다. 비물질에서 물질이 생겨났다. 무(無)에서, 즉시, 우주(그 모든 공간과 물질을 포함해)가 하나님의 명령으로 생겨났다. 우주(적어도 그 에너지와 덩어리)가 어떤 형태로 존재하기 시작했다.

1:2 혼돈하고 공허하며 '그 형태가 완성되지 않았고 아직 피조물들이 살지 않았다'는 뜻이다(참고. 사 45:18, 19; 렘 4:23). 히브리어 표현은 황무지, 황량한 곳을 의미한다. 땅은 극도로 황량한 공터였으며, 어둠과 물이나 일종의 안개에 가려져 형체가 없는 불모지로 존재했다. 땅이 형태가 완성되지 않았고 비어 있었음을 암시한다. 날 재료는 모두 거기 있었으나 아직 형태를 갖추지 못했다. 하나님이 빨리 (엿새 동안) 초기 창조(형태가 갖춰지지 않는 창조의 첫 상태를 말함-옮긴이)를 장식하실 것이다(1:2-2:3). **깊음** 이따금 '원초의 물'이라고 불리는데, 마른 땅이 나타나기 전에 지구를 뒤덮은 수면층을 가리키는 용어다(9, 10절). 지구 표면은 대양(大洋)으로 원초의 바다가 지구 전체를 뒤덮고 있었다. 이제 생겨날 생명체의 영양에 아주 중요한 물이 지구의 가장 두드러진 특징이었다. 요나는 자신이 내려갔던 물속의 심연을 이 단어로 묘사했다(욘 2:5). **하나님의 영** 지구 창조의 대리자가 지구 표면을 감싸고 두르며 지키고 있었다. 성령 하나님뿐 아니라 성자 하나님도 창조에 참여하셨다(참고. 요 1:1-3; 골 1:16; 히 1:2).

1:3-5 하나님의 창조-첫째 날

1:3 하나님이 이르시되 하나님은 전혀 힘들이지 않고 말씀으로 빛을 창조하셨고(참고. 시 33:6; 148:5), 그 빛이 2절의 흑암을 몰아냈다. **빛** 빛은 하나님의 영광을 가장 분명하게 드러내고 하나님의 영광에 가장 근접한다(참고. 단 2:22; 딤전 6:16; 약 1:17; 요일 1:5). 하나님처럼 빛은 다른 모든 것을 비추며 드러난다. 빛이 없으면 모든 창조 세계가 차갑고 캄캄한 상태 그대로였을 것이다. 이 빛이 어떤 형태였는지는 분명하지 않다. 그러나 빛 자체, 곧 빛의 실체는 첫째 날 창조되었고, 곧바로 낮과 밤이 나뉘었다. 큰 빛과 작은 빛(해와 달)은 나중 넷째 날에 창조되었다(14-19절). 하나님은 빛을 주신 분이셨으며(고후 4:6), 영원한 미래에 빛의 근원이실 것이다(참고. 계 21:23).

1:4 좋았더라 빛은 의도된 대로 여러 목적에 기여하기에 좋았다(참고. 31절).

1:4-5 나누사…부르시고 초기 창조 이후 하나님은 자신의 우주를 완성해 나가셨다. 하나님은 이런저런 것들을 분리하신 뒤 각각에 이름을 주셨다. 분리하기와 이름 짓기는 통치 행위였으며 인간에게도 하나의 패턴이 되었는데, 나중에 인간도 하나님의 창조 세계에서 하나님께 통치권을 부여받은 대상의 이름을 지어준다(2:19, 20). 또한 빛이 창조되어 지구의 시간이 낮과 밤을 주기로 측정되기 시작했다. 빛과 어둠이 정기적으로 교차하기 시작한 것이다.

1:5 첫째 날이니라 하나님은 완전한 한 주를 구성하는 이레 동안 창조 세계의 패턴을 세우셨다. 날(day)은 다음 몇 가지를 가리킬 수 있다. 첫째, 하루를 이루는 24시간 중 빛이 비치는 시간이다(1:5, 14). 둘째, 긴 시간이다

창

(2:4). 셋째, 24시간을 말하며 지구가 자전축을 중심으로 완전히 한 바퀴 도는 것을 가리키는데, '저녁과 아침'이라고 불린다. 다른 한편으로 이것은 세대(age)를 의미할 수 없고 하루(a day)를 의미할 뿐인데, 유대인은 일몰부터 일몰까지를 하루로 보았다(8, 13, 19, 23, 31절). 히브리어에서 숫자가 붙는 경우 *날(day)*은 언제나 24시간으로 이뤄진 하루를 말한다. 출애굽기 20:8-11이 말하는 한 주와 창조의 한 주를 비교해보면 이 같은 시간 이해를 확인할 수 있다. 이런 빛과 어둠의 주기는 지구가 자전축을 중심으로 회전했으며, 따라서 아직 해가 창조되지 않았지만(16절) 지구의 한쪽 편에 빛의 근원이 있었음을 의미한다.

1:6-8 하나님의 창조–둘째 날

1:6 궁창 히브리어 단어는 '펼쳐진 무엇'을 말한다. 하나님은 물에게 나누라고 명하셨으며, 지구 표면에 남아 있는 물과 이제 창공 위로 올라간 물 사이에 창공, 즉 '궁창'을 두셨다. 거대한 궁창이 지구를 덮어 싸고 아래 물과 위의 물을 나누는 방어막이 생겨난 모습이다. 둘 사이의 창공은 숨 쉴 수 있는 지구의 대기권을 포함한다.

1:7 궁창 아래 지하 저수지를 말한다(참고. 7:11). **궁창 위** 지구를 온실처럼 만들고 일정 온도를 유지하며 거대한 공기의 이동을 막아주고 안개를 내리게 하며 자외선을 차단해주고 그럼으로써 생명체를 번성하게 해주는 수증기 막(canopy of water vapor)을 가리키는 것으로 보인다.

1:9-13 하나님의 창조–셋째 날

1:9-10 뭍 지구 표면이 대격변으로 엄청나게 솟아올라 뭍이 생겨났고, 이렇게 지표면이 솟아올라 물이 낮은 곳으로 몰려서 바다와 대륙, 섬, 강, 호수가 생겨났다(참고. 욥 38:4-11; 시 104:6-9).

1:11 씨 가진 이는 모든 생명체를 특징 짓는 번식 원리의 근간이다(참고. 22, 24, 28절). 하나님은 채소가 번식하도록 하셨을 뿐 아니라 번식하도록 준비하셨다. 다시 말해 하나님은 채소를 완전히 자라서 씨를 가진 상태로, 씨를 흩을 준비가 된 상태로 창조하셨다.

1:11-12 각기 종류대로 하나님은 채소가 각자 고유의 특성을 유지하게 만드는 씨를 통해 번식할 수 있게 함으로써 섭리 과정을 시작하셨다. 같은 표현이 각자 창조된 종(種) 내에서 이뤄지는 동물의 영구적 번식을 묘사하는 데도 사용되는데(21, 24, 25절), 이는 종의 경계를 넘어서는 번식을 주장하는 진화론이 생명체의 기원에 대한 거짓된 설명이라는 것을 말해준다.

1:14-19 하나님의 창조–넷째 날

1:14 광명체들 참고. 16절. 사흘 동안 낮에는 해가 있는 것처럼 빛이 있었고(4절), 밤에는 달과 별이 있는 것처럼 작은 빛이 있었다. 하나님은 이 상태로 두실 수 있었지만 그러시지 않았다. 하나님은 빛을 위해 '광명체들, 해, 달, 별'을 창조하신 게 아니라 징조, 계절, 날, 해(years)의 표지 역할을 하도록 창조하셨다. 이제부터 빛을 내는 천체들이 정해진 간격을 두고, 정해진 계절에 지구를 영원히 비출 것이다. 초자연적 빛이 분산된 알 수 없는 막이 우주에 가득하며 빛을 내는 천체들로 대체되었다. 낮과 밤이 계속 교차했으나, 천체들은 이제 밝기가 다양한 빛을 냈다. 천체 전체가 하나님께 지음받은 그날부터 완벽했고, 완전히 제 역할을 했다. **징조** 히브리어 단어는 '불빛'이나 '신호'를 뜻한다. 천체들이 시간과 계절을 알려주는 표시 역할을 하도록 제자리에 놓였음을 암시한다. 여기서 말하는 징조는 날씨(마 16:2, 3), 하나님에 대한 증언(시 8; 19편; 롬 1;14-20), 하나님의 심판(욜 2:30, 31; 마 24:29), 길찾기(마 2:1, 2)를 포함한다. **계절** 해 그리고 달과 관련된 지구의 움직임을 말하며, 이 움직임은 계절과 월력을 결정한다.

1:16-18 두 큰 광명체를…빛과 어둠을 나뉘게 하시니 (다른 어떤 신이 아니라) 하나님이 광명체들을 창조하셨다. 이스라엘은 본래 천체를 숭배하는 메소보다미아에서 왔고, 더 최근에는 태양을 주신(主神)으로 섬기는 애

오경

책	핵심 개념	민족	백성	하나님의 성품	하나님의 역할	하나님의 명령
창세기	시작	선택된다	준비된다	강력하게 주권적이다	창조자	"있으라!"
출애굽기	구속(救贖)	해방된다	구속받는다	자비롭다	해방자	"내 백성을 보내라!"
레위기	예배	구별된	가르침을 받는다	거룩하다	거룩하게 하는 분	"거룩하라!"
민수기	방황	인도받는다	시험받는다	정의롭다	유지자	"들어가라!"
신명기	언약 갱신	준비된다	다시 가르침을 받는다	사랑의 하나님	상 주시는 분	"순종하라!"

굽에서 왔다. 하나님은 이스라엘에게 그들의 이웃이 거짓되게 섬기는 별이나 달, 행성이 모두 하나님의 피조물이라는 사실을 계시하셨다. 나중에 이스라엘은 '하늘의 일월성신'을 섬기게 되고(*왕하 17:16에 대한 설명을 보라*), 이로 말미암아 약속의 땅에서 쫓겨나서 포로 신세가 된다. 불행하게도 세상은 창조자보다 피조물을 숭배하는 쪽을 선택할 것이다(롬 1:25).

1:20-23 하나님의 창조–다섯째 날

1:20 생물 여기에는 엄청나게 큰 생명체를 비롯해 모든 종류의 어류와 포유류뿐 아니라 공룡까지 포함된다(*욥 40:15-41:1에 대한 설명을 보라*).

1:22 복을 주시며 성경에서 *복*이라는 단어가 여기서 처음 나온다. "생육하고 번성하라"는 하나님의 명령이 복의 본질이다.

1:24-31 하나님의 창조–여섯째 날

1:24-25 가축…짐승 크고 네 발 달린 모든 종류의 동물을 말한다. '가축'으로 번역된 히브리어는 길들일 수 있는 집짐승과 동물을 말한다. 양과 염소, 소는 틀림없이 여기에 포함된다. 모두 일차적으로 인간에게 쓸모 있는 동물이다.

1:24 땅의 짐승 가축과 달리 크기가 큰데, 베헤못 같은 공룡이 여기에 포함되지 않을까 싶다(욥 40:15 이하).

1:26 우리의…우리가 성경에서 삼위일체 하나님을 분명하게 말하는 첫 구절이다(참고. 3:22; 11:7). 하나님의 이름 엘로힘(Elohim, 1:1) 자체가 엘(El)의 복수형이다. 복수대명사는 신성(神性)에서 관계의 복수성을 말하며, 삼위일체 사이의 교제와 의논을 암시한다. 복수대명사는 완벽한 의견일치와 분명한 목적을 의미한다. **우리의 형상…모양** 아담 창조만이 인격적 견지에서 기술된다. 이로써 다른 어느 피조물과의 관계에서도 찾아볼 수 없는 인격적 관계가 하나님과 사람 사이에 확립된다. 이런 이유로 사람은 하나님이 지으신 어떤 동물과도 다르다. 그래서 성경은 하나님이 아담을 손수 지으셨다는 점을 크게 강조한다. 하나님은 이 피조물을 특별하게 자기 모양이 찍히도록 빚으셨다. 하나님이 본질적으로 사람이 지닌 인격성의 표본임을 암시한다. 하나님의 형상은 인격성이며, 인격성은 관계에서만 제 역할을 한다. 친밀한 인격적 관계를 가지는 인간의 능력이 성취되어야 했다. 가장 중요하게 인간은 하나님과 인격적 관계를 갖도록 창조되었다. 이 진리는 사람이 윤리적 피조물이라는 사실과 분리될 수 없다. 모든 진정한 관계는 윤리적 결과를 낳는다. 이 부분에서 하나님의 공유적 속성들이 작동한다. 인간은 하나님의 공유적 속성들을 구현할 수 있는 살아 있는 존재다(참고. 9:6; 롬 8:29; 골 3:10; 약 3:9). 이성적 삶에서 인간은 추론할 수 있고, 지(知)·정(情)·의(意)를 갖는다는 점에서 하나님과 같았다. 도덕적 의미에서 인간은 선하고 죄가 없었기에 하나님과 같았다. 그러나 그렇다고 해서 인간이 신성을 갖지는 않는다. **사람** 살아 있는 인간은 창조의 면류관이며, 피조물을 다스리도록 하나님의 형상으로 창조되었다.

1:26-28 다스리게 하자…정복하라 인간과 창조 세계간의 특별한 관계를 규정하는 말이다. 다시 말해 인간은 창조 세계를 다스리는 하나님의 대리자였다. 다스리라는 명령은 인간을 다른 생명체와 구분하며, 인간이 다른 피조물 위에 있다고 규정한다(참고. 시 8:6-8).

1:27 남자와 여자 참고. 마태복음 19:4; 마가복음 10:6. 두 사람은 하나님의 형상을 동등하게 공유했고, 창조 세계를 함께 다스렸다. 그러나 하나님은 자신의 계획에 따라 이들을 신체적으로 서로 다르게 지으셨는데, 번성하라는 그의 명령을 수행하도록 하기 위해서였다. 다시 말해 남자와 여자 어느 쪽도 혼자서는 자손을 볼 수 없다.

1:28 복을 주시며 둘째 복은(참고. 22절) 번식과 다스림을 포함한다. 생육하고 번성하라. 땅에 충만하라. 땅을 정복하라. 방금 우주를 창조하신 하나님은 자신의 대리자(다스림)와 모사(摹寫)를 창조하셨다(참고. 26절, 형상과 모양). 사람은 땅에 충만하고 땅을 감독할 것이다. 정복하라는 말은 창조 세계를 제멋대로 거칠게 운영하라는 뜻이 아니다. 하나님이 친히 창조 세계를 가리켜 "좋다"라고 하셨기 때문이다. 오히려 이것은 땅과 거기 사는 생명체들이 풍성하게 생산하고 하나님의 목적을 성취하는 생산적 질서를 말한다.

1:29-30 먹을 거리가 되리라…먹을 거리로 주노니 저주받기 이전에(3:14-19) 사람과 짐승은 채식만 했다.

1:31 심히 좋았더라 개별적으로 좋았다고 선언되었던 것들(4, 10, 12, 18, 21, 25절)이 이제 집합적으로 "심히 좋았더라"고 선언된다. 흠도 없었고 빠진 것도 없었다. 모든 의미에서 창조가 완성되었다. 한 주 전만 해도 아무것도 존재하지 않았던 자리에 이제 완전한 우주가 들어섰다. 무수한 경이로 가득한 거대한 우주였고, 그 경이로움 하나하나가 선하고 완전한 창조자의 영광과 지혜를 드러냈다. 이 말은 하나님이 여섯째 날에 내리시는 결론, 곧 남자가 "혼자 사는 것이 좋지 아니하니"(2:18)라는 하나님의 결론을 내다본다.

2:1-3 하나님의 창조–일곱째 날

이 구절을 보면 하나님은 자신의 일을 완결했다고 단

언하신다. 하나님은 자신의 일을 끝내셨다고 네 차례에 걸쳐 말씀하시며, 여기에 하나님의 모든 일이 포함된다고 세 차례나 말씀하신다. 현재의 우주는 하나님이 더 이상 창조하지 않고 완성된 창조 세계를 유지하신다는 것을 보여준다(참고. 히 1:3).

2:2 마치시니…안식하시니라 하나님이 안식하신 것은 지치셨기 때문이 아니라 안식하심으로써 인간의 노동 주기를 정하신 것이다. 하나님은 인간에게 안식이 필요하다는 사실을 친히 보여주셨을 뿐이다. 이렇게 해서 창조 사역 전체가 완결되었다. 일곱째 날이 밝으면서 하나님은 창조를 그치셨다. 일하실 때 하나님의 에너지는 절대 고갈되지 않는다. 그분은 절대로 피곤을 모르시므로 결코 재충전이 필요하지 않다. "안식하시니라"로 번역된 히브리어는 하나님이 창조 사역을 삼가셨다는 뜻이다. 하나님은 모든 창조 사역을 완결하셨으므로 더는 창조하실 게 없었다. 그리고 나중에 창조의 일주일은 모세의 안식일 법령의 기초가 된다(참고. 출 20:8-11). 안식일은 한 주를 단위로 되풀이되는 주기에서 하나님이 정하신 거룩한 날이다. 예수님은 "안식일이 사람을 위하여 있는 것이요"(막 2:27)라고 하셨으며, 3절에 보면 하나님이 안식일을 "거룩하게 하셨다", 안식일을 구별하셨다면서 하나님이 이 날에 안식하셨기 때문이라고 말한다. 나중에 안식일은 모세 율법에서 예배하는 날로 구별된다(*출 20:8에 대한 설명을 보라*). 여기서는 안식일에 쉬고 예배하라는 법령이 분명하게 제정되지 않았다. 아담과 하와가 한 주의 일곱째 날에 무엇은 해도 되고 무엇은 하면 안 되는지에 대한 규정이 없었다. 이 모두는 나중에 이스라엘이 율법을 받을 때 정해졌다. 모세의 안식일 법이 규정하는 구체적인 의식들이 에덴동산에서는 필요하지 않았다. 아담이 죄를 짓기 전에 살았던 삶의 전부는 안식일 법이 그려낸 그대로였다. 어떤 의미에서 이스라엘의 안식일 준수는 에덴동산의 삶이 어떠하도록 계획되었는지를 보여주는 축소판이었다. 모세 율법의 이런 면은 애초에 하나님이 인간의 삶에 무엇이 포함되도록 계획하셨는지 단지 의식을 통해 상기시킬 뿐이다. 아담이 죄를 짓지 않았다면 안식일의 안식을 영원히 누리며 살았을 것이다. 히브리서 4:4은 육체적 안식과 그것이 지향하는 구속적 안식을 구분한다. 골로새서 2:16은 모세의 '안식일'이 새 언약에서 아무런 상징적 위치나 의식적 위치를 갖지 못한다고 분명히 밝히고 있다. 교회는 그리스도의 부활을 기념하기 위해 한 주의 첫 날에 예배를 드리기 시작했다(*행 20:7에 대한 설명을 보라*).

하늘과 땅에 대한 역사 (2:4-4:26)

A. 에덴동산의 아담과 하와(2:4-25)

2:4-25 내력이니 이 단락은 여섯째 날의 인간 창조를 세세하게 묘사하고 있는데, 1:1-2:3에 없는 내용이다. 모세는 이교도들의 우스꽝스런 허구와는 너무 다른 이 기사를 어디서 구했을까? 그는 이것을 어느 인간 자료에서 구한 게 아니다. 인간은 존재하지도 않았고, 인간 창조를 목격하지도 않았기 때문이다. 또한 이성의 빛에서 구한 것도 아니다. 지성은 신성의 영원한 능력을 알 수 있고(롬 1:18-20) 하나님이 만물을 지으셨다는 것을 알 수 있지만, 어떻게 지으셨는지는 알 수 없기 때문이다. 창조자 외에 그 누구도, 그 무엇도 이 자료를 줄 수 없었다. 따라서 우리는 세상이 하나님 말씀으로 창조되었다는 것을 믿음으로 안다(히 11:3).

2:4-5 초목이 아직 없었고 4절은 셋째 날에 채소가 생겨나기 전, 곧 창조의 첫째 날과 둘째 날을 요약한다.

2:6 안개만 땅에서 올라와 '흐름'(flow)으로 이해해야 한다. 물이 땅 밑에서 샘처럼 올라와 중단 없는 물의 순환을 통해 온 땅에 퍼지는 것을 말한다. 타락 후 주로 비가 땅에 물을 공급했는데, 그렇게 되자 본래 없던 홍수와 가뭄이 일어났다. 비가 생겨나 하나님은 홍수와 가뭄을 통해서도 심판하실 수 있었다.

2:7 지으시고 인간 창조 기사의 많은 단어가 예술작품을 빚어 거기에 생명을 부여하는 놀라운 장인(匠人)을 그려낸다(고전 15:45). 이것은 1:27의 사실 진술에 세밀함을 더한다(참고. 시 139:14, 15; 딤전 2:13). 흙으로 빚어진 인간의 가치는 몸을 구성하는 물리적 요소가 아니라 질(質)에 있다.

2:8 에덴에 동산을 바벨론 사람들은 물이 흐르는 무성한 초원을 *에데누(edenu)*라고 불렀다. 지금 오아시스라고 불리는 곳이 이런 장소를 가리킨다. 에덴동산은 참으로 아름다운 동산일 뿐 아니라 낙원이었고 세상이 지금껏 본 그 무엇과도 달랐으며, 여기서 하나님은 자신의 형상으로 창조한 자들과 교제하셨다. 에덴은 모든 보석을 비롯한 광물이 있는 동산이기도 했다. 에덴의 정확한 위치는 알려지지 않았다. '동방'이 모세가 창세기를 쓸 때 존재했던 위치와 연관되어 사용되었다면 에덴은 메소보다미아 계곡의 바벨론 어느 지역이었을 것으로 추측된다.

2:9 생명 나무 이 나무 자체나 그 열매는 전혀 해롭지 않았다. 실제 나무였으며, 생명을 영원히 유지해주는 특별한 효능이 있었다. 에덴동산 중앙에 자리하고 있어 아담은 이 나무를 틀림없이 보았을 테고, 그 열매를 먹

어 생명을 유지했을 것이다(16절). 영생을 상징하는 생명 나무가 새 하늘과 새 땅에도 있을 것이다(*계 22:2에 대한 설명을 보라*). **알게 하는 나무** 참고. 16절; 3:1-6, 11, 22. 선악을 알게 하는 나무라는 이름이 붙은 까닭은 이 나무가 인류의 시조가 선할지 악할지(하나님께 순종할지 그분의 명령에 불순종할지)를 알아보는 순종의 시험대였기 때문이다. 아담이 불순종하지 않는다면 결코 악을 몰랐을 것이다. 불순종했을 때 아담은 악을 경험했다. 불순종은 악이기 때문이다.

2:10 …에서 이는 '근원'을 말하며, 에덴동산의 지하 저장소에서 솟구치는 큰 샘을 가리키는 것으로 보인다. 당시에는 비가 없었다.

2:11 비손…하윌라 대홍수 이전의 지형을 말하며, 위치는 분명치 않다. 지금은 완전히 달라졌다.

2:12 베델리엄 끈적끈적한 진액이며, 색상보다는 겉모양을 말한다. 다시 말해 연한 진액 형태를 띠었다.

2:13 기혼…구스 강의 위치는 분명치 않다. 구스는 현대의 에티오피아였을 것이다.

2:14 힛데겔…앗수르 대홍수 이후 티그리스강은 메소보다미아 계곡에 자리한 도시 바벨론의 북서쪽에서 남동쪽으로 흘렀다. **유브라데** 티그리스강과 나란히 (북서쪽에서 남동쪽으로) 흐르다가 어느 지점에서 이 강과 합류해 페르시아만으로 들어간다.

2:15 경작하며 지키게 하시고 노동은 하나님의 형상을 나타내고 그분을 섬기는 중요하고 존엄한 부분이며, 타락 이전에도 다르지 않았다(참고. 계 22:3). 아담은 에덴의 동산지기가 되었는데, 그에게는 아주 기쁜 일이었으며 쉽고 유쾌한 임무였다. 또한 그에게 주어진 유일한 일이었다. 고생이 없고, 잡초도 없으며, 저주도 없는 환경에서 수행하는 이런 역할을 '일'이라 부를 수 있다면 말이다. 아담의 유일한 책임은 나무와 식물을 적절히 관리하는 것으로, 그는 에덴동산의 놀라운 것들과 자원의 지킴이요 청지기였다.

2:17 반드시 죽으리라 죽는다는 말은 기본적으로 분리 개념을 내포한다. 영적 분리, 육체적 분리 그리고(또는) 영원한 분리를 의미한다. 죄를 짓는 순간 아담과 하와는 영적으로 죽었다. 그러나 하나님의 자비 덕에 이들은 나중에야 육체적으로 죽었다(5:5). 이 금지 명령은 단지 시험이었으며, 다른 이유는 없다(*9절에 대한 설명을 보라*). 이 나무가 신비한 힘이 있었던 게 아니다. 그러나 하나님이 금하신 후 그 열매를 먹으면 실제로 악을 알게 될 터였다. 악이란 하나님에 대한 불순종이라고 정의할 수 있기 때문이다. 인간은 타락 전에 이미 선을 알았다.

2:18 좋지 아니하니 하나님은 창조 세계를 보고 심히 좋다고 하셨을 때(1:31) 그 시점에서 창조 세계를 자신의 창조 계획이 도출한 완벽한 결과물로 보셨다. 그러나 남자 혼자서 사는 게 좋지 않다고 하셨을 때 하나님은 여섯째 날이 끝나는 시점에서 아담의 짝으로 여자가 창조되지 않았기에 자신의 창조가 아직 완결되지 않았다고 말씀하셨다. 18절은 남자에게 동료, 배필, 동등한 존재가 필요하다는 것을 강조한다. 남자는 생육하고 번성하며 땅을 정복해야 하는 의무를 완수하는 과정에서 자신을 보완해줄 존재가 없어 불완전했다. 이것은 하와의 부족이 아니라 아담의 미비(未備)를 말한다(참고. 고전 11:9). 하나님은 남자의 부족함을 메우도록 여자를 지으셨다(참고. 딤전 2:14).

2:19 동물을 새로 창조했다는 말이 아니다. 동물은 사람이 창조되기 전 다섯째 날과 여섯째 날에 창조되었다(1:20-25). 여기서 **여호와 하나님**은 사람을 창조하실 때처럼 동물도 **'흙으로'** 창조하셨다는 사실에 주의를 집중시키신다. 그러나 하나님의 형상으로 창조된 생령(生靈) 곧 사람은 동물의 이름을 지어주어야 했는데, 이는 사람이 동물을 다스린다는 의미였다.

2:20 이름을 주니라 이름 짓기는 어떤 피조물의 특징을 찾아내어 적절하게 정의하기 위한 행위다. 또한 이는 그 대상에 대한 리더십이나 권위의 행사이기도 하다. 이름 짓기는 아담의 첫 임무였다. 아담은 각 피조물의 특징을 파악하고 그에 어울리는 이름을 지어주어야 했다. 자기 피조물의 이름 짓기는 창조자의 특권이다. 사람은 하나님의 형상으로 창조되었기에 하나님이 자신의 주권적 특권에 속하는 일을 사람에게 맡기신 것은 적절했다. 그 어느 동물도 아담에게 어울리는 짝이 아니었기에 아담과 그 어느 동물 사이에도 친근감이 없었다.

2:21 그 갈빗대 하나를 갈빗대는 주변의 살을 포함하는 '옆구리'로 옮기는 게 더 적절하다("내…살 중의 살이라", 23절). 창조자의 시술은 전혀 문제가 없었다. 이는 성경에서 첫 치료 행위를 암시하기도 한다. 여자도 하나님의 형상으로 창조되었지만, 흙이 아니라 남자의 한 부분으로 창조되었다. 하와의 유전자 구조는 아담에게서 왔기에 그의 유전자 구조와 완벽한 조화를 이룬다.

2:23 내 뼈 중의 뼈요 아담의 시(詩)는 이제 막 찾은 짝을 보고 마음에 일어나는 기쁨을 표현하는 데 집중한다. 남자(*이쉬isb*)가 그녀를 '여자'(*이솨isba*)라고 이름 짓는다. 여자가 남자에게서 왔기 때문이다(단어 *여자*의 어근은 *부드럽다*에서 왔음). 여자는 실제로 남자의 뼈 중의 뼈와 살 중의 살로 창조되었다(참고. 고전 11:8). 영어

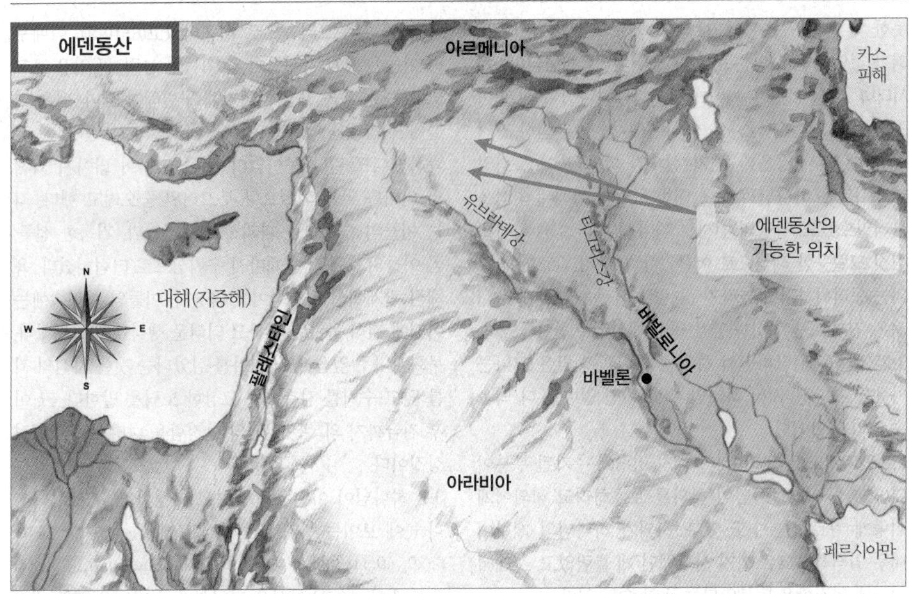

▶ 에덴동산은 성경이 힛데겔이라고 말하는 티그리스강 근처에 있었을 것이다(2:14).

단어 man/woman도 히브리어 단어와 같은 관계이며, 이런 원 창조를 암시한다.

2:24 떠나…합하여 결혼은 인간 제도 중에 가장 먼저 생겨났다. 남편과 아내가 부모를 떠나 연합한다고 해서(마 19:15; 막 10:7, 8; 고전 6:16; 엡 5:31) 부모를 공경할 책임(출 20:20)이 없어지는 건 아니다. 그렇더라도 결혼으로 새롭고 우선된 책임이 시작된다. 단어 *합하여*는 영구적이거나 파기할 수 없는 연합을 뜻하므로 이혼은 고려되지 않았다(참고. 16절). "한 몸"은 예를 들면 많은 포도가 달린 포도 한 송이(민 13:23) 또는 삼위(三位)로 계시는 한 하나님처럼(신 6:4) 부분들이 완전히 연합해 온전한 하나를 이루는 것을 말한다. 따라서 결혼을 통한 연합은 남자와 여자의 완전하고 온전한 연합이었다. 이것은 두 사람의 성적(性的) 완성을 암시하기도 한다. 한 남편과 한 아내가 짝을 이루어 번식한다. "한 몸"은 무엇보다도 두 사람의 연합으로 말미암아 태어나는 자녀에게서 볼 수 있는데, 자녀는 두 사람의 연합이 낳은 완벽한 결과다. 참고. 마태복음 19:5, 6; 마가복음 10:8; 고린도전서 6:16; 에베소서 5:31. 영구적인 남자/여자 일부일처제는 하나님의 유일한 결혼 계획이자 결혼법이었고, 앞으로도 다르지 않을 것이다. 하나님은 오직 한 남자와 한 여자의 결혼관계에서만 성행위를 명하셨고 이것만 인정하신다. 다른 모든 성행위는 허용되지 않는다.

2:25 두 사람이 벌거벗었으나 부끄러워하지 아니하니라 타락 이전에는 악을 알지 못했기에 벌거벗음도 수치가 아니었으며 순수했다. 부끄러움은 무엇인가 악이 있다고 의식할 때 생겨난다. 아담과 하와가 부끄러워하지 않은 이유는 악을 몰랐기 때문이다. 인류 최초의 결혼에는 부끄러움을 모르는 경이가 있었고, 이런 경이에는 아름다움이 있었다. 이들은 둘이 하나 되는 연합과 하나님을 섬기는 기쁨에서 완전한 만족을 발견했다. 내면에 작동하는 악의 원리가 없었기에 죄를 지으라는 꾐이 외부에서 와야 했고, 그럴 터였다.

B. 타락과 그 결과(3:1-24)

3:1 뱀 사도 요한은 이 피조물을 사탄으로 규정했고(참고. 계 12:9; 20:2), 바울도 똑같이 보았다(고후 11:3). 뱀은 사탄의 현현으로 인간의 타락 전에 처음 등장한다. 사탄의 반역은 1:31 이후 어느 시점에(창조 세계의 모든 것이 좋았을 때), 하지만 3:1 이전에 일어났다. 사탄의 눈부신 아름다움에 대해서는 에스겔 28:11-15을 보라. 그리고 사탄이 하나님의 권위에 도전한 동기에 대해서는 이사야 14:13, 14을 보라(참고. 요일 3:8). 사탄은 타락한 천사장이며, 초자연적 영으로서 타락 이전의 형상으로 뱀의 몸을 가졌다(타락 이후의 형상에 대해서는 14절을 참고하라). **가장 간교하니라** 속임수로 가득하다는 뜻이다. 참고. 마태복음 10:16. **여자에게** 여자는 뱀의 공격 대상이었고 더 약한 자였기에 남편의 보호가 필요했다. 뱀은 하와가 아담의 경험과 조언으로 보호받지

못한 채 혼자 있는 것을 보았다. 참고. 디모데후서 3:6. 죄가 없었지만 하와는 유혹받기 쉬웠다. **하나님이…하시더냐** 사실 사탄은 이렇게 말했다. "하나님이 네게 이 곳의 여러 기쁨을 금하신 게 사실이냐? 정말 선하고 친절한 분 같지 않은데, 뭔가 실수가 있었던 게 틀림없다!" 사탄은 하나님의 뜻에 대한 하와의 이해에 의심을 불러일으켰고, 광명의 천사로 가장해(고후 11:4) 하와를 짐짓 그럴듯한 해석으로 이끌었다. 사탄의 간교함에 하와는 두려워하거나 놀라지 않은 채 사탄을 하늘에서 내려온, 진짜로 뭔가 아는 믿을 만한 메신저로 받아들였다.

3:2-3 물음에 답하면서 하와는 자신들이 받은 크나큰 자유를 자랑했다. 딱 하나만 빼고 어떤 열매든 다 먹을 수 있다고 말이다.

3:3 만지지도 말라 본래의 금지 명령에 추가된 부분이다(참고. 창 2:17). 아담이 하와를 보호하려고 하와에게 이렇게 가르쳤을 수도 있다. 하와가 하나님의 제한이 너무 엄격하다고 느끼기 시작했던 게 틀림없고, 그래서 여기에 엄격함을 덧붙였다는 뜻일 수도 있다.

3:4-5 죽지 아니하리라 하와가 마음을 열자 사탄은 담대해져 대놓고 거짓말을 한다. 이 거짓말이 하와와 아담을 영적 죽음(하나님으로부터 분리됨)으로 이끌었다. 그래서 사탄은 처음부터 거짓말쟁이요 살인자라 불리게 되고(요 8:44), 사탄의 거짓말은 늘 그렇듯 큰 이익을 약속한다(참고. 5절). 하와는 이 결과를 직접 겪었다. 하와와 아담은 선악을 알았으나 인격이 타락해 하나님이 아시듯 완전히 거룩하게 알지는 못했다.

3:6 먹음직도 하고 보암직도 하고…탐스럽기도 한 하와는 세 가지 형태로 속았다. 선악과는 먹음*직했기에* 하와의 육체적 욕구를 자극했다. 이는 이기적 불만과 하나님에 대한 불신이 낳은 잘못된 욕구였다. 선악과는 보암*직했기에* 하와의 정서적 욕구를 자극했다. 하와는 마음에 탐욕이 자라나면서 금단의 열매가 갈수록 좋아 보였다. 그리고 자신을 지혜롭게 할 만큼 *탐스러웠기에* 하와의 지적 욕구를 자극했다. 하와는 지식을 갈망했고 자신을 하나님처럼 되게 해주겠다는 거짓 약속의 유혹에 흔들렸다. 하와는 사탄이 진리를 말한다고 판단하고 하나님을 오해했으나 자신이 무엇을 하는지 알지 못했다. 이는 하나님을 향한 공공연한 거역이 아니라 하와로 자기 행동이 옳다고 믿게 하려는 유혹이자 속임수였다(참고. 13절). 신약성경은 하와가 속았다고 단언한다(고후 11:3; 딤전 2;14; 계 12:9). **그도 먹은지라** 아담은 속아서 죄를 지은 게 아니라 직접 죄를 지었다(*딤전 2:13, 14에 대한 설명을 보라*).

3:7 눈이 밝아져…알고…엮어 2:25에서 말하는 순수함이 죄책과 부끄러움으로 대체되었고(8-10절), 이때부터 이들은 선과 자신들이 막 획득한 능력, 곧 악을 보고 또 아는 능력을 양심에 의지해 구별해야 했다. 뱀은 이들에게 계몽을 약속했다. 그런데 이들이 받은 것은 흉측하게 뒤틀린 계몽이었다. 이들은 눈이 밝아져 죄책의 의미를 알게 되었으나 부끄러워 숨으려고 했다. 죄는 이들의 순수함을 파괴시키고 말았다. 거룩한 선물, 곧 이들의 육체적 관계마저 수치심으로 더럽혀졌다. 육체적 관계에서 정결함이 사라졌다. 이들의 머릿속에는 이전에 전혀 몰랐던 악하고 더러운 생각들이 들어찼다. 무화과나무 잎을 엮어 치마를 삼았다는 것은 자신의 죄를 덮고 수치를 감추려는 고상한 노력을 말한다. 그 이후 지금까지 의복은 인간의 단정함을 나타내는 보편적 상징이다.

3:8 하나님이 이전처럼 선하고 다정한 모습으로 나타나 눈에 보이는 형태로[아마도 나중에 출 33:18-23; 34:5-8, 29; 40:34-38에서 하셨듯이 셰키나(Shekinah, 영광스러운 임재)의 빛으로] 동산을 거니셨다. 하나님은 화를 내며 나타나신 게 아니라 전에 아담과 하와와 함께 거니셨을 때처럼 자신을 낮추며 나타나셨다.

3:9 네가 어디 있느냐 하나님이 이렇게 물으신 까닭은 아담이 어디 있는지 몰라서가 아니라 아담이 숨은 이유를 그에게 직접 듣기 위해서였다. 아담과 하와가 숨은 까닭은 수치심과 후회, 혼란, 죄책감, 두려움 때문이었다. 하지만 아무 데도 숨을 곳이 없었다. 시편 139:1-12을 보라.

3:10 하나님의 소리 8절의 소리는 하나님이 아담과 하와를 부르시는 소리였을 것이다. 아담은 두려움과 슬픔의 언어로 답할 뿐 고백의 언어로 답하지 않았다.

3:11 아담의 죄는 그가 벌거벗음의 악을 알게 되었다는 데서 입증된다. 그러나 하나님은 아담이 고백하기를, 자신이 아는 그들의 행위를 아담이 고백하기를 여전히 기다리셨다. 죄를 지은 사람들이 기본적으로 자기 잘못을 인정하길 꺼린다는 사실이 여기서 확인된다. 여전히 회개가 핵심이다. 죄인들이 회개를 거부하면 심판을 받는다. 죄인들이 회개하면 용서를 받는다.

3:12 하나님이 주셔서 나와 함께 있게 하신 여자가 아담은 가련하게도 자신에게 하와를 주신 하나님께 책임을 전가하려고 했다. 아담은 하나님의 금지 명령을 알고도 어겼으므로 그의 책임전가는 비극을 키울 뿐이었다. 그럼에도 아담은 마음을 열고 자기 죄를 고백하고 자기 행동에 온전히 책임을 지려고 하지 않았다. 말하자면 그는 속아서 선악과를 먹은 게 아니었다(딤전 2:14).

3:13 뱀이 나를 꾀므로 하와는 책임을 뱀에게 필사적

으로 떠넘기려고 애쓴다. 하와의 이런 주장은 부분적으로 사실이지만(딤전 2:14), 그렇다고 하나님을 불신하고 그분께 불손종한 책임을 면할 수는 없다.

3:14 뱀에게 아담과 하와가 선악과를 먹은 결과로 가축을 비롯한 모든 피조물이 저주를 받았으나(롬 8:2-23을 보라. 참고. 렘 12:4), 뱀은 특별히 더 큰 저주를 받아 배로 기게 되었다. 뱀도 저주를 받기 전에는 다리가 있었을 것이다. 뱀은 혐오스럽고 역겹고 비천한 모든 것을 대표하게 되었다. 또한 뱀은 오명의 상징이 되었고, 겁내며 피하는 대상이 되었다. 참고. 이사야 65:25; 미가 7:17.

3:15 하나님은 육체적 뱀을 저주하신 후 영적 뱀, 거짓말로 유혹하는 자 사탄을 저주하셨다. **네 머리를 상하게 할 것이요…그의 발꿈치를 상하게 할 것이니라** 이 '첫 복음'은 '네 후손'(사탄과 요한복음 8:44에서 마귀의 자식으로 불리는 불신자들)과 여자의 후손(하와의 후손인 그리스도와 그리스도 안에 있는 자들) 간의 싸움과 그 결과에 대한 예언인데, 이 싸움은 에덴동산에서 시작되었다. 저주 구절의 한가운데서 희망의 메시지가 비친다. '그'(He)라 불리는 여자의 후손은 그리스도이며 그분이 어느 날 뱀을 이기실 것이다. 사탄은 그리스도의 발꿈치를 '상하게'(그리스도로 고난받게) 할 수 있을 뿐이지만 그리스도는 사탄의 머리를 상하게 하실 것이다(치명타를 날려 사탄을 멸하실 것임). 바울은 창세기 3장을 강하게 떠올리게 하는 단락에서 로마의 신자를 격려하면서 "평강의 하나님께서 속히 사탄을 너희 발 아래에서 상하게 하시리라"(롬 16:20)고 했다. 신자는 자신들이 그리스도가 사탄을 상하게 하실 일(부수시는 일)에 참여하고 있으며, 그리스도가 십자가에서 완결하신 일 때문에 자신들도 여자의 후손이라는 것을 알아야 한다. 사탄을 멸하는 일에 대해 좀 더 자세히 알고 싶다면 히브리서 2:14, 15과 요한계시록 2:10을 보라.

3:16 임신하는 고통 이 고통은 한 여인이 인류에게 죄를 낳았고 유전을 통해 그 죄를 모든 후손에게 물려주었다는 것을 지속적으로 상기시킨다. 여자는 디모데전서 2:15이 말하듯이(*이 구절에 대한 설명을 보라*) 자녀를 경건하게 양육함으로써 이 저주에서 벗어날 수 있다. **너는 남편을 원하고 남편은 너를 다스릴 것이니라** 여자와 그 후손이 뱀, 곧 사탄 그리고 그 후손과 장차 전쟁을 벌이듯이(15절) 죄와 저주 때문에 남자와 여자도 서로 싸우게 될 것이다. 죄가 하나님이 정하신 조화로운 역할을 자기 뜻을 관철하려는 역겨운 싸움으로 바꿔놓았다. 따라서 평생 반려자인 남편과 아내가 잘 지내려면 하나님의 도움이 필요하다. 아내가 남편을 다스리려고 할 테지만, 하나님의 계획에 따라 남편이 아내를 다스릴 것이다(엡 5:22-25). 이 저주를 이렇게 해석하는 근거는 여기 사용된 히브리어 단어와 문법이 4:7에서 죄가 남자(가인)를 다스리려고 할 때 그가 죄와 충돌하리라는 것을 보여주는 데 사용된 히브리어 단어 그리고 문법과 일치한다는 것이다(*4:7에 대한 설명을 보라*).

3:17 네가 네 아내의 말을 듣고 땅이 저주를 받고 인간이 죽는 이유는 하나님의 음성을 외면하고 하나님이 그에게 금하신 선악과를 아내를 따라 먹었기 때문이다. 여자가 죄를 지은 이유는 남편의 리더십과 조언, 보호를 무시하고 단독으로 행동했기 때문이다. 남자가 죄를 지은 이유는 자신의 리더십을 포기하고 아내의 바람을 따랐기 때문이다. 두 경우 모두 하나님이 의도하신 역할이 뒤집힌 것이다.

3:17-18 땅은 너로 말미암아 저주를 받고 하나님은 남자의 일터인 땅을 저주하셨고, 남자가 힘들게 일할 때 땅이 그의 양식을 어렵지만 풍성하게 내게 하셨다. 따

타락

타락(the Fall)은 인류가 처음 하나님께 불순종한 순간을 말한다. 창세기 3장은 고통스러운 이야기를 들려준다. 하와가 행동으로 옮겼을 때 아담은 하와의 행동에 합세함으로써 그녀의 행동을 인정하고 끝맺었다. 이들은 함께 죄를 지었다. 아담과 하와의 의지적 결정으로 피조물과 창조자 사이에 반역의 상태가 조성되었다.

'타락'이라는 표현은 성경에서 유래했다. 사도 바울은 로마서 3:23에서 인간의 상태를 요약하면서 이 단어를 사용한다. "모든 사람이 죄를 범하였으매 하나님의 영광에 이르지 못하더니." 타락은 패배와 멸망이라는 의미를 내포한다. 큰 도시들이 무너졌다. 사람들도 별반 다르지 않았다. 그러나 이 모든 일에 앞서 또 다른 타락(무너짐)이 있었다. 천사 루시퍼가 타락했는데, 사탄으로 알려지게 되었다(사 14:12-15).

성경은 타락으로 죄가 뒤이은 모든 사람의 삶에 들어갔다고 분명히 말한다. "그러므로 한 사람으로 말미암아 죄가 세상에 들어오고 죄로 말미암아 사망이 들어왔나니 이와 같이 모든 사람이 죄를 지었으므로 사망이 모든 사람에게 이르렀느니라"(롬 5:12). 인간은 죄 짓는 능력을 타고났으며, 죄 지을 기회를 갖기 전에 이미 죄인이었다. 모두가 아담의 타락이 낳은 결과를 물려받았다.

라서 가시덤불과 엉겅퀴가 땅을 뒤덮을 것이고 고통, 약함, 땀이 삶을 힘들게 할 것이다. 그러므로 아담은 저주받은 땅을 경작하는 노동을 하며 살라는 선고를 받았다.

3:19 흙으로 돌아갈 것이니라 문자적으로 '죽으리라'는 뜻이다(참고. 2:7). 인간은 죄 때문에 죽음을 피할 수 없게 되었다. 인간은 선악과를 먹은 즉시 육체적으로 죽지는 않았으나(하나님의 자비) 삶의 모든 고통과 비극, 죽음, 영원한 지옥의 고통을 겪게 되었다. 아담은 930년을 살았다(5:5).

3:21 가죽옷 죄를 지은 자들은 자신을 가려야 하는 게 맞다. 하나님은 짐승을 죽여 그 가죽으로 타락한 부부를 가려주심으로써 이를 직접 보여주셨다. 이는 *오직* 하나님만 죄를 적절하게 덮으실 수 있고, 그 과정에서 꼭 피를 흘려야 한다는 것을 보여주는 생생하고 객관적인 가르침이다(히 9:22). 아담과 그 아내는 최초의 육체적 죽음을 맞아야 마땅했으나 짐승이 이들을 대신했다. 이는 하나님이 언젠가 죄인들을 구속하기 위해 대속자를 죽음에 내어주신다는 실체의 그림자다.

3:22 우리 중 하나 같이 *1:26에 대한 설명을 보라*. 아담과 하와를 불쌍히 여겨 하신 말씀인데 이들은 삼위일체를 제한적으로 닮았을 뿐이며, 거룩한 전지(全知)가 아니라 개인적 경험으로 선과 악을 알았을 뿐이다(참고. 사 6:3; 합 1:13; 계 4:8).

3:22-23 영생할까 하노라 *2:9에 대한 설명을 보라*. 하나님은 아담에게 금단의 열매를 먹으면 반드시 죽으리라고 하셨으나, 인간이 저주받은 비참한 상태로 영원히 살길 바라지 않으셨을 것이다. 더 넓은 성경 문맥에서 보면 아담과 하와를 에덴동산에서 쫓아내신 것은 이들이 생명나무로 생명을 영원히 유지하는 것을 막으신 자비와 은혜의 행위였다.

3:24 그룹들 나중에 이스라엘 역사에서 두 그룹 또는 천사장이 하나님이 자신의 백성과 소통하는 성막의 언약궤와 지성소를 지켰다(출 25:18-22). **불 칼** 설명할 수 없는 현상이며, 그룹이나 하나님이 친히 불길 같은 셰키나로 임재하신 것과 직접 관련이 있을 것이다.

C. 형제 살인(4:1-24)

4:1 아담이 그의 아내 하와와 동침하매 성관계는 하나님이 친히 자녀를 주시는 유일한 수단으로 여겨졌다. 하나님은 모든 생명의 주권적 공급자로 인정되었다.

4:2 그가 또…낳았는데 1절과 2절 사이에 시간적 간격을 나타내는 말이 없기 때문에 어떤 사람들은 가인과 아벨이 쌍둥이였다고 생각한다. **양 치는 자였고…농사하는 자였더라** 두 직업 모두 훌륭하다. 사실 대부분의 사람은 둘을 병행하며 살았다. 하나님은 이들의 직업이 아니라 이들이 드리는 제물의 성격에 초점을 맞추셨다.

4:3 땅의 소산 일반적인 생산물을 말한다.

4:4 첫 새끼와 그 기름 가장 좋은 짐승을 가리킨다.

4:4-5 하나님이 아벨의 제사를 받으셨는데(참고. 히 11:4), 그의 제물이 짐승이었기 때문이 아니다. 단지 아벨이 자신의 소유 가운데서 가장 좋은 것을 드렸기 때문도 아니고, 그의 제물이 하나님을 향한 뜨거운 마음의 절정이었기 때문도 아니다. 아벨이 모든 면에서 하나님이 계시하신 내용(창세기에는 기록되어 있지 않지만) 그대로 순종해 제사를 드렸기 때문이다. 반면 가인은 하나님의 지시를 무시하고 자신이 드리고 싶은 것을, 자신의 수확물 가운데 일부를 드렸을 뿐이다.

4:5-6 몹시 분하여 가인은 죄로 가득한 불순종을 회개하기는커녕 자신이 죽일 수 없는 하나님을 향해 맹렬한 적대감을 품었고, 자신이 죽일 수 있는 동생을 질투했다(참고. 요일 3:12; 유 11절).

4:7 네가 선을 행하면 어찌 낯을 들지 못하겠느냐 하나님은 가인에게 그가 하나님께 순종해 그분이 요구한 짐승을 제물로 드렸다면 그의 제물이 열납되었으리라는 사실을 일깨워주셨다. 하나님이 가인의 제물을 받지 않으신 이유는 아벨을 편애하셨거나 가인의 직업을 무시하셨거나 그가 드린 제물의 질이 떨어졌기 때문이 아니다. **죄가 문에 엎드려 있느니라** 하나님은 가인에게 그가 하나님의 명령에 순종하기 않기로 선택하면 항상 존재하는 죄가 먹이를 덮치기 위해 기다리는 사자처럼 웅크리고 있다가 그를 제압하고자 하는 뜻을 실현하리라고 말씀하셨다.

4:8 성경에 기록된 첫 살인이다(참고. 마 23:35; 눅 11:51; 히 12:24). 가인은 하나님이 친히 자신에게 말씀해주신 지혜를 거부했고 선을 행하길 거부했으며 회개하길 거부했다. 그러자 웅크리고 기다리던 죄가 그를 덮쳐 살인자로 바꿔놓았다. 참고. 요한일서 3:10-12.

4:9 내가 내 아우를 지키는 자니이까 가인의 빈정거림은 아벨이 양을 '지키는 자'(치는 자)라는 사실을 빗댄 말장난이었다. 거짓말은 세 번째 죄였으며(첫 번째는 하나님이 받으시지 않을 제물을 드린 것이며, 두 번째는 화를 낸 것임), 가인이 하나님의 명령을 무시한 데서 비롯된 결과였다. 죄가 가인을 다스리고 있었다(7절).

4:10 핏소리 아벨의 죽음이 하나님께 알려졌음을 암시하는 비유적 표현이다.

4:11 땅에서 저주를 받으리니 하나님이 내리신 두 번째 저주로, 가인이 경작할 땅의 생산성에만 영향을 미

치게 된다. 이것은 가인 같은 농부에게 가혹한 저주였으며 그가 평생 방랑자, 곧 '피하여 유리하는 자'가 되리라는 뜻이었다(12, 14절).

4:14 무릇…나를 죽이겠나이다 이때쯤 인구가 크게 늘어났음을 보여준다. 가인은 농경 세계의 유랑자요 부랑자로서 자기 생명을 노리는 자들에게 손쉬운 먹이가 될 터였다.

4:15 표 여기에 묘사되지는 않았지만 이 표는 하나님이 자비를 베풀어 가인에게 주신 것으로 가인이 하나님의 보호 아래 있음을 보여주는 일종의 인식 가능한 표식이었다. 그와 동시에 가인을 구해준 이 표는 평생 수치의 표식이기도 했다.

4:16 놋 이곳의 위치가 어디인지 알 수 없다.

4:17 아내와 동침하매 가인의 아내는 아담이 나중에 나은 딸들 가운데 한 명이 분명하다(5:4). 모세 때는 이런 근친결혼이 금지되었는데(레 18:7-17), 유전적 폐해 때문이었다. **에녹** 그의 이름은 '시작'을 뜻하며, 가인이 자신의 저주를 덜고자 애쓴 새로운 도시의 상징이었다.

4:19 두 아내 성경에 기록된 최초의 중혼 사례지만, 라멕이 두 아내를 둔 이유는 나오지 않는다. 라멕은 스스로 혼인법을 어김으로써 가나안 족속들이 공개적으로 하나님을 거역하도록 이끌었다(참고. 2:24).

4:20 야발 야발은 장막을 발명했고, 중동을 비롯한 여러 지역에서 흔히 볼 수 있는 유목생활을 시작했다.

4:21 유발 유발은 줄 달린 악기와 바람으로 소리를 내는 악기를 발명했다.

4:22 두발가인 두발가인은 금속 제련법을 발명했다.

4:23-24 라멕은 자신을 방어하다가 사람을 죽였다. 그는 아내들에게 누구라도 복수하고자 하면 그를 죽일 터이므로 자신이 사람을 죽였다고 자신들에게 해가 미칠까 두려워할 필요가 없다고 했다. 라멕은 하나님이 누구든지 가인을 죽이려는 자에게 일곱 배로 되갚아주겠다고 약속하셨다면 그는 누구든지 자신을 공격하는 자에게 칠십칠 배로 되갚아주겠다고 했다.

D. 셋의 후손에게서 보이는 희망(4:25-26)

4:25 셋 맏아들이자 집안 축복의 상속자 가인이 떠났고 그의 동생 아벨도 죽었다. 그러나 하나님은 아담과 하와에게 은혜를 베풀어 경건한 아들을 주셨는데, 그를 통해 구속의 씨(3:15)가 예수 그리스도까지 이어질 것이다(눅 3:38).

4:26 사람들이 비로소 여호와의 이름을 불렀더라 사람들은 자신들의 타고난 죄악을 깨닫고 늘어나는 자신들의 악행에 대한 하나님의 의로운 진노를 그 어떤 인간적 방법으로도 달랠 수 없다는 것을 깨닫자 인격적 관계의 회복을 바라며 하나님을 향해 자비와 은혜를 구했다.

아담의 후손 (5:1-6:8)

5:1-6:8 아담의 계보 열 집안이 구체적으로 언급된다. 성경의 다른 족보처럼 이 족보에도 모두가 아니라 대표적 인물만 포함되었을 것이다(참고. 룻 4:18-22).

A. 족보—아담에서 노아까지(5:1-32)

5:1-32 아담…노아 이 족보는 아담을 대홍수에서 살아남았을 뿐 아니라 대홍수 이후 하나님의 세계에서 첫 사람이 된 노아의 집안과 연결하고 있다. 거듭 나타나는 두 어구 "자녀들을 낳았으며"와 "죽었더라"는 구속사를 진척시킨다. 아담의 후손 한 사람마다 되풀이되는 두 어구는 대비되는 두 가지 사실을 거듭 들려준다. 다시 말해 하나님은 "네가…반드시 죽으리라"(2:17)고 말씀하셨으나, 이들에게 "생육하고 번성하여"(1:28)라고도 명하셨다는 것이다.

5:1 하나님의 모양 *1:26에 대한 설명을 보라.*

5:2 그들의 이름을 사람이라 일컬으셨더라 사람에게 이름을 지어주실 때 하나님은 모든 창조 세계에 대한 통치권이 자신에게 있음을 선포하셨다(마 19:4; 막 10:6).

5:3 자기의 모양 곧 자기의 형상과 같은 하나님이 사람을 창조하실 때 부여하셨던 형상과 모양이 다음 세대와 뒤이은 모든 세대에 대물림되었다.

5:5 구백삼십 세 수명으로는 엄청나게 길지만 문자 그대로 930년이다. 대홍수 이전 지구를 덮은 수막(水幕)이 태양의 자외선을 차단해주었기에 지구 환경은 지금보다 사람이 살기에 훨씬 더 적절하고 좋았다. *1:7과 2:6에 대한 설명을 보라.* **죽었더라** 하나님은 아담에게 선악과를 먹으면 반드시 죽으리라고 말씀하셨다(2:17). 여기에는 즉각 찾아오는 영적 죽음과 나중에 찾아오는 육체적 죽음이 포함된다.

5:24 에녹이 하나님과 동행하더니 하나님이…데려가시므로 세상에 있지 아니하였더라 창세기 5장에서 계속 반복되는 "죽었더라"는 표현이 에녹에게만 사용되지 않는다. 참고. 4:17, 18; 고린도전서 1:3; 누가복음 3:37; 히브리서 11:5; 유다서 14절. 에녹 외에 이처럼 하나님과 동행하며 친밀한 관계를 누린 사람은 노아뿐이다(6:9). 에녹은 하나님께 이끌려 산 채로 승천했으며, 나중에 엘리야도 그렇게 되었다(왕하 2:1-12).

5:25-27 므두셀라 므두셀라는 성경에서 가장 오래 살

았는데, 대홍수 심판이 있던 해에 죽었다(참고. 7:6).

5:29 우리를 이 아들이 안위하리라 위안(위로)은 노아의 경건한 삶을 통해 올 것인데, 노아는 믿음으로 행한 "의의 상속자"(히 11:7)다.

B. 대홍수 이전에 만연한 죄(6:1-8)

6:1-4 이어지는 기사는 하나님의 인내가 한계에 이르렀음을 보여주는 타락 행위를 기록한다.

6:1 5장의 기록이 보여주듯 긴 수명 때문에 인구가 급속히 늘었다.

6:2 하나님의 아들들이 사람의 딸들의 아름다움을 보고 하나님의 아들들은 다른 곳에서 거의 천사로 밝혀지는데(욥 1:6; 2:1; 38:7), 이들이 사람의 딸들을 아내로 삼았다. 이런 부자연스러운 연합은 하나님이 명하신 인간의 결혼과 번식 질서를 어기는 것이었다(창 2:24). 어떤 사람들은 여기서 하나님의 아들들이란 가인의 딸들과 함께 산 셋의 아들들을 말하는 것이라고 주장한다. 또 어떤 사람들은 이들이 후궁들을 두려 했던 인간 왕들이었을 것이라고 주장한다. 그러나 이 단락은 천사와 인간을 강하게 대비시킨다. 신약성경은 이 기사를 창세기의 다른 사건들과 연속선상에 두며, 사람들과 함께 살았던 타락한 천사들과 관련이 있다고 본다(*벧후 2:4, 5과 유 6절에 대한 설명을 보라*). 마태복음 22:30이 천사의 번식 능력을 꼭 부정하는 것은 아니며, 단지 천사는 결혼하지 않는다고 말할 뿐이다. 그러나 육체적으로 번식하려면 영들이 인간의 몸을, 남자의 몸을 입어야 했다.

6:3 나의 영 참고. 1:2. 성령께서는 구약성경에서 매우 능동적인 역할을 하셨다. 성령께서 사람들을 회개와 의로, 특히 성경이 말하듯 에녹과 노아의 전도를 통해 그렇게 하려고 노력하셨다(벧전 3:20; 벧후 2:5; 유 14절). **백이십 년** 대홍수 때까지의 기간이며(참고. 벧전 3:20), 이 기간에 인간은 하나님의 영이 언제까지나 인내하시지 않으리라는 경고에 답할 기회를 얻었다.

6:4 네피림 단어 *네피림(nephilim)*은 '떨어지다'를 뜻하는 어근에서 파생했으며, 이들이 타인을 제압한다는 의미에서 그들에게 '달려'드는 강한 자였음을 말한다(이 단어는 이곳과 민수기 13:33에만 나온다). '용사'와 '명성이 있는 사람들'이 태어났을 때 네피림은 이미 세상에 있었다. 떨어진 자들(네피림)은 1, 2절이 말하는 연합에서 나온 후손이 아니다.

6:5 그의 마음으로 생각하는 모든 계획이 항상 악할 뿐임을 보시고 이것은 죄로 가득한 인간의 본성을 말하는 가장 강하고 분명한 진술 가운데 하나다. 죄는 생각에서 시작된다(*약 1:13-15에 대한 설명을 보라*). 노아 시대의 사람들은 안팎으로 대단히 악했다. 참고. 예레미야 17:9, 10; 마태복음 12:34, 35; 15:18, 19; 마가복음 7:21; 누가복음 6:45.

6:6 한탄하사…근심하시고 죄는 거룩하고 흠이 없으신 하나님을 슬프게 했다. 참고. 출애굽기 32:14; 사무엘상 15:11; 예레미야 26:3.

6:7 하나님은 자신의 인내가 *끝났을* 때 완전히 멸망시키겠다고 약속하셨다(참고. 전 8:11).

6:8 그러나 노아는…은혜를 입었더라 하나님은 노아가 화를 면한 것은 오로지 그의 선행 때문이라고 믿지 않도록(참고. 히 11:7) 노아가 하나님을 창조자로, 주권자로, 죄에서 구원할 유일한 구원자로 믿었음을 분명히 하신다. 노아가 은혜를 입은 것은 자신을 겸손히 낮추고 은혜를 구했기 때문이다(참고. 4:26). *이사야 55:6, 7에 대한 설명을 보라*. 또한 노아는 하나님이 명하신 대로 순종했다(22절; 7:5; 약 4:6-10).

노아의 후손(6:9-9:29)

A. 대홍수 준비(6:9-7:9)

6:9 의인이요…완전한 자라…동행하였으며 참고. 에스겔 14:14, 20; 베드로후서 2:5. 단어의 순서는 하나님 앞에서 영적 자질이 점점 높아지는 것을 의미한다. 의인은 하나님의 의로운 기준에 맞게 살았다는 뜻이다. *완전한 자*는 그 시대 사람들과 달랐다는 뜻이다. *하나님과 동행했다*는 노아가 에녹과 동급이었다는 뜻이다(5:24).

6:11 부패하여 포악함이 땅에 가득한지라 참고. 3, 5절. 속이고 파괴하는 사탄의 후손(씨), 하나님을 거부하는 타락한 자들이 세상을 지배했다.

6:13 내가 그들을 땅과 함께 멸하리라 *멸하다(destroy)*는 멸절을 뜻하는 게 아니라 대홍수 심판을 말한다. 땅과 땅의 거민들이 함께 홍수로 심판받을 것이라는 의미다.

6:14 고페르 나무 아르메니아 산지에서 쉽게 자라는 삼나무 또는 사이프러스로 보인다. **방주** 속이 빈 관으로, 물에 뜨도록 설계된 상자다(출 2:3).

6:15, 16 방주는 아름답거나 속도를 내도록 설계되지 않았지만, 이런 구조 덕분에 홍수로 불어난 엄청난 물에서 매우 안정적이었다. 1규빗은 대략 45센티미터인데, 따라서 방주는 길이가 약 135미터, 너비가 약 22.5미터, 높이가 약 13.5미터였다. 크기가 이 정도 되는 거대한 상자라면 물에서 매우 안정적일 테고 전복되지도 않을 것이다. 방주의 내부 공간은 4만 3,000세제곱미터로 화

족장들은 몇 살까지 살았을까

아담 930세(창 5:5)
셋 912세(창 5:8)
에노스 905세(창 5:11)
에녹 365세(창 5:23)
므두셀라 969세(창 5:27)
라멕 777세(창 5:31)
노아 950세(창 9:29)
------ 대홍수 ------
셈 600세(창 11:10, 11)
에벨 464세(창 11:16, 17)
데라 205세(창 11:32)
아브라함 175세(창 25:7)
이삭 180세(창 35:28)
야곱 147세(창 47:28)
요셉 110세(창 50:26)

대홍수 이전 족장들은 평균 수명이 약 900세였다(창 5장). 대홍수 이후 족장들은 수명이 빠르게 줄었는데(창 11장), 어떤 사람들은 대홍수가 가져온 커다란 환경 변화 때문이라고 주장한다.

물객차 522량의 용량에 해당하며 양 12만 5,000마리를 실을 수 있었다. 방주는 3층 구조였고 각 층의 높이는 약 4.5미터였다. 각 층마다 여러 방(문자적으로 '둥지들')이 있었다. '역청'(pitch)은 목재의 틈과 갈라진 곳을 메우는 일종의 수지(樹脂)였다. '창'은 실제로 편편한 지붕을 두른 낮은 담으로, 방주의 모든 생명체에게 필요한 물을 모으는 역할을 했으리라고 추측된다.

6:17 홍수 성경에서 하나님이 일으키신 세계적 대홍수에 대해 주목할 만한 구절은 다음과 같다. 욥기 12:15; 22:16; 시편 29:10; 이사야 54:9; 마태복음 24:37-39; 누가복음 17:26, 27; 히브리서 11:7; 베드로전서 3:20; 베드로후서 2:5; 3:5, 6.

6:18 그러나 너와는 내가 내 언약을 세우리니 하나님이 멸하시려는 창조 세계의 나머지와는 대조적으로 노아와 그 가족은 존속될 뿐 아니라 하나님과의 언약관계에서 오는 공급과 보호를 누릴 것이다. 성경에서 이 구절은 처음으로 언약을 언급하고 있다. 약속된 이 언약은 9:9-17에서 실제로 맺어지고 설명된다(*이 구절에 대한 설명을 보라*).

6:19-20 현재 지구상에 존재하는 동물은 1만 8,000종이 채 안 된다. 멸종된 종까지 합치면 그 수는 배 정도 늘어날 것이다. 15, 16절의 설명에서 보았듯이 방주에는 각 종마다 둘씩 모두 7만 2,000마리가 넉넉히 들어갔다. 방주는 양 12만 5,000마리를 실을 수 있었는데, 동물의 평균이 양보다 작으므로 방주의 사용 공간은 전체의 60퍼센트가 채 못 되었을 것이다. 덩치가 아주 큰 동물들의 경우 분명히 새끼를 실었을 것이다. 곤충 100만 종을 위한 공간뿐 아니라 한 해 동안 모두가 먹을 양식을 실을 공간도 넉넉했다(21절).

7:1 의로움 참고. 6:9; 욥기 1:1.

7:2, 3 일곱씩…일곱씩 정결한 짐승과 조류에서 나머지 여섯 쌍은 제물로(8:20), 양식으로(9:3) 사용될 것이다.

7:3 그 씨를…유전하게 하라 하나님은 이들을 이용해 땅을 다시 채우실 생각인 것이다.

7:4 하나님은 죄인들에게 회개할 시간을 한 주 더 주셨다. **사십 주야를 땅에 비를 내려** 이렇게 오랫동안 전 세계적으로 비가 내린다는 건 대홍수 이후의 기상 조건에서는 불가능하지만 대홍수 때는 가능했다. 온 땅을 덮은 막(*1:7에 대한 설명을 보라*), 지구를 덮은 단열 수막이 응결되어 땅에 쏟아졌다(10절).

B. 대홍수와 구원(7:10-8:19)

7:11 달…날 노아 시대의 월력 체계가 어떠했는지는 알 수 없지만 한 달이 30일이었던 것으로 보인다. 모세 시대의 유대 월력으로 계산하면 지금의 5월이었을 것이다. 하나님이 은혜를 베푸시는 기간이 끝났다(참고. 4절; 6:3, 8). **큰 깊음의 샘들이 터지며** 땅 밑의 물이 솟구쳐 바다와 강을 이루었다(1:10; 2:10-14). 바다와 강은 빗물이 모여 생긴 게 아니라(그때는 비가 없었음) 땅의 깊은 샘들에서 솟아난 물로 생겨났다. 이런 재앙은 지구의 많은 산지가 한때 해저였다는 증거가 발견되는 이유를 설명해준다. **하늘의 창문들** 지구를 둘러싼 막에 보관된 하늘의 물이 땅으로 쏟아져 땅 위의 물, 땅 아래 물과 합쳐졌다(참고. 1:7). 이로써 지구를 둘러싼 수막은 사라졌고 땅 아래 물도 풀려났다. 이런 두 가지 현상이 합쳐져 이후로 지구를 특징 짓는 물 순환 체계가 시작되었다(욥 26:8; 전 1:7; 사 55:10; 암 9:6을 보라). 11절의 순서는 지구 표면이 먼저 솟아오르고 그 후 하늘에서 물이 떨어졌음을 암시하는데, 이 순서가 아주 흥미롭다. 왜냐하면 지표면이 갈라질 때 화산이 폭발해 마그마와 먼지를 비롯해 거대한 물보라와 가스와 공기가 대기 중으로 솟구쳤을 것이기 때문이다(이것들이 하늘의 수막을 뚫었고, 그 결과 하늘의 물이 땅에 쏟아졌음).

7:16 여호와께서 그를 들여보내고 문을 닫으시니라 대홍수를 말하면서 세세한 부분은 건너뛰지만 아주 작은 사건도 놓치지 않고 있다.

7:19 높은 산이 다 잠겼더니 홍수가 전 세계적으로 일어났음을 뜻한다. 의심이 남지 않도록 모세는 "세상은"이라고 덧붙인다(참고. 벧후 3:5-7). 지구상의 여러 문화에서 홍수 이야기를 언급한 것이 270개 정도 있는데, 그 기원은 전 세계적인 노아 홍수 사건이다.

7:20 가장 높은 산들이 적어도 수면 7미터 아래로 잠기자 방주는 산꼭대기 위로 자유롭게 떠다녔다. 여기에는 높이가 약 5,100여 미터에 이르며 그 지역에서 가장 높은 아라랏산도 포함된다(8:4). 이 수위는 지역적 홍수가 아니라 전 세계적 홍수였음을 좀 더 분명히 증명해준다.

7:24 백오십 일 여기에는 밤낮으로 비가 쏟아진 40일이 포함된다(7:12, 17). 이 무렵 수위가 가장 높았다(참고. 8:3). 그 후 수위가 낮아져 산꼭대기가 보일 때까지 두 달 반이 걸렸고(8:4, 5), 비둘기가 마른 땅을 찾을 때까지 네 달 반 넘게 걸렸으며(8:8-12), 방주에서 나오기까지 거의 여덟 달이 걸렸다(8:14).

8:1 하나님이…기억하사 노아와 그 가족이 혹독한 심판 가운데서 필요한 것을 공급받고 보호받은 것은 하나님이 노아와 맺으신 언약 때문이다. 남은 자들은 존속되었고, 하나님은 땅 위에 창조 질서를 다시 세우는 걸음을 내딛으셨다. **물이 줄어들었고** 하나님은 바람을 통해 땅이 마르도록 하셨는데, 물이 증발해 대기 중으로 돌아갔다.

8:4 아라랏산 이곳은 고대 우라르투(Urartu)로도 알려진 코카서스 지역으로, 고도는 5,100미터가 넘는다.

8:7-12 까마귀…비둘기 까마귀는 먹이가 다양하다. 따라서 방주 밖에서 어떤 먹이라도 구하면 생존이 가능했다. 하지만 비둘기는 먹이를 까다롭게 선택한다. 비둘기가 방주로 돌아오지 않는다면 땅에 새 생명이 자라기 시작했다는 뜻으로, 노아와 그 가족은 방주에서 나올

노아의 대홍수 연표

1. 노아 600년(둘째 달, 10일): 노아가 방주에 들어갔다(창 7:4, 10, 11).
2. 노아 600년(둘째 달, 17일): 홍수가 시작되었다(창 7:11).
3. 땅에 150일 동안(한 달을 30일로 계산해 5개월 동안) 홍수가 졌으며 이 기간에 40일 밤낮으로 비가 내렸다(창 7:12, 17, 24; 8:1).
4. 노아 600년(일곱째 달 7일): 물이 줄어들기 시작했다(7:24; 8:1).
5. 노아 600년(일곱째 달, 17일): 방주가 아라랏산에 멈출 정도로 물이 줄어들었다(창 8:3, 4).
6. 노아 600년(열째 달, 1일): 물이 계속 줄어들어 산봉우리가 드러났다(창 8:5).
7. 노아 600년(열한째 달, 10일): 40일 후 노아는 까마귀와 비둘기를 한 마리씩 날려 보냈다(창 8:6). 다시 14일이 지난 후 노아는 비둘기 두 마리를 더 날려 보냈다(창 8:10, 12). 모두 합쳐 61일, 즉 두 달 하루가 걸렸다.
8. 노아 601년(첫째 달, 1일): 물이 완전히 말랐다(창 8:12, 13).
9. 노아는 한 달 그리고 26일을 더 기다린 후 노아 601년 둘째 달 27일 방주에서 나왔다. 처음부터 끝까지(창세기 7:11-8:14) 홍수는 1년 열흘 동안 계속되었다.

수 있었다.

8:14-16 노아와 그 가족은 방주에서 378일을 지냈다(참고. 7:4, 10, 11).

8:17-19 생육하고…번성하리라 하나님은 심판을 통해 무너뜨린 창조 질서를 다시 세우는 과정에서 인간 이외의 피조물에게 주셨던 축복(1:22)을 되풀이하셨다. 노아는 평균수명이 줄기 시작하는 새로운 세상에 직면해야 했다. 이제 땅은 폭풍과 혹독한 기후(작열하는 더위, 얼어붙는 추위), 지진 등 자연재해를 겪어야 했다.

C. 노아 언약(8:20-9:17)

8:20 제단을 쌓고 노아는 하나님이 언약을 신실하게 지켜 자신과 가족을 구원해주신 것에 감사하며 예배를 드렸다.

8:21 그 향기를 받으시고 하나님이 노아의 제사를 받으셨다. **저주하지…멸하지 아니하리니** 하나님은 인류가 아무리 악해져도 다시는 홍수로 세상을 재앙에 몰아넣지 않겠다고 약속하셨다(참고. 9:11). 하나님이 장차 땅을 어떻게 멸하실지에 대해서는 *베드로후서 3:3-10에 대한 설명을 보라.*

8:22 땅이 있을 동안에는 대홍수로 많은 변화가 일어났지만 하나님은 대재앙이 휩쓸고 간 후 계절이 다시 순환되도록 하셨다.

9:1 노아와 그 아들들에게 복을 주시며 그들에게 이르시되 생육하고 번성하여 땅에 충만하라 하나님은 노아에게 복을 주셨고 그에게 땅에 충만하라고 다시 명하셨다(참고. 1:28).

9:2, 3 너희를 두려워하며 사람이 생존을 위해 동물을 마음대로 잡아먹는다는 점에서 인간과 동물의 관계가 변한 것으로 보인다(3절).

9:4 피째 먹지 말 것이니라 생피를 먹으면 안 되었다. 피는 생명을 상징했고, 피흘림은 죽음을 상징했다(참고. 레 17:11). 짐승의 피는 그 생명을 상징하기에 먹지 말아야 했다. 사실 이것은 하나님이 죄를 덮기 위해 계획하신 피였다(레 17:11).

9:5 짐승이면…사람이나 사람의 형제면 그에게서 그의 생명을 찾으리라 짐승이 사람을 죽이거나 사람이 사람의 생명을 불법으로 취하면 해당 짐승은 물론이고(출 21:28) 살인자도 죽여야 했다. 신약성경도 이런 형벌을 분명하게 지지하는데, 이에 대해서는 요한복음 19:11; 사도행전 25:11; 로마서 13:4을 참고하라.

9:6 하나님이 자기 형상대로 사람을 지으셨음이니라 사람이 동물을 죽여도 되지만 동물이나 사람이 사람을 죽이면 안 되는 것은 사람만이 하나님의 형상으로 창조되었기 때문이다.

9:9-17 하나님이 인간과 맺으신 첫 언약이며, 나중에 노아 언약이라고 불린다. *16절에 대한 설명을 보라.*

9:9, 10 너희와 너희 후손과 너희와 함께 한 모든 생물 노아와 맺은 언약은 6:18에서 처음 약속되었듯 생물이 포함되었다.

9:11 홍수로 멸하지 아니할 것이라 노아 언약의 구체적 약속, 곧 다시는 세상을 물로 멸하지 않으리라는 약속이다. 하나님은 어느 날 세상을 불로 멸하겠다고 약속하셨다(벧후 3:10, 11; 계 20:9; 21:1).

9:12 언약의 증거 나중에 모든 남성의 할례가 아브라함 언약의 상징이 되듯(17:10, 11), 무지개는 노아 언약의 영원한 상징이다.

9:15 내가…기억하리니 단순히 인식하겠다는 뜻이 아니라 약속을 충실히 지키겠다는 뜻이다.

9:16 영원한 언약 하나님이 노아와 맺으신 언약은 성경에서 그분에게서 비롯되었고, 분명하게 '영원한'이라는 단어가 붙은 다섯 언약 가운데 첫 번째다. 나머지 네 가지는 아브라함 언약(창 17:7), 제사장 언약(민 25:10-13), 다윗 언약(삼하 23:5), 새 언약(렘 32:40)이다. 단어 *영원한(everlasting)*은 '마지막 때까지' 그리고(또는) '영원한 미래까지'라는 뜻이다. 이것은 절대로 영원한 과거를 되돌아보지 않는다. 성경에서 분명하게 언급된 이런 부류의 여섯 언약 가운데 모세 언약 또는 옛 언약만 폐지되었다.

D. 노아 후손의 역사(9:18-29)

9:18 함은 가나안의 아버지라 가나안의 후손은 이스라엘의 원수로 우상을 숭배했으며 나중에 아브라함의 후손에게 땅을 빼앗겼는데(15:13-16), 10장은 주로 이들에게 초점을 맞춘다. 이 말이 중요한 이유는 모세가 오경을 쓰던 때가 이스라엘이 가나안을 점령하기 직전이었기 때문이다(서론의 '저자와 저작 연대, 배경과 무대'를 보라).

9:19 이 세 아들로부터 사람들이 온 땅에 퍼지니라 대홍수 이후 지금껏 세상에 살았던 모든 사람은 노아의 세 아들에게서 나왔다(참고. 10:32). 사도행전 17:26의 "한 혈통"(one blood)은 노아를 통해 이어진 아담의 후손을 말한다. 인류 전체의 모든 신체적 특징이 노아와 그의 세 아들, 그 아내들의 유전자에 다 있었다.

9:21 취하여 만취를 부른 발효가 일어난 것은 대홍수로 생태 환경이 달라졌기 때문이 아닐까 한다. 노아는 덥거나 취해서 자신도 모르게 옷을 벗었을 것이다.

9:22 하체를 보고 함이 노아의 벌거벗은 몸을 본 것 외

성경에 나오는 주요 산들

아라랏산(지금의 터키): 노아 방주가 이곳에 안착했다(창 8:4).

갈멜산: 엘리야가 이곳에서 바알 선지자들에게 승리했다(왕상 18:9-42).

에발산(그리심산 맞은편): 모세는 히브리인들에게 약속의 땅에 들어간 후 이곳에 제단을 쌓으라고 명했다(신 27:4).

그리심산: 예수님이 우물가에서 사마리아 여인과 대화를 나누신 곳이다(요 4:20).

길보아산: 사울 왕과 그 왕자들이 블레셋과 싸우다가 죽은 곳이다(대상 10:1, 8).

헤르몬산: 가나안 정복에서 북쪽 경계로 정해진 산지다(수 11:3, 17).

레바논산: 솔로몬이 예루살렘에 성전을 지을 때 필요한 백향목을 이곳에서 가져왔다(왕상 5:14, 18).

모리아산: 아브라함은 이곳에서 이삭을 희생제물로 바치려 했고(창 22:2), 솔로몬은 이곳에 성전을 세웠다(대하 3:1).

감람산: 예수님은 이곳에서 제자들에게 자신의 재림에 대해 말씀하셨다(마 24:3).

비스가산 또는 느보산: 모세는 이곳에서 약속의 땅을 바라보았다(신 34:1).

세일산: 사해 남쪽에 자리하며, 이삭이 죽은 후 에서가 이곳에 살았다(창 36:8).

시내산 또는 호렙산(애굽 근처): 모세가 율법을 받은 곳이다(출 19:2-25).

다볼산: 나사렛에서 남쪽으로 약 10킬로미터 거리에 자리하며, 잇사갈 지파와 스불론 지파의 경계선 역할을 했고, 바락이 이곳에서 출발해 시스라를 공격하기도 했다(삿 4:6-15).

시온산: 본래 남서쪽 지역만 가리켰으나(삼하 5:7) 나중에 예루살렘 전체를 가리키는 말로 사용되었다(애 1:4).

에 못된 행위도 했다는 주장을 뒷받침할 만한 합당한 근거가 없다. 그러나 함이 형제들에게 알리려고 자리를 뜨기까지 아주 잠시지만 어떤 악한 생각을 품고 보았다는 암시를 분명 내포하고 있다. 함은 아버지가 이렇게 존엄과 권위를 잃고 약해진 모습을 보고 즐거웠는지도 모른다. 그는 형제들도 자신처럼 느낄 것이라고 생각해 빨리 알리고 싶었는지도 모른다. 설령 그랬다고 해도 셈과 야벳은 함과 다르게 행동했다(23절).

9:24 작은 아들 '막내아들'이라는 의미다.

9:25-27 가나안은 저주를 받아 초점을 함에서 그의 아들 가나안에게로 옮겨감으로써 나중에 이스라엘이 수행한 가나안 정복 사건의 역사적 정당성을 확립했다. 모세가 이 단락을 낭독하고 나서 얼마 후 이스라엘은 가나안 족속과 싸워야 했다. 여기서 하나님은 이스라엘에게 가나안 정복의 신학적 근거를 주셨다. 함의 후손들은 선조의 죄 때문에 심판을 선언받았다. 10:15-20에서 가나안의 후손들은 나중에 아브라함에게 약속된 땅의 초기 거주자로 보인다.

9:26 가나안은 셈의 종이 되고 정복된 족속들은 집안이나 개인의 노예가 아니더라도 종이라고 불렸다. 이스라엘의 조상 셈과 나머지 '셈족'이 함의 후손, 곧 가나안 족속의 주인이 될 터였다. 후자가 전자에게 자신의 땅을 내주게 될 것이다.

9:27 장막에 거하게 하시고 영적 복이 셈의 하나님을 통해 야벳 족속에게 임하고(26절), 셈의 후손에서 메시아가 나오리라는 뜻이다.

셈, 함, 야벳의 후손 (10:1-11:9)

A. 족속들(10:1-32)

10:1-32 노아의 후손들이 거주한 곳을 알고자 한다면 '창세기 10장에 나오는 족속들'이라는 지도를 보라.

10:5 나뉘어서 각기 언어와 종족과 나라대로 11장에 나오는 바벨탑 사건 이후의 상황을 말한다.

10:6-20 함의 아들 이들 가운데 다수가 이스라엘의 적이었다.

10:8-10 니므롯 강력한 지도자 니므롯이 바벨탑 건설을 주도했던 게 분명하다(11:1-4을 보라).

10:10 바벨 이 도시는 바벨론, 곧 하나님의 백성과 그분의 성 예루살렘을 무너뜨릴 자의 시작이었다(주전 605-539년).

10:11 앗수르로 나아가 니느웨 앗수르는 이스라엘 동쪽에 자리한 주적(主敵)이었다. 니므롯은 고대 이스라엘에 대적하는 용사의 전형이었는데, 그 이름은 히브리어로 '반역자'라는 뜻이다(참고. 미 5:6).

10:15-19 가나안 이 단락에서 초점이 지명에서 거주

민으로 옮겨가는 데 주목해야 한다(영어에서는 각 이름 뒤에 족속을 뜻하는 'ites'가 붙는다). 이들은 노아의 만취 장면에서 비롯된 가나안의 저주가 적용되는 족속일 뿐 아니라 이스라엘이 정복해야 할 약속의 땅을 차지하고 있는 족속이기도 하다. 그러나 이들의 죄는 단지 노아의 저주 때문만이 아니었다. 하나님은 아브람에게 먼저 아모리 족속의 죄악이 가득 찬 후에야 그의 후손이 약속의 땅을 정복하리라고 하셨기 때문이다(15:16).

10:21-31 셈의 후손들, 즉 셈족을 말한다.

10:21 야벳의 형 '형 야벳'이 아니라 (한글 번역처럼) '야벳의 형'이라고 옮기는 게 낫다. 이렇게 되면 셈이 노아의 세 아들 가운데 장남이 된다.

10:25 세상이 나뉘었음이요 바벨탑 사건으로 족속들이 흩어지리라는 것을 내다보는 말이다(11:1-9).

B. 족속들이 흩어지다(11:1-9)

11:1 언어가 하나요 말이 하나였더라 하나님은 사람을 그분과 대화할 수 있는 한 피조물로 지으셨으나(1:28), 이제 이들에게 주신 선물, 곧 언어를 이용해 인류를 나누기로 하셨다. 바벨탑 건축을 통한 배교적 예배는 인간이 교만해져 하나님께 등을 돌렸다는 뜻이기 때문이었다(8, 9절).

11:2 그들이 동방으로 옮기다가 하나님은 인간에게 주셨던 "생육하고 번성하며"(9:7)라는 사명을 재차 언급하신다. 이렇게 인류가 번성하는 과정에서 바벨탑 사건이 일어났다.

11:3, 4 벽돌을 만들어…성읍과 탑을 건설하여…우리 이름을 내고 대홍수 후에 흩어지는 과정에서 강력한 지도자 니므롯이 이끄는 무리(10:8-10)가 한 곳에 정착해 도시를 건설해 자신들의 긍지와 명성을 드러내는 기념물로 삼기로 했다. 탑은 이 계획의 일부였지만 이들의 거역은 탑을 쌓은 것만이 아니었다. 인간의 교만이 문제였는데, 인간은 교만에 이끌려 하나님을 부정했다. 이들은 지시받은 대로 계속 이동하며 흩어져 땅에 충만하길(땅을 채우길) 거부했다. 이로써 니므롯과 그의 추종자들은 하나님이 9:1에서 하신 명령에 불복하고 천상 회의를 무력화하려고 했다. 당시에는 평지에 돌이 귀해서 벽돌을 만들어야 했다.

11:4 그 탑 꼭대기를 하늘에 닿게 하여 탑이 실제로 하나님의 거처에 닿지는 않을 터였고 탑이 하늘을 대신할 수도 없을 터였다. 이들은 탑을 높이 쌓아 자신들의 능력을 드러내는 기념물, 자신들의 명성을 드높이는 기념물로 삼으려고 했다. 이를 위해 이들은 하나님께 불순종했고 그분의 영광을 훔치려고 했다.

11:6 막을 수 없으리로다 이들은 아주 똘똘 뭉쳐 있어 하려고만 들면 무슨 일이든 할 터였다.

11:7 우리가…하자 *1:26에 대한 설명을 보라*(참고. 3:22).

11:8 그들을 온 지면에 흩으셨으므로 하나님은 교만에서 비롯된 이들의 거역을 처음부터 그냥 두지 않으셨다. 이들은 한 곳에 정착하기로 했고, 하나님은 이들을 강제로 흩으셨다. 이 기사는 땅의 족속들이 어떻게 '각기 언어대로 분리되고'(10:5, NKJV), '홍수 후에 땅에서 나뉘었는지' 말해준다(10:32, NKJV).

11:9 그 이름을 바벨이라 하니 '혼란하게 하다'라는 뜻의 히브리어 단어와 연결된다. 이 기사를 통해 이스라엘은 어떻게 그처럼 많은 족속과 민족, 언어가 생겨났는지 뿐 아니라 자신들의 전형적인 대적 바벨론의 반항적 기원도 처음 알게 되었다(참고. 10:5, 20, 31). **그들을 온 지면에 흩으셨더라** 이들은 하나님이 명하신 대로 땅에 충만하려고 하지 않았으며, 그로 말미암아 하나님은 이들의 언어를 혼잡하게 해서 이들이 서로 나뉘어 각자의 언어를 사용하는 지역에 모여 살게 하셨다.

셈의 후손: 족보 - 셈에서 데라까지 (11:10-26)

11:10-26 셈…아브람 셈의 족보다(10절). 이 단락의 낭독을 듣고 난 뒤 이스라엘은 대홍수에서 살아남은 세대가 어떻게 조상 아브람(26절), 곧 나중에 아브라함으로 알려진 인물과 연결되는지 알았다(참고. 17:5). 실제로 인간의 수명은 단축되었다.

11:14 에벨 에벨은 히브리인의 시조였다(즉 히브리인은 에벨의 후손임).

11:26 칠십 세 데라가 자녀를 낳기 시작한 나이다. 아브람은 데라가 130세일 때 태어났다(주전 2165년경). 참고. 11:32; 12:4.

데라의 후손(11:27-25:11)

A. 족보(11:27-32)

11:27 아브람 '고귀한 아버지'라는 뜻이다. 참고. 17:5.

11:28 갈대아인의 우르 메소보다미아에 위치한 활기가 넘치고 번영했던 인구가 많은 도시였다.

11:31 우르를 떠나…하란에 이르러 참고. 사도행전 7:2-4; 히브리서 11:8-10. 아브라함은 유브라데강을 따라 북서쪽으로 이동하다가 북부 메소보다미아, 즉 아람에 위치한 교역로가 교차하는 하란에 이르렀는데 이

는 가나안으로 들어가는 최상의 경로였으며, 이 길로 가면 모든 가족과 가축을 이끌고 큰 사막을 건너지 않아도 되었다(12:4을 보라).

B. 아브라함 언약: 그의 땅과 그의 사람들 (12:1-22:19)

1. 약속의 땅으로 향하는 여정(12:1-9)

12:1-3 여호와께서 아브람에게 이 단락은 그 성취가 성경 전체로 이어지고(사실이든 기대든 간에), 궁극적으로 요한계시록 20장까지 이어지는 약속을 담고 있다. 아브라함 언약은 1-3절에서 제안되고, 실제로 15:18-21에서 체결되며, 17:1-21에서 재확인되고, 이삭(26:2-5)과 야곱에게서 갱신된다(28:10-17). 이것은 영원한 언약이며(17:7, 8; 대상 16:17; 시 105:7-12; 사 24:5) 네 가지 요소를 포함한다. 후손(씨, 17:2-7. 참고. 갈 3:8, 16에서는 그리스도를 가리킴), 땅(15:18-21; 17:8), 민족(2절; 17:4), 하나님의 복과 보호(3절)다. 이 언약은 이스라엘을 위한 나라와 구원에서 궁극적으로 성취된다는 점에서 무조건적이지만(*롬 11:1-27에 대한 설명을 보라*), 즉시 실현되지는 않는다는 점에서 조건적이다(참고. 17:4). 아브라함 언약은 구약성경에서 거듭 언급되고 호소의 근거가 될 정도로 이스라엘에 매우 중요했다(참고. 왕하 13:23; 대상 16:15-22; 느 9:7, 8). 바울은 아브라함 언약이 모든 신자에게 영적으로 얼마나 중요한지 자세히 설명한다(*갈 3, 4장에 대한 설명을 보라*). 스데반은 사도행전 7:3에서 창세기 12:1을 인용한다.

12:1 내가 네게 보여 줄 땅으로 가라 아브람이 아직 하란에 있을 때(11:31), 여호와께서 그에게 가나안으로 가라고 거듭 말씀하셨다(행 7:2).

12:2 네 이름을 창대하게 하리니 아브람의 놀라운 명성과 유산에 대한 약속은 물질적으로(13:2; 24:35), 영적으로(21:22), 사회적으로(23:6) 성취되었다.

12:3 너를 저주하는 자에게는 내가 저주하리니 아브람과 그의 후손을 *저주하는* 자란 그를 가볍게 여기거나 경멸하거나 멸시하는 자들을 가리킨다. 하나님은 아브람을 존중하지 않고 업신여기는 자들에게 저주를 내려 더없이 혹독하게 심판하실 것이다. 아브람과 그의 후손을 축복하는 자들에게는 그 반대로 하실 것이다. **땅의 모든 족속이 너로 말미암아 복을 얻을 것이라** 바울은 이 말씀을 가리켜 하나님이 "먼저 아브라함에게 복음을 전"(갈 3:8)하신 것이라고 말한다.

12:4 하란 *11:31에 대한 설명을 보라*. 이들은 사람이(아마도 종들이) 늘어났기 때문에 한동안 이곳에 머물러야 했던 게 틀림없다.

12:5 가나안 땅에 들어갔더라 주전 2090년경이다.

12:6 세겜 에발산과 그리심산 사이 골짜기에 자리한 가나안 성읍으로(참고. 신 27:4, 12), 요단강에서 서쪽으로 약 24킬로미터, 예루살렘에서 북쪽으로 약 48킬로

미터 떨어져 있다. "모레"는 그 지역의 한 거주자였고 나무 이름도 그곳 이름을 따서 지었을 것이다. **그 때에 가나안 사람이 그 땅에 거주하였더라** 모세는 아브람이 가나안에 들어가고 약 700년 후(주전 1405년경) 오경을 기록했다. 이스라엘이 가나안에 들어가면 가나안 족속은 곧 이스라엘의 적이 될 터였다.

12:7 내가 이 땅을 네 자손에게 주리라 참고. 13:15; 15:18; 17:7, 8; 갈라디아서 3:16. 하나님은 아브람에게 개인적 약속의 차원에서 이렇게 말씀하신 게 아니었다. 하나님이 먼 미래에 대한 높고 거룩한 관심에서 아브라함의 후손이 특별한 민족으로서 거하게 될 땅을 염두에 두고 하신 말씀이었다. 하나님은 온 인류에게 유익하도록 그 땅에 거룩한 진리의 씨를 뿌리실 것이다. 그곳은 세상을 향한 하나님의 계시와 구원이 임하는 가장 적절한 땅으로 선택되었다. **여호와께…제단을 쌓고** 이렇게 함으로써 아브람은 자신의 종교를 공개적으로 고백했고, 참 하나님을 향한 예배를 확립했으며, 하나님의 약속에 대한 믿음을 천명했다. 이곳은 약속의 땅에 처음으로 세운 진정한 예배 자리였다. 이삭은 나중에 여호와께서 자신에게 나타나신 것을 기념해 제단을 쌓았고(26:24, 25), 야곱도 세겜에 제단을 쌓았다(33:18-20).

12:8 벧엘…아이 벧엘은 예루살렘에서 북쪽으로 10킬로미터 정도 거리에 있었으며, 나중에 아브라함은 이곳을 벧엘이라고 불렀다(28:19). 아이는 벧엘에서 동쪽으로 3킬로미터 남짓한 거리에 있었으며, 나중에 여호수아가 이곳에서 전투를 벌였다(수 7, 8장).

12:9 남방으로 아브람은 네겝(남방) 지역으로 이동했는데 농사 짓기에는 덜 적합했으나 목자(牧者)라는 그의 직업과 상업 활동에 있어서는 더 적합했을 것이다.

2. 애굽에서 구조되다(12:10-20)

12:10 그 땅에 기근이 들었으므로 기근은 가나안에서 드물지 않게 일어났다. 족장 시대에 양식이 크게 부족한 때가 두 차례 더 있었다(26:1; 41:56). 기근이 심하고 시기도 좋지 않다 보니 아브람은 약속의 땅에 들어와 옮겨 다닌 지 얼마 되지 않아(5-9절) 양식이 대체로 풍요로운 애굽으로 이주해야 했다. 그는 여전히 하나님의 약속을 붙잡았기에 상황이 극도로 어려웠음에도 우르로 돌아가지 않았다(참고. 히 11:15).

12:11 그대는 아리따운 여인이라 65세가 되었음에도 사래는 여전히 젊고 아주 매력적이었으며, 죽을 때 나이(127세)의 절반밖에 되지 않았다. 당시 족장들은 오래 살았는데, 아브람은 175세에 죽었다.

12:12, 13 아브람은 사래가 바로(파라오)의 후궁이 되자 죽임을 당할까 두려워 자신과 사래의 관계를 사실대로 말하지 않았다(참고. 20:13). 아브라함은 자신의 미래를 스스로 돌보려 했고 하나님을 도와 그분의 약속을 성취하려고 했다.

12:13 그대는 나의 누이라 사래는 아브람의 이복누이였으므로(20:12) 반은 거짓말이고 반은 사실이었다.

12:15 그 여인을 바로의 궁으로 이끌어들인지라 애굽 관리들이 사래를 눈여겨보았고, 군주에게 그녀의 아름다움을 알렸다. 그 결과는 예상을 빗나가지 않았는데, 사래는 바로의 후궁이 되었다.

12:17 여호와께서…바로와 그 집에 큰 재앙을 내리신지라 아브람과 사래의 분리는 하나님이 직접 그리고 극적으로 개입하실 만큼 심각한 일이었다. 아브람은 자신을 보호하려고 계략을 꾸몄으며(13절, "내 목숨이…보존되리라"), 사래를 그다지 소중하게 생각지 않았던 게 분명하다. 그러나 하나님의 반응은 사래를 보호하는 데 집중된다("사래의 일로").

12:18, 19 네가 어찌하여 나에게 이렇게 행하였느냐… 이제 데려가라 구체적 설명은 없지만 바로는 아브람이 자신을 속였다는 것을 어떤 방식으로든 재앙을 통해 알아차렸다. 애굽 군주는 질문으로 아브람을 부끄럽게 했고, 아브람보다 더 나은 성품을 보여주었으며, 아브람을 애굽에서 내보냈다.

12:20 보내었더라 결국 아브람의 거짓말 때문에 그와 식솔들이 애굽에서 수치스럽게 추방되었다. 틀림없이 종들은 자기들끼리 이 일을 입에 올렸을 테고, 종들이 보기에 이 일로 아브람의 정직성과 명성에 적잖은 금이 갔을 것이다. *13:9에 대한 설명을 보라.*

3. 땅을 나누다(13:1-18)

13:1-4 의미 있게도 아브람은 애굽에서 비참한 상황을 겪은 뒤 예전에 제단을 쌓은 곳으로 돌아와 다시 여호

와의 이름을 불렀다(12:8을 보라).

13:5 양과 소 고대 세계에서는 소유 토지의 넓이가 아니라 소유한 가축 수와 은, 금, 보석의 무게로 부를 가늠했다(참고. 2절; 욥 1:1-3).

13:6, 7 예상대로 거주지에 비해 사람이 너무 많고 목초지도 부족해 갈등이 일어났다. 삼촌과 조카 양쪽 다 우르에서 하란과 애굽을 거쳐 벧엘/아이에 이르는 더딘 여정에 쌓인 게 많았다.

13:7 브리스 사람 가나안의 한 종족이다. 참고. 34:30; 신명기 7:1; 사사기 1:4; 3:5, 6; 열왕기상 9:20, 21; 에스라 9:1.

13:8 우리는 한 친족이라 아브람이 두 목자의 충돌을 해결할 때 보인 모습은 애굽에서 보였던 모습과는 완전 딴판이다. 이제 아브람은 자기중심적 태도를 보이지 않는다. 연장자의 권리를 포기하고 조카 롯에게 선택권을 준다.

13:9 네 앞에 온 땅이 있지 아니하냐 아브람은 롯에게 그의 식솔과 가축을 위해 그가 원하는 지역을 직접 선택하라고 말한다(10, 11절). 롯이 먼저 선택한 후 아브람은 남은 지역을 자기 몫으로 받아들일 생각이었던 것이다. 이를 통해 종들이 보기에 아브람의 정직과 평판이 상당히 회복되었음을 알 수 있다(*12:20에 대한 설명을 보라*).

13:10 소알 참고. 4:2. 사해 남쪽 끝에 자리한 성읍으로 '작은 곳'이라는 뜻을 가진다(*19:22을 보라*). **여호와께서 소돔과 고모라를 멸하시기 전이었으므로** 모세가 오경을 쓸 때(아브람이 가나안에 들어온 지 700년 후) 하나님이 내리신 재앙으로 그 지역이 황폐해져(19:23-29), 과거 그곳이 비옥했다는 증거가 완전히 사라진 지 오래되었다. **여호와의 동산 같고 애굽 땅과 같았더라** 요단 계곡과 롯이 아주 강하게 끌렸던 강 양편의 목초지를 높이 평가한 것으로 볼 때 이 지역은 자연환경이 비옥했던 게 분명하다. 모세가 가나안에 들어갈 유대인에게 이 부분을 낭독하며 이곳을 에덴동산에 비유했을 때, 청중과 낭독자는 하나님이 이곳을 계시적으로 묘사하신 부분(창 2:8-15)을 떠올렸을 것이다. 또한 모세가 이

아브라함의 생애

사건	구약	신약
아브람이 태어나다	창 11:26	
하나님이 아브람을 부르시다	창 12:1-3	히 11:8
가나안에 들어가다	창 12:4-9	
애굽에 내려가다	창 12:10-20	
롯과 갈라서다	창 13:1-18	
롯을 구하다	창 14:1-17	
멜기세덱에게 십분의 일을 주다	창 14:18-24	히 7:1-10
하나님이 아브라함과 언약을 맺으시다	창 15:1-21	롬 4:1-25 갈 3:6-25 히 6:13-20
이스마엘을 낳다	창 16:1-16	
사라가 아들을 낳으리라는 약속을 받다	창 17:1-27	롬 4:18-25 히 11:11, 12
소돔을 위해 중보하다	창 18:16-33	
롯은 구원받고 소돔은 멸망하다	창 19:1-38	
이삭을 낳다	창 21:1-7	
하갈과 이스마엘을 내보내다	창 21:8-21	갈 4:21-31
이삭을 제물로 바치라고 요구받다	창 22:1-19	히 11:17-19 약 2:20-24
사라가 죽다	창 23:1-20	
아브라함이 죽다	창 25:1-11	

곳을 널리 알려졌고 물이 풍부한 애굽의 한 지역에 비유했을 때 이들은 유대인이 애굽에서 거주했던 지역을 떠올렸을 것이다.

13:11, 12 세상적 시각으로 보면 탁월하고 약삭빠른 선택이었다. 그러나 영적으로 보면 끔직한 선택이었다. 왜냐하면 롯은 이 선택으로 소돔의 악에 빠져들었기 때문이다(13절).

13:13 소돔 사람은…악하며 롯은 자신의 결정으로 나중에 고삐 풀린 타락과 악의 대명사가 되는 도시에 가까이 가는 위험한 상황에 이르게 되었다. 이들이 행한 악이 19장의 주제다.

13:14-17 롯이 떠난 후 여호와께서는 아브람과 맺으신 언약의 약속(창 12:1-3)을 재확인해주셨다. 여호와께서는 놀랍고도 확실하게 그 땅을 아브람과 그 후손에게 영원히 주셨으며[14절("북쪽과 남쪽 그리고 동쪽과 서쪽을 바라보라"), 17절("종과 횡으로 두루 다녀 보라")], 그의 후손이 셀 수 없이 많아지리라고 하셨다[16절("땅의 티끌")].

13:18 마므레 상수리 수풀 아모리 사람 마므레가 소유한 아주 넓은 숲으로(14:13), 예루살렘에서 남서쪽으로 30킬로미터 남짓 거리에 고도가 900미터가 넘는 헤브론에 위치했다. **제단을 쌓았더라** 참고. 12:7, 8; 13:4. 아브람은 하나님을 예배하는 데 헌신했다.

4. 왕들에게 승리하다(14:1-24)

14:1-12 다른 왕들과 도시국가들을 급습해 점령하고 속국으로 만드는 일은 아브라함 시대에 비옥한 초승달 지역 어디서나 있었다. 여기서 말하는 지역은 동쪽으로 시날부터(메소보다미아의 바벨론 지역부터), 염해(사해) 남쪽에서 요단 계곡에 이르는 지역까지, 사해 남서쪽에서 세일산에 이르는 모압(나중에 에돔) 지역까지다. 아말렉 족속은(*출 17:8에 대한 설명을 보라*) 아브람 때는 존재하지 않았으나(참고. 36:12) 모세가 오경을 쓰던 때는 존재했다. 가나안 전 지역에 흩어진 아모리 족속은 가나안 족속이 되었다. 속국들은 종주국이 지운 멍에를 벗어버릴 수 있다는 생각으로 반기를 들어 부가된 조공을 바치지 않고 군사적 대응을 기다렸다. 그러자 이들의 반역에 화난 종주국 왕 그돌라오멜은 동맹군을 규합해 강력하게 대응했다(5-7절). 소돔과 고모라 등이 동맹군과 맞섰으나(8-10절) 속국들의 반역은 오판으로 드러났고 결국 패배로 끝이 났다. 이 과정에서 소돔에 거주하던 롯은 포로로 잡혀갔다.

14:10 싯딤 골짜기 동쪽 해변에서 사해로 뻗어 나온 큰 반도였을 것이다. 아람 시대에 이 반도는 서쪽 해변(마사다 근처)까지 뻗어 있었을 것이며, 현재 사해의 남쪽 삼분의 일이 이 마른 계곡을 이뤘을 것이다. **역청 구덩이** 용도가 다양한 밀폐제가 나오는 타르 구덩이를 말한다.

14:13 도망한 자 침입자들을 피해 산으로 도망친 자들 가운데 한 명이(10절) 더 멀리 달아나 롯의 삼촌에게 이르렀다(사람들은 누가 누구와 연결되는지 알았음). 아브람과 같은 부자의 거처를 찾기란 어렵지 않은 일이었을 테고, 아브람이라면 가까운 친척이 해를 입은 위기 상황에서 뭐든 해줄 수 있으라고 여겼던 게 분명하다. **히브리 사람** 성경에서 처음 등장하며 '에벨에서 유래한' 인종의 명칭(참고. 11:15-17)이 아브람에게 사용된다. 외국인들은 이를 이스라엘에게 사용했고, 이스라엘은 이를 외국인들 앞에서 자신을 가리킬 때 사용했다(참고. 34:14; 40:15; 43:32). **마므레의 상수리 수풀** *13:18에 대한 설명을 보라.*

14:14 훈련된 자 이들은 아브람의 사병이며, 대가족을 이루는 일원으로("집에서 길리고", NKJV은 '그의 집에서 태어난') 모두 318명인데, 고도로 훈련된 경호원이자 아브람의 소유를 지키는 군대였다. 이들은 훈련된 아브람의 동맹군과 합세해(13, 24절) 포로들이 동쪽, 즉 시날로(시날은 메소보다미아의 초기 이름), 더 멀게는 엘람으로 끌려가지 않도록 납치자들을 추격했다.

14:15, 16 나뉘어…쳐부수고…쫓아가…찾아왔더라 전투에 지혜롭고 군사 전략이 낯설지 않은 아브람은 약탈자들을 240킬로미터 넘게 추격해(다메섹 북부까지) 쳐부수고 임무를 성공적으로 완수했다.

14:17 사웨 골짜기 *사무엘하 18:18에 대한 설명을 보라.* 위기에서 벗어난 소돔 왕은 예루살렘 근처까지 가서 아브람을 맞았다.

14:18 살렘 왕 멜기세덱 이 통치자는 전기와 혈통 정보가 전혀 없다. 그의 이름은 '의로운 왕'이라는 뜻인데, 고대 예루살렘의 왕이자 제사장(king-priest)이었다. 이런 점에서 후대의 계시는 그를 그리스도의 모형으로 사용한다(참고. 시 110:4; 히 7:17, 21). 그가 아브람 시대에 높은 위치에 있었다는 사실을 두 사람이 증언한다. 한 명은 소돔 왕이다. 그는 승리하고 돌아오는 아브람을 맞이할 때 먼저 멜기세덱에게 양보하고 나서 아브람에게 자신의 요청을 계속한다(17, 21절). 다른 한 명은 아브람이다. 그는 아무런 이의 없이 이 제사장-왕에게 축복을 받고, 그에게 전리품 중 십분의 일을 나눠준다(19, 20절). 참고. 히브리서 7:1, 2. **지극히 높으신 하나님의 제사장** 하나님의 이름으로 엘-엘리온(El-Elyon, 주권적 주)을 사용하는데, 이 칭호를 두 차례에 걸쳐 사용한(18, 19절) 멜기세덱은 가나안의 신이 아니라 아브람도 야훼

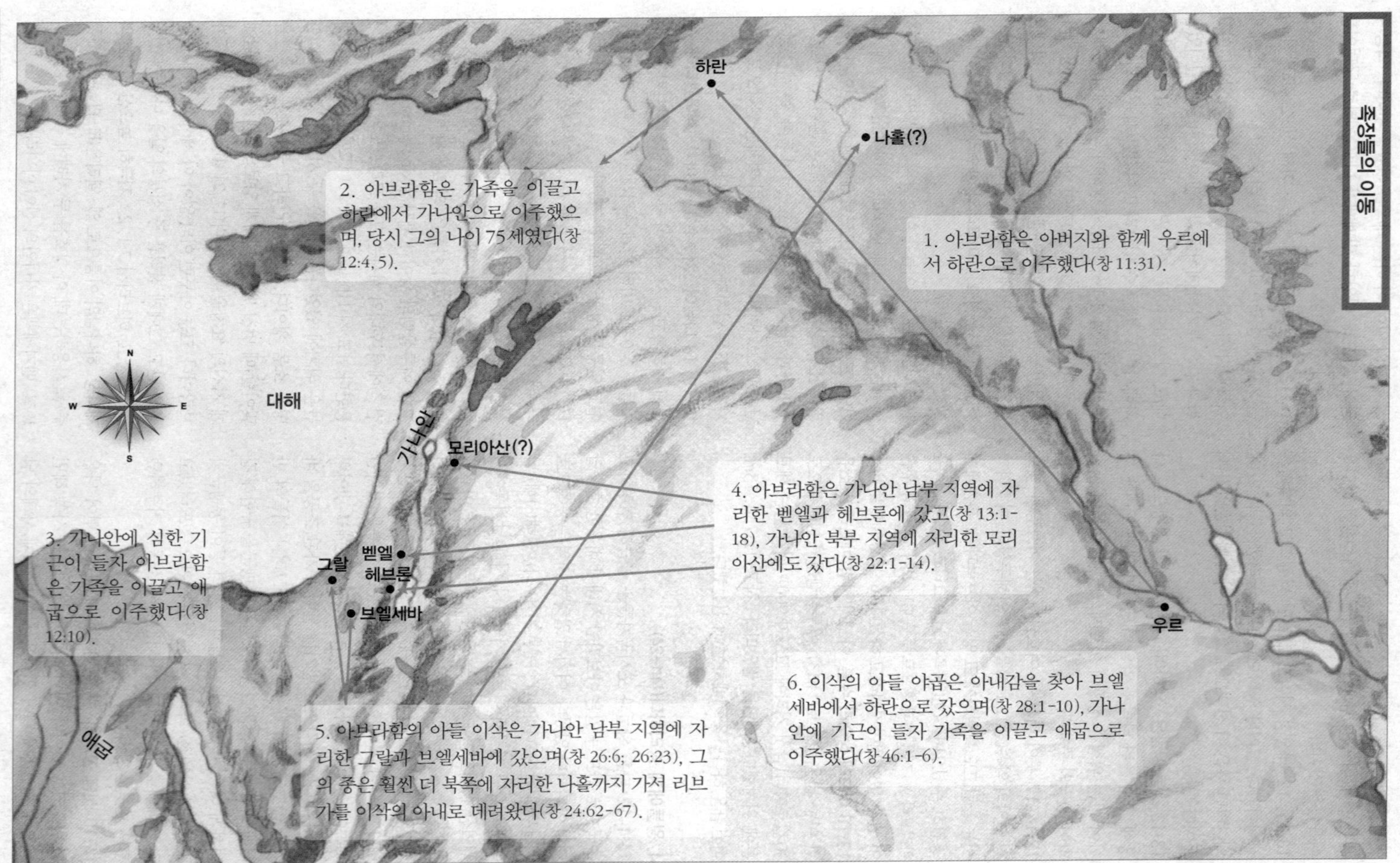
족장들의 이동
1. 아브라함은 아버지와 함께 우르에서 하란으로 이주했다(창 11:31).
2. 아브라함은 가족을 이끌고 하란에서 가나안으로 이주했으며, 당시 그의 나이 75세였다(창 12:4, 5).
3. 가나안에 심한 기근이 들자 아브라함은 가족을 이끌고 애굽으로 이주했다(창 12:10).
4. 아브라함은 가나안 남부 지역에 자리한 벧엘과 헤브론에 갔고(창 13:1-18), 가나안 북부 지역에 자리한 모리아산에도 갔다(창 22:1-14).
5. 아브라함의 아들 이삭은 가나안 남부 지역에 자리한 그랄과 브엘세바에 갔으며(창 26:6; 26:23), 그의 종은 훨씬 더 북쪽에 자리한 나홀까지 가서 리브가를 이삭의 아내로 데려왔다(창 24:62-67).
6. 이삭의 아들 야곱은 아내감을 찾아 브엘세바에서 하란으로 갔으며(창 28:1-10), 가나안에 기근이 들자 가족을 이끌고 애굽으로 이주했다(창 46:1-6).
하란
나홀(?)
대해
가나안
모리아산(?)
벧엘
헤브론
그랄
브엘세바
우르
애굽
N
W
E
S

엘-엘리온(Yahweh El-Elyon)이라고 부르는 동일한 신(22절)을 예배하고 섬기며 대변했다. "천지의 주재"라는 덧붙여진 표현이 이런 해석을 뒷받침하는데, 아브람과 멜기세덱 둘 다 이 표현을 사용했다(19, 22절).

14:20 너희 대적을 네 손에 붙이신 지극히 높으신 하나님 전력이 더 강한 연합군에게 거둔 승리의 공을 아브람의 용맹이 아니라 정확히 주권적 주(엘 엘욘)에게 돌리고 있다(*15, 16절에 대한 설명을 보라*). 멜기세덱에게도 아브람에게도 이것은 참 하나님을 예배하는 참 예배였다. **십분의 일** 성경에서 10퍼센트를 드리는 행위가 여기서 처음 언급된다(참고. 28:22). 10퍼센트의 예물은 순전히 자발적이었으며, 전체 중 십분의 일이 아니라 가장 좋은 것 중 십분의 일이었을 것이다(*히 7:4에 대한 설명을 보라*). 이 십분의 일은 모세 율법이 이스라엘에게 요구하는 십일조와는 다르다(*민 18:21-24; 신 14;22, 26:12에 대한 설명을 보라*).

14:21-24 아브람이 사람은 자신에게 주고 물품은 가지라는 소돔 왕의 요구에 응했다면 그의 부가 악한 소돔 왕의 후한 인심 덕분이라는 오해를 샀을 테고, 따라서 여호와께서 그의 삶에 복을 주셨다는 분명한 증거를 왜곡시켰을 것이다. 그 재물을 받았으면 하나님을 신뢰한다는 그의 말이 거짓이 되어버렸을 것이다. 그러나 아브람은 자신의 이런 개인적 헌신을 동맹자들에게 강요하지 않았고, 따라서 그들은 스스로 결정할 수 있었다. 아브람이 거느린 종들의 경우 전리품으로 얻은 양식을 먹은 것으로 충분한 보상이 되었다. 의심할 여지없이 종들은 주인의 대응과 증언을 기억했을 것이다. 이것으로 앞서 애굽에서 나올 때의 기억에서 부정적인 부분이 많이 극복되었다(*12:20; 13:9에 대한 설명을 보라*).

5. 언약을 비준하다(15:1-21)

15:1 나는 네 방패요 하나님은 아브람의 거룩한 방패 역할을 하셨다(참고. 7:10; 84:9).

15:2 나는 자식이 없사오니 아브람은 하나님의 격려와 훈계(1절)에 답해 자신을 괴롭히는 문제를 말했다. 아브람은 자식이 없는데, 많은 후손을 주어(13:16) 큰 민족을 이루게 하겠다는 하나님의 약속(12:2)이 어떻게 이뤄질 수 있겠는가? **다메섹 사람 엘리에셀** 아브람이 보기에 하나님의 약속은 오도 가도 못하는 상황에 처한 듯했다. 그래서 인간적으로 말하면 종을 상속자로 입양하는 게(그 당시 메소보다미아의 관습) 공식적으로 인정받을 수 있는 가장 좋은 해결책이었다.

15:3-5 "주 여호와여 무엇을 내게 주시려 하나이까"(2절)라는 질문이 "주께서 내게 씨를 주지 아니하셨으니"(3절)라는 하소연으로 바뀐다. 하나님은 아브람의 해결책을 받아들이지 않으셨고(4절) 도리어 무수한 후손을 주겠다는 약속을 다시 말씀하셨다(5절).

15:5 네 자손이 이와 같으리라 참고. 로마서 4:18

15:6 믿으니…의로 여기시고 사도 바울은 이 구절을 행위와 대비되는 믿음의 예로 인용했다(롬 4:3, 9, 22; 갈 3:6; 약 2:23). 아브람은 믿음으로 의롭다 함을 받았다. 이신칭의(以信稱義)에 대한 더 자세한 논의는 *로마서 4장, 갈라디아서 3장에 대한 설명을 보라*.

15:7 이 땅을 네게 주어 소유를 삼게 하려고 구체적으로 확인 가능한 땅(18-21절)을 통해 아브람이 하나님의 목적 안에서, 아브라함 언약 안에서 많은 후손을 갖는 것과 긴밀히 연결된다는 사실이 분명히 계시되었으며, 공식 의식을 통해(9-21절) 논란의 여지없이 돌이킬 수 없게 확정될 것이다.

15:8 내가 이 땅을 소유로 받을 것을 무엇으로 알리이까 지체되는 성취를 은근슬쩍 비난하는 물음이 아니라 정보와 확인을 진정으로 요청하는 물음이다. 이 물음에 하나님은 주목할 만한 의식으로 자신과 아브람 간의 언약을 확인해주셨다(9-21절).

15:9, 10 그 중간을 쪼개고 고대에는 언약의 표시로 짐승을 반으로 쪼개고 언약 당사자들이 그 사이를 지나가곤 했는데, 만약 자신이 언약을 깨면 반으로 쪼갠 짐승처럼 되겠다는 의미였다(렘 34:18, 19을 보라).

15:12 아브람에게 깊은 잠이 임하고 하나님이 아브람을 잠들게 하신 것은 이 언약이 아브람 편에서 하는 아무 약속도 포함시키지 않았기 때문이다. 따라서 아브람은 맹세의 표시로 쪼개진 짐승 사이를 지나가지 않았을 것이다(17절).

15:13, 14 하나님이 언약식에서 하신 말씀은 아브람에게 확신을 주었는데, 그 확신은 그의 후손들이 애굽에 내려가는 고통스러운 우회로를 밟을 터이기에 그가 죽고 오랜 후에야 성취될 것이었다. 하지만 그렇더라도 그의 후손들이 틀림없이 그 땅에 거하리라고 말씀하셨다. 참고. 사도행전 7:6, 7.

15:13 사백 년 대략적인 기간이며, 정확하게는 430년이다(참고. 출 12:40).

15:16 아모리 족속의 죄악이 아직 가득 차지 아니함이니라 심판이 지체되어 언약 성취도 지체되었다. 애굽에 대한 심판(14절)은 아브람의 후손들이 자신들의 땅을 향해 떠난다는 표시일 테고, 가나안 족속(인종적으로 아모리 족속으로 넓게 정의됨)에 대한 심판은 이들이 그 땅에 들어간다는 뜻일 것이다.

15:17 연기 나는 화로…타는 횃불 참고. 출애굽기

13:21. 이것들은 하나님의 임재를 상징하는데, 하나님은 쪼갠 짐승 사이로 혼자 지나가심으로써 아브람에게 하신 약속을 지키겠다며 신적 맹세로 엄숙히 약속하셨다(9-11절).

15:18-21 애굽 강…유브라데 성경은 약속의 땅을 개괄적으로 기술하고(출 23:31; 민 13:21; 신 11:24; 왕상 8:65; 왕하 14:25; 사 27:12) 구체적으로도 기술하는데(민 34:1-12; 수 15:1, 2; 겔 47:15-20; 48:1, 28), 그 중심은 고대 가나안 땅이었다. 지리적 경계가 이처럼 자세히 제시됨으로써 하나님의 약속이 구체적이지 못하다는 그 어떤 비판도 허용하지 않는다. 애굽강은 유다의 남쪽 경계를 이루며, 와디 엘 아리쉬(Wadi El Arish)로 알려진 곳일 가능성이 아주 높다. **겐 족속…여부스 족속** 가나안에 거주한 여러 족속을 열거하고 있다. 가나안 땅에 거한 족속들의 이름이 이렇게 정확히 열거된다는 사실은 하나님의 약속에서 약속의 땅에 대한 부분이 아주 구체적이라는 점을 재차 확인시켜 준다.

6. 하갈과 이스마엘을 인정하지 않으시다(16:1-6)

16:1 갈라디아서 4:21-31을 보라. 여기서 바울은 하갈을 하나의 예화로 사용한다.

16:3 사래가…하갈을 데려다가 그 남편 아브람에게 첩으로 준 때 사래는 10년을 기다려도 자녀가 없자(참고. 12:4) 아이를 못 낳는 부인이 자신의 여종을 통해 자녀를 얻는 당시 관습에 따랐다(2절, "내가 혹 그로 말미암아 자녀를 얻을까 하노라"). 아브람은 앞서 상속자를 지명하려고 했을 때 하나님이 보이신 반응과 그분이 주신 확신(참고. 15:2-5)을 무시한 채 약하게도 사래의 고집에 굴복했고 이스마엘을 낳았다(15절).

창세기에 나오는 꿈	
성경	꿈을 꾼 사람
창 15장	아브라함
창 20장	그랄의 아비멜렉
창 28장	야곱
창 31:11-13	야곱
창 31:24	라반
창 37장	요셉
창 40장	술 맡은 관원장
창 40장	떡 굽는 관원장
창 41장	바로
창 46:2-4	야곱

16:5 내가 받는 모욕은 당신이 받아야 옳도다…나를 멸시하니 사래는 하갈이 자신의 불임 문제를 해결했다고 해서 자신을 경멸하며 무시하리라고 예상하지 못했으며(4절), 자신이 이 때문에 겪는 고통을 아브람 탓으로 돌렸고 그에게 깨져버린 여주인-여종 관계를 바로잡아 달라고 요구했다. 아브람은 자신의 책임을 사래에게 떠넘겼고 그녀에게 좋을 대로 하라고 했다(6절, "당신의 여종은 당신의 수중에 있으니"). 사래는 하갈을 심하게 학대했고, 결국 그녀는 집을 나갔다.

16:7 여호와의 사자 이 특별한 인물은 자신이 야훼와는 다른 것처럼 말하지만 자신을 야훼와 동일시해야 하는 것처럼 1인칭으로 말한다. 하갈은 천사를 보고서 하나님을 보았다고 믿었다(13절). 다른 사람들도 같은 경험을 한 뒤 같은 결론을 내렸다(참고. 22:11-18; 31:11-13; 출 3:2-5; 민 22:22-35; 삿 6:11-23; 13:2-5; 왕상 19:5-7). 여호와의 사자(그리스도 탄생 이후에는 나타나지 않음)는 흔히 선재하신 그리스도로 여겨진다. *출애굽기 3:2에 대한 설명을 보라.* **술** 팔레스타인 남쪽, 애굽 동쪽에 위치했는데, 이는 하갈이 고향 애굽으로 돌아가려 했다는 뜻이다.

16:8 사래의 여종 하갈 천사의 인사와 지시(9절, "돌아가서…복종하라"), 하갈의 반응으로 볼 때 여주인-여종 관계가 여전히 깨지지 않고 그대로인 것으로 보인다. 거역과 도망은 해결책이 아니었다(9절).

16:10 내가 네 씨를 크게 번성하여 하갈은 종이었으나 많은 자의 어머니가 될 것이며, 따라서 아브람은 무수한 두 후손의 조상이 될 것이다(13:16; 15:5를 보라).

16:11 그 이름을 이스마엘이라 하라 아들의 이름은 '하나님이 들으신다'는 뜻으로, 여종 하갈은 하나님이 자신의 고통스러운 부르짖음을 어떻게 들으셨는지 결코 잊을 수 없었다.

16:12 들나귀…모든 사람을 치겠고 길들일 수 없는 사막 당나귀(들나귀)는 이스마엘과 그의 아랍 후손이 드러내게 될 대단히 공격적이고 독립적인 본성을 가장 잘 보여주는 동물이다.

16:13 나를 살피시는 하나님 하갈은 자신이 하나님의 은혜로운 관심의 대상이었다는 사실에 깜짝 놀라 천사를 하나님으로 알아보고 그분에게 새 이름을 덧붙였다. 하갈은 이런 신현(神現)과 계시에 이끌려 그분을 "브엘라해로이"(살아 계시며 나를 보시는 분)라고도 불렀다(14절).

16:15 그 아들을 이름하여 이스마엘이라 하였더라 주전 2079년경이었다.

16:16 아브람이 팔십육 세였더라 아브람이 하란을 떠

창

아브라함—믿음으로 의롭다 함을 얻다

창세기 15:6에서 아브라함은 "믿으니 여호와께서 이를 그의 의로 여기시고"라고 말한다. 사도 바울은 이 구절을 행위보다 위에 있고 행위와 대비되는 믿음의 예로 인용한다(롬 4:3, 9, 22; 갈 3:6). 아브라함은 믿음으로 거듭났고 우리 또한 다르지 않다!

이 구절은 성경 전체에서 칭의(稱義)에 대해 가장 분명한 진술에 속한다. 아브라함의 믿음은 공로 있는 행위가 아니다. 믿음은 결코 칭의의 근거가 아니다. 믿음은 칭의를 받는 통로일 뿐이며, 믿음도 선물이다. 아브라함의 믿음이 그의 것으로 '여겨졌다' 또는 그에게 '전가되었다'. 둘 모두 경제적·법적 상황에서 사용하는 용어로, 누군가의 소유를 다른 사람의 계좌에 입금한다는 뜻이다. 일방적 거래다. 아브라함이 이를 축적하기 위해 한 일은 하나도 없다. 하나님이 이것을 그에게 입금하셨을 뿐이다. 이 경우 하나님은 자신의 의를 취해, 마치 그것이 실제로 아브라함의 것인 양 그에게 입금하셨다. 이렇게 하신 이유는 아브라함이 하나님을 믿었기 때문이다.

아브라함에게 전가된 '의'는 특별하다. 첫째, 하나님이 이 의(義)의 근원이다(사 45:8). 둘째, 이 의는 하나님의 율법이 정한 형벌과 가르침 둘 다 만족시킨다. 그리스도는 대속의 죽음을 통해 하나님의 율법을 지키지 못한 자들이 받을 죗값을 지불하셨으며, 하나님의 율법이 제시하는 모든 요구에 완벽하게 순종함으로써 하나님이 요구하시는 포괄적 의를 충족시키셨다(고후 5:21; 벧전 2:24; 히 9:28을 보라). 셋째, 하나님의 의는 영원하기 때문에(시 119:142; 사 51:8; 단 9:24), 하나님께 이 의를 받는 자는 영원히 이것을 누리게 된다.

날 때 75세였다(12:4). 17:1에서 내러티브가 다시 시작될 때까지 13년의 공백이 있었다.

7. 언약을 재확인하시다(17:1-27)

17:2 내가 내 언약을 나와 너 사이에 두어 하나님은 아브람과 맺은 일방적 언약을 이렇게 재확인하시는데, 일방적 언약이라고 해서 수혜자에게 아무 책임도 없다는 뜻은 아니다. *7-9; 12:1-3; 15:13-21에 대한 설명을 보라.*

17:4 여러 민족 하나님은 이삭의 후손과 이스마엘의 후손을 포함해 많은 후손에 대한 약속을 세 차례나 재확인하시는데, 이것이 이름 교체를 앞뒤로 감싸면서(4-6절) 그 의미를 강조한다.

17:5 네 이름을…아브라함이라 하리니 참고. 11:27. 새 이름은 '여러 민족의 아버지'라는 뜻으로, 하나님이 주신 씨(후손)에 대한 약속에 근거한 아브라함의 새로운 정체성뿐 아니라 하나님과 아브라함 간의 새로운 관계를 반영한 것이다(참고. 롬 4:17).

17:6 왕들이 네게로부터 나오리라 이 약속은 아브라함한테서 한 그룹의 사람들 또는 한 민족 그 이상이 나온다는 점을 강조한다.

17:7 내가 내 언약을…세워서 이 관계는 하나님이 주도적으로 세우셨고 '영원한 언약'으로 불렸으며(7절), 따라서 아브라함의 후손에게 대대로 똑같이 적용되었고 "나는 그들의 하나님이 되리라"(8절)는 선언을 끌어냈다. 이 맹세는 야훼, 곧 여호와와 이스라엘 간의 언약 관계를 뜻하는 격언이 되었다.

17:8 가나안 온 땅 하나님은 아브라함에게 주신 언약의 약속을 재확인하면서 신적 권리로 그와 그의 후손에게 '영원한 기업'으로 주신 땅을 빼놓지 않고 언급하신다. 참고. 사도행전 7:5.

17:9 너는 내 언약을 지키고 족장들과 이스라엘이 계속 불순종하는데도 하나님은 조금도 흔들리지 않고 자신의 언약에 충실하셨다(예를 들면 신 4:25-31; 30:1-9; 대상 16:15-18; 렘 30:11; 46:27, 28; 암 9:8; 눅 1:67-75; 히 6:13-18). 하나님이 아브라함의 순종을 인정하신 것(22:16-18; 26:3-5)은 그분의 언약이 정식으로 세워진 지(12:1-3; 15:12-18) 여러 해가 지난 후였다. 이스라엘이 배교할 때마다 순종하는 남은 자들이 있었다(습 3:12, 13을 보라).

17:11 언약의 표징 이 시대에 할례(남성의 포피를 잘라내는 의식)는 전혀 새로운 게 아니었으나 특별한 종교적·신정적(神政的) 의미가 할례에 새롭게 적용되어 할례받은 자들은 아브라함의 육체적·인종적 계보에 속한다고 여겨졌다(참고. 행 7:8; 롬 4:11). 하나님의 계시가 없었다면 할례는 이처럼 뚜렷한 의미를 갖지 못했을 것이다. 그래서 할례는 이스라엘의 신정을 보여주는 특징으로 남았다(참고. 13절). 할례는 건강에도 유익하다. 병균이 포피 안쪽에 숨을 수 있으므로 포피를 제거하면 질병 예방에 도움이 된다. 역사적으로 유대인 여성은

구약에 나오는 하나님의 이름

1. 엘로힘: '하나님'이라는 뜻으로 하나님의 힘, 능력과 관련이 있다(창 1:1; 시 19:1).
2. 여호와(때로 야훼): 하나님의 신적 구원과 관련이 있다(창 2:4).
3. 엘-엘리온: '지극히 높으신 하나님'이라는 뜻이다(창 14:17-20; 사 14:13, 14).
4. 엘-로이: '살피시는 하나님'이라는 뜻이다(창 16:12).
5. 엘-샤다이: '산들의 하나님' 또는 '전능한 하나님'이라는 뜻이다(창 17:1; 시 91:1).
6. 여호와-이레: '여호와께서 공급하시리라'는 뜻이다(창 22:13, 14).
7. 여호와-라파: '여호와 우리의 치료자'라는 뜻이다(출 15:26)
8. 여호와-닛시: '여호와 우리의 깃발'이라는 뜻이다(출 17:15).
9. 여호와-마카데쉼: '여호와 너희를 거룩하게 하는 분'이라는 뜻이다(출 31:13).
10. 여호와-샬롬: '여호와는 평화'라는 뜻이다(삿 6:24).
11. 여호와-로이: '여호와 나의 목자'라는 뜻이다(시 23:1).
12. 여호와-차바오트: '만군의 여호와'라는 뜻이다(사 6:1-3).
13. 엘-올람: '영원하신 하나님'이라는 뜻이다(사 40:28-31).
14. 여호와-치드케누: '여호와 우리의 의'라는 뜻이다(렘 23:6).
15. 여호와-삼마: '거기 계시는 여호와'라는 뜻이다(겔 48:25).
16. 아도나이: '주'(Lord)라는 뜻이며, 하나님의 주되심(lordship)과 관련이 있다(말 1:6).

자궁암 발병률이 가장 낮다. 그러나 할례라는 상징은 죄를 잘라내고 깨끗해져야 한다는 필요와 관련이 있었다. 남성의 성기는 부패한 죄인을 낳는 씨를 담고 있으므로 부패의 깊이를 가장 분명하게 보여주었다. 따라서 할례는 부패의 결과를 되돌리기 위해 아주 깊은 씻음이 필요하다는 것을 상징적으로 보여주는 의식이었다.

17:12 난 지 팔 일 만에 레위기 12:3에서도 똑같은 기간을 적용한다.

17:14 백성 중에서 끊어지리니 언약 공동체에서 잘려 나간다는 말은 특별하고 선택된, 하나님의 다스림을 받는 민족의 구성원으로 사는 유익을 잃는다는 뜻이었고, 심지어는 하나님의 심판을 받아 죽는다는 뜻이었다.

17:15 사래…사라 하나님은 사래('나의 공주')가 약속된 여러 민족과 여러 왕의 조상이 될 것이므로 그녀의 이름을 사라로 바꾸셨는데, 인칭대명사 *나의(my)*를 제거하고 그녀를 '공주'라고 부르셨다(16절).

17:16 여러 민족의 어머니 참고. 17:5.

17:17 아브라함이 엎드려 웃으며 마음속으로 이르되 하나님의 약속에 감사하는 게 올바른 반응이었으나 아브라함은 쉽사리 믿지 못해 이런 반응을 보이지 못했다. 아브라함은 자신이 아버지가 되리라는 것을 알았으나(12:2; 15:4) 아이를 갖지 못하는 늙은 아내가 어머니가 되리라는 말은 이해되지 않았던 것이다.

17:18 이스마엘이나 하나님 앞에 살기를 원하나이다 아브라함은 지금 있는 아들이 하나님이 주신 약속의 수혜자가 되게 해달라고 간청하는데, 그의 이런 간청은 그와 사라가 아이를 갖는 게 불가능한 나이였음을 보여준다(참고. 롬 4:17).

17:19-21 하나님은 이번에도 아브라함이 제시한 해결책을 참을성 있게, 하지만 확고하게 거부하며 자신이 이스마엘에게 은혜를 베풀어 많은 후손을 주시는 것(25:12-18)을 사라의 아들이 '영원한 언약'의 상속자가 되리라는 확언으로 감싸면서 문제를 강한 어조로 해결하셨다. 하나님은 처음으로 아들의 이름을 말씀하셨다.

17:19 그 이름을 이삭이라 하라 약속된 아들의 이름은 '그가 웃는다'라는 뜻으로, 하나님의 약속을 듣고 아브라함이 맨 처음에 보인 믿음 없는 반응을 일깨우기에 적절했다.

17:23-27 이 날에 아브라함은 지체하지 않고 하나님의 명령을 자신에게, '모든 남자'에게, 자신의 '집 사람 중 모든 남자'에게 완전히 이행했다(23, 27절).

8. 이삭이 태어나리라고 예언하시다(18:1-15)

18:1 여호와께서…나타나시니라 신현의 또 다른 예다. 아브라함은 처음에 방문자들 가운데 한 명을 알아보지 못했을 것이다. 그런데 아브라함이 단지 겸손하게 맞이하고 대접해(2-8절) 정중하게 배웅한(16절) 그분이 바로 여호와이셨다. **마므레의 상수리나무들** *13:18에 대*

한 설명을 보라.

18:3 내 주여 처음에는 주인이 관습대로 방문객을 존중해 사용한 표현이었을 것이다(히브리어로 '나의 주'를 뜻하는 '아도나이'—옮긴이). 그러나 나중 대화에서 아브라함은 이 표현을 자신의 진정한 주님(Lord)을 부르는 말로 알고 사용했다. 아브라함은 그를 '주'(Master)라고 불렀으며(22, 30-32절, 22절에서는 '여호와'이고 30, 31, 32절에서는 '아도나이'임—옮긴이), 방문자가 자신을 '여호와'(LORD)라고 말했을 때 그가 누구인지 알아본 게 틀림없다(14절).

18:9-13 하나님이 아브라함에게 하신 말씀을 분명하게 연상시키는 약속임에도 사라는 남편이 예전에 보였던 쉽사리 믿지 못하겠다는 반응을 또다시 보였다(참고. 17:17). 사라는 하나님의 기적을 생각하지 않고 단지 정상적인 삶의 과정에서 일어나는 하나님의 섭리를 생각했다. 그래서 자신들과 같은 나이에 아이를 갖는 게 불가능하다고 확신했다.

18:10, 14 참고. 로마서 9:9.

18:14, 15 수사학적 질문("능하지 못한 일이 있겠느냐")과 하나님의 선언("기한이 이를 때에")이 사라의 생각을 분명히 안다("사라가 왜 웃으며")는 사실과 짝을 이뤄 하나님이 하시는 일을 그녀가 완전히 오해했다는 것을 두려움 가운데 인식하도록 했다.

9. 소돔과 고모라(18:16-19:38)

18:17, 18 내가 하려는 것을 아브라함에게 숨기겠느냐 하나님이 아브라함에게 심판을 미리 알리신 이유는 하나님의 계획에서 그가 맡게 될 특별한 역할을 강조하기 위해서다. 또한 여호와와 아브라함의 언약이 낳은 결과, 즉 많은 후손과 큰 복을 강조하기 위해서다.

18:18 참고. 갈라디아서 3:8.

18:19 내가 그로…명하여 하나님의 확신, 곧 신실함과 충실함과 한결같음에 대한 표현이다.

18:20 부르짖음이 크고 이때쯤 두 도시의 죄악이 가득 차서(참고. 15:16) 하나님 앞에서 돌이킬 수 없는 지경에 이르렀고, 그로 말미암아 하나님은 자신이 심판 때를 얼마나 공정하게 결정하는지 아브라함에게 보여주셨다(21절, "내가 이제 내려가서…내가 보고 알려 하노라").

18:23 주께서 의인을 악인과 함께 멸하려 하시나이까 아브라함은 악한 두 도시를 위해 중보하면서 먼저 자신은 의인을 향한 하나님의 자비를 정확히 알고 하나님이 선인과 악인을 구분하신다는 것을 정확히 안다고 말한다(25절).

18:24 의인 오십 명 롯이 여기에 포함되었다(벧후 2:7, 8).

18:25 세상을 심판하시는 이가 정의를 행하실 것이 아니니이까 아브라함은 하나님이 성품상 선하고 전혀 비난받지 않을 일만 하실 거라는 사실을 분명히 알았는데, 이 수사학적 질문은 이것을 확인시켜 준다.

18:27 나는 티끌이나 재와 같사오나 아브라함의 협상은 터무니없거나 이기적인 수작과는 거리가 멀었으며 사람들에 대한 그의 걱정을 겸손하고 자애롭게 표현했는데(참고. 13:8, 9), 특히 조카 롯과 그 가족이 사는 지역을 위한 중보였다. 아브라함은 거듭된 요구로 여호와를 화나시게 할 의도는 없었다(28, 30, 32절).

18:32 십 명으로 말미암아 심판을 막기에 꼭 필요한 의인이 50명에서 10명까지 줄었다는 사실은 아브라함이 두 도시의 극심한 악을 알았을 뿐 아니라 그곳에서 이뤄진 롯의 증언이 효과가 없었다는 사실 역시 알았음을 암시한다. 아브라함은 롯의 온 가족을 염두에 두었을 것이다.

18:33 여호와께서…가시니 아브라함도 자기 곳으로 돌아갔더라 더는 할 수 있는 게 없었다. 심판을 피할 수 없었던 것이다.

19:1 두 천사가 하나님과 함께 아브라함을 찾아왔던 천사다(18:22). 이들은 인간의 형상을 띠었다(10절, "사람들"이라고 불림). **롯이 소돔 성문에 앉아 있다가** 유지들은 성문에서 성읍의 관리를 비롯해 지역사회의 일을 처리했는데, 롯은 재판관 가운데 한 명으로 여기에 참여했다(9절).

19:2 내 주여 돌이켜 종의 집으로 들어와 롯은 환대를 목적으로 두 천사를 초대하는데(1-3절), 예의를 차리기 위한 것이 아니라 널리 알려진 소돔 사람들의 악행에서 이들을 보호하기 위해서였을 것이다(참고. 8절, "this is the reason." 한글 개역개정에는 이 부분이 명확하지 않지만, 저자가 사용하는 NKJV은 "since this is the reason they have come under the shadow of my roof", 즉 '이런 이유에서 그들이 나의 지붕 아래 들어왔기 때문이다'라고 옮겼음—옮긴이).

19:3 롯이 간청하매 나그네들은 거리에서 밤을 지내겠다고 고집했으나 롯은 이들이 심히 걱정스러워 그렇게 하도록 내버려둘 수가 없었다.

19:4 소돔 백성들이…다 모여 추가되는 두 어구("노소를 막론하고"와 "원근에서 다 모여")와 제시되는 요구(5절, "그들을 상관하리라". NKJV의 번역 "know them carnally"을 그대로 옮기면 "그들을 육체적으로 알리라"임—옮긴이)를 보면 드세게 몰려와 롯의 집을 에워싼 음탕한 사내들의 숫자뿐 아니라 소돔에 만연한 부도덕한 타락의 본성이 강조된다. 설령 *다(all)*라는 표현이 어느 정도 과장이

었다고 해도 이런 강조가 지나치다는 생각이 들지 않을 정도였다(소돔은 정말로 악한 도시였음).

19:5 그들을 상관하리라 이들은 방문객과 동성애 관계를 가지려고 했다. 이런 악행을 대하시는 하나님의 태도는 그분이 소돔을 멸하실 때 분명하게 나타난다(23-29절). 하나님은 모든 동성애를 금지하고 정죄하시는데, 이와 관련된 것은 다음을 참고하라. 레위기 18:22, 29; 20:13; 로마서 1:26; 고린도전서 6:9; 디모데전서 1:10.

19:6-8 롯의 반응은 그의 윤리에 내재한 긴장을 보여준다. 몰려온 소돔 남자들의 성욕을 채워주겠다는 롯의 제안은 "이런 악을 행하지 말라"는 그의 호소와 모순된다. 이런 모순은 롯이 사악한 소돔에서 고민하며 산다는 것을 분명하게 보여준다(참고. 벧후 2:6, 7).

19:8 너희 눈에 좋을 대로 그들에게 행하고 롯은 나그네들에게 동방의 환대를 베풀어야 했을 뿐 아니라 이들을 집에 들인 목적이 있었기에(2, 3절), 자기 손님을 보호하려고 자신의 두 딸을 조금 덜한 악에 내어주겠다고 제안하지 않을 수 없었다(*롬 1:24-27에 대한 설명을 보라*). 이 어리석은 노력은 롯이 하나님과는 바른 관계에 있었지만(벧후 2:7, 8) 소돔을 떠나기보다 몇몇 죄를 비롯해 연약한 믿음에 만족했음을 보여준다. 그러나 롯이 믿음으로 하나님 앞에 의로웠기 때문에 하나님은 그에게 은혜를 베푸셨다.

19:9 우리의 법관이 되려 하는도다 이들의 주장은 롯이 예전에 도덕적 훈계를 했음을 암시한다. 그러나 이제 욥의 훈계를 더는 참을 수 없었다. **롯을 밀치며** 동성애적 편향은 제어할 수 없는 욕망을 동반한다. 눈이 먼 후에도 이들은 자기 욕망을 채우려고 한다(11절).

19:10, 11 롯이 앞서 보호하려고 했던 사람들이 이제 롯을 보호한다.

19:13 여호와께서 이 곳을 멸하시려고 우리를 보내셨나니 소돔의 악이 너무 생생하고 확실해서(4-11절) 하나님의 심판이 유일한 결과였으나 롯의 가족은 심판을 면할 수 있었다(11, 12절). 참고. 유다서 7절.

19:14 농담으로 여겼더라 롯은 심판이 임박했다는 경고를 한낱 농담으로 받아들였다. 그러자 사위들(또는 딸들의 약혼자들)도 농담으로 여겼다.

19:16 여호와께서 그에게 자비를 더하심이었더라 이런 까닭에(뒤에서는 하나님이 아브라함을 생각하셨다고 표현됨, 29절) 롯이 떠나길 주저하는데도("지체하매") 천사들은 직접 나서서 강제로 롯과 그의 가족들을 소돔 밖으로 끌어냈다.

19:17-21 도시생활이 산속의 외로운 생활보다 틀림없이 나았을 것이다. 그래서 롯은 이미 자신에게 임한 자비에 기대어 다른 탈출 목적지, 곧 다른 도시를 두고 협상했을 것이다. 천사의 대답(21절)은 본래 이 도시도 심판 계획에 포함되었으나 롯을 위해 제외되었음을 암시한다.

19:24 하늘 곧 여호와께로부터 유황과 불을 아침이 밝자(23절) 심판이 임했다. 하나님이 이 지역을 멸하려고 가연성 황 침적물을 어떻게 사용하셨는지에 대한 그 어떤 논리적 설명도 여기서 강조하는 기적적 심판에 맞지 않는다. *유황*은 어떤 가연성 물질을 가리킬 수도 있다. 그 지역을 "엎어" 버릴 정도로(25절) 강력한 뇌우를 동반하는 화산 분출과 지진이었을 것이다. 사람들은 이 지역이 사해의 남쪽 끝, 땅 밑에 있다고 믿는다. 불타는 가스, 황, 마그마가 공중으로 치솟았다가 떨어져 그 지역을 묻어버렸다.

19:26 롯의 아내는 뒤를 돌아보았으므로 롯의 아내는 뒤돌아보지 말고 도망하라는 천사의 경고(17절)를 무시해 소금 기둥이 되었다. 이로써 롯의 아내는 심판 날에 원치 않는 반응을 부르는 불순종의 예가 되었으며(참고. 눅 17:29-32), 그녀의 고향 도시들은 하나님이 죄를 심판하신다는 사실을 보여주는 전형이 되었다(참고. 사 1:9; 롬 9:29; 벧후 2:5, 6).

19:29 그 지역의 성 고고학적 증거에 따르면 소돔과 고모라는 사해 남쪽 지역, 즉 동쪽으로 돌출된 리산 반도 남쪽 지역에 위치했던 것으로 추측된다(*14:10에 대한 설명을 보라*). **하나님이 아브라함을 생각하사** 참고. 18:22-33.

19:30 소알에 거주하기를 두려워하여 소알 사람들이 모든 파괴의 책임이 롯에게 있다고 느꼈거나 롯이 그 지역에 더 많은 심판을 내려 소알까지 영향이 미칠까 두려웠기 때문일 것이다(17-23절).

19:31-36 롯의 딸들은 친아버지와 동침하려고 할 만큼 그 생각이 소돔과 고모라의 부도덕함에 심하게 오염되어 있었다. 이들은 처녀였으며(8절), 결혼한 딸들은 죽었고(14절), 남편 될 남자는 남아 있지 않았다(25절). 그래서 자녀가 없을까 봐 두려워 큰 악을 모의했다.

19:37, 38 근친상간으로 낳은 두 아들은 이스라엘과 오랜 원수인 모압 족속과 암몬 족속의 시조가 되었다.

10. 블레셋과 만나다(20:1-18)

20:1 그랄 약속의 땅과 애굽의 경계에 자리한 블레셋 도시이며, 가사(Gaza)에서 16킬로미터 정도 거리에 있었다.

20:2 자기 누이라 아브라함은 아내에 대해 거짓말을

해서 치욕스럽게 애굽을 떠난 지 25년 후(12:10-20) 똑같은 수법을 되풀이했다. **아비멜렉** 사라를 첩으로 삼은 이 왕은 이삭이 만난 아비멜렉의 아버지이거나 할아버지였을 가능성이 아주 높다. *26:1에 대한 설명을 보라.*

20:3 하나님이 아비멜렉에게 현몽하시고 아브라함의 하나님이 다시 개입해 사라를 보호하신다. 사라는 남편의 거짓말에 동조해(5절) 왕을 속였고, 왕은 하나님 앞에서 자신의 무죄와 결백을 진지하게 항변했다(4-6절). 아비멜렉은 종들과 함께 하나님의 경고를 제대로 따랐다.

20:6 너를 막아 내게 범죄하지 아니하게 하였나니 하나님은 아비멜렉을 막으셨다. 그리고 심판을 막기 위해 아비멜렉에게 사라를 돌려보내라고 요구하셨다.

20:7 그는 선지자라 아브라함은 거짓말을 했음에도 여전히 아비멜렉을 위해 중재자요 중보자 역할을 한다(참고. 17, 18절). 성경에서 '선지자'를 뜻하는 히브리어가 여기서 처음으로 나온다. 이것은 하나님이 아브라함을 아비멜렉을 대신해 자신에게 말하는 자로 인정하셨다는 뜻이다. 대체로 이 단어는 누군가를 대신해 하나님께 말하는 자가 아니라 하나님을 대신해 누군가에게 말하는 자를 가리키는 데 사용된다.

20:9 합당하지 아니한 일 선지자와 왕의 대립은 아브라함의 행동이 통탄할 만한 것이었음을 말한다. 하나님의 선지자가 이방인 왕에게 이런 질책을 받았다는 것은 치욕이다.

20:11-13 아브라함은 자신이 거짓말한 이유 세 가지를 제시한다. 첫째, 그는 소돔의 무서운 악을 보면서 그랄을 포함해 다른 모든 도시가 하나님을 두려워하지 않는다고 생각했다. 둘째, 그는 죽을까 봐 두려워 거짓말을 했다. 셋째, 그의 아내가 실제로 이복누이였기에 자신이 거짓말하고 사라의 남편이라는 신분을 숨긴 것을 정당화했다. 아브라함은 자신을 보호하기 위해 거짓말까지 할 필요가 없었다. 하나님이 그를 안전하게 지켜주시리라는 것을 믿어야 했다.

20:16 해결되었느니라 NKJV은 '견책받았다'(rebuked)고 옮겼는데, '의롭게 되었다'가 더 나은 번역이다.

11. 이삭이 태어나다(21:1-34)

21:1 여호와께서…사라를 돌보셨고 늙은 부부에게(2, 5, 7절) 약속대로 아들이 태어났고, 앞선 비웃음이 기쁨으로 바뀜으로써 25년간 계속된 긴장이 마침내 해소되었다(6절). 사라의 불임(11:26)이 끝난 것이다.

21:4 할례를 행하였더라 *17:11에 대한 설명을 보라.*

21:5 이삭이 그에게 태어날 때에 주전 2065년경이었다. 하나님이 아브라함에게 한 약속을 성취하셨다(12:2; 15:4, 5; 17:7).

21:8 젖을 떼고 대체로 태어난 지 2년이나 3년째에 젖을 뗀다.

21:9 하갈의 아들이 이삭을 놀리는지라 이삭이 젖을 떼고 유아기에서 아동기로 넘어가는 것을 축하하는 잔치에서 비웃음이 있었는데(웃음을 뜻하는 히브리어 동사의 강조형임), 화가 난 사라는 아브라함에게 이스마엘과 그의 어미를 진영에서 쫓아내라고 요구했다(10절).

21:10 내쫓으라…기업을 얻지 못하리라 아브라함 시대의 법전, 예를 들면 누지(Nuzi) 법전과 함무라비 법전은 적통 상속자가 태어나더라도 첩의 아들을 쫓아내는 것을 금했다. 따라서 사라의 요구는 사회법을 어기는 것이었고, 아브라함의 감정과 이스마엘에 대한 아브라함의 사랑을 해치는 것이었다(11절). 그러나 아브라함은 양심의 가책을 극복하고 하나님으로부터 하갈과 이스마엘을 광야로 쫓아내라는 승인과 확인을 받았다(12-15절). 참고. 갈라디아서 4:22-31.

21:12 참고. 로마서 9:7; 히브리서 11:18.

21:13 참고. 18절. *16:11, 12에 대한 설명을 보라.* 이스마엘은 대략 17세였고, 관례적으로 독립할 나이였다.

21:17 하나님이 그 어린 아이의 소리를 들으셨으므로 이스마엘의 비웃음이 목말라 죽을 듯한 절망적 처지에서 고통스러운 울부짖음으로 변했을 때(15, 16절) 하나님은 하갈이 소리 내어 우는 것을 보시고 이름을 지어준(16:11) 아이의 울부짖음을 들으신다. 이때 하갈은 하나님이 자신의 아들에 대해 아브라함에게 주신 약속을 떠올렸다(17:20). **하나님의 사자** 여호와의 사자 같은 존재다. 출애굽기 3:2에 대한 설명을 보라.

21:18 *13절에 대한 설명을 보라.*

21:21 바란 광야 아라비아라고 불리는 시나이 반도의 북동쪽에 위치했다.

21:22-34 아비멜렉과 아브라함 간에 공식적으로 체결된 동등 조약으로 지역의 제한된 수자원을 적절히 공유할 수 있게 되었으며, 아비멜렉은 이제 수년간 족장도 자신을 공정하고 동등하게 대하리라는 확신을 가질 수 있었다.

21:31 브엘세바 예루살렘에서 남서쪽으로 약 72킬로미터 떨어진 곳이다.

21:32 블레셋 사람의 땅 아브라함은 가나안 남서쪽 해안에 정착한 에게해 무역상의 초기 이주자들과 접촉했는데, 이들 다음으로 주전 12세기에 블레셋 사람들이 대규모로 들어와 대대로 이스라엘을 억압했다.

21:33 에셀 나무 이 나무는 널리 알려진 동시대 사람

들 간에 맺은 언약을 상기시키는 역할을 했으며, 아브라함의 예배 장소 중 한 곳의 표식이기도 했다. **영원하신 여호와** 아브라함은 그 땅에서 외국인이요 체류자일 뿐이지만, 그래도 하나님이 그와 맺은 언약은 파기될 수 없고 영원하다는 것을 적절하게 일깨우는 하나님의 이름이다(참고. 23:4).

12. 아브라함이 믿음으로 이삭을 바치다(22:1-19)

22:1 하나님이 아브라함을 시험하시려고 유혹이 아니다. 하나님은 아브라함의 마음을 점검하시고자 했다(참고. 약 1:2-4, 12-18).

22:2 네 아들…이삭을 데리고…번제로 드리라 깜짝 놀랄 명령으로, 아브라함은 크나큰 시련에 봉착한다. '독자'를 번제로 바쳐야 했던 것이다(하나님은 '독자'라는 단어를 2, 12, 16절에서 세 차례나 반복하셨음). 이는 아브라함이 (스무 살이 넘은) 아들을 죽이고, 그로써 아브라함 언약의 약속이 파기된다는 뜻이다. 그러나 아브라함은 비이성적 행위임에도 순종했다(3절). **모리아** 전통적으로 예루살렘과 연결되며, 나중에 솔로몬은 이곳에 성전을 세웠다(참고. 대하 3:1).

22:4 제삼일에 아브라함은 주저하거나 지체하지 않고 일찍 일어나(3절) 브엘세바에서 예루살렘 주변의 언덕 가운데 하나인 모리아까지 이틀 길을 걸었다.

22:5 내가 아이와 함께 저기 가서…우리가 너희에게로 돌아오리라 사흘 여정에서(4절) 하나님의 명령을 생각해볼 시간이 많았다. 그러나 아브라함은 인간 제사의 도덕성이나 하나님의 목적에 고개를 젓거나 의심하지 않은 채 종들에게 자신과 이삭이 돌아오리라고 자신 있게 말하고는 제사 준비물을 챙겨 떠났다(6절). 히브리서 11:17-19은 아브라함이 하나님의 약속은 절대 변치 않는다고 확신했기에 이삭이 죽더라도 하나님이 죽은 자 가운데서 다시 살리시거나(*이 구절에 대한 설명을 보라*) 대체물을 주시리라 믿었다고 말한다(8절).

22:9, 10 외아들을 죽이려고 한 것으로 볼 때 아브라함은 하나님을 신뢰했던 게 분명하다. 참고. 히브리서 11:17-19.

22:11 여호와의 사자 *출애굽기 3:2에 대한 설명을 보라.*

22:12 내가 이제야…아노라 아브라함은 시험을 통과했다(1절). 아브라함은 믿음을 보였고, 하나님은 이에 답해 그를 의롭다고 하셨다. *야고보서 2:21에 대한 설명을 보라.*

22:13 아들을 대신하여 대속 개념이 도입되는데, 이것은 그리스도의 죽음에서 완성된다(사 53:4-6; 요 1:29; 고후 5:21).

22:15-18 하나님은 아브라함과 맺은 언약을 공식적으로 재확인하면서 땅, 씨, 복이라는 세 가지 요소를 언급하시지만 관심이 약속한 땅의 정복에 생생하게 집중된다(17절, "그 대적의 성문을 차지하리라").

22:16, 17 참고. 12:1-3; 15:13-18; 17:2, 7, 8, 9; 히브리서 6:13, 14.

22:17 그 대적의 성문을 차지하리라 참고. 24:60. 대적들을 정복하고 그들을 다스리는 것을 말한다.

28:18 참고. 사도행전 3:25

C. 아브라함이 씨에 대해 약속을 받다 (22:20-25:11)

1. 리브가의 배경(22:20-24)

22:20-24 알리어 이르기를 이것은 비옥한 초승달 지역에서 지리적으로 떨어져 있었더라도 족보에 대한 정보가 서로 오갔음을 분명하게 보여준다. 이런 최신 정보에서 가장 눈에 띄는 인물은 이삭의 사촌 브두엘의 딸 리브가다(23절). 이는 독자에게 아브라함과 사라가 본가와의 유대를 완전히 끊지 않았다는 점도 상기시켜 준다. 아브라함의 형제 나홀은 여전히 메소보다미아에 살았으나 둘은 얼굴을 못 본 지 60년이 넘었다.

2. 사라의 죽음(23:1-20)

23:1, 2 성경에서 죽은 나이가 기록된 여성은 사라뿐이다. 이렇듯 사라의 나이는 그녀가 하나님의 계획에서 얼마나 중요했는지를 암시한다. 또 하나 더 중요한 사실이 있는데, 사라의 나이는 그녀가 가임 연령이 훨씬 지났을 때(아흔 살, 참고. 17:17) 독자를 낳았다는 것과 하나님이 직접 개입해 사라와 아브라함에게 한 약속을 성취하셨다는 것을 상기시킨다. 사라는 주전 2028년경에 죽었다.

23:2 헤브론 *13:18에 대한 설명을 보라.*

23:3 헷 족속 본래 아나톨리아(지금의 터키)에서 기원한 헷 족속은 이미 이 시대에 고향에서 멀리 떨어진 가나안에 정착해 살고 있었다.

23:4 내게…소유지를 주어 헷 족속의 소유지에 대한 구매 협상은('주다'는 여기서 '팔다'는 뜻임) 그 시대의 헷 족속 관습에 따라 진행되었고, 아브라함은 공정한 시장 가격을 지불하려고 했다(9절).

23:6 우리 가운데 있는 하나님이 세우신 지도자이시니 헷 족속은 아브라함의 지위와 명성 때문에 그를 지도자로서 존경했고 자신들의 가장 좋은 매장지를 거저 주려고 했다. 이들은 협상을 진행했고, 아브라함은 에브론이라는 부자의 동굴을 팔라고 제안했다(7-9절).

23:10 앉아 있더니 문자적으로 '앉아 있었다'라는 뜻이며, 장소는 일반적으로 거래가 이뤄지는 성문이었을 것이다.
23:11 내가 그 밭을 당신에게 드리고 에브론이 아브라함에게 베풀어야 하겠다고 느꼈다는 뜻이 아니라 지주로서 통치자를 섬겨야 하는 헷 족속의 봉건정치에 매어 있었음을 암시한다. 그가 땅을 아브라함에게 넘기면 봉신의 책임도 함께 넘어갈 테고 아브라함은 모든 세금을 내고 모든 의무를 이행해야 했다. 에브론은 이런 생각을 했던 게 분명하다. 그래서 땅을 주겠다고 했을 것이다.
23:14-16 은 사백 세겔…상인이 통용하는 은 사백 세겔 귀금속을 주화로 만들어 거래에 사용한 것은 이보다 수백 년이 지난 후였다. 상인들은 거래할 때 세겔을 무게 단위로 사용했는데, 1세겔은 약 11.5그램이었다.
23:17-18 거래 내용, 소유지에 대한 자세한 묘사, 정한 금액 지불이 모두 증인들 앞과 거래에 적합한 장소에서 이루어졌고, 이로써 땅의 소유권이 공식적으로 아브라함에게 넘어갔다. 이 소유권은 오랜 시간이 지난 야곱 때도 여전히 유효했다(49:29-32; 50:12, 13).
23:19 그 후에 거래가 완결된 뒤 아브라함은 사라를 이곳에 장사 지냈다. 모세는 이곳을 가나안에 자리한 헤브론이라 말하는데, 그의 첫 독자는 약속의 땅에 들어가서 곧 이곳으로 향했다.
23:20 그 밭과 거기에 속한 굴이…확정되었더라 중요한 내용이다. 아브라함은 여러 해를 떠돌아다닌 끝에 하나님이 그와 그의 후손에게 약속하신 땅에서 마침내 규모는 작지만 부동산을 소유했기 때문이다. 동굴은 시간이 흘러 아브라함, 이삭, 리브가, 레아, 야곱이 묻히는 가족 묘지가 되었으며(참고. 25:9; 49:31; 50:13), 라헬만 여기에 묻히지 못했다(35:19).

3. 이삭과 리브가의 결혼(24:1-67)

24:2 모든 소유를 맡은 늙은 종 엘리에셀은 85세에 집사 또는 비서실장, 곧 상당한 권세가 따르는 위치에 올랐다(10절이 암시하듯). 아브라함에게 아들이 없었다면 엘리에셀이 그의 재산을 모두 물려받았을 터였다(15:1, 2을 보라). 그러나 이삭이 태어남으로써 아브라함의 유산은 이삭의 몫이 되었다. 엘리에셀은 다른 상속자에게 밀려났음에도 주인뿐 아니라(참고. 15:2-4) 그 상속자도 충성스럽게 섬겼다(67절).
24:2-4 내 허벅지 밑에 네 손을 넣으라 내가 너에게…맹세하게 하노니 *9절에 대한 설명을 보라.* 여호와의 이름을 말하면서 관습으로 굳어진 엄숙한 맹세를 하는 모습이다. 이를 통해 엘리에셀에게 맡기려는 일이 아브라함에게 얼마나 중요했는지를 보여준다. 늙은 나이에(1절) 아브라함은 후대를 이어가고 하나님의 약속을 그 후대에게 물려주려고 했다. 그래서 자신의 종 엘리에셀한테 메소보다미아로 돌아가 이삭의 아내감을 데려오겠다고 맹세하도록 했다.
24:3, 4 결혼 절차는 부모가 주도했고 신부나 신랑은 같은 종족 안에서 찾아야 했다. 사촌간의 결혼이 관습이었던 게 분명하다. 그러나 아브라함에게는 자신이 죽은 후 이삭이 가나안 여인을 아내로 맞아 사람들 때문에 참 하나님한테서 멀어지지 않도록 예방하려는 더 큰 목적이 있었다.
24: 6, 7 내 아들을 그리로 데리고 돌아가지 아니하도록 하라 일이 예상대로 진행되지 않을 경우(5절) 맹세는 무효가 되지만(8절), 그렇다고 이삭을 메소보다미아로 데려가서는 안 되었다. 그렇게 되면 약속의 땅을 위한 하나님의 약속과 부르심이 무효가 되기 때문이다(7절).
24:7 그가 그 사자를 너보다 앞서 보내실지라 아브라함은 메소보다미아까지 720여 킬로미터에 이르는 여정을 하나님이 인도하시리라는 믿음을 보였다.
24:9 허벅지 아래에 손을 넣고 친밀한 접촉으로 맹세를 확인하는 고대 근동의 관습이었다(참고. 47:29).
24:10 나홀의 성 아브라함의 형제 나홀의 거주지가 분명하다(22:20).
24:12-14 집사 엘리에셀의 기도는 그가 하나님이 앞길을 인도하시리라 믿었을 뿐 아니라 아브라함을 사심 없이 섬겼다는 것을 보여준다. 엘리에셀은 기도한 후 묵묵히 기다렸고(21절), 기도가 응답되자 하나님께 경배했으며(26절), 하나님이 자신을 인도하셨다고 인정했다(27절). 이런 모습은 그의 믿음을 말해준다.
24:14 내가 당신의 낙타에게도 마시게 하리라 환대를 베풀려면 목마른 나그네에게 물을 주면 되지 짐승에게까지 물을 줄 필요는 없었다. 나그네의 짐승에게까지 물을 먹이는 여인이라면 친절할 테고 그 섬김은 의무감을 넘어서는 것이었다. 리브가의 아름다움과 순결이 드러났듯이(16절), 그녀의 섬기려는 태도도 함께 드러났다(15-20절).
24:20 모든 낙타를 위하여 낙타 한 마리가 물을 95리터까지 마시는데, 그는 낙타를 열 마리나 몰고 왔다. 모든 낙타에게 물을 먹이는 것은 리브가에게 아주 힘든 일이었다(22절).
24:22 세겔 *23:14, 16에 대한 설명을 보라.*
24:24 나는…의 딸이니이다 공식적으로 자신을 소개할 때 약식 족보로 자신이 구체적으로 누구인지 알렸다(참고. 22:23). 리브가는 이삭의 사촌이었다.

24:29-31 라반 드러난 성품으로 보건대(29장), 라반은 모든 선물과 낙타를 보고 반갑게 맞았을 것이다.

24:33 내가 내 일을 진술하기 전에는 먹지 아니하겠나이다 자신의 주인이 누군지 밝히고 자신의 임무가 무엇인지 설명하는 게 먼저였다. 그러면서도 엘리에셀은 하나님이 자신의 주인과 자신의 여정에 복을 주셨다는 것을 강조할 뿐 아니라(34-48절) 자신은 임무를 마치는 즉시 돌아가야 한다고 말한다(49, 54-56절). 실로 헌신적이고 충성되며 사심 없는 종의 모습이다.

24:49 우로든지 좌로든지 뒤이어 어느 길을 택해야 하는지에 대한 표현이다.

24:50, 51 엘리에셀은 확신과 초점이 아주 분명하고 강했기에 오로지 하나님의 인도를 즉시 인정하고 리브가의 아버지와 오라버니가 자신의 요청을 온전히 받아들이는 데만 집중한다(50, 51절).

24:53 이 지참금으로 리브가는 이삭의 약혼자가 된다.

24:54 나를 보내어 내 주인에게로 돌아가게 하소서 의례와 예의상 사자는 자신이 보냄을 받은 대상이 허락할 때 떠나야 했다.

24:57, 58 네가 이 사람과 함께 가려느냐 기특하게도 리브가는 즉시 떠나는 데 동의했는데, 자신의 삶에서 섭리에 따라 일어나는 일을 확신하며 받아들이는 모습을 보여준다.

24:59 그의 유모 35:8을 보라.

25:60 리브가에게 축복하여 이르되 이들은 리브가의 후손이 무수하길 바라는 자신들의 관례적 기도가 하나님이 아브라함에게 주신 약속, 곧 사라와 이삭을 통해 많은 후손을 주시리라는 약속과 일치한다는 것을 대부분 깨닫지 못한다. 또한 이들은 리브가의 후손이 원수들에게 승리하길 바라는데("네 씨로 그 원수의 성문을 얻게 할지어다"), 아브라함의 후손이 가나안 족속의 땅을 차지하리라는 하나님의 약속이 되풀이된다(13:17; 15:7, 16; 17:8).

24:62 브엘라해로이 16:14을 보라. 애굽의 북쪽 경계에 위치한 곳이며, 가데스 바네아에서 북서쪽으로 40킬로미터 떨어져 있었다. 아브라함이 죽은 뒤 이삭은 이곳에서 살았다(25:11).

24:63 묵상하다가 하나님이 이삭을 집에서 이끌어내어 하갈이 여호와의 사자를 만났던 곳으로(참고. 16:14) 인도하셨는지는 알 수 없다. 그러나 이삭은 자신의 약혼자와 함께 돌아오는 대상을 만날 법한 딱 그 자리에 있었다. 이삭은 자기 삶의 환경과 어머니의 죽음으로 남겨진 빈자리를 기도하는 마음으로 숙고했을 것이며(67절), 집사가 빈손으로 돌아오지 않을 것이라고 생각하고 바랐을 것이다.

24:65 리브가가 너울을 가지고 자기의 얼굴을 가리더라 관습상 신부는 결혼식 날까지 약혼자 앞에서 얼굴을 너울로 가려야 했다.

24:67 그의 어머니 사라의 장막으로 이렇게 해서 이삭은 리브가의 아름다움을 보기 전에 그녀를 아내로 받아들였다는 것을 보여준다. 리브가를 보았을 때 이삭은 그녀를 '사랑했다'.

4. 유일한 상속자 이삭(25:1-6)

25:1-4 아브라함이 사라보다 위치가 낮은 아내 그두라(첩, 참고. 6절; 대상 1:32)를 통해 낳은 아들들은 가나안 동쪽에 거주하는 여러 아랍 부족의 선조가 되었다.

25:5, 6 아브라함은 그두라한테서 낳은 아들들을 재산을 주어 내보내고 이삭에게 자신의 모든 재산을 주는데, 이것은 이삭이 이복형제들과 경쟁하지 않고 그들의 위협도 받지 않은 채 적법한 상속자가 되었음을 말한다. 집사 엘리에셀은 리브가의 친척들에게 아브라함의 모든 재산이 이삭의 소유임을 알렸다(참고. 24:36).

5. 아브라함의 죽음(25:7-11)

25:8 자기 열조에게로 돌아가매 죽음을 뜻하는 완곡어법이지만 인간이 죽음 너머까지 존속한다는 표현이기도 한데, 앞서 떠난 친구들을 다시 만난다는 것을 말한다(주전 1990년경). 참고. 마태복음 8:11; 누가복음 16:22, 23.

25:9, 10 그의 아들들인 이삭과 이스마엘이 그를…장사하였으니 한동안 소원하게 지낸 두 아들이 아버지 아브라함의 장례를 위해 한 자리에 모였다(참고. 35:29). 아브라함은 자신이 헤브론에서 구입한 땅에 묻혔다(23장).

단어 연구

하늘(天, Heavens): 1:1, 8, 9; 2:1; 8:2; 11:4; 14:22; 24:3; 28:12. 하늘을 뜻하는 히브리어 단어는 물리적 하늘, 곧 창공과 지구의 대기를 가리키거나(2:1, 4, 19) 하나님의 거처인 영적 하늘을 가리킨다(시 14:2). 하늘이라는 표현은 '높은' 또는 '우뚝 솟은'을 뜻하는 용어와 연관이 있다. 창조 세계의 물리적 하늘은 하나님의 영광스러운 위치뿐 아니라 그분의 창조성도 증언한다(시 19:1, 6).

이스마엘의 후손 (25:12-18)

25:12-18 이스마엘의 족보 아브라함이 죽고 초점이 이삭으로 옮겨가면서 창세기 저자는 하나님이 이스마엘에게 하신 열두 지도자에 대한 약속을 재확인한다(참고. 17:20, 21).

25:13-16 아랍 전통에 따르면 이들은 아랍인의 시조가 된다.

25:16 그 촌과 부락대로 족보와 같은 이런 정보는 하나님의 약속에 대한 증언 역할을 했을 뿐 아니라(17:20) 이스라엘이 아라비아 중부와 북부에 정착한 이웃들의 기원을 이해하는 데도 도움이 되었다.

이삭의 후손 (25:19-35:29)

A. 에서와 야곱이 경쟁하다(25:19-34)

25:20 밧단 아람 하란에서 가까우며 가나안 북서쪽에 자리한 상부 메소보다미아에 있는 '아람 평원'을 말한다.

25:21 임신하지 못하므로 이삭은 아내가 20년째 임신하지 못하는 상황에서(19, 26절) 시험에 직면했으나 기도하며 열심히 하나님께로 눈을 돌렸고, 씨 약속에 대한 하나님의 개입과 시간을 분명하게 인정했다.

25:22 그의 태 속에서 서로 싸우는지라 리브가는 이렇듯 매우 불편한 임신 상황에서("내가 어찌할꼬") 의심할 여지없이 남편의 본을 따라 기도하고 열심히 하나님께 눈을 돌렸다. 리브가는 자신의 태에서 벌어지는 심각한 싸움이 장차 쌍둥이한테서 나올 두 민족 간의 적대감을 보여주는 전조라는 것을 하나님께 직접 들었다(23절).

25:23 큰 자가 어린 자를 섬기리라 족장 시대에 장남이 집안에서 우선권을 누렸고 아버지가 죽으면 유산의 두 몫을 받았으며 가장으로 인정받았다(참고. 출 22:29; 민 8:14-17; 신 21:17). 따라서 이것은 족장 시대의 관습에 맞지 않았다. 물론 큰 죄를 지었을 경우 장자의 권리가 취소되거나(참고. 창 35:22; 49:3, 4; 대상 5:1) 그 권리를 포기하거나 여기서처럼 다른 가족 구성원에게 법적으로 넘어갈 수는 있었다(29-34절). 이 경우 하나님이 관습과는 다르게 선언하신 까닭은 그분이 주권적으로 선택하시는 목적이 꼭 관습에 부합될 필요가 없었기 때문이다(참고. 롬 9:10-14; 특히 12절).

25:24 해산 기한이 찬즉 에서와 야곱은 주전 2005년경에 태어났다.

25:25 붉고 에서의 후손이 '에돔'이라 불린 것은 이런 언어적 이유 때문이었다(참고. 30절).

25:27, 28 두 아들은 여러 부분에서 분명히 달랐다. 첫째로, 시조에 있어 에서는 에돔의 시조였고 야곱은 이스라엘의 시조였다. 둘째로, 기질에 있어 에서는 바깥

사랑에 빠진 커플

솔로몬과 그의 신부는 사랑에 빠진 사람들이 다들 경험하는 감정과 로맨스를 보여준다(아 2:16). 이들의 이야기는 성경에 나오는 여러 사랑 이야기 가운데 하나다.

이삭과 리브가	(창 24:1-67) 아버지가 아들의 아내를 찾아내고, 젊은 커플은 깊은 사랑에 빠진다.
야곱과 라헬	(창 29:1-30) 야곱은 라헬을 아내로 얻으려고 장인을 위해 14년간 일한다.
보아스와 룻	(룻 3-4장) 법적인 이유로 모압 과부와 베들레헴의 부유한 지주가 맺어지고, 이들의 후손에서 왕이 나온다.
엘가나와 한나	(삼상 1-2장) 한 여인이 아이를 낳지 못함에도 남편에게 사랑을 받는다. 하나님이 마침내 그 여인에게 복을 내려 아들을 낳게 하시는데, 그 아들은 이스라엘을 다스리는 강력한 사사가 된다.
다윗과 미갈	(삼상 18:20-30) 질투에 사로잡힌 왕이 진정한 사랑을 조종하려고 하지만 자신의 강적을 제거하는 대신 사위를 얻는다.
솔로몬과 술람미 여인	(아가서) 두 연인의 헌신과 기쁨이 아름답고 낭만적인 시로 표현된다.
호세아와 고멜	(호 1:1-3:5) 하나님은 호세아 선지자에게 음란한 배우자를 찾아서 그녀가 한 짓에도 불구하고 관계를 회복하라고 요구하신다.
그리스도와 교회	(엡 5:25-33) 자신의 신부를 죄에서 구원하셨기에 그리스도는 신부를 자신의 몸처럼 사랑하고 섬김으로써 세상의 모든 남편에게 본을 보이신다.

야곱의 생애
하란으로
대해
갈릴리 호수
3. 하란에서 20년간 라반을 섬겼으며, 레아와 라헬을 아내로 얻었다(창 29:15-28).
2. 외삼촌 라반을 만나고 아내감을 찾기 위해 조상의 고향 하란으로 떠났다. 벧엘에서 노숙하다가 꿈에 천사들이 사다리를 오르내리는 광경을 보았으며, 하나님이 자신에게 복을 주시리라는 확증을 받았다(창 28:1-19).
요단강
4. 하란에서 돌아오는 길에 얍복강에서 천사와 씨름했다. 하나님이 그의 이름을 이스라엘로 바꿔주셨다(창 32:22-32).
얍복강
1. 가나안 남부 브엘세바에서 이삭과 리브가의 아들로 태어났다. 쌍둥이 형 에서를 속여 팥죽 한 그릇으로 장자권을 가로챘다(창 25:24-34).
벧엘
예루살렘
N
W
E
S
마므레
사해
6. 야곱의 시신은 애굽에서 가나안으로 옮겨져 마므레 근처에 있는 가족 묘지 막벨라 굴에 장사되었다(창 50:13, 14).
브엘세바
애굽으로
5. 가나안에 몰아친 기근을 피해 가족을 이끌고 애굽으로 내려갔다(창 46:1-6). 애굽에서 죽기 직전 열두 아들을 축복했다(창 49:1-33).

생활을 더 좋아하는 거칠고 고집이 센 사냥꾼이었고, 야곱은 편안한 집안생활을 더 좋아하는 수수하고 호감 가는 남자였다. 셋째로, 부모의 편애에 있어 에서는 아버지가 편애했고, 야곱은 어머니가 편애했다. 이는 갈등과 심적 고통을 낳았다.

25:30 에돔 에서가 붉은 털보로 태어났으며(25절) 장자권을 팥죽 한 그릇에 팔았다는 것을 영원히 상기시키려는 언어유희에서 에서에게 에돔, 즉 '붉다'(Red)라는 별명이 덧붙여졌다.

25:31 장자의 명분 여기에는 유산의 두 몫을 비롯해(신 21:17), 가장이 되고 집안의 제사장이 되는 권리도 포함되었다(출 4:22).

25:34 장자의 명분을 가볍게 여김이었더라 쌍둥이 사이의 실랑이와 거래에 대한 최종 평가인데, 이 모두는 앞선 논의와 논쟁이 야곱이 에서가 장자 명분을 아주 가볍게 여긴다고 결론 내리기에 충분했음을 암시한다. 그래서 에서는 불경건한 자, 즉 '망령된 자'로 일컬어지게 되었다(히 12:16).

B. 이삭이 언약의 복을 받다(26:1-35)

26:1 그 땅에 또 흉년이 들매 약속의 땅에 또다시 흉년이 들어 언약의 수혜자들은 기근을 면하기 위해 이주할 수밖에 없었다. **블레셋** 본래 지중해를 항해했던 이 종족은 팔레스타인 남서 해변에 정착한 후 이스라엘의 강력한 대적이 되었다. 이삭에게 우호적이었지만 이들은 후대에 이스라엘에게 적대적인 행동을 취했던 대적의 선조였다. **아비멜렉** 블레셋 왕을 가리키는 칭호였을 가능성이 아주 높으며, 이 아비멜렉은 아브라함이 만났던 아비멜렉과는 다른 인물이다(20장). *20:2에 대한 설명을 보라.*

26:2-11 순종과 속임수 양쪽 다 나타난다. 이삭은 그 땅(그랄)에 거하라는 하나님의 명령에 순종했지만(2, 3, 6절), 그 땅 사람들에게 아내에 대해 거짓말을 하는데(7-11절), 아브라함이 생존을 위해 썼던 비슷한 전략을 떠올리게 한다(12:10-14; 20:1-4).

26:3-5 하나님은 아브라함 언약을 이삭에게 확인해주면서 이전과 똑같이 땅, 씨, 복이라는 세 가지 요소를 강조하신다. 또한 하나님은 아브라함이 하나님의 모든 말씀에 순종했다며 아주 영예로운 칭찬을 덧붙이신다. *12:1-3; 15:13-21; 17:2, 7, 8, 9에 대한 설명을 보라.* 아브라함이 그의 행동에 대해 칭찬받았더라도 아브라함 언약은 하나님의 주권적인 뜻에 근거한 무조건적 언약이다(참고. 레 26:44, 45).

26:4 참고. 사도행전 3:25.

26:6-9 하나님은 전에 이 아비멜렉의 선조에게 아브라함과 사라의 관계를 주권적으로 계시해주셨다(20:3). 그때와 달리 이 아비멜렉은 창밖을 내다보다가 이삭과 리브가가 친밀한 부부 사이에나 가능한 포옹하는 모습을 보고 운 좋게 두 사람의 관계를 알게 되었다.

26:11 모든 백성에게 명하여…죽이리라 하였더라 이 교도 왕이 이삭이나 리브가를 괴롭히는 자는 누구든지 사형에 처하겠다고 말한다. 이는 하나님이 자신의 선택된 씨를 보존하기 위해 역사하셨음을 암시한다(참고. 28, 29절). 참고. 시편 105:14, 15.

26:12-14 이삭은 그곳에 머물며 땅을 조금 경작하는데 만족했다. 하나님이 그의 노력에 복을 주셨으나 블레셋 사람들이 그를 시기했다.

26:15 모든 우물을 막고 이런 메마른 땅에서는 물이 너무나 귀해 우물은 필수였다. 누군가의 우물을 막는다면 그를 망하게 하는 행위이자 중범죄였고, 대부분 전쟁으로 이어졌다. 이삭은 복수를 할 수도 있었으나 그러지 않았다. 오히려 새 우물을 팠다(16-19절).

26:22 르호봇 '넉넉한 공간'이라는 뜻이다. 우물을 팔 때마다 다툼이 일어나곤 했지만(20, 21절) 이번에는 우물을 팠음에도 다툼이 일어나지 않았다. 이제 이들은 더 이상 타인의 영토를 잠식하는 존재로 인식되지 않았던 것이다. 그래서 이삭은 하나님이 자신들의 상황을 어떻게 섭리로 해결하셨는지 표현하는 적절한 지명을 선택했다.

26:24, 25 하나님이 이렇게 아브라함 언약을 간결하게 재확인해주신 것은 시기, 다툼, 적대감에 직면한 이삭의 염려를 덜어주고(14, 20, 27절), 이삭에게 그가 바르게 추론했음(후손이 번성하리라)을 확인시켜 주기 위해서였다. 이것이 이삭에게 중요한 순간이었다는 것은 그가 아버지를 떠올리게 하는 반응을 보인 데서 확인된다. 다시 말해 이삭은 하나님이 자신에게 나타나신 장소를 기념해 제단을 쌓았다(12:7).

26:26 아비멜렉이…비골과 더불어 이름이 같은 사람들이 아브라함을 찾아온 지 90년이 지났으므로 아비멜렉과 비골은 고유명사가 아니라 직함이었던 게 분명하다(참고. 21:22). *1절에 대한 설명을 보라.*

26:28 맹세하여…계약을 맺으리라 이전 상황과 아주 비슷한 광경에서(21:22-23), 아비멜렉은 친구 하나와 자신의 군대 장관과 함께(26절) 자신들이 보기에 자신들보다 우월하고 강하며 자신들에게 위협이 될 법한 사람과 계약을 맺으려고 한다(29절). 한편 이삭은 이들을 적대적 존재로 인식한다(27절). 결과는 양쪽 모두에게 아주 바람직한 방향, 즉 서로 간에 평화가 이뤄진다(31절).

26:30 계약이 체결되고 나면 종종 잔치가 뒤따랐다.

26:33 브엘세바 문자적으로 '맹세의 우물'이라는 뜻이다. 이삭의 아버지 아브라함이 또 다른 아비멜렉 그리고 비골과 맹세했던 바로 그곳이며(*26절에 대한 설명을 보라*), 아브라함은 이곳을 브엘세바라고 불렀다(21:31).

26:35 마음에 근심이 되었더라 에서는 주변 헷 족속의 여인들을 아내로 맞이함으로써 부모를 슬프게 했다. 에서의 행동은 아브라함이 이삭에게 세운 기준을 대놓고 무시하는 것이었다(24:3). 참고. 27:46.

C. 야곱이 아버지를 속여 축복을 받다(27:1-40)

27:1 이삭이 나이가 많아 눈이 먼 이삭은 죽음이 가까웠으며(2절) 이제 137세인데 얼마 살지 못하리라고 생각했던 게 분명하다. 이스마엘은 137세에 죽었다(25:17). 이삭은 앞으로 43년을 더 살 것이라고 예상치 못했다(35:28, 계산해보면 이때 이삭의 나이는 137세였고 쌍둥이 아들의 나이는 77세였음. 참고. 30:24, 25; 31:41; 41:46, 47; 45:6; 47:9).

27:4 내가…네게 축복하게 하라 이삭은 하나님이 리브가에게 하신 말씀을 무시하고(25:23), 에서가 장자의 명분을 팥죽 한 그릇에 넘긴 것을 잊어버리고(25:33), 에서가 이방 여인들을 아내로 맞은 것도 묵인한 채(26:35) 여전히 그를 장자로 여기고 축복하려고 한다. 그래서 자신이 가장 좋아하는 음식을 차려오게 한 후 자신이 편애하는 아들을 아버지로서 마지막으로 축복하고자 한다.

27:5 리브가가 들었더니 리브가는 족장 이삭의 축복이 어떻게든 야곱에게 돌아가게 하려고 속임수를 썼는데, 자신의 요리 솜씨면 염소 고기로 사냥한 사슴 고기의 맛과 향을 낼 수 있고(8-10절), 야곱을 에서처럼 보이게 할 수 있다고 믿었다(15-17절).

27:12 내가 아버지의 눈에 속이는 자로 보일지라 야곱은 처음에 자신을 위해 어머니 리브가의 제안을 거부했다. 자신과 에서 간의 여러 차이점 때문에 절대 아버지를 속이지 못할 테고 결국 축복이 아니라 속임수의 대가로 저주받을 게 뻔했기 때문이다.

27:13 너의 저주는 내게로 돌리리니 어머니 리브가는 이 계약의 책임을 전적으로 자신이 짊어질 뿐 아니라 저주가 내리면 그 저주까지 자신이 받겠다고 말한다. 그러자 야곱은 리브가의 지시에 따른다.

27:15 리브가가 집 안 자기에게 있는 그의 맏아들 에서의 좋은 의복을 가져다가 에서는 결혼한 지 37년이나 되어(참고. 1절; 26:35) 자신의 천막이 있었고 아내들

「야곱을 축복하는 이삭(*Isaac Blessing Jacob*)」 1642년. 헤르브란트 반 덴 데크하우트. 캔버스에 유화. 128.3x100.6cm. 메트로폴리탄 미술관. 뉴욕.

이 그의 옷을 지었을 것이다. 그런데 어떻게, 왜 리브가의 천막에 에서의 가장 좋은 옷 몇 벌이 있었는지 알 수 없다. 이 옷들은 가장이 제사장 역할을 할 때 입는 공식 의복이었을 테고, 이런 이유로 장자에게 물려줄 때까지 리브가의 천막에 보관했을 것이다. 에서는 특별한 경우 이 옷을 입었기 때문에 옷에 야생의 냄새가 배어 있었을 것이다(27절).

27:20 아버지의 하나님 여호와께서 나로 순조롭게 만나게 하셨음이니이다 이삭은 20절에서 정곡을 찌르는 질문을 했고(사냥하는 데 시간이 제법 걸리는데, 야곱은 우리에서 염소를 잡아 요리해 아주 빠른 시간 내에 아버지 앞에 가져왔음), 야곱은 자신의 잘못을 자백함으로써 속임수를 멈추고 그런 상황에서 벗어날 수도 있었다. 그러나 야곱은 비록 자신이 형 에서한테서 장자 명분을 샀어도 아버지 이삭의 돌이킬 수 없는 확증이 필요하다는 것을 알기에 하나님의 도우심으로 빨리 사냥을 마칠 수 있었다며 태연하게 말한다(21-24절). 그 날 야곱은 이삭의 축복을 받기는 했지만 그의 속임수는 몇 가지 심각한 결과를 낳았다. 첫째, 야곱은 이후 어머니를 두 번 다시 보지 못했다. 둘째, 에서가 야곱을 죽이려고 했다. 셋째, 외삼촌 라반이 야곱을 속였다. 넷째, 야곱의 가정에 갈등이 끊이지 않았다. 다섯째, 야곱은 오랜 기간 가족을 떠나 살아야 했다. 하나님이 약속하셨기에 야곱은 결국 장자 명분을 받았을 것이다(25:23). 어머니와 손잡고 이런 속임수까지 쓸 필요가 없었던 것이다.

27:27-29 이삭은 남은 의심이 다 사라지자 야곱을 축복한다. 하지만 첫 마디에서 보듯, 이삭은 자신이 축복하는 아들이 들사람 에서라고 생각한다. 이삭은 아들이 번영하고 우월한 위치에 서도록 축복하며 마지막으로 하나님이 아브라함에게 하신 말씀을 되풀이한다(29하반절. 참고. 12:1-3). 이것으로 볼 때 이삭은 언약의 계보가 맏아들 에서를 통해 이어져야 한다고 생각했던 게 분명하다.

27:33 이삭이 심히 크게 떨며 에서가 사냥에서 돌아온 뒤 모든 사실이 드러나자 아버지 이삭은 겉으로 드러날 만큼 엄청난 충격을 받았음에도 여호와께서 리브가에게 하신 말씀이 생각나(25:23) 축복을 철회하길 거절하고 오히려 축복이 유효하다고 강조한다. 이삭은 "그가 반드시 복을 받을 것이니라"(33절)고 말하고 나서 잠시 후 "내가 그를 너의 주로 세우고"(37절), 또다시 "너는…네 아우를 섬길 것이며"(40절)라고 말한다. 이삭은 갑자기 자신이 지난날 하나님의 뜻을 거슬렀다는 사실을 깨닫고 더 큰 충격을 받았을 것이다.

27:34 내게 축복하소서 내게도 그리하소서 에서는 자신이 아버지의 맏아들이라고 대답했으며(32절), 따라서 당연히 아버지의 축복을 받으리라고 기대했다. 에서는 아버지의 중요한 축복을 잃어 화가 치민데다 자신이 무죄한 희생자라는 생각에 격분해(36절) 장자 명분과 축복을 잃은 것을 야곱의 탓으로 돌리며 아버지에게 이를 보상하는 축복을 해달라고 간청한다(36, 38절).

27:39, 40 이삭은 에서가 번영하지만 열등한 위치에 서리라고 했다. 다시 말해 이삭은 야곱에게 했던 축복이 그대로 유효하다고 말하면서 "네가 형제들의 주가 되고"(29절)라는 부분을 "너는…네 아우를 섬길 것이며"(40절)로 대체한다. 이삭이 에서에게 한 이 두 번째 축복은 첫 번째 축복을 무효화하지 않았으며, 그럴 수도 없었다.

27:40 네가 매임을 벗을 때에는 그 멍에를 네 목에서 떨쳐버리리라 후대 역사에서 에서의 후손 에돔 족속은 이스라엘과 숱하게 싸우며, 이스라엘의 지배에서 여러 차례 벗어난다(왕하 8:20; 대하 21:8-10; 28:16, 17).

D. 야곱이 이국 땅에서 복을 받다(27:41-32:32)

1. 야곱을 라반에게 보내다(27:41-28:9)

27:41 아버지를 곡할 때가 가까웠은즉 마침내 에서도 아버지의 죽음이 가까웠다고 생각했기에(27:1) 늙은 아버지를 존중하는 마음에서 살인을 미뤘다. 하지만 이삭은 43년을 더 살았다(*1절에 대한 설명을 보라*).

27:45 어찌 하루에 너희 둘을 잃으랴 리브가는 아들을 둘 다 잃게 되리라고 생각했다. 에서가 야곱을 죽이면 피의 보수자, 곧 가장 가까운 친족이 에서를 죽일 것이기 때문이다.

27:46 헷 사람의 딸들 그 지역의 헷 족속 여인들을 말한다. *23:3; 26:35에 대한 설명을 보라.*

28:1, 2 거기서…아내를 맞이하라 리브가는 야곱의 안전이 걱정스러워 아들이 부모의 고향에서, 더 좋게는 가장 가까운 친족 가운데 비가나안 여인을 아내로 물색할 때가 되었다고 남편을 설득한다(2, 5절). 오래전 리브가 자신도 이 과정을 거쳐 이삭의 아내가 되었다(24:1-4을 보라).

28:2 밧단아람 *25:20에 대한 설명을 보라.*

28:3, 4 족장 이삭은 또다시 야곱을 축복하는데, 이로써 그가 어떤 생각을 가졌는지 드러난다. 이삭은 하나님의 복이 야곱을 통해 흘러갈 테고 후손과 땅에 대한 아브라함 언약의 약속도 야곱에게 적용되리라는 사실을 알게 된다. 이는 이전의 바람과 이해와는 전혀 반대된다(참고. 27:27-29). "네가 거류하는 땅"이라는 말에서 보듯, 이 무렵 이들은 땅을 갖지 못했지만 이 사실로 말미암아 하나님의 확실한 약속이 폐기된 것은 아니다.

28:3 전능하신 하나님 중요한 사실은 이삭이 야곱을 축복하면서 엘-샤다이라는 이름을 선택한 것이다. 이는 하나님이 언약을 재확인하면서 아브라함에게 자신을 드러내실 때 사용하신 주권적 능력의 이름이며(17:1), 이삭과 그의 아들 양쪽 모두에게 용기를 주는 이름이다.

28:5 이삭이 야곱을 보내매 주전 1928년경이었다. 이렇게 멀리 떠나는 것이 집에서만 지내던 야곱에게는 힘든 일이었을 것이다.

28:9 에서가 이스마엘에게 가서 에서가 이스마엘 집안을 통해 다시 아브라함 가계의 여인을 아내로 맞은 것은 아버지의 환심을 사고(6, 8절) 동생 야곱의 순종과 비슷한 순종을 보여주려는 계책이었다(7절). 이를 통해 에서는 부모를 만족시켜 과거의 잘못을 용서받길 바라며 아버지가 유언을 변경하길 바란다. 실제로 에서는 기존의 이방인 아내들(26:34, 35)뿐 아니라 하나님이 버리신 집안의 여인을 또다시 아내로 들여 죄를 더한다.

2. 야곱이 벧엘에서 천사를 만나다(28:10-22)

28:10-15 야곱이 처음으로 가나안 땅을 벗어나는 여정에서 하나님은 야곱에게 나타나 아브라함 언약을 확인시켜 주셨다. 아브라함 언약의 세 요소인 땅, 씨, 복을 모두 확인해주신 것이다(13, 14절). 나중에 하나님은 야곱에게 가나안으로 돌아가라면서 이 사건을 상기시키고(31:13), 야곱은 가족에게 벧엘로 돌아가기 전 집안을 정결하게 하라면서 이 사건을 상기시킨다(35:3).

28:10 하란 *11:31에 대한 설명을 보라.*

28:11 한 곳에 이르러는 19절에서는 이곳을 벧엘이라고 밝히는데, 브엘세바에서 북쪽으로 약 80킬로미터, 예루살렘에서 북쪽으로 약 10킬로미터 떨어진 곳이다.

28:12 사닥다리가…하나님의 사자들이 그 위에서 오르락내리락 하고 하늘의 하나님이 땅의 일, 특히 그 일이 야곱의 삶에서 하나님의 언약적 약속과 관련될 때(13-15절) 친히 관여하신다는 사실을 분명히 보여주는 대목이다. 이 꿈은 외로운 여행자에게 힘이 될 것이다. 하나님이 친히 지명하신 사자인 천사들은 하나님의 뜻과 계획이 반드시 이루어진다고 단언했다. 천사들은 틀림없이 사다리가 아니라 계단을 오르내렸을 것이다.

28:15 내가…너를 지키며 너를 이끌어 이 땅으로 돌아오게 할지라 시의적절하고 위로와 확신을 주는 약속으로, 야곱의 가슴에 새겨져 하란에 머무는 내내 그의 마음에서 떠나지 않았다(30:25을 보라). 야곱은 가나안을 떠날 수밖에 없었지만 이런 이유로 하나님이 그에게 하신 그 어떤 약속도 폐기되지 않으며, 그러지도 않을 것이다.

28:18-21 기둥 돌기둥을 세워 특정 장소에 특별한 종교적 의미를 부여하는 것은 널리 알려진 관습이다. 야곱은 하나님이 보호와 복을 약속하신 데 답해 전제(奠祭)를 드리고 지명을 변경하며 여호와께 충성을 맹세함으로써 벧엘, 곧 '하나님의 집'을 성별하는 의식을 행했다. *1:13에 대한 설명을 보라.*

28:22 십분의 일 십일조는 하나님이 명하신 것은 아니었으나 이미 알려져 있었다. 이는 자발적으로 이행되었던 게 분명한데, 드리는 자의 삶에서 필요를 채우시는 하나님의 은혜를 인정하는 역할을 했다(*14:20에 대한 설명을 보라*). 야곱은 하나님의 선물로 그분을 순수하게 예배하기보다 하나님의 호의를 사기 위해 그분과 거래하고 있는지도 모른다. 그러나 "하시오면"(if, 21절)을 '하실 것이므로'(since)로 번역하고 야곱의 맹세와 드림을 하나님의 약속에 대한 신뢰를 바탕으로 하는 진정한 예배로 보는 것이 가장 좋다(13-15절).

3. 야곱이 라반과 다투다(29:1-30)

29:1-4 야곱은 순조롭게 목적지에서 라반과 라헬을 아는 목자들을 만나는데, 이는 하나님이 약속대로 야곱의 삶을 직접 인도하셨다는 뜻이다(28:15).

29:2, 3 큰 돌 우물은 귀중한 것으로, 저장된 물이 햇빛에 빨리 증발되거나 흙먼지가 저장된 물에 들어가거나 저장된 물을 무분별하게 쓰지 못하도록 입구를 돌로 막아 사용을 제한했을 것이다(7, 8절).

29:5 나홀의 손자 라반을 아느냐 족보에서 '아들'이라는 단어가 폭넓게 사용되는데, 남자 후손을 뜻한다. 여기서 야곱이 라반을 나홀과 연결 짓는 것은 실제로 라반이 나홀의 손자이기 때문이다(참고. 22:20-23).

29:6-8 야곱이 라헬과 단 둘만 남고자 그들에게 즉시 각자의 양한테 물을 먹인 후 자리를 뜨게 하려는 것처럼 보인다.

29:9 야곱이 그들과 말하는 동안에 하란의 언어는 아람어나 갈데아어였으며, 아브라함과 그의 후손들은 틀림없이 이 언어를 알았을 것이다. 이 족장들이 여행 중에 가나안 족속 그리고 애굽 사람과 어떻게 소통했는지에 대해서는 아무런 언급이 없지만, 히브리어와 아람어 외에 다른 언어에도 능숙해졌다고 보는 게 타당하다.

29:10-14 야곱과 라반의 가족이 서로 인사하고 소개하는 것으로 리브가가 떠난 후 97년간의 단절이 끝나고(*25:21; 27:1에 대한 설명을 보라*), 라반은 조카 야곱을 반갑게 맞아들인다.

29:14 한 달 이 지역의 고대 전통에 따르면 나그네를

사흘간 돌봐주어야 했다. 그리고 넷째 날 나그네는 자신의 이름과 임무를 말해야 하고, 그 후에는 합의된 방식으로 일하면서 더 머무를 수 있었다(15절).

29:17 시력이 약하고 대부분의 사람은 눈동자가 검고 반짝거렸지만 레아는 이들과는 달리 '눈동자 색이 옅었다'는 뜻일 것이다. 당시 옅은 눈동자는 흠으로 여겨졌다(새번역은 '눈매가 부드럽고'라고 옮겼음 – 옮긴이).

29:18-30 야곱은 사랑하는 여인이 생겼고, 그녀를 아내로 맞을 지참금 명목으로(18-20절) 라반의 집에서 처음 7년을 양자가 아니라 거의 일꾼으로 살았다. 그러나 속이는 자 야곱이(27:1-29) 오히려 속임을 당했다(22-25절). 그 지역의 결혼 풍습(26절), 라헬을 향한 사랑, 더 많은 지참금을 바라는 라반의 욕심 때문에(27-30절) 야곱은 라반 밑에서 7년을 더 일했을 뿐 아니라 후일 질투심에 아이 낳기 경쟁을 벌이는 두 아내를 얻게 된다(30:1-21).

29:23 이런 속임수가 가능했던 것은 신부에게 너울을 씌우는 관습이 있었고 어두운 밤이었기 때문이다(24절).

29:23, 30 들어가니라 첫날밤을 치렀음을 표현한 완곡어법이다.

29:27, 30 라반은 야곱과 레아의 결혼을 축하하는 그 주가 지나고, 야곱이 7년 더 일하기를 마치기 전에 라헬을 주기로 동의했던 것으로 보인다.

29:28 라헬도 그에게 아내로 주고 이렇게 자매를 동시에 아내로 맞는 것은 하나님의 뜻이 아니었으며(*창 2:24에 대한 설명을 보라*), 나중에 모세 율법은 이것을 금했다(레 18:18). 야곱의 삶에서처럼 일부다처제는 항상 문제를 일으켰다.

야곱의 열두 아들

어머니	아들	태어난 때
레아	르우벤	창 29:32
	시므온	창 29:33
	레위	창 29:34
	유다	창 29:35
	잇사갈	창 30:18
	스불론	창 30:20
빌하	단	창 30:6
	납달리	창 30:8
실바	갓	창 30:11
	아셀	창 30:13
라헬	요셉	창 30:24
	베냐민	창 35:18

4. 야곱이 약속된 씨를 얻다(29:31–30:24)

29:31 레아가 사랑 받지 못함을…라헬은 자녀가 없었더라 레아와 라헬의 처지가 대조를 이룬다. 라헬은 남편에게 큰 사랑을 받지만(18, 20, 30절) 자녀가 없고, 레아는 남편에게 사랑받지 못하지만 자녀가 있다. 야곱은 레아를 낮잡아보았을 테지만 하나님은 그녀를 위해 행동을 취하셨다. 레아는 남편이 자신을 사랑하지 않는 것에 대해서도 기도했으며(33절), 네 아들의 이름에서 보듯 이 문제로 괴로워했다(32-35절).

30:1 그렇지 아니하면 내가 죽겠노라 고대 근동 문화에서 아이를 낳지 못하는 여자는 죽은 존재와 다름없으며 남편에게 심한 수치였다(23절을 보라).

30:2 내가 하나님을 대신하겠느냐 야곱은 자신에게 아이를 낳게 하라는 라헬의 억지와 언니 레아를 향한 질투심에 순간 화가 나서 이렇게 말한다. 야곱의 말에서 궁극적으로 하나님이 태를 열고 또 닫으신다는 그의 생각이 드러난다.

30:3 내 무릎에 두리니 실제로 대리모가 아내의 무릎에 앉아 아이를 낳을 경우, 이는 아내가 남편에게 아이를 낳아주는 것으로 여겼다.

30:1-21 두 자매(아내)가 치열하게 경쟁을 벌인다. 두 사람은 각자의 몸종을 대리모로 쓰고(3, 7, 9, 12절), 하나님이 재판관이 되어 자신의 억울함을 풀어주셨다고 선언하며(6절), 남편과 동침할 때를 두고 거래하고(14-16절), 상대가 자신한테서 남편의 사랑을 빼앗았다고 비난하며(15절), 아들 이름을 "내가 언니와 크게 경쟁"(납달리, 8절)했다고까지 짓는다. 아이 낳기 경쟁은 여호와를 향한 기도나 그분이 자식을 주셨다는 인정으로까지 이어진다(6, 17, 20, 22절; 29:32, 33, 35). 레아와 라헬의 경쟁은 두 사람이 자매간이고 관습에 따라 각자의 자녀들과 함께 거하는 장소를 달리했음에도 갈수록 심해지는데, 이는 제도(중혼) 자체가 악하다는 것을 보여준다. 중혼은 하나님의 결혼 명령(창 2:24)을 어기는 것으로 가정에 행복을 가져다주지 않는다.

30:14 합환채 이 무렵 야곱은 결혼한 지 6년 정도 지났고 세 여자한테서 아들 여덟을 두었다. 맏아들 르우벤이 다섯 살쯤 되었을 때다. 밀을 거둘 때 르우벤은 들판에서 놀다가 작은 오렌지빛 열매를 발견해 "그의 어머니 레아에게 드렸다". 고대인들은 합환채를 '사랑의 사과'(토마토)로 최음제나 생식력을 돋우는 약재로 여겼다.

30:15, 16 라헬이 제안한 이 거래는 합환채의 도움으로 잉태하려는 시도로, 하나님이 자녀를 주신다는 사실을 알지 못해 기대는 민간요법이었다(6, 17, 20, 22절).

30:20 이제는 그가 나와 함께 살리라 야곱이 자신의 처소를 거의 찾지 않는다는 말에서 확인되듯, 여전히 사랑받지 못하는 여인의 애처로움과 울부짖음이었던 것이다(참고. 29:31). 레아는 자신이 야곱에게 여섯 아들을 안겼으므로 이제 야곱이 죽을 때까지 자신과 함께 살길 바란다. **스불론** '거함'이라는 뜻으로, 레아가 야곱이 자신과 함께 살길 바란다는 소망을 드러낸 것이다.

30:21 디나 야곱의 외동딸은 아니며(참고. 37:35; 46:7), 세겜에서 일어날 비극의 예시로 그 이름이 언급된다(34장).

30:22 하나님이 라헬을 생각하신지라 절망적 기다림(30:1을 보라)과 간구는 결혼한 지 7년이 다 지날 무렵 하나님의 응답으로 절정에 이른다. 라헬은 자신이 불임에서 해방된 공로를 여호와께 돌리며, 아들을 더 주시리라고 믿는다(23, 24절).

30:24 요셉 주전 1914년경이다. 그의 이름은 '그가 더할 것이다' 또는 '그가 더하길'이라는 뜻으로 라헬의 감사와 하나님이 자신에게 아들을 하나 더 주시리라는 그녀의 믿음을 보여준다.

5. 야곱이 아람을 떠나다(30:25–31:55)

30:25 나를 보내어 내 고향 나의 땅으로 가게 하시되 가나안을 떠난 지 14년이 지났는데도 하나님이 주신 땅에 대한 소속감은 조금도 무뎌지지 않았다. 메소보다미아는 야곱의 고향이 아니었고 라반과 맺은 계약도 종료되었기에 그는 "내 고향 나의 땅으로" 돌아가려고 한다. 야곱은 가나안으로 돌아가려는 자신의 바람을 라반에게 숨기지 않았다(30절).

30:28 네 품삯을 정하라 라반은 야곱에게 두 차례에 걸쳐 이렇게 말하는데, 이는 야곱을 붙잡아두기 위해서였다. 처음 이렇게 말할 때(29:25) 라반은 조카에게 보답하려고 했다. 그러나 두 번째로 이렇게 말한 것은 "여호와께서 너로 말미암아 내게 복 주신"(27절) 까닭에 라반 자신이 보답을 받았기 때문이다. 야곱은 라반의 소유가 예전에는 "적더니" 자신이 온 후로 "번성하여 떼를 이루었으니"라며 그의 평가를 곧바로 인정한다(30절). 라반의 피상적 후대를 진심으로 오해해서는 안 된다(31:7을 보라). 라반은 야곱을 속여 붙잡아두려고 한 것인데, 그렇게 하는 게 자신에게 엄청난 이득이 되리라고 생각했기 때문이다.

30:31-36 내가 무엇으로 네게 주랴 라반은 야곱이 계속 머물러 있기를 원해 어떻게 해주면 떠나지 않겠느냐고 묻는다. 다만 야곱은 하나님이 자신에게 복을 주시는 자리에 있길 원할 뿐이었다. 야곱은 계속 머물러 있기를 원하지만 교활하고 이기적인 라반에게 더는 휘둘리고 싶지 않았다. 그래서 자신에게 복이 되면서도 라반에게 아무 손해도 끼치지 않을 계획을 제시한다. 야곱은 이때껏 그래 왔듯이 라반의 가축을 계속 돌보는 대신 아직 태어나지 않은 가축들, 즉 얼룩무늬와 색깔 때문에 라반이 좋아하지 않을 가축들이 그의 품삯이 될 것이다. 단색 가축은 모두 라반의 차지가 되는데, 야곱의 가축 가운데 이런 것들이 태어나면 모두 라반이 가져갈 수 있다. 태어날 때부터 얼룩이나 반점, 줄무늬가 있거나 색깔이 이상한 가축만 야곱의 소유가 될 것이다. 어쨌든 대부분의 가축은 희거나(양), 검거나(염소), 갈색이다(소). 야곱이 제안한 범주에 드는 가축은 아주 드물다. 게다가 야곱은 얼룩이 있거나 색깔이 이상한 가축들을 번식에 이용해 같은 종류의 가축을 늘리지도 않을 것이다. 이런 가축들을 구분해 자신의 소유로 삼고 정상적인 색깔의 가축들과 분리할 것이다. 앞으로 정상적인 색깔의 가축에게서 태어난 얼룩이 있거나 색깔이 이상한 가축만 야곱의 소유가 될 것이다. 라반은 색깔이 정상인 가축에게서 이렇듯 색깔이 이상한 가축이 태어날 가능성이 아주 희박할 거라는 생각으로 야곱의 제안에 동의한다. 라반은 이것이 야곱의 기술을 계속 이용해 자신의 가축을 늘리기 위해 감수해야 하는 작고 호의적인 양보라고 믿었다. 이렇게 함으로써 야곱은 자신을 완전히 하나님의 손에 맡긴다. 오직 하나님만이 어느 가축이 야곱의 소유가 될지 결정하실 수 있다. 야곱이 속임수를 쓰지 못하도록 라반은 야곱이 돌보는 자신의 가축 가운데 비정상적인 것들을 가려내어 자기 아들들에게 맡긴다(34-36절).

31:1, 2 라반의 아들들은 재물에 욕심이 있을 뿐 아니라 야곱의 성공에 질투하는 마음을 갖고 있었다. 그래서 이들은 눈앞에 보이는 광경을 두고 야곱이 아버지 재산을 빼앗고 자신들에게 돌아올 유산이 줄었다면서 불평을 늘어놓는다. 야곱이 이 말을 들었다면 라반도 들었을 테고 사위를 대하는 안색이 변할 만큼 속이 쓰렸을 것이다(참고. 31:20). 라반은 하나님이 야곱을 통해 내리신 복에서 이득을 보았으나(30:27, 30), 야곱만 복을 받는 모습을 보는 것은 전혀 다른 문제인지라 하나님을 찬양하거나 하나님께 감사하지 않았다.

31:3 네 조상의 땅 네 족속에게로 돌아가라 야곱은 계약이 끝나 돌아가려고 했으나(30:25) 아직 하나님의 때가 이르지 않았다. 그러나 이제 하나님의 때가 되었기

에 하나님은 야곱에게 떠나라 명하시며 자신이 함께하리라는 약속으로 명령을 재차 확인해주신다. 그래서 다시 6년이 지난 후 떠나야 할 때가 되었다(38-41절).

31:4 들로 불러다가 주변에 보는 눈이 없는 들판에서 야곱은 아내들과 자신의 계획을 은밀하게 나누었다.

31:5 그대들의 아버지…내 아버지 의도적으로 한 말은 아닐 테지만 대조를 이룬 이 말은 주목할 만하다. 왜냐하면 이들의 아버지는 야곱을 배척했으나 야곱의 아버지 하나님은 그를 받아들이셨기 때문이다.

31:6-9 야곱이 설명하듯 그는 이들의 아버지를 아낌없이 섬겼는데도 라반은 사위의 기업을 흔들려고 품삯을 여러 차례 변경했다. 그러나 하나님이 개입해 라반이 그를 해치지 못하게 막으셨고(7절), 품삯 변경을 무색케 만드는 큰 번영을 주셨다(9절).

31:10-12 *30:37-42에 대한 설명을 보라.*

31:11 하나님의 사자 참고. 21:17. 여호와의 사자와 같다(16:11; 21:11, 15). *출애굽기 3:2에 대한 설명을 보라.*

31:13 나는 벧엘의 하나님이라 하나님의 사자(11절)는 자신이 하나님이라고 분명히 밝히는데, 야곱이 전에 하나님을 만난 중요한 순간을 떠올리게 한다(28:10-22).

31:14-16 야곱의 두 아내 라헬과 레아는 아버지 라반과 자신들과의 관계가 매우 껄끄러워 단지 부모와 자식이라는 이름뿐인 관계에 묶여 그곳에 머물러 있을 뿐이기에 과연 자신들에게 유산이 있을지 의심스럽다는 데 생각을 같이한다. 이들은 하나님이 개입해 자신들의 아버지가 부당하게 주지 않고 써버린 것을 사실상 채워주셨다는 데도 동의한다.

31:19 드라빔 참고. 열왕기하 23:24; 에스겔 21:21. 크기가 다양한 이 형상들이나 조각상은 일반적으로 성적 특징을 강조한 나체 여신상으로, 소유자에게 특별한 보호 또는 상속권을 상징하거나 다산을 나타낸다. 라헬이 이것을 소유한 것은 라반이 죽을 경우 야곱을 집안의 머리로 인정하도록 만들기 위해서였을 것이다. *30, 44절에 대한 설명을 보라.*

31:20 가만히 떠났더라 라반이 어떻게 나올지 두려워서(31절) 야곱은 예전에 잊지 않고 행했던 예의(30:25)를 생략한 채 적절한 때 몰래 길을 떠난다(19절). 모든 식솔이 함께 떠나야 하므로 결코 간단한 일이 아니었다. 게다가 매정한 라반(1, 2절)의 적대감이 심하다는 것을 알고 있어 무력 보복을 염려하면서 혹시 닥칠지 모를 위험을 피하는 쪽을 선택한 것이다.

31:21 강을 건너 길르앗 산을 향하여 "강"은 유브라데 강을 말하고 "길르앗 산"은 요단강 동쪽 지역에 자리한 갈릴리 남부 지역을 말한다.

31:23 칠 일 길 라반 일행이 소유물과 가축들 때문에 걸음이 느린 일행을 따라잡는 데 이토록 오랜 시간이 걸린 것으로 볼 때 야곱은 두려움 때문에 일행을 강하게 몰아붙였을 것이다.

31:24 너는 삼가 야곱에게 선악간에 말하지 말라 하나님은 아브라함과 이삭을 보호하셨을 때처럼(12:17-20; 20:3-7; 26:8-11) 자신의 사람에게 해가 미치지 않도록 또다시 주권적으로 보호하신다. 잠언을 닮은 표현에서(참고. 창 24:50; 삼하 13:22), 라반은 야곱을 다시 데려오기 위해 사용 가능한 모든 선택 중 "선악간에"(NKJV을 직역하면 '좋은 것에서부터 나쁜 것에 이르기까지'임－옮긴이) 하나도 사용하지 말라는 경고를 받는다.

31:26 내 딸들을 칼에 사로잡힌 자 같이 끌고 갔으니 라반은 끝내 자신의 딸들이 야곱을 순순히 따라나섰을 리 없으며 협박에 못 이겨 따라나섰을 거라고 생각했다.

31:27-29 라반의 질문은 그가 자신의 가족을 제대로 떠나보낼 권리가 있다는 항변이며, 야곱이 그에게 생각 없이 행동했다는 질책이다.

31:30 어찌 내 신을 도둑질하였느냐 야곱은 가나안으로 돌아가고 싶은 마음이 간절해 라반에게 알리지 않고 떠났다고 변명할 수 있지만 라반의 드라빔을 훔친 것에 대해서는 아무 변명도 할 수 없었다(19절). 라반은 드라빔을 찾으려고 샅샅이 뒤지는데(33-35절), 드라빔이 이교도인 그에게 매우 중요했다는 뜻이다. *19, 44절에 대한 설명을 보라.*

31:31 두려워하였음이니이다 야곱의 두려움은 이해가

단어 연구

유산(Inheritance): 31:14; 48:6. '소유' 또는 '재산'이라는 뜻으로 하나님의 약속, 특히 약속의 땅에 대한 약속과 관련이 있다(창 13:14-17). 일반적으로 아버지가 자식에게 물려주는 유산을 의미하지만, 약속의 땅과 관련해 사용될 때는 이런 의미가 아니다. 오히려 세상의 창조자인 하나님은 그분의 백성에게 특별한 땅을 양도하셨다. 하나님은 이 땅의 경계를 정하셨고, 이 땅을 이들에게 주겠다고 약속하셨다. 그러나 이스라엘의 유산 개념은 단순히 땅과 관련된 게 아니다. 다윗과 예레미야는 하나님이 그분의 백성의 유산(기업)이라고 단언한다(시 16:5; 렘 10:16). 하나님의 백성은 자신과 하나님의 관계에서 기쁨과 성취를 찾을 수 있다. 이 세상이 제공하는 어떤 유산도 하나님과 견줄 수 없는 것이다(벧전 1:4).

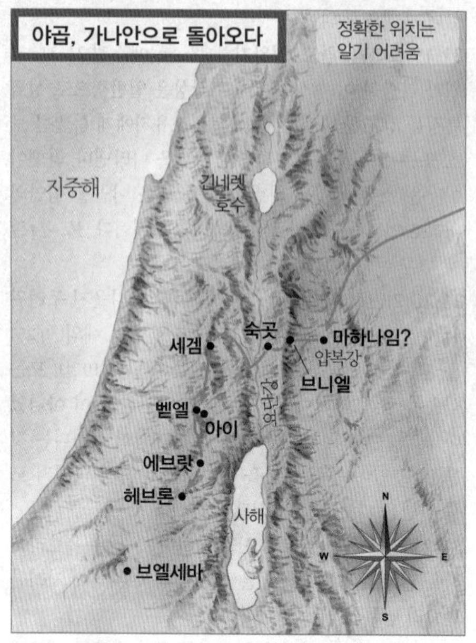

된다. 야곱은 아내를 얻으러 왔다가 적어도 20년을 이기적이고 강압적인 라반 밑에서 살았다(38절).

31:37 우리 둘 사이에 판단하게 하소서 라헬이 드라빔을 훔치고 그 사실을 은폐해 아버지와 남편이 크게 충돌하기 직전까지 이르렀다. 이제는 증인들을 내세워 법적 신문을 해야만 문제를 해결할 수 있다.

31:38-42 야곱은 소유주가 부담하는 손실을 자신이 부당하게 부담했고, 자신의 책임을 이행하면서 억울한 일을 숱하게 겪었다며 불만을 쏟아낸다. 야곱은 하나님이 돌보지 않으셨다면 라반이 자신의 껍데기까지 벗겨 먹었을 것이라는 결론도 숨기지 않는다.

31:42 이삭이 경외하는 이 "아버지 이삭이 경외하는 이"(53절)를 보라. 이것은 하나님의 또 다른 이름으로, 야곱이 이삭으로 자신을 존숭하게 하셨던 바로 그 하나님을 말하고 있다.

31:43 라반은 자신을 변호하지만, 모든 것이 자기 소유라고 주장함으로써 탐욕스러운 성품을 드러낼 뿐이다.

31:44 나와 네가 언약을 맺고 라반은 야곱의 손에 있는 모든 것을 자기 소유로 여겼지만(어쨌든 야곱은 20년 전에 빈손으로 왔음) 그렇더라도 이제 자신에게 아무것도 남지 않았기에 상황은 분명 야곱에게 유리했다. 두 사람은 관습에 따라 계약을 체결하고(44-51절) 다시 서로를 해치지 않기로 언약한다(52절). 돌무더기를 세워 계약의 증거로 삼고 그곳에 지역 명칭을 붙이며(47-49절), 교제의 식탁을 함께 나누고(46, 54절), 하나님의 이름으로 적절한 맹세와 선언을 하며(50, 53절), 이렇게 계약을 확인하고 종결 지은 후에 헤어진다. 가나안의 아브라함 친족과 메소보다미아의 아브라함 친족 간의 모든 계약은 이 시점에서 끝난 것으로 보인다.

31:47-49 여갈사하두다…갈르엣…미스바 첫째와 둘째 단어는 아람어와 히브리어로 '증인들의 더미'라는 뜻이다. 셋째 단어는 '망대'라는 뜻이다.

31:53 나홀의 하나님 라반은 아브라함의 하나님을 자신의 형제와 아버지인 나홀과 데라의 하나님과 연결해 나란히 제시한 것으로 보인다. 그러자 야곱은 참 하나님을 가리킨다는 의미로 "이삭이 경외하는 이"(42절)라는 표현을 다시 쓰는데, 그는 라반이 둘을 나란히 연결하는 것을 인정할 수 없었기 때문이다.

6. 야곱이 마하나임과 브니엘에서 천사들을 만나다 (32:1-32)

32:1 하나님의 사자들 한 고비를 넘긴 야곱은 에서를 대면해야 하는 더 큰 산이 기다리고 있는 상황에서 천사들을 만난다. 이들은 야곱에게 틀림없이 벧엘을 상기시켰을 텐데, 이것은 하나님의 뜻이 땅에서 이루어진다는 적절한 일깨움이자 격려였다(28:11-15).

32:2 하나님의 군대…마하나임 '이중 진', 즉 하나는 하나님의 진이고 하나는 야곱 자신의 진이라는 뜻이다. 길르앗의 요단강 동쪽, 얍복강 근처에 위치했다. 참고. 아가서 6:13.

32:3 세일 땅 에돔 사해 남쪽에 자리한 에서의 영토다.

32:7 야곱이 심히 두렵고 답답하여 야곱은 에서와 화해하려고 사절단을 보낸다(4, 5절). 그러나 돌아온 사절단(6절)은 에서가 전에 그를 향해 품은 미움과 한(27:41, 42)이 오랜 세월이 지났음에도 누그러지지 않았을지 모른다는 야곱의 깊은 불안을 확인시켜 주었고, 에서가 군대를 이끌고 온다는 사실은 그야말로 재앙의 징후였다(8, 11절). 야곱은 에서의 공격에 대비해 자신이 이끄는 식솔과 가축을 나눈다.

32:9-12 칭찬할 만하게도 야곱은 형을 달래려는 계획이 있음에도(13-21절) 구원을 구하는 기도를 하며, 그러면서 하나님의 명령과 언약의 약속을 되풀이하고(12절; 28:13-15을 보라), 자신의 불안을 인정하며 자신은 하나님 앞에 무가치하다고 고백한다. 이것은 야곱이 라반에게 가는 길에 벧엘에서 하나님을 만난 이후 드린 첫 기도로 기록된다(28:20-22).

32:13-21 야곱은 에서를 달랠 전략을 세세하게 세운다(에서에게 가축 550마리를 선물하려고 함). 이것은 계획을 세우는 야곱의 능력을 강조하는 것일 수도 있으나,

마지막 진술로 볼 때(20절) 그가 하나님이 에서의 마음을 바꾸시도록 기도하지 못하고 하나님이 그렇게 하시리라 믿지도 못한다는 것을 강조하고 있다.

33:22-32 브니엘에서 밤새 계속된 이 특별한 씨름 끝에 97세인 야곱의 이름이 바뀌고(28절) 그와 후손들이 기억하도록 그곳에 새로운 지명이 붙게 된다(30절). 야곱은 이 씨름 때문에 다리를 절게 되는데(25, 31절), 이것도 이 사건을 기억하는 데 도움이 될 것이다.

32:22 얍복 길이가 100킬로미터쯤 되는 시내로 요단강 동쪽에 자리하며, 갈릴리 호수와 사해 중간쯤에서 요단강으로 흘러든다(갈릴리 호수에서 남쪽으로 70여 킬로미터 지점임).

32:24 어떤 사람이…야곱과 씨름하다가 야곱이 붙인 지명 브니엘 곧 '하나님의 얼굴'과 호세아의 설명으로 볼 때(호 12:4) 야곱과 씨름한 상대는 하나님으로, 성육신 이전의 주 예수 그리스도의 현현인 여호와의 사자다. *출애굽기 3:2에 대한 설명을 보라.*

32:28 네 이름을 다시는 야곱이라 부를 것이 아니요 이스라엘이라 부를 것이니 야곱의 이름이 '뒤꿈치를 잡은 자' 또는 '속이는 자'에서 '그가 하나님과 겨루다'로 바뀐다(참고. 35:10). **네가 하나님과 및 사람들과 겨루어 이겼음이니라** 야곱의 성취, 곧 겨루어 이긴 것에 대한 놀라운 평가다. 야곱의 인생에서 '겨루기'는 그야말로 지배적 요소다. 야곱은 형 에서와 겨루었고(25-27장), 아버지와 겨루었으며(27장), 장인과 겨루었고(29-31장), 아내들과 겨루었으며(30장), 브니엘에서 하나님과 겨루었다(32장).

32:30 브니엘 *24절에 대한 설명을 보라.*

32:32 둔부의 힘줄을 먹지 아니하더라 엉덩이 근육(힘줄)을 말한다. 이에 대한 언급은 구약성경 다른 어디에도 없고 모세 율법에도 없다. 그럼에도 모세 때까지("지금까지") 이스라엘이 둔부의 힘줄을 먹지 않는 전통이 지켜졌다는 사실은 흥미롭다. 유대 탈무드는 이것을 '신성한 율법'이라고 말한다.

E. 야곱과 에서가 다시 만나 화해하다(33:1-17)

33:1, 2 에서가…오고 있는지라 야곱은 서둘러 가족을 세 그룹으로 나누고(참고. 31:7), 이들보다 앞서 형을 만나러 간다. 야곱이 위험을 감지하고 가족을 세 그룹으로 나누어 배치한 방식에서 그가 누구를 편애하는지 잘 알 수 있다.

33:3, 4 낮은 자가 매우 존귀한 후원자에게 하듯 야곱은 두려움을 느끼고 경의를 표하며 형에게 나아간다. 한편 에서는 기뻐하며 격하게, 감정을 억누르지 못한 채 달려와 동생을 맞는다. 이들은 "서로 울었다". 21년을 떨어져 지내는 동안 안 좋은 옛 기억이 지워졌고 동생을 죽이고자 했던 원한도 먼 과거 속으로 사라졌기 때문이다. 마음이 바뀌었고 형제는 화해했다. 10절을 보라.

33:5-11 야곱은 가족을 소개하고(5-7절) 선물로 보낸 가축 550마리에 대해 설명하면서(8-10절. 참고. 32:13-21) 여호와께서 자신의 삶에 은혜를 베푸셨다고 말한다(5, 11절). 에서는 처음에 아무것도 받지 않으려 했으나 결국 받기로 했고, 이로써 베풀기 경쟁에서 야곱이 이긴다(11절).

33:10 내가 형님의 얼굴을 뵈온즉 하나님의 얼굴을 본 것 같사오며 야곱은 하나님이 얼굴 표정에서 드러나듯 에서를 아주 분명하게 바꿔놓으셨음을 인정한다. 형 에서는 음울한 증오로 가득한 얼굴이 아니라 하나님이 회복시키신 형제 사랑이 가득한 얼굴을 하고 있었다.

33:15 나로 내 주께 은혜를 얻게 하소서 야곱은 형제 관계가 다시 틀어질까 두려워 에서의 사람들을 곁에 두고 싶어 하지 않았다.

33:16, 17 세일로…숙곳에 이르러 야곱이 에서의 호위를 정중히 거절한 후 형제는 헤어진다. 야곱은 세일로 가서 다시 형을 만나겠다고 분명하게 말하지만(*32:3에 대한 설명을 보라*), 무슨 이유 때문인지 그렇게 하지 않았다. 대신에 먼저 숙곳에 머물고, 그다음 세겜에 머문다(18절). 숙곳은 요단강 동쪽에 위치하며 세겜에서 동쪽으로 30여 킬로미터, 예루살렘에서 북쪽으로 100여 킬로미터 거리인데 에발산과 그리심산 중간에 있다.

F. 세겜에서 마므레로 가는 여정에서 일어난 사건과 죽음(33:18-35:29)

33:18 평안히…이르러 주전 1908년경이다. 야곱은 가나안을 떠날 때 벧엘에서 하나님이 안전하게 돌아오게 하시면 이행하겠다던 맹세를 실행에 옮긴다. 야곱은 가나안에 돌아오면 십분의 일을 드리겠다고 했다(28:20-22). 추측건대 야곱은 세겜에서 또는 나중에 벧엘에서 자신의 맹세를 이행했을 것이다(35:1).

33:19 밭을…샀으며 이 구매로 약속의 땅에서 아브라함의 후손에게 합법적으로 귀속된 두 번째 부동산이 생겼다(참고. 23:17, 18; 25:9, 10). 그러나 이 땅이 아브라함과 그 후손의 땅인 것은 단지 이들이 이 땅을 샀기 때문이 아니라 하나님이 이 모든 땅의 주인이고(레 25:23) 이 땅을 오직 이들에게 독점적으로 주셨기 때문이다(*12:1-3에 대한 설명을 보라*).

33:20 제단을 쌓고 야곱은 아브라함이 처음 제단을 쌓

았던 곳(12:6, 7)에 새 이름, 자신의 새 이름을 포함한 이름(32:28) "엘엘로헤이스라엘(하나님, 이스라엘의 하나님)"을 붙임으로써 자신이 전능자를 섬긴다고 선언한다. 여기서 '이스라엘'은 한 민족을 가리키는 용어로 사용되리라는 것을 예시했다고 보이는데, 이 단어는 그 민족과 빠르게 연결되며 그 민족이 단지 야곱의 대가족으로 구성될 때도 그렇게 연결된다.

34:1-31 세겜이 디나를 욕보이고 레위와 시므온이 복수하는 저속한 사건을 상세히 기록한 것은 독자에게 아브라함의 후손들이 가나안에 들어가면 족장들의 바람(참고. 24:3; 27:46; 28:1) 그리고 하나님의 뜻과 반대로(출 34:6; 신 7:3; 수 23:12, 13; 느 13:26, 27) 가나안 족속들과 섞이고 그들과 통혼하기가 얼마나 쉬운지 강조하기 위해서다.

34:1 그 땅의 딸들을 보러 나갔더니 디나(30:20, 21을 보라)는 다른 여인들이 어떻게 사는지 보러 근처 도시로 나들이 나간 것이 이렇게 끔찍한 결과를 불러오리라고는 꿈에도 생각지 못했다.

34:2 보고 끌어들여 강간하여 성경은 세겜의 행동을 강간으로 분류한다. 후에 세겜이 디나에 대한 자신의 사랑을 아무리 진심이라 표현하고(3절) 그녀와 결혼하려고 해도(11, 12절) 그의 행위는 강간이다. 이 기사에 나오는 다른 표현, 예를 들면 "더럽혔다"(5, 13절), "근심하여 심히 노하였으니"(7절), "부끄러운 일 곧 행하지 못할 일"(7절), "우리 누이를 창녀 같이 대우함"(31절) 등의 표현은 이것이 분명히 용납하지 못할 범죄임을 강조한다.

34:5 야곱이…잠잠하였고 야곱이 더 자세한 상황을 알지 못한 상태에서 잠자코 대응하지 않은 것을 섣불리 비난해서는 안 된다. 지혜롭게도 야곱은 기다렸다가 아들들과 의논한다. 그러나 그들의 반발, 슬픔, 분노, 복수심이 야곱과 하몰과의 대화를 가로채자(6절) 야곱은 이들을 엄하게 꾸짖는다(30절).

34:6-10 세겜의 아버지(prince of Sechem)는 조화로운 통합책을 들고 나온다(16절, "한 민족이 되려니와"). 그러나 실제로 이들의 목적은 자기 이익을 챙기고 부를 늘리는 데 있었다(23절).

34:7 이스라엘에게 야곱은 하나님이 생겨날 민족의 아버지로서 그에게 주신 이름으로 불리고 있었다(32:28).

34:13-17 야곱의 아들들은 세겜의 제안에 관심을 보이는 척하면서 아브라함 언약의 상징인 할례(*17:11-14에 대한 설명을 보라*)를 제안한다. 세겜과 그의 아버지에게 성읍의 모든 남자가 할례를 받으면 야곱 집안과 통혼하고(9절), 사회적·경제적 통합을 이루어질 터이므로(10절) 그렇게 해야 한다고 믿게 한다.

34:19 그는…가장 존귀하였더라 이것은 남자들이 세겜을 존경했고, 경제적 이익을 기대하며 고통스러운 수술에 동의했다는 뜻이다(23절).

34:20 그들의 성읍 문 성문은 공적 모임이 열리는 일반적인 장소다.

34:25-29 세겜 성읍의 모든 남자를 죽이고 그 성읍을 철저히 약탈한 행위는 한 사람에 대한 합리적이고 지혜로우며 합당한 벌을 넘어서는 것이었다. 이는 나중에 모세 율법이 정한 범위를 크게 넘어서는 복수였다(참고. 신 22:28, 29).

34:27 야곱의 여러 아들이 시므온과 레위가 그날의 만행을 저질렀고, 따라서 내러티브에서 관심이 이들에게 집중되는 것은 당연하다(25, 30절. 참고. 49:5-7). 그러나 이들의 형제도 약탈에 참여했고, 따라서 살인과 약탈을 욕을 당한 누이에 대한 정당한 응징으로 여겼다(31절).

34:30 너희가 내게 화를 끼쳐 복수는 또 다른 복수를 낳게 된다. 존경을 완전히 잃고("[나로]악취를 내게 하였도다") 평화로운 관계(21절)도 완전히 잃어버려 야곱과 그 아들들의 생존이 상당히 위태로워졌다. 이런 위협은 안전에 대한 하나님의 약속을 시험했고 야곱에게 큰 걱정을 안겼다(28:15; 32:9, 12). **브리스 족속** *13:7에 대한 설명을 보라.*

35:1 벧엘 하나님이 야곱에게 아브라함 언약을 확인해주셨던 곳이다(28:13-15).

35:2-4 이방 신상들을 버리고 벧엘로 이주하려면 계획의 실행을 넘어서는 영적 준비가 꼭 필요했다. 문제를 일으켰던 라헬의 드라빔(31:19)을 비롯해 조각상, 부적, 문화적 장식물(4절, 귀고리)은 더 이상 허용되지 않는다. 우상들을 묻어버린 뒤 목욕하고 깨끗한 옷으로 갈아입기까지 했는데, 이 모두는 우상숭배에 따른 더러움을 씻고 마음을 하나님께 성별한다는 뜻이다. 야곱이 가나안에 돌아온 지 8~10년이 지났으므로 우상숭배의 모든 흔적을 지워내기에 충분한 시간이었다.

35:4 세겜…상수리나무 아브라함 때의 바로 그 나무였을 것이다(12:6).

35:5 하나님이…크게 두려워하게 하셨으므로 이스라엘에 대한 두려움이 초자연적으로 일어나 주변 도시국가들은 나설 의지도 없고 그럴 힘도 없었다. 따라서 야곱이 이들의 보복을 두려워한 것은 기우였다(34:30).

35:7 거기서 제단을 쌓고 야곱은 이렇게 예배하고 맹세를 실행하며(28:20-22) 이곳 지명을 바꿈으로써 하나님에 대한 충성을 재확인한다. 하나님도 야곱에게 다시 나타나 그의 이름이 바뀌었음을 거듭 확인하고(10절. 참

고. 32:28) 아브라함에게 하신 약속을 다시 들려주심으로써(11, 12절) 야곱에 대한 헌신을 확인시켜 주신다. 이에 대한 응답으로 야곱도 벧엘에서 하나님을 처음 만났을 때 했던 의식을 되풀이하고(14절), 그곳의 이름을 재확인한다(15절).

35:11 왕들이 네 허리에서 나오리라 왕들에 대한 약속은 하나님이 아브라함 할례 때 하신 후(17:6, 16) 여기서 처음 나오는데, 미래의 왕조를 떠올리게 한다.

35:13 올라가시는지라 하나님이 그곳에서 눈에 보이는 형태로 임재하셨다.

35:14 언약을 맺는 일반적 방식이다(*28:18-21에 대한 설명을 보라*).

35:16 에브랏 베들레헴을 가리키는 더 오래된 이름이다(19절; 48:7; 참고. 5:2).

35:18 베노니…벤냐민 죽어가는 산모는 갓 태어난 아들의 이름을 '내 슬픔의 아들'이라고 지었으나 슬픔에 잠긴 아버지는 그 아들의 이름을 '내 오른손의 아들'이라고 지어 그에게 집안에서의 존귀한 위치를 부여한다. 라헬이 첫 아이 요셉을 낳을 때 했던 기도가 응답되었다(30:24).

35:20 라헬의 묘비는 모세 시대에도 그대로였는데, 베들레헴에서 북쪽으로 1.6킬로미터 거리에 있었다.

35:21 에델 망대 베들레헴 근처에 있었고, 목자들의 감시탑이었던 것으로 보인다.

35:22 야곱의 아들은 열둘이라 베냐민이 가나안에서 태어났기에(18절) 가나안 밖에서 태어난 아들들을 간단히 되짚어볼 이유가 생겼다. 그에 앞서 슬픈 사실, 곧 르우벤의 죄에 대한 사실이 등장한다. 이로써 르우벤은 아들 명단에서 '야곱의 장자'라는 수식어를 더럽혔다(49:3, 4; 신 22:30; 대상 5:1, 2을 보라).

35:27 마므레…헤브론 *13:18에 대한 설명을 보라.*

35:29 그의 아들 에서와 야곱이 그를 장사하였더라 주전 1885년경이었다. 아브라함의 장례를 위해 이삭과 이스마엘이 다시 만났듯이(25:9), 이삭의 장례를 위해 두 아들이 다시 만났다. 야곱은 아버지가 죽기 전 그 땅으로 돌아와 벧엘에서 했던 맹세의 또 한 부분을 지켰다(28:21, "내가 평안히 아버지 집으로 돌아오게 하시오면").

구약에 나오는 제단

쌓은 사람(장소)	관련 구절
1. 노아	창 8:20
2. 아브라함 (세겜, 헤브론, 모리아)	창 12:7, 8; 13:18; 22:2, 9
3. 이삭	창 26:25
4. 야곱(세겜, 벧엘)	창 33:20; 35:1-7
5. 모세	출 17:15
6. 발락	민 23:1, 4, 14
7. 여호수아	수 8:30
8. 요단 동쪽 지파들	수 22:10
9. 기드온	삿 6:24
10. 마노아	삿 13:20
11. 이스라엘	삿 21:4
12. 사무엘	삼상 7:15, 17
13. 사울	삼상 14:35
14. 다윗	삼하 24:25
15. 여로보암	왕상 12:32, 33
16. 아합	왕상 16:32
17. 엘리야	왕상 18:31, 32

에서의 후손 (36:1-37:1)

36:1-19 그다음 족장인 야곱의 족보를 제시하기 전에 에서의 족보를 자세히 제시하고 있는데, 그 후손인 에돔 거주자들과 동시대 사람들인 호리 족속 세일의 족보와 에돔 왕들 그리고 족장들의 목록이 덧붙여진다. 역사가 계속 보여주듯, 야곱의 후손과 에서의 후손은 본래 의도와는 달리 서로 떨어져 살지 않았을 것이다(6-8절). 이들은 서로 철천지원수가 되어 전쟁하며 싸우게 된다.

36:1 에돔 참고. 8절; *25:30에 대한 설명을 보라.* 오바댜서의 서론을 보라.

36:7 두 사람의 소유가 풍부하여 함께 거주할 수 없음이러라 좁은 목초지와 생활 환경 때문에 마침내 에서는 이미 거주한 적이 있는 에돔으로 영구 이주하기로 결정한다(참고. 32:3; 33;14, 16). 아브라함의 후손 가운데 이삭에게서 나온 자들이 가나안 땅을 차지할 것이기에, 하나님이 섭리로 상황을 정리하셔서 야곱 집안은 그 땅에 그대로 있고 에서 집안을 이주하게 하신 것은 적절했다. 하나님이 야곱에게 하신 약속을 에서가 이해하고 받아들였는지는 알 수 없다. 하지만 에서의 후손들은 자신의 땅이나 삶에 대해 이스라엘의 그 어떤 권리도 인정하려고 하지 않았다.

36:8 세일 산 하나님이 에서의 자리로 정해주신 곳이다(신 2:5; 수 24:4).

36:10-14 참고. 역대상 1:35-37.

36:15 족장 이 용어 곧 '천 명을 다스리는 자'는 한 명을 제외하고(슥 12:5, 6) 전적으로 에돔의 족장이나 부족

지도자, 정치지도자(군사지도자)를 가리키는 데 사용된다. 느슨한 부족연맹을 암시한 것으로 보인다.

36:20-28 참고. 역대상 1:38-42.

36:31-39 이스라엘 자손을 다스리는 왕이 있기 전에 에돔 땅을 다스리던 왕들은 이러하니라 에돔의 자세한 족보 사이에 이스라엘에 왕이 생겨나리라는 것을 예언적으로 보여주는 진술이 끼어 있다(17:6, 16; 35:11; 49:10; 민 24:7, 17, 18; 신 17:14-20). 각 통치자는 앞선 통치자의 아들이 아니므로, 여기 제시된 왕들의 명단은 왕조를 말하는 게 아니다. 여기서 '왕들'은 부족 그룹보다 정착한 사람들을 다스리는 자를 말하는 것으로 보인다.

36:43 에돔 족속의 조상 족보 마지막에 나오는 호칭은 리브가가 쌍둥이를 낳을 때 하나님께 들은 "두 국민이 네 태중에 있구나"(25:23)라는 말씀을 떠올리게 한다. 여기에 형에게서 나온 국민(민족)이 있다.

37:1 가나안 땅 실제로 야곱과 그 가족은 헤브론에 있었다(14절). *13:18에 대한 설명을 보라.* **아버지가 거류하던** 야곱의 아들 요셉에 대한 이야기가 시작되는 대목에서 이 부분은 독자에게 야곱의 아버지 이삭이(그의 아들들도 비록 가나안에 살지만) 아직 그 땅을 기업으로 소유하지 못했음을 알려준다. 이들은 여전히 체류자였다.

야곱의 후손 (37:2-50:26)

A. 요셉의 꿈(37:2-11)

37:2 요셉이 십칠 세의 소년으로서 요셉은 야곱이 하란을 떠나기 6년 전에 태어났다. 따라서 야곱이 가족을 이끌고 가나안에 돌아온 지 11년이 지났다(참고. 30:22-24). **그들의 잘못을 아버지에게 말하더라** 요셉이 네 형(빌하와 실바에게서 난 네 아들 – 옮긴이)의 잘못을 아버지에게 이른 것(예를 들면 14절)이 자의였는지 아버지의 지시였는지 분명치 않으며, 형들이 이런 이유로 요셉을 미워했는지도 분명치 않다(참고. 4, 5, 8, 11, 18, 19절).

37:3, 4 아버지 야곱은 요셉을 대놓고 편애했다. 그리고 가장 중요한 아들의 지위를 주자(*3절에 대한 설명을 보라*), 요셉은 형들에게 따돌림을 당하게 된다. 형들은 요셉을 미워하고 시기하며(4, 5, 11절), 그와 마주칠 때마다 충돌을 일으키고, 노골적으로 적대감을 드러낸다. 요셉도 이런 상황을 인지하고 있다.

37:3 채색옷 70인역은 모세가 사용한 히브리어 어구의 이런 번역을 선호하지만 더러는 '소매가 긴 통옷'이나 '장식 달린 겉옷'이라는 번역을 선호하기도 한다. 이 옷을 입는다는 것은 아버지가 그 아들을 장차 집안의 리더로 삼으려 한다는 뜻으로, 보통은 장자에게 돌아가는 영예다.

37:5-10 요셉이 꿈 이야기를 하자 형들의 적대감은 더욱 커진다. 두 번째 꿈 이야기를 하자 아버지가 그를 꾸짖는데, 특별한 해석 없이도 요셉의 꿈이 무엇을 상징하는지 쉽게 알 수 있었다. 편애받는 아들이 형들을 다스리는 위치에 오르리라는 뜻이었다(8-10절).

37:11 그 말을 간직해 두었더라 형들은 요셉의 꿈에 의미를 부여하지 않았지만 그 꿈 때문에 동생에게 더 분개한다(19절). 그러나 이들과는 달리 아버지 야곱은 요셉을 공개적으로 꾸짖으면서도 아들의 꿈을 마음속에 담았다.

B. 야곱의 가정에 일어난 비극(37:12-38:30)

37:12-17 요셉은 세겜으로 심부름을 갔다가 하나님의 섭리로 도단으로 가는데, 도단은 애굽으로 이어지는 주요 교역로를 이용하는 상인들과 접촉하기에 더욱 편리한 곳이었다.

37:12, 14 세겜…헤브론 세겜(*12:6에 대한 설명을 보라*)은 헤브론에서 북쪽으로 약 80킬로미터 거리에 있었다(*13:18에 대한 설명을 보라*).

37:17 도단 세겜에서 북쪽으로 약 24킬로미터 거리에 있었다.

37:18-27 형들의 살인과 은폐 계획, 미움과 시기로 말미암은 사건을 두 사람은 미연에 방지하고자 한다. 먼

저 르우벤이 요셉을 구해내려 하고(21, 22절), 그다음으로 유다가 지나가는 대상을 보자 형제 살해를 막고 이익을 챙길 대안을 제시한다(25-27절).

37:25 이스마엘 사람들 미디안 사람이라고도 알려진 민족이다(참고. 28, 36절; 39:1). 이스마엘의 후손과 그두라(아브라함의 후처 – 옮긴이) 그리고 미디안(그두라가 낳은 아브라함의 아들 – 옮긴이)에게서 난 아브라함의 후손(25:1, 2)이 통혼했거나, 이 둘은 예부터 이름난 여행자이자 무역상이어서 같은 그룹으로 여겨졌다. 이들이 서쪽 길르앗에서 오고 있었다. **길르앗** *31:21에 대한 설명을 보라.*

37:27 후에 모세 율법은 이런 범죄 행위를 금지한다(출 21:16; 신 24:7).

37:28 은 이십에 주전 2000년대 노예 한 사람의 평균 몸값이다. 노예는 대부분 전리품이었으나 개인적이고 상업적인 노예 거래도 흔했다. 요셉은 주전 1897년경에 애굽으로 팔려갔다.

37:29 르우벤이…옷을 찢고 르우벤은 요셉이 팔릴 때 그 자리에 없었으나 그래도 이 악행에 대한 책임을 져야 했기에 은폐에 가담한다. 르우벤의 슬퍼하는 모습에서 그가 요셉을 얼마나 구해내고 싶어 했는지 드러난다.

37:31-35 이삭을 속였던 자(27:18-29)가 아들들의 거짓말에 속는다. 죄에 대한 징벌이 종종 오랫동안 늦춰질 때가 있다.

37:35 스올 구약성경에서 처음으로 스올이 죽은 자들의 거처를 가리키는 용어로 사용된다(35:20에서는 지상의 묘지를 가리키는 말로 사용됨). 스올은 죽은 자의 자리를 뜻하는 일반적인 히브리 단어로(스올은 구약에서 66회 사용됨), 썩어가는 시체를 가리키거나 사후에 의식 있는 영혼을 가리킨다.

「형제들에 의해 팔려가는 요셉[*Joseph Sold by His Brothers*]」 1816-1817년. 프리드리히 오버벡. 프레 스코화. 베를린 구 국립 미술관. 베를린.

37:36 보디발 보디발은 애굽의 거물급 궁정 관리요 고관으로, 왕궁 친위대의 대장이었을 것이다(참고. 40:3, 4). 그의 이름은 그 시대의 문법으로 봤을 때 매우 특이한데, '라(Ra) 신이 준 자' 또는 '라 신이 땅에 둔 자'라는 뜻으로 개인의 이름이라기보다는 그를 묘사하는 별명이었을 것으로 보인다. *40:3, 4에 대한 설명을 보라.*

38:1-30 유다 막간은 요셉이 보디발에게 종으로 팔리는 이야기 중간에 끼어 있다(37:36; 39:1). 요셉 이야기의 중간에 유다 이야기가 삽입되어 있는데, 악과 부도덕, 속임수로 가득한 한 장이 왜 이곳에 위치해 있는지 의문이 든다. 대답은 여기에 기록된 사건들이 연대기적으로 제자리에 놓여 있으며, 요셉이 애굽에 종으로 팔려갈 때와 같은 시기에 일어났다는 것이다(1절, "그 후에"). 이 기사는 족보상으로도 제 자리에 놓여 있다. 다시 말해 요셉이 사라졌고(겉보기, 영원히), 근친상간과 요셉을 지키지 못한 이유로 르우벤과 시므온과 레위가 눈 밖에 난 상황에서 유다가 장자의 지위에 오를 가능성이 가장 높았다. 이 기사에는 대비도 등장하는데, 요셉의 덕과 비교되는 유다의 부도덕성을 보여주기 위해서다. 가나안 혼합종교와 포괄주의는 아브라함의 4대손과 그 후손들을 포함시키겠다고 위협했으나, 애굽 이주와 인종적 배타주의는 이들의 민족적 정체성을 훼손시킨 게 아니라 오히려 보존시켜 주었다.

38:1 아둘람 사람 아둘람은 헤브론에서 북서쪽으로 약 1.6킬로미터 떨어진 마을이었다.

38:2-5 유다는 형제들과 지리적으로만 분리된 게 아니다. 유다는 가나안 족속과 섞이기도 하는데, 그는 가나안 아내에게서 세 아들을 얻었다.

38:6-10 하나님이 유다의 두 아들을 죽이신다. 하나는 구체적으로 명시되지 않은 악 때문이고, 다른 하나는 취수혼 의무, 곧 친족의 미망인과 결혼해야 한다는 의무를 강하게 거부했기 때문이다. 이는 유다 가문에서 일어난 아주 명예롭지 못한 일이었다. 후대의 모세 율법이 정한 취수혼(取嫂婚)에 대한 자세한 규정은 *신명기 25:5-10에 대한 설명을 보라.* 룻기의 '해석상의 과제'를 보라.

38:11 수절하고…내 아들 셀라가 장성하기를 기다리라 과부가 그렇게 하듯 다말은 시아버지의 말을 그대로 믿고 친정에 머물면서 유다의 셋째 아들이 죽은 남편의 대를 이을 권리를 지켜주길 기다렸으나 허사로 돌아가자(14절) 마침내 자신의 권리를 되찾으려고 속임수를 쓴다(13-16절). 이 과정에서 다말은 남은 아들이 없을 때 시아버지가 취수혼을 이행해야 하는 헷 족속의 관습

에 영향을 받았을 것이다.

38:12 딤나 유대 산지에 있었으나 정확한 위치는 알 수 없다. 참고. 여호수아 15:10, 57; 사사기 14:1.

38:13 자기의 양털을 깎으려고 고대 세계에서 양털 깎기는 풍요를 기원하는 이방 종교의 특징인 축제, 음란 행위와 자주 연결되었다.

38:14, 15 다말은 아무도 자신에게 자식을 낳도록 해 주지 않을 거라 생각하고 유다를 덫에 빠뜨리고자 스스로 창녀로 변장한다(이것은 다말의 관점에서 봤을 때 유다의 도덕적 상태에 대해서는 거의 아무것도 말해주지 않음). 유다의 가나안 친구 히라(1, 20절)는 그녀를 신전 창녀라고 부른다(21절). 그러나 가나안 문화에서 신전 매춘이 허용되었다는 이유만으로 유다의 행위에 변명의 여지가 생기는 건 아니다. 유다는 다말에게 제안함으로써 스스로 죄악에 발을 들여놓고(16절), 다말은 창녀 역할을 하고 화대를 흥정한다(17절).

38:18 당신의 도장과 그 끈과 당신의 손에 있는 지팡이 고대 근동에서 유력자들은 목에 원통형 도장을 끈에 끼워 걸고 다니면서 필요할 때 사용했다. 다말이 지팡이를 요구했다는 것은 지팡이에도 신원을 확인하기에 충분한 표시가 있었음을 알 수 있다(참고. 25절, "이 도장과 그 끈과 지팡이가 누구의 것이니이까"). 이 셋으로 신분을 확인하는 관습이 우가릿(가나안) 문헌에 나온다.

38:20-23 한 창녀의 소재를 묻고 다니는 모습은 평판에 좋지 않은 영향을 미쳤다.

38:24 그를 끌어내어 불사르라 유다는 결코 다말보다 죄가 작지 않음에도 이중 잣대를 적용해 다말이 부정한 짓을 했으니 죽이라고 명한다. 후대에 모세 율법은 창녀 짓을 한 제사장 딸이나 이런저런 형태로 근친상간을 한 자들을 이처럼 화형에 처하도록 규정한다(레 20:14; 21:9).

38:26 그는 나보다 옳도다 유다는 다말의 도덕성과 믿음을 칭찬한 게 아니라 다말이 남편의 대를 이을 권리를 소홀히 하지 않은 것을 칭찬하고, 부끄럽게도 자신이 그 부분을 소홀히 여겼다고 인정한다. 그리하여 다말에게 내려진 사형선고는 취소된다.

38:29 베레스 다말이 낳은 쌍둥이 가운데 첫째로, 매춘과 근친상간으로 태어났음에도 보아스와 룻을 통해 다윗 왕으로 이어지는 메시아 족보에 들어간다(룻 4:18-22; 마 1:3). 그의 이름은 '돌파' 또는 '뚫고 나감'이라는 뜻을 가진다.

C. 요셉, 애굽의 총리가 되다(39:1-41:57)

39:1 보디발 *37:36에 대한 설명을 보라.* **이스마엘 사람** *37:25에 대한 설명을 보라.*

39:2 여호와께서 요셉과 함께 하시므로 예를 들면 "그와 함께 하심을 보며"(3, 21절), "그의 범사에 형통하게 하심"(3, 23절), "은혜를 입어(받게)"(4, 21절), "복을 내리시므로"(5절), "그에게 인자를 더하사"(21절)처럼 하나님이 요셉이 처한 상황에서 눈을 떼지 않으셨음을 강조하는 여러 표현은 요셉이 두 번이나 불의에 희생되었으므로 여호와께 버림받았다는 그 어떤 생각도 단번에 일축한다. 요셉이 부당하게 노예로 팔려 가나안을 강제로 떠난 것도(37:28), 부당하게 성범죄자로 몰려 옥에 갇힌 것도(13-18절) 그의 삶에서 하나님의 보호와 그분의 백성 이스라엘을 향한 하나님의 목적이 잠시 사라졌다는 것을 의미하지 않는다.

39:2-4 그가 형통한 자가 되어…요셉을 가정 총무로 삼고 여기에는 전 재산을 관리하는 청지기의 권한이 포함되는데(5절 "집과 그의 모든 소유물", 9절 "나보다 큰 이가 없으며"), 신뢰는 이런 청지기를 세우는 기준 가운데 하나였다. 의심할 여지없이 요셉은 애굽어에 능통했다 *(29:9에 대한 설명을 보라)*.

39:5 여호와의 복 요셉은 아브라함 언약의 성취를 이스라엘이 그 땅에 있기 이전에 이미 경험하고 있었다 (12:1-3을 보라).

39:6 자기가 먹는 음식 외에는 요셉이 누구의 감독도 필요 없을 만큼 신뢰할 만한 사람이라는 것을 보여준다. 그래서 보디발은 자신의 음식과 개인사만 신경을 쓸 뿐 세세한 부분이 어떻게 돌아가는지 모를 정도로 모든 사무를 요셉에게 믿고 맡겼다(8절). 사실 그는 자신 앞에 차려진 것밖에 모르는 사람이었다(6절).

39:9 이 큰 악을 행하여 처음 유혹을 받았을 때 요셉은 간음이 자신의 윤리적 신념을 크게 어기는 행위라고 설명했다. 그 윤리적 신념이란 자신의 주인을 최고로 존중하고, 자신의 하나님 앞에서 거룩하게 살아야 한다는 것이었다. 고대 근동의 많은 법이 간음을 금했는데, 이는 단지 고대 근동의 법을 문자적으로 지키는 문제가 아니었다. 오히려 하나님과 동행하는 사람에게 적용되는 도덕적 기준을, 그것도 모세 율법의 규정이 적용되기 오래 전에 순종하는 문제였다(참고. 시 51:4).

39:10-18 보디발의 아내는 계속 요셉을 유혹했으나 양보와 타협을 모르는 요셉의 강한 신념에 부딪혀 번번이 실패한다. 결정적 위기의 순간에 요셉은 도망쳤는데, 그러다가 결국 무고하게 죄를 뒤집어쓰고 옥에 갇히고 만다. 신약성경이 요셉의 태도를 어떻게 묘사하는지에 대해서는 디모데후서 2:22을 참고하라.

39:12 그의 옷 다른 곳에서도 요셉의 옷이 그를 해하려는 음모에 이용되는데, 이에 대해서는 37:31-35을

보라.

39:17 히브리 종 보디발의 아내는 경멸의 의미로 이 표현을 사용하며 털끝만큼도 존중받을 자격이 없다고 하면서 멸시하려고 한다. 이 표현을 사용했다는 사실은 가나안 거주자들을 대하는 잠재적 태도까지 암시한 것으로 보이는데, 이런 태도는 보디발의 아내한테 유리하게 작용했을 것이다. 또한 그녀는 애초에 히브리인을 데려온 남편에게 교묘히 책임을 전가하는데(16-18절), 그것도 종들이 보는 앞에서 이렇게 말한다(14절).

39:19, 20 간음죄에 적용되는 사형이 간음하려고 한 자나 유혹한 자, 겁탈하려고 한 자(강간미수범)에게는 적용되지 않았을 것이다(참고. 14, 18절). 그래서 보디발은 요셉을 왕궁 신하들을 위한 옥에 가두고, 거기서 요셉은 하나님의 섭리로 바로 앞에 불려가 인생의 다음 막을 시작하게 된다(참고. 40; 41장). *40:3, 4에 대한 설명을 보라.*

39:21 그에게 인자를 더하사 하나님은 고통스러운 투옥생활을 그냥 두고 보시지 않았다(참조. 시 105:18, 19).

39:22, 23 요셉은 보디발의 집보다 훨씬 불편한 환경에 처하게 되지만, 또다시 거기서도 신뢰와 권위의 자리에 오르며 자신은 감시가 전혀 필요 없는 믿을 만한 사람임을 증명해 보인다.

40:1 애굽 왕 세누세르트 2세(Senusret II, 재위 주전 1894-1878년경)일 것이다.

40:2 술 맡은 관원장과 떡 굽는 관원장 두 가지 직책과 지위 모두 남아 있는 고대 애굽 문헌을 통해 확인된다. 술 맡은 자는 왕의 잔을 맡은 자로, 왕의 음료를 책임졌다. 떡 굽는 자는 왕의 음식을 요리했다. 둘 다 신뢰할 만한 사람이어야 했고, 왕의 대적들이 영향을 미치지 못하는 사람이어야 했다.

40:3, 4 친위대장 *37:36에 대한 설명을 보라.* 이 사람이 친위대장 보디발이라면 요셉의 이전 주인이 그에게 자신이 관리하는 옥에 갇힌 두 왕궁 신하를 판결이 날 때까지 시중 들라고 지시한 것이 된다. 요셉이 다른 감금 시설로 이송되지 않았다면 이 감옥은 "친위대장의 집"(3절), "그 주인의 집"(7절), "옥"(dungeon, 15절; 41:14)이라고도 불린다(40:3에서 한글 개역은 "친위대장의 집 안에 있는 옥"이라고 옮겼으나 NKJV은 "in the house of the captain of the guard, in the prison," 즉 '친위대장의 집에, 그 옥에'라고 옮겼음—옮긴이).

40:5 꿈 해몽, 곧 꿈을 해석하는 학문이나 관습이 고대 애굽에서 성행했는데, 꿈이 미래를 결정한다고 생각했기 때문이다. 애굽과 바벨론(단 2:2)에서는 꿈을 해석하는 전문가를 양성하기도 했다. 신명기 13:1-5에 따르면 이 해몽가들은 고대 거짓 종교의 일부였으며, 하나님의 백성이 피해야 할 대상이었다. 500년쯤 후 꿈 해석에 대한 자세한 매뉴얼이 편찬되었다. 요셉과 달리 술 맡은 관원장과 떡 굽는 관원장은 자신의 꿈이 무슨 뜻인지 알지 못했다(참고. 37:5-11).

40:8 해석은 하나님께 있지 아니하니이까 요셉은 자신의 하나님에 대해 세세한 것까지 신뢰한다(참고. 41:16). 하나님이 계시의 꿈을 정확히 해석할 수 있게 하신 또 다른 히브리인은 다니엘뿐인데, 그 역시 하나님에 대해 세세한 것까지 신뢰했다(단 2:28). 하나님은 두 사람을 선택해 이방 군주를 섬기는 동안 결정적 순간에 나서서 그들의 꿈을 해석하고 그들의 미래를 보여줌으로써 이스라엘을 위해 중요한 역할을 하게 하셨다.

40:9-13 술 맡은 관원장 왕의 잔을 맡았던 책임에 어울리게 그는 바로를 위해 술을 준비하는 꿈을 꾸었다. 그 꿈은 그가 풀려나 복직되리라는 예시였다(13절).

40:14, 15 나를 생각하고 요셉은 술 맡은 관원장에게 자신이 풀려날 수 있게 잘 말해달라고 애절하게 호소한다. 술 맡은 관원장이라면 왕에게 간언할 수 있는 위치라는 것을 알았기 때문이다. 그러나 술 맡은 관원장은 요셉을 곧 잊어버렸고(23절), 2년 후 적절할 때 요셉을 다시 기억해낸다(41:1, 9).

40:15 히브리 땅 가나안 땅을 이렇게 불렀다는 것은 요셉이 아브라함 언약의 땅에 대한 약속을 알았다는 뜻이다.

40:16 그 해석이 좋은 것을 보고 떡 굽는 관원장은 자신의 꿈도 술 맡은 관원장의 꿈과 어느 정도 비슷하다는 것을 알고 용기를 내어 요셉에게 자기 꿈도 해석해 달라고 요청한다. 요셉은 미묘한 언어유희를 사용한다. 술 맡은 관원장의 머리는 '들릴' 테지만(13절), 떡 굽는 관원장의 머리는 '떨어질'(NKJV) 것이다(19절).

40:20 바로의 생일이라 로제타스톤(Rosetta Stone, 1799년에 발견된 3개 언어로 기록된 고대 애굽의 이 비석은 주전 195년경에 세워졌으며, 여기에 새겨진 헬라어 덕에 언어학자들은 상형문자를 해독할 수 있었음)에 바로의 죄수들을 석방하는 관습이 기록되어 있다. 그러나 신하들을 위해 배설한 잔치에서 바로는 아주 판이한 두 가지 판결을 내린다(21, 22절).

41:1 나일 강 나일강은 애굽인의 삶을 지배했다.

41:8 해석하는 자가 없었더라 바로의 책사들과 꿈 전문가들은 왕의 심란한 두 가지 꿈을 해석하지 못했다. 자신들도 모르는 사이 이들은 요셉이 애굽 역사에 들어설 무대를 마련해놓았다. 거의 1,200년 후 다니엘이 바벨론에서 겪은 비슷한 상황과 비교해보라(단 2:1-45).

41:9 술 맡은 관원장이 바로에게 말하여 이르되 술 맡은 관원장은 적절할 때 기억이 되살아났고, 자신의 소홀함을 사과했으며("내 죄를 기억하나이다"), 바로에게 히브리 죄수가 2년 전 두 가지 꿈을 정확히 해석했다고 알려준다(10-13절).

41:14 바로가 사람을 보내어 요셉을 부르매 요셉은 긴급 호출을 받고 지체 없이 애굽 스타일로 수염을 깎고 옷을 갈아입은 후 바로에게 나아간다.

41:16 내가 아니라 하나님께서…대답을 하시리이다 요셉은 자신에게 타고난 능력이 없다고 강변하며, 처음부터 바로가 바라는 대답은 하나님만 주실 수 있다고 못을 박는다.

41:25 하나님이…보이심이니이다 요셉의 해석은 줄곧 하나님이 애굽을 위해 결정하신 것에 초점을 맞춘다(28, 32절).

41:33-36 꿈을 해석하고 나서 요셉은 바로에게 앞으로 14년을 어떻게 버텨야 하는지 말한다. 어울리지 않게 노예이자 죄수인 요셉이 꿈을 해석했을 뿐 아니라 앞으로 닥칠 어려움에 대비해 창고를 짓는 장기 전략을 제시하며 이 중대사를 맡을 역량 있는 사람을 세우라고 조언까지 한다. 이전에도 흉년이 숱하게 애굽을 휩쓸고 지나갔으나 이번에는 하나님의 경고로 차근히 잘 대비할 수 있었다.

41:37-41 바로와 신하들은 요셉이 하나님의 계시와 지혜를 통해 말했음을 인정한다(39절). 따라서 이들이 볼 때 이 훌륭한 계획을 수행할 역량을 가진 인물은 요셉뿐이라고 여긴다. 요셉은 자신의 하나님께 집중함으로써 곧바로 옥에서 왕궁으로 자리를 옮긴다(41절).

41:38 하나님의 영 애굽인은 삼위일체의 제3위를 알지 못했다. 이들은 단지 하나님이 요셉을 도왔다고 생각했을 뿐이며, 따라서 'Spirit'보다 'spirit'이 더 적절하다.

41:42 인장 반지…세마포 옷…금 사슬 이것들은 관직의 상징이다. 바로는 요셉의 새 지위에 걸맞은 옷과 장신구를 주고 그를 고관, 총리, 서열 2위의 자리에 앉힌다(40절; 45:8, 26). 요셉은 손가락에 왕의 인장을 꼈으며 바로를 대신해 나랏일을 처리할 권한을 갖게 되었다.

41:43-45 요셉은 신분 상승에 걸맞은 다른 것들도 받는다. 누구나 알아보는 의전 수레를 받고(43절), 애굽 식의 이름을 받으며(45절), 애굽의 아내를 얻는다(45절). 더 나아가서 백성은 자신들의 총리에게 경의를 표하라는 명령을 받는다(43절, "엎드리라"). 이 모든 꿈은 하나님이 계시하셨으며, 드물게 이교도를 통해 진리를 드러내셨다. 이로써 요셉은 애굽의 지도자 자리를 굳건히 지키고, 가나안에 흉년이 닥칠 때 하나님의 백성을 보존하는 데 쓰임받을 수 있게 된다. 이렇게 하나님은 자신의 백성을 돌보시고 자신의 약속을 지키신다(*45:1-8에 대한 설명을 보라*).

41:43 버금 수레 모든 사람이 봤을 때 요셉이 애굽의 2인자라는 뜻이다.

41:45 사브낫바네아 '두 땅을 비옥하게 하는 자, 살아 있는 자'라는 뜻으로 보인다. '하나님이 말씀하시고 그분이 살아 계신다'는 뜻일 수도 있다. 그러나 학자들도 정확한 의미를 알지 못한다. 애굽의 외국인들은 애굽식의 이름을 받았다고 한다.

41:46 삼십 세라 주전 1884년경이다. 요셉이 자기 의지와 무관하게 '히브리 땅'을 떠난 지 13년이 지났다(참고. 40:15). 요셉 이야기가 시작될 때 그의 나이는 열일곱이었다(37:2).

41:50 온 애굽의 큰 도시 넷 가운데 하나였으며 헬리오폴리스(Heliopolis)라고도 불렸는데, 태양신 라(Ra)를 섬기는 중심지로 알려졌다. 고대 멤피스에서 북쪽으로 약 30킬로미터 거리에 있었다.

41:51, 52 므낫세…에브라임 요셉의 두 아들로 각각 '잊음'과 '열매 맺음'이라는 뜻이다. 요셉은 두 아들의 이름을 지으면서 각 이름을 설명하는데, 두 이름은 요셉의 세계관에서 하나님이 중심임을 보여준다. 요셉은 오랫동안 고난을 겪고 이교도와 함께 살며 가족과 떨어져 지냈지만 믿음만은 변하지 않았다.

41:54-57 온(*all*)이라는 단어로 과장법을 써서(54, 56, 57절) 흉년으로 애굽뿐 아니라 광범위한 지역이 황폐해졌음을 강조한다. 애굽은 실제로 고대 세계의 '곡물 창고'였다.

41:55, 56 요셉에게 가서 7년 후에도 요셉의 권세는 그대로이며, 바로는 여전히 요셉을 전적으로 신뢰했

「바로의 꿈을 해석하는 요셉(*Joseph Interpreting Pharaoh's Dream*)」, 1894년. 레지날드 아서.

단어 연구

영(Spirit): 6:3; 41:38. '숨을 쉬다' 또는 '불다'는 뜻의 동사와 관련이 있다. 숨/숨결(욥 9:18; 19:17), 바람(창 8:1; 출 10:13), 공기(전 1:14; 사 26:18), 생명체의 숨(짐승이든 인간이든 간에, 창 6:17; 7:15), 기질이나 기분(창 41:8; 겔 21:7), 악한 영이나 괴롭히는 영(삼상 16:14-16), 하나님의 영을 가리킬 수 있다(창 1:2; 시 51:11). 생명체의 영은 하나님이 모든 피조물에게 주신 선물이다(욥 12:10; 33:4; 전 12:7). 하나님의 성령이 임하시는 것은 신자들에게 특별한 선물이며, 영적 생명(시 51:10, 11; 143:10), 능력(삿 6:34), 지혜와 총명(사 11:2), 하나님 말씀과 그분의 완벽한 길을 더 잘 깨닫게 하는 하나님의 계시를 준다(사 61:1, 2; 욜 2:28).

다. 요셉은 애굽인뿐 아니라 외국인에게도 곡식을 팔았다(47절).

D. 가족이 다시 만나다(42:1-45:28)

42:1-3 야곱의 아들들은 기근으로 말미암아 심각한 상황에 처하게 되었고, 야곱은 무슨 일이 일어날지 알지 못했기에 아들들을 애굽으로 보내길 꺼린다(4절). 그러나 다른 선택의 여지가 없자 양식을 사오라며 아들들을 애굽으로 보낸다(2절).

42:4 베냐민 35:16-19을 보라. 베냐민은 막내이며, 야곱이 사랑했던 라헬의 둘째 아들이다. 야곱은 요셉이 죽었다고 생각해 나머지 아들들 가운데 베냐민을 가장 아꼈다.

42:6 땅에 엎드려 절하매 당시 형들은 몰랐지만 요셉의 꿈이 실현되었다(37:5-8). 형들은 요셉을 알아보지 못했다. 왜냐하면 요셉을 못 본 지 15년이 지났고, 종으로 팔려간 십대 소년은 이제 성숙한 어른이 되었기 때문이다. 그리고 외모와 옷차림으로 봤을 때 요셉은 애굽인이 되었고 형들을 안다는 내색을 조금도 하지 않았으며(7, 8절), 형들은 요셉이 죽었다고 생각했기 때문이다(13절).

42:9-22 사흘 동안 옥에 갇힌 후 자신들은 정탐꾼이 아니라고 강하게 항변한다. 자신들의 결백을 증명할 왕의 기준을 들은 후(15, 20절) 형들은 최종 결론을 내린다. 이 결론은 이들이 양심의 가책을 느꼈고 자신들이 요셉에게 저지른 악행의 대가를 마침내 받고 있다고 생각한다는 것을 보여준다(21, 22절). 이들은 자신들을 "확실한 자"(11절)라고 부르는데, 정확한 평가라고 보기 어렵다.

42:9 꿈을 생각하고 꿈이 현실이 되었을 때 요셉은 어린 시절의 꿈, 즉 형들이 자신에게 절했던 꿈을 떠올린다(37:9).

42:15 바로의 생명으로 맹세하노니 형들은 요셉이 왕의 이름으로 맹세하기에, 그가 누군지 짐작조차 하지 못했다. 또한 형들은 "나는 하나님을 경외하노니"(18절)라는 요셉의 말이 무슨 뜻인지도 알지 못했다. **너희 막내 아우가 여기 오지 아니하면** 요셉은 형들이 자신에게 했던 짓을 베냐민에게도 똑같이 또는 비슷하게 했는지 알고 싶었다.

42:19, 20 너희가 확실한 자들이면 요셉은 형들의 자기 평가를 그대로 받아들이면서 형들에게 자신의 제안에 응하라고 말하지만 여전히 한 사람은 볼모로 남으라고 한다.

42:21 그 마음의 괴로움을 보고도 형들은 요셉을 미디안 사람들에게 팔 때 마음이 쇠처럼 무뎠으나(37:28, 29), 십대 소년이 타국에 노예로 끌려가면서 두려움에 젖어 애원하던 목소리를 잊을 수가 없다. 르우벤은 동생들에게 그때 자신이 했던 경고와 결과를 상기시킨다.

42:22 그의 핏값을 치르게 되었도다 사형선고를 뜻하는 말이다(9:5).

42:24 시므온을 끌어내어 요셉은 장자 르우벤을 볼모로 잡는 대신 자신을 노예로 파는 범죄에 적극 가담했던 형들 가운데 가장 나이가 많은 시므온을 볼모로 잡는다(37:21-31).

42:28 하나님이…우리에게 행하셨는가 이들은 양심의 가책을 느꼈고 하나님의 보응을 두려워했는데, 이들이 곡식 값으로 치른 돈이 곡식 자루 가운데 하나에 고스란히 들어 있는 것을 발견하고 보인 반응에서 이런 가책과 두려움이 다시 나타난다. 나중에 곡식 값으로 치른 돈이 고스란히 되돌아온 것을 알았을 때 이들의 두려움은 훨씬 커진다(35절).

42:36 야곱은 아들을 하나 더 잃을지 모른다는 두려움을 떨쳐버리지 못할 뿐 아니라 이미 자신에게서 두 아들을 계략으로 빼앗아간 나머지 아들들도 신뢰하지 못한다. **다 나를 해롭게 함이로다** 모든 상황이 자신을 짓누르자 야곱은 아들들에게 불만을 터트리고(참고. 43:6) 베냐민을 보내려고 하지 않는다(38절).

42:37 늘 쓴 소리를 하는 르우벤이 쉽게 거부하지 못할 제안(그의 손자들을 죽이시라)을 조심스럽게 한다.

43:3 우리에게 엄히 경고하여 요셉이 이렇게 엄하게 말했기에 그가 제시한 조건을 충족시키지 않으면 다시

곡식을 사지 못할 상황이었다.

43:9 내가 그를 위하여 담보가 되오리니 르우벤은 앞서 자신이 베냐민의 안전을 보장하겠다고 했으나 야곱은 이를 거부했다(42:37, 38). 그러나 기근이 더욱 심해졌고 더 기다리다가는 모두 굶어죽을 처지이기에(8, 10절) 야곱은 유다의 제안을 받아들인다(11절).

43:11 조금 이들에게 남은 게 조금밖에 없어 이것은 의미 있는 선물이었다. 그러나 이들이 애굽에서 곡식을 구해오지 못할 경우 조금 남은 게 없어지면 미래를 보장할 수 없었다.

43:14 야곱은 결국 베냐민을 애굽에 보내면서(13절) 아들들과 베냐민의 안전을 위해 기도하고 자신이 속절없이 환경의 희생자가 된 것을 슬퍼하며 운다. 요셉을 잃은 후 비관주의가 야곱의 마음에 들어와서 시간이 흐르면서 깊어진 게 분명하다.

43:23 너희 하나님…너희에게 주신 것이니라 요셉의 청지기가 하나님을 믿게 되었거나 요셉이 자신의 하나님과 삶에 대해 하는 얘기를 자주 들어 매우 친숙했다는 뜻이다. 요셉의 형들은 자신들이 곡식 값으로 지불한 돈이 어떻게 고스란히 자신들에게 돌아왔는지 자신들은 모르는 일이라고 항변하며 이 빚을 갚겠다는 뜻을 전하는 데 온통 정신이 팔려(20-22절) 요셉의 청지기가 이스라엘의 하나님("너희 아버지의 하나님")을 분명하게 언급하는 것도, 곡식 값을 되돌려준 일을 그가 주도했고 그가 이 일에 한몫 했다는 것도("너희 돈은 내가 이미 받았느니라") 눈치 채지 못한다.

43:26 땅에 엎드려 절하니 또다시 요셉의 어릴 적 꿈이(37:5-7) 현실이 되었다(참고. 42:6).

43:29 하나님이 네게 은혜 베푸시기를 원하노라 요셉은 대화에서 하나님의 이름을 자주 언급하지만 형제들은 애굽인으로 보이는 사람이 자신들의 하나님, 곧 언약의 하나님의 이름을 말하는 게 들리지 않는다(참고. 42:18).

43:30 울고 요셉은 여러 차례 감정이 북받쳐 운다(42:24; 45:2, 14, 15; 46:29).

43:32 히브리 사람과 같이 먹으면 부정을 입음이었더라 배타주의에 젖은 애굽인은 외국인과 한 식탁에 앉은 것을 사회적 수치로 여겼고 이를 예민하게 받아들였다(참고. 46:34). 다른 수준의 차별도 팽배했다. 예를 들면 요셉은 혼자 음식을 먹는데, 지위 때문에 다른 사람들보다 먼저 자신만의 식탁에서 먹는다.

43:33 나이에 따라 앉히게 되니 애굽 관리의 집에 마련된 식탁에 형제들을 나이 순서로 앉힌다. 애굽 관리가 형제들의 순서를 어떻게 알겠는가? 요셉이 앞서 가족에 대해 했던 질문과 이들에게 하나님의 이름을 말한 데서 실마리가 충분히 제시되었다. 이들은 요셉이 살아 있어 이처럼 엄청난 영향력과 권세를 가진 사람이 되었으리라고 믿지 않았던 게 분명하다(44:20). 이들은 그간 요셉이 자신들보다 높아지리라는 그의 오래전 꿈을 비웃었을 것이다.

43:34 베냐민에게는…다섯 배나 주매 요셉은 라헬의 아들을 특별히 챙겨 형들의 태도를 가만히 시험한다. 오랜 시간 담아둔 미움과 적대감은 쉽게 숨길 수 없는 법이다. 그러나 이런 것들이 하나도 드러나지 않는다.

44:2 내 잔 곧 은잔 요셉의 특별한 잔이다. 점(5, 15절) 또는 수점(물의 움직임을 살펴 점을 치는 것)을 치는 잔으로 묘사되는데, 요셉이 애굽 고관으로 갖는 권위를 상징하는 성스러운 용기였다. 이 잔의 성격과 목적이 미신적이라고 해서 요셉이 실제로 이방 종교의 의식에 참여했다고 여길 필요는 없다. *15절에 대한 설명을 보라.*

44:5 점 *신명기 18:9-12에 대한 설명을 보라.*

44:7-9 절도 혐의를 쓰게 된 형제들은 무죄를 항변한다. 먼저 지난번에 자신들도 모르게 되돌아온 곡식 값을 다시 가져올 만큼 자신들은 정직하다고 하면서 절도 혐의가 사실로 밝혀지면 범인은 죽고 자신들은 노예가 되겠다고 말한다.

44:12 나이 많은 자에게서부터 시작하여 또다시 가족의 내부 사정을 알고 있음이 드러난다. 형제들은 여기서 뭔가 눈치를 챘어야 한다. *43:33에 대한 설명을 보라.*

44:13 그들이 옷을 찢고 현재 겪는 마음의 고통을 겉으로 표현하는 행위로, 고대 근동에서 널리 알려진 관습이다. 이들은 베냐민이 애굽에서 노예가 될지 모른다는 생각에 매우 당황한다(10절). 베냐민은 아무 말도 하지 않는 듯하다. 이들은 베냐민에 대한 헌신을 테스트하는 두 번째 시험을 통과했다(첫 번째 시험은 43:34).

44:14 그의 앞에서 땅에 엎드리니 또다시 요셉의 꿈이 현실이 된다(참고. 37:5-8; 42:6). 이제 이들은 요셉 앞에 바짝 엎드려 막내 동생 베냐민과 자신들의 아버지 야곱에 대해 자비를 구해야만 한다(18-34절).

44:15 점을 잘 치는 *2, 5절에 대한 설명을 보라.* 요셉은 아직도 형제들 앞에서 애굽 관리로 가장한 채 이들이 자신을 그렇게 생각하도록 내버려둔다.

44:16 유다가 말하되 유다는 자신이 형제들을 이끌고 요셉의 집으로 왔기에 형제들의 대변인으로 나서서 요셉에게 간청한다(참고. 14, 18절). 장자 르우벤의 위치가 약해져 있음을 알 수 있다. **하나님이 종들의 죄악을 찾아내셨으니** 유다는 자신의 마음이 어떻게 바뀌었는지 보여주는데, 자신들의 죄를 드러내신 하나님의 섭리를 인정하고(질문에서 "우리"에 주목하라) 조금도 책임을 남

에게, 베냐민에게도 떠넘기지 않았다.

44:18-34 유다는 유창하고 애절하게 자비를 구하면서 늙은 아버지가 막내아들을 끔찍하게 사랑하므로(20, 30절) 만약 막내아들을 잃으면 죽을 것이라고 거듭 말한다(22, 29, 31, 34절). 유다가 야곱에 대해 깊은 연민을 보이고 자신이 베냐민을 대신해 기꺼이 노예가 되겠다고 하자 마침내 요셉이 무너진다. 과거에 본 그 형들이 아니었던 것이다(45:1).

45:1-8 형제들은 자신들이 지금껏 상대한 사람이 누군지 알고 소스라치게 놀라며, 뒤이어 하나님의 주권을, 하나님이 좋은 일이든 나쁜 일이든 인생의 일을 섭리로 다스리심을 인정하고 거기에 복종하는 고백을 한다. *41:43-45에 대한 설명을 보라.*

45:6 이 년 동안 요셉은 39세이고 당시는 형제들과 헤어진 지 22년이 지났을 것이다(37:2).

45:7 후손을 세상에 두시려고 요셉이 아브라함 언약과 그 언약이 주는 한 민족에 대한 약속을 어떻게 이해했는지를 보여주는 말이다(참고. 12장; 15장; 17장).

45:8 바로에게 아버지로 고관들에게, 바로의 친족이 아닌데도 귀한 역할을 하고 높은 자리에 오른 요셉의 경우 "애굽 전국의 주"(9절)에 오른 사람에게 붙여진 칭호다. 이제 젊은 세누세르트 3세(재위 주전 1878-1841년경)가 왕위에 있다.

45:10 고센 땅 이 지역은 애굽 삼각주 북동쪽에 위치했으며, 야곱의 가축을 기르기에 적절했다(참고. 47:27; 50:8). 400여 년 후 출애굽 때도 유대인이 고센에 살고 있었다(참고. 출 8:22; 9:26).

45:14, 15 요셉은 형들과 화해하면서 북받치는 감정을 억누르지 못하는데, 이는 그가 형들에 대한 나쁜 감정을 모두 버리고 그들을 용서했으며 그만큼 영적으로 성숙했다는 분명한 표시다. *50:15-18에 대한 설명을 보라.* 형들이 요셉을 노예로 판 지 22년이 지난 때였다.

45:16 바로와 그의 신하들이 기뻐하고 뜻하지 않게 바로가 요셉 집안의 애굽 이주를 최종 승인한다(17-20절).

45:24 당신들은 길에서 다투지 말라 형들은 아버지에게 고백할 준비를 하면서 생각해야 할 죄가 너무나 많기에 꼭 필요한 당부였다.

45:26 야곱이…어리둥절하더니 자신의 아들들처럼(3절) 야곱은 전혀 뜻밖에 날아든 희소식에 깜짝 놀란다. 기록은 이 부분에 대해 언급하지 않지만, 아들들이 아버지에게 자신의 범죄를 고백할 적절한 기회다.

E. 애굽으로 이주하다(46:1-50:26)

1. 애굽으로 가는 여정(46:1-27)

46:1 희생제사를 드리니 야곱은 브엘세바를 거쳐 애굽으로 내려가는데, 브엘세바는 헤브론에서 남서쪽으로 약 40킬로미터 떨어져 있고, 아브라함과 이삭이 아주 좋아했던 예배 장소다(21:33; 26:25).

46:2-4 하나님이 이상 중에…이르시되 야곱은 애굽으로 내려가는 게 불안하지만 하나님이 나타나 그의 후손이 민족을 이루어 돌아오리라고 말씀하시자 불안이 누그러진다. 하나님은 앞서 28:10-17, 32:24-30, 35:1, 9-13에서 야곱에게 나타나 말씀하셨다.

46:4 그의 손으로 네 눈을 감기리라 야곱이 사랑하는 아들 앞에서 평안히 죽으리라는 약속이다(참고. 49:33).

46:6 애굽으로 갔더라 주전 1875년경이다. 야곱과 그 가족들은 430년간 애굽에서 살다가(출 12:40) 주전 1445년에 출애굽한다.

46:8-27 이 족보는 야곱의 아내들과 그 여종들을 기준으로 그들이 낳은 아들들을 열거하는데, 앞뒤로 야곱의 아들들이(사람들이) 애굽에 내려갔다는 말로 시작하고 끝난다(8, 27절). 고대 근동의 족보는 역사적 언급을 포함하기도 하는데, 여기서는 엘과 오난이 죽었고(11절) 라반이 자신의 딸들에게 여종들을 주었다고 언급한다(18, 25절).

46:8 이스라엘 가족 앞서 야곱의 아들들이 '이스라엘에게'라는 표현을 사용했지만(참고. 34:7), 그래도 여기서 처음으로 모세는 야곱 가족 전체를 이런 식으로 언급한다.

46:26 육십육 명이니 8-25절에 나오는 사람을 모두 합치면 70명이지만 이 중에서 엘, 오난, 므낫세, 에브라임은 빼야 한다.

46:27 모두 칠십 명이었더라 앞서 말한 66명에 야곱, 요셉, 므낫세, 에브라임을 추가해야 한다. 사도행전 7:14은 애굽에서 태어난 다섯 명을 더해 75명을 말하는데, 70인역 46:8-27에 이들이 추가되어 있기 때문이다(참고. 출 1:5; 신 10:22). 이 다섯은 므낫세의 두 아들, 에브라임의 두 아들, 에브라임의 손자 하나였다. *출애굽기 1:5에 대한 설명을 보라.*

2. 고센에 정착하다(46:28-47:31)

46:28 유다를 요셉에게 미리 보내어 또다시 르우벤이 아니라 유다가 야곱의 대리자가 되어 지도자 역할을 한다. *44:16에 대한 설명을 보라.* **고센** *45:10에 대한 설명을 보라.*

46:31-34 요셉은 자신이 바로를 미리 알현해 어떻게 하겠다고 가족들에게 말하는데, 가족들을 애굽의 주류 사회와 다소 떨어진 곳에 안전하게 두기 위해서다. 히

브리인의 사회적 낙인은(43:32) 오히려 이들이 목자였다는 사실(34절)과 함께 이들이 애굽에 동화되어 정체성을 잃는 것을 막아주는 중요한 역할을 한다. *43:32에 대한 설명을 보라.*

47:1-6 고센 땅에 요셉은 가족을 어디에 두었는지 바로에게 알리고(참고. 45:10; 46:28) 가족 대표 다섯이 바로에게 고센에 거주하게 해달라고 정중히 요청하도록 하며(2, 4절), 이로써 왕궁의 절차를 알아 바로의 추인과 승인을 얻어낼 길을 닦아놓는다(6절).

47:7, 10 야곱이 바로에게 축복하매 늙은 족장은 자신의 가족을 후대하고 안전한 거처를 마련해준 데 대해 세누세르트 3세에게 의심할 여지없이 하나님의 이름으로 감사한다. 세누세르트 3세는 흉년이 끝나기 전에 왕좌에 올랐으나 아버지의 약속을 존중했다.

47:9 내 나그네 길…험악한 세월을 보내었나이다 야곱과 그의 조상 가운데 아무도 가나안 땅을 실제로 소유하지 못했기에 야곱이 자기 삶을 나그네길로 표현한 것은 적절한 평가다. 게다가 야곱은 오래전 애굽에 왔다간 두 선조 아브라함과 이삭에 비하면 나이가 적었다(아브라함과 이삭은 각각 175세와 180세에 죽었음). 야곱은 여전히 비관주의에 빠져 있어 그가 살아온 세월은 수고와 고통, 숱한 슬픔과 낙담과 울부짖음으로 가득했다는 점에서 "험악"했다(evil)고 말한다. *48:15에 대한 설명을 보라.*

47:11 라암셋 고센의 또 다른 이름인데(참고. 46:34; 47:1, 6), 나중에 모세의 동시대 독자를 위해 이 지역을 더 정확히 말하려고 이 지명을 사용한 것으로 보인다. 라암셋에 대해서는 *출애굽기 1:11에 대한 설명을 보라*. 이 지역은 다른 곳에서 소안(Zoan)이라고도 불린다(참고. 시 78:12, 43).

47:12 그 식구를 따라 배급제도가 분명하게 시행되었다.

47:13-24 흉년이 계속되어 애굽인이 양식 살 돈이 다 떨어지자 요셉은 가축을 받고 곡식을 내준다(17절). 가축마저 동이 나자 백성은 자신들의 땅을 받고 양식을 내달라고 한다(19, 20절). 마침내 제사장들의 땅을 제외하고(22절) 모든 땅이 바로의 소유가 되었으나 백성에게 땅을 계속 경작하고 수확물 중 오분의 일을 바로에게 세금으로 내게 한다(24절). 당시의 토지 임대제도가 어떠했던 간에 처음에는 개인이 토지를 어느 정도 소유했으나 결국 봉건제도처럼 모두가 바로를 위해 자신들의 땅을 경작했다. 토지 귀족은 세누세르트 3세가 단행한 몇몇 사회개혁으로 밀려나고 쇠퇴했다. 이는 성경에 기록된 최초의 국세이며 세율은 20퍼센트였다. 출애굽 후 하나님은 신정이 유지되도록 십분의 일을 이스라엘의 국세로 정하셨다(말 3:10을 보라).

47:15 돈이 떨어진지라 흉년이 갈수록 심해져 마침내 애굽과 가나안 모든 주민의 돈이 다 떨어졌다. 더는 돈으로 양식을 살 수 없게 되자 물물교환 제도가 정착되기에 이르렀다(16-18절).

47:16-18 가축마저 동이 나자 땅을 주고 곡식과 맞바꾼다.

47:25, 26 요셉은 흉년의 영향을 최소화하려고 또 다른 조치들을 취하는데, 주민 일부를 도시로 이주시키고(21절) 수확 중 오분의 일을 세금으로 내게 한다(24절). 바로에게 어떤 이익이 돌아가던 간에 백성은 요셉이 자신들을 희생시켜 그의 배를 채우지 않는다는 것을 분명히 알고 있었다.

47:27, 28 생육하고 번성하였더라 17년 동안 야곱은 후손의 생육과 번성을 목격했다. 그는 하나님이 아브라함과 이삭과 자신에게 하신 약속이 이루어지는 것을 보았다.

47:29 네 손을 내 허벅지 아래에 넣고 참고. 아브라함과 엘리에셀이 창세기 24:9에서 이렇게 했다. **애굽에 나를 장사하지 아니하도록 하라** 전통적인 방식의 맹세를 통해 요셉은 야곱을 그의 요청대로 가나안의 가족 묘지에 장사 지내겠다고 진심으로 약속한다(참고. 49:29-32).

47:31 참고. 히브리서 11:21.

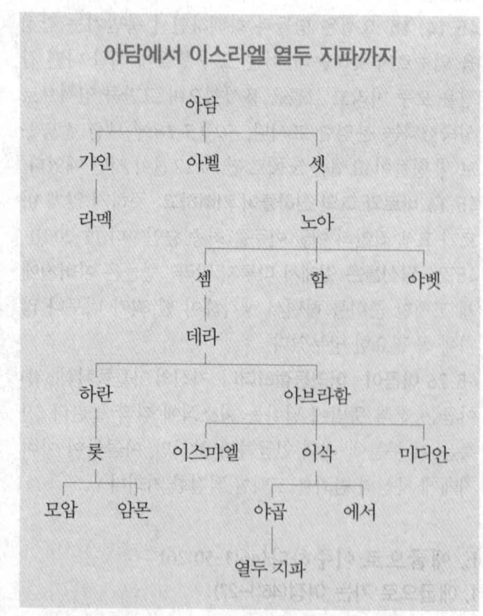

3. 야곱이 열두 지파를 축복하다(48:1–49:28)

48:3-6 야곱(이스라엘)은 하나님이 아브라함 언약을 자신에게 확증해주셨다고 말한 뒤 요셉이 하나님의 백성을 크게 후대하고 보존해준 것에 대해 감사하며 요셉의 두 아들을 자신의 아들로 입양한다고 공식적으로 선포한다. 이로써 요셉의 두 아들은 상속에서 요셉의 형제들과 어깨를 나란히 하게 되고, 라헬의 두 아들(요셉과 베냐민)은 가나안 땅에서 세 지파의 몫을 갖게 된다(16절). 48장 이후로 줄곧 이스라엘이라는 새 이름이 사용되는 것도 이런 이유 때문이다.

48:5 참고. 사도행전 7:5.

48:8 이들은 누구냐 눈이 먼 야곱은 요셉의 두 아들을 축복하려고 그들이 누구냐고 묻는다. 이 시점에서 야곱은 전에 아버지 이삭이 장자를 축복하려 했고 자신이 눈먼 아버지를 속여 장자의 축복을 가로챘던 일을 떠올렸을 것이다(27:1-29).

48:14 팔을 엇바꾸어 얹었더라 야곱은 의도적으로 팔을 교차시켜 요셉의 예상을 깨고 오른손을 요셉의 장자가 아니라 둘째 아들의 머리에 얹는다. 요셉은 야곱의 실수를 바로 잡으려고 한다(17, 18절). 그런데 알고 보니 야곱은 자신이 무엇을 하는지 정확히 알고 있었다(19, 20절). 족장이 이렇게 행동과 말로 하는 축복은 예언의 의미가 있다. 둘 가운데 에브라임이 이스라엘을 대신하는 이름이 될 만큼 강력한 영향력을 갖게 될 것이다(*19절에 대한 설명을 보라*).

48:15, 16 더는 비관주의가 야곱의 증언을 뒤덮고 있지 않는다. 야곱은 자신의 모든 날이 하나님이나 그분의 천사의 손길 아래 있었음을 인정한다(*16:13에 대한 설명을 보라*). 야곱이 앞서 자신의 삶에 대해 내렸던 평가와는 사뭇 다르다(47:9).

48:16 나를 모든 환난에서 건지신 여호와 하나님이 처음으로 구속자, 구조자, 구원자로 언급된다.

48:19 그의 아우가 그보다 큰 자가 되고 에브라임은 실제로 북쪽 열 지파 가운데 주도적인 지파가 되고, 그 이름은 마침내 예언서에서 열 지파의 대표자로 사용된다(사 7:2, 5, 9, 17; 호 9:3-16).

48:21 너희를 인도하여…돌아가게 하시려니와 야곱은 죽어가면서 하나님이 자신의 후손을 가나안으로 돌이키시리라는 죽지 않는 신뢰를 표현한다.

48:22 내가 내 칼과 활로…빼앗은 것이니라 야곱의 역사에는 아모리 족속의 땅을 빼앗았다는 기록이 전혀 없다. 야곱은 하몰의 아들들에게서 땅을 산 것이지(창 33:19) 빼앗은 게 아니었다. 어느 시점에서 이 군사적 사건이 실제로 일어났으나 알려지지 않은 이유 때문에 하나님의 계시에 달리 언급되지 않았다.

49:1-28 유다와 요셉이 가장 크게 주목받은 가운데(8-12, 22-26절), 아버지의 축복은 그때까지 각 아들이 보인 성품을 토대로 그들의 미래 역사를 그려낸다. 야곱의 축복은 시가 내포하는 수수께끼 같은 성격을 갖기 때문에 야곱의 마지막 말을 각 지파의 역사와 연결하려면 철저한 분석을 거쳐야 한다. 모세가 주전 1405년경 신명기 33장에서 이스라엘 지파들을 축복하는 부분을 보라.

49:1 후일에 야곱이 각 아들에 대해 하는 시적 예언으로 이어지는 이 중요한 표현은 예언문학에서 마지막 날들(last days)을 자주 상징하거나(사 2:2; 겔 38:16) 더 일반적이게는 '후일', 즉 '뒤이은 날들'을 의미한다(신 4:30; 31:29).

49:2-27 아들들의 이름이 나이 순서로 제시되지도 않는데(참고. 28:32-30:24; 35:18), 아내들에게 태어난 아들들이 먼저 나오고 여종들에게서 태어난 아들들이 그다음에 나오는 것도 아니다(참고. 46:8-25). 어머니가 순서의 기준이다. 첫 번째, 레아가 낳은 여섯 아들이다. 두 번째, 빌하가 낳은 한 아들이다. 세 번째, 실바가 낳은 두 아들이다. 네 번째, 빌하가 낳은 한 아들이다. 다섯 번째, 라헬이 낳은 두 아들의 순서다. 레아의 다섯째 아들과 여섯째 아들의 순서가 바뀌었을 뿐 나머지는 모두 각자의 어머니에게서 태어난 순서대로다. 다른 패턴은 발견되지 않는다. 단지 기억을 돕기 위한 방법일 뿐이거나, 야곱의 머릿속에 떠오르는 순서대로였을 것이다.

49:3, 4 야곱은 르우벤이 저지른 큰 죄를 결코 잊지 않았다(35:22). 그 죄 때문에 르우벤은 장자 명분을 잃었고(대상 5:1-3) 그가 가졌을 법한 모든 존엄과 위엄을

단어 연구

씨(자손, Seed): 1:11, 29; 13:15, 16; 15:18; 17:19; 28:14; 48:19. 씨를 뜻하는 히브리 단어는 문자 그대로 식물의 씨앗을 의미하거나(1:11, 12) 비유적으로 한 사람의 후손을 의미할 수 있다(13:15). 창세기에서 하나님은 여자의 씨(후손)가 뱀의 머리를 부술 거라고 약속하시는데, 여기서 씨는 장차 이 땅에 올 메시아를 말한다(3:15; 민 24:7; 사 6:13; 갈 3:16). 따라서 씨라는 단어는 성경에서 매우 중요하다. 아브라함의 씨를 통해, 집단적으로 이스라엘을 통해, 개인적으로 그리스도를 통해 하나님은 자신의 백성을 구원하려고 손을 내미실 것이다(15:3).

단어 연구

유대인(Jews): '찬양하다' 또는 '감사하다'라는 뜻의 어근에서 나온 말이다. 야곱은 창세기 49:8에서 아들 유다를 축복하면서 이 용어를 사용한다. "유다야 너는 네 형제의 찬송이 될지라." 유대인은 유다 지파 출신의 사람이거나(민 10:14) 유다로 알려진 지역에 사는 이스라엘 사람이었다(렘 7:30). 바벨론 포로기 이후 '유대인'은 이스라엘 사람을 가리켰다. 유대인이라는 단어는 신약성경에서도 사용된다. 예수님은 "유대인의 왕"(마 27:29)이라 불리신다. 나중에 바울은 진정한 유대인은 마음에 할례를 받은 사람이라고 했다(롬 2:28, 29).

잃었으며, 그의 지파는 이스라엘 역사에서 별로 언급되지 않았을뿐더러 사사, 선지자, 군사지도자, 그 외에 중요한 인물을 한 명도 배출하지 못했다(참고. 삿 5:15; 대상 5:1). 모세는 르우벤 지파가 사라지지 않도록 기도했다(신 33:6). "물의 끓음 같았은즉"은 문자적으로 '끓다'는 뜻이며, 불안정성을 보여준다.

49:5-7 야곱은 시므온과 레위가 세겜에서 드러낸 잔인함과 분노도 잊지 않았다(34:25). 이런 잔인함과 분노는 시므온에게 영향을 미쳤다. 시므온은 모세의 2차 인구조사 때 가장 작은 지파가 되었고(민 26:14), 모세의 축복에서 빠졌으며(신 33:8), 나중에는 유다와 영토를 공유했다(수 19:1-9). 레위 지파는 이스라엘 중에서 "흩으셨다"(7절). 레위 지파는 하나님의 은혜와 자신들이 하나님께 보인 충성을 통해(출 32;26) 제사장 지파가 되었고 도피성에 거주하게 되었다. 레위 지파의 제사장 지위는 특권이 틀림없지만, 그래도 이들은 가나안에서 땅을 분배받지 못했다(참고. 신 33:8-11; 수 21:1-3). 여기서 "발목 힘줄"은 동물의 다리 힘줄을 끊어 쓸모없게 만든다는 뜻이다.

49:8-12 젊은 사자처럼 강하고 늙은 사자처럼 견실한 유다의 후손은 열두 지파 가운데 두드러졌고, 다윗과 솔로몬과 이들의 후손으로 이어지는 왕조를 낳았을 뿐 아니라(이보다 640년 후) '규(scepter)를 가진 자', 즉 메시아를 말하는 암호이며 "유다 지파의 사자"(계 5:5)로도 불리는 실로도 유다 지파에서 나왔다. 유다 지파는 이스라엘이 광야를 지날 때 맨 앞에 섰으며(민 10:14),

요셉, 그리스도의 모형

요셉	비슷한 점	예수님
37:2	아버지의 양을 치는 목자였다	요 10:11, 27-29
37:3	아버지로부터 큰 사랑을 받았다	마 3:17
37:4	형제들에게 미움을 받았다	요 7:4, 5
37:13, 14	아버지가 형제들에게 보냈다	히 2:11
37:20	다른 사람들이 해치려고 모의했다	요 11:53
37:23	옷을 빼앗겼다	요 19:23, 24
37:26	애굽으로 내려갔다	마 2:14, 15
37:28	노예의 값에 팔렸다	마 26:15
39:7	유혹을 받았다	마 4:1
39:16-18	무고를 당했다	마 26:59, 60
39:20	사슬에 매였다	마 27:2
40:2, 3	곁에 두 죄수가 있었는데, 하나는 구원받고 하나는 죽었다	눅 23:32
41:41	고난당한 후에 높아졌다	빌 2:9-11
41:46	둘 다 서른 살에 공개적으로 인정받기 시작했다	눅 3:23
42:24; 45:2, 14, 15; 46:29	둘 다 울었다	요 10:35
45:1-15	자신에게 잘못한 자들을 용서했다	눅 23:34
45:7	자신의 민족을 구했다	마 1:21
50:20	사람들이 이들을 해치려고 한 일을 하나님은 선으로 바꾸셨다	고전 2:7, 8

모세가 인구를 조사했을 때도 그 수가 가장 많았다(참고. 민 1:27; 26:22). 이는(11, 12절) 사람들이 좋은 포도나무에 나귀를 매두어 나귀가 포도를 따먹게 할 만큼 포도주가 물처럼 풍부하고 모두가 건강할 정도로 아주 큰 번영을 묘사하고 있다. 이것은 천년왕국에 대한 예언 같다.

49:13 스불론 지파의 영토는 지중해나 갈릴리 호수와 접하지 않았지만 그래도 스불론 지파는 자신들의 영토를 지나는 해상 무역자들의 중요한 교역로인 비아 마리스(Via Maris)에서 이득을 얻었다.

49:14, 15 잇사갈은 부지런하고 활발하며 강하고 용감한 지파로 '삯의 사람'이라는 시조의 이름에 걸맞게 살았다(참고. 대상 7:1-5; 12:32).

49:16-18 단이라는 이름은 '재판관'(사사)이라는 뜻으로, 단의 후손은 이스라엘에서 재판관 역할도 하는 공격적인 지파였으나 도덕적이거나 종교적으로 신실하다는 평가를 얻지는 못했다(참고. 삿 13:2; 18:1 이하; 왕상 12:28-30; 왕하 10:29). 단 지파는 나중에 자기 몫의 땅을 포기했으며(수 19:40-48), 이스라엘 최북단으로 이주했다(삿 18:1-31). 야곱의 마지막 외침은 이스라엘에 구원이 임할 날에 단에게 소망이 있기를 표현한다. 그러나 요한계시록 7:4-8에서 단은 지파 명단에 없다.

49:19 갓 지파는 요단강 동쪽에 자리 잡았기에 침입을 자주 당했는데, 이런 이유로 승리하고 칭송받을 만한 용감한 전사가 되었다(참고. 대상 5:18-22; 12:8-15).

49:20 아셀 지파는 갈멜산 북쪽의 비옥한 해안 지대에 자리를 잡아 그 덕을 많이 보았으며, 왕궁에 진미를 공급했다. 참고. 여호수아 19:24-31.

그 외에 구약성경에 나오는 그리스도의 모형들

구약성경에 기록된 어떤 인물들과 행위들은 예수 그리스도가 그분의 삶, 죽음, 부활을 통해 성취하실 것에 대한 암시, 실마리, 예시 역할을 한다. 대부분의 경우 신약성경에서 유사점을 지적한다.

다음은 그리스도가 완전히 성취하신 것을 어느 정도 예시하는 몇몇 인물이다.

1. 아담	롬 5:14; 고전 15:45
2. 아벨	창 4:8, 10; 히 12:24
3. 아론	출 28:1; 히 5:4, 5; 9:7, 24
4. 다윗	삼하 8:15; 빌 2:9
5. 요나	욘 1:17; 마 12:40
6. 멜기세덱	창 14:18-20; 히 7:1-17
7. 모세	민 12:7; 히 3:2
8. 노아	창 5:29; 고후 1:5
9. 삼손	삿 16:30; 골 2:14-15
10. 솔로몬	삼하 7:12, 13; 벧전 2:5

다음은 그리스도를 예표하는 사건과 행습이다.

1. 법궤	창 7:16; 벧전 3:20, 21
2. 속죄제	레 16:15, 16; 히 9:12, 24
3. 놋뱀	민 21:9; 요 3:14, 15
4. 속죄소	출 25:17-22; 롬 3:25; 히 4:16
5. 유월절 어린 양	출 12:3-6, 46; 요 19:36; 고전 5:7
6. 붉은 암송아지	레 3:1; 엡 2:14, 16
7. 호렙산 반석	출 17:6; 고전 10:4
8. 아사셀 염소	레 16:20-22
9. 성막	출 40:2; 히 9:11; 골 2:9
10. 성막 휘장	출 40:21; 히 10:20

49:21 납달리 지파는 사슴처럼 빠르고 민첩한 용사였다(참고. 삿 4:6; 5:18). 드보라와 바락의 노래(바락은 납달리 출신임, 삿 4:6)는 납달리 지파의 유창한 말솜씨를 잘 보여준다(삿 5장).

49:22-26 요셉에게 했으나 그의 두 아들에게 적용되는 이 말은(참고. 48:15-20) 이들의 후손에게 성장과 번영만 있지 않고 적대감과 갈등도 함께 있으리라는 뜻이다. 23, 24절은 요셉의 전기일 것이다. 야곱은 어느 아들을 축복할 때도 요셉을 축복할 때처럼 이렇게 주 하나님을 직접 언급하지는 않았다(24, 25절). 하나님의 네 가지 이름은 요셉의 길에 그 어떤 불행과 슬픔이 따르더라도 요셉이 자기 하나님의 주권을 강조하게 되리라는 것을 말한다(참고. 23절). 사무엘은 에브라임 지파 출신이고, 기드온은 므낫세 지파 출신이다.

49:27 작은 지파인 베냐민 지파는 그들의 활과 물매에서 드러나고(삿 20:16; 대상 8:40; 12:2; 대하 14:8; 17:17) 자신들이 기브아에서 저지른 악행을 뻔뻔하게 변호하는 데서 드러나듯(삿 19; 20장) 호전적이기로 유명했다. 성경에 나오는 두 사울 모두 베냐민 지파 출신인데, 하나는 이스라엘 초대 왕이고(삼상 9:1, 2) 하나는 사도 바울이다(빌 3:5).

4. 야곱이 죽어 가나안에 묻히다(49:29–50:14)

49:29-32 야곱의 유언은 그대로 이행되었다(참고. 50;12-40). 23:6-20을 보라.

49:31 나도 레아를 그 곳에 장사하였노라 죽음에 임박해 조상들처럼 자신도 아내 곁에 묻어달라는 야곱의 요청으로 마침내 영예가 레아에게 돌아갔다. 야곱은 사랑하는 아내 라헬 곁에 묻어달라고 하지 않았다.

49:33 야곱이…숨을 거두니 주전 1858년경이었다. **그의 백성에게로 돌아갔더라** *25:8에 대한 설명을 보라.*

50:2, 3 의원에게 명하여…향으로 처리하게 하매 요셉은 종교적인 방부처리자들의 마술과 신비 의식을 피하기 위해 이들 대신 방부처리를 제대로 하는 의사들을 불렀다. 애굽에서 미라를 만드는 과정은 대략 40일이 걸렸는데 내장을 제거하고 시신을 말린 후 싸매는 과정을 거쳤다.

50:3-6 애굽의 관습에 따라 시신을 방부처리하고 애도 기간을 제대로 지킨 후 요셉은 아버지의 시신을 가나안에 장사하게 해달라고 요청한다.

50:7-11 요셉을 존경하는 마음에서 아주 많은 사람이 요셉과 그의 모든 친척을 따라 가나안으로 간다. 세 족장의 시신이 가나안에 장사되어 있고 요셉의 뼈도 그의 유언에 따라 그곳으로 옮겨가길 기다리고 있기에 이 특별한 사건은 후세대에게 하나님이 세 족장에게 하신 약속이 이루어지기 시작했다는 확신을 심어준다.

5. 요셉이 애굽에서 죽다(50:15–26)

50:15-18 형들은 다시 양심의 가책을 느꼈고, 요셉이 자신들에게 베푼 용서와 애정의 진정성을 깎아내린다. 야곱이 아들들을 대신해 요셉에게 했던 간청도 요셉이 형들에게 했던 말과 행동을 똑같이 깎아내린 것이었다.

50:19 내가 하나님을 대신하리이까 요셉은 이 간결한 질문으로 형들의 기억을 되살려 내는데, 요셉은 앞서 형들에게 하나님이 어떻게 자신을 지금 이 자리에(참고. 45:3-8), 하나님이 의도하신 자리에 두셨는지 설명한 적이 있다.

50:20 하나님은 그것을 선으로 바꾸사 지혜롭고 신학적인 요셉의 대답은 역사를 지나오면서 고전적인 말, 곧 사람의 일을 다스리시는 하나님의 주권에 대한 고전적인 말이 되었다. *45:1-8에 대한 설명을 보라.*

50:24 하나님이 당신들을 돌보시고 요셉은 자신이 살았던 그대로, 하나님이 그분의 약속을 이행하시라고 굳게 믿으며 죽는다(참고. 히 11:22). 거의 400년 후 모세는 요셉의 뼈를 애굽에서 가지고 나왔으며(출 13:19), 여호수아는 그것을 세겜에서 장사했다(수 24:32). **아브라함과 이삭과 야곱에게** 야곱의 죽음으로, 마침내 세 족장이 함께 언급된다.

50:26 요셉이 백십 세에 죽으매 주전 1804년경이다. 요셉의 수명은 당시 애굽에서 이상적인 수명으로 여겨졌다. 당시 애굽의 바로는 아메넴헤트 3세(주전 1841-1792년경)였다. 이로부터 280년 동안 침묵이 흐른 후 출애굽기는 주전 1525년경 모세의 출생에서 시작해 역사적 내러티브를 이어간다. *출애굽기 1:6-8에 대한 설명을 보라.*

연구를 위한 자료

John J. Davis, *Paradise to Prison: Studies in Genesis* (Grand Rapids: Baker, 1975).

John MacArthur, *The Battle for the Beginning* (Nashville: Word, 2001). 『우주와 인간의 시작』, 이심주 옮김(부흥과개혁사, 2009).

Henry M. Morris, *The Genesis Record* (Grand Rapids: Baker, 1976).

출

제 목

히브리어 구약성경을 헬라어로 옮긴 70인역(LXX)과 라틴어로 옮긴 벌게이트역은 모세오경의 두 번째 책에 출애굽기(Exodus)라는 제목을 붙였는데, 이스라엘의 애굽 탈출이 이 책의 중심을 이루는 역사적 사실이기 때문이다(19:1). 히브리어 성경에서 모세오경의 두 번째 책은 "그리고(또는 이제) 이것들이 그 이름들이다"로 시작하며, 따라서 이것이 이 책의 이름이 되었다. 히브리어 제목에서 '그리고' 또는 '이제'는 이 책이 모세오경의 첫 번째 책인 창세기의 후속편으로 받아들여졌음을 암시한다. 히브리서 11:22은 임종 때(주전 1804년경) 이스라엘 자손들이 '떠날' 것을 말하고 350년 후에 일어날 출애굽(주전 1445년경)을 내다본 요셉의 믿음을 칭찬한다.

저자와 저작 연대

성경은 출애굽기가 모세의 저작이라고 주저 없이 단언한다. 모세는 하나님의 지시에 따라 "여호와의 모든 말씀을 기록"(24:4)했는데, 여기에는 적어도 아말렉과 벌인 전투(17:14), 십계명(34:4, 27-29), 언약책이 포함되었다(20:22-23:33). 모세가 출애굽기 저자임을 알려주는 비슷한 단언들이 오경의 다른 곳에도 나온다. 예를 들면 모세는 "그 노정을 따라"(민 33:2) 기록했고, "율법을 써서"(신 31:9) 남긴 사람으로 언급된다.

구약성경은 앞서 언급한 부분들이 모세의 저작이라고 말한다(수 1:7, 8; 8:31, 32; 왕상 2:3; 왕하 14:6; 느 13:1; 단 9:11-13; 말 4:4을 보라). 신약성경은 출애굽기 3:6을 '모세의 책'의 일부로 인용한다. "주의 율법"이라고도 말하는 출애굽기 13:2을 "모세의 법"에 돌림으로써(눅 2:22, 23), 출애굽기 20:12과 21:17을 모세에게 돌림으로써(막 7:10), 율법을 모세에게 돌림으로써(요 7:19; 롬 10:5), 모세가 자신에 대해 기록했다는 예수님의 구체적 선언을 통해(요 5:46, 47) 출애굽기를 모세의 저작으로 인정한다.

80세부터 120세까지 40년간 이스라엘을 이끄는 동안(7:7; 신 34:7) 모세는 자신의 저서인 다섯 권의 책 가운데 두 번째 책을 썼다. 더 구체적으로 애굽을 떠난 후 모압 평지에 자리한 느보산에서 죽기 전 출애굽기를 썼을 것이다. 출애굽 연대로 볼 때(주전 1445년경) 출애굽기는 주전 15세기에 기록되었다.

성경은 솔로몬 재위 4년, 즉 솔로몬이 성전을 건축하기 시작하던 해(주전 966/965년경)를 출애굽한 지 480년 되는 해였다고 말하며(왕상 6:1), 따라서 출애굽 초기 연대는 주전 1445년이 된다. 입다는 자신의 때에 이스라엘이 헤브론에 거주한 지 300년이 되었다고 말한다(삿 11:26). 입다를 기준으로 앞뒤로 계산하고 외국의 압제, 사사들과 왕들, 광야 방황, 여호수아가 주도한 가나안 첫 입성과 정복 등 다른 여러 기간을 생각하면 이 모두가 480년이고, 따라서 출애굽 초기 연대가 확증된다.

또한 성경은 야곱과 그의 대가족이 애굽에 내려간 지(주전 1875년경) 430년 후 애굽에서 나왔다고 말한다(12:40). 따라서 요셉은 고고학자들이 애굽 역사의 중왕국(Middle Kingdom) 시대 12왕조로 지정한 시대에 속하고, 모세와 애굽에 마지막으로 거주하며 노예생활을 했던 무렵의 이스라엘은 고고학자들이 신왕국(New Kingdom) 시대 18왕조로 지정한 시대에 속하며, 요셉은 애굽 전역의 총리였는데(창 45:8) 힉소스 아래서(주전 1730-1570년경) 다스린 적은 없었다. 힉소스는 혼란기에 애굽을 다스린 외부 침입자들로 애굽 전역을 지배한 적이 없었기 때문이다. 이들은 혼혈 셈족으로 복합궁(여러 재료를 이용해 만든 활)뿐 아니라 말과 전차를 들여왔다. 이들이 들여온 이런 전쟁 무기 덕분에 결국에는 이들을 애굽에서 몰아낼 수 있었다.

배경과 무대

이스라엘의 극적인 애굽 탈출의 배경이 되는 18왕조는 애굽 역사에서 정치적·경제적으로 약하거나 암울한 시대가 아니었다. 예를 들면 바로(파라오) 투트모세 3세(Thutmose III)는 '고대 애굽의 나폴레옹'이라고 불리는데, 자신의 영향력을 애굽 국경 저 너머까지 확대한 주권자였다. 18왕조는 100여 년 전 아모세 1세(Amose I) 때 힉소스 왕들을 몰아내고 애굽을 경제적·군사적·정치적으로 다시 성장시켰다. 이스라엘이 출애굽할 때 애굽은 강한 나라였다.

모세는 주전 1525년에 태어나(주전 1445년에 80세였음) 처음 40년 동안 투트모세 1세와 2세, 하트셉수트(Hatshepsut) 여왕 등 바로들의 궁전에서 자라며(행 7:23) "애굽 사람의 모든 지혜를 배워 그의 말과 하는 일들이 능"(행 7:22)했다고 한다. 모세는 스스로 곤경에 처했고, 투트모세 3세의 통치 때 미디안으로 피해 다시 40년을 살았다(행 7:30). 그리고 이스라엘의 지도자가 되라는 하나님의 명령에 복종해 아멘호테프 2세(Amenhotep II) 초기에 애굽으로 돌아왔는데, 아멘호테프 2세는 출애굽 당시의 바로였다. 하나님은 애굽의 교육제도와 모세의 미디안 피신 두 가지 모두를 사용해 모세가 마지막 40년 동안 강력한 바로 앞에서 그분의 백성을 대표하고 그분의 백성을 이끌고 광야를 지나 시나이 반도에 이르도록 그를 준비시키셨다(행 7:36).

모세는 120세에 느보산에서 죽었는데(신 34:1-6), 하나님이 그의 분노와 무례에 내리신 심판이었다(민 20:1-3). 모세는 약속의 땅을 멀리서 바라보기만 했을 뿐 그 땅에 들어가지는 못했다. 오랜 시간이 지난 후 모세는 변화산에서 예수님의 제자들 앞에 나타났다(마 17:3).

역사적 · 신학적 주제

하나님의 시간표에서 출애굽으로 아브라함의 후손들이 억압받는 시대가 끝났으며(창 15:13), 하나님이 아브라함에게 주신 약속, 곧 그의 후손들이 약속의 땅에 거

「만나를 모으는 이스라엘 백성들(*The Israelites gathering Manna*)」 1490년경. 에르콜레 데 로베르티. 캔 버스에 템페라화. 제단장식화 두 부분 중 한 줄. 28.9X63.5cm. 국립 미술관, 런던.

주할 뿐 아니라 번성해 큰 민족이 되리라는 약속이 성취되기 시작했다(창 12:1-3, 7). 출애굽기는 야곱의 후손들이 보여준 급속한 성장을 애굽 탈출에서 시작해 약속의 땅에서 신정국가를 세우는 데까지 추적한 것이라고 표현할 수 있다.

적절한 때에 하나님은 느보산과 모압 평지에서 이스라엘이 하나님의 통치를 받는 백성에 걸맞게 살아가는 데 필요한 일련의 법률, 곧 율법을 주셨다. 이로써 이스라엘은 다른 모든 민족과 구별되었다(신 4:7, 8; 롬 9:4, 5).

이스라엘은 하나님의 자기계시를 통해 자신들의 하나님, 곧 하늘과 땅의 유일한 하나님의 주권과 위엄, 선하심과 거룩하심, 은혜와 자비들을 배웠다(특히 3; 6; 33; 34장을 보라). 출애굽 기사와 뒤이은 사건들은 성경의 중요한 다른 계시의 주제이기도 하다(참고. 시 105:25-45; 106:6-27; 행 7:17-44; 고전 10:1-13; 히 9:1-6; 11:23-29).

해석상의 과제

애굽이 열 가지 재앙으로 황폐화되었고 바로의 정예부대가 홍해에서 크게 패했다는 기록은 어느 애굽 문헌에도 나오지 않지만, 이런 이유로 출애굽 기사의 역사적 진정성을 의심해서는 안 된다. 애굽 역사는 파라오가 겪은 난처한 사건이나 수치스러운 패배를 기록하지 않았다. 여호수아가 이끈 가나안 정복을 기록할 때 성경은 이스라엘이 파괴하고 불사른 도시를 구체적으로 셋만 언급한다(수 6:24; 8:28; 11:11-13). 어쨌든 정복은 일차적으로 재산과 거주지를 사실상 온전한 상태로 넘겨받는 것이었지 파괴를 목적으로 하는 전쟁이 아니었다. 그러므로 후대에 유적을 조사한다고 해서 이스라엘이 가나안에 입성한 연대가 확증되거나 의문을 갖게 되지는 않는다.

성경 이외에 고대 근동의 어느 문헌에도 히브리인들의 중노동과 여러 재앙, 출애굽, 가나안 정복에 대한 기록이 나와 있지 않지만, 고고학적 증거는 출애굽 초기 연대를 확증해준다. 예를 들면 주전 15세기에 등장한 모든 바로는 하애굽(Lower Egypt)에 제국을 건설하려고 했다는 증거가 있다. 모세는 고센 근처 삼각주 지역에서 시행된 이런 프로젝트를 분명히 알았을 것이다.

성막은 모형론적 의미 때문에 깊이 있는 연구 대상이 되었다. 성막의 모든 기물을 그리스도와 연결하는 창의력이 가장 흥미를 끌 수도 있다. 그러나 신약성경의 진술과 암시가 이런 연결과 모형론을 뒷받침하지 않는다면 해석에 주의를 기울여야 한다. 성막의 구조와 장식은 효율적이고 아름답지만, 숨은 의미와 상징을 찾아내는 일은 근거가 없다. 성막의 제사와 예배제도, 성막의 부분들이 오실 메시아의 구속 사역을 어떻게 예표하는지는 이 주제를 다루는 신약성경 구절에 맡겨야 한다.

출애굽기 개요

I. 이스라엘이 애굽에 있다(1:1-12:36)
  A. 인구가 폭발적으로 늘어나다(1:1-7)
  B. 바로들의 압제를 받다(1:8-22)
  C. 이스라엘의 해방자 모세가 성숙하다(2:1-4:31)
  D. 바로와 대결하다(5:1-11:10)
  E. 애굽 떠날 준비를 하다(12:1-36)
II. 이스라엘이 시내 광야로 이동하다(12:37-18:27)
  A. 애굽을 탈출했으나 진퇴양난에 처하다(12:37-14:14)
  B. 홍해를 건너고 기뻐하다(14:15-15:21)
  C. 시내산으로 이동하며 투덜대다(15:22-17:16)
  D. 이드로를 만나 배우다(18:1-27)
III. 이스라엘이 시내 광야에 진을 치다(19:1-40:38)
  A. 하나님이 율법을 주시다(19:1-24:18)
  B. 하나님이 성막의 상세도를 정해주시다(25:1-31:18)
  C. 하나님을 욕되게 예배하다(32:1-35)
  D. 하나님의 임재가 확증되다(33:1-34:35)
  E. 하나님의 성막을 짓다(35:1-40:38)

이스라엘이 애굽에 있다 (1:1-12:36)

1:1-12:36 이 단락은 이스라엘이 출애굽하기 전 애굽에서 보낸 마지막 몇 년을 보여준다.

A. 인구가 폭발적으로 늘어나다(1:1-7)

1:1-5 애굽에 내려온 야곱 후손들의 이름과 숫자는 창세기에도 나온다(창 35:23; 46:8-27).

1:5 모두 칠십이요 참고. 창세기 46:8-27. 사도행전 7:14은 히브리어 본문에는 없지만 70인역에 나오는 요셉의 가족 다섯을 덧붙여 75명이라고 말한다.

1:6-8 저자는 긴 시간을 이렇게 짧게 요약해 창세기의 마지막 사건인 요셉의 죽음(주전 1804년경)에서 이스라엘 역사에 일어난 급진적 변화, 곧 애굽의 바로에게 은혜를 입는 처지에서 냉대받는 노예가 되어버린 상태로 옮겨간다(주전 1525-1445년경).

1:7 이스라엘의 인구는 급격히 늘었다(참고. 12:37). 처음 애굽에 내려갈 때 남자가 70명이었으나 이제 20세 이상 남자가 603,000명으로 늘었으며, 따라서 출애굽 당시 이스라엘 전체 인구는 200만 명 정도 되었을 것이다(민 1:46). 아브라함의 씨는 이제 대가족이 아니라 민족이 되었다. 아브라함의 후손이 생육하고 번성하리라는 약속(창 35:11, 12)이 실제로 애굽에서 성취되었다.

B. 바로들의 압제를 받다(1:8-22)

1:8 새 왕이 일어나 정치적 해체기 힉소스 왕조의 왕들 가운데 한 명이거나(출애굽기 서론을 보라) 고고학자들이 애굽 역사에서 신왕국 시대 18왕조로 명명한 왕조의 설립자 아모세 1세다. 요셉을 알지 못하는 새 왕을 힉소스 통치자로 보는 게 가장 적절하다. 더 나아가서 단어 *일어나(arose)*는 '맞서 일어나다'라는 뜻인데, 외부 침입자가 애굽의 왕좌를 손에 넣었다는 것과 잘 맞아떨어진다. 힉소스 족속은(주전 1730-1570년경) 애굽 외부에서 왔다(참고. 행 7:18).

1:9-12 이스라엘이 갈수록 고역에 시달림에도 인구가 계속 늘어난 데서 알 수 있듯, 이것은 꽤 긴 기간에 대한 또 하나의 요약이다.

1:9 그 백성 애굽의 바로는 이스라엘을 민족으로 보았으며, *백성* 또는 *민족*이라는 단어가 이들을 통해 처음 사용되었다.

1:10, 11 우리 대적과 합하여…감독들을 그들 위에 세우고 이스라엘은 애굽의 안전을 위협하는 존재이자 경제적 자산으로 여겨졌다. 노예제는 위험을 통제하고 이들의 쓰임새를 극대화시켜 줄 것이다.

1:11 국고성 비돔과 라암셋 식량과 무기를 저장해두는 곳이다. 고고학적 발굴이 지금까지 결정적인 단서를 제공하고 있지는 않지만 후보지 3~5곳을 찾아냈다. 비돔은 대체로 북부 애굽에서 태양 숭배 중심지로, 라암셋은 동부 삼각주 지역에 자리한 칸티르(Qantir)였을 것으로 추측된다. 라암셋은 후대에 강력한 바로의 통치 때 이름이 바뀌었을 가능성이 매우 높은데, 이 이름은 나중에 이스라엘에게 더 널리 알려졌다(참고. 단은 라이스 또는 레셈으로 이름이 바뀜, 창 14:14; 수 19:47; 삿 18:29).

1:12 애굽 사람 애굽 사람들은 계속 이스라엘 사람을 노예로 부렸다. 12절과 13절 사이에서 애굽 역사에 중요한 변화가 일어났다. 힉소스 족속이 쫓겨난 것이다(주전 1570년경).

1:14 어려운 노동으로…흙 이기기와 벽돌 굽기 고고학자들이 죄수와 노예에게 강제 노역을 시키는 애굽 관습을 확인시켜 주는 돋을새김과 그림을 찾아냈다. 이 그림에는 감독들과 보초들이 건설 현장을 감시하고 기록자들이 자료를 토판에 기록하는 장면이 나온다.

1:15-17 산파들이 하나님을 두려워하여 용감하고 나이든 이 산파들은 자신들의 하나님을 두려워하여 사람이 아니라 하나님께 복종한다. 이들은 자녀란 하나님의 선물이며, 따라서 살인은 잘못이라고 이해한 게 분명하다. 인구가 급격히 늘어나는 시기에 겨우 산파 둘로 모든 아이를 다 받아낼 수는 없으므로 여기에 이름이 나오는 두 산파는 산파들의 대표였을 것이다.

1:15, 16 무거운 노역으로도 인구 증가를 막지 못하자 다른 방법을 찾아야 했다. 그래서 바로는 히브리 산파들에게 태어나는 사내아이를 즉시 죽이라고 명한다.

1:16 그 자리 산모들이 앉아서 아이를 낳는 '두 돌'이다.

1:19, 20 산파들이 하나님의 백성을 보호하려고 자신들의 거짓말을 정당화시키는 것이라고 보기보다 실제 사실을 말한다고 보는 게 더 낫다. 다시 말해 하나님은 출산과 민족의 성장에 직접 개입하셨다. 이것이 왜 바로의 명령이 의도대로 시행되지 않았고, 왜 히브리 산모들이 아주 건강하고 쉽게 출산했는지 이해하는 열쇠가 된다.

1:22 바로는 산파들을 통해 이스라엘의 씨를 말리려는 계획이 실패로 돌아가자 마침내 모든 백성에게 사내아이가 태어나는 즉시 죽이라고 명한다.

C. 이스라엘의 해방자 모세가 성숙하다 (2:1-4:31)

2:1, 2 모세는 1:22의 전면적인 명령이 내려진 직후 태어났는데(주전 1525년경), 이 명령을 내린 바로는 투트모세 1세였다.

2:3, 4 모세의 어머니는 모세를 갈대 상자에 넣어 왕의 목욕터 근처에 띄운 후 모세의 누이에게 지켜보라고 했다. 이런 주의 깊은 행동은 상황이 모세에게 좋은 방향으로 진행되리라는 희망을 내포하고 있다.

2:5 바로의 딸 하트셉수트이거나 또 다른 공주일 것이다. 어느 쪽이든 하나님은 자신이 이스라엘을 위해 선택한 지도자의 생명을 지키기 위해 바로의 살해 명령을 거슬러 보호하는 일에 이 공주를 섭리대로 사용하셨다.

2:10 그가 그의 아들이 되니라 모세는 '아들'이라는 위치 덕에 귀족의 특권을 누린 게 분명하다. 그러나 모세는 결코 특권에 빠져 자신의 본 뿌리를 잊지는 않았다. 오히려 신약성경에서 알 수 있듯 모세는 영적으로 매우 성숙해 성인이 되었을 때 "바로의 공주의 아들이라 칭함 받기를 거절"(히 11:24)했다. 모세는 왕궁의 정식 교육을 받아서 읽기, 쓰기, 계산을 배웠고 가나안 언어도 하나 또는 그 이상 배웠을 것이다. 모세는 다양한 야외 스포츠, 예를 들면 18왕조 때 궁중에서 가장 인기 높았던 활쏘기와 말타기도 즐겼을 것이다.

2:11 모세가 장성한 후 내러티브는 모세가 애굽 공주의 아들로 입양되어 살던 자세한 삶은 모두 건너뛰고 그가 미디안으로 도망친 계기가 된 사건으로 바로 넘어간다.

2:11, 12, 16-21 모세는 두 가지 불의를 보고 분노하는데, 각각 다른 결과를 낳았다. 첫째, 모세는 이스라엘 사람을 때리는 애굽 사람을 죽였고 이로 말미암아 집을 떠나야 했다. 둘째, 모세는 미디안 족속인 르우엘의 딸

모세 시대의 바로

1. 투트모세 1세(출 1:22)	주전 1526-1512년	모세가 태어날 때(주전 1525년경)
2. 투트모세 2세(행 7:22)	주전 1512-1504년	모세의 청소년기
3. 투트모세 3세(출 2:15)	주전 1504-1450년	모세가 미디안으로 도피했을 때
4. 아멘호테프 2세(출 5:1 이하)	주전 1450-1425년	출애굽 때(주전 1445년경)

들을 도왔고 그 덕분에 애굽 사람으로서 새로운 집을 찾았고 아내도 얻었다. 의심할 여지없이 르우엘과 그 가족은 모세가 애굽 사람이 아니라는 것을 곧 알게 되었다.

2:14 참고. 사도행전 7:27, 28, 35.

2:15 미디안 아브라함과 그두라의 후손인 미디안 족속(창 25:1-4)은 아카바만 동쪽 해변을 따라 아라비아 반도에 정착해 살고 있었다.

2:18 르우엘 '이드로'라고도 알려졌는데(3:1), 미디안의 제사장이기도 했지만 참 하나님을 섬기는 자였을 가능성이 아주 높다(참고. 18:12-23).

2:21-23 내러티브는 모세의 미디안 생활 40년 가운데 중요하지 않은 세세한 부분을 빠르게 건너뛰고 그가 새 가정과 가족을 찾았다가 자기 백성에게 돌아가는 때로 넘어간다.

2:23-25 고된 노역에 시달리던 이스라엘은 마침내 한 목소리로 구해달라고 외친다. 하나님의 응답은 네 단어로 제시된다. *들으시고*(*heard*), *기억하사*(*remembered*), *돌보셨고*(*looked upon*), *기억하셨더라*(*acknowledged*, 인정하셨다). 응답이 주어졌다는 뜻이다.

2:24 그의 언약을 기억하사 하나님이 아브라함과 맺으셨고(창 12:1-3; 15:1-21; 17:1-22), 이삭(창 26:2-5)과 야곱에게 확증해주신(창 28:10-15; 35:9-15) 일방적 언약은 이삭과 야곱으로 이어지는 아브라함의 후손에게 지리적으로 확인 가능한 땅을 구체적으로 약속했다. 또한 이들 덕분에 세상이 복을 받게 될 것이다.

3:1 모세가…양 떼를 치더니 모세는 장인과 함께 살며 목자로 일했는데, 바로의 궁전에서 특권을 누리던 삶과는 전혀 다른 생활을 했다. **하나님의 산** 시내산은 그곳에서 일어난 일 때문에 나중에 이스라엘 역사에서 하나님의 산으로 알려졌다. 이런 이름은 모세가 시내산 사건들이 있은 이후 출애굽기를 썼다는 것을 암시한다. 어떤 사람들은 시내산이 모세가 부르심을 받기 전에 이미 거룩한 산으로 알려졌다고 주장한다. 그러나 하나님의 산이라는 이름은 하나님이 이곳에서 이스라엘을 위해 하신 일과 연관이 있다고 보는 게 맞다. **호렙** 시내산의 다른 이름이다(참고. 19:11; 신 4:10). 전통적으로 이 산은 예벨 무사(Jebel Musa), 곧 '모세의 산'이라고 불린다. *호렙*은 비셈어 지명인 시나이(Sinai)의 히브리어 지명으로, 시나이 반도 남쪽에 위치했다.

3:2-4 모세는 떨기나무에서 불꽃이 이는데 정작 떨기나무는 타지 않는 아주 이상한 광경에 시선을 빼앗긴다. 초자연적 현상이라고밖에 설명할 수 없는 광경이었다. 가스 구멍 또는 피지 구멍이 있는 특별한 형태의 꽃이 타는 자연현상이라는 설명은 맞지 않는다. 모세가 광야에서 40년을 일했으니 자연현상이었다면 틀림없이 그냥 지나쳤을 것이다. 아주 특별한 광경이었기에 모세는 호기심이 발동해 더 자세히 살펴보았을 것이다. 하나님은 불꽃 가운데서 말씀하고 계시며, 이는 분명히 기적 같은 사건이었다.

3:2 여호와의 사자 문자적으로 '여호와의 메신저'인데, 모세에게 친히 말씀하시는 하나님으로 밝혀진다(참고. 행 7:30).

3:5-10 참고. 사도행전 7:33, 34.

3:5 이리로 가까이 오지 말라…네 발에서 신을 벗으라 이것은 거룩한 곳, 하나님이 그곳에 계시기에 일반 장소와는 구별되는 곳에서 취하는 숭배의 표시다. 이 명령 덕분에 모세는 준비 없이 급히 하나님 앞에 나아가지 않을 수 있었다.

3:6 나는 네 조상의 하나님이니 하나님의 첫 마디는 모세가 들어야 하는 중요한 말씀이기는 하지만, 독자를 2:24로 되돌아가게 만든다. 이스라엘의 하나님은 자기 백성을 기억하셨고 행동을 시작하셨다(참고. 마 22:32; 막 12;26; 눅 20:37; 행 3:13; 7:32). **모세가…얼굴을 가리매** 모세는 하나님 앞에서 경외감을 표현하며 적절하게 반응한다.

3:7, 8 내가…분명히 보고…듣고 하나님이 이스라엘의 절망적 상황을 잘 아신다는 사실을 강조한다. 그 결과 하나님은 이들을 애굽의 압제에서 건져내겠다고 약속하신다. 여기서 그리고 뒤이은 두 절에서 하나님이 무엇을 보셨고 무엇을 하실 것인지 되풀이하는 방식은 하나님이 자기 백성, 곧 자신이 애굽에 보내신 백성의 역사에 직접 개입하신다는 것을 한층 더 강조한다.

3:8 아름답고 광대한 땅 이스라엘이 인도되어 들어갈 땅에 대한 세 가지 묘사는 아브라함 언약에 포함된 땅에 대한 약속을 한층 더 강조한다. **젖과 꿀이 흐르는 땅** 풍성한 수확물을 거둘 수 있는 비옥한 땅을 생생하게

묘사한다. **가나안 족속, 헷 족속** 이스라엘이 들어갈 땅을 구체적으로 명시한다. 약속의 땅에는 지금 다른 족속들이 거주하고 있다.

3:10 내가 너를 바로에게 보내어 하나님의 부르심으로 모세는 이스라엘의 지도자요 해방자가 되고, 바로 앞에서 하나님의 대사가 된다.

3:11 내가 누구이기에 모세는 하나님의 부르심에 대한 첫 반응으로, 자신은 그런 중대한 사명을 감당할 능력이 없다며 거부 의사를 표한다. 이는 예상 가능한 반응이었다. 모세의 입장에서는 애굽을 떠난 지 40년이나 되었고 이제 미디안에서 양이나 치는 목자일 뿐인데, 애굽으로 돌아간들 무엇을 할 수 있겠는가?

3:12 내가 반드시 너와 함께 있으리라 하나님이 족장들, 곧 아브라함과 이삭과 야곱에게 주신 약속은 이 약속을 수행하라고 선택된 모든 사람이 느끼는 두려움과 감당할 자격이 없다는 생각을 누르기에 충분했을 것이다. **너희가 이 산에서 하나님을 섬기리니** 하나님의 두 번째 약속은 모세가 사명을 완수하고, 이스라엘이 노역과 압제에서 해방되는 데 그치지 않고 하나님을 예배하게 되리라는 것을 암시한다(참고. 행 7:7).

3:13 모세가 하나님께 아뢰되 이 시점에서 모세는 합리적 물음에서 비합리적 의심으로 옮겨가고 있는가? 하나님은 끈질긴 대답을 통해 모세에게 자신이 무엇을 하고 이스라엘 사람들이 애굽 사람들에게 은혜를 입을 것을 비롯해(3:21) 그 결과가 어떠하리라는 것을 가르쳐주신다. 그렇다고 모세가 하나님과 대화할 때 처음부터 태도가 잘못되었다고 성급히 판단해서는 안 된다. 하나님은 모세의 거듭되는 질문과 거부에 대해 마지막에 가서야 화를 내신다(4:4). *4:1에 대한 설명을 보라.* **그의 이름이 무엇이냐** 모세는 두 번째 거부 의사를 표한다. 모세가 이스라엘 조상의 하나님이 자신을 보내셨다고 말하면 이스라엘 백성은 그의 말을 확인하는 차원에서 하나님의 이름이 무엇이냐고 물을 것이다. 의미심장하게도 질문은 '이 하나님이 누구냐?'가 아니다. 히브리인들은 족장들이 여호와라는 이름을 알았다는 사실을 안다(창세기가 잘 보여주듯이). "무엇이냐"라고 물었다는 것은 이들이 그 이름이 자신들의 상황에 적합한지 알아보려고 한다는 뜻이다. '누구냐'라는 질문은 칭호, 이름, 신분을 묻는 것이고, "무엇이냐"라는 질문은 한 사람의 성품이나 자질이나 본질을 묻는 것이다.

3:14 나는 스스로 있는 자 하나님의 자존(自存)과 영원성을 말하는 하나님의 이름이다. '나는 존재하는 자다/존재할 자다'(I am the One who is/will be)라는 뜻인데, 이런 해석은 이 이름의 의미와 어원을 설명하려는 여러 이론 가운데 최선이며 문맥에 가장 적합하다. 이 이름은 '너희 조상의 하나님'과 관련되어 갖는 의미를 곧바로 찾아낼 수 있다. 그분은 대대로 내려오는 바로 그 하나님이다. 히브리어 자음 *Yhwh*(일반적으로 *Yahweh*라고 씀)가 *Adonai*(주, Master 또는 Lord)라는 하나님 이름의 모음과 결합되어 '여호와'(Jehovah)라는 이름이 생겼다. *Yhwh*는 너무 거룩해 발음해서는 안 된다고 여겼기에 맛소라 학자들은 *Yahweh*라고 읽는 대신 다르게 발음해야 한다는 것을 상기시키기 위해 *Adonai*의 모음을 집어넣었다. 전문적 용어로 이 네 자음의 결합을 '테트라그라마톤'(tetragrammaton)이라고 한다.

3:15-22 하나님은 모세의 두 번째 질문에 답해 자신의 이름을 가르쳐주시고 나서 두 가지 말씀을 주신다. 하나는 이스라엘의 장로들에게 해야 하는 말이고(16, 17절), 다른 하나는 바로에게 해야 하는 말이었다(18하반절). 일어날 몇 가지 일도 일러주신다. 장로들은 모세의 말에 수긍할 것이며(18상반절), 바로는 이들의 요청을 거부할 것이고(19절), 하나님은 이에 답해 이적으로 심판하실 것이며(20절), 이스라엘이 애굽 사람들을 약탈하고 애굽 사람들이 떠나는 이스라엘의 요청에 호의적으로 답해 은과 금과 의복을 내어줄 것이다(21, 22절). 이 가운데 마지막은 하나님이 아브라함에게 하신 약속, 곧 그의 후손들이 고통의 땅에서 큰 재물을 가지고 나오리라는 약속을 떠올리게 한다(창 15:14).

3:15 너희 조상의 하나님 참고. 마태복음 22:23; 마가복음 12:26; 사도행전 3:13.

3:16 장로들 문자적으로 '수염을 기른 사람들'이라는 뜻으로, 지도자는 연륜과 지혜가 필요하다는 것을 알 수 있다.

3:17 땅 *3:8에 대한 설명을 보라.*

3:18 사흘 길 이스라엘을 애굽에서 구해내시겠다는

모세가 제시한 다섯 가지 핑계

1. "나는 아무것도 아닙니다"(출 3:11)
   하나님의 대답(출 3:12)
2. "나는 신학자가 아닙니다"(출 3:13)
   하나님의 대답(출 3:14, 15)
3. "나는 설득력이 없습니다"(출 4:1)
   하나님의 대답(출 4:2-9)
4. "나는 설교자가 아닙니다"(출 4:10)
   하나님의 대답(출 4:11, 12)
5. "나는 사실 관심이 없습니다"(출 4:13)
   하나님의 대답(출 4:14-17)

직접적인 약속이 있었고, 이들이 후에 호렙에서 예배(제사)했으며, 가나안에 입성했다는 사실에 비춰볼 때 광야로 사흘 길쯤 들어가 예배(제사)하게 해달라는 요청은 나가서 돌아오지 않겠다는 계략이 아니라 바로의 비타협적 태도를 강조하는 초기의 온건한 요청이다. 바로는 어떤 상황에서도 이 노예들을 보내려고 하지 않을 것이다(19절).

3:22 애굽 사람들의 물품 *12:36에 대한 설명을 보라.*

4:1 모세가 대답하여 이르되 하나님이 3:14-22에서 길게 설명하신 뒤 모세는 하나님의 부르심에 세 번이나 거부 의사를 표하며 적합하지 않은 핑계를 댄다. 이 시점에서 모세가 제시하는 가상의 상황은 합리적 의문이라기보다 거부에 가깝다.

4:2-9 하나님이 모세에게 나타나셨다는 것을 이스라엘이 믿지 않을 가상의 상황에 대비해 하나님은 모세가 선택된 대언자요 지도자라는 사실을 확인시켜 줄 세 가지 표적을 주신다. 그 목적에 주목하라. "하나님 여호와가 네게 나타난 줄을 믿게 하려 함이라"(5절). 표적 가운데 둘은 즉석에서 보여주신다. 모세의 지팡이가 뱀이 되었다가 본래대로 돌아오고, 모세의 손에 나병이 생겼다가 말끔히 사라진다. 모세가 어떤 상황을 만나든지 간에 하나님은 자신의 사람이 진짜임을 증명할 자원이 충분하시며, 따라서 모세는 달리 생각해선 안 된다.

4:10 나는 본래 말을 잘 하지 못하는 자니이다 모세는 네 번째 변명을 하면서 자신의 어눌한 말솜씨에 초점을 맞추며 자신은 문자 그대로 '말의 사람'이 아니고 '입이 무겁고 혀가 무거운' 사람, 즉 자기 생각을 유창하고 부드럽게 표현하지 못하는 사람이라고 말한다. 「유창한 농부의 이야기」(*The Tale of the Eloquent Peasant*)라는 고대 문헌은 애굽 문화에서 유창함이 중요했음을 암시하고 있는데, 모세는 왕궁에서 성장했기에 이 사실을 잘 알고 있었다. **주께서 주의 종에게 명령하신 후에도 역시 그러하니** 모든 대화에서 어떤 식으로든 하나님이 모세의 어눌한 말솜씨를 간과하셨다는 부적절한 비판이었다. 모세는 자신의 어눌함이 바뀌지 않으면 자신에게 맡겨진 일을 수행할 수 없다고 믿었다(참고 6:12).

4:11, 12 누가 사람의 입을 지었느냐 하나님은 수사학적 질문 세 가지로 어눌한 말솜씨에 대한 일체의 불평이나 비판을 차단하신다. 뒤이은 명령 "이제 가라"는 그의 어눌한 말솜씨를 돕겠다는 약속과 더불어 모세의 모든 핑계를 일축시키는 것이었다.

4:13-16 모세의 다섯 번째이자 마지막 진술은 "오 주여"라는 간구로 시작하지만 "내가 아니라 다른 사람을 택하소서!"라고 말하는 정중한 방법을 택하고 있다. 하나님이 모세의 이런 노골적인 거부에 화를 내시는 것은 적절하지만, 여전히 자신의 계획이 방해받지 않고 진행될 다른 길을 주신다. 섭리로(27절) 아론은 동생 모세를 만날 테고 그의 대언자가 되라는 요청을 받아들일 것이다.

4:15 내가…너희들이 행할 일을 가르치리라 복수대명사 *너희*는 하나님이 모세와 아론 두 사람 모두를 도와 이들이 새롭게 받은 의무를 수행하도록 하겠다고 약속하셨다는 뜻이다.

4:16 너는 그에게 하나님 같이 되리라 아론이 모세를 대신해 백성에게 말할 테지만, 그럴 때라도 모세가 하나님을 대신해 아론에게 말할 것이다.

4:17 이 지팡이를 손에 잡고 이것으로 이적을 행할지니라 하나님은 순종하지 않으려는 모세의 고집에 화를 내셨지만, 그래도 모세가 기적을 행할 도구를 갖게 되었다는 점에서 우월한 위치를 갖고 있었다. 그래서 이 지팡이는 "하나님의 지팡이"(20절)로 불린다.

4:18 나로 가게 하소서 모세는 민족의 지도자가 되라는 하나님의 부르심을 받았다고 해서 그동안 자신이 일하며 도운 장인에 대한 예의를 소홀히 하지는 않았다. 모세가 불타는 떨기나무에서 하나님을 만난 일을 장인에게 어디까지 설명했는지는 알 수 없다. 그러나 모세가 동족에게 돌아가는 목적과 "그들이 아직 살아 있는지 알아보려 하오니"라는 말은 모세가 지도자(해방자)가 되라는 부르심의 세세한 부분까지는 장인에게 말하지 않았음을 암시하는데, 아론에게 자세히 설명한 것과는 대조된다(28절).

4:20 아들들 게르솜(2:22)과 엘리에셀이다(18:4).

4:21 내가 그의 마음을 완악하게 한즉 하나님은 자신이 무엇을 하실지 모세에게 일러주셨는데, 하나님이 자신의 목적이 이루어지도록 인간사에 친히 관여하신다는 것을 보여준다. 또한 바로는 하나님의 백성을 보내길 거부함으로써 스스로 심판을 초래하리라는 경고를 받는다(23절). 모세는 앞서 하나님이 바로가 하나님의 백성을 보내길 거부하리라는 것을 분명히 아신다는 사실을 들었다(3:19). 하나님이 바로의 마음을 완악하게 하시는 것과 바로가 스스로 자기 마음을 완악하게 하는 것 사이의 상호작용이 균형을 이뤄야 한다. 역사 기록은 열 번(4:21; 7:3; 9:12; 10:1, 20, 27; 11:10; 14:4, 8, 17)에 걸쳐 하나님이 바로의 마음을 완악하게 하셨다고 구체적으로 말하며, 열 번이나(7:13, 14, 22; 8:15, 19, 32; 9:7, 34, 35; 13:15) 바로가 자기 마음을 완악하게 했다고 말한다. 사도 바울은 이렇게 마음을 완악하게 하는 것을 하나의 본보기로, 곧 자신이 선택하는 대로 개입하지만

인간이 취하는 행동에 대해 당사자의 책임을 절대 면해주지 않으시는 하나님의 이해할 수 없는 뜻과 절대 능력을 보여주는 본보기로 사용한다(롬 9:16-18). 하나님의 행동과 바로의 행동 간에 이런 상호작용이 제시하는 신학적 과제를 해결할 방법은 이 기록을 액면 그대로 받아들이고 이스라엘을 애굽에서 구해내려 계획하셨고, 그 계획을 실행에 옮기셨으며, 그렇게 하는 가운데 바로의 죄악도 심판하시는 하나님의 전지와 전능을 믿는 것밖에 없다. *9:12에 대한 설명을 보라.*

4:22 내 아들 내 장자라 고대 애굽인에게 장자는 특별하고 거룩했으며, 바로는 자신을 신들의 외아들로 여겼다. 이제 바로는 한 민족 전체가 하나님의 장자로 지명되었다는 말을 듣는데, '실제로 장자의 지위와 신분과 권리와 특권과 책임을 갖는 첫째로 선포되고 대우받는다'는 뜻이다. 하나님은 이제 자신이 하려는 일에서, 한 민족을 존재하게 하고 성숙시키며 인도하는 일에서 자신이 아버지라는 사실을 보여주려고 한 민족 전체를 예리하게 단수로 표현하신다(참고. 신 14:1, 2). 이교도 세계에서 신들과 여자들이 성적으로 결합한다는 뒤틀린 개념의 산물인 신의 아들 개념이 여기서 하나님이 자신과 이스라엘, 곧 자신의 백성이요 귀한 소유이며 왕 같은 제사장이요 거룩한 나라와의 관계를 표현하려고 이 용어를 사용하신 방식에는 암시조차 되어 있지 않다(참고. 6:7; 19:4-6).

4:24-26 십보라라는 이름이 나오는데, 이것은 인칭대명사들이 모세를 가리킨다는 것을 말한다. 십보라는 갑자기 아들의 포피를 재빨리 벤다. 이런 행동으로 볼 때 십보라는 남편이 죽을 뻔한 것은 하나님이 아브라함에게 그의 모든 후손을 위해 주신 언약의 표가 자신의 가족에게는 없는 것과 밀접한 관련이 있다고 보았다(창 17:1-14). 십보라는 모세를 가리켜 "당신은 참으로 내게 피 남편이로다"라고 말하는데, 모세가 아들에게 할례를 행했어야 했는데 십보라 자신이 할례를 혐오했다는 것을 암시한다. 그러나 할례를 행하고 나자 하나님은 위협을 거두고 모세를 보내신다(26a절). 이 시점에서 하나님의 반응은 그분이 정하신 표(sign)의 중요성을 극적으로 강조한다. *예레미야 4:4에 대한 설명을 보라.*

4:29, 30 '그 리더십 팀'은 지시대로 움직인다. 아론이 모든 것을 말하고, 모세는 자신이 받은 모든 이적을 다 행한다(2-9절).

4:31 백성이 믿으며…머리 숙여 경배하였더라 하나님이 미리 말씀하셨듯이, 백성은 모세가 보인 이적을 믿으며 하나님이 자신들의 비참한 상황을 아신다는 말에 그분을 경배한다.

D. 바로와 대결하다(5:1-11:10)

5:1 내 백성을 보내라 이스라엘의 하나님께로부터 나온 이 명령으로 바로와 모세의 대결, 바로와 하나님의 대결이 시작된다. 바로는 출애굽 때까지 이 명령을 자주 들을 것이다.

5:2 여호와가 누구이기에 십중팔구 바로는 이스라엘의 하나님을 안다. 그러나 바로는 이렇게 물음으로써 하나님은 애굽의 우월한 통치자에게 무엇을 요구할 아무런 능력이 없다고 무례하면서도 오만하게 단정한다.

5:3-5 바로가 이렇게 거부 의사를 분명하게 표현하자 대언자들은 자신들의 요구를 더 구체적으로 제시하고, 그와 더불어 자신들이 하나님께 순종하지 않으면 이스라엘에게 하나님의 심판이 내릴 것이라고 경고한다. 바로는 이것을 단지 자신의 노예들에게 노역 시간을 줄여주려는 계략으로 본다.

5:6-9 이스라엘에게 명령할 수 있는 자신의 권위를 보여주면서 바로는 즉시 이들의 작업량을 늘리는 등 이들을 더 단단히 옥죈다. "그들로 거짓말을 듣지 않게 하라"고 덧붙임으로써 바로는 하나님 말씀에 대한 자신의 부정적 평가를 보여준다.

5:10 백성의 감독들과 기록원들 "이스라엘 자손의 기록원들"(15절)까지 포함해 애굽인 감독관, 애굽인 작업반장, 이스라엘인 조장 등 3단계 명령 체계를 작동시키고 있다.

5:11 짚 고대 애굽 문헌에 따르면 짚은 벽돌 제조에 꼭 필요한 재료였다. 짚은 흙이 단단히 엉겨 붙도록 하는 역할을 했다.

5:15-19 이스라엘은 노동 조건에 대해 최고 수준의 불만을 공식적으로 제기했으나 바로는 이스라엘이 게을러 그런 것이라고 하면서 이들의 불만을 일축하고 생산량을 그대로 채우라고 명령한다.

5:20-21 그 리더십 팀은 이스라엘 대표들이 노동 조건에 대한 불만을 공식적으로 제기한 것을 알고 알현실 밖에서 이들을 기다리고 있다. 이들의 만남은 화기애애하지 않았는데, 이스라엘 대표들은 아론과 모세가 바로에게 한 말과 행동의 적절성과 권위에 이의를 제기한다.

5:22, 23 모세가 여호와께 돌아와서 모세와 형 아론이 이스라엘 대표들의 거세고 잘못된 평가에 항의했는지는 그리 중요하지 않다. 오히려 초점은 기도하며 하나님께 항의하는 모세에게 맞춰진다. 모세는 바로의 거부와 반발이 자신의 백성에게 어떤 영향을 미칠지 예상하지 못한 게 분명하다. 지금까지 모세와 바로의 대결로 이스라엘은 애굽 사람들의 분노를 샀고, 모세는 이스라엘의 분노를 샀다. 예상했던 시나리오가 아니었다.

6:1 이제…네가 보리라 하나님은 모세의 기도에 답해 마침내 바로를 상대할 무대가 마련되었고, 결과적으로 바로는 이스라엘에게 애굽을 떠나라고 촉구할 수밖에 없게 되리라고 단언하신다.

6:2-5 하나님은 모세에게 말씀하시면서 족장들에게 하신 약속을 상기시키신다. 이번에도 하나님의 결정으로 이들의 후손에게 약속된 가나안 땅이 언약의 핵심이다. 이 언약을 상기시키셨다는 것은 이스라엘이 확실히 애굽을 떠나리라는 뜻이다.

6:2, 3 나는 여호와이니라 자존하고 영원한 바로 그 하나님 여호와가 과거에 족장들과 함께 계셨다. 하나님은 전혀 변하지 않으셨고 그분의 언약도, 그분의 약속도 그대로다.

6:3 전능의 하나님으로 나타났으나…여호와로는 그들에게 알리지 아니하였고 여호와는 홍수 이전에 불린 이름으로(4:26), 족장들도 이렇게 불렀다(창 9:26; 12:8; 22:14; 24:12). 따라서 이들에게는 알려지지 않았지만 이들의 후손에게는 알려진 여호와의 특별한 의미는 하나님이 언약을 지키고 이스라엘을 구속하는 중에 보이실 자기 계시에서 찾아야 한다. *3:13, 14에 대한 설명을 보라.*

6:4 그들과 언약하였더니 아브라함 언약이다(참고. 창 15:1-21; 17:1-8).

6:6-8 하나님은 모세에게 이스라엘이 예전에 들은 것을 상기시켜 보라고 하셨다. 하나님은 아브라함과 맺은 언약을 기억하시고 이스라엘의 비참함을 보셨으며 이들을 비참한 지경에서 건져내어 가나안 땅으로 인도해 들여 그곳에 거하게 하시리라는 것이다. 되풀이되는(7회) '내가…하리라'(I wll)라는 말은 하나님이 이스라엘의 일에 친히 개입하시리라는 뜻이다. 이를테면 "나는 여호와라"는 선언이 앞뒤로 이 약속을 감싸는데, 이는 이 약속이 반드시 성취된다는 뜻이다.

6:9 그들이 마음의 상함과 이들은 너무나 혹독한 노역 때문에 모세가 방금 한 감동적인 말이 귀에 들어오지 않았다.

6:12 나는 입이 둔한 자니이다 *4:10에 대한 설명을 보라.*

6:14-27 이 족보를 통해 모세와 아론은 야곱이 레아에게서 낳은 셋째 아들 레위의 후손이라는 게 공식적으로 확인된다. 이 족보에 아론의 아들 엘르아살과 손자 비느하스도 나오는데, 후에 둘 다 이스라엘의 대제사장이 된다. 레위를 르우벤, 시므온과 함께 언급하고 있는데 세 지파의 선조에 얽힌 불미스러운 상황을 떠올리게 해서(창 49:3-7), 모세와 아론이 선택된 것은 이들이 모범 혈통이기 때문이 아니라는 점을 강조한다. 이 족보는 모든 인물이 아니라 대표 인물만 포함한다.

6:28-7:5 내러티브가 모세와 아론의 족보를 소개하느라 잠시 중단되었으나, 이제 모세가 애굽에 돌아가 수행할 사명을 간략히 말하면서 다시 이어진다.

7:1 내가 너를 바로에게 신 같이 되게 하였은즉 모세는 하나님의 대언자요 대사로서 권위와 능력으로 말할 것이다. **네 대언자** 아론은 하나님이 지명하신 모세의 대언자로서 자신이 받은 메시지를 가감 없이 전할 것이다. 참고. 사도행전 14:11-13, 여기서 바나바와 바울도 비슷한 상황에 처하게 된다.

7:4 내 군대, 내 백성 이스라엘의 이런 이중 명칭은 6:26에 처음으로 나온다. 이스라엘은 여러 사단(지파들)으로 구성된 군대처럼 조직화된 집단으로, 가나안 족속들을 치는 하나님의 군사적 도구로 묘사된다. 소유대명사가 붙은 두 번째 용어("내 백성")는 마치 이스라엘을 자신의 소유처럼 대하는 바로의 행동이 적절하지 못함을 보여준다.

7:5 나를 여호와인 줄 알리라 이런 출애굽의 목적은 하나님이 바로에게 전하는 메시지와 하나님 그분이 하시는 일을 묘사하는 장면에서 거듭 언급된다(참고. 7:16; 8:10, 22; 9:14, 16, 29; 14:4, 18). 어떤 애굽인들은 여호와라는 이름의 뜻을 알게 되었고, 그리하여 일곱 번째 재앙에 대한 경고에 반응하며(9:20) 더러는 이스라엘과 함께 애굽을 떠난다(12:38). 결국 애굽은 이스라엘의 하나님이 이스라엘을 속박에서 구해내고 애굽 군대를 멸하는 일에 개입하셨음을 부정할 수 없게 될 것이다.

7:9 이적을 보이라 신임장을 요구하는 바로의 말은 응답을 받을 것이다. 하나님이 모세에게 지팡이로 행하셨고(42:2-9) 모세가 똑같이 이스라엘에게 행한 이적(4:30, 31)이 바로 앞에서 권위의 표시가 되었다(참고. 7:10).

7:11 요술사들 요술과 마법은 애굽의 범신론 종교에서 중요한 역할을 했다. 고대 애굽 문헌들에 보면 요술사들의 행동이 나오는데 뱀 부리기가 가장 두드러졌다. 이들은 '현인들'과 '마술사들', 즉 당시에 학식 있는 사람들과 종교인으로도 불렸다(단어 마술sorcery은 '기도하다'는 뜻의 단어에서 파생했음). 얀네와 얌브레는 이 가운데 두 사람이었다(참고. 딤후 3:8). 감지되는 어떤 초자연적 능력이 사탄에게서 왔다(참고. 고후 11:13-15). **요술** 새번역에서는 '술법'이라고 번역했다. 현인들과 마법사들, 요술사들은 '비밀 기술' 또는 '술법'을 이용해 비슷한 이적을 행했다. 이들이 바로와 신하들을 완전히 속일 만큼 솜씨가 뛰어났던 것이 눈속임 덕분이든 날렵한 손놀림 덕분이든 뱀을 탁월하게 조종해서든 악한 힘을 빌려서든 간에 성경은 간단하게 이들을 "그와 같이

행하되")라고 평가한다. 그러나 지팡이가 뱀이 되고 나중에 물이 피로 변하며(7:22) 개구리 떼를 불러내는 것(8:7)은 생명 없는 티끌로 이(lice)를 만들려는 시도와 달랐다(8:18-19). 이 시점에서 요술사들은 자신들의 실패를 인정할 수밖에 없었다.

7:12 아론의 지팡이가 그들의 지팡이를 삼키니라 아론의 지팡이가 요술사들의 지팡이를 삼킴으로써 요술사들이 지팡이를 잃었다는 것은 하나님의 능력이 우월함을 나타내는 증거다.

7:14-10:29 열 가지 재앙은 분명히 기적이었다. 따라서 열 가지 재앙이 자연현상이었고 모세가 여기에 신학적 해석을 더했을 뿐이라는 설명은 있을 수 없다. 각 재앙은 구체적 예언과 강도로 볼 때 일반적인 자연현상과는 거리가 멀었다. 어떤 재앙은 특별히 그 대상을, 히브리인과 애굽인(참고. 8:23; 9:4, 6; 10:23)을, 고센과 나머지 지역을 구별해내리라는 통보(참고. 8:22; 9:26)가 실제로 그렇게 되었듯이, 이 재앙들은 초자연적이었다.

7:15 아침에 바로는 평소대로 강에 목욕하러, 더 그럴듯하게는 종교 의식을 행하러 갔던 것이 분명하다. 세 차례에 걸쳐 모세는 이른 아침 모임에서 바로를 만나 재앙을 경고한다. 첫 번째, 네 번째, 일곱 번째 재앙 때 이렇게 했다(8:20; 9:13). **강 가** 첫 재앙과 관련된 대결은 애굽의 거룩한 물줄기인 나일강가에서 벌어지는데, 사실상 애굽은 되풀이되는 이 강의 변화 덕분에 경작지가 비옥했다. 그래서 애굽의 가장 크고 유일한 경제 자원인 나일강의 축복을 감사하는 노래를 자주 불렀다.

7:17 피 히브리어 단어는 붉은 흙이 강물에 씻겨 하류로 흘러내려갈 때 나타나는 붉은 색이 아니라 실제 물질, 곧 피를 말한다.

7:19, 20 물이 다 피로 변하고 "물들과 강들과 운하와 못과 모든 호수"라는 각기 다른 단어를 사용해 재앙의 범위를 생생하게 표현한다. 집안의 나무 그릇과 돌 그릇에 담긴 물까지 저주를 피하지 못하고 피로 변했다.

7:22 애굽 요술사들도 자기들의 요술로 그와 같이 행하므로 요술사들이 재앙을 되돌리지 않고 도리어 모방했다는 것은 아주 우습고 흥미롭다. 그러나 그저 피를 더 넘쳐나게 한 이들의 행위에 바로는 더 완악해졌다.

7:24 나일 강 가를 두루 파서 물을 얻으려면 땅을 파서 지하수를 퍼올리는 수밖에 없었다. 분명히 요술사들은 이 물을 이용했을 것이다(22절).

7:25 이레 그다음 경고를 전달할 때까지 어느 정도 시간 간격이 있었는데, 재앙이 끊이지 않고 신속하게 연이어 일어나지는 않았다는 뜻이다.

8:1 바로에게 가서 두 번째 재앙에 대한 경고가 그의 왕궁에서 바로에게 전달된다. 다섯 번째 재앙(9:1)과 여덟 번째 재앙에 대한 경고도 왕궁에서 전달된다(10:1).

8:2 개구리 애굽 사람들은 개구리를 신성한 동물로 여겨 개구리 형상을 부적으로 지니고 다녔으며, 개구리를 일부러 죽이지 못하게 했다. 농부들에게 강과 연못에서 들리는 개구리 울음은 나일강의 홍수와 가뭄을 다스리는 신들이 또다시 땅을 비옥하게 만들어준다는 상징이었다. 이때 애굽인들은 하피 신을 숭배했는데, 하피 신

애굽에 내린 열 가지 재앙

재앙	애굽의 신	결과
1. 피(7:20)	하피(Hapi)	바로가 완악해진다
2. 개구리(8:6)	헤케트(Heqt)	바로가 구조를 요청하고 자유를 약속하지만(8:8) 완악해진다(8:15)
3. 이(8:17)	하토르(Hathor), 누트(Nut)	바로가 완악해진다(8:19)
4. 파리(8:24)	슈(Shu), 이시스(Isis)	바로가 홍정을 하지만(8:28) 완악해진다(8:32)
5. 가축의 죽음(9:6)	아피스(Apis)	바로가 완악해진다(9:7)
6. 악성 종기(9:10)	쉐크메트(Shekhmet)	바로가 완악해진다(9:12)
7. 우박(9:23)	게브(Geb)	바로가 구조를 요청하고(9:27) 자유를 약속하지만(9:28) 완악해진다(9:35)
8. 메뚜기(10:13)	세라피스(Serapis)	바로가 홍정을 하고(10:11) 구조를 요청하지만(10:17) 완악해진다(10:20)
9. 어둠(10:22)	라(Ra)	바로가 홍정을 하지만(10:24) 완악해진다(10:27)
10. 장자의 죽음(10:29)		바로와 애굽 사람들이 이스라엘에게 애굽을 떠나라고 간청한다(12:31-33)

이 흙을 하류로 흘려보내 쌓이게 했다고 믿었기 때문이다. 더 나아가서 개구리는 쿰(Khum) 신의 아내 헤케트 여신의 대리자요 형상이었으며 부활과 다산의 상징이었다. 그러나 개구리가 이렇게 집 안팎 어디에나 넘친다는 것(3, 13절)은 들판이 경작과 추수에 적합하게 준비되었다는 정상적 신호가 아니라 좌절과 경악과 큰 불편을 줄 뿐이었다. **치리라** 하나님이 사용하신 동사는 '재앙이 내리다'라는 뜻이기도 하다. 애굽에서 일어나는 일이 얼마나 무서운지 표현하기 위해 다양한 단어(이 히브리어에서 나온), 곧 *재앙*(9:14), *치다*(12:13), *돌림병*(9:3, 15) 등이 사용된다.

8:7 요술사들도…그와 같이 행하여 이번에도 요술사들은 재앙을 되돌리는 대신 자신들의 비술로 개구리 수를 늘려놓아 백성의 불편만 가중시킨다. 이들의 힘은 '모방'에 그쳤다. 그러나 요술사들이 문제를 해결하지 못해도 흉내 낼 수 있다는 사실만으로도 바로는 더욱 완악해진다.

8:8 여호와께 구하여 바로는 여호와의 이름을 사용하면서 그분이 개입해 자신을 구해주길 간청한다. 그러나 바로는 이스라엘의 여호와를 개인적으로 또는 공식적으로 인정한 게 아니라 그분의 이름을 협상 수단으로 이용할 뿐이었다.

8:9 나일 강에만 있도록 모세의 질문에 등장하는 이런 세세한 부분은 나일강과 그 밖의 물이 정상으로 돌아가 다시 생명을 지탱시켜 주었다는 뜻이다.

8:10 내일이니라 바로는 여호와께서 모세의 기도에 응답해 재앙이 그치게 하실 시간을 정할 수 있는 권한을 받자 이튿날 곧바로 재앙을 그치게 해달라고 한다. 추측건대 바로는 그전에 다른 일이 일어나길 바랐을 것이다. 그래야 재앙을 그치게 하는 여호와의 능력을 인정하지 않아도 되고, 모세와 그의 하나님께 고마워해야 할 필요도 없기 때문이다. 그러나 하나님이 모세의 기도에 응답하셨음에도, 바로는 여전히 완강하게 버틴다(15절).

8:16 사전 경고 없이 세 번째 재앙이 애굽을 덮친다. 여섯 번째 재앙(9:8, 9)과 아홉 번째 재앙도 사전 경고 없이 임한다(10:21). 삼중 패턴이 나타난다. 강에서 사전 경고를 하고, 다음에는 왕궁에서 사전 경고를 하고, 그 다음에는 사전 경고를 하지 않는다. **이(gnats)** 히브리어의 이 단어는 맨눈에 겨우 보일 만큼 아주 작고 쏘는 각다귀를 이르는 말로 보는 것이 좋다. 목욕을 자주 하고 몸에 털을 밀어 종교적 정결을 유지하는 데 유난히 신경 쓰는 제사장들이 피해를 입어 부정해졌다.

8:17 땅의 티끌을 치매 애굽 온 땅의 티끌이 다 이가 되어 "온/다"(all)와 "땅"이라는 단어를 반복해 재앙의 범위와 강도를 강조한다.

8:19 이는 하나님의 권능이니이다 요술사들은 이 재앙을 흉내 내지 못했기에 자신들끼리, 바로 앞에서도 공개적으로 이처럼 놀라운 평가를 내린다. 그럼에도 바로는 여전히 요지부동이고 하나님의 능력을 인정하려고 하지 않는다(참고. 눅 11:20).

8:21 떼 70인역은 '떼'를 피를 빨아먹는 곤충인 '개파리'(dog-fly)로 옮겼다. 다른 생명체에 알을 낳아 유충이 그것을 먹고 자라게 하는 맵시벌은 우아티트(Uatchit) 신의 현현으로 여겨졌다. "파리로 말미암아 그 땅이 황폐하였더라"(24절)는 어떤 곤충 신에 대한 긍정적 평가로 보기 어렵다. 파리가 구체적으로 어떤 형태였든 간에 재앙의 결과는 심각하고 비참했다.

8:22 고센 땅을 구별하여 재앙과 관련해 처음 하나님은 차별을 구체적으로 말씀하신다. 이스라엘은 해를 입지 않을 것이다. *표징*(23절)은 이제 그어질 경계를 말하는데 다섯 번째, 일곱 번째, 아홉 번째, 열 번째 재앙에서도 구체적으로 사용된다. 고센의 이스라엘과 애굽 자체의 구체적 구분은 하나님의 선언에서 거듭 강조되는 '내 백성'이라는 말과 짝을 이루어 하나님이 친히, 그분의 능력으로 자기 백성을 돌보신다는 것을 강조한다.

8:23 내일 이 경우 모세는 재앙이 정확히 언제 닥칠 것인지 경고해 바로와 그 백성에게 회개나 항복의 기회를 준다. 다섯 번째, 일곱 번째, 여덟 번째 재앙의 경우 *내일* 닥치리라고 말하며(9:5, 18; 10:4), 아홉 번째 재앙은 "밤중에"(11:4) 닥치리라고 말한다. *11:4에 대한 설명을 보라*.

8:26 만일 애굽 사람의 목전에서 제사를 드리면 그들이 그것을 미워하여 바로는 "너희는 가서 이 땅에서 너희 하나님께 제사를 드리라"고 말하며 타협으로 모세를 달래고자 한다. 그러나 모세는 애굽 사람들이 이스라엘 사람들의 제사를 전혀 달가워하지 않으므로 "우리를 돌로 치지 아니하리이까"라며 폭력으로 대응할지도 모른다면서 타협을 거부한다. 목자와 양을 몹시 싫어해서든(창 46:34) 이스라엘의 동물 제사가 자신들의 종교에서 거룩해서든 간에 애굽 사람들은 이스라엘의 제사를 혐오했다.

8:27-28 우리가…들어가서…내가 너희를 보내리니 첫 번째 선언("우리가…들어가서")은 애굽 국경에서 사흘 길쯤 되는 곳까지 가겠다는 결정은 타협이 불가능한 조항이라는 것을 보여준다. 둘째 선언("내가 너희를 보내리니")은 바로가 이스라엘이 나가서 제사하도록 허락하는 것은 순전히 자신의 권위로 내린 결정일 뿐 자기 백성

에 대한 여호와의 요구를 받아들인 게 아님을 말하려고 했다는 것을 보여준다.

8:28 너희는 나를 위하여 간구하라 함축적 요구다. 바로는 자신을 구해달라고 요청할 뿐 아니라 앞서 두 번째 재앙과 관련해 요청했듯이 재앙을 없애달라고 요청한다(8:8).

8:29 바로는…거짓을 행하지 마소서 모세는 대화를 끝내는 권고에서 바로의 말이 거짓이었다고 강조한다.

8:31 하나도 남지 아니하였더라 하나님이 파리 떼를 모조리 제거하셨다는 선언(하나님이 모세의 간구에 응답하셨다는 증거)에도 바로는 꿈쩍도 하지 않는다. 이번에도 재앙의 고통스러운 영향이 사라지자 바로의 완악한 저항이 다시 고개를 든다(32절).

9:3 들에 있는 외양간에서 잘 돌보는 가축은 돌림병에 걸리지 않았다. 돌림병이 아주 심하기는 했지만 그래도 가축들이 더러는 여전히 살아 있어 가축에 의존하는 애굽 경제가 완전히 무너지지는 않았다. 몇 달 후 일곱 번째 재앙이 닥칠 때까지 가축들이 어느 정도 남아 있는데, 이들을 들에 두면 죽음을 면하지 못할 것이다(9:19). **말…낙타** 말은 힉소스 족속이 군용으로 사용했으며 이 시대에 널리 이용되었다. 출애굽기의 서론에서 저자와 저작 연대를 보라. 이 무렵, 즉 주전 15세기에 낙타는 가축이었다. **심한 돌림병** 여러 가축을 열거하면서 이번 재앙이 처음으로 사람의 재산을 겨냥한다는 점에서 아주 심각함을 강조한다. 여러 애굽 문헌과 그림에서 보듯 이들에게 가축은 매우 소중한 존재였다. 여기서 말하는 돌림병이 정확히 무엇(탄저병, 온역 또는 그 외의 가축병)이든 간에 치명적인 전염병이 분명하다. 종교적 의미는 분명하다. 애굽은 황소를 신성한 동물로 떠받들었으며, 프타(Ptah) 신의 성스러운 동물 아피스 황소를 특별하게 여겨 숭배했다. 헬리오폴리스(Heliopolis)는 황소, 곧 음네비스(Mnevis)를 숭배했다. 더 나아가 여러 도시에서 암소 또는 암소-여인 형상의 하토르 여신을 숭배했다.

9:4 하나도 죽지 아니하리라 이스라엘의 가축은 안전하리라는 선언이 추가되어 이제 하나님이 하실 일과 이스라엘 진영과 애굽 진영이 구분되는 일이 기적이라는 점을 강조한다. 이 선언은 이스라엘이 보호받을 것과 이스라엘이 실제로 누구의 소유인지를 강조한다.

9:5 기한을 정하여 재앙이 "내일" 닥칠 것이라 말하고 말한 그대로 "이튿날에" 닥쳤다고 덧붙임으로써(6절) 이 재앙이 예언적 성격을 가지며 기적임을 강조한다.

9:6 이스라엘 자손의 가축은 하나도 죽지 아니한지라 이스라엘 자손의 가축은 하나도 죽지 않았다는 이중 선언으로 둘 사이의 구분이 한층 더 강조된다.

9:7 바로가 사람을 보내어 이번에 바로는 사람을 보내어 이스라엘 자손의 가축이 정말로 보호를 받았는지 확인해보기로 했다. 어떤 이론과 설명을 내세워 이 상황을 보든 간에 바로는 이것이 사실이고 "이스라엘의 가축은 하나도 죽지 않았다"는 것을 확인했는데도 더욱 거칠게 저항하고 불순종할 뿐이었다.

9:9 사람과 짐승에게 붙어서 악성 종기가 생기리라 처음으로 사람의 건강이 목표물이 된다.

9:10 화덕의 재 아론과 모세는 아무 가마에서나 꺼낸 게 아니라 석회 가마나 벽돌 가마에서 재 두 움큼을 꺼냈다. 이들에게 강제 노역을 시키는 데 크게 이용되었던 도구가 이제 이들을 압제한 자들의 건강을 위협하는 도구가 된다.

9:11 요술사들도…서지 못하니 이들은(애굽인들이 보기에 힘 있는 사람들임) 악성 종기가 아주 심해 하나님의 대언자 앞에, 육체적으로든 직업적으로든 간에 서지 못했다. 이들은 세 번째 재앙 이후 언급되지 않았으나 계속 바로 앞에서 섬겼고 네 번째 재앙과 다섯 번째 재앙이 선포될 때 그 자리에 있었던 게 분명하다. 바로가 이들의 섬김을 받지 않을 만큼 이들이 완전히 힘을 잃지는 않았다. 이것은 바로가 이스라엘 하나님의 전적인 주권을 인정하려 들지 않는 데 대한 외적인 상징일 것이다.

9:12 여호와께서 바로의 마음을 완악하게 하셨으므로 처음으로 재앙이 시작되기 전에 모세에게 주신 말씀 밖에서(참고. 출 4:21; 7:3) 하나님이 바로의 마음을 완악하게 하셨다는 말이 나온다. 다른 여러 경우 바로가 스스로 마음이 완악해졌다고 말한다. 각각의 경우 "여호와께서…말씀하심과 같더라"고 기록하며, 따라서 일어난 일을 서로 밀접하게 연결된 두 시각에서 본다. 하나는 하나님이 바로를 통해 자신의 목적을 이루고 계신다. 다른 하나는 13절의 명령이 암시하듯 바로는 자신의 행동에 대해 개인적으로 책임이 있다. *4:21에 대한 설명을 보라.*

9:14 내가…모든 재앙을 하나님은 소유대명사(my)를 사용해 이때쯤이면 바로가 분명히 알았어야 하는 사실, 곧 이것들이 하나님이 하신 일이라는 사실을 드러내신다. **너와** 이것은(to your heart, 네 마음에) 어떤 행동의 결과를 한껏 느끼거나 절감했음을 뜻하는 구어체 표현이 분명하다.

9:14-19 하나님의 백성을 보내 제사하게 하라는 요구를 되풀이한 후(13절), 하나님의 재앙이 실제로 어떤 결과를 낼지 경고한 후(14절) 하나님은 더 많은 정보를 주시고 몇몇 사전 지시를 내리신다.

1. 하나님의 재앙에는 삼중적 목적이 있다. 첫째는

애굽 사람들이 여호와는 그 누구와도 비교되지 않는 분임을 알게 하는 것이고, 둘째는 하나님의 능력이 재앙들을 통해 드러나게 하는 것이며, 셋째는 하나님의 이름과 성품과 속성과 능력이 사방에 알려지게 하는 것이다. 애굽은 이스라엘의 여호와께서 내리시는 재앙으로 수치를 당했고, 이 사실을 다른 나라들이 모르게 할 수 없었다.

2. 바로가 왕으로서 어떤 권세를 가졌든 간에 그가 이 권세를 가진 것은 하나님이 그를 왕좌에 앉히는 것을 비롯해 세상만사를 주권과 섭리로 다스리시기 때문이라고 선포한다. 이 선포는 하나님은 자신이 말씀하신 그대로이며, 유일하게 참되고, 어디나 계시는 여호와라는 것을 분명하게 상기시킨다.

3. 만약 여호와께서 앞선 재앙들을 내리지 않고 먼저 사람들을 치기로 선택하셨다면 최악의 상황이 펼쳐졌으리라는 것을 상기시킨다(이들은 죽었을 것임). 바꿔 말하면 하나님은 재앙을 내리는 과정에서도 은혜로우셨고 오래 참으셨다.

4. 비교할 수 없는 하나님이 일으키실 일기(日氣)가 애굽의 모든 역사에 기록된 그 무엇과도 다를 것이라고, "애굽 나라가 세워진 그 날로부터 지금까지 그와 같은 일이 없었더라"고 선언한다.

5. 애굽인들이 심각한 폭풍 피해와 재산 손실을 피할 수 있는 방법을 일러준다. 이들에게 다시 은혜를 베푸신 것이다.

9:16 로마서 9:17을 보라. 거기서 바울은 바로에 대한 하나님의 주권을 말한다.

9:20, 21 여호와의 말씀을 두려워하는 자들…여호와의 말씀을 마음에 두지 아니하는 사람 어떤 애굽인들은 지시를 듣고 그대로 따랐으며, 어떤 애굽인들은 자신들의 최고지도자 바로처럼 "여호와의 말씀을 마음에 두지 않았다". 하나님의 명령에 주목하길 거부한다는 생생한 표현이다.

9:23, 24 불을 내려…불덩이가 우박에 섞여 평소와는 전혀 다른 번개, 우박과 함께 땅을 휩쓰는 '불덩이'(문자적으로 '자신을 붙잡는 불'임)를 동반한 뇌우가 더없이 거칠게 쏟아졌다.

9:26 고센 땅에는 우박이 없었더라 이 재앙의 차별성은 사전에 공포되지 않았으나, 이스라엘과 애굽의 구별은 앞서 공포되었고 이번에도 그대로 나타났다. 언급되지는 않지만 재앙에 찢긴 지역에 있었음에도 지시를 그대로 따른 사람들의 가축은 분명히 안전했을 것이다.

9:27 이번은 내가 범죄하였노라 바로는 뒤이어 여호와는 의롭고 자신과 자신의 백성은 악하다고 고백했다. 그렇더라도 '이번은'이라는 체면을 세우려는 한 마디로 볼 때 바로의 신학적 이해가 조금이라도 진전이 있었다고 보기 힘들다. 바로는 회개하지 않았으며, 따라서 그의 말은 이전의 모든 반발과 불순종을 무색하게 할 만큼 아무 의미가 없었다.

9:28 그만 '이만하면 충분하니'(NKJV)라는 뜻이다. 모세의 대답(30절)은 이런 평가가 회개하거나 하나님을 두려워하거나 하나님의 능력을 인정하는 데서 나오지 않았다는 것을 암시한다.

9:31, 32 삼과 보리가 상하였으나…밀과 쌀보리는…상하지 아니하였더라 곡식이 피해를 입었는데, 이 재앙이 2월에 닥친 게 아니라는 아주 짧은 소식이다. 언급된 네 가지 곡물 모두 중요한 경제 자원이었다. 밀은 삼보다 한 달 뒤에 수확하는데 그루갈이 작물인 '쌀보리' 또는 '호밀'과 함께 수확하는 경우는 거의 없다. 하나님은 이렇게 두 가지 곡물을 적절한 때에 상하게 하심으로써 다른 곡물마저 해를 입기 전에 바로가 회개할 여지를 남기셨다.

9:34 다시 범죄하여 바로는 더욱 완악해지는데, 하나님이 모세의 기도(그가 요청한 기도, 28절)에 응답하시는 것을 보자 자신이 했던 인정과 약속을 재빨리 철회한다. **그와 그의 신하** 처음으로 바로의 신하들이 완강히 저항했다고 말하는데, 이들 모두 마음이 완악해진다. 다음 재앙에서 하나님이 모세에게 지시하시는 장면을 보면 강한 대조가 나타난다. 하나님은 목적을 두고 이들의 마음을 완강(완악)하게 하셨다(10:1).

10:2 내가 애굽에서 행한 일들 문자적으로 '거칠게 다루다' 또는 '가지고 놀다'라는 뜻이며, 대상에게 수치를 안겨주는 행동을 말한다. **전하기 위함이라…알리라** 하나님이 이스라엘을 애굽에서 건져내시는 일은 그분의 이런 위대한 행위들과 더불어 이스라엘의 역사를 후대에 전할 때 중요하고 부정할 수 없는 부분이 될 것이다. 이들의 하나님이 누구셨고, 그분이 무엇을 하셨는지를 들려줄 것이다.

10:3 네가 어느 때까지 내 앞에서 겸비하지 아니하겠느냐 하나님이 바로에게 하신 이 질문은 하나님이 앞서 모세에게 하신 "내가 그의…마음을 완강하게 함은"(1절)이라는 말씀과 분명하게 대비된다. 하나님이 바로의 마음을 완악하게 하셨다고 해서 듣고 회개하며 복종해야 하는 바로의 책임이 없어지지는 않는다. 이제 일곱 번째 재앙의 무게가 누적되었고, 바로에게 마음을 돌이켜 복종하라고 촉구할 때가 되었다. 이렇게 하나님의 은혜는 그분의 주권적 목적과 나란히 작동한다.

10:4-6 메뚜기 재앙은 애굽 역사에서 전례가 없을 정

도로 아주 넓은 지역에 피해를 입혔고 심각했다. 이처럼 엄청난 메뚜기 떼가 나타난 일이 이전 두 세대 동안에도 없었고 후대에도 없었다(14절). 애굽에서 메뚜기의 침입은 아주 무서운 일이기에 농부들은 농작물을 안전하게 지켜달라고 메뚜기 신에게 기도하기까지 했다. 농작물 피해만큼이나 이들의 신이 철저하게 수치를 당했다. "푸른 것은 남지 아니하였더라"(15절).

10:7 어느 때까지 이 사람이 우리의 함정이 되리이까 이번 만남에서 처음에 나왔던 "어느 때까지…"라는 질문은 바로가 보여야 할 바람직한 반응과 관련이 있는 반면에(3절), 지금 나오는 "어느 때까지…"라는 질문은 바로의 신하들이 바로의 비타협적 태도에 조바심친다는 것을 보여준다. 항복하라는 이들의 조언이 최선의 선택이었다. **애굽이 망한 줄을 알지 못하시나이까** 일곱 번째 재앙이 닥친 후 바로의 책사들은 국가의 상태를 부정적으로 평가했고 농작물이 완전히 피해를 입기 전에 실제 상황이 얼마나 절망적인지를 바로가 인정하길 거부하고 있다고 말한다. 이들은 고집스럽게 저항하지만 이성을 모두 잃지는 않았으며, 이번에는 모세의 요구에 말없이 따르는 게 더 지혜롭다는 것을 깨닫는다.

10:8 갈 자는 누구 누구냐 처음으로 바로는 위협적인 재앙이 닥치기 전에 협상하려고 한다. 영리하게도 바로는 이 질문을 통해 이스라엘의 대표자들만, 아마도 남자들만(11절) 나가서 여호와를 섬기면 되리라고 말한다.

10:10 여호와가 너희와 함께 함과 같으니라 냉소적 위협에서 꺾일 줄 모르는 비이성적인 바로의 아집이 드러난다. 애굽 여자들은 종교 행사에 남자들과 함께 참여했다. 그러나 이스라엘의 경우 남자들만 나가면 여자들과 아이들은 사실 이들을 돌아오게 하는 인질이 될 수밖에 없다.

10:11 쫓겨나니라 처음으로 바로는 화를 내며 하나님의 두 대언자를 알현실에서 쫓아낸다.

10:12 우박에 상하지 아니한 밭의 모든 채소를 먹게 하라 바로 앞 재앙 때 하나님은 은혜를 베푸셔서 농작물 피해를 제한하셨다. 이런 제한은 바로와 신하들에게 재앙을 경고하는 장면(5절)과 메뚜기 떼가 미친 해를 묘사하는 장면(15절)에도 나타난다.

10:13 동풍 하나님은 자연 수단인 뜨거운 봄바람, 즉 '시로코'(열풍)를 이용해 메뚜기를 아라비아 반도에서 애굽으로 몰아오셨다.

10:16 급히 바로는 자기 나라가 새 위기를 맞았음을 인식하고 서둘러 아론과 모세에게 자신이 죄를 지었다고 말한다. 그러나 이번에도 발등의 불은 끄고 보자는 임시방편일 뿐이었다.

10:17 나의 죄를 용서하고 이번에도 바로는 자신의 반응을 진심처럼 보이도록 위장하고 모세에게 재앙이 사라지게 기도해달라고 요청한다. 바로는 이번 재앙을 "이 죽음" 또는 '죽음의 재앙'이라 부르는데, 애굽의 상황이 얼마나 심각한지를 강조한 표현이다.

10:19 서풍 기도 응답으로 하나님은 바람이 방향을 바꿔 메뚜기 떼를 쓸어 애굽 밖 동쪽으로 몰아가게 하신다. 메뚜기 떼가 완전히 사라졌다는 점이 강조된다. 애굽에 메뚜기 떼가 하나도 남지 않은 것은 분명 특별한 현상이었고, 이전에 알려진 메뚜기 떼의 침입과는 사뭇 달랐다. 메뚜기 떼가 완전히 사라졌다는 사실은 이 재앙을 일으키신 여호와의 능력을 강하게 일깨워준다.

10:21, 22 흑암…곧 더듬을 만한 흑암이리라 경고 없이 닥친 아홉 번째 재앙에 대한 묘사는 이제 집 밖 출입이 불가능하게 하는 사흘 간의 흑암이 매우 기이한 현상이었음을 보여준다. 이스라엘의 거처에는 빛이 있어 정상적인 생활이 가능했는데, 이로써 이것이 초자연적 재앙이라는 게 강조된다. 따라서 이 흑암을 순전히 캄신(Khamsin), 곧 그 무렵 휘몰아치는 모래바람으로 설명하려고 해서는 안 된다. 그러나 70인역은 히브리어 단어의 뉘앙스를 표현하기 위해 헬라어 단어 셋을 묶어 사용하는데, 둘은 어둠과 관련된 단어이고 하나는 폭풍과 관련된 단어다. 이런 와중에 70인역은 뜻하지 않게 강한 모래폭풍에 신빙성을 부여했다. 이렇게 짙은 어둠으로 매일매일 따뜻함과 햇볕을 준다고 믿었던 태양신 라(Ra)의 성실함이 직격탄을 맞았고 매일 되풀이되는 제사 의식이 중단되었다.

10:24 너희는 가서…너희 어린 것들은 너희와 함께 갈지니라 바로는 여전히 속이고 기만하는 협상 기술을 사용한다. 사람은 가도 좋지만 가축은 이들이 돌아오게 하는 볼모로 두라는 것이다. 바로는 하나님의 명령에 대한 부분적 순종은 수용될 수 없다는 것을 아직 깨닫지 못하고 있다.

10:25 영구적으로 떠나겠다는 게 아니라 하나님을 섬기도록 잠시 광야로 나가게 해달라는 요청이다. 여기에 대해서는 3:18을 보라.

10:28 너는 나를 떠나고…내 얼굴을 보는 날에는 죽으리라 바로의 아집과 저항이 한 단계 높아졌고, 이번에는 모세와 아론을 곧바로 쫓아내면서 죽이겠다고 위협까지 한다.

10:29 내가 다시는 당신의 얼굴을 보지 아니하리이다 모세도 바로의 말에 동의하는데, 바로와는 관점이 다르다. 모든 협상과 요청이 즉시 중단된다. 바로는 열 번째

재앙 후 다시 모세를 부를 테지만(12:31), 그때는 최종적으로 자신의 패배를 인정하기 위해서일 것이다.

11:1-3 여호와께서…이르시기를 '여호와께서…이르셨다'로 읽어야 한다. 삽입 단락에서 내러티브는 흑암이 사흘간 계속될 때 하나님이 모세에게 이미 하신 말씀을 기록하고, 계속될 바로의 소환에 대비해 모세를 준비시키며, 보석을 비롯해 애굽 사람들의 물품을 받도록 이스라엘을 준비시킨다. 여담 하나가 애굽인들의 후대를 하나님의 개입으로 설명해준다(참고. 12:35, 36). 여기에는 이스라엘 지도자에 대한 애굽 지도자들과 백성의 올바른 존경도 포함된다.

11:4-8 모세가 바로에게 이르되 모세는 바로의 위협에 답해 마지막 재앙을 경고하고 크게 화를 내면서 바로 앞을 떠난다. 죽이겠다는 바로의 위협은 하나님으로부터 똑같은 위협을 불러일으킨다. 바로가 이스라엘과 하나님의 대언자들에게 "떠나라"(get out!)고 말했듯이, 애굽인들이 이스라엘에게 "떠나라"고 말할 것이다.

11:4 밤중에 앞선 재앙들에서는 '내일'이라고 날짜가 구체적으로 명시되었으나 이 재앙에서는 다르다. 이 재앙은 모세가 바로와 마지막 대면을 한 날이나 며칠 후에 닥친다. 유월절에 대한 지시(12:1-20)가 흑암이 계속되던 날에 주어진 게 아니라면 특별한 절기를 준비하는 데 최소 나흘, 즉 그달 10일부터 14일까지가 필요했을 것이다(12:3, 6). *8:23에 대한 설명을 보라.* **내가…들어가리니** 물론 하나님은 자신이 선택하신 방법으로 이전 모든 재앙에 개입하셨으나 이번에는 직접 개입한다는 것을 확실히 하려고 자신이 친히(강조하기 위해 인칭대명사를 사용하심) 애굽 땅을 행진하리라고 말씀하신다. 유월절에 대한 지시에서 '내가…하리라'(I will)라는 표현이 반복되는 데 주목하라(12:12, 13).

11:5 장자 장자는 가정과 사회에서 특히 중요한 위치를 차지했는데, 아버지의 유산에서 두 몫을 받을 뿐 아니라 여러모로 특별한 성격을 지녔다(참고. 창 49:3). 애굽에서 장자는 왕좌에 올라 왕조를 계승했다. 종교적·정치적·왕조적·사회적으로 어떤 의미를 덧붙이든 간에 이 재앙의 범위와 강도(애굽 모든 계층의 장자뿐 아니라 그들이 기르는 가축의 만물까지 죽게 됨)는 이 모든 의미를 없애버릴 것이다.

11:6 모세는 이 재앙을 경고하면서 이것은 애굽의 과거 역사뿐 아니라 미래 역사에서도 비슷한 예를 찾지 못할 만큼 무서운 재앙이 될 것이라고 말한다.

11:7 애굽인들의 거주지에서 혼란과 슬픔이 일어나는 것과 대조적으로 이스라엘의 거주지는 평온할 것이다. 개 한 마리도 짖지 않을 만큼 평온할 것이다. 여호와께서 두 민족을 분명하게 구분하셨고, 또 구분하고 계신다는 것은 누구도 부인할 수 없는 사실이다.

E. 애굽 떠날 준비를 하다(12:1-36)

12:1 여호와께서…말씀하시되 이스라엘이 웅장한 피날레, 곧 출애굽을 제대로 준비할 수 있도록 유월절 규정(1-20절) 역시 십중팔구 흑암이 사흘간 계속될 때 주어졌을 것이다. **애굽 땅에서** 나중에 이스라엘이 광야에 있을 때 모세는 이스라엘 종교 월력에서 특별한 유월절의 세세한 규정은 이스라엘이 애굽을 떠난 후에 정해진 다른 모든 절기의 규정과 다르다는 것을 기록해 보여주었다(23:14-17; 신 16:1-8). 유월절은 출애굽 때 일어난 일과 떼려야 뗄 수 없으며, 이런 관계를 절대 잊어버리지 말아야 한다. 유월절은 이스라엘 전통에 지워지지 않도록 새겨졌고, 언제나 애굽에서 구원받은 날을 의미했다.

12:2 이 달 아빕월(유대 월력으로 일 년의 첫 달, 양력 3/4월)은 하나님의 결정으로, 종교 월력의 첫 달이자 이스라엘이 한 민족으로서 삶을 시작하는 출발점이 되었다. 나중에 이스라엘 역사에서, 바벨론 포로기 후 아빕월은 니산월이 된다(참고. 느 2:1; 에 3:7).

12:3-14 유월절의 세세한 규정은 어떤 짐승을 고르고, 언제 그 짐승을 잡으며, 그 피는 어떻게 처리하고, 그 고기는 어떻게 요리하며, 그 부산물은 어떻게 처리하고, 어떤 옷차림으로 먹으며, 왜 '급히' 먹어야 하고, 흘린 피는 무엇을 상징하는가에 대한 설명을 포함한다.

12:5 너희 어린 양은 흠 없고 새끼 염소로 어린 양을 대신할 수 있다. 조금이라도 흠이 있으면 여호와께 드리는 순전하고 온전한 제물로서 부적합했다.

12:6 해 질 때에 문자적으로 '두 저녁 사이에'라는 뜻이다. 일몰과 함께 하루가 시작되었기에 유월절 어린 양은 해 지기 전, 아직 첫 달 열나흘일 때 잡았다. *해 질 때*는 일몰부터 어둠이 내리기 시작할 때까지 또는 해가 기울 때부터 일몰까지를 말하는 것으로 보인다. 나중에 모세는 유월절 어린 양을 잡는 시간을 "초저녁 해 질 때"(신 16:6)로 규정한다. 요세푸스에 따르면 어린 양은 오후 3시에 잡는 게 당시 관례였다. 오후 3시는 그리스도인의 "유월절 양 곧 그리스도께서"(고전 5:7) 십자가에서 숨을 거둔 시간이다(눅 23:44-46).

12:9 날것으로나…먹지 말고 이런 금지는 건강과 관련이 있을 뿐 아니라 이스라엘을 신성한 절기 때 날고기를 자주 먹는 이방 민족들과 구별하는 것이기도 했다.

12:12 애굽의 모든 신을 내가 심판하리라 열 번째 재앙은 애굽의 모든 신에게 내리는 심판이었다. 사람과 짐

승의 만물이 죽었다는 것은 신학적으로 그 의미가 깊다. 다시 말해 다수가 동물로 대표되는 이방 신들은 신봉자들을 이런 전국가적 비극에서 지켜낼 능력이 없다는 뜻이다. 큰 슬픔의 부르짖음(11:6; 12:30)은 애굽 신들의 무능에 대한 한탄이기도 하다.

12:14 이 날을 기념하여 유월절을 어떻게 기념해야 하느냐에 대한 자세한 규정이 제시되는데(14-20절), 장로들에게 지시하는 부분에서 되풀이된다(21-27절). 7일 동안 무교병을 먹도록 규정하고, 집에서 누룩을 치우라고 요구하며(15절), 유교병을 먹으면 죽는다고 엄중히 경고하고(15절), 이레를 특별히 거룩한 날로 정하는데(16절), 이 모두는 이스라엘이 이 사건을 기념하는(기억하는) 게 얼마나 중요한 일인지 보여준다.

12:16 각자의 먹을 것만 갖출 것이니라 *46절에 대한 설명을 보라.*

12:19 타국인 이스라엘의 종교 절기에 비이스라엘 사람들도 참여할 수 있도록 처음부터 준비되었다. 유교물(누룩을 넣어 만든 떡)을 먹지 말라는 규정을 어길 경우 타국인이라도 이스라엘 회중에서 쫓겨날 것이다.

12:22 우슬초 묶음 정확히 어떤 식물인지 알 수 없지만 박하식물이었을 것이다. **문 인방과 좌우 설주** 출입문의 위쪽과 양 옆을 말한다.

12:23 멸하는 자 여호와의 사자일 가능성이 아주 높다(참고. 삼하 24;16; 사 37:36). *3:2에 대한 설명을 보라.*

12:25 가나안 땅에 들어가리라는 약속이 다시 강조된다. 이스라엘은 출애굽을 단지 애굽을 떠나는 것으로 생각지 말고 다른 땅에, 이삭과 야곱을 통해 이어지는 후손을 위한 아브라함 언약의 구체적 내용과 완전히 일치해 자신들의 소유가 될 땅에 들어가기 위해 기존의 땅을 떠나는 것으로 생각해야 한다(참고. 창 17:7, 8).

12:26, 27 매년 유월절에 부모는 자녀한테 유월절의 의미를 가르칠 의무가 있다. 유대인 가정에서 가장 어린 자녀가 애굽에서 처음 먹은 유월절 식사와 관련해 무슨 일이 있었는지 아버지에게 설명해달라고 요청하는 게 관습이 되었다.

12:31 일어나…떠나…여호와를 섬기며 마침내 바로는 "내 백성을 보내라"는 거듭되는 요구에 더는 협상하지 않고 완전히 따르면서 "내 백성 가운데에서 떠나"라고 답한다. 바로의 백성은 더 많이 죽을까 두려워 이에 동의하고 이스라엘에게 빨리 떠나라고 다그치며(33절), 조금도 지체하지 않고 이스라엘을 쫓아낸다(39절).

12:32 나를 위하여 축복하라 의심할 여지없이 바로는 마음으로 회개하지 않았다(14:8). 이런 마지막 요청은 자신이 패했고 모세와 그의 하나님이 승리했으며, 따라서 자신을 축복할 힘과 자원이 있다고 일시적으로 인정하는 것일 뿐이다.

12:36 그들이 애굽 사람의 물품을 취하였더라 참고. 3:20, 21; 창 15:14. 이들은 속여 취하지 않았고 오히려 대놓고 요구했다(참고. 11:2, 3).

이스라엘이 시내 광야로 이동하다 (12:37-18:27)

12:37-18:27 이 단락은 이스라엘이 애굽을 나와 시내산에 이르는 여정을 들려준다.

A. 애굽을 탈출했으나 진퇴양난에 처하다 (12:37-14:14)

12:37 라암셋을 떠나서 숙곳에 이르니 이스라엘이 건축한 도시 가운데 하나가(1:11) 광야를 지나 가나안에 들어가는 여정의 출발지가 되었다. 숙곳은 창세기 33:17에서 '막사'를 뜻하는 곳으로, 야영지로 처음 언급된다. 나중에 요단강 동쪽에 숙곳이라는 마을이 나오지만(참고. 삿 8:5-16), 여기서 말하는 숙곳은 애굽에서 가까운 곳이다(참고. 13:20; 민 33:5, 6). **보행하는 장정이 육십만 가량이요** 싸움에 나갈 수 있는 20세 이상 남자의 숫자다. 이것을 기준으로 전체 인구를 대강 계산하면 200만 명 정도가 된다. 이스라엘은 주전 1875년 야곱과 함께 애굽에 내려갈 때 70명에 지나지 않았으나 주전 1445년 모세와 함께 애굽을 떠날 때는 인구가 폭발적으로 불어나 200만 명에 이르렀다. *1:7에 대한 설명을 보라.*

12:38 수많은 잡족 셈족 계열의 민족들과 다른 인종뿐 아니라 소수지만 애굽인도 이스라엘의 출애굽 대열에 합류했을 것이다. 이들은 승리한 민족과 여호와 하나님의 편에 서기로 선택했으나, 나중에 이들 가운데 몇몇은 모세의 골칫거리가 된다(민 11:4).

12:40, 41 사백삼십 년이라 처음에 아브라함은 자신의 후손이 이방에서 객이 되어 400년을 고생하리라고 들었는데, 여기서 400은 백의 자리에 맞춘 어림수다(창 15:13을 보라).

12:43-51 유월절에 대한 추가 규정이 나온다. 함께 거류하는 타국인은 할례를 받지 않았으면 유월절 식사에 참여하지 못하도록 되어 있다. 비이스라엘 사람들이 유월절 식사에 참여하려면 "본토인과 같이"(48절) 되어야 한다. *예레미야 4:4에 대한 설명을 보라.*

12:46 뼈도 꺾지 말지며 그리스도인의 유월절 어린 양이신 그리스도의 경우(고전 5:7)도 뼈를 꺾지 않았다(요 19:36).

12:50 명령하신 대로 행하였으며 두 가지 경우(28절),

모세는 이스라엘이 여호와의 명령에 답해 완전히 순종했다고 강조한다. 이들이 가까운 미래에 보여줄 불순종과는 대조된다.

12:51 바로 그 날에 새 땅에서 이스라엘에게 특별한 안식일이 되는 날은 본래 이들이 출애굽 여정을 시작한 날이다.

13:2-10 더 나아가 이스라엘의 출애굽을 새 땅에 들어가 정착하리라는 하나님의 약속과 연결 지어 설명한다. 그 땅에서 이스라엘은 매년 7일간 계속되는 이 절기를 지켜 출애굽을 기념해야 했다. 그때 가르칠 기회를 놓치지 말아야 한다(8, 16절).

13:2 처음 난 모든 것은…구별하여 내게 돌리라 사람이든 짐승이든 이스라엘의 처음 난 것(firstborn, 맏물)은 열 번째 재앙에 해를 입지 않았기에 하나님께 특별히 구별해 드리는 게 옳다. "이는 내 것이니라"는 강조체에 주목하라. 이스라엘이 약속의 땅에 들어간 후에 처음 난 수컷을 어떻게 해야 하는가에 대한 법이 뒤따른다(11-16절). 하나님의 이런 요구는 이스라엘이 애굽을 떠나던 날(12:51, "바로 그 날에") 그리고 무교절과 밀접한 관련이 있다(3절의 "그 날"과 4절의 "아빕월 이 날에"). 누가복음 2:7을 보면 그리스도가 마리아의 첫아들로 언급되고 있다.

13:8 내가 애굽에서 나올 때…나를 위하여 하나님이 출애굽을 경험한 1세대에게 하신 일을 개인적으로 적용하고 있다. 후세대는 '우리 민족'이라는 의미에서 '우리가 애굽에서 나올 때…우리를 위하여'라고 말할 수 있지만, 그래도 하나님이 이스라엘 역사에서 이렇게 중요한 날에 행하신 일의 의미는 사라지지 않을 것이다. 처음 난 것(맏물, 장자)에 대한 법도 개인적으로 적용된다(15절, "내가…제사를 드려서 내 아들 중에서…다 대속하리니").

13:9 후세대는 비유적이고 교훈적인 이 표현(참고. 잠 3:3; 6:21)을 실제 성구함으로 구현할 것이다. 여기서 성구함은 가죽으로 만든 작은 기도 상자로, 여기에 끈을 달아 왼쪽 팔과 이마에 맸다. 이 기도 상자에는 특정 말씀(13:1-16; 신 6:4-9; 11:13-21)을 기록한 가느다란 양피지 네 줄을 넣었다. 이 교훈적 어조는 이런 행동을 통해 하나님의 율법이 요구하는 바를 말을 통해 되새겨야 한다는 뜻이다. 이들을 구해내신 하나님은 이들에게 삶의 기준도 제시하신다.

13:12, 15 누가복음 2:23을 보라.

13:17 블레셋 사람의 땅의 길 여행자들이 애굽을 나와 동쪽과 북동쪽으로 향해 갈 때 두 길을 선택할 수 있었다. 하나는 '해변길'이고 다른 하나는 '수르길'이다. 해변길은 가장 가까운 직선 길이었으나 애굽 요새들이 있어 애굽을 드나드는 사람들을 감시할 수 있었다. 또한 조금 더 북쪽에는 블레셋 영토가 있어 군사적 위협을 받을 수 있었다. 이스라엘은 아직 싸울 준비가 되어 있지 않았기에 해변길은 제외되었고, 하나님은 수르길을 선택하셨다(18절; 15:22). 어쨌든 하나님은 모세에게 백성을 곧바로 가나안으로 인도해 들이지 말고 하나님의 산 호렙, 즉 시내산으로 인도하라고 하셨다(3:1, 12).

13:18 홍해 홍해를 다르게 부르면 '갈대 바다' 또는 '파피루스 습지의 바다'이다. 홍해를 건넌 사건과 관련

출애굽 여정의 날짜들

날짜	사건	관련 구절
제1년 1월 15일	출애굽	출 12장
제1년 2월 15일	신 광야 도착	출 16:1
제1년 3월	시내 광야 도착	출 19:1
제2년 1월 1일	성막을 세움	출 40:1, 17
	제단 봉헌	민 7:1
	레위인을 성별함	민 8:1-26
제2년 1월 14일	유월절	민 9:5
제2년 2월 1일	인구조사	민 1:1, 18
제2년 2월 14일	추가 유월절	민 9:11
제2년 2월 20일	시내 광야 출발	민 10:11
제40년 1월	신 광야에 있음	민 20:1, 22-29; 33:38
제40년 5월 1일	아론의 죽음	민 20:22-29; 33:38
제40년 11월 1일	모세의 연설	신 1:3

단어 연구

유월절(Passover): 12:11, 21, 27, 43, 48; 34:25. 문자적으로 '넘어가다' 또는 '뛰어넘다'라는 뜻이다. 유월절은 하나님이 애굽에 내린 죽음의 재앙 가운데서 이스라엘 장자들이 죽음을 면하게 하신 날을 기념하는 절기였다. 여호와께서 유월절 어린 양의 피를 문 인방과 설주에 바른 자들은 "넘어가셨다"(출 12장). 모세 율법이 자세히 규정하듯이, 유월절은 하나님이 이스라엘에게 베푸신 큰 자비를 일깨운다(레 23:5-8; 민 28:16-25; 신 16:1-8을 보라). 신약성경에서 예수님도 제자들과 함께 유월절을 지키셨다(마 26:2, 18). 그리스도는 죄를 위해 자신을 희생제물로 드려 궁극적인 유월절 어린 양이 되셨다(요 1:29; 고전 5:7; 벧전 1:19).

된 다른 지명들의 정확한 위치를 알기 어렵다 보니(14:2을 보라) 홍해를 건넌 위치를 두고 많은 논쟁이 생겼다. 일반적으로 네 가지 주장이 제기되었다. 첫째, 삼각주의 북서쪽이었다. 그러나 이것은 사실상 '해변길'이었을 테고, 마라까지 사흘길은 아니었을 것이다(15:22, 23). 둘째, 수에즈만의 북쪽 끝이었다. 그러나 이곳으로 건너면 수르 광야에 들어가지 못한다(15:22). 셋째, 딤사 호수 부근이나 현재의 멘잘레 호수의 남쪽 인접 지역이었다. 그러나 마라까지는 사흘길이 넘는다. 넷째, 비터 호수 지역이었다. 이는 나머지 모든 후보지와 달리 지리적·시간적으로 만족스러운 조건이었다.

13:19 요셉의 유골 이스라엘은 자신들이 엄숙히 맹세한 의무와 책임을 다하기 위해(창 50:24-26) 요셉의 관을 가지고 나왔다. 약 360년 전 요셉은 하나님이 출애굽을 일으키실 날을 내다보았고, 자신의 유골을 약속의 땅으로 가져가 장사 지내라고 유언함으로써 이스라엘이 애굽을 떠나 가나안에 들어갈 것을 굳게 확신했음을 보여준다(참고. 50:24-26; 히 11:22). 이스라엘은 광야에서 방황하고 난 뒤 요셉의 유골을 세겜에서 최종적으로 장사 지냈다(수 24:32).

13:20 광야 끝 에담에 장막을 치니 이곳의 히브리어 지명은 '요새'를 뜻하는 애굽어 지명 *케템(Khetem)*의 음역일 것이다. 지중해부터 수에즈만까지 일련의 요새가 늘어서 있었다(*17절에 대한 설명을 보라*). 위치를 알 수 없어 정확한 지점을 집어내기가 불가능하지만, 애굽 동쪽 광야(사막) 지역에 인접한 곳이 분명하다.

13:21 구름 기둥…불 기둥 하나님이 이스라엘을 인도하신 수단이다. 기둥은 하나였는데 낮에는 구름 기둥이고 밤에는 불 기둥이었으며(참고. 14:24) 하나님의 사자(14:19; 23;20-23) 또는 하나님의 임재의 사자와 관련이 있었다(사 63:8, 9). *3:2에 대한 설명을 보라*. 하나님은 또한 이 기둥에서 모세에게 말씀하셨다(33:9-10).

14:3, 4 바로가…말하기를…내가 바로의 마음을 완악하게 한즉 바로는 이스라엘의 상황을 계속 파악했고 이스라엘이 방향을 바꿨다는 소식을 듣자 그들이 낯선 땅에서 길을 잃고 광야와 바다와 습지에 갇혔다고 생각했다. 이로써 하나님이 다시 개입하셨고 마지막 대결의 무대, 곧 하나님의 능력이 가장 놀랍게 드러날 무대가 마련되었다.

14:5 우리가 어찌 이같이 하여 애굽인은 마음이 완악해져 최근 일어난 비극에 대한 감성을 모두 잊은 채 이스라엘 노예한테서 얻었던 경제적 이익을 잃은 것을 아쉬워한다. 그래서 이스라엘에게 속히 떠나라고 재촉했던 사람들이 이제 이스라엘을 되돌리려고 한다.

14:7 선발된 병거 육백 대 힉소스 족속이 들여온 병거(전차, 서론의 '저자와 저작 연대'를 보라)가 이제 애굽 군대의 최고 무기가 되었으며 '선발된' 전차들은 최정예 특수부대에 속해 있었다.

14:8 이스라엘 자손이 담대히 나갔음이라 이스라엘은 애굽을 나올 때 자신만만했으나 애굽 군대가 추격해온다는 사실을 알게 되자 몹시 두려워한다(10절).

14:10 여호와께 부르짖고 이스라엘은 처음으로 추격해오는 애굽 군대를 보자 불안에 휩싸여 여호와께 기도했다. 그러나 기도는 곧 모세를 향한 원망으로 바뀌었다.

14:11 애굽에 매장지가 없어서 애굽이 죽음에 지나치게 집착했다는 것과 이들의 다양한 장례 의식에 비춰볼 때 이스라엘이 하는 질문의 씁쓸한 역설은 이들이 속박에서 벗어난 해방감을 아주 쉽게 잊었음을 보여준다.

14:12 우리가 애굽 사람을 섬길 것이라 이스라엘은 고통스러운 노예생활을 쉽게 잊어버렸는데, 이는 "우리가…이른 말이"라는 태도로 나타난다. 이들은 광야에서 죽느니 애굽 사람들을 섬기며 편하게 사는 게 낫겠다고 말하는데, 앞서 이들이 왕궁 알현실 밖에서 모세와 아론에게 보였던 반응을 떠올리게 하는 말이다(5:20, 21).

14:13 너희는 두려워하지 말고 모세의 권고는 이스라엘의 관심을 하나님께로 돌린다. 이들은 하나님의 능력이 극적으로 나타난 것을 이미 보았고, 이제 하나님의 구원을 직접 보고 경험하게 될 것이다. 이스라엘은 그저 가만히 서서 자신들의 하나님이 일하시고 자신들 편에서 싸우시는 광경을 지켜보기만 하면 된다. 모세는 완곡하게 애굽 군사들이 틀림없이 죽으리라고 말한다

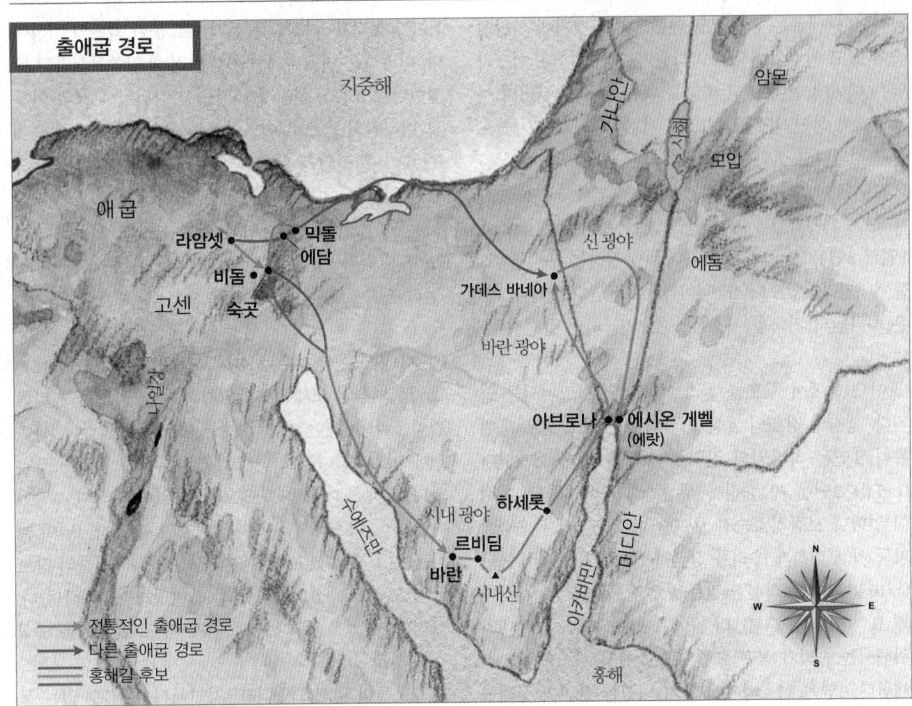

("너희가 오늘 본 애굽 사람을 영원히 다시 보지 아니하리라"). 이스라엘이 두려움을 표현하고 경험한다고 해서 어떤 사람들의 주장처럼 싸움에 나갈 만한 남자가 60만 명이 되지 않았다는 뜻은 아니다. 이스라엘은 제대로 된 훈련을 받지 못했고 변변한 무기도 없었으며 군사적으로 준비되어 있지 않고 전투 경험도 없었기에(13:17), 노련한 바로의 군대와 잘 훈련받은 기동성이 뛰어난 전차 부대의 상대가 되지 못했다.

14:14 여호와께서 너희를 위하여 싸우시리니 이스라엘 역사 내내 이러했고 앞으로도 이러할 것이다(참고. 삼상 17:47; 대하 14:10, 11; 20:15; 시 24:8; 슥 14:3).

B. 홍해를 건너고 기뻐하다(14:15-15:21)

14:15 너는 어찌하여 내게 부르짖느냐…앞으로 나아가게 하고 구원해주겠다는 하나님의 약속이 모든 절망과 무력감을 몰아낸다.

14:16, 17 지팡이를 들고 웅장한 승리의 피날레를 위해, 앞서 애굽에 여러 재앙을 내리는 데 사용했던 지팡이가 이제 홍해를 갈라 계곡을 만들어 이스라엘로 그 사이를 지나가게 할 것이다. 하지만 애굽 군대는 수장될 것이다.

14:19 그들의 뒤로 옮겨 가매 여호와의 사자 그리고 불과 구름 기둥이 이스라엘을 앞에서 인도하다가 뒤쪽으로 옮겨갔는데, 이는 인도자의 역할에서 보호자의 역할로 전환한 것이다. *3:2에 대한 설명을 보라.*

14:21 큰 동풍 하나님이 자연현상을 사용하셨다고 해서 그날 밤 일어난 기적성은 결코 손상되지 않는다. 시편 기자는 이 사건을 가리켜 여호와께서 자신의 힘으로 바다를 가르셨다고 썼다(시 74:13). 바람이 물을 움직여 좌우로 갈라 그 가운데로 길을 냈던 것이다(22절; 15:8; 시 78:13).

14:24 새벽에 세 차례 계속되는 네 시간짜리 밤 경계의 마지막은 해 뜰 무렵에 끝났다(AM 2:00-6:00).

14:24, 25 여호와께서…애굽 군대를 보시고…어지럽게 하시며 여호와는 정확히 무슨 일이 일어나고 있는지 다 아셨을 뿐 아니라(어쨌거나 여호와께서 애굽인의 마음을 완악하게 하여 이스라엘을 추격하게 하셨음) 이들 가운데서 혼란이 일어나게 하셨다. 이들은 좌우에 물이 벽을 이룬 사이로 난 골짜기에 갇혀 완전히 혼란에 빠진 상황에서 여호와께서 자신들의 적을 위해 싸우고 계신다는 것을 인정한다. 이들은 물이 다시 흐르자 휩쓸렸을 뿐 아니라(26-28절) 갑작스러운 억수에 전차를 앞으로 몰지도 못했다(시 77:17-19).

14:29-31 이스라엘과 애굽의 뚜렷한 차이가 또다시

나타난다. 애굽은 완강했고 패했으며 바닷가에 사람이 죽어 있고 여호와께서 승리하셨다고 인정한다. 이스라엘은 해변에 살아 있고 바다를 마른 땅처럼 건너며 여호와께서 하신 일을 인정하고, 여호와와 그분의 종 모세를 경외하고 신뢰한다.

15:1-18 이스라엘이 부르는 노래는 4연(1-5절; 6-10절; 11-13절; 14-17절)과 마침 선언 한 줄로 이뤄진다(18절). 1연과 2연은 적군의 최종 패배를 상징하는 후렴구 "그들이…가라앉았도다(잠겼나이다)"로 끝난다. 3연과 4연은 하나님의 거룩한 처소(성소)를 언급하며 끝난다(13, 17절).

이 노래에서 구조를 살펴보는 것으로 그쳐서는 안 된다. 생각과 강조의 흐름을 살펴보는 것도 실로 흥미롭다. 1연은 하나님의 강력한 승리를 짧게 소개한다(1-5절). 2연은 이 승리를 생생하게 되풀이하고, 대적이 얼마나 보잘것없는지 보여주려고 그들이 복수심에 가득 차 오만하게 승리를 장담하는 모습을 끼워넣는다(6-10절). 3연은 적절한 질문을 던진 후 승리를 간략하게 요약한다(11-13절). 더 나아가 이스라엘을 구해내기 위해서는 승리가 꼭 필요했으므로 여기서는 승리를 소개한다. 4연은 여호와께서 자기 백성을 자신이 정해주신 땅으로 인도해 들이신다고 말하면서, 뒤이어 이스라엘이 강력한 적국한테서 극적으로 구출되었다는 소식에 다른 민족들도 두려워한다고 말한다(14-17절). 끝맺는 줄은 이 모든 것을 이렇게 요약하고 있다. "여호와께서…다스리시도다!" 내러티브 막간은(19, 20절) 노래 뒤에 있는 주제 하나를 상기시키고, 미리암과 그녀가 이끄는 여성 찬양단의 화답 노래를 소개한다(21절).

15:1 내가 여호와를 찬송하리니 이스라엘은 찬송을 1인칭으로 시작해 공동체의 노래를 사실상 개개인과 관련된 노래로 개인화시켰으며, 각자가 여호와의 승리를 외치고 여호와께서 자신들한테 어떤 분이셨는지 선포한다(참고. 2절에서 소유대명사가 사용됨).

15:6 여호와여 1연(1-5절)에 나오는 단도직입적 선언 뒤 노래 나머지 부분에서는 이런 호격 형태의 선언이 아주 적절하게 이어지는데(6, 11, 16, 17절), 관심의 초점이 여호와께서 하신 일과 그분의 개입에 맞춰졌기 때문이다.

15:15 에돔…모압…가나안 에돔과 모압은 요단강 동쪽이고, 가나안 또는 팔레스타인은 요단강 서쪽이다.

15:16, 17 하나님이 700년 전에 아브라함에게 하신 약속을 확신한다는 표현이다(창 12, 15, 17장을 보라).

15:18 영원무궁 하도록 다스리시도다 영원하고 우주적인 하나님의 왕권을 말한다(참고. 시 145:13).

15:20 선지자 미리암은 선지자로 불린 최초의 여성이다. 미리암은 여호와께서 자신을 통해 말씀하셨다고 주장한다(민 12:2). 선지자 미가는 하나님이 모세와 아론과 미리암의 손으로 이스라엘을 구원하셨다고 하는데(미 6:4), 미리암은 이스라엘이 구출되는 사건에서 중요한 역할을 했던 게 분명하다. 미리암 외에 드보라(삿 4:4), 훌다(왕하 22:14), 이사야의 아내(사 8:3), 안나(눅 2:36), 빌립의 네 딸(행 21:9)은 여성으로서 선지자(예언자)라는 존귀한 칭호를 받았다.

C. 시내산으로 이동하며 투덜대다(15:22-17:16)

15:24 백성이 모세에게 원망하여 이스라엘은 승리한 기억을 아주 짧은 시간 내에 잊어버리고 말았다. 사흘 전에 여호와를 찬양하던 노래는 허공으로 사라지고 말았다. 모세에 대한 믿음도 오간 데 없이 사라지고 말았다(14:31). 이스라엘은 얼마 전까지만 해도 하나님이 놀라운 일을 행하셨고 틀림없이 자신들을 자신들의 땅으로 인도하고 계셨기에 찬양받아 마땅하다고 확신했다. 그러나 마실 물을 구하지 못하자 이 모든 확신은 순식간에 사라졌다.

15:25 물이 달게 되었더라 자연에서 마실 수 없는 물을 마실 수 있는 물로 바꿔주는 식물은 없다. 따라서 이것은 하나님이 적대적 환경에서 자기 백성을 돌보려는 자신의 의지와 능력을 나타내신 기적이 분명하다. 마라는 일반적으로 지금의 아인 하와라(Ain Hawarah)와 연결되는 곳인데, 이곳은 지금도 염분이 많아 식수로 부적합하다. **그들을 시험하실새** '어떤 사람이나 사물의 자질, 품질을 검증하기 위해 어려운 환경에 처하게 하는 것'은 히브리어 단어의 의미를 설명하는 하나의 방식이다. 나중에 르비딤에서(17:1-17), 시내 광야에서(20:20), 다베라에서(민 11:1-3; 13:26-33) 하나님은 이스라엘에게 이렇게 하셨다. 그러나 그 누구도 하나님을 시험해서는 안 된다(신 6:16). 하나님의 성품과 행위는 시험이 필요하지 않지만 사람은 검증이 필요하다.

15:26 치료하는 여호와 하나님은 여호와 라파, 곧 치료하는 여호와이시므로 그분의 명령과 인도에 순종하면 애굽에 내렸던 재앙이 아니라 틀림없이 치유가 일어날 것이다. 이 특별한 약속은 그 범위가 이스라엘로, 거의 출애굽 동안으로 제한된다.

15:27 엘림 그다음에 이동을 멈춘 곳으로 지금의 와디 가란델(Wadi Garandel)인데 물이 풍부했다. 하나님은 이스라엘을 제대로 인도하고자 하셨고, 실제로 그렇게 하셨다.

16:1 신 광야 이스라엘이 라암셋을 출발해 숙곳과

그 너머에 이르는 여정에서 진을 친 장소들은 민수기 33:5-11에 더 자세하게 나온다. 이 여정에서 그다음 멈춘 곳은 돕가였다(민 33:13). 이곳을 현대의 데베트 에르 람레(Debbet er Ramleh)로 본다면 시나이 반도의 남서쪽, 엘림과 시내산을 잇는 직선상에 위치한다. **둘째 달 십오일이라** 라암셋을 출발한 지 30일이 지났다.

16:2 온 회중이…원망하여 이스라엘은 전체적으로 이처럼 비관적 태도를 보였다. 광야에서 자원이 부족하자 애굽에서 누렸던 풍성한 자원을 그리워했다. 자신들을 노예로 부렸던 나라가 광야에 비해 좋아 보였던 것이다. 이들은 여호와께서 자신들을 위해 베푸신 기적들을 보고도 이내 불평을 늘어놓는데, 그만큼 기억력이 짧고 자기중심적이라는 뜻이다.

16:3 여호와의 손에 죽었더라면 믿기 어렵겠지만 이스라엘은 불평하면서도 하나님이 자신들의 일에 개입하셨다고 여전히 인정한다. 비꼬는 투로 이들은 애굽에서 죽었더라면 좋았을 것이라고 말한다. 이들은 겨우 한 달 전에 자신들이 노래하고 찬양했던 "주의 오른손"(15:6)이 차라리 애굽에서 자신들을 죽였더라면 좋았을 것이라고 말한다.

16:4 내가…하늘에서 양식을 비 같이 내리리니 하나님은 이스라엘의 불평에 은혜로 응답해 양식을 풍성히 주겠다고 약속하신다. 하나님은 그 양식을 어떻게 모으라는 지시를 통해서도 자신에 대한 이들의 순종을 시험하신다(4, 5, 16, 26-28절). *16:31에 대한 설명을 보라.*

16:5 안식년과 그 이듬해에 규모는 크지만 똑같은 원리로 이스라엘을 먹일 것이다(참고. 레 25:18-22).

16:6 너희가…알 것이요 이스라엘은 불평하는 바로 그날 하나님이 자신들에게 양식을 공급하실 뿐 아니라 누가 자신들을 애굽에서 구해내셨는지, 즉 자신들의 하나님 여호와께서 그렇게 하셨음을 분명하게 상기시키시는 것을 보게 되는데 이스라엘의 기억 상실은 짧은 시간 안에 끝난다(참고. 11, 12절).

16:7 여호와의 영광 이스라엘은 다음 날 여호와께서 일용할 양식을 공급하시는 것과 여호와의 영광을 보게 될 텐데, 여호와께서 하신 일은 그분이 이들과 함께하신다는 것을 보여주므로 영광은 여기서 사용하기에 적절한 단어다. *영광*은 전형적으로 하나님의 드러난 임재를 가리키는데, 하나님의 임재는 그분을 느끼게 하며 예배로 이어진다. **너희가…원망함을** 이 어구는 여호와께서 이스라엘에게 양식을 공급하기 위해 어떻게 행동하실 것인지 말하는 문맥에서 네 차례나 반복되는데(6-9절), 하나님을 향한 이스라엘의 배은망덕한 불평과 대조시킴으로써 하나님의 은혜로운 반응을 강조한다. 이 같은 대조가 시(詩)의 형태로 잘 나타나는 단락을 보려면 시편 78:17-25을 보라.

16:13 메추라기 시편 기자는 '자고새과에 속하는 이 새들'이 실제로 새가 아니었을지 모른다는 모든 의심을 떨쳐낸다. 왜냐하면 시편 기자는 이것들을 "나는 새"라고 불렀으며, 대구법을 이루는 앞 행에서 메추라기를 주신 것을 하나님이 이스라엘에게 "고기를 비 같이 내리시고"(시 78:27)라고 말하기 때문이다. 이전 서식지로 돌아가는 길에 이 철새들은 오랜 비행에 지쳐 땅에 떨어질 때가 많았다. 고대 애굽 그림들을 보면 사람들이 메추라기가 둥지를 튼 수풀에 그물을 던져 메추라기를 잡는 모습이 나온다.

16:16, 32 오멜 2리터가 조금 넘는다.

16:18 바울이 이 진리를 그리스도인의 헌금에 적용하는 고린도후서 8:15을 보라.

16:22-30 엿새 동안 만나를 주시고 일곱째 날에는 전혀 주시지 않음으로써 안식일이 다른 날과 다르다는 것을 매주 가르치셨다. 이로써 이스라엘은 안식일을 지키는 법을 배웠고, 하나님의 명령에 순종하라는 도전을 받았다.

16:31 만나 많이 내린 메추라기(13절)는 이튿날 아침 내린 만나로 무색해졌다. 만나의 형태와 맛에 대해서는 서로 다른 묘사가 있지만(14, 31절), 만나라는 이름은 이스라엘이 했던 질문에서 비롯되었다. '만나'는 이들이 던진 질문 "이것이 무엇이냐"의 옛 형태였다. 시편 기자는 만나를 가리켜 하나님이 하늘의 창을 열고 비같이 내려주신 "하늘 양식"과 "힘센 자의 떡"이라고 했다(시 78:23-25). 만나를 바위에 자라는 이끼류나 곤충이 타마리스크(tamarisk) 덤불에 배설한 작은 알갱이로 보는 주장은 만나가 이후 40년간(35절) 모든 이스라엘의 배고픔을 해결할 만큼 안식일을 제외하고 매일 이끼에 덮인 채 땅에 충분히 내렸다는 것을 전혀 설명해주지 못한다. 만나는 초자연적으로 생산되고 안식일에도 상하지 않도록 초자연적으로 보존되었다.

16:32-36 여호와 앞에 두어 만나 주신 것을 기념할 준비를 한다. 성막이 세워지자 만나 항아리를 언약궤 안에 두었다. 이로써 후세대들은 예배하러 올 때 여호와께서 자기 백성을 성실히 돌보셨음을 떠올리게 될 것이다(참고. 히 9:4).

17:1 르비딤 지금의 와디 레파이드(Waid Refayid)로 추측된다.

17:2 백성이 모세와 다투어 백성은 이번에 모세가 자신들을 물 없는 곳으로 인도한 것에 반발해 그와 다투거나 그를 비난한다. 이들의 반발이 어찌나 강하던지,

성경에 나타나는 선과 악의 순환

큰 선	뒤따르는 큰 악
세상이 창조되었다(창 1–2장).	아담과 하와가 거역해 죄를 지었고, 그 결과는 수치와 두려움, 고통, 수고, 죽음이었다(창 3장).
노아는 하나님 말씀에 순종해 홍수를 준비했고 방주에 들어가 홍수에서 살아남았다(창 6:13–22; 7:23).	노아는 만취해 벌거벗었고, 이로 말미암아 세 아들이 당혹해했으며, 가나안은 저주를 받게 되었다(창 9:20–25).
하나님이 홍해를 갈라 이스라엘을 애굽에서 구해내셨다(출 14:21–31).	이스라엘은 마실 물이 없다면서 불평했다(출 15:22–25).
하나님이 모세에게 십계명을 주셨다(출 20:1–17).	이스라엘이 금송아지를 섬겼다(출 32:1–6).
아론과 그의 아들들이 영적 지도자 역할을 시작했다(레 9:1–24).	아론의 첫째와 둘째 아들이 여호와 앞에 '다른 불'(더러운 불)로 분향했고, 그로 말미암아 죽었다(레 10:1–3).
다윗은 하나님이 자신과 맺은 언약을 확인했다(삼하 7장).	다윗은 밧세바와 간음했고, 그녀의 남편 우리아를 죽음으로 내몰았다(삼하 11:1–27).
엘리야는 갈멜산에서 바알 선지자들에게 승리했다(왕상 18:20–46).	엘리야는 이세벨의 보복이 두려워 도망쳤으며, 하나님이 자신을 돌보지 않는다고 불평했다(왕상 19:1–18).
요나는 이방 도시 니느웨에 회개하라고 선포했다(욘 3장).	요나는 니느웨의 회개에 실망을 표했고, 자신이 위로받지 못한다며 불평했다(욘 4장).
베드로는 예수님이 하나님의 메시아라고 고백했다(마 16:16).	베드로는 하나님의 목적을 와해시키려 한다고 예수님으로부터 책망을 들었다(마 16:22–23).
예수님은 사람들의 환호를 받으며 예루살렘에 들어가셨다(눅 19:28–40).	예수님은 화난 폭도의 요구대로 십자가에 달려 돌아가셨다(눅 23:13–49).
바나바가 밭을 팔아 교회에 후한 헌금을 했다(행 4:36–37).	아나니아와 그의 아내 삽비라는 비슷한 '자선' 행위에서 베드로를 속이려다 하나님께 죽임을 당했다(행 5:1–11).

모세는 이들이 자신을 향해 돌을 던질 것이라고 생각할 정도였다(4절). 이스라엘은 불 기둥과 구름 기둥으로 상징되는 하나님의 인도 없이 르비딤에 온 게 아니다(1절). 하지만 이스라엘은 감정적으로 대응하느라 하나님이 자신들을 인도하신다는 증거가 바로 눈앞에 있음에도 알아채지 못한다.

17:4 모세가 여호와께 부르짖어 지도자는 하나님을 향해 기도하는데, 백성은 지도자를 본받기는커녕 오히려 공격한다. 모세는 이번만 기도한 게 아니다. 기도하고(참고. 15:25; 32:30-32; 민 11:2, 11; 12:13; 14:13, 19) 하나님께 문제와 위기의 해결책을 구하는 것은 그의 삶을 대변하는 특징이다.

17:5, 6 백성 앞을 지나서…내가…네 앞에 서리니 하나님은 모세에게 이렇게 말씀하시는 것으로 지도자 모세의 위치를 굳건히 하시고 자신이 개입해 행동하겠다고 강조하신다. 하나님은 백성이 모세에 쏟아내는 비난과 그 밑에 깔린 자신을 향한 도전에 답하신다(7절). 사실 하나님은 기적적으로 개입하신다.

17:7 맛사 또는 므리바 이곳에 '시험'과 '다툼'이라는 적절한 이름이 붙었다. 이스라엘이 하나님의 기적적인 보살핌과 인도를 경험한 것에 비하면 실망스러운 결말이다(참고. 시 95:7, 8; 히 3:7, 8).

17:8 아말렉이 와서…싸우니라 아말렉 족속은 에서의 손자 아말렉에서 비롯되었으며, 네겝 지역에서 유목민으로 살고 있었다. 이스라엘은 광야의 르비딤에서 이들과 처음 무력으로 맞닥뜨렸다(8-13절; 신 25:17, 18). 그 결과 하나님이 아말렉 족속을 멸하려고 하셨으나(14절; 민 24:20; 신 25:19), 곧바로 그렇게 되지는 않을 것이다(16절). 아말렉 족속은 호르마에서 불순종하는 이스라엘과 싸워 이겼다(민 14:43-45). 사울은 하나님의 명령을 어기고 아말렉 족속을 멸하지 않았다(삼상 15:2, 3, 9). 나중에 다윗은 아말렉 족속과 싸워 이겼다(삼상 30:1-20). 가나안에 남아 있던 아말렉 족속은 마침내 히스기야에게 전멸되었다(주전 716-687년경). 사울 시대의 아말렉 왕 아각의 마지막 후손들이(에 3:1) 에스더와 모르드개 때 바사(페르시아)에서 전멸되었다(주전 473년경, 에 2:5, 8-10절).

17:9-13 이스라엘은 지금까지 환경을 통해 하나님이 양식과 물을 공급하시는 것을 경험했다. 또한 그들은 전쟁을 통해 하나님이 적대적인 이웃을 무찌르신다는 것을 배워야 했다.

17:9 여호수아 여호수아는 모세의 부관 또는 수행비서(24:13; 33:11; 수 1:1)로 이곳에서 처음 등장한다. 여호수아는 여기서 특수부대 지휘관에 임명되는데, 이스라엘의 군사지도자가 되는 과정을 거치는 중이었다. 실제로 이 단계에서 그의 이름은 여전히 호세아였는데, 나중에 가데스에서 가나안 정찰 임무를 수행하기 직전 여호수아로 바뀐다(민 13:16). 이 단계에서 이스라엘은 노련한 군대를 보유하지 못했는데, 군사적으로 잘 훈련되어 있지 않았다. *여호수아서 서론의 저자와 저작 연대를 보라.* **하나님의 지팡이** 모세가 손에 든 지팡이는 마법의 지팡이가 아니었다. 이 지팡이는 전에 하나님이 자신이 택한 지도자를 통해 여러 이적을 일으키시는 데 사용되었고, 하나님은 모세에게 이런 이적들을 미리 알려주셨다. 그러므로 이 지팡이는 하나님의 직접적이고 강력한 개입의 상징이 되었으며, 여기서 올라간 모세의 팔은 하나님을 향한 간구를 상징한다. 모세의 팔이 올라가느냐 내려오느냐에 따라 전세가 달라졌는데, 이것은 군사들이 언덕에 자리한 지도자를 보면서 심리적으로 용기를 얻었다는 차원에 그치지 않을뿐더러 모세가 이들을 위해 중보했다는 차원에 그치지도 않았다. 이것은 이들이 전투에서 승리하려면 자신의 힘과 열정이 아니라 하나님을 의지해야 했다는 것을 보여준다. 이것은 하나님과의 관계와 민족의 안녕, 안전과의 관계에서 모세가 차지했던 위치도 확인시켜 준다. 이스라엘은 자신들의 문제에 격분해 모세에게 불평을 늘어놓았으나, 하나님은 자신이 지도자로 세운 사람을 굳게 붙드셨다.

17:10 훌 갈렙의 아들이자 장인 브살렐의 손자다(참고. 31:2-11; 대상 2:19, 20).

17:14 이것을 책에 기록하여 기념하게 하고…외워 들리라 모세는 바로의 궁정학교에서 글쓰기와 기록 남기기를 배웠을 것이다. 성경 외에 공식적인 히브리 기록들도 보존되었는데, 이 경우에는 특별히 이스라엘이 민족적으로 치른 첫 전투에서 거둔 승리를 기억하기 위해서였다. 하나님은 '책'을 언급하시는데, 따라서 모세는 이미 이 책을 쓰기 시작한 게 틀림없다. 따라서 이것은 나중에 "여호와의 전쟁기"로 알려진 책의 첫 장이 아니었다(민 21:14). 이 전투를 꼭 기록해야 할 필요가 있었는데, 그래야 사실이 검증될 수 있고 사람들의 기억이나 순전히 구전에 의존하지 않아도 되었다. **기억도 못 하게 하리라** 하나님은 이스라엘을 전멸하겠다던 아말렉의 공언을(참고. 시 83:4-7) 아말렉에게 되돌려주신다. 이 판결은 사울과 다윗 시대에 부분적으로 실현되었고(참고. 삼상 15:1-9; 삼하 1:1; 8:11, 12), 그 후 아말렉은 거의 언급되지 않았다. 그러나 사울은 하나님 말씀에 불순종해 아말렉 왕 아각과 그의 몇몇 백성을 살려줌으로써(삼상 15:7-9) 왕위를 잃었다(23절). 사무엘이 아각을 죽였으나(33절), 약간의 아말렉 족속이 살아남았고

몇 년 후에 이스라엘의 남쪽 영토를 공격해 다윗의 가족을 볼모로 잡아가기도 했다(삼상 30:1-5). 다윗은 간신히 피한 400명만 빼고 아말렉 족속을 다 죽였다(삼상 30:16, 17). 후대 에스더 때 아각의 후손 하만이 유대인을 몰살하려고 했다(참고. 에 3:1, 6).

17:15 여호와 닛시 모세는 제단에 여호와 닛시라는 이름을 붙임으로써 여호와가 그 백성의 깃발이라고 선포한다.

17:16 여호와께서 맹세하시기를 이 어려운 히브리어 본문은 "한 손이 여호와의 보좌/깃발 위에/[그것을] 향해/[그것을] 배경으로 있다"(a hand is upon/toward/against the throne/banner of Yahweh)라고 다르게 번역될 수 있는데, 간구나 맹세의 의미를 내포한다. 어느 번역을 선택하든 문맥상의 의미는 분명하다. 계속되는 아말렉 문제는 단순히 한 민족이 다른 민족을 적대적으로 대하는 차원이 아니었다. 이것은 하나님과 아말렉 간의 전쟁이었다.

D. 이드로를 만나 배우다(18:1-27)

18:1 이드로가…모든 일을 들으니라 고대 민족들의 정보 수집 능력을 과소평가해서는 안 된다. 한 지역에서 일어나는 주요 사건이 다른 곳으로 빠르게 멀리까지 전해졌는데, 대부분 비옥한 초승달 지역을 오가는 대상을 통해서나 대사를 비롯해 국가 간의 공식 접촉을 통해 전해졌다. 이드로의 경우 이스라엘의 이동에 대해 어떤 정보를 얻었던 간에 모세가 십보라와 아들들을 미리 처가에 보낸 후 이들에게서 얻은 정보가 이 정보에 덧붙여졌을 것이다(2절).

18:7-12 이드로는 모세의 증언을 듣고 여호와를 찬양하며 제물을 드리는데, 이는 그의 믿음을 보여준다. 더 나아가 그는 어느 누구도 여호와와 견줄 수 없음을 제대로 이해하고 있다(11절). 미디안 제사장 이드로는(1절) 미디안 신들을 섬기지 않는 게 분명하다. 미디안 족속은 일반적으로 우상 숭배자로 여겨졌으므로(참고. 민 25:17, 18: 31:2, 3, 16) 이드로는 동시대 사람들과 확연히 달랐다고 봐야 하는데, 아론과 장로들이 이드로와 함께 제사하고 교제하는 장면이 이런 점을 강조한다(12절).

18:12 하나님께 오경에서 여호와라는 이름은 언제나 이스라엘에게 규정된 제사와 연관되어 사용된다. 따라서 여기서 특히 이드로 자신이 모세의 증언에 답해 여호와라는 이름을 사용한 후에 하나님의 이름이 엘로힘으로 바뀐 것은 분명히 중요한 의미를 지닌다. 그러므로 이드로는 자신의 믿음과 이해를 강하게 선언했지만 그럼에도 믿는 이방인이고 개종자이며 타국인이었다. 이 상황에서 여호와가 이스라엘 그리고 이방 세계와 동시에 연결되는데, 이런 이유로 이스라엘만의 언약적 이름인 여호와 대신에 엘로힘이 사용된다.

18:13-27 이드로의 실질적 지혜는 모세와 이스라엘에게 크게 유익했으며, 오랫동안 위임과 조직 관리의 본보기로 격찬을 받았다. 이는 지금도 다르지 않다. 이드로는 조언하면서 하나님을 말하고 경건한 사람들의 덕을 말하며, 게다가 갓 얻은 믿음을 자신의 생각에 잘 적용하는 존경받을 만한 인물이었다. 실제로 이드로는 모세가 자신의 조언을 실행에 옮기려면 하나님의 허락이 필요하다는 것을 완전히 인정했다(23절). 모세는 이드로의 해결책을 곧바로 실행에 옮기지 않고 율법을 받을 때까지 기다렸던 게 분명하다(참고. 신 1:9-15).

18:21 똑같은 영적 자질이 신약 시대의 지도자들에게도 요구되었다(행 6:3; 딤전 3:1-7; 딛 1:6-9을 보라).

이스라엘이 시내 광야에 진을 치다(19:1-40:38)

19:1-40:38 이 단락은 이스라엘이 약 11개월 동안 시내 광야에 머물 때 일어난 일들을 들려준다(19:1과 민 10:11을 비교해보라).

A. 하나님이 율법을 주시다(19:1-24:18)

19:3-8 전문(3절), 역사적 프롤로그(4절), 조항(5상반절), 축언(5하-6상반절) 등 이스라엘은 비록 축약된 것이기는 했지만 하나님 말씀에 표현된 종주권(주종관계) 계약의 친숙한 형태를 알아차렸다. 회중이 계약을 엄숙하게 수용할 때 일반적으로 최종 계약 문서로 기록되었다. 여기서는 뒤이어 백성에게 계약을 알린다(7, 8절). *24:7에 대한 설명을 보라.*

19:3 산에서 모세가 아직 미디안에 있을 때 여호와께서 그를 보내면서 하신 특별한 약속이(3:12) 마침내 실현되었다. 모세는 백성과 함께 하나님의 산 앞에 있다. **야곱의 집…이스라엘 자손들** 하나님은 자신의 백성을 이렇게 이중으로 부름으로써 이들이 이삭과 애굽에 내려간 야곱을 통해 이어진 아브라함의 후손으로서 시작은 미약하기 이를 데 없었지만 이제 한 민족을 이루었음을 일깨우신다(자손들=백성).

19:4 독수리 날개로 너희를 업어 가장 적절한 은유로, 하나님은 출애굽과 시내산을 향한 여정을 묘사하신다. 독수리는 새끼를 날개로 업어 둥지에서 나와 하늘을 나는 연습을 시키고, 꼭 필요할 때만 펼친 날개로 새끼를 받아낸다. 모세는 자신의 마지막 노래에서 하나님이 이스라엘을 돌보시는 이런 은유를 사용하는데, 특

히 이렇게 하신 이는 오직 여호와뿐이라고 말한다(신 32:11-12).

19:5, 6 하나님은 이스라엘이 순종하고 언약을 지키는 백성이 되어야 한다는 조건을 달아 이들에게 '소유' '제사장 나라' '거룩한 백성'이라는 세 가지 칭호를 주신다. 세 가지 칭호는 이스라엘이 경험할 하나님의 복을 요약한다. 다시 말해 이스라엘은 하나님의 특별한 소유가 되고, 세상에서 하나님을 대변하며, 하나님의 목적을 위해 구별될 것이다. 이 칭호들은 이스라엘을 하나님 자신에게 이끈다는 말의 의미를 민족적·도덕적으로 확대한다. 이 칭호들과 함께 나오는 "세계가 다 내게 속하였나니"라는 말은 하나님의 특별함과 주권을 강조하며, 따라서 이른바 다른 여러 민족의 신들이 하는 모든 주장을 일축시킨 것이라고 이해해야 한다. 이스라엘의 상황에서 이것은 한 신이 다른 신보다 우월하다는 문제가 아니다. 유일한 하나님의 선택과 능력의 문제다. 베드로전서 2:9을 보라. 여기서 베드로는 구속받은 자들로 이뤄지는 영적인 하나님 나라의 의미로 이 용어들을 사용한다.

19:8 백성이 일제히 응답하여 이르되 하나님이 맺으시는 쌍무적이고 조건적인 언약의 세부 사항이 제시되자(5절에 나오는 "너희가…내 언약을 지키면…되겠고"라는 말에 주목하라), 장로들한테서 짧게 전달을 받은 백성은 뜨겁게 반응한다. 이들에 대한 하나님의 반응을 볼 때 이들은 성급하게 약속한 게 아니다(참고. 신 5:27-29).

19:9 너를 영영히 믿게 하려 함이니라 하나님이 모세와 만나기로 계획하신 목적은 모세 자신이 율법을 만들었고 산에서 하나님을 만나지 않았다는 의심을 사전에 차단하기 위해서였다. 또한 이 만남은 이스라엘이 모세를 크게 존경하도록 만들 것이다.

19:10 그들을 성결하게 하며 이스라엘은 이틀 동안 특별히 준비해야 했으며, 이 단계는 이들에게 중요했다. 하나님을 만나기 위한 내적 준비가 몸을 깨끗이 유지하는 외적 행동으로 나타났다.

19:12, 13 하나님은 산 둘레에 정하신 경계를 멋대로 침범하는 자는 반드시 죽으리라고 말씀하신다. 거룩한 하나님께 나아갈 때 적절한 방법으로 나아가야 한다는 것을 분명하게 강조한다. 이 거룩한 경계 안에는 짐승도 들어가지 못하도록 해야 한다(참고. 히 12:20).

19:15 여인을 가까이 하지 말라 이들을 의식적으로 깨끗하게 하기 위해서다(레 15:16-18을 보라).

19:16 우레와 번개 두꺼운 구름, 나팔 소리와 함께 산에서 하나님의 임재가 극적이고 가시적으로 나타나자 지켜보던 백성은 하나님의 위엄과 능력에 감동하는 데 그치지 않는다. 백성이 떨고 모세도 떤다(히 12:21). 어떤 저자들의 주장처럼 화산 활동의 일상적 현상이 아니라 특별한 일이 일어나고 있었다.

19:24 제사장들 아직 율법을 받지 않았기에 이스라엘에는 제사장 제도가 없었다. 이 제사장들은 여호와께 드려졌기에 각 가정에서 제사장 역할을 하는 장자가 틀림없다(참고. 13:2; 24:5). 나중에 레위 사람들이 이들의 자리를 대신한다(민 3:45).

20:1 이 모든 말씀으로 모세는 이스라엘이 따라야 하는 계명의 핵심을 "십계명"이라고 부른다(34:28; 신 4:13). 모세는 하나님이 이 모든 말씀을 직접 하셨다고 강조한다(참고. 신 5;12, 15, 16, 22, 32, 33). 따라서 이스라엘이 주변 민족들한테서 법률 패턴이나 개념을 빌려왔다는 이론은 받아들일 수 없다.

20:3-17 역사적 프롤로그(2절) 다음에 이어지는 십계명은 2인칭으로 주어지는 계율이나 직접 명령의 형식을 띤다. 당시 이런 형식은 상당히 이례적이었다. 고대 근동의 법전은 대부분 3인칭으로 '…하면 …하라'(if…then)는 조건법 형태를 띠었으며, 해당 범죄 뒤에는 취해야 할 조치나 시행해야 할 형벌 규정이 따랐다. 십계명은 크게 두 범주로 나뉜다. 첫째는 수직관계, 즉 사람과 하나님의 관계를 다룬다(2-11절). 둘째는 수평관계, 즉 사람과 공동체의 관계를 다룬다(12-17절). 둘째 범주는 간결한 금지 규정이 특징이며, 한 계명만 예외적으로 명령에 설명이 추가된다(12절). 첫째 범주는 금지 규정에 설명이나 이유가 덧붙는 게 특징이다. 십계명으로 진정한 신학과 진정한 예배, 하나님의 이름, 안식일, 부모 공경, 삶, 결혼생활, 재산, 진실, 덕이 잘 보호받게 될 것이다. *24:7에 대한 설명을 보라.*

20:3 나 외에 '내 맞은편에'라는 뜻으로, 뒤이은 몇 절에 비춰볼 때 가장 적절한 표현이다. 모든 거짓 신은 참 하나님과 맞서며, 거짓 신과 하나님을 함께 섬길 수가 없다. 이스라엘은 홀로 참된 하나님을 섬기는 데서 떠날 때 종교적 혼란에 빠진다(삿 17; 18장).

20:4-6 유일한 하나님을 섬기는 적합한 형태나 방식은 하나님의 어떤 피조물로도 그분을 표현하거나 그려내려는 시도를 일절 금한다. 이는 예술적 표현을 완전히 금한다는 말이 아니다. 우상숭배와 거짓 예배를 금한다는 말이다. 이 규정을 어기면 후세대에게 심각한 영향이 미치게 된다. 하나님은 완전하고 독점적인 헌신을 요구하시는 분, 질투하는 하나님이기 때문이다(참고. 34:14; 신 4:24; 5:9). 인간이 만든 표현물을 숭배한다면 참 하나님을 미워하는 것과 다르지 않다.

20:5, 6 삼사 대까지…천 대까지 모세는 자녀들이 부

모세의 생애
대해
애굽
나일강
테베
수에즈만
시나이 반도
시내산?
아카바만
미디안
가나안
느보산
1. 모세는 애굽에서 레위 지파에 속하며 노예인 부모한테서 태어나 바로의 왕궁에서 지냈고, 아마도 테베에서 자라고 젊은 시절을 보냈을 텐데, 애굽인 감독을 죽인 후 미디안으로 도망친다(출 2:1-22).
2. 미디안에서 목자로 40년을 보낸 후 떨기나무 불꽃 가운데 나타나신 하나님을 극적으로 만난다(출 3:2-4; 행 7:29, 30).
3. 애굽으로 돌아와 하나님의 백성을 노예 상태에서 구해내어 시나이 반도로 알려진 광야로 인도한다(출 13-19장).
4. 십계명을 비롯해 율법을 시내산에서 하나님께로부터 직접 받는다(출 19; 20장).
4. 이스라엘 백성이 40년간 광야를 방황하면서 가나안 땅에 들어갈 수 있도록 하나님의 손에 준비되는 동안 이들을 이끈다(민 14:20-34).
5. 여호수아를 후계자로 세우고, 느보산에서 가나안을 건너다보며 죽는다(민 27:18, 23; 신 34:1-9).

모의 죄 때문에 벌을 받지 않으리라고 분명히 밝히지만(신 24:16; 겔 18:19-32을 보라), 자녀들은 부모 세대가 하나님의 법을 어긴 영향을 불순종한 결과로, 하나님을 미워한 자연스러운 결과로 느낄 것이다. 이런 환경에서 자란 자녀들은 비슷한 우상숭배를 받아들이고 이를 실행에 옮기며, 따라서 미움 가득한 불순종을 스스로 표현하게 된다. 결과의 차이는 경고와 동기부여의 역할을 한다. 불순종한 세대가 미치는 악영향은 아주 깊어 되돌리는 데 여러 세대가 걸렸다.

20:7 이름을 망령되게 부르지 말라 하나님의 이름을 그분의 성품이나 행위를 헐뜯는 식으로 사용한다면 그분의 이름을 불손하게 잘못 사용하는 것이다. 하나님의 이름이 적법하게 거명된 맹세를 지키지 않는다면(참고. 22:10, 11; 레 19:12; 신 6:13) 자신의 결백을 강화하려고 사용했던 하나님의 이름을 더는 염두에 두지 않는 게 분명하기 때문에 하나님의 존재를 의심하는 것이 된다. 그러나 교회 시대의 신자들은 자신의 의도와 신뢰성을 검증하려고 하나님의 이름을 사용할 필요가 없었다. 어떤 경우라도 '예'는 '예'라는 뜻으로 말하고 '아니오'는 '아니오'라는 뜻으로 말함으로써 자신의 삶으로 진실을 드러내야 하기 때문이다(마 5:37; 약 5:12).

20:8 안식일 참고. 31:12-17. 매 일곱째 날은 여호와께 속하므로 일하지 말고 안식을 위해, 여호와를 예배하는 시간으로 구별된(즉 거룩한) 날이어야 한다. *안식일*(*Sabbath*)은 '일을 쉬거나 그치다'라는 말에서 나왔다. 안식일을 이처럼 특별하게 지키는 역사적 배경에 창조 주간이 있다. 인간의 한 주는 창조의 한 주를 닮았다. 안식일마다 예배자는 자신이 찬양하는 하나님이 존재의 양쪽 영역에서 하루가 24시간인 엿새 동안 모든 것을 창조하셨음을 상기해야 한다. 그러므로 안식일은 거짓 종교에 팽배한 진화 사상을 반박하는 역할도 한다. 모세는 십계명을 다시 말하면서 안식일 준수를 이스라엘의 출애굽과도 연결하며, 이것이 이스라엘이 안식일을 지켜야 하는 이유라고 분명하게 밝힌다(신 5:12-15). 나머지 아홉 계명과 달리 안식일 계명은 신약에서 되풀이되지 않는다. 사실 안식일 계명은 폐기되었다(참고. 골 2:16, 17). 모세가 이끌던 당시 이스라엘에게 속했던 안식일이 교회 시대의 신자에게는 적용될 수 없다. 교회 시대의 신자는 새 질서 속에 살기 때문이다.

20:12-16 참고. 마태복음 19:18-19; 마가복음 10:19; 누가복음 18:20.

20:12 네 부모를 공경하라 사회 안정의 열쇠는 부모를 공경하고, 부모의 권위를 존중하는 것이다. 첨부된 약속은 일차적으로 이 계명을 약속의 땅에서 누리는 생명과 연결하며, 하나님이 자신과 자기 백성을 위해 세우신 계획을 이스라엘에게 상기시킨다. 이스라엘 영토 안에서 하나님은 이들이 청소년 범죄를 용인하지 않길 기대하시는데, 청소년 범죄는 부모와 부모의 권위를 공공연히 무시하는 것이기 때문이다. 가혹하다고 생각할 수도 있지만 사형이 적용될 수 있다(참고. 신 21:18-21). 바벨론 포로기를 겪은 한 가지 이유는 부모를 공경하지 않았기 때문이다(겔 22:7, 15). 사도 바울은 이 계명을 동시대의 신자들에게 적용할 때 이런 민족적 약속을 개별화시킨다(참고. 마 15:4; 막 7:10; 엡 6:1-3).

20:13-15 참고. 로마서 13:9.

20:13 살인하지 말라 하나님은 모든 고의적 살인자에게 되돌릴 수 없는 사형선고를 내리시는데(참고. 21:12; 민 35:17-21), 고대 근동의 문헌이나 법전에서 유사점을 찾아볼 수 없는 부분이다(참고. 창 9:5, 6). 더 나아가서 인간 생명의 신성함이 비고의적 살인자를 다루는 구

십계명

계명	구약의 진술	구약의 사형 규정	신약의 재진술
1계명 다신론	출 20:3	출 22:20; 신 6:13-15	행 14:15
2계명 형상 조각	출 20:4	신 27:15	요일 5:21
3계명 모독(저주)	출 20:7	레 24:15, 16	약 5:12
4계명 안식일	출 20:8	민 15:32-36	골 2:16 폐기
5계명 부모 순종	출 20:12	출 21:15-17	엡 6:1
6계명 살인	출 20:13	출 21:12	요일 3:15
7계명 간음	출 20:14	레 20:10	고전 6:9, 10
8계명 도둑질	출 20:15	출 21:16	엡 4:28
9계명 거짓 증언	출 20:16	신 18:16-21	골 3:9, 10
10계명 탐욕	출 20:17		엡 5:3

절에서 두드러지게 나타난다. 비고의적 살인자는 대제사장이 죽을 때까지 도피성에 피해 지냄으로써 죽음을 면할 수 있다. 모세가 사용한 단어를 주의 깊게 살펴보면 알 수 있듯이(모세는 죽임을 뜻하는 히브리어 단어 일곱 가운데 하나를 사용하는데, 이 단어는 구약성경에서 47회만 사용됨), '죽이다'(to kill, slay)란 단어는 폭넓게 번역될 수 있지만 살인자가 고의적이든 비고의적이든 간에 법조항에 대해 책임을 져야 하는 법적 체계 아래서 생명을 취했다는 뜻이다. 이 계명을 통해 이스라엘은 생명과 관련된 문제를 신중히 다루고 그 누구도 개인 대 개인으로, 자기 손으로 생명을 취해서는 안 된다는 것을 기억해야 한다. *21:12-14에 대한 설명을 보라*(참고. 마 5:21; 약 2:11).

20:14 간음하지 말라 남자와 여자 양쪽 모두에게 적용되는 이 계명은 신성한 부부관계를 보호한다. 하나님은 남자와 여자를 창조하실 때 부부관계를 제정하셨고(창 2:24), 땅을 채우는 수단으로써 이 관계에 복을 주셨다(창 1:28). 부부관계에서 배신하면 그 벌은 죽음이다(레 20:10). 간음은 "큰 죄"(창 20:9), "큰 악을 행하여 하나님께 죄를" 짓는 것으로도 불렸다(참고. 창 39:9; 마 5:27; 약 2:11).

20:15 도둑질하지 말라 타인의 물건이나 재산을 부정직하게 취하는 모든 행위는 사회 안정의 주요 원리인 사유재산권을 크게 침해하는 것이다. 도둑질은 자기 백성에게 풍성히 주시는 의심할 여지없는 하나님의 능력을 의심하는 행위다.

20:16 거짓 증거하지 말라 그 어떤 증언도 진실하지 못하면 정의를 세우지 못한다. 실제적으로 모든 사회가 이 원리를 인정했으며, 법정에서 모든 증인은 진실만을 말해야 한다.

20:17 탐내지 말라 마음의 생각과 바람에도 주목하고 있다. 타인의 소유를 취하려는 강한 열망은 옳지 못하다. 제10계명은 앞선 아홉 계명 가운데 어느 하나도 내면의 생각과는 무관한 외적 행위에 불과하지 않음을 보여준다(참고. 마 15:19; 롬 7:7; 13:9).

20:18 떨며 멀리 서서 백성은 이런 신의 현현, 곧 하나님이 산에서 나타나시는 사건에 수반되는 일련의 현상에 두려워하며 뒷걸음질을 친다. 이들은 본능적으로 모세를 자신들과 하나님 사이의 중보자 위치에 세우는데, 자신들과 거룩하신 하나님 사이의 간극이 너무 커서 그분을 직접 상대하다가 죽을까 봐 두려웠기 때문이다(19절).

20:19 하나님이 우리에게 말씀하시지 말게 하소서 백성은 목숨을 잃을까 봐 두려워 모세에게 자신들의 중보자가 되어달라고 요청한다(참고. 히 12:18-21).

20:20 이런 현상에 두려워하지 말라는 지시와 함께 백성은 적절한 두려움, 곧 하나님에 대한 경외와 공경이 죄를 억제시킨다는 말도 듣는다.

20:22-26 제사와 제물, 제단에 대해 이스라엘은 알고 있었으며 이미 몇몇 예배 의식의 일부가 되었다. 흙 제단이든 돌 제단이든 간에 더 구체적인 무엇인가를 상징하도록 만들어졌다는 낌새가 조금도 없어야 한다. 따라서 축조 형태와 방법에 대한 규정은 적절한 예배를 드리도록 확실히 보장해줄 것이다. 레위기 1-7장은 모세가 제시한 여러 제사를 소개한다.

21:1 법규 제시된 결의법(사례법)과 필연법(직접 명령)의 결합이며, 십계명의 자세한 확대 사례, 곧 이스라엘의 민사 분쟁을 판결하고 해결하는 틀이다. 이런 결합은 이스라엘 율법이 고대 근동의 여러 법전 가운데 아주 특별하다는 사실을 말해준다. 나중에 어느 특별한 의식에서 하나님은 이런 법규를 '언약서'라고 명명하신다(24:7).

21:2-11 종이 6년을 섬기고 나면 스스로 영원히 종이 되기로 선택하지 않는 한 그에게 자유를 주어야 한다. 그러나 종신토록 종이 되겠다는 선택은 강제가 아니라 사랑에서 비롯되어야 한다(5절). 히브리 사람이 히브리 사람에게 원치 않는데도 종신토록 종이 되는 것은 이스라엘 사회에 분명히 바람직하지 않으며 그런 사례도 없었다(참고. 레 25:39-55). 여종들을 적절하게 대하라는 규정도 마련되었는데, 여종들이 주인의 잘못된 행위 때문에 비참한 지경에 빠지도록 방치해서는 안 된다.

21:12-14 사람이 사람이나 짐승에게 상해를 입은 경우와 관련된 법에(15-36절) 앞서 가장 심각한 상해, 곧 살인에 대한 법을 제시한다. 사형은 고의적 살인자에게만 적용되고(20:13을 보라) 비고의적 살인자는 정해진 곳으로 추방해야 하는데, 나중에 하나님은 이곳을 도피성으로 정해주신다(참고. 민 35:6-24; 신 19:1-3). 계획 살인의 경우 살인자를 조금도 보호하지 않는다. 과실치사는 사람이 계획한 게 아니라 하나님이 일어나게 두신 것이다. 이런 경우 율법은 살인자를 보호하지만 그를 고향이나 복수심에 불타는 친지로부터 대부분 평생 격리시키는데, 비고의적 살인자는 대제사장이 죽을 때까지 보호지를 떠나지 못하기 때문이다(민 35:25, 28).

21:15, 17 신체적 학대나 언어적 학대로 나타나는 부모를 무시하는 처사는 아주 심각하기에 중범죄로 분류된다. 제5계명은 심각한 문제였다. 다른 고대 법률들, 예를 들면 함무라비 법전도 부모의 권위를 존중하라는 의미에서 엄한 벌을 규정하지만 사형을 적용하지는 않

었다.

21:17 참고. 마태복음 15:4; 마가복음 7:10.

21:20, 21, 26, 27 종들을 벌하는 것은 주인의 권리지만(잠 10:13; 13:24) 폭력은 허용되지 않았다. 종이 죽으면 재판관들은 형벌이 적절했는지 판결해야 한다(20절). 종이 벌을 받고 며칠간 살아 있다가 죽으면 주인이 종을 죽일 의도가 없었던 게 분명하므로 형벌은 종을 잃은 것으로 충분하다(21절). 죽음에 이르지 않도록 종을 때리는 것은 살인 문제가 아니라 징계 문제로 해석된다. 종에게 영구적 신체장애를 입혔다면 주인은 종을 풀어줌으로써 재산상의 손실을 감수해야 한다. 종에 대한 주인의 권리는 이처럼 제한되었으며, 이런 점에서 이 법은 고대 세계에서 전례를 찾아볼 수 없다.

21:22 사고로 조산(早産)을 일으킨 경우 산모나 아기가 아무 해를 입지 않았더라도 배상해야 한다. 재판관들은 손해 배상이 적절하게 이뤄지고 복수심에서 처리되지 않도록 법적 절차를 밟아야 한다.

21:23, 24 참고. 레위기 24:19, 20; 신명기 19:21. 산모나 아기가 해를 입은 경우 복수의 원리, 곧 *동해복수법*(*lex taliones*)이 적용된다. 형벌은 피해자가 입은 손상과 같은 수준이어야 하지 결코 넘어서서는 안 된다. 이 법은 비고의적 학대를 태만 죄로 처벌해 임산부의 안녕을 보호한다. 낙태 논쟁에 있어 상당히 중요한 의미를 가지는 것으로 태아를 인격체로 여긴다. 따라서 아기(태아)가 죽거나 다치는 경우 가해자는 책임을 져야 한다.

21:24 참고. 마태복음 5:38.

21:30 가축이 사람을 죽이거나 다치게 한 경우 주인에게 책임이 있다. 주인은 가축을 소홀히 한 죄가 있으나 고의적 범죄를 저지른 것은 아니므로 배상하면 사형을 면할 수 있다. 이번에도 재판관들이 개입해 복수심에서 처리되지 않도록 해야 한다.

21:32 **세겔** 한 세겔은 약 11.42그램으로, 30세겔은 약 343그램이다. 그리스도는 노예를 사고파는 값에 배신을 당하셨다(슥 11:12, 13; 마 26:14, 15).

22:3 **해 돋은 후에는** 집주인이 도둑에 맞서 취하는 행동이 범죄가 되는지는 도둑이 침입한(문자적으로 흙벽을 '뚫고 들어오다'는 뜻임) 시간이 밤이냐 낮이냐에 따라 결정된다. 밤에는 침입자의 의도를 낮만큼 신속하게 파악할 수 없을뿐더러 누군가 깨어 있어 도움을 줄 수 있는 상황도 아니다.

22:11 **여호와께 맹세할 것이요** 추측건대 잃어버린 물건 때문에 분쟁이 벌어진 당사자를 하나로 묶고 더는 법적 행동을 취하지 못하게 하는 무죄의 맹세일 것이다.

22:16 **꾀어 동침하였으면 납폐금을 주고** 남자가 혼전 성관계에 책임이 있기에 피해자는 남자에게 이용을 당했다고 여긴다. 따라서 남자가 값을 지불해야 한다(참고. 신 22:22-29).

22:18 **무당** 점을 치고 비술을 행하는 여자를 말한다.

22:19 가나안 문화는 수간(獸姦)이 꽤 널리 행해질 만큼 성적으로 크게 타락했다(참고. 레 18:23, 24). 예를 들면 히타이트(헷) 법은 특정 짐승들과 동거하는 것까지 허용했다.

22:20 **멸할지니라** 문자적으로 '진멸하다' 또는 '신성한 쓰임에 바치다'라는 뜻인데, 이 경우는 죽음을 의미한다(참고. 수 7:2 이하).

22:22 **과부나 고아** 하나님은 대부분 아무에게도 보살핌을 받지 못하는 과부와 고아에게 특별한 관심을 보이신다. 또한 하나님은 이들을 학대하고 착취하는 자들에게 특별한 반응, 곧 진노를 보이신다. 이런 진노는 자주 군사적 침입으로 표현되는데, 칼이 학대자의 가족에게 임해 그들을 배우자나 부모가 없는 똑같은 상태로 전락시킨다.

22:25 **이자** 가난하고 도움이 필요한 자들에게 관심을 보이는 한 가지 방법은 이들에게서 이득을 취하지 않는 것이다. 이자를 받는 것은 허용되지만(레 25:35-37; 신 23:19, 20; 24:10-13), 이자율이 과도하다거나 채무자에게 고통을 더하는 경우에는 허용되지 않는다. 시편 기자는 의인을 과도한 이자를 받지 않고 돈을 빌려주는 사람이라고 규정한다(시 15:5).

22:28 사도행전 23:5을 보라. 여기서 바울은 자신이 말하는 대상이 누군지 알지 못한 채 분명히 이 법을 어겼다.

22:31 **너희는 내게 거룩한 사람이 될지니** 이 모든 법과 규정은 이스라엘을 단지 이름만이 아니라 행동 면에서도 구별된 민족이 되게 했다. 이스라엘은 여호와의 장자(4:22), 그분의 소유, 왕 같은 제사장, 거룩한 나라로 특별히 부르심을 받았기에(19:5, 6) 윤리적으로 의로워야 한다. **찢긴 동물의 고기를 먹지 말고** 다른 동물에게 찢겨 죽어 들판에 버려진 짐승의 고기는 부정한 육식동물이나 벌레와 접촉되고 피를 제대로 빼지 않아 부패해 부정하다고 여겨진다. 구별된 생활방식은 자신이 먹을 고기를 어디서 어떻게 얻느냐를 비롯해 삶의 모든 부분에 영향을 미친다.

23:1-9 그 외에 다양한 법 목록으로 모두에게 공정하고 공평한 정의를 보호하는 규정을 포함하고 있다. 위증, 분별없이 다수 따르기, 편들기, 뇌물 수수는 모두 진정한 정의를 훼손한다. 공정한 태도는 타인의 가축이

위험에 처했을 때 친구든 원수든 상관없이 도와주는 것도 포함된다. 도와주지 않으면 그 주인의 생계가 위태롭게 되는데, 이는 공동체에서 일어나서는 안 되는 일이다.

23:10, 11 일곱째 해 여섯 해 동안 경작한 후 일곱째 되는 해에 휴경하면 땅과 가난한 사람들 양쪽 모두에게 이롭다. 이런 휴경 사이클은 이스라엘에만 있었던 것으로 보인다.

23:13 다른 신들의 이름이 기억되지 않을 정도로 우상숭배를 피해야 한다. 이 규정은 다른 민족과의 통혼을 금지하는 역할도 한다. 결혼 계약에서는 양쪽의 신을 인정하는데, 이렇게 되면 하나님을 이방 신들과 동등한 수준에 두게 되기 때문이다.

23:14-19 모든 남자는 특별한 세 절기에 중앙 성소를 찾아야 한다는 규정은 민족을 사회적·종교적으로 하나로 묶는 효과가 있었을 것이다. 이들은 자신들이 성막으로 순례를 떠나는 동안 하나님이 자신들의 토지를 지켜주시리라 믿어야 한다(참고. 34:23, 24). 세 절기 모두 즐거운 축제이며, 각각 출애굽을 기념하고(무교절), 하나님이 주신 모든 곡식에 대해 그분께 감사를 표현하며(맥추절), 마지막 추수에 대해 감사하는 날이다(수장절). 둘째와 셋째 절기는 칠칠절(34:22), 초실절(34:22; 행 2:1), 초막절(레 23:33-36) 등 다른 이름으로도 불린다. 자세한 논의는 레위기 23:1-24:9; 민수기 28; 29장; 신명기 16장을 보라.

23:19 염소 새끼를 그 어미의 젖으로 삶지 말지니라 라스 샴라(Ras Shamra, 고대 우가릿)에서 이뤄진 발굴에 따르면 가나안 문화는 제사용 새끼 염소를 젖에 삶도록 규정하지만 어미의 젖이라고 분명하게 규정하지는 않는다. 이것이 사실이라면 이스라엘이 이교도의 우상숭배 의식을 따르지 못하게 한 것은 이해가 된다. 또 다른 설명은 이것이 죽은 새끼 염소를 그 새끼의 생명을 유지시켰던 바로 그 물질에 삶는 행위이기에 금지되었다는 것이다. 더 많은 고고학적 정보가 나올 때까지 구체적인 종교적·문화적 이유는 여전히 추측에 머물러 있을 뿐이다.

23:23 내 사자 일반적으로 여호와의 사자를 가리킨다고 보는데, 그 자신을 또 다른 인격체로 말씀하시는 여호와와는 구별된다. *3:2에 대한 설명을 보라.* 그러나 그는 죄를 용서하고 자신 속에 여호와의 이름이 있다는 점에서 여호와와 동일시된다(21절). 모세를 비롯해 그 어떤 메신저나 길잡이에 대해서도 이렇게 표현할 수는 없다. 장차 가나안 정복을 시작할 때 승리의 열쇠는 이스라엘의 군사력에 있지 않고, 성육신하기 이전의 그리스도인 이 사자가 함께하느냐에 달려 있었다.

23:24 주상을 부수고 앞 절에서 언급한 족속들한테서 가나안 땅을 취하면 이방 산당들의 표석을 절대로 그냥 두어서는 안 된다.

23:25, 26 올바른 예배에는 합당한 상급이 따르는데, 여기에는 풍성한 수확과 풍족한 물뿐 아니라 다산과 안전한 임신을 비롯해 육체적 건강도 포함된다.

23:28 왕벌 두려움을 일으키는 하나님의 능력을 말하는 비유적 표현으로 "내 위엄"(27절)과 병행을 이루는데, 이런 두려움은 하나님이 '[나의] 사자'가 가나안 정복에서 길잡이가 되기 때문에 나타나는 결과가 분명하다(23절). 하나님은 가나안 정복을 고대하는 이스라엘에게 한 가지 더 상기시키시는데, 승리는 이스라엘 혼자의 노력이 아니라 하나님께 달려 있다는 것이다. 두려움과 공포는 요단강 서안과 가나안에서 거둔 여러 승리에서 중요한 역할을 한다(민 22:3; 수 2:9, 11; 5:1; 9:24). 이것은 비유적 표현이 아니라는 견해가 있는데, 여기서 벌이나 말벌은 애굽 바로들의 전령을 상징하며 이들이 매년 가나안을 군사적으로 꾸준히 공격했고 하나님이 이들의 공격을 섭리에 따라 이용해 이스라엘이 들어가기 전 가나안을 약하게 만드셨다는 것이다.

23:29, 30 가나안 정복은 일 년 넘게 걸리는 점진적이고 효과적인 과정인데, 전면적 파괴 전쟁으로 가나안을 황폐화시키지 않고 그 땅을 좋은 상태 그대로 완전히 지배하는 것이다. 땅을 버려두고 경작하지 않더라도 땅이 비옥해 각종 야생의 열매를 내고 들짐승이 이것을 먹고 살 수 있음을 강조한다.

23:31 내가 네 경계를…정하고 하나님은 그 땅의 범위를 자세히 기술하신다. 이런 땅의 경계만으로도 그 범위를 알기에 충분하다. 아카바만에서 지중해까지, 네겝 지역의 광야(사막)에서 북쪽 경계의 강까지다.

23:32 언약하지 말라 동등 계약이나 종주권 계약을 수반하는 국제외교는 이스라엘이 약속의 땅 경계 내에 거주하는 족속들을 상대할 때는 선택 가능한 사항이 아니다(신 7:1, 2). 이런 모든 계약은 상대 민족이 섬기는 신들의 이름을 수반하므로 이들과는 계약(언약)을 맺지 말고 이들의 신들을 섬기지도 않으며 오히려 이들에게 의무를 부과하는 게 적절하다. 이스라엘에게 주신 땅의 경계 밖에 사는 민족들의 경우는 이와 다르다(참고. 20:10-18).

24:4 열두 기둥을 세우고 이교도의 표석들과 달리(23:24), 이 기둥들은 열두 지파를 상징해 세웠고 모세가 언약 비준 의식을 준비하려고 세운 제단 곁에 위치했다. 그러니까 이 기둥들은 이방 신을 예배한 장소를

표시하는 게 아니다.

24:5 청년들 율법이 레위 지파를 대신 지명할 때까지 제사장 역할을 했던 장자들을 가리킨다고 보는 게 합당할 것이다.

24:7 언약서 모세는 시내산에서 시민법과 사회법, 종교법을 받아 입으로 전했고(3절), 그러고 나서 기록해(4절) 백성 앞에게 낭독했다. 언약서는 십계명에 대한 이런 자세한 확대뿐 아니라(20:22-23:33) 십계명 자체(20:1-17)와 계약에 대한 간략한 예비 진술도 포함한다(19:3-6). *19:3-8; 20:3-17에 대한 설명을 보라.*

24:8 그 피를…백성에게 뿌리며 이 행동으로 언약서가 낭독된 후 백성이 이를 적극적으로 받아들이고 순종을 다짐한 것에 답해 모세는 피로써 계약서에 공식 서명하는데, 특별한 관습은 아니었다(참고. 창 15:9-13, 17). 피의 절반은 성별(聖別) 의식의 일부로 제단에 뿌려야 한다. 이로써 이스라엘 대표들은 산에 올라 여호와와 함께 언약 식사에 참여할 자격을 갖춘다(24:11. 참고. 히 9:20).

24:9, 11 하나님을 뵙고 하나님의 지시로 모세와 함께 산에 오른 대표들은 하나님을 보고서도 그분의 거룩에 진멸되지 않는 특권을 누린다. 이들이 정확하게 무엇을 보았는지는 분명 논쟁거리로 남아 있으며, 이 부분에 대해서는 하나님의 발아래에 초점을 맞추는 본문의 서술을 넘어서서는 안 된다. 이것은 나중에 모세 앞에서 일어나거나(33:20) 장로들이 하나님의 존귀와 아름다움과 능력 앞에서(참고. 시 96:6) 감히 눈을 발등상 위로 들지 못할 때처럼 하나님이 자신의 아주 일부만 보이셨다는 뜻이다.

24:10 청옥을 편 듯하고 당시 메소보다미아와 애굽에서 많이 사용된 불투명한 푸른색의 보석인 청금석에 비유한 것으로 보인다.

24:12 돌판 율법의 계시가 어떤 형태를 띠게 될지 처음으로 언급된다. 이 돌판은 "증거판"(31:18), "언약의 돌판들"(신 9:9)이라고도 불린다.

24:14 훌 *17:10에 대한 설명을 보라.*

24:16-18 시내산에 오른 두 차례(40일 밤낮) 여정 가운데 첫 번째다(32:6에서 끝남, 참고. 34:2-28). 경외심을 불러일으키는 하나님의 영광의 구름, 곧 셰키나가 산을 덮고 그 속으로 모세가 들어가 40일 밤낮이 지나도록 나오지 않는다. 이에 모든 백성은 이 사건이 이스라엘 역사에서 더없이 중요하다고 느낀다. 40일 동안 모세는 성막과 그 기물, 장비에 대한 모든 지시를 받는다(25-31장). 성막이 완성될 때 셰키나가 성막을 덮고, 이에 이스라엘은 성막이 자신들의 예배 그리고 자신들과 여호와의 관계에 더없이 중요하다고 느낀다(40:34-38).

25:1-40:38 출애굽기를 끝내는 여러 장에서 초점은 일차적으로 이스라엘 예배의 중심이 되는 건물의 설계와 건축에 집중된다. 가나안 정복을 준비하는 가운데 이스라엘은 개인과 민족의 삶을 규정하고, 가난한 자와 나그네를 착취하지 못하게 하며, 다신론과 우상숭배를 금하는 율법을 받는다. 이런 안전장치의 필요성은 이들이 금송아지를 숭배한 사건에서 확인되었다(32:1-35). 하나님은 매우 상세한 성막 설계도를 주셨고, 따라서 성막이 다양한 부족 신들의 휴대용 성소들과 비슷하다거나 그것들을 차용했다는 모든 억측은 받아들일 수 없다. 성막의 기원은 하나님이며, 하나님은 특별 계시를 통해 성막을 모세에게 알리셨다(참고. 25:9, 40; 26:30; 히 8:5).

구약에 나타나는 여호와의 사자(주의 천사)

1. 야곱과 씨름하다	창 32:24-30
2. 야곱을 환난에서 건져내다	창 48:16
3. 떨기나무 불꽃 가운데서 모세에게 말하다	출 3:2
4. 홍해에서 이스라엘을 보호하다	출 14:19
5. 약속의 땅에 들어가도록 이스라엘을 준비시키다	출 23:20-23; 사 63:9; 고전 10:1-4
6. 여호수아에게 확신을 주다	수 5:13-15
7. 기드온을 지명하다	삿 6:11, 12
8. 삼손의 부모에게 지시하다	삿 13:3-18
9. 엘리야를 보살피다	왕상 19:7
10. 예루살렘을 구해내다	사 37:36
11. 경건한 세 히브리인을 지켜주다	단 3:25

B. 하나님이 성막의 상세도를 정해주시다 (25:1-31:18)

25:2 예물…기쁜 마음으로 내는 백성은 성막 건축에 필요한 14가지 요소와 재료를 바침으로써 민족의 예배처를 짓는 일에 자발적으로, 자유롭게 참여할 기회를 얻는다. 어떤 사람은 이들이 바친 예물의 아주 많은 부분이 본래 애굽인들의 소유로, 이스라엘이 출애굽 직전에 그들한테서 취한 것이었다고 본다(참고. 12:35, 36). 마침내 예물을 더는 바치지 말라고 해야 할 만큼 백성은 아주 기쁘게 열심히 바쳤다(35:21-29; 36:3-7). 수백 년 후 다윗 왕이 성전을 지을 것이라고 하면서 예물을 바치라고 했을 때도 백성은 비슷한 반응을 보였다(대상 29:1-9).

25:4 청색 자색 홍색 실 이 색깔들은 실을 염색해 얻었다. 청색은 일종의 조개에서 얻었고, 자색은 뿔고동의 분비물에서 얻었으며, 홍색은 호랑가시나무에 붙어 사는 벌레들의 알과 몸체를 갈아 얻었다. 다양한 자연 재료에서 다양한 염료를 얻은 데서 보듯, 이들은 직물을 다루는 기술이 상당히 뛰어났다. **가는 베** 애굽는 가늘게 꼰 베(linen) 생산으로 아주 유명했다.

25:5 붉은 물 들인 숫양의 가죽 털을 모두 제거하고 염색하면 모로코 가죽과 비슷했다. **조각목** 사막의 나무로 단단하고 오래 가며 결이 곱고 향기가 나며 벌레가 먹지 않는다. 가구 재료로 적합하며, 시나이 반도에서 쉽게 구할 수 있었다.

25:6 향료 오랜 성경 역사에서 아라비아는 다양한 향료 수출로 아주 유명했다.

25:7 호마노 애굽 사람들에게 널리 알려져 있으며 이스라엘도 친숙했던 녹옥수(綠玉髓)로 보인다. 70인역은 녹주석(綠柱石)으로 옮겼다.

25:8 내가 그들 중에 거할 성막은 '거하다'라는 동사에서 파생한 명사로, 하나님이 그분의 백성과 함께하실 자리를 지칭하는 적절한 이름이다. 하나님은 그룹(cherubim) 사이에 거하시고 거기서 모세를 만나실 것이다(22절).

25:9 장막 오경에는 다섯 이름으로 나온다. 첫째, '성소'인데 신성한 장소나 구별된 장소로 거룩한 장소를 말한다. 둘째, '장막'(tent)인데 임시 거처나 접이식 거처를 말한다. 셋째, '성막'인데 '거하다'라는 동사에서 파생했으며 하나님이 임재하시는 장소를 말한다(다른 이름들처럼). 넷째, '회막'이다. 다섯째, 증거막이다.

25:11 순금 당시 기술은 금을 제련하기에 충분했다.

25:16 증거판 십계명이 새겨져 법궤에 보관된 두 돌판의 이름이다. 이런 이유에서 법궤를 "증거궤"(22절)라 부르며, 전체 구조물을 '장막' 또는 '증거막'이라고 부른다. 법궤는 "온 땅의 주의 언약궤"(수 3:11), "거룩한 궤"(대하 35:3)라고도 불린다.

25:17 속죄소 법궤 뚜껑은 '속죄소', 즉 속죄가 이뤄지는 곳이다. 법궤 위의 셰키나 영광 구름과 법궤 안의 율법 돌판 사이에 피를 뿌린 덮개가 있다. 희생제물의 피는 하나님과 깨진 하나님의 율법 사이에 있다.

25:18 그룹 법궤의 순금 뚜껑과 한 덩이로 만든 두 천사가 양쪽 끝에서 마주보며 날개를 뻗어 아치를 이룬다. 하나님의 장엄한 영광 그리고 임재와 연결되는 그룹을(참고. 겔 10:1-22) 적절하게도 성막 휘장과 지성소 휘장에 수놓았는데(26:1, 31), 이곳은 하나님이 그분의 백성과 함께 계시는 곳이기 때문이다. 성경은 그룹을 하나님의 보좌를 담당하는 자들(삼상 4:4; 사 37:16), 에덴동산과 생명나무를 지키는 자들로 표현한다(창 3:24).

25:30 진설병 성소 북쪽에 자리한 상(床)에 매주 새 떡 열두 덩이를 진설했다. 이 상의 기구도 순금으로 만들었다(29절). "그분의 임재의 떡"을 진설한 목적은 이교도 사당이나 신전에 진설된 음식과는 달리 이스라엘의 하나님을 먹이기 위해서가 아니라 열두 지파가 그들을 지켜보시는 여호와의 눈과 보살핌 아래 생명을 유지한다는 것을 인정하도록 하기 위해서다. 진설된 떡은 안식일마다 당번 제사장들이 성소에서 먹었다(레 24:5-9). 진설병은 하늘에서 내려온 떡이신 주 예수 그리스도를 예표한다(요 6:32-35).

25:31 등잔대 진설병 맞은편, 성소 남쪽에 꽃 핀 살구나무를 본떠 정교하게 만든 등잔대가 있다. 등잔대는 성소에서 섬기는 제사장들을 비춘다. 하나님의 지시에 따라(27:20, 21; 30:7, 8; 레 24:1-4) 등불이 꺼지지 않도록 순수한 감람유를 계속 채워야 한다. 등잔대는 세상에 온 참 빛이신 주 예수 그리스도를 예표한다(요 1:6-9; 8:12).

25:39 달란트 대략 34킬로그램이다.

25:40 참고. 히브리서 8:5.

26:1 열 폭의 휘장 이 휘장의 아름다움은 안쪽에 들어가야만 볼 수 있다. 각각 염소 털, 숫양 가죽, 해달 가죽으로 만든 두꺼운 바깥 덮개들 때문에(7, 14절) 안에 들어가는 제사장들 외에는 보지 못한다.

26:7 휘장을…열한 폭을 만들지며 조금 더 긴 바깥 덮개로 성막 구조물의 앞과 뒤를 이중으로 덮는다(9-13절).

26:15-29 휘장들과 바깥 덮개들을 고정하는 틀이나 고리에 대한 사양도 자세히 제시한다. 성막 구조물 전체가 조립식이라 분해해서 옮길 수도 있다. 이스라엘이 광야를 방황하는 내내 성막은 신속히 분해해 옮길 수

있을 뿐 아니라 신속히 조립해 세울 수도 있었다.

26:30 양식대로 이번에도(참고. 25:40) 청사진대로 세밀하게 만들어야 한다고 경고한다. 아무리 뛰어난 장인이 있어도, 하나라도 인간의 어림짐작에 맡겨서는 안 된다.

26:31-34 내부 휘장(맨 안쪽 덮개-옮긴이)과 디자인이 비슷한 또 다른 휘장이(*26:1에 대한 설명을 보라*) 성막을 성소와 지성소, 곧 가장 거룩한 곳으로 양분한다.

26:36 휘장 또 다른 휘장, 그룹 형상을 수놓지 않은 휘장을 만들어 성소로 들어가는 입구를 가렸다.

27:1 제단 성막의 가장 큰 기구로 '번제단'이라고도 하며(레 4:7, 10, 18) 성막 뜰에 두었다. 성소 내부 기구들과 다르게 금이 아니라 놋을 사용했다. 성막의 다른 기구와 장비처럼 번제단도 막대기를 끼워 옮길 수 있게 제작했다(6, 7절).

27:3 제단의 모든 기구와 부대 도구도 금이 아니라 놋으로 제작했다.

27:9 성막의 뜰 사각형의 성막 뜰에 대한 규정도 제시하는데, 성막 주위에 기둥을 세워 휘장으로 울타리를 쳤다(9-19절, 가로 45미터/세로 22.5미터). 울타리는 높이가 5규빗(약 2.2미터)으로 밖에서 성막 뜰이 전혀 보이지 않을 만큼 높았다(18절). 하나님의 거처인 성막의 뜰은 사방에서 자유롭게 드나들지 못했다.

27:16 뜰 문 성막 뜰로 들어가는 입구의 휘장은 성막 뜰을 두른 울타리 휘장과 색깔이 달랐다. 하나님이 자신의 백성과 함께 거하신다는 증거로 선택하신 매우 특별한 장소에 들어가는 문은 분명 하나뿐이었다.

27:20, 21 감람으로 짠 순수한 기름 숙성하지 않은 올리브를 짜서 얻은 깨끗한 기름을 쓰면 그을음이 거의 나지 않는다. 대제사장과 성소에서 그를 돕는 제사장들에게 불이 꺼지지 않도록 백성이 연료를 공급해야 했다.

28:1 나를 섬기는 제사장 직분을 행하게 하되 아론의 제사장 의복에 대한 규정을 시작으로 해서 이 어구를 삼중으로 반복하는 목적은 이스라엘의 종교생활에서 그의 역할이 매우 중요하다는 점을 강조하기 위해서인 것 같다. 아론의 아들들도 제정되는 제사장 직분을 수행한다. 히브리어 본문은 아들들을 두 쌍으로 나눈다. 첫째 쌍은 나답과 아비후인데, 둘 다 하나님의 명령을 고의로 무시했다가 죽는다(레 10:1, 2). 아론과 그 후손뿐 아니라 레위 지파도 하나님이 이스라엘의 제사장으

성막 플랜

성막은 하나님이 그분의 백성과 함께 거하실 곳을 두는 데 목적이 있었다. 때로 성막은 정교하게 짠 휘장을 씌운 성소와 지성소를 포함하는 천막을 가리킨다. 그러나 다른 곳에서 성막은 천막 주위로 세마포 울타리를 두른 뜰을 포함하는 전체를 가리킨다.

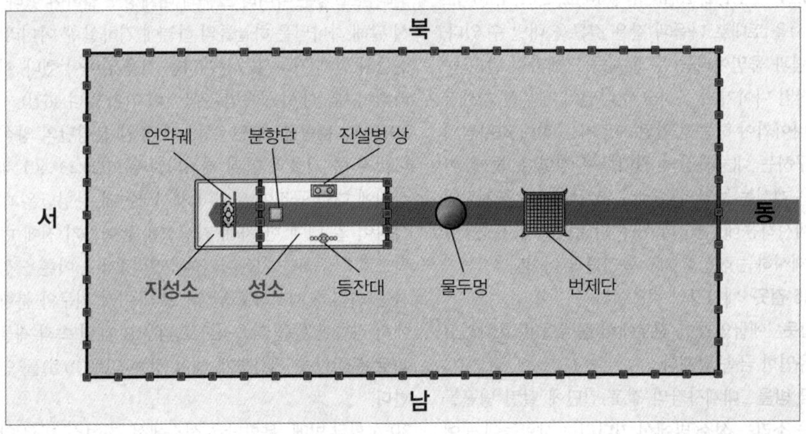

로 선택하셨다. 이들은 스스로 제사장이 된 게 아니다. 율법은 이들이 성막의 예배와 제사, 개인 예배자, 이스라엘과 하나님의 언약적 관계에서 수행해야 하는 의무를 분명하게 규정한다.

28:2 영화롭고 아름답게 제사장 의복은 제사장의 직무와 기능이 돋보이도록 디자인되었고 아론을 중보자 역할을 하는 특별한 사람으로 도드라져 보이게 했다. 제사장 의복은 "거룩한" 제의(祭衣)였다. 구약성경에 나오는 이스라엘의 제사장 제도에서 이런 의복은 제사장과 평신도를 구별해주는 역할을 했다.

28:3 마음에 지혜 있는 모든 자 하나님은 모세에게 내린 지시에서 성막 건축 프로젝트를 무사히 마치도록 몇몇 사람에게 특별한 능력을 주겠다고 처음으로 말씀하셨다.

28:5-13 에봇 아론은 늘 견대에 열두 지파 이름을 새긴 보석(호마노) 둘을 붙인 채 성소에 들어갔다.

28:15-30 판결 흉패 흉패에 붙은 열두 보석은 저마다 지파 이름이 새겨져 있고, 여호와 앞에서 지파들을 대신하는 아론의 중보자 역할을 여러 색으로 정교하게 보여준다. 흉패는 에봇에 단단히 붙여 떨어지지 않게 해야 한다(28절; 39:21). 이렇게 말하고 나서 다시 에봇을 말하는 것은 전체적인 조화를 이루기 위해서다.

28:30 우림과 둠밈 우림과 둠밈의 어원이 무엇인지, 이것들을 무엇으로 어떻게 만들었는지 전혀 알 수 없다. 이것을 흉패에 넣었으며, 이 둘이 대제사장이 입는 공식 의복의 필수 요소가 된 게 분명하다. 아론과 후계자들은 "이스라엘 자손의 흉패", 즉 판결이나 판단을 내린다는 의미의 '흉패'를 가슴에 붙였다. 우림과 둠밈이 나오는 구절들(레 8:8; 민 27:21; 신 33:8; 삼상 28:6; 스 2:63; 느 7:65)과 에봇 입은 대제사장이 여호와께 묻는 구절(수 9:14; 삿 1:1, 2; 20:18; 삼상 10:22; 23:2, 4, 10-12; 대상 10:14)을 토대로 다음과 같은 결론을 내릴 수 있다. 첫째, 우림과 둠밈이라는 두 물체는 모세와는 달리 하나님께 직접 나아가지 못하고 하나님이 세우신 제사장을 통해 나아가야 하는 공인된 지도자를 위해 하나님의 인도를 구하는 대제사장의 권리를 상징한다. 둘째, 이렇게 받은 계시는 눈앞의 문제나 위기에 대해 구체적인 방향을 제시하는데, 단순히 아무 말 없이 '예' 또는 '아니오'를 제시하는 신성한 제비뽑기를 넘어선다.

28:31-35 겉옷 제사장의 겉옷이다.

28:32 갑옷 애굽인들이 전투에서 몸통을 보호하려고 사용한 유연한 금속 덮개다.

28:33 금 방울 대제사장의 겉옷 밑단에 달린 방울들에서 나는 소리는 성소 밖에서 기다리는 사람들에게 여호와 앞에서 섬기는 자신들의 대표자가 아직 살아 있고 움직이고 있으며 의무를 수행하고 있다는 신호였다.

28:36-38 관 이 관에는 제사장이 대표로 드리는 예배의 필수 선언, 곧 여호와의 거룩에 대한 선언이 있었다. 이를 통해 대제사장을 비롯해 모든 백성이 하나님께 나아갈 때는 반드시 공경하며 나아가야 한다는 사실을 상기시켜 준다.

28:39 반포 속옷 제사장의 속옷이다.

28:40-43 나머지 제사장들도 특별한 옷을 입어 일반 백성과 구별했다. 성소에서 섬길 때 의복 규정을 따르지 않을 경우 결과는 죽음이다. 이런 혹독한 결과는 제사장들의 의무가 얼마나 중요한지 강조했고, 제사장들이 자기 역할을 별 볼일 없는 평범한 일상적인 일로 생각하지 못하도록 했을 것이다.

29:1-18 거룩하게 하나님은 선택된 자들이 제사장 직무를 수행하기 전에 임직 의식을 7일 동안 엄숙히 거행하라고 명하시는데(4-35절; 레 8:1-36), 여기에는 씻기고 의복을 입히며 기름을 붓고 제사를 드리며 피를 바르고 피를 뿌리며 먹는 과정이 포함된다.

29:19, 20 피를 오른쪽 귀, 손, 엄지발가락에 바르는데, 귀는 하나님 말씀을 듣고, 손은 하나님의 일을 하며, 발은 하나님의 길을 걷도록 성별하는 상징적 행위다.

28:27, 28 요제물…거제물 *레위기 7:30-32를 보라.*

29:40 에바…힌 각각 22리터, 3.6리터 정도다.

29:42 대대로 이스라엘 역사가 오래 계속되리라는 예언적 암시나 단언이다.

29:45 내가…거하여 그분은 그들의 하나님이 되고 그들은 그분의 백성이 되리라는 것도 중요하다. 그러나 하나님이 이스라엘과 함께 거하신다는 것은 신생 민족의 경험에서 매우 중요한 실재였다. 이스라엘은 자기 하나님의 초월성뿐 아니라 그분의 내재성도 알아야 했다. 다시 말해 하나님은 하늘들의 하늘에 거하실 뿐 아니라 자신들과 함께 거하시는 분이라는 것을 알아야 했다. 이스라엘이 애굽에서 구속받은 목적이 여기 있다(46절).

30:1-10 분향할…제단 성소에 놓일 분향단의 양식은 나머지 두 기물과 함께 제시되지 않고(25:23-40) 제사장직에 대한 규정에 뒤이어 제시되는데, 분향단은 대제사장이 일 년에 한 차례 지성소에 들어가기 전에 마지막으로 마주하는 기물이기 때문일 것이다. 아론을 성별하는 의식을 제시하고 난 뒤 그의 여러 의무와 분향단에서 적합한 향을 지속적으로 피우고, 매년 속죄 제물의 피로 분향단을 깨끗하게 해야 하는 의무(10절)를 언급한다.

30:6 휘장 밖에 분향단은 성소에서 '지성소' 바로 앞에

성막 기구들

언약궤(출 25:10-22)
언약궤는 성막의 기물 가운데 가장 거룩했다. 히브리인들은 언약궤에 전체 언약의 핵심인 십계명을 넣어두었다.

물두멍(출 30:17-21)
물두멍은 놋으로 만들었으며, 제사장들이 여기에 담긴 물로 씻었다. 제사장들은 반드시 깨끗한 상태로 하나님 앞에 나아가야 했다.

번제단(출 27:1-8)
번제단은 성막 뜰에서 성소와 마주 보는 자리에 위치했고, 이 제단에서 동물 제사를 드렸다. 제물의 피는 제단의 네 뿔에 뿌렸다.

등잔대(출 25:31-40)
순금 등잔대는 성소, 진설병 상 맞은편에 두었다. 등잔이 일곱이고 각 등잔 밑에 편편한 용기가 있었다. 그 용기에 심지가 있어 한쪽 끝은 용기의 기름에 담겨 있었고 불을 붙인 반대쪽 끝은 위로 올라와 있었다.

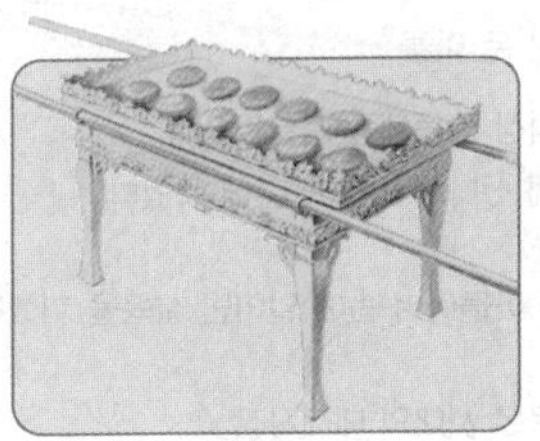

진설병 상(출 25:23-30)
진설병 상은 떡을 올려놓는 상이었다. 열두 지파를 상징하는 떡 열두 덩이를 늘 하나님 앞에 있게 했다.

분향단(출 30:1-10)
분향단은 성소에 두었으며, 성소 바깥에 위치한 번제단보다 훨씬 작았다. 냄새가 좋은 향을 피웠다.

두었다. 히브리서 9:3, 4은 분향단이 언약궤와 인접한 위치에 있었고 분향단을 속죄일에 깨끗하게 했다는 의미에서 분향단(향로)이 '지성소'에 있었다고 말한다. 대제사장은 다른 날에 분향단 너머까지 갈 수 없었다.

30:12 수효를 조사할 때에 전쟁에 나갈 스물 이상 된 남자 수를 조사한 이유가(14절) 제시되어 있지 않지만, 질병에 대한 엄중한 경고가 나오고 이 조사와 관련해 속전(*ransom*)이라는 단어가 사용된 데서 보듯 이 인구 조사는 중대 사안이었다(참고. 대상 21장).

30:13 성소의 세겔 1세겔은 11.42그램 정도였다(참고. 레 5:15; 27:3, 25; 민 3:47; 7:13 이하).

30:18-21 물두멍을 놋으로 만들고 제사장 직무를 수행하기 전에 손과 발을 씻어야 했다. 이번에도 씻는 과정을 소홀히 하면 죽으리라는 경고가 정결 의식의 중요성을 말해준다. 성소나 뜰에서 하는 일은 일상적인 게 아니었다.

30:22-33 그 무엇도 우연이나 인간의 지혜에 맡기지 않았다. 관유(anointing oil)를 만드는 재료도 자세하게 제시한다. 조금이라도 다른 재료를 사용해서는 안 되며, 그럴 경우 그 벌은 죽음이었다(33절). 이것은 아주

특별한 기름이었다. 이것을 다른 목적으로 사용하면 성막에서 사용하도록 구별된 거룩한 지위를 잃고, 여느 보통 기름과 전혀 다를 바 없게 된다.

30:25, 35 향을 제조하는 법대로…향 만드는 법대로 향 제조 기술은 이스라엘에 널리 알려져 있었는데, 이 기술을 애굽에서 본 게 분명하다.

30:34-38 향 하나님은 분향단에서 사용할 혼합 향을 만드는 재료도 제시하셨다. 조금이라도 다르게 만들면 '이상한 향'을 만드는 것이고(9절) 그 결과 역시 죽음이었다(38절). 이 향을 개인 용도로 사용하면 그 거룩한 지위가 사라진다. 나답과 아비후는 이 명령을 어겨서 죽었다(참고. 레 10:1, 2).

구약의 제사장들

이름	신분	성경 구절
아론	모세의 형, 이스라엘의 초대 제사장	출 28; 29장
나답과 아비후	아론의 악한 두 아들	레 10:1, 2
엘르아살과 이다말	아론의 경건한 두 아들 엘르아살은 이스라엘의 2대 대제사장이 되었다	레 10:6; 민 20:26
비느하스	엘르아살의 아들로 이스라엘의 3대 대제사장 순전한 예배를 향한 그의 열심에 염병이 그쳤다	민 25:7–13
엘리	이다말의 후손, 실로에서 사무엘을 길렀다	삼상 1–4장
홉니와 비느하스	엘리의 악한 두 아들	삼상 2:12–36
아히멜렉	놉에서 제사장 공동체를 이끌었으며, 다윗의 편에 섰다가 사울의 손에 죽었다	삼상 21; 22장
아비아달	아히멜렉의 아들이며 놉에 일어난 살육을 피했다	삼상 22:20–23; 삼하 20:25
사독	다윗과 솔로몬 시대의 대제사장	삼하 15장; 왕상 1장
여호야다	아달랴 여왕의 숙청에서 요아스를 구해낸 대제사장	왕하 11; 12장
우리야	악한 아하스 왕을 위해 이방 제단을 쌓은 제사장	왕하 16:10–16
힐기야	요시야 시대의 대제사장	왕하 22; 23장
엘리사마와 여호람	여호사밧 왕 때 백성을 가르쳤던 제사장들	대하 17:7–9
아마랴	벧엘의 대제사장, 선지자 아모스에 맞섰다	대하 19:11
야하시엘	레위 사람으로 여호사밧 왕에게 그가 싸움에서 이기리라는 확신을 주었다	대하 20:14–17
아사랴	웃시야 왕이 제사장 역할을 시작했을 때 그와 맞선 대제사장	대하 26:16–20
에스라	바벨론 포로기 이후 예루살렘을 재건하던 시기의 율법학자로 선생이자 제사장	스 7–10장; 느 8장
엘리아십	느헤미야 때의 대제사장	느 3:1; 13:4, 5
셀레먀	느헤미야 때의 제사장으로 창고를 관리했다	느 13:13
바스훌	예레미야 선지자를 핍박한 거짓 제사장	렘 20:1–6
아마샤	벧엘의 악한 제사장, 아모스 선지자에 맞섰다	암 7:10–17
여호수아	바벨론 포로기 이후의 첫 번째 대제사장	학 1:1, 12; 슥 3장

단어 연구

기름 붓다(Anointed): 29:29, 36; 30:26; 40:9, 15. '감람유로 한 사람을 적시거나 바르다'라는 뜻의 동사다. 왕, 제사장, 선지자가 직무를 시작할 때 이들에게 기름을 부었다(민 8:12; 16:32; 삼하 2:4; 5:3; 왕상 19:15-16). 이 의식은 사람이나 사물을 하나님의 특별한 목적을 위해 구별한다는 의미로 행해진다. 출애굽 때 성막 자체를 비롯해 많은 거룩한 사물에 기름을 부었다. 관유는 기름과 향을 섞은 아주 훌륭하고 비싼 혼합물이었다(민 7:1). 이 특별한 기름은 성막과 그 기물이 하나님께 성별되었다는 것을 상징했다.

31:1-11 하나님은 모세에게 보이신 모든 것을 다 만들도록 특별히 선택해 능력을 부여한 또는 성령 충만한 두 사람을 언급하신다(참고. 28:3; 36:1). 하나님은 복잡한 일을 해야 하는 모든 장인(匠人)에게 지혜를 주셨다. 이들은 '유능한 장인들'(한글개역은 "지혜로운 마음이 있는 모든 자", 6절)이라고 불렸는데, 앞서 기술을 닦았다는 것을 암시한다. 이들은 출애굽기 25-30장에 제시된 모든 것을 다 만들어야 했다.

31:12-17 *20:8에 대한 설명을 보라.*

31:18 증거판 둘 *25:19에 대한 설명을 보라.* **하나님이 친히 쓰신 것이더라** 율법을 하나님의 것으로 간주하는 비유적 방식(신인동형론적 표현)이다.

C. 하나님을 욕되게 예배하다(32:1-35)

32:1 우리를 위하여…신을 만들라 사는 지역이 다신론의 영향이 지대하다 보니 이스라엘은 두렵거나 조급할 때 이교도 세계관에 굴복하고 만다. 더욱 놀랍게도 이스라엘은 최근 하나님의 위대하심과 선하심을 여러 차례 생생하게 경험했음에도 이교도의 우상숭배에 아주 빠르게 젖어들었다. 이스라엘은 단지 신이 아니라 앞으로 자신들을 인도할 신을 요구한다. 또한 이교도 세계관에 막혀 이스라엘은 하나님이 자신들을 애굽에서 인도해내셨다는 사실을 잊어버리고, 대신에 경멸조로 출애굽을 모세의 공으로 돌린다(참고. 행 7:40).

32:4 송아지 형상 아론이 만든 수송아지는 생식 능력을 뜻하는 이교도의 종교적 상징이었다. 비록 은과 놋으로 만들기는 했지만 금송아지의 축소형이 고대 블레셋 도시인 아스글론 유적지에서 발견되었다. 연대가 주전 1550년경인데, 모세 시대 이전에 애굽뿐 아니라 가나안에서도 송아지를 숭배했음을 알 수 있다. 송아지를 숭배함으로써 이스라엘은 제1, 2, 3계명을 어겼다(20:3-7).

32:5 여호와의 절일이니라 혼합주의는 우상, 제단, 절기를 터무니없이 결합해 하나님을 높이겠다는 어처구니없는 시도를 낳았다.

32:6 뛰놀더라 여기에 사용된 히브리어 단어는 풍요의 신을 숭배하는 이교도 의식에서 아주 일반적이던 만취와 비도덕적 행위를 내포한다(7, 25절의 묘사를 보라). 이스라엘은 혼합주의에 빠져 모든 윤리적 경각심과 도덕적 분별력을 잃어버렸다(참고. 고전 10:7).

32:7 네 백성 하나님은 이스라엘 진영에서 일어난 문제를 모세에게 알리면서 이스라엘이 모세의 백성이라고 말씀하신다. 물론 모세가 이런 소유대명사의 변화를 놓쳤을 리 없다. 앞서 하나님은 이스라엘이 "내 백성"이라고 인정하셨다. 모세는 이스라엘을 위해 하나님께 간구하고, 자신으로 큰 나라가 되게 하겠다는 하나님의 제안(10절)에 답하면서 자신이 진리로 알던 바를 놓치지 않았으며, 출애굽과 하나님이 족장들에게 주신 약속을 근거로(12, 13절) 이스라엘을 정확히 "주의 백성"(11절)이라고 불렀다.

32:10 너를 큰 나라가 되게 하리라 하나님은 이스라엘을 몰살하고, 앞서 아브라함과 그렇게 하셨듯(창 12장) 모세와 완전히 다시 시작하실 수도 있었다.

32:13 이스라엘 야곱의 다른 이름이며 '하나님과 겨루는 자'라는 뜻이다(참고. 창 32:28).

32:14 여호와께서 뜻을 돌이키사…화를…내리지 아니하시니라 하나님께 마음을 바꾸시라고, 의향을 돌이키시라고 했던 모세의 간청이 성공한 까닭은 하나님이 심판을 경고만 하셨을 뿐 포고하지 않으셨기 때문이다. 하나님의 의향(뜻)은 바뀔 수 없는 하나님의 포고가 아니다. 포고나 맹세를 통한 선언(참고. 창 22:16-18; 시 110:4) 또는 변하거나 돌이킬 수 없는 절대 진술(참고. 렘 4:28; 겔 24:14; 슥 8:14, 15)은 무조건적이며, 따라서 화자는 듣는 자들의 환경이나 반응에 상관없이 자신이 말한 대로 행동해야 한다. 의향은 조건적 요소를 내포하며, 따라서 화자는 꼭 자신이 말한 대로 행동하지 않아도 된다(참고. 렘 15:6; 18:8-10; 26:3, 13, 19; 욜 2:13; 욘 3:9, 10; 4:2).

32:19 깨뜨리니라 모세는 하나님의 계명이 기록된 돌판을 실제로 깨뜨림으로써 이스라엘이 하나님의 계명을 깨뜨리는(어기는) 모습을 표현한다.

32:22-24 모세가 이스라엘 진에서 일어난 사건의 책임을 아론에게 묻자(21, 25절) 아론은 악을 행하는 백성의 성향을 탓한다. 또한 이런 성향을 보여주는 금송아

단어 연구

거룩하게 하다(Consecrate): 28:3, 41; 29:9, 33, 34; 30:30. 이 동사는 '거룩하게 하다' '다르다고 선언하다' '구별하다'라는 뜻이다. 이 단어는 사물이나 사람을 하나님께 바치는 행위를 묘사한다. 이스라엘을 애굽의 노예 상태에서 건져냄으로써 하나님은 이스라엘 민족을 다르게 구별하셨다. 강력한 구원 행위를 통해 하나님은 이스라엘이 자신의 백성이며, 자신은 그들의 하나님임을 드러내셨다(6:7). 시내산에서 이스라엘에게 자신을 씻으라고 명하심으로써 하나님은 자신이 그들과 특별한 관계를 갖고자 한다는 것을 분명히 하셨다 (19:10).

지도 불에서 저절로 나왔다면서 백성의 행동에 대한 자신의 책임을 회피하려고 한다.

32:23 사도행전 7:40을 보라.

32:26 누구든지 여호와의 편에 있는 자는 심판해야 하는 이런 상황에 답해 행동하라는 요구에 레위 지파만 순종한다. 레위 지파는 선과 악이 공개적으로 맞부딪치는 상황에서 중립을 취하면 안 된다는 것을 안다. 가족과 동족의 유대보다 하나님께 순종하고 그분의 뜻을 행하는 것, 이 경우에는 하나님의 명예와 영광을 지키려고 그분의 칼을 휘두르는 것이 먼저다.

32:28 고집스럽게 우상을 숭배하고 부도덕을 일삼던 자들을 죽인 게 분명하다(참고. 민 25:6-9).

32:32 주께서 기록하신 책에서 내 이름을 지워 버려 주옵소서 모세는 자기 백성이 상속권을 박탈당하고 망하는 모습을 보느니 자기 생명을 기꺼이 포기하려고 한다. 모세의 이런 진정한 태도야말로 자기 백성을 향한 그의 사랑을 그 무엇보다 강하게 드러낸다. 시편 기자는 모세가 언급한 책에 "생명책"(시 69:28)이라는 제목을 붙였다. 생명책에서 지워진다는 말은 일찍 죽는다는 의미일 것이다. 사도 바울은 자신의 친족(유대인)을 위해 이와 비슷한 뜨거운 기도를 했다(롬 9:1-3).

「성막의 제작(*The construction of the tabernacle*)」 17세기 중반. 지오반니 프란체스코 로마넬리. 연필 스 케치에 세피아 물감 채색. 36.5X26.5cm. 빅토리아 내셔널 갤러리. 멜버른.

D. 하나님의 임재가 확증되다(33:1-34:45)

33:2-6 좋은 소식에 나쁜 소식도 포함되었다. 이스라엘은 약속의 땅에 들어갈 자격을 박탈당하리라고 했다. 하나님이 족장들에게 언약으로 맹세하신 약속은 파기될 수 없다. 하지만 보장된 것(이스라엘이 가는 길에 함께하는 하나님의 임재)이 죄 때문에 사라질 수는 있다(참고. 23:20-23). 이스라엘은 몸에서 장신구를 제거해 마음의 슬픔을 겉으로 표현한다. 베옷을 입고 재를 뒤집어쓰는 것과 비슷한 반응이다.

33:2 *3:8에 대한 설명을 보라.*

33:7 회막 성막을 짓기 전까지 모세의 장막은 그가 하나님과 "대면하여"(11절) 친밀하게 말하는 특별한 회막이었다. 의심할 여지없이 멀리서 지켜보는 백성은 하나님의 직접적인 임재가 사라진다고 생각했을 것이다.

33:12-17 또다시 모세는 이스라엘을 "주의 백성"(13, 16절)이라 부르면서 하나님 앞에 나아가 진정으로, 당당하게 이들의 중보자 역할을 한다. 모세는 하나님의 임재가 없으면 이스라엘이 다른 민족들과 다른 구별된 백성이 되지 못한다는 것을 분명히 알고 있었다. 그러니 여정을 계속할 이유가 있겠는가? 하나님은 자신에게 은혜를 입은 모세의 중보에 긍정적으로 답하신다(17절).

33:18-23 모세는 하나님을 자신이 이미 경험한 것(참고. 민 12:8) 이상으로 보여달라고 하지만, 하나님은 모세의 요구를 일부만 들어주더라도 아주 조심스러운 방법으로 들어주셔야 한다. 그러지 않으면 모세가 죽을 것이기 때문이다. 하나님은 자신이 선택한 모두에게 은혜롭고 자비로운 분이지만, 모세라도 하나님의 얼굴을 보고는 살아남지 못할 것이다. 모세는 하나님의 본성이 눈부신 빛으로 변한 모습을 본 것을 "하나님의 등"이라고 말할 뿐 뒤이어 이에 대해 전혀 묘사하지 않는다(참고. 요 1:18; 요일 4:12).

33:19 로마서 9:15을 보라.

34:1 돌판 둘을…다듬어 만들라 언약 갱신은 하나님이 십계명을 친히 기록하셨으나 모세가 깨뜨린 본래의 돌판을 대체하는 것을 뜻한다.

34:2-28 모세는 또다시 40일 밤낮을 시내산에서 보낸다(참고. 25-32장).

34:6, 7 하나님의 성품에 대한 증언 가운데 하나다.
34:7 *20:5, 6에 대한 설명을 보라.*
34:11 *3:8에 대한 설명을 보라.*
34:12-17 *23:32에 대한 설명을 보라.* 이번에는 다른 민족들과의 계약을 금하면서 우상숭배가 함께 축제를 즐기자는 순수해 보이는 이웃의 초대나 통혼을 통해(이것들이 계약 상대의 신을 인정하라고 요구하므로) 이스라엘을 아주 쉽게 옭아맬 수 있다는 경고를 포함시킨다. 이스라엘의 미래 역사가 보여주듯, 이런 지시는 긴급했고 이에 불순종할 때 재앙이 따랐다.
34:18 *12:14에 대한 설명을 보라.*
34:19, 20 *13:2에 대한 설명을 보라.*
34:21 *20:8에 대한 설명을 보라.*
34:22, 23, 26 *23:14-19에 대한 설명을 보라.*
34:29-35 두 번째와는 달리 모세가 처음 시내산에 올랐을 때(24:13-32:14) 그의 얼굴에는 하나님의 임재 가운데 오래 있었음을 보여주는 광채가 없었다. 첫 번째 경우에서는 모세가 40일 밤낮을 사라졌다고 말할 뿐이다(24:18). 두 번째 경우에서는 모세가 40일 밤낮을 사라졌다고 말할 뿐 아니라 먹지도 마시지도 않고 여호와와 함께 있었다고 덧붙이는데(28절), 두 번째 산행이 다른 성격을 띤다는 점에 주의를 집중시키기 위해서인 것 같다. 첫 번째 산행과 비교해 두 번째 산행에서는 이스라엘 진영의 죄 때문에 하나님이 모세를 도중에 내려보내는 일이 벌어지지 않는다(32:7-10). 불평하던 백성은 하나님의 임재를 나타내는 증거에 두려워한다. 모세는 하나님께 말하지 않을 때나 그분을 대신해 백성에게 권위 있게 말할 때 수건으로 얼굴을 가린다. 사도 바울은 이 수건이 백성으로 하여금 없어질 영광에 주목하지 못하도록 했으며, 이것을 옛 언약의 부족함 그리고 당시 유대인의 몽매함과 연결했다(*고후 3:7-18에 대한 설명을 보라*).

E. 하나님의 성막을 짓다(35:1-40:38)

35:1-40:38 이 단락에서 이스라엘은 하나님이 25:1-31:18에서 정하신 대로 성막을 짓는다.
35:1-3 *20:8에 대한 설명을 보라.* 그러나 이번에 추가 경고로 안식일에 불 피우는 것을 금한다.
35:4-9 *25:2에 대한 설명을 보라.*
35:10-19 *25:11-28:43에 대한 설명을 보라.*
35:20-29 *25:2에 대한 설명을 보라.*
35:30-36:1 하나님은 이름이 거명된 두 장인에게 자신들의 일을 가르치는 기술도 주셨다. 이들이 성막 제작팀의 감독이거나 지도자였다는 증거다. *28:3; 31:1-11에 대한 설명을 보라.*
36:2-7 백성은 때로 완강하게 버티고 불순종했으나 그럼에도 상황에 맞게 성막을 제작하는 데 넉넉할 만큼 많은 물품을 자발적으로 가져왔다. *25:2에 대한 설명을 보라.*
36:8-39:43 수행한 일을 과거 시제로 다시 알린다. 이 부분은 일꾼들이 받은 지시와 설계도대로 작업을 매우 주의 깊게 수행했다는 점을 강조한다. 모든 일을 하나님이 모세에게 명하신 그대로 했다는 후렴구가 되풀이되고 있다(39:1, 5, 7, 21, 26, 29, 31, 32, 42, 43; 40:19, 21, 23, 25, 27, 29, 32).
36:8-37 *26장에 대한 설명을 보라.*
37:1-9 *25:16, 17, 18에 대한 설명을 보라.*
37:10-16 *25:30에 대한 설명을 보라.*
37:17-24 *25:31에 대한 설명을 보라.*
37:25-28 *30:1-10에 대한 설명을 보라.*
37:29 *30:22-33, 34-38에 대한 설명을 보라.*
38:1-7 *27:1에 대한 설명을 보라.*
38:8 *30:18-21에 대한 설명을 보라.*
38:9-20 *27:9, 16에 대한 설명을 보라.*
38:21-31 비용은 20세 이상 남자 1명당 반 세겔을 기준으로 계산했는데(참고. 30:13-16), 여기에 해당되는 남자가 모두 603,550명이었다(민 1:46과 첫 번째 인구조사를 비교해보라). 1달란트는 약 34킬로그램이고, 1세겔은 약 11.42그램이다.
39:1, 2 그들은…그는 성막 제작 보고서에(2-31절) 삼인칭 복수 '그들'(they)이 주로 나오지만, 중간 중간에 단수 '그'(he)가 세 차례 나온다(2, 8, 22절). 복수형은 의심할 여지없이 브살렐과 그를 도운 사람들을 가리키는 반면에, 단수는 브살렐 혼자 일한 것을 말한다.
39:1 여호와께서 모세에게 명령하신 대로 반복되는 후렴구(1, 5, 7, 21, 26, 29, 31절), 곧 품질 관리 선언은 하나님이 모세에게 에봇(2-7절), 흉패(8-21절), 제사장 의복에 대해 지시하신 자세한 사항(22-31절)을 이들이 문자 그대로 따랐음을 모든 시대의 독자에게 또는 당시의 이스라엘 청중에게 보여준다. 이스라엘 장인들은 세세한 부분까지 모든 면에서 진정으로 순종했다.
39:2 그는…에봇을 만들었으되 *28:5-13에 대한 설명을 보라.*
39:3 금을 얇게 쳐서 오려서 실을 만들어 사슬 형태로 꼬거나 금으로 수놓는 데 사용되는 가는 금실을 얻는 과정은 그 시대 애굽의 금세공법과 아주 비슷했다.
39:8 그가 또 흉패를 정교하게 짜되 *28:15-20, 30에 대한 설명을 보라.* 우림과 둠밈이 흉패에 들어가 흉패

단어 연구

씻음(Washing): 2:5; 19:10; 29:4, 17; 30:18, 21; 40:12, 30. 씻음 또는 목욕. 이 단어는 종교적 상황과 문화적 상황 양쪽 모두에서 사용되었다. 고대에 손님의 발을 씻어주는 관습은 신약성경 시대에도 유지되었던 환대의 일부였다(창 18:4; 요 13:5). 씻는 의식은 성막에서 직무를 수행할 준비를 하는 제사장들을 정결하게 하는 데 매우 중요한 단계였다(40:12). 물로 씻음은 영적 씻음, 곧 하나님 앞에 나아가는 데 필수적인 준비를 상징했다(시 26:6; 73:13). 구약 예언자들은 이것을 회개의 이미지에 사용했다(사 1:16; 겔 16:4). 신약성경에서 바울은 그리스도 안에서 이뤄지는 구속을 "중생의 씻음"(딛 3:5)으로 묘사한다.

의 필수 부분이 되었거나, 흉패에 영구적으로 부착된 것으로 보인다.

39:22 그가 에봇 받침 긴 옷을…짜서 만들되 *28:31-35에 대한 설명을 보라.*

39:27 그들이…아론과 그의 아들들을 위하여 속옷을 짓고 *28:39-43에 대한 설명을 보라.*

39:30 그들이…거룩한 패를 만들고 하나님은 정결해서 더럽고 부정한 모든 것에서 분리되신다는 메시지를 새긴 특별한 패에 대해서는 *28:36-38에 대한 설명을 보라.*

39:32 이스라엘 자손이 어느 장인도 개인적으로 특별히 언급되거나 상을 받지 않았다. 대신에 백성 전체가 모든 일을 하나님이 모세에게 지시하신 대로 행했다고 말한다. **모든 역사를 마치되** 마침내 여러 장인에게 맡긴 일이 모두 끝나고, 그 결과물이 이스라엘 지도자에게 공식 제출될 준비가 되었다. **명령하신 대로 다 행하고** 성막 제작과 관련된 모든 부분에서 하나님이 공식적으로 지시하셨다는 데 관심이 집중된다.

39:33 그들이 성막을 모세에게로 가져왔으니 순종과 정확성에 대한 증언들은 하나님이 모세에게 내리신 지시에 포함된 모든 부분의 간결한 목록을 담는, 이를테면 봉투 역할을 한다(32, 42, 43절). 열거된 어느 한 부분도, 그 전체도 자신들이 갖고 싶은 것을 고안해내는 인간의 독창성을 반영하지 않았다. 오히려 이들의 하나님이 요구하신 그대로였다. 성막은 전적으로 하나님의 건축물이었고, 모든 수준에서 하나님의 디자인이었다.

39:42, 43 39장 앞부분에 나왔고 다시 반복되는 품질 관리에 대한 후렴구와 모든 세부 사항에서 정확히 그대로 따랐음을 강조하는 추가된 두 어구("본즉", "…대로")가 결합해 하나님이 시작하신 큰 준비, 곧 그분이 임재하실 자리와 이스라엘이 예배할 자리를 준비하는 이 모든 일이 완결되었음을 표시한다.

39:43 모세가 그 마친 모든 것을 본즉 시내산에서 하나님과 함께 있었고 백성에게 하나님의 성막과 관련된 모든 세부 설계도를 전해주었던 바로 그 사람이 결과물을 직접 검사하고 일이 성공적으로 완결되었음을 확인한다. **모세가…그들에게 축복하였더라** 이 행위로 모세는 이들의 열정과 성실함이 낳은 결과를 공식적으로 최종 인정하는 서명을 하고 이들의 하나님이 이들에게 좋은 결과를 주시길 축복한다. 출애굽기에서 모세는 이곳에서만 자신의 백성을 축복한다. 이 외에 '축복하다(복을 주다)'라는 동사가 하나님을 주어로 해서 세 차례 사용되고(20:11, 24; 23:25), 바로가 모세에게 자신을 축복해 달라고 요청하는 대목에서 한 차례 사용된다(12:32). 여기서 *것(work)*은 '전문적이고 능숙한 장인들의 최종 결과물'로 이해해야 한다.

40:1-3 마지막으로 성막을 세워야 할 때가 되었다. 성소에는 지성소, 서쪽으로 성소, 동쪽으로 성소 출입문이 있다. 이방 종교들과 이들의 태양신 숭배에 비춰본다면 대제사장이 떠오르는 해를 등지고 하나님을 예배하는 모습에서 상당히 논쟁적인 의미를 찾아볼 수도 있겠다. 또한 성막 뜰에 들어가는 자는 누구든지 제사하고 예배하러 들어올 때 떠오르는 해를 등졌다.

40:17 성막은 이스라엘이 애굽을 떠난 지 거의 일 년 후에 완성되었다. 당시 이스라엘은 시내산 아래 있었고, 여기서 제2년 1월에 레위기를 받았다. 민수기는 애굽을 떠난 후 제2년 2월, 이스라엘이 아직 시내산에 있을 때 기록되기 시작했다(참고. 민 1:1).

40:34 구름이 회막에 덮이고 여호와의 영광이 성막에 충만하매 이것은 하나님의 거처를 세우는 모든 일이 제대로 끝났고 모든 지시를 그대로 따랐음을 모세와 이스라엘에게 최종적으로 확인해주는 말이다.

40:36 떠오를 성막을 다 만들어 세운 지 50일 후(민 10:11에 기록된 대로) 처음으로 구름이 성막 위에서 떠올랐다.

연구를 위한 자료

John J. Davis, *Moses and the Gods of Egypt* (Grand Rapids: Baker, 1971).

Walter C. Kaiser Jr., *Exodus*, in Expositor's Bible Commentary (Grand Rapids: Zondervan, 1990).

레

제목

율법서 세 번째 책의 히브리어 제목은 이 책의 첫 단어에서 왔는데 "그리고 그분이 부르셨다"(and He called)로 번역된다. 구약성경 여러 책의 히브리어 제목이 이런 식으로 붙여졌다(예를 들면 창세기는 "태초에" 출애굽기는 "그리고 이것들이 그 이름들이다"). 제목 *레위기*(*Leviticus*)는 헬라어 구약성경(LXX)의 라틴 벌게이트 역이 이 책에 붙인 제목 *레비티콘*(*Levitikon*)에서 왔는데 '레위인들의 일'이라는 뜻이다(25:32, 33). 레위기는 레위인들의 책임을 다루지만, 훨씬 더 중요한 것은 모든 제사장에게 예배에서 백성을 어떻게 도와야 하는지 가르치고 백성에게 어떻게 거룩하게 살아야 하는지 알려준다는 점이다. 신약성경의 저자들은 레위기를 50차례 넘게 인용한다.

저자와 저작 연대

레위기의 저자와 저작 연대에 대한 문제는 이 책의 마지막 구절이 해결해준다. "이것은 여호와께서 시내 산에서 이스라엘 자손을 위하여 모세에게 명령하신 계명이니라"(27:34. 참고. 7:38; 25:1; 26:46). 하나님이 이 법들을 모세에게 주셨다는 사실(참고. 1:1)이 27장으로 구성된 레위기에 56회 나온다. 레위기는 세세한 규정을 기록하는 것 외에 이 법들과 관련된 역사 기사도 여럿 기록했다(8-10장; 24:1-23을 보라). 출애굽은 주전 1445년에 일어났으며(출애굽기 서론의 저자와 저작 연대를 보라), 성막은 일 년 뒤에 완성되었다(출 40:17). 레위기는 이 시점에서 시작하며, 출애굽 제2년 첫 달(아빕월/니산월)에 계시되었을 것이다. 민수기는 이후 두 번째 달(시브월)에 시작한다(참고. 민 1:1).

배경과 무대

이스라엘이 시내산에 진을 치기 전에는 하나님의 영광의 임재가 이스라엘 가운데 공식적으로 임한 적이 없었고, 성막 같은 중앙 예배처가 없었으며, 틀이 잡히고 정리된 일련의 제사와 절기가 없었고, 대제사장과 공식적인 제사장들 그리고 성막 사역자들이 지명되지 않았다. 출애굽기가 끝날 때 첫째와 둘째 부분이 성취되었으므로 이제 셋째와 넷째 부분이 필요한데, 레위기가 바로 이 부분을 다룬다. 출애굽기 19:6은 이스라엘을 "제사장 나라"와 "거룩한 백성"이라고 부른다. 레위기는 하나님이 이제 막 구속받은 자신의 백성에게 주시는 명령으로, 어떻게 하나님을 예배하고 그분께 순종해야 하는지를 가르친다.

이때까지 이스라엘은 족장들에 대한 역사적 기록을 통해서만 자신들의 하나님을 어떻게 예배하고 그분 앞에서 어떻게 살아야 하는가에 대해 배웠다. 무수한 신들의 땅으로 보이는 애굽에서 수백 년을 노예로 살아 예배와 경건한 삶에 대한 이스라엘의 개념은 심하게 뒤틀려 있었다. 이들은 다신론과 이교도 의식을 따르는 경향이 있었고, 이런 경향은 광야에서 방황할 때, 예를 들면 금송아지를 숭배할 때 드러났다(참고. 출 32장). 그러나 하나님은 이들이 애굽인 이웃들의 방식으로 예배하도록 허용하시지 않고, 애굽의 도덕과 죄 개념도 용납하시지 않았다. 레위기의 지침들을 기준으로 삼아 제사장들은 이스라엘이 하나님을 적절하게 예배하도록 이끌 수 있었다.

레위기는 율법을 많이 포함하지만 역사 형식으로 되어 있다. 모세가 성막을 다 지은 직후 하나님은 성막에 영광으로 거하신다. 출애굽기는 바로 여기서 끝났다(40:34-38). 레위기는 하나님이 성막에서 모세를 부르시는 데서 시작해 모세에게 구속력 있는 법의 형태로 계명을 주시는 데서 끝난다. 이스라엘의 왕께서 자신의 왕궁(성막)을 차지하셨고, 자신의 법을 제정하셨으며, 자신을 자기 백성의 언약 파트너로 선포하셨다.

레위기에는 지리적 이동이 전혀 나오지 않는다. 이스라엘 백성은 시내산 아래 머물러 있었고, 그 산에서 하나님이 내려와 자신의 율법을 주셨다(25;1; 26:46; 27:34). 이스라엘은 한 달 후 민수기가 시작되는 때도 여전히 그곳에 있었다(참고. 민 1:1).

역사적 · 신학적 주제

레위기는 하나님의 거룩한 성품과 이스라엘의 거룩을

향한 하나님의 뜻이라는 두 핵심 개념을 중심으로 전개된다. 하나님의 거룩하심, 인간의 죄악, 제사, 하나님의 성막 임재가 레위기의 공통된 주제다. 레위기는 분명하고 권위 있는 어조로 개인의 거룩을 하나님의 명령으로 제시한다(11:44, 45; 19:2; 20:7, 26. 참고. 벧전 1:14-16). 이스라엘의 신앙생활과 관련된 문제들은 의식적 정결에 초점을 맞추는 경향이 있지만 이스라엘의 개인적 정결에 대한 관심도 빼놓지 않는다. 사실 하나님의 거룩에 대한 반응으로 개인의 거룩을 계속 강조한다(17-27장에 나오는 이런 강조를 참고하라). 레위기는 125회 이상 인간이 깨끗하지 못하다고 말하고(말하거나), 어떻게 하면 깨끗해지는지 가르친다. 이런 거룩의 동기는 되풀이되는 두 마디 "나는 여호와라"와 "내가 거룩하니"로 표현된다. 이 표현은 50회 이상 사용된다. *11:44, 45에 대한 설명을 보라.*

조건적인 모세 언약의 주제가 레위기 전체, 특히 26장에 다시 나타난다. 신생 민족을 위한 이 언약은 언약에 대한 순종이나 불순종의 결과를 자세히 기술할 뿐 아니라 이스라엘의 역사를 결정하는 방식을 기술한다. 불순종이 부르는 형벌에서 예언적 의미를 인지하지 않을 수 없다. 모세가 레위기를 쓰고 거의 900년 후 바벨론에게 멸망해(주전 538년) 포로생활을 하고 뒤이어 귀환하는 일련의 사건이 연상된다. 이스라엘의 불순종이 갖는 종말론적 의미는 메시아가 오셔서 자신의 나라를 세우고 레위기 26장과 신명기 28장의 저주를 끝낼 때에야 결론이 날 것이다(참고. 슥 14:11).

다섯 제사와 제물은 상징적이다. 진정으로 회개하고 감사하는 예배자가 이 의식들을 지킴으로써 하나님에 대한 믿음과 사랑을 표현하도록 해주는 데 그 목적이 있다. 마음이 회개하고 감사하지 않으면 하나님은 이 의식을 기뻐하시지 않는다(참고. 암 5:21-27). 제물은 태워졌는데, 이는 죄가 제거되었으면 하는 예배자의 바람을 상징하며 진정한 예배의 아름다운 향기를 하나님께 올렸다. 의식과 관련된 세세한 부분은 백성이 하나님의 도덕적이고 영적인 율법을 순종하는 방식과 하나님 말씀의 모든 부분을 존중하는 방식까지 정확하고 엄밀하게 가르치기 위한 것이었다. *11:1-47; 13:2에 대한 설명을 보라.*

해석상의 과제

레위기는 이스라엘에게 하나님을 어떻게 예배하는지 가르치는 교과서이자 옛 언약 의식을 담은 신학이다. 모세는 특정한 역사적 이해를 바탕에 깔고 레위기를 썼기 때문에 여기에 나오는 격식과 율법, 의식의 세세한 부분을 지금 폭넓게 이해하는 건 어렵다. 세세한 규정들을 이해해야 하는 과제를 풀고 나면 교회 신자들이 이런 규정들에 어떻게 반응해야 하는가 하는 문제와 맞닥뜨리게 된다. 왜냐하면 신약성경은 구약의 의식법(참고. 행 10:1-16; 골 2:16, 17), 레위 제사장직(참고. 벧전 2:9; 계 1:6; 5:10; 20:6), 성소 개념을 분명하게 폐지할 뿐 아니라(참고. 마 27:51) 새 언약을 세우기 때문이다(참고. 마 26:28; 고후 3:6-18; 히 7-10장).

우리는 옛 의식들을 실행하거나 거기에 담긴 더 깊은 영적 의미를 찾으려 하지 말고 의식들 뒤에 있는 거룩하고 신성한 성격에 초점을 맞춰야 한다. 부분적으로 이런 이유에서 하나님의 마음에 대하여 모세가 정결 규정에서 자주 제시하는 설명이 의식 자체보다 더 큰 통찰을 제시한다. 의식의 뿌리가 되는 영적 원칙은 하나님의 본성에 근거하기에 시간을 초월한다. 신약성경은 오순절 때부터(참고. 행 2장) 교회가 옛 언약의 권위가 아니라 새 언약의 권위 아래 있다고 분명하게 밝히고 있다(참고. 히 7-10장).

해석자는 레위기의 특징을 성막과 율법의 의식적 측면을 근거로 모형과 유비를 제시하는 신약성경 저자들과 비교하면서 그리스도와 새 언약의 실체에 대한 귀중한 교훈을 가르쳐야 한다. 의식법은 그리스도와 그분의 구속 사역이라는 실체의 그림자일 뿐이므로(히 10:1) 지나친 모형론은 거부해야 한다. 신약성경 저자들이 그리스도의 모형이라고 구체적으로 규정하는 것들만 모형으로 받아들여야 한다(참고. 고전 5:7, "우리의 유월절 양 곧 그리스도").

가장 유익한 레위기 연구는 구약성경의 다른 데서 설명하지 않는 부분에 초점을 맞춤으로써 죄, 죄책, 대속적 죽음, 속죄를 이해하도록 만드는 것이다. 후대의 구약성경 저자들과 특히 신약성경 저자들은 레위기에 나오는 이런 문제에 대한 기본 이해를 토대로 삼았다. 레위기 제사들은 예수 그리스도의 대속적 죽음에서 단번에 이뤄지는 궁극적 성취를 내다보았다(히 9:11-22).

레위기 1-16장은 개인이 적절한 예배(제사)를 통해 어떻게 하나님께 나아가야 하는지 설명하고, 레위기 17-27장은 순종하는 삶을 통해 어떻게 하나님이 받으실 만한 존재가 되는지를 설명한다.

레

레위기 개요

I. 제사법(1:1-7:38)
- A. 평민을 위한 제사법(1:2-6:7)
  - 1. 번제(1:1-17)
  - 2. 소제(2:1-16)
  - 3. 화목제(3:1-17)
  - 4. 속죄제(4:1-5:13)
  - 5. 속건제(5:14-6:7)
- B. 제사장을 위한 제사법(6:8-7:38)
  - 1. 번제(6:8-13)
  - 2. 소제(6:14-23)
  - 3. 속죄제(6:24-30)
  - 4. 속건제(7:1-10)
  - 5. 화목제(7:11-36)
  - 6. 마무리하는 말(7:37, 38)

II. 제사장직의 시작(8:1-10:20)
- A. 아론과 그의 아들들을 제사장으로 세우다(8:1-36)
- B. 처음으로 제사장직을 수행하다(9:1-24)
- C. 나답과 아비후가 죽임을 당하다(10:1-20)

III. 부정한 것에 대한 법(11:1-16:34)
- A. 부정한 짐승(11:1-47)
- B. 출산과 관련된 부정(12:1-8)
- C. 부정한 질병(13:1-59)
- D. 질병에 대한 정결 규례(14:1-57)
- E. 유출병에 대한 정결 규례(15:1-33)
- F. 성막에 대한 정결 규례(16:1-34)

IV. 실제적인 거룩에 대한 명령(17:1-27:34)
- A. 제사와 음식(17:1-16)
- B. 적절한 성행위(18:1-30)
- C. 이웃관계(19:1-37)
- D. 중범죄(20:1-27)
- E. 제사장을 위한 규례(21:1-22:33)
- F. 종교 절기(23:1-44)
- G. 성막(24:1-9)
- H. 신성 모독에 대한 기사(24:10-33)
- I. 안식년과 희년(25:1-55)
- J. 율법에 순종하라는 권고: 축복과 저주(26:1-46)
- K. 서원 예물에 대한 속량(27:1-34)

제사법 (1:1-7:38)

1:1-7:38 이 단락은 제사와 관련된 법을 설명한다. 이스라엘이 아벨과 가인 때부터 제사를 드리기는 했지만(참고. 창 4:3, 4), 이제 분명한 제사 규정이 이스라엘 역사에서 최초로 제시된다. 이 단락은 백성에게 주는 명령(1:1-6:7)과 제사장들에게 주는 명령으로 이뤄진다(6:8-7:38). 천년왕국의 제사들과 어떻게 비교되는지에 대해서는 *에스겔 45, 46장에 대한 설명을 보라.*

A. 평민을 위한 제사법(1:1-6:7)

1:1-6:7 하나님은 "여호와께서 명령하신 대로 우리가 다 행하리이다"라는 이스라엘의 말을 그대로 받아들이고(출 19:8; 24:3-8), 이들이 하나님께 어떻게 제사를 드려야 하는지 자세히 가르쳐주신다. 다섯 가지 제사가 제시된다. 첫째와 둘째, 셋째 제사는 자발적 제사이고 넷째와 다섯째는 강제 제사다. 다섯 가지 제사는 다음과 같다. 번제(burnt offering, 1:1-17), 소제(grain offering, 2:1-16), 화목제(peace offering, 3:1-17), 속죄제(sin offering, 4:1-5:13), 속건제(trespass offering, 5:14-6:7)다. 이 모든 제사는 하나님을 예배하고, 회개하며 감사하는 마음을 표현하는 형식이다. 믿음으로 진정 하나님께 속한 자들은 예배하는 자세로 제사를 드려야 한다. 그러지 않는 자들에게 제사는 겉치레일 뿐이다.

1. 번제(1:1-17)

1:1 여호와께서 회막에서 모세를 부르시고 레위기는 출애굽기가 끝나는 지점에서 시작된다(서론의 저자와 저작 연대, 배경과 무대를 보라). 출애굽기 마지막 구절들에서 영광의 구름이 성막에 내려앉자마자 하나님이 레위기의 내용을 모세에게 가르치신다. 예배에서 성막을 어떻게 사용해야 하느냐는 물음에 대해 지성소에 안치된

언약궤 위에 임한 하나님의 영광이 귀에 들리는 소리로 응답한다(참고. 출 40:34; 민 7:89; 시 80:1). **회막** 성막을 회막이라 부른 것은 이곳이 이스라엘이 모여 하나님을 만나는 곳이기 때문이다(참고. 출 25:8, 22; 26:1-37). 성막에 대한 자세한 묘사는 출애굽기 25-32장을 보라.

1:2 이스라엘 자손에게 말하여 이것은 이스라엘이라고도 불린 야곱의 모든 후손에게 그들의 영적 생활을 가르치는 필수 계시다(참고. 창 32:28). **너희 중에 누구든지…드리려거든** 구체적인 횟수나 빈도가 명시되어 있지 않으며 순전히 자원해서 드리는 예물이다(1:3). 이교도 제사에 사용되는 말이나 개, 돼지, 낙타, 나귀뿐 아니라 토끼, 사슴, 맹수, 맹금류도 제외된다. 제물은 제사 지내는 사람이 자신의 가축에서 고르거나 구입해야 한다. **소나 양으로 예물을 드릴지니라** 가축만 제사의 제물로 드릴 수 있다. **예물** 바리새인은 성인 자녀들이 *고르반*, 곧 물질을 하나님께 드렸다는 구실을 내세워 연로한 부모를 봉양할 책임을 회피하는 데 악용했다(참고. 막 7:8-13).

1:3-17 제사장들의 번제에 대한 규정은 6:8-13을 보라. 번제가 가장 먼저 나오는 것은 가장 자주 드리는 제사이기 때문이다. 매일 아침과 저녁(민 28:1-8), 매 안식일(민 28:9, 10), 매달 첫날(민 28:11-15), 특별한 절기에 번제를 드렸다(민 28:16-29:40). 번제는 하나님을 향한 자발적이고 완전한 헌신과 성별을 상징한다. 번제는 악한 행위의 죄책이 사해지길 바라며 범한 죄를 회개하는 제사다. 번제는 죄인의 회개와 순종을 표현하도록 계획되었기에 자신이 하나님을 예배하는 데 헌신한다는 것을 보여준다. 가장 비싼 짐승이 가장 먼저 언급되고 가장 싼 짐승이 가장 나중에 언급된다. 나중에 시편 노래 부르기가 이 의식의 일부가 되었다(참고. 시 4; 5; 40; 50; 66편).

1:3-9 수송아지로 드리는 제사를 설명한다(1:5).

1:3 번제 이 제사를 번제라고 부르는 이유는 새의 깃이나(1:16) 제사장에게 돌아가는 소의 가죽을 제외하고(1:6; 7:8) 제물을 완전히 태워야 하기 때문이다. **흠 없는 수컷** 조금이라도 기형이 있거나 흠 있는 짐승은 허용되지 않는다. 이런 이유로 제사장들은 짐승을 하나씩 검사해 통과한 짐승의 뿔에 증명서를 붙이고 밀랍으로 직인을 찍는 등 애굽인이 제물을 검사할 때 사용한 방법을 쓴 것으로 보인다. 흠 없는 수컷을 제물로 요구한 것은 가축 가운데 가장 값진 제물이기 때문이다. **회막 문에서 여호와 앞에** 번제단이 있는 성막 뜰에 들어가면(출 40:6) 제사자는 번제단 북쪽에 서게 된다(참고. 11:1). 구름 가운데서 하나님의 임재가 성막 맨 안쪽, 지성소에 자리한 언약궤의 속죄소에 임했다(*1:1에 대한 설명을 보라*). 제물을 가져와서 사람 앞이 아니라 여호와 앞에 드렸다.

1:4 머리에 안수할지니 이런 상징적 행위는 제사자의 죄가 제물 짐승에게 전가된다는 표시이며, 회개 기도와 회개 요청이 수반되었을 것이다(참고. 시 51:18, 19). **그를 위하여** 이것은 궁극적 대속물이신 예수 그리스도를 예표하는 대속 제사다(참고. 사 53장. *고후 5:21에 대한 설*

「하나님께 번제드리는 노아의 모습(*Landscape with Noah's Burnt Offering to God*)」 1803. 요제프 안톤 코흐. 캔버스에 유화. 86X116cm. 슈타델 미술관. 프랑크푸르트.

번제

관련 구절

레위기 1:3-17; 6:8-13

목적

1. 전반적 속죄를 위해(1:4)
2. 하나님에 대한 완전한 헌신과 성별을 나타내기 위한 제사이므로 '온전한 번제'라고도 불림

구성

재산 정도에 따라

1. 흠 없는 수소(1:3-9)
2. 흠 없는 숫양이나 숫염소(1:10-13)
3. 산비둘기나 집비둘기 새끼(1:14-17)

하나님의 몫

가축을 제외하고(7:8) 번제단에서 태운 모든 것(1:9)

제사장의 몫

가죽만(7:8)

제사자의 몫

없음

명을 보라). **속죄가 될 것이라** 속죄는 '덮개'라는 뜻이다. 시편 기자는 속죄를 "허물의 사함을 받고 자신의 죄가 가려진 자는 복이 있도다"(시 32:1)라는 말로 정의한다. 신학적으로 구약성경의 "속죄"는 일시적으로 죄를 덮을 뿐 죄나 훗날의 심판을 없애지는 못했다(히 10:4). 예수 그리스도께서 단번에 드린 제사가 죄를 완전히 속했기에 하나님의 진노를 영원히 해결했으며 영원한 구원을 보증한다(참고. 히 9:12; 요일 2:2). 이것은 그리스도가 십자가에서 죽기 이전 시대에 하나님이 자기를 구속할 것으로 믿었던 사람들에게도 적용된다(참고. 롬 3:25, 26; 히 9:15).

1:5 그는…잡을 것이요 죄의 결과가 생생하게 극적으로 표현되도록 제사자가 짐승을 잡고 각을 떴다(참고. 6절). **아론의 자손** 아론의 직계 후손, 즉 나답과 아비후, 엘르아살, 이다말을 말한다(참고. 출 28:1). 처음에 아론을 포함해 다섯 제사장이 대제사장으로 섬겼다. **그 피를 가져다가…뿌릴 것이며** 제사장은 생명을 취했음을, 죽음이 일어났음을 나타내기 위해 피를 양동이에 모아 하나님께 제물로 바쳐야 했다(참고. 17:11, 14). 죄의 값은 언제나 죽음이다(참고. 창 2:17; 롬 6:23). **제단** 번제단이며(참고. 출 27:1-8; 38:1-7), 성소 바깥 성막 뜰에 위치했다. 성막이 세워지기 전 출애굽기 24:1-8에서는 이렇게 제물의 피를 처음으로 뿌렸다.

1:9 씻을 것이요 제사자는 짐승의 대변을 제거해 제물을 깨끗하게 한다. **향기로운 냄새** 제물이 타는 냄새는 하나님을 기쁘게 하는 순종의 제사를 상징한다. 값비싼 제사는 범한 죄에 대한 하나님의 진노를 인정하며(참고. 1:13, 17), 제사 뒤의 회개하는 마음은 그 제사가 가납되게 한다. 이것이 제사 자체보다 훨씬 중요하다(참고. 창 8:21; 삼상 15:23). 이것은 하나님을 기쁘시게 하며 자원해 드리는 세 가지 제사 가운데 첫째다. 참고. 소제(2:2), 화목제(3:5).

1:10-13 가축 떼 이 단락은 양과 염소를 제물로 드리는 제사를 설명한다.

1:11 제단 북쪽 성막 문 앞에서 제사자는 이 위치에 섰다(참고. 1:3).

1:14-17 예물이 새의 번제이면 이 단락은 새를 제물로 드리는 제사를 설명한다. 하나님은 가난한 자들에게 부자들과 똑같은 번제물을 가져오라고 요구하시지 않았다. 제사자가 부담하는 상대적 비용이 중요한 요소이기 때문이다. 그리스도가 태어나신 지 8일째 되는 날 요셉과 마리아는 마리아의 정결을 위해 이런 종류의 제물을 바쳤다(참고. 12:8; 눅 2:22-24).

1:15 제사장은…머리를 비틀어 끊고 제물이 가축인 경우 제사자가 제물을 잡았지만 제물이 새일 때는 제사장이 잡았다.

1:16 모이주머니…더러운 것 음식이 저장되는 새의 목이나 식도를 말한다. **제단 동쪽 재 버리는 곳** 성막 뜰 입구에서 가장 가까운 쪽으로, 재를 바깥으로 버리기에 가장 쉬운 곳이었다(참고. 6:10, 11).

2. 소제(2:1-16)

2:1-16 제사장들을 위한 소제 규례는 6:14-23을 보라. 소제(소제의 예물)는 정해진 제사 때 번제, 관제(drink offering)와 함께 드리는 자발적 제사로 하나님을 향한 경의와 감사를 상징한다(참고. 민 28:1-15). 여기 소제의 세 가지 형태가 제시된다. 요리하지 않은 가루(2:1-3), 구운 가루(2:4-13), 수확해서 볶은 첫 이삭(2:14-16)이다. 다섯 가지 제사 가운데 유일하게 제물이 짐승이 아닌 제사이며, 땅의 열매도 제물로 드릴 수 있음을 보여준다(창 4장에 나오는 가인의 경우처럼).

2:1-3 고운 가루 소제 예물의 첫째 형태는 요리하지 않은 '고운' 가루인데, '고운'이라는 단어는 번제 짐승에 붙은 '흠 없는'이라는 의미와 비슷하다. 소제 예물의 일부는 제사장들에게 돌아간다(3절). 관제나 '신주'(神酒)처럼 소제는 번제에 추가된다(참고. 민 28:1-15).

소제

관련 구절

레위기 2:1-16; 6:14-23

목적

소제는 모든 번제에 수반되며, 제사자가 하나님께 표하는 경의와 감사를 상징함

구성

세 가지 형태

1. 기름, 유향과 섞은 고운 가루(2:1-3)
2. 고운 가루에 기름을 섞어 화덕(2:4)이나 철판(2:5), 냄비(2:7)에 구운 과자
3. 첫 이삭을 볶아 찧어 기름과 유향을 더한 것(2:14, 15)

하나님의 몫

번제단에서 태운 기념물(2:2, 9, 16)

제사장의 몫

남은 것은 제사장들이 뜰에서 먹음(2:3, 10; 6:16-18)

제사자의 몫

없음

2:1 기름 *2:4에 대한 설명을 보라.* **유향** *2:15에 대한 설명을 보라.*

2:2 한 움큼 온전한 번제와 달리(1:9) 대표적이거나 기념하는 부분만 하나님께 드린다. **향기로운 냄새** *1:9에 대한 설명을 보라.*

2:3 아론과 그의 자손에게 돌릴지니 번제물과 달리(참고. 1:9, 13, 17) 소제물은 제사장들의 양식이 된다. **지극히 거룩한 것이니라** 이 부분에서 소제물은 다른 제사 예물과 다른데, 번제물과 달리 하나님만의 몫도 아니고 화목제물처럼 제사자가 일부를 먹지도 않기 때문이다. 오직 제사장만 소제물 가운데 번제로 태우지 않은 부분을 먹을 수 있다(7:9을 보라). 속죄제(6:17, 25)와 속건제도 "지극히 거룩"(6:17; 7:1)하다고 불린다.

2:4-13 이런 형태의 소제물에는 구운 가루가 포함된다. 화덕(2:4), 철판(2:5, 6), 냄비(2:7-10)가 사용된다. 준비 방식은 2:11-13에서 설명하고 있다.

2:4 기름을 섞어 일반적으로 하나님이 사람을 지명하실 때 기름 부음이 동반되었다. 여기서는 하나님께 드리는 기념물로 구별된 거룩한 제물을 준비하는 일에 기름 부음이 적용된다. **무교병** 누룩이 죄의 존재를 나타내는 상징이라는 개념은 유월절의 맥락을 넘어 신약성경에서도 유효하다(참고. 마 16:6; 고전 5:6, 7).

2:11 이것은 2:4-10에 나오는 예물들에 적용되는데, 이 모두를 제단에서 태워야 했다. **누룩이나 꿀을…못할지니라** 누룩과 꿀 둘 다 먹어도 되는 음식이지만 소제물에는 절대 사용해선 안 된다. 누룩과 꿀은 죄를 상징하는 발효를 일으킬 수 있기 때문이다(*2:4에 대한 설명을 보라*).

2:12 이것은 2:14-16에 나오는 예물에 적용되는데, 이 예물은 번제단에서 태우지 말고 제사자가 직접 볶아 성막으로 가져가야 한다(14절).

2:13 언약의 소금 소금은 2:4-10, 14-16절이 말하는 모든 예물(제물)에 다 들어갔는데, 소금이 언약에 대한 불변성이나 충실성을 상징하기 때문이다.

2:14 첫 이삭 초실절(23:9-14)과 칠칠절(23:15-22)에 드릴 것이다.

2:15 유향 톡 쏘는 발삼 향이 나며 점성이 있는 수지로, 성막 제사에서 향으로 사용되었다(참고. 출 30:34).

화목제

관련 구절

레위기 3:1-17; 7:11-36

목적

화목제는 일반적으로 하나님과 제사자 사이의 평화(화목, 화해)를 표현한다. 따라서 하나님과 제사자가 함께 나누는 식사에서 절정에 이르게 된다.

화목제는 세 가지 형태가 있다.

1. 감사제(thanks offering): 뜻하지 않은 복이나 구원에 대해 감사를 표현하기 위해 드린다.
2. 서원제(votive offering): 간구하면서 맹세했을 때 받은 복이나 구원에 대해 감사를 표현하기 위해 드린다.
3. 자원제(freewill offering): 어떤 구체적인 복이나 구원과 무관하게 하나님께 감사를 표현하기 위해 드린다.

구성

재산 정도에 따라

1. 흠 없는 수소나 암소(3:1-5)
2. 흠 없는 숫양이나 암양(3:6-11)
3. 염소(3:12-17)

* 화목제가 소나 양을 드리는 자원제일 때는 작은 흠이 허용됨(22:23)

하나님의 몫

번제단에서 태우는 기름 부분(3:3-5)

제사장의 몫

가슴(요제)과 오른쪽 뒷다리(거제; 7:30-34).

제사자의 몫

제사자와 그 가족이 성막 뜰에서 먹는 나머지 부분

1. 감사제: 제물은 당일 먹어야 함(7:15)
2. 서원제와 자원제: 제물은 당일과 이튿날 안에 먹어야 함(7:16-18)

* 화목제는 제사자의 몫이 있는 유일한 제사임

3. 화목제(3:1-17)

3:1-17 제사장을 위한 화목제 규례는 7:11-36을 보라. 화목제는 자원하는 제사로 하나님과 예배자 간의 평화와 교제를 상징한다. 화목제는 자원해 드리는 세 번째 제사로 여호와께 향기로운 냄새가 되며(3:5), 속제의 번제와 성별 그리고 헌신의 소제에 뒤따르는 적절한 결과다. 화목제는 하나님과 죄인 사이에서 이뤄지는 구속적 화해의 열매를 상징한다(참고. 고후 5:18).

3:1-5 화목제물로 사용되는 소에 대한 설명이다.

3:1, 2 수컷이나 암컷 화목제는 방법이 번제와 비슷하

지만(참고. 1:3-9), 암컷도 제물로 드릴 수 있다는 점이 다르다.

3:4 기름 모든 기름은 여호와께 드려야 한다(3:3-5, 9-11, 14-16).

3:11 음식이니라 화목제물은 하나님과 제사자 사이에 차린 음식을 상징하며, 여기서 음식을 함께 먹는 것으로 평화(화목)와 교제가 집약적으로 표현된다.

3:12-16 화목제물로 사용되는 염소에 대한 설명이다.

3:17 너희는 기름과 피를 먹지 말라 여기서는 어느 기름을 태우고 먹지 말아야 하는지 분명하게 규정하며, 따라서 다른 부위에 붙었거나 다른 부위와 섞인 것은 무엇이든 먹어도 괜찮았을 것이다. 모세 율법의 많은 부분이 그렇듯, 그 밑바탕에는 건강상의 이유도 포함된다.

4:1-6:7 속죄제(4:1-5:13)와 속건제(5:14-6:7)는 강제 제사라는 점에서 자원하는 제사인 앞선 세 가지 제사와 다르다. 속죄제는 배상이 불가능한 범죄와 관련이 있다는 점에서 배상이 가능한 범죄와 관련된 속건제와 다르다.

4. 속죄제(4:1-5:13)

4:1-5:13 제사장들을 위한 속죄제 규례에 대해서는 6:24-30을 보라. 속죄제는 모르고 지었으나 배상이 불가능한 죄를 속한다. 속죄제는 속건제(5:14-6:7)처럼 강제 제사다. 비고의적 작위의 죄(4:1-35)와 비고의적 비작위의 죄(5:1-13)를 다룬다. 레위기 4:1-35은 대제사장(3-12절), 회중(13-21절), 족장(22-26절), 개인(27-35절) 등 죄를 범한 사람을 다룬다. 레위기 5:1-13은 어린 양이나 염소(1-6절), 새(7-10절), 가루(11-13절) 등 속죄제물을 다룬다.

4:2 그릇 어쩌다가 죄악된 상황에 잘못 빠진다는 뜻이며, 완전히 불시에 당했다는 뜻은 아니다. 민수기 15:30, 31은 고의로 범한 죄의 거만한 태도를 보여준다. **범하였으되** 작위의 죄를 말한다.

4:3-12 대제사장의 죄를 위한 속죄제를 설명한다.

4:3 기름 부음을 받은 제사장 출애굽기 29:29과 레위기 16:32을 보라. 여기서는 이 사람을 대제사장으로 규정한다. **백성의 허물이 되었으면** 대표자라는 위치 때문에 대제사장의 죄만 이런 형태로 백성에게 영향을 미친다. 예를 들면 아간은 전리품을 몰래 챙겼다가 이스라엘의 패배를 초래했으나 그의 가족과는 달리 이스라엘 전체가 죽임을 당하지는 않았다(참고. 수 7:22-26).

4:5 회막에 들어가서 실제로는 성소에 들어간다.

4:6 성소의 휘장 휘장은 지성소에 임재해 계시는 하나님께 들어가는 입구다. **일곱 번** 완전이나 완벽을 나타내는 숫자로, 하나님이 베푸시는 용서의 성격을 보여준다(시 103:12).

4:7 향단 출애굽기 30:1-10을 보라. 이 단은 성소와 지성소를 구분하는 휘장 앞에 있다. 언약궤에서 아주 가깝기 때문에 히브리서는 이 단(분향단)이 지성소에 있다고 말한다(히 9:4). 속죄일에는 이 단에도 피를 뿌린다(출 30:10). **번제단** 성막 뜰에 위치하며, 일반적으로 여기에 피를 쏟는다.

4:10 화목제 제물 *3:1-17에 대한 설명을 보라.*

4:11 내장 짐승의 주요 장기를 말하며, 창자에 든 내용물도 포함한다.

속죄제

관련 구절

레위기 4:1-5:13; 6:24-30

목적

모르고 지은 죄, 특히 배상이 불가능한 죄를 속하기 위해.

구성

1. 제사장의 경우 흠 없는 수송아지(4:3-12)
2. 회중의 경우 흠 없는 수송아지(4:13-21)
3. 족장의 경우 흠 없는 숫염소(4:22-26)
4. 평민의 경우 흠 없는 암염소나 흠 없는 새끼 암양(4:27-35)
5. 가난한 경우 산비둘기 두 마리나 집비둘기 새끼 두 마리로 대신할 수 있음(하나는 속죄제물이고 다른 하나는 번제물임, 5:7-10)
6. 지극히 가난한 경우 고운 가루로 대신할 수 있음(5:11-13. 참고. 히 9:22)

하나님의 몫

1. 번제단에서 태우는 기름 부분(4:8-10, 19, 26, 31, 35)
2. 속죄제가 대제사장이나 회중을 위한 것일 때 수송아지의 나머지 부분은 진 밖에서 태워야 함(4:11, 12, 20, 21)

제사장의 몫

속죄제가 족장이나 평민을 위한 것일 때 염소나 어린 양의 나머지 부분은 성막 뜰에서 먹어야 함(6:26)

제사자의 몫

없음

4:12 진영 바깥…가져다가 백성에게서 죄를 제거한다는 상징적 행위다(그리스도와 관련해서는 히 13:11-13을 참고하라).

4:13-21 회중의 죄를 위한 속죄제는 본질적으로 제사장들의 죄를 위한 속죄제와 동일한 절차를 밟아야 한다(4:3-12).

4:16 기름 부음을 받은 제사장 *4:3에 대한 설명을 보라.*

4:22-26 통치자(족장)의 죄를 위한 속죄제를 설명한다. 제사장이나 회중을 위한 속죄제와는 달리(4:6, 17) 제물의 피를 성소에 뿌리지 않고 번제단 뿔들에 바른다.

4:27-35 개인의 죄를 위한 속죄제를 설명한다. 염소(4:27-31)나 어린 양(4:32-35)을 족장의 죄를 위한 속죄제와 거의 같은 방식으로 드릴 수 있다(4:22-26).

5:1-13 비고의적 죄를 계속 설명하면서 비작위의 죄를 강조한다(1-4절). 제물로 어린 양이나 염소(6절), 새(7-10절), 가루(11-13절)를 드릴 수 있다.

5:1-5 자복을 요청하면서 몇몇 범죄를 예로 드는데, 이에 대한 올바른 반응은 회개다. 그 범죄는 증인이면서도 증언하지 않은 경우(1절), 부정한 것과 접촉한 경우(2, 3절), 경솔하게 맹세한 경우(4절)다.

5:1 증인이 되어…알리지 범죄를 실제로 보았거나 범죄자의 자백을 들어 직접 알고 있을 때 나서서 증언하지 않는 것은 죄다.

속건제

관련 구절

레위기 5:14-6:7; 7:1-7

목적

모르고 지은 죄, 특히 배상이 가능한 죄를 속하기 위해

구성

1. 하나님께 지은 죄일 때(십일, 제물 등) 흠 없는 숫양을 드려야 하며, 제사장이 평가한 가치에 오분의 일을 더해 배상해야 함(5:15, 16)
2. 사람에게 지은 죄일 때 흠 없는 숫양을 드려야 하며, 평가 가치에 오분의 일을 더해 배상해야 함(6:4-6)

하나님의 몫

번제단에서 태우는 기름 부분(7:3-5)

제사장의 몫

성소에서 먹는 나머지 부분(7:6, 7)

제사자의 몫

없음

5:5 자복하고 자복에는 회개하는 마음, 곧 죄에 대해 하나님과 생각이 같음을 공개적으로 인정하고 마음의 외적 표현으로 제사가 반드시 수반되어야 한다. 진정한 믿음과 회개와 순종이 없는 제사는 위선이다(참고. 시 26:4; 사 9:17; 암 5:21-26).

5:7 번제물 *1:3-17에 대한 설명을 보라.*

5:11 에바 약 22리터다. **기름을 붓지 말며 유향을 놓지 말고** 소제와 대조적이다(2:2).

5:13 소제물 *2:1-16에 대한 설명을 보라.*

5. 속건제(5:14-6:7)

5:14-6:7 제사장들을 위한 속건제 규례에 대해서는 7:1-10을 보라. 속건제는 모르고 지었으며 배상이 가능한 죄를 속한다는 것을 상징했다. 속죄제(4:1-5:13)처럼 속건제도 강제 제사다. 하나님의 소유와 관련해 죄를 지은 경우에는 제사장에게 배상해야 하고(5:14-19), 나머지 경우는 손해를 입은 당사자에게 배상해야 한다(6:1-7).

5:15 성소의 세겔 20게라(출 30:13; 레 27:35; 민 3:47) 또는 2베가와 같은 무게였으며(출 38:26), 약 11.42그램이다. 하나님은 한 세겔의 가치를 정하셨다.

5:16 오분의 일 범죄자는 본래 가치에 20퍼센트를 더해 120퍼센트를 배상해야 하는데, 모세 율법의 다른 곳, 예를 들면 출애굽기 22:7, 9에서 규정하는 비율보다 매우 낮다. 재판까지 가는 강제 선고와는 대조되는 자발적 자복이기 때문일 것이다.

6:1-7 모든 죄는 하나님께 짓는 것이다(참고. 시 51:4). 그러나 여기서처럼 어떤 죄는 직접적으로(5:14-19), 어떤 죄는 간접적으로 사람과 관련이 있다(6:1-7). 여기 언급된 범죄는 전체가 아니라 원칙을 세우고 설명하기 위한 대표적 사례일 뿐이다.

6:6 가치대로 제사장은 문제의 물품에 적절한 가치를 매기는 감정인 역할을 한다.

B. 제사장을 위한 제사법(6:8-7:38)

6:8-7:38 제사장들을 위한 제사법이다. 레위기 1:1-6:7은 다섯 가지 주요 제사를 제사자의 관점에서 다루었다. 여기서는 제사장들을 위한 제사 규례가 제시되는데, 제물 가운데 제사장들에게 돌아가는 몫에 특별히 집중한다.

1. 번제(6:8-13)

6:8-13 번제에 대한 것이다. *1:3-17에 대한 설명을 보라.*

6:9 제단 위에 있는 석쇠 여기서 제물을 완전히 태우는

레위기 제사에 나타난 그리스도

제사	그리스도의 공급	그리스도의 성품
1. 번제(레 1:3-17; 6:8-13)	속죄	죄가 없으셨음
2. 소제(레 2:1-16; 6:14-23)	헌신/성별	아버지의 목적에 자신을 온전히 바치셨음
3. 화목제(레 3:1-17; 7:11-36)	화해/교제	하나님과 화목하셨음
4. 속죄제(레 4:1-5:13; 6:24-30)	유화(宥和)	대속적 죽음을 맞으셨음
5. 속건제(레 5:14-6:7; 7:1-10)	회개	구속의 값을 전부 지불하셨음

데, 이는 하나님께 완전히 드린다는 의미다. 피어나는 연기는 여호와께 달콤한 향기다(1:7, 13, 17).

6:10 재 남은 재, 곧 쓸모없는 것을 즉시(10절), 최종적으로(11절) 치우는 것을 말한다.

6:12 화목제의 기름 *3:4에 대한 설명을 보라.*

6:13 꺼지지 않게 할지니라 꺼지지 않는 불은 하나님이 제사를 통해 늘 고백과 배상을 받으실 준비가 되어 있음을 뜻한다.

2. 소제(6:14–23)

6:14-23 소제에 대한 것이다. *2:1-16에 대한 설명을 보라.*

6:15 한 움큼 *2:2에 대한 설명을 보라.*

6:16-18 번제물과 달리 소제물은 제사장들과 그 아들들, 곧 미래의 제사장들에게 양식으로 준다.

6:16 거룩한 곳 이것은 성막 뜰에서만 먹어야 한다.

6:19-23 아론은 대제사장으로서 아침저녁으로 자신의 제사장 가족을 위해 소제를 드려야 한다.

6:20 기름 부음을 받는 8:7-12을 보라. **에바** *5:11에 대한 설명을 보라.*

6:22 그를 이어 대제사장 된 자 아론의 뒤를 잇는 대제사장들을 염두에 둔 것이다. **온전히 불사를 것이니** 제사장들의 소제물은 하나도 남김없이 완전히 태워야 한다.

3. 속죄제(6:24–30)

6:24-30 속죄제에 대한 것이다. *4:1-5:13에 대한 설명을 보라.*

6:25 지극히 거룩하니 *2:3에 대한 설명을 보라.* **번제물** *1:3-17에 대한 설명을 보라.*

6:26 제사장이 그것을 먹되 번제물이 족장을 위한 것이거나(4:22-26) 평민을 위한 것일 때(4:27-35) 제사를 집례하는 제사장은 그것을 양식으로 사용할 수 있었다.

6:27, 28 피 묻은 제사장의 옷을 빠는 규정이다.

6:30 속죄제 제물의 고기는 먹지 못할지니 제사장을 위한 제사(4:3-12)나 회중을 위한 제사(4:13-21)일 경우에는 먹을 수 있다.

4. 속건제(7:1–10)

7:1-10 속건제에 대한 것이다. *5:14-6:7에 대한 설명을 보라.* 7-10절은 제사장들이 먹을 수 있는 것을 간략히 제시하고 있다.

7:1 지극히 거룩하니 *2:3에 대한 설명을 보라.*

7:7 *6:26에 대한 설명을 보라.*

7:10 기름 섞은 것이나 마른 것이나 모두 둘 다 가능한 선택이다.

5. 화목제(7:11–36)

7:11-36 화목제에 대한 것이다. *3:1-17에 대한 설명을 보라.* 화목제의 목적은 11-18절에 나온다. 제사장이 '끊어지지' 않게 막는 특별 규례를 제시하고(19-27절), 아론과 그의 아들들에 돌아가는 몫을 열거한다(28-36절).

7:11-15 감사의 화목제도 소제와 함께 드려야 한다(2:1-16을 보라). 고기는 당일에 먹어야 하는데, 빨리 상하는 음식인지라 건강상의 이유 때문이다. 또한 백성이 이런 고기에는 어떤 영적 임재가 있다고 생각해 일종의 미신을 조장하는 것을 막기 위해서다.

7:13 유교병 누룩을 넣지 않은 소제물과 대비된다(2:11을 보라).

7:16-18 예물의 제물이 서원이나 자원하는 것이면 제사장은 당일이나 이튿날 이 고기를 먹을 수 있지만 셋째 날에 먹으면 벌을 받는다.

7:19-21 끊어질 것이요 부정에 대한 벌은 죽음이다. 더 자세한 것은 22장을 보라.

7:22-27 *3:17에 대한 설명을 보라.*

7:27 끊어지리라 *7:19-21에 대한 설명을 보라.*

7:29 화목제물 중에서 그의 예물을 여호와께 가져오되 제사자는 자신의 제물 가운데 일부를 화목제물로 드리

단어 연구

예물/제물(Offerings): 2:3; 4:35; 6:18; 7:14, 33; 9:4; 10:14. 이 히브리어 단어는 *'가까이 가져가다'*라는 동사에서 왔으며, 문자적으로 '하나님께 가까이 가져가는 것'이라는 뜻이다. 이스라엘이 하나님께 나아가 예물을 드릴 수 있었다는 사실 자체가 하나님의 자비를 보여준다. 이스라엘이 죄로 가득하고 하나님을 거역했음에도 그분은 이스라엘이 자신과 화해할 수 있게 제사제도를 제정하셨다. 제사는 예수님의 십자가 죽음, 곧 궁극적 제사, 다른 모든 제사의 필요에 마침표를 찍은 제사를 예표했다. 그리스도의 희생적 죽음을 통해 믿는 자들은 단번에 하나님과 화해되었다(히 10:1-18). 예수님의 죽음에 대한 적절한 반응은 자신의 삶으로 하나님께 산 제사를 드리는 것이다(롬 12:1).

는데, 하나님께 피를 드리고(33절) 기름을 드린다(33절). 제사장들은 가슴(30, 31절)과 오른쪽 뒷다리를 받는다(33절). 나머지는 제사자가 자신을 위해 쓸 수 있다.

7:30-32 요제…거제 제물이 하나님을 위한 것임을 나타내는 상징적 행동이다. 떡(출 29:23, 24), 고기(출 29:22-24), 금(출 38:24), 기름(레 14:12), 곡물(레 23:11)은 모두 요제(waver offerings)로 드린다. 거제(heave offerings)는 그 수가 훨씬 적다(출 29:27, 28; 신 12:6, 11, 17을 보라). 유대 전통은 레위기 10:15이 암시하듯 요제는 수평으로, 거제는 수직으로 제물을 움직여 드리는 것으로 묘사한다. 레위기 9:21은 둘 다 하나의 요제로 말한다.

7:36 그들에게 기름 부은 날 8:30을 보라.

6. 마무리하는 말(7:37, 38)

7:37, 38 모세는 1:3-7:36을 간략하게 정리한다.

7:37 위임식 아론과 그의 아들들을 제사장으로 세울 때 드리는 제사를 말한다(8:14-36; 출 29:1-46을 보라).

제사장직의 시작(8:1-10:20)

8:1-10:20 아론이 제사장 직무를 어떻게 시작하는지 설명한다. 아론 이전에는 족장들(창 4:3, 4)과 가장(욥 1:5)들이 하나님께 제사를 드렸으나, 아론이 등장하면서 제사장 직무가 자세하게 규정된다.

A. 아론과 그의 아들들을 제사장으로 세우다 (8:1-36)

8:1-36 아론과 그 아들들은 먼저 성별된 후에 여호와를 섬겨야 한다. 아론과 그 아들들을 성별하라는 명령은 오래전에 받았지만(*출 29:1-28에 대한 설명을 보라*) 성막이 완성되고 다양한 제사 규정이 제정된 이후에 그랬듯이 여기서 세세한 위임식 규정이 모두 제시된다.

8:2 의복 *출애굽기 28:1-43에 대한 설명을 보라.* **관유** 위임식에 기름을 사용한다(8:12, 30). **속죄제** *4:1-5:13, 특히 4:3-12에 대한 설명을 보라.*

8:6-9 *출애굽기 28:1-43에 대한 설명을 보라.*

8:8 우림과 둠밈 대제사장의 흉패에 넣은 물품이며, 이것을 통해 하나님의 백성은 결정이 필요한 문제에 대해 그분의 결정을 받았다. *출애굽기 28:30에 대한 설명을 보라.*

8:11 일곱 번 *4:6에 대한 설명을 보라.*

8:12 그에게 발라 거룩하게 하고 의식을 통해 아론을 회중에게서 하나님에게로, 다른 제사장들에게서 대제사장으로 구별하는 행위다.

8:14-17 *4:3-12에 대한 설명을 보라.*

8:17 똥 *4:11에 대한 설명을 보라.*

8:18-21 *1:3-17에 대한 설명을 보라.*

8:23, 24 오른쪽 귓부리…오른쪽 엄지 손가락…오른쪽 엄지 발가락 전체를 대표하는 부분을 이용해 거룩한 하나님 말씀을 듣고, 그분이 맡긴 거룩한 임무를 수행하며 거룩하게 살도록 아론과 그의 아들들을 성별한다.

8:29 요제 *7:30-32에 대한 설명을 보라.*

8:35 여호와께서 지키라고 하신 것을 지키라 하나님은 모세와 그의 아들들에게 자신이 모세를 통해 말씀하신 그대로 행하라고 명하신다. 불순종의 결과는 죽음이다.

B. 처음으로 제사장직을 수행하다(9:1-24)

9:1-24 제사장들은 성별되었고 자신들을 위해 적절한 제사를 드렸으므로, 레위기 1-7장이 규정하는 모든 일을 수행하며 회중을 위해 제사장 직무를 수행할 준비가 되어 있다. 이들은 하나님께 제사를 드린다.

9:2-4 속죄제…번제…화목제…소제물 각각 *4:1-5:13; 1:3-17; 3:1-17; 2:1-16에 대한 설명을 보라.*

9:4, 6 여호와의 영광 이들의 제사가 열납되었음을 보여주려고 하나님의 현현이나 임재가 나타날 것이다. 이런 현현이 기록된 *23, 24절에 대한 설명을 보라.*

9:8-21 아론은 자신을 위해 제사를 드리고(8-14절), 백성을 위해 제사를 드린다(15-21절).

9:17 아침 번제물 출애굽기 29:41; 민수기 28:4을 보라.

9:21 요제 *7:30-32에 대한 설명을 보라.*

9:22 백성을 향하여 손을 들어 대제사장은 축복하는 상징적 몸짓을 하는데, 제사장으로서 축복하는 말을 했을 것이다(민 6:24-26. 참고. 고후 13:13).

9:23 여호와의 영광이 온 백성에게 나타나며 성경은 자주 하나님의 영광을, 하나님의 아름다움과 완전함이 눈부신 빛으로 보이게 나타나는 것을 언급한다. 하나님의 영광은 미디안에서 떨기나무 불꽃 가운데서(출 3:1-6), 시내산에서 구름 가운데서(출 24:15-17), 시내산 어느 반석에서 모세에게 나타났다(출 33:18-23). 하나님의 영광은 성막도 채웠고(출 40:34), 불과 구름 기둥으로 이스라엘을 인도했으며(출 40:35-38), 예루살렘 성전도 채웠다(왕상 8:10, 11). 아론이 광야에서 제사장으로서 처음 제사를 드릴 때 "여호와의 영광이 온 백성에게 나타났다". 이런 여러 현현에서 하나님은 자신의 의와 거룩, 진리, 지혜, 은혜, 곧 자기 존재의 일부를 계시하셨다. 그러나 하나님의 영광은 그분의 아들 주 예수 그리스도에게서 가장 완전하게 나타난다(요 1:14). 그리스도가 재림하실 때 그 영광이 다시 땅에 나타날 것이다(마 24:29-31; 25:31).

9:24 불이 여호와 앞에서 나와…사른지라 이 기적의 불은 하나님이 백성의 제사를 받으셨음을 의미하는데(참고. 왕상 18:38, 39), 백성은 하나님이 자신들의 제사를 받으신 것이 기뻐 소리치며 하나님을 예배한다.

C. 나답과 아비후가 죽임을 당하다(10:1-20)

10:1 나답과 아비후 아론의 첫째와 둘째 아들이다. **향로** 성소에서 향을 사르는 그릇(그 특징은 알려져 있지 않음)은 거룩한 목적에만 사용해야 한다. **다른 불** 정확히 무엇을 위반했는지는 말하지 않지만 어떤 식으로든 향을 사르는 규례를 어긴 것으로 보이는데(참고. 출 30:9, 34-38) 아마도 술에 취했기 때문일 것이다(8, 9절을 보라). 향을 사르는 불을 번제단이 아니라 다른 곳에서 취했다. 조금 전 보았던 기적의 불이 이들에게 내린 것과 하나님이 말씀하신 대로 행해야 하는 이들의 엄숙한 의무를 고려할 때 이들은 이런 범죄 행위를 통해 하나님에 대한 부주의, 불경, 생각 부족을 드러낸 것이다. 이런 행동은 엄벌해 모든 제사장에게 경고가 되도록 해야 한다.

10:2 불이 여호와 앞에서 나와 그들을 삼키매 제물을 흠향했던 하나님의 불(9:24)이 이번에는 그릇 행한 제사장들을 태운다. 나중에 일어난 웃사의 죽음이나(삼하 6:6, 7) 아나니아와 삽비라의 죽음과 다르지 않다(행 5:5, 10).

10:3 내 거룩함을 나타내겠고…내 영광을 나타내리라 나답과 아비후는 하나님의 절대 기준을 둘 다 어겼다. 제사장은 하나님 앞에서 반드시 거룩해야 한다고 거듭 엄숙히 경고했다(출 19:22; 29:44을 보라). **아론이 잠잠하니** 아론은 두 아들을 잃었음에도 불평하지 않고 하나님의 의로운 심판에 복종한다.

10:4 미사엘과 엘사반 이들의 족보에 대해서는 출애굽기 6:22을 보라. 이런 절차는 제사장들이 시체를 만져 부정해지는 것을 막고(레 21:1), 하나님의 거룩을 무시

「대제사장 아론(*The High Priest Aaron*)」 1000년 전후. 작자 미상. 성소피아 대성당. 키예프.

할 때 일어나는 결과를 온 회중이 보도록 해준다. **진영 밖으로 메고 나가라** 번제 짐승의 재를 진 밖으로 가지고 나가듯이(6:11) 하나님의 진노를 받은 두 제사장의 시신도 그렇게 했다.

10:6 엘르아살과 이다말 이때까지 살아 있는 아론의 가장 어린 두 아들이다. 나중에 엘르아살 가문은 특별히 대제사장 가문으로 지명된다(참고. 민 25:10-13).

10:6, 7 이런 전통적 애도 표시 금지는 21:10-12이 규정하듯 일반적으로 대제사장에게만 적용된다. 모세는 이것을 엘르아살과 이다말에게도 적용한다.

10:8, 9 포도주나 독주를 마시지 말라 문맥으로 볼 때 이 금지는 나답과 아비후가 독주에 취해 하나님을 모독하는 행위를 했음을 암시한다. 참고. 잠언 23:20-35; 디모데전서 3:3; 디도서 1:7.

10:11 이스라엘 자손에게 가르치리라 제사장들은 하나님의 율법을 온 이스라엘에게 가르쳐야 하기 때문에 술로 맑은 정신을 흐리게 해선 안 된다. 제사장은 선지자와 더불어 성경 해석자인데, 선지자는 일반적으로 하나님께 직접 말씀을 받는다. 에스라는 인정받을 만한 제사장의 최고 귀감이다(스 7:10).

10:12-15 *3:1-17; 7:11-36에 대한 설명을 보라.*

10:16-20 속죄제물을 6:26의 규정대로 먹지 않고 완전히 불태웠다. 제사장들은 피를 제단에 뿌린 후 그 고기를 먹어야 했지만 이것을 거룩한 음식으로 먹지 않고 진 밖에서 불살랐다. 모세는 이런 불순종을 알게 되자 더 큰 심판이 닥칠까 두려워, 두 아들의 죽음에 몹시 마음이 아픈 아론이 아니라 살아남아 제사장 직무를 수행하는 그의 두 아들에게 왜 이 의무를 어겼는지 설명하라고 다그친다. 이 소식을 들은 아론은 자신의 지시로 이런 위반이 일어났기에 나서서 설명한다. 아론은 이들이 고기를 먹는 데까지 모든 제사 의식을 정확히 이행했으나 자신이 그 고기를 먹지 않은 것은 앞서 닥친 무서운 심판 때문에 심히 낙담해 먹을 심정이 아니었기 때문이라고 설명한다. 하나님은 속죄제물을 성소에서 먹으라고 구체적으로 명하셨기에 아론이 잘못한 것이다. 하나님의 율법은 분명하며 그 율법을 벗어나는 것은 죄가 된다. 그러나 모세는 아론의 슬픔에 공감해 자신의 뜻을 전달할 뿐 이 문제를 더는 거론하지 않았다.

정한 짐승

포유류

두 가지 조건
1. 굽이 갈라져 쪽발이어야 함
2. 새김질을 해야 함
(레 11:3-7; 신 14:6-8)

조류

구체적으로 금지되지 않은 것들

파충류

없음

수상 생물

두 가지 조건
1. 지느러미가 있어야 함
2. 비늘이 있어야 함
(레 11:9-12; 신 14:9-10)

곤충류

메뚜기과에 속한 곤충들
(레 11:20-23)

기본 이유
1. 위생: 금지된 짐승들 가운데 병을 옮기는 것이 많음
2. 거룩: 어떤 짐승은 이방 종교들과 관련이 있기 때문에 부정하다고 여겨짐

부정한 것에 대한 법 (11:1-16:34)

11:1-16:34 이 단락은 부정(不淨)에 대한 규례를 다룬다. 하나님은 자신이 정하다/부정하다는 꼬리표를 붙인 삶의 실제 문제들을 사용해 거룩한 것과 거룩하지 못한 것의 차이를 이스라엘에게 거듭 심어주신다. '정하다'는 하나님이 받으실 수 있다는 뜻이다. '부정하다'는 말은 하나님이 받으실 수 없다는 뜻이다. 레위기 11-15장은 정결법을 자세히 다루고, 레위기 16장은 속죄일 제사로 돌아간다.

A. 부정한 짐승(11:1-47)

11:1-47 이 단락은 육식과 관련된 규범을 더 자세하게 제시한다. 아벨의 제사는 인간이 타락한 후(홍수 이전)에 육식을 했다는 것을 암시한다(창 4:4). 노아 홍수 후에 하나님은 육식을 구체적으로 허용하셨으나(창 9:1-4), 여기서 육식과 관련된 구체적인 부분을 언약의 법률로 제시하신다. 금지 이유가 일일이 제시되지는 않는다. 주요 핵심은 이렇다. 첫째, 이스라엘은 하나님의 절대 기준에 대해 이유에 상관없이, 설사 이해하지 못하더라도 복종해야 한다. 둘째, 이처럼 구체적이고 독특한 음식법 때문에 이스라엘은 자신들과 함께 살거나 주변에서 사는 우상 숭배자들과 함께 식사하기가 어려웠다. 이스라엘의 음식법은 이들이 우상을 숭배하는 민족

들과 쉽게 섞이지 않게 하는 차단막 역할을 했다. 건강이나 위생상의 유익도 있으나 순종과 구별을 가르치려는 하나님의 목적이 우선이고, 이것은 부수적인 이유일 뿐이다. *11:44, 45에 대한 설명을 보라.*

11:3-23 이 단락은 신명기 14:3-20에서 거의 그대로 반복된다. 육지 동물(3-8절), 수상 동물(9-12절), 조류(13-19절), 곤충(20-23절)이 논의에 포함된다.

11:5, 6 사반…토끼 이 둘은 진정한 되새김 동물은 아니지만 음식을 소화하는 과정에서 '새김질'의 외형을 분명하게 보여준다.

11:9 지느러미와 비늘 되새김질 그리고 발굽의 형태와 아주 비슷하게 '지느러미와 비늘'이 있어야 한다는 규정 때문에 고대인들이 일반적으로 먹었던 일련의 바다 생물이 식용 대상에서 제외된다.

11:13 새 중에 되새김질과 발굽 형태의 경우, 지느러미와 비늘의 경우와 달리 금지 조류의 경우에는 공통된 특징 없이 이름만 제시된다.

11:21 식용으로 허용된 메뚜기에 대한 설명이다(22절).

11:24-43 그밖에 부정하게 하는 것들에 대해 설명한다.

부정한 짐승

포유류

육식동물, '정함'과 관련된 두 조건을 만족시키지 못하는 것들

조류

맹금류와 사체를 먹는 것들
(레 11:13-19; 신 14:11-20)

파충류

전부
(레 11:29-30)

수상 생물

'정함'과 관련된 두 조건을 만족시키지 못하는 것들

곤충류

날개가 있고 네 발 달린 곤충(곤충의 식용 가능 여부는 네 다리 외에 메뚜기처럼 뛰는 다리 한 쌍이 더 있느냐로 구분했음 – 옮긴이)

기본 이유

1. 위생: 금지된 짐승들 가운데 병을 옮기는 것이 많음
2. 거룩: 어떤 짐승들은 이방 종교들과 관련이 있기 때문에 부정하다고 여겨짐

11:26, 27 이런 금지 동물에는 굽이 갈라지지 않은 말과 나귀, 발톱이 날카로운 사자와 호랑이가 포함된다

11:30 도마뱀붙이 도마뱀의 일종이다.

11:36 샘물이나 물이 고인 웅덩이 물의 흐름이나 양이 실제적인 오염 가능성을 결정한다. 또한 물이 귀했으므로, 이런 금지된 동물의 사체가 닿은 모든 물을 못 마시게 하면 물을 구하기가 어렵다

11:44, 45 내가 거룩하니…너희도 거룩할지어다 이 모두에서 하나님은 자기 백성에게 다르게 살라고 가르치신다. 하나님은 이런 정함과 부정함의 차이를 이용해 이스라엘을 이런 규정이 없고 우상을 숭배하는 민족들과 구분하시며, 이 규례를 통해 하나님의 백성은 그분의 길을 따라 사는 법을 배워야 한다는 것을 보여주신다. 음식법과 의식을 통해 하나님은 이스라엘에게 모든 부분에서 하나님의 방식으로 사는 게 무엇인지 가르치신다. 이스라엘은 평범해 보이는 삶의 모든 영역에서 하나님께 순종하는 법을 배우고, 이로써 순종이 얼마나 중요한지를 배운다. 하나님은 이스라엘이 그 누구와도 다르게 살아야 한다는 것을 가르치기 위해 제사와 의식, 음식, 심지어 의복과 요리법까지 세세하게 일러주신다. 이것들은 이스라엘의 마음이 죄에서 멀어졌음을 보여주는 외적 표현이어야 한다. 여호와가 이스라엘의 하나님이기에 이스라엘은 철저히 달라야 한다. 44절에서 이스라엘이 구별되고 거룩해야 하는 이유로 "나는 여호와 너희의 하나님이라"는 말씀이 처음 사용된다. 이 구절 이후로 이 표현은 동일한 교훈적 외침인 "내가 거룩하니"와 더불어 레위기에서 50회 이상 사용된다. 하나님은 거룩하며 이들의 하나님이므로 이스라엘은 필수적인 부분, 곧 마음의 거룩이 겉으로 드러나는 의식적 행위에서 거룩해야 한다. 의식적 거룩은 개인의 거룩과도 연결된다. 이 모든 법을 주신 유일한 목적은 하나님이 거룩하시므로 이스라엘도 거룩해지도록 가르치시고자 한 것이다. 거룩은 레위기의 핵심 주제다(10:3; 19:2; 20:7, 26; 21:6-8을 보라).

B. 출산과 관련된 부정(12:1-8)

12:1-8 부정은 출산한 산모와 관련이 있을 뿐 태어난 아기와는 무관하다.

12:3 여덟째 날 그리스도가 태어나셨을 때 요셉과 마리아는 이 규정에 따랐다(눅 2:21). **포피를 벨 것이요** 아브라함 언약의 표징(창 17:9-14)이 모세 율법의 정결 규정과 결합된다. 참고. 롬 4:11-13. 할례에 대한 논의는 *예레미야 4:4에 대한 설명을 보라.*

12:5 두 이레…육십육 일 산모는 아들을 낳았을 때

40일간 부정하지만 딸을 낳았을 때는 80일간 부정한데, 이는 인간이 처음 타락할 때 하와가 했던 역할 때문에 수치가 다른 것이다. 이 수치는 그리스도 안에서 제거된다(*딤전 2:13-15에 대한 설명을 보라*).

12:6 번제…속죄제 출산은 기쁜 일이지만, 이런 제사들을 요구하는 것은 원죄가 실재이며 아이가 죄의 본성을 타고났음을 부모의 마음에 각인시키기 위해서다. 할례는 남성의 포피를 잘라내는 의식인데, 접힌 포피는 감염이나 질병을 옮길 수 있다. 이렇게 질병을 옮기지 않으려고 신체기관을 깨끗하게 하는 것은(역사적으로 유대인 여성의 자궁경부암 발생률이 가장 낮음) 더러움을 씻어야 하는 더 깊은 필요를 보여주는 상징이다. 인간은 죄인을, 죄인만을 낳기에 이런 더러움은 출산에서 가장 분명하게 나타난다. 할례는 씻음이, 하나님이 신실하고 회개하는 자들에게 이 땅에 오실 그리스도의 희생을 통해 주시는 씻음이 인간의 모든 부분에 필요하다는 사실을 알려준다.

12:8 산비둘기…집비둘기 참고. 레위기 1:14-17; 5:7-10. 예수님이 태어나신 후 요셉과 마리아는 예수님을 하나님께 만물로 드릴 때(출 13:2; 눅 2:22) 이 예물을 바쳤다(참고. 눅 2:24). 아주 가난한 경우에는 가루를 바칠 수 있지만(5:1-11), 가축이 아니라 비둘기를 바친다는 것은 경제적으로 어렵다는 뜻이다.

13:1-14:57 이 단락은 피부병과 관련된 법을 다룬다.

C. 부정한 질병(13:1-59)

13:2 색점 염증을 가리키는 것으로 보인다. **나병 같은 것** 때로는 표면적이고 때로는 심각했던 고대의 다양한 피부 질환을 가리키는 용어다. 현대의 나병(한센병)도 포함되었을 것이다. 2, 6, 10, 18, 30, 39절이 말하는 증상만으로는 진단을 내리기가 어렵다. 백성을 보호하기 위해 전염병일 수 있는 의심스러운 경우 환자를 격리해 관찰해야 한다. 성경이 말하는 나병은 어느 정도의 백화(3절; 출 4:6)를 포함하는데, 이렇게 되면 보기에 흉하기는 하지만 장애인으로 분류되지 않는다. 나아만은 나병환자였음에도 아람의 군대장관 직무를 수행할 수 있었다(왕하 5:1, 27). 구약성경과 신약성경 모두에서 나병환자들은 거의 어디든 다녔는데, 고대의 나병이 보행 장애를 수반하는 현대의 나병이 아니었다는 말이다. 이런 피부병 환자들은 환부가 부분적일 경우 부정하다. 일단 몸이 환부로 덮이면 깨끗하다고 여겨 예배 자리에 들어갈 수 있었다(12-17절을 보라). 완전히 덮였다는 것은 전염 기간이 끝났다는 뜻이기 때문이다. 염증 부위나 살갗이 벗겨진 부위와 털이 희어진 부위가 있는 종기(18-28절)는 전염성이 있는 감염을 가리키는 것으로 보인다. 나병환자들은 예수께 고침받을 때 절지도 않았고 기형도 아니었다. 침상에 실려오지도 않았다. 비슷한 피부 상태가 29-37절과 38-44절에 묘사된다(감염으로 어느 정도 염증이 있음). 이런 법은 이스라엘을 질병에서 보호하는 데 목적이 있다. 그러나 더 중요하게는 생생하고 객관적인 가르침을 통해 어떻게 하나님이 자기 백성 가운데서 정결과 거룩과 깨끗함을 바라시는지를 심어주는 데 목적이 있다.

13:45 부정하다 부정하다 할 것이요 슬픔과 고립의 상징이다. 멸망하는 예루살렘의 생존자들도 똑같은 외침을 들었다(참고. 애 4:15).

13:47-59 이 단락은 감염된 사람들이 입은 옷을 다룬다.

구약의 제사와 그리스도의 제사 비교

레위기		히브리서
1. 옛 언약(일시적임)	히 7:22; 8:6, 13; 10:20	1. 새 언약(영원함)
2. 폐기된 약속들	히 8:6-13	2. 더 나은 약속들
3. 그림자	히 8:5; 9:23, 24; 10:1	3. 실체
4. 아론의 반차를 좇는 제사장(많음)	히 6:19-7:25	4. 멜기세덱의 반차를 좇는 제사장(유일)
5. 죄 있는 제사장	히 7:26, 27; 9:7	5. 죄 없는 제사장
6. 죽으면 끝나는 제사장	히 7:16, 17, 23, 24	6. 영원한 제사장
7. 날마다 드리는 제사	히 7:27; 9:12, 25, 26; 10:9, 10, 12	7. 단 한 번 드린 제사
8. 동물 제사	히 9:11-15, 26; 10:4-10, 19	8. 하나님의 아들의 제사
9. 반복되는 제사	히 10:11-14, 18	9. 더는 필요 없는 제사
10. 한 해 속죄	히 7:25; 9:12, 15; 10:1-4, 12	10. 영원한 대속

13:59 정하고 부정한 것을 진단하는 규례니라 이 규례의 일차 목적은 제사장이 전염성 피부병을 판단하도록 돕는 것이다. 이 단락의 언어는 질병이 사람에게 영향을 미치듯이 옷에도 영향을 미친다는 것을 암시한다. 이것은 죄가 엄청난 감염력을 가졌다는 것과 영적 씻음이 얼마나 필수적인지 생생하게 보여준다.

D. 질병에 대한 정결 규례(14:1-57)

14:1-32 이 단락은 병이 나은 사람들을 위한 정결 의식을 설명한다.

14:2 나병 환자…규례 이 규례는 일종의 처방인데, 나병과 그와 비슷한 질병의 치료가 아니라 깨끗해졌다고 선언된 후 수행해야 하는 의식적 씻음에 대한 것이다.

14:3 진영에서 나가 나병환자는 곧바로 사회에 복귀하지 못한다. 진으로 복귀하려면 먼저 질병 진찰을 하는 제사장에게 보이고 새 두 마리로 정결 의식을 행해야 한다(4-7절).

14:4-7 홍색실로 묶은 백향목과 우슬초 다발에는 살아있는 새가 포함된다. 이것들을 정결을 상징하기 위해 물과 섞은 새 피에 일곱 번 적신다(참고. 왕하 5:10, 14). 살아 있는 나머지 새 한 마리는 나병환자가 격리에서 벗어났다는 상징으로 놓아준다.

14:4 우슬초 *출애굽기 12:22에 대한 설명을 보라*(참고. 레 14:6, 49, 51).

14:8 장막 밖에 자기 장막에 들어가 살기 위해선 단계를 밟아야 하는데, 하나님의 백성과 교제하려면 철저한 씻음이 중요함을 극적으로 보여준다. 이는 하나님이 자기 백성 가운데 사는 자들에게 바라시는 거룩과 관련된 강력한 교훈이다. 지금도 다르지 않다(고후 7:1을 보라).

14:10-20 나병환자를 위한 정결 의식의 일부로 속건제(5:14-6:7), 속죄제(4:1-5:13), 번제(1:3-17), 소제(2:1-16)를 드려야 한다.

14:10 기름 한 록 1록(log)은 0.3리터 정도다.

14:12 요제 *7:30-32에 대한 설명을 보라.*

14:17 오른쪽 귓부리와 오른쪽 엄지 손가락과 오른쪽 엄지 발가락 *8:23, 24에 대한 설명을 보라.*

14:18 머리에 바르고 직무를 시작하는 기름 부음이 아니라 씻음과 치료를 나타내는 상징적 몸짓으로 이해했을 것이다. 치료를 위해 병자에게 기름을 바르라는 신약성경의 지시와도 연결될 수 있다(막 6:13; 16:18; 약 5:14).

14:33-57 오염된 가옥 문제를 다루는데, 일종의 전염성 박테리아나 곰팡이와 관련 있을 가능성이 아주 높다.

14:34 내가…나병 색점을 발생하게 하거든 가나안 질병들에 하나님의 주권적 손이 있음을 인정한다(참고. 출 4:11; 신 32:29). 하나님은 언제나 그렇듯 이 질병들을 허락하신 목적이 있다. 특별히 이스라엘의 경우 거룩을 분명하게 가르치려는 데 그 목적이 있다.

14:37 푸르거나 붉은 무늬의 색점이 있어 일종의 전염성 흰곰팡이로 보인다. 여기서 말하는 것은 우리가 아는 나병(한센병)이 아니다. 나병은 감각과 관련된 질병, 곧 신경장애로 감각을 상실하는 질병이기 때문이다(*13:2에 대한 설명을 보라*). 나병은 전염된다고 알려져 있지 않으며, 가옥에서 나타날 수도 없다. 가옥을 깨끗하게 하는 문제를 38-53절에서 기술하고 있다.

14:57 어느 때는 부정하고 어느 때는 정함을 가르치는 것 제사장이 백성에게 거룩한 것들을 구별하는 게 얼마나 중요한지 가르치려면 여기 기술된 것 같은 질병의 경로를 밝히고 처방하는 지침이 필요하다.

E. 유출병에 대한 정결 규례(15:1-33)

15:1-33 몸에서 일어나는 유출에 대한 정결 규례를 다룬다. 남성(1-18절)과 여성에게(19-30절) 일어나는 다양한 형태의 유출을 밝히고 처치법을 제시한다.

15:2-15 남성의 생식기관에서 발생하는 질병과 관련된 유출을 묘사한다. 회복된 후 속죄제와 번제를 드려야 한다(15절).

15:16-18 생식샘에서 나오는 자연스러운 분비물을 말하며, 이와 관련해 아무 제사도 요구하지 않는다.

15:19-24 여성의 자연스러운 월경에 따른 유출을 말하며, 이와 관련해 아무 제사도 요구하지 않는다.

15:25-30 월경이 아니라 질병을 뜻하는 피의 유출을 다루는데, 회복된 후 속죄제와 번제를 드려야 한다.

15:31-33 이 모든 지시에서 하나님은 이스라엘이 거룩한 것들을 깊이 경외해야 한다는 것을 보여주신다. 의식적으로든 자연적으로든 육적으로든 영적으로든 부정한 것에 오염된 자는 누구라도 성막에 들어오지 못하게 하는 것만큼 이 목적에 적합한 조치는 없다. 하나님은 자신의 백성이 자신 앞에 거룩하게 살도록 하려고 완전한 정결을 요구하시며, 이들이 부정할 때(본인도 모르게 부정해졌더라도) 자신에게 나오도록 허락하시지 않는다. 하나님은 자신 앞에서 살도록 한 백성을 훈련시키고 계시는데, 이것을 생각할 때 개인의 정결을 유지하고 마음의 정결이 필요하다는 것을 보여주는 이런 규범은 지나치게 엄격하다거나 세세하다고 말할 수 없다.

F. 성막에 대한 정결 규례(16:1-34)

16:1-34 이 단락은 속죄일을 다루는데(참고. 출 30:10;

레 23:26-32; 민 29:7-11; 히 9:1-28), 민족의 죄를 집단적으로 개인적으로(17절) 덮기 위해 매년 속죄일을 지켜야 한다(34절). 속죄일 제사 규정을 아주 꼼꼼히 지키더라도 많은 죄와 오염은 미처 인식되지 않은 채 구체적인 속죄 없이 여전히 남는다. 포괄적이고 특별한 속죄일 제사는 이 모두를 덮기 위한 것이다(33절). 속죄가 이루어졌지만 진정으로 믿고 회개하는 자들만 속죄의 유익, 곧 하나님의 용서를 받는다. 용서는 동물 제사가 아니라 모든 제사가 그려내는 한 분인 주 예수 그리스도와 그분이 십자가에서 드린 완전한 제사에 근거한다(참고. 히 10:1-10). 이스라엘 절기 가운데 가장 거룩한 속죄일은 유대 월력으로 7월 10일, 현대 월력으로는 9/10월의 어느 날이다(29절). 속죄일은 궁극적 대제사장과 완전한 희생제물인 어린 양을 고대한다.

16:1 아론의 두 아들의 죽음을 말한다. 참고. 10:1-3.

16:2 일반 제사장들은 매일 성막에 들어간다. 등잔대와 진설병 상, 진설병이 자리한 휘장 바깥쪽에 들어가금 향단에 향을 피운다. 대제사장 외에 그 누구도 휘장 안(참고. 12절), 즉 성소에 들어갈 수 없다. 성소는 언약궤가 자리한 곳이기에 실제로 지성소라고 불린다(출 26:33; 히 9:3, 8). 이런 구조는 하나님의 임재가 가시적 상징으로 나타날 때 하나님을 경외하는 마음을 일으키는 데 목적이 있다. **속죄소** 출애굽기 25:17-22을 보라. 문자적으로 '속죄의 자리'라는 뜻이며, 그룹(cherubim) 사이에 있는 하나님의 보좌를 말한다(참고. 사 6장). 이렇게 이름 붙인 것은 여기서 하나님이 속죄를 위해 자신을 드러내시기 때문이다. **구름 가운데에서…나타남이니라** 이 구름은 대제사장이 매년 한 차례 지성소에 들어갈 때 피우는 향의 연기로 보인다. 이 구름이 언약궤의 속죄소를 덮는다(13절).

16:3 속죄제물…번제물 대제사장 아론이 드리는 이 제물에 대해서는 각각 *4:1-5:13, 6:24-30과 1:3-17, 6:8-13에 대한 설명을 보라.* 먼저 수송아지로 속죄제를 드리고(16:11-14), 그런 후에 숫양으로 번제를 드린다(16:24).

16:4 일반적인 제사장 의복에 대한 설명은 출애굽기 28:1-43과 레위기 8:6-19을 보라. 제사장은 나중에 여기서(4절) 말하는 옷을 입고 번제를 드린다(참고. 24절). 대제사장이 속죄일에 입어야 하는 이런 의복은 간소하고 덜 화려한데 대제사장을 하나님의 비천한 종으로, 그 자신도 속죄가 필요한 사람으로 묘사하기 위해서다(11-14절).

16:5 숫염소 두 마리 16:7-10, 20-22을 보라. 한 마리는 대속적 죽음을 그려내기 위해 죽이고, 나머지 한 마리는 죄가 제거된다는 상징으로 광야로 내보낸다. **숫양 한 마리** 대제사장의 숫양(3절)과 함께 번제로 드린다(24절).

16:6-28 속죄일에 대제사장과 그를 돕는 제사장들이 하는 일을 순서대로 적으면 다음과 같다. 첫 번째, 대제사장은 성막 뜰 물두멍에서 씻고 성막에서 옷을 입는다(4절). 두 번째, 대제사장은 자신과 가족을 위해 수송아지로 속죄제를 드린다(3, 6, 11절). 세 번째, 대제사장은 수송아지 피, 향, 분향단의 숯불을 들고 지성소에 들어간다(12, 13절). 네 번째, 대제사장은 수송아지 피를 속죄소에 일곱 번 뿌린다(14절). 다섯 번째, 대제사장이 성막 뜰로 돌아와 두 염소를 두고 제비를 뽑는다(7, 8절). 여섯 번째, 대제사장이 염소 한 마리는 백성을 위해 번제로 드린다(5, 9, 15절). 일곱 번째, 대제사장은 다시 지성소에 들어가 속죄소에 피를 뿌리고 성소에도 뿌린다(참고. 출 30:10; 15-17절). 여덟 번째, 대제사장은 번제단으로 돌아와 수송아지와 염소의 피로 번제단을 깨끗하게 한다(11, 15, 18, 19절). 아홉 번째, 아사셀 염소를 광야로 내보낸다(20-22절). 열 번째, 후에 염소를 몰고 나간 자는 옷을 빨고 몸을 씻는다(26절). 열한 번째, 대제사장은 특별한 속죄일 의복을 벗고 다시 씻은 후 보통 때 입는 제사장 옷을 입는다(23, 24절). 열두 번째, 대제사장은 숫양 두 마리로 자신과 백성을 위해 번제를 드린다(3, 5, 24절). 열세 번째, 속죄제의 기름을 태운다(25절). 열네 번째, 속죄제물인 수송아지와 염소를 태우려고 진 밖으로 가져간다(27절). 열다섯 번째, 속죄제물을 태운 사람은 옷을 빨고 몸을 씻는다(28절).

16:8 제비 뽑되 *잠언 16:33에 대한 설명을 보라.* **아사셀** 10, 26절을 참고하라. 이 염소는(문자적으로 '속죄 염소'라는 뜻임) 죄를 대신 지고 완전히 없애는 것을 상징하는데, 이것은 나중에 예수 그리스도가 완전히 성취하신다(참고. 마 20:28; 요 1:29; 고후 5:21; 갈 1:4; 3:13; 히 9:28; 10:1-10; 벧전 2:24; 요일 2:2). *20-22절에 대한 설명을 보라.*

16:9, 10 *20-22절에 대한 설명을 보라.*

16:12 휘장 안에 들어가서 *2절에 대한 설명을 보라.* 이 휘장은 거룩하고 강렬한 하나님의 임재를 다른 모든 것과 갈라놓는다. 그리스도가 죽을 때 헤롯 성전의 이 휘장이 위에서 아래로 찢어졌는데, 신자가 예수 그리스도를 통해 하나님 앞에 나아가는 것을 상징한다(마 27:51; 막 15:38; 눅 23:45을 보라).

16:13 향연 *2절에 대한 설명을 보라.* **증거궤 위** 증거궤는 십계명이 기록된 두 돌판을 담고 있으며(출 25:16; 31:18) 속죄소 아래에 위치한다.

16:14 일곱 번 일곱은 완전이나 완벽을 상징한다(19절).

16:16 지성소를 위하여 속죄하고 이 엄숙한 의식은 백성이 범한 모든 죄로 성막 전체가 오염되었음을 이스라엘의 마음에 심어주는 데 목적이 있다. 이스라엘은 하나님의 임재를 누리고 하나님을 예배하는 특권을 자신의 죄 때문에 잃었고, 따라서 하나님은 이스라엘과 계속 함께하려면 이들의 죄를 속하셔야 한다.

16:17 자기와 그의 집안과 이스라엘 온 회중을 위하여 대제사장을 비롯해 모두가 죄를 지었기에 속죄일은 모두에게 필요하다.

16:20-22 이 '속죄제'(민 29:11)는 그리스도의 대속 제사(21, 22절)와 그 결과 죄인의 죄악이 제거된다는 것을 상징한다(22절). 이 진리에 대한 또 다른 논의는 *이사야 52:13-53:12에 대한 설명을 보라*. 그리스도는 십자가에서 "나의 하나님, 나의 하나님, 어찌하여 나를 버리셨나이까"(마 27:46)라고 부르짖을 때 이런 상징을 직접 살아내셨다.

16:21, 22 그 죄를 염소의 머리에 두어 단순한 상징적 행위가 아니다. 주 예수 그리스도가 성취하실 궁극적 '대속'을 보여주는 그림이다(참고. 사 53:5, 6; 10:12. *고후 5:21에 대한 설명을 보라*).

16:27 밖으로 내다가 그리스도가 예루살렘 밖에서 죽었다는 역사적 사실을 말한다(참고. 히 13:10-14).

16:29 일곱째 달 티슈리월(Tishri)은 9/10월이다. **너희는 스스로 괴롭게 하고** 자신을 부인하는 이런 행위는 음식과 관련이 있을 것이다. 그래서 속죄일이 이스라엘의 월력에서 유일하게 금식일로 규정되었을 것이라고 여겨진다.

16:30 너희의 모든 죄에서…정결하리라 시편 103:12; 이사야 38:17; 미가 7:19을 보라. 속죄일은 한 해를 의식적으로 정결하게 하고, 하나님이 믿고 회개하는 모든 자에게 베푸시는 용서를 상징하는 날이다. 실제 속죄는 그리스도의 제사(희생)를 통한 씻음에 근거한다(참고. 롬 3:25, 26; 히 9:15).

16:34 일 년에 한 번 예수 그리스도는 더 나은 제사를 단번에 드렸으며, 이 제사는 절대로 반복될 필요가 없다(참고. 히 9:11-10:18). 구약 신자들의 죄를 비롯해 모든 죄를 용서하는 근거는 바로 그리스도의 제사다.

실제적인 거룩에 대한 명령 (17:1-27:34)

17:1-27:34 실제적인 거룩에 대한 규정들을 자세하게 제시한다.

17:1-22:33 개인의 거룩에 대한 문제들을 다룬다.

A. 제사와 음식(17:1-16)

17:1-16 제사에 대한 여러 법을 다룬다.

17:1-9 하나님은 회막 문 외에 다른 곳에서 제사하지 말라고 경고하신다(참고. 5-7절).

17:4 피를 흘렸은즉 공인되지 않은 제사는 죽음을 부를 수 있다.

17:5 화목제 *3:1-17; 7:11-34에 대한 설명을 보라.*

17:10-16 피를 먹지 말라고 경고한다(참고. 7:26, 27; 신 12:16, 23-25; 15:23; 삼상 14:32-34).

17:11 육체의 생명은 피에 있음이라 이 표현은 "피가 생명과 일체라"(17:14)로 확대된다. 피는 생명을 유지하는 요소를 신체의 각 부분에 운반한다. 그러므로 피는 생명의 본질을 가리킨다. 대조적으로 피를 흘리는 것은 생명을 흘리는 것, 즉 죽음을 가리킨다(참고. 창 9:4). 신약성경에서 예수 그리스도의 피를 흘렸다는 것은 그분의 죽음을 뜻한다. **피가 죄를 속하느니라** 피는 생명을 포함하기에 하나님께 신성한 것이다. 대속물이 흘리는 피(죽음)가 죄인을 속하거나 덮는다. 그래서 그가 살게 된다.

17:13, 14 이교도 사냥꾼들은 사냥한 짐승의 피를 사냥의 신에게 제물로 바치는 게 일반적이었다. 이와 반대로 이스라엘은 이런 모든 미신적 우상숭배 행위가 금지된다.

17:15, 16 이런 동물들은 피를 제대로 빼지 않은 것이어서 이런 씻음은 꼭 필요하다. 참고. 출애굽기 22:31; 민수기 14:21.

B. 적절한 성행위(18:1-30)

18:1-30 성행위와 관련된 법을 제시하는데, 이 법이 이스라엘에게서 가나안에 사는 이방인들의 가증한 행위를 제거해줄 것이다(18:27. 참고. 레 20:10-21; 신 22:13-30). 이런 구체적인 법은 간음(출 20:14)과 부녀 사이의 근친상간이 일반적으로 금지되었다는 것을 전제로 한다. 그렇다고 해서 취수혼이라는 특수 규정을 무효화할 필요는 없다(참고. 신 25:5). 이런 불법 행위에 대한 벌은 20:10-21에 자세히 나온다.

18:3 풍속 하나님은 이스라엘이 애굽인과 가나안 사람의 성적 행위와 관습을 따르는 것을 금하셨다.

18:4 나는 너희의 하나님 여호와이니라 50회 넘게 사용된 이 표현은 살아 계신 참 하나님이 유일무이하신 분임을 단언한다. 그분은 자기 백성에게 자신이 거룩하듯 거룩하며, 다른 모든 신을 거부하라고 요구하신다.

18:5 사람이 이를 행하면 그로 말미암아 살리라 이스라엘이 하나님의 율법에 순종하면 특별한 복을 주겠다고

이스라엘의 절기를 성취하신 그리스도

절기(레 23장)	그리스도의 성취
유월절(3/4월)	그리스도의 죽음(고전 5:7)
무교절(3/4월)	그리스도의 죄 없음(고전 5:8)
초실절(3/4월)	그리스도의 부활(고전 15:23)
오순절(5/6월)	그리스도의 영이 부어짐 (행 1:5; 2:4)
나팔절(9/10월)	그리스도가 이스라엘을 다시 모으심(마 24:31)
속죄일(9/10월)	그리스도의 대속 제사(롬 11:26)
초막절(9/10월)	안식과 그리스도와의 재연합 (슥 14:16-19)

약속하신다. 이 약속은 이스라엘 역사에서 특정 시대, 깨끗하고 더렵혀지지 않은 종교가 성행할 때 이들이 누린 민족적 번영에서 확실하게 검증된다. 이 절이 말하듯 하나님의 율법에 순종하면 언제나 일시적으로 복이 따른다. 그러나 이 말씀은 주님(참고. 눅 10:28)과 바울이 말했듯이(참고. 롬 10:5) 궁극적으로 영적 생명을 가리킨다. 순종은 우리를 죄와 지옥에서 구원하지는 않지만 누가 구원받은 자인지를 보여준다(참고. 엡 2:8, 9. *롬 2:6-10에 대한 설명을 보라*).

18:6-18 근친상간의 죄를 다룬다.

18:6 그의 하체를 범하지 말라 성관계를 뜻하는 완곡한 표현이다.

18:8 네 아버지의 아내 사실상 계모를 염두에 둔 말이다(참고. 7절).

18:11 네 누이 아버지나 어머니가 다른 누이와의 결혼은 금지된다.

18:18 아내가 생존할 동안 금지의 토대가 되는 원리가 조금 바뀐다. 아내 자매와의 성관계는 친척관계를 범하는 것이기에 피하라고 금지하는 대신에 한 번에 한 사람이라는 원리를 적용해 아내가 살아 있을 때 다른 아내를 얻는 행위, 즉 일부다처제를 금한다. 애굽, 갈데아, 가나안 문화에서는 한 남자가 여러 자매를 아내로 취하는 게 일반적이었다. 최초의 결혼법이 모든 일부다처제를 금하듯, 하나님은 일부다처제를 금하신다(창 2:24, 25을 보라). 이스라엘 민족의 초기에 다른 사람들이 그렇게 하듯, 모세도 이스라엘의 강퍅한 마음 때문에 일부다처제를 용인했다. 그러나 일부다처제는 늘 비극을 낳았다.

18:21 몰렉 셈족의 거짓 신(암몬의 신) 몰렉을 숭배할 때 아이를 제물로 바쳤다(참고. 레 20:2-5; 왕상 11:7; 왕하 23:10; 렘 32:35). 레위기 18장은 성도착을 다루는데, 이런 이교도 의식은 여기에 언급되지 않은 성적 타락과 관련이 있을 것이다. 유대인이 거짓 신들에게 제물을 바치는 것은 이방인에게 참 하나님을 모독할 기회를 주는 것이다.

18:22 남자와 동침하지 말라 모든 동성애를 금한다(참고. 20:13; 롬 1:27; 고전 6:9; 딤전 1:10). *창세기 19:1-29에 대한 설명을 보라*.

18:23 짐승과 교합하여 모든 수간을 금한다.

18:29 끊어지리라 이 장에서 논하는 모든 성적 타락은 죽음으로 다스려야 마땅한데, 하나님이 보시기에 그만큼 추악한 짓이라는 뜻이다.

C. 이웃관계(19:1-37)

19:1-37 사회 속에서 실제로 어떤 식으로 거룩하게 살아야 하는지를 다룬다.

19:2 나 여호와 너희 하나님이 거룩함이니라 이 기본 선언은 하나님의 백성이 거룩하게 살아야 하는 이유를 제시하며, 레위기의 중심 주제다(참고. 20:26). *11:44, 45에 대한 설명을 보라*. 참고. 베드로전서 1:16. 이스라엘은 거룩한 나라가 되라고 부름 받았으며, 따라서 온전히 거룩한 하나님의 성품을(참고. 사 6:3) 본받아 살아야 한다(참고. 10:3; 20:26; 21:6-8).

19:3 부모를 경외하고 부모를 공경하라는 제5계명을(참고. 출 20:12) *경외하다(revere)*라는 다른 단어를 사용해 확대한다. 경외하기(태도) 때문에 공경할(행동) 수 있는 것이다.

19:3, 4 제5계명 외에 제4계명(19:3하반절), 제1계명(19:4상반절), 제2계명(19:4하반절)도 거룩한 행동의 본보기로 명령된다(참고. 출 20:3-6, 8-11).

19:5-8 화목제물 *3:1-17; 7:11-34에 대한 설명을 보라*.

19:11 출애굽기 20장에서 제시한 계명을 다시 제시한다.

19:12 참고. 마태복음 5:33.

19:13 품꾼의 삯을 아침까지 밤새도록 네게 두지 말며 고용된 일꾼의 품삯은 하루 일이 끝날 때 지불해야 한다. 일용직 노동자는 하루 벌어 하루 먹고 살기 때문이다. *마태복음 20:1, 2에 대한 설명을 보라*.

19:14 귀먹은 자…맹인 이스라엘의 하나님은 언제 어디서나 장애인에 대한 관심을 보여 자신의 긍휼을 드러내신다.

19:16 네 이웃의 피를 흘려 이웃의 생명을 악의적으로 위험에 빠뜨리는 모든 행동을 말한다.

19:18 두 번째 큰 계명이라 불리며, 신약성경에서 가장 자주 인용되는 구약 본문이다(마 5:43; 19:19; 22:39; 막

12:31, 33; 눅 10:27; 롬 13:9; 갈 5:14; 약 2:8).

19:19 이런 혼합은 몇몇 우상숭배 행위의 특징이었을 것이다.

19:20-22 한 남자가 다른 남자와 약혼한 여종과 동침한 경우 둘 모두 벌해야 하지만(아마도 채찍질로) 죽여서는 안 된다. 나중에 적절하게 배상하고 속건제를 드려야 한다(*5:14-6:7에 대한 설명을 보라*). 이것은 일반 규범과 다른 예외적인 규정이다(참고. 신 22:23, 24).

19:23-25 할례 받지 못한 이스라엘은 가나안에 들어가면 4년 동안 그 땅의 과실을 먹지 못한다. 처음 3년간 맺은 과실은 부정하게 여겨야 하고, 그다음 해에 맺은 과실은 여호와께 드려야 하기 때문이다. 처음 몇 년 동안 꽃을 제거해 열매를 맺지 못하게 하면, 그다음부터 더 많은 열매를 맺는다고 한다.

19:26 점을 치지 말며 술법을 행하지 말며 뱀이나 구름을 이용해 미래의 길흉을 점치는 일은 고대에 흔한 일이었다. 점과 술법은 귀신과 관련된 마법으로 금지되었다. *신명기 18:9-12에 대한 설명을 보라.*

19:27, 28 이런 이교도 풍습들은 애굽의 우상숭배와 관련이 있을 가능성이 아주 높기 때문에 피해야 한다. 슬플 때 얼굴과 팔 또는 다리에 깊은 상처를 내는 행위는 이교도 사회에서 보편적이었다. 이런 행위를 죽은 자를 존경하는 표시이며 죽음을 다스리는 신들을 달래는 일종의 제사로 여겼다. 유대인은 애굽에서 이 관습을 배웠고 버렸으나 다시 옛 미신에 빠져들게 되었다(참고. 시 22:12; 렘 16:6; 47:5). 문신도 우상들의 이름과 연관이 있으며, 지워지지 않는 배교의 표시다.

19:29 네 딸을 더럽혀 창녀가 되게 하지 말라 당시 앗수르의 이교도들조차 이처럼 추악하게 돈 버는 것을 금했다.

19:30 안식일 *19:3, 4에 대한 설명을 보라.*

19:31 신접한 자와 박수 "신접한 자"는 죽은 자의 영혼과 접촉(소통)하기 위해 '중개자' 역할을 하는 사람을 말하는데, 실제로는 귀신이 죽은 자의 흉내를 내는 것이다. 참고. 20:6, 27.

19:32 일어서고…공경하며 노인 공경은 하나님이 주시는 장수의 복을 인정하고, 그들의 지혜를 인정하는 것이다(참고. 사 3:5).

19:33, 34 거류민 참고. 출애굽기 22:21.

19:36 에바…힌 가루나 액체의 부피를 재는 단위이며, 각각 22리터와 3.6리터 정도다.

D. 중범죄(20:1-27)

20:1-27 중범죄를 논한다. 18, 19장에서 다룬 문제들 가운데 많은 것을 여기서 자세히 다루고 있으며, 각 범죄에 해당하는 벌을 강조한다.

20:2 자식을 몰렉에게 주면 이스라엘 주변에 사는 암몬 족속의 신 몰렉(몰록)은 인간(특히 아동)을 제물로 요구했다. *18:21에 대한 설명을 보라.*

20:5, 6 끊으리라 죽이겠다는 뜻이다. 9절의 "죽일지니"와 동의어다.

20:5 음란하게 섬기는 영적 매춘을 비유적으로 표현한 것이다.

20:6 접신한 자와 박수무당 *19:31에 대한 설명을 보라.* "박수무당"은 귀신을 가리킨다(참고. 20:27).

20:9 자기의 아버지나 어머니를 저주하는 부모를 공경하거나 경외하라는 계명과 정반대로 행하면(참고. 19:3) 그 결과는 치명적이다. 마가복음 7:10을 보라. 여기서 예수님은 이 본문을 언급하셨다.

20:10-21 18:1-30에서 자세히 언급한 성적인 죄를 범했을 때 받게 될 벌을 설명한다. 신명기 22:13-30을 보라.

20:22 너희를 토하지 아니하리라 하나님은 이스라엘에게 가나안 땅에 계속 거주하려면 모세 언약에 순종해야 한다고 거듭 말씀하신다(참고. 18:25, 28).

20:27 접신하거나 박수마당이 되거든 *19:31에 대한 설명을 보라.*

E. 제사장을 위한 규례(21:1-22:33)

21:1-24 제사장을 위한 법을 언급하는데, 제사장에게는 평민보다 높은 수준의 거룩한 행위를 요구한다.

단어 연구

피(Blood): 1:5; 3:17; 4:7; 8:15; 9:9; 16:18; 17:10; 20:11. '붉다'라는 뜻이며(창 25:30) 피를 가리키는 히브리어 단어와 관련이 있다. 짐승의 피일 수도 있고(출 23:18) 사람의 피일 수도 있다(창 4:10). *피*는 "그의 피가 자기들에게로 돌아가리라"(다시 말해 그가 자신의 죄에 책임이 있음)는 말처럼(20:9) 한 사람의 죄책을 상징할 수도 있다. 구약성경은 *생명*과 *피*를 동일시함으로써(창 9:4; 신 12:23) 인간 생명의 존엄성을 생생하게 보여준다(창 9:6). 신약성경에 따르면 "피흘림이 없은즉 사함이 없"(히 9:22)다는 것이다. 따라서 구약의 제사에서 강조되는 피는 그리스도가 흘리실 피, 곧 그리스도가 신자를 위해 버리실 생명과 연결된다(롬 5:9; 고전 11:25, 26).

21:1 스스로를 더럽히지 제사장이 시체를 만지거나(민 19:11) 시체와 한 장막에 있으면 부정해진다(민 19:14). 죽은 사람이 제사장의 가족일 때는 예외다(2-4절).

21:5 대머리 같게…수염 양쪽을 깎지…살을 베지 슬픔을 나타내는 미신적 표시다. *19:27, 28에 대한 설명을 보라*. 참고. 열왕기상 18:28.

21:6 하나님의 음식 이 표현은 레위기 21장에 5번 나온다(참고. 8, 17, 21, 22절). 성소의 진설병을 가리킬 가능성이 아주 높다(참고. 24:5-9; 출 25:30; 39:36; 40:23).

21:7, 8 제사장은 결혼이 허용되지만, 가장 정결한 환경 내에서만 허용된다. 거룩한 결혼을 통한 연합은 하나님과 그분의 백성 간의 거룩한 연합을 그려낸다. *21:13, 14에 대한 설명을 보라*. 제사장은 이런 거룩한 연합의 귀감이 되어야 한다. 바울이 디모데전서 3:2, 4과 디도서 1:6에서 목사(감독)에 대해 하는 말을 참고하라.

21:9 제사장의 자녀들은 거룩하게 살아야 한다. 돌로 쳐 죽이는 일반적인 형벌(참고. 신 22:21) 대신 화형이 적용된다. 참고. 디모데전서 3:4; 디도서 1:6.

21:10-15 대제사장을 위한 기준을 요약해 제시하는데, 그의 가장 거룩한 책임에 걸맞게 그 기준이 가장 높고 거룩하다.

21:10 머리를 풀지 말며 그의 옷을 찢지 말며 애도나 비통과 관련된 행동이다(참고. 그리스도를 재판할 때 이를 어겼음, 마 26:65; 막 14:63).

21:16-23 흠 제물에 흠이 없어야 하듯 제사 집례자도 흠이 없어야 한다. 보이는 것들이 백성의 마음에 강한 인상을 남기므로 그 어떤 신체적 부정이나 기형도 거룩한 직무의 무게와 권위를 떨어뜨리기 쉬우며, 하나님이 찾으시는 내적 온전함을 겉으로 드러내지 못하고, 오실 완전한 대제사장 예수 그리스도의 예표가 되지 못한다(참고. 히 7:26).

22:1-33 제사장들을 위한 의식적 정결에 대한 추가 규례로, 이것을 범하는 자들은 죽으리라(3절, "끊어지리라")는 경고로 시작한다.

22:4 나병 환자 참고. 13:1-14:32. *13:2에 대한 설명을 보라*. **유출병자** *15:1-33에 대한 설명을 보라*.

22:5 벌레 11:29-38을 보라.

22:7 정하리니 마찬가지로 적은 오염으로 많은 물이 부정해지지는 않는다. 의식적 정결에는 시간이 꼭 필요하다.

22:10, 11 그의 돈으로 어떤 사람을 샀으면 제물 가운데 제사장들의 양식으로 정해진 부분은 제사장 가족만 먹을 수 있다. 그러나 고용된 종은 제사장의 가족으로 여겨져야 하고 거룩한 음식을 먹을 수 있다. 이런 종을 놓아주는 법이 있는데, 따라서 그는 일시적으로 고용된 것이다(25:10; 출 21:2-11; 신 15:12-18).

22:17-30 하나님이 받으시는 제사와 그렇지 않은 제사를 설명한다.

22:31-33 하나님께 순종하는 동기는 그분이 이스라엘을 구원하실 때 보여주신 자신의 거룩한 본성과 은혜다.

유대 절기

	유대 월력		현대 월력	
절기	월	일	월	관련 구절
유월절	니산월	14	3-4월	출 12:1-14; 마 26:17-20
무교절*	니산월	15-21	3-4월	출 12:15-20
초실절	니산월	16	3-4월	출 23:9-14
	(또는 시완월)	6	5-6월	민 28:26
오순절* (맥추절 또는 칠칠절)	시완월	6(보리 수확 후 50일)*	5-6월	신 16:9-12; 행 2:1
나팔절, 로쉬 하샤나	티슈리월	1, 2	9-10월	민 29:1-6
속죄일, 욤 키푸르	티슈리월	10	9-10월	레 23:26-32; 히 9:7
초막절(수장절)*	티슈리월	15-21	9-10월	느 8:13-18; 요 7:2
수전절(빛), 하누카	기슬르월	25(8일간)	11-12월	요 10:22
부림절(제비)	아달월	14, 15	2-3월	에 9:18-32

* 이스라엘의 모든 남자가 예루살렘 성전을 찾아가야 하는 3대 절기임(출 23:14-19)

23:1-27:34 이스라엘 전체와 관련된 거룩의 문제를 개관한다.

23:1-24:9 이스라엘의 특별한 절기를 설명하고 있다. 참고. 출애굽기 23:14-17; 민수기 28:1-29:40; 신명기 16:1-17.

F. 종교 절기(23:1-44)

23:1-44 이 단락은 하나님께 거룩한 날을 설명하고 있다. 안식일을 말한 후(3절) 여러 절기를 월력 순서로 설명한다(4-44절).

23:2 성회로 공포할 이 모든 절기에 이스라엘 전체가 한 곳에 모여야 하는 것은 아니다. 무교절, 칠칠절, 초막절에만 이스라엘 모든 남자는 예루살렘에 모인다(참고. 출 23:14-17; 신 16:16, 17).

23:3 쉴 안식일 제4계명이 맨 먼저 나온다(참고. 창 2:1-3; 출 20:8-11).

23:4-22 3/4월에 세 절기를 지킨다. 유월절은 14일이고(5절), 무교절은 15-21일이며(6-8절), 초실절은 무교절 주간의 안식일 다음 날이다(9-14절).

23:5 여호와의 유월절 유월절은 하나님이 이스라엘을 애굽에서 건져내신 것을 기념하는 절기다(참고. 출 12:1-14, 43-49; 민 28:16; 신 16:1, 2).

23:6-8 무교절 무교절은 유월절과 관련이 있으며, 이스라엘이 애굽을 급히 떠난 일과 이와 관련해 겪은 어려움을 기억하는 절기다(출 12:15-20; 13:3-10; 민 28:17-25; 신 16:3-8).

23:9-14 너희의 곡물의 첫 이삭 이는 3/4월에 첫 수확한 보리를 드리는 절기로, 무교절 주간의 안식일 다음 날이다. 하나님께 보리 한 단을 드리고(참고. 23:10, 11), 이와 더불어 번제와 소제, 관제도 드린다(참고. 출 29:40). 첫 이삭(첫 열매)은 수확물 전체를 하나님께 성별한다는 상징이며, 앞으로 있을 모든 수확에 대한 약속이다(참고. 롬 8:23; 11:16; 고전 15:20; 약 1:18).

23:15-22 오십 일 칠칠절(5/6월)은 첫 수확한 밀을 드리는 절기다(참고. 출 23:16; 민 28:26-31; 신 16:9-12). 칠칠절은 초실절 직전의 안식일이 지나고 50일째 되는 날이다. 칠칠절은 맥추절이라고도 하며(출 23:16), 오순절이라고도 한다(행 2:1).

23:23-43 9/10월에 세 절기를 지킨다. 나팔절은 1일이고(23-25절), 속죄일은 10일이며(26-32절), 초막절은 15-21일이다(33-43절).

23:23-25 나팔을 불어 기념할 날이요 나팔절로 불리는 이 절기는 일곱째 달(9/10월)을 안식월로 성별한다(참고. 민 29:1-6).

23:26-32 속죄일 속죄일은 제사장, 백성, 성막과 관련된 죄를 사하고 씻는 날이다(*16:1-34에 대한 설명을 보라*).

23:33-43 초막절 초막절은 이스라엘이 출애굽 후 광야를 방황할 때 하나님이 이들을 구해주고 보호하며 이들의 필요를 공급해주신 것을 기념하는 절기다(참고. 출 23:16; 민 29:12-38; 신 16:13-15). 초막절(신 16:13)은 수장절이라고도 한다(출 23:16). 초막절에는 나뭇가지로 지은 움막에 살면서(참고. 느 8:14-18) 광야 경험을 되새긴다. 또한 초막절은 가을걷이도 기념했는데, 천년왕국에서도 기념될 것이다(참고. 슥 14:16).

G. 성막(24:1-9)

24:1-9 성막에 대한 추가 규례로 등잔(1-4절)과 진설병(5-9절)을 다룬다. 이에 대해서는 출애굽기 25:31-40; 27:20, 21; 37:17-24과 출애굽기 25:23-30; 39:36; 40:23을 보라.

24:5 각 덩이는 가루 10분의 2에바(약 4.4리터)로 만들었다.

H. 신성 모독에 대한 기사(24:10-23)

24:10-23 이 단락은 신성모독죄를 다룬다. 참고. 출애굽기 20:7; 22:28.

24:10-14, 23 어떤 사람이 나답과 아비후 이야기(10:1, 2)와 비슷한 신성모독에 대한 역사적 실례를 제시한다. 하나님을 모독한 자는 '다른 많은 사람' 가운데 한 명이었다. 사람들은 자신의 죄를 모두 그에게 전가시켰다.

24:12 그를 가두고 범죄에 대한 벌로 감금형이 없다 보니 이스라엘에는 감옥이 없었다. 단지 형벌이 결정될 때까지 일종의 구덩이에 붙잡아두었을 것이다. 형벌은 신체형이거나, 추방이거나, 심한 경우 죽음이었다. 형벌을 다 받은 자는 일을 해서 자신의 죄를 배상해야 했다.

24:20 참고. 마태복음 5:38. 이 복수법으로 형벌은 범죄에 상응해야 하며, 더 무거워서는 안 된다는 원칙이 세워졌다.

I. 안식년과 희년(25:1-55)

25:1-55 안식년(25:1-7)과 희년(25:8-55)에 하나님의 재산을 적절히 돌보아야 한다고 규정한다.

25:1-7 땅이 생명력을 되찾게 하는 일에 대한 것이다. 안식년에 경작을 쉬면 토양이 활력을 되찾고 영양분이 재충전된다. 저절로 자란 것은 무엇이든 아무나 자유롭게 먹어도 된다(6, 7절).

25:8-55 희년에는 빚을 탕감하고(23-38절), 모든 종류

의 속박을 풀어주어야 한다(39-55절). 모든 죄수와 포로를 석방하고, 종들을 풀어주며, 빚을 탕감해줘야 한다. 또한 모든 재산을 원래 주인에게 되돌려주어야 한다. 이렇게 하면 인플레이션이 억제되고, 각종 취득이 완화되며, 어려운 처지에 빠진 자들도 새로운 기회를 얻게 될 것이다.

25:8-17 희년에 대한 전반적인 규례다.

25:9-10 자유를 공포하라 토지를 묵히는 등 한 해 동안 일을 하지 않아도 된다. 노동 계약에 매인 자들은 계약에서 풀려나고 고용된 종들도 풀려난다. **희년** 문자적으로 '숫양의 뿔'이라는 뜻인데, 7월 10일에 뿔 나팔을 불어 전면적 속량이 이뤄지는 50년째 해가 시작되었음을 알려야 한다.

25:14-16 희년은 토지 가치에 영향을 미치는데, 모든 거래에서 이것을 감안해야 한다.

25:17 너희 각 사람은 자기 이웃을 속이지 말고 그 누구도 남을 이용하거나 학대해서는 안 된다. 잔학성은 하나님의 성품에 정면으로 배치되기 때문이다. 범죄에 대해선 신속하고 정확하게 처벌해야 한다.

25:18-22 땅을 놀리는 해에 하나님이 필요를 공급해 주실 것이다. 이런 하나님의 공급은 출애굽 때 안식일에 작은 규모로 이뤄졌다(참고. 출 16:5).

25:20, 21 삼 년 동안 쓰기에 족하게 하리라 이 중요한 질문에 대해 하나님은 견디기 충분할 만큼 주겠다고 약속하신다.

25:23-34 부동산에 대한 다양한 규례를 제시한다.

25:23 토지는 다 내 것임이니라 하나님은 땅과 거기에 속한 모든 것의 주인이시다(참고. 시 24:1). 사실 이스라엘은 하나님의 은혜로 그 땅을 빌려 쓰는 임차인에 지나지 않는다. 그러므로 재산권은 영구적이지 않고 일시적일 뿐이다.

25:33 레위 사람의 성읍 참고. 민수기 35:1-8; 여호수아 21장.

25:34 들판 마을(성읍) 전체가 작물을 키우는 들이다.

25: 35-38 가난한 자들을 대하는 규범을 개괄적으로 제시한다.

25:35 거류민이나 동거인처럼 율법은 이스라엘뿐 아니라 거류민도 이삭을 주울 수 있게 했다(참고. 19:9, 10; 23:22; 신 24:19-21).

25:36 이자 고리대금이나 과도한 이자는 모두에게 금지된다(시 15:5). 공정한 이자라도 가난한 자에게는 요구할 수 없다(*신명기 23:19, 20, 24:10-13에 대한 설명을 보라*). 가난한 자들에게는 삶에 기본적인 것들을 빌려주는 게 아니라 거저 주어야 한다.

25:38 가나안 땅을 너희에게 주려고 하나님은 이스라엘에게 그들의 소유가 아닌 땅을 주는 환대를 베풀었다고 말씀하시는데, 이것이 이스라엘도 동포에게 환대를 베푸는 동기가 되어야 한다는 뜻이다.

25:39-55 종을 대하는 원칙을 제시한다.

25:42 그들은…내 종들이니 구약성경에서 종을 대하는 정신이 이 말씀에서 나타난다. 하나님은 종을 가족처럼 고용인보다 더 좋게 대하라고 명하신다. 종들은 하나님이 애굽의 종(노예) 시장에서 속량해낸 그분의 종이기 때문이다. 땅뿐 아니라(23절) 사람도 하나님의 소유다.

25:44-46 사방 이방인 중에서 이런 종(노예)에는 이스라엘이 쫓아내야 하거나 멸해야 하는 가나안 족속(다시 말해 종/노예제도는 인간의 선택임)과 출애굽 때 이스라엘을 따라 나온 자들이 포함된다.

25:47-55 이스라엘 사람이 함께 사는 외국인의 종이 된 경우를 다룬다.

25:48 속량 받을 권리가 있나니 속량, 곧 노예 문화에 존재했던 일종의 계약적 합의 조항은 특정 조건 하에서 종이 된 개인이 풀려날 가능성을 열어놓았다. 가족이나 관심 있는 누군가가 속전(贖錢)을 지불해 당사자를 종의 신분이나 계약 상태에서 벗어나게 할 수 있다.

25:51-54 속량하는 값 종의 속전은 종이 자유를 얻는 희년에 영향을 받는다.

25:55 하나님이 애굽에서 해방시키신 이스라엘은 모두 하나님의 종이다. 그러므로 이스라엘은 자신의 종들을 하나님이 자신들을 대하셨던 그 은혜와 아량으로 대해야 한다.

J. 율법에 순종하라는 권고: 축복과 저주 (26:1-46)

26:1-46 순종과 관련된 언약의 축복(26:3-13)과 저주를 자세히 제시하고 있다(26:14-39. 참고. 신 28장). 회개와 관련된 조항도 제시한다(26:40-45).

26:1, 2 십계명(출 20:3-17)을 이스라엘의 순종과 불순종을 가늠하는 기준으로 요약해 제시한다.

26:1 우상…주상…석상 이스라엘의 이웃들은 이 모두를 자신의 신들을 섬기는 도구로 활용했다.

26:3-13 순종에 따르는 복이다.

26:4 철따라 비를 주리니 비가 필요할 때 내리지 않으면 흉년이 들고 기근을 겪게 된다(참고. 왕상 17; 18장).

26:6 사나운 짐승 사자와 곰 같은 위험한 짐승이 이 지역에 있었다. 요셉의 형들은 이런 짐승이 요셉을 죽였다고 주장했다(창 37:20).

26:7 너희의 원수들을 쫓으리니 하나님은 이스라엘이 가나안을 정복할 때 거듭 승리를 주셨다(참고. 수 8-12장).

26:9 너희를 번성하게 하고 너희를 창대하게 할 것이며 내가 너희와 함께 한 내 언약을 이행하리라 하나님이 창조 때 명하셨고 홍수 후 다시 말씀하신 것이 씨에 대한 언약의 약속에 포함되었는데(창 12:1-3), 하나님은 아브라함에게 약속하신 대로 이것을 이스라엘에게 성취하실 것이다(창 15:5, 6).

26:12 너희의 하나님…내 백성 우주의 하나님과 친밀한 언약관계를 맺게 되리라고 약속하신다(참고. 고후 6:16).

26:14-39 불순종에 따르는 벌이다.

26:15 내 언약을 배반할진대 이스라엘은 계명을 비롯해 모세 언약의 여러 법에 불순종해 이런 조건적 언약을 깼다. 아브라함과 맺은 무조건적 언약의 궁극적 조항과 달리 모세 언약의 모든 복은 순종을 조건으로 한다(참고. 레 26:25).

26:16 폐병 결핵이나 나병을 염두에 두었을 테지만(레위기 13, 14장에서 많은 규범의 주제였음), 정확히 무엇인지는 알 수 없다. **너희의 대적이 그것을 먹을 것임이며** 이스라엘이 대적들에게 정복당하고 대적들이 이스라엘의 수확물을 먹을 것이다.

26:22 너희의 길들이 황폐하리라 한 나라의 길이 이용하는 사자들과 상인들과 백성으로 북적인다는 말은 그 나라가 경제적으로 잘산다는 뜻이다. 이것은 극단적인 경제 봉쇄를 말한다.

26:25 언약을 어긴 하나님은 이스라엘이 조건적 모세 언약을 어길 때 어떻게 응징하실지 말씀하신다.

26:29 살을 먹을 것이요 그 땅에 큰 기근이 들어 사람이 사람을 잡아먹기까지 할 것인데, 이런 일이 실제로 일어났다(참고. 왕하 6:28, 29; 렘 19:9; 애 2:20; 4:10).

26:30 산당 우상을 숭배하는 자연 그대로의 신당(神堂)을 말한다. 솔로몬은 산당에서 하나님께 제사드리고(왕상 3:4), 얼마 후 이방인 아내들이 들여온 신들을 섬겨 하나님께 불순종했다(왕상 11:1-9).

26:31-35 주전 722년 북왕국 이스라엘이 바벨론에게, 주전 605-586년 남왕국 유다가 바벨론에게 침략당했을 때 이 모든 일이 실제로 일어났다. 유다의 경우 70년간 포로생활을 했고, 그동안 지키지 않은 안식년만큼 땅은 쉼을 얻었다. 역대하 36:17-21을 보라.

26:35 땅은 쉬지 못하였으나 이스라엘이 계속 안식년을 지키지 않았기 때문이다. 이것은 나중에 이들이 바벨론에 포로로 끌려가는 근거가 된다(참고. 대하 36:20-21).

26:38 북왕국 이스라엘의 열 지파는 포로생활에서 끝내 귀환하지 못했다. 열왕기하 17:7-23을 보라. *사도행전 26:7에 대한 설명을 보라.*

26:40-42 그들이…자복하고…내가…내 언약을 기억하며 하나님의 언약은 그분이 자기 백성과 시작하신 관계에 뿌리가 있다. 하나님은 진정한 회개를 존중하신다.

26:42 야곱…이삭…아브라함 이름을 연대순과 반대로 제시해 역사적인 실제 순서를 거슬러 과거를 돌아보게 하신다.

26:46 레위기의 상당 부분이 모세가 두 번에 걸쳐 시내산에 올라 "사십 일 사십 야"를 보낼 때 받은 것이다(참고. 출 24:16-32:6; 34:2-28; 레 7:37, 38; 25:1; 27:34).

K. 서원 예물에 대한 속량(27:1-34)

27:1-34 하나님께 드리기로 서원한 사람, 짐승, 집, 땅에 대한 기준 규례를 제시한다.

27:2-7 드리기로 분명히 서원하였으면 이런 일련의 예물은 하나님과 그분을 섬길 때 드리는 것으로, 나머지 모든 식솔과 소유와는 구분된다.

27:3 성소의 세겔 *5:15에 대한 설명을 보라.*

27:26 처음 난 것 처음 난 것(만물)은 하나님의 소유이므로(출 13:2), 따라서 이것을 하나님께 두 번 드릴 수는 없다.

27:29 온전히 바쳐진 그 사람 여호수아 7장에 나오는 아간처럼 말이다.

27:30-32 십일조 이 일반적 십일조를 레위 사람들에게 주었다. 참고. 민수기 18:21-32. 레위기에서 십일조는 여기서만 언급된다. 그러나 이 십일조 외에 구약성경에는 십일조가 두 번 더 있는데, 모두 합치면 매년 수입의 23퍼센트에 달한다[참고. 두 번째 십일조(신 14:22), 매 3년마다 드리는 세 번째 십일조(신 14:28, 29; 26:12)].

연구를 위한 자료

R. Laird Harris, *Leviticus*, in Expositor's Bible Commentary (Grand Rapids: Zondervan, 1990). 『레위기 주석』, R. L. 해리슨 지음, 이순태 옮김(기독교문서선교회, 1991).

G. J. Wenham, *The Book of Leviticus* (Grand Rapids: Eerdmans, 1979). 『레위기』, 고든 웬함 지음, 김귀탁 옮김(부흥과 개혁사, 2014).

제목

제목 *민수기*(*Numbers*)는 구약성경의 헬라어 역본(70인역)과 라틴어 역본(벌게이트역)에서 왔다. 이 책에 민수기라는 제목을 붙인 것은 1-4장과 26장의 주요 핵심인 숫자들 때문이다. 가장 일반적인 히브리어 제목은 히브리어 본문 1:1의 "광야 회막에서"로부터 왔다. 이 제목은 이스라엘이 광야를 방황하는 39년에 이르는 역사를 들려주는 민수기의 전체 내용을 잘 표현해준다. 몇몇 초기 교부가 선호했던 또 다른 히브리어 제목은 히브리어 본문 1:1의 "모세에게 말씀하여 이르시되"에서 왔다. 이 제목은 이 책이 이스라엘이 받은 하나님 말씀을 기록했다는 점을 강조한다.

저자와 저작 연대

민수기는 성경을 구성하는 첫 다섯 책인 율법서 가운데 네 번째인데, 율법서는 성경 전체를 통해 모세의 저작으로 여겨진다(수 8:31; 왕하 14:6; 느 8:1; 막 12:26; 요 7:19). 이 책의 본문 44:2과 36:13에서는 모세가 민수기를 썼다고 말한다.

민수기는 모세의 생애 마지막 해에 기록되었다. 민수기 20:1부터 끝까지 기록된 사건들은 출애굽 제40년에 일어났다. 민수기는 이스라엘이 여리고 맞은편 요단강 동쪽에 진을 친 장면으로 끝나는데(36:13), 가나안 정복이 여기서 시작된다(수 3-6장). 민수기는 주전 1405년경에 기록된 것으로 보인다. 한편 민수기는 신명기의 토대가 되는 책인데, 신명기는 출애굽 제40년 11월에 기록되었기 때문이다(신 1:3).

배경과 무대

민수기의 사건들 대부분은 '광야에서' 일어났다. 단어 *광야*는 민수기에서 48회 나온다(NKJV 기준, 한글 개역개정은 50회). 광야는 풀이나 나무가 거의 없으며, 강수량이 아주 적어 경작이 불가능한 땅을 말한다. 이런 땅에서는 가축을 기르는 게 가장 낫다. 1:1-10:10에서 이스라엘은 '시내 광야'에 진을 쳤다. 여호와께서는 시내산에서 이스라엘과 모세 언약을 맺으셨다(출 19-24장). 10:11-12:16에서 이스라엘은 시내산을 떠나 가데스로 이동했다. 13:1-20:13의 사건들은 가데스와 그 주변에서 일어났는데, 가데스는 "바란 광야"(12;16; 13:3, 26)와 "신 광야"에 위치했다(13:21; 20:1). 20:14-22:1에서 이스라엘은 가데스를 떠나 '모압 평지'로 이동했다. 22:2-36:13의 모든 사건은 이스라엘이 모압 북쪽 평지에 진을 치고 머무는 동안 일어났다. 이곳은 광야 중앙에 위치했으며 평지에다 비옥했다(21:20; 23:28; 24:1).

민수기는 출애굽 제2년과 제40년에 일어난 사건들에 집중한다. 1:1-14:45에 기록된 모든 사건은 주전 1444년 출애굽 제2년에 일어났다. 20:6 이후에 언급된 모든 사건은 주전 1406(1405)년경 출애굽 제40년에 일어났다. 15:1-19:22에 기록된 사건들은 날짜가 표기되지 않았으나 모두 주전 1443-1407년경에 일어났을 것이다. 애굽을 나와 가나안에 이르는 여정에서 처음 2년과 비교할 때 이 37년 동안에는 물질 공급이 부족했는데, 이것은 이스라엘이 하나님을 거역해 그분의 심판을 받았기에 이 시기가 얼마나 황폐한 상태였는지 보여준다.

역사적·신학적 주제

민수기는 두 세대의 이스라엘 민족이 겪은 일을 기록한다. 1세대는 애굽에서 나오는 과정을 직접 겪었다. 이들의 이야기는 출애굽기 2:23에서 시작해 레위기를 거쳐 민수기 14장까지 계속된다. 이 세대는 가나안 정복 전쟁을 위해 계수되었다(1:1-46). 그러나 가나안 남쪽 어귀에 도착했을 때 이들은 가나안에 들어가길 거부했다(14:1-10). 이들은 하나님을 거역했기에 갈렙과 여호수아를 제외하고 20세 이상은 모두 광야에서 죽으리라는 선고를 받았다(14:26-38).

15-25장에서 1세대와 2세대가 겹친다. 1세대가 죽고 2세대가 자라서 성인이 되었다. 두 번째 인구조사와 함께 2세대의 역사가 시작되었다(26:1-56). 이들은 실제로 전쟁을 하고(26:2) 가나안 땅을 기업으로 받을 것이다(26:52-56). 2세대의 이야기는 민수기 26:1에서 시작해 신명기를 거쳐 여호수아서까지 계속된다.

민수기에는 신학적 주제 세 가지가 두루 펴져 있다.

첫째, 하나님이 모세를 통해 친히 이스라엘에게 말씀하셨으므로(1:1; 7:89; 12:6-8), 모세의 말은 신적 권위를 갖는다는 것이다. 이스라엘이 모세에게 보이는 반응에서 하나님께 순종하느냐 불순종하느냐가 드러난다. 민수기는 이스라엘이 하나님 말씀에 보인 반응을 기준으로 보면 뚜렷하게 세 부분, 곧 순종(1-10장)과 불순종(11-25장), 새로워진 순종(26-36장)으로 구분된다. 둘째, 하나님이 심판의 하나님이라는 것이다. 민수기 전체에서 하나님은 이스라엘의 죄에 "진노"하신다(11:1, 10, 33; 12:9; 14:18; 25:3, 4; 32:10, 13, 14). 셋째, 하나님이 아브라함의 씨에게 가나안 땅을 주겠다는 약속을 신실하게 이행하신다는 점이 강조된다(15:2; 26:52-56; 27:12; 33:50-56; 34:1-29).

해석상의 과제

민수기의 독자는 중요한 해석상의 과제 네 가지와 맞닥뜨리게 된다. 첫 번째 질문은 '민수기는 낱권인가 아니면 더 큰 문학 저작, 곧 오경의 일부인가?' 하는 것이다. 창세기와 출애굽기, 레위기, 민수기, 신명기가 모여 토라를 이룬다. 성경의 나머지 부분은 이 다섯 권의 책을 한 단위(묶음)로 본다. 민수기의 궁극적 의미는 이 책이 오경에서 차지하는 위치와 분리될 수 없다. 민수기 첫 절은 여호와, 모세, 회막(성막), 출애굽을 말한다. 이것은 독자가 민수기 앞에 나오는 세 권에 친숙하다는 뜻이다.

그렇더라도 현존하는 모든 히브리어 사본은 오경을 현재의 본문과 똑같은 방식으로 나눈다. 이 사본들에서 민수기는 그 자체로 구성이 완전하며 분명한 한 묶음이다. 민수기는 그 자체로 시작과 몸통과 결말이 있으며, 더 큰 전체 속에서 보더라도 그렇다. 따라서 민수기가 독자성을 갖췄다고 보아야 한다.

민수기 해석과 관련된 두 번째 질문은 '민수기에 일관성이 있는가?' 하는 것이다. 민수기가 다양한 문학 자료와 형식을 담고 있음이 아주 분명하게 보이지 않는가. 인구조사 목록, 족보, 법률, 역사 내러티브와 시, 예언, 여행 목록이 민수기에 나온다. 그렇더라도 이것들이 모두 융화되어 시내산에서 모압 평지에 이르는 이스라엘의 여정을 들려준다. 민수기의 일관성은 다음에 나오는 민수기 개요에서 드러난다.

세 번째 질문은 1:46과 26:51에 나오는 이스라엘의 장정 수와 관련이 있다. 39년이라는 간격이 있음에도 두 번 모두 60만 명이 넘었다. 그렇다면 광야생활을 하는 동안 이스라엘의 전체 인구가 250만 정도였다는 얘기다. 일반적인 시각에서 본다면 이 숫자는 광야에서 살아가기에는 너무 많다. 이로써 하나님이 40년 동안 이스라엘을 초자연적으로 돌보셨다는 것을 인정하지 않을 수 없다(신 8:1-5). 그러므로 이 숫자를 그대로 받아들여야 한다(*1:46에 대한 설명을 보라*).

민수기 해석과 관련된 네 번째 난제는 이교도 선지자 발람과 관련이 있는데, 그의 이야기는 22:2-24:25에 나온다. 발람은 여호와를 안다고 주장하지만(22:18), 성경은 줄곧 그를 거짓 선지자라고 말한다(벧후 2:15, 16; 유 11절). 하지만 여호와께서는 그분의 진리의 말씀을 전하게 하려고 발람을 자신의 대변인으로 사용하셨다(*22:2-24:25에 대한 설명을 보라*).

민수기 개요

I. 이스라엘 1세대의 광야생활: 기록(1:1-25:18)
- A. 이스라엘이 여호와께 순종하다(1:1-10:36)
  1. 이스라엘이 성막을 중심으로 진영을 갖추다(1:1-6:27)
  2. 이스라엘이 성막을 향하다(7:1-10:36)
- B. 이스라엘이 여호와께 불순종하다(11:1-25:18)
  1. 이스라엘이 여정 중에 불평하다(11:1-12:16)
  2. 이스라엘이 거역하다(13:1-19:22)
  3. 모세와 아론이 거역하다(20:1-29)
  4. 이스라엘이 여정 중에 다시 불평하다(21:1-22:1)
  5. 발람이 이스라엘을 축복하다(22:2-24:25)
  6. 이스라엘이 바알브올과 함께 마지막으로 거역하다(25:1-18)

II. 모압 평지에 있는 이스라엘 2세대: 새로운 순종(26:1-36:13)
- A. 가나안 정복을 준비하다(26:1-32:42)
- B. 광야 여정의 요약(33:1-49)
- C. 가나안 정복을 고대하다(33:50-36:13)

이스라엘 1세대의 광야생활: 기록 (1:1-25:18)

A. 이스라엘이 여호와께 순종하다(1:1-10:36)

1:1-10:36 민수기 1-10장은 이스라엘이 가나안 땅을 정복하는 데 필요한 최종 준비 과정을 보여준다. 이 단락에서 여호와께서는 모세를 통해 말씀하시고(1:1; 2:1; 3:1, 5, 11, 14, 44; 4:1, 17, 21; 5:1, 5, 11; 6:1, 22; 7:4; 8:1, 5, 23; 9:1, 9; 10:1), 모세와 이스라엘은 순종으로 반응한다[1:19, 54; 2:33, 34; 3:16, 42, 51; 4:49; 7:2, 3; 8:3; 9:5, 18, 23; 10:13, 14-28(2:34과 일치)]. 민수기 1-10장은 두 부분으로 나뉘는데(1:1-6:27과 7:1-10:36), 둘 다 여호와께서 이스라엘에게 복을 주시리라는 축복으로 끝난다(6:22-27과 10:35, 36).

1. 이스라엘이 성막을 중심으로 진영을 갖추다 (1:1-6:27)

1:1-6:27 민수기 1-6장은 7:1-10:10에 기록된 사건들을 시간 순서대로 따라간다. 이스라엘이 성막을 중심으로 진영을 갖추고(1:1-4:49) 진영을 깨끗하게 한 것은(5:1-6:27) 출애굽기 25:1에서 시작된 하나님의 명령이 낳은 최종 결과다. 하나님의 명령에 복종할 때 부정하고(출 32:7, 8) 무질서한(출 32:25) 이스라엘은 가나안에 입성할 준비를 갖춘 백성으로 바뀌게 된다.

1:1 둘째 해 민수기는 출애굽한 지 14개월(377일) 후부터 시작된다. **여호와께서…모세에게 말씀하여 이르시되** 이 말은 하나님이 레위기에서 주시는 계시를 출애굽기 25:1 이하, 레위기 1:1 이하와 연결한다. 하나님은 이스라엘이 하는 모든 일을 말씀으로 지시하신다. **시내 광야** 이스라엘은 여기에 진을 치고 11개월을 지냈다. 출애굽기 19:1을 보라. **회막** 여호와의 영광이 구름 가운데 임하는 성막을 한 달 전에 세웠다(출 40:17). 성막은 하나님이 자기 백성 가운데 거하시는 처소다. 민수기 1:1-6:27에서 이스라엘은 성막을 중심으로 진영을 갖췄다.

1:2 계수할지니 출애굽기 30:11-16에서 여호와께서는 이스라엘 가운데(레위 지파를 제외하고) 20세 이상 남자의 수를 조사하라고 명하셨는데, 이는 성막 운영에 필요한 속전을 결정하기 위해서였다. 이 인구조사의 결과가 출애굽기 38:25-28에 기록되어 있다. 총계는 60만 3,550명인데(출 38:26), 민수기 1:46에 나오는 숫자와 일치한다.

1:3 싸움에 나갈 만한 이 인구조사의 목적은 전쟁에 나갈 인원을 파악하는 데 그 목적이 있었다. 민수기는 아브라함에게 약속하신 땅의 정복을 내다본다(참고. 창 12:1-3).

1:4 한 사람씩 각 지파마다 한 명씩 모두 열두 지도자가 모세와 아론을 도와 인구조사를 주관했다. 이들은 민수기 2:1-34과 10:14-28에서 지파의 지휘관으로 언급된다. 7:1-88에서 이들은 성막에 예물을 가져왔다.

1:17-46 야곱의 아내들을 기준으로 지파가 순서대로 제시된다. 첫째는 레아에게서 난 아들들이고, 둘째는 라헬에게서 낳은 아들들이며, 셋째는 여종들에게서 낳은 아들들이다. 여기서 갓(레아의 여종에게서 난 아들)은 예외이며, 셋째로 태어난 레위를 대신한다(참고. 창 29:31-30:24; 35:16-20).

1:46 육십만 삼천오백오십 명이었더라 이 숫자와 생후 1개월 이상인 레위 지파 남자의 수를 감안하면(3:39) 이스라엘 전체 인구는 200만 명이 넘는다. 광야라는 악조건에서 생존하기에는 그 수가 너무 많고 장자가 상대적으로 적기 때문에(3:43) 어떤 사람들은 여기서 *천*(千)은 '부족'(clan)이나 우두머리(chief)를 의미한다고 말하거나, 이 숫자는 상징적이라고 주장하면서 본문의 의미를 재해석한다. 그러나 이 장에서 *천*이 문자적인 의미가 아니라면 1:46을 겨우 5,500명밖에 안 되는 598개의 '씨족'이나 '우두머리'로 해석해야 한다. 따라서 *천*이라는 의미를 유지해야 한다. 더 나아가 본문에는 이 숫자가 상징적이라는 암시가 전혀 없다. 유일한 결론은 하나님이 200여만 명을 40년 동안 광야에서 돌보셨다는 것이다(참고. 신 8:3, 4). 숫자에 이의를 단다면 이 숫자에 대한 하나님의 목적, 곧 이스라엘을 위해 자신의 능력을

이스라엘의 첫 번째 인구조사

출애굽기 38:26; 민수기 1:17-46

르우벤 지파	46,500(21절)
시므온 지파	59,300(23절)
갓 지파	45,650(25절)
유다 지파	74,600(27절)
잇사갈 지파	54,400(29절)
스불론 지파	57,400(31절)
에브라임 지파	40,500(33절)
므낫세 지파	32,200(35절)
베냐민 지파	35,400(37절)
단 지파	62,700(39절)
아셀 지파	41,500(41절)
납달리 지파	53,400(43절)
총계	603,550(46절)

보여주시려는 목적에 이의를 다는 것과 같다.

1:50 그들에게…관리하게 하라 모세와 아론을 비롯해 레위 지파가 이번 인구조사에 포함되지 않은 것은 레위 지파가 병역을 면제받았기 때문이다. 레위 지파는 성막을 운반하고 관리함으로써 하나님을 섬기는 일을 맡았다(참고. 3:5-13; 4:1-33, 46-49).

1:51 외인 이 단어는 종종 '외국인'이나 '타국인'을 가리킨다. 레위 지파가 아닌 이스라엘 사람은 성막을 운반하는 일에 있어 '외국인'과 같으며, 죽음을 면하려면 거리를 두어야 했다.

1:53 진노가 임하지 않게 레위 지파를 구별해 성막 주변에 배치한 목적은 하나님의 진노가 이스라엘을 사르지 않게 하기 위해서다(참고. 출 32:10, 25-29).

2:2 군기와…기호 기호는 각 지파를 알리는 깃발이다(깃발에는 일종의 휘장이 있었을 것임). 군기는 각각 세 지파로 구성된 네 진영을 알리는 깃발이다. **회막** 자세한 내용은 출애굽기 25-30장을 보라.

2:3 동방 해 돋는 쪽에…유다의 진영 유다 지파는 영예로운 자리인 동쪽을 차지한다. 창세기 49:8-12은 이스라엘이 대적들을 물리칠 때 유다가 중심 역할을 하리라고 강조한다. 또한 유다 지파에서 메시아가 태어날 것이다. **나손** 나손은 나중에 메시아의 족보에 나타난다(참고. 룻 4:20; 마 1:4).

2:14 르우엘 1:14; 7:42에서 이 이름은 드우엘로 나온다. 히브리어 알파벳에서 R(레쉬)과 D(달렛)가 모양이 비슷해 본문을 필사하는 서기관들이 간혹 혼동했다.

2:17 행진할지니라 지파들이 행진할 때 성막을 중앙에 두고 앞뒤로 여섯 지파씩 위치한다.

2:32 *1:46에 대한 설명을 보라.*

3:1 시내 산 출애굽기 28:1-29:46에서 모세가 시내산 구름 가운데 있을 때 여호와께서는 자신이 아론과 그의 아들들을 제사장으로 선택하셨다고 모세에게 처음 말씀하셨다(출 24:18). **아론과 모세** 3장에서는 아론과 그의 아들들이 강조되기 때문에 아론의 이름이 먼저 나온다.

3:3 기름 부음을 받고…위임 받은 제사장들이라 레위 지파 중에서 아론의 아들들만 제사장이다. 오직 제사장들만 제사를 드릴 수 있다. 레위 지파의 나머지 사람들은 성막에서 이들의 일을 돕는 역할을 맡았다(참고. 7-9절). **구별되어** 아론과 그의 아들들을 제사장으로 구별한 내용은 레위기 8:1-9:24에 기록되어 있다.

3:4 엘르아살과 이다말 모세 언약 아래서 장차 이스라엘의 모든 제사장은 아론에게서 난 두 아들의 후손일 것이다. 엘르아살과 그의 후손들은 나중에 큰 축복의 대상이 된다(참고. 민 25:10-13).

3:6 레위 지파 레위 지파의 특별한 임무는 성막 일을

이스라엘 지파의 배치도

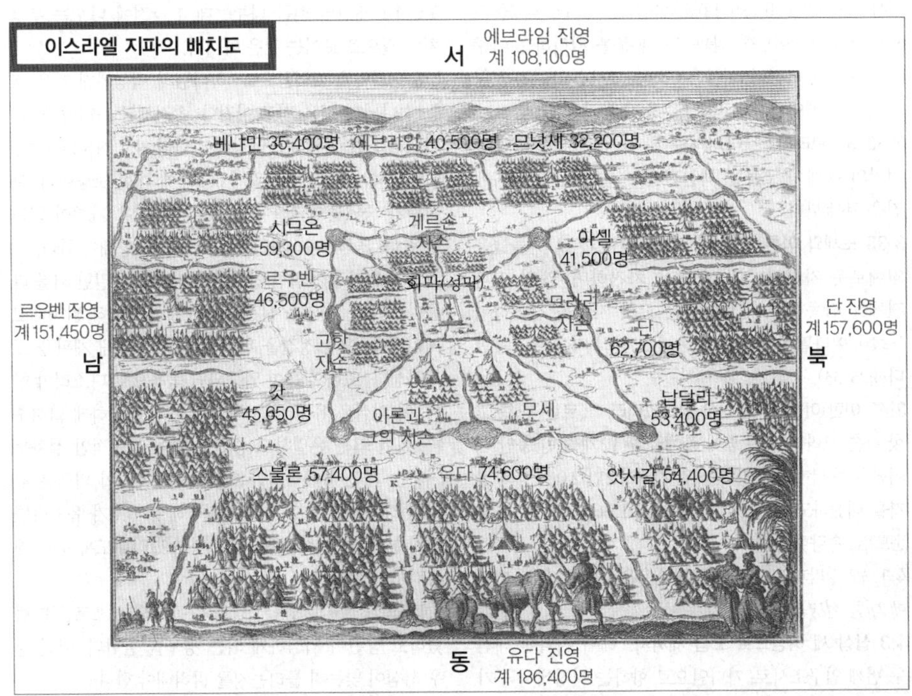

함으로써 아론과 그의 아들들과 모든 이스라엘을 섬기는 것인데, 이들의 일은 25, 26, 31, 36, 37절; 4:4-33에서 자세히 규정되어 있다.

3:10 외인 평민이나 타국인(참고. 1:51)이 제사장 활동에 참여하면 죽음을 맞는다(참고. 38절; 16:40).

3:12 태를 열어 태어난 출애굽기에서 하나님은, 이스라엘의 처음 난 수컷은 모두 자신의 것이라고 하셨다(참고. 출 13:1, 2). 장자는 가족의 제사장 역할을 해야 했다. 그러나 모세 율법이 완전히 시행되었을 때 하나님은 제사장 직무를 레위 지파에서 이관하셨는데, 부분적으로 레위 지파가 금송아지 숭배 사건에서 보인 거룩한 열심 때문이었을 것이다(참고. 32:29). 이로써 레위 지파가 장자를 대신하게 되었다.

3:15 계수하라 모세는 레위 지파 가운데 생후 1개월 이상인 모든 남자의 수를 조사한다. 여기에는 모세와 아론 그리고 그 아들들도 포함되는데, 모두 아므람의 후손이기 때문이다(19절. 참고. 출 6:20).

3:21-26 게르손 게르손 자손은 남자가 7,500명이며 성막 덮개를 책임진다. 이들은 성막 서쪽에 진을 쳐야 한다.

3:27-32 고핫 고핫 자손은 남자가 8,300명일 것이다. 히브리어 알파벳 하나를 더하면 '6'이 '3'이 된다(아주 이른 시기에 필사 과정에서 히브리어 알파벳 l, 즉 '라멕'이 빠져서 3을 의미한 sh-l-sh가 6을 의미하는 sh-sh가 되었을 것으로 보임-옮긴이). 이 알파벳은 본문을 필사하는 아주 이른 시기에 빠졌다. 이들은 (언약궤 운반을 비롯해) 성막의 성물을 책임지고, 성막 남쪽에 진을 쳐야 한다.

3:33-37 므라리 므라리 자손은 남자가 6,200명인데, 성막의 목재 구조물을 책임진다. 이들은 성막 북쪽에 진을 쳐야 한다.

3:38 모세와 아론 모세와 아론 그리고 그 아들들은 영예로운 자리인 성막 동쪽을 차지하며, 레위 지파 전체를 감독한다. 엘르아살은 고핫 자손을 감독하며(32절), 이다말은 게르손 자손과 므라리 자손을 감독한다(4:28, 33).

3:43 이만 이천이백칠십삼 명이었더라 게르손 자손, 고핫 자손, 므라리 자손 중에 출애굽 후 12개월 반 동안 태어난 모든 남자의 숫자다. 레위 지파가 2만 2,000명의 장자를 대신하고, 나머지(273명)는 은 1,365세겔(약 170파운드)로 속량했다.

4:1-49 성막과 그 기물에 대한 내용은 *출애굽기 25-30장에 대한 설명을 보라.*

4:3 삼십 세 이상으로 오십 세까지 레위 지파에 대한 두 번째 인구조사로, 가나안으로 향하는 여정에서 누가 성막을 옮길지 결정된다. 하나님은 30세 이상 50세까지 남자에게만 이 일을 맡기신다(*8:24에 대한 설명을 보라*).

4:4-16 고핫 고핫 자손은 아론과 그 아들들이 성막 기물을 싼 후에야 그것을 옮긴다. 고핫 자손이 성물 가운데 하나라도 만지거나(15절) 보면(20절) 죽을 것이다.

4:21-28 게르손 *3:21-26에 대한 설명을 보라.*

4:29-33 므라리 *3:33-37에 대한 설명을 보라.*

4:34-49 계수하니 고핫 자손이 2,750명(36절), 게르손 자손이 2,630명(40절), 므라리 자손이 3,200명(44절)이다. 레위 지파 가운데 30세 이상 50세까지 성막에서 섬길 수 있는 사람이 모두 8,580명(48절)이었다.

5:1-4 겉으로 드러난 보이는 흠을 다룬다.

5:2 나병 환자 전염성 피부병을 앓는 사람이다(참고. 레 13:1-14:57). **유출증** 몸에서 나는 분비물에 의한 질병으로, 일차적으로는 성병을 암시한다(참고. 레 15:1-33). **주검** 시체와의 신체적 접촉을 말한다(참고. 레 21:11). 이 모든 금지는 건강에 분명 유익할 뿐 아니라 하나님께 나아갈 때는 도덕적으로 정결해야 한다는 것을 보여준다.

5:3 다 진영 밖으로 내보내어…내가 그 진영 가운데에 거하느니라 하나님이 성막에서 구름 가운데 거룩하게 임재하시므로 이스라엘 진영은 정결해야 한다. 따라서 부정한 것은 모두 진영 밖으로 내보내야 한다.

5:5-10 개인의 죄를 다루는데, 1-4절에 나오는 부정처럼 겉으로 보이는 것은 아니다.

5:6 여호와께 거역함으로 하나님의 백성에게 지은 죄는 하나님께 지은 죄로 여긴다. 속건제를 드려야 할 뿐 아니라 죄를 고백하고 배상해야 한다(참고. 레 5:14-6:7).

5:8 친척이 없으면 레위기 6:1-7에 대한 보충이다. 부상자가 죽었는데 7절이 말하는 배상받을 가족이 없는 경우 하나님의 대리자인 제사장에게 배상해야 한다.

5:11-31 가장 친밀한 인간관계와 가장 은밀한 죄를 다룬다. 간음은 진영을 정결하게 유지하기 위해 밝혀내고 처리해야 한다. 정결을 위해 하나님은 공개 재판을 요구하신다. 또한 간음이 입증되면 죽음으로 다스려야 한다. 이 의식은 유죄 또는 무죄를 아주 분명하게 밝혀준다. 이런 죄는 은밀하고 증인도 없어 통상적인 절차를 거치는 재판이 아니지만 효과가 있었다. 이 의식은 깊이 두려움을 느끼고 자각하도록 해서 피고가 유죄라면 인간 본능의 성향이 유죄를 분명히 드러내도록 하는 데 목적이 있었다.

5:14 의심 아내가 다른 남자와 관계해 스스로를 더럽혔다고 남편이 의심하게 되는 경우를 말한다. 이런 경우 의심이 맞는지 틀리는지를 밝혀내야 한다.

5:15 죄악을 기억나게 하는 기억의 소제라 남편이 소제를 드리는 목적은 (그런 죄가 있었다면) 은밀한 죄를 밝혀내는 것이다. 이 절차가 어떻게 진행되는지는 18, 25-26절에서 설명된다.

5:18 여인을 여호와 앞에 세우고 여인을 성막의 제사장에게 데려간다. 성막에서 여인은 자신의 유죄 또는 무죄를 아시는 하나님 앞에 있게 된다. **그의 머리를 풀게 하고** 레위기 10:6; 13:45; 21:10에서 머리를 푼다는 말은 애도를 상징한다. 이것은 여인이 유죄로 입증될 경우 심판과 뒤이은 애도를 상징하는 것으로 보인다. **쓴 물** 이 물에는 성막 바닥의 티끌(17절), 저주문을 쓰는 데 사용한 잉크가 들어간다(23절). 여인은 이 물을 마셔야 한다(26절). 유죄라면 이 물이 저주를 일으켜 넓적다리를 썩게 하고 배를 부풀어 오르게 해서 여인의 삶을 힘겹게 만들 것이다. 이처럼 공개적이고 무서운 시험은 양심을 아주 강하게 공격하므로 유죄 또는 무죄를 드러나게 할 수 있다.

5:28 임신하리라 유죄한 아내에 대한 형벌은 분명한데, 부정한 아내는 죽여야 한다. 반대로 무죄한 아내는 살아남아 자녀를 낳게 될 것이다.

6:1-21 5:1-31이 부정한 것과 죄악된 것을 제거해 진영을 깨끗이 하는 일을 다룬 반면 6:1-21은 여호와께 성별하는 일이 모든 이스라엘에게 어떻게 가능한지를 보여준다. 아론 집안만 제사장이 될 수 있지만, 어느 남자나 여자라도 나실인 서원을 통해 일시적으로(한 달에서 평생까지) '제사장적'(priestly)일 수 있다(하나님을 섬기는 데 헌신할 수 있음). 일반적으로 하나님께 헌신하고 그분을 섬기는 일에 자신을 바치는 사람이 나실인 서원을 한다.

6:2 나실인의 서원 여기서 단어 *서원은 경이*(wonder)라는 단어와 연결되며, 일반적이지 않은 것을 상징한다. *나실인*(Nazirite)은 '구분해서 바침'을 뜻하는 히브리어 단어의 음역이다. 나실인은 포도의 산물을 먹지 않고(3, 4절), 머리를 자르지 않으며(6:5), 시체를 만지지 않음으로써(6, 7절) 자신을 구분해 여호와께 드린다. 대제사장도 성막에서 섬길 때 포도주를 먹지 말아야 하고(레 10:9), 시체를 만지지 말아야 한다(레 21:1). 더 나아가 대제사장의 관(출 29:6; 39:30; 레 8:9)과 나실인의 머리(9, 18절)는 히브리어로 같은 단어다. 나실인의 머리는 대제사장의 관과 같다. 대제사장처럼 나실인도 서원한 모든 날 동안(4, 5, 6, 8절) 여호와께 거룩해야 한다(8절. 참고. 출 28:36).

6:9 갑자기…죽어서 나실인이 무심코 시체와 접촉했다면 머리를 밀고 여덟째 날에 규정된 제물을 드리고 서원을 다시 시작해야 한다. 죄가 가장 좋은 의도와 섞일 수도 있으며, 늘 예견되지는 않는다는 사실을 보여주는 좋은 예다. 죄가 가장 거룩한 행위들과 섞이면 새롭게 씻어내야 한다.

6:13 차면 정한 기간이 끝나면 나실인은 제물을 드리고 머리를 밀어 서원에서 풀려난다(참고. 행 18:18).

6:22-27 순종하는 이스라엘은 여호와 앞에서 조직화되고 여호와께 성별된 이스라엘은 제사장들이 선언한 하나님의 복(즉 하나님의 호의)을 받는 수혜자가 된다.

6:24 복을 주시고 여호와의 복은 그분의 백성을 비추고(25절) 이들을 보시는 그분의 얼굴(즉 그분의 임재)로 표현된다(26절). 하나님은 이스라엘을 은혜로 비추고 그들을 영원히 지켜보신다. **지키시기를** 하나님은 이스라엘에게 복을 주어 그들을 보존하고("지키시기를") 이스라엘에게 인자를 베풀며("은혜 베푸시기를", 25절) 이스라엘에게 완전한 안녕을 주신다("평강", 26절).

6:27 내 이름으로…축복할지니 여호와의 이름은 그분의 인격과 성품을 상징한다. 제사장들은 하나님이 그분의 백성 가운데 거하면서 이들의 모든 필요를 채워주시기를 구해야 한다.

2. 이스라엘이 성막을 향하다(7:1-10:36)

7:1-10:36 민수기 7-10장은 하나님이 어떻게 성막에서 모세에게 말씀하시고(7:89), 어떻게 이스라엘을 인도하시는지 보여준다(9:22; 10:11, 12). 이스라엘이 제대로 하나님을 향하고 그분의 말씀에 순종할 때 하나님은 이들이 대적들을 이기게 하신다(10:35).

7:1-89 이스라엘은 성막을 지을 때처럼(출 35:4-29) 봉헌할 때도 인색하지 않게 참여한다.

7:1 장막 세우기를 끝내고 출애굽기 40:17에 따르면 성막은 출애굽 제2년 1월 1일에 세워졌다. 따라서 성막은 출애굽한 지 11개월 반 후에 세워진 것이다.

7:2 이스라엘 지휘관들 열두 지파의 지휘관은 1:5-15에 이름이 나오는데, 그들은 인구조사를 감독했던 사람들이다. 이들이 성막에 헌물을 바치는 순서는 2:3-32에 나오는 행진 순서와 같다.

7:6 수레와 소 이것들은 성막을 옮기는 데 사용된다. 9절에 따르면 고핫 자손에게는 수레를 주지 않는데, 이들은 성막의 기물을 어깨에 메고 옮겨야 하기 때문이다.

7:12 첫째 날에 1월 1일을 말한다. 지휘관들은 하루 한 사람씩 12일간 연이어 성막에 헌물을 바친다.

7:84-88 지휘관들 모두 성막에 똑같은 헌물을 바친다. 전체 헌물의 총계가 제시된다.

7:89 여호와께서 그에게 말씀하심이었더라 성막이 완

성되자 하나님은 지성소의 속죄소에서 모세에게 말씀을 주신다(레 1:1; 민 1:1을 보라).

8:1-4 출애굽기 25:32-40은 금 등잔대를 어떻게 만드는지 설명하고, 출애굽기 37:17-24은 금 등잔대를 완성했다고 말한다.

8:5-26 이 의식은 여호와를 섬기도록 레위 지파를 구별한다. 레위 지파를 구별하는 의식은 전체 성막 봉헌식에서 중요한 부분을 차지한다.

8:6 정결하게 하라 제사장들이 거룩하게 성별되었던 것(출 29:1, 9)과 대조적으로 레위인들을 정결하게 했다. 7절에 따르면 레위인들을 정결하게 하기 위해 먼저 레위인들을 씻은 후 그들에게 물을 뿌리며 마지막으로 이들의 옷을 빤다. 레위인들은 이런 정결 의식을 통해 깨끗해졌기 때문에 성막의 성물을 만질 수 있다. 레위기 14:8, 9에서 나병환자를 정결하게 할 때도 비슷한 과정을 거친다.

8:9 온 회중 레위인이 장자, 곧 이스라엘 중에서 가족 제사장 역할을 하는 자들을 대신하기 때문에(16-18절을 보라), 이스라엘의 온 회중은 레위인에게 안수해 자신들과 레위인이 하나임을 보여준다.

8:19 레위인을…아론과 그의 아들들에게 주어 하나님은 제사장들을 돕도록 레위인을 주셨다. **재앙이 없게 하려 하였음이니라** *1:53에 대한 설명을 보라.*

8:24 이십오 세 레위인은 25세부터 제사장들을 도와야 한다. 그러나 4:3은 레위인이 30세부터 제사장들을 도와야 한다고 말한다. 어느 랍비는 레위인이 5년간 견습생으로 섬겨야 한다고 했다. 두 장이 서로 다른 일을 말한다고 보는 게 더 낫다. 민수기 4장은 성막을 옮기는 일을 말하는데, 여기서는 이들이 성막에서 섬기는 일을 말한다. 레위인은 25세에 성막에서 섬기기 시작하고 30세에 성막을 옮긴다. 두 가지 경우 모두 레위인은 50세까지 섬긴다. 나중에 다윗은 이런 섬김을 시작하는 나이를 20세로 낮춘다(대상 23:24, 27을 보라. 참고. 스 3:8).

9:1-14 하나님이 유월절을 지키라고 명하시자 부정해서 이 명령에 순종하지 못하는 자들이 어떻게 해야 하느냐고 묻는다. 이 물음에 하나님의 요구 조건이 확대된다. 이것은 두 번째 유월절이다.

9:1 첫째 달에 이 단락에 기록된 사건들은 1장에 기록된 인구조사 이전, 즉 7장에 기록된 성막 봉헌식 이후에 일어났다.

9:3 해 질 때에 하루가 끝나고 또 하루가 시작되는 시점이다. 출애굽기 12:6을 보라.

9:6 부정하게 되어서 이들은 시체와 접촉했기 때문에 의식적으로 부정하게 되었다. *5:2에 대한 설명을 보라.*

9:10 후손 중에…지키되 하나님 말씀은 현재 상황뿐 아니라 이스라엘에게 계속 적용되어야 하는 규례다. 어떤 사람이 부정하거나 먼 곳에 있어 유월절을 지킬 수 없다면, 둘째 달 14일에 유월절을 지킬 수 있다.

9:12 이 본문은 요한복음 19:36에서 암시된다.

9:13 끊어지리니 이스라엘 가운데 누구든지 부정하지도 않고 멀리 떠나 있지도 않으면서 정한 때에 유월절을 지키지 않으면 '끊어질' 것인데, 이는 그를 죽여야 한다는 뜻이다.

9:14 율례는 동일할 것이니라 비이스라엘 사람이 유월절을 지키려면 할례를 받아야 한다.

9:15-23 출애굽기 40:34-38을 보라. 구름은 하나님의 임재를 나타내는 가시적 상징으로, 계속 성막 위에 있다. 구름이 움직이면 이스라엘이 이동해야 한다는 신호다.

9:15 성막을 세운 날에 출애굽 제2년 1월 1일에 성막을 완성했을 때 하나님이 성막에 임재하셨다.

9:16 구름…불 낮에는 구름으로 나타나는 하나님의 임재가 밤에는 불로 나타난다(참고. 레 16:2).

9:23 명령을 따라…명령을 따라 본문은 이스라엘이 이 시점에서 하나님께 순종했다는 것을 강조한다. 이스라엘은 광야를 방황하는 내내 구름이 인도하는 대로만 움직일 수 있다. 구름이 움직이지 않을 때는 그 자리에 진을 치고 지낸다.

10:1-10 이스라엘은 모세가 만든 두 은나팔 소리를 듣고 움직였다. 모이라는 신호와 행진하라는 신호를 나팔 소리로 전달했다.

10:2 나팔 유대 전통에 따르면 나팔 길이는 30-50센티미터였고 끝 부분이 넓었다. 두들겨 만들어 속죄소를 덮는 그룹들도 같은 방식으로 만들어졌다. 출애굽기 25:18; 37:7을 보라.

10:3, 4 나팔 두 개를 불 때에는…하나만 불 때에는 나팔의 첫 번째 역할은 백성을 성막에 모으는 것이다. 나팔을 둘 다 불면 성인 남자는 모두 모여야 한다. 나팔을 하나만 불면 지휘관들이 모여야 한다.

10:5 행진할 것이며 나팔의 두 번째 목적은 지파들이 행진을 시작하도록 신호하는 것이다. 성막에 모이라는 나팔 소리와 행진을 시작하라는 나팔 소리가 정확히 어떻게 달랐는지는 알 수 없다. 유대 전승에 따르면 모이라고 할 때는 나팔을 길게 한 번 불었고 행진하라고 할 때는 나팔을 짧게 세 번 불었다고 한다.

10:8 영원한 율례니라 나팔 소리는 이스라엘에서 예배나 전쟁을 알리는 영원한 율례가 되어야 했다.

10:11-36 이스라엘은 마침내 질서 있게 순종하면서

하나님이 모세를 통해 주신 명령대로 시내 광야를 떠난다.

10:11 해…달…날에 애굽을 떠난 지 겨우 13개월 후, 시내 광야에 도착한 지 11개월이 지난 뒤에야 이스라엘은 가나안을 향해 행진하기 시작한다.

10:12 바란 광야 13:26에 따르면 가데스는 바란 광야에 있었는데, 북쪽 경계에 위치했을 것이다. 이 절은 하나님이 이스라엘을 시내 광야에서 가데스로 인도하신 것을 간략하게 말해준다.

10:14-28 여기서 이스라엘의 행진 순서는 2:1-34에 나오는 자세한 설명과 정확하게 일치한다.

10:14 군기 *2:2에 대한 설명을 보라.* **나손** 민수기에서 네 번째이자 마지막으로 이스라엘 1세대의 열두 지휘관이 언급된다(1; 2; 7장을 보라). 창세기 49:8-12에 따르면 유다 지파는 다스리는 지파로서 높은 위치를 부여받았다.

10:29 르우엘 르우엘은 모세의 장인이다(출 2:18). **호밥** 호밥은 르우엘의 아들이며, 모세와는 처남-매부 사이였다. **우리와 동행하자** 모세는 이스라엘을 이끌고 광야를 통과하는 일에서 호밥에게 도움을 요청했다. 그러면서 호밥에게 자신들과 함께하면 약속의 땅에서 한 몫을 기업으로 주겠다고 약속했다. 민수기 본문은 호밥이 모세의 요청에 응했는지의 여부를 분명하게 말하고 있지 않다. 그러나 사사기 1:16은 호밥이 모세의 요청에 응했다는 것을 암시한다. 나중에 호밥은 유다와 함께 가나안 정복에 동참하며 약속의 땅에 거주하는 복을 받는다.

10:33 삼 일 길 이스라엘은 시내 광야를 떠나 사흘을 이동한 후에야 하룻밤 넘게 진을 친다.

10:35, 36 이스라엘이 이동하고 진을 칠 때 모세는 하나님이 이스라엘에게 승리를 주시고, 이스라엘 가운데 임재하시길 기도한다.

B. 이스라엘이 여호와께 불순종하다 (11:1-25:18)

11:1-25:18 민수기 1-10장과는 대조적으로 11:1에서 중요한 변화가 일어났다. 순종하던 이스라엘이 불평하고(11:1; 14:2, 27, 29, 36; 16:1-3, 41; 17:5) 거역하는 이스라엘이 된 것이다(14:9; 17:10). 결국에는 모세와 아론까지 하나님께 거역한다(20:10, 24). 하나님은 이스라엘의 불순종에 진노하시고(11:1, 10, 33; 12:9; 14:18; 25:3, 4), 바로와 애굽인에게 하셨듯이(출 9:14; 12:13; 30:12) 자신의 백성에게 재앙을 내리신다(14:37; 16:46, 47, 48, 49, 50; 25:8, 9, 18). 그러나 하나님은 이스라엘 1세대를 심판하시더라도 아브라함에게 하신 약속을 지키실 것이다(23:5-24:24).

1. 이스라엘이 여정 중에 불평하다(11:1-12:16)

11:1-12:16 백성과 지휘관들이 시내 광야에서 가데스로 이동하던 도중 불평을 하기 시작한다.

11:1 여호와께서 들으시고 이들의 불평은 겉으로 드러났고 시끄러웠다. **진영 끝을** 하나님은 은혜를 베풀어 이스라엘 진영 가장자리에 있는 자들에게만 불이 내리게 하셨다.

11:4 섞여 사는 다른 인종들 이 용어는 구약성경에서 이곳에만 나온다. 그러나 출애굽기 12:38에서 "수많은 잡족"이라는 표현이 나온다. 여기서 "섞여 사는 다른 인종들"은 이스라엘과 함께 애굽을 떠나온 비이스라엘 사람을 말한다. **고기** 광야에서 일 년 넘게 만나를 먹더니 섞여 사는 다른 인종들이 애굽의 매운 음식을 먹고 싶어 한다.

11:7 만나 출애굽기 16:14을 보라. **진주** 색깔보다 모양을 가리킨다. 다시 말해 만나는 빛깔이 엷은 수지 모양이었다.

11:13, 14 모세는 하나님께 백성이 요구하는 것을 줄 능력이 자신에게 없다고 고백한다. 모세는 백성의 불평에 크게 낙담하고 큰 부담감을 이겨내지 못해 하나님의 손에 죽기를 바란다.

11:16-30 모세가 백성을 이끌며 느끼는 절망에 답해 하나님은 그를 도울 사람 70명을 주신다.

11:16 칠십 명 모세를 돕는 이들은 출애굽기 18:21-26에 나오는 70명과 동일 인물로 보인다.

11:17 영 하나님의 영을 말한다. 성령을 통해 모세는 이스라엘을 인도할 수 있었다. 25절에서 하나님은 모세에게 하신 말씀대로 70명에게도 같은 영을 주셨다.

11:21 육십만 명 모세는 1:46; 2:32에 나오는 60만 3,550명을 어림수로 말한 것이다.

11:23 여호와의 손이 짧으냐 여호와께서는 자신이 말한 대로 하실 수 있으며, 이스라엘 장정 60만 명과 그 가족들에게 한 달간 고기를 주실 수 있다는 비유적 표현이다.

11:25 예언을 하다가 여기서 예언은 사전에 훈련받지 않은 채 하나님을 찬양하는 것 그리고 이와 비슷한 예배의 표현을 말한다. 본문을 보면 이것이 일회적 사건이었던 게 분명하다.

11:29 여호와께서 그의 영을 그의 모든 백성에게 주사 모세는 하나님의 모든 백성이 각자의 마음속에 그분의 영을 갖게 될 날을 바라며 고대한다. 이로써 모세는 새

언약을 내다본다. 에스겔 36:22-27; 예레미야 3:31 이하; 요엘 2:28을 보라.

11:31 하룻길 하나님이 바람을 이용해 큰 메추라기 떼를 보내 진영에서 하룻길 되는 곳을 완전히 뒤덮게 하셨다. **지면 위 두 규빗쯤에 내리게 한지라** 메추라기 떼가 지면에서 약 90센티미터 높이로 날았으므로 손으로 잡거나 몽둥이로 쳐서 쉽게 떨어뜨릴 수 있었다.

11:32 열 호멜 약 2,200리터다.

12:1-16 모세의 형과 누나가 지도자 모세에게 맞서는데, 조금 전에 장로들이 예언한 것이 계기가 되었다. 이스라엘에게 하나님의 대언자 역할을 하는 모세의 위치에 의문을 제기한 것이다.

12:1 구스 여자 애굽(애굽) 남쪽에 자리한 에티오피아에는 함의 장자인 구스의 후손들이 거주했다(창 10:6, 7). 여기서 *구스 여자*는 모세의 첫 아내 십보라를 가리킬 수도 있지만, 그보다는 십보라가 죽은 뒤 모세가 재혼했을 가능성이 더 높다. 최근에 모세는 구스 여인을 아내로 맞았고, 이것을 구실로 미리암과 아론이 그를 공격한다. 미리암이 먼저 언급된 것으로 볼 때 미리암이 모세를 공격하는 데 앞장섰을 것이다.

12:2 여호와께서 모세와만 말씀하셨느냐 미리암과 아론은 하나님이 모세에게 말씀하셨듯이 자신들에게도 같은 방식으로 말씀하셨다고 단언한다.

12:3 온유함이 지면의 모든 사람보다 더하더라 이 말은 모세가 민수기를 쓰지 않았다는 증거로 자주 인용되는데, 모세가 자신의 겸손(온유함)을 자랑하지 않았으리라는 게 그 이유다. 그러나 성령께서 모세를 감동시켜 자신에 대해, 자신의 타고난 성향을 거슬러 정확히 말하도록 하신 게 분명하다. 이 문맥에서 모세는 자신이 미리암과 아론에게 공격받을 만한 행동을 하지 않았다고 단언한다. *16:15에 대한 설명을 보라.*

12:5 여호와께서…강림하사 창세기 11:5에서처럼 이 구절은 하나님이 땅 위의 상황을 알고 다루신다고 말한다. 여호와께서는 여기서 내려오시고 10절에서 떠나신다. 이것은 모세가 받는 공격에 대한 하나님의 답변이었다.

12:7 내 종 모세 8절에도 같은 표현이 나온다. 구약성경에서 여호와의 종은 여호와의 말씀에 순종해 믿음으로 반응하는 사람이다. **그는 내 온 집에 충성함이라** 모세가 하나님과 이스라엘 사이에서 언약의 중재자 역할을 충실히 수행했다는 뜻이다.

12:8 대면하여 하나님은 모세에게는 매개자 없이 직접 말씀하셨다. 또한 환상이나 꿈을 통해 말씀하지 않고 분명하게 말씀하셨다. 모세는 하나님의 영광을 다 보지는 않았으나(참고. 요 1:18) 하나님을 가장 분명하고 친밀하게 만났다(참고. 신 34:10). **여호와의 형상** 모세가 보는 특권을 누린 여호와의 모양이나 표상이다. 출애굽기 33:23을 보라.

12:10 나병 하나님은 모세에게 대적한 미리암을 나병으로 치셨다. 나병환자를 다루는 규정에 대해서는 레위기 13, 14장을 보라. 하나님은 공적인 죄에는 공개적으로 대응하신다.

12:16 바란 광야 *10:12에 대한 설명을 보라.*

2. 이스라엘이 거역하다(13:1-19:22)

13:1-14:45 13, 14장은 이스라엘이 가데스에서 겪은 실패를 기록한다. 이스라엘은 하나님을 믿지 못해(14:11) 약속의 땅을 얻지 못하고 있다. 믿음이 없어 하나님을 대놓고 거역한다(14:9). 신약성경은 이때를 배교의 예로 제시한다(참고. 고전 10:5; 히 3:16-19).

13:1 여호와께서 모세에게 말씀하여 이르시되 신명기 1:22, 23에 따르면 모세가 백성에게 가나안 땅을 취하라고 촉구한 뒤 백성이 정탐꾼을 보내자고 먼저 요청한다. 여기서 하나님은 백성의 요청을 받아들여 모세에게 정탐꾼을 보내라고 명하신다.

13:2 가나안 땅을 정탐하게 하되 정탐꾼들은 하나님이 이스라엘에게 약속하신 땅을 탐지하라는 구체적인 명령을 받는다. 이로 말미암아 모세는 가나안 정복을 위한 귀중한 정보를 얻게 된다.

13:3 이스라엘 자손의 수령 된 사람이라 민수기 1; 2; 7; 10장에 나오는 지도자들과는 다른 사람들이다. 추측건대 앞서 네 장에서 나오는 지파 지도자들은 구세대였을 것이다. 정탐 작전에는 신세대, 갈렙과 여호수아의

단어 연구

장로(Elders): 11:16, 24, 25, 30; 16:25; 22:4, 7. '연로한' 또는 '늙은'이라는 뜻을 가진다. 구약성경에서 이 단어는 늙고 약한 사람을 가리키거나(창 44:20; 욥 42:17) 이스라엘 공동체 내에서 권위를 가진 성숙한 사람을 가리킨다(출 3:16; 수 8:33). 장로들은 사사(출 18:12), 책사(겔 7:26), 다스리는 관리(신 19:12; 룻 4:2)로 섬길 수 있었다. 장로는 아주 영광스러운 자리였다(잠 31:23; 사 9:15). 나이 외에(히브리 전통에 따르면 장로는 나이가 적어도 50세는 되어야 했음) 장로는 하나님을 경외하고 믿을 만하며 탐욕을 부리지 않음으로써 자신의 성숙을 보여주어야 했다(출 18:21).

나이에 비춰볼 때 40세쯤 되는 사람이 필요했을 것이다.

13:16 호세아를 여호수아라 불렀더라 분명하지 않은 이유에서 모세는 '구원에 대한 갈망'을 뜻하는 호세아라는 이름을 '여호와는 구원이다'라는 뜻의 여호수아로 바꾼다.

13:17-20 정탐꾼들은 땅이 어떤지 살펴봐야 할 뿐 아니라 그 땅 주민들의 장단점도 살펴야 했다.

13:20 그 때는 포도가 처음 익을 즈음이었더라 한여름(7월 중순에서 말까지)이었다.

13:21 신 광야에서부터 하맛 어귀 르홉에 이르렀고 가나안 남쪽 끝과 북쪽 끝 경계다.

13:22 헤브론 정탐꾼들이 가나안에 들어가 가장 먼저 맞닥뜨린 큰 도시다. 아브람은 앞서 이곳에서 여호와께 제단을 쌓았고(참고. 창 13:18), 아브라함과 이삭은 이곳에 묻혔다(창 49:31). 헤브론은 주전 1730년경 애굽의 소안이 건설되기 7년 전에 요새화되었고, 나중에 갈렙의 기업이 되며(수 14;13-15), 그 후 다윗이 유다를 다스릴 때 수도가 된다(삼하 2:1-4). **아낙 자손** 참고. 28절. 아낙은 헤브론에 살고 있던 아히만, 세새, 달매의 조상일 것이다. 이들은 키가 크기로 유명했다(신 2:21; 9:2).

13:23 에스골 골짜기 에스골은 '송이'(cluster)라는 뜻이다.

13:28 그 땅 거주민은 강하고 정탐꾼들은 그 땅이 비옥하긴 하지만 주민들이 너무 강해 정복할 수 없을 거라고 보고했다.

13:30 갈렙이…백성을 조용하게 하고 동사 *조용하게 하다*는 일반적으로 "쉿!"이라는 감탄사로 사용된다. 정탐꾼들의 보고에 백성이 소리 내어 반응했음을 암시한다. 갈렙은 나머지 정탐꾼의 보고에 동의하지만 하나님이 도우시면 강한 자들을 이길 수 있음을 알기에 백성에게 올라가 그 땅을 취하자고 말한다.

13:32 악평하여 이르되 열 정탐꾼의 보고가 악한 이유는 그 땅의 거민들이 위험한 존재라는 사실을 과장하고 이스라엘 백성에게 두려움을 조장하고 심어주었기 때문이며, 무엇보다 하나님과 그분의 약속에 대한 불신을 드러냈기 때문이다.

13:33 거인들 이 단어는 창세기 6:4에서 홍수 이전 땅에 살았던 강한 자들을 가리키는 데 사용되었다. 아낙의 후손들을 과장해 거인에 비유하는데, 정탐꾼들은 이들 앞에서 자신을 메뚜기로 표현한다.

14:1 온 회중이…통곡하였더라 모든 이스라엘이 이 상황을 비통해한다.

14:2 원망하며 '중얼대다'라는 뜻이다. 구체적으로 이들은 자신들이 애굽이나 광야에서 죽었길 바란다.

14:4 한 지휘관을 세우고 애굽으로 돌아가자 믿음 없는 백성은 하나님이 세우신 지도자 모세를 배격할 조짐을 보인다.

14:6 자기들의 옷을 찢고 비탄의 표시다(창 37:29을 보라).

14:7-9 여호수아와 갈렙은 그 땅이 심히 아름답다는 자신들의 평가와 하나님이 그 땅과 그 땅의 거민을 자신들의 손에 붙이시리라는 확신을 재확인시켜 준다.

14:10 여호와의 영광이…나타나시니라 백성이 여호수아와 갈렙의 도전을 거칠게 배격한 데 답해 하나님이 나타나신다.

14:11 나를 멸시하겠느냐…나를 믿지 않겠느냐 하나님이 이스라엘 가운데서 행하신 여러 이적에도 불구하고 이스라엘은 하나님을 신뢰하길 거부하고 가나안 땅을 자신들에게 주실 하나님의 능력을 신뢰하지 못하고 있다.

14:12 내가…네게…나라를 이루게 하리라 출애굽기 32:9, 10에서처럼 하나님은 이스라엘을 쓸어버리고 모세의 '아들'과 다시 시작하겠다고 위협하신다. 이 위협은 정당한 것으로, 하나님이 자기 백성의 거역을 얼마나 심각하게 여기시는지를 보여준다.

14:13-19 출애굽기 32:11-13에서처럼 모세는 하나님이 이스라엘을 완전히 구해낼 힘이 없다며 그분의 능력을 부정했던 애굽인들 사이에 널리 퍼진 그분의 명성을 지키려고 이스라엘을 위해 간구한다. 그리고 하나님의 신실한 사랑은 하나님이 그분의 백성을 용서하실 수 있는 근간임을 말한다.

14:22 열 번 문자적으로 다음 열 가지 사건을 포함한다. 출애굽기 14:10-12, 출애굽기 15:22-24; 출애굽기 16:1-3, 출애굽기 16:19, 20, 출애굽기 16:27-30, 출애굽기 17:1-4, 출애굽기 32:1-35, 민수기 11:1-3, 민수기 11:4-34, 민수기 14:3.

14:24 내 종 갈렙 갈렙은 하나님을 경외하고 신뢰하는 사람으로 인정받았다. 하나님은 나중에 그의 믿음에 보상하신다(참고. 수 14장).

14:25 돌이켜 홍해 길을 따라 광야로 들어갈지니라 이스라엘이 가나안 입성을 거부했기 때문에 하나님은 이들에게 계속 북진하는 대신 아카바만을 향해 남쪽으로 이동하라고 명하신다.

14:26-35 하나님은 이스라엘의 바람대로 해주신다. 다시 말해 이스라엘은 광야에서 죽는 심판을 받는다(29, 35절. 참고. 2절). 그러나 희생자가 되리라고 여겼던 이들의 자녀들은(3절) 하나님이 가나안 땅으로 인도해 들이실 것이다(30-32절). 40년이 다하기 전에 하나님을

거역한 세대는 광야에서 죽을 것이다. 40년은 정탐꾼들이 가나안을 정탐한 하루하루를 1년으로 계산해 나온 기간이다.

14:37 재앙으로 죽었고 심판이 반드시 있다는 표시로, 백성의 믿음을 무너뜨린 열 정탐꾼은 재앙으로 죽는다.

14:44 그들이 그래도…올라갔고 타고난 고집으로 이스라엘은 모세의 충고와 하나님의 명령을 무시하고 올라가 산악 지대의 아말렉 족속을 공격한다. 그러나 하나님이 함께하시지 않았기에 이들은 패배한다.

15:1-41 이스라엘이 하나님을 거역해 심판을 받지만, 하나님은 여전히 가나안을 이들에게 주기로 계획하신다. 이 법은 이스라엘의 가나안 입성을 전제로 한다(15:2, 17).

15:1-16 여기 기록된 소제에 대한 규례는 레위기 2장에 나오는 규례와 다르다. 레위기의 소제는 하나님께 바치는 헌물(예물)로 따로 드렸다. 여기서 처음으로 소제와 전제를 번제나 화목제와 함께 드리도록 허용된다.

15:4 고운 가루(에바)…힌 각각 22리터, 3.6리터 정도다.

15:17-21 수확한 첫 열매를 어떻게 드려야 하는지 설명한다. 이스라엘은 가나안 땅에 들어가 그 땅의 산물을 누리기 시작할 때 처음 익은 곡식으로 만든 떡을 드려 하나님을 향한 헌신을 보여야 한다.

15:22 그릇 범죄하여 하나님의 명령 중에 하나라도 자신도 모르게 비고의적 태만이나 불이행으로 범할 때마다 속죄제를 드려야 한다. 27-29절은 비고의적으로 죄를 지은 개인이 드려야 하는 제사를 제시하고 있다.

15:30 고의로 무엇을 범하면 문자적으로는 '멋대로'라는 뜻이다. 알면서도 의도적으로 지은 이런 죄는 하나님께 불복종하는 오만한 행위이기에 신성모독으로 여겨진다. 누구든지 고의로 죄를 범하면 이스라엘에서 쫓겨나고 죽임을 당한다.

15:32-36 대담한 죄의 한 가지 예다. 안식일을 계획적으로 범했다고 판단이 내려지면 당사자를 죽여야 한다.

15:37, 38 술 이 청색 술은 꽃이나 꽃잎 형태였으며,

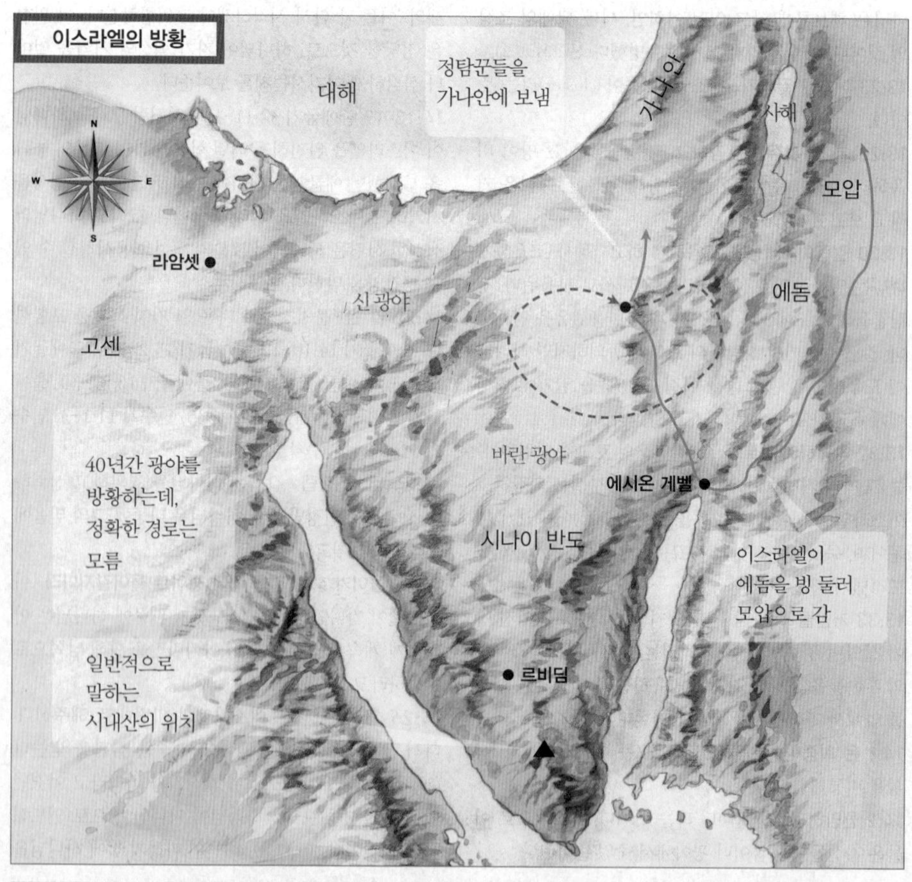

이스라엘이 하나님의 계명을 신뢰하고 그 계명에 순종해야 한다는 것을 일깨우는 표시로 그들의 옷에 달았다.

15:41 여호와 모세가 광야에서 처음 하나님을 만난 순간을 떠올리게 한다(출 3:13-22).

16:1-18:32 16:1-40에서 고라(레위인)는 르우벤 지파 몇 사람, 이스라엘의 몇몇 지도자와 손잡고 아론과 제사장들의 권위에 조직적으로 반기를 들었다. 이들은 모세와 아론에 대적하면서 하나님 앞에서 백성을 대표하는 모세와 아론의 특별한 권리와 책임이 자신들에게도 있다고 주장함으로써 두 사람이 "분수에 지나도다(넘쳤다)"라고 말하는데, "회중이 다 각각 거룩하고 여호와께서도 그들 중에 계시거늘"이라는 약속이 이들이 내세운 근거였다(16:3). 하나님은 이들을 그냥 두시지 않고(16:4-40), 자신이 아론을 선택했음을 재확인해주신다(16:41-17:13). 마지막으로 하나님은 제사장들과 레위인들의 직무, 이들을 부양하는 규정을 다시 말씀하신다(18:1-32). 이 사건들은 이스라엘이 광야를 방황할 때 어딘지 모르는 곳에서, 언제인지 모르는 때에 일어났다.

16:1 고라 고라는 레위 지파로 고핫의 후손이다. 고핫의 아들이기에 이미 성막에서 중요한 직무를 수행하고 있었다(4:1-20을 보라). 그러나 그는 이것에 만족하지 못하고 제사장이 되길 원했다(10절).

16:8 레위 자손들아 다른 레위인들도 고라의 반역에 가담한다.

16:12 다단과 아비람 르우벤 지파의 두 사람이 모세를 멸시하면서 모세가 이스라엘을 애굽에서 이끌어내고는 가나안 땅에 인도해 들이지 못한다고 비난한다. 눈에 보이는 모세의 실패를 빌미로 이들은 모세를 공격하면서 고라와 함께 모세와 아론에게 반기를 든다.

16:15 나는…그들 중의 한 사람도 해하지 아니하였나이다 모세는 자신은 진정으로 섬기는 지도자였다면서 하나님 앞에서 자신의 무죄를 항변한다. 이것으로 민수기 12:3을 모세가 기록했을 수 있다는 것이 확인된다.

16:16-35 하나님은 모세와 아론에게 반기를 든 자들을 죽임으로써 이들을 심판하신다.

16:21 하나님은 모세의 중보에 답해 반역자들만 심판받도록 백성에게 이들의 장막에서 떠나라고 명하신다.

16:22 모든 육체의 생명의 하나님 이 표현은 이곳과 27:16에만 나온다. 모세는 모두의 마음을 아는 전지하신 하나님께 죄를 지은 자들만 심판해달라고 요청한다.

16:30 새 일 땅이 초자연적으로 갈라져 반역자들을 삼켰는데, 이는 하나님이 진노하셨고 모세와 아론이 옳았다는 표시다.

16:32 그들의 집 민수기 26:11은 여기에 이들의 자녀들이 포함되지 않았다고 말한다.

16:36-40 이스라엘 지도자 250명이 불을 피운 향로를 여호와 앞에 가져온다(16:17, 18). 향로는 성막에서 사용되던 것으로 여호와께 드리자 거룩하게 되었다. 엘르아살은 금속 향로를 쳐서 제단을 싸라는 명령을 받는다. 이 제단 싸개는 하나님이 아론과 그 후손을 제사장으로 선택하셨다는 것을 상기시키는 영원한 표징이 된다.

16:41-50 하나님의 진노에도 백성은 회개하기는커녕 도리어 불평을 늘어놓는다. 이스라엘은 하나님이 죽이신 사람들에 대한 책임을 모세와 아론에게 돌리지만, 하나님께 거역한 온 이스라엘을 죽음에서 건진 것은 모세와 아론의 중보였다.

16:46 향 향은 기도를 상징한다. 아론이 중보기도를 하자 재앙이 멈춘다(48절).

16:49 만 사천칠백 명이었더라 고린도전서 10:10을 보라.

17:2 지팡이 열둘 열두 나무 지팡이에 각 지파의 이름을 써야 하는데, 레위 지파의 경우 아론의 이름으로 대체한다.

17:4 증거궤 앞에 두라 증거궤는 두 돌판에 새긴 십계명이 들어 있는 언약궤를 말한다.

17:8 아론의 지팡이 하나님은 자신이 선택한 사람의 지팡이에 싹이 나리라고 말씀하신다(17:5). 아론의 지팡이에서 싹이 났을 뿐 아니라 꽃이 피고 살구 열매가 열렸다. 따라서 하나님은 시험 조건을 초과하여 충족시키셨고, 이로써 아론이 대제사장으로 선택되었다는 사실이 확실해졌다.

17:10 표징 거역하는 이스라엘이 다시는 중얼대지 못하도록 싹이 나고 열매까지 열린 아론의 지팡이를 하나님의 선택을 보여주는 표시로 보관해야 했다.

17:12 우리가 죽게 되었나이다 마침내 백성은 아론의 역할에 도전한 자신들의 죄를 깨닫는다.

17:13 가까이 나아가는 백성은 하나님께 가까이 나아가길 두려워하고, 이로써 18장에서 아론과 그 아들들의 제사장 직분이 재확인된다.

18:1-7 오직 아론과 그 가족만 하나님의 성소에서 거룩한 기물을 다룰 수 있다.

18:1 여호와께서 아론에게 이르시되 민수기 18:1-25과 레위기 10:8에서만 하나님은 아론에게 일대일로 직접 말씀하신다. **죄를 함께 담당할 것이니라** 이 순간부터 아론과 그의 아들들이 성막의 거룩을 조금이라도 해하거나 제사장의 규범을 조금이라도 어기는 것에 책임을 질 것이다.

18:7 내가 제사장의 직분을 너희에게 선물로 주었은즉

제사장은 힘든 직분이지만, 그렇더라도 제사장들은 자신의 직분을 하나님의 선물로 여겨야 한다.

18:8-20 제사장들은 하나님을 섬기는 대가로 백성이 드리는 제물의 일부를 받는다. 제물 가운데 제단에서 불태우지 않은 모든 것은 제사장의 몫이다. 첫 열매의 헌물과 하나님께 드리는 모든 것도 제사장의 몫이다.

18:19 영원한 소금 언약이니라 소금, 곧 타지 않는 물질은 지속성을 말하는 은유다. 소금의 맛이 지속되듯 하나님이 제사장과 맺은 언약도 지속될 것이다. 하나님은 자기 백성이 드리는 헌물로 제사장들의 필요를 영원히 채우실 것이다.

18:21-24 레위인은 백성에게서 십일조를 받는다. 십일조는 레위인의 수입원이고 이들이 성막에서 봉사하고 받는 보상이다.

18:25-32 레위인은 십일조를 받듯 자신들이 받은 것 가운데 십분의 일(십일조)을 하나님께 드려야 한다.

19:1-22 38년이 넘는 기간에 120만 명이 넘는 사람이 광야에서 하나님의 심판으로 죽었다. 이스라엘은 계속 시체와 접촉했고, 이로써 의식적으로 부정해졌다. 그래서 하나님은 시체와 접촉한 자들이 깨끗해질 수 있도록 정결하게 하는 수단을 주신다.

19:1-10 '정결하게 하는 물'을 준비하는 것과 관련된 규정이다(참고. 레 12-15장).

19:2 붉은 암송아지 붉은 갈색 암소인데, 멍에를 멘 적이 없는 것으로 보아 송아지다. 이 암송아지를 태워 그 재를 정결제로 사용한다(9절을 보라).

19:3 엘르아살 아론의 아들 엘르아살은 붉은 암송아지를 잡는 책임을 맡은 대제사장 대리다. **진영 밖으로** 붉은 암송아지를 이스라엘 진영 밖에서 잡아 불사르고 그 재도 그곳에 보관한다(9절을 보라). 히브리서 13:11-13은 "진영 밖"이라는 이미지를 취해 그리스도가 예루살렘 밖에서 죽은 사실과 연결한다.

19:6 백향목과 우슬초와 홍색 실 붉은 암송아지를 이 셋과 함께 완전히 태우는데, 이 셋은 피부병과 관련된 정결 의식에도 사용된다(레 14:1-9). 이 모두와 붉은 암송아지의 재를 섞어 정결하게 하는 물질을 만든다.

19:11-22 '정결하게 하는 물'의 사용에 대한 전반적 진술(11-13절)이 있고 나서 사용 절차에 대한 자세한 설명이 이어진다.

19:18 정결한 자 제사장뿐 아니라 정결한 자는 누구라도 부정한 자에게 정결하게 하는 물을 뿌릴 수 있다.

20:1-22:1 (미리암과 아론으로 대표되는) 구세대에서 (엘르아살로 대표되는) 신세대로 넘어가는 전환이 시작된다. 지리적으로 이스라엘은 가데스에서(20:1) 모압 평지로 이동하는데(22:1), 이곳에서 가나안 정복이 시작된다. 19:22과 20:1 사이에 37년이란 시간 간격이 있다.

3. 모세와 아론이 거역하다(20:1-29)

20:1-13 이스라엘 자녀들이 하나님을 신뢰하지 못해(14:11) 약속의 땅에 들어가도록 허락받지 못했듯이(14:30), 이스라엘의 지도자 모세와 아론도 하나님을 신뢰하지 못해 그 땅에 들어가지 못했다.

20:1 첫째 달 어느 해인지 말하지 않는다. 그러나 이 장 끝에 아론의 죽음이 나온다. 민수기 33:38에 따르면, 아론은 출애굽 제40년 5월 1일에 죽었다. 따라서 여기서 첫째 달은 출애굽 제40년 1월이 분명하다. 구세대는 대부분 광야에서 죽었다. **가데스** 이스라엘은 가데스에서 시작해 광야를 방황했듯이(13:26), 가데스에서 방황을 끝낸다. 가데스는 바란 광야 북쪽 경계(13:26), 신 광야 남쪽 경계에 위치했다. **미리암이 거기서 죽으매** 미리암은 백성을 이끌고 홍해에서 애굽에 승리하신 하나님을 앞장서서 찬양했으며(출 15:20, 21), 민수기 12:1-15에 나오듯이 앞장서서 모세를 공격하기도 했다. 미리암의 죽음은 구세대가 가나안에 들어가지 못한다는 상징적 역할을 한다.

20:2 물이 없으므로 이스라엘이 광야에서 40년을 지내는 동안 물은 이들에게 육체적으로 가장 필요한 것이었다. 하나님은 호렙에서 시작해 이들에게 계속 물을 주셨다(출 17:1-7). 그런데 물이 떨어지자 백성은 또다시 모세와 다툰다.

20:3 우리 형제들이 여호와 앞에서 죽을 때에 우리도 죽었더라면 백성은 상황이 아주 절망적이라고 생각해 차라리 자신들이 고라의 반란 때 죽은 자들과 함께 죽었어야 한다고 말한다(16:41-50).

20:6 엎드리매 과거에 그랬듯이 모세는 하나님께 지혜를 구한다(14:5; 16:4).

20:8 반석에게 명령하여 하나님은 과거에 모세의 지팡이로 많은 이적을 행하셨는데(출 4:1-5; 7:19-21; 14:16; 17:5, 6) 이제 그 지팡이를 가져가 반석을 향해 물을 내라고 명령하라고 하신다.

20:10 반역한 너희여 모세는 반석에게 말하는 대신 백성에게 말하며, 백성이 하나님께 반역했다며 이들을 몰아세운다. 이런 행동으로 모세는 하나님께 반역하는 백성에 가담한다(27:14을 보라).

20:12 너희가 나를 믿지 아니하고 하나님은 모세가 자신의 말을 그대로 받아들이지 못했고, 따라서 자신을 백성 앞에서 거룩하게 대하지 못했다고 평가하신다. 모세는 이스라엘이 38년 전 가데스에서 실패했던 그대로

실패한다(14:11). **너희는 이 회중을 내가 그들에게 준 땅으로 인도하여 들이지 못하리라** 하나님은 모세가 반석을 친 죄를 심판하시는데, 그가 이스라엘을 이끌고 가나안에 들어가지 못하리라는 것이다. 아론도 여기 포함되는데, 이로 말미암아 아론이 모세와 함께 하나님을 거역했다는 것을 알 수 있다.

20:13 므리바 문자적으로 '언쟁, 다툼'이라는 뜻이다. 같은 단어가 앞서 반석에서 물을 낼 때 사용되었다(출 17:7).

20:14-21 모세는 에돔 영토로 통과하려고 했으나 에돔 왕이 이를 거부했다.

20:14 당신의 형제 이스라엘 에돔 족속은 야곱의 형 에서의 후손이다(창 36:1을 보라).

20:17 왕의 큰길 아카바만에서 북쪽으로 다메섹(다마스쿠스)까지 이어지는 남북 교역로였으며, 에돔 도시인 셀라를 지났다.

20:20 많은 백성을 거느리고 나와서 강한 손으로 막으니 에돔 왕이 군대를 보내 이스라엘을 막았다. 하나님이 이스라엘에게 에돔과 전쟁하지 말라고 하셨기에(신 2:4-6), 이스라엘은 에돔 경계에서 돌아섰다.

20:22-29 엘르아살이 아버지 아론의 뒤를 이어 대제사장이 되었다. 아론의 죽음으로 출애굽 1세대가 끝나고 있음이 더 분명해졌다.

20:22 호르 산 가데스 북동쪽, 에돔 경계에 위치한 어느 산일 것으로 추측된다.

20:24 내 말을 거역한 까닭이니라 아론은 모세와 함께 하나님을 거역했다(12절). 아론의 죽음은 모세의 죽음을 알리는 전조였다.

20:29 삼십 일 동안 애곡하였더라 모세를 위해 애곡한 기간과 같다(신 34:8). 일반적인 애곡 기간은 7일인데(창 50:10), 애곡 기간을 통해 아론이 이스라엘에 얼마나 중요했고 그의 죽음이 이스라엘에 얼마나 큰 손실이었는지를 보여준다.

4. 이스라엘이 여정 중에 다시 불평하다(21:1-22:1)

21:1-3 이스라엘은 예전에 패배했던 호르마에서 가나안 족속에게 첫 승리를 거둔다(14:45을 보라).

21:1 아랏의 왕 그는 남쪽, 즉 네겝의 가나안 도시에서 와서 이스라엘을 공격한다.

21:3 그들과 그들의 성읍을 다 멸하니라 이스라엘은 하나님이 자신들로 아랏을 이기게 하시면 전리품을 하나도 취하지 않고 이들을 모두 멸하겠다고 맹세(서원)했다. 하나님은 이 맹세에 답해 승리를 주셨다.

21:4-9 아랏에 승리한 후 이스라엘은 다시 하나님께 불순종한다.

> **단어 연구**
>
> **서원(Vow):** 6:2, 21; 15:3; 21:2; 30:2, 3, 9, 13. 맹세. 하나님께 하는 서원은 그분이 기뻐하시는 어떤 일을 하거나 그분을 향한 헌신을 보이기 위해 어떤 행위를 삼가겠다는 자발적 약속이다. 구약성경에서 서원을 아주 잘 보여주는 실례로 나실인 서원이 있다(6:1-21). 성경은 신자에게 경솔하게 서원하지 말라고 경고한다. 서원은 하나님, 곧 의롭고 거룩한 재판장 앞에서 하는 것이기 때문이다(전 5:4). 경고하는 이유는 하나님께 하는 서원은 구속력이 있으며, 반드시 지켜야 하기 때문이다.

21:4 홍해 길 참고. 신명기 2:1. 에돔을 경유하는 길이 막혔기에 모세는 이스라엘을 이끌고 남쪽으로 방향을 돌려 에돔을 우회한다. 따라서 이스라엘은 아카바만 해안에 자리한 엘랏으로 향한다. 길고 구불구불한 길에서 이스라엘 백성은 참지 못하고 불만을 터트린다.

21:5 이 하찮은 음식 백성은 참지 못하고 결국 만나를 경멸하는 말을 한다(11:6을 보라).

21:6 불뱀들 이 뱀에 물린 사람들에게서 화끈거리는 염증이 생겼다.

21:9 놋뱀 살고 싶으면 분명한 의지의 행위가 필요한데, 놋뱀을 바라보아야 한다. 이 사건은 요한복음 3;14, 15에서 모형으로 사용된다.

21:10-20 이스라엘은 에돔과 모압을 우회해 아모리 족속의 땅인 아르논 강가에 진을 친다.

21:14 여호와의 전쟁기 승리의 노래들로 구성된 책으로 모세 당시에 있었던 게 분명한데, 모세나 그의 동시대 사람이 썼을 것이다. 아르논강이 모압의 북쪽 경계였다는 증거로 이 책이 제시되기도 한다.

21:16 브엘 문자적으로 '우물'이라는 뜻이다. 여기서 하나님은 이스라엘에게 물을 주신다. 이에 답해 이스라엘은 여호와의 전쟁기에서 인용했을 법한 노래로 하나님을 찬양한다(17, 18절).

21:21-32 이스라엘은 아모리 왕 시혼에게 그의 땅을 지나가게 해달라고 요청한다. 하나님이 에돔 족속과 달리 아모리 족속과 전쟁하지 말라고 말씀하신 적이 없기에 시혼이 군대를 이끌고 나오자 이스라엘은 이들과 싸워 이긴다. 이렇게 해서 이스라엘은 남쪽으로 아르논강, 서쪽으로 사해와 요단강, 북쪽으로 얍복강, 동쪽으로 아모리 족속의 땅이 경계를 이루는 지역을 차지하게 된다.

21:27 시인이 읊어 이르되 현인들, 아마도 아모리 족속 현인들의 말일 것이다. 27-30절은 아모리 족속이 아르논강 북쪽의 모압 족속을 이긴 것을 말한다. 역설적이게도 아모리 족속이 모압 족속한테서 그 땅을 빼앗았듯이 이스라엘이 아모리 족속한테서 그 땅을 빼앗았다. 모세가 이런 시인들의 말을 인용한 목적은 그 땅에 대한 이스라엘의 권리를 뒷받침하고자 하는 데 있다. 하나님의 계명에 따르면 이스라엘은 모압 족속의 땅을 취하지 말아야 하는데, 모압 족속은 롯의 후손이기 때문이다(신 2:9). 그러나 아모리 족속의 땅은 이스라엘에게 약속되었고, 따라서 취하기만 하면 그들의 것이 된다.

21:33-35 얍복강 북쪽 땅은 아모리 족속의 또 다른 왕 옥(Og)이 다스리고 있었다. 옥은 이스라엘을 공격하지만 대패한다. 그래서 남쪽으로 아르논강에서 북쪽으로 바산 고원에 이르기까지 요단강 서쪽의 모든 땅이 이스라엘의 지배하에 들어갔다.

22:1 이스라엘은 요단강 서쪽 지역의 지배를 견고하게 한 뒤 아무런 방해도 받지 않고 모압 평지로 이동해 가나안 공격을 준비한다.

5. 발람이 이스라엘을 축복하다(22:2-24:25)

22:2-24:25 내러티브의 중심이 이교도 선지자 발람으로 옮겨간다. 그의 신탁은 하나님이 아브라함 언약과 이스라엘에게 복을 주려는 그분의 목적에 충실하셨다는 것을 재확인시켜 준다. 2-40절에는 발람의 예언으로 이어지는 사건들이 나온다. 뒤이어 22:41-22:24에는 발람의 예언이 나오고, 24:25에는 결론이 나온다.

22:3 모압이 심히 두려워하였으니 모압 족속은 롯의 후손이다(창 19:36, 37을 보라). 모압 족속의 왕 발락은 이스라엘이 아모리 족속을 어떻게 멸하는지 보았다. 하나님이 이스라엘에게 모압을 공격하지 말라고 하셨다는 것을 모르기 때문에(신 2:9), 발락은 자신과 자신의 백성도 똑같은 운명에 처할까 두려워한다.

22:4 미디안 미디안 족속은 아브라함이 그두라에게서 낳은 미디안의 후손이다(창 25:1-4을 보라). 이들은 모압 지경 남쪽에 살았다. 모압이 자신들도 이스라엘한테 멸망당할 위기에 처했다고 알리자 미디안 장로들은 이스라엘을 치려고 모압과 동맹을 맺는다.

22:5 발람 발람은 유브라데 강가, 아마도 마리 근처에 위치한 브돌 출신으로 마리에서 몇몇 선지자가 발람과 비슷한 행위를 했다는 게 확인되었다. 발람은 마술을 부리고 점을 쳤는데(24:1), 마침내 이스라엘을 배교로 이끈다(31:16). 나중에 성경은 발람을 거짓 선지자로 규정한다(신 23:3-6; 수 13:22; 24:9, 10; 느 13:1-3; 미 6:5; 벧후 2:15, 16; 유 11절; 계 2:14).

22:6 이 백성을 저주하라 발락은 이스라엘이 너무 강해 전쟁으로 이길 수 없다는 걸 알고 발람을 초청해 이스라엘을 저주하게 하려고 한다. 저주란 그 대상에게 불행이 닥치게 한다고 믿는 말이다. 발락은 발람의 명성을 듣고 그가 저주하면 그 저주가 실제로 일어날 거라고 믿은 것이다.

22:8 여호와께서 내게 이르시는 대로 이 단락(22:2-24:45) 전체에서 발람 자신이 '여호와', 곧 이스라엘의 하나님이라는 이름을 사용한다(13, 18, 19절; 23:3, 12; 24:13). 18절에서 발람은 여호와를 "여호와 내 하나님"이라고까지 부른다. 8절에서 발람은 이스라엘의 하나님이 자신에게 말씀하시리라 기대했다고 보아야 한다. 이교도 선지자로서 발람은 어느 민족의 어느 신과도 연결되길 바란다.

22:9 하나님이 발람에게 임하여 이스라엘의 하나님이 실제로 발람에게 말씀하신다. 그러나 하나님은 발람에게 말씀하실 때 언약관계를 나타내는 '여호와'라는 이름 대신 줄곧 "하나님"이라는 이름을 사용하신다(9, 12, 20절). 발람이 '여호와'라는 이름을 사용하지만, 성경 본문은 그가 이스라엘의 하나님과 구원관계에 있지 않음을 분명히 한다.

22:12 그들은 복을 받은 자들이니라 하나님이 이스라엘에게 복을 주기로 결정하셨기에 발람은 이스라엘을 저주하지

「모세와 놋뱀(*Moses and the Brazen Serpent*)」 1640년. 아드리안 반 율란트. 참나무 패널에 유화. 123.2×99cm. 데이턴 미술관. 오하이오.

못한다.

22:20 내가 네게 이르는 말만 준행할지니라 발람은 자신에게 돌아올 재물이 몹시 탐나서 발락에게 가고 싶어 한다. 그래서 하나님이 가지 말라고 하신 후에도 하나님께 간청한다. 하나님은 발람의 요청을 받아들여 가도록 허락하지만, 자신이 주는 참된 말만 하라고 명하신다.

22:22 그가 감으로 하나님은 발람이 가도록 허락하지만(20절) 그의 동기가 옳지 않음을 아신다. 그래서 여호와의 사자가 발람을 가로막는다. 하나님이 발람이 아직 그분의 요구에 복종하지 않았다는 것을 아셨기 때문이다. 하나님은 발람을 막고 20절과 35절에서 되풀이하시는 요구, 곧 발람은 하나님이 원하시는 말만 해야 한다는 것을 재확인하신다. 발람이 이 요구를 받아들였다는 것이 38절에서 분명히 나타난다. **여호와의 사자** 여호와의 사자는 여호와 자신의 현현이다. 여호와의 사자는 여호와와 같다(창 16:7; 18:1, 2; 출 3:1-6). *출애굽기 3:2에 대한 설명을 보라.*

22:28 여호와께서 나귀 입을 여시니 발람의 나귀는 칼을 빼든 여호와의 사자를 볼 수 있었다(23, 25, 27절). 나귀는 위험을 느끼고 천사를 피하려고 하는데, 그 과정에서 나귀가 발람도 살린다. 기적처럼 나귀가 발람과 대화한다.

22:31 여호와께서 발람의 눈을 밝히시매 발람이 발락에게 갈 때 하나님이 발람으로 주변 상황, 특히 보통은 사람의 눈에 보이지 않는 것들을 그대로 보고 그분의 뜻에 복종하게 하신다.

22:41-23:12 발람은 첫 신탁(예언)에서 이스라엘을 저주할 수 없다고 강조해 말한다(23:8). 이스라엘은 세상 어느 민족과도 다르다(23:9). 발람은 이스라엘이 받는 축복에 참여하고 싶다는 생각까지 한다(23:10).

23:5 여호와께서 발람의 입에 말씀을 주시며 발락과 발람이 이교도 제단에서 제사하지만, 발람에게 신탁(예언)을 주시는 분은 하나님이다.

23:7 발람이 예언을 전하여 말하되 발람의 말은 이 표현으로 시작한다(6, 18절 ; 24:3, 20, 21, 23).

23:10 야곱의 티끌을 누가 능히 세며 인구가 매우 많은 민족을 표현하는 동양의 과장법인데, 야곱의 후손이 이렇게 될 것이다(참고. 창 13:16; 28:14). **이스라엘 사분의 일** 이스라엘 진영은 성막을 중심에 두고 각 방향으로 4등분 된다. 그중 하나를 셀 수 없다면 아무도 전체를 셀 수 없다.

23:13-26 발람의 두 번째 신탁은 이스라엘에게 복을 주시려는 하나님의 결정을 재확인하는 것이다. 하나님은 이스라엘의 허물을 자비로 덮으실 것이기에(21절) 누구도 그분의 계획을 막을 수 없다. 이스라엘을 애굽에서 초자연적으로 구해내신 하나님이(22절) 이스라엘로 모든 대적에게 승리하도록 하실 것이다(24절).

23:19 하나님은 사람이 아니시니 발람에게서 잘 드러나듯, 인간은 믿지 못할 존재다. 그러나 이와는 대조적으로 하나님은 믿을 수 있고 변하지 않는 분이시다. 그러므로 하나님의 말씀은 언제나 이루어진다.

23:27-24:14 발람의 세 번째 신탁은 아브라함 언약의 복을 이스라엘과 열방에 가져다줄 궁극적인 왕('메시아')에게 초점을 맞춘다.

23:28 브올 벳브올이라고도 하며(신 3:29), 이곳에 바알 신전이 있었다(25:3).

24:2 하나님의 영이 그 위에 임하신지라 "하나님의 영"은 구약성경에서 하나님이 자신의 일을 하도록 특별히 준비하신 사람들에게 자주 사용된다(삿 3:10을 보라). 앞선 두 신탁과는 달리 발람이 세 번째 신탁을 말할 때는 점을 치지 않는다. 그는 성령의 능력으로 하나님 말씀을 정확하게 전한다.

24:3 눈을 감았던 자 하나님의 영을 통해 발람은 내적 이해의 눈이 열린다.

24:7 아각 아말렉 왕은 사무엘상 15:32, 33에서 이 이름으로 불린다. 아말렉 족속은 출애굽한 이스라엘을 가장 먼저 공격했다(출 17:8-15). 아각은 고유명사이거나 애굽의 바로(파라오)처럼 아말렉 통치자들의 칭호였을 것이다.

24:8 하나님이 그를 애굽에서 인도하여 내셨으니 8, 9절과 23:22, 24이 비슷하기 때문에 여기서 그들은 대체로 이스라엘로 해석된다. 그러나 '그를'은 단수이며 가장 가까운 7절이 장차 올 왕을 가리키므로 8, 9절은 이스라엘 왕을 가리킨다고 보는 게 더 낫다. 민수기 24:9은 유다 지파에서 나올 궁극적인 왕, 곧 메시아를 말하는 창세기 49:9을 직접 인용하고 있다.

24:9 너를 축복하는 자마다 복을 받을 것이요 창세기 12:3을 가리킨다. 아브라함 언약의 궁극적 성취의 중심에는 도래할 메시아가 있다. 이스라엘을 축복하는 자는 궁극적으로 하나님이 주시는 복을 거둘 것이다.

24:14 후일에 문자적으로 '마지막 날에'이다. 구약성경에서 먼 미래를 가리키는 표현으로 적절하게 사용된다. 발람의 네 번째 신탁은 세 번째 신탁에서 받은 진리를 모압에게 적용하는 것이다.

24:15-19 발람의 네 번째 신탁은 장차 올 이스라엘 왕을 예언하는데, 그는 문자적으로 "모압을 이쪽에서 저쪽까지 쳐서 무찌르고" 에돔을 정복할 것이다. 즉 완전

히 지배할 것이다.

24:20-24 발람의 마지막 신탁은 열방의 미래를 내다본다. 첫째, 아말렉은 멸망할 것이다(24:20). 둘째, 미디안 족속과 같거나 그 일부인 겐 족속은 앗수르의 포로가 될 것이다(24:21, 22). 셋째, 앗수르와 에벨, 곧 아마도 이스라엘 자신은(창 10:21) 깃딤(Cyprus, 키프로스)에게 괴롭힘을 당할 테지만(깃딤은 팔레스타인 서쪽 지중해 지역을 대표하게 되었고, 다니엘서 11:30에서는 로마를 가리킴), 깃딤도 멸망할 것이다.

6. 이스라엘이 바알브올과 함께 마지막으로 거역하다 (25:1–18)

25:1-18 모압 평지에서 이스라엘은 가나안 정복을 시작하기 전에 마지막으로 실패한다. 31:16에 따르면 이 사건은 발람의 조언으로 일어났다. 발람은 이스라엘을 저주할 수 없게 되자 어떻게 하면 하나님이 그분의 백성에게 진노하게 할 수 있는지 모압 족속과 미디안 족속에게 가르쳐준다.

25:1 싯딤 여리고 맞은 쪽 요단강 건너편 지역으로, 이스라엘은 이곳에서 가나안 정복을 시작하게 된다(수 2:1을 보라).

25:3 바알브올에게 가담한지라 이스라엘은 모압 여인들과 어울려 성적으로 부도덕한 짓을 저지른다. 이것은 모압의 제의 의식 가운데 일부였으므로, 이스라엘은 이들의 우상숭배에 참여한 것이다. 이스라엘은 모압 족속과 미디안 족속의 거짓 신 바울브올의 명예를 자청했는데, 이는 제1계명을 어기는 행위였다.

25:6 미디안의 한 여인 14, 15절을 참고하라.

25:9 이만 사천 명이었더라 금송아지를 숭배해 2만 3,000명이 죽은 재앙과 다른 것이다(참고. 출 32:1-14, 28; 고전 10:8).

25:10-13 하나님의 거룩을 위한 비느하스의 열심 때문에 하나님은 그와 "영원한 제사장 직분의 언약"을 맺어 그의 집안에서 대대로 적통한 대제사장이 나오게 하

영국 탐험가 리처드 버튼이 1879년에 출간한 『미디안 땅(*The Land of Midian*)』 중 삽화로 묘사된 미디안 광야의 모습.

신다(참고. 시 106:30, 31). 이 약속은 천년왕국까지 확대될 것이다(참고. 겔 40:46; 44:10, 15; 48:11). 이 약속은 제사장 언약의 기초가 된다. *창세기 9:16에 대한 설명을 보라.*

25:17 미디안인들을 대적하여 미디안 족속이 우상숭배와 관련된 성적 유혹으로 이스라엘을 공격하자 하나님은 이스라엘에게 이에 대응해 미디안 족속을 공격하라고 명하신다. 이 공격은 31:1-24에 나온다.

모압 평지에 있는 이스라엘 2세대: 새로운 순종 (26:1-36:13)

26:1-36:13 민수기의 마지막이자 주요 단락은 이스라엘의 새로운 순종을 기록한다. 하나님은 계속해서 말씀하시고(1, 2, 52절; 27:6, 12, 18; 28:1; 31:1, 25; 33:50; 34:1, 16; 35:1, 9) 이스라엘 2세대는 순종한다. 이 단락의 계명 대부분은 이스라엘이 가나안에 들어간 후의 삶과 연결된다.

A. 가나안 정복을 준비하다(26:1-32:42)

26:1-32:42 이 단락은 전쟁하는 것(2절; 32:20, 29, 32)과 가나안을 기업으로 얻는 것을 말하면서 시작하고 끝난다(52-56절; 32:32). 이스라엘은 약속의 땅을 정복할 준비를 한다.

26:1-51 38년 전에 했던 첫 번째 인구조사처럼(1:1-46), 두 번째 인구조사 때도 20세 이상 모든 남자를 계수한다. 시므온 지파가 크게 쇠퇴했는데, 바알브올의 죄에 가담했기 때문으로 보인다(25:14을 보라).

26:9 다단과 아비람 이 둘을 특별히 언급한 것은 이들이 16:1-40에 기록된 반역에서 행한 역할 때문이다. 이들을 언급함으로써 반역에 대한 하나님의 심판을 상기시킨다. *16:12에 대한 설명을 보라.*

26:11 고라의 아들들 고라의 아들들은 아버지의 장막에서 떠났기에 심판을 면했다(16:26을 보라).

26:19 에르와 오난 유다의 두 아들 에르와 오난은 큰 죄 때문에 기업을 받지 못했다(창 38:1-10을 보라).

26:33 슬로브핫 슬로브핫은 아들이 없고 딸만 있었다. 이것을 계기로 27:1-11; 36:1-12에서 나오는 상속법이 제정된다.

26:52-56 이번 인구조사는 각 지파가 가나안에서 분배받을 기업의 크기를 결정하는 데 사용될 것이다. 분배받을 땅의 위치는 제비뽑기로 결정된다(이 말의 성취에 대해서는 수 13:1-7; 14:1-19:51을 보라).

26:57-65 첫 번째 인구조사에서(3:14-39) 레위인은 따

민

이스라엘의 두 번째 인구조사

민수기 26:5-51

르우벤 지파	43,730	(7절)	-2,770
시므온 지파	22,200	(14절)	-37,100
갓 지파	40,500	(18절)	-5,150
유다 지파	76,500	(22절)	+1,900
잇사갈 지파	64,300	(25절)	+9,900
스불론 지파	60,500	(27절)	+3,100
므낫세 지파	52,700	(34절)	+20,500
에브라임 지파	32,500	(37절)	-8,000
베냐민 지파	45,600	(41절)	+10,200
단 지파	64,400	(43절)	+1,700
아셀 지파	53,400	(47절)	+11,900
납달리 지파	45,400	(50절)	-8,000
총계	601,730(명)	(51절)	-1,820(명)

로 계수되었다. 레위인은 모두 2만 3,000명으로(62절) 이전 조사 때보다 1,000명이 늘었다(3:39을 보라).

27:1-11 가나안 땅 분배 문제가 아들이 없는 슬로브핫 집안 때문에 난관에 부딪힌다. 슬로브핫의 다섯 딸은 아버지의 이름과 기업을 물려받게 해달라고 당당하게 요구한다(1-4절). 하나님은 딸들이 아버지의 기업을 받아야 한다고 결정하셨으며, 이는 이스라엘에서 기업(유산)과 관련해 영원한 법의 기초가 된다(5-11절).

27:3 자기 죄로 죽었고 슬로브핫은 고라의 반역에 가담하지 않았다. 대신에 믿음 없는 나머지 출애굽 세대처럼 하나님의 심판으로 광야에서 죽었다.

27:8-11 다음은 기업(유산)이 돌아가는 순서다. 아들, 딸, 형제, 삼촌, 가장 가까운 친족 순이다. 레위기 25:48, 49에서 희년에 땅을 속량하는 다양한 경우를 다룰 때도 (딸을 제외하고) 똑같은 순서를 따른다.

27:12-14 하나님은 모세가 가나안에 들어가지 못한다는 것을 재확인하신다. 그렇더라도 모세는 여리고 건너편 느보산에서 가나안을 볼 수 있었다(신 32:49을 보라).

27:15-17 모세의 가장 큰 관심은 이스라엘이 목자 같은 좋은 지도자를 갖는 것이었다. 하나님은 모세의 요청에 여호수아로 응답하셨다.

27:18 너는 데려다가 그에게 안수하고 여호수아는 이미 지도자로서 내적 자질을 갖추었다. 성령께서 그에게 힘을 주셨던 것이다. 모세가 여호수아에게 안수함으로써 여호수아의 내적 자질이 외적 의식을 통해 인정받게 된다. 안수는 모세의 리더십이 여호수아에게 옮겨간다는 상징적 행위였다. 직무를 위임할 때도 안수할 수 있다(민 8:10을 보라).

27:20 네 존귀를 그에게 돌려 모세는 자신의 '존귀'나 '위엄'을 어느 정도 여호수아에게 넘겨야 한다. 여호수아서 3:7을 보라.

27:21 엘르아살은 그를 위하여…여호와 앞에 물을 것이며 모세는 하나님과 직접 대화할 수 있었으나(12:8), 여호수아는 대제사장을 통해 하나님 말씀을 받게 될 것이다. **우림** 대제사장의 흉패 가운데 일부로(출 39:8-21) 하나님의 뜻을 결정하는 도구로 사용되었다(참고. 신 33:8; 삼상 28:6). *출애굽기 28:30에 대한 설명을 보라.*

28:1-29:40 이스라엘의 종교 월력에서 정규 절기에 대한 규정은 앞서 받았다. 이제 이스라엘이 가나안에 들어가도록 준비된 상황에서 모세는 각 절기를 차례로 간략하게 다시 설명하고 몇몇 제사를 덧붙인다.

28:3-8 출애굽기 28:38-42을 보라.

28:9, 10 새롭게 계시된 안식일 제사들이다.

28:11-15 새롭게 계시된 '초하루' 제사들이다.

28:16-25 레위기 23:5-8을 보라.

28:26-31 레위기 23:18을 보라.

29:1-6 레위기 23:23-25을 보라.

29:7-11 레위기 23:26-32을 보라.

29:12-38 레위기 23:33-43을 보라.

30:1-16 30장은 레위기 27:1-33에 나오는 서원에 대한 법을 더 분명하게 다룬다. 남자들에게 적용되는 기본 원칙이 2절에서 재확인된다. 그 후 남자가 집안 여자들의 서원에도 책임이 있다고 덧붙인다(3-16절). 아버지나 남편은 딸이나 아내의 서원을 무효화할 수 있지

광야에서 벌어진 전투
주전 1445-1405년

상대	위치	관련 구절
아말렉	르비딤	출 17:8-16
아말렉과 가나안 족속	호르마	민 14:45
아랏	호르마	민 21:1-3
아모리 족속	야하스	민 21:21-25
바산	에드레이	민 21:33-35
미디안		민 31:1-12

만, 남자가 서원을 알고도 침묵했다면 그 서원은 반드시 지켜져야 한다.

30:2 서원…서약하였으면 무엇을 하거나 하지 않겠다는 약속을 말한다. 그리스도는 마태복음 5:33에서 이 본문을 염두에 두셨을 수 있다.

30:9 과부나 이혼 당한 여자 이들은 남자의 권위 아래 있다고 보지 않는데, 따라서 여자의 서원만으로 충분하다.

31:1-54 31장 가운데 상당수가 민수기의 앞 단락들과 연결된다. 미디안에 대한 복수(2, 3절; 10:2-10), 미디안 왕 수르(8절; 25:15), 발람(8, 16절; 22:2-24:25), 브올(16절; 25:1-9, 14, 15), 시체와 접촉한 후의 정결 의식(19-24절; 19:11-19), 제사장들과 레위인들 돌보기(28-47절; 18:8-2). 미디안 족속들과 벌인 전투는 이스라엘이 대적들에게 복수할 때 하나님이 요구하시는 거룩한 전쟁의 모델이 되었다(신 20:1-18을 보라).

31:1-11 하나님은 이스라엘에게 미디안 족속에게 복수하라고 명하신다. 미디안 족속은 브올에서 이스라엘이 타락하도록 했기 때문이다(25:1-18).

31:2 네 조상에게로 돌아가리라 죽음을 뜻하는 완곡한 표현이다(창 25:8, 17; 35:29을 보라).

31:12-24 처녀들을 제외하고 미디안 족속을 모두 죽여야 했으며, 군사들과 전리품 모두 정결하게 해야 했다.

31:17 사내아이와 가임 연령의 여자를 모두 죽이는 것은 미디안 족속의 씨를 말려 다시는 이스라엘을 유혹해 죄를 짓게 하지 못하도록 하기 위해서다. 나중에 언급되는 미디안 족속은 다른 씨족이다(삿 6:1-6). 여기서 멸절된 자들은 모압에 거주하는 미디안 족속이다.

31:25-54 전리품을 싸움에 나간 사람들과 나가지 않은 사람들에게 똑같이 반반씩 나누어주었다.

32:1-42 르우벤 지파와 갓 지파는 이미 정복한 땅에서 살길 바랐다. 이들은 가축이 많고 목축하기에 이미 정복한 땅은 적합했기 때문이다. 모세는 므낫세 반 지파와 더불어 이들에게 이미 정복한 땅을 분배했으나 이들이 가나안 정복 전쟁에 전적으로 참여해야 한다는 조건을 달았다.

32:3 아다롯…브온 여기 언급된 지명들은 위치를 확인할 수 없으나 모두 남쪽으로, 아르논강과 북쪽으로 얍복강 사이에 위치했다.

32:8 너희 조상들도…그리 하였었나니 모세는 두 지파가 편안하게 정착해 가나안 정복에 나머지 열 지파와 함께하지 않고, 이것이 가나안에 들어가길 거부하는 전면적인 반역의 시작이 될까 두려워했다. 거의 40년 전 열 정탐꾼이 가데스에서 백성을 낙담시켜 가나안 정복을 막았듯이(9-13절; 13:26-14:4), 두 지파가 가나안 정복에 동참하길 거부한다면 백성을 다시 실패로 몰아넣을 위험이 있었기 때문이다(15절).

32:23 너희 죄가 반드시 너희를 찾아낼 줄 알라 두 지파는 가나안 정복에 군사를 보내겠다고 약속한다. 모세는 이 약속에 마음이 놓이긴 했지만, 그래도 이들이 가나안 정복에 참여하지 않으면 죄가 되고 하나님이 틀림없이 이들의 죄를 찾아내어 두 지파를 심판하시리라 고 덧붙였다.

32:33 므낫세 반 지파 요단강 동쪽에 정착하는 문제를 두고 모세와 르우벤 지파, 갓 지파 사이에 합의가 이뤄지자 가축이 많은 므낫세 반 지파도 요단강 동쪽에서 땅을 찾는 데 동참한다. 그러나 39-42절은 므낫세 지파가 아직 정복되지 않은 도시들을 정복하고 길르앗 북쪽 지역에 정착했다고 말한다.

B. 광야 여정의 요약(31:1-49)

33:1-49 하나님은 모세에게 이스라엘이 애굽을 떠나 모압 평지에 이를 때까지 진을 친 곳을 기록하라고 명

하신다. 의미 있게도(라암셋과 모압 평지를 빼고) 40곳이 언급되는데, 이것은 광야에서 보낸 40년을 떠올리게 한다. 앞서 기록된 몇몇은 여기에 언급되지 않았고, 몇몇은 여기서만 언급된다. 가나안 정복에서 이스라엘을 인도하실 하나님은(33:50-56) 광야에서 이스라엘을 인도하신 하나님이다.

C. 가나안 정복을 고대하다(33:50-36:13)

33:50-36:13 약속의 땅 입성은 민수기가 시작될 때 이스라엘의 목표였다. 민수기 마지막 부분은 이스라엘의 가나안 정착을 고대하는 내용이다.

33:50-56 하나님은 모든 가나안 족속과 이들의 우상숭배와 관련된 것을 모조리 없애라고 명하신다.

33:52 산당 가나안 족속의 제단과 신당이 있는 언덕이다.

33:56 나는 그들에게 행하기로 생각한 것을 너희에게 행하리라 이스라엘이 하나님께 순종하지 않으면 하나님은 가나안 족속들에게 하셨듯이 이들에게도 똑같이 벌을 내리실 것이다.

34:1-15 하나님은 이스라엘에 가나안 땅의 경계를 정확히 알려주신다. 슬프게도 실제 가나안 정복은 이 경계들에 한참 못 미쳤다.

34:13 아홉 지파 반 쪽에게 주라 정복해야 할 땅을 아홉 지파와 반 지파에게 분배해야 한다. 나머지 두 지파와 반 지파는 이미 요단강 동쪽에 기업이 있었다(32:1-42).

34:16-19 하나님은 가나안 땅 분배를 주관할 사람들을 지명하신다. 제사장 엘르아살(20:25, 26)과 사령관 여호수아(27:18-23), 기업을 분배받을 열 지파에서 각각 한 명씩 선택된 지휘관들이다. 이들 중에 1:5-15에 나오는 우두머리들의 아들은 하나도 없다.

35:1-8 가나안 전역에서 40성읍은 레위인들에게 주어야 했다. 레위 지파는 기업을 따로 받지 못하고 다른 지파들 속에서 살아야 했다. 여호수아 21:1-42에 보면 레위인들을 위한 48성읍이 모두 나온다.

35:2 그들이 받은 기업에서 18:23에 따르면 레위인들은 가나안에서 땅을 기업으로 받지 못할 것이며, 따라서 이 성읍들을 후대에 기업으로 물려주지도 못할 것이다. 레위인들은 이 성읍들에서 살 뿐이다. **그 성읍들을 두르고 있는 초장** 레위인들은 성읍 주변의 목초지도 받았는데, 이로써 자신의 가축을 먹일 수 있었다.

35:9-34 레위 성읍 가운데 여섯을 '도피성'으로 세워야 한다(신 19:1-13). 이 성읍들은 누구든지 사고로 사람을 죽인 자(과실치사자)를 보호하는 도피처가 되어야 한다.

35:12 복수할 자 이 용어는 '근친'(近親)이라는 뜻이다. 한 가족이 가족의 피해를 처리해 달라고 선택한 사람이다. 여기서 피살자의 가까운 친족이 그의 죽음에 복수하려고 하지만, 적절한 판결이 내려진 뒤에 해야 한다.

35:19 창세기 9:5, 6의 법에 따른 신속한 응징을 말한다.

35:24 회중이 친 자와 피를 보복하는 자 간에 이 규례대로 판결하여 회중은 살해자에게 악의가 있었는지의 동기를 판단해야 한다. 악의가 있었다면 살해자를 보복하고자 하는 자에게 넘겨주어 죽이게 한다. 그러나 살해자와 피살자 사이에 악의가 있었는지를 증명할 수 없다면 살해자가 도피성에 머물도록 허용한다.

35:25 대제사장이 죽기까지 악의 없이 사람을 죽인 자는 대제사장이 죽을 때까지 도피성에 머물러야 했다. 대제사장의 죽음은 살해자에게 구시대가 끝나고 새 시대가 시작되었다는 표시다.

35:30 증인들 그 누구에게도 단 한 사람의 증언으로 사형선고를 내릴 수 없다. 모든 사형 재판은 증인이 둘 또는 그 이상이 있어야 한다. *신명기 17:6, 7; 19:15에 대한 설명을 보라.*

35:33 피는 땅을 더럽히나니 살인과 과실치사는 땅을 더럽히지만, 살인죄는 살인자의 죽음으로 속한다. 이 원칙을 지키지 못하면 땅이 부정해진다. 온 땅이 부정해지면 하나님은 더는 이스라엘 가운데 거하실 수가 없다.

36:1-13 여기서 제기된 문제는 27:1-11에 나오는 여성 상속에 대한 결정에서 비롯되었다. 상속받은 여인이 다른 지파의 남자와 결혼하면 한 지파가 할당받은 기업을 일부 잃게 되므로, 어느 지파의 여인이든 땅을 상속받은 경우 반드시 같은 지파의 남자와 결혼해야 한다.

36:12 그들이 요셉의 아들 므낫세 자손의 종족 사람의 아내가 되었으므로 슬로브핫의 딸들은 모든 이스라엘이 지켜야 하는 하나님의 계명에 순종해 본을 보였다. 이들의 기업은 이들이 하나님께 대한 순종(신명기 전체에서 강조하는 기본 가르침)의 직접적인 결과였다.

연구를 위한 자료

Ronald B. Allen, *Numbers*, in Expositor's Bible Commentary (Grand Rapids: Zondervan, 1990).

R. K. Harrison, *Numbers* (Chicago: Moody, 1990).

제 목

제목 *신명기*(*Deuteronomy*)는 구약성경의 헬라어 역본(70인역)이 17:18의 "이 율법서의 등사본"을 '두 번째 율법'으로 잘못 번역한 데서 비롯되었는데, 라틴어 역본(벌게이트역)에서는 *듀테로노미움*(*Deuteronomium*)으로 옮겼다. 신명기의 히브리어 제목은 "이것이 그 말씀이라"(These are the words)로 번역되는데, 신명기의 히브리어 본문에 나오는 첫 두 단어에서 왔다. 신명기는 '두 번째 율법'이 아니라 모세가 율법을 설명하는 말의 기록이므로, 히브리어 제목이 신명기의 내용을 더 잘 묘사했다고 하겠다. 신명기는 5부로 구성된 오경의 마지막 퍼즐이다.

저자와 저작 연대

전통적으로 모세를 신명기의 저자라고 보는데, 신명기 자체가 모세를 저자로 증언하기 때문이다(1:1, 5; 31:9, 22, 24). 구약성경(왕상 2:3; 8:53; 왕하 14:6; 18:12)과 신약성경(행 3:22, 23; 롬 10:19) 모두 모세가 신명기의 저자라는 주장을 뒷받침한다. 신명기 32:48-34:12은 모세가 죽은 후 덧붙여졌지만(여호수아가 덧붙였을 것으로 예상됨), 나머지 부분은 모세가 주전 1405년 죽기 직전에 썼다.

신명기의 대부분은 120세의 모세가 이스라엘에게 한 고별 설교인데, 그의 설교는 출애굽한 지 40년 11개월이 되는 첫날에 시작되었다(1:3). 이 설교는 주전 1405년 1-2월에 했을 것이다. 생애 마지막 몇 주 동안 모세는 이스라엘 후대를 위해 제사장들에게 주려고 이 설교를 기록하는 데 전념했다(31:9, 24-26).

배경과 무대

레위기처럼 신명기도 시간에 따라 진행되지 않으며, 약 한 달 동안 순전히 한 장소에서 일어난 일을 기록한 것이다(참고. 신 1:3; 34:8; 수 5:6-12). 이스라엘은 요단강 동쪽 중앙에 자리한 열곡(裂谷)에 진을 쳤다(신 1:1). 민수기 36:13은 이곳을 "모압 평지"라 부르는데, 여리고와 마주보는 요단강 동쪽 지역으로 아르논강 북쪽이다. 이스라엘이 애굽을 떠난 지 거의 40년이 되어가는 시점이었다.

신명기는 모세의 생애 마지막 몇 주 동안 일어난 사건들에 집중한다. 핵심 사건은 모세가 하나님의 계시를 이스라엘 백성에게 전한 것이다(1:1-30:20; 31:30-32:47; 33:1-29). 기록된 다른 사건은 다음 몇 가지뿐이다. 첫째, 모세가 율법을 책으로 기록하고 여호수아를 새 지도자로 세운다(31:1-29). 둘째, 모세가 느보산에서 가나안 땅을 본다(32:48-52; 34:1-4). 셋째, 모세가 죽는다(34:5-12).

구전과 기록된 형태 두 가지 모두에서 신명기의 첫 수령자는 이스라엘 2세대였다. 2세대 가운데 (여호수아와 갈렙을 제외하고) 40-60세는 모두 애굽에서 태어났으며, 아이나 십대 때 출애굽을 경험했다. 40세 이하는 광야에서 태어나 광야에서 자랐다. 이들은 애굽을 떠난 지 40년 만에 여호수아의 지휘로 이제 곧 가나안을 정복할 세대를 형성했다(1:34-39).

역사적 · 신학적 주제

레위기처럼 신명기도 법과 관련된 부분이 많지만 제사장보다 백성을 강조한다. 모세는 이스라엘 2세대에게 하나님을 신뢰하고 호렙산(시내산)에서 받은 하나님의 언약에 순종하라면서 이스라엘의 과거사를 언급하고 자신이 전하려는 말의 핵심을 설명한다. 모세는 이스라엘이 호렙(9:7-10:11)과 가데스에서 하나님께 반역한 일을 상기시키는데(1:26-46), 이런 반역은 처참한 결과를 낳았다. 모세는 하나님이 이스라엘에게 신실하사 이들로 대적들을 이기게 하셨다는 것도 상기시켜 준다(2:24-3:11; 29:2, 7, 8).

무엇보다도 모세는 백성에게 하나님이 그들의 조상 아브라함과 이삭, 야곱에게 주겠다고 맹세한 약속하신 땅을 취하라고 요구한다(1:8; 6:10; 9:5; 29:13; 30:20; 34:4. 참고. 창 15:18-21; 26:3-5; 35:12). 모세는 뒤를 돌아볼 뿐 아니라 앞도 내다보았는데, 이스라엘이 장차 하나님께 순종하지 못해 열방 중에 흩어지고 그 후에야 하나님이 족장들에게 하셨던 맹세가 이뤄지리라는 것을 알았다(4:25-31; 29:22-30:10; 31:26-29).

신명기는 시편, 이사야서와 함께 하나님의 속성을 많이 계시한다. 따라서 신약성경은 신명기를 40회 이상 직접 인용하며(시편과 이사야서만 신명기보다 더 많이 인용됨), 신명기의 내용을 암시하는 경우가 많다. 신명기는 여호와는 유일한 하나님이시며(4:39; 6:4), 하나님은 질투하고(4:24) 신실하며(7:9) 사랑하고(7:13) 자비하지만(4:31), 죄에 진노하는 분이라고 계시한다(6:15). 이 하나님이 이스라엘을 자신에게 부르신 하나님이다. 모세는 250회 이상 이스라엘에게 "너희의 하나님 여호와"라는 표현을 쓴다. 이스라엘은 하나님의 길을 걷고 하나님의 계명을 지킴으로써 하나님께 순종하고(28:2), 하나님을 경외하며(10:12), 하나님을 사랑하고(10:12), 하나님을 섬겨야 한다(10:12). 하나님께 순종함으로써 이스라엘은 하나님의 복을 받을 것이다(28:1-14). 순종하고 개인의 거룩을 추구해야 하는 근거는 언제나 하나님의 성품이다. 하나님이 거룩하시기에 그분의 백성도 거룩해야 한다(참고. 7:6-11; 8:6, 11, 18; 10:12, 16, 17; 11:13; 13:3, 4; 14:1, 2).

해석상의 과제

신명기 독자는 해석상의 난제 세 가지와 만난다. 첫 번째, 신명기는 독립된 기록인가 아니면 더 큰 문학 저작, 곧 오경의 일부인가? 성경 나머지 부분은 언제나 오경을 한 단위로 보며, 신명기의 궁극적 의미는 신명기가 오경에서 차지하는 위치와 분리될 수 없다. 또한 신명기는 독자가 신명기 앞에 나오는 네 권에 이미 친숙하다는 점을 전제로 한다. 사실 신명기는 창세기부터 민수기에 계시된 모든 것뿐 아니라 이것이 가나안에 들어가는 이스라엘에게 주는 의미에 초점을 맞춘다. 그러나 현존하는 모든 히브리어 사본은 오경을 현재 본문과 똑같은 방식으로 나눈다. 이는 신명기가 모세가 이스라엘에게 했던 마지막 설교들을 다시 들려주는 한 단위가 분명하고, 신명기를 독립된 기록으로도 볼 수 있다는 뜻이다.

두 번째, 모세 시대의 세상 계약들이 신명기 구조의 토대인가? 최근 수십 년 사이에 많은 복음주의 학자가 신명기 구조와 주전 두 번째 천 년대 중반(대략 모세 시대) 고대 근동의 계약 양식 간의 유사성을 근거로 신명기가 모세의 저작이라는 주장을 뒷받침했다. 이런 세상의 종주권 계약들은(통치자가 자신의 뜻을 봉신에게 구술함) 주전 첫 번째 천 년대 초반에는 사용되지 않던 패턴을 따랐다. 이런 계약들은 대체로 다음 요소를 포함한다. 첫째, 전문(前文)으로 계약 당사자의 신분을 밝힌다. 둘째, 역사적 서문으로 왕이 그의 봉신들을 다룬 역사를 담고 있다. 셋째, 전반적이고 구체적인 조항이다. 넷째, 증인이다. 다섯째, 축복과 저주다. 여섯째, 맹세와 언약 비준이다. 신명기는 이런 기본 틀에 가까운 구조로 보인다.

1:1-5은 전문, 1:5-4:33은 역사적 서문, 27장과 28장은 축복과 저주라는 데 동의하지만, 신명기의 나머지 부분이 이런 틀에 어떻게 맞아 들어가느냐에 대해서는 통일된 의견이 없다. 모압 평지에서 언약 갱신이 있었는지 모르지만, 이것이 신명기에 분명하게 나타나지 않을뿐더러 암시되지도 않는다. 신명기를 신명기가 주장하는 그대로, 모세가 새 세대에게 율법을 설명하는 책으로 보는 게 가장 좋다. 신명기의 틀은 모세의 설교들을 따라간다.

세 번째, 모압 평지에서 맺은 언약은 무엇인가(29:1)? 많은 사람이 이 언약을 거의 40년 전에 1세대와 맺은 시내산 언약의 갱신으로 이해한다. 여기서 모세는 이 언약을 이스라엘 2세대와 갱신하고 새롭게 했을 것이다. 둘째 견해는 이 언약을 당시와 미래에 가나안 땅에 대한 이스라엘의 권리를 보증하는 팔레스타인 언약으로 본다. 셋째 견해는 모세가 이스라엘이 시내산 언약을 지키지 못하리라는 것을 알았기에 29, 30장에서 새 언약을 고대했다는 것이다. 이 중에서 마지막 견해가 가장 좋아 보인다.

모압 평지(hills of Moab)

신명기 개요

I. 머리말: 모세 설교의 역사적 배경(1:1-4)
II. 모세의 첫 번째 설교: 역사적 서문(1:5-4:43)
  A. 하나님이 호렙에서 벳브올까지 베푸신 은혜를 돌아보다(1:5-3:29)
  B. 율법에 순종하라(4:1-40)
  C. 도피성 셋을 구별하다(4:41-43)
III. 모세의 두 번째 설교: 시내산 언약의 조항(4:44-28:68)
  A. 서문(4:44-49)
  B. 이스라엘과 하나님의 관계를 구성하는 기본 요소(5:1-11:32)
    1. 십계명(5:1-33)
    2. 하나님께 전적으로 헌신하라(6:1-25)
    3. 이방 신들을 멀리하라(7:1-26)
    4. 하나님을 잊지 말라(8:1-20)
    5. 이스라엘이 과거에 거역했던 사례(9:1-10:11)
    6. 하나님을 사랑하고 그분의 뜻에 순종하라(10:12-11:32)
  C. 새 땅에서 살면서 지켜야 할 구체적인 규범(12:1-26:19)
    1. 예배생활에 대한 규범(12:1-16:17)
    2. 지도자들에 대한 규범(16:18-18:22)
    3. 사회질서에 대한 규범(19:1-23:14)
    4. 그 외에 다양한 법이 주는 가르침(23:15-25:19)
    5. 새 땅에서 거둘 첫 열매와 십일조(26:1-15)
    6. 순종하라(26:16-19)
  D. 언약의 축복과 저주(27:1-28:68)
IV. 모세의 세 번째 설교: 또 다른 언약(29:1-30:20)
V. 끝맺는 사건(31:1-34:12)
  A. 지도자 교체(31:1-8)
  B. 미래에 율법 읽기(31:9-13)
  C. 모세의 노래(31:14-32:47)
    1. 이스라엘의 실패를 내다보다(31:14-29)
    2. 모세의 노래가 들려주는 증언(31:30-32:43)
    3. 모세의 노래를 전달하다(32:44-47)
  D. 모세 생애의 마지막 사건(32:48-34:12)
    1. 모세의 죽음에 대한 지시(32:48-52)
    2. 모세의 축복(33:1-29)
    3. 모세의 죽음(34:1-12)

머리말: 모세 설교의 역사적 배경 (1:1-4)

1:1-4 이 머리말은 신명기의 배경과 목적을 제시한다.
1:1 이는 모세가…선포한 말씀이니라 신명기는 모세가 생애 마지막에 한 설교로 구성된다. 3절에 따르면 모세의 영감에서 비롯된 말이 하나님이 주신 계명과 일치하는데, 이로써 모세가 하나님의 권위를 의지해 행동한 것을 알 수 있다. **숩 맞은편** 1:1에 나오는 지명은 요단과 아라바를 제외하고 정확한 위치를 알 수 없지만 이스라엘이 이동하는 아카바만 북쪽 경로에 따라 위치했을 것으로 보인다(참고. 민 33장). 여기서 말하는 아라바(plain)는 북쪽으로 갈릴리 호수부터 남쪽으로 아카바만까지 뻗은 큰 열곡이다. 이스라엘은 요단강 동쪽의 이 계곡에 진을 쳤다. **이스라엘 무리에게** 이 표현은 신명기에서 몇 차례 나오며, 이스라엘의 연합과 이 말의 보편적 적용을 강조한다.
1:2 호렙 신명기에서 시내산을 가리키는 일반적인 이름으로 '황량함'이라는 뜻을 가진다. 시내산 주변이 황량하고 매력이 없다는 점에서 어울리는 이름이다. **세일산** 사해 남쪽 에돔 땅에 위치했다. **열 하룻길이었더라** 호렙에서 가데스 바네아까지는 대략 240킬로미터로, 가데스는 약속의 땅 남쪽 경계에 위치했다. 도보로 열 하룻길이었지만, 이스라엘은 38년 넘게 걸렸다.
1:3 마흔째 해 출애굽 제40년이다. 하나님이 이스라엘을 심판하시는 기간(민 14:33, 34)이 끝나가고 있었다. **열한째 달** 주전 1405년 1-2월이다. 민수기 20-36장은 출애굽 제40년에 일어난 사건들을 기록하고 있다.
1:4 시혼…옥 이스라엘이 요단강 동쪽 지역에서 쳐부

순 아모리 족속의 두 왕이다(2:24-3:11; 민 21:21-35을 보라).

모세의 첫 번째 설교: 역사적 서문 (1:5-4:43)

1:5-4:43 이 단락은 모세의 첫 번째 설교에 해당한다. 모세는 율법을 설명하기 시작하면서 하나님이 아브라함 언약으로 약속하신 가나안 땅에(참고. 창 15:18-21) 들어가라고 말한다(6-8절). 신명기 전체에서 모세는 이 언약의 약속을 언급한다(1:35; 4:31; 6:10, 18, 23; 7:8, 12; 8:1, 18; 9:5; 10:11; 11:9, 21; 13:17; 19:8; 26:3, 15; 27:3; 28:11; 29:13; 30:20; 31:7, 20-23; 34:4). 그런 뒤 하나님이 베푸신 은혜를 되돌아보고(1:9-3:29), 이스라엘에게 하나님이 시내산에서 주신 언약에 복종하라고 말한다(4:1-40). 이 서론 부분은 요단강 동쪽에 지정한 도피성 셋을 재확인하는 짧은 내러티브로 끝난다(4:41-43).

A. 하나님이 호렙에서 벳브올까지 베푸신 은혜를 돌아보다(1:5-3:29)

1:5 설명하기 시작하였더라 분명하게 뚜렷하게 명확하게 한다는 뜻이다. 신명기의 목적은 가나안에 들어가는 이스라엘에게 율법의 의미와 목적을 분명하게 설명하는 것이다. 신명기는 이스라엘이 가나안에 들어가 살 때 이들을 율법으로 안내하는 인도자 역할을 하게 된다. 모세는 호렙(시내산)에서 일어난 일들, 자신이 출애굽기와 레위기, 민수기에 기록한 일들을 되짚어보지 않는다(참고. 출 20:1-민 10:10). 오히려 이스라엘에게 어떻게 가나안 땅에서 하나님과 동행하며 그분의 뜻을 성취하고 복을 받을 것인지를 가르친다.

1:7, 8 땅 7절은 하나님이 이스라엘 앞에 두고 가서 취하라 명하신 땅이 어딘지 분명하게 말한다. 여기서 아모리 족속의 산지는 사해 서쪽의 구릉 지대를 말한다. 아라바는 북쪽으로 갈릴리 호수에서 남쪽으로 사해까지 뻗은 열곡을 말한다. 산지는 가나안 땅 중앙에 남북으로 뻗은 여러 구릉지다. 이 구릉지들은 갈릴리 호수와 요단강 서쪽에 위치한다. 평지(저지대)는 지중해 해안 쪽으로 경사가 진 낮고 구불구불한 곳을 말한다(셰펠라). 네겝(남쪽)은 남쪽에 브엘세바에서 광야까지 뻗은 건조한 황무지를 말한다. 해변은 지중해 연안을 따라 뻗은 땅을 말한다. 가나안 족속들이 거주하는 땅의 경계는 민수기 34:1-15에 나온다. 북쪽의 레바논은 해안의 북서쪽 경계다. 북동쪽 경계는 유브라데강이다. 참고. 민수기 34:1-12.

1:8 내가…맹세하여 하나님은 아브라함에게 언약으로 약속하셨고(창 15:18-21) 이삭과 야곱에게 거듭 약속하신(창 26:3-5; 28:13-15; 35:12) 이 땅을 정복해 취하라고 명하신다. 세 명의 족장은 신명기에서 7회 언급된다(1:8; 6:10; 9:5, 27; 29:13; 30:20; 34:4). 하나님은 족장들에게 하신 약속에 자신은 절대 계획을 바꾸지 않는다는 맹세로 인을 치신다(참고. 시 110:4).

1:9-18 배경에 대해서는 *출애굽기 18장에 대한 설명을 보라.*

1:10 하늘의 별 같이 하나님은 아브라함에게 그의 후손이 하늘의 별처럼 많아지리라고 약속하셨다(창 15:5; 22:17을 보라). 이스라엘의 성장은 처음 아브라함에게 하신 약속을 지키려는 하나님의 뜻과 능력을 증명한 것이다.

1:11 천 배 셈어에서 '무한히 큰 수'를 말한다.

1:13 지혜와 지식이 있는 인정 받는 자들을 택하라 하나님이 아브라함에게 주신 무수히 많은 후손에 대한 약속은 성취되었으나 이로 말미암아 모세에게 문제가 생겼다. 이스라엘의 수가 너무 많아져 모세가 효과적으로 다스릴 수 없게 된 것이다. 해결책으로 모세는 자신을 도와 백성을 이끌 사람들을 지명한다(출 18:13-27을 보라). 이들은 지혜로운 사람들(자신의 지식을 어떻게 적용해야 하는지 아는 사람들)이고, 지식이 있는 사람들(분별력이 있어 판단할 줄 아는 사람들)이며, 인정받는 사람들(경험이 있고 존경받는 사람들)이다. 참고. 출애굽기 18:21.

1:19-21 배경에 대해서는 *민수기 10:11-12:16에 대한 설명을 보라.*

1:22-46 배경에 대해서는 *민수기 13, 14장에 대한 설명을 보라.*

1:22 사람을 우리보다 먼저 보내어 모세가 가나안 땅을 취하라고 촉구하자(20, 21절), 백성은 정탐꾼을 먼저 보내자고 요청한다. 모세는 이들의 요청을 하나님께 내놓았고 하나님도 이들의 계획에 찬성해 모세에게 정탐꾼을 뽑으라 명하신 것으로 보인다(민 13:1, 2). 그래서 모세는 그 땅이 어떠한지 직접 확인할 정탐꾼 열둘을 뽑는다(민 13:17-20).

1:26 거역하여 이스라엘은 가데스 바네아에서 가나안 땅을 취하라는 하나님의 명령을 의도적으로 거역했다(민 14:1-9).

1:27 원망하여 이스라엘은 하나님이 자신들을 미워하신다며 자신들의 장막에서 투덜댔다. 이들은 하나님이 자신들을 애굽에서 끌어내어 아모리 족속의 손에 멸하도록 하실 거라고 생각했다.

1:28 아낙 자손 아낙 자손은 가나안 초기 거주자들로

"거인"으로 묘사된다(2:10, 21; 9:2; 민 13:32, 33). 이들은 이스라엘 사람들보다 컸는데, 특히 그들의 전투력 때문에 두려움의 대상이었다.

1:32 너희의 하나님 여호와를 믿지 아니하였도다 이스라엘이 광야생활을 시작했을 때 가나안 땅을 취하지 못한 이유를 민수기 14:11에서와 똑같이 설명한다. 이스라엘은 하나님의 말씀을 그대로 받아들이지 않았고, 따라서 하나님의 명령에 순종하지 않았다. 이스라엘의 불순종은 이들이 하나님을 믿지 못한 결과였다.

1:33 불로…구름으로 하나님은 광야에서 낮에는 구름으로 밤에는 불로 이스라엘을 인도하셨다(출 13:21; 민 9:15-23). 이스라엘을 이끌고 광야를 건너신 하나님은 이미 그 땅에 이스라엘을 위한 자리를 찾아두신 바로 그 하나님이다. 하나님은 과거에 이스라엘을 인도하셨듯이 미래에도 그들을 인도하실 것이다.

1:36-38 갈렙…여호수아 이들은 믿음과 순종의 본을 보였기에 심판에서 제외되었다(참고. 민 14:24; 수 14:8, 9).

1:37 여호와께서…내게도 진노하사 모세가 불순종한 것은 이스라엘이 가데스에서 실패한 지 거의 39년 후의 일이었다(민 20:1-13). 그럼에도 모세는 여기서 자신의 불순종을 하나님에 대한 이스라엘의 불순종과 함께 취급하는데, 이 둘이 같은 종류의 불순종이었기 때문이다. 이스라엘처럼 모세도 하나님의 말씀을 존중하지 못했다. 그래서 자기 영광을 위해 하나님의 분명한 명령에 불순종해 바위에 명령하는 대신 바위를 쳤다. 이로 말미암아 모세도 이스라엘처럼 하나님의 진노를 샀고, 가나안에 들어가는 게 허락되지 않았다(민 20:12).

1:41-45 장차 하나님의 명령을 거역할 것을 보여주기라도 하듯, 이스라엘은 하나님이 그러지 말라고 하시는데도 막무가내로 가나안을 취하러 올라갔다. 이번에는 올라가 가나안 땅을 취하려 함으로써 하나님을 거역했고 아말렉 족속에서 패해 쫓겨났다. 하나님은 이들을 돕지 않거나 이들의 패배를 동정하지 않음으로써 노여움을 드러내셨다. 이 세대는 이후 38년 동안 광야를 헤매다가 광야에서 죽었다(참고. 민 15-19장).

1:46 너희가 가데스에 여러 날 동안 머물렀나니 이스라엘이 38년 광야생활 가운데 많은 시간을 가데스 바네아 주변에서 보냈다는 것을 암시한다.

2:1-3:11 배경에 대해서는 *민수기 20:14-21:35에 대한 설명을 보라.*

2:1-23 이 단락은 이스라엘이 친족들, 곧 에돔 족속(1-8절), 모압 족속(9-18절), 암몬 족속과 맞닥뜨린 경우를 다룬다(19-23절).

2:1 홍해 길 참고. 민수기 21:4. 이스라엘은 가데스에서 오랜 시간을 보낸 후 하나님이 모세를 통해 주신 명령에 따라 다시 이동했다. 약속의 땅을 뒤로 하고, 가데스에서 남동쪽으로 방향을 돌려 홍해 길을 따라 아카바만으로 향했다. 이렇게 해서 곧 끝났을 방황이 다시 시작되었다. **세일 산을 두루 다녔더니** 이스라엘은 세일산, 곧 사해 남쪽에 자리하며 아라바만 동쪽 면까지 아래로 쭉 뻗은 에돔 산지 부근을 여러 날 방황했다.

2:3 북으로 나아가라 이스라엘은 가데스에서 약속의 땅을 뒤로하고 남동쪽으로 이동했는데, 마침내 하나님은 다시 북쪽으로 방향을 돌려 약속의 땅을 향해 이동하라고 명하셨다.

2:4 너희 동족 에서의 자손이 에서는 야곱의 형이다(창 25:25, 26). 에돔 족속은 에서의 후손으로 세일산에 살았다. 민수기 20:14-21에 따르면 에돔 족속은 이스라엘이 자신들의 땅을 지나가도록 허락하지 않았다. 8절은 이들의 거부를 돌아보면서 이스라엘이 에서 후손의 지경을 우회했다고, 이들의 영토 동쪽으로 이동했다고 말한다.

2:5 그들의 땅은 한 발자국도 너희에게 주지 아니하리니 하나님은 에서의 후손에게 기업을 주셨다(세일산은 이들의 소유였음). 9절은 모압 족속에 대해, 19절은 암몬 족속에 대해 똑같이 말한다.

2:8 엘랏과 에시온 게벨 둘은 아카바만 바로 북쪽에 위치했다. 이스라엘은 에돔 동쪽으로, 모압 동쪽으로 이동해 북쪽으로 향했다.

2:10 에밈 '무서운 자들'을 뜻하는 모압 단어가 분명하다(11절을 보라). 이들은 수가 많고 신장이 컸으며, 모압 족속 이전에 모압 땅에 거주했다.

2:12 여호와께서 주신 기업의 땅 호리 족속은 아람과 팔레스타인 여러 지역에 사는 종족이었다. 이 가운데 세일 지역에 사는 자들은 에서의 후손으로 대체되었다. 호리 족속이 에돔 족속으로 대체된 것은 이스라엘이 자신들의 땅을 취한 것과 비슷했다.

2:13 세렛 남동쪽에서 사해로 흘러드는 시내였으며, 모압의 남쪽 경계였던 것으로 보인다. 이스라엘은 가데스에서는 불순종했으나, 세렛 시내를 건너라는 명령에는 순종했다. 이스라엘 가운데 하나님께 순종하려는 새로운 마음이 있었던 것이다.

2:14 삼십팔 년 주전 1444-1406년이다. 가데스에서 실패했던 때부터 세렛에서 순종한 때까지다. 이 기간에 거역한 세대, 하나님이 맹세컨대 약속의 땅을 밟지 못하리라 하신 세대가 모두 죽었다.

2:20 삼숨밈 암몬 족속의 땅에 이들보다 먼저 살았던 자들을 가리키는 암몬 단어가 분명하다. 이들은 아낙

자손처럼 신장이 컸다. 그러나 하나님은 이들을 멸하시고 이들의 땅을 암몬 족속에게 주셨다. 이 사건은 이스라엘에게 하나님이 가나안 땅의 아낙 자손을 멸하고 그 땅을 자신들에게 주시리라는 희망을 심어주었다.

2:23 갑돌 사람 갑돌은 아마도 그레데(Crete, 크레타)를 뜻하며, 갑돌 사람은 그레데 섬에서 나와 팔레스타인 해안에 쳐들어와 아위 족속을 치고 그곳에 거주한 초기 블레셋 사람들을 가리킨 것으로 보인다. 이 갑돌 사람은 주전 1200년경에 더 큰 규모로 팔레스타인 해안을 침범한 블레셋의 선봉대였다. **아위 사람** 지중해 해안을 따라 가사까지 팔레스타인 남서쪽에 거주했던 자들이다.

2:24-3:29 모세는 뒤이어 아모리 족속의 두 왕 시혼과 옥을 치고 이들의 땅을 취한 역사적 사실을 자세히 들려준다.

2:24 아르논 골짜기 모압의 북쪽 경계였다. 아모리 족속은 이스라엘의 피붙이가 아니므로, 이스라엘은 아모리 사람 시혼을 치도록 허락받았다.

2:25 너를 무서워하며 정복이 시작되자 하나님은 대적들에게 이스라엘에 대한 두려움을 심어주셨다.

2:26 그데못 광야 그데못은 '동쪽 지역'이라는 뜻이다. 아르논강에서 북쪽으로 수 킬로미터 떨어진 곳으로, 아모리 족속의 동쪽 경계 근처였을 것이다.

2:27 나를 네 땅으로 통과하게 하라 앞서 에돔 족속에게 했듯이(민 20:17), 모세는 시혼의 영토를 그냥 조용히 지나가게 해달라고 요청했다.

2:30 그의 성품을 완강하게 하셨고 시혼은 자신의 땅을 지나가게 해달라는 이스라엘의 요청을 대놓고 거부했다. 하나님은 이미 시혼의 마음에 있는 것을, 하나님과 그분의 백성 이스라엘을 대적하려는 오만을 확인하셨다. 그래서 싸움에서 그를 치고 그 땅을 이스라엘에게 주셨다.

2:32 야하스 시혼과 이스라엘이 전투를 벌인 곳으로, 그데못에서 북쪽으로 수 킬로미터 떨어진 거리였을 것이다(26절).

3:1 바산 갈릴리 호수와 요단강 동쪽, 북쪽으로 헤르몬산에서 남쪽으로 야르묵강까지 뻗은 비옥한 지역이었다. 이스라엘은 옥 왕과 그 군대를 야르묵 강가에 자리한 성읍 에드레이에서 맞닥뜨렸다. 아모리 왕은 60성읍을 다스렸는데(4-10절; 수 13:30), 이스라엘이 이 성읍들을 취했다. 이 왕국은 요단강 동쪽 지파들, 특히 므낫세 반 지파에게 돌아갔다(13절).

3:8 요단 강 이쪽 요단강 동쪽을 말한다. 이스라엘은 이 땅을 아르논강에서 헤르몬산까지 약 240킬로미터를 다스렸다. 말하는 사람의 시각이 요단강 동쪽에 맞춰져 있다는 데 주목하라. 요단강 서쪽은 아직 정복되지 않았다. 이 구절은 모세가 이 설교들을 가나안 정복 이전에 했다는 것을 보여준다.

3:11 철 침상 침상은 실제로 관이었을 것이며, 관은 부장품도 함께 넣을 수 있을 만큼 컸을 것이다. 가로 세로가 약 2미터와 4미터나 되는 '침상'의 크기는 옥이 그만큼 덩치가 컸다는 것을 강조한다. 그는 거인이었다(거인족인 르바임 족속의 마지막 인물이었음). 하나님은 이스라엘이 거인 옥에게 승리하게 하셨듯이, 가나안의 거인들에게도 승리하게 하실 것이다.

3:12-20 배경에 대해서는 *민수기 32:1-42; 34:13-15에 대한 설명을 보라.*

30:20 안식 가나안 땅에 외부의 위협이나 억압이 없는 평화로운 상태를 말한다. 요단강 동쪽 지파들은 서쪽 형제들과 함께 정복이 완료될 때까지 싸워야 할 책임이 있었다(참고. 수 22장).

3:22 너희의 하나님 여호와께서 친히 너희를 위하여 싸우시리라 모세는 여호수아에게 하나님이 친히 그들에게 초자연적 힘과 승리를 주실 터이므로 두려워하지 말라고 말한다(참고. 1:30; 31:6-8; 수 1:9).

3:23 내가 여호와께 간구하기를 시혼과 옥에게 승리한 후 모세는 자신도 약속의 땅에 들어가도록 허락해달라고 마지막으로 하나님께 간절히 구했다. 그러나 하나님은 모세에게 이 특권을 허락하시지 않았다. 그러나 모세가 비스가산 꼭대기에 올라 가나안 땅을 보는 것은 허락하셨다(참고. 신 32:48-52; 34:1-4).

단어 연구

안식(Rest): 3:20; 12:10; 25:19. '평화롭다'라는 뜻이다. 안식은 염려와 다툼이 없음을 암시한다. 하나님은 이스라엘이 약속의 땅에서 안식하리라고 약속하셨다(출 33:14; 신 3:1-20; 12:9-10). 여호수아서에서 안식 개념은 구체적으로 이스라엘이 주변 민족들과의 관계에서 겪고 느끼는 충돌, 적대감과 연결된다. 하나님은 자신의 백성에게 정착할 평화로운 땅을 약속하셨다. 이스라엘이 이 안식을 얻으려면 가나안 족속을 쫓아내라는 하나님의 명령에 온전히 순종해야 했다(11:23; 14:15). 신약성경의 저자들도 안식 개념을 말한다. 그리스도인은 천국에서 죽음, 아픔, 죄를 비롯해 땅 위의 모든 어려움이 없는 안식을 누리게 될 것이다(히 4:1; 계 21:4).

3:26 여호와께서…진노하사 *1:37에 대한 설명을 보라*. 참고. 4:21-24.

3:29 벳브올 요단강 동쪽 여리고 맞은편에 위치했을 것이다(배경에 대해서는 *민수기 22-25장에 대한 설명을 보라*).

B. 율법에 순종하라(4:1-40)

4:1 이스라엘아…듣고 모세는 백성에게 하나님이 지키라고 주신 행동 규범을 듣고 순종하라고 요구한다. 가나안 정복에 성공하고 그 땅에서 삶을 온전히 누리려면 하나님의 법에 순종해야 했다. **규례와 법도** 규례는 통치하는 권위로 확정된 영구적인 행동 규범인 반면, 법도는 미래의 지침이 되는 법적 판결이다.

4:2 너희는 가감하지 말고 하나님이 모세를 통해 이스라엘에게 주신 말씀은 완전하여 이스라엘을 인도하기에 충분했다. 따라서 이 율법, 곧 하나님이 호렙산에서 주신 선물에 무엇인가를 더하거나 빼서는 안 된다. 하나님의 율법을 더럽히거나 거스르는 것은 그 무엇도 용납해서는 안 된다(참고. 12:32; 잠 30:6; 계 22:18, 19).

4:3, 4 모세는 바알브올 사건(민 25:1-9)을 들어 이스라엘의 생명이 하나님의 율법에 순종하는 것에 달려 있음을 역사를 통해 설명한다. 하나님의 계명을 지킴으로써 그분께 붙어 있던 자들만 살아남아 그날 모세의 말을 들었다.

4:6 여러 민족 이스라엘이 하나님의 율법에 순종하는 모습은 하나님이 자신의 백성 곁에 계시며, 그분의 율법이 의롭다는 것을 세상에 보여주는 증언이 될 것이다. 율법의 목적 가운데 하나는 이스라엘을 모든 민족 중에서 도덕적·영적으로 특별한 존재로 만들어 그 민족들을 참되고 살아 계신 하나님께 이끄는 것이다. 이스라엘은 처음부터 증언하는 민족이 되어야 했다. 이스라엘이 일시적으로 실패하고 엇나갔지만, 선지자들은 미래 메시아 왕국에서 이스라엘이 신실하게 증언하는 민족이 되리라고 예언했다(참고. 사 45:14; 슥 8:23). **지혜와 지식이 있는 백성이로다** 열방이 이스라엘에게서 세

성경에 나오는 주목할 만한 선생들

모세	하나님의 율법을 최초로 가르친 이스라엘의 지도자로 유명하다(신 4:5)
브살렐과 오홀리압	기술이 뛰어난 장인으로, 성막을 지을 때 일꾼들을 가르치는 일도 맡았다(출 35:30-35)
사무엘	왕정이 시작되기 전 이스라엘의 마지막 사사였으며, 백성에게 "선하고 의로운 길"을 가르쳤다(삼상 12:23)
다윗	성전을 건축하도록 아들 솔로몬을 준비시켰다(대상 28:9-21)
솔로몬	지혜가 뛰어나기로 유명하며, 이 지혜로 문학과 식물학, 동물학을 비롯해 여러 분야를 가르쳤다(왕상 4:29-34)
에스라	자신이 율법을 지킬 뿐 아니라 백성에게 율법을 가르치는 일에 헌신한 학자이자 제사장이었다(스 7:10)
예수님	랍비["선생"(요 1:38), 마 9:11; 26:18; 요 13:13과 비교]라고 불리셨으며, 구원의 좋은 소식을 전하셨다(엡 4:20-21)
바나바	안디옥 교회 선생들 가운데 한 명이었으며(행 13:1), 사울이 회심한 후 그에게 지속적으로 영향을 미쳤다(9:26-30)
가말리엘	유명한 유대 랍비로, 어린 시절 사울의 선생이었다(행 22:3)
바울	초대 교회에서 가장 유능한 교사였으며 로마 세계 전역, 특히 안디옥(행 13:1)과 에베소의 두란노서원에서 가르쳤다(19:9)
브리스길라와 아굴라	재능 있는 젊은 연설가 아볼로에게 하나님의 도를 가르친 부부 신자다(행 18:26)
아볼로	애굽 알렉산드리아 출신의 유능한 교사이며, 그의 가르침으로 에베소에 복음이 전파되는 길이 닦였다(행 18:24-26)
디모데	에베소 교회의 목회자이자 교사였다(딤전 1:3; 딤후 4:2)
디도	크레타(그레데) 섬에 있는 교회의 목회자이자 교사였다(딛 2:1-15)

가지를 볼 것이다(6-8절). 첫째, 이스라엘은 분별력을 갖고 문제를 정확히 판단하기 위해 하나님의 지식을 어떻게 적용해야 하는지 알게 될 것이다.

4:7 우리 하나님 여호와께서…우리에게 가까이 하심과 같이 둘째, 이스라엘이 하나님께 충실하면 하나님이 이스라엘과 친밀감을 쌓으셨음을 열방이 알게 될 것이다.

4:8 규례와 법도가 공의로운 셋째, 열방은 이스라엘의 율법이 하나님께로부터 비롯되었기 때문에 특별하고 의롭다는 것을 알게 될 것이다.

4:9-31 이스라엘이 배워야 하는 가장 기본적인 가르침, 곧 하나님을 경외하고 공경하라는 가르침을 제시한다.

4:9 그 일들을 네 아들들과 네 손자들에게 알게 하라 신명기는 부모의 책임을 강조하는데, 부모는 하나님에 대한 자신의 경험과 자신이 하나님에게서 얻은 지식을 자녀들에게 전해주어야 한다(참고. 6:7; 11:19).

4:10 네 하나님 여호와 앞에 섰던 날 이스라엘이 한 세대에서 다음 세대로 전해주어야 할 경험 가운데 하나는 호렙산에서 일어난 큰 신현(물리적 형태로 나타난 하나님의 자기 계시)이다(참고. 출 19:9-20:19).

4:12 형상은 보지 못하였느니라 이스라엘은 하나님이 시내산에서 자신을 계시하셨을 때 그분의 임재가 하나님의 음성, 곧 그분의 말소리를 통해 나타났다는 것을 기억해야 한다. 이스라엘은 하나님을 보지 못했다. 하나님은 영이시므로(요 4:24) 그분을 그 어떤 물리적 형상으로 만들어서도 안 되며(16-18절), 그 어떤 피조물을 섬겨서도 안 된다(19절).

4:13 십계명 문자적으로 '열 선언'이며, 여기서 *데칼로그(Decalogue)*라는 단어가 나왔다. 십계명은 하나님이 모세를 통해 이스라엘에게 주신 모든 계명의 축소판이다. 십계명은 이곳과 10:4, 출애굽기 34:28에만 나오지만 신명기는 십계명과 관련해 26회 이상 언급된다(*마태복음 19:16-21, 22:35-40, 마가복음 10:17-22, 로마서 13:8-10에 대한 설명을 보라*).

4:15-19 제1계명과 2계명을 크게 강조한다(참고. 롬 1:18-23).

4:20 쇠 풀무불 불을 이용해 쇠를 달군 후 망치로 쳐서 형태를 만들거나 다른 쇠붙이에 붙였다. 여기서 쇠 풀무불은 이스라엘의 애굽생활이 히브리인들을 하나님의 증인된 민족으로 쓸모 있게 준비하는 시련과 시험과 정결의 시간이었음을 암시한다.

4:24 질투하시는 하나님 하나님은 자신에게 속한 것을 지키려 하시고 질투하신다. 그러므로 자신에게만 합당한 영광을 타인이 취하도록 허락하시지 않을 것이다(참고. 사 42:8; 48:11).

4:25-31 참고. 8:18, 19. 사실 이 단락은 장차 이스라엘이 받을 심판을 간략히 제시하고 있는데, 심판은 북쪽 열 지파가 앗수르에 포로로 끌려가고(주전 722년경, 왕하 17장) 남쪽 두 지파도 바벨론에 포로로 끌려가는 데서 절정에 이른다(주전 605-586년경, 왕하 24; 25장). 유대인은 에스라와 느헤미야 때 귀환하지만(주전 538-445년경), 결코 자치권이나 통치권을 되찾지는 못한다. 따라서 회복과 귀환의 날에 대한 약속은 메시아가 다시 오셔서 천년왕국 세울 때를 고대한다.

4:27 여호와께서 너희를 여러 민족 중에 흩으실 것이요 모세는 이스라엘에게 우상을 숭배하면 하나님이 그들을 여러 민족 가운데 흩으실 것이라고 경고한다(28:64-67을 보라).

4:30 끝날에 문자적으로 '마지막 날에'이다. 모세는 먼 미래에 이스라엘이 회개하고 하나님께로 돌이켜 그분께 순종할 날을 내다본다. 오경 전체에서 "끝날"(또는 "후일")은 메시아가 자신의 왕국을 세울 때를 말한다(창 49:1, 8-12; 민 24:14-24; 신 32:39-43을 보라).

4:31 네 조상들에게 맹세하신 언약 미래에 이스라엘이 회개할 때 하나님은 자비를 베풀어 아브람, 이삭, 야곱과 맺으신 언약을 마침내 성취하실 것이다. 하나님은 아브라함과 그의 씨에게 주신 약속을 잊지 않으실 것이다(참고. 롬 11:25-27).

4:32-40 모세는 역사적 변증을 통해 이스라엘에게 하나님의 율법에 순종하라고 호소한다.

4:32-39 하나님이 사람을 세상에 창조하신 날부터 모든 인간 역사에서 이스라엘처럼 특권을 누린 민족은 없다. 하나님이 시내산에서 율법을 주실 때처럼 이스라엘은 하나님의 음성을 들었으며, 이런 엄청난 경험을 하고도 살아남았다. 세상에 이스라엘처럼 복을 받고 선택되며, 이스라엘이 보았던 그런 놀라운 이적들을 통해 해방된 민족은 없다. 하나님은 이스라엘에게 자신만이 하나님임을 보여주기 위해 이렇게 하셨다(35, 39절).

4:37 큰 권능 문자적으로 '그분의 얼굴'이다. 하나님이 친히 이스라엘을 애굽에서 구해내셨다. 출애굽은 하나님이 족장들과 그 후손들을 향해 품으신 선택적 사랑의 결과였다.

4:40 32-39절에서 되새기듯 이런 아름다운 특권은 순종을, 특히 29장과 30장이 자세히 말하듯 그 땅이 영원히("한 없이") 그들의 것이 되리라는 무조건적인 약속에 비춰볼 때 끌어내야 마땅하다.

C. 도피성 셋을 구별하다(4:41-43)

4:41-43 이 세 절은 모세의 설교 마지막에 삽입된 내러티브다. 모세는 요단강 동쪽의 세 성읍을 구별했는데, 그가 하나님의 명령에 순종했다는 뜻이다. 모세는 하나님이 4:1-40에서 요구하시는 순종의 전형적인 본보기다(참고. 민 35:14; 수 20:18).

모세의 두 번째 설교: 시내산 언약의 조항 (4:44-28:68)

4:44-28:68 모세의 긴 두 번째 설교에서 신명기의 핵심이 나타난다. 이 단락에서 모세는 이스라엘에게 율법을 설명한다(4:44, 참고. 1:5). 짧은 서문(4:44-49)에 이어 모세는 백성에게 율법이 그 땅에서 그들과 하나님의 관계에 있어 무엇을 명령하는지 분명하게 가르친다(5:1-26:19). 그런 뒤 백성이 율법 조항에 어떻게 반응하느냐에 따라 그들에게 임할 복과 저주를 말하며 끝을 맺는다(27:1-28:68).

A. 서문(4:44-49)

4:45 증언과 규례와 법도 하나님이 이스라엘 백성에게 내리신 지시는 세 가지다. 첫째는 증언, 곧 기본적인 언약 조항(5:6-21)이다 둘째는 규례, 곧 새겨졌으며 따라서 고정된 말씀이다. 셋째는 법도, 곧 재판관이 사건의 시비에 따라 내린 판결로 표현된다. 이스라엘은 애굽을 나온 뒤 이 율법을 받았다. 모세는 법을 추가로 주는 게 아니라 이미 받은 법을 설명하고 있다.

4:48 시온 산 헤르몬산을 가리키며, 예루살렘의 시온산(Mt. Zion)과 혼돈하지 말아야 한다.

4:49 아라바의 바다 사해를 말한다.

B. 이스라엘과 하나님의 관계를 구성하는 기본 요소(5:1-11:32)

5:1-11:32 모세는 이스라엘에게 두 번째 설교를 시작하면서 시내산 언약의 근간이 된 사건과 하나님의 기본 명령을 상기시켜 준다(5:1-33; 출 19:1-20:21을 보라). 그리고 6:1-11:32에서 십계명 가운데 1, 2, 3계명을 설명하고 백성의 현재 경험에 적용한다.

1. 십계명(5:1-33)

5:1 이스라엘아…듣고 동사 *듣다*는 '순종하다'라는 의미를 내포한다. 모세는 모든 백성에게 듣고 순종하라고 요구한다(참고. 6:4; 9:1; 20:3; 27:9).

5:2 호렙 산에서 우리와 언약을 세우셨나니 이스라엘 가운데 2세대는 어릴 때 하나님이 시내산에서 이스라엘과 맺으신 언약을 받았다.

5:3 이 언약은 여호와께서 우리 조상들과 세우신 것이 아니요 *조상*들은 광야에서 죽은 바로 윗세대 아버지들이 아니라 더 먼 조상, 곧 족장들을 말한다(4:31, 37; 7:8, 12; 8:18을 보라). 시내산 언약 또는 모세 언약은 하나님이 족장들과 맺으신 아브라함 언약에 덧붙여지며, 그 언약과 뚜렷하게 구분된다.

5:6-21 1-4계명은 사람과 하나님의 관계를 말하고, 6-10계명은 사람과 사람의 관계를 말한다. 이 모두는 이스라엘이 하나님 앞에서 사는 삶의 기초다. 모세는 여기서 십계명을 처음 시내산에서 받은 그대로 되풀이한다. 출애굽기 본문과 조금 다른 부분이 있는 것은 신명기에서는 십계명을 설명하는 데 목적을 두었기 때문이다. 십계명에 대한 자세한 설명은 *출애굽기 20:1-17에 대한 설명을 보라.*

5:7 나 외에는 다른 신들을 네게 두지 말지니라 참고. 출애굽기 20:3. *다른 신*들은 존재하지 않는 이교도 신으로, 우상의 형태로 만들어졌고 숭배자들의 머리에서 형상화된 것일 뿐이다. 이스라엘은 언약으로 맺어진 하

「도피성으로의 도망(*Fleeing to the City of Refuge*)」 1884. 찰스 포스터. 『성경 이야기(*The Story of the Bible*)』 173쪽.

구약성경에 나오는 이스라엘의 거룩한 시간들

매년 돌아오는 절기 외에 이스라엘에는 다음과 같은 거룩한 시간이 있었다.

안식일 매 일곱 째 날은 엄숙하게 지내며 모든 일을 쉬는 날이었다(출 20:8-11; 31:12-17; 레 23:3; 신 5:12-15).

안식년 매 일곱째 해는 땅을 묵히는 '면제년'으로 지정되었다(출 23:10, 11; 레 25:1-7).

희년 안식년을 일곱 번 지낸 다음 해, 곧 50번째 해에는 빚 때문에 종이 된 자들에게 자유를 선포하고 땅을 원 주인에게 돌려주어야 했다(레 25:8-55; 27:17-24; 겔 46:17).

월삭 29일 또는 30일로 이뤄진 히브리 월력의 첫 날은 쉬는 날로, 특별한 제사를 드렸으며 나팔을 불었다(민 28:11-15; 시 81:3).

수전절(빛 또는 하누카) 기슬르월(양력 11, 12월)에 8일 동안 아람(정확히는 아람의 안티오쿠스 에피파네스 4세-옮긴이)이 더럽힌 성전을 유대인들이 깨끗하게 해서 재봉헌한 것을 기념하는 절기다(요 10:22).

부림절(제비) 히브리력 열두 번째 달(아달월) 15, 16일에 지키는 절기다. 부림절은 '제비'(lot)를 뜻하는 바벨론어 부르(Pur)에서 왔다(에 9:18-32).

나님께 전적으로 충실해야 한다. 참고. 마태복음 16:24-27; 마가복음 8:34-38; 누가복음 9:23-26; 14:26-33.

5:8 새긴 우상 참고. 출애굽기 20:4, 5. 이스라엘이 하나님을 금송아지로 만들었을 때처럼(참고. 출 32장) 무한한 하나님을 물리적 형상으로 축소하는 것은 절대 용납될 수 없다.

5:9, 10 나를 미워하는 자…나를 사랑하고 불순종은 하나님을 미워하는 것과 같으며, 사랑은 순종과 같다(참고. 마 22:34-40; 롬 13:8-10). **삼사 대까지…천 대까지** 자주 오해를 불러일으키는 이 본문에 대한 설명은 *출애굽기 20:5, 6에 대한 설명을 보라.*

5:11 이름을 망령되이 일컫지 말라 참고. 출애굽기 20:7. 하나님의 이름을 헛되게 한다는 뜻이다. 참고. 시편 111:9; 마태복음 6:9; 누가복음 1:49; 요한복음 17:6, 26.

5:12 네 하나님 여호와가 네게 명령한 대로 참고. 출애굽기 20:8-10. 이 말은 출애굽기 20:8에는 없지만, 이 계명이 40년 전 시내산에서 이스라엘에게 주어졌다는 것을 재확인할 수 있다.

5:15 거기서 너를 인도하여 내었나니 여기서 하나님이 창조 후에 안식하신(즉 안식일을 지켜야 하는) 이유가 추가로 제시된다(출 20:11을 보라). 하나님은 이스라엘을 애굽에서 구해내셨다. 이스라엘은 애굽에서 노예생활을 할 때 계속 일만 하고 쉬지 못했다. 따라서 안식일은 이들이 속박에서 해방된 것을 구속과 지속적인 만족의 표지로 감사하고 기억하면서 쉬는 날이다(참고. 출 31:13-17; 겔 20:12).

5:16-20 참고. 마태복음 19:18, 19; 마가복음 10:19; 누가복음 18:20.

5:16 네 생명이 길고 참고. 출애굽기 20:12; 마태복음 15:4; 마가복음 7:10; 에베소서 6:2, 3. 바울은 이것을 약속 있는 첫 계명이라고 말한다(엡 6:2). 예수도 부모 공경에 대해 많은 말씀을 하신다(마 10:37; 19:29; 눅 2:49-51; 요 19:26, 27을 보라).

5:17 살인 참고. 출애굽기 20:13; 마태복음 5:21; 야고보서 2:11.

5:18 간음 참고. 출애굽기 20:14; 마태복음 5:27.

5:19 도둑질 참고. 출애굽기 20:15; 에베소서 4:28.

5:20 거짓 증거 참고. 출애굽기 20:16; 골로새서 3:9

5:21 탐내지 말지니라 참고. 출애굽기 20:17. 제10계명은 이웃의 아내를 탐내는 것과 이웃의 소유를 탐내는 것을 모두 금한다(참고. 롬 7:7).

5:22 더 말씀하지 아니하시고 십계명만 하나님이 이스라엘에게 직접 주신 말씀이다. 하나님은 언약의 나머지 조항은 모세에게 주셨고, 모세가 다시 이스라엘에게 전달했다. 하나님의 성품이 투영된 이 기본법은 계속해서 하나님이 육신의 죄악된 행위를 드러내는 수단이 된다(참고. 롬 7:7-14; 갈 3:19-24; 5:13-26). 십계명은 참 신자

들이 성령의 능력으로 살아가는지 가늠하는 거룩한 기준이기도 한데, 안식일 준수만 예외다(참고. 골 2:16, 17). **두 돌판** 하나님은 십계명을 돌판 앞뒤로 새기셨다(출 32:15을 보라).

5:22-27 하나님이 시내산에 임재하자 이스라엘은 너무나 두려워 모세에게 하나님 말씀을 받아 전달해달라고 했으며, 그 후 하나님이 하신 모든 말씀에 순종하겠다고 약속했다(27절을 보라).

5:28, 29 하나님은 순종하겠다는 맹세가 옳다는 것을 확인해주셨으며(28절), 이스라엘과 그 후손이 번성하도록 이스라엘이 자신들의 약속을 지키길 바라는 사랑의 마음을 표현하셨다.

5:30-33 백성이 하나님의 말씀을 듣고 행하겠다고 하자(27절) 하나님은 모세에게 백성을 가르칠 율법을 주겠다고 하셨다(31절). 여기에 가나안 땅에서 누릴 생명과 번영이 달려 있다.

2. 하나님께 전적으로 헌신하라(6:1-25)

6:1-3 네 날을 장구하게 하기 위한 것이라 모세의 관심은 후세대들이 생명과 번영을 보장하는 하나님의 율법에 줄곧 순종할 것인지에 쏠려 있다.

6:3 젖과 꿀이 흐르는 땅 이스라엘이 곧 차지할 땅의 비옥함을 뜻한다(11:9; 26:9, 15; 27:3; 31:20을 보라).

6:4, 5 참고. 마가복음 12:29, 30, 32, 33.

6:4 이스라엘아 들으라 5:1을 보라. 신명기 6:4-9은 *쉐마(shema)*라고 하며 유대인의 신앙고백이 되었는데, 경건한 유대인들은 이 구절을 11:13-21, 민수기 15:37-41과 함께 매일 두 차례 암송한다. **우리 하나님 여호와는 오직 유일한 여호와이시니** 일신론의 진리, 하나님은 오직 한 분이심을 분명하게 선언하는 데 목적이 있다. 따라서 이 표현은 '여호와는 우리의 하나님이며, 여호와만이'라고 번역된다. 여기서 유일한(one)에 해당하는 단어는 '단수성'이 아니라 '일치성'을 뜻한다. 같은 단어가 창세기 2:24에서 사용되는데, 여기서 남편과 아내가 "한 몸"을 이룬다고 말한다. 따라서 이 구절은 일신론을 말하는 분명하고 간결한 선언으로 의도되었으나 삼위일체 개념을 배제하지는 않는다.

6:5-9 네 하나님 여호와를 사랑하라 유대인에게 필수적인 것들 가운데 첫째는 남김없이 온 마음으로 하나님을 사랑하는 것이다. 이런 이스라엘과 하나님 사이의 사랑관계는 우상숭배 때처럼 그 어떤 물질적 방식으로도 표현될 수 없다. 따라서 날마다 삶에서 하나님의 율법에 온전히 순종하는 모습으로 표현되어야 한다. 참고. 11:16-21; 마태복음 22:37; 누가복음 10:27.

6:6 이 말씀을 너는 마음에 새기고 백성은 순종이 형식적 율법주의가 되지 않고 이해에 기초한 반응이 되도록 이 계명들을 생각하고 묵상해야 한다. 마음에 새겨진 율법은 장차 맺을 새 언약의 본질적 특징이 될 것이다(렘 31:33을 보라).

6:7 네 자녀에게 부지런히 가르치며 계명은 집 안팎에서 하루를 시작하고 마칠 때 대화의 주제여야 한다.

6:8 손목에 매어…미간에 붙여 이스라엘은 하나님이 주신 계명을 계속 묵상하고 따라야 한다. 후대의 역사에서 유대인은 이 구절을 문자 그대로 잘못 받아들여 성구함(이들 구절이 담긴 상자)을 손과 이마에 가죽 끈으로 맸다.

6:10, 11 네 하나님 여호와께서…땅으로 너를 들어가게 하시고 하나님은 자신이 아브라함과 이삭, 야곱에게 하신 약속을 지켜 이스라엘에게 가나안 땅을 소유할 권리와 번영을 함께 주겠다고 거듭 말씀하셨다.

6:13 그의 이름으로 맹세할 것이니라 맹세는 자신이 한 말이 절대 진실이라고 단언하는 엄숙한 서약이다. 하나님의 이름으로 맹세한다는 말은 자신의 약속을 지켜야 하는 책임을 하나님 앞에서 진다는 뜻이다(참고. 마 4:10; 눅 4:8).

6:15 질투하시는 하나님 *4:24에 대한 설명을 보라.*

6:16 맛사 '시험'이라는 뜻이다(참고. 출 17:1-7; 마 4:7; 눅 4:12).

6:20 후일에 네 아들이 네게 묻기를 어린 아들이 율법의 의미를 물을 때 아버지는 다음 패턴에 따라 설명해주어야 한다. 첫째, 이스라엘이 애굽에 속박되어 있었다(21상반절). 둘째, 하나님이 기적으로 이스라엘을 구해내고 애굽인들을 심판하셨다(21하, 22절). 셋째, 이 일은 하나님이 족장들에게 하신 약속과 일치한다(23절). 넷째, 하나님이 자신의 백성 이스라엘에게 자신의 율법을 주신 것은 그 율법을 지키도록 하기 위해서다(24, 25절).

6:25 우리의 의로움 하나님의 백성의 삶에서 나타날 하나님과의 참되고 인격적인 관계를 말한다. 이 의로움의 강력한 동기는 하나님을 향한 사랑이기에 율법주의나 외면에 대한 관심이 들어설 자리가 없다(5절).

3. 이방 신들을 멀리하라(7:1-26)

7:1-26 이 단락은 이스라엘이 가나안 거민들을 어떻게 대해야 하는지 보여준다. 이스라엘은 이들을 진멸하고, 이들과 통혼하지 말며, 이들의 모든 제단과 우상을 제거해야 한다. 하나님이 가나안 땅을 심판하시는 시간인 것이다.

7:1 일곱 족속 일곱 족속이 대부분 요새화된 한두 도

시를 중심으로 가나안 땅을 다스렸다. 다 합치면 이스라엘보다 인구도 많고 군사력도 강했다. 일곱 족속 가운데 여섯 족속은 다른 곳에서 언급된다(출 3:8을 보라). 여기서는 기르가스 족속도 언급하는데 이들은 창세기 10:16; 여호수아 3:10; 24:11; 역대상 1:14에서 언급된다. 팔레스타인 북부에 사는 종족이었을 것이다.

7:2 그들을 진멸할 것이라 남자와 여자, 아이를 다 죽여야 한다. 극단적 행위로 보일지 모르지만 다음 몇 가지 사항을 고려한 조치였다. 첫째, 가나안 족속들은 그들의 죄 때문에 죽어 마땅하다(9:4, 5. 참고. 창 15:16). 둘째, 가나안 족속들은 끈질기게 하나님을 미워한다(7:10). 셋째, 가나안 족속들은 늘 우상숭배와 부도덕을 이스라엘 가운데 급속히 퍼트릴 잠재력을 가진 도덕적 암 덩어리다(20:17, 18).

7:3 그들과 혼인하지도 말지니 혼인은 친밀한 관계를 형성하기 때문에 우상 숭배자는 배우자를 배교로 이끌 위험성이 있다(솔로몬의 비극적 예에 대해서는 왕상 11:1-8을 보라).

7:5 그들의 제단을 헐며 이런 파괴로 이스라엘은 가나안에서 쫓아낼 족속들의 종교 행위를 따르려는 유혹을 제거해야 한다.

7:6 너는 여호와 네 하나님의 성민이라 가나안 족속들을 멸하라는 명령의 토대는 하나님이 이스라엘을 택하셨다는 것에 있다. 하나님은 이스라엘을 특별하게 사용하려고 구별하셨으며, 이스라엘은 하나님의 귀중한 소유다. 하나님의 백성으로서 이스라엘은 가나안 족속들의 도덕적 부패와 분리되어야 한다.

7:8 다만 너희를 사랑하심으로…맹세를 지키려 하심으로 하나님은 이스라엘을 자신을 위해 구별된 거룩한 나라로 선택하셨다. 이것은 이스라엘이 아무 공로도 없고 타고난 장점이 없는데도 하나님이 이스라엘을 사랑하고 족장들에게 하신 약속에 충실하신 이유다.

7:9 천 대까지 *1:11에 대한 설명을 보라.*

7:12-15 하나님은 이스라엘에게 순종한다면 특별한 복을 주시겠다고 약속하는데, 복의 자세한 내용은 28:1-14에 나온다.

하나님이 가증하게 여기시는 것들

1. 조각한 신상들, 숭배되는 우상들	신 7:25, 26
2. 다른 신들을 섬기는 일	신 13:14
3. 이성의 옷을 즐겨 입는 일(복장도착)	신 22:5
4. 부정하게 벌어서 드리는 예물	신 23:18
5. 몸을 더럽힌 전 아내와의 결혼	신 24:4
6. 부정직한 거래	신 25:16
7. 우상을 만드는 자	신 27:15
8. 마음이 악한 자	잠 3:32; 11:20; 15:26; 26:24, 25
9. 속이는 저울	잠 11:1; 20:10, 23
10. 악인의 제사	잠 15:8; 21:27
11. 악인의 길	잠 15:9
12. 악인을 의롭다 하고 의인을 악하다고 하는 것	잠 17:15; 29:27
13. 교만한 눈	잠 6:17; 16:5
14. 거짓된 혀	잠 6:17; 12:22
15. 무죄한 자의 피를 흘리게 하는 손	잠 6:17
16. 악한 계교를 꾀하는 마음	잠 6:18; 8:7
17. 재빨리 악으로 달려가는 발	잠 6:18
18. 거짓을 말하는 증인	잠 6:19
19. 형제 사이를 이간질하는 자	잠 6:19
20. 악을 행하는 왕들	잠 16:12
21. 조롱하기	잠 24:8, 9
22. 율법을 듣지 않는 자의 기도	잠 28:9

7:12 네 하나님 여호와께서…언약을 지켜 하나님께 순종하면 이스라엘은 그분의 언약적 자비를 경험할 것이다. 그러나 불순종하면 그 모든 복을 차버리게 된다.

7:13 곡식과 포도주와 기름 팔레스타인의 중요한 세 가지 식료품이다. *곡식*에는 밀과 보리가 포함된다. *포도주*는 틀에서 갓 나온 포도주스다. *기름*은 요리와 등잔에 사용하는 올리브유(감람유)다.

7:15 애굽의 악질 애굽에 흔했던 상피병, 안염, 이질 등 치명적인 악성 질환을 말한다.

7:20 여호와께서 또 왕벌을 그들 중에 보내어 왕벌(말벌)은 가나안에 흔한 곤충으로 맹독을 가진 침이 공격 무기다. 여기서는 하나님이 큰 군대를 쏘실 때 적의 군대가 공황에 빠진다는 비유적 표현이다(11:25을 보라). *출애굽기 23:28에 대한 설명을 보라.*

7:22 조금씩 하나님이 가나안 족속들을 속히 멸하리라고 약속하셨어도(4:26; 9:3), 그 땅이 자연적으로 무질서한 원시 상태로 되돌아갈 위험을 피하기 위해 정착 과정이 좀 더 점진적으로 진행될 것이다.

7:26 너는 그것을 멀리하며 심히 미워하라 *멀리하다*(*detest*, 혐오하다)와 *미워하다*(*abhor*)는 반감과 배척을 뜻하는 강한 의미를 가진 단어다. 이스라엘은 가나안 족속들이 섬긴 우상들에게 하나님의 행동과 동일한 태도를 취해야 한다. **그것은 진멸 당할 것임이니라** 형상이나 우상은 모두 부숴버려야 한다.

4. 하나님을 잊지 말라(8:1–20)

8:2 기억하라 이스라엘은 하나님이 자신들을 위해 행하신 일을 기억하고(참고. 5:15; 7:18; 8:18; 9:7; 15:15; 16:3, 12; 24:9, 18; 25:17) 잊지 말아야 한다(참고. 4:9, 23, 31; 6:12; 8:11, 14, 19; 9:7; 25:19; 26:13). **네 마음이 어떠한지…알려 하심이라** 이스라엘의 광야 40년은 하나님과 그분의 계명을 대하는 이들의 기본 태도를 알아보려고 하나님이 이들에게 고통을 주고 이들을 시험하는 시간이었다. 하나님은 광야에서 배고픈 자신의 백성을 그들이 이전에 알지 못하는 방법으로 먹이셨다. 이들을 기적으로 먹임으로써 하나님은 이스라엘을 낮추시고 이들의 순종을 시험하셨다.

8:3 너도 알지 못하며 네 조상들도 알지 못하던 만나 하나님은 광야에서 이스라엘을 그들이 알지 못하던 양식으로 먹이셨다. 만나가 내리기 시작한 것에 대해서는 출애굽기 16:15을, 만나가 그친 것에 대해서는 여호수아 5:12을 보라. **사람이 떡으로만 사는 것이 아니요** 하나님은 자신의 말씀으로 이스라엘이 광야에서 먹을 양식을 주셨다. 이스라엘이 만나를 얻은 것은 만나가 하나님의 명령으로 내렸기 때문이다. 그러므로 이스라엘을 살린 것은 양식이 아니라 하나님의 말씀이었다(참고. 마 4:4; 눅 4:4).

8:4 네 의복이 해어지지 아니하였고 이 기적적인 공급은 29:5에서도 언급된다.

8:5 여호와께서 너를 징계하시는 줄 이스라엘의 광야 여정은 하나님이 자신의 자녀들을 징계하시는 시간이었다. 하나님은 이들이 순종하며 가나안에 들어갈 준비를 하도록 이들의 고집스러운 태도를 바로 잡으려고 하셨다.

가데스 바네아(Kadesh Barnea)

8:6-10 하나님이 가나안에서 이스라엘에게 베푸실 복을 폭넓게 기술하고 있다(참고. 7:7-9).

8:7 아름다운 땅 황량한 광야와 대조를 이루며, 7-9절은 이스라엘의 새 땅을 풍성한 곳으로 묘사한다.

8:9 철…동 남부 레바논 산지와 갈릴리 호수 동쪽, 사해 남쪽 지역에는 철이 있었다. 구리와 철 모두 사해 남쪽 열곡에서 발견되었다.

8:11 네 하나님 여호와를 잊어버리지 않도록 삼갈지어다 이스라엘은 가나안 땅에서 양식이 풍족하면 만족해할 것이다(10, 12절). 이스라엘은 이런 만족과 안전에 취해 하나님을 잊을 위험이 있었다. 하나님을 잊는다는 말은 더는 일상에서 그분을 생각하지 않는다는 뜻이다. 이스라엘이 하나님을 잊으면 그분의 계명에 불순종하게 될 것이다. 이스라엘은 광야에서 지낼 때 생활에 꼭 필요한 것들을 하나님께 의존해야 했던 반면, 비옥한 땅에서 살게 되면 자족하려는 유혹에 빠질 것이다.

8:14 네 마음이 교만하여 교만을 잊음의 뿌리로 본다. 후손들은 자신들이 스스로의 힘과 능력으로 부자가 되었다고 주장할지도 모른다(17절).

8:15 반석에서 물을 내셨으며 참고. 민수기 20:9-13.

8:16 마침내 네게 복을 주려 하심이었느니라 하나님이 광야 시험을 계획하신 목적은 하나님께 순종하도록 이스라엘을 훈련시키기 위해서다. 순종을 통해 이스라엘은 가나안 땅의 복을 받는다. 따라서 하나님의 계획은 마지막에 이스라엘에게 복을 주기 위한 것이다.

8:18, 19 *4:25-31에 대한 설명을 보라.*

8:19 네가 만일 네 하나님 여호와를 잊어버리고 하나님을 잊으면 다른 신들을 섬기게 되고, 그 결과는 확실한 멸망이다. 하나님이 우상숭배 때문에 가나안 족속들을 멸하듯 이스라엘도 그렇게 심판하실 것이다.

5. 이스라엘이 과거에 거역했던 사례(9:1-10:11)

9:1-10:11 이 단락에서 모세는 이스라엘이 호렙에서 지은 죄를 다시 언급한다(참고. 출 32장).

9:2 아낙 자손 모세는 열두 정탐꾼이 가나안 거민의 규모와 힘, 수를 처음 보고했을 때 백성이 받은 충격을 기억하고 있다(민 13:26-14:6). 그래서 그는 순전히 군사적이고 인간적인 시각에서 보면 자신들의 승리가 불가능하다고 강조한다. 정탐꾼들과 백성의 두려움은 가나안 땅에 사는 크고 강한 아낙 자손에게 집중된다 (*1:28에 대한 설명을 보라*).

9:3 맹렬한 불 하나님을 진행 경로의 모든 것을 태워 버리는 불로 묘사한다. 그래서 하나님은 가나안에 들어가 가나안 족속을 멸하실 것이다. **속히 멸할 것이라** 이스라엘은 가나안 족속들을 멸하시는 하나님의 인간 대리자가 되어야 한다. 가나안 족속들의 군사력은 속히 무너질 테지만(수 6:1-11:2을 보라), 가나안 땅을 완전히 정복하는 데는 시간이 걸릴 것이다(7:22; 수 13:1을 보라).

9:4 내 공의로움으로 말미암아 4-6절에서 모세는 세 차례의 승리가 이스라엘의 선함 때문이 아니라 전적으로 하나님의 일이라는 것을 강조한다. 가나안 족속들이 쫓겨나는 것은 그들이 악하기 때문이다(참고. 롬 10:6).

9:6 너는 목이 곧은 백성이니라 문자적으로 '목이 단단하다'는 뜻이다. 완고하고 고집불통이며 굽힐 줄 모르는 이스라엘의 태도를 가리키는 비유적 표현이다. 7-29절에서 모세는 이스라엘이 하나님께 거역하는 태도와 행동을 설명하고 있다.

9:7 기억하라 모세는 이스라엘에게 그들이 출애굽 때부터 모압 평지에 진을 친 지금까지 40년간 얼마나 고집불통이었고 하나님을 노하게 했는지 돌아보라고 촉구한다.

9:10 하나님이 손으로 기록하신 하나님은 시내산에서 두 돌판에 십계명을 친히 기록하셨다(출 3:18을 보라). 손은 신인동형론적 표현이다.

9:14 그들의 이름을 천하에서 없애고 하나님은 세상 사람들에게서 이스라엘에 대한 모든 기억이 지워지리라고 표현할 만큼 이스라엘을 완전히 멸하겠다고 위협하셨으며, 모세는 이 위협을 이스라엘을 위해 중보하라는 요청으로 받아들였다(민 14:11-19).

9:19 참고. 히브리서 12:21.

9:20 내가…아론을 위하여 기도하고 모세는 아론을 위해 중보했다. 이스라엘이 금송아지를 섬긴 죄에 대한 직접적 책임이 아론에게 있기에 그는 하나님의 진노를 사서 생명이 위험했다(출 32:1-6을 보라). 오경에서 모세가 아론을 위해 기도했다고 구체적으로 언급하고 있는 유일한 구절이다.

9:22 다베라와 맛사와 기브롯 핫다아와 세 곳 모두 이스라엘이 하나님을 거역한 사건과 관련이 있다. 다베라는 '불길'이라는 뜻인데, 여기서 이스라엘은 자신들의 불행을 불평했다(민 11:1-3). 맛사는 '시험'이라는 뜻으로, 여기서 이스라엘은 모든 것을 못마땅해하고 주제넘게 하나님을 시험했다(출 17:1-7). 기브롯 핫다아와는 '갈망의 무덤'이라는 뜻인데, 여기서 이스라엘은 음식에 대해 불평함으로써 또다시 하나님의 진노를 샀다(민 11:31-35).

9:23 가데스 바네아 이곳에서 이스라엘은 하나님을 믿지 못하고 불순종하는 죄를 지었다(참고. 신 13; 14장).

9:24 너희가 항상 여호와를 거역하여 모세는 자신이

아브라함의 후손을 번성시키신 하나님

약속	성취
창 15:5	출 32:13
창 22:17	신 1:10
창 26:4	신 10:22
	신 26:5

하나님의 중보자로서 줄기차게 거역하는 이스라엘을 보았으며 이들을 위해 기도했다고 결론을 맺는다(25-29절).

9:28 주께서 우리를 인도하여 내신 그 땅 모세는 하나님 앞에서 이스라엘을 위해 중보하면서 이 백성을 멸하시면 애굽인들이 하나님은 약속을 지킬 능력도 없고 자신의 백성을 미워한다고 해석할 거라며 이스라엘을 용서해달라고 간구했다.

10:1-3 처음과 같은 두 돌판 모세의 중보에 하나님은 언약을 어긴 이스라엘에게 자비를 베풀어 그가 준비한 두 돌판에 십계명을 다시 쓰셨다. 두 번째 돌판은 처음 것과 같은 재료로, 같은 크기로 만들어졌다.

10:1 나무궤 언약궤를 말한다. 모세는 여기서 사건들을 짧게 말한다. 나중에 성막을 지을 때 새 돌판 둘을 이 궤에 안치한다(출 37:1-9을 보라).

10:6-9 이 단락은 금송아지 사건 이후 아론의 제사장 직분과 레위인의 성막 봉사가 회복되었음을 보여준다.

10:6 모세라에 이르러 아론이 거기서 죽어 장사되었고 아론은 시나이 반도에서 죽임을 당하지 않았는데, 이는 모세가 하나님 앞에서 그를 위해 했던 중보가 효과가 있었다는 뜻이다(참고. 민 20:22-29; 33:38, 39). 아론이 죽은 후 대제사장 직무는 엘르아살이 이어받았다. 모세라는 호르산이 위치한 지역으로, 아론은 여기서 죽었다(참고. 민 20:27, 28; 33:38).

10:8 그 때에 이스라엘이 시내산에 있던 때를 말한다.

10:9 분깃이 없으며 레위 지파는 가나안에서 땅을 기업으로 받지 못했다(민 18:20, 24을 보라).

10:10, 11 이스라엘은 그들의 의로움 때문이 아니라 모세의 중보 때문에 요단 강가에 진을 치고 약속의 땅에 들어갈 준비를 마쳤다.

6. 하나님을 사랑하고 그분의 뜻에 순종하라 (10:12-11:32)

10:12, 13 네 하나님 여호와께서 네게 요구하시는 것이 무엇이냐 모세는 수사학적 질문을 던지고 나서 하나님이 자신의 백성에게 기대하시는 다섯 가지 기본을 말한다(참고. 미 6:8). 첫째, **네 하나님 여호와를 경외하여** 하나님을 경외하고 그분께 복종하라. 둘째, **그의 모든 도를 행하고** 하나님의 뜻과 일치하는 삶을 살라. 셋째, **그를 사랑하며** 자신의 감정을 하나님께, 하나님께만 고정하라. 넷째, **네 하나님 여호와를 섬기고** 하나님을 예배하는 일을 삶의 중심으로 삼아라. 다섯째, **여호와의 명령과 규례를 지킬 것이 아니냐** 하나님의 요구에 순종하라.

10:14, 15 하나님은 만물을 다스리는 바로 그 주권으로 족장들과 이스라엘을 자신의 특별한 백성으로 선택하셨다. 참고. 로마서 9; 10장.

10:16 그러므로 너희는 마음에 할례를 행하고 모세는 이스라엘 백성에게 할례가 표피를 제거하듯이, 마음의 모든 죄를 제거하라고 요구한다. 이렇게 하면 이스라엘은 하나님과 깨끗한 관계에 이를 수 있다(참고. 30:6; 레 26:40, 41; 렘 9:25; 롬 2:29). *예레미야 4:4에 대한 설명을 보라.*

10:18 정의를 행하시며 주권적이고 권위 있는 하나님은 고아와 과부, 나그네에 대한 관심에서 보듯 한쪽으로 치우치지 않으신다(17절. 참고. 레 19:9-18; 약 1:27).

10:20 그에게 의지하고 여기에 사용된 동사는 '들러붙다' '매달리다' '바싹 붙잡다'라는 뜻이다. 남편이 아내와 연합하듯(창 2:24) 이스라엘은 자신의 하나님께 바싹 매달려야 한다.

10:22 칠십 인 출애굽기 1:5을 보라. 하나님이 이스라엘을 위해 행하신 크고 놀라운 일들 가운데 하나는 애굽으로 내려간 70명을 200만 명이 넘는 민족으로 불어나게 하신 것이다.

11:2 너희의 자녀 모세는 청중을 어른과 아이로 구분한다. 어른들은 어릴 때 출애굽을 경험했고 광야에서 하나님의 징계도 경험했다. 모세는 이들에게 "너희가 여호와께서 행하신 이 모든 큰 일을 너희의 눈으로 보

단어 연구

진노(Anger): 7:4; 11:17; 31:17; 32:21, 22. '코', '콧구멍' 또는 '분노'를 상징한다(창 2:7; 잠 15:1). 이는 불길을 묘사하는 단어와 함께 나올 때가 많다. 구약성경 전체에서 '타는 코'와 같은 비유적 표현은 전형적으로 분노를 코를 통해 나오는 불 같은 숨으로 묘사한 것이다(출 32:10-12). 구약성경에서 이 단어는 대부분 하나님의 진노를 가리킨다(시 103:8; 신 4:24-25). 하나님의 언약을 어기는 자들에게 그분의 의로운 분노가 기다리고 있다(신 13:17; 29:25-27; 수 23:16; 삿 2:20; 시 78:38).

았느니라"(7절)고 했다. 특별한 복을 받은 어른 세대는 자신들이 받은 가르침을 자녀들에게 전해주어야 한다(19절).

11:6 다단과 아비람 르우벤 지파인 엘리압의 두 아들로, 하나님이 선택하신 지도자 모세의 권위에 도전했다. 이들은 모세가 이스라엘을 풍요와 번영의 땅 애굽에서 이끌어냈으나 가나안으로 인도해 들이지 못하고 있다면서 불만을 터트렸다. 이들은 모세를 거역했고, 그로 말미암아 하나님은 땅이 입을 벌려 이들을 삼키도록 심판하셨다(민 16:12-14, 25-27, 31-33을 보라). 모세는 애굽 땅과 가나안 땅을 대비하는 문맥에서 하나님이 이들의 거역을 심판하신 일을 말하고 있다(10-12절).

11:10, 11 너희가 건너가서 차지할 땅 가나안 땅은 애굽 땅과 다르다. 애굽 땅은 나일강에 수확을 의존한다. 이와 반대로 가나안 땅은 하늘에서 내리는 비에 수확을 의존한다.

11:10 발로 물 대기를 물을 각 밭에 대는 행위나 물이 흐르도록 땅을 밟아 발목 깊이로 물길을 내는 행위를 가리키는 것으로 보인다.

11:13 참고. 6:5.

11:14 여호와께서…비를 적당한 때에 내리시리니 가나안 땅은 수확을 비에 의존하기 때문에 하나님은 이스라엘의 순종에 답해 수확에 필요한 비를 내리겠다고 약속하셨다(16, 17절). **이른 비, 늦은 비** 이른 비는 10월부터 1월까지 내리는 가을비다. 늦은 비는 3/4월에 내리는 봄비다.

11:18-21 자녀 세대와 모든 후세대는 1세대와 달리 하나님이 하신 큰 일들을 '자신의 눈으로' 직접 보지 못한다. 이들은 하나님이 하신 일들을 성경에서 '보아야' 한다. 모세는 하나님이 하신 일들을 자녀들의 눈앞에 두라고 말한다. 그러므로 하나님의 법과 은혜를 가르치는 수단으로 성경을 최우선순위에 두어야 한다(참고. 6:6-9).

11:24 너희의 발바닥으로 밟는 곳은 다 너희의 소유가 되리니 하나님은 이스라엘의 순종에 답해(22, 23절) 이들이 직접 밟는 땅을 자신이 정한 경계까지 다 주겠다고 약속하신다. 동일한 약속이 여호수아 1:3-5에서도 되풀이된다. 이스라엘 백성이 하나님께 성실하게 순종했다면 이스라엘의 경계는 아브라함에게 주신 약속이 성취될 만큼 확장되었을 것이다(창 15:18). 그러나 이스라엘 백성의 불순종 때문에 땅에 대한 약속은 아직도 완전히 성취되지는 않았지만 미래 메시아 왕국에서 성취될 것이다(참고. 겔 36:8-38).

11:26-32 모세는 하나님께 순종하고 그분을 신뢰하는 것이 얼마나 중요한지 마지막으로 일깨워주기 위해 이스라엘이 가나안에 들어가 행해야 할 의식을 제시한다. 이스라엘은 그리심산과 에발산에서 언약의 축복과 저주를 낭독해야 하는데(27:1-14을 보라), 나중에 실제로 이를 행한다(수 8:30-35).

C. 새 땅에서 살면서 지켜야 할 구체적인 규범 (12:1-26:19)

12:1-26:19 이스라엘과 하나님의 관계에 적용되는 전체적인 원칙을 기술한 후(5:1-11:32) 모세는 백성이 삶의 모든 부분에서 하나님께 복종하도록 도울 구체적인 법을 설명한다. 이 규범을 준 목적은 이스라엘이 그 "땅에서…지켜 행"(12:1)하도록 하는 데 있다.

1. 예배생활에 대한 규범(12:1-16:17)

12:1-16:17 모세는 이스라엘이 가나안에 들어가 하나님을 공적으로 예배하는 일과 연관된 구체적인 규범을 가장 먼저 제시한다.

12:1-32 모세는 먼저 이스라엘이 가나안 족속들의 땅을 차지한 뒤 거짓 예배처들을 처리하는 문제와 관련된 규범을 거듭 제시한다(7:1-6을 보라). 이스라엘은 이것들을 완전히 파괴해야 한다.

12:2 높은 산이든지 작은 산이든지 푸른 나무 아래든지 완전히 파괴해야 할 가나안 성소들은 특별히 종교적 의미가 있다고 믿는 곳에 위치해 있었다. 산이나 언덕을 신의 집이라고 생각했던 것이다. 따라서 예배자는 산에 오름으로써 상징적 의미에서 신에게 좀 더 가까이 다가섰다고 여겼다. 어떤 나무들은 신성하고 다산을 상징한다고 여겼는데, 다산은 가나안 종교에서 아주 중요한 주제였다.

12:3 제단…주상…아세라 상…조각한 신상들 가나안 종교의 요소이며, 인간 제사도 여기에 포함된다(31절). 이것들을 그대로 두면 이스라엘이 이곳에서 하나님을 예배하게 될 것이다(4절).

12:5 너희의 하나님 여호와께서…택하신 곳 참고. 11, 18, 21절. 이스라엘은 가나안에 정착한 뒤 에발산(27:1-8; 수 8:30-35), 세겜(수 24:1-28), 실로(수 18:1) 등 여러 곳을 예배 장소로 선택하는데, 실로는 사사 시대 내내 예배의 중심지였다(삿 21:19). 하나님의 거처인 성막은 가나안에서 하나님이 거하기로 선택하신 곳에 위치했다. 이스라엘의 예배는 성막이 중심이었는데, 가나안 족속들이 자신들의 우상을 여러 곳에서 숭배했던 것과는 아주 대조적이었다(2절을 보라). 마침내 다윗은 성막을 예루살렘으로 옮겼다(참고. 삼하 6:12-19).

12:6 이런 다양한 의식에 대해서는 *레위기 1-7장에 대한 설명을 보라.*

12:7 먹고…즐거워할지니라 제물 가운데 몇몇은 제사장들과 레위인들, 제사자들이 나눠 먹는다(참고. 레 7:15-18). 하나님께 드리는 예배(제사)는 거룩하고 경건해야 하지만 기쁨도 넘쳐야 한다.

12:8 각기 소견대로 하였거니와 이스라엘이 광야에서 제사할 때 약속의 땅에 들어간 후에는 허용되지 않을 안일함이 있었던 것으로 보인다. 이런 자기중심적인 태도는 사사 시대에 큰 문제가 된다(참고. 삿 17:6; 21:25).

12:15 각 성에서 네 마음에 원하는 대로 가축을 잡아 제물을 중앙 성소뿐 아니라 정해진 여러 예배처에 가져가기도 했지만, 평소에 먹는 가축은 어디서나 잡을 수 있었다. 제물이 아닌 고기를 먹을 때 금지 사항이 있다면 피와 기름(비계)을 먹지 말라는 것뿐이다.

12:17-19 모든 제물은 하나님이 선택하신 곳으로 가져가야 한다.

12:21 멀거든 모세는 이스라엘의 경계가 하나님의 약속에 따라 넓어질 것이라고 생각한다. 이것은 백성이 중앙 성소에서 점점 멀리 떨어진 곳에 살게 되리라는 뜻이기도 했다. 제사드릴 가축 외에 나머지 가축은 집에서 가까운 곳에서 잡아먹을 수 있다.

12:23 피는 그 생명인즉 창세기 9:4-6; 레위기 17:10-14을 보라. 피는 생명을 상징한다. 따라서 이스라엘은 피를 먹지 않음으로써 생명을, 궁극적으로는 생명의 창조자를 존중한다는 것을 보여주어야 한다. 생명을 상징하는 피는 죄를 속하는 속전이다. 따라서 피는 거룩하며, 이스라엘은 피를 먹지 말아야 한다. 이것은 레위기 16장; 히브리서 9:12-14; 베드로전서 1:18, 19; 요한일서 1:7에 나오는 속죄와 관련이 있다.

12:29, 30 참고. 고린도후서 6:14-7:1. 여기서 바울은 비슷한 권면을 한다.

12:31 심지어 자기들의 자녀를 불살라 그들의 신들에게 드렸느니라 가나안 종교의 가증스러운 행위 가운데 하나는 자녀를 몰렉에게 불살라 제물로 바치는 것이었다(참고. 레 18:21; 20:2-5; 왕상 11:7; 왕하 23:10; 렘 32:35).

12:32 가감하지 말지니라 *4:2에 대한 설명을 보라.*

13:1-18 모세는 가나안 종교에 참여하지 말라고 전체적으로 경고한 후(12:29-31) 이스라엘이 우상을 숭배하고픈 유혹을 받게 될 세 가지 방식을 말한다. 첫째는 거짓 선지자를 통해(1-5절), 둘째는 가족 구성원을 통해(6-11절), 셋째는 가나안 성읍의 배교자들을 통해서다(12-18절).

13:2 이적과 기사가 이루어지고 절대로 이적만 보고 진실이라 판단해서는 안 된다(참고. 출 7-10에 나오는 바로의 술사들). 선지자나 꿈꾸는 자의 예언이 이뤄지더라도 그의 메시지가 하나님의 명령에 어긋나면, 이스라엘은 이런 경험이 아니라 하나님과 그분의 말씀을 신뢰해

사형제도

범죄	관련 구절
1. 계획 살인	창 9:6; 출 21:12-14, 22, 23
2. 납치	출 21:16; 신 24:7
3. 부모를 때리거나 저주함	출 21:15; 레 20:9; 잠 20:20; 마 15:4; 막 7:10
4. 마술과 점	출 22:18
5. 수간	출 22:19; 레 20:15, 16
6. 거짓 신들에게 제사함	출 22:20
7. 안식일을 더럽힘	출 35:2; 민 15:32-36
8. 사람을 제물로 바침	레 20:2
9. 간음	레 20:10-21; 신 22:22
10. 근친상간	레 20:11, 12, 14
11. 동성애	레 20:13
12. 신성모독	레 24:11-14, 16, 23
13. 거짓 예언	신 13:1-10
14. 돌이키지 않는 거역	신 17:12; 21:18-21
15. 아내에게 처녀의 증거가 없음	신 22:20, 21
16. 약혼한 여자를 겁간함	신 22:23-27

야 한다. **다른 신들을 우리가 따라 섬기자** 하나님을 향한 충성을 약화시키고 다른 신들을 좇게 하려는 유혹이 분명하다. 이런 배교로 거짓 신들을 숭배해 섬기게 되면 제1계명을 직접적으로 범하는 것이 된다(5:7).

13:3 너희의 하나님 여호와께서…너희를 시험하심이니라 하나님은 이스라엘의 마음이 전정으로 어떠한지 시험하려고 거짓 선지자들이 이들을 유혹해 배교로 이끌도록 허락하신다. 유혹은 위험하지만 이스라엘이 유혹을 이기면 하나님을 더 사랑하고 그분의 계명을 더 잘 지키게 될 것이다. 참고. 6:5.

13:5 너희 중에서 악을 제할지니라 엄중한 처벌의 목적은 단지 악을 행한 자를 벌하는 게 아니라 공동체를 보존하는 것이다. 바울은 고린도 교회에 비슷한 명령을 할 때 이 본문을 염두에 둔 것이 분명하다(참고. 고전 5:13; 신 17:7; 19:19; 21:21; 22:21; 24:7).

13:6 네 형제나…친구가 우상숭배의 유혹이 가족에게서 올 수도 있고 가까운 친구에게서 올 수도 있다. 거짓 선지자는 표적이나 이적 하나를 내세워 유혹할 테지만 이런 유혹은 은밀하며 친밀한 관계를 토대로 할 것이다.

13:10 돌로 쳐죽이라 증인이 가장 먼저 돌을 던져야 한다. 가족과 친구에 대한 사랑이 하나님을 향한 헌신보다 앞서서는 안 된다(참고. 눅 14:26).

13:12 한 성읍 하나님이 이스라엘에게 주셨으나 우상숭배의 유혹에 빠진 가나안의 한 성읍 전체를 말한다.

13:13 불량배 문자적으로 '벨리알의(쓸모없는) 아들들'이다. *벨리알*은 고린도전서 6:15에서 사탄을 가리키는 말로 사용된다. 악하거나 쓸모없는 사람들을 가리킬 때 쓰는 표현 중 하나다(삿 19:22; 삼상 2:12; 왕상 21:10, 13).

14:1 자기 몸을 베지 말며…털을 밀지 말라 몸을 베고 머리털을 미는 행위는 이방 종교들의 애곡 관습과 관련이 있다. 이런 행동은 그 자체로는 무죄해 보이지만 하나님이 가증하게 여기시는 관습 그리고 신앙과 관련이 있다. 참고. 레위기 19:27, 28; 21:5; 열왕기상 18:28; 고린도전서 3:17.

14:2 너는 네 하나님 여호와의 성민이라 이스라엘과 하나님의 특별한 관계를 다시 일깨운다. 모세는 250회 이상 이스라엘에게 "여호와 너희 하나님(너희 하나님 여호와)"이라고 힘주어 말한다.

14:3-21 정한 짐승과 부정한 짐승에 대한 요약으로, 레위기 11:2-23에 나오는 목록에서 비롯되었다. 특정 짐승을 식용으로 허용하거나 금지하는 근거는 이스라엘이 하나님께 거룩해야 한다는 것이다(2, 21절). 이처럼 특별한 음식법은 이스라엘이 우상 숭배자들과 사회적으로 섞이지 않도록 분리하고, 이들이 우상숭배의 유혹에 빠지지 않도록 막는 데 목적이 있다.

14:21 스스로 죽은 모든 것 자연사한 짐승의 고기를 먹지 못하게 금지한 것은 적절한 절차에 따라 도살되지 않았고 피도 제거되지 않았기 때문이다(*12:23에 대한 설명을 보라*). 그러나 이런 짐승의 고기라도 "성중에 거류하는 객"은 먹을 수 있다. *17:10-16에 대한 설명을 보라*. **염소 새끼를 그 어미의 젖에 삶지 말지니라** 이 금지는 의심할 여지없이 가나안 종교의 일반 관습, 곧 수확과 생산성이 높아지길 바라며 미신적으로 행했던 관습과 관련이 있다(참고. 출 23:19; 34:26).

14:22 십일조 여기서 말하는 십일조(문자적으로 '십분의 일')는 농작물의 십일조일 뿐이다. 이것은 성소 예배에 사용되는 두 번째 십일조다(23-26절). 이 외에 레위인을 위한 십일조로 알려진 첫 번째 십일조가 있는데, 백성을 섬기는 제사장들과 레위인들을 부양하는 데 사용된다. 참고. 레위기 27:30-33; 민수기 18:21-22. 세 번째 십일조, 곧 복지 십일조도 3년마다 드려야 한다(*14:28; 26:12에 대한 설명을 보라*).

14:23 여호와 앞…먹으며 십일조를 중앙 성소에 가져가 예배자들이 하나님과 교제하며 일부를 먹어야 한다.

14:24 너무 멀고 이스라엘 사람의 거처에서 성소가 너무 멀어 농작물의 십일조를 가져가기 어려운 경우 십일조를 지역에서 은으로 바꿔 성소에 가서 다시 물건을 사서 드려도 괜찮다.

14:26 포도주나 독주 *잠언 20:1; 23:29-35; 31:4-7에 대한 설명을 보라*.

14:28 매 삼 년 끝에 안식년 주기 7년 가운데 제3년과 6년에는 이 십일조를 중앙 성소에 가져가는 대신 각 성읍에 보관한다. 이 십일조는 레위인, 고아, 과부, 이스라엘 가운데 사는 객(곧 외국인)을 먹이는 데 사용된다. 참고. 26:12; 민 18:26-32.

15:1 매 칠 년 끝에는 면제하라 출애굽기 23:10, 11; 레위기 25:1-7에서 안식년이 제정되고 설명되었다. 그러나 이 본문들은 제7년에 어떤 작물도 심지 말고 땅을 놀려야 한다고 말한 반면, 이곳에서만 모세는 빚을 탕감해주라고 명한다. 9-11절에 비춰볼 때 빚은 단지 그 해에만 이자가 면제된 게 아니라 영구적으로 탕감된다.

15:3 이방인에게는 네가 독촉하려니와 안식년에 빚을 탕감하라는 규정은 그 땅에 일시적으로 머무는 사람을 위한 게 아니다. 외국인은 여전히 빚을 갚을 의무가 있다.

15:4-5 너희 중에 가난한 자가 없으리라 이상적으로 보면 "하나님 여호와께서 네게 기업으로 주신 땅에서 네가 반드시 복을 받을" 것이기에 그 땅에서 가난이 사

이스라엘의 월력

달 이름	월		특징
포로기 이전/이후	종교력/민간력	현대	
아빕월/니산월	1/7	3/4	늦은 비, 보리 수확
시브월/이야르월	2/8	4/5	건기 시작
시완월	3/9	5/6	밀 수확, 이른 무화과
담무스월	4/10	6/7	혹서기, 포도 수확
압월	5/11	7/8	올리브 수확
엘룰월	6/12	8/9	대추, 여름 무화과
에다님월/티슈리월	7/1	9/10	이른 비, 밭을 갈 때
불월/헤슈반월	8/2	10/11	비, 밀과 보리 파종
기슬르월	9/3	11/12	겨울 시작
데벳월	10/4	12/1	비
스밧월	11/5	1/2	살구나무가 꽃 피는 시기
아달월	12/6	2/3	늦은 비 시작, *시트루스 수확

* 시트루스(Citrus): 감귤류의 일종으로 레위기 23:40에서 "아름다운 나무 실과"로 번역된 열매임(옮긴이)

라질 가능성이 있다. 그러나 이런 복이 완전히 임하려면 이스라엘은 완전하게 순종해야 한다. 따라서 4-6절은 가난을 줄이도록 노력하라는 독려인 동시에 하나님이 약속의 땅에서 주실 풍성한 복을 강조한다.

15:8 필요한 대로 쓸 것을 넉넉히 꾸어주라 이스라엘은 공동체 내에서 가난한 자를 따뜻하고 후하게 대해야 한다. 가난한 자에게 필요한 것은 무엇이든 주어야 하는데, 그가 이런 '채무'를 전혀 갚을 필요가 없음을 알게 되었을 때라도 다르지 않다. *23:19, 20에 대한 설명을 보라.*

15:11 땅에는 언제든지 가난한 자가 그치지 아니하겠으므로 (4-5절과는 대조적으로) 현실적으로 이스라엘이 하나님께 불순종한다는 것은 이스라엘 땅에 가난한 자들이 늘 있으리라는 뜻이다. 예수님도 마태복음 26:11에서 이 진리를 거듭 말씀하신다.

15:12 네 동족…네게 팔렸다 하자 1-11절 문맥에서 이 사람은 빚을 갚을 수 없어 빚을 갚는 다른 방법으로 자신을 팔려고 할 것이다. 그래서 일정 기간 종살이를 하고 이것으로 채무 상환을 대신할 것이다. 히브리 종은 자신을 팔았기에 6년 동안 주인을 섬길 테지만 7년째는 자유인이 될 수 있다.

15:13 빈 손으로 가게 하지 말고 종이 의무 기간을 채운 뒤 자유인이 되면 삶을 가난한 상태로 시작하지 않도록 주인은 넉넉하게 챙겨주어야 한다.

15:15 기억하라 이스라엘은 과거 애굽에서 종살이를 했기에 하나님이 그들을 대하셨듯 자신들의 종을 대해야 한다.

15:17 송곳을 가져다가 그의 귀를 문에 대고 뚫으라 어떤 경우 종은 6년을 다 채운 후에도 주인 곁에 남길 원할 수도 있다. 이런 경우 그는 귀를 뚫고 영원히 종이 될 수 있다(참고. 출 21:5, 6).

15:18 품꾼의 삯의 배나 받을 만큼 종이 주인에게 배나 가치 있는 것은, 주인이 종의 섬김을 받을 뿐 아니라 고용한 일꾼이라면 지불해야 했을 품삯을 지불하지 않아도 되기 때문이다.

15:19 처음 난 수컷은 구별하여 짐승이 처음 낳은 수컷은 하나님께 구별해 드려야 한다. 처음 난 것은 매년 제물로 바치고, 바친 자들은 제사 음식을 먹는다(14:23을 보라). **털은 깍지 말고** 처음 낳은 수소는 일을 시키지 말아야 하고, 처음 낳은 숫양이나 숫염소는 하나님께 제물로 바치기 전에 털을 깍지 말아야 한다.

15:21 흠이 있어서 불완전한 만물 짐승은 제물로 바칠 수 없다. 이것은 제물 아닌 여느 짐승과 똑같이 다루고(12:15, 16을 보라) 집에서 먹어야 한다(참고. 말 1:6-14).

16:1-17 모세는 20세 이상 모든 남자가 중앙 성소에서 하나님 앞에 나와야 하는 절기들을 설명한다. 가능하다면 이들의 가족도 함께 가야 한다(11, 14절을 보라). 참고. 출애굽기 23; 레위기 23; 민수기 28; 29장.

16:1 아빕월 아빕월(나중에 니산월이라고 불렸음)은 양력으로 하면 봄이다(대략 3, 4월).

16:1-8 유월절을 행하라 유월절 자체의 제물로는 어린 양 한 마리만 드린다(출 12:3-11). 그러나 유월절과 뒤이은 7일간의 무교절 동안 추가로 다른 제물을 드려야 한다(참고. 출 12:15-20; 13:3-10; 레 23:6-10; 민 28:19-25). 그러므로 유월절을 지킬 때 양과 소도 제물로 드린다.

16:3 기억할 것이니라 이것은 유월절의 핵심 단어이듯, 주의 만찬에 있어 핵심 단어이기도 하다(참고. 마 26:26-30; 눅 22:14-19; 고전 11:23-26).

16:5, 6 여호와께서…택하신 곳에서 유월절 제물을 더는 집에서 잡을 수 없다(출 12:46을 보라). 이 순간부터 유월절 제물은 중앙 성소에서 잡아야 한다.

16:7 아침에 네 장막으로 돌아갈 것이니라 유월절 제사, 식사, 뒤이은 밤샘 집회가 끝난 후 사람들은 아침에 각자 절기 동안 머무는 숙소나 천막으로 돌아간다.

16:10-12 칠칠절 일곱 주가 지난 후 두 번째 절기를 지켜야 한다. 이 절기는 맥추절(출 23:16) 또는 처음 익은 열매를 드리는 날로(레 23:9-22; 민 28:26-31) 나중에는 오순절로 알려진다(행 2:1). 곡물 수확이 끝난 시점이라 이 하루짜리 절기는 즐거운 시간이다. 그리스도가 유월절에 죽으신 지 50일 후, 곧 오순절에 성령이 임했다. 따라서 이 날은 그리스도인에게 특별한 의미가 있다(참고. 욜 2:28-32; 행 2:14-18).

16:13-15 초막절 초막절은 수장절이라고도 한다(참고. 출 23:16; 34:22; 레 23:33-43; 민 29:12-19).

2. 지도자들에 대한 규범(16:18-18:22)

16:18-18:22 이 단락은 가나안 땅에서 순전한 예배를 유지하고 공정하게 정의를 시행할 지도자들의 책임을 다룬다.

16:18 재판장들과 지도자들을 둘 것이요 모세는 시내 광야에서 자신을 도와 백성을 다스릴 지도자(수령)를 세웠다(1:13) 여기서 모세는 이런 중요한 리더십이 각 성읍에서 계속되어야 한다고 구체적으로 말한다. *재판장*들은 율법을 적용해 사건을 판결하는 자들이다. *지도자*들은 다양한 역할을 하는 하위 지도자를 말한다.

16:19 뇌물은 지혜자의 눈을 어둡게 하고 뇌물은 법정에서 재판관이 공정하게 재판할 능력을 잃게 하기 때문에 뇌물을 받는 것은 옳지 않다.

16:21, 22 어떤 나무로든지 아세라 상을 세우지 말며…주상을 세우지 말라 가나안 여신 아세라를 상징하는 나무 기둥이나 형상, 나무를 말한다. 남성의 생식력을 상징하는 돌기둥도 가나안 종교에 널리 퍼져 있었다. 제1, 2계명은 이것들을 금한다(5:7-10; 출 20:3-6).

미래의 이스라엘 왕이 해야 할 것과 하지 말아야 할 것

1. 반드시 유대인이어야 한다(신 17:15).
2. 율법을 직접 필사해야 한다(신 17:18).
3. 자신이 필사한 율법을 평생 읽어야 한다(신 17:19)
4. 여호와를 경외해야 한다(신 17:19).
5. 율법의 모든 말과 규례를 지켜야 한다(신 17:19).
6. 그도 백성도 말을 많이 두어서는 안 된다(신 17:16).
7. 애굽으로 돌아가서는 안 된다(신 17:16).
8. 아내를 많이 두어서는 안 된다(신 17:17).
9. 자신을 위해 은금을 많이 쌓아서는 안 된다(신 17:17).
10. 마음이 교만해 백성 위에 군림해서는 안 된다(신 17:20).
11. 하나님의 계명에 등을 돌려서는 안 된다(신 17:20).

17:1 흠 흠 있는 제물을 하나님께 바친다면 금지된 것을 성소에 들여오는 행위가 된다. 이런 제사는 하나님께 가증한 것이다. 최고에 못 미치는 것을 하나님께 드리는 것은 그분의 이름을 멸시하는 행위다(말 1:6-8을 보라). 완전하지 못한 제물을 바치는 것은 사실상 하나님이 삶에서 가장 좋은 모든 것의 궁극적 공급자라는 사실을 인정하는 않는 행위로 간주한다.

17:3-7 다른 신들을 섬겨 지역 재판장들은 우상숭배를 엄하게 다뤄 거짓 예배자들을 죽여야 한다.

17:6, 7 두 사람이나 세 사람의 증언으로 소문을 근거로 우상 숭배자를 죽여서는 안 된다. 재판이 정확히 이뤄지도록 피고에 맞서는 유효한 증인이 적어도 둘 이상 있어야 한다. 중형의 경우 증인 한 명으로는 부족한데, 이런 기준을 통해 거짓 증언을 막고자 한 것이다. 처형 방식에서 보듯 사형에 해당하는 사건에서 진실을 증언해야 하는 증인의 책임이 강조된다. 증인은 먼저 돌을 던짐으로써 자신의 증언에 대한 책임을 져야 한다(참고. 19:15; 고전 5:13).

17:8-13 네가 판결하기 어려운 일이 생기거든 어떤 사건이 판결하기에 너무 어렵다고 생각되면 재판장은 그 사건을 나중에 중앙 성소에 세워지는, 제사장들과 수석 판사로 구성된 중앙 재판소에 가져갈 수 있다. 이 중앙 재판소가 최종 판결을 내리는데, 이 판결을 수용하지

않는 자는 누구든지 사형에 처한다.

17:14 왕 모세는 오경에서 왕의 직무를 언급한다(창 17:16; 35:11; 49:9-12; 민 24:7, 17을 보라). 그는 이스라엘이 왕을 요구할 때를 내다보고 미래의 왕이 갖춰야 할 자격 요건을 분명하게 제시한다.

17:15 네 형제 중에서 하나님이 어떤 식으로 왕을 선택하실 것인지는 설명하지 않는다. 하지만 왕을 이스라엘 중에서 선택해야 한다는 조건이 있기에 선택의 폭이 줄어든다.

17:16, 17 많이 두지…많이 두어…많이 쌓지 왕에게는 몇 가지 금지된 사항이 있다. 첫째, 왕은 말을 많이 두지 말아야 한다. 둘째, 왕은 아내를 많이 두지 말아야 한다. 셋째, 왕은 은금을 많이 쌓지 말아야 한다. 왕은 자신의 위치나 권세를 위해 군사력이나 정치적 동맹, 재물에 의지하지 말고 하나님을 바라보아야 한다. 다윗은 이런 금지 규정의 둘째와 셋째를 어겼고, 그의 아들 솔로몬은 세 가지 모두를 어겼다. 솔로몬의 아내들이 우상숭배를 예루살렘에 퍼트렸고, 이로 말미암아 왕국은 분열되고 말았다(왕상 11:1-43).

17:18 율법서의 등사본을…기록하여 모세는 하나님의 뜻에 복종하는 왕을 이상적이라고 제시하는데, 왕은 율법을 읽어 하나님의 뜻을 배워야 한다. 왕이 오경을 읽으면 하나님을 경외하고 겸손해질 것이다. 여기서 왕은 서기관과 성경학자로 묘사된다. 요시야 왕은 이스라엘 역사에서 암울한 시대에 이런 방식을 재정비했다(참고. 왕하 22장).

17:20 그의 마음이 그의 형제 위에 교만하지 아니하고 왕은 하나님의 법 위에 있어서는 안 될뿐더러 어느 이스라엘 사람 위에 군림해서도 안 된다.

18:1 레위의 온 지파 나머지 지파와는 달리 제사장을 비롯해 레위 지파 가운데 그 누구도 정착해 경작할 땅을 분배받지 못했다. 제사장들은 중앙 성소 근처에 사는 반면, 레위인은 그 땅 전역에서 자신들에게 배정된 성읍에서 살면서(민 35:1-8; 수 21장) 중앙 성소에서 직무를 수행했다(참고. 대상 6:57-60). 레위인은 제사장들을 돕는 역할을 했다(민 3; 4; 8장).

18:6-8 레위인 레위인은 중앙 성소에서 하나님의 이름으로 섬기길 원할 경우, 그렇게 하면서 나머지 레위인과 똑같은 몫을 받을 수 있다.

18:9-12 그 민족들의 가증한 행위 모세는 온갖 신을 섬기는 가나안 족속들의 행위를 본뜨거나 흉내를 내거나 따라하지 말라고 엄히 경고한다. 가나안 족속들의 가증스러운 행위 아홉 가지가 10, 11절에 열거된다. 첫째는 자녀를 제물로 불살라 바치는 행위다. 둘째는 점술(占術), 곧 징조를 살피고 해석해 신들의 뜻을 결정하는 행위다. 셋째는 길흉을 말하는 행위, 곧 악한 영들이 주는 힘으로 미래를 제어하려는 시도다. 넷째는 요술, 곧 징조를 토대로 미래를 말하는 행위다. 다섯째는 무당 행위, 즉 약을 이용해 마법의 효과를 끌어내려는 행위다. 여섯째는 진언 행위, 곧 마술의 주문으로 다른 사람을 묶는 행위다. 일곱째는 신접 행위, 곧 이른바 죽은 자들과 소통하는 행위(사실은 귀신들과 소통하는 것임)다. 여덟째는 박수 행위, 곧 귀신과 영의 세계와 밀접한 관련을 갖는 행위다. 아홉째는 초혼 행위, 곧 죽은 자에게서 정보를 캐내는 행위다. 이런 악한 행위로 말미암아 하나님은 가나안 족속들을 가나안에서 쫓아내실 것이다.

증언에 대한 법

구약	신약
민 35:30	마 18:16
신 17:6	요 8:17
신 19:15	딤전 5:19
	히 10:28

18:15-19 나와 같은 선지자 하나 단수 대명사가 오실 궁극적 선지자를 강조한다. 구약성경(34:10)과 신약성경(행 3:22, 23; 7:37)은 이 표현이 도래할 메시아를 가리킨다고 해석하는데, 메시아는 모세처럼 하나님의 계시를 받아 전하며 그분의 백성을 인도할 것이다(참고. 요 1:21, 25, 43-45; 6:14; 7:40). 사실 예수는 여러 측면에서 모세와 같다. 첫째, 아기 때 죽음을 면하셨다(출 2장; 마 2:13-23). 둘째, 왕궁을 포기하셨다(빌 2:5-8; 히 11:24-27). 셋째, 자신의 백성을 불쌍히 여기셨다(민 27:17; 마 9:36). 넷째, 백성을 위해 중보하셨다(신 9:18; 히 7:25). 다섯째, 하나님과 얼굴을 맞대고 대화하셨다(출 34:29, 30; 고후 3:7). 여섯째, 언약의 중보자이셨다(신 29:1; 히 8:6, 7).

18:20-22 다른 신들의 이름으로 말하면 모세는 참 선지자와 대비되는 거짓 선지자들이 이스라엘에 나타나 하나님의 이름이 아니라 거짓 신들의 이름으로 말할 것을 예언한다. 선지자가 진실로 하나님을 대언하는지 어떻게 알 수 있을까? 모세는 "성취함도 없으면"(이뤄지지 않으면) 하나님이 주신 말씀이 아니라고 말한다. 거짓 선지자들의 특징은 이들의 예언이 이뤄지지 않는다는 것이다. 이따금 거짓 선지자들의 말이 그대로 이뤄지기도 하지만, 이들은 거짓 신들을 대변하고 백성을 참 하나님으로부터 돌아서게 하려고 할 뿐이다. 거짓 선지자

들은 배척하고 죽여야 한다(13:1-5). 그런가 하면 거짓 선지자들은 참 하나님의 선지자와 비슷해 분간하기 어렵지만 거짓을 말할 때가 있다. 이런 선지자의 예언이 이뤄지지 않으면 그는 거짓 선지자다. 참고. 예레미야 28:15-17; 29:30-32.

3. 사회질서에 대한 규범(19:1-23:14)

19:1-23:14 모세가 신명기의 이 단락에서 설명하는 법령은 사회와 공동체의 질서를 폭넓게 다룬다. 이 법들은 사람과 사람의 관계에 초점을 맞춘다.

19:1-13 도피성의 목적에 대해서는 민수기 35:9-34을 보라.

19:2 세 성읍 가나안을 정복한 후 그 땅의 세 성읍을 도피성으로 정해야 한다(이스라엘이 이 명령에 어떻게 순종했는지에 대해서는 여호수아 20:7을 보라). 요단강 서쪽에 자리한 이 세 성읍은 이미 요단강 동쪽에 세워진 세 성읍에 추가된 것이다(요단강 동쪽의 도피성에 대해서는 4:41-43을 보라).

19:9 세 성읍을 더하여 이스라엘이 하나님을 온전히 신실하게 따랐다면 하나님은 이들의 영토를 아브라함 언약에서 약속하신 경계까지 확장해주셨을 것이다(창 15:18-21). 그랬다면 도피성 세 곳을 더해 도피성은 모두 아홉이 필요할 것이다.

19:14 네 이웃의 경계표 *경계표*는 토지 주인의 이름이 새겨진 돌을 말한다. 이웃의 경계석을 옮기는 행위는 이웃의 재산을 훔치는 행위와 같다(참고. 잠 22:28; 23:10).

19:15 두 증인의 입으로나 또는 세 증인의 입으로 한 사람의 범죄를 확증하려면 증인이 적어도 두 명은 있어야 한다. 이 원칙은 동료 이스라엘을 무고하지 못하게 막는 안전장치였다. 적어도 두 증인을 요구함으로써 정확성과 객관성을 좀 더 확보해야 한다(참고. 신 17:6; 마 18:15-17; 고후 13:1).

19:16-19 위증하는 자 몇몇 경우 한 명의 증인이 누군가를 고발하는 일이 있을 것이다. 이런 경우 사건을 제사장들과 재판관들로 구성된 중앙 재판소로 이관해 자세한 심문을 토대로 재판을 열고 증인의 증언이 거짓으로 드러나면 고발자(증인)에게는 그가 주장한 범죄에 해당하는 벌을 내려야 한다.

19:20 듣고 두려워하여 이스라엘에서 위증자가 어떻게 처벌을 받는지 알려지면 법정에서 위증을 억제하는 효과가 있을 것이다.

19:21 눈에는 눈으로 이런 법률 정의의 원칙(lex talionis, '동해 복수법'이라고 부름)을 세운 것은 범죄에 비해 처벌이 너무 관대하거나 엄한 경향이 있을 법한 사건들에서 적절한 처벌이 이루어지길 독려하기 위해서다(*출 21:23, 24; 레 24:20에 대한 설명을 보라*). 예수님은 이 율법을 법정 밖으로 가지고 나와 개인적 복수에 이용하는 유대인과 맞서셨다(참고. 마 5:38-42).

20:1-20 모세 율법에서 전쟁에 적용되는 인도주의적 원칙은 다른 민족들의 야만성, 잔혹성과 극명하게 대비된다.

20:1 두려워하지 말라 이스라엘은 전쟁에 나갈 때 적의 말이나 전차를 절대 두려워할 필요가 없다. 전쟁의 결과는 단순히 군사력으로 결정되지 않기 때문이다. 두려워하지 말라는 명령은 하나님의 능력과 신실함에 기초를 두고 있는데, 그분의 능력과 신실함은 이들을 애굽에서 구원하신 데서 이미 증명되었다.

20:2-4 제사장은…그들에게 말하여 이르기를 전쟁에서 제사장은 하나님의 약속과 임재와 능력으로 군사들을 독려하는 역할을 하는데, 굳건한 믿음을 가지라고 말한다. 하나님이 자신들을 위해 싸워주신다는 것을 믿지 못하면 의지력에 영향을 받을 테고 겁쟁이가 될 것이다. 승리는 하나님을 신뢰하느냐에 달려 있다.

20:5-8 그는 집으로 돌아갈지니 이스라엘의 지원군에서 제외되는 네 부류를 제시하는데, 마음이 싸움터에 있지 않는 자는 누구든지 몸도 싸움터에 있어서는 안 된다는 원칙을 설명하기 위해서다. 생각이 다른 곳에 있거나 두려워하는 자들은 군대를 떠나 집으로 돌아가도 좋다. 이들은 싸움에서 쓸모없을 뿐 아니라 다른 병사들의 사기도 떨어뜨리기 때문이다(8절).

20:10-15 화평을 선언하라 가나안 밖 성읍들은 전멸의 심판을 적용해야 할 대상에 포함되지 않기에 이스라엘은 이들에게 평화조약을 제안할 수 있다. 성읍이 이스라엘의 봉신이 되기로 동의하면 주민들은 종속민이 될 것이다. 그러나 평화 제안을 거부하면 이스라엘은 성읍을 공격해 취하며, 남자들은 죽이고 나머지 사람들과 가축은 전리품으로 취해야 한다. 여기서 평화선언이 심판에 선행한다는 원칙에 주목하라(참고. 마 10:11-15).

20:16-18 하나도 살리지 말지니 가나안 성읍들은 아무것도 남기지 말고 완전히 멸해야 하는데, 이들의 우상숭배가 이스라엘에게 영향을 미치지 못하게 하기 위해서다(참고. 7:22-26).

20:19, 20 그 곳의 나무를 찍어내지 말라 고대 세계의 군대들은 한 성읍을 공격할 때 나무를 잘라 공성로(攻城路)와 무기뿐 아니라 오랜 포위에 필요한 시설들을 지었다. 그러나 이스라엘은 하나님이 자신들에게 주신

신

땅의 열매를 누리도록 한 성읍을 공격할 때 주변의 과실나무를 베지 않았다(7:12, 13).

21:1-9 그 쳐죽인 자가 누구인지 알지 못하거든 미해결 살인 사건을 다루는 이런 법은 오경이 아닌 곳에서는 나오지 않는다. 누가 범인인지 알지 못하는 경우 정의를 적절히 시행할 수 없다. 그럼에도 이 범죄를 처리해야 할 책임이 있는데, 시체가 발견된 곳에서 가장 가까운 성읍의 장로들이 이 범죄를 맡게 된다. 이렇게 함으로써 친족이 복수하려고 할 때 일어나는 성읍들 간의 분쟁을 막을 수 있다. 장로들은 골짜기로 가서(우상의 제단들은 언제나 높은 곳에 있으므로 이런 행보를 통해 우상과의 접촉을 피함) 암송아지의 목을 꺾어야 하는데, 이 범죄가 벌을 받아 마땅한 것이라는 뜻이다. 장로들은 손을 씻는데(6절), 이것은 비록 자신들이 일어난 일에 대한 책임을 받아들이기는 했어도 그 범죄와 관련해 죄가 없음을 보여주는 행위다.

21:5 이것은 이스라엘의 신정(神政)에서 최종 판결을 내릴 권한이 제사장에게 있음을 분명히 보여준다.

21:11-14 아리따운 여자 고대의 전쟁 관습에 따르면 여자 포로는 승리자들의 종이 되었다. 모세는 이 문제를 다루라는 지시를 받았는데, 정복자들이 여자 포로의 아름다움에 매료되어 아내로 삼으려고 할 경우 한 달을 기다려야 한다. 이 기간에 여자는 고통스러운 감정을 추스르고, 정복자의 새로운 환경에 적응해야 하며, 고향을 떠나 낯선 남자의 아내가 되면서 부모를 잃은 것을 슬퍼할 시간을 갖는다. 유대인은 일반적으로 한 달간 애도했는데, 이 기간에 머리를 밀고 손톱을 깎으며 예쁜 옷을 벗는 것은(여자들은 사로잡히기 전날 밤에 사로잡을 자들에게 매력적으로 보이도록 예쁜 옷을 입었음) 유대인이 슬픔을 표현하는 전형적인 방식이다. 이런 행동은 여자에게 친절을 보이고 남자가 여자에게 품은 애정의 힘을 시험하는 데 중요하다. 30일이 지나면 두 사람은 결혼할 수 있다. 나중에 남자가 이혼하는 게 적절하다고 판단한 경우(21:1-4의 규정을 근거로) 여자를 종으로 팔아서는 안 된다. "네가 그를 욕보였은즉" 자유롭게 살도록 놓아주어야 한다. 이 표현은 성행위를 가리키는 게 분명한데, 이 부분에서 아내는 자신을 남편에게 완전히 주었다는 뜻이다(참고. 22:23, 24, 28, 29). 이스라엘은 애굽에 살 때 이혼제도를 알았다. 모세는 이들의 '마음의 완악함'으로 말미암아 이혼을 허용했지만, 이스라엘 가운데 이혼이 일반적이었다고 말해서는 안 된다(*24:1-4과 마태복음 19:8에 대한 설명을 보라*).

21:11, 12 포로 중의 아리따운 여자 가나안 족속은 모두 죽여야 했으므로(20:16), 이 여자는 비가나안 성읍에 속했을 것이다(20:14을 보라). 포로로 잡은 여인의 머리를 밀고 손톱을 깎는 행위는 이전의 삶을 버리고 정결 의식을 행한다는 의미를 담고 있다(참고. 레 14:18; 민 8:7).

21:15-17 두 아내를 두었는데 원문은 문자적으로 '아내가 둘이었다'라는 뜻으로, 이미 일어난 사건에 대해 말한다. 한 아내가 죽고 다른 아내가 그 자리를 대신한 게 분명하다. 따라서 모세는 한 남자가 동시에 두 아내를 두는 일부다처제에 대한 법이 아니라 연이어 두 차례 결혼한 한 남자에 대한 법을 제정하고 있다. 남자가 두 번째 아내를 더 좋아하고, 그 아내가 남편에게 유산을 자신이 낳은 아들에게 물려주라고 요구하는 경우가 있을 수 있다. 이 문제는 장자 상속의 원칙과 관련이 있다. 남자는 자신이 좋아하는 아내에게서 태어났느냐에 상관없이 장자에게 유산의 두 몫을 물려주어야 한다. 아버지는 이를 다른 아들에게 넘겨줄 권리가 없다. 그러나 첩의 아들이나(창 21:9-13) 장자가 악행을 저지른 경우에는 이것이 적용되지 않는다(창 49:3, 4).

21:18-21 완악하고 패역한 아들 참고. 27:16. 부모에게 구제불능으로 불순종하고 거역하는 자녀를 염두에 둔 말이다. 제5계명(출 20:12)을 노골적으로 범하는 이런 자는 희망이 없으므로 돌로 쳐죽여야 한다.

21:22, 23 나무 위에 달거든 처형한 후 불순종의 결과를 공개적으로 보여준다는 의미에서 시체를 당일 남은 시간 나무에 매다는 게 허용된다. 그러나 시체를 밤새 나무에 달아두지 말고 해가 지기 전에 적절히 장사를 지내야 한다. 참고. 갈라디아서 3:13. 여기서 바울은 이 본문을 인용해 주 예수 그리스도의 죽음과 연결한다.

22:1-26:19 하나님 사랑하기가 사람의 첫 번째 의무이고(참고. 6:5), 이웃 사랑하기가 뒤이어 나온다(참고. 마 22:37-40). 이 단락에서 이웃 사랑하기와 관련된 법이 친족관계와 사회적 관계에 적용된다.

22:1-4 못 본 체하지 말고 이스라엘은 이런 분명한 상황에 절대로 눈을 가려서는 안 된다. 이웃의 잃어버린 재산을 찾아 돌려주는 것이 의무다.

22:5 여자는 남자의 의복을 입지 말 것이요 남자는 여자의 의복을 입지 말 것이라 남자는 여자의 옷이나 장신구를 착용하지 말고 여자는 남자의 옷이나 장신구를 착용하지 말라는 금지 규정은 오경에서 이곳에만 나온다. 여기서 "가증한"은 하나님이 동성애를 보시는 시각을 묘사하는 데도 사용된다(레 18:22; 20:13). 이 경우는 특별히 법이 금하는 복장도착이다. 창조 질서에서 비롯된 남성과 여성의 차이는 예외 없이 유지되어야 한다(참고. 창 1:27).

22:6 새의 보금자리 이 법은 오경에서 이곳에만 나오는데, 하나님이 자기 백성의 장기적 필요를 돌보신다는 것을 보여준다. 어미 새를 놓아줌으로써 미래에 필요한 양식의 근원을 죽이지 않고도 양식을 얻을 수 있다.

22:8 난간 이 법은 오경의 이곳에만 나오는데, 대개 평평하며 바깥 계단을 통해 올라가는 지붕과 관련이 있다. 떨어져 다치거나 죽지 않도록 지붕 사방에 난간을 만들어 세워야 한다. 이것 역시 그러지 않으면 다치거나 죽을 자들에 대한 사랑이 표현된 규정이다.

22:9 두 종자 이 법의 목적은 씨를 섞어 뿌리지 않음으로써 건강한 작물을 얻는 데 목적이 있는 듯하다. *레위기 19:19에 대한 설명을 보라.*

22:10 소와 나귀를 겨리하여 앞서 제시한 음식법에 따르면(14:1-8) 소는 '정한' 짐승이지만 나귀는 '부정한' 짐승이다. 서로 다른 두 짐승이 곧은 고랑을 함께 갈 수 없다는 사실이 훨씬 더 설득력이 있다. 이것은 소와 나귀가 기질과 타고난 본능, 신체적 특징이 서로 다르기 때문에 불가능하다. 씨의 경우처럼(9절) 하나님은 자기 백성의 양식을 보호하신다.

22:11 양 털과 베 실로 섞어 짠 것 *레위기 19:19에 대한 설명을 보라.*

22:12 술을 만들지니라 이 술의 목적에 대해서는 민수기 15:38-40을 보라.

22:13-30 이 단락은 가정생활을 다룬다(참고. 레 18:1-30; 20:10-21).

22:13-21 이스라엘 남자는 신부의 처녀성이 의심되면 성읍 장로들에게 공식적으로 고소해야 한다. 신부의 부모가 무고를 밝히는 처녀성의 증거를 제시하면 남편은 벌금을 내야 하는데, 아내와 이혼할 수는 없다. 그러나 신부가 처녀가 아니라고 밝혀지면 죽여야 한다.

22:15 처녀의 처녀인 표 첫날밤을 치를 때 피가 묻은 옷이나 이부자리였을 것이다.

22:19 세겔 이 단어는 히브리어 본문에 없지만, 문맥이 암시해준다. 1세겔은 약 11.42그램이며, 따라서 전체 벌금은 은 1,142그램 정도다.

22:22-29 간음하다가 발각된 경우 둘 모두를 죽여야 한다. 한 남자가 다른 남자와 약혼한 여자와 간음했다면 이런 합의된 행위에 대해서는 둘 다 죽여야 한다(23, 24절). 그러나 남자가 여자를 강제(즉 강간)했다면 남자만 죽인다(25-27절). 여자가 약혼하지 않은 처녀라면 남자는 벌금을 물고 그 여자와 결혼하고 평생 그 여자를 아내로 삼아야 한다(28, 29절).

22:30 아버지의 아내를 취하여 그 어떤 경우도 아버지의 아내와 결혼하거나 성관계를 가져서는 안 되었다. 근친상간이 분명 금지되었지만 이 규정은 계모를 염두에 둔 것으로 보인다(참고. 레 18:6-8).

23:1-6 여호와의 총회 모세는 앞 장에서 말한 가정과 결혼을 정결하게 하는 것에서, 한 회중으로서 이스라엘 전체를 정결하게 하는 것으로 한 단계 더 나아가서 하나님 앞에 모여 그분을 예배하는 권리를 비롯해 시민의 권리를 말한다. 이 법은 이스라엘 거주 지역에서 내쫓지는 않지만 공적이고 영예로운 자리에 오르거나 통혼하거나 성막, 나중에는 성전에서 열리는 종교 행사에 참여하는 것을 금했던 것으로 보인다. 남성을 상실한 자(1절), 사생자(2절), 암몬 족속과 모압 족속(3-6절)은 하나님을 예배하는 것이 허락되지 않았다. 나그네와 외국인들은 유대교로 개종하고 하나님을 믿은 후에야 여호와의 총회에 받아들여지는 것이 일반 규범인데, 이들과 교제하거나 통혼할 경우 이스라엘이 우상숭배에 빠질지 모른다는 두려움 때문이었다. 이런 배제는 일반 규범에도 몇몇 제한 규정이 있음을 보여준다. 거세된 자, 사생자, 암몬 족속과 모압 족속은 여호와의 총회에서 제외된다. 거세는 금지되는데 하나님의 인간 창조를 거스르는 자의적 거세(히브리어의 문자적 의미는 '으스러뜨리다'인데, 이런 행위는 일반적으로 이렇게 이루어졌음)가 우상숭배 행위와 관련이 있고, 아들이 대단한 사람들의 집에서 내시로 일하도록 아들을 거세시켰기 때문이다(참고. 25:11, 12). 사생자들을 배제한 것은 지울 수 없는 수치를 안겨줌으로써 수치스러운 성적 악행을 막기 위해서다. 암몬 족속과 모압 족속을 배제한 것은 이들이 근친상간으로 태어났기 때문이 아니라(참고. 창 19:30 이하) 하나님과 그분의 백성 이스라엘에게 보인 포악한 적대감 때문이다. 많은 이스라엘 사람이 이 민족들과 바로 인접한 요단강 동쪽 지역에 정착했는데, 이런 이유로 하나님은 우상숭배의 악한 영향을 막기 위해 이 같은 차단막을 치셨다. 이사야는 이렇게 배제된 세 집단에 속한 자들이라도 참 하나님을 믿으면 은혜를 입고 하나님의 백성이 될 거라고 했다(참고. 사 56:1-8). 모압 여인 룻이 가장 주목할 만한 본보기로(참고. 룻 1:4, 16), 룻기 서론에 나온 해석상의 과제를 보라.

23:2, 3 십 대에 이르기까지도 3, 6절에서 *영원히*라는 단어를 사용한 것으로 볼 때, 이 표현은 이스라엘의 예배 공동체에서 영구히 배제된다는 의미의 관용적 표현으로 보인다. 대조적으로 에돔 족속이나 애굽인은 삼 대 후에는 이스라엘 예배 공동체에 들어올 수 있다(7, 8절). 이 민족들도 이스라엘의 적이지만, 에돔은 야곱의 집안에서 비롯된 가까운 친족이고 애굽인은 이스라엘이 출애굽할 때 친절을 베풀었기 때문이다(참고. 출 12:36).

23:9-14 이스라엘 군대 진영은 하나님이 임재해 계신 곳이므로(14절) 깨끗해야 한다. 몽정(10, 11절)과 배변에 대한 규정이 제시된다(12, 13절). 외적인 정결에 대한 이런 규정은 하나님이 마음에서 무엇을 원하시는지 보여준다.

4. 그 외에 다양한 법이 주는 가르침(23:15-25:19)

23:15-25:19 모세는 시내산 언약 아래 사는 삶의 조건들이 가진 성격을 더 자세히 설명하려고 21개 사례법을 제시한다.

23:15, 16 도망친 종을 주인에게 돌려보내선 안 된다. 이 규정은 가나안 족속이나 그 외에 이웃한 민족들에 속했다가 억압 때문이나 이스라엘의 하나님을 알고 싶어 도망친 종을 염두에 둔 게 분명하다.

23:17, 18 매춘을 예배의 한 형식으로 사용하는 것을 금한다. 여기서 "개"는 남창을 가리킨다(참고. 계 22:15).

23:19, 20 이렇게 동료 이스라엘에게 돈을 빌려주고 이자를 받는 행위를 금지하는 규정은 출애굽기 22:25; 레위기 25:23; 36에도 나온다. 돈을 빌려주고 이자를 받는 행위는 가난한 자들에 한해 금지되는데, 가난한 자들이 더 가난해지지지 않도록 막는 데 목적이 있다. 하지만 자신의 부를 늘리기 위해 교역하고 장사하는 외국인들에게 돈을 빌려주고 이자를 받는 건 허용된다. 15:1, 2에 따르면 일반 비즈니스 과정에서는 돈을 적법하게 빌려줄 수 있으며, 갚지 않은 모든 빚은 안식년에 면제해주어야 한다(참고. 24:10).

23:21-23 자원해서 서원했더라도, 일단 서원했다면 지체 없이 지켜야 한다. 참고. 민수기 30:2.

23:24, 25 농부들은 생산물을 그 땅 사람들과 나누어야 하지만, 농부들의 후한 베풂을 이용해 수혜자들이 이익을 취해서는 안 된다.

24:1-4 이 단락은 이혼을 명하거나 권하지도, 용납하거나 제안하지도 않는다. 오히려 제한된 경우에 한해 이혼이 일어나고 허용된다는 것을 인정한다. 이 말씀은 이혼이 오욕을 낳는다는 사실을 전달하고자 하는 데 목적이 있다. 다음 순서를 주목하라. 1. 남편이 아내를 죽음으로 다스려야 하는 간음(참고. 22:22)이 아닌 어떤 깨끗지 못한 것(어떤 불결함이나 악, 참고. 23:14)을 발견한다. 2. 법적으로 아내와 이혼한다(하지만 말라기 2:16에서 말하듯 하나님은 이혼을 미워하신다. 창세기 2:24이 선언하듯 하나님은 결혼이 평생 계속되도록 계획하셨다. 그리고 마태복음 19:8이 말하듯 하나님이 이혼을 허락하신 것은 사람들의 완악한 마음 때문이다). 3. 이혼당한 아내가 다른 남자와 결혼한다. 4. 이혼당한 아내와 재혼한 새 남편이 죽거나 다시 이혼한다. 이럴 경우 이 여자는 첫 남편에게 돌아가서는 안 된다(4절). 왜냐하면 이 여자는 하나님 앞에 가증하고 약속의 땅을 죄로 오염시킬 만큼 '더럽혀졌기' 때문이다. 어떻게 더럽혀졌는가? 가능한 대답은 하나뿐이다. 이혼의 근거가 없기 때문에 여인은 재혼을 통해 더럽혀졌다. 여자는 재혼함으로써 간음한 여인이 되고(마 5:31, 32) 더럽혀졌기 때문에 전 남편은 이 여자를 다시 취해서는 안 된다. 이혼은 불법이며 간음을 양산한다. *마태복음 5:31, 32; 19:4-9에 대한 설명을 보라.*

> **객과 과부와 고아를 긍휼히 여기시는 하나님**
>
> 신 10:18
> 신 14:29
> 신 16:11, 14
> 신 24:17, 19, 20, 21
> 신 26:12, 13
> 신 27:19

24:5 남자는 결혼하고 한 해 동안 군복무를 비롯해 여러 의무를 면제받는다. 그는 한 해 동안 결혼생활을 누리고 가정을 바로 세우는 데 집중해야 한다.

24:6 곡식을 빻으려면 맷돌의 위짝과 아래짝이 필요하다. 둘 다 매일 먹고사는 데 꼭 필요하므로 둘 중 어느 하나도 담보로 잡아서는 안 된다.

24:7 강제로 종살이를 시키거나 팔아넘기려고 이스라엘 형제를 납치한 자들은 죽여야 한다.

24:8, 9 모세는 백성에게 하나님이 전염성 피부병에 대해 하신 명령을 따르라고 말한다(*레 13:1-14:57에 대한 설명을 보라*).

24:10-13 전당물 겉옷을 담보물로 주는 경우가 많다. 하나님의 백성은 돈을 빌려줄 때 의롭게 행동해야 한다. 갚으라고 강요하지 말고, 가난한 채무자가 밤을 보내는 데 필요하다면 그의 담보물(겉옷)을 그대로 돌려주는 사람이 의로운 채권자의 본보기로 제시된다. 가난한 자들에게 빌려줄 수는 있지만 이자를 받지 말아야 하고(23:19, 20), 갚으라고 독촉해서도 안 되며, 안식년이 되면 빚을 면제해주어야 한다(15:1, 2).

24:14, 15 일일 노동자들은 하루 벌어 하루 먹고 살기에 이들의 품삯은 당일에 지불해야 한다(참고. 레 19:13; 마 20:1-16).

24:16 범죄에 대해서는 범죄자만 처벌해야 한다. *에스겔 18장에 대한 설명을 보라.* 다윗과 밧세바 사이에 태어난 첫 아들의 죽음처럼(삼하 12:14) 사울의 손자 일곱의 죽음은(삼하 21:5-9) 하나님의 주권적 지혜에서 비롯

된 것으로, 이스라엘에서 두드러진 예외다.

24:17, 18 율법은 과부나 고아, 이민자처럼 가장 힘없는 사람들을 비롯해 사회 구성원 모두에게 공평하게 적용되어야 한다.

24:19-22 이스라엘은 애굽에서 힘들게 노역했던 과거를 기억한다는 의미에서 가난한 자들이 밭에서 이삭을 줍도록 허용해야 한다(18절).

25:1-3 태형은 재판관들 앞에서 공정하게 집행되어야 하고, 최대 40대로 제한한다.

25:4 일꾼이 자기 노동의 열매를 누리게 해야 한다(참고. 고전 9:9; 딤전 5:18; 딤후 2:6).

25:5-10 자녀 없이 죽은 사람의 형제가 형수(제수)를 아내로 취해 형제의 상속자를 낳아주어야 하는데, 이것을 가리켜 취수혼('남편의 형제'를 뜻하는 라틴어 levir에서 파생한 단어임)이라고 한다. 이것은 이스라엘에서 강제 결혼이 아니었으나 같은 부동산을 공유하는 형제들에게 강력한 선택으로 적용되었다. 분명히 이 형제는 다른 여자와 결혼하지 말고 가족의 재산을 한 아들에게 물려줌으로써 그 재산을 지켜야 한다. 참고. 레위기 18:16; 20:21. 여기서 살아 있는 형제의 아내를 취하는 것은 간음으로 보고 금지한다. 강제적이지는 않지만 취수혼 관습은 형제간의 우애를 보여준다. 하나뿐인 형제가 이 관습을 따르길 거부하면 장로들에게 경멸과 수치를 당한다. 취수혼을 통해 언약 백성인 한 사람의 이름을 보존해준다는 것은 개개인을 존엄하게 여긴다는 뜻이다. 민수기 27:4-8은 집안에 아들이 없을 때 딸들에게 상속권을 부여하는데, 따라서 5절의 "아들이 없거든"은 '자녀가 없거든'이라고 이해하는 게 바람직하다. 참고. 다말(창 38:8-10), 보아스와 룻의 결혼(룻 4:1-17).

25:5 참고. 마태복음 22:24; 마가복음 12:19; 누가복음 20:28.

25:11, 12 오경에서 신체 절단형이 적용되는 경우는 이런 상스러운 행동뿐이다.

25:13-16 저울추를 비롯해 거래에 이용되는 측량 도구를 정직하게 사용해야 하는데, 이것으로 사람들을 속여선 안 된다. 순종하면 그 땅에서 장수할 것이다.

25:17-19 아말렉 족속의 행위를 기억하라는 말이 새로운 세대에게 거듭 주어졌다(*출 17:9-16에 대한 설명을 보라*). 이 명령의 실행에 대해서는 사무엘상 15:1-3을 보라.

5. 새 땅에서 거둘 첫 열매와 십일조(26:1-15)

26:1-15 모세는 신명기 조항들에 대한 단락(5-25장)을 끝내면서 백성에게 가나안을 정복하고 그 땅의 열매를 누리기 시작할 때 두 가지 의식을 지키라고 명한다. 첫째는 예물로 드리는 첫 열매이며(26:1-11), 둘째는 제3년마다 드리는 특별한 십일조다(26:12-15). 두 가지 경우 모두 의식에서 드리는 고백 기도가 강조된다(26:5-10, 13-15). 특별히 두 가지 예물을 드리는 목적은 하나님이 주신 복을 받아 이스라엘이 유목생활을 청산하고 농경 공동체로 정착한 것을 기념하는 데 있다.

26:2 모든 소산의 맏물 이스라엘이 가나안에 들어가 수확물을 거두게 될 첫해에 맏물은 성막으로 가져가야 한다(참고. 출 23:19; 34:26; 민 18:12-17). 이것은 매년 유월절, 무교절과 연계해 지키는 초실절(참고. 레 23:9-14)과 구분해야 한다.

26:5 너는 또 네 하나님 여호와 앞에 아뢰기를 첫 열매를 드릴 때 이스라엘을 보존하고 가나안 땅으로 인도해 들이신 하나님의 신실하심을 인정하는 구체적인 고백이 뒤따라야 한다. 예배자들이 성소에 나오는 근본 목적은 첫 열매를 드리고 엎드려 하나님을 예배하며 그분의 선하심을 기뻐하기 위해서다. 이렇게 해서 성소 방문은 곧 하나님을 고백하고 인정하는 행위다. 하나님이 과거 세대들에게 보이신 선하심과 자비, 지금 자신들을 지켜주시는 은혜를 찬양하고 기뻐하는 시간이다. **방랑하는 아람 사람** 이스라엘 각 사람의 조상 야곱을 가리킨다. 야곱은 브엘세바에 있는 집에서 도망쳐 아람을 거쳐 메소보다미아(아람-나하림, 창 24:10)로 가서 외삼촌 라반과 함께 살았다. 거기서 돌아올 때 아람을 지나 얍복강에서 라반에게 따라잡혔으며, 분노한 라반뿐 아니라 형 에서와도 맞닥뜨렸다. 후일 가나안에 기근이 들었고 야곱은 애굽으로 이주할 수밖에 없었다. 이스라엘은 수가 많아지고 강해지자 애굽인에게 억압을 당했다. 그러나 하나님은 이들의 기도에 응답해 이적을 통해 이들을 애굽에서 건져내셨다. 이들이 가나안에 들어가 그 땅을 정복하고 첫 열매를 제단에 드릴 수 있게 하

ㄱㆍㄴㆍㄷ **단어 연구**

땅(Land): 1:8; 11:8; 19:1; 26:9; 32:52. 구약성경에서 단어 *땅*은 여러 가지 의미를 내포한다. 본질적으로 모든 땅은 그 창조자이신 하나님의 소유다(시 24:1). 하나님이 이스라엘에게 가나안 땅을 약속하신 것은 자신의 땅을 주겠다고 하신 것과 같다. 가나안 땅은 하나님이 이스라엘과 맺으신 언약을 아주 강하게 대변하기에(창 12:1) "그 땅의 백성"(창 13:15; 15:7) 등 이스라엘을 규정하는 성격 가운데 하나가 되었다.

신 분도 하나님이다.

26:12 십일조 이스라엘이 가나안에 살면서 3년마다 거두는 십일조를 말한다(14:28을 보라). 이 십일조는 중앙 성소로 가져가지 않고 지역의 레위인, 객, 고아, 과부에게 나눠준다. 매년 내는 다른 십일조에 대해서는 *14:22에 대한 설명을 보라.*

26:13, 14 네 하나님 여호와 앞에 아뢰기를 첫 십일조를 드리며 하는 이 고백은 순종했다는 선언(13, 14절)과 하나님의 복을 비는 기도(15절)로 구성된다. 이런 방식으로 이스라엘은 자신들이 계속 하나님을 의지하며, 하나님이 은혜로 내려주시는 지속적인 복을 기대하고 순종하며 살겠다고 고백한다.

26:15 주의 거룩한 처소 하늘에서 보시고 하나님의 거처가 하늘이라는 말이 여기서 처음으로 나온다. 하늘에 있는 자신의 거처에서 하나님은 족장들에게 약속하신 대로 이스라엘에게 젖과 꿀이 흐르는 땅을 주신다. 하나님께 이스라엘과 가나안 땅에 계속해서 복을 주시길 기도한다.

6. 순종하라(26:16-19)

26:16-19 모세는 여기서 이스라엘에게 하나님과 그분의 명령에 전적으로 충실할 것을 말하며 율법 조항에 대한 설명을 끝맺는다. 이 네 절은 하나님과 이스라엘 2세대 사이에서 시내산 언약이 공식적으로 비준되는 장면이라고 볼 수 있다. 이스라엘은 이 합의를 받아들이고 여호와를 자신들의 하나님으로 인정하며, 하나님께 전심으로 순종하고 그분의 음성을 듣길 갈망하는 가운데 자신들이 그분의 백성이며, 모든 민족 가운데 하나님의 복을 받고 그분의 영광을 온 세상에 증언하도록 선택되었다는 것을 확신한다. 출애굽기 19:5, 6을 보라.

26:16 오늘 출애굽 제40년 11월 1일이다. 17, 18절의 "오늘"에도 주목하라.

D. 언약의 축복과 저주(27:1-28:68)

27:1-28:68 이 두 장에서 모세는 시내산 언약과 관련된 저주와 축복을 설명한다. 먼저 그는 이스라엘에게 가나안에 들어가면 언약을 비준하는 치밀한 의식을 행하라고 말한다(27:1-26; 여호수아 8:30-35에서 여호수아가 이 의식을 행했음). 백성에게 언약과 그 법에 반드시 순종해야 함을 일깨우기 위해서다. 그러고 나서 모세는 순종에 따르는 복과 불순종에 따르는 저주를 설명한다(28:1-68).

27:2, 4 돌들을 세우고 석회를 바르라 약속의 땅에 들어가면 여호수아의 인도로 큰 돌기둥을 세워야 한다. 애굽에서 쓰던 방법대로 돌기둥에 석회를 발라 글씨를 쓸 준비를 한다. 율법을 돌기둥에 기록하면 흰 배경 때문에 글씨가 선명하고 읽기 쉬울 것이다. 이렇게 율법을 새긴 돌기둥은 모든 백성과 후세대에게 이들과 하나님 그리고 그분의 율법과의 관계를 지속적으로 증언해 줄 것이다(참고. 31:26; 수 24:26, 27).

27:3, 8 이 율법의 모든 말씀 신명기 전체를 가리키는 것으로 보인다.

27:4 에발 산 약속의 땅 중심 세겜 바로 북쪽에 자리한 산이다. 하나님이 가나안 땅에서 아브라함에게 처음 나타나셨고, 아브라함이 하나님께 첫 제단을 쌓은 곳이 바로 세겜이다(창 12:6, 7). 율법을 새긴 돌기둥과 제단을 에발산에 세우고(5절), 여기서 율법의 저주를 낭독해야 한다(13절).

27:5-7 제단 곧 돌단을 쌓되 돌기둥을 쌓는 것 외에 이스라엘은 다듬지 않은 돌로 제단을 쌓아야 한다. 이 제단에서 하나님께 제사를 드리고 백성이 함께 하나님의 임재를 기뻐해야 한다. 이것은 시내산에서 언약관계가 맺어질 때 했던 일이다(출 24:1-8). 완전히 태운 번제는 하나님에 대한 완전한 헌신을 상징한다. 화목제는 하나님에 대한 감사를 의미한다.

27:12, 13 그리심 산에 서고…에발 산에 서고 열두 지파를 여섯 지파씩 두 그룹으로 나눈다. 레위 지파는 첫째 그룹에 속한다. 므낫세 지파와 에브라임 지파는 함께 요셉 지파를 이룬다.

27:12 축복하기 위하여 그리심산에서 낭독해야 하는 축복의 내용은 이 단락에 기록되어 있지 않지만 이스

> **단어 연구**
>
> **저주받다(Cursed):** 7:26; 13:17; 27:15, 20, 23; 28:16, 19. 문자적으로 '저주로 묶다'라는 뜻이다. 저주는 축복의 반대다. 저주는 어떤 사람이나 대상이 병들거나 다치길 바라는 것이다. 하나님은 아담과 하와가 죄를 지은 뒤 뱀과 땅을 저주하셨다(창 3:14, 17). 절망에 빠진 예레미야는 자신이 태어났다는 소식을 전했던 자를 저주했다(렘 20:14-15). 하나님이 그분의 백성과 맺으신 언약은 아주 진지한 것으로, 누구든지 이 언약을 어기는 자는 저주를 받으리라는 위협이 이것을 보여준다(28:60-61). 신약성경에서 바울은 21:23을 인용하면서 우리가 율법의 저주에서 놓여나도록 예수 그리스도가 우리를 위하여 '저주'가 되셨다고 가르친다(갈 3:13).

신명기 28장이 말하는 복

다음은 신명기 28:1-14이 말하는 복과 관련된 주요 주제다.

1. 농업과 관련된 복(8, 11상, 11하, 12상반절)
2. 가족과 관련된 복(11중반절)
3. 경제와 관련된 복(12하반절)
4. 군사력과 관련된 복(7, 10, 13절)
5. 영적인 복(9절)

이 모든 복을 받으려면 하나님의 모든 계명을 지키고(1, 2, 9, 13, 14절), 그분의 길을 걸으며(9절), 다른 신들을 좇아 섬기지 말아야 한다(14절).

라엘이 언약에 순종하지 않을 것이고, 따라서 이 축복을 누리지 못한다는 것을 강조하기 위한 게 틀림없다. **그리심 산** 그리심 산은 골짜기에 자리한 세겜을 가운데 두고 에발산의 남쪽에 위치했는데, 이곳에서 율법의 축복을 낭독해야 한다. 실제 배치를 보면 제사장들이 두 산 사이 골짜기에서 언약궤 곁에 서고, 여섯 지파는 북쪽에 에발산을 향해 자리하고, 여섯 지파는 남쪽에 그리심산을 향해 자리했을 것이다. 제사장들과 레위인들이 저주와 축복을 낭독하고 백성은 "아멘"으로 화답한다.

27:15-26 저주를 부르는 죄악의 본보기로 열두 범죄가 제시된다. 이 범죄들을 선택한 이유는 발각되지 않고 숨겨질 법한 죄를 대표하기 때문일 것이다(15, 24절).

27:15 조각하였거나 부어 만든 우상 첫째 저주는 우상숭배, 곧 첫째와 둘째 계명을 어긴 죄와 관련이 있다(5:7-10). **아멘** 각 저주에 온 백성이 "아멘"으로 답한다. 히브리어 아멘은 '그렇게 되기를'(so be it)이라는 뜻이다. 이로써 백성은 자신들이 각각의 저주와 축복을 이해하고, 거기에 동의한다는 것을 보여준다.

27:16 부모를 경홀히 여기는 자 부모를 욕보이는 것은 제5계명을 어기는 행위다(5:16).

27:17 경계표 *19:14에 대한 설명을 보라.*

27:18 맹인에게 길을 잃게 하는 자 맹인을 학대하는 사람을 말한다.

27:19 송사를 억울하게 하는 자 사회적 약자를 이용하는 사람을 말한다.

27:20 아버지의 아내와 동침하는 자 근친상간을 행하는 사람을 말한다. *22:30에 대한 설명을 보라.*

27:22 자매…과 동침하는 자 부모가 같은 자매나 부모 중 한쪽이 같은 자매를 범하는 근친상간을 행하는 자를 말한다.

27:23 장모와 동침하는 자 레위기 18:17; 20:14을 보라.

27:25 뇌물을 받는 자 살인 청부업자를 말한다.

27:26 이 율법의 말씀을 실행하지 아니하는 자 마지막 저주는 모세가 모압 평지에서 전한 하나님의 나머지 모든 계명과 연결된다(참고. 갈 3:10). 율법과 하나님은 전적인 순종을 요구하신다. 오직 주 예수 그리스도만이 이렇게 순종하셨다(고후 5:21). **아멘** 모든 백성이 순종하겠다는 데 동의했으나(참고. 출 24:1-8) 머지않아 이 약속을 어기게 된다.

28:1-68 모세는 지도자요 중보자의 책임을 수행하면서, 앞서 백성에게 시내산 언약이 체결될 때 하나님이 주신 축복의 약속과 다른 신들을 섬기지 말라는 경고를 전한다(출 23:20-33). 백성이 언약에 등을 돌린 후 모세는 이들이 불순종하면 하나님의 심판이 있으리라고 경고한다(레 26장). 여기서 모세는 언약의 축복과 저주를 토대로 권면한다(레 26:1-45을 보라). 이 장에 나오는 축복과 저주는 동일한 구조를 따른다. 첫째, 모세는 이스라엘이 하나님께 순종하느냐 불순종하느냐에 따라 이것이 결정된다고 분명하게 말한다(28:1, 2, 15). 둘째, 실제 축복과 저주가 분명하게 선포된다(28:3-6, 16-19). 셋째, 모세는 기본적인 축복과 저주를 설교 형식으로 자세히 설명한다(28:7-14, 20-68). 27:1-26의 의식에서 저주가 더 두드러졌듯이, 여기서도 언약에 대한 불순종이 초래하는 저주를 훨씬 더 자세하게 말한다. 모세는 이스라엘이 언약에 충실하지 못할 것이고(31:16-18, 27), 따라서 언약의 축복을 누리지 못하리라고 본다. 그래서 저주 부분에 훨씬 더 주목한다.

28:1-14 축복이 어떻게 실현되었는지에 대해서는 여호수아 21:45; 23:14, 15; 열왕기상 8:56을 보라.

28:1, 2 네 하나님 여호와의 말씀을 삼가 듣고 *삼가 듣다*는 이스라엘이 완전히 순종해야 한다는 점을 강조한다. 이스라엘은 법적·개인적으로 하나님의 선하심과 복을 받을 자격이 없지만, 이들이 하나님께 순종하고 그분을 예배하며 그분과 바른 관계를 유지하기를 늘 바란다는 것은 그분을 진심으로 믿고 사랑한다는 증거다(참고. 6:5). 이것은 하나님이 이들의 마음에서 은혜로 일하신다는 증거이기도 하다.

28:1 세계 모든 민족 위에 뛰어나게 하실 것이라 이스라엘이 하나님께 순종하면 세계 모든 민족 위에 뛰어난 민족이 되는 궁극적인 복을 받을 것이다(26:19을 보라). 이 복을 받는 필수 조건은 구원이며, 하나님의 계명을 지키는 형태로 그분께 순종하는 결과를 낳는다. 이 복

은 특히 이스라엘 왕, 곧 메시아와 그분의 나라를 높이려고 계획된 천년왕국에서 궁극적으로 실현될 것이다(슥 13:1-14:21; 롬 11:25-27을 보라).

28:3-6 복을 받고 이 축복은 하나님의 복이 이스라엘의 삶에 확대되는 다양한 영역을 요약해 들려준다. 28:7-14의 확대 요약에서 더 한층 강조되듯 이스라엘이 순종할 때 하나님의 은혜가 이들의 모든 노력에 스며들 것이다(1, 2, 9, 13, 14절). 이스라엘은 승리, 번영, 정결, 존경, 풍성, 지배, 즉 포괄적인 복을 누릴 것이다.

28:6 들어와도…나가도 정상적인 일상의 삶을 가리키는 관용적 표현이다(31:2을 보라). 모든 것을 요약하므로 '저주와 복'에 대한 적절한 결론이다(19절).

28:10 여호와의 이름이 너를 위하여 불리는 것 이스라엘의 순종하여 받은 복을 지켜보며 땅의 모든 백성은 이스라엘을 두려워할 것이다. 이스라엘은 하나님의 백성이 분명하기 때문이다. 이스라엘이 열방을 향해 한 분이며 참되고 살아 계신 하나님의 증인이 되고, 이방인을 우상숭배에서 끌어내는 것이 이들을 향한 하나님의 뜻이다. 이스라엘은 마지막 날에(계 7:4-10; 14:1을 보라) 그리고 그 나라에서 이런 증인 민족이 될 것이다(슥 8:1-12을 보라).

28:13 머리가 되고 꼬리가 되지 않게 하시며 이스라엘은 다른 민족의 속국("꼬리")이 아니라 다른 모든 민족의 지도자("머리")가 되어야 한다.

28:15-68 이스라엘에게 하나님을 사랑하지 않고 하나님께 순종하지 않을 때 치러야 하는 대가를 경고하면서 저주에 대해 말하고 있다.

28:15 참고. 여호수아 23:15, 16.

28:16-19 3-6절의 축복과 병행을 이룬다.

28:20 네가…망하며 모세는 이스라엘이 하나님께 충실하지 못하리라는 것을 알고 그들이 하나님께 불순종하면 땅을 잃고 예배처를 잃는 참혹한 결과가 있으리라고 폭넓게 경고한다. 멸망은 이스라엘의 죄 때문에 일어나는 궁극적인 참화다(20, 21, 24, 45, 48, 51, 61, 63절).

28:21 참고. 예레미야 14:21; 21:6; 겔 5:12; 6:11.

28:22 참고. 아모스 4:9.

28:23 놋…철 하늘은 놋처럼 밝을 테지만 땅을 적셔줄 비를 내려주지 않을 것이다. 땅은 철처럼 단단해져 비가 내리더라도 스며들지 못할 것이다(참고. 암 4:7).

28:25 참고. 역대하 29:8; 느헤미야 1:8; 예레미야 15:4.

28:26 참고. 예레미야 7:33; 16:4; 19:7; 34:20.

28:27 애굽의 종기 하나님은 출애굽 전에 이 병으로 애굽을 치셨다(출 9:9; 암 4:10을 보라).

28:30 세 가지 저주는 20:5-7에서 허용된 군복무 면제와 대조된다. 면제가 가능한 이유는 하나님이 그분의 백성을 전쟁에서 승리하게 하실 것이기 때문이다. 그러나 하나님께 불순종한다는 것은 하나님이 더는 자신의 백성을 위해 싸우지 않으시리라는 뜻이다. 결국 군복무를 면제받는 자들이 싸움터에 나갈 수밖에 없고 싸움터에서 죽을 것이다. 결과적으로 외국인 침입자가 전사한 이스라엘 군사의 아내를 욕보이고 그의 집과 포도원을 취할 것이다(참고. 렘 8:10; 암 5:11; 습 1:13).

28:32 참고. 역대하 29:9.

28:35 발바닥에서부터 정수리까지 하나님의 저주를 받은 백성이 피부병으로 고통당할 것이다. 여기서 말하는 질병은 욥을 괴롭힌 질병과 같다(욥 2:7을 보라).

28:36 네가 세울 네 임금 이스라엘은 가나안에 들어갈 때 왕이 없지만, 모세는 이 저주가 임할 때 이스라엘에 왕이 있으리라고 내다본다. 장차 이스라엘 왕이 백성과 함께 포로로 끌려갈 것이다. **너와 네 조상들이 알지 못하던 나라로** 이스라엘은 자신들이 최근까지 노예생활을 했던 애굽이 아닌 다른 나라로 잡혀갈 것이다. 장차 이스라엘은 우상숭배에 발을 들여놓을 것이다(참고. 왕하 17:41; 렘 16:13).

28:37 참고. 열왕기상 9:8; 역대하 29:8; 예레미야 19:8; 25:9, 18; 29:18.

28:38-40 참고. 이사야 5:10; 요엘 1:4; 미가 6:15.

28:46 참고. 역대하 29:8; 예레미야 18:6; 에스겔 14:8.

28:49 멀리 땅 끝에서 한 민족을 하나님은 한 민족을 일으켜 감사할 줄 모르는 자신의 백성을 심판하는 도구로 사용하실 것이다. 이 민족은 멀리서 올 것이며, 빠르게 일어나 가나안을 황폐화시킬 것이다. 이것은 처음에 앗수르를 통해(사 5:26; 7:18-20; 28:11; 37:18; 호 8:1), 그다음은 바벨론을 통해 성취된다(렘 5:15; 애 4:19; 겔 17:3; 합 1:6-8).

28:50 참고. 역대하 36:17.

28:52-57 마침내 침략 민족이 유다의 모든 성읍을 에워쌀 것이다. 53-57절에서 모세는 이렇게 포위된 상황에서 이스라엘이 보일 반응을 아주 섬뜩하게 묘사한다. 자식을 잡아먹는, 생각조차 해본 적 없는 상황이 53절에서 소개되고, 이어지는 구절에서 설명된다(왕하 6:28, 29; 애 2:20; 4:10을 보라).

28:52 참고. 역대하 32:10; 예레미야 10:17, 18; 에스겔 5:2; 호세아 11:6.

28:53 참고. 예레미야 19:19.

28:58-63 네 하나님 여호와라 하는 영화롭고 두려운 이름 이스라엘이 율법(즉 시내산 언약)에 순종하면 그 "이

름"이 임재와 성품을 상징하는 여호와를 두려워할 것이다. "여호와"라는 이름은 하나님의 영광과 위대함을 나타낸다(출 3:15을 보라). 의미 있게도 "네 하나님 여호와"라는 표현이 신명기에서 200회 넘게 나온다. 이스라엘이 불순종으로 완악해져 영화롭고 두려운 하나님의 성품을 무시하게 될 때 그분의 저주가 남김없이 임할 것이다. 15, 45절에서 모세는 불순종에 따르는 저주를 말한다. 여기서 모세는 최악의 저주가 이스라엘이 불순종으로 완악해져 하나님을 두려워하지 않게 될 때 임하리라고 말한다. 오직 하나님의 은혜만이 소수의 남은 자를 구원하고(62절), 따라서 이스라엘이 멸절되지 않게 할 것이다(참고. 말 2:2).

신명기 28장이 말하는 저주

다음은 신명기 28:20-68이 말하는 저주와 관련된 주요 주제다.

1. 농업에 닥치는 재앙
(17, 18, 30b, 31, 33a, 38-40, 42, 51절)
2. 혼란과 억압(28, 29, 33b절)
3. 가뭄(23, 24절)
4. 애굽의 종(68절)
5. 포로로 잡혀감
(32, 36a, 41, 48b, 63b, 64절)
6. 가정의 비극
남편(56절)
아내(30a, 54절)
자녀(32, 41, 53, 55-57절)
7. 도와줄 자가 없음
(26b, 27b, 29b, 31d, 32c, 33b절)
8. 다른 자들에게 공포와 징후가 됨(37, 46절)
9. 포로로 끌려가 우상을 숭배함(36b, 64절)
10. 군사적 패배(25, 26, 29, 32a, 33b, 34, 49, 50절)
11. 두려움에서 놓여나지 못함(65-67절)
12. 멸망하고 소수만 남음(20, 21b, 45, 62, 63a절)
13. 전염병과 질병
애굽의 것들(27, 59-61절)
일반적인 것들(21, 22, 35절)
14. 가난(43, 44, 48d절)
15. 참혹하게 완전 포위됨(52-57절).

하나님의 저주가 임한 것은 이스라엘이 하나님을 버리고(20절), 하나님께 불순종하며(15, 20, 45, 58절), 감사할 줄 몰랐기 때문이다(47절).

창세기 15:5에서 아브라함에게 하신 약속과는 대조적으로, 하나님의 저주 아래서 아브라함의 육체적 씨는 하나님이 애굽에서 족장들의 씨를 많게 하셨던 것처럼(출 1:7을 보라) 줄어들 것이다. 다시 말해 하나님은 이들의 수를 크게 줄여 자신이 장차 이 민족을 회복시킬 때까지는(30:5을 보라) 이들이 아무것도 아닌 존재로 만드실 것이다.

28:59-61 참고. 아모스 4:10.

28:61 이 율법책 분명하고 특별한 기록 문서이며(31:9을 보라) 단지 신명기가 아니라(참고. 31:9) 이때까지 기록한 오경 전체를 가리킨다. 이것은 60, 61절에서 분명해진다. 왜냐하면 이 두 절에 따르면 애굽의 질병들이 이 율법책에 기록되었는데, 사실 이 재앙들이 출애굽기에 기록되었기 때문이다.

28:63 참고. 예레미야 12:14; 45:4.

28:64 여호와께서 너를…흩으시리니 하나님은 저주가 임한 후 살아남은 유대인을 흩으실 것이며, 이렇게 흩어진 유대인은 땅 위의 모든 민족 가운데서 끊임없이 두려워하며 거짓 신들을 섬길 것이다(참고. 느 1:8, 9; 렘 30:11; 겔 11:16). 이 흩어짐은 북왕국 이스라엘(주전 722년)과 뒤이어 남왕국 유다가 사로잡혀가면서 시작되어(주전 605-586년) 지금까지 계속되고 있다. 장차 메시아의 지상 나라에서 이스라엘은 믿음과 구원과 의 가운데 다시 모일 것이다. 이사야 59:19-21; 예레미야 31:31-34; 에스겔 36:8-37:14; 스가랴 12:10-14:21을 보라. 이스라엘 백성이 다른 때를 갈망하기 때문에(67절), 현재의 견딜 수 없는 상황이 강조된다. 참고. 예레미야 44:7; 호세아 8:13; 9:3; 11:4, 5.

28:68 너희를 살 자가 없으리라 이스라엘은 하나님께 철저히 버림받아 자신을 노예로 팔려고 해도 사줄 사람이 없을 것이다. 이렇듯 하나님의 저주로 말미암아 이스라엘은 희망이 없어 보이는 상황으로 내몰릴 것이다(참고. 호 8:13; 9:3). 애굽을 구체적으로 언급하는데, 여기서 애굽은 어느 곳이든 유대인이 종으로 사로잡혀 가거나 팔려갈 곳을 상징할 수 있다. 그러나 주후 70년 예루살렘이 멸망한 후 이스라엘이 배교하고 메시아를 배척하며 죽인 데 대한 심판이 내려지고 나서 이 예언은 실제로 성취된다. 로마 장군 티투스는 예루살렘과 이스라엘을 정복한 뒤 유대인 성인 1만 7,000명을 애굽으로 보내 강제 노역을 시켰고, 17세 이하는 공개적으로 팔았다. 로마 황제 하드리아누스 치하에서 많은 유대인이 팔려 이런 속박과 학대를 겪었다.

모세의 세 번째 설교: 또 다른 언약
(29:1-30:20)

29:1-30:20 29, 30장은 모세의 세 번째 설교인데, 여기서 모세는 시내산 언약과 이스라엘이 미래에 맺을 언약을 대조해 보여준다. 과거에 이스라엘은 언약을 지키지 못했고 하나님을 신뢰하지도 못했으나 미래에는 희망이 있다. 모세는 이 단락에서 새 언약의 주제들에 분명하게 초점을 맞추며 이런 희망을 강조한다.

29:1 모압 땅에서 그들과 세우신 언약 다수의 해석자는 여기서 말하는 언약을 시내산 언약이라고 본다. 이 견해에 따르면 하나님이 시내산(호렙)에서 이스라엘과 맺으신 언약이 모압에서 갱신되었다. 그러나 이 절은 모세가 지금 말하는 언약이 이전 언약 '외에' 다른 언약 또는 이전 언약에 '추가된' 언약이라고 분명하게 말한다.

어떤 해석자들은 이 언약이 이스라엘에게 가나안 땅에 대한 권리를 주기 때문에 이 다른 언약을 팔레스타인 언약으로 본다(30:5을 보라). 그러나 29, 30장에서 강조하는 것은 땅이 아니라 이스라엘의 마음 변화다(29:4과 30:6이 어떻게 대비되는지 보라). 후대의 선지자들은 바로 이런 마음의 변화를 "새 언약"이라고 부를 것이다(렘 31:31-34; 겔 36:25, 27). 이스라엘은 시내산 언약의 조문들을 지키지 못할 게 분명하다(29:23-28). 그래서 모세는 새 언약을 고대하는데, 이 언약 아래 이스라엘은 하나님께 순종하고 마침내 하나님의 복을 거둘 것이다(30:1-10). **말씀은 이러하니라** 히브리어 본문은 이 절을 29:1이 아니라 28:69로 표시해 모세가 행한 두 번째 설교의 결론으로 본다. 그러나 1:1에서처럼 이 절은 뒤에 나올 내용을 소개하며, 모세가 행한 세 번째 설교의 서문 역할을 한다.

> **단어 연구**
>
> **맹세하다(Swore)**: 6:13; 7:8; 10:20; 13:17; 19:8; 29:13; 31:7. 이 동사는 숫자 7을 나타내는 단어와 관련이 있다. 사실 이 동사는 '자신을 온전히 묶다', 즉 '일곱 번 묶다'라는 뜻이다. 고대에는 맹세를 신성하게 여겼다. 백성은 어떤 희생이 따르더라도 자신의 말에 충실하겠다고 약속했다. 구약성경은 하나님을 맹세하시는 분으로 묘사하고 있다(창 24:7; 출 13:5). 하나님은 강제로 맹세하신 게 아니었다. 하나님은 자신의 말을 반드시 지키겠다는 징표로 맹세를 하실 필요가 없다. 하나님이 맹세하신 것은 자신의 약속이 완전히 믿을 만하다는 확신을 자신의 백성에게 심어주기 위해서였다.

29:4 보는 눈…여호와께서 너희에게 주지 아니하셨느니라 이스라엘은 그 모든 체험을 했음에도(2, 3절) 영적으로 눈이 어두워 하나님이 자신들을 위해 하신 일의 의미를 알지 못했으며, 모세가 말하는 동안에도 영적으로 깨닫지 못한다. 이스라엘의 이런 영적 맹목(盲目)은 지금껏 계속되고 있으며(롬 11:8), 이스라엘이 구원받는 날까지 달라지지 않을 것이다(롬 11:25-27을 보라). 하나님이 이스라엘에게 깨닫는 마음을 주시지 않은 이유는 이들이 끈질기게 구하지 않았기 때문이다(참고. 대하 7:14).

29:9 이 언약의 말씀을 지켜 행하라 이스라엘을 향한 하나님의 신실함을 영적으로 경험했다면 앞으로 시내산 언약의 조항에 순종해야 하지만 변화된 마음(4, 18절)과 하나님을 아는 지식이 없다면 불가능하다(6절).

29:10, 11 다 너희의 하나님 여호와 앞에 서 있는 것은 모든 사람이 모세 앞에 정연하게 서 있는 것으로 보인다. 이것은 외적 질서가 아니라 내적 헌신에 대한 요청, 곧 언약을 마음과 삶의 문제로 삼으라는 요청이다.

29:12 언약에 참여하며…맹세에 참여하여 하나님 앞에서 믿음과 회개로 외적 복종에 *참여하고*, 그 결과 마음으로 복종해야 한다. 이스라엘은 하나님과 맺은 언약의 조항들에 순종하겠다고 맹세해야 한다(참고. 창 26:28).

29:14, 15 너희에게만 세우는 것이 아니라 현재와 미래의 모든 이스라엘은 언약의 조항을 지켜 하나님께 복종하고 복을 받아야 한다. 이렇게 될 때 이스라엘은 모든 민족을 구원의 복으로 인도할 수 있다(참고. 요 17:20, 21; 행 2:39).

29:18 독초와 쑥의 뿌리 뿌리에서 온 것으로 독과 쓴 기운이 퍼진다. 이 은유는 한 가정이나 지파의 행위 때문에 이스라엘 전체에 우상숭배가 퍼지는 것을 말하는데, 이것이 하나님의 저주와 진노를 촉발시킨다.

29:19 젖은 것과 마른 것이 멸망할지라도 '마치 젖은 땅과 마른 땅이 함께 멸망할 수 있기라도 하듯'이라는 뜻이다. '마치 술 취한 자가 멀쩡한 자에 들 수 있기라도 하듯'이라고도 번역될 수 있다(NKJV). 어느 번역을 취하든 간에 이것은 속아서 하나님을 거역하는 자는 자신의 악한 마음만을 따르며, 전체 공동체 안에 숨을 수 없다는 뜻이다. 결국 우상 숭배자는 드러날 것이고 자신의 행위에 대해 심판을 받게 될 것이다.

29:20 그의 이름을 천하에서 지워버리시되 하나님은 우상 숭배자에게 저주를 내리고 그를 죽이실 것인데,

우상 숭배자는 하나님의 백성 가운데 자리가 없을 것이다(참고. 25:19; 출 17:14). 강한 느낌의 이 표현은 하나님이 십계명에서 금지하는 우상숭배를 어떻게 느끼시는지 보여준다(출 20:2-7).

29:21 이 율법책 *31:9에 대한 설명을 보라.*

29:22 너희의 자손과…객 미래의 어느 날 이스라엘의 불순종으로 말미암아 하나님이 이들의 땅에 내리시는 심판을 이스라엘과 열방이 볼 것이다. 그것은 하나님이 그분의 율법에서 세우신 거룩한 기준에 대한 증거다. 참고. 레위기 26:31, 32.

29:23 소돔 하나님이 미래에 이스라엘에게 내리실 심판이 소돔과 그 동맹들에게 내리신 심판에 비유되는데, 하나님은 아브라함과 롯의 때에 이들을 유황 불로 태워 버리셨다(창 19:24-29을 보라). 소돔과 인근 지역이 멸망당하기 전에 낙원, 곧 하나님의 동산을 닮았다는 데 주목해야 한다(참고. 창 13:10).

29:24 이 질문의 답변은 25-28절에 나온다.

29:29 감추어진 일은…나타난 일은 나타난 일은 약속과 위협이 담긴 율법을 포함한다. 따라서 숨겨진 일은 하나님이 미래에 자신의 뜻을 행하실 특별한 방법을 가리키는데, 하나님의 뜻은 그분의 말씀에 나타나 있으며 자신의 백성이 배교하더라도 행하시는 하나님의 놀라운 구원 사역에서 완전히 성취된다.

30:1-10 이스라엘이 하나님께 등을 돌리자 하나님도 이스라엘에게 등을 돌리신다. 이로써 이스라엘은 흩어지지만 그렇다고 해서 하나님 백성의 이야기가 여기서 끝나는 것은 아니다. 모세는 이스라엘이 불순종 때문에 외국 땅에 포로로 잡혀갈 때를 내다볼 뿐 아니라 심판 때의 멸망 너머를, 이스라엘이 회복되고 구속될 훨씬 먼 미래를 내다본다(참고. 레 26:40-45). 이스라엘이 누릴 이런 미래의 회복과 복은 새 언약 아래 성취될 것이다(*렘 31:31-34; 32:36-41; 겔 36:25-27에 대한 설명을 보라*). 새 언약과 옛 언약의 비교는 *고린도후서 3:6-18에 대한 설명을 보라.*

30:1-3 마음에서 기억이 나거든 모세는 저주가 끝나고 복이 내릴 미래로 옮겨간다. 미래의 어느 때에 하나님께 불순종한 이스라엘한테 언약의 저주가 임한 후에 이스라엘은 자신들이 처한 환경이 자신들이 행한 불순종의 결과임을 기억하고 하나님께 돌아올 것이다. 이런 회개는 하나님의 계명을 전심으로 순종하는 삶을 낳고(8절) 이스라엘의 고통도 끝날 것이다(3절). 이것이 이스라엘이 그리스도를 믿음으로써 받는 궁극적 구원인데, 이사야(54:4-8)와 예레미야(31:31-34; 32:37-42), 에스겔 (36:23-38), 호세아(14:1-9), 요엘(3:16-21), 아모스

> **단어 연구**
>
> **규례(Statutes):** 4:1, 14; 5:1; 6:1; 7:11; 10:13; 16:12; 28:15; 30:16. 구약성경에서 '세우다' 또는 '새기다(기록하다)'라는 뜻의 동사를 비롯해(잠 8:15; 사 10:1; 49:16) 다양한 의미를 내포한다. 명령, 민법 제정, 법적 시효는 인간이든(미 6:16) 하나님 자신이든(6:1) 권위를 가진 자가 반포하는 의식법을 가리킬 때가 많다. 모세 율법은 명령(미츠바miswah), 법도(미쉬파트mispat), 규례(호크choq)를 포함한다(4:1-2). 이스라엘은 하나님의 규례에 복종해야 하는 의무가 있으며, 그렇게 하겠다고 맹세했다(26:16-17).

(9:11-15), 스바냐(3:14-20), 스가랴(12:10-13:9), 말라기(3:16-4:4), 바울(롬11:25-27)이 이 구원을 말한다.

30:4, 5 이스라엘의 최종적 구속이 있은 뒤 유대인이 땅의 모든 나라에서 나와 모일 것이다. 아브라함이 받았고 모세와 선지자들이 자주 되풀이한 언약의 약속(창 12:7; 13:15; 15:18-21; 17:8)이 성취되어 유대인은 가나안으로 돌아갈 것이다.

30:6 여호와께서…마음에 할례를 베푸사 참고. 10:16. 하나님이 개개인의 내면 가장 깊은 곳에서 행하시는 이런 일은 이전의 영적 무감각과 완고함을 제거하고 하나님께 순종하려는 새로운 의지를 주는 진정한 구원이다(참고. 렘 9:25; 롬 2:28, 29). 이런 새로운 마음은 이스라엘로 하나님을 전심으로 사랑하게 할 것인데, 이는 새 언약의 본질적 특징이다(29:4, 18; 30:10, 17; 렘 31:31-34, 32:37-42; 겔 11:19; 36:26을 보라). *예레미야 4:4에 대한 설명을 보라.*

30:7 네 적군 이스라엘이 불순종 때문에 받았던 저주가 유대인을 종으로 삼았던 민족들에게 내릴 것이다. 하나님의 심판이 아브라함의 육체적 씨를 저주했던 자들에게 창세기 12:3의 성취로써 임할 것이다.

30:8 너는 돌아와 다시 여호와의 말씀을 청종하고 이스라엘은 새 언약 아래 새 마음으로 하나님의 모든 계명에 순종할 것이다. 그 결과 하나님의 복이 임해 이스라엘은 이전 그 어느 때보다 큰 번영을 누릴 것이다.

30:9, 10 구원이라는 필수적인 열매와 신명기에서 계속되는 또 다른 주제가 새롭게 강조된다.

30:11-14 과거의 실패를 돌아보고 미래를 내다본 후 모세는 이스라엘에게 올바른 선택을 하라고 진심으로 훈계한다. 이들의 당면 과제는 하나님을 전심으로 사랑해 그분의 말씀에 순종하며 살아서 구원과 복을 누리는

것이다. 선택은 간단하지만 심오하다. 하나님이 이들에게 무엇을 기대하는지 이해하고 파악할 수 있게 단순한 말로 제시한다(11절). 하나님은 하늘에서 말씀하시지만 모세를 통해 모두가 이해하는 말로 말씀하신다(12절). 이스라엘은 바다 건너에서 찾을 필요가 없다(13절). 진리는 지금 여기, 모세를 통해, 이들의 가슴과 마음에 있다(14절). 하나님을 사랑하고 그분께 순종함으로써 불순종과 저주를 피하는 데 필요한 모든 진리를 이들은 이미 들어 알고 있다(15절). 바울은 로마서 10:6-8에서 12-14절을 인용한다.

30:15 모세는 선택을 정확히 집어 제시한다. 하나님을 사랑하고 그분께 순종하면 생명이고 하나님을 거부하면 죽음이다. 이스라엘이 하나님을 사랑하고 그분의 말씀에 순종하기로 선택하면 그분의 모든 복을 누리게 될 것이다(16절). 이스라엘이 하나님을 사랑하고 그분께 순종하길 거부하면 혹독한 벌을 받을 것이다(17, 18절). 바울은 신약성경에서 구원을 말하면서 모세의 이런 호소를 활용한다(롬 10:1-13). 모세처럼 바울도 구원의 메시지는 분명해서 이해하기 쉽다고 말한다.

30:19 생명을 택하고 모압 평지에서 모세는 하나님(하늘)과 사람(땅) 앞에서 하나님을 믿고 사랑함으로써 새 언약을 통해 얻을 수 있는 생명을 선택하라고 이스라엘에게 권면하면서 결정을 촉구한다(6절을 보라). 안타깝게도 이스라엘은 올바른 선택을 하라는 요청에 제대로 반응하지 못한다(31:16-18, 27-29을 보라). 생명과 죽음 중에 어느 쪽을 선택하느냐 하는 문제는 예수님도 강조하신다. 예수를 믿는 자는 영생의 약속을 가졌다. 반면 믿기를 거부하는 자는 영원한 죽음을 맞는다(참고. 요 3:1-36). 모든 사람은 이 선택에 직면해 있다.

끝맺는 사건(31:1-34:12)

31:1-34:12 두 가지 주제가 신명기의 마지막 네 장을 주도한다. 하나는 모세의 죽음이고(31:1, 2, 14, 16, 26-29; 32:48-52; 33:1; 34:1-8, 10-12), 다른 하나는 여호수아의 승계다(31:1-8, 14, 23; 32:44; 34:9). 마지막 장들의 중심에는 모세의 또 다른 설교 두 편이 있는데, 모세의 노래(32:1-43)와 모세의 축복(33:1-29)이다.

A. 지도자 교체(31:1-8)

31:1 모세가 가서…전하여 어떤 해석자들은 1절을 29, 30장에 나오는 설교의 결론으로 본다. 하지만 신명기의 전체적인 패턴을 근거로 해서 본다면 1절을 뒤이은 모세 설교의 서문으로 보는 게 더 낫다. 2-6절은 모든 이스라엘에게 하는 말이다.

31:2 백이십 세라 모세가 죽은 나이다. 사도행전 7:30에 따르면 모세는 미디안에서 양을 치며 40년을 살았다. 따라서 모세의 생애는 40년, 40년, 40년으로 나뉜다. 첫째 40년은 애굽에서 살았다(출 2:1-15). 둘째 40년은 미디안에서 살았다(출 2:15-4:19). 마지막 40년은 이스라엘을 애굽에서 인도해 내어 약속의 땅을 향하는 광야 길을 인도하며 보냈다. 이제 모세의 생애와 사역은 끝났으나 하나님의 사역은 계속되어야 한다(3상반절). **출입하지** 일상적인 일과 활동을 가리키는 관용적 표현이다. 모세는 나이에 비해 여전히 강건하지만(참고. 34:7) 자신이 이스라엘에게 필요한 일상의 리더십을 더는 줄 수 없다는 것을 인정한다. 더 나아가 모세가 므리바 물가에서 지은 죄 때문에 하나님은 그가 요단강을 건너 약속의 땅에 들어가도록 허락지 않으셨다(32:51을 보라).

31:3 하나님 여호와께서 너보다 먼저 건너가사…여호수아는 네 앞에서 건너갈지라 여호수아가 이스라엘의 새로운 인간 지도자가 되겠지만(31:3-7, 23을 보라), 이스라엘의 진정한 지도자요 능력자는 하나님이다. 하나님이 이스라엘보다 먼저 건너가 이스라엘이 가나안 민족들을 멸하도록 하실 것이다.

31:4 시혼과 옥 모세는 이스라엘에게 하나님이 최근 요단강 동쪽 지역에서 아모리 왕 시혼과 옥을 멸하셨던 그 방식으로 가나안 민족들을 멸하시리라는 확신을 준다(2:26-3:11을 보라). 이것은 앞으로 일어날 일의 전주곡이었다(5절).

31:6-8 강하고 담대하라 이스라엘 용사들의 힘과 용기는 하나님이 자신들과 함께 계시고 자신들을 버리시지 않는다는 확신에서 올 것이다. 7, 8절에서 모세는 자신이 했던 권면의 핵심을 되풀이하는데, 이번에는 이스라엘 앞에서 구체적으로 여호수아에게 용기를 주고 하나님이 여호수아를 지도자로 완전히 인정하셨다는 점을 백성에게 상기시킨다. 이런 믿음과 확신의 원리는 31:23; 여호수아 1:5-7; 사무엘하 10:12; 열왕기하 2:2; 역대상 22:11-13; 역대하 32:1-8; 시편 27:14에서 거듭 나타난다. 히브리서 기자는 13:5에서 6, 8절을 인용한다.

B. 미래에 율법 읽기(31:9-13)

31:9 모세가 이 율법을 써서 모세는 최소한 몇몇 서기관이나 장로들의 도움을 받아 자신이 신명기 1-32장에서 설명한 율법을 기록했을 것이다(참고. 24절). 그러나 신명기에서 설명하는 율법은 출애굽기에서 민수

기까지에서 어느 정도 제시되었으며, 따라서 기록된 이 율법은 현재 창세기 1장부터 신명기 32:47까지 기록된 전체라고 보는 게 가장 좋다. 모세가 죽고 나서 그를 도왔던 장로들 가운데 한 명, 어쩌면 여호수아가 신명기 32:48-34:12을 덧붙여 오경을 완성했을지도 모른다.

31:11 이 율법을 낭독하여 온 이스라엘에게 듣게 할지니 제사장들은 모세가 기록한 율법을 건네받았는데, 그들은 이 율법의 관리자이자 보호자가 되고 안식년마다 초막절에 온 이스라엘에게 낭독해야 한다. 이렇게 7년마다 율법을 낭독하는 것은 백성에게 경외로운 하나님께 복종하며 살아야 한다는 것을 일깨우기 위해서다.

C. 모세의 노래(31:14-32:47)

1. 이스라엘의 실패를 내다보다(31:14-29)

31:14 회막 하나님은 모세에게 여호수아를 자신이 이스라엘과 만나는 회막으로 부르라고 하시며, 하나님의 임재는 회막 문에서 구름 기둥으로 나타난다(15절). 하나님이 군 지휘관이었고(출 17:9-14을 보라) 정탐꾼이었던(민 13:16을 보라) 여호수아를 이스라엘의 새 지도자로 인정하셨다는 뜻이다. 하나님이 여호수아에게 주신 메시지는 16-22절에 요약되어 나온다.

31:16-21 나를 버리고 내가 그들과 맺은 언약을 어길 것이라 모세가 죽고 나서 하나님은 자신이 명했음에도(30:11, 20) 이스라엘이 다른 신들을 섬기고 시내산 언약을 어겨 자신을 버릴 것이라고 친히 말씀하신다. 하나님을 버림으로써 이스라엘은 그분께 버림을 받을 것이며, 그 필연적 결과로 때마다 재앙을 받을 것이다. 이것은 구약성경에서 가장 슬픈 본문 중 하나다. 하나님은 이스라엘을 위해 모든 일을 하셨지만, 그럼에도 이스라엘이 자신을 버리리라는 것을 아신다.

31:19, 22 이 노래를 써서 하나님이 모세에게 주어 이스라엘에게 가르치도록 하신 노래는 하나님에 대한 이스라엘의 불순종과 그 결과를 끊임없이 상기시킬 것이다. 이 노래는 당일에 썼고 32:1-43에 기록되었다.

31:23 내가 너와 함께 하리라 여호수아는 하나님이 함께하시고 힘을 주신다는 확신으로 외로운 이스라엘의 지도자 자리를 맡는다. 하나님이 그와 함께하신다는 그 사실 하나만 갖고도 앞으로 닥칠 모든 장애물을 담대히 헤쳐 나가기에 충분하다(수 1:5; 3:7을 보라).

31:24 책에 모세가 한 말을 책에 기록해 언약궤 옆에 두었으며(26절), 오직 십계명만 언약궤 안에 두었다(출 25:16; 31:18). "율법책"(26절)은 성경 나머지 부분에서 오경을 가리키는 칭호 가운데 하나다(수 1:8; 8:34).

31:27 너희의 반역함과 목이 곧은 것 9:6, 13; 10:16을 보라. 이스라엘은 하나님이 자신들의 필요를 가장 자애롭게 채워주실 때도 완악하게 불순종했는데, 모세는 이런 사실을 너무 잘 알고 있었다.

31:29 너희가 스스로 부패하여 이스라엘은 우상숭배에 빠져(4:16, 25; 9:12) 악해질 것이다. **너희가 후일에 재앙을 당하리라** *후일*(*latter days*, 문자적으로 '마지막 날에')은 먼 미래를 가리킨다. 왕이 유다에서 나와(창 49:8-12) 이스라엘의 원수들을 물리칠 때를 말한다(민 24:17-19). 여기서 이때가 이스라엘의 악행으로 재앙이 이스라엘에게 내리고, 따라서 하나님의 진노를 부를 때이기도 하다는 게 드러난다. 모세의 노래는 하나님이 이스라엘과 민족에게 내리실 심판을 묘사하는데, 이런 묘사는 이스라엘이 가나안에 들어가는 가까운 미래로 제한될 수 없다. 모세의 노래가 말하듯(31:1-43), 이런 묘사는 시간적으로 종말론적이며 공간적으로 세계적 문제에도 적용된다.

구약의 노래들

모세	모세와 이스라엘 자손들이 자신들을 추격해오는 애굽 군대를 홍해에 수장하신 하나님을 찬양하며 부른 노래	출 15:1-18
이스라엘	이스라엘이 광야에서 생명을 구해줄 우물을 파면서 부른 노래	민 21:14-18
모세	죽기 직전 모세가 하나님을 찬양하며 부른 노래	신 32:1-44
드보라와 바락	이스라엘이 가나안 족속을 치고 나서 부른 승리의 노래	삿 5:1-31
이스라엘 여인들	다윗이 골리앗을 이긴 것을 축하하며 부른 노래	삼상 18:6, 7
노래하는 레위 사람들	예루살렘 성전을 봉헌하며 부른 찬양의 노래	대하 5:12-14
노래하는 레위 사람들	이스라엘 군대가 전쟁을 준비할 때 진군가로 부른 찬양의 노래	대하 20:20-23
노래하는 레위 사람들	히스기야 시대에 성전 회복 의식에서 부른 노래	대하 29:25-30

2. 모세의 노래가 들려주는 증언(31:30-32:43)

31:30-32:43 예언적이고 시적인 이 노래의 중심 주제는 하나님의 확실한 심판을 부르는 이스라엘의 배교다. 모세의 노래는 변함없는 하나님과 변덕스러운 민족을 강조하는 짧은 서문으로 시작한다(1-6절). 이 노래는 하나님이 이스라엘을 택하셨고(8, 9절), 광야에서 방황할 때부터(10-12절) 가나안을 정복하고 그 땅에서 복을 처음 누릴 때까지 이스라엘을 돌보셨다고 말한다(13, 14절). 그러나 이스라엘은 하나님의 선하심을 소홀히 여기고 배교할 것이며(15-18절), 이로써 하나님의 진노가 그분의 백성에게 임하고(19-27절), 이스라엘은 하나님의 진노 앞에서도 계속 우매하게 행동할 것이다(28-33절). 궁극적으로 하나님의 복수에 이스라엘은 모든 힘을 잃고 우상숭배에서 돌아설 것이다(34-38절). 그러고 나서 하나님은 민족들, 자신의 원수들과 이스라엘의 원수들을 심판하실 것이다(39-42절). 모세의 노래는 민족들에게 하나님이 자신의 원수들을 벌하고 영적으로 이스라엘과 그 땅을 치료하실 터이므로 이스라엘과 함께 기뻐하라는 요구로 끝난다(43절). 에스겔 16장을 이 장과 비교하며 연구해볼 필요가 있다. 에스겔 16장은 비슷한 문제들을 생생한 언어로 다루고 있다.

32:1 하늘이여 귀를 기울이라…땅은 내 입의 말을 들을지어다 30:9처럼 모든 창조 세계를 향해 이스라엘에게 주시는 메시지를 듣는 청중이 되라고 외친다. 모세가 선포할 진리는 온 우주와 관련이 있기 때문이다. 왜냐하면 그의 메시지는 죄인들이 크게 무시하는 창조자 하나님의 존귀, 자신의 모든 길이 더없이 의로우신 하나님의 정의, 하늘과 땅에 드러나는 하나님의 심판과 구원을(43절) 포함하기 때문이다.

32:2 내 교훈 모세는 이스라엘에게 교훈을 준다. 땅이 비와 이슬을 받아들이듯 이 교훈을 받아들이면 듣는 자들의 가슴과 마음에 유익이 있을 것이다.

32:3 우리 하나님께 위엄을 돌릴지어다 참고. 3:24; 5:24; 9:26; 11:2; 시편 150:2. 이 명령은 하나님의 전능한 행동에서 나타나는 그분의 위대함을 말한다.

32:4 그는 반석이시니 하나님의 안정성과 영구함을 나타내는 반석이라는 단어가 강조를 위해 이 절의 처음에 자리하고, 그 뒤에 이스라엘의 반석이신 하나님의 속성들을 자세히 설명하는 구절이 이어진다. 이것은 모세의 노래에서 핵심 주제 가운데 하나이며(15, 18, 30, 31절), 변덕스러운 이스라엘과는 대조적으로 변하시지 않는 하나님을 강조한다.

32:5 흠이 있고 삐뚤어진 세대로다 하나님과는 대조적으로 이스라엘은 비뚤어지고 뒤틀렸다. 예수님은 마태복음 17:17에서 믿지 않는 세대를 지칭해 이 표현을 사용하셨고, 바울은 빌립보서 2:15에서 하나님을 대적하는 자들의 어두운 세상을 지칭해 이 표현을 사용했다.

32:6 네 아버지 하나님은 아버지로서 이스라엘을 낳고 한 민족이 되게 하셨으나 이스라엘은 이런 하나님을 대적함으로써 자신들의 어리석음과 우매함을 드러낼 것이다. 아버지로서 하나님은 이 민족의 시조요 원조이며, 이 민족을 기르고 지켜주시는 분이다. 하나님이 이 민족의 아버지라는 개념은 구약성경에서 강조되는 반면(참고. 대상 29:10; 사 63:16; 64:8; 말 2:10), 하나님이 신자 개개인의 아버지라는 개념은 신약성경에서 전개된다(참고. 롬 8:15; 갈 4:6).

32:7 옛날을 기억하라 과거 역사를 돌아보고 교훈을 얻으라는 요청이다.

32:8, 9 지극히 높으신 자 하나님의 이런 칭호는 놀라운 계시로 모든 민족을 다스리는 하나님의 주권과 권세를 강조하는데(창 11:9; 10:32; 14:18; 민 24:16을 보라), 그 계시는 하나님이 세상을 향한 계획에서 자신이 택한 백성의 구원을 목적으로 정하셨다는 것이다. 하나님은 계획을 세우셨는데, 그 계획에서 민족의 수(창세기 10장에 따르면 70)는 이스라엘 자녀들의 수에 상응한다(창세기 46:27에 따르면 역시 70). 더 나아가서 하나님은 민족들에게 그들의 땅을 주실 때 그들의 경계를 정하셨고, 이스라엘에게 예상되는 인구를 먹여 살리기에 충분한 땅을 주셨다.

32:10-14 이 부분은 하나님이 이스라엘을 위해 하신 일을 비유로 묘사한다. 이스라엘은 거친 광야에서 양식과 물이 없어 죽을 위기에 처한 사람과 같은데, 하나님이 구해주셨다.

32:10 자기의 눈동자 같이 지키셨도다 문자적으로는 '그분 눈의 작은 사람', 즉 눈동자다. 눈동자는 중요한 역할을 하기 때문에 바람이 불 때 보호되어야 하는데, 하나님은 이스라엘을 세세하게 보호하셨다. 참고. 시편 17:8; 잠언 7:2.

32:11 자기의 새끼 위에 너풀거리며 독수리가 날기를 배우는 새끼를 돌보듯 하나님은 그렇게 사랑으로 이스라엘을 돌보셨다. 이제 막 날기 시작한 새끼 독수리는 힘이 떨어지면 추락하고 만다. 이 순간 어미 독수리가 큰 날개를 펼쳐 추락하는 새끼 독수리를 받아낸다. 마찬가지로 하나님은 이스라엘을 받아 추락하지 않게 하셨다. 하나님은 이스라엘을 자신의 사랑과 전능의 날개에 태워 나는 훈련을 시키셨다.

32:12 다른 신이 없었도다 모세는 하나님이 홀로 이스라엘을 인도해 모든 난관을 헤치고 그들에게 승리를 주

셨으며, 따라서 이스라엘이 거짓 신들에게 관심을 보임으로써 하나님께 등을 돌린다면 변명할 여지가 없다는 것을 분명히 한다.

32:13 반석에서 꿀을 바위투성이 지역에서 자라는 감람나무를 가리키는 것으로 보이는데, 감람나무가 아니라면 이런 지형에서 자랄 수 있는 과실수가 없다. 꿀과 기름에 대한 은유적 표현은 가장 척박한 땅에서 나는 가장 귀중한 생산물을 가리킨다.

32:14 바산에서 난 숫양 *3:1에 대한 설명을 보라.*

32:15 여수룬 '의롭다'(문자적으로 '꼿꼿한 자')는 뜻으로 이스라엘을 가리키는 이름인데, 이스라엘이 가나안에 들어간 후 하나님의 율법에 따라 살지 않는다는 것을 냉소적으로 표현한 것이다. 하나님은 이 이름을 사용해 이스라엘에게 자신의 요구를 상기시키고 이들의 배교를 심하게 꾸짖으셨다. **기름지매 발로 찼도다** 살이 쪄서 다루기 힘든 소처럼 이스라엘은 하나님의 풍성한 공급 덕에 부유해졌으나 하나님께 감사하고 순종하는 대신에 그분을 거역했다(참고. 6:10-15).

32:16 다른 신 이스라엘은 등을 돌려 그 땅의 신들을 섬겼다. 이 신들은 이전에 알지 못했던 것들이다(17절).

32:17 귀신들 참고. 레위기 17:7; 역대하 11:15; 시편 106:37. 사탄과 함께 타락해 하나님을 비롯해 그분의 거룩한 천사들과 맞서 싸우는 악한 세력을 형성한 천사들을 말한다. 귀신들은 우상으로 가장해 거짓 신과 연관된 거짓 종교 체계를 통해 자신들의 악한 전략을 행사하는데, 우상숭배는 일종의 귀신 숭배다.

32:18-33 이 어리석은 배교 때문에 하나님은 이스라엘을 혹독하게 심판하실 것이다. 이런 진노의 형벌은 다음 세대 자녀들을 비롯해 이스라엘이 우상을 좇을 때마다 이들을 벌하겠다는(19절) 하나님의 결단에서 비롯된 것이다. 20-22절에서 모세는 하나님 말씀을 직접 화법으로 인용한다.

32:21 백성이 아닌 이스라엘이 '하나님이 아닌' 것을 숭배해 그분의 질투를 유발했듯이, 하나님은 어리석고 악한 '비백성'(非百姓) 앞에서 이스라엘을 치욕스럽게 함으로써 이스라엘의 질투와 분노를 유발하실 것이다. 로마서 10:19에서 바울은 "백성이 아닌 자"라는 표현을 일반적인 이방 민족들에게 적용한다. '비신'(非神)을 섬기는 유대인은 '비민족'(非民族)을 통해 심판을 받을 것이다.

32:22 불이 일어나서 스올의 깊은 곳까지 불사르며 참고. 29:20. 하나님의 진노의 불이 일어나면 그 파괴력은 그 끝을 알 수 없고 무덤에 있는 자들에게까지 미치는데, 이것은 하나님이 자신을 대적하는 자들에게 내리시는 영원한 심판을 암시한다.

32:23 재앙…화살 재앙(문자적으로 '악')은 24절에서 묘사된다. 화살은 전쟁에서 이스라엘을 이길 원수들을 상징하는데, 이들에 대해서는 25-27절에서 더 자세히 묘사되고 있다.

32:27 우리의 수단이 높으며 군사적 오만을 말한다. 하나님은 자신의 백성이 완전히 멸하도록 내버려두시지 않는데, 그 이유는 단 하나이다. 이방인들이 스스로 이스라엘을 이겼다며 자랑하는 꼴을 차마 보실 수 없기 때문이다.

32:31 그들의 반석이 우리의 반석과 같지 아니하니 민족들의 신들("그들의 반석")과 이스라엘의 참 하나님("우리의 반석")이 대비된다. 이스라엘이 적들을 힘들이지 않고 이길 수 있는 것은 그들이 섬기는 신들이 이스라엘의 반석이신 여호와와 달리 약하기 때문이다.

32:32 소돔의 포도나무 포도원, 곧 포도원의 포도와 포도주를 은유로 활용해 이스라엘의 원수들이 약하다는 것을 표현하는데, 이들이 창세기 19:1-29에 기록된 대로 하나님이 멸하신 악한 성읍 소돔과 고모라에 뿌리를 둔 것으로 표현한다.

32:34 내 곳간에 봉하여 있지 아니한가 하나님은 이스라엘의 원수들이 자행한 악행을 아시며, 이것을 자신의 곳간에 채우신다. 그리고 적절한 때에 되갚으실 것이다. 바울은 로마서 2:4, 5에서 이 이미지를 활용한다.

32:35 내가 보복하리라 인간의 악을 되갚는 방법과 시기는 하나님의 특권이다. 이 원칙은 신약성경 로마서 12:19과 히브리서 10:30에서 재확인된다.

32:36 이것은 하나님이 한 민족으로서 이스라엘을 심판하시리라는 약속이지만, 그 민족은 의인과 악인으로 구성된다. 하나님은 실제로 악인들을 멸함으로써 의인들을 도우신다. "그 종들"은 의인이며, 모두 심판 때 하나님께 충성할 자들이다(참고. 말 3:16-4:3). 하나님이 이스라엘을 심판하시는 것은 그 민족을 멸하기 위해서가 아니라 죄인들을 벌하고 이들의 거짓 신들이 아무것도 아님을 드러내기 위해서다(37, 38절). 그와 동시에 하나님은 자신을 사랑하고 자신에게 순종하는 자들에게 언제나 긍휼을 베푸신다.

32:39 나 곧 내가 그인 줄 알라 거짓 신들이 쓸모없다는 것을 보여주고 나서(37, 38절) 이와 대비되는 하나님의 본성을 선포하는데, 이스라엘의 하나님이 살아 계신 하나님이며 이스라엘을 돕고 지킬 수 있는 유일한 분이심을 보여주기 위해서다. 하나님은 이스라엘을 살리기도 하고 죽이기도 하시는 능력이 있고(참고. 삼상 2:6; 왕하 5:9), 이스라엘을 싸매고 치유하시는 능력이 있다(참

고. 사 30:26; 57:17, 18; 렘 17:14; 호 6:1).

32:40-42 내 손을 들고 하나님은 자신의 대적들에게 복수하겠다고 맹세하신다. 여기서(출 6:8; 민 14:28에서처럼) 손은 하나님에 대해 신인동형론적 표현으로 사용되었으며, 하나님께는 영원한 자신을 두고 하는 것이 가장 큰 맹세다(참고. 사 45:23; 렘 22:5; 히 6:17).

32:43 너희 민족들아 주의 백성과 즐거워하라 하나님의 복수가 이뤄진 결과로, 모든 민족이 이스라엘과 더불어 하나님을 찬양하도록 그리스도 안에서 이들을 구속하실 뿐 아니라 그 땅에 새로운 시작을 주실 하나님을 찬양하도록 요구받을 것이다. 그 땅이 이렇게 대속받는 것은 심판을 통해 하나님의 대적들이 희생되어 하나님의 진노가 해소되었기 때문이다. 백성이 대속받는 것은 예수 그리스도가 십자가에서 자신을 희생하셨기 때문이다(참고. 시 79:9). 바울은 로마서 15:10에서 이 구절을 인용하며, 히브리서 기자도 이 구절을 인용한다(1:6).

3. 모세의 노래를 전달하다(32:44–47)

32:47 이는…너희의 생명이니 모세는 이스라엘에게 하나님의 명령에 순종하는 것이 그분이 준비해두신 땅에서 장수하는 비결이라고 거듭 말한다. 그래서 이 노래를 백성이 하나님께 순종하도록 북돋우기 위해 지도자들이 나서서 자주 부르는 일종의 국가(國歌)로 삼으라고 요구한다.

D. 모세 생애의 마지막 사건(32:48-34:12)

32:48-34:12 모세의 죽음에 대한 예상과 기록(32:48-52; 34:1-12)이 모세가 죽기 전 이스라엘을 축복하는 내용을 앞뒤로 감싼다. 이 문학적 단위는 모세가 죽고 난 후에 작성되어 본문에 덧붙여졌다.

1. 모세의 죽음에 대한 지시(32:48–52)

32:49 느보 산 사해 북쪽 끝의 동쪽에 자리한 아브라임(Abraim) 산지 정상으로, 이곳에서 모세는 약속의 땅을 건너다볼 수는 있지만 그곳에 들어가도록 허락받지는 못했다.

32:50 조상에게로 돌아간 죽음을 뜻하는 관용적 표현이다. 창세기 25:8, 17; 35:29; 49:33; 민수기 20:24, 26; 31:2을 보라.

2. 모세의 축복(33:1–29)

33:1-29 모세는 마지막으로 이스라엘 각 지파를 하나씩 축복하는데, 시므온 지파만 빠졌다(6-25절). 이 축복은 하나님을 찬양하는 구절로 시작하고 끝난다(2-5, 26-29절). 이 장에 나오는 모세의 이 축복은 그가 아닌 다른 사람이 기록한 게 분명하다. 왜냐하면 1절에서 모세는 이미 죽은 것으로 보이며, 모세의 말이 제시될 때 "일렀으되"라는 어구가 사용되기 때문이다(2, 7, 8, 12, 13, 18, 20, 22, 23, 24절).

33:1 하나님의 사람 성경에서 이 표현이 여기서 처음 사용된다. 뒤이어 구약에서 70회 정도 하나님의 사자들이(특히 선지자들이) "하나님의 사람"이라고 불린다(삼상 2:27; 9:6; 왕상 13:1; 17:18; 왕하 4:7). 신약성경은 이 칭호를 디모데에게 사용한다(딤전 6:11; 딤후 3:17). 신명기 결론 부분에서 모세는 이런 선지자들 가운데 한 명으로 여겨진다(34:10을 보라).

33:2 시내 산…세일 산…바란 산 이 산들은 율법을 받은 곳과 관련이 있다. 시내산은 남쪽, 세일산은 북동쪽, 바란산은 북쪽에 위치했다. 이 산들은 동틀 무렵에서 빌려온 아름다운 은유다. 아침 해처럼 하나님은 솟아나 약속의 땅 전체를 비추는 빛이다. **성도** 문자적으로 '거룩한 사람들'이다. 시내산에서 모세에게 율법을 줄 때 하나님을 도왔던 천사들을 가리키는 것으로 보인다(행 7:53; 갈 3:19; 히 2:2을 보라).

33:3 여호와께서 백성을 사랑하시나니 시내산에서 경

여호와의 영이 임한 사람들

사람	성경 구절
브살렐	출 31:3; 35:30, 31
모세	민 11:17
칠십 장로	민 11:25
발람	민 24:2
여호수아	신 34:9
옷니엘	삿 3:10
기드온	삿 6:34
입다	삿 11:29
삼손	삿 14:6, 19; 15:14
사울	삼상 10:10; 11:6; 19:23
다윗	삼상 16:13
사울의 전령들	삼상 19:20
아마새	대상 12:18
아사랴	대하 15:1
스가랴	대하 24:20
이사야	사 61:1
에스겔	겔 3:24; 11:5

외심을 자아내는 위엄의 상징들이 나타났지만, 그래도 율법은 순종하는 마음을 가진 자들에게 일시적인 복과 영원한 복을 주려고 친절과 사랑으로 주어졌다. 참고. 로마서 13:8-10.

33:5 **여수룬에 왕이 있었으니** *32:15에 대한 설명을 보라.* 모세는 성경 다른 어디에서도 왕으로 언급되지 않기 때문에 대부분은 이스라엘의 왕이신 여호와를 가리킨다고 해석한다. 그러나 영어 성경(NKJV)을 보면, 이 구절에서 모세는 대명사 *be*에서 가장 가까운 선행사다. 따라서 여기서 말하는 왕은 모세라고 보는 게 가장 자연스럽다. 모세는 분명히 이스라엘에게 왕의 권위를 행사했으며, '오실 왕'의 모형이었다고 볼 수 있다. 따라서 모세의 모습과 연결해보면 장차 나타날 모세와 같은 선지자(18:15)는 선지자이자 왕일 것이다.

33:6 **르우벤** 르우벤 지파가 살아남아 번성하길 바라는 기도다(참고. 민 1:21; 2:11).

33:7 **유다** 모세는 유다 지파가 이스라엘의 강력한 지도자가 되어 하나님의 도움으로 전쟁을 승리로 이끌어 주길 기도한다.

33:8-11 **레위** 모세는 레위 지파가 자신들의 임무를 완수하고, 하나님이 이들을 대적한테서 보호해주시길 기도한다. 모세는 시므온 지파를 건너뛰지만, 시므온 지파는 유다 지파에 속한 남쪽 지역에서 몇몇 성읍을 받았고(수 19:2-9) 자신들의 정체성을 잃지 않았다(참고. 대상 4:34-38).

33:12 **베냐민** 모세는 하나님이 베냐민 지파를 보호해 주시길 기도하는데, 이 지파는 안전과 평화를 누릴 것이다. 베냐민 지파는 유다 지파의 북쪽, 예루살렘 근처의 땅을 받는다.

33:13-17 **요셉** 여기에는 에브라임 지파와 므낫세 지파가 포함되며(17절) 이들은 물질적 번영(13-16절)과 막강한 군사력을 가질 것인데(17절), 이는 이들의 조상 요셉이 애굽인의 종이 된 것에 대한 보상이자 상급일 것이다(창 49:26을 보라). 형보다 동생을 앞세웠던 야곱의 축복이 이루어져 에브라임이 므낫세보다 군사적으로 더 큰 성공을 거둘 것이다(창 48:20을 보라).

33:18 **스불론…잇사갈** 모세는 각각 레아의 다섯 번째 아들과 여섯 번째 아들의 후손인 스불론 지파와 잇사갈 지파가 일상의 삶에서, 특히 해상교역을 통해 하나님의 복을 받길 기도한다.

33:20 **갓** 갓 지파는 요단강 동쪽에 넓은 땅을 분배받았으며, 가나안의 여러 전투를 승리로 이끌 때 선봉에 설 것이다.

33:22 **단** 단 지파는 큰 에너지와 힘을 품고 있어 나중

느보 산(Mount Nebo)

에 남쪽 정착지에서 나와 북쪽에 식민지를 건설할 것이다. 참고. 창 49:17, 18. 여기서 단은 뱀에 비유된다.

33:23 납달리 납달리 지파는 하나님의 풍성한 은혜와 복을 누리며 갈릴리 서쪽, 단 지파가 북쪽에 개척한 영토의 남쪽에 정착할 것이다.

33:24 아셀 모세는 발로 밟는 기름 틀을 언급하면서 아셀 지파가 이처럼 풍성한 수확과 번영을 누리길 기도한다. 단단한 금속 신발은 시골 사람과 군사들에게 적합했다.

33:26, 27 여수룬이여 하나님 같은 이가 없도다 모세는 이스라엘의 하나님이 특별하다는 사실을 상기시키며 끝을 맺는다. *여수룬*에 대해서는 *32:15에 대한 설명을 보라*.

33:28, 29 이 축복은 이스라엘이 가나안에 들어간 후 일부만 성취되었으나 메시아 왕국에서 완전히 성취될 날을 기다린다.

33:28 야곱의 샘 야곱의 씨, 곧 그의 후손을 가리키는 완곡어법이다.

3. 모세의 죽음(34:1–12)

34:1-12 신명기를 끝맺는 34장은 모세가 아닌 다른 사람(아마도 여호수아서의 기자)이 신명기와 여호수아를 잇기 위해 쓴 게 분명하다.

34:1 비스가 느보산이 이 지역 또는 산등성이에서 가장 높은 곳이다.

34:1-4 여호와께서…보이시고 산꼭대기에서 모세는 하나님이 족장들과 그 씨에게 약속하신 땅(창 12:7; 13:15; 15:18-21; 26:4; 28:13, 14), 곧 가나안 땅을 눈으로 훑어본다.

34:6 장사되었고 문맥은 하나님이 모세를 장사 지내셨고 사람이 전혀 관여하지 않았다고 말한다. 미가엘과 사탄이 모세의 시체를 두고 싸운다는 유다서 9절을 참고하라.

34:7 그의 눈이 흐리지 아니하였고 기력이 쇠하지 아니하였더라 모세의 육체적 시력과 건강은 약해지지 않았다. 모세는 자연사해서 이스라엘을 약속의 땅으로 인도해 들이지 못한 게 아니다. 모세가 므리바에서 하나님께 충실하지 못했기 때문에 약속의 땅에 들어가지 못한 것이다(민 20:12).

34:8 삼십 일 모세를 위한 애곡 기간은 아론을 위해 애곡했던 기간과 일치한다(민 20:29).

34:9 여호수아에게 안수하였으므로 그에게 지혜의 영이 충만하니 여호수아는 모세의 안수를 통해 하나님께 받은 임무를 수행하는 데 필요한 군대 지휘관의 능력과 관리자의 능력을 확인받았을 뿐 아니라 하나님을 의지하고 그분께 전념하는 영적 지혜도 받았다.

34:10 모세와 같은 선지자 모세는 구약에서 가장 큰 선지자였고 하나님을 친밀하게 알았던 사람이다. 세례 요한이 나타날 때까지 모세보다 큰 선지자는 없었다(마 11:11을 보라). 세례 요한 뒤에 모세가 말한 그 선지자가 오셨다(참고. 요 1:21, 25; 6:14; 신 18:15, 18; 행 3:22; 7:37). 모세는 1,400년 후 변화산에서 엘리야와 나타나 예수 그리스도와 함께했다(마 17:3; 막 9:4; 눅 9:30, 31).

연구를 위한 자료

Jack S. Deere, *Deuteronomy*, in The Bible Knowledge Commentary – Old Testament (Wheaton, Ill.: Victor, 1984). 『민수기·신명기』(BKC 강해 주석03), 잭 S. 디어·유진 H. 메릴 지음, 문동학 옮김(두란노서원, 1994).

Eugene H. Merrill, *Deuteronomy*, in New American Commentary (Nashville: Broadman & Holman, 1994).

머 리 말

이스라엘 역사에 대한 이 열두 권의 책은 여호수아 시대(주전 1405년경)부터 느헤미야 시대(주전 424년경)까지 거의 1,000년에 걸친 기간을 서술하고 있다. 이 책들은 이스라엘 백성이 430년간의 애굽 노예생활과 40년간의 광야 방랑을 거쳐 약속의 땅에 진입하고 그 땅을 소유하게 된 때에 시작해서 이스라엘 백성이 그 약속의 땅에 돌아와 살게 된(하지만 그 땅을 소유하지는 못한) 때에 끝을 맺는다. 이 기간에 다음과 같은 세계적 제국들이 번성했다. (1) 앗수르(주전 880-612년경), (2) 바벨론(주전 612-539년경), (3) 메대-바사(주전 539-331년경).

이 역사적 기간은 왕정과 포로라는 두 가지 주제로 정리할 수 있다.

왕정 이전의 시기	왕정 시기	왕정 이후의 시기
여호수아	사무엘상하	에스라
사사기	열왕기상하	느헤미야
룻기	역대상하	에스더

포로 이전의 시기	포로 시기	포로 이후의 시기
여호수아	에스더	에스라
사사기		느헤미야
룻기		
사무엘상하		
열왕기상하		
역대상하		

이 기간은 구약의 모든 대선지자와 소선지자가 활동한 선지자들의 시기였다. 각각 에돔(오바댜)과 니느웨(요나와 나훔)에 대해(또는 그 족속에 대해) 썼거나 바벨론에서(에스겔, 다니엘) 글을 쓴 선견자들을 제외하면 역사서들은 다음과 같은 방식으로 선지자들과 연관된다.

1. 열왕기상 12장-열왕기하 17장: 아모스, 호세아(이스라엘에서 활동한 선지자들)
2. 열왕기상 12장-열왕기하 25장, 역대하 10-36장: 요엘, 이사야, 미가, 스바냐, 예레미야, 하박국(유다에서 활동한 선지자들)
3. 에스라 1-6장: 학개, 스가랴
4. 에스라 7-10장, 느헤미야: 말라기

역사서는 약속의 땅을 정복하고 소유한 이스라엘의 발흥과 함께 시작된다(여호수아와 사사기, 룻기). 이스라엘 역사의 절정으로 옮겨가서 사무엘상하와 열왕기상 1-11장, 역대상, 역대하 1-9장은 통일 왕국의 역사를 기록하고 있다. 왕국의 분열과 함께 찾아온 이스라엘의 쇠퇴는 열왕기상 12-22장, 열왕기하, 역대하 10-36장에 기록되어 있다. 에스더서는 포로생활을 하는 민족의 모습을 자세히 보여준다. 에스라와 느헤미야서는 회복에 대한 소망을 보여주면서 다시금 하나님이 주신 약속의 땅에 살고 있지만 예전과 달리 그 땅을 소유하지는 못한 백성의 모습으로 끝을 맺는다.

따라서 아브라함 언약에서 약속된 땅(창 12, 13, 15, 17장)도, 다윗 언약에서 약속된 영속적인 왕권(삼하 7장)도 역사에서 실현되지 못했다. 이 두 약속의 실현을 위해서는 선지자들이 예언한 메시아의 미래 통치를 기다려야 한다(슥 14장).

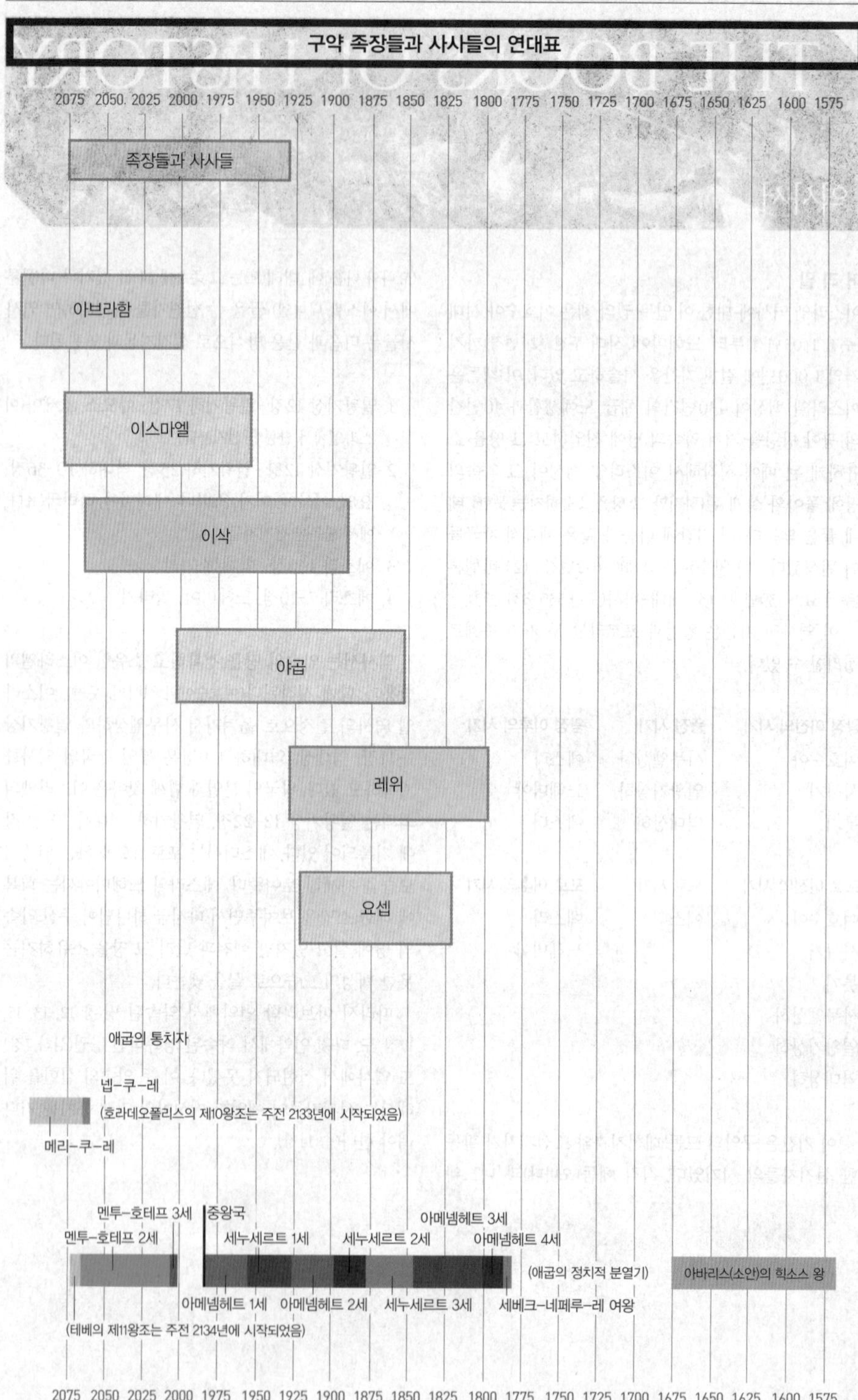
구약 족장들과 사사들의 연대표
2075 2050 2025 2000 1975 1950 1925 1900 1875 1850 1825 1800 1775 1750 1725 1700 1675 1650 1625 1600 1575
족장들과 사사들
아브라함
이스마엘
이삭
야곱
레위
요셉
애굽의 통치자
넵-쿠-레
(호라데오폴리스의 제10왕조는 주전 2133년에 시작되었음)
메리-쿠-레
멘투-호테프 3세
중왕국
아메넴헤트 3세
멘투-호테프 2세
세누세르트 1세
세누세르트 2세
아메넴헤트 4세
(애굽의 정치적 분열기)
아바리스(소안)의 힉소스 왕
아메넴헤트 1세
아메넴헤트 2세
세누세르트 3세
세베크-네페루-레 여왕
(테베의 제11왕조는 주전 2134년에 시작되었음)
2075 2050 2025 2000 1975 1950 1925 1900 1875 1850 1825 1800 1775 1750 1725 1700 1675 1650 1625 1600 1575

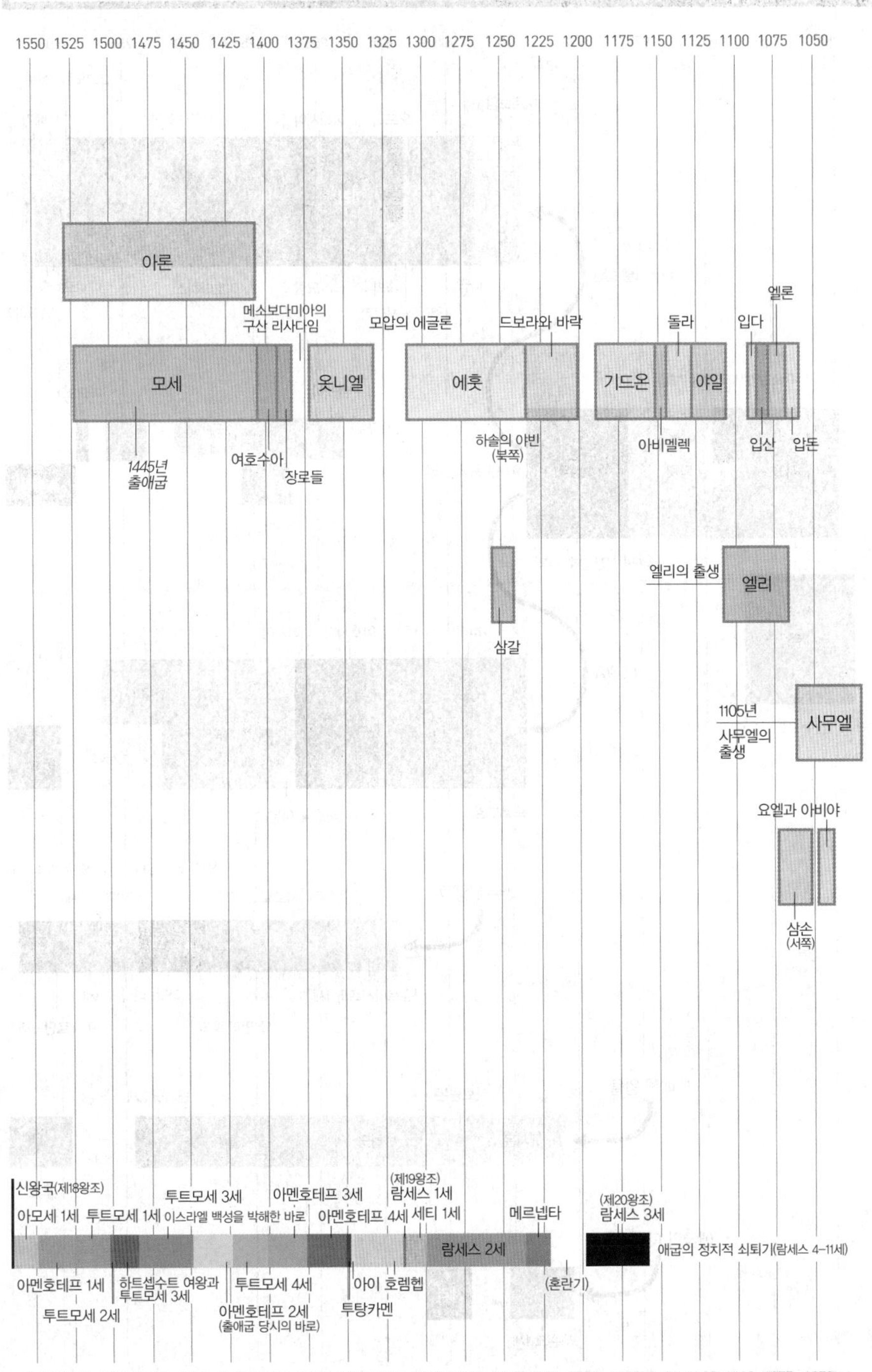
1550 1525 1500 1475 1450 1425 1400 1375 1350 1325 1300 1275 1250 1225 1200 1175 1150 1125 1100 1075 1050
아론
메소보다미아의 구산 리사다임
모압의 에글론
드보라와 바락
돌라
입다
엘론
모세
옷니엘
에훗
기드온
야일
1445년 출애굽
여호수아
장로들
하솔의 야빈 (북쪽)
아비멜렉
입산
압돈
삼갈
엘리의 출생
엘리
1105년 사무엘의 출생
사무엘
요엘과 아비야
삼손 (서쪽)
신왕국(제18왕조)
아모세 1세
투트모세 1세
투트모세 3세
이스라엘 백성을 박해한 바로
아멘호테프 3세
아멘호테프 4세
(제19왕조) 람세스 1세
세티 1세
메르넵타
(제20왕조) 람세스 3세
람세스 2세
애굽의 정치적 쇠퇴기(람세스 4-11세)
아멘호테프 1세
투트모세 2세
하트셉수트 여왕과 투트모세 3세
아멘호테프 2세 (출애굽 당시의 바로)
투트모세 4세
투탕카멘
아이 호렘헵
(혼란기)

구약 왕들과 선지자들의 연대표

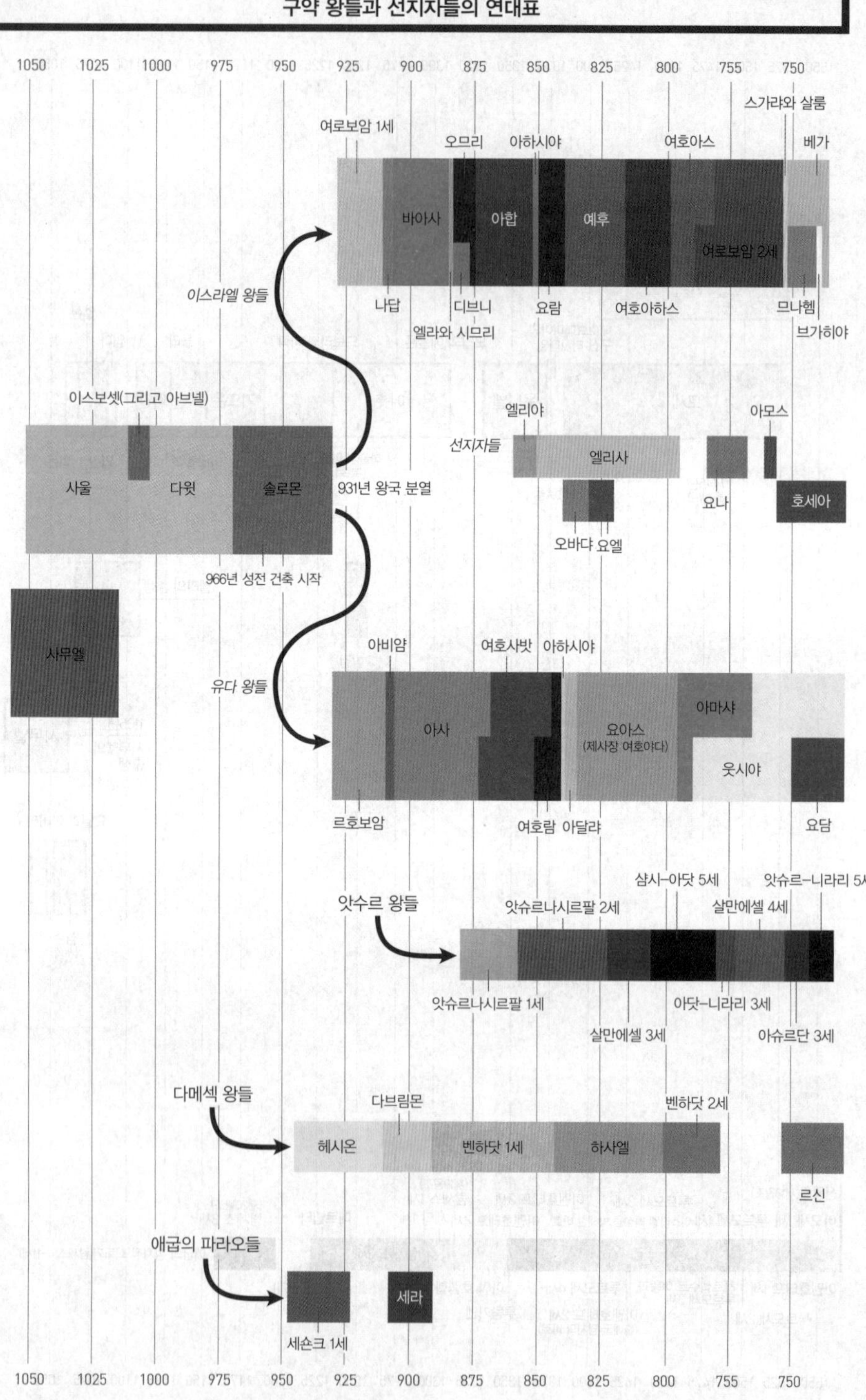

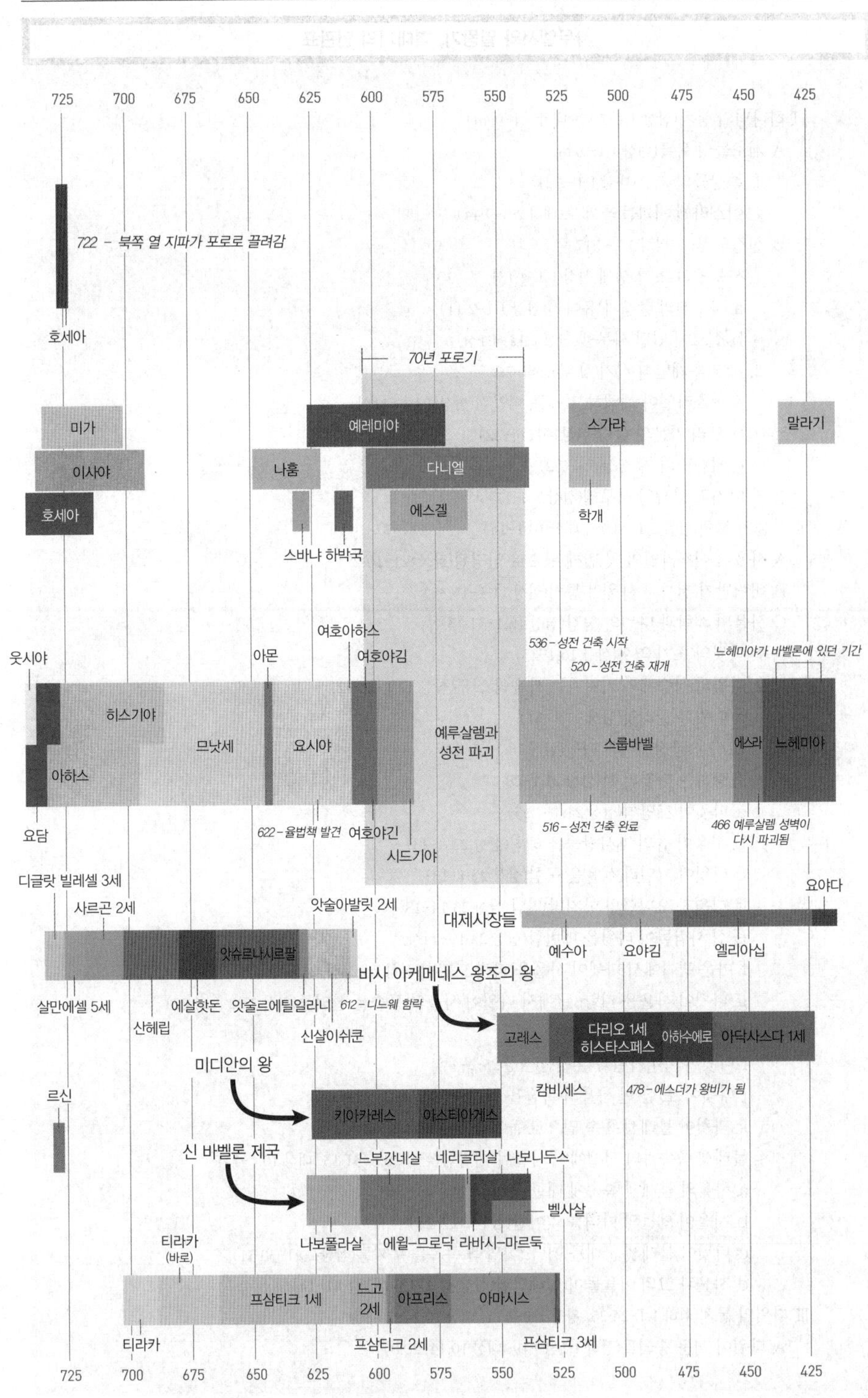
725 700 675 650 625 600 575 550 525 500 475 450 425
722 - 북쪽 열 지파가 포로로 끌려감
호세아
70년 포로기
미가
예레미야
스가랴
말라기
이사야
나훔
다니엘
호세아
에스겔
학개
스바냐 하박국
여호아하스
536 - 성전 건축 시작
느헤미야가 바벨론에 있던 기간
웃시야
아몬
여호야김
520 - 성전 건축 재개
히스기야
므낫세
요시야
예루살렘과
성전 파괴
스룹바벨
에스라
느헤미야
아하스
요담
622 - 율법책 발견
여호야긴
516 - 성전 건축 완료
466 예루살렘 성벽이
다시 파괴됨
시드기야
디글랏 빌레셀 3세
요야다
사르곤 2세
앗술아발릿 2세
대제사장들
앗슈르나시르팔
예수아
요야김
엘리아십
살만에셀 5세
에살핫돈
앗술르에틸일라니
612 - 니느웨 함락
바사 아케메네스 왕조의 왕
산헤립
신살이쉬쿤
고레스
다리오 1세
히스타스페스
아하수에로
아닥사스다 1세
미디안의 왕
캄비세스
478 - 에스더가 왕비가 됨
르신
키아카레스
아스티아게스
신 바벨론 제국
느부갓네살
네리글리살
나보니두스
벨사살
나보폴라살
에윌-므로닥
라바시-마르둑
티라카
(바로)
프삼티크 1세
느고
2세
아프리스
아마시스
티라카
프삼티크 2세
프삼티크 3세
725 700 675 650 625 600 575 550 525 500 475 450 425

사무엘서와 열왕기, 역대기의 연관표

I. 하나님의 통치(삼상 1:1-7:17; 대상 1:1-9:44)
  A. 계보들의 목록(대상 1:1-9:44)
    1. 족장들의 계보(대상 1:1-2:2)
    2. 이스라엘 지파들의 계보(대상 2:3-9:44)
  B. 신정의 종말(삼상 1:1-7:17)
    1. 사무엘의 초기 생애(삼상 1:1-4:1상)
      a. 사무엘의 출생과 유아기(삼상 1:1-2:11)
      b. 실로에 있던 사무엘(삼상 2:12-4:1상)
    2. 국가적 재난의 시기(삼상 4:1하-7:2)
      a. 이스라엘이 패배하고 궤를 빼앗김(삼상 4:1하-11상)
      b. 엘리 가문의 몰락(삼상 4:11하-22)
      c. 하나님의 궤(삼상 5:1-7:2)
    3. 마지막 사사인 사무엘(삼상 7:3-17)
II. 사울의 통치(삼상 8:1-31:13; 대상 10:1-14)
  A. 사울이 이스라엘의 첫 번째 왕으로 임명됨(삼상 8:1-10:27)
  B. 버림받기 전까지 사울의 통치(삼상 11:1-15:35)
  C. 사울의 쇠락과 다윗의 성장(삼상 16:1-31:13)
    1. 다윗의 초기 역사(삼상 16:1-23)
    2. 다윗의 상승세와 커져가는 사울의 질투(삼상 17:1-20:42)
      a. 다윗과 골리앗(삼상 17:1-51)
      b. 사울 궁정에서의 다윗(삼상 18:1-20:42)
    3. 유랑하는 다윗의 삶(삼상 21:1-28:2)
      a. 다윗이 도망침(삼상 21:1-22:5)
      b. 사울이 놉의 제사장들을 해침(삼상 22:6-23)
      c. 다윗이 그일라 성읍을 구함(삼상 23:1-13)
      d. 다윗과 요나단의 마지막 만남(삼상 23:14-18)
      e. 십 사람들이 다윗을 배반함(삼상 23:19-24상)
      f. 마온 광야에서 다윗이 사울을 피해 도망침(삼상 23:24하-28)
      g. 다윗이 사울을 피함: 굴에서 다윗이 사울의 목숨을 살려줌(삼상 23:29-24:22)
      h. 사무엘의 죽음(삼상 25:1)
      i. 다윗이 아비가일과 혼인함(삼상 25:2-44)
      j. 다윗이 또 한 번 사울의 목숨을 살려줌(삼상 26:1-25)
      k. 다윗이 블레셋 족속 밑으로 들어감(삼상 27:1-28:2)
    4. 블레셋 족속과의 전쟁에서 사울이 패망함(삼상 28:3-31:13; 대상 10:1-14)
      a. 사울의 블레셋 족속에 대한 두려움(삼상 28:3-6)
      b. 사울이 엔돌의 마녀를 찾아감(삼상 28:7-25)
      c. 다윗이 블레셋 군대를 떠남: 아말렉 족속을 무찌름(삼상 29:1-30:31)
      d. 사울과 그의 아들들이 살해당함(삼상 31:1-13; 대상 10:1-14)
III. 다윗의 통치(삼하 1:1-24:25; 왕상 1:1-2:11; 대상 10:14-29:30)
  A. 다윗이 거둔 승리들(삼하 1:1-10:19; 대상 10:14-20:8)

1. 다윗의 정치적 승리들(삼하 1:1-5:25; 대상 10:14-12:40)
   a. 유다의 왕이 된 다윗(삼하 1:1-4:12; 대상 10:14-12:40)
   b. 온 이스라엘의 왕이 된 다윗(삼하 5:1-5:25)
2. 다윗의 영적인 승리들(삼하 6:1-7:29; 대상 13:1-17:27)
   a. 언약궤(삼하 6:1-23; 대상 13:1-16:43)
   b. 성전과 다윗 언약(삼하 7:1-29; 대상 17:1-27)
3. 다윗의 군사적 승리들(삼하 8:1-10:19; 대상 18:1-20:8)

B. 다윗이 범한 죄들(삼하 11:1-27)
1. 다윗이 밧세바와 간음함(삼하 11:1-5)
2. 다윗이 헷 사람 우리아를 살해함(삼하 11:6-27)

C. 다윗에게 찾아온 문제들(삼하 12:1-24:25; 대상 21:1-27:34)
1. 다윗 가문이 겪은 고통(삼하 12:1-13:36)
   a. 다윗을 향한 나단의 예언(삼하 12:1-14)
   b. 다윗의 아들이 죽음(삼하 12:15-25)
   c. 다윗에 대한 요압의 충성심(삼하 12:26-31)
   d. 암논이 근친상간을 행함(삼하 13:1-20)
   e. 암논이 죽임당함(삼하 13:21-36)
2. 다윗 왕국이 겪은 고통(삼하 13:37-24:25; 대상 21:1-27:34)
   a. 압살롬의 반란(삼하 13:37-17:29)
   b. 압살롬이 죽임당함(삼하 18:1-33)
   c. 다윗이 왕권을 되찾음(삼하 19:1-20:26)
   d. 다윗의 통치에 대한 평가(삼하 21:1-23:39)
   e. 다윗의 인구 조사(삼하 24:1-24:25; 대상 21:1-30)

D. 다윗의 성전 건축 준비와 조직 구성(대상 22:1-27:34)

E. 다윗의 생애 말기(왕상 1:1-2:11; 대상 28:1-29:30)
1. 다윗의 건강 악화: 수넴 여인 아비삭(왕상 1:1-4)
2. 아도니야의 왕국 쟁취 시도(왕상 1:5-9)
3. 솔로몬이 왕으로 기름 부음을 받음(왕상 1:10-40; 대상 29:20-25)
4. 아도니야의 굴복(왕상 1:41-53)
5. 다윗의 유언(왕상 2:1-9; 대상 28:1-29:25)
   a. 이스라엘을 향한 다윗의 말(대상 28:1-8)
   b. 솔로몬을 향한 다윗의 말(왕상 2:1-9; 대상 28:9-21)
   c. 성전을 향한 다윗의 헌신(대상 29:1-20)
6. 다윗의 죽음(왕상 2:10, 11; 대상 29:26-30)

Ⅳ. 솔로몬의 통치(왕상 2:12-11:43; 대상 29:21-대하 9:31)

A. 솔로몬의 통치 시작(왕상 2:12-4:34; 대상 29:21-대하 1:17)
1. 솔로몬의 통치가 확립됨(왕상 2:12; 대상 29:21-대하 1:1)
2. 솔로몬의 적들이 제거됨(왕상 2:13-46)
3. 솔로몬이 바로의 딸과 혼인함(왕상 3:1)
4. 솔로몬의 영적 상태(왕상 3:2, 3)

5. 솔로몬이 기브온에서 제사를 드림(왕상 3:4; 대하 1:2-6)
6. 솔로몬의 꿈과 지혜를 구한 기도(왕상 3:5-15; 대하 1:7-12)
7. 솔로몬이 하나님의 지혜로 창기들의 일을 판결함(왕상 3:16-28)
8. 솔로몬의 관리들, 그의 권력과 부, 지혜(왕상 4:1-34; 대하 1:13-17)
B. 솔로몬의 빛나는 위업(왕상 5:1-8:66; 대하 2:1-7:22)
1. 성전 건축 준비(왕상 5:1-18; 대하 2:1-18)
2. 성전 건축(왕상 6:1-38; 대하 3:1-14)
3. 왕궁 건축(왕상 7:1-12)
4. 성전에서 쓸 기구들을 제작함(왕상 7:13-51; 대하 3:15-5:1)
5. 성전의 완공과 봉헌(왕상 8:1-66; 대하 5:2-7:22)
C. 솔로몬의 죽음(왕상 9:1-11:43; 대하 8:1-9:31)
1. 다윗 언약의 반복(왕상 9:1-9)
2. 솔로몬이 언약에 불순종함(왕상 9:10-11:8; 대하 8:1-9:28)
3. 솔로몬의 언약 위반에 대한 징계(왕상 11:9-40)
4. 솔로몬의 죽음(왕상 11:41-43; 대하 9:29-31)
V. 분열 왕국(왕상 12:1-22:53; 왕하 1:1-17:41; 대하 10:1-28:27)
A. 왕국이 분열됨(왕상 12:1-14:31)
1. 분열의 원인(왕상 12:1-24)
2. 이스라엘 왕 여로보암(왕상 12:25-14:20)
3. 유다 왕 르호보암(왕상 14:21-31; 대하 10:1-12:16)
B. 유다의 두 왕들(왕상 15:1-24; 대하 13:1-16:14)
1. 유다 왕 아비얌(요람)(왕상 15:1-8; 대하 13:1-22)
2. 유다 왕 아사(왕상 15:9-24; 대하 14:1-16:14)
C. 이스라엘의 다섯 왕들(왕상 15:25-16:28)
1. 이스라엘 왕 나답(왕상 15:25-31)
2. 이스라엘 왕 바아사(왕상 15:32-16:7)
3. 이스라엘 왕 엘라(왕상 16:8-14)
4. 이스라엘 왕 시므리(왕상 16:15-20)
5. 이스라엘 왕 오므리(왕상 16:21-28)
D. 이스라엘 왕 아합(왕상 16:29-22:40)
1. 아합의 죄(왕상 16:29-34)
2. 선지자 엘리야(왕상 17:1-19:21)
3. 아람과의 전쟁(왕상 20:1-43)
4. 나봇이 속임을 당하고 살해됨(왕상 21:1-16)
5. 아합의 죽음(왕상 21:17-22:40)
E. 유다 왕 여호사밧(왕상 22:41-50; 대하 17:1-21:3)
F. 이스라엘 왕 아하시야(왕상 22:51-53; 왕하 1:1-18)
G. 이스라엘 왕 여호람(요람)(왕하 3:1-8:15)
H. 유다 왕 여호람(왕하 8:16-24; 대하 21:4-20)
I. 유다 왕 아하시야(왕하 8:25-9:29; 대하 22:1-9)

J. 이스라엘 왕 예후(왕하 9:30-10:36)
K. 유다 여왕 아달랴(왕하 11:1-16; 대하 22:10-23:21)
L. 유다 왕 요아스(왕하 11:17-12:21; 대하 24:1-27)
M. 이스라엘 왕 여호아하스(왕하 13:1-9)
N. 이스라엘 왕 여호아스(요아스)(왕하 13:10-25)
O. 유다 왕 아마샤(왕하 14:1-22; 대하 25:1-28)
P. 이스라엘 왕 여로보암 2세(왕하 14:23-29)
Q. 유다 왕 웃시야(아사랴)(왕하 15:1-7; 대하 26:1-23)
R. 이스라엘 왕 스가랴(왕하 15:8-12)
S. 이스라엘 왕 살룸(왕하 15:13-15)
T. 이스라엘 왕 므나헴(왕하 15:16-22)
U. 이스라엘 왕 브가히야(왕하 15:23-26)
V. 이스라엘 왕 베가(왕하 15:27-31)
W. 유다 왕 요담(왕하 15:32-38; 대하 27:1-9)
X. 유다 왕 아하스(왕하 16:1-20; 대하 28:1-27)
Y. 이스라엘 왕 호세아(왕하 17:1-41)

VI. 홀로 남은 유다 왕국(왕하 18:1-25:30; 대하 29:1-36:23)
A. 유다 왕 히스기야(왕하 18:1-20:21; 대하 29:1-32:33)
B. 유다 왕 므낫세(왕하 21:1-18; 대하 33:1-20)
C. 유다 왕 아몬(왕하 21:19-26; 대하 33:21-25)
D. 유다 왕 요시야(왕하 22:1-23:30; 대하 34:1-35:27)
E. 유다 왕 여호아하스(왕하 23:31-34; 대하 36:1-3)
F. 유다 왕 여호야김(왕하 23:35-24:7; 대하 36:4-8)
G. 유다 왕 여호야긴(왕하 24:8-16; 대하 36:9, 10)
H. 유다 왕 시드기야(왕하 24:17-25:21; 대하 36:11-21)
I. 유다 총독 그달리야(왕하 25:22-26)
J. 바벨론에서 여호야긴이 석방됨(왕하 25:27-30)
K. 고레스가 예루살렘 재건을 공포함(대하 36:22, 23)

제 목

열두 권의 역사서 중 첫 번째 책이다. 이 책의 이름은 이스라엘을 위해 공을 세운 여호수아에게서 따왔다. 모세는 그를 이스라엘의 지도자로 세우고 기도해주었다(민 27:12-23). 여호수아는 '여호와가 구원하신다' 또는 '주님은 구원이시다'라는 뜻이며, 신약의 이름 '예수'와 같다. 하나님은 여호수아 시대에 이스라엘을 구원하셨다. 하나님은 친히 이스라엘과 함께 계셨고, 구원의 대장이 되어 이스라엘을 위해 싸우셨다(5:14-6:2; 10:42; 23:3, 5; 행 7:45).

저자와 저작 연대

이 책에는 저자의 이름이 나오지 않지만, 가장 가능성 있는 인물은 여호수아 자신이다. 그는 이 책에 기록된 사건들을 직접 목격한 핵심 인물이다(참고. 18:9; 24:26). 여호수아가 훈련시킨 조수가 여호수아의 죽음을 다룬 본문(24:29-33) 내용을 덧붙여 이 책의 기록을 끝마쳤을 수도 있다. 어떤 사람들은 대제사장 엘르아살이나 그의 아들 비느하스가 그 본문을 썼을 것이라고 추정하기도 했다. 여호수아 6:25이 쓰인 당시에 라합은 여전히 살아 있었다. 이 책은 다윗이 왕위에 오르기 전에 완성되었으며(15:63. 참고. 삼하 5:5-9) 가장 가능성이 높은 저작 연대는 주전 1405-1385년경이다.

여호수아는 이스라엘이 애굽에서 노예생활을 하던 때에 태어났다. 그는 모세에게 훈련을 받았으며, 하나님께 선택을 받아 이스라엘 백성을 가나안으로 인도하는 중책을 맡게 되었다. 그의 삶에서 두드러지게 나타난 특징은 다음과 같다. 섬김(출 17:10; 24:13; 33:11; 민 11:28), 싸움(출 17:9-13), 정탐(민 13; 14장), 모세의 기도(민 27:15-17), 하나님의 주권(민 27:18 이하), 성령의 임재(민 27:18; 신 34:9), 모세에 의해 구별됨(민 27:18-23; 신 31:7, 8, 13-15), 전심으로 주님을 따름(민 32:12) 등이다.

「가나안에서 돌아온 정탐꾼(*The Messengers Return from Canaan*)」 1621-1624년. 조반니 란프란코. 캔 버스에 유화. 246×218cm. 폴 게티 미술관. 로스앤젤레스.

배경과 무대

죽기 전 모세는 지도자 자리를 여호수아에게 넘겨주었는데(신 34장), 이때 이스라엘은 40년에 걸친 광야생활을 끝마치는 중이었다(주전 1405년경). 여호수아는 90세 무렵 이스라엘의 지도자가 되었고, 110세의 나이로 죽음을 맞이했다(24:29). 그는 이스라엘 백성을 이끌고 가나안 족속들 대부분을 쫓아냈으며, 열두 지파에게 땅을 나눠주었다. 요단강 동쪽에 위치한 모압 평원에 서서 이스라엘 백성은 하나님이 이전에 약속하셨던 그 땅(창 12:7; 15:18-21)을 정복하라는 하나님의 명령을 기다렸다.

요단강 서쪽에 거주하는 족속들이 죄악에 깊이 빠져 있어 하나님은 그들을 그 땅에서 쫓아내실 수밖에 없었다(레 18:24, 25). 하나님은 이스라엘이 그 땅을 정복하도록 인도하셨다. 이는 하나님이 아브라함과 그의 후손에게 주신 언약을 성취하기 위한 것이었지만, 그 땅의 죄악된 거주민들에게 공정한 심판을 내리시려는 목적도 있었다(참고. 창 15:16). 여러 부족이 이 땅 여기저기에 흩어져 오랫동안 살아왔는데, 그 역사는 아브라함 시대보다 더 거슬러 올라간다(창 10:15-19; 12:6; 13:7). 가나안의 거주민들은 여호수아 시대까지 여러 신을 숭배하면서 도덕적으로 계속 타락했던 것이다.

역사적 · 신학적 주제

이 책의 핵심 주제는 아브라함의 후손들에게 그 땅을 주시겠다는 자신의 약속을 성취하시는 하나님의 신실하심이다(창 12:7; 15:18-21; 17:8). 하나님의 인도하심을 따라(참고. 5:14-6:2) 그들은 요단강 동쪽과 서쪽 지역에 살게 되었다. 이 책에는 '소유하다'라는 단어가 10번 넘게 나온다.

이 주제와 연관되어 이 땅의 모든 지역을 정복하는 데 실패한 이스라엘의 모습이 그려진다(13:1). 이후에 사사기 1장과 2장은 이 죄로 말미암아 생겨난 비극적인 결과들을 묘사한다. 핵심 구절은 다음 사항에 초점을 맞춘다. 첫째, 이 땅을 얻게 되리라는 하나님의 약속이다(1:3, 6). 둘째, 하나님의 율법에 대한 묵상이다. 이것은 하나님의 백성에게 중요한 일이었다(1:8). 셋째, 이스라엘이 이 땅의 일부를 실제로 얻게 된 것이다(11:23; 21:45; 22:4).

13-22장의 내용에서 알 수 있듯 이 땅의 각 부분을 구체적으로 분배하는 것은 여호수아에게 주어진 과업이었다. 전략적으로 레위인은 48곳의 성읍에 흩어지게 되었는데, 이는 다른 이스라엘 백성이 어디에 살든지 간에 레위인을 통해 하나님께 영적으로 예배를 드리는 데 어려움이 없도록 하기 위해서였다.

하나님은 다음과 같은 이유에서 이스라엘 백성이 그 땅을 소유하기를 원하셨다. 첫째, 하나님은 자신의 약속을 지키고자 하셨다(창 12:7). 둘째, 하나님은 이후 자신의 나라에 대한 계획이 발전되어갈 토대를 놓고자 하셨다(참고. 창 17:8; 49:8-12). 이를테면 왕과 선지자들의 시대에 벌어질 일들을 위해 이스라엘을 미리 적당한 곳에 두고자 하셨던 것이다. 셋째, 하나님은 극악한 죄로 말미암아 하나님을 노엽게 한 가나안에 사는 민족들을 벌하고자 하셨다(레 18:25). 넷째, 이 일을 통해 하나님의 언약적인 뜻이 온 세상에 퍼져 나가는 것(창 12:1-3)을 다른 민족들에게 드러내고자 하셨다(수 2:9-11).

해석상의 과제

성경에 나오는 기적들은 독자에게 하늘과 땅을 창조하신 하나님(창 1:1)이 다른 놀라운 일들도 하실 수 있다는 것을 믿든지, 아니면 그런 일들이 어떤 식으로든 일어날 일이었다고 이해하든지, 둘 중 하나를 선택하도록 도전을 제기한다. 모세 시대에 그랬던 것처럼 이 책에 나오는 기적들도 하나님이 뜻하신 목적의 일부로 일어난다. 이런 기적으로는 요단 강물을 멈추게 하시고(수 3:7-17), 여리고 성벽을 무너지게 하시고(수 6:1-27), 하늘에서 우박을 내리시고(수 10:1-11), 해를 더 오랫동안 떠 있게 하신 것(수 10:12-15) 등이 있다.

이 책이 제기하는 다른 도전에는 다음과 같은 것이 있다. 첫째, 기생 라합이 하나님께 믿음으로 응답하긴 했지만 그녀는 거짓말을 했다. 그런데 하나님은 어떻게 그녀에게 복을 주셨는가(2장)? 둘째, 왜 아간뿐 아니라 그의 가족들까지 처형을 당했는가(7장)? 셋째, 아이성에는 이스라엘 백성보다 더 적은 수의 사람들이 살고 있었음에도 왜 그 성을 정복하기가 어려웠는가(7, 8장)? 넷째, 하나님이 이스라엘 앞에 '왕벌'을 보낸 것은 무엇을 뜻하는가(24:12)? 각 절을 다루면서 이런 질문들을 논하게 될 것이다.

여호수아 개요

I. 약속의 땅에 들어감(1:1-5:15)
II. 약속의 땅을 정복함(6:1-12:24)
  A. 중앙 지역의 전투(6:1-8:35)
  B. 남부 지역의 전투(9:1-10:43)
  C. 북부 지역의 전투(11:1-15)
  D. 정복 전쟁의 요약(11:16-12:24)
III. 약속의 땅을 각 지파에게 분배함(13:1-22:34)
  A. 지시사항의 요약(13:1-33)
  B. 요단강의 서쪽 지역(14:1-19:51)
  C. 도피성(20:1-9)
  D. 레위인이 거하는 성읍들(21:1-45)
  E. 요단강의 동쪽 지역(22:1-34)
IV. 약속의 땅을 보존함(23:1-24:28)
  A. 여호수아의 첫 번째 연설(23:1-16)
  B. 여호수아의 두 번째 연설(24:1-28)
V. 후기(24:29-33)

약속의 땅에 들어감 (1:1-5:15)

1:2 내가…주는 그 땅 이 땅은 하나님이 아브라함과 언약을 맺을 때 주기로 약속하신 땅이며, 하나님은 그 이후로 종종 그 사실을 재확인해주셨다(창 12:7; 13:14, 15; 15:18-21).

1:4 약속의 땅을 나타낸 경계선은 다음과 같다. *서쪽으로는* 지중해의 해안선이며, *동쪽으로는* 멀리 떨어진 동쪽에 있는 유브라데강이고, *남쪽으로는* 애굽의 나일강까지 이어지는 광야이며, *북쪽으로는* 레바논이다.

1:5 여호수아가 주어진 과업을 감당할 때 하나님은 능력으로 함께할 것을 약속하신다.

1:6 내가 그들의 조상에게 맹세하여 아브라함과 이삭, 야곱에 대한 것은 창세기 12:7; 15:18-21; 17:8; 26:3; 28:13; 35:12를 참고하라.

1:7 강하고 극히 담대하여 *신명기 31:6-8에 대한 설명을 보라.*

1:8 이 율법책을 이것은 성경을 가리키는데, 구체적으로는 창세기부터 신명기에 이르기까지 모세가 기록한 성경을 가리킨다(참고. 출 17:14; 신 31:9-11, 24). **그것을 묵상하여** 시간을 두고 주의 깊게 하나님 말씀을 읽는 것을 뜻한다. 하나님을 섬기는 사람들에게 성경은 그들의 주된 영적 양식이 되었다. 예를 들어 욥(욥 23:12), 시편 기자(시 1:1-3), 예레미야(렘 15:16), 예수님(요 4:34)이 그러했다. **평탄…형통하리라** 하나님은 여호수아에게 막중한 임무를 맡기셨으며, 그에게 복을 주실 것을 약속하셨다. 이 구절에서 가르치는 원칙은 모든 영적 노력과 계획에서 핵심을 이룬다. 그 원칙은 우리가 모든 일에서 성경을 깊이 이해하고 적용해야 한다는 것이다.

1:9 여호와가 너와 함께 하느니라 이 말씀은 하나님의 종들에게 충분한 확신을 제공해주었다. 아브라함(창 15:1), 모세와 그의 백성(출 14:13), 이사야(사 41:10), 예레미야(렘 1:7, 8), 여러 세기에 걸친 그리스도인들(마 28:20; 히 13:5)에게 그러했다.

1:11 사흘 안에 여호수아의 이 선언과 사흘의 시간(참고. 3:2)이 흐르기 전에 일어난 일들이 이 구절 이후에 기록되고 있다. 예를 들어 여호수아가 그 땅의 동정을 살피기 위해 두 명의 정탐꾼을 보낸 일 등이 그렇다(2:22).

1:12 므낫세 반 지파 창세기 48장에서 야곱은 요셉의 두 아들 에브라임과 므낫세를 축복했다. 따라서 요셉은 실제로 이중의 복을 받은 셈이다(창 48:22). 그리하여 가나안 땅이 열두 지파에 분배될 수 있었다. 레위 지파는 제사장의 기능을 감당하기 위해 땅의 분배에서 제외되었다.

1:13-18 여호와께서…이 땅을 너희에게 주시리라 하나님은 이 지파들에게 요단강 바로 동쪽에 있는 땅을 주셨다(참고. 민 32장). 하지만 다른 이스라엘 지파들과 함께 요단강 서쪽의 종족들을 무찌르고, 그들 지파가 자신들에게 배정된 요단강 서쪽의 땅을 얻도록 돕는 것이 그들에게 주어진 의무였다.

2:1 싯딤…여리고 싯딤(참고. 3:1)은 요단강에서 동쪽으로 11킬로미터쯤 떨어진 작은 언덕에 있었다. 여리고는 요단강에서 서쪽으로 11킬로미터쯤 떨어져 있었다. **두 사람을 정탐꾼으로** 이들은 그 땅의 지형이나 비축된

사역을 위한 여호수아의 준비

1. 출 17:9, 10, 13-14	여호수아는 아말렉 족속과의 전투를 승리로 이끌었다.
2. 출 24:13	여호수아는 모세의 종으로서 그와 함께 하나님의 산에 올라갔다(참고. 32:17).
3. 민 11:28	여호수아는 젊은 시절부터 모세를 섬겨왔다.
4. 민 13:16	모세는 여호수아의 이름을 호세아('구원')에서 여호수아('주님이 구원하신다')로 바꿔 불렀다.
5. 민 14:6-10, 30, 38	여호수아와 갈렙은 다른 열 사람과 함께 가나안 땅을 정탐하고 돌아왔는데, 그들 가운데 여호수아와 갈렙만이 나아가 그 땅을 취하자고 강권했다. 그리하여 열두 정탐꾼 가운데 이 두 사람만 실제로 가나안 땅에 들어가게 되었다.
6. 민 27:18	성령이 여호수아 안에 살고 계셨다.
7. 민 27:18-23	여호수아는 처음 모세를 도와 영적으로 섬기도록 임명을 받았다.
8. 민 32:12	여호수아는 주님을 온전히 따랐다.
9. 신 31:23	여호수아는 모세를 대신하도록 임명을 받았다.
10. 신 34:9	여호수아에게는 지혜의 영이 충만했다.

식량의 양, 마실 물, 방어 태세 등에 대해 여호수아에게 정보를 가져다줄 것이다. **기생의 집** 정탐꾼들이 불순한 목적을 갖고 그곳에 머문 것은 아니다. 그들은 사람들의 눈에 잘 띄지 않을 장소를 찾고자 했고, 기생의 집에 머무는 게 좋겠다는 생각이 들었다. 그곳에 머물면서 여리고와 관련된 정보를 얻고자 한 것이다. 또한 그 집은 성벽 위에 있었으므로(15절) 급한 일이 생기면 도망치기에 유리할 것이라고 생각했다. 이렇게 주의를 기울였음에도 그들의 존재는 발각되고 말았다(2, 3절). 그분의 주권적인 섭리 가운데서 하나님은 그 기생을 구원하시기 위해 그들이 거기 있기를 원하셨다. 라합은 사회계층에서 가장 낮은 위치에 있는 여인이 믿음을 통해 구원받는 대표적인 사례가 되었다. 아브라함이 사회계층의 최상층부에 있는 사람이 믿음을 통해 구원받은 예가 된 것처럼 말이다(참고. 약 2:18-25). 가장 중요한 사실은 하나님의 은혜로 그녀가 메시아로 이어지는 족보의 일원이 되었다는 것이다(마 1:5).

2:2 왕 그는 넓은 지역을 다스리는 왕이 아니라 도시를 다스리는 왕이었다. 이 정복 전쟁이 이어지는 동안 다른 도시를 다스리는 왕들도 등장한다(참고. 8:23; 12:24).

2:4, 5 참고. 9-11절. 거짓말은 하나님 앞에 죄를 짓는 것이다(출 20:16). 하나님은 거짓말하실 수 없는 분이시기 때문이다(딛 1:2). 하나님은 라합의 거짓말이 아니라 9-16절에 표현된 그녀의 신앙(히 11:31; 약 2:25)을 칭찬하셨다. 하나님은 어떤 죄도 그냥 넘어가시지 않는다. 우리 가운데 죄 없는 사람은 아무도 없으며(참고. 롬 3:23), 우리는 죄에 대해 용서를 받을 필요가 있다. 하나님은 참된 믿음을 존중하시며 구원의 은혜를 베푸신다(출 34:7). 그 믿음이 아무리 작은 것일지라도 말이다.

2:6 삼대 이 줄기는 아마포를 만드는 데 쓰이는 것으로, 길이는 90센티미터 정도다. 사람들은 이 줄기 더미를 물속에 담가두었다가 꺼내 햇볕에 말리거나 평평한 지붕 위에 널어놓았다.

2:11 위로는 하늘에서도 아래로는 땅에서도 하나님이 시니라 라합은 하나님이 주권적인 창조주이시며 만물을 유지하시는 분이라는 깨달음을 고백했다(참고. 신 4:39; 행 14:15; 17:23-28). 따라서 하나님은 가장 높으신 분이다.

2:15, 16 그녀의 집은 성벽 위에 있었으며, 그 성벽의 동쪽에는 요단강이 있었다(7절). 서쪽에 있는 바위산들은 숨기에 적당한 장소를 제공했다.

2:18 줄 15절에 쓰인 "줄"(rope, 한글개역에서 모두 '줄'이라고 번역된 단어를 NKJV는 각각 다르게 표기하고 있음—옮긴이)과는 다른 단어가 쓰였다. 단조로운 녹색이나 갈색, 회색과 달리 붉은색은 사람들의 눈에 잘 띄어 그 집을 보호하는 데 더 적합했다. 또한 이 색은 하나님이 그 집에 있는 사람들의 피(19절)를 지키신다는 약속 아래 있음을 나타내는 데도 적합했다.

3:3 궤 이 궤는 하나님의 임재가 그분의 백성 앞에 가심을 상징한다. 일반적으로는 고핫 자손들이 궤를 메고 나아갔지만(민 4:15; 7:9), 특별한 경우에는 레위 지파의 제사장들이 궤를 옮겼다. 이는 여호수아 6:6이나 열왕기상 8:3-6에 나오는 경우와 같다.

3:4 이천 규빗 914미터 정도의 길이다.

3:8 요단에 들어서라 제사장들은 요단강에 들어서서 기다려야 했다. 이는 백성이 하나님의 말씀(9절)을 듣고 나서 하나님이 행하시는 놀라운 일을 보며 그분의 위대하심을 묵상할 시간을 주기 위해서다. 하나님은 백성 사이에 계시면서 그들에게 그 땅을 주시고자 했다(10절). 또한 그 행동은 뒤따르는 백성에게 그들이 건너도록 강물의 흐름을 멈춰주신 하나님의 기적을 대할 마음의 준비를 시키기 위한 것이기도 했다(13-17절).

3:10 장차 죽거나 패배를 당하게 될 가나안 족속들은 깊은 죄악에 빠져 있었다(참고. 창 15:16; 레 18:24, 25). 하나님은 도덕적인 심판자로서 모든 사람의 운명을 주관할 권한을 가지고 계신다. 그것이 마지막 때이든(계 20:11-15), 다른 어떤 때이든 간에 그분 자신의 목적에 부합한다고 여기실 때 말이다. 우리가 품어야 할 의문은 왜 하나님이 그 죄인들을 멸망시키기로 선택하셨는가 하는 것이 아니라 왜 하나님이 그들을 그처럼 오랫동안 살려두셨는가, 왜 모든 죄인이 좀 더 일찍 멸망당하지 않았는가 하는 것이다. 죄인에게 삶을 좀 더 이어가도록 허락하신 것은 하나님의 은혜다(참고. 창 2:17; 겔 18:20; 롬 6:23).

3:16 일어나 한 곳에 쌓이고 전능하신 하나님, 창세기 1장에 따르면 하늘과 땅 그리고 다른 모든 것을 창조하신 하나님이 여기서 기적을 행하셨다. 위에서 흘러내리던 물이 초자연적인 능력으로 아담 성읍 근처에 멈춰 쌓였다. 이 성읍은 이스라엘 백성이 요단강을 건넌 지점으로부터 약 24킬로미터 북쪽에 있는 곳으로, 강의 지류들이 만나는 지역에 위치했다. 백성들이 모두 마른 땅을 걸어 강 저편으로 건너감으로써(3:17) 이 기적이 완성되자 하나님은 강물이 다시 흐르도록 하셨다(4:18). 출애굽은 시작되었을 때와 똑같은 방식으로(참고. 출 14장) 그 끝을 맺었다.

4:1-8 이스라엘 백성은 강바닥에 있던 12개의 돌을 가져가서 하나님의 신실하심을 기념하는 표징으로 삼았

약속의 땅 주변의 족속들

1. 아말렉 족속	에서의 큰아들인 아말렉(창 36:12)의 후손으로, 팔레스타인의 남쪽인 네겝 지방에 거주했다.
2. 암몬 족속	롯의 작은딸이 낳은 롯의 손자 벤암미(창 19:38)의 후손으로, 요단강의 동쪽, 모압 지방의 북쪽 지역에 거주했다.
3. 아모리 족속	이 땅의 거주민들을 가리키는 일반적인 명칭이었지만, 요단강의 서쪽과 동쪽 언덕 지대에 살았던 가나안 후손을 가리킬 때 자주 쓰였다.
4. 가나안 족속	개괄적으로 말해 이들은 노아의 아들 가운데 함의 아들이었던 가나안의 후손이다(참고. 창 10:15-18). 그리고 이 목록에 언급된 여러 족속을 포함한다.
5. 에돔 족속	팔레스타인의 남동쪽에 있는 세일산 부근에 정착한 에서의 후손이다(참고. 창 25:30).
6. 그발 족속	이후에 '비블로스'(Byblos)라고 알려진 고대의 항구에 살던 사람들이다. 이곳은 현재 베이루트(Beirut)에서 32킬로미터쯤 북쪽에 있다(수 13:5).
7. 그술 족속	요단강의 동쪽, 아람의 남쪽에 있는 그술에 살던 사람들이다(수 12:5).
8. 기브온 족속	기브온 지역과 그 주변 지역에 살던 사람들이다(수 9:17).
9. 기르가스 족속	가나안의 후손으로, 특정한 거주지 없이 이 땅의 사람들 속에 섞여 살았다.
10. 기르스 족속	다윗에게 멸망당하기 전까지 네겝 지역의 북서쪽 지방에 살던 정체성이 모호한 집단이다(삼상 27:8, 9).
11. 헷 족속	(아람 지방에 있었던) 헷 제국에서 이 땅의 중앙부로 이주해온 사람들이다(참고. 23:10; 삼하 11:3).
12. 히위 족속	이 땅의 북쪽 지역에 살던 가나안의 후손이다.
13. 호리 족속	선조를 알 수 없는 에돔 지역의 고대 거주민으로, 에서의 후손에게 멸망당했다(신 2:22).
14. 여부스 족속	예루살렘 주변의 언덕 지대에 거주하던 가나안의 후손이다(참고. 창 15:21; 출 3:8).
15. 겐 족속	아카바만 지역에 살던 미디안 부족이다(삼상 27:10).
16. 모압 족속	롯의 큰딸이 낳은 롯의 손자인 모압의 후손으로(창 19:37), 사해의 동쪽에 거주했다.
17. 브리스 족속	이 땅의 거주민들 사이에 섞여 살았던 사람들로, 이들의 선조는 가나안 족속이 아니었는데, 그 정체성이 불분명했다.

다. 이 12개의 돌은 (여리고에서 2킬로미터쯤 떨어진) 길갈에 세워졌는데, 이곳은 그들이 가나안 땅에 들어와서 처음으로 진을 친 곳이었다(19, 20절). 또한 강바닥에 12개의 돌을 세운 일은 하나님이 그 강을 말리신 것과 그분의 궤가 그곳에 서 있었던 일, 그곳에서 하나님이 기적을 행하심으로써 자신의 능력 있는 임재를 드러내시고 경외받기에 합당하신 모습을 보이신 것을 기념한다(9-11절, 21-24절).

4:19 첫째 달 십일에 3-4월경으로, 포로기 이전의 유대인은 이 첫 번째 달을 가리킬 때 '아빕'(Abib)이라고 했다. 포로기 이후에는 '니산'(Nisan)이라고 했다.

5:1 듣고 하나님이 초자연적인 능력으로 요단강을 말리셨다는 소식을 듣고 가나안 족속들은 두려움에 사로잡혔다. 하나님은 요단강이 넘칠 만큼 차오른 시기에 이런 기적을 행하셨기에(3:15), 더욱 놀랍고 충격적일 수밖에 없었다. 이 땅에 사는 사람들에게 이 기적은 하나님이 강한 능력을 지닌 분이라는 강력한 증거가 되었다(4:24). 그들은 이미 홍해에서 하나님이 행하신 기적에 대한 소식을 들었고(2:10), 이제는 그에 덧붙여 이 소식까지 듣게 된 것이다.

5:2 할례를 행하라 하나님은 여호수아에게 이스라엘 자손들이 다시 할례를 행하도록 명령하셨다. 이는 40세 이하의 남자들 중 할례를 받지 않은 사람이 없게 하려는 것이었다. 이들은 광야에서 죽은 세대의 아들로, 민수기 13장과 14장에서 하나님이 남겨주신 새 세대 가운데서 살아남은 생존자들이었다(참고. 6-7절). 광야를 떠도는 동안 아브라함과 맺으신 언약에 믿음으로 헌신함을 나타내는 이 외적 표시(창 17:9-14를 보라)를 소홀

히 했던 것이다. 이제 하나님은 이 의식을 본래대로 시행하기를 원하셨다. 이는 곧 얻게 될 이 땅에서 그 백성이 올바른 출발을 하도록 하기 위해서였다. *예레미야 4:4에 대한 설명을 보라.*

5:8 백성이…낫기를 이 구절은 할례를 행한 후 그 상처가 주는 고통스러운 아픔과 잠재적인 감염의 가능성에서 회복되는 데 시간이 필요했음을 말해준다.

5:9 수치를…떠나가게 하였다 이스라엘 백성을 가나안 땅에 들여보내신 기적을 통해 하나님은 애굽 사람들이 그들에게 던진 조롱과 수치를 없애주셨다(떠나가게 하셨다).

5:10 유월절 이 절기는 출애굽기 7-12장에 기록된 것처럼 하나님이 이스라엘 백성을 애굽에서 구원해 내신 일을 기념하기 위한 것이다. 이렇게 유월절을 지킴으로써 이스라엘 백성은 하나님께 의지하면서 새로운 땅의 점령을 준비하는 데 더욱 힘을 얻었다.

5:12 만나가 그쳤으니 하나님은 출애굽기 16장에서 언급한 시점부터 이스라엘에게 만나를 주기 시작해 40년 동안 계속 공급하셨다(출 16:35). 가나안 땅에는 곡식이 풍성해 이스라엘 백성은 스스로 대추야자나 보리, 올리브 열매 등의 식량을 확보했다.

5:13-15 대장 성육신하기 이전에 모습을 드러내신(그리스도의 나타나심, Christophany) 주 예수 그리스도다(6:2. 참고. 5:15; 출 3:2, 5). 마치 자신이 한 사람의 인간인 것처럼 주의 천사(사자)로서 오셨다(참고. 창 18장에 나타난 세 '천사들' 가운데 한 사람). 여호수아는 이에 합당하게 경배하는 태도를 취했다. 여호와의 군대 대장은 칼을 빼 들고 서 있었으며, 자신의 모습을 통해 그가 가나안 족속들을 물리치고 이스라엘에 승리를 주기 위해 왔음을 보여주었다(6:2. 참고. 1:3).

약속의 땅을 정복함 (6:1-12:24)

A. 중앙 지역의 전투(6:1-8:35)

6:1 여리고 이 성은 두 겹의 성벽으로 둘러싸여 있었다. 바깥 성벽은 1.8미터 정도의 두께였고, 안쪽 성벽은 3.6미터 정도의 두께였다. 이 두 성벽 사이에 나무판을 놓아서 성벽 위에 지은 집들을 떠받쳤다. 여리고 성은 언덕 위에 세워져 있어 이 성을 공격하려면 가파른 비탈길을 올라가야만 했다. 따라서 이스라엘 백성에게는 불리한 지형이었다. 이런 요새를 공격하는 군대들은 종종 여러 달에 걸쳐 그곳을 포위하는 전술을 썼다. 이는 그 요새 사람들이 굶주림에 지쳐 항복할 수밖에 없도록 만들려는 의도였다.

6:3-21 이스라엘 백성은 여리고 성 주위를 행진하는 기이한 작전을 썼는데, 이는 그들에게 하나님의 약속을 신뢰하도록 만드는 기회가 되었다(2절). 또한 그들은 이런 방법으로 그 성을 지키는 자들의 마음을 더 불안하게 만들었다. 숫자 일곱은 때로 완전함을 상징하기 위해 사용된다(참고. 왕하 5:10, 14).

6:5 하나님은 이스라엘에게 요단강에서 하셨던 것처럼 또 한 번 놀라운 기적을 행하실 것을 약속하셨다.

6:16 백성이 일제히 큰 소리로 외치는 것은 하나님이 보장하고 약속하신 일을 행하시리라는 믿음을 표현하는 것이었다(2, 5, 16절).

6:17 바치되 21절처럼 이 히브리어 단어는 '철저하게 멸망시키다'라는 뜻이다. 이는 곧 어떤 것을 금지하거나 신에게 전리품으로 바친다는 의미다. 여리고 성과 그 안에 있는 모든 것은 하나님의 소유로 남겨두어야 했다. 이는 곧 그 모든 것을 멸절하시도록 하나님께 바치는 공물(供物)이었다.

6:22-25 여호수아는 라합과 그녀의 가족들을 보호하겠다는 약속을 지켰다. 그녀와 그녀의 가족에게 속한

「여리고 성 전투(*Battle of Jericho*)」 1684년. 요한 하인리히 쇤펠트. 패널에 유화. 프라하 성 미술관. 프라하.

것은 모두 무사했다.

6:26 하나님은 누구든지 여리고 성을 재건하는 사람은 저주를 받도록 하셨다. 훗날 이 성의 주변 지역에서 사람들이 살기도 했지만(삼하 10:5), 아합 왕의 통치 때 히엘(Hiel)이 여리고 성을 재건축했다가 자신의 큰아들과 막내아들을 잃는 저주를 받았다(왕상 16:34).

6:27 하나님은 여호수아와 함께하겠다는 자신의 약속을 지키셨다(1:5-9).

7:1-5 여기서 이스라엘 백성이 싸움에 패배한 것은 이전에 그들이 아말렉 족속과의 싸움에서 겪은 패배와 비슷하다(민 14:39-45).

7:2 아이 요단강의 서쪽에 있는 성읍으로, 벧엘 동쪽의 언덕 위에 있었다(참고. 창 12:8).

7:3 소수 그 수가 *적다*고 했던 아이의 거주민은 8:25에 보면 "만 이천 명" 정도로 추산된다(참고. 8:3).

7:9 주의 크신 이름을 위하여 어떻게 하시려 하나이까 여호수아가 마음을 쏟은 주된 문제는 하나님의 영광에 대한 것이었다(참고. 단 9:16-19에 나오는 다니엘의 기도).

7:15, 24, 25 아간의 가족들은 그와 함께 처형을 당했는데, 그들은 아간과 공모한 것으로 간주되었다. 그들은 아간이 범죄하는 것을 돕고, 다른 사람들에게 그 사실을 숨겼다. 이와 비슷하게 고라가 반역했던 경우(민 16:25-34)나 하만이 몰락한 경우(에 9:13, 14), 다니엘을 참소했던 사람들의 경우(단 6:24)에도 그 가족들까지 처형을 당했다.

7:21 시날 산의 아름다운 외투 한 벌 시날에서 만든 비싸고 화려한 겉옷이다. 사람이나 동물의 형상을 다채롭게 수놓은 이 옷에는 보석도 박혀 있었을 것이다. 같은 표현이 요나서 3:6에서 왕의 겉옷을 묘사할 때도 쓰인다. **보고** 아간의 범죄는 네 단계 과정을 거쳤다. "보고/탐내어/가졌나이다/…감추었는데" 다윗이 밧세바에게 지은 죄도 똑같은 과정을 거쳤다(삼하 11장. 참고. 약 1:14, 15).

「아이 성의 함락과 아간을 돌로 쳐죽임(*The Destruction of Ai and the Stoning of Achan*)」 1569년. 필립 갈 레. 판화. 20.1×14cm. 『유대 국가의 재난 또는 재앙』에 포함. 하버드 미술관. 케임브리지.

7:24 아골 문자적으로 '괴로움'이란 뜻이다(참고. 사 65:10; 호 2:15).

8:3 삼만 명 여호수아의 정예 부대는 아이 성의 군대보다 훨씬 강했다. 아이 성의 전체 인구는 "만 이천 명"에 불과했다(8:25). 이번에 여호수아는 예전에 그랬던 것처럼 어리석게 소수의 병력만을 보내지 않았다(참고. 7:3, 4). 그는 아이 성을 탈취하고 불 지르기 위해 3만 명의 병력을 준비했으며, 아이 성의 방어자들을 성 밖으로 유인하기 위한 병력도 준비했다(5, 6절). 그리고 벧엘 사람들이 아이 성을 도우러 오지 못하게 이들을 막을 5,000명의 병력도 따로 준비했다(12절).

8:7 하나님…께서 그 성읍을 너희 손에 주시리라 하나님은 이전에 아간이 불순종했을 때 이스라엘이 패배하도록 주권적으로 역사하셨다(7:1-5). 이번에는 이스라엘 군대의 숫자가 압도적으로 많았지만, 하나님은 여전히 그들이 거둔 승리의 배후에 계시는 주권적인 능력의 주인이시다(8:7).

8:18 단창 여호수아가 높이 치켜든 단창은 가서 아이 성을 점령하라는 신호가 되었다. 그가 치켜든 단창은 하나님을 신뢰한다는 상징이기도 했을 것이다. "내가 이 성읍을 네 손에 넘겨 주리라." 이전에 아말렉과의 전투에서 모세는 자신의 팔과 지팡이를 치켜들었는데, 이것 역시 하나님이 이스라엘에게 승리를 주실 것임을 믿는다는 표시였을 것이다(출 17:8-13).

8:29 아이 왕 이스라엘 백성은 아이 사람들을 모두 처형했고, 그 성읍의 왕은 나무에 매달아 죽였다. 이로 말미암아 이후 가나안 족속들의 군대가 결집하는 것을 막을 수 있었다. 또한 아이 왕은 사악한 왕이었고, 성경적인 표준에 따라 벌을 받아 마땅한 자였다(신 21:22; 수 10:26, 27). 이런 행동은 하나님의 대적들에 대한 그분의 보복을 실행하는 것이었다.

8:30-35 중앙 지역을 점령하기 위한 전쟁이 끝났을 때(참고. 6:1-8:35), 이스라엘 백성은 신명기 27:1-26의 가르침에 순종하여 이 의식을 행했다.

8:30, 31 이스라엘 백성은 승리를 주신 하나님께 감사드렸다. 그들은 출애굽기 20:24-26의 가르침에 따라 다듬지 않은 새 돌로 제단을 쌓았다. 이를 통해 그들은 단순하고 인간적인 허영심에 물들지 않은 예배를 드릴 수 있었다. 여호수아는 하나님 말씀을 구체적으로 지키고, 그 말씀에 핵심적인 중요성을 부여했다.

여호수아가 정복한 35개 도시

도시	성경	도시	성경
악삽	12:20	호르마	12:14
아둘람	12:15	야르뭇	12:10
아이	12:9	여리고	12:9
아벡	12:18	예루살렘	12:10
아랏	12:14	욕느암	12:22
브에롯	9:17	게데스	12:22
벧엘	12:16	기럇여아림	9:17
그비라	9:17	라기스	12:11
드빌	12:13	랏사론	12:18
돌	12:23	립나	12:15
에글론	12:12	마돈	12:19
게델	12:13	막게다	10:16, 17, 28; 12:16
게셀	10:33; 12:12	므깃도	12:21
기브온	9:17	시므론	12:20
길갈	12:23	다아낙	12:21
하솔	12:19	답부아	12:17
헤브론	12:10	디르사	12:24
헤벨	12:17		

B. 남부 지역의 전투(9:1-10:43)

9:3 주민들 히위 족속(7절) 또는 호리 족속(참고. 창 36:2, 20)이 살았던 기브온은 예루살렘의 북서쪽에 있었으며, 아이 성에서는 11킬로미터 정도 떨어져 있었다. 기브온은 싸움을 잘하는 장정이 있는 강한 성읍이었다(10:2). 다른 세 성읍이 이 성읍과 동맹을 맺었다(9:17).

9:4-15 이스라엘을 속이려는 기브온의 책략이 먹혀들었다. 이스라엘 백성은 하나님의 뜻에 따라 행동할 수 있게 해달라고 열심히 기도하지 않았기 때문에 이처럼 죄악 된 실패를 맛보게 되었다(14절. 참고. 잠 3:5, 6).

9:15 이스라엘은 경솔하게도 근처에 살고 있던 기브온 족속과 화친을 맺었다(11:19). 하나님은 약속의 땅 바깥에 있는 성읍들과는 화친 맺는 것을 허락하셨지만(신 20:11-15), 약속의 땅 안에 있는 성읍들은 모두 진멸하라고 말씀하셨다(신 7:1, 2).

9:21-23 여호수아는 기브온 족속과 맺은 조약을 지키면서도(19절) 이스라엘 백성을 속인 대가로 그들을 나무를 패고 물 긷는 사람으로 삼았다. 이 저주는 "가나안은 저주를 받아"(창 9:25)라는 말씀에서 비롯된 것(23절)이다. 기브온 성읍은 베냐민 지파가 받은 땅의 일부가 되었다(수 18:25). 이후에 여호수아는 기브온 성읍을 레위 지파에게 주었다(21:17). 그리고 느헤미야는 예루살렘 성벽을 재건할 때 기브온 사람들의 도움을 받았다(느 3:7).

10:1-11 다섯 성읍이 연합하여 기브온과 다른 세 성읍(9:17)을 공격했다. 이스라엘이 기브온을 도우러 왔고, 하나님이 승리를 주셨다(10절).

10:11 큰 우박 덩이 이 우박은 기적과도 같았다. 그 특징은 첫째, 그것은 하나님께로부터 왔으며 둘째, 크기가 매우 컸다. 셋째, 칼에 맞아 죽은 자보다 우박에 맞아 죽은 자가 더 많았으며, 넷째, 오직 이스라엘의 적들에게만 우박이 내렸다. 다섯째, 우박이 내린 범위는 "아세가에 이르기까지"였고, 여섯째, 상황에 있어서는 그들이 비탈길을 내려가고 있을 때 하나님이 태양을 멈추게 하셨다. 일곱째, 이것은 장차 임할 진노의 날에 하나님이 쏟으실 우박과 비슷했다(계 16:21).

10:12-14 태양이 머물고 달이 멈추기를 어떤 사람들은 일식으로 태양이 가려져 지친 여호수아가 이끄는 병사들의 머리 위에 뜨거운 햇빛이 내리쬐지 않았고, 전투를 지속할 수 있을 만큼 시원한 날씨가 유지되었을 것이라고 말한다. 또 어떤 사람들은 애굽에 임했던 지역적인 어둠의 경우처럼(출 10:21-23) 이 지역에서 태

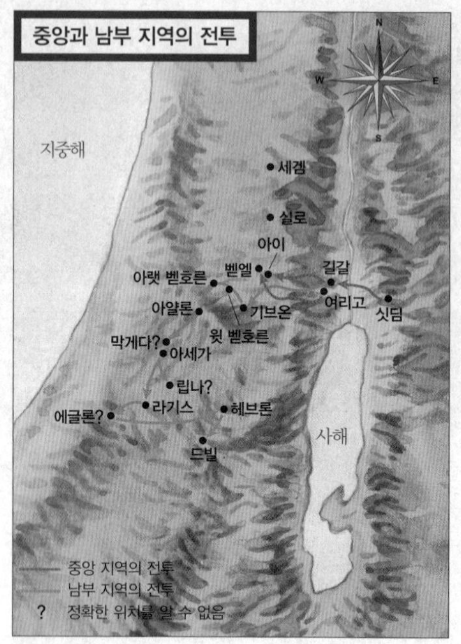

양광선이 지역적으로 (보편적인 것이 아니라) 굴절되는 현상이 일어났을 것이라고 추측한다. 또 다른 견해는 이 구절의 표현을 그저 주관적인 관찰에서 나온 언어로 설명한다. 곧 여호수아의 군대에는 태양과 달이 멈춘 것처럼 보였을 뿐이라는 것이다. 그래서 보통의 경우라면 더 오래 걸렸을 테지만, 그들은 하나님의 도우심으로 하루 만에 그 싸움을 끝마친 것처럼 느꼈다는 것이다. 또 다른 사람들은 이 구절에 기록된 것을 문자적인 사실로 보지 않고 풍부한 상상력에서 나온 시적인 표현으로 간주한다. 하지만 이런 견해들은 10:12-14에 기록된 내용을 공정하게 다루지 못하며, 창조주로서 하나님이 지니신 능력에 불필요한 의문을 제기하고 있다. 이 구절의 내용은 있는 그대로 하나의 엄청난 기적으로 해석하는 것이 가장 좋다. 여호수아는 하나님의 뜻에 감동을 받아 태양을 향해 '멈추라'고 명령했다(히브리어로는 '잠잠하다, 조용하다, 그만두다'라는 뜻임). 지구가 자전하는 것을 실제로 멈췄을 수도 있지만, 태양이 지구와 같은 방향으로 움직여 여호수아가 싸우던 전쟁터를 계속 비추었을 가능성이 더 높다. 달도 그 궤도를 도는 일을 일시적으로 멈추었는데, 이 기적을 통해 여호수아의 군대는 전투를 완전한 승리로 이끌었다(11절).

10:13-15 야살의 책에 '야살'(Jasher)은 '곧다'라는 뜻이다. 이 책은 "여호와의 전쟁기"(민 21:14)라고 불리는 책과 같은 것이었을 수도 있다. "야살의 책"은 삼하 1:18에서 다시 언급되고, 그 일부가 1:19-27에 기록되어 있다. 이 책은 이스라엘의 지도자들과 그들이 전투에서 세운 공을 기리는 히브리의 노래들을 모은 책이었던 것으로 보인다.

10:24 목을 발로 밟으라 이 몸짓은 승리를 상징하고, 장차 가나안 땅 전체를 정복하게 되리라는 확신을 보여주는 것이었다(25절).

10:40-43 여호수아가 벌인 남부 지역의 전투를 요약하고 있다(참고. 9:1-10:43).

10:42 "범사에 감사하라"(살전 5:18)는 말씀처럼 전투에서 얻은 모든 승리에 대한 감사가 하나님께 드려지고 있다.

C. 북부 지역의 전투(11:1-15)

11:1 하솔 훌레(Huleh) 호수에서 남서쪽으로 8킬로미터, 갈릴리 바다에서 북쪽으로 16킬로미터 떨어진 곳에 있었던 성읍이다. 야빈 왕은 갈릴리 지역에 있는 몇몇 성읍의 왕들과 연합하여 여호수아를 공격하려고 서쪽으로 움직였다. 당시 여호수아가 남부 지역에서 거둔 승리에 대한 소식은 북쪽 지역까지 전해졌다.

11:2 남쪽…평지와 아라바 지역은 후에 '갈릴리 바다'라고 불리게 될 긴네롯 호수(12:3)의 남쪽에서 시작되는 요단강 골짜기 사이의 긴 평지를 가리킨다. 긴네롯은 아마 호수에서 북쪽으로 조금 올라간 곳에 위치한 성읍이었을 것이다. 평지 또는 낮은 언덕 지대는 요단강의 서쪽에 있으며 지중해를 향하고 있다. 여기에는 샤론 평원과 돌의 고지대도 있다. 이 고지대는 곧 지중해 근처에 있는 갈멜산과 항구도시인 돌까지 이어지는 언덕 지대였다.

11:5 메롬 풍성하게 물이 흐르던 이 강변은 훌레 호수에서 남서쪽으로 수 킬로미터, 긴네롯 호수에서 북쪽으로 21킬로미터 정도 떨어진 곳에 위치했다. 북부 왕들의 연합군이 이곳에 집결했다.

11:6 힘줄을 끊고 이스라엘 백성은 적군이 탔던 말들의 뒷다리에 있는 복사뼈 마디 뒤쪽의 커다란 힘줄 또는 인대를 끊어 불구로 만들었다.

11:8 큰 시돈 베니게 해안에 있는 도시로, 하솔의 북쪽에 있었다. 여기서 '큰'이라는 표현은 아마 시돈 성과 그 주변에 있는 지역을 모두 포함하기 때문일 것이다. **미스르봇** 이곳은 하솔의 서쪽에 있던 지역으로 지중해에 인접해 있었다.

11:12-15 여호수아가 북부 지역에서 벌인 전투를 요약하고 있다(11:1-15).

D. 정복 전쟁의 요약(11:16-12:24)

11:16, 17 여호수아가…그 온 땅…점령하였으니 여호수아가 벌인 정복 전쟁은 팔레스타인 지역의 상당 부분을 포함했다. **온 네겝** 사해의 남쪽 지역이다. **고센** 가사와 기브온 사이의 지역이었을 것이다. **아라바** (NKJV에서는 'Jordan plain'으로 기록하고 있음–옮긴이) 사해의 남쪽부터 홍해의 아카바만까지 이어지는 깊은 골짜기다. 이스라엘의 언덕 지대는 11:16에 언급되는 팔레스타인의 북부에 위치한 '이스라엘 산지'와 다르다. 여호수아가 정복한 지역은 사해에서 남쪽으로 10킬로미터 정도 떨어진 할락산에서부터 긴네롯 호수에서 북동쪽으로 65킬로미터 정도 떨어진 헤르몬산까지였다. **산지** 남쪽에 있는 유다 지역이다. **평지** 이는 언덕 지대라고도 할 수 있다. 이 지역은 지중해 해안의 평원과 유다의 언덕 지대 사이에 있는 지역을 가리킨다.

11:18 싸운 지가 오랫동안이라 정복 전쟁은 주전 1405-1398년경 대략 7년 정도 걸렸다(참고. 14:10). 기브온 족속만이 싸우지 않고 투항했다(19절).

11:20 그들의 마음이 완악하여…여호와께서 그리하게 하신 것이라 하나님은 이스라엘을 통해 가나안 족속들을 멸절하고 심판하기 위하여 그들의 마음을 강퍅하게 만드셨다. 그들 족속은 참되신 하나님을 고집스럽게 거부하는 죄를 지었으며, 그 결과 사악한 자들이 되어 있었다. 따라서 그들은 더러운 토사물처럼 더 이상 그 땅에 머물 수가 없었다(레 18:24, 25).

11:21 아낙 사람들 여호수아가 무찌른 남부 지역에 살던 대적들을 가리킨다. 그들은 아낙(Anak, '목이 긴')의 후예였으며, 이전에 이스라엘의 정탐꾼들에게 스스로를 메뚜기라고 비하하게 만든 거인들(민 13:28-33)과 친족관계였다. 참고. 신명기 2:10, 11, 21. 그들이 거주하던 지역은 이후에 충성심에 대한 보상으로 갈렙에게 주어졌다(14:6-15).

11:22 아낙 사람들…가드 아낙 사람들 가운데 일부는 블레셋 족속의 지역에 남게 되었다. 그중에는 골리앗의 조상도 있었다(참고. 삼상 17:4).

11:23 그 온 땅 이 구절은 이 책 전체를 요약하는 핵심 구절인 동시에 11:16-22의 내용도 요약해준다. 이는 하나님이 여호수아에게 그가 모든 땅을 얻지 *못했다*고 말씀하시는 13:1과 어떻게 연관되는 걸까? 이 구절은 중요한 전투들이 끝났고, 누가 더 강한지가 입증되었다는 것을 뜻할 수도 있다. 또 다른 사소한 일들이 벌어질 수도 있고, 잠재적인 저항 세력이 완전히 뿌리 뽑히지 않았더라도 말이다.

12:1-24 쳐죽인 왕들 이스라엘에게 패배한 서른한 명의 왕들(24절)의 이름이 이어진다. 이 명단은 앞서 11:16, 17, 23에 나오는 "그 온 땅"의 목록을 더 구체적으로 나열하고 있다. 이 본문은 먼저 이전에 요단강 동쪽에서 '모세가 무찌른' 왕들의 이름을 언급하고(1-6절. 참고. 민 21장; 신 2:24-3:17), 그다음 요단강 서쪽에서 여호수아가 정복한 왕들의 이름을 나열한다. 먼저 요약이 나오고(7, 8절), 중부 지역 왕들의 이름(9절)과 남부 지역 왕들의 이름(10-16절), 북부 지역 왕들의 이름이 나온다(17-24절).

12:24 이스라엘이 "그 온 땅"(11:23)의 윗부분과 아랫부분을 포괄하는 이 왕들을 모두 정복할 수 있었던 것은 주님이 그분의 말씀대로 이스라엘을 신실하게 도와주셨기 때문이다. 하나님은 아브라함과 언약을 맺으면서 그 땅을 주시겠다고 약속하셨다(창 12:7). 그리고 이스라엘 백성이 정복 전쟁을 벌일 때 승리를 주실 것을 다시 한 번 약속하셨다(수 1:3, 6).

약속의 땅을 각 지파에게 분배함 (13:1-22:34)

A. 지시사항의 요약(13:1-33)

13:1 여호수아가…늙으매 이 무렵 여호수아의 나이는 약 95세였고, 갈렙은 85세였다(14:10). 23:1에 가면 여호수아의 나이는 110세에 이르고, 곧 죽음을 맞이하게 된다(24:29).

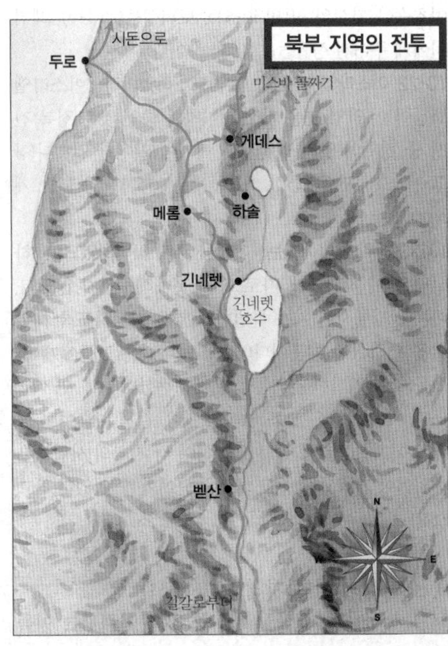

13:1, 2 땅이 매우 많이 이때까지 이스라엘은 여러 번 승리를 거두었지만, 아직 차지하지 못한 땅이 남아 있었다. 13:2-6에 나오는 지역들은 여전히 이스라엘의 손이 닿지 않은 채로 남아 있었다(*11:23에 대한 설명을 보라*). 여호수아가 각 개인과 지파에게 땅을 나눠주었을 때 그들은 그 땅에 남아 있는 가나안 족속들을 쫓아낼 책임을 부여받았다. 그렇게 하지 않는다면 확고한 의지로 정복 전쟁에 임하라는 하나님의 명령에 불순종하는 일이 되는 것이었다(신 11:22, 23). 이스라엘 백성이 이 임무를 제대로 수행하는 데 실패했음은 사사기 1장에서 비극적인 주제로 등장한다.

13:3 시홀 이 강은 나일강과 연관이 있을 것으로 추측된다(사 23:3; 렘 2:18). 이 강의 이름은 나일강을 가리키는 다른 이름이거나 나일강의 동쪽 지류를 가리키는 이름이었을 것이다. 또한 이 이름은 비가 내리는 계절에 형성되어 지중해로 흘러들어 가는 시내였던 와디 엘 아리쉬(Wadi-el-Arish)를 가리키는 것일 수도 있다. 이 시내는 애굽의 북동쪽, 팔레스타인의 남쪽에 있는 사막에 있었다.

13:7 이 땅을…나누어 하나님은 이전에 정해주신 가나안 땅의 경계 안에서(민 32-34장) 여호수아가 각 지파에게 땅을 분배하도록 명령하신다. 여호수아는 각 지파가 제비를 뽑아 어떤 땅을 분배받게 되었는지를 알려준다. 그 순서는 요단강 동쪽의 지파들(13:8-33), 요단강 서쪽의 지파들(수 14-19장), 갈렙(14:6-15. 참고. 15:13-19), 여호수아 자신의 땅(19:49-51), 도피성들(20:1-9), 레위인에게 주어진 성읍들(21장)의 순이다.

13:22 이스라엘 자손이…발람도…죽였더라 이스라엘 백성이 이 악명 높은 거짓 선지자를 죽인 것은 정복 전쟁 중 정확히 알려지지 않은 시기에 일어난 일이다(참고. 24:9, 10; 민 21-25장; 31:16; 벧후 2:15, 16; 유 11절; 계 2:14).

13:33 레위 지파에게는…기업을 주지 아니하였으니 하나님은 이 지파에게 따로 땅을 분배해주시지 않았다. 이는 장막에서 섬기는 특별한 사역을 감당하도록 레위인을 택하셨기 때문이다(18:7). 하나님은 그들에게 성읍들과 그 인접한 지역들을 분배해주셨다(14:4; 민 35:2, 4, 5). 이 성읍들은 모든 지파의 땅에 걸쳐 마흔여덟 곳에 흩어져 있었다(21:41). 그리하여 각 지파의 사람들은 레위인이 거행하는 종교 의식에 참여할 수 있었다(참고. 21장).

B. 요단강의 서쪽 지역(14:1-19:51)

14:1 가나안 땅 요단강의 서쪽 땅을 가리키는 이름이다.

14:5 이스라엘 자손이…것과 같이 행하여 이스라엘 백성은 어떤 일에서는 하나님의 명령에 순종했지만, 모든 일에 순종한 것은 아니다(*13:1, 2에 대한 설명을 보라*).

14:6-9 갈렙 이 본문은 민수기 13장과 14장에 기록된 이야기를 회상하고 있다. 이 이야기에는 하나님의 신실하심에 대한 찬양(7-11절), 갈렙이 받게 될 구체적인 땅에 대한 언급(12-15절)이 포함된다. 이후 그는 이 지역을 정복했으며(15:13, 14), 옷니엘과 자신의 딸에게 복을 베풀었다(15:15-19).

14:10 팔십오 세 가데스 바네아에서 갈렙은 40세였고, 이스라엘 백성은 광야에서 38년 동안 방황했으며, 가나안 정복 전쟁은 7년이 걸렸다(주전 1405-1398년경). 그리하여 갈렙은 이제 85세가 되었다.

14:12-14 이전에 주셨던 약속을 따라(9절) 하나님은 갈렙이 헤브론을 취하는 것을 허락하셨다. 이는 하나님이 이전에 약속하셨듯 가나안 땅을 이스라엘 백성에게 주시리라고 믿은 갈렙의 신실함을 인정하셨기 때문이다.

14:15 아낙 사람 15:13을 보라. 또한 *11:21에 대한 설명을 보라*.

15:1-12 유다…제비 뽑은 땅 이 지파에게 주어진 땅의 남쪽 경계(1절)는 염해 또는 사해의 남쪽 끝에서 사막을 지나 와디, 곧 애굽강(*13:3에 대한 설명을 보라*)에 이른다. 그리고 그 강을 따라 지중해까지 이어졌다. 그 땅의 동쪽 경계(5절)는 염해였다. 북쪽 경계는 염해의 북쪽 끝에서 울퉁불퉁한 선을 따라 지중해까지 이어졌다(5-11절). 서쪽 경계는 지중해의 해안선이었다(12절).

15:17 옷니엘 장인인 갈렙과 같은 정복자로, 나중에 가서 이스라엘의 사사가 된다(삿 3:9-11).

15:18, 19 갈렙의 딸은 복을 구했고 믿음으로 행했다. 아버지를 닮은 딸이었다.

15:20-62 유다…받은 기업 유다의 성읍들은 네 군데의 지역에 모여 있었다. 남쪽 지역(20-32절), 지중해 부근에 있는 평지 또는 언덕 지대(33-47절), 산이 많은 중앙 지역(48-60절), 사해까지 이어지는 동쪽의 유대 광야(61, 62절)다.

15:63 여부스 족속 예루살렘에 거주하던 족속들은 가나안의 셋째 아들의 후손이었다(창 10:15, 16; 15:21). 여호수아는 기브온에 맞서는 연합군에 참여했던 그들의 왕을 죽였다(수 10장). 다윗이 요압과 군사들에게 명하여 그 성읍을 점령하고(삼하 5:6, 7) 그곳을 수도로 삼기 전까지 이스라엘 사람들은 그 지역을 "여부스"라고 불렀다. 사사기 1:8, 21은 이스라엘 백성이 여부스를 점령

하고 그 성읍을 불태웠지만, 이후 여부스 족속이 그 성읍을 되찾고 다윗 시대까지 다스렸다는 사실을 보여준다. 멜기세덱은 그 지역의 이름이 '살렘'이었을 때(참고. 시 76:2, '살렘'은 '예루살렘'을 뜻함) 다스린 매우 이른 시대의 왕(창 14장)으로, 그는 참되신 하나님을 믿었다.

16:1-4 요셉 자손 요셉의 자손들에게 주어진 영역은 두 배였다. 이는 요셉의 두 아들 므낫세와 에브라임의 후손들에게 각각 땅이 주어졌기 때문이다. 그들에게 주어진 영역은 가나안 지역의 중앙부에 걸쳐 있는 넓은 땅이었다.

16:5-9 에브라임…받은 지역 여기서 말하는 지역은 유다 지파가 받은 땅의 북쪽에 있는 땅으로, 요단강의 서쪽부터 지중해 해안까지 이른다. 에브라임 지파의 인구 수에 비해 받은 땅의 면적이 작았으므로, 므낫세 지파의 땅에 속한 몇몇 성읍도 에브라임 지파에게 주어졌다.

16:10 에브라임 지파는 가나안 족속을 자신들의 땅에서 쫓아내지 않았다. 이 구절은 우상 숭배자들을 멸절시키라는 하나님의 명령을 소홀히 여긴 첫 사례다(참고. 신 20:16).

17:1-18 므낫세 앞에 언급된 므낫세 지파의 절반(16:4)과 구별되는 므낫세 지파의 다른 절반은 북쪽으로 이르는 요단강의 서쪽 지역과 동쪽으로 긴네렛(갈릴리) 호수 근처까지 이르는 땅을 받았다.

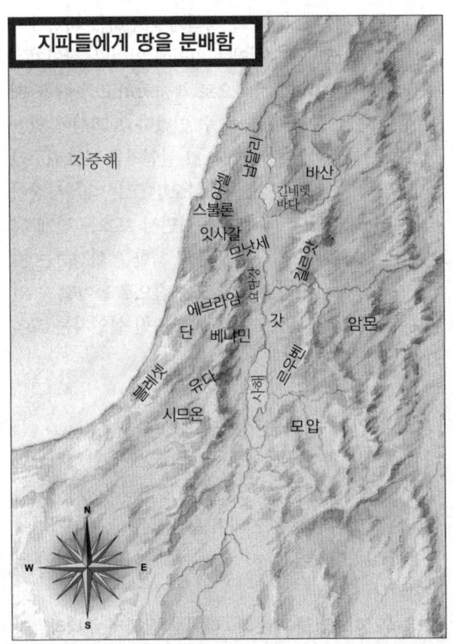

17:3-6 슬로브핫 므낫세 지파 가운데 이 사람은 자신의 뒤를 이을 아들이 없어 다섯 딸이 땅을 물려받았다. 하나님은 이 딸들에게 그 땅을 주라고 모세에게 명하셨다(민 27:1-11, 4절에 인용됨).

17:12-18 므낫세 자손 므낫세 지파는 여호수아가 그들의 숫자에 비해 충분한 땅을 주지 않았으며, 그곳에 사는 가나안 족속들이 너무 강해 쫓아내기가 어렵다고 불평했다. 여호수아는 그들에게 숲지대의 땅을 추가로 허락했다. 이스라엘 백성이 적의 병거에 맞서 싸울 때 함께하며 승리를 주시겠다고 하나님이 약속하셨으므로(신 20:1), 여호수아는 므낫세 지파에게 그들이 가나안 족속을 쫓아낼 수 있을 것이라고 말했다.

18:1 실로 길갈에서 처음으로 유숙했던 이스라엘 백성(4:20; 5:9)은 회막에서 예배를 드리기 위해 다시 실로에 모두 모였다. 실로는 벧엘과 예루살렘에서 북쪽으로 각각 14킬로미터와 32킬로미터 정도 떨어진 곳으로, 사사기 18:31과 삼상 1:3에서 보듯 계속해서 영적인 예배의 중심지가 되었다. 이스라엘이 지은 죄 때문에 하나님은 이후 블레셋 사람들이 이스라엘에 쳐들어와서 실로를 유린하고 언약궤를 빼앗아가는 일을 허용하셨다(삼상 4:10, 17). 또한 하나님은 이후 실로를 심판의 본보기로 사용하셨다(렘 7:12).

18:8, 10 일곱 지파가 아직 땅을 분배받지 못하고 있었다(2절). 여호수아는 각 지파에서 뽑은 스물한 명의 정탐꾼(2-4절)으로부터 남은 일곱 군데의 지역에 대한 정보를 얻고, 제비를 뽑아서 각 지파에게 땅을 분배했다. 하나님의 뜻을 찾아내기 위해 제비를 뽑는 과정에서 대제사장 엘르아살이 그를 도왔다(19:51). 제비를 뽑는 행동은 그저 우연에 맡기는 행위가 아니라 하나님이 그분의 뜻을 계시하시기 위해 사용하신 수단이었다(*잠언 16:33에 대한 설명을 보라*).

18:11-28 베냐민…제비를 뽑았으니 베냐민 지파가 받은 땅은 유다 지파의 땅과 에브라임 지파의 땅 사이에 있었으며, 예루살렘이 포함되어 있었다(28절).

19:1-9 시므온 시므온 지파가 받은 땅은 유다 지파의 땅 남부에 있었다. 이는 유다 지파가 필요한 것보다 더 많은 땅을 분배받았기 때문이다(9절).

19:10-16 스불론 스불론 지파가 받은 땅은 긴네롯 호수(갈릴리 바다)의 서쪽부터 지중해 해안 부근까지 걸쳐 있었다.

19:17-23 잇사갈 기본적으로 잇사갈 지파가 받은 땅은 요단강 부근의 갈릴리 바다 바로 아래부터 서쪽으로 다볼산을 지나 남서쪽으로 므낫세 지파에게 속한 땅의 북쪽 경계인 므깃도까지 이어지는 지역이었다.

19:24-31 아셀 아셀 지파가 받은 땅은 서쪽으로 지중해에 잇닿아 있는 길고 넓은 끈 같은 형태의 지역이었다. 동쪽으로는 납달리 지파의 땅과 스불론 지파의 땅에 맞닿아 있었으며, 남쪽으로는 므낫세 지파의 땅에 맞닿아 있었다. 이 지파의 땅은 남쪽으로 갈멜산에서부터 북쪽으로 두로에 이르기까지 뻗어 있었다.

19:32-39 납달리 납달리 지파가 받은 땅도 길게 뻗은 끈 모양으로, 이 땅의 북쪽 경계는 모든 이스라엘 지파가 차지한 땅의 북쪽 끝이 되었다. 서쪽으로는 아셀 지파의 땅과 맞닿아 있으며, 남쪽으로는 스불론 지파의 북쪽 경계와 맞닿아 있었다. 동쪽으로는 갈릴리 바다를 마주보고 있었으며, 그 바다 아래로는 잇사갈 지파의 땅이 있었고 그 경계선은 요단강까지 이어졌다. 납달리 지파가 받은 땅의 동북쪽 경계선은 하솔 성과 단을 지나 계속 북쪽으로 이어졌다. 예수님의 갈릴리 사역은 주로 이 지역에서 이루어졌다(사 9:1, 2; 마 4:13-17).

19:33 상수리나무 이 나무는 메롬 물가의 북서쪽, 게데스의 근처에 있는 참나무의 일종이었다(또는 이 단어가 창세기 12:6에서 그렇게 쓰였다고 추정되는 것처럼 집단적인 의미로 쓰였다면 참나무 숲을 의미할 수 있음). 사사기 4:11에 따르면 이곳은 야엘이 장막 말뚝으로 시스라를 죽인 장소였다(4:21).

19:40-48 단 단 지파가 분배받은 땅은 유다 지파에게 속한 땅의 북쪽, 에브라임 지파가 받은 땅의 남쪽에 있는 'U' 자 모양의 좁은 끈처럼 생긴 지역이었다. 'U' 자의 왼쪽 끝에는 지중해가 있고, 욥바는 지중해 해안 쪽으로 단 지파에게 속한 땅의 북쪽 끝에 있었다. 이후에 단 지파는 원래 분배받은 땅을 차지하는 데 실패하고(삿 1:34-36), 북동쪽에 있는 라이스(Laish) 또는 레셈(Leshem) 지역으로 옮겨갔다(수 19:47). 그들은 갈릴리 바다와 하솔의 북쪽에 있는 그 지역을 정복하고, 그 지역의 이름을 단으로 바꾸었다(수 19:47, 48; 삿 18:27-29).

19:49, 50 여호수아는 이스라엘 백성으로부터 그 자신이 거주할 땅을 받았다. 그 땅은 그가 속한 에브라임 지파(민 13:8)가 분배받은 산악 지대 가운데서 그가 택한 곳이었다. 여호수아는 세겜에서 남서쪽으로 26킬로미터 정도 떨어진 곳에 딤낫 세라(Timnath Serah)라는 성읍을 세웠다. 그가 물려받은 이 땅은 갈렙에게 주어진 땅과 마찬가지로 그에게 주어진 하나님의 약속에 포함된 것이었다(민 14:30).

C. 도피성(20:1-9)

20:2-9 도피성들 모세는 이스라엘 가운데 피신을 위한 중심지로 여섯 군데의 성읍을 정하라는 하나님 말씀

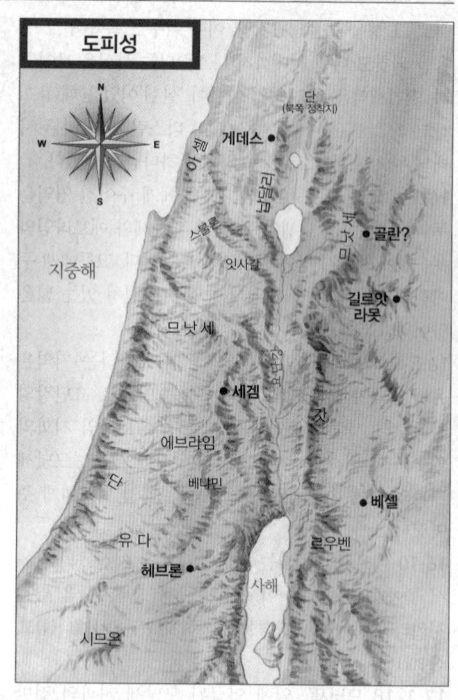

을 전한 적이 있다. 이는 실수로 다른 사람을 죽인 사람이 이 성읍들 중 가장 가까운 곳에 몸을 숨기도록 하기 위해서였다(참고. 민 35:9-34). 세 곳의 도피성은 요단강 서쪽에 있었고, 세 곳은 요단강 동쪽에 있었다. 각 성읍은 요단강 서쪽 또는 동쪽 지역에 거주하는 사람들이 하루 정도면 도달할 수 있는 거리에 있었다. 살인자는 죽은 사람의 친족이 사적으로 복수하려고 쫓아올 때 이 성읍들 중 한 곳에 숨을 수 있었다. 도피성에 있는 장로들은 재판이 열릴 때까지 그 살인자를 보호해주었다. 만약 죄가 없다는 판결이 나오면 그는 대제사장이 죽을 때까지 그 도피성에 거주하면서 보호를 받게 된다. 이는 보호받는 기간에 일종의 제한을 설정하는 법규였다(수 20:6). 그러고 나서 그는 집으로 돌아갈 수 있었다. 만약 유죄인 것으로 판결이 나면 살인자는 그에 합당한 형벌을 받았다.

D. 레위인이 거하는 성읍(21:1-45)

21:1-3 거주할 성읍들 하나님은 모세에게 레위인한테는 마흔여덟 곳의 성읍을 주라고 명령하셨다. 이 성읍들은 이스라엘의 온 지파가 분배받은 땅 여기저기에 흩어져 있었다(민 35:1-8). 그중 여섯 곳은 도피성이 될 것이었다(민 35:6).

21:3-42 이스라엘 자손이…레위 사람에게 주니라 이

"마흔여덟 곳의 성읍"(41절)이 여러 지역에 흩어진 레위인에게 주어졌고, 그들은 이 성읍들 주변의 목초지에서 가축을 키웠다(42절). 다른 지파에 속한 사람들은 레위인에게 자신들이 받은 땅을 나눠주었다. 곳곳에 흩어진 레위인은 그들에게 주어진 땅 주변 사람들을 영적으로 섬기는 사역을 감당했다. 공평해야 한다는 원칙에 따라 땅을 많이 받은 지파는 더 많은 땅을 레위 지파에게 떼어주었고, 땅을 적게 받은 지파는 더 적은 땅을 그들에게 주었다(민 35:8). 그핫의 자손만 제사장이 될 수 있었으며, 다른 레위인은 예배 의식과 노동에서 다양한 역할을 맡아 그들을 도왔다.

21:4 그핫 가족 하나님의 지혜로운 인도하심 아래 그핫 자손들에게는 예루살렘 부근 또는 유다 지파, 베냐민 지파, 시므온 지파가 분배받은 땅들로부터 멀지 않은 곳에 있는 열세 곳의 성읍이 주어졌다. 이런 땅 배정을 통해 그들은 앞으로 하나님의 궤가 거하고 성전이 세워질 곳에서 제사장의 역할을 수행하게 될 것이었다(삼하 6장).

21:43-45 여호와께서…온 땅을 이와 같이 이스라엘에게 다 주셨으므로 이 내용은 아브라함의 자손에게 그 땅을 주시겠다고 약속하신 하나님의 언약이 성취된 것을 요약적으로 보여준다(창 12:7; 수 1:2, 5-9). 또한 하나님은 이스라엘 백성에게 안식을 주심으로써 자신의 말씀을 지키셨다(신 12:9, 10). 하나님이 약속하신 것처럼(수 1:5), 가나안 족속들은 이스라엘의 군사적인 정복에 굴복했으며, 이스라엘 백성에게 즉각적인 위협 대상이 되지는 못했다. 그러나 모든 대적이 쫓겨난 것은 아니었으며, 그중 일부는 이후 다시 문제를 일으키게 된다. 하나님의 백성은 자신들에게 주어진 책임을 수행하는 데 실패했으며, 여러 지역에서 그 땅을 온전히 차지하지 못했다.

요단 강(Jordan river)

E. 요단강의 동쪽 지역(22:1-34)

22:1 르우벤 사람…갓 사람…므낫세 요단강의 동쪽 지역에서 온 지파들은 자신들의 형제들이 요단강 서쪽에 있는 땅을 정복하는 것을 도왔다. 이제 그들은 요단강 동쪽에 있는 자신들의 가족에게로 돌아갈 준비를 한다.

22:4 모세가…너희에게 준 이 지파들이 요단강 동쪽의 땅을 소유하도록 모세와 여호수아가 허락한 것은 하나님의 뜻에 따른 것이었다(9절; 24:8; 민 32:30-33).

22:10-34 요단 가에 제단을 르우벤과 갓 지파, 므낫세 지파의 절반은 요단 강가에 특별한 제단을 쌓았다. 그들은 좋은 뜻에서 그 제단을 쌓았지만, 요단강 서쪽에 거주하는 지파들의 의심을 샀다. 요단강 서쪽의 지파들은 이스라엘 온 지파가 실로에 있는 제단에서 다 같이 주께 제사를 드려야 하는데, 이 세 지파가 다른 단을 쌓음으로써 주님의 뜻을 어기지 않을까 두려워했다. 이 지파들에게 책망을 들었을 때 요단강 동쪽 지파의 사람들은 새 제단을 쌓은 동기를 설명했다. 그들은 참되신 하나님을 따르고자 하며, 이스라엘의 다른 지파들과 하나가 되고자 하고, 이방인처럼 되기를 원하지 않는다는 것이었다. 이 설명을 듣고 다른 지파들은 그들의 뜻을 받아들였다.

약속의 땅을 보존함(23:1-24:28)

A. 여호수아의 첫 번째 연설(23:1-16)

23:1 여호수아가…늙은지라 가나안 정복을 지휘한 때(주전 1405-1398년경)로부터 오랜 시간이 흘렀다. 여호수아는 점점 나이가 들었으며, 주전 1383년경 죽을 때 110세였다(24:29. *13:1에 대한 설명을 보라*).

23:5 여호와 그가…그들을 쫓아내사 하나님은 이스라엘 백성이 자신들의 땅을 온전히 소유하도록 남아 있는 가나안 족속들을 쫓아내는 일을 도울 준비가 되어 있으셨다. 그런 싸움을 벌일 때 이스라엘 백성은 점진적으로 움직일 필요가 있었으며(신 7:22), 동시에 하나님께 순종하는 마음으로 확고한 각오를 가지고 전진해 나가야 했다.

23:7, 8 가나안의 온 땅을 점령하지 못한 데 따르는 위험 가운데는 혼인 등을 통해(12절) 불경건한 족속들과 뒤섞이게 되는 문제도 있었다. 그럼으로써 이스라엘 백성이 그들 족속의 신들을 받아들이게 되고, 그 결과 참되신 하나님을 예배하는 데서 떠

나게 될 위험이 있었던 것이다. 가나안 족속들은 올무와 덫, 채찍과 가시가 되어 마침내 이스라엘 백성이 그 땅을 잃어버리게 만들 것이다(13, 15, 16절).

23:15, 16 이스라엘의 멸망은 800년 후 실제로 일어났다. 주전 605-586년경 바벨론 제국이 쳐들어와 이스라엘 백성을 포로로 끌고 갔다(참고. 왕하 24; 25장).

B. 여호수아의 두 번째 연설(24:1-28)

24:1-25 이제는 하나님께 예배하고 감사드릴 때가 되었다. 하나님이 이스라엘 백성을 애굽에서 건져내어 가나안 땅까지 이끌고, 그 땅을 정복하게 하셨기 때문이다.

24:1-5 여기서 여호수아는 창세기 11장부터 출애굽기 15장까지 기록된 역사적인 내용을 회고한다.

24:2 강 이전에 아브라함의 가족이 그 부근에 살았던 유브라데강을 가리킨다. 여기서는 하나님이 그분께 나아오도록 아브라함을 부르신 것은 우상숭배를 떠나라는 부르심이었다는 사실이 분명해진다. 이는 다른 사람들을 향한 부르심의 경우에도 마찬가지였다(참고. 살전 1:9).

24:6-13 여기서 여호수아는 출애굽기 12장에서 여호수아 22장까지 기록된 역사적인 내용을 회고한다.

24:8, 15 아모리 족속 이 명칭은 때로 가나안 땅에 있는 이방인 족속 전체를 가리키는 일반적인 단어로 쓰이기도 했다(참고. 11절). 그런 쓰임새는 다른 본문에서도 찾아볼 수 있다(창 15:16; 삿 1:34, 35). 간혹 이 명칭은 다른 족속들과 구별되는 구릉 지대의 한 족속을 가리키는 더 좁은 의미로 쓰이기도 했다(민 13:29).

24:9, 10 발람 민수기 21-25장에 나오는 발람의 부도덕한 모습에 대해서는 *여호수아 13:22에 대한 설명을 보라.*

24:12 내가 왕벌을 너희 앞에 보내어 이 표현은 출애굽기 23:28과 마찬가지로 하나님이 이스라엘을 돕기 위해 직접 싸우신 것(23:3, 5, 10, 18)을 묘사하는 그림과 같은 비유다(참고. 23:13). 하나님의 힘은 이스라엘의 대적들이 패한 뒤 허겁지겁 도망치게 했다. 마치 무시무시한 왕벌이 문자적으로 사람들을 도망가게 만드는 것처럼 말이다(신 7:20, 21).

24:15 너희가 섬길 자를 오늘 택하라 여호수아는 (창 18:19에서 아브라함이 보여준 모습을 생각나게 하는) 아버지와 같은 인자한 모습으로, 그 자신과 그의 가족들은 거짓 신들을 따르지 않고 주님만 섬길 것이라고 선언한다. 그는 다른 이스라엘 백성에게도 이런 헌신을 촉구했고, 그 백성은 자신들 역시 주님만 섬기겠다고 서약했다(21, 24절).

24:18 이스라엘 백성은 여호수아와 함께 주님만을 섬기며 헌신하겠다고 맹세했다(참고. 출 19:8).

24:26 율법책 여호수아는 모세가 기록한 다섯 권의 책에 내용을 추가로 덧붙였다. 여기서 우리는 계시로 주어진 성경의 내용이 확대되는 것을 볼 수 있다. **성소 곁에** 언약궤를 포함하여 하나님의 성막은 실로에 있었고(21:2), 거룩한 땅(성소) 옆에 둔 증거의 돌은 세겜에 있었다(24:1). 이 거룩한 땅은 공식적으로 세운 장막이나 건축물이 아니라 나무 옆에 있는 거룩한 장소였다(참고. 창 12:6; 35:4). 이는 과거에 다른 장소들이 하나님께 예배를 드리는 곳으로 거룩한 의미를 지녔던 것과 마찬가지였다(창 21:33).

후기 (24:29-33)

24:29-33 여호수아…엘르아살 가나안을 정복한 이스라엘 백성의 세대가 사라짐에 따라 이스라엘을 이끌었던 세 명의 탁월한 지도자도 땅에 묻히게 되었다. 요셉과 여호수아, 대제사장 엘르아살이 그들이다.

24:29 백십 세 여호수아가 죽은 때는 주전 1383년경이었다(참고. 14:7-10).

24:31 그 이후 이스라엘은 겨우 한 세대 동안만 하나님을 향해 신실한 태도를 유지했다(참고. 2:6-13).

24:32 요셉의 뼈 요셉이 이스라엘 자손에게 맹세를 시킨 대로(창 50:25) 이스라엘 백성은 애굽에서 나오면서 요셉의 유골을 가지고 왔다(출 13:19). 요셉은 자신의 뼈가 하나님이 주시기로 약속한 언약의 땅에 묻히기를 원했다. 그래서 이제 이스라엘 백성은 그의 뼈를 세겜에 묻었다. 이는 곧 하나님이 아브라함에게 주겠다고 약속하신 땅이었다(창 12:7).

연구를 위한 자료

Donald Campbell, *Joshua*, in The Bible Knowledge Commentary–OT (Wheaton, Ill.: Victor, 1985). 『여호수아·사사기』(BKC 강해 주석04), 도날드 캠벨·드웨인 린지 지음, 장의성 옮김(두란노서원, 1994).

John J. Davis and John C. Whitcomb, *A History of Israel from Conquest to Exile* (Grand Rapids: Baker, 1980).

M. H. Woudstra, *The Book of Joshua* (Grand Rapids: Eerdmans, 1981).

제 목

이 책에는 '사사기'(*Judges*)라는 이름이 붙었다. 이는 하나님이 자신의 백성을 그 대적들로부터 건지기 위해 보내주신 독특한 지도자들을 지칭한다(2:16-19). 히브리어 성경의 책 제목은 '사사들'이라는 뜻뿐 아니라 '구출자들' 또는 '구원자들'이라는 뜻도 지닌다(참고. 신 16:18; 17:9; 19:17). 사무엘이 등장하기 전에 열두 명의 사사가 활동했다. 그 후 엘리와 사무엘이 등장함으로써 그 수는 열넷이 된다. 그러나 하나님은 더 높으신 사사이시다(11:27). 사사기는 여호수아의 성공적인 정복 활동(주전 1398년경)이 있은 후부터 왕정이 수립되기 전 엘리와 사무엘이 다스리던 기간까지(주전 1051년경) 대략 350년 동안 일어난 일들을 다룬다.

저자와 저작 연대

이 책에는 저자의 이름이 나오지 않는다. 하지만 유대교의 탈무드는 사무엘이 그 저자였다고 말한다. 그는 이 책에서 언급한 사건들이 일어난 때에 살았던 핵심적 선지자로, 그 시대에 일어난 일들을 개인적으로 정리해 두었을 것이다(참고. 삼상 10:25). 저작 연대는 다윗이 예루살렘을 점령한 주전 1004년경(삼하 5:6, 7)보다 더 이른 시기로 보는데, 사사기에 여부스 족속이 예루살렘을 다스리고 있는 것으로 나오기 때문이다(삿 1:21). 또한 이 책의 저자는 아직 이스라엘에 왕이 세워지기 전의 일들을 다루고 있다(17:6; 18:1; 21:25). 사울이 주전 1051년경 통치를 시작했으므로, 아마 사사기는 그의 통치가 시작된 후 얼마 되지 않아서 기록되었을 것이다.

배경과 무대

사사기는 여호수아의 뒤를 잇는 비극적인 기록이다. 여호수아서에서 이스라엘 백성은 하나님께 순종하여 가나안 땅을 정복한다. 하지만 사사기에서 그들은 하나님께 불순종하며 우상을 섬기고 전쟁에서 종종 패배를 당한다. 사사기 1:1-3:6은 여호수아서에 기록된 시대가 막을 내릴 무렵에 초점을 맞춘다. 사사기 2:6-9은 여호수아의 죽음을 회고한다(참고. 수 24:28-31). 사사기는 이스라엘이 주님으로부터 멀어진 일곱 번의 두드러지는 시기를 묘사한다. 이런 일은 여호수아가 죽기 전에 벌써 시작되었고, 이스라엘 백성은 점점 더 심각한 배교로 치닫게 된다.

이스라엘이 이렇듯 도덕적인 타락과 영적인 타락에 빠지게 된 원인으로 기본적인 다섯 가지 요소가 분명하게 드러난다. 가나안 족속들을 그 땅에서 몰아내는 일에 실패한 데 따른 하나님에 대한 불순종(삿 1:19, 21, 35), 우상숭배(2:12), 사악한 가나안 족속들과의 혼인(3:5, 6), 사사들에게 순종하지 않음(2:17), 사사들이 죽고 나면 하나님을 떠남(2:19) 등이다.

이 시기에 이스라엘 역사는 네 단계로 이루어진 사건의 흐름이 반복적으로 일어난다. 이스라엘이 하나님을 떠남, 하나님이 이스라엘을 징계하시기 위해 그들이 다른 족속에게 패배하고 예속당하는 것을 허용하심, 이스라엘이 다른 족속의 압제에서 자신들을 건져달라고 하나님께 기도함, 하나님이 '사사들'을 세우심이 반복해 일어난다. 사사들은 이스라엘 백성의 우두머리이거나 각 지역의 군사지도자로서 이스라엘 백성을 이끌고 압제자들을 무찔렀다. 열네 명의 사사가 활동했는데, 그중 여섯 명은 군사적인 사사였다(옷니엘, 에훗, 드보라, 기드온, 입다, 삼손). 그리고 다음 두 사람은 영적인 지도자로 서로 대조되는 중요한 인물들이다. 먼저 사사이자 대제사장이었던 엘리이다(좋은 본보기가 아니었음). 그리고 사사이자 제사장이며 선지자였던 사무엘이다(좋은 본보기였음).

역사적 · 신학적 주제

사사기는 연대기적 기록이라기보다는 주제 중심의 기록이다. 여러 주제 가운데 으뜸이 되는 것은 바로 하나님의 능력과 언약적 자비다. 하나님의 능력과 자비는 이스라엘 백성이 하나님의 뜻을 따르는 데 실패하고, 주변 족속의 죄악에 물든 결과(참고. 2:18, 19; 21:25)로 고통당할 때 그들을 은혜롭게 건져내심으로써 나타난다. 죄와 구원이 반복되는 일곱 번의 역사적인 시기(다음에 나오는 개요 참고) 동안 하나님은 이전에 여호수아를 통해 각 지파에게 나눠주신 분깃을 따라(수 13-22장) 서로 다른 지역에 흩어져 사는 백성들을 건져내셨다. 배교의 물결이 이스라엘 백성을 뒤덮었던 사실은 본문에서 다음의 각 지역이 구체적으로 언급된다는 점을 통해 살펴볼 수 있다. 남쪽 지역(3:7-31), 북쪽 지역(4:1-5:31), 중앙 지역(6:1-10:5), 동쪽 지역(10:6-12:15), 서쪽 지역(13:1-16:31).

구원하시는 하나님의 능력은 마지막 요약 부분(삿 17-21장)이 보여주듯 그분의 뜻을 떠나 타락하여 불행에 빠지고, 때로는 기괴한 죄에 빠져 헤어날 줄 모르는 인간의 어두운 모습을 배경으로 환하게 빛난다. 마지막 구절(21:25)은 사사기의 이야기를 요약하고 있다. "그 때에 이스라엘에 왕이 없으므로 사람이 각기 자기의 소견에 옳은 대로 행하였더라."

해석상의 과제

가장 중요한 도전은 다음과 같다. 첫째, 하나님의 허락을 받았든지 그렇지 않았든지 간에 이스라엘 백성이 대적들 또는 동료 백성에게 행한 폭력적인 행위들을 어떻게 볼 것인가? 둘째, 때로는 하나님의 뜻을 행하고 때로는 자신들의 죄악된 충동을 따른 지도자들(기드온과 엘리, 입다, 삼손)을 하나님이 사용하신 사실이다. 셋째, 입다가 서원하고 자신의 딸을 바친 일을 어떻게 볼 것인가(11:30-40)? 넷째, 인간의 죄에도 불구하고 하나님이 섭리적으로 일하신다는 사실(참고. 14:4)과 하나님의 주권적 의지를 어떻게 조화시킬 것인가?

사사기에는 여러 사사가 서로 다른 지역에서 활동한 연대기가 기록되어 있다. 따라서 이 시기가 얼마나 되고, 이 시기의 전체 기간은 출애굽(주전 1445년경)부터 솔로몬 왕의 즉위 후 제4년(주전 967/966년경)까지 480년의 시간(왕상 6:1. *삿 11:26에 대한 설명을 보라*) 속에서 어떻게 들어맞는가 하는 질문이 제기된다. 한 가지 적절한 설명은 가나안 땅의 각 지역에서 사사들이 구원의 일을 행하고 안식이 찾아온 기간들이 서로 겹친다는 것이다. 따라서 480년이라는 기간에 사사들이 행한 여러 가지 일이 모두 순차적으로 이루어진 것이 아니라 그런 일들 가운데 일부는 동시에 일어나기도 했다는 것이다. 사도행전 13:19에서 "약 사백오십 년간"이라고 말하는 바울의 추정은 근사치다.

「삼손과 들릴라(*Samson and Delilah*)」 1604/1614년. 페테르 파울 루벤스. 패널에 유화. 52.1×50.5cm. 신시내티 미술관. 신시내티.

사사기 개요

I. 머리말과 요약: 이스라엘의 불순종(1:1-3:6)
  A. 불완전하게 끝난 가나안 땅의 정복(1:1-36)
  B. 이스라엘의 타락과 심판(2:1-3:6)
II. 사사들의 역사: 이스라엘의 구원(3:7-16:31)
  A. 첫 번째 시기: 옷니엘 대 메소보다미아 족속(3:7-11)
  B. 두 번째 시기: 에훗과 삼갈 대 모압 족속(3:12-31)
  C. 세 번째 시기: 드보라 대 가나안 족속(4:1-5:31)
  D. 네 번째 시기: 기드온 대 미디안 족속(6:1-8:32)
  E. 다섯 번째 시기: 돌라와 야일 대 아비멜렉이 남긴 결과(8:33-10:5)
  F. 여섯 번째 시기: 입다와 입산, 엘론, 압돈 대 블레셋 족속과 암몬 족속(10:6-12:15)
  G. 일곱 번째 시기: 삼손 대 블레셋 족속(13:1-16:31)
III. 맺음말: 이스라엘의 타락(17:1-21:25)
  A. 미가와 단 지파의 우상숭배(17:1-18:31)
  B. 기브아에서 일어난 범죄와 베냐민 지파에 대한 전쟁(19:1-21:25)

머리말과 요약: 이스라엘의 불순종 (1:1-3:6)

A. 불완전하게 끝난 가나안 땅의 정복(1:1-36)

1:1 여호수아가 죽은 후에 주전 1383년경이다(참고. 수 14:7-10과 수 24:29). 사사기 1장과 2장에 설정된 이 책의 배경에는 여호수아가 죽은 후의 이야기와 그가 아직 살아 있던 때의 일들을 요약한 회상(예를 들어 2:2-6)이 섞여 있다. 여호수아 1:1에 나오는 "모세가 죽은 후에"라는 구절과 비교해보라.

1:2 유다가 올라갈지니라 하나님은 이스라엘 백성이 가나안 땅을 완전히 정복하도록 하기 위해 먼저 유다 지파에게 전진하라는 명령을 내리셨다. 그 이유는 하나님이 유다 지파를 열두 지파 가운데서 우두머리로 선택하시고(창 49:8-12; 대상 5:1, 2) 다른 지역에 거주하는 지파들에게 모범을 보이도록 하신 듯하다.

1:6, 7 그의 엄지손가락과 엄지발가락을 자르매 유다 자손은 아도니 베섹 왕의 엄지손가락을 잘라 무기를 효과적으로 쓸 수 없도록 했고, 엄지발가락을 잘라 전투에서 안정된 자세를 유지할 수 없게 만들었다. 그리하여 그 왕은 효과적으로 싸우거나 통치할 수 없게 되었다. 본문 어디서도 주님 자신이 유다 자손의 이런 전략을 승인했다고 나오지는 않는다. 이는 아도니 베섹이 다른 왕들에게 행한 것에 대해 응보적인 정의를 시행하는 행위였다. 아도니 베섹의 고백에 보면 그 자신이 그런 일을 당해 마땅하다는 것을 스스로 인정하고 있다.

1:12-15 갈렙이 말하기를 이 구절은 갈렙과 그의 가족에 대한 이야기를 반복한다(참고. 수 15:13-19).

1:16 종려나무 성읍 여리고는 이스라엘의 가나안 침공 과정에서 파괴되었으므로, 이 명칭은 여리고를 둘러싼 지역을 가리킨다. 그곳은 샘물과 종려나무가 있는 오아시스였다(신 34:3).

1:19 그가…쫓아내지 못하였으며 '그', 곧 유다 지파는 골짜기의 주민들을 쫓아내지 못했다. 여호수아는 유다 지파가 그 골짜기를 정복할 수 있을 거라고 약속했다(수 17:16, 18). 그들은 당연히 여호수아 11:4-9의 내용을 기억했어야 한다. 각 지파는 승리를 주시는 하나님의 능력을 전적으로 신뢰하고 순종하는 일에 반복적으로 실패했다. 이스라엘 백성은 하나님이 주실 수 있는 것(수 1:6-9)보다 더 작은 것에 안주했는데, 이는 이미 여호수아 시대(삿 2:2-6)와 그 이전부터(민 13, 14장) 있어 왔던 일이다. 다른 의미에서 보면 하나님은 이스라엘 백성이 순종하는지를 시험하기 위해 그 대적들이 이스라엘에게 끝까지 버티며 저항하도록 하셨다(2:20-23; 3:1, 4). 유다 지파의 전진이 더뎠던 또 다른 이유로는 야생동물의 숫자가 급격히 늘어나 피해가 생기는 것을 막기 위한 것도 있었다(신 7:22).

1:20 아낙의 세 아들 아낙은 헤브론 근처의 가나안 중부 지역에 살았던 초기 거주민이다. 그로부터 '아낙 족속'이라고 불리는 키가 큰 부족이 나왔다(신 2:10). 그들은 열 명의 정탐꾼을 놀라게 만들었지만(민 13:33; 신 9:2), 마침내 갈렙에 의해 가나안 땅 밖으로 쫓겨났다(수 14:12-15; 15:13, 14; 21:11). 그들 가운데 일부가 남아 블레셋 사람들과 섞여 살았다(수 11:22). '아낙의 아들들'이라는 표현은 '아낙 족속'과 같은 뜻으로 사용되고 있다.

1:34 아모리 족속이 단 자손을…몰아넣고 다른 지파들처럼 단 지파도 자신들의 땅을 분배받았지만, 그들은 하나님의 능력에 의지해 그 땅을 정복하는 데 실패했다. 이후 단 지파는 패배를 받아들이고 북쪽에 있는 다른 지역으로 이주하는 굴욕을 당했다. 옮겨간 지역에서 그들은 우상숭배를 행했다(삿 18장).

B. 이스라엘의 타락과 심판(2:1-3:6)

2:1 여호와의 사자 사사기에서 주 예수 그리스도가 성육신 이전에 자신을 드러내신 세 번의 사건 중 하나다(참고. 6:11-18; 13:3-23). 이 신적인 사자는 이전에 이스라엘을 애굽에서 이끌어낸 분이다(참고. 출 14:19). *출애굽기 3:2에 대한 설명을 보라.* **내가 너희와 함께 한 언약을 영원히 어기지 아니하리니** 하나님은 끝까지 그분의 신실하심을 지키시지만, 이스라엘 백성은 자신들의 불순종 때문에 받은 복을 잃고 곤경에 처하게 된다(참고. 3절).

2:10 다른 세대는…알지 못하였더라 가나안 땅에 들어온 첫 세대의 이스라엘 백성은 하나님이 행하신 모든 이적과 심판을 생생하게 기억했고, 따라서 신앙과 의무, 순결에 헌신했다. 하지만 그다음 세대는 자신들의 부모가 체험한 일에 대해 무지해서 쉽사리 부패에 물들었다. 이 새로운 세대는 참된 신앙에서 떠나는 모습을 보였으며, 기적과 승리의 하나님께 순종하지 않았다. 그러나 사사들 가운데 많은 사람이 주님을 진정으로 섬겼으며, 신앙으로 살지 않았던 일부 사사도 결국에 가서는 고통을 당하는 가운데 하나님의 자비 앞에 자신을 내맡겼다.

2:12 다른 신들…을 따라 광야에서 조상들이 금송아지를 섬겼던 것처럼(출 32장) 우상숭배의 불길이 다시 타올랐다. 가나안에는 무수한 거짓 신이 있었다. 엘(El)은 가나안에서 가장 높은 신으로, 북아람의 라스 샴라(Ras

Shamra)에서 발견된 문서들에 보면 통제되지 않는 정욕의 신이자 잔인한 폭군이었다. 그의 이름은 '강한' '힘 있는'을 뜻한다. 바알(Baal)은 엘의 아들이자 후계자로 '하늘의 주', 곧 폭풍우를 관장하는 농경의 신이었다. 베니게 지역에서 그를 숭상하는 종교 예식에는 동물 희생 제사와 종교적인 식사, 음탕한 춤이 포함되었다. 그리고 남녀가 종교적인 매춘 행위를 하도록 침실이 제공되었다(참고. 왕상 14:23, 24; 왕하 23:7). 아낫(Anath)은 바알의 누이이자 아내로 '아스다롯'이라고도 불렸다. 그녀는 성(sex)과 전쟁을 관장하는 여신으로 '처녀'이며 '거룩하다'고 불렸지만 실상은 종교적인 매춘부였다. 이 외에도 많은 다른 신이 가나안 지역 사람들의 예배 대상이 되었다.

2:14 여호와께서…진노하사 하나님은 이스라엘에 대한 징벌로 재앙을 내리셨다. 하나님은 이를 통해 이스라엘 백성이 깨우침을 받아 회개에 이르기를 원하셨다.

2:16 여호와께서 사사들을 세우사 이때의 *사사*(*judge*) 또는 구원자는 오늘날 영어권 세계의 재판관과는 달랐다. 그 당시의 사사는 (이 구절에서처럼) 대적들에 맞서서 군사적인 작전을 수행하기도 하고, 사법적인 문제들을 중재하기도 했다(참고. 4:5). 사사의 지위는 세습되지 않았고, 그들의 통치는 국가적인 것이 아니었다. 그들은 각 지역에서 활동한 구원자로서 그 지역의 이스라엘 백성이 비참한 지경에 처해 있을 때 하나님이 그 백성을 구원하시려고 들어 쓰신 사람이다.

단어 연구

사사(Judge): 2:16, 18; 10:2; 12:9, 11; 15:20; 16:31. 이들 구절에서 '사사'를 가리키는 히브리어 단어는 '구원하다' 또는 '다스리다'라는 뜻을 지닌다. 이스라엘의 사사들은 다양한 임무를 수행했다. 현대의 재판관처럼 구약의 사사는 사람들 사이에 논란이 생겼을 때 누가 옳은지를 결정하고 판결을 내릴 수 있었다(출 18:16). 또한 이들 사사는 의인을 옹호하고(시 26:1) 악인을 파멸시킴으로써(출 7:3) 심판을 수행하는 일을 맡았다. 많은 사사가 하나님이 세우신 군사지도자로서 하나님의 영에 힘입어(6:34; 15:14) 이스라엘의 대적들에 맞서 싸우고 백성들을 구원했다. 이후 이스라엘의 왕은 국가적인 사사의 역할을 수행했다(삼상 8:5). 궁극적으로 이스라엘의 완전한 사사는 바로 하나님이시다. 그분만이 아무 흠 없이 사악한 자들을 심판하시고 의로운 사람들을 구원하실 수 있다(사 11:4).

3:2 남겨 두신 이방 민족들은 하나님이 이렇게 하신 목적은 그 이방 민족들을 통해 죄악된 이스라엘 백성을 시험하고(참고. 4절) 또 훈계하기 위해서였다. 또 젊은 세대들이 싸우는 법을 배우게 하려는 목적도 있었다.

3:5 *1:1-20에 대한 설명을 보라.*

3:6 *1:19에 대한 설명을 보라.* 이스라엘 백성은 하나님이 주신 시험을 통과하지 못했다. 그들은 유혹을 받아 가나안 족속과 혼인관계를 맺었으며, 그 족속의 신들을 숭배하게 되었다. 여러 세기 동안 이스라엘의 불순종은 반복적으로 일어났으며, 하나님은 마침내 앗수르인들(왕하 17장)과 바벨론인들(왕하 24, 25장)을 일으켜서 이스라엘 백성을 가나안 땅에서 쫓아내셨다.

사사들의 역사: 이스라엘의 구원 (3:7-16:31)

A. 첫 번째 시기: 옷니엘 대 메소보다미아 족속 (3:7-11)

3:10 여호와의 영이…임하셨으므로 어떤 사사들의 경우에는 하나님의 영이 그들 위에 임하셨다는 언급이 분명하게 나온다(6:34; 11:29; 13:25; 14:6, 19; 15:14). 다른 사사들의 경우에도 이런 체험을 했던 것으로 보인다. 이런 언급은 구약에서 자신이 택한 자에게 능력과 지혜를 주어 승리하게 하시는 하나님의 고유 행위를 나타내는 데 일반적으로 사용되는 표현이다. 하지만 하나님의 영이 그들에게 임했다는 사실이 곧 그들이 행하는 모든 세부적인 일 가운데서 하나님의 뜻이 이루어지게 되리라는 것을 보장하지는 않았다. 이런 점은 기드온(8:24-27, 30)과 입다(11:34-40), 삼손(16:1)의 경우에서 분명히 드러났다.

B. 두 번째 시기: 에훗과 삼갈 대 모압 족속 (3:12-31)

3:20 내가 하나님의 명령을 받들어 왕에게 아뢸 일이 있나이다 에훗은 이스라엘 백성의 기도에 대한 응답으로 자신이 하나님의 뜻을 행하러 왔다고 말했다(15절). 그는 조용히 확신을 가지고 자신의 일을 행했으며, 이후에 그 악한 왕이 패망한 원인을 하나님께 돌렸다(28절. 참고. 시 75:6, 7, 10; 단 4:25). 그 일을 직접 수행한 것은 에훗 자신이었음에도 말이다. 야엘이 방망이와 장막 말뚝을 사용한 것처럼(4:21), 이스라엘 군대가 칼을 사용한 것처럼(4:16) 하나님도 에훗을 사용하셨다. 하나님의 능력에 힘입어 에훗의 군대는 더 많은 숫자의 대적

을 죽였다(29절). 인간의 악은 하나님의 심판을 불러온다(레 18:25).

3:24 왕이…그의 발을 가리우신다 왕이 죽었지만, 신하들은 왕이 피곤해서 사적인 공간에서 쉬고 있는 것으로 여겼다. 여기서 문자적으로 "발을 가리우신다"라는 표현은 그가 용변을 보고 있음을 뜻하는 완곡어법이다.

3:31 삼갈 그의 특이한 업적은 삼손을 떠올리게 한다(15:16). **소 모는 막대기** 이것은 길이가 2.4미터에서 3미터 정도, 둘레가 15센티미터 정도 되는 단단한 막대기였다. 그 끝에는 소들을 자극하여 전진하게 하거나 방향을 돌리게 하기 위해 뾰족한 금속 조각이 달려 있었다. 그 반대쪽 끝에는 쟁기를 깨끗이 닦는 데 쓰는 납작한 곡선 모양의 칼날이 달려 있었다.

C. 세 번째 시기: 드보라 대 가나안 족속 (4:1-5:31)

4:4 여선지자 드보라 그녀는 지혜와 영향력을 소유한 비범한 여성으로, 군사지도자의 역할을 제외한 사사의 임무를 감당했다. 하나님은 사회적 과업이나 종교적 역할, 또 다른 일들을 위해 여성들을 힘 있게 사용하신다. 그 예로 여선지자 훌다(왕하 22:14), 예언을 한 빌립의 딸들(행 21:8, 9), 여집사 뵈뵈(롬 16:1) 등을 들 수 있다. 이 책에서 드보라가 전투에 참여하게 된 것은 예외적인 사건으로, 바락이 앞장서서 이스라엘 군대를 이끌 용기를 보이지 않았기 때문이다(8, 14절). 하나님은 한 여인이 시스라를 죽일 거라고 말씀하심으로써 그의 겁 많은 모습을 책망하셨다(9절).

4:19 그에게 마시게 하고 그를 덮으니 보통의 경우 이런 행동은 그를 지켜주겠다는 가장 강력한 약속이었다.

4:21 장막 말뚝…방망이 야엘은 싸움터가 아닌 장막에서 대담하게 시스라를 죽였고, 이로 말미암아 드보라와 바락에게 칭송을 받았다(5:24-27). 베두인 부족들은 일상적으로 장막을 칠 때 말뚝을 박고, 장막을 거둘 때 그 말뚝을 뽑곤 했다. 그녀의 힘과 기술은 이런 일상적인 행동을 통해 더욱 강해졌을 것이다.

5:1 이 날에…노래하여 드보라와 바락의 노래(1-31절)는 사사기 4:13-25에 기록된 것처럼 하나님이 그들을 승리로 이끄신 일을 찬양하는 것이다. 성경에는 하나님이 도우신 것을 찬양하는 여러 노래가 있다. 예를 들면 모세의 노래(출 15장), 다윗의 노래(삼하 23:1-7), 어린 양의 노래(계 15:3, 4) 등이 있다.

5:10 흰 나귀 특별한 색깔 때문에 흰 나귀는 주로 왕이나 부자들에게도 귀한 재산이었다.

5:11 활 쏘는 자들의 소리로부터 멀리 떨어진 물 긷는 곳에서도 중동 지역에서 우물은 마을이나 싸움터로부터 조금 떨어진 곳에 있었다. 그래서 우물은 사람들이 종종 그 주변을 거닐며 편안하게 사색할 수 있는 곳이기도 했다.

5:14 아말렉에 뿌리 박힌 그 당시 에브라임 지파는 가나안 중부의 산악 지대를 차지하고 있었다. 그 지역은 한때 아말렉 족속이 끈질기게 저항했던 곳이다.

5:17 단은 배에 머무름이 어찌 됨이냐 이스라엘 백성이 사사기 4장에 나온 승리를 거두기 전에 이미 단 지파는 자신들의 지역을 떠나 긴네롯 호수(갈릴리 바다) 북쪽에 있는 라이스로 이주한 상태였다. 그 이주의 자세한 내용은 사사기 18장에 이르기 전까지는 나오지 않는다. 단 지파는 북서쪽 지방의 베니게 사람들과 교류하며 해상무역을 했다(참고. 지중해 연안의 도시였던 욥바, 수 19:46). 다른 몇몇 지파와 마찬가지로 그들은 사사기 4장에 기록된 그 전투에 참여하지 않았다.

5:20 별들이…싸웠도다 이 구절은 하나님이 이스라엘을 돕기 위해 하늘의 별들까지 사용하셨다고 말하는 시적인 표현이다. 이 별들은 하늘을 대표하며, 사실상 그것과 동격인 천체들이다. 하나님은 하늘로부터 강력한 태풍과 홍수를 보내셔서(참고. 기손강의 '급류', 21절) 아람인들의 철 병거를 휩쓸어버리셨다. 또한 하나님은 구름으로 별들을 가리셔서 아람인들이 어둠 때문에 효과적으로 싸우지 못하게 하셨다.

5:24-27 야엘의 이 행위는 살인이며 명예롭지 못한 것이었다. 아마 야엘은 싸움에서 이기고 있던 이스라엘 편에 붙기 위해 이런 일을 했을 것이다. 비록 그녀는 하나님을 염두에 두지 않고 이 일을 행했지만, 하나님은 모든 일을 자신의 섭리로 다스리셔서 그녀의 행동으로부터 큰 복이 흘러나오게 하셨다. 그리하여 24-27절에 나오는 말들이 승리의 노래 속에 나오게 된 것이다.

5:31 이 승리의 노래는 하나님의 뜻이 이루어지기를 구하는 중보기도로 끝을 맺는다. 이 노래에는 다음과 같은 요소가 포함되어 있다. 하나님을 찬송함(2절), 하나님을 노래함(3절), 찬양 가운데서 하나님이 하신 일을 증언함(4, 20절), 하나님이 내리신 저주를 선언함(23절)이다.

D. 네 번째 시기: 기드온 대 미디안 족속 (6:1-8:32)

6:1 미디안 홍해의 동쪽에서 온 이 방랑 유목민은 모세 시대에 이스라엘 백성에게 심한 타격을 입었는데(민 31:1-18), 여전히 그 백성을 증오하고 있었다. 그들은 마침내 이스라엘을 괴롭히는 최악의 재앙이 되었다.

6:8 여호와께서…한 선지자를 보내시니 하나님은 사무

이스라엘의 사사들			
사사와 지파	성경 구절	압제자	압제/안식 기간
(1) 옷니엘(유다): 갈렙의 동생인 그나스의 아들	삿 1:11-15; 3:1-11; 수 15:16-19	메소보다미아 왕 구산 리사다임	8년/40년
(2) 에훗(베냐민): 게라의 아들	삿 3:12-4:1	모압 왕 에글론, 암몬 족속, 아말렉 족속	18년/80년
(3) 삼갈(아마도 이방인): 아낫의 아들	삿 3:31; 5:6	블레셋 족속	알 수 없음/알 수 없음
(4) 드보라(에브라임), 바락(납달리): 아비노암의 아들	삿 4:1-5:31; 히 11:32	가나안 왕 야빈, 군대 장관 시스라	20년/40년
(5) 기드온(므낫세): 아비에셀 사람 요아스의 아들로 '여룹바알'(6:32; 7:1), 여룹베셋'(삼하 11:21) 이라고도 불림	삿 6:1-8:32; 히 11:32	미디안 족속, 아말렉 족속 '동방 사람들'	7년/40년
(6) 아비멜렉(므낫세): 첩이 낳은 기드온의 아들	삿 8:33-9:57	(이스라엘의 내전)	아비멜렉이 이스라엘을 3년간 다스렸음
(7) 돌라(잇사갈): 부아의 아들	삿 10:1, 2		돌라가 이스라엘을 23년간 다스렸음
(8) 야일(길르앗-므낫세)	삿 10:3-5		야일이 이스라엘을 22년간 다스렸음
(9) 입다(길르앗-므낫세): 기생이 낳은 길르앗의 아들	삿 10:6-12:7; 히 11:32	블레셋 족속, 암몬 족속 (에브라임 지파와의 내전)	18년/입다가 이스라엘을 6년간 다스렸음
(10) 입산(유다 또는 스불론) (베들레헴에 살았던 스불론 지파 사람, 참고. 수 19:15)	삿 12:8-10		입산이 이스라엘을 7년간 다스렸음
(11) 엘론(스불론)	삿 12:11, 12		엘론이 이스라엘을 10년간 다스렸음
(12) 압돈(에브라임): 힐렐의 아들	삿 12:13-15		압돈이 이스라엘을 8년간 다스렸음
(13) 삼손(단): 마노아의 아들	삿 13:1-16:31; 히 11:32	블레셋 족속	40년/삼손이 이스라엘을 20년간 다스렸음

엘 이전에 몇몇 개별적인 경우 선지자들을 사용하셨고, 아마도 사무엘이 훈련시켰을 선지자의 무리를 사용하셨으며(삼상 10:5), 이후에는 엘리야와 엘리사를 비롯한 선지자들, 대선지서와 소선지서를 기록한 선지자들을 사용하셨다. 이 구절에서 그 선지자는 이스라엘 백성의 불신앙 때문에(10절) 그들한테 하나님의 저주가 임했음을 선포하기 위해 찾아왔다.

6:11 사자 (NKJV에서는 이 단어 대신에 'angel', 곧 '천사'라는 뜻의 단어를 씀–옮긴이) 이 여호와의 천사(문자적으로는 '사자')는 "여호와" 자신인 것으로 드러난다(14, 16, 23, 25, 27절). 여호와의 사자가 나타난 다른 사건들은 창세기 16:7-14; 18:1; 32:24-30을 참고하라. *출애굽기 3:2에 대한 설명을 보라.* **기드온이…알리지 아니하려 하여 밀을 포도주 틀에서 타작하더니** 이 구절은 기드온이 심각한 어려움 가운데 있음을 보여주는 동시에 타작하는 곡식의 양이 적었음을 알려준다. 이는 그가 소에게 그 곡식을 밟도록 하지 않고, 직접 그 일을 하는 데서 분명히 드러난다. 기드온은 사람들에게서 멀리 떨어진 나무 아래 숨어 나무로 만든 타작마당 대신에 맨 땅 또는 포도주 틀에서 그 일을 하고 있다. 이는 그가 미디안 사람들을 두려워했기 때문이다.

6:13 기드온의 말에서 그가 하나님에 대해 불완전한 믿음을 지니고 있었음이 드러난다. 하나님이 이스라엘을 징계하시는 일 자체가 바로 그분이 이스라엘을 염려하며 함께하신다는 증거였다. 참고. 히브리서 12:3-11.

6:17 모세와 마찬가지로(출 33장) 기드온은 표징을 얻고자 했다. 모세와 기드온의 경우 모두 계시는 매우 드물고 사악함이 온 세상에 퍼져 있는 시대였기 때문에 그들은 완전한 확신을 얻고자 한 것이다. 하나님은 은혜롭게 그 표징을 주셨다.

6:18-23 하나님의 임재를 체험할 때 민감한 죄인은 자신에게 있는 커다란 죄책을 의식하게 된다. 하나님께로부터 불이 나왔을 때 기드온은 경외심에 가득 찼고 죽음의 공포까지 느꼈다. 주님을 뵈었을 때 그는 타락한 죄인인 자신의 모습을 주님도 그대로 보셨다는 것을 알았다. 그래서 거룩하신 하나님 앞에서 죄인들이 겪어 마땅한 죽음을 자신도 느끼고 두려워하게 되었다. 이런 모습을 보시고 하나님은 그가 은혜롭게 살 것을 약속하셨다(23절). 하나님의 임재 앞에서 비슷한 반응을 보인 사례로 13:22, 23에 나오는 마노아를 보라(참고. 겔 1:26-28; 사 6:1-9; 계 1:17).

6:27 기드온이…두려워하므로 그는 전능하신 하나님을 신뢰하면서 슬기롭게 조심성을 발휘했지만, 마음 한 구석에서는 인간적으로 깊은 두려움을 느꼈다.

6:32 여룹바알(문자적으로 '바알이 다투게 하라'는 뜻임)은 기드온에게 걸맞은 명예로운 별칭이 되었다(7:1; 8:29; 9:1, 2). 이것은 실제로 존재하지 않는 신, 응답할 능력이 없는 신에 대한 대담한 비난이었다.

6:36-40 기드온이 두 번에 걸쳐 양털을 통해 징표를 구한 일은 그의 믿음이 약했음을 보여준다. "내게 노하지 마옵소서"(39절)라고 말한 데서 드러나듯 기드온 자신도 이 점을 인식하고 있었다. 하나님은 이미 기드온과 함께하시고 승리를 주실 것을 구체적으로 약속해주셨다(12, 14, 16절). 하지만 그의 이런 간구는 겉으로 보기에 불가능해 보이는 상황 속에서 승리를 확신하기 위한 정당한 요청이기도 했다(6:5; 7:2, 12). 하나님은 한 번도 기드온을 꾸짖지 않으시고, 그의 연약함 때문에 요청한 일들을 자비로움으로 들어주셨다. 7:10-15에서 하나님은 기드온의 믿음을 더 굳건히 하기 위해 손수 하나의 징표를 주셨다. 기드온은 7:9에 나타난 하나님의 약속을 믿어야 했지만 그러지 못했다. 그의 믿음은 좀 더 강화될 필요가 있었는데, 하나님은 꾸짖지 않으시고 은혜롭게 또 하나의 징표를 주셨다.

7:2 백성이 너무 많은즉 믿음의 사람들은 비록 그들 자신은 인간적인 연약함 때문에 불완전할지라도 오직 하나님의 능력을 통해 승리를 얻게 된다(참고. 고후 3:5; 4:7; 12:7-9). 기드온과 함께한 300명의 백성은 미디안의 엄청난 대군에 맞서 승리했다(삿 7:7, 16-25). 하나님은 명백히 자신의 행동을 통해 이스라엘의 승리를 이끌어내심으로써 영광을 받으셨다. 그래서 어떤 사람도 죄악된 교만을 품을 수 없게 되었다.

7:5 누구든지…물을 핥는 자들 손으로 물을 떠서 개처럼 혀로 핥은 군인들이 선택되었다. 이에 반해 무릎을 꿇고 물을 마신 군인들은 탈락했다. 여기서는 이렇게 구별한 이유를 제시하지 않았는데, 이런 구별이 군인으로서 각각의 자질에 대해 무언가를 말해주는 것은 아니다. 그것은 단순히 많은 사람 사이에서 소수를 골라내기 위한 방법이었을 뿐이다. 아무튼 군인으로서 그들의 자질은 싸움의 승리에 영향을 미치지 않았다. 적군들은 서로 죽고 죽이다가 기드온의 군인들과 싸워보지도 못하고 도망쳤기 때문이다.

7:10 네가…두려워하거든 하나님은 기드온이 지휘관으로서 가지는 정상적인 두려움을 이해하셨다. 하나님은 신변의 보호를 위해 그의 부하도 데려가라고 권고하셨다. *6:36-40에 대한 설명을 보라.*

7:15 일어나라 하나님은 7:9에서 이 말씀을 하셨다. 이제 기드온은 새로운 용기를 얻고 주님과 동행하게 되었다.

7:16 이스라엘 군대는 나팔을 들고 횃불을 항아리 안

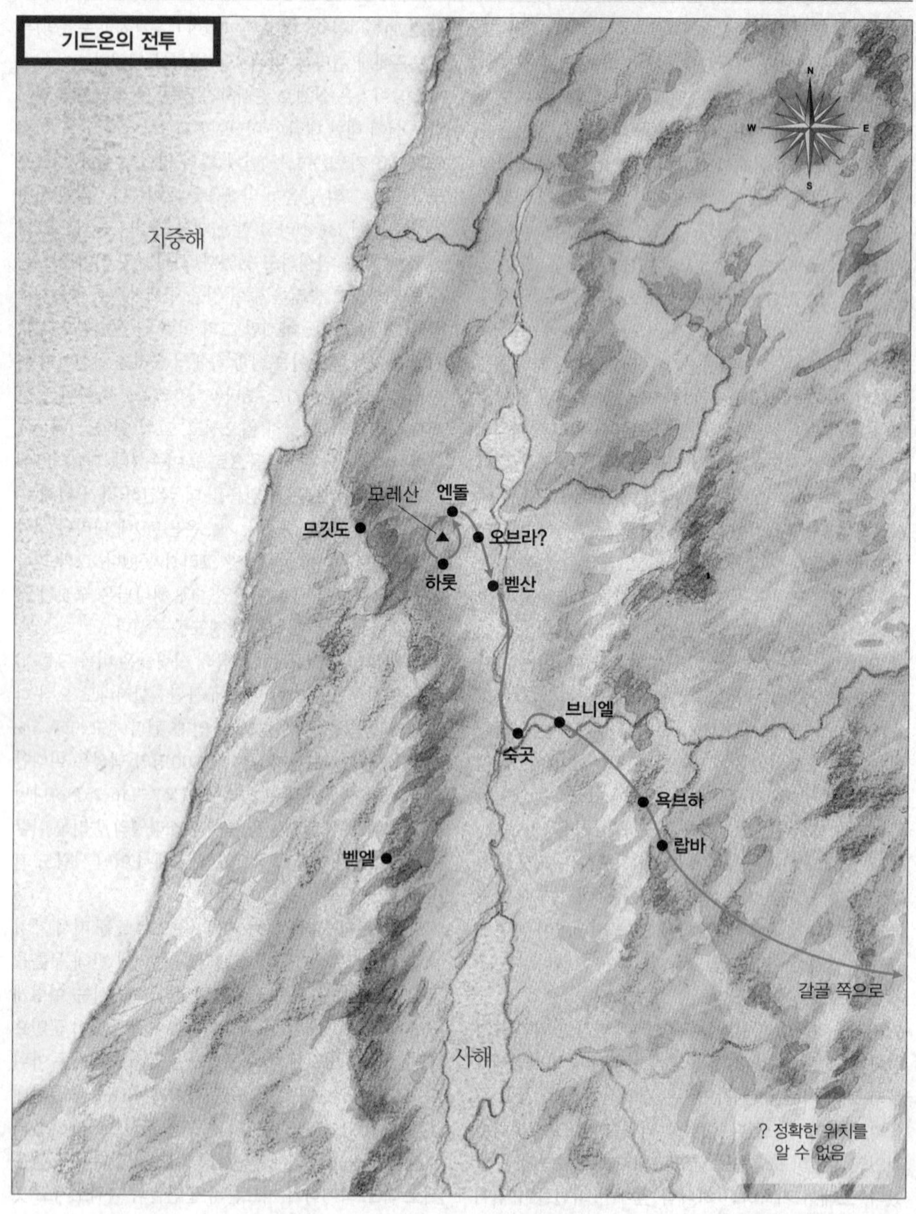

에 숨기고 있다가 적들이 가장 놀랄 만한 순간에 갑자기 그 횃불을 밝히 치켜들었다. 이스라엘 백성은 늘 그렇듯 무시무시한 함성을 질렀고(참고, 민 28:21), 밤의 정적을 깨뜨리는 떠들썩한 나팔 소리와 함께 갑자기 환한 불빛이 잠자고 있던 미디안 대군의 주위를 둘러쌌다. 깜짝 놀란 미디안 군인들의 눈에는 마치 각각의 불빛 뒤에 수천 명의 대군이 몰려오고 있는 것처럼 보였다. 그래서 그들은 엄청난 수의 대군이 막 잠에서 깨어난 그들을 몰살시키기 위해 밀려오고 있다고 여겼다.

7:18 여호와를 위하라, 기드온을 위하라 (NKJV에서는 이 구절을 'The sword of the Lord and of Gideon!', 곧 '여호와와 기드온의 칼이다!'로 번역함–옮긴이) 여기서 인간의 순종과 조화를 이루어 역사하시는 하나님의 능력이 나타난다. 이스라엘 군대가 이렇게 외치자 대적들은 기

드온과 하나님의 칼이 주는 위협을 생생하게 느꼈다. 대적들은 두려움과 공포에 떨며 자신들에게 파멸의 날이 이르렀음을 깨닫게 되었다.

7:19 이경 초에 밤 10시경이다.

7:22 친구끼리 칼로 치게 하시므로 그들이 받은 충격은 공황 상태로 이어졌다. 모든 군인이 도망치기 위해 각자 절박하게 살 길을 찾았다. 요란한 소리가 난무하는 밤의 어둠 속에서 그들은 적과 아군을 구별할 수 없었다. 그들은 피할 길을 찾기 위해 자신의 동료들에게까지 닥치는 대로 칼을 휘둘렀다.

8:2 에브라임의 끝물 포도가 에브라임 지파는 기드온이 전투에 나설 때 자신들을 부르지 않은 것에 분노했지만, 기드온이 그들을 칭찬하자 마음을 누그러뜨렸다. 기드온의 말에 따르면 에브라임 지파가 도망치던 미디안의 두 우두머리를 붙잡아 사형에 처한 것(7:25)은 '에브라임의 만물 포도'와 같은 일이었다. 이는 그 지역에서 이루어지던 포도 농업에서 가져온 비유였다. 에브라임 지파는 "아비에셀의 만물 포도", 곧 기드온의 지휘 아래서 적들을 자멸시킨 작전에 참여하는 것보다 전략적으로 더 중요한 역할을 감당했다(3절).

8:7 들가시 숙곳의 지도자들이 기드온의 군대를 돕기를 거절했을 때 기드온은 그들이 대가를 치르게 될 거라고 위협했다. 이후에 그는 자신의 말대로 행했다. 그는 숙곳 지도자에게 무거운 짐을 지우고, 들 가시와 찔레 위에서 그들을 끌어당겼다. 그리하여 그들의 몸은 고통스럽게 찢겨져 나갔다. 이것은 고대에 포로들한테 종종 행해진 잔인한 고문 방법이었다. 기드온은 이 일을 미루지 않고 싸움을 마치고 돌아오는 도중 바로 실행에 옮겼다(16절).

8:9 망대 브누엘 사람들은 자신들이 가진 견고한 망대를 믿고 오만하게 자신들의 힘과 방어력을 뽐냈을 것이다. 기드온은 자신이 했던 말 이상의 일을 실행에 옮겼다(17절).

8:20 여델…죽이라 기드온은 자신의 아들에게 이스라엘과 하나님의 원수인 자들을 죽이라고 명령했다. 이는 자신의 아들에게 큰 명예를 안겨주기 위해서였다.

8:21 세바와 살문나를 죽이고 미디안 족속이 당시 이스라엘 백성에게 끼친 고통은 최악이었다. 그래서 기드온이 거둔 이 승리는 이스라엘 백성의 마음속에 오랫동안 남아 있었다(참고. 시 83:11).

8:22, 23 우리를 다스리소서 이스라엘 백성은 그릇된 동기를 가지고 기드온에게 왕으로서 다스려달라고 요청함으로써 죄를 범했다. 기드온은 그 요청을 거절하고 하나님만이 다스리실 것이라면서 올바른 모습을 보였다(참고. 출 19:5, 6).

8:24 이스마엘 사람들 미디안 족속과 동의어다(참고. 창 37:25, 28).

8:24-27 기드온이…에봇 하나를 만들어 기드온이 이스라엘에 끼친 영향력에 비춰볼 때 이것은 분명히 슬픈 결말이었다. 이는 기드온이 자신이 행한 일에 대한 긍지를 품고, 사람들의 눈앞에서 자신을 높이고자 했기 때문에 일어난 일이다. 이후에 다윗이 그렇게 한 것처럼(대상 15:27) 기드온은 가슴에 붙이는 판을 하나 만들고자 했다. 그는 이것을 통해 자신이 제사장으로서 백성을 다스린다는 의미를 나타내려고 한 것이 아니라 그저 자신이 한 사람의 행정적인 지도자임을 보이고자 한 것이다. 그 에봇은 하나의 우상이 되어 사람들의 경배를 유도하기 위한 것이 아니라 기드온이 지니는 행정적 힘을 나타내는 상징이었던 것이다. 기드온에게 결코 악한 뜻이 없었다는 것은 미디안 족속이 굴복한 일(28절), 전쟁이 끝나고 평온이 찾아온 일(28절), 기드온이 죽고 나서 이스라엘 백성이 다시 우상숭배를 하게 된 사실(33절), 기드온이 선한 평가를 받은 것(35절) 등을 통해 알 수 있다.

8:26 금 귀고리의 무게 금의 총 무게는 대략 19킬로그램 정도였다.

8:30, 31 아내가 많으므로 기드온은 여러 아내를 두는 죄에 빠졌다. 당시 많은 사람이 이런 불법 행위를 용인했지만, 결혼에 대한 하나님의 청사진에는 어긋나는 일이었다(창 2:24). 기드온이 또 다른 부정한 관계를 통해 낳은 아들 아비멜렉은 자라서 9장에 나오는 대로 야비한 왕이 되었다. 일부다처의 관계는 항상 문제를 일으켰다.

E. 다섯 번째 시기: 돌라와 야일 대 아비멜렉이 남긴 결과(8:33-10:5)

9:5 형제 칠십 명을…죽였으되 이 잔인한 행위는 고대에는 흔한 일이었다. 이는 혁명 과정에서 가장 큰 위협이 되는 존재, 곧 모든 적법한 경쟁자들을 제거하는 행위였다.

9:6 밀로 이는 문자적으로 '요새의 집'을 뜻한다. 이곳은 세겜의 일부로, 46절에 나오는 망대의 보루가 여기 있었을 것이다.

9:14 너는 와서 우리 위에 왕이 되라 왕을 찾는 나무들에 대한 요담의 우화에서(7-15절) 감람나무와 무화과나무, 포도나무는 왕이 되라는 요청을 거절한다. 이 나무들은 실제 상황에서 그 요청을 거절한 구체적인 사람들을 상징하고 있는 게 아니다. 그보다 이 나무들은 이야기의 긴장감을 고조시키고, 가시나무(가시덤불)가 왕

으로서 열등하고 적합하지 않은 후보자임을 분명하게 드러내는 역할을 한다. 가시나무는 아비멜렉을 상징한다(6, 16절).

9:23 하나님이…악한 영을 보내시매 하나님의 섭리가 진행되는 과정에서 사람들 사이에 질투와 불신, 증오가 생겨났다. 하나님은 아비멜렉이 저지른 대학살과 세겜 사람들의 우상숭배에 대한 형벌로 이런 악한 감정들이 사람들에게 영향을 끼치는 것을 허용하셨다.

9:26-45 이 단락의 이야기는 아비멜렉에 대항하여 일어난 반란이 실패한 일을 묘사하고 있다.

9:37 므오느님 상수리나무 미신적으로 숭상되던 나무로, 이 나무 아래서 신비적인 예식을 거행하거나 점을 치곤 했다.

9:45 소금을 뿌리니라 이 행동은 그 땅의 토양과 물을 오염시키는 행위인 동시에 이제 그 땅을 영구적으로 황폐한 곳으로 만들겠다는 그의 의지를 상징적으로 드러내는 것이기도 했다(신 29:23; 렘 17:6). 하지만 주전 930-910년경 여로보암 1세가 이 도시를 재건하고 자신의 수도로 삼았을 때(왕상 12:25) 아비멜렉의 이런 의도는 결국 수포로 돌아가고 말았다.

9:57 이 저주는 세겜에 가득 퍼진 우상숭배에 대해 9:20에서 요담이 선언한 것이다.

10:3-5 사사 야일이 다스린 기간은 룻(Ruth)이 살았던 시대와 겹칠 가능성이 높다.

F. 여섯 번째 시기: 입다와 입산, 엘론, 압돈 대 블레셋 족속과 암몬 족속(10:6-12:15)

10:10 우리가…범죄하였나이다 고백에는 진실한 회개가 뒤따르는 법이다(15, 16절).

10:13, 14 여기서 하나님이 발하시는 진노의 모습이 나타난다. 하나님은 완고하고 악한 죄인들에게 자신들이 저지른 죄의 결과를 맛보도록 내버려두신다. 신적인 심판의 이런 측면은 삼손의 경우(16:20)나 잠언 1:20-31과 로마서 1:24-28의 경고에서도 나타난다. 하나님이 이렇게 내버려두시는 것은 역사 속에서 반복적으로 나타난다(참고. 행 14:15, 16). 하나님은 유대인에게도 이렇게 행하셨다(참고. 호 4:17; 마 15:14).

10:15 보시기에 좋은 대로 우리에게 행하시려니와 참으로 회개하는 사람은 하나님이 벌을 내릴 권한을 갖고 계심을 인정한다. 따라서 하나님이 내리시는 벌은 정당한 것이며, 하나님은 이를 통해 영광을 받으신다. 또한 참으로 회개하는 사람은 자신이 받는 벌을 통해 좀 더 나은 사람이 되기를 원한다. 진정한 뉘우침은 곧 거룩을 향한 추구와 연결된다.

11:1 큰 용사 군사적인 상황에서 이 말은 기드온(6:12)처럼 강하고 숙련된 전사를 뜻한다. 이스라엘 백성의 회개에 대한 응답으로, 하나님은 그들을 18년 동안의 압제에서 해방시키기 위해 입다를 세우셨다(8절).

11:3 출입하였더라 (NKJV에서는 이 구절을 'went out raiding', 곧 '습격하러 나갔다'로 번역함-옮긴이) 이들은 암몬 족속과 다른 이방 족속들을 상대로 이런 공격을 감행했고, 이를 통해 입다는 명성을 얻었을 것이다.

11:11 여호와 앞에 아뢰니라 이것은 이스라엘 백성의 엄숙한 공적 회합에서 입다가 하나님이 증인이 되어주시기를 구하는 기도를 드림으로써 장로들과 그 사이에 이루어진 합의를 확증했음을 가리킨다(10절).

11:13 이스라엘이…내 땅을 점령했기 때문이니 암몬 족속의 왕은 이스라엘 백성이 점령한 땅을 두고 자신들의 것이라고 주장했다. 이에 입다는 다음과 같이 분명하게 대답했다. 첫째, 이스라엘이 그 땅을 점령했을 때 그 지역에 살던 사람들은 암몬 족속이 아니라 아모리 족속이었다. 둘째, 이스라엘은 300년 동안 그곳에서 아무 문제없이 살아왔다. 셋째, 하나님은 그 땅을 택해 이스라엘에게 주셨다. 그러므로 이스라엘 백성에게는 그 땅을 차지할 권리가 있었다. 암몬 족속이 자신들이 섬기는 신한테서 자신들이 지금 살고 있는 땅을 받았다고 믿듯이 말이다(참고. 24절).

11:15 이스라엘이…땅을 점령하지 아니하였느니라 아모리 족속이 먼저 적대적인 도발을 했고, 그들의 잘못으로 땅을 잃게 되었다(16-22절). 이런 사실은 하나님의 뜻에 온전하게 들어맞는다. 하나님은 이스라엘에게 그 땅을 주실 궁극적인 권한(참고. 창 1:1; 시 24:1)을 가지고 계시기 때문이다. 하나님은 "토지는 다 내 것임이니라"(레 25:23. 참고. 겔 36:5)고 말씀하셨다.

11:26 삼백 년 출애굽한 연대를 이른 시기로 잡을 때(주전 1445년경) 우리는 사사기 시대부터 열왕기상 6:1에 언급되는 솔로몬 왕의 즉위 후 네 번째 해까지 480년이 어떻게 흘러갔는지 추정할 수 있다(*왕상 6:1에 대한 설명을 보라*). 이스라엘 백성이 출애굽한 후 헤스본에 오기까지 38년이 걸렸으며, 그들이 헤스본에 온 후 입다 시대까지 300년이 흘렀다. 입다가 다스리고 아마 7년이 더 흘렀을 것이다. 또한 삼손이 다스리는 동안 40년이 흘렀으며 엘리가 다스리는 동안 20년, 사무엘이 다스리는 동안 20년, 사무엘 이후 사울이 다스리는 동안 15-16년, 다윗이 다스리는 동안 40년, 솔로몬이 즉위한 후 4년이 흘렀을 것이다. 이 햇수를 모두 더하면 약 480년이 된다. 이 구절에 언급된 300이라는 숫자는 대략적인 숫자일 가능성이 높다.

11:29 영이 입다에게 임하시니 입다가 이스라엘 백성을 위해 싸우도록 주님이 은혜롭게 그한테 능력을 부어 주셨다고 해서, 그가 내린 결정이 모두 하나님의 지혜에서 나온 것은 아니다. 그가 한 경솔한 맹세(30, 31절)가 한 가지 예다.

11:30 여호와께 서원하여 그 시대에는 싸움에 나서는 군인들이 자신이 섬기는 신에게 그 신이 승리를 가져다준다면 무언가 큰 가치를 지니는 것을 보상으로 바치겠다고 맹세하는 것이 관습이었다.

11:31 내가 그를…드리겠나이다 어떤 해석자들은 입다가 자신의 딸을 죽을 때까지 처녀로 남는 산 제물로 바쳤다고 추론한다. 이 관점에서 볼 때 3하반절은 '그를 여호와께 돌리거나 번제물로 드리겠나이다'라는 뜻으로 해석되어야 할 것이다. 이 관점에 따르면 37-40절에서 실제로 일어난 일은 그 딸이 죽을 때까지 처녀로 남게 되었다는 것뿐이다. 이 관점은 입다가 사람을 희생제물로 바쳤다는 행위를 하나님의 계시된 뜻(신 12:31)에 어긋나는 것으로 보고 거부한다. 하지만 다른 관점에서 볼 때 입다는 요단강 동쪽에 있었고, 장막에서 멀리 떨어져 있었으며, 종교적인 헌신의 측면에서 위선자였고, 다른 나라들 사이에 널리 퍼진 인간을 바치는 제사의 관습에 익숙했으며, 그런 미신적인 관습에 영향을 받았고, 승리를 간절히 원하고 있었기 때문에 그가 한 말은 실제로 인간을 번제물로 드리겠다는 말이었을 가능성이 가장 높다. 위에 언급한 31절을 번역할 때 우리는 '돌리거나'(or)가 아니라 '돌리고'(and)로 옮겨야 한다. 입다가 이런 행위를 했던 때는 기괴한 일이 벌어지는 시대였다. 당시에는 하나님이 능력을 주신 지도자들에게서도 이런 모순이 나타났다(참고. 8:27의 기드온).

11:34 그의 딸이…나와서 영접하니 이로써 그녀는 입다가 한 서약의 희생물로 정해졌다.

11:35 어찌할꼬 입다는 경건한 동기에서 나왔지만 지혜롭지 못했던 자신의 서약을 지키기 위해 자기 외동딸의 생명을 빼앗아야 하는 상황에 처했다. 그는 이 상황에서 아버지로서 느끼는 마음의 고통을 이렇게 표현하고 있다.

12:1 어찌하여 우리를 불러…가게 하지 아니하였느냐 에브라임 지파는 새로운 위협을 가했다(참고. 8:1). 그들은 입다의 성공을 질시했을 뿐 아니라 그가 얻은 전리품을 탐냈을지도 모른다. 그들은 입다의 집뿐 아니라 입다까지도 불태워버리겠다고 위협했다.

12:4 도망한 자 이 말 속에는 조롱이 담겨 있었다. 에브라임 지파는 길르앗 사람들을 에브라임에서 내쫓긴 비천한 사람들로 취급했다. 길르앗 사람들은 이 날의 싸움을 통해 에브라임 지파에게 복수했다.

12:6 쉽볼렛 입다의 군인들은 마주치는 사람에게 이 단어를 발음하도록 해서 그가 에브라임 사람인지 아닌지를 구별했다. '쉬' 대신에 '시'로 발음하는 사람은 바로 목숨을 잃었다. 이런 발음은 에브라임 지파가 쓰던 고유한 말씨를 드러내는 것이었기 때문이다.

12:9, 14 아들 삼십 명…손자 삼십 명 이런 숫자의 대가족은 그 사사가 여러 아내와 혼인했음을 보여준다. 이는 당시 사회에서 용인되는 삶의 일부였지만, 한 사람과 혼인하기를 원하시는 하나님의 청사진(창 2:24)에는 부합하지 않는 것이었다. 당시 많은 자녀를 얻는 것은 자신의 인간적인 힘과 영향력을 확대하는 데 매력적인 방편이었다.

G. 일곱 번째 시기: 삼손 대 블레셋 족속 (13:1-16:31)

13:3 여호와의 사자 이전의 경우와 마찬가지로(*6:11에 대한 설명을 보라*), 이때 나타나신 것은 성육신하기 이전의 주님 자신이었다(6-22절). *출애굽기 3:2에 대한 설명을 보라.*

13:5 나실인 이 말은 '구별하다'라는 뜻의 히브리어 단어에서 온 것이다. 여기 삼손의 경우에 적용되는 것처럼 나실인에 대한 엄격한 규정에 대해서는 *민수기 6:2에 대한 설명을 보라.* 하나님은 세 가지 규정을 주셨다. 첫째는 포도주를 입에 대지 말 것(3, 4절), 둘째는 머리 위에 삭도를 대지 말 것(5절), 셋째는 부정해지므로 시체를 만지지 말 것이다(6절). 이런 외적인 행동들은 그 사람이 내적으로 하나님께 헌신되어 있음을 나타내었다.

13:16 여호와께 드릴지니라 마노아는 자신을 찾아온 사자를 그저 한 사람의 인간으로 여기고 음식을 대접하려고 했다. 그는 그 사자가 주님 자신이심을 몰랐으며, 어쩌면 천사일지도 모른다는 생각조차 하지 못했다. 그래서 마노아는 이런 설명을 들을 필요가 있었다. 사자가 한 이 설명은 마노아를 찾아온 그가 사실은 주님 자신임을 강조하기 위한 것이었다.

13:17 당신의 이름이 무엇이니이까 사자가 마노아에게 들려준 자신의 비밀스러운 이름은 그가 주님 자신임을 다시 한 번 드러내고 있다.

13:18 어찌하여 내 이름을 묻느냐 천사는 자신의 이름을 밝히기를 꺼렸는데, 이는 야곱이 만났던 천사들 가운데 한 분 하나님을 떠올리게 한다(창 32:24-30). 그분 역시 자신의 이름을 알려주시지 않았다.

13:20 불꽃이…하늘로 올라가는 동시에 이 사건은 마노아가 바친 제물을 하나님이 받으셨음을 나타낸다.

13:22 우리가…반드시 죽으리로다 이렇게 죽음의 공포에 휩싸이는 것은 하나님의 임재를 체험한 사람들한테서 으레 나타나는 반응이다. 구약에 기록되어 있듯 많은 사람이 하나님을 대면할 때 죽음을 맛보았다. 거룩하신 하나님의 임재를 체험할 때 죄인의 마음속에는 깊은 두려움이 생긴다. 에스겔(겔 1:28)과 이사야(사 6:5), 열두 제자(막 4:35-41), 베드로(눅 5:8), 요한(계 1:17, 18)의 경우를 참고하라.

14:1-4 내가 그 여자를 좋아하오니 하나님은 이스라엘 백성이 특별히 가나안의 일곱 족속과 서로 혼인관계를 맺는 것을 금지하셨는데, 블레셋 족속은 그 목록 속에 포함되어 있지 않았다. 그럴지라도 삼손의 선택은 잘못된 것이었다(참고. 3절). 삼손은 여기서 죄를 범하고 있다. 그러나 하나님은 주권자이시며, 그분의 뜻을 이루는 쪽으로 상황을 바꾸실 수 있었다(4절). 하나님은 당황하시지 않고, 이 일을 사악한 블레셋 족속을 물리치고 자신의 백성에게 은혜로운 도움을 주기 위한 기회로 사용하셨다. 하나님은 한 무리의 군대가 아니라 한 사람의 이적적인 힘을 통해 그 족속을 무너뜨리셨다.

14:7 말하니 당시 중동 지역에서는 두 남녀가 약혼한 사이가 아니라면 서로 대화를 나누는 것이 용인되지 않았다.

14:8 그 여자를 맞이하려고 보통 약혼한 후 혼인을 치르기까지는 일 년이 걸렸다.

14:9 손으로 그 꿀을 떠서 어떤 학자들은 삼손이 시체를 만져 나실인의 규정을 어겼다고 말한다(*13:5에 대한 설명을 보라*). 다른 학자들은 민수기 6장의 규정은 사람의 시체에 대해 말하는 것이지, 동물의 사체를 언급하는 것이 아니라고 말한다. 그가 이 부분에서 죄를 지었든 아니든 간에 본문의 전체적 흐름은 그가 계속해서 범죄하고 있음을 보여준다.

14:10 잔치 혼인 잔치는 보통 일주일 동안 지속되었다.

14:15 일곱째 고대의 권위 있는 사본들은 '넷째'로 기록하고 있다. 그 숫자는 (14절에 기록된 사흘에 뒤이은 나흘의 날들을 가리키는) '넷째'일 수도 있다. 그렇다면 17절에 나오는 것처럼 모두 합쳐 일곱 날이 된다. 또한 15절의 표현이 아예 처음부터 시작해 사흘이 지난 후의 '넷째' 날을 뜻할 수도 있다. 그렇다면 17절은 그 여인이 12절에 언급된 칠 일의 잔치 기간 중 14절에 언급된 사흘을 제외하고, 남은 나흘 동안 계속 울었다는 뜻이 될 것이다.

14:16-18 삼손의 아내가…울며 삼손의 아내는 삼손을 속이고 조종했다. 삼손은 블레셋 사람들이 스스로 답을 알아내야 한다고 믿었지만, 그녀는 그의 그런 기대를 무너뜨렸다. 블레셋 사람들 역시 그를 속이고 위협했다. 그들은 마음속에 살해할 뜻을 품고(15절) 삼손의 아내에게 압박을 가했다.

14:19 노하여 하나님은 억울한 일을 당한 사람에게 은혜를 베푸신다. 삼손의 분노는 정당한 것이었을 수도 있다. 그가 보인 분노는 그들의 속임수 앞에서 분출된 의로운 분노였을 수도 있다(참고. 막 3:5). 약 37킬로미터 정도 떨어진 아스글론 사람들과의 싸움은 이스라엘과 블레셋 사이에 벌어졌던 전쟁의 일부였다.

14:20 삼손의 아내는…준 바 되었더라 이는 삼손에 대한 또 한 번의 배신 행위였다. 그 블레셋 여인의 아버지에게는 삼손이 돌아오지 않을 것이라고 여길 이유가 전혀 없었다. 삼손이 다시는 돌아오지 않겠다고 말을 하고 간 것도 아니었다. 그 아버지는 블레셋 사람으로서 자기 딸이 원수와 혼인하는 것을 원치 않았던 것이다.

15:1 밀 거둘 때에 삼손은 사람들이 밀을 수확하느라 바쁠 때를 골라서 재치 있게 움직였다. 이때가 5월이나 6월쯤 되었을 것이다. 삼손은 화해의 표시로 새끼 염소 한 마리를 가지고 갔다. 이를 통해 그는 장인과 아내에게 자기를 두려워할 필요가 없음을 보이고자 했다.

15:2 네가…줄 알고 삼손의 장인은 자신이 걸린 올무에서 빠져나오기 위해 이렇게 빤히 들여다보이는 변명

ㄱㄴㄷ **단어 연구**

수수께끼(Riddle): 14:12-19. '이해할 수 없는 말'을 뜻한다. 삼손의 이야기에서 수수께끼는 블레셋 사람들의 통찰력을 시험하기 위해 사용되었다. 잠언은 이렇게 알기 어려운 수수께끼가 지혜 있는 사람한테서 나온다고 말씀한다(잠 1:6). 시바 여왕이 솔로몬의 지혜를 시험하여 그녀가 던진 질문들은 여기서 쓰인 것과 같은 히브리어 단어로 표현되었다(왕상 10:1; 대하 9:1). 주님이 아론과 미리암을 대면하셨을 때 하나님은 자신이 선지자들에게는 "은밀한 말"(여기에 쓰인 것과 같은 히브리어 단어)로 말씀하시지만 모세에게는 얼굴을 맞대고 분명하게 말씀하신다고 했다(민 12:6-8). 바울이 고린도 교회의 교인들을 향해 모든 비밀을 이해할 능력을 지닌 사람일지라도 그 사람에게 하나님의 사랑이 없다면 아무것도 아니라고 권면했을 때(고전 13:2), 그는 아마도 이 마지막에 언급된 '모세의 얼굴을 대면하는' 개념을 염두에 두었을 것이다.

을 늘어놓았다. 그 장인은 자신이 삼손의 편을 들면 블레셋 사람들이 자신을 해칠까 봐 겁을 냈지만, 그는 삼손도 두려워했다. 그래서 그는 자구책으로 삼손에게 자신의 둘째 딸을 주겠다고 했다. 하지만 이것은 모욕적인 제안일 뿐 아니라 율법에도 어긋나는 일이었다(참고. 레 18:18).

15:3 이때부터 삼손과 블레셋 사람들 사이에 보복의 악순환이 시작되었다. 이 악순환은 16:30, 31에 가서야 끝을 맺는다.

15:4 여우 삼백 마리를 붙들어서 모욕을 당해 분노에 휩싸인 삼손은 블레셋 사람들에게 보복을 감행했다. 이렇게 많은 수의 여우 또는 자칼을 잡아서 그 숫자가 300마리가 될 때까지 울타리 안에 가두고 먹이려면 시간이 상당히 걸렸을 것이다. 그는 여우를 한 쌍씩 서로 묶고, 느리게 타는 횃불을 그 사이에 달았다. 그러고는 그 여우들을 블레셋 사람들의 곡식이 자라는 들판으로 내몰아 그곳에 불을 붙이며 뒹굴게 했다. 그래서 추수 때를 맞아 바짝 말라 있던 모든 곡식에 불이 붙었다. 이로 말미암아 블레셋의 농부들은 엄청난 손실을 입게 되었다.

15:6 블레셋 사람들이…그 여인과 그의 아버지를 불사르니라 뿌린 대로 거둔다는 일반적인 법칙이 이 경우 적절하게 들어맞았다(참고. 갈 6:7).

15:8 블레셋 사람들의 정강이와 넓적다리를 크게 쳐서 이것은 무자비한 학살을 나타내는 관용적 표현이다.

15:15 천 명을 죽이고 참고. 3:31. 하나님은 삼손이 블레셋 족속을 무너뜨리도록 이적적인 힘을 주셨다. 이를 통해 하나님은 겁에 질린 이스라엘 백성(11절)에게 그분 자신이 그들과 함께한다는 것을 보여주고자 하셨다. 이스라엘 백성에게 믿음이 없었음에도 말이다.

15:19 물이 솟아나오는지라 삼손은 목이 말라 하나님께 기도하며 부르짖었고, 이에 대한 응답으로 하나님은 기적을 행하셔서 샘물이 솟아나게 하셨다. 삼손은 그 장소를 '부르짖은 자의 샘'(참고. 렘 33:3)이라고 불렀다.

16:1-3 하나님은 자비를 베푸셔서 이때 삼손이 저지른 부정한 일의 결과로부터 벗어날 수 있게 하셨다. 하지만 그가 받을 징벌은 단지 뒤로 미루어졌을 뿐이다. 죄는 사람의 눈을 멀게 하고, 나중에는 온몸을 짓밟는다(21절).

16:3 헤브론 앞산 이곳은 가사에서 약 61킬로미터 떨어진 곳에 있었다.

16:4 들릴라라 이름하는 여인을 사랑하매 삼손은 성품이 천박하고 블레셋을 위하는 여인들에게 끌리는 약점을 지녔는데, 그 약점을 다시 드러냈다(참고. 잠 6:27, 28). 그는 날마다 그 여인을 찾아가면서 계속해서 잘못을 범했다(16절). 그러다가 마침내 그녀가 놓은 덫에 빠지게 되었다.

16:5 은 천백 개 블레셋에는 다섯 명의 통치자가 있었으므로, 각각 이만큼의 은을 주었다면 엄청난 양이 되었을 것이다.

16:7 삼손이…이르되 삼손은 들릴라를 상대로 거짓말 놀이를 하고 있었으며, 그동안 점점 더 자신의 남성성을 잃어가고 있었다. 그는 자신의 비밀을 조금씩 내보이는 놀이를 하고 있었는데, 결국에는 자신의 비밀을 완전히 포기해버렸다. 곧 그는 "진심을 드러내어" 다 털어놓고 말았던 것이다(17절). 그의 비밀은 그처럼 적은 돈으로 살 수 있는 것이었으며, 들릴라가 그 값을 치렀다. 자신의 장자권을 팔았던 에서(창 25:29-33), 예수님을 부인했던 유다(마 26:14-16)와 비교해보라.

16:11 새 밧줄들 참고. 15:13.

16:17 만일 내 머리가 밀리면 삼손의 힘은 그의 나실인 서약에 토대를 둔 하나님과 그 사이의 독특한 관계에서 나왔다. 그의 긴 머리털은 그저 그 관계를 나타내는 상징일 뿐이었다. 들릴라가 그에게 하나님보다 더 중요한 존재가 되었을 때 그의 힘은 사라졌다.

16:20 여호와께서 이미 자기를 떠나신 줄을 깨닫지 못하였더라 하나님은 삼손에게 진노하여 그를 버리셨고, 이로 말미암아 그에게 비극이 닥쳤다. 그의 죄로 말미암아 삼손은 하나님의 임재가 가져다주는 힘을 잃어버리게 되었다. 이런 원리는 창세기 6:3; 잠언 1:24-31; 마태복음 15:14; 로마서 1:24-32에서도 나타난다. *10:13, 14에 대한 설명을 보라.*

16:21 가사 이 도시는 예루살렘에서 지중해 연안을 따라 애굽으로 내려가는 여행자들이 거치는 팔레스타인 남서부의 마지막 성읍이었다. 이 성읍은 삼손이 태어난 소라(Zorah)에서 거의 64킬로미터 정도 떨어진 곳에 있었다. 이곳에서 그는 굴욕을 당했다.

16:22 머리털이…자라기 시작하니라 삼손이 자신의 죄를 회개함에 따라 그의 머리털이 자라기 시작했고, 그의 머리털이 자라면서 힘도 강해졌다.

16:23 다곤 다곤은 사람의 머리와 물고기의 몸뚱이 형상을 지닌 우상이었다(*삼상 5:2에 대한 설명을 보라*).

16:24 자기들의 신을 찬양하며 한 사람의 죄로 말미암아 거짓된 신이 찬양받게 되는 상황은 실로 비극적이다. 오직 하나님만 찬양받기에 합당하시기 때문이다.

16:28 구하옵나니 나를 생각하옵소서 삼손에게서 회개와 믿음의 기도가 터져 나왔다.

16:29, 30 블레셋의 어떤 신전에는 안마당을 내려다볼 수 있는 지붕이 설치되어 있었다. 그리고 돌로 된 토대 위에 세워진 나무 기둥들이 그 지붕을 떠받치고 있었다.

특히 중앙의 기둥들은 지붕을 더욱 견고하게 받치기 위해 짧은 간격을 두고 세워져 있었다. 자신들이 거둔 승리를 축하하고 아래에 있는 포로 삼손을 조롱하기 위해 많은 사람이 몰려들었다. 하나님이 과거에 지녔던 힘을 모두 회복시켜 주셨기 때문에 삼손은 그 기둥들을 뒤틀어버릴 수 있었다. 그 결과로 지붕이 무너졌고, 결국 승리를 거둔 것은 블레셋이 아니라 이스라엘이 되었다. 그는 자신의 하나님과 조국을 위해 죽었다. 그는 스스로 목숨을 끊으려고 했던 것이 아니라 하나님의 대적들에게 그분의 심판을 수행했으며, 살든지 죽든지 자신의 생명을 기꺼이 하나님께 맡기고자 했다. 그는 온 이스라엘 가운데서 가장 위대한 전사였지만, 동시에 심각한 죄를 저지른 정욕적인 사람이었다. 그럼에도 그는 믿음의 사람 명단에 올랐다(참고. 히 11:32).

맺음말: 이스라엘의 타락 (17:1-21:25)

A. 미가와 단 지파의 우상숭배(17:1-18:31)

17:1 17-21장은 사사 시대에 만연해 있던 타락의 상황을 묘사하기 위해 일종의 부록처럼 일련의 이야기를 기록하고 있다.

17:5 미가에게 신당이 있으므로 에브라임 지파에 속한 사람(1절)이 가짜로 신당을 만들고, 개인적으로 제사장을 세워 사적인 우상을 섬기게 했다. 그러나 하나님은 레위 지파 사람들을 제사장으로 세우셨다(참고. 13절). 이런 종교적 해이는 개인적 또는 가족적으로 행해진 우상숭배를 보여주는 하나의 예였다.

17:6 사람마다…옳은 대로 행하였더라 이 구절은 사사 시대의 전반적인 풍조를 보여줌과 동시에 모든 시대에 죄악을 행하는 사람들의 태도가 지니는 특징을 잘 드러내 보여준다. 이런 태도는 이스라엘 역사의 매우 이른 시기에 언급된 적이 있다(참고. 21:25; 신 12:8).

17:7-13 레위인 이 사람은 레위인이 이스라엘을 섬기도록 하나님이 그들에게 주신 마흔여덟 곳의 성읍(수 21장) 중 하나를 버리고 떠남으로써 자신의 의무를 저버렸다. 그러고는 이익을 위해 자신을 팔아 사적인 우상숭배를 위한 제사장이 됨으로써 더욱 심각한 죄를 지었다.

18:2 단 지파가 새로운 지역으로 이주한 일에 대해서는 *1:34에 대한 설명을 보라*. 단 지파는 지파 전체가 우상숭배를 행한 하나의 예가 되었다.

18:5 청하건대…하나님께 물어 보아서 본문은 그 레위인이 단 지파를 안심시켜주기 전에 실제로 하나님의 뜻을 구했는지(6절)에 대해 알려주지 않는다. 단 지파는 이 여행을 하기 전에, 하나님께 불순종하는 이 제사장에게 마치 신탁을 구하듯 묻기 전에 먼저 하나님의 뜻을 찾으려고 기도했어야 한다.

18:7 라이스 이 성읍은 '레셈'(참고. 수 19:47)으로도 알려져 있다. 이 지역은 사람들의 발길이 잘 닿지 않은 비옥한 땅이었다.

18:14-26 단 지파 사람들은 미가가 소유한 우상들을 힘으로 빼앗았다. 그들은 미가의 거짓된 우상들이 자신들이 발견한 땅을 차지할 힘을 줄 거라고 믿은 듯하다. 미가를 위한 제사장으로 섬겨왔던 그 배교한 레위인은 다시 한 번 이익을 위해 단 지파의 제사장으로 자신을 팔았다(18-20, 30절). 단 지파는 그 레위인의 배교에 신경 쓰지 않고 오히려 그의 영적인 능력에 관심을 가졌다.

18:29 그 성읍을 단이라 하니라 이 성읍은 가나안 땅의 가장 먼 북쪽 끝에 위치했다. 가나안 땅의 북쪽 끝부터 남쪽 끝까지를 가리킬 때 썼던 "단에서부터 브엘세바까지"라는 어구의 기원이 여기서 왔다(참고. 20:1).

18:30 모세의 손자요 어떤 사본들에는 게르솜이 '므낫세의 아들'이라고 기록되어 있으며, 다른 사본들에는 '모세의 아들'이라고 기록되어 있다. 게르솜은 모세의 아들이었기 때문에(출 2:22; 18:3), 후자가 좀 더 개연성

이 있다. 이 제사장들이 행한 우상숭배의 행습은 이 지파의 백성들이 사로잡히는 날까지 지속되었다. 이 사로잡힘은 앗수르가 이스라엘을 포로로 삼은 주전 722년(왕하 15:29; 17:1-6)을 뜻할 가능성이 가장 높으며, 그것이 아니라면 사무엘상 4:11에 나오듯 블레셋 족속이 실로에서 언약궤를 빼앗은 때를 가리킬 수도 있다(삿 18:31을 보라).

18:31 하나님의 집이 실로에 있을 동안에 하나님의 궤는 단 지파로부터 멀리 떨어진 곳에 있었다. 그래서 그들은 이스라엘의 다른 지파들로부터 멀리 떨어진 곳에 있다는 사실을 가지고 자신들의 우상숭배를 정당화했다. 이런 정당화의 영향으로 그들은 여러 세대에 걸쳐 지속적으로 우상숭배를 하게 되었다.

B. 기브아에서 일어난 범죄와 베냐민 지파에 대한 전쟁(19:1-21:25)

19:1-10 이 단락은 이 시대에 개인적인 부도덕이 얼마나 심각했는지 사례를 통해 보여준다.

19:1 첩 제사장들도 혼인을 할 수 있었다(레 21:7, 13, 14). 첩(이들은 보통 종이었음)을 얻는 것은 문화적으로는 정당한 일이었지만, 하나님 앞에서는 용인될 수 없는 일이었다(창 2:24).

19:2 행음하고 율법에 따르면 그녀는 반드시 죽어야 했다(참고. 레 20:10). 만약 당시의 사람들이 진실로 거룩에 헌신하고 성경에 순종했다면 그녀는 죽었을 것이다. 제사장이 창녀와 혼인하는 것은 허용되지 않았다(레 21:14). 따라서 본문에 나오는 레위 사람의 사역에는 심각한 문제가 있었다. 그러나 그는 범죄한 여인이 자신을 떠난 일을 가볍게 여기고, 그녀를 달래서 다시 데려오려고 했다(3절).

19:10 여부스 예루살렘을 가리키던 이전의 이름이다. 이는 여부스 족속이 이 성읍을 다스리고 있었기 때문이다(삿 1:21). 이후 다윗이 이 성읍을 빼앗아 자신의 수도로 삼았다(삼하 5:6-9). 이 성읍을 가리키던 또 다른 이름은 살렘이었다(창 14:18. 참고. 시 76:2).

19:12 기브아 예루살렘은 여전히 부분적으로 이스라엘 사람들의 통제 밖에 있었다. 기브아는 이스라엘 백성이 다스리고 있었으며, 더 안전하리라고 여겨졌다.

19:15 그들의 예상과 달리 기브아에 살던 베냐민 지파의 사람들은 그들에게 숙소를 제공하는 친절을 베풀지 않았다. 이 일은 끔찍한 부도덕이 발생하는 원인이 되었다.

19:18 여호와의 집으로 가는 중인데 그는 제사장의 직무에 복귀하기 위해 실로를 향하고 있었다.

19:20 거리에서는 유숙하지 말라 노인은 밤에 거리에 머무는 일이 지니는 위험성을 알고 있었다.

19:22 불량배들 문자적으로는 '벨리알의 아들들'로, 무가치한 사람들을 의미한다. 이들은 그 레위인을 상대로 남색을 행하고자 했다. 이 표현은 다른 곳에서 우상 숭배자들(신 13:13), 가난한 사람을 무시하는 자들(신 15:9), 술 취한 자들(삼상 1:16), 부도덕한 자들(삼상 2:12), 행정적인 권위에 반역하는 자들(삼하 20:1; 잠 19:28)을 지칭하는 데 사용되었다. *벨리알*(*Belial*)의 어원은 거짓된 신 바알(Baal)로 거슬러 올라가며, 이것은 멍에를 가리키는 표현이기도 했다(그들은 예절의 멍에를 던져버렸음). 그리고 이것은 함정에 빠뜨리거나 다치게 하는 것을 가리키는 표현이기도 했다. 신약성경에서는 사탄을 가리키는 데 이 표현을 사용한다(고후 6:15).

19:24 내가 그들을 끌어내리니 집 주인은 자신의 남자 손님에게 호의를 제공한다며 수치스러운 타협을 했다. 그는 자신의 집 안에 있는 모든 사람을 보호했어야 하며, 레위인 역시 그렇게 행동했어야 한다. 여인들을 지키는 과정에서 설령 그들 자신의 목숨이 위태로워진다고 해도 말이다. 그 불량배들에게 기꺼이 자신의 딸이나 손님으로 온 첩을 내주려는 모습에서 집 주인이 여성에 대해 얼마나 잘못된 관점을 지녔는지 드러났다. 롯 역시 비슷한 방식으로 품위를 저버리는 모습을 보였다(창 19:8). 반복된 강간과 그 뒤를 이은 살인은 그들의 행동이 낳은 참담한 결말을 보여준다.

19:25 그 사람이 자기 첩을 붙잡아 그들에게 밖으로 끌어내매 이런 행동은 어떤 남자가 하든지 간에 너무나 나약하고 비겁한 짓이었다. 그 남자가 하나님을 섬기는 제사장이라면 더욱 그렇다. 그는 심지어 밤새 편안히 잠들었거나, 겁에 질린 채 침대에 웅크리고 있었을지도 모른다. 그는 이튿날 아침이 되어 길을 나서기 전까지 그녀를 다시 보지 않았다(참고. 28절).

19:29 그 마디를 찍어 열두 덩이에 나누고 레위인은 자기 첩의 몸을 열두 조각으로 쪼개는 기이한 일을 행했다. 이는 이스라엘 백성을 격분시켜 다 함께 일어나 기브아 사람들을 응징하도록 자극하기 위한 것이었다. 이스라엘 사방으로 몸의 각 부분을 보낼 때 그의 메시지도 함께 전달되었으며, 이 구절의 "보내매"라는 표현은 그의 메시지를 전달한 사람들이 있었음을 암시한다(참고. 삼상 11:7). 그가 예상했듯 많은 이스라엘 사람이 격분했으며, 기브아 사람들이 행한 그 잔혹한 행위에 대해 보복하고자 했다(참고. 20:30). 레위인이 선택한 이 극단적인 방법만큼 사람들에게 보편적인 충격과 분노를 불러일으키는 일은 없었을 것이다.

20:1 모든 이스라엘 자손이…나와서 기브아에서 벌어

진 이 비극적인 일의 결과로, 이스라엘 전체의 국가적인 총회가 소집되었다. 이스라엘의 북쪽 끝(단)에서 남쪽 끝(브엘세바)에 이르기까지 온 이스라엘 사람이 모였다. **일제히…여호와 앞에** 이 표현은 자신들의 나라를 위해 하나님께 도움을 청하려는 이스라엘 백성의 겸손한 태도와 갈망을 보여준다.

20:13 베냐민 자손이…듣지 아니하고 베냐민 지파 사람들은 범죄자들을 넘겨주어 자신들의 정의와 품격을 지키기는커녕 오히려 강퍅한 마음을 품었다. 심지어 대항하여 싸울 수 있는 군인의 숫자가 훨씬 적었음에도 불구하고(참고. 15-17절) 베냐민 지파는 다른 지파들의 정당한 요청에 응하지 않았다. 그래서 이스라엘 내부의 전쟁이 시작되었다.

20:18 하나님께 여쭈어 주님은 그분의 궤가 있는 실로(NKJV에는 이 구절에서 이스라엘 백성이 'the house of God', 곧 '하나님의 집'으로 올라갔다고 되어 있음—옮긴이)에서 이스라엘 백성에게 자신의 뜻을 보여주셨다. 아마도 우림과 둠밈을 통해 그렇게 하셨을 것이다(27, 28절). 유다 지파는 전투에서 선봉에 섰는데, 이는 하나님이 그 지파를 이스라엘의 머리로 택하셨기 때문이다(창 49:8-12; 대상 5:1, 2). *출애굽기 28:30에 대한 설명을 보라.*

20:22-25 주님은 이스라엘 백성이 두 번에 결쳐 참담한 패배와 죽음을 맛보도록 허락하셨다. 이는 그들에게 배교를 용인한 대가가 얼마나 큰지를 깨닫고, 영적 각성에 이르도록 하기 위해서였다. 또한 이스라엘 백성이 싸움에 앞서 하나님의 뜻을 구하긴 했지만, 그들은 여전히 자신들의 용맹성에 의존하는 동시에 자신들의 분노를 쏟아내는 데만 목적을 두었다. 마침내 그들이 절망적인 상황에 처했을 때 이스라엘 백성은 금식하며 제사를 드렸다(26절). 그러자 주님은 아이 성 전투 때와 비슷한 방식으로 그들에게 승리를 주셨다(수 8장).

20:32 이것은 베냐민 지파의 군대를 꾀어낸 후 강력한 역습을 통해 몰살한 복병 전술이었다(참고. 36-46절).

20:46 이만 오천 명 이 구절은 더 정확한 숫자인 25,100명(참고. 35절) 대신에 다소 뭉뚱그린 숫자를 사용했다.

20:47 베냐민 지파 군인의 숫자는 2만 6,700명(15절)이었던 것으로 추정된다. 먼저 1만 8,100명이 죽었고(44절에서는 1만 8,000명으로 기록함), 도망치는 과정에서 5,000명(45절), 기돔에 이르렀을 때 2,000명(45절)이 죽었으며, 600명만 살아남았다(47절). 그리고 마지막 날에 1,000명 정도가 죽은 것으로 추산된다(48절).

21:1 미스바에서 맹세하여 이스라엘 백성은 살아남은 600명의 베냐민 지파 남자들(20:47)에게 자신들의 딸들을 '주지' 않기로 맹세했다. 그러나 그들은 그 남자들이 아내를 얻지 못하면 베냐민 지파는 사라져버리고 말리라는 것을 깨달았다(참고. 21:6, 7). 이는 기브아를 쳐부수는 과정에서 베냐민 지파의 여자들이 다 죽었기 때문이다(20:37). 참고. 9절.

21:8 야베스 길르앗에서는 아무도 총회에 오지 않았다. 그리하여 이스라엘 백성은 베냐민 지파와 싸울 때 돕지 않은 야베스 길르앗에 쳐들어갔다. 그러고는 그곳에서 얻은 400명의 처녀들을 베냐민 지파의 남자들에게 주었다(12-14절).

21:8-16 야베스 길르앗 이스라엘 백성은 모든 지파가 하나로 단결하는 데 중요한 가치를 두었기 때문에 그들이 보기에 이 성읍이 싸움에 참여하지 않은 것은 진멸당해 마땅한 일이었다. 이 본문은 이스라엘 백성이 그 성읍의 남자와 여자, 어린 아이들을 학살한 일(10, 11절)을 하나님이 승인하셨다고 말하지 않는다. 이 일은 사람들이 자기 생각에 옳은 대로 행하던 시대에 일어난 또 다른 탈선이었다. 사람들이 자기 마음이 원하는 대로 그릇되게 행했다는 것이 바로 사사기의 이 어두운 결말 부분의 시작과 끝을 맺는 요점이다(17:6; 21:25).

21:16 그 남은 자들에게…아내를 여전히 200명의 베냐민 사람에게 아내가 필요하다는 것(17, 18절)을 인지한 이스라엘 백성은 실로에서 여자들이 춤을 출 때 그 베냐민 사람들이 직접 그 여자들을 붙들어 가서 아내로 삼는 일을 허용하기로 했다(16-22절). 그들은 이런 일이 베냐민 사람들에게 자신들의 딸을 '주지' 않기로 한 자신들의 서약에 직접적으로 어긋나지 않는다고 믿었다.

21:25 사사기 17-21장은 사람들이 왕을 통해 전달되는 하나님의 권위를 내던져버릴 때(참고. 17:6) 그들이 얼마나 심각한 죄에 빠질 수 있는지를 생생하게 보여준다. 이는 이스라엘 역사에서 이 암담한 시대가 낳은 비극적 결론이었다(참고. 신 12:8).

연구를 위한 자료

John J. Davis and John C. Whitcomb, *A History of Israel from Conquest to Exile* (Grand Rapids: Baker, 1980).

Gary Inrig, *Hearts of Iron, Feet of Clay* (Chicago: Moody, 1979).

W. Gary Phillips, *Judges and Ruth* (Nashville: Broadman & Holman, 2004). 『사사기·룻기』, 게리 필립스 지음, 이중순 옮김(디모데, 2008).

Leon Wood, *Distressing Days of the Judges* (Grand Rapids: Zondervan, 1975).

룻

제 목

고대의 사본들과 현대의 번역본들이 모두 모압 출신인 여주인공 룻(Ruth)의 이름을 따서 이 책의 이름을 붙였다. 룻의 이름은 책 전체에 걸쳐 30번 언급된다(1:4부터 4:13까지). 구약의 책들 가운데 룻기와 에스더 두 권만이 여성의 이름을 제목으로 삼았다. 이후 구약은 룻에 대해 언급하지 않고, 신약은 그리스도의 족보를 기술할 때 딱 한 번 언급한다(마 1:5. 참고. 4:18-22). '룻'이라는 이름은 '우정'을 뜻하는 모압어 단어(이는 동시에 히브리어 단어일 수도 있음)에서 왔을 가능성이 가장 높다. 룻은 이방인으로서 베들레헴에 왔으며(2:10), 하녀가 되었고(2:13), 부유한 보아스와 결혼했으며(4:13), 그리스도의 조상 중 한 사람이 되었다(마 1:5).

저자와 저작 연대

유대 전통에서는 사무엘을 저자로 본다. 사무엘은 다윗을 하나님이 택하신 왕으로 기름 부어 세우기 전까지(삼상 16:6-13) 죽지 않았기 때문에(삼상 25:1) 가능성이 있는 주장이다. 그러나 본문의 내적 특징이나 사람들이 남긴 외적 증언들은 이 책의 저자가 누구인지를 확정적으로 밝혀주지 않는다. 이 아름다운 이야기는 다윗이 이스라엘을 다스리기 바로 전이나 그가 다스리는 동안(주전 1011-971년경) 기록되었을 가능성이 가장 높다. 본문에서 다윗은 언급되고 있지만(4:17, 22), 솔로몬의 이름은 나오지 않기 때문이다. 괴테(Goethe)는 저자의 이름이 밝혀지지 않았지만 그 내용은 어떤 이야기보다 뛰어나다고 하면서 "작은 분량으로 쓰인 가장 사랑스럽고 완벽한 작품이다"라고 평한 것으로 전해진다. 조각에는 비너스 상이 있고 그림에는 모나리자가 있다면 문학에는 룻이 있다.

배경과 무대

베들레헴을 제외하고는(1:1), 이 책에서 언급되는 지역은 모압(사해 동쪽에 있었던 이스라엘의 지속적인 적대국가)이 유일하다(1:1, 2). 이 나라는 롯이 자신의 큰딸과 부정한 관계를 맺고 나서 모압이 태어나면서 시작되었다(창 19:37). 여러 세기가 흐른 후에 유대인은 선지자 발람을 끌어들인 모압 왕 발락의 반발에 부딪혔다(민 22-25장). 사사들이 다스리던 시대에 모압은 18년 동안이나 이스라엘을 압제했다(삿 3:12-30). 사울은 모압 족속을 쳤지만(삼상 14:47), 다윗은 그들과 평화로운 관계를 유지한 것으로 보인다(삼상 22:3, 4). 이후 모압은 다시 이스라엘을 괴롭혔다(왕하 3:5-27; 스 9:1). 모압은 그모스라는 우상을 숭배했고(왕상 11:7, 33; 왕하 23:13) 이스라엘을 대적했기 때문에 하나님은 모압을 저주하셨다(사 15; 16장; 렘 48장; 겔 25:8-11; 암 2:1-3).

룻의 이야기는 이스라엘을 "사사들이 치리하던 때"(1:1), 곧 주전 1370-1041년경에 있었던 일이다. 따라서 이 이야기는 사사 시대와 이스라엘의 왕정기를 이어주고 있다. 하나님은 유다 "땅에 흉년이" 들게 함으로써(1:1) 이 아름다운 이야기가 시작되도록 하셨다. 사사기에는 흉년에 대한 언급이 없어 룻기의 사건들이 언제쯤 일어났는지 추정하기가 어렵다. 하지만 우리에게 잘 알려져 있는 다윗의 통치 연대(주전 1011-971년)로 거슬러 올라가면 룻이 살았던 시기는 야일이 사사로 다스리던 시대인 주전 1126-1105년경(삿 10:3-5)이었을 가능성이 가장 높다.

다음과 같은 구도로 볼 때 룻기의 이야기는 대략 11-12년 기간에 걸쳐 전개된다. 1:1-18에 나오는 모압에서 흘러간 10년(1:4), 1:19-2:23에 나오는 보아스의 들판에서 흘러간 여러 달(4월 중순부터 6월 중순까지, 1:22; 2:23), 3:1-18에 나오는 베들레헴에서 보낸 하루와 타작마당에서 보낸 하룻밤, 4:1-22에 나오는 베들레헴에서 흘러간 일 년 정도의 시간.

역사적 · 신학적 주제

유대인은 룻기의 여든다섯 절 전체를 정본으로 받아들여 왔다. 아가와 에스더, 전도서, 예레미야애가와 함께 룻기는 구약의 메길로트(Megilloth) 또는 '다섯 두루마리들'에 속하는 책이다. 랍비들은 회당에서 매해 열리는 다섯 번의 특별한 행사 때 이 책들을 낭독했다. 룻기 2장과 3장에 수확하는 장면이 나와서 룻기는 오순절에 낭독되었다.

혈통의 측면에서 볼 때 룻기는 거의 900년 전에 있었던 야곱 때의 일들(4:11)까지 돌아보는 동시에 앞으로 약 100년 후에 있을 다윗의 통치까지 내다본다(4:17, 22). 여호수아와 사사기는 이스라엘이 물려받은 유산과 약속의 땅을 강조하고 있지만, 룻기는 족장 시대까지 거슬러 올라가게 되는 다윗의 족보에 초점을 맞춘다.

룻기에는 적어도 7개의 주요한 신학적 주제가 나타난다. 첫째, 룻이 모압 여인이라는 사실은 하나님의 구속 계획이 유대인을 넘어 이방인에게까지 미친다는 것을 보여준다(2:12). 둘째, 룻기는 구원하시는 하나님의 은혜를 여자들이 남자들과 함께 상속한다는 것을 보여준다. 셋째, 룻기는 잠언 31:10에 나오는 덕을 겸비한 여인의 모습을 구체적으로 보여준다(참고. 3:11). 넷째, 룻기는 외관상 대수롭지 않은 시대와 그리 중요해 보이지 않는 사람들을 하나님이 주권적으로(1:6; 4:13) 섭리적으로(2:3) 돌보시는 모습을 보여준다. 이때의 일은 이후 하나님의 뜻을 이루는 데 결정적으로 중요한 사건으로 드러난다. 다섯째, 룻은 다말(창 38장), 라합(수 2장), 밧세바(삼하 11, 12장)와 함께 메시아의 족보에 오른 조상이 되었다(4:17, 22. 참고. 마 1:5). 여섯째, 보아스는 그리스도를 보여주는 모형으로 룻에게 "기업 무를 자"가 되었다(4:1-12). 끝으로, 이스라엘의 왕위에 오를 다윗의 자격(그리고 그리스도의 자격)은 유다에게까지 거슬러 올라간다(4:18-22. 참고. 창 49:8-12).

해석상의 과제

룻기는 실제로 있었던 역사적 이야기로 이해되어야 한다. 룻기는 사사기와 사무엘상, 사무엘하의 내용과 완벽하게 조화를 이룰 뿐 아니라 그 내용을 뒷받침하는 여러 신빙성 있는 사실이 있다. 이런 점들은 룻기가 지니는 진정성을 확증해준다. 하지만 몇 가지 난점은 주의 깊게 살펴볼 필요가 있다. 첫째, 룻은 어떻게 당시 실로에 있었던 성막(삼상 4:4)에서 예배할 수 있었는가? 신명기 23:3에 보면 모압 족속이 총회에 들어오는 것을 명시적으로 금하고 있는데도 말이다. 유대인은 주전 1405년경 가나안 땅에 들어왔으며, 룻은 주전 1150년경 이전까지는 태어나지 않았다. 그러므로 그 제한이 열 세대에 이르러 끝났다면 그녀는 열한 번째 세대(또는 그 이후 세대)였을 것이다. 만약 '열 세대'가 느헤미야 13:1이 암시하듯 "영원히"를 뜻하는 관용구라면 룻은 이사야 56:1-8에 나오는 이방인처럼 주님과 연합한 자(1:16)로서 총회에 들어갈 수 있었을 것이다.

둘째, 보아스와 룻이 결혼하기 전 밤을 함께 보낸 일(3:3-18)에는 무언가 부도덕한 분위기가 있지 않은가? 룻은 보아스에게 자신을 그의 아내로 삼아달라고 요청할 때 고대 근동의 일반적인 관습에 따랐다. 이렇게 아내로 삼는 것은 그 여인에게 자신의 사랑과 돌봄을 뜻하는 옷자락을 펼치는 행동을 통해 상징적으로 표현되었다(3:9). 이는 여호와 하나님이 이스라엘 위에 그분의 옷자락을 펼치신 것과 마찬가지다(겔 16:8). 본문은 룻이 보아스의 발치에서 잤다고 말함으로써(3:8, 14) 두 사람 사이에서 어떤 부도덕한 일이 일어나지 않았음을 보여준다. 그러므로 보아스는 이전에 자신이 룻을 위해 드린 기도에 대한 하나님의 응답이 되었다(2:12).

셋째, 신명기 25:5, 6에서 가르치는 계대결혼(과부가 죽은 남편의 형제와 결혼하여 대를 잇는 관습-옮긴이)의 원리는 근친상간을 낳거나, 그 고인의 가장 가까운 친족이 이미 결혼한 상태라면 일부다처제가 되는 것이 아닌가? 하나님은 그분의 선한 계획 속에 죽음으로 벌해야 마땅한 가장 심각한 부도덕을 포함시키지 않으셨을 것이다. 신명기 25:5, 6의 가르침을 이행하는 것은 오직 율법의 다른 조항들을 고려하고 혼인할 자격이 있는 가장 가까운 친족에게 해당하는 일이었다.

넷째, 모압 여인과의 결혼은 율법에서 엄격히 금지되지 않았는가? 이스라엘 백성이 서로 혼인관계를 맺지 못하도록 금지된 국가 또는 족속들은 바로 이스라엘 백성이 들어가야 할 그 땅에 살고 있는 사람들이었다(출 34:16; 신 7:1-3; 수 23:12). 여기에는 모압 족속이 포함되지 않았다(참고. 신 7:1). 나아가 보아스와 결혼한 룻은 여호와 하나님께로 개종한 경건한 사람이었다(1:16, 17). 그녀는 모압의 주된 신인 그모스를 숭배하는 이방인이 아니었다(참고. 이방 여인과의 혼인에 따른 이후 문제에 대해서는 스 9:1, 2; 느 13:23-25을 보라).

룻기 개요

I. 엘리멜렉과 나오미가 모압 지방에서 몰락함 (1:1-5)
II. 나오미와 룻이 베들레헴으로 돌아옴(1:6-22)
III. 보아스가 룻을 자신의 들판에서 일하게 함 (2:1-23)
IV. 보아스와 룻의 사랑 이야기(3:1-18)
V. 보아스가 룻의 기업을 무름(4:1-12)
VI. 하나님이 보아스와 룻에게 아들을 주심(4:13-17)
VII. 유다의 왕위에 오를 다윗의 자격(4:18-22)

엘리멜렉과 나오미가 모압 지방에서 몰락함 (1:1-5)

1:1-5 룻기의 서문에 해당하는 부분은 뒤에 이어지는 사건들(1:6-4:22)을 위한 출발점이 된다. 이 사건들은 오벳이 태어나고 이후에 그리스도가 탄생할 다윗의 혈통과 그의 관계가 서술되는 부분에서 절정을 이룬다. 앞서 언급한 서론의 배경과 무대 부분을 보라.

1:1 흉년 이 재앙은 아브라함 시대(창 12장), 이삭 시대(창 26장), 야곱 시대(창 46장)에 일어난 것과 비슷해 보인다. 본문은 이 기근이 하나님의 심판이었는지에 대해 구체적으로 언급하지 않는다(참고. 왕상 17, 18장, 특히 18:2). **유다 베들레헴** 베들레헴('빵의 집')은 유다 지파에게 주어진 지역에 있었으며(수 15장), 예루살렘에서 남쪽으로 10킬로미터쯤 떨어진 곳에 있었다. 야곱의 아내였던 라헬이 이곳 부근에 묻혔다(창 35:19. 참고. 4:11). 베들레헴은 나중에 '다윗의 동네'라는 이름을 얻었다(눅 2:4, 11). 이후 마리아는 이곳에서 그리스도를 낳았으며(눅 2:4-7. 참고. 미 5:2), 헤롯은 어린 아기들을 학살했다(마 2:16). '유다 베들레헴'이라는 이름(삿 17:7, 9; 19:1, 2, 18)은 이 성읍을 스불론 지파의 땅에 있는 베들레헴(수 19:15)과 구별해주는 역할을 한다. **모압** 서론의 배경과 무대 부분을 보라. **거류하였는데** 엘리멜렉은 기근이 지나갈 때까지 모압 지방에 가서 외국 근로자로서 얼마 동안 지내기로 했다.

1:2 엘리멜렉 그의 이름은 '나의 하나님은 왕이시다'라는 뜻으로, 이스라엘의 하나님께 대한 신실한 헌신을 나타낸다. 아마도 그는 자신이 살았던 지역공동체 안에서 유력한 사람이었을 것이다. 그의 형제들 가운데 본문에 이름이 나오지 않는 그 가까운 친족과 보아스가 포함되었을 것이다(참고. 4:3). **나오미** 그녀의 이름은 '즐거운'을 뜻한다. **말론과 기룐** 이들의 이름은 각각 '아픔'과 '탄식'을 뜻한다. **에브랏 사람들** 더 오래된 고대에는 '에브랏'(창 35:16, 19; 48:7)으로 알려져 있었지만, 이후 '베들레헴'(1:1)으로 불리게 된 지역에 사는 사람들을 가리키는 호칭이다. 다윗의 아버지인 이새는 "베들레헴 에브랏 사람"(삼상 17:12), "베들레헴 사람 이새"(삼상 16:1, 18; 17:58)로 불렸다.

1:4 모압 여자 서론에 나온 해석상의 과제를 보라. **오르바** 그녀의 이름은 '완고한'을 뜻한다. **룻** 그녀의 이름은 '우정'을 뜻한다. **십 년쯤** 이 기간은 나오미가 모압에 거주한 기간 전체를 포함한 것으로 보인다.

1:5 그 여인은…남았더라 나오미는 모압 땅에서 과부가 되었으며, 두 아들 모두 죽었다. 나오미는 자신이 죽

는 날까지 주님이 그녀를 괴롭게 하시며 고통스러운 시간을 주실 거라고 생각했다(1:13, 20, 21). 그녀의 남편과 두 아들이 죽은 이유는 나오지 않는다. 룻은 말론과 결혼했으며, 오르바는 기룐과 결혼했었다(참고. 4:10).

나오미와 룻이 베들레헴으로 돌아옴 (1:6-22)

1:6-22 엘리멜렉과 두 아들이 죽은 후(1:3, 5) 나오미와 룻은 오르바를 모압에 남겨두고 떠난다(1:6-14). 그들은 함께 베들레헴으로 돌아왔다(1:15-22).

1:6 여호와께서 자기 백성을 돌보시사 주님은 기근을 그치게 하기 위해 비를 내리셨을 것이다. 이스라엘을 돌보시는 여호와 하나님의 주권적인 다스림이 룻기에서 몇 가지 방식으로 나타난다. 첫째, 하나님은 그분의 선하신 뜻을 이루려고 일하셨다(2:12; 4:12-14). 둘째, 그 주권은 나오미가 부정적인 것으로 인식한 환경 속에서도 나타났다(1:13, 21). 셋째, 사람들이 서로 기도하고 복을 비는 모습 속에서도 나타났다(1:8, 9, 17; 2:4, 12, 20; 3:10, 13; 4:11). 여기서 물질적인 번영이 회복되는 모습은 다윗의 혈통에서 그리스도가 나심으로써 찾아올 영적인 풍성함의 실재를 그림자처럼 희미하게 보여준다.

1:7 나오고 나오미에게는 베들레헴에서 그녀를 기다

리는 친구들(1:19)과 가족(2:1), 재산(4:3)이 있다.

1:8-10 나오미는 자신의 두 며느리에게 그들의 고향으로 돌아가(1:8) 재혼하라고(1:9) 부드럽게 권면한다. 하지만 며느리들은 예루살렘에 함께 가고자 했다(1:10).

1:11-13 나오미는 사심 없는 마음으로 다시 한 번 며느리들에게 각자의 집으로 돌아갈 것을 권한다. 이제 나오미에게는 새로운 남편이 되게 할 아들이 없었기 때문이다(그녀는 신 25:5, 6에 언급된 계대결혼을 염두에 둔 것으로 보임). 만약 오르바와 룻이 나오미가 낳을 새 아들을 기다렸다면 그녀들은 당시의 나오미처럼 나이가 많아진 후에야 다시 결혼할 수 있었을 것이다(참고. 창 38:11).

1:12 나는 늙었으니 이때 나오미는 50세가 넘었을 것이다.

1:13 여호와의 손 이것은 주님이 행하신 일을 가리키는 비유적 표현이다. 주님은 영이시므로(요 4:24) 실제로 손을 가지고 계시지 않는다.

1:14, 15 나오미의 두 번째 호소에 오르바는 뜻을 거두고 돌아갔다. 나오미는 이제 세 번째로 룻에게 돌아가라고 간절히 권면한다.

1:15 그의 신들 이는 모압의 신인 그모스를 가리킨다. 이 신은 어린 아이를 희생제물로 바칠 것을 요구하는 신이었다(왕하 3:27).

1:16-18 여기서 룻은 나오미에 대한 충성스러운 마음과 자신이 시집 온 가문에 헌신할 뜻을 분명하게 드러낸다.

1:16 어머니의 하나님이 나의 하나님이 되시리니 이 고백은 룻이 그모스를 섬기다가 이스라엘의 여호와 하나님께로 회심했음을 보여준다(참고. 살전 1:9, 10).

1:17 여호와께서 내게 벌을 내리시고 룻의 서약은 그녀가 회심했음을 더욱 분명하게 보여준다. 룻은 아브라함이 앞서 걸었던 삶의 길을 따라갔다(수 24:2).

1:19 두 사람이 베들레헴까지 갔더라 모압 지방에서 베들레헴에 이르는 여행(적어도 96-120킬로미터의 거리)은 일주일에서 열흘 정도 소요되었을 것이다. 두 사람은 모압에서 요단강 골짜기까지 1,370미터의 깊이를 내려온 후 다시 유대의 고산 지대를 통과해 1,140미터 정도를 올라갔을 것이다. **온 성읍** 나오미는 그녀가 이전에 살았던 이 성읍에서 널리 알려져 있었다(참고. 베들레헴의 에브랏 사람들, 1:2). 사람들은 그녀를 보고 "이 여인이 정말 나오미냐?"라고 물었는데, 이는 그녀가 겪은 지난 십 년간의 삶이 얼마나 고됐고, 그 고된 삶이 그녀의 외모에도 영향을 미쳤음을 잘 보여준다.

1:20, 21 나오미…마라…풍족하게…비어 나오미의 인생관은 하나님의 주권에 토대를 두고 있었지만 희망적이지는 않았다. 그래서 그녀는 '마라'라고 불리기를 원했다. 이는 '쓰다'라는 뜻을 가진다. 그녀가 겪은 일은 욥이 겪은 것과 유사했지만(욥 1, 2장), 그녀의 관점은 욥의 아내와 더 비슷했다(욥 2:10). 하지만 실제로는 풍성한 수확과 보아스와 결혼하게 된 룻, 하나님이 미래에 주실 복에 대한 희망이 나오미를 기다리고 있었다.

1:22 모압 여인 룻 이 호칭은 2:2, 21과 4:5, 10에서도 나타난다. 룻은 미래에 있게 될 이방인들의 회심에 대한 전조로 등장하고 있다(참고. 롬 11장). **보리 추수 시작할 때에** 보통 4월 중순에서 말경이었다.

「룻과 보아스(*Ruth and Boaz*)」 19세기 중반. 나사렛 예술 운동. 캔버스에 유화. 76.7×63.2cm. 개인 소장.

보아스가 룻을 자신의 들판에서 일하게 함 (2:1-23)

2:1-23 과부가 되어 10년 만에 베들레헴으로 돌아온 나오미와 남편을 잃은 룻은 생활의 기본적인 필요를 스스로 채워가야 했는데, 룻은 바깥에 나가 들판에서 이삭을 줍겠다고 자원했다(참고. 약 1:27). 그런 가운데 그녀는 의도치 않게 보아스의 들판에 가게 되었다. 보아스는 그녀의 시댁과 가까운 친족으로, 룻은 그에게 큰 호의를 입었다.

2:1 친족 보아스는 엘리멜렉과 친형제였을 가능성이 있다(참고. 4:3). 그렇지 않다면 적어도 같은 집안이나 씨족이었을 것이다. **유력한 자** 문자적으로는 '용맹한 자'를 뜻한다(참고. 삿 6:12; 11:1). 이는 재산을 모으고 그것을 유지하는 데 뛰어난 능력을 지닌 사람을 가리킨다. **보아스** 그의 이름은 '그 안에 힘이 있다'라는

뜻이다. 그는 결혼한 적이 없거나 홀아비였다(참고. 대상 2:11, 12; 마 1:5; 눅 3:32).

2:2 줍겠나이다 모세의 율법은 추수할 때 곡식을 밭모퉁이까지 다 거두지 말고, 떨어진 이삭도 줍지 말라고 명했다(레 19:9, 10). 여기서 이삭은 곡식을 처음 베고 난 후 남은 곡식 줄기를 말한다(참고. 2:3, 7, 8, 15, 17). 이 이삭은 궁핍한 사람들, 특히 고아와 과부, 이방인을 위한 것이었다(레 23:22; 신 24:19-21).

2:3 우연히…이르렀더라 하나님의 섭리가 역사하는 고전적 본보기가 여기에 나타난다. **보아스에게 속한 밭** 보아스는 지역공동체가 소유한 넓은 들판 가운데서 일부분을 경작했을 것이다.

2:4-17 보아스가 어떻게 모세의 율법이 요구한 것 이상으로 그 율법의 정신을 잘 실천하고 있는지를 살펴보라. 그는 룻에게 음식을 주었고(2:14), 룻이 곡식 단 사이에서 이삭을 줍도록 했으며(2:15), 그녀가 줍도록 추가로 이삭을 남겨두었다(2:16).

2:4 여호와께서 너희와 함께 하시기를 원하노라 이 독특한 노동 습관은 보아스와 일꾼들의 깊은 경건을 보여준다.

2:7 단 이것은 타작마당으로 옮기기 위해 모아둔 곡식 묶음이다.

2:7, 17 아침…저녁 룻은 시어머니 나오미를 돌보기 위해 부지런히 일했다.

2:7 집 이 집은 들판 옆에 나뭇가지로 지은 일시적인 쉼터였을 것이다.

2:8 내 딸아 보아스는 엘리멜렉, 나오미와 같은 세대로 나이가 마흔 다섯에서 쉰다섯 살 사이였다. 나오미가 그런 것처럼(참고. 2:2, 22; 3:1, 16, 18), 그 역시 자연스럽게 룻을 딸처럼 여겼을 것이다(3:10, 11). 보아스는 자신을 더 젊은 남자들과 비교했다(3:10). **나의 소녀들** 그녀들은 곡식을 묶어 단을 만들었다.

2:9 소년들 이들은 낫으로 곡식을 베었다(참고. 2:21).

2:10 이방 여인 룻은 자신이 이방인이므로 겸손하게 행동해야 한다는 사실을 늘 기억하고 있었다. 아마도 그녀는 신명기 23:3, 4의 내용을 알고 있었으며, 보아스가 베푼 은혜(문자적으로는 '호의')를 인식하고 있었다.

2:11 내게 분명히 알려졌느니라 이 구절은 나오미가 사람들 앞에서 룻에 대해 호의적으로 말했다는 사실과 보아스가 베들레헴에서 큰 영향력을 가졌다는 사실을 말해준다. 룻은 자신의 약속을 충실히 지켰다(1:16, 17).

2:12 날개…보호 성경은 출애굽 때 하나님이 이스라엘을 그분의 날개로 업어 인도하셨다고 묘사한다(출 19:4; 신 32:11). 이 본문에서 하나님은 어리고 약한 새끼들을 자신의 날개로 덮어 보호하는 어미 새로 묘사된다(참고. 시 17:8; 36:7; 57:1; 61:4; 63:7; 91:1, 4). 보아스는 룻이 주께 새로이 헌신하고 의존하는 것을 보며 그녀를 축복했다. 이후에는 보아스 자신이 이 기도에 대한 하나님의 응답이 되었다(참고. 3:9).

2:14 초 사람들은 갈증을 해소하려고 기름을 약간 섞은 신 포도주를 마셨다.

2:15 단 사이에서 보아스는 율법에 규정된 것 이상을 요청한 룻의 부탁(2:7)을 들어주었다.

2:17 에바 이것은 22리터 정도의 양으로, 무게는 13-18킬로그램 정도 되었다.

2:18 남긴 것 이것은 룻이 주운 이삭이 아니라 그녀가 점심 때 먹지 않고 남긴 음식이었다(참고. 2:14).

2:20 은혜 나오미는 그녀를 향한 하나님의 주권적인 역사와 언약적인 신실하심, 그분의 인자하심과 자비를 이해하기 시작했다. 이는 며느리 룻이 어떤 사람의 안내도 받지 않고(2:3), 엘리멜렉의 가까운 친족인 보아스를 만났기 때문이다. **우리 기업을 무를 자 중의 하나이니라** 룻기에 나오는 "기업 무를 자"의 위대한 주제는 여기서 시작된다(참고. 3:9, 12; 4:1, 3, 6, 8, 14). 가까운 친족은 종으로 팔려간 친족을 속량할 수 있으며(레 25:47-49), 경제적인 어려움으로 팔아야 하는 땅을 무를 수 있었고(레 25:23-28), 계대결혼을 통해 집안의 이름을 이어갈 수 있었다(신 25:5-10). 이 관습은 죄의 노예가 되어 영적인 속량을 받을 필요가 있는 사람들을 되찾아 오는 더 위대한 일(시 19:14; 78:35; 사 41:14; 43:14)을 행하시는 구속자 하나님의 모습을 보여준다. 그러므로 보아스는 그리스도의 모습을 그리고 있다. 그리스도는 우리의 형제로(히 2:17) 죄의 노예가 된 사람들을 속량하셨고(롬 6:15-18), 타락으로 말미암아 모든 지상의 소유

기업 무를 자

구약성경의 자격 요건	그리스도의 성취
1. 친족관계에 있어야 함	갈 4:4, 5; 히 2:16, 17
2. 필요한 자원이 있어야 함	고전 6:20; 벧전 1:18, 19
3. 무르고자 하는 의지가 있어야 함	요 10:15-18; 요일 3:16

룻

룻과 잠언 31장에 나오는 현숙한 아내

룻은 잠언 31:10에서 말하는 "현숙한" 여인의 모습을 구체적으로 보여준다. 룻기에서는 룻의 현숙한 성품을 묘사하는 데 잠언 31:10에 쓰인 것과 동일한 히브리어 단어를 쓰고 있다(3:11). 잠언에 묘사된 성품과 룻의 성품 사이에는 적어도 여덟 가지에 이르는 놀랄 만한 공통점이 존재한다(다음을 보라). 학자들은 르무엘 왕의 어머니가 밧세바였을 것으로 추측한다. 그녀는 다윗의 가문에 전해 내려오던 룻의 흠잡을 데 없는 평판에 대한 이야기를 아들 솔로몬에게 들려주었을 것이다. 르무엘은 '하나님께 헌신된 사람'을 뜻하며, 집안에서 부르는 솔로몬을 일컫는 이름이었을 수도 있다(참고. 여디디야, 삼하 12:25). 그리고 솔로몬은 룻을 염두에 두고 잠언 31:10-31의 내용을 기록했을 것이다.

잠언에 묘사된 내용과 룻의 성품 사이의 공통점은 다음과 같다.

1. 자신의 가족에게 헌신되어 있다(룻 1:15-18 / 잠 31:10-12, 23)
2. 자신의 일을 즐긴다(룻 2:2 / 잠 31:13)
3. 부지런히 일한다(룻 2:7, 17, 23 / 잠 31:14-18, 19-21, 24, 27)
4. 경건하게 말한다(룻 2:10, 13 / 잠 31:26)
5. 하나님께 의존한다(룻 2:12 / 잠 31:25하, 30)
6. 주의 깊게 옷을 입는다(룻 3:3 / 잠 31:22, 25상)
7. 분별력 있게 남자를 대한다(룻 3:6-13 / 잠 31:11, 12, 23)
8. 복을 가져다준다(룻 4:14, 15 / 잠 31:28, 29, 31)

와 특권을 상실한 사람들(창 3:17-19)을 건지셨으며, 죄로 말미암아 하나님께로부터 소외된 사람들을 회복시키셨다(고후 5:18-21). 보아스는 그리스도의 직계 조상이다(마 1:5; 눅 3:32). 이런 사건의 진행은 나오미가 느꼈던 인간적인 공허함(1:21)을 주님이 채우시기 시작한 시점을 나타낸다. 그녀가 품었던 의심의 어두운 밤은 새로운 소망이 밝아오면서 스러졌다(참고. 롬 8:28-39).

2:22 만나지 아니하는 것 엘리멜렉 집안이 아닌 사람들은 모압 여인인 룻에게 보아스처럼 자비와 은혜를 베풀지 않을 것이기 때문이다.

2:23 추수를 마치기까지 보리 추수는 보통 4월 중순에 시작되었으며, 밀 추수는 6월 중순까지 계속되었다. 사람들은 이 두 달 동안 열심히 일했다. 보통 이 기간은 유월절부터 칠칠절, 즉 오순절까지 칠 주간과 겹쳤다(참고. 레 23:15, 16; 신 16:9-12).

보아스와 룻의 사랑 이야기 (3:1-18)

3:1-18 룻이 보아스의 밭에서 겪은 일을 전해듣고 나오미는 더 밝은 미래를 위해 룻이 어떻게 해야 할지를 일러주었다. 보아스에게 기업을 물러달라고 부탁하기 위해 룻은 나오미가 일러준 말을 주의 깊게 따랐고, 주님은 보아스가 룻을 구제하도록 준비해두셨다. 하나의 잠재적인 장해물만 남아 있었는데, 그것은 바로 보아스보다 더 가까운 친족이었다.

3:1 안식할 곳 1:9에서 그랬던 것처럼 나오미는 룻에게 미래의 남편과 안식처를 구해줄 책임감을 느꼈다.

3:2 오늘 밤에 까부르는 일(곡식을 공기 중에 날려 알곡과 쭉정이를 분리하는 일)은 보통 지중해의 바람이 불어오는 늦은 오후에 이루어졌다. 낟알을 체로 치고 자루에 담는 일은 날이 어두워진 뒤에도 계속되었다. 보아스는 누가 곡식을 훔쳐가는 것을 막기 위해 밤새 그곳에 머물렀을 것이다. **타작 마당** 보통 바람이 불어가는 쪽(마을의 동쪽)에 있던 흙이나 돌로 된 넓고 바닥이 단단한 장소다. 이곳에서 곡식의 타작(곡식 줄기에서 낟알을 떨어내고 까부르는 일)이 이루어졌다.

3:3, 4 나오미는 룻에게 가장 좋은 옷을 입히고, 고대 근동의 관습을 이용해 보아스에게 청혼하라고 일렀다. 보아스는 룻보다 한 세대 위의 사람이었기 때문에(2:8) 룻의 이런 청혼은 보아스와 결혼하고자 자원하는 마음을 드러내는 것이었다. 나이가 많고 인자한 성품을 지닌 보아스는 자신보다 한참 어린 여인에게 청혼하기가 쉽지 않았을 것이다.

3:7 마음이 즐거워 3:1에서와 같은 언어를 사용하여("안식…복") 보아스는 행복한 모습으로 그려진다. 지난 여러 해 동안 기근을 겪었지만, 이 해에는 풍성한 수확을 거둔 사실을 통해 가장 잘 설명되고 있다(참고. 삿 18:20; 왕상 21:7).

3:9 당신의 여종을 덮으소서 룻은 보아스가 이전에 기도할 때 썼던 표현(2:12)을 사용하여 보아스에게 계대결혼의 관습(신 25:5-10)에 따라 자신과 결혼해줄 것을 의롭게 호소한다. 서론의 해석상의 과제를 보라.

3:10 젊은 자를 따르지 아니하였으니 룻은 부도덕한 일을 하지 않고, 집안 바깥에서 재혼하지 않으며, 나이 든 경건한 사람에게 계대결혼을 통해 자신을 구제해줄 것을 요청함으로써 그녀의 탁월한 도덕성을 보여준다.

인애 보아스는 룻이 주님과 나오미에게, 보아스 자신에게까지 충성스러운 마음으로 대한 것을 칭찬하고 있다.

3:11 현숙한 모든 면에서 룻은 탁월한 인격적 면모를 보여준다(참고. 잠 31:10). 보아스에게도 이와 동일한 말을 쓰고 있다(2:1의 "유력한 자" 또는 좀 더 문자적으로 '용맹한 자'). 그러므로 두 사람은 모범적인 혼인관계를 보여줄 수 있는 완벽한 한 쌍이었다.

3:12 나보다 더 가까운 사람 보아스는 자신보다 엘리멜렉과 더 가까운 관계에 있는 다른 사람에게 순서를 양보했다. 더 가까운 친족은 아마 보아스의 형이었을 수도 있고(참고. 4:3), 그의 사촌 형제였을 수도 있다. 오벳이 태어났을 때 이웃 여인들이 "나오미에게 아들이 태어났다"고 한 것을 보면(4:17) 보아스는 엘리멜렉과 친형제였거나 사촌지간이었을 것이다.

3:13 여호와께서 살아 계심을 두고 맹세하노니 이것은 한 사람의 이스라엘 백성이 할 수 있는 가장 엄숙하고 구속력 있는 서약이었다. **내가 기업 무를 자의 책임을… 이행하리라** 보아스보다 더 가까운 그 친족이 계대결혼의 의무를 실행할 수 없거나 내켜 하지 않는 경우 보아스는 룻의 청혼을 기꺼이 받아들이기로 했다.

3:14 그의 발치에 누웠다가 본문에 따르면 어떤 부도덕한 일도 일어나지 않았다. 보아스는 악한 모습을 보이지 않기를 원했다.

3:15 여섯 번 (NKJV에는 'six ephahs', 곧 '여섯 에바'로 해석함－옮긴이) 히브리어 원문에는 어떤 잣대를 기준으로 양을 쟀는지 분명하게 나오지 않는다. '에바'는 그 기준이 되었을 법한 잣대로 성경 번역자들이 덧붙인 말일 뿐이다. 그러나 6에바는 90킬로그램 정도의 무게로, 룻이 겉옷에 싸서 집으로 가져가기에는 너무 무거웠을 것이다. 따라서 좀 더 타당성 있게 여겨지는 것은 6세아(27-36킬로그램 정도의 무게)다. 이는 룻이 이전에 주웠던 이삭의 양보다 두 배쯤 많았다(2:17을 보라).

3:18 오늘 나오미는 보아스가 성실한 사람으로 자신의 약속을 성실히 지킬 거라는 사실을 알고 있었다. 그들은 주님이 보아스를 통해 일하시는 것을 기다려야 했다.

보아스가 룻의 기업을 무름 (4:1-12)

4:1-22 보아스가 룻을 아내로 맞이하고 나오미의 땅을 무름으로써 하나님의 계획은 충만하게 실현되었다. 한때 빈손이었던 나오미(1:21)는 이제 풍족하게 되었으며, 한때 과부였던 룻(1:5)은 혼인을 하게 되었다. 무엇보다 가장 중요한 사실은 주님이 메시아에게 합당한 계보를 세우시기 위하여 오벳과 보아스를 거쳐 유다에게까지(창 49:10) 거슬러 올라가는 다윗의 혈통을 예비하셨다는 사실이다. 이 혈통에서 그리스도가 나셨다.

4:1 성문 이곳은 고대에 여러 일을 처리하는 공적 장소였다(참고. 삼하 15:2; 욥 29:7; 애 5:14). **올라가서** 타작마당은 성문보다 분명히 낮은 곳에 위치해 있었을 것이다. "타작 마당에 내려가서"라고 언급하는 룻 3:3과 비교해보라. **아무개여** 히브리어 본문은 보아스가 그 친족의 이름을 직접 불렀는지(만약 그가 직접 불렀다면 본문의 저자는 그 이름을 기록하지 않은 것임), 아니면 다른 식으로 불렀는지 분명하게 알려주지 않는다.

4:2 열 명 이 숫자는 공식적으로 일을 처리하는 데 필요한 정족수였다. 한편 사법 절차를 진행할 때는 두세 명의 증인만 있으면 되었다(참고. 신 17:6; 19:15).

4:3 나오미가…팔려 하므로 (NKJV에는 'Naomi…sold', 곧 '나오미가…팔았다'고 번역함－옮긴이) 이 구절은 '나오미가…팔려고 한다'로 번역될 수도 있다(참고. 렘 32:6-15). 나오미는 과부로 생활비가 필요했고, 땅을 팔더라도 희년에는 자기 앞으로 그 땅이 다시 돌아오리라는 것을 알고 있었다(레 25:28). **우리 형제 엘리멜렉** 보아스와 본문에 이름이 나오지 않는 그 친족은 아마 형제 관계나 사촌관계였을 것이다.

4:4 그것을 사라 이것은 모세의 율법이 허용한 일이었다(레 25:23-28).

4:5 곧…룻에게서 사서 계대결혼의 율법(신 25:5, 6)이 룻을 아내로 맞이하는 일과 땅을 무르는 일 모두를 문자적으로 요구하지는 않았을 것이다. 보아스의 이런 태도는 율법의 정신에 순종하고자 하는 그의 소원을 보여주는 것일 수도 있고(*2:4-17에 대한 설명을 보라*), 그 지역의 전통에서는 땅을 무르는 일과 죽은 형제의 아내를 거두는 일이 결합되어 있었기 때문일 수도 있다. 계대결혼의 원칙이 성경에서 처음 등장하는 것은 창세기 38:8이다(참고. 마 22:23-28).

4:6 내 기업에 손해가 있을까 하여 그 친족은 현재 자신의 자녀들과 룻과의 혼인으로 태어날지 모르는 미래의 자녀들이 자신의 재산을 나눠 가지는 것을 원하지 않았다.

4:7 그의 신을 벗어 성경의 저자는 자신의 세대 독자에게 이전 세대의 관습을 설명하고 있다. 이런 전통은 신명기 25:5-10에 나타나는데, 적어도 선지자 아모스 시대까지 지속되었다(참고. 2:6; 8:6). 그 가까운 친족은 그 기업에 대한 자신의 권리를 보아스에게 법적으로 넘겨주었다. 그 권리는 신발로 상징되었는데, 아마도 그 신발은 그 친족의 것이었을 것이다.

4:9 내가…산 일 보아스는 적합한 증인들 앞에서 룻과

혼인하고 나오미의 땅을 무를 자신의 법적인 선택권을 행사했다.

4:10 말론의 아내 오직 이 구절에서만 룻의 전 남편이 누구였는지가 언급된다(참고. 1:5). 그러므로 기룐은 오르바와 결혼했었다고 추론할 수 있다. **나의 아내로 맞이하고** 보아스는 율법의 정신을 실천에 옮기고, 룻을 위해 기업을 무르는 자가 되었다(신 25:5, 6). **그 죽은 자의 기업** 가문의 이름이 지속되는 것(삼상 24:21)은 계대결혼의 절차가 가져다주는 중요한 결과였다(참고. 신 25:6).

4:11 우리가 증인이 되나니 이 말은 성읍 전체가 이 일을 분명하게 지지한다는 것을 보여준다. **라헬과 레아… 같게** 라헬은 야곱에게 가장 사랑받은 아내로, 이 성읍 근처에 묻혔다(창 35:19). 레아는 야곱과의 사이에서 그들의 조상인 유다를 낳았다(창 29:35). 이 구절에서 사람들은 거의 900년 전인 주전 1915년경의 일을 회고하고 있다. **에브랏…베들레헴** 에브랏은 베들레헴의 고대 이름이었다(창 35:19; 48:7). *1:2의 에브랏 사람들에 대한 설명을 보라.* 이후 선지자 미가는 이 성읍이 메시아의 탄생지가 될 거라는 예언을 기록했다(5:2).

4:12 상속자 룻에게서 처음 태어난 아들은 말론의 아들로 간주되었으며, 그 이후에 태어난 아들들은 법적으로 보아스의 후손으로 인정되었다(신 25:6). **다말…유다…베레스** 이 세 사람에 대한 이야기는 창세기 38:1-30을 읽어보라. 다말은 유다의 큰아들 엘의 미망인으로, 유다의 남은 아들 셀라와의 계대결혼이 허락되지 않자(38:14) 자신의 손으로 문제를 해결하고자 하여 그녀의 시아버지 유다와 부정하게 결합했다(38:18). 베레

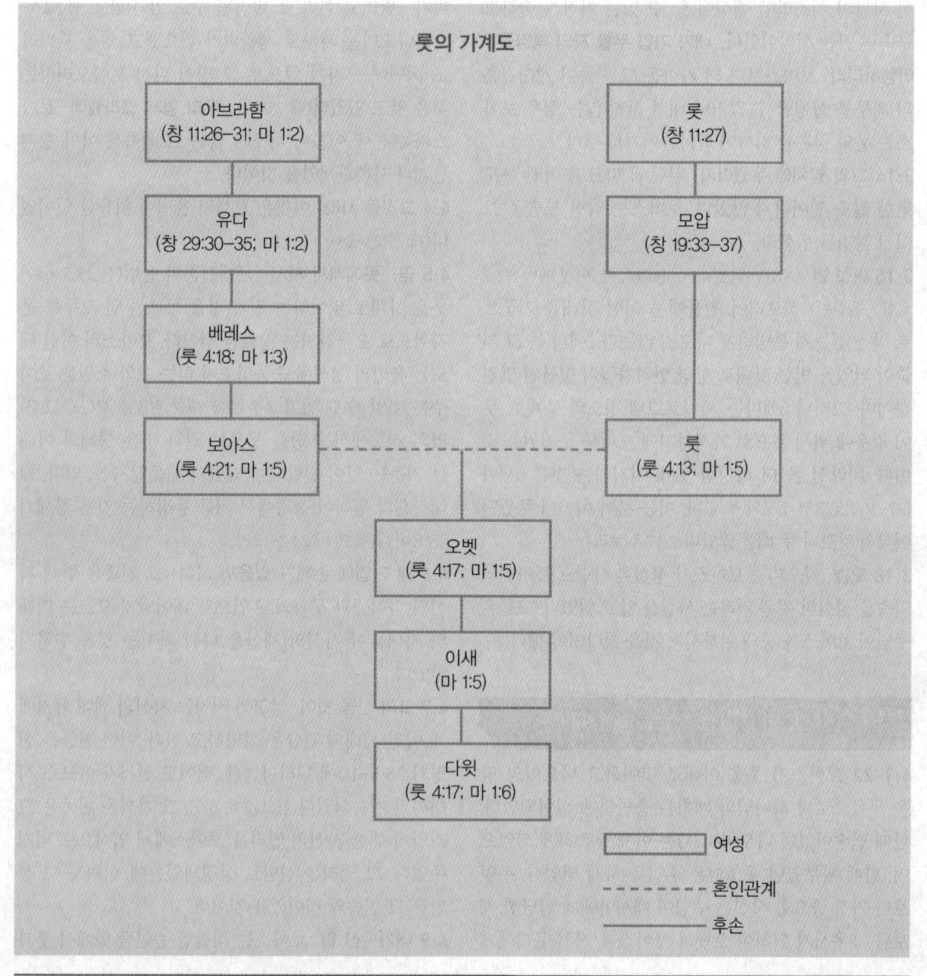

스는 다말이 낳은 쌍둥이 가운데 형으로, 에브랏 사람들과 베들레헴 사람들의 조상이 되었다(대상 2:3-5, 19, 50, 51; 4:4). *4:18에 대한 설명을 보라.*

하나님이 보아스와 룻에게 아들을 주심 (4:13-17)

4:13 그에게 들어갔더니 이 표현은 구약에서 성관계를 가리키는 완곡어법이다. **여호와께서 그에게 임신하게 하시므로** 주님은 라헬(창 30:22)과 레아(창 29:31)에게 행하신 것처럼 룻에게도 자녀를 주셨다(참고. 시 127:3).

4:14 여호와께서…네게…없게 하지 아니하셨도다 나오미가 겪은 가장 절망적인 순간들과 대조되는 복된 날이 찾아왔다(1:20, 21). **기업 무를 자…이 아이의 이름이** 이는 보아스가 아니라 오벳을 가리킨다(참고. 4:11). 오벳은 노년이 된 나오미를 돌보았다.

4:15 일곱 아들보다 귀한 일곱은 완전함을 뜻하는 숫자였고, 따라서 일곱 아들은 완전한 가족을 뜻했다(참고. 삼상 2:5). 그런데 룻은 그 일곱 아들을 능가하는 며느리였다.

4:16 그의 양육자 이 구절은 경건한 할머니가 하나님이 주신 손자에게 느끼는 자연스러운 애정을 표현하고 있다.

4:17 이웃 여인들이 그에게 이름을 지어 주되 이 구절은 구약성경에서 직계 가족이 아닌 다른 사람이 아이의 이름을 지어준 유일한 사례다. **나오미에게 아들이 태어났다** 룻은 나오미를 대신해서 나오미의 죽은 아들 말론의 집안 이름을 이어갈 아들을 낳았다(참고. 4:1). **오벳…다윗…이새** 이 완전한 족보는 네 곳의 다른 성경 본문에서도 동일하게 나온다(4:21, 22; 대상 2:12-15; 마 1:5, 6; 눅 3:31, 32). 보아스와 룻은 다윗의 증조부모였다.

유다의 왕위에 오를 다윗의 자격 (4:18-22)

4:18-22 베레스…다윗 대표적인 인물 중심의 족보는 베레스(주전 1885년경)부터 다윗(주전 1040년경)까지 9세기에 걸친 것이며, 특별히 열 세대의 이름을 언급하고 있다. 첫 다섯 세대(베레스부터 나손까지)는 족장 시대부터 애굽을 나온 후 광야에서 방황하던 시기까지를 포함한다. 살몬부터 다윗까지는 여호수아가 활동하던 때와 사사들의 시대부터 왕정기까지를 포함한다. 이 족보가 생략을 통해 이렇게 압축된 것은 이 족보에 오류가 있음을 뜻하지 않는다. 유대 사상에서 '아들'은 '후손'을 뜻하기 때문이다(참고. 마 1:1). 이 족보를 기록한 목적은 그 속에 모든 세대를 다 나열하는 것이 아니라 주목할 만한 선조들을 언급함으로써 족보가 이런 식으로 계승되었다는 사실을 분명히 밝히는 데 있다.

4:18 베레스 *12절에 대한 설명을 보라.* 이 족보는 다윗의 선조로 베레스까지 언급하고 있지만, 동시에 다윗의 혈통이 유다(창 49:8-12), 야곱(창 28:10-17), 이삭(창 26:24)을 거쳐 아브라함(창 12:1-3)에게까지 거슬러 올라간다는 사실을 결정적으로 확증하고 있다.

4:18, 19 헤스론 참고. 창세기 46:12.

4:19 람 몇몇 헬라어 사본에서는 누가복음 3:33에서 이 사람의 이름이 '아니'(Arni)로 언급되고 있다(눅 3:33의 경우 한글 성경 개역개정판에도 '아니'로 나옴—옮긴이).

4:19, 20 암미나답 이 사람은 아론의 장인으로(출 6:23), 역대상 2:10에는 나오지 않지만 마태복음 1:4과 누가복음 3:33에는 나온다. 어떤 히브리어 사본들에서는 누가복음 3:33에서 람과 암미나답 사이에 아드민이 들어가 있다.

4:20 나손 이 사람은 출애굽 때 유다 지파를 이끌었던 지도자다(민 1:7; 2:3; 7:12, 17; 10:14).

4:20, 21 살몬 이 사람은 기생 라합의 남편이었다(참고. 마 1:5).

4:21 살몬은 보아스를 낳았고 마태복음 1:5에서는 살몬이 주전 1425-1350년경에 살았던 기생 라합의 남편이었다고 기록한다. 따라서 여기서는 살몬과 보아스(주전 1160-1090년경) 사이에 몇 세대가 선택적으로 생략되었다는 것을 알 수 있다.

4:22 다윗 신약성경의 관점에서 룻을 돌아볼 때 숨어 있는 메시아적인 함의가 더욱 명확해진다(참고. 마 1:1). 여기서 우리는 이후 다윗과 다윗 왕국에 대한 하나님의 언약(삼하 7:1-17)을 통해 약속된 그 열매의 모판을 찾아볼 수 있다. 메시아적인 왕과 왕국에 대한 소망(삼하 7:12-14)은 모압 여인 룻과 보아스의 아들이며 다윗의 할아버지인 오벳의 혈통에서 태어난 주 예수 그리스도 안에서 성취될 것이다(계 19; 20장).

연구를 위한 자료

F. B. Huey, *Ruth*, in The Expositor's Bible Commentary (Grand Rapids: Zondervan, 1992).

Leon Morris, *Ruth*, in "*Judges and Ruth*," Tyndale Old Testament Commentaries (Downers Grove, Ill.: IVP, 1968).

W. Gary Phillips, *Judges and Ruth* (Nashville: Broadman & Holman, 2004). 『사사기·룻기』, 게리 필립스 지음, 이중순 옮김(디모데, 2008).

1 SAMUEL 사무엘상

제목

가장 초기의 히브리어 사본들에서 사무엘상과 사무엘하는 한 권의 책이었다. 이후 구약성경의 헬라어 역본인 70인역(LXX)의 번역자들에 의해 두 권으로 나뉘었다. 구약의 라틴어 역본인 벌게이트와 영어 번역본들, 현대의 히브리어 성경들 역시 이런 구분을 따랐다. 가장 초기의 히브리어 사본들은 그 한 권의 책에 '사무엘'이라는 이름을 붙였다. 이는 하나님이 이스라엘에 왕정을 확립하기 위해 사용하신 인물의 이름을 딴 것이었다. 이후 히브리어 본문들과 영어 번역본들은 둘로 나뉜 이 책을 사무엘상과 사무엘하로 불렀다. 70인역은 '제1왕국기'와 '제2왕국기'로 불렀으며, 벌게이트 역은 '제1열왕기'와 '제2열왕기'라고 불렀다. 한국어 번역본에서 '열왕기상'과 '열왕기하'라고 불리는 책들은 70인역과 벌게이트에서는 '제3열왕기'와 '제4열왕기'라고 불린다.

저자와 저작 연대

유대교 전통은 사무엘서를 사무엘 자신이 기록했다고 보거나 사무엘과 나단, 갓이 함께 기록했다고 여겼다(이는 대상 29:29에 기초를 둔 것임). 그러나 사무엘의 죽음이 삼상 25:1에 기록되어 있으므로, 사무엘은 이 책의 저자가 될 수 없다. 삼상 25:1에 나오는 그의 죽음은 책의 흐름상 다윗의 통치와 연관된 사건들이 일어나기 전의 일이다. 더 나아가서 나단과 갓은 다윗 시대에 활동하던 주님의 선지자들이었으므로, 사무엘서가 기록되던 때는 살아 있지도 않았을 것이다. 사무엘상과 사무엘하가 기록될 때 이 세 선지자가 남긴 기록들이 자료로 활용되었을 수는 있지만, 이 책을 기록한 저자의 이름은 알려져 있지 않다. 이 책은 독자에게 익명의 저작으로 알려져 있다. 이 책을 기록한 인간 저자는 주님을 위해 말하고 있으며, 본문에 서술된 사건들에 대한 신적인 해석을 제공한다.

사무엘상과 사무엘하에는 이 책이 기록된 연대에 대해 분명한 언급이 나오지 않는다. 이스라엘과 유다를 서로 구별되는 국가로 여기는 여러 언급에 비춰볼 때(삼상 11:8; 17:52; 18:16; 삼하 5:5; 11:11; 12:8; 19:42-43; 24:1, 9), 저자가 주전 931년 왕국이 이스라엘과 유다로 분열된 후에 이 책을 썼다는 것은 분명한 사실이다. 또한 시글락이 "오늘까지 유다 왕에게 속하니라"는 삼상 27:6의 언급은 이 책이 솔로몬 시대 이후에 쓰였다는 분명한 증거가 되어준다. 하지만 이 책의 저술이 얼마만큼 늦은 시기에 이루어졌는지는 분명하게 알 수 없다.

그런데 사무엘상과 사무엘하는 히브리어 정경에서 여호수아, 사사기, 열왕기상, 열왕기하와 함께 전기 예언서(Former Prophets)에 포함된다. 만약 전기 예언서들이 하나의 통일된 책으로 기록되었다면 사무엘서는 바벨론 포로기(주전 560-540년경)에 저술되었을 것이다. 이는 열왕기하의 내용이 그 포로기의 끝을 맺고 있기 때문이다(왕하 25:27-30). 하지만 사무엘서는 열왕기서와 다른 문체를 지니고 있기 때문에 바벨론 포로기 이전의 분열 왕국 시기(주전 931-722년경)에 기록되었을 가능성이 높다. 그리고 이후에 전기 예언서의 한 부분으로 편입되었을 것이다.

배경과 무대

사무엘상과 사무엘하에 기록된 일들 가운데 대부분은 이스라엘 중앙부의 고지대를 중심으로 일어난다. 이스라엘 사람들은 북쪽으로는 에브라임의 언덕 지대(삼상 1:1; 9:4)부터 남쪽으로는 144킬로미터 정도 아래에 있는 유다의 언덕 지대(수 20:7; 21:11)까지, 동쪽부터 서쪽까지는 24-56킬로미터 정도 벌어진 넓이의 지역에 주로 살았다. 중앙부에 있는 이 고지대는 높이가 해발 450-1,000미터였다. 사무엘상과 사무엘하에 나오는 주요 성읍들은 이 중앙의 고지대에 위치했다. 엘리의 거주지이며 성막이 있었던 실로와 사무엘의 고향인 라마, 사울의 본거지인 기브아, 다윗의 출생지인 베들레헴, 다윗이 유다를 다스릴 때 수도로 삼았던 헤브론, 궁극적인 '다윗의 도성'이었던 예루살렘이 그랬다.

사무엘상과 사무엘하에 기록된 사건들은 사무엘이 태어난 주전 1105년경(삼상 1:1-28)부터 다윗이 마지막 말을 남긴 주전 971년경(삼하 23:1-7)까지 기간에 일어났다. 그러므로 이 책은 역사적으로 대략 135년간의 일들을 담고 있다. 이 기간에 이스라엘은 사사들의 통치를 받는 느슨한 지파 연합체로부터 중앙집권적인 왕의 통치를 받는 통일 왕국으로 변모되어 갔다. 이 책은 주로 사무엘(주전 1105-1030년경), 주전 1051-1011년경까지 다스린 사울, 주전 1011-971년경 통일왕국의 왕이었던 다윗을 다루고 있다.

역사적 · 신학적 주제

사무엘상의 내용이 시작될 때 이스라엘은 영적으로 수준이 낮은 상황이었다. 제사장들은 부패했으며(삼상 2:12-17, 22-26), 언약궤는 성막에 있지 않았고(삼상 4:3-7:2), 우상숭배가 횡행했으며(삼상 7:3, 4), 사사들은 부정직했다(삼상 8:2, 3). 경건한 사무엘(삼상 12:23)과 다윗(삼상 13:14)이 끼친 영향을 통해 이런 상황들은 역전되었다. 사무엘하는 주님의 진노가 이스라엘을 떠나는 모습으로 끝을 맺는다(삼하 24:25).

사무엘상과 사무엘하에 서술된 기간 고대 세계의 대제국들은 힘이 약화된 상황이었다. 이 당시에는 애굽이나 메소보다미아 제국도 바벨론이나 앗수르도 이스라엘을 위협하는 상대가 아니었다. 이때 이스라엘에게 가장 적대적이었던 국가로는 서쪽의 블레셋 족속(삼상 4; 7; 13; 14; 17; 23; 31; 삼하 5장)과 동쪽의 암몬 족속(삼상 11; 삼하 10-12장)이 있었다. 블레셋 족속의 대부분은 주전 12세기 에게해의 섬들과 소아시아에서 이주해온 사람들이었다. 애굽으로 들어가는 길이 막힌 후 그들은 팔레스타인의 지중해 해안선을 따라 거주하고 있던 다른 블레셋인들 속에 정착했다.

블레셋 족속은 철을 다룰 줄 알았다. 이로 말미암아 그들은 군사적으로나 경제적으로 이스라엘보다 훨씬 유리한 위치에 있었다(삼상 13:19-22). 암몬 족속은 롯의 후손으로(창 19:38) 요단강 동쪽의 고원 지대에 살고 있었다. 다윗은 블레셋 족속(삼하 8:1)과 암몬 족속(삼하 12:29-31), 이스라엘을 둘러쌌던 다른 족속들(삼하 8:2-14)을 정복했다.

사무엘상과 사무엘하에는 네 가지의 주된 신학적 주제가 있다. 첫 번째 주제는 다윗 언약이다. 이 책의 문학적 구조는 '기름 부은 왕'에 대한 두 번의 언급, 곧 한나의 기도(삼상 2:10)와 다윗의 노래(삼하 22:51)에 나오는 언급에 토대를 두고 있다. 이것은 메시아, 곧 하나님을 대적하는 나라들을 상대로 승리를 거둘 왕에 대한 언급이다(창 49:8-12; 민 24:7-9; 17-19을 보라). 주님의 약속에 따르면 이 메시아는 다윗의 혈통에서 나와 다윗의 왕좌를 영원히 확립할 것이다(삼하 7:12-16). 사무엘서에 기록된 다윗의 생애는 미래에 다윗보다 더 위대한 그의 신적인 아들(곧 그리스도)이 행할 일들을 미리 보여주는 것이었다.

두 번째 주제는 하나님의 주권이다. 이 주권은 이 두 책에서 분명하게 나타난다. 그 한 가지 예는 한나의 기도에 대한 응답으로 사무엘이 태어난 일이다(삼상 9:17; 16:12, 13). 또한 다윗의 경우를 살펴볼 때 그를 이스라엘의 통치자로 세우시려는 하나님의 계획을 그 어떤 것도 좌절시킬 수 없음이 분명하게 드러난다(삼상 24:20).

세 번째로, 각 사람에게 부여된 신적 과업을 수행하도록 그들에게 힘을 주시는 성령의 사역이 분명하게 드러난다. 사울과 다윗이 왕으로 기름 부음을 받은 후 주님의 영이 그들 위에 임하셨다(삼상 10:10; 16:13). 성령의 능력은 예언을 하도록 했으며(삼상 10:6), 싸움에서 승리를 거두게 했다(삼상 11:6).

네 번째로, 사무엘상과 사무엘하는 죄가 가져오는 개인적·국가적 결과들을 보여준다. 엘리와 그의 아들들은 죄를 지은 결과로 죽게 되었다(삼상 2:12-17, 22-25; 3:10-14; 4:17, 18). 언약궤에 합당한 경외심을 품지 않은 일 때문에 상당수 이스라엘 백성이 죽임을 당했다(삼상 6:19; 삼하 6:6, 7). 사울의 불순종은 주님의 심판을 불러왔고, 그는 이스라엘의 왕위에서 버림을 받았다(삼상 13:9, 13, 14; 15:8, 9, 20-23). 다윗은 자신의 죄를 고백한 뒤 간음과 살인죄를 용서받았지만(삼하 12:13), 그는 여전히 자신의 죄가 가져온 필연적이고 파괴적인 결과로부터 고통을 받았다(삼하 12:14).

해석상의 과제

사무엘상과 사무엘하는 광범위하게 논의되어 온 몇 가지 해석적인 문제를 포함하고 있다.

첫 번째, 고대의 사본들 가운데 본래 원문에 가장 가까운 사본은 어떤 것인가? 표준적인 히브리어 본문(맛소라 본문)은 그 보존 상태가 상대적으로 좋지 않으며, 70인역은 종종 그 본문과 다른 내용을 담고 있다. 그러므로 실제 원문의 내용이 어떤 것인지를 정확하게 판단하기 어려운 구절들이 있다(삼상 13:1을 보라). 여기서는 맛소라 본문에 문법상으로나 맥락상으로 불가능한 요소가 없는 한 그 텍스트가 원문의 내용을 반영한다고 간주할 것이다. 이렇게 함으로써 우리는 사본들 사이에 나타나는 여러 수적 불일치를 해결할 수 있다.

두 번째, 과연 사무엘은 이스라엘에 왕이 세워지는 것에 대해 모호한 태도를 취하고 있는가? 사무엘상 9-11장은 왕정에 대해 긍정적인 견해를 드러내는 반면, 사무엘상 8장과 12장은 왕정에 강력하게 반대하는 입장을 취한다고 주장하는 학자들이 있다. 그러나 이 책이 인간의 왕권에 대해 균형 잡힌 관점을 제시한다고 보는 것이 더 낫다. 이스라엘 백성이 왕을 세우기를 원하는 것은 허용할 만한 일이었지만(신 17:15), 그들이 왕을 세우기 원하는 이유 그 자체는 그들에게 주님에 대한 믿음이 없음을 보여주었다(*삼상 8:5, 20에 대한 설명을 보라*).

세 번째, 선지자들이 보인 기이한 행동을 어떻게 설명할 것인가? 학자들은 보통 사무엘상과 사무엘하에서 선지자들을 마치 다른 나라의 이교도 예언자들처럼 기괴하게 행동하며 황홀경에 빠져 말하는 사람들로 묘사하고 있다고 여긴다. 그러나 사무엘서의 본문 속에는 선지자들을 신적인 계시를 전달하는 사람으로 보는 관점과 어긋나는 내용이 나타나지 않는다. 이들은 때로 음악을 연주하며 그 예언을 전했다(*삼상 10:5; 19:23, 24에 대한 설명을 보라*).

네 번째, 성령은 오순절 이전에 어떻게 사역했는가? 사무엘상 10:6, 10; 11:6; 16:13, 14; 19:20, 23과 사무엘하 23:2에 나오는 성령의 사역은 신약적인 의미의 구원을 나타내는 것이 아니라 주님을 섬기도록 그들에게 힘을 부여하는 것이었다(또한 삿 3:10; 6:34; 11:29; 13:25; 14:6, 19; 15:14도 보라).

다섯 번째, '여호와께서 부리시는 악령'은 어떤 존재였는가? 그 존재는 인격적인 실체, 곧 마귀였는가 아니면 하나님이 사울의 마음에 주신 불편한 생각이었는가(참고. 삿 9:23)? 전통적으로 이 존재는 마귀로 간주되었다(*삼상 16:14에 대한 설명을 보라*).

여섯 번째, 사무엘상 28:3-5에서 어떻게 사무엘이 등장할 수 있었는가? 여기서는 주님이 허락하셔서 죽은 사무엘이 사울과 말하기 위해 나타났다고 여기는 것이 가장 합당해 보인다.

일곱 번째, 사무엘하 7:12-15에 나오는 다윗의 씨는 누구를 가리키는가? 보통 그 씨는 솔로몬을 가리킨다고 받아들여진다. 그러나 신약성경은 히브리서 1:5에서 하나님의 아들로 나타나는 예수를 그 씨로 지칭한다(*삼하 7:12-15에 대한 설명을 보라*).

사무엘상 개요

I. 사무엘: 이스라엘의 선지자요 사사(1:1-7:17)
- A. 선지자 사무엘(1:1-4:1상)
  1. 사무엘의 출생(1:1-28)
  2. 한나의 기도(2:1-10)
  3. 사무엘의 성장(2:11-26)
  4. 엘리 가문에 대한 예언(2:27-36)
  5. 사무엘에게 임한 주님의 말씀(3:1-4:1상)
- B. 사사 사무엘(4:1하-7:17)
  1. 하나님의 궤 이야기(4:1하-7:1)
  2. 블레셋에 대한 이스라엘의 승리와 사무엘의 사사직 수행(7:2-17)

II. 사울: 이스라엘의 첫 번째 왕(8:1-15:35)
- A. 사울이 왕위에 오름(8:1-12:25)
  1. 이스라엘 백성이 왕을 요구함(8:1-22)
  2. 사울의 왕이 된 과정(9:1-11:13)
  3. 사무엘이 왕에 대해 이스라엘 백성에게 한 권면(11:14-12:25)
- B. 사울의 왕권이 쇠퇴함(13:1-15:35)
  1. 사울이 책망을 받음(13:1-15)
  2. 사울이 전쟁을 치름(13:16-14:52)
  3. 사울이 버림받음(15:1-35)

III. 다윗과 사울: 이스라엘의 왕권 교체(16:1-31:13)
- A. 다윗의 등장(16:1-17:58)
  1. 다윗이 기름 부음을 받음(16:1-13)
  2. 사울의 궁정에 들어간 다윗(16:14-23)
  3. 주님의 전사 다윗(17:1-58)
- B. 사울의 궁정에서 내쫓긴 다윗(18:1-20:42)
  1. 다윗을 향한 사울의 분노와 두려움(18:1-30)
  2. 요나단과 미갈이 다윗을 옹호함(19:1-20:42)
- C. 사울의 추격을 피해 달아난 다윗(21:1-28:2)
  1. 사울이 놉의 제사장들을 죽임(21:1-22:23)
  2. 다윗이 사울의 목숨을 두 번 살려줌(23:1-26:25)
  3. 절망한 다윗이 블레셋 족속에게 도피함(27:1-28:2)
- D. 사울의 죽음(28:3-31:13)
  1. 사울의 마지막 밤(28:3-25)
  2. 블레셋 족속이 다윗을 돌려보냄(29:1-11)
  3. 다윗이 아말렉 족속을 진멸함(30:1-31)
  4. 사울의 마지막 날(31:1-13)

사무엘: 이스라엘의 선지자요 사사 (1:1-7:17)

1:1-7:17 이 책의 첫 번째 주요 단락은 사무엘의 고향인 라마에서 시작하고 끝을 맺는다(1절; 7:17). 이 부분의 초점은 사무엘의 삶과 사역에 맞춰져 있다. 사무엘상 1:1-4:1상반절은 주님의 선지자로서 사무엘의 모습에 집중한다(4:1상반절의 결론적인 언급인 "사무엘의 말이 온 이스라엘에 전파되니라"를 보라). 4:1하반절부터 7:17까지의 본문은 사사로서 사무엘의 모습을 강조한다(7:17의 "거기서도 이스라엘을 다스렸으며"를 보라).

A. 선지자 사무엘(1:1-4:1상)

1. 사무엘의 출생(1:1-28)

1:1 라마다임소빔 '두 언덕'을 뜻한다. 이는 구약성경에서 여기서만 나온다. 다른 구절에서 이 성읍은 단순히 '라마'라고 불린다. 이 성읍은 예루살렘에서 북쪽으로 8킬로미터 정도 떨어진 곳에 있었다. **에브라임 사람** 역대상 6:27에 따르면 엘가나는 레위 지파의 그핫 자손에 속한 사람이었다. 레위인들은 다른 지파들 사이에 섞여 살았는데(수 21:20-22), 이 레위 사람은 에브라임 지파에 속한 땅에 살았다. **엘가나** 이 이름은 '하나님이 창조하시다'를 뜻한다. 그는 사무엘의 아버지였다. **…라 하는 사람** 이 구절은 삼손의 출생 이야기를 시작하는 사사기 13:2을 생각나게 한다. 또한 두 구절 사이에서 나타나는 강력한 유사성은 삼손과 사무엘의 생애 사이에 있는 유사성을 드러낸다. 두 사람 모두 이스라엘의 사사였고, 블레셋에 맞서 싸웠으며, 평생 나실인으로 살았다. **숩** 숩은 어떤 지역의 이름(9:5)인 동시에 여기서처럼 사람의 이름이기도 했다(대상 6:35).

1:2 두 아내 하나님은 사람에게 일부다처제를 따르라고 하시지 않았다(창 2:24). 이스라엘에서 이 풍습은 용납되었지만, 이 풍습이 공식적으로 채택된 적은 없었다(신 21:15-17을 보라). 엘가나는 아마 한나가 아이를 낳지 못했기 때문에 브닌나와 결혼했을 것이다. **한나** 이 이름은 '은혜'를 뜻한다. 그녀는 엘가나의 첫 번째 부인이었을 것이다. **브닌나** 이 이름은 '홍옥'(ruby)을 뜻한다. 그녀는 엘가나의 두 번째 부인으로, 그의 첫 자녀를 낳았다.

1:3 이 사람이 매년…나와서 모든 이스라엘 남자는 매년 중앙 성소에서 지키는 세 번의 절기에 참석하도록 되어 있었다(신 16:1-17). 엘가나는 자신의 아내들을 데리고 이 절기에 참석했다. 먹고 마신 일에 대한 1:9의 언급에서 미뤄볼 때, 여기서 언급하는 절기는 초막절(9/10월)이었을 것이다. **실로** 에브라임 지파의 땅에 있는 성읍으로, 예루살렘에서 북쪽으로 32킬로미터 정도 떨어진 곳에 있었다. 성막과 언약궤가 이곳에 있었다(수 18:1; 삿 18:31). **만군의 여호와** 이 구절에는 구약성경에서 처음으로 하나님의 이름 앞에 '만군의'가 붙었다. '만군'(hosts)은 사람들의 군대를 지칭할 수도 있고(출 7:4), 하늘의 천체들을 가리킬 수도 있으며(신 4:19), 천상의 피조물들을 가리킬 수도 있다(수 5:14). 이 호칭은 주님이 하늘과 땅의 모든 권세를 다스리시며, 특히 이스라엘 군대를 다스리는 주권자이심을 강조한다. **엘리** 이 이름은 '여호와는 높임을 받으신다'라는 뜻으로, 그는 실로에 있는 대제사장이다. **홉니와 비느하스** 엘리의 제사장 아들들은 애굽 식의 이름을 가졌다. 홉니는 '올챙이'를 뜻하며, 비느하스는 '누비아 사람'을 뜻한다.

삼상

1:4 제사 제사를 드리고 나서 그 제물의 일부를 먹는 걸로 보아 화목제였을 것이다(레 7:11-18을 보라).

1:5 여호와께서 그에게 임신하지 못하게 하시니 한나가 임신하지 못한 것은 사라(창 16:2)와 라헬(창 30:2)의 경우처럼 신적 섭리의 결과였다.

1:6 그의 적수 엘가나의 다른 아내는 한나의 적이었다. **그를…격분하게 하여** 문자적으로는 그녀를 '심하게 공격하다'라는 뜻이다. 같은 단어가 2:10에도 쓰였다.

1:7 먹지 아니하니 브닌나가 자극해 격분시켰기 때문에 한나는 금식했다. 그녀는 화목제물을 먹지 않았다.

1:8 그대의 마음이 슬프냐 여기 사용된 히브리어 구절은 슬픔이 아니라 노여움을 표현하고 있다(같은 표현이 쓰인 곳으로 신 15:10을 보라).

1:9 전 (NKJV에는 'tabernacle', 곧 '성막'이라고 번역됨–옮긴이) 잠을 잘 수 있는 숙소(3:2, 3)와 문들(3:15)이 언급되는 것으로 보아 이때 성막은 더 크고 견고하게 지어진 건물의 일부였던 것으로 보인다.

1:11 서원 한나는 하나님이 그녀에게 아들을 주시면 그에 대한 보답으로 주께 그 아들을 드리겠다고 서약했다. 민수기 30:6-15에 따라 결혼한 여인의 서약은 그녀의 남편에 의해 확증되거나 무효화될 수 있었다. **주의 여종** 그녀보다 우월하신 주권자 하나님 앞에서 자신을 겸손하게 낮춰 부른다. **나를 기억하사** 한나는 주님이 그녀에게 특별히 관심을 쏟으시고 돌봐주시기를 청했다. **그의 평생에** 이는 일반적인 나실인의 서약과 대조되는 것이었다. 일반적인 경우 그 서약은 오직 특정한 기간에만 해당되는 것이었다(민 6:4, 5, 8을 보라). **삭도를…대지 아니하겠나이다** 본문에서는 구체적으로 언급되지 않지만 이 서원의 바탕에는 분명히 나실인의 서약이 있다. 머리털을 밀지 않는 것은 나실인의 서약이 요

구하는 세 가지 조건 중 하나였다(민 6:5). 구약에서 이런 표현이 쓰인 다른 본문은 나실인 삼손의 경우뿐이다(삿 13:5; 16:17).

1:13 취한 줄로 이스라엘 사람은 보통 소리 내어 공적 기도를 했다. 그러나 한나는 소리 내지 않고 기도했기 때문에 엘리는 그녀가 술에 취했다고 여겼다.

1:16 악한 여자로 문자적으로는 '벨리알의 딸'을 뜻한다. 참고. 2:12.

1:20 사무엘 문자적으로는 '하나님의 이름'이라는 뜻이지만, 소리 나는 대로 들을 때는 '하나님이 들으시다' 처럼 들렸다. 한나에게는 이 소리 나는 대로의 뜻이 중요했다. 이는 하나님이 그녀의 기도를 들으셨다는 의미이기 때문이다.

1:21 서원제 엘가나는 자신의 아내가 주께 드린 서원을 지지하고 동참했다. 사무엘이 태어났을 때 그는 자신이 서원한 제물을 주께 드렸다(레 7:16).

1:22 젖 떼거든 고대 세계의 관습에 따라 사무엘은 아마 2-3년 동안 젖을 먹었을 것이다. 그 후 그의 부모는 평생 주님을 섬기도록 그를 성막으로 데리고 갔다.

1:23 그의 말씀 본문에 기록되지 않았지만 주님이 이전에 주신 말씀일 것이다.

1:24 수소 세 마리…밀가루 한 에바…포도주 한 가죽부대 민수기 15:8-10에 따라 서원을 갚는 제사를 드릴 때는 수송아지 한 마리와 밀가루, 포도주를 드려야 했다. 한나는 이 세 가지 모두를 요구되는 양보다 더 많이 가지고 갔다. 1에바는 22리터 정도 되는 양이었다.

1:26 당신의 사심으로 문자적으로는 '당신 영혼의 빛으로'라는 뜻이다. 맹세할 때 일반적으로 쓰이는 표현이다.

1:27, 28 구하여…드리나이다 (NKJV에서는 이 부분을 'asked…lent', 곧 '구했다…빌려드렸다'로 번역함 – 옮긴이) 이 두 단어는 동일한 히브리어 어근에서 왔다. 이 어근은 이 두 절에서 4번 쓰였다. 27절에서 2번 쓰인 이 어근은 '구하다'는 일반적인 의미를 지닌다. 28절에서 2번 쓰일 때 이 어근은 '요청에 따라 빌려주다'라는 파생된 의미를 지닌다. 하나님은 한나가 청한 아들을 주셨으

구약에 나오는 여인들

이름	설명	성경구절
밧세바	다윗의 아내이며 솔로몬의 어머니	삼하 11:3, 27
드보라	가나안 족속을 무찌른 사사	삿 4:4
들릴라	삼손을 속인 블레셋 여인	삿 16:4, 5
디나	야곱의 외동딸	창 30:21
에스더	자기 동족을 파멸에서 구한 바사의 유대인 왕후	에 2-9장
하와	최초의 여자	창 3:20
고멜	호세아 선지자의 부정한 아내	호 1:2, 3
하갈	사라의 여종이며 이스마엘의 어머니	창 16:3-16
한나	사무엘의 어머니	삼상 1장
이세벨	아합 왕의 사악한 아내	왕상 16:30, 31
요게벳	모세의 어머니	출 6:20
미리암	모세의 누이이자 선지자	출 15:20
나오미	룻의 시어머니	룻 1:2, 4
오르바	룻의 동서	룻 1:4
라헬	야곱의 아내	창 29:28
라합	이스라엘 정탐꾼들을 숨겨준 기생이며 예수의 조상	수 2:3-21; 마 1:5
룻	보아스의 아내이며 오벳의 어머니, 예수의 조상	룻 4:13, 17; 마 1:5
사라	아브라함의 아내이자 이삭의 어머니	창 11:29; 21:2, 3
다말	다윗의 딸	삼하 13:1
십보라	모세의 아내	출 2:21

며, 그녀는 그 아들을 선물로 주신 분께 다시 드렸다.

2. 한나의 기도(2:1–10)

2:1-10 이전에 괴로운 마음에서 나왔던 기도와 달리(1:10) 여기서 한나는 기쁨에 찬 기도를 드린다. 한나의 기도에 담긴 주된 내용은 바로 주님은 의로운 재판장이시라는 것이다. 하나님은 교만한 자(브닌나)를 낮추셨고, 겸손한 자(한나)를 높이셨다. 이 기도는 네 부분으로 이루어진다. 첫째, 한나는 주님이 베푸신 구원으로 말미암아 그분께 기도한다(1, 2절). 둘째, 한나는 교만한 자에게 주님이 그를 낮추실 것이라고 경고한다(3-8상반절). 셋째, 한나는 주님이 그분의 성도들을 신실하게 돌보신다고 선언한다(8하-9상반절). 넷째, 한나는 주님이 세상을 심판하시고 그분이 기름 부어 세우신 왕을 번성하게 하실 것을 기원한다(9하-10하반절). 이 기도는 그 표현상에 드러난 몇 가지 단어에서 사무엘하 22:2-51에 나오는 다윗의 노래와 유사한 면을 보인다. "뿔"(2:1; 22:3), "반석"(2:2; 22:2, 3), "구원/건짐"(2:1, 2; 22:2, 3), "무덤/스올"(2:6; 22:6), "우레"(2:10; 22:14), "왕"(2:10; 22:51), "기름 부음을 받은"(2:10; 22:51).

2:1 뿔 힘과 능력을 상징한다(신 33:17을 보라).

2:2 반석 하나님에 대한 비유적 표현으로, 그분의 힘과 그분을 신뢰하는 사람들이 누리는 안전함을 상징한다(신 32:4; 시 18:1, 2을 보라).

2:3 교만한…오만한 말 강한 능력과 위엄을 지니신 하나님은 그분을 거슬러 자신을 내세우는 모든 사람을 낮추신다. 교만한 자를 하나님이 낮추신다는 것은 사무엘상과 사무엘하 전체에 걸쳐 나타난다. 브닌나와 엘리의 아들들, 블레셋 족속, 골리앗, 사울, 나발, 압살롬, 시므이, 세바, 심지어 다윗까지 그 징벌 대상이 된다.

2:4-7 이 네 절에서는 7개의 대조가 나타난다. 강한 자와 약한 자, 풍족한 자와 굶주린 자, 임신하지 못하는 자와 많은 자녀를 둔 자, 죽은 자와 산 자, 아픈 자와 건강한 자, 가난한 자와 부한 자, 낮아진 자와 높아진 자다.

2:5 일곱을 낳았고 한나는 자녀를 여섯 명 낳았기에(2:21), 이는 개인적인 고백이 아니다. 여기서 '일곱'은 하나님이 복 주신 여인들을 가리키는 일반적인 표현이다.

2:8 땅의 기둥들 이는 땅이 지닌 안정성을 묘사하는 비유적 표현이다(참고. 시 75:3; 82:5; 104:5).

2:10 여호와께서 땅 끝까지 심판을 내리시고 주님은 모든 나라와 족속 위에 그분의 의로운 통치를 시행하실 것이다(사 2:2-4을 보라). **자기 왕** 모세는 세상의 모든 나라 위에 하나님의 통치를 시행할 왕이 오실 것을 예언했다(창 49:8-12; 민 24:7-9, 17-19). 한나는 바로 이 미래에 승리할 왕을 내다보았으며, 사울과 다윗은 그림자처럼 이 왕의 모습을 미리 나타내 보여준다. **자기의 기름 부음을 받은 자** 구약성경에서는 제사장들(아론과 그의 아들들)과 함께 성막, 그 안에서 사용하는 기구들 모두가 기름 부음을 받았다. 이것은 주님 앞에서 성별되고 거룩한 상태를 표현하는 것이었다(출 30:26-30). 사무엘서에서는 먼저 사울(10:1), 그다음으로는 다윗(16:13; 삼하 2:4; 5:3)이 왕의 자리에 오름에 따라 기름 부음을 받았다. 이때 이후로 구약에서 "(여호와의) 기름 부음을 받은 자"로 언급되는 것은 보통 왕이었다(12:3; 24:6; 26:9, 11, 16; 삼하 1:14, 16; 19:21).

이스라엘의 왕들, 특히 다윗은 주님이 궁극적으로 기름 부어 세우신 왕을 미리 드러내 보이는 그림자가 되었다. 영어의 단어 '메시아'(Messiah)는 이 구절에 쓰인 '기름 부음을 받은'을 뜻하는 히브리어 단어를 옮긴 것이다. 그러므로 세상의 나라들을 다스리게 될 이 궁극적인 왕은 이 구절이나 2:35에 나타나는 것처럼 '메시아'로 지칭되었다. 참고. 사무엘하 22:51.

3. 사무엘의 성장(2:11–26)

2:11 여호와를 섬기니라 레위인으로서 어린 사무엘은 대제사장 엘리를 돕는 일을 했다.

2:12 행실이 나빠 참고. 1:16. 히브리어에서는 비열하고 무가치하거나 사악한 사람들을 가리킬 때 '벨리알의 아들들'이라는 표현을 썼다. 고린도후서 6:15을 보면 이 호칭이 사탄을 가리키는 데 쓰였다. 엘리는 한나를 사악한 여인으로 오해했지만(1:16), 실제로 사악한 것은 엘리의 아들들이었다. **여호와를 알지 못하더라** 엘리의 아들들은 주님과 교통한 적이 없으며, 주님에 대한 인격적인 체험을 한 적이 없었다. 주님이 사무엘에게 자신을 계시하셨을 때 어린 사무엘은 여호와를 알게 되었다(3:7을 보라).

2:13 그 제사장들이…행하는 관습 엘리의 아들들은 제사장에게 주어지는 희생제물의 일부(신 18:3)에 만족하지 못하고, 고기 삶는 솥에 세 갈래로 된 갈고리를 찔러 걸려 나오는 고기를 모두 가져갔다.

2:15 기름을 태우기 전에도 율법에서는 제물로 바치는 동물의 지방은 제단 위에서 태워 주께 드리도록 되어 있었다(레 7:31). 그런데 엘리의 아들들은 제사를 드리는 사람들에게 지방을 포함한 날고기를 자신들에게 바치도록 요구했다.

2:18 사무엘은 사무엘이 주님을 신실하게 섬긴 일은 엘리의 아들들이 보여준 불순종과 극명하게 대조를 이

삼상

룬다. **세마포 에봇** 제사장들이 입던 겉옷으로, 소매가 없고 몸에 꼭 맞으며 엉덩이까지 내려오는 옷이었다. 제사장들은 특히 제단 앞에서 제사를 드릴 때 이 옷을 입었다(출 28:6-14).

2:19 작은 겉옷 소매가 없으며 무릎까지 내려오는 옷으로 에봇 아래에 입었다(출 28:31).

2:20 얻어 바친 아들 이 단어는 1:27, 28에서 쓰인 것과 동일한 단어로 그들 구절에서는 "구하여" "허락하신지라" "드리되"로 번역되었다. 여기서 이 단어는 주께 드린 서약을 지키는 한나의 신실함을 일깨우는 표현이다. 주님은 한나에게 지속적으로 은혜를 베푸셔서 그녀에게 또 다른 자녀들을 주셨다.

2:22 여인들과 동침하였음 엘리의 아들들이 저지른 비열한 행동들 가운데 회막에서 섬기던 여인들(출 38:8을 보라)과 성관계를 가진 일도 포함되었다. 이스라엘과 이웃하고 있던 가나안 족속들 사이에서는 이런 종교적 간음이 흔하게 일어났다.

2:25 하나님이 심판하시려니와 엘리가 아들들에게 한 말의 요점은 사람이 사람을 상대로 죄를 범할 때도 하나님이 분명히 그 죄를 물으신다면, 하나님을 상대로 죄를 범한 사람들에게는 그 심판이 얼마나 엄중하겠느냐는 것이었다. **여호와께서 그들을 죽이기로 뜻하셨음이더라** 엘리의 아들들이 악한 길을 고집했기에 하나님은 이미 그들을 심판하시기로 결정하셨다. 그들은 과거에 뉘우치기를 완강하게 거부했고, 하나님은 그에 대한 벌로 그들의 마음을 강퍅하게 하셨다. 그래서 홉니와 비느하스는 엘리의 경고에 귀 기울이기를 거절했던 것이다.

2:26 점점 자라매…은총을 더욱 받더라 엘리의 배교한 아들들과는 대조적으로 사무엘은 영적으로나 사회적으로 성장하고 있었다(참고. 눅 2:52).

4. 엘리 가문에 대한 예언(2:27-36)

2:27 하나님의 사람 이 표현은 보통 '선지자'와 동의어로 사용된다(9:9, 10을 보라). **너희 조상의 집이 애굽에서** 엘리의 족보는 구약에 기록되어 있지 않지만, 그는 아론의 후손이었다. 주님은 이스라엘 백성의 출애굽 이전 애굽에서 아론에게 자신을 계시하셨다(출 4:4-16을 보라). 하나님은 아론을 선택하셔서 제사장의 장구한 계보에서 첫 번째 제사장이 되어 주님을 섬기도록 하셨다(출 28:1-4).

2:28 내 제사장으로 삼아 제사장의 주된 의무는 다음과 같다. 첫째, 제단 위에 제물을 올려놓는다. 둘째, 성소에서 향을 피운다. 셋째, 세마포로 만든 에봇을 입는

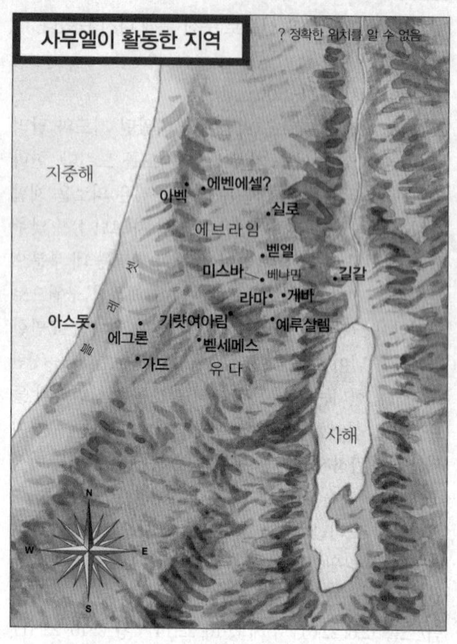

다(18절을 보라).

2:29 예물 하나님과 그분의 백성을 섬기는 것에 대한 보답으로 제사장에게는 성소에 바쳐진 제물의 특정한 부분이 주어졌다(레 2:3, 10; 7:31-36을 보라). **중히 여겨** 홉니와 비느하스의 죄를 묵과함으로써 엘리는 주님보다 자기 아들들을 더 중히 여기는 모습을 보였다. 따라서 엘리는 주님이 주시는 복을 받을 자격이 없었다.

2:30 행하리라 하였으나 주님은 아론의 후손들이 항상 제사장으로 있을 것이라고 약속하셨다(출 29:9). 그리고 주님은 그 약속을 맹세를 통해 확증하셨다(민 25:13). 그러나 그들의 극악한 불순종 때문에 엘리의 가문은 제사장의 직분을 상실하게 되었다. 아론 자손의 제사장 직분은 항구적인 것이었지만, 제사장들은 그들의 죄로 말미암아 때로 그 직분을 잃어버렸다.

2:31 네 집에 노인이 하나도 없게 엘리의 후손에게는 때 이른 죽음의 심판이 뒤따랐다. 엘리의 아들들은 한창때 죽음을 맞이했다(4:11). 이후 사울은 놉에서 제사장들을 학살했다(22:16-19). 궁극적으로 솔로몬은 아비아달에게서 제사장 직분을 빼앗았으며(왕상 2:26, 27), 하나님이 약속하신 대로 엘르아살의 제사장 가문이 흥왕하게 되었다(참고. 민 25:12, 13).

2:32 내 처소의 환난을 이것은 주님이 거하시는 실로의 성막이 블레셋 족속으로 말미암아 더럽혀진 일을 가리키는 듯하다(렘 7:12-14을 보라).

2:34 네게 표징이 되리라 엘리의 두 아들이 같은 날에

죽은 일은 이 예언을 확증해주었다(참고. 4:11, 17).

2:35 내가 나를 위하여 충실한 제사장을 일으키리니 어떤 학자들은 이 제사장을 사무엘로 보았고, 다른 사람들은 그리스도로 보았다. 하지만 솔로몬 시대에 사독과 그의 가문이 제사장의 직분을 맡게 되었을 때 이 예언이 성취되었다고 보는 편이 더 좋을 것이다(왕상 1:7, 8; 2:26, 27, 35). 이 일을 통해 엘르아살과 비느하스의 후손이 다시 대제사장의 직분을 받게 되었다(참고. 민 25:10-13). **내가 그를 위하여 견고한 집을 세우리니** 사독의 아들들은 천년왕국의 성전에서 섬기게 될 것이다(겔 44:15; 48:11을 보라). **나의 기름 부음을 받은 자** 이것은 하나님의 대적들을 무찌르고 천년왕국에서 하나님의 통치를 확립하게 될 메시아를 가리킨다(10절을 보라).

2:36 떡 한 덩이 하나님은 그들의 죄에 상응하는 심판을 내리셨다. 하나님께 드려진 제물을 탐욕스럽게 먹던 그들(12-17절)은 한 덩이의 떡을 얻기 위해 구걸해야 될 것이다.

5. 사무엘에게 임한 주님의 말씀(3:1-4:1상)

3:1 아이 사무엘 사무엘은 더 이상 어린 아이(child)가 아니었다(2:21, 26). 유대 역사가 요세푸스는 이때 사무엘은 열두 살 정도였을 것이라고 보았지만, 이때 사무엘은 좀 더 자란 청소년이었을 것이다. 여기서 '아이'(boy)로 번역된 히브리어 단어는 골리앗을 죽였을 때 다윗에게도 사용되었다(17:33). **여호와의 말씀이 희귀하여** 사사들이 다스린 시대에는 예언 활동이 극도로 제한되었다. 하나님이 주신 소수의 계시들은 널리 알려져 있지 않았다. **이상** 문자적으로는 '환상'을 뜻한다. 신적인 계시는 하나님과의 시각적이거나 청각적인 만남을 통해 전달되었다.

3:3 하나님의 등불은 아직 꺼지지 아니하였으며 성막의 성소에 위치한 금 촛대 속에는 올리브기름이 들어 있었으며, 해 질 녘에 켜졌다(출 30:8). 등불은 저녁부터 아침까지 계속 켜져 있었다(출 27:20, 21). 사무엘은 새벽이 되기 직전 금 촛대가 여전히 타고 있을 때 선지자의 사역으로 부르심을 받았다. **하나님의 궤** 출애굽기 25:10-22을 보라.

3:7 사무엘이 아직 여호와를 알지 못하고 사무엘은 아직 하나님을 개인적으로 만나지 못했고, 신적 계시를 통해 하나님 말씀을 받은 적도 없었다(2:12을 보라).

3:8 엘리가…깨닫고 엘리는 하나님이 사무엘을 부르신다는 사실을 곧바로 깨닫지 못했다. 이것은 이스라엘의 제사장과 사사로서 마땅히 지녀야 할 영적 판단력이 엘리에게 없었음을 보여준다(1:12-16도 보라).

3:10 듣겠나이다 이는 '귀를 기울여 듣다' 또는 '듣고 순종하다'라는 뜻이다.

3:11 귀가 울리리라 이는 임박한 파멸을 알리는 메시지였다. 여기서는 엘리 가문에 대한 것이었다(왕하 21:12; 렘 19:3).

3:12 내가…말한 것을…다 2:27-36을 보라. 엘리에 대해 사무엘에게 다시 주어진 계시는 하나님의 사람이 말한 내용을 확증해주었다.

3:13 자기의 아들들이 저주를 자청하되 70인역은 '그의 아들들이 하나님을 모독했다'라고 옮겼다. 하나님을 저주하는 일은 죽어 마땅한 범죄였다(레 24:11-16, 23을 보라). **금하지 아니하였음이니라** 엘리는 자기 아들들이 저지른 범죄에 대해 마땅한 형벌을 내리지 않았기 때문에 그 역시 그 죄에 연루되었다. 만약 그의 아들들이 하나님을 모독했다면 그들은 반드시 돌로 쳐서 죽임을 당해야 했다(레 24:15, 16을 보라).

3:14 영원히 속죄함을 받지 못하리라 엘리 가문은 분명히 주제넘은 죄를 지었다. 그런 오만한 죄에 대해서는 속죄가 없었으며, 즉시 사형이 집행되었다(민 15:30, 31을 보라).

3:15 여호와의 집의 문 성막이 있던 건물의 문들을 가리킨다(1:9을 보라).

3:17 하나님이 네게 벌을 내리시고 또 내리시기를 원하

「사무엘이 엘리의 집에 하나님의 심판이 내릴 것을 이야기하다(*Samuel Relating to Eli the Judgements of God upon Eli's House*)」 1780년. 존 싱글턴 코플리. 캔버스에 유화. 155.9×199.4cm. 워즈워스 학당 미술관. 하트퍼드.

삼상

노라 이는 저주의 맹세였다. 엘리는 알게 된 모든 것을 자신에게 말하지 않으면 사무엘에게 하나님의 심판이 임할 것이라고 선언했다.

3:18 선하신 대로 하실 것이니라 엘리는 저항하지 않고 하나님의 주권에 자신을 내맡겼다.

3:19 여호와께서 그와 함께 계셔서 주님은 이후 다윗과 함께 계실 것처럼(16:18; 18:12) 사무엘과도 함께 계셨다. 이처럼 주님이 함께하시는 것은 주님이 그분의 뜻을 이루기 위해 그 사람을 선택하셨음을 확증하는 일이었다. **그의 말이 하나도 땅에 떨어지지 않게 하시니** 사무엘이 신적인 권위에 의존하여 말한 것은 모두 이루어졌다. 이렇게 사무엘의 말이 다 이루어진 일은 그가 참된 하나님의 선지자임을 입증해주었다(신 18:21, 22을 보라).

3:20 단에서부터 브엘세바까지의 이것은 북쪽 끝에서 남쪽 끝까지 이스라엘 땅의 전통적인 경계를 나타내는 표현이다. **여호와의 선지자** 사무엘이 하나님의 메시지를 전하는 사람으로 세우심 받은 것을 온 이스라엘 백성이 인정했다.

4:1상 사무엘의 말이 온 이스라엘에 전파되니라 1:1-3:21의 본문은 사무엘이 하나님의 대변인(대행자)으로 확고히 서는 데서 절정에 이른다. "여호와의 말씀"(3:21)이 사무엘의 말과 동등하게 된 것에 주목하라.

B. 사사 사무엘(4:1하-7:17)

1. 하나님의 궤 이야기(4:1하-7:1)

4:1하 에벤에셀 이 장소의 정확한 위치는 구체적으로 밝혀지지 않았다. 아벡과 마주보는 이스라엘 지역이었으므로, 실로로 가는 길에 있는 현대의 이즈벳 사르타(Izbet Sarteh)였을 수도 있다. 이 단어를 번역하면 '도움의 돌'을 뜻한다. 여기서(그리고 5:1) 언급된 이 이름은 7:12에서는 다른 지역을 가리키는 데 쓰였는데, 그럼으로써 이 이름은 이 본문을 하나의 문학적인 단위로 묶어주는 역할을 한다. **블레셋 사람들** 사사 시대부터 다윗의 통치 말기까지 블레셋 족속('바다의 사람들')은 늘 이스라엘을 괴롭힌 원수였다. 그들은 셈족 혈통이 아닌 이주민으로(창 10:14; 대상 1:12; 렘 47:4, 5; 암 9:7), 가나안 남쪽의 연안 지역에 정착했다. 그들의 힘은 아스돗과 아스글론, 에그론, 가드, 가사 등 다섯 성읍에 집중되어 있었다(6:17; 삿 3:13). 본문의 이야기에 블레셋 족속이 등장함으로써 사무엘이 맡게 된 사사의 직분과 삼손이 완성할 수 없었던 사사의 직분(삿 13-16장) 사이에 연결고리가 나타난다. **아벡** 이 성읍은 야르콘강의 근원지 부근인 샤론 평야의 남쪽 끝에 있었으며, 지중해에서 동쪽으로 8킬로미터 정도 떨어진 곳에 있었다. 이 성읍은 블레셋 족속이 거주하던 지역의 북동쪽 경계가 되었다.

4:3 여호와께서 어찌하여 우리에게…패하게 하셨는고 장로들의 이 물음은 주님이 그들의 전투에서 싸우셨으며(2:10; 17:47), 그 싸움에서 패배를 허용하셨다는 사실을 그들이 알고 있었음을 드러낸다. 패배했다는 것은 곧 하나님이 그들과 '함께' 계시지 않았음을 뜻한다(민 14:42; 신 1:42). 어떻게 해야 할지 주께 물어보는 대신에 그들은 자신들의 손으로 문제를 해결하고자 했다. **언약궤를…가져다가** 언약궤는 주님의 임재와 능력을 상징했다. 그러나 이스라엘은 그 궤를 마치 행운을 가져다주는 부적처럼 여기고, 그 궤가 블레셋 족속에 대한 승리를 보장해줄 것이라고 믿었다. 그들은 승리와 패배가 주님의 임재에 달려 있음을 알았지만, 주님의 임재에 대한 상징을 그분의 임재 자체와 혼동했다. 이런 식으로 하나님에 대한 이스라엘 백성의 이해는 블레셋 족속의 생각과 별반 다르지 않았다(4:8).

4:4 그룹 사이에 계신 주님을 묘사하는 데 반복적으로 사용된 표현이다(삼하 6:2; 왕하 19:15; 대상 13:6; 시 80:1; 99:1; 사 37:16). 이 표현은 그분의 주권적인 위엄을 나타낸다. **홉니와 비느하스** 이 두 사람은 엘리의 사악한 아들들이다(2:12-17, 27-37). 성경은 그들이 "여호와를 알지 못하더라"(2:12)고 말한다. 여기서 그들이 함께 언급되고 있는데, 이는 그들이 함께 죽게 될 것이라는 예언(2:34)을 떠올리게 한다.

4:6 히브리 창세기 14:13에서는 아브람을 가리킬 때 '히브리'라는 이름을 쓰고 있다. 따라서 이 이름은 아브라함의 육체적인 후손을 지칭하는 것이다. 이 이름은 그들을 둘러싼 이방인들과 구별되는 한 집단의 사람을 지칭하기 위해 쓰였다. 이 이름은 아브람이 셈의 혈통으로 에벨의 후손임을 뜻한다(참고. 10:25; 11:14-16).

4:7 신이 진영에 이르렀도다 블레셋 족속은 우상 속에 신이 실제로 거한다고 여겼다. 따라서 이스라엘 백성이 궤를 진영 안으로 가져왔을 때 블레셋 족속은 하나님이 그들과 함께하신다고 생각했다. 이는 블레셋 족속이 하나님의 능력을 알고 있었음을 드러낸다.

4:8 애굽인을 친 신들 분명히 블레셋 족속은 하나님이 애굽인들에게 승리를 거두신 소식을 이미 들어 알고 있었다.

4:9 그들이 너희의 종이 되었던 것 같이 이스라엘 백성은 가나안의 거주민을 모두 쫓아내는 데 실패했고(삿 1:28을 보라), 그로 말미암아 하나님의 심판 아래 놓이게 되었다. 이 심판의 결과로 이스라엘은 블레셋 족속에게

예속되었다(삿 10; 13-16장을 보라). 블레셋 족속은 그들이 히브리인들의 종이 될까 봐 두려워했다.

4:11 하나님의 궤는 빼앗겼고 이스라엘 백성은 하나님을 조종해서 승리를 얻을 수 있다고 기대했지만, 실제 싸움에서는 패했고 하나님의 궤는 블레셋 족속의 손에 넘어갔다. 이스라엘 백성과 블레셋 족속은 모두 하나님의 궤를 소유하는 일이 하나님을 통제하는 것과 같다고 여겼지만, 이후 진행되는 이야기에서 하나님은 그런 생각과 대조되는 그분의 능력과 섭리를 나타내 보이셨다.

4:12 자기의 옷을 찢고 자기의 머리에 티끌을 덮어쓰고 이 베냐민 지파의 남자가 취한 행동은 죽은 자를 애도하고 국가적인 재앙이 닥쳤음을 표현하는 보편적인 상징으로 간주되었다(참고. 삼하 15:32).

4:13 그의 마음이 하나님의 궤로 말미암아 떨릴 즈음 이전에 엘리는 주님보다 자신의 두 아들을 더 중시하는 모습을 보였지만, 여기서는 그와 대조적으로 하나님의 궤에 모든 관심을 쏟고 있다(2:29, 30. 참고. 4:17, 18).

4:18 엘리가…죽었으니 홉니와 비느하스처럼 엘리도 죽었다. 주님의 말씀이 이런 식으로 성취되어 엘리를 통한 제사장의 계보가 완전히 끊기게 되었다(2:29-34). *2:31에 대한 설명을 보라.* **그가 이스라엘의 사사가 된 지 사십 년이었더라** 이 기간에 엘리는 이스라엘을 위한 제사장과 사사의 직분을 감당했다.

4:21 영광이…떠났다…이가봇 하나님의 임재를 상징하는 언약궤를 빼앗겼을 때 비느하스의 아내는 자기 아들의 이름을 "이가봇"이라고 지었다. 이는 '영광이 어디에 있느냐' 또는 '영광이 없다'라는 뜻이다. 히브리인에게 영광은 종종 하나님의 임재를 가리키는 말이었다. 그러므로 이 이름은 '하나님이 어디에 계시냐'를 뜻한다. "떠났다"는 유배되었다는 의미를 담고 있다. 그러므로 이스라엘 백성에게 언약궤를 빼앗긴 사건은 곧 하나님이 유배되셨음을 상징하는 것이었다. 비록 이스라엘 백성은 이런 사고방식을 갖고 있었지만, 이어지는 본문의 이야기는 하나님이 그들과 함께 계셨음을 드러낸다. 심지어 하나님이 자신의 백성을 징계하실 때에도 말이다. *에스겔 10:18, 19에 대한 설명을 보라.*

5:1 아스돗 블레셋에 있는 주요 다섯 성읍 중 하나였다. 해안에서 5킬로미터 정도 떨어진 내륙 지방에 있었으며, 예루살렘에서는 대략 53킬로미터 정도 떨어져 있었다.

5:2 다곤 고대 문헌에 따르면 물고기 신으로, 물고기의 꼬리 부분과 사람의 상반신이 결합된 모양이다. 이 신은 블레셋의 여러 신 가운데 으뜸으로(삿 16:23), 바알 신의 아버지로 지칭된다. 다곤의 신전에 하나님의 궤를 둔 것은 이 신의 힘과 여호와의 열등함을 나타내기 위한 상징적 행동이었던 것으로 보인다. 블레셋 족속의 신이 히브리인들의 하나님을 누르고 승리했다는 시각적 상징으로 삼고자 했던 것이다. 이에 덧붙여 삼손의 이야기와 이 본문에서 모두 다곤이 언급되는 것은 여기에 기록된 사건들과 삼손의 생애에 일어난 사건들 사이의 유사성을 더 강화시켜 준다(참고. 삿 13-16장).

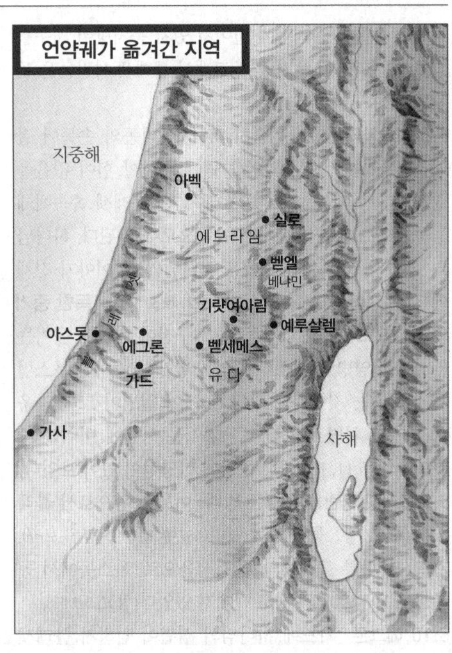

5:3 엎드러져 그 얼굴이 땅에 닿았는지라 하나님은 다곤이 마치 그분께 경의를 표하는 것처럼 땅에 엎드러지게 함으로써 다곤이 더 우월하다는 블레셋 족속의 믿음을 뒤엎으셨다.

5:4 그 머리와 두 손목은 끊어져 하나님이 첫 번째로 자신의 권위를 다곤 위에 드러내셨을 때 블레셋 사람들은 그것을 알아차리지 못했다. 하나님은 다곤의 머리와 두 손목을 끊으심으로써 그분의 권위를 두 번째로 나타내셨다. 이것은 자신의 적이 죽었다는 것을 나타내는 일반적인 표시였으며(17:54; 31:9; 삿 7:25; 8:6; 삼하 4:12), 거짓된 우상에 대한 하나님의 신적인 심판으로 이해되어야 한다.

5:5 오늘까지 이 구절은 이 책의 저자가 사건이 실제로 일어난 때로부터 시간이 상당히 흐른 후 살았다는 주장을 뒷받침해준다(서론의 저자와 저작 연대를 보라). 이 구절이나 이 같은 뜻을 지닌 구절은 사무엘상과 사무엘하 전체에 걸쳐 찾아볼 수 있다(6:18; 26:6; 30:25; 삼하 4:3; 6:8; 18:18). **문지방을 밟지 아니하더라** 다곤의

머리와 손목이 문지방에 떨어져 있자 문지방이 저주를 받았다는 미신이 생겨났다. 그래서 블레셋 사람들은 문지방을 밟지 않았다.

5:6 여호와의 손이…엄중히 더하사 다곤의 손목이 잘린 것은 그에게 여호와의 능력에 대항할 힘이 없음을 상징한다. 이와는 대조적으로 주님은 블레셋 족속에게 능동적으로 심판을 행하시는 분으로 묘사된다. 하나님의 손에 대한 비유적 표현은 하나님의 궤 이야기 전체에 걸쳐 나타난다(4:8, 5:6, 7, 9, 11; 6:3, 5, 9). **독한 종기의 재앙으로** 어떤 학자들은 이 구절이 쥐들이 옮기는(6:4, 5) 전염병인 페스트에 의해 발생한 종기나 부스럼을 가리키는 것이라고 주장했다. 이 질병이 그들 가운데 퍼지고 치명적인 결과를 가져온 사실에 비춰볼 때(5:6, 9, 12; 6:11, 17) 이런 주장에 타당성이 있어 보인다.

5:8 블레셋 사람들의 모든 방백 이들은 왕으로서 블레셋의 주요 성읍들을 다스렸다(*4:1에 대한 설명을 보라*). **가드** 또 다른 블레셋의 주요 성읍으로, 아스돗에서 동쪽으로 19킬로미터 정도 떨어져 있었다(참고. 5:1).

5:10 에그론 가드에 하나님의 심판이 임하자 블레셋 족속은 언약궤를 또 다른 주요 성읍으로 보내 그들이 겪은 재앙의 배후에 하나님이 계신지를 살피려고 했다. 이 성읍은 가드에서 북쪽으로 10킬로미터 정도 떨어진 곳으로, 이스라엘의 경계에서 가장 가까운 블레셋의 주요 성읍이었다. **궤를…가져다가…우리 백성을 죽이려 한다** 에그론 사람들의 이런 울부짖음은 하나님이 그들이 겪은 재앙의 원인이시라는 사실을 블레셋 사람들이 깨달았다는 것을 보여준다. 이상하게도 블레셋 사람들은 하나님이 그분의 능력으로 애굽인들을 치신 것을 알고 있었지만(4:8), 자신들이 애굽보다 더 강하다고 믿었다. 6-12절을 보면 블레셋 족속이 하나님 앞에서 스스로를 겸손하게 낮추지 않아 전염병으로 인한 그들의 피해는 갈수록 심각해졌다. 그들의 행동은 애굽인들이 보였던 행동과 유사하다(출 5-14장).

블레셋의 위협하에 있던 지역

6:2 제사장들과 복술자들 블레셋의 제사장과 점술가들은 성경에서 널리 알려진 존재로 언급되는데(사 2:6), 블레셋 족속은 이들을 불러 어떻게 해야 하나님을 달래 그 재앙을 멈추게 할 수 있는지 알아내고자 했다. **그 있던 곳으로 보낼 것인지** 블레셋 족속은 자신들이 하나님을 노엽게 했다는 것을 알았다. 점술가들은 그 궤를 이스라엘로 돌려보냄으로써 하나님의 진노를 달래기로 결정했다.

6:3 속건제 그들이 이 제물을 드린 목적은 이스라엘의 하나님을 모욕한 그들의 죄를 시인하고 그에 대해 배상하기 위해서다. 이들은 자신들의 죄를 인식하고 분명하게 회개할 필요성을 느꼈는데, 자신들의 종교적 전통에 따라 속건제물을 드리는 것으로 그 회개를 행했다.

6:4 금 독종 다섯과 금 쥐 다섯 마리 종기 모양(그리고 그 전염병을 가져온 쥐들의 모양)으로 만드는 것은 그들의 풍습이었다. 그들은 이를 통해 신이 진노한 이유를 자신들이 알고 있음을 그 신이 인지하고, 그리하여 그들에게 내린 재앙을 거둬가기를 희망하면서 이 형상들을 만들었다. 17절은 이 이야기가 기록될 때 저자의 눈앞에 이 형상들이 있었음을 시사한다. 다섯이라는 숫자는 하나님의 심판을 받은 블레셋의 각 성읍과 방백을 상징한다.

6:5 이스라엘 신께 영광을 돌리라…그의 손을…가볍게 하실까 하노라 공감 주술(sympathetic magic, 어떤 사물을 조종함으로써 다른 사물 또는 사람에게 영향을 끼치고자 하는 주술–옮긴이)을 행하는 것이 블레셋의 관습이었지만, 본문에 나타난 점술가들의 말은 이 속건제물을 드리는 의도를 분명하게 표현하고 있다. 그들은 자신들이 하나님을 노엽게 했으며, 그분이 가장 높은 신이라는 사실을 시인함으로써 모욕적인 행위를 중단하고, 자신들의 죄를 고백하며, 이스라엘의 하나님께 영광을 돌리고자 했다.

6:6 어찌하여 너희가 너희의 마음을 완악하게 하겠느냐 점술가들은 하나님을 알아보지 못한 블레셋인들의 행동을 바로와 애굽인들의 행동과 연관 짓고 있다. 여기에 쓰인 단어 '완악하게 하다'는 출애굽기 7:14; 8:15,

32에 쓰인 것과 동일한 표현이다. 출애굽기 5-14장에 나타난 하나님의 주된 목적은 애굽인들에게 "나를 여호와인 줄"(출 7:5) 알도록 하시는 데 있었기 때문에 이 연관성은 실로 흥미롭다.

6:7 멍에를 메어 보지 아니한 블레셋 족속이 겪은 모든 재앙의 배후에 이스라엘의 하나님이 계신지를 살피기 위해 점술가들은 하나님이 그 원인이신지를 알아낼 방법을 한 가지 생각해낸다. "멍에를 메어 보지 아니한" 소를 이용한다는 것은 수레를 끌도록 훈련받지 않았으며, 어느 방향으로 움직여야 하는지 모르는 동물을 이용한다는 뜻이다. **그 송아지들은 떼어** 그들이 생각해낸 방법의 두 번째 초점은 어미 소를 새끼 송아지와 떼어놓는 데 있다. 만약 그 소들이 본성을 거슬러 새끼 송아지들이 있는 쪽과 반대 방향으로 발걸음을 뗀다면 그것은 블레셋 족속이 당한 재앙의 원인이 초자연적인 것이었음을 보여주는 분명한 표시일 것이다.

6:9 벧세메스 이 성읍의 이름은 '태양의 집'을 뜻하며, 소렉 골짜기에 위치했다. 이곳은 예루살렘에서 서쪽으로 24킬로미터 정도 떨어진 레위인의 성읍이었다. 이 성읍은 원래 아론 후손들의 거주지로 지정된 곳이었는데(수 21:16), 수레를 끄는 소들이 향하는 목적지가 되었다.

6:12 갈 때에 울고 본능적으로 새끼 송아지를 남겨두고 떠나기가 싫어 울면서도 어미 소들은 좌우로 방향을 돌리지 않고 곧바로 벧세메스를 향했다. 이로써 하나님이 블레셋 사람들에게 심판을 내리셨다는 결론이 명백히 드러났다.

6:13 밀을 베다가 유월 중 어느 날이었을 것이다. 밀을 추수할 때는 온 성읍 사람이 참여했다.

6:14 벧세메스 사람 여호수아 소들은 여호수아의 밭에서 멈춰섰다. 그곳에는 이 이야기가 기록될 때 저자도 확인할 수 있던 큰 돌이 놓여 있었다.

6:15 레위인 벧세메스의 사람들은 레위인으로 궤를 움직일 자격이 있었다. **큰 돌 위에 두매** 여기에 언급된 돌은 하나님의 궤와 금으로 된 물건들을 놓아두기 위한 받침대로 쓰였다. 이 이야기가 기록될 당시 이 돌은 하나님이 이스라엘 땅에 돌아오셨다는 증거로 그곳에 놓여 있었다.

6:16 블레셋 다섯 방백 이 블레셋의 왕들은 궤가 무사히 도착한 것을 보고 에그론으로 돌아갔다.

6:19 궤를 들여다 본 까닭에 벧세메스 사람들의 이런 행동은 교만한 죄가 되었다. 이 죄는 민수기 4:20에 처음 언급되었는데, 사무엘하 6:6, 7에 다시 언급되고 있다. **(오만) 칠십 명** (NKJV에는 괄호 없이 'fifty thousand and seventy men', 곧 '오만 칠십 명'이라고 번역됨–옮긴이) 어떤 학자들은 이 숫자가 너무 크다고 주장한다. 그러나 큰 숫자를 그대로 유지하는 것이 "크게 살륙"하셨다는 본문의 내용이나 4:10에 나오는 3만 명의 숫자와 더 일치한다(참고. 11:8). 하지만 필사 과정에서 오류가 발생했을 수도 있다. 그럴 경우 이 숫자에서 5만을 빼야 할 것이며, 요세푸스가 기록한 것처럼 그 숫자는 '칠십'이 된다.

6:20 누가 능히 서리요 그들의 이 물음은 하나님의 궤에 대한 이야기 가운데 절정을 이룬다. 아무도 하나님의 심판 앞에 능히 설 수 없다. 이것은 언약 아래 있는 사람이나 그 바깥에 있는 사람이나 마찬가지다. 하나님 앞에서 절대 교만한 마음을 품어서는 안 된다. **누구에게로 올라가시게 할까** 이 구절은 궤를 자신들의 성읍에서 다른 곳으로 보내고자 하는 그들의 마음을 표현하고 있다.

6:21 기럇여아림 이 성읍은 벧세메스에서 북동쪽으로 16킬로미터 정도 떨어진 곳에 위치하했다. 이곳은 다윗이 궤를 예루살렘으로 옮기기 전까지(삼하 6:1-19) 그 궤가 머물러 있던 장소였다. 이곳은 오랫동안 바알 숭배가 행해진 곳이었다(참고. 수 15:9, 60; 18:14).

2. 블레셋에 대한 이스라엘의 승리와 사무엘의 사사직 수행(7:2–17)

7:2 이십 년 동안 3절과 짝지어 살펴보면 20년은 이스라엘 백성이 하나님을 외면하고 이방 신들을 따라간 기간을 가리킨다. 20년 후에 이스라엘은 주께 돌아온다.

7:3 너희 마음을 여호와께로 향하여…그리하면 너희를…건져내시리라 사무엘의 이 말은 사사기에 나타나는 순환 구조를 생각나게 한다. 그것은 곧 배교와 압제, 회개, 구원이 반복되는 구조였다. 그의 말은 이 장에 나오는 내용에 대한 예고편과 같다.

7:4 바알들과 아스다롯 가나안의 여러 신 가운데 가장 두드러지는 신들로 이스라엘을 병들게 한 풍요를 상징했다. '바알'(Baal)과 '아스다롯'(Ashtoreth)은 장엄함을 나타내는 복수형으로, 그들이 다른 가나안 신들 위에 군림하는 으뜸의 권위를 지니고 있음을 표시한다. 아스다롯은 여신이며, 바알은 땅을 비옥하게 하는 하늘의 남신이다.

7:5 미스바 이곳은 베냐민 지파의 땅에 있는 성읍으로, 기럇여아림에서 북동쪽으로 13킬로미터 정도 떨어진 곳에 위치했다. 이곳은 사무엘이 순회하며 방문하는 성읍들 중 하나였다(16절). **내가…기도하리라** 사무엘은 기도의 사람이었다(7:8, 9; 8:6; 12:19, 23; 15:11).

7:6 물을 길어 여호와 앞에 붓고 주님 앞에서 물을 쏟는

삼상

것은 회개의 표시였다. 이런 행위는 사무엘하 23:16에서 반복된다. **우리가 여호와께 범죄하였나이다** 사무엘이 물을 쏟고 백성이 자신들의 죄를 인정하는 상황은 참된 회개가 이루어졌음을 보여준다. 마음의 상태는 예식의 중요성이나 의로움보다 앞선다. **사무엘이…다스리니라** 이곳에서 사무엘은 이스라엘의 사사로 등장하고 있다. 그의 사사 직분은 내정 관리와 전쟁 수행을 모두 포함한다. '다스렸다'는 표현을 통해 이 구절은 40년 동안 이스라엘을 다스린 엘리에 대한 마지막 언급(4:18)과 다시 연결된다. 사무엘은 엘리의 사사 직분을 이어받은 사람으로 등장한다. 그는 첫 번째 왕이 등극하기 전 마지막 사사로 이스라엘을 섬겼다(참고. 삼상 8:5).

7:7 이스라엘 자손들이…블레셋 사람들을 두려워하여 블레셋 사람들이 그들과 싸우러 왔다는 소식을 들은 이스라엘 백성은 두려움에 떨었다.

7:10 여호와께서 블레셋 사람에게 큰 우레를 발하여 주님은 한나가 기도한 내용(2:10)을 그분의 대적들에게 문자적으로 실행하셨다.

7:11 벧갈 이곳의 위치는 알려져 있지 않다.

7:12 여호와께서 여기까지 우리를 도우셨다 이 말은 주님이 이스라엘을 그 지점까지 인도하셨음을 나타낸다. 하나님은 이스라엘 백성이 신실하게 순종할 때나 그분에게 반역할 때나 늘 이스라엘을 다스리시는 주권자이셨다. 하나님은 이스라엘 백성의 전투에서 친히 싸우셨고 복을 가져다주셨다. **에벤에셀** 4:1과 5:1에 언급된 장소와는 다른 곳이다. 이 이름은 이 이야기의 처음과 끝에 쓰여 이 본문을 하나로 묶는 문학적인 매듭 역할을 한다(*4:1에 대한 설명을 보라*).

7:13 다시는 이스라엘 지역 안에 들어오지 못하였으며 주님은 블레셋 족속을 꺾고 이스라엘에게 승리를 주셨다. 그리하여 그들의 위협은 사무엘이 사사로 있는 동안 잠잠해졌다. **사무엘이 사는 날 동안에** 4:1에서 사무엘이 하나님의 대행자로 등장하면서 이 이야기가 시작된 것처럼 여기서는 사무엘이 살아 있는 동안 주님이 계속 강력하게 역사하신 일을 서술하면서 그 끝을 맺는다.

7:14 에그론부터 가드까지 앞서 블레셋의 주요 성읍으로 언급된(5:8, 10) 이 성읍들은 블레셋 족속의 동쪽 경계가 되었다. 이 성읍들의 동쪽에 있는 지역은 블레셋 족속의 통치에서 해방되어 다시 이스라엘의 소유가 되었다. **아모리 사람** 블레셋 족속은 지중해 연안의 평야 지역에 머물렀고, 아모리 족속은 요단강 골짜기와 지중해 연안의 평야 지역 사이에 있는 이스라엘 서쪽의 구릉 지대에 머물렀다. 블레셋 족속과의 싸움이 그친 것처럼 이스라엘은 아모리 족속과도 평화로운 관계를 유지했다.

7:16 순회하여 사무엘은 매년 이렇게 순회 여행을 했다. 그는 벧엘과 길갈, 미스바를 여행한 후 다시 라마로 돌아왔다. 이런 식으로 그는 이스라엘 백성의 여러 일을 돌보고 다스렸다.

7:17 라마 이 책의 첫 번째 주요 단락(1:1-7:17)은 사무엘이 이스라엘 백성을 다스리기 위해 라마로 돌아옴으로써 끝이 난다.

사울: 이스라엘의 첫 번째 왕 (8:1-15:35)

8:1-15:35 두 번째 단락은 이스라엘과 사무엘, 사울 사이의 상호작용에 주로 초점을 맞추고 있다. 이 이야기는 이스라엘의 장로들이 모여 라마에 있는 사무엘을 찾아옴으로써 시작되며(8:4), 사무엘이 사울을 떠나 라마로 돌아옴으로써 끝을 맺는다(15:34). 사무엘상 8:1-12:25은 이스라엘에 왕정이 세워진 일과 사울이 첫 번째 왕으로 등극한 일을 서술한다. 이 장들은 사무엘이 늙었다는 언급(8:1; 12:2)과 백성의 "목소리를 듣는 일"(8:7, 9, 19, 22; 12:1, 14, 15)을 통해 연결되어 있다. 본문 13:1-15:35은 이스라엘의 왕으로서 사울이 범한 실패를 자세히 서술하고 있다. 여기서 벌어진 일들은 길갈에서 사울과 사무엘 사이에 일어난 두 가지 사건으로 시작하고 끝을 맺는다(13:4, 7, 8, 12, 15; 15:12, 21, 33).

A. 사울이 왕위에 오름(8:1-12:25)

1. 이스라엘 백성이 왕을 요구함(8:1-22)

8:1 사무엘이 늙으매 당시 사무엘은 60세 정도 되었다(주전 1043년). 그는 자기 두 아들을 브엘세바에서 사사로 세웠다. 이 성읍은 라마에서 남쪽으로 91킬로미터 정도 떨어진 곳에 있었다.

8:2 요엘 이는 '여호와는 하나님이시다'라는 뜻이다. **아비야** 이는 '내 아버지는 여호와이시다'라는 뜻이다.

8:3 그의 아들들이 자기 아버지의 행위를 따르지 아니하고 사무엘의 아들들은 부자가 되려는 비뚤어진 욕망 때문에 뇌물을 받으며 정의를 왜곡했다. 신명기 16:19에서는 재판장들의 경우 이런 행동을 엄격히 금지하고 있다. 이스라엘 백성은 사무엘의 아들들이 범한 죄를 구실로 삼아 왕을 요구하기 시작했다(4, 5절).

8:5 모든 나라와 같이 우리에게 왕을 세워 이스라엘 백성이 가나안 땅에 들어갔을 때 그들은 왕이 다스리는 가나안의 성읍 국가들과 맞닥뜨렸다(수 12:7-24을 보라). 게다가 사사들이 활동하던 시대에 이스라엘 백성은 왕이 다스리는 나라들에 예속된 상태였다(삿 3:8, 12;

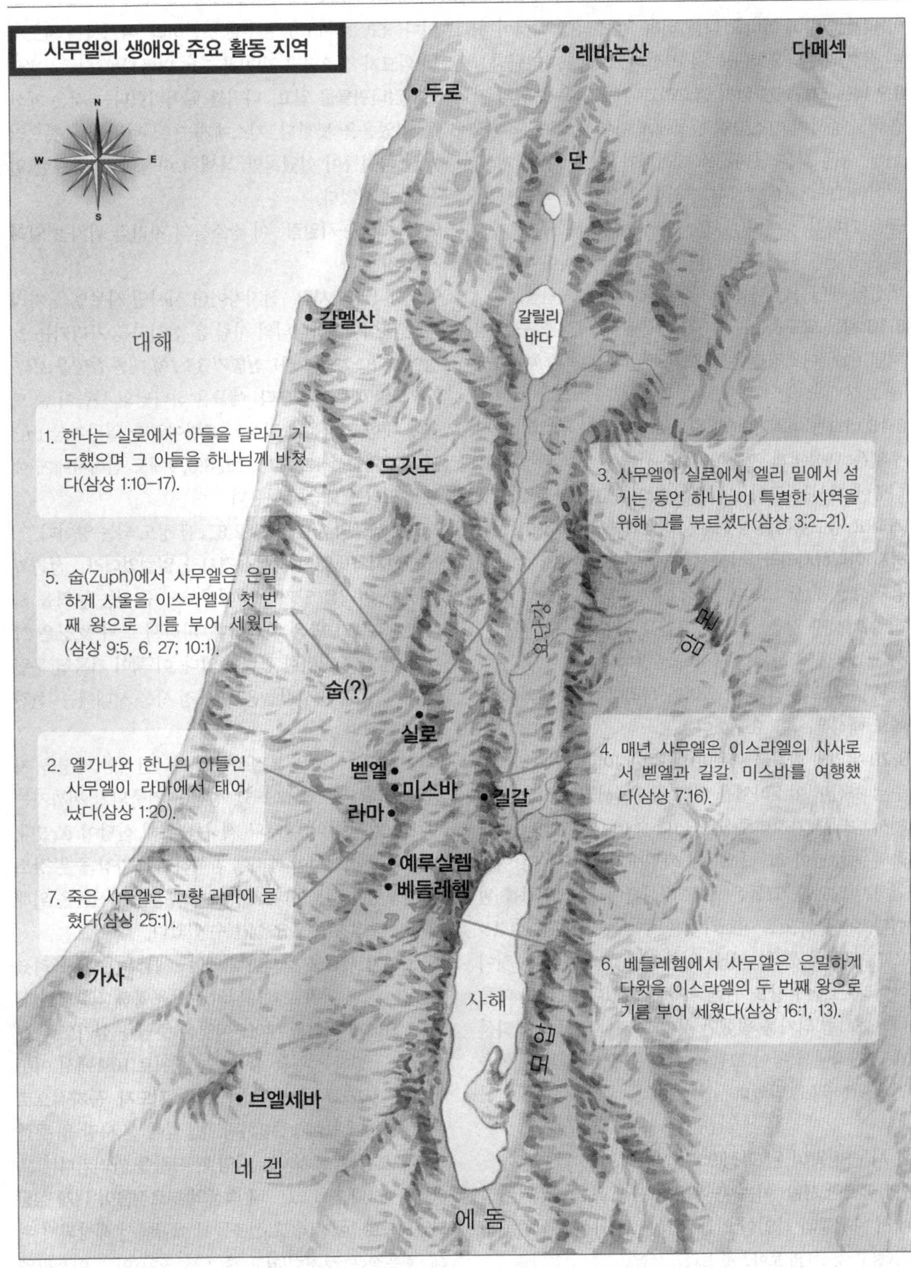

4:2; 8:5; 11:12). 그러나 당시 이스라엘에는 왕이 없었다(삿 17:6; 18:1; 19:1; 21:25). 왕이 있는 나라들에 둘러싸여 살아가는 동안 이스라엘 백성 사이에서는 왕에 대한 갈망이 커졌다. 신명기 17:14에 따르면 하나님은 그들이 이런 갈망을 품게 되리라는 것을 아셨으며, 그들이 원하는 대로 허락하시고자 했다. 그러나 20절은 백성에게 주님의 뜻에 어긋나는 분명한 동기가 있었음을 보여준다. *8:20에 대한 설명을 보라.*

8:7 백성이…한 말을…들으라 주님은 이스라엘에 왕이 세워질 것을 예언하셨다(창 35:11; 36:31; 49:10; 민 24:7-9, 17; 신 17:14; 28:36). 여기서 주님은 사무엘에게 백성들의 요구를 받아들여 왕을 세우라고 말씀하신다. **그들**

이 너를 버림이 아니요 나를 버려 이스라엘 백성이 어떤 식으로 주님을 버렸는지 19절과 20절에 나타난다.

8:9 너는 그들에게 엄히 경고하고 사무엘은 주님의 말씀에 순종하여 이스라엘 백성에게 왕이 할 행동을 나열한다. 왕은 젊은 남녀들을 데려다가 자기를 섬기게 할 것이며(11-13절), 백성이 수확한 곡식과 양 떼에서 세금을 거둬갈 것이며(14, 15, 17상), 백성이 소유한 가장 좋은 동물과 하인을 데려다가 일을 시킬 것이며(16절), 백성의 개인적인 자유를 제약할 것이다(17하반절).

8:10 왕을 요구하는 한나가 아들을 주시기를 구한 것처럼(1:20) 이스라엘은 왕을 요구했다. *9:2에 대한 설명을 보라.*

8:18 너희는 너희가 택한 왕으로 말미암아 부르짖되 사무엘은 백성에게 그들이 왕을 선택한 것을 후회하고, 나중에 가서는 그의 통치에서 벗어나고자 부르짖게 될 거라고 경고했다(왕상 12:4). **여호와께서 너희에게 응답하지 아니하시리라** 사사 시대에 주님이 이스라엘에게 응답하신 것(삿 2:18)과 달리 이제 주님은 그들을 불쌍히 여기시지 않을 것이며, 그들을 억압하는 왕의 손에서 그들을 구출하기를 거절하실 것이다.

8:19 우리도 우리 왕이 있어야 하리니 사무엘의 경고에도 백성은 왕을 요구했다.

8:20 우리의 싸움을 싸워야 할 것이니이다 이때까지는 주님 자신이 이스라엘을 위해 전쟁에서 싸우시고 계속해서 승리를 가져다주셨다(7:10; 수 10:14). 그러나 이스라엘은 주님이 그들을 위해 싸워주시는 것을 더 이상 원하지 않았다. 그들은 주님 대신에 왕을 세우기를 원했다. 이런 식으로 이스라엘은 주님을 거부했다(7절을 보라). 그들의 문제는 왕을 원한 사실 자체에 있는 것이 아니라 그들이 왕을 원한 이유에 있었다. 그들은 다른 나라들처럼 되기를 원했던 것이다. 또한 그들은 어리석게도 전쟁에서 왕이 그들을 이끌 경우 더 강력한 힘을 얻게 될 거라고 믿었다.

2. 사울의 왕이 된 과정(9:1–11:13)

9:1 유력한 사람 이는 곧 '부유한 사람'을 가리킨다. 3절에서 나귀들과 하인이 언급된 것은 이 사실을 확증해준다(참고. 룻 2:1의 보아스를 보라).

9:2 사울 베냐민 지파 기스의 아들로, 이스라엘의 첫 번째 왕이 되었다. '사울'(Saul)의 히브리어 어근은 '(하나님께)구하다'를 뜻한다. 8:10에서 백성은 "왕을 요구"했다. 하나님이 사울을 지명하셨지만, 그를 택한 것은 백성이었다. 주님은 그들의 요구에 대한 응답으로 사울을 주셨다. 주님이 택한 왕은 유다 지파에서 나올 것이었다(참고. 창 49:10). **준수한 소년이라** 여기서는 지도자의 외모가 강조되고 있다(참고. 16:18의 다윗).

9:3 암나귀들을 잃고 나귀를 잃어버렸다는 것은 재산을 잃었음을 뜻한다. 기스에게는 그 나귀들을 찾으러 다닐 하인들이 있었지만, 특별히 사울이 이 중요한 일을 맡게 되었다.

9:4 살리사…사알림 이 장소들의 지리적 위치는 알려져 있지 않다.

9:6 하나님의 사람 선지자이며 사사인 사무엘을 가리키는 말이다. '하나님의 사람'은 선지자를 가리키는 호칭이었다(2:27을 보라). *신명기 33:1에 대한 설명을 보라.*

9:7 드릴 예물이 없도다 예물은 하나님의 사람이 준 도움에 대한 고마움과 감사의 표현이었다. 열왕기상 14:3과 열왕기하 4:42; 5:15, 16; 8:8, 9에도 선지자에게 예물을 드리는 모습이 나온다.

9:8 한 세겔의 사분의 일 2.8그램 정도 되는 양이다.

9:9 선지자…옛적에는 선견자라 일컬었더라 *선견자*(seer)는 미래를 알거나 *내다볼*(see) 수 있는 능력을 하나님께로부터 받은 사람이다. 따라서 그의 호칭은 그가 행한 일과 밀접한 관련이 있다. 이 책이 기록될 무렵 '선지자'로 불린 사람들은 그 이전 사울 시대에는 '선견자'로 불렸다.

9:12 산당 이곳은 본질적으로 가나안적인 배경을 지닌 장소다(참고. 신 12:2-5). 성전이 건축되기 전까지는 이스라엘 백성의 예배와 제사를 위해 산당이 쓰였다. 이는 그곳이 백성이 예배에 참석하기에 가장 좋은 장소를 제공했기 때문이다. 그곳에서 백성은 자신들을 위해 제사가 드려지는 모습을 볼 수 있었다.

9:13 그가 제물을 축사한 후에야 제물은 주께 드려졌다. 이는 예배 행위로, 하나님의 사람을 통해 거행되었다.

9:16 그에게 기름을 부어 이것은 주님을 섬기도록 그 사람을 구별하는 일을 상징하는 행위로 10:1에서 이루어졌다. *2:10에 대한 설명을 보라.* **지도자** 문자적으로는 '현저하게 눈에 띄는 사람' '맨 앞에 선 사람'을 뜻한다. 이 호칭은 '통치자로 지명'된 사람을 가리킨다(참고. 왕상 1:35; 대하 11:22). **내 백성의 부르짖음이 내게 상달되었으므로** 예전에 그 선조들이 애굽에서 해방되기 위해 울부짖은 것처럼(참고. 출 2:25; 3:9) 이제 이스라엘 백성은 그들의 오랜 적수인 블레셋 족속으로부터 건짐을 받고자 부르짖었다.

9:17 이가 내 백성을 다스리리라 하나님은 사무엘에게 사울이 바로 그 사람임을 확인해주셨다. 이는 하나님이 누구를 왕으로 택하셨는지 확실하게 알리신 것이다.

9:18 선견자의 집이 어디인지 이는 사무엘의 집을 가

리킨다.

9:20 온 이스라엘이 사모하는 자 이스라엘 백성은 그들의 왕이 원수들을 물리치고 군사적인 승리를 가져다 줄 것을 기대하고 있었으며, 사울은 이제 그 희망의 초점이 될 것이었다(참고. 8:19, 20).

9:21 베냐민 사람…모든 가족 중에 가장 미약하지 아니하니이까 사울은 자신의 지파가 처한 형편을 정확히 파악하고 있었으며, 자신의 가족을 겸손하게 낮추었다. 이를 통해 그의 겸손과 소심함이 나타난다.

9:22 객실 산당에서 제사를 드린 후 초대받은 사람들이 사무엘과 함께 식사하는 장소다(참고. 12, 13절).

9:24 넓적다리…네 앞에 놓고 먹으라 레위기 7:28-36의 가르침에 따라 사무엘은 드린 제물 중 제사장에게 주어지는 부분인 넓적다리를 받았다. 사무엘이 이 맛있는 고기를 사울에게 준 것은 분명 경의를 표하는 일로, 이는 왕으로 지명된 사람인 사울이 얻게 된 새로운 지위를 나타낸다.

9:25 지붕에서 사울과 그의 하인은 밤에 사무엘의 집 지붕에서 수면을 취했다.

9:27 하나님의 말씀 이는 하나님께로부터 온 특별한 계시로, 하나님은 사무엘에게 그 계시를 주셨으며, 그 대상은 사울이었다. *3:1에 대한 설명을 보라*.

10:1 여호와께서 네게 기름을 부으사…지도자로 삼지 아니하셨느냐 주님은 사울을 이스라엘의 지도자로 택하셨으며, 사무엘이 사적으로 그에게 기름을 부음으로써 그 뜻이 사울에게 전달되었다. 이 기름 부음은 하나

삼상

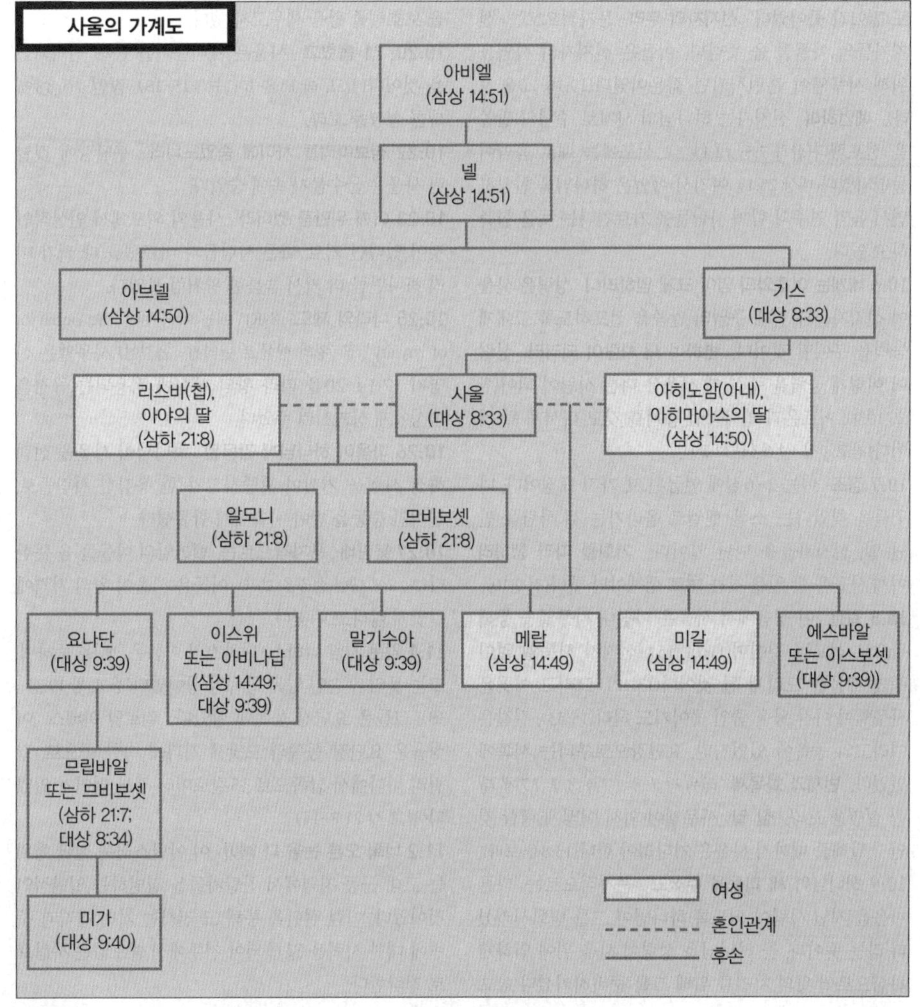

님을 섬기도록 사울이 구별되었음을 상징하는 것이었다(2:10을 보라). **그의 기업의** 이 기업은 곧 하나님의 나라인 이스라엘이었다. 이스라엘은 하나님의 고유한 소유물이었다(신 4:20; 9:26).

10:2 셀사 이 성읍의 이름은 여기서만 언급된다. 셀사는 벧엘과 베들레헴 사이에 있는 라마 근처였을 것으로 추측된다. 라헬은 라마에서 죽음을 맞았다(창 35:19; 48:7).

10:3 다볼 이 지명은 멀리 떨어진 다볼산을 가리키는 것이 아니다. 이곳은 정확한 위치가 알려지지 않은 지역으로, 아마 벧엘 근처였을 것이다.

10:5 블레셋 사람들의 영문 이는 베냐민 지파의 땅 게바(Geba)에 있던 그들의 주둔지를 가리킬 가능성이 가장 높다. 이곳은 예루살렘에서 북쪽으로 8킬로미터 정도 떨어진 곳이었다. **선지자의 무리** 문자적으로는 '선지자들의 아들들'을 뜻한다. 이들은 선지자의 사역을 위해 사무엘이 훈련시키던 젊은이였다(19:18-20을 보라). **예언하며** 선지자는 하나님의 사자로 주님의 말씀을 선포했다(삼하 7:5; 12:1). 그 선포에는 때로 음악이 동반되었다(대상 25:1). 여기서 *예언*은 하나님을 찬양하면서 음악 연주와 함께 사람들을 가르친다는 뜻을 함축하고 있다.

10:6 네게는 여호와의 영이 크게 임하리니 성령은 사울이 선지자들과 함께 주님의 말씀을 선포하도록 그에게 능력을 부여할 것이다. **변하여 새 사람이 되리라** 성령이 이렇게 능력을 주실 때 사울은 다른 사람이 되어(참고. 10:9), 기드온과 입다처럼 용기를 갖고 나서게 될 것이다(참고. 9절; 삿 6:34; 11:29).

10:7 징조 이는 2-6절에 언급된 세 가지 표징이다. 나귀들을 찾았다는 소식, 벧엘로 올라가는 세 사람을 만난 일, 선지자들을 만난 일이다. **기회를 따라 행하라** 이제 사울은 할 일을 찾는 대로 행해야만 했다(전 9:10).

10:8 길갈 이 성읍에서 사울은 마침내 사무엘을 통해 왕으로 선포될 것이며(11:14, 15), 선지자 사무엘 없이 주께 제물을 드리게 될 것이다(13:12). 그리고 이곳은 사무엘이 아각 왕을 죽인 곳이기도 하다(15:33). 길갈은 여리고의 동쪽에 있었지만, 요단강으로부터는 서쪽에 있었다. **번제와 화목제** *레위기 1:3-17과 3:1-17에 대한 설명을 보라.* **칠 일** 사무엘이 와서 어떻게 행할 것인지 말해줄 때까지 사울은 기다려야 한다(13:8을 보라).

10:9 하나님이 새 마음을 주셨고 문자적으로는 '다른 마음을 지닌 사람이 되도록 하나님이 그를 변화시키셨다'라는 뜻이다. 곧 하나님은 성령이 사울 위에 임하게 하심으로써 왕의 자리를 위해 그를 준비시키셨다(참고. 6절).

10:12 그들의 아버지가 누구냐 이 질문은 이제 사울이 포함된 그 선지자 무리를 이끄는 사람이 누군지를 묻는 것이었다.

10:16 나라의 일 사울은 자신이 왕이 되리라는 사무엘의 이야기를 그의 숙부에게 말하지 않았다. 이것은 사울의 겸손을 드러내는 일일 수도 있다(참고. 22절).

10:17 사무엘이 백성을…불러 주님이 사울을 선택하신 사실이 미스바에서 공식적으로 선포되었다. 미스바는 이스라엘이 블레셋 족속에게 승리를 거두기 전 함께 모여 영적 각성을 위해 부르짖었던 장소다(7:5-8).

10:18, 19 이스라엘 하나님 여호와께서…너희를…건져내었느니라 하나님이 과거에 이스라엘 백성을 신실하게 돌보셨음에도 그 백성은 여전히 적들로부터 자신들을 보호해줄 왕을 세우고자 했다.

10:20, 21 뽑혔고 사울은 제비뽑기를 통해 선택되었을 것이다(참고. 레 16:8-10; 수 7:15-18). *잠언 16:33에 대한 설명을 보라.*

10:22 짐보따리들 사이에 숨었느니라 부담감에 짓눌린 사울은 군수물자 속에 숨었다.

10:23 어깨 위만큼 컸더라 사울의 외모에서 인상적인 것이 있다면 키로, 다른 사람들과 비교했을 때 키가 머리 하나만큼 더 커서 늠름한 왕처럼 보였다.

10:25 나라의 제도 (NKJV에는 이 구절이 'the behavior of royalty', 곧 '왕의 행실'로 번역됨-옮긴이) 사무엘은 신명기 17:14-20을 따라 왕의 행실에 적용되는 규정을 백성에게 상기시켜 주었다.

10:26 마음이 하나님께 감동된 하나님이 사울을 선택하신 사실을 기꺼이 확증하고자 한 용감한 사람들로, 신적인 충동을 받아 사울에게 합류했다.

10:27 불량배 문자적으로는 '벨리알의 아들들'을 뜻한다(*2:12에 대한 설명을 보라*). 이들은 사울이 왕의 자격에 걸맞지 않다고 여겼다.

11:1 암몬 사람 나하스 나하스의 이름은 '뱀'을 뜻하며, 그는 롯의 후손인 암몬 족속의 왕이었다(참고. 창 19:36-38). 그들은 요단강 동쪽에 살았다. **길르앗 야베스** 이 성읍은 요단강 동쪽의 므낫세 지파에 속한 곳으로, 갈릴리 바다에서 남쪽으로 35킬로미터 정도 떨어져 있었다(참고. 삿 21:8-14).

11:2 너희 오른 눈을 다 빼야 이 야만스러운 절단 행위는 고대 근동 지역에서 찬탈자들을 징벌하는 일반적인 것이었다. 이런 절단을 통해 그 전사는 거리 감각과 주변에 대한 시력을 잃게 되어 전투에서 쓸모없는 사람으로 전락한다.

11:3 이레 동안 야베스의 장로들은 요단강 서쪽에 있는 이스라엘 백성이 자기들을 구해줄 것으로 기대했다.

11:4 사울이 사는 기브아 사울의 고향이며 이스라엘 왕정의 첫 수도로 예루살렘에서 북쪽으로 5킬로미터 정도 떨어진 곳이었다(참고. 10:26).

11:5 밭에서 이스라엘 백성이 그를 왕으로 추대해주기를 기다리며 사울은 계속 농부로 일했다.

11:6 하나님의 영에게 크게 감동되매 성령의 역사를 통해 그의 심령은 신적인 분노로 가득 찼고, 길르앗 야베스의 백성을 구할 수 있는 능력을 얻었다(참고. 10:6).

11:7 각을 뜨고 사울은 소들을 잡아 여러 조각으로 절단해 이스라엘 전역으로 보냈다. 이는 싸움에 참여하도록 백성을 격동시키기 위해서였다(이와 유사한 행동으로 삿 19:29; 20:6을 보라).

11:8 베섹 세겜에서는 북쪽으로 21킬로미터 정도, 길르앗 야베스에서는 서쪽으로 27킬로미터 정도 떨어진 곳에 위치한 성읍이었다. **이스라엘 자손…유다 사람** 이때는 아직 왕국이 분열되기 전이었음에도 이렇게 이스라엘과 유다를 구별하는 모습은 왕국이 분열된 주전 931년 이후에 이 책이 쓰였음을 보여준다. 서론의 저자와 저작 연대를 보라.

11:11 삼 대 병력을 분할하는 군사 전술로, 기습 공격에 몰살될 위험성을 줄이면서 전술을 다양하게 전개할 수 있는 이점이 있었다. **새벽에** 밤에 서는 불침번의 세 구간 중 마지막 시간(오전 2-6시)이었다. 이 기습 공격은 새벽이 되기 전, 곧 암몬 족속이 전투 준비 태세를 갖추기 전에 이루어졌다.

11:13 여호와께서…이스라엘 중에 구원을 베푸셨음이니라 사울은 주님이 그들을 구원하셨다는 사실을 인식하고 그의 왕권에 도전한 사람들(10:27)을 죽이기를 거절했다.

3. 사무엘이 왕에 대해 이스라엘 백성에게 한 권면 (11:14–12:25)

11:14 길갈 *10:8에 대한 설명을 보라.* **나라를 새롭게 하자** 공식적인 만장일치의 환호를 통해 사울의 등극을 재확인했다.

11:15 여호와 앞에서 사울을 왕으로 삼고 그날 온 백성이 사울을 왕으로 삼기 위해 그곳에 모였다. 왕에 오르는 절차는 사울과 다윗의 경우 모두 동일하다. 첫째, 주께 지명을 받는다(9:1-10:16; 16:1-13). 둘째, 군사적인 승리를 통해 그 지명이 확증된다(10:17-11:11; 16:14-삼하 1:27). 셋째, 왕에 즉위한다(11:12-15; 삼하 2:4; 5:3). **화목제** 감사의 제사였다(참고. 레 7:13). **크게 기뻐하니라** 사울과 이스라엘 백성은 암몬 족속에게 승리를 거두고 마침내 통일된 왕국을 세운 일을 크게 기뻐했다.

12:1 너희가 내게 한 말을…듣고 사무엘은 주님의 뜻과 백성의 소원에 따라 이스라엘 위에 하나님이 선택하신 왕을 세웠다. 비록 그 자신은 왕정 체제에 대해 개인적으로 염려를 갖고 있었지만 말이다.

12:3 내가 여기 있나니 이 말은 사무엘의 생애에서 친숙하게 들었던 것으로(참고. 3:4, 5, 6, 8, 16), 그가 하나님과 백성을 기꺼이 섬기고자 했음을 나타낸다. **증언하라** 사무엘은 백성에게 혹시 그가 어떤 언약의 규정을 어긴 것이 있으면 "증언하라"고 요청했다.

12:7 내가 여호와 앞에서 너희와 담론하리라 이제 이스라엘은 새 왕 아래서 통일된 나라를 이루었지만, 사무엘은 여전히 이전에 왕이 없을 때 하나님이 행하신 일들을 무시하고 거부한 것에 대해 백성을 꾸짖고자 했다.

12:11 여호와께서…보내사 너희를…건져내사 사사들의 손을 통해 그들을 구원하신 분은 바로 주님이셨다. 그들이 스스로 자신들을 건져낸 것이 아니었다.

12:12 너희가 암몬 자손의 왕 나하스가 너희를 치러 옴을 보고 사해 문서와 요세푸스의 기록에 따르면 나하스는 광범위한 지역에 걸쳐 정복 전쟁을 벌였다. 이스라엘 백성은 암몬 족속의 위협으로 말미암아 왕을 요구하게 된 것으로 보인다(8:1-20). **너희의 하나님 여호와께서는 너희의 왕이 되심에도 불구하고** 이스라엘 백성이 자신들을 위해 싸울 왕으로 주 하나님 대신에 그저 한 명의 인간을 선택한 것에 대한 가장 분명한 고발의 말이다(참고. 8:20).

12:13 너희가 구한 왕…택한 왕 주님은 그들이 요구한 내용을 들어주셨다(참고. 시 106:15).

12:14 여호와를 경외하여 여호수아 24:14을 생각나게 하는 말씀이다. 이스라엘 백성은 주님을 경외하며 순종해야 했다(참고. 신 10:12). **너희와…왕이 너희의 하나님 여호와를 따르면** 이스라엘 백성과 그들의 왕 모두에게 같은 명령이 주어졌다. 그들 각자에게는 하나님의 명령에 순종하라는 동일한 사항이 적용되었다.

12:15 거역하면 '불순종하다' '듣지 않다' '버리다'라는 뜻이다. 신명기 28장의 약속들을 떠올리게 하는 말씀으로 주님의 명령에 순종하면 복이 있을 것이고, 그 명령에 불순종하면 저주를 받게 될 것이다.

12:16 이 큰 일 밀을 추수하는 시기(5월 말-6월 초순경)에 비가 오는 것은 드문 일이었지만, 주님은 비와 천둥을 보내 백성을 향한 사무엘의 말을 확증해주셨다.

12:19 당신의 종들을 위하여…기도하여 하나님이 능력을 나타내시자 이스라엘 백성은 자신들이 죄악된 동기

를 품고 왕을 구한 사실을 시인하는 반응을 보였다. 그들은 사무엘이 자신들을 위해 중보기도를 해주길 요청했다.

12:20 너희의 마음을 다하여 여호와를 섬기라 이 말씀은 구약에 자주 나타난 언약적 요구다(신 10:12, 13; 11:13, 14).

12:21 헛된 것 '무익한 것들'(곧 우상들)이다.

B. 사울의 왕권이 쇠퇴함(13:1-15:35)

1. 사울이 책망을 받음(13:1-15)

13:1 사십 세라…이 년에 이 역본(NKJV-옮긴이)에는 원래의 숫자들이 보존되어 있지 않다. 원래의 본문을 문자적으로 옮기면 '사울은 왕이 되었을 때 한 살이었으며, 이 년 동안 이스라엘을 다스렸다'가 된다. 사도행전 13:21은 사울이 이스라엘을 40년 동안 다스렸다고 언급한다. 그러나 사울이 왕위에 오른 나이는 성경 어디에도 기록되어 있지 않다. 아마 1절과 2절의 내용에 대한 가장 적합한 재구성은 '사울이 통치를 시작했을 때 (아마) 서른한 살이었으며, 2년 동안 이스라엘을 다스리고 나서 자신을 위해 이스라엘 사람 3천 명을 택했다'일 것이다.

13:2 믹마스 이 지역은 예루살렘에서 북동쪽으로 11킬로미터 정도 떨어진 곳에 있었다. **요나단** '여호와가 주시다'라는 뜻이다. 그는 사울의 맏아들이며 왕위를 이을 후계자로, 이때 이미 이스라엘 군대를 이끌 만큼 성장해 있었다. 이는 골리앗을 죽일 때의 다윗과 같은 모습이었다(삼상 17:32-37). **베냐민 기브아** 이 성읍은 예루살렘에서 북쪽으로 5킬로미터 정도 떨어진 곳에 위치했으며, 11:4에서는 "사울이 사는 기브아"로 불린다.

13:3 게바 블레셋 족속의 이 군사 주둔지는 예루살렘에서 북북동쪽으로 8킬로미터 정도, 믹마스에서 남서쪽으로 2.5킬로미터 정도 떨어진 곳에 있었다. **나팔을 불어** 사울은 나팔을 불어 전투에 참가할 추가 병력을 모았다.

13:4 미움을 받게 되었다 요나단이 블레셋 군대를 습격했기 때문에 이제 블레셋 족속이 이스라엘에 보복 공격을 가할 차례였다. **길갈** 이 성읍은 사무엘과 백성이 사울을 왕으로 세운 곳이다(11:14, 15). 사울이 길갈을 택한 것은 10:8에 나오는 사무엘의 말 때문이었다.

13:5 병거가 삼만이요 이것은 필사상의 오류였을 것이다. 바로 뒤에 나오는 마병의 숫자보다 훨씬 많기 때문이다. 이치에 맞는 숫자는 3천이며, 일부 구약 사본에는 그렇게 기록되어 있다. **벧아웬** 문자적으로는 '무(無)의 집'이라는 뜻이다. 믹마스에서 남서쪽으로 1.5킬로미터도 떨어지지 않은 곳에 있었다. **믹마스** *13:2에 대한 설명을 보라.*

> ㄱ·ㄴ·ㄷ **단어 연구**
>
> **이름(Name)**: 12:22; 17:45; 18:30. '표시하다'를 뜻할 가능성이 가장 높다. 성경의 역사에서 한 사람의 이름은 종종 그의 운명이나 지위 등 그의 개인적인 특징을 나타낸다('미련한 자'를 뜻하는 나발의 이름에 대한 설명은 삼상 25:25을 보라). 때때로 하나님은 어떤 사람의 특징이나 상태에 변화가 생긴 것을 나타내기 위해 그 사람의 이름을 바꾸셨다(창 35:10을 보라). 하나님의 다양한 이름들은 그분의 본성이 지닌 중요한 측면을 계시한다(예를 들어 지존하신 하나님, 전능하신 하나님, 스스로 있는 자 등). 하나님의 이름은 존중과 경의를 마음속에 품고 언급해야 한다(출 20:7). 하나님은 이스라엘과 맺으신 친밀한 언약적 관계를 표현하기 위해 그분의 이름을 이스라엘과 공유하셨다(출 3:13-15).

13:7 갓과 길르앗 땅 요단강 동쪽에 있는 지역들이다. **그를 따른 모든 백성은 떨더라** 백성은 블레셋 족속이 곧 쳐들어올 것을 두려워했다.

13:8 사무엘이 정한…이레 동안 이 구절은 10:8에 나온 사무엘의 말을 직접적으로 가리킨다. 사무엘은 사울에게 자신이 올 때까지 길갈에서 칠 일을 기다리라고 명령했다. **백성이…흩어지는지라** 사울의 백성들은 임박한 전투에 대한 두려움과 불안 때문에 도망가기 시작했다.

13:9 번제를 드렸더니 사울이 지은 죄는 그가 제사를 드렸다는 사실에 있는 것이 아니라(참고. 삼하 24:25; 왕상 8:62-64), 제사장으로서 사무엘이 줄 도움을 기다리지 않았다는 데 있다. 10:8을 보라. 사울은 행정적인 문제와 종교적인 문제 모두에서 절대 권력을 지닌 전제군주가 되기를 원했다. 사무엘은 사울이 하나님께 순종하는지, 그의 성품이 어떤지 시험하기 위해 칠 일의 기간을 두었다. 그러나 사울은 제사장의 영역을 침범함으로써 그 시험을 통과하는 데 실패했다.

13:11 내가 보았으므로 사울은 믿음이 아니라 자신이 눈으로 본 것에 의존해 불순종을 행했다. 그는 백성이 떠나가는 것을 두려워했고, 하나님이 그에게 어떤 일을 원하시는지 올바르게 생각하지 못했다.

13:13 명령을 지키지 아니하였도다 사울의 불순종은 10:8에서 사무엘이 내린 명령을 직접적으로 위반한 것이었다. **왕의 나라를 영원히** 하나님은 유다의 후손에

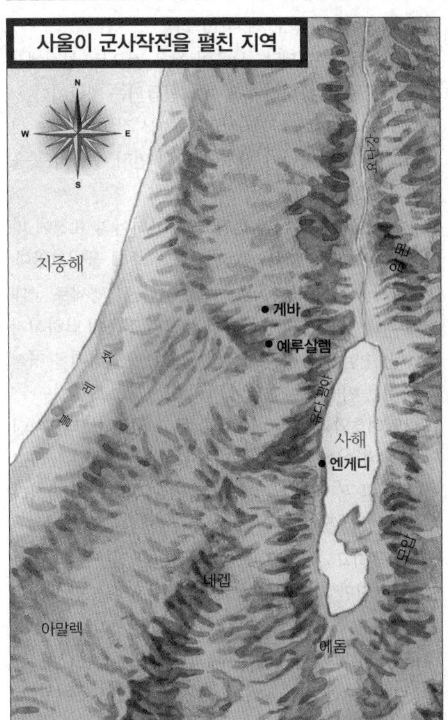

서 왕이 나올 것이라고 약속하셨는데(창 49:10), 어떻게 사울의 나라가 영원히 설 수 있겠는가? 이제 사무엘의 이 심판적인 선언을 통해 유다 지파가 아니라 베냐민 지파 태생인 사울이 왕으로 세워진 데서 오는 잠재적 모순이 해결되었다(참고. 14절)

13:14 그의 마음에 맞는 사람 이제 하나님은 사울 대신에 그분과 같은 마음을 가진 사람, 곧 그분께 순종하려는 뜻을 품은 사람을 택하실 것이다. 바울은 사도행전 13:22에서 다윗을 언급하면서 이 구절을 인용한다(참고. 16:7). **지도자** 다른 사람, 즉 다윗이 이미 하나님의 백성을 이끄는 지도자로 선택되었다.

13:15 길갈에서…기브아로 이것은 서쪽으로 16킬로미터 정도 이동하는 여행이었다. 사무엘은 사울의 왕위가 파멸에 들어섰음을 알고 그를 떠나갔다. **육백 명** 남은 사람의 숫자는 이스라엘 백성이 많이 떠나갔음을 보여 준다(6절). 이를 통해 사울이 어떤 마음으로 자신의 주변을 헤아려보았을지 알 수 있다(5절).

2. 사울이 전쟁을 치름(13:16–14:52)

13:17 노략꾼들이 세 대로 문자적인 뜻으로, 이들은 블레셋 군대가 보낸 '파괴자들'이었다. 이들은 세 부대로 나뉘어 진격해왔다.

13:19 철공이 없었으니 블레셋 족속은 다윗 시대 이전까지 이스라엘보다 더 뛰어난 기술을 가진 제철 기술자를 보유하고 있었다(참고. 대상 22:3). 이로써 그들이 강력한 군사력을 가졌음을 알 수 있다.

13:20 괭이 손으로 땅을 파는 데 쓰는 곡괭이다.

13:21 블레셋 족속은 자신들을 공격하는 데 사용되는 농기구들을 날카롭게 만드는 데 높은 값을 요구했다.

13:22 칼이나 창이 없고 블레셋 족속은 철로 된 무기를 독점해 이스라엘보다 군사적으로 우위를 점했다.

13:23 믹마스 어귀 블레셋 족속의 일부는 믹마스로 가는 길 어귀까지 이동했다.

14:1 건너편 요나단과 그의 무기를 든 소년은 이스라엘 진영을 떠나 블레셋 족속의 진영에 접근했다.

14:2 석류나무 이는 이스라엘에서 흔히 볼 수 있는 가지들이 옆으로 넓게 뻗어 나가는 키 작은 나무였다. 이 나무는 특별히 큰 것이었을 수도 있다.

14:3 아히야 '여호와의 형제'를 뜻한다. 그는 대제사장 엘리의 증손자로, 주께 버림을 받은 또 다른 가문(2:22-36)에 속한 자였다. **에봇을 입고** 에봇은 제사장들이 입는 흰 겉옷으로, 허리에 묶는 띠로 몸에 고정시켰다. 제사장들은 에봇 위에 흉패를 달았는데, 이 흉패에는 작은 주머니가 있어 하나님의 뜻을 아는 데 쓰는 도구들, 곧 우림과 둠밈 또는 신성한 제비들을 그 속에 넣어 다녔다. *출애굽기 28:5-13에 대한 설명을 보라.* 사울은 하나님의 뜻을 찾기 위해 그런 도구들을 활용하지 않았던 것으로 보인다.

14:4 보세스…세네 히브리어 이름으로 보세스는 '미끄러운', 세네는 '가시가 많은'을 뜻한다.

14:6 할례 받지 않은 자들 이것은 이스라엘 백성이 블레셋 족속을 가리킬 때 썼던 경멸적인 표현이다. **사람이 많고 적음** 요나단은 사울 왕이 마땅히 보여야 했을 그런 큰 믿음을 보여주었다(참고. 13:11).

14:10 우리에게 표징이 되리라 이것은 주님의 뜻을 분별하는 데 흔히 쓰이지 않는 방식이지만, 선례가 없는 것은 아니었다. 곧 기드온의 양털이 그 한 가지 예다(삿 6:36-40). 하나님은 요나단이 이처럼 적들의 반응을 통해 그분의 뜻을 구하도록 허용하셨다.

14:11 히브리 사람 이방 족속들이 이스라엘 백성을 부를 때 쓰던 가장 오래된 이름이다. **그들이 숨었던 구멍** 많은 이스라엘 백성이 싸움을 두려워해 숨었다. 이 블레셋 군인들은 요나단과 그의 무기를 든 소년이 이스라엘 진영을 버리고 자기들에게 투항하는 거라고 여겼을 것이다.

14:15 땅도 진동하였으니 지진이 일어난 사실은 하나

님이 개입하셔서 요나단과 무기 든 소년의 습격을 도우셨음을 확증한다. 이 지진은 블레셋 사람들 사이에 큰 공포를 불러일으켰다. 만약 사울이 하나님을 신실하게 믿으며 인내하기로 결심했다면, 하나님은 그를 위해서도 이런 방식으로 역사하셨을 것이다(참고. 13:9).

14:18 하나님의 궤 70인역에서는 '궤' 대신에 '에봇'이라고 옮겼다. 당시 궤는 기럇여아림에 있었으므로 이 번역이 더 적절해 보인다. 19절에서 사용되는 표현도 궤보다는 에봇(3절)에 더 잘 들어맞는다.

14:19 네 손을 거두라 사울은 제사장에게 주님의 뜻을 구하는 일을 멈추라고 황급히 명령했다.

14:21 히브리 사람 이는 이스라엘 진영에서 도망친 병사나 용병을 가리킨다.

14:22 에브라임 산지 믹마스 북쪽과 서쪽에 있던 넓은 지역으로, 부분적으로 숲이 있던 지대다.

14:23 여호와께서…이스라엘을 구원하시므로 저자는 출애굽기에 쓰인 것과 비슷한 표현을 쓰고 있다. 사울 왕이 불순종했음에도 하나님은 신실하게 이스라엘 백성을 대적들로부터 구해내셨다. **벧아웬** *13:2에 대한 설명을 보라.*

14:24 피곤하였으니 사울은 지도자로서 무능하여 자기 백성의 신체적 필요를 채워주지 못했다. 따라서 백성은 마음이 약해지고 지친 상태에 있었다. **저주를 받을지어다** 사울이 백성에게 시킨 첫 번째 어리석은 맹세는 전투가 끝나기 전까지 음식을 입에 대는 사람은 누구라도 저주를 받으리라는 것이었다. 이 구절에 언급된 일은 시간상으로 요나단이 이스라엘 진영을 떠난 후에 있었던 것으로 보인다.

14:25 땅에 꿀이 있더라 이것은 숲에서 볼 수 있는 벌집을 가리킨다(27절).

14:27 요나단은…듣지 못하였으므로 요나단은 사울이 백성에게 맹세를 시키기 전에 진영을 떠난 것이 분명하다.

14:29 내 아버지께서 이 땅을 곤란하게 하셨도다 요나단은 사울이 시킨 맹세가 얼마나 어리석은 것인지 알았다. 그 맹세는 이스라엘의 승리를 돕기는커녕 오히려 방해하는 것이었다.

14:31 아얄론 이 지역은 믹마스에서 서쪽으로 24킬로미터 정도 떨어진 곳이었다. 믹마스에서 아얄론으로 향하는 길은 블레셋 족속의 땅으로 돌아가는 일반적인 경로였을 것이다.

14:32 피째 먹었더니 백성은 사울이 시킨 맹세 때문에(24절) 몹시 배가 고픈 상태였다. 그리하여 그들은 피를 빼지 않고 날고기를 그대로 먹었는데, 이는 율법을 어기는 행동이었다(참고. 레 17:10-14).

14:35 처음 쌓은 제단 사울이 쌓은 것으로, 성경에서 처음 언급될 뿐 아니라 유일하게 언급되는 제단이다.

14:36 하나님께로 나아가사이다 제사장 아히야는 그들이 어떻게 움직여야 할지에 대해 먼저 주님의 뜻을 구하자고 요청했다.

14:37 사울이 하나님께 묻자오되 아히야의 요청에 따라 사울은 어떤 작전을 취해야 할지 주께 물어보았다. **대답하지 아니하시는지라** 사울이 잘못된 맹세로 군대에게 죄를 짓게 했기에 하나님은 그의 질문에 답하시지 않았다. 주님이 죄악된 사울의 물음에 응답하기를 거절하신 것은 이번이 마지막이 아니었다(참고. 28:6).

14:39 여호와께서 살아 계심을 두고 맹세하노니 이전의 맹세에 이어 사울은 또다시 어리석은 맹세를 하고 있다. 이를 통해 자기 아들의 생명이 위협받게 되리라는 것을 알지 못한 채 말이다.

14:41 뽑히고 제비뽑기는 한 사람이나 집단을 다른 사람 또는 집단 가운데서 선택할 때 사용하는 방식이다. 요나단은 결백했지만(27절), 죄를 범한 당사자로 뽑혔다.

14:44 하나님이 내게 벌을 내리시고 또 내리시기를 원하노라 사울은 자존심이 강한 자로 자신의 권위와 명예를 지키는 데만 관심이 있었으며, 따라서 자신의 맹세를 이행하고자 했다.

14:45 오늘 하나님과 동역하였음이니이다 요나단은 그의 아버지 사울 왕과 극명하게 대조되는 모습을 보였다. 그는 하나님만 함께하시면 블레셋과의 전투에서 이길 수 있음을 알았으며, 하나님께 온전히 의지했다.

14:46 블레셋 사람들이 자기 곳으로 돌아가니라 블레셋 족속은 방해받지 않고 후퇴할 수 있었다.

14:47, 48 사울은 상당한 군사적 성공을 거두었으며, 남쪽(에돔), 동쪽(암몬과 모압), 북쪽(소바), 서쪽(블레셋)까지 사방으로 이스라엘의 영토를 확장했다. 아말렉 족속을 쳐부순 일은 15장에 기록되어 있다.

14:49-51 사울의 자녀인 요나단과 미갈은 두 번째 왕 다윗의 생애에서 중요한 역할을 하게 된다. 여기서 언급된 사울의 아내나 다른 자녀들에 대해서는 더 알려진 바가 없다.

14:50 아브넬 사울의 사촌 형제로 군대를 지휘했다(참고. 삼상 17:55, 59; 20:25; 26:14, 15).

14:52 큰 싸움 이스라엘에 대한 블레셋의 공격은 끈질겼고, 사울의 생애 마지막 날까지 계속되었다(삼상 31:1-3). **힘센…용감한 사람** 사울은 뛰어난 전사들을 찾았고, 그런 사람을 발견하면 자신의 세력에 합류시켰다. 다윗 역시 그런 전사들 가운데 한 명이었으며, 그

도 자신의 통치기에 이런 식으로 사람을 모았다(삼하 23:8-39).

3. 사울이 버림받음(15:1-35)

15:2 아말렉 아말렉 족속은 사막의 유목민으로 에서의 후손이다(창 36:12). 이들은 애굽을 떠난 후 광야를 방랑하던 이스라엘 백성을 공격했고, 이때 시선을 끄는 민족이 되었다(*출 17:8-16에 대한 설명을 보라*. 참고. 민 24:20; 신 25:17-19; 삿 6:3-5).

15:3 진멸하되 하나님은 사울에게 그분의 명령에 순종함으로써 그 자신을 구제할 수 있는 기회를 주셨다. 하나님이 아말렉 족속에게 내리신 심판은 곧 그들 중 숨쉬는 것은 동물이든 사람이든 철저히 다 죽이라는 것이었다. 그분의 백성을 해치려는 족속들에 대해 하나님은 엄격하게 심판하셨다. 불순종한 자들에 대한 심판 역시 엄격했다(참고. 수 7:10-26에 나오는 아간의 경우).

15:4 들라임 이 지역의 정확한 위치는 알 수 없다. 하지만 이 명칭은 여호수아 15:24에 나오는 델렘을 가리키는 것일 수도 있다.

15:5 아말렉 성 이곳은 현대의 텔 마소스(Tel Masos)였을 수도 있다. 이 지역은 브엘세바에서 동남동쪽으로 11킬로미터 정도 떨어진 곳에 있다.

15:6 겐 사람 모세의 장인은 겐 사람이었는데(참고. 삿 1:16), 이들은 이스라엘 백성에게 우호적이었다.

15:7 하윌라에서부터…술에 이르기까지 사울은 아말렉 족속의 영토 중 많은 부분을 차지하는 큰 승리를 거두었다. 그러나 아말렉 족속을 완전히 소멸시킨 건 아니었다(참고. 27:8; 30:1).

15:8 아각 아각 왕의 경우 사울이 온전하게 순종하지 못한 또 다른 예로 기록되어 있는데, 이 기록은 광범위한 함의를 지닌다. 대략 5세기 이후 아각 사람인 하만은 자신이 권력을 지녔던 페르시아에서 유대 민족을 말살시키려고 했다(참고. 에 3:1 이하). **모든 백성** 이스라엘 백성은 아말렉의 왕만 제외하고 마주치는 모든 아말렉 족속을 죽였다.

15:9 사울과 백성이…남기고 그들의 욕심 때문에 사울과 이스라엘 백성은 아말렉 땅에 있는 좋은 전리품들을 그대로 남겨두었다. 이는 하나님의 말씀에 불순종한 것으로, 그들의 믿음 없음을 드러내는 일이었다.

15:11 사무엘이 근심하여 사무엘은 백성을 위한 제사장의 역할을 맡고 있었으며, 사울 왕이 보여준 그릇된 행동에 고심하지 않을 수 없었다. 다른 나라의 왕들과 마찬가지로(삼상 6:19, 20) 사울 왕은 자기중심적이고, 자기 뜻을 내세우며, 하나님의 뜻에 불순종했다.

15:12 갈멜 이곳은 엘리야가 큰일을 행한 갈멜산(왕상 18:20 이하)을 가리키지 않는다. 이 구절에 나온 장소는 헤브론에서 남쪽으로 11킬로미터 정도 떨어진 곳이었다. **자기를 위하여 기념비를 세우고** 사울은 아말렉 족속과 싸워 이긴 것을 자신의 공로로 삼고, 자신의 기념비를 세웠다(참고. 삼하 18:18의 압살롬). 이것은 그의 경멸스러운 교만을 드러내는 어리석은 행동으로, 그가 하나님을 참으로 예배하는 대신에 스스로를 추켜세우고 있음을 보여준다. 이는 그의 영적인 취약성을 보여주는 또 다른 증거였다. **길갈** 이곳은 사무엘이 처음으로 사울과 대면한 장소인 동시에(13:7하-15), 이제 그에게 하나님의 심판을 선언하게 될 장소가 되었다.

15:13 내가 여호와의 명령을 행하였나이다 사울은 명령받은 바를 자신이 행했다고 주장한다(15:20). 그의 말은 무지에서 나온 것일 수도 있고 거짓말이었을 수도 있다.

15:15 백성이…제사하려 하여…가장 좋은 것을 남김이요 이전에 그랬듯이(참고. 13:11, 12) 사울은 자신을 변명하기 위한 여지를 남기면서 다른 사람들에게 책임을 떠넘기기 시작한다. 그러고는 사무엘의 하나님께 제사를 드리는 데 그 동물들을 쓰려 했다고 말함으로써 자신의 죄를 정당화하려고 한다. 그 자신의 불순종 때문에 최소한 양심의 가책은 느끼고 있던 사울은 하나님을 자신의 하나님으로 차마 부르지 못했다.

15:17 스스로 작게 여길 그 때에 왕이 되기 전 사울은 비천하고 보잘것없는 베냐민 지파 사람에 불과했다(참

> **단어 연구**
>
> **진멸하되(Utterly Destroyed):** 15:3, 8, 9, 15, 18, 20. 이는 적절하지 않은 사물들, 곧 보통의 경우 우상숭배에 사용되어 더럽혀진 물건들을 '떼어놓는 일'을 가리킨다. 고대 세계에서 신성하지 않거나 더럽혀진 물건은 일상생활에서 사용하는 데 적절치 않은 것으로 간주되었고, 따라서 철저히 파괴되었다. 신명기 13:12-15에 따르면 이스라엘 백성은 더럽혀졌다고 여겨질 만큼 사악한 존재는 사람이든 사물이든 모두 진멸해야 했다. 이 계명을 어겼을 때 아간은 목숨을 잃었고(수 7장), 사울은 자신의 왕좌를 잃었다(15:9-11). 바울은 우리가 모두 사악한 존재로 더럽혀졌고 진멸되어 마땅한 사람임을 일깨워준다. 그러나 하나님은 그분의 자비 가운데서 예수를 신뢰하는 사람들을 구원하기로 선택하셨다(롬 3:10-26).

삼상

고. 9:21).

15:19 탈취하기에만 급하여 사울과 백성은 마치 사나운 독수리가 먹잇감을 발견하고 잽싸게 달려들듯 탐욕스럽게 전리품들을 움켜잡았다.

15:20, 21 나는 실로 여호와의 목소리를 청종하여 자신의 죄를 고백하고 회개하는 대신 사울은 계속 스스로를 정당화했다.

15:22 순종이 제사보다 낫고 이것은 구약성경의 핵심적 진리다. 사무엘은 하나님이 동물을 잡아 드리는 제사 의식보다 사람의 마음에서 우러나오는 순종을 더 원하신다고 말했다(참고. 시 51:16, 17; 사 1:10-17). 제사제도는 순종하는 삶을 대체하도록 만들어진 것이 아니다. 오히려 제사제도의 목적은 순종하는 삶을 외적으로 표현하는 데 있다(참고. 호 6:6; 암 5:21-27; 미 6:6-8).

15:23 거역하는 것…완고한 것 사울은 자신이 드린 예배의 진정한 본질은 자신이 바친 제사가 아니라 자신이 한 행동을 통해 드러난다는 사실을 깨달아야 했다. 그는 스스로를 우상으로 삼은 우상 숭배자임이 드러났다. 그는 이스라엘에게 복을 가져다주었을 조건들(12:13-15)을 지키는 데 실패했다. 여기서 나타난 그의 불순종은 점치는 주술이나 우상숭배처럼 죽어 마땅한 죄들과 같은 수준이었다. **왕이…버렸으므로 여호와께서도…버려** 여기서는 어떤 사람들이 하나님을 지속적으로 거부한다면 언젠가는 하나님도 그들을 거부하실 거라는 보편적 원리가 제시되고 있다. 사울이 저지른 죄로 말미암아 하나님은 사울과 그의 후손이 영원히 이스라엘의 왕좌에 앉지 못하도록 즉시 버리셨다.

15:24 내가 범죄하였나이다 때늦은 이 고백은 자신이 섬기는 거룩하신 하나님을 노엽게 했다는 데 대한 슬픔(회개)보다는 이후에 발생할 일에 대한 염려(후회)에서 나온 것으로 보인다. 사울은 백성에게 잘못을 돌림으로써 자신의 개인적 책임을 회피하려고 한다.

15:25 나와 함께 돌아가서 사울은 사무엘과 함께 돌아가서 백성 앞에 둘이 나란히 선 모습을 보임으로써 자신이 사무엘의 지지를 받고 있음을 나타내고자 한다(참고. 15:30).

15:28 나라를…떼어 아말렉 족속과의 전투에서 사울이 하나님께 불순종한 날 그에게 임할 심판은 이미 확정되었다. 사무엘은 사울이 방금 자신의 겉옷 자락을 뜯어낸 일을 하나님이 사울에게서 나라를 가져가실 것을 보여주는 예화로 생생하게 활용했다. **왕의 이웃** 이것은 다윗을 가리킨다(참고. 28:17).

15:29 이스라엘의 지존자 이것은 하나님을 지칭하는 고유한 이름이다. 이 이름은 '이스라엘의 영광'이라고도 번역된다(참고. 미 1:15). **거짓이나 변개함이 없으시니** 사무엘은 사울에게 임한 심판과 관련하여 하나님의 성품인 불변성을 강조한다.

15:30 나를 높이사 사울은 여전히 자신만을 생각하며, 이 상황을 어떻게 자기에게 유리한 쪽으로 이끌고 갈지 고민하고 있다.

15:31 사무엘이 돌이켜 사무엘은 사울을 따라가기로 동의했다. 사무엘은 그것이 그 상황에서 자신이 이스라엘을 위해 할 수 있는 최선의 행동으로 여겼을 것이다.

15:33 아각을 찍어 쪼개니라 이것은 아각의 포악한 죄에 대한 하나님의 거룩한 진노를 보여주는 신적인 심판 행위였다. 안타깝게도 이스라엘 백성은 사악한 아말렉 족속을 완전히 진멸하지 않았다. 이후 그 족속은 이스라엘 남부 지역을 다시 습격했고, 다윗의 가족을 포함한 여자와 아이들을 포로로 끌고 갔다(30장을 보라).

15:35 사무엘이…가서 보지 아니하였으니…슬퍼함이었고 이후 그의 남은 생애 동안 사무엘은 버림받은 왕 사울을 다시는 찾아가지 않았다(참고. 삼상 28:11-19). 한편 사울은 적어도 한 번 이상 사무엘을 찾아갔다(참고. 19:24).

다윗과 사울: 이스라엘의 왕권 교체
(16:1-31:13)

16:1-31:13 세 번째 주요 단락에서는 사울이 서서히 쇠락해간 과정과 다윗이 왕으로 선택되고 준비되어가는 과정을 서술한다. 16장은 마치 죽은 사람을 애도하듯 사울 때문에 슬퍼하는 사무엘의 모습으로 시작한다. 이 마지막 주요 단락은 사울의 죽음(31:1-13)으로 끝을 맺는다.

A. 다윗의 등장(16:1-17:58)

1. 다윗이 기름 부음을 받음(16:1-13)

16:1 베들레헴 사람 이새 하나님이 세우시는 새 왕(그리고 궁극적으로는 메시아, 창 3:15; 민 24:17; 삼상 2:10; 시 2편)은 유다 지파(이새가 속한 지파, 참고. 룻 4:12, 22; 창 49:10)에서, 유다 지파에 속한 베들레헴(참고. 미 5:2; 마 2:2-6)에서 나올 것이다. **내가…보았느니라** (NKJV에서는 이 구절이 'I have provided myself', 곧 '내가 직접 준비했다'는 뜻으로 번역됨-옮긴이) 왕을 선택하고 준비하는 분은 하나님이시다(신 17:15). 하나님은 그분 자신의 뜻과 경륜을 따라 모든 것을 다스리시며(사 40:14), 사람의 생각에 의존하시지 않는다(8:5, 6; 삼하 2:8, 9).

16:2 사울이…나를 죽이리이다 사울이 정서적으로 불안정한 상태에 있다는 사실은 이스라엘 백성에게 이미 알려져 있었다. 사무엘은 주님의 말씀을 듣고서 하나님이 이스라엘을 위해(그리고 궁극적으로는 세상 모든 나라들을 위해, 왕상 8:41-43) 새로운 왕을 준비하셨다는 사실을 기뻐하기보다도 먼저 사울을 두려워하는 아이러니한 반응을 보였다. 라마에서 베들레헴으로 가는 길에 사무엘은 사울이 있는 기브아를 지나게 되었다(참고. 10:26; 11:14). **내가…제사를 드리러 왔다** 예루살렘에 하나님의 집이 세워지기 전까지는(신 12:11) 어느 성읍에서든지 제사를 드릴 수 있었다.

16:3 기름을 부을지니라 다윗은 사무엘에게 첫 번째 기름 부음을 받았다. 이는 하나님이 그를 왕으로 인정하고 세우신다는 것을 상징한다(참고. 2:10). 이후에 그가 받은 두 번째와 세 번째의 기름 부음(삼하 2:7; 5:3)은 각각 다윗이 유다 지파의 왕과 이스라엘 전체의 왕으로 세움받았음을 공식적으로 확증하는 의식이었다.

16:4 성읍 장로들이 떨며 이 장로들뿐 아니라 이스라엘 전체가 사무엘이 아각 왕을 처단했다는 소식(15:33)을 들었다. 이스라엘 백성은 '선견자' 또는 선지자의 직분을 얼마 지나지 않은 과거에 있던 사사의 직분과 여전히 밀접하게 연관 짓고 있었다.

16:5 스스로 성결하게 하고 이스라엘 백성은 여호와 하나님께 예배를 드리기 전에 늘 스스로를 정결하게 하거나 씻어야 했다. 그들은 겉에 입은 의복과 자신의 속마음 모두를 정결하게 해야 했다(출 19:10, 14; 요일 1:9).

16:6 엘리압 이 이름은 문자적으로 '내 하나님은 아버지이시다'라는 뜻이다. 이새의 아들들 중 엘리압이 맨 먼저 사무엘의 눈에 띈 것으로 볼 때 그는 분명히 인상적인 외모를 지닌 젊은이였을 것이다.

16:7 그의 용모와 키 사무엘은 하나님이 그분의 기름 부음 받은 사람을 선택하실 때 신체적인 외모를 기준으로 삼지 않으신다는 사실을 되새길 필요가 있었다. 사무엘은 장점이라고는 신체적인 외모밖에 없는 왕을 대하는 데 익숙해져 있어 처음에 그에게 이 말씀은 생소한 것이었다. **나 여호와는 중심을 보느니라** 히브리 사상에서 '중심'(heart)의 개념은 감정과 의지, 지성, 욕구를 나타낸다. 그 사람의 삶은 그의 중심을 반영한다(참고. 마 12:34, 35).

16:8 아비나답 이 이름은 문자적으로 '내 아버지는 고귀하시다'라는 뜻이다. 사무엘은 이제 하나님의 영의 인도하심에 좀 더 민감해진 상태였으며, 아비나답이 하나님의 기름 부음 받은 자가 아니라는 것을 금방 분별했다.

16:9 삼마 이 이름은 문자적으로 '여호와께서 들으신다(또는 들으셨다)'라는 뜻으로 16:8을 보라.

16:10 아들 일곱 다윗까지 포함하면 이새에게는 여덟 아들이 있었다. 역대상 2:13에서는 그에게 일곱 아들이 있었다고 언급하는데, 이것으로 볼 때 여덟 아들 중 한 명이 나중에 죽었으며, 역대상의 기록에서는 그 죽은 아들을 제외한 것이 분명하다.

16:11 막내…양을 지키나이다 하나님의 선택과 관심은 종종 더 어리고 미약한 사람을 향한다(참고. 야곱과 요셉, 기드온). 다윗은 가장 어렸지만 이스라엘의 맏아들이 되었다(시 89:27). 그는 양치기의 천한 신분에서 출발했지만, 이후에는 왕으로 이스라엘을 다스리게 되었다. 이는 궁극적인 목자이며 이스라엘의 왕이신 예수의 모습을 예표하는 것이었다.

16:12 빛이 붉고 눈이 빼어나고 얼굴이 아름답더라 하나님이 택하신 왕은 준수한 용모를 지니고 있었다. 물론 하나님이 용모 때문에 그를 택하신 것은 아니었다. 아마 그의 용모는 여호와 하나님을 향한 순전한 신앙과 기쁨 때문에 더 밝게 빛났을 것이다. 17:42도 보라.

16:13 그의 형제 중에서 그에게 부었더니 다윗은 그의 가족 또는 가문 앞에서 첫 번째 기름 부음을 받았다. 그의 두 번째 기름 부음은 그가 속한 유다 지파의 총회 앞에서, 세 번째 기름 부음은 온 이스라엘 앞에서 이루어질 것이다. *(16:3에 대한 설명을 보라.)* **다윗이 여호와의 영에게 크게 감동되니라** 구약의 친숙한 이 표현은 하나님이 주신 어떤 과업을 수행하도록 그에게 능력을 주시는 일과 연관되어 있다(참고. 10:6, 11; 11:6; 19:20, 23; 삼하 23:2; 대하 20:14; 사 11:2; 61:1; 겔 11:5; 37:1). 다윗이 기름 부음을 받은 일은 하나님이 그의 심령 속에 역사하심을 나타내는 외적 상징이다. 이때 나타난 성령의 역사는 다윗의 중생을 위한 것이 아니라 이스라엘을 향한 하나님의 계획 속에서 그(다윗)가 자신의 역할을 수행하도록 힘을 부여하는 것이었다(참고. 10:6에 나오는 사울). 밧세바의 일로 범죄하고 나서(삼하 11; 12장) 다윗은 "주의 성령을 내게서 거두지 마소서"(시 51:11)라고 기도했다.

2. 사울의 궁정에 들어간 다윗(16:14-23)

16:14 여호와의 영이 사울에게서 떠나고 다윗의 왕위에 오르는 과정이 시작되었을 때 사울이 그 왕위에서 내려오는 과정도 느리고 고통스럽게 시작되었다(참고. 18:12). 그에게 능력을 주시는 하나님의 성령이 떠나시고 나자 사울은 실질적으로 더 이상 이스라엘의 왕이 아니었다(15:28). 비록 그가 실제로 왕좌를 떠나고 죽음

을 맞이한 것은 여러 해가 지난 후였지만 말이다. **악령** 하나님은 그분의 주권적인 뜻 가운데서 악한 영이 사울을 괴롭히도록 허용하셨다(참고. 삿 9:23; 왕상 22:19-23; 욥 1:6-12). 이는 다윗을 왕으로 세우려는 그분의 목적 아래서 일어난 일이었다. 이 영은 사탄에게서 온 사자로, 사울 속에 있는 죄가 불러일으킨 혼란스러운 감정 상태나 다른 사람의 죄악된 행위에 따른 해로운 결과(예를 들어 민 5:14에 언급된 질투의 영)가 아니었다. 이 악한 영이 사울 안에 거했다는 증거가 없기 때문에 이 영은 외부로부터 사울을 공격했다고 볼 수 있다. **그를 번뇌하게 한지라** 사울은 내적으로 판단력이 흐려지고 사람을 두려워하는 상태였는데, 이제는 하나님의 심판을 겪으면서 우울증과 분노, 망상 등 심각한 증상에 시달리게 되었다. 이런 증상은 그에게 찾아온 악한 영을 통해 시작되고 더욱 악화되었다. 신약에서도 하나님이 어떤 사람들을 심판하시기 위해 그들을 악한 영들이나 사탄에게 내어주는 경우가 있다(행 5:1-3; 고전 5:1-7; 딤전 1:18-20을 보라). 또한 하나님은 성도들을 더 강하게 만들기 위해 사탄이나 악한 영들을 사용하셨다. 욥기 1:1-2:6; 마태복음 4:1 이하; 누가복음 22:31, 32; 고린도후서 12:7-10을 보라.

16:16 그가 손으로 타면 왕이 나으시리이다 하나님은 사울에게 닥친 악한 일을 사용하셔서 다윗이 왕의 궁정에 들어가 이스라엘 백성의 주목을 받게 하셨다.

16:18 수금을 탈 줄 알고…준수한 자라 사무엘서의 저자는 다윗을 전사로 소개하기 전에 먼저 이스라엘의 아름다운 시편 음악가(삼하 23:1)로 소개하고 있다. 이후에 가면 그가 전쟁과 살상에 매우 뛰어난 기술을 지녔음이 입증되지만, 다윗은 뛰어난 실력과 좋은 평판을 지닌 부드러운 음악가였다. **여호와께서 그와 함께 계시더이다** 구약과 신약 모두에서 성도들은 그들의 삶에서 나타나는 열매를 통해 하나님이 그들과 함께하심을 드러낸다(2:26; 눅 2:40). 이스라엘 사람들 중 일부는 이미 하나님이 다윗을 인정하신다는 사실을 인식하고 있었다.

16:19 양 치는 다윗의 낮고 천한 직업이 강조되고 있다. 다윗은 사무엘에게 기름 부음을 받은 후 다시 자신의 일터로 돌아가 신실하게 일을 감당함으로써 그의 겸손과 인내를 보여주었다. **네 아들 다윗을 내게로 보내라** 이 구절은 16:1의 "내가 그(이새)의 아들 중에서 한 왕을 보았느니라"와 병행을 이룬다. 얼마 후 자신의 딸 미갈과 결혼시키게 되었을 때 다윗의 혈통은 사울에게 중요한 사항이 되었다.

16:21 사울이 그를 크게 사랑하여 사울은 다윗이 지닌 재능을 아꼈지만, 다윗이 주께 복을 받았음을 알게 된 후에는 그를 미워하게 되었다(참고. 18:29). **자기의 무기를 드는 자** 다윗은 사울의 진영에 배치된 여러 젊은이 가운데 한 명이 되었을 것이다.

3. 주님의 전사인 다윗(17:1-58)

17:1 소고…아세가…에베스담밈 다윗이 기름 부음을 받은 이야기와 왕의 궁정에 들어가게 된 이야기가 끝난 후 적과 대치하고 있는 이스라엘의 상황에 대한 이야기가 나온다. 소고와 아세가는 유다 지파의 땅에 있는 성읍이다(수 15:20, 35; 렘 34:7). 베들레헴에서 각각 서쪽으로 24킬로미터, 북서쪽으로 27킬로미터 정도 떨어진 곳이었다. 블레셋 족속이 진을 친 에베스담밈(대상 11:12, 13. 참고. 삼하 23:9)은 아세가에서 남쪽으로 1.6킬로미터 정도 떨어져 있었을 것이다.

17:2 엘라 골짜기 이스라엘 진영이 있던 곳으로, 에베스담밈에서 동쪽으로 5킬로미터 정도 떨어진 곳이었다.

17:4-7 인간적인 관점에서 볼 때 골리앗은 아무도 꺾을 수 없는 전사였다. 하지만 다윗은 자신과 함께하시며 이기게 하시는 주께 의지했다(17:34-37).

17:4 싸움을 돋우는 자 문자적으로는 '둘 사이에 있는 사람'이라는 뜻이다. 골리앗은 블레셋과 이스라엘 두 진영 사이에 서서 일대일로 '결투'하자고 도전했기에, 이는 적절한 호칭이었다. 전투의 승패는 이 싸움의 결과에 달려 있었다. **가드** 아세가에서 서쪽으로 8킬로미터 정도 떨어진 곳에 있는 블레셋의 주요 다섯 성읍 중 하나였다. **여섯 규빗 한 뼘** 1규빗은 46센티미터 정도의 길이였고, 한 뼘은 23센티미터 정도였다. 골리앗의 키는 대략 3미터 정도 되었다(대상 11:23의 "애굽 사람"과 신 3:11의 "바산 왕 옥"을 참고하라).

17:5 오천 세겔 56.7킬로그램 정도의 무게다.

17:7 육백 세겔 6.8킬로그램 정도의 무게다.

17:11 사울…놀라 크게 두려워하니라 사울과 이스라엘 백성은 겉으로 드러난 모습에 크게 좌우되는 성향을 보여왔으며(10:23, 24; 15:30), 사람에 대한 두려움으로 쉽사리 흔들렸다(12:12; 15:24). 따라서 이들에게 골리앗이 끔찍한 악몽과도 같은 존재로 다가온 것은 자연스러운 일이다.

17:12 에브랏 사람 '에브랏(에브라다)'은 유다 지파의 땅에 있는 베들레헴을 가리키는 또 다른 이름이다(참고. 룻 4:11; 미 5:2).

17:15 다윗은 사울에게로 왕래하며 다윗은 사울의 무기를 드는 자들 중 한 명이자(16:21) 베들레헴에서 자기

아버지의 양 떼를 돌보는 일도 하고 있었다. 이 시기에 다윗은 자신에게 주어진 책임을 감당하는 일에 대해 중요한 교훈을 배웠을 것이다. 이 교훈은 이후 그가 이스라엘을 다스릴 때 요긴하게 쓰였다.

17:17 에바 1부셸(bushel)의 사분의 삼 정도 되는 양이었다.

17:23 전과 같은 말 골리앗은 그가 사십 일 동안 아침저녁으로 했던 것처럼(17:16) 17:10에서 한 도전의 말을 또다시 외쳤다.

17:25 많은 재물…그의 딸 이스라엘의 대적에게 큰 승리를 거둔 사람한테 상으로 자기 딸을 주어 결혼시키는 것은 이상한 일이 아니었다(참고. 수 15:13-17).

17:26 이스라엘의 치욕을 제거하는 사람 다윗은 골리앗의 도전이 이스라엘 진영에 있는 군인을 향한 것이었지만, 그의 오만한 태도가 온 이스라엘에 치욕을 안기는 것임을 알았다.

17:28 엘리압이…노를 발하여 엘리압은 그의 '어린' 동생이 자기를 제치고 하나님과 사무엘한테 선택받은 일(16:6, 7)에 대해 여전히 쓰린 고통과 좌절감을 느끼고 있었을 것이다. 그는 자신의 질투심을 분노로 표출했다(참고. 창 37:4, 5, 8, 11).

17:32 사람이 낙담하지 말 것이라 400년 전 거인인 아낙 자손들과 맞닥뜨렸을 때 여호수아와 갈렙은 같은 식으로 이스라엘 백성을 권면했다(참고. 민 13:30; 14:8, 9). 이방 족속들은 이스라엘의 주 하나님의 이름 앞에서 두려움에 몸을 떨었다(수 2:11에서 라합의 말을 참고하라).

17:33 네가…싸울 수 없으리니 여호수아와 갈렙의 경우처럼 다윗의 믿음은 사울의 불신앙에 부딪혔다. 외적인 모습으로 볼 때 사울의 평가는 옳았다. 하지만 그는 다윗의 삶 속에 주님이 함께하심을 생각하지 못했다.

17:36 사자와 곰 양 떼를 돌보면서 사자와 곰에게서 동물을 보호했던 것처럼 다윗은 이제 이스라엘의 목자가 되어 골리앗의 위협을 물리쳐야 할 새로운 임무를 부여받았다.

17:37 여호와께서…나를…건져내시리이다 이전에 요나단이 보여준 믿음처럼(14:6) 다윗은 이스라엘의 하나님을 전심으로 믿었다. **여호와께서 너와 함께 계시기를 원하노라** 본문에서 이 말은 주님이 다윗과 함께 계시다는 사실을 사울이 알았음을 분명히 드러내는 첫 언급들 중 하나다(참고. 15:28).

17:40 막대기…돌…물매 양치기가 쓰는 도구들은 이스라엘의 목자를 위해서도 적합한 무기로 입증되었다. 다윗을 따르는 이름난 용사들 중 한 명이었던 여호야다의 아들 브나야는 다윗이 골리앗을 상대로 썼던 것과 같은 막대기를 가지고 기골이 장대한 애굽의 전사를 죽였다(삼하 23:20, 21).

17:43 개 아이러니하게도 골리앗은 자신도 모르는 사이에 스스로 진실을 말하고 있다. 양 떼에게 들개가 위협적인 존재여서 쫓아버리거나 죽여야 하는 것처럼 골리앗 역시 죽임을 당해야 했다.

17:45 만군의 여호와의 이름 골리앗은 자기 자신의 이름으로 싸움터에 나왔지만, 다윗은 만군의 주님의 이름으로 싸우러 나왔다. 참고. 신명기 20:1-5.

17:46 온 땅으로…알게 하겠고 다윗은 주님의 이름으로 주님의 영광을 위해 싸웠다. 주님의 이름과 영광은 땅 끝까지 모든 나라 위에 미칠 것이다(참고. 수 4:24; 삼하 22:50; 시 2편).

17:47 전쟁은 여호와께 속한 것인즉 참고. 신명기 31:6; 사사기 7:18. 다윗은 핵심적인 문제가 무엇인지를 분명히 알고 있었다. 블레셋 족속은 주께 속한 백성을 공격함으로써 사실상 주께 싸움을 걸었던 것이다.

17:50 칼이 없었더라 당시 이스라엘에는 철로 된 무기가 흔치 않았다(13:19).

17:51 그의 머리를 베니 다윗은 46절에서 골리앗에게 한 말을 지켰다. 이후 블레셋 족속은 사울의 머리를 가지고 똑같은 일을 행했다(삼상 31:9). **도망하는지라** 이스라엘에 하나님이 계신다는 다윗의 선포(46절)는 블레셋 족속 앞에서 입증되었다. 그 족속은 여호와의 진노를 모르는 자들이 아니었다(삼상 5-7장). 그들은 두려움에 휩싸여 도망쳤으며, 자신이 패배할 경우 블레셋 족속이 이스라엘의 종이 되리라는 골리앗의 약속을 지키지 않았다(17:6-9).

17:54 예루살렘으로 당시 예루살렘에 살고 있던 여부스 족속은 완고하고 저항적인 태도로 일관했다(참고. 수 15:63; 삿 1:21; 19:10, 11). 특히 유다 지파에 대해 그러했다. 그들은 이 베들레헴 출신의 소년이 거둔 승리에 대해 불안감을 느끼기 시작했다. 이후 골리앗의 머리는 그들한테 미래에 대한 지속적인 경고로 작용했을 것이다(참고. 삼하 5:6-10).

17:55 아브넬 *14:50에 대한 설명을 보라.* **누구의 아들이냐** 이때 다윗의 혈통은 사울에게 가장 중요한 관심사였다. 골리앗을 꺾은 승리자는 그의 사위가 될 것이었기 때문이다(참고. 17:25; 18:18).

B. 사울의 궁정에서 내쫓긴 다윗(18:1-20:42)

1. 다윗을 향한 사울의 분노와 두려움(18:1-30)

18:1 요나단이 그를…사랑하니라 요나단은 언약적인 사랑(18:3)을 드러내는 충성심과 헌신을 가지고 다윗

삼상

을 사랑했다. 두로 왕 히람도 다윗을 향해 언약적 사랑을 나타냈다(참고. 삼하 5:11; 왕상 5:1; 9:11). 이후 예루살렘에서 통치할 때 다윗은 요나단과 맺은 언약을 충실히 지켰다(삼하 9:1).

18:2 집으로 다시 돌아가기를 허락하지 아니하였고 사울은 다윗을 자신의 집에 머물게 했는데, 이는 환대의 표시라기보다는 자신의 유익을 위한 것이었다. 사울은 자기 딸과 재물을 주겠다는 자신의 약속(17:25)을 기억하고 있었으며, 그의 마음속에는 위협적인 존재로 보이는 다윗을 향한 두려움과 염려가 꿈틀거리고 있었다. 사울은 다윗을 자신의 궁정에 두어 갑자기 등장한 이 젊은이를 늘 주시하며 경계하고자 했다.

18:3 언약 1절을 보라. 이 고귀한 관계에 대해서는 19:1; 20:8, 13-17, 42; 22:8; 23:18에서 더 언급되고 있다.

18:4 겉옷…띠 요나단은 이스라엘의 왕자요 왕좌의 계승자로서 자신의 위치를 표시하는 의복과 도구들을 기꺼이 순복하는 마음으로 건네주었다. 요나단은 여호와 하나님을 경건하게 섬기는 사람으로, 다윗이 하나님의 기름 부음 받은 자라는 사실을 곧바로 분별했다. 그러고 나서 왕위의 계승을 상징하는 겉옷을 망설임 없이

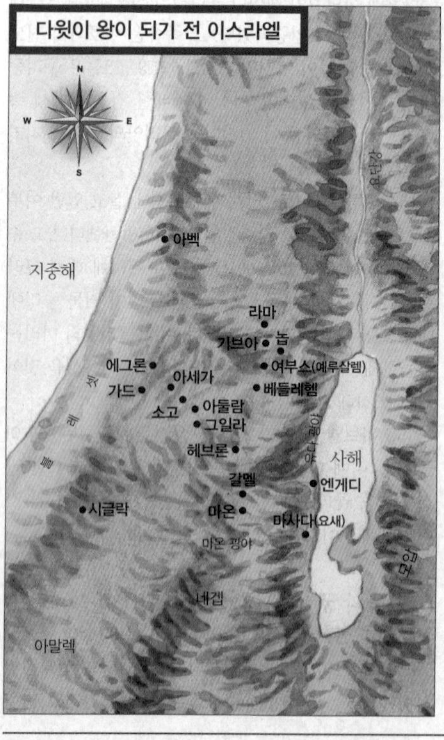

다윗이 왕이 되기 전 이스라엘

이스라엘의 참된 왕에게 넘겨주었다.

18:7 다윗은 만만이로다 사울은 이 노래를 증오하게 되었는데(참고. 21:11; 28:5), 왕인 자신보다 다윗을 더 높이고 있었기 때문이다.

18:8 나라 다윗에 대한 사울의 질투와 적의는 이제 노골적으로 드러났다. 사울은 자신의 입으로 다윗이 왕위의 정당한 계승자이며 길갈에서 사무엘이 말했던 바로 그 사람임(15:28)을 시인했다.

18:10 악령 사울이 몰락하고 마침내 죽게 되는 고통스러운 과정에서 이 악령은 끈질기게 그를 괴롭혔다. 16:14을 보라. **정신 없이 떠들어대므로** (NKJV에는 이 구절이 'prophesied', 곧 '예언했다'로 번역됨–옮긴이) 이것은 그가 미래를 예언했다는 것이 아니라 사람들 앞에서 말했다는 뜻이다. 사울은 집 한가운데서 계속 말했는데, 다른 거짓 선지자들처럼 악한 영에 시달리며 헛소리를 했다(참고. 왕상 22:19-23).

18:11 다윗이…두 번 피하였더라 사울은 갈수록 난폭해졌는데, 다윗의 목숨을 빼앗기 위해 두 번이나 창을 던졌다. 사울처럼 숙련된 전사가 던진 창을 피하는 것은 쉬운 일이 아니었을 텐데 이를 피한 것을 보면 하나님이 다윗과 함께 계시는 것이 분명했다.

18:12 사울이 그를 두려워한지라 사울은 1-4절에서 요나단이 도달한 것과 같은 결론에 이르렀고, 이 사실에 두려움을 느꼈다. 사울은 하나님의 관점보다는 인간적인 관점에서 삶을 바라보는 사람이었고, 그의 눈에는 다윗의 존재가 이스라엘을 향한 축복으로 여겨지기보다는 그저 자신에 대한 개인적 위협으로 다가올 뿐이었다.

18:13 천부장으로 사울은 다윗에게 군사적 임무를 맡겼다. 이는 일종의 명예로운 추방과 같은 것이었다. 그러나 그 임무는 다윗의 탁월한 성품을 드러내는 기회가 되었고, 이에 따라 그를 향한 백성들의 사랑은 더 깊어졌다.

18:16 다윗을 사랑하였으니 성령의 영감을 받은 사무엘서의 저자는 여기서 진리에 찬 해설을 하고 있다.

18:17 메랍 이 이름은 문자적으로 '보상' '대리물'을 뜻한다(참고. 14:49). 이후 사울이 다윗과 메랍의 약혼을 취소한 것(19절)은 라반이 라헬을 두고 야곱을 상대로 속임수를 쓴 것(창 29:25)과 비슷한 일이었다. **여호와의 싸움을 싸우라** 사울은 이 표현이 다윗의 마음을 움직이리라는 것을 알았다. 사울은 다윗에게 불행과 재난이 닥치기를 비는 비열한 마음으로 이런 제안을 했다. 사울의 이 비열한 제안과 다윗이 우리아에게 행한 일(삼하 11:15) 사이의 유사성에 주목할 필요가 있다.

18:18 사위 왕의 가문과 혼인할 때는 그 사람의 혈통

이 매우 중요했다. 다윗은 "내가 누구며 이스라엘 중에…내 아버지의 집이 무엇이기에 내가 왕의 사위가 되리이까"라고 물었다. 이전에 사울은 다윗이 어느 가문의 아들인지를 세 번이나 물어보았다(17:55, 56, 58).

18:19 므홀랏 사람 아드리엘 메랍은 이 사람과 결혼해서 자녀를 낳았다. 이후에 그중 다섯 아들은 여호수아가 기브온 족속과 맺은 언약을 사울이 무시한 것에 대한 벌로 다윗에 의해 처형을 당했다(삼하 21:8. 참고. 수 9:20).

18:20 미갈 이 이름은 문자적으로 '누가 하나님과 같으랴'라는 뜻이다. 미갈은 다윗을 진정으로 사랑했으며, 요나단과 마찬가지로 그가 왕위에 오르게 될 것을(그리고 그럴 권리를 지녔다는 것을) 알고 있었다. 아이러니하게도 사울은 선한 뜻에서가 아니라 다윗을 잡기 위한 "올무"(21절)로서 그녀를 아내로 주었다.

18:25 아무 것도 (NKJV에는 이 부분이 'dowry', 곧 '지참금'으로 번역됨–옮긴이) 사울은 메랍과 약혼하라고 청했을 때와 똑같이 비열한 술책을 썼다. 곧 그는 다윗을 블레셋 족속과 맞서 싸우게 함으로써 그를 제거하려고 했던 것이다. 다윗은 이미 여러 가지 일에서 자신의 슬기로움을 입증했으며(16:18), 사울의 의도를 어느 정도 파악하고 있었다. 그는 용감하고 지혜롭게 순종하는 태도로 행동했다.

18:25, 27 포피 죽인 적들의 신체를 절단하는 것은 고대 전쟁에서 흔한 일이었다. 그 신체의 숫자는 그 사람이 전쟁에서 어느 정도 공을 세웠는지를 나타냈다. 사울은 다윗에게 그처럼 어렵고 위험한 일을 맡김으로써 그를 치명적인 위기로 몰아넣으려고 했다.

18:27 그의 부하들 참고. 22:2; 25:12, 13; 삼하 23:8-39.

18:29 사울이…다윗의 대적이 되니라 사울이 꾸민 모든 술책은 헛수고로 돌아갔다. 사울은 블레셋 사람의 포피 100개를 요구했지만, 다윗은 200개를 가져왔다. 사울은 '올무'로서 딸 미갈을 다윗에게 주었지만, 사울의 아들 요나단처럼 그녀도 다윗을 사랑했다. 사울에게는 다윗을 향한 증오심을 공개적으로 드러내는 것밖에 다른 방법이 남아 있지 않았다.

2. 요나단과 미갈이 다윗을 옹호함(19:1-20:42)

19:1 다윗을 죽이라 사울은 다윗을 향한 자신의 악의를 더 이상 숨기거나 감추려고 하지 않았다. 그는 다윗을 가장 아끼는 사람들에게 자신의 의도를 드러냈다(참고. 16:18; 18:1-4). 하나님의 은혜로 사울의 궁정에는 그의 악한 계획을 다윗에게 알려줄 우호적인 사람들이 있었다(예를 들어 19:7; 20:2).

19:4 요나단이…다윗을 칭찬하여 요나단은 차분하게 아버지를 설득하려고 했다. 요나단은 율법의 내용을 기억하면서 경건한 태도를 유지했으며(14:6. 참고. 민 11:23; 14:9), 다윗에 대한 언약적인 신실성과 헌신을 지니고 있었다.

19:4, 5 그는…득죄하지 아니하였고 요나단은 사울에게 다윗이 무언가 죽어야 할 죄를 지은 일이 없다고 말했다. 사실 다윗은 그가 왕과 이스라엘을 위해 행한 선한 일들로 말미암아 존경을 받아 마땅했다. 요나단은 무죄한 사람의 피를 흘리는 일이 사울의 가문뿐 아니라 온 이스라엘에게 악영향을 끼치게 되리라는 것을 알았다(신 21:8, 9).

19:6 그가 죽임을 당하지 아니하리라 사울은 일시적으로 그의 마음속에 있는 이성적인 판단력과 신념에 따라 응답했다. 그러나 정신적으로 너무나 불안정한 상태에 있다 보니 그의 이런 반응은 오래 가지 못했다.

19:9 악령 다시 한 번 질투심과 분노가 사울의 영혼을 사로잡았다. 그는 다윗이 블레셋 족속을 상대로 큰 승리를 거두자 깊은 분노를 품었다. 6:14과 18:10을 보라.

19:10 단창으로 다윗을…박으려 이성을 잃고 분별력이 사라진 사울은 다시 한 번 분노에 휩싸였다. 그는 다윗을 살해할 의도를 가지고 이를 행동에 옮겼다(참고. 18:10, 11).

19:11 미갈이 다윗에게 말하여 미갈은 다윗을 사로잡는 "올무"(18:21)가 되기는커녕 그의 목숨을 살리는 데 중요한 역할을 했다. 이때 미갈은 다윗과의 관계에서 요나단이 보인 것과 비슷한 언약적인 사랑과 신실함을 드러냈다. 시편 59편의 표제를 보라.

19:13 우상 히브리어로는 '*테라핌*'(*teraphim*, 창세기 31장 본문에서는 이 단어가 '드라빔'으로 번역되었음–옮긴이)이다. 사무엘서의 저자는 다윗, 미갈, 사울과 야곱, 라헬, 라반 사이를 대비시키고 있다(*18:17에 대한 설명을 보라*). 라헬과 미갈 모두 자기 아버지를 속이는 데 집안의 신상('테라핌')을 이용했으며, 둘 다 아버지보다 남편에게 더 헌신했다(참고. 창 31:30-35).

19:17 그가 내게 이르기를 미갈은 다윗에게 했던 말(11절)과 정반대되는 내용을 사울에게 거짓으로 고했다.

19:18 라마 사무엘의 고향을 언급함으로써 이 책의 저자는 이 구절을 1:1과 연결시키고 있다. 또한 이를 통해 저자는 사울이 숩(라마다임소빔)에서 선견자 사무엘과 처음 만났던 일을 상기시킨다. **나욧** 아마 라마의 성읍 안에 있는 지역 또는 주거지로, 사무엘과 그의 선지자 제자들이 훈련과 기도, 교제를 위해 만났던 곳(길갈

삼상

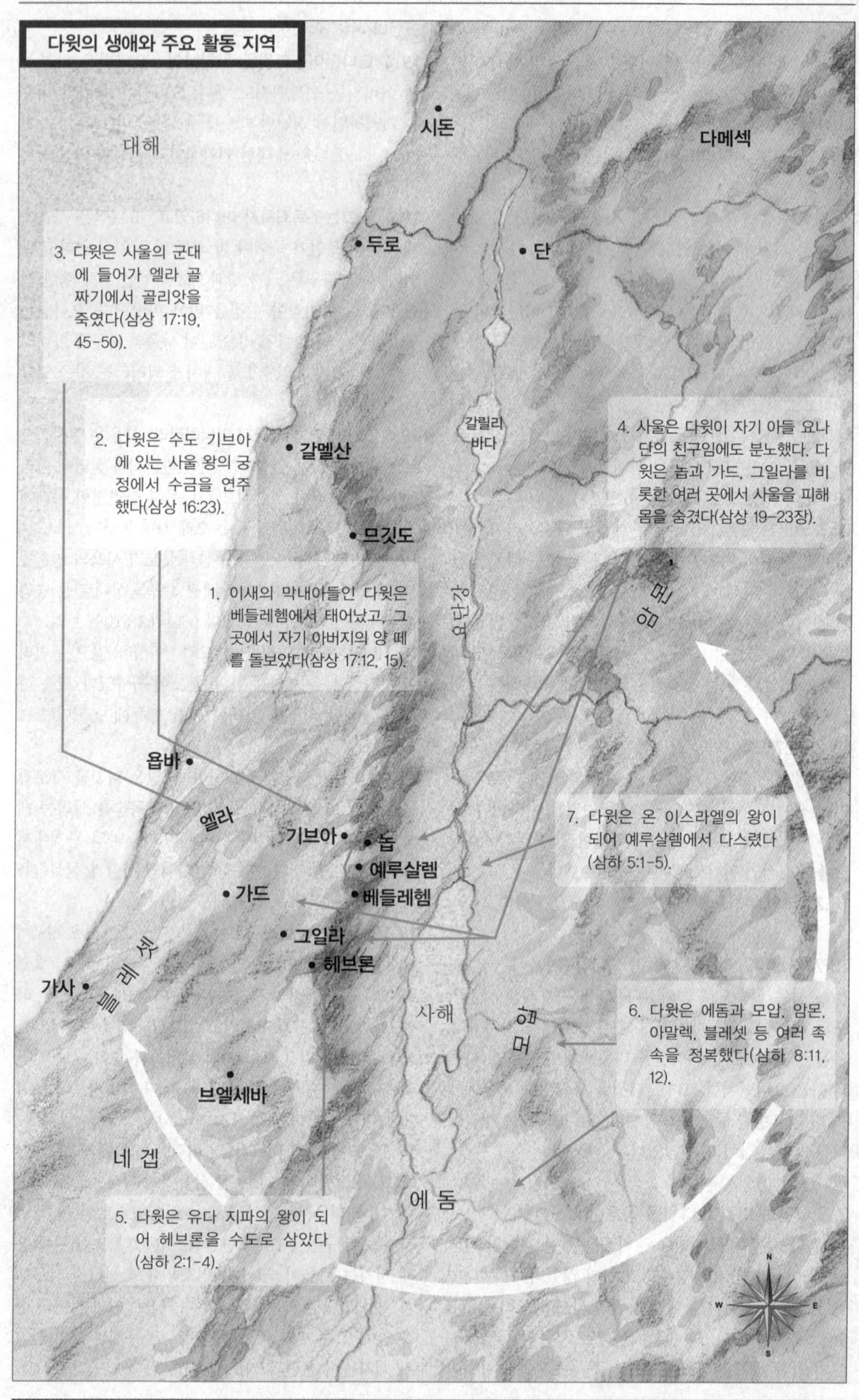
다윗의 생애와 주요 활동 지역
시돈
다메섹
대해
두로
단
갈릴리 바다
갈멜산
므깃도
요단강
놉
욥바
엘라
기브아
예루살렘
가드
베들레헴
그일라
헤브론
가사
블레셋
사해
모압
브엘세바
네 겝
에 돔
3. 다윗은 사울의 군대에 들어가 엘라 골짜기에서 골리앗을 죽였다(삼상 17:19, 45-50).
2. 다윗은 수도 기브아에 있는 사울 왕의 궁정에서 수금을 연주했다(삼상 16:23).
1. 이새의 막내아들인 다윗은 베들레헴에서 태어났고, 그곳에서 자기 아버지의 양 떼를 돌보았다(삼상 17:12, 15).
4. 사울은 다윗이 자기 아들 요나단의 친구임에도 분노했다. 다윗은 놉과 가드, 그일라를 비롯한 여러 곳에서 사울을 피해 몸을 숨겼다(삼상 19-23장).
7. 다윗은 온 이스라엘의 왕이 되어 예루살렘에서 다스렸다(삼하 5:1-5).
6. 다윗은 에돔과 모압, 암몬, 아말렉, 블레셋 등 여러 족속을 정복했다(삼하 8:11, 12).
5. 다윗은 유다 지파의 왕이 되어 헤브론을 수도로 삼았다(삼하 2:1-4).
N
W
E
S

에 있던 엘리사에 대해 언급하는 왕하 6:1, 2을 참고하라)의 이름이었을 것이다.

19:20 선지자 무리가 예언하는 것 이 선지자들은 악기를 연주하면서 하나님 말씀을 선포하고 있었을 것이다. 사울의 전령들은 저항할 수 없는 힘에 이끌려 선지자들의 무리에 합류했고, 하나님을 찬양하며 예언했다. 그리하여 그들은 다윗을 잡아야 하는 임무를 완수하지 못했다.

19:22 세구에 있는 큰 우물 이 우물의 정확한 위치는 알려져 있지 않지만, 라마에서 북쪽으로 3.2킬로미터 정도 떨어진 곳에 있었으리라고 추정된다.

19:23 하나님의 영이 그에게도 임하시니 이것은 주님의 영이 사울에게 임한 마지막 때였다. 하나님은 사울의 마음을 움직여 예언하게 하시고, 다윗을 해치지 않도록 하셨다. *16:13에 대한 설명을 보라.*

19:24 그의 옷을 벗고 사울은 하나님의 영에게 이끌림을 받아 그의 갑옷과 왕의 의복을 벗어던졌다(참고. 18:4의 요나단). 이는 하나님이 사울을 버려 이스라엘의 왕이 되지 못하게 하신 일을 상징하는 것이었다. **벗은 몸으로 누웠더라** 왕의 의복을 벗어던진 사울은 비유적으로 '벌거벗은' 상태였다. 그는 하나님의 영에 압도되어 깊이 잠든 것 같은 상태에 빠져 있었을 것이다. 그가 엔돌의 신접한 여인의 집(28:20)에서와 길보아산에서 최후를 맞을 때(31:4-6) 겪은 철저한 절망과 비참한 상태를 제외하면 이때의 모습은 그의 삶에서 겪은 가장 치욕적인 상태 중 하나였다. **사울도 선지자 중에 있느냐** 이것은 사울이 왕으로 택함받을 때 하나님의 영이 임한 사건(10:10, 11)과 왕으로서 버림받을 때 하나님의 영이 마침내 그를 떠나가신 사건(19:24)을 하나로 묶어주는 저자의 최종적 진술이다.

20:1 라마 나욧 *19:18에 대한 설명을 보라.*

20:2 내 아버지께서…이 일은 내게 숨기리요 여기서 요나단은 사울이 다윗을 죽이지 않을 거라는 믿음을 분명히 표현하고 있다. 그는 얼마 전 사울이 다윗을 해치려 했던 사실(19:9-24)을 몰랐을 것이다. 그는 다윗을 해치지 않겠다고 한 아버지의 맹세(19:6)를 신뢰했다. 요나단은 사울이 그의 계획을 변경했다면 자신에게 그 내용을 알려주었을 것이라고 여겼다.

20:5 초하루 매달의 첫날은 '초하루'로, 이스라엘 사람들은 종교적인 식사를 하면서 이 날을 기렸다(참고. 왕하 4:23; 사 1:13; 암 8:5). 이 날은 종교적인 절기인 동시에 백성들의 축제일이었다(민 10:10; 28:11-15). **들에 숨게 하고** 19:2, 3에서처럼 다윗은 사울을 피해 은밀한 곳에 숨었다.

20:6 매년제 다윗의 가족은 매년 온 가족이 한데 모이는 날을 가졌던 것으로 보인다. 그런데 그날이 매달 기념하는 초하루 중 한 날과 겹친 것이다(참고. 28, 29절).

20:8 맹약 참고. 18:1, 3. 요나단과 다윗은 주님 앞에서 서로를 향한 충성과 우정을 지킬 것을 엄숙히 서약했다. 그들의 서약은 13-17, 42과 23:17, 18에서 더욱 자세히 표현되고 있다. **네가 친히 나를 죽이라** 서로 언약을 맺은 친구로서 다윗은 요나단에게 죄가 있어 죽어 마땅하다면 자신을 죽여달라고 청했다.

20:14 여호와의 인자하심 요나단은 다윗이 언젠가 이스라엘의 왕이 되리라고 믿었다. 그 점을 염두에 두고 요나단은 다윗이 왕위에 오르게 되면 자신과 자신의 가족을 지켜줄 것을 부탁했다.

20:16 다윗의 집 이 언약은 요나단과 다윗에게만 구속력을 발휘하는 것이 아니라 두 사람의 후손에게도 그 효력을 지니는 것이었다. 이 언약을 지키기 위해 다윗이 요나단의 후손에게 친절을 베푼 이야기가 나오는 사무엘하 9:1-8을 보라. **다윗의 대적들** 요나단은 다윗이 왕위에 오르면 땅 위에서 끊어지게 될 그의 대적 가운데 자기 아버지인 사울이 있음을 알았다(참고. 18:29; 19:17).

20:17 맹세 이 말에 대한 응답으로 다윗은 요나단과 그 자신 사이의 언약을 지킬 것을 엄숙히 맹세했다. **자기 생명…같이 그를 사랑함이었더라** 요나단과 다윗 사이 언약적인 관계의 바탕에는 깊은 사랑과 관심이 있었다. "네 이웃 사랑하기를 네 자신과 같이 사랑하라"(레 19:18; 마 22:39)고 말씀하실 때 하나님이 명하신 것은 바로 이런 사랑이었다.

20:19 에셀 바위 에셀은 '떠남의 돌'을 뜻하기도 한다. 이 바위의 정확한 위치는 알려져 있지 않지만, 다윗이 숨어 있을 당시 이 돌은 그 들판에서 널리 알려진 장소였다.

20:25 아브넬 사울의 사촌 형제이며, 군대의 사령관이었다(*14:50에 대한 설명을 보라*).

20:26 부정한가보다 처음에 사울은 다윗이 왜 절기를 맞는 식사 자리에 참석하지 않았는지 묻지 않았다. 그는 다윗이 예식적으로 부정해 식사에 참여하지 못했을 거라고 여겼다(참고. 레 7:20, 21; 15:16).

20:30 패역무도한 계집의 소생아 사울은 천박한 말로 요나단을 저주했는데, 그가 저주한 대상은 요나단의 어머니가 아니었다. 사울은 요나단이 다윗의 편을 드는 것은 그 자신에게나, 그를 낳아준 어머니 모두에게 수치스러운 일이라고 비난했다.

20:41 세 번 절한 후에 다윗이 여러 번 절한 것은 곧

삼상

그가 요나단을 왕자로 존경하고 있으며 그에게 애정을 지니고 있다는 표현이었다.

20:42 맹세하여 *20:17에 대한 설명을 보라.* **성읍으로** 이는 곧 사울의 고향인 기브아를 가리킨다. 이때부터 사울이 죽기까지 다윗은 궁정에서 추방당한 유랑자로 살았다.

C. 사울의 추격을 피해 달아난 다윗(21:1-28:2)

1. 사울이 놉의 제사장들을 죽임(21:1-22:23)

21:1 놉 "제사장들의 성읍"(22:19)이었다. 제사장들은 예루살렘에서 북동쪽으로 1.6킬로미터 정도 떨어진 곳에 있는 스코푸스산에 거주했다. 다윗은 필요한 물품을 얻고 위로와 조언을 듣기 위해 그곳으로 갔다. **아히멜렉** 엘리(1:9)의 증손으로 아히야의 형제였을 수도 있다(14:3; 22:11). 또는 아히멜렉은 아히야를 가리키는 다른 이름이었을지도 모른다. 이스라엘에는 버림받은 왕만 있을 뿐 아니라(15:26-29) 자격을 상실한 제사장도 있었다(2:30-36). *마가복음 2:26에 대한 설명을 보라.*

21:2 왕이 내게…명령하고 다윗은 누군가가 사울에게 자신이 있는 곳을 알릴까 두려워 왕이 맡긴 공적 임무를 수행하는 중이라고 제사장 아히멜렉을 속였다. 많은 사람이 그렇게 생각하듯, 그는 생명을 구하기 위해 거짓말하는 것은 용서받을 만한 일이라고 여겼다. 그러나 본질적으로 죄악된 일은 어떤 상황에서도 그 악한 특성이 사라지지 않는다(참고. 시 119:29). 다윗의 거짓말 때문에 제사장들은 비극적인 죽음을 맞게 되었다(22:9-18).

21:4 거룩한 떡 이는 성막에서 쓰도록 따로 떼어놓은 것으로 성별된 떡이었다. 제사장만 이 떡을 먹을 수 있었다(출 25:30; 레 24:5-9). 아히멜렉은 주님의 뜻을 구했고 허락을 받았다(22:10). 그는 다윗의 생명을 보존할 영적 의무가 그 성별된 떡을 먹을 수 있는 사람이 누구인지에 대한 예식적인 규정보다 더 앞선다는 사실을 인식했다(마 12:3, 4; 막 2:25, 26을 보라). **여자를 가까이만 하지 아니하였으면** 다윗과 그를 따르는 젊은이들이 영적 사명을 수행하거나 종교적인 여정 가운데 있는 것은 아니었지만, 그들은 예식적으로 정결했다(출 19:15을 보라).

21:5 그릇 젊은이들의 몸을 가리키는 완곡한 표현이다. 데살로니가전서 4:4에도 이런 표현이 나온다(살전 4:4의 경우 NKJV에서는 개역개정판에서 '자기의 아내 대할 줄을'이라고 번역한 부분을 'how to possess his own vessel', 곧 '자신의 그릇을 소유할 줄을'로 번역함–옮긴이).

21:5, 6 물려 낸 떡 그 떡은 다른 따끈한 떡과 교체되어 더 이상 주님의 상 위에 놓여 있지 않았고, 제사장들이 먹게 될 떡이었다. 그리고 이 절박한 상황에서는 필요와 자비의 원칙에 따라 다윗도 먹을 수 있었다. *21:4에 대한 설명을 보라.* 오래된 떡을 치우고 새 떡을 올려놓는 일은 안식일에 이루어졌다(레 24:8).

21:7 도엑…에돔 사람 이 사람은 사울의 소 떼를 치는 목자들의 우두머리로, 다윗과 아히멜렉의 만남을 목격하고 그 일을 사울에게 알렸다(참고. 22:9, 10). 그는 히브리 종교를 받아들였으며, 장막에 머물고 있었다. 그날이 안식일이어서 여행할 수 없었기 때문이다.

21:9 골리앗의 칼 엘라 골짜기에서 다윗이 골리앗의 목을 베는 데 썼던 칼(17:51)이 성별된 옷들('에봇')을 두는 곳에 보관되어 있었다. 이는 하나님이 선한 일을 행해 이스라엘을 구원하신 일을 기념하기 위한 것이었다. **에봇** *2:28과 14:3에 대한 설명을 보라.*

21:10 가드 왕 아기스 이 사람은 블레셋의 왕 또는 군주들 가운데 한 명이었다. 가드에 대해서는 *4:1과 5:8에 대한 설명을 보라.* 다윗이 이 사람에게 간 것은 위험한 일이었다. 다윗은 그들의 가장 큰 적이었으며, 골리앗의 고향에 그를 죽인 칼을 가져가고 있었기 때문이다.

21:13 그의 행동을 변하여 다윗은 하나님이 그를 구원하실 거라는 믿음을 잃어버리고 목숨을 잃을까 봐 두려워했다. 그는 미친 사람인 척하여 아기스가 그를 쫓아버리도록 행동했다. 시편 34편과 56편의 표제를 보라. 동방에서 수염에 침을 흘리는 일은 다른 사람의 수염에 침을 뱉는 일만큼이나 치욕스러운 일로 여겨졌다.

22:1 아둘람 굴 다윗은 아둘람 근처에 있는 동굴에서 피난처를 찾았다. 여기서 아둘람은 '피난처'를 뜻하며, 유다 지파에게 속한 땅의 서쪽에 있는 작은 언덕 지대에 있었다(수 15:33). 예루살렘에서는 남서쪽으로 27킬로미터 정도 떨어져 있었으며, 가드에서는 남동쪽으로 16킬로미터 정도 떨어져 있었다. 시편 57편과 142편의 표제를 보라. 이 표제들에 나오는 굴은 사무엘상 24:3의 굴을 가리킬 수도 있다. **그의 형제와 아버지의 온 집이** 다윗의 가족들은 그와 합류하기 위해 베들레헴에서 아둘람까지 이동했다. 이는 19킬로미터 정도 되는 거리였다.

22:2 우두머리가 되었는데…사백 명 가량이었더라 다윗은 어려운 환경에서 한데 뭉친 강력한 세력의 지도자가 되었다. 이 개인적인 군대의 숫자는 곧 600명으로 늘어났다(23:13).

22:3 모압 미스베 미스베는 '망루' 또는 '내려다보는 곳'이라는 뜻이다. 이 지역은 사해 동쪽에 있는 높은 산들 가운데 한 곳으로 정확한 위치는 알 수 없다. **모압 왕**

이 통치자는 다윗처럼 사울과 적대관계에 있었을 것이다. 다윗은 그의 증조모 룻으로부터 모압 혈통을 물려받았기 때문에 모압 땅에 그의 부모를 피신시키고자 했다(룻 1:4-18; 4:13-22을 보라).

22:4 요새 이 단어는 '메수다'(mesudah)로 음역된다. 이 요새는 마사다(Masada) 요새를 가리키는 것일 수도 있고, 다른 알려지지 않은 장소를 가리키는 것일 수도 있다. 마사다는 사해 연안에 있는 산속의 요새였다.

22:5 선지자 갓 선지자 사무엘이 사울을 돕고 조언을 해주었던 것처럼 이제 갓이 다윗을 위해 이 역할을 하고 있다(갓이 "다윗의 선견자"로 불리는 사무엘하 24:11을 참고하라). **헤렛 수풀** 유다 지파에 속한 땅으로, 그 위치는 알려지지 않았다.

22:6 단창 사울이 친구와 적 모두에게 위협적인 존재였음을 상기시켜 준다(참고. 18:10, 11; 19:9, 10; 20:3). **에셀 나무** 아마 기브아 외곽에 위치한 언덕에 있던 나무로 이교 숭배에 사용되었을 것이다(참고. 겔 16:24, 25, 31, 39).

22:7 베냐민 사람들아 사울은 자기 지파 사람들에게 만약 그들이 다윗의 편에 서면 지금 그들이 자기 밑에서 누리는 것보다 더 많은 재산과 특권을 누릴 수 있겠느냐고 물었다.

22:8 내 아들이…맹약하였으되 *20:8에 대한 설명을 보라.*

22:8-13 매복하였다가 사울은 다윗이 그를 죽이려 한다고 넌지시 말하고 있다. 이후 다윗이 사울의 목숨을 살려준 것으로 볼 때 이 말은 사실이 아니었다(24, 26장).

22:9, 10 에돔 사람 도엑 *21:7에 대한 설명을 보라.* 또한 시편 52편의 표제를 보라.

22:13 공모하여 나를 대적하여 사울은 아히멜렉이 자신의 적인 다윗과 결탁했다는 그릇된 주장을 하고 있다.

22:14 왕의 호위대장도 되고 아히멜렉은 사울의 말에 대한 응답으로 사울에게 충성을 다한 다윗의 성품을 변호했다.

22:16-19 이 날의 일을 통해 엘리 가문에 대한 저주가 성취되었다(*2:31에 대한 설명을 보라*). 아비아달은 이 학살에서 살아남았지만, 이후 솔로몬에 의해 제사장 직분을 박탈당하게 된다(왕상 2:26-29).

22:17 제사장들 죽이기를 싫어한지라 사울은 아히멜렉과 제사장들을 죽이라고 했지만, 그의 신하들은 주의 제사장들을 해치면 안 된다는 것을 알고 있었다.

22:18 세마포 에봇 *2:18과 14:3에 대한 설명을 보라.*

22:19 제사장들의 성읍 놉 *21:1에 대한 설명을 보라.* 사울은 자신이 아말렉 족속에게 의롭게 행하지 못한 일(15:3, 8, 9)을 놉의 백성들에게 불의하게 행했다.

22:20 아비아달 문자적으로는 '아버지는 훌륭하시다'라는 뜻이다. 아히멜렉의 아들(참고. 21:1)로 학살에서 살아남아 다윗의 무리에 합류했다. 그는 다윗의 남은 생애 동안 그를 위해 제사장의 역할을 수행했다(참고. 23:6, 9; 30:7; 삼하 8:17). *22:16-19에 대한 설명을 보라.*

22:22 나의 탓이로다 다윗은 자신이 아히멜렉에게 한 거짓말이 불러온 참혹한 결과를 시인하면서(참고. 21:1, 2) 제사장들의 가족과 동물들이 몰살당한 것이 자신의 책임임을 인정했다.

2. 다윗이 사울의 목숨을 두 번 살려줌(23:1-26:25)

23:1 그일라 유다 지파에 속한 땅의 서부 언덕 지대에 있는 성읍이었다(수 15:44을 보라). 예루살렘에서는 남서쪽으로 29킬로미터 정도 떨어져 있었으며, 아둘람에서는 남동쪽으로 5킬로미터 정도 떨어져 있었다.

23:2 여호와께 묻자와 주님의 뜻을 구할 때는 거룩한 제비인 우림과 둠밈을 썼다. 이 우림과 둠밈은 아비아달이 다윗에게 가져온 제사장의 에봇 속에 보관되어 있었다(6절). *출애굽기 28:30에 대한 설명을 보라.*

사무엘상을 배경으로 하는 시편들

1. 삼상 19:11	사울이 사람들을 보내 다윗을 죽이기 위해 그의 집을 지키도록 했을 때	시 59편
2. 삼상 21:10, 11	블레셋 족속이 가드에서 다윗을 붙잡았을 때	시 56편
3. 삼상 21:10-15	다윗이 아비멜렉 앞에서 미친 척했을 때	시 34편
4. 삼상 22:1; 24:3	다윗이 사울을 피해 동굴로 도망쳤을 때	시 57편
5. 삼상 22:1; 24:3	다윗이 동굴에 있을 때	시 142편
6. 삼상 22:9, 10	에돔 사람 도엑이 다윗의 행방을 사울에게 알렸을 때	시 52편
7. 삼상 23:14 (또는 삼하 15:23-28)	다윗이 유다 광야에 있을 때	시 63편
8. 삼상 23:19	십 사람들이 다윗의 행방을 사울에게 알렸을 때	시 54편

23:7 문과 문 빗장 문자적으로는 '두 개의 문과 한 개의 빗장'이다. 그일라는 그 성벽 전체에 문이 하나만 있었을 것이다. 나무로 튼튼하게 만들어진 두 개의 문짝이 입구 양옆의 기둥에 달려 있고, 문을 닫은 후에는 가로로 무거운 빗장을 질러 문을 잠갔다. 성읍으로 들어가고 나올 수 있는 문은 오직 이것뿐이었기 때문에 사울은 다윗이 그 안에 갇혔다고 믿었다.

23:11 나를…넘기겠나이까 다윗은 하나님이 그분의 뜻을 알리시는 수단인 에봇 안에 있는 우림과 둠밈을 써서 주님의 뜻을 다시 구했다. 다윗은 그일라의 사람들이 자신을 배반하고 사울의 손에 그를 넘겨주려고 할지 알고 싶어 했다. 이에 대해 12절에서 주님은 그렇다고 대답하셨다.

23:13 그의 사람 육백 명 가량 *22:2에 대한 설명을 보라.* 그때 다윗에게는 400명의 무리가 있었다.

23:14 광야의 요새 유다 광야는 구릉 지대와 사해 사이에 있는 메마른 사막 지역이다. 이곳의 울퉁불퉁한 바위산 속에는 많은 골짜기와 동굴이 있었으며, 다윗은 이곳을 피난처로 삼았다. 시편 63편의 표제는 이때의 일을 가리킬 수도 있고, 사무엘하 15:23-28에 기록된 일을 가리킬 수도 있다. **십 광야** 십(Ziph)을 둘러싼 광야로, 헤브론에서 남쪽으로 6킬로미터 정도 떨어진 곳에 있었다. **하나님이 그를…넘기지 아니하시니라** 하나님은 그분 자신의 신적인 목적들을 성취하시기 위해 주권적인 능력으로 다윗을 사울로부터 보호하셨다(참고. 사 46:9-11).

23:16, 17 하나님을 힘 있게 의지하게 하였는데 요나단은 주님이 다윗을 돌보신다는 사실과 주님이 다윗에게 약속하신 내용을 상기시켜 주었다. 또한 그는 사울도 잘 아는 바와 같이(20:30, 31을 보라), 주가 다윗을 이스라엘의 다음 왕으로 세우시리라는 것을 분명하게 강조했다. 이런 식으로 요나단은 다윗에게 힘을 주었다.

23:18 언약 *18:3과 20:8에 대한 설명을 보라.*

23:19 광야 (NKJV에는 이 단어가 'Jeshimon', 곧 '여시몬'으로 번역됨-옮긴이) 이는 유다 광야를 가리키는 다른 이름이다. **하길라 산** 이 지역의 위치는 알려져 있지 않지만, 십과 사해 사이의 어디쯤이었을 것이다. 시편 54편의 표제를 보라.

23:24 마온 광야 마온 부근에 있는 황량한 지역(수 15:48, 55을 보라)이다. 십에서 남쪽으로 8킬로미터 정도 떨어진 곳에 있었다.

23:25 바위 마온 광야에 있던 눈에 띄는 장소로, 곧 이름이 붙여지게 된다(28절).

23:26 다윗과 그의 사람들을 에워싸고 사울은 그의 군대를 둘로 나누어 다윗을 에워쌌던 것 같다.

23:27 블레셋 사람들이 땅을 침노하나이다 하나님의 섭리에 따라 전령이 사울에게 와서 블레셋 족속이 이스라엘 땅을 침공했다는 소식을 전한다. 그리하여 사울은 다윗을 잡는 일을 뒤로 미루고 철수할 수밖에 없었다.

23:28 셀라하마느곳 (NKJV에는 이 단어가 'the Rock of Escape', 곧 '탈출의 바위'로 번역됨-옮긴이) 사울의 군대가 다윗의 사람들을 쫓던 일을 그치고 철수하자 이 바위에 이런 이름이 붙게 되었다.

23:29 엔게디 사해의 서쪽 연안에 있는 오아시스로, 십에서 동쪽으로 22킬로미터 정도 떨어진 곳에 있었다. 이곳에는 신선한 샘물과 풍성한 포도원이 있어서(아 1:14), 주위를 둘러싼 광야 지대와 뚜렷한 대조를 이루었다. 이 지역의 지층은 주로 석회암으로 이루어져 있고, 곳곳에 동굴이 있어 다윗이 숨기에 좋았다.

24:2 택한 사람 삼천 명 26:2을 보라. 이들은 가장 숙련된 군인이었다. **들염소 바위** 이 동굴의 위치는 알려져 있지 않지만 '들염소'라는 이름은 이 동굴이 접근하기 힘든 곳이었음을 강조한다(참고. 욥 39:1). 시편 57편과 142편의 표제를 보라. 이 표제들에 나오는 굴은 사무엘상 22:1의 굴을 가리킬 수도 있다.

24:3 뒤를 보러 문자적으로 '발을 가리러'라는 뜻이다. 이것은 용변을 보는 행위를 뜻하는 완곡어법이다. 용변을 보는 사람은 속옷을 발까지 내리고 쭈그려 앉아야 하는 데서 이런 표현이 나왔다.

24:4 여호와께서 당신에게 이르시기를…이것이 그 날이니이다 다윗의 사람들은 하나님이 그분의 섭리로 그들이 숨어 있던 동굴에 사울을 들어오게 하셨다고 믿었던 것 같다. 다윗이 사울을 죽일 수 있도록 말이다. 하지만 주는 다윗이 사울을 치기를 원하신다는 말씀을 계시로 주신 적이 없었다.

24:5 다윗의 마음이 찔려 다윗은 사울에게 들키지 않고 그의 겉옷 자락을 벨 수 있었다. 하지만 사울의 옷에 손을 댄 것은 사울 자신에게 손을 댄 것과 같은 일이었다. 그로 말미암아 다윗은 양심의 가책을 받았다.

24:6 여호와의 기름 부음을 받은 다윗은 주께서 사울을 왕위에 앉히셨음을 알고 있었다. 그러므로 사울을 심판하고 제거하는 일은 오직 주께 속한 일이었다.

24:11 악이나 죄과가 없는 줄을 사울의 말처럼 다윗이 그에게 반기를 들고 일어난 악한 반역자였다면(22:8, 13), 그는 이런 기회가 찾아왔을 때 사울을 죽였을 것이다. 이 겉옷 자락은 다윗이 그의 적이 아님을 보여주는 증거였다.

24:12 여호와께서는…판단하사 다윗은 유일하게 공정

하고 치우치지 않는 심판자이신 주께서(참고. 삿 11:27) 사울과 그의 운명을 결정해주시기를 호소했다(15절도 보라).

24:13 속담 악한 행위는 오직 악한 사람에게서 나온다는 전통적인 격언이다. 마태복음 7:16, 20에서 예수도 이와 비슷한 말씀을 하신다.

24:14 죽은 개나 벼룩 여기서 다윗은 자신이 처한 초라한 상황을 표현하는 한편 자신의 사정을 온전히 하나님께 의탁하고 있다. 하나님만이 심판자가 되시며 복수를 행하신다.

24:17 너는 나보다 의롭도다 다윗의 증언을 듣고 나서 사울은 마음에 감동을 받아 다윗이 자신보다 의롭다는 사실을 고백했다. 이처럼 사울이 다윗의 의로움을 시인한 것은 그가 왕위에 오를 자격이 있음을 인정하는 것이었다.

24:20 네가 반드시 왕이 될 것 사울은 다윗이 이스라엘 왕국을 다스리는 통치자가 될 것을 분명하게 시인했다. 사울은 이미 하나님이 자신에게서 이 나라를 빼앗아 그분의 마음에 합한 다른 사람에게 주실 거라는 사무엘의 말을 들은 적이 있다(13:14; 15:28). 이전에 요나단은 다윗이 왕의 자리에 오르리라는 사실을 사울이 알고 있다고 증언했다(23:17). 그러나 사울이 그 사실을 시인했다고 해서 그가 다윗에게 왕국을 내어줄 준비가 되었음을 의미하지는 않는다.

24:22 다윗이 사울에게 맹세하매 다윗은 사울의 가문과 그의 이름을 보존할 것을 엄숙하게 맹세했다. 이후 사울의 가문에 속한 사람 대부분은 죽임을 당했지만(삼하 21:8, 9), 이 서약은 므비보셋의 삶을 통해 지켜졌다 *(삼하 21:7에 대한 설명을 보라)*.

25:1 온 이스라엘 무리가…그를 두고 슬피 울며 마지막 사사였던 사무엘이 죽음으로써 한 시대가 막을 내리게 되었다. 사무엘은 광범위한 영향을 끼쳤기 때문에 이스라엘 온 백성이 모여 그의 죽음을 애도했다. **바란 광야** 시나이 반도의 북동쪽에 있는 사막 지역이다.

25:2 갈멜 '포도원이 있는 땅' '정원이 있는 곳'이라는 뜻이다. 헤브론에서는 남쪽으로 11킬로미터 정도 떨어져 있었으며, 마온에서는 북쪽으로 1.6킬로미터 정도 떨어진 곳에 있었다. 이곳은 사울이 자기를 위해 기념비를 세운 곳이었다(15:12).

25:3 나발 '어리석은 자'를 뜻한다. 그의 어리석은 행동에 비춰볼 때(25절) 적절한 이름이다. **아비가일** '내 아버지는 기쁨이다'라는 뜻이다. 나발의 아내로 남편은 악한 데 비해 그녀는 총명하고 아름다웠다. **갈렙 족속** 나발은 갈렙의 후손으로 그 족속에게 속한 땅에 살았다

> ### 단어 연구
>
> **왕(King):** 2:10; 8:6; 10:24; 15:11; 18:22; 21:11; 24:20. 이 단어는 작은 성읍을 다스리는 지배자(수 10:3)를 가리키기도 하고, 광대한 제국의 군주를 가리키기도 한다(에 1:1-5). 고대 세계에서 왕이 지니는 통치 권한에는 군사적 영역(8:20), 경제적 영역(왕상 10:26-29), 국제외교적 영역(왕상 5:1-11), 법적 영역(삼하 8:15)이 모두 포함되었다. 왕은 종종 영적인 지도자의 역할을 감당했지만(왕하 23:1-24), 이스라엘의 왕들은 제사장이 행하는 어떤 일들을 대신하지 못하도록 금지되어 있었다(13:9-14). 성경은 하나님을 신실하게 섬기는 일에 마음을 쏟은 의로운 왕의 본보기로 다윗을 제시하고 있다(행 13:22). 다윗에게 영원한 나라를 주겠다는 하나님의 약속(삼하 7:16)은 인간적인 계보로는 다윗 왕의 혈통에서 태어난 예수 그리스도 안에서 성취되었다(눅 2:4).

(수 14:13; 15:13). 하지만 그에게는 그의 빛나는 선조가 보여준 것과 같은 영적 자질이 없었다.

25:4, 5 자기 양 털을 깎는다 함 광야에 숨어 지내는 동안 다윗과 그의 부하들은 나발의 양 떼를 지켜주었다(7, 15, 16절). 나발이 양 떼의 털을 깎는다는 소식을 듣고 다윗은 자기 부하들 중 열 명을 보내 그들이 행한 선한 일에 대한 정당한 보상을 받아오도록 했다(8절).

25:8 좋은 날 양 떼에게서 양털을 풍성하게 거둔 것을 기뻐하는 특별한 날이었다(참고. 11절).

25:10, 11 나발은 다윗이 누구인지 모르는 척했는데, 이것은 분명히 거짓말이었다. 왕으로 택함을 받은 이 젊은이에 대한 이야기는 이스라엘에 널리 퍼져 있었다. 나발은 자신이 마땅히 해야 할 일을 하기 싫어 그가 누구인지 모르는 것처럼 핑계를 댔다.

25:14 모욕하였나이다 다윗은 나발에게 '문안하기 위해'(문자적으로는 '축복하기 위해') 전령들을 보냈다. 그러나 나발은 악의에 찬 태도로 다윗의 전령들을 내쫓았다. 이 표현은 나발이 취한 행동의 사악함을 강조하고 있다.

25:15, 16 나발의 하인에게서 나온 이 증언은 다윗이 그들에게 얼마나 큰 도움을 주었는지를 보여준다. 다윗의 무리는 그들에게 마치 성읍을 둘러싼 성벽처럼 확실하게 안전을 제공했다.

25:17 더불어 말할 수 없나이다 나발은 '벨리알의 아들'처럼 무가치한 사람이었다*(2:12에 대한 설명을 보라)*.

삼상

나발이 처한 상황은 그의 사악함이 자초한 것이었다. 나발은 주위 사람들의 말을 듣기를 거절했는데, 이는 궁극적으로 그의 파멸을 불러왔다.

25:18 다섯 세아 1부셸보다 조금 많은 양이다.

25:19 그의 남편 나발에게는 말하지 아니하니라 아비가일은 나발이 자신의 행동에 동의하지 않으리라는 것을 알고 있었다. 하지만 그녀는 주님이 다윗을 택하셨음을 알았고(28절), 나발이 다윗을 저주한 일이 어떤 결과를 가져올지 인식했다. 아비가일은 그녀의 행동을 통해 사람보다 하나님께 순종하는 쪽을 선택했다(행 5:29을 보라). 이는 아내들이 때때로 해야 할 행동이다.

25:22 하나님은 다윗에게 벌을…내리시기를 원하노라 스스로에게 저주가 임할 것을 서약하는 강력한 맹세다. 다윗은 아침이 될 때까지 나발의 집안에 속한 모든 남자를 죽이겠다고 맹세했다.

25:25 불량한 사람 곧 '문제를 일으키는 사람'을 말한다. **그의 이름이 그에게 적당하니** 이름은 단순히 한 사람을 다른 사람으로부터 구별하기 위한 꼬리표가 아니었다. 한 사람에게 붙여진 이름은 그 사람의 성품에 대해 심오한 통찰을 제공했다. '미련한 자'는 곧 '도덕적으로 흠이 있는 사람'이라는 함의를 지녔다.

25:28 든든한 집 아비가일은 명민한 통찰력으로 다윗 언약의 핵심적 특성을 헤아리고 있었다(삼하 7:11-16). **여호와의 싸움을 싸우심이요** 이전에 백성이 갈망했던 왕(8:20)과 달리 다윗은 주님의 싸움을 싸우는 사람이었다. 그는 참으로 하나님께 속한 왕이었다.

25:29 생명 싸개 속에 싸였을 것이요 귀중품을 파손되지 않도록 보호하기 위해 꾸러미 속에 싸놓는 관습을 나타내는 비유적 표현이다. 여기서 이 비유의 요점은 사람이 자신의 귀중한 보물을 아끼듯이 하나님도 그분께 속한 사람을 돌보신다는 데 있다. 아비가일에 따르면 다윗은 그를 위해 위대한 일들을 준비해두신 하나님의 섭리에 의해 보호받고 있었다. 다른 한편 하나님은 다윗의 대적들을 물매 속의 돌처럼 날려버리실 것이다.

25:30 이스라엘의 지도자로 아비가일은 사울이 죽은 후에 다윗이 이스라엘을 다스리게 되리라는 사실을 확신했다. 그녀는 다윗이 분노에 차서 개인적으로 복수를 감행해 그의 미래와 왕좌를 위태롭게 하거나 하나님의 뜻을 어기게 되는 것을 원하지 않았다(33, 34절).

25:37, 38 낙담하여 몸이 돌과 같이 되었더니 술에 취해 있던 나발은 심장마비를 일으킨 듯하다. 그리고 죽을 때까지 몸이 마비된 상태로 있었다.

25:43 이스르엘 아히노암 미갈과 아비가일에 이은 다윗의 세 번째 아내였다. 이스르엘에 대해서는 *29:1에 대한 설명을 보라.*

25:44 갈림에 사는…발디 발디는 '나의 구원'이라는 뜻이다. 갈림의 위치는 알려져 있지 않다. 예루살렘에서 북쪽으로 수 킬로미터 떨어진 곳에 있었을 것으로 추측된다. 미갈이 다윗에게 돌아온 일에 대해서는 사무엘하 3:13-16을 보라.

26:1 광야 앞 하길라 산 *23:19에 대한 설명을 보라.*

26:2 택한 사람 삼천 명 24:2을 보라.

26:5 아브넬 *14:50에 대한 설명을 보라.* **사울이…누웠고** 사울은 적들이 접근하기 어려운 장소에 누워 자고 있었다. 그는 자신의 진영 안에 있었으며, 전 군대가 그를 둘러싸고 있었다. 게다가 그의 옆에는 군대 사령관이 있었다.

26:6 헷 사람 아히멜렉 그의 이름은 오직 여기서만 언급된다. 그는 다윗의 군대에 있는 여러 이방인 용병 가운데 한 명이었다. **스루야의 아들 요압의 아우 아비새** *사무엘하 2:18에 대한 설명을 보라.* 그는 아히멜렉과 함께 다윗의 뒤를 따라 사울의 진영으로 내려갔다.

26:9 여호와의 기름 부음 받은 자 *24:6에 대한 설명을 보라.*

26:10 여호와께서 살아 계심을 두고 맹세하노니 보통 삶과 죽음의 문제에 연관되는 서약을 할 때 사용되는 표현이다. 다윗이 아니라 주권자이신 하나님이 언제, 어디서, 어떻게 사울이 죽게 될지를 결정하신다.

26:12 창과 물병 사울의 겉옷 자락처럼(24:4) 이 물건

> ㄱㄴㄷ **단어 연구**
>
> **듣다(Hears):** 1:13; 2:23; 4:14; 17:11; 23:11; 25:24. 이 단어는 '귀를 기울이다' 또는 '순종하다'라는 뜻을 가진다. 이 중요한 단어는 구약에서 1,100회 이상 등장한다. 이 단어는 듣는 사람이 말하는 사람에게 모든 주의를 쏟고 있음을 말한다. 어떤 경우 이 단어는 단순히 듣는 일을 넘어서서 자신이 들은 내용에 순종하는 일을 가리킨다. 아브라함은 하나님의 목소리를 들었기 때문만이 아니라 그 목소리에 순종했기 때문에 복을 받았다(이 단어가 "준행하였음이니라"로 번역된 창 22:18을 보라). 사무엘상 3장에서 사무엘은 하나님의 말씀에 귀를 기울이며, 그 말씀에 순종하기로 결심한다. 이 젊은이는 하나님이 기쁘게 쓰시는 유형의 사람, 곧 그분의 말씀을 받고 따를 준비가 되어 있는 사람의 모습을 보여주는 하나의 예다.

들도 다윗이 사울을 해칠 수 있었음을 보여주는 증거가 되었다(참고. 16절). **여호와께서 그들을 깊이 잠들게 하셨으므로** 창세기 2:21에 나타난 아담의 경우나 창세기 15:12에 나타난 아브라함의 경우처럼 주님은 사울이 자신의 주변에서 일어나는 일을 알아차릴 수 없게 하셨다.

26:19 만일…여호와시면…사람들이면 다윗은 사울이 그를 추격하는 이유에 대해 두 가지 가능성을 상정하고 있다. 첫째로, 다윗이 주께 죄를 지은 경우다. 만약 이것이 사실이라면 그는 기꺼이 자신을 바쳐 죗값을 치르고자 했다. 둘째로, 악한 사람들이 사울을 부추겨 다윗을 향한 적대감을 갖게 한 경우다. 이런 경우라면 그 악한 사람들이 심판을 받아야 할 것이다. **가서 다른 신들을 섬기라** 다윗을 이스라엘 땅에서 추방한 일은 그에게 주께 예배 드리는 일을 포기하도록 밀어붙이는 것이나 다름없었다. 이스라엘의 영토 바깥에는 주께 예배 드릴 수 있는 성소가 없었기 때문이다. **여호와의 기업** 이는 곧 이스라엘 땅을 가리킨다(참고. 삼하 20:19; 21:3).

26:20 메추라기…벼룩 메추라기는 잡기가 불가능한 것, 벼룩은 무가치한 것을 상징한다. 사울이 다윗을 추격하는 것은 시간을 낭비하는 일이었다.

26:21 내가 범죄하였도다 24:17에서처럼 사울은 자신의 죄와 허물을 고백하고 있다. 이때 사울의 말은 진심이었을지 모르지만, 그는 신뢰할 수 없는 사람이었다. 다윗이 함께 돌아가자는 사울의 요청을 받아들이지 않은 것은 현명한 일이었다. **내가 어리석은 일을 하였으니** 나발과 마찬가지로 사울도 다윗에 대해 어리석은 행동을 했다.

26:25 반드시 승리를 얻으리라 사울은 미래에 다윗이 이스라엘의 왕으로서 큰 성공을 거두게 되리라는 것을 깨달았다(참고. 24:20).

3. 절망한 다윗이 블레셋 족속에게 도피함(27:1–28:2)

27:1 사울의 손에 다윗이 승리를 거두게 되리라는 사울의 말(26:25)과 정반대로 다윗은 자신이 사울의 손에 죽게 될 것이라고 생각했다. 이런 염려와 두려움은 이 장에서 그가 왜 이런 식으로 행동하고 있는지를 설명해준다. 하나님은 그에게 유다 땅에 머물라고 하셨지만(22:5) 겁을 먹은 그는 다시 한 번 이스라엘의 원수인 블레셋 족속의 땅에 가서 보호를 받고자 했다(참고. 21:10-15).

27:3 두 아내 그의 첫 번째 아내인 미갈은 사울의 뜻에 따라 일시적으로 다른 남자의 아내가 되어 있었다(참고. 25:44).

27:4 다시는 그를 수색하지 아니하니라 다윗이 이스라엘 땅 바깥으로 나갔기 때문에 사울은 더 이상 그를 추격할 수가 없었다.

27:5 왕도 이는 가드를 가리킨다. 다윗은 지방에 있는 성읍 한 곳을 자신에게 달라고 요청했다. 이는 가드에서 지속적으로 받고 있던 감시에서 벗어나기 위해서였다. 또한 그는 블레셋의 큰 성읍에서 받게 되는 이교적인 영향력에서 벗어나고자 했다.

27:6 시글락 이곳은 브엘세바에서 북서쪽으로 21킬로미터 정도 떨어진 성읍이었다. 이 성읍은 이전에는 이스라엘에 속해 있었지만(수 15:31; 19:5), 당시에는 블레셋의 지배 아래 있었다. **오늘까지** 시글락은 이때부터 유다 땅의 일부가 되었으며, 사무엘서가 쓰일 당시에도 여전히 그랬다. 한편 사무엘서는 분명 솔로몬의 통치기 이후인 분열 왕국 시대에 쓰인 것으로 보인다. 서론의 저자와 저작 연대를 보라.

27:7 일 년 사 개월이었더라 다윗은 16개월 동안 자신의 행동을 아기스에게 숨길 수 있었다. 다윗은 사울이 죽은 후 헤브론으로 이동하기 전까지 블레셋 족속의 땅에 머물렀다(삼하 1:1; 2:1, 2).

27:8 그술 사람…기르스 사람…아말렉 사람 이 족속들은 가나안 남부와 시나이 반도 북부에 걸쳐 살았다. **술과 애굽** *15:7에 대한 설명을 보라.*

27:9 남녀를 살려두지 아니하고 다윗은 그 족속들을 공격해 한 사람도 살려두지 않고 진멸했다. 이는 그가 사막에서 실제로 어떤 일을 행했는지 아기스 왕이 알지 못하게 하기 위해서였다(11절을 보라).

27:10 유다…여라무엘 사람…겐 사람 이 지역들은 브엘세바를 중심으로 하는 구릉 지대의 남쪽에 있었다. 이곳은 가드에서 멀리 떨어져 있어 아기스 왕은 다윗이 무엇을 하고 있는지 알지 못했다. 다윗은 아기스 왕에게 자신을 향한 유다의 적대감이 커지고 있는 것처럼 말했다. 하지만 다윗은 실제로 광야의 이웃 족속들을 공격함으로써 유다 지파 사람들 사이에 자신을 향한 충성심과 은덕을 쌓아가고 있었다. 아기스 왕은 다윗의 모국 백성들이 그에게 등을 돌렸으므로 그가 이제는 더 확실하게 자신의 부하가 되었다고 생각했지만(2-4절), 실상은 그 반대였다.

28:1 너는 밝히 알라 (NKJV에는 이 구절 'You assuredly know'를 '너는 확실히 알고 있다'로 번역함-옮긴이) 가드 왕 아기스는 다윗과 그의 부하들에게 친절을 베풀면 다윗이 마땅히 보답할 것으로 기대했다. 이 구절에는 다윗도 당연히 그렇게 여길 것이라는 아기스 왕의 생각이 드러나 있다.

28:2 당신의 종이 행할 바를 명예를 중시하는 사람인 다윗은 자신에게 친절을 베푼 사람들을 결코 외면하지 않았다. 이 말을 함으로써 다윗은 그동안 용맹하고 믿음직한 전사로 자신을 입증해온 사실을 상기시키는 한편, 자신의 충성심과 능력을 아기스 왕에게 보증하고 있다. **내 머리 지키는 자** (NKJV에서는 이 구절이 'one of my chief guardians', 곧 '내 호위대장 중 하나'로 번역됨—옮긴이) 다윗이 골리앗에게 승리를 거둔 사실(17:49-54)과 그가 이스라엘 백성 사이에서 미움을 받고 있다고 여겨지는 사실에 기반해 아기스 왕은 다윗의 능력과 충성심에 대해 상당한 신뢰를 표하고 있다. *호위대장*은 문자적으로 '내 머리를 지키는 자'라는 뜻이다.

D. 사울의 죽음(28:3-31:13)

1. 사울의 마지막 밤(28:3-25)

28:3-13 자신의 불순종과 반역 때문에 영적으로 올바른 조언을 받기 위한 방법을 모두 잃어버린 사울은 다시금 어리석은 길을 선택했다. 그 자신이 이전에 이스라엘 땅에서 멸절시켰던 바로 그 방법(신접한 자)을 찾아 나선 것이다. 사울은 신접한 여인에게 자신이 불순종하고 있는 바로 그 하나님의 이름으로 그녀의 안전을 지켜줄 것을 맹세했다. 사무엘이 이미 죽었음에도 사울은 그를 만나 조언을 듣고자 하는 갈망에 사로잡혀 있었다. 신접한 여인은 직접 사무엘을 '불러 올려' 그의 갈망을 충족시켜 주었다.

28:3 신접한 자와 박수 율법에 따라 이들은 이스라엘에서 용납되지 않았다(신 18:11). 이스라엘 백성은 그들을 추종하여 스스로를 더럽혀서는 안 되었다(레 19:31). 그들을 따르는 것은 마치 매춘 행위를 하는 것과 같았으며, 하나님은 이런 죄를 짓는 자에게 진노하시고 그 사람을 그분의 백성 중에서 끊어버리실 것이다(레 20:6). 신접한 자나 박수무당은 돌로 쳐서 죽여야 했다(레 20:27). 사울도 이 율법을 이해했고, 이전에는 그에 따라 행했다(9절을 보라).

28:4 수넴 모레(Moreh) 언덕의 남서쪽에 위치하며, 갈릴리 바다에서도 남서쪽으로 25킬로미터 정도 떨어진 곳에 있었다. 블레셋 족속은 이곳에 그들의 진영을 세웠다. **길보아** 수넴에서 남쪽으로 8킬로미터 떨어진 곳에서부터 시작하여 이스르엘 평원의 동쪽 끝을 따라 남쪽으로 뻗어 나가는 산이다. *31:1에 대한 설명을 보라.*

28:5 그의 마음이 크게 떨린지라 사울은 제비뽑기를 통해 왕으로 선택되었을 때 몸을 숨겼다(10:22). 주님의 영이 그의 위에 임했을 때 그는 변화되었다(10:6). 그러나 주님의 영이 그에게서 떠나자(16:14) 싸움터에서 골리앗과 마주쳤을 때 그는 두려움에 떨고 낙담했다(17:11, 24). 그는 길갈에서 압도적인 규모의 블레셋 군대를 마주했을 때도 두려워했다(13:11, 12). 또한 사울은 주님이 다윗과 함께하심을 알고 그를 두려워했다(18:12, 29). 하지만 사울은 사람이 아니라 하나님을 두려워해야 했다(12:24).

28:6 꿈…우림…선지자 이것들은 하나님이 그분의 말씀과 뜻을 계시하시는 세 가지 기본적인 방식이었다. 모세 시대에는 주님이 일반적으로 꿈과 환상을 통해 그분 자신과 그분의 뜻을 계시하셨다(민 12:6). 우림은 주님의 뜻을 여쭤보는 방식으로 제사장에 의해 사용되었다(민 27:21). 우림은 원래 아론이 주님 앞에 나아갈 때 판결 흉패 속에 둠밈과 함께 넣어 그의 가슴에 붙이는 것이었다(*출 28:30에 대한 설명을 보라*). 우리에게는 정확히 알려져 있지 않지만, 하나님은 어떤 방식을 통해 그 우림을 가지고 자신의 뜻을 계시하셨다. 선지자들은 이전에 선견자로 불렸으며(9:9), 주님의 뜻을 구할 때 도움을 주는 사람이었다. 또한 하나님은 백성들이 그분의 말씀에 관심을 보이지 않을 때 선지자들을 사용하여 그분의 말씀을 선포하도록 하셨다(암 7:12, 13). 사울이 주님을 버렸기 때문에 주님도 그를 버리셨다(15:23). 다윗의 궁정에 선지자 갓과 나단이 있었던 것과 달리(22:5; 삼하 12장) 사울은 자신의 궁정에 선지자를 두지 않았던 것 같다. 그리고 이 시기에 우림이 들어 있는 에봇

사울 왕의 쇠퇴와 몰락

원인	결과
주제넘게 제사를 드림	나라의 상실이 예언됨(13:14)
어리석은 저주	저주가 요나단에게 돌아감(14:24, 44)
아각과 소 떼를 진멸하지 않음	나라를 빼앗김(15:28)
하나님과의 교제를 상실함	기도가 응답되지 않음(28:6)
신접한 여인을 찾아감	파멸이 예언됨(28:19)
스스로 목숨을 끊음	왕조의 종말(31:4, 6)

16), 사울의 실패(삼상 15장), 모르드개에 대한 반대(에 3:1, 10-13)를 통해 아말렉 족속은 하나님의 백성을 미워한 사악한 자들이었음이 분명히 드러났다.

30:19 아무것도 잃은 것이 없이 다윗이 행한 이전의 잘못들에도 불구하고 하나님은 풍성한 은혜를 베푸셔서 다윗과 그 무리의 아내와 자녀들, 가축, 재산을 지켜 주셨다.

30:22 불량배들 처음 사울한테서 도망쳤을 때부터 다윗은 괴로움과 불만 속에 있는 사람들, 빚을 진 사람들의 지도자가 되었다(22:2). 이들은 다른 사람에게 친절과 은혜 베풀기를 매우 꺼려했다. 이와 동일한 표현이 엘리의 아들들에 대해(2:12), 왕으로서 사울의 자질을 의심한 사람들에 대해(10:27), 어리석은 자 나발의 하인이 그를 지칭할 때(25:17), 나발의 아내가 남편을 지칭할 때(25:25), 다윗이 시므이에게 저주를 받았을 때(삼하 16:7), 다윗에 대해 반란을 일으킨 비그리의 아들 세바에 대해(삼하 20:1), 다윗이 가시나무처럼 내어버릴 사람들에 대해(삼하 23:6) 쓰였다.

30:25 율례와 규례 다윗은 자기를 따르던 불량한 사람들의 반대에 부딪혔지만, 모든 사람에게 똑같이 베푸는 것을 이스라엘의 율례로 삼았다.

30:26-31 역경 속에서 쫓겨다니는 삶에 익숙했던 다윗은 얼마나 많은 사람이 자신의 안전과 유익에 도움을 주었는지 기억하고 있었다. 그런 친절의 수혜자로서 다윗은 자신이 받은 친절과 관대함에 보답할 기회를 놓치지 않았다. 다윗이 그저 빚을 청산했다거나 그들의 환심을 사려 했다고 여기는 것은 교만한 생각이다. 그는 자신이 받은 은혜에 보답하고자 한 것이다. 그에게 주어진 친절과 도움에 대해 감사를 표현하고 싶어 했다. *30:16에 대한 설명을 보라.*

4. 사울의 마지막 날(31:1-13)

31:1-13 사무엘하 1:4-12과 역대상 10:1-12을 보라.

31:1 길보아 산 이스라엘이 진을 치고 있던 이 산은 이제 이스라엘 백성이 살육을 당하는 현장이 되었다. 사울과 그의 아들들은 이 산에서 목숨을 잃었다. *28:4에 대한 설명을 보라.*

31:2 요나단과 아비나답과 말기수아 사울의 네 아들 가운데 세 명이 이 싸움에서 목숨을 잃었다. 네 번째 아들인 에스바알은 이후에 '수치의 사람'을 뜻하는 이스보셋으로 불리게 된다. 이는 그가 싸움터에 나오지 않았던 것으로 볼 때 적절한 호칭이다(참고. 삼하 2:8 이하). 14:49에는 사울 아들들의 이름이 요나단과 이스위와 말기수아로 나오는데, 여기서는 요나단과 아비나답, 말기수아로 언급되고 있다. 따라서 이스위와 아비나답은 같은 인물이다. 역대상 8:33과 9:39에서만 네 아들의 이름이 모두 언급된다.

31:4 할례 받지 않은 자들 이스라엘 백성이 이방 족속을 지칭하는 데 일반적으로 사용한 경멸적 표현이다. 할례는 창세기 17:10-14에서 하나님이 아브라함과 맺으신 언약의 징표로 시행되었다. *14:6에 대한 설명을 보라.* **모욕할까** 사울은 여러 차례에 걸쳐 블레셋과 싸웠다. 그래서 그들은 사울에 대한 증오와 원한을 품고 있었다. 사울은 왕이었기 때문에 그들에게 매우 잔인한 대우를 받았을 것이다. 그들은 아마 죽이기 전에 그를 조롱거리로 삼고 고문했을 것이다. **사울이 자기의 칼을 뽑아서 그 위에 엎드러지매** 어떤 해석자들은 사울의 자살을 영웅적인 행동으로 간주했지만, 그는 23:16과 30:6에서 다윗이 한 것처럼 하나님 안에서 힘과 용기를 얻어 끝까지 싸우든지 항복했어야 한다. 사울이 스스로 목숨을 끊은 것은 그에게 하나님을 향한 믿음이 없었음을 드러내는 궁극적 표현이다.

31:6 그의 모든 사람 여기서 나오는 질문은 본문의 "모든"이 제한된 의미에서 쓰인 건지 아니면 절대적인 의미로 쓰인 건지 하는 것이다. 그 정황을 생각할 때 이 단어는 절대적인 것이 아니라 제한적인 것으로 쓰였을 가능성이 높다. 사울에게 있던 3,000명의 군인이 그날 모두 죽고 한 명도 빠져나가지 못했다고 결론 지을 필요는 없다. 이렇게 절대적인 의미로 쓰인 경우 본문은

삼상

성경에 나오는 자살자

아비멜렉: 기드온의 아들로 여인에게 큰 타격을 입은 후 자기의 무기를 든 청년을 불러 자신을 죽이도록 했다(삿 9:54).

삼손: 건물을 무너뜨려 자신도 죽고 수많은 블레셋 사람을 죽인 용사였다(삿 16:26-30).

사울: 블레셋 족속과의 전투에서 패한 후 스스로 목숨을 끊었다(삼상 31:4).

사울의 하인: 자기 주인과 같은 방식으로 목숨을 끊었다(삼상 31:5).

아히도벨: 압살롬이 그의 조언을 거부하자 스스로 목을 매어 죽었다(삼하 17:23).

시므리: 포로가 되기보다 차라리 왕궁에 불을 지르고 그 안에서 타 죽는 편을 택했다(왕상 16:18).

가룟 유다: 예수님을 배반하고 나서 스스로 목을 매어 죽었다(마 27:5).

보통 추가적인 설명을 덧붙인다. "쳐죽여서 한 사람도 남거나 도망하지 못하게" 했다고 구체적으로 언급하는 여호수아 8:22이 하나의 예다. 실제로 사울의 군대 사령관이었던 아브넬은 살아남았다(삼하 2:8). 여기서 "모든"은 사울의 호위대로 특별히 배치된 사람들을 가리킨다(참고. 31:7).

31:9 사울의 머리를 베고 사울은 죽은 후 골리앗과 비슷한 일을 겪었다. 이전에 다윗이 그 거인의 목을 베었을 때 블레셋 족속은 도망쳤다(17:51). 이제 블레셋 족속은 그에 대한 복수로 이스라엘의 큰 전사인 사울 왕에게 똑같이 복수했다. 사울 왕은 그 키가 "다른 사람보다 어깨 위만큼" 컸다(10:23).

31:10 아스다롯 (NKJV에는 이 단어가 'the Ashtoreths', 곧 '아스다롯 여신들'로 번역됨–옮긴이) 이들은 가나안 족속들이 섬기던 풍요의 여신이었다. 블레셋 족속은 자신들이 꺾은 적의 무기들을 아스다롯의 신전에 가져다 놓음으로써 이 여신에게 경의를 표했다. 골리앗의 칼을 보자기에 싸서 주님의 집에 있는 에봇 뒤에 놓아두었던 것처럼(삼상 21:9), 블레셋 족속은 사울의 칼을 가져다가 아스다롯 여신들의 신전에 두었다. 당시에는 각 족속 사이의 전투가 경쟁하는 신들끼리의 싸움이라는 믿음이 있어 전투에서 승리를 거둔 경우 자신들이 섬기는 신에게 그 승리를 돌렸다. **벧산** 요단 골짜기에 있던 지역으로, 갈릴리 바다에서 남쪽으로 25킬로미터 정도 떨어진 곳에 있었다.

31:11 길르앗 야베스 이 지역은 요단강 동쪽에 있었다. 이곳 주민들은 베냐민 지파를 상대로 한 전쟁에 참여하지 않아 혹독한 대가를 치러야 했다(삿 21장). 길르앗 야베스 사람들은 벧산의 성벽에서 사울의 시체를 가져옴으로써 베냐민 지파였던 사울에게 친절과 경의를 표했다. 사울이 이스라엘의 왕으로 선택된 직후 그와 그의 아들들은 암몬 족속으로부터 길르앗 야베스를 구해준 적이 있다(11:9-12). 이곳 주민들은 이 행위를 통해 사울이 그들에게 베푼 은덕을 기렸다.

길르앗야베스(Jabesh Gilead)

31:12 시체를…불사르고 사울의 목이 베이고 사지가 잘려나갔기 때문에 길르앗 야베스의 주민들은 그의 몸에 난 상처를 감추기 위해 그의 몸을 불사른 것으로 보인다.

31:13 뼈를…장사하고 죽은 사람을 땅에 묻어주지 않는 것은 그 사람에 대한 모독으로 간주되었다. 아브라함은 사라를 제대로 묻어주기 위해 모든 노력을 기울였으며(창 23:4-15), 야곱은 요셉에게 자신을 애굽에 묻지 않겠다고 맹세하도록 했다(창 47:29, 30). **칠 일 동안 금식하였더라** 히브리 문화에서는 누군가가 죽었을 때 그를 애도하면서 종종 금식을 행했다. 이것은 그에 대한 진지한 경의와 슬픔을 표현하는 일이었다. 사무엘상은 블레셋 족속이 언약궤를 빼앗아간 사건으로 시작했고(삼상 4:11), 이스라엘 왕이 그들의 손에 죽음으로써 끝을 맺는다. 사무엘하에서는 다윗이 행한 일들을 통해 하나님이 어떻게 자신의 영광을 지키셨는지를 서술한다. 다윗은 블레셋 족속을 무찔렀고(삼하 5:17-25), 강력한 왕국을 세웠으며(왕상 2:12), 언약궤를 하나님의 도성인 예루살렘으로 무사히 옮겨왔다(삼하 6:16-19).

연구를 위한 자료

John J. Davis and John C. Whitcomb, *A History of Israel from Conquest to Exile* (Grand Rapids: Baker, 1980).

Eugene Merrill, *I and II Samuel*, in The Bible Knowledge Commentary–OT (Wheaton, Ill.: Victor, 1985).

Ronald F. Youngblood, *1, 2 Samuel*, in the Expositor's Bible Commentary (Grand Rapids: Zondervan, 1992).

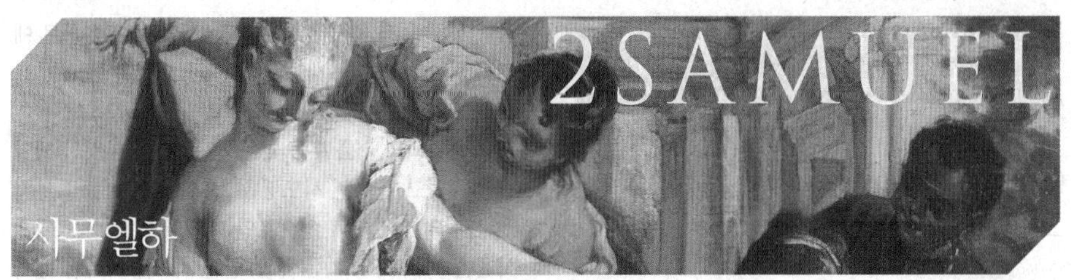

서 론

서론은 사무엘상을 보라.

사무엘하 개요

I. 다윗이 왕으로서 이스라엘을 다스림(1:1-20:26)
  A. 다윗이 유다의 왕위에 오름(1:1-3:5)
    1. 사울과 요나단의 죽음(1:1-27)
    2. 다윗이 유다 지파에 의해 기름 부음을 받음(2:1-7)
    3. 다윗이 사울 가문에 대해 승리를 거둠(2:8-3:1)
    4. 헤브론에 있는 다윗의 아내들과 아들들(3:2-5)
  B. 다윗이 이스라엘의 왕위에 오름(3:6-5:16)
    1. 아브넬과 이스보셋의 죽음(3:6-4:12)
    2. 다윗이 온 이스라엘에 의해 기름 부음을 받음(5:1-5)
    3. 다윗이 예루살렘을 정복함(5:6-12)
    4. 예루살렘에 있는 다윗의 아내들과 아들들(5:13-16)
  C. 계속해서 승리를 거둔 다윗의 통치(5:17-8:18)
    1. 다윗이 블레셋 족속에게 승리를 거둠(5:17-25)
    2. 다윗이 거둔 영적 승리(6:1-7:29)
    3. 다윗이 블레셋 족속과 모압 족속, 아람 족속, 에돔 족속에게 승리를 거둠(8:1-18)
  D. 다윗의 통치가 문제에 부딪힘(9:1-20:26)
    1. 다윗이 므비보셋에게 친절을 베풂(9:1-13)
    2. 다윗이 간음과 살인죄를 지음(10:1-12:31)
    3. 다윗 가문에서 일어난 문제(13:1-14:33)
    4. 다윗에 대항해 일어난 반란(15:1-20:26)

II. 맺음말 (21:1-24:25)
  A. 이스라엘에 대한 주님의 심판(21:1-14)
  B. 다윗의 영웅(21:15-22)
  C. 다윗이 부른 찬양의 노래(22:1-51)
  D. 다윗의 마지막 말(23:1-7)
  E. 다윗의 용사(23:8-39)
  F. 다윗에 대한 주님의 심판(24:1-25)

다윗이 왕으로서 이스라엘을 다스림 (1:1-20:26)

A. 다윗이 유다의 왕위에 오름(1:1-3:5)

1:1-3:5 다윗이 유다의 왕위에 오른 이야기가 서술되고 있다.

1. 사울과 요나단의 죽음(1:1-27)

1:1 사울이 죽은 후에 사무엘하 1:1-14은 사무엘상 31:1-13의 이야기가 사울의 죽음으로 끝맺은 곳에서 시작한다(참고. 대상 10:1-12). **아말렉 사람** 이 족속을 언급하는 것은 다윗이 주께 순종했음(삼상 30:1-31)과 사울이 불순종했음(삼상 15:1-33)을 상기시키는 역할을 한다. *출애굽기 17:8-16에 대한 설명을 보라.* **시글락** *사무엘상 27:6; 30:1에 대한 설명을 보라.* 이 성읍은 다윗과 그를 따르는 600명의 무리와 그 가족들이 머물지 못할 정도로 철저하게 파괴된 상태는 아니었다.

1:2 그의 옷은 찢어졌고 머리에는 흙이 있더라 이것은 죽음에 대한 번민과 애도를 나타내는 일반적인 표시였다. 참고. 15:32; 사무엘상 4:12.

1:4-12 사무엘상 31:1-13; 역대상 10:1-12을 보라.

1:6 병거와 기병 병거와 기병은 힘과 능력을 상징했다(참고. 8:4; 출 14:9; 삼상 8:11; 13:5; 왕상 4:26; 9:19; 10:26; 대상 19:6; 대하 1:14; 9:25; 12:3; 16:8; 단 11:40). 블레셋 족속은 많은 군사를 동원해 사울을 추격했고, 그는 더 이상 피할 방법이 없었다.

1:8 아말렉 사람 자신이 사울을 죽였다고 주장한 사람은 다윗이 최근에 무찌른 그 족속의 일원이었다(1절). 하나님은 그 족속이 진멸되기를 원하셨지만(출 17:14; 삼상 15:3), 사울의 불순종 때문에(삼상 15:9-11) 여러 세대에 걸쳐 이스라엘을 괴롭히게 될 것이다(출 17:16).

1:10 죽이고 이 아말렉 사람은 자신이 아직 살아 있던 사울을 발견하여 죽였다고 주장했다. 그러나 사무엘상 31:3-6에 따르면 사울은 아말렉 사람의 손에 죽은 것이 아니라 자기 자신의 칼 위에 엎드러진 상태로 죽었다. 이 사람은 사울을 죽였다고 주장했지만, 실상은 블레셋 족속보다 먼저 사울의 시체를 발견했을 뿐이다. 그는 사울이 자살하는 모습을 목격했을지도 모른다. 그는 새로운 왕의 환심을 사기 위해 그 왕의 대적을 죽였다고 이야기를 꾸며냈으며, 사울의 왕관과 팔찌를 다윗에게 가져왔다. 이 아말렉 사람의 손에 왕관과 팔찌가 들려 있었다는 건 그가 사울의 시체를 맨 처음 발견한 자임을 말해준다.

1:12 슬퍼하여 울며 금식하니라 다윗은 사울과 요나단을 위해 슬프게 울며 금식함으로써 그들을 진심으로 애도했다. 이처럼 슬프게 울며 금식하는 것은 애도를 표현하는 일반적인 방법이었다(참고. 에 4:3; 욜 2:12).

1:14 여호와의 기름 부음 받은 자 사울이 다윗의 생명을 해치려고 여러 번 시도했음에도 다윗은 사울을 그저 한 사람의 인간이나 왕으로만 여기지 않았다. 그에게 사울은 "여호와의 기름 부음 받은 자" 곧 하나님 앞에서 거룩한 직무를 받은 사람으로 남아 있었다(참고. 삼상 24:1-15; 26:1-20).

1:15 그를 죽이라 다윗의 반응은 그 아말렉 사람에게 몹시 충격적이었을 것이다. 그는 자신이 사울을 죽였다고 말함으로써 다윗의 호의를 얻고자 했기 때문이다. 이 사건은 이스보셋을 죽인 사람들의 경우와 비슷한데, 그들 역시 다윗이 그들을 반길 거라고 생각했던 것이다(4:5-12).

1:16 네 피가 네 머리로 돌아갈지어다 다윗은 아말렉 사람의 이야기가 진실인지 여부를 떠나 그가 한 말 자체를 문제 삼아 그를 처형했다.

1:17 슬픈 노래 다윗은 이 애가를 통해 사울과 그의 고결한 아들 요나단을 기리기로 했다. 이 노래는 국가적인 전쟁의 노래로 온 이스라엘 백성이 배우게 되었다.

1:18 활 노래 이것은 이어지는 시의 제목으로, 단어 '활'은 요나단과 관련이 있을 것이다. 그의 활은 22절에서 언급되고 있다. **야살의 책** 이스라엘이 치른 전쟁에 대한 시들을 모아놓은 책이다. 이스라엘에 일어난 사건들과 위대한 인물을 기리는 시가 수록되어 있었다(참고. 수 10:13).

1:19 이스라엘아 네 영광이 문자적으로는 이스라엘의 가젤(gazelle)이나 영양을 뜻한다. 이는 생동감 넘치는 우아함과 조화를 나타내는 상징으로, 요나단을 가리키는 말이었을 것이다. 그러므로 이 노래는 사울의 고결한 아들 요나단과 함께 시작하고 끝을 맺는다(25, 26절). **산 위에서** 일반적으로 높은 곳에 야외 예배 장소가 마련되어 있었다. 여기서는 사울이 죽음을 맞은 길보아산을 가리킨다. **오호라 두 용사가 엎드러졌도다** 사울과 요나단은 죽임을 당한 이스라엘의 '아름다움'일 뿐 아니라 싸움터에서 쓰러진 용사이기도 했다. 이 구절은 25, 27절에서 후렴구로 반복된다.

1:20 가드…아스글론 이 두 주요 성읍을 합치면 블레셋 땅 전체를 대표할 수 있었다. 가드는 블레셋 땅의 동부에 있었으며, 아스글론은 서부 해안 지역에 있었다. 다윗은 블레셋이 패배했을 때 이스라엘이 기뻐했던 것처럼(삼상 18:7) 블레셋 족속이 이스라엘의 재난 앞에서 즐거워하는 모습을 보게 되는 것을 원하지 않았다.

1:21 이슬과 비가 내리지 아니하며 다윗은 사울과 요나단이 죽은 산에 이슬도, 비도 내리지 않기를 구하는 저주의 말을 했다. **기름 부음을 받지 아니함** 당시에는 가죽이 딱딱하게 굳어져 갈라지는 일을 방지하기 위해 방패에 기름을 발라야 했다(참고. 사 21:5). 그러나 길보아산에는 사울의 방패가 말라붙은 채로 놓여 있었다. 이는 패배와 죽음을 상징하는 것이었다.

1:22 활…칼 사울과 요나단은 강한 힘과 정확성, 효율성을 가지고 이 두 가지 무기를 사용했다. 다윗이 사울의 진노를 피해 도망칠 때 요나단은 활을 사용해서 그를 도왔다(삼상 20:35-42).

1:23 사랑스럽고 이 관대한 칭찬에는 다윗을 죽이려고 했던 사울도 포함된다. 이는 다윗의 은혜롭고 허물을 덮어주는 태도를 보여준다. 그는 은혜로운 사랑의 모본이었다(참고. 마 5:43-48).

1:26 여인의 사랑보다 더하였도다 다윗과 요나단의 유대관계는 매우 견고했다. 그러나 이 말은 그들의 우정이 남녀 간 사랑의 끈보다 필연적으로 더 우월했음을 뜻하지는 않는다. 서로에 대한 두 사람의 헌신은 고결하고 충성스러우며 사심이 없고(참고. 삼상 18:3), 둘 중 누구도 어떤 여인에 대해 이런 헌신의 감정을 느끼지 못했다. 성적인 요인이 서로에 대해 느끼는 강한 매력의 일부가 되는 남녀 간의 사랑과 달리 이 두 사람의 사랑에는 그런 성적인 특징이 없었지만 매우 강력했다.

1:27 싸우는 무기 사울과 요나단을 가리키는 비유적 표현이다.

2. 다윗이 유다 지파에 의해 기름 부음을 받음(2:1–7)

2:1 다윗이 여호와께 여쭈어 사울이 죽고 나서 다윗은 주님이 인도하시는 대로 이스라엘 땅을 자유롭게 다닐 수 있었다. 주님의 뜻을 구했지만 응답을 듣지 못한 사울(참고. 삼상 28:6)과 주님의 뜻을 구하고 인도하심을 받은 다윗은 대조되는 모습을 보여준다. **유다 한 성읍으로** 다윗은 어디서 통치를 시작해야 할지에 대해 주님의 인도를 구했다. 다윗은 먼저 남부의 유다 지역에서 시작해야 할지를 물어보았다. 주님은 그의 질문에 긍정적인 응답을 주셨고, 다윗은 좀 더 정확한 목적지를 구했다. 다윗의 미래 통치를 위한 토대는 유다의 성읍들에서 나오게 되었다. **헤브론** 유다에 있는 성읍들 가운데 가장 높은 위치에 있는 곳으로, 이 성읍은 이스라엘에 대한 다윗의 통치가 시작될 장소로 선택되었다. 헤브론은 예루살렘에서 남서쪽으로 32킬로미터 정도 떨어진 곳이었다. 오래전 아브라함도 이곳에 살았던 적이 있으며(창 13:18), 이후에는 이스라엘이 광야에서 방랑하고 난 후 가나안 땅을 정복했을 때 갈렙에게 이 성읍이 주어졌다(수 14:13, 14; 삿 1:20).

2:2 아히노암…아비가일 나발이 죽은 후 아비가일은 다윗의 아내가 되었다(참고. 삼상 25:40-44).

2:4 다윗에게 기름을 부어…왕으로 삼았더라 이전에 사무엘이 다윗에게 사적으로 기름을 부어 왕으로 세운 적이 있다(참고. 삼상 16:3). 이번에 기름 부음은 그가 남부의 유다 지역을 다스리게 되었음을 나타내는 것이다. 이후 그는 온 이스라엘을 다스리는 왕으로 기름 부음을 받게 되었다(참고. 삼하 5:3). **길르앗 야베스 사람들** 야베스는 요단강 동쪽에 있는 이스라엘의 성읍이다. 이 지역의 사람들은 사울을 잘 묻어줌으로써 그를 향한 충성심을 보여주었다(참고. 삼상 31:11-13).

2:7 너희 주 사울이 죽었고 다윗은 사울을 "너희 주"로 부르고 있다. 이는 길르앗 야베스 사람들의 반감을 사지 않기 위해서였다. 다윗은 이스라엘 백성을 강압적으로 굴복시키는 게 아니라 그들의 마음을 얻어 자신의 편으로 만들고자 했다.

3. 다윗이 사울 가문에 대해 승리를 거둠(2:8–3:1)

2:8 아브넬 사울의 사촌이며 그의 군대 사령관이었던 아브넬(삼상 14:50, 51)은 주님이 새로 기름 부어 세우신 왕을 따르기를 원치 않았다. 그래서 그는 이스보셋을 왕으로 세웠고, 유다 지파와 이스라엘의 다른 지파들 사이에 긴장관계를 조성했다. **이스보셋** 그의 이름은 '수치의 사람'이라는 뜻이다. 그는 사울의 아들들 가운데 유일하게 살아남은 자로, 이스라엘 북부의 지파들과 요단강 동쪽에 있는 지파들의 왕으로 추대되었다. **마하나임** 요단강 동쪽의 길르앗 지역에 있는 성읍이었다. 이스보셋은 그곳에 정착하여 2년 동안 이스라엘을 다스렸다. 이 성읍은 야곱이 브누엘로 가던 길에 천사들을 본 곳이기도 하다(창 32:2). 이 성읍은 갓 지파의 영토에 속한 레위인들의 성읍으로 지정되었다(수 21:28; 대상 6:80). 이후 압살롬을 피해 도망칠 때 다윗은 이곳을 피난처로 삼았는데(17:24, 27; 19:32; 왕상 2:8), 아마도 이곳의 성벽이 견고했기 때문이었을 것이다(참고. 18:24).

2:9 길르앗과…온 이스라엘의 왕으로 이스보셋은 이스라엘의 다른 지역보다 (요단강 동쪽에 있는) 길르앗 땅에서 더 강한 영향력을 발휘했던 것으로 보인다.

2:10 유다 족속 유다 지파는 다윗의 통치를 받은 반면 다른 이스라엘 지파들은 이스보셋을 따랐기 때문에 유다 지파와 이스라엘의 다른 지파들 사이에 자연스럽게 적대관계가 형성되었다.

2:11 칠 년 육 개월 이스보셋이 이스라엘의 왕위에 오르기 전 몇 년의 시간이 지나갔다. 그리하여 이스보셋의 2년간 통치는 유다 지파에 대한 다윗의 7년 6개월간의 통치의 끝 무렵과 겹치게 된다. 이스보셋이 이스라엘의 북부 지역을 블레셋 족속에게서 되찾는 데는 5년 정도의 시간이 필요했을 것이다.

2:12 기브온 여호수아 시대에 기브온은 매우 중요한 성읍이었다(수 10:2). 기브온 사람들은 다윗의 편에 섰을 것이다. 사울은 기브온 족속과의 조약을 깨뜨리고 그들에게 비열한 행동을 했기 때문이다(21:1).

2:13 스루야의 아들 요압 요압은 다윗의 군대 사령관이었으며, 따라서 아브넬의 반대편에 있는 사람들을 이끌었다. 이스보셋과 다윗이 각자의 영토에서 왕위에 앉아 있었지만, 실제로 군대를 지휘하며 영향력을 행사한 사람들은 요압과 아브넬이었다. 스루야는 다윗의 누이였다(참고. 대상 2:16).

2:14 청년들…겨루게 하자 아브넬은 전면적인 전투를 벌이지 말고, 양 군대를 대표하는 전사들이 나와 결투를 벌이자고 제안했다. 그런데 24명의 전사가 모두 그 결투 중에 쓰러져 죽었기 때문에(15, 16절) 이 결투로는 아무것도 해결하지 못했다. 오히려 양 군대가 더욱 흥분하게 되어 결국 전투가 벌어졌다(17절).

2:18 아비새 요압의 형제로 다윗이 권력을 잡기까지 지속적으로 도움을 준 사람이다. 아비새는 다윗과 함께 사울의 진영에 갔고, 사울을 죽일 기회가 생기자 다윗에게 사울을 죽이라고 권했다. 하지만 다윗은 그의 말을 듣지 않았다(참고. 삼상 26:6-9). **아사헬** 요압의 또 다른 형제로 끈질긴 집념을 가지고 오직 한 가지 목적을 추구했다. 발이 아주 빨랐던 그는 그 집념 때문에 죽음을 맞게 되었다(23절).

2:21 그의 군복을 빼앗으라 싸움에서 패해 도망치던 적장 아브넬의 갑옷을 빼앗는 사람은 가장 영예로운 전리품을 얻는 것이었다. 아사헬은 그의 갑옷을 취하기를 열망하고 있었다. 아브넬은 계속 그에게 경고했는데, 그가 자신을 이기지 못할 것이므로 대신 다른 전사의 갑옷을 전리품으로 취하는 게 나을 거라고 제안했다.

2:22 그렇게 하면 내가 어떻게 네 형 요압을 대면하겠느냐 아브넬은 요압이나 다윗에게 불필요한 복수를 당하는 일을 피하기 위해 아사헬의 목숨을 살려주려고 했다. 아브넬은 아사헬에게 추격을 멈출 이유를 알려주려고 했지만, 그의 뜻은 단호했다. 아브넬은 그를 쳐서 쓰러뜨리기를 원치 않았음에도 아사헬이 절대 말을 듣지 않자 자신의 무딘 창 뒤쪽 끝으로 그를 찔러 쓰러뜨릴 수밖에 없었다.

2:26 칼이 영원히 사람을 상하겠느냐 이전에 아브넬은 싸우자고 했으나 이제 싸움을 중단하자고 제의한다.

2:29 비드론 아사헬이 죽은 후 아브넬은 이 골짜기를 지나 마하나임으로 향했다(*2:8에 대한 설명을 보라*).

3:1 전쟁이 오래매 이스보셋과 다윗 사이의 충돌은 한 번의 짧은 전투로 끝나지 않았다. 사울의 가문으로부터 다윗의 가문으로 서서히 힘의 이동이 이루어졌다(10절). 이는 이스보셋의 2년 통치 기간에 계속되었는데, 아마도 더 오랜 시간에 걸쳐 이루어졌을 것이다.

4. 헤브론에 있는 다윗의 아내들과 아들들(3:2-5)

3:2-5 역대상 3:1-4을 보라.

3:2 암논 그는 자신의 배다른 누이인 다말을 강간하고 더럽혔다(13:1-22). 이후 압살롬의 명령에 의해 자신이 저지른 죄에 대한 대가로 죽임을 당했다(13:23-39).

3:3 길르압 그는 왕위를 노릴 만한 나이가 되기 전에 죽은 것으로 보인다. 이후의 본문에서는 그의 이름이 더 이상 언급되지 않기 때문이다. 이 아들은 나발이 죽은 후 다윗이 취한 아내에게서 태어났다(삼상 25:3을 보라). **압살롬** 그의 이름은 문자적으로 '내 신적인 아버지는 평화이시다' 또는 '신적인 평화의 아버지'라는 뜻이다. 압살롬은 마아가에게서 태어난 아들이었다. 마아가는 이스라엘 사람이 아니라 아람 지역에 있던 그술 왕국의 공주였다. 다윗은 그술 왕 달매와 맺은 외교 조약의 일부로 그녀와 결혼했을지도 모른다. 그술 왕국은 이스보셋이 다스리던 지역의 북쪽에 위치했으며 다윗의 동맹국이 되었다. 이후 압살롬은 자신의 목숨을 부지하기 위해 그술로 도망쳤다(13:37, 38).

3:4 아도니야 그는 다윗의 통치 말기에 왕위를 계승하기 위한 투쟁에서 두드러지게 등장한 인물이다(왕상 1; 2장). 그러나 그는 솔로몬에게 왕위를 빼앗기고 나서 살해당했다(왕상 2:25). 학깃은 다윗이 왕위에 오르고 난 후 그의 아내가 되었을 것이다. **스바댜…아비달** 스바댜는 '주님이 심판하신다'라는 뜻이다. 아비달은 '나의 신적인 아버지는 이슬이시다' 또는 '나의 신적인 이슬의 아버지'라는 뜻이다.

3:5 에글라 에글라는 '다윗의 아내'로 불린다. 이는 그녀가 아내들의 명단에서 맨 마지막에 나왔기 때문일 수도 있다. 이런 표현은 다윗이 여러 아내를 두었던 사실을 강조하는 역할을 한다. 이 명단은 왕위 계승을 둘러싼 투쟁에 관여했을 만한 아들들을 모두 나열하고 있다. **다윗이…낳은 자들** 다윗이 예루살렘으로 옮겨간 후 더 많은 자녀가 태어났다(5:14).

B. 다윗이 이스라엘의 왕위에 오름(3:6-5:16)

3:6-5:16 다윗은 유다의 왕위에 오를 때와 비슷한 과정을 거쳐 이스라엘 전체의 왕이 되었다. 두 경우 모두 어떤 사람이 다윗의 호의를 얻기 위해 찾아왔다[아말렉 사람(1:1-13), 아브넬(3:6-21)]. 두 사람 모두 자신이 행한 일 때문에 죽임을 당했다[아말렉 사람(1:14-16), 아브넬(3:22-32)]. 그러고는 다윗의 애도가 뒤따랐다(1:17-27; 3:33-39). 각 이야기의 중간에는 다윗이 왕으로 기름 부음 받은 일이 간략하게 서술되어 있다[유다(2:1-7), 이스라엘 전체(5:1-5)]. 왕으로 기름 부음을 받은 후 다윗과 그의 군대는 적들을 성공적으로 물리친다(2:8-3:1; 5:6-12). 각 이야기는 다윗에게 태어난 자녀의 명단으로 끝을 맺는다[헤브론(3:2-5), 예루살렘(5:13-16)].

1. 아브넬과 이스보셋의 죽음(3:6-4:12)

3:6 아브넬이…점점 권세를 잡으니라 아브넬은 이스라엘의 군대 사령관이었으며, 이스보셋을 왕위에 앉힌 인물이었다. 이스보셋의 왕위는 그의 힘으로 유지되고 있었는데, 시간이 지나면서 아브넬은 왕좌를 차지하기 위해 서서히 움직이기 시작했다.

3:7 리스바 사울의 첩인 리스바와 관계를 맺음으로써 아브넬은 사울에 이어 자신이 이스라엘 왕의 자리를 차지하겠다는 뜻을 백성 앞에 분명히 내보인다. 왕의 첩과 관계를 맺는 것은 자신에게 힘이 있으며, 정당하게 왕위를 차지할 수 있다는 것을 선언하는 일이었다(참고. 16:21, 22에 나오는 압살롬). 그러자 이스보셋은 아브넬에게 격렬히 저항했다. 아브넬은 이런 저항을 모욕으로 여겨 분개했으며, 원한에 불타서 자신의 모든 영향력과 힘을 다윗에게 넘기기로 결심했다(9, 10절).

3:8 개 머리 이것은 '내가 유다와 결탁한 비열한 반역자냐'라는 물음을 다른 식으로 표현한 말로, 경멸의 뜻을 담은 일반적인 표현이었다(삼상 17:43). 아브넬은 이 기회를 틈타 이스보셋을 비난하더니 자신이 왕위에 앉히지 않았다면 그가 왕이 되지 못했으리라는 사실을 일깨워주었다.

3:9 여호와께서 다윗에게 맹세하신 대로 아브넬은 하나님이 다윗에게 맹세하신 대로 다윗이 이스라엘의 다음 왕이 되리라고 생각해 그 사실을 표현한 것으로 보인다(삼상 13:14; 15:28; 24:20).

3:10 이 나라를…옮겨서 사울의 왕국 일부, 곧 유다 지파의 땅은 이미 다윗에게로 넘어간 상태였다. 아브넬은 다윗이 이스라엘의 남은 땅을 차지하는 일을 도와 그 과정이 끝맺게 하겠다고 맹세했다. **단에서 브엘세바까지** 이것은 이스라엘 전체, 곧 북쪽 끝의 단부터 남쪽 끝의 브엘세바까지의 지역을 가리키는 표현이다(참고. 삿 20:1).

3:12 이 땅이 누구의 것이니이까 아브넬의 말(9, 10절) 속에는 자신이 이스보셋을 도움으로써 이스라엘의 통치권을 다윗에게 주시려고 한 하나님의 뜻에 어긋나는 행동을 했다는 인식이 담겨 있었지만, 그 사실을 인정했다고 해서 그의 동기가 정당화되는 것은 아니다. 그는 이기적인 마음으로 승자의 편에 서려고 했으며, 이스라엘 전체를 다윗의 통치 아래로 인도한 인물이 됨으로써 명예를 획득하려고 했다.

3:13 사울의 딸 미갈 다윗은 두 가지 이유에서 미갈을 데려올 것을 요구했다. 첫째, 이렇게 함으로써 사울이 다윗에게 범한 잘못을 바로잡고자 했다. 사울은 다윗의 아내이며 그를 사랑했던 미갈(삼상 18:20, 28)을 다른 남자에게 주었다(삼상 25:44). 둘째, 이렇게 함으로써 사울 가문 중 일부가 다윗에게 우호적인 태도를 취하게 되고, 온 이스라엘의 통치권에 대한 다윗의 주장이 힘을 얻게 되길 바랐다.

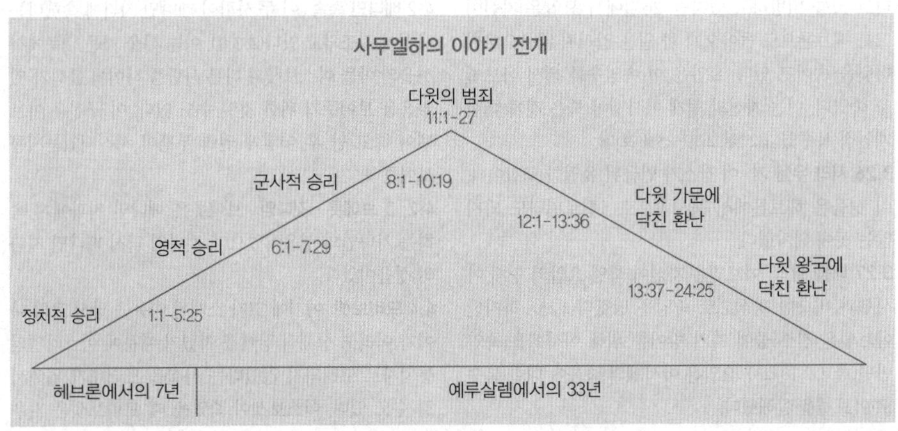

삼하

3:14 블레셋 사람의 포피 백 개 다윗은 이전에 사울이 그의 딸 미갈과의 혼인에 대한 지참금으로 블레셋 사람의 포피 100개를 요구했을 때 요구한 숫자보다 두 배를 주었다는 사실을 이스보셋에게 상기시켰다(삼상 18:25-27). 따라서 미갈은 정당하게 다윗에게 속하게 되었다.

3:16 바후림 예루살렘의 동쪽 부근에 있던 곳으로, 발디엘(참고. 삼상 25:44)이 미갈을 본 마지막 장소가 되었다. 또한 이곳은 시므이가 사는 성읍이기도 했다. 그는 다윗이 압살롬을 피해 예루살렘에서 도망칠 때 그를 저주한 자다(16:5). 그리고 다윗의 군인들은 압살롬의 군대에게 쫓길 때 바후림의 우물에 숨었다(17:18).

3:17 이스라엘 장로들에게 이들은 백성의 지도자로 인정된 사람들로, 이스보셋에게 조언자 역할을 했다. 그는 중요한 결정을 내릴 때 이들에게 자문을 구했을 것이다(참고. 19:7).

3:18 내 종 다윗 다윗은 구약에서 30번 이상 '여호와의 종'으로 불린다. 이스라엘의 장로들 앞에서 아브넬은 다윗이 주님의 종이며, 하나님의 주권적인 뜻에 따라 왕위에 오를 자격이 있음을 분명히 인정했다.

3:19 베냐민 아브넬은 베냐민 지파에게 특별한 주의를 기울인다. 이는 그들이 사울과 이스보셋의 혈족이었기 때문이다(삼상 9:1, 2을 보라).

3:21 언약을 맺게 하고 이 언약은 아브넬과 다윗 사이에 이루어진 개인적인 동의의 수준을 벗어나 국가적 차원에서 남쪽과 북쪽을 통합시키는 효력을 발휘했다. **평안히 가니라** 이 표현은 22절과 23절에서 반복되는데, 이는 다윗이 아브넬과 맺은 평화를 지키려고 했다는 사실을 강조한다. 또한 이런 반복은 다윗이 아브넬의 죽음에 관여하지 않았다는 사실도 강조해준다(26-30절).

3:25 아브넬이 온 것은 왕을 속임이라 아이러니하게도 25절에서 요압은 아브넬이 다윗을 속이고 염탐하러 왔다고 그를 비방하고 있지만, 26절에서 요압은 자신이 그를 헤브론으로 돌아오게 한 일을 알리지 않음으로써 다윗을 속이고 있다. 요압은 이 속임수를 써서 아브넬을 죽였다. 이는 자신의 형제 아사헬이 죽은 것에 대한 개인적 복수였다(27절; 2:19-23을 보라).

3:26 시라 우물 가 이 장소가 언급된 유일한 구절이다. 이 성읍은 헤브론에서 북서쪽으로 5킬로미터도 되지 않는 곳에 위치했다.

3:27 배를 찔러 아브넬은 자신이 죽인 요압의 형제 아사헬과 비슷한 방식으로 죽임을 당했다(2:23). 하지만 아브넬은 전투 중에 자기 방어를 위해 아사헬을 죽인 반면(참고. 2:18-23), 요압은 아사헬의 죽음에 대한 복수로 아브넬을 살해했다.

3:28 아브넬의 피 한 사람의 생명은 그 피에 있으므로(참고. 창 9:4; 레 17:11, 14; 신 12:23), 이 표현은 아브넬의 생명을 가리킨다. 다윗은 자신이 아브넬의 죽음에 아무 연관도 없음을 분명히 밝혔다. 그리고 요압이 저지른 악한 일에 대해 주님이 벌 내리시기를 구했다(39절).

3:31 애도하라 요압은 아브넬의 죽음을 애도하라는 지시를 받았다. 이 구절에 묘사된 것은 한 개인의 죽음을 추모하는 당시의 관습이었다. 아브넬이 살해당한 일을 자신이 비난한다는 사실을 더 분명히 드러내기 위해 다윗은 요압과 그의 부하들을 포함한 '모든 백성'에게 아브넬의 죽음을 애도하라고 지시했다(32-34절).

3:35-39 아브넬의 죽음에 대한 다윗이 보인 감정과 행동 앞에서 사람들은 그에 대한 모든 의심의 눈초리를 거두었다. 게다가 그에 대한 여론이 호의적인 쪽으로 돌아섰고, 아브넬과의 협상을 통한 방식보다 훨씬 더 명예로운 방식으로 이스라엘의 모든 지파를 다스릴 수 있는 길이 열렸다(3:17-19).

3:39 약하여서…너무 어려우니 다윗은 통치권을 위협받지 않으면서도 자신의 뜻대로 행할 수 있을 만큼 충분한 힘을 아직 확보하지 못한 상태였다. 그는 여전히 '약했고', 그의 권위를 확립하는 데는 시간이 필요했다. 일단 그 일을 이루고 나면 더 이상 스루야의 아들들인 요압과 아비새(2:18)의 힘을 두려워하지 않아도 될 것이다.

4:1 손의 맥이 풀렸고…놀라니라 (NKJV에는 이 인용문의 앞부분이 'lost heart', 곧 '낙심했다'로 번역됨-옮긴이) 문자적으로는 '그의 손이 약해지거나 무기력하게 되었다'라는 뜻이다(참고. 17:2; 대하 15:7). 이스보셋과 온 이스라엘 백성은 아브넬이 이스라엘의 힘과 안정의 원천이었다는 사실을 느끼고 있었다. 아브넬이 죽고 나자 이스라엘은 어려움에 빠졌다. 이는 그때까지 이스보셋을 지켜주던 군대를 통솔할 만한 인물이 없었기 때문이다.

4:2 베냐민 족속 이 두 사람이 베냐민 지파에 속했다는 사실이 강조되고 있다(2, 3절). 이는 사울 가문 내부에서 사울의 아들 이스보셋과 다른 사람들 사이에 불화가 있었음을 보여주기 위한 것일 수도 있다. 이 구절은 아브넬이 죽고 난 후 어떻게 권력 투쟁이 시작되었는지를 보여준다.

4:2, 3 브에롯…깃다임 브에롯은 베냐민 지파에게 속하는 가나안의 성읍이었으며, 깃다임 역시 베냐민 지파의 성읍이었다.

4:4 므비보셋 여기에 그가 소개된 이유는 당시 그의 나이가 어리고 신체적 장애를 지녔기 때문에 이스라엘의 통치자로 고려되지 않았다는 사실을 드러내기 위해서일 수도 있다. 이스보셋이 죽었을 때 므비보셋은 겨우

열두 살 정도였다. 이 사람의 생애에 대해서는 9:6-13; 16:1-4; 19:24-30; 21:7을 보라.

4:5, 6 당시에는 지휘관이 자신의 휘하에 있는 군인들을 위해(2절) 밀과 봉급을 확보하는 관습이 있었다. 그들은 밀을 가지러 온 척하다가 왕을 죽였다.

4:7 아라바 길로 그들은 붙잡히지 않기 위해 아라바(참고. 2:29), 곧 요단 골짜기를 따라 움직였다. 이 평원은 마하나임에서 헤브론에 이르기까지 대략 48킬로미터에 걸쳐 펼쳐져 있었다.

4:8 여호와께서…왕의 원수를…갚으셨나이다 이스보셋을 죽인 자들은 다윗에게 와서 "여호와께서 오늘 우리 주 되신 왕의 원수를 갚으셨나이다"라고 주장했다. 그러나 이전 아말렉 사람의 경우와 마찬가지로(1:2-15), 이들은 다윗이 보인 반응에 크게 당황했다. 다윗은 그들의 행위를 주님이 자신을 위해 원수를 갚으신 일로 여기지 않고 무고한 사람을 죽인 일로 간주했다.

4:9 내 생명을 여러 환난 가운데서 건지신 여호와 자신들이 이스보셋을 죽임으로써 주님의 일을 수행했다고 주장한 두 살인자와 다윗 사이에 극명한 대조가 나타난다. 다윗은 이스보셋의 삶을 통해 일하신 주님의 섭리를 찬양하며 주님이 자신을 구원하셨음을 선포했다. 다윗은 이스보셋을 살해한 자들을 정죄하고, 자신이 사울을 죽였다고 주장한 자에게 했던 것(1:15, 16)과 마찬가지로 그들을 처형했다.

2. 다윗이 온 이스라엘에 의해 기름 부음을 받음(5:1–5)

5:1-3 역대상 11:1-3을 보라.

5:1, 2 이스라엘 모든 지파가 "모든(온)"이라는 표현은 다윗 왕이 세운 나라가 하나의 통일된 왕국이었다는 사실을 강조하기 위해 세 번에 걸쳐 사용되고 있다(1, 3, 5절). "지파"(1절)들을 대표하는 이스라엘의 "장로"들(3절)은 다윗의 통치에 복종하려는 분명한 목적을 지니고 헤브론에 있던 그에게 나아왔다. 이스라엘 백성이 다윗을 왕으로 세우려고 한 이유로 세 가지가 제시된다. 첫째, 그는 같은 형제인 이스라엘 사람이었다(참고. 신 17:15). 둘째, 이스라엘에서 가장 뛰어난 전사이자 지휘관이었다. 셋째, 주님이 그를 이스라엘의 왕으로 선택하셨다.

5:3 다윗 왕이…언약을 맺으매 다윗은 왕으로서 이스라엘 백성에게 지니는 의무들을 수행할 것을 공적으로 서약했다. 이 언약에는 왕과 백성이 주님을 향해 그리고 서로에 대해 지니는 책임과 권리가 포함되어 있었다(참고. 왕하 11:17). 이 언약은 유효한 것이었지만, 이스라엘 백성과 유다 지파 백성이 서로에 대해 느낀 분리의 감정이 이 언약을 통해 해소되지는 않았다. 이런 사실은 이후에 일어난 세바의 반란(20:1)이나 르호보암 때 통일 왕국이 분열한 사건(왕상 12:16)을 통해 드러났다. **그들이 다윗에게 기름을 부어** 다윗은 세 번째 기름 부음(2:4; 삼상 16:13)을 받음으로써 열두 지파가 그의 왕권 아래서 하나로 뭉치게 되었다.

5:5 이스라엘과 유다 통일 왕국은 여전히 이 두 지역으로 나뉘어 언급된다.

3. 다윗이 예루살렘을 정복함(5:6–12)

5:6-10 역대상 11:4-9를 보라.

5:6 예루살렘 성경에서 이 성읍은 다른 어떤 성읍보다 더 자주 언급된다(창 14:18부터 계 21:10에 이르기까지). 이 성읍은 베냐민 지파에 속한 곳으로, 유다 지파 땅의 북쪽 경계에 근접해 있었다. 이 성읍은 고도가 높은 곳에 있었으며, 그 주변을 깊은 골짜기들이 둘러싸고 있어 자연적으로 세 방향에서는 접근하기 어려운 지리적 위치였다. 따라서 이 성읍은 견고한 요새와 같았다. 게다가 이 성읍은 무역로와 가까운 거리였으며, 부근에는 물 공급원인 기혼 샘이 있었다. 예전에 유다 지파가 이 성읍을 정복한 적이 있었지만(삿 1:8), 유다 지파도 베냐민 지파도 이곳에 거주하던 여부스 족속을 영구적

다윗이 거둔 승리들

다윗은 하나님의 마음에 합한 사람이었다(삼상 13:14). 곧 그는 주님의 뜻에 전적으로 헌신되어 있었다. 하나님께 헌신한 그분의 종으로서 다윗은 그분이 택하신 이스라엘 백성을 위하여 위대한 일들을 행하는 데 쓰임을 받았다.

- 유다의 왕위에 오름(2:4)
- 이스라엘의 왕위에 오름(5:3)
- 예루살렘을 정복함(5:7)
- 궤를 되찾아옴(6:12)
- 하나님께 다윗 언약을 받음(7:16)
- 블레셋 족속을 물리침(8:1)
- 모압 족속을 물리침(8:2)
- 암몬 족속을 물리침(10:16)
- 아람 족속을 물리침(10:19)

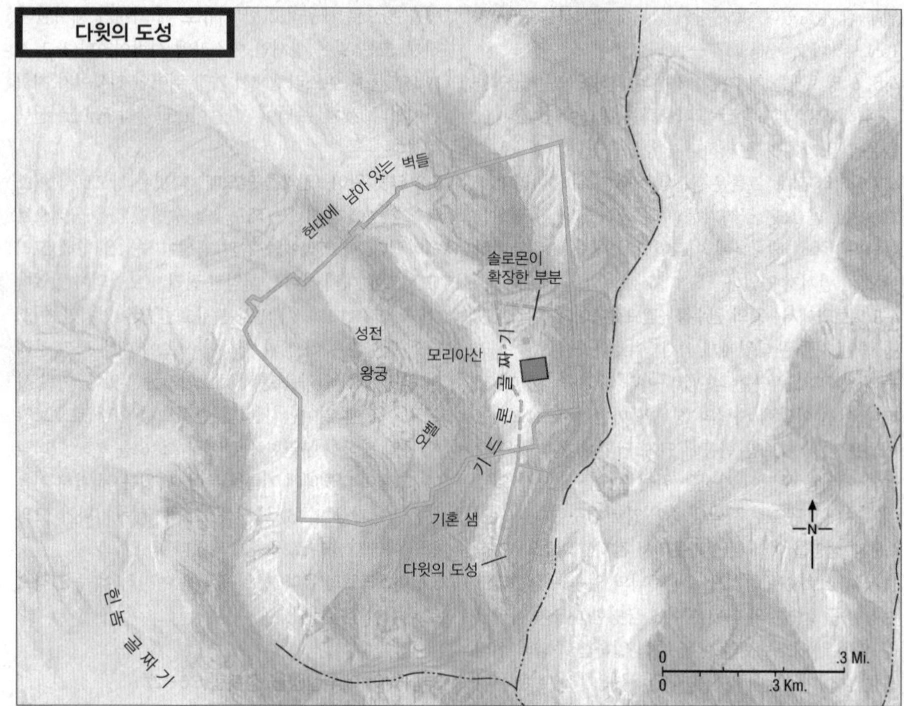

으로 쫓아내는 데 성공하지는 못했다(수 15:33; 삿 1:21). 다윗은 예루살렘을 함락시킴으로써 북쪽 지파들과 남쪽 지파들을 나눠놓았던 이방 족속의 거주지를 제거하고 이곳에 자신의 수도를 세웠다. **여부스 사람** 가나안의 혈통을 물려받은 족속이다(창 10:16-18). 이보다 앞서 예루살렘에 거주한 사람들은 아모리 족속이었기 때문에(수 10:5) 여부스 족속은 이스라엘이 가나안을 정복한 이후 이 성읍을 점령한 것으로 보인다. **맹인과 다리 저는 자** 여부스 족속은 이스라엘 백성을 비웃고, 다윗을 조롱했다. 그들은 눈이 멀고 다리 저는 사람이라도 이스라엘에 맞서 그 성읍을 지킬 수 있다고 으스댔다.

5:7 시온 산성 성경에서 시온이 처음으로 등장하며, 사무엘상과 사무엘하에서는 여기서만 나온다. 여기서는 예루살렘의 남동쪽 언덕에 여부스 족속이 세운 요새를 가리키지만 이후에는 성전이 세워진 산을 가리키는 데 쓰였으며(사 10:12), 예루살렘 성읍 전체를 가리키는 데도 쓰였다(사 28:16). **다윗 성** 다윗의 출생지인 베들레헴(눅 2:4)과 다윗의 수도였던 예루살렘 모두 이 이름으로 불렸다.

5:8 물 긷는 데 예루살렘의 동쪽 성벽 바깥에 흐르는 기혼 샘과 연결해 성읍 안으로 물을 공급하던 수로다.

5:9 밀로 문자적으로는 '채움'이라는 뜻이다. 예루살렘은 북쪽 측면 공격에 가장 취약했기 때문에 그쪽을 방어하기 위해 돌로 된 계단식 성벽을 세웠다.

5:11-16 역대상 14:1-7을 보라.

5:11 두로 왕 히람 두로는 갈멜산에서 북쪽으로 56킬로미터 정도, 시돈에서 남쪽으로 40킬로미터 정도 떨어진 곳에 있는 베니게(Phoenicia)의 항구도시였다. 다윗의 통치 후반기와 솔로몬의 통치기 대부분에 걸쳐 이스라엘과 우호적인 관계를 유지한 히람 왕은 건축 자재를 농산물과 맞바꿨다. 또한 그는 다윗의 궁전을 짓는 데 필요한 기술자들을 보내주었다. 이는 오랜 전쟁 때문에 이스라엘 내에 솜씨 좋은 장인이 거의 남아 있지 않았음을 보여준다. 시편 30편은 이 궁전을 봉헌하는 노래일 수도 있고, 궤를 보호하기 위해 예루살렘에 임시로 마련한 장막의 완성을 기념하는 노래일 수도 있다(6:17).

5:12 여호와께서 자기를 세우사…왕으로 삼으신 것 자신의 삶에 하나님의 복이 뚜렷하게 임한 것을 보면서 다윗은 자신이 왕위에 오르는 데 주님이 큰 영향을 끼치셨음을 인식하고 있었다.

4. 예루살렘에 있는 다윗의 아내들과 아들들(5:13-16)

5:13 처첩들을 더 두었으므로 다윗이 아내와 첩을 늘

린 것은 신명기 17:17의 율법을 직접적으로 어기는 일이었다. 이 혼인관계는 다윗이 맺은 여러 국제조약과 동맹의 결과일 수도 있다(참고. 3:3). 이런 조약과 동맹관계는 한쪽 왕의 딸이 그 조약에 참여하는 다른 왕과 혼인함으로써 이루어졌다. 이런 문화적 관습은 다윗의 일부 아내와 솔로몬의 많은 아내의 경우에 적용되었다(왕상 11:1-3을 보라). 성경에서 일부다처제가 나올 때마다 그 일은 하나님의 율법을 거스르는 것이었으며, 그 결과는 재난까지는 아니더라도 부정적인 결과를 낳았다.

C. 계속해서 승리를 거둔 다윗의 통치(5:17-8:18)

5:17-8:18 이 단락의 처음과 끝에는 다윗이 거둔 군사적 승리에 대한 서술이 등장한다(5:17-25; 8:1-14). 그 중간에는 다윗이 언약궤에 대해 염려하며, 그 궤를 놓아둘 적절한 건물을 짓고자 하는 이야기가 서술된다(6:1-7:29).

1. 다윗이 블레셋 족속에게 승리를 거둠(5:17-25)

5:17-23 역대상 14:8-17을 보라.

5:17 블레셋 사람들 사울 가문과 다윗 사이에 오랜 내전이 벌어지는 동안 블레셋 족속은 조용히 침묵을 지켰다. 그러나 다윗이 왕위에 올라 나라를 통일하자 그들은 불안을 느끼고 다윗의 왕권이 완전히 확립되기 전에 이스라엘을 공격하기로 결정한다. 그들은 다윗이 더 이상 그들의 봉신이 아님을 깨닫고, 다윗이 새로 세운 수도 예루살렘을 향해 군사 행동을 개시한다.

5:18 르바임 골짜기 문자적으로는 '거인들의 골짜기'라는 뜻이다. 이곳은 예루살렘의 남서쪽에 있는 평원으로, 유다 지파의 땅과 베냐민 지파의 땅 사이의 경계에 있었다(수 15:1, 8; 18:11, 16). 이곳은 비옥한 토양에서 곡식을 풍요롭게 생산하여 예루살렘에 식량을 제공했으며, 공격해오는 군대에게도 매력적인 지역이었다.

5:20 바알브라심 이 이름은 둑을 부수고 쏟아지는 물의 이미지를 그려내 준다. 이는 블레셋 군대를 쳐부수며 그들 속으로 밀려 들어가는 다윗의 군대를 상징하는 것이었다.

5:21 우상 블레셋 족속은 자신들의 승리를 위해 싸움터에 우상들을 가져왔는데, 이스라엘 군대는 이 우상들을 포획하여 불태웠다(대상 14:12).

5:24 걸음 걷는 소리 이 나무의 잎들은 아주 작은 공기의 움직임에도 바스락거리는 소리를 낸다. 큰 규모의 군대가 이동하는 경우 상당히 큰 소리가 났을 것이다.

5:25 게바…게셀 게바는 예루살렘에서 북쪽으로 8킬로미터 정도 떨어진 곳이었으며, 게셀은 게바에서 서쪽으로 32킬로미터 정도 떨어진 곳이었다. 다윗은 블레셋의 군대를 구릉 지대에서 지중해 연안의 평원으로 몰아냈다.

2. 다윗이 거둔 영적 승리(6:1-7:29)

6:1-11 역대상 13:1-14을 보라.

6:2 바알레유다 이 성읍의 이름은 문자적으로 '유다의 군주들'이라는 뜻이며, 기럇여아림으로도 알려져 있다(삼상 7:1, 2). 이 성읍은 예루살렘에서 서쪽으로 16킬로미터 정도 떨어진 곳에 있었다. **하나님의 궤** 언약궤는 주님이 이스라엘 위에 은혜롭게 임재하시며 그분의 영광을 나타내심을 상징한다. **만군의 여호와** *사무엘상 1:3에 대한 설명을 보라.* **이름으로** (NKJV에는 이 단어가 'the Name', 곧 '그 이름'으로 번역됨–옮긴이) *신명기 12:5에 대한 설명을 보라.*

6:3 아비나답의 집 사무엘상 7:1을 보라. **웃사와 아효** 아비나답의 후손으로, 아마 그의 손자였을 것이다. **새 수레** 블레셋 족속은 궤를 옮기기 위해 수레를 사용했다(삼상 6:7). 그러나 구약의 율법은 규정된 막대기들을 써서(출 25:12-15) 고핫 자손들이 그 신성한 궤를 옮길 것을 말하고 있다(민 3:30, 31; 4:15; 7:9).

6:6-8 역대상 13:9-12을 보라.

6:7 웃사가 잘못함으로 말미암아 아무리 순수한 의도였을지라도 궤를 만지는 것은 하나님의 율법을 정면으로 어기는 행위로 죽음을 당해 마땅했다(민 4:15을 보라). 이런 벌을 내리는 이유는 하나님의 거룩하심에 대한 의식을 보존하고, 적절한 준비 없이 그분께 가까이 나아가는 일의 무서움을 되새기게 하기 위해서였다.

6:8 다윗이 분하여 다윗은 자신의 부주의함 때문에 이 재난이 일어났다고 여겨 자기 자신에게 화를 냈을 것이다. 그는 궤를 예루살렘으로 옮기는 일을 계속 진행해야 할지에 대해 갈등했고(9절), 더 큰 재앙과 죽음이 자신 또는 백성에게 닥칠 것을 두려워하여 그 궤를 옮겨오지 않았다(10절). 그는 궤를 옮기기 전에 하나님의 진노가 가라앉기를 기다렸던 듯하다.

6:10 가드 사람 오벧에돔 이 이름은 문자적으로 '에돔의 종'이라는 뜻이다. "가드 사람"은 블레셋의 성읍 가드에서 온 사람을 가리키는 것일 수도 있지만, 여기서는 레위인의 성읍 가운데 하나인 가드 림몬과 관련되었다고 보는 편이 낫다(참고. 수 21:24, 25). 역대기에서는 오벧에돔을 레위인으로 언급한다(대상 15:17-25; 16:5, 38; 26:4, 5, 8, 15; 대하 25:24).

6:12-19 역대상 15:25-16:3을 보라.

6:12 궤로 말미암아…복을 주셨다 궤가 오벧에돔의 집

에 머무른 석 달 동안 주님은 그의 집에 복을 주셨다. 하나님이 오벧에돔에게 복을 주셨듯이, 다윗은 자신의 성에 궤가 머물면 주님이 자신의 가문에 영원히 지속되는 복을 주실 거라는 확신을 품었다(7:29).

6:13 궤를 멘 궤를 예루살렘으로 옮기려는 두 번째 시도에서 다윗은 구약의 율법에 명시된 방식을 따랐다. *3절에 대한 설명을 보라.* **여섯 걸음** 이는 여섯 걸음을 걸을 때마다 제사를 드린 것이 아니라 처음에 여섯 걸음을 떼었을 때 그렇게 했음을 뜻한다.

6:14 다윗이 여호와 앞에서…춤을 추는데 참고. 시편 150:4. 고대와 현대의 다른 사람들처럼 히브리 사람들도 신체적으로 종교적인 기쁨을 표현하면서 하나님을 찬양했다. **베 에봇** 사무엘상 2:18을 보라.

6:16 미갈이…그를 업신여기니라 미갈이 이렇게 다윗을 경멸한 이유는 20절에 기록된 그녀의 신랄한 말을 통해 알 수 있다. 그녀는 다윗이 거리낌 없이 신나게 춤을 춘 것을 왕의 체통과 품격에 걸맞지 않는 행동이라고 여겼다. 이는 그 과정에서 다윗의 몸이 부분적으로 노출되었기 때문이다.

6:17 장막 다윗은 언약궤를 둘 영구적인 건물을 지을 때까지 그 궤를 보관하기 위해 장막을 세웠다. 시편 30편의 표제는 이 장막을 가리키는 것일 수도 있고, 다윗 자신의 집을 가리키는 것일 수도 있다(5:11, 12).

6:20 자기의 가족에게 축복하러 다윗은 주님이 오벧에돔의 집에 주신 복이 자기 가문에도 임하기를 소원했다(11절을 보라). 미갈 때문에 당시에는 그 복이 임하지 않았지만, 미래에는 주님이 다윗 가문에 복을 주실 것이다(7:29). **드러내셨도다** 다윗이 그의 왕복 대신에 입은 제사장의 의복(14절)을 경멸적으로 언급한 말이다.

6:21 여호와 앞에서 한 것 다윗은 계집종들을 위해서가 아니라 주님을 기쁘시게 하기 위해 춤을 추었다.

6:22 스스로 천하게 보일지라도 다윗은 겸손한 마음으로 자신을 바라보았다. 주님은 겸손한 사람을 높이신다(참고. 삼상 7:7, 8).

6:23 미갈이…자식이 없으니라 다윗이 미갈과 더 이상 부부관계를 갖지 않았거나, 다윗을 경멸한 일로 주님이 벌을 주셔서 미갈은 자녀를 낳지 못했다. 구약 시대에 자녀가 없는 것은 치욕스러운 일이었다(삼상 1:5, 6). 미갈이 자녀를 낳지 못해 사울 가문에서는 다윗의 왕위를 이을 계승자를 내지 못하게 되었다(참고. 삼상 15:22-28).

7:1-17 역대상 17:1-15을 보라. 이 단락에서는 다윗 언약, 곧 다윗과 그의 후손을 향한 하나님의 무조건적인 약속이 다윗에게 주어진 사건을 기록하고 있다. 여기서는 이 약속이 언약으로 불리지 않지만, 이후에는 언약으로 표현된다(23:5). 이 약속은 다윗의 후손으로 태어난 왕이 영원히 다스리게 되리라는 하나님의 불변하는 맹세를 이해하는 데 중요한 열쇠가 된다(16절). 40개 이상의 성경 본문이 이 단락과 직접적으로 연관되었다고 추정되어 왔다(참고. 시 89, 110, 132편). 그러므로 이 단락은 구약에서 매우 중요한 부분이다. 이 약속은 그리스도가 재림하셔서 이 땅에 그분의 천년왕국을 세우실 때 궁극적으로 성취될 것이다(참고. 겔 37; 슥 14; 계 19장). 이 언약은 하나님이 세우신 다섯 가지 불변하며 무조건적인 언약 중 네 번째 것이다. 처음 세 가지 언약은 다음과 같다. 노아 언약(창 9:8-17), 아브라함 언약(창 15:12-21), 제사장 언약(민 3:1-18; 18:1-20; 25:10-13)이다. 실제로 구속을 가져온 새 언약은 이후 예레미야를 통해 계시되었으며(렘 31:31-34), 예수 그리스도의 죽음과 부활을 통해 성취되었다. *마태복음 26:28에 대한 설명을 보라.*

7:1 주위의 모든 원수를 무찌르사 다윗은 이스라엘 주변의 모든 나라를 정복했다. 사무엘하 7장에서 언급한 시기 이전에 일어난 일들을 자세히 살피려면 8:1-14을 보라. **궁에 평안히 살게 하신 때에** 5:11을 보라. 다윗의 궁전은 두로 왕 히람의 도움으로 지어졌다. 히람은 주전 980년경이 되기 전까지는 두로의 왕위에 오르지 않았으므로, 이 장에 서술된 일들은 다윗의 통치 말기에 일어난 것이 분명하다.

7:2 나단 여기서 처음으로 언급된 나단은 12장(다윗이 밧세바와 함께 지은 죄를 지적함)과 열왕기상 1장(솔로몬의 왕위를 빼앗으려는 아도니야의 계략을 뒤엎음)의 이야기에서 중요한 역할을 한다. **휘장 가운데에** *6:17에 대한 설명을 보라.*

7:3 행하소서 선지자 나단은 다윗이 마음에 품은 고귀한 계획을 실행하도록 격려하고, 주님이 복을 내리실 것이라는 확신을 심어주었다. 하지만 그도 다윗도 주님의 뜻을 구하지는 않았다.

7:4-16 주님은 이 문제에 대한 그분의 뜻을 나단에게 계시하셨다. 이를 통해 주님은 다윗이 품은 인간적인 최선의 생각을 고쳐주시려고 했다.

7:5 네가…집을 건축하겠느냐 5-7절은 주님이 주시는 두 가지 질문으로 구성되어 있다. 두 가지 질문 모두 그분을 위한 성전을 짓는 일과 관련이 있다. 첫 번째 질문은 그 성전을 지을 사람이 다윗이겠느냐 하는 것으로, 부정적인 대답이 기대되는 질문이었다(대상 17:4을 보라). 역대상 22:8과 28:3에 따르면 다윗은 많은 사람의 피를 흘린 전사였기 때문에 하나님은 성전을 건축할 사

람으로 그를 택하지 않으셨다.

7:7 너희가 어찌하여 나를 위하여…집을 건축하지 아니하였느냐 두 번째 질문은 주님이 이스라엘의 어느 지도자에게 그분의 궤를 위한 성전을 지으라고 명령하신 일이 있느냐 하는 것이었다. 이 역시 부정적인 대답이 기대되는 질문이었다. 나단과 다윗이 의도하고 기대한 것과는 정반대로 하나님은 이 시기에 그분의 집짓기를 원하시지 않았으며, 다윗이 그 집을 짓는 것도 원하시지 않았다.

7:8-16 네 이름을 위대하게 이 본문은 주님이 다윗에게 주신 약속들을 서술하고 있다. 8-11상반절에서는 다윗의 생애에 실현될 약속들을 제시하며, 11하-16절에서는 다윗이 죽은 후에 성취될 약속들을 언급하고 있다. 다윗의 생애에 주님은 다윗의 "이름을 창대하게" 해주셨으며(*창 12:2에 대한 설명을 보라*), 이스라엘 백성이 거주할 땅을 정해주셨고, 다윗에게 모든 원수로부터 벗어나 '편히 쉬게' 하셨다.

다윗이 죽은 후 주님은 먼저 그의 나라를 이끌어갈 왕좌에 앉을 아들(솔로몬)을 주셨다. 주님은 이 아들을 아버지처럼 돌보셨으며 필요한 징계와 훈육, 자비를 베푸셨다. 두 번째로 주님은 영원히 있을 왕국을 다스릴 신적인 아들(메시아)을 주셨다. 이 예언은 직접적으로는 솔로몬과 그 땅에 있는 다윗 가문의 일시적인 왕국을 가리켰다. 그러나 더 원대하고 중엄한 의미에서는 다른 본성을 지닌 다윗의 더 위대한 신적 아들인 예수 그리스도를 가리켰다(참고. 히 1:8).

7:11 여호와가 너를 위하여 집을 짓고 다윗은 주님을 위해 '집', 곧 성전을 지으려고 했다. 하지만 그 대신 주님이 다윗을 위해 '집', 곧 그의 왕조를 세워주셨다.

7:12 네 씨 성경의 다른 부분을 보면 다윗의 왕국을 영원히 세우실 분은 장차 오실 메시아였다(사 9:6, 7; 눅 1:32, 33을 보라).

7:14 그에게 아버지가 되고…내게 아들이 되리니 이 구절은 히브리서 1:5에 나오는 메시아이신 예수와 직접적으로 연관된다. 셈족의 사고방식에 따르면 아들은 아버지의 모든 특성을 이어받기 때문에 장차 태어날 다윗의 후손은 하나님과 동일한 본질을 지니게 될 것이다. 예수 그리스도가 성육신하신 하나님이셨다는 것은 요한복음의 핵심 주제다(요한복음의 서론을 보라). **그가 만일 죄를 범하면** 인간 아버지가 자기 아들들을 징계하는 것처럼 그 후손이 죄를 범하면 주님도 그를 징계하실 것이다. 이는 메시아가 오시기 전까지의 후손들(솔로몬으로부터 이어지는 다윗 혈통의 왕들)을 가리킨다. 그러나 사무엘서와 열왕기서의 기록을 통해 알 수 있듯 다윗과 그의 후손들이 어쩔 수 없는 죄인이었던 것과는 달리 다윗의 궁극적인 그 후손(the ultimate Seed)은 죄가 없는 분이실 것이다(고후 5:21을 보라). 의미심장하게도 역대상의 본문은 나단의 말을 언급할 때 메시아에 좀 더 직접적으로 초점을 맞추면서 이 징계에 대한 구절을 제외하고 있다(대상 17:13).

7:15 이것은 다윗 언약이 지니는 무조건적인 성격을 나타내는 표현이다. 메시아는 그의 영광스럽고 영원한 왕국에 임할 것이며, 이 약속은 변하지 않을 것이다.

7:16 네 집…네 나라…네 왕위 누가복음 1:32하반절과 33절은 이 세 가지 조건이 예수 안에서 성취되었음을 보여준다. "주 하나님께서 그 조상 다윗의 *왕위*를 그에게 주시리니 영원히 야곱의 *집*을 왕으로 다스리실 것이며 그 *나라*가 무궁하리라." **영원히** 이 말은 확정되지 않은 긴 시간 또는 미래의 영원한 시간의 개념을 말한다. 이는 그 집과 나라, 왕위가 세워지는 데 아무런 방해가 없을 거라는 말이 아니라 그 결과가 보장된다는 뜻이다. 그리스도의 다윗적인 통치는 인간의 역사에 결말을 가져올 것이다.

7:18-29 역대상 17:16-27을 보라. 다윗은 그의 후손과 나라에 신적인 복을 베푸시겠다는 하나님의 주권적인 선언 앞에서 감사와 경외심에 찬 기도를 드린다.

7:18 여호와 앞에…앉아서 이는 다윗이 임시로 사용하는 장막 안에 있는 언약궤 앞에 앉았음을 뜻한다. **나는 누구이오며** 다윗은 자신의 후손을 통해 그분의 왕국이 임하게 하실 거라는 주님의 약속에 압도되었다. 하나님이 그를 "내 종 다윗"(5절)으로 부르신 데 대해 18-29절

다윗 언약

(참고. 삼하 23:5; 대하 21:7; 시 89:3, 28; 132:12)

1. 하나님은 *그분의 백성*을 위해 한 곳을 정해주실 것이다(삼하 7:10; 대상 17:9; 시 132:13, 14).
2. 하나님은 *그분의 백성이* 영구히 있도록 하실 것이다(삼하 7:10; 대상 17:9; 시 132:14).
3. 하나님은 *그분의 백성*을 대적의 핍박에서 지켜주실 것이다(삼하 7:10; 대상 17:9; 시 132:18).
4. 하나님은 *다윗의* 왕조, 곧 다윗의 집을 세우실 것이다(삼하 7:12, 16; 대상 17:10, 11; 시 132:11, 12).
5. 하나님은 *다윗의* 왕국을 확립하실 것이다(삼하 7:12, 13, 16; 대상 17:11; 시 132:17).
6. 하나님은 *다윗의* 보좌가 견고히 서게 하실 것이다(삼하 7:16; 대상 17:12; 시 132:11, 12).

에서 다윗은 9번에 걸쳐 자신을 "주의 종"으로 지칭하고 있다(20, 21, 25, 26, 27, 28, 29절).

7:19 먼 장래의 일까지도 다윗은 주님이 자신의 직접적인 후손인 솔로몬에 대한 것뿐 아니라 먼 미래의 일에 대해서도 말씀하셨다는 것을 알았다. **사람의 법** 문자적으로는 '이것이 사람의 법입니다'이다. 이는 질문이라기보다 하나의 선언으로 보는 편이 좋을 것이다. 하나님의 언약적 약속은 영원한 나라를 위한 것으로, 장차 오실 다윗의 후손을 통해 온 인류가 복을 받게 하시는 것이었다. 그러므로 다윗 언약은 인류의 유익을 위해 다윗과 그의 후손들에게 능력과 권리, 특권을 부여하는 선물이었다. 다윗은 주어진 이 약속 앞에서 말문을 열 수가 없었다(20-22절).

7:23 주의 백성…주의 땅 다윗은 아브라함 언약이 지닌 특성을 되새긴다(참고. 창 12; 15; 17장). **이스라엘** 18-21절에서 다윗은 주님이 그에게 베푸신 은혜에 감사하며 주님을 찬양한다. 22-24절에서는 이스라엘 백성에게 베푸신 은혜에 감사하며 주님을 찬양하고 있다(참고. 신 7:6-11).

7:25 이제…말씀하신 것을 25-29절에서 다윗은 주님이 그에게 말씀하신 신적인 약속을 이루어주시기를 기도한다.

7:26-29 주의 말씀들이 참되시니이다 다윗의 기도는 하나님이 그의 왕권과 나라에 대해 주신 이 놀랍고 불변하는 약속들을 그가 믿음으로써 모두 받아들였음을 드러낸다.

3. 다윗이 블레셋 족속과 모압 족속, 아람 족속, 에돔 족속에게 승리를 거둠(8:1-18)

8:1-14 이 단락은 주님의 손 아래서(6, 14절) 다윗의 왕국이 확장된 일을 간략히 서술하고 있다. 다윗은 이스라엘의 주된 대적들을 모두 무찌르고 자신의 왕국을 동서남북으로 확장했다. 역대상 18:1-13을 보라. 이 정복 전쟁은 7장에 기록된 일이 있기 전에 진행되었다(7:1을 보라).

8:1 블레셋 사람들…항복을 받고 다윗의 우선적인 관심사는 서쪽에 있는 블레셋 족속을 상대하는 일이었다. 그는 재빨리 이들을 쳐부수고 굴복시켰다(5:25을 보라). **메덱암마** 이는 블레셋 족속의 '주요 성읍'인 가드를 가리키는 말일 것이다(참고. 대상 18:1). 이리하여 다윗은 서쪽에 있는 그의 대적들을 물리쳤다.

8:2 모압 다윗은 사해 동쪽의 요단강 건너편에 사는 모압 족속을 쳐부쉈다. 이는 한때 다윗과 모압 왕실 사이에 있었던 좋은 관계가 깨어졌음을 의미한다(참고. 삼상 22:3, 4). 이렇게 그는 동쪽에 있는 자신의 대적들을 물리쳤다. **줄로 재어** 이 말은 다윗이 모압의 어린 아이들(키가 한 줄 길이 정도 되는 사람들)은 살려주고, 어른들(키가 두 줄 길이쯤 되는 사람들)은 죽였다는 뜻일 수 있다. 또는 세 줄로 늘어선 군인들 가운데서 임의로 한 줄을 택해 목숨을 살려주었다는 의미일 수도 있다. 이것은 죽어 마땅한 대적들을 다룰 때 동방의 왕들이 행한 일반적인 관습이다.

8:3-8 다윗은 북쪽에 있는 그의 대적들을 물리쳤다. 그는 이미 남쪽에 있는 아말렉 족속을 물리친 바 있다(삼상 30:16, 17).

8:3 소바 다메섹의 북쪽에 있는 아람 족속의 왕국이다(참고. 삼상 14:47). **하닷에셀** 문자적으로는 '하닷(폭풍을 주관하는 가나안 신의 이름)이 나를 도우신다'라는 뜻이다. 시편 60편은 이 전투를 기념하기 위해 기록되었다. **유브라데 강** 이는 곧 딥사(Tiphsah)의 성읍을 둘러싼 유브라데강의 남서쪽 끄트머리 지점을 가리킨다.

8:4 마병 천칠백 명 (NKJV에서는 이 구절을 'one thousand chariots, seven hundred horsemen', 곧 '천 대의 병거와 칠백 명의 기병'으로 번역함–옮긴이) 역대상 18:4에는 "기병 칠천 명"이라고 기록되었는데, 그쪽이 더 타당해 보인다. *역대상 18:4에 대한 설명을 보라.* **병거의 말은 다 발의 힘줄을 끊었더니** 말의 힘줄을 끊는다는 것은 말 뒷다리의 힘줄을 끊어 그 말이 전쟁터에 나갈 수 없게 만드는 일을 의미한다(수 11:6).

8:5 아람 사람들 (NKJV에는 이 어구가 'Syrians', 곧 '시리아인들'로 번역됨–옮긴이) 이는 다메섹 성읍 부근과 소바 지역에 살고 있던 아람 사람들을 가리킨다.

8:7 금 방패 전쟁에서는 쓰이지 않고 예식을 행할 때나 장식을 위해 쓰였던 물건이다.

8:8 놋 역대상 18:8은 하닷에셀에게 속한 성읍들로 놋을 생산하던 두 곳을 언급하고 있다. 이후 이 놋은 성전 건축에 쓰였다.

8:9 하맛 왕 도이 하맛은 다메섹에서 북쪽으로 160킬로미터 정도 떨어진 곳에 있는 아람 족속이 살던 또 다른 지역이었다. 도이 왕은 자신의 적인 소바 사람들이 격파되는 것을 보고 기뻐하며 다윗과 좋은 관계를 맺고자 했다. 도이 왕은 다윗의 봉신이 되어 그에게 기꺼이 복종하겠다는 뜻을 전하기 위해 선물을 보냈다.

8:12 아람 (NKJV에는 'Syria', 곧 '시리아인'으로 번역됨–옮긴이) 이 단어는 '에돔'으로 이해하는 편이 더 좋다. 이들은 남쪽에 있는 다윗의 대적이었다.

8:13 소금 골짜기 사해의 남쪽에 있는 지역이었다. **에돔 사람** (NKJV에는 이 어구가 'Syrians', 곧 '시리아인들'로

번역됨–옮긴이) 이 구절에 대해 다윗이 아람인들이 아니라 에돔 사람들을 무찔렀다고 해석하는 사본들이 있다. *12절에 대한 설명을 보라*. 그 해석은 시편 60편과 역대상 18:12을 근거로 내세운다. **명성** 주님은 다윗에게 위대한 이름을 주겠다는 약속을 성취하시기 시작했다(7:9을 보라).

8:15-18 역대상 18:14-17을 보라. 이것은 다윗의 통치를 돕던 관료들에 대한 기록이다.

8:15 정의와 공의 다윗은 의로운 방식으로 자신의 왕국을 다스렸다. 미래에 임할 메시아도 그와 비슷한 방식으로 다스리게 될 것이다(사 9:7; 렘 23:5; 33:15).

8:16 요압 다윗의 군대 사령관이었다(2:13; 삼상 26:6). **여호사밧…사관** 나라의 기록을 관리하는 사람으로, 아마 왕의 전령이었을 것이다(왕상 4:3).

8:17 아히둡의 아들 사독 사독이라는 이름은 '의로운'이라는 뜻이다. 그는 아론의 후손으로, 엘르아살의 혈통에서 난 레위 지파의 제사장이었다(대상 6:3-8, 50-53). 사독과 그의 가문은 사무엘상 2:35에서 하나님의 사람이 전한 예언을 성취했다. 미래에 태어날 그의 후손들은 메시아의 천년왕국에서 제사장으로 섬기게 될 것이다(겔 44:15). 이후에 그는 솔로몬의 통치기에 유일한 대제사장이 되었다. 이는 비느하스에게 주신 하나님의 약속을 성취하는 것이었다(참고. 민 25:10-13). **아비아달의 아들 아히멜렉** 사무엘상 22:20을 보면 아비아달을 아히멜렉의 아들로 언급하고 있다. 이는 필사자의 오류로 설명하는 것이 최선일 것이다(참고. 대상 18:16; 24:3, 6, 31). 아비아달은 사독과 함께 다윗의 제사장이었다(15:24, 35; 19:11). 아비아달의 혈통은 엘리(왕상 2:27)를 거쳐 이다말에게로 거슬러 올라간다(대상 24:3). 아비아달이 제사장직에서 쫓겨남으로써(왕상 2:26, 27) 엘리에 대한 하나님의 저주가 이루어졌고(삼상 2:33), 엘르아살의 후손인 비느하스에 대한 하나님의 약속이 성취되었다(참고. 민 25:10-13; 삼상 2:35). **스라야는 서기관이 되고** 그의 이름은 '여호와가 승리하신다'라는 뜻이다. 그는 다윗의 공식적인 비서로 섬겼다.

8:18 브나야 그의 이름은 '여호와가 세우신다'라는 뜻이다. 브나야는 친위대장으로서 다윗을 섬겼다. 그는 이후 다윗의 장군 요압을 죽이고 나서(참고. 왕상 2:28-35) 솔로몬의 군대 사령관이 되었다(왕상 2:34, 35; 4:4). **그렛 사람과 블렛 사람** *사무엘상 30:14에 대한 설명을 보라*. **대신들** 히브리어 본문에서는 다윗의 아들들을 제사장으로 지칭하고 있지만, 70인역은 이들을 '궁정의 왕자들'로 지칭하고 있다. 후자의 해석은 이들을 "왕을 모시는 사람들의 우두머리"로 지칭하는 역대상 18:17을 근거로 지지를 받는다.

D. 다윗의 통치가 문제에 부딪힘(9:1-20:26)

9:1-20:26 이 단락은 "사울의 집"(9:1)으로 시작하고, "세바…베냐민 사람"(20:1)으로 끝을 맺는다. 사울과 마찬가지로 다윗도 실패한 왕으로 그려진다. 물론 회개하긴 했지만 말이다. 사울과는 달리 다윗이 왕권을 상실하지 않게 그를 지켜준 것은 오직 주님의 불변하는 언약과 그분의 은혜와 자비였다(참고. 7:15). 이 단락은 다윗 자신의 죄로 말미암아 그에게 닥쳐온 곤란들을 서술하고 있다.

1. 다윗이 므비보셋에게 친절을 베풂(9:1–13)

9:1 요나단으로 말미암아 그 사람에게 은총을 베풀리라 다윗은 다리를 저는 요나단의 아들 므비보셋(참고. 4:4)의 물질적인 필요를 채워줌으로써 요나단에 대한 애정 어린 충성(삼상 20:42)을 지속적으로 나타냈다.

9:2 시바 예전에 사울을 섬기던 종으로, 여기서 처음으로 언급된다.

9:4 로드발 요단강 동쪽의 길르앗에 있는 성읍이었다. 갈릴리 바다에서 남쪽으로 16킬로미터 정도 떨어진 곳에 있었다. **암미엘의 아들 마길** 부유한 사람이었다(17:27-29을 보라).

9:6 므비보셋 *4:4에 대한 설명을 보라*.

9:7 네 할아버지 사울의 모든 밭을…도로 주겠고 사울에게는 상당히 넓은 소유지가 있었을 것이다. **내 상에서 떡을 먹을지니라** 다윗은 므비보셋을 자신의 궁궐로 데려오고 식사를 제공함으로써 그를 명예롭게 대우하려고 했다(왕하 25:29을 보라).

9:8 죽은 개 *죽은 개*는 하찮고 쓸모없는 존재를 뜻한다. 므비보셋은 자신에게 다윗의 호의를 입을 만한 자격이 없으며, 그 은혜에 보답할 길도 없음을 알았기 때문에 스스로를 이런 존재로 여겼다. 다윗의 제안은 요나단과 맺은 언약을 존중한 것으로 특별한 은혜와 아름다움을 드러내고 있었다(참고. 삼상 18:3; 20:15, 42).

9:10 아들이 열다섯 명이요 종이 스무 명이라 이 숫자는 시바가 지닌 힘과 영향력을 보여주며, 다윗이 므비보셋에게 준 땅이 상당히 넓었음을 보여준다.

9:12 미가 므비보셋의 아들인 미가의 후손들이 역대상 8:35-38과 9:41-44에 나열되고 있다.

2. 다윗이 간음과 살인죄를 지음(10:1–12:31)

10:1-19 역대상 19:1-19을 보라.

10:1 암몬 자손의 왕 이는 곧 나하스를 가리킨다(삼상

11:1에 대한 설명을 보라).

10:2 하눈에게 은총을 베풀되 나하스는 사울의 적이었기 때문에 그는 다윗의 친구이며 후원자로 간주되었다. 여기서는 다윗과 나하스가 언약관계를 맺었다는 것이 암시되어 있다. 그 언약관계의 토대 위에서 다윗은 나하스의 아들 하눈에게 자신의 충실함을 보이고자 했다.

10:3 이 성 이는 랍바(Rabbah)를 가리킨다(*11:1에 대한 설명을 보라*).

10:4 그들의 수염 절반을 깎고 강제로 수염을 깎는 것은 치욕이자 굴종의 표현으로 간주되었다(참고. 사 7:20). **그들의 의복의 중동볼기까지 자르고** 당시 사람들은 길게 내려오는 의복을 입었으며, 엉덩이를 드러내는 것은 전쟁 포로들에게 행해지는 치욕스러운 관습이었다(참고. 사 20:4). 다윗이 춤출 때 미갈이 불쾌하게 여겼던 것도 부분적으로는 이런 이유가 있었을 것이다(6:14, 20을 보라).

10:5 여리고 다윗의 신하들이 랍바에서 돌아올 때 여리고는 그들이 요단강 서쪽에서 만나는 첫 번째 성읍이었다.

10:6 벧르홉 소바의 남서쪽에 있는 아람 사람들이 살던 지역이었다(참고. 민 13:21; 삿 18:28). **소바** *8:3에 대한 설명을 보라*. **마아가** 갈릴리 지방 북쪽에 있는 훌레 호수 북쪽 지역이었다(신 3:14; 수 13:11-13). **돕** 요단강 동쪽에 있는 성읍으로, 랍바에서 북동쪽으로 72킬로미터 정도 떨어진 곳이었다(삿 11:3, 5).

10:6-11 암몬 사람의 군대는 이미 방어 태세를 갖춘 상태로 성읍 어귀에 있었으며, 아람인 용병들(NKJV는 6절에서 '아람 사람'을 'the Syrians', 곧 '시리아인들'로 번역함—옮긴이)은 조금 떨어진 곳에 있는 성읍 주변의 들판에 진을 치고 있었다. 요압은 자신의 군대를 나눠 두 군대 모두를 공략했다. *사무엘상 11:1에 대한 설명을 보라*.

10:12 담대하라…여호와께서 선히 여기시는 대로 행하시기를 원하노라 두 전선에서 싸우게 된 상황에서 요압은 자신의 군대에게 "담대히 행하라"고 외치며, 전쟁의 승패는 궁극적으로 주께 달려 있음을 상기시켰다(참고. 15:26). 이것은 이스라엘에게 찾아온 정당하고 필연적인 전쟁이었기 때문에 그들은 하나님의 은총을 기대할 수밖에 없었으며, 그 은총이 실제로 주어졌다(13, 14절).

10:14 요압이…떠나 시기가 적절하지 않았기 때문에(*11:1에 대한 설명을 보라*) 요압은 랍바 성읍을 포위해 점령하려고 시도하지 않았다. 참고. 12:26-29.

10:16 하닷에셀 *8:3에 대한 설명을 보라*. **헬람** 돕에서 북쪽으로 11킬로미터 정도 떨어진 곳에 있던 전쟁터다.

10:18 칠백…마병 *역대상 19:18에 대한 설명을 보라*.

10:19 이스라엘과 화친하고 아람(NKJV는 이 단락에서 아람을 시리아로 표시함—옮긴이)의 작은 나라들 모두 이스라엘에게 굴복해 이스라엘에 맞서는 암몬을 도우려

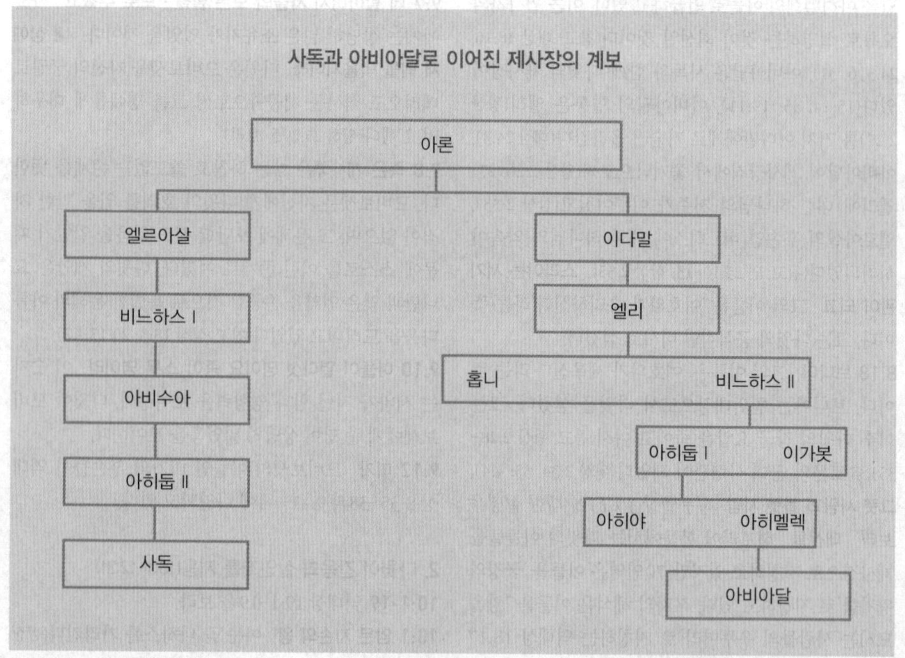

고 하지 않는다.

11:1 해가 돌아와 왕들이 출전할 때가 되매 근동 지방의 왕들은 보통 일 년 중 봄에 싸움을 하러 나갔다. 이는 그 계절에 날씨가 좋고, 행군 도중 풍성한 곡식을 얻을 수 있었기 때문이다. *10:14에 대한 설명을 보라.* **다윗이 요압과…보내니** 다윗은 그의 군대 사령관인 요압과 그의 용병들, 이스라엘 군대를 보내 지난해에 시작된 암몬과의 싸움(10:14)을 재개하도록 했다. **랍바** 암몬 족속의 수도로, 여리고를 마주하고 요단강에서 동쪽으로 38킬로미터 정도 떨어진 곳에 있었다. 이전 해에 아비새는 들판에서 암몬 족속의 군대를 격파했고, 남아 있던 암몬 족속들은 살기 위해 랍바 성 안으로 도망쳤다(10:14). 그다음 해에 요압은 이 성을 포위한 뒤 공격하기 위해 돌아왔다. **다윗은 예루살렘에 그대로 있더라** 다윗은 보통 이런 상황에서 집에 머물지 않았다(5:2; 8:1-14; 10:17. 하지만 18:3; 21:17도 참고하라). 여기서 이런 사실을 분명하게 언급한 것은 곧 뒤에 남은 다윗에 대한 비판과 앞으로 그가 저지르게 될 참혹한 범죄에 대한 무대를 설정하기 위해서다.

11:2 옥상에서 거닐다가 왕궁 옥상은 높은 곳에 있어서 다윗은 주변의 집 안마당을 내려다볼 수 있었다. 이 옥상은 이후 또 다른 죄악과 부도덕한 일이 벌어지는 현장이 되었다(16:22을 보라).

11:3 엘리암 밧세바의 아버지는 다윗의 용사들 가운데 한 명이었다(23:34). 엘리암은 아히도벨의 아들이었으므로 밧세바는 아히도벨의 손녀였다(참고. 15:12; 16:15). 이 사실은 어째서 다윗의 모사들 가운데 한 명이었던 아히도벨(15:12)이 이후 다윗에 맞서 반란을 일으킨 압살롬의 편에 섰는지를 설명해준다. **우리아** 이 사람 역시 다윗의 용사들 가운데 한 명이었다(23:39). 헷 사람이었지만(참고. 창 15:20; 출 3:8, 17, 23) 그는 '여호와는 나의 빛'을 뜻하는 히브리식 이름을 가졌다. 이는 그가 유일하신 참 하나님을 섬기는 사람이었음을 나타낸다. **밧세바** 12:24에 이르기 전까지는 그녀의 이름이 다시 언급되지 않는다. 대신 다윗이 저지른 간음죄를 강조하기 위해 그녀가 우리아의 아내라는 사실이 언급된다(3, 26절; 12:10, 15). 신약성경도 그녀를 "우리아의 아내"(마 1:6)로 부른다. 참고. 출애굽기 20:17.

11:4 그 부정함을 밧세바는 최근 월경을 했고, 그에 따라 요구되는 의식적인 정결의 기간을 거쳤다(레 15:19-30). 그 후에 이 간음이 이루어졌다. 그녀가 최근에 월경했다는 사실은 곧 그녀가 다윗과 동침하러 왔을 때 우리아의 아이를 임신하지 않은 상태였음을 말해준다. **더불어 동침하매** 이 표현은 성관계를 나타내는 완곡어

법으로(참고. 창 19:34), 밧세바와 다윗 모두에게 간음에 대한 죄책이 있음을 드러낸다.

11:5 내가 임신하였나이다 이는 이 사건에 대해 기록된 밧세바의 유일한 말로, 자신의 죄로 말미암아 빚어진 결과를 시인하고 있다. 그 죄의 결과는 그녀의 임신을 통해 분명히 드러났으며, 이는 죽어 마땅한 죄였다(레 20:10; 신 22:22).

11:6, 7 이 무의미한 대화는 우리아를 집으로 보내 그의 아내와 동침하게 하려는 책략이었다. 그리하여 밧세바가 임신한 아이의 아버지가 우리아인 것처럼 보이게 함으로써 다윗 자신도 공적인 수치를 면하고 밧세바도 죽음을 모면하게 하려고 했던 것이다.

11:8 발을 씻으라 사람들은 자기 전에 발을 씻기 때문에 이 말은 집에 가서 잠자리에 들라는 뜻이었다. 싸움터에서 돌아온 군인에게 이 말은 노골적으로 '너의 아내와 성적인 교제를 즐기라'는 뜻이었다. 다윗은 우리아가 아내와 부부관계를 가짐으로써 자신이 밧세바와 은밀히 저지른 일을 덮을 수 있으리라고 기대했다. **음식물** 다윗은 우리아와 밧세바가 함께 저녁을 즐기도록 선물을 보냈다.

11:9 우리아는…잔지라 싸움터에서 고생하는 부하 병사들에게 모범을 보이기 위해 우리아는 왕의 불명예스

러운 제안을 따르지 않았다(11절).

11:11 언약궤 언약궤는 예루살렘의 장막 안에 있거나(6:17), 싸움터에 있는 장막에서 이스라엘 군대와 함께 있었다(삼상 4:6; 14:18).

11:13 취하게 하니 자신의 죄를 덮으려는 첫 번째 시도에 실패한 다윗은 우리아를 취하게 하여 그가 자제력을 잃고 집에 돌아가 그의 아내와 동침하도록 하려고 했지만, 이 계획 역시 실패했다.

11:15 그로…죽게 하라 밧세바와 저지른 죄를 덮는 데 두 번이나 실패한 다윗은 공포를 느끼고, 왕인 자신에 대한 우리아의 확고한 충성심을 이용해 그를 죽일 음모를 꾸몄다. 다윗은 심지어 우리아에게 그 자신을 죽이도록 지시하는 편지를 운반하게 했다. 이렇게 하여 다윗은 사형에 처해져야 마땅한 또 다른 범죄를 저질렀다(레 24:17). 이 일은 사람들이 죄를 저지르고, 그들을 제어할 만한 은혜가 없을 때 얼마나 극단으로 치달을 수 있는지를 생생하게 보여준다.

11:18-24 요압이 사람을 보내…우리아도 죽었나이다 요압은 다윗에게 그의 계획대로 이루어졌음을 알리려고 위장된 메시지를 지닌 전령을 보냈다. 요압은 이 군사적 전략의 숨은 이유를 틀림없이 알았을 것이다.

11:25 그를 담대하게 하라 다윗은 전사한 사람들에 대해 위선적인 무관심으로 일관했다. 또한 그는 요압을 위로하고 랍바에 대한 공격을 계속하라고 명했다.

11:26, 27 그 장례를 마치매 당시의 관습에서 죽은 사람을 위해 애도하는 기간은 칠 일이었을 것이다(창 50:10; 삼상 31:13). 의미심장하게도 성경에는 다윗이 우리아의 죽음을 애도했다는 말이 나오지 않는다.

11:27 여호와 보시기에 악하였더라 (NKJV에는 이 구절이 'the thing that David had done displeased the Lord', 곧 '다윗이 행한 일이 주님을 노하시게 했다'로 번역됨–옮긴이) 문자적으로는 '여호와께서 보시기에 악했다'는 뜻이다. 그리고 다윗이 행한 일은 악한 결과를 가져오게 된다.

12:1-14 시편 51편은 나단이 찾아와 밧세바와 지은 죄를 지적한 뒤 다윗이 고백한 회개의 말들을 기록하고 있다(나단에게 죄를 지적당한 후 다윗이 느낀 고뇌를 표현한 시 32편을 참고하라).

12:1 여호와께서 나단을…보내시니 특이하게도 11장의 이야기에는 27절에 이르기 전까지 '여호와'라는 단어가 등장하지 않는다. 그러나 이제 주님은 다윗의 죄를 지적하며 적극적으로 개입하신다. 요압이 다윗에게 전령을 보낸 것처럼(11:18, 19) 주님도 다윗에게 그분의 전령을 보내셨다.

12:1-4 두 사람…부하고…가난하니 이 비유에서 부자는 다윗을, 가난한 사람은 우리아를, 암양은 밧세바를 상징한다.

12:5 마땅히 죽을 자라 출애굽기 22:1에 따르면 소나 양을 훔치고 도살한 죄에 대한 벌은 그 죄를 지은 자의 죽음이 아니라 그 훔친 소나 양에 대한 배상이었다. 하지만 이 본문의 비유에서 부자가 양을 빼앗고 도살한 것은 다윗이 밧세바와 간음하고 우리아를 죽인 일을 상징한다. 모세의 율법에 따르면 간음(레 20:10)과 살인(레 24:17)은 모두 죽어야 마땅한 죄였다. 비유 속에 등장하는 부자에게 이런 판결을 내림으로써 다윗은 부지중에 자기 자신에게 사형을 선고한 셈이 되었다.

12:6 네 배 출애굽기 22:1은 양을 훔쳐간 경우 네 배로 배상할 것을 요구한다. 이 구절에는 이후 다윗의 네 아들이 죽은 일에 대한 암시가 나온다. 곧 밧세바의 첫 아들(18절), 암논

「다윗과 밧세바(*David and Bathsheba*)」 1723년. 조반니 바티스타 피토니. 캔버스에 유화. 63.5×74cm. 개인 소장. 마이애미.

(13:28, 29), 압살롬(16:14, 15), 아도니야(왕상 2:25)가 그들이다.

12:7 기름 붓기 위하여 이전에 사무엘 선지자가 죄를 범한 사울을 책망했을 때도 같은 사실을 강조했다(15:17).

12:8 네 주인의 아내들 이 표현은 그저 하나님이 그분의 섭리 가운데서 사울에게 속했던 모든 것을 왕이 된 다윗에게 주셨음을 뜻한다. 동방의 왕들이 거느렸던 아내나 첩들을 그 계승자가 물려받는 관습이 있었지만, 다윗이 사울의 아내 중 누군가와 혼인했다는 증거는 없다. 다윗의 아내였던 아히노암(2:2; 3:2; 삼상 25:43; 27:3; 30:5)은 항상 이스르엘 여인으로 지칭된다. 이에 반해 사울의 아내였던 아히노암은 '아히마아스의 딸'로 불림으로써 다윗의 아내 아히노암과 분명히 구별된다.

12:9 업신여기고 주님의 말씀을 업신여기는 것은 그분의 계명을 어기는 일이며, 따라서 징벌을 불러오게 된다(참고. 민 15:31). 다윗이 서지른 범죄들을 요약하면서 그의 죄책이 신적으로 확언되고 있다.

12:10 칼이 네 집에서 영원토록 떠나지 아니하리라 다윗이 받게 된 비극적인 벌은 오랫동안 지속되는 것이었다. 우리아가 폭력에 의해 살해된 것처럼 다윗의 집안 역시 지속적으로 폭력에 시달리게 될 것이다. 이 말씀은 암논(13:28, 29)과 압살롬(18:14, 15), 아도니야(왕상 2:24, 25)가 겪게 될 폭력적인 죽음을 암시한다.

12:11 네 집에 재앙을 일으키고 다윗은 다른 사람의 집에 악을 행했다(11:27). 그러므로 그는 자기 집에서 악을 겪게 될 것이다. 이는 암논이 다말을 강간한 사건(13:1-14), 압살롬이 암논을 살해한 사건(13:28, 29), 압살롬이 다윗에 대항해 일으킨 반란(15:1-12) 등을 말한다. **네 아내들과 더불어 백주에 동침하리라** 이는 압살롬이 반란을 일으킨 후 다윗의 후궁들과 공공연히 동침하리라는 예언이다(16:21, 22).

12:13 내가 여호와께 죄를 범하였노라 다윗은 자신의 죄를 합리화하거나 정당화하려고 애쓰지 않았다. 명백한 사실을 지적당했을 때 다윗은 곧바로 자신이 죄를 지었음을 고백했다. 다윗의 더 깊은 고백은 시편 32편과 51편에서 볼 수 있다. **여호와께서도 당신의 죄를 사하셨나니** 주님은 은혜롭게 다윗의 죄를 용서하셨다. 하지만 다윗은 피할 수 없는 죄의 현세적인 결과들을 겪어야 했다. 하나님의 용서는 현세의 삶에서 빚어지는 죄의 결과들을 제거해주시지 않는다. 그 결과는 오직 오는 세상의 삶에서만 소멸된다. **당신이 죽지 아니하려니와** 율법에 따르면 다윗이 지은 죄들은 죽어 마땅한 것이었지만(5절을 보라), 주님은 은혜롭게도 다윗이 받아야 할 사형을 면제해주셨다. 구약에 기록된 사건들 가운데는 하나님이 죄를 범한 사람을 죽음으로 벌하신 경우도 있고, 죄인에게 은혜를 베풀어 용서해주신 경우도 있다. 주님의 이런 섭리는 정의와 은혜의 원칙에 일치한다. 죄로 말미암아 멸망하는 사람들은 모든 죄인이 받아 마땅한 벌을 예시적으로 보여주며, 용서받는 사람들은 하나님이 베푸시는 은혜의 증거이자 본보기가 된다.

12:14 여호와의 원수 하나님에 대적하는 사람들 사이에서 그분의 이름이 손상을 입게 되기 때문에 다윗의 죄는 심판을 받아야 했다. 그 심판은 밧세바가 낳은 아이의 죽음으로부터 시작된다.

12:23 나는 그에게로 가려니와 다윗은 죽은 후 이 아들을 다시 만나게 될 것이다(참고. 삼상 28:19). 여기에는 언젠가 죽으면 다시 만날 수 있다는 확신이 있다. 죽은 유아들이 죽은 성도들과 다시 만나게 되리라는 믿음도 이런 확신에 포함된다(*마 19:14에 대한 설명을 보라*. 참고. 막 10:13-16).

12:24 솔로몬 이 이름은 '(하나님은)평화' 또는 '그를 대신함'을 뜻한다. 두 가지 뜻 모두가 이 아이에게 해당되는 말이었다.

12:25 여디디야 나단이 솔로몬에게 준 이 이름의 뜻은 '여호와의 사랑을 입은 자'였다. 솔로몬은 주님의 사랑을 받아 다윗의 왕위를 이을 계승자로 택함을 받았다. 다윗과 밧세바의 혼인이 지닌 죄악된 성격을 고려할 때 이는 하나님의 선하심과 은혜가 나타난 놀라운 사례였다.

12:29-31 역대상 20:1-3을 보라.

12:29 다윗이…점령하고 다윗은 랍바 성읍을 점령함으로써 요압이 시작한 공격을 끝마쳤다.

12:30 금 한 달란트 약 34킬로그램이다.

12:31 그들에게 하게 하니라 이 구절과 역대상 20:3은 다윗이 암몬 족속에게 고된 노동을 시켰음을 뜻한다. 하지만 이 두 구절은 암몬 족속이 톱으로 썰려 죽임을 당했다는 뜻으로 해석될 수도 있다. 이 경우 다윗은 암몬 족속이 행해온 잔인한 방식대로 그 포로들에게 죽음을 맞도록 한 것이다(참고. 삼상 11:2; 암 1:13).

3. 다윗 가문에서 일어난 문제(13:1-14:33)

13:1-22 다말이 강간을 당한 사건이 기록되어 있다.

13:1, 2 다말 '종려나무'를 뜻한다. 그녀는 그술 왕 달매의 딸 마아가가 낳은 다윗의 딸이다(3:3). 또한 그녀는 (다윗의 셋째 아들인) 압살롬의 친누이고, 아히노암이 낳은 다윗의 첫째 아들 암논(3:2)의 배다른 누이였다. 이야기 속에서 분명히 드러나듯 그녀를 향한 암논의 사

삼하

랑은 형제간의 우애가 아니라 정욕적인 것이었다. 아직 혼인하지 않은 딸들은 남자들로부터 격리되어 있었기 때문에 누구도 단독으로 그녀들을 볼 수 없었다. 암논은 그녀와 가족관계였기 때문에 다말을 보았으며, 그녀를 향해 욕정을 품게 되었다. 하나님은 이런 행동을 금지하셨다(레 18:11을 보라). 하지만 아브라함의 사례(창 20:12)가 있을 뿐 아니라 주변 나라들에서도 일반적으로 배다른 누이와 혼인하는 관습이 있었기 때문에 그는 다말에 대한 자신의 정욕을 정당한 것으로 여기고 이를 충족시키기를 원했다.

13:3 요나답 사무엘상 16:9과 17:3에서는 "삼마"로 불리고 역대상 2:13에서는 "시므아"로 불리는 다윗의 형이 낳은 아들이다. 요나답은 암논의 사촌이며 조언자로 암논에게 다말을 강간할 계책을 일러주었다.

13:12, 13 이 어리석은 일을 행하지 말라 문자적으로는 '사악한 일'을 뜻한다. 다말은 그가 자신을 강간하지 말아야 할 네 가지 이유를 들어 호소했다. 첫째, 그것은 하나님의 율법을 위반하는 일이기 때문에(레위기 18:11을 보라) 이스라엘에서는 철저히 지탄의 대상이 될 수밖에 없었다. 다말은 그런 행위가 왕실에 불화와 유혈극을 불러오리라는 것을 알았고, 실제로 그런 일이 일어났다. **이 수치** 둘째, 간음을 행한 사람으로 다말은 비난과 조롱의 대상이 될 것이다. 그녀를 상대로 저질러진 악한 죄에 저항하기는 했지만 그녀는 더럽혀진 여자라는 오명을 안고 살게 될 것이다. **이스라엘에서 어리석은 자 중의 하나** 셋째, 사람들은 암논을 사악하고 어리석은 자로 여길 것이다. 그는 아무 원칙도 없이 정상적인 도덕적 기준을 깨뜨리고 하나님을 거부하는 사람으로 여겨질 것이며, 그의 왕위계승권은 위협받게 될 것이다. **왕께…나를 네게 주기를 거절하지 아니하시리라** 넷째, 다말은 암논에게 결혼을 통해 그의 성적인 욕망을 채울 것을 호소했다. 그녀는 모세의 율법이 배다른 남매 사이의 결혼을 허용하지 않는다는 사실(레 18:9, 11; 20:17; 신 27:22)을 분명히 알고 있었다. 하지만 절망적인 상황에서 다말은 그 순간을 모면하기 위해 이렇게 말했다.

13:14 억지로 '강간했다'는 뜻의 완곡어법이다.

13:15 그를…미워하니 암논의 "사랑"(1절)은 그저 감정적인 욕망에 지나지 않았다. 일단 충족되고 나자 그 사랑은 미움으로 변했다. 암논은 다말이 자신에게 저항한 것에 분개했고, 자신이 흉악한 죄를 저질렀다는 사실을 자각하게 되자 후회스러운 감정이 들었다. 또한 그는 이 일이 사람들에게 알려지면 벌을 받게 될 거라는 생각에 두려웠다. 이 일로 다말은 그에게 혐오스러운 존재가 되었으며, 그의 감정은 순식간에 바뀌었다.

13:15-17 암논이 다말을 내쫓은 일은 강간 자체보다 더 큰 악이었다. 이로써 사람들은 그녀가 무언가 부끄러운 짓을 했다고, 다시 말해 그녀가 암논을 유혹했다고 여길 것이기 때문이다.

13:18 채색옷 창세기 37:33을 보라. 이는 그 옷을 입은 사람의 특별한 신분을 나타낸다. 다말의 경우 이 옷은 그녀가 아직 출가하지 않은 왕의 딸이라는 뜻이었다. 그녀가 이 옷을 찢은 것은 이 특별한 위치를 상실했음을 상징한다(19절).

13:19 재를…덮어쓰고…옷을 찢고 손을…얹고 가서 크게 울부짖으니라 재는 애도의 표시였고, 찢어진 옷은 그녀의 삶이 파괴되었음을 상징하는 것이었다. 손을 머리 위에 얹은 것은 유배와 추방을 상징한다. 그녀의 울부짖음은 자신을 죽은 사람과 다름없이 여기고 있음을 보여준다.

13:20 이것으로 말미암아 근심하지 말라 압살롬은 이 강간의 결과에 대해 너무 신경 쓰거나 염려하지 말라고 자신의 누이에게 충고한다. 압살롬은 벌어진 사건의 중요성을 최소화시키고자 했지만 그는 이미 자신이 어떻게든 이루고자 했던 일, 곧 암논이 왕위를 계승하지 못하도록 이 범죄를 빌미로 사용해 암논에게 복수하려는 계획을 꾸미고 있었다(요나답이 압살롬의 계획을 알고 있음이 드러나는 32절을 보라). **처량하게 지내니라** 다말은 혼인하지 않고 자녀도 없는 채로 지냈으며, 친형제가 자연스럽게 그녀의 보호자가 되었다. 이 시대에 일부다처제의 가정에서 태어난 자녀들은 각자 독립된 가족 단위를 이루어 서로 떨어져 지냈다.

13:21 다윗 왕이…심히 노하니라 다윗은 암논이 다말을 강간했다는 말을 듣고 격노했다(창 34:7). 그러나 다윗은 암논이 저지른 범죄에 대해 그를 벌하지 않았는데, 이는 왕과 아버지로서 그에게 주어진 책임을 회피하는 일이었다. 이처럼 이스라엘 땅에서 정의가 실현되지 않은 일의 결과는 미래에 다윗을 다시 찾아와 그를 괴롭히게 될 것이다(15:4).

13:22 그를 미워하여 암논이 다말을 미워한 것처럼(15절), 압살롬도 그의 배다른 형제인 암논을 증오했다.

13:23-39 암논이 살해당하는 이야기가 기록되어 있다.

13:23-27 바알하솔 하솔에 있던 베냐민 지파의 성읍이다(느 11:33). 예루살렘에서 북동쪽으로 19킬로미터 정도 떨어진 곳이었다. 압살롬은 이곳에서 양털을 깎는 시기에 맞춰 잔치를 열었으며, 이 잔치에 자신의 모든 형제와 배다른 형제들, 다윗 왕과 궁정의 사람들을 초대했다(24절). 다윗은 이 초대를 거절했지만 일치와

화합을 내세워 '왕의 아들들'을 위해 잔치를 열도록 격려했다(25-27절). 다윗이 초대를 거절하자 압살롬은 그 대신 암논을 보내달라고 요청했다. 다윗은 압살롬의 의도에 대해 의구심을 가졌지만, 모든 아들이 그 잔치에 참석하는 일을 허락했다.

13:28, 29 그를 죽이라 압살롬은 자신의 종들을 시켜 암논을 살해한다(참고. 11:15-17). 이는 다윗이 다른 사람들의 손을 통해 우리아를 죽인 것과 마찬가지였다(11:14-17). 강간은 죽어 마땅한 죄였지만, 하나님은 이런 식의 개인적 복수를 용납하시지 않는다. 그 죄에 대한 벌은 율법에 정해진 절차대로 이행되어야 한다.

13:29 노새 다윗 왕국에서 노새는 왕족이 타는 동물이었다(18:9; 왕상 1:33, 38, 44).

13:30 왕의 모든 아들들 이 과장된 말 때문에 모든 사람이 비탄에 빠졌다(31절). 이 슬픔은 그 말이 정정된 후에야 비로소 가라앉았다(32절).

13:32 요나답이 아뢰어 요나답은 다말을 강간한 일 때문에 암논을 죽이려는 압살롬의 계획(20절)을 알고 있었다. 레위기 18:11, 29은 암논과 같은 일을 행한 자를 죽이도록 규정하고 있다('끊어지리라'는 처형을 뜻함). *28, 29절에 대한 설명을 보라.*

13:34, 37 압살롬은 도망하니라 미리 계획한 살인에 대한 율법의 규정에 비춰볼 때 압살롬은 돌아올 희망을 가질 수 없었다(민 35:21을 보라). 대부분의 사람은 압살

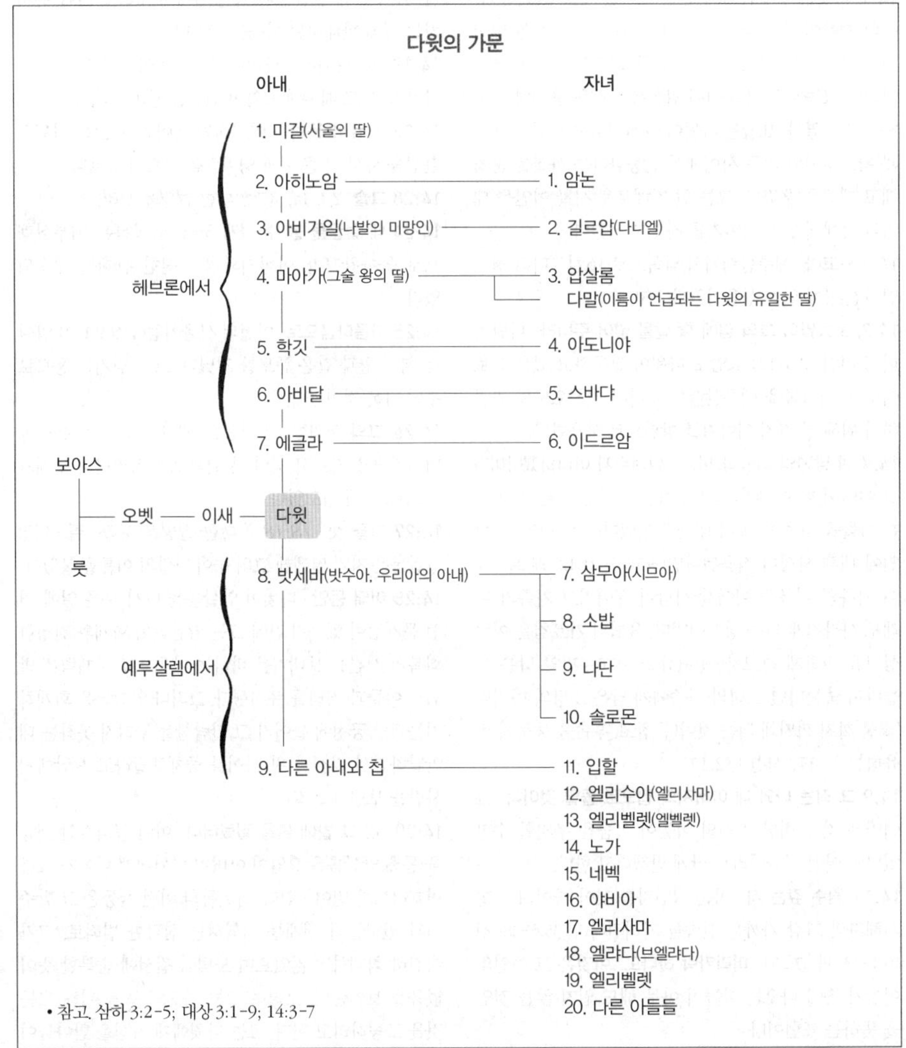

롬의 행위를 고의적인 살인으로 여겼을 것이다. 그 경우 도피성들도 그를 숨겨줄 수가 없었다. 그래서 그는 자기 아버지의 왕국을 떠나 갈릴리 바다 동쪽에 있는 그술로 갔다. 그곳에는 다말과 압살롬의 외할아버지로서 그를 지켜줄 달매 왕이 있었다(*13:1, 2에 대한 설명을 보라*).

13:39 마음이…간절하니 다윗은 시간이 흐르면서 암논이 죽었다는 사실을 받아들이고, 압살롬을 다시 보기를 원했다. 하지만 그는 압살롬을 다시 데려오기 위한 행동을 취하지는 않았다.

14:1-33 압살롬이 다시 부름을 받고 돌아오는 이야기가 기록되어 있다.

14:1 다윗은 압살롬에게 깊은 애정을 갖고 있었다. 암논의 죽음이 준 충격에서 벗어난 그는 삼 년 동안 떨어져 지낸 쫓겨난 아들과의 관계를 회복하기를 원했다. 그러나 그는 여론이 두려워 압살롬을 선뜻 용서하지 못하고 망설였다. 요압은 다윗이 아버지로서 느끼는 애정과 왕으로서의 의무 사이에서 갈등한다는 사실을 눈치채고 계획을 꾸몄다. 그는 한 지혜로운 시골 여인을 데려와 왕에게 어떤 이야기를 하도록 시켰다.

14:2 드고아 예루살렘에서 남쪽으로 16킬로미터 정도 떨어진 곳에 있는 성읍이었다(참고. 암 1:1).

14:2, 3 요압이 그의 입에 할 말을 넣어 주니라 나단이 한 것처럼(12:1-12) 요압도 다윗이 잘못하고 있음을 보여주고, 압살롬을 예루살렘으로 다시 데려오도록 권면하기 위해 한 가지 이야기를 방편으로 사용한다.

14:7 내 남편의 이름과 씨를…남겨두지 아니하겠나이다 그 여인이 한 이야기는 자기 아들들 가운데 한 명이 다른 아들을 쳐 죽인 일에 대한 것이었다(6절). 만약 이 살인에 대해 사형이 적용된다면(참고. 출 21:12; 레 24:17), 이 가족의 이름을 이어갈 사람이 끊어지고 가족의 미래도 사라지게 되는 상황이었다. 율법의 가르침은 이런 상황을 피하게 하고자 했다(신 25:5-10). 만약 남은 아들마저 죽는다면 그녀의 가족에게 남은 소망의 마지막 '숯불'까지 꺼지게 되는 것이다. 참고. 후손을 등불에 비유하는 21:17; 시편 132:17.

14:9 그 죄는 나와 내 아버지의 집으로 돌릴 것이니 그 여인은 죄를 범한 자신의 아들이 목숨을 부지할 수만 있다면 어떤 비난이라도 달게 받겠다고 한다.

14:11 원수 갚는 자 이는 살인자를 찾아 죽이려고 할 피해자의 가장 가까운 친족을 가리킨다(민 35:6-28; 신 19:1-13; 마 27:25). **머리카락 하나도** 이것은 그 여인의 이야기 속에 나오는 아들이 아무 해도 입지 않을 것임을 뜻하는 표현이다.

14:13 하나님의 백성에게 대하여 여인은 압살롬을 추방된 상태로 방치함으로써 다윗이 이스라엘의 미래를 위태롭게 만들었다고 주장한다. 만약 그가 알지 못하는 집안의 아들에게도 그렇게 관용을 베풀 수 있다면, 어째서 자기 자신의 아들은 용서할 수 없단 말인가?

14:14 땅에 쏟아진 물을 다시 담지 못함 죽음은 돌이킬 수 없다는 뜻이다. **하나님은 생명을 빼앗지 아니하시고** 여인은 다윗 자신이 경험했듯(12:13) 하나님은 자비의 원칙에 따라 행하시기 때문에 다윗 역시 자비를 베풀어야 한다고 주장한다.

14:15, 16 백성들이…나와 내 아들을…끊을 자 여인의 아들을 죽이려는 사람들은 곧 다윗이 두려워했던 백성들, 다시 말해 압살롬이 행한 일에 분노하고 그를 용서하는 일에 반대하는 이들을 말한다.

14:18-20 다윗은 여인이 들려준 이야기의 의도를 알아차리고, 그 배후에 요압이 있음을 간파했다.

14:22 요압의 동기는 이기적인 것이었다. 그는 다윗의 환심을 사서 더 큰 힘과 영향력을 얻으려고 했다.

14:23 그술 *13:34, 37에 대한 설명을 보라.*

14:24 내 얼굴을 볼 수 없게 하라 압살롬은 예루살렘으로 돌아왔지만, 아버지와의 소원한 관계는 지속되었다.

14:25 아름다움으로 이전의 사울처럼(삼상 9:1, 2) 압살롬 역시 왕과 같은 풍모를 지녔다. 그의 인기는 용모로부터 나온 것이었다.

14:26 그의 머리털 압살롬은 매년 머리를 깎았는데, 머리카락을 자르고 재어 본 결과로 머리카락의 무게가 2.2킬로그램 정도였다.

14:27 아들 셋 *18:18에 대한 설명을 보라.* **딸…다말** 압살롬은 자기 딸에게 그의 누이 다말의 이름을 붙였다.

14:28 이태 동안 다윗이 압살롬을 다시 부른 일에 어떤 문제점이 있든지 간에 그는 압살롬이 회개와 진정한 회복의 시간을 보내기를 바라는 마음으로 자제력을 발휘해 아들과 거리를 유지했다. 그러나 압살롬은 회개하기는커녕 궁정에 들어가 그 안락함을 누리지 못하는 데 안달하면서 자신과 왕 사이를 중재해달라고 요압에게 사람을 보낸다(29절).

14:30-32 그 밭에 불을 질렀더니 이런 공격적인 행동을 통해 압살롬은 요압이 아버지 다윗에게 나아가 그를 변호하도록 밀어붙인다. 압살롬의 이런 행동은 그 밭주인과 일꾼들의 생계를 위협하는 심각한 범죄로, 그가 여전히 회개하지 않았으며 도덕적 질서에 순복할 뜻이 없음을 보여준다. 오히려 그는 자신의 뜻을 위해 모든 것을 조종하려고 한다. 그는 다윗에게 자신을 받아들이

든지 아니면 차라리 죽이라는 최후통첩을 보내고자 한다.

14:33 왕이 압살롬과 입을 맞추니라 이 입맞춤은 다윗이 압살롬을 용서했으며, 그가 다시 가족과 화목하게 되었음을 상징한다.

4. 다윗에 대항해 일어난 반란(15:1–20:26)

15:1-19:43 압살롬이 일으킨 반란에 대한 이야기가 기록되어 있다.

15:1 병거와 말들…호위병 오십 명 아버지와 화해한 후 압살롬은 다시 왕실의 상징을 소유하게 되었다(삼상 8:11을 보라).

15:1-6 마음을…훔치니라 공적인 재판은 항상 이른 아침 성문 바깥에 있는 법정에서 이루어졌다. 압살롬은 백성들의 호의를 얻기 위해 그곳에 모습을 나타냈다. 다윗 왕은 다른 행정 업무를 보거나 전쟁을 치르느라 바빴고 나이도 들어 많은 사안이 해결되지 않은 채로 남아 있었다. 그러자 백성들 사이에 불만이 쌓여갔다. 압살롬은 자기 아버지의 위치를 약화시키기 위해 이런 상황을 이용한 것이다. 그는 우호적인 판결을 내리고 친절을 베풀어 가능한 한 많은 사람의 환심을 사려고 했다. 이렇게 해서 그는 자신의 사악한 야망을 간파당하지 않고 백성들의 마음을 얻게 된다.

15:7 사 년 만에 (NKJV에는 이 구절이 'after forty years', 곧 '사십 년이 지난 후에'로 번역됨–옮긴이) 더 나은 해법은 '4'로 읽는 것이다. 압살롬은 다윗이 통치를 시작한 후 헤브론에서 태어났기 때문에(3:2-5) 숫자 '40'은 압살롬의 나이를 가리킬 수 없다. 다윗이 왕으로 통치한 기간을 처음부터 끝까지 모두 합쳐야 40년이기 때문에(5:4, 5) 이 숫자는 다윗이 그때까지 통치했던 기간을 가리키는 것이 될 수도 없다. 이 사 년의 기간은 압살롬이 그술에서 돌아온 후(14:23)부터 따진 것일 수도 있고, 그가 다윗과 화해한 후(14:33)부터일 수도 있다.

15:7-9 헤브론 이 성읍은 압살롬이 태어난 곳이며(3:2, 3), 다윗이 먼저 유다의 왕으로 기름 부음을 받고(2:4), 이후 온 이스라엘의 왕으로 기름 부음을 받은 곳이다(5:3). 압살롬은 자신이 그술에 있는 동안 서원한 것이 있다고 말했다(*13:34, 37에 대한 설명을 보라*). 그 서원은 만약 예루살렘으로 돌아가게 되면 헤브론에 가서 감사의 제사를 드리는 것이었다. 헤브론은 성전이 건축되기 전 종종 제사를 드렸던 곳이다. 다윗은 이런 종교적 헌신을 장려하는 사람인지라 그 요청을 들어주었다.

15:10-12 압살롬은 왕위를 찬탈하기 위해 음모를 꾸민다. 그 음모에는 다윗 왕이 압살롬의 행동을 지지하고 있으며, 이제 나이가 많아 자신의 왕국을 아들에게 나눠주려고 한다는 인상을 이스라엘의 지도자들 중 일부에게 심어주는 일도 포함되어 있다. 이 모든 일은 압살롬이 자유롭게 자신의 반란을 계획하기 위한 위장술이었다. 압살롬이 다윗을 상대로 이런 일을 꾸밀 수 있었던 것은 그가 영리했기 때문이기도 하지만 다윗의 정신 자세가 느슨해져 있었기 때문이다(왕상 1:6을 보라).

15:12 아히도벨 다윗의 모사로 그의 조언은 너무나 정확해서 마치 "하나님께 물어서 받은 말씀"(16:23)처럼 느껴졌다. 그는 엘리암의 아버지(23:34)이자 밧세바의 할아버지(11:3; 23:24-39)로 오래전부터 다윗에게 복수할 마음을 품고 있었는지도 모른다. **길로** 유다 지파의 땅에 속한 구릉 지대에 있던 성읍으로(수 15:48, 51), 헤브론에서 남쪽으로 수 킬로미터 떨어진 곳으로 추정된다.

15:13-17 다윗은 압살롬을 피해 도망친 일을 시편 3편에서 회상하고 있다. 그는 자신이 세운 도시가 보존되기를 원했기 때문에 그곳에서 싸움을 벌이는 일을 피했다. 또한 그는 자신이 시골에서 좀 더 많은 지지를 얻을 수 있으리라고 판단해 자신의 모든 가족과 호위대를 데리고 도성을 떠났다.

15:18 그렛 사람…블렛 사람 다윗 왕이 고용한 이방인 용병이다. *사무엘상 30:14에 대한 설명을 보라.* **가드 사람** 가드로부터 온 블레셋 출신의 용병이다.

15:19-22 잇대 다윗의 호위대에 합류한 지 얼마 안

단어 연구

궤(Ark): 6:2, 4, 10, 12, 17; 7:2; 11:11; 15:24. 이 단어는 "궤"(왕하 12:9, 이는 일반적인 의미의 상자를 가리킴–옮긴이)나 "관"(창 50:26)으로 번역되지만, 대부분의 경우 '언약궤'를 뜻하는 구절에 등장한다. 궤는 금을 입힌 나무 상자로(출 25:10-22), 그 속에는 십계명을 새긴 돌판(출 40:20)과 아론의 지팡이, 만나를 담은 항아리(히 9:4)가 들어 있었다. 이 궤는 지성소에 안치되었으며, 하나님이 이스라엘과 맺으신 언약과 그분의 임재를 백성에게 상기시켜 주는 역할을 했다. 이스라엘 백성이 언약궤를 경솔히 다루었을 때(삼상 4:1-11) 하나님은 블레셋 족속이 그 궤를 빼앗아가는 일을 허용하셨다. 이는 하나님이 그들과 맺으신 언약관계는 상징과 미신을 초월한다는 사실을 보여주시기 위해서였다. 하나님이 요구하시는 것은 그분의 언약에 대한 지속적인 순종과 그분 앞에 굴복하는 상한 심령이었다(시 51:17; 사 57:15).

된 가드 용병들의 대장이다. 다윗은 그와 그의 부하들을 고향으로 돌려보내려고 했지만, 잇대는 다윗의 피난길에 동행함으로써 자신의 충성심을 보여준다. 다윗은 그의 충성심을 존중해 이후 그를 자신의 군대 중 삼분의 일을 지휘하는 장군으로 삼았다(18:2, 5, 12).

15:23-28 시편 63편은 이 본문 또는 사무엘상 23:14의 상황을 배경으로 하고 있다.

15:23 기드론 시내 잘 알려진 이 계곡의 시내는 예루살렘 동쪽을 따라 북쪽에서 남쪽으로 흘렀다. 이 시내는 예루살렘 도성과 감람산 사이에 있었다.

15:24-29 사독…아비아달 *8:17에 대한 설명을 보라.* 그들은 하나님이 복을 주실 것이라는 확신으로 다윗을 위로하기 위해 궤를 가지고 왔다. 하지만 다윗은 이를 하나님보다 그분의 임재에 대한 상징물에 더 신뢰를 두는 일로 여기고 그 궤를 돌려보냈다. 다윗은 궤를 소유하는 일 자체가 하나님의 복 주심을 보장하지 않는다는 사실을 알고 있었다(참고. 삼상 4:3).

15:28 광야 나루터 요단강의 서쪽 기슭에 위치한 지역이었을 것이다(17:16; 수 5:10을 보라).

15:30 감람 산 예루살렘 성읍의 동쪽에 있던 언덕으로, 다윗이 자기가 지은 죄와 그 결과들에 대해 통회하고 뉘우친 장소다. 이곳은 예수님이 승천하신 장소이기도 하다(행 1:9-12).

15:32 마루턱 이곳은 다윗이 서쪽에 있는 도성과 장막을 내려다볼 수 있는 장소였다. **아렉 사람 후새** 아렉 사람들은 에브라임 지파에 속한 땅 가운데 므낫세 지파의 땅과 인접한 곳에 살고 있었으며(16:2), 후새는 그 아렉 족속에 속한 사람이었다. 그는 공적인 조언자로 다윗을 섬기고 있었다(37절; 대상 27:33). 다윗은 후새를 설득하여 예루살렘으로 돌아가 압살롬의 조언자 역할을 해달라고 한다. 그에게 주어진 임무는 아히도벨이 짠 모략에 반대하고(17:5-14), 압살롬의 계획을 다윗에게 알려주는 것이었다(17:21; 18:19).

16:1 므비보셋 요나단의 아들로 사울의 손자였다(*4:4에 대한 설명을 보라*). **시바** *9:2에 대한 설명을 보라.*

16:3 네 주인의 아들이 어디 있느냐 9:9, 10에서 다윗이 내린 명령에 따라 시바는 다량의 음식과 음료를 축적할 수 있었다. 사울이 죽기 전에는 사울이 그의 주인이었으며, 그 후에는 므비보셋이 그의 주인이 되었다. **내 아버지의 나라를 내게 돌리리라** 시바는 음식과 음료를 선물로 가져와서 다윗의 환심을 사려고 했으며, 마치 자신의 주인이 다윗 왕을 배반한 것처럼 자기 주인에게 누명을 씌웠다. 시바는 마치 므비보셋이 다윗 가문 전체를 몰락시키기 위해 압살롬의 모반에 동참한 것처럼 말했다. 사울 가문의 왕권을 되찾고 스스로 왕위에 오르는 데 므비보셋의 목적이 있다는 것이다. 이것은 거짓된 고발이었지만(19:24, 25을 보라), 다윗에게는 설득력 있게 들렸다. 다윗은 시바의 이야기를 믿고 자신의 충성된 지지자인 므비보셋에게 해를 끼치는 가혹하고 경솔한 결정을 내렸다.

16:5 바후림 *3:16에 대한 설명을 보라.*

16:5-8 시므이 시므이는 베냐민 지파 사람으로, 사울의 먼 친척이었다. 그는 다윗을 "피를 흘린 자"(7, 8절), "사악한 자"(*삼상 2:12에 대한 설명을 보라*)라고 저주했다. 시므이는 시편 7편의 표제에 나오는 사람 구시일 수도 있다. 시므이는 다윗이 왕좌를 잃게 되자 그것이 그의 지난 죄들에 대한 하나님이 내린 보복의 결과라고 선언했다(8절). 그러자 다윗은 그의 저주를 주께로부터 나온 것으로 받아들였다(11절). 시므이는 아브넬의 죽음(3:27-39), 이스보셋의 죽음(4:1-12), 우리아의 죽음(11:15-27)을 염두에 두고 다윗을 비난했을 수도 있다.

16:9 아비새 *2:18에 대한 설명을 보라.* **죽은 개** 이는

사무엘하를 배경으로 하는 시편들

1. 삼하 5:11, 12; 6:17	다윗의 집을 주께 봉헌했을 때	시 30편
2. 삼하 8:3, 13	다윗이 메소보다미아와 아람에 맞서 싸웠을 때	시 60편
3. 삼하 12:1-14	선지자 나단이 밧세바와 지은 죄에 대해 다윗을 책망했을 때	시 51편
4. 삼하 15:13-17	다윗이 아들 압살롬을 피해 도망쳤을 때	시 3편
5. 삼하 15:23-28 (또는 삼상 23:14)	다윗이 유다 광야에 머물렀을 때	시 63편
6. 삼하 16:5; 19:16	베냐민 사람 구시가 그를 비방했을 때	시 7편
7. 삼하 22:1-51	주님이 다윗을 사울과 그의 대적들에게서 건져주셨을 때	시 18편

무가치하고 업신여김을 받는 사람을 뜻한다(참고. 9:8).

16:10-14 이 상황에서 다윗은 과거 나발의 모욕적인 말에 거칠게 반응했을 때(삼상 25:2 이하)와는 달리 놀랄 정도의 인내심과 자제력을 보여준다. 예전에는 아비가일이 지혜롭게 그의 화를 누그러뜨리기 전까지 다윗은 나발을 죽이려는 충동에 사로잡혀 있었을 것이다. 하지만 지금 그는 마음이 깨어진 사람이 되었으며, 자신이 시므이에게 원한을 살 만한 일을 하지 않았지만 그의 비방이 참되다는 것을 인정했다. 다윗은 자신의 죄를 회개하고 있다.

16:15 아히도벨 *15:12에 대한 설명을 보라.*

16:15-23 압살롬은 예루살렘에 자신의 궁정을 세웠다.

16:16 후새 *15:32에 대한 설명을 보라.*

16:21, 22 왕의 아버지…후궁들 다윗은 왕궁을 지키도록 열 명의 첩을 예루살렘에 남겨두었다(15:16). 근동 지역에는 왕위에 오른 사람이 후궁들도 소유하는 관습이 있었다. 아히도벨은 압살롬에게 다윗의 첩들과 성관계를 맺어 자신이 아버지의 왕좌를 차지했음을 과시하라고 조언한다. 이 수치스러운 일을 행하기 위해 그들은 가장 개방된 장소인 궁전 옥상(참고. 11:2)에 장막을 쳤으며, 이 일을 통해 12:11, 12에서 나단이 선포한 심판이 이루어졌다.

17:1-4 압살롬에 대한 아히도벨의 두 번째 조언은 즉시 다윗을 추격해 죽여버리라는 것이었다. 이는 다윗이 왕좌를 되찾을 가능성을 완전히 제거하기 위한 것이었다. 다윗이 죽으면 그를 따르던 사람들도 압살롬에게 돌아와 복종할 거라고 생각한 것이다.

17:4 이스라엘 장로들이 다 5:3에서 다윗을 왕으로 삼았던 이스라엘 각 지파의 지도자들이 이제는 압살롬의 반란에 동참한다.

17:7-13 주님은 섭리적으로 일하셔서 후새가 압살롬에게 한 조언을 통해 이 상황을 통제하셨다(*15:32에 대한 설명을 보라*). 그는 다윗이 전쟁을 준비할 시간을 주기 위해 압살롬 편에서 보면 그릇된 조언을 한다. 장로들에게는 후새의 계획이 가장 좋은 것처럼 여겨졌다. 다음은 후새의 계획이다. 첫째, 압살롬이 패하지 않기 위해서는 "만 이천 명"(1절)보다 더 많은 숫자의 군대가 필요하다. 둘째, 왕이 친히 군대를 이끌고 싸움터에 나가야 한다(이 조언은 오만한 압살롬에게 매력적으로 들렸을 것임).

17:11 단부터 브엘세바까지 *3:10에 대한 설명을 보라.*

17:13 밧줄 전쟁에서 성을 공격할 때 그 성을 포위한 군대는 밧줄에 갈고리를 묶어 성벽 위로 던졌다. 그러고 나서 많은 사람이 그 밧줄을 잡아당기면 그 성벽이 무너졌다.

17:14 여호와께서…명령하셨음이더라 본문은 압살롬의 반란이 좌절되는 것이 주님의 뜻이기에 다윗이 기도한 것처럼(15:31) 압살롬이 아히도벨의 조언을 받아들이지 않았다고 말한다. 하나님의 섭리는 찬탈자의 모사들이 펼치는 모든 계략을 통제했다.

17:16 건너가소서 후새는 다윗에게 요단강 서쪽에서 동쪽으로 건너가라는 말을 전한다. 이는 압살롬이 아히도벨의 계략을 따를 경우 다윗과 그의 백성이 즉각적으로 몰살당하지 않도록 보호하기 위한 것이었다.

17:17 요나단과 아히마아스 요나단은 제사장 아비아달의 아들이었고, 아히마아스는 제사장 사독의 아들이었다(15:27). 그들은 예루살렘의 후새가 준 정보를 요단강 기슭에 있는 다윗에게 전달하는 임무를 맡았다. **에느로겔** 베냐민 지파의 땅과 유다 지파의 땅을 가르는 경계선에 있는 기드론 골짜기의 샘물이다(수 15:1, 7; 18:11, 16). 예루살렘에서 남동쪽으로 1.5킬로미터 남짓 떨어진 곳에 있었다.

17:18 바후림 *3:16에 대한 설명을 보라.*

17:19 우물 아귀 말린 곡식을 저장하는 데 빈 우물을 쓰는 것은 일반적인 풍습이었다.

17:23 스스로 목매어 압살롬이 자신의 조언을 받아들이지 않자 아히도벨은 스스로 목숨을 끊었다. 그는 아마 압살롬의 패배를 예견하고, 그렇게 되면 다윗이 자신에게 배반한 죗값을 물을 거라는 사실을 알았을 것 같다.

17:24 마하나임 *2:8에 대한 설명을 보라.*

17:25 아마사 압살롬은 다윗을 따라 예루살렘에서 도망친 요압을 대신하여 아마사를 이스라엘의 군대 사령관으로 삼았다. 아마사는 다윗의 친누이 또는 배다른 누이인 아비가일(대상 2:17)의 아들이며 다윗의 조카였다. 또한 그의 어머니는 요압의 어머니인 스루야의 자매였다. 그러므로 아마사는 압살롬과 요압, 아비새의 사촌 형제였다. 그의 지휘 아래서 군대는 요단강을 건너(24절) 동쪽에 있는 고지대인 길르앗까지 진군한다. 압살롬은 후새가 제안한 대로 큰 규모의 군대를 모으기 위해 상당한 시간을 소비해 다윗에게는 준비할 시간이 충분했다(*17:7-13에 대한 설명을 보라*).

17:27 소비 나하스의 아들이며 하눈의 형제였다. 나하스와 하눈은 모두 암몬 족속의 왕이었다(10:1, 2). **마길** *9:4에 대한 설명을 보라.* **바르실래** 요단강 동쪽의 길르앗에서 온 나이 많은 사람으로 다윗을 후원한 부자다(19:31-39; 왕상 2:7을 보라).

18:2 세 갈래로 나뉘어 공격하는 것은 일반적인 군사

다윗이 겪은 환난

원인	결과
간음(11:4)	밧세바가 아들을 낳음(11:5)
우리아를 죽임(11:17)	다윗이 책망을 받고 회개하지만, 아이는 죽게 됨(12:10, 13, 19)
암논의 근친상간(13:14)	암논이 살해당함(13:28, 29)
압살롬이 왕위를 찬탈함(16:15, 16)	압살롬이 살해당함(18:14, 15)
인구조사(24:2)	전염병이 창궐함(24:15)
다윗 가문의 구성원들은 자신들의 삶을 통해 하나님께 불순종하는 삶에는 환난이 찾아온다는 것을 보여준다.	

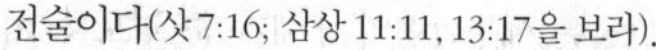

전술이다(삿 7:16; 삼상 11:11, 13:17을 보라).

18:3 왕은 나가지 마소서 다윗은 군대를 직접 이끌고 싸움터에 나가기를 원했지만, 백성은 그가 죽으면 자신들이 분명히 패배할 것이고 압살롬의 왕권은 견고해질 거라는 사실을 알고 있었다. 백성의 말은 이전에 아히도벨이 압살롬에게 지적한 내용을 떠올리게 한다(17:2, 3). 그래서 다윗은 마하나임에 남도록 설득당한다.

18:5 너그러이 대우하라 다윗은 자신의 세 장군에게 압살롬을 해치지 말라고 명한다. "젊은 압살롬"이라는 표현이 4번 사용되고 있는데(5, 12, 29, 32절), 이는 다윗이 압살롬을 용서받을 수 있는 젊은 반역자로 애틋한 마음을 가졌음을 암시한다.

18:6 에브라임 수풀 요단강의 동쪽, 얍복강의 북쪽에 있던 길르앗 지역의 울창한 숲이다. 이곳에서 전투가 벌어졌다.

18:8 수풀에서 죽은 자가…많았더라 지형이 험하고 나무가 빽빽하게 들어차 있어 놀랍게도 실제 싸움에서 죽은 사람보다 나무에 걸려 죽은 사람이 더 많았다(9절을 보라).

18:9 노새 *13:29에 대한 설명을 보라.* **압살롬의 머리가 그 상수리나무에 걸리매** 커다란 참나무에서 뻗어 나온 두 개의 가지가 만든 갈퀴 모양에 압살롬의 목이 걸렸거나, 빽빽하게 얽힌 가지 속에 그의 머리카락이 엉켰을 것이다. 여기에 사용된 용어와 맥락(참고. 14:26)은 후자를 지지한다.

18:10 한 사람 다윗의 병사들 가운데 한 사람이다. 그는 5절에 기록된 것처럼 압살롬을 '너그러이' 다루라고 한 왕의 명령대로 나무에 매달린 왕자에게 아무런 해도 끼치지 않았다.

18:11, 12 열 개…천 개 이는 각각 113그램과 11.3킬로그램 정도의 무게다.

18:14 살아 있는 요압은 창으로 압살롬을 찔러 죽였고, 요압의 무기를 든 청년들은 그 죽음을 확실히 하기 위해 압살롬을 심하게 때렸다(15절). 이렇게 함으로써 요압은 다윗이 내린 명령을 분명하게 어겼다(5절).

18:16 나팔을 불어 요압은 자신의 병사들에게 싸움을 멈추라는 신호를 보냈다(참고. 2:28).

18:17 매우 큰 돌무더기 그들은 압살롬을 깊은 구덩이에 묻고 그 위를 돌로 덮었다. 이는 그를 돌로 쳐 죽이는 일을 상징한 것이었을 수도 있다. 이것은 패역한 아들에 대한 법적인 처벌이었다(신 21:20, 21). 돌무더기는 종종 그곳에 묻힌 사람이 범죄자이거나 적이라는 사실을 보여준다(수 7:26; 8:29).

18:18 자기를 위하여 한 비석을 압살롬은 자신을 위한 기념비를 세워 자신을 기렸다(삼상 15:12에서 사울이 한 행동을 참고하라). 오늘날 이 지역에는 (아마 같은 장소에) 압살롬의 무덤으로 불리는 유적이 있다. 정통주의 유대인은 이곳을 지날 때 그 무덤에 침을 뱉는다. **아들이 내게 없다** 14:27에 따르면 압살롬에게는 세 아들이 있었다. 이 아들들의 이름은 본문에 나오지 않으며, 이들은 모두 압살롬보다 먼저 세상을 떠났다. **왕의 골짜기** 전통적으로 이곳은 예루살렘 성읍의 동쪽에 있는 기드론 골짜기를 가리킨다.

18:19 아히마아스 *17:17에 대한 설명을 보라.*

18:21 구스 사람 구스는 애굽의 남쪽 지역이었다.

18:27 좋은 사람…좋은 소식 다윗은 전령으로 선택된 사람의 성품이 그가 가져오는 소식의 내용을 알려준다고 믿었다.

18:29 알지 못하였나이다 요압이 당부한 것처럼 아히마아스는 압살롬이 죽었다는 소식을 숨겼다(20절).

18:32 그 청년과 같이 되기를 구스 사람의 말은 관습적인 표현으로, 압살롬에 대한 소식을 숨김없이 전달했다(참고. 삼상 25:26).

18:33 내 아들 이는 여기서 5번 반복된 표현으로, 다

윗이 아들 압살롬의 죽음을 얼마나 슬퍼했는지를 보여준다(참고. 19:5). 압살롬이 끼친 모든 해악에도 불구하고 슬픔에 젖은 다윗은 자신의 개인적인 상실을 애통해했다. 이는 아버지로서 그가 지녔던 약점이다. 그의 슬픔은 참으로 무가치한 아들에 대한 무의미한 열심이었으며, 그의 이런 모습은 죄가 낳은 참담한 결과를 우리에게 경고해준다.

19:3 백성들이…가만히 성읍으로 들어가니라 다윗이 몹시 슬퍼하자 그의 병사들은 승리의 기쁨을 드러내지 못한 채 마치 싸움에 져서 낙심한 듯한 모습으로 돌아왔다.

19:5 모든 부하들의 얼굴을 부끄럽게 하시니 요압은 슬픔에 빠진 다윗이 승리한 병사들에게 고마움을 표시하지 않는 것에 대해 그를 단호히 책망한다.

19:7 한 사람도 왕과 함께 머물지 아니할지라 요압은 다윗의 군대에서 존경받는 장군으로 그가 지닌 영향력 때문에 위험한 존재였다. 그는 압살롬을 살려주라는 다윗의 명령을 어기고 주저 없이 그를 죽였기 때문에 다윗에게 위험한 인물이었다. 승리한 병사들에게 감사를 표현하지 않으면 심각한 위기가 닥칠 거라는 요압의 경고에 다윗은 자신이 큰 위험에 처하게 될 수도 있음을 알았다.

19:8 성문에 앉으매 그의 군대가 싸움터로 행진할 때 다윗은 마하나임 성읍의 문 곁에 서서 그들을 사열했다(18:4). 다윗이 성문에 앉은 것은 그의 왕적인 권위가 회복되었음을 상징한다.

19:9 변론하여 이스라엘 백성 사이에서 다윗이 왕위에 복귀해야 하는지를 놓고 논란이 일었다. 다윗이 예전에 블레셋 족속에게 거둔 군사적 승리와 압살롬의 실패는 그가 복귀해야 할 이유가 되었다. 따라서 다윗의 지지자들은 그가 예루살렘의 왕좌로 복귀하는 일에 대해 다른 이스라엘 백성이 침묵을 지키는 이유를 따져 물었다.

19:11 유다 장로들 반란 기간 예루살렘에 있었던 제사장들을 통해 다윗은 자신이 속한 지파의 지도자들에게 자신을 예루살렘의 왕좌로 복귀시키는 일에 앞장서 줄 것을 호소한다(2:4과 삼상 30:26을 보라). 이 호소를 통해 그는 자신이 원한 결과를 얻었지만, 지파들 사이에서는 갈등이 벌어졌다(40-43절).

19:13 아마사 *17:25에 대한 설명을 보라.* **요압을 이어서…지휘관이** 다윗은 아마사를 군대 사령관으로 삼았다. 이를 통해 다윗은 아마사가 압살롬의 군대를 이끌 때 그를 따르던 사람들, 특히 유다 지파 사람들의 충성을 확보하고자 한다. 아마사가 지휘관에 임명되자 유다 지파는 다윗의 왕좌 복귀를 지지한다(14절). 그러나 요압은 아마사가 자신의 직위를 빼앗자 원한을 품는다(참고. 20:8-10).

19:15 길갈 *사무엘상 10:8에 대한 설명을 보라.*

19:16 시므이 *16:5-8에 대한 설명을 보라.* 시므이는 다윗을 저주했던 죄를 고백하고 일시적으로 용서를 받는다. 그러나 이후 다윗은 시므이에게 마땅한 벌을 주라는 유언을 남긴다(왕상 2:8, 9, 36-46).

19:20 요셉의 온 족속 요셉의 후손인 에브라임 지파를 가리킨다. 이 지파는 북부의 열 지파를 대표하는 이스라엘의 큰 지파였다. 여기서는 시므이가 속한 베냐민 지파까지 그 속에 포함된다.

19:24-30 므비보셋 *4:4에 대한 설명을 보라.* 므비보셋도 비탄을 나타내는 전통적인 표시를 하고서 다윗을 맞는다. 그는 자신의 종 시바가 그를 속여 다윗의 피난길에 동행하지 못했다고 설명한다(16:1-4을 보라). 겸손과 관대한 정신, 감사의 마음을 품고 다윗에게 나아온 므비보셋은 시바의 악한 속임수가 있기 전 왕이 그에게 베풀었던 선한 일들을 모두 기억하고 있었다(28절).

19:29 밭을 나누라 전에 다윗은 사울의 소유지를 므비보셋에게 주어 시바에게 경작하도록 했다(9:9, 10). 그 후 시바에게 속아 그는 그 땅을 전부 시바에게 주었다(16:4). 이제 다윗은 사울이 소유했던 땅을 시바와 므비보셋에게 절반씩 나눠주기로 결정한다. 그는 므비보셋의 이야기가 진실인지, 누구에게 어떤 죄가 있는지에 대해 분명한 확신을 가질 수 없었으며, 그 문제를 충분히 살피기에는 그의 마음이 너무 지쳐 있었기 때문이다. 그러나 고결한 성품을 지닌 요나단의 아들과 악한 거짓말쟁이가 그 땅을 절반씩 나누어 갖도록 한 것은 어리석은 결정이었다. 므비보셋은 사심이 없는 사람이었기에 불충한 그의 종이 그 땅을 모두 가져도 된다고 인정한다. 그에게는 다윗이 무사히 돌아온 것만으로도 충분했던 것이다.

19:31-39 바르실래 *17:27에 대한 설명을 보라.* 다윗은 바르실래에게 예루살렘에 가서 자신과 함께 지낼 것을 제안하지만, 그는 자신의 집에서 노년을 보내고자 거절한다.

19:37 김함 바르실래의 아들이었을 것이다(왕상 2:7을 보라). 다윗이 베들레헴에 있는 자신의 사유지 가운데 일부를 김함과 그의 후손에게 주었을 가능성도 있다(렘 41:17을 보라).

19:41 왕을 도둑하여 다윗이 요단강을 건널 때 유다 지파의 군인들만이 그를 호위했기 때문에 북쪽의 열 지파 사람들은 다윗에게 유다 지파 사람들이 그를 자신들로부터 '납치해 갔다'고 불평한다.

삼하

19:42 종친 유다 지파는 다윗이 자신들의 지파에 속한다고 주장하며, 이스라엘 사람들의 말에 반박한다. 또한 북쪽 지파에 속한 일부 사람과 달리 유다 지파 사람들은 다윗 왕과 자신들의 관계를 이용해 어떤 이익을 취한 적이 없다.

19:43 열 몫 이스라엘 사람들은 유다 지파는 하나지만 북쪽의 지파는 열 개나 되므로 다윗에 대해 자신들에게 더 큰 권리가 있다고 주장한다. 여기에 쓰인 "열 몫"이라는 표현을 20:1의 "나눌 분깃이 없으며"라는 표현과 대조해보라. **너희가…우리를 멸시하여** 여기서 드러난 이스라엘과 유다 사이의 적대감은 세바의 반란을 낳았으며(20:1-22), 결국에는 이로 말미암아 통일 왕국이 분열되는 상황에 이르게 된다(왕상 12:1-24).

20:1-26 세바의 반란이 언급된다(20:1-26).

20:1 불량배 문자적으로는 '벨리알의 사람'이라는 뜻이다. *사무엘상 2:12에 대한 설명을 보라.* **세바** 이 사람에 대해서는 알려진 것이 없지만, 짧은 시간에 큰 반란을 일으킨 것으로 볼 때 분명 상당한 힘과 영향력을 지녔을 것이다. 그는 사울의 지파에 속했으며, 이 지파 내에는 여전히 사울의 왕조를 지지하는 사람이 많았다. 다윗의 왕위 복귀 과정에서 유다 지파가 보인 오만한 태도에 열 지파가 분개하는 모습을 본 세바는 이스라엘에서 다윗의 권위를 뒤엎으려고 했다. **나눌 분깃이 없으며…유산이…없도다** 북쪽의 지파들은 다윗의 나라와 아무 상관이 없다는 세바의 선언은 열왕기상 12:16에서 이스라엘 사람들이 여로보암의 지휘 아래 통일 왕국에서 분리할 때 한 말과 유사하다.

20:2 이스라엘 사람들이 다윗 따르기를 그치고 열 지파가 철수하자 유다 지파만 남아서 다윗 왕을 예루살렘까지 호위한다. 북쪽의 지파가 보인 이런 불충은 세바가 살아 있는 동안 지속된 것으로 보인다.

20:3 후궁 예루살렘으로 돌아온 다윗은 그의 첩들을 별실에 가두고 금욕적인 삶을 살게 한다. 이는 그 첩들이 압살롬과 성관계를 맺었기 때문이다(16:21-22).

20:4 아마사 아마사는 압살롬의 장군이었다(*17:25에 대한 설명을 보라*). 압살롬이 죽은 후 다윗은 그를 자신의 군대 사령관으로 삼겠다고 약속한다(*19:13에 대한 설명을 보라*). 아마사가 그 자리에 공식적으로 임명된 이유는 다윗이 이를 통해 열 지파의 환심을 살 수 있으리라고 여겼기 때문이다. 다윗은 아마사에게 세바가 일으킨 반란을 진압하도록 사흘 안에 군대를 소집하라는 명령을 내렸지만, 그는 시간이 너무 짧아 임무를 완수하지 못한다.

20:6 아비새 *2:18에 대한 설명을 보라.* 아마사가 명령 수행에 실패했음에도 다윗은 자신의 명을 어기고 압살롬을 죽인 이전 지휘관인 요압을 복직시키지 않았다(18:5-15를 보라). 그 대신 다윗은 요압의 형제 아비새를 군대 사령관으로 임명했다. **네 주의 부하들** 7절에서는 "요압을 따르는 자들"로 불린다. 아비새는 반란의 주동자를 추격하기 위해 요압의 군대를 이끌고 나갔으며, 요압도 자신의 경쟁자 아마사에게 원수를 갚기 위해 동행한다.

20:7 그렛 사람들과 블렛 사람들 *사무엘상 30:14에 대한 설명을 보라.* **용사들** 이 명단은 23:8-39에 기록되어 있다.

20:8 기브온 *2:12에 대한 설명을 보라.* **아마사가 맞으러 오니** 군대를 모아 빠르게 행군하여 기브온에 먼저 도착한 아마사는 지휘관의 역할을 맡았다. 요압은 아마사에게 다가가며 일부러 칼을 칼집에서 떨어뜨렸을지도 모른다. 그는 실수로 떨어뜨린 무기를 집기 위해 몸을 굽히는 척하며 아무런 의심도 사지 않고 손에 무기를 들고 새 사령관을 맞이할 수 있었다. 요압은 이런 계책을 써서 자신의 자리를 빼앗은 것으로 보였던 새 사령관의 배를 찔렀다.

20:9 내 형 *17:25에 대한 설명을 보라.* **수염을 잡고** 자신의 부하들과 함께 있던 요압은 인사로 입을 맞추기 위해 오른손으로 아마사의 수염을 쥐는 듯하더니 자신의 왼손에 든 칼로 아마사의 배를 찔렀다(참고. 3:27).

20:11 요압의 청년 중 하나 요압의 부하들이 다시 그를 다윗의 군대 사령관으로 세웠다. 다윗이 세운 사령관을 요압이 자신들의 눈앞에서 살해했음에도 다윗의 군대가 아무런 이의 없이 그의 지휘에 따라 세바를 추격했다는 것은 요압이 다윗의 군대에 미치는 영향력을 보여준 확실한 예다.

20:14 아벨과 벧마아가 이는 곧 아벨 벧마아가다. 갈릴리 바다에서 북쪽으로 40킬로미터 정도, 단 성읍에서 서쪽으로 6.4킬로미터 정도 떨어진 곳에 있었다.

20:16-19 (그 성읍에서 널리 알려진 재판관이었을) 이 여인의 호소는 공격하는 군대가 수비하는 쪽에 화평을 제의한 다음 싸움을 개시할 것을 요구한 신명기 20:10의 전쟁에 대한 율법에 바탕을 두고 있다. 이 여인은 성읍 사람들이 평화를 원하는지 물어봐 줄 것을 요압에게 간청하면서 이를 통해 싸움을 피하고자 한다(18절).

20:19 이스라엘 가운데 어머니 같은 성 이 표현은 특별한 명예를 지닌 성읍 또는 그 지역의 중심지로 여겨지는 성읍을 가리킨다. **여호와의 기업** 이것은 이스라엘 땅을 가리킨다(삼상 10:1을 보라).

20:20, 21 요압은 잔인한 장군이었지만 자신의 나라

백성을 아끼는 마음도 있었다. 그는 일단 반란의 주동자만 붙잡으면 피 흘리는 일을 멈추겠다고 한다. 요압의 말을 들은 여인은 세바의 머리를 내어주겠다고 적극적으로 응답한다.

20:21 에브라임 산지 북쪽에서부터 베냐민 지파의 땅까지 이어지는 광대한 고원 지대로 군데군데 숲이 우거져 있었다.

20:22 다윗은 요압이 미웠지만 제거할 수가 없었다. 그는 아마사가 살해당한 일을 묵인하고, 요압을 군대 사령관으로 인정할 수밖에 없었다.

20:23-26 8:15-18에도 유사한 명단이 나온다.

20:24 아도람 열왕기상 4:6, 28에는 "아도니람"으로 기록되어 있다. 그는 '노동' 감독관을 맡고 있었는데, 이 단어는 정복당한 민족들에게 부과된 고된 노동을 묘사하는 데 쓰인다(출 1:11; 수 16:10; 삿 1:28). 아도람은 큰 도로와 성전, 건물 등을 짓는 일에 동원된 사람들의 강제 노역을 관장했다.

20:25 스와 그는 스라야(8:17)를 대신하여 다윗의 서기관이 되었다.

20:26 이라 그는 다윗의 왕실 고문관이었다.

맺음말 (21:1-24:25)

21:1-24:25 이 본문은 사무엘하의 마지막 단락이다. 사사기의 경우처럼(삿 17:1-21:25) 이 책은 다윗의 통치에 대해 좀 더 자세히 서술하는 내용으로 끝을 맺는데, 그 내용이 꼭 시간 순으로 배열된 것은 아니다. 이 단락에서는 각 본문이 주목할 만한 문학적 구조로 배열되고 있다. 첫 번째와 마지막 본문(21:1-14; 24:1-25)은 주님이 이스라엘을 향해 진노하신 두 가지 사건을 서술하는 내러티브다. 두 번째와 다섯 번째 본문(21:15-22; 23:8-39)은 다윗의 용사들에 대한 이야기다. 세 번째와 네 번째 본문(22:1-51; 23:1-7)은 다윗이 지은 두 편의 노래를 기록하고 있다.

> ㄱㄴㄷ **단어 연구**
>
> **용사(Mighty Men)**: 1:25; 10:7; 16:6; 17:8; 20:7; 23:8, 22. 이 표현은 그 대상의 탁월성이나 비범함을 강조한다. 구약에서 이 표현은 사자의 강한 힘(잠 30:30), 악한 사람이나 선한 사람들의 용맹성(창 10:9; 대상 19:8), 거인들의 용맹(창 6:4), 천사들의 능력(시 103:20)뿐 아니라 하나님의 크신 능력(신 10:17; 느 9:32)을 묘사하는 데도 사용된다. 성경에 따르면 *용사*가 승리를 거두는 이유는 그의 힘 때문이 아니라(시 33:16) 그가 하나님을 깨닫고 알았기 때문이다(렘 9:23-24). "*전능하신 하나님*"(*mighty God*)이라는 표현은 구약에서 5번 사용되고 있는데, 예수님의 탄생에 대한 이사야의 메시아적 예언(사 9:6)에서 언급한 것도 포함된다.

A. 이스라엘에 대한 주님의 심판(21:1-14)

21:1-14 이 사건은 다윗이 므비보셋에게 친절을 베푼 후(7절. 참고. 9:1-13) 시므이가 다윗을 저주하기 전(참고. 16:7, 8)에 일어났다.

21:1 기근 이스라엘이 3년 동안 기근을 겪자 다윗은 이것을 신적인 징벌로 받아들이고(참고. 신 28:47, 48) 하나님께 그 이유를 알려주시기를 구했다.

21:1, 2 사울과 피를 흘린 그의 집 하나님의 계시를 통해 다윗은 사울이 기브온 사람들을 살해한 죄의 결과로 그 기근이 찾아왔음을 알게 되었다. 여기서 그 사건에 대해 더 자세한 언급이 나오지 않는다. 아마 사울은 이스라엘이 번영을 누리도록 하나님이 명하신 대로 그 땅에 남은 이방 족속들을 제거하려고 했을 것이다(2절). 하지만 지나친 열심 때문에 사울은 400년 전에 여호수아와 기브온 사람들이 맺은 언약을 깨뜨리는 심각한 죄를 범했다. 이스라엘 백성이 가나안 땅을 점령할 때 그곳에 거주하고 있던 기브온 사람들은 여호수아를 속이고 언약을 맺었다. 비록 그렇다고 하더라도 그것은 엄연히 하나의 언약이었다(수 9:3-27을 보라). 언약을 지키는 일은 하나님 앞에서 중대한 문제였다(수 9:20을 보라).

21:2 아모리 사람 이 명칭은 때로 이스라엘 백성이 가나안 땅을 정복하기 전 그 땅에 거주하던 모든 이방 족속을 가리킬 때 쓰는 이름 중 하나다(창 15:16; 수 24:18; 삿 6:10). 좀 더 정확히 구분한다면 기브온 사람들은 히위 족속으로 불렸다(수 9:7; 11:19).

21:3 여호와의 기업 *20:19에 대한 설명을 보라.*

21:6 자손 일곱 사람 *일곱*은 완전함을 상징하는 숫자로, 반드시 사울이 죽인 기브온 사람의 수를 가리키는 것은 아니다. 아들과 손자 모두 *자손*에 해당한다.

21:7 다윗과…요나단 사이에…여호와를 두고 맹세한 것 므비보셋은 요나단의 아들이었기 때문에 다윗과 요나단이 맺은 언약(삼상 20:14, 15), 다윗과 사울이 맺은 언약(*삼상 24:22에 대한 설명을 보라*)으로 죽음을 면했다.

21:8 리스바 사울의 첩이다(3:7을 보라). **므비보셋** 사울의 아들이다. 같은 이름을 가진 요나단의 아들과는 다른 사람이다. **메랍** 미갈에게는 자녀가 없었으므로(6:23), 이 다섯 아들의 생모는 메랍이었다. 그녀는 아드

리엘의 아내였다(삼상 18:19). 미갈은 이 아들들을 입양해 자신이 돌보며 키웠을 것이다. **므홀랏 사람 바르실래** 길르앗 사람 바르실래(17:27; 19:31)와는 동명이인이다.

21:9 여호와 앞에 이방 족속인 기브온 사람들은 시체를 밤새 매달아두는 것을 금지한 신명기 21:22, 23의 율법에 얽매이지 않았다. 그들은 하나님이 만족스러운 뜻을 보이시고 비를 내려 기근을 멈추게 하실 때까지 그 시체들을 매달아두려고 했다. 이것은 기브온 사람들의 미신으로, 자신들이 숭배하는 신들을 달래기 위한 이교적인 풍습이었다. 하나님은 이스라엘 백성에게 언약과 약속을 지켜야 한다는 교훈을 주시기 위해 그분의 섭리로 이 충격적인 보복 사건이 일어나도록 허용하셨다. **보리를 베기 시작하는 때** 4월이다(룻 1:22을 보라).

21:10 굵은 베를…펴고 리스바는 시체들이 매달린 곳 근처에 장막을 치고, 새와 들짐승으로부터 그 시체들을 지켰다. 시체가 새나 들짐승의 먹이가 되는 것은 치욕적인 일로 여겨졌다(참고. 신 28:26; 삼상 17:44, 46; 계 19:17, 18). **비** 늦봄 또는 초여름에 내린 비로, 계절에 맞지 않는 것이었다. 이 비를 통해 기근이 해소되었을 것이다.

21:11-14 비가 내린 후 죽은 가족들에 대한 리스바의 헌신에 고무된 다윗은 마침내 사울과 요나단의 유골을 길르앗 야베스에 있는 그들의 초라한 무덤에서 옮겨오도록 명령했다(참고. 삼상 31:11, 12). 그는 그 두 사람의 유골을 죽은 일곱 후손의 뼈와 함께 셀라에 있는 그들의 가문 묘에 명예롭게 묻어주었다[참고. 수 18:28; 삼상 10:2("셀사")]. 이곳의 위치는 알려져 있지 않다.

21:14 하나님이…기도를 들으시니라 기근이 그치고 하나님은 이스라엘 땅이 다시 번영을 누리게 하셨다.

B. 다윗의 영웅(21:15-22)

21:15-22 이 두 번째 단락은 다윗과 그의 부하들이 네 명의 블레셋 거인을 쓰러뜨린 이야기를 서술하고 있다. 이 사건들이 언제 일어난 것인지 정확히 파악할 수는 없지만, 이 승리의 기록은 하나님이 행하신 구원을 찬양하는 다윗의 노래(22:1-51)를 위한 적절한 서문이 된다. 역대상 20:4-8을 보라.

21:16 거인족 16, 18, 20, 22절에서 쓰인 히브리어 단어는 '라파'(rapha)다. 이것은 한 개인의 이름이 아니라 가나안 땅에 거주하던 큰 체격을 가진 사람으로 잘 알려져 있던 *'르바임'*(*Rephaim*) 족속을 집단적으로 가리키는 명칭이다(참고. 창 15:19-21; 민 13:33; 신 2:11; 3:11, 13). '르바임'은 아낙 자손이라 불리던 족속을 지칭하며(신 2:10, 11, 20, 21), 이 족속은 큰 키와 강한 힘으로 널리 알려져 있었다. 여호수아 11:21, 22에 따르면 아낙 족속은 이스라엘과 유다의 구릉 지대에서 쫓겨났지만 블레셋의 성읍들인 가사와 가드, 아스돗에 남아 있었다. 블레셋 족속이 이스라엘 군대의 힘에 굴복하긴 했지만 몇몇 거대한 전사가 나타남에 따라 그들은 다시 용기를 얻었고 이스라엘의 공격에 맞서 승리를 꿈꾸었다. **삼백 세겔** 대략 3.4킬로그램 정도의 무게였다. **새 칼** 문자적으로는 '새 물건'이다. 그가 든 무기가 어떤 것이었는지는 구체적으로 언급되지 않았다.

21:17 아비새 *2:18에 대한 설명을 보라.* **이스라엘의 등불** 다윗은 하나님의 도우심에 힘입어 이스라엘 땅 전체에 안정과 번영의 빛을 가져왔다. 그는 곧 이스라엘의 소망과 안전의 보장을 상징하는 존재가 되었다. 지속적인 축복이 다윗과 그의 가문에 머물고 있었다.

21:18 곱 게셀 근처에 있던 지역으로(참고. 대상 20:4), 예루살렘에서 서쪽으로 35킬로미터 정도 떨어져 있었다.

21:19 엘하난은…골리앗의 아우…를 죽였는데 (히브리어 본문에서는) 이 구절에서 "…의 아우"라는 표현을 생략하는 작은 필사상의 문제가 나타난다('엘하난이 골리앗을 죽였다'라고 나옴- 옮긴이). 이것이 문제인 이유는 역대상 20:5의 본문에는 이 표현이 포함되어 있으며, 사무엘상 17:50에 기록되었듯이 성경은 분명히 다윗이 골리앗을 죽였다고 했기 때문이다. NKJV 역본은 이 문제에 대해 가장 타당성 있는 해결책을 제시한다. 원문은 "엘하난은…골리앗의 아우…를 죽였는데"로 그 원문을 베껴 쓰는 과정에서 필사상의 오류가 있었다는 것이다. 두 번째로 가능성 있는 해결책은 솔로몬에게 다른 이름이 있었던 것처럼(참고. 12:24, 25), 엘하난과 다윗은 동일한 인물을 가리키는 다른 이름이었다는 것이다. 세 번째 해결책은 골리앗이라 불리는 거인이 두 명 있었다는 것이다.

ㄱ·ㄴ·ㄷ **단어 연구**

은(Silver): 8:10, 11; 18:11, 12; 21:4; 24:24. 문자적으로는 '창백한 금속'이라는 뜻이다. 구약에서 은은 화폐의 기초 단위였다(왕상 21:6; 사 55:1). 그러나 구약에는 은화에 대한 언급이 나오지 않는다. 이는 고대 세계에서 은이 그 무게에 따라 거래되었기 때문이다(사 46:6; 렘 32:9-10). 금과 함께 은은 성막과 성전을 건축하는 데 쓰인 귀한 자재 중 하나였다(출 25:1-9; 대하 2:7). 전도서에서 솔로몬은 은에 대해 이렇게 경고한다. "은을 사랑하는 자는 은으로 만족하지 못하고"(전 5:10).

21:20 가드 게셀에서 남쪽으로 19킬로미터 정도 떨어져 있었으며, 예루살렘에서는 남서쪽으로 41킬로미터 정도 거리에 있었다.

21:21 요나단 다윗의 조카이며 시므아의 아들이다. 시므아는 사무엘상 16:9에서 "삼마"라고도 불린다(NKJV에서는 이 구절에서 '삼마'를 'Shimeah', 곧 '시므아'로 표시함–옮긴이). 이 사람은 사울의 아들 요나단과 다른 인물이다.

C. 다윗이 부른 찬양의 노래(22:1-51)

22:1-51 여기에 기록된 다윗의 찬양 노래는 시편 18편의 내용과 거의 동일하며, 이 단락의 세 번째 본문을 이룬다. 또한 이 노래는 많은 부분에서 한나의 기도와 표현상의 연관성을 지니며(*사무엘상 2:1-10에 대한 설명을 보라*), 그 기도와 함께 사무엘서의 틀을 만들어준다. 이 노래는 주님이 다윗을 그의 모든 대적으로부터 건지신 일에 초점을 맞추고 있다. 주님이 행하신 일에 대한 응답으로 다윗은 자신의 구원자인 주님을 찬양한다(2-4절). 이 노래의 주요 부분(5-46절)은 다윗이 주님을 찬양하는 이유를 설명하고 있다.

다윗은 먼저 주님이 어떻게 자신을 대적들로부터 건져내셨는지를 묘사한다(5-20절). 그러고 나서 그는 주님이 자신을 대적들에게서 건져주신 이유를 선포한다(21-28절). 그 후 다윗은 주님이 어느 정도까지 자신을 그의 대적들에게서 건져주셨는지를 언급한다(29-46절). 이 노래는 자신을 구원하신 주님을 이방 민족 가운데서도 찬양하겠다는 다윗의 결심으로 끝을 맺는다(47-51절). 더 자세한 것은 *시편 18:1-50에 대한 설명을 보라.*

22:1 모든 원수 참고. 7:1, 9, 11. 다윗은 그의 생애 말기에 이 노래를 지었다. 이 시기는 주님이 그에게 안정된 왕국을 주시고, 다윗 언약에서 표현된 것처럼 그의 후손으로 오실 메시아에 대한 약속을 주신 때였다.

22:2-4 이 도입부는 노래 전체의 개요와 핵심을 담고 있다. 다윗은 동요가 심했던 자신의 삶에서 겪은 수많은 일 가운데서 하나님이 자신의 방패이자 피난처, 구원자로 역사하신 일을 찬미한다.

22:2 반석 *사무엘상 2:2; 신명기 32:4에 대한 설명을 보라.* **요새** 이 표현은 이전에 예루살렘 성을 묘사할 때(5:9)와 아둘람의 굴을 묘사할 때 쓰였다(삼상 22:1).

22:3 방패 창세기 15:1과 신명기 33:29을 보라. **뿔** *사무엘상 2:1에 대한 설명을 보라.* **높은 망대** 적들이 접근할 수 없는 견고하고 높은 곳에 위치한 은신처다. 주님은 이처럼 그분이 택하신 자를 위한 피난처가 되시며, 그를 모든 대적의 공격으로부터 지키신다.

22:5-7 다윗은 환난 가운데 주께 어떻게 부르짖었는지를 서술한다.

22:5, 6 사망 여기서는 언제든지 덮치려 하는 거친 파도와 사냥꾼이 그를 잡으려고 놓은 덫으로 사망을 묘사하고 있다. 다윗은 자신의 삶에서 죽음에 직면한 절박한 상황들을 체험했다. 그런 상황은 사울에게 추격을 당하던 시기에 자주 찾아왔지만, 압살롬이 반역을 꾸몄던 때와 다른 족속과 전쟁을 치르는 동안에도 찾아왔다(21:16을 보라).

22:7 환난 이 표현은 다윗이 겪었던 절박한 죽음의 위기를 가리킨다(5, 6절). **그의 성전** 하나님이 거하시는 하늘의 처소를 말한다(참고. 시 11:4; 29:9).

22:8-16 하나님의 장엄한 위엄을 다시 확언하면서 다윗은 그분이 능력 가운데 하늘에서 땅으로 임하시는 모습을 묘사한다(참고. 출 19:16-20; 겔 1:4-28; 합 3:3-15).

22:14 여호와께서…우렛소리를 내시며 *사무엘상 7:10에 대한 설명을 보라.*

22:17-20 8-16절에서 묘사한 내용을 개인적으로 적용하면서 다윗은 하나님이 어떻게 땅에 있는 자신을 구원하기 위해 하늘에서 손을 뻗으셨는지를 설명한다.

22:20 나를 기뻐하시므로 주님이 다윗을 "기뻐하셨다"는 이 표현(참고. 15:26)은 21-28절로 이어지는 전환부가 된다. 21-28절에서 다윗은 하나님이 행하신 구원의 역사가 무엇에 토대를 두고 있는지 묘사한다.

22:21-25 다윗은 자신이 절대적으로 의롭거나 죄가 없다고 주장하지 않는다. 그 대신 다윗은 하나님을 믿었고, 믿음에 의해 의롭다고 여겨졌으며, 주님을 기쁘시게 하고 그분의 명령에 순종하기를 원했다. 그래서 다윗은 그의 대적들과 비교할 때 흠이 없었다.

22:26-28 다윗은 주님이 사람을 구원하거나 심판할 때 기준으로 삼으시는 기본 원칙을 서술한다.

22:28 곤고한 백성…교만한 자 주님은 낮은 자를 구원하시고 교만한 자는 낮추신다는 것은 사무엘상 2:4-7에도 나온다.

22:29-46 하나님이 힘을 주셔서(29-37절) 다윗은 자신의 대적들을 꺾고 완전한 승리를 얻을 수 있었다(38-43절). 그는 이스라엘뿐 아니라 온 민족 가운데서도 승리를 거두었다(44-46절).

22:29 나의 등불 다윗은 이스라엘의 "등불"로(*21:17에 대한 설명을 보라*), 하나님의 영광의 빛을 반사했다. 하나님은 다윗 자신의 '등불'이셨다.

22:50 바울은 로마서 15:9에서 이 구절을 인용한다.

22:51 그의 왕…기름 부음 받은 자 이 단어들은 단수형이라 다윗과 그의 후손들을 가리키는 것으로 여겨지지 않는다. 그보다 이 단어들은 7:12에서 약속된 "씨", 곧 메시아를 가리킨다. 다윗이 받은 구원과 궁극적인 승리는 장차 오실 메시아가 이룰 일들을 그림자처럼 미리 보여주고 있다. 생애의 말기에 다윗은 자신이 받은 하나님의 약속들을 믿음으로 돌아보았으며, 그 약속들이 미래의 왕, "기름 부음 받은 자"의 오심을 통해 성취될 것을 소망하고 내다보았다(*삼상 2:10에 대한 설명을 보라*).

D. 다윗의 마지막 말(23:1-7)

23:1-7 마지막 말 이 구절은 다윗이 이스라엘에게 글로 남긴 마지막 유산으로, 그가 남긴 유언은 아니다(왕상 2:1-10을 보라). 이 구절은 네 번째 본문을 이룬다.

23:1 말하노라 '계시로 선포하다'라는 뜻이다(참고. 민 24:3, 15; 삼상 2:30; 잠 30:1). 다윗은 자신이 성령의 인도를 받아 시편들을 썼으며, 그 시편들은 곧 하나님 말씀임을 깨달았다.

23:2 영 하나님의 성령은 계시와 영감의 일을 행하시는 신적 기관이다(참고. 슥 7:12; 딤후 3:16, 17; 벧후 1:19-21).

23:3, 4 사람을 공의로 다스리는 자 이 구절에서부터 하나님이 직접 하신 말씀이 기록되고 있다. 하나님이 원하시는 이상적인 왕은 하나님의 주권에 철저히 순복하며 그분이 주시는 권위를 의롭게 행사한다. 그런 왕은 아침에 내리쬐는 따사로운 햇빛 같으며, 땅을 윤택하게 하는 생명력을 가진 비와 같은 존재다. 구약성경은 장차 오실 메시아가 바로 이 이상적인 왕이심을 밝힌다(참고. 사 9:6, 7).

23:5 내 집이 하나님 앞에 이같지 아니하냐 (NKJV에서는 이 구절을 'Although my house is not so with God', 곧 '비록 내 집은 하나님 앞에서 이와 같지 않지만'으로 번역함–옮긴이) 이상적인 왕에 대한 하나님의 기준에 응답하면서 다윗은 자신의 가문이 항상 하나님을 경외하는 의로운 마음으로 그분의 백성을 다스리지 못했으며, 따라서 7:12-16의 약속을 성취하지 못했음을 고백한다. 더 나아가 (열왕기상과 열왕기하에 따르면) 다윗의 계보를 이은 왕들 가운데 그 누구도 의로운 순종에 대한 하나님의 기준에 부합하지 못했다. **영원한 언약** 주님이 다윗에게 주셨으며 7:12-16에 기록된 그 약속은 여기서 "언약"으로 지칭된다. 이는 곧 주님 자신이 성취하실 구속력 있는 계약이다. 비록 다윗과 그의 가문은 주님의 뜻을 이루는 데 실패했지만(9-20장), 그는 주님이 실패하시지 않고 그분의 약속을 신실하게 지키실 것임을 참으로 믿었다. 그 약속은 바로 다윗의 후손을 통해 미래에 대한 소망을 주시겠다는 것이다. 이는 곧 그의 계보에서 영원한 왕, 기름 부음 받은 자가 태어날 것이며(*7:12에 대한 설명을 보라*), 그 왕은 영원한 의와 화평의 나라를 세울 것이다.

23:6 사악한 자 문자적으로는 '벨리알'을 뜻한다(*삼상 2:12에 대한 설명을 보라*). 다윗 언약의 성취로 오시는 메시아가 이 땅 위에 그분의 통치를 확립하실 때 하나님에 대적하는 사악한 자들은 심판을 받아 내버려지게 될 것이다(참고. 사 63:1-6).

E. 다윗의 용사(23:8-39)

23:8-39 이 다섯 번째 본문은 다윗의 용사들을 회고하고 있다. 역대상 11:10-41을 보라.

23:8 용사들 다윗의 부하들 가운데 가장 용감한 전사와 가장 뛰어난 군인을 기념하고 있다. 이 목록은 약간 변형된 형태로 역대상 11:11-41에 등장한다. 역대상 11:10에 따르면 이 용사들은 다윗이 왕위에 오르는 일을 도왔다. 이 목록은 세 부분으로 구성된다. 첫째로 "세 용사"(8-12절)가 나오고, 그다음에는 "삼십 명"보다는 존귀하지만 "세 용사"에는 속하지 않는 두 사람이 언급된다(18-23절). 끝으로, 실제로는 서른두 명인 "삼십 명"이 열거된다(24-39절). 역대상 11:41-47에서는 이 목록에 열여섯 명을 추가하고 있다. **팔백 명** 이는 사본상의 오류로 보인다. 역대상 11:11에는 "삼백 명"으로 기록되어 있는데, 이 숫자가 더 신빙성이 있다.

23:13-17 삼십 두목 중 세 사람 24-39절에 언급된 군인들 가운데 세 사람이다.

23:13 아둘람 굴 *사무엘상 22:1에 대한 설명을 보라.* **르바임 골짜기** *5:18에 대한 설명을 보라.*

23:14 산성 *사무엘상 22:4에 대한 설명을 보라.*

23:16 그 물을 여호와께 부어 드리며 용사들이 목숨을 걸고 베들레헴의 우물에서 물을 떠오자 다윗은 그 물을 그들의 '피'로 여겨 마시기를 거절했다. 그 대신 그는 주께 드리는 제물로 그 물을 땅에 부었다(참고. 창 35:14; 출 30:9; 레 23:13, 18, 37).

23:18 아비새 *2:18에 대한 설명을 보라.*

23:20 브나야 *8:18에 대한 설명을 보라.*

23:24 아사헬 *2:18에 대한 설명을 보라.*

23:24-39 삼십 명 작은 수의 분대를 가리키는 군사 용어로, 보통 30명 정도로 구성되어 있었기 때문에 "삼십 명"이라는 이름이 붙었다. 여기서는 요압까지 포함하여 32명이 나열되고 있다.

23:39 우리아 여기에는 다윗의 위대한 군인들 가운데 한 명의 이름이 언급되고 있다. 이는 다윗이 지은 큰 죄를 상기시켜 주는 동시에(11:1-27), 24:1-10에 기록된 다윗의 또 다른 실패를 서술하는 데 도입부 역할을 한다. **삼십칠 명** 이는 세 용사(8-12절)와 아비새(18, 19절), 브나야(20-23절), "삼십 명"으로 언급된 32명(24-39절)을 더한 숫자다.

F. 다윗에 대한 주님의 심판(24:1-25)

24:1-25 이 구절은 여섯 번째 본문으로 맺음말의 마지막 부분이다.

24:1-17 *역대상 21:1-16에 대한 설명을 보라.*

24:1 다시 21:1에 기록된 3년간의 기근이 있은 뒤 하나님이 두 번째로 진노하셨다. **이스라엘을 향하여** 하나님은 어떤 알려지지 않은 죄 때문에 이스라엘을 징벌하기 위해 다윗을 자극하여 인구조사를 실시하게 하셨다. 다윗은 교만과 야망의 죄로 말미암아 불필요하게 군대 규모를 늘리고, 백성에게 무거운 부담을 지웠던 것 같다. 그 죄가 무엇이었든지 간에 하나님은 분명히 다윗의 동기와 목표, 행동에 불만을 품고 심판을 내리셨다. **다윗을 격동시키사** 사탄은 다윗을 자극하여 인구조사를 실시하게 했다. 주님은 그분의 뜻을 이루시기 위해 주권적으로, 또 허용적으로 사탄을 사용하셨다. *역대상 21:1에 대한 설명을 보라.* **이스라엘과 유다의 인구를 조사하라** 인구조사는 보통 군사적 목적을 위해 행해졌으며, 여기서도 같은 이유로 행해졌던 것으로 보인다(9절을 보라). 과거에도 이스라엘의 잠재적인 군사력을 조사한 적이 있지만(민 1:1, 2; 26:1-4), 이번에 다윗이 행한 잠재적인 군사력 조사는 주께 허가받지 않은 것으로 잘못된 동기에서 추진된 일이었다. 다윗은 자신이 지닌 군사력의 규모를 통해 영광을 얻거나, 주님이 그에게 주신 것보다 더 많은 땅을 차지하기를 원했다. 전에 하나님을 신뢰하던 그는 이제 군사력에 의존했다(이것은 시편에 계속 등장하는 주제로 20:7; 25:2; 44:6을 참고하라).

24:2 단에서부터 브엘세바까지 북쪽 끝부터 남쪽 끝까지 이스라엘 땅 전체를 가리킬 쓰는 관습적 표현이다.

24:3 그런데…어찌하여 요압은 이 계획에 이의를 제기했지만, 다윗은 인구조사를 시행해야 할 어떤 타당한 이유도 제시하지 않고 그의 말을 묵살했다.

24:5 아로엘 인구조사는 사해에서 동쪽으로 22킬로미터 정도 떨어진 곳에 있는 아로엘 성읍에서 시작되었다. 이 성읍은 아르논강의 북쪽 기슭에 있으며, 이스라엘의 남동쪽 외곽에 있는 지역이었다. 그리고 이 조사는 시계 반대 방향으로 이스라엘 땅 전체에 걸쳐 진행되었다. **야셀** 랍바에서 서쪽으로 9.6킬로미터 정도 떨어진 곳에 있는 갓 지파의 땅에 속한 성읍이었다. 야셀은 암몬 족속의 땅 경계에 인접했다.

24:6 길르앗 갓 지파의 땅 북쪽에 있는 요단강의 동쪽 지역이다. **다냐안** 이 지명은 단 성읍 근처에 있는 마을을 가리키는 것이었으나, 단 성읍 자체를 가리키는 더 자세한 이름이었을 것이다. 단 성읍은 갈릴리 바다에서 북쪽으로 40킬로미터 정도 떨어진 곳에 있었다.

24:7 두로 이때 인구조사를 수행한 사람들은 단에서 북쪽으로 이동한 후 시돈까지 서쪽으로 움직인 듯하다. 그러고 나서 두로를 향해 남쪽으로 방향을 틀었을 것이다. 두로는 지중해 연안에 있는 도시로, 다윗과 친한 히람 왕이 다스렸지만(*5:11에 대한 설명을 보라*) 이스라엘 영토 안에 있었다. **브엘세바** 예루살렘에서 남서쪽으로 72킬로미터 정도 떨어진 곳에 위치한 이스라엘 땅 남쪽 끝의 주요 정착지였다.

24:9 이스라엘…팔십만 명…유다…오십만 명 역대상 21:5에는 각각 "백십만 명"과 "사십칠만 명"으로 기록되어 있다. 이렇게 서로 숫자가 어긋날 때는 다음과 같이 해결책을 내놓을 수 있다. 곧 역대상의 본문에서는 실전 경험이 있든 없든 간에 전투에 참가할 수 있는 연령대에 속한 모든 남자의 숫자를 제시하고 있지만, 사무

ㄱㄴㄷ **단어 연구**

예루살렘(Jerusalem): 5:5; 8:7; 11:1; 15:8, 29; 16:15; 17:20; 19:19; 24:16. '평화'를 뜻하는 단어와 관련이 있다. 다윗 왕이 통치하는 동안 예루살렘은 이스라엘의 정치와 종교의 중심지가 되었으며, 하나님의 구속 계획에서 중심적인 위치를 차지하는 도성이 되었다. 구약에서 예루살렘은 다음과 같이 다양하게 묘사된다. 하나님의 성(시 87:1-3), 하나님이 자신의 이름을 두신 곳(왕하 21:4), 구원이 베풀어지는 장소(사 46:13), 하나님의 보좌(렘 3:17), 거룩한 성(사 52:1). 선지자들은 이스라엘 백성이 저지른 불법으로 말미암아 예루살렘이 심판받게 될 때를 내다보았다(미 4:10-12). 그러나 그들은 심판을 선포하는 동시에 그 도성이 영광스럽게 회복될 날을 예견했다(사 40:2; 44:25-28; 단 9:2; 습 3:16-20). 이 회복된 예루살렘에 대한 비전 속에는 하나님이 자신의 모든 백성을 한데 모으실 새 예루살렘에 대한 소망이 포함되어 있다(사 65:17-19; 계 21:1-2).

엘하 본문에서는 실전 경험이 있는 80만 명의 숫자만을 제시하고 있다는 것이다. 나머지 30만 명은 전투에 참가할 수 있는 연령대에 속하지만 실제로 싸워본 적은 없는 예비군이었거나, 상비군에 속한 28만 8천 명(대상 27:1-15)을 뭉뚱그린 숫자였을 수도 있다. 둘 중 어떤 경우가 사실이든 간에 이 숫자를 모두 합치면 역대상 21장에 기록된 110만 명이 된다. 유다 사람의 경우 사무엘하 본문에 언급된 숫자가 역대상에 기록된 숫자보다 3만 명이 더 많다. 역대상 본문은 요압이 인구조사를 끝마치지 않았다는 사실을 분명히 밝힌다. 다윗이 인구조사에 양심의 가책을 느꼈을 때 베냐민 지파(또는 레위 지파)에 대한 인구조사가 끝나지 않았기 때문이다. 왕이 뜻을 돌이키자 요압은 기꺼이 조사를 중단했다. 조사가 진행된 과정상(*24:5에 대한 설명을 보라*) 베냐민 지파의 순서가 맨 마지막이었을 것이며, 따라서 그들의 숫자는 포함되지 않았다. 한편 사무엘하 본문에서는 이미 알려진 3만 명의 베냐민 지파 사람의 숫자가 유다 사람의 숫자에 포함되어 있다. 따라서 합계는 50만 명이 되었다. 베냐민 지파는 다윗과 유다 지파에 계속 충성을 바쳤다.

24:10 그의 마음에 자책하고 하나님이 인구조사를 금하신 일이 본문에는 명확히 언급되지 않지만, 다윗에게는 그것이 분명한 사실이었다. **큰 죄를 범하였나이다…심히 미련하게 행하였나이다** 다윗은 자신이 하나님 앞에 완악하게 반역한 일이 극히 악함을 인정했다. 다윗은 구원의 일을 행할 때 숫자의 많고 적음에 얽매이지 않으시는 주님을 신뢰하는 대신에 수적인 힘에 의존한 것이 자신의 큰 실수임을 깨달았다(삼상 14:6을 보라).

24:11 갓 *사무엘상 22:5에 대한 설명을 보라.*

24:13 기근…원수…전염병 다윗은 인구조사를 벌인 죄에 대한 벌로 세 가지 중 하나를 선택해야 했다. 이 세 가지는 곧 이스라엘에 3년간 기근이 드는 일(*대상 21:12에 대한 설명을 보라*), 석 달 동안 원수들을 피해 도망치는 일, 사흘 동안 이스라엘 땅에 전염병이 도는 일이었다. *원수*들에게 추격을 당하는 일에는 칼에 맞아 죽는 일에 대한 위협이 암시되어 있었다. 기근과 칼, 전염병은 구약에서 주님이 그분의 죄악된 백성들에게 내리시는 징벌 방식이다(레 26:23-26; 신 28:21-26; 렘 14:12).

24:14 여호와의 손에 빠지고 다윗은 주님이 그의 대적들보다 더 자비로우시다는 것을 알았기 때문에 세 번째 재난을 택했다.

24:16 뉘우치사 (NKJV에서는 이 단어를 'relented', 곧 '누그러졌다, 가엾게 여겼다'로 번역함—옮긴이) 이 단어는 *후회했다, 슬퍼했다*로도 표현될 수 있다. 이는 인간의 죄와 악에 대해 하나님이 품으시는 깊은 슬픔을 표현한 말이다(삼상 15:11, 29을 보라). **여부스 사람 아라우나** 아라우나(또는 오르난)는 이스라엘이 예루살렘을 정복하기 전부터 그곳에 거주하던 사람이다. 그는 예루살렘 성의 북쪽, 곧 견고한 성벽의 바깥에 타작마당을 소유했다.

24:17 주의 손으로 나와 내 아버지의 집을 치소서 자신의 백성들이 죽어가는 모습을 더 이상 지켜보기 힘들었던 다윗은 하나님이 자신과 자신의 가문에 진노를 내려 주시기를 청한다(참고. 출 32:32).

24:18-25 역대상 21:18-27을 보라.

24:18 제단 이 무렵 모세가 지은 성막과 제단은 기브온에 있었다(대상 21:29; 대하 1:2-6). 갓은 다윗에게 전염병이 그친 곳에 주님을 위해 또 다른 제단을 쌓으라고 지시했다. 이는 곧 어디에 그분의 성전을 지어야 할지에 대한 주님의 뜻을 보여준다.

24:24 값 없이는 제물은 하나님께 드리는 예배와 섬김의 필수적인 부분이었다(말 1:6-10; 고후 8:1-5을 보라). **오십 세겔** 은 500그램보다 약간 많은 양이다. 한편 역대상 21:25에는 다윗이 금 600세겔을 지불했다고 기록되어 있다. 이런 불일치를 어떻게 설명할 수 있을까? 첫 번째 거래에서 다윗은 (보통 2.8-3.7제곱미터 정도의 넓이인) 작은 타작마당을 사거나 빌리고 소를 샀을 것이며, 이 정도는 은 50세겔로 충분했을 것이다. 그 후 역대상 21:25이 언급하듯 다윗은 '그 터'를 샀을 것이다. 그 터는 모리아산 전체를 가리키는 것으로, 그 값은 앞선 타작마당의 180배에 달했다.

24:25 재앙이 그쳤더라 이것은 이스라엘이나 다윗 가문을 향한 주님의 뜻이 심판으로 끝맺지 않았음을 보여준다. 하나님은 아브라함과 맺은 언약과 다윗과 맺은 언약을 성취하실 것이다(참고. 겔 37장).

연구를 위한 자료

John J. David and John C. Whitcomb, *A History of Israel from Conquest to Exile* (Grand Rapids: Baker, 1980).

Eugene Merrill, *I and II Samuel*, in The Bible Knowledge Commentary–OT (Wheaton, Ill.: Victor, 1985).

Ronald F. Youngblood, *1, 2 Samuel*, in Expositor's Bible Commentary (Grand Rapids: Zondervan, 1992).

제 목

열왕기상과 열왕기하는 원래 한 권의 책이었으며, 히브리어 사본에서 이 책은 열왕기상 1:1의 첫 번째 단어를 따서 '*왕들*'(*Kings*)이라고 불렸다. 구약성경의 헬라어 역본인 70인역에서는 이 책을 두 권으로 나누었고, 라틴어 역본인 벌게이트와 영역본들은 이 분류법에 따랐다. 두 권으로 나눈 목적은 긴 분량의 책을 좀 더 편리하게 두루마리와 사본들에 베껴쓰기 위한 것이었으며, 그 내용과는 무관했다. 현대의 히브리어 성경들은 이 책들의 이름을 '열왕기 A'와 '열왕기 B'로 지칭한다. 70인역과 벌게이트는 열왕기를 사무엘서와 연관 짓기도 했다. 따라서 70인역에서 이 책들의 제목은 '제3왕국기'와 '제4왕국기'이며, 벌게이트 역본에서는 '제3열왕기'와 '제4열왕기'다.

사무엘과 열왕기의 내용을 합치면 사울부터 시드기야에 이르기까지 유다와 이스라엘의 왕들에 대한 모든 역사를 서술한 연대기가 된다. 역대상과 역대하는 유다 왕정의 역사만 기록하고 있다.

저자와 저작 연대

유대교에서는 전통적으로 예레미야가 열왕기를 썼다고 여겼다. 그러나 열왕기에 기록된 마지막 사건(왕하 25:27-30을 보라)은 주전 561년 바벨론에서 일어났기 때문에 그 가설은 가능성이 낮아 보인다. 예레미야는 바벨론에 간 적이 없으며 애굽으로 떠났다(렘 43:1-7). 그리고 주전 561년 그는 적어도 여든여섯 살은 되었을 것이다. 따라서 본문에 이름이 나오지 않는 이 책의 저자는 밝혀지지 않은 채로 남아 있다. 열왕기에서는 선지자들의 사역이 강조되고 있어 이 책의 저자는 바벨론에 포로로 잡혀온 이스라엘 백성과 함께 살았던 이름이 알려지지 않은 주님의 선지자였을 가능성이 가장 높다.

열왕기는 주전 561-538년 사이에 기록되었다. 이 책에서 마지막에 언급되는 사건(왕하 25:27-30)의 연대는 이 책이 완성되었을 가능성이 있는 가장 이른 연대의 한계를 설정한다. 또한 이 책에는 바벨론 포로기의 종결에 대한 기록이 나오지 않아 이 책이 기록되었을 가능성이 있는 가장 늦은 연대는 이스라엘 백성이 포로 상태에서 풀려난 시점(주전 538년) 이전일 것이다. 이런 연대 추정은 때로 8:8; 9:13, 20, 21; 10:12; 12:19; 왕하 2:22; 8:22; 10:27; 14:7; 16:6; 17:23, 34, 41; 21:15에 나오는 "오늘까지"라는 표현 때문에 도전을 받기도 하지만, 이 표현들은 저자 자신의 것이 아니라 저자가 사용한 자료들에서 왔다고 이해하는 것이 최선이다.

저자는 이 책을 편찬하면서 다양한 자료들을 사용한 것으로 보인다. 여기에는 "솔로몬의 실록"(11:41), "이스라엘 왕 역대 지략"(14:19; 15:31; 16:5, 14, 20, 27; 22:39; 왕하 1:18; 10:34; 13:8, 12; 14:15, 28; 15:11, 15, 21, 26, 31), "유다 왕 역대 지략"(14:29; 15:7, 23; 22:45; 왕하 8:23; 12:19; 14:18; 15:6, 36; 16:19; 20:20; 21:17, 25; 23:28; 24:5)이 포함된다. 더 나아가 이사야 36:1-39:8은 열왕기하 18:9-20:19에 사용된 자료를 제공하며, 예레미야 52:31-34은 열왕기하 25:27-29의 자료가 되었을 것으로 보인다. 이런 관점은 포로기에 바벨론에 살았던 영감받은 한 저자가 바벨론 포로기 이전에 기록된 이 자료들을 사용해 이 책을 기록한 것이 아닌가 추측하게 한다.

배경과 무대

이 책에 사용된 자료들이 기록된 상황과 이 책의 저자가 처한 상황을 구분해야 한다. 이 책에 사용된 자료들은 그 속에 언급된 사건에 직접 참여한 사람들과 목격자들을 통해 기록되었다. 이 자료들은 신뢰할 만한 기록으로, 다윗의 죽음과 솔로몬의 왕위 계승(주전 971년)부터 바벨론이 쳐들어와 예루살렘과 성전을 파괴하기까지(주전 586년) 이스라엘 역사에 대한 정확한 정보를 담고 있다. 그러므로 열왕기는 불순종하는 백성들로 이루어진 두 나라인 이스라엘과 유다, 이에 따른 두 계보에 속한 왕들의 역사를 살피고 있다. 이스라엘과 유다는 모두 갈수록 하나님의 율법과 선지자들한테 무관심하게 되었는데, 결국 포로가 되어 끌려가는 결말을 향해 나아갔다.

열왕기는 정확한 역사 기록일 뿐 아니라 해석된 역

사이기도 하다. 바벨론에 포로로 끌려와 있던 저자는 함께 포로로 끌려온 이스라엘 백성에게 역사가 주는 교훈을 전달하고자 했다. 구체적으로 그는 포로로 끌려온 백성들에게 왜 주님이 이런 심판을 내리셨는지 가르쳤다. 저자는 자신의 기록 앞부분에서 주님이 왕들에게 모세의 율법에 순종할 것을 요구하셨음을 분명히 밝힌다. 그들의 나라가 하나님의 복을 받고자 한다면 왕들은 그 율법에 순종해야 한다. 불순종하면 포로로 끌려갈 수밖에 없다(9:3-9). 역사가 드러낸 슬픈 현실은 이스라엘의 모든 왕과 유다의 대다수 왕이 "여호와께서 보시기에 악하게 행했다"는 것이다. 이 악한 왕들은 배교자들로 우상숭배에 대항하는 대신에 그것을 허용함으로써 백성들을 죄악으로 이끌었다.

왕들의 실패로 말미암아 주님은 선지자들을 보내셔서 왕과 백성 모두에게 맞서도록 하셨다. 그 선지자들은 왕과 백성의 죄를 지적하고, 하나님께로 돌이킬 것을 호소했다. 하지만 그들이 전한 메시지는 외면당했다. 이에 선지자들은 이들이 포로로 끌려가게 될 거라고 예언했다(왕하 17:13-23; 21:10-15). 열왕기에서 선지자들이 말한 다른 모든 예언처럼 주께로부터 온 이 말씀 역시 실제로 이루어졌다(왕하 17:5, 6; 25:1-11).

따라서 열왕기는 이스라엘 백성이 겪은 포로의 경험을 해석하고, 그들이 왜 우상숭배에 대한 하나님의 징벌을 겪어야 했는지 깨닫도록 도와주었다. 또한 열왕기는 하나님이 아합(왕상 22:27-29)과 여호야긴(왕하 25:27-30)에게 자비를 베푸셨던 것처럼 바벨론에 포로로 끌려와 있는 그들에게도 자비를 베푸시고자 한다는 사실을 설명한다.

열왕기의 주된 지리적 배경은 요단강 동쪽의 땅을 포함한 단에서부터 브엘세바까지 이스라엘 땅 전체다(4:25). 주전 971-561년 이스라엘 땅에 쳐들어온 네 나라는 이스라엘과 유다의 정세에 지배적인 영향을 끼쳤다. 주전 10세기 솔로몬과 르호보암이 다스리는 동안에는 애굽이 이스라엘 역사에 영향을 끼쳤다(3:1; 11:14-22, 40; 12:2; 14:25-27). 아람은 주전 9세기, 대략 주전 890-800년에 이스라엘의 안전에 큰 위협을 가했다(15:9-22; 20:1-34; 22:1-4, 29-40; 왕하 6:8-7:20; 8:7-15; 10:32, 33; 12:17, 18; 13:22-25). 주전 800-750년경에는 이스라엘과 유다에 반 세기 동안 평화와 번영의 기간이 있었다. 이 기간에는 앗수르가 아람을 제압하고, 남쪽으로 더 내려오지 않았기 때문이다. 이런 상황은 디글랏 빌레셋 3세가 앗수르 왕으로 다스리는 동안에 바뀌었다(왕하 15:19, 20, 29).

주전 8세기 중반부터 7세기 말까지 앗수르는 팔레스타인 지역을 위협했고, 마침내 주전 722년에는 이스라엘(북왕국)을 정복하고 파괴했다(왕하 17:4-6). 그러고 나서 주전 701년 예루살렘을 포위했다(왕하 18:17-19:37). 주전 612-539년 바벨론은 고대 세계의 지배적인 강대국이었다. 바벨론은 유다(남쪽 왕국)을 세 번에 걸쳐 처들어왔으며, 주전 586년에 이루어진 세 번째 공격에서 예루살렘과 성전을 파괴했다(왕하 24:1-25:21).

역사적 · 신학적 주제

열왕기는 주전 971-561년 이스라엘의 역사에 초점을 맞춘다. 열왕기상 1:1-11:43은 솔로몬이 왕위를 계승하고 통치한 이야기를 서술한다(주전 971-931년). 이스라엘과 유다로 분열된 두 왕국(주전 931-722년)의 이야기는 열왕기상 12:1부터 열왕기하 17:41까지에서 다룬다. 저자는 본문의 이야기가 북왕국 이스라엘과 남왕국 유다의 왕들을 모두 다루도록 독특한 방식으로 내용을 배치하고 있다. 각 왕의 통치가 묘사될 때마다 다음과 같은 문학적 구조가 나타난다.

각 왕은 다음 항목을 통해 소개된다. 그의 이름과 선왕과의 관계, 옆 왕국에서 당시 다스리던 왕의 연도와 관련시킨 그의 승계 연도, 왕위에 올랐을 때의 나이(유다의 경우에만), 통치 기간, 통치한 장소, 어머니의 이름(유다의 경우에만), 그의 통치에 대한 영적인 평가다. 이런 내용이 나온 후에는 그 왕의 통치기에 일어난 사건들이 서술된다. 그 서술이 어느 정도로 자세한지는 각 경우마다 다르다.

각 왕의 통치는 다음 항목의 서술로 끝을 맺는다. 그 기록의 원천이 된 자료에 대한 언급, 부가적인 역사적 기록, 그의 죽음에 대한 언급, 그가 묻힌 일에 대한 언급, 후계자의 이름이 나오고 몇몇의 경우에는 간단한 후기가 추가된다(예를 들어 15:32; 왕하 10:36). 열왕기하 18:1-25:21은 유다 왕국만이 남아 있던 시기를 다루고 있다(주전 722-586년). 결론적인 내용을 담은 두 단락은 바벨론 유수가 일어난 이후의 사건을 언급한다(왕하 25:22-26, 27-30).

열왕기에서는 세 가지 신학적 주제가 강조된다.

첫째, 주는 이스라엘과 유다가 그분의 율법에 불순종했기 때문에 그들을 심판하셨다(왕하 17:7-23). 백성들의 불신앙은 그들을 우상숭배로 인도한 악한 왕들의 배교를 통해 더욱 심각해졌다(왕하 17:21, 22; 21:11). 그리하여 주님은 그분의 뜻을 거스르는 이 백성들에게 의로운 진노를 쏟아내셨다.

둘째, 참된 선지자들의 말이 그대로 이루어졌다(13:2, 3; 22:15-28; 왕하 23:16; 24:2). 이런 사실은 주님이 그분의 말씀대로 행하시며, 심판에 대한 경고의 말씀까지도 그대로 이루셨음을 보여주었다.

셋째, 주는 다윗에게 주신 그분의 약속을 기억하고 계셨다(11:12, 13, 34-36; 15:4; 왕하 8:19). 다윗의 계보를 이은 왕들이 주께 불순종했지만, 주는 북왕국 이스라엘을 다스린 여로보암 1세와 오므리, 예후의 가문을 멸망시키신 것처럼 다윗 가문을 멸망시키시지 않았다. 열왕기가 막을 내릴 때도 다윗의 계보는 여전히 존재했다(왕하 25:27-30). 따라서 장차 임할 다윗의 "씨"에 대한 소망이 남아 있었다(삼하 7:12-16을 보라). 이렇게 주는 신실하셨고, 그분의 말씀은 신뢰할 만했다.

해석상의 과제

열왕기에 나타나는 주된 해석상 과제는 이스라엘과 유다 왕들의 연대기에 대한 것이다. 열왕기에는 풍성한 연대기적 자료가 제시되고 있지만, 이 자료는 두 가지 이유에서 해석하기가 어렵다.

첫째, 열왕기에 나오는 자료들에는 내적 불일치가 있다. 예를 들어 열왕기상 16:23은 유다 왕 아사가 통치한 지 31년째 되던 해에 오므리가 이스라엘 왕으로 등극했으며, 12년 동안 다스렸다고 기록한다. 그러나 열왕기상 16:29에 따르면 유다 왕 아사가 통치한 지 38년째 되던 해에 오므리의 아들 아합이 그의 뒤를 이어 왕이 되었다. 이 구절에 따르면 오므리가 통치한 연수는 7년이지 12년이 아니다(이 문제에 대한 해답으로는 *16:23에 대한 설명을 보라*).

둘째, 성경 외의 자료들(그리스와 앗수르, 바벨론의 문헌들)을 천문학적인 데이터와 연결하면 주전 892-566년 일어났던 일들에 대해 신뢰할 만한 연대를 추산할 수 있다. 앗수르의 문헌에서 이스라엘의 왕인 아합과 예후에 대해 언급한 부분을 통해 우리는 주전 853년에 아합이 죽었으며, 주전 841년에 예후가 다스리기 시작했다고 확정할 수 있다. 이 두 연대가 확정되고 나면 앞뒤로 추산하여 이스라엘이 유다에서 분리되어 나온 연도를 주전 931년경으로, 사마리아가 멸망한 연도를 주전 722년으로, 예루살렘이 멸망한 연도를 주전 586년으로 확정할 수 있다. 하지만 열왕기에 기록된 왕들의 통치 기간을 모두 더하면 이스라엘의 왕들이 통치한 기간은 (주전 931-722년 210년이 아니라) 241년이며, 유다 왕들이 통치한 기간은 (주전 931-586년 346년이 아니라) 393년이다.

그러나 두 왕국의 통치기에는 섭정이 이루어진 기간이 있었다. 대개의 경우 아버지와 아들의 관계였던 두 명의 왕이 함께 다스린 기간이 있었던 것이다. 그래서 두 왕의 통치 기간을 합산하면 겹치는 연대가 있다. 더 나아가 두 왕국의 역사에서는 각 시대마다 한 왕의 통치 기간을 산출하는 데 다른 방식을 썼고, 심지어 연도를 헤아리는 역법이 바뀌기도 했다. 이 결과로 외관상의 내적 불일치가 나타나게 되었다. 하지만 열왕기에 나타난 연대기의 정확성은 입증될 수 있으며 확증될 수도 있다.

두 번째로 나타나는 주된 해석상의 과제는 솔로몬이 아브라함 언약, 다윗 언약과 어떤 관계에 있느냐 하는 문제다. 어떤 주석가들은 열왕기상 4:20, 21의 내용을 아브라함에게 주어진 약속의 성취로 해석했다(참고. 창 15:18-21; 22:17). 그러나 민수기 34:6에 따르면 아브라함에게 약속된 땅의 서쪽 경계는 지중해였다. 열왕기상 5:1 이하에서 히람은 (지중해 연안을 따라 있는) 두로를 다스리는 독립적인 왕이며, 솔로몬과 대등하게 교류하는 군주로 나온다. 그 약속된 땅의 상당 부분이 솔로몬의 통치 아래 있긴 했지만, 솔로몬이 다스린 제국은 주님이 아브라함에게 주신 땅에 대한 약속을 성취하지 못했다.

왕상

또한 열왕기상 5:5과 8:20에 기록된 그의 말에서 솔로몬은 자신이 다윗 언약에서 약속된 씨임을 주장하고 있다(참고. 삼하 7:12-16). 열왕기의 저자는 주님이 다윗에게 주신 약속의 성취로써 솔로몬의 성전이 세워졌을 가능성을 암시한다. 하나님이 다윗에게 주어진 약속이 이루어지기 위한 조건을 솔로몬에게도 말씀해주셨지만(6:12), 솔로몬은 그 조건을 만족시키지 못한 것이 분명하다(11:9-13). 사실 다윗 가문에서 배출된 어떤 왕도 약속된 분(the Promised One)의 표징이 되는 완전한 순종의 조건을 만족시키지 못했다.

열왕기에 따르면 아브라함 언약과 다윗 언약의 성취는 이스라엘의 과거 역사에서 이루어지지 못했다. 이를 통해 그는 후기 예언서들(이사야와 예레미야, 에스겔, 다니엘, 열두 예언서)을 위한 토대를 놓고 있다. 이 후기의 예언자들은 장차 오실 메시아를 통해 언약들이 성취될 미래의 소망을 바라보도록 이스라엘 백성을 인도한다(사 9:6, 7을 보라).

열왕기상과 열왕기하는 이스라엘 왕 아하시야에 대한 이야기의 중간에서 임의적으로 나뉘어졌는데, 다음 개요에서는 열왕기상과 열왕기하를 함께 묶었다.

열왕기 개요

I. 통일 왕국: 솔로몬의 통치(왕상 1:1-11:43)
  A. 솔로몬의 등극(왕상 1:1-2:46)
  B. 솔로몬이 얻은 지혜와 부의 시작(왕상 3:1-4:34)
  C. 성전 건축을 위한 준비(왕상 5:1-18)
  D. 성전과 솔로몬의 궁전을 건축함(왕상 6:1-9:9)
  E. 솔로몬이 진행한 다른 건축 사업(왕상 9:10-28)
  F. 솔로몬이 얻은 지혜와 부의 절정(왕상 10:1-29)
  G. 솔로몬의 쇠퇴(왕상 11:1-43)
II. 분열 왕국: 이스라엘과 유다의 왕들(왕상 12:1-왕하 17:41)
  A. 우상숭배의 발흥: 이스라엘의 여로보암과 유다의 르호보암(왕상 12:1-14:31)
  B. 유다와 이스라엘의 왕들(왕상 15:1-16:22)
  C. 오므리 왕조와 그 왕조가 끼친 영향: 이스라엘과 유다에서 바알 숭배의 발흥과 쇠퇴(왕상 16:23-왕하 13:25)
    1. 바알 숭배의 도입(왕상 16:23-34)
    2. 바알 숭배에 대한 엘리야의 저항(왕상 17:1-왕하 1:18)
    3. 엘리사가 참되신 하나님의 선지자로서 이스라엘에 끼친 영향(왕하 2:1-9:13)
    4. 이스라엘에서 바알 숭배의 몰락(왕하 9:14-10:36)
    5. 유다에서 바알 숭배의 몰락(왕하 11:1-12:21)
    6. 엘리사의 죽음(왕하 13:1-25)
  D. 유다와 이스라엘의 왕들(왕하 14:1-15:38)
  E. 앗수르가 이스라엘을 패망시키고 그 백성을 포로로 끌고 감(왕하 16:1-17:41)
III. 살아남은 왕국: 유다의 왕들(왕하 18:1-25:21)
  A. 히스기야의 의로운 통치(왕하 18:1-20:21)
  B. 므낫세와 아몬의 사악한 통치(왕하 21:1-26)
  C. 요시야의 의로운 통치(왕하 22:1-23:30)
  D. 바벨론이 유다를 패망시키고 그 백성을 포로로 끌고 감(왕하 23:31-25:21)
IV. 맺음말: 이스라엘 백성의 지속적인 반역과 주님이 베푸신 지속적인 자비(왕하 25:22-30)

통일 왕국: 솔로몬의 통치 (1:1-11:43)

1:1-11:43 열왕기의 첫 번째 단락에서는 솔로몬의 통치를 연대기적으로 서술한다. 이 단락의 문학적 구조는 솔로몬이 행한 건축 활동을 중심으로 하며(6:1-9:9), 그가 전심으로 주님을 따르는 데 실패한 일을 서술하는 데서 그 절정을 이룬다(11:1-43).

A. 솔로몬의 등극(1:1-2:46)

1:1 나이가 많아 이때 다윗의 나이는 일흔 살이었다(참고. 삼하 5:4, 5).

1:2 왕으로 따뜻하시게 하리이다 나이가 든 다윗은 순환기 계통에 문제가 있어 몸이 차서 고생을 했다. 그의 시종들은 한 젊은 처녀를 데려와 왕을 보살피도록 했는데, 밤에는 그녀의 체온으로 그를 따뜻하게 하자는 해결책을 제시했다. 이런 제안은 당시의 의학적 관습과 일치하는 것으로, 유대 역사가 요세푸스(주후 1세기)와 그리스의 의사 갈렌(주후 2세기) 모두 그런 관습을 기록하고 있다.

1:3 수넴 여자 아비삭 아비삭은 수넴 성읍에서 온 아

름다운 처녀였다. 수넴은 잇사갈 지파의 땅에 속한 성읍으로, 이스르엘에서 북쪽으로 5킬로미터 정도 떨어진 곳에 있었다(수 19:18; 삼상 28:4; 왕하 4:8). 같은 성읍 출신이긴 하지만 솔로몬의 아가에 나오는 술람미 여인(6:13)과 같은 사람은 아니다.

1:4 왕이 잠자리는 같이 하지 아니하였더라 이 여인은 다윗의 후궁이 되었음에도(참고. 2:17, 22-24) 처녀로 남아 있었다.

1:5 아도니야 아도니야는 다윗의 넷째 아들로(삼하 3:4), 그때까지 살아 있는 다윗의 아들들 가운데 나이가 가장 많았을 것이다. 암논(삼하 13:28, 29)과 압살롬(삼하 18:14, 15)은 죽임을 당했으며, 길르압은 그가 태어났다는 것 외에 다른 언급이 없어 어릴 때 죽은 것으로 보인다. 다윗의 왕위를 계승할 후보자들 가운데 가장 나이가 많은 아들인 아도니야는 자신이 왕위를 이어받았음을 주장하려고 시도했다. **병거와 기병** 압살롬처럼(삼하 15:1) 아도니야는 소규모의 군대를 모아서 자신의 주장을 확증하려고 했다.

1:7 요압 다윗의 조카(대상 2:16)이자 이스라엘 군대의 사령관(삼하 8:16)이고, 다윗의 왕권을 충성스럽게 지지한 사람(삼하 18:2; 20:22)이다. 그에게는 불법으로 아브넬과 아마사를 죽인 죄책이 있었다(2:5. 참고. 삼하 3:39; 20:10). 아도니야는 왕위를 얻기 위한 과정에서 그의 지지를 받고자 했다. **아비아달** 다윗의 통치기에 동역한 두 명의 대제사장 중 한 사람(삼하 8:17)으로, 아도니야는 그의 도움을 받으려고 했다.

1:8 사독 다윗의 통치기에 섬긴 다른 대제사장(삼하 8:17)으로, 그의 후손들은 천년왕국의 성전에서 섬기게 될 것이다(겔 44:15을 보라). 그는 사울의 통치기에 기브온의 성막에서 섬긴 대제사장이었다(대상 16:39). **브나야** 그렛 사람과 블렛 사람을 지휘한 장군으로(44절), 이들은 용맹함으로 널리 알려진 다윗의 공식 호위대였다(삼하 23:20을 보라). *사무엘상 30:14에 대한 설명을 보라.* 요압은 그를 경쟁자로 여겼다. **나단** 다윗의 통치기에 가장 영향력 있는 선지자였다(삼하 7:1-17; 12:1-15, 25). **시므이** 참고. 4:18. 열왕기상 2:8, 36-46과 사무엘하 16:5-8에 언급된 시므이와는 다른 사람이다. **용사들** 사무엘하 23:8-39을 보라.

1:9 에느로겔 문자적으로는 '더 충만한 자의 샘'이라는 뜻이다. 이곳은 보통 예루살렘 남쪽에서 기드론 골짜기와 힌놈 골짜기가 합류하는 지역의 북서쪽 지점에 있었던 것으로 보인다. 여기서 아도니야는 민심을 얻고 왕권을 확보하기 위한 정치적 이벤트를 열었다. **소헬렛** 문자적으로는 '뱀 돌'이라는 뜻이다. 이곳은 이전에 여부스 족속이 뱀 숭배를 행한 장소로 알려진 곳이다.

1:11-27 아도니야가 일으킨 반란은 나단에 의해 실패로 돌아갔다. 나단은 주님의 뜻을 알고 있었으며(삼하 7:12; 대상 22:9을 보라), 급히 밧세바를 다윗에게 보내 어떤 일이 일어나고 있는지 알리도록 했다. 그러고 나서 그는 그 뒤를 따라 다윗에게 나아갔다(23절).

1:11 솔로몬의 어머니 밧세바 다윗 계보에 속한 왕들의 어머니가 계속 언급된다(2:13, 19; 14:21; 15:2; 왕하 8:26; 12:1; 14:2; 15:2, 33; 18:2; 21:1, 19; 22:1; 23:31, 36; 24:8). 왕비인 솔로몬의 어머니는 궁정에서 영향력 있는 위치에 있었다. 다윗이 어떻게 그녀와 함께 죄를 지었는지에 대해서는 사무엘하 11장을 보라.

1:12 당신의 아들 솔로몬의 생명을 구할 계책 아도니야가 왕위에 오르면 밧세바와 솔로몬의 생명이 위험할 수도 있는 상황이었다. 고대 근동에서는 종종 왕위에 대한 잠재적인 경쟁자들과 그의 가족들이 살해되었다(참고. 15:29; 16:11; 왕하 10:11).

1:13 왕이…맹세하여…하지 아니하셨나이까 (성경에 기록되지 않은) 이 맹세는 다윗이 사적으로 한 것으로, 나단과 밧세바 모두에게 한 것으로 보인다. 주가 솔로몬을 택하셨다는 사실은 '여호와께 사랑받는 자'를 뜻하는 그의 이름 여디디야에 암시되어 있으며(삼하 12:24, 25), 다윗이 솔로몬에게 한 선언을 통해 명확히 드러난다(대상 22:6-13). 참고. 17, 20, 35절.

1:28-53 역대상 29:21-25을 보라.

1:29 왕이 이르되 다윗은 솔로몬을 왕으로 세우겠다는 이전의 맹세를 실행하기 위해 또 다른 맹세를 한다. 그리고 그는 이 맹세를 바로 실행에 옮긴다.

1:33 내 노새 솔로몬이 다윗의 노새에 탄 사실은 이스라엘 백성에게 다윗이 택한 계승자가 바로 그임을 보여주는 것이었다(삼하 13:29). **기혼** 이 시내는 예루살렘의 동쪽 바깥에 있는 기드론 골짜기에 있었다. 이 시내는 예루살렘의 주된 물 공급원이었으며, 에느로겔(9절)에서 북쪽으로 800미터 정도 떨어진 곳에 있었다. 그리고 이 두 장소 사이에는 언덕 하나가 있어 시야를 가렸다. 따라서 아도니야와 함께한 무리는 솔로몬이 기름 부음을 받는 모습을 보지 못했지만, 그 예식에서 나는 소리를 들을 수 있었다.

1:34 그에게 기름을 부어…왕으로 삼고 사울과 다윗은 주님의 제사장이며 선지자인 사무엘에게 기름 부음을 받았다(삼상 10:1; 16:13). 솔로몬 역시 제사장과 선지자에게 인정을 받아야 했다. 솔로몬의 즉위식에 나단 선지자가 참여함으로써 이 예식 가운데 주님의 복이 임했다는 사실이 입증되었다. 열왕기 전체에 걸쳐 하나님은

선지자들을 통해 자신이 어떤 사람을 왕으로 택했는지를 밝히신다(11:37; 15:28, 29; 16:12; 왕하 9:3). **뿔나팔을 불며** 이렇게 나팔을 부는 것은 솔로몬이 새로 다윗과 함께 통치하는 왕이자 계승자가 되었다는 사실을 공적인 회합을 통해 함께 모여 인정했음을 상징하는 행위다(39, 40절).

1:35 이스라엘과 유다 이 둘은 다윗과 솔로몬의 왕국을 구성하는 중요한 두 지역이었다. 이후 분리될 이 두 지역(12:20)은 통일 왕국을 이루고 있는 동안에도 분명히 구분되었다.

1:39 성막 이것은 모세의 성막이 아니라(3:4을 보라) 다윗이 언약궤를 보관하기 위해 예루살렘에 세운 장막이었다(삼하 6:17; 대상 15:1).

1:41-49 아도니야…들은지라 솔로몬이 왕위에 오른 것을 환영하는 백성들의 큰 외침은 인근의 에느로겔에서 열린 아도니야의 잔치에 참석한 사람들의 귀에도 들렸다. 그리고 한 전령이 와서 다윗이 솔로몬을 왕으로 세웠다는 소식을 전했다. 이로써 아도니야가 왕위에 오를 명분은 사라졌으며, 잔치에 모였던 사람들은 두려운 마음으로 그 장소를 떠난다.

1:42 요나단 제사장 아비아달의 아들로 경험이 많은 전령이다(삼하 15:36; 17:17).

1:50 제단 뿔 참고. 2:28. *뿔*은 번제단 모퉁이의 돌출부로, 제사장들은 그 위에 제물의 피를 발랐다(출 27:2; 29:12). 뿔을 잡음으로써 아도니야는 하나님의 보호 아래로 피하고자 했다(출 21:13, 14을 보라).

2:1 다윗이…솔로몬에게 명령하여 지도자들은 보통 자신의 계승자에게 훈계의 말을 남겼다. 모세(신 31:7, 8), 여호수아(수 23:1-6), 사무엘(삼상 12:1-25) 등이 그랬다. 다윗 역시 솔로몬에게 마지막으로 권고하는 말을 남긴다.

2:2 세상 모든 사람이 가는 길 죽음을 가리키는 표현이다(수 23:14. 참고. 창 3:19). **너는 힘써 대장부가 되고** 격려의 표현이다(신 31:7, 23; 수 1:6, 7, 9, 18; 삼상 4:9). 다윗은 솔로몬이 앞으로 겪게 될 싸움과 어려운 과업들에 대비하도록 마음을 담대히 하기를 원했다.

2:3 네 하나님 여호와의 명령을 지켜 다윗은 솔로몬에게 성공적인 통치를 위해 모세의 율법을 지킬 것을 권면한다(참고. 신 17:18-20).

2:4 여호와께서…말씀하시기를 주님은 사무엘하 7:4-17에서 무조건적인 언약을 다윗과 맺으셨으며, 열왕기상 9:5에서 이 언약을 솔로몬에게 확증해주셨다. 이 언약은 곧 이스라엘에서 다윗 왕조가 영구히 지속되리라는 약속이었다. **네 자손들이 그들의 길을 삼가** 다윗은 신적인 약속이 성취되려면 왕이 모세의 율법을 순종하는 것이 필수 조건임을 선언했다. 열왕기는 다윗의 후손들 가운데 한 명도 하나님의 율법을 충실하게 지키지 못했음을 보여준다. 그들 중 아무도 신적인 약속을 성취하기 위한 조건을 만족시키지 못했다. 오히려 다윗이 한 말은 왜 바벨론 유수가 일어나게 되었는지를 설명하는 토대가 되었다. 그러므로 이스라엘의 궁극적이고 최종적인 왕은 이후의 확정되지 않은 미래에 나타날 것이다.

2:5 아브넬…아마사 이들은 요압의 질투와 복수의 희생자로 싸움이 끝난 뒤 살해당했다(삼하 3:27; 20:10). 따라서 요압은 살인자로서 벌을 받게 되었다(신 19:11-13).

2:7 바르실래의 아들들 다윗은 바르실래의 아들들에게 친절을 베풀어 바르실래가 자신에게 베푼 친절에 보답할 것을 솔로몬에게 명했다(삼하 17:27-29). **네 상에서 먹는 자** 이는 왕에게서 급료를 받는 영예로운 자리였다(18:19; 삼하 9:7; 왕하 25:29).

2:8 시므이 이 사람은 다윗이 압살롬을 피해 도망칠 때 그에게 분노하며 돌을 던지고 격한 저주를 퍼부었다(삼하 16:5-13). 시므이의 행동은 죽어 마땅한 것이었으며(출 22:28), 다윗은 솔로몬에게 그가 정당한 벌을 받도록 적절한 조치를 취하라고 조언한다(36-46절).

2:10-12 사무엘하 5:5과 역대상 29:26-28을 보라.

2:10 다윗 성 이는 곧 예루살렘을 가리킨다(참고. 8:1).

2:11 사십 년 다윗은 주전 1011년부터 971년경까지 통치했다. 다윗은 말년에 솔로몬과 공동으로 다스렸을 것이다(참고. 11:41).

2:12 심히 견고하니라 솔로몬의 왕위 계승은 주께 인정을 받은 것으로, 솔로몬은 아무도 감히 도전하지 못하는 권위와 명성, 번영을 누렸다(46절).

2:15 온 이스라엘은 다 얼굴을 내게로 향하여 고대 근동의 관습에 따라 생존한 다윗의 아들들 중 가장 나이 많은 자로 아도니야 자신이 왕위에 오를 권리가 있었다는 뜻이다.

2:17 아비삭을 내게 주어 고대 근동에서 왕의 후궁을 소유하는 것은 곧 자신이 왕임을 나타내는 표시였다(참

통일 왕국의 왕

사울	사무엘상 9:1-31:13; 역대상 10:1-14
다윗	사무엘하; 열왕기상 1:1-2:9; 역대상 11:1-29:30
솔로몬	열왕기상 2:10-11:43; 역대하 1:1-9:31

고. 삼하 3:8; 12:8; 16:20-22). 아도니야가 아비삭을 요구한 것은 자신에게 왕위에 오를 권리가 있음을 주장하기 위한 시도로, 어쩌면 그는 이를 통해 왕위를 찬탈하기 위한 반란을 일으키려고 했는지도 모른다. 밧세바는 그의 요구 속에 담긴 음모를 깨닫지 못했다(18-21절).

2:22 그를 위하여 왕권도 구하옵소서 솔로몬은 아도니야의 요구가 곧 왕위를 찬탈하기 위한 시도의 전조임을 간파했다. 이런 요구를 함으로써 아도니야는 솔로몬이 이전에 명시한 충성의 규약을 어겼기 때문에(1:52) 솔로몬은 그에게 공식적이고 법적인 사형을 선언했다(23, 24절).

2:24 허락하신 말씀대로 솔로몬은 사무엘하 7:12-16에서 주님이 다윗에게 주신 약속을 자신이 성취했다고 여겼다(5:5; 8:18-21도 보라). 궁극적인 성취는 이스라엘로 돌아와 자신의 왕국을 세우실 메시아 예수를 통해 이루어질 것이다(사 9:6, 7을 보라).

2:26 아나돗 제사장들의 성읍으로, 예루살렘에서 북동쪽으로 5킬로미터 정도 떨어진 곳에 있었다(참고. 렘 1:1). 솔로몬에게 반역한(1:7) 대제사장 아비아달은 그곳으로 추방되었다.

2:27 여호와께서…하신 말씀을 응하게 함이더라 솔로몬이 아비아달을 제사장 직분에서 파면함으로써 엘리의 계보에 속한 제사장이 끊어질 거라는 하나님의 예언이 성취되었다(삼상 2:30-35). 하나님이 이전에 약속하셨듯이(참고. 민 25:10-13), 엘르아살과 비느하스의 계보가 사독을 통해 제사장으로 다시 확립되었다(2:35).

2:28 요압…여호와의 장막으로 도망하여 참고. 1:50. 요압은 자신이 군대 내에서 인기가 없었다면 이미 죽임을 당했으리라는 것을 알았다. 반역자와 살인자에게 제단은 피난처가 되어줄 수 없었다(참고. 출 21:14).

2:31 그를 죽여 아도니야처럼(1:50) 요압도 제단으로 피신했다(2:28). 제단으로 피한 사람을 주님이 보호해 주시는 것은 오직 우연히 죄를 지은 경우에 한했으며, 사전에 계획하여 사람을 죽인 자는 그 대상이 될 수 없었다(출 21:14). 따라서 솔로몬은 다윗이 명령했던 대로(2:6) 브나야에게 요압을 쳐서 죽이도록 했다.

2:33 평강이 영원히 있으리라 이 서약은 궁극적으로 메시아의 왕국에서 실현될 것이다(사 2:2-4; 9:6, 7을 보라).

2:34 광야 요압의 아버지가 묻힌 무덤이 베들레헴 근처에 있었다(삼하 2:32). 요압의 집은 베들레헴 동쪽에 있는 유다 광야의 변두리에 있었을 것이다.

2:36 나가지 말라 시므이는 아도니야처럼 솔로몬을 직접적으로 자극하지는 않았다. 따라서 솔로몬은 시므이가 예루살렘 밖으로 나가지 못하게 하고 그를 철저히 감시하도록 했다.

2:39 가드 예루살렘에서 남서쪽으로 50킬로미터 정도 떨어진 곳에 있는 블레셋의 주요 성읍이었다.

2:45 다윗의 왕위 시므이의 저주와는 정반대로(삼하 16:5-8), 주님이 주시는 복은 사울의 계보가 아니라 다윗의 계보를 이은 왕을 통해 임할 것이다(참고. 삼하 7:12, 13, 16).

2:46 시므이의 죽음과 함께 솔로몬과 경쟁하던 파벌들이 모두 제거되었다.

B. 솔로몬이 얻은 지혜와 부의 시작(3:1-4:34)

3:1 바로와 더불어 혼인 관계를 맺어 이 바로는 힘이 약했던 애굽의 21번째 왕조 가운데 끝에서 두 번째 왕이었던 시아문(Siamun)이었을 것이다. 솔로몬이 바로와 조약을 맺은 것은 당시 그가 세계에서 높은 위치에 있었음을 보여준다. 바로의 딸은 솔로몬의 700아내 중 정치적으로 가장 중요한 위치에 있었다(참고. 7:8; 9:16; 11:1).

3:2 여호와의 이름을 위하여 성전을…아니하였으므로 이름은 주님의 성품과 임재를 상징한다(참고. 출 3:13, 14). 하나님은 한 장소를 택하여 "자기의 이름을 두시려고…그 계실 곳"(신 12:5)이 되게 하겠다고 약속하셨다. 예루살렘에 세워질 성전은 그 장소가 될 것이다(참고. 5:3, 5; 8:16, 17, 18, 19, 20, 29, 43, 44, 48; 9:3, 7). 고대 근동에서 한 성전을 어떤 신의 이름과 연관 짓는 것은 곧 그 신이 그곳을 소유하며 그 안에 거함을 뜻한다. **산당** 이 장소들은 이스라엘 백성이 가나안 족속한테서 쟁취한 곳으로, 야외의 언덕 꼭대기에 있는 예배 처소였다. 이스라엘 백성은 이 장소들을 주께 다시 봉헌했으며, 이교의 제단을 사용하는 일은 금지되었다(민 33:52; 신 7:5; 12:3). 성전이 건축된 후에는 산당에서 예배한 일이 정죄되었다(11:7, 8; 12:31; 왕하 16:17-20; 21:3; 23:26).

3:3 행하였으나 솔로몬은 계속 산당에서 예배함으로써 주님을 온전히 따르는 데 실패했음을 드러내고 있다.

3:4-15 역대하 1:7-13을 보라.

3:4 기브온 예루살렘에서 북서쪽으로 11킬로미터 정도 떨어진 곳에 있는 성읍이었다. 이곳에는 모세의 성막과 놋으로 된 제단이 있었다(대상 21:29; 대하 1:2-6).

3:5 꿈 하나님은 종종 꿈을 통해 계시를 주셨다(창 26:24; 28:12; 46:2; 단 2:7; 7:1; 마 1:20; 2:12, 19, 22). 솔로몬이 꾼 꿈은 독특했는데, 이는 주님과 솔로몬 사이의 대화가 이루어지고 있었음을 보여준다.

3:6 큰 은혜…큰 은혜 이 표현들은 언약적인 신실함을 함축한다. 솔로몬은 자신이 다윗의 왕위를 계승한 것을

주님이 다윗에게 주신 약속들을 신실하게 지키신 증거로 여겼다.

3:7 작은 아이 당시 솔로몬은 스무 살 정도에 지나지 않았을 것이다. 따라서 그는 자신에게 왕이 될 만한 경험과 자격이 부족함을 솔직히 시인했다(참고. 대상 22:5; 29:1). *민수기 27:15-17에 대한 설명을 보라.*

3:8 큰 백성 전쟁에 나갈 수 있는 연령대의 남자가 이스라엘에 80만 명, 유다에 50만 명이 있다는 인구조사(삼하 24:9)의 결과를 토대로 했을 때 이스라엘의 전체 인구는 400만 명 이상이었을 것이다. 이는 가나안 땅을 정복할 당시 인구의 약 두 배에 달하는 숫자였다(민 26:1-65를 보라).

3:9 듣는 마음 겸손하게 자신의 부족함을 인정하면서 솔로몬은 지혜롭게 하나님의 백성을 통치하도록 그에게 '이해하는 마음'을 주시기를 구했다.

3:10 주의 마음에 든지라 주님은 솔로몬이 장수나 부, 원수의 죽음 등 개인적 이익을 구하지 않은 것을 기뻐하셨다.

3:12 너와 같은 자 16-27절에서 묘사되는 것처럼 솔로몬이 지닌 판단력과 통찰은 가히 독보적이었다.

3:14 네 날을 길게 하리라 솔로몬이 이미 소유한 부와 명예와 달리 장수는 그가 앞으로 주님의 명령에 순종하느냐에 달려 있었다. 주께 불순종했기 때문에 솔로몬은 일흔 살이 되기 전에 죽었다(참고. 시 90:10).

3:16-27 창기 두 여자가 왕에게 와서 여기서는 솔로몬이 얼마나 지혜롭게 통치했는지를 보여주는 한 예화가 나온다. 이스라엘 땅에서 일어나는 문제들에 대해서는 왕이 최종적인 '심판자'가 되었으며, 가장 천한 매춘부일지라도 그에게 나아와 판결을 내려달라고 청원할 수 있었다(삼하 14:2-21; 15:1-4; 왕하 8:1-6).

3:25 반은…반은 시종들에게 아이를 반으로 자르라는 명령을 내린 솔로몬은 거짓말하는 여자는 그 명령에 반대하지 않을 것이지만, 진짜 어머니는 아이를 향한 모성애 때문에 그 명령을 거부하리라는 사실을 알고 있었다(참고. 출 21:35).

3:28 왕을 두려워하였으니 이스라엘 백성은 하나님이 솔로몬에게 주신 지혜를 보고 그를 두려워했으며, 기꺼이 그의 통치에 복종하고자 했다.

4:1 온 이스라엘 솔로몬은 이스라엘을 공고히 다스리고 있었다. 이스라엘 내부에서 서로 다투던 분파들은 이제 모두 그의 통치에 굴복했다.

4:2 사독의 아들 아사리아 실제로 그는 아히마아스의 아들이며, 사독의 손자였다. 구약에서 "아들"은 때때로 '후손'을 의미하기 때문이다(참고. 대상 6:8, 9). 다윗의 신하들 명단에서는 군대 사령관이 첫 자리를 차지했다(삼하 8:16; 20:23). 반면 솔로몬의 통치 아래서는 제사장과 다른 신하들의 자리가 군 지휘관을 앞섰다.

4:3 서기관 그들은 왕의 칙령을 준비하고, 공적인 기록을 작성했을 것이다. **사관** 그는 왕국 안에서 일어난 모든 중요한 일을 매일 기록했을 것이다.

4:4 제사장 사독과 아비아달은 다윗의 통치기에 함께 대제사장으로서 섬겼다(삼하 8:17; 20:25). 아비아달은 제사장 직책에서 파면당하고 유배되었지만(2:26, 27, 35) 죽을 때까지 자신의 호칭을 유지했다.

4:5 나단 이 사람이 선지자 나단인지(*1:8에 대한 설명을 보라*), 같은 이름을 지닌 다른 사람인지는 불분명하다. 솔로몬이 그 선지자의 아들들에게 명예로운 관직을 주었을 수도 있다.

4:6 궁내대신 이 사람은 땅과 건물 모두를 포함하는 솔로몬의 재산을 관장하는 직책을 맡았다(참고. 16:9; 18:3; 왕하 18:18, 37; 19:2). **노동 감독관** 솔로몬을 위해 징집된 노동자들을 감독하는 사람이었다(참고. 5:13-18).

4:7 열두 지방 관장 솔로몬은 이스라엘 땅 전체를 열두 지역으로 나누었다(이는 각 지파에게 주어진 땅과는 다른 방식으로 구분되었음). 그리고 각 지역마다 그 지역을 다스리는 관리가 있었다. 한 달씩 돌아가면서 각 지역의 관장은 자신이 다스리는 지역에서 양식을 모아 왕과 왕실에 공급했다.

4:20 바닷가의 모래 같이 많게 이는 분명히 창세기 22:17에서 주님이 아브라함에게 주신

「솔로몬의 심판[*The Judgement of Solomon*]」, 17세기. 마티아스 스토메르. 캔버스에 유화. 157X222cm. 커리어 미술관. 맨체스터.

약속을 암시하는 표현이다. 솔로몬의 통치 초반기는 인구 증가와 평화, 번영으로 상징되었는데, 이는 아브라함 언약이 성취될 때 이스라엘에 널리 퍼질 복을 미리 보여준다.

4:21 모든 나라 솔로몬이 영향력을 행사한 나라들의 범위는 창세기 15:18에서 주님이 아브라함에게 주신 약속의 내용을 상기시켜 준다. 그러나 다음 세 가지 이유에서 솔로몬의 통치는 아브라함 언약의 성취가 아니었다. 첫째, 이스라엘 백성은 여전히 "단에서부터 브엘세바에"(25절) 이르는 이스라엘 땅 안에서만 살고 있었다. 아브라함의 후손은 그에게 약속된 모든 땅을 아직 차지하지 못했다. 둘째, 이스라엘 바깥의 나라들은 여전히 자신들의 고유한 정체성과 독립적인 주권을 보유하고 있었다. 그들은 다만 솔로몬의 권위를 인정하고, 자신들의 땅에 대한 소유권을 포기하지 않은 채 그에게 공물을 바치고 있었을 뿐이다. 셋째, 민수기 34:6에 따르면 약속된 땅의 서쪽 경계는 지중해였다. 이는 곧 두로 역시 그 땅의 일부가 되어야 함을 의미한다. 하지만 두로 왕 히람은 솔로몬과 (대등한 당사자 간의) 동등한 조약 또는 쌍무 조약을 맺은 주권적인 군주였다(5:1-12).

4:22 음식물 이는 솔로몬의 궁전에서 하루에 소비되는 식량을 가리킨다.

4:24 딥사…가사 딥사는 유브라데강의 서쪽 기슭에 있었으며, 가사는 남서쪽의 지중해 연안에 있었다. 이 성읍들은 솔로몬이 영향력을 행사한 범위의 북동쪽 끝과 남서쪽 끝을 표시한다.

4:26 외양간이 사만이요 히브리어 본문에는 40,000으로 기록되어 있지만, 이 숫자는 본문을 베껴 쓰다가 필사자가 범한 오류의 결과일 것이다. 이 숫자는 역대하 9:25에 기록된 것처럼 4,000이 되어야 한다.

4:30 동쪽…애굽 이스라엘 땅 동쪽의 메소보다미아와 아라비아에 사는 사람들(참고. 욥 1:3)과 애굽 사람들은 그 지혜로 잘 알려져 있었다. 애굽은 과학과 문화, 학식으로 명성을 떨치던 나라였다. 솔로몬의 지혜는 이스라엘 내부와 외부 사람들을 모두 능가했다(31절).

4:31 마홀의 아들 이들은 '가수들', 곧 거룩한 노래들을 지은 음악단이었을 것이다.

4:32 잠언…노래 솔로몬이 지은 수백 편의 잠언이 구약의 잠언에 기록되어 있다(잠언의 서론을 보라). 그가 지은 노래 중 아가서가 있다. 이 책은 '노래 중의 노래'(Song of Songs)라고 불리는데, 이는 솔로몬이 지은 가장 아름다운 노래라는 의미다.

4:33 초목…짐승…새 솔로몬은 모든 종류의 식물과 동물에 대해 묘사하고 가르쳤다. 예를 들어 잠언 6:6-8; 28:15; 30:19을 보라.

4:34 사람들이 (NKJV에서는 이 단어를 'men of all nations', 곧 '모든 나라에서 온 사람들이'로 번역함–옮긴이) 솔로몬은 지혜로 국제적인 명성을 얻었는데, 멀리 떨어진 곳에서 그의 지혜를 배우기 위해 찾아오는 방문객이 많았다(참고. 10:1-13).

C. 성전 건축을 위한 준비(5:1-18)

5:1-16 역대하 2:1-18을 보라.

5:1 두로 왕 히람 두로는 이스라엘 북쪽의 지중해 연안에 있는 중요한 항구도시였다. 레바논 땅의 경계 내에는 두 개의 우뚝 솟은 산맥이 있었으며, 그 산맥의 비탈에는 백향목이 울창한 숲을 이루고 있었다. 히람 1세는 주전 978-944년경 이곳을 통치했다. 그는 이전에 다윗이 궁전을 짓도록 건축 자재와 노동자들을 보낸 적이 있다(삼하 5:11). 솔로몬은 다윗이 히람과 맺은 우호적인 관계를 이어갔는데, 이스라엘에서 나는 밀과 기름을 두로의 목재와 교환했기 때문에 이 거래는 양측 모두에게 유익한 것이었다(9-11절을 보라).

5:4 태평 이스라엘을 둘러싼 나라들과의 평화가 보장되자 솔로몬은 성전 건축에 착수할 수 있었다(참고. 4:24).

5:5 네 아들 솔로몬은 자신이 바로 다윗에게 약속된 후손으로 사무엘하 7:12, 13에서 주님이 다윗에게 주신 약속을 성취하는 그 사람이라고 주장했다. 그러나 이후 솔로몬이 보인 불순종은 그가 궁극적으로 약속된 그 후손이 아님을 입증했다(11:9-13). **이름** 한 인격체의 *이름*은 그가 지닌 성품과 본성을 나타낸다. *3:2에 대한 설명을 보라*.

5:6 레바논에서 백향목을 레바논의 백향목은 힘과 위엄을 상징했다(시 92:12; 겔 31:3). 백향목은 견고했으며, 부식이나 해충에 대해 내성이 있었고, 결이 고왔으며, 환한 빛을 내도록 다듬을 수 있어 건물을 짓는 데 최상의 목재로 여겨졌다. 히람은 백향목을 벤 후 서로 묶어 지중해 연안으로 흘려보냈다. 그 목재들이 욥바에 닿으면(9절과 대하 2:16을 보라), 56킬로미터 정도 떨어진 내륙 지방에 있는 예루살렘으로 운송되었다. **시돈 사람** 이들은 시돈에 거주하던 사람들이었다. 시돈은 두로에서 북쪽으로 35킬로미터 정도 떨어진 곳에 있는 지중해 연안의 성읍이었다. 여기서 이 표현은 일반적인 의미로 베니게 사람들을 가리켰을 것이다. 그들은 숙련된 기술자였다.

5:7 여호와를 찬양할지로다 어쩌면 히람은 참 하나님

왕상

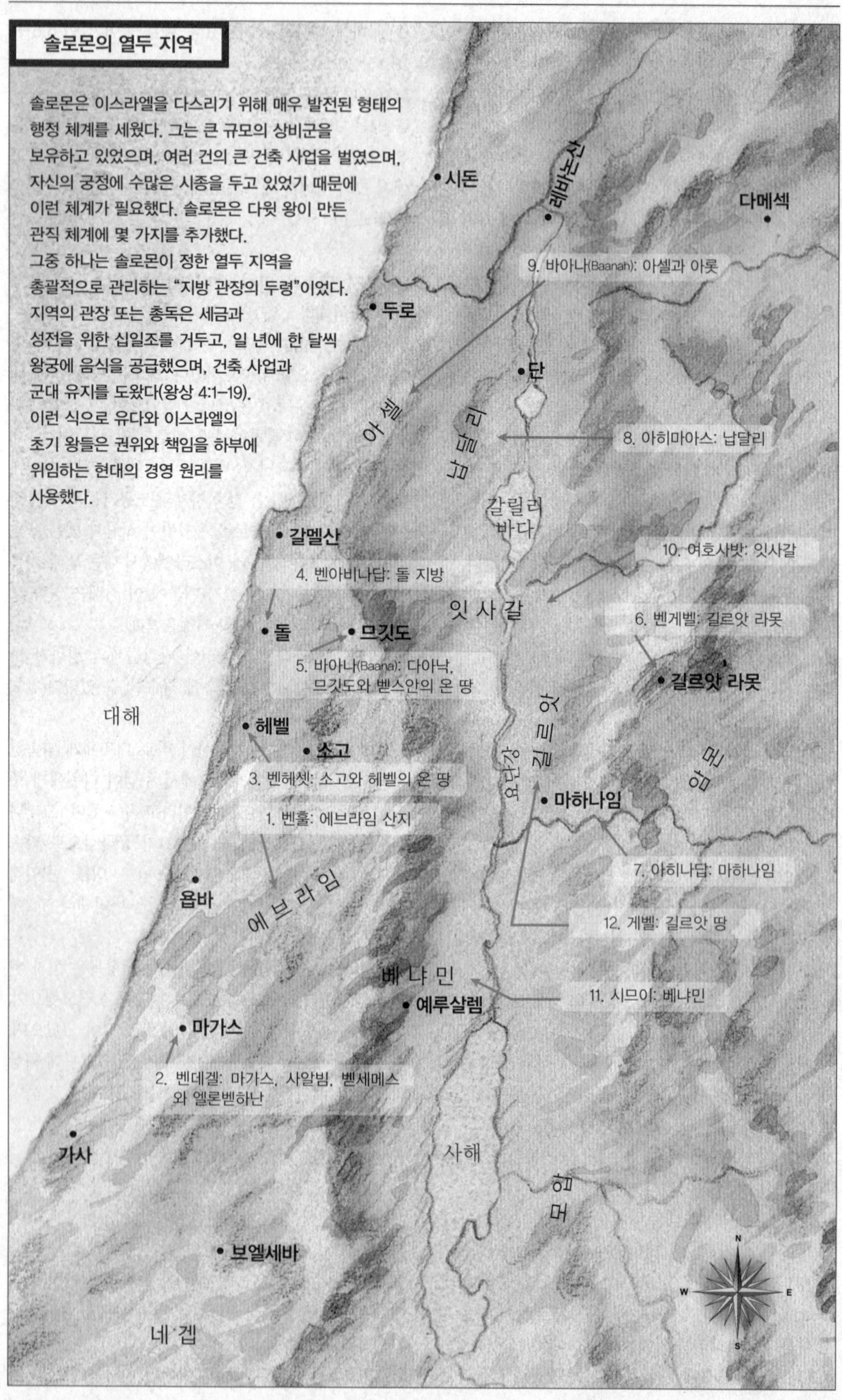
솔로몬의 열두 지역
솔로몬은 이스라엘을 다스리기 위해 매우 발전된 형태의 행정 체계를 세웠다. 그는 큰 규모의 상비군을 보유하고 있었으며, 여러 건의 큰 건축 사업을 벌였으며, 자신의 궁정에 수많은 시종을 두고 있었기 때문에 이런 체계가 필요했다. 솔로몬은 다윗 왕이 만든 관직 체계에 몇 가지를 추가했다. 그중 하나는 솔로몬이 정한 열두 지역을 총괄적으로 관리하는 "지방 관장의 두령"이었다. 지역의 관장 또는 총독은 세금과 성전을 위한 십일조를 거두고, 일 년에 한 달씩 왕궁에 음식을 공급했으며, 건축 사업과 군대 유지를 도왔다(왕상 4:1–19). 이런 식으로 유다와 이스라엘의 초기 왕들은 권위와 책임을 하부에 위임하는 현대의 경영 원리를 사용했다.
시돈
레바논산
다메섹
9. 바아나(Baanah): 아셀과 아롯
두로
단
아셀
납달리
8. 아히마아스: 납달리
갈릴리 바다
갈멜산
10. 여호사밧: 잇사갈
4. 벤아비나답: 돌 지방
잇사갈
6. 벤게벨: 길르앗 라못
돌
므깃도
5. 바아나(Baana): 다아낙, 므깃도와 벧스안의 온 땅
길르앗 라못
대해
헤벨
소고
길르앗
요단강
암몬
3. 벤헤셋: 소고와 헤벨의 온 땅
마하나임
1. 벤훌: 에브라임 산지
7. 아히나답: 마하나임
욥바
에브라임
12. 게벨: 길르앗 땅
베냐민
11. 시므이: 베냐민
예루살렘
마가스
2. 벤데겔: 마가스, 사알빔, 벧세메스와 엘론벧하난
가사
사해
모압
브엘세바
네겝
N
W
E
S

을 섬기는 사람이었을 수도 있다. 하지만 여기서 그는 단순히 여호와를 히브리인들의 신으로 인정한 것일 수도 있다(참고. 대하 2:16). **지혜로운 아들** 히람은 솔로몬이 지혜롭게 자기 아버지의 뜻을 따르려는 점을 높이 평가했다.

5:9 나의 궁정을 위하여 음식물을 주소서 바위가 많은 두로의 지형은 나무들이 자라기에 좋았지만 풍성한 곡식을 거두기는 힘들었다. 히람은 솔로몬에게 목재를 보내주는 대신 자신의 궁정을 위해 음식을 공급해달라고 요청했다.

5:13 온 이스라엘 가운데서 역군을 문자적으로는 '징집된 노동자들'을 뜻한다. 레바논에서 일한 3만 명은 이스라엘 땅 전체에서 소환된 백성이었다. 그들은 한 달에 1만 명씩 교대로 레바논에 보내졌다. 그들은 한 달 일할 때마다 두 달 쉬었으며, 이는 일 년에 총 네 달만 일했음을 뜻한다. 이 이스라엘 노동자들은 영구적인 노예가 된 가나안 족속의 잔류자들과 구분되어야 한다. *9:21, 22에 대한 설명을 보라.* 3만 명의 이스라엘 노동자는 자유인이었으며, 나무를 베어 넘어뜨리는 일을 했다.

5:16 삼천삼백 명 *역대하 2:2에 대한 설명을 보라.* **일하는 백성** 역대하 2:17, 18에 따르면 이 15만 명의 노동자들(5:15)과 그들의 감독관은 이스라엘 땅에 사는 이방 족속이었다.

5:18 그발 사람 그발에 거주하는 이들로, 이 성읍은 두로에서 북쪽으로 96킬로미터 정도 떨어진 곳에 있었다.

D. 성전과 솔로몬의 궁전을 건축함(6:1-9:9)

6:1-38 역대하 3:1-17과 7:15-22을 보라.

6:1 사백팔십 년 솔로몬은 이스라엘 백성이 애굽에서 나온 지 480년 되는 해에 그 기초를 놓음으로써(37절) 성전을 건축하기 시작했다. 열왕기에서는 햇수를 일관되게 문자적으로 서술하고 있기 때문에 이 480년은 출애굽한 때부터 성전을 건축할 때까지 실제로 흘러간 햇수로 간주되어야 한다. 또한 문자적 해석은 사사기 11:26에 기록된 입다의 말과도 연관된다. **사 년** 이는 곧 주전 966년이다. 따라서 출애굽의 연도는 주전 1445년으로 추산된다.

6:2 규빗 대개 1규빗은 45센티미터 정도 되는 길이다. 이렇게 계산할 때 성전 자체의 크기는 길이가 27미터, 너비가 9미터, 높이가 13미터 정도였을 것이다. 그러나 역대하 3:3의 기록으로 짐작해볼 때 성전을 건축할 때 대략 53센티미터 정도 되는 왕실 규격의 규빗이 적용되었을 수도 있다. 이 규격을 적용할 경우 성전 자체의 길이는 31.8미터, 너비는 10.6미터, 높이는 15.9미터 정도 되었을 것이다. 성전의 크기는 성막의 두 배 정도였던 것으로 보인다(출 26:15-30; 36:20-34을 보라).

6:3 주랑 성전 앞에 세워진 약 4.5미터 길이의 현관이다.

6:4 창문 성전 내부 벽의 높은 곳에 만들어진 이 창문들에는 격자무늬의 창 또는 덧문이 붙어 있어서 열고 닫거나 반쯤 열어놓을 수 있었다. 이 창문들은 등불과 향에서 나는 연기들을 바깥으로 내보낼 뿐 아니라 성전 내부에 햇빛을 들여오는 역할도 했다.

6:5 다락들 이 방들은 현관을 제외한 성전 건물 둘레에 세워져 있었다. 성전 주위에 있는 이 방들은 기구와 보물들을 저장해둘 장소와 성전에서 종사하는 사람들이 거주할 공간을 제공했다(참고. 7:51).

6:6 하층…중층…셋째 층 성전 둘레에 세워진 이 방들은 세 개의 층으로 되어 있었다. 위층에 있는 방들은 아래층에 있는 방들보다 각각 1규빗씩 더 넓었다. 각 층을 지탱하는 들보들은 성전 벽에 끼우지 않고, 그 벽에 우묵한 선반을 만들어 그 위에 얹었다.

6:7 돌을 그 뜨는 곳에서 다듬고 미리 잘라서 다듬은 돌들을 굴림대로 굴려 성전 터까지 운반해왔기 때문에 성전 건축이 수월하게 진행되었다. 게다가 상당히 조용한 공사장의 모습은 진행되던 과업의 신성함을 드러내 보여주었다.

6:8 문…층계 성전 둘레의 방들로 들어가는 문은 남쪽 측면에 있었으며, 아마 중앙부쯤에 위치했을 것이다. 중간층과 세 번째 층으로 올라가는 입구는 중간층을 거쳐 세 번째 층에 이르는 나선형의 계단으로 되어 있었다.

6:11-13 성전이 건축되는 동안 주님은 어떤 선지자를 통해 솔로몬에게 말씀하셨다. 주님은 솔로몬에게 다음과 같은 말씀을 반복하셨다. 이는 곧 주님이 다윗에게 그의 아들을 통해 이루어질 약속을 주셨는데, 이 약속이 성취될 것인지의 여부는 솔로몬이 그분의 명령에 순종하느냐에 달려 있다는 것이었다(참고. 2:3, 4; 3:14; 9:4-8). 13절의 "내가 또한 이스라엘 자손 가운데에 거하며"는 출애굽기 29:45에서 하신 말씀과 같은 표현을 반복하고 있는데, 이는 솔로몬이 지은 성전이 성막의 뒤를 적법하게 계승하고 있음을 함축한다. 주님은 솔로몬과 이스라엘에게 성전의 존재가 그분의 임재를 보장하지 못한다는 것을 미리 경고하셨다. 오직 그들의 지속적인 순종만이 주님의 임재를 보장할 수 있다.

6:16 지성소 성전 안에는 백향목 널판을 세워 내부의 성소를 따로 만들었다. 이 장소는 한 면의 길이가 9.1미터 정도 되는 정육면체 모양의 공간이었으며(20절), 성전 안에서 가장 신성한 곳이었다. 19-28절에서는 지성

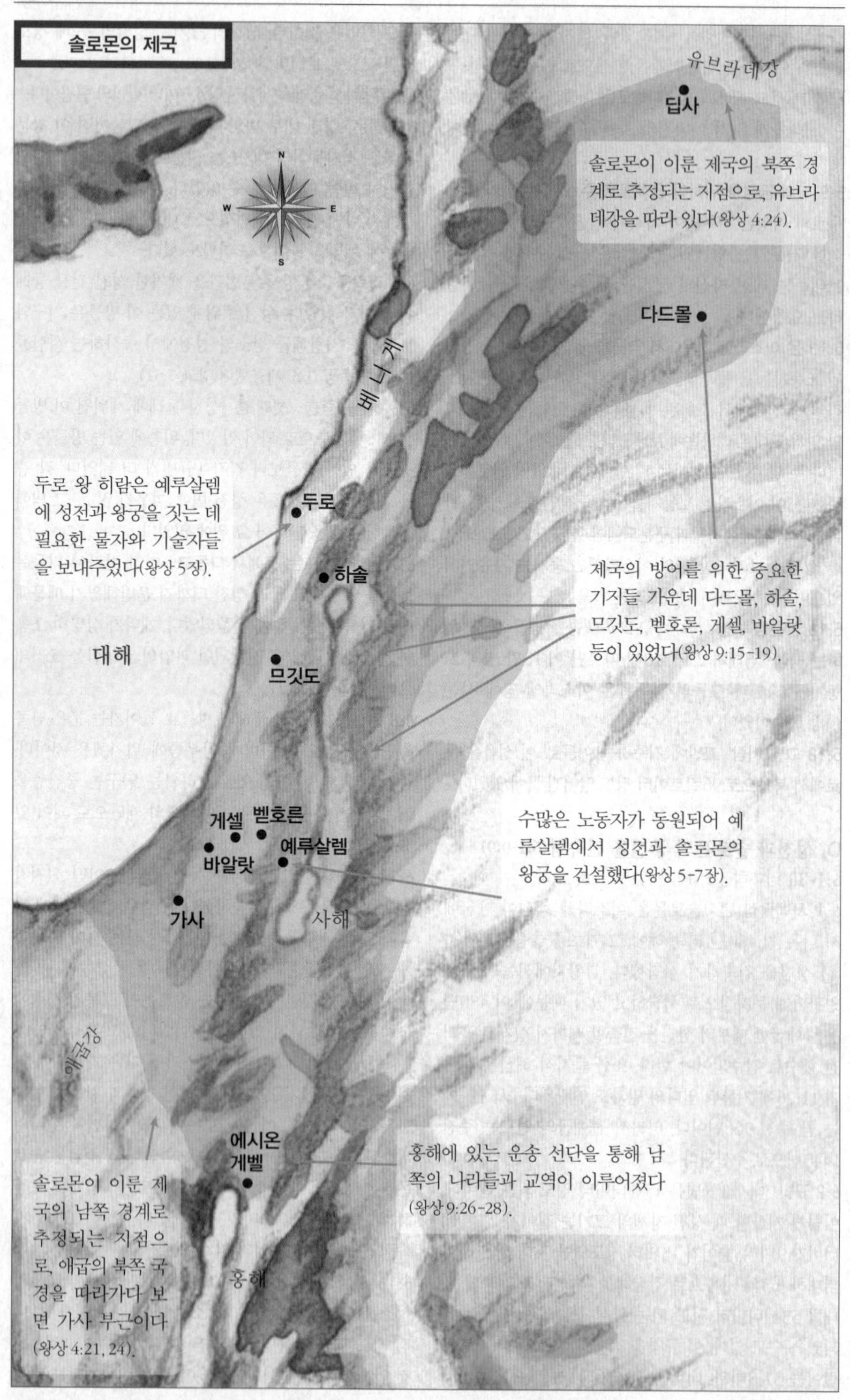
솔로몬의 제국
유브라데강
딥사
솔로몬이 이룬 제국의 북쪽 경계로 추정되는 지점으로, 유브라데강을 따라 있다(왕상 4:24).
N
W
E
S
다드몰
베니게
두로 왕 히람은 예루살렘에 성전과 왕궁을 짓는 데 필요한 물자와 기술자들을 보내주었다(왕상 5장).
두로
하솔
제국의 방어를 위한 중요한 기지들 가운데 다드몰, 하솔, 므깃도, 벧호론, 게셀, 바알랏 등이 있었다(왕상 9:15-19).
대해
므깃도
게셀
벧호론
수많은 노동자가 동원되어 예루살렘에서 성전과 솔로몬의 왕궁을 건설했다(왕상 5-7장).
예루살렘
바알랏
가사
사해
애굽강
에시온
게벨
홍해에 있는 운송 선단을 통해 남쪽의 나라들과 교역이 이루어졌다(왕상 9:26-28).
솔로몬이 이룬 제국의 남쪽 경계로 추정되는 지점으로, 애굽의 북쪽 국경을 따라가다 보면 가사 부근이다(왕상 4:21, 24).
홍해

소가 좀 더 자세히 묘사된다. 성막에도 역시 '지성소'가 있었다(출 26:33, 34).

6:17 성소 이곳은 지성소 바로 바깥에 있는 성소로 길이가 18.2미터, 너비가 9.1미터, 높이가 13.7미터였다. 이곳에는 향을 피우는 제단과 진설병을 놓아두는 금으로 된 탁자, 금으로 된 등잔대들이 있었다(7:48, 49).

6:19 여호와의 언약궤 궤는 아카시아 나무로 만든 직사각형 모양의 상자였다. 이 궤는 시내산에서 하나님이 모세에게 주신 모양을 따라 브살렐이 만든 것이다(출 25:10-22; 37:1-9). 이 궤 안에는 십계명이 기록된 두 돌판이 보관되어 있었다(출 25:16, 21; 40:20; 신 10:1-5). '내소' 또는 지성소 안에 있던 이 궤는 주님이 이스라엘을 만나주시는 장소였다(출 25:22).

6:20 정금으로 입혔고 참고. 21, 22, 28, 30, 32, 35절. 기술자들은 금을 두들겨 얇은 판을 만들고, 그다음에 아름다운 무늬를 새긴 나무(18, 29절)에 대고 그 판을 망치로 두들겨 꼭 맞아 들어가도록 했다. 그러고는 성소와 지성소를 포함한 성전 전체의 표면에 금판을 붙여 나무나 돌이 보이지 않게 했다(22절).

6:23 그룹 이 두 개의 날개 달린 조각상은 사람의 얼굴을 지녔으며, 금으로 입혀져 있었다(참고. 창 3:24; 겔 41:18, 19). 이 조각상들은 궤의 양편에 서서 그 궤를 지키는 역할을 했는데(대하 3:10-13을 보라), 속죄소 위에 있던 그룹들과 혼동해서는 안 된다(출 25:17-22을 보라). 이 그룹들은 하나님의 임재를 지키는 천사들을 상징했으며, 지성소에 있는 궤의 양편에 서 있었다(8:6, 7). 이들의 높이는 4.5미터이며, 한쪽 날개 끝에서 다른 쪽 날개 끝까지 길이가 4.5미터였다(24-26절). *출애굽기 25:18에 대한 설명을 보라.*

6:29 종려 이는 창세기 2장에 나오는 에덴동산을 떠올리게 하는 문양이었다. 종려나무는 동산에 있던 생명나무를 상징했다.

6:31-35 성전 안뜰(36절)과 성소 사이, 성소와 지성소 사이를 구분하기 위해 장엄한 문들이 세워졌다.

6:36 안뜰 성전 주위에는 담으로 둘러싸인 열린 공간이 있었다. 이곳은 "제사장의 뜰"(대하 4:9)이나 "위뜰"(렘 36:10)이라고 불렸다. 이 뜰을 둘러싼 담은 세 개의 층으로 쌓인 벽돌의 각 층 사이마다 나무가 한 층씩 놓인 구조로 되어 있었다. 나무 들보와 벽돌을 번갈아가며 쌓는 것은 지중해의 건축 양식에서 흔한 일이었다.

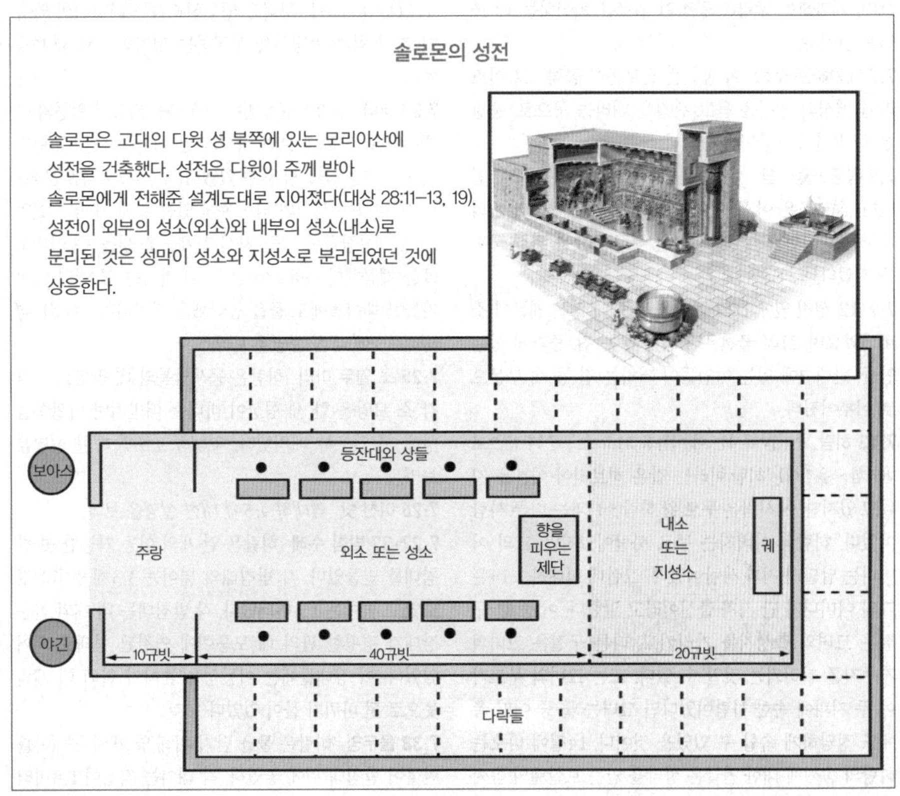

6:37 넷째 해 시브월에 참고. 6:1.

6:38 칠 년 성전의 기초를 놓은 때부터 완성할 때까지는 7년 6개월이 걸렸다. *역대하 5:1에 대한 설명을 보라.*

7:1 십삼 년 주님의 집을 지은 솔로몬은 이제 자신을 위한 집을 지었다. 솔로몬의 '왕궁'은 복합적인 구조물로, 그 왕궁을 짓는 데 성전을 건축할 때보다 거의 두 배의 시간이 걸렸다. 이렇게 긴 시간이 걸린 이유는 아마도 건축을 위한 준비가 덜 되어 있었거나, 국가적인 예배 처소를 지을 때만큼 시급하지 않았기 때문일 수 있다. 성전과 솔로몬의 왕궁을 완공하는 데 모두 20년의 시간이 걸렸다(참고. 9:10).

7:2-5 레바논 나무로 왕궁을 지었으니 솔로몬은 궁전에 여러 건물을 지었는데, 그중 커다란 직사각형 모양의 건물이 있었다. 이 건물은 길이가 45.7미터, 너비가 22.8미터, 높이가 13.7미터였다. 이 건물은 레바논에서 가져온 백향목 기둥들을 숲처럼 나란히 세워 만든 것으로, 세 열로 늘어선 백향목 기둥들이 잘 다듬어진 백향목 들보와 백향목 지붕을 받치는 형태였다.

7:6 기둥을 세워 주랑을 지었으니 이 복도는 재판하는 주랑으로 들어가기 위한 대기실 또는 입구의 역할을 했으며, 재판하는 주랑은 공적인 업무를 처리하는 데 쓰였을 것이다.

7:7 재판하는 주랑 이 공간은 솔로몬이 공적으로 이스라엘 백성의 청원을 듣고 판결을 내리는 곳으로, 웅장한 왕궁 안에 포함되어 있었다.

7:8 왕궁…뜰…집 재판하는 주랑 뒤에는 넓은 뜰이 있었다. 솔로몬은 이 뜰 안에 자신이 거처할 왕궁과 그의 후궁들을 위한 집, 그와 혼인한 애굽 공주를 위한 궁전을 지었다.

7:9-12 성전 옆에 그의 궁전을 짓는 데 많은 재물이 소비되었으며, 그의 궁전은 왕이 머무는 집, 중간에 있는 안뜰, 반대편에 있는 여인들이 거하는 집 등 세 부분으로 이루어졌다.

7:13 히람 (NKJV에서는 이 이름을 'Huram', 곧 '후람'으로 번역함—옮긴이) '히람'이라는 같은 히브리어 이름을 지니고 있지만, 이 사람은 두로 왕 히람(5:1)과는 다른 사람이었다. 히람의 아버지는 두로 사람이었지만, 그의 어머니는 납달리 지파 사람이었다. 그런데 역대하 2:14은 그의 어머니가 단 지파 출신이라고 말한다. 이 중 한 구절은 그녀의 출생지를 가리키고, 다른 구절은 그녀의 거주지를 가리키는 것일 수 있다. 또는 그녀의 부모가 이 두 지파에 속한 사람이었다면 그녀는 둘 중 어떤 쪽에도 정당하게 속할 수 있었을 것이다. 14절에 나오는 히람의 솜씨에 대한 언급은 성막을 만든 브살렐의 솜씨를 묘사할 때 쓰인 표현과 동일하다(출 31:3; 36:1). 히람은 기둥들을 만들었다(14-22절). *역대하 2:13, 14에 대한 설명을 보라.*

7:15 놋기둥 둘 성전 입구 양옆에는 놋으로 만든 기둥이 세워져 있었다(21절). 각 기둥의 높이는 8.2미터, 둘레는 5.5미터였다. *역대하 3:15에 대한 설명을 보라.*

7:16 기둥 머리 이것들은 독특하게 만든 놋 기둥의 위쪽 끝부분으로, 이로써 각 기둥의 높이가 2.3미터씩 높아졌다.

7:18 석류 약속의 땅에서 나는 과일 가운데 하나로(민 13:23; 신 8:8), 석류 모양은 아론이 입은 제사장 의복의 가장자리에 쓰인 일반적인 장식이었다(출 28:33, 34).

7:21 야긴…보아스 이 이름들은 각각 '그가 세우실 것이다'와 '그것 안에 힘이 있다'라는 뜻이다. 이 이름들은 다윗의 가문에 주어진 약속들을 상기시키는 것으로 보인다. 이 이름들은 예배하는 사람들에게 다윗 왕조를 세워주신 하나님의 은혜를 지속적으로 상기시켰으며, 왕이 성공적인 통치를 하려면 하나님께 의존해야 한다는 사실을 일깨워준 것으로 보인다. *역대하 3:17에 대한 설명을 보라.* 또한 이 이름들은 성전은 무너질지라도 그분이 세우실 왕국은 영원하리라는 하나님의 약속이 지닌 힘과 안정성을 상징하는 것이었다(렘 52:17을 보라).

7:23 바다 성막의 물두멍에 상응하는 커다란 원형의 놋 대야였다. 26절에 보면 이 커다란 대야는 4만 5,400리터에 달하는 물을 담을 수 있었다(*대하 4:5에 대한 설명을 보라*). 바다는 성전의 남동쪽에 있는 뜰에 세워져 있었으며, 제사장들이 그들 자신과 제물을 씻을 수 있도록 물을 제공했다(대하 4:6). 또한 이 바다는 열 개의 이동 가능한 대야들에도 물을 공급했을 것이다(38, 39절). *역대하 4:2에 대한 설명을 보라.*

7:25 소 열두 마리 히람은 동서남북의 네 방향으로 각각 소 모양을 한 세 형상이 바다를 떠받치며 바깥쪽을 향해 서 있도록 배치했다. *역대하 4:4에 대한 설명을 보라.*

7:26 이천 밧 *역대하 4:5에 대한 설명을 보라.*

7:27-37 받침 수레 히람은 열 개의 이동 가능한 놋 받침대를 만들었다. 각 받침대의 넓이는 3.3제곱미터 정도였고, 높이는 1.3미터였다. 각 받침대는 네 개의 곧은 장대가 평평한 판의 네 모퉁이에 연결된 형태로 되어 있었다. 이 장대들에는 이동성을 높이기 위해 네 개의 놋으로 된 바퀴가 붙어 있었다(30절).

7:38 물두멍 히람은 물을 담기 위해 열 개의 놋대야를 만들어 받침대 위에 놓았다. 각 대야는 직경이 1.8미터

였으며, 약 900리터의 물을 담을 수 있었다.

7:40 부삽과 대접들 부삽은 재를 뜨는 데 쓰였고, 대접은 그 재를 담아 버리는 데 쓰였다. 성막에서도 이 도구들은 같은 용도로 활용되었다(출 27:3).

7:45 빛난 놋 이는 곧 환한 빛을 내도록 잘 닦인 놋을 뜻한다.

7:46 숙곳과 사르단 사이의 숙곳은 요단강의 동쪽 지역으로 얍복강 바로 위쪽에 있었다(창 33:17; 수 13:27; 삿 8:4, 5). 사르단은 숙곳의 부근에 있었다. 이곳에는 거푸집을 만들기에 좋은 흙이 많았으며, 불을 피우는 숯의 원산지인 요단강 부근의 숲에서도 가까웠다. 따라서 이곳은 금속을 정제하기에 적당한 장소였다.

7:48 금 단 지성소 앞에 놓인 분향하는 제단이었다(참고. 출 30:1-4). **금 상** 이 상은 진설병을 놓기 위한 탁자였다. 율법은 하나님 앞에 항상 이 떡을 놓아두어야 한다고 규정했다(출 25:30).

7:49 등잔대 금으로 만든 열 개의 등잔대가 좌우로 다섯 개씩 지성소의 문 바로 앞에 서 있었다. 이 등잔대들은 촛불이 나란히 비치는 복도의 역할을 했다.

7:51 다윗이 드린 물건 솔로몬은 다윗이 주께 바쳤던 물건들(삼하 8:7-12)을 성전 둘레의 방들에 보관했다.

8:1-21 역대하 5:2-6:11을 보라.

8:1 장로…우두머리 이스라엘의 *장로*들은 이스라엘 전역에 걸쳐 지방의 통치와 재판 수행의 임무를 맡고 있던 존경받는 사람이었다(출 18:13-26; 민 11:16-30; 삼상 8:1-9). 그들은 나라에 중요한 사안이 생겼을 때 왕에게 조언하는 역할을 했다(12:6-11; 삼상 15:30; 삼하 17:5). 지파의 *우두머리*들 또는 *족장*들은 각 지파 중에서 가장 나이가 많은 남자였다. 그들은 율법을 익히고, 자신의 지파 사람들이 그 율법을 따르도록 지도할 책임이 있었다.

8:2 일곱째 달 솔로몬은 이전 해의 여덟째 달에 성전 건축을 끝냈다(6:38; 대하 5:1을 보라). 성전의 모든 구조는 하나님의 본성이 지니는 웅장한 아름다움과 그분의 독특하고 초월적인 영광을 상징했다. 하지만 이 성전을 봉헌하는 예식은 11개월이 지난 후에야 거행되었다. 솔로몬은 의도적으로 성전 봉헌식 날짜를 일곱째 달에 열리는 초막절 기간과 겹치도록 일정을 짰다. 이는 초막절 기간에 이스라엘 백성 모두 예루살렘에 모이기 때문이다. 또한 그 해는 희년이었기 때문에 성전을 봉헌하기에 적합한 해였다(레 23:33-36, 39-43; 신 16:13-15).

8:4-6 궤…메고 올라가되 제사장과 레위인은 다윗이 언약궤를 위해 예루살렘에 세운 장막에서 그것을 운반해왔다(삼하 6:17). 또한 그들은 기브온에 있던 성막과 그 안의 모든 기구를 성전으로 가져왔다(대하 1:2-6). 이 궤는 지성소 안에 놓여졌다(6절).

8:7, 8 채 하나님은 원래 그 궤를 운반할 때 채를 쓰도록 명령하셨다(출 25:13-15). 그 채들은 튀어나온 상태로 놓여 있었는데, 이는 대제사장이 어두운 내부 성소로 들어갈 때 그 채를 통해 길 안내를 받도록 하기 위해서였다.

8:8 오늘까지 이 표현은 주전 586년 성전이 파괴되기 이전에 글을 쓴 사람의 관점에서 사용된 것이다. 열왕기상의 저자는 이 같은 자료들을 자신의 책에 포함시켰다(참고. 9:13, 21; 10:12; 12:19).

8:9 두 돌판 이때 언약궤에는 오직 십계명을 새긴 두 돌판만 들어 있었다. 만나를 넣은 항아리(출 16:33)와 싹이 난 아론의 지팡이(민 17:10)는 더 이상 궤 속에 들어 있지 않았다. 히브리서 9:4을 보라.

8:10 구름 구름은 '여호와의 영광', 곧 하나님의 임재를 나타내는 가시적인 상징이다. 이 구름이 가득하게 된 사실은 주님이 솔로몬의 새 성전을 받으셨음을 뜻했다. 성막이 봉헌되었을 때도 이와 비슷한 현상이 일어났다(출 40:34, 35). *레위기 9:23에 대한 설명을 보라.*

8:12-21 역대하 6:1-11을 보라.

8:12, 13 솔로몬은 주님 앞에서 숭엄한 선언을 한다. 그는 짙게 깔린 이 어두움이 주께서 그분의 백성 중에 은혜롭게 임하신 징표임을 알았다(참고. 출 19:9; 20:21; 레 16:2). 그리고 주님이 짙은 어둠의 영광 가운데서 그곳에 거하시도록 자신이 성전을 지었음을 선언한다.

8:14-21 솔로몬은 주님 앞에서 몸을 돌려 성전에 모인 이스라엘 백성을 향해 선포한다. 15-19절에서 솔로몬은 사무엘하 7:12-16의 이야기를 반복하고, 이어 자신이 성전을 지음으로써 아버지 다윗에게 하나님이 주신 약속을 성취했음을 선언한다(20, 21절). 하지만 솔로몬의 이 선언은 아직 때가 이른 것이었다. 주님은 이후 솔로몬에게 나타나셔서 그의 왕위가 확고히 서기 위해서는 그분께 온전히 순종해야 한다고 선포하셨기 때문이다(9:4-9). 그러나 솔로몬은 그런 순종을 보이지 못했다(11:6, 9, 10).

8:22-53 *역대하 6:12-40에 대한 설명을 보라.* 그 후 솔로몬은 번제단으로 나아가 주께 봉헌 기도를 드린다. 첫째로 그는 어떤 신도 이스라엘의 하나님이신 주께 견줄 수 없음을 확언한다(23, 24절). 둘째로, 그는 주께서 지속적으로 그 성전에 임하시며 이스라엘을 지켜주실 것을 간구한다(25-30절). 셋째, 그는 이스라엘 백성이 하게 될 일곱 가지의 전형적인 기도들을 열거하며, 주께서 그 기도에 응답해주실 것을 구한다(31-54절). 이

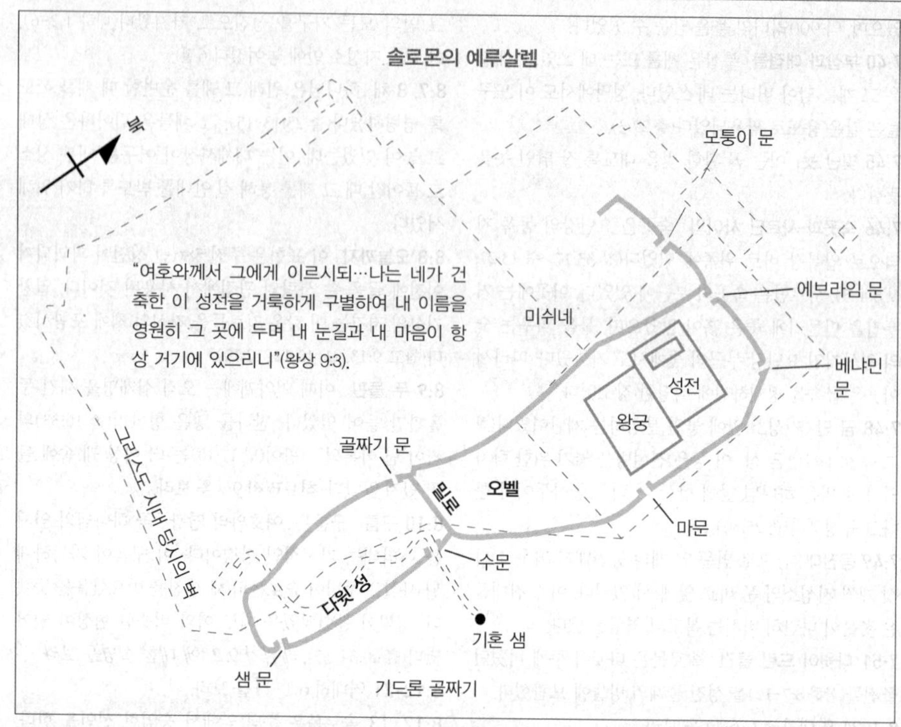

기도들은 신명기 28:15-68에서 열거되는 율법을 범하는 죄에 대해 주어질 저주들의 자세한 목록을 상기시킨다. 구체적으로 솔로몬은 다음과 같은 일들을 놓고 기도한다. 첫째, 주께서 악한 자와 의로운 자 사이를 판단해주시기를 구한다(31, 32절). 둘째, 이스라엘 백성이 전쟁에서 패배한 원인이 된 그들 자신의 죄를 용서해주시기를 구한다(33, 34절). 셋째, 가뭄이 일어난 원인이 된 그들의 죄를 용서해주시기를 구한다(35, 36절). 넷째, 국가적인 재앙이 발생한 원인이 된 그들의 죄를 용서해주시기를 구한다(37-40절). 다섯째, 하나님을 경외하는 이방인에게 자비를 베풀어주시기를 구한다(41-43절). 여섯째, 싸움에서 승리를 내려주시기를 구한다(44, 45절). 일곱째, 포로로 잡혀간 후에 다시 풀려날 수 있게 해주시기를 구한다(46-54절).

8:22 손을 펴고 하늘을 향해 손을 뻗는 것은 개인적으로 기도할 때 주로 취하는 자세였다(출 9:29; 사 1:15).

8:27 하늘…주를 용납하지 못하겠거든 솔로몬은 주님이 성전에 임한 구름 가운데서 그분의 백성들 사이에 거하시기로 선택했지만, 피조계에 있는 어떤 것도 주님을 능히 수용할 수 없음을 고백한다.

8:54-61 솔로몬은 백성을 축복하기 위해 일어선다. 실질적으로 그가 한 말은 앞서 행한 기도의 내용을 간략히 요약한 것이었다. 그는 이스라엘을 향한 주님의 신실하심을 확언하며(56절), 이스라엘 백성에게 주님을 향해 신실한 태도를 지킬 것을 권면한다(57-61절).

8:62-66 역대하 7:1-10을 보라.

8:62 희생제물을 드리니라 성전의 봉헌을 완료하기 위해 솔로몬은 백성들을 인도하여 주께 화목제를 드린다(참고. 레 3:1-17; 7:11-21). 그들은 제물로 2만 2,000마리의 소와 12만 마리의 양과 염소를 바친다(63절). 이 제물의 숫자가 무척 많아 보이긴 하지만, 이는 거행된 예식의 웅대함에 상응하는 것이었다. 분명히 한 개의 놋 제단으로는 그처럼 엄청난 숫자의 제물을 감당할 수 없었을 것이다. 솔로몬은 먼저 성전 바로 앞에 있는 뜰 가운데를 성별해야 했다(64절). 그 뜰을 성별하고 나서 솔로몬은 여러 개의 보조 제단을 그 뜰에 세워 모든 화목제를 거행했을 것이다.

8:65 하맛 어귀에서부터 애굽 강까지의 "하맛 어귀"는 가데스에서 남쪽으로 32킬로미터 정도 떨어진 오론테스강 기슭에 있었으며, 이스라엘에게 약속된 땅의 북쪽 경계였다(민 34:7-9; 수 13:5). "애굽강"은 시나이 반도의 북동부에 있는 와디 엘 아리쉬(Wadi El-Arish)로, 이스라엘에게 약속된 땅의 남쪽 경계였다. 이 지명들은 온 이스라엘 백성이 성전 봉헌식에 참여했음을 보여준다.

9:1-9 역대하 7:11-22을 보라.

9:1, 2 성전과 왕궁 건축하기를…마친 때에 6:1에 따르면 솔로몬은 주전 966년 4/5월에 성전 건축을 시작했다. 성전은 주전 959년 10/11월에 완공되었다(6:38). 성전 봉헌식과 솔로몬의 기도는 성전이 완공된 지 11개월이 지난 주전 958년 9/10월에 이루어졌다. 주님은 솔로몬이 자신의 왕궁 건축을 마친 주전 946년이 되기 전까지는(참고. 7:1) 그에게 다시 나타나시지 않았다(참고. 3:5-14). 그러므로 주님의 이 응답은 8:22-53에 기록된 솔로몬의 기도와 간구가 있은 지 대략 12년 후에 온 것이다.

9:3 거룩하게 구별하여 주님은 구름 가운데 임재하심으로써 이 성전을 거룩하게 하셨다(참고. 8:10). 성전이 성별된 증거로 주님은 자신의 이름을 그곳에 두셨다고 솔로몬에게 말씀하셨다(참고. 3:2). **영원히** 하나님은 자신이 그 건물 안에 영원히 거하시겠다고 말씀한 것이 아니다. 그 건물은 이후 400년이 지나기 전에 바벨론 제국에 의해 파괴되었기 때문이다(참고. 7-9절). 주님이 말씀하신 내용은 천년왕국이 끝나기 전까지 이 땅이 존재하는 동안에는 예루살렘과 성전이 있는 산이 그분의 지상 보좌가 되리라는 것이었다(사 2:1-4; 슥 14:16을 보라). 영원한 세계에서도 천상의 예루살렘이 존재하게 될 것이며, 하나님은 그곳에 영원히 거하실 것이다(계 21:1, 2을 보라). **눈길…마음** 이 표현들은 각각 주님이 이스라엘을 향해 끊임없이 관심을 쏟으시며, 깊은 애정을 품고 계심을 상징하는 것이다. 이 표현들을 통해 주님은 이스라엘 백성이 그분의 존전에 나아오게 하고, 그들의 기도에 응답하겠다는 것을 함축적으로 약속하셨다.

9:4-9 역대하 7:17-22을 보라.

9:4 네가 만일…행하며 다윗 언약이 가져다주는 복을 누리기 위해서는 모세의 율법에 순종하는 일이 중요하다는 것을 주님은 솔로몬에게 다시 말씀해주셨다(참고. 2:3, 4).

9:6 만일 너희…돌아서서 만약 이스라엘 백성("너희"는 복수형임)이 주님을 저버리고 다른 신들을 섬긴다면 하나님은 그들을 그 땅에서 추방하시고 성전도 무너뜨려 버리실 것이다(7절).

9:9 이 모든 재앙 신명기 29:24-28에서 모세는 예루살렘이 파괴되고 이스라엘 백성이 그 땅에서 쫓겨나게 될 것(8절)을 예언했다. 주전 586년 성전이 훼파된 일은 이스라엘의 죄, 특히 우상숭배의 죄에 대한 주님의 진노를 생생하게 보여준다.

E. 솔로몬이 진행한 다른 건축 사업(9:10-28)

9:10-28 역대하 8:1-18을 보라.

9:10 이십 년 만에 (7년 동안의) 성전 건축과 (13년 동안의) 솔로몬의 왕궁 건축이 모두 끝난 해는 주전 946년경이었을 것이다(*9:1, 2에 대한 설명을 보라*).

9:11 성읍 스무 곳을 히람에게 주었으니 14절에 언급된 (약 4.5톤 분량의) 금을 받고, 솔로몬은 갈릴리에 있는 이 스무 곳의 성읍을 히람에게 팔았다. 이 성읍들은 두로와 이스라엘의 경계를 따라 있었을 것인데, 아셀 지파의 땅 바로 바깥에 있었을 것이다. 이후 히람은 솔로몬에게 이 성읍들을 돌려주었다. *역대하 8:2에 대한 설명을 보라.*

9:13 오늘까지 *8:8에 대한 설명을 보라.*

9:15 밀로 다윗의 성과 그 북쪽의 성전과 솔로몬의 왕궁 사이의 낮은 지대에 있는 매립지였다(삼하 5:9을 보라). **하솔** 갈릴리 바다에서 북쪽으로 16킬로미터 정도 떨어진 곳에 있던 성읍이다. 하솔은 이스라엘 땅의 북동쪽 입구를 아람과 메소보다미아로부터 방어하는 요충지였다. **므깃도** 므깃도는 갈멜산에 있는 중요한 통로를 지키는 성읍이었다. 이 통로는 이스르엘 골짜기와 애굽까지 이르는 국제적인 연안 대로를 이어주는 길이었다. **게셀** 연안 평원에 있던 이 성읍은 예루살렘에서 서쪽으로 32킬로미터 정도 떨어진 곳에 위치했으며, 연안 대로와 예루살렘으로 가는 큰 길이 교차하는 지점에 있었다.

9:17 아래 벧호론 이 성읍은 예루살렘에서 북서쪽으로 19킬로미터 정도 떨어진 곳에 있었다. 이 성읍은 기브온을 서쪽의 저지대와 연결하는 동시에 예루살렘의 서쪽으로 이어지는 길 옆에 있었다. *역대하 8:5에 대한 설명을 보라.*

9:18 바알랏 이 명칭은 가나안 땅에 있던 몇 개의 성읍을 가리킨다. *역대하 8:6에 대한 설명을 보라.* **다드몰** 이곳은 다말과 같은 성읍이었을 것이다. 이 성읍은 이스라엘 땅의 남동쪽 경계에 있었고, 사해에서 남서쪽으로 25킬로미터 정도 떨어진 곳에 있었다(참고. 겔 47:19; 48:28). 또 다른 다드몰은 다메섹에서 북동쪽으로 240킬로미터 정도 떨어진 곳에 있었다. 역대하 8:4에서는 이 성읍을 지칭하는 것일 수도 있다.

9:19 국고성 식량을 비축하는 것이 주된 목적이었던 성읍들이다(대하 17:12; 32:28). **병거성** 솔로몬은 자신의 전차와 말들을 보관하기 위해 군사 기지를 세웠다. 자신의 왕국을 방어하기 위해 그는 이스라엘 땅 전역의 중요한 길목에다 이런 기지를 세웠을 것이다. 15-19절에 언급된 모든 성읍은 이런 조건에 부합했다.

9:20-23 역대하 8:7-10에 대한 설명을 보라.

9:21, 22 노예로 역군을 삼아 곧 '노예 노동자로 징집했다'는 뜻이다. *5:13에 대한 설명을 보라.* 이스라엘 땅에 남은 이방 족속만이 이 강제 노역에 동원되었다. 이는 율법에서 동료 이스라엘 백성을 강제로 노예로 삼지 못하게 했기 때문이다(출 21:2-11; 레 25:44-46; 신 15:12-18). 이에 더하여 22절에서는 특별한 과업이 생겨도 솔로몬은 어떤 한 사람을 그가 맡은 직책에서 이동시키지 않았다고 말한다.

9:21 오늘까지 *8:8에 대한 설명을 보라.*

9:23 *역대하 2:2에 대한 설명을 보라.*

9:25 솔로몬이…드리고 성전이 건축되자 솔로몬은 여러 산당에서 하나님께 제사 드리던 일을 멈추었다(참고. 3:2-4). 그는 예루살렘의 성전에서 이스라엘의 중요한 세 가지 연례 절기를 지켰다. 이는 곧 무교절과 오순절, 초막절이었다(신 16:1-17).

9:26 에시온게벨 현대의 아카바만에 있는 솔로몬의 항구였다.

9:28 오빌 오빌의 위치는 알려져 있지 않은데, 이곳이 아라비아 반도의 남서부에 있었을 것이라는 주장이 있다. 열왕기상 10:11, 12의 내용에 보면 오빌이 스바 왕국에서 가까웠거나 그 일부였을 것으로 보인다. **사백이십 달란트** 이것은 약 16톤 분량의 금이었다. 역대하 8:18에는 "사백오십 달란트"로 기록되어 있다(*대하 8:18에 대한 설명을 보라*).

F. 솔로몬이 얻은 지혜와 부의 절정(10:1-29)

10:1-29 역대하 9:1-28을 보라.

10:1 스바 스바는 아라비아 반도의 남서부에 위치하고 있었으며, 예루살렘에서 약 1,930킬로미터 정도 떨어져 있었다. **여호와의 이름으로 말미암은** 여왕이 이스라엘을 방문한 주된 목적은 주께 받은 지혜와 그분을 향한 헌신으로 널리 알려진 솔로몬의 평판을 확인하기 위해서였다. **어려운 문제** 듣는 사람을 쩔쩔매게 하기 위해 고안된 수수께끼들이다(참고. 삿 14:12).

10:5 크게 감동되어 문자적으로는 그 체험이 '그녀로 하여금 숨을 쉬지 못하게 했다'는 뜻이다.

10:9 당신의 하나님 여호와 여왕은 솔로몬의 하나님이 그에게 공정하고 의로운 결정을 내릴 수 있는 지혜를 주신 것을 기꺼이 인정했다. 그녀는 주님이 이스라엘의 하나님이신 것을 시인했지만, 그 하나님이 다른 모든 신을 배제하고 그녀 자신의 신이 되었다고 고백하지는 않았다. 그녀가 성전에서 하나님께 어떤 제사를 드렸다는 기록은 남아 있지 않다.

10:10 일백이십 달란트 약 4.5톤의 양이다(참고. 9:28).

10:11 백단목 아마 견고하고 내구성이 좋은 백단향나무였을 것이다. 이 나무의 바깥쪽은 검고, 안쪽은 붉은 색이었다.

10:12 오늘까지도 *8:8에 대한 설명을 보라.*

10:14 육백육십육 달란트 대략 25톤 분량의 금이다.

10:15 또한 솔로몬은 무역하는 상인들로부터 통행세와 관세로 금을 거둬들였으며, 지방 행정관들과 솔로몬의 통제 아래 있던 사막의 도로를 이용한 아라비아 왕들에게도 세금으로 금을 거둬들였다.

10:16, 17 방패 솔로몬은 거둬들인 금을 갖고 200개의 큰 방패와 300개의 작은 방패를 만들었다. 큰 방패에는 3.4킬로그램 정도의 금이 들어 있었으며, 작은 방패에는 1.7킬로그램 정도의 금이 들어 있었다. 이 방패들은 장식 용도로 만들어졌으며, 예식 때만 사용되었다.

10:21 레바논 나무 궁 7:2-5에 대한 설명을 보라. **은** 솔로몬의 왕국이 얼마나 부유했는지를 보여주기 위해 저자는 그 나라에 금이 너무 많아서 은의 가치가 없어졌다고 말한다.

10:22 다시스 배들 이 "다시스의 배들"은 먼 바다를 항해하도록 만든 배로 어떤 날씨에도 운항할 수 있는 큰 화물선이었다.

10:25 은…금…말 하나님이 솔로몬에게 지혜를 주셨기 때문에(24절), 스바의 여왕처럼(1-13절) 많은 왕이 자신의 나라에 도입할 지혜를 얻으려고 선물을 가지고 솔로몬을 찾아왔다. 솔로몬은 이 선물들로 자신이 소유한 금과 은, 말의 숫자를 늘릴 수 있었지만, 이것은 신명기 17:16, 17에서 하나님이 왕에 대해 경고하신 내용이다. 솔로몬은 자신의 지혜가 가져다준 복으로 말미암아 유혹에 빠졌고, 하나님의 명령에 불순종하게 되었다.

10:28 애굽 (NKJV에는 이 단어가 'Egypt and Keveh', 곧 '애굽과 케베'로 번역됨–옮긴이) 케베는 소아시아의 타우루스 산맥 남쪽에 있는 길리기아 지역에 있었다. 고대 세계에서 길리기아는 최상의 말들을 키워 파는 지역으로 알려져 있었다.

10:29 육백 세겔 대략 6.8킬로그램 무게의 은이다. **백오십** 대략 1.7킬로그램 무게의 은이다. **헷 사람** 헷 족속의 대다수는 아나톨리아(소아시아)에 살았다. 주전 1720-1200년경 헷 족속 가운데 통일 왕국이 세워졌다. 이 나라의 왕들은 고대 근동 세계 전역에 영향력을 행사했고, 헷 족속의 제국은 주전 1380-1350년경에 그 힘이 절정에 달했다. 주전 1200년경 헷 족속의 제국이 붕괴하자 각자 따로 왕이 있는 헷 족속의 도시국가가 여럿 생겨났다. 이 통치자들은 '헷 사람의 왕들'로

불렸으며, 솔로몬 시대에는 아나톨리아와 아람(시리아) 땅의 북부에 흩어져 있었다. **아람** (NKJV에는 이 단어가 'Syria', 곧 '시리아'로 번역됨-옮긴이) 우리에게 친숙한 이 지역의 북쪽 경계는 타우루스 산맥이었으며, 동쪽 경계는 유브라데강의 서쪽 지류와 사막 끝이었고, 남쪽 경계는 리타니강이었으며, 서쪽 경계는 지중해였다. 이 지역의 주요 성읍은 다메섹이었다. 사실 *아람*은 이후의 헬라식 이름이며, 구약시대에 이 땅은 아람으로 알려져 있었다.

G. 솔로몬의 쇠퇴(11:1-43)

11:1-6 이방의 많은 여인을 사랑하였으니 솔로몬은 다른 나라들과 맺은 조약을 공고히 하기 위해 여러 여인을 아내로 맞았는데, 이는 고대 근동 세계에서 일반적인 관습이었다. 그러나 신명기 17:17에서는 왕이 아내를 늘리는 일을 금지하는데, 이는 그런 관습이 왕의 마음을 주로부터 멀어지게 하기 때문이었다. 그리고 솔로몬의 경우 그런 우려가 현실로 나타났다. 그는 자신의 아내들에 대한 애착 때문에(1, 2절) 주께 대한 충성심을 버리고 다른 신들을 섬기게 되었다(3-6절). 솔로몬이 (50세가 넘은) 말년에 행한 추악한 배교의 모습보다 더 슬픈 일은 없을 것이다. 이 배교의 근원에는 그가 이방 출신 아내들과 지은 죄가 있었다. 동방에서는 대개 한 사람의 아내를 두었지만, 고대 히브리인들 가운데서는 일부다처제가 용납되었다. 여러 아내를 두는 일은 그 사람이 지닌 부와 영향력의 상징으로 간주되었다. 왕은 자신의 백성들 가운데 그 누구보다도 더 많은 첩을 소유하려고 했으며, 솔로몬은 외관상으로 자신의 힘을 보여주는 이런 상징에 의존했다. 그러나 이 일은 하나님의 율법을 정면으로 거스르는 죄였으며, 이로 말미암아 율법이 방지하고자 했던 그 비참한 결과가 솔로몬의 삶 속에서 일어났다.

11:1 모압 이들은 롯의 후손으로(창 19:37) 사해의 동쪽 땅에 살았다. 그들의 경계는 북쪽으로는 아르논강이었고, 남쪽으로는 세렛 시내였다. **암몬** 롯의 후손으로(창 19:38) 이들은 요단강 동쪽 지역에 살았다. 이들의 땅은 요단강에서 동쪽으로 40킬로미터 정도 떨어진 곳에서부터 시작되었다. **에돔** 에서의 후손으로(창 36:1) 이들은 모압 족속이 차지한 땅의 남쪽이며 사해의 남동쪽에 있는 지역에 살았다. **시돈** *5:6에 대한 설명을 보라.* **헷** *10:29에 대한 설명을 보라.*

11:4 다윗…같지 아니하여 참고. 6절. 열왕기에서 다윗은 다른 왕들이 따라 행하고 판단을 내려야 할 표준으로 일관되게 제시되고 있다(3:14; 9:4; 14:8; 15:3; 왕하 8:19; 22:2). 이것은 다윗이 죄를 범하지 않았기 때문이 아니라(참고. 삼하 11, 12장) 그가 자신의 죄에서 온전히 돌이켰으며(시 32, 51편), 그의 삶 속에서 꾸준히 죄를 짓지 않았기 때문이다.

11:5 아스다롯 이 단어는 가나안 말에서 이 여신을 지칭하는 이름인 '*아스타르트*'(*ashtart*)를 의도적으로 변형한 것으로, '수치'를 뜻하는 히브리어 단어의 발음을 따른 것이다. 이 여신은 사랑과 풍요의 여신으로, 특히 두로와 시돈에서 숭배되었다. **밀곰** 이것은 몰록을 지칭하는 또 다른 이름이었다(7절). 이 신은 암몬 족속이 따르던 국가적 신이었다. 그 이름은 '다스리는 자'를 뜻하는 것으로 보인다. 몰록에 대한 제사에는 어린 아이를 불에 태워 바치는 일이 포함되었다(레 18:21; 20:2, 3, 4, 5; 렘 32:35).

11:6 여호와의 눈앞에서 악을 행하여 솔로몬이 저지른 큰 악행은 그가 우상숭배를 관용하고 또 개인적으로 행한 일이다. 열왕기 전체에 걸쳐 우상숭배를 장려하고 행한 왕들을 묘사하는 데 같은 표현이 사용된다(15:26, 34; 16:19, 25, 30; 22:52; 왕하 3:2; 8:18, 27; 13:2, 11; 14:24; 15:9, 18, 24, 28; 17:2; 21:2, 20; 23:32, 37; 24:9, 19). 솔로몬은 공개적인 우상 숭배자가 되었다. 그는 초창기에 유일하신 참 하나님을 위해 세웠던 성전이 보이는 곳에 나무와 돌로 만든 우상들을 세우고 그것들을 섬겼다.

11:7 그모스 이는 모압 족속이 섬겼던 신으로, 이 신에게 제사를 드릴 때 어린 아이들을 번제물로 바쳤다(왕하 3:27). **예루살렘 앞 산에** 이 산은 감람산이었을 것이다. 이곳은 예레미야 7:30-34에서 "도벳"이라 불리고, 열왕기하 23:13에서는 "멸망의 산"이라고 불렸다.

11:9, 10 두 번이나 그에게 나타나시고 하나님은 처음에 기브온에서 솔로몬에게 나타나시고(3:5), 그 후 예루살렘에서 나타나셨다(9:2). 두 번 모두 하나님은 솔로몬에게 우상숭배에 대해 경고하셨기에 그에게는 변명의 여지가 없다.

11:11 내 언약…지키지 아니하였으니 솔로몬은 하나님만을 섬기라는 계명(출 20:3-6)을 지키는 데 실패했다. 이 계명은 모세 언약의 일부였다. 다윗 언약에 약속된 복을 받으려면 그 언약에 순종해야 했다(2:3, 4을 보라). **이 나라를 네게서 빼앗아** 주님이 솔로몬에게서 그 나라를 떼어내신다는 선언은 29-39절에서 아히야가 자신의 옷을 잡아 찢는 행동을 통해 상징적으로 표현되었다. 왕국의 상실에 대한 상징으로 그가 옷을 잡아 찢은 일은 사무엘과 사울 사이에 벌어진 사건을 상기시킨다(삼상 15:27, 28). 그때도 주님은 사울의 불순종으로 말미암아 그에게서 나라를 빼앗아 가셨다. 솔로몬에게

는 위대한 은사가 주어졌지만 그는 그 은사를 심각하게 오용했으며, 그로 말미암아 이런 심판이 주어졌다.

11:12 네 세대에는 이 일을 행하지 아니하고 주님은 다윗을 깊이 사랑하셔서 자신의 심판을 자비로써 조절하셨다. 그리하여 솔로몬 시대에는 그 왕국이 분열되지 않았다(참고. 34절). 이 사실은 솔로몬의 불순종이 다윗 언약을 무효화하지 않았음을 보여준다. 다윗에게 주신 그분의 말씀을 성취하시려는 주님의 뜻은 여전히 확고했다(참고. 삼하 7:12-16).

11:13 예루살렘을 위하여 주님은 그분의 이름이 영원히 거할 곳으로 예루살렘을 택하셨다(9:3). 따라서 신적인 약속이 유지되도록 예루살렘과 성전은 그대로 남아 있게 될 것이다. **한 지파** 다윗 왕조 밑에 남게 될 지파는 바로 유다 지파였다(참고. 12:20).

11:14-18 에돔 사람 하닷 하닷은 에돔의 왕족이었다. 어린 시절 다윗의 군대가 에돔을 쳐들어왔을 때 그는 간신히 애굽으로 도망쳤다(참고. 삼하 8:13, 14; 대상 18:12, 13).

11:18 미디안 이 지역은 에돔 족속이 차지한 땅의 바로 동쪽 옆에 있는 곳이었다. 하닷은 애굽으로 도망갈 때 가장 먼저 이곳으로 몸을 피했다. **바란** 가데스의 남동쪽에 있는 광야로 시나이 반도의 중앙부에 있었다(참고. 민 12:16; 13:3).

11:21 나를 보내어 모세처럼(출 2:10) 하닷의 아들도 바로의 궁정에서 성장했다. 모세처럼(출 5:1) 하닷도 애굽을 떠나게 해달라고 바로에게 요청했다. 다윗과 요압이 죽었다는 소식을 들은 그는 애굽에서 누리던 안락한 지위와 재산을 포기하고 에돔으로 돌아가 왕위를 되찾고자 했다. 그의 이런 행동은 이스라엘에 큰 어려움을 가져다주었다(25절).

11:23-25 르손 다윗이 소바를 정복한 후(삼하 8:3-8), 르손과 그의 부하들은 다메섹을 점령하고 강력한 아람 왕조를 세웠다. 이 나라는 주전 9세기에 이스라엘을 괴롭혔다(참고. 15:18; 20:1).

11:26 느밧의 아들 여로보암 하닷과 르손은 이스라엘 외부에서 솔로몬을 괴롭힌 적들이었다. 한편 하나님은 에브라임 지파 출신의 여로보암을 이스라엘 내부의 대적자로 일으키셨다. 여로보암은 이스라엘의 북부 열 지파를 주도하던 에브라임 지파 출신이었다. 그는 재능과 활력을 갖춘 청년으로, 솔로몬이 그를 예루살렘 주변의 건축 사업을 수행하는 책임자로 임명했을 때 대중의 주목을 받기 시작했다.

11:28 요셉 족속의 일 *5:13에 대한 설명을 보라.*

11:29 실로 사람 선지자 아히야 아히야는 실로에 거주하던 주님의 선지자였다. 실로는 에브라임 지파의 땅에 속한 성읍으로, 예루살렘에서 북쪽으로 32킬로미터 정도 떨어진 곳에 있었다. *사무엘상 1:3에 대한 설명을 보라.*

11:30-32 솔로몬의 죄 때문에 왕국이 분열되고, 여로보암은 북쪽 지역을 다스릴 것이라는 엄청난 예언이 주어진다(참고. 35-37절).

11:33 *11:5, 7에 대한 설명을 보라.*

11:36 내 앞에 등불을 등불은 한 사람의 생명을 상징했다(욥 18:6; 시 132:17). 하나님은 유다 지파 출신의 다윗에게 계속 후손이 있어 그들이 예루살렘을 다스리게 하리라고 약속하셨다(참고. 삼하 21:17; 왕상 15:4; 왕하 8:19).

11:38 네가 만일 내가 명령한 모든 일에 순종하고 주님은 다윗에게 했던 것과 똑같은 약속을 여로보암에게 주셨다. 이는 그가 하나님의 율법에 순종하면 열 개의 북부 지파로 이루어진 이스라엘 가운데 그의 왕조가 지속되게 해주신다는 것이었다. 주님은 다윗에게 부과하신 것과 동일한 조건을 여로보암의 왕권에 부과하셨다(2:3, 4; 3:14).

11:39 영원히 하지는 아니하리라 이 말씀은 왕국의 분열이 영구적인 것은 아니며, 궁극적으로는 다윗 가문이 이스라엘 온 지파를 다시 다스리게 될 것임을 암시한다(참고. 겔 37:15-28).

11:40 여로보암을 죽이려 하매 아히야의 예언은 사적인 장소에서 이루어졌지만(29절), 솔로몬은 그 일에 대한 이야기를 들었고 여로보암은 요주의 인물이 되었다. 솔로몬의 눈에 그는 반역을 꾀하는 자처럼 보였으며, 따라서 사형을 당해 마땅한 인물이었다. **시삭** 시삭은 애굽의 22번째 왕조를 세운 왕이다. 그는 주전 945-924년경에 통치했으며, 르호보암의 통치기에 유다를 침공했다(14:25, 26).

11:42 사십 년 주전 971-931년이다.

분열 왕국: 이스라엘과 유다의 왕들
(12:1-왕하 17:41)

12:1-왕하 17:41 주님은 솔로몬에게 그의 왕국이 분열될 것을 예언하셨으며(11:11-13), 이는 아히야를 통해 여로보암에게도 예언되었다(11:29-37). 열왕기에서 이 단락은 선지자를 통해 주어진 주님의 이 말씀이 어떻게 이루어졌는지를 보여주고 분열된 왕국, 곧 이스라엘(북왕국)과 유다(남왕국)에서 주전 931-722년 일어난 역사를 서술한다.

A. 우상숭배의 발흥: 이스라엘의 여로보암과 유다의 르호보암(왕상 12:1-14:31)

12:1-14:31 이 단락은 통일 왕국의 분열 과정을 묘사하고(12:1-24), 이스라엘(12:25-14:20)과 유다(14:21-31)에서 우상숭배가 자리 잡고 왕의 재가를 받은 과정을 서술한다. 여기서는 남왕국에서 솔로몬의 아들 르호보암이 통치한 기간(주전 931-913년경)과 북왕국에서 이전에 솔로몬의 신하였던 여로보암이 통치한 기간(주전 931-910년경)이 다루어지고 있다. 역대하 10:1-12:16을 보라.

12:1 세겜 에브라임 지파가 다스리는 땅 북부의 구릉지대에 있던 성읍으로, 예루살렘에서 북쪽으로 48킬로미터 정도 떨어진 곳에 있었다. 세겜은 정치적·종교적 중심지로 오랫동안 역사적 의미를 지닌 곳이었다(참고. 창 12:6; 수 8:30-35; 24:1-28, 32). **온 이스라엘** 르호보암을 왕으로 세우기 위해 북쪽 열 지파의 대표자들이 모였다(참고. 삼하 5:3).

12:2 그 소문을 듣고 애굽에 있던 여로보암(11:40)은 솔로몬이 죽었다는 소식을 들었다(11:43).

12:3 여로보암…말하여 북부의 열 지파는 애굽에서 여로보암을 불러와 그들의 대표자로 삼고, 르호보암의 앞에서 자신들의 입장을 대변하게 했다.

12:4 멍에 솔로몬의 강제 노역 정책(참고. 5:13; 9:22; 11:28)과 과중한 세금(참고. 4:7)으로 백성은 고난 가운데 처해 있었다. 솔로몬은 화려한 궁전과 막대한 부를 소유하고 여러 사업을 통해 이득을 얻었지만, 그것에 만족하지 못했다. 이로써 이스라엘 백성은 많은 어려움을 겪어야 했다.

12:6, 7 노인들 이들은 이전에 솔로몬을 섬긴 나이 많고 경험이 풍부한 행정 관료와 조언자였다. 이들은 열 지파의 뜻에 어느 정도 양보할 것을 르호보암에게 조언했다.

12:8-10 어린 사람들 이들은 르호보암과 같은 연령대로, 마흔 살쯤 되었다(참고. 14:21). 이들은 그저 솔로몬의 궁정에서 누린 풍요로운 생활에 익숙해져 솔로몬이 했던 것보다 더 가혹하게 열 지파를 대우할 것을 르호보암에게 권했다.

12:10 내 새끼 손가락…내 아버지의 허리 이는 솔로몬이 행했던 것보다 더 강압적인 정책을 그들에게 시행하겠다는 뜻을 담은 속담투의 표현이다(11-14절).

12:15 여호와께로 말미암아 하나님은 아히야의 예언(11:29-39)을 이루기 위해 르호보암의 어리석음을 주권적으로 사용하셨다.

12:16 다윗 여기에 기록된 이스라엘 백성의 말(16절)은 다윗 왕조에 대한 의도적이고 강퍅한 반역의 뜻을 표현하고 있다(참고. 19절). 도전적인 태도로 이스라엘 백성은 세바가 다윗을 상대로 실패한 반란을 일으켰을 때 사람들을 불러모으기 위해 사용했던 외침을 가져다 쓰고 있다(삼하 20:1). 북부 지파들은 자신들이 더 이상 법적으로 다윗과 상관이 없다고 선언한 뒤 자신들의 길로 갔다.

12:17 이스라엘 자손 이들은 남쪽으로 이주하여 유다 지파의 땅에 정착한 북부 지파 출신의 사람들이다.

12:18 아도람 북부 지파 사람들과 협상하기 위해 강제 노역과 징세를 담당하는 관리(4:6과 5:14에서는 아도니람으로 언급됨)를 보낸 것은 어리석은 일이었다(참고. 4절).

12:19 오늘까지 *8:8에 대한 설명을 보라.*

12:20-24 이때 왕국이 분열되었다. 이스라엘(북부의 열 지파)은 그들 자신의 왕을 세웠다.

12:21 베냐민 지파 분열 왕국 시기에 베냐민 지파의 충성심과 땅 역시 분열되었다. 20절에 따르면 유다 지파만이 다윗 가문에 온전히 충성하며 남아 있었다. 하지만 21, 23절에서는 베냐민 지파가 "유다 온 족속"과 연합한 것으로 언급되며, 강조점은 유다 지파에 주어진다. 특히 벧엘(29절)을 포함해 베냐민 지파가 다스리던 땅 북부의 일부 성읍은 북왕국에 참여했다. 원래 유다 지파의 땅 남쪽에 있는 지역을 받았던 시므온 지파(수 19:1-9)는 북쪽으로 이주해 북부의 열 지파 가운데 속하게 된 것으로 보인다(참고. 대상 12:23-25; 대하 15:9; 34:6). 그러므로 북부의 열 지파는 르우벤과 시므온, 스불론, 잇사갈, 단, 갓, 아셀, 납달리, 므낫세, 에브라임이었다. 남왕국에 속한 지파는 유다 지파뿐이었고, 베냐민 지파는 두 왕국 사이에서 둘로 나뉘었다. 레위 지파는 원래 두 왕국에 속한 땅 모두에 흩어져 있었지만(수 21:1-42), 분열 왕국 시기에는 유다 지파의 땅에 거주했다(대하 11:13-16을 보라).

12:22 하나님의 사람 참고. 17:24. 이것은 하나님의 뜻을 받들어 그분이 주신 메시지를 권위 있게 선포하는 사람을 지칭하는 구약의 일반적인 표현이다(참고. 신 33:1; 딤후 3:17). *신명기 33:1에 대한 설명을 보라.*

12:24 이 일이 나로 말미암아 난 것이라 선지자 스마야를 통해 주님은 르호보암과 그의 군대에게 이스라엘을 침공하지 말라고 명령하셨다. 하나님은 솔로몬에 대한 심판으로 남북이 분열되게 하셨다(15절; 11:29-39). 따라서 이스라엘을 공격하는 것은 하나님 그분의 뜻에 맞서는 일이었다.

12:25 세겜 참고. 1절. 여로보암은 세겜 성읍을 견고하게 만들고, 그곳을 자신의 수도로 삼았다. 참고. 사사기

9:1-47. **부느엘** 또한 여로보암은 부느엘에 튼튼한 성을 쌓았다. 이 성읍은 요단강에서 동쪽으로 16킬로미터 정도 떨어진 압복강 기슭에 있었다. 이를 통해 그는 요단강 동쪽의 이스라엘 백성에 대한 자신의 통치권을 더욱 공고히 했다.

12:26 다윗의 집으로 돌아가리로다 주님이 명하신 것은 솔로몬 왕국의 정치적 분열이지 종교적 분열이 아니었다. 주님은 여로보암에게 북부의 열 지파에 대한 정치적 통치권을 약속하셨다(11:31, 35, 37). 하지만 종교적으로 여로보암은 예루살렘의 성전에서 주님이 정하신 방식대로 제사를 드릴 것을 요구하는 모세의 율법을 따라야 했다(11:38). 그는 하나님께로부터 그 나라를 받았기에 마땅히 그분의 보호에 의존해야 했지만, 그렇게 하지 않았다. 자신의 백성들이 예배를 드리러 예루살렘에 가면 르호보암의 영향을 받게 될 것을 우려해 북부에 예배 처소를 세웠다(27, 28절).

12:28 두 금송아지 이 송아지들은 나무를 깎고 그 위에 금을 입혀 만들었을 것이다. 여로보암은 마치 주님이 그 위에 앉거나 서 계시는 받침대인 것처럼 이 송아지들을 이스라엘 백성 앞에 제시했다. 그는 출애굽 당시 아론이 금송아지를 만들었을 때 이스라엘 백성이 그것을 환영하며 했던 말을 그대로 반복하면서 이 송아지들을 백성 앞에 내놓았다. 그는 피조물의 모습으로 하나님을 형상화하려고 했던 아론의 파멸적인 죄를 반복한 것이다. *출애굽기 32:4에 대한 설명을 보라.*

분열 왕국의 영토

12:29 벧엘…단 벧엘은 베냐민 지파의 땅에 있는 성읍으로, 예루살렘에서 북쪽으로 17.7킬로미터 정도 떨어진 곳에 있었다(수 18:11-13, 22). 여로보암의 왕국 남쪽 끝에 있는 이 성읍은 예루살렘으로 통하는 남북을 잇는 대로상에 있었다. 야곱이 이곳에서 하나님께 예배를 드렸기 때문에(창 28:10-22; 35:1-15) 이스라엘 백성은 오랫동안 벧엘을 거룩한 곳으로 여겨왔다. 단은 여로보암의 왕국 북쪽 끝에 있는 성읍으로, 갈릴리 바다에서 북쪽으로 40킬로미터 정도 떨어진 곳에 있었다. 사사 시대에는 단에서 주님 앞에 이교화된 예배가 드려졌다(삿 18:30, 31).

12:30 이 일이 죄가 되었으니 여로보암의 정책은 제2계명을 범하는 심각하고 중대한 결과를 낳았으며(출 20:4-6), 제1계명 역시 위반한 것이었다(출 20:3).

12:31 산당들 여로보암은 이스라엘 땅 전역의 산 위에 작은 예배소를 지었다. 여러 세대에 걸쳐 이 산당들은 이스라엘이 우상숭배와 배교를 행하는 장소가 되었다(참고. 호 5:1). *3:2에 대한 설명을 보라.* **제사장** 여로보암은 자신이 세운 예배소를 운영할 제사장들을 자신의 모든 지파 가운데서 뽑았다. 그의 행동은 오직 아론의 후손만이 이스라엘에서 그 직분을 맡도록 규정한 율법(민 3:10)을 노골적으로 어긴 것이었다.

12:32 절기를 정하여 여로보암은 예루살렘 성전에서 열리는 초막절에 맞서 독자적으로 종교적인 절기를 제정했다. 그는 이 절기의 날짜를 여덟째 달(10월 또는 11월)의 열다섯째 날로 정했다. 이는 하나님이 제정하신 유다의 절기가 끝난 후 정확히 한 달이 되는 때였다(출 34:22, 23; 레 23:33-36, 39, 40).

13:1 하나님의 사람 *12:22에 대한 설명을 보라.*

13:2 요시야 이 왕은 약 300년 후인 주전 640-609년경 유다를 통치했다(참고. 왕하 22:1-23:30). **산당 제사장을…제물로 바칠 것이요** 선지자는 벧엘의 제단에서 제사를 드리던 산당의 불법적인 제사장들을 요시야가 모두 죽일 것을 예언했다. 이 예언은 열왕기하 23:15-20에서 실현되었다. 이는 여로보암이 레위 지파가 아닌 사람들을 제사장으로 세운 것(12:31, 32)에 대한 하나님의 심판을 수행한 것이었다.

13:3 징조 이는 즉각적으로 일어난 '기이한 일'로, 먼 미래에 일어날 일에 대한 예언의 진실성을 확증해주는 역할을 했다(참고. 신 18:21, 22). 이 징조는 5절에서 이루어졌다. **그 위에 있는 재가 쏟아지리라** 올바른 예식

의 절차에 따르면 제사에서 나온 재들은 특별히 "정결한" 곳에 버려야 했다(레 4:12; 6:10, 11). 제단 아래의 땅에 쏟아지면 그 재는 '부정한' 것이 되고, 제사는 그 효력을 잃게 된다.

13:9 여호와의 말씀이 내게 명령하여 그 선지자가 받은 신적인 임무는 그가 벧엘에서 어떤 대접을 받는 것을 분명히 금하고 있었다. 하나님은 심지어 그가 사람들의 눈에 띄지 않도록 올 때와는 다른 길로 집에 돌아갈 것을 명하셨다. 선지자에게 요구된 이런 행동은 이스라엘의 그릇된 예배를 주님이 철저하게 거부하신다는 사실과 온 이스라엘 백성이 배교자가 되었다는 사실을 상징하는 것이었다.

13:11 한 늙은 선지자 여기에 한 사람이 등장한다. 그는 마땅히 주님을 대변해야 했지만, 그릇된 예배의 중심지에 살면서도 그에 반대하지 않음으로써 자신의 임무를 저버린 사람이었다.

13:18 이는 그 사람을 속임이라 이 늙은 선지자가 왜 하나님의 사람을 속였는지에 대해 본문은 설명하지 않는다. 아마 그의 아들들은 벧엘에서 예배하는 자들이었거나 제사장이었을 것이다. 이 늙은 선지자는 하나님의 사람을 자신이 하나님께로부터 들었다고 주장한 내용과 반대로 행하는 사기꾼으로 만들어 왕의 호의를 사고자 했을 수도 있다. 유다에서 온 선지자는 늘 직접 계시를 받아왔으므로 천사가 주었다는 그 메시지의 내용을 마땅히 의심하고, 이 수정된 지시가 사실인지를 하나님께 여쭤봤어야 했다.

13:20 여호와의 말씀 거짓말은 그 늙은 선지자 자신의 상상에서 나왔지만(참고. 렘 23:16; 겔 13:2, 7), 참된 예언은 주께로부터 임했다(참고. 출 4:16; 신 18:18; 렘 1:9).

13:22 네 시체가 네 조상들의 묘실에 들어가지 못하리라 이스라엘 사람들은 죽은 자를 그의 선조들이 묻힌 공동의 무덤에 함께 묻었다(삿 8:32; 삼하 2:32). 그 무덤에 들어가지 못하는 것은 심한 형벌이자 치욕으로 간주되었다. *전도서 6:3-6에 대한 설명을 보라.*

13:24 사자…나귀 사자와 나귀 모두 본성과 반대되는 행동을 했다. 나귀는 사자를 보고도 도망가지 않았으며, 사자는 나귀를 공격하거나 선지자의 시체를 물어뜯지도 않았다. 불순종한 선지자와 달리 짐승들은 자신의 뜻을 굽혀 하나님의 주권에 순종했다.

13:32 반드시 이룰 것임이니라 늙은 선지자는 아들들에게 자기를 유다 선지자의 곁에 묻어 달라고 당부했다(31절). 늙은 선지자는 유다에서 온 하나님의 사람이 벧엘에서 이루어지던 예배를 정죄하며 말한 메시지를 마침내 받아들였다.

13:33 다시…제사장으로 삼되 늙은 선지자와 달리 여로보암은 악한 길에서 자신을 돌이키지 않았다. 그는 계속 레위 지파가 아닌 백성 가운데서 제사장을 뽑아 산당에서 섬기도록 했다(12:30-32).

14:1 그 때에 13장에 기록된 사건이 일어난 지 얼마 지나지 않은 시점이었을 것이다. **아비야** 이름은 '내 아버지는 주님이시다'라는 뜻이다. 이름으로 미뤄볼 때 그가 태어난 무렵에는 여로보암이 주께 예배하는 사람으로 자신을 나타내 보이려고 했던 듯하다. 아비야는 "아이"로 언급되고 있다(3, 12, 17절). 이 단어는 어린 아이부터 청소년에 이르기까지의 연령대를 포괄한다. 여로보암 가문에서 아비야가 주님 앞에 가장 온전한 태도를 보였다(13절). 이 아비야를 같은 이름을 지닌 르호보암의 아들과 혼동해선 안 된다(*15:1-8에 대한 설명을 보라*).

14:2 변장하여 이는 사람들의 눈에 띄는 것을 피하기 위해서였을 것이다. 여로보암은 자신이 주님의 선지자에게 조언을 구한다는 사실을 그의 백성이 알게 되기를 원하지 않았다. **실로** *11:29에 대한 설명을 보라.*

14:3 떡 열 개…가지고 여로보암은 그의 아내를 변장시키고 평범한 음식을 선물로 들려 보냈다(참고. 삼상 9:7, 8; 왕하 8:8). 떡 열 개와 과자, 꿀 한 병은 왕족이 아닌 평민의 신분임을 나타내는 선물이었다.

14:9 더 악을 여로보암은 다윗의 표준에 따라 사는 데 실패했을 뿐 아니라 사울과 솔로몬을 능가하는 악행을 저질렀다. 그는 북왕국 전역에 이교화된 예배제도를 도입했다(참고. 16:25, 30; 왕하 21:11).

14:11 개…새 신명기 28:26의 언약적 저주가 여로보암의 후손으로 태어나는 남자들에게 적용되었다.

14:13 묘실 *13:22에 대한 설명을 보라.*

14:14 한 왕 이는 바아사를 가리킨다(15:27-30).

14:15 아히야는 이스라엘 백성이 여로보암의 배교에 동참한 일에 대해 하나님의 엄격한 심판을 선포한다. 그 심판은 곧 이스라엘이 주님의 매를 맞아 세차게 흐르는 물속의 갈대처럼 흔들리게 되리라는 것이었다. 이는 정치적 불안정을 가리키는 성경의 비유다(참고. 마 11:7; 눅 7:24). 훗날 주님은 이스라엘 백성을 팔레스타인 땅에서 뽑아내어 유브라데강 동쪽으로 끌려가게 하실 것이다. 이 예언의 성취는 열왕기하 17:23에 기록되어 있다.

14:17 디르사 여로보암이 수도를 세겜에서 디르사로 옮긴 것으로 보인다(참고. 12:25). 이 성읍은 므낫세 지파의 땅에 속한 곳으로, 세겜에서 북동쪽으로 11킬로미터쯤 떨어져 있었으며, 예루살렘에서는 북쪽으로 56

킬로미터 정도 떨어져 있었다. 디르사는 아름답기로 유명한 곳이었다(아 6:4).

14:20 이십이 년 주전 931-910년이다.

14:21 십칠 년 주전 931-913년이다.

14:22-24 유다는 그들의 선조들보다 더 악한 일을 행하여 주님이 질투와 분노를 발하시게 했다(22절). 우상을 숭배하는 모습을 어디서나 쉽게 볼 수 있었다(23, 24절). 유다는 심지어 번영을 불러오기 위해 종교적인 매춘 행위를 행했다(24절). 유다는 이스라엘과 마찬가지로 파멸로 치닫는 내리막길 위에 서 있었다.

14:25 제오년 주전 927/926년이다. **시삭** *11:40에 대한 설명을 보라.*

14:27 놋으로 방패를 만들어 르호보암은 솔로몬이 만든 금 방패를 시삭에게 배상금으로 지불했고, 그 대신 놋 방패를 만들었다. 이 놋 방패는 솔로몬의 통치기에서 르호보암의 통치기로 넘어오면서 유다가 급격히 몰락했음을 보여준다.

14:30 항상 전쟁이 있으니라 북왕국과 남왕국의 군대들이 전술적인 이익과 자기 영토의 통제를 위해 군사적 행동을 개시하자 국경에서 자주 분쟁이 일어났다(14:19; 15:6). 마침내 아비얌의 통치기에 큰 전쟁이 터졌다(참고. 대하 13:1-20).

B. 유다와 이스라엘의 왕들(왕상 15:1-16:22)

15:1-16:22 이스라엘과 유다에서 우상숭배가 자리 잡은 과정을 서술한 후(12:1-14:31) 본문은 이제 주전

분열 왕국의 왕들

유다		이스라엘	
르호보암	931-913년	여로보암 1세	931-910년
아비야(아비얌)	913-911년	나답	910-909년
아사	911-870년	바아사	909-886년
		엘라	886-885년
		시므리	885년
		디브니	885-880년
여호사밧	873-848년	오므리	885-874년
		아합	874-853년
		아하시야	853-852년
여호람(요람)	853-841년	여호람(요람)	852-841년
아하시야	841년	예후	841-814년
아달랴(여왕)	841-835년		
요아스(여호아스)	835-796년		
		여호아하스	814-798년
아마샤	796-767년	여호아스(요아스)	798-782년
웃시야(아사랴)	790-739년	여로보암 2세	793-753년
요담	750-731년	스가랴	753년
		살룸	752년
아하스	735-715년	므나헴	752-742년
		브가히야	742-740년
히스기야	715-686년	베가	752-732년
		호세아	732-722년
므낫세	695-642년		
아몬	642-640년		
요시야	640-609년		
여호아하스	609년		
여호야김	609-597년		
여호야긴	597년		
시드기야	597-586년		

* 모든 연도는 주전(B.C.)임

913-885년 이스라엘과 유다 왕들의 역사를 간략히 살핀다. 저자는 유다에 산당이 남아 있었다는 사실(15:14)과 여로보암의 죄가 이스라엘에서 지속되었다는 것(15:26, 34; 16:13, 19)을 언급한다.

15:1-8 아비얌 역대하 13:1, 2에서 그는 처음에 아비야로 불렸다. 아비얌은 '바다의 아버지'를 뜻하고 아비야는 '내 아버지는 여호와이시다'를 뜻하므로, 그는 자신의 죄 때문에 이름을 바꿨을 수도 있다. *역대하 13:1-22에 대한 설명을 보라.*

15:2 삼 년 주전 913-911년이다. 이 구절에서는 한 해의 일부도 그 해 전체로 간주되고 있다(참고. 9절).

15:3 그의 마음이…온전하지 못하였으나 참고. 11:4. 여기서는 솔로몬에 대해 동일한 언급을 하고 있다. 참고. 14절.

15:4 등불 *11:36에 대한 설명을 보라.*

15:5 여호와 보시기에 정직하게 행하고 유다 왕들을 언급할 때 종종 이 칭찬의 말이 쓰인다. 이것은 단순히 그들이 하나님이 받으실 만한 일을 행했거나 행하지 않은 일에 대한 표현이다. 예를 들어 11절을 보라.

15:7 전쟁 14:30; 역대하 13:1-20을 보라.

15:9-24 아사 그는 종교적으로 선한 일을 행한 유다의 왕들 중 첫 번째 인물이다(참고. 11절). *역대하 14:1-16:14에 대한 설명을 보라.*

15:10 사십일 년 동안 주전 911-870년이다.

15:11-15 아사는 네 가지의 선한 일을 행했다. 첫째, 그는 '신성한' 매춘 행위를 근절했다(12절). 둘째, 그는 이전의 왕들이 세운 우상들을 모두 제거했다(12절). 셋째, 그는 타락한 태후를 폐위시키고 그녀가 만든 우상들을 태워버렸다. 넷째, 그는 "성별한 것"들, 곧 그의 아버지와 그가 주께 바친 물건들을 성전에 되돌려놓았다(15절). 그는 우상을 숭배하지 않았지만 "산당"을 그대로 놓아두는 잘못을 범했다(14절).

15:13 혐오스러운…상 이 표현은 '흔들리다'를 뜻하는 동사(욥 9:6)에서 파생되었다. '끔찍하고 역겨운 물건'이었던 이 우상은 충격적이고 외설적이기까지 한 모습이었을 것이다. 자신의 할머니 마아가가 이 우상을 숭배했기에 아사는 그녀를 태후의 지위에서 쫓아냈다. **기드론 시냇가** 이 시내는 계절에 따라 생기던 강으로, 기드론 골짜기를 따라 흘렀다. 이 시내는 예루살렘의 동쪽 경계를 표시했다.

15:16 바아사 유다를 다스린 아사(주전 911-870년)는 아비얌이 여로보암을 패배시키고 난 후(대하 13:19, 20), 바아사가 공격해오기 전까지 10년 동안 평화를 누렸다. *15:27-16:7; 역대하 16:1-6에 대한 설명을 보라.*

15:17 라마 이 성읍은 베냐민 지파의 땅에 있는 전략적 요충지로 예루살렘에서 북쪽으로 8킬로미터 정도 떨어진 곳에 있었으며, 이스라엘 북쪽과 남쪽을 잇는 대로 곁에 있었다. 이스라엘 왕 바아사는 예루살렘이 다른 지역과 교류하는 것을 차단하기 위해 이 성읍을 건축했다.

15:18 벤하닷 벤하닷 1세는 헤시온(주전 940-915년경에 통치한 르손으로 추정됨, *11:23-25에 대한 설명을 보라*)의 손자이며 다브림몬(주전 912-890년경 통치)의 아들이다. 그는 다메섹을 중심지로 하는 아람 왕국(아람 족속의 땅, *10:29에 대한 설명을 보라*)의 강력한 통치자였다. 대부분의 역사가는 벤하닷이 주전 900-860년경 통치했고, 그의 아들 또는 손자인 벤하닷 2세가 뒤를 이어 주전 860-841년경 통치했다고 여긴다(참고. 20:34). 아사는 벤하닷 1세에게 상당한 양의 선물을 보내 그가 이스라엘과의 조약을 파기하고 유다와 조약을 맺어 북쪽에서부터 이스라엘을 침공하도록 했다.

왕상

15:20 이욘…납달리 벤하닷 1세의 군대는 이스라엘 땅을 침공하여 갈릴리 바다 북쪽의 성읍들을 점령했다. 이로써 아람은 지중해 연안으로 이어지는 무역로와 이스라엘의 비옥한 이스르엘 골짜기를 장악하게 되었으며, 이스라엘에 군사적으로 심각한 타격을 안겨주었다. 이에 바아사는 라마의 건축을 중단하고, 북왕국의 수도인 디르사로 돌아왔다.

15:22 게바…미스바 유다에 대한 이스라엘의 위협이 사라지자 아사 왕은 유다 지파 사람들을 끌어다가 예루살렘에서 북동쪽으로 9.6킬로미터 정도 떨어진 곳에 있는 게바와 예루살렘에서 북쪽으로 11.2킬로미터 정도 떨어진 곳에 있는 미스바에 성을 건축하도록 했다. 이때 그는 바아사가 라마 건축에 썼던 재료들을 가져다 썼다.

15:25 나답…이 년 그는 주전 910-909년에 통치했다.

15:27-16:7 바아사 *15:16에 대한 설명을 보라.*

15:27 깁브돈 단 지파의 땅에 속한 이 성읍은 예루살렘에서 서쪽으로 51킬로미터 정도 떨어진 곳에 있었으며, 블레셋 족속의 땅과의 경계에 있었다. 이 성읍은 레위인에게 주어진 곳이었지만(수 19:44), 블레셋 족속이 점령하고 있었다.

15:29 여로보암의 온 집을 쳐서 북왕국의 왕이 된 바아사는 여로보암 가문을 멸절시켰다. 이는 고대 근동 지역에서 자주 행해지던 악한 관행이었다. 이 행위를 통해 여로보암에 대한 아히야의 예언이 이루어졌다(참고. 14:9-11). 그러나 바아사는 예언의 내용보다 더 심한 악행을 저질렀는데, 보통 14:10에서는 오직 모든 남자

에 대해 심판이 선언되었지만 바아사는 모든 남자와 여자, 아이까지 죽였다.

15:30 여로보암의 사악함에 대한 최종적 평가는 북왕국의 역사에서 뒤를 이은 왕들이 심판받는 죄의 잣대로 지속적으로 등장한다(15:34; 16:2, 19, 31; 22:52; 왕하 3:3; 10:29, 31; 13:2, 11; 14:24; 15:9, 18, 24, 28을 보라).

15:33 이십사 년 주전 909-886년이다.

16:1 하나니의 아들 예후 참고. 7절. 이 하나니는 유다 왕 아사에게 경고했던 선지자일 수도 있다(대하 16:7-9). 이전의 아히야처럼 예후도 이스라엘 왕을 향한 심판의 메시지를 전했다(14:7-16). 열왕기에서는 주님이 이스라엘을 다스리는 왕들의 죄를 지적하기 위해 선지자들을 적절한 방편으로 사용하셨음을 볼 수 있다.

16:2-4 바아사는 여로보암의 죄악된 길을 따름으로써 주님을 진노케 했다. 이에 따라 여로보암에게 주어진 것과 같이 치욕적인 심판이 그에게 선언되었다(14:10, 11). 유혈 참극을 통해 왕위로 올랐지만 그가 왕위에 오를 수 있었던 것은 모든 왕권의 근원이 되시는 하나님이 그 일을 허락하셨기 때문이다. 그에게 내려진 심판은 그의 후손이 오래 이어지지 못하리라는 것이었다. 그의 가문은 철저히 멸절되고, 그 후손들의 시체는 치욕스럽게도 굶주린 개와 새들의 먹이가 될 것이다.

16:8-14 엘라…이 년 동안 주전 886-885년경이다.

16:11 친구 이는 곧 '기업을 무를 수 있는 친척'을 뜻한다. 참고. 룻기 2:1. 시므리는 엘라와 그의 아들들뿐 아니라 그의 가족을 도울 수 있는 바아사의 모든 친척까지 다 죽였다.

16:15 칠 일 동안 시므리의 통치 기간(주전 885년)은 이스라엘의 왕들 중 가장 짧았다. **깁브돈** *15:27에 대한 설명을 보라.*

16:16 오므리 싸움터에 있던 이스라엘 군인들은 엘라가 죽었다는 소식을 듣고 곧바로 이스라엘의 군대 사령관 오므리를 새 왕으로 세웠다.

16:21 디브니 시므리가 죽자(17, 18절) 나라는 자동적으로 오므리의 것이 되었다. 군대를 포함한 북이스라엘 인구의 절반은 오므리의 편에 섰지만, 나머지 절반은 디브니를 지지했다. 디브니에 대해서는 알려진 내용이 없지만, 그는 약 4년간 오므리에 맞설 만큼 강한 세력을 지니고 있었다(참고. 15절과 23절).

16:21-28 오므리 그는 주전 885-874년경에 북왕국을 통치했다.

C. 오므리 왕조와 그 왕조가 끼친 영향: 이스라엘과 유다에서 바알 숭배의 발흥과 쇠퇴(16:23-왕하 13:25)

16:23-왕하 13:25 이 단락은 열왕기의 흐름상 중요한 부분으로, 이 책(들)의 전체 이야기에서 삼분의 일을 차지한다. 오므리 왕조가 시작되면서 이스라엘에 바알 숭배가 공식적으로 도입되었다(16:31, 32). 오므리 가문과의 혼인을 통해 유다에도 바알 숭배가 스며들어 다윗의 계보를 오염시켰다(왕하 8:18, 27). 이로 말미암아 바알 숭배가 이스라엘과 유다에서 공식적으로 근절될 때까지 치열한 투쟁이 벌어졌다(왕하 9:14-12:21).

1. 바알 숭배의 도입(왕상 16:23-34)

16:23 십이 년 오므리는 아사 왕 제27년(16:15)부터 아사 왕 제38년(29절)까지 12년간 통치했다(주전 885-874년경). 그가 아사 왕 제31년에 통치를 시작했다는 언급은 디브니가 죽고 그가 홀로 다스리게 된 시점을 가리키는 것이 분명하다.

16:24 사마리아 소유주였던 세멜의 이름을 딴 사마리아산은 세겜에서 북서쪽으로 11.2킬로미터 정도 떨어진 곳에 있었으며, 그 높이가 90미터 정도였다. 다른 산들이 둘러싸고 있긴 했지만, 그 산 주위에 아무것도 없어서 공격하는 편에서는 어떤 방향에서든 오르막길을 올라가야 했다. 북왕국의 이 새로운 수도는 남왕국의 예루살렘에 상응하는 곳이 되었다. 북왕국의 중앙부에 있어 백성들은 쉽게 이곳에 올 수 있었다.

16:29-22:40 아합…이십이 년 주전 874-853년경이다. *역대하 18:1-34에 대한 설명을 보라.*

16:30 그의 이전의 모든 사람보다…악을 더욱 행하여 아합이 왕위에 오르면서 이스라엘의 영적 쇠퇴는 최악의 상태에 이르렀다. 그는 이전의 모든 왕보다 더 사악했던 자기 아버지 오므리(25절)보다 더 악한 왕이었다. 아합은 여로보암이 지은 모든 죄를 되풀이하는 동시에 이스라엘 백성이 바알을 섬기도록 장려하기까지 했다(31, 32절). 이스라엘의 모든 왕 가운데 아합이 주님을 가장 진노하시게 했다(33절).

16:31 엣바알 이 왕의 이름은 '바알은 살아 있다'라는 뜻이다. 이세벨의 아버지는 (두로와 시돈을 포함하는) 베니게의 왕으로, 그 전임자를 살해하고 왕위에 올랐다. 요세푸스에 따르면 그는 멜카르트(Melqart) 신과 아스다롯 여신을 섬기던 제사장이었다. **이세벨** 아합의 이 사악한 아내는 그릇된 종교가 범하는 죄악의 상징이 되었다(참고. 계 2:20).

16:31, 32 바알 이 신의 이름은 '주, 남편, 소유자'를

뜻한다. 바알은 가나안 종교에서 가장 유력한 신으로, 그 땅이 비옥해지는 데 필요한 비를 내리게 하는 폭풍의 신이었다. 바알 숭배는 가나안 족속 사이에 광범위하게 퍼져 있었다. 이 신은 여러 지역에서 다양한 이름으로 지칭되었으며, 두로 사람들은 그를 바알 멜카르트라고 불렀다. 바알 숭배는 아합 시대가 되기 한참 전부터 이스라엘에 침투해 있었는데(삿 2:11, 13; 3:7; 10:6, 10; 삼상 12:10), 아합은 바알을 위한 신전을 짓고 사마리아에서 그 종교를 공식적으로 승인했다(왕하 3:2을 보라). 다윗이 예루살렘을 점령하고 그의 아들 솔로몬이 그곳에 주님을 위한 성전을 건축한 것처럼 오므리는 사마리아를 건설하고, 그의 아들 아합은 그곳에 바알을 위한 신전을 지었다.

16:34 벧엘 사람 히엘이 여리고를 건축하였는데 이스라엘 백성이 가나안을 정복할 때 초자연적으로 여리고를 무너뜨리신 하나님은 그 성읍을 재건하는 일을 금하셨다. 그러나 여호수아는 한 사람과 그의 아들들이 하나님의 금령을 어길 것을 예언했다(*수 6:26에 대한 설명을 보라*). 히엘의 두 아들은 여리고 성 재건을 돕다가 목숨을 잃었다.

2. 바알 숭배에 대한 엘리야의 저항
(왕상 17:1-왕하 1:18)

17:1 디셉 엘리야는 디셉이라는 성읍에 살았는데, 이 성읍은 요단강 동쪽의 얍복강 부근에 있었다. **엘리야** 그의 이름은 '여호와는 하나님이시다'라는 뜻이다. 이 선지자는 자신의 이름에 상응하는 사역을 감당했다. 하나님은 바알 숭배에 맞서도록 그를 보내셨으며, 그에게 이스라엘을 향해 주님이 하나님이시며 다른 신은 없음을 선포하도록 하셨다. **비도 이슬도 있지 아니하리라** 이스라엘에서 곡식이 자라기 위해서는 가을과 봄에 내리는 비와 여름에 맺히는 이슬이 꼭 필요했다. 주님은 이스라엘 백성이 그분께 등을 돌리고 다른 신들을 섬기면 그 땅에 비와 이슬이 내리지 않게 하겠다고 경고하셨다(레 26:18, 19; 신 11:16, 17; 28:23, 24). 엘리야는 가뭄이 임할 것을 기도했으며(참고. 약 5:17), 하나님은 그 기도에 응답하셨다. 야고보서에 따르면(5:17) 가뭄은 3년 6개월 동안 지속되었다. 이 가뭄은 비와 풍요의 신인 바알이 주님 앞에서는 무력한 존재임을 입증해주었다.

17:3 그릿 시냇가 이곳은 우기에는 흐르지만 날씨가 더워지면 말라버리는 시내로, 계절에 따라 생기는 강이었을 것이다. 이 시내는 요단강 동쪽에 있었다.

17:6 까마귀들이…가져왔고 이스라엘 백성이 광야를 방랑할 때 만나와 메추라기를 주신 것처럼(출 16:13-36), 하나님은 엘리야에게도 초자연적으로 음식을 공급해주셨다.

17:9 사르밧 시돈에서 남쪽으로 11킬로미터 정도 떨어진 곳에 있었던 지중해 연안의 성읍이다. 하나님은 엘리야를 이 성읍으로 보내셨는데, 이곳은 아합의 장인인 엣바알이 다스리던 지역이었다. 하나님은 이곳에서 굶주림에 시달리던 과부에게 이적적으로 음식을 공급해주셨고, 그 일을 통해 엘리야는 무력한 신 바알이 숭배를 받던 지역에서 하나님의 능력을 드러내 보였다(10-16절).

17:23 네 아들이 살아났느니라 가나안의 신화들은 바알이 죽은 자를 살릴 수 있다고 주장했다. 그러나 여기서 그 아이를 소생시킨 것은 바알이 아니라 주님이셨다. 이 일은 주님만이 참 하나님이시며 엘리야는 그분의 선지자임을 결정적으로 입증해준다(24절).

17:24 하나님의 사람 *12:22에 대한 설명을 보라*. 하나님의 사람은 그분이 주시는 참된 말을 하는 사람이다.

18:1 제삼년에 참고. 야고보서 5:17.

18:2 기근 이 재난의 목적은 아합에게 회개할 기회를 주려는 데 있었다. 그는 이스라엘 왕국에 기근의 심판이 찾아오게 한 원인이 된 자였다. 만약 그가 회개한다면 비가 내렸을 것이다.

18:3 오바댜 그의 이름은 '여호와의 종'이라는 뜻이다. 그는 아합의 왕궁을 관리하는 사람으로 주님을 경건하게 섬겼다. 그는 주님의 선지자 100명을 이세벨에게서 숨겨 목숨을 건지게 함으로써 주님에 대한 헌신을 드러내 보였다(4, 13절). 이런 성향으로 그는 아합과 편하지 않은 관계에 있었다.

18:12 여호와의 영이…당신을 이끌어 가시리니 엘리야는 오바댜에게 자신이 아합과 이야기하기 위해 이곳에 있다는 말을 전하라고 했다(7, 18절). 하지만 아합이 눈에 불을 켜고 엘리야를 찾았기 때문에 오바댜는 몹시 두려워했다. 엘리야는 이전에도 종적을 감춘 적이 있어서(17:5) 오바댜는 성령이 엘리야를 다시 다른 곳으로 이끌어가시지 않을까 두려워했다(참고. 왕하 2:16). 그렇게 되면 이성을 잃은 아합은 엘리야가 어디에 있다는 잘못된 보고를 했다는 이유로 그를 죽이려고 할 것이기 때문이다.

18:17 괴롭게 하는 자 이는 곧 맹세를 어기거나 어리석은 맹세를 함으로써 공동체에 불행을 가져오는 사람을 뜻한다(수 6:18; 7:25).

18:18 바알들 이것들은 각 지역에서 섬기는 여러 형태의 바알 우상이었다(참고. 삿 2:11). 엘리야는 아합에게 가뭄과 기근이 찾아온 것은 바로 아합과 그의 가문이

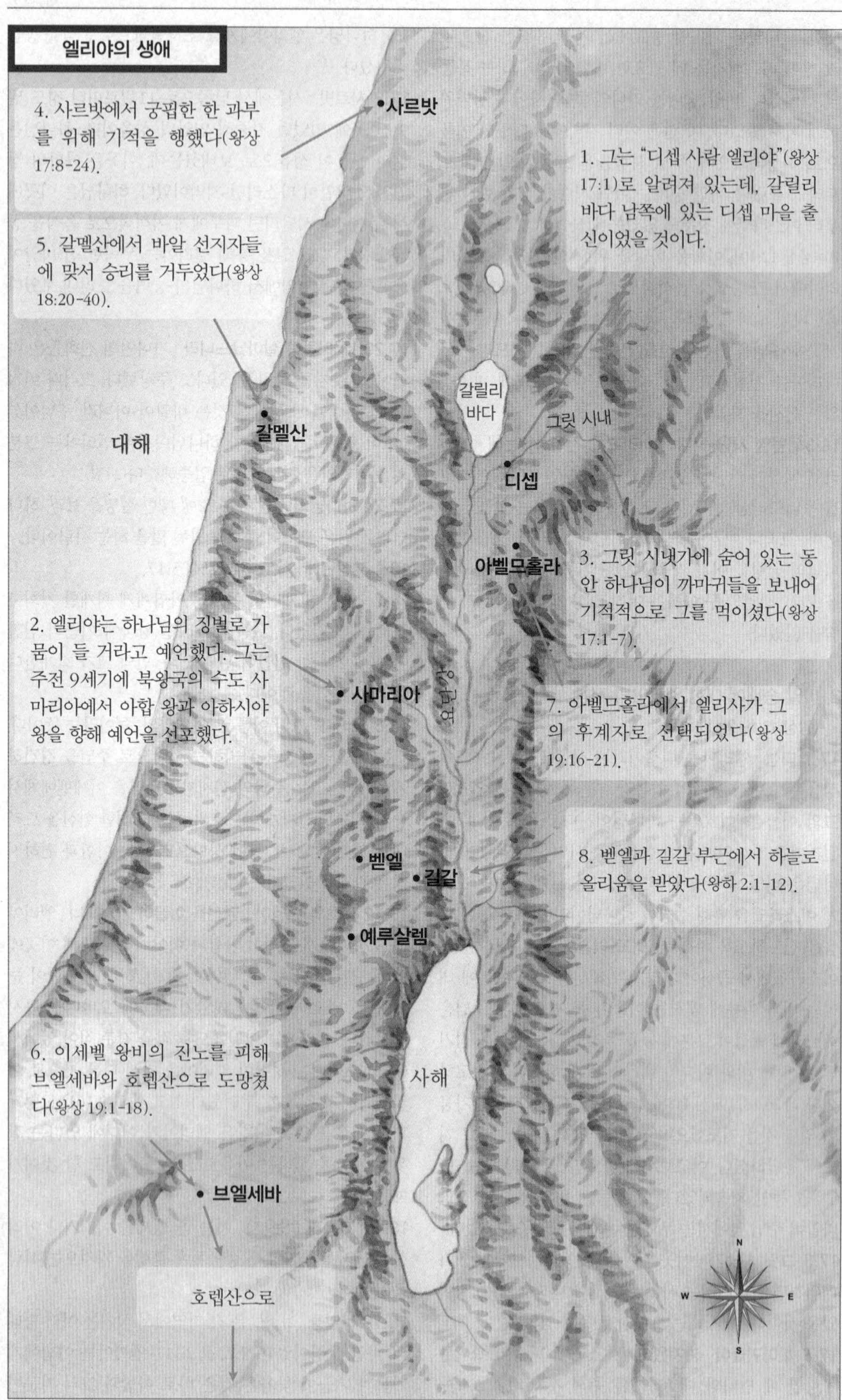
엘리야의 생애
4. 사르밧에서 궁핍한 한 과부를 위해 기적을 행했다(왕상 17:8-24).
사르밧
1. 그는 "디셉 사람 엘리야"(왕상 17:1)로 알려져 있는데, 갈릴리 바다 남쪽에 있는 디셉 마을 출신이었을 것이다.
5. 갈멜산에서 바알 선지자들에 맞서 승리를 거두었다(왕상 18:20-40).
갈릴리 바다
그릿 시내
갈멜산
대해
디셉
아벨므홀라
3. 그릿 시냇가에 숨어 있는 동안 하나님이 까마귀들을 보내어 기적적으로 그를 먹이셨다(왕상 17:1-7).
2. 엘리야는 하나님의 징벌로 가뭄이 들 거라고 예언했다. 그는 주전 9세기에 북왕국의 수도 사마리아에서 아합 왕과 아하시야 왕을 향해 예언을 선포했다.
사마리아
요단강
7. 아벨므홀라에서 엘리사가 그의 후계자로 선택되었다(왕상 19:16-21).
벧엘
길갈
8. 벧엘과 길갈 부근에서 하늘로 올리움을 받았다(왕하 2:1-12).
예루살렘
6. 이세벨 왕비의 진노를 피해 브엘세바와 호렙산으로 도망쳤다(왕상 19:1-18).
사해
브엘세바
호렙산으로
N
W
E
S

우상숭배를 행하고 장려했기 때문이라고 담대하게 선언했다.

18:19 갈멜 산 갈멜 산맥은 지중해 연안에서 이스르엘 골짜기의 남쪽에 이르기까지 남동쪽으로 50킬로미터 정도 뻗어 있었으며, 최고 높이는 550미터 정도였다. 둥근 봉우리와 골짜기가 이어져 생긴 이 산맥은 무성한 나무들로 덮여 있어 아름다움과 풍요의 상징이 되었다(아 7:5; 사 35:2). 이 산맥의 어느 지점에서 엘리야와 바알 선지자들의 경합이 벌어졌는지는 정확히 알 수 없다. 이세벨은 자신과 연관된 850명의 거짓 선지자들을 보살폈다.

18:21 둘 사이에서 머뭇머뭇 하려느냐 문자적으로는 '두 나뭇가지 위 또는 그 사이를 절뚝거리며 가다'라는 뜻이다. 이스라엘 백성은 주님을 전적으로 배척하지는 않았지만, 그분께 예배할 뿐 아니라 바알도 숭배하려고 했다. 엘리야가 그들에게 던진 도전은 주님과 바알 중 누가 참 신인지를 선택하고, 그다음에는 그 신을 전심으로 섬기라는 것이었다. 엘리야는 자신이 외친 말을 통해 결정하도록 하는 대신 하늘로부터 임하는 가시적인 징표를 구했다.

18:24 불로 응답하는 신 바알 숭배자들은 그가 천둥과 번개, 폭풍우를 주관한다고 믿었다. 그리고 주님을 따르던 이들도 주님에 대해 같은 내용을 선포했기 때문에(시 18:14; 29:3-9; 104:3) 누가 참 신인지를 가리는 공정한 시험이었다.

18:27 조롱하여 바알에 대한 신화들은 그를 자신이 취할 행동에 대해 묵상하거나, 싸우거나, 여행하거나, 심지어는 죽었다가 다시 살아나는 존재로 묘사했다. 바알 선지자들에게 던진 엘리야의 이 조롱 섞인 말은 그런 신화의 내용을 비꼰 것이다.

18:28 피가 흐르기까지 고대 세계에는 신에게서 동정심과 반응을 얻어내기 위해 자신의 몸을 상하게 하는 관습이 있었다. 그러나 구약의 율법은 이런 행위를 금지했다(레 19:28; 신 14:1).

18:29 아무 소리도 없고…아무도 없더라 소리도 없고 응답하는 자도, 돌아보는 자도 없었다는 이 삼중의 표현은 바알이 응답하지 않았다는 사실을 강조한다. 응답이 없었다는 사실은 바알이 무력하며 실제로는 존재하지 않음을 나타내는 것이다(렘 10:5).

18:31 돌 열두 개 이 12개의 돌은 열두 지파를 상징했다. 이 경합은 유다와 이스라엘 모두에게 중요한 의미를 지니고 있다. 열두 지파가 두 왕국으로 분열되었지만, 주님의 계획 속에서 그들은 여전히 동일한 언약과 운명을 지닌 한 백성이었다.

18:32 두 세아 이것은 약 17리터 또는 삼분의 일 부셸 정도 되는 양의 곡식이었다.

18:36 저녁 소제 이 제사는 오후 3시경에 드려졌다(출 29:38-41; 민 28:3-8).

18:40 선지자를 잡되 여호와가 참 하나님이심이 눈앞에서 입증되자 백성들의 흥분은 고조되었다. 이때를 놓치지 않고 엘리야는 그들에게 거짓 선지자들을 붙잡아 강에서 죽일 것을 명했다. 그 거짓 선지자들이 행한 우상숭배 때문에 말라버렸던 강은 이제 그들의 피로 채워지게 되었다. **그들을…죽이니라** 450명의 바알 선지자를 죽인 일(18:19)은 거짓 선지자들을 죽일 것(신 13:1-5)과 스스로 우상을 숭배하거나 다른 사람들이 우상을 숭배하도록 선동하는 자들을 죽일 것(신 13:13-18; 17:2-7)을 명한 율법의 요구를 충족시킨 것이었다. 더 나아가 이 선지자들을 죽인 것은 이세벨이 주님의 선지자들을 살해한 일에 대한 정당한 보복이었다(4, 13절). **기손 시내** 이 강은 이스르엘 골짜기의 동쪽에서 북서쪽을 향해 흘렀으며, 갈멜산 북쪽의 골짜기에 있었다.

18:41 먹고 마시소서 엘리야는 아합에게 가뭄이 그친 일을 기뻐하라고 권면한다.

18:42 꿇어 엎드려 엘리야의 이 행동은 그와 이스라엘이 하나님 앞에 겸손하게 복종함을 상징한다. 이제 엘리야는 비가 오기를 기도했고(참고. 17:1; 약 5:17), 하나님은 또 한 번 응답하셨다(참고. 약 5:18). 주님이 내리신 저주가 그쳤으므로, 이제 비가 올 것이다.

18:45 이스르엘 잇사갈 지파의 땅에 속한 이 성읍은 이스르엘 골짜기의 동쪽 끝에 있었으며, 길보아산의 북쪽에 있었다. 이 성읍은 예루살렘에서 북쪽으로 88킬로미터 정도 떨어져 있었다. 이스르엘은 아합이 겨울에 거주하는 수도였다(21:1을 보라). 이 성읍은 갈멜 산맥에서 동쪽으로 24-40킬로미터 떨어진 곳에 있었다.

엘리야의 생애에서 일어난 기적들

1. 까마귀들이 음식을 가져다줌(왕상 17:1-7)
2. 과부의 식량이 줄어들지 않음(왕상 17:8-16)
3. 과부의 아들이 소생함(왕상 17:17-24)
4. 여호와의 불이 내려와 제단과 번제물을 태움 (왕상 18:20-40)
5. 아하시야가 보낸 군인 102명이 불에 타서 죽음 (왕하 1:1-17)
6. 요단강이 갈라짐(왕하 2:6-8)
7. 하나님의 병거를 타고 하늘로 올리움 (왕하 2:9-12)

왕상

18:46 앞에서 달려갔더라 고대 근동에서는 왕이 탄 전차 앞에 심부름꾼이 달려가는 것이 관례였다. 엘리야는 아합을 위해 달림으로써 그에 대한 충성심을 보여주었다. 하나님께 힘을 얻은 엘리야는 갈멜산에서 이스르엘까지 24-40킬로미터에 달하는 거리를 아합의 전차보다 앞서 달렸다.

19:3 그가…보고 이세벨의 위협(2절) 앞에서 희망이 무너진 엘리야는 도망쳤다. 그녀는 여전히 바알을 숭배했으며, 이스라엘 위에서 권력을 행사하고 있었다. 엘리야는 이세벨이 항복할 것으로 기대했지만, 그녀가 뜻을 돌이키지 않자 낙담했다(4, 10, 14절). **브엘세바** 이스르엘(18:45, 46)에서 남쪽으로 160킬로미터 정도 떨어진 곳에 있는 성읍으로 네겝 지역에 있었다. 이 성읍은 유다 왕국의 남쪽 경계가 되었다.

19:4 로뎀 나무 3미터 높이까지 자라는 사막의 나무다. 가지가 가늘고 잎이 작으며 향기로운 꽃이 피는 나무다. **내 생명을 거두시옵소서** 이스라엘 사람에게 자살은 주님을 모독하는 일이므로 아무리 힘겨운 상황이라도 자살을 선택해선 안 되었다. 엘리야는 상황을 비관적으로 보고 주께 자신의 생명을 거둬가 주시기를 구했다(참고. 욘 4:3, 8). 욥(욥 6:8, 9)과 모세(민 11:10-15), 예레미야(렘 20:14-18) 역시 그들의 생애와 사역 중에 비슷한 반응을 보인 적이 있다.

19:6 떡과…물 그릿과 사르밧에서처럼(17:6, 9) 하나님은 고통과 굶주림 가운데 있는 엘리야에게 음식과 물을 주셨다.

19:8 사십 주 엘리야의 이동에는 원래 걸리는 시간의 두 배가 걸렸다. 따라서 이 이동 시간은 실제적 시간일 뿐 아니라 상징적인 의미도 지닌다. 이스라엘 백성이 영적으로 큰 실패를 겪고 40년 동안 광야에서 방황한 것처럼(민 14:26-35) 낙담한 엘리야 역시 사막에서 40일을 보냈다. 모세가 사역의 새로운 국면을 준비하면서 산에서 떡과 물 없이 하나님께만 의지하여 40일을 보냈듯이(출 34:28) 엘리야도 주님이 주실 새 임무를 기다리면서 하나님이 주시는 힘에만 의존하여 40일을 보냈다. 모세가 하나님의 임재를 보았듯이(출 33:12-23) 엘리야도 하나님의 현현을 체험했다. **호렙** 시내산의 다른 이름이다. 이 산은 브엘세바에서 남쪽으로 320킬로미터 정도 떨어진 곳에 있었다.

19:10, 14 엘리야는 이스라엘 백성이 모세 언약을 배반했다고 여겼다. 하지만 엘리야 자신의 힘으로는 그 배교의 물결을 막을 수가 없었다(3절을 보라). 바울은 로마서 11:3에서 이 사건을 하나의 예화로 사용하고 있다.

19:11 여호와께서 지나가시는데 바람과 지진, 불의 세 가지 현상이 주님이 곧 임하실 것을 알려준다(참고. 출 19:16-19; 시 18:7-15; 합 3:3-6). 엘리야를 향한 주님의 자기 계시는 희미하게 속삭이는 소리를 통해 들린다(12절). 이 일이 엘리야에게 준 교훈은 전능하신 하나님이 조용하게, 때로는 인간이 감지할 수 없는 모양으로 이스라엘에서 자신의 일을 행하고 계신다는 것이다(18절).

19:15 광야를 통하여 다메섹에 다메섹은 이스라엘의 북동쪽에 위치한 성읍이었으며, 아람 사막은 그 성읍의 남쪽과 동쪽에 있었다.

19:15-17 주님은 엘리야에게 아람의 하사엘(왕하 8:8을 보라), 예후(왕하 9:2을 보라), 엘리사(19절)한테 기름 부을 것을 지시하신다. 이는 그들에게 이스라엘에서 바알 숭배를 근절시키는 임무를 부여하기 위한 것이었다. 이 세 사람을 통해 주님은 엘리야에서 시작한 바알 숭배자들의 근절을 끝마치셨다. 실제로 엘리야가 직접 임무를 맡긴 사람은 이 중 엘리사뿐이다. 나머지 두 사람은 엘리사를 통해 간접적으로 임무를 받았다. 엘리사는 하사엘이 아람 왕이 되는 데 관여했으며(왕하 8:7-14), 엘리사의 제자들 중 한 사람이 예후에게 기름을 부었다(왕하 9:1-3). 이 셋 중 마지막 사람이 죽은 시기에 이르렀을 때(왕하 13:24) 바알 숭배는 이스라엘에서 공식적으로 금지되었다.

19:16 아벨므홀라 므낫세 지파의 땅에 속했던 엘리사의 고향은 요단 골짜기에 있었으며, 벧사논(Beth-Shanon)에서 남쪽으로 16킬로미터 정도 떨어져 있었다.

19:18 로마서 11:4에서 바울은 엘리야에게 주신 하나님의 응답을 하나의 예화로 사용하고 있다. **바알에게 입맞추지** 바알을 새긴 우상이나 상징물에 입을 맞추는 것은 그를 숭배하는 의식에서 흔히 볼 수 있는 모습이었다(참고. 호 13:2).

19:19 사밧 엘리사의 아버지다. 그의 이름은 '그가 심판하신다'라는 뜻이다. **엘리사** 이 이름은 '내 하나님은 구원이시다'라는 뜻이다. 그는 엘리야의 후계자였다(왕하 2:9-15을 보라). **열두 겨릿소** 여러 마리의 소가 한 무리를 이루어 일렬로 밭을 가는 것은 흔히 볼 수 있는 풍경이었다. 각 무리마다 그 소들을 모는 사람이 있고, 그 소들이 끄는 쟁기가 있다. 엘리야는 다른 사람들이 지나가기를 기다렸다가 마지막에 온 엘리사에게 자신의 겉옷을 던진다. 이는 그를 자신의 후계자로 지목하는 행위다.

19:20 돌아가라 엘리야는 엘리사에게 돌아가라고 명했다. 동시에 그는 하나님의 엄숙한 부르심을 마음에 새기고, 지상적인 애착으로 그 부르심에 대한 순종을 미루지 말 것을 엘리사에게 권면한다.

19:21 잡고 엘리사는 소들을 잡아 가족과 친구들을 불러 고별 잔치를 열었다. 이는 엘리사가 굳은 각오로 길을 떠나고자 했음을 보여준다. 그는 엘리야의 뒤를 따르고, 그를 섬기는 사람이 된다(문자적으로는 '부관'으로, 출 24:13; 33:11에서 모세와 여호수아의 관계를 묘사하는 데 쓰인 것과 같은 용어임). 엘리야가 모세를 닮았다면 엘리사는 여호수아를 닮았다.

20:1 벤하닷 이 왕은 아람의 벤하닷 2세였을 것이다(*15:18에 대한 설명을 보라*). 이 왕은 이스라엘의 수도에 쳐들어와서 아합 왕에게 항복을 요구했다(2-6절). **왕 삼십이 명** 이들은 아람 땅에 있던 속국의 통치자들이었을 것이다(*10:29에 대한 설명을 보라*).

20:9 내가…하려니와…할 수 없나이다 아합은 기꺼이 벤하닷의 봉신이 되어 공물을 바치려고 했다(2-4절). 하지만 그는 아람의 왕이 자신의 궁전을 약탈하는 것을 허용할 수 없었다(5-8절).

20:10, 11 벤하닷은 자신의 군대가 사마리아의 언덕을 먼지처럼 부숴버릴 것이라고 으스댄다(10절). 아합은 벤하닷이 싸워보기도 전에 그 결과를 가지고 우쭐대지 말라고 응답한다(11절).

20:13 내가 오늘 그들을 네 손에 넘기리니 이것은 주님이 이스라엘의 편에 서서 싸우실 때 전투가 개시되기 전에 주시는 보증의 말씀이다(수 6:2, 16; 8:1, 18; 삿 7:2; 18:10; 삼상 23:4; 24:4). 이 승리는 아합에게 주님이 모든 면에서 능하신 하나님이심을 보여줄 것이다. 이스라엘의 왕과 백성은 하나님의 이름을 불명예스럽게 했지만, 주님은 그들을 포기하시지 않았다(14, 15절).

20:17-21 이스라엘이 취한 전술은 아람 사람들에게 들키지 않고 그들 가까이 갈 수 있는 청년들을 보내는 것이었다. 그 후 신호가 떨어졌을 때 그들이 돌격했고, 이어 아합의 주력 부대가 그 공격에 합류했다. 술에 취해 있던 아람 군대는 무방비 상태에서 혼란에 빠졌다. 이스라엘은 적은 수의 병력을 가지고 쉽게 영광스러운 승리를 거두었다. 이는 하나님이 주권자이심을 알도록 아합과 그의 백성에게 하나님이 베풀어주신 일이었다.

20:22 해가 바뀌면 고대 근동에서는 보통 봄철에 전쟁을 치렀다(*삼하 11:1에 대한 설명을 보라*). 선지자는 아합에게 그 다음 해가 되면 벤하닷이 다시 공격해올 것이라고 경고했다.

20:23 산의 신 벤하닷의 신하들은 지난 싸움이 산지에서 벌어졌기 때문에 이스라엘이 이겼다고 믿었다. 그들 편에서 보면 그 지역은 이스라엘의 '신들'(NKJV에는 이 단어가 복수형으로 되어 있음－옮긴이)이 다스리는 곳이었다. 그들은 벤하닷에게 다시 군대를 모아 이스라엘

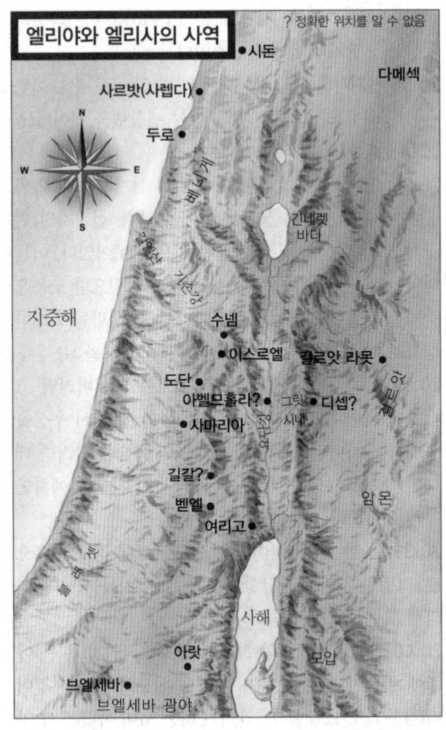

과 싸우되 평지에서 전투를 치르라고 조언한다(25절). 그들의 이런 태도는 분명히 이스라엘의 하나님을 모독하는 것이었다. 그분은 온 세상을 주관하시는 주님이시기 때문이다(참고. 왕하 19:16-19). 아람 족속은 주님의 능력을 모독했기 때문에 그들의 패배는 이미 정해진 일이었다(28절).

20:26 아벡 이스라엘에는 아벡이라는 이름의 성읍이 몇 군데 있었지만, 여기에 언급된 곳은 야르묵강의 북쪽인 동시에 갈릴리 바다에서 동쪽으로 5킬로미터 정도 떨어진 곳에 있던 성읍이었을 것이다.

20:27 두 무리의 적은 염소 떼 그 들판을 뒤덮은 아람 대군에 견줘볼 때 이스라엘은 마치 두 무리의 염소 떼처럼 보였다. 대개 염소들은 모여서 큰 무리를 이루지도 않고 양들처럼 여기저기 흩어지지도 않는다. 그래서 "두 무리의 적은 염소 떼"로 묘사한 것이다.

20:28 하나님의 사람 *12:22에 대한 설명을 보라.*

20:30 골방 문자적으로는 '방 속의 방'을 뜻한다. 안전하고 은밀한 장소다.

20:31 굵은 베…테두리 굵은 베는 전통적으로 비탄과 참회를 상징하며, 머리에 끈을 두르는 것은 항복의 상징이다.

20:34 거리 문자적으로는 '거리, 바깥의 장소들'을 뜻

한다. 외국에 개설한 시장(참고. 느 13:16)은 이스라엘의 생산물을 팔기에 유리한 장소였다.

20:35 선지자의 무리 선지자들이 모인 공동체로, 이들은 연구와 격려, 섬김을 위해 함께 생활했을 것이다(*삼상 10:5에 대한 설명을 보라*).

20:35, 36 극적인 효과를 내기 위해 선지자는 마치 싸움에서 다친 것처럼 상처를 입어야 했다. 선지자의 친구가 그의 말대로 하길 거절한 것은 잘못이었다. 이는 하나님의 선지자가 임무를 감당하는 데 필요한 도움을 주기를 거절한 일이었기 때문이다. 다른 사람들에 대한 경고로 이 행동은 엄한 벌을 받았다(참고. 13:2-24).

20:39-43 군인이 싸움터에서 포로를 잃어버리면 그 잘못에 대한 대가를 치러야 하듯 아합 왕 역시 우상을 숭배하는 하나님의 원수인 벤하닷의 목숨을 살려준 데 대한 대가를 치러야 한다는 것을 선지자는 한 예화를 통해 보여준다.

20:39 은 한 달란트 이것은 34킬로그램 정도의 은으로, 평범한 군인이 감당할 수 없는 값어치를 지녔다. 따라서 그는 죽음에 직면하게 되었다.

20:40 그대로 당하여야 하리라 이 '법적인 비유'는 아합에게 *그*가 지은 죄에 대한 벌을 선포하기 위한 것이다(삼하 12:1-12을 보라). 알지 못하는 사이 아합은 그 자신에 대한 심판을 선언한 것이다(42절).

20:42 멸하기로 이 싸움을 거룩한 전투로 선언함으로써(13, 22, 28절) 주님은 벤하닷과 아람 족속을 저주 아래 두셨다. 이는 그들의 운명이 주께 속하며 파멸당하도록 정해졌음을 가리키는 것이다(신 7:2; 20:16). 하지만 아합은 벤하닷을 풀어줌으로써 그 율법을 어겼고, 이제 *그*가 벤하닷 대신 저주 아래 놓이게 되었다.

20:43 근심하고 답답하여 주님이 그의 행동에 보이신 반응 때문에 아합은 불쾌한 기분이 들었다(참고. 21:4).

21:1 이스르엘 *18:45에 대한 설명을 보라*. 아합은 이스르엘에 두 번째 왕궁을 지었다. 수도 사마리아에 머물지 않을 때면 그는 이곳에 거주했다.

갈멜 산 정상에서 바라본 이스르엘 골짜기

21:2 네 포도원…내게 주어 가나안 문화에서 토지는 이익을 위해 팔고 거래할 수 있는 물건이었다. 아합은 나봇에게 서로 포도원을 맞바꾸든지 아니면 돈으로 값을 지불하겠다고 했는데, 이는 근동 지방에서 흔히 볼 수 있는 거래 방식이었다.

21:3 여호와께서 금하실지로다 나봇의 말에는 자신의 포도원을 맞바꾸거나 돈을 주고 파는 일은 율법에 어긋나는 것이며, 하나님이 기뻐하시지 않을 거라는 뜻이 담겨 있다(참고. 삼상 24:6; 26:11; 삼하 23:17). 이는 그 포도원이 그의 선조로부터 물려받은 유산이기 때문이다. 온 이스라엘 땅의 주인이신 주님은 이스라엘 백성이 자기 가문에 속하는 땅의 소유권을 다른 사람에게 영구적으로 넘기는 일을 금하셨다(레 25:23-28; 민 36:7-9). 나봇은 하나님에 대한 충성심에서 아합의 제안을 거절했다.

21:7 왕이 지금 이스라엘 나라를 다스리시나이까 이 말은 외치는 소리로 이해할 수도 있고, 질문으로 해석할 수도 있다. 어느 쪽이든 이세벨은 아합이 이 문제에 대해 왕의 절대 권력을 행사하지 않는 것을 책망한다.

21:8 편지들을 쓰고 왕의 서기관들이 작성한 고대의 편지들은 주로 보내는 사람이 서명하고 점토나 밀랍으로 봉인한 두루마리 형태였다. 두루마리에 붙은 봉인은 그 편지의 내용이 왕의 명령임을 나타냈으며, 그 명령을 따르지 않는 사람은 어떤 식으로든 처벌을 받게 되리라는 것을 암시했다.

21:9 금식을 선포하고 어떤 공동체에 금식을 선포하는 것은 곧 어떤 재난이 그들에게 닥칠 거라는 뜻이었다. 그 재난은 그들이 주님 앞에서 자신을 겸손하게 낮추고, 하나님의 심판을 불러온 죄를 지은 사람을 제거해야만 피할 수 있는 것이었다(참고. 삿 20:26; 삼상 7:5, 6; 대하 20:2-4).

21:10 불량자 문자적으로는 '벨리알의 아들들'이라는 뜻이다. 이들은 매우 악한 자들이었다. *사무엘상 2:12에 대한 설명을 보라*. **두 사람** 모세의 율법은 사형을 내릴 경우 증인 두 사람을 요구했다(민 35:30; 신 17:6; 19:5). **하나님과 왕을 저주하였다** 하나님과 왕을 저주한 죄에 대한 형벌은 죽음이다(출 22:28).

21:13 성읍 밖으로 이들은 모세의 율법에 규정된 장소에서 무고한 나봇을 죽임으로써 이 위선적이고 잔인한 살인극이 절정에 이르도록 했다(레 24:14; 민 15:35, 36). 나봇은 들판에서 돌에 맞아 죽었으며 그의 아들들도 함께 살해당했다(왕하 9:26). 이는 그의 후손을 끊기 위해서였다.

21:19 엘리야가 선포한 첫 번째 심판은 아합에게 개인

적으로 적용되는 것이었다. 엘리야는 나봇이 죽은 이스르엘 성읍 바깥에서 개들이 아합의 피를 핥을 거라고 선언한다. 아합이 회개했기 때문에 이 예언은 실현되지 않았지만(27-29절), 이후 사마리아의 연못에서 개들이 아합의 피를 핥음으로써 부분적으로 성취되었다(22:37, 38).

21:21-24 엘리야가 선포한 두 번째 심판은 아합과 그의 가문에 적용되었다. 이 심판은 여로보암에게 내려진 것과 거의 동일하며(14:10, 11), 바아사에게 내려진 것과 유사했다(16:3, 4).

21:23 이세벨에게 대하여도 아합을 부추겨 바알 숭배에 앞장선 이세벨(25절)도 심판 대상으로 지목되었다. 그녀에 대한 엘리야의 예언은 열왕기하 9:10, 30-37에서 문자적으로 실현되었다.

21:27 그의 옷을 찢고 옷을 찢는 것은 개인적으로나 국가적으로 큰 재앙을 만났을 때 슬픔과 공포, 회개를 드러내는 관습적인 행위였다(민 14:6; 수 7:6; 삿 11:35; 삼하 1:2; 3:31).

21:29 그 아들의 시대 주님 앞에서 진심으로 자신을 낮춤으로써 아합에게는 예고된 재앙(19절)이 닥치지 않았다. 하나님은 그 재앙을 아합의 아들인 요람이 통치할 때까지 연기하셨다(왕하 9:25, 26). 주전 852-841년경에 통치한 요람은 나봇의 땅에서 죽었다(참고. 19절).

22:1 삼 년 이스라엘은 20:1-34에 기록된 대로 아람과 2년 동안 전쟁을 치르고 나서 3년 동안 평화를 유지했다. 이 평화 기간에 벤하닷과 아합, 열 명의 다른 왕들은 앗수르의 침공을 물리치기 위해 연합군을 형성했다. 앗수르의 문헌에는 주전 853년 오론테스 강가의 카르카르(Qarqar)에서 벌어진 큰 싸움에 대한 기록이 있다. 앗수르는 자신들이 승리했다고 주장하지만, 이후에 벌어진 사건들은 당시 그들이 남하를 중단했음을 보여준다. 앗수르의 위협이 사라지자 아합은 아람과의 끝나지 않은 전쟁에 다시 관심을 갖게 된다.

22:2 여호사밧 주전 873-848년경에 통치한 유다의 왕이다. 그의 통치에 대한 내용은 41-50절에 기록되어 있다. *역대하 17:1-21:3에 대한 설명을 보라.*

22:3 길르앗 라못 라못은 요단강 동쪽의 길르앗 지방에 있던 레위 지파의 성읍이었다. 이 성읍은 갓 지파에 속한 땅의 북쪽 경계에 있었으며, 입다의 고향이었다(삿 11:34). 또 솔로몬 시대에는 행정의 중심지 가운데 한 곳이었다(4:13). 이 성읍은 벤하닷이 이스라엘에 돌려주었어야 할 성읍들 중 하나였던 것으로 보인다(20:34).

유다의 왕들(분열 왕국)

르호보암	열왕기상 12:1-14:31; 역대하 10:1-12:16
아비얌(아비야)	열왕기상 15:1-8; 역대하 13:1-22
아사	열왕기상 15:9-24; 역대하 14:1-16:14
여호사밧	열왕기상 22:41-50; 역대하 17:1-20:37
요람(여호람)	열왕기하 8:16-24; 역대하 21:1-20
아하시야	열왕기하 8:25-29; 역대하 22:1-9
아달랴(여왕)	열왕기하 11:1-16; 역대하 22:1-23:21
요아스(여호아스)	열왕기하 11:17-12:21; 역대하 23:16-24:27
아마샤	열왕기하 14:1-22; 역대하 25:1-28
웃시야(아사랴)	열왕기하 15:1-7; 역대하 26:1-23
요담	열왕기하 15:32-38; 역대하 27:1-9
아하스	열왕기하 16:1-20; 역대하 28:1-27
히스기야	열왕기하 18:1-20:21; 역대하 29:1-32:33
므낫세	열왕기하 21:1-18; 역대하 33:1-20
아몬	열왕기하 21:19-26; 역대하 33:21-25
요시야	열왕기하 22:1-23:30; 역대하 34:1-35:27
여호아하스	열왕기하 23:31-33; 역대하 36:1-4
여호야김	열왕기하 23:34-24:7; 역대하 36:5-8
여호야긴	열왕기하 24:8-16; 역대하 36:9, 10
시드기야	열왕기하 24:18-25:21; 역대하 36:11-21

22:5 여호와의 말씀이 어떠하신지 물어 보소서 여호사밧은 아합을 도와 아람과 싸우려고 했다(4절). 그러나 그는 싸움에 나서기 전 먼저 주님의 뜻을 구해야 한다는 점을 아합에게 상기시킨다(참고. 삼상 23:1-5, 9-13; 삼하 2:1; 5:19-25; 왕하 3:11-20).

22:6 선지자 아합이 모은 400명의 선지자들은 참된 주님의 선지자가 아니었다. 그들은 벧엘에서 여로보암이 세운 금송아지를 섬겼으며(12:28, 29), 바알 숭배를 허용하는 종교 정책을 폈던 아합의 후원을 받고 있었다. 따라서 그들의 말은 아합을 기쁘게 하려는 것이었다(8절). 그들은 '여호와께서 이렇게 말씀하신다'(thus says the LORD)는 권위적인 선언으로 말을 시작하지 않았으며, 이스라엘의 하나님을 지칭할 때 그분의 언약적 이름인 "여호와"(LORD)로 하나님을 표현하지도 않았다.

22:7 여호와의 선지자 여호사밧은 선지자들 400명이 참된 주님의 선지자가 아님을 인지하고 참된 선지자의 말을 듣고자 했다.

22:8 미가야 그의 이름은 '누가 여호와와 같은가'라는 뜻이다.

22:10 왕좌 높은 등받이를 가진 움직이는 나무의자로 팔걸이가 있으며 발 받침대도 따로 있었다.

22:11 시드기야 그는 거짓 선지자들을 대표하는 자였다. 6절에서와 달리 그는 '여호와께서 이렇게 말씀하신다'라는 표현을 썼으며, 하나님의 언약적 이름도 언급했다.

22:15 올라가서 승리를 얻으소서 미가야는 사신이 부탁한 대로(13절) 거짓 선지자들의 말을 반복하여 왕을 조롱했다. 아합은 그의 말에 담긴 조롱을 감지하고 진실을 말하라고 요구했다(16절).

22:17 목자 없는 양 왕을 목자에, 백성을 양에 비유하는 것은 익숙한 표현이다(민 27:16, 17; 슥 13:7). 미가야의 요점은 이스라엘의 목자인 아합이 죽임을 당하고, 그의 군대는 뿔뿔이 흩어지리라는 것이었다.

22:22 거짓말하는 영 이것은 사탄임에 틀림없다. 주님은 사탄이 거짓 선지자 400명 안에 거하는 마귀들 400명을 통해 말하도록 허용하셨다.

22:24 뺨을 치며 거짓 선지자들의 우두머리(6절)는 하나님을 위해 자신이 진실을 말하고 있다고 주장하는 미가야의 말이 오만하다고 여겨 그를 꾸짖는다. 그러고는 "여호와의 영이 나를 떠나 어디로 가서 네게 말씀하시더냐"라고 조롱 섞인 질문을 던진다.

22:28 왕이 참으로…돌아오시게 될진대 신명기 18:21,

이스라엘의 왕들(분열 왕국)

여로보암 1세	열왕기상 12:25-14:20
나답	열왕기상 15:25-31
바아사	열왕기상 15:32-16:7
엘라	열왕기상 16:8-14
시므리	열왕기상 16:15-20
디브니	열왕기상 16:21, 22
오므리	열왕기상 16:21-28
아합	열왕기상 16:29-22:40
아하시야	열왕기상 22:51-53; 열왕기하 1:1-18
여호람(요람)	열왕기하 2:1-8:15
예후	열왕기하 9:1-10:36
여호아하스	열왕기하 13:1-9
여호아스(요아스)	열왕기하 13:10-25
여로보암 2세	열왕기하 14:23-29
스가랴	열왕기하 15:8-12
살룸	열왕기하 15:13-15
므나헴	열왕기하 15:16-22
브가히야	열왕기하 15:23-26
베가	열왕기하 15:27-31
호세아	열왕기하 17:1-41

22의 내용에 따라 미가야는 아합이 싸움터에서 살아 돌아온다면 자신은 거짓 예언을 한 것이 되리라고 선언한다.

22:30 변장하고 아합은 미가야의 예언을 거부하면서도 두려워했다. 그래서 그는 자신의 왕복을 입지 않고 평범한 군인의 옷을 입기로 했다.

22:31 오직 이스라엘 왕과 아합이 목숨을 살려줬던 아람 왕 벤하닷(20:34)은 아합을 찾아 죽이려고 혈안이 되어 있었다.

22:32 여호사밧이 소리를 지르는지라 역대하 18:31에 따르면 이때 그는 주님이 자신을 구해주시기를 기도했다. 여호사밧이 소리를 지르자 아람 군인들은 그가 아합이 아님을 알았다.

22:34 무심코 아람의 한 궁수가 변장한 아합인 줄 모르고 한 이스라엘 군인을 쏘았다. 그가 쏜 화살은 아합의 갑옷 가슴과 하복부와 허벅지를 덮은 비늘 갑옷 사이를 뚫고 들어갔다. 복부에 치명상을 입은 아합은 곧바로 병거 안에 주저앉더니 죽을 때까지 피를 흘렸다.

22:38 여호와께서 하신 말씀과 같이 아합의 죽음은 엘리야(21:19)와 미가야(17절)가 선포한 예언대로 이루어졌다. **창기들이 목욕하는 곳** (NKJV에는 이 부분이 'while the harlots bathed', 곧 '창기들이 목욕하는 동안'으로 번역됨–옮긴이) 히브리어 본문에 기록된 이 구절의 단어는 '…하는 곳'(where)으로 해석할 수도 있고, '…하는 동안'(while)으로 해석할 수도 있다. 어떻게 읽든지 간에 요점은 동일하다. 영적인 창기(곧 우상 숭배자)였던 아합은 신체적인 창기들과 하나가 된 죽음을 맞았다.

22:39 상아궁 사마리아에 있던 아합의 궁전 내부에는 무늬를 새긴 상아로 만들어진 벽이 있었다. 이는 그의 왕국이 누린 경제적 번영을 상징한다. **그가 건축한 모든 성읍** 고고학자들의 발굴은 아합이 사마리아와 므깃도, 하솔에 요새를 증축했음을 보여준다.

22:41 제사년에 이는 여호사밧이 아버지 아사와 공동으로 유다를 통치하다가 단독으로 왕위에 오른 주전 870년을 가리킨다.

22:42 이십오 년 주전 873-848년이다.

22:43 정직히 행하였으나 여호사밧은 아버지 아사가 간 길을 신실하게 따르고, 주님이 기뻐하시는 일들을 행했다. 아사와 마찬가지로 그가 범한 유일한 큰 잘못은 산당을 폐쇄하지 않은 것이었다.

22:44 화평하니라 역대하 19:2에서 선지자 예후는 이스라엘과 이렇게 협력관계를 유지한 것에 대해 여호사밧을 책망하고 있다.

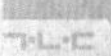

단어 연구

바알(Baal): 16:31; 18:19, 21, 26, 40; 19:18; 22:53. 문자적으로는 '주인' 또는 '남편'을 뜻한다. 바알은 고대 근동 지역에서 풍요와 폭풍우를 주관한다고 여긴 이교의 신들을 지칭한다. 가나안의 문헌들은 풍요의 여신으로 구약에서 여러 차례 언급되는 아세라(왕하 21:7)와 바알을 연관시킨다. 이방 족속들은 자신의 신체를 절단하거나 종교 의식적인 간음을 행하고, 어린 아이를 제물로 드림으로써 이들 신을 섬겼다. 하나님은 이스라엘 백성이 바알과 아세라 숭배를 받아들인 것에 대해 그들을 벌하셨다(삿 2:11-15; 렘 19:4-6).

왕상

22:45 전쟁하였는지 열왕기하 3:7-27; 역대하 17:11; 20:1-30을 보라.

22:47-49 여호사밧은 에돔 땅을 통제하고 있어 에시온 게벨에도 진출할 수 있었다. 그는 솔로몬이 건조한 배들과 그가 쌓은 부를 모방하려고 했지만(9:26-28) 실패했다. 역대하 20:36, 37에 따르면 여호사밧이 그 배들을 건조하려고 이스라엘 왕 아하시야와 손을 잡았기 때문에 주님은 그의 배들을 부숴버리셨다. 열왕기상 22:49은 그 재난이 있고 나서 아하시야가 다시 연합하자고 제안한 일을 기록한 것으로 보인다.

22:51-왕하 1:18 아하시야…이 년 동안 주전 853-852년이다.

22:53 바알을 섬겨 아하시야는 바알 숭배를 공식적으로 계속 장려했다(참고. 16:31, 32). 열왕기상은 아하시야의 통치 중간인 이 지점에서 끝나며, 열왕기하 1:1-18이 다시 그 이야기를 이어받는다. 자연스럽지 않은 이 단절에 대한 설명은 서론의 제목에서 다루었다.

연구를 위한 자료

John J. Davis and John C. Whitcomb, *A History of Israel from Conquest to Exile*(Grand Rapids: Baker, 1980).

R. D. Patterson and Hermann J. Austel, *1, 2 Kings*, in Expositor's Bible Commentary (Grand Rapids: Zondervan, 1988). 『엑스포지터스 성경주석』(열왕기상-역대하), 패터슨·오스텔·페인 지음, 엑스포지터스번역위원회 옮김(형상사, 1988).

서 론
서론적 논의와 개요는 열왕기상 부분을 보라.

1:1 모압이…배반하였더라 *창세기 19:37, 38에 대한 설명*과 룻기 서론의 배경과 무대를 보라. 참고. 3:4-27.
1:2 아하시야 북왕국 이스라엘의 이 왕을 유다 왕 아하시야(8:25-9:29)와 혼동해선 안 된다. **그의 다락 난간** 아하시야의 집 옥상에 만든 방은 갈대 또는 나무조각을 짜서 만든 격자창으로 둘러싸여 있었다. 이 격자창은 직접적으로 내리쬐는 햇빛을 차단하고, 시원한 바람은 들어오게 하는 역할을 했다. 하지만 이 격자창은 (어떤 설명되지 않은 이유로) 아하시야가 땅으로 추락하는 것을 막을 만큼 튼튼하지는 않았다. 이 일은 주전 852년경에 일어났다. **바알세붑** 이 신은 에그론에서 숭배하던 형태의 바알 신이었다(*왕상 16:31, 32에 대한 설명을 보라*). 바알세붑(Baal-Zebub)은 '파리들의 군주'라는 뜻이다. 따라서 그는 파리가 가져오는 질병을 다스리는 폭풍우의 신이었을 것이다. 반대로 이 이름은 '바알세불'(Baal-Zebul)을 이스라엘에서 풍자적으로 비꼬아 불렀던 이름일 수도 있다. 바알세불은 '군주인 바알' 또는 '높이 오른 주'를 뜻하며, 성경 바깥의 가나안 문헌에서 바알을 지칭한 일반적인 이름이었다. 신약성경도 이 이름을 '바알세불'로 기록하며, 마귀들의 왕인 사탄을 가리키는 데 쓴다(마 10:25; 12:24; 막 3:22; 눅 11:15). **에그론** 블레셋의 주요 성읍 중 가장 북쪽에 있던 성읍으로, 예루살렘에서 서쪽으로 35킬로미터 정도 떨어진 곳에 있었다(*삼상 5:10에 대한 설명을 보라*).
1:3 여호와의 사자 어떤 주석가들은 이 표현이 성육신하기 이전의 그리스도를 가리킨다고 해석하지만(예를 들어 창 16:7-14; 삿 2:1-4. *출 3:2에 대한 설명을 보라*), 여기서 이 표현은 주님이 이전에 엘리야에게 보내셨던 한 명의 천사를 가리키는 것으로 보인다(참고. 19:35; 왕상 19:7). 주님이 보내신 사자는 악한 왕의 사자들과 대조를 이룬다(2, 3, 5절). **엘리야** 이스라엘의 이 비범한 선지자에 대한 기록은 열왕기상 17:1에서 시작되어 열왕기하 2:11까지 이어진다(*왕상 17:1에 대한 설명을 보라*).

1:4 네가 반드시 죽으리라 아하시야는 참되신 하나님 대신 거짓 신에게 뜻을 구하려 했고, 주님은 그에 대한 벌로 그의 병이 회복되지 못하게 하셨다. 이 일은 이 죄에 대해 죽음을 요구하는 모세의 율법(참고. 출 22:20)을 자비롭게 적용한 것이다. 참고. 16, 17절.
1:8 털이 많은 사람 문자적으로는 '털의 소유자'라는 뜻이다. 이 표현은 두 가지로 해석될 수 있다. 첫째는 엘리야의 몸에 털이 많았거나, 둘째는 엘리야가 털로 만든 옷을 입었다는 것이다. 이 구절에 사용된 어휘는 엘리야가 거친 양털로 만든 옷을 입고 허리에 가죽 띠를 둘렀다는 두 번째 견해를 지지한다. 스가랴 13:4에는 선지자들이 그런 옷을 입었던 것으로 묘사한다(참고. 마 7:15). 더 나아가 신약성경은 성령의 감동을 받아 엘리야처럼 나타난 세례 요한이 낙타털로 된 옷을 입었던 것으로 묘사한다(마 3:4).
1:9 하나님의 사람 하나님 말씀을 전하는 사람을 가리키는 호칭이다. *신명기 33:1; 열왕기상 12:22, 디모데전서 6:11에 대한 설명을 보라.*
1:10-12 불이 곧 하늘에서 내려와 이것은 엘리야가 주님의 선지자이므로 그의 말을 존중해야 한다는 것을 입증해 보여준다. 더 나아가 이는 엘리야가 모세와 같은 인물임을 보여주고 있다. 모세 역시 하늘에서 내려온 불을 통해 주님의 선지자로 입증되었기 때문이다(민 16:35).
1:15 여호와의 사자 *1:3에 대한 설명을 보라.*
1:16 바알세붑 *1:2에 대한 설명을 보라.*
1:17 여호람…여호람 여기서 먼저 언급된 여호람은 아하시야처럼(왕상 22:51) 아합의 아들이었다(3:1). 그는 주전 852-841년경 12년간 북왕국 이스라엘을 통치했다(*3:1에 대한 설명을 보라*). 두 번째로 언급된 여호람은 여호사밧의 아들이며 왕위 계승자로, 주전 853-841년경 남왕국 유다를 다스렸다(참고. 8:16-24). **둘째 해** 주전 852년경이다. 이는 유다의 여호람이 아버지 여호사밧과 함께 통치한 두 번째 해였다(*3:1; 8:17; 대하 21:4-20에 대한 설명을 보라*).

3. 엘리사가 참되신 하나님의 선지자로서 이스라엘에 끼친 영향(2:1–9:13)

2:1 회오리 바람으로 문자적으로는 '회오리바람 안에서'라는 뜻이다. 이 폭풍우에는 천둥과 번개가 동반되었으며, 엘리야는 이 바람을 타고 승천했다(11절). 욥기 38:1; 40:6; 예레미야 23:19; 25:32; 30:23; 스가랴 9:14에서 주님의 임재는 회오리바람을 동반한다. **엘리사** 엘리야의 뒤를 이은 이 선지자에 대한 기록은 열왕기상 19:16에서 시작되어 열왕기하 13:20에서 그가 죽을 때까지 이어진다(*왕상 19:16에 대한 설명을 보라*). **길갈** 어떤 해석가들은 여기 언급된 길갈을 요단강 서쪽의 여리고 부근에 있던 성읍이라고 주장한다(참고. 수 4:19; 5:9). 하지만 이 성읍이 벧엘에서 가까웠던 점(2절), 여리고와 거리가 있었던 점(4절)으로 미뤄볼 때 여기 언급된 길갈은 에브라임 지파 땅의 구릉 지대에 있으며, 벧엘에서 북쪽으로 11킬로미터 정도 떨어져 있었던 성읍을 가리키는 것으로 보인다.

2:2 벧엘 예루살렘에서 북쪽으로 13킬로미터 정도 떨어진 곳에 있는 베냐민 지파의 땅에 속한 성읍이었다. 이곳은 이스라엘에서 이루어진 거짓 예배의 중심지 역할을 했다(*왕상 12:29에 대한 설명을 보라*).

2:3 선지자의 제자들 *열왕기상 20:35에 대한 설명을 보라.* **당신의 머리 위로** 이는 곧 엘리사를 지도하던 상태로부터 떠날 거라는 뜻이다. 이는 제자들이 단 위에 오른 스승의 발아래에 앉아 가르침을 받았던 관습을 암시하는 말이다. 엘리야의 조수였던 엘리사는 이후 선지자들을 이끄는 지도자가 되었다. **데려가실 줄을** 창세기 5:24에서 에녹이 승천할 때도 같은 표현이 쓰였다. 선지자의 제자들이 던진 질문은 엘리야가 곧 떠나리라는 것을 주님이 그들에게 계시해주셨음을 암시한다. 자신에게 그 말을 할 필요가 없다는 엘리사의 응답("잠잠하라")은 주님이 엘리야의 승천을 그에게도 계시해주셨음을 분명히 드러낸다(참고. 5절).

2:4 여리고 요단강 골짜기에 있던 이 성읍은 벧엘에서 남동쪽으로 22킬로미터 정도 떨어진 곳에 있었다(참고. 수 2:1; 6:1). 엘리사는 엘리야를 따라 이 성읍으로 이동한다(참고. 6절).

2:8 물이…갈라지고 엘리야는 겉옷을 말아 지팡이처럼 만들고, 그것으로 요단 강물을 친다. 그 즉시 물이 갈라지고, 두 선지자는 바닥에 생긴 마른 길을 따라 강을 건넌다. 엘리야의 이 행동은 모세가 지팡이를 들어 홍해를 가른 일(출 14:21, 22)과 이스라엘 백성이 발을 내딛자 요단강이 갈라진 사건(수 3:14-17)을 상기시킨다. 강을 건넌 엘리야는 모세가 생애를 마감한 요단강의 동쪽 기슭에 머문다(신 34:1-6).

2:9 갑절이나 이스라엘에서 맏아들은 장자권과 함께 아버지의 재산 중 두 몫을 물려받았다(신 21:17). 엘리사가 "당신의 성령이 하시는 역사가 갑절이나" 있게 해 달라고 한 말은 그저 엘리야의 예언 사역을 이어받고 싶다는 소원을 표출한 것이 아니다. 열왕기상 19:16-21에서 주님은 이미 그가 엘리야의 사역을 이어받게 될 것을 계시하셨기 때문이다. 그렇다면 엘리야보다 더 우월한 사역을 감당하기를 원했던 것도 아니다. 실제로 성경에는 엘리사가 행한 기적이 엘리야가 행한 것보다

두 배나 많이 기록되어 있지만 말이다. 엘리사는 하나님이 이전에 약속하신 것처럼 엘리야의 예언 사역을 계승하고자 했고, 엘리야의 후계자에게 요구되는 책임을 감당하기 위해 자신의 능력을 넘어서는 영적인 힘을 구했던 것으로 보인다. 그는 엘리야에게 있던 강한 능력이 자신을 통해 지속적으로 나타나기를 소원했다.

2:10 어려운 일 하나님만이 영적인 능력을 주실 수 있기 때문에 엘리야에게는 엘리사의 청을 들어줄 만한 힘이 없었다. 엘리야는 자신이 승천하는 모습을 엘리사가 본다면 그것은 하나님이 엘리사의 청을 들어주신다는 징표가 될 거라고 말한다.

2:11 불수레와 불말들 당시 말이 끄는 수레(병거)는 가장 빠른 이동수단이자 싸움에서 가장 강력한 병기였다. 따라서 수레와 말들은 이스라엘의 참된 반석이 되시는 하나님의 강력한 보호를 상징한다(12절). 이 세상의 나라들은 자신들을 지키기 위해 말과 병거로 상징되는 군사력에 의존하지만, 이 한 사람의 선지자는 하나님의 능력에 의지해 자신의 나라를 보존하는 데 그 모든 군사적 수단보다 더 많은 일을 행한다.

2:12 내 아버지여 선지자를 따르는 제자들은 자신들의 지도자를 영적인 아버지로 여겼다. 이것은 권위를 지닌 사람을 높여 부르는 호칭으로(창 45:8; 삿 17:10), 이후 엘리사에게도 적용되었다(6:21; 13:14).

2:13 엘리야의…겉옷 엘리사는 엘리야가 떨어뜨린 겉옷(*1:8에 대한 설명을 보라*)을 집어 들었다. 이 일은 그가 엘리야의 영적 후계자임을 확증해준다.

2:14 물이…갈라지고 엘리사는 엘리야가 했던 행동(8절)을 되풀이한다. 그는 엘리야의 겉옷으로 요단 강물을 가르고, 마른 땅을 건너 서쪽 기슭으로 되돌아왔다. 이 일은 엘리사가 그의 스승 엘리야가 가진 큰 능력을 하나님께로부터 받았음을 확증해준다.

2:15 땅에 엎드려…경배하고 이 행동은 이스라엘의 선지자로서 큰 역할을 맡게 될 엘리사의 지위를 선지자들이 받아들이고 복종했음을 상징한다.

2:16 이 선지자들은 사람이 죽어 그 영혼이 하나님께로 갈 때 그 몸은 이 땅에 남는다는 것을 알고 있었다. 엘리야의 몸을 귀중히 여긴 그들은 그 몸을 찾아서 정성껏 보존하기를 원했다. 하지만 엘리사는 다른 선지자들과 달리 엘리야가 산 채로 승천하는 모습을 보았기 때문에(11절) 그의 몸이 이 땅에 남아 있지 않다는 것을 알고 있었다. 그래서 엘리사는 그들의 요청을 허락하지 않았다.

2:17 부끄러워하도록 8:11과 사사기 3:25에서 이 표현은 그들의 끈질긴 요청에 따른 당혹감을 나타낸다. 엘리사는 직접 본 것을 믿지 못하는 자신을 부끄러워하는 동시에 선지자들의 수색이 헛수고로 돌아갈 것을 알았기 때문에 당혹감을 느낀다(18절). 참고. 열왕기상 18:12.

2:20, 21 그릇…소금 소금은 물을 정화시켜 주지만, 엘리사가 뿌린 정도의 적은 양으로는 물 전체를 맑게 할 수 없다. 그러므로 엘리사가 새 그릇에 소금을 담아 뿌린 것은 하나님이 기적적으로 그 물을 깨끗하게 해주시리라는 것을 상징한다. 엘리사를 통해 물이 정화됨으로써 이 성읍은 여호수아의 저주에서 벗어났고, 다시 한번 사람들이 살 수 있는 곳이 되었다(참고. 수 6:26; 왕상 16:34).

2:23 작은 아이들 이들은 어린 아이들이 아니라 믿음이 없거나 우상을 숭배하는 10대 후반 또는 20대의 젊은이들이었다(참고. 창 22:12; 37:2; 왕상 20:14, 15). **대머리** 대머리는 불명예스러운 것으로 간주되었다(참고. 사 3:17, 24). 여기서 엘리사가 대머리였다는 말은 다음 중 하나를 뜻하는 것으로 보인다. 자연적으로 머리카락이 빠진 경우, 자신이 선지자로 구별되었음을 표시하기 위해 머리카락을 민 경우, 좀 더 가능성이 있는 것으로 단지 멸시와 조롱을 나타내는 말이었을 뿐 엘리사는 실제 대머리가 아닌 경우다. 이 젊은이들은 엘리야의 승천을 따라해 보라고 말하며("올라가라") 주님의 선지자를 모욕하고 조롱했다.

2:24 저주하매 스무 살 남짓 된 젊은이들(왕상 3:7에서는 솔로몬에 대해 똑같은 표현이 쓰였음)이 그런 식으로 자신을 모욕했기 때문에 엘리사는 주님이 보시기에 합당한 대로 이 불량한 자들을 처리해주시기를 구한다. 이에 주님은 그 젊은이들에 대한 벌로 암곰 두 마리를 보내 마흔두 명을 공격하게 하셨다. 엘리사를 조롱하는 것은 주님 자신을 조롱하는 일이었기 때문에 이 형벌은 분명히 정당한 것이었다. 그들에게 내려진 벌의 무거움은 지은 죄의 중대함을 보여준다. 이 두려운 심판은 엘리사의 사역을 훼방 놓으려는 사람들에게 주시는 하나님의 경고였다.

2:25 갈멜 산 이 지역에 대해서는 *열왕기상 18:19에 대한 설명을 보라*. 엘리사는 자신의 선지자 사역을 바알 숭배에 저항했던 엘리야의 사역과 연관 지었다. **사마리아** 팔레스타인의 중앙부에 있던 북왕국의 수도다(참고. 왕상 16:24).

3:1 열여덟째 해 주전 852년경이다. 이 해는 주전 870년 아버지 아사가 죽고 여호사밧이 유다를 통치한 지 18년째 되는 해였다. 여호사밧은 주전 873-870년까지 아사와 공동으로 통치했다. 여호사밧의 아들 여호람은 주

전 853-848년까지 그와 함께 통치했다(*1:17, 8:17에 대한 설명을 보라*). **여호람** *1:17에 대한 설명을 보라*. 그는 아하시야의 형제였다(왕상 22:51). **열두 해** 주전 852-841년이다.

3:2 바알의 주상 이것은 아합 왕이 만들어 신전에 둔 바알 신의 형상이었을 것이다(왕상 16:32, 33). 이 주상은 여호람의 통치 말기에 다시 등장하는데(10:26, 27), 완전히 파괴되지 않고 창고에 보관되었던 것이 분명하다.

3:3 여로보암 주전 931-910년경에 통치했다. *열왕기상 11:26-14:20; 역대하 9:29-13:20에 대한 설명을 보라.*

3:4 모압 왕 메사 모압 땅의 비석(1868년 모압 땅의 디혼에서 발견되었으며, 주전 840-820년경의 것으로 추정됨)에 따르면 사해 동쪽의 아르논강과 세렛 시내 사이에 있던 모압은 오므리 왕의 통치기(주전 880년경) 이후로 이스라엘의 속국이 되었다. 모압의 메사 왕은 양을 기르던 사람으로(참고. 암 1:1), 이스라엘 왕에게 양과 양털을 공급했다. 이것은 모압이 이스라엘에게 매년 바치는 공물이었다.

3:5 모압 왕이…배반한지라 메사 왕은 아합 왕의 죽음을 이스라엘의 정치적 지배와 무거운 경제적 부담을 벗어버릴 기회로 이용했다. 모압의 반란은 아하시야의 통치기(1:1)인 주전 853년에 일어났다. 주전 852년에 이스라엘의 왕위를 계승한 여호람은 모압의 반란을 진압하기로 마음먹었다. 그는 이스라엘 군대를 동원하고(6절), 유다의 여호사밧에게도 전쟁에 동참할 것인지 물었다(7절).

3:8 에돔 광야 이것은 사해의 아래쪽으로 멀리 돌아가는 길이었다. 에돔 광야는 아라바로 알려진 사해 남쪽의 광활한 저지대에 있는 건조한 땅을 가리키거나, 에돔 땅의 서쪽에 있는 습지대를 가리켰다. 모압 땅의 비석(*3:4에 대한 설명을 보라*)에 따르면 메사 왕의 군대는 모압 땅으로 진입하는 북쪽 길을 장악하고 있었다. 따라서 남쪽으로부터 그 땅을 공격하는 것이 훨씬 더 유리했다. 그쪽은 방어가 가장 약한 곳으로, 메사는 에돔 왕의 도움을 받을 수도 없었다(9절).

3:11 손에 물을 붓던 이는 식사 전과 후에 손을 씻던 관습에서 유래한 표현이다. 이 관용적 표현은 엘리사가 엘리야를 따르고 섬겼음을 의미한다. 여호사밧은 엘리사가 주님의 참된 선지자임을 알았다(12절).

3:13 내가 당신과 무슨 상관이 있나이까 두 사람의 입장이 서로 완전히 다름을 의미하는 히브리식의 관용구다(참고. 삼하 16:10). 엘리사는 여호람에게 그의 아버지 아합과 어머니 이세벨의 선지자들한테 조언을 구하라고 조롱 섞인 태도로 권했다. 아합의 선지자들은 북왕국의 탈선한 종교를 이끌었으며(왕상 22:6, 10-12), 이세벨의 선지자들은 바알과 아세라를 섬겼다(왕상 18:19).

3:14 얼굴을 봄이 아니면 엘리사는 주님 보시기에 정직히 행한(왕상 22:43) 유다 왕 여호사밧을 존경해서 주님의 뜻을 구하기로 했다.

3:15 거문고 타는 자 음악은 찬양과 기도에 동반되었다. 음악은 선지자의 마음을 차분하게 가라앉혀 그가 주님의 말씀을 명확히 들을 수 있도록 했다. 구약에서 음악은 종종 예언에 동반되었다(참고. 대상 25:1).

3:16 이 골짜기 이는 아라바의 북동부 지역일 것이다. 이곳은 모압 고지대의 서쪽이며, 사해의 남동쪽이었다(8절을 보라).

3:20 소제 이 제사는 매일 드려졌다(출 29:38-41을 보라). **물이 에돔 쪽에서부터 흘러와** 하나님은 에돔의 산지에서 갑작스레 홍수를 일으키셨다. 사해 방향으로 흐른 그 물은 그 골짜기 속에 만들어진 개천들에 차올랐다(16절).

3:22 물이 붉어 피와 같음을 모압 사람들은 자신들 발 아래의 골짜기에 파인 개천에 이전에는 본 적이 없는 물이 차 있음을 보게 되었다. 내리쬐는 태양빛과 붉은빛의 사막 암석 지형 때문에 그 물은 마치 피 웅덩이처럼 붉은 빛을 띠었다. 모압 족속은 이전에 그 골짜기에 물이 찬 것을 본 적이 없고, 폭풍우 소리도 듣지 못했다(17절을 보라). 따라서 그들은 세 왕의 연합군이 서로 죽고 죽인 것으로 여기고(23절), 전리품을 취하려고 달려갔다. 이스라엘이 주도한 연합군은 주님이 그들의 손에 넘겨주신 모압 족속을 무찔렀다(18, 24절).

3:25 길하레셋 연합군은 모압을 침공하여 그 수도인 길하레셋을 포위했다. 이곳은 사해에서 동쪽으로 18킬로미터 정도, 아라바에서는 북동쪽으로 32킬로미터 정도 떨어진 성읍이다.

3:27 맏아들을…드린지라 절망에 빠진 메사는 그가 섬기는 우상이 자신을 도와주기를 바라고, 그의 맏아들을 모압의 신 그모스에게 제물로 바쳤다. 그는 성 안과 성 바깥의 모든 사람이 보는 앞에서 이 일을 행했다. 이는 그모스의 힘을 빌어 비참한 패배를 모면하고자 하는 시도였다. **이스라엘에게 크게 격노함이 임하매** 여기서는 왕이 드린 제사로 말미암아 모압 족속이 이스라엘을 더 증오하게 되었고, 더 격렬하게 싸웠다고 이해하는 것이 가장 좋은 해석으로 보인다. 모압 족속의 이 격렬한 반격 앞에서 이스라엘 군대는 그모스가 모압 족속을 위해 싸운다고 믿게 되었을 것이다. 그러므로 격노 또는 맹렬한 기세는 모압 족속에게서 나온 것이다.

4:1 선지자의 제자들 *열왕기상 20:35에 대한 설명을 보라.* **나의 두 아이를…그의 종을 삼고자 하나이다** 모세의 율법에 따르면 채권자들은 채무자가 빚을 갚지 못할 때 일해서 그 빚을 갚도록 채무자와 그 자녀들을 종으로 삼을 수 있었다(출 21:2-4; 신 15:12-18). 종살이의 기간은 그다음 희년까지 지속되었다(레 25:39, 40). 그러나 부자들과 채권자들은 가난한 사람들을 착취해선 안 되었다(신 15:1-18을 보라).

4:2 기름 한 그릇 몸에 기름을 바르는 데 사용한 병이다.

4:4 문을 닫고 그 과부의 필요가 사적인 것이어서 그에 대한 도움 역시 사적으로 주어져야 했다. 더 나아가 그 장소에 엘리사가 없었다는 점은 그 기적이 오직 하나님의 능력을 통해 일어났음을 입증해준다. 하나님은 그분의 능력으로 적은 것을 많이 늘리시고, 과부의 필요에 맞게 모든 그릇을 채우셨다(참고. 왕상 17:7-16).

4:8 수넴 이곳은 이스르엘 근처에 있는 잇사갈 지파의 땅에 속한 성읍이다(수 19:18). 모레산의 비탈에 있는 이 성읍은 이스르엘 골짜기의 동쪽 끝을 내려다보는 위치에 있었다(*왕상 1:3에 대한 설명을 보라*). **한 귀한 여인** 이 여인은 많은 재산과 높은 사회적 지위를 지닌 사람이었다.

4:9 하나님의…사람 *1:9에 대한 설명을 보라.* 이 여인은 엘리사가 독특하게 구별된 하나님의 선지자임을 알고 있었다. 엘리사가 보인 거룩한 삶의 모습을 보고, 여인은 남편에게 이 선지자를 위해 위층에 작은 방을 따로 만들어줄 것을 부탁했다(10절). 여인은 '거룩한' 엘리사가 그들의 '세속적인' 방과 접촉하게 되는 일을 두려워했을 것이다(참고. 레 10:10).

4:12 게하시 엘리사의 개인적인 종으로, 여기와 5:20-27에서 자주 등장한다. 43절에 등장하는 이름이 언급되지 않은 종도 아마 그였을 것이다. 여기에 쓰인 *사환*(*servant*)은 열왕기상 19:21에서 엘리야와 엘리사의 관계를 묘사할 때도 같은 의미로 쓰였다. 이 이야기에서 엘리사는 계속 게하시를 통해 수넴 여인과 의사소통을 하고 있다(11-13, 15, 25, 29절). 엘리사는 게하시가 주님을 섬기는 일에 경험을 쌓도록 이런 기회를 주었다.

4:13 나는 내 백성 중에 거주하나이다 여인은 아무것도 원하지 않았으므로, 이 대답은 그녀가 자신의 삶에 만족하고 있음을 나타낸다.

4:14 아들이 없고 그 남편은 늙었나이다 이 말에는 두 가지 의미가 함축되어 있다. 첫째, 그녀는 아이를 못 낳는 여인의 수치를 겪어왔다(참고. 창 16:1; 18:10-15; 25:21; 30:1, 2; 삼상 1:6). 둘째, 그녀의 남편은 자신의 가문을 이을 후손 없이 죽게 될 것이다(신 25:5-10).

4:16 아니로소이다 엘리사가 아들을 낳게 되리라고 선언하자 나중에 실망하게 될 것이 두려웠던 여인은 자기에게 헛된 희망을 심어주지 말라고 대답한다. 이런 반응은 그녀가 아들을 갖는 것이 불가능하다고 느끼고 있었음을 나타낸다. **하나님의 사람이여** *1:9에 대한 설명을 보라.*

4:17 잉태하여…낳았더라 이 일은 아브라함과 사라에게 일어났던 것과 유사한 사건이다(창 21:1, 2).

4:19 내 머리야 내 머리야 아이의 울부짖음이나 그 아이가 통증을 느낀 신체의 부분, 그 일이 일어난 계절("추수꾼들")로 미뤄볼 때 아이는 일사병을 앓았을 것이다. 이 경우에서 보듯 일사병은 생명을 앗아갈 수도 있는 병이다(20절).

4:23 초하루도 아니요 안식일도 아니거늘 매달의 첫 번째 날과 각 주의 일곱 번째 날에는 노동을 멈추고 특별한 종교 의식을 거행해야 했다(참고. 민 28:9-15). 남편의 말 속에는 그런 특별한 날이 아닌데 왜 선지자를 찾아가느냐는 뜻이 담겨 있었다. 여인은 분명히 아들이 죽었다는 사실을 남편에게 숨겼다("평안을 비나이다"). 그녀는 하나님의 사람이 그 소년을 위해 기적을 행할 수 있다고 믿었기 때문에 남편이 불필요한 슬픔에 빠지는 것을 원치 않았다.

4:25 갈멜 산 *열왕기상 18:19에 대한 설명을 보라.* 수넴에서 이곳까지의 거리는 24-40킬로미터 정도였다.

4:26 평안하다 여인은 엘리사 선지자에게 자신의 사정을 직접 털어놓을 때를 기다리면서 아들의 죽음이 가져다준 깊은 슬픔을 억눌렀다.

4:27 그 발을 안은지라 발을 끌어안는 것은 겸손과 경의를 표하는 상징적 행동이었다.

4:28 16절을 보라.

4:29 내 지팡이를 그 아이 얼굴에 놓으라 엘리사는 게하시가 그보다 젊고 걸음이 빨랐기 때문에 앞서 보냈다. 엘리사는 자신의 지팡이를 아이의 몸 위에 놓으면 주님이 그 아이를 다시 살려주실 거라고 기대했던 것으로 보인다. 그는 그 지팡이를 자신이 그곳에 함께 있다는 상징인 동시에 거룩한 능력의 상징으로 여겼다(참고. 2:8).

4:34 그의 몸에 엎드리니 엘리야처럼(왕상 17:17-24을 보라) 엘리사는 그 여인의 아들을 죽음에서 일으킴으로써 사망을 다스리시는 주님의 능력을 드러내 보였다. 엘리야의 경우와 마찬가지로 아이를 다시 살리는 과정에서 엘리사는 그 아이의 몸 위에 엎드렸다.

4:38 길갈 *2:1에 대한 설명을 보라.* 이곳은 수넴에서 남쪽으로 64킬로미터 정도 떨어진 곳에 있었다. **선지**

자의 제자들 *열왕기상 20:35에 대한 설명을 보라.*
4:39 들호박 이것은 많은 양을 섭취하면 치명적인 독이 될 수 있는 야생 오이의 한 종류였을 것이다.
4:41 가루 이 가루 자체에 독이 든 국을 정화시키는 효력이 있었던 것은 아니지만, 그 가루를 뿌릴 때 기적이 일어나서 국의 내용물이 깨끗해졌다. 엘리야처럼(참고. 왕상 17:14-16) 엘리사도 사람에 대한 하나님의 돌보심을 표현하기 위해 가루를 사용했다.
4:42 바알 살리사 이곳의 위치는 분명하지 않다. **처음 만든 떡** 보통의 경우 첫 수확물은 하나님(레 23:20)과 레위 지파 제사장들(민 18:13; 신 18:4, 5)에게 바쳐졌다. 북왕국은 종교적으로 배교 상태에 있었지만, 엘리사에게 떡을 가져온 이 사람은 이스라엘에 경건한 신자들이 남아 있음을 보여준다.
4:43, 44 주님이 선지자를 통해 주신 말씀에 따라 떡이 많아진 사건은 예수님이 메시아로서 행하실 사역을 미리 보여준다(참고. 마 14:16-20; 15:36, 37; 요 6:11-13).
5:1 아람 왕 이는 벤하닷 1세 또는 벤하닷 2세였을 텐데, 후자였을 가능성이 좀 더 높다. *열왕기상 15:18에 대한 설명을 보라.* **나아만** '자비로운' '공평한'이라는 뜻으로, 고대의 아람(시리아와 아람은 같은 지역을 가리키는 이름으로, 이에 대해서는 열왕기상 10:29에 대한 저자의 설명을 보라—옮긴이)에서는 흔한 이름이었다. 네 구절에서 그의 중요성이 묘사되고 있다. 첫째로 그에게 쓰인 "장관"이라는 표현이 말해주듯 나아만은 아람 군대의 최고 사령관이었다. 구약에서 이 표현은 한 군대의 최고 지휘관을 가리키는 데 쓰인다(창 21:22; 삼상 12:9; 대상 27:34). 둘째로 그는 "큰 자", 곧 사회적 지위가 높고 널리 알려진 인물이었다. 셋째로 그는 "그의 주인 앞에서 존귀한 자", 곧 그가 거둔 군사적 승리들로 아람 왕에게 높이 평가받는 사람이었다. 넷째로 그는 "큰 용사"였다. 구약에서 이 표현은 많은 재산을 소유한 부자(룻 2:1)와 용감한 전사(삿 6:12; 11:1) 모두를 가리키는 데 사용된다. 그러나 그의 이런 명성을 크게 해치는 문제가 있었는데, 바로 심각한 피부병인 나병에 시달리고 있다는 사실이었다(참고. 27절. *레 13; 14장에 대한 설명을 보라*). **여호와께서 전에 그에게 아람을 구원하게 하셨음이라** 나아만이 거둔 군사적 승리는 이스라엘의 하나님께로부터 온 것이었다. 하나님은 모든 나라를 다스리는 주권자이시다(참고. 사 10:13; 암 9:7).
5:2 나가서 나아만은 아람 군대를 이끌고 국경을 넘어 이스라엘을 습격하곤 했다(참고. 삼상 30:8, 15). 어느 날 습격에서 그는 한 이스라엘 소녀를 사로잡아 종으로 삼았는데, 그 소녀가 그에게 엘리사에 대한 것을 알려주었다.
5:3 사마리아에 계신 선지자 엘리사는 사마리아 성읍에 거주하고 있었다(6:32).
5:5 이스라엘 왕 여호람이다. *1:17에 대한 설명을 보라.* **은 십 달란트와 금 육천 개** 340킬로그램 가량의 은과 68킬로그램 가량의 금이다.
5:7 옷을 찢으며 이 행동은 비탄과 슬픔을 드러낸 것이다(참고. 왕상 21:27). 여호람은 벤하닷이 자신에게 나아만의 나병을 고치라고 한 것으로 생각했다. 여호람은 그 일이 불가능하다는 것을 알았으므로 아람과의 싸움을 피할 수 없게 되었다고 여겼다. 여호람이 비탄에 빠졌다는 소식을 들은 엘리사는 왕에게 나아만을 자기에게 보내어 고침을 받게 하라고 전했다(8절).
5:11 내게로 나와 자신이 지닌 명성(1절)과 가져온 막대한 양의 선물(5절), 외교 서신(6절) 때문에 나아만은 엘리사가 자신의 문제에 큰 관심을 보일 거라고 생각했다. 그러나 엘리사는 집 밖에 나와서 그를 맞이하지도 않았다. 대신 사자를 보내어 나아만의 질병에 대한 치료법을 전달한다(10절). 그러자 선지자가 직접 그를 위한 정결 의식을 치러 줄 것을 기대했던 나아만이 분노한다.
5:12 아바나와 바르발 아바나강(현대의 바라다강)은 레바논 산맥에서 발원해서 다메섹 쪽으로 흐르는 강인데, 이 강의 맑은 물로 여러 과수원과 동산이 생겨났다. 바르발강은 헤르몬산에서 발원해 다메섹 남부를 향해 동쪽으로 흘렀다. 나아만이 강에서 몸을 씻을 필요가 있다면 흙투성이인 요단강보다 이 두 강이 훨씬 나았을 것이다. 그러나 여기서 중요한 것은 하나님 말씀에 순종하느냐 하는 것이지 강의 수질이 아니었다.
5:13 내 아버지여 '아버지'라는 호칭은 종들이 주인을 부를 때 흔히 쓰는 말이 아니었다. 여기서 이 호칭이 쓰인 것은 나아만의 종들이 그에게 가지고 있던 친밀감 때문이었을 수도 있다(참고. 2:12). 나아만의 종들은 그 병이 나을 수만 있다면 아무리 힘든 일이라도 기꺼이 해야 한다는 사실을 일깨워준다. 따라서 진흙 섞인 강물에 몸을 씻는 것처럼 쉬운 일은 마땅히 행해야 했다.
5:14 어린 아이의 살 이 표현은 주로 신경에 관련된 병증인 현대의 나병과 달리 고대의 나병은 피부병의 일종이었음을 보여준다.
5:15 이스라엘 외에는…신이 없는 줄을 자신의 몸이 치유되자 나아만은 요단강에서 (약 40킬로미터 떨어진) 사마리아에 있는 엘리사의 집으로 돌아와 자신의 새로운 신앙을 고백한다. 나아만은 온 세상에 오직 한 분이신 하나님, 곧 이스라엘의 하나님이신 주님밖에 없음을 고

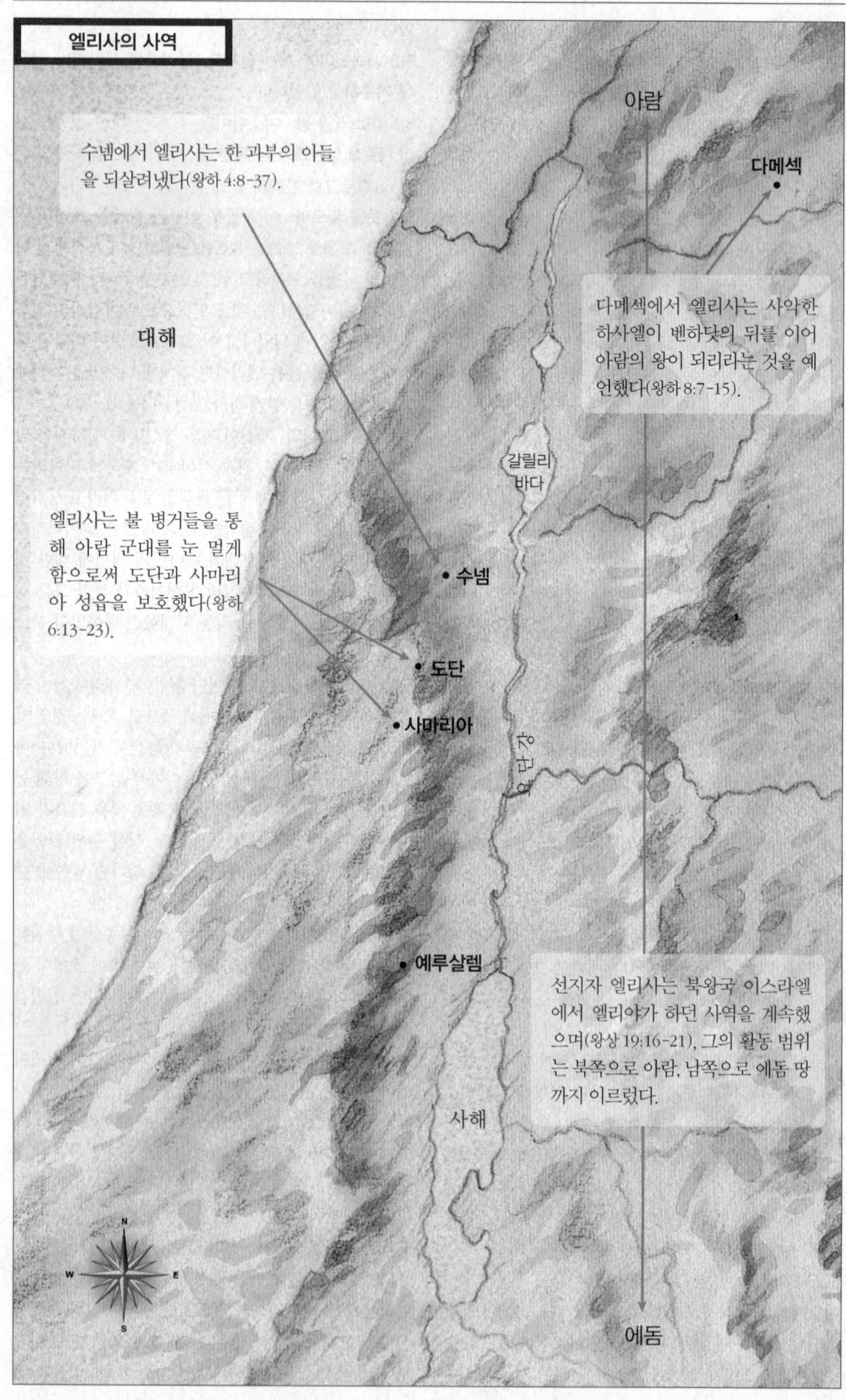
엘리사의 사역
아람
수넴에서 엘리사는 한 과부의 아들을 되살려냈다(왕하 4:8-37).
다메섹
다메섹에서 엘리사는 사악한 하사엘이 벤하닷의 뒤를 이어 아람의 왕이 되리라는 것을 예언했다(왕하 8:7-15).
대해
갈릴리 바다
엘리사는 불 병거들을 통해 아람 군대를 눈 멀게 함으로써 도단과 사마리아 성읍을 보호했다(왕하 6:13-23).
수넴
도단
사마리아
요단강
예루살렘
선지자 엘리사는 북왕국 이스라엘에서 엘리야가 하던 사역을 계속했으며(왕상 19:16-21), 그의 활동 범위는 북쪽으로 아람, 남쪽으로 에돔 땅까지 이르렀다.
사해
N
W
E
S
에돔

백한다. 나아만의 이 말은 주님과 바알을 모두 신으로 따르며 하나님을 모독하던 이스라엘 백성을 부끄럽게 했을 것이다(참고. 왕상 18:21).

5:16 그가 거절하니라 다른 경우에는 예물을 받았던 적이 있지만(참고 4:42), 엘리사는 자신이 이교의 제사장이나 선지자들처럼 재물을 목적으로 삼지 않는다는 것을 보여주기 위해 나아만의 예물받기를 거절했다. 이는 아람 사람들이 이 일에서 하나님의 영광만을 보도록 하기 위해서였다.

5:17 노새 두 마리에 실을 흙 고대 근동 지역에서는 한 신이 속한 나라의 흙 위에서만 그 신이 경배를 받을 수 있다고 여겨졌다. 그래서 나아만은 다메섹으로 돌아가서 주께 번제와 희생제사를 드릴 수 있도록 이스라엘 땅의 흙을 가져가기를 원했다. 이런 요청은 그의 마음이 어떻게 바뀌었는지를 확실하게 보여준다. 이전에 그는 이스라엘의 강을 무시했지만, 이제는 이스라엘의 흙 한 더미를 다메섹으로 가져가기를 원했다.

5:18 림몬 히브리어 단어 '림몬'(문자적으로는 '석류를 뜻함)은 앗수르인들이 '라나누'(문자적으로는 '번개의 신'을 뜻함)라고 부르는 아람의 신 하닷을 풍자적으로 표현한 것이다. 하닷은 폭풍의 신으로, 보통 가나안의 신 바알과 동일시되었다. 아람 왕의 측근으로서 나아만은 다메섹의 림몬 신당에서 열리는 종교 의식에 왕이 참석할 때 그와 동행해야 했다. 이런 상황에서 그는 주님을 향한 자신의 참된 신앙과 헌신을 타협하는 것에 대해 주님이 용서해주시기를 구했다.

5:22 우리 주인께서 나를 보내시며 게하시가 자신의 이익을 위해 거짓말하는 모습은 그의 인격이 통탄할 만한 상태였음을 드러낸다. 이 거짓말을 덮기 위해 그는 또 다른 거짓말을 했다(25절).

5:23 은 두 달란트 약 68킬로그램의 은이었다.

5:26 내 마음이 함께 가지 아니하였느냐 엘리사는 게하시의 거짓말을 알고 있었다. 직접 움직이지는 않았지만, 엘리사는 그의 마음으로 게하시와 나아만 사이에 오간 대화의 내용을 모두 꿰뚫고 있었다.

5:27 나병이 네게 들어 게하시의 탐욕은 엘리사의 선지자 직분이 지닌 순전성에 그늘을 드리웠다. 이로 말미암아 사람들이 보기에 엘리사는 물질적 이익을 위해 예언한 이스라엘의 거짓 선지자들과 다를 바 없는 존재가 되었다. 이는 엘리사가 극구 피하고자 했던 일이다(15, 16절). 게하시의 행동은 필요한 것을 공급하시는 주님의 능력을 그가 신뢰하지 못하고 있음을 드러냈다. 그에 따라 엘리사는 게하시와 그의 후손들이 나아만이 걸렸던 피부병에 영원히 시달리게 될 거라고 선언한다. 이 징벌은 나아만에게서 "무엇이든지…받으리라"고 그를 쫓아갔던(20절) 게하시에게는 예상치 못한 결과였다. 결국 그가 얻게 된 것은 나아만이 걸렸던 병이었다.

6:1 우리가…거주하는 이 곳 어떤 주석가들은 '거주한다'(dwell)는 말을 '산다'(live)는 뜻으로 이해했다. 이렇게 해석할 때 선지자의 제자들, 특히 엘리사가 가르친 제자들이 공동체를 이루고 함께 살았다는 결론에 이르게 된다. 하지만 '거주한다'는 말은 '…의 앞에 앉다'(sit before)로 이해될 수도 있다. 다윗이 주께 예배하며 그 앞에 나아가 앉았을 때(삼하 7:18)와 장로들이 에스겔의 조언을 듣기 위해 그의 앞에 앉았을 때(겔 8:1; 14:1) 이런 식으로 쓰였다. 그러므로 이 구절에 언급된 "이 곳"은 엘리사가 선지자의 제자들을 가르치던 그들의 공동 숙소를 가리킨다. 그에게 배우려는 사람의 숫자가 늘어나자 더 큰 건물이 필요해졌다.

왕하

6:4 요단…나무 요단 골짜기에는 대부분 버드나무, 위성류(tamarisk), 아카시아 나무 등 키가 작은 나무들이 자라서 이 나무들로는 두꺼운 목재를 만들 수 없었다. 따라서 건물들이 소박하고 간단한 형태였다.

6:5 쇠도끼가…빌려온 것이니이다 당시 이스라엘에서 쇠는 상대적으로 희귀해서 상당히 비쌌다. 그런데 그 선지자의 제자는 매우 가난했다. 도끼를 살 여유가 없던 그는 그것을 빌렸는데, 그 값을 주인에게 변상할 방법이 없었다.

6:6 쇠도끼를 떠오르게 하고 엘리사는 도끼가 강물에 빠진 그 지점에 나뭇가지를 던졌고, 그 가지로 말미암아 무거운 쇠도끼가 강 표면으로 떠올랐다. 주님은 이 기적으로 그분을 신실하게 섬긴 사람을 또 한 번 도우셨다.

6:8 아람 왕 벤하닷 1세 또는 벤하닷 2세였을 텐데, 후자였을 가능성이 더 높다(24절). *열왕기상 15:18에 대한 설명을 보라.* **싸우며** 아람의 왕은 기습 부대를 보내어(23절) 이스라엘의 성읍들을 쳐들어와 노략질했을 것이다.

6:9 하나님의 사람 이는 곧 엘리사를 가리킨다(12절). *신명기 33:1에 대한 설명을 보라.* **이스라엘 왕** 이는 여호람이다. *1:17에 대한 설명을 보라.*

6:9, 10 아무 곳으로 지나가지 마소서 엘리사는 초자연적인 계시를 받아 여호람에게 아람 왕이 이스라엘의 어느 성읍을 습격하려 하는지를 알려주었다. 그러면 여호람은 적절한 주의를 기울이고 그 성읍을 견고하게 방비하여 아람의 계획을 좌절시켰다.

6:11 우리 중에 누가 아람의 왕은 자신의 집안사람

중 누군가가 그의 계획을 이스라엘 쪽에 누설한다고 여겼다.

6:13 그를 잡으리라 아람 왕의 계획은 자신의 모든 비밀을 아는(12절) 엘리사를 사로잡아 그가 아무리 많은 것을 알더라도 그 내용을 이스라엘 왕에게 알릴 수 없도록 하려는 것이었다. **도단** 므낫세 지파에 속한 땅의 구릉 지대에 있던 이 성읍은 사마리아에서 북쪽으로 16킬로미터 정도, 이스르엘에서는 남쪽으로 19킬로미터 정도 떨어져 있었다. 도단은 다메섹과 애굽을 잇는 대로를 따라 나 있는 중요한 고갯길을 내려다볼 수 있는 위치에 있었다(참고. 창 37:17).

6:14 많은 군사 소규모 부대의 습격(8, 23절) 대신에 아람 왕은 엘리사를 잡으려고 말과 병거가 포함된 상당히 큰 규모의 군대를 보냈다. 도단에 도달한 군대는 성읍을 에워쌌다.

6:16 우리와 함께 한 자 엘리사가 말한 것은 하나님께 속한 천상의 군대 또는 "천군"(host)이었다(참고. 수 5:13-15; 대하 32:7, 8; 단 10:20; 12:1).

6:17 그의 눈을 열어서 엘리사는 주께서 자신의 종에게 천상의 군대를 볼 수 있게 해주시기를 구했다. 주님은 그의 종에게 사람의 눈으로는 볼 수 없는 하나님의 천군을 볼 수 있게 하셨다. 이 천상의 군대는 아람인들과 싸우려고 대기하고 있었다(참고. 창 32:1, 2).

6:18 눈을 어둡게 이 표현은 이곳과 창세기 19:11에만 등장한다. 이 표현은 *빛*과 연관되어 있으며, '환한 빛 때문에 눈이 부셔 앞을 보지 못함'을 뜻하는 것으로 보인다(17절에 "불병거"가 언급되는 것을 참고하라). 두 본문 모두에서 이 표현은 천사들이 나타나 이적적인 일을 행하고, 위기에 빠진 인물을 구출한다는 맥락에서 쓰였다.

6:19 나를 따라 오라…너희가 찾는 사람에게로 자신이 직접 사마리아까지 동행했기 때문에 엘리사는 거짓말을 한 것이 아니다. 사마리아에 가서야 그는 아람 군대 앞에 자신을 드러낸다.

6:20 사마리아 가운데에 하나님은 누구의 피도 흘리지 않고 상당한 규모의 아람 군대를 이스라엘 왕의 손 아래로 인도하셨다. 아람인들은 자신들이 포위되었으며, 이스라엘에게 붙잡혔다는 것을 알게 된다.

6:21 내 아버지여 *5:13에 대한 설명을 보라.* 이는 아이가 자기 아버지에게 존경심을 담은 표현으로, 이스라엘의 여호람 왕은 이 표현을 써서 엘리사의 권위를 인정한다.

6:22 치지 마소서 하나님이 위임하신 권위를 지닌 엘리사는 포로들의 처형을 금했다. 전쟁 포로들을 냉혹하게 죽이는 것은 관습에 어긋나며 몹시 잔인한 일이었다. 칼을 써서 죽일 때도 그러할 뿐 아니라 하나님의 이적적인 능력으로 그렇게 할 경우에는 더욱 그러했다. 그들에게 친절을 베풀면 하나님의 선하심이 나타날 것이며, 아람 습격 부대의 적대적 행위도 중단될 것이었다. 이 친절한 행위는 아람인들의 정신적 승복을 낳았다(23절).

6:23 음식을 많이 베풀고 고대 근동 지역에서 함께 나누는 식사는 둘 사이에 언약이 체결되었음을 나타낸다(참고. 레 7:15-18).

6:24 벤하닷 *열왕기상 15:18에 대한 설명을 보라.* 이 왕은 이전에 사마리아를 포위 공격한 적이 있다(왕상 20:1). 그것은 아합의 어리석고 빗나간 친절이 낳은 결과였다(왕상 20:42). **그의 온 군대** 소규모 부대의 습격(8, 23절)이나 엘리사를 잡으려고 보냈던 좀 더 큰 규모의 군대(14절)와 달리, 이때 벤하닷은 자신의 모든 군대를 한데 모아 사마리아로 행군하여 그 성읍을 포위했다.

엘리사가 행한 기적

1. 요단강을 가름	열왕기하 2:13, 14
2. 여리고의 샘물이 깨끗해짐	열왕기하 2:19-22
3. 과부의 기름이 늘어남	열왕기하 4:1-7
4. 과부의 아들이 소생함	열왕기하 4:8-37
5. 독이 든 국이 깨끗해짐	열왕기하 4:38-41
6. 선지자들의 음식이 늘어남	열왕기하 4:42-44
7. 나아만의 나병이 완치됨	열왕기하 5:1-19
8. 게하시가 나병에 걸림	열왕기하 5:20-27
9. 도끼가 떠오름	열왕기하 6:1-7
10. 말과 병거들이 도단 성읍을 에워쌈	열왕기하 6:8-17
11. 아람 병사들의 눈이 멀게 됨	열왕기하 6:18

6:25 나귀 머리 하나에 은 팔십 세겔 벤하닷의 포위로 사마리아 성읍은 끔찍한 식량난에 시달리게 되었다. 이 부정한 동물의 수치스러운 신체 부위(레 11:2-7; 신 14:4-8)가 은 900그램 정도에 달하는 비싼 값에 팔렸다. **비둘기 똥…은 다섯 세겔** 비둘기 똥은 작은 완두콩이나 식물의 뿌리를 가리키는 별칭일 수도 있지만, 이런 절망적인 상황이었다면 문자적으로 비둘기의 똥이 연료나 음식으로 쓰였을 수도 있다. 대략 500밀리리터 정도 되는 양이 은 60그램 정도에 팔렸다.

6:26 나의 주 왕이여 도우소서 이 여인은 다른 여인과 일으킨 분쟁에 대해 여호람 왕에게 법적인 판단을 내려 달라고 요청한다(*왕상 3:16-27에 대한 설명을 보라*).

6:28, 29 네 아들을 내놓아라 우리가 먹으리라 모세 언약에 규정된 저주, 특히 배교의 죄에 대한 저주는 이런 이교적 식인 행위가 벌어질 것을 예언했다(레 26:29; 신 28:52-57). 여인이 아무 감정 없이 자신의 사정을 이야기한 것은 그 일이 얼마나 끔찍한 일이었는지를 보여 준다.

6:30 자기 옷을 찢으니라 비통과 슬픔을 나타내는 행동이었다(*왕상 21:27에 대한 설명을 보라*). **굵은 베를 입었더라** 이것은 염소털로 만든 거친 옷으로, 비탄을 상징한다(참고. 창 37:34). 그는 자신과 백성들이 지은 죄를 진심으로 뉘우치지 않았다. 만약 그가 뉘우쳤다면 엘리사에 대한 복수를 맹세하지 않았을 것이다.

6:31 엘리사의 머리 여호람은 엘리사를 죽일 것을 맹세했다. 여호람이 엘리사를 죽이고자 한 이유는 다음 중 하나일 것이다. 첫째, 그는 벤하닷의 포위 공격을 주님이 행하신 일(33절)로 여겼고 이스라엘의 왕들과 갈등을 빚어온 선지자 엘리사 역시 주님의 대리인으로서 그 일에 관여했다고 보았다. 둘째, 그는 엘리야가 기근을 끝나게 했던 때를 기억하고 있었다(왕상 18:41-46). 셋째, 그는 엘리사가 아람 군대에 베푼 관용(22절) 때문에 현재의 포위 상황이 벌어졌고 더 심각해졌다고 여겼다. 넷째, 엘리사에게는 이적을 행하는 능력이 있었으므로 그는 마땅히 기근을 멈추게 했어야 했다. 하지만 여호람이 엘리사를 죽이고자 했던 가장 큰 이유는 자신이 비탄의 몸짓을 보이면 포위 공격이 그칠 거라고 기대했기 때문일 것이다. 엘리사는 참된 회개의 표시로 왕이 그런 행동을 하도록 조언했을 것이다(하지만 여호람이 참으로 뉘우치지 않았다는 것은 *30절에 대한 설명을 보라*). 포위 공격이 그치지 않자 여호람은 엘리사를 죽이려고 했다.

6:32 장로들이 그와 함께 앉아 있는데 장로들은 사마리아 성읍의 지도층에 속하는 사람들이었다. 그들이 엘리사의 집에 모였다는 사실은 그가 사마리아의 유력한 사람들에게 큰 존경을 받았음을 보여준다. **살인한 자의 아들** 이 표현은 다음 두 가지 모두를 의미할 수 있다. 첫째, 여호람은 살인을 범한 아합의 아들이었다(왕상 21:1-16). 둘째, 그는 살인자의 품성을 지니고 있었다.

6:33 어찌 더 여호와를 기다리리요 여호람은 주님이 사마리아를 포위와 기근에 시달리도록 하셨다는 점을 제대로 인식하고 있었다. 그는 주님이 이런 상황을 역전시켜 주시리라는 소망을 품을 수 없다고 선언했다.

7:1 성문에서 고대의 이스라엘에서 성문은 거래가 이루어지는 장터였다(참고. 룻 4:1; 삼하 15:1-5). 사마리아 성문에서 정상적인 거래가 이루어진다는 것은 곧 포위의 중단을 뜻했다. **한 스아를 한 세겔로** 6.5리터 정도의 밀가루가 은 11그램 정도에 팔렸다는 뜻이다. **두 스아를 한 세겔로** 12-13리터 정도의 보리가 은 11그램 정도에 팔리게 되었다는 것이다. 6:25에 언급된 물건들의 가격과 비교할 때 이 가격은 다음 날이 되면 사마리아의 기근이 그치게 되리라는 것을 예상케 한다.

7:2 왕이 그의 손에 의지하는 자 *9:25에 대한 설명을 보라*. 여호람 왕은 이 관리를 자신의 조언자로 여기고 그에게 의지한다. **네가…보리라…먹지는 못하리라** 왕의 관리는 그날 안으로 백성들에게 음식을 공급할 능력이 주께 있는지를 의문시한다. 그가 이렇게 하나님을 모욕하자 엘리사는 그 관리가 약속된 기적을 보긴 하겠지만 그 음식을 먹지 못할 것이라고 예언한다. 이 예언이 어떻게 이루어졌는지는 16절과 17절에 서술된다.

7:3 성문 어귀에 성문의 바로 바깥 지역에 네 명의 나병환자가 살았다. 이들은 자신들의 병 때문에 사마리아에서 쫓겨난 사람들이었다(레 13:46; 민 5:3). 이 나병환자들은 성문 안이든 바깥이든 간에 사마리아에 계속 머물면 죽음밖에 기대할 것이 없음을 알았다. **나병환자** 이 나병환자들의 이야기는 포위가 그치고 사마리아에 식량이 공급된 일을 서술하기 위해 기록되었다(3-11절).

7:5 아람 진영 끝 (NKJV에는 이 구절이 'the outskirts of the Syrian camp', 곧 '아람 진영의 변두리'로 번역됨–옮긴이) 문자적으로는 '진영의 가장자리'를 뜻한다. 이 구절의 일반적인 의미는 그 진영의 뒤쪽 끝, 곧 사마리아 성벽에서 가장 멀리 떨어진 지점을 가리킨다.

7:6 헷 사람…애굽 나병환자들이 도착하기 얼마 전쯤 주님은 아람인들에게 거대한 규모의 군대가 돌격해오는 무시무시한 소리를 듣게 하셨다. 아람인들은 이스라엘 왕이 두 개의 대규모 외국 군대를 고용해 그들을 공격하는 거라고 생각했다. 헷 족속은 한때 번성했던 헷 제국의 후예로, 아람 북부에 흩어져 작은 집단을 이루

왕하

며 살고 있었다(*왕상 10:29에 대한 설명을 보라*). 이 시기에 애굽은 쇠퇴하고 있었지만, 그 군대는 여전히 아람인들에게 아주 위협적인 존재였다.

7:9 벌 나병환자들은 아람인들이 돌아올 것을 두려워한 것이 아니라 자신들이 발견한 내용을 이스라엘 왕에게 알리지 않은 죄를 주님이 벌하실 것을 두려워했다.

7:12 아람 사람이 우리에게 행한 것 여호람은 나병환자들이 알린 소식을 매우 의심스럽게 여겼다. 그는 아람인들이 마치 패배한 것처럼 거짓으로 후퇴했다가 이스라엘 백성이 그 계책에 속아 사마리아 성문 바깥으로 나오면 그들을 급습하여 성읍 안으로 들어오려 한다고 생각한 것이다. 13-15절에는 어떻게 나병환자들이 보고한 내용이 입증되었는지가 서술된다.

7:16-20 1절과 2절에 기록된 어구들의 반복과 분명한 언급을 통해[16절("여호와의 말씀과 같이"), 17, 18절("하나님의 사람의 말대로/…왕에게 말한 바와 같으니")] 7:2에 언급된 엘리사의 예언이 문자적으로 이루어졌음을 강조한다.

8:1-6 이 단락에서 자세히 서술된 사건이 일어난 시기에 대한 연대상의 질문은 많은 토론을 불러왔다. 해석자들은 다음의 세 가지 견해 중 하나를 지지한다. 첫째, 수넴 여인과 이스라엘 왕, 게하시 사이의 만남은 이스라엘에서 여호람이 통치하던 시기 말기에 있었다. 그러나 이 견해에 따르면 게하시는 나병에 걸렸음에도 불구하고(5:27) 왕 앞에 나선 것이 된다(4, 5절). 또한 여호람 왕은 6:8-7:19에 기록된 일들을 직접 목격하고 나서 엘리사가 행한 큰일들을 설명하라고 요구한 것이 된다. 둘째, 엘리사가 행한 일을 이스라엘 왕이 몰랐기 때문에 어떤 해석가들은 예후의 통치 초기에 이 최종적 만남이 있었던 것으로 여긴다. 그러나 게하시가 나병에 걸린 문제와 엘리사가 행한 사역에 대한 엘리야의 예언(왕상 19:15-18)을 예후가 잘 알고 있었다(9:36, 37; 10:17)는 문제는 그대로 남는다. 셋째, 가장 합당한 설명은 이 단락의 기록이 6:24-7:20에 언급된 굶주림과 주제 면에서 연결된 것으로, 연대기적 순서를 벗어나 있다는 것이다. 설명에 따르면 이 사건은 5:1-7:20에 기록된 사건들이 있기 전인 이스라엘의 여호람 왕 통치기의 좀 더 이른 시기에 일어났다.

8:1 기근…칠 년 동안 칠 년 동안 임한 기근은 고대 근동 지역에 널리 알려진 일이었다(참고. 창 41:29-32). 외국에서 그 수넴 여인은 이방인에 불과하므로, 그녀가 칠 년 안에 돌아온다면 이는 자신의 재산에 대한 법적 소유권을 주장하는 데 보탬이 되었을 것이다(참고. 출 21:2; 23:10, 11; 레 25:1-7; 신 15:1-6).

8:2 블레셋 사람들의 땅 이스라엘의 남서쪽에 위치한 이 지역은 지중해 연안의 평원을 따라 있었다. 그 북쪽 경계는 야르콘강이었고, 남쪽 경계는 브솔 시내였다. 기근이 이스라엘에 국한되었다는 사실은 그것이 이스라엘이 모세 언약에 불순종해서 그들의 배교에 대한 벌로 주어진 저주였음을 보여준다(참고. 신 28:38-40).

8:3 호소하려 하여 왕에게 수넴 여인은 자신의 재산에 대한 소유권을 주장하기 위해 왕에게 법적으로 호소한다. 이스라엘에서 왕은 그런 분쟁에 대한 최종 중재자였다(*왕상 3:16-27에 대한 설명을 보라*). 하나님의 섭리에 따라 그 과부는 마침 엘리사가 그녀의 아들을 다시 살린 일을 게하시가 이야기하던 때 왕 앞에 나타났다(5절).

8:6 모든 것과…밭의 소출을 다 돌려 주라 왕은 수넴 여인이 없는 동안 그녀의 땅에서 나온 소산물을 포함해 그녀가 소유했던 모든 것을 돌려주라는 판결을 내렸다.

8:7 엘리사가 다메섹에 갔을 때에 선지자가 외국의 수도를 방문하는 것이 흔한 일은 아니었지만, 아주 드문 일도 아니었다(참고. 욘 3:3). 엘리사는 하나님이 호렙산에서 엘리야에게 주신 세 가지 명령(왕상 19:15, 16) 중 하나를 수행하기 위해 아람의 수도인 다메섹으로 갔다. **벤하닷** *열왕기상 15:18에 대한 설명을 보라*. 벤하닷은 주전 841년경에 죽었는데, 이는 이스라엘의 여호람(3:1)과 유다의 여호람(8:17), 유다의 아하시야(8:25, 26)가 죽은 것과 동일한 해였다. **하나님의 사람** *신명기 33:1에 대한 설명을 보라*.

8:8 하사엘 그의 이름은 '하나님이 보신다' 또는 '하나님이 지켜보시는 자'라는 뜻이다. 하사엘은 벤하닷의 신하이지 왕실의 일원은 아니었다. 앗수르의 문헌에는 하사엘을 '보잘것없는 사람의 아들'(the son of nobody)로 언급하고 있는데, 그가 평민이었기 때문에 그의 계보는 기록되어 있지 않다.

8:9 다메섹의 모든 좋은 물품 다메섹 성읍은 애굽과 소아시아, 메소보다미아를 잇는 교역의 중심지였다. 다메섹에는 고대 근동 지역에서 품질이 가장 좋은 상품들이 있었다. 벤하닷은 훌륭한 물품들을 선물로 보내면 그것이 엘리사의 예언에 분명히 영향을 끼칠 것이라고 여겼다. **당신의 아들** 벤하닷은 마치 아이가 아버지를 대하듯 자신을 낮춰 경의를 표하는 태도로 엘리사를 대했다(참고. 5:13; 6:21).

8:10 나으리라…죽으리라 벤하닷은 자신이 지금 걸린 병에서 회복될 수 있을지 알고자 했다. 이에 대한 응답으로 엘리사는 서로 연관된 두 가지 일을 확언했다. 첫째, 벤하닷은 건강을 회복할 것이며, 지금 걸린 병은 그가 죽는 원인이 되지 않을 것이다. 둘째, 벤하닷은 다른

원인에 의해 반드시 죽게 될 것이다.

8:11 그가 부끄러워하기까지 엘리사는 하사엘에게 시선을 고정하고 그를 쏘아보았다. 이는 벤하닷을 살해하는 일(15절)을 포함하여 그가 어떤 일을 행할 것인지가 계시되었기 때문이다. 하사엘은 아람 왕을 암살하려는 자신의 계획을 엘리사가 간파하고 있음을 알고 당황했다.

8:12 악 엘리사는 하사엘이 이스라엘 백성에게 행할 잔학한 일을 알고 있었기에 슬펐다. 여기 언급된 가혹한 행위들은 고대의 전쟁에서 흔한 일이었다(시 137:9; 사 13:16; 호 10:14; 13:16; 암 1:13; 나 3:10). 하사엘은 이스라엘의 지속적인 적이 되었다(9:14-16; 10:32; 12:17, 18; 13:3, 22).

8:13 당신의 개 같은 종 자신을 개라고 부르는 것은 겸손의 표시였다(*삼하 9:8에 대한 설명을 보라*). 하사엘은 자신이 그런 잔학한 일을 행할 힘을 지니게 될 거라는 점을 부정하려고 한다. 그는 자신에게 아람의 왕위를 강탈할 계획이 없음을 엘리사에게 확신시키려고 한다. **네가 아람 왕이 될 것** 겸손을 가장한 하사엘의 말에 대한 응답으로 엘리사는 그가 아람의 왕이 되는 것이 주님의 뜻임을 확언했다(참고. 왕상 19:15).

8:15 왕이 죽은지라 하사엘은 침구를 물에 적셔서 벤하닷을 질식사시켰다. **그가…왕이 되니라** 벤하닷이 죽자 하사엘이 아람의 왕위에 올랐고, 주전 841-801년경 이 나라를 다스렸다. 이는 이스라엘에서 여호람과 예후, 여호아하스가 통치하던 시기이며, 유다에서는 아하시야와 아달랴, 요아스가 통치하던 시기였다.

8:16 요람 앞서 "여호람"으로 언급된 왕(1:17; 3:1, 6)을 가리키는 또 다른 이름이다. *역대하 21:4-20에 대한 설명을 보라*. **제오년** 주전 848년경이다. 이 해에 유다의 여호사밧이 죽었다.

8:17 팔 년 동안 주전 848-841년이다. *역대하 21:4-20에 대한 설명을 보라*. 유다의 여호람은 아버지 여호사밧의 통치기 중 최후의 4년간인 주전 853-848년에 그와 공동으로 통치했다. 여호람(요람)은 이 공동 통치기의 두 번째 해인 주전 852년에 이스라엘의 왕이 되었다(*1:17과 3:1에 대한 설명을 보라*). 유다의 여호람은 아버지가 죽은 뒤 주전 841년까지 8년 동안 혼자서 통치했다(참고. 대하 21:15). 선지자 오바댜는 그의 통치기에 사역했을 것이다.

8:18 아합의 집과 같이 이스라엘에서 아합이 했던 것과 마찬가지로(왕상 16:31-33), 여호람은 유다에서 바알 숭배를 공식적으로 허용한다. **아합의 딸** 여호람은 아합과 이세벨의 딸인 아달랴와 혼인한다(26절). 이세벨이 아합을 부추겨 주님이 보시기에 악한 일을 행하게 한 것처럼(왕상 21:25), 아달랴도 여호람에게 영향을 주었다. 아달랴가 행한 사악한 일들은 11:1-16과 역대하 22:10-23:15에 기록되어 있다.

8:19 항상 등불을 *열왕기상 11:36에 대한 설명을 보라*.

8:20 에돔이…배반하여 에돔은 다윗의 통치기 이후로 통일 왕국과 남유다의 속국이었다(삼하 8:13, 14).

8:21 사일 이곳의 정확한 위치는 알려져 있지 않다.

8:22 에돔이…배반하였더니 오늘까지 여호람의 통치기에 에돔은 유다 군대를 물리치고 경계선의 땅을 일부 차지했으며, 유다의 통치에서 벗어났다. 이후 에돔은 계속 독립을 유지해서 열왕기하에 기록된 유다의 남은 왕들 중 아무도 예언된 메시아가 아님이 입증되었다. 이는 그 메시아가 에돔을 차지할 것이기 때문이다(참고. 민 24:18). **립나** 블레셋과의 국경에 있는 세벨라 지역에 위치한 성읍으로, 예루살렘에서 남서쪽으로 32킬로미터 정도 떨어진 곳에 있었다(수 15:42; 21:13). 립나가 일으킨 반란은 역대하 21:16, 17에 기록된 블레셋 족속과 아라비아인들의 반란에 연관되었을 것이다.

왕하

8:25-29 아하시야의 통치(주전 841년경)를 이스라엘 왕 아하시야의 통치(왕상 22:51-왕하 1:8)와 혼동하지 말라. *열왕기하 9:27; 역대하 22:1-9에 대한 설명을 보라*.

8:26 이십이 세 이 해석은 역대하 22:2에 기록된 *사십이 세*보다 선호되고 있다(*그 구절에 대한 설명을 보라*). **아달랴** *18절에 대한 설명을 보라*.

8:27 아합의 집과 같이 그의 아버지 여호람처럼 아하시야는 계속하여 유다에서 바알 숭배를 공식적으로 허용했다(*18절에 대한 설명을 보라*).

8:28 길르앗 라못 *열왕기상 22:3에 대한 설명을 보라*.

8:29 요람을 보기 위하여 내려갔으니 예후가 오므리의 가문을 숙청할 때(9:21-29을 보라) 아하시야는 건강을 회복하고 있던 (여호람이라고도 불리는) 이스라엘 왕 요람을 만나기 위해 (요단강의 서쪽이며 갈릴리 바다의 남서쪽에 있는) 이스르엘에 와 있었다.

9:2 예후 이전에 주님은 엘리야에게 예후가 이스라엘의 왕이 되어 바알 숭배에 관련된 사람들을 죽일 거라고 말씀하셨다(참고. 왕상 19:17). 이 예언의 성취는 9:1-10:31에 기록되어 있다. **골방** 외부와 차단된 은밀한 방이다. 엘리사는 젊은 선지자들 중 한 사람에게 예후를 데리고 은밀한 방에 들어가 그에게 기름 부을 것을 명했다. 쿠데타가 일어날 것을 여호람이 알아채지 못하도록 이 의식은 엘리사가 참석하지 않은 채로 은밀하게 이루어져야 했다.

9:3 네게 기름을 부어 이스라엘 왕으로 삼노라 주님의

선지자가 감람유를 한 사람의 머리에 붓는 일은 하나님이 앞서 그 사람을 왕으로 택했음을 확증하는 것이다(참고. 삼상 10:1; 16:13). 위임받은 선지자가 예후의 머리에 기름을 붓는 이 행동은 곧 하나님이 예후에게 자신의 주권적인 능력을 부여하심을 뜻한다. **도망하되 지체하지 말지니라** 그 젊은 선지자가 급히 몸을 피해야 한다는 것은 그에게 맡겨진 임무가 지닌 위험성을 보여준다. 이스라엘 군대의 진영 한가운데 선지자가 온 것이 알려지면 여호람을 지지하는 자들은 쿠데타의 가능성을 감지할 것이기 때문이다.

9:7 피를…갚아 주리라 예후는 주님의 선지자들(왕상 18:4)과 나봇처럼 주님을 섬긴 사람들(왕상 21:1-16)이 살해당한 일에 대해 주님을 위한 보복자로 세움을 받았다(참고. 민 35:12).

9:9 여로보암의 집과 같게 하며…바아사 하나님은 이전에 비참한 종말을 맞은 여로보암과 바아사의 왕조처럼(왕상 15:27-30; 16:8-13) 아합의 가문을 철저히 멸절시키려고 하셨다.

9:10 이스르엘 이전에 나봇의 포도원이 있던 곳이다(왕상 21:1-16). **개들이…먹으리니** 고대 근동에서 썩은 고기를 먹는 동물로 여겨진 개들이 이세벨의 시체를 먹어치우게 될 것이다. **그를 장사할 사람이 없으리라** 이스라엘에서 죽은 후 땅에 묻히지 못하는 것은 치욕스러운 일이었다(*왕상 13:22에 대한 설명을 보라*).

9:11 그 미친 자 그 군인은 엘리사의 제자(1, 4절)를 미친 사람 또는 정신착란자로 부르며 그에 대한 경멸감을 드러냈다. 예레미야 29:26과 호세아 9:7에서는 말도 안 되는 메시지를 전하는 선지자들을 경멸조로 가리키는데 이 표현이 쓰였다. 예후는 이에 대답하면서 그 선지자의 행동이 아니라 그가 "말한 것"을 언급했다.

9:12 이리 이리 이 말은 4-10절에 언급된 예언을 반복하는 내용이다.

9:13 무리가…나팔을 불며 군인들은 자신들의 겉옷을 예후의 발아래 깔고, 건물의 계단을 임시 왕좌로 만들었다. 군인들은 나팔을 불며 예후를 왕으로 인정했다. 나팔을 부는 일은 종종 이렇게 왕의 지명을 포함하는 공적 선언과 회합을 알리는 기능을 했다(참고. 11:14; 삼하 15:10; 왕상 1:34).

4. 이스라엘에서 바알 숭배의 몰락(9:14-10:36)

9:15 한 사람이라도…이스르엘에 알리러 가지 못하게 하라 예후가 반란에 성공하고 내전을 피하려면 요람이 이 사실을 전혀 모를 때 그를 기습적으로 공격하는 것이 중요했다. 따라서 예후는 자신이 기름 부음을 받은 길르앗 라못 성읍(2, 3절)을 봉쇄하여 요람을 따르는 누군가가 빠져나가 그에게 이 사실을 알리지 못하도록 한다.

9:16 이스르엘로 이스르엘은 길르앗 라못에서 요단강을 건너 바로 서쪽인 길보아산 북쪽에 있었다.

9:21 이스르엘 사람 나봇 하나님의 섭리에 따라 이스라엘과 유다의 왕들은 아합과 이세벨이 나봇을 죽게 한 바로 그곳(왕상 21:1-16)에서 예후와 마주쳤다. 재난이 임박한 것을 느끼고 불안해진 왕은 군대를 모으고 아하시야와 함께 예후를 맞으러 나갔다. 예후의 군대는 북쪽 측면의 비탈을 올라 성읍에 접근하는 중이었다.

9:22 어찌 평안이 있으랴 요람은 예후가 품은 반역 계획을 눈치 채지 못한 채 그가 화평의 뜻을 가지고 왔는지 확인하려고 한다. 예후는 이세벨이 영향력을 행사하고 있기 때문에 이스라엘에 참 평안이 있을 수 없다고 응답한다. *음행*(*barlotry*)은 성경에서 우상숭배를 가

성경에 언급된 아람의 군주들

왕	연대	성경 구절
헤시온 (르손)	주전 990-930년경	열왕기상 11:23, 25; 15:18
다브림몬	주전 930-885년경	열왕기상 15:18
벤하닷 1세	주전 885-860년경	열왕기상 15:18, 20
벤하닷 2세	주전 860-841년경	열왕기상 20장; 열왕기하 6:24; 8:7, 9, 14
하사엘	주전 841-801년경	열왕기상 19:15, 17 열왕기하 8장; 9:14, 15; 10:32 12:17, 18; 13:3, 22, 24, 25
벤하닷 3세	주전 807-780?년경	열왕기하 13:3, 24, 25
르신	주전 780?-732년경	열왕기하 15:37; 16:5, 6, 9 (참고. 사 7:1, 4, 8; 8:6; 9:11)

리키는 데 자주 쓰이는 비유이며, *술수*(*witchcraft*)는 마귀적인 세력에게 정보를 구하는 일을 가리키는 것으로, 이 두 가지 용어는 이세벨이 끼친 영향력을 묘사하고 있다. 이스라엘은 우상숭배에 현혹되어 마귀적인 행습을 따르고 있었다.

9:25 그의 장관 빗갈 *장관*(*captain*)은 원래 마부, 전사와 함께 병거에 타는 세 번째 사람을 가리켰다. 그의 임무는 전사의 무기와 방패를 들고 있는 것이었다. 나중에 이 단어는 고위관리를 가리키게 되었다(참고. 7:2). 엘리야가 열왕기상 21:17-24에 기록된 예언을 아합에게 했을 때 예후와 빗갈은 한 조를 이루어 같은 병거에 탔거나 서로 다른 병거에 타고 아합을 추격했을 것이다. **여호와께서 이같이 그의 일을 예언하셨느니라** (NKJV에는 이 구절이 'the LORD laid this burden upon him', 곧 '여호와께서 그에게 이 짐을 지우셨느니라'로 번역됨-옮긴이) 여기서 '*짐*'은 예언적인 계시, 곧 열왕기상 21:19, 20-24에 기록된 엘리야의 예언적인 말을 가리킨다. 예후는 하나님이 자신을 통해 엘리야의 예언을 성취하며 보복을 실행하신다고 보았다.

9:26 나봇…아들들 나봇에 대한 기록에는 아들들의 죽음이 명확히 언급되지 않지만, 그의 재산이 몰수당한 일에 그들의 죽음이 분명히 암시되어 있다(왕상 21:16을 보라).

9:27 유다의 왕 아하시야가…죽은지라 아하시야는 벧하간(Beth Haggan, 개역개정판에는 이 단어가 '정원의 정자'로 번역되어 있음-옮긴이)으로 도망쳤다. 이 성읍은 이스르엘에서 남서쪽으로 11킬로미터 정도 떨어진 곳에 있었다. 예후와 그의 부하들은 아하시야를 추격하여 이블르암에서 가까운 구르의 비탈길에서 그에게 상처를 입혔다. 이곳은 벧하간 바로 남쪽에 있었다. 역대하 22:9에 따르면 아하시야는 벧하간에서 남쪽으로 13킬로미터 정도 떨어진 사마리아까지 가서 한동안 숨어 지냈다. 그 후 그는 사마리아에서 북쪽으로 19킬로미터 정도 떨어진 곳에 있는 므깃도까지 도망쳤으나 그곳에서 죽음을 맞았다.

9:29 제십일년 주전 841년경이다. 8:25의 "*제십이년*"을 참고하라. 8:25에서는 연대를 계산하는 데 '무즉위년 방식'(non-accession-year system)을 썼다. 이에 따라 요람이 왕위에 오른 해가 그의 통치 첫 해로 간주되었다(*12:6에 대한 설명을 보라*). 여기서는 '즉위년 방식'(accession-year system)이 사용되었으며, 이에 따라 요람이 왕위에 오른 해와 두 번째 해 모두가 그의 통치 첫 해로 간주되었다.

9:30 눈을 그리고 당시에는 검은 가루를 기름에 섞은 후 붓으로 눈꺼풀에 칠했다. 이렇게 하면 눈꺼풀 색깔이 어두워져 눈이 더 커 보인다. 이세벨은 창가에 나타남으로써 신하를 맞이하는 여왕과 같은 느낌을 예후에게 주어 그를 압도하려고 했다.

9:31 시므리 예후를 이렇게 부름으로써 이세벨은 그의 행위를 이전에 시므리가 행한 숙청(왕상 16:9-15)에 빗대었다. 시므리는 통치 시작 후 칠 일 만에 죽었기 때문에 이세벨은 예후 역시 같은 운명을 맞게 되리라고 암시한 것이다.

9:32 내시 이세벨 자신의 시종들 가운데 몇 사람이 그녀를 이층 창문 밖으로 집어던졌다. 예후는 자신의 병거와 말들을 몰아 그녀의 몸 위를 밟고 지나갔다.

9:34 왕의 딸 예후는 이세벨에게 이스라엘의 여왕이 될 자격이 있음은 부인했지만, 그녀가 왕족인 것은 인정했다.

9:36 이는 여호와께서…말씀하신 바라 이세벨이 죽은 장소와 그 방식을 통해 엘리야가 전한 예언적 계시가 성취되었다(왕상 21:23).

10:1 아들 칠십 명 이들은 아합의 남자 후손으로, 아들과 손자를 모두 포함한 숫자다. 아합에게는 여러 아내가 있었으며(왕상 20:5), 따라서 많은 후손이 있었다. 이 살아 있는 친족들은 자신의 친족을 죽게 한 사람을 죽여 복수할 수 있었으므로(참고. 민 35:12), 아합의 남자 후손들이 살아 있는 한 예후의 목숨은 위태로울 수밖에 없었다. **사마리아** 살아남은 아합의 집안 사람들은 북왕국의 수도에 살고 있었다. 이곳은 이스르엘에서 남쪽으로 40킬로미터 정도 떨어져 있었다. **귀족들 곧 장로들과…교육하는 자들** 예후는 동일한 메시지(2, 3절)를 여러 통의 편지에 써서 다음 사람들에게 보냈다. 이스르엘에서 사마리아로 도망쳤을 왕실의 관리들, 이스라엘 각 지파의 지도자들, 왕의 자녀들을 가르치고 돌본 사람들이다.

10:3 너희 주의 집을 위하여 싸우라 자신과 아합의 가문 사이에 충돌 가능성이 있음을 인지한 예후는 아합의 관리들에게 그들이 아합의 왕실을 유지하기 위해 싸우든지, 어떤 가문이 이스라엘을 다스릴지 결정을 내릴 수 있게 자신에 맞서 싸울 새 왕을 아합의 후손 중에서 택하라고 요구한다(참고. 삼상 17:8, 9; 삼하 2:9).

10:5 그 왕궁…그 성읍을 책임지는 자 이 두 사람은 왕궁의 관리자와 성읍을 다스리는 관리였다. 이 중 후자는 성읍의 군대 지휘관이었을 것이다. **우리는 당신의 종이라** 관리들과 지도자들은 오므리 가문에서 예후에게로 충성의 대상을 바꿨다.

10:6 사람들의 머리 예후는 이 관리들에게 분명한 항

복의 표시로 아합의 모든 남자 후손의 목을 베어 다음 날까지 이스르엘에 있는 자신한테 가지고 올 것을 요구한다.

10:7 머리를 광주리에 두려움에 휩싸인 관리들은 예후의 명령에 따라 아합의 남자 후손들의 목을 베었다. 하지만 그들은 직접 이스르엘에 있는 예후에게 가지 않았다. 이는 비슷한 운명이 그들을 기다릴 것을 두려워했기 때문일 것이다.

10:8 두 무더기 고대 근동에서 정복당한 자들의 머리를 성문에 쌓아두는 것은 흔한 관습적 행동이었으며, 앗수르인들의 경우에 특히 그러했다. 이 관습의 의도는 반란을 단념시키려는 데 있었다.

10:9 나는…배반하여 죽였거니와 예후는 자신이 요람을 살해한 일을 언급하고 있다(9:14-24).

10:10 여호와께서…하신 말씀 하나님은 엘리야를 통해 아합 가문이 멸망하리라는 것을 예언하셨다(왕상 21:17-24).

10:11 예후가…다 죽이고 예후는 하나님이 명하신 내용을 넘어서서 아합의 관리들을 모두 처형했다. 하나님은 이 일로 이후 예후의 가문을 심판하셨다(참고. 호 1:4).

10:13 아하시야의 형제들 살해당한 유다 왕 아하시야(9:27-29)의 형제들은 이전에 블레셋 족속의 손에 죽었기 때문에(대하 21:17) 이들은 조카 또는 사촌처럼 더 넓은 의미에서 아하시야의 친족이었을 것이다.

10:14 이들은 아합의 집에 여전히 충성하는 세력을 강화하고 선동할 수 있었기에 예후는 이들을 학살했다.

10:15 레갑의 아들 여호나답 이 사람은 주님을 신실하게 따르고 모세의 율법을 엄격히 준수하는 사람으로 고행과 금욕의 삶을 살았다. 예레미야 35:1-16에 따르면 레갑 사람들은 밭에 씨를 뿌리거나 포도주를 마시지 않았다. 두 사람은 악수를 나누었는데, 이는 영향력을 가진 이 인물이 예후를 지지한다는 약속의 표시였다.

10:18, 19 아합은 바알을 조금 섬겼으나 예후는 많이 섬기리라 사실 이것은 하나의 계략이었지만(19절), 예후는 자신이 아합보다 바알을 더 열심히 섬길 것을 약속했다. 사마리아 사람들은 예후가 추구하는 것은 종교적 개혁이 아니라 군사적 개혁이라고 생각했을지도 모른다. 만약 그렇다면 예후는 왕으로서 자신의 통치에 바알이 복 주기를 구한 것이다(20절).

10:21 바알의 신당 아합이 사마리아에 건축한 우상숭배를 위한 중심 장소였다(왕상 16:32). 모든 바알 숭배자가 그 건물 안에 들어갈 수 있었던 이유는 엘리야와 엘리사가 끼친 영향, 요람 아래서 바알 숭배가 경시되고 지속되지 않아서 바알 숭배자의 숫자가 줄어들었기 때문이다.

10:26 목상들 이것은 "바알의 목상"(27절)과 구별되는 나무로 만든 우상들이다.

10:27 변소 문자적으로는 '똥이 있는 곳'이다. 이 장소를 이렇게 더럽힘으로써 바알의 신전을 재건하려는 어떤 시도도 쉽지가 않았다.

10:28 이스라엘 중에서 바알을 멸하였으나 예후는 북왕국에서 왕의 재가를 받았던 바알 숭배를 금지시켰다. 하지만 그가 이 일을 행한 것은 영적이고 경건한 동기 때문이 아니라 바알 숭배가 아합의 왕조와 그 영향력에 뗄 수 없는 연관성이 있다고 믿었기 때문이다. 그는 바알 숭배를 근절함으로써 아합에게 충성하는 자들의 모든 흔적을 없애고, 그 나라에서 참 하나님을 경배하는 사람들의 지지를 얻을 수 있다고 여겼다. 요나답(여호나답-옮긴이)은 그의 의도를 모른 채 그가 행한 일에 동의했다.

10:29 여로보암의 죄 그러나 예후는 계속해서 여로보암 1세가 북왕국에 도입한 다른 우상숭배를 공식적으로 허용했다(참고. 왕상 12:28-33).

10:33 요단 동쪽…에서부터 예후가 전심으로 주님의 법을 지키지 못했기 때문에(31절) 주님은 요단강 동쪽의 이스라엘 땅을 아람에게 넘겨줌으로써 그를 벌하셨다. 이 잃어버린 지역은 갓과 르우벤 지파, 므낫세 지파 절반에게 속한 땅이었다(민 32:1-42).

10:36 스물여덟 해 주전 841-814년이다.

5. 유다에서 바알 숭배의 몰락(왕하 11:1-12:21)

11:1 아달랴 오므리의 손녀(8:26)이며 아합과 이세벨의 딸이다. 그녀는 아들 아하시야가 죽고 나서(9:27) 자신이 통치하려는 열망에 불타올랐으며, 유다에 바알 숭배를 공식적으로 허용하기 위한 일에 열중했다(*8:18에 대한 설명을 보라*). 그녀는 주전 841-835년경 6년 동안 통치했다(3절). *역대하 22:10-23:21에 대한 설명을 보라*. **왕의 자손을 모두 멸절하였으나** 이전에 여호람의 형제들(대하 21:4)과 아하시야의 형제들과 친척들(10:12-14; 대하 21:17)이 죽었기 때문에 아달랴가 자신의 손자들만 죽이면 다윗의 계보가 끊기게 될 상황이었다. 주님은 다윗의 가문이 이스라엘과 유다를 영원히 다스릴 것이라고 약속하셨지만(삼하 7:16), 아달랴의 숙청으로 다윗 가문은 멸절되기 직전에 이르렀다.

11:2 여호세바 이 여인은 여호람이 아달랴가 아닌 다른 아내한테서 낳은 딸일 것이다. 따라서 그녀는 아하시야의 배다른 누이였으며, 대제사장 여호야다와 혼인

했다(대하 22:11). **요아스** 아달랴의 숙청을 피해 살아남은 그녀의 손자다. **침실** 문자적으로는 '침대들의 방'이다. 이곳은 하인들이 침구류를 보관하던 궁전의 창고 또는 성전 제사장들이 머무는 방이었을 것이다.

11:3 여호와의 성전에 예루살렘의 성전이다. **육 년** 주전 841-835년이다.

11:4 일곱째 해에 아달랴의 통치 제7년인 주전 835년이 시작될 때다. **여호야다** 이 사람은 아달랴가 통치하는 기간 대제사장을 지냈다(*대하 24:15, 16에 대한 설명을 보라*). 그는 여호세바의 남편이었다(2절; 대하 22:11). **백부장들** 이들은 각각 100명으로 이루어진 부대를 지휘하는 군인이었다. 역대하 23:1, 2에는 이들 중 다섯 명의 이름이 언급된다. 호위대는 블렛 사람과 연관된 "가리 사람"으로(삼하 20:23) 왕실을 지키는 역할을 하는 용병들이었다. 문자적으로 '경주자'를 뜻하는 "호위병"들은 왕궁의 보안을 담당했던 또 다른 왕실 호위대일 것이다(왕상 14:27을 보라). 여호야다는 왕실 호위대에게 지지를 약속받고, 그들에게 충성을 맹세시킨 후 요아스를 그들에게 보여준다. 군대의 지휘관들은 아달랴를 죽이고 요아스를 왕으로 세우는 계획을 지지한다.

11:5-8 여호야다는 요아스를 왕위에 앉힐 자신의 계획을 개략적으로 설명한다. 그가 택한 안식일에 제사장과 레위인들을 포함하여(대하 23:4) 근무 중인 왕실 호위대는 평상시처럼 왕궁을 지킬 것이다. 그들은 특히 성전 뜰에서 개시될 반란에 대한 소식이 아달랴와 그녀를 따르는 자들의 귀에 들어가지 않도록 해야 한다. 근무 시간이 지난 부대는 평상시처럼 숙소로 돌아가지 않고, 성전에 가서 곧 즉위할 어린 왕 주위에 견고한 진을 치고 그를 보호할 것이다. 그의 계획이 성공을 거두었다는 것은 9-12절에 기록되어 있다.

11:6 수르 문 이 문의 정확한 위치는 알려져 있지 않다. 19절은 이 문이 성전과 왕궁을 연결하는 문이었음을 암시한다.

11:10 창과 방패 이 물건들은 다윗이 소바의 하닷에셀 왕에게서 빼앗은 약탈품의 일부였을 것이다(삼하 8:3-12). 다윗은 이 물건들을 주께 봉헌하고(삼하 8:7, 11) 성전에 보관했다. 군인은 이미 무장하고 있었으므로 그들에게 추가로 주어진 이 고대 무기들은 성전 관계자들이 그들의 행동을 지지한다는 사실을 상징적으로 보증해 주는 것이었다.

11:12 율법책 이것은 율법 전체의 사본이었다(시 119:88). 신명기 17:18-20에 따르면 왕은 율법의 사본을 자기 곁에 두고 그것을 자기 삶의 인도자로 삼아야 했다. **기름을 부어** 여기서처럼 제사장이나 선지자가 관례적으로 왕에게 기름을 부었다(9:6; 삼상 10:1; 16:13; 왕상 1:39).

11:14 단 위에 성전 현관에 있는 두 기둥 야긴과 보아스 중 하나였거나(왕상 7:21), 성전 마당에 세워진 단이었을 것이다(참고. 대하 6:13). **온 백성** 여호야다는 주요 종교적 절기 중 하나가 진행되던 기간의 안식일에 반란을 일으키기로 정했을 것이다. 이때는 주께 충성하는 유다 백성이 예루살렘에 모였다.

11:16 왕궁…죽임을 당하였더라 성전 지역은 예배를 드리는 장소로, 그곳에서 처형을 집행하는 것은 적절치 못했다(참고. 대하 24:20-22). 따라서 군인들은 아달랴를 끌고 가서 왕궁 마당의 입구 중 한 곳에서 그녀를 죽였다.

11:17 언약 아달랴의 통치 아래서 나라가 혼란에 빠졌기 때문에 백성과 주님 사이, 다윗 가문과 백성 사이의 언약을 갱신하는 것은 적절한 일이었다. 이후 요시야의 통치기에 비슷한 의식이 거행되었다(23:1-3). *출애굽기 24:4-8에 대한 설명을 보라.*

11:18 바알의 신당 예루살렘에 있던 신전으로, 아달랴는 유다에서 바알 숭배를 장려하는 데 이 건물을 사용했다. 이세벨이 이스라엘에서 바알 숭배를 조장한 것처럼 그녀의 딸 아달랴는 유다에서 바알 숭배가 허용되도록 노력했다. 아달랴가 여왕으로 다스릴 때 바알 숭배는 유다에서 가장 강력한 발판을 확보했다. 유다에서 바알 숭배가 제거된 이 일은 이전에 예후가 북왕국에서 바알 숭배를 제거한 일(10:18-29)과 유사하다.

11:21 요아스 (NKJV에는 이 단어가 'Jehoash', 곧 '여호아스'로 번역됨-옮긴이) 여호아스와 요아스는 같은 이름을 나타내는 서로 다른 형태로, '여호와께서 주시다'라는 뜻이다. *역대하 24:1-27에 대한 설명을 보라.*

12:1 제칠년 주전 835년이다. 이스라엘의 예후는 주전 841년에 통치를 시작했다(9:29과 10:36에 대한 설명을 보라). **사십 년간** 주전 835-796년이다.

12:2 여호야다가 그를 교훈하는 모든 날 동안에는 요아스는 여호야다가 아버지처럼 그의 후견인과 교사로 섬기는 동안 주님이 기뻐하시는 일들을 행했다. 여호야다가 죽은 후 요아스는 주께 등을 돌렸다(*대하 24:17, 18상에 대한 설명을 보라*).

12:3 산당들 *열왕기상 3:2에 대한 설명을 보라.* 대부분의 유다 왕처럼 요아스는 이 예배 장소들을 제거하지 못했다. 백성들은 이 장소들에서 주께 제사하고 향을 피웠는데, 이는 모세의 율법에 어긋나는 행동이었다(참고. 신 12:2-7, 13, 14).

12:4-16 역대하 24:5-14을 보라.

왕하

12:4 거룩하게 하여 드리는 문자적으로는 '거룩한 선물'을 의미한다. 이 예물들은 제사장들에게 주어졌으며, 성전을 유지하는 데 쓰였다. 이 세 가지 주된 예물은 인구조사가 시행될 때마다 스무 살 이상의 모든 남자한테서 거둬들인 반 세겔(출 30:11-16)과 개인적인 서약에 따라 지불하는 돈(레 27:1-8), 자원하는 예물(레 22:18-23; 신 16:10)이었다.

12:5 아는 자에게서 이 사람은 예물을 바쳤거나 제사장을 위해 예물을 모아온 그의 친구였을 것이다. 이런 친구들은 보통 제사장의 '후원자'가 되었다. 그러나 어떤 사람들은 이 히브리어 단어를 '회계 담당자'로 해석하기도 한다. 이 해석에 따르면 이 사람은 성전에서 일하는 사람들 가운데 한 명으로 제사장들을 도와 성전에 바쳐진 제물과 예물의 값을 평가하는 일을 했다. **성전의 어느 곳이든지…수리하라** 아달랴가 통치하는 동안 성전은 심각한 손상을 입었으며, 성전의 기물들은 바알 신전에서 쓰였다(대하 24:7). 요아스는 제사장들에게 성전 수리비를 마련하는 데 성전에 바쳐진 예물들을 쓰도록 명했다. 이것은 일반적인 성전 유지비에 추가된 비용이었다.

12:6 제이십삼년 주전 813년경이다. 유다는 아달랴와 요아스의 통치기에 무즉위년 방식을 썼던 것으로 보인다(*13:1에 대한 설명을 보라*). 이 방식에 따르면 한 왕이 왕위에 오른 해가 그의 통치 첫 해로 간주되었다. 그때 요아스는 스물아홉 살이었다.

12:7, 8 요아스의 계획은 제대로 실행되지 못했다. 이 예물들을 통해 거둬들인 수익이 제사장과 레위인들을 후원하는 동시에 성전 수리비로 쓸 만큼 충분하지 못했거나, 어떤 알려지지 않은 이유로 제사장들이 성전 수리비를 지출하지 않았기 때문이다. 따라서 제사장들은 더 이상 사람들이 드린 예물을 받지 못했으며, 그들이 이미 얻은 수입에서 성전 수리비를 지출하지도 않았다.

12:9-16 요아스는 새로운 계획을 세웠다. 첫째, 모금함을 하나 만들어 그곳에 모든 예물을 넣는다. 상자가 가득 차면 왕의 서기와 대제사장만이 그 상자를 비울 수 있다. 둘째, 이렇게 마련한 기금을 통해 수리를 감독할 사람들이 고용되며, 그들은 성전을 수리하는 목수와 건축자들, 석공들, 돌 자르는 사람들에게 비용을 지불한다. 이 일에 종사한 사람들은 믿음직한 이들이라서 그들에게 회계 보고를 따로 요구하지 않는다(15절).

12:9 문을 지키는 제사장들 이들은 부정한 예배자들이 성전에 들어오는 것을 막기 위해 사람들을 살피는 일을 하는 제사장들이었다(25:18; 렘 52:24). 이 제사장들이 예배자들한테서 예물을 받으면 예배자들은 이들이 그 예물을 상자에 넣는 모습을 직접 지켜보았다.

12:16 속건제의 은과 속죄제의 은 이 예물들을 통해 얻은 수입은 4절에 언급된 수입과 구별되었는데, 성전 수리에 쓰이지 않고 제사장들의 소득이 되었다(레 4:1-6:7을 보라). 성전 수리로 제사장들의 소득이 줄어들거나 하지는 않았다(레 7:7).

12:17 하사엘 *8:8-15에 대한 설명을 보라*. **가드** 블레셋의 주요 다섯 성읍 중 하나로(삼상 5:8), 예루살렘에서 남서쪽으로 40킬로미터 정도 떨어진 곳에 있었다. 가드는 이전에 유다에 속했던 곳이다(대하 11:8).

12:18 모든 성물 하사엘이 요아스의 군대를 격파하고 그의 관리들을 죽였을 때(대하 24:23, 24), 요아스는 그 아람 왕에게 공물을 보내 예루살렘이 추가적인 공격에 시달리는 일을 피했다. 이 공물 중에는 유다의 왕들이 예루살렘 성전에 헌납한 예물들도 포함되어 있었다(참고. 왕상 15:15, 18).

12:19 요아스의 남은 사적 요아스의 통치에 대한 더 자세한 서술은 역대하 22:10-24:27에서 볼 수 있다.

12:20 반역하여 요아스가 제사장 여호야다의 아들인 대제사장 스가랴를 죽였기 때문에(대하 24:20-22) 그의 관리들 가운데 일부가 반역을 일으켰다. **실라** 쓰레기 매립지에서 기드론 골짜기로 내려가는 비탈길이었을 것이다. **밀로 궁** 이는 예루살렘 다윗 성의 북쪽, 성전이 있는 산의 남쪽에 위치한 쓰레기 매립지에 지은 집이었

「요아스 왕의 선포(*Proclaiming Joash King*)」 1815년. 에드워드 버드. 패널에 유화. 92.8×64.1cm. 영국 왕립 미술원. 런던.

을 것이다. 참고. 역대하 24:25.

12:21 아마샤 아마샤의 통치기에 대해서는 14:1-22을 보라.

6. 엘리사의 죽음(왕하 13:1-25)

13:1 제이십삼 년 주전 814년이다. 유다의 요아스는 주전 835년에 통치를 시작했으며(*12:1에 대한 설명을 보라*), 이스라엘의 예후는 주전 814년에 사망했다(*10:36에 대한 설명을 보라*). 그러므로 유다 왕 요아스의 제23년은 무즉위년 방식에 따라 산출된 것이다(*12:6과 13:10에 대한 설명을 보라*). **십칠 년간** 주전 814-798년으로, 이는 곧 달력상의 연도로 17년에 걸쳐 있음을 뜻한다. 실제 통치 기간은 16년으로 계산된다.

13:2 여로보암 그의 죄들에 대해서는 *열왕기상 12:25-32에 대한 설명을 보라*. 여로보암이 "이스라엘에게 범죄하게" 했다는 이 묘사는 6, 11절; 3:3; 10:29, 31; 14:24; 15:9, 18, 24, 28; 17:21, 22; 열왕기상 14:16; 15:30; 16:31에도 나온다.

13:2-7 이스라엘 왕 여호아하스의 통치에 대한 기록은 사사기의 내용과 문학적·언어적 유사성을 지닌다. 첫째, 여호아하스는 주님이 보시기에 악한 일을 행했다(2절. 참고. 삿 2:11-13; 3:7). 둘째, 주님이 이스라엘을 향해 진노를 발하시고 그들을 대적들에게 넘겨주셨다(3절. 참고. 삿 2:14, 15; 3:8). 셋째, 그들이 당하는 압박을 보시는 주께 여호아하스가 부르짖었다(4절. 참고. 삿 2:18; 3:9). 넷째, 주님은 이스라엘을 위한 구원자를 세우셨고 그 구원자는 대적들의 손에서 그들을 구해냈다(5절. 참고. 삿 2:16, 18; 3:9). 다섯째, 이스라엘은 여전히 악한 길로 향했고 그 결과 또 다른 압박이 찾아왔다(6, 7절. 참고. 삿 2:19; 3:12-14).

13:3 하사엘 *8:8-15에 대한 설명을 보라*. **벤하닷** 이는 벤하닷 2세 또는 벤하닷 3세였을 것이며, 후자였을 가능성이 좀 더 높다(*왕상 15:18에 대한 설명을 보라*). 아람 왕으로서 그의 통치는 주전 801년경에 시작되었다. 그가 얼마 동안 통치했는지는 알려져 있지 않다.

13:5 구원자 이 구원자의 이름은 구체적으로 언급되지 않았다. 이 구원자는 다음 세 사람 가운데 한 명이었을 것이다. 첫 번째, 앗수르 왕 아닷-니라리(Adad-Nirari) 3세다(주전 810-783년경). 그는 아람인들을 공격했고, 이로 말미암아 이스라엘 백성은 이스라엘 영토에 대한 아람의 통제를 무너뜨릴 수 있었다(25절과 14:25을 보라). 두 번째, 이스라엘이 거둔 군사적 성공의 지도자로서(14절. 참고. 6:13, 16-23) 요아스에게 아람인들을 물리칠 것을 명한 엘리사다(15-19절). 세 번째, 여로보암 2세다(주전 793-753년경). 그는 이스라엘 영토의 경계를 아람 지역까지 다시 확장하는 데 성공했다(14:25-27).

13:6 여로보암 집의 죄 *2절에 대한 설명을 보라*. **목상** 이 우상은 가나안의 여신이며 바알의 배우자인 아세라를 상징한다. 이 목상은 아합이 세운 것으로(왕상 16:33), 예후가 사마리아에서 바알 숭배를 척결했을 때(10:27, 28) 파괴당하지 않았다. 여로보암 2세가 따랐던 다른 우상숭배적 종교들과 함께 북왕국에는 여전히 바알 숭배의 잔재가 남아 있었다.

13:7 타작 마당의 티끌 이스라엘 군대는 보잘것없었는데, 아람과 앗수르의 군대와 비교할 때 더욱 그러했다. 그리하여 그 군대는 타작마당에서 곡식을 키질한 후 남은 먼지로 비유되곤 했다. **남겨 두지 아니하였더라** 주님이 여호아하스에게 매우 적은 수의 병거와 군대만을 남겨두셨기 때문에 아람은 이스라엘을 군사적으로 지배할 수 있었다.

13:10 제삼십칠 년 주전 798년경이다. 유다의 요아스는 주전 835년에 통치를 시작했다(*12:1에 대한 설명을 보라*). 여기서는 유다의 요아스가 통치한 기간을 계산하

「엘리사의 무덤에서의 기적(*The Miracle at the Grave of Elisha*)」 1596년. 얀 나겔. 패널에 유화. 60.1×69.1cm. 프랑스 할스 미술관. 할렘.

는 방식이 즉위년 방식으로 바뀌고 있다(*13:1에 대한 설명을 보라*). 이 사실은 유다 왕 요아스의 통치 연대로는 15년밖에 되지 않는 기간에 이스라엘의 여호아하스가 어떻게 16년을 나스릴 수 있었는지를 설명해준다(참고. 1절). **요아스** 이 이스라엘 왕은 자신과 같은 시대에 통치한 유다의 왕과 같은 이름을 갖고 있었다(*11:21에 대한 설명을 보라*). **십육 년간** 주전 798-782년이다.

13:12 아마샤와 싸운 *14:8-14에 대한 설명을 보라*.

13:14 엘리사 이전에 마지막으로 선지자 엘리사가 언급된 본문은 예후가 이스라엘 왕으로 기름 부음을 받은 9:1이다. 예후와 여호아하스는 주전 841-798년에 통치했으므로(*10:36과 13:1에 대한 설명을 보라*), 엘리사의 생애 중 사십 년 넘게 그와 관련해 아무것도 기록되지 않은 것이다. 엘리사는 아합이 왕위에 있던 주전 874-853년경 엘리야를 따라 사역을 시작했다(왕상 19:19-21). 따라서 그의 생애 마지막에 이 사건들이 일어났을 때는 일흔 살이 넘었을 것이다. **내 아버지여** 요아스는 엘리사에 대한 자신의 깊은 존경심과 그의 조언에 의지하는 마음을 겸손하게 표현했다(*2:12에 대한 설명을 보라*). **이스라엘의 병거와 마병이여** 요아스는 이 비유를 통해 주님이 엘리사를 통해 모든 대적에 맞서는 이스라엘의 진정한 힘과 능력이 되셨음을 고백한다(*2:11에 대한 설명을 보라*).

13:16 엘리사가 자기 손을 왕의 손 위에 얹고 이 상징적 행동은 주님이 그분의 선지자를 통해 주시는 능력을 요아스가 아람인들과 맞서 싸울 때 발휘하게 되리라는 것을 나타낸다.

13:17 동쪽 창 이 창문은 아람이 지배하던 요단강 건너편의 지역을 향해 동쪽으로 나 있었다(10:32, 33). **여호와를 위한 구원의 화살** 요아스가 엘리사의 말에 순종하여 창밖으로 화살을 쏘자 엘리사는 그 행위의 의미를 해석해주었다. 이 화살을 쏘는 행위는 요아스가 아람 군대를 패배시키는 일을 통해 주님이 이스라엘을 구원하실 것을 상징했다(참고. 5절). **아벡** *열왕기상 20:26에 대한 설명을 보라*.

13:19 세 번 더 나아가 엘리사는 요아스에게 남은 화살들을 땅에 쏘라고 명했다(18절). 요아스는 화살통을 다 비우는 대신 세 개의 화살만을 땅에다 쏘았다. 이로써 요아스는 아람인들을 완전히 멸절하는 대신에 세 번의 승리만을 거두게 되었다. 이 승리들에 대한 이야기는 25절에 언급된다.

13:20 해가 바뀌매 이스라엘의 방패였던(14절) 선지자는 죽고 겨울비가 그친 후 전쟁을 치르기에 적합한 계절이 찾아왔다.

13:21 회생하여 엘리사의 뼈에 닿은 후 죽은 사람이 살아났다. 이 기적은 심지어 엘리사가 죽은 후에도 하나님의 능력이 계속해서 그와 관련하여 나타났음을 보여준다. 엘리사가 살아 있을 때 하나님이 그를 통해 요아스에게 주신 약속은 그가 죽었음에도 분명히 이루어졌다(참고. 19, 25절). 적들을 무찌르고 빼앗긴 성읍들을 되찾았으며, 이 성읍들은 다시 이스라엘 왕국의 소유가 되었다(22-25절).

13:22 *8:12에 대한 설명을 보라*.

13:23 여호와께서 아브라함과 이삭과 야곱과 더불어 세우신 언약 여호아하스의 사악한 통치 기간(2-7절)에 주님은 오래 참으셨고, 이스라엘 백성이 그 땅에서 쫓겨나는 최종적인 군사적 패배가 발생하지 않도록 하셨다. 이것은 하나님이 그들의 후손에게 그 땅을 주겠다고 족장들한테 약속하셨기 때문이다(창 15:18-21; 26:2-5; 28:13-15). 하나님이 이스라엘을 향해 자비와 긍휼을 베푸신 것은 이스라엘 백성의 선함 때문이 아니라 그분이 주신 약속 때문이었다.

D. 유다와 이스라엘의 왕들(왕하 14:1-15:38)

14:1-15:38 이 단락에서는 주전 796-735년 북왕국과 남왕국의 왕들과 선택된 사건들을 개괄하고 있다. 이

죽음에서 소생한 사례들

1. 엘리야가 사르밧 과부의 아들을 일으킴	열왕기상 17:22
2. 엘리사가 수넴 여인의 아들을 일으킴	열왕기하 4:34, 35
3. 엘리사의 뼈에 닿았을 때 죽은 사람이 살아남	열왕기하 13:20, 21
4. 예수님이 나인 성 과부의 아들을 일으키심	누가복음 7:14, 15
5. 예수님이 야이로의 딸을 일으키심	누가복음 8:52-56
6. 예수님이 마르다와 마리아의 형제인 베다니의 나사로를 일으키심	요한복음 11장
7. 베드로가 도르가를 일으킴	사도행전 9:40
8. 바울이 유두고를 일으킴	사도행전 20:9-12

전 19개의 장(왕상 17:1-왕하 13:25)에서 마지막의 65년간(주전 860-796년)에 이루어진 엘리야와 엘리사의 사역에 초점을 맞추며 90년간의 역사(주전 885-796년)를 서술한 것과 달리 62년간의 역사가 이 두 장에서 다루어진다. 앞선 단락은 희미한 희망으로 끝을 맺었다. 공식적으로 허용되던 바알 숭배는 이스라엘(10:18-28)과 유다(11:17, 18) 모두에서 근절되었다. 예루살렘에 있는 주님의 성전은 수리되었다(12:9-15). 그리고 이스라엘에 대한 아람의 위협은 극복되었다(13:25). 그럼에도 이 단락은 근본적인 문제들이 여전히 남아 있음을 강조한다. 여로보암 1세가 만들어놓은 거짓 종교는 이스라엘에서 왕조가 바뀐 후에도 존속하고 있었다(14:24-15:9, 18, 24, 28). 또한 이 시기에 유다에는 선한 왕만 있었지만, 산당은 제거되지 않았다(4절; 15:4, 35).

14:1 제이년 주전 796년이다. **아마샤** *역대하 25:1-28에 대한 설명을 보라.*

14:2 이십구 년간 주전 796-767년이다.

14:3 다윗과는 같지 아니하였으며 다윗은 그의 후손인 유다의 왕들이 따르도록 주님을 향한 확고한 헌신의 높은 기준을 세웠다(참고. 왕상 11:4, 6; 15:3). 아마샤는 다윗처럼 주님을 온전히 따르지 못했다. 아버지 요아스처럼 그도 산당을 제거하지 않았기 때문이다(4절). 백성들은 모세의 율법을 무시하고 이곳에서 주께 예배를 드렸다(신 12:2-7, 13, 14). 게다가 역대하 25:14-16에 따르면 아마샤는 에돔 족속의 거짓 신들을 받아들였다.

14:5, 6 자신의 통치권이 견고해졌을 때 아마샤는 아버지 요아스를 암살한 관리인 요사갈과 여호사바드에게 복수했다(12:20, 21). 하지만 그는 아버지의 죄 때문에 그 자녀를 죽여서는 안 된다는 모세의 율법에 따라 그들의 자녀들은 살려주었다(신 24:16. 참고. 겔 18:1-20).

14:7 아마샤가 에돔을 상대로 치른 전쟁에 대한 자세한 설명으로 *역대하 25:5-16에 대한 설명을 보라.* 에돔은 요람의 통치기에 반란을 일으켰으며(8:20을 보라), 왕은 그들을 다시 복종시키고자 했다. **소금 골짜기** 사해의 남쪽 끝에 있는 늪이 많은 평원이었을 것이다(*삼하 8:13에 대한 설명을 보라*). **셀라…욕드엘** 셀라(히브리어로 '바위'를 뜻함)는 산의 절벽을 깎아 만든 성읍으로, 사해에서 남쪽으로 80킬로미터 정도 떨어진 곳에 있던 페트라(헬라어로 '바위'를 뜻함)를 가리킨다고 보는 것이 가장 타당하다. 한편 어떤 이들은 이곳이 에돔 북부의 보스라 부근을 지나는 왕의 대로에 있었다고 주장한다(삿 1:36). 아마샤가 이 성읍의 이름을 욕드엘로 바꾸었듯이, 자신이 점령한 성읍의 이름을 바꾼 것은 그 성읍이 그의 통제 아래 있음을 함축적으로 보여준다.

14:8 이스라엘의 왕 요아스 *13:10-23에 대한 설명을 보라.* **서로 대면하자** 요아스에 대한 아마샤의 도전은 선전포고였다. 에돔에게 거둔 승리로 대담해진(10절) 아마샤는 이스라엘의 더 강한 군대도 격파할 수 있다고 생각했다(참고. 13:25). 또한 그는 요아스가 자신과 혼인 관계를 통한 동맹 맺기를 거절한 일로 분개하고 있었을 것이다(9절).

14:9 가시나무…백향목 이 비유에서(참고. 삿 9:8-15) 성가시고 무가치한 나무인 가시나무(아마샤)는 위엄 있는 백향목(요아스)과 동등한 위치에 서려고 했지만, 야생동물이 와서 그 나무를 짓밟아버렸다. 요아스는 아마샤에게 그가 자신의 힘과 탁월성을 과대평가한다고 지적하면서 짓밟히지 않으려거든 이스라엘과 싸울 생각을 하지 말라고 충고한다(10절).

14:11 벧세메스 예루살렘에서 서쪽으로 24킬로미터 정도 떨어진 곳에 있는 이 성읍에서 이스라엘과 유다 군대가 서로 전투를 벌였다.

14:13 요아스가…아마샤를 사로잡고 요아스는 전투에서 이기고 아마샤도 사로잡았다. 그는 아마샤를 사마리아로 끌고 갔을 것이다(14절). 이 유다 왕은 주전 782년에 요아스가 죽을 때까지 사마리아에서 지내야만 했다(17절). **에브라임 문…모퉁이 문** 모퉁이 문(참고. 렘 31:38; 슥 14:10)은 예루살렘을 둘러싼 성벽의 북서쪽 모퉁이에 있었다. 에브라임 문은 에브라임 쪽을 향하는 예루살렘의 북쪽 성벽에 있었으며, 모퉁이 문에서 동쪽으로 182미터 정도 떨어져 있었다. 요아스가 허물어버린 이 예루살렘의 북서쪽 성벽은 예루살렘의 가장 취약한 곳이었다.

14:14 탈취하고 요아스는 예루살렘 성전과 아마샤의 왕궁 모두를 약탈했다. 이전에 유다의 요아스가 성전과 왕궁의 보물들을 다메섹의 하사엘에게 공물로 바쳤기 때문에(12:17, 18) 그가 약탈한 물건들의 가치는 그리 크지 않았을 것이다. 전리품의 가치가 크지 않자 요아스는 공물을 추가로 확보하기 위해 예루살렘 사람들을 포로로 잡아 사마리아로 끌고 갔을 것이다.

14:17 십오 년간 주전 782-767년이다.

14:18 아마샤의…행적 그의 배교(대하 25:27), 그가 이스라엘과 벌인 재난에 가까운 전쟁, 예루살렘의 몰락, 약탈당한 성전, 사람들을 포로로 빼앗긴 일로 그는 백성들의 신망을 잃었다. 그들은 반역을 일으켜 그를 살해했다.

14:19 라기스 예루살렘에서 남서쪽으로 40킬로미터 정도 떨어진 성읍으로, 아마샤는 죽음을 피하기 위해 이곳으로 도망쳤다.

왕하

14:21 십육 세라 아사랴(웃시야, *15:1에 대한 설명을 보라*)는 사실 아버지 아마샤가 사마리아에 포로로 끌려간(13절) 주전 790년에 16세의 나이로 통치를 시작했다. 아마샤가 유다로 돌아오자 아사랴는 주전 782-767년까지 그와 공동으로 통치했다(17절). 주전 767년 아마샤가 살해당하자(19절) 아사랴는 혼자서 유다를 통치하기 시작했다(15:1). *역대하 26:1-23에 대한 설명을 보라.*

14:22 엘랏 아카바만의 북쪽 해안에 위치한 엘랏은 솔로몬이 만든 항구 에시온게벨(왕상 9:26)과 긴밀하게 연관되어 있었다. 아사랴가 엘랏을 유다의 땅으로 복귀시킨 것은 그가 단독으로 통치하게 된 후 첫 번째로 행한 의미 있는 일이었다. 이후 그가 거둔 성공들은 역대하 26:6-15에 요약되어 있다.

14:23 제십오년 주전 782년경이다. 이 해는 여로보암 2세가 단독으로 통치하기 시작한 때였다. 그의 아들 스가랴가 주전 753년에 그의 뒤를 이었으므로(15:8을 보라), 여로보암 2세는 아버지 요아스와 11년간 공동으로 통치했을 것이다. 그러면 그의 총 통치 기간은 41년이 된다(주전 793-753년). 이는 북왕국의 어느 왕보다도 오랜 기간 이스라엘을 통치한 것이다. **여로보암** 이 왕은 여로보암 2세다. 그는 이스라엘의 다른 왕들처럼 여로보암 1세의 거짓 종교를 좇았다. 여로보암 2세의 통치 기간에 선지자 호세아(호 1:1)와 아모스(암 1:1)가 북왕국에서 사역했다. 이들은 여로보암 2세의 통치기에 이스라엘이 큰 번영을 누렸지만 영적으로는 더 심각하게 배교했음을 지적했다.

14:25 가드헤벨 스불론 지파의 땅에 위치한 이 성읍은 갈릴리 바다에서 서쪽으로 22킬로미터 정도 떨어진 곳에 있었다(수 19:13). **요나** 여로보암 2세가 영토를 넓힌 것은 선지자 요나를 통해 계시된 주님의 뜻에 일치하는 일이었다. 이 선지자는 앗수르인들을 향하여 회개하라는 하나님의 메시지를 가지고 니느웨로 여행한 요나와 동일 인물이다(요나의 서론을 보라). **이스라엘 영토를 회복하되** 여로보암이 이룬 가장 큰 업적은 이스라엘의 영토를 유다에 속한 지역을 제외하고 솔로몬 시대의 범위만큼 거의 회복한 일이다. 북쪽 경계는 하맛 어귀로, 이는 솔로몬의 때와 동일했다(참고. 왕상 8:65). 남쪽 경계는 아라바 바다, 곧 사해였다(수 3:16; 12:3). 여로보암 2세는 오론테스강 기슭에 위치한 주요 성읍으로, 갈릴리 바다에서 북쪽으로 257킬로미터 정도 떨어진 곳에 있는 하맛을 점령했다. 또한 그는 다메섹을 다스렸는데, 이는 남쪽으로 모압 땅까지 이르는 요단강 동쪽 지역도 그의 지배 아래 있었음을 나타낸다. 여로보암 2세가 이런 승리들을 거둘 수 있었던 것은 아람인들이 앗수르의 공격으로 약해져 있었기 때문이다. 당시에 앗수르 역시 북쪽 국경의 위협과 내부 분열, 계속된 무능한 왕들의 통치로 국력이 상당히 약해져 있었다.

14:25, 26 여기서는 요나의 예언을 설명하고 있다. 주님은 이스라엘의 온 백성이 모질고 가혹한 고통을 겪고 있으며, 그들을 도울 사람이 없음을 직접 보셨다(26절). 나아가 주님은 이스라엘의 최종적인 멸망을 선포하시지도 않았다(27절). "이스라엘의 이름을 천하에서 없이 하겠다"는 말은 이스라엘을 철저히 멸절하여 그들의 흔적이나 그들에 대한 기억을 남기지 않겠다는 뜻이다(신 9:14; 29:20). 주님은 그들을 불쌍히 여기시고, 여로보암 2세의 통치를 통해 고통받는 자신의 백성들을 건지셨다. 하지만 호세아와 아모스의 책들이 보여주듯이 이스라엘은 하나님의 은혜에 회개로 응답하지 않았다.

14:28 여로보암은 주께 헌신하지 않고, 자신의 힘과 영리한 지도력에 의지하여 솔로몬 이후 이스라엘이 누려보지 못했던 번영을 누리게 했다. 그러자 백성들은 하나님의 능력보다 자신들이 누리는 번영에 의존하게 되었다. 그들은 하나님께 헌신하지 않았기에 그들이 누린 물질적 복은 하나님이 주시는 복의 표시가 아니었다.

15:1 제이십칠년 주전 767년이다. 여기에는 여로보암 2세가 요아스(여호아스)와 공동으로 통치한 11년간이 포함된다(*14:23에 대한 설명을 보라*). **아사랴** 이 이름은 '여호와께서 도우셨다'라는 뜻이다(14:21; 15:6, 7, 8, 17, 23, 27; 대상 3:12). 또한 그는 웃시야로도 불렸는데, 이 이름은 '여호와는 나의 힘이시다'라는 뜻이다(15:13, 30, 32, 34; 대하 26:1-23; 사 1:1; 6:1; 호 1:1; 암 1:1; 슥 14:5). 선지자 이사야는 아사랴의 통치기에 자신의 공적 사역을 시작했다(사 1:1).

15:2 오십이 년간 주전 790-739년이다. 아사랴가 아버지 아마샤와 공동 통치를 시작했을 때 그는 16세였다. 아사랴의 단독 통치는 주전 767년에 시작되었다(*8절*

에 대한 설명을 보라).

15:4 참고. 12:3과 14:4.

15:5 나병환자 아사랴는 성전 제단에서 분향하는 제사장의 역할을 침범한 데 대한 징벌로 나병에 시달렸다(*대하 26:16-18, 19, 20에 대한 설명을 보라*). 이 병은 결국 그의 목숨을 앗아갔다(*사 6:1에 대한 설명을 보라*). **별궁** 문자적으로는 '자유의 집'을 뜻한다. 아사랴는 왕의 모든 책무에서 배제되었고, 그의 아들 요담이 그가 죽을 때까지 공동 통치자가 되었다(주전 750-739년, *2절과 32절에 대한 설명을 보라*). 공동 통치자로서 요담은 특히 왕궁을 감독하고 나라를 다스리는 데 주력했다.

15:8 제삼십팔년 주전 753년이다. 이로써 아사랴와 그의 아버지 아마샤의 공동 통치(*2절; 14:21에 대한 설명을 보라*)는 주전 792-791년(즉위년식) 또는 790년(무즉위년식)에 시작된다. **스가랴** 스가랴는 예후 왕조의 네 번째이자 마지막인 세대였다(주전 753/752년경). 그의 죽음으로 주님이 주신 예언이 이루어졌다(참고. 15:12; 10:30).

15:10 살룸 살룸은 스가랴를 죽이고 이스라엘의 왕위를 차지했다. 앗수르의 기록은 살룸을 '보잘것없는 사람의 아들'로 지칭하는데, 이는 그가 왕족 출신이 아님을 나타낸다.

15:13 제삼십구년 주전 752년이다. 스가랴의 통치는 아사랴의 통치 제38년 마지막 달들(8절)과 그다음 해의 처음 달들에 걸쳐 있었다.

15:14 므나헴 므나헴은 스가랴의 밑에 있던 군대 지휘관이었을 것이다. **디르사** 북왕국의 이전 수도(왕상 14:17; 15:21, 33)로 사마리아에서 동쪽으로 14킬로미터 정도 떨어진 곳에 있었다. 므나헴은 자신의 병력과 함께 디르사에 배치되어 있었을 것이다.

15:16 딥사 딥사는 사마리아에서 북쪽으로 523킬로미터 정도 떨어진 유프라테스 강가에 위치해 있었기 때문에(왕상 4:24) 대부분의 해석자는 이 단어를 '답부아'(Tappuah)로 번역한다. 이곳은 디르사에서 남서쪽으로 22킬로미터 정도 떨어진 성읍이다(수 17:8). **갈랐더라** 임신한 여인들의 배를 가르는 것은 야만적인 행습이며, 다른 곳에서는 오직 이방 족속의 군대와 연관하여 언급된다(8:12; 호 13:16; 암 1:13). 므나헴은 그 성읍이 자신의 요구에 따라 '문을 열지' 않자 가시적으로 일깨우기 위해 이런 일을 행했을 것이다.

15:17 제삼십구년 주전 752년이다. **십 년간** 주전 752-742년이다. 므나헴 때부터 북왕국은 통치기 계산 방법을 무즉위년 방식에서 즉위년 방식으로 바꾸었다.

15:19 불 앗수르의 왕들은 종종 두 개의 이름을 가졌다. 하나는 앗수르식의 왕명이었고, 다른 하나는 바벨론식의 왕명이었다. 불은 주전 745-727년경에 통치한 앗수르 왕 디글랏 빌레셀 3세(참고. 대상 5:26)의 바벨론식 왕명이다.

15:19, 20 디글랏 빌레셀 3세는 주전 743년에 이스라엘을 침공했다. 므나헴은 이스라엘의 부자들로부터 거둬들인 은 1천 달란트(약 37톤 분량)를 그에게 공물로 바쳤다. 6만 명이 각자 약 620그램씩의 은을 내어 요구된 37톤 분량의 은을 모을 수 있었다. 이 공물을 받은 디글랏 빌레셋 3세는 이스라엘에 대한 므나헴의 통치권을 허용하고 군대를 철수시켰다. 이로써 므나헴은 앗수르 왕의 봉신이 되었다.

15:23 제오십년 주전 742년이다. **이 년간** 주전 742-740년이다.

15:24 여로보암의 죄 *13:2; 열왕기상 12:25-32에 대한 설명을 보라.*

15:25 베가 *27절에 대한 설명을 보라.* 베가는 브가히야의 군대 장교들 가운데 한 사람이었다. 그가 브가히야를 암살할 때 50명의 길르앗 사람이 그 일에 동참했다는 것으로 볼 때 길르앗 지방의 군대를 지휘하던 군

성경에 언급된 앗수르의 통치자들

통치자	통치 연대	성경 구절
디글랏 빌레셀 3세, 디글랏 빌네셀 또는 불	주전 745-727년경	열왕기하 15:19, 29; 16:7-10
살만에셀 5세	주전 727-722년경	열왕기하 17:1-6
사르곤 2세	주전 722-705년경	이사야 20장
산헤립	주전 705-681년경	열왕기하 18; 19장; 이사야 36; 37장
에살핫돈	주전 681-669년경	에스라 4:2
오스납발	주전 668-627년경	에스라 4:10

인이었을 것이다. 아르곱과 아리에는 브가히야의 아들들이거나 그에게 충성한 부하 군인이었을 것이다. 베가는 이스라엘 내부의 반(反) 앗수르 세력을 대표하는 인물이었을지도 모른다(참고. 16:5).

15:27 제오십이년 주전 740년이다. **이십 년간** 앗수르의 기록에 따르면 디글랏 빌레셋 3세가 주전 732년 호세아를 자신의 도구로 사용하여 베가를 이스라엘의 왕위에서 물러나게 했다고 결론지을 수 있다. 따라서 즉위년 방식을 따를 때(곧 즉위한 해와 그다음 해를 제1년으로 간주할 때), 베가는 주전 752-732년경에 통치했다. 이 연산법에 대한 설명으로는 열왕기상 서론에 나온 해석상의 과제를 보라. 이 기간에는 주전 752-740년이 포함되는데, 이 시기에 베가는 길르앗에서 다스렸으며 므나헴(17-22절)과 브가히야(23-26절)는 사마리아에서 통치했다(요단강은 둘로 나뉜 왕국의 경계였음). 25절은 베가가 므나헴, 브가히야와 동맹을 맺고 그들을 위해 길르앗 지방을 통치한 것으로 보인다.

15:29 이욘…납달리 여기서는 갈릴리와 길르앗의 지역들이 언급되고 있다. 베가와 아람 왕 르신이 그들의 반 앗수르 동맹에 유다를 참가시키려고 하자 주전 733/732년 앗수르가 또다시 쳐들어왔다(참고. 16:5-9). 디글랏 빌레셋 3세는 갈릴리와 길르앗 땅을 점령하고, 이 지역들을 왕이 임명한 자가 다스리는 세 곳의 앗수르 지역으로 전환시켰다. 또한 그는 베가 대신 호세아를 이스라엘의 남은 땅을 다스리는 왕으로 세우는 일에 관여했다(*27절에 대한 설명을 보라*).

15:30 제이십년 유다의 요담은 주전 750년에 통치를 시작했다(*32절에 대한 설명을 보라*). 무즉위년 방식에 따르면 그의 제20년은 주전 732년이었다. 앗수르의 기록은 호세아가 주전 732년 이스라엘을 통치하기 시작했음을 확인해준다(*27절; 대하 27:1-9에 대한 설명을 보라*).

15:32 제이년 주전 750년으로 즉위년 방식에 따라 베가가 길르앗을 통치한 제2년이 되는 해다(*27절에 대한 설명을 보라*).

15:33 십육 년간 주전 750-735년이다. 30절에 따르면 요담은 주전 731년까지 통치했다. 친(親) 앗수르 세력이 그에게서 유다의 실질적인 왕권을 빼앗았을 것이다. 그 세력은 아하스를 통치자로 세우고(*16:1, 2에 대한 설명을 보라*) 요담을 무기력한 공동 통치자로 만들었다. 선지자 이사야(사 1:1)와 미가(미 1:1)는 요담이 통치하는 동안 유다에서 사역했다.

15:35 윗문 위쪽의 베냐민 문이었을 것이다. 이 문은 베냐민 지파의 땅을 향하는 성전의 북쪽 측면에 세워져 있었다(참고. 렘 20:2; 겔 9:2; 슥 14:10). 요담이 이룬 다른 업적은 역대하 27:3-6에 언급되어 있다.

15:37 르신…베가 *16:5-9에 대한 설명을 보라.*

E. 앗수르가 이스라엘을 패망시키고 그 백성을 포로로 끌고 감(16:1-17:41)

16:1-17:41 이 단락은 앗수르가 이스라엘을 패배시키고 그 땅에서 추방한 일을 다루고 있다. 17:7-23에서 선지자적인 저자는 이스라엘이 주께 벌을 받은 이유들을 언급한다. 한 가지 주된 이유는 여로보암 1세가 만들고 이스라엘의 모든 왕이 따랐던 우상숭배에 있었다(17:21-23). 불길하게도 이 단락은 "이스라엘의 여러 왕의 길로"(16:3) 행한 유다의 아하스에 대한 이야기로 시작된다. 이스라엘에 내린 것과 같은 벌이 이후 같은 이유로 유다에게도 내리게 될 것이다(17:19, 20).

16:1 제십칠년 베가의 통치가 주전 752년에 시작되었으므로, 이 해는 주전 735년이다(*15:27에 대한 설명을 보라*). 아버지 요담이 여전히 살아 있었지만(*15:30에 대한 설명을 보라*), 아하스는 주전 735년부터 요담이 죽은 731년경까지 유다에서 주권적인 권위를 행사했다. 선지자 이사야(사 1:1-7:1)와 미가(미 1:1)는 아하스의 통치기에도 유다에서 계속 사역했다. *역대하 28:1-27에 대한 설명을 보라.*

16:2 십육 년간 주전 731-715년이다. 여기서는 '이중 연대'의 원칙을 따르고 있다. 이 원칙에 대한 설명은 열왕기상 서론에 나온 해석상의 과제를 보라. 16:1과 17:1에서 아하스는 그가 공동 통치자로 왕위에 오른 해에 왕으로 인정되었다. 그러나 그의 공식적인 즉위년은 그가 단독 통치를 시작한 해다. 아하스는 (주전 739년까지) 아사랴와 왕권을 공유했으며, 요담과는 주전 744-735년 공유했다(*17:1에 대한 설명을 보라*). 그는 주전 735-731년 요담과 공동으로 통치하는 왕이 되어 절대적인 권위를 행사했다(*1절에 대한 설명을 보라*). 그는 주전 731-729년 유일한 왕이었으며, 주전 729-715년에는 그의 아들 히스기야와 공동으로 통치했다(*18:1에 대한 설명을 보라*).

16:3 이스라엘의 여러 왕의 길로 행하며 이 표현은 여로보암 1세가 벧엘과 단에 도입한 송아지 숭배에 아하스가 동참했음을 뜻하는 것이 아니라 그가 예루살렘에서 주님을 예배할 때 점점 더 이교적이고 우상숭배의 행습을 따르게 되었음을 의미한다. 그들의 행습은 10-16절에 구체적으로 언급되고 있으며, 이는 북왕국에서 여로보암 1세가 행한 일과 유사하다. 여기에는 바알의 우상들을 만든 일도 포함된다(대하 28:2). **이방 사람의 가증한 일** 참고. 21:2. *신명기 18:9-12에 대한 설명을 보라.* **자기 아들을 불 가운데로 지나가게 하며** 모

압 족속의 신인 몰렉을 예배하는 의식의 일부로 어린 아이들이 불에 태워졌다(참고. 3:27). 이 끔찍한 행습은 구약성경에서 지속적으로 정죄되었다(레 18:21; 20:2-5; 신 18:10; 렘 7:31; 19:5; 32:35).

16:4 산당들 아하스는 다윗의 가문에서 솔로몬 이래로 산당에서 개인적으로 예배했다고 언급되는 첫 번째 왕이다. 유다의 다른 왕들은 모두 산당의 존재를 묵인했지만, 아하스는 언덕 꼭대기의 큰 나무 아래 있는 산당에서 거행되던 가나안의 부정한 풍습에 적극적으로 참여했다(참고. 호 4:13).

16:5 르신…베가 아람과 이스라엘의 왕들은 유다를 강제로 자신들의 반 앗수르 연합에 참여시키기 위해 아하스를 무너뜨리려고 했다. 두 왕은 군대를 이끌고 예루살렘을 포위했고, 아하스 대신에 자신들이 택한 왕을 세우려고 했다(참고. 사 7:1-6). 주님은 다윗에게 주신 그분의 약속 때문에 유다와 아하스를 그들의 위협에서 건지셨다(참고. 사 7:7-16).

16:6 엘랏 아람인은 유다 사람을 엘랏에서 쫓아냈다(*14:22에 대한 설명을 보라*). 아카바만에 있는 이 중요한 항구도시는 이후 에돔 족속이 점령했다.

디글랏 빌레셀이 이끄는 앗수르 군대의 이스라엘과 유다 침공(주전 734-732년)

▶ 주전 734-732년 디글랏 빌레셀 3세는 유다는 한 차례, 이스라엘은 두 차례에 걸쳐 침공을 감행했다.

16:7 디글랏 빌레셀 *15:19, 29에 대한 설명을 보라.* **왕의 신복이요 왕의 아들이라** 아하스는 앗수르 왕이 군사적으로 개입하는 대가로 기꺼이 그의 봉신이 되고자 했다. 이것은 이 시점부터 유다가 앗수르를 섬길 거라는 서약이었다. 이 서약의 증거로 아하스는 디글랏 빌레셋 3세에게 성전과 왕궁의 보물창고에 있는 은과 금을 보냈다(8절). 아사랴와 요담의 성공적 통치로 50년 전 아마샤의 통치기에 이스라엘의 여호아스(요아스)가 약탈한 보물창고(14:14)가 다시 채워져 있었던 것이 분명하다.

16:9 앗수르 왕이 그 청을 듣고 앗수르의 기록에 따르면 주전 733년 디글랏 빌레셀 3세의 군대가 아람의 수도인 다메섹으로 진군하여 2년간 그곳을 포위하여 공격하더니 마침내 함락시켰다. 승리를 거둔 앗수르 왕은 르신을 처형하고, 그의 백성들을 지금은 위치가 알려져 있지 않은 기르(Kir)로 추방했다.

16:10 제단 아하스가 디글랏 빌레셀 3세를 만나러 다메섹에 갔을 때 그는 앗수르의 것이었을 커다란 제단(15절)을 보았다. 아하스는 이 제단의 모습을 그려 예루살렘에 있는 대제사장 우리야에게 보냈고, 우리야는 그와 똑같은 모양의 제단을 만들었다. 그런데 그는 성전 일에 계속 끼어들어 하나님이 정해주신 성전 기구의 모양을 자신의 개인적 취향대로 바꿔버리는 악행을 저질렀다(출 25:40; 26:30; 27:1-8; 대상 28:19). 이것은 마치 성전에 우상을 세운 것과 같은 일로 아하스는 그가 하나님 대신에 섬긴 앗수르의 이교도 왕을 기쁘게 하기 위해 그 일을 행했다.

16:12, 13 제사 이전의 솔로몬과 여로보암처럼(왕상 8:63; 12:32) 아하스는 제사를 드려서 새 제단을 봉헌했다.

16:14-16 놋 제단 자신이 변경한 성전의 모습에 만족한 아하스는 솔로몬이 봉헌한 옛 놋 제단(왕상 8:22, 54, 64)의 위치를 옮겼다. 원래 이 제단은 성전 앞, 곧 새 제단과 성전 건물 사이에 놓여 있었다(14절). 아하스는 이 놋 제단을 새 제단의 북쪽에 있는 곳으로 옮겼는데, 이에 따라 이 제단은 중요성에서 뒤로 밀려났다. 이때부터 모든 제사는 아하스가 봉헌한 제단에서 드려야 했으며, 놋 제단은 아하스가 개인적으로 하나님의 인도를 구할 때만 사용했다(15절). 여기서 "여쭐 일"이라는 용어는 종교 의식을 통해 점을 치는 이교적 풍속을 가리키는 것으로 보인다. 신명기 18:9-14은 이스라엘에서 점을 치는 일을 분명하게 금했다.

16:17, 18 아하스는 예루살렘 성전을 계속 뜯어 고쳤다. 먼저 그는 이동 가능한 받침대들에서 옆판과 대야

들을 떼어냈다(참고. 왕상 7:27-29, 38, 39). 둘째, 그는 '바다'라 불리는 크고 훌륭하게 장식된 물통을 열두 마리의 놋으로 된 소 형상 위에서 떼어내어 새로 만든 돌 받침대 위에 놓았다(참고. 왕상 7:23-26). 셋째, 그는 안식일에 쓰는 "낭실"을 제거했다. 이것은 왕이 안식일에 사용한 일종의 지붕 모양의 덮개였을 것이다. 넷째, 그는 "왕이 밖에서 들어가는 낭실"을 없앴다. 이것은 왕이 안식일과 절기 때 사용한 성전의 특별한 출입구였을 것이다(참고. 왕상 10:5).

16:18 앗수르 왕을 두려워하여 이 절에 언급된 두 낭실을 아하스가 성전으로 옮긴 이유는 앗수르 왕이 예루살렘을 포위 공격할 경우 성전 입구를 그에게서 안전하게 지키기 위해서였다.

16:20 히스기야 이 왕의 통치에 대해서는 18:1-20:21을 보라.

17:1 제십이년 주전 732년이다. 호세아가 이스라엘 왕으로 즉위한 이 연대는 성경과 성경 외적 자료 모두를 통해 분명히 확증된다(*15:27에 대한 설명을 보라*). 따라서 유다의 아하스는 아버지 요담과 공동으로 통치해왔을 것이다. 주전 744년 당시에는 (*15:30, 33에 대한 설명을 보라*) 요담 역시 자신의 아버지 아사랴와 공동으로 통치했다(*16:2에 대한 설명을 보라*). **구 년간** 즉위년 방식에 따르면 이는 주전 732-722년이다. 앗수르가 주전 724-722년 사마리아를 포위 공격하는 동안(5절) 호세아는 감옥에 갇혀 있었다(4절).

17:2 악을 행하였으나 호세아는 사악한 왕으로 기술되지만, 여로보암 1세가 행한 종교적 관습을 따랐다고는 언급되지 않는다. 이런 점에서 그는 앞선 이스라엘 왕들보다 좀 더 나은 모습을 보였다. 그러나 이 일은 여러 세기 동안 이스라엘 왕들이 죄악을 범해온 그 시간을 상쇄시키지 못했고, 이 일로 이스라엘이 필연적인 멸망을 피할 수 있는 것도 아니었다.

17:3 살만에셀 살만에셀 5세는 아버지 디글랏 빌레셀 3세의 뒤를 이어 앗수르 왕이 되었고, 주전 727-722년에 통치했다. 앗수르인이 북왕국을 파괴하고 그 백성을 사로잡는 일을 시작으로 사마리아를 포위 공격하던 동안 살만에셀 5세가 사망하고 사르곤 2세가 뒤를 이었다(사 20:1을 보라). 그는 포위 공격에 성공하여 그 성읍을 함락시키고 이스라엘을 멸망시켰으며, 그 거주민을 나라 밖으로 끌고 갔다(6절). 사르곤 2세는 주전 722-705년 왕으로 통치했다. *호세아 10:14에 대한 설명을 보라.*

17:4 애굽의 왕 소 앗수르가 봉신인 그에게 요구한 연례적인 공물을 바치는 대신에 호세아는 애굽 왕 오소르콘 4세(주전 727-716년경)와 조약을 맺고자 했다. 당시 앗수르의 힘이 강력해 이것은 어리석은 계획이었다. 또한 이 일은 이방의 통치자들과 동맹 맺는 것을 금한 하나님의 뜻에도 어긋나는 것이었다(참고. 신 7:2). 그의 반역으로 이스라엘은 멸망하게 되었다(5, 6절).

17:5 사마리아…에워쌌더라 주전 724년 살만에셀 5세는 이스라엘을 침공하여 단시간에 그 땅을 정복하고 호세아를 사로잡았다. 그러나 수도인 사마리아는 주전 722년까지 앗수르의 공격에 저항했다. 큰 성읍들이 그러하듯, 사마리아에는 내부의 물 공급원과 비축된 많은 양의 식량이 있어서 3년간 지속된 포위 공격을 견딜 수 있었다.

17:6 앗수르 왕 사르곤 2세다(*17:3에 대한 설명을 보라*). **이스라엘 사람을…끌어다가** 사마리아가 점령당하자 북왕국은 종말을 맞았다. 앗수르의 기록에 따르면 앗수르인들은 27,290명의 이스라엘 백성을 멀리 떨어진 지역으로 추방했다. 한 지역의 거주민들을 다른 곳으로 추방하는 것은 그 시대에 앗수르가 행한 정책의 특징이었다. 이스라엘 백성은 티그리스강과 유브라데강 사이의 북쪽 골짜기 지역으로 보내졌으며, 다시는 약속의 땅으로 돌아오지 못했다. 할라는 니느웨의 북동쪽에 있는 성읍이며, 하볼강은 유브라데강의 북쪽 지류였다. "메대 사람의 여러 고을"은 니느웨의 북동쪽에 있었다. 사마리아에는 이방인이 와서 정착했다(24절). 하나님은 신명기 28장에서 말씀하신 대로 행하셨다. 유다 백성은 수산(Susa)에 이르기까지 동쪽으로 멀리 떨어진 곳으로 끌려갔고, 이후 그곳에서 에스더서에 기록된 일들이 일어났다.

17:7-23 이 구절들에서 저자는 기록된 자료들을 인용하는 데서 떠나 이스라엘이 포로로 사로잡혀간 이유에 대한 그 자신의 설명을 제시한다. 유다는 주전 605/604-586년이 되어서야 바벨론에 의해 포로로 끌려갔지만, 이 설명에는 유다도 포함되어 있다. 유다의 죄 역시 동일한 것이었다. 이 단락에서는 하나님이 특권을 주셨음에도 그분께 반역하고 배교한 백성을 징벌하신 하나님의 행동에 대해 매우 자세하고 인상적인 옹호의 글이 실려 있다. 7절에서 저자는 이스라엘 백성이 그들을 애굽에서 속량해내신 주께 죄를 범했음을 언급하면서 이야기를 시작한다. 하나님께 대한 그들의 예배는 심각한 타락 상태에 있었고, 나라 전체가 우상숭배로 치달았다. 그리하여 마침내 하나님의 인내는 끝이 났다. 이스라엘의 우상숭배는 7-12절에 묘사되어 있다. 이스라엘의 행위들에 대한 응답으로 주님은 이스라엘과 유다에 선지자들을 보내 회개의 메시지를 전하도

살만에셀/사르곤이 이끈 앗수르 군대의 이스라엘 침공(주전 725/722년)

▶ 주전 725년 살만에셀 5세는 이스라엘을 침공하여 사마리아로 전진했다. 주전 722년에 사르곤 2세가 사마리아를 점령했다.

록 하셨다(13절). 그러나 백성은 선지자들이 전한 메시지에 응하지 않았는데, 이는 그들의 선조처럼 그들 역시 주께 대한 신앙이 없었기 때문이다(14절). 그들의 믿음 없음으로 말미암아 백성은 주님의 명령에 불순종하고 계속해서 우상을 숭배했다(15-17절). 이스라엘(과 유다)의 우상숭배는 하나님의 진노를 불러왔고, 그 결과 그들은 그 땅에서 추방되었다(18절). 이스라엘과 유다가 범한 큰 죄는 그들이 지속적으로 여로보암 1세의 사악한 행위를 따르고, 주님을 떠나 우상숭배를 한 데 있었다. 그리하여 선지자들이 예언한 다른 나라의 포로가 되는 심판이 임하게 되었다(19-23절).

17:7 다른 신들을 경외하며 이스라엘 백성이 추방된 것은 다른 신들을 섬겼기 때문이다. 주님을 향한 경외는 그분의 말씀에 귀 기울이게 하고 그분의 율례와 법도를 따르게 하지만(신 4:10; 5:29; 6:24), 가나안의 신들을 경외함으로써 이스라엘은 그 신들의 법을 따르게 되었다(8절). 이렇게 거짓 신들을 섬긴 결과는 9-12, 16, 17절에 기록되어 있다.

17:8 이방 사람의…율례를 행하였음이라 이것은 레위기 18:3; 20:23에서 명백히 금지한 행위였다.

17:9 산당을 세우고 이스라엘 백성의 사적인 죄에 더해, 그들이 공적으로 행한 사악한 죄와 우상숭배에 대한 심판이 임했다. 이 산당들은 성전이 건축되기 전 이스라엘 백성이 하나님을 예배하는 데 사용했던 장소가 아니다(*왕상 3:2에 대한 설명을 보라*). 신명기 12:1-4의 말씀에 정면으로 불순종하여 이스라엘 백성은 성전이 건축되고 난 후 가나안 족속의 방식에 따라 새로운 제단들을 높이 쌓았다. 이 산당들은 작은 요새부터 큰 성에 이르기까지, 가장 작은 마을부터 가장 큰 성읍에 이르기까지 이스라엘 백성이 거주하는 곳이면 어디든지 있었다. '산당'의 제단들은 숲이 우거진 언덕 위에 있었으며, 그곳에는 거짓 신들을 상징하는 형상들이 놓여 있었다(10절. 참고. 신 16:21, 22).

17:13 돌이켜 너희 악한 길에서 떠나 선지자들은 지속적으로 백성에게 회개를 촉구했다(참고. 렘 7:3, 5; 18:11; 겔 33:11).

17:14 그들의 목을 곧게 하기를 이는 그 부름을 완고하게 거부했음을 말한다(*신 9:6에 대한 설명을 보라*. 참고. 출 32:9; 33:3, 5; 34:9; 행 7:51).

17:16 두 송아지 형상을 부어 만들고 이 구절은 '부어 만든 형상들, 심지어 두 송아지들'(molded images, even two calves)로 번역되어야 한다. 이 형상들에 대한 숭배는 여로보암이 시작한 것이다(왕상 12:25-33을 보라). **아세라 목상** 이 목상은 르호보암이 세웠다(왕상 14:15, 23을 보라). **하늘의 일월 성신** 고대 근동 지역에서는 해와 달, 별들이 신격화되어 숭배의 대상이 되었다. 이 별들에 대한 숭배가 이스라엘과 유다에도 퍼졌다(21:5; 23:4, 5; 겔 8:15, 16; 암 5:26). 모세의 율법은 천체들에 대한 숭배를 금지했다(신 4:19; 17:3).

17:17 불 가운데로 지나가게 *3:27과 16:3에 대한 설명을 보라*. **복술과 사술** *신명기 18:9-12에 대한 설명을 보라*. 이사야는 이런 행습이 낳게 될 참화를 예언했다(8:19-22).

17:19 유다도 이스라엘을 따라 죄를 범해 결국 심판을 받게 되었다.

17:21 이스라엘을…찢어 나누시매 *열왕기상 11:11-13, 29-39에 대한 설명을 보라*.

17:22 여로보암이 행한 모든 죄 *열왕기상 12:25-32에 대한 설명을 보라*. 그 왕이 행한 죄들로 불법적인 우상숭배가 지속적으로 행해졌다. *13:2에 대한 설명을 보라*.

17:23 오늘까지 이르렀더라 추방된 이스라엘 백성은 유다 백성처럼 대규모로 돌아오지 못했다(*대상 9:1에 대한 설명을 보라*).

왕하

17:24 사마리아 앗수르에 점령되고 나서 이전 북왕국의 중앙에 있던 구릉 지대와 해안의 평원 지대는 앗수르의 영토가 되었다. 이 지역들은 모두 고대 수도의 이름을 따서 "사마리아"로 불렸다(참고. 28, 29절). 앗수르 왕 사르곤 2세는 버려진 이스라엘의 성읍에 이방 족속을 이주시켰다. 이들 역시 앗수르가 정복한 광범위한 지역에서 온 사람들이었다. 바벨론과 구다는 메소보다미아 남부에 있었고, 하맛은 아람의 오론테스강 기슭에 있는 성읍이었다. 아와와 스발와임의 정확한 위치는 알려져 있지 않다. 이 족속들은 추방을 면한 유대인과 혼인했으며 이에 따라 사마리아인, 곧 유대인과 이방인이 혼합된 족속이 태어났다. 이후 신약의 유대인은 이들을 증오했다(참고. 마 10:5; 요 4:9. *눅 10:29-36에 대한 설명을 보라*).

17:25 사자들을 그들 가운데에 때때로 하나님은 징벌 도구로 사자들을 사용하셨다(참고. 왕상 13:24; 20:36).

17:26 신의 법을 그 땅에 새로 들어온 족속들은 그 사자들을 이스라엘의 하나님이 내리신 징벌로 해석했고, 그 신의 진노를 달래야 한다고 여겼다. 그들은 어떤 방법으로 하나님의 노여움을 가라앉힐지 몰라서 사르곤 2세에게 도움을 청했다.

17:27, 28 제사장 한 사람 이에 대한 응답으로 앗수르 왕은 사마리아에서 잡혀온 이스라엘 제사장 한 사람을 사마리아로 돌려보내 그곳 사람들에게 그 땅의 하나님이 어떤 예배를 요구하는지를 가르치도록 했다.

17:29-32 하나님께 예배하는 올바른 방식을 배웠지만, 이 족속들은 하나님을 그들이 섬기는 다른 신들과 나란히 두고 절충주의적인 방식으로 예배를 드렸다. 이는 참되고 살아계신 한 분 하나님을 모독하는 일이었다.

17:30 숙곳브놋 문자적으로는 '딸들의 장막들'이라는 뜻이다. 이는 성적으로 문란한 집회를 통해 예배를 받은 어떤 신을 가리키는 것으로 보인다. **네르갈** 앗수르인들이 따르던 전쟁의 신이었을 것이다. **아시마** 머리가 벗겨진 숫염소의 형상을 한 우상이다.

17:31 닙하스 개의 형상을 한 우상이다. **다르닥** 원숭이의 형상 또는 하늘의 별 토성(Saturn)의 형상이었을 것이다. **아드람멜렉** 이는 몰렉과 동일한 신이었을 것이다. 이 신은 태양이나 노새, 공작의 형상으로 숭배되었다. **아남멜렉** 토끼 또는 염소의 형상을 한 우상이다.

17:33 자기의 신들도 섬겼더라 사마리아인의 종교는 혼합주의적 성격을 띠었다. 그 종교에는 주께 대한 예배의 요소들과 앗수르인 정착자들이 가지고 온 신들에 대한 예배 의식이 결합되어 있었다(*24절에 대한 설명을 보라*).

17:34-41 사마리아인과 그들의 종교가 어떻게 생겨나게 되었는지를 설명한(24-33절) 열왕기의 저자는 이제 어떻게 사마리아인의 그 혼합주의적인 예배가 여러 세대를 거쳐 그 자신의 시대(참고. 41절; 바벨론 포로기)까지 지속되었는지를 언급한다. 사마리아인의 종교는 토대 면에서 여로보암 1세가 만든 탈선적인 종교와 다르지 않았다.

살아남은 왕국: 유다의 왕들 (18:1-25:21)

A. 히스기야의 의로운 통치(18:1-20:21)

18:1-25:21 사마리아의 함락과 함께 북왕국 이스라엘은 종말을 맞았다(17:5, 6; 18:9-12). 열왕기의 이 마지막 단락은 주전 722년부터 그들이 멸망하고 포로로 끌려간 주전 586년에 이르기까지 그 땅에 남아 있던 남왕국 유다에서 일어난 일들을 서술하고 있다. 이 장들의 내용을 주도하는 것은 두 선한 왕, 곧 히스기야(18:1-20:21)와 요시야(22:1-23:30)에 대한 이야기다. 그러나 경건한 이 두 왕이 행한 개혁은 유다를 다스렸던 최악의 죄를 범한 두 명의 왕, 곧 아하스(16:1-20)와 므낫세(21:1-18)가 남긴 악한 결과들을 뒤엎지 못했다. 이스라엘의 경우와 마찬가지로 유다가 배교한 결과는 곧 추방이었다(23:21-25:21). 열왕기서는 성전 건축으로 시작하여(왕상 5:1-6:38), 그 성전의 파괴로 끝을 맺는다(25:8, 9, 13-17). 이 책은 참된 예배가 확립된 시기에서 출발하여 배교로 말미암아 파멸로 끝을 맺는 슬픈 여정을 연대기적으로 서술하고 있다.

18:1 제삼년 주전 729년경이다. 호세아는 주전 732년에 통치를 시작했다(*15:27; 17:1에 대한 설명을 보라*). 히스기야는 주전 715년까지 아하스와 공동으로 통치했다(*16:2에 대한 설명을 보라*). *역대하 29:1-32:32에 대한 설명을 보라*. 잠시 옆길로 벗어나 이스라엘 백성이 포로로 끌려간 원인을 요약했던 저자는 이 절에서 다시 남왕국 유다의 왕들에 대한 역사적 사실을 기록한다.

18:2 이십구 년간 주전 715-686년이다. 히스기야는 20년간 홀로 통치했으며(주전 715-695년), 아들 므낫세와 함께 9년간 통치했다(주전 695-686년). 여기 언급된 29년은 아하스와의 공동 통치가 끝나고 그가 실질적인 통치권을 행사한 기간만을 가리킨다. 히스기야의 통치기에 선지자 이사야(19:2; 사 1:1; 37:21)와 미가(미 1:1)는 계속하여 유다에서 사역했다.

18:4 산당들을 제거하며 히스기야는 산당들, 곧 모세의 율법에 어긋나는 예배 처소들을 제거한 유다의 첫 번째 왕이었다(참고. 신 12:2-7, 13, 14). **주상…목상** 히

스기야는 바알과 아세라를 숭배하는 데 사용된 신상들을 파괴했다. **놋뱀** 히스기야는 느후스단을 부숴 조각을 냈다. 이것은 광야에서 모세가 만든 놋뱀이었다(*민수기 21:4-9에 대한 설명을 보라*). 유다 백성은 이것을 하나의 우상으로 숭배했는데, 이는 뱀을 풍요의 상징으로 여긴 가나안 종교의 영향이었을 것이다.

18:5 이스라엘 하나님 여호와를 의지하였는데 히스기야의 가장 고결한 특성은 (그의 아버지 아하스와는 극적인 대조를 보이면서) 바로 그가 모든 상황에서 주께 유일한 소망을 두고 그분께만 의존했다는 것이다. (왕국이 분열된 후) 유다의 다른 모든 왕으로부터 그를 구별시켜 주는 특징은 곧 나라가 심각한 위기를 겪을 때 그가 주님을 확고하게 신뢰한 데서 드러난다(18:17-19:34). 힘겨운 일들을 겪으면서도 히스기야는 주님을 굳게 붙잡았고, 신실하게 그분을 따르며 그분의 명령에 순종했다(6절). 그 결과로 주님은 그와 함께 계셨고 그에게 형통을 주셨다(7절).

18:7 저가 앗수르 왕을 배반하고 그가 왕위에 오르기 전 그의 아버지는 앗수르에게 굴복했다. 반면 히스기야는 담대하게 앗수르의 지배에 반기를 들고 독립을 선언했다(참고. 신 7:2).

18:8 가사 블레셋 족속의 땅 남쪽 끝에 있는 성읍으로, 예루살렘에서는 남서쪽으로 88킬로미터 정도 떨어진 곳에 있었다. 앗수르가 블레셋을 지배하고 있어 히스기야의 침공은 앗수르의 통치에 도전하는 행위로 보복을 불러왔다.

18:9-12 이 구절들은 이스라엘이 멸망하고 포로로 끌려가기 바로 전의 시기를 회고하고 있다. 이는 사마리아가 함락된 이야기를 요약적으로 설명하기 위해서다(이 일은 17:5-23에서 더 자세히 서술됨). 이 이야기는 앗수르가 지닌 힘과 그 나라가 유다에 끼치던 위협을 생생하게 상기시킨다. 이 회고는 예루살렘이 포위 공격을 당하는 사건의 배경을 설정하면서 주님을 향한 히스기야의 신앙과 뚜렷하게 대조를 이룬 이스라엘의 배교적인 모습을 보여준다.

18:13-20:19 이 이야기는 약간 생략되고 덧붙여진 내용과 함께 이사야 36:1-39:8에서도 서술된다. 부연 설명을 위해서는 *이사야서의 설명 부분을 보라*.

18:13 제십사년 주전 701년이다. 히스기야는 주전 715년부터 단독 통치를 시작했다(*1, 2절에 대한 설명을 보라*). 이때 예루살렘 포위 공격이 이루어졌다는 것은 앗수르의 자료들을 통해 확인된다. **산헤립** 그는 주전 705년 사르곤 2세의 뒤를 이어 앗수르의 왕이 되었으며, 주전 681년까지 통치했다. 히스기야는 블레셋을 침공하면서 그에게 공물을 바치지 않음으로써 그에게 반기를 들었을 것이다(7절). **견고한 성읍들** *이사야 36:1*

히스기야 시대의 예루살렘

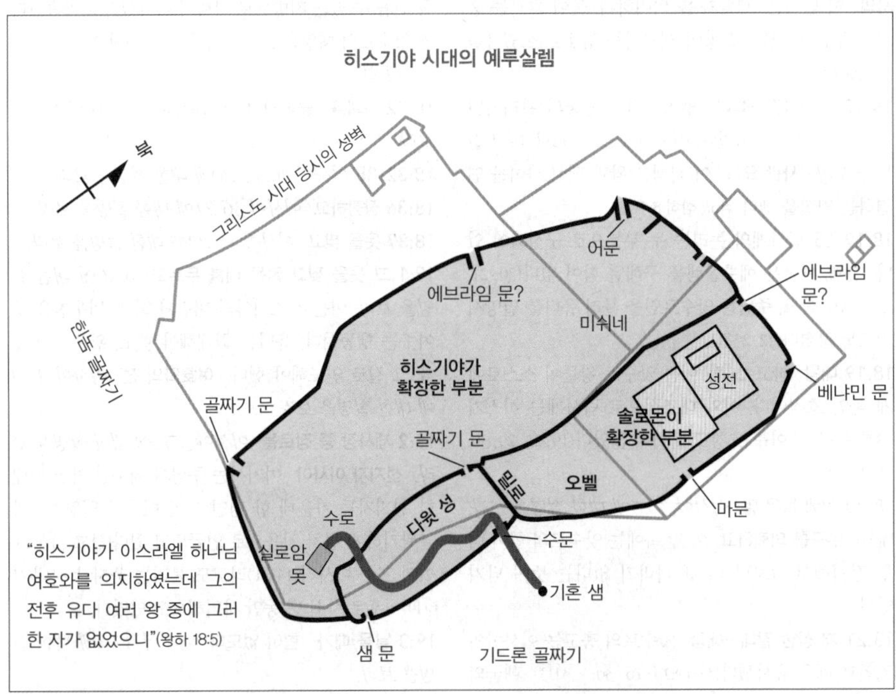

"히스기야가 이스라엘 하나님 여호와를 의지하였는데 그의 전후 유다 여러 왕 중에 그러한 자가 없었으니"(왕하 18:5)

에 대한 설명을 보라.

18:14-16 히스기야는 산헤립에게 반기를 든 자신의 잘못을 시인하고, 앗수르 왕이 요구한 공물을 바침으로써 산헤립과의 사이에서 빚어진 문제를 해소하고자 했다. 산헤립은 11톤 가량의 은과 1톤 가량의 금을 요구했다. 이 은과 금을 지불하기 위해 히스기야는 성전과 왕궁의 보물창고에 있던 것을 다 내놓았으며, 성전의 문과 기둥에 입힌 금도 벗겨냈다.

18:17-24 그 공물은 산헤립을 만족시키지 못했고, 그는 사자들을 보내 히스기야의 항복을 요구했다.

18:17 다르단 앗수르 군대의 장군이다(참고. 사 20:1). **랍사리스** 왕궁의 높은 관리다. **랍사게** 이 단어는 고유명사가 아니며, '지휘관'을 뜻한다. 그는 산헤립의 대변인으로, 이 공격에서 예루살렘에 맞서 앗수르 왕의 입장을 대표했다. **대군** 이 부대는 주 병력(19:35)을 대표하는 군대로, 산헤립은 이 부대로 유다에게 엄포를 놓아 굴복시키려고 했다. **라기스** *14:19에 대한 설명을 보라.* 산헤립이 사자들을 보낼 때 그는 이 성읍의 점령을 마무리하는 단계에 있었다. **윗못 수도** 이전에 이사야는 이 장소에서 아하스를 만나 외국의 힘을 의지하지 말도록 설득하려고 했지만 실패했다(사 7:3). 이곳은 예루살렘 북서쪽 고지대의 주요 대로로 유다와 사마리아를 남북으로 연결하던 길 위에 있었을 것이다. **세탁자의** 이 단어는 '세탁자'를 의미하며, 물이 흐르는 통로의 부근에 있는 그 땅이 세탁하는 장소로 쓰였음을 보여준다.

18:18 엘리야김…셉나 엘리야김은 왕궁의 관리자였고, 셉나는 사무관이었다. *이사야 22:19-22에 대한 설명을 보라.* **사관 요아** 이 직책은 왕과 백성 사이를 연결하는 역할을 했다(참고. 삼하 8:16).

18:19-25 랍사게의 논리는 두 부분으로 구성되어 있다. 첫째, 애굽은 예루살렘을 구해낼 힘이 없다(20, 21, 23, 24절). 둘째, 주님은 앗수르인을 불러 유다를 멸망시키도록 하셨다(22, 25절).

18:19 대왕 참고. 28절. 이는 앗수르 왕들이 스스로에게 붙인 호칭이다. 이와 대조적으로 랍사게는 히스기야를 부를 때 아무 호칭도 붙이지 않았다(19, 22, 29, 30, 31, 32절).

18:20 입에 붙은 말 *이사야 36:5에 대한 설명을 보라.* **네가…누구를 의뢰하고** 이 말 속에는 앗수르의 힘이 너무 강력해서 그보다 더 센 나라가 없다는 뜻이 담겨 있다.

18:21 저 상한 갈대…애굽 앗수르의 충고는 이사야의 조언과 매우 유사했다(사 19:14-16; 30:7; 31:3). 애굽의 힘은 강하지 않았으며, 도움을 청할 만한 상황도 아니었다.

18:22 그들의 산당들과 제단을 랍사게는 온 땅에서 우상을 제거하고 예루살렘을 중심으로 하는 예배를 재확립한 히스기야의 개혁(4절; 대하 31:1)이 유다 백성에게서 주께 예배할 기회를 빼앗고, 따라서 하나님께 영광 돌리는 일을 막았다고 잘못 생각했다. 이로 말미암아 그는 히스기야가 하나님을 노엽게 했으며, 전쟁에서 그분의 도움을 받을 수 없게 되었다고 여겼다. **이 제단** 모든 예배가 솔로몬의 성전을 중심으로 해야 한다는 개념은 다신교적인 앗수르인에게는 매우 낯선 것이었다.

18:23, 24 *이사야 36:8, 9에 대한 설명을 보라.*

18:25 여호와께서…이르시기를 *이사야 36:10에 대한 설명을 보라.*

18:26 아람 말…유다 말 *이사야 36:11에 대한 설명을 보라.*

18:27 성 위에 앉은 사람들 *이사야 36:12에 대한 설명을 보라.*

18:28-32 랍사게는 히브리어로 더 크게, 더 오래 소리쳤다. 그의 말은 다음과 같았다. 첫째, 히스기야는 이 성읍을 구해낼 수 없다. 둘째, 하지만 유다 백성이 앗수르의 주권적 지배에 굴복하고 공물을 바치며 많은 이익을 얻을 수 있는 지방으로 기꺼이 떠나겠다고 약속한다면 앗수르의 대왕은 그들의 삶을 풍요롭게 해줄 것이다(31, 32절).

18:32 너희를…옮기리니 *이사야 36:17에 대한 설명을 보라.*

18:32-35 *이사야 36:18-20에 대한 설명을 보라.*

18:36 잠잠하고 *이사야 36:21에 대한 설명을 보라.*

18:37 옷을 찢고 *이사야 36:22에 대한 설명을 보라.*

19:1 그 옷을 찢고 굵은 베를 두르고 *6:30에 대한 설명을 보라.* 이는 히스기야의 비탄과 회개, 뉘우침을 보여주는 행동이다. 유다는 회개해야 했고, 왕은 백성들을 그 길로 인도해야 했다. **여호와의 전** *이사야 37:1에 대한 설명을 보라.*

19:2 제사장 중 장로들 *이사야 37:2에 대한 설명을 보라.* **선지자 이사야** 여기서는 주님이 세우신 가장 위대한 선지자들 가운데 한 명인 그의 이름이 열왕기상과 열왕기하에 걸쳐 처음으로 언급되고 있다(참고. 사 1:1). 이미 그는 아사랴(14:21)라고도 불리는 웃시야 시대(사 6:1) 이후로 사십 년 동안 사역해오고 있었다.

19:3 낳을 때가…힘이 없도다 *이사야 37:3에 대한 설명을 보라.*

19:4 살아 계신 하나님을 비방하였으니 *이사야 37:4에 대한 설명을 보라.* **이 남아 있는 자들** *이사야 37:4에 대한 설명을 보라.*

19:6 두려워하지 말라 산헤립은 주님을 다른 신들과 동격으로 대함으로써 그분을 모독했다. 주님은 이른바 신이라 불리는 다른 모든 존재 위에 계신 그분의 우월성을 앗수르 왕에게 친히 드러내시고자 했다.

19:7 한 영 주님은 산헤립의 마음을 움직여 예루살렘에 아무 해도 끼치지 않고 본국으로 돌아가게 하겠다고 약속하셨다. 주님이 그 일을 어떻게 이루셨는지는 35-37절에 기록되어 있다.

19:8 립나 *이사야 37:8에 대한 설명을 보라.*

19:9 구스 왕 디르하가 *이사야 37:9에 대한 설명을 보라.*

19:9-13 앗수르 왕은 사자들을 보내 18:19-25의 최후 통첩에서 랍사게가 주장한 내용을 요약하여 전달하도록 했다.

19:10 속지 말라 처음에는 히스기야가 거짓말한다고 비난을 받았으며(18:29), 그러고 나선 주님이 그 비난 대상이 되었다.

19:11-13 이 위협은 18:33-35의 비방을 반복하고 있다.

19:12, 13 여기에 언급되는 앗수르가 정복한 성읍들은 메소보다미아 지역의 티그리스강과 유브라데강 사이에 있었으며, 최근에 산헤립과 앗수르인이 함락시킨 아람의 도시들이었다.

19:14 여호와의 성전 경건한 히스기야는 마땅히 해야 할 바대로 주님의 전으로 돌아왔다(참고. 1절). 이는 비슷한 위기 상황에서 주님이 주시는 징표도 구하기를 거절한 아하스와 대조를 이룬다(사 7:11, 12).

19:15 그룹들 위에 계신…천지를 만드셨나이다 *이사야 37:16에 대한 설명을 보라.*

19:16 들으소서…보시옵소서…들으시옵소서 *이사야 37:17에 대한 설명을 보라.*

19:17, 18 *이사야 37:18, 19에 대한 설명을 보라.*

19:19 홀로 하나님이신 줄 *이사야 37:20에 대한 설명을 보라.*

19:20 아모스의 아들 이사야 *이사야 37:21에 대한 설명을 보라.*

19:21 너를 비웃었으며 *이사야 37:22에 대한 설명을 보라.*

19:22 누구를 꾸짖었으며 비방하였느냐 주님은 산헤립이 자신을 비난하는 말을 들으셨다(16절).

19:23, 24 *이사야 37:24, 25에 대한 설명을 보라.*

19:25-28 내가 이루어 *이사야 37:26-29에 대한 설명을 보라.*

▶산헤립은 주전 701년 해안 평원 지대를 따라 남쪽으로 라기스까지 이동하고, 예루살렘을 공격하려고 진을 쳤다.

19:29 징조 유다 백성이 스스로 자라는 곡식에 의존한 2년간은 곧 산헤립이 그들을 약탈한 기간이었다. 산헤립은 하나님이 구원의 일을 행하신 후 바로 그곳을 떠났으며(36절), 남은 백성은 세 번째 해에 다시 씨를 뿌릴 수 있었다.

19:30, 31 남은 자…남은 자 예루살렘에서 살아남은 사람들 가운데서 그 땅을 다시 채운 후손들이 나왔다(참고. 사 1:9, 27; 3:10; 4:3; 6:13; 8:16, 17; 10:20, 22; 11:12, 16; 26:1-4, 8; 27:12; 28:5; 37:4).

19:31 여호와의 열심 이 말은 19:7에서 주어진 하나님의 약속에 대한 확증이자 미래 메시아의 왕국이 세워질 것을 보증한다. 히스기야 시대에 유다가 산헤립에게서 구원받은 것은 곧 그리스도의 재림 시 이루어질 이스라엘의 문자적이고 최종적인 회복에 대한 보증금과 같은 것이었다.

19:32 이르지 못하며…토성을 쌓지도 못하고 *이사야 37:33에 대한 설명을 보라.*

19:33 돌아가고 *이사야 37:34에 대한 설명을 보라.*

19:34 나와…위하여 산헤립은 주님이 하신 말씀의 신

구약에 나오는 거짓 신들

1. 라헬 집안의 신들(창 31:19)
2. 시내산의 금송아지(출 32장)
3. 아브라함이 구원받기 전에 섬긴 우르 지역에 성행한 달의 신 난나(Nanna, 수 24:2)
4. 두로 지역의 여신으로 '바다의 여왕'으로 불린 아세라 또는 아스다롯(Ashtaroth, 삿 6:24-32)
5. 블레셋의 주된 산업인 농경과 바다의 신이며 바알의 아버지인 다곤(삿 16:23-30, 삼상 5:1-7)
6. 바알의 또 다른 배우자인 가나안 여신 아스다롯(Ashtoreth, 삼상 7:3, 4)
7. 암몬 족속의 신이며, 성경에서 가장 무시무시한 우상인 몰렉(왕상 11:7; 대하 28:14; 33:6)
8. 여로보암 왕이 만들어 단과 벧엘의 사원에 세운 금으로 된 두 개의 우상(왕상 12:28-31)
9. 가나안의 주된 신인 바알(왕상 18:17-40; 왕하 10:28; 11:18)
10. 나병병환자 나아만이 섬긴 아람의 신 림몬(왕하 5:15-19)
11. 산헤립이 섬긴 앗수르의 신 니스록(왕하 19:37)
12. 지혜와 문학을 관장하는 바벨론의 신 느보(사 46:1)
13. 마르둑으로도 불리며, 바벨론의 모든 신 가운데 주된 신인 므로닥(렘 50:2)
14. 풍요의 여신인 이슈타르(아세라)의 남자 형제이며 남편인 담무스(겔 8:14)
15. 두라 평지에 세워진 금 신상(단 2장)

실성에 정면으로 도전을 제기했기 때문에(10절) 이 앗수르인들과의 싸움에서 중대한 문제가 되는 것은 하나님의 신실하심이었다(참고. 겔 36:22, 23). **나의 종 다윗을** 하나님은 다윗의 후손들이 그의 왕좌를 영속적으로 이어받게 되리라는 것을 약속하셨다(삼하 7:16. 참고. 사 9:6, 7; 11:1; 55:3).

19:35 여호와의 사자 이 존재에 대해서는 *출애굽기 3:2에 대한 설명을 보라*. 파괴의 대행자로서 천사의 역할에 대해서는 창세기 19:15; 사무엘하 24:16을 보라.

19:35-37 친지라 *이사야 37:36-38에 대한 설명을 보라*.

20:1 그 때에…병들어 히스기야가 병에 걸린 연도에 대해서는 세 가지의 합리적인 가능성을 제기한다. 첫 번째, 히스기야의 수명이 15년 더해지며 앗수르인한테서 구원받을 것이므로(6절) 그가 병에 걸린 것은 주전 701년경이다. 두 번째, 브로닥발라단(12절)이 주전 703년에 죽었으므로 히스기야가 병에 걸린 시기는 그가 죽기 바로 전이었을 것이다. 그리고 곧 바벨론에서 보낸 사절단이 와서 성전의 보물들을 보았다(12-19절). 세 번째, 브로닥발라단의 힘이 가장 강력했던 시기는 주전 721-710년경이었으므로 히스기야는 그 시기 병에 걸렸을 것이다. 이 중에서 첫 번째 또는 두 번째가 사실일 가능성이 높다. **집을 정리하라** 그의 가족에게 마지막 유언을 남기라는 지시가 히스기야에게 주어졌다(참고. 삼하 17:23). **네가 죽고 살지 못하리라** 이 예언은 최종적인 것처럼 들렸지만, 히스기야는 하나님이 자신의 호소를 들으려고 하신다는 것을 알았다(참고. 출 32:7-14).

20:2, 3 기도하여…심히 통곡하더라 히스기야는 주께 기도하며, 그가 하나님 앞에서 살아온 경건과 헌신의 삶을 기억해주시기를 구한다. 그는 구체적으로 자신의 병이 낫기를 구하지 않았다. 1절의 내용에서 해석한 연도에 근거할 때 히스기야는 자신의 죽음이 산헤립에게 으스댈 이유를 줄 거라고 여겼거나, 그의 아들 므낫세가 왕이 되기에는 너무 어렸기 때문에 울었을 것이다.

20:3 전심 *이사야 38:3에 대한 설명을 보라*.

20:6 십오 년 주님은 즉각적으로(4절) 응답하시고, 왕이 청한 것을 들어주셨다. 자신이 전한 예언을 그처럼 빨리 뒤집어야 하는 상황이 이후에 나올 요나만큼(욘 4:2, 3) 이사야를 당황시키지는 않았다. 이 점에서 이사야는 나단과 닮은 점이 있다(삼하 7:3-6). **내가 너와 이 성을…구원하고** *이사야 38:6에 대한 설명을 보라*.

20:8-11 징표…십도 뒤로 여기서는 성경에서 처음으로 시간을 나타내는 방식이 언급되고 있다. 히스기야는 그를 고치시리라는 주님의 약속을 확인하기 위해 이 징표를 구했다.

20:12 그 때에 히스기야가 병들었다가 회복되는 일이 있은 지 얼마 되지 않았을 때다. **브로닥발라단** 바벨론 성읍의 통치자 브로닥발라단은 주전 721-710년 반복적으로 앗수르에 도전했다. 그는 앗수르 왕 사르곤

에 맞서는 것을 돕기 위해 히스기야에게 접근한 것으로 보인다(주전 703년경). 해시계가 거꾸로 돌아간 일(대하 32:31)과 히스기야의 병이 나은 일에 대한 그의 관심 역시 접근하기 위한 동기의 일부였을 수도 있다.

20:13 히스기야가…듣고 본문은 히스기야가 사자들에게 관심을 보인 것이 그에게 아첨했기 때문인지, 그가 앗수르의 위협 앞에서 바벨론에게 도움을 받고자 했기 때문인지를 말해주지 않는다. 참고. 이사야 39:2의 "기뻐하여"라는 표현.

20:13, 14 보물고…모든 것 *이사야 39:2, 3에 대한 설명을 보라.*

20:16, 17 여호와의 말씀이…바벨론으로 옮긴 바 되고 이사야는 한 세기 이상이 지난 이후에 일어날 바벨론 유수(주전 586년)를 예언했다. 이것은 모든 세부적인 내용이 역사적으로 실현된 또 하나의 예언이다.

20:17 하나도 남지 아니할 것이요 방문자들 앞에서 자신의 부를 자랑한 히스기야의 죄는 예상하지 못한 결과를 낳았다. 물론 이 죄는 유다가 포로로 잡혀가게 된 궁극적인 이유를 보여주는 하나의 징후일 뿐이다. 그 일이 일어나게 된 주된 이유는 히스기야의 아들인 므낫세의 부패한 지도력에 있었다(21:11-15).

20:18 왕의 몸에서 날 아들 히스기야의 아들들은 포로로 잡혀가야 했다. 이 예언이 성취된 일에 대해서는 24:12-16; 역대하 33:11; 다니엘 1:3, 4, 6을 보라.

20:19 여호와의 말씀이 선하니이다 이는 16-18절에서 주어진 부정적인 예언에 대한 의외의 반응이다. 히스기야는 이사야를 하나님의 신실한 사자로 인정하며, 자신의 시대에 예루살렘을 멸망시키지 않으시는 하나님의 뜻이 선하심을 고백하고 있다. **내가 사는 날에 태평과 진실이 있을진대** 이런 히스기야의 반응은 이기적인 동기에서 나왔을지도 모른다. 하지만 그는 자신의 후손들이 겪게 될 운명의 암울함을 누그러뜨릴 수 있는 밝은 부분을 찾으려고 한 것일 수도 있다.

20:20 수도 *역대하 32:30에 대한 설명을 보라.*

B. 므낫세와 아몬의 사악한 통치(21:1-26)

21:1 십이 세 주전 695년 므낫세는 아버지 히스기야와 함께 공동 통치자로 다스리기 시작했다. 이때부터 이어진 유다 왕들의 통치기를 모두 합치면 실제 역사적인 연대보다 10년이 더 길지만, 므낫세 이후 왕들의 연대는 역사적인 연대와 잘 들어맞는다. 따라서 므낫세의 오랜 통치기 가운데 10년간의 공동 통치기가 있었다고 추정하는 것이 가장 바람직한 해석이다. 히스기야는 자신의 왕위를 계승하도록 아들 므낫세를 어릴 때부터 훈련시켰지만, 그는 유다 역사에서 최악의 왕이 되고 말았다. **오십오 년간** 주전 695-642년이다. *역대하 33:1-20에 대한 설명을 보라.*

21:2 이방 사람의 가증한 일 참고. 16:3. 가나안 족속들이 행한 혐오스러운 행위는 신명기 18:9-12에 열거되어 있다. 신명기 12:29-31은 과거 그 땅에 거주하던 이방 족속들의 혐오스러운 풍습을 이스라엘 백성이 따라하는 것을 금한다. 므낫세가 행한 우상숭배의 내용은 3-9절에서 자세히 서술되고 있다(참고. 17:7-12, 15-17).

21:3 산당들…제단…목상 므낫세는 히스기야가 행한 개혁들을 뒤엎고 말았다(참고. 18:4). 이스라엘에서 아합이 행한 것처럼(참고. 왕상 16:30-33) 그는 유다에서 바알 숭배를 국가가 승인한 공식 종교로 다시 확립했다. **하늘의 일월 성신** *17:16에 대한 설명을 보라.* 신명기 4:19; 17:2-5은 해와 달, 별을 숭배하는 것을 금했다.

21:4 여호와의 성전에 제단들을 이 제단들은 "하늘의 일월 성신"(5절)에게 봉헌된 것이다.

21:6 자기의 아들을 불 가운데로 지나게 하며 *16:3에 대한 설명을 보라.* **점…사술…신접한 자와 박수** 왕은 흑마법, 점술, 접신, 마술 등을 포함하는 모든 형태의 심령술에 관여했다. 이 모두는 하나님의 율법을 정면으로 어기는 것이었다(레 19:31; 신 18:9-12).

21:7 세웠더라…둘지라 므낫세는 주님이 자신의 이름을 '두신' 성전(왕상 8:29; 9:3; 대하 7:12, 16을 보라)에 가나안 여신의 우상을 '세움'으로써 주님을 진노케 한다. 아세라(참고. 23:4; 대하 15:16)는 바알을 포함하여 70명 신의 어머니로 여겨졌다.

21:8, 9 이 구절은 사무엘하 7:10에서 주어진 약속을 언급하고 있다. 처음 가나안에 정착했을 때부터 이 백성들은 이렇게 순종하도록 부름을 받았다. 하지만 유다 백성은 모세 율법의 규정을 주의 깊게 따르지 않아 다시 므낫세를 따라 우상숭배에 빠지게 되었다. 그들의 우상숭배는 심지어 그들이 정복한 가나안 족속들이 행

한 것보다 더 심각했다.

21:10 선지자들 주님은 자신의 대변인을 통해 유다에 임할 심판을 선언하셨다. 11-15절에는 유다에 대한 예언의 메시지가 요약되어 있다.

21:11 아모리 사람들 이는 가나안에 원래 거주했던 족속들을 가리키는 일반적 호칭이다(참고. 창 15:16; 수 24:8).

21:13 다림 보던 추 이것은 무거운 것을 달아 벽 위에서 내려뜨리는 줄로, 그 벽이 수직으로 반듯하게 서 있는지를 보기 위한 것이었다(참고. 사 28:17; 암 7:7, 8). 이 줄과 어긋나는 벽은 헐렸다. 주님은 그분의 말씀을 척도로 삼아 예루살렘을 판단하셨으며, 그 성읍이 사마리아(이스라엘)와 같은 운명을 맞게 할 것을 결정하셨다. **예루살렘을 씻어 버릴지라** 사람이 그릇에서 음식 찌꺼기를 닦아버리듯이 주님도 이 땅 가운데서 예루살렘을 깨끗하게 닦아 없애려고 하셨다. 이는 곧 그 성읍을 말살하고 뒤엎어 텅 비고 쓸모없는 곳이 되게 하시리라는 뜻이다.

21:14 버려 주님은 그들을 약탈할 대적들의 손에 그분의 백성을 내어버리려고 하셨다(참고. 렘 12:7). **남은 자들** 택함받은 백성 가운데 유일하게 남아 있는 유다 지파를 말한다.

21:15 나의 진노를 일으켰음이니라 하나님의 백성 이스라엘의 역사는 주께 대한 불순종의 역사였다. 므낫세 통치기에 하나님의 백성이 지은 죄는 절정에 달했으며, 하나님의 인내는 끝이 났다. 이제 그들은 그 땅에서 추방되는 심판을 피할 수 없게 되었다(참고. 24:1-4).

21:16 무죄한 자의 피를 심히 많이 이 구절의 의미는 분명하지 않은데, 다음과 같이 몇 가지 해석이 있다. 첫째, 아이를 제물로 바친 것을 가리킨다는 해석이다(참고. 6절). 둘째, 약자들을 억압하고 핍박한 것을 가리킨다는 해석이다(렘 7:6; 22:3, 17; 겔 22:6-31). 셋째, 하나님의 선지자들을 살해한 것을 가리킨다는 해석이다(참고. 10절). 가장 가능성 있는 해석은 이 셋을 모두 합친 것이다. 유대교와 기독교 전통은 모두 므낫세가 이사야를 빈 통나무 속에 넣고 톱으로 켜서 죽였다고 전한다(참고. 히 11:37).

21:19 이 년간 주전 642-640년이다. 아몬은 주님을 철저히 저버리고 자기 아버지가 행한 우상숭배를 그대로 이어갔다(20-22절). *역대하 33:21-25에 대한 설명을 보라.*

21:24 그 국민 이는 유다 족속의 지도자들 가운데 일부였을 것이다. 그들은 아몬을 암살한 자들을 죽이고, 그의 아들 요시야를 왕위에 앉혔다. 그들은 분명 다윗 왕조를 지속시키고자 했다(참고. 왕하 11:14-18).

C. 요시야의 의로운 통치(22:1-23:30)

22:1 삼십일 년간 주전 640-609년이다. 요시야 통치기에 고대 근동 지역의 패권은 앗수르에서 바벨론으로 넘어갔다. 앗수르의 수도인 니느웨는 주전 612년에 바벨론에게 무너졌고, 앗수르 제국은 주전 609년에 멸망했다. 요시야는 바벨론 유수 이전의 다윗 가문에서 최후의 선한 왕이었다. 예레미야(렘 1:2)와 스바냐(습 1:1), 하박국은 요시야 통치기에 유다에서 활동한 선지자들이다. *역대하 34:1-35:27에 대한 설명을 보라.*

22:2 치우치지 아니하였더라 요시야는 평생 하나님이 인정하시는 삶의 길에 전심으로 헌신했다(참고. 23:25). 그는 모세의 율법을 알게 된 후 그 율법에 순종했다. 그는 하나님의 백성을 다스리는 통치자들에게 본보기가 된 다윗의 모범을 따랐다(신 17:11, 20; 수 1:7).

22:3 열여덟째 해 주전 622년이다. 요시야가 스물여섯 살이 된 해였다.

22:4 힐기야 이 대제사장은 아사랴의 아버지이며 스라야의 할아버지다. 스라야는 바벨론인이 유다 백성을 포로로 끌고 갈 때 처형한 대제사장이다(참고. 25:8-20).

22:4-7 문 지킨 자 *12:9에 대한 설명을 보라.* 요시야는 므낫세와 아몬 시대에 훼손된 성전을 고칠 자금을 마련하기 위해 이전에 요아스 왕이 쓴 것과 동일한 방법을 썼다.

22:8 율법책 토라(오경), 곧 하나님이 모세를 통해 이스라엘에게 주신 계시를 담고 있는 두루마리다(*23:2; 신 28:61에 대한 설명을 보라*). 므낫세는 미처 숨기지 못한 하나님의 율법 사본들을 모두 없앴을 것이다. 이 율법책은 지성소의 언약궤 옆에 놓여 있던 공식 사본이었을 수도 있다(신 31:25, 26). 이 책은 아하스와 므낫세, 아몬의 통치 때 그 자리에서 치워졌을 수도 있지만(참고. 대하 35:3) 수리 작업을 하는 동안 발견되었다.

22:9, 10 어떤 사람들은 사반이 신명기 28-30장을 읽었을 거라고 여긴다. 그 본문에는 국가적 언약 갱신에 대한 내용과 하나님의 율법을 깨뜨리는 모든 사람에게 미칠 무서운 위협과 저주들의 목록이 기록되어 있다.

22:11 그의 옷을 찢으니라 그 율법을 듣고 요시야는 즉각적으로 회개하는 모습을 보였다. 그의 회개는 일반적인 애통과 비탄의 상징을 통해 표현되었다(18:37; 19:1을 보라). 그의 비탄은 유다가 죄를 범했으며, 하나님이 그에 대한 벌을 주실 거라는 사실로부터 나온 것이었다(13절).

22:14 훌다 구약의 다른 곳에서는 이 여선지자가 언

급되지 않는다. 왜 예레미야나 스바냐 등 다른 선지자들(*22:1에 대한 설명을 보라*)이 아니라 그녀를 찾아갔는지에 대한 설명이 여기에 나오지는 않지만, 그녀는 예언의 은사를 지녔다고 인정을 받았다. 하나님이 여인을 통해 이스라엘에게 말씀하시는 경우는 드물었다[참고. 미리암(출 15장), 드보라(삿 5장)]. 그리고 성경에서는 한 여인이 지속적으로 선지자의 사역을 수행한 사례가 언급되지 않는다. 어떤 여인도 성경 66권 중 한 책을 쓰도록 영감을 받지 않았다. **예복** 이 옷들은 왕의 옷이나 제사장들이 입던 의복이었을 것이다. **둘째 구역** 이 지역이 *둘째* 구역으로 불린 이유는 이곳이 예루살렘 성읍을 첫 번째로 크게 확장한 결과로 형성된 곳이기 때문이다. 이 지역은 아마 예루살렘의 서쪽 언덕에 있었을 것이다. 성벽으로 둘러싸인 이곳은 히스기야 통치기에 건축되었다. 당시 성읍을 확장한 이유는 아마도 앗수르의 이스라엘 침공을 피해 도망쳐 온 유대의 피난민들을 수용하기 위해서였을 것이다.

22:15-20 훌다는 요시야가 보낸 사자들을 통해 그에게 하나님 말씀을 전했다. 첫째, 주님은 예루살렘이 우상숭배를 행했기 때문에 그 성읍을 반드시 심판하실 것임을 요시야에게 확증하셨다(15-17절). 둘째, 요시야에 대한 주님의 개인적인 말씀은 그가 "평안히" 죽음을 맞이하게 되리라는 것이다(20절). 이는 그가 예루살렘에 닥쳐올 공포를 피하게 되리라는 뜻이다. 이 약속은 요시야가 두루마리에 담긴 말씀을 듣고 온유하고 겸손한 반응을 보인 것에 근거를 둔다(18, 19절).

22:20 평안히 요시야의 마음은 하나님과 화목을 이루었으며, 그는 자신의 생애에 예루살렘이 멸망하는 것을 보지 못했다. 전쟁터에서 숨을 거뒀기 때문이다(대하 35:23).

23:2 언약책 출애굽기 24:7에서는 이 명칭이 출애굽기 20:22-23:33의 내용을 언급하는 데 쓰였지만, 여기서는 더 넓은 범위의 문서를 가리키는 것으로 보인다. 오경의 많은 부분이 모세 언약에 초점을 맞추고 있어 이 다섯 권의 책은 그와 같은 이름으로 불리게 되었다. 요시야가 유다 사람들과 예루살렘 거주민을 한데 모았기 때문에 여기서는 그가 창세기 1장부터 신명기 34장까지 기록된 율법 전체를 읽은 것으로 보는 것이 가장 합당하다(*신 31:9, 11에 대한 설명을 보라*).

23:3 단 *11:14에 대한 설명을 보라.* **언약…이 언약** 요시야는 방금 백성에게 읽어준 언약책이 명령하는 모든 일을 행하여 주께 철저히 순종하겠다고 공적으로 구속력 있는 서약을 한다. 요시야의 본을 따라 모든 백성도 모세 언약의 규정을 지키겠다고 서약한다. *11:17과 출애굽기 24:4-8에 대한 설명을 보라.*

23:4 아세라 *21:7에 대한 설명을 보라.* **기드론 밭** 요시야는 우상숭배에 쓰인 성전 안의 모든 것을 불태웠다. 그는 예루살렘 도성의 동쪽에 있는 기드론 골짜기의 낮은 지대에서 이 일을 행했다(참고. 6절). **재를 벧엘로** 예루살렘에서 북쪽으로 약 16킬로미터 떨어진 곳에 있는 벧엘은 여로보암 1세가 처음 배교적인 예배의 중심지로 삼은 두 곳 중 하나였다(왕상 12:28-33). 이전에 북왕국이었던 땅으로 당시에는 앗수르의 속주였던 사마리아에 속한 벧엘은 유다의 국경 바로 위쪽에 있었다. 앗수르의 힘이 쇠퇴하면서 요시야는 북쪽 땅에도 종교적 영향력을 행사할 수 있었다. 그는 여로보암의 종교적 중심지를 더럽히는 데 우상숭배에 쓰인 물건들을 태운 재를 사용했다(참고. 15-20절).

23:5 별 떼 참고. 21:3. 점성술사들 역시 제거되었다. 이사야 47:13을 보라.

23:6 아세라 상 (NKJV에는 이 어구가 'wooden image', 곧 '목상'으로 번역됨—옮긴이) 아세라의 상을 말한다(*21:7에 대한 설명을 보라*). **평민의 묘지** 기드론 골짜기에는 평민들을 위한 매장지가 있었다(참고. 렘 26:23). 역대하 34:4에서는 우상을 불사른 재들을 그 우상에게 제사를 행한 사람들의 무덤에 뿌렸다고 한다. 평민들은 그들의 지도자들을 따라 배교와 모독, 파멸에 이르렀으며, 재를 뿌리는 이 행동은 그 모든 것을 상징적으로 보여준다.

23:7 집 이곳은 아세라에게 자신을 바친 여인들이 사용한 장막이었다(17:30에서는 "숙곳브놋"으로 불렸음). 이곳에서 그 여인들은 휘장을 만들고 성적인 죄를 범했다.

23:8 게바에서부터 브엘세바까지 예루살렘에서 북동쪽으로 11킬로미터 정도 떨어진 곳에 있던 게바는 유다의 북쪽 끝에 위치한 성읍이었다. 그리고 예루살렘에

단어 연구

산당(High Places): 12:3; 14:4; 15:4; 17:9; 23:8, 15, 20. 이 장소는 종종 산이나 언덕처럼 높은 곳에 위치한 신성한 지역을 가리킨다. 성전을 짓기 전에 이스라엘 백성은 여러 산당에서 참되신 하나님께 예배했다(왕상 3:2-4). 그러나 이스라엘 백성은 이 신성한 장소들에서 이방 족속의 신들을 숭배하기 시작했다. 그에 따라 구약에서 '산당'은 이스라엘의 종교적 반역과 배교에 관련된 단어가 되었다(왕상 14:23; 시 78:58; 렘 19:5).

서 남쪽으로 72킬로미터 정도 떨어진 곳에 있던 브엘세바는 유다의 남쪽 끝에 있었다. 따라서 이 표현은 '온 유다'를 가리키는 관용구다.

23:10 도벳 '북'(a drum)을 뜻하는 이 명칭은 아이를 바치는 제사가 행해진 힌놈 골짜기의 한 지역을 가리킨다(참고. 사 30:33; 렘 7:31, 32; 19:5, 6). 이 장소가 '북'으로 불린 이유는 제물로 바쳐지는 아이들의 비명소리를 덮기 위해 북을 쳤기 때문일 수도 있다.

23:11 태양을 위하여 드린 말들 말들과 태양의 병거들은 하늘의 궤도를 따라 움직이며 빛을 발하는 태양을 상징하는 것으로 여겨졌을 테고, 태양에 대한 예배에 사용되었을 것이다. 최근에 작은 말의 형상들이 있는 사원이 예루살렘에서 발견되었다(참고. 겔 8:16).

23:12 지붕에 사람들은 향을 피워 "하늘의 뭇 별"에게 예배하려고 집의 평평한 지붕 위에 제단을 만들었다(렘 19:13; 습 1:5).

23:13 솔로몬이…세웠던 것이며 솔로몬은 예루살렘 동쪽의 감람산에 산당들을 세웠는데, 이 산의 이름은 그 산당들이 훼파된 후에 바뀌었다. 이 산당들은 시돈에서 전해진 풍요의 여신 아스다롯과 모압의 신 그모스, 암몬의 신 몰록 등 이방 신들을 숭배하는 데 쓰였다(왕상 11:7). 요시야가 허물어버리기 전까지 이 제단들은 300년이 넘는 세월 동안 존재해왔다. 사람의 뼈들을 뿌림으로써 이 지역은 더럽혀지고 부정하게 되어 예배에 부적합한 곳이 되었다.

23:15 벧엘에 세운 제단 요시야는 여로보암 1세가 벧엘에 세웠던 제단을 가루와 재로 만들어버렸다(왕상 12:28-33을 보라).

23:16 무덤들 우상을 숭배한 제사장들이 묻힌 무덤이 근처에 있는 것을 본 요시야는 그곳에 묻힌 유골을 꺼내어 벧엘의 제단에서 불살라 그 제단을 더럽게 했다. 그의 이 행동은 대략 300년 전 그 제단에 대해 주어졌던 예언을 성취하는 것이었다(왕상 13:2).

23:17, 18 열왕기상 13:1-32, 특히 31절과 32절을 보라.

23:18 사마리아 이전에 북왕국 이스라엘이었던 지역은 앗수르의 한 주인 사마리아로 알려지게 되었다(*17:24에 대한 설명을 보라*).

23:19 사마리아 각 성읍 요시야가 벧엘의 산당을 훼파한 것은 앗수르의 속주 사마리아에 있는 모든 산당을 훼파한 일의 시작일 뿐이었다.

23:20 제사장들을 다…죽이고 레위인이 아닌 이 제사장들은 이전의 북왕국에서 배교적인 예배를 인도한 사람들로, 하나님의 백성을 유혹하여 우상을 따르게 한 우상 숭배자였다. 이들은 신명기 13:6-18; 17:2-7의 규례에 따라 죽임을 당했으며, 그 무덤은 불사른 뼈들이 뿌려짐으로써 이중으로 더럽혀졌다.

23:21, 22 이렇게 유월절을 지킨 일이 이때 유다는 400년의 지난 이스라엘 역사 중 어느 때보다 모세의 율법에서 주어진 규정에 더 충실하게 유월절을 지켰다(신 16:2-8을 보라). 히스기야도 유월절을 지키긴 했지만(대하 30장), 사사 시대 이후로 지킨 어떤 유월절도 하나님의 율법을 정확하게 따르지는 않았다. 이때 지킨 유월절에 대한 더 자세한 내용은 역대하 35:1-19에서 볼 수 있다.

23:23 열여덟째 해 주전 622년경이다. 여기 서술된 요시야의 모든 개혁은 이 해에 이루어졌다(참고. 22:3).

23:24 발견한 책 22:8을 보라.

23:25 왕은…없었고 다윗 자신을 포함해 그의 계보를 이은 왕들 가운데 요시야만큼 신명기 17:14-20에 서술된 이상적인 왕의 모습에 가까이 다가간 인물은 없다(참고. 마 22:37). 그러나 요시야도 완전한 순종에 이르지 못했으니, 이는 그가 여러 아내를 두었기 때문이다(참고. 31, 36절. *창 2:24에 대한 설명을 보라*). 이 의로운 왕도 므낫세의 죄에서 비롯된 주님의 진노를 돌이키지는 못했다(26, 27절). 17장과 18장을 보라.

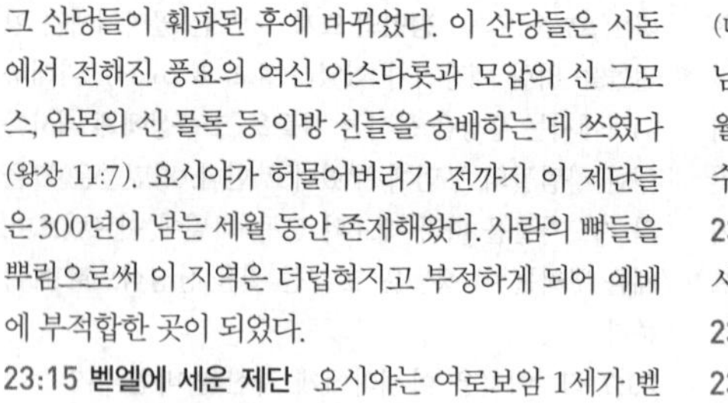

「율법책을 듣고 있는 요시야 왕(*King Josiah*)」 1858년. 율리우스 슈노르 폰 카롤스펠트. 동판화. 베를 린 동판화관. 베를린.

23:29 느고 바로 느고 2세(주전 609-594년)는 바벨론의 커지는 국력에 맞춰 앗수르와 동맹을 맺었다. 여기 언급되지 않은 어떤 이유로 요시야는 느고와 그의 군대가 바벨론에 맞서기 위해 유브라데 강에 있는 앗수르 군대와 합류하는 것을 막고자 했다. **므깃도** 이곳은 예루살렘에서 북쪽으로 104킬로미터 정도 떨어진 견고한 요새로, 이스르엘 골짜기를 내려다보는 위치에 있었다. 므깃도는 애굽과 메소보다미아를 잇는 길에 있는 전략적 요충지를 방비하는 곳이었다. 요시야의 죽음은 역대하 35:20-27에서 더 자세히 설명되고 있다.

D. 바벨론이 유다를 패망시키고 그 백성을 포로로 끌고 감(23:31-25:21)

23:31 석 달간 여호아하스는 주전 609년에 통치했으며, 느고 2세의 포로가 되었고, 결국 애굽에서 죽었다. *역대하 36:1-4에 대한 설명을 보라.*

23:33 하맛 땅 립나 여호아하스는 레바논 골짜기 북쪽의 오론테스강 기슭에 위치한 바로 느고 2세의 군대 사령부에 있는 감옥에 갇혔다(*25:6에 대한 설명을 보라*). **은…금** 왕이 감옥에 갇힌 뒤 유다에 부과된 벌금은 약 3,400킬로그램의 은과 약 34킬로그램의 금이었다.

23:34 엘리아김…여호야김 주전 609년 바로 느고 2세는 여호아하스의 형을 유다의 왕으로 앉혔다. 느고는 그의 이름을 '하나님이 세우셨다'를 뜻하는 엘리아김에서 '주님이 세우셨다'를 뜻하는 여호야김으로 바꿨다. 고대 근동 지역에서 다른 사람에게 이름을 지어주는 일은 그가 지닌 권위를 상징했다. 따라서 여호야김에게 이 이름을 붙여줌으로써 느고는 자신이 유다를 지배하는 군주임을 드러냈다. 애굽의 속국이 된 유다는 애굽의 대적인 바벨론에게 공격받을 위험에 처하게 되었다. *역대하 36:5-8에 대한 설명을 보라.*

구약에서 간단히 언급된 통치자들

나라	이름	성경 구절
아말렉	아각	삼상 15:8-33
암몬	암몬의 왕(이름이 언급되지 않음)	삿 11:12-28
암몬	바알리스	렘 40:14
암몬	하눈	삼하 10:1-4
암몬	나하스	삼상 11:1-2
가나안	아도니세덱	수 10:1-27
가나안	베라	창 14:2-24
가나안	야빈	(1) 수 11:1-11
가나안		(2) 삿 4:2
가나안	여리고 왕(이름이 언급되지 않음)	수 2:2
에돔	에돔 왕(이름이 언급되지 않음)	민 20:14-21
애굽	애굽의 바로(이름이 언급되지 않음)	(1) 창 12:18-20
애굽		(2) 창 41:38-55
애굽		(3) 출 1:8
애굽		(4) 출 2:15
애굽		(5) 출 3:10; 5:1
애굽		(6) 왕상 3:1
애굽	호브라	렘 44:30
애굽	느고	왕하 23:29, 30
애굽	시삭	왕상 14:25, 26; 대하 12:2-9
모압	발락	민 22-24장
모압	에글론	삿 3:12-30
모압	메사	왕하 3:4-27
블레셋	아비멜렉	(1) 창 20장
블레셋	아비멜렉	(2) 창 26장
블레셋	아기스	삼상 21:10-14; 27-29장
두로	히람	왕상 5:1-18
두로	두로의 왕(이름이 언급되지 않음)	겔 28:1-10

23:35 여호야김은 애굽에 공물을 바치기 위해 백성들로부터 무거운 세금을 거둬들인다. 하지만 그에게는 여전히 자신을 위해 웅장한 궁전을 지을 만큼의 자금이 있었다(렘 22:13, 14을 보라).

23:36 십일 년간 주전 609-597년이다.

24:1 느부갓네살 느부갓네살 2세는 주전 626-605년 바벨론 왕이었던 나보폴라살(Nabopolassar)의 아들이다. 느부갓네살은 세자로서 아버지의 군대를 이끌고 북아람과 유브라데강 기슭에 있는 갈그미스에서 느고와 애굽인에 맞서 싸웠다(주전 605년). 애굽을 격퇴함으로써 바벨론은 고대 근동 지역에서 가장 강력한 나라가 되었다. 이 승리로 애굽과 유다를 포함한 그 나라의 속국들은 바벨론의 속국이 되었다. 갈그미스에서 승리한 후 느부갓네살은 여세를 몰아 유다 땅에 쳐들어왔다. 이후 주전 605년 느부갓네살은 일부 사람을 포로로 바벨론에 끌고 갔는데, 이 중에 다니엘과 그의 친구들도 포함되어 있었다(참고. 단 1:1-3). 주전 605년 말 나보폴라살이 죽고, 느부갓네살이 그 뒤를 이어 바벨론의 왕이 되었다. 이는 여호야김이 유다 왕위에 오른 지 3년 후의 일이었다(렘 25:1). 느부갓네살은 주전 605-562년 통치했다. **삼 년간** 느부갓네살은 주전 604년 서쪽으로 돌아왔고, 유다의 여호야김을 포함해 서쪽 지역의 모든 왕한테서 공물을 받았다. 여호야김은 주전 604-602년 바벨론의 지배에 복종했으며, 주전 602년에는 선지자 예레미야의 조언(렘 27:9-11)을 무시하고 바벨론에 반기를 들었다.

느부갓네살의 유다 침공
(주전 605-586년)

24:2 여호와께서…부대를…보내 선지자 예레미야를 통해 주신 말씀에 여호야김이 불순종한 것에 대한 벌로, 주님은 바벨론 군대와 바벨론에 충성하는 다른 나라들의 군대를 보내어 유다가 군사적 패배를 당하게 하셨다.

24:4 무죄한 자의 피 *21:16에 대한 설명을 보라.*

24:7 애굽 왕 주전 601년 느부갓네살은 애굽을 향해 서쪽으로 다시 진군했지만, 애굽의 강력한 저항에 부딪혀 되돌아갔다. 애굽은 자신의 땅을 지킬 힘은 있었지만, 반격에 나서서 점령당한 땅을 되찾거나 유다를 포함한 동맹국들에게 도움을 줄 수는 없었다.

24:8 십팔 세 이 숫자가 역대하 36:9의 "팔 세"보다 신빙성이 있다(*설명을 보라*). **석 달간** 군대를 재조직한 느부갓네살은 주전 597년 봄에 두 번째로 유다를 침공했다. 그가 예루살렘에 입성하기 전 여호야김이 죽고, 그의 아들 여호야긴이 그 뒤를 이어 유다의 왕이 되었다. 여호야긴은 주전 597년 짧은 기간에 통치했다. *역대하 36:9, 10에 대한 설명을 보라.*

24:10-12 바벨론의 예루살렘 포위 공격은 느부갓네살의 군대에 의해 시작되었다. 이후 느부갓네살이 직접 예루살렘에 왔으며, 여호야긴은 그 왕에게 항복했다(12절).

24:12 여덟째 해 주전 597년이다. 열왕기서는 여기서 처음으로 이방 왕의 연대에 의거해 이스라엘 역사에서 일어난 사건을 서술한다. 이는 유다 백성이 포로로 끌려가는 일이 눈앞에 닥쳤고, 그 땅이 이방 족속의 손에 넘어가게 될 것임을 암시하는 표시였다.

24:13 이전에 주님이 말씀하신 대로 느부갓네살은 성전과 왕궁의 보물을 약탈해 갔다(참고. 20:16-18).

24:14-16 주전 597년 느부갓네살은 특히 유다의 지도자들을 포함한 1만 명의 유대인을 다시 바벨론으로 끌고 갔다. 이 가운데는 군대 지휘관들과 군대를 지원하는 기술을 지닌 사람들이 있었으며, 이 국외 추방자들 가운데 에스겔 선지자도 포함되었다(*겔 1:1-3에 대한 설명을 보라*). 하층민만이 예루살렘에 머물렀다. 바벨론의 포로 정책은 대부분의 백성을 그 땅에서 추방하고 이방 족속을 이스라엘 땅에 정착시킨 앗수르와 달랐다(17:24). 바벨론인들은 지도자들과 강한 자들을 포로로 잡아가고, 약하고 가난한 사람들은 그대로 두었다. 그

구약의 여왕/왕비들

이름	성경	특징
미갈	삼상 18:20-28; 26:44	사울의 딸이며 다윗의 첫 번째 아내
미갈	삼하 3:13-16; 6:20-23	사울의 딸이며 다윗의 첫 번째 아내
밧세바	삼하 11, 12장	우리아의 아내였다가 다윗의 아내가 됨 솔로몬의 어머니
밧세바	왕상 1, 2장	우리아의 아내였다가 다윗의 아내가 됨 솔로몬의 어머니
스바의 여왕	왕상 10:1-13	솔로몬을 찾아온 이방의 여왕
나아마	왕상 14:21, 31	유다 왕 르호보암의 어머니
마아가	왕상 15:10	유다 왕 아비야의 어머니이자 아사 왕의 할머니
이세벨	왕상 16:31; 18:13, 19; 19:1, 2; 21:1-25	이스라엘 왕 아합의 사악한 아내(바알 숭배를 장려하고 하나님의 선지자들을 핍박했으며, 나봇의 살인을 계획함)
아수바	왕상 22:42	유다 왕 여호사밧의 어머니
이세벨	왕하 9:30-37	이스라엘 왕 아합의 사악한 아내(바알 숭배를 장려하고 하나님의 선지자들을 핍박했으며, 나봇의 살인을 계획함)
아달랴	왕하 11장	아합과 이세벨의 악한 딸이자 유다 왕 아하시야의 어머니(유다를 직접 통치한 유일한 여성)
여호앗단	왕하 14:2	유다 왕 아마샤의 어머니
여골리야	왕하 15:2	유다 왕 아사랴의 어머니
아비야	왕하 18:2	유다 왕 히스기야의 어머니
헵시바	왕하 21:1	유다 왕 므낫세의 어머니
므술레멧	왕하 21:19	유다 왕 아몬의 어머니
여디다	왕하 22:1	유다 왕 요시야의 어머니
하무달	왕하 23:31; 24:18	유다 왕 여호아하스와 시드기야의 어머니
스비다	왕하 23:36	유다 왕 여호야김의 어머니
느후스다	왕하 24:8	유다 왕 여호야긴의 어머니
마아가	대하 15:16	유다 왕 아비야의 어머니이자 아사 왕의 할머니
에스더	에 2-9장	바사 왕 아하수에로의 유대인 아내

리고 남은 사람들 가운데서 지도자를 뽑아 그들의 충성심을 이끌어냈다. 바벨론으로 끌려간 사람들은 주류 사회에서 일하고 살 수 있도록 허용되었다. 이로 말미암아 끌려간 유대인들은 한데 모일 수 있었으며, 에스라서에 기록된 것처럼 고국으로 돌아오는 일이 가능했다.

24:17 맛다니야…시드기야 맛다니야는 요시야의 아들이며 여호야긴의 숙부였다(참고. 대상 3:15; 렘 1:3). '여호와의 선물'을 뜻하는 맛다니야의 이름은 '여호와의 의'를 뜻하는 시드기야로 바뀌었다. 느부갓네살이 시드기야의 이름을 바꾼 일은 그가 주군으로서 시드기야 위에 군림한다는 권위를 드러낸 것이었다*(23:34에 대한 설명을 보라). 역대하 36:11-21에 대한 설명을 보라.*

24:18 십일 년간 바벨론의 지배하에 시드기야는 예루살렘에서 주전 597-586년에 통치했다.

24:20 시드기야가…배반하니라 주전 588년 느고의 손자인 (호브라라고도 불리는) 아프리스가 애굽의 바로가 되었다. 그가 시드기야에게 영향을 미쳐 바벨론에 반기를 들게 한 것으로 보인다(참고. 겔 17:15-18).

25:1 제구년 시드기야가 일으킨 반란(24:20)에 대한

성경에 언급된 바벨론 통치자들

통치자	통치 연대	성경 구절
므로닥발라단 2세	주전 721-689년	왕하 20:12; 사 39:1
느부갓네살 2세	주전 605-562년	왕하 24, 25장; 단 1-4장
에윌므로닥	주전 562-560년	왕하 25:27-30; 렘 52:31-34
네르갈사레셀	주전 560-556년	렘 39:3, 13
벨사살	나보니두스와 공동 통치 주전 556-539년	단 5장; 7:1

응답으로 느부갓네살은 그의 전 군대를 보내 예루살렘 성읍을 포위하게 했다. 이 포위 공격은 시드기야의 통치 제9년인 주전 588년 1월에 시작되었다. 토성(NKJV에는 이 단어가 'a siege wall', 곧 '공성벽'으로 번역됨-옮긴이)은 성읍의 방어벽보다 더 높이 세운 나무 탑들 또는 성읍을 에워싼 흙벽이다.

25:2 제십일년 예루살렘은 시드기야의 통치 제11년인 주전 586년 7월까지 그 포위 공격을 견뎠다. 히스기야가 만든 수로 덕분에 이 성읍에는 신선한 물이 계속 공급되었으며(20:20), 애굽이 유다 땅에 진격해 왔을 때 일시적으로 포위가 풀렸다(렘 37:5).

25:3 기근 이 년 이상 포위가 지속되자 예루살렘의 식량은 바닥이 났다(렘 38:2, 3).

25:4 그 성벽이 파괴되매 왕의 동산 부근에 두 성벽은 성읍의 남동쪽 모퉁이 끝에 있었고, 기드론 골짜기로 직접 이어지는 통로가 그 사이에 있었을 것이다. 시드기야와 그의 군인들은 이 길을 통해 목숨을 부지하기 위해 동쪽으로 도망칠 기회를 얻었다.

25:5 여리고 평지 시드기야는 요단 협곡 쪽으로 도망쳤다. 바벨론 추격자들은 예루살렘에서 동쪽으로 32킬로미터 정도 떨어진 여리고 남쪽의 요단 골짜기에서 그를 붙잡았다.

25:6 립나 오론테스강 기슭에 위치한 립나는 예루살렘에서 북쪽으로 290킬로미터 정도 떨어진 곳으로, 느부갓네살이 유다를 침공할 때 군대의 본거지로 삼은 곳이다. 이 지역은 부근에서 풍부한 식량을 얻을 수 있어서 야전 사령부로 적합했다(참고. 23:33). 사로잡힌 반역자 시드기야는 립나에 있는 느부갓네살한테로 압송되었고, 그곳에서 시드기야는 자기 아들들의 죽음을 목격하고 나서 두 눈이 뽑혔다. 바벨론은 그의 후계자들을 처형하여 미래에 그의 후손들이 반역을 일으키거나 왕위를 주장하는 일을 불가능하게 만들었다. 그리고 그의 두 눈을 뽑음으로써 그가 미래에 반역을 일으키거나 복수하는 일을 불가능하게 만들었다. 예레미야는 시드기야에게 그가 느부갓네살을 보게 될 거라고 경고했으며(*렘 32:2-5과 34:3에 대한 설명을 보라*), 에스겔은 그가 바벨론을 보지 못할 것이라고 말했다(*겔 12:10-13에 대한 설명을 보라*). 두 예언 모두가 이루어졌다.

'벌거숭이 장소'라는 뜻의 립나(Riblah)

25:8 칠일 *예레미야 52:12에 대한 설명을 보라*. 이때는 주전 586년 8월로, 바벨론이 예루살렘 성벽을 무너뜨린 지 한 달이 지난 때였다(2-4절). **느부사라단** 느부갓네살을 호위하는 부대의 대장으로, 예루살렘 파괴를 지휘하라는 명령을 받았다. 바벨론인들은 순서적으로 예루살렘을 무너뜨리고 해체했다.

25:9 먼저 예루살렘의 가장 중요한 건물들이 불태워졌다.

25:10 두 번째로 바벨론 군대는 예루살렘의 주된 방어벽인 외벽을 허물어뜨렸다.

25:11, 12 세 번째로 느부사라단은 남아 있는 유대인들을 정리하여 강제로 본국을 떠나 바벨론으로 이동하게 했다. 이 추방 대상에는 예루살렘의 생존자들과 그 성읍이 함락되기 전 바벨론에 항복한 사람들이 포함되었다. 오직 가난하고 숙련되지 않은 노동자들만 남겨져 포도원을 돌보고 농사를 짓게 되었다.

25:13-17 네 번째로 귀금속으로 만든 성전의 물건들이 바벨론으로 옮겨졌다. 이 성전 물건들에 대해서는

열왕기상 7:15-49에 대한 설명을 보라.

25:17 세 규빗 *예레미야 52:22에 대한 설명을 보라.*

25:18-21 다섯 번째로 느부사라단은 예루살렘의 남은 지도자들을 립나로 끌고 갔으며, 느부갓네살은 그들을 처형했다. 이로써 바벨론에 맞서는 또 다른 반역을 일으킬 수 없게 되었다.

25:18 스라야 스라야는 힐기야의 손자(22:4, 8; 대상 6:13, 14)이며 에스라의 조상이었다(스 7:1). 스라야는 처형되었지만, 그의 아들들은 유다 땅 밖으로 추방되었다(대상 6:15).

25:21 유다가 사로잡혀…떠났더라 추방은 유다가 모세 언약에 불순종함으로써 그들에게 닥친 최종적 저주였다(참고. 레 26:33; 신 28:36, 64). 예레미야애가는 예루살렘이 이렇게 멸망하는 모습을 본 예레미야의 비탄을 기록하고 있다.

맺음말: 이스라엘 백성의 지속적인 반역과 주님이 베푸신 지속적인 자비 (25:22-30)

25:22-30 열왕기서는 간단한 맺음말로 마무리된다. 이스라엘과 유다가 주님의 징벌을 겪었음에도 백성들은 여전히 반역적이었다(22-26절). 그러나 주님의 자비로 다윗 가문은 유지되었다(27-30절). 열왕기서는 희망적인 분위기로 끝을 맺는다.

25:22 그달리야 정치적 안정을 유지하기 위해 느부갓네살은 유다의 주요한 가문에 속한 사람을 총독에 임명했다. 그달리야의 활동에 대한 더 자세한 이야기는 예레미야 40:7-41:18에서 볼 수 있다. 그달리야의 할아버지 사반은 요시야의 서기관으로, 그 왕이 명한 개혁을 실행했다(22:3). 그의 아버지 아히감은 요시야가 훌다에게 보낸 신하들 가운데 한 사람이었으며(22:14), 예레미야 선지자를 옹호했다(렘 26:24).

25:23 미스바 예루살렘에서 북쪽으로 12킬로미터 정도 떨어진 곳에 있는 미스바가 유다의 새로운 중심지가 되었다. 미스바는 바벨론 침공 이후에도 원래 상태가 유지된 몇 안 되는 성읍 중 하나였을 것이다.

25:24 맹세 총독으로서 그달리야는 남아 있는 사람들에게 바벨론에 충성하면 안전을 보장하겠다고 약속한다.

25:25 칠월 이때는 주전 586년 10월로, 예루살렘이 멸망한 지 두 달 후다(참고. 8절). **이스마엘** 이스마엘의 할아버지 엘리사마는 여호야김을 섬긴 서기관이었다(렘 36:12; 41:1). 이스마엘은 왕족으로, 그는 자신이 왕이 되어 유다의 왕권을 재확립하기 위해 그달리야를 암살했을지도 모른다(참고. 렘 41:1).

25:26 애굽으로 갔으니 바벨론의 보복을 두려워한 백성들은 애굽으로 도망쳤다.

25:27 삼십칠 년 주전 561년 3월이다. 이때 여호야긴은 55세 정도 되었다(참고. 24:8). **에윌므로닥** 느부갓네살의 아들이자 계승자로서 그는 주전 562-560년 바벨론의 왕으로 통치했다. 유대인의 환심을 사기 위해 그는 여호야긴을 감옥에서 풀어주고 특별한 혜택을 베풀었다.

25:28-30 좋게 말하고 바벨론 왕이 다윗 가문에서 살아남은 대표자에게 이렇게 선한 말을 한 것은 하나님이 다윗에게 주신 선한 말씀을 결론적으로 되새기게 하는 역할을 한다. 추방의 저주 가운데서도 다윗의 왕조는 살아남았다. 하나님이 다윗에게 주신 선한 말씀, 곧 그의 후손이 하나님의 성전을 건축하고 그분의 영원한 왕국을 세울 거라는 말씀이 성취되리라는 희망이 여전히 남아 있었다(참고. 삼하 7:12-16). 열왕기하는 엘리야가 하나님을 신실하게 섬기는 모든 사람의 목적지인 하늘로 올리워가는 사건으로 시작되었다. 이제 이 책은 이스라엘, 그러고 나서 유다가 하나님을 신실하게 따르지 못한 결과로 이방 족속의 땅에 끌려가는 사건으로 끝을 맺는다.

연구를 위한 자료

John J. Davis and John C. Whitcomb, *A History of Israel from Conquest to Exile* (Grand Rapids: Baker, 1980).

R. D. Patterson and Hermann J. Austel, *1, 2 Kings*, in Expositor's Bible Commentary (Grand Rapids: Zondervan, 1988). 『엑스포지터스 성경주석』(열왕기상-역대하), 패터슨·오스텔·페인 지음, 엑스포지터스번역위원회 옮김(형상사, 1988).

왕하

제목

히브리어 성경의 원래 제목은 '그날들에 대한 연대기(곧 일어난 일들 또는 사건들)'다. 역대상과 역대하는 주전 200년경 구약의 헬라어 역본인 70인역에서 둘로 나뉘기 전까지는 한 권의 책이었다. 그때 제목도 '생략된 것들'이라는 부정확한 것으로 바뀌었다. 이는 곧 사무엘서와 열왕기서에 기록되지 않은 내용들을 다룬다는 말이다. 영어 성경의 제목인 *역대기*는 주후 400년경 히에로니무스(제롬)의 라틴어 역본 벌게이트에서 나온 것이다. 그 역본에서는 '거룩한 역사 전체의 연대기'라는 더 긴 이름을 사용하고 있다.

저자와 저작 연대

역대상과 역대하는 그 글을 기록한 저자에 대해 직접적인 언급이 없다. 하지만 유대교 전통에서는 제사장인 에스라(참고. 스 7:1-6)가 역대기의 저자일 거라는 데 높은 가능성을 두고 있다. 이는 주전 450-430년경에 기록되었으리라고 예상한다. 역대상 1-9장에 기록된 계보는 이 글이 주전 450년 이후에 쓰였으리라는 주장을 뒷받침한다. 신약성경은 역대상도, 역대하도 직접 인용하고 있지 않다.

배경과 무대

직접적인 역사적 배경은 유대인이 세 단계에 걸쳐 포로로 잡혀 있던 바벨론에서 약속의 땅으로 돌아온 과정을 포함한다. 첫 번째로 에스라 1-6장의 스룹바벨(주전 538년경), 두 번째로 에스라 7-10장의 에스라(주전 458년경), 세 번째로 느헤미야 1-13장의 느헤미야(주전 445년경)다. 열왕기하와 예레미야서, 에스겔서, 다니엘서, 하박국서에서 예언되거나 기록된 것처럼 이전의 역사는 바벨론으로의 강제 이송 또는 유배에 초점을 맞추고 있다(주전 605-538년경).

유대인은 70년간의 포로생활을 마치고(주전 538년경) 이전에 다윗 왕(주전 1011-971년경)과 솔로몬 왕(주전 971-931년)이 다스렸던 때와는 완전히 달라진 땅으로 돌아왔다. 첫째, 그곳에는 히브리인 왕 대신에 바사의 총독이 있었다(스 5:3; 6:6). 둘째, 예루살렘을 보호할 벽이 없어 느헤미야는 성벽을 재건축해야 했다(느 1-7장). 셋째, 성전도 없어 스룹바벨은 솔로몬의 성전이 이전에 누린 영광을 모방하기는 했지만 초라한 건물을 재건축해야 했다(스 3장). 넷째, 유대인은 더 이상 그 지역을 지배하지 못하고 수세에 몰려 있었다(스 4; 느 4장). 다섯째, 그들은 고향에 돌아왔다는 사실 외에는 다른 하나님의 복을 거의 누리지 못했다. 여섯째, 그들은 과거 왕국이 누린 부를 거의 지니지 못했다. 일곱째, 하나님은 주전 597-591년 예루살렘을 떠나셨고, 더는 그곳에 임재하시지 않았다(겔 8-11장).

부드럽게 표현하면 그들이 주님의 축복 아래 누린 과거의 영화, 특히 다윗과 솔로몬 시대를 떠올리면 그들의 미래는 암담하기 그지없었다. 그들의 귀환은 씁쓸하면서도 한편으로는 즐거운 일로 묘사될 수 있다. 그것이 씁쓸한 이유는 현재 궁핍한 상황에 처해 선조들의 죄에 대한 하나님의 심판으로 그들이 잃은 것이 무엇인지를 떠올릴 수밖에 없었기 때문이다. 그럼에도 그 귀환이 즐거웠던 것은 하나님이 과거 아브라함에게 주셨던 땅으로 돌아왔기 때문이다(창 12:1-3).

역대기 저자가 선택적으로 기록한 계보와 아담(대상 1:1)에서 시작하여 바벨론으로부터의 귀환(대하 26:23)에 걸치는 이스라엘의 역사는 그 땅과 그 나라, 다윗적인 왕, 레위 지파의 제사장들, 성전, 참된 예배에 대한 하나님의 약속과 뜻을 유대인에게 일깨워주기 위한 것이었다. 이들 중 어떤 것도 바벨론에 포로로 끌려간 일로 말미암아 취소되지 않았다. 이 모두는 어려운 상황에 처한 그들에게 영적 유산을 일깨워주고, 하나님을 신실하게 따르도록 격려하기 위한 것이었다.

역사적 · 신학적 주제

히에로니무스에 의해 이름이 붙은 역대상과 역대하는 특히 다윗 언약과 성전 예배에 강조점을 두면서 구약의 역사를 소규모로 재현하고 있다. 문학적인 유사성의 관점에서 볼 때 모두 다윗 왕의 통치를 자세히 설명한다는 점에서 역대상은 사무엘하의 동반자 같은 역할을 한다. 역대상은 아담에게서 시작하여(1:1) 주전 971년 다윗의 죽음으로 끝을 맺는다(29:26-30). 역대하는 솔로몬과 함께 시작하여(1:1) 열왕기상과 열왕기하가 서술한 것과 동일한 역사적 시기를 다룬다. 또한 남왕국 유다의 왕들에게만 초점을 맞추고, 북부의 열 지파와 그 왕들의 역사를 배제한다. 이는 그들이 철저히 사악했으며 그릇된 것을 예배했기 때문이다. 역대하가 다루는 시기는 주전 971년 솔로몬 통치부터(1:1) 주전 538년 바벨론에서 귀환하는 때까지 걸쳐 있다(36:23).

역대기 내용의 55퍼센트 이상이 사무엘하나 열왕기서에서 발견되지 않는 것들이다. '역대기의 저자'는 다윗의 왕권과 대립하거나 그와 관련해 부정적 의미를 지니는 것들을 생략하려고 했다. 다른 한편으로 그는 성전 예배와 다윗의 계보가 지니는 정당성을 확립하는 일에 자신만의 공헌을 하고자 했다. 열왕기하 25장은 유다 족속이 바벨론으로 강제 이주를 당하는 일로 어둡게 끝을 맺는 데 반해 역대하 36:22-23은 유대인이 바사에서 풀려나 예루살렘으로 돌아오는 희망찬 모습으로 끝을 맺는다.

이 두 권의 책은 포로생활에서 풀려나 본국으로 돌아온 유대인에게 그들이 그 나라의 도덕적이고 영적인 과거의 실패 때문에 하나님의 진노 아래서 고난을 겪었지만, 미래에는 하나님이 그들에게 복을 주려고 하신다는 것을 알려주기 위한 역사 이야기로 기록되었다. 역대상과 역대하는 다음과 같이 요약될 수 있다.

Ⅰ. 이스라엘의 선택적인 계보의 역사(대상 1-9장)
Ⅱ. 사울(대상 10장)과 다윗(대상 11-29장), 솔로몬(대하 1-9장) 치하의 이스라엘 통일 왕국
Ⅲ. 분열 왕국 시대의 유다 왕정(대하 10-36:21)
Ⅳ. 70년의 포로생활에서 유다가 풀려남 (대하 36:22, 23)

역사적 주제는 신학적 주제와 뗄 수 없는 연관성을 가진다. 이스라엘을 향한 하나님의 거룩한 목적은 인간 역사의 무대 위에서 전개되어 왔으며, 앞으로도 그러할 것이기 때문이다. 이 두 권의 책은 본국으로 돌아오는 유대인에게 그들이 과거에 겪은 파란만장한 일들과 현재의 곤경에도 불구하고 하나님은 그분의 언약적 약속들을 충실히 지키실 거라는 사실을 보증하기 위해 쓰였다. 하나님은 그분이 처음 아브라함에게 주셨던 땅으로 유대인을 돌아오게 하셨다. 그들의 민족적 정체성(유다)은 그 강제 이주로 말살되지 않았으며, 그들의 국가적 정체성(이스라엘)은 보존되었다(창 12:1-3; 15:5). 물론 그들은 모세의 율법이 규정한 것처럼 여전히 하나님의 심판 아래 있었다(신 28:15-68).

엘르아살의 아들인 비느하스의 제사장 계보와 레위 지파의 계보는 여전히 그대로 남아 있었기 때문에 그들은 하나님의 임재가 언젠가 회복되리라는 희망을 품고 성전에서 예배드리는 일을 지속할 수 있었다(민 25:10-13; 말 3:1). 비록 그 성취가 미래에 이루어질 일이긴 했지만, 다윗에게 주신 한 왕에 대한 약속은 여전히 유효했다(삼하 7:8-17; 대상 17:7-15). 영원한 삶과 하나님이 주시는 복의 영속적 회복에 대해 그들이 개인적으로 품은 소망은 새 언약에 의존하고 있다(렘 31:31-34).

이 두 권의 책에서 언급되는 기본 원리 두 가지가 구약성경 전체에 나타난다. 이는 곧 순종은 복을 가져오며, 불순종은 심판을 낳는다는 것이다. 역대기에서 한 왕이 주님을 신뢰하고 그분께 순종할 때는 하나님은 그에게 복을 주시며 지키셨다. 그러나 그 왕이 불순종하고(불순종하거나) 주님 외의 다른 것이나 다른 사람을 신뢰할 때 하나님은 복과 보호를 거두어가셨다. 유다 왕들이 범한 세 가지 기본적인 실패가 하나님의 진노를 불러왔다. 이는 개인적인 죄, 그릇된 예배와 우상숭배 그리고(또는) 하나님보다 사람을 신뢰한 것이다.

해 석 상 의 과 제

역대상과 역대하는 계보와 역사적 기록들을 선택적으로 조합해서 제시하고 있으며, 이 두 권의 책에서는 우리가 이해하기 어려운 어떤 해석상의 과제도 발견되지 않는다. 몇 가지 다루어야 할 사안은 다음과 같다. 첫째, 누가 역대상과 역대하를 기록했는가? 역대하 36:22-23이 에스라 1:1-3과 겹친다는 사실은 에스라가 이 책들의 저자임을 가리키는 것인가? 둘째, 이 책들이 다양한 자료를 사용한다는 사실은 성경의 무오성 교리를 훼손하는 것인가? 셋째, 역대상 1-9장의 계보들이 구약의 다른 계보들과 차이를 보이는 부분은 어떻게 설명할 것인가? 넷째, 70년 동안의 포로생활이 끝났지만 신명기 28장의 저주는 여전히 유효한가? 다섯째, 역대기의 본문을 사무엘서와 열왕기서의 병행 본문과 비교할 때 나타나는 숫자상의 몇몇 차이점을 어떻게 설명할 것인가? 이 질문들은 본문을 설명할 때 적절한 부분에서 다루게 될 것이다.

역대상 개요

1:1-9:44 이 축약된 계보는 하나님이 선택하신 구속 역사의 진행 과정을 요약하고 있다. 첫째, 아담으로부터 노아까지다(1:1-4; 창 1-6장). 둘째, 노아의 아들 셈으로부터 아브라함까지다(1:4-27; 창 7-11장). 셋째, 아브라함으로부터 야곱까지다(1:28-34; 창 12-25장). 넷째, 야곱으로부터 열두 지파까지다(1:34-2:2; 창 25-50장). 다섯째, 열두 지파로부터 70년 동안 포로생활을 한 후 예루살렘으로 돌아온 이들까지다(2:3-9:44; 출 1:1-대하 36:23). 이렇게 기록된 계보는 역대기 저자의 목적에 따라 고유하게 작성된 것이며, 성경에 있는 다른 어떤 목록을 그대로 가져다 쓴 것이 아니다.

선택적 계보 (1:1-9:34)

A. 아담부터 다윗 이전까지(1:1-2:55)

1:19 그 때에…나뉘었음이요 벨렉은 '나뉘었다'라는 뜻이며, 그는 분명히 주님이 바벨의 사건 때문에 인류를 나누거나 흩으셨던 때에 살았을 것이다(참고. 창 11:1-9).

1:28-31 이스마엘의 열두 아들은 열두 족속으로 이어졌으며, 아라비아 북쪽의 넓은 사막에 정착하여 아랍 족속이 되었다.

1:43 에돔…왕 에서의 자녀들은 이스라엘의 동쪽과 남쪽에 있는 에돔 땅에 정착했으며, 아랍 족속 중 일부가 되었다.

2:1-7:40 이 계보들은 그의 열두 아들을 통해 흘러온 야곱 또는 이스라엘의 혈통을 드러낸다. 유다 지파가 이 목록의 처음에 언급된 것은 그 지파가 지니는 중요성을 나타낸다. 그 이유는 물론 다윗의 혈통이 속한 지파이기 때문이다. 유다 지파 다음에는 레위 지파가 가장 큰 관심의 대상이 되며, 이는 그들이 수행하는 제사장 직분의 중요성을 보여준다. 요셉(2:2)의 계보는 이후 그의 아들 므낫세와 에브라임의 혈통을 통해 나열된다. 천년왕국에서 땅이 분배될 때는 단과 스불론의 이름도 언급되지만(참고. 겔 48:1, 2, 26, 27), 이 단락에서는 그 두 사람이 언급되지 않는다. 이들이 빠진 정확한 이유는 알려져 있지 않다. 베냐민의 이름은 8:1-40에서 추가적으로 관심 대상이 된다. 각 지파는 다음과 같이 언급된다. 유다(2:3-4:23), 시므온(4:24-43), 르우벤(5:1-10), 갓(5:11-22), 동쪽의 므낫세(5:23-26), 레위(6:1-81), 잇사갈(7:1-5), 베냐민(7:6-12), 납달리(7:13), 서쪽의 므낫세(7:14-19), 에브라임(7:20-29), 아셀(7:30-40)이다.

2:3-4:23 유다의 자손들이다.

2:7 아갈 이는 아간을 다르게 표기한 이름이다. 그는 여호수아 7:1-26에서 여리고에 대한 하나님의 저주 아래 포함된 물건들을 취함으로써 주께 불순종한 사람이다.

B. 다윗부터 포로기까지(3:1-24)

3:1-4 사무엘하 3:2-5.

3:1 다윗 계보를 이렇게 자세히 기록한 이유는 그것이 아담으로부터 아브라함, 다윗을 거쳐(마 1:1) 이어지는

사무엘서와 열왕기서, 역대기의 간략한 일치표

1. 선택적인 계보	-----	역대상 1-9장
2. 사무엘의 사사직 수행	사무엘상 1-8장	-----
3. 사울의 통치	사무엘상 9-31장	역대상 10장
4. 다윗의 통치	사무엘하 1-24장	역대상 11-29장
5. 솔로몬의 통치	열왕기상 1-11장	역대하 1-9장
6. 분열 왕국 1부 (앗수르에 포로로 끌려갈 때까지)	열왕기상 12장-열왕기하 17장	역대하 10-27장
7. 분열 왕국 2부 (바벨론에 포로로 끌려갈 때까지)	열왕기하 18-25장	역대하 28장-36:21
8. 바벨론에서 돌아옴	-----	역대하 36:22, 23

그리스도의 계보(눅 3:38)를 확증하기 때문이다. 그러므로 이 계보는 하나님이 그리스도 안에서 그분의 나라를 세우시는 뜻을 강조하는 역할을 한다.

3:5-8 14:47; 사무엘하 5:14-16을 보라.

3:10-16 르호보암…시드기야 이 다윗의 자손들이 행한 통치의 내용은 역대하 10:1-36:21에서 기술되고 있다.

3:16 여고냐 하나님은 예레미야를 통해 여고냐(여호야긴)의 계보에서 왕위에 오를 후손이 나오지 않으리라고 저주하시고(렘 22:30) 그대로 실행하셨다. 여고냐는 그리스도로 이어지는 계보 가운데 있지만, 메시아는 그 계보의 물리적 자손이 아니었기에 이 저주대로 되었다. 하지만 메시아는 다윗의 계보를 이은 요셉을 통해 자신의 왕권이 지니는 적법성을 확증하셨다. 그가 지닌 혈통상의 장자상속권은 마리아를 통해 주어졌다. 그녀의 계보는 다윗의 아들 중 솔로몬이 아니라 나단을 통해 다윗에게까지 거슬러 올라간다(참고. 눅 3:31).

3:22 여섯 사람이요 이 구절에는 다섯 명의 아들만 언급된다. 따라서 이 숫자는 그들의 아버지 스마야를 포함한 것이다.

C. 열두 지파(4:1-9:1)

4:24-43 시므온의 자손들이다.

4:41 히스기야 그는 주전 715-686년경에 유다를 통치했다.

4:43 아말렉 사람 하나님이 진멸하려고 하신 이스라엘의 오랜 대적이다. 아말렉 족속의 다른 분파는 바사에서 나타났다. 유대인을 멸절하려고 했던 하만이 대표적인 인물이다(에 3:1 이하).

5:1-10 르우벤의 자손들이다.

5:2 유다는 형제보다 뛰어나고 야곱의 축복에 따라(창 49:10) 이스라엘 왕은 유다 지파에서 나와야 했다. 이 예언은 메시아적인 함의가 풍성한 다윗 언약(참고. 17장; 삼하 7장)과 역사적인 관련성을 지니고 있다.

5:6 디글랏빌레셀 앗수르의 왕으로(주전 745-727년경) 유다를 위협하고 아하스에게 공물을 바치도록 했다(참고. 왕하 16:7-20; 대하 28:16-21).

5:11-22 갓의 자손들이다.

5:22 사로잡힐 때까지 이는 주전 722년에 앗수르로 강제 이송된 일을 말한다(참고. 5:26).

5:23-26 요단강 동쪽에 정착한 므낫세의 자손들이다.

6:1-81 레위의 자손들이다.

6:1-15 이 단락에서는 레위로부터(6:1) 아론(6:3)과 엘르아살(6:3, 4), 하나님께 영속적인 제사장 직분에 대한 언약을 받은(민 25:11-13) 비느하스(6:4)로 이어진 대제사장의 계보가 나열된다.

6:8 사독 다윗 통치기에 대제사장의 계보는 아비아달로 대표되는 이다말의 자손들에게로 그릇되게 옮겨가 있었다. 아비아달이 솔로몬을 버리고 아도니야의 편에 붙었을 때 사독은 대제사장이 되었으며(왕상 2:26, 27), 비느하스를 통한 레위 지파의 계보가 대제사장의 직분을 이어가도록 회복시켰다(참고. 민 25:10-13).

6:13 힐기야 그는 요시야의 통치기인 주전 622년경에 율법책을 재발견한 대제사장이다(왕하 22:8-13; 대하 34:14-21).

6:14 스라야 주전 586년경 바벨론인들이 예루살렘을 점령한 후 처형한 대제사장이다(왕하 25:18-21). **여호사닥(요사닥)** 포로생활에서 돌아온 후 첫 번째 대제사장인 예수아의 아버지다(참고. 스 3:2; 5:2).

6:16-30 여기서는 레위의 아들들(6:16-19)과 그들의

자손들(6:20-30)이 나열된다.

6:27, 28 사무엘은 하나님의 특별한 지시를 받은 레위인으로, 제사장이 드리는 희생제사를 드렸다(참고. 삼상 7:9; 10:8; 11:14, 15). 엘가나가 에브라임 사람으로 언급된 사실(삼상 1:1)은 그의 가족 계보에 대한 것이 아니라 그가 살던 지역을 알려준다(민 35:6-8).

「사울 왕의 죽음(*Death of King Saul*)」 1848년. 엘리 마르쿠제. 캔버스에 유화. 텔아비브 미술관. 텔아비브.

단어 연구

아들들(자손, Sons): 1:43; 3:12; 4:25; 5:14; 7:14; 9:4; 11:22; 22:9; 26:28. 문자적으로는 '건설하다'(to build)라는 뜻이다. 고대의 히브리인은 그들의 자녀들을 미래 세대를 '건설하는 이들'로 여겼다. '벤'(ben)은 자신의 아들을 가리킬 수도 있지만, 미래의 후손들을 가리킬 수도 있었다(왕상 2:1; 대상 7:14). 구약성경에 나오는 이름들 가운데 '내 오른손의 아들'을 뜻하는 베냐민과 같은 이름은 이 히브리어 명사를 병합한 것이다(창 35:18). 복수형에서 '벤'은 성별과 무관하게 '자손'으로 번역될 수 있다(출 12:37의 "이스라엘 자손"을 보라). 이스라엘과 맺으신 고유한 관계를 표현하기 위해 하나님은 이 단어를 사용하신다. "이스라엘은 내 아들 내 장자라"(출 4:22).

6:31-48 여기서는 레위 지파의 음악가들이 언급된다. 이들은 그핫과 헤만에 관련된 사람들(6:33-38), 게르손과 아삽에 관련된 사람들(6:39-43), 므라리와 에단에 관련된 사람들(6:44-47)이다.

6:49-53 여기서는 6:4-8에서 언급되었던 사독을 통한 대제사장의 계보가 반복되고 있다. 이 반복된 계보는 천년왕국에서 성전을 섬길 사독 계열의 대제사장 직분을 가리키는 것일 수 있다(참고. 겔 40:46; 43:19; 44:15; 48:11).

6:54-81 이 단락에서는 레위 지파에게 땅 대신 주어진 마흔여덟 곳의 성읍이 열거되고 있다(참고. 민 35:1-8; 수 21:1-42). 이는 처음에 아브라함에게 주신 그 땅에서 유대 민족이 그들의 미래를 개척하고 제사장들을 소유하기를 바라셨던 하나님의 의도를 나타낸다(참고. 창 12:1-3).

7:1-15 잇사갈의 자손들이다.

7:6-12 베냐민의 자손들이다.

7:13 납달리의 자손들이다.

7:14-19 요단강 서쪽에 정착한 므낫세의 자손들이다.

7:20-29 에브라임의 자손들이다.

7:30-40 아셀의 자손들이다.

8:1-40 이 단락에서는 7:6-12에 기록된 베냐민의 계보가 확대 서술되었다. 그 이유는 이 지파가 남왕국에서 유다 지파와 맺었던 중요한 관계 때문일 가능성이 가장 높다. 그러므로 주전 538년 본국으로 귀환한 남은 자들은 포로로 함께 끌려갔던 이 두 지파와 레위 지파로 구성되어 있었다.

9:1 온 이스라엘 북왕국 이스라엘의 백성은 주전 722년 강제 이주 후에 돌아오지 못했지만, 그 나라를 구성하는 열 지파에 속한 많은 사람이 주전 931년의 왕국 분열 후 남쪽으로 이주했다. 그 결과 남왕국 유다에는 모든 지파의 사람이 거주하고 있었다. 따라서 포로생활에서 돌아오는 사람들이 '온 이스라엘'을 대표한다고 볼 수 있었다.

D. 예루살렘의 거주민(9:2-34)

9:2 처음으로 거주한…사람들 이 장에는 귀환한 사람들의 계보가 실려 있다. 이스라엘 백성들(9:3-9), 제사장들(9:10-13), 레위인들(9:14-34)이다. **느디님** 이들은 성전에서 일하는 사람으로(스 8:20) 기브온 족속의 후

손들이었을 것이다(참고. 수 9:3, 4, 23).

다윗의 즉위 (9:35-12:40)

A. 사울의 계보와 그의 죽음(9:35-10:14)

9:35-44 여기서는 사울의 계보를 기록하고 있다. 이는 책의 나머지 부분에서 주된 주제가 되는 다윗의 왕권(주전 1011년경)으로 옮겨가는 전환부가 된다.

10:1-12 *사무엘상 31:1-13에 대한 설명을 보라*(참고. 삼하 1:4-12).

10:13, 14 이 요약은 역대상에서만 나타나는 설명으로, 사울의 왕권에서 다윗의 통치로 이행하는 데 전환부 역할을 한다.

10:14 그를 죽이시고 사울은 스스로 목숨을 끊었지만(4절), 하나님이 사울을 죽게 하신 것으로 언급된다. 사울이 신접한 자에게 조언을 구한 것은 사형에 처해질 수 있는 행위였기에(참고. 신 17:1-6) 그는 죽어 마땅했다. 이 구절은 인간의 행동이 하나님의 궁극적인 통제 아래 있음을 보여준다. 하나님은 사람들의 행동을 통해 자신의 목적을 이루신다.

11:1-29:30 이 단락에서는 다윗이 예루살렘으로 궤를 가져온 일과 성전 건축을 준비한 일에 중요한 강조점을 부여하면서 그의 통치기를 선택적으로 서술한다.

B. 다윗이 기름 부음을 받음(11:1-3)

11:1-3 *사무엘하 5:1-3에 대한 설명을 보라.*

C. 예루살렘 정복(11:4-9)

11:4-9 *사무엘하 5:6-10에 대한 설명을 보라.*

D. 다윗의 부하(11:10-12:40)

11:10-41 *사무엘하 23:8-39에 대한 설명을 보라.*

11:11 학몬 사람…야소브암 27:2에서 그는 삽디엘의 아들로 불린다. 그러므로 학몬은 엄격히 말해 그의 할아버지일 수 있다(27:32). 이름과 숫자(300)의 변형에 대해서는 *사무엘하 23:8에 대한 설명을 보라.* 사무엘하 23:8에 기록된 800이라는 숫자는 필사자의 오류로 보는 것이 가장 합당하다.

11:41-47 이 단락은 사무엘하 23장의 내용에 새로운 내용을 덧붙인 것이다.

12:1-40 여기에 기록된 사건들은 11:1-47의 사건들보다 시기적으로 앞선 것이다. 이 사건들은 다윗이 시글락에 머물던 때의 일(12:1-22)과 헤브론에 거주하던 때의 일(12:23-40)로 나뉜다. 이 본문은 사무엘상 27장-사무엘하 5장에서 다룬 내용을 요약하고 있다.

12:1 시글락 이 지역은 남쪽의 에돔 국경에 인접한 곳으로 블레셋의 통치 아래 있었다. 사울의 통치기 후반 그가 다윗을 뒤쫓을 때 블레셋 사람들은 다윗을 이 지역의 통치자로 세웠다(삼상 27:6, 7). 이것은 다윗이 이스라엘 전체를 통치하게 되기 이전의 일이었다(참고. 38절).

12:1-14 베냐민 지파(12:2, 3, 16-18), 갓 지파(12:8-15), 유다 지파(12:16-18), 므낫세 지파(12:19-22)에 속한 사람들이 와서 다윗이 요단강 양쪽의 적들을 정복하는 일을 도왔다(15절).

12:15 정월 이때는 북쪽에서 녹은 눈으로 요단강이 넘쳐 흐르는 3월 또는 4월 무렵이다. 갓 지파 사람들은 동쪽에서 서쪽으로 강을 건넜을 것이다.

12:18 성령 성령께서 일시적으로 아마새에게 힘을 부여해 다윗에게 베냐민 지파와 유다 지파의 사람들이 그에게 충성할 것이며, 하나님이 그의 대의에 복 주신다는 것을 확신하게 하셨다.

12:19, 20 사무엘상 29장은 이 구절의 배경을 제공한다.

12:21, 22 사무엘상 30장은 이 구절의 배경을 제공한다.

12:23-37 이 단락은 다윗이 나라 전체의 왕이 되어서 예루살렘으로 옮겨가기 전까지 헤브론에서 통치한 7년 6개월의 기간을 서술하고 있다(삼하 2-5장). 이 이야기는 다시 앞의 11:1 이하로 이어진다.

12:38-40 이 잔치는 사무엘하 5장에 나오는 왕의 대관식과 관련이 있다.

다윗의 통치 (13:1-29:30)

A. 언약궤(13:1-16:43)

13:1-16:43 이 단락에서는 언약궤가 기럇여아림(5절)에서 예루살렘으로 운반되어 온 일이 서술된다.

13:1-14 사무엘하 *6:1-11에 대한 설명을 보라.* 역대상 13:1-6은 그 이야기에 새로운 내용을 덧붙인 것이다.

13:3 우리 하나님의 궤 블레셋 사람들이 그 궤를 훔쳐가고 모독했을 뿐 아니라(삼상 5, 6장) 그 궤를 되찾아온 후에도 사울은 그 궤에 대한 하나님의 지시를 구하는 일을 소홀히 했다. 성경에는 하나님의 궤가 돌아온 후 사울이 그 궤를 오직 한 차례만 찾은 것으로 기록되어 있다(참고. 삼상 14:18).

13:5 시홀 '애굽강'은 지중해로 흘러드는 작은 시내로, 이스라엘의 남쪽 국경을 이루었다(참고. 수 13:3). 또한 이 강은 '애굽 시내'라고도 불렸다(수 15:4, 47; 민 34:5;

대상

대하 7:8). **하맛** 이스라엘 영토의 북쪽 국경에 있었다. **기럇여아림** 예루살렘에서 서쪽으로 16킬로미터 정도 떨어진 곳으로, 가나안 족속들은 바알라로 불렀다(참고. 13:6). 하나님의 궤는 이곳에 20년간 머물러 있었다(참고. 삼상 7:1, 2).

13:7-14 *사무엘하 6:1-11에 대한 설명을 보라*. 궤를 옮기는 데 대한 하나님의 지시(민 4:1-49)를 어긴 일은 웃사에게 치명적인 결과를 가져다주었다(7-10절).

14:1-7 *사무엘하 5:11-16에 대한 설명을 보라*. 이 장에 기록된 사건들은 역대상 13장의 사건들보다 먼저 일어났다.

14:8-17 블레셋 사람들은 다윗의 왕권이 공고해지기 전에 그를 무너뜨리려고 했다. 그들의 계획은 다윗을 죽이는 것이었으나 하나님은 (사울의 경우와는 달리) 다윗이 블레셋 족속에게 승리를 거두게 하셨으며, 이를 통해 블레셋과 이스라엘 모두에게 자신이 이스라엘의 새 왕을 도우심을 선언하셨다. 자세한 내용은 *사무엘하 5:17-23에 대한 설명을 보라*.

14:12 우상…사르니라 사무엘하 5:21에는 우상을 치웠다고 기록되어 있기 때문에 두 본문 사이에 외관상 모순이 있는 것처럼 보인다. 아마도 그들은 모세의 율법에 따라 먼저 우상들을 치우고, 그 후에 그것들을 불태웠을 가능성이 가장 높다(참고. 신 7:5, 25).

15:1-29 여기서 역대기 저자는 역대상 13:14에서 중단된 궤에 대한 이야기를 다시 시작하여 다윗이 오벧에돔의 집에서 궤를 옮겨온 일을 서술한다.

15:1 다윗이…자기를 위하여 궁전을 세우고 그는 동맹을 맺은 히람의 도움을 받아(18:1) 자신의 궁전, 아내들과 그 자녀들을 위한 집을 지을 수 있었다. 궤가 예루살렘 근처에 있는 오벧에돔의 집에 석 달간 머무는 동안(13:13, 14) 다윗은 하나님이 영구히 거하실 곳에 대한 신명기 12:5-7의 말씀을 이루기 위해 예루살렘에 새 장막을 지었다.

15:2 궤를 메고 석 달이 지난 후(13:14) 다윗은 궤를 운

구약에 나오는 악기들

이름	성경 구절
생황(bagpipe)	단 3:5, 7, 10, 15
방울	(1) 출 28:33, 34; 39:25, 26
	(2) 슥 14:20
제금	(1) 삼하 6:5; 시 150:5
	(2) 대상 13:8; 15:16, 19; 대하 5:12, 13; 스 3:10; 느 12:27
피리	삼상 10:5; 왕상 1:40; 사 5:12; 렘 48:36
비파	(1) 삼상 10:5; 느 12:27; 사 5:12; 14:11; 암 5:23; 6:5
	(2) 단 3:5, 7, 10, 15
삼현금	단 3:5, 7, 10, 15
코넷(cornet) 뿔피리	단 3:5, 7, 10, 15
수금	(1) 창 4:21; 삼상 10:5; 삼하 6:5; 느 12:27
	(2) 단 3:5, 7, 10, 15
갈대 피리	단 3:5, 7, 10, 15
양각 나팔	(1) 수 6:4-20; 삿 7:16-22; 삼하 15:10; 시 47:5; 150:3; 암 2:2
	(2) 출 19:13
양금	삼하 6:5
소고	창 31:27; 출 15:20; 삿 11:34; 삼상 10:5; 18:6; 삼하 6:5; 대상 13:8; 욥 21:12; 시 81:2; 149:3; 사 5:12; 렘 31:4
나팔	(1) 민 10:2-10; 대상 15:24, 28; 대하 15:14; 23:13; 시 98:6; 호 5:8
	(2) 겔 7:14
통소	창 4:21; 욥 21:12; 30:3; 시 150:4
십현금	시 33:2; 92:3; 144:9

반할 때 모세의 규정에 따랐다(참고. 민 4:1-49; 신 10:8; 18:5). 궤를 기럇여아림에서 오벧에돔의 집까지 운반할 때 이 규정을 어겨 웃사가 목숨을 잃었다(참고. 13:6-11).

15:4-7 그핫…므라리…게르솜 다윗은 모세의 때에 궤를 옮기는 일을 맡았던 사람들과 동일한 자손들을 시켜 그 궤를 옮기도록 했다(참고. 민 4장). 레위 지파의 이 세 자손들은 바벨론에서 귀환한 사람들 가운데도 포함되어 있었다(참고. 대상 6:1-48).

15:11 사독과 아비아달 이 두 대제사장은 제사장 가문인 엘르아살의 후손과 이다말의 후손을 대표하는 우두머리로 함께 대제사장 직분을 맡은 동료였다(삼하 20:25). 그들은 다윗 통치기에 함께 주님을 섬겼다. 사독은 기브온의 성막에서 봉사했으며(대상 16:39), 아비아달은 예루살렘에 궤가 임시로 보관된 곳에서 봉사했다. 나중에는 사독이 더 우세하게 되었다(참고. 왕상 2:26, 27).

15:12 너희…몸을 성결하게 하고 이것은 모든 특별한 상황에 요구되는 특별한 성결함으로, 완전한 정결을 요구했다.

15:13 찢으셨으니 웃사가 그릇된 방식으로 궤를 다루고 운반했을 때 하나님의 진노가 '터져 나왔다'(삼하 6:6-8; 대상 13:9-12).

15:16-24 다윗은 "레위 사람의 어른들에게 명령하여" 이 장엄한 행진을 위해 음악가들과 찬양대를 훈련시키도록 했다.

15:25-16:3 *사무엘하 6:12-19에 대한 설명을 보라.*

16:4-6 레위 사람…섬기며 궤가 장막 안에 안치된 뒤 레위인들은 곧바로 그들의 직무를 수행하기 시작했다.

16:7-22 *시편 105:1-15에 대한 설명을 보라.*

16:23-33 *시편 96:1-13에 대한 설명을 보라.*

16:34-36 *시편 106:1, 47, 48에 대한 설명을 보라.*

16:37-42 항상…날마다 그 일대로 그들의 사역은 지속적으로 이어졌다.

16:39 기브온 예루살렘에서 북서쪽으로 10킬로미터 정도 떨어진 곳에 있었다.

B. 다윗 언약(17:1-27)

17:1-27 이 단락은 하나님이 다윗에게 언약을 주신 일에 대해 서술하고 있다. 더 자세한 설명은 *사무엘하 7장에 대한 설명을 보라.*

17:1, 10 사무엘하 7:1, 11은 이에 덧붙여 하나님이 다윗을 모든 대적으로부터 벗어나 편히 쉬게 하셨으며, 이후로도 그렇게 하실 것이라고 언급한다.

17:15 사무엘하 7:14-17은 이 부분에 새로운 내용을 추가한다.

C. 군사적 역사의 선택적 기록(18:1-21:30)

18:1-21:30 이 단락은 다윗의 군사적 업적을 선택적으로 서술하고 있다.

18:1-11 *사무엘하 8:1-12에 대한 설명을 보라.*

18:2 사무엘하 8:2은 모압이 받은 심판 내용을 더 자세히 묘사하고 있다.

18:4 여기에 언급된 숫자는 정확하다. 사무엘하 8:4은 마병의 숫자를 700명으로 기록하고 있는데(이는 NKJV에 언급된 숫자이며, 개역개정판은 "천칠백 명"으로 기록함—옮

기럇여아림(Kiriath Jearim)

역대기에 언급된 다윗 언약

1. 역대상 17:7-27	하나님이 나단을 통해 다윗에게 말씀하심
2. 역대상 22:6-16	다윗이 솔로몬에게 말함
3. 역대상 28:6, 7	다윗이 백성들에게 말함
4. 역대하 6:8, 9, 16, 17	솔로몬이 백성들에게 말함
5. 역대하 7:17, 18	하나님이 솔로몬에게 말씀하심
6. 역대하 13:4, 5	아비야가 여로보암에게 말함
7. 역대하 21:7	역대기 저자의 주석

대상

간이), 이는 다른 수치들과 일치하지 않는다. 따라서 "칠백"이라는 숫자는 필사자의 오류였을 것으로 보인다.

18:11 사무엘하 8:12은 이 구절에 새로운 내용을 덧붙인 것이다.

18:12 사무엘하 8:13은 다윗이 이 일에 관여했음을 덧붙인다.

18:14-17 *사무엘하 8:15-18에 대한 설명을 보라.*

19:1-19 *사무엘하 10:1-19에 대한 설명을 보라.*

19:18 칠천 사무엘하 10:18에는 "칠백"으로 잘못 기록되어 있다. 이는 필사자의 오류에 따른 불일치로 보인다. **보병** 이 단어가 사무엘하 10:18에 기록된 "마병"보다 더 정확할 것이다.

20:1-3 *사무엘하 11:1과 12:29-31에 대한 설명을 보라.* 역대기 저자는 사무엘하 11:2-12:23에 기록된 것처럼 다윗이 밧세바와 함께 범한 죄와 그 뒤에 죄들을 언급하도록 하나님께 영감을 받지 않았다. 다윗이 전쟁에 나가는 대신 예루살렘에 머물러 있을 때 간음과 살인이 동시에 발생했다. 역대기에서 이 이야기가 생략된 이유는 이 책이 그분의 백성인 이스라엘과 다윗 왕국의 영속성에 대한 하나님의 불변하는 관심에 초점을 두기 때문일 가능성이 높다.

20:4-8 *사무엘하 21:15-22에 대한 설명을 보라.* 역대기 저자는 특히 다윗의 아들 압살롬이 일으킨 반역을 비롯해 다윗 통치기에 있었던 일부 어두운 일에 대해서는 기록하지 않기로 선택했다. 이는 다윗 왕이 밧세바와 저지른 부정이 배제된 것과 같은 이유다.

21:1 20:8과 21:1 사이에는 주전 995-975년경까지 대략 20년의 간격이 있다.

21:1-27 이 부분에 대한 것은 *사무엘하 24:1-25에 대한 설명을 보라.*

21:1 사탄이…충동하여 사무엘하 24:1에서는 하나님이 다윗을 "격동"시키셨다고 말한다. 이 외관상의 불일치는 하나님이 주권적인 동시에 허용적으로 사탄을 사용하셔서 자신의 목적을 이루셨다고 이해할 때 해결된다. 하나님은 죄인들을 심판하고(참고. 막 4:15; 고후 4:4), 성도들을 단련시키며(참고. 욥 1:8-2:10; 눅 22:31, 32), 교회 안에 있는 이들을 징계하기 위해(참고. 고전 5:1-5; 딤전 1;20), 순종하는 신자들을 더욱 깨끗케 하시기 위해(참고. 고후 12:7-10) 사탄을 사용하신다. 하나님도 사탄도 다윗이 죄를 짓도록 강요하지는 않았다(참고. 약 1:13-15). 그러나 하나님은 사탄이 다윗을 유혹하는 것을 허용하셨고, 그는 죄를 짓는 쪽을 선택했다. 그 죄는 다윗의 교만한 마음을 드러냈으며, 하나님은 그에 대한 벌을 주셨다. **이스라엘을 계수하게** 다윗의 인구조사는 비극을 불러왔다. 이는 하나님의 명령에 따라 시행한 모세 시대의 인구조사(민 1, 2장)과 달리 다윗은 자신이 소유한 군대의 강력한 힘과 군사력을 드러내어 자신의 자만심을 만족시키기 위해 이 조사를 시행했기 때문이다. 또한 그는 하나님보다 자신이 소유한 군대에 더 의지했다. 그는 강력한 군대를 만들어 자신이 거둔 승리에 대한 공적을 스스로 취하고 있었다. 하나님은 이런 모습에 진노하시고, 사탄에게 그 죄를 절정으로 몰고 가도록 허용하셨다.

21:3, 4 이스라엘이 범죄하게 하시나이까 요압은 다윗이 죄악된 동기에서 행동하고 있음을 알았다. 그러나 왕은 교만에 빠져 그 경고를 무시했다.

21:5 백십만 명 사무엘하 24:9에는 각각 80만과 50만으로 기록되어 있다. 이 불일치를 해결하려면 *사무엘하 24:9에 대한 설명을 보라.*

21:6 레위와 베냐민 사람은 계수하지 아니하였더라 레위인들은 군인이 아니었으며(5절), 모세의 인구조사 때도 계수되지 않았다(민 1:47-55). 베냐민 지파는 이미 계수된 적이 있으며(7:6-11), 그 명부는 그 지파의 기록 보관소에 보존되어 있었다. 인구조사가 시행된 경로를 살펴보면(삼하 24:4-8) 유다 지파와 베냐민 지파는 마지막 차례였던 것으로 보인다. 유다 지파에 대한 조사가 끝나고 베냐민 지파에 대한 조사가 시작되기 전에 다윗은 자신의 죄를 깨닫고 조사를 중단했다(참고. 27:24).

21:7 이스라엘을 치시매 다윗의 죄는 나라 전체에 영향을 끼쳐서 온 나라가 하나님의 진노를 경험하게 되었다.

21:12 여기 기록된 "삼 년"이 옳다. 사무엘하 24:13에 기록된 "칠 년"은 필사자의 오류일 가능성이 높다. 이는 본문의 의도가 삼 년과 석 달, 사흘에 있는 것으로 보이기 때문이다.

21:15 오르난 이것은 히브리식의 이름이다. 사무엘하 24:18에서 그는 "아라우나"로 불리는데, 이것은 여부스식 또는 가나안식의 이름이다. 그는 개종해 참되신 하나님을 예배했다.

21:16 여기에 추가된 세부적 묘사는 사무엘하 24장의 히브리어 본문에는 나타나지 않는다. "여호와의 천사"는 예루살렘을 멸망시킬 태세를 갖춘 심판의 집행자였다. 그의 위협적인 파괴가 중단된(15절) 이유는 다윗과 지도자들이 회개했기 때문이다. 이는 그들이 "굵은 베를 입고 얼굴을 땅에 대고 엎드"린 데서 나타난다.

21:20, 21 이 부분의 추가적인 세부 묘사는 사무엘하 24장의 히브리어 본문에는 나타나지 않는다. "밀을 타작"할 때는 곡물을 평평한 바닥에 넓게 펼쳐놓고, 소들

에게 무거운 썰매와 굴림대들을 끌면서 그 위를 지나게 했다. 한 사람이 소들을 모는 동안 다른 사람들은 낟알에서 떨어져 나온 겨들을 긁어 모았다.

21:25 육백 세겔 사무엘하 24:24에 언급된 50세겔은 소들과 도구들에 대한 값이고, 여기 언급된 금액은 그의 소유지인 모리아산 전체를 포함한 값이다. 이곳에 솔로몬의 성전이 세워졌다. 어떤 사람들은 오늘날 예루살렘의 성전 터 안에 있는 이슬람교 사원인 바위의 돔(the Dome of the Rock) 아래의 매우 평평한 바위가 오르난의 타작마당이었다고 여긴다.

21:28-30 이 부분도 사무엘하 24장에 포함되어 있지 않은 새로운 자료다.

21:29 기브온 산당 오르난의 타작마당에 성전이 건설되는 것을 기다리는 동안 언약궤는 예루살렘의 장막 안에 머물렀다(15장). 그리고 모세의 성막과 제단은 성전이 완성될 때까지 기브온에 남아 있었다(참고. 왕상 8:4).

21:30 칼 참고. 21:12, 16, 27. 주님이 타작마당에서 그에게 나타나셨고(대하 3:1), 또 예배의 중심지인 기브온에서 위협적인 천사를 만날까 두려웠기 때문에 다윗은 계속 그 마당에 남아 제사를 드렸다.

D. 성전 건축 준비(22:1-29:20)

22:1-29:20 이 부분에서는 솔로몬이 성전을 짓도록 다윗이 준비한 일들을 서술한다. 22:1-19에서는 전반적인 준비와 다양한 지시사항이 언급되고, 23:1-27:33에서는 직무의 분배가 이루어진다. 솔로몬에게 주어진 마지막 당부는 28:1-29:20에 나온다.

22:1-19 다윗은 기술자들에게(2-5절), 솔로몬에게(6-16절), 지도자들(17-19절)에게 지시를 내렸다.

22:1 성전 다윗은 자신이 막 구입한 땅(21:22-30)을 솔로몬이 지을 예루살렘 성전을 위해 바쳤다(6절; 28:9, 10).

22:2 이방 사람 이들은 가나안 족속의 후손(대하 8:7-10)과 전쟁 포로(대하 2:7)로 구성된 이방 출신의 기술자들이었다. 모세의 율법은 이들을 보호하고 긍휼을 베풀도록 규정했으며(참고. 출 22:21; 23:9; 레 19:33; 신 24:14, 15), 이들에게는 봉사가 요구되었다. 이 구절에서만 그 노동자들은 "이방 사람"으로 불리고 있다(참고. 왕상 5:13-18).

22:3 철…놋 다윗은 블레셋 사람들한테서 철을 다루는 기술을 습득했을 것이며(삼상 13:19-21), 놋은 전리품에서 나왔을 것이다(참고. 18:8).

22:4 백향목 이 나무들은 레바논에서 들여왔다. 레바논은 이스라엘 북쪽에 있는 나라로, 숲이 울창하고 산이 많았다. 이 나무를 제공한 사람은 시돈과 두로의 거주민이며, 이들은 다윗의 친구인 히람 왕의 지휘를 받았을 가능성이 높다(참고. 14:1; 왕상 5:1).

22:5 어리고 솔로몬은 다윗의 통치기 초반에 태어났으며(주전 1000-990년경), 이 시기에는 스무 살에서 서른 살 사이의 나이였을 것이다. 그렇게 모든 요소를 갖춘 거대한 건축물을 세우는 일은 복잡하고 엄청난 과제로, 그 준비를 위해서는 경험이 풍부한 지도자가 필요했다. **웅장하여** 다윗은 지어질 성전이 하나님의 천상적인 위엄을 이 땅에서 어느 정도 드러내는 것이 되어야 한다고 생각해 이를 위한 설계도와 자재를 모으는 일에 전념했다. 그는 자신이 정복한 족속들과 점령한 성읍들로부터 막대한 양의 전리품을 모았다(14-16절).

대상

22:6-16 여기서 다윗은 솔로몬에게 건축 사업에 대해 주의 깊은 지시를 내리고 있다. 그는 싸움에서 너무 많은 사람을 죽였기 때문에 그 사업을 수행할 수가 없었다(8절). 참고. 열왕기상 5:3.

22:8-10 다윗은 하나님이 그와 맺으신 언약을 회상한다(참고. 삼하 7; 대상 17장). 그 언약에는 솔로몬에게 성전을 지으라는 하나님의 명령과 메시아의 통치에 대한 함축적 의미가 포함되어 있었다.

22:11-13 솔로몬에 대한 다윗의 영적인 명령은 주님이 여호수아에게 주신 권고와 유사하다(참고. 수 1:6-9). 솔로몬은 그의 아버지 다윗이 그에게 있기를 원했던 그 "지혜와 총명"을 하나님께 구했고, 또 받았다(참고. 왕상 3:3-14; 대하 1:7-12). 그는 그런 영적 권고의 가치를 배웠고, 전도서 12:1, 13에서 그것을 전달하고 있다.

22:14 금 십만 달란트 1달란트가 34킬로그램 정도의

레바논의 백향목(Lebanon Cedar Tree)

무게였다고 추정할 때 이 양은 대략 3,400톤의 무게다. 이는 어마어마한 양의 금이었다. **은 백만 달란트** 이것은 대략 34,000톤의 은이었다.

22:17-19 다윗은 솔로몬이 어리고 미숙하여(22:5) 이 거대한 사업을 혼자 힘으로 감당하지 못할 것을 알았다. 그리하여 그는 지혜롭게 자신을 따르는 유력자들에게 도움을 구하면서 그들이 앞으로 하나님의 뜻과 아버지의 유언을 수행해 나갈 솔로몬에게 충성을 바칠 것을 요청했다. 주님은 솔로몬이 지상에서 가장 현명한 사람이 되게 할 것을 약속하셨다(참고. 왕상 3:3-14).

23:1-27:34 이 노동집약적인 사업에 필요한 것은 건축 자재뿐이 아니었다. 다윗은 활용 가능한 인력을 한데 모으고, 각자 분담할 직무를 다음과 같이 선포했다. 이는 레위인들(23:1-32), 제사장들(24:1-31), 찬양대(25:1-31), 문지기들(26:1-19), 관리인들(26:20-32), 군대(27:1-24), 지도자들(27:25-34)이다. 역대기의 원래 독자들은 바벨론의 포로생활에서 돌아와 파괴된 성전을 재건하고 있던 유대인임을 기억하라. 이 기록은 그들에게 선조들의 죄로 말미암아 상실한 것이 무엇이며, 그들이 새로 짓는 성전이 얼마나 초라한지를 상기시켜 주었을 것이다.

23:1 왕으로 삼고 솔로몬의 즉위식과 그의 왕위를 가로채려고 한 시도에 대한 좀 더 자세한 이야기는 28; 29; 열왕기상 1:1-2:9을 보라.

23:3 삼십 세 이상 민수기 4:3은 제사장으로 인정받는 사람의 나이를 서른 살에서 쉰 살 사이로 확정한다. 스물다섯 살부터 5년간의 견습 기간이 시작되었는데(참고. 민 8:24), 때로는 스무 살에 시작되기도 했다(대상 23:24, 27). 숫자 38,000은 모세 시대의 초기에 계수했을 때보다 네 배가 늘어난 것이다(참고. 민 4, 26장).

23:4 보살피는 자 이 레위인들의 직무는 24장에서 논의된다. **관원과 재판관** 이 특별한 직책들은 26:20-32에서 언급된다.

23:5 문지기 역대상 26:1-19은 이들에 대한 정보를 제공한다. **그가…만든** 다윗은 재능 있는 음악가로, 여러 악기의 제조자일 뿐 아니라 발명자이기도 했다(참고. 암 6:5). **찬송하는 자들** 역대상 25장은 음악가들의 이름과 그들이 한 일을 서술한다.

성전의 직무

행정적 직무	감독관	역대상 23:4, 5
	관원	역대상 23:4, 5
	재판관	역대상 23:4, 5
	공적인 행정관	역대상 26:29, 30
사역적 직무	제사장	역대상 24:1, 2
	선지자	역대상 25:1
	제사의 진행을 돕는 사람	역대상 23:29-31
	정결 예식의 진행을 돕는 사람	역대상 23:27, 28
봉사의 직무	진설병을 굽는 사람	역대상 23:29
	무게와 크기를 재는 사람	역대상 23:29
	관리인	역대상 23:28
재정적 직무	곳간을 관리하는 사람	역대상 26:20
	헌납된 물건들을 관리하는 사람	역대상 26:26-28
예술적 직무	음악가	역대상 25:6
	찬양대	역대상 25:7
경비의 직무	성전 경비대	역대상 23:5
	문과 창고를 지키는 사람	역대상 26:12-18
개별적 임무	기록하는 서기관	역대상 24:6
	왕의 선견자	역대상 25:4
	왕의 개인적인 선지자	역대상 25:2
	경비대장	역대상 26:1
	최고 재무 책임자	역대상 26:23, 24

23:6 각 반으로 모세의 때(민 3:14-37)와 에스라의 때(6:16-30)에 그랬던 것처럼 레위인은 서로 다른 직무를 지닌 세 집단으로 구분되었다. 언급되는 각 집단은 게르손의 자손들(23:7-11), 그핫의 자손들(23:12-20), 므라리의 자손들(23:21-23)이다.

23:24, 27 이십세 *23:3에 대한 설명을 보라.*

23:25-32 제사장이 아닌 레위인의 직무는 레위로부터 그핫과 아론, 엘르아살과 이다말의 혈통을 거쳐 내려온 제사장들을 도와 성전에서 섬기는 것이었다(참고. 6:1-3). 이 세 자손의 원래 직무는 민수기 3:25, 31, 36, 37에 구체적으로 언급되어 있다.

24:1-31 제사장들의 구성과 직무가 개략적으로 설명되고 있다. 성전 예배의 구조는 성령을 방해하거나 참된 예배를 막지 않도록 주의 깊게 짜여졌다(참고. 고전 14:40).

24:1 나답과 아비후 그들의 불명예스러운 죽음에 대해서는 레위기 10:1-3을 참고하라. **엘르아살** 하나님이 비느하스와 맺으신 제사장 직분의 언약에 따라 대제사장의 계보는 엘르아살의 후손을 통해 이어졌다(민 25:11-13).

24:3 사독 *6:8, 49-53에 대한 설명을 보라.* **아히멜렉** 이 사람은 아도니야의 편에 섰다가 솔로몬에게 파면당한 아비아달의 아들이며(참고. 왕상 1, 2장), 사울에게 죽임당한 제사장인 또 다른 아히멜렉의 손자다(삼상 22:11-18). 사무엘하 8:17은 사독과 아히멜렉이 공동으로 대제사장의 직분을 맡은 것을 확언한다. 이들 중 한 사람은 궤가 보관되어 있던 예루살렘에서 봉사했으며, 다른 사람은 기브온의 성막에서 섬겼다. *15:11에 대한 설명을 보라.*

24:4-19 다윗 시대에 제사장의 직무는 스물네 가문에게 분배되었다. 그중 열여섯 가문은 엘르아살의 자손에 속했고, 여덟 가문은 이다말의 자손이었다. 엘르아살의 자손이 배나 더 많았던 이유는 다음과 같다. 첫째, 그의 형들인 나답과 아비후가 죽었으므로 엘르아살에게 장자상속권이 있었다(레 10장). 둘째, 그에게 더 많은 후손이 있었다. 셋째, 그의 후손들은 탁월한 지도력을 지니고 있었다. 각 가문은 매년마다 2주간 섬겼거나 매 2년마다 한 달간 섬겼을 것인데, 후자의 가능성이 더 높다(참고. 27:1-15). 이런 직무의 배분은 느헤미야 10:2-8; 12:1-7; 12:12-21에 다시 나타나며, 심지어 그리스도 때까지 이어진다(눅 1:5-9). 이들은 다른 때에는 자신이 사는 성읍에 있는 사람들을 위해 봉사했다.

「나답과 아비후의 죽음[*The Death of Nadab and Abihu*]」 1670년. 제라드 졸랭. 동판화. 성경 삽화 연작 중 하나.

24:5 제비 뽑아…나누었으니 모든 직무의 분배를 위하여 하나님의 뜻을 분별하는 고대의 방법이 쓰였다(참고. 잠 16:33; 행 1:26). 이는 교만한 마음이나 질투심을 품을 여지를 줄이기 위해서였다(참고. 31절; 26:13).

24:10 아비야 이는 세례 요한의 아버지인 사가랴가 속한 가문이다(참고. 눅 1:5).

25:1-31 이스라엘의 감미로운 시편 음악가였던 다윗(삼하 23:1)은 하나님께 드리는 예배에서 음악을 중심적인 요소로 확립했다.

25:1 군대 지휘관들 다윗은 자신의 용사들로부터 도움을 받았다(참고. 11:10). **아삽과 헤만과 여두둔** 다윗을 따른 세 명의 음악 사역자들이다(참고. 6:31-48). **신령한 노래를 하게** (NKJV에는 이 구절이 'prophesy', 곧 '예언하다'로 번역됨—옮긴이) 이 말은 그들이 어떤 계시를 전했다기보다 그들이 연주하는 음악의 가사에 선포와 권고가 담겨 있었다는 의미로 받아들여야 할 것이다(참고. 25:2, 3). 예언하는 일이 꼭 미래를 미리 알리거나, 직접적인 계시를 전하는 것을 뜻하지는 않았다. 그것은 사람들에게 진리(5절)를 선포하는 것이며(참고. 고전 14:3), 음악은 찬양 속에서 진리를 선포하기 위한 수단이었다(3절). 다윗과 지도자들은 음악을 통해 사람들이 하나님을 예배하도록 이끄는 데 가장 뛰어난 역량을 발휘할 이들(7절)을 선택했다.

25:5 선견자 이는 하나님의 길과 뜻을 알고 이해하는 선지자를 가리키는 데 쓰인다.

25:9-31 음악가의 직무는 (24:4-18에 언급된 제사장들의 직무 배분에 상응하여) 스물네 가문에게 분배되었다. 각 가문에 12명의 음악가가 있어 모두 합치면 288명이었다. 이들은 4,000명의 악기 연주자들을 이끌었다(23:5).

26:1-19 성전 문지기 또는 파수꾼들에 대한 또 다른 논의를 위해서는 역대상 9:17-27을 참고하라. 그들은 장비와 도구들을 점검하고, 제사장들과 제사를 위해 음식을 비축하고 주문하며 유지하는 일, 성전의 가구들을

대상

관리하고 매일 피우는 향을 섞으며, 사람들이 가져오는 헌물을 관리하는 일 등 다른 직무도 감당했다. 그들의 직무(12절)는 9:17-27에서 설명되고 있다.

26:14 동쪽 각 사람에게 배정된 문은 네 곳의 지리적 위치에 토대를 두고 있었다. 또한 북쪽(26:14), 남쪽(26:15), 서쪽(26:16)을 참고하라.

26:16 살래겟 문 이 문은 서쪽에 있었던 것으로 추정되지만, 다른 세부사항은 알려져 있지 않다.

26:18 뜰 (NKJV에는 이 단어가 'Parbar', 곧 '파바르'라는 고유명사로 번역됨–옮긴이) 이곳은 서쪽에 있는 마당이었을 것이다. 17절과 18절은 총 24명의 파수꾼이 모든 출입구를 지켰다고 언급한다.

26:20-32 이 단락은 예루살렘에 있는 레위인들(26:20-28)과 예루살렘 바깥에 있는 레위인들(26:29-32)이 감당한 여러 행정 업무를 열거하고 있다.

26:20 곳간 레위인들은 주께 드려진 귀중한 물건들을 보관하는 창고를 관리했다. 이 물건들은 그들에게 맡겨진 모든 값진 물품을 포괄적으로 가리키는 것으로, 그 중에는 다윗과 이스라엘 백성이 바친 헌물과 함께 싸움에서 이기고 돌아온 군인들이 바친 전리품도 포함되어 있었다(26, 27절).

26:29-32 관원과 재판관 이스라엘 땅 전역에는 사법적 기능을 수행하는 6,000명의 재판관이 있었다.

26:31 사십 년에 다윗이 통치한 마지막 해였다(주전 971년경).

27:1-34 역대상 23-26장에서는 영적인 통치 체계를 다루었지만, 여기서 역대기 저자는 다윗 왕국의 행정적인 측면에 초점을 맞춘다.

27:1-15 이 단락은 이스라엘의 상비군 목록을 열거하고 있다(288,000명). 이들의 임무는 이스라엘 나라와 성전을 지키는 것이었다. 이 군대는 열두 부대로 나뉘었으며, 각 부대는 매년 한 달씩 돌아가며 복무했다. 큰 전쟁이 벌어지면 더 많은 규모의 병력을 모았다(참고. 21:5).

27:16-22 이 단락에는 열두 명의 행정관이 언급되고 있지만, 알려지지 않은 이유로 아셀과 갓 지파는 빠져 있다.

27:23, 24 여기에는 21:1-30에 자세히 서술된 다윗의 죄악된 인구조사에 대한 또 다른 언급이 있다. 이스라엘 백성의 수가 매우 많았으므로(참고. 창 28:14) 그는 모든 백성의 숫자를 세려고 시도하지 않았으며, 자신의 죄에 대한 심판에 부딪혀 인구조사를 끝내지도 못했다.

27:24 다윗 왕의 역대지략 왕이 행한 통치 내용이 날마다 기록되었다. 기록하기에 너무 괴로운 일이어서 이 때 닥친 재앙에 대해서는 아무것도 기록되어 있지 않다.

27:25-31 다윗의 농업적 자산을 관리한 관원들의 목록이다.

27:32-34 직무상 왕과 긴밀한 관계를 유지한 사람들의 목록으로(참고. 18:14-17), 이들은 일종의 내각 관료와 같았을 것이다. 다윗의 아들 압살롬이 그에게 반기를 들자 아히도벨은 다윗을 배신하고 그 반역에 가담했다. 후새는 압살롬에게 충성을 바치는 척했는데, 그의 조언은 압살롬의 죽음을 가져왔다(참고. 삼하 15:31-17:23).

28:1-29:20 다윗이 소집한 마지막 총회의 일이 기록되어 있다. 이 총회에서 다윗 왕은 솔로몬과 백성들에게 하나님의 영광을 위해 성전을 건축할 것을 명했다. 이 마지막 장들은 다윗에게서 솔로몬에게로 왕위가 계승되는 과정을 서술한다. 역대기의 저자는 아도니야의 모반도 언급하지 않고(왕상 1:5-9), 다윗의 쇠약함도 언급하지 않는다(왕상 1:1-4). 대신에 그는 다윗 왕국이 긍정적으로 기여한 부분에 집중하고 있다.

28:2-8 총회를 위해 다윗은 원래 사무엘하 7장에서 하나님이 그에게 주셨던 다윗 언약의 내용을 증언했다(참고. 17:7-27; 22:6-16). 다윗은 이전에 자주 암시했던 것처럼(참고. 삼하 12:24, 25; 왕상 1:13) 하나님이 솔로몬을 택하셨음을 분명히 밝힌다(5절). 마찬가지로 장차 오실 그리스도는 그분의 나라에 대한 약속을 최종적으로 이루시는 하나님의 택하신 아들이 될 것이다.

28:8 참고. 신명기 5:29, 33과 6:1-3.

28:9-21 이제 다윗은 솔로몬을 향해 네 가지 관점에서 권고한다. 영적인 헌신(28:9, 10), 건축의 시행(28:11-19), 하나님의 도우심(28:20), 사람들의 참여다(28:21).

28:9, 10 22:11-13, 18, 19에 대한 설명을 참고하라.

28:18 수레 시편 18:10의 이미지를 사용하여 하나님이 타고 다니시는 탈것으로 그룹들이 묘사되고 있다.

28:19 그려 다윗은 성령의 신적인 영감 아래서 설계도를 써내려갔다(정경이 아니지만 기록된 계시). 그가 누린 이 신성한 특권은 성막을 만들 때 모세가 누렸던 것과 매우 비슷했다(출 25:9, 40; 27:8; 히 8:5).

28:20, 21 솔로몬의 이 건축 사업에는 소유주이자 공사를 맡긴 분으로서 하나님이 함께하셨으며(28:20), 사람들의 노동력도 활용되었다(28:21).

29:1-5 다윗은 자신이 아낌없이 바친 것을 본보기로 들며(3, 4절), 사람들에게 이 사업을 위한 헌물을 요청했다(참고. 28:1). 다윗은 성전 건축을 위해 엄청난 양의 자기 재산을 드렸다.

29:1 어리고 미숙하며 *22:5에 대한 설명을 보라.*

29:4 오빌의 금 이 금은 세상에서 가장 순도가 높은 금으로 알려져 있다(참고. 욥 22:24; 28:16; 사 13:12). **삼천 달란트** 1달란트를 34킬로그램 정도의 무게로 계산할 때 이것은 대략 102톤의 양이었다. 여기에 약 238톤 정도의 양인 7,000달란트의 은이 추가되었다. 이 귀금속의 전체 가치는 수십억 달러에 달하는 것으로 추산되어 왔다.

29:6-9 즐거이 여기에 자원해서 드리는 모든 헌금의 핵심이 있다. 이는 곧 자신이 드리고 싶은 것을 드린다는 것이다. 오늘날의 세금과 유사하게 십일조는 신정 정치를 지원하는 용도로 과세되었다. 율법은 그것을 내도록 규정하고 있다. 하지만 이 구절에 언급된 것은 마음에서 우러나와서 자발적으로 주께 드리는 헌상이다. 신약성경은 이런 헌상에 대해 말하고 있으며(참고. 눅 6:38; 고후 9:1-8), 하나님께 십일조를 드리라고 요구하는 대신 정부에 세금을 내라고 한다(참고. 롬 13:6, 7). 성경적인 헌금의 원칙은 하나님과 그분의 영광에 대한 헌신에 기초하여 무엇이든지 자신이 드리기 원하는 것을 하나님께 드리고, 정부에는 세금을 내는 것이다.

29:7 오천 달란트 1달란트를 34킬로그램 정도의 무게로 계산할 때 이것은 170톤 정도의 금이었다. **다릭** 포로생활을 한 유대인에게 친숙한 바사의 동전으로, 그 명칭은 다리우스 1세의 이름을 딴 것일 수도 있다(참고. 스 8:27). 에스라 시대에 이 글을 읽은 독자에게는 이 동전이 당시에 통용되던 화폐 단위로 와 닿았을 것이다. **만 달란트** 이것은 340톤 분량의 은이었다. **만 팔천 달란트** 이것은 대략 612톤 분량의 놋이었다. **십만 달란트** 이것은 3,400톤 분량의 철이었다. 이 모두를 합치면 어마어마한 양이며, 수십억 달러의 가치를 지닌 것으로 추산된다.

29:10-15 사람들이 자신의 재산을 아낌없이 희생하여 바친 이 경이로운 양의 헌물에 대해 다윗은 모든 것이 하나님께 속하고 그분께로부터 온다는 것을 고백하는 찬양으로 응답한다. 시편 8편과 매우 유사하게 그는 하나님이 전부이시며 사람은 아무것도 아니라고 결론을 맺는다. 이 장엄한 감사기도는 백성들이 아낌없이 바친 헌상에 대해서도 하나님께 모든 영광을 돌린다(14절).

29:16-20 다윗은 헌신의 기도를 인도하고 있다.

29:17 마음을 감찰하시고 하나님께 무언가를 드릴 수 있는 기회는 한 신자가 주께 어떤 모습으로 헌신하는지를 시험하는 계기가 된다. 다윗 왕은 한 사람이 바치는 헌물의 양보다 그 사람이 마음에 품은 태도가 훨씬 더 중요하다는 것을 알았다.

29:20 숙여…절하고 모든 일에서 하나님께 내적으로 복종한다는 것을 나타내는 근본적인 신체적 표현이다.

E. 솔로몬이 왕위를 이음(29:21-30)

29:21-30 역대기의 저자는 다윗의 말년과 솔로몬의 즉위에 대한 내용을 선택적으로 기록한다. 더 완전한 서술을 보려면 열왕기상 1:1-53을 보라.

29:22 다시 이것은 열왕기상 1:35-39에서 아도니야의 음모에 대응하여 사적으로 거행된 예식에 뒤이어 거행한 공적 예식을 가리킬 가능성이 가장 높다. 다윗의 대제사장 사독은 아버지와 아들 모두에게 충성을 다했다(왕상 1:32-40; 2:27-29). 그래서 그는 솔로몬 통치기에도 계속 대제사장의 사역을 감당했다.

29:26-28 참고. 열왕기상 2:10-12.

29:27 사십 년 주전 1011-971년경이다.

29:29 선견자…선지자…선견자 히브리어에서 이 세 단어는 같은 뜻을 지녔으며, 각각 다음의 관점에서 선지자의 직분을 언급하고 있다. 첫째로 이해하다, 둘째로 선포하다, 셋째로 이해하다. **사무엘** 이는 정경에 포함된 사무엘상과 사무엘하를 가리킬 가능성이 가장 높다. **나단…갓** 이 두 글은 정경은 아니지만, 역대기의 저자가 활용했던 신뢰할 만한 역사적 기록이다. 하나님의 영은 이 책의 원본을 오류로부터 보호하셨다(딤후 3:16, 17; 벧후 1:20, 21).

연구를 위한 자료

John J. Davis and John C. Whitcomb, *A History of Israel from Conquest to Exile* (Grand Rapids: Baker, 1980).

Eugene Merrill, *I and II Chronicles*, in The Bible Knowledge Commentary–OT (Wheaton, Ill.: Victor, 1985).

J. Barton Payne, *1, 2 Chronicles*, in Expositor's Bible Commentary (Grand Rapids: Zondervan, 1988). 『엑스포지터스 성경주석』(열왕기상-역대하), 패터슨·오스텔·페인 지음, 엑스포지터스번역위원회 옮김(형상사, 1988).

서 론

서론에 대한 것은 역대상을 보라.

역대하 개요

I. 솔로몬의 통치(1:1-9:31)
  A. 즉위식과 통치 초기(1:1-17)
  B. 성전 건축(2:1-7:22)
  C. 그가 쌓은 재산과 업적(8:1-9:28)
  D. 죽음(9:29-31)
II. 유다 왕의 통치(10:1-36:21)
  A. 르호보암(10:1-12:16)
  B. 아비야(13:1-22)
  C. 아사(14:1-16:14)
  D. 여호사밧(17:1-21:3)
  E. 여호람(21:4-20)
  F. 아하시야(22:1-9)
  G. 아달라(22:10-23:21)
  H. 요아스(24:1-27)
  I. 아마샤(25:1-28)
  J. 웃시야(26:1-23)
  K. 요담(27:1-9)
  L. 아하스(28:1-27)
  M. 히스기야(29:1-32:33)
  N. 므낫세(33:1-20)
  O. 아몬(33:21-25)
  P. 요시야(34:1-35:27)
  Q. 여호아하스(36:1-4)
  R. 여호야김(36:5-8)
  S. 여호야긴(36:9, 10)
  T. 시드기야(36:11-21)
III. 고레스 왕이 내린 귀환 명령(36:22, 23)

솔로몬의 통치 (1:1-9:31)

1:1-9:31 이 단락은 역대상과 연결된 내용으로 솔로몬의 통치기를 다룬다(주전 971-931년, 참고. 왕상 3-11장). 이 단락은 솔로몬이 하나님께 드리는 예배를 통해 자신의 왕국을 중앙집권화하고 하나로 통합하려는 목적을 갖고 예루살렘에 하나님의 성전을 건축한 일에 초점을 맞추고 있다.

A. 즉위식과 통치 초기(1:1-17)

1:3 기브온 *역대상 16:39; 21:29에 대한 설명을 보라.* 성전이 건축될 때까지 궤가 예루살렘에 머무는 동안 성막은 기브온에 남아 있었다. **회막** 모세 시대에 만들어진 것으로, 이 장막은 하나님이 백성들과 대면하시는 곳이었다(참고. 출 25:22; 29:42, 43; 40:34-38). 성전이 지어지기 전까지는 이곳이 예배의 중심지였다(참고. 6절).

1:4 기랴여아림 *역대상 13:5에 대한 설명을 보라.*

1:5 브살렐 이 사람은 성령의 능력을 받아 성막을 위한 놋 제단을 만든 기술자였다(참고. 출 31:1-11; 38:1, 2).

1:7-13 이 단락의 이야기는 열왕기상 3:5-15에도 나온다. 이스라엘의 모든 왕은 신명기 17:14-20에 기록된 하나님의 명령에 귀를 기울여야 했다.

1:9 허락하신 것 이는 사무엘하 7; 역대상 17장에 기록된 다윗 언약을 가리킨다.

1:10 솔로몬은 자신에게 지혜가 필요하다는 것에 아버지와 의견을 같이했으며(참고. 대상 22:5; 29:1), 하나님께 곧바로 그것을 구했다(참고. 왕상 3:3-15; 잠 3:15; 약 1:5).

1:14-17 열왕기상 10:14-29; 역대하 9:13-28에서도 솔로몬이 소유했던 부를 칭송하고 있다.

1:14 병거성 이 중에서 주된 성읍은 게셀과 하솔, 므깃도 등이었다.

1:16 구에 길리기아일 것이다.

1:17 육백 세겔 1세겔을 11.3그램 정도의 무게로 추정할 때 병거 한 대의 값은 은 6.8킬로그램 정도였으로 보인다. **백오십** 이 무게를 세겔로 간주할 때 1.7킬로그램 정도의 은이 된다. 신명기 17:16은 왕이 말들을 끌

어 모으는 것에 대해 경고하고 있다. **헷 사람들** 이들은 팔레스타인 땅에서 쫓겨난 족속으로, 이스라엘 북쪽과 아람 북서쪽에 있는 땅에 살고 있었다.

B. 성전 건축(2:1-7:22)

2:1-18 이 단락은 솔로몬이 성전 건축에 필요한 자재를 모으기 위해 어떻게 사람들을 선택했는지 기록하고 있다. 이 자재들은 다윗이 비축한 대규모의 자재들과 합쳐졌다(참고. 대상 22, 29장). 이 본문은 열왕기상 5:1-16의 내용과 유사하다.

2:1 여호와의 이름을 위하여 성전을 그는 하나님의 언약적 이름인 야훼 또는 여호와(참고. 출 3:14)를 염두에 두었다. 다윗도 성전을 짓기 원했지만, 그 성전을 계획하고 준비하며(대상 23-26; 28:11-13) 그 터를 구매하고(삼하 24:18-25; 대상 22장) 필요한 자재들을 모으는 것(대상 22:14-16) 이상의 일을 하도록 허용되지 않았다. **궁궐** 자세한 내용을 보려면 열왕기상 7:1-12을 보라(참고. 7:11; 8:1).

2:2 여기 나온 숫자들은 2:17, 18에서도 나온다. 2:18에는 감독자가 3,600명으로 언급된 데 반해 열왕기상 5:16에는 3,300명으로 기록되어 있다. 그러나 추가적인 감독자들을 덧붙인다면(8:10에서는 250명이지만 왕상 9:23에서는 550명으로 언급됨), 열왕기상과 역대하의 기록은 총 3,850명이 감독자로 일했다는 점에서 일치한다. 다윗 역시 더 이른 시기에 비슷한 일을 행했다(대상 22:2).

2:3-10 이 단락을 열왕기상 5:3-6의 내용과 비교해보라. 두 단락의 차이점은 복음서의 내용을 다룰 때와 똑같은 방식으로 설명할 수 있다. 이는 곧 열왕기상 5:3-6의 내용과 2:3-10의 내용이 합쳐져 솔로몬이 히람에게 보낸 편지의 전체적인 내용을 이룬다는 것이다.

2:7 재주 있는 사람 하나를 내게 보내어…재주 있는 사람들과 함께 이스라엘 사람은 농업에 익숙했지만, 금속 공예에 숙달된 인력이 많지 않았다. 그들은 그 분야의 전문가들이 필요했다.

2:8 백단목 이 나무는 레바논에서 자라는 침엽수였다. 어떤 사람들은 결이 부드럽고 값비싼 붉은색의 나무로 광택을 내도록 다듬을 수 있는 백단향나무를 가리킨다고 한다.

2:10 여기 언급된 물품 목록은 열왕기상 5:11의 목록보다 더 완전하다. 레바논은 음식을 얻기 위해 정기적으로 이스라엘과 교역했다. **이만 고르** 고르는 호멜과 동일한 부피 단위로, 1고르는 264리터 정도의 양이었다. 따라서 여기 언급된 양은 대략 5,280,000리터가 된다. **이만 밧** 1밧은 22.7리터 정도의 양으로, 여기 언급된 양은 454,000리터 정도가 된다. 열왕기상 5:11에는 "맑은 기름 이십 고르"라고 기록되어 있는데, 이는 필사자의 오류라기보다는 더 정제된 등급의 기름만을 가리키는 것일 가능성이 크다.

2:11-16 열왕기상 5:7-9의 내용과 비교해보라.

2:12 천지를 지으신…하나님 이것은 이방인들이 참되신 하나님에 대해 말하거나 그분에 대해 들을 때 일반적으로 사용한 호칭이었다(참고. 36:23; 스 1:2; 5:11, 12; 6:10; 7:12, 21, 23; 렘 10:11, 12; 행 4:24; 14:15; 17:24-26; 골 1:16, 17; 계 11:1, 6).

2:13, 14 후람 열왕기상 7:14에서는 그의 어머니를 단 지파가 아니라 납달리 지파에 속한 사람으로 언급한다. 이 내용상의 충돌은 그녀가 납달리 지파의 후손으로 출생하긴 했지만, 실제 거주한 곳은 단 지파의 땅이었다고 하면 해결된다. 또한 그녀의 부모가 이 두 지파 출신이었다면, 그녀는 둘 중 어떤 쪽도 적법하게 따를 수 있었다. 후람은 성막을 건축한 브살렐에 비견되는 사람이었다. *1:5에 대한 설명을 보라.*

2:16 욥바 이곳은 이스라엘의 주요 연안 항구였다. 이후 요나는 욥바에서 배를 타고 떠났으며(욘 1:3), 오랜 시간이 흘러 베드로는 이곳에서 환상 중에 하나님의 부르심을 받았다(행 10:5 이하).

2:17, 18 *2:2에 대한 설명을 보라.*

3:1-17 성전 건축에 대한 자세한 내용과 추가적인 설명은 열왕기상 6:1-38; 7:15-22을 참고하라.

3:1 타작 마당 *창세기 22:1-18; 사무엘하 24:18-25; 역대상 21:20-30에 대한 설명을 보라.*

3:2 넷째 해 둘째 달 이는 주전 966년 4-5월경이다(참고. 왕상 6:1). 이 공사는 7년 6개월 후인 주전 959년 10-11월경에 완성되었다(참고. 왕상 6:37, 38).

3:3 옛날에 쓰던 자 이 규격에서 1규빗은 45센티미터 정도였을 것인데, 약 52센티미터의 길이인 왕실 규빗이 쓰였을 수도 있다(참고. 겔 40:5).

3:6 바르와임 이곳의 위치는 알려져 있지 않다.

3:8 육백 달란트 20톤이 넘는 양의 금이다.

3:9 오십 세겔 560그램 정도의 무게였다. 이 작은 양의 금은 오직 창끝에만 입혀졌을 가능성이 높다.

3:10-13 두 그룹 *열왕기상 6:23에 대한 설명을 보라.* 궤 위에는 더 작은 크기의 그룹 형상이 있었고, 이에 더하여 이 독립적인 구조의 그룹 형상이 세워졌다.

3:14 휘장문 출애굽기 26:31-35의 성막 휘장에 대한 설명을 참고하라. 휘장은 성소와 지성소를 분리하는 역할을 했다. 지성소는 대제사장이 매년 속죄일에 한 번씩 들어가는 곳이었다(참고. 레 16장). 이렇듯 하나님의

대하

임재 앞으로 나아가는 일은 극히 제한되어 있었지만, 그리스도가 죽으실 때 혜롯 성전의 휘장이 위에서 아래로 찢어짐으로써 이 제한은 철폐되었다(마 27:51). 이 사건은 신자들이 그들의 중보자이며 대제사장인 예수 그리스도를 통해 하나님의 임재 앞에 즉시 그리고 온전히 나아갈 수 있음을 나타냈다. 그리스도는 최종적으로 드려진 완전한 제물이었다(참고. 히 3:14-16; 9:19-22).

3:15 삼십오 규빗 열왕기상 7:15; 열왕기하 25:17; 예레미야 52:21은 한결같이 이 주조된 놋 기둥들의 높이를 18규빗(8.2미터 정도)으로 묘사한다. 이는 역대기 저자가 틀 안에 놓여 있던 두 기둥의 높이를 합산했기 때문일 가능성이 높다(참고. 17절).

3:17 야긴…보아스 이 기둥들에 이런 이름이 붙여진 이유는 특정한 사람들을 기리기 위해서라기보다는 이 이름들이 지닌 의미 때문이었을 가능성이 크다. 야긴은 '그가 세우실 것이다', 보아스는 '그 안에 능력이 있다'를 뜻한다(참고. 왕상 7:21).

4:1-5:1 이 부분에 대한 자세한 내용과 추가적인 설명은 열왕기상 7:23-51을 보라.

4:1 놋…제단 이는 제물이 드려지는 주된 제단이었다(참고. 겔 43:13-17에서 언급되는 천년왕국 성전의 제단). 성막의 제단과 비교하려면 출애굽기 27:1-8과 38:1-7을 보라. 만약 52센티미터 길이의 왕실 규빗 대신에 45센티미터 길이의 규빗이 쓰였다면 이 제단의 길이와 너비는 각각 약 9미터, 높이는 약 4.5미터였을 것이다.

4:2 바다 이 거대한 놋대야는 정결 예식에 쓰였다(성막에서 쓰인 놋대야는 출 30:17-21을 참고하라). 에스겔서에 나오는 천년왕국의 성전에서는 성전에 넘쳐흐르는 물이 이 놋대야를 대체할 것이다(겔 47:1-12).

4:3 소 열왕기상 7:24에 나오는 "박"(NKJV에는 이 단어가 'bud', 곧 '봉오리'로 번역됨-옮긴이)이 더 나은 번역으로 보인다. 놋대야는 열두 황소 위에 놓여 있었으며, 이것들도 그 대야 주변을 두르고 있었다.

4:4 황소 열두 마리 이 열두 황소는 열두 지파를 상징할 가능성이 높다. 열두 지파 역시 광야 길을 걷을 때 이와 유사한 형태로 성막 주변에 배열되어 있었다(참고. 민 2:1-34).

4:5 삼천 밧 1밧은 22.7리터 정도의 양이었다. 열왕기상 7:26에서는 "이천 밧"으로 언급한다. 주석가들은 여기에 언급된 양에는 대야에 담긴 물뿐 아니라 마치 하나의 샘물처럼 그 대야에서 물이 계속 흐르게 하는 데 필요한 물까지 포함된다고 설명함으로써 이런 불일치를 해소했다.

4:6 물두멍 열 개 성막에는 이와 상응하는 대야가 없었다.

4:7, 8 등잔대 열 개…상 열 개 성막에는 등잔대와 상이 하나씩 있었다. 수천 명의 사람이 특별한 날과 매일 성전을 찾아오기 때문에 그 규모가 커야 했다.

4:11-5:1 *열왕기상 7:40-51에 대한 설명을 보라.* 이 모든 세부사항은 솔로몬이 예배에 쏟은 지대한 관심과 정성을 강조하고 있으며, 유대인이 바벨론에서 돌아온 후에 스룹바벨이 건축하고 있던 새 성전을 위한 본보기의 역할을 했다.

4:11 후람 *2:13, 14에 대한 설명을 보라.* 그는 솔로몬이 지시한 작업을 실제로 수행했다.

5:1 성전 건축에는 칠 년하고도 육 개월이 소요되었으며, 솔로몬의 제11년(주전 959년) 여덟째 달에 완성되었다(참고. 왕상 6:38). 이 성전이 봉헌된 것은 그다음 해의 일곱째 달인데(5:3), 이는 초막절 기간과 겹치도록 하기 위해 그 봉헌식을 11개월 후에 거행했기 때문이다. *열왕기상 8:2에 대한 설명을 보라.* 구약에서는 성전이 강조되는데, 그 이유는 다음과 같다. 첫째, 성전은 여러 세대에 걸쳐 백성들을 올바른 신앙으로 이끈 예배의 중심지였다. 둘째, 성전은 하나님이 그분의 백성들과 함께 하심을 상징했다. 셋째, 성전은 용서와 은혜의 상징으로 백성에게 죄의 심각성과 은혜의 효력을 일깨워주었다. 넷째, 성전은 죄를 감당할 하나님의 참된 어린 양인 예수 그리스도의 오심을 백성이 기다리도록 했다. 다섯째, 성전은 기도하는 곳이었다(참고. 7:12-17).

5:2-10 *열왕기상 8:1-9에 대한 설명을 보라.*

5:2 궤는 여전히 기브온에 있던 원래의 성막이 아니라(대상 16:39) 예루살렘에 있는 임시 장막 안에 있었다(삼하 6:17).

5:11 성소 (NKJV에는 이 단어가 'Most Holy Place', 곧 '지성소'로 번역됨-옮긴이) 이때는 대제사장이 아닌 사람이 지성소에 들어갈 수 있었던 마지막 경우다. 이후에는 대제사장이 한 해에 한 번만 들어갈 수 있었다. 궤를 그 새로운 처소 안으로 옮기기 위해서는 여러 제사장이 필요했다.

5:12 아삽과 헤만과 여두둔 *역대상 25장에 대한 설명을 보라.*

5:13, 14 여호와의 영광 주님이 성전에 임하셨으며, 첫 번째 예배가 드려졌다. 주님은 이전 성막에도 같은 방식으로 임하셨으며(출 40:34-38), 천년왕국의 성전에도 이와 같이 임하실 것이다(겔 43:1-5). 하나님의 영광은 그분의 인격을 나타내며(참고. 출 33장), 그 영광이 성전에 임한 것은 곧 그분 자신이 임하신 것을 상징했다.

6:1-11 *열왕기상 8:12-21에 대한 설명을 보라.*

6:11 여호와께서…세우신 언약 두 돌판에 새겨진 모세의 율법을 가리킨다(참고. 5:10).

6:12-40 *열왕기상 8:22-53에 대한 설명을 보라.* 백성들을 대표하여 기도를 드리면서 솔로몬은 하나님이 어려운 상황에 처했을 때 그들을 도와주시기를 구했다. 이는 범죄가 발생했을 때(22, 23절), 적들이 공격해올 때(24, 25절), 가뭄이 들었을 때(26, 27절), 기근이 왔을 때(28-31절), 이방인들이 나아와 기도할 때(32, 33절), 전쟁이 일어났을 때(34, 35절), 이스라엘 백성들이 죄를 지었을 때(36-39절)다.

6:13 무릎을 꿇고 솔로몬은 왕이지만 겸손한 태도로 하나님의 주권을 시인했다.

6:18 솔로몬은 하나님이 자신을 낮춰 그곳에 거하신다는 사실에 대한 놀라움을 나타냈다. 참고. 요한복음 1:14; 골로새서 2:9.

6:41, 42 *시편 132:8-10; 열왕기상 8:54-61에 대한 설명을 보라.*

7:1-3 불이…내려와서 이 일은 성막을 봉헌할 때도 일어났다(레 9:23, 24). 하나님만이 어떤 것을 참으로 거룩하게 하실 수 있으므로 이것은 진정한 봉헌이었다.

7:4, 5 *열왕기상 8:62에 대한 설명을 보라.*

7:8-10 솔로몬이 거행한 의식에는 제단을 봉헌하기 위한 특별한 성회도 포함되어 있었다. 이 성회는 속죄일을 포함해 일곱째 달(9-10월)의 여덟째 날부터 열넷째 날까지 지속되었다. 그 성회가 끝난 후에는 초막절(열다섯째 날부터 스물한 번째 날까지)이 바로 이어졌으며, 그 절기의 여덟째 날, 곧 그달의 스물두 번째 날에 또 특별한 성회가 열렸다.

7:8 하맛 어귀…애굽 강 이는 문자적으로 왕국의 북쪽 경계부터 남쪽 경계까지를 뜻한다.

7:11, 12 *열왕기상 9:1, 2에 대한 설명을 보라.* 6장에 언급된 성전 봉헌 이후 몇 년이 흘렀고, 그동안 솔로몬은 왕궁도 건축했다(참고. 8:1). 그 모든 시간이 지나고 나서 하나님은 자신이 솔로몬의 기도를 들으셨음을 확증하셨다(12절).

7:13-16 이 단락은 역대하에서만 거의 유일하게 나타나는 부분으로(참고. 왕상 9:3), 이스라엘이 범한 국가적인 죄를 용서받을 수 있는 조건을 언급한다. 바로 겸비함, 기도, 하나님을 찾음, 회개다.

7:17-22 *열왕기상 9:4-9에 대한 설명을 보라.*

7:17, 18 만일…지키면 만약 이스라엘이 하나님께 순종했다면 그들의 나라는 견고히 서고, 그들을 "다스릴 자"가 끊이지 않았을 것이다. 그들의 불순종은 유명한 이야기가 되었으며, 그 나라가 멸망하고 백성들이 뿔뿔이 흩어진 일 역시 그러했다. 이스라엘이 구원받을 때(참고. 슥 12:14; 롬 11:25-27) 그들의 왕인 메시아는 영광

대하

역대하 7:14과 하나님의 백성

"내 이름으로 일컫는 내 백성이 그들의 악한 길에서 떠나 스스로 낮추고 기도하여 내 얼굴을 찾으면 내가 하늘에서 듣고 그들의 죄를 사하고 그들의 땅을 고칠지라."

고대 이스라엘을 제외한 국가는 언약적 국가가 아니다. 하나님은 우리의 육체적 선조들에게 우리의 국가적 상태를 보장하는 약속을 주시지 않았다. 하나님이 이스라엘을 그분의 선민으로 삼고 언약을 맺으셨지만, 그들이 하나님의 복을 받으려면 조건을 충족해야만 했다. 따라서 이스라엘을 제외한 민족은 하나님이 주시는 불가침의 복을 받고 있다고 주장할 수 없음이 분명하다. 하나님 말씀에 대한 불신앙과 불순종이 한 국가의 지배적인 정신을 이루는 한 우리는 하나님이 주시는 복을 기대할 수 없다. 이스라엘은 불신앙의 상태에서 그 복을 받은 것이 아니다.

그러나 그리스도인에게는 언약의 복이 적용된다. "너희가 그리스도의 것이면 곧 아브라함의 자손이요 약속대로 유업을 이을 자니라"(갈 3:29). 하나님을 신실하게 따르는 한 구원과 자비, 죄사함, 영적인 번영에 대한 모든 약속은 국가와 상관없이 우리의 것이 된다.

이것이 바로 나라 전체가 복을 받는 데 교회의 영적 상태가 대단히 중요한 이유다. 하나님이 우리나라에 복을 주신다면 그 이유는 나라 자체 때문이 아니다. 하나님은 그분의 백성들로 말미암아 복을 주시는 것으로, 늘 그렇게 해오셨다. 만약 그분의 이름으로 부름을 받는 사람이 거룩한 복에 대한 조건을 충족시키지 못한다면 그가 속한 나라의 다른 사람들에게는 아무런 소망이 없다.

다른 한편으로 교회가 하나님의 복을 받기에 합당한 상태에 있다면 온 나라가 그 복을 누리게 될 것이다. 하나님 말씀이 능력으로 선포될 것이며, 성도 수가 늘어날 것이고, 모든 종류의 영적인 복이 임할 것이기 때문이다. 그리고 이것은 모든 복 가운데 가장 참된 복이다.

스러운 나라를 세울 것이다(계 20:1 이하).

C. 그가 쌓은 재산과 업적(8:1-9:28)

8:1 이십 년 주전 946년경으로, 솔로몬이 통치를 시작한 지 24년이 지난 때였다.

8:2 참고. 열왕기상 9:10-14. 이 성읍들은 약속의 땅 경계선 안에 있었지만, 이스라엘에게 정복된 적이 없었다. 그래서 솔로몬은 이 성읍들에 정착할 권리를 히람에게 주었다. 그러나 히람은 솔로몬이 그에게 준 갈릴리의 성읍들을 다시 돌려주었는데, 이는 이 성읍들이 너무 가난했기 때문이다. 그러자 솔로몬은 이 성읍들의 상태를 개선시키고 나서 이스라엘 백성을 정착시킨 것으로 보인다.

8:3-6 여기에는 열왕기상 9장에 언급되지 않은 군사 작전과 건축 사업들이 추가적으로 기록되어 있다. 솔로몬은 자신의 무역 사업을 위해 저장소를 짓고, 적의 침략으로부터 왕국을 지키기 위해 국경의 경계를 강화했다.

8:3 하맛소바 아람에 속한 이 성읍은 다메섹의 북쪽인 동시에 하맛에서는 남쪽에 근접한 곳이었다.

8:4 다드몰 다메섹에서 북동쪽으로 240킬로미터 정도 떨어진 곳에 있던 성읍이다. **하맛** 다메섹의 북쪽에 있던 성읍이다.

8:5 벧호론 예루살렘의 북서쪽에 있던 두 성읍이다. 윗 벧호론은 예루살렘에서 북서쪽으로 17킬로미터 정도 떨어진 곳에 있었으며, 620미터 정도의 고도에 위치해 있었다. 아래 벧호론은 예루살렘에서 북서쪽으로 21킬로미터 정도 떨어져 있었으며, 고도는 370미터 정도였다. 이 두 성읍은 예루살렘과 지중해 연안의 욥바 사이를 잇는 전략적으로 중요한 위치에 있었다.

8:6 바알랏 이 성읍은 원래 단 지파의 땅에 속했던 곳으로(수 19:44) 예루살렘에서 서쪽으로 48킬로미터 정도 떨어져 있었다.

8:7-10 *창세기 15:18-21; 신명기 7:1-6; 여호수아 15:63에 대한 설명을 보라.* 참고. 출애굽기 23:23; 민수기 13:28, 29; 사사기 3:5; 열왕기상 9:20-23.

8:10 이백오십 명 *2:2에 대한 설명을 보라.*

8:11 바로의 딸 참고. 열왕기상 9:24. 열왕기상 3:1은 솔로몬이 그녀와 혼인했으며 그녀를 위한 집을 짓기 전까지 예루살렘에 살게 했다는 사실을 언급하고 있다. 그녀를 위한 궁궐을 지을 때까지 솔로몬은 다윗의 왕궁에 살았지만, 그녀도 그곳에서 지내도록 할 수는 없었다. 이는 그녀가 이방인이었으며, 한때는 하나님의 궤가 다윗의 집에 머물러 있었기 때문이다. 그는 이 이방인

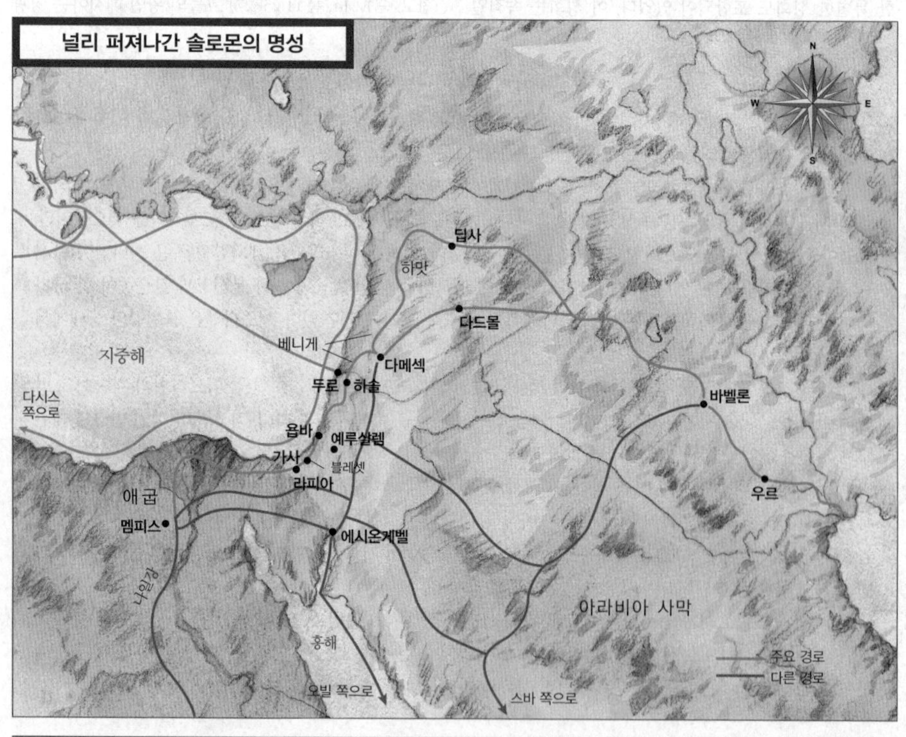

여성과의 결혼을 하나님이 기뻐하시지 않는다는 것을 분명히 알고 있었다(참고. 신 7:3, 4). 결국 솔로몬의 이방인 아내들은 비극적인 결과를 불러왔다(왕상 11:1-11).

8:12-15 이 단락은 열왕기상 9:25의 내용을 확대한 것으로, 솔로몬이 결혼에 대한 하나님의 명령에 불순종했음에도 성전에서 요구된 종교 예식들은 여전히 성실하게 이행했음을 보여준다.

8:13 세 절기 모세의 율법에 규정된 이 절기들은 곧 무교절(유월절), 오순절, 초막절이다(참고. 출 23:14-17; 신 16:1-17).

8:17, 18 *열왕기상 9:26-28에 대한 설명을 보라.* 솔로몬이 배들을 받은 이 두 항구는 아카바로 불리는 홍해의 동쪽 만에 있었다. 솔로몬은 평화로운 외교관계를 맺었고, 무역을 발전시켰으며, 히람이 보낸 뱃사람을 통해 항해법을 습득하도록 했다.

8:18 사백오십 달란트 열왕기상 9:28에서는 "사백이십 달란트"로 나온다. 이는 아마 베껴 쓰는 과정에서 필사자가 범한 오류 때문일 것이다. 이것은 17톤 정도 되는 양의 금이었다.

9:1-28 *열왕기상 10:1-29에 대한 설명을 보라.*

9:8 그 자리 (NKJV에는 이 단어가 'His throne', 곧 '하나님의 왕좌'로 번역됨-옮긴이) 열왕기상 10:9에 기록된 스바 여왕의 말 속에는 솔로몬이 하나님의 왕좌에 앉았다는 생각이 포함되지 않았다. 하나님이 이스라엘과 솔로몬에게 내리신 복은 그가 다윗처럼 주님을 따르는 동안 계속 이어지는 것이었다(7:17-21).

9:16 세겔 *세겔(shekel)*이나 *마네(mina)*가 아니라 *베가(bekah)*가 정확한 무게의 단위다. 1마네는 50세겔과 같으며, 1세겔은 2베가와 같으므로, 열왕기상 10:17에 기록된 3마네는 여기 기록된 300베가와 같다. 그러므로 두 본문은 일치한다. 이것은 1.8킬로그램보다 조금 적은 정도의 양이다.

「솔로몬 왕을 방문한 시바의 여왕(*The Visit of the Queen of Sheba to King Solomon*)」 1890년. 에드워드 포인터. 캔버스에 유화. 350.5×234.5cm. 시드니 주립 미술관, 시드니.

9:18 금 발판 역대기 저자는 열왕기상 10:19에 나타나지 않는 이 세부사항을 추가했다.

9:25 사천 이 숫자는 열왕기상 4:26에 기록된 "*사만*"보다 더 신빙성이 있다.

D. 죽음(9:29-31)

9:29-31 열왕기상 11:41-43을 보라.

9:29 열왕기상 11:41은 솔로몬의 행적이 '솔로몬의 실록'에 기록되어 있다고 언급한다. 솔로몬의 생애에 대한 나머지 기록을 보려면 열왕기상 10:26-11:43을 보라. 생애 후반에 그는 하나님께 등을 돌리고, 아내들에게 영향을 받아서 백성을 우상숭배로 이끌었다. 그 결과 왕국이 분열되고, 나라의 패망과 흩어짐으로 이어질 씨앗이 뿌려졌다. 역대기는 그의 슬픈 말년을 기록하지 않았는데, 이는 다윗 언약에서 하나님이 그들에게 주신 영광스러운 미래에 대한 약속을 강조함으로써 바벨론에서 귀환한 유대인을 격려하는 데 이 책의 초점이 맞춰져 있었기 때문이다.

유다 왕의 통치 (10:1-36:21)

10:1-36:21 이 부분은 솔로몬의 아들 르호보암(주전 931년경)부터 백성이 바벨론에 포로로 끌려간 때의 시드기야(주전 586년경)에 이르기까지 분열된 왕국에서 통치한 유다의 왕 스무 명에 대한 내용을 기록하고 있다. 사악한 왕들과 여왕, 그들이 끼친 참혹한 영향, 의로운 왕들과 그들 통치하에서 일어난 부흥이 서술되어 있다. 역대기는 다윗의 계보에 초점을 맞췄기 때문에 북왕국에 대한 내용은 제외되어 있다.

A. 르호보암(10:1-12:16)

10:1-12:16 르호보암의 통치기(주전 931-913년경)가 서술된다. 참고. 열왕기상 12-14장.

10:1-11:4 이 부분에 대해 좀 더 알고자 한다면 *열왕기상 12:1-24에 대한 설명을 보라.* 르호보암은 현명하고 경험 많은 사람들의 선한 충고를 무시하고 아직 미숙한 젊은 사람들의 어리석은 조언을 따랐는데, 그 결과 왕국의 분열을 가져오게 되었다. 솔로몬의 강력한 통치에도 왕국의 통합은 쉽게 깨어졌는데, 한 사람의 어리석은 지도자가 그 통합을 무너뜨렸다. 르호보암은 강압적으로 백성을 하나로 모으려고 시도했지만, 하나님은 그의 시도가 성공하지 못하도록 막으셨다(11:1-4).

10:2 여로보암 그는 북왕국 이스라엘의 첫 왕이 되었

다(주전 931-910년경). 그가 애굽에서 돌아오기 전까지의 이야기는 열왕기상 11:26-40에 서술되어 있다.

10:16-19 여기에는 분열 왕국이 어떻게 시작되었는지 기록되어 있다. 열 지파는 여로보암을 따랐으며, 이스라엘로 불렸다. 다른 두 지파 베냐민과 유다는 다윗의 계보에 충성하여 르호보암의 통치를 받아들였으며, 유다로 불렸다. 하지만 베냐민 지파는 때때로 충성 대상을 놓고 분열하는 모습을 보였다(*왕상 12:21에 대한 설명을 보라*).

11:5 건축하였으니 이 말은 '더 짓다' '강화하다' '견고히 하다'는 뜻으로 이해해야 한다(참고. 11:11, 12).

11:13, 14 이스라엘 왕 여로보암(주전 931-910년경)은 북쪽 열 지파의 땅에 있던 제사장과 레위인을 모두 해임했다. 그들이 예루살렘과 성전에 충성했기 때문에 여로보암은 그들을 위협적인 존재로 여겼던 것이다. 그는 직접 우상을 섬기는 제사장들을 세웠고, 참된 제사장들은 모두 남쪽으로 이주하여 르호보암이 다스리는 유다에서 피난처를 찾았다.

11:15 여로보암이…세움이라 이것은 북왕국에서 우상숭배를 확립한 여로보암(참고. 왕상 12:25-33)에 대한 언급이다. "숫염소 우상"은 우상을 가리키는 다른 이름이다(참고. 레 17:7).

11:16, 17 하나님이 내리시는 복이 3년간 르호보암에게 머물렀다. 이는 백성들이 다윗과 솔로몬의 본보기를 따라 하나님의 길에 헌신했기 때문이다.

11:18-23 르호보암의 생애를 요약하면서 왕위 계승의 문제가 특별히 강조되고 있다. 이 본문은 일부다처제나 첩을 두는 풍습을 장려하는 내용이 아니다. 그런 풍습은 혼인에 대한 하나님의 법을 어기는 것으로(참고. 창 2:24, 25) 심각한 문제를 불러왔으며, 사람들을 하나님께로부터 멀어지게 했다. 성경의 어디서도 일부다처제는 권장되지 않는다. 대부분의 경우 그 풍습이 낳은 비극적인 결과가 기록되어 있다.

11:21 역대기 저자는 솔로몬의 아내들에 대한 내용을 자신의 기록에 포함시키지 않았다(참고. 왕상 11:3). 그러나 르호보암은 분명 이렇게 불행한 혼인 방식을 그의 아버지 솔로몬한테서 배웠을 것이다. 다윗조차도 일부다처제를 따랐다. 왕들은 인접한 나라들과 맺은 동맹관계를 견고히 하기 위해 종종 일부다처제를 택했다.

12:1, 2 제오년 주전 926년경이다. 르호보암이 복을 받은 3년의 기간은 그가 영적으로 하나님을 배반한 제4년보다 이전이었다. 하나님은 르호보암의 제5년 애굽인을 통해 그의 배반을 심판하셨다.

12:2-5 시삭 이 왕은 주전 945-924년경 애굽을 통치했다. 이 침공에 대한 기록이 새겨진 돌판이 발견되었는데, 여기에는 시삭의 군대가 북쪽으로 갈릴리 바다까지 이르는 길을 모두 차지했다고 기록되어 있다. 그는 한때 강대했던 애굽의 힘을 되찾고자 했지만, 이스라엘과 유다 모두를 정복하지는 못했다. 하지만 그는 유다의 일부 성읍을 파괴하고, 몇몇 무역로를 장악했다. 유다는 다시 애굽의 통제에 들어가게 되었다.

12:6, 7 스스로 겸비하여 애굽의 침략에 직면한 상황에서 지도자들은 선지자를 통해 주신 하나님 말씀(5절)에 응답하여 회개했다. 그리하여 하나님은 시삭을 통해 발하신 그분의 진노를 멈추셨다.

12:8 그러나 하나님은 애굽과 연관된 그들의 과거를 상기시키는 방식으로 유대인에게 적절한 징벌을 내리셨다. 이것은 출애굽 사건을 통해 그곳에서 겪은 수백 년의 노예생활이 마감된 이후 처음 겪는 큰 군사적 충돌이었다. 하나님이 속박으로부터 해방시켜 주셨던 바로 그 족속에게 다시 예속되는 것은 쓰라린 일이었다. 이 일이 주는 메시지는 분명했다. 그것은 곧 하나님에 대한 참된 예배를 저버린다면 그들을 보호하시는 그분의 복된 손길 역시 잃어버리게 된다는 것이었다. "세상 나라들"을 섬기는 것보다 하나님을 섬기는 일이 훨씬 나은 일이 아닌가.

12:9 예루살렘을 치고 포위된 궁정의 상황을 서술한 삽입 구절(5-8절) 이후 역대기 저자는 원래의 흐름으로 돌아와 애굽 왕이 예루살렘을 공격하고 성전과 왕궁을 약탈한 일을 언급한다.

12:9-16 *열왕기상 14:25-30에 대한 설명을 보라.*

12:10, 11 놋 이전의 순금 방패가 놋으로 만든 방패로 대체되었으며, 이 방패는 특별하게 보관되었다.

12:12 참고. 12:7. 하나님은 유다가 회개했기 때문에 그들을 보존하셨다.

12:13 주전 931-913년경이다. 참된 예배를 부흥시킴으로써 르호보암의 통치는 새로운 생명력을 얻었으며, 이는 시삭이 떠난 후에도 여러 해 동안 지속되었다. 하지만 슬프게도 그는 무너지고 말았는데(14절), 여기에는 그의 이방인 어머니가 끼친 영향이 컸을 것이다(13절).

12:16 아비야 참고. 11:20, 22. 열왕기상 15:3에서 그는 심각한 죄인으로 언급된다. 그러나 자신의 일관된 서술 방식에 따라 역대기 저자는 그가 행한 작은 선을 강조한다. 이는 아비야 역시 하나님이 다윗에게 주신 언약 안에 있음을 나타내기 위해서였다.

B. 아비야(13:1-22)

13:1-22 유다 왕들의 계보에서 다음 통치자는 아비야

(아비얌)였다(주전 913-911년경, 참고. 왕상 15:1-8). 열왕기상 15:3에는 아비야의 통치가 지닌 불순종적인 성격이 언급되고 있다. 또한 그는 아람과 불신앙적인 맹약을 맺었다(16:3).

13:3 *열왕기상 15:1-8에 대한 설명을 보라.* 여기 언급된 숫자는 엄청난 규모이지만, 다윗의 인구조사 때 계수된 것처럼(참고. 대상 21:5) 싸움에 나설 수 있는 남자 수가 많았던 것을 감안하면 놀라운 일은 아니다. 두 군대는 이제 내전을 치를 태세를 갖췄다.

13:4 스마라임 산 이 산의 정확한 위치는 알려져 있지 않지만, 이스라엘 영토 내의 벧엘 근처였을 것이다(수 18:22).

13:5 소금 언약 성경의 다른 곳에서 소금은 모세 언약의 제물(레 2:13), 제사장의 언약(민 18:19), 새 언약을 상징하는 천년왕국의 제물(겔 43:24)과 연관된다. 소금이 지니는 보존적 성질은 언약 준수에 요구되는 진실성 또는 충실함을 암시한다. 여기서 이 표현은 하나님이 주신 약속의 불변성과 다윗 언약을 성취하시고자 하는 진실성, 백성이 언약의 복을 누리도록 다윗의 후손들이 자신에게 충성하기를 원하시는 하나님의 뜻을 나타낸다.

13:6 여로보암의 이야기는 열왕기상 11:26-40과 이 책의 10장을 읽어보라. 그는 북왕국 이스라엘의 첫 번째 왕이었다.

13:7 어리고 그는 마흔한 살이었다(참고. 12:13).

13:8 여호와의 나라 아비야는 모든 사람에게 다윗 언약이야말로 하나님을 대신해 지상의 나라를 다스릴 사람이 누구인가에 대해 하나님이 나타내신 뜻임을 상기시켰다. 그가 다윗의 계보에 속했기 때문에 유다는 하나님의 나라였다. **금송아지들** 참고. 11:15; 열왕기상 12:25-33. 이스라엘은 모든 레위 지파의 제사장을 쫓아냈고, 그들과 함께 하나님에 대한 참된 예배도 사라졌다. 이제 이스라엘은 우상과 거짓 제사장들로 가득 찼다.

13:10-12 아비야는 자신의 나라가 순전한 예배에 헌신하고 있기 때문에 하나님이 이 싸움에서 그들의 편을 들어주실 거라는 확신을 드러냈다.

13:15 하나님이 여로보암과 온 이스라엘을…치시니 뒤에는 40만 명의 복병이 있고, 앞에도 똑같은 수의 적군이 있었기 때문에 그들의 패배가 확실시되던 때에 유다는 하나님의 개입으로 건짐을 받았다. 하나님이 어떤 일을 행하셨는지는 알 수 없지만 이스라엘 군대는 도망치기 시작했으며(16절), 유다 군대는 그들 가운데 50만 명을 죽여 땅에 피가 흥건했다(17절).

13:17 싸움이 시작되기 전에는 여로보암 군대의 숫자가 아비야의 군대보다 두 배나 많았다(13:3). 주님이 유다를 위해 개입하신 그 싸움이 끝난 뒤에는 아비야의 군대가 4:3의 비율로 여로보암의 군대보다 더 많았다.

13:19 벧엘 이곳은 예루살렘에서 북쪽으로 19킬로미터 정도 떨어진 성읍이다. 여사나와 에브론의 정확한 위치는 알려져 있지 않지만, 이 성읍들은 벧엘 근처에 있었던 것으로 보인다.

13:20 죽었고 어떤 방식인지는 묘사되지 않았지만, 하나님이 다시 역사하셔서 이 사악한 통치자의 목숨을 거두셨다(주전 910년경).

C. 아사(14:1-16:14)

14:1-16:14 아사의 통치기(주전 911-870년경)가 서술되고 있다. 참고. 열왕기상 15:9-24.

14:1, 2 열왕기상 15:11은 아사가 그의 선조 다윗과 같이 행했다고 말한다. 그는 하나님을 경외하면서 나라를 굳건히 세웠다(6-8절). 그는 자신의 평화로운 통치기를 활용해 국력을 키웠다.

14:3-5 아사는 솔로몬과 르호보암, 아비야의 시대에 축적되어 온 그릇된 예배의 요소들을 제거했다(참고. 왕상 15:12, 13). 그런데 그가 모든 산당을 제거하지는 않았거나, 한번 제거된 산당들이 다시 생겨났던 것 같다(참고. 15:17; 왕상 15:14). 이후 그의 아들 여호사밧도 그 산당들을 제거해야만 했는데(참고. 17:6), 완전히 제거되지 않았다(참고. 20:33). 이들은 신명기 12:2, 3의 가르침에 따라 이런 노력을 기울였다.

14:8 아비야의 군대가 40만 명이었던 것에 비해(13:3), 아사는 58만 명의 군대를 거느리고 있었다.

14:9-15 주전 901-900년경 에티오피아 사람 세라가 많은 군대를 이끌고 쳐들어왔다. 그는 르호보암 시대의 시삭처럼(참고. 12:7, 8) 유다를 지배하기 원하는 애굽(이집트) 바로의 뜻에 따라 움직였을 것이다.

14:9 마레사 이 성읍은 가드에서 남동쪽으로 13킬로미터 정도, 예루살렘에서는 남서쪽으로 40킬로미터 정도 떨어진 곳에 위치했다. 이전에 르호보암이 이 성읍을 견고하게 쌓았다(11:8).

14:11 하나님을 향한 아사의 호소는 그분의 명성과 전능하심에 초점을 맞추고 있었다.

14:13-15 노략한 물건 이 거대한 무리는 자신들의 모든 소유물을 가지고 이동하는 유목민으로, 그랄 근처에 장막을 치고 머물렀던 것으로 보인다. 싸움에서 이긴 유다는 엄청난 양의 전리품을 획득했다.

14:13 그랄 이 성읍은 지중해 연안의 가사에서 남쪽으로 13킬로미터 정도 떨어진 곳에 있었다. 이후 애굽은 150년 동안 이스라엘 역사 속에 등장하지 않았다(참

고. 왕상 17:4).

15:1 하나님의 영 성령이 역사하셔서 하나님의 종들에게 그분을 위해 독특한 말이나 행동을 하게 하는 것은 구약에서 흔히 나타나는 일이었다. **아사랴** 이 사람은 여기서만 언급되는 선지자로, 승리를 거두고 돌아오는 아사를 만나 모든 군대 앞에서 그에게 말했다.

15:2 여기 언급된 영적 진리는 하나님은 그분께 순종하는 백성과 함께하시며 그들을 힘 있게 지키신다는 것이다. 참고. 신명기 20:1; 역대상 28:9; 이사야 55:6, 7; 예레미야 29:12-14; 야고보서 4:8. 아사가 41년간 통치하는 동안 여덟 명의 사악한 왕들이 이스라엘을 다스렸다. 이 가운데는 이 진리에 대한 부정적 사례를 보여준 여로보암도 포함되었다(참고. 12:1 이하).

15:8 오뎃의 예언 1절에는 이 예언을 한 사람이 "오뎃의 아들 아사랴"인 것으로 기록되어 있다. 그러므로 여기서도 그 구절을 따라 "오뎃의 아들 아사랴"로 읽는 것이 더 나아 보인다(맛소라 본문과 70인역에는 '오뎃'으로 기록되어 있지만, 아람 사본과 벌게이트 역본에는 '오뎃의 아들 아사랴'로 기록되어 있음-옮긴이). **낭실** 이곳은 성소 바깥의 장소를 가리키는데, 여기에 번제단이 놓여 있었다.

15:9 에브라임과 므낫세와 시므온 이 구절은 배교한 북왕국 이스라엘의 열 지파에 속한 사람들 전부가 하나님을 저버린 것이 아니었음을 보여준다. 그들 중 많은 사람이 남쪽의 유다로 이주했고, 따라서 유다 백성 가운데는 모든 지파 사람이 섞여 있었다.

15:10 제십오년 이때는 주전 897년의 5월과 6월경으로 칠칠절 기간이었을 것이다.

15:11-15 한데 모인 예배자들은 하나님께 순종하며(참고. 출 24:1 이하) 우상숭배를 죽음으로 벌하게 한 율법을 엄격히 시행하겠다(참고. 신 17:2-5)는 언약을 갱신했다. 이 언약은 에티오피아인에게서 전리품으로 취한 동물들을 제사 드리는 것으로 개시되었다(14:15).

15:16-18 *열왕기상 15:11-15에 대한 설명을 보라.*

15:19 제삼십오년 주전 875년경이다.

16:1 제삼십육년 이스라엘 왕 바아사(주전 909-886년경)는 아사의 통치 제26년에 죽었으므로(참고. 왕상 15:33), 그가 죽은 지 10년이 지난 뒤 서로 전쟁을 치렀다는 것은 말이 되지 않는다. 하지만 이 연도가 왕국이 분열된 지 35년이 지난 해를 가리킨다면 이때는 바아사의 통치 제14년이며, 아사의 통치 제16년인 주전 896년경이 된다. 유다와 이스라엘 왕들에 대한 기록과 당시의 공식적인 헌금은 일반적으로 이런 식의 계산법을 따랐으며, 영감된 저자는 그 자료들을 사용하여 자신의 글을 기록했다(참고. 11절). 본문에 언급된 사건은 15:9에 서술된 것처럼 이스라엘 백성이 유다로 이주하게 된 이유일 수 있다. 참고. 열왕기상 15:16, 17. **라마** 이 국경의 성읍은 예루살렘에서 북쪽으로 10킬로미터

아사가 물려준 믿음의 유산

역대하 14:1-16:14은 아사의 유다 통치를 기록하고 있다(주전 911-870년경). 열왕기상 15:11은 아사가 그의 선조 다윗처럼 행했다고 말한다. 그는 하나님을 경외하는 동시에 나라의 틀을 다졌으며(6-8절), 평화로운 시기에는 국력 강화에 힘을 쏟았다. "아사가 그의 하나님 여호와 보시기에 선과 정의를 행하여"(2절). 그는 솔로몬과 르호보암, 아비야의 통치기에 축적되어 온 거짓된 예배의 요소들을 제거했다(왕상 15:12, 13). 분명히 그가 모든 산당을 제거하지는 않았거나, 그 산당들을 제거했음에도 다시 생겨났을 것이다(왕상 15:14; 대하 15:17). 이후 그의 아들 여호사밧이 그 산당들을 제거해야 했는데(대하 17:6), 이때도 완전히 없애지는 못했다(대하 20:33). 이런 일들은 신명기 12:2, 3의 가르침을 따르려는 노력의 일환으로 이루어졌다.

아사는 58만 명의 군대를 보유하고 있었는데, 이들은 "방패를 잡으며 활을 당기는 자"들로 모두 "큰 용사"였다(8절). 당시 에티오피아 사람 세라가 큰 위협을 가해왔는데, 그는 애굽을 다스리는 바로의 뜻에 따라 움직였을 것이다. 바로는 르호보암의 시대인 주전 901-900년경 시삭이 행했던 것처럼(대하 12:7, 8) 그 지역의 지배권을 되찾고자 했다. 에티오피아인들은 "군사 백만 명과 병거 삼백 대"(9절)를 이끌고 왔다.

하나님을 향한 아사의 호소는 그분의 전능하심과 명성에 초점을 맞춘 것으로 암송할 만한 내용이다. "여호와여 힘이 강한 자와 약한 자 사이에는 주밖에 도와 줄 이가 없사오니 우리 하나님 여호와여 우리를 도우소서…주는 우리 하나님이시오니 원하건대 사람이 주를 이기지 못하게 하옵소서"(11절). 이에 대한 응답으로 하나님은 에티오피아 군대를 쳐서 물리치셨다. "노략한 물건이 매우 많았더라"(13절). 이 무리는 자신들의 모든 소유물을 가지고 이동하여 그랄 근처에 장막을 친 유목민이었던 것으로 보인다. 유다는 이 날의 승리 후 막대한 양의 전리품을 거두었다.

정도 떨어진 대로 위에 있었다. 이 성읍의 지형학적인 위치와 그 견고한 방어력은 북쪽에서 예루살렘으로 향하는 모든 움직임을 효과적으로 차단할 수 있었다. 참고. 열왕기상 15:16-22.

16:2-6 아사는 이스라엘 왕의 위협을 피하기 위해 이방의 왕 벤하닷에게 의존하는 방법을 택했다. 이는 주께 전적으로 의존했던 아비야(13:2-20) 그리고 이전에 애굽을 상대로 싸울 때 아사 자신의 태도(14:9-15)와 대조되는 모습이다. *열왕기상 15:18에 대한 설명을 보라.*

16:3 내 아버지와 당신의 아버지 이는 아비야(주전 913-911년경)와 다브림몬(주전 912-890년경) 사이에 맺은 조약으로 이전에는 언급되지 않았다.

16:4 이욘…국고성들 언급된 다른 성읍들과 함께 이 성읍들은 모두 갈릴리 바다의 북쪽과 동쪽에 위치했다.

16:6 게바와 미스바 이 성읍들은 라마에서 각각 북북동쪽으로 3킬로미터 정도, 동쪽으로 3킬로미터 정도 떨어져 있었다.

16:7 하나니 하나님은 그분께 드려진 성전의 보물을 자신의 권력을 위해 사악하게 오용한 것과 이전 애굽에 맞서 싸울 때와 달리(14:9-15) 주님을 의지하지 않고 불신앙의 자세로 이방 왕에게 의존한 것에 대해 아사를 책망하기 위해 이 선지자를 사용하셨다. **아람 왕의 군대가…벗어났나이다** 이 범죄 때문에 아사는 이스라엘뿐 아니라 아람 역시 쳐부술 수 있는 기회를 잃었다. 그가 아람을 꺾었다면 그것은 애굽인들을 상대로 거둔 것보다 더 큰 승리였을 것이며, 이후 아람은 유다를 상대로 우세를 점할 수 없었을 것이다. 수적 열세에 처했던 이전의 상황에서 하나님이 그들을 건져주셨음에도(13:3 이하; 14:9 이하) 아사 왕은 영적인 퇴보를 보였다. 그 퇴보는 하나님에 대한 믿음이 부족함을 드러냈는데, 진리를 전하는 하나님의 선지자를 대하는 방식에서도 드러났다(10절).

16:9 자기에게 향하는 자들을 위하여 능력을 베푸시나니 *15:2에 대한 설명을 보라.* **왕에게 전쟁이 있으리이다** 이는 아사의 불신앙에 대한 하나님의 징벌이었다.

16:10-12 아사의 통치 말기 여섯 해 동안 그는 그답지 않게 불경건한 일들을 저질렀다. 그는 진리 앞에서 노를 발했으며(10절), 하나님의 선지자와 백성들을 억압했고(10절), 하나님 대신 사람에게 의존했다(12절).

16:12 삼십구 년 주전 872년경이다. 그는 심한 괴저 증상의 병을 앓다가 죽었다.

16:13 사십일 년 주전 870년경이다.

16:14 많이 분향하였더라 아사가 오랫동안 통치하면서 주목할 만한 업적을 쌓았기 때문에 백성들은 그의 죽음을 추도하며 그에게 영예를 돌렸다. 히브리인이 화장을 행하는 경우는 극히 드물었다(참고. 21:19; 삼상 31:13; 암 6:10). 이후 여호람이 죽었을 때는 그가 수치스러운 통치를 행했기 때문에 백성들이 불을 피워 그에게 영예를 돌리지 않았다(21:19).

D. 여호사밧(17:1-21:3)

17:1-21:3 여호사밧의 통치가 서술되고 있다(주전 873-848년경). 참고. 열왕기상 15:24; 22:1-50.

17:1, 2 여호사밧은 특히 북왕국 이스라엘을 포함해 다른 나라들의 어떤 공격에도 대비하도록 유다의 방어 태세를 가다듬었다.

17:3 바알들 이 표현은 우상들을 가리킬 때 쓰는 일반적인 용어다. 참고. 사사기 2:11-13.

17:3-9 여호사밧은 영적인 면에서 세 가지 전략적인 행동을 취했다. 그는 주께 순종했으며(3-6절), 나라 안에서 거짓된 종교를 제거했고(6절), 백성들에게 주님의 율법을 가르칠 교사들을 파송했다(7-9절).

17:10, 11 여호사밧의 영적 전략은 의도된 목적을 성취함으로써 아비야(13:2-20)와 아사(14:9-15)가 그랬던 것처럼 하나님의 복과 보호를 누리는 것이었다. 유대인은 음식과 의복뿐 아니라 제사를 위해서도 많은 동물이 필요했다는 사실을 기억해야 한다.

17:12, 13 이 구절들은 하나님이 주신 복을 통해 쌓인 막대한 부(참고. 18:1)와 강대한 군사력(14-19절)을 보여준다.

18:1-34 *열왕기상 22:1-39에 대한 설명을 보라.* 아합은 이스라엘의 왕이었다. 여호사밧은 자기 아들(참고. 21:6)을 사악한 아합의 딸 아달랴와 혼인시키고, 그와 군사동맹을 맺었다. 그의 이런 어리석은 행위는 다음과 같은 비극적인 결과들을 낳았다. 여호사밧에게 하나님의 진노가 임했으며(19:2), 여호사밧이 죽고 아달랴가 왕비가 된 후 그녀는 왕좌를 탈취하여 다윗의 많은 후손들을 죽였고(22:10 이하), 이스라엘의 사악한 우상들을 유다로 들여와 결국 이 우상들로 말미암아 유다가 멸망하여 바벨론에 포로로 끌려가게 되었다. 혼인관계를 통해 아합과 동맹을 맺은 이 기록이 보여주듯(1절) 여호사밧은 다른 왕들에게 의존하려는 경향이 있었다. 또한 이스라엘 왕 아하시야(주전 853-852년경)와 맺은 동맹에 대해서는 20:35-37을 보라.

18:5 악한 왕들에게는 그들이 듣고자 하는 말을 해주는 거짓 선지자들이 있었다(참고. 사 30:10, 11; 렘 14:13-16; 23:16, 21, 30-36). 한편 참 선지자들은 하나님 말씀을 전하고 감옥에 갇혔다(26절).

주님을 위해 감옥에 갇힌 사람들

사 람	상 황
요셉 (창 39:7-23; 41:1-45)	주인 아내의 유혹을 거절했다가 성희롱을 했다는 누명을 쓰고 감옥에 갇혔지만, 하나님의 계획하심에 따라 지도자의 위치에까지 올랐다.
삼손 (삿 16:21-31)	연인 들릴라에게 넘어가 자신이 지닌 힘의 비밀을 누설했다. 그리하여 블레셋인들에게 붙잡혀 하나님이 삼손에게 복수할 힘을 주실 때까지 하나의 전리품이 되어 수치를 당했다. 복수 과정에서 생명을 잃었다.
미가야 (왕상 22:1-38)	아합이 전투에서 승리할 거라는 다른 선지자들의 거짓 예언에 동참하기를 거부했다가 감옥에 갇혔다. 아합은 전투에서 목숨을 잃었다.
하나니 (대하 16:7-10)	그는 주님의 선견자로서 아사 왕이 아람인들에게 의존하는 것을 책망했으며, 이로 말미암아 감옥에 갇혔다.
예레미야 (렘 37; 38장)	유다가 갈대아인들의 포위 공격을 버텨내지 못할 거라고 예언했으며, 몰래 도망치려고 했다는 죄목으로 투옥되었다. 이후 시드기야 왕에게 경고를 되풀이하다가 구덩이 속에 갇혔다. 세 번째로 시드기야에게 경고했을 때 그는 유다가 바벨론에게 멸망할 때까지 감옥 뜰에 머물도록 허용되었다.
세례 요한 (마 14:1-12)	헤롯 안디바와 헤로디아의 결혼을 반대했다가 감옥에 갇혔는데, 헤로디아가 이 분봉왕의 이복형제의 아내이자 그의 조카였기 때문이다. 이후에 그는 헤로디아의 간계로 처형을 당했다.
베드로와 요한 (행 4:1-21)	한 사람이 기적적으로 고침을 받은 뒤 이들은 예수를 추종하는 새로운 세력의 대표자로서 투옥되었다. 예수에 대해 가르치지 말라는 엄중한 경고를 받은 뒤 풀려났지만, 이들은 이 경고를 곧바로 무시했다.
바울과 실라 (행 16:16-40)	이들은 빌립보의 한 젊은 여인을 귀신들과 그녀의 "주인들"의 손에서 구해냈다. 이로 말미암아 비난을 받고 매를 맞은 후 감옥에 갇혔다가 기적적으로 풀려났다. 로마 시민권자였기 때문에 혐의를 벗을 수 있었던 것이다.
바울 (행 21:30-28:31)	적대적인 유대인에게 습격을 당했으나 로마 군인의 손에 구출되었다. 지역 통치자들에게 재판을 받았고, 마침내 사슬에 묶인 채 제국의 죄수가 되어 로마로 끌려갔다.

19:1-3 하나님의 도우심으로 죽음의 위기를 피한(18:31) 여호사밧은 그가 맺은 동맹관계에 대해 책망을 받았다. 선지자는 그가 하나님의 대적인 아합과 동맹 맺은 일(왕상 22:2)을 나무랐다. 그러나 여호사밧이 개인적으로나 국가적으로 하나님에 대한 참된 예배에 관심을 쏟았기 때문에 하나님의 진노 가운데는 그분의 자비도 담겨 있었다.

19:2 하나니 이 선지자는 이전에 여호사밧의 아버지 아사에게도 이와 비슷한 경고를 했다(16:7-9).

19:4-11 여호사밧은 하나님의 왕국에서 솔로몬 이후 어느 때보다도 더 철저한 영적 체계를 세웠다. 그는 이 체계를 유지하기 위해 각 성읍에 "재판관"들을 세웠으며(5절), 그들에게 다음 원칙을 지키도록 했다. 하나님께 책임을 질 것(6절), 순전성과 정직성(7절), 하나님께 대한 충성심(9절), 의에 대한 관심(10절), 용기(11절)였다. 이 모두는 영적 지도력의 본질적인 요소다.

20:1, 2 롯의 후손으로 요단강 동쪽에 거주하던 모압과 암몬 족속, 남쪽에 있는 에돔 족속(에서의 후손)은 여호사밧을 왕위에서 끌어내리려는 생각을 갖고 있었다. 이들은 사해 남쪽 끝을 돌아서 서쪽 해안의 중간쯤에 있

는 엔게디까지 북쪽으로 올라왔다. 이 길을 택하면 서쪽의 산 너머에 있는 사람들에게 쉽게 들키지 않아 이스라엘을 공격하는 적들은 흔히 이 경로를 이용했다.

20:3, 4 이에 여호사밧과 그 백성들은 금식과 기도로 하나님께 호소했다. 이는 국가적인 금식으로, 어린 아이까지 참여했다(13절). 참고. 요엘 2:12-17; 요나 3:7.

20:5-12 여호사밧은 새로 가꾼 뜰 한가운데에 서서 나라를 위해 기도했다. 그는 하나님이 주신 약속, 그분의 영광과 명예에 호소했다. 하나님은 유다와 긴밀한 관계에 계셨기 때문에 그분의 명예가 위기에 처하게 되었다. 그는 기도 중에 하나님의 주권(6절), 그분의 언약(7절), 임재(8, 9절), 선하심(10절), 소유(11절), 자신들이 그분께 전적으로 의존하고 있음(12절)을 고백했다.

20:10 세일 산 에돔 땅에 있는 산으로 눈에 잘 띄었다.

20:14-17 주님은 선지자 야하시엘에게 확신을 주는 메시지를 전하게 하심으로써 그의 기도에 즉시 응답하셨다.

20:16 시스 고개…여루엘 들 이 지역들은 사해 연안의 엔게디와 드고아 사이에 있었다. 드고아는 예루살렘에서 남쪽으로 16킬로미터 정도 떨어져 있었으며, 엔게디에서는 북서쪽으로 27킬로미터 정도 떨어진 곳에 있었다. 이는 사해의 골짜기에서 예루살렘으로 이어지는 길이었다.

20:18-21 여기에는 믿음에서 우러나온 찬양이 기록되어 있다. 그들은 승리에 대한 하나님의 약속을 신뢰했기 때문에 싸움에서 이기기도 전에 찬양을 시작했다. 하나님을 향한 신뢰가 굳고 단단해서 그들은 찬양대에게 찬송을 부르며 군대 앞에서 행진하도록 했다.

20:21 거룩한 예복을 입히고 (NKJV에는 이 구절이 'who should praise the beauty of holiness', 곧 '거룩한 아름다움을 찬미할 사람들'로 번역됨-옮긴이) 주님은 거룩한 아름다움을 지닌 분이시다(참고. 출 15:11; 시 27:4). 하지만 이 구절의 본문은 '거룩한 예복을 입고'로 번역하는 편이 낫다. 이는 레위인 찬양대가 주님의 거룩하심을 기리기 위해 거룩을 상징하는 예복을 입었음을 가리킨다(참고. 대상 16:29).

20:22-24 기드온 때에 하나님이 개입하신 일과 유사하게(삿 7:15-23), 하나님은 적군 가운데서 혼란을 일으키셨다. 그들은 착각에 빠져 서로를 죽고 죽이는 살육을 행했다. 어떤 사람들은 천사들이 그곳에 나타나 이 통제 불능의 끔찍한 공황 상태를 불러일으켰다고 말한다. 여호사밧과 그의 군대가 그들을 대면하기도 전에 적군은 전멸했다(24절).

20:25-28 여호사밧과 그의 백성은 나갔던 때와 똑같이 노래를 부르며 돌아왔다(참고. 21, 22절).

20:29 이는 여호사밧의 통치기에 이방 나라들이 하나님에 대한 두려움에 빠진 두 번째 때였다(참고. 17:10). 이는 이스라엘이 애굽에서 나올 때 이방 나라들이 느낀 것과 비슷한 두려움이었다(출 23:27; 민 22:3; 수 2:9-11; 9:9, 10).

20:31-21:3 *열왕기상 22:41-49에 대한 설명을 보라.*

21:2-5 아버지의 죽음으로 공동 통치 기간이 끝났을 때 여호람은 자신의 왕위를 위협할 만한 사람들을 모두 죽였다.

E. 여호람(21:4-20)

21:4-20 여호람의 통치기가 기록되어 있다(주전 853-841년경). 참고. 열왕기하 8:16-24. 선지자 오바댜가 이 시기에 사역했을 것이다.

21:4-10 *열왕기하 8:16-22에 대한 설명을 보라.*

21:11 유다를 미혹하게 하였으므로 여호람은 아합의 딸과 혼인(6절)하는 데 있어 자신의 아버지와 마찬가지로 그 가문과의 동맹에 영향을 받았다(18:1). 솔로몬의 죄악된 사례에서 교훈을 얻지 못한 것이다(참고. 왕상 11:3, 4). 그의 사악한 아내 아달랴는 이후 유다의 통치자가 되었으며, 다윗 왕가의 계보를 끊어버리려고 시도했다(22:10).

21:12-15 이스라엘의 아합과 이세벨에 맞선 일로 널리 알려진 엘리야(왕상 17:1, 2; 왕하 2:11)는 여호람이 범한 우상숭배와 살인죄를 지적하는 예언을 했다(21:13). 하나님의 심판에 따른 결과는 그 자신을 넘어서서 그의 가문과 나라 전체에까지 영향을 미쳤다(21:14, 15). 이 사건은 분명히 여호람이 그의 아버지 여호사밧과 공

단어 연구

정직하게(Righteous): 20:32; 24:2; 25:2; 26:4; 27:2; 28:1; 34:2. 문자적으로는 '고른' 또는 '올바른'이라는 뜻이다. '정직'을 뜻하는 히브리어 단어는 정당하거나 올바른 상태를 가리킨다. 이 단어는 여러 정황에서 하나님의 의(신 32:4; 시 111:7, 8), 어떤 사람이 한 말의 순전함(욥 6:25; 전 12:10), 의로운 사람이 살아가는 삶의 방식(잠 11:3, 6)을 묘사하는 데 사용된다. 역대기에서 이 단어는 종종 왕의 성품을 평가하는 데 쓰였다. 이스라엘의 왕으로서 다윗은 자신의 삶에서 의를 드러내 보였는데(왕상 3:6), 이는 그의 뒤를 이은 왕들을 평가하는 하나의 기준이 되었다(17:3; 34:2을 보라).

동으로 통치하던 초기에 일어났으며, 엘리야가 주전 848년경 승천하기 바로 전에 일어났을 것이다(참고. 왕하 2:11, 12).

21:16-20 여호람이 범한 죄는 엄청난 결과를 낳았다. 그는 군사적 패배를 겪었고, 나라가 파괴되고 수도는 점령당했으며, 왕궁이 약탈당했고, 그의 아내들은 잡혀갔으며, 가장 어린 아들을 제외한 모든 자녀가 죽임을 당했고, 그 자신은 고통스러운 질병에 걸려 죽었으며, 명예로운 방식으로 매장되지도 못했다(21:16-22:1).

21:20 팔 년 동안 이는 여호람이 단독으로 통치한 기간으로, 여기에는 그의 아버지와의 공동 통치 기간이 포함되지 않는다.

F. 아하시야(22:1-9)

22:1-9 아하시야의 통치기가 기록되어 있다(주전 841년경). 참고. 열왕기하 8:25-29; 9:21-29.

22:1-6 *열왕기하 8:25-29에 대한 설명을 보라.*

22:2 사십이 세 이것은 필사자의 오류다. 이는 두 히브리어 글자 사이를 구별하는 작은 획을 착각할 때 쉽게 일어난다. 열왕기하 8:26의 "이십이 세"라는 해석을 따라가야 한다.

22:3 그의 어머니가 꾀어 악을 행하게 아달랴를 비롯해 이 젊은 왕의 삶에 관여한 아합 가문의 사람들은 그에게 악한 길을 가르치고, 그를 도덕적 부패와 우상숭배로 이끌었다. 어리석게도 그는 아람과 전쟁을 벌이라는 꾐에 넘어갔다(5, 6절).

22:7-9 *열왕기하 8:28-9:29에 대한 설명을 보라.*

G. 아달랴(22:10-23:21)

22:10-23:21 아달랴의 통치기가 기록되어 있다(주전 841-835년경). 참고. 열왕기하 11:1-20.

23:3 여호와께서…말씀하신 대로 이때는 구속 역사에서 가장 극적인 순간 중 하나였다. 당시 다윗의 후손은 요아스 한 사람밖에 남지 않았다. 만약 그가 죽었다면 다윗의 왕위를 이을 후손은 남지 않았을 것이며, 이는 곧 메시아 계보의 소멸을 의미했다. 그러나 하나님은 그분의 섭리로 요아스를 보호하시고(22:10-12) 아달랴를 제거하심으로써(23:12-21) 이 위기를 해결하셨다.

23:11 율법책 이 말은 일반적으로 율법책 사본을 의미한다(참고. 신 17:18; 욥 31:35, 36).

H. 요아스(24:1-27)

24:1-27 요아스의 통치기가 서술된다(주전 835-796년경). 참고. 열왕기하 11:17-12:21. 선지자 요엘은 이 시기에 사역했으며, 그의 예언은 이 시대를 이해하는 데 유익한 배경을 제공한다.

24:1-14 *열왕기하 11:17-12:16에 대한 설명을 보라.*

24:15, 16 여호야다 이 사람은 아달랴와 요아스의 통치기에 직무를 감당한 대제사장이다(참고. 23:1-24:16). 그는 우상들에 맞서는 싸움을 주도하고, 아달랴에 대항하는 쿠데타를 허용하고, 요아스를 왕위에 앉혀 부흥을 일으키게 함으로써 악한 시대에 하나님의 의를 위한 투사가 되었다.

24:17, 18상 여호야다가 죽은 후 유다의 지도자들은 다시 우상을 섬겨야 한다며 요아스 왕을 설득했다. 늙은 제사장의 죽음으로 요아스의 통치에 전환점이 찾아왔다. 왕이 그들의 말을 '들었다'는 것은 요아스가 우상숭배에 동의했고, 따라서 그 일이 시작되었음을 뜻한다.

24:18하, 19 하나님은 그분의 의로 유다가 범한 악을 심판하셨지만, 동시에 그분의 자비로 선지자들을 보내어 회개에 대한 진리를 선포하게 하셨다.

24:20-22 여호야다의 아들 스가랴(슥 1:1; 마 23:35에서 언급되는 베레갸의 아들 스가랴와 다른 인물임)가 행한 일은 사도행전 7:51, 52; 히브리서 11:37 등 신약 본문에서 암시적으로 언급되고 있다. 이 제사장은 주님을 신실하게 따르는 것이 복을 누리는 조건임을 사람들에게 선포했다(참고. 12:5; 15:2). 왕의 명령에 따라 진리를 말한 이 사람을 해치려는 음모가 실행에 옮겨졌다. 이 살인에 대해 가장 큰 죄책은 왕에게 있다(22절). *마태복음 23:35에 대한 설명을 보라.*

24:22 기억하지 아니하고 여호야다의 아내가 요아스의 유아기에 그를 죽음에서 건져낸 일을 기록한 22:11이나 여호야다가 아달랴를 폐위시키고 요아스를 왕으로 앉히기 위해 계획을 세운 일을 기록한 23:1-24:1, 여호야다가 요아스를 의의 길로 이끈 24:2 등의 구절을 참고하라. 하지만 요아스는 이 모든 일을 고집스럽게 무시했다. 스가랴는 결국 왕에게 죄에 합당한 심판이 임하게 되리라는 것을 선언하면서 죽음을 맞이했다.

24:23-25 스가랴가 기도했듯이(24:22) 하나님은 유다가 아람에게 패하고, 자기 신하들의 손에 요아스를 죽게 하심으로써 그의 배교에 대해 보응하셨다.

24:24 적은 무리 이전에 유다 백성의 신실함으로 주님이 수적으로 열세인 그들의 군대에 승리를 주셨듯이(13:2-20; 14:9-15) 이번에는 그들의 사악함으로 주님은 그들보다 적은 수의 군대에게 패배를 당하게 하셨다.

24:25 의로웠던 아사와는 다르지만(16:13, 14) 불의했던 여호람과는 유사하게(21:18-20) 요아스는 치욕스러

운 죽음을 맞았으며 명예로운 방식으로 매장되지 못했다.

24:26, 27 *열왕기하 12:19-21에 대한 설명을 보라.*

I. 아마샤(25:1-28)

25:1-28 아마샤의 통치기가 기록되어 있다(주전 796-767년경). 참고. 열왕기하 14:1-20.

25:1-4 *열왕기하 14:1-6에 대한 설명을 보라.*

25:4 참고. 에스겔 18장.

25:5-16 이 단락은 열왕기하 14:7의 내용을 자세히 서술하고 있다.

25:5-13 아마샤는 자신의 군대를 모았는데, 100만 명이 넘었던 여호사밧의 군대보다 수적으로 적었다(참고. 17:14-19). 이 사실은 남왕국이 80년 사이에 얼마나 약해졌는지를 보여준다.

25:6 백 달란트 1달란트를 34킬로그램 정도의 무게로 볼 때 이것은 3.5톤 분량의 은이다. 그는 에돔에 맞서 아마샤를 도우라는 명령을 이스라엘 용병들에게 내린 이스라엘 왕 여호아하스에게 이 액수를 지불했다.

25:7 하나님의 사람 이 표현은 구약에서 70번 정도 나오는데, 항상 하나님을 위하여 말하는 사람을 가리킨다. 그는 우상을 숭배하는 이스라엘과 동맹을 맺지 말라고 아마샤에게 경고한다. 이는 주님이 우상숭배의 중심지인 에브라임, 곧 이스라엘과 함께 계시지 않기 때문이다. *신명기 33:1에 대한 설명을 보라.*

25:8 하나님은 능히…하시나이다 *24:24에 대한 설명을 보라.* 하나님의 사람은 아마샤에게 하나님이 돕지 않으실 것이므로 왕이 스스로 힘을 내야 할 거라고 풍자 섞인 어조로 일러주었다.

25:9, 10 하나님의 사람은 아마샤에게 그 용병들에게서 손을 떼고 주님을 신뢰하라고 조언했다. 왕은 그 조언에 따라 분개하는 이스라엘 용병들을 집으로 돌려보냈다.

25:11 소금 골짜기 이 지역은 사해의 남쪽 끝에 위치했을 것이다. 몇 세기 전 다윗은 이곳에서 승리를 거두었다(참고. 대상 18:12, 13). **세일** 에돔을 가리키는 또 다른 이름이다.

25:12 바위 이런 처형 방식은 이방 나라들에서는 흔한 것이었다(참고. 시 137:9).

25:13 사마리아 이곳은 널리 알려진 이스라엘의 성읍으로, 그들은 이곳에서 공격을 시작했다. **벧호론** *8:5에 대한 설명을 보라.*

25:14-16 아마샤는 성경적 관점뿐 아니라 정치적 관점에서 볼 때도 이해하기 힘든 일을 행했다. 곧 그는 자신이 막 패배시킨 족속의 거짓 신들을 받아들였다. 그는 우상숭배의 사악한 쾌락에 유혹을 받았거나, 이렇게 하면 장차 에돔의 위협을 피하는 데 도움이 될 거라고 여겨 그 일을 행했을 것이다. 그러나 이 행동은 하나님의 음성을 억누르려고 했던 그에게 파멸을 가져다주었을 뿐이다.

25:17-28 *열왕기하 14:8-19에 대한 설명을 보라.*

J. 웃시야(26:1-23)

26:1-23 웃시야(아사랴)의 통치기가 기록되어 있다(주전 790-739년경). 참고. 열왕기하 14:21, 22; 15:1-7. 호세아(호 1:1)와 아모스(암 1:1), 요나, 이사야(사 6장)는 그의 통치기에 사역했다.

26:1-4 *열왕기하 14:21, 22; 15:1-4에 대한 설명을 보라.*

26:5 스가랴 이 사람은 웃시야의 통치기에 활동한 선지자로, 이 구절 외에서는 알려지지 않은 인물이다. 그는 24:20에서 하나님의 뜻을 대변한 그 제사장도 아니고, 주전 520년경 유다 백성을 위해 선지서를 기록한 선지자 스가랴도 아니다. **찾을 동안에는…형통하게 하셨더라** 이 구절은 역대하의 주된 주제 중 하나를 요약적으로 제시한다.

26:6-15 이 단락에서는 블레셋 족속을 정복함(26:6-8), 나라 안의 일(26:9, 10), 군사력(26:11-15) 등에서 웃시야가 누린 형통을 요약적으로 서술하고 있다.

26:6-8 유다가 국경의 서쪽과 동쪽, 남쪽에서 거둔 군사적 승리를 서술하고 있다. 북쪽의 이스라엘에 대해서는 언급하지 않았다.

26:6 가드…야브네…아스돗 예루살렘의 남서쪽에 있는 블레셋의 주요 성읍들이다.

26:7 구르바알…아라비아 사람들 이 족속은 알려지지 않은 지역에 살았던 유목민일 것이다. **마온 사람들** 에돔 땅에 살던 유목민이다(참고. 20:1).

26:8 암몬 사람들 이들은 요단강 동쪽에 살았던 롯의 후손들이다.

26:9 모퉁이 문 예루살렘의 북서쪽 구역에 있었다. **골짜기 문** 예루살렘의 남서쪽 구역에 있었다. **성굽이** 예루살렘의 동쪽 구역에 있었다.

26:10 좋은 밭 (NKJV에는 이 단어가 'Carmel', 곧 '갈멜'이라는 고유명사로 번역됨—옮긴이) '갈멜'이라 불리는 산맥이 있었지만, 그곳은 웃시야의 영토가 아니었다. 따라서 이 단어는 지명을 가리키는 고유명사 대신에 '비옥한 밭'으로 번역하는 것이 합당해 보인다. 이렇게 옮기면 이 절의 다른 부분들이 지닌 전반적인 의미와 잘 들

어맞는다.

26:11-15 30만 명이 넘는 군대를 보유하고 신무기를 개발한 그는 잠재적인 적들에게 위협적인 존재였다. 따라서 그는 나라를 평화롭게 보존할 수 있었다.

26:16-18 웃시야는 제사장의 직무를 가로채려고 했는데, 이는 레위인에 대한 율법에서 금지한 일이었다(참고. 민 3:10; 18:7). 잠언 16:18은 교만이 패망을 불러온다고 가르치는데, 그의 경우 실제로 그러했다. 왕일지라도 하나님의 율법을 벗어나서 살 수는 없다.

26:19, 20 하나님은 율법을 무시한 왕의 행위를 심판하셨지만 자비를 베풀어 그를 죽이시지는 않았다. 나병에 걸린 웃시야는 이제 나병에 대한 율법에 따라 새로운 방식으로 제사장들에게 복종해야 했다(참고. 레 13, 14장). 그리고 그는 남은 평생 성전으로부터 격리되는 삶을 살아야 했다.

26:21-23 *열왕기하 15:5에 대한 설명을 보라.*

26:22 여기 언급된 기록은 정경에 포함된 이사야서가 아니라 그 선지자가 쓴 다른 어떤 책을 가리키는 것으로 보인다.

26:23 바로 이 해에 이사야는 하나님의 영광에 대한 환상을 보았다(참고. 사 6:1 이하).

K. 요담(27:1-9)

27:1-9 요담의 통치기가 기록되어 있다(주전 750-731년경). 참고. 열왕기하 15:32-38. 이 시기에 이사야(사 1:11)와 호세아(호 1:1)는 사역을 계속했으며, 미가(미 1:1) 역시 예언을 했다.

27:1-4, 7-9 *열왕기하 15:33-37에 대한 설명을 보라.*

27:3 오벨 성벽 예루살렘의 남쪽 측면에 있었다.

27:5 암몬 자손 *26:8에 대한 설명을 보라.* 요담은 그들의 침략을 물리치고, 그들의 본토까지 추격해 들어갔다. 그리고 그들에게 연례 조공을 부과했다. 이들은 아람 왕 르신과 이스라엘 왕 베가가 요담에게 반기를 들고 공격해올 때까지 2년간 공물을 바쳤다. 요담은 암몬 족속에게 신경 쓸 마음의 여유가 없었다(참고. 왕하 15:37). **백 달란트** 1달란트를 34킬로그램 정도의 무게로 볼 때 이 양은 거의 3.5톤 분량의 은이었다. **만 고르** 1고르를 264리터 정도의 부피로 볼 때 대략 2,640,000리터에 해당하는 양이다.

27:6 요담이 범한 한 가지 잘못은 우상을 숭배하던 산당들을 제거하지 않고, 백성들의 우상숭배를 막지 않은 것이었다(참고. 2절; 왕하 15:35).

L. 아하스(28:1-27)

28:1-27 아하스의 통치기가 서술되고 있다(주전 735-715년경). 참고. 열왕기하 16:1-20. 이 시기에 이사야(사 1:1)와 호세아(호 1:1), 미가(미 1:1) 모두 사역을 계속했다. 열왕기하 17:1-9은 아하스의 통치 제12년 이후이며, 호세아가 이스라엘 왕이었을 때 앗수르인들이 이스라엘 백성을 포로로 끌고 갔다고 기록한다(주전 722년).

28:1-5상 *열왕기하 16:1-6에 대한 설명을 보라.*

28:2 바알들 *17:3에 대한 설명을 보라.*

28:5하-8 아하스의 심각한 불순종으로 하나님의 진노가 임했다. 요담 때처럼(참고. 왕하 15:37) 아람과 이스라엘이 모두 쳐들어와서 그의 군대를 격파했다. 이 싸움은 그들이 이전에 유다를 상대로 시작한 전쟁의 연장선상에 있었을 것이다.

28:5, 6 다메섹 아람의 수도로 유다의 북동쪽에 있었다. **베가** 이스라엘의 왕이다(주전 752-732년경).

28:8 사마리아 북왕국 이스라엘의 수도다.

28:9 오뎃 이 구절 외에서는 알려지지 않은 선지자로, 이전에 언급된 오뎃(참고. 15:1, 8)과 같은 이름을 가졌다. 이 선지자는 하나님이 유다를 심판하셨기 때문에 이스라엘이 승리했다고 말했다. 그러나 그는 유다 백성들을 죽이고 노예로 삼는 것이 사악한 일임을 지적하고(10절), 그런 행동에 대하여 하나님의 진노가 임하리라는 것을 경고했다(11절). 놀랍게도 배교하고 적개심에 불타던 이스라엘 백성은 이 선지자의 경고에 순응했다(12-15절).

28:16 앗수르 왕 이는 단수형인 "왕"으로 보아야 할 것이다. 이 왕은 디글랏빌레셀이었다(주전 745-727년경).

28:18 평지…성읍들 예루살렘의 남서쪽에 있는 지역들이다.

28:20, 21 디글랏빌레셀 *28:16에 대한 설명을 보라.* 디글랏빌레셀이 다메섹을 점령하고 르신을 죽여 일시적으로 도움이 되긴 했지만(왕하 16:9), 아하스가 이 앗수르 왕과 맺은 동맹에서 얻은 이익은 거의 없었다.

28:22-27 우상숭배에 사로잡힌 아하스는 이방인과 같은 사악한 무지에 빠졌으며, 하나님을 향해 거리낌 없이 도전했다. 이로 말미암아 그 자신과 나라는 황폐하게 되었다. 당연하게도 그는 명예로운 방식으로 매장되지 못했다(27절).

M. 히스기야(29:1-32:33)

29:1-32:33 히스기야의 통치기가 서술되고 있다(주전 715-686년경). 참고. 열왕기하 18:1-20:21; 이사야 36-39장. 열왕기하 18:5은 히스기야가 그 이전이나 이

후의 어떤 왕보다 주님을 더 신뢰했다고 말한다(참고. 31:21). 이사야(사 1:1)와 호세아(호 1:1), 미가(미 1:1)는 이 시기에 예언 사역을 했다.

29:1, 2 *열왕기하 18:1, 2에 대한 설명을 보라.*

29:3 첫째 해 첫째 달에 히스기야는 영적인 문제를 먼저 다루었는데, 이것은 그의 삶에서 우선순위가 무엇인지를 보여준다. 히스기야는 유다의 문제점을 올바르게 진단했다. 그 문제는 곧 하나님께 드리는 참된 예배를 버린 일이었다. 따라서 히스기야 왕은 자기 아버지의 정책을 뒤엎고(28:22-25), 성전을 수리하며, 하나님이 명하신 대로 올바른 성전 예배를 회복하는 일(3-7절)에 착수했다. 그는 이렇게 하나님을 향한 헌신을 회복할 때 하나님의 진노가 유다를 떠나게 되리라는 것을 알고 있었다(10절).

29:12-14 열네 명의 지도자들이 사람들을 모아 성전의 정화 작업을 준비하는 일에 착수했다.

29:12 그핫의 자손…므라리…게르손 사람 레위 지파에 속한 세 가문이다(참고. 대상 6:1).

29:13, 14 엘리사반 그핫 자손의 주요 지도자였다(참고. 민 3:30; 대상 15:8). **아삽…헤만…여두둔** 이 세 가문에 속한 사람들은 레위 지파의 음악가였다(참고. 대상 25:1).

29:15-19 깨끗하게 이들은 바깥의 뜰에서부터 작업을 시작했고, 8일 동안 일한 뒤 성전 내부로 들어갔다. 하지만 레위인들은 성소 안에 들어갈 수 없었기 때문에 그들이 다른 곳으로 실어 나르도록 제사장들이 모든 쓰레기를 성전 밖으로 끌어내야 했다. 이 작업을 하는 데 8일이 더 걸렸다.

29:16 기드론 시내 예루살렘 동쪽에 있는 이 시내는 성전과 감람산 사이로 흘렀다.

29:20-36 히스기야는 다윗과 솔로몬 시대에 이루어졌던 것과 같은 참된 성전 예배를 회복했으며, 이는 큰 기쁨을 낳았다(36절).

29:26 다윗의 악기 이는 다윗이 성전을 위해 만든 악기였다(참고. 대상 23:5).

29:34 레위 사람들…제사장들보다 성심이 있었음이라 제사장들은 자신들이 마련한 우상에 대한 제사에 참여하는 데 익숙해져 있었을 것이다(참고. 28:25).

30:1-27 히스기야는 무교절과 유월절(출 12:1-20; 레 23:1-8)을 회복하기 위해 여러모로 노력을 기울였다. 이 절기들은 215년 전 왕국이 분열된 이후 오랫동안 제대로 지켜지지 않았을 것이다(5절). 이후 요시야(35:1-9)와 스룹바벨(스 6:19-22)도 유월절을 회복하여 지켰다. 이 절기는 하나님이 그분을 믿는 백성을 용서하고 구속하신 일을 경축하는 것이었다.

30:1 이스라엘 이들은 북부의 열 지파 가운데 남은 사람들로(6, 25절) 주전 722년 앗수르가 북왕국을 침공하여 백성들을 잡아간 이후 그 땅에 남아 있었거나, 포로로 끌려갔다가 탈출한 사람들이었을 것이다(왕하 17:1-9). 에브라임과 므낫세 지파가 이들의 선두에 있었다.

30:2 둘째 달 유월절을 지키라는 이 부름은 예배를 통해 나라를 다시 하나로 통합하기 위한 것이었다. 보통의 경우 유월절은 첫째 달(3, 4월)에 지켜졌다. 이때는 부정하거나 멀리 떠나 있는 사람들을 위한 예외 규정(민 9:9-11)이 온 나라에 적용되었다.

30:5 브엘세바에서부터 단까지 이 두 성읍은 이스라엘 땅의 양쪽 끝에 있었다. 따라서 이 표현은 '남쪽 끝부터 북쪽 끝까지'라는 뜻이다.

30:6 돌아오라 율법에는 매년 예루살렘에서 세 번의 절기를 지키도록 규정되어 있었다. 이는 유월절, 오순절, 초막절이었다(참고. 출 23; 레 23; 민 28; 29; 신 16장). 만약 이스라엘 백성이 하나님께로 돌아왔다면 하나님도 뜻을 돌이키셔서 배교하여 우상을 섬겼던 북 왕국 이스라엘의 백성에게 복을 주셨을 것이다. 이 주제가 반복적으로 확언되는 15:2; 20:20; 26:5; 31:21을 참고하라.

30:8 목을 곧게 하지 말고 이 말은 사도행전 7:51-53에서 스데반이 쓴 표현과 동일한 것으로 '완고해지지 말라'는 뜻이다.

30:9 히스기야의 통치기에 앗수르가 북왕국 이스라엘을 침공했을 때 그 나라의 모든 백성이 포로로 잡혀간 것은 아니었다(참고. 왕하 17:5-23; 18:9-12).

30:10 이 지파들은 이 부름에 조롱 섞인 반응을 보였다. 이는 자신들에 대한 심판이 시작된 후에도 그들이 여전히 사악한 태도를 버리지 않았음을 보여준다. 이들이 추가로 범한 죄에 대해서는 18절을 보라.

30:13 둘째 달 대개 유월절과 무교절은 첫째 달에 지켜졌다. 하지만 이처럼 특별한 경우에는 아예 지키지 못하는 것보다 한 달 늦게 지키는 편이 나았다.

30:14 이 제단들은 아하스가 우상을 위해 쌓은 것이었다. 28:25과 29:16을 보라. 히스기야는 이 성읍에서 우상과 제단을 제거하는 데 성공했는데, 이는 이전 왕들이 하지 못한 일이었다.

30:18-20 그들이 지닌 마음의 태도가 외적인 행동보다 더 우선시되었다(참고. 삼상 15:22; 렘 7:22, 23; 호 6:6). 히스기야는 하나님이 가장 흉악한 죄까지 용서하신다는 사실을 그들에게 상기시켜 주었는데, 실제로 하나님은 그들을 용서하셨다(20절).

30:23 여기 나타난 사실은 그들 가운데 일어난 부흥의

대하

진정성을 말해준다. 백성들은 자신들이 얼마나 죄악된 삶을 살아왔으며, 정결케 하시는 죄사함을 얼마나 절실히 필요로 하는지 깨달았다. 그들은 하나님이 믿는 자에게 베푸시는 구원과 해방에 초점을 맞추는 그 절기의 기간을 두 배로 연장했다.

30:26 이러한 기쁨이…없었더라 이 구절은 215년 이상 앞선 솔로몬 시대 이후로 분열 왕국이 영적 타락을 겪어왔음을 생생하게 보여준다.

31:1 유다와 베냐민과 에브라임과 므낫세 앞의 두 지파는 남왕국을 가리키며, 뒤의 두 지파는 북왕국을 대표한다. 이때 유월절은 진정한 부흥의 기간이었으며, 그들은 마음에 확신을 품고 고향으로 돌아가 모든 우상을 없앴다. 그리하여 우상숭배는 끝이 났고, 하나님에 대한 예배가 회복되었다. 백성들은 하나님이 주실 복과 평화롭게 번영할 미래에 대한 소망을 품게 되었다.

31:2-19 제사장들과 레위 사람들의 반열 사악한 왕들이 통치하는 동안에는 나라에서 제사장들의 직무를 지원하지 않았다. 그래서 히스기야는 하나님이 원래 명령하신 대로 그 직무에 대한 지원을 회복시켰다(참고. 8:12-14; 대상 24:1 이하).

31:6 십일조 제사장들과 레위인들이 나라를 위해 봉사하므로 백성들은 십일조를 내어 그들을 후원해야 했다. 레위기 27:30-33과 민수기 18:21, 24에 따르면 백성들은 레위인들의 모든 필요를 채우기 위해 그들의 소득 가운데 십분의 일(십일조)을 드려야 했다. 십일조를 내지 않으면 그들은 하나님의 소유물을 도둑질하는 것이 되었다(말 3:8). 신명기 12:6, 7은 나라에서 성전을 유지하는 일을 지원하기 위해 두 번째 십일조를 낼 것을 요구했다. 이 물질은 예루살렘 성전에서 국가적인 절기를 지킬 때 쓰였으며, 절기의 십일조로 불렸다. 신명기 14:28, 29은 매 세 번째 해마다 가난한 사람들을 위해 세 번째 십일조를 낼 것을 요구했다. 이 모든 세금을 합치면 매년 소득의 23퍼센트 정도가 되었다.

31:7 셋째…일곱째 달 이는 5/6월의 초실절 또는 오순절 때부터 9/10월의 초막절 때까지였다.

31:11 방들 이 방들은 낡고 부서진 저장소들을 대체하기 위해 지어진 석실과 곡물창고, 포도주 저장실이었다. 레위인들은 십일조로 바쳐진 것들을 이 방들에 비축했다(12절).

31:16 삼 세 이들은 아버지와 동행하여 성전에서 자기 몫의 음식을 받은 제사장들의 아이들을 가리킬 것이다. 세 살 아래인 아이들은 여전히 젖을 먹기 때문에 음식을 필요로 하지 않았을 것이다. 이처럼 제사장들의 가족도 보살핌을 받았다(18절).

31:17 이십세 *역대상 23:3에 대한 설명을 보라*. 참고. 민수기 4:3과 28:24.

31:19 가까운 들 (NKJV에는 이 어구가 'common-lands', 곧 '공유지'로 번역됨—옮긴이) 이는 레위 지파에게 속한 마흔여덟 곳의 성읍을 가리킨다(참고. 수 21:1-42). 모든 백성에게 걷은 십일조의 세금은 성전에서 절기를 지키는 일뿐 아니라 나라 전역에 흩어져 살면서 백성들을 인도하는 제사장들의 매일 쓸 것을 지원하는 일에도 쓰였다(*6절에 대한 설명을 보라*).

31:20, 21 *열왕기하 18:5-7에 대한 설명을 보라*.

32:1-23 히스기야가 앗수르 왕 산헤립에 대항한 일이 서술되고 있다(주전 705-681년경). *열왕기하 18:13-19:37; 이사야 36; 37장에 대한 설명을 보라*. 앗수르 왕이 쳐들어온 이유는 히스기야가 아버지의 일로 말미암아 바칠 수밖에 없는 공물을 앗수르에 바치기를 거부했기 때문이다. 히스기야는 나라의 독립적인 주권을 되찾고자 했다. 그러자 산헤립은 보복을 가해 왔다. 이에 히스기야는 성읍의 방어를 견고히 하고(5절), 하나님의 도우심을 구했다(8, 11절). 하나님은 그들을 건지셨고(21, 22절), 영광을 받으셨다(23절).

32:24-26 *열왕기하 20:1-11; 이사야 38장에 대한 설명을 보라*.

32:27-31 *열왕기하 20:12-20; 이사야 39장에 대한 설명을 보라*.

32:30 이는 (예루살렘 지하의) 견고한 바위를 뚫어 만든 520미터 정도 길이의 긴 터널로, (동쪽으로) 예루살렘 바깥에 있는 기혼 샘에서부터 예루살렘 성읍 안에 있는 남쪽의 실로암 못으로 물을 끌어왔다. 이는 포위 공격을 당할 때 물을 공급하기 위한 수단이었다. 당시의 공학과 바위 뚫는 기술의 수준을 보여주는 탁월한 위업인 이 터널은 종종 지하 18미터까지 내려갔으며, 사람이 걸어 다닐 수 있을 정도로 넓었다. 이 터널은 1838년 발견되었지만 1909년까지 주전 586년 예루살렘이 파괴될 때 쌓인 부스러기가 치워지지 않았다. 300년 전에 다윗이 물이 흐르는 통로를 통해 예루살렘에 입성했을 가능성도 있으므로, 이 터널은 최초의 수로가 아닐 수도 있다(참고. 삼하 5:6-8).

32:31 바벨론 내부 갈등과 연약한 왕들로 말미암아 앗수르가 쇠퇴의 길을 걸으면서 이 제국이 점차 영향력을 확장하고 있었다. 앗수르는 주전 612년에 붕괴했으며, 느부갓네살의 통치 아래서 바벨론이 세계의 지배자가 되었다(참고. 왕하 20:14).

32:32 이사야 참고. 이사야 1:1.

N. 므낫세(33:1-20)

33:1-20 므낫세의 통치기가 서술되고 있다(주전 695-642년경). 참고. 열왕기하 21:1-18.

33:1-10 *열왕기하 21:1-10에 대한 설명을 보라.*

33:6 힌놈 성전의 동쪽과 남쪽에 있던 이 골짜기에서 몰렉에 대한 숭배가 이루어졌는데, 아이들을 불에 태워 죽이는 의식이 거행되기도 했다(시 106:37). 이런 행위는 레위기 18:21; 20:2-5; 신명기 18:10에서 금하는 일이었다. 이렇게 끔찍한 관습이 아하스 시대부터 이스라엘에도 나타났다(참고. 28:3).

33:11-17 하나님은 이 일을 신속하게 징벌하셨다. 므낫세는 분명히 뉘우쳤지만, 그가 끼친 영적 해악은 쉽게 복구되지 않았다.

33:11 앗수르 왕 이 앗수르 왕은 아슈르나시르팔(주전 669-633년경)이었을 것이다. 주전 652-648년 바벨론은 앗수르에 반기를 들었고, 바벨론의 성읍은 일시적으로 패했다. 당시 앗수르는 므낫세가 바벨론의 반역을 지지했다고 여긴 듯하다. 그리하여 그는 재판을 받기 위해 바벨론으로 끌려갔다.

33:12, 13 므낫세가…알았더라 이 왕은 사악하고 우상숭배에 빠진 왕으로, 자기 아이들을 살해하고 성전을 더럽혔다. 그가 회개했을 때 하나님은 은혜롭게 이 "죄인의 괴수"(참고. 딤전 1:15)를 용서하셨고, 그는 자신의 삶이 낳은 결과를 역전시키는 일에 힘을 쏟았다(15-17절). 백성은 우상들이 아니라 하나님을 섬겼지만, 그들은 잘못된 장소에서 잘못된 방법으로 그 일을 행하고 있었다. 이전에 하나님은 오직 정해진 장소에서만 제사드릴 것을 그들에게 명령하셨다(신 12:13, 14). 이는 율법에 규정된 형식을 그들이 더럽히지 못하게 하고, 그들을 이방의 종교적 영향으로부터 보호하기 위해서였다. 백성들이 이 문제에서 하나님의 명령에 불순종한 일은 분명 다음 왕인 아몬의 통치 아래서 영적인 쇠퇴가 일어나는 데 영향을 끼쳤다(21-25절). 아몬의 뒤를 이은 요시야는 그의 통치가 낳은 부패한 결과들을 없애기 위해 노력했다(34:3-7).

33:14 이 벽은 성전 남쪽에서 시작하여 남동쪽으로 (기드론 골짜기의 서쪽에 있는) 오벨을 지나 북서쪽으로 올라가서 성전 북서쪽의 어문까지 이어졌다.

33:18-20 열왕기하 21:17, 18을 보라.

O. 아몬(33:21-25)

33:21-25 아몬의 통치기가 기록되어 있다(주전 642-640년경). 참고. 열왕기하 21:19-26. *열왕기하 21:19-24에 대한 설명을 보라.*

P. 요시야(34:1-35:27)

34:1-35:27 요시야의 통치기가 서술되고 있다(주전 640-609년경). 참고. 열왕기하 22:1-23:30. 예레미야는 이 시기에 예언 사역을 했다(35:24; 렘 1:2). 하박국과 스바냐(습 1:1), 나훔 역시 이 시기에 활동했다.

34:1, 2 *열왕기하 22:1, 2에 대한 설명을 보라.* 요시야는 열여섯 살의 나이에 하나님에 대한 사랑을 마음속에 품기 시작했으며, 스무 살이 되었을 때 자신의 나라를 정결케 하고자 행동에 나설 만큼 확고하게 헌신하는 사람이 되었다.

34:3-7 *열왕기하 23:4-20에 대한 설명을 보라.*

34:8 여호와의 전을 수리하려 55년간에 걸친 므낫세의 통치(33:1)와 2년에 걸친 아몬의 통치(33:21) 기간 히스기야가 성전을 복구하는 데 쏟았던 노력은 물거품이 되고 말았다. 따라서 이제 그곳을 "수리"하기 위하여 또 한 번의 광범위한 사업을 벌여야 했다(9-13절).

34:8-13 *열왕기하 22:3-7에 대한 설명을 보라.*

34:8-33 *열왕기하 22:8-23:20에 대한 설명을 보라.*

34:33 요시야가 사는 날에 이 고결한 왕은 하나님과 그분의 말씀을 향한 확고한 헌신과 그의 경건한 삶에서 나오는 능력으로 백성에게 평생 깊은 영향을 끼쳤다. 그의 인격에서 나오는 힘은 그 나라가 한마음으로 주님을 섬기게 했다. 이 일이 시작된 것은 그가 젊은 시절에 "하나님을 찾기" 시작했기 때문이다(참고. 3절).

35:1-19 에스라였을지 모르는 이 역대기 저자는 이때 지켜진 유월절에 대해 열왕기하 23:21-23보다 훨씬 더 많은 관심을 기울이고 있다.

35:1, 2 분명히 성전의 기물들은 더럽혀져 있었으며, 제사와 절기는 무관심과 우상숭배의 행습, 다른 나라의 간섭으로 말미암아 중단된 상태였다. 히스기야가 자신의 시대에 유월절을 회복시킨 것처럼(30:1 이하) 요시야도 그렇게 행했다. 이 절기는 주께 헌신하는 가장 핵심적인 절기였다(출 12; 13장).

35:3 거룩한 궤 지성소에 있어야 할 언약궤는 그곳에 없었다. 그 자리에 아로새긴 목상을 세운 므낫세가 그렇게 했을 것이다(참고. 33:7). 이동이 가능한 성막이 있던 시절 궤를 운반하는 일에 대한 율법의 규정은 궤의 가장자리에 있는 고리들에 막대기를 끼우고, 레위인들(그핫 자손들)이 그 궤에는 손대지 않은 채 막대기를 들고 그 궤를 옮길 것을 명했다(참고. 출 25:14, 15). 웃사는 부적절하게 궤를 수레에 싣고 옮기다가 궤를 만져 죽임을 당했다(대상 13:6-10). 이제 성전이 지어졌고 궤가 놓일 영구적인 장소가 마련되었으므로, 그 궤는 더 이상 이전의 방식으로 운반될 필요가 없었다.

대하

역대기에 사용된 자료

성경의 영감(딤후 3:16)은 때로 인간 저자 없이 하나님의 직접적인 계시를 통해 이루어졌다. 모세의 율법이 그 예다. 다른 경우 누가복음 1:1-4에 언급되는 것처럼 하나님은 사람이 쓴 자료들을 사용하셨다. 역대기의 원천이 된 여러 자료가 보여주듯 역대기 저자의 경우도 그러했다. 그 내용이 직접적인 계시에서 왔든지 기존의 자료들로부터 왔든지 간에 성령을 통한 하나님의 영감은 성경을 기록한 인간 저자들이 오류를 범하지 않도록 보호하셨다(벧후 1:19-21). 성경을 베껴 쓰는 과정에서 필사자들이 비교적 적은 수의 오류를 범했지만, 이런 오류들은 확인하고 바로잡을 수 있는 것들이었다. 그러므로 원래 성경의 무오한 내용은 보존되어 왔다.

1. 유다와 이스라엘 열왕기(대상 9:1; 대하 16:11; 20:34; 25:26; 27:7; 28:26; 32:32; 35:27; 36:8)
2. 다윗 왕의 역대지략(대상 27:24)
3. 사무엘의 글(대상 29:29)
4. 나단의 글(대상 29:29; 대하 9:29)
5. 갓의 글(대상 29:29)
6. 실로 사람 아히야의 예언(대하 9:29)
7. 잇도의 묵시 책(대하 9:29)
8. 스마야의 족보 책(대하 12:15)
9. 잇도의 족보 책(대하 12:15)
10. 잇도의 주석 책(대하 13:22)
11. 예후의 글(대하 20:34)
12. 열왕기 주석(대하 24:27)
13. 이사야가 웃시야의 행적을 기록한 글(대하 26:22)
14. 산헤립의 편지들과 메시지(대하 32:10-17)
15. 이사야의 묵시 책(대하 32:32)
16. 선견자들의 말씀(대하 33:18)
17. 호새의 사기(대하 33:19)
18. 다윗과 솔로몬이 글로 남긴 지침(대하 35:4)
19. 애가(대하 35:25)

35:6 모세 *출애굽기 12, 13장에 대한 설명을 보라*. 성전에서 유월절을 지키는 일에 대한 규정이 준수되었다(7-17절).

35:18 유월절을 이같이 히스기야가 지킨 유월절은 이때와 달랐다(참고. 30장). 그때의 유월절은 다음과 같은 점에서 모세의 율법대로 엄격하게 준수되지 않았다. 그때의 유월절은 둘째 달에 지켜졌으며(30:2), 참여한 모든 백성이 정결케 되지 않았고(30:18), 나라 안의 온 백성이 참여하지도 않았다(30:10).

35:18, 19 사무엘 이후로 주전 1100-1015년경이다. 이때는 마지막 유월절이 지켜진 후 400년 이상이 흘렀다. 그 마지막 유월절은 이스라엘과 유다 왕들의 모든 통치기보다도 앞선 시기에 있었다.

35:20-27 요시야가 맞은 비극적 죽음에 대해 자세히 서술하고 있다. 열왕기하 23:28-30과 비교해보면 그 내용이 더욱 분명해진다. 요시야의 통치 말기에 애굽의 바로 느고(주전 609-594년경)는 갈그미스에서 벌어진 전쟁에서 앗수르 왕을 돕기 위해 군사 원정에 나섰다. 갈그미스는 앗수르의 마지막 수도로, 다메섹에서 북동쪽으로 400킬로미터 정도 떨어진 유프라테스 강변에 있었다. 이 동맹이 장차 이스라엘에 위협이 될 것을 우려한 요시야는 유다를 지키기 위해 바로 느고의 군대가 가는 길을 막고 싸우기로 결정했다. 본토를 떠난 애굽 군대는 배를 타고 이스라엘 북부의 항구인 악고에 도착한 후 지중해 연안의 이스라엘 평원 지대를 따라 올라갔을 것이다. 육지에 상륙한 후 그들은 므깃도 골짜기(22절), 곧 에스드라엘론 평원에 있는 이스르엘을 향해 동쪽으로 진군해갔다. 이것은 갈그미스로 직행하는 길이었다. 요시야는 이 골짜기에서 느고의 군대와 전투를 벌이다가 화살에 맞아 상처를 입었다. 그는 (남쪽으

로 100킬로미터 정도 떨어진) 예루살렘으로 돌아갔고, 그 곳에서 죽음을 맞았다.

35:21 하나님이 나에게 명령하사 느고는 참되신 하나님에 대해 말하고 있다. 그가 진정한 계시를 받았는지 아닌지는 알 수 없다. 요시야 역시 그 여부를 알 방법이 없었는데, 그는 분명히 느고가 하나님 말씀을 전하고 있다고 믿지 않았던 것 같다. 그가 느고의 말을 믿기를 거절한 데 대한 징벌로 죽음을 맞았다고 여길 이유는 없다. 요시야는 느고가 거짓말을 한다고 생각했을 것이며, 그가 앗수르와 힘을 합쳐 바벨론을 상대로 승리하고 나면 돌아와 이스라엘을 칠 거라고 생각한 듯하다.

35:25 예레미야의 애가는 아직 기록되지 않았다. 백성들은 이 사건이 있은 지 거의 200년이 지난 주전 450-430년 역대기가 기록될 무렵까지 계속해서 요시야의 죽음을 애도했다. 실제로 그 전투가 벌어진 장소인 므깃도 골짜기의 성읍 하다드림몬의 이름은 90년이 지난 스가랴의 때(슥 12:11)도 요시야의 죽음을 애도하는 이야기의 일부로 전해지고 있었다.

Q. 여호아하스(36:1-4)

36:1-4 이 단락에는 여호아하스의 통치기가 기록되어 있다(주전 609년경). 참고, 열왕기하 23:31-33. 예레미야는 이 시기에도 예언 사역을 계속했다(렘 1:3).

R. 여호야김(36:5-8)

36:5-8 이 단락에는 여호야김(엘리아김)의 통치기가 기록되어 있다(주전 609-597년경, 참고. 왕하 23:34-24:7). *열왕기하 23:34-24:7에 대한 설명을 보라.* 다니엘은 주전 605년 바벨론에 포로로 끌려갔다. 예레미야는 이 시기에 예언 사역을 했으며(렘 1:3), 하박국도 이 사악한 왕들이 다스린 시기에 활동했을 것이다.

S. 여호야긴(36:9, 10)

36:9, 10 이 단락에는 여호야긴의 통치기가 기록되어 있다(주전 597년경). 참고. 열왕기하 24:8-16. *열왕기하 24:8-16에 대한 설명을 보라.* 에스겔은 주전 597년 바벨론에 포로로 끌려갔고, 예레미야는 이 시기에도 예언 사역을 했다.

36:9 팔 세 그가 행한 일들의 사악함을 생각할 때 열왕기하 24:8에 언급된 "십팔 세"가 더 적절해 보인다(에스겔 19:5-9에 나타난 그에 대한 묘사를 보라).

T. 시드기야(36:11-21)

36:11-21 이 단락에는 시드기야(맛다니야)의 통치기가 기록되어 있다(주전 597-586년경). 참고. 열왕기하 24:17-25:21; 예레미야 52:4-27. 예레미야는 이 시기에도 예언 사역을 했으며(렘 1:3), 주전 586년의 예루살렘과 성전 파괴를 애통해하면서 예레미야애가를 썼다. 에스겔은 이 시기에 부르심을 받았으며(겔 1:1), 주전 592년부터 세상을 떠난 주전 560년까지 예언 사역을 했다.

36:11-20 *열왕기하 24:17-25:21에 대한 설명을 보라.*

36:20 예루살렘에 남게 된 사람들이 어떻게 되었는지에 대해서는 *열왕기하 25:22-30에 대한 설명을 보라.*

36:21 안식 이 구절은 하나님이 그 땅에 대해 요구하신 매 7년째 해의 안식(레 25:1-7)이 엘리 시대인 주전 1107-1067년경부터 490년간 지켜지지 않았음을 시사한다(참고. 삼상 1-4장). 레위기 26:27-46은 이 율법을 어길 경우 임할 하나님의 심판을 전반적으로 경고하고 있다. 예레미야 25:1-11은 유다 백성들이 처음으로 바벨론에 끌려간 주전 605년경부터 먼저 예루살렘에 돌아온 유대인이 성전을 재건축하기 시작한 주전 536년경까지(참고. 스 3:8) 이 심판이 유다에 임한 것으로 보고 있다.

고레스 왕이 내린 귀환 명령 (36:22, 23)

36:22, 23 *에스라 1:1-3에 대한 설명을 보라.* 역대기의 저자는 한 줄기 희망의 빛과 함께 글을 끝맺고 있다. 이는 70년의 기간이 끝났으며(참고. 단 9:1, 2), 아브라함의 후손들이 성전을 재건하기 위해 본토로 돌아오고 있었기 때문이다.

연 구 를 위 한 자 료

John J. Davis and John C. Whitcomb, *A History of Israel from Conquest to Exile*(Grand Rapids: Baker, 1980).

Eugene Merrill, *I and II Chronicles*, in The Bible Knowledge Commentary–OT(Wheaton, Ill.: Victor, 1985).

J. Barton Payne, *1, 2 Chronicles*, in Expositor's Bible Commentary(Grand Rapids: Zondervan, 1988). 『엑스포지터스 성경주석』(열왕기상-역대하), 패터슨·오스텔·페인 지음, 엑스포지터스번역위원회 옮김(형상사, 1988).

제 목

유다의 예루살렘 귀환 기사인 이 책에서 에스라의 이름은 7:1에 가서야 등장하지만 그의 이름('여호와께서 도우시다')이 책의 제목으로 되어 있다. 유대 전승과 기독교 전승 모두 이 책의 저작권을 유명한 이 서기관이자 제사장으로 인정한다. 신약 저자들은 에스라서를 인용하지 않는다.

저자와 저작 연대

에스라와 느헤미야는 원래 한 권이었고 에스라가 두 책의 저자일 가능성이 매우 높다. 에스라 4:8-6:18과 7:12-26은 아람어로 기술되어 있다. 에스라 스스로 자신이 저자임을 언급한 적은 없지만 내적 증거는 그가 저자임을 강력하게 지지한다. 예루살렘에 귀환한 이후(주전 458년) 화자가 3인칭(1-6장)에서 1인칭(7-10장)으로 달라진다. 앞부분에서 3인칭으로 서술한 이유는 과거 기억을 인용하기 때문인 것으로 보인다.

에스라는 역대기의 저자일 가능성도 유력하다. 같은 저자가 70년의 포로생활이 끝나면 본국으로 귀환하게 해주리라는 그 약속을 하나님이 성취하시는 과정을 보여주며 연관된 구약 내러티브를 기술했다고 보는 것이 자연스럽다. 역대기서는 제사장적 관점이 두드러지는데, 에스라는 제사장 가문인 아론의 후손이었다(참고. 7:1-5). 역대하의 결론 부분(36:22, 23)은 실제로 에스라의 첫 부분(1:1-3상)과 동일하며 이 두 책을 그가 저술했음을 지지한다.

에스라는 에스라서와 느헤미야서에서 발견되는 수많은 행정 문서를 접할 수 있었던 서기관이다. 페르시아 제국의 왕궁 문서보관소에 들어갈 수 있는 사람은 극히 소수였으며, 에스라는 그 소수의 특권층이었던 것으로 보인다(참고. 1:2-4; 4:9-22; 5:7-17; 6:3-12). 법을 다루는 서기관으로서 그의 역할은 7:10에 기록되어 있다. "에스라가 여호와의 율법을 연구하여 준행하며 율례와 규례를 이스라엘에게 가르치기로 결심했었더라." 그는 심지가 강건하고 경건한 사람으로 느헤미야와 동시대 사람이었다(참고. 느 8:1-9; 12:36). 전승에는 그가 대회당의 설립자로 이 대회당에서 구약 경전이 최초로 확증되었다고 한다.

에스라는 2차 예루살렘 귀환을 주도했기 때문에(주전 458년) 이 책이 완성된 시기는 그 이후의 어느 시점이었을 것으로 보인다(주전 457-444년).

배경과 무대

하나님은 먼저 출애굽으로 애굽의 노예 시장에서 이스라엘을 사서 해방시켜 주신 적이 있다(주전 1445년). 수백 년이 지난 뒤 에스라가 등장하기 전 하나님은 그 백성이 자신과 맺은 언약을 어기면 다시 이방 민족에게 노예로 넘겨주겠다고 경고하셨다(렘 2:14-25). 선지자들의 입을 빌려 그 백성에게 수차례 경고하셨음에도 이스라엘과 유다는 주를 거부하고 이방 신들을 섬기고 우상숭배에 따르는 가증한 일을 행했다(참고. 왕하 17:7-18; 렘 2:7-13). 하나님은 경고하신 대로 앗수르와 바벨론을 보내어 패역한 그들을 징계하셨다.

주전 722년 앗수르 군대는 북왕국 이스라엘의 열 지파를 사로잡아 앗수르 제국 전역에 강제로 이주시켰다(참고. 왕하 17:24-41; 사 7:8). 몇 세기 후인 주전 605-586년에는 바벨론 군대를 사용하셔서 예루살렘을 무너뜨리고 그들을 포로로 잡아가게 하셨다. 유다가 계속 그 언약을 지키지 않고 악을 행하므로 하나님은 자기 백성을 70년의 포로생활로 징계하셨다(렘 25:11). 70년 후 시작된 예루살렘 귀환 이야기는 에스라와 느헤미야에 기록되어 있다. 주전 539년 바사 왕 고레스는 바벨론을 무너뜨렸고, 에스라서는 일 년 후 유대인에게 예루살렘 귀환을 허락한 고레스 칙령으로 시작된다(주전 538년). 제2 성전 재건(주전 536년 시작되어 주전 516년 완공됨)을 비롯해 유다의 절기와 희생제사에 대한 유대력의 재확립이 시간순으로 기록되어 있다.

유다가 바벨론으로 3차에 걸쳐 포로로 잡혀갔듯이(주전 605년, 주전 597년, 주전 586년) 예루살렘 귀환 역시 90년 동안 세 번에 걸쳐 진행되었다. 주전 538년 스룹바벨이 1차로 귀환했고 주전 458년 에스라의 주도로 2차 귀환이 이루어졌다. 13년 후인 주전 445년 느헤미야가

3차 귀환을 주도했다. 그러나 독립국가로서 타국의 간섭을 받지 않는 정치적 독립은 한 번도 누리지 못했다. 선지자 학개와 스가랴는 주전 520년 이후 스룹바벨 시대에 활동했다.

역사적 · 신학적 주제

바벨론 포로생활을 마친 유대인의 예루살렘 귀환은 애굽 노예생활에서 이스라엘이 구원받은 1차 대탈출(엑소더스)과 여러모로 유사해 2차 대탈출이라고 불릴 만하다. 바벨론 귀환 여정은 1차 대탈출과 유사한 특징을 지닌다. 첫째, 성전과 성벽 재건이다. 둘째, 율법의 회복(스룹바벨과 에스라, 느헤미야는 소위 제2의 모세 역할을 했음)이다. 셋째, 대적들의 도전이다. 넷째, 우상숭배로 이어지는 이방인들과의 통혼 유혹이다. 이 외에도 1차 대탈출과 바벨론에서 예루살렘으로의 귀환 사건 사이에 유사성은 다시 돌아온 유대인에게 하나님이 새로운 출발을 약속하는 증표로 해석되었을 것이다.

에스라는 귀환 기사에서 서기관으로 열람권이 보장된 바사의 행정 문서를 많이 인용한다. 왕궁 행정 문서의 존재는 "그의 하나님 여호와의 도우심을 입음으로 내 하나님 여호와의 손이 내 위에 있으므로"(7:6, 28)라는 인상적 글과 연결되면 의미심장한 메시지를 전달한다. 바사 정부가 작성한 칙령과 선언문, 서신, 명단, 족보, 각서, 비망록의 존재는 이스라엘 회복에 하나님의 주권적 손길이 역사했다는 증거가 된다.

에스라서의 주요 메시지는 지난 고난(포로생활)이 하나님의 주도로 이루어졌으며, 이방 왕과 그 후임자들로 유다에 미래의 소망을 주는 작업(예루살렘 귀환)이 지속되리라는 데 있다. 하나님의 통치는 이 세상 열왕의 통치를 포괄하며, 따라서 에스라서는 하나님의 언약적 은혜가 이스라엘에 계속되고 있다는 메시지를 전한다.

에스라서에 두드러진 또 다른 주제는 조상 때 앗수르에서 이주해온 사마리아 거주민의 반발이다(4:2. 참고. 요 4:4-42). 조직적 방해를 목적으로 이스라엘 대적들은 성전 재건에 참여하겠다는 의사를 밝혔다(4:1, 2). 이 계획이 수포로 돌아가자 그들은 유대인을 저지할 사람들을 고용했다(참고. 4:4, 5). 그러나 주님은 학개와 스가랴의 독려로 백성과 그 지도자들이 다시 용기를 내어 재건 작업을 포기하지 않게 하셨다. "굳세게 하여 일할지어다 내가 너희와 함께 하노라"(학 2:4. 참고. 4:24-5:2). 재건 작업은 재개되었고(주전 520년), 곧 성전이 완공되어 봉헌됨으로써 하나님을 섬기는 제사를 드릴 수 있었다(주전 516년).

해석상의 과제

첫째, 포로기 이후 기록된 역사서인 역대기와 에스라, 느헤미야, 에스더서는 포로기 후기 선지자인 학개와 스가랴, 말라기와 어떤 관계가 있는가? 에스라와 느헤미야, 에스더의 저작 순서에 대해서는 *6:22-7:1에 대한 주석*과 예루살렘 귀환에 대한 설명을 보라. 두 권의 역대기는 에스라가 저술한 것으로 다윗의 영원한 통치에 대한 약속, 아론의 후손들이 수행한 제사장직, 올바른 성전 예배를 일깨워주는 데 목적이 있다. 학개와 스가랴는 성전 건축이 재개된 에스라 4-6장을 시대적 배경으로 예언 활동을 했다. 말라기는 느헤미야가 바사를 재방문한 시기에 말라기서를 저술했다(참고. 느 13:6).

둘째, 이 책의 기록 목적은 무엇인가? 에스라는 바벨론 유수가 끝나고 3차에 걸쳐 이루어진 예루살렘 귀환 중 첫 번째와 두 번째 귀환 역사를 보고하고 있다. 1차 귀환(1-6장)은 스룹바벨이 주도했고(주전 538년), 2차 귀환(7-10장)은 에스라 본인이 주도했다(주전 458년). 에스라는 제사장직의 뿌리를 그의 조상 엘르아살과 비느하스, 사독까지 추적함으로써 아론 가문에서 대대로 이어진 제사장직의 중요성을 재천명했다(참고. 7:1-5). 그리고 제2성전의 재건을 서술하고 있다(3-6장). 이방인들과의 통혼이라는 심각한 죄를 다룬 과정은 9장과 10장에 기술되어 있다. 가장 중요한 사실은 하나님의 주권적 손길이 왕들의 마음을 움직여 아브라함과 다윗, 예레미야에게 약속된 땅에서 국가적·개인적으로 아브라함의 후손인 이스라엘 민족을 재건하고자 할 때 받은 여러 방해 작업을 극복하는 과정이 기술되었다는 것이다.

셋째, 성전이 재건된 때는 고레스 왕 통치기였다. 아하수에로 왕(4:6)과 아닥사스다(4:7-23)가 언급된 점으로 미루어 이 두 명의 왕 집권기에도 성전 건축이 계속되었으리라 생각할 수 있다. 그러나 이런 추측은 역사적 사실과 어긋난다. 에스라는 아하수에로나 아닥사스다 시기에 성전 건축이 진행되었음을 쓴 것이 아니라 성전이 재건된 이후에도 이어진 방해 작업이 에스라 시대까지 계속되었음을 연대순으로 서술한 것이다. 그러므로 4:1-5과 4:24-5:2은 스룹바벨 지도 하에 성전 재건 상황을 다룬 반면 4:6-23은 에스라와 느헤미야 시대에 발생한 방해 작업의 역사를 부가적으로 기술한 것이 분명하다.

넷째, 에스더서의 사건이 에스라서의 어느 시기에 발생했는지 결정해야 한다. 면밀히 살펴보면 에스더서 사건은 6장과 7장 사건 사이에 일어났음을 알 수 있다. 이에 대해서는 *에스더에 대한 설명을 보라.*

다섯째, 하나님이 이혼을 미워하신다는 말씀(말 2:16)에 비춰 에스라 10장의 이혼 이야기는 어떻게 이해해야 하는가? 에스라가 이런 기준을 정한 것은 일반적인 상황에 적용하기 위한 것이 아니라 역사적으로 특수한 예외적 문제를 해결하기 위해서였다. 이방인들과의 통혼으로 유대 민족의 순수성이 오염되는 더 큰 악을 해결하고자 더 작은 악(이혼)을 용납한다는 원리를 근거로 이런 결정이 내려졌던 것 같다. 그래야 이스라엘 민족과 다윗의 메시아 혈통이 이방인들과의 통혼으로 절멸된 위험을 막을 수 있다. 1차 대탈출 때 유일한 해결책으로 싯딤에서 관련된 모든 자(남편, 아내, 자녀)를 돌로 쳐죽인 사례(민 25:1-9)에 비하면 이런 식의 문제 해결은 하나님의 자비를 강하게 부각시켜 준다.

에스라 개요

I. 스룹바벨 지도하의 제1차 귀환(1:1-6:22)
- A. 고레스의 칙령(1:1-4)
- B. 성전 재건을 위한 재원 확보(1:5-11)
- C. 귀환자 명단(2:1-70)
- D. 성전 재건(3:1-6:22)
  1. 건축 시작(3:1-13)
  2. 방해 공작의 시작(4:1-5)
  3. 계속된 방해 공작(4:6-23)
  4. 재건 작업 재개(4:24-5:2)
  5. 반대 활동의 재개(5:3-6:12)
  6. 성전 완공과 봉헌(6:13-22)

II. 에스라 지도하의 제2차 귀환(7:1-10:44)
- A. 에스라의 도착(7:1-8:36)
- B. 부흥운동을 주도한 에스라(9:1-10:44)

스룹바벨 지도하의 제1차 귀환 (1:1-6:22)

A. 고레스의 칙령(1:1-4)

1:1-3상 이 단락은 내용상 역대기하 36:22, 23과 거의 동일하다. 포로기 이전 역사를 다룬 역대기상하는 다윗 왕권의 보장, 아론 계보의 제사장직, 성전 예배에 대해 귀환자들에게 지침을 마련해주었다. 에스라서는 그 이야기를 이어받았다.

1:1 바사 왕 고레스 재위 기간은 주전 550-530년이다. 하나님은 이사야를 통해 고레스를 "내 목자라…예루살렘에 대하여는 이르기를 중건되리라 하며 성전에 대하여는 네 기초가 놓여지리라 하는 자니라"(사 44:28) 고 예언하셨다. 역사가 요세푸스는 다니엘이 이사야의 예언을 고레스 왕에게 읽어준 날의 이야기를 기록하고 그 응답으로 고레스가 1:2-4절의 칙령을 반포하기에 이르렀다고 말한다(주전 538년). **원년** 주전 538년이다. **예레미야의 입을 통하여** 예레미야는 바벨론에서 70년의 포로생활이 끝나면 본국으로 귀환하리라고 예언했다(렘 25:11; 29:10-14. 참고. 단 9:2). 이것은 고립된 사건이 아니라 창세기 12:1-3에서 아브라함이 받은 언약적 약속의 성취였다. **마음을 감동시키시매** 열왕의 인생에 하나님이 주권적으로 역사하셔서 그 뜻을 이루신다는 사실의 강력한 표현이다(잠 21:1; 단 2:21; 4:17). **공포도 하고** 보통 중앙 행정부에서 시행하며 구두로 진행되는 공적 발표의 가장 일반적 형태다. 왕은 문서를 동봉한 전령을 그 성으로 파견했을 것이다. 전령은 칙령 내용

「기도하는 에스라(*Ezra in Prayer*)」 1866년. 귀스타브 도레. 판화. 『성경(*The Holy Bible: Old and New Testaments*)』 삽화.

포로기 이후의 예루살렘 귀환

순서	연대	성경 본문	유대 지도자	바사 왕
1차	주전 538년(또는 주전 537년)	에스라 1-6장	스룹바벨, 예수아	고레스
2차	주전 458년	에스라 7-10장	에스라	아닥사스다
3차	주전 445년	느헤미야 1-13장	느헤미야	아닥사스다

을 전하기 위해 사람들이 사교적 목적으로 자주 모이는 성문을 찾아가거나 광장에 나팔을 불어 사람들을 소집했을 것이다. 고고학자들이 발견한 것으로 보존 상태가 상당히 양호한 문서 고레스 실린더(Cyrus Cylinder)를 보면 각국에서 잡혀온 노예들에게 고향으로 돌아가 각 신의 신전을 재건하도록 했다는 기록이 나온다. 따라서 이런 포로 귀환 정책은 모든 포로를 대상으로 한 고레스의 일반적 정책으로 보인다. 이 문서가 이 본문의 포로들에게 공포된 내용의 연장인지 여부는 아직 더 연구가 필요하다(참고. 6:2-5). **조서도 내려** 공포는 구두로 이루어진 선언으로 보통 전령이 담당하지만 그 내용을 종종 보관용으로 기록하기도 했다.

1:2-4 유대인이 그런 우호적 대접을 받게 된 데는 다니엘이 상당히 공헌했을 것으로 보인다(참고. 단 6:25-28). 유대인 역사가 요세푸스에 따르면 다니엘은 고레스의 총리로 이사야의 예언(사 44:28; 46:1-4)을 고레스에게 전해주었다고 한다. 자신이 출생하기 1세기 훨씬 전에 그런 문서가 기록되었다는 사실에 고레스는 자신의 힘이 이스라엘의 하나님께 받은 것임을 인정하고, 그 예언대로 행하고 싶은 마음이 들었을 것이다.

1:2 하늘의 하나님 여호와 이스라엘의 하나님은 주권적으로 세상 왕들에게 권력을 주시는 최고 영적 권위자로 인정받았다(참고. 5:12; 6:9, 10; 7:12, 21, 23). **성전** 이것은 제2 성전을 가리키며 스룹바벨의 주도로 백성이 귀환한 뒤 지어질 성전을 말한다.

B. 성전 재건을 위한 재원 확보(1:5-11)

1:5 그 마음이 하나님께 감동을 받고 에스라와 느헤미야의 중요한 주제는 하나님의 주권적인 손이 그 정하신 때에 정확히 그 계획대로 일하고 계신다는 것이다. 70년간의 포로생활이 마무리되자 하나님은 고레스의 마음을 움직여 칙령을 발표하게 하셨을 뿐 아니라 자기 백성이 가서 예루살렘과 성전을 재건하도록 마음을 움직여주셨다(참고. 1:1).

1:6 그 사면 사람들 에스라와 느헤미야에서 출애굽기와 기본적으로 유사한 내용이 시종일관 나타난다. 애굽인이 성막 부장품에 사용하도록 앞 다투어 보물을 내놓던 모습이 재연된다(참고. 출 11:2; 12:35, 36). 본문에서는 이스라엘 주변의 여러 민족이 각종 보물을 내놓는다. 바벨론에서 태어나 그대로 머무는 쪽을 선택한 동족 유대인, 고레스와 유대인에 대해 우호적인 일부 바벨론 사람과 앗수르 사람도 여기에 포함되었을 것이다.

1:7 여호와의 성전 그릇 참고. 6:5. 이것은 느부갓네살 왕이 성전을 점령한 후 약탈해간 그릇들이다(주전 605-586년, 왕하 24:13; 25:14, 15; 단 1:2). 하나님은 예레미야가 예언한 대로(렘 27:22) 바벨론 사람을 이용해 보존하시고 무사히 반환되도록 해주셨다(참고. 대하 36:7; 단 5:1-4).

1:8 유다 총독 세스바살 참고. 1:11; 5:14, 16. 성경에서 이 사람이 언급된 데는 에스라서뿐이다. 그는 유다를 감독하도록 고레스 왕이 임명한 정치인일 가능성이 높다. 유대인(참고. 2:2; 3:2, 8; 4:2, 3; 5:2)과 하나님(참고. 학 1; 2; 슥 4장)이 유다 지도자로 인정한 스룹바벨과 이 사람을 혼동해서는 안 된다. 스룹바벨은 왕이 아니었지만 다윗 왕가의 메시아 계보에 속한 사람이었다(참고. 학 2:23; 마 1:12).

1:9-11 9절과 10절에서 거론한 2,499개의 그릇은 11절에서 언급한 총 그릇 수 5,400개 중 일부다.

1:11 사로잡힌 자 느부갓네살이 예루살렘에서 바벨론에 끌고 간 사람들로 이들의 예루살렘 귀환은 고레스 재위 초반에 이루어졌을 가능성이 높다(주전 538/537년). **바벨론에서 예루살렘으로** 3~5개월이 걸리는 여정이다(참고. 7:8, 9).

C. 귀환자 명단(2:1-70)

2:1-70 이 명단은 느헤미야 7:6-73의 명단과 대부분 일치한다(느 *7:6-73에 대한 설명을 보라*).

2:1 도(province) 화려하고 강성한 독립 왕국이었지만 그 이름도 모호하고 비루한 바사 제국의 한 지역으로 격하된 유다를 가리킨다. 귀환 유대인은 여전히 바사의 한 지역에 사는 고레스의 백성으로 분류되었다.

2:2 스룹바벨 이 사람은 여호야긴으로 이어진 다윗 가문의 일원이라는 점에서 유다의 합법적 지도자라고 할 수 있다(참고. 대상 3:17). 그는 공식 왕은 아니었지만(참

스

고. 여호야긴의 혈통에 내린 저주, 렘 22:24-30) 누가의 족보에서 다윗의 아들 나단의 혈통으로 밝혀진 데서 보듯 저주를 피했으므로 여전히 메시아의 계보에 속한다고 말할 수 있다(참고. 마 1:12; 눅 3:27). 그의 이름은 '바벨론의 자손'이라는 뜻으로, 그의 출생지가 어디인지 알려준다. 하나님의 뜻에 따라 고레스가 임명한 세스바살(참고 1:11)이 아니라 그가 유다의 지도자가 되었다. **예수아** '여호와가 구원하시다'라는 뜻의 이름을 가진 그는 귀환한 최초의 대제사장이다. 학개 1:1과 스가랴 3:1에서는 여호수아라고 불린다. 그의 부친 요사닥(3:2)은 포로로 잡혀갔다(참고. 대상 6:15). 그는 레위와 아론, 엘르아살, 비느하스 가문의 출신이므로 합법적인 대제사장 가문의 후손이었다(참고 민 25:10-13). **느헤미야…모르드개** 느헤미야나 에스더에 등장하는 사람들과는 다른 이들이다.

2:3-20 여러 유대 가문의 이름이 등장한다.

2:21-35 이들은 여러 유다 성읍 출신이다.

2:36-42 대제사장들과 레위인들이다. 더 자세한 내용은 느헤미야 12:1-9에 대한 설명을 보라.

2:43-54 느디님 이들은 성전 노예로 성전에서 막일을 하던 기브온 거민의 후손들이다.

2:55-58 솔로몬을 보필하던 신하의 후손들이다.

2:59-62 이들의 족보에 대한 정보는 확인할 수 없다.

2:63 우림과 둠밈 *출애굽기 28:30에 대한 설명을 보라*. 대제사장의 흉패에 넣었던 이 물건은 하나님의 뜻을 판단하는 데 사용되었다.

2:64, 65 이 수는 본문에서 구체적으로 나열한 숫자들을 합산할 경우보다 12,000명이 더 많다. 나열한 각 숫자를 합산할 경우 이 장은 29,818명에 이르지만 느헤미야의 병행 구절에서는 31,089명이다. 에스라는 또 느헤미야가 생략한 494명을 언급하고, 느헤미야는 에스라가 간과한 1,765명을 언급한다. 그러므로 에스라의 이 수를 느헤미야의 총 합산 숫자와 더하고 느헤미야의 그 수를 에스라의 합산 숫자와 더하면 둘 다 31,583명이 된다. 이 수를 42,360에서 제하면 10,777이 남는다. 이들은 유다와 베냐민 지파에 속하거나 제사장 가문에 속하지 않고 다른 지파에 속했기 때문에 뺀 숫자다. 종들과 노래하는 자들이 남녀 각각 계산되었고(65절), 이들을 모두 합하면 스룹바벨과 함께 귀환한 수는 5만 명에 이른다. 여기에 짐을 진 8,000마리의 짐승이 대동했다.

유대인의 귀환 경로

2:69 다릭(드라크마)…마네 드라크마는 다리우스 1세의 이름을 본뜬 바사의 동전 다릭을 가리키는 것으로 보인다. 이것은 황금 1,100파운드에 해당할 것이다. 1미나는 약 1.2파운드로, 이것은 은 3톤에 해당한다(참고. 대상 29:7).

2:70 느디님 *43-54절에 대한 설명을 보라.*

D. 성전 재건(3:1-6:22)

1. 건축 시작(3:1-13)

3:1-13 예배와 절기의 회복이다. 제단을 다시 지은 때는 주전 537년경이었을 것이다.

3:1 귀환한 후 유대인은 예루살렘과 주변 지역에 각자의 거주지를 정했다. 그 일이 마무리되자 마치 성전이 완공된 것처럼 하나님께 제사를 드리기로 하고 절기에 맞춰 번제단 짓는 작업을 했다. 나팔절과 대속죄일, 초막절(참고. 4절)이 있는 달(주전 537년 9-10월)은 유대 월력으로 7월이었다. 절기를 지키고자 백성이 모인 것은 70년 만의 일이었다. 그들은 레위기 23:24-44의 규정에 따라 의식을 행했다. 90여 년 후에는 느헤미야와 에스라가 유사한 절기를 주도할 것이다(참고. 느 8:13-18).

3:2 예수아와…스룹바벨 백성의 인정을 받은 영적 지도자와 관리자다. *2:2에 대한 설명을 보라.* **모세의 율법에 기록한 대로** 번제에 대한 규정은 레위기 1:3-17에 기록되어 있다.

3:3 모든 나라 백성 유다가 포로생활을 하는 70년 동안 그 땅을 차지한 주민들은 앗수르와 바벨론의 이주 정책으로 여러 나라에서 유입되어 온 이주민이었다. 이들은 유대인을 자기들을 위협하는 존재로 보고 그들의 여호와 신앙을 훼손했다(참고. 4:1, 2). **제단을…세우고** 이것은 성전 예배를 회복하는 데 꼭 필요했다(6절). 그들이 옛 기초 위에 그 단을 다시 세우므로 거룩한 땅에 단이 세워지게 되었다. **번제** 가장 일반적인 죄에 관한 제사였다(참고. 2절).

3:4 기록된 규례대로 민수기 29:12-38대로 행하는 것을 말한다.

3:7 석수…목수…백향목 성전 재건 과정은 솔로몬의 첫 성전 건축과 유사한 느낌을 준다(왕상 5; 6; 대상 22; 대하 2장). **시돈…두로…욥바** 건축 자재들은 베니게의 항구도시인 시돈과 두로에서 예루살렘으로부터 약 56킬로미터 거리에 있는 주요 항구인 욥바 남쪽으로 선박을 이용해 운반했다. **고레스의 명령** 참고. 1:2-4.

3:8 이년 둘째 달 주전 536년 4/5월이다. 이때 주전 605년에 시작된 70년간의 포로생활이 공식적으로 마감되었다.

3:11 찬양으로 화답하며 그들이 부른 찬양은 시편 136:1과 비슷하다.

3:12 첫 성전 솔로몬이 지은 성전이다(참고. 왕상 5-7장). **대성통곡했으나** 첫 번째 성전은 50년 전에 파괴되었다. 60세 이상의 노인들은 이 두 번째 성전이 솔로몬 성전의 장엄함과 비교가 안 되고 그 성전에 임재하신 하나님의 영광과도 비교가 되지 않음을 알았다(참고. 학 2:1-4; 슥 4:9, 10). 나라도 작고 허약했고 성전도 작고 초라하기 그지없었다. 다윗과 솔로몬 시대의 부요와 영광은 그 흔적조차 찾아보기 어려웠다. 게다가 언약궤는 사라졌다. 가장 실망스러운 것은 하나님의 셰키나 영광(임재의 영광)이 보이지 않는다는 점이었다. 그래서 그들은 소리 내어 울었다. **기쁨으로 크게 함성을 지르니** 과거 성전을 모르는 사람들에게 이것은 벅찬 순간이었다. 시편 126편은 이런 경우를 대비해 기록되고 불렸을 것이다.

2. 방해 공작의 시작(4:1-5)

4:1 대적 참고. 5:3-17. 이들은 그 지역에 정착한 이스라엘의 대적으로 그들의 재정착에 반발했다.

4:2 우리가 하나님께 제사를 드리노라 이 거짓된 주장은 사마리아인들의 혼합주의적 예배를 상징한다. 그들은 주전 722년 이후 사마리아에 정착한 이주민들과 통혼으로 출생한 사람들의 후손이다(10절). 영국 박물관에 보관된 거대한 실린더에는 앗수르 왕 에살핫돈(주전 681-669년)의 연감이 새겨져 있다. 그는 이스라엘 민족을 대규모로 팔레스타인에서 강제 이주시킨 왕이다. 이 강제 이주 정책으로 바벨론 이주민들이 유다에 정착하여 남아 있던 유대인 여자들, 그 자손들과 통혼이 이루어졌다. 그 결과 사마리아인들이라는 혼혈 민족이 생겨났다. 그들은 미신적인 형태를 띤 하나님 신앙을 발전시켰다(참고. 왕하 17:26-34).

4:3 바사 왕 고레스가 우리에게 명령하신 대로 참고. 1:2-4(주전 538년). 이 설명은 그들의 거절이 타당한 근거가 있음을 보여준다. **우리가…홀로** 유다가 바벨론으로 끌려간 주된 이유는 우상숭배였기에 그들은 철저히 이를 배격하고자 했다. 여전히 영적으로 문제가 있었지만(9; 10장) 그들은 모든 형태의 혼합 종교를 거부했는데, 특히 협력을 가장해 고의적인 훼방을 목적으로 한 제안은 단호히 거부했다(참고. 4, 5절).

4:5 다리오 다리오는 주전 521-486년에 바사를 통치했다. **막았으며** 이 사건으로 성전 재건이 16년간 지연되었다(주전 536-520년). 그 결과 유다 백성은 신앙보다 개인적 행복에 더 큰 관심을 갖게 되었다(참고. 학 1:2-6).

3. 계속된 방해 공작(4:6-23)

4:6-23 이 단락에는 후대에 발생한 방해 공작이 기록되어 있다. 에스라는 '유다의 예루살렘 재정착과 재건의 방해'라는 주제를 강조하기 위한 일종의 삽입구로, 이 내용을 여기에 배치했다(서론에 나온 해석상의 과제를 보라). 먼저 그는 에스더 시대의 왕인 아하수에로 또는 크세르크세스(주전 486-464년) 재위 기간에 발생한 대적의 방해를 언급한다(6절). 이어서 4:7-23은 아닥사스다 1세(주전 464-423년)의 재위 기간이자 느헤미야 시대에 있었던 방해 공작을 기술한다. 그것은 유대인을 고발하는 편지였다(7-16절). 왕의 조서로 미루어볼 때 이들의 공작은 성공을 거두었다(17-23절). 이 방해 공작은 느헤미야 1:3에서 말한 것과 동일한 사건일 가능성이 높다. 이런 사실을 미뤄볼 때 이스라엘과 사마리아인 간에 심각한 적대관계가 지속되었음을 알 수 있고, 후일 사마리아인들이 그리심산에 그들만의 성전을 세웠을 때 그 적대관계는 더욱 악화되었다(참고. 요 4:9). 스룹바벨을 저지하려는 시도는 다리우스 1세 통치기를 다룬 4:24-5:2에서 다시 재개된다. 그러나 다리우스 1세는 아하수에로나 아닥사스다보다 앞서 통치했던 왕이다.

4:6 글을 올려…고발하니라 고발로 번역된 단어는 '불평'이라는 뜻을 내포하고 있다. '법정의 맞수'(legal adversary) 또는 '반대자'(opponent)라는 의미의 사탄과 관련된 용어다.

4:7, 8 글…글 여기서는 두 개의 다른 단어가 사용되었다. 전자는 일반적 편지와 반대되는 공식 문서를 말하고, 후자는 일반적 의미의 편지를 말한다. 문맥상으로 이렇게 다른 단어를 쓴 이유가 있다. 실제로 이 두 단어가 서로 다른 성격을 가졌다는 사실을 암시하기 위해서다.

4:8-6:18 이 단락은 대부분 서신으로 이루어져 있어

스

히브리어가 아닌 아람어로 기록되어 있다(7:12-26도 그렇다). 일반적으로 당시의 공식 문서는 아람어를 사용했다(참고. 왕하 18:26; 사 36:11).

4:10 오스납발 앗수르 왕 앗슈르나시르팔(주전 669-633년)의 다른 이름일 가능성이 높다. **사마리아 성과…땅에 옮겨 둔** 사마리아인들은 이 이주민들과 니느웨에 포로로 잡혀가지 않고 남은 빈민층과의 통혼으로 태어났다(*2절과 왕하 17:24-41에 대한 설명을 보라*).

4:11 아닥사스다 *6-23절에 대한 설명을 보라*. **강 건너편에** 유브라데강 서쪽을 말한다.

4:12 유다 사람들 이 이름이 일반적으로 사용된 것은 포로기 이후 귀환한 사람들이 주로 남왕국 유다 출신이었기 때문이다. 북쪽 열 지파 사람들은 대부분 여러 곳으로 뿔뿔이 흩어졌고, 귀환자들 가운데 대다수는 남쪽의 두 지파 출신이었다.

4:13, 14 이 고발 내용은 아주 위선적이다. 그들 역시 세금 바치는 걸 좋아하지 않았지만 유대인을 증오해 이런 식으로 음해했다.

4:15 사기 왕궁 문서 보관소에 보관된 '비망록'이라는 행정 문서의 일종이다. **성읍이 무너짐도** 바벨론 왕 느부갓네살이 예루살렘을 무너뜨린 것을 가리킨다(주전 586년).

4:19 명령하여 이는 '내가 칙령을 발표하여'라고 번역하는 게 더 정확하다. 다시 말해 이것은 한 개인에게 내린 단순한 명령이 아니라 대규모의 한 집단에게 내린 중대한 결정이었다.

4:21 이제…명령을 전하여 이것은 한두 명의 노역자에게 내린 사소한 명령이 아니라 무려 5만 명이나 되는 사람에게 내린 작업 중단 지시였다. 왕은 아주 중요한 명령을 전하고 있다. 원어로 보면 그 차이가 더 분명하게 나타난다. 이런 명령은 왕이 새로운 칙령을 발표해야 그 효력을 상실하게 된다.

4:23 조서 일반적 서신과 반대되는 또 다른 공식 문서가 아닥사스다 왕한테서 내려왔고, 그 칙령을 선언하는 권한은 그 지역 지도자들에게 있었다. 왕의 공식적인 행정 문서가 없으면 그 칙령을 발표할 수 없었다.

4. 재건 작업 재개(4:24-5:2)

4:24 중단되니라 주전 536~520년 16년간 재건 작업이 중단되었다.

5:1 학개와…스가랴 학개는 우주의 만왕이 "여호와의 사자"(학 1:13) 학개를 통해 발송한 '왕궁의 행정 문서' 형식을 띠고 있다(참고. 학 1:13). 그 메시지의 일부는 특별히 정치지도자 스룹바벨과 종교지도자 예수아에게 주신 것으로 하나님이 함께하시니 '용기를 갖고 성전을 재건하라'는 내용이었다(학 2:4). 이 두 선지자는 백성이 다시 성전 재건 작업을 재개하지 않으면 화가 미치리라는 책망과 경고를 주는 동시에 순종하면 국가적 번영이 따르리라고 약속했다. 이 메시지를 들은 지 얼마 지나지 않아 성전 재건 작업이 16년 만에 재개되었다. *학개와 스가랴에 대한 설명을 보라.*

5:2 하나님의 선지자들 이들은 학개와 스가랴 외의 선지자일 것이다.

5. 반대 활동의 재개(5:3-6:12)

5:3 닷드내 바사 관리일 가능성이 높다. **누가 너희에게 명령하여** 달리 말하면 '누가 성전을 짓도록 왕의 조서를 내렸느냐'는 것이다(참고. 5:9).

5:5 하나님이 유다 장로들을 돌보셨으므로 바사 왕 다리우스에게 확인 여부를 묻는 절차가 진행되는 동안 이 일을 재개하도록 인도하신 하나님의 보호하시는 손길로 재건 작업이 지속되었다(*4:5에 대한 설명을 보라*)

5:8 큰 돌…나무 나무 기둥과 돌 벽돌을 이용한 이런 건축 기법은 성벽 건축의 일반적인 방식이었다. 여기서 이것을 언급한 이유는 혹시 있을지도 모르는 전투나 싸움에 그들이 대비했음을 알리기 위한 것처럼 보인다. 이런 내용을 포함시킴으로써 그런 싸움을 원치 않는 바사 관리에게 유다 사람들이 불순한 뜻을 품고 있다는 인상을 주려고 했을 것이다.

5:11 그들이 우리에게 대답하여 이르기를 유다 사람들은 공식적인 답신을 보냈다. **이스라엘의 큰 왕** 첫 성전(주전 966-960년, 왕상 5-7장)을 지은 솔로몬을 가리킨다.

5:12 느부갓네살의 손에 넘기시매 이런 표현은 왕의 행정 문서에 흔히 사용되는 표현으로 왕처럼 더 강력한 권력자가 그 권세의 일부를 신하에게 부여하되 그 하급 행정관이 부여한 권한 내에서만 활동하도록 할 때 사용되었다. 여기서 핵심은 우주의 왕이신 하나님이 이 행정적 조치를 취할 권한을 느부갓네살에게 부여함으로써 그 진노를 만족시켰다는 것이다. 고대 근동에서 가장 위대한 왕으로 인정받는 인물이라도 만군의 하나님의 왕국에서는 하급 관리에 지나지 않았다.

5:13 고레스…조서 참고. 1:2-4.

5:14, 16 세스바살이…지대를 놓았고 이 진술은 스룹바벨과 예수아, 유대 백성이 기초를 놓았다는 언급과 상반되는 것처럼 보이지만 세스바살이 유대인을 감독하도록 바사 왕이 임명한 정치인이었고, 또 그 일을 주도한 공식적인 책임자로 인정한 것이기에 실제로 서로 모순되지 않는다. *1:8에 대한 설명을 보라.*

6:1 다리오 왕이 조서를 내려 공식 조서라기보다 소수의 관리들에게 하달된 단순한 명령이었다.

6:1, 2 바벨론, 악메다 악메다는 바사의 수도인 엑바타나의 다른 이름으로, 바벨론 북서쪽으로 483킬로미터 떨어진 산지에 위치했으며 고레스와 다른 황제들의 여름 별궁이 있었다.

6:2 거기에 기록했으되 비망록이라는 특별한 문서다(4:15; 말 3:16). 행정관리들은 종종 행정적 결정 내용을 이런 문서로 정리하여 기록했고 후대에 참고하도록 행정적 조치의 상세한 부분까지 수록했다.

6:3 원년 주전 538년(참고. 1:2-4). **육십 규빗…육십 규빗** 이 수치는 솔로몬 성전보다 더 큰 수치다(참고. 왕상 6:2).

6:5 느부갓네살이…탈취하여 *1:7에 대한 설명을 보라.*

6:6, 7 하나님은 유대인을 지극히 사랑하셔서(참고. 5:5) 다리오를 통해 그들이 성전 재건 작업을 방해하지 못하도록 막으셨다.

6:8-10 성전 재건을 방해하고자 했던 관리들은 이제 재건 작업을 막을 명분이 사라졌을 뿐 아니라 바사 왕에게 바치고자 거둔 세금의 일부를 유대인에게 돌림으로써 재정적 지원까지 해야 했다. 유대인은 지역의 재정을 공식적으로 지원받게 되었다.

6:10 왕과 왕자들의 생명을 위하여 기도하게 하라 고레스는 모든 포로를 고국으로 돌아가 느부갓네살과 다른 왕들이 파괴한 각자의 신전과 성전을 재건하고 진노한 신들을 달래도록 했는데, 사실 알고 보면 이 명령에는 이기적 동기가 작용했다. 그는 이스라엘의 하나님을 비롯해 모든 민족의 신이 그의 편이 되기를 원했다.

6:11 빼내고…매어달게 하고…거름더미가 되게 하라 이것은 심각한 죄를 지었을 때 내리는 전형적인 처벌 중 하나였다(참고. 계 22:18, 19). 이 처벌의 잠재적 대상은 구체적으로 유대인에 적대적인 사마리아인이었다.

6. 성전 완공과 봉헌(6:13-22)

6:14 형통한지라 참고. 학개 1:7-11. **이스라엘 하나님의 명령…고레스…조서** 이것은 명령을 가리키는 공식적 용어는 아니지만 에스라서 전반에 '조서' 또는 '행정 명령'으로 번역된 것과 동일한 의미의 단어다. 이런 용어 선정이 전하는 메시지는 강력하다. 성전을 재건하는 행정적 권한은 우주의 주권자 되신 하나님의 명령으로 인정받았다는 것이다. 고대 근동 역사상 가장 위대한 군주에 속하는 세 왕의 명령도 결국 부차적인 명령에 지나지 않는다. 우주를 통치하시는 하나님은 왕들을 세우고 사용하시다가 그 권좌에서 끌어내리기도 하신다(참고. 잠 21:1). **아닥사스다** 스룹바벨이 주도한 성전 재건 작업에는 기여한 것이 없지만 에스라가 지도자로 있을 때는 기여한 것이 있다(참고. 7:11-26).

6:15 제육년 아달월 주전 516년 12번째 달(2월 또는 3월).

6:18 분반 제사장 분반을 소개한 역대상 24장을 보라. 다윗은 가문에 따라 제사장과 레위인들을 배치했지만, 그들의 권한과 특권, 의무를 할당한 이는 모세였다(*민 3, 4장에 설명을 보라*). **모세의 책** 즉 오경이다.

6:19 첫째 달 3월 또는 4월이다. **유월절** 참고. 레위기 23:4-8. 인상적인 다른 유월절 의식에는 히스기야(대하 30:1-22)와 요시아(대하 35:1-19)의 의식이 포함된다.

6:21 이방 사람의 더러운 것 이를 멀리한 사람들은 여호와 앞에서 자신의 부정함을 고백하고 할례를 받은 후 우상숭배를 버리고 유월절을 지키기로 한 유대교 개종자였다(22절).

6:22 앗수르 왕의 마음을 그들에게로 돌려 하나님은 왕이 성전 재건을 완성하도록 마음을 돌림으로써 자기 백성을 격려하셨다. 그들은 이 시련을 통해 "왕의 마음이 여호와의 손에 있음"(잠 21:1)을 더 잘 이해하게 되었다. 칭호 '앗수르 왕'은 출신 국가가 어디든 상관없이 위대한 네오-앗수르 제국을 계승한 왕에게 모두 부여되었다.

6:22-7:1 에스더서의 내용은 스룹바벨 하의 성전 완공(1-6장)과 에스라의 2차 귀환(주전 458년, 7-10장) 사이 59년간의 공백기를 서술한다. 에스라 4:6은 이 시기를 잠시 언급하고 있다.

에스라 지도 하의 제2차 귀환 (7:1-10:44)

7:1-10:44 이 단락은 에스라가 이끄는 2차 예루살렘 귀환(주전 458년)을 다룬다.

A. 에스라의 도착(7:1-8:36)

7:1 아닥사스다 주전 464-423년에 바사(페르시아) 왕으로 통치했다. **에스라** 서론의 저자와 저작 연대를 보라. **…의 아들** 에스라는 자신의 가계를 추적해 사독(왕상 2:35), 비느하스(민 25:10-13), 엘르아살(민 3:4) 등 명

에스라의 제사장 계보에서 핵심적 인물들

1. 레위	6. 비느하스
2. 고핫	7. 아비수아
3. 아므람	8. 사독
4. 아론	9. 힐기야
5. 엘르아	10. 에스라

망 높은 대제사장의 후손임을 밝힌다.

7:6 익숙한 학자 지도자들은 율법을 다시 연구하고 해석해야 했기에 학자로서 에스라의 역할은 유다 민족의 회복에 매우 중요했다. 율법을 받은 후 1000년의 세월이 흐르면서 많은 변화가 있어 이 작업은 결코 간단한 일이 아니었다. 전승에 따르면 에스라는 율법을 암송하고 있어 그것을 복기해 문서화시킬 수 있었다고 한다. **그의 하나님 여호와의 도우심을 입음으로** 일종의 이 후렴구 구절은 에스라와 느헤미야서 전반에 걸쳐 나타난다. 이 의미심장한 구절을 반복함으로써 독자는 막강한 힘을 가진 메대-바사 제국에서 성전과 성벽 재건, 유다 회복 작업이 이루어진 것은 뛰어난 소수 지도자의 능력 때문이 아님을 확인하게 된다. 이 일은 지혜와 권세가 뛰어나신 우주적 왕의 주권적 도우심이 있었기에 가능했다.

7:7 제칠년에 주전 458년이다. **느디님** *2:43-54에 대한 설명을 보라.*

7:8, 9 바벨론에서 예루살렘까지 약 1,610킬로미터를 이동한 4개월간의 대장정으로 3/4월에 출발하여 7/8월 목적지에 도착했다.

7:10 연구하여 준행하며…가르치기로 에스라의 태도는 매우 모범적이다. 순종의 삶을 살기 전에 먼저 연구했고 입을 열어 율법을 가르치기 전 먼저 그 율법을 연구하고 삶 속에서 실천했다. 그러나 에스라의 리더십이 성공한 것은 단순히 그의 이런 장점 때문이 아니라 "하나님의 선한 손의 도우심"(9절)을 입었다는 더 중요한 이유가 있다.

7:11 조서의 초본 원본은 보통 문서보관소에 보관되었다. 에스라가 조서를 받은 이유는 그 내용이 중요한 행정 문서였기 때문이다. 에스라는 조서를 공식적으로 받음으로써 그것을 해당 백성에게 낭독할 권한을 갖게 되었다.

7:12-26 이 조서 내용이 인상적인 이유는 세상 왕들을 다스리는 하나님의 주권적 권세와 아브라함 언약, 다윗 언약, 새 언약을 이스라엘에게 지키도록 하겠다는 그의 확고한 뜻을 증거해주기 때문이다. 이 단락은 4:8-6:18처럼 아람어로 기록되어 있다.

7:12 모든 왕의 왕 아닥사스다 왕이 다른 왕들을 다스린 것은 사실이지만 궁극적인 만왕의 왕은 예수 그리스도이시다(계 19:16). 미래 왕국에서 모든 왕을 통치하실 그분만이 만왕의 왕이라고 진정으로 주장하실 자격이 있다(참고. 계 11:15).

7:14 일곱 자문관 일곱 명의 자문관을 보낸 것은 바사의 전통에 따른 것이었다(참고. 에 1:14).

7:17 그러므로 (개역 성경에는 없음 – 옮긴이) 13-16절의 서두 부분에 기록된 왕의 칙령은 이제 두 번째 단락으로 넘어간다.

7:22 백 달란트 약 4톤의 무게에 해당한다. **백 고르** 약 750부셸이다(6,000갤런). **백 밧** 600갤런이다.

7:25 에스라여 너는 법령이 실린 조서는 에스라에게 내린 것이었다. 왕은 그에게 행정적 책임을 맡겼고, 그 지역의 법관과 재판관을 지명할 권한을 부여했다. 이런 결정 덕분에 유대인은 상당한 자치권을 누릴 수 있었다.

8:1-14 바벨론에서 올라온 이어서 소개된 명단에는 주변 지역에 살던 사람들이 포함되어 있었다. 이 단락에 기록된 사람의 전체 수는 이름이 거명된 사람들 외에 1,496명이다. 그러므로 여자와 어린이를 포함하면 그 수는 7,000에서 8,000명에 달한다. 이들이 1차 귀환 무리에 합류하지 않았던 것으로 보아 이 그룹이 출발한 후에도 많은 유대인이 바벨론에 잔류했음을 알 수 있다. 70년의 긴 시간이 흐르면서 많은 유대 포로가 바벨론에 정착해 안락한 생활을 누렸다. 하지만 귀환한 유대인과 바벨론에 잔류한 유대인 간에는 전혀 갈등이 없었다.

8:15 아하와…강 정확한 위치는 알려져 있지 않은데, 이곳의 강이나 운하는 유브라데강으로 흘렀을 것이다. 이곳은 바벨론 지역에 위치했으며 귀환을 선택한 유대인이 출발하기에 앞서 며칠간 마음의 각오를 다지며 서약을 확인했던 곳이다. **레위 자손이 한 사람도 없는지라** 귀환하기로 결정한 사람들 가운데 레위인이 한 명도 없자 에스라는 느디님의 우두머리인 잇도에게 사람들을 보내 적임자들을 찾아보게 했다. 잇도의 지시로 38명의 레위인과 220명의 느디님이 귀환 대열에 합류했다(16-20절).

8:17 느디님 *2:43-54에 대한 설명을 보라.*

8:21-23 내가…금식을 선포하고 긴 여정을 눈앞에 두

고 있었다. 도중 그들을 노리는 강도들이 자주 출몰할 수도 있기 때문에 매우 위험한 여행이었다. 왕의 사자들도 안전상 대상들과 함께 이동했다. 에스라와 그 백성은 하나님의 보호하심에 대한 그들의 확신을 왕에게 보여주기를 원했기 때문에 기도하고 금식하며 안전한 여행이 되도록 간구했다. 하나님은 그 믿음의 기도에 보호해주심으로 응답하셨다.

8:26 육백오십 달란트 25톤이 넘는다. **백 달란트** 거의 4톤에 이르는 액수다.

8:27 천 다릭 약 9킬로그램이다. *2:69에 대한 설명을 보라.*

8:31 첫째 달 *7:8, 9에 대한 설명을 보라.* 12일이 지연된 이유는 레위인을 찾느라 3일이 지체되고(15절), 하나님의 보호하심을 구하는 금식기도를 했기 때문이다(21절). **아하와** *15절에 대한 설명을 보라.*

8:36 무리가 또 왕의 조서를…넘겨 주매 조서가 복수로 표기된 것은 용어에 변동이 생겼기 때문일 수도 있다. 여기에는 아닥사스다 왕이 내린 유대인과 성전 재건 작업을 지원하라는 내용이 담긴 공식 문서와 그에 포함된 칙령과 다른 명령이 있었을 것이다.

B. 부흥운동을 주도한 에스라(9:1-10:44)

9:1 이 일 후에 이것은 에스라가 위탁받은 여러 일과 의무를 이행했음을 가리킨다. **제사장들과 레위 사람** 앗수르와 바벨론에 멸망하기 전과 마찬가지로 영적 지도자들은 백성과 함께 그 의무를 태만히 했다(참고. 사 24:2; 렘 5:30, 31; 6:13-15; 호 3:9; 말 2:1-9; 딤후 4:2-4). **가나안 사람들과…아모리 사람들** *여호수아 3:10에 대한 설명을 보라.* **가증한 일** 이런 일들을 멀리하도록 배타적 정책을 실행한 이유는 백성의 순결함을 보존하기 위해서였다. 첫 출애굽 때 이스라엘은 통혼으로 이어져 결국 이방 신을 숭배할 수 있으므로 다른 민족과 언약을 맺지 말라는 경고를 받았다(출 34:10-17; 신 7:1-5). 이런 경고를 어긴 그들은 결국 70년간 포로생활을 하는 심판을 받았다. 에스라는 또다시 그런 일이 일어나고 있음을 알고 즉각 회개를 요청했다. 느헤미야(느 13:23-27)와 말라기(말 2:14-16)는 이후 동일한 죄를 지적했다. 유대인이 그처럼 빠른 시간 내에 우상숭배라는 파국의 길을 또다시 걷는다는 건 있을 수 없는 일이었다. 바벨론 포로생활이라는 진노의 심판으로도, 귀환 과정에 보여주신 하나님의 놀라운 자비로도 그들이 다시 타락하는 것을 막지 못했다.

9:2 거룩한 자손 하나님이 구별해 세우신 아브라함의 자손이다(창 13:15, 16; 17:4-14). 그들은 다른 민족들과 피를 섞을 수 없었다. 그것은 하나님과의 언약 위반이었다(참고. 신 7:2, 3). 이방 여인과의 결혼을 허용하면 다음 세대는 분명히 우상숭배에 빠질 수밖에 없기에 에스라는 단호하고 강력하게 대응했다.

9:3 찢고…뜯으며…앉으니 옛 버릇을 버리지 못하고 다시 심판을 자초하는 백성을 보며 에스라는 슬퍼하고 괴로워했는데, 이런 식으로 그 참담한 마음을 표현했다(참고. 대하 34:27).

9:4 하나님의 말씀으로 말미암아 떠는 이방인과 통혼한 사람과 달리 그런 행위를 가증한 일로 보는 사람들은 다시 주의 심판이 임할까 두려워 심히 떨며(참고. 사 66:2, 5) 저녁 제사를 드리기 위해 백성이 모일 때까지 에스라와 자리에 앉아 있었다. 에스라가 저녁 제사 시간에 금식하고 애통해하며 기도를 통해(5절) 지도자들과 백성의 회개를 이끌어내고자 노력했으므로 공개적인 기도와 죄 고백이 있었을 것이다.

9:5-15 스스로 그 죄를 짓지 않았음에도 그 백성의 죄를 자기 죄로 받아들이며 복수형 대명사를 사용했다는 점에서 에스라의 제사장적 중보와 고백 기도는 다니엘(단 9:1-20), 느헤미야의 기도(느 1:4-11)와 비슷하다. 우리라는 복수대명사의 사용은 소수의 범죄가 공동체 전체를 오염시킬 수 있음을 에스라가 인식했다는 뜻이다.

9:8 그 거룩한 처소에 박힌 못 영구성과 두드러짐을 의미하는 비유적 표현이다.

9:8, 9 은혜…불쌍히 여김 하나님은 그 성품과 언약에 충실하셔서(애 3:22, 23) 이스라엘과 예루살렘, 성전을 회복해주셨다.

9:9 울타리 비옥한 초승달 지대에 흩어져 살면 유대인은 이방인의 죄에 언제라도 물들 수 있었다. 하나님을 보호자로 모시고 유다에 함께 모여 사는 이들은 안전했다. 이 울타리는 앞으로 재건해야 할 예루살렘 성벽도 포함되지만 더 포괄적인 의미에서 하나님의 보호하심을 의미한다.

9:10-12 주의 계명 이것은 성경의 한 특정한 부분이 아니라 이 주제에 대한 하나님의 명령을 요약해 표현한 것이다(참고. 출 34:15-17; 신 7:1-6).

9:13, 14 1차 출애굽 때 이스라엘 백성이 아론이 주도한 우상숭배와 음란한 짓에 가담했던 때의 상황과 비교해보라. 이로 말미암아 아론은 모세의 책망을 받았다(출 32:1-35).

9:14 남아…자가 없도록 에스라는 이 일로 하나님의 무서운 심판이 임하고 하나님이 무조건적 언약을 무효화하시지 않을까 두려워했다. 하나님은 죄를 심판하시지만 장차 메시아가 오시고 바울이 유대인에 대한 그 약속

스

을 계속 성실히 지키심을 천명한 데서 보듯이(롬 9-11장) 사랑하는 백성과 민족으로서 이스라엘을 부르신 하나님의 약속은 되돌릴 수 없는 것이다(롬 11:25-29).

9:15 주 앞에 한 사람도 감히 서지 못하겠나이다 모든 사람은 다 죄인이며 하나님의 존전에 설 권리가 없지만 그들은 회개하는 마음으로 주 앞에 나아와 죄 용서의 은혜를 간구했다.

10:1 엎드려 울며 기도하여 죄를 자복할 때에 심히 통곡하며 애통해하는 에스라의 모습을 보고 백성들이 그에게 합류했다. 이렇게 극단적으로 통회하는 표현으로 볼 때 그들의 죄에 대한 엄중함과 그 회개의 진실성을 알 수 있다.

10:2 스가냐 이 지도자는 18-44절의 명단에 없는 것으로 보아 이방 여인과 통혼하지 않은 사람으로(그의 부친과 다섯 명의 아버지 형제들은 26절에 언급됨) 그 친지들보다 하나님께 순종하는 담대함을 보였다. **아직도 소망이 있나니** 이런 소망은 하나님의 언약적 사랑과 진심으로 회개하는 죄인들을 용서하시는 은혜에서 찾을 수 있다.

10:3 떨며…하는 자 참고. 이사야 66:2, 5. 하나님 말씀, 특히 죄에 대한 심판의 말씀을 엄중하게 받아들인 이들을 말한다. **언약을 세우고** 스가냐는 백성과 지도자들에게 모든 이방 아내, 자녀와 절교하는 구체적 행동을 요구하며 에스라가 성경과 일치하는 조치를 제안했다고 인정한다(참고. 대하 29:10). **율법대로** 그들은 신명기 7:2, 3에 기록된 하나님의 율법대로 행하기를 원했다.

10:4 당신이 주장할 일이니 에스라는 합당한 신적 권위와 수많은 동족의 집단 이혼 문제를 진행해야 하는 이 막중한 책임을 이행할 대표적 영적 지도자로 인정받았다(참고. 18-44절).

10:5 맹세하는지라 맹세는 3절에 거론된 언약과 관련이 있다. 후에 유사한 상황이 발생했을 때 맹세한 서약 내용인 느헤미야 10:28-39을 보라.

10:7 공포하기를 이 명령은 전령을 통해 입으로 전달되었다. 이처럼 종종 율법과 같은 강제력을 지니는 경우가 있었다. 일부는 불참의 유혹을 받겠지만 이런 집회에 참석하지 않을 경우 재산을 몰수당할 뿐 아니라 이스라엘 공동체에서 추방될 것을 각오해야 했다.

10:8 삼일 훈령이 전달되면 백성은 72시간 내에 응해야 했다. 유다와 베냐민 소속 지역만 해당되었기 때문에 아무리 먼 거리라도 64-80킬로미터 이내였다.

10:9 모든 사람들 심각한 대가를 각오하라는 것은 상황의 엄중함을 의미했고, 그 이유로 모든 백성이 이 부름에 응했다. **아홉째 달** 유다 지역, 특히 고도가 762미터가 넘는 예루살렘에서 가장 비가 많이 내리고 혹독하게 추운 시기인 12/1월이다.

10:11 자복하고…끊어 버리라 회개의 핵심 요소가 여기 있다. 하나님께 죄를 인정하고 죄를 끊어버리는 의로운 행동을 실천하는 것이 바로 그것이다.

10:12-14 모든 회중…백성이 많고 이 표현은 이 죄가 백성들 사이에 얼마나 광범위하게 퍼져 있었는지를 증명해준다. 폭우가 쏟아지고 많은 사람의 문제를 처리해야 했기 때문에 긴 시간이 필요했다. 그래서 백성은 그 심각한 문제를 처리할 행정적 제안을 했다. 하나님이 금하시는 결혼을 한 사람을 개별적으로 심문하고 재판하는 작업을 각자 속한 지역에서 진행하자는 것이었다. 이 모든 과정은 아주 신중하게 이루어져야 했기에 재판 절차를 각 지역에 이양하자는 제안은 광야에서 이드로가 한 제안과 비슷하다(참고. 출 18장).

10:15 그 일을 반대하고 이 네 사람이 문제 해결이 지연되는 것을 반대했는지 그 죄 자체를 다루는 것을 반대했는지는 분명하지 않다. 그러나 그것은 그럴 듯한 계획이었고, 신속한 해결책을 도출해내는 계기가 되었다.

10:16, 17 열째 달…첫째 달 전반적인 상황을 개선하는 데 석 달이 소요되었고, 그 후에 백성은 한결 가벼운 마음으로 유월절 지킬 준비를 했다.

10:18 예수아 자손 중 요사닥의 아들과 그의 형제 이방 여인과 통혼한 사람들의 명단 첫 머리에 스룹바벨과 1차 귀환을 하여 성전 재건을 주도했던 대제사장의 자손과 친척들이 포함되었다. 그들은 자신들이 지은 죄에 합당한 제사를 드림으로써 모든 백성의 귀감이 되었다(19절).

10:18-44 이 상황을 해결하는 데 석 달이 소요된 사실을 감안한다면 113명의 명단은 지도자 자리에 있던 사람만 대상으로 했을 가능성이 있다(참고. 13절의 "백성이 많고"). 백성의 숫자는 훨씬 더 많았을 것이다. 이렇게 문제를 직접적으로 다루었음에도 나중에 이런 일이 재발한다(참고. 느 9-10; 13).

10:44 이혼한 아내와 자녀들에 대해서는 적절한 생계 대책이 이루어졌을 것이다.

연구를 위한 자료

Derek Kidner, *Ezra and Nehemiah*, in Tyndale Old Testament Commentaries (Downers Grove, Ill.: IVP, 1979).

John A. Martin, *Ezra*, in The Bible Knowledge Commentary–OT (Wheaton, Ill.: Victor, 1985).

제 목

느헤미야('여호와께서 위로하신다')는 술 관원으로 흔히 알려져 있는데, 이 직책은 이 책 외에 성경 어디에도 등장하지 않는다. 동시대 사람들의 이름을 딴 에스라서와 에스더서처럼(에스라와 에스더의 서론을 보라) 이 책 역시 그가 리더십을 발휘한 사건들 위주로 다루며, 그의 이름을 따서 제목이 정해졌다. 헬라어 70인역과 라틴 불가타역은 이 책을 제2 에스라서라고 불렀다. 에스라와 느헤미야는 대부분의 영어 성경에서 별도의 책으로 편집되어 있지만, 현대 히브리어 본문처럼 원래 한 권으로 연결되어 있었을 가능성도 있다. 신약 저자들은 느헤미야서를 인용하지 않는다.

저자와 저작 연대

이 책의 많은 부분이 느헤미야의 개인 일기를 바탕으로 하며 그의 1인칭적 시각에서 기록된 것이 분명하지만(1:1-7:5; 12:27-43; 13:4-31) 유대인 전승과 기독교 전승 모두 에스라를 저자로 인정한다. 이는 에스라서와 느헤미야서가 70인역과 불가타 역본에서처럼 원래 한 권이었다는 외적 증거에 바탕을 둔 것이다. 또한 에스라와 느헤미야 양쪽에 반복적으로 나타나는 '하나님의 손'이라는 주제와 제사장이자 서기관으로서 저자의 역할과 같은 내적 증거도 그 근거로 작용한다.

서기관이었던 에스라는 바사의 왕실 문서보관소에 출입할 수 있었고 에스라서와 느헤미야서, 특히 에스라서에 기록 형태로 등장하는 수많은 행정 문서도 이해할 수 있었다. 바사 제국의 왕실 문서보관소에 접근할 수 있는 사람은 극소수에 지나지 않았을 텐데 에스라는 그 예외적 소수에 속했다(참고. 스 1:2-4; 4:9-22; 5:7-17; 6:3-12).

느헤미야 1장의 사건들은 주전 446년 바사 왕 아닥사스다(주전 464-423년) 재위 21년에 일어난 일이다. 이 책은 느헤미야의 제1기 예루살렘 총독 재임 시절(주전 445-433년, 1-12장)부터 주전 424년에 시작되었을 것으로 보이는 2기 총독 재임 기간(13장)까지 연대기적으로 기록되어 있다. 이 책은 느헤미야 제2기 또는 이후 어느 시점에 에스라가 기록했으며, 기록 시기는 주전 400년경이다.

배경과 무대

누누이 경고한 대로 하나님은 앗수르 사람과 바벨론 사람을 이용해 어긋난 길로 간 유다와 이스라엘을 징계하셨다. 주전 722년 앗수르 사람들은 북왕국 열 지파를 포로로 잡아 당시 전 세계라고 생각한 소위 세계 전역에 뿔뿔이 강제로 이주시켰다(왕하 17장). 몇 세기 후 주전 605-586년 하나님은 언약에 끝까지 불성실한 유다를 심판하시고자 바벨론 사람을 사용해 예루살렘을 정복하고 파괴하여 거의 폐허로 만드셨다(왕하 25장). 하나님은 70년간의 바벨론 포로생활로 자기 백성을 징계하셨다(렘 25:11).

유대인이 포로생활을 하는 동안 세계 제국의 패권은 바벨론에서 바사로 넘어갔다(주전 539년, 단 5장). 다니엘이 예언적 계시를 받은 것은 대부분 그 이후였다(참고. 단 6; 9-12장). 에스라서는 하나님의 백성에게 예루살렘에 돌아가 하나님의 성전을 건축하라는 바사 왕 고레스의 칙령(주전 539년)으로 시작하며 유다 민족의 절기와 제사제도의 회복을 시간순으로 기록한다. 스룹바벨과 예수아가 제1차 예루살렘 귀환을 주도하고(스 1-6장) 성전을 재건했다. 에스더서는 바사에 남은 유대인의 상황을 보여준다(주전 483-473년). 이때는 하만이 유대 민족을 절멸하려고 시도한 시기였다. 에스라 7-10장은 주전 458년 에스라가 이끈 2차 포로 귀환을 기록한다. 느헤미야서는 예루살렘 성벽을 재건할 목적의 3차 귀환(주전 445년)을 시간순으로 기록한다.

이 시기에 바사 제국은 근동 전역을 제패하여 통치하고 있었다. 유다 지역의 행정은 비록 관용 정책이 적용되기는 했지만 붕괴나 반역의 징후가 없는지 철저한 감시가 이루어지고 있었다. 정복된 도시의 성벽을 재건하는 일은 바사 중앙정부에 대한 심각한 위협이었다. 오직 왕이 신뢰하는 신복에게만 그런 일을 맡길 수 있었다. 유다를 회복하는 결정적 시기에 하나님은 느헤미야를 세우셔서 제국에서 왕이 가장 신임하는 사람에게 말기는 술 관원이 되도록 해주셨다.

바사 왕 아닥사스다(주전 464-423년) 때 느헤미야는 왕의 총애를 받았다. 요셉과 에스더, 다니엘처럼 그는 당시 고대 세계를 지배한 제국의 궁궐에서 중요한 직위를 맡았다. 바사의 예루살렘 지배가 갖는 여러 함의에도 불구하고 하나님은 이 지위를 이용해 예루살렘 성벽 재건을 주도하도록 하셨다.

이 외에도 몇 가지 흥미로운 역사적 사실이 있다. 첫째, 에스더는 아닥사스다의 계모(*에 1:9에 대한 설명을 보라*)로 아들이 유대인, 특히 느헤미야를 우호적으로 생각하도록 영향을 미칠 수 있는 위치에 있었다. 둘째, 주전 445년 아닥사스다가 공포한 성전 재건 명령으로 다니엘이 예언한 70주가 시작되었다(참고. 1; 2장. *단 9:24-26에 대한 설명을 보라*). 셋째, 주전 5세기 후반으로 추정되는 엘레판틴 파피루스(애굽 문서들)는 사마리아 총독 산발랏(2:19), 여호하난(6:18; 12:23), 비그왜가 느헤미야의 뒤를 이어 예루살렘 총독으로 부임한 사실(주전 410년, 10:16)을 언급함으로써 느헤미야의 기사를 지지해준다.

마지막으로 느헤미야와 말라기는 사건들의 발생 시점(13장; 말 1-4장)과 에스라에 의해 기록된 시점이라는 양쪽 관점에서 구약 정경의 마지막 성경에 해당한다. 그 후로 하나님은 이스라엘에 대해 400년간 침묵하시고 말씀을 계시해주시지 않았다. 하나님의 긴 침묵 기간은 세례 요한과 예수 그리스도의 탄생 선언과 함께 종료되었다(마 1; 눅 1; 2장).

그리스도의 성육신에 앞서 이스라엘 역사에 대한 구약 계시가 완성되고 유대인은 하나님이 주신 여러 약속과 언약을 아직 제대로 누리지 못했다. 아브라함에게 약속하신 대로(참고. 창 15:5) 유대인 남은 자들이 있었지만 출애굽기 시대에 비하면(민 1:46) 턱없이 적은 수였다. 유대인은 땅도 없었고(참고. 창 15:7) 주권 국가도 아니었다(창 12:2). 엘르아살과 비느하스 가문 출신이 대제사장을 맡기는 했지만(참고. 민 25:10-13) 다윗 왕조는 여전히 회복되지 못한 상태였다(참고. 삼하 7:16). 구속의 새 언약을 성취해주겠다는 하나님의 약속은 메시아의 탄생, 십자가에 처형당하심, 부활로 완성되기를 기다리고 있었다(참고. 히 7-10장).

역사적 · 신학적 주제

그 뜻을 행하고자 하나님 말씀에 주목한다는 것은 늘 등장하는 중요한 주제다. 에스라가 "모세의 율법책"(8:1)을 낭독한 후 영적 부흥이 시작되었다. 말씀을 낭독하고 에스라와 제사장들 가운데 일부는 참석한 백성에게 그 의미를 풀어 자세히 설명해주었다(8:8). 다음 날 에스라는 "율법의 말씀을 밝히 알고자 하여"(8:13) 그에게 나아온 백성의 족장들과 제사장들과 레위인들을 만났다. 그리고 "율법에 기록한 대로"(10:34) 정확히 제사를 드리고자 꼼꼼히 연구하고 그대로 시행했다.

하나님의 계시된 뜻을 지키고자 하는 열정과 관심이 얼마나 컸던지 그들은 "주 여호와의 모든 계명과 규례와 율례를 지켜 행하여" 저주로 맹세할 정도였다(10:29). 혼인과 관련된 개혁이 시행되자 "모세의 책을 낭독하여" 들려준 그대로 시행했다(13:1).

두 번째 중요한 주제는 느헤미야의 순종으로, 이 책이 그의 회고록 또는 1인칭 이야기에 기반한 사실 때문에 이 주제가 느헤미야서 전반에 걸쳐 명확하게 드러나고 있다. 하나님은 느헤미야의 순종을 통해 일하셨다. 그러나 한편으로는 잘못된 동기와 의도를 가진 그의 대적들을 이용해 일하셨다. 느헤미야의 대적들은 실패와 좌절을 맛보았다. 그것은 느헤미야의 전략이 성공한 덕분이라기보다 "하나님이 그들의 꾀를 폐하셨기" 때문이다(4:15). 하나님은 그 적들의 반대를 이용하셔서 자기 백성이 주님 앞에 무릎을 꿇도록 하셨다. 고레스의 호의를 이용하여 그 백성을 고향으로 돌아오게 하시고 성전 재건 계획을 지원하고 심지어 예루살렘 성벽을 보호하도록 하신 것과 비슷하다. 느헤미야는 예루살렘 인구 재조정 전략의 진정한 동기를 "내 하나님이 내 마음을 감동하사"(7:5)라는 말로 인정했다. 그 일을 성취하신 이는 바로 하나님이셨다.

느헤미야서의 또 다른 주제는 에스라서처럼 적의 방해다. 유다의 대적들은 하나님의 백성이 바사 제국에 대해 모반을 계획한다는 소문을 퍼뜨렸다. 이런 악의적인 소문의 목적은 유다 백성이 겁을 먹고 성벽 중건을 포기하도록 만들기 위해서였다. 외부의 반대와 내부의 가슴 아픈 부패와 분열에도 유다는 불과 52일 만에 예루살렘 성벽을 완공하고(6:15) 에스라의 율법 낭독 후 영적 부흥을 경험했고(8:1 이하) 초막절을 지켰다(8:14 이하, 주전 445년).

느헤미야의 개인적 생각과 동기, 낙심을 자세히 소개해 독자는 '하나님의 주권적 손길'이란 주제와 자기 백성과 그 대적들의 일에 하나님이 개입하고 통치하신다는 주제를 바로 공감하고 쉽사리 그와 동질감을 느낄 수 있다. 그러나 수많은 방해와 후퇴와 좌절에도 성벽 중건 작업을 완성하신 하나님 앞에서는 유명한 술 관원의 모범적 행동도 빛을 잃는다. '하나님의 선하신 손길'이라는 주제는 느헤미야서에 계속 등장한다(1:10; 2:8, 18).

해석상의 과제

첫째, 느헤미야서의 상당 부분이 예루살렘 성문과 관련한 설명으로(참고. 2, 3, 8, 12장) '느헤미야 시대의 예루살렘'을 그린 지도의 도움을 받을 필요가 있다. 둘째, 독자는 1-12장의 사건이 약 일 년간(주전 445년)에 걸쳐 일어난 일이며 12장 이후와 13장 사이에 긴 시간적 간격(20여 년)이 있음을 알아야 한다. 마지막으로, 느헤미야가 실제로 두 번에 걸쳐 총독직을 수행했음을 알아야 한다. 첫 번째 재임 기간은 주전 445-433년(참고. 5:14; 13:6)이고, 두 번째 기간은 주전 424년에 시작되어 주전 410년까지로 추정된다.

느헤미야 개요

- I. 느헤미야의 첫 번째 총독 재임기(1:1-12:47)
  - A. 느헤미야의 예루살렘 귀환과 성벽 재건 (1:1-7:73상)
    1. 예루살렘으로 귀환한 느헤미야(1:1-2:20)
    2. 성벽을 재건하는 느헤미야와 백성 (3:1-7:3)
    3. 스룹바벨이 주도한 1차 포로 귀환을 회상하는 느헤미야(7:4-73상)
  - B. 에스라의 부흥과 개혁(7:73하-10:39)
    1. 율법을 강해하는 에스라(7:73하-8:12)
    2. 예배하고 회개하는 백성(8:13-9:37)
    3. 언약을 갱신하는 에스라와 제사장 (9:38-10:39)
  - C. 느헤미야의 재이주 정책과 백성의 기뻐함 (11:1-12:47)
    1. 예루살렘 인구(11:1-12:26)
    2. 성벽을 봉헌하는 백성 (12:27-43; 13:1-3)
    3. 다양한 성전의 직무(12:44-47)
- II. 느헤미야의 두 번째 총독 재임기(13:4-31)

느헤미야의 첫 번째 총독 재임기 (1:1-12:47)

A. 느헤미야의 예루살렘 귀환과 성벽 재건 (1:1-7:73상)

1:1-7:73상 느헤미야는 예루살렘으로 돌아와 52일간의 '성벽 재건' 사업을 성공적으로 완수했다(참고. 6:15).

1. 예루살렘으로 귀환한 느헤미야(1:1-2:20)

1:1-2:20 이 단락은 느헤미야가 유다 총독이 된 과정을 서술한다(참고. 5:14; 8:9; 10:1; 12:26).

1:1 하가랴 느헤미야의 아버지는 여기 외에 10:1에서 언급되고 구약 다른 곳에서는 한 번도 언급되지 않는다. **느헤미야의 말** '여호와께서 위로하시다'라는 뜻을 가진(참고. 3:16; 7:7; 8:9; 10:1; 12:26, 47) 왕의 술 관원이었던 개인의 기록이 느헤미야의 대부분을 차지한다. 메소보다미아 신 에스타르와 마르둑을 본떠 이름을 지은 에스더와 모르드개와 달리 느헤미야는 히브리식 이름이었다. **제이십년** 바사 왕 아닥사스다(주전 464-423년, 참고. 2:1) 재위 21년째다(2:1). **기슬르월** 주전 446년 11/12월로 느헤미야가 왕을 알현하고 예루살렘으로 파견해달라는 허락을 구한 니산월보다 4개월 전이다. **수산** 수사로도 알려진 이 성은 바벨론 동쪽, 페르시아 걸프 북쪽 241킬로미터 떨어진 곳에 위치한다. 수산은 메대-바사의 요새화된 성의 하나로 많은 관리가 겨울을 보내는 곳이고 에스더서의 배경이 되는 도시다.

1:2 하나니 느헤미야의 형제로 보이며(참고 7:2) 에스라 주도로 2차 귀환이 이루어질 때 함께 예루살렘으로 갔다가 돌아왔다(주전 458년). **유다와 예루살렘 사람들** 느헤미야는 에스라의 주도로 2차 포로 귀환(주전 458년)이 진행된 후 13년 동안 동족들과 예루살렘 성에 대해 큰 관심을 갖고 있었다.

1:3 예루살렘 성…성문 적의 공격을 방어할 수 있는 명실상부한 성으로 예루살렘을 재건하고자 하는 유대인의 시도는 대적들의 방해로 결국 좌절되었다. 또다시 성이 공격받으면 새로 지은 성전(주전 516년, 참고. 스 4:7-23) 역시 또 파괴될 위험이 있었다.

1:4 앉아서 울고 수일 동안 슬퍼하며 느헤미야는 선지자도 제사장도 아니었지만 예루살렘이 지니는 영적 의미를 깊이 이해했고, 하나님의 뜻과 영광을 높여 드리지 못하는 현실에 크게 상심했다.

1:5-11 이 기도는 성경에서 하나님께 드린 가장 감동적인 고백과 중보기도 중 하나다(참고. 스 9:6-15; 단 9:4-19).

1:5 주를 사랑하고…자에게 언약을 지키시며 긍휼을 베

푸시는 주 바벨론 포로생활 70년이 끝나고 하나님은 그 백성을 약속의 땅으로 돌아가게 하겠다는 약속을 지키셨다. 그러나 그 약속은 미완에 그치는 것처럼 보였고, 느헤미야는 자기 백성에게 주신 약속을 지키시도록 그 성품과 언약에 호소한다.

1:6 나와 내 아버지의 집이 범죄하여 느헤미야는 귀환자들의 죄악 때문에(참고. 스 9; 10장) 하나님이 마음을 바꾸어 유대인에게 은혜 베풀기를 보류하셨다고 믿었던 것으로 보인다.

1:7 계명과 율례와 규례 출애굽기와 레위기, 민수기, 신명기에 기록된 율법이다.

1:8, 9 모세에게 명령하여 이것은 모세의 여러 기록에 대한 요약이다. *흩어짐*(8절)에 대해서는 신명기 4:25-28; 28:63-65를 보라. 다시 *모음*에 대해서는 신명기 4:29-31; 30:1-5를 보라.

1:9 기억하옵소서 하나님이 실제로 약속을 잊으셔서 상기시켜 드리는 것이 아니라 그 말씀대로 실행해주시라는 간구다.

1:10 큰 권능과 강한 손으로 구속하신 출애굽 사건을 떠올리자 느헤미야는 이전에 이스라엘을 노예 상태에서 구속하신 하나님의 믿음직스럽고 강한 손길이 생각났다. 그래서 그는 또다시 그 백성을 구원해주실 하나님의 능력을 신뢰하게 되었다.

1:11 주의 이름을 경외하기를 기뻐하는 느헤미야는 하나님이 그 이름을 두려고 택하신 장소가 이스라엘이라는 사실을 언급한다(1:9). 그 백성은 그 이름을 경외하기를 원하면서 하나님의 개입하심을 기도하고 있다.

이 사람 앞에서 아닥사스다 왕을 언급한 것은 2:1 이하에 기록된 대화의 복선 역할을 한다. **왕의 술 관원** 왕의 식사를 시중드는 술 관원은 왕에게 개인적 어려움을 알릴 수 있는 혜택을 누렸다. 술 관원은 왕이 마시는 모든 음료와 술에 독이 없는지 확인하는 일을 했기 때문에 왕의 목숨과 직결된 사람이었고, 그 스스로도 목숨을 내놓고 하는 일이었지만 왕과 친밀한 사이가 될 수 있는 자리이기도 했다. 하나님은 한 이방인과 유대인의 이 관계를 주권적으로 이용하셔서 자기 백성을 구원하셨다. 요셉과 다니엘, 에스더, 모르드개의 경우도 마찬가지였다.

2:1 제이십년 1:1에 대한 설명을 보라. **니산월** 주전 445년 3월 또는 4월이다. **왕 앞에 포도주가 있기로** 포도주를 시음하는 것은 왕의 목숨을 위협할 독극물 여부를 확인하는 일이다 보니 왕과 술 관원의 신뢰가 돈독해야 했다. 포도주를 진상할 때는 느헤미야가 아닥사스다 왕의 관심과 인정을 받을 절호의 기회였다. 왕들이 술 맡은 관원들을 전적으로 신뢰해 그들의 자문을 구하는 경우가 많았다는 것은 새로운 사실이 아니었다. "이전에는 내가 왕 앞에서 수심이 없었더니." 왕의 면전에서 수심을 드러내는 것은 상당히 위험한 일이었다. 왕의 치세로 평안을 누린다는 것을 드러내야 하기 때문에 신하들은 왕 앞에서 즐거운 표정을 지어야 했다.

2:2 크게 두려워하여 느헤미야는 자신의 안색이나 설명, 요청으로 왕의 노여움을 사서 죽음을 당할까 두려웠다(참고. 스 4:11; 5:1-3).

2:3 묘실…성문 예루살렘과 동족의 처지를 알게 된 느

느헤미야 연대기

관련 구절		날짜	사건
1:1, 4	11/12월	주전 446년(기슬르)	느헤미야가 고국의 어려움을 전해듣고 기도하다
2:1, 5	3/4월	주전 445년(니산)	느헤미야가 예루살렘에 파견되다
3:1, 6:15	7/8월	주전 445년(압)	느헤미야가 성벽 중수 작업에 착수하다
6:15	8/9월	주전 445년(엘룰)	성벽 재건 작업을 완료하다
7:73하	9/10월	주전 445년(티슈리)	나팔절을 지키다(간접적 암시)
8:13-15	9/10월	주전 445년(티슈리)	초막절을 지키다
9:1	9/10월	주전 445년(티슈리)	죄 고백의 시간
12:27	9/10월	주전 445년(티슈리)	성벽 봉헌식
13:6		주전 445-433년	느헤미야의 총독 재임(느 1-12장)
13:6		주전 433-424년	바사로 돌아간 느헤미야
		주전 433-?	느헤미야의 부재 기간 중 말라기가 예루살렘에서 예언하다
13:1, 4, 7		주전 424-?	느헤미야가 돌아와 다시 총독이 되다(느 13장)

헤미야의 수심과 슬픔이 묘실과 성문에 대한 언급을 통해 표현되었다. 묘실은 후손들을 키우고 영적 가치를 계승한 조상들을 예우하는 장소였다. 또한 현재 생존한 세대들이 사후 후손들에게 적절한 매장 절차로 대우받기를 바라는 장소이기도 했다. 사법 절차나 사회적 교류가 성문 근처에서 이루어졌기 때문에 성문은 성 안의 생활을 상징하는 곳이었다. 성문이 불탔다는 것은 사회생활, 즉 한 공동체의 죽음을 상징했다.

2:4 네가 무엇을 원하느냐 왕은 느헤미야의 수심 가득한 표정에서 동족과 고국을 향한 뜨거운 애정을 읽었다. 왕의 질문에 그가 즉각 대답했다는 사실은 그가 얼마나 꾸준한 기도생활을 해왔는지 보여준다(참고. 1:6). **하늘의 하나님** *에스라 1:2에 대한 설명을 보라.*

2:5 그 성을 건축하게 하옵소서 성벽이 없다면 안전도 지속성도 보장될 수 없기 때문에 이 요청은 성벽 재건에 대한 요청임을 바로 알 수 있다. 그러나 정치적 · 행정적 체계의 재건에 대한 요청도 포함되었을 가능성이 있다.

2:6 왕후 에스더가 선왕 아하수에로(크세르크세스)의 왕비였고 아닥사스다 왕의 계모였기 때문에 왕과 왕비가 유대인에게 우호적인 생각을 갖도록 영향을 미쳤을 가능성이 있다. **돌아오겠느냐** 이 질문은 느헤미야가 그토록 바라던 임무를 수행하기 위해 파견되며, 그 임무가 끝나는 대로 바사로 복귀한다는 것을 전제로 한다(참고. 13:6).

2:7 조서를 내게 주사 왕의 권한을 느헤미야에게 일임한다는 공식 문서다. 문맥상 그는 신체의 위협이 도사리고 있거나 예루살렘 성벽 재건을 방해할 유다의 대적들이 사는 영지를 통과해야 하는 상황이었다. 왕의 사자나 대사, 사절이 통과하는 도로들은 곳곳에 검문소가 있어 그런 조서들을 검사한 후 통과를 허락해주었다. 수산에서 예루살렘까지 3개월이 소요되는 도보 여행은 길고 위험한 여정이었으며, 주요 길목마다 공식 문서가 있어야 통행이 허용되었다. 통행상의 위험이 있긴 했지만 느헤미야는 행정적 권위가 있는 조서들을 받았고 군대 장관들과 마병들이 호위하며 동행했다(2:9). *에스라 1:11, 7:8, 9에 대한 설명을 보라.*

2:8 또 왕의 삼림 감독 아삽에게 조서를 내리사 목재는 귀한 자재였다. 메소보다미아의 한 고대 도시에서 발견된 문서를 보면 나무 한 그루를 벌채한 혐의로 삼림 감독관이 재판을 받는 내용이 실려 있다. 이처럼 삼림은 엄격하게 관리되었는데, 느헤미야는 왕의 허락을 받았다는 공식 문서가 있어 성곽과 성벽, 거주할 관사를 짓는 데 필요한 목재를 구할 수 있었다. **성곽** 성전 북서쪽 바로 인접한 곳에 위치한 이 건물은 성전을 방비할 목적으로 세운 성채였다. 헤롯 대왕이 다시 보수 공사를 하고 안토니아 망대라고 불렀다. **내 하나님의 선한 손이 나를 도우시므로** 이 후렴구는 에스라서와 느헤미야서에 공통으로 등장하는 표현이다. 하나님이 자기 종들을 사용해 그 뜻을 이루신다는 사실을 알리기 위해 이 두 책에 자주 등장한다(참고. 스 1:5; 7:6).

2:9-3:1 바사에서 예루살렘까지 이동하는 데 걸린 시간과 준비 기간까지 합치면 3개월에서 4개월이 소요되었을 것이다(참고. 2:1; 6:15).

2:9 총독들에게 이르러 자신들이 관할하는 지역에 느헤미야가 온다는 소식은 이 총독들에게 큰 위기감을 가져다주었을 것이다. 이들의 위기감을 제대로 다루지 않고 지방 관리들을 무시하면 느헤미야의 생명뿐 아니라 예루살렘 동족들의 목숨도 위험해질 수 있었다. 하나님은 바사 왕의 마음을 움직이셔서 왕실 직속 장교들과 마병들을 보내 느헤미야를 호위하고 그런 공격에 대비하도록 했다.

성경에 나오는 바사 왕들

왕	연대	성경 구절
고레스 2세	주전 539-530년	대하 36:22, 23; 스 1장; 사 44:28; 45:1; 단 1:21; 10장
메대왕 다리우스	————	단 5:31; 9:1; 1:11(*단 5:31에 대한 설명을 보라*)
다리우스 1세 히타스페스	주전 522-486년	스 4-6; 학 1:1; 슥 1:1, 7 ;7:1
크세르크세스 1세	주전 486-465년	스 4:6
(아하수에로)	주전 483-473년	에 1-10
아닥사스다 1세 롱기마누스	주전 464-423년	스 4:7-23; 7장; 8:1; 느 2:1-8 (선지자 말라기 시대의 왕으로 추정)
다리우스 2세	주전 423-404년	느 12:22

2:10 산발랏…도비야 에스라 4:7-23에 기록된 방해 공작의 배후에 이들이 있었을 가능성이 높다. 이 일로 결국 예루살렘의 재건 작업이 중단되었다. 산발랏은 사마리아 총독이었고(호로나임은 모압의 한 성읍이었으므로 그는 모압 사람일 가능성이 있음), 도비야는 요단 동쪽 지역의 총독이었다. 이 지역의 관리들은 사마리아 북동쪽 지역(6장을 보라)의 지도자로, 유다의 성벽 재건을 막을 명분이 없었다. 하나님의 백성은 이 총독들과 같은 대적의 공격에 대비해 성을 방어할 권한을 확보한 상태였기 때문이다. 대놓고 유대인을 공격하거나 방해하면 바사 왕을 대적하는 것이나 마찬가지였다.

2:11-16 느헤미야는 사람들에게 어떤 정보도 주지 않고 사흘 동안 앞으로 할 일을 고민했다. 그리고 은밀하게 그 지역을 살피고 성의 남단을 돌아보면서 성벽과 성문의 파손 상태와 훼손 정도를 살폈다.

2:13, 15 골짜기 문 느헤미야는 서쪽 지점에서 시찰을 시작해 같은 지점에서 시찰을 마무리했다(참고. 3:13).

2:13 용정 이곳이 어디인지 정확한 위치는 알려져 있지 않다. 다만 예루살렘 남쪽 어느 지점으로 추정된다. **분문** 똥문이라고 알려지기도 했다. 예루살렘 성 남쪽에 위치했으며(참고. 3:13; 12:3) 기드론 계곡을 거쳐 힌놈 골짜기로 흐르는 하수도가 있었다.

2:14 샘문 정확한 위치는 알려져 있지 않은데, 예루살렘 동남쪽 어느 지점에 있었을 것으로 추정된다. **왕의 못** 실로암 연못일 것이다(참고. 3:15).

2:15 골짜기 기드론 골짜기이며, 성전산 동쪽으로 북남 방향을 향해 흐르는 시내가 있었다.

2:17 다시 수치를 당하지 말자 느부갓네살 왕이 예루살렘 성을 무너뜨린 사건은 이스라엘에게 큰 수치였는데, 특히 그들이 섬기는 하나님의 수치였다. 느헤미야는 하나님의 영광을 돌리고자 하는 이 노력에 하나님이 형통의 복을 주실 거라며 힘을 내자고 유대인을 설득했다(20절).

2:18 느헤미야가 왕에게 받은 신임장과 그의 감동적인 연설에 힘입어 의기소침해 있던 유대 백성은 주변 유력자들의 조롱과 위협에도(19, 20절) 용기를 내어 성벽 재건 작업에 착수했다.

2:19 산발랏…도비야 *2:10에 대한 설명을 보라.* **아라비아 사람 게셈** 그는 예루살렘 남쪽 지역을 관할하는 관리일 가능성이 높다.

2:20 하늘의 하나님 참고. 1:5. *에스라 1:2에 대한 설명을 보라.* 느헤미야는 왕의 공식 허가를 받았기에 왕에게 반역하는 것도 아니었고, 하나님의 보호하심도 함께하고 있었다. 반면 성벽 재건 사업을 저지하려는 대적들에게는 그 어느 것도 없었다. 하나님과 왕에게 그 사업을 저지할 어떤 권한도 받지 않았다.

2. 성벽을 재건하는 느헤미야와 백성(3:1–7:3)

3:1-7:3 성벽 재건에 대한 자세한 기사가 수록되어 있다.

3:1 대제사장 엘리아십 스룹바벨 시대의 대제사장 예수아의 손자다(참고. 느 12:10). **양문** 이 문은 예루살렘 북동쪽 지역에 위치한다(참고. 3:32; 12:39). **건축하여** 주전 445년 압월(7/8월) 4일에 건축이 시작되었다. **함메아 망대…하나넬 망대** 예루살렘 북쪽에 위치한 이곳은 중앙 베냐민 고원 지대를 바라보고 서 있었다. 적의 군대가 이 고원이 위치한 북쪽에서 쉽게 공격해올 수 있었다. 성의 다른 부분은 계곡이라는 천연 요새로 보호받았다.

3:3 어문 상인들이 예루살렘 북쪽에서 물고기를 팔았기 때문에 유래한 이름이다. 두로와 다른 해안도시 사람들이 이곳으로 물고기를 가져와서 팔았다(참고. 12:39; 13:16).

3:5 그 귀족들은 그들의 주인들의 공사를 분담하지 아니했으며 부자들이 게을렀기 때문이라는 설명 외에 이 귀족들이 개인적 이익 때문에 도비야에게 충성을 맹세했다는 해석도 있다(6:17-19).

3:6 옛 문 이 문은 예루살렘 북서쪽 모서리에 있었다

느헤미야 시대의 예루살렘

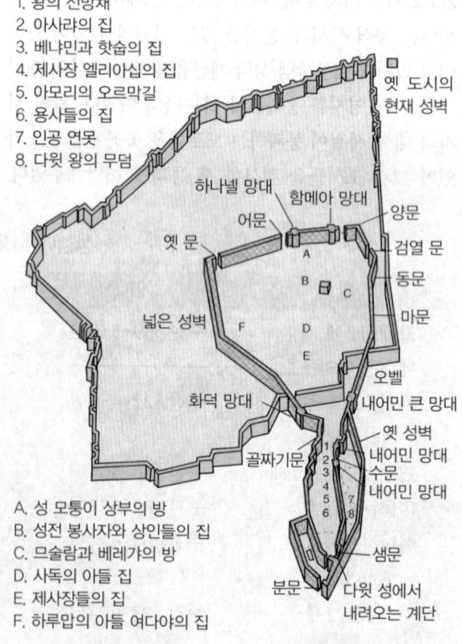

고 한다(참고. 12:39).

3:8 넓은 성벽 예루살렘 북쪽 지역의 서쪽에 위치했다고 한다(참고. 12:38).

3:11 화덕 망대 예루살렘 서쪽에 위치했다고 한다(참고. 12:38).

3:13 골짜기 문 *2:13, 15에 대한 설명을 보라.* **분문** *2:13에 대한 설명을 보라.*

3:15 왕의 동산 예루살렘 남동쪽에 위치했다. **셀라 못** *2:14에 대한 설명을 보라.*

3:16 다윗의 묘실 참고. 2:5. 예루살렘 남동쪽에 위치했을 것으로 보인다. **용사의 집** 이곳은 다윗의 용사들(참고. 삼하 23:8-39)과 관련된 장소였을 것이다.

3:19 군기고 예루살렘 동쪽에 위치했다.

3:26 오벨 성전산 남쪽 지역으로 수문 근처에 있었고 느디님들이 거주하던 곳이다(참고. 11:21; 대하 27:3; 33:14). **수문** 예루살렘 동쪽 기혼샘 근방에 위치했다(참고. 8:16; 12:37).

3:28 마문 예루살렘 북동쪽에 위치했을 것이다.

3:29 동문 성전산 동쪽 방향으로 위치했을 것이다.

3:31 함밉갓 문 예루살렘 북동쪽에 위치했을 것이다.

3:32 양문 내러티브가 시계 반대 방향으로 예루살렘을 한 바퀴 둘러본 후 시작된 곳에서 마무리된다(참고. 3:1; 12:39).

4:1-23 이 단락은 이 성벽 재건 공사에 대한 위협과 반대를 소개하고 있다.

4:2 사마리아 군대 산발랏이 이런 행동을 한 의도는 군사 행동을 유도하기 위해서였을 가능성이 있다. 그러나 그렇게 되면 바사 왕이 바로 사마리아를 진압하리라는 생각에 먼저 조롱과 모욕이라는 1차 공세로 성벽 재건을 중단시키려고 시도했다(3절).

4:4, 5 느헤미야는 이 기도에서 주권자 되신 하나님을 그 어느 때보다 강하게 변호하고 있다(참고. 1:5-11; 2:4).

4:7, 8 아스돗 사람들 기존의 대적들 명단에 추가된 또 다른 대적은 아스돗 거민으로, 아스돗은 이전의 블레셋 성들 가운데 하나이며 예루살렘 서쪽에 위치했다. 성벽 공사가 빠르게 진행되자 전면 공격까지 생각했던 것 같다.

4:9 유대인은 하나님께 기도하며 성벽 건축자의 일부를 수비병으로 돌리는 기민성을 보여주었다.

4:10 흙 무더기가 아직도 많거늘 문자적으로 '먼지'라는 뜻으로 이전에 예루살렘이 파괴될 때(주전 586년) 생긴 잔해나 폐허 더미를 의미한다. 유대인은 성벽 재건 공사를 빠르게 진척시키기 위해 먼저 이 잔해부터 치워야 했다.

4:11, 12 상대의 연합 세력이 실행한 작전들 가운데 하나는 대규모 군대로 기습 공격을 감행해 그들을 궤멸시킬 거라는 두려움을 심어줌으로써 유대인을 두려움과 공포에 몰아넣는 것이었다.

4:13-15 서 있게 하고 느헤미야와 유대인은 산발랏이 사마리아 군대를 소집했다는 소식을 들었다(4:2). 실제로 그 전략을 알고 유대 지도자들에게 보고하도록 하신 것은 하나님이셨다. 느헤미야와 그 부하들은 무장을 하고 전투태세를 유지하면서도 싸움에서 이기고 공사를 무사히 마무리하게 해주실 하나님께 영광을 돌렸다.

4:16-18상 그들의 위협으로 성벽 재건 작업에 참여하는 인원이 절반으로 줄어들었고, 작업자들도 공격에 대비해 무기를 소지했다(참고. 21절).

4:18하-20 나팔 나팔은 여러 용도가 있었지만 위험을 알리는 역할을 하거나 군인들이 전투태세를 갖추도록 하는 데 사용되었다. 느헤미야는 늘 자기 곁에 나팔수를 둠으로써 비상사태 발생 시 바로 경고를 보낼 수 있도록 했다. 쉬지 않고 부지런히 공사를 진행하는 것도 그 계획의 일부였다(22, 23절).

5:1-13 적들의 방해와 계속된 어려움으로 경제 상황이 악화되었고, 이로 말미암아 그렇지 않아도 어려운 생활이 심각한 타격을 받았다. 이런 동족들의 착취가 귀환한 동포들의 사기에 미치는 영향력은 대적들의 방해보다 더 심각했다.

5:1-5 형제인 유다 사람들 이들은 재건 작업에 동참하지 않고 적들과 동맹을 맺은 귀족들을 가리킨다(참고. 3:5). 백성은 고된 노동으로 지쳐 있었고 적들의 끝없는 조롱에 진이 빠져 있었다. 게다가 생필품 부족과 가난, 세수 부족에 시달렸고 그에 따른 빚, 양식을 구하는 데 쏟아야 할 노력을 성벽 재건에 매달림으로써 그 생활은 피폐해질 대로 피폐해졌다. 그것도 모자라 재건 사업에 아무 도움도 주지 않는 부유한 유대인의 착취와 강탈로 갈수록 원성이 높아졌다. 그들은 백성에게 돈을 빌려주고 갚을 능력이 없으면 그들의 집과 자녀들을 강제로 뺏다시피 했다. 정상적인 상황이라면 7년 안식년이나 50년째인 희년에 진행하는 채무 면제(레 25장) 율법이 적용되었기에 젊은이들은 이 법에 희망을 걸었을 것이다. 기업 무르기(redemption)라는 관습으로 대부분 노예가 된 가족을 '되사는' 것이 가능했을 테지만 당시의 절망적인 재정적 상황 때문에 그조차 불가능한 지경이었다.

5:7 귀족들과 민장들을 꾸짖어 귀족들과 민장들은 재건 사업에 무심한 반면 공사를 방해하는 도비야 무리에게 충성함으로써 기회주의적 태도를 드러내며 사실상

반대 입장에 섰다. 그들은 내부의 적이 되었다. **높은 이자를 취하는도다** 높은 이자는 정상적인 이자를 가리킬 수도 있고 고리대금을 가리킬 수도 있다. 모세의 율법에 따르면 유대인은 동족에게 돈이나 음식 등 어떤 것을 빌려주고 이자를 취하는 것이 금지되었다. 상대방이 가난해서 여력이 없다면 선물을 주었다고 생각해야 했다. 나중에 갚을 여력이 생긴다고 해도 이자를 갚을 필요는 없었다(레 25:36, 37; 신 23:19, 20). 이런 관용은 경건한 자의 덕목이었다(시 15:5; 렘 15:10을 보라. 참고. 잠 28:8). 이방인에게는 이자를 받아도 무방했다(신 23:20). 고대 국가에서 이자율은 때로 50퍼센트를 넘었다고 한다. 그런 고리대금 사업은 사람들의 절박한 사정을 악용했고 사실상 상환이 불가능했기에 남은 재산을 모두 빼앗기고 결국 노예 신세로 전락하고 말았다. *신명기 23:19, 20; 24:10-13에 대한 설명을 보라.*

5:8 도로 찾았거늘 느헤미야는 고리대금으로 형제들을 빚더미로 몰고 가는 그들의 악행을 강도 높게 비판했다. 바벨론에서 빚으로 노예가 된 유대 포로들을 자기 돈으로 사서 자유롭게 해주었던 사실은 그들의 악행과 비교된다.

5:10 나…역시 느헤미야는 이자 없이 돈을 빌려주는 행동을 몸소 실천함으로써 모범을 보여준다.

5:11 그들에게 오늘이라도…돌려보내라 저지른 악행을 되돌리기 위해 고리대금 사업을 한 자들은 빚을 갚을 수 없는 사람들에게 빼앗은 전답과 물건을 돌려보내고

「예루살렘의 폐허를 바라보는 느헤미야(*Nehemiah looks on the ruins of Jerusalem*)」 1896-1903년. 자 메 티소트, 판자에 구아슈화. 18×23cm. 주이시 뮤지엄. 뉴욕.

그들에게 받은 이자도 돌려주어야 했다(*눅 19:2-10에 대한 설명을 보라*).

5:12 맹세 느헤미야의 책망에 양심의 가책을 받고 두려움과 수치심 속에 참회한 그들은 빚을 면제해주고 노예들을 풀어줄 뿐 아니라 그들의 재산과 이자까지 되돌려주기로 맹세했다. 이런 채무 면제 행위는 채권자와 채무자 양측의 마음을 하나로 이어주는 놀라운 결과를 가져왔다. 그 절차는 사람들이 제사장(일종의 행정 관리 역할) 앞에서 그 맹세를 충실히 지키겠다고 엄숙히 서약함으로써 마무리되었다.

5:13 옷자락을 털며 총독 느헤미야의 이 저주 의식은 동족의 빚을 면제해주겠다는 맹세를 어기는 모든 사람에게 하나님의 진노를 내려달라는 주문이었다. 사람들은 이 맹세를 받아들였고 약속한 대로 이행했다.

5:14 제이십년 *1:1에 대한 설명을 보라.* **제삼십이년** 느헤미야가 바사의 아닥사스다 왕에게 돌아간 해다(주전 433년, 참고. 13:6). **총독의 녹을 먹다** 이것은 바사 행정부에서 보내온 것을 가리키지만 가난으로 고통받는 백성에게 세금을 거둬들여 준 것이므로 받지 않기로 했다(15절). 이 표현은 바사에서 왕의 술 관원이었던 느헤미야가 큰 부자였다는 것을 말해준다. 17절과 18절은 그가 함께 행정을 보는 사람들에게 넉넉한 보상을 해주는 동시에 150명의 사람들(그리고 그 가족)을 부양했다고 기록한다. 이것으로 예루살렘에 오기 전 그가 가진 재산의 정도를 가늠해볼 수 있다.

5:15 사십 세겔 대략 은 1파운드다. **하나님을 경외함으로** 느헤미야는 전임자들과 달리 동족에게 고리를 물리지 않았는데, 그것은 하나님께 불순종하는 행위라고 생각했다.

5:16 땅을 사지 아니했고 땅을 팔 수밖에 없는 사람들에게서 땅을 매입할 더없이 좋은 기회였지만 느헤미야는 타인의 고통을 이용하지 않는다는 개인적 신념을 고수했다. 그는 개인적 재산을 불리는 일보다 성벽 재건 작업에 전념했다.

5:18 총독의 녹 *5:14에 대한 설명을 보라.* 고대 근동에서는 돈의 양이 아니라 양식의 양으로 왕의 업무 수행비용을 계산하는 것이 관례였다(참고. 왕상 4:22; 18:19; 전 5:11).

5:19 기억하사 네 번의 기도 가운데 첫 번째 기도다(참고. 13:14, 22, 31).

6:1 산발랏…도비야…게셈 *2:10, 19에 대한 설명을 보라.*

6:2 내게 사람을 보내어 이것은 느헤미야에게 사자를 보내어 편지를 전달하거나 구두 메시지를 전하는 식으

느헤미야의 리더십

성경에 등장하는 수많은 지도자처럼 느헤미야는 그 인생에 대한 하나님의 소명을 잘 이해했다. 왕의 술 관원으로도 예루살렘의 재건 책임자로서도 느헤미야는 헌신적 태도와 치밀한 계획, 전략적 권한 위임, 창의적 문제 해결 방식, 현장 중심, 특히 능력 밖의 일은 지속적으로 하나님께 의지하면서 계획한 목표를 이루었다. 앞서 말한 이런 리더십은 예루살렘 성벽을 재건하고자 하는 그의 노력이 성공적으로 완수되는 과정에서 잘 드러난다.

첫째, 느헤미야는 유다 동족에 대한 깊은 관심과 그들에 대한 배려로 헌신적 태도를 보여주었다. 다음으로 느헤미야는 기도한 후 계획에 착수했다. 자기 백성을 약속의 땅으로 돌아가게 해주겠다는 하나님의 약속을 확신했지만, 그분 대신 그 일을 한다고 생각하지 않고 하나님의 도구로 처신했다(1:11; 2:5).

예루살렘에 도착했을 때도 느헤미야는 계획을 공포하기 전 먼저 현장을 직접 시찰했다. 그런 다음 지역 책임자들에게 필요한 도움을 요청했다. 필요한 물자를 조달할 책임을 구체적으로 요구했다. 성벽을 지어야 한다는 구체적 목표를 제시했다. 또한 사람들이 집과 가장 가까운 곳의 성벽을 보수하도록 작업 공간을 할당해주었다. 이렇게 하면 거주지 가까운 곳에 방어용 성벽이 생기는 장점이 있었다.

작업이 진행되면서 느헤미야는 여러 총독의 공격과 적들의 계략 때문에 작업이 중단되지 않도록 각별히 신경을 썼다. 그들의 위협에 대비해 백성의 무장을 지시했지만 작업을 중단시킬 정도로 그 위협을 심각하게 받아들이지 않았다. 고비 때마다 느헤미야는 하나님께 기도로 구했고, 그분 앞에 모든 결정을 내려놓았다. 느헤미야의 성공은 그가 그 작업의 이유를 망각하지 않고 항상 기억했으며, 그 일을 이루실 능력의 원천을 한결같이 의지했기 때문이다.

로 이루어졌을 것이다. 공개적인 군사 대결로는 느헤미야의 작업을 막지 못한다는 사실을 인정한 그들은 (*4:13-15에 대한 설명을 보라*) 속임수로 그를 제압하고자 했다. **오노 평지** 유대 서쪽 끝의 해안가인 욥바 남쪽에 위치했다.

6:3 그들에게 사자들을 보내어 그들이 자신을 유인하여 해하고자 한다는 것을 눈치 채고 느헤미야는 심부름꾼들을 보냈다. 그 사자들은 아무 이유 없이 죽임을 당하거나 살해당할 수도 있었다.

6:5 봉하지 않은 편지 공식 서신은 대체로 두루마리처럼 말아서 보내는 사람의 인장이나 그를 돕는 관리의 인장을 찍어 봉했다. 봉하지 않은 편지는 상대방을 모욕하는 것일 뿐 아니라 그 서신 내용이 모두 아는 것이라는 의미였다. 이 편지를 보낸 것은 느헤미야를 위협해 일을 중단시키려는 의도였다.

6:6 이방 중에도 소문이 있고 그 편지는 느헤미야가 반란을 모의하고 있다는 건 널리 알려진 사실이며, 제안한 모임에 오지 않으면 바사 왕에게까지 그 사실이 전해지는 것은 시간문제라는 내용을 담고 있었다. **너와 유다 사람들이 모반하려 하여** 이것이 사실이라면 바사 군대가 유대인을 진압하러 올 것이다. 유다가 고분고분하지 않고 독립을 노리는 민족이라는 소문이 널리 퍼졌다고 해도 이 경우에는 순전히 모함에 불과했다. **성벽을 건축한다 하나니 네가 그 말과 같이 왕이 되려 하는도다** 아닥사스다는 느헤미야와 돈독한 신뢰관계가 있어 그에게 재건 사업을 일임했다. 일단 그 사업이 완료되면 왕은 느헤미야가 수산으로 돌아오기를 기대했다. 느헤미야가 왕이 되고자 성을 요새화한다는 혐의가 사실이라면 전쟁까지는 아니더라도 바사 왕의 신뢰를 저버리는 행위였을 것이다. 이런 모함은 느헤미야와 아닥사스다 왕 사이에 불화가 생길지도 모른다는 두려움을 주어 그를 모임에 오도록 유인하기 위한 것이었다. 일단 그 모임에 오도록 유인할 수 있다면 그를 제거할 수 있으리라는 계산이었다.

6:7 선지자를 세워…선전하기를 그런 선지자들이 실제로 있었다면 산발랏이 그들을 고용해 거짓 정보로 세뇌시켜 헛소문을 퍼뜨리는 데 이용했을 것이다(참고. 6:10-14). 느헤미야가 스스로 왕이 되려 한다는 것을 공개적으로 선언할 때 그런 선지자들을 내세운다면 바사 제국의 식민 통치에서 독립하려는 것처럼 보였을 것이다.

6:10 스마야 밀봉하지 않은 편지를 보고도 느헤미야가 전혀 위축되지 않고 작업을 강행하며 제안한 모임에 오지 않자 그의 대적들은 내부인을 이용해 위협하기로 했다. 그들은 거짓 선지자 스마야를 고용해서(12절) 느헤미야가 살해 음모를 피해 성전의 성소 안으로 피하도록 유인할 계획을 세웠다. 성소 안에 들어가 몸을 숨기면 하나님의 집을 모독한 셈이 될 것이고 백성은 하나

느헤미야의 성벽 재건 작업을 저지하고자 한 일곱 번의 시도

1. 2:19	산발랏, 도비야, 게셈이 느헤미야를 조롱했다.
2. 4:1-3	산발랏과 도비야가 느헤미야를 조롱했다.
3. 4:7-23	대적들이 군사적 공격을 가하겠다고 위협했다.
4. 6:1-4	산발랏과 게셈이 느헤미야를 예루살렘 밖의 오노 평지로 유인하고자 계략을 꾸몄다.
5. 6:5-9	산발랏은 거짓 모함으로 느헤미야를 위협했다.
6. 6:10-14	스마야와 노아댜는 매수되어 느헤미야에 대해 거짓 예언을 하고 모욕했다.
7. 6:17-19	도비야는 예루살렘에 첩자를 심었으며 위협할 목적으로 느헤미야에게 편지를 썼다.

님에 대한 그의 경외심을 의심할 것이다. 스마야는 느헤미야와 친한 제사장의 아들이었다. 이 계획이 성공하면 느헤미야를 중상 모략할 기회를 잡을 수 있는데, 그는 제사장이 아니어서 성소에 들어갈 자격이 없었던 것이다(참고. 13절). 이 계획을 성공하면 백성은 그가 보여준 용기의 진정성을 의심하게 될 터였다(11절). 이런 일에 가담한 자들 가운데 귀족들(3:5; 6:17)과 산발랏 근처에 거주하는 유대인들(4:12), 노아댜(6:14), 므술람(6:17-19), 엘리아십(13:4, 7), 대제사장의 손자(13:28) 등 다른 유대인이 포함되어 있었다. **하나님의 전** 성전을 가리킬 때 자주 사용된 명칭이었다(참고. 8:16; 10:32-39; 11:11, 16, 22; 12:40; 13:4, 7, 9, 11, 14).

6:15 엘룰월 주전 445년 8/9월이다. 성벽 재건 사업이 52일 만에 완성된 것을 감안한다면 사업이 시작된 때는 주전 445년 압월(7/8월)로 추정된다.

6:16 우리 하나님께서 이 역사를 이루신 것을 이 역사가 완성된 것은 지도자의 역량 덕분이라는 유혹을 받을 수 있지만 느헤미야는 대적들의 시선으로 결론을 도출한다. 다시 말해 하나님은 신실한 일꾼들을 사용하시지만 실제로 일하는 분은 하나님이시라는 것이다. 이런 태도는 4:1과 5:9의 태도와 다르다.

6:17-19 유다의 귀족들이 여러 번 도비야에게 편지했고 느헤미야는 성벽 재건 기간에 이 역사에 동참하지 않은 유대 귀족들(3:5)이 도비야와 동맹관계를 맺고 서신을 주고받았다는 각주를 추가한다. 그의 조상은 암몬족이었지만(2:19) 명망 높은 유대 가문과 혼인관계를 맺었다. 스마야는 아라 가문 출신이었고(스 2:5) 그의 아들 여호하난은 성벽 재건 작업에 동참한 므술람의 사위였다(3:4, 30). 13:4에 따르면 대제사장 엘리아십도 도비야(유대식 이름)와 친척관계였다. 이 귀족들은 도비야와 느헤미야를 오가며 소식을 전하고 중재함으로써 양쪽을 자기 의도대로 움직이려고 했지만(19절) 도비야가 느헤미야를 모함하고 음해하는 노력을 포기하지 않으면서 틈만 더 벌어졌을 뿐이었다.

7:2 하나니 참고. 1:2 **영문** *2:8에 대한 설명을 보라.*

7:3 고대 근동에서는 일출 시 성문을 열고 일몰 때 성문을 닫는 것이 일반적이었다. 느헤미야는 주변 대적들 때문에 이렇게 하지 않도록 했다. 해가 높이 떠서 모두가 일어나 활동할 때 성문을 열도록 했다. 성문이 닫히면 파수대와 각자 집 앞에서 파수꾼이 지키도록 했다.

3. 스룹바벨이 주도한 1차 포로 귀환을 회상하는 느헤미야(7:4-73상)

7:5상 내 하나님이 내 마음을 감동하사 느헤미야는 시종일관 하나님의 손이 모든 상황에 함께하셨다고 주장한다(참고. 2:8, 18; 6:16).

7:5하, 6 계보를 얻었는데 느헤미야는 1차 포로 귀환이 이루어지기 전 바벨론에서 에스라가 작성한 백성의 계보를 발견했다. 그것은 스룹바벨과 함께 귀환한 사람들의 명단이었다.

7:6-73상 느헤미야는 주전 538년 스룹바벨의 주도로 바사에서 예루살렘으로 귀환한 1차 백성의 명단을 소개한다. *에스라 2:1-70에 대한 설명을 보라.* 에스라서의 명단과 서로 모순되는 부분은 에스라가 귀환할 의사를 보였던 사람들의 명단을 작성한 반면 느헤미야는 실제로 귀환한 사람들의 명단을 작성했기 때문이다. 어쩌

단어 연구

두려운(경외하는, Awesome): 1:5, 11; 4:14; 6:14, 19; 7:2. 문자적으로 '두렵다'는 뜻이다. 이 히브리어는 하나님에 대한 경외심과 경건한 생활을 자극하는 덕목을 연상시킨다(레 19:14; 25:17; 신 17:19; 왕하 17:34). 따라서 일반적인 공포감은 개인의 생각을 마비시키지만 경건한 두려움은 하나님에 대한 복종과 순종으로 이어진다. 하나님을 경외하는 사람은 그분의 뜻을 좇고(시 128:1) 악을 피해야 한다(욥 1:1).

면 알 수 없는 어떤 이유가 있었을 수도 있다.

7:65 우림과 둠밈 특정한 문제에 대해 하나님의 뜻을 분별할 때 우림과 둠밈을 사용했다. *출애굽기 28:30에 대한 설명을 보라.*

B. 에스라의 부흥과 개혁(7:73하-10:39)

7:73하-10:39 하나님은 에스라의 영적 리더십을 통해 유다에 영적 부흥이 일어나도록 해주셨다.

1. 율법을 강해하는 에스라(7:73하-8:12)

7:73하-8:12 하나님 말씀을 강해하면서 부흥이 일어나기 시작했다.

8:1 일곱째 달 주전 445년 티슈리월(9/10월)로 성벽 재건이 완공된 지 일주일이 채 지나지 않은 때였다(참고. 6:15). 초막절은 보통 15일에 시작되었지만(참고. 6:14; 레 23:33-44) 여기서는 둘째 날에 시작된다(참고. 8:13). 그것은 온 백성이 참여하도록 요청받은 절기였다. 보통 첫날을 나팔절로 지켰다(참고. 레 23:23-25).

8:1, 2 율법책 백성의 요청에 따라 에스라는 주의 율법책을 가져왔다. 그는 이 율법책을 열심히 연구하고 실천하며 백성에게 가르쳐왔다(참고. 스 7:10). 당시 율법은 제본을 한 책이 아니라 두루마리에 써 있었다. 매 칠 년마다 초막절에 율법책을 낭독하는 것이 규례였지만(참고. 신 31:10-13) 바벨론에 포로로 잡혀가서 이때까지 제대로 지키지 못했다.

8:1 수문 *3:26에 대한 설명을 보라.* **에스라** 느헤미야서에서 처음으로 에스라가 언급된다. 그는 주전 458년 이후로 예루살렘에서 계속 사역하고 있었다(참고. 스 7:1-13:44).

8:3 읽으매…귀를 기울였는데 새벽부터 정오까지 최소한 여섯 시간 동안 성경을 읽고 설명한 내용을 간략히 요약해 서술한다(더 상세한 내용은 4-8절에 추가적으로 설명되어 있음).

8:4 강단…그의 곁 이 강단은 14명의 사람이 오랜 시간 낭독하고 설명하는 일을 할 수 있을 정도로 큰 것이었다(8절). 제사장들로 추정되는 이들은 느헤미야와 함께 서서 그 뜻을 함께한다는 것을 보여주었다.

8:5 일어서니라 하나님 말씀을 낭송하자 그분의 존전에 선 것처럼 공경한다는 의미로 백성은 일제히 서서 긴 강해 내용을 들었다.

8:6 하나님 여호와를 송축하매 성경 낭독에 화답하는 찬양이다. 회당에서는 말씀을 낭독하고 나서 송영을 불렀다. "아멘, 아멘"은 에스라가 기도한 내용을 인정한다는 표시였다.

8:7, 8 레위인 가운데 일부는 에스라를 도와 백성에게 성경을 읽어주고 그 내용을 풀이해줌으로써 말씀을 깨닫게 해주었다.

8:8 그 뜻을 해석하여 오랜 포로생활로 아람어밖에 모르는 백성을 위해 말씀을 번역해주는 작업이 포함되었을 가능성이 있지만 본문을 여러 부분으로 '나누어' 백성이 이해하도록 했다는 뜻일 가능성이 더 높다. 이것은 단순히 번역이 아니라 말씀을 강해하거나 의미를 설명했다는 뜻이다. **백성에게 그 낭독하는 것을 다 깨닫게 하니** 이런 가르치는 행위에 에스라가 그동안 율법을 연구하고 삶을 통해 실천하며 가르치는 데 전념한 사실(스 7:10)이 그대로 녹아들어 있다.

8:9 백성이 율법의 말씀을 듣고 다 우는지라 하나님 말씀을 듣고 그 뜻을 알게 되자 백성은 그들이 율법을 어겼던 사실을 깨닫게 되었다. 하나님 말씀을 어기고 그로 말미암아 포로생활로 심판을 받았던 사실을 깨닫게 되자 죄를 뉘우쳤고(8:11) 이내 기쁨의 눈물이 아니라 참회의 눈물(8:10)이 쏟아졌다. **총독** *5:14에 대한 설명을 보라.* **제사장…에스라** 참고. 에스라 7:11, 12, 21; 10:10, 16.

8:10-12 여호와로 인하여 기뻐하는 것이 너희의 힘이니라 이 일을 계기로 그들은 앞으로 다가올 시련에 대비해 성일을 지키고 예배를 드리라는 요청을 받았다(참고. 12:43). 그리고 기뻐하라는 권면을 받았다. 그들은 말씀을 듣고 하나님이 죄를 심판하시지만 순종할 때 축복하신다는 사실을 깨닫게 되었고 그로 말미암아 기뻐할 이유가 생겼다. 그들이 범죄했음에도 민족의 명맥이 유지되었고 하나님의 은혜로 새롭게 출발할 수 있는 기회를 가지게 되었다. 따라서 마땅히 기뻐해야 할 이유가 있었다.

2. 예배하고 회개하는 백성(8:13-9:37)

8:13-9:37 유대인은 초막절을 지키며 과거의 죄를 고백했다.

8:13 율법의 말씀을 밝히 알고자 하여 에스라를 찾아온 소수의 무리는 가르치는 책무를 맡은 사람들이었다. 가문 사람들을 가르치는 족장들과 공동체의 백성을 가르치는 제사장들, 레위인들이었다(말 2:6, 7).

8:14 초막절에 대한 자세한 사항을 알고 싶다면 출애굽기 23:16; 레위기 23:33-44; 민수기 29:12-38; 신명기 16:13-17를 참고하라.

8:15, 16 공포하여 이르기를 이런 식의 공개적 선포는 총독인 느헤미야와 제사장 겸 학사로서(8:9) 성을 재건하고 예배와 공동체 생활을 회복하는 일을 맡았던 에스

느

라와 같은 지도자들이 하는 것으로 행정적 권위를 지녔다. 백성은 그 명령에 순응했다.

8:16 수문 *3:26에 대한 설명을 보라.* 참고. 12:37. **에브라임 문** 이것은 옛 문 근방에 있었다(참고. 3:6; 12:39).

8:17 여호수아 때로부터…크게 기뻐하며 여호수아 때부터 초막절을 지켰지만(대하 7:8-10; 스 3:4) 이렇게 큰 기쁨을 드러내며 지키지는 않았다.

8:18 이런 열심은 율법이 요구하는 그 이상의 반응이었고, 백성의 넘치는 열정이 있어 가능했다.

9:1 그 달 주전 445년 티슈리월(9/10월)이다(참고. 7:73하; 8:2). **금식하며 굵은 베 옷을 입고 티끌을 무릅쓰며** 일반적으로 7월 10일에 지키는 대속죄일의 정신을 살려 그동안 지은 죄를 슬퍼하며 깊이 뉘우친다는 의미로, 이런 외적인 의식을 통해 그 마음을 표현했다(참고. 레 16:1-34; 23:26-32).

9:2 모든 이방 사람들과 절교하고 이방인 출신의 합법적 아내와 이혼해야 할 필요성이 대두된 이유는 13년 전 에스라가 주도한 이 분리 작업(*스 10장에 대한 설명을 보라*)이 미완의 성공으로 끝났기 때문이다. 많은 백성이 이혼이라는 실제적 절차를 미루고 이방 아내와 계속 결혼생활을 유지해왔다. 그 이후로 이방 여인과 결혼한 사람들이 있었는데, 이제 처음으로 이 이혼 조치의 필요성을 도전받았을 것이다. 그릇된 통혼 행위를 근절하고자 한 느헤미야의 노력은 마침내 성공을 거두었다.

9:3 서서…낭독하고…자복하며…경배하는데 이런 잇따른 결단의 행위로 이스라엘은 하나님과 그 율법에 대한 필수적인 헌신을 새롭게 정립할 수 있었다. 그들은 조상들의 죄에 대해 3시간 동안 말씀을 읽었고, 또다시 3시간 동안 그들이 지은 비슷한 악행을 고백했다. 이 모든 것이 끝나고 백성은 하나님께 경배를 드렸다.

9:4-37 이스라엘을 대신한 하나님의 놀라운 구속적 역사를 낭송하는 가운데 이처럼 길게 죄를 고백한 것은 예배의 한 표현이며(3절), 그 주제와 예배의 목적 때문에 시편 일부를 떠올리게 된다. 이런 민족적 참회의 시간은 그들의 수많은 죄악을 용서해주시고 심판에서 건져주시며 보호하시고 은혜로 축복하신 하나님의 위대한 자비를 찬양하는 행위로 집약되었다. 이처럼 하나님께 놀라운 예배와 기도를 올리는 과정은 레위인들의 낭송으로 진행되었을 것이다(4, 5절). 이는 에스라를 통해 이 기도 내용이 미리 준비되고 채택되었을 가능성을 암시한다. 이 기도 이후 세 시간 동안 죄를 자백하고 하나님께 경배하고(3절), 이어서 앞으로 하나님께 순종하겠다는 민족적 약속을 드렸다(38절).

9:6 하늘…지으시고 이 낭송 내용이 비록 하나님과 함께한 이스라엘 전 역사에서 언약과 심판의 주제들을 추적하고 있지만 역사적 순서대로 인용되었다. 첫 번째 특징은 창조주로서 하나님의 위대하심을 찬양하는 것이다(참고. 창 1:2). **모든 천군이 주께 경배하나이다** 이스라엘이 땅에서 찬양을 올리면 천상의 천군 천사들이 따라 부른다.

9:8 그의 마음이 주 앞에서 충성됨을 보시고 아브라함의 언약(창 12:1-3; 15:4-7; 17:1-9)은 그 말씀에 성실한 하나님의 성품을 토대로 했으며, 하나님께 신실한 사람과 맺은 언약이었다. 아브라함의 신실성을 설명한 *창세기 15:6; 로마서 4:3에 대한 설명을 보라.* **언약을 세우사…땅을…주리라** 이 언약은 구원에 대한 언약이지만 약속의 땅에 대한 내용도 포함되었다. 포로생활을 끝내고 막 귀환한 백성은 하나님이 그들을 그 땅으로 돌아오게 하셨으므로 언약의 땅에 대해 강조한다.

9:9-12 이 단락은 찬양과 고백으로 구성되며 출애굽 내용을 짧게 기술한다(참고. 출 2-15장).

9:10 주께서…명예를 얻으셨나이다 하나님은 놀라운 권능으로 기적을 베풀고 애굽 군대를 이겼다는 합당한 명성을 얻으셨다.

9:13-19 시내산에서 보낸 몇 개월을 회상하고 있다.

9:17 스스로 한 우두머리를 세우고 이 문장은 히브리어 원문으로 보면 민수기 14:4과 거의 동일하다. 이스라엘 백성이 하나님의 계획과 모세의 지도력에 불만을 드러낸 내용이 기록되어 있다.

9:19-21 이 단락은 광야의 38년 유랑생활을 회상하고 있다(참고. 민 9-19장).

9:21 부족함이 없게 하시므로 동일한 단어가 시편 23:1에 "내가 부족함이 없으리로다"에서도 사용되고 있다. 오랜 시간 징계를 받는 와중에도 하나님은 그들의 모든 필요를 기적적으로 채워주셨다.

9:22-25 이 단락은 민수기 20장부터 여호수아 24장에 걸쳐 기록된 약속의 땅 점령과 분배 과정을 아우르는 내용을 담고 있다.

9:22 나라들과 족속들을 그들에게 각각 나누어 주시매 애굽의 지배력이 상당히 약화된 상황에서 가나안에는 정치적으로 반 자율적 체제의 수많은 집단이 느슨한 동맹관계를 형성하고 있었다. 하나님은 가나안을 각 지파별로 할당해 이스라엘이 소유하도록 하셨다.

9:23 자손을…많게 하시고 하나님은 아브라함에게 그 후손들로 나라를 이루게 하겠다는 약속을 주셨다(창 12:1-3). 그의 씨들이 하늘의 별처럼 많아질 거라고 약속해주셨고(창 15:5), 출애굽기 1:1-3은 애굽에서 그 후손들이 번성한 것은 기적 같은 일이었다고 이스라엘 백

성에게 상기시키고 있다.

9:24 그들 앞에 복종하게 하실 때에 모세는 출애굽기 15:3에서 "여호와는 용사시니"라고 말했다. 이스라엘의 군사지도자이자 사실상 왕인 그는 백성을 이끌고 적들과 싸워 그 땅을 차지했다.

9:26-31 이 단락은 사사기에서 앗수르에 의한 이스라엘 멸망(주전 722년)과 심지어 바벨론 유수(주전 586년)까지 요약하고 있다. 왕하 17-25장을 보라.

9:26 주께로 돌아오기를 권면하는 선지자들 선지자들은 그들을 하나님의 법정에 세워 그분의 법으로 재판받도록 했다. 이 주제는 이 설교 내내 반복해 등장한다(29, 30, 34절).

9:32 이스라엘의 역사 속에서 아브라함의 언약에 내내 신실하신 하나님을 회고하던 기도(7, 8절)는 이제 그들의 불성실함을 고백하고(33-35절) 모세의 언약에 새롭게 헌신할 것을 다지는 각오를 드러낸다(36-38절). **앗수르 왕들의 때로부터 오늘날까지** 이는 거의 4세기에 걸친 앗수르, 바벨론, 바사의 이스라엘 지배를 총망라해 요약한 표현이다.

9:36, 37 땅에서…우리 위에 이 찬양의 기도는 유대인이 약속의 땅으로 다시 돌아왔다는 사실을 기뻐하는 한편 여전히 이방인에게 지배받는 현실을 개탄하고 있다.

9:37 이방 왕들이 이 땅의 많은 소산을 얻고 하나님의 백성이 여전히 광범위하게 범죄에 가담하고 있어 적국의 왕들이 이스라엘이 누려야 할 혜택을 대신 누리고 있었다.

3. 언약을 갱신하는 에스라와 제사장(9:38-10:39)

9:38-10:39 유다 백성은 모세의 법을 지키기로 하나님과 새 언약을 맺는다. 출애굽기 24:1-8에서 그랬던 것처럼 그들의 의도는 순수했지만 얼마 지나지 않아 그 언약을 어기게 된다(*13:10-13에 대한 설명을 보라*).

9:38 이 모든 일로 말미암아 이스라엘의 불성실함에도 하나님이 신실하심을 지키신 역사는 백성이 하나님께 순종하고 그 조상들의 죄를 되풀이하지 않겠다는 약속과 맹세의 근거로 작용한다. **견고한 언약을 세워 기록하고** 언약은 양쪽 당사자의 구속력 있는 약속이다. 간단히 말해 언약은 충성을 서약하는 공식적 관계다. 이 경우 유다 민족이 하나님과의 이 언약을 주도한다.

10:1-27 언약에 찍은 인장은 지도자들의 것이었다. 놀라운 사실은 에스라의 이름이 없다는 것이다.

10:28 느디님 *에스라 2:43-54에 대한 설명을 보라.* **이방 사람과 절교하고** 이렇게 이방인들과 절교한 사람으로는 에스라의 요구를 이행했던 사람들, 포로로 끌려가지 않고 남았지만 이방인들과 절대 타협하지 않고 성별함을 지킨 사람들이 포함된다. 이민족과의 통혼은 이스라엘 민족에 심각한 악영향을 미쳤고, 바벨론 유수 기간 정점에 달해 이스라엘이 하나님과의 언약에 불성실한 주요 원인으로 작용했다.

10:29 저주로 맹세하기를 언약은 언약을 체결하는 당사자들이 그 조건에 동의한다는 맹세의 표시로 서약식을 치르는 것으로 공식 인정을 받았다. 저주 의식은 종종 짐승을 죽임으로써 언약을 위반할 경우 동일한 대가를 치르게 될 것을 상징한다. 언약을 충실히 이행하겠다는 이스라엘의 맹세는 이 저주 의식으로 그 엄중함을 확인했다.

10:30 우리의 딸들을…주지 아니하고…그들의 딸들을 데려오지 아니하며 결혼은 당사자가 아닌 부모가 주관했기 때문에 이런 내용이 언약에 포함된 것이다. 이 역시 우상을 숭배하는 이민족 출신과 통혼하는 죄악의 심각성을 강조한다(스 10장을 보라).

10:32-39 백성이 언약으로 지키겠다고 서약한 내용 중에는 성전 문제가 포함되어 있다.

10:32, 33 스스로 규례를 정하기를 백성은 언약으로 이행하겠다고 서약한 뒤 삼분의 일 세겔의 성전세 납부를 의무화하도록 법으로 규정했다. 모세의 규례는 이분의 일 세겔을 의무화했지만(출 30:11-16), 당시의 심각한 경제적 여건을 감안해 삼분의 일로 정하게 되었다. 그리스도 시대 당시를 보면 사람들은 모세의 규례로 되돌아가 이분의 일 세겔을 바쳤다. *마태복음 17:24에 대한 설명을 보라.*

10:34 제단에 사용할 목재를 준비하는 일은 원래 느디님의 몫이었지만(레 6:12 이하), 바벨론에서 귀환한 느디님들이 지극히 소수에 지나지 않아서(7:60) 이 일을 돕도록 많은 백성이 배정되었다.

10:35-39 "우리 하나님의 전을 버려두지 아니하리라"(39절) 등 각종 제물과 십일조에 대한 법이 다시 제정되었다.

10:35-37 첫 열매…처음 난 것…처음 익은 이들 율법과 규례는 땅의 첫 소산(출 23:19; 34:26; 신 26:2을 보라)과 나무의 첫 열매(레 19:24; 민 18:13을 보라), 첫 아들일 경우 제사장이 정한 대속 가격(민 18:15을 보라), 가축과 양의 첫 소생(출 13:12; 민 18:15, 17을 보라)은 하나님의 것으로 규정했다. 이 모든 것은 성전 근방의 창고에 저장했다가 제사장들과 레위인들에게 분배되었다. 그러면 레위인들은 받은 몫 가운데 십분의 일을 제사장에게 바쳤다(참고. 민 18:26).

11:1-13:31 느헤미야가 총독으로서 리더십을 발휘한

느

내용이 이 단락에 서술되어 있다.

C. 느헤미야의 재이주 정책과 백성의 기뻐함 (11:1-12:47)

1. 예루살렘 인구(11:1-12:26)

11:1-12:26 예루살렘과 유다 인구의 재배치 작업이 진행되었다.

11:1 제비 뽑아 하나님이 인정하신 의사결정 방법 가운데 하나다(잠 16:33). 느헤미야는 유대인 10명당 1명이 예루살렘에 살도록 인구를 재배치했다. 나머지 9명은 각자 성읍에서 가족 전통을 새롭게 세우도록 했다.

11:3-24 예루살렘에 거주한 사람들의 명단이 수록되어 있다.

11:21 오벨 *3:26에 대한 설명을 보라.*

11:25-36 이 장소들은 예루살렘 성 밖 나머지 90퍼센트의 사람들이 거주했던 곳이다(참고. 스 2:21-23, 27, 34).

12:1-26 원래 제사장들은 24반열이 존재했고 각 반열은 일 년에 2주 또는 2년에 한 달 동안 성전에서 섬겼다(대상 24:1-20을 보라). 그 반열 가운데 바벨론에서 귀환한 사람들은 4반열에 불과했지만(7:39-42; 스 2:36-39을 보라) 이들을 24반열로 나누었고, 이 본문에는 22반열이 소개되어 있다. 두 반열이 누락된 것은 그 가문의 대가 끊어졌거나 스룹바벨이 그렇게 반열을 나눈 뒤 아들이 태어나지 않았기 때문일 가능성이 높다.

그렇다면 이 명단은 스룹바벨과 예수아 시대의 제사장과 레위인의 전체 명단이라기보다 필요에 따라 선택된 명단으로 3대에 걸쳐 활동한 대제사장 가문의 주요 제사장과 레위인의 명단일 것이다. 주전 538년 스룹바벨과 함께 1차 귀환한 예수아 세대(1-11절), 예수아의 아들 요야김 세대(12-21절), 요야김의 아들 엘리아십(참고. 3:1) 세대(22, 23절), 요야김 시절에 섬긴 레위 족속의 명단이다(24-26절).

12:1 스룹바벨 *에스라 2:1에 대한 설명을 보라.* **예수아** *에스라 2:2에 대한 설명을 보라.*

12:10, 11 여기서 예수아로 시작하여 6대에 걸친 대제사장의 명단을 수록하고 있다. 11절의 요나단은 22절의 요하난이다.

12:12-21 1-7절의 22반차가 한 반차만 빼고 그대로 반복된다(참고. 핫두스, 2절). 아마 요야김이 대제사장직을 수행할 때 이 가문은 아들을 낳지 못해 가문의 대가 끊겼을 것으로 보인다.

12:22 바사 왕 다리오 이 사람은 다리우스 2세(주전 423-404년)를 가리킨다.

12:23 역대지략 '당대의 사건을 기록하는 두루마리에 기록되었다.' 이것은 유다의 행정 문서들에 정확한 족보 기록이 포함되어 있다는 것이다.

2. 성벽을 봉헌하는 백성(12:27-43; 13:1-3)

12:27-43 예루살렘 성벽을 봉헌하게 되니 솔로몬 시대의 성전 봉헌식(대하 5-7장)과 수십 년 전의 재건 성전 봉헌식(스 6:16-18)과 같은 방식으로 감사 음악에 맞춰 재건된 성벽을 봉헌했다(9장 사건 직후일 가능성이 높음).

12:30 정결하게 하고 이 상징적 행위의 도덕적 정결에 대한 의미는 레위기 16:30을 보라.

12:31-40 그들은 골짜기 문에 집결했을 것이다. 합창대 하나는 에스라가 이끌고(36절) 나머지 합창대는 느헤미야가 함께했다(38절). 서로 다른 방향에서 출발해서 성전 지역에서 모였다(40절).

12:31 분문 *2:13에 대한 설명을 보라.*

12:36 하나님의 사람 *신명기 33:1에 대한 설명을 보라.* 참고. 사도행전 13:22. **다윗의 악기** 이 구절은 다윗의 음악가들이 사용했던 것과 유사한 악기를 가리키거나 다윗 시대에 만들어 몇 세기 후에도 사용되던 악기를 가리킬 수 있다. 참고. 역대상 15:16; 23:5; 역대하 29:26; 에스라 3:10.

12:37 샘문 *2:14에 대한 설명을 보라.* **수문** *3:26에 대한 설명을 보라.* 참고. 8:16.

12:38 왼쪽으로 두 번째 찬양대 무리는 시계 방향의 북쪽 방향으로 행진했다. **화덕 망대** *3:11에 대한 설명을 보라.*

12:39 에브라임 문 *8:16에 대한 설명을 보라.* **어문** *3:3에 대한 설명을 보라.* **하나넬 망대** *3:1에 대한 설명을 보라.* **함메아 망대** *3:1에 대한 설명을 보라.* **양문** *3:1, 32에 대한 설명을 보라.* **감옥 문** 예루살렘 북동쪽에 위치했다.

12:43 이는 하나님이 크게 즐거워하게 하셨음이라 놀라운 기쁨을 주시는 하나님(참고. 대상 12:40; 느 8:10; 시 16:11; 33:1; 43:4; 갈 5:22)이 그들에게 마음의 기쁨을 주셨고, 그로 말미암아 온 공동체가 즐거워했다. 이런 일이 드물긴 하지만 이런 순간은 순종의 삶과 그로 말미암아 하나님이 이스라엘을 위해 예비하신 축복을 상징한다.

3. 다양한 성전의 직무(12:44-47)

12:44-47 그 외 소소한 성전의 책무에 대한 내용이 소개되어 있다.

12:44 율법에 정한 대로 참고. 레위기 7:34-36; 신명

기 18:1-5.

12:45 다윗과 그의 아들 솔로몬의 명령 참고. 역대상 25; 26장.

12:47 아론 자손 제사장들이다.

13:1, 2 그 날 모세의 책을 낭독하여 그들은 절기마다 성경을 낭독하며 성경, 특히 신명기 23:3-6의 요구에 비춰 어긋난 생각과 행동을 정식으로 교정하는 기회를 가졌다.

13:2 발람 참고. 신명기 22-24장.

13:3 이렇게 한 것은 느헤미야가 바사로 돌아가기 전 그들의 맹세(참고. 10:26-29)를 지키기 위해서였다.

느헤미야의 두 번째 총독 재임기 (13:4-31)

13:4-31 느헤미야는 주전 433년 아닥사스다 재위 32년 예루살렘을 떠나(참고. 5:14; 13:6) 약속대로 바사로 돌아갔다(참고. 2:6). 그가 부재한 틈을 타서 백성은 대제사장 엘리아십을 필두로 모두 옛 생활방식으로 돌아갔다(4, 5절). 그런 변절로 말미암아 10-30절의 개혁이 요구되었다. 말라기는 느헤미야가 부재한 이 시기에 제사장들과 백성이 변절한 사실을 경고하는 예언서를 썼다. 느헤미야가 예루살렘으로 다시 돌아온 것은 엘리아십의 악행을 전해들었기 때문일 것이다(4-7절). 느헤미야 13장은 기록된 구약의 마지막 역사다.

13:4 도비야 *2:10에 대한 설명을 보라.* 엘리아십은 개인적 영달에 눈이 멀어 이스라엘의 대적과 동맹을 맺었고, 하나님의 집을 더럽힐 정도로 심각한 타락에 빠졌다.

13:6 내가 왕에게 나아갔다가 느헤미야는 약속대로 주전 433년 아닥사스다 재위 32년에 바사로 돌아갔다(참고. 2:6). 느헤미야가 얼마 동안 바사에 머물렀는지 확실하지 않지만 주전 424년까지인 것으로 보인다. 그러나 그동안 유다 백성은 하나님을 등지고 패역의 길을 걸었다.

13:7-9 성전이 더럽혀졌다는 소식에 느헤미야가 보인 반응은 약 5세기 후 그리스도가 보인 반응과 비슷하다(참고. 마 21:12, 13; 요 2:13-17).

13:9 하나님의 전의 그릇 도비야의 비위를 맞추기 위해 그들은 하나님의 성전 그릇들을 성전에서 꺼내 성전 뜰에 우상을 두었다.

13:10-13 느헤미야가 자리를 비운 사이 유대인은 제물에 대해 하나님과 맺은 언약을 어겼다(참고. 10:35-40). 이 내용은 말라기 1:6-14; 3:8-12에 기록되어 있다. 그는 돌아오자 바로 이 문제를 해결했다(*9:38-10:39에 대한 설명을 보라*).

13:10 자기 밭으로 도망했기로 백성이 십일조를 제대로 바치지 않자 레위인은 그 직분을 제대로 수행할 수가 없었다. 그래서 그들은 하나님의 전에서 이행할 본연의 직무를 저버린 채 생활을 위해 들로 나가 노동을 했다.

13:14 나를 기억하옵소서 이 후렴구는 13장에서 3번 반복되는데, 백성을 책망할 때마다 한 번씩 반복된다(참고. 13:22, 31).

13:15-17 그들은 안식일을 범함으로써 이전에 맺은 언약을 어겼다(참고. 10:31).

13:16 두로 시돈 남쪽 32킬로미터 지점에 위치한 페니키아의 해안도시다.

13:18 예레미야는 같은 문제로 그들의 조상을 책망했다(참고. 렘 17:21 이하). 그들의 조상은 그런 잘못으로 나라를 잃고 포로생활을 하며 압제당하는 비극을 자초했고, 이제 그들 역시 하나님의 진노를 쌓는 동일한 일을 저질렀다.

13:19-22 느헤미야는 강력한 책망과 경고로 순종을 강제해야 했다.

13:23-29 백성뿐 아니라 제사장까지 이방인과 통혼함으로써 모세의 율법(참고. 출 34:15, 16; 신 7:3)과 에스라의 이전 개혁(참고. 스 9; 10장), 그들 스스로의 맹세(참고. 10:30)를 어겼다. 말라기는 이 죄에 대해 경고했다(말 2:10-16).

13:23 아스돗 *4:7에 대한 설명을 보라.* **암몬과 모압** 요단 동쪽의 인근 국가들로 그 시초는 롯이 두 딸과 근친상간하여 자녀를 낳은 사건으로 거슬러 올라간다(참고. 창 19:30-38).

13:28 대제사장(참고. 12:10)의 손자까지 산발랏의 딸과 통혼하는 죄를 지었다(*2:10에 대한 설명을 보라*).

13:29, 30 말라기 2:1-8은 제사장들의 부정함을 지적한다.

13:31 나를 기억하사 느헤미야는 그의 순종하고자 하는 노력에 하나님의 축복이 함께하기를 기원하며 세 번째로 이런 기도를 드린다(참고. 13:14, 22).

연구를 위한 자료

Derek Kidner, *Ezra and Nehemiah*, in the Tyndale Old Testament Commentaries (Downers Grove, Ill.: IVP, 1979).

Edwin Yamauchi, *Nehemiah*, in Expositor's Bible Commentary (Grand Rapids: Zondervan, 1988).

느

제목

이 책의 제목은 오랫동안 변함없이 에스더서였다. 구약에서 이 책과 룻기서는 여성의 이름이 들어갔다. 신약은 아가서와 오바댜, 나훔처럼 에스더서 역시 인용하지도, 심지어 간접적으로 암시하지도 않는다.

하닷사(*Hadassah*, 2:7)는 '아름다운 나무–도금양, 은매화(myrtle)'라는 뜻으로 히브리식 이름이며, 에스더는 페르시아어 '별'에서 유래했거나 바벨론의 사랑의 여신 이슈타르에서 유래했을 가능성이 있다. 아비하일의 딸로 어려서 부모를 여의고 사촌 모르드개와 함께 바사에서 자랐다. 모르드개는 그녀를 자신의 친딸처럼 키웠다(2:7, 15).

저자와 저작 연대

모르드개, 에스라, 느헤미야가 저자라는 주장이 제기되었지만 아직 저자 미상으로 남아 있다. 에스더서의 저자가 누구이든 수산 궁에 매우 익숙했던 것은 물론이고(1:5-7) 바사의 관습과 예의범절, 역사에 대해 해박한 지식을 소유한 사람이었을 것이다. 또한 히브리 절기와 풍습에 대해서도 잘 알고 강한 유대 민족주의적 사상을 소유한 사람이었을 것이다. 바사계 유대인으로 나중에 이스라엘로 돌아가 에스더서를 썼을 수도 있다.

에스더서는 구약에서 열일곱 번째 책이며, 구약 역사서의 마지막 책이다. 에스더보다 더 나중에 구약 역사를 기록한 성경은 에스라 7-10장과 느헤미야, 말라기뿐이다. 에스더서 이야기는 아하수에로가 암살당하기(주전 465년) 전인 주전 473년에서 끝이 난다. 에스더 10:2이 아하수에로의 재임 기간이 다 끝난 것처럼 말하는 것으로 보아 가장 이른 시기로 저작 연대를 잡을 경우 주전 5세기 중반일 가능성이 있다. 가장 후대로 저작 연대를 잡는다면 그리스가 바사를 정복한 주전 331년 전일 것이다.

배경과 무대

에스더서의 사건은 세계사에서 주전 539년(단 5:30, 31)에서 주전 331년(단 8:1-27)의 바사 통치기에 일어났다. 아하수에로는 주전 486-465년 통치했고 에스더서는 그의 통치 기간과 겹치는 주전 483-473년의 이야기를 다룬다. 아하수에로라는 이름은 바사식 이름 크샤야르샤(Khshayarsha)를 히브리어로 음역한 것이고, 크세르크세스(Xerxes)는 그의 헬라식 이름이다.

에스더서에 기록된 사건들은 유대인이 70년간의 바벨론 포로생활(단 9:1-19)을 마치고 주전 538년 스룹바벨의 영도로 1차 귀환한 때(스 1-6장)부터 주전 458년 에스라의 인도로 2차 귀환한 때(스 7-10장)까지 비교적 오랜 기간에 걸쳐 일어났다. 느헤미야가 수산에서 예루살렘으로 귀환한 것(3차 귀환)은 그 이후 일이었다(주전 445년).

에스더와 출애굽기는 둘 다 이방 세력들이 유대 민족을 제거하려고 얼마나 집요하게 시도했으며, 주전 2100-2075년 아브라함에게 주신 언약적 약속(창 12:1-3; 17:1-8)에 따라 하나님이 자기 백성을 어떻게 주권적으로 보호하셨는지 연대기적으로 서술하고 있다. 결국 하나님이 승리하심으로써 9장과 10장은 이스라엘 민족이 생존한 것을 기념하기 위해 부림절(열두 번째 달, 다시 말해 2/3월에 지키는 새 절기)이 시작되었음을 기록한다. 부림절은 모세 율법에는 명시되지 않았지만 이스라엘에서 지금도 지키는 두 절기 중 하나다(다른 하나는 하누카로 일명 빛들의 절기임, 참고. 요 10:22).

역사적 · 신학적 주제

총 167절로 된 에스더서는 하나님의 이름이 한 번도 등장하지 않는다는 이유로 그 진정성을 의심받았지만 결국 정경에 포함되었다. 헬라어 역본인 70인역은 여기에 외경에 해당하는 107개의 절을 추가한다. 하나님의 이름이 등장하지 않는 점을 보완하기 위한 의도로 짐작된다. 아가서, 룻기, 전도서, 애가와 함께 에스더는 구약의 '다섯 두루마리'(Megilloth)에 포함된다. 랍비들은 이 책들을 특별한 다섯 절기 때 회당에서 한 권씩 낭독했다고 한다. 에스더서는 부림절에 낭독되었다(참고. 9:20-32).

모르드개(사울이 속한 베냐민 지파의 후손, 2:5)와 하만(아각 사람, 3:1, 10; 8:3, 5; 9:24) 사이에 상연된 드라마의 역사적 기원은 유대인이 애굽에서 탈출해(주전 1445년) 아말렉에게 공격을 받았던 약 1,000년 전으로 거슬러 올라간다(출 17:8-16). 아말렉 족속의 족보는 에서의 손자 아말렉에서 시작된다(창 36:12). 하나님은 아말렉 족속에게 저주를 선언하셨고 그로 말미암아 한 민족으로서 완전히 명맥이 단절되는 결과를 맞았다(출 17:14; 신 25:17-19). 사울(주전 1030년)은 아각 왕을 비롯해 모든 아말렉 족속을 전부 죽이라는 명령을 받았지만(삼상 15:2, 3) 불순종하고(삼상 15:7-9) 하나님의 진노를 자초했다(삼상 15:11, 26; 28:18). 사무엘은 결국 아각을 찍어 쪼개어 죽였다(삼상 15:32, 33). 아각의 후손으로 이런 원한 때문에 하만은 유대인에게 깊은 적대감을 가졌다.

에스더서는 아각이 죽고 550년 후에 일어난 사건에 대한 기록으로, 긴 세월이 흘렀지만 아각 사람 하만도 베냐민 지파 모르드개도 그들의 영혼에 여전히 깊은 그림자를 드리운 민족적 원한을 잊지 않고 있었다. 이것으로 모르드개가 왜 하만에게 절하기를 거부했는지(3:2, 3), 또 하만이 왜 그토록 유대 민족을 멸절시키고자 광분했는지 알 수 있다(3:5, 6, 13). 예상대로 아말렉 족속을 멸절시킨다는 하나님의 예언(출 17:14; 신 25:17-19)과 유대인을 보존해주시겠다는 하나님의 약속(창 17:1-8)이 결국 승리한다.

자기 백성을 구원하시는 하나님의 신실하심 덕분에 일 년 가운데 이틀 동안 서로 음식을 나누고 즐거워하며 가난한 사람들을 구제하는(9:21, 22) 부림절[*제비*(*lot*)에 해당하는 아카디아어의 이름을 본뜬 것임(3:7, 9:26)]을 모든 세대와 가족과 지방과 성에서 지키라는 명령이 선포되었다(9:27, 28). 에스더는 나중에 애통해하며 금식하는 새로운 절차를 추가했다(9:31). 부림절은 그 이후 이스라엘에서 계속 고수해왔지만 성경에서는 다시 언급하지 않는다.

에스더서는 체스 게임에 비유할 수 있다. 하나님과 사탄(눈에 보이지 않는 주자들)은 역사상의 실제 왕들과 여왕들, 귀족들을 말로 움직인다. 사탄이 하만이라는 말을 두면 '체크'(Check)라고 외치는 셈이었다. 그러면 하나님은 에스더와 모르드개라는 말을 두면서 사탄이 꼼짝달싹 못하게 만드셨다. 인간의 타락(창 3:1-19) 이후 사탄은 하나님과 인간 피조물과의 관계를 단절시키고 이스라엘과 하나님의 언약적 약속들을 무너뜨리고자 계속 시도해왔다.

예를 들어 유다 지파에 속한 그리스도의 계보는 모조리 살육당하고 요아스만 홀로 살아남아 가문을 이을 수 있었다(대하 22:10-12). 나중에 헤롯은 그리스도를 죽이고자 베들레헴의 모든 유아를 살해했다(마 2:16). 사탄은 그리스도가 하나님을 부정하고 자신을 예배하도록 유혹했다(마 4:9). 베드로는 사탄의 집요한 노력으

「에스더의 잔치에서 아하수에로 왕과 하만[*Ahasuerus and Haman at the Feast of Esther*]」, 1660년. 렘브란트. 캔버스에 유화. 94×73cm. 푸시킨 미술관. 모스크바.

로 그리스도가 갈보리로 나아가 아버지의 뜻을 받들지 못하게 막고자 했다(마 16:22). 마지막으로 사탄은 유다의 마음에 들어가서 그리스도를 배신하고 유대인과 로마인의 손에 넘겨주도록 했다(눅 22:3-6). 에스더서에서 하나님은 언급되지 않지만 섭리적으로 개입하셔서 사탄의 사악한 계략을 저지하며 도처에 역사하고 계신다.

에스더서에서는 하나님이 아브라함(창 17:1-8)과 다윗(삼하 7:8-16)에게 주신 무조건적 언약의 약속이 위협을 당한다. 그러나 이스라엘을 향한 하나님의 사랑은 임박한 전멸의 위기에서 자기 백성을 극적으로 구해내신 이 역사에서 그 어느 곳보다 분명하게 드러난다. "이스라엘을 지키시는 이는 졸지도 아니하시고 주무시지도 아니하시리로다"(시 121:4).

해석상의 과제

에스더서에서 제기되는 가장 어려운 과제는 솔로몬의 아가처럼 하나님이 한 번도 언급되지 않는다는 사실에서 비롯된다. 저자나 어떤 등장인물도 하나님의 율법과 레위인들의 제의, 예배와 기도를 언급하지 않는다. 회의론자는 이렇게 반문할지도 모른다. "바사 왕은 무려 175번이 넘게 언급되는데 왜 하나님은 단 한 번도 언급되지 않는가? 하나님의 주권적 역사로 유대인을 구원하셨다면 왜 그에 걸맞는 인정을 받지 못하시는가?"

하나님이 스스로 언급되기를 원하셨다면 저자의 마음을 감동시켜 이스라엘을 구원하신 그의 행적을 얼마든지 기록하게 하실 수 있었으리라고 대답한다면 만족할 만한 답변이 될 것이다. 이런 상황은 인간적 관점에서 더 문제가 되는 것 같다. 에스더서는 보이지 않는 전능자로서 그 뜻대로 만사를 움직이시는 하나님의 섭리에 대한 고전적 이야기이기 때문이다. 에스더서에는 기적이 한 번도 나타나지 않지만 모든 사건과 사람을 섭리적으로 통치하시고 이스라엘을 보존하시는 손길이 여호와 하나님의 전지하심과 전능하심을 보여준다. 그 분의 이름이 언급되는지 여부는 중요한 문제가 아니다. 이 드라마를 이끌어갈 주인공은 분명히 하나님이시다.

둘째, "모르드개와 에스더의 생활방식이 왜 그렇게 세속적인가?"라는 질문이 제기될 수 있다. 에스더(2:6-20)는 다니엘(단 1:8-20)처럼 성결에 대한 열정이 전혀 없는 것처럼 보인다. 모르드개는 다니엘(단 6:5)과 달리 자신과 에스더가 유대인 혈통임을 비밀에 부친다. 에스라서와 달리(스 7:10) 하나님의 율법은 아무 역할도 하지 않는다. 느헤미야는 예루살렘을 향한 그리움에 사무쳤지만(느 1:1-2:5) 에스더와 모르드개에게는 이런 애정이 전혀 보이지 않는다.

이런 여러 문제에 대해서는 다음 고려사항이 도움이 될 수 있다.

첫째, 이 짧은 책은 모든 것을 일일이 기록하지 않는다. 실제로 모르드개와 에스더는 여기서 드러난 것보다 훨씬 더 깊은 신앙의 소유자였을 것이다(참고. 4:16). 둘째, 경건한 느헤미야조차 아닥사스다 왕 앞에서는 하나님을 언급하지 않았다(느 2:1-8). 셋째, 예배의 틀이 되어주었던 유대인 절기, 예를 들면 유월절(왕하 23:22)과 초막절(느 8:17)은 에스더가 태어나기 훨씬 전에 이미 유명무실해졌다. 넷째, 사마리아인이 몇 년 전에 아하수에로한테 보낸 반유대적 서신 때문에 유대 공동체에는 두려움과 위기감이 있었을 것이다(주전 486년, 스 4:6). 다섯째, 하만의 악한 의도가 처음으로 드러난 것은 모르드개가 그에게 절하기를 거부했을 때였다(3:1, 2). 오래전부터 유대인은 하만의 적대감을 전해 듣고 위기감을 느꼈을 것이다. 여섯째, 에스더는 결정적 순간에 유대인이라는 자신의 신분을 밝혔다(7:3, 4). 그러나 에스더와 모르드개가 다니엘처럼 공개적으로 하나님을 섬기며 헌신하지 않은 이유가 무엇인지에 대한 의문은 여전히 남아 있다. 나아가 느헤미야의 기도(느 1:5-11, 특히 7절)는 수산의 유대인 포로 공동체에 영적 태만이 팽배했음을 암시하는 듯한 인상을 준다. 그러므로 이 문제는 결국 만인의 마음을 아시는 하나님만이 해결할 수 있는 것이다.

에스더 개요

- I. 폐위된 와스디 대신 왕후가 된 에스더(1:1-2:18)
  - A. 왕의 노여움을 산 와스디(1:1-22)
  - B. 왕후가 된 에스더(2:1-18)
- II. 하만을 물리친 모르드개(2:19-7:10)
  - A. 모르드개의 충성(2:19-23)
  - B. 하만의 출세와 선언(3:1-15)
  - C. 에스더의 개입(4:1-5:14)
  - D. 공적을 인정받은 모르드개(6:1-13)
  - E. 하만의 몰락(6:14-7:10)
- III. 하만의 유대 민족 학살 음모에서 벗어난 이스라엘(8:1-10:3)
  - A. 에스더와 모르드개의 구국 노력(8:1-17)
  - B. 유대인의 승리(9:1-19)
  - C. 부림절의 기원(9:20-32)
  - D. 명성을 얻은 모르드개(10:1-3)

폐위된 와스디 대신 왕후가 된 에스더
(1:1-2:18)

A. 왕의 노여움을 산 와스디(1:1-22)

1:1 아하수에로 서론의 배경과 무대를 보라. **인도로부터 구스까지** 소아시아가 아닌 에티오피아(구스)가 왕국의 서쪽 변경 지역을 대표하는 곳으로 언급되었다. 이는 주전 481-479년 그리스에 패배한 왕의 수치를 연상시키지 않기 위한 목적으로 보인다(참고. 8:9). 또한 이 표현은 다니엘서 9:1의 아하수에로와 오해하지 않도록 할 의도를 가진 듯하다. **백이십칠 지방** 바사 제국은 다스리는 전 지역을 20개(3:12; 8:9; 9:3)로 나누고 다시 그 지역을 총독들이 관할하는 지방으로 나누었다(3:12).

1:2 수산 궁 수산(헬라어 '수사'의 히브리어 번역)은 겨울 거주지로 바사 제국의 네 개 수도 가운데 하나였다. 나머지 세 수도는 바벨론, 악메다(엑바타나, 스 6:2), 페르세폴리스다. 이 성은 외세의 침략으로부터 보호하기 위해 도시 위에 건설된 요새화된 왕궁이었다.

1:3 제삼년에 주전 483년이다. 아하수에로는 그리스 원정을 떠나기 위한 계획을 세우고, 준비 모임을 가졌을 것이다. 왕은 이 원정에서 굴욕적 패배를 당했다(주전 481-479년). **바사와 메대** 바사 왕 고레스는 메대 출신으로 바사 못지않게 메대가 유명해졌다(주전 550년).

1:9 왕후 와스디 헬라 문헌은 그녀의 이름을 아메스트리스(Amestris)라고 기록한다. 그녀는 아하수에로의 셋째 아들 아닥사스다를 낳았고(주전 483년), 그는 후일 아버지의 뒤를 이어 왕위를 계승한다(스 7:1).

1:12 와스디는…따르기를 싫어하니 그녀가 왕의 부름을 거절한 이유는 기록되어 있지 않지만 술에 취한 남자들 앞에 나타난다는 것을 음란한 행위로 받아들였거나 아닥사스다를 임신하고 있었기 때문인지도 모른다.

1:14 일곱 지방관 이 최고위급 관리들(참고. 스 7:14)은 다니엘 1:20의 박수에 상응하는 자들이었을 수도 있다.

1:19 변개함이 없게 하고 바사 법은 한번 정해지면 되돌릴 수 없었는데(참고. 단 6:8, 12, 15), 에스더서의 결론 부분에서 중요한 역할을 한다(참고. 8:8).

1:22 조서 뛰어난 바사의 통신망(말을 통한 신속한 소식 전달)은 왕의 칙령들을 빠르게 알리는 데 중요한 역할을 했다(참고. 3:12-14; 8:9, 10, 14; 9:20, 30).

B. 왕후가 된 에스더(2:1-18)

2:1 그 후에 왕이 승리의 여신으로부터 외면당했던 그리스와의 전쟁(주전 481-479년) 후반기였을 가능성이 높다. **와스디와…생각하거늘** 왕은 와스디를 복권시킬 법적 권한이 없었고(참고. 1:19-22), 자문관들은 그럴 듯한 새로운 계획을 제안했다.

2:5 모르드개 서론의 역사적·신학적 주제를 보라. 그는 포로로 끌려온 유대인의 제4세대 후손이었다. **기스**

이란 남서쪽 오늘날 수스(Shush) 지역에서 발굴한 수산 궁(Palace of Darius in Susa) 터의 모습.

바벨론이 조국을 멸망시킨 것을 직접 경험한 모르드개의 증조부다. 바벨론이 메대-바사에 망한 후(주전 539년) 유대인은 새 왕국의 다른 지역으로 이동해야 했다. 기스는 베냐민 지파의 대표적 이름으로 사울의 아버지까지 거슬러 올라갈 수 있다(주전 1100년, 삼상 9:1).

2:6 여고냐 (여호야긴과 고니야로 알려지기도 한) 유다의 왕으로 주전 597년에 폐위되었다(참고. 왕하 24:14, 15; 대하 36:9, 10). 그의 불순종으로 하나님은 그 후손을 그리스도로 이어지는 다윗 계보에서 제외시키셨다(렘 22:24-30). 모르드개와 에스더 가문은 예레미야 24:1-7의 좋은 무화과에 속했다.

2:7 에스더 서론의 제목을 보라.

2:8 에스더도…이끌려 가서 에스더가 자발적이었는지 아니면 강제였는지는 확인하기 어렵다.

2:9 허개가 이 처녀를 좋게 보고 하나님의 섭리하심으로 그녀가 허개의 마음에 들었다는 뜻이다.

2:10 말하지 말라 했음이라 에스라 4:6에 언급된 적대적 편지 때문이거나 하만과 그 패거리들의 반 유대인 정서를 우려했기 때문일 것이다.

2:14 둘째 후궁 후궁들이 거주하는 장소다.

2:15 사랑을 받더라 이것은 주의 섭리적 계획 때문이었다.

2:16 제칠년 주전 479-478년이다. 와스디가 왕의 총애를 잃은 지 4년이 흘렀다. **데벳월** 12/1월에 해당하는 열 번째 달이다.

2:18 세금을 면제하고 세금 면제나 징집 면제를 가리킬 것이다.

하만을 물리친 모르드개 (2:19-7:10)

A. 모르드개의 충성(2:19-23)

2:19 다시 모을 때에는 왕은 후궁으로 더 많은 여자를 뽑고 싶었을 것이다.

2:21 대궐 문 이것은 모르드개가 높은 지위에 있었을 가능성을 시사한다(참고. 3:2; 단 2:49). **원한을 품고** 아마 와스디는 폐위된 데 대한 복수심을 품었을 것이다.

2:23 나무에 달고 바사의 처형법은 나무에 매다는 것이었다(참고. 스 6:11). 그들이 십자가형을 처음 고안했을 가능성이 있다. **궁중 일기** 왕은 5년 후(아하수에로 재위 12년째) 이 기록들을 읽었고, 이것이 에스더서의 전환점으로 작용한다(6:1, 2).

B. 하만의 출세와 선언(3:1-15)

3:1 그 후에 아마 왕의 재위 7년째(2:16)와 12년째(3:7) 중간의 어느 시점일 것이다. **아각 사람…하만** 서론의 역사적·신학적 주제를 보라.

3:2 절하지도 아니하니 에스더와 모르드개가 모세 율법을 지켰는지는 확실히 알려진 바가 없다. 모르드개가 이렇게 절하기를 거부한 것은 제2계명(출 20:4-6)을 지키기 위해서라기보다 베냐민 지파와 아각 족속 간의 묵은 원한 때문일 가능성이 높다(서론의 역사적·신학적 주제를 보라).

3:4 자기는 유다인임을 하만이 분개해서 유대 민족 학살을 꾀한 것으로 보아 수산 성에 반 셈족 정서가 강했음을 알 수 있다. 그러면 모르드개가 자신의 실제 신분을 드러내길 꺼린 이유가 설명된다.

3:6 모르드개의 민족 하만은 전체 유대 민족을 없애는 일에 사탄의 도구로 사용되었다. 하지만 이스라엘을 향한 하나님의 역사와 구속 역사의 흐름을 바꾸고자 하는 사탄의 시도는 성공하지 못했다.

3:7 제십이년 주전 474년이다. **니산월** 3/4월이다. 유대인은 하나님이 구원하신 일을 잊지 않도록 유월절을 마땅히 지켜야 했다. **부르 곧 제비** 제비는 현재의 주사위와 흡사한 것으로 중요한 결정을 내릴 때 사용했다(참고. 히브리인의 제비뽑기, 대상 26:14; 느 10:34; 요 1:7). 잠언 16:33은 하나님이 섭리하심으로 제비뽑기의 결과를 주도하셨다고 말한다. **제비를 뽑아** 하만의 자문관들은 점성술과 제비뽑기 등 미신적 방법으로 중요한 결정을 내렸다. **아달월** 2/3월이다. 하만이 명을 선포하고 예상대로 이루기까지는 11개월의 시간이 남아 있었다.

3:8 한 민족 하만은 그들이 구체적으로 어떤 민족인지 발설하지 않았다.

3:9 일만 달란트 정확하게 어느 정도 가치가 있는지 알 수 없다. 하지만 375톤의 무게에 이르며, 왕의 일 년 세수 가운데 70퍼센트에 해당할 것이라고 추정된다. 이 액수는 유대인을 수탈해 축재한 것으로 그들이 물질적인 풍요를 누렸다는 것을 보여준다.

3:10, 11 비록 왕은 돈에 관심이 없었을지 몰라도 왕의 권위에 맞서 반역하는 무리들은 제거해야 한다는 주장에 쉽게 동의했을 것이다(참고. 3:8).

3:10 유다인의 대적 참고. 7:6; 8:1; 9:10, 24.

3:12 왕의 반지로 인치니라 이런 행위는 왕이 직접 서명한 것과 동일한 효과가 있었다. 역사가들은 이때를 주전 474년 4월 7일이라고 예상한다.

3:13 진멸하고 일시에 유대인을 진멸하고자 하는 음모였다. 역사가들은 이 시기가 주전 473년 3월 7일 것이라고 예상한다. 왕은 본의 아니게 왕비를 죽이는 이 조항을 인증한 것이다.

3:14 조서 이렇게 되면 되돌릴 수가 없었다(참고. 1:19; 8:5-8).

3:15 어지럽더라 구체적인 이유는 언급되어 있지 않다. 이 이방인들도 왕과 하만의 이런 극단적이고 광기에 찬 인종차별에 놀랐을 것으로 보인다.

C. 에스더의 개입(4:1-5:14)

4:1 베옷…재 마음의 고통과 수치심을 표현한 것이다(참고. 렘 6:26; 단 9:3; 마 11:21). 모르드개는 자신이 하만의 노여움을 사서 이런 민족 학살이라는 보복의 빌미를 제공했다는 사실을 깨달았다.

4:4 입을 의복을 모르드개에게 보내어 이 옷을 입어야 모르드개는 대궐 문으로 들어가(참고. 4:2) 에스더와 직접 대면할 수 있었다(참고. 느 2:2).

4:5 하닥 에스더가 유대인임을 알고 있던 신임받는 내시다.

4:7, 8 모르드개가 구체적인 사실을 알고 있었다는 것과 이 조서의 사본을 지닌 것으로 보아 바사에서 높은 지위였음을 알 수 있다.

4:11 금 규 혹시 있을지도 모르는 암살의 위험에서 왕을 지키기 위해 이런 조치를 취했다. 왕은 자신이 잘 알고 환대하고 싶은 이들에게만 홀(왕의 권위를 나타내는 상징)을 내밀었을 것이다(참고. 5:2; 8:4). **삼십 일** 에스더는 최근 왕의 부름을 받지 못하자 그의 총애를 잃지 않았을까 두려워한 것 같다.

4:14 놓임과 구원 모르드개는 자기 백성을 보호하시는 하나님의 주권적 권세에 대해 건강한 믿음을 갖고 있었다. 어쩌면 하나님이 아브라함에게 주신 약속을 기억하고 있었을지도 모른다(참고. 창 12:3; 17:1-8). **너와 네 아버지 집은 멸망하리라** 모르드개는 에스더가 왕후 자리에 있다고 해도 화를 면하지 못할 것이라고 지적한다(참고. 4:13). **이 때** 모르드개는 하나님이 섭리하실 것을 간접적으로 호소한다.

4:16 금식 본문은 다니엘의 금식 행위처럼 기도가 포함되었다는 내용을 언급하지 않지만 그럴 가능성이 높다. **죽으리이다** 동족을 위해 목숨을 각오한 에스더의 영웅적 태도는 칭찬받을 만하다.

5:2 매우 사랑스러우므로 이것은 실제로 에스더가 이스라엘의 하나님께 처음으로 은총을 입었음을 의미한다(참고. 잠 21:1).

5:3 그대의 소원이 무엇이며 요구가 무엇이냐 에스더는 자신의 본심을 7:2, 3에 가서야 털어놓는다.

5:3, 6 나라의 절반 액면 그대로 받아들여서는 안 되는 과장법이다(참고. 막 6:22, 23).

5:4 잔치 에스더가 준비한 두 번의 연회 가운데 첫 연회다(참고. 5:4-8; 6:14-7:1). 하나님은 두 번의 연회 기간에 개입하는 섭리를 베푸신다(6:1, 2).

5:11 자녀가 많은 것 하만은 최소 열 명의 자녀를 두었고(참고. 9:13), 이들은 사악함과 교만의 화신이었다(참고. 잠 16:18; 고전 10:12; 갈 6:3).

5:13 이 모든 일이 만족하지 아니하도다 하만은 모르드개를 죽이고자 하는 병적인 집착을 이렇게 표현한다.

5:14 오십 규빗 약 23미터로 건물 8층 높이다. 이 정도의 높이라면 건물이나 성벽 위로 과시용 말뚝을 설치했을 것이다. **나무** 사람을 나무에 매달아 죽이거나 사후에 이를 과시하기 위한 말뚝을 말한다(참고. 2:23).

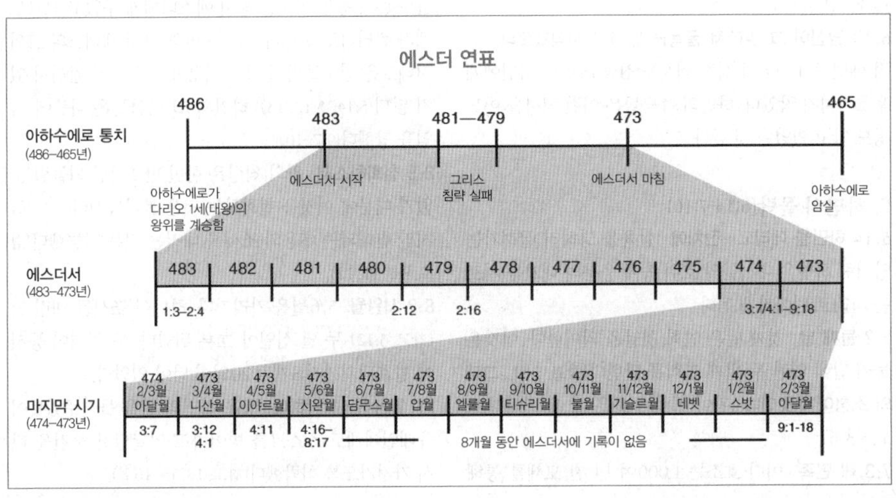

D. 공적을 인정받은 모르드개(6:1-13)

6:1 역대 일기 모르드개가 고변해서 반역을 막았지만 아무 보상도 받지 못하고(참고. 2:23) 5년이 흘렀다(참고. 2:16; 3:7). 하나님은 한 치의 실수도 없이 적시에 개입하는 섭리를 베푸셔서 왕이 불면증 때문에 역대 기록들을 가져와서 5년 전 모르드개가 공을 세운 것과 보상을 하지 않았다는 것을 알고 보상하고자 하는 마음이 일어나도록 하셨다(참고. 단 6:18).

6:4 누가 뜰에 있느냐 하만이 악한 의도로 때맞춰 나타남으로써 극적 긴장감이 고조된다.

6:6, 7 하만은 우습게도 모르드개에게 상 주는 일을 앞장서서 요청하는 꼴이 되었다. 유대인의 재산을 가로채어 부자가 되고 이제 대중의 환호와 칭송까지 받게 되었다고 생각했을 것이다.

6:8 왕복과…왕관 공을 세운 사람에게 왕이 된 것처럼 최상의 대우를 해주는 것을 말한다(참고. 8:15). 애굽에 팔린 요셉이 이와 유사한 영광을 누렸다(창 41:39-45). 역사가들은 말들을 왕관으로 치장했다고 확인해준다.

6:9 성 중 거리 모르드개는 그 전날 베옷과 재를 뒤집어쓰고 그곳에 있었지만(4:1) 이제 왕이 내린 상을 받고 그곳으로 간다.

6:10 유다 사람 모르드개 참고. 8:7; 9:29, 31; 10:3. 왜 왕이 유대인을 죽이려고 하는 하만의 조서를 기억하지 못하는지 확실하게 알려진 내용은 없다.

6:12 번뇌하여 당연하겠지만 하만은 모르드개와 같이 동일한 괴로움을 당한다(참고. 4:1, 2). 하루 만에 서로의 처지가 뒤바뀌었다. 하만은 영광을 받겠다고 나섰다가 오히려 생각지도 못한 굴욕을 당하게 되었다. **머리를 싸고** 이것은 수치심의 극단적 표현이다(참고. 삼하 15:30; 렘 14:3, 4).

6:13 당신이 그 앞에서 굴욕을 당하기 시작했으니 신적 예언(출 17:14)과 성경 역사도(삼상 15:8, 9) 하만에게 우호적이지 않았다. 하만의 측근들은 이런 역사를 어느 정도 알고 있었던 것 같다.

E. 하만의 몰락(6:14-7:10)

6:14 하만을 데리고…잔치에 살육을 당하러 끌려가는 양처럼 하만은 내시들의 호위 속에 응분의 대가를 치르는 자리로 나아가게 된다.

7:2 둘째 날 첫째 날은 연회 첫날을 의미한다. 이것은 둘째 날에 열린 두 번째 연회를 말한다(참고. 5:8). **그대의 소청이 무엇이냐** 왕이 이렇게 물은 게 세 번째다(참고. 5:3, 6).

7:3 내 민족 이런 호소는 1,000여 년 전 모세를 통해 바로에게 전한 하나님의 메시지인 "내 백성을 보내라"(출 7:16)와 비슷하다.

7:4 팔려서 이것은 하만이 뇌물을 바친 것을 가리킨다(참고. 3:9; 4:7). **죽임과 도륙함과 진멸함을 당하게** 에스더는 하만의 칙령 내용에 포함된 동일한 용어를 그대로 사용한다(참고. 3:13).

7:6 이 악한 하만 "당신이 그 사람이라"는 나단이 다윗왕을 책망한 것과 아주 유사한 표현이다(삼하 12:7). 하만의 오만은 금방 수치로 바뀌었고 그다음에는 공포심으로 변했다.

7:8 왕후를 강간까지 하고자 하는가 분노로 아무것도 보이지 않았던 아하수에로 왕은 하만이 목숨을 구걸하는 행위를 에스더를 강간하고자 하는 시도로 오해한다.

7:9 하르보나 참고. 1:10. 모르드개를 죽이려고 하만이 준비한 처형대가 성벽 위로 솟아 있었다. 바로 이곳에서 하만은 처형당할 것이다. **충성된 말로 고발한 모르드개** 하만이 사형에 처해져야 마땅한 세 번째 죄목이다. 첫째는 왕을 조종하여 왕후의 동족을 말살하고자 음모를 꾸민 것이다. 둘째는 왕후를 추행했다는 죄목이다. 셋째는 왕이 왕국을 위해 충성한 그 마음을 높이 사서 상을 준 사람을 죽이고자 모의한 것이다.

7:10 하만을 다니 이로써 최종적으로 정의가 실현되었다(참고. 9:15, 16).

하만의 유대 민족 학살 음모에서 벗어난 이스라엘(8:1-10:3)

A. 에스더와 모르드개의 구국 노력(8:1-17)

8:1 하만의 집 바사의 관습대로 왕은 반역자의 재산을 몰수했다. 왕은 이것을 왕비 에스더에게 주었고 모르드개가 관리하도록 했다(8:2). 하만의 아내 세레스와 그의 지혜로운 친구들의 운명은 어떻게 되었는지 알려져 있지 않다(5:14; 6:12, 13). 하만의 열 아들들은 나중에 죽임을 당했다(9:7-10).

8:5 철회하소서 왕의 칙령은 한번 반포되면 되돌릴 수 없기 때문에 이것을 철회하는 것은 불가능했다(1:9). 하지만 반대되는 내용의 조서를 내리는 것은 가능했다(참고. 8:8, 11, 12).

8:9 시완월 5/6월을 가리킨다. 하만이 조서를 내린 지(참고. 3:12) 두 달 십일이 흐른 뒤였다. 두 칙령이 동시에 발효되기까지 8개월 20일이 남아 있었다.

8:11 왕이…허락하여 왕은 하만의 청을 들어주었듯이 유대인에게도 스스로를 방어하고 약탈당한 물건을 다시 가져가도록 허락했다(참고. 10, 15, 16절).

8:15 모르드개가…나오니 이 두 번째 상은 첫 상보다 훨씬 더 큰 것이었다(참고. 6:6-9). 청색과 흰색은 바사 제국의 왕족 색깔이었다.

8:17 유다인 되는 자가 많더라 백성은 유대인의 하나님이 바사의 만신보다 훨씬 더 뛰어난 신임을 깨달았다(참고. 출 15:14-16; 시 105:38; 행 5:11). 특히 최근 헬라인들과의 전쟁에서 패배한 뒤라 더욱 그러했다.

B. 유대인의 승리(9:1-19)

9:1 열두째 달 2월과 3월 중이다. 여기에는 아브라함에게 주신 하나님의 무조건적 약속(창 17:1-8)과 맥을 같이하여 하나님이 섭리로 유대 민족을 보호해주심을 암시하는 강력한 언급이 있다. 이런 섭리적 구원은 하나님이 애굽에서 유대인을 기적적으로 구원해주신 사건과 대조를 이룬다. 하지만 두 사건 모두 하나님의 초자연적 능력으로 동일한 결과가 도출된 것이다.

9:3 모르드개를 두려워하므로 바사 제국의 백성은 왕과 왕비가 친유대주의자일 뿐 아니라 모르드개 역시 고위관리라는 것을 알고 유대인을 대하는 태도가 달라졌다. 친유대적 입장에 서면 왕과 왕실의 환심을 살 수 있고 최종적으로 왕 되신 하나님의 편이 되는 셈이었다(참고. 계 19:16).

9:6, 7 수산 성에서 500명의 사람이 죽었다.

9:10 손을 대지 아니했더라 약탈한 물건을 취한 사울과 달리(참고. 삼상 15:3; 15:9) 유대인은 자신을 보호한다는 직접적인 임무에만 충실했다(참고. 15, 16절). 하지만 왕은 이들의 재산을 탈취해도 좋다고 허락한 상태였다(8:11).

9:12 그대의 소청이 무엇이냐 수산 성에서 유대인의 대적을 말살하도록 하루를 더 허락함으로써 이 이방인 왕도 하나님이 처음 선포하신 대로(출 17:14) 아말렉 족속을 도말하는 일에 기여했다.

9:13 매달게 하소서 다시 말해 공개적으로 전시되도록 해달라는 것이었다.

9:15, 16 1,500여 년 전에 하나님은 아브라함의 후손을 저주하는 자들을 저주하겠다고 약속하셨다(창 12:3).

9:15 십사일 수산 성에서 두 번째 살육의 날에 또다시 300명이 죽어 수산 성에서만 810명이 죽임을 당했다.

9:16 도륙하되 수산 성 밖에서는 하루만 살육의 날이 허용되었고, 그렇게 해서 죽은 대적이 7만 5,000명에 달했다.

9:18, 19 이 단락은 왜 하루가 아닌 이틀 동안 부림절을 지키는지 그 이유를 상술한다.

C. 부림절의 기원(9:20-32)

9:20-25 유대인을 위해 하나님이 개입하신 섭리를 짧게 서술한다.

9:26 부림 모세의 율법에서 규정하지 않았지만 영구

이스라엘 민족이 하만이 꾀한 유대인 절멸에서 벗어난 것을 기념하는 유대교의 축제로 그레고리력으로 2-3월에 해당된다.

적 의미를 지닌 절기로, 성경에서 처음이자 마지막으로 언급된다.

9:29 둘째 편지 부림절의 규례에 대해 '금식하고 애곡하는' 일을 더하도록 규정한 두 번째 편지를 말한다(참고. 첫 번째 편지는 20절).

9:32 책에 기록되었더라 이 책은 10:2에 언급된 사적을 말하거나 다른 문서일 수 있다. 그렇다고 해서 에스더가 이 정경의 저자라는 말은 아니다.

D. 명성을 얻은 모르드개(10:1-3)

10:1-3 이것은 일종의 후기에 해당한다.

10:3 모르드개가…왕의 다음이 되고 모르드개는 유대인으로 국제적 명성까지 얻은 정치가의 최고 반열에 그 이름을 올렸다. 이런 인물으로는 애굽 왕조에서 2인자가 된 요셉(창 41:37-45), 바벨론 제국(단 2:46-49; 5:29)과 메대-바사 제국(단 6:28)에 연속해서 고위직을 지낸 다니엘이 있다. **안위했더라** 10년이 채 지나지 않아서 아하수에로는 암살당한다(주전 465년). 에스더와 모르드개에 대한 그다음 이야기는 알 수 없다. 모르드개가 이스라엘을 위해 10년 남짓 해낸 일을 평강의 왕이신 예수 그리스도는 영원토록 하실 것이다(사 9:6, 7; 슥 9:9, 10).

연구를 위한 자료

F. B. Huey Jr., *Esther*, in Expositor's Bible Commentary (Grand Rapids: Zondervan, 1988).

John Martin, *Esther*, in The Bible Knowledge Commentary–OT (Wheaton, Ill.: Victor, 1985).

John C. Whitcomb, *Esther: Triumph of God's Sovereignty* (Chicago: Moody, 1979).

「하만을 고발하는 에스더(*Esther Accusing Haman*)」 1866년. 귀스타브 도레. 판화. 『성경(*The Holy Bible: Old and New Testaments*)』 삽화.

THE WISDOM BOOKS 지혜서

머리말

구약의 지혜서에는 욥기와 시편, 잠언, 전도서, 아가가 있다. 이 문학 유형은 고대 근동에서 흔한 형식이지만 신적 영감을 받은 책은 이 다섯 권밖에 없으므로(딤후 3:16, 17) 올바른 세계관을 발전시키는 데 큰 도움이 되리라고 생각한다.

이 구약 책들은 신적 관점에서 삶의 다양한 모습을 광범위하게 묘사하고 있다. 역사서의 성격만 강하게 드러나거나 예언서의 성격만 강하게 드러나는 책은 없다. 물론 어떤 맥락에서는 이런 요소들이 강하게 드러나는 부분이 있는 게 사실이다. 이 다섯 권의 책은 민족이라는 공동체에 초점을 두었다기보다 개인의 삶에 초점이 맞춰져 있다. 욥기와 전도서, 시편 일부는 인생의 심오한 의미를 탐색하는 다분히 신학적 색채를 띠지만 잠언과 아가, 시편 일부는 인생의 실제적인 부분에 더 집중한다. 지혜에 대한 이 책들은 다음 도표와 같이 요약할 수 있다.

「하프를 연주하는 다윗 왕(*King David Playing the Harp*)」 1622년. 헤리트 반 혼토르스트. 유화. 81X65mm. 위트레흐트 센트럴 뮤지엄. 위트레흐트.

이 책들은 각기 독특한 문학적 전개 방식을 선택한다. 욥기는 한 개인의 인생에 연속적으로 발생한 사건들과 다양한 대화로 구성된다. 시편은 모세 시대(90편)부터 포로기 이후까지 아우르며(시 126편), 여러 저자가 만든 시적·음악적 형식을 빌려왔다. 잠언은 긴 잠언에서 짧은 잠언에 이르는 여러 가지 격언으로 이루어져 있다. 전도서는 한 개인의 남다른 인생을 재료로 '인생의 허망함'과 '여호와를 경외함'이라는 주제를 탐색한다. 아가서는 주요 화자와 가끔씩 등장하는 화자들의 입을 빌려 고도의 시적·비유적 언어를 활용한다.

이 지혜문학은 족장 시대(주전 2200년)부터 포로기 이후 시대 직전(주전 450년)까지 기간을 아우른다. 그러나 가장 부각되는 시기는 다윗과 솔로몬의 통일 왕국 시대(주전 1011-931)다. 이 다섯 권의 고대 지혜문학은 시공간을 초월하는 귀중한 진리의 보고로, 처음 쓰였을 때와 마찬가지로 현대에도 얼마든지 적용 가능한 진리를 담고 있다(롬 15:4).

책	저자	작성 연대	주제
1. 욥기	미상	알 수 없음	고난을 어떻게 볼 것인가
2. 시편	다윗 외	주전 1410-450년	인생의 현실을 어떻게 볼 것인가
3. 잠언	주로 솔로몬	주전 971-686년	지혜로운 인생과 어리석은 인생
4. 전도서	솔로몬	주전 940-931년	인생에 대한 하나님의 뜻을 어떻게 볼 것인가
5. 아가서	솔로몬	주전 971-965년	결혼생활에 대한 하나님의 뜻을 어떻게 볼 것인가

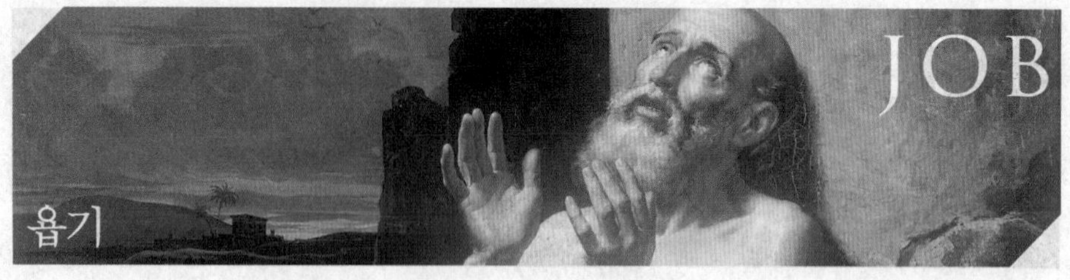

제목

성경의 여느 책들과 마찬가지로 욥기는 내러티브 주인공의 이름이 책 제목이다. 이 이름은 '박해'(persecution)에 해당하는 히브리어에서 파생했고, 따라서 '박해받는 자'라는 뜻이거나 '회개하다'라는 의미를 가진 아라비아어에서 파생해 '회개하는 사람'이라는 뜻의 이름을 지니게 되었을 가능성이 있다. 저자는 욥의 인생에 한 시기를 기록하며 그가 시험을 받는 내용과 하나님의 성품을 계시한 내용을 소개한다. 신약 저자들은 욥기를 두 번이나 직접 인용하고 있으며(롬 11:35; 고전 3:19) 에스겔 14:14, 20과 야고보 5:11은 욥이 실존 인물이었음을 보여준다.

저자와 저작 연대

욥기는 저자의 이름을 명기하고 있지 않다. 이 책의 내용은 욥의 시련과 관련해 천상에서 벌어진 일을 욥이 모른다고 전제하고 있기 때문에 욥이 저자일 가능성은 아주 낮다. 한 탈무드 전승에 따르면 우스 땅(1:1)이 모세가 40년간 살았던 미디안과 인접했기 때문에 욥기의 저자가 모세일 가능성을 시사한다. 미디안에서 욥의 기록을 찾았을 가능성이 있다는 것이다. 전도서 일부와 내용상 유사한 부분이 있어 솔로몬이 저자일 가능성이 제기되었는데, 솔로몬이 나머지 지혜서를 썼다는 사실도 이 설을 지지한다(시편 72; 127편을 그가 썼지만 시편은 예외로 함). 솔로몬이 욥보다 훨씬 후대의 사람이지만 오래전에 일어난 사건을 썼을 가능성도 있다. 모세가 성령의 인도하심으로 아담과 하와에 대한 이야기를 쓴 것처럼 말이다. 엘리후와 이사야, 히스기야, 예레미야, 에스라도 저자 후보로 거론되었지만 이 주장과 관련된 근거가 부족하다.

욥기의 저작 연대는 욥기에 기록된 사건의 발생 시기보다 훨씬 후대일 가능성이 높다. 이 주장의 근거는 다음과 같다. 욥의 나이(42:16), 족장 시대의 특징인(아브라함은 175년을 살았음, 창 25:7) 거의 200년에 육박한 수명(42:16), 강조되는 사회적 단위가 족장 가문인 점, 욥의 종들을 죽인 갈대아 사람들(1:17)이 유목민이었고 아직 정착생활을 하지 않은 점, 욥의 재산을 금과 은이 아니라 가축 수로 계산한 점(1:3; 42:12), 욥이 가족의 제사장 역할을 한 점(1:4, 5), 아브라함과 이스라엘, 출애굽 사건, 모세 율법 등에 대한 언급이 전혀 없는 점 등이다.

욥기의 시간적 배경은 족장 시대로 보인다. 그런데 욥은 아담(31:33)과 노아 홍수(12:15) 사건을 알고 있는 것 같다. 욥기의 이런 문화적·역사적 특징으로 볼 때 바벨탑 사건(창 11:1-9) 이후 아브라함과 동시대이거나 그 이전(창 11:27 이하)에 일어난 사건을 기록한 것 같다.

배경과 무대

욥기는 하늘의 한 장면에서 시작되는데, 이 장면 덕분에 독자는 사건의 내막을 이해할 수 있다(1:6-2:10). 욥은 하나님과 사탄의 시합 때문에 고통을 당하게 되었다. 욥은 그 사실을 몰랐고 그의 친구들도 몰랐다. 그래서 그들은 무지한 자기 입장에서 고난을 설명해보고자 버둥거렸다. 그러다가 욥은 하나님의 선하심과 구속하심에 대한 소망 말고는 의지할 것이 없다는 결론에 도달했다. 하나님이 직접 자신을 신뢰하라고 발언하시는 내용이 이 책의 정점을 이루는 메시지다. 재앙이나 고통을 당할 때 어떤 합리적 이유도, 심지어 어떤 신학적 설명도 불가하다면 하나님을 신뢰해야 한다.

역사적 · 신학적 주제

욥이 고난을 당하는 이유와 그 이후 생긴 사건들은 모든 그리스도인의 믿음에 중요한 의문을 제기한다. "왜 욥은 하나님을 섬기는가" 욥은 노아와 다니엘과 비교될 정도로 의로운 사람이었고(겔 14:14-20) 영적 인내심이 뛰어난 사람이었다. 욥의 시련을 통해 몇 가지 다른 의문점도 생긴다. 예를 들면 "왜 의인이 고통을 당해야 하는가?"라는 것이다. 이 질문에 대한 대답이 중요해 보이는데도 욥기는 이 질문에 대한 대답을 주지 않는다. 욥은 자신이 고난당하는 이유를 몰랐고, 그의 친구들도 그랬다.

고난당하는 의인 욥은 천상에서 하나님과 사탄 간에 벌어진 논쟁을 전혀 모른다. 그 논쟁으로 그의 고난이 더 가중되었다는 사실 역시 모른다. 마침내 우주의 주와 대면하게 되었을 때 욥은 그의 입을 손으로 가리고 아무 말도 하지 못한다. 침묵으로 반응했다고 해서 그가 견딘 가혹한 고통과 상실의 아픔이 사소하다는 것은 아니다. 이는 단순히 고난 가운데서도 하나님의 뜻을 신뢰하는 중요성을 강조한다. 다른 모든 인간 경험과 마찬가지로 고난은 완벽한 신적 지혜로 조절되기 때문이다. 결국 욥기를 통해 깨닫는 교훈은 개인이 고난당하는 구체적 이유를 모른다고 해도 주권자 되신 하나님을 신뢰해야 한다는 것이다. 바로 이것이 고난에 대한 실제적 답변이다.

욥기는 두 가지 주요 주제와 많은 소소한 주제를 프롤로그(1, 2장)와 에필로그(42:7-17)의 내러티브 구조, 그 중간에 놓인 욥의 고난에 대한 시가(poetic account, 3:1-42:6)를 이용해 드러낸다. 첫 번째 주제를 이해하는 열쇠는 하나님과 사탄이 천상에서 벌인 논쟁과 그것이 욥과 친구들 간의 세 번에 걸친 대논쟁과 어떻게 연결되는지 주의 깊게 살펴보는 것이다. 하나님은 사탄과 그 모든 졸개과 천사, 사람들에게 그리스도인의 특성을 보여주고자 하셨다. 먼저 고발을 시도한 이는 사탄이다. 그는 욥이 의롭다는 하나님의 주장이 입증되지 않았다고 비난한다. 사탄은 보상이 따르기 때문에 의인들이 하나님께 충성을 바친다고 말한다. 사탄이 보기에 욥이 하나님을 섬기는 동기가 불순하므로 하나님과 욥의 모든 관계는 엉터리라는 것이다.

욥이 하나님을 배신하게 만들 수 있다는 사탄의 자신감은 틀림없이 이전에 거룩한 천사들이 반역에 가담하도록 성공한 전력에서 기인했을 것이다(*계 12:4에 대한 설명을 보라*). 사탄은 욥을 시련 속으로 던져넣고 하나님에 대한 믿음을 무너뜨린 후 구원에 대한 믿음이 깨어질 수 있음을 원리적으로 증명할 수 있다고 생각한다. 하나님은 할 수 있다면 그 주장을 입증해보라고 허락하신다. 하지만 하나님에 대한 참된 믿음이 깨어질 수 없음을 욥이 입증해 보이자 사탄의 작전은 실패로 돌아간다. 아내까지 나서 하나님을 저주하라고 말했지만(2:9) 욥은 끝내 거부한다. 하나님을 향한 그의 믿음은 조금도 흔들리지 않았다(참고. 13:15).

사탄은 베드로에게도 같은 시도를 했지만(눅 22:31-34) 그의 믿음을 무너뜨리지 못했다(요 21:15-19을 보라). 구원에 대한 믿음을 무너뜨리고자 온갖 시도를 해보았지만 그 믿음은 무너지지 않고 지금도 견고하게 서 있다(롬 8:31-39을 보라). 결국 하나님은 성도가 아무리 큰 고통을 당하고 그 고통이 이해할 수 없는 억울한 것이라고 해도 구원에 대한 믿음은 무너지지 않는다는 사실을 사탄에게 입증해 보이셨다.

두 번째 주제이자 첫 번째 주제와 상관된 주제는 인간을 향한 하나님의 성품을 입증하는 것과 관련이 있다. 욥을 사례로 삼아 하나님이 사탄과 겨루는 과정에서 이런 시련을 주신 것은 그를 향한 하나님의 자비와 긍휼하심이 부족하다는 의미인가? 절대 아니다. "너희가 욥의 인내를 들었고 주께서 주신 결말을 보았거니와 주는 가장 자비하시고 긍휼히 여기시는 이시니라"(약 5:11)는 야고보의 말처럼 정반대 사실을 입증하는 것이 목적이었다(42:10-17). 욥은 "우리가 하나님께 복을 받았은즉 화도 받지 아니하겠느냐"(2:10)라고 말한다.

하나님의 종은 고난당했다는 사실을 부정하지 않는다. 하지만 자신의 고난이 심각한 습관적 죄에서 비롯되었다고도 믿지 않았다. 고난당하는 이유가 무엇인지 이해한 것도 아니다. 욥은 경건하게 예배하는 마음과 겸허함으로 그의 시련을 주권자 되시며 완벽한 지혜의 창조주께 맡겨 드릴 뿐이다(42:5, 6). 그리고 하나님은 사탄과의 이 싸움에서 그가 이 교훈을 깨닫게 되기를 원하셨다. 결국 하나님은 욥에게 그 이전보다 더 놀라운 축복을 부어주셨다.

욥기의 주제는 무고히 당하는 고난의 불가해성이다. 하나님은 자기 자녀들에게 때로 죄 때문에(참고. 민 12:10-12), 때로 징벌의 목적으로(참고. 히 12:5-12), 때로 강건하게 하실 목적으로(참고. 고후 12:7-10; 벧전 5:10), 때로 위로와 은혜를 베푸실 기회를 주시고자(고후 1:3-7) 슬픔과 고통을 주기도 하신다. 그러나 지상의 인간들이 도무지 이해할 수 없는 거룩한 목적이 있어 성도가 고난당하는 이유를 알 수 없을 때도 종종 있다(참고. 출 4:11; 요 9:1-3).

욥과 그의 친구들은 고난을 분석하고 원인과 해결책을 찾고자 했다. 그 상황과 관련해 온갖 그럴 듯한 신학적 해석과 통찰력을 동원해 해답을 찾는다. 하지만 쓸데없고 부적합한 개념만 찾다가 결국 하나님께 책망을 듣게 된다(42:7). 욥이 고난당하는 이유를 알지 못한 까닭은 천상에서 하나님과 사탄 사이에 있었던 일을 몰랐기 때문이다. 그들은 모든 대답을 다 알고 있다고 생각했지만 고집과 무지로 깊은 딜레마에 빠져들고 만다.

이 주요 주제의 몇 가지 세부적 요소를 나열해보면 욥의 경험에서 다음과 같은 진리를 확인할 수 있다.

1. 하나님이 계신 천상에서 생기는 일들이 있고 신자들은 그 사실을 전혀 모를 수 있다. 그러나 그런 일들이

욥

그들의 인생에 극적인 영향을 미친다.

2. 인생의 문제들을 설명하고자 아무리 애써도 아무 소용이 없을 때가 있다.

3. 하나님의 백성도 고난을 당한다. 의인에게도 나쁜 일이 일어나기 때문에 개인의 환경이나 성공 여부로 그 사람의 영성을 판단해서는 안 된다.

4. 멀리 서서 방관하시는 것처럼 보여도 하나님은 선한 분이시므로 인생을 그분의 손에 안전하게 의탁할 수 있다. 따라서 끝까지 믿음을 지키는 태도는 매우 중요한 덕목이다.

5. 고난 중일지라도 성도는 하나님을 포기하지 말고 더 가까이 그분 앞으로 나아가야 한다. 그렇게 할 때 이해할 수 없는 상황에서도 그분과의 교제로 위로를 얻을 수 있다.

6. 고난이 아무리 극심해도 결국 고난이 그치고 하나님의 놀라운 축복이 임하게 될 것이다.

해석상의 과제

이 책에 드러난 해석상의 과제는 욥기의 가장 중요한 메시지에 대한 것이다. 보통 욥이 고난당하는 이유가 욥기의 가장 중요한 문제라고 생각하지만 그는 자신이 고난당하는 이유를 모른다. 독자는 하나님이 사탄에게 입증할 진실이 있기 때문임을 알고 있다. 하지만 그것은 욥의 이해 능력 범위를 완전히 벗어난다. 야고보는 욥의 사례에 대해 주석하면서(5:11) 하나님의 긍휼하심과 자비하심을 보여주기 위함이라는 결론을 내리지만 그의 특정한 시련에 대해 어떤 설명도 하지 않는다. 독자는 전능하시고 전지하신 창조주께 의문을 제기하거나 비난할 어떤 권리도 없다. 하나님은 그 기쁘신 뜻대로 행하시며 그렇게 하심으로써 영적 세계에서 천사들과 마귀들에게 그분의 계획을 입증하시고 지상에 그 긍휼하심과 자비하심을 펼치신다.

이런 배경에서 '신정론', 다시 말해 하나님이 재앙과 고난을 주시는 이유를 변호하고자 한 노력은 적절해 보인다. 물론 하나님은 인간의 옹호가 필요하다거나 원하시지 않는 게 분명하지만 말이다. 욥기는 신명기 29:29의 "감추어진 일은 우리 하나님 여호와께 속하였거니와"라는 말씀을 확실하게 예증한다.

욥의 죄와 결백이라는 문제의 본질은 혼란스러운 의문을 불러온다. 하나님은 욥이 그분을 경외하며 악에서 떠난 자로 온전하고 정직하다고 선언하셨다(1:1). 그러나 욥의 위로자들은 욥에게 닥친 시련을 빌미로 그가 범죄한 것이 아닌가 하는 의문을 제기한다. 욥은 자신이 죄를 지은 죄인임을 몇 번이나 기꺼이 인정하지만(7:21; 13:26) 자신이 지은 죄에 비해 당하는 고난이 무겁다고 생각한다. 하나님은 마지막에 친구들의 비난에 맞서 억울함을 호소하는 욥을 책망하신다(38-41장). 하지만 욥의 말이 옳고 그 친구들의 지적이 틀렸다고 선언하신다(42:7).

또 다른 과제는 욥의 시련을 바라보는 욥과 그 친구들의 해석이 다르다는 점이다. 처음에는 하나님이 악을 심판하시고 순종할 때 상 주심을 모두 인정했다. 이 사실에는 예외가 없다고 여겼다. 그러나 욥은 자신이 당하는 무고한 고난으로 결국 의인도 고난당할 수 있으므로 예외가 있다고 결론을 내린다. 또한 악인들이 형통할 수 있다고 지적한다. 이런 사실은 사소한 예외적 경우라고 보기 어려운데, 결국 욥은 자기 백성과 하나님의 주권적 관계에 대해 단순한 자신의 이해를 재고하기에 이른다. 욥은 인과응보의 원리가 전부가 아니라는 지혜를 갖게 되었다.

욥과 그의 친구들이 벌인 길고 격정적인 논쟁은 욥의 경우처럼 하나님의 보응이 부당하다는 인식을 시정하고자 하는 시도였다. 그런 경험적 방법은 위험성이 따른다. 결국 하나님은 욥에게 아무 해명도 하지 않고 그들이 하나님을 더 깊이 신뢰하는 수준에 이르도록 요청하신다. 하나님은 죄로 혼란에 빠진 세상을 완전한 지혜와 자비에 기반해 권능과 권세로 통치하시는 분이다. *시편 73에 대한 설명을 보라.*

욥기를 이해하려면 먼저 지혜의 본질, 특히 인간과 하나님의 지혜의 차이를 이해해야 한다. 그다음에는 욥과 그의 친구들에게 신적 지혜가 부족하고 욥이 처한 환경을 정확히 해석하는 데 필요한 천상의 상황에 무지하다는 사실을 인정해야 한다. 욥은 하나님의 주권성과 자비 안에서 자족하는 법을 배우지만 그의 친구들은 계속 욥의 상황을 설명하고자 시도한다. 이 문제의 해결이나 전환점은 신적 지혜의 성격을 설명해주는 욥기 28장에서 발견된다. 신적 지혜는 그 가치가 무한하고 희귀하며 인간은 그 지혜를 알 길이 없고 하나님은 그 모든 지혜를 갖고 계신다는 것이다. 우리는 하늘에서 무슨 일이 일어나고 있는지, 하나님의 뜻이 무엇인지 알 수 없더라도 그분을 신뢰해야 한다. 이로 말미암아 고난을 당하는 성도의 문제는 신적 지혜라는 문제의 하위 문제가 된다.

욥기 개요

I. 딜레마(1:1-2:13)
  A. 욥의 소개(1:1-5)
  B. 하나님과 사탄의 논쟁(1:6-2:10)
  C. 친구들의 방문(2:11-13)
II. 친구들과의 논쟁(3:1-37:24)
  A. 1차 논쟁(3:1-14:22)
    1. 욥의 첫 탄식, 절망감을 드러내다(3:1-26)
    2. 엘리바스의 첫 발언, 욥의 말을 반론하며 겸손과 회개를 촉구하다(4:1-5:27)
    3. 엘리바스에 대한 욥의 항변, 괴로운 심정을 호소하고 고통에 공감해주기를 바라며 시련의 정당성을 의심하다(6:1-7:21)
    4. 빌닷의 첫 발언, 하나님을 원망하는 욥을 비난하다(8:1-22)
    5. 빌닷에 대한 욥의 항변, 자신의 불완전성을 인정하지만 불공정한 현실을 항변하다(9:1-10:22)
    6. 소발의 첫 발언, 욥에게 하나님과의 관계를 회복하라고 충고하다(11:1-20)
    7. 소발에 대한 욥의 항변, 친구들이 틀렸고 오직 하나님만이 아시며 그에게 말씀해주실 거라고 말하다(12:1-14:22)
  B. 2차 논쟁(15:1-21:34)
    1. 엘리바스의 두 번째 발언, 욥이 교만하며 고대 선인들의 지혜를 무시한다고 비난하다(15:1-35)
    2. 엘리바스에 대한 욥의 항변, 부당하게 자신을 정죄하는 친구들에 대해 하나님께 호소하다(16:1-17:16)
    3. 빌닷의 두 번째 발언, 욥이 응분의 대가를 치르고 있는 거라고 지적하다(18:1-21)
    4. 빌닷에 대한 욥의 항변, 하나님께 불쌍히 여겨주실 것을 부르짖다(19:1-29)
    5. 소발의 두 번째 발언, 하나님의 정의로우심을 의심하고 그분을 거부했다고 욥을 정죄하다(20:1-29)
    6. 소발에 대한 욥의 항변, 소발의 지적이 현실적이지 않다고 말하다(21:1-34)
  C. 3차 논쟁(22:1-26:14)
    1. 엘리바스의 세 번째 발언, 욥이 하나님의 정의로우심을 비판한 것을 비난하다(22:1-30)
    2. 엘리바스에 대한 욥의 항변, 하나님은 자신의 무죄함을 아시지만 그 섭리하심으로 그를 정결하게 하시고자 악인들이 잠시 형통하도록 허용하신다고 말하다(23:1-24:25)
    3. 빌닷의 세 번째 발언, 욥이 하나님께 직접 억울함을 호소하는 것을 조롱하다(25:1-6)
    4. 빌닷에 대한 욥의 항변, 하나님은 완벽하게 지혜로우시며 절대적 주권자시지만 그들이 생각하듯 단순하시지 않다고 말하다(26:1-14)
  D. 욥의 최종 항변(27:1-31:40)
    1. 욥의 첫 독백, 자신의 의로움을 주장하고 인간은 하나님의 지혜를 다 알 수 없다고 말하다(27:1-28:28)
    2. 욥의 두 번째 독백, 자신의 과거를 회상하고 현재를 돌아보며 무죄함을 주장하면서 하나님께 옹호해주시도록 구하다(29:1-31:40)
  E. 엘리후의 연설(32:1-37:24)
    1. 첫 번째 연설, 엘리후가 논쟁에 끼어들어 교착된 대화를 이어가다(32:1-22)
    2. 두 번째 연설, 하나님이 고난을 허용하시더라도 사랑의 뜻이 있을 거라고 인정하지 않고 하나님을 원망한 욥의 교만을 지적하다(33:1-33)
    3. 세 번째 연설, 경건하게 살아도 보상받지 못함을 주장하며 하나님의 성실하심을 비난했다고 욥을 나무라다(34:1-37)

4. 네 번째 연설, 인내하며 하나님을 기다리라고 욥에게 권면하다(35:1-16)
5. 다섯 번째 연설, 하나님이 욥을 징계하시는 중이라고 주장하다(36:1-21)
6. 여섯 번째 연설, 인간은 하나님이 정의와 자비를 베푸시는 과정을 제대로 이해할 수 없다고 주장하다(36:22-37:24)

Ⅲ. 구원(38:1-42:17)

A. 하나님이 욥을 심문하시다(38:1-41:34)
1. 욥에 대한 하나님의 첫 번째 답변(38:1-40:2)
2. 욥이 하나님께 대답하다(40:3-5)
3. 욥에 대한 하나님의 두 번째 답변(40:6-41:34)

B. 욥이 고백하고 예배하며 신원을 받다(42:1-17)
1. 욥이 회개하다(42:1-6)
2. 하나님이 엘리바스와 빌닷, 소발을 꾸짖으시다(42:7-9)
3. 하나님이 욥에게 가정과 재물을 다시 돌려주시고 장수의 복을 베푸시다(42:10-17)

딜레마 (1:1-2:13)

1:1-2:13 이 단락에서는 주요 등장인물과 앞으로 전개될 드라마의 배경이 나온다.

A. 욥의 소개(1:1-5)

1:1 **우스** 욥의 고향은 성문이 있는 성벽 도시(29:7, 8)로 그는 명망 있는 지위를 가진 사람이었다. 이 도시는 모세가 40년간 살았던 미디안(출 2:15)과 인접한 북부 아라비아의 우스에 있었다. **욥** 욥을 주인공으로 지상 이야기가 시작된다. 그는 일곱 명의 아들과 세 명의 딸을 둔 부자로 성인 자녀를 둔 중년의 나이였지만 열 명의 자녀를 더 낳을 정도로 젊었다(42:13을 보라). 그는 어질고 가정적인 남자로 부자에다 명성까지 갖췄다. **온전하고 정직하여 하나님을 경외하며 악에서 떠난 자더라** 참고. 1:8. 욥은 완벽하거나 무죄한 사람은 아니었다(참고. 6:24; 7:21; 9:20). 하지만 욥은 구원하실 하나님을 신뢰했고 그분을 영화롭게 하며 남편으로서(2:10), 아버지로서(1:4, 5) 성실하며 한결같은 삶을 살았던 것으로 보인다.

1:3 **양…낙타…소…암나귀** 고대 근동에 전형적인 관습대로 욥의 재물은 돈이나 토지 소유가 아니라 족장들처럼 가축 수로 평가되었다(참고. 창 13:1-7). **동방 사람 중에 가장 훌륭한 자** 솔로몬도 유사한 명성을 누렸다. "솔로몬의 지혜가 동쪽 모든 사람의 지혜와 애굽의 모든 지혜보다 뛰어난지라"(왕상 4:30). 동방 사람은 북부 아라비아 사막 지역 사람들처럼(참고. 삿 6:3; 겔 25:4) 팔레스타인 동쪽에 거주하는 사람들을 가리키는 표현이다.

1:4 **자기 생일에** 일곱 아들들은 각기 주중에 하루씩 돌아가며 날을 정했다. 주중에 매일 집마다 돌아가며 식사했다는 것은 가족들의 우애와 화목함이 남달랐음을 의미한다. 딸들 역시 남자 형제들의 사랑과 배려를 받았다.

1:5 **불러다가 성결하게 하되** 한 주가 끝날 무렵 욥은 아들 수대로 번제를 드렸고(레 1:4을 보라), 아론 가문의 제사장 직이 생기기 전에 가정 제사장으로서 매주 정기적으로 제사를 집전했다. 이 제사는 주중에 아들들이

우스(Uz)는 현재의 이스라엘 남동쪽으로 추측된다.

저질렀을지 모르는 죄를 대속하기 위한 것으로 그의 신앙이 어떠했는지 그 깊이를 보여준다. 이 기록은 욥과 그 가족의 의와 덕스러움을 드러내기 위한 것인데, 이로 말미암아 그의 고난이 더욱 충격적으로 받아들여진다. **번제** 이런 제사는 이미 노아 시대부터 알려져 있었다(창 8:20).

B. 하나님과 사탄의 논쟁(1:6-2:10)

1:6 **하나님의 아들들** 장면이 지상에서 천상으로 옮겨가고 하나님이 천국 법정에서 회의를 주재하는 모습으로 이어진다. 욥의 인생은 이제 천상에서 벌어질 논쟁의 한 주제로 등장한다. 욥도 그의 친구들도 이 사실을 전혀 몰랐다는 사실에 주목할 필요가 있다. 욥과 그의 친구들이 벌인 논쟁은 이 천상에 대해 전혀 무지한 상태에서 진행된다. 천군 천사들(참고. 38:7; 시 29:1; 89:7; 단 3:25)이 하나님의 보좌 앞으로 나아와 지상과 천상에서 그동안 수행했던 임무를 보고한다(참고. 왕상 22:19-22). 사도들 가운데 가룟 유다처럼 사탄도 그 자리에 천사들과 함께 있었다. **사탄** 낙원에서 아담을 타락하게 만든 데 고무된(창 3:6-12, 17-19) 그는 타락한 인류의 한 명에 불과한 욥의 신앙이 자신의 시험을 견디지 못할 거라고 확신한다. 그 역시 타락한 천사였다(참고. 사 14:12). 개인적 이름과 사탄이란 명칭은 '대적'(adversary)이라는 뜻으로, 개인적 관계에서나 법정 용어로 사용된다. 이들의 우두머리는 늘 영적으로 최고의 적수였고 유사 이래로 계속 의인들을 정죄해왔다(계 12:10 참고). 일반적으로 법정에서는 고발인이 피고인의 오른쪽에 섰는데, 이런 배치는 천상의 사탄이 대제사장 여호수아를 고발한 장면에서 나온다(슥 3:1). 로마서 8:31-39은 그럼에도 아직까지 그의 의도가 성공하지 못했다는 점을 강조한다.

> **아버지로서의 욥**
>
> 1. 자녀들에게 신앙의 모범이 되었다(1:1).
> 2. 가족 간에 따스하고 화목한 정이 흐르도록 만들었다(1:4).
> 3. 아들들이 여자 형제들을 사랑하도록 가르쳤다(1:4).
> 4. 하나님을 향한 신앙으로 자녀들을 이끌었다(1:5).
> 5. 가족의 제사장 역할을 했다(1:5).
> 6. 자녀들이 장성해 가정을 꾸린 뒤에도 자녀들을 향한 영적 의무를 계속 감당했다(1:5).
> 7. 영적 의무를 꾸준히 지키는 것이 습관화된 사람이었다(1:5).
> 8. 자녀들의 인생과 안녕을 하나님께 의탁했다(1:18-22).

1:7 **여호와께서…이르시되** 욥의 시련에서 하나님의 역할에 대한 의문이 생기지 않도록 대화를 먼저 시도한 이가 바로 하나님이셨음을 기억할 필요가 있다. 사탄이 그것을 주도한 것이 아니다. 주도적으로 나섰다면 누구나, 심지어 욥 자신도 제기한 예민한 질문을 하셨다는 부분이다. "하나님을 섬기는 욥의 동기가 순수한가? 아니면 축복을 받을 경우에만 하나님을 섬기는가?" 쉽게 말해 "욥은 '날씨가 화창할 때만' 하나님을 믿는 성도인가?"라는 것이다.

1:7, 8 **땅을 두루 돌아 여기저기** 이 표현의 기본적 의미는 바빴다는 것이다. 타락한 천사든 거룩한 천사든 간에 천사는 무소부재할 수 있는 존재가 아니라서 빠르게 곳곳을 돌아다닌다. 사탄의 경우 이 세상의 임금(요 12:31; 14:30; 16:11)이자 귀신들의 왕(마 9:34; 12:24)이므로 세상이 그의 왕국이며 이곳에서 "우는 사자 같이 삼킬 자를 두루 다니며 삼킬 자를 찾(벧전 5:8)"아다닌다. 하나님은 그에게 욥을 시험하도록 맡기셨다.

1:9-11 사탄은 아무리 참된 신자일지라도 형통한 경우에만 믿음을 지킬 거라고 주장한다. 형통함을 뺏으면 하나님을 배신할 거라고 말한다. 구원은 영원하지 않으며, 구원에 대한 믿음은 무너질 수 있고, 하나님의 백성이 그를 따르게 될 수 있다는 것을 입증하고자 했다. 이것이 욥기의 두 가지 주요 주제 가운데 첫 번째 주제다(서론의 역사적·신학적 주제를 보라). 사탄은 예수께 이런 식의 도발을 시도했고(마 4장을 보라), 베드로(눅 22:31을 보라)와 바울(고후 12:7을 보라)도 이런 식으로 유혹했다. 구약은 자기 자녀들의 믿음을 지켜주겠다는 하나님의 약속을 많이 보여준다. 참고. 시편 37:23, 28; 97:10; 121:4-7; 누가복음 22:31, 32; 유다서 24절.

1:12 **손** 하나님은 사탄이 욥의 모든 소유를 공격하고 그의 신앙을 시험하도록 허락하셨다. 하나님의 허락을 받고 사탄은 욥의 신체를 공격하는 것을 제외한 온갖 방법으로 그를 시험하게 된다.

1:13-19 사탄은 전광석화처럼 네 가지 재앙을 내려 욥의 가축, 종과 자녀들을 몰살하고 없애버린다. 이런 비극적 소식을 전한 네 명의 종만 살아남았다.

1:15 **스바 사람** 아라비아의 지방 가운데 '스바'다. 이곳 사람들은 강도들도 두려워서 벌벌 떨 정도로 무서운 자들로 함의 후손이거나(창 10:6, 7) 셈의 후손이었다(창 10:21, 28).

욥

1:16 **하나님의 불이 하늘에서** 이것은 강한 번개를 가리키는 것으로 보인다.

1:17 **갈대아 사람** 아라비아 사막에서 반 유목생활을 하는 민족으로 약탈과 싸움에 능했다(합 1:6-8).

1:19 **큰 바람** 토네이도처럼 큰 바람을 가리킨다. 참고. 이사야 21:1; 호세아 13:15.

1:20, 21 **예배하며** 욥은 나머지 소식들을 침착하게 전해듣다가 자녀들이 죽었다는 소식에 심히 애통해했다(참고. 창 37:34; 렘 41:5; 미 1:16). 하지만 21절에서 보듯 하나님을 예배했다. 그는 하나님의 이름을 저주하는 대신 찬양했다. 하나님께 복종하는 욥의 모습은 사탄의 고소(1:9-11)가 사실무근임을 보여준다. 지금까지 욥은 하나님이 원하시는 모습을 유지했고, 무너지지 않는 신앙심을 소유한 참 성도임을 보여주었다(8절).

1:22 **범죄하지 아니하고 하나님을 향하여 원망하지 아니하니라** 이 문장은 '하나님이 나쁘다고 비난함으로 죄를 짓지 아니하니라'고 번역하는 게 더 정확하다. 슬픈 일을 당할 때 성급하게 하나님을 원망하는 것은 어리석고 잘못된 행동이다. 그리스도인이라면 시련에 굴복하지 말고 하나님을 예배해야 한다. 시련의 이유를 알아서 그런 것이 아니라 하나님이 시련을 주셨다면 그분만의 뜻이 있음을 믿어야 하기 때문이다(참고. 고후 4:7-18).

2:1-3상 장면이 다시 하늘 법정으로 이동하여 천사들이 하나님 앞에 서고 공격할 희생자들을 찾아 지상을 살피던 사탄도 그 자리에 참석한다. *1:6-8에 대한 설명을 보라.*

2:3 **까닭 없이** 하나님은 욥기 1장에서 사탄이 사용한 "까닭 없이"(1:9), "까닭 없이"(2:3)라는 동일한 표현을 사용하신다. 이 표현을 통해 하나님은 아무런 개인적 잘못도 없이 그 모든 재앙을 당한 욥이 아니라 사탄에게 죄가 있음을 알리고 계신다. 욥은 그런 고통과 상실을 받아야 할 어떤 일도 하지 않았다. 문제는 순전히 하나님과 사탄의 갈등 때문이었다. 이 말씀이 중요한 이유는 욥의 친구들이 그의 모든 참담한 고통을 설명하면서 욥을 계속 비난했기 때문이다. 하나님의 이런 평가, 즉 욥이 어떤 잘못 때문에 처벌을 받은 것이 아니라 개인적으로 아무 잘못 없이 고난을 당했다는 판단을 제대로 이해하는 것이 욥기를 이해하는 중요한 열쇠다. 때로 우리는 알 수 없는 하나님의 뜻이 있어 고난을 당하게 된다(서론의 역사적·신학적 주제를 보라). **그가 여전히 자기의 온전함을 굳게 지켰느니라** 하나님은 욥이 첫 싸움에서 이겼음을 공식적으로 확인해주신다.

2:4, 5 **가죽으로 가죽을** 사탄은 지금까지 욥에게 가한 고통은 단지 표면만 건드린 것에 불과하다고 주장한다. 욥은 가진 모든 것을 잃는 고통을 감당했고 심지어 자녀까지 갑자기 잃게 되었지만 그 자신의 건강을 잃으면 견딜 수 없을 것이라고 생각했다. 이제 사탄은 하나님이 그의 육신을 치는 재앙을 내리도록 허락하신다면 그가 믿음을 버릴 것이라고 주장한다.

2:6 **그의 생명은 해하지 말지니라** 차라리 죽는 것이 더 나을지도 모르지만 하나님은 사탄의 행동 범위를 제한하신다. 욥은 나중에 아내처럼(2:9) 차라리 죽는 것이 더 낫다고 생각한다(참고. 7:15).

2:7 **사탄이…욥을 쳐서** 복음서들을 보면 귀신들이 사람 몸으로 들어와 신체적으로 위험한 일을 야기하지만(참고. 13:11, 16) 욥의 경우와는 달랐다. 성경에 유례를 찾아보기 힘든 아주 예외적 사건으로 보인다. 욥은 어떤 목적이 있어 하나님의 뜻이 허용되었음을 알아낼 방법이 없었다. 하나님은 욥에게 보이지 않았다. 그는 자신이 고난당하는 이유도 알지 못했다. **종기** 욥이 어떤 병에 걸렸는지 정확히 알 수 없지만 극한 신체적 고통을 동반한 병으로 보인다(참고. 2:13; 3:24; 7:5, 14; 13:28; 16:8; 19:17; 30:17, 30; 33:21). 약과 진통제 없이 견뎌야 하는 극한의 육체적 고통을 염두에 두지 않는다면 욥의 대화를 제대로 이해하기가 어렵다. 그가 앓은 종기는 애굽인(출 9:8-11)과 히스기야(왕하 20:7)에게 생긴 것과 유사했을 것이다.

2:8 **재…질그릇 조각** 고통이 얼마나 심각했는지 욥은 문둥병자처럼 보일 지경이었다. 성 밖의 잿더미에 앉아 깨진 질그릇으로 헌 데를 긁어댔을 것이고 상처들이 터져 감염으로 이어졌을 것이다.

2:9 **자기의 온전함** 그 모든 시련으로 혼란스러웠지만 욥의 믿음은 여전히 흔들리지 않았다. 그래서 사탄처럼 욥의 아내는 불신앙으로 그를 비난하지 못했다. 대신 그녀는 "그 따위 신앙은 버리고 하나님을 저주해라. 그러면 신성모독죄로 당신의 목숨을 빼앗아가시지 않겠느냐"(다시 말해 이렇게 살기보다 차라리 죽는 게 낫다)라고 말했다. 욥에게 죄를 짓도록 충동질함으로써 그녀는 고통당하는 남편을 시험하며 괴롭혔다.

2:10 **어리석은** 실제로 어리석다거나 바보스럽다는 뜻이 아니라 하나님의 계시된 뜻을 거부하는 자처럼 행동한다는 뜻이다. 시편(14:1; 53:1)과 잠언(30:22)에서 어리석은 자를 가리킬 때 이런 표현을 사용한다. 욥의 아내는 42:13-15에서 간접적으로 암시되는 경우를 제외하고 다시는 등장하거나 인용되지 않는다. **받았은즉** 욥은 신명기 29:29을 그대로 실천하며 그에 대해 설명했다. 그의 말과 행동에는 하나님에 대한 믿음이 고스

란히 투영되었고, 그에 대한 하나님의 신뢰가 입증되었다.

C. 친구들의 방문(2:11-13)

2:11-13 이것은 욥기 전체에서 가장 감동적인 장면 중 하나다. 욥을 위로하러 온 친구들은 그의 고통을 같이 나눈다.

2:11 **데만 사람** 데만은 에돔의 한 성이었을 것이다(참고. 창 36:4, 11; 렘 49:7, 20; 겔 25:13; 암 1:12; 옵 8, 9절). **수아 사람** 수아 사람은 그두라에게서 난 아브라함의 후손들이었다(창 25:2, 6). **나아마 사람** 어떤 사람들은 에돔 국경 지역의 나아마일 거라고 주장하지만(참고. 수 15:41) 에돔이나 아라비아의 어느 지역에 사는 사람이었을 거라고 예상된다.

2:13 **욥의 고통이 심함** 이 표현은 실제로 질병으로 말미암아 욥의 고통이 가중되고 있었다는 뜻이다. 그 고통이 얼마나 심했는지 친구들은 일주일 동안 말을 하지 못했다.

친구들과의 논쟁 (3:1-37:24)

A. 1차 논쟁(3:1-14:22)

3:1-37:24 이 단락은 욥과 그를 격정한 친구들과 엘리후(32-37장) 간에 벌어진 논쟁을 기록하고 있다.

1. 욥의 첫 탄식(3:1-26)

3:1-10 욥은 자신의 태어난 날을 저주하는 것으로 첫 번째 발언을 시작한다. 그날은 크게 즐거워해야 마땅한 날이지만 죽는 날이 오면 오히려 더 기쁘게 환영하겠노라고 말한다. 간단히 말해 욥은 "차라리 태어나지 말았어야 했다"라고 말한 것이다. 욥의 발언에 대해서는 3; 6; 7; 9; 10; 12-14; 16; 17; 19; 21; 23; 24; 26-31장; 40:3-5; 42:1-6을 보라.

욥기 등장인물의 대본

1. 욥	욥 3:6-7; 9-10; 12-14; 16-17; 19장; 21; 23-24; 26-31장; 40:3-5; 42:1-6
2. 엘리바스	욥 4-5; 15; 22장
3. 빌닷	욥 8; 25장
4. 소발	욥 11; 20장
5. 엘리후	욥 32-37장
6. 하나님	욥 38:1-40:2; 40:6-41:34

엘리바스의 발언

1. 엘리바스의 첫 발언, 욥의 말에 반론을 제기하며 겸손과 회개를 촉구하다(4:1-5:27)
2. 엘리바스의 두 번째 발언, 욥이 교만하며 고대 선인들의 지혜를 무시한다고 비난하다(15:1-35)
3. 엘리바스의 세 번째 발언, 욥이 하나님의 정의로우심을 비판한 것을 비난하다(22:1-30)

3:1 **자기의 생일을 저주하니라** 욥은 참혹한 고통 속에서 절망했다. 하나님이 그런 고통을 허락하셨다는 사실이 깊은 상처가 되었다. 하지만 욥은 하나님을 저주하거나 하지 않고(참고. 2:8) 자신의 출생을 저주했다(10, 11절). 이렇게 고통당하는데 그가 난 날을 기뻐할 이유가 없으며 차라리 임신이 되지 않거나(3절) 태어나지 않았으면 좋았을 거라고 탄식한다. 이렇게 고통당할 바에는 차라리 세상에 태어나지 말았어야 하고 잃게 될 재산이었다면 처음부터 갖지 말았어야 한다고 생각한다. 몰살처럼 느껴질 바에야 차라리 자녀들을 낳지 말았어야 한다고 여긴다. 그는 자신의 생일이 기억되기를 원치 않고, 달력에서 지우는 게 낫다고 생각한다(4-7절).

3:8 **리워야단을…그 밤을 저주하였더라면** 욥은 무시무시한 바다생물(*41:1에 대한 설명을 보라.* 참고. 시 74:14; 104:26; 사 27:1)을 격동시킬 정도로 강력한 저주를 불러오는 주문을 거는 자들을 거론한다.

3:11-26 욥은 차라리 태어나지 말았어야 한다는 탄식(1-10절)을 넘어서서 사산아로 태어났더라면 좋았을 거라고 한탄한다(11-19절). 이어서 죽음으로 생명의 '빛'이 꺼져버렸으면 좋겠다고 말한다(20-23절). 욥이 자살하길 원한다는 암시는 전혀 없다. 그가 스스로 생명을 끊을 수는 없었다. 욥은 죽음의 문제도 하나님이 주권적으로 역사하신다고 생각했기에 하나님에 대한 믿음을 저버리지 않았다. 하지만 죽음으로 고통당하는 현재의 상황에서 벗어날 여러 방법을 궁리한다.

3:23 **둘러 싸여** 사탄은 보호와 축복의 울타리를 말했지만(1:10), 욥은 이 울타리가 살아도 차라리 죽는 것만 못한 인생의 감옥이라고 말한다.

3:24 **탄식이 나며 내가 앓는 소리는** 욥은 고통이 심해 먹고 싶은 식욕이 완전히 사라졌다.

3:25, 26 **내가 두려워하는 그것** 특정한 어떤 고통이 아니라 일반적인 고통을 총칭한다. 누구나 가질 수 있는 최악의 두려움이 욥의 인생을 덮쳤고, 그는 두려움

에 시달리며 심각한 불안감에 시달린다.

2. 엘리바스의 첫 발언(4:1–5:27)

4:1-5:27 **엘리바스** 엘리바스의 첫 발언이다. 엘리바스의 다른 발언은 15장과 22장을 보라. 그는 심오한 내용을 부드럽게 전달했지만, 욥에게 고통스러운 시련의 발단이 된 천상의 장면은 전혀 몰랐다.

4:2-6 아무 말도 하지 못하고 앉아 있던 친구들은 이레가 지난 뒤 마침내 입을 열고 욥이 지혜로운 사람이라는 사실을 인정하는 말로 발언을 시작한다. 불행하게도 그들이 첫 발언과 다음 논쟁을 하면서 입을 연 순간 침묵으로 가장했던 지혜로움이 모두 사라졌다.

4:7 **죄 없이 망한 자가 누구인가** 욥이 "경외함"과 "온전함"(6절)의 소유자임을 인정한 엘리바스는 처음에는 욥이 심각한 죄를 지은 적이 없기 때문에 죽지 않을 거라는 말로 친구를 격려하는 듯했다. 그러나 하나님의 진노를 받고 있는 것으로 보아 중한 죄를 지었음이 분명하다는 판단을 내린다. 도덕적 세계와 질서가 제대로 작동하는 중이라고 생각한 것이다. 그는 하나님의 인과응보 원리를 지나치게 단순화시키고 있다. "의인은 형통하고 악인은 대가를 치룬다"는 단순한 경구가 지상에서 사는 동안 늘 그대로 적용되지는 않는다. 불의를 심으면 심판을 거둔다는 것은 사실이다. 그러므로 엘리바스의 지적은 부분적으로 옳다(참고. 갈 6:7-9; 벧전 3:12). 인생에서 뿌린 대로만 거두는 것은 아니다(*고후 12:7-10에 대한 설명을 보라*). 엘리바스는 단순한 논리를 신학이라고 착각한다. 고난이 있는 곳마다 죄를 뿌린 대가라고 말한다는 건 옳지 않다(참고. 출 4:11; 요 9:1-3).

4:10, 11 악인은 힘과 재물이 있다고 해도 재앙의 심판을 받는다는 것을 증명하고 싶었던 엘리바스는 용맹한 사자에게 찾아오는 파멸을 예로 들면서 자신의 주장을 입증하고자 한다. 여기서 *사자*를 가리킬 때 5개의 히브리어 단어가 사용되는데, 악인들의 다양한 특성과 그 모든 것이 무너질 수 있음을 강조한다.

4:12-16 **어떤 말씀이 내게 가만히 이르고** 엘리바스는 환상인지 꿈인지 모를 상태에서 신비한 사자가 나타난 일을 말한다. 그는 자신의 생각을 지지할 신적 계시를 받았다고 주장한다.

4:17 엘리바스가 받은 계시의 결론에 따르면 욥이 고난을 당하는 것은 그가 충분히 의롭거나 거룩하지 못하기 때문이라고 한다.

4:17-21 이것은 엘리바스가 전하고자 하는 메시지의 내용이다. 실상 하나님은 죄를 심판하시며 천사들에게 그렇게 하신 것처럼(18절. 참고. 계 12:3, 4) 죄인들(19절에서 "흙 집"으로 표현됨)을 심판하신다는 것이다.

5:1 **거룩한 자** 천사들(참고. 4:18)을 가리키는 것 같다. 욥은 천사들이라도 그를 도울 수 없다는 말을 듣는다. 치유받기 위해서는 자신의 유한성과 죄를 인정해야만 한다.

5:2-6 욥은 어리석은 바보가 되지 말고 죄가 심판을 받고 분노와 시기와 어리석음이 저주를 받는다는 것을 인정하라는 재촉을 받는다(2-5절). 욥의 고통은 단순히 육체적 문제가 아니라(6절) 죄 때문이다. 인간은 죄를 피할 수 없고 따라서 고생도 불가피하다(7절).

5:7 **불꽃** 온갖 종류의 불 같은 움직임을 가리키는 표현인데, 문자적으로 '레셉신의 아들들'이라는 말이다(참고. 신 32:24; 시 78:48; 아 8:6).

5:8 엘리바스는 욥이 하나님 앞에 나아가 회개해야 어려움이 해결될 것이라고 생각한다.

5:9-16 엘리바스의 전체 논증은 하나님의 도덕적 완전성에 토대를 둔다. 따라서 그는 하나님의 위대하심과 선하심을 찬양한다. 그러나 성경의 특별한 계시가 필요하다는 꼭 필요한 관점이 결여되어 있다.

5:13 고린도전서 3:19에서 바울은 하나님 앞에서 인간 지혜의 어리석음을 증명하기 위해 엘리바스의 이 말을 인용한다.

5:17 **하나님께 징계 받는 자에게는 복이 있나니** 엘리바스는 하나님이 징계하실 정도로 사랑하는 사람은 복이 있음을 이야기하면서 긍정적인 어조로 욥에게 충고한다. '욥이 자기 죄를 인정하기만 하면 다시 행복을 찾으리라'로 요약할 수 있다.

5:18-27 회개하는 자에게 축복을 약속하는 이 단락의 어조는 레위기 26장과 흡사하다. 레위기 26장은 하나님과 신실한 언약관계에 임할 축복을 기술하고 있다. 욥이 죄를 고백하면 번성과 안전, 가족의 축복, 부요한 삶을 누리게 될 것이다.

5:23 **언약…화목** 징계하심을 통해 하나님과의 관계를 올바로 회복한 사람은 피조 세계의 질서마저 일체감을 갖게 해줄 것이다.

3. 엘리바스에 대한 욥의 항변(6:1–7:21)

6:1-7:21 엘리바스에 대한 욥의 대답이 기록되어 있다. 처참한 육신의 고통과 아내의 저주도 모자라 이제는 친구들의 무지와 둔감함에 힘들어 했는데, 이는 결국 좌절감으로 표출된다.

6:2, 3 욥은 자신을 짓누르는 무거운 짐(육체적·정신적·심리적·영적)을 이기지 못해 경솔하고 성급하게 말한다.

6:4 **전능자의 화살…하나님의 두려움** 하나님이 주신

시련을 비유적 언어로 표현하고 있으며, 욥이 이 시련을 하나님의 심판이라고 믿었음을 보여준다.

6:5-7 이 단락은 욥이 이유가 있다고 믿기에 원망한다는 사실을 예를 들어 설명한다. 짐승들도 자기 입맛에 맞는 음식을 먹고 싶어 한다.

6:8, 9 **나의 간구** 욥은 하나님이 어떤 과정을 시작하셨든 간에 끝내주시기를 바란다. 피할 수 없는 일련의 고통에서 구원받을 수 있다는 이유만으로도 죽는 것이 좋다고 생각한다(참고. 3장).

욥의 항변

1. 욥의 첫 탄식, 절망감을 드러내다(3:1-26)
2. 엘리바스에 대한 욥의 항변, 괴로운 심정을 호소하고 고통에 공감해주기를 바라며 시련의 정당성을 의심하다(6:1-7:21)
3. 빌닷에 대한 욥의 항변, 자신의 불완전성을 인정하지만 불공평한 현실을 항변하다(9:1-10:22)
4. 소발에 대한 욥의 항변, 친구들이 틀렸고 오직 하나님만이 아시며 그에게 말씀해주실 거라고 말하다(12:1-14:22)
5. 엘리바스에 대한 욥의 항변, 부당하게 자신을 정죄하는 친구들에 대해 하나님께 호소하다(16:1-17:16)
6. 빌닷에 대한 욥의 항변, 하나님께 불쌍히 여겨 주실 것을 부르짖다(19:1-29)
7. 소발에 대한 욥의 항변, 소발의 지적이 현실적이지 않다고 말하다(21:1-34)
8. 엘리바스에 대한 욥의 항변, 하나님은 자신의 무죄함을 아시지만 그 섭리하심으로 그를 정결하게 하고자 악인들이 잠시 형통하도록 허용하신다고 말하다(23:1-24:25)
9. 빌닷에 대한 욥의 항변, 하나님은 완벽하게 지혜로우시며 절대적 주권자시지만 그들이 생각하듯 단순하시지 않다고 말하다(26:1-14)
10. 욥의 첫 독백, 자신의 의로움을 주장하고 인간은 하나님의 지혜를 다 알 수 없다고 말하다(27:1-28:28)
11. 욥의 두 번째 독백, 자신의 과거를 회상하고 현재를 돌아보며 무죄함을 주장하면서 하나님께 옹호해주시도록 구하다(29:1-31:40)
12. 욥이 하나님께 대답하다(40:3-5)
13. 욥이 회개하다(42:1-6)

6:9 **나를 끊어 버리실 것이라** 베 짜는 사람이 베틀에서 불필요한 여분의 실을 끊어버리는 모습에서 빌려온 메타포다.

6:10 **거룩하신 이의 말씀** 욥은 그동안 받은 하나님의 계시를 회피한 적이 없었다. 거룩하신 분의 명령을 소중히 여기고 그 명령대로 순종했다. 자신이 고난당할 어떤 잘못을 찾을 수 없었기 때문에 그는 혼란스러울 수밖에 없었다. 빨리 죽을 수 있다면 고통 중에서도 기뻐하겠지만 죽을 희망도 구원받을 희망도 찾을 수 없었다(11-13절).

6:14 **비록…지라도…동정을 받느니라** 욥은 현자의 말을 인용해 친구들을 책망한다. 사람이 하나님을 저버린다 해도(실상 자신은 아니지만) 친구들이라면 그를 동정해야 마땅하지 않는가? 그런데 어떻게 엘리바스는 쉬지 않고 그를 비난할 만큼 냉정하고 잔인할 수 있단 말인가.

6:15-23 욥은 친구들의 조언이 여름의 마른 강바닥처럼 쓸모가 없다고 말한다. 사실 "너희에게 무엇을 달라고…너희 재물을 선물로…원수의 손에서…폭군의 손에서 나를 구원하라 하더냐"(22, 23절) "너희는 아무것도 아니로구나"(21절)라고 말한 것이다.

6:19 **데마…스바** 북쪽의 데마는 이스마엘의 아들 이름을 본뜬 것이다(창 25:15; 사 21:14). 남쪽의 스바(렘 6:20)는 물이 귀한 아라비아 사막에 속한 지역이었다.

6:24-30 **내게 가르쳐서 나의 허물된 것을 깨닫게 하라** 욥은 자신이 죄를 지었다는 지적을 받아들이지 않는다. 그래서 그를 비난하는 친구들에게 "내가 죄를 지었다면 한번 보여줘라"고 반발한다. 그는 친구들의 무감하고 둔감함을 비난한다. 자신이 무죄하다고 주장하지는 않지만 그런 고통을 받아야 할 정도로 큰 죄를 지은 적이 없다고 믿었다.

7:1-21 6장에서 친구들을 원망한 욥은 이어서 하나님을 원망한다. 이 단락에서 그는 계속 전도서의 솔로몬처럼 '헛된 수고' '허무함' '고달픔' '바람' 등의 단어를 사용하며 그와 비슷한 주장을 한다.

7:1-10 **힘든 노동** 욥은 주인의 폭정에 신음하는 노예처럼 구원과 보상을 간절히 원하는 처지가 되었다고 생각한다(1, 2절). 그리고 잠도 잘 이루지 못한다(3, 4절). 구더기와 흙덩이가 의복처럼 달라붙어 있고 피부에 난 상처는 딱딱하게 굳어 물이 흘러서 보기에 혐오스러울 정도로 참혹하기 그지없었다(5절). 이리저리 밀리는 베틀의 북 같은 신세가 되었다(6절). 한낱 바람 같고 구름 같이 왔다가 사라지는 처량한 처지가 되었다(7-10절). 이런 탄식으로 욥은 하나님이 하신 일을 마음으로 이

해해보고자 노력한다.

7:11 **그런즉** 1-10절에서 한 말을 정리하며 욥은 원망해도 될 권리가 있다고 생각한다.

7:12 **바다…바다 괴물** 바다와 고래는 그 무서운 파괴력 때문에 감시하고 제어해야 할 대상이다. 욥은 그렇지 않다.

7:13, 14 욥은 잠을 잘 때도 무서운 꿈을 꾸고 공포에 짓눌리기 때문에 차라리 죽음을 원한다(15, 16절).

7:17, 18 욥은 자신이 얼마나 대단하기에 하나님이 이처럼 자신을 주목하시는지 의아스럽기만 하다. 이처럼 하찮은 인간에게 하나님이 온갖 고난을 주시는 이유가 무엇일까?

7:19 **내가 침을 삼킬 동안도** 이 낯선 표현은 아랍 잠언의 하나로 매우 짧은 순간을 의미한다. 욥은 잠시라도 '숨을 돌리도록', 아랍 잠언의 표현대로 '침을 삼킬 동안만이라도' 쉼을 허락해 달라고 구한다.

7:21 **내 허물을 사하여 주지 아니하시며** 욥은 자신이 스스로 납득했기 때문이 아니라 달리 어떤 이유도 찾을 수 없어 범죄했다는 엘리바스의 주장을 인정한다(참고. 6:24).

4. 빌닷의 첫 발언(8:1–22)

8:1-22 욥을 비난하는 대열에 합류한 두 번째 친구 빌닷은 이제 욥에게 지혜를 조언한다. 그 역시 욥이 죄를 지었으므로 회개해야 한다고 확신한 채 하나님의 종을 가혹하게 비판한다. 빌닷의 다른 발언에 대해서는 욥기 18; 25장을 보라.

8:2-7 빌닷은 거칠게 자신의 무죄함을 주장하는 욥을 비난하며 그와 그의 가족들이 범죄해서 하나님의 심판을 받아 지금 이런 고통을 당하는 거라고 주장한다. 이 역시 하나님이 죄를 심판하신다는 원리에 기초한 추론이지만, 하나님과 사탄이 천상에서 벌인 논쟁을 고려하지 못한 것이다(1; 2장을 보라). 그는 욥과 하나님의 관계에 문제가 있다고 믿었으며, 따라서 욥이 회개하면 축복받을 거라는 확신으로 회개를 촉구한다(6, 7절).

빌닷의 발언

1. 빌닷의 첫 발언, 하나님을 원망하는 욥을 비난하다(8:1-22).
2. 빌닷의 두 번째 발언, 욥이 응분의 대가를 치르는 거라고 지적하다(18:1-21).
3. 빌닷의 세 번째 발언, 욥이 하나님께 직접 억울함을 호소하는 것을 조롱하다(25:1-6).

8:3 **전능하신 이가 어찌 공의를 굽게 하시겠는가** 빌닷은 욥의 무죄 주장을 인과응보의 단순한 개념과 결부시킨다. 그리고 하나님은 정의를 실현하시는데 욥이 불공정한 분처럼 하나님을 비난했다고 매도한다. 욥은 이런 노골적 비난을 자제하고자 애썼지만 빌닷은 천상의 일을 모르기 때문에 피상적 현실만 보고 이렇게 단정한다.

8:7 실제로 욥은 이런 복을 받는다(참고. 42:10-17). 그러나 그가 죄를 회개했기 때문이 아니라 하나님의 주권적이고 헤아릴 수 없는 뜻 앞에서 자기 자신을 낮췄기 때문이다.

8:8-10 여기서 빌닷은 과거의 권위자들, 즉 죄를 지을 때 어려움이 닥친다는 원리를 가르친 경건한 조상들에게 호소한다. 그러므로 그는 자신의 잘못된 판단을 지지해줄 증인으로 과거 역사를 호출한다.

8:11-19 빌닷은 자연을 예로 들어 인과응보라는 이 단순한 논리를 강화하고 있다. 그 역시 욥이 죄를 지었다고 지적하면서 하나님까지 잊어버렸다고 말한다(13절).

8:20 **하나님은 순전한 사람을 버리지 아니하시고** 이 말 속에는 그래도 희망을 가지라는 위로가 담겨 있다. 욥은 옛날처럼 웃을 수 있지만, 먼저 순전함을 회복하려는 노력이 전제되어야 한다. 그러나 이런 말을 하는 빌닷은 욥처럼 1장에서 천상의 재판관과 검사 사탄이 나누던 대화를 모르고 하나님이 천상의 존재들에게 두 번이나 욥이 "온전하다"고 선언하신 사실(1:8; 2:3)도 모른다. 욥기의 저자도 이 사실을 인정했다(1:1). 참고. 시편 1:6; 126:2; 132:18.

5. 빌닷에 대한 욥의 항변(9:1–10:22)

9:1-10:22 욥은 빌닷의 비난에 절망하며 친구가 강조한 하나님의 성품에 대한 논증으로 맞선다. 후에 자신이 경솔했음을 인정하지만 자기주장을 합리화하기 시작한다. 욥은 하나님이 거룩하시며 지혜가 충만하시며 전능하신 분(4-10절)이라는 결론을 내리지만 정말 공평하신 분인지(22절), 왜 그에게 자신을 보여주시지 않는지 궁금해한다. 전능하신 하나님 앞에서 욥은 절망감을 느낀다. 하나님이 공평하시지 않은 분이라면 아무런 희망이 없다고 생각한다.

9:3 **하나님께 발언하기를** 욥은 하나님 앞에서 자신의 무죄함이나 잘못을 논하는 것이 쓸모없는 짓이라고 말한다. 시편 130:3은 이 사실을 "여호와여 주께서 죄악을 지켜보실진대 주여 누가 서리이까"라고 설명한다.

9:6 **그 기둥들이 흔들리도다** 이 구절은 당시의 비유적 언어로, 우주 속에 지구의 위치를 고정시키는 어떤 힘

이 있음을 표현한다.

9:9 **북두성과 삼성과 묘성** 세 개의 별자리다(참고. 욥 38:31, 32). **남방의 밀실** 이것은 남반부의 다른 별자리들로 앞의 세 개 별자리를 볼 수 있는 북반부 사람들에게는 보이지 않았다.

9:13 **라합** '교만한 자'라는 뜻이다. 이것은 고대 신화에 나오는 바다 괴물을 상징하는 단어다(참고. 3:8; 7:12). 하나님이 교만한 자를 치신다는 표현은 신비로운 바다 괴물(세상을 혼란스럽게 하는 강력한 악의 세력을 가리키는 메타포)도 하나님의 진노를 견딜 수 없다면 하물며 욥이 언감생심 그런 기대를 할 수 있겠느냐는 한탄을 시적으로 표현한 것이다. 하나님의 법정에서 싸움이 벌어지면 그는 질 수밖에 없다. 하나님은 너무나 강하신 분이기 때문이다(14-19절).

9:15, 20 **가령 내가 의로울지라도** 욥은 자신이 무죄하다고 말하는 것이 아니라 신앙적 순수성, 다시 말해 하나님을 사랑하고 섬기며 순종하고자 하는 마음이 진심이라는 사실을 강조하고 있다. 친구들의 지적처럼 죄를 지었음에도 고백하지 않아서 이런 시련을 당하고 있는 것이 아님을 항변한 것이다. 사실이 이러하지만 하나님은 그에게 정죄할 거리를 찾아내시고 그 때문에 하나님께 변론해도 희망이 없다고 느낀다.

9:24 **재판관의 얼굴도 가려졌나니** 욥은 하나님이 만드신 세상에 만연한 불의를 하나님 탓으로 돌린다. 하나님이 모든 것을 불공평하게 다루시고(21-23절), 심지어 세상 재판관들의 눈을 멀게 해서 불의에 눈감도록 하신 거라고 원망한다. 이렇게 원망하는 욥을 하나님은 나중에 책망하셨고(38-41장), 욥은 이런 자신의 무례함을 회개하게 된다(42:1-6).

9:25, 26 소식을 전하기 위해 달리는 사자, 빠르게 나아가는 배, 급속히 먹이를 낚아채는 독수리와 같은 존재들은 고통스럽고 의미 없는 절망의 나날을 강조하는 의미로 사용된다.

9:27, 28 욥이 마음을 고쳐먹고 즐거운 기분으로 살겠다고 약속하더라도 그 약속을 지키지 못할 것이고, 그러면 하나님은 그를 정죄할 죄목을 추가하실 것이다.

9:29, 30 '하나님이 나를 유죄라고 생각하시는데 구태여 애쓸 이유가 있는가? 깨끗하게 살려고 아무리 노력해도 당신은 여전히 나를 심판하실 것이다'라는 것이 욥의 결론이다. 그의 절망감과 무력함이 얼마나 심했는지 알 수 있다.

9:32 **함께 들어가 재판을 할 수도 없고** 욥은 자신이 인간에 불과하기 때문에 하나님께 무죄를 선언해주시도록 요구하거나 그의 무죄함을 두고 하나님과 변론할 권리가 없음을 인정한다. 욥은 무죄함을 주장하는 것이 아니라 이렇게 가혹한 고통을 당해야 할 정도로 죄를 짓지 않았다고 주장한다. 욥 역시 친구들과 마찬가지로 인과응보의 단순한 체계를 신봉한다. 그런 체계는 모든 고난은 죄의 결과라고 믿게 한다. 욥은 자신이 아무 죄 없는 완벽한 존재가 아님을 알지만 회개하지 않은 죄나 고백하지 않은 죄가 무엇인지 알 수가 없다. 그는 '자비가 어디 있는지' 의심스러울 뿐이다.

단어 연구

온전하다(순전하다, Blameless): 1:1, 8; 2:3; 8:20; 9:20-22. '부족함이 없다'라는 뜻이다. 이 단어는 개인의 성실함, 온전함을 가리킬 때 쓰는 말이다. 이 단어는 아가서에서 술람미 여인의 사랑스러움을 가리키는 표현으로 사용되었다(참고. 5:2와 6:9의 "완전한"). 구약에서 온전함은 악한 자(9:22; 시 64:2-4)와 대조를 이루는 정직한 자와 연관되어 자주 사용된다(1:1, 8; 2:3; 시 37:37; 잠 29:10). 욥이 스스로 온전하다는 주장은 그에 대한 하나님의 평가와 일치하지만 절대적으로 그가 완벽한 인간이라는 뜻은 아니다(1:8; 9:21; 14:16, 17). 시편 기자는 욥의 경우처럼 온전한 자의 미래는 평강이라고 말한다(42:10-12; 시 37:37).

9:33-35 **우리 사이에…판결자** 양쪽의 사정을 확실하게 알고 그 갈등 원인을 찾아내어 해결책을 제시해줄 재판관이 없다. 중재자나 판결자, 심판관은 어디 있는 걸까? 하나님의 매를 중단시키고 정의를 요구할 사람은 정녕 한 명도 없는 걸까.

10:2 **나를 정죄하지 마시옵고** 욥의 영혼에 대한 정죄가 아니라 육체적 고난이라는 심판을 말한다. 그는 자신의 괴로움을 다 토해내며(1절), 이 모든 일이 왜 일어났는지 가르쳐달라고 하나님께 구한다.

10:3 **주의 손으로 지으신 것** 이것은 누군가 만든 물건을 가리키는 성경 특유의 표현으로, 여기서는 하나님이 창조하신 사람을 말한다(참고. 14:15; 시 102:25; 히 1:10).

10:4-7 **사람처럼 보시나이까** 욥은 자신이 결백하다고 믿기 때문에 약간 빈정거리는 투로 자신의 친구들처럼 그의 영적 상태를 제대로 보지 못하시느냐고 하나님께 반문한다. 욥은 하나님이 자신의 결백을 아시니 더 이상 호소할 데가 없다고 한탄한다(7절).

10:8-12 욥은 이제 "왜 내가 태어났는가?"라고 다시 반문한다. 그리고 장엄한 어조로 하나님이 그를 창조하셨기 때문이라고 스스로 대답하며 태중에 임신이 되는 순

소발의 발언

1. 소발의 첫 발언, 욥에게 하나님과의 관계를 회복하라고 충고하다(11:1-20).
2. 소발의 두 번째 발언, 하나님의 정의로우심을 의심하고 그분을 거부했다고 욥을 정죄하다(20:1-29).

간 삶이 시작됨을 암시한다.

10:13-16 욥은 하나님이 자신에게 축복을 베풀지 않기로 작정하신 것은 아닌지 의심한다.

10:17 **자주자주 증거하는 자를 바꾸어** 욥은 하나님이 그를 정죄하기 위해 계속 사람들을 보내시는 것 같다고 말한다. 증인이 바뀔 때마다 정죄의 내용도 더 강력해지고, 고통도 더 깊어진다.

10:18 **나를 태에서 나오게 하셨음은 어찌함이니이까** 욥은 하나님이 그를 태어나도록 하신 이유가 무엇인가 하는 질문을 또다시 제기한다. 이번에는 자신이 태어난 날을 후회하는 것으로 그치지 않고 왜 그렇게 하셨는지 하나님께 이유를 따져 묻는다.

10:20-22 사실상 '나는 애초에 태어날 때부터 이렇게 처참하게 병에 시달릴 운명이었는데 죽기 전에 남은 짧은 시간이나마 숨을 쉴 수 있게 해주소서'라고 말한 셈이다. 죽음이 우울한 어조의 "흑암"으로 표현되어 있다.

6. 소발의 첫 발언(11:1-20)

11:1-20 이제 나아마 사람 소발이 욥을 비난하는 데 끼어든다. 그도 앞선 친구들과 같이 동일한 응보의 원리로 욥을 공격한다. 또한 욥에게 천상의 일을 모름에도 회개해야 한다고 말한다. 그는 욥이 무죄를 주장하는 데 분개한다. 소발의 다른 발언에 대해서는 욥기 20장을 보라.

11:2, 3 **말이 많은 사람이 어찌 의롭다 함을 얻겠느냐** 욥에 대한 비난은 이제 차원을 달리한다. 죄를 지었음에도 회개하지 않을 뿐 아니라 쓸데없이 많은 말을 한다고 책망한다. 소발의 생각에 장황하기 이를 데 없는 욥의 무죄 주장과 하나님의 불공정하심에 대한 원망은 책망을 받아 마땅한 죄였다.

11:4 **보시기에 깨끗하다** 욥은 절대 자신이 완벽하고 죄가 없다고 주장하지 않았다. 사실 죄인이라고 고백했다(욥 7:21; 13:26). 그러나 여전히 중죄를 지었거나 회개하지 않은 악함에 대해서는 무죄를 주장하며 하나님께 순종하는 믿음의 사람으로서 자신의 순수성을 확신한다. 이 주장에 소발은 분개했고, 이제 하나님이 직접 친구들의 책망을 확인해주시기를 원한다(5절).

11:6 **지혜의 오묘함** 욥이 하나님의 감춰진 비밀을 알았다면 훨씬 더 지혜로웠을 것이다. 하나님과 사탄이 천상에서 논쟁한 장면을 알았다면 모든 것이 명확하게 설명되었을 것이다. 그러나 욥은 하나님의 오묘한 지혜를 알 수 없었다(7-9절). 소발은 이 사실을 스스로에게 적용해야 마땅했다. 하나님의 지혜가 그처럼 높고 깊고 넓다면 자신이 어떻게 그것을 다 알며 대답을 다 안다고 말할 수 있는가? 소발은 다른 친구들처럼 하나님을 안다고 생각했으며, 욥을 비난하려 동일한 인과응보의 원리를 들이밀고 있다. 그의 말에는 욥이 악하며(10, 11절) "들나귀 새끼"처럼(12절) 천방지축임에도 스스로 지혜로운 사람인 양 착각한다는 비난이 내포되어 있다.

11:13, 14 소발은 욥에게 회개의 4단계를 제시한다. 첫째, 하나님께 마음을 바치라. 둘째, 용서를 구하며 손을 들어 기도하라. 셋째, 죄를 버리라. 넷째, 어떤 죄도 허용하지 말라. 이렇게 하면 욥이 축복을 받을 것이라고 한다(15-19절). 하나님을 믿는 생활이 진정한 죄 고백과 순종을 기초로 한다는 소발의 주장은 옳다. 하나님이 자기 백성에게 소망과 안전과 평강을 축복으로 주신다는 말도 옳다. 그러나 다른 친구들처럼 하나님이 세상에서는 확인할 수 없는 이유로 예측하기 어려운 불공평해 보이는 고난을 허락하신다는 것을 이해하지 못했다는 점에서 그의 주장은 틀렸다. 욥이 해야 할 일이 회개라고 주장한 것도 틀렸다.

11:13-20 소발은 "만일 네가…하면"이라는 말로 직접 욥을 겨냥하며 이 단락을 시작하고 "악한 자들은 눈이 어두워…"라는 식의 잠언 같은 조언으로 마무리한다. 이렇게 해서 욥을 대놓고 악하다고 비난하지는 않지만 사실상 훨씬 더 심하게 그를 비난하고 있다. 결국 그는 욥에게 죄로 말미암아 죽음을 자초할 거라고 말한 셈이다.

7. 소발에 대한 욥의 항변(12:1-14:22)

12:1-14:22 욥은 소발의 비난에 격한 어조로 자신을 변호한다. 그리고 이것으로 길었던 1차 논쟁이 마무리된다.

12:2-4 **너희만 참으로 백성이로구나 너희가 죽으면 지혜도 죽겠구나** 욥은 세상의 모든 이치를 통달한 척하는 친구들(2절)을 대놓고 조롱하는 것으로 말문을 연다. 그리고 그들이 말한 원리들을 자신도 다 알고 있으며(3절), 그들의 충고는 자신의 상황과 아무런 상관이 없다고 단정한다. 특히 그는 자신이 결백함에도 친구들에게 조롱의 대상이 된 사실이 너무 고통스럽고 절망스

럽기만 하다(4절).

12:4 **의롭고 온전한 자** 이 말이 뻔뻔스럽게 들린다고 해도 욥에 대해 하나님도 이렇게 평가하셨음을 기억할 필요가 있다(1:8; 2:3).

12:5 욥은 그의 친구들에게 나그네의 등불 같은 존재였다. 하지만 평안한 그들에게 이제 욥이 필요없는 존재였다. 그래서 그를 조롱까지 한 것이다.

12:6 **하나님이…후히 주심이니라** 욥은 하나님이 도둑과 죄인들에게 형통함과 안전을 주신다는 사실을 거론하며 의인은 언제나 형통하고 악인은 언제나 고통당한다는 단순한 주장에 반박한다. "그런데 어찌하여 의인에게 고난이 닥칠 수 있음을 인정하지 않는다는 말인가?"

12:7-10 이 모든 자연(짐승과 새, 식물, 물고기)은 악인이 형통하고 안연히 산다는 예시로 인용된다(6절). 하나님은 더 악한 자들이 살아남도록 하셨다.

12:12 **늙은 자에게는 지혜가 있고** 앞 절에서 질문하듯 반문했으므로 이 절에서도 이렇게 반문하듯 말한다. "나잇살이나 먹었으면 지혜가 있어야 하지 않겠느냐?" 이런 해석이 사실이라면 12절은 어리석은 충고를 하고(참고. 15:10) 자기 비위에 맞는 것만 듣고 말하는(11절) 욥의 늙은 친구들을 강하게 조롱하는 셈이다.

12:13-13:3 이 단락은 하나님의 지혜와 권능과 주권성을 확실하게 정의하고 있다(13절). 욥은 고난이 이해가 되지 않음에도 하나님의 권능이 자연과 인간 사회, 종교 문제, 국내와 국제 정세에 드러남을 인정한다. 그러나 욥은 운명론적 절망 속에서 이것을 표현하고 있다. 그는 이 모든 것을 알아도 아무 도움이 되지 않으므로(13:1, 2) 더 이상 그들과 입씨름하고 싶지 않다. 하나님 앞에서만 자신의 억울함을 토로하고 싶은 것이다(3절).

13:4-19 욥은 친구들의 조언이 아무 쓸모없다고 말한다.

13:4, 5 욥은 아무 쓸모없는 조언자들의 격렬한 비난을 더 이상 참을 수 없어 차라리 입을 다무는 게 지혜롭다고 말한다(참고. 13절).

13:7 **하나님을 위하여 불의를…그를 위하여 속임을 말하려느냐** 욥은 친구들이 현재 당하는 고통이 그가 죄를 지었기 때문이라고 주장하며 하나님을 변론한답시고 거짓말과 엉터리 사실을 동원한다고 비난한다.

13:8 **그를 위하여 발언하려느냐** 그는 "너희들이 하나님을 변론할 정도로 지혜로운가"라고 묻고 있다. 그렇게 생각한다면 참으로 무례한 짓이고 하나님을 제대로 대변하지 못해(9절) 그를 모욕한 것이기 때문에 징계를 받을까 두려워해야 마땅하다고 한다(10, 11절).

13:12 **재…토성** 쓸모없고 무가치하다는 뜻이다.

13:14 이것은 "내가 왜 목숨을 부지하려고 애를 태워야 하는가"라는 뜻의 잠언이다. 입에 먹이를 물고 놓치지 않으려는 짐승이나 그 손에 원하는 것을 넣은 사람처럼 욥은 목숨을 연장하려고 애쓸 수 있지만 그러고 싶지 않다고 말한다.

13:15 **그가 나를 죽이시리니 내가 희망이 없노라** 욥은 자신을 비웃는 친구들에게 하나님을 신뢰하며 죽을 준비가 되어 있기 때문에 이기적인 동기로 그런 주장을 하는 게 아니라고 말한다. 하지만 하나님 앞에서 그는 자신의 결백을 주장하며 자신이 참 구원을 받았고 위선자가 아니라고 생각한다(16절).

13:17-19 **알려 줄 것…사정…정의롭다…발언** 격한 어조로 법정 용어를 사용한다. 그는 죽더라도 침묵할 수가 없었다(19절). 격한 어조로 말을 마무리한 뒤 하나님께 기도하기 시작한다.

13:20-14:22 욥은 하나님과 발언하기로 선언하고(3절) 그분께 자기를 변호하기 시작한다.

13:20-22 욥은 하나님께 이 고통을 그만 끝내주고, 이런 식의 고통스러운 일로 충격을 주시는 일을 그만두고(참고. 24절) 이제 말씀해주시라고 구한다. 그는 자신의 비참한 상황도 걱정스럽지만 사랑하고 경배하는 하나님과의 관계에 훨씬 더 관심이 많다.

13:23 **나의 죄악이 얼마나 많으니이까** 욥은 현재 당하는 고난이 자기 죄의 심각함에 걸맞는 것인지 확인하고, 혹시 알지 못하는 죄가 있다면 회개할 수 있기를 원한다.

13:26 **나를 대적하사 괴로운 일들을 기록하시며** 이것은 법정 용어로 죄인에 대한 형을 기록하는 것을 말한다. 심각한 죄에 대해 하나님이 정당한 형벌을 선고하신 것처럼 극심한 고통을 비유적으로 표현한다. 욥은 하나님이 유년 시절에 지은 죄로 그를 벌주고 계실지도 모른다고 생각한다.

13:27 **나의 모든 길을 살피사** 다른 문맥에서라면 이런 표현은 보호하심에 대한 내용일 것이다. 하지만 여기서는 하나님이 숨도 쉬기 어려울 정도로 심하게 그를 옥죄고 계시지 않는지 의심하는 표현이다. 이 말은 하나님이 남들과 비교해 욥에게만 가혹한 잣대를 들이댄다는 의미다.

13:28 인간의 곤궁한 처지에 대한 이런 일반적 표현은 14:1 이하 내용과 별개가 아니라 연장선상에 있다.

14:1-12 욥은 하나님이 이 세상의 문제를 관리하고 계신다는 사실을 인정하지만 그 의미에 대해 의문을 제기한다. 인생은 짧고(1, 2절) 모든 인간은 죄인이며(4절)

욥

살아도 죽은 것 같은 욥의 처지

1. 머리에서 발끝까지 난 고통스러운 종기(2:7, 13; 30:17)
2. 심각한 가려움(2:7, 8)
3. 큰 슬픔(2:13)
4. 식욕 상실(3:24; 6:6, 7)
5. 심각한 불안 증세(3:24)
6. 불면증(7:4)
7. 구더기와 먼지로 인한 피부 감염(7:5)
8. 끊임없이 생기는 종기(7:5)
9. 환각 증세(7:14)
10. 살이 썩어감(13:28)
11. 쇠약해서 몸이 떨림(16:8; 17:7; 19:20)
12. 심각한 구취(19:17)
13. 치아가 빠짐(19:20)
14. 누그러지지 않는 통증(30:17)
15. 피부가 까맣게 타들어감(30:30)
16. 고온에 시달림(30:30)
17. 심각한 체중 감소(33:21)

날이 정해져 있고(5절) 그런 다음 죽음이 온다(7-12절). 이런 사실들에 비춰 욥은 하나님께 그런 가혹한 처벌 대신 조금이라도 자비를 허락하시고(3절) 모든 고통에서 조금이라도 쉼을 허락해주시라고 구한다(6절). 그리고 자신의 신세에 비하면 나무가 오히려 더 희망이 있다고 말한다(7절).

14:13-17 욥은 하나님의 진노가 다하도록 죽어 무덤에 있게 해주시고 하나님이 다시 부르실 때 살려주시라고 구한다(13-15절). 그가 죽으면 하나님은 그의 발자국까지 감시하며 모든 죄를 다 헤아리시지 않을 것이며(16절), 모든 허물이 다 감춰질 것이다(17절). 하나님을 신뢰하는 자들의 부활에 대한 희망을 여기서 엿볼 수 있다. 욥은 죽으면 다시 살아날 거라는 소망을 품고 있다(14절).

14:18-22 욥은 다시 하나님 앞에서 그 원망을 토해놓으며 죽음이 불가피하고(18-20절) 그로 말미암아 서로 이별할 수밖에 없다고(21절) 다시 절망조로 삶을 비관한다. 생각만 해도 슬프고 고통스럽다는 것이다(22절).

B. 2차 논쟁(15:1-21:34)

15:1-21:34 욥과 세 친구 간에 2차 논쟁이 시작된다. 욥이 그들의 충고를 거부하고 자신의 억울함을 호소하자 더 격렬한 언쟁이 벌어진다.

1. 엘리바스의 두 번째 발언(15:1-35)

15:1-35 엘리바스는 두 번째 발언에 들어간다(욥 4:5을 보라).

15:1-16 그는 욥이 하나님을 원망하고 비난하는 죄를 지었다고 정죄하기 시작한다. 욥이 헛된 말을 늘어놓고 두려움으로 경건하게 의의 기도를 드리기는커녕(4절) 기도 중에도 죄를 지었다고 생각한다(5, 6절).

15:7-13 엘리바스는 욥이 남들보다 더 똑똑한 척하며 정통적인 지혜를 거부하고(7-9절) 노인들의 지혜(10절)와 하나님의 은혜(11절)를 거부할 수 있는 것처럼 말한다고 비난을 멈추지 않는다.

15:14-16 인간의 죄성과 관련해(참고. 롬 3:23) 자칭 의롭다는 욥의 주장을 공격하는 격렬한 비난이다. 15절 내용은 타락하여 천상을 오염시킨 천사들을 가리킨다(참고. 계 12:1-4). 모든 인간이 죄인이라는 것은 정확한 진리이지만 욥의 고통은 죄 때문이 아니므로 그와 상관없다.

15:17-35 엘리바스는 다시 동일한 시각을 들이대며 시련을 당한다는 것은 욥이 죄를 지은 증거라고 비난한다. 자신의 주장을 뒷받침하기 위해 그는 욥의 고난과 유사한 많은 사례를 포함해 악인이 뿌린 대로 대가를 치른다는 긴 독백을 시작한다. 악인에게는 고통이 따르고 언제 인생이 끝날지 알 수가 없다(20절). 공포에 시달리며 온갖 소리에 놀라고 자신을 파멸시킬 자가 가까이 왔다는 공포감에 시달린다(21, 22절). 음식을 구하지 못할까 걱정하고(23절) 고통스러운 현실 때문에 하나님을 의심한다(24-26절). 한때 기름진 음식을 먹고 좋은 집에서 부유하게 살았지만(27-29절) 모든 것을 다 잃게 된다(30-33절). 엘리바스는 욥을 위선자라고 부르며(34, 35절) 그가 이런 처참한 고통 속에 있는 이유가 그 때문이라는 말로 마무리한다.

2. 엘리바스에 대한 욥의 항변(16:1-17:16)

16:1-17:16 욥은 엘리바스의 주장에 대해 두 번째로 반박한다.

16:2-5 너희는 다 재난을 주는 위로자들이로구나 욥의 친구들은 그를 위로하기 위해 모였다. 처음 7일 동안 침묵하며 고통을 함께했지만 자신들이 욥을 찾아온 이유를 망각한 채 위로한답시고 하는 말이 친구를 더 큰 고통으로 몰아넣는다. 욥이 고난을 이해하도록 진심으로 돕고자 하는 의도에서 시작된 엘리바스의 조언은 이제 조롱과 빈정거림으로 변했다. 결국 그들의 장황한 설명과 반응은 모인 당사자들에게 좌절감만 안겨주었다. 상황이 바뀌어 욥이 친구들을 위로하는 입장이었다

면 절대 그들처럼 접근하지 않았을 거라고 말한다. 그들에게 힘을 북돋워주고 위로해주었을 거라고 말한다.

16:6-9, 12-14 욥은 이런 통렬한 생각들로 자신의 고난이 하나님의 엄중한 심판 때문이라며 탄식하게 된다. 하나님은 그를 지치게 하시며 그의 힘을 약하게 하시고 혹독하게 관찰하며("날카로운 눈초리로 나를 보시고") 이를 가시는 분이다. 욥은 하나님을 부서뜨리고 꺾으시며 쏘시고 치는 '내 대적'이라고 말한다(12-14절).

16:15-20 슬픔을 당해도 하나님 외에 의지할 자가 없지만(19절) 하나님은 침묵하시며 그를 변호해주시지 않는다고 말한다.

16:21 **사람과 하나님 사이에…중재하시기를 원하노니** 중재한다는 것은 법정의 재판관이나 왕 앞에서 친구나 이웃 대신에 결백함을 주장하는 것이다. 하나님은 옹호자가 필요함을 예상하시고 주 예수 그리스도의 위격으로 나타나실 분을 준비하셨다(참고. 딤전 2:5; 요일 2:1, 2).

17:2 **조롱하는 자들** 조언하겠다고 나선 이들이 실제로는 원수가 되고 욥의 눈에서 눈물이 나도록 만들었다(참고. 16:20).

17:3 **담보물** 그는 자신의 억울함을 하늘 법정에서 고하도록 약속해주시라고(상징적인 의미의 악수로) 하나님께 구한다.

17:4 **그들을 높이지 마소서** 친구들이 그의 결백을 보지 못하는 것은 하나님 때문이므로 욥은 그를 정죄하려는 그들의 의도가 이루어지지 않게 해주시라고 구한다.

17:5 **비난하는** 이 히브리어 단어는 '먹잇감'이라는 뜻을 지니는데, 욥은 여기서 원수에게 친구를 먹잇감으로 넘겨주는 사람을 가리켜 이렇게 표현하고 있다.

17:6 **속담거리** 이것은 수치, 치욕, 심각한 오명이라는 뜻이다(참고. 신 28:37; 시 69:11). **침을 뱉는구나** 악하고 더러운 사람이라고 누군가를 조롱하고 모독하기 위해 할 수 있는 가장 나쁜 행위다. 욥의 친구들은 그런 오명을 얻도록 그를 부추긴다(7, 8절).

17:9 **의인은 그 길을 꾸준히 가고** 욥과 유사한 상황에 처한 의인들은 포기하지 말고 의로운 삶을 견지해야 한다. 욥은 그렇게 하면 고난을 통해 힘을 얻게 된다는 것을 알았다(참고. 고후 12:7-10).

17:10 욥은 겸허하게 받아들일 줄 아는 사람이었다. 그는 진정한 지혜가 생기면 다시 말하라고 한다. 그러나 이미 자신은 끝났으므로 회복에 대해서는 말하지 말라고 한다(11-16절).

17:15 **나의 희망이 어디 있으며** 욥의 희망은 오직 하나님 안에 있다.

17:16 **스올의 문** 죽음을 가리키는 말로 예수님이 마태복음 16:18에서 음부로 사용하신 표현이다.

3. 빌닷의 두 번째 발언(18:1–21)

18:1-21 빌닷은 2차 논쟁에서도 다른 친구들처럼 욥을 가차 없이 공격하며(참고. 8장) 원망과 불평을 그만두고 현명하게 굴라며 꾸짖고(2절) 그를 비웃는다(3, 4절). 그런 다음 악인이 보응을 받는다는 긴 충고를 다시 시작한다(5-21절).

18:13 **사망의 장자** 사망으로 이어지는 가장 치명적인 질병이라는 뜻의 시적 표현이다.

18:14 **공포의 왕** 이것은 죽음을 의인화시킨 표현으로 불의한 자들에게 무서운 공포의 대상이다.

18:21 **하나님을 알지 못하는 자** 이것은 구속적 의미의 앎이며, 여기서는 불신자를 가리킨다.

4. 빌닷에 대한 욥의 항변(19:1–29)

19:1-29 빌닷의 두 번째 발언에 대한 욥의 반응은 필사적이다.

19:1-5 욥은 괴로움을 참지 못하고 절규하며 친구들이 충고하기 위해 필사적으로 덤빈다고 말한다(2, 3절). 그리고 그들이 그가 죄를 지었다고 지적하지만 그 죄를 뉘우치도록 하는 데 아무런 도움이 안 된다고 말한다(4절).

19:5-7 욥은 하나님이 빌닷과 같은 친구들을 보내시면 원수가 딴 데 있지 않을 거라고 고백하며 정의가 실종되었다고 두려워한다.

19:8-21 욥은 참담한 자신의 처지를 하소연한다. 하나님은 그를 가두시고 때리고 치고 외면하신다(8-12절). 가족과 친구들이 그를 업신여긴다(15-19절). 그는 하나님께 맞은 자신을 친구들이 불쌍히 여겨주기를 구한다(21, 22절).

19:12 **길을 돋우고 나를 치며** 고대 세계에서 정복군은 종종 공병에게 거친 길들을 평탄하게 만들도록 해서 군대가 공격하기 쉽도록 했다.

19:20 **잇몸** 이것은 얇고 연약한 피부를 가리키는 표현으로 현재 흔히 사용되는 속어는 여기서 파생되었다. 이것은 그가 가까스로 죽음을 피했다는 뜻이다. 하나님께 버림받았다는 두려움에 시달리는 것도 모자라 친구들의 핍박에다 가족까지 모두 잃는 처지가 되었다.

19:23-29 절망이 가장 깊어질 때 욥의 믿음도 가장 강해지는 것 같다. 그는 하나님이 그의 대속자이심을 확신한다. 욥은 자신의 그런 확신을 모든 사람이 알도록 기록으로 남겨지기를 원한다(23, 24절). 그 인생의 경험들이 기록으로 "돌에 새겨"져 그가 처참한 고통을 당해야 할 죄를 지은 적이 없음을 세상이 알게 되기를 바란

다. 하나님은 그의 기도에 응답하셨다. 하나님은 그의 대속자시며(참고. 출 6:6; 시 19:14; 72:14; 사 43:14; 47:4; 49:26; 렘 50:34) 정의가 마침내 실현될 마지막 심판 때 그의 억울함을 신원해주실 것이다(참고. 렘 12:1-3; 요 5:25, 29; 계 20:11-15).

19:26, 27 욥은 더 이상 현생에 미련이 없다. 하지만 죽으면 그 대속자가 영광스러운 육체의 부활로 그를 신원해주시고 대속주와 완전한 교제를 누리게 해주실 것이다. 복음서는 예수 그리스도가 욥이 말한 대속주라는 사실을 명확히 전한다. 누가복음 2:38; 로마서 3:24; 갈라디아서 3:13; 에베소서 1:7; 히브리서 9:12을 보라.

19:28, 29 욥은 친구들에게 자신에 대한 그들의 잘못된 판단과 언어폭력으로 심판을 자초하게 될 거라고 경고한다.

5. 소발의 두 번째 발언(20:1-29)

20:1-29 소발은 두 번째이자 마지막 발언으로 다시 욥을 향해 맹렬한 비난을 가한다(참고. 11:1-20). 그는 욥에게 악인의 운명을 다시 생각해보라고 꾸짖는다.

20:5, 6 **악인…경건하지 못한 자…존귀함** 이 악하고 위선적이고 오만한 사람에 대한 소발의 말은 욥을 겨냥한 것이었다. 그는 다른 악인들처럼 그 죄의 대가를 치를 것이다(7-29절).

20:11 악한 자는 단명한다.

20:12-22 악을 저지르면 어떤 즐거움도 누릴 수 없다. 이는 욥이 19절과 같은 죄를 지어 기쁨이 없음을 암시한다.

20:23-29 소발은 악인이 죄로 인생의 즐거움을 빼앗기는 것으로 그치지 않고, 그런 악을 위해 예비된 하나님의 진노를 받을 거라고 결론을 내린다.

6. 소발에 대한 욥의 항변(21:1-34)

21:1-34 소발의 마지막 발언에 대한 욥의 답변으로 자신을 조롱하는 친구들이 견지하는 우매한 인생철학을 반박한다. 이것으로 두 번째 발언이 마무리된다. 그는 악인들이 오히려 번성한다는 사실을 보여주고 그런 사실로 미뤄볼 때(친구들은 오직 악인들만 고통당한다고 주장했음) 의인들이 고난당한다고 추론한다. 이것은 욥을 비난하는 그들의 뻔한 주장에 심각한 허점이 있다는 뜻이다.

21:1-16 욥은 친구들에게 조용히 하고 놀라울 뿐 아니라 두려운 진실(1-6절), 다시 말해 악인은 하나님을 부정해도(14-15절) 형통하다는 사실(7-13절)을 들어보라고 호소한다. 그러나 그 형통함은 그들의 손에 있지 않고 하나님의 손에 있다(16절).

21:17-22 빌닷의 주장(18:5, 6, 18, 19)을 반박한 이 전체 단락은 죄인들이 심판을 받는다는 친구들의 주장을 그대로 인용한다. 그리고 그런 시각을 반박하기 위해 욥은 친구들이 하나님께 사람 다루는 법을 가르치는 죄를 범했다고 주장한다(22절).

21:23-26 악인이라도 형통하게 살다가 형통하게 죽음을 맞는 사람이 있고 고통스럽게 사는 사람도 있음을 주장하며 친구들의 주장이 다 맞지 않다고 지적한다.

21:27, 28 욥은 다시 고통을 당하는 것은 죄를 지었기 때문이라는 것을 입증하고자 한 친구들의 주장, 이 경우에는 소발의 말을 지적한다(20:7을 보라).

21:29-33 욥은 친구들이 그의 말을 듣지 않으리라는 것을 알았다. 그래서 때로 이 세상에서 악인들이 번성한다는 사실을 나그네한테 물어보고 확인해보자고 제안한다. 그러나 그들이 죽는 날 보응을 받을 것이다.

21:34 자랑스럽게 떠든 친구들의 주장은 사실이 아니다.

C. 3차 논쟁(22:1-26:14)

22:1-26:14 욥과 친구들 사이에 3차 논쟁이 진행된다. 이번 논쟁에는 소발이 빠진다.

1. 엘리바스의 세 번째 발언(22:1-30)

22:1-30 이 마지막 논쟁에서 엘리바스는 짜증스러운 말로 욥을 비난한다.

22:2-4, 12-14 엘리바스는 하나님의 전능하심을 다시 강조하며 그분은 지극히 높으신 초월자이시므로 욥에게 직접적인 관심을 갖지 않으신다고 말한다. 그의 원망과 의롭다는 항변에 대해 개인적인 관심이 없으시다는 것이다.

22:5-11 이 딱한 위로자는 욥의 악이 크다고 정죄하며 그가 고난을 당하는 이유로 인륜에 반하는 여러 죄를 열거한다(10, 11절).

22:15-19 또다시 모든 고난은 죄 때문이라는 단순한 주장으로 악인의 운명을 이야기한다. 엘리바스는 욥이 주장한 것과 반대로 악인은 단명하며 하나님이 그들을 형통하게 하신다는 욥의 주장(18상반절)을 인정하지 않는다(18하-20절).

22:21-30 엘리바스는 욥이 죄를 회개하고 하나님께 돌아오면(23절) 축복의 인생이 기다리고 있다고 말하며 결백하다는 욥의 항변을 믿지 않는다는 점을 다시 강조한다(30절). '모든 항변과 원망을 그만두고 회개하면 만사가 형통할 것이다'라고 생각한 것이다.

22:24 **오빌** 구체적 위치는 어딘지 모르지만 최고 품질

을 자랑하는 황금이 나는 땅이다(참고. 28:16; 창 10:29).

2. 엘리바스에 대한 욥의 항변(23:1-24:25)

23:1-24:25 엘리바스의 세 번째 발언에 대한 욥의 대답은 반박하기 위한 것이 아니라 하나님과 교제하고 싶다는 간절한 소망을 담고 있다. 하나님과 교제하며 하나님의 사랑과 선하심을 경험하고 그에게 닥친 온갖 환난의 의미를 직접 듣고 싶어 한다.

23:3 **그의 처소** 심판대다.

23:4 **호소** 결백함을 호소하는 욥의 주장이다.

23:6, 7 **다투시겠느냐** 욥은 하나님이 누가 옳은지 법정에서처럼 가리기 위해 그와 다투시지 않을 것임을 알았다. 그러나 하나님이 그의 말을 들어주셨으면 좋겠다고 생각한다. 하나님 앞에 자기 사정을 아뢸 수만 있다면 공의로운 재판관이 그를 건져주시리라는 확신을 가졌다(참고. 1:8; 2:3).

23:8-12 욥은 하나님의 함께하심을 누리지 못함에도 그분이 살아 계신다는 것을 확신했고, 이 시련을 주신 하나님의 뜻을 전폭 수용하며(10절) 일생에 가장 중요한 문제인 하나님 말씀에 순종하는 일을 계속하겠다고 말한다(11, 12절).

23:14 **내게 작정하신 것을 이루실 것이라** 하나님의 주권성에 전폭적으로 자신을 맡기는 노력이 때로 흔들리기도 하지만 그는 포기하지 않고 그 노력을 계속한다. 인생에 닥치는 풍파가 대체 무슨 의미인지 이해할 수 없어도 주권자 되신 하나님을 믿어야 한다. 이것이 욥기가 강조하는 중요한 교훈이다.

24:1-25 욥은 앞에서 불의한 자들이 그 악에도 형통하게 산다고 주장했다(21장). 이제 그 주제를 확장해 세상에 횡행하지만 하나님이 그대로 방치하시는 듯한 심각한 악들을 열거한다(2-17절). 그래서 악인들이 일반적으로 번성하고 장수한다고 말한다. 사람을 죽이고 남의 것을 훔치고 간음을 저지르는 죄뿐 아니라 고아와 과부와 가난한 이웃을 압제하는 이런 죄악들은 구약에서 금지한 죄다.

24:1 **그의 날을 보지 못하는고** 욥은 하나님이 해 아래 일어나는 모든 일의 시한을 알고 계신다고 믿었다(전 3:1-8). 그러나 하나님이 그것을 사람에게 알려주시지 않는 사실에 탄식한다.

24:2 **땅의 경계표를 옮기며** 경계표를 설치하는 이 고대 관습은 신명기 19:14; 잠언 22:28; 23:10에 나온다. "옛 지계석을 옮기지 말지니라." 부패한 토지 소유주들은 땅을 넓히기 위해 특히 남편과 사별한 과부들의 땅에서 이런 경계표를 이동하는 악행을 저지르곤 했다. 과부들과 같은 약자를 학대한 죄는 천국의 최후 법정에서 심판을 받을 것이다.

24:7 **벗은 몸으로 밤을 지내며** 돈을 빌려주면 담보물로 겉옷을 가져가는 건 흔한 고대 관습이었다. 그러나 구약 율법은 겉옷을 가져가면 그 사람이 추워 병들 수 있으므로 밤에는 옷을 돌려주도록 했다(참고. 24:10). *신명기 24:10-13에 대한 설명을 보라.*

24:12 **하나님이 그들의 참상을 보지 아니하시느니라** 욥은 이렇게 신랄하게 고소한다. 인간 법정은 이런 죄를 지으면 대부분 처벌을 내린다. 욥은 결국 '인간 법정에서도 악인들을 처벌하는데 하물며 하나님은 그렇게 하시지 않을 이유가 무엇이란 말인가'라고 말한다.

24:18-21 욥은 다시 친구들의 주장을 인용하며 그들의 주장이 옳다면 악인들이 모두 벌을 받아야 하지 않겠느냐고 반문한다. 그러나 현실은 그렇지 않다.

24:22-25 욥은 결국에 공정한 심판이 이루어지리라고 생각한다("잠깐 동안 높아졌다가"). 인과응보의 원리가 실현되려면 하나님이 지혜를 발휘하시는 시기가 필요하고, 그때는 악을 바로 잡으실 것이다. 욥은 자신의 이런 주장을 누구도 반박할 수 없다고 확신한다.

3. 빌닷의 세 번째 발언(25:1-6)

25:1-6 빌닷은 세 번째 발언을 시작하며(세 친구들의 마지막 발언) 하나님은 존귀하고 높으신 분으로(2, 3절) 인간, 특히 욥은 죄악되다는 동일한 주장을 되풀이한다(4-6절).

4. 빌닷에 대한 욥의 항변(26:1-14)

26:1-4 욥은 빌닷이 그를 진정으로 배려하지 않는다고 항변하며 신학적이고 합리적인 듯한 친구들의 말이 자신의 필요를 완전히 놓쳤을 뿐 아니라 아무런 도움이 되지 않는다고 말한다.

26:5-14 앞선 9장과 12장의 경우처럼 욥은 하나님의 위대하심을 찬양하는데 친구들보다 절대 뒤지지 않음을 보여준다. 그들 못지않게 그 사실을 잘 알고 있다. 스올과 멸망이라는 죽은 자들의 세계(5, 6절)와 땅과 하늘(7절), 위의 물(8-10절), 아래의 물(12절), 별(13절)에 하나님의 위대하심이 명명백백하게 드러난다고 말한다.

26:7 **땅을 아무것도 없는 곳에 매다시며** 과학적으로 입증되기 전에 고대인들이 정확한 지식을 갖고 있었음을 암시하는 표현이다. 이것은 성경을 쓰신 분이 하나님이라는 뜻이다.

26:10 **수면에 경계** 이것은 지구가 구형체임을 표현한

것이다. 당시는 대부분의 사람이 지구가 평평하다고 생각했을 때로 과학적으로 정확한 표현이다.

26:11 **하늘 기둥** 하늘을 지탱한다고 생각한 산들을 비유적으로 표현한 말이다(참고. 시 104:32).

26:12 **라합을 깨뜨리시며** '폭풍'이라는 뜻이다. 참고. 7:12; 9:13; 26:13. 파괴와 혼란을 초래하는 여러 세력을 가리킬 때 이 표현이 광범위하게 사용된 듯하다.

26:13 **그의 입김** 참고. 33:4. 성령께서 천지 창조에 적극 참여하신 일을 가리킨다(참고. 창 1:2). **날렵한 뱀** 하나님이 모든 별을 그 통치하에 복종하게 하셨다는 비유적 표현이다(참고. 26:12). 뱀은 '왜곡된'으로 번역하기도 하는데, 하나님의 전능하신 권능으로 자기 고집대로 하는 모든 별과 행성이 그 통치에 굴복하게 되었음을 의미한다.

26:14 **이런 것들은 그의 행사의 단편일 뿐이요** 욥은 친구들에게 시적 언어로 인간이 말하고 이해한 모든 것이 하나님의 권능의 손길 가운데 지극히 일부일 뿐이라고 말한다.

D. 욥의 최종 항변(27:1-31:40)

1. 욥의 첫 독백(27:1-28:28)

27:1-12 빌닷의 말에 반박하던(26:1-14) 욥은 이제 자신의 의로움을 주장하기 시작한다.

27:2 **나의 정당함을 물리치신 하나님** 하나님은 욥이 결백하다는 사실을 전면에 나서서 선언해주시지 않았다. 이사야 53:8과 사도행전 8:33에 나온 그리스도의 당하신 일을 참고하라.

27:3-6 욥은 무슨 일을 당하더라도 의롭게 살고자 하는 노력을 진심으로 견지하겠다고 말한다. 양심의 가책을 느낄 만한 일은 하지 않겠다는 것이다(6하반절). 하나님이 욥의 온전함을 인정해주셨으므로(1:8; 2:3) 이것은 비난받을 주장이 아니다.

27:7 욥은 심판자 되신 하나님께 그를 정죄하는 악인들을 심판해주시도록 떳떳하게 요청할 수 있었다.

27:8-10 욥은 악인의 결말을 알기에 절대 자신이 위선자가 아님을 친구들에게 확인시켜 준다.

27:11 **하나님의 솜씨를 내가 너희에게 가르칠 것이요** 욥은 자신과 친구들 간의 문제를 정확히 지적한다. 그들은 하나님의 보응하심에 대한 역사를 보는 시각이 달랐다. 그들은 하나님이 전능하시며 지혜로우시고 주권자 되심을 인정했다. 그러나 욥은 이토록 처참한 고통을 당해도 싼 죄를 그 인생에 지은 적이 없다고 했으며, 모든 인생의 고난이 죄 때문이며 의인들이 늘 형통하게 산다는 주장은 어리석고 틀린 생각이라고 결론을 짓는다. 처음에 욥은 친구들과 같은 입장이었을 것이다. 그러나 하나님의 역사를 제약시키는 친구들의 생각은 수정이 필요하다고 보았다. 사실 그 생각은 말도 안 되는 것이었다. 바로 이어지는 욥의 말은 28장에 소개된 지혜에 대한 그의 강해에서 서론의 역할을 한다.

27:13-23 욥은 악인들이 혹독한 고통의 벌을 받는다는 것을 부정하지 않는다는 사실을 분명하게 말한다. 그래서 악인들이 큰 벌을 받는다는 것을 인정하며, 이 단락에서 그 사실을 다시 언급하고 있다.

27:18 **좀의 집…초막** 이런 집들은 임시 거처로 악인들이 장수하지 못할 것임을 말한다.

27:23 **손뼉치고** 조롱하는 행위다.

28:1-28 욥은 악인들이 고통당한다고 인정하지만(27:13-23) 의로운 그가 당한 일을 설명하지는 못한다. 다만 욥은 친구들에게 인간의 머리로는 하나님의 지혜를 다 헤아릴 수 없다는 사실을 생각해보라고 권한다. 이 장의 주제가 바로 이것이다. 일반적이고 이론적인 지식으로는 하나님의 지혜를 얻을 수 없다. 하나님이 계시해주시지 않으면 아무도 알 길이 없다.

28:1-11 은과 금과 철, 사파이어를 캐고 구리를 녹이는 작업에 대해 언급하고 있다. 인간은 이런 귀중한 보물을 찾기 위해 땀 흘리며 수고한다. 참고. 잠언 2:1-9.

28:12, 20 이 두 절은 아무리 노력해도, 심지어 금은보화를 캐내는 것처럼 엄청난 노력을 해도 하나님의 지혜를 갖지 못한다는 주장으로, 이 장의 주제를 요약하고 있다. 세상에서는 그것을 찾을 수 없다(13, 14절). 아무리 큰돈을 주더라도 살 수가 없다(15-19절). 살아 있는 사람도 찾을 수 없고(21절), 죽은 자도 찾을 수 없다(22절. 참고. 26:6).

28:16 **오빌** *22:24에 대한 설명을 보라.*

28:23 **하나님이 그 길을 아시며 있는 곳을 아시나니** 이것은 이 장에서 토론이 필요한 중요한 사상이다. 욥과 그의 친구들은 세 번이나 하나님의 지혜를 살펴보았지만 진리 근처에도 가지 못했다. 마침내 욥은 자신의 고난을 납득하기 위해 하나님의 지혜에 도달하는 일은 인간에게 허락되지 않았다고 확고히 주장한다. 오직 하나님이 모든 것을 아시므로(24절) 그 일도 당연히 아신다. 참된 지혜는 전능하신 창조주만 갖고 계시며(25, 26절) 사람은 하나님이 밝히 알려주셔야만 알 수 있다(참고. 신 29:29).

28:28 **보라 주를 경외함이 지혜요** 욥은 친구들이 미처 생각하지 못한 데까지 나아간다. 하나님의 지혜의 구체적 특징은 우리가 알 수 없어도 지혜의 시작과 끝은 하나님을 경외하고 죄를 멀리하는 것이다(참고. 시 111:10;

잠 1:7; 9:10; 전 12:13, 14). 대답을 알 수 없는 일들은 하나님을 믿고 복종하는 마음으로 그분께 의탁해야 한다. 인간이 할 일은 믿고 순종하는 것이며(참고. 전 12:13) 그것이 지혜다(잠언 1:7-2:9에서 말하는 지혜를 보라). 인간은 인생에서 당하는 모든 고난의 이유를 전혀 모를 수도 있다.

2. 욥의 두 번째 독백(29:1-31:40)

29:1-25 죄에 대한 욥의 생각은 변함이 없지만 그의 고통이 죄로 인한 자업자득이라는 주장은 인정하지 않는다. 28장에서 그가 자신에게 한 말들을 충분히 체화하지 못한 탓인지 그는 다시 절망에 빠지며 욥기 1장과 2장의 사건들이 일어나기 전 자기 인생을 회상한다. 하나님이 그와 함께 계셨던 그 시절이 꿈처럼 느껴진다(5절). 하나님은 여전히 그와 함께 계시지만 그는 자신을 버리셨다고 여긴다.

29:5 **그 때에는 전능자가 아직도 나와 함께 계셨으며** 욥은 하나님께 버림받았다고 생각하는 듯하다. 그러나 하나님은 이 모든 시련 가운데서도 내내 함께하셨음을 보여주심으로써 그의 이런 원망을 바로잡아 주실 것이다.

29:6 **젖…기름** 그는 최상품 우유와 올리브유를 마음껏 먹었다.

29:7 **성문…내 자리** 성의 지도자들을 위해 마련한 자리였다. 욥은 부유하고 영향력이 막강한 사람으로 성의 지도자들 가운데 한 명이었다.

29:12, 13 **빈민…고아…망하게 된 자…과부** 고대 근동에서 한 인간의 덕은 사회에서 가장 연약하고 취약한 사람을 어떻게 대하느냐 하는 것으로 판가름이 났다. 이런 사람들을 보호하고 도우면 귀족으로 존경을 받았다. 욥은 이런 사람들을 힘써 도왔지만 친구들은 그가 이런 자들을 외면해서 고난을 당하는 거라고 비난했다(22:1-11을 보라).

29:15, 16 **맹인…다리는 저는 사람…빈궁한 자** 세 친구들의 비난과 달리 욥은 누구 못지않게 과부와 고아, 가난한 사람, 장애인, 학대당하는 자들을 돌봤다.

29:16 **송사를 돌보아 주었으며** 불의한 재판으로 약자들이 고통당할 때 욥은 발 벗고 나서서 그들을 도와주었다.

29:18-20 욥은 깊이 뿌리 내리고 신선한 이슬을 머금은 나무처럼 왕성한 건강을 자랑했고 가족("보금자리")과 오랫동안 행복하게 살 수 있으리라고 생각했다.

29:21-25 욥은 친구들에게 아무도 그의 조언을 거부하지 않았던 시절이 있었다고 말해준다.

29:24 **무색하게 아니하였느니라** 이것은 농담삼아 한 말일 수도 있고 아닐 수도 있다. 사람들이 욥을 얼마나 존경했는지 농담해도 농담으로 받지 않고 진담으로 받아들였다.

29:25 **왕이 군대 중에 있는 것과도 같았고** 욥은 왕이 아니라 일종의 지방 고위관리였다. 욥 시대에 '하자누'(hazannu)라 불린 이들은 욥이 앞 단락에서 말한 일을 수행했다.

30:1-31 과거의 행복했던 시절을 회상하던(29장) 욥은 이제 현재의 비참한 상황을 한탄한다.

30:2-8 욥은 자신을 이렇듯 조롱하는 사람들은 부랑자들로 천하고 악하여 공동체에서 환영받지 못하고 쫓겨난 자들이라고 말한다. 이 천한 사람들은 욥을 천박한 오락거리로 삼았다(9-15절).

30:9 **그들이 나를 노래로 조롱하며** 욥은 조롱의 대상이 되었지만 그를 조롱하는 자들의 아버지들은 가축을 치는 개들보다 못한 자들이었다(30:1).

30:16-19 욥의 고난이 얼마나 심했는지 뼈를 깎는 듯한 고통에 시달렸고 뼛속까지 아팠다. 피부("옷") 색이 달라지고(30절) 자신이 먼지와 재처럼 되어버렸다고 말한다.

30:20 욥의 가장 고통스러운 점이 바로 이것이다. 하나님은 잔인할 정도로 침묵을 지키셨다(21절).

30:23 **모든 생물을 위하여 정한 집** 무덤이다.

30:24-26 이것은 욥이 그랬던 것처럼(25절) 이미 망가졌지만 완전히 망가지지 않도록 하나님이 조금이라도 자비를 베푸셔야 한다는 항변이다.

30:30 **피부…내 뼈** 욥은 병으로 망가진 자신의 몰골을 이렇게 말한다(2:7을 보라).

31:1-40 부당한 비난에서 벗어나고 싶은 마음이 더 강렬해진 욥은 자신이 상대적으로 결백하다는 주장을 강

욥의 인물 평전

1. 믿음이 성숙한 사람(1:1, 8; 2:3)
2. 많은 자녀의 아버지(1:2; 42:13)
3. 많은 가축의 소유자(1:3; 42:12)
4. 부유한 유력자(1:3하)
5. 가족의 제사장(1:5)
6. 지혜롭고 어진 남편(2:9)
7. 공동체에 많은 영향력을 끼친 명망가(29:7-11)
8. 자선가(29:12-17; 31:32)
9. 현명한 지도자(29:21-24)
10. 농부(31:38-40)

조하며 정의를 요구한다. 스스로 결백하다고 믿는 사람은 왕이나 신적 존재에게 맹세하며 자기 결백을 호소한다. 욥의 주변 민족들 간에도 이런 절차는 종종 재판에서 의무적으로 적용되었다. '만약…하다면'이라는 반복된 문장은 맹세의 조건에 해당한다. '만약…'은 욥이 저질렀을 잘못을 말한다면 '그러면'은 그로 말미암아 받을 저주를 말한다. 그가 그런 잘못을 정말로 저질렀다면 저주를 달게 받겠다는 것이다. 이것은 하나님과 사람 앞에서 자신을 변호하고자 하는 욥의 마지막 노력이다.

욥은 음란의 문제(1절), 일반적인 죄(2, 3절), 진실(5절), 탐욕(7절), 배우자에 대한 정절(9절), 공정성(13절), 타인에 대한 연민(16-21절), 재물(24, 25절), 우상숭배(26, 27절), 원수와 나그네에 대한 사랑(29-32절), 은밀한 죄(33, 34절), 사업상의 거래(38-40절)와 관련해 떳떳하다고 여긴다. 왜 자신이 이런 고난을 당하는지 그 이유를 설명해달라는 그의 기도에 하나님이 응답해주시기를 원한다(35절).

31:1 **내가 내 눈과 약속하였나니** 욥은 여성에 대해 음욕을 품은 적이 없다고 말한다(참고. 잠 6:25; 마 5:28).

31:33 **다른 사람처럼** '인류처럼'이라고 해석하는 게 가장 정확한 표현일 것이다(참고. 호 6:7).

31:35 **나를 고발하는 자가 있다면 그에게 고소장을 쓰게 하라** 욥은 혐의 내용을 완벽히 파악하시는 완벽한 검사이신 하나님이 그분의 뜻과 지혜와 욥이 고통당하는 이유를 다 적은 책을 쓰셨으면 좋겠다고 생각한다. 그러면 친구들이 그에게 뒤집어씌운 혐의를 벗을 수 있을 것이다.

31:40 **욥의 말이 그치니라** 욥기 3:1에서 시작된 친구들과의 언쟁이 드디어 끝이 났다. 욥은 그들 가운데서 가장 먼저 입을 열고 마지막에 말을 끝마쳤다.

「재 가운데 앉은 욥(*Job on the Dunghill*)」 1881년. 곤잘로 카라스코. 캔버스에 유화. 191.5x141cm. 멕시코 국립미술관. 멕시코시티.

E. 엘리후의 연설(32:1-37:24)

32:1-37:24 계속 그 자리에 있던(3-5절) 새로운 사람이 욥의 고난을 둘러싼 논쟁에 끼어든다. 바로 젊은 엘리후로, 욥의 고난이라는 문제를 새로운 시각에서 접근한다. 생각이 다소 달라서 세 친구에게 분노하지만 욥에 대해서도 강경하다. 엘리후는 자존심이 강하고 말이 많지만 그곳에 모인 사람들의 말을 참을성 있게 듣고 난 뒤 그들과는 다른 새로운 입장을 취한다. 사실 그 역시 욥에게 도움이 되지 않았다. 하나님이 격분한 그의 이 연설을 기록하여 읽게 하시는 이유는 무엇인가? 그는 욥이 하나님의 응답(38-41장)을 기다리는 동안 연설을 한다.

1. 첫 번째 연설(32:1-22)

32:2 **부스 사람** 엘리후의 조상은 아라비아의 부스족으로 거슬러 올라간다(참고. 렘 25:23). '람 종족'에 대해서는 알려진 바가 없다.

32:6-8 그는 자신의 말을 '의견'이라고 부르지만(6, 10, 17절) 하나님의 영감을 받았다고 주장한다(8절. 참고. 33:6, 33).

2. 두 번째 연설(33:1-33)

33:1-33 욥에 대한 엘리후의 첫 번째 도전은 오만한 주장(1-7절)으로 시작하더니 이어서 욥이 한 질문과 원망을 인용한다(8-11절). 그리고 곧 그 질문과 원망에 대해 답변한다(12-33절).

33:13 욥은 하나님이 응답해주시지 않는다고 원망했다. 엘리후는 하나님이 그 뜻과 역사를 누구에게도 변명할 이유가 없다고 지적한다.

33:14-18 그는 하나님이 꿈과 환상 등 여러 가지 방법으로 말씀하시고 악한 길에서 백성을 보호해주신다고 말한다(17, 18절).

33:18 **구덩이** 죽은 자들의 세계를 가리키는 표현이다(참고. 21, 24, 30절).

33:19-28 욥은 그처럼 가혹한 고통을 당할 이유가 없

엘리후의 연설

1. 엘리후가 논쟁에 끼어들어 교착된 대화를 이어가다(32:1-22)
2. 하나님이 고난을 허용하시더라도 사랑의 뜻이 있을 거라고 인정하지 않고 하나님을 원망한 욥의 교만을 지적하다(33:1-33)
3. 경건하게 살아도 보상받지 못함을 주장하며 하나님의 성실하심을 비난했다고 욥을 나무라다(34:1-37)
4. 인내하며 하나님을 기다리라고 욥에게 권면하다(35:1-16)
5. 하나님이 욥을 징계하시는 중이라고 주장하다(36:1-21)
6. 인간은 하나님이 정의와 자비를 베푸시는 과정을 제대로 이해할 수 없다고 주장하다(36:22-37:24)

다고 탄식했다. 엘리후는 그런 욥의 원망에 대해 자신이 하나님의 사자이자 중재자로서 하나님이 기분대로 행동하시는 것이 아니라 징계의 목적으로 고난을 사용하셔서 온전히 하나님께 복종하고(23절) 회개하여(27절) 목숨이 보존받도록 하심을 알려주겠다고 한다(24, 28, 30절). 다시 말해 하나님은 영적인 유익을 위해 고난을 허용하신다는 것이다.

33:32 **내가 기쁜 마음으로 그대를 의롭다 하리니** 엘리후는 욥을 두둔하며 의롭다는 그의 주장이 사실임을 확인하고 싶다고 한다. 그래서 욥에게 반론할 기회를 주겠다고 한다(33절).

3. 세 번째 연설(34:1-37)

34:1-37 이제 엘리후는 욥과 세 친구 모두를 대상으로 연설한다. 욥의 말을 직접 인용하고(5-9절) 그의 원망에 답변하는 형식을 취하지만 때로 욥의 말을 잘못 해석하기도 하고 친구들의 비난을 욥이 한 말로 착각하기도 한다. 친구들의 말을 욥의 말로 잘못 인용한 경우는 욥이 스스로 완전히 결백하며 무죄하다고 말했다는 점이다(6절). 욥은 결코 이런 주장을 한 적이 없다. 실제로 욥은 자신이 죄인임을 인정했다(7:21; 13:26). 엘리후는 모르고 있었지만 하나님은 욥이 결백하다고 이미 선언하셨다(1:8; 2:3). 하나님이 공정하지 않다는 욥의 원망에 대해 엘리후는 하나님은 지극히 거룩하셔서 결코 불의를 행하시지 않으며(10절) 사람들을 공정하게 대하시며(11, 12절) 전능하시고(17, 18절) 편애하시지 않으며 (19, 20절) 전지하시며(21, 22절) 모든 인간의 심판자이시고(23절) 그 뜻에 따라 악을 막으시는 주권자(24-30절)라고 강조한다.

34:9 **이르기를** 엘리후의 이 지적은 틀렸다. 또한 욥이 하지 않은 말을 그가 했다고 착각하기까지 했다.

34:23 **하나님은 사람을 심판하시기에** 이 심판은 세상 마지막에 있을 최후의 심판이 아니라 인간이 일상적으로 행하는 일에 대해 하나님께 책임을 져야 한다는 일반론이다. 엘리후가 강조하는 핵심은 하나님이 형을 선고하시기 위해 세세한 사법 절차를 거칠 필요가 없다는 것이다. 하나님은 "그들의 행위를 아신다"(34:25).

34:31-33 하나님은 사람들이 세운 기준에 얽매이지 않으신다. 사람들과 상의하시지 않는다. 누군가를 징계하고자 한다면 정한 때에 결정하실 것이다.

34:34-37 엘리후는 친구들의 비난을 대하는 태도로 볼 때 욥에게 징계가 더 필요하다고 생각한다. 그는 계속 자기 결백을 주장하며 하나님께 억울함을 호소했다.

4. 네 번째 연설(35:1-16)

35:1-16 엘리후는 다시 욥의 원망을 인용한다. 특히 21:15; 34:9에서 언급한 의롭게 살아도 아무 유익이 없다는 그의 생각을 지적한다(3절). 그리고 그 원망에 대답하면서 먼저 하나님은 지극히 높으셔서 사람의 행위에 전혀 영향을 받으시지 않기 때문에(5-7절) 욥이 죄를 짓든 안 짓든 아무 상관이 없다고 대답한다. 오직 다른 사람들만 영향을 받는다고 한다(8절). 또 욥은 하나님이 이렇게 고통 가운데 부르짖어도 기도에 응답하시지 않는다고 원망했다(24:12; 30:20을 보라). 엘리후는 욥이 기도 응답을 받지 못하는 이유로 교만(10, 12절), 그릇된 동기(13절), 참지 못하고 하나님을 신뢰하지 못한 것(14절) 등 세 가지로 언급한다. 이런 이론적인 연설 역시 욥의 억울한 곤경을 무시한 것이다. 그는 이미 의인으로 인정하심을 받았다. 엘리후는 세 친구처럼 전혀 도움이 되지 못했다.

35:15, 16 엘리후는 욥이 고난당했다고 해도 하나님의 진노가 다 표현된 것이 아니며, 그 말로 죄를 지었기 때문에 하나님이 그를 더욱 벌하실 거라고 말한다. 하나님이 그 쓸데없는 말로 드러난 욥의 어리석음을 사실상 묵과하셨다고 생각한다.

36:1-37:24 엘리후는 현재 고난을 하나님이 불공평하신 증거라고 생각하고(34:34-37) 의롭게 살아도 아무 보상이 없다고 생각하며(35장) 하나님을 의심한다면(33:12) 욥이 죄를 지은 것이라는 세 친구와 같은 생각을 가졌다. 이 마지막 연설에서 그는 고난을 당하는 욥

욥

단어 연구

환난/곤고(Affliction): 10:15; 30:16, 27; 36:8, 15, 21. '비참함' 또는 '가난함'이라는 단어의 어근에서 파생한 것이다. 이 단어는 무거운 짐을 이기지 못해 바닥에 엎어진 사람을 연상시킨다. 성경은 자기 백성이 환난을 당해 고통당하는 것을 보시며 고통 중에 부르짖는 소리를 들으시는 분으로 하나님을 묘사한다(창 16:11; 출 2:23-25). 주님은 우리의 무거운 짐을 그분께 맡기라고 권면하신다. 그분은 능히 그 짐을 지실 정도로 강하시며 어려울 때 도우실 정도로 우리를 지극히 사랑하신다(벧전 5:7). 더욱이 그분은 모든 세상사를 주관하시므로 현재 우리가 처한 어려움으로 선을 이루게 하신다(롬 8:28). 욥기의 전체 내용은 이 사실의 생생한 사례로 가득 차 있다(42:10-17; 고후 12:7-10).

보다 하나님께 초점을 맞춘다(2절).

5. 다섯 번째 연설(36:1-21)

36:4 **온전한 지식을 가진 이** 엘리후는 자신의 말이 옳다고 강조하기 위해 허황된 주장을 한다.

36:5-12 엘리후는 하나님이 환난을 주실지라도 공의롭고 자비하신 분이라는 생각을 다시 한 번 강조한다(6절). 또한 의인들을 지켜주시며(7절) 죄를 깨닫게 하시며(8, 9절) 죄를 돌이키라고 가르치시며(10절) 순종하는 자에게 복을 주시고(11절) 패역하면 벌을 주신다(12-14절)고 말한다.

36:15 **학대 당할 즈음에 그의 귀를 여시나니** 이것은 엘리후의 충고 가운데 가장 유익하고 새로운 통찰이다. 하나님이 고난을 주어 징계하고 회개하게 하신다는 이전의 말을 완전히 넘어선다. 그는 하나님이 고난을 사용하셔서 인간의 귀를 여시고 그분의 말씀을 듣게 하신다고 말한 것이다. 그러나 욥이 계속 원망한다면 고난으로 하나님께 더 가까이 나아가기보다 불의를 행하게 될 것이다(16-21절).

6. 여섯 번째 연설(36:22-37:24)

36:22-37:24 욥처럼 하나님을 원망하고 의심하여 죄를 짓지 말고(욥은 나중에 42:6에서 이 죄를 고백함) 고난 중에 하나님을 바라보며 예배해야 한다(33:24).

36:26 **우리가 그를 알 수 없고** 구원으로 하나님에 대한 개인적인 지식을 가졌다고 해도 인간의 머리로는 영광 중에 계신 하나님을 다 이해할 수 없다.

36:27-37:4 엘리후는 폭풍우로 하나님의 권능을 설명한다.

36:31 **심판하시며 음식을 풍성하게 주시느니라** 폭풍우는 하나님이 내린 심판의 재앙이 될 수도 있고 풍성한 곡식을 주는 축복이 될 수도 있다.

37:5-13 엘리후는 맹위를 떨치는 추운 겨울로 하나님의 권능을 설명한다. 폭풍과 모진 겨울은 세상에서 어려운 일을 당할 수 있다는 사실을 보여주지만 그것은 '징계'나 '자비'라는 하나님의 선한 목적이 있다(37:13).

37:14-18 이 단락은 폭풍이 그치고 햇살이 구름 사이로 얼굴을 내밀고 따뜻한 바람이 불어오고 하늘이 맑게 개는 장면을 묘사한다.

37:19, 20 이 구절에서 엘리후는 욥에게 하나님이 권능으로 행하시는 기인한 일들과 그 뜻을 설명할 수 없으므로 잠잠하고 하나님과 다투어서는 안 된다고 말한다. 인간은 하나님의 계획에 맞서 불평하거나 판단할 자격이 없다는 것이다.

37:21-23 엘리후는 화창한 날 눈부신 태양을 정면으로 보는 것에 견주어 하나님께 이러쿵저러쿵 말하는 것이 어리석다고 설명한다(21, 22절). 인간은 큰 영광 중에 계신 하나님과 정면으로 대면하지 못한다. 그가 만드신 태양을 바라볼 수도 없다(21절).

37:24 **무시하시느니라** 하나님은 뇌물을 받거나 굽은 재판을 하시지 않는다. 그래서 엘리후는 욥과 독자가 하나님을 주목하도록 인도하면서 연설을 마무리한다.

구원 (38:1-42:17)

A. 하나님이 욥을 심문하시다(38:1-41:34)

1. 욥에 대한 하나님의 첫 번째 답변(38:1-40:2)

38:1-40:2 드디어 하나님이 등장하셔서 여러 차례 그분을 고발한 욥에 대한 1차 심문을 시작하신다. 하나님은 욥에게 자신을 발언하신다.

하나님의 답변

1. 욥에 대한 하나님의 첫 번째 답변(38:1-40:2)
2. 욥에 대한 하나님의 두 번째 답변(40:6-41:34)
3. 하나님이 엘리바스와 빌닷, 소발을 꾸짖으시다(42:7-9)
4. 하나님이 욥에게 가정과 재물을 다시 돌려주시고 장수의 복을 베푸시다(42:10-17)

38:1 **여호와** 야훼, 언약의 주는 욥과 하나님과의 관계를 독자에게 소개한 욥기의 서론에서 하나님을 가리킬 때 사용한 이름이다. 그러나 3-37장에서 야훼라는 이름은 한 번도 사용되지 않고 '전능하신 하나님'이라는 엘 샤다이로 표기되어 있다. 욥기에서 이런 명칭의 변화는 하나님이 멀리 계시며 우리와 동떨어진 분이라는 표현의 한 방식이다. 하나님이 자신의 언약적 이름을 사용하여 욥에게 스스로를 계시하심과 동시에 하나님과의 관계가 풍성한 언어로 회복된다. **폭풍우 가운데** 욥은 자신의 무죄를 입증하고자 하나님을 여러 차례 법정으로 소환했다. 마침내 하나님은 그를 고발한 사람들이 한 말을 심문하려고 등장하신다. 하나님은 곧 욥의 억울함을 변호해주시겠지만 먼저 하나님을 올바로 이해하도록 가르치신다.

38:2 아무런 도움도 되지 않는 친구들의 충고로 이미 엉망이 된 상황에서 욥의 말은 문제를 더 꼬이게 만들었을 뿐이다.

38:3 **내가 네게 묻는 것을** 하나님은 도리어 욥에게 질문하심으로써 그분을 끊임없이 의심하며 질문했던 욥의 교만을 잠잠하게 만드셨다. 욥이 고난당하는 이유를 하나님이 말씀해주시지 않았다는 사실, 다시 말해 욥이 고난당한 계기가 된 하나님과 사탄의 논쟁에 대해서는 한 마디도 하시지 않았다는 사실에 유의할 필요가 있다. 그가 환난당한 정황에 대해 아무 설명도 해주시지 않았다. 단지 욥이 하나님처럼 영원하고 위대하며 전능하고 지혜로우며 완벽한지 질문하셨을 뿐이다. 그렇지 않다면 욥은 침묵하고 하나님을 신뢰해야 마땅했다.

38:4-38 하나님은 욥에게 세상을 창조할 때 그 자리에 있었느냐고 질문하신다. 누구도 그렇다고 대답하지 못할 질문이었고 겸허해질 수밖에 없는 결정적 질문이었다.

38:4-7 건축 용어를 사용해 창조 과정을 설명하신다.

38:7 **새벽 별들…하나님의 아들들** 하나님을 섬기는 영인 천사들이다.

38:8-11 육지를 높이고 바다의 한계를 정하신 하나님의 능력과 수증기를 흡수해 다시 땅에 비를 내리는 구름에 대한 설명이다.

38:12, 13 날이 밝아오고 해가 그 햇살을 땅에 비추면 옷자락을 털어 먼지를 털어내듯 악이 드러난다.

38:14 **진흙에 인친 것** 진흙 토판에 쓴 문서는 그 사람의 이름을 새긴 인장으로 서명을 했다. "변하여"에 해당하는 히브리어는 '회전한'이다. 이것은 땅이 부드러운 진흙을 감은 원통형 인장처럼 변하거나 돈다는 의미를 가진다. 이렇게 회전하는 원통형 실린더가 바벨론에서 발견되었다. 이것은 지구가 그 축을 중심으로 회전한다는 뜻으로, 고대 시대에 하나님만이 계시하실 수 있는 놀라운 말씀이다. 지구가 회전하면서 새벽빛이 땅을 밝힌다.

38:15 **그 빛** 어두울 때 악을 행하기 때문에 악인들의 빛은 어둠이다. 새벽이 밝아오면 악을 행할 수 없게 되고 누군가를 해치려고 들었던 팔을 내려야 한다. 하나님이 빛을 창조하실 때 욥은 그 자리에 있었는가(21절).

38:22 **곳간** 이런 자연의 창고는 구름을 가리킨다.

38:31, 32 **묘성…삼성…별자리…북두성** 여러 별자리에 대한 언급이다(참고. 욥 9:9).

38:33 **하늘의 궤도** 우주의 모든 천체를 관장하는 법칙과 힘이다.

38:36 **지혜…슬기** 이것이 실제 문제의 핵심이다. 우주를 창조하고 붙드시는 하나님의 지혜가 욥의 고난에도 그대로 함께하고 있다. 39:17도 보라.

38:39-39:30 하나님은 욥에게 동물 세계를 다스릴 수 있는지 물으심으로써 그를 겸손하게 만드신다. 욥은 하나님과의 비교를 통한 강력한 심문 앞에 점점 겸손해질 수밖에 없었을 것이다.

39:5 **들나귀** 야생 나귀다.

39:13-18 **타조** 땅에 알을 버려두는 새는 어리석다. 하나님은 타조에게 지혜를 주시지 않았다. 타조의 이런 모습은 흡사 욥과 비슷하다. 힘은 세지만 어리석은 타조처럼 욥도 그러하다(18절).

39:19-25 전쟁에 참여하는 군마에 대한 웅장하고도 생생한 묘사를 볼 수 있다.

40:2 하나님은 욥에게 그동안 제기한 모든 질문에 답변해보라고 도전하신다. 하나님은 그 답을 다 알고 계시지만 욥이 직접 자신의 연약함과 열등함, 하나님의 무한한 세계를 헤아릴 수 없는 무능함을 고백해야 했다. 욥은 하나님의 지혜는 한없이 높고 만물을 통치하시는 하나님의 다스리심은 완전하다는 사실을 알아야 했다.

2. 욥이 하나님께 대답하다(40:3-5)

40:3-5 욥은 하나님께 첫 답변을 하면서 "저는 정죄를 받아 마땅합니다. 더 이상 할 말이 없습니다"라고 대답한 것이다. 그는 전능자에게서 어떤 흠도 찾을 수 없음을 깨달았다. 스스로 다 아는 것처럼 나서지 말아야 했다. 하나님이 공정하지 않다고 생각하지 말아야 했다. 그래서 결국 침묵할 수밖에 없었다.

3. 욥에 대한 하나님의 두 번째 답변(40:6-41:34)

40:6-41:34 첫 번째 취조로 성이 차지 않으신 듯 하나

님은 동일한 논조로 욥을 두 번째로 심문하시기 시작한다. 이번에는 하나님의 창조물 가운데 특이한 두 동물, 베헤못(40:15-24)과 리워야단(41:1-34)을 집중 부각시키신다. 무섭고 힘센 두 짐승은 이 세상에서 통제 불가능하고 공포감을 주는 두려운 모든 것을 상징한다. 인간은 이들을 통제할 수 없지만 하나님은 통제하신다.

40:8-14 하나님은 격렬한 어조로 욥을 심하게 책망하신다. 욥이 하나님보다 자신에게 최선의 것이 무엇인지 더 잘 알고 있다고 생각한다면(8절) 차라리 하나님이 되어보는 게 어떠하겠느냐는 말씀으로 욥의 의심을 비웃으신다(9-14절).

40:15-24 **베헤못** 이 단어는 구약에서 몸집이 큰 가축이나 육지동물을 가리킬 때 흔히 사용하는 단어지만 이 문장에서는 기이한 짐승을 의미한다. 세부적 묘사를 보면 마치 하마를 가리키는 것 같지만(19-24절) 하마는 꼬리가 짧으므로 17절 내용과 모순된다. 여기서 꼬리는 '코'(trunk)로 번역될 수 있다. 그럴 경우 코끼리를 가리킬 수 있다. 오직 피조물 중 하나님만이 다스리실 수 있는 '으뜸'인 동물에 가깝기 때문이다(19절). 어떤 사람들은 육지동물 중 가장 인상적인 동물인 공룡을 가리키는 거라고 주장한다. 공룡은 본문이 말한 모든 특징과 부합한다.

40:23 하나님은 이 짐승이 요단강에 산다고 하신 것이 아니라 욥이 요단강을 잘 알고 있음을 감안해 이 짐승이 얼마나 많은 물을 먹는지 설명하는 데 이용하신 것이다. 이 짐승은 요단강도 통째로 삼킬 수 있다. 이것은 몸집이 거대하고 위협적인 힘을 가진 무엇인가를 가리켜 표현할 때 쓰는 말이었다.

41:1 **리워야단** 이 단어는 여기 외에 구약 본문에서 5번 더 나온다(욥 3:8; 41:1; 시 74:14; 104:26; 사 27:1). 여기서 리워야단은 사람들에게 공포감을 심어주는 힘센 짐승을 가리키지만 하나님의 적수가 되지 못한다. 이 짐승은 배가 다니는 바다에 살기 때문에(시 104:26) 일종의 바다 괴물이며, 고대 공룡을 염두에 두었을 가능성이 있다. 어떤 사람들은 비늘판(15절), 무시무시한 이빨(14절), 물속에서 빠른 속도로 움직이는 것(32절)으로 보아 악어를 가리킨다고 생각한다. 그러나 본문에서 언급한 생물은 바다생물인 데 반해(31절) 악어는 바다생물이 아니다. 어떤 사람들은 모든 군림하는 짐승 가운데 궁극의 식인 짐승인(34절) 식인 고래나 거대한 백상어를 가리키는 거라고 생각한다.

41:4 **어찌 그것이 너와 계약을 맺고** 하나님은 "이 괴물 같은 짐승이 어떤 이유로 너와 계약을 맺으려고 하겠느냐? 욥아, 네가 그 짐승을 통제할 수 있겠느냐?"라고 반문하신 것이다.

41:10 **누가 내게 감히 대항할 수 있겠느냐** 베헤못과 리워야단을 등장시켜 하나님이 결국 질문하고자 하신 것은 이것이다. 하나님은 이 무서운 짐승을 창조하신 당사자이며 이 짐승과 비교가 되지 않을 정도로 능력이 무한하신 분이다. 욥이 그 짐승들도 대항할 수 없는데 하물며 하나님께 보인 욥의 작태는 대체 무엇이란 말인가! 차라리 공룡이나 식인 상어와 싸우는 편이 더 쉬울 거라는 의미다.

41:11 하나님은 아무것도 돈으로 사실 필요가 없다. 이미 만물을 소유하신 분이기 때문이다. 바울은 이 사실을 로마서 11:35에서 인용했다.

B. 욥이 고백하고 예배하며 신원을 받다(42:1-17)

1. 욥이 회개하다(42:1-6)

42:1-6 마침내 욥이 죄를 고백하고 회개한다. 왜 그렇게 처참한 고통을 당했는지 여전히 이유를 모르지만 하나님의 지혜와 공의를 원망하고 의심하며 도전하는 일을 중단한다. 하나님의 위대하심 앞에 완전히 압도되어 자신을 낮추고 오만했던 자신을 회개하는 것 외에 아무것도 할 수 없다. 그동안 제기했던 질문에 대한 답을 하나도 듣지 못했지만 욥은 창조주 앞에 겸손히 복종하며 하나님이 주권자 되심을 인정한다(참고. 사 14:24; 46:8-11).

이 책의 가장 중요한 내용은 욥이 여전히 병으로 고통당하고 있으며, 자식도 재물도 회복되지 않았으며, 하나님은 그 종의 마음이 겸손하도록 하는 것 외에 아무것도 바꿔주시지 않았다는 것이다. 결국 욥에 대해 제기한 고발 내용, 그가 구원받는 참된 믿음을 무너뜨릴 수 있다는 사탄의 생각이 틀렸음이 드러났다. 또한 욥의 친구들이 욥에게 가한 비난도 잘못이었다. 하지만 가장 결정적 사실은 욥이 하나님께 제기한 모든 의심과

남편으로서 욥의 모습

1. 아내에게 경건한 신앙의 모범이 되었다(1:1).
2. 가정에서 영적 지도자가 되었다(1:5).
3. 욥은 그들에게 닥친 재앙을 원망하며 저주하는 아내의 태도를 사랑으로 수정해주었다(2:10).
4. 하나님을 신뢰하며 의롭게 고난을 견디는 자세로 아내에게 모범을 보여주었다(2:10).
5. 악담을 퍼부은 아내에게 앙심을 품지 않았으며, 후에 그들은 완전히 새롭게 가정을 꾸렸다(42:13, 14).

원망 역시 잘못이었다는 점이다. 그는 원망하고 의심하면서 하나님의 뜻을 받아들이지 못한 자신을 후회했다.

42:3, 4 **주는 질문하시기를…주는 말씀하시기를** (한글성경에서는 명확하게 드러나지 않음 – 옮긴이) 욥은 하나님이 그를 심문하실 때 제기한 내용을 두 번이나 인용한다. 첫 번째는 "무지한 말로 생각을 어둡게 하는 자가 누구냐"(38:2)라는 말씀을 인용한 것으로 하나님의 지혜에 대한 욥의 교만한 태도를 책망하신 것이다. 두 번째는 "내가 네게 묻는 것을 대답할지니라"(38:3, 40:7)는 자신을 정죄하는 욥에게서 해명을 요구하는 하나님의 사법적 권한이 표현되어 있다. 이 두 가지 인용은 욥이 하나님의 책망을 제대로 이해했다는 반증이다.

42:5 **귀로 듣기만 하였사오나 이제는 눈으로 주를 뵈옵나이다** 드디어 욥은 믿음의 눈으로 그동안 뵈었던 하나님을 이해하게 되었다고 고백한다. 그는 이 순간처럼 이토록 분명하게 하나님의 위대하심과 장대하심, 주권성과 차별성을 이해한 적이 없었다.

42:6 **티끌과 재 가운데서 회개하나이다** 이제 남은 것은 회개할 것밖에 없었다. 그가 처참한 몸으로 재 가운데 앉아 있다는 사실은 조금도 변하지 않았다. 하지만 하나님의 고난당하는 종의 마음만은 완전히 달라졌다. 욥은 사탄이나 친구들이 지적한 죄를 회개할 필요는 없었다. 그러나 그는 자신을 창조하신 주를 불공평하다고 마음대로 착각하며 주제넘은 짓을 했고, 이제 그런 자신을 뉘우치며 상한 마음과 통회하는 마음으로 회개한다.

42:7-17 본문은 이제 3:1에서 시작된 시어체에서 산문체로 되돌아간다.

2. 하나님이 엘리바스와 빌닷, 소발을 꾸짖으시다 (42:7–9)

42:7, 8 **너희가 나를 가리켜 말한 것이…옳지 못함이니라** 하나님은 친구들의 부당한 꾸중을 책망하시고 하나님에 대해 옳게 말했다면서 욥을 두둔하신다. 그런 다음 그들의 잘못된 비난과 오만함을 나무라신다. 그렇다고 그들이 말한 내용이 전부 틀렸다는 의미는 아니다. 그들은 하나님의 성품과 역사에 대해 부정확하게 말했고, 욥을 꾸짖은 내용 가운데도 잘못된 부분이 있었다.

42:8 **수소 일곱과 숫양 일곱** 민수기 23:1에서 발람 선지자가 지적한 희생제물의 숫자와 다른 점으로 보아 이것은 죄를 회개하는 전통적인 번제 제물일 것이다.

42:8, 9 하나님은 욥에게 은혜를 베푸셨듯이 욥의 친구들에게 희생제사와 기도를 허락하심으로써 은혜를 베푸셨다. 여기서 욥기는 자신을 대속 제물로 드리고 지금도 살아 계셔서 우리 대신 중보하시는(참고. 딤전 2:5) 주 예수 그리스도로 성취된 대속 제물의 필요성을 강조한다. 레위 가문의 제사장들이 등장하기 전에는 가장이 그 가정의 제사장 역할을 하며 제사를 드리고 기도로 중재하는 역할을 했다.

3. 하나님이 욥에게 가정과 재물을 다시 돌려주시고 장수의 복을 베푸시다(42:10–17)

42:13 **아들 일곱과 딸 셋** 가축은 욥기 1:3의 두 배로 주셨는데 왜 자녀들은 그렇지 않은가? 욥에게는 이미 하나님 앞에서 그를 기다리는 일곱 아들과 세 딸이 있었다(42:17).

42:14 이들의 이름은 회복의 기쁨을 상징한다. 여미마는 '낮'이라는 뜻이고 긋시아는 '향기로운 냄새'라는 뜻이며 게렌합북은 눈화장을 할 때 여자들이 사용한 아름다운 색깔을 가리키는 표현이다.

42:15 **그들에게…기업을 주었더라** 이것은 동양에서는 드문 일이었다. 유대 법에 따르면 딸은 아들이 없을 경우에만 유업을 받았다(민 27:8). 욥이 딸에게 재산을 줄 만큼 경제적으로 넉넉했음을 알 수 있다.

42:17 **욥이 늙어 나이가 차서 죽었더라** 이 마지막 본문에서 독자는 이야기의 첫 부분을 떠올리게 된다(1:1). 욥은 부유하게 살다가 죽었고 살아생전 복을 누렸다. 야고보의 말을 인용하자면(5:11) 욥은 자비하시고 긍휼히 여기시는 주의 축복을 경험했다. 그러나 "형제들을 참소하던 자"(계 12:10)는 여전히 세상을 "사자 같이 두루 다니고"(벧전 5:8) 하나님의 종들은 도무지 이해할 수 없는 일을 겪으며 여전히 전능하시고 전지하신 우주의 재판관을 신뢰하는 법을 배우고 있다.

연구를 위한 자료

Elmer B. Smick, *Job*, in Expositor's Bible Commentary (Grand Rapids: Zondervan, 1988).

Roy B. Zuck, *Job*, in The Bible Knowledge Commentary–OT (Wheaton, Ill.: Victor, 1985).

욥

제목

시편은 히브리어 성경에서 '찬양들'(Praises)이라고 부른다. 후대 랍비들은 종종 '찬양의 책'(The Book of Praises)이라고 불렀다. '시편들'(Psalms)이라는 이름을 붙인 것은 구약 헬라어 역본인 70인역이었다(참고. 눅 20:42; 행 1:20). 명사 psalm의 어근인 헬라어 동사는 '현을 뜯는다 또는 튕긴다'라는 뜻으로 악기 반주가 곁들어졌음을 짐작할 수 있다. 시편의 영어 제목은 헬라어 표현과 그 관련 배경에서 나온 것이다. 시편은 하나님이 영감하신(딤후 3:16) 오래된 이스라엘의 찬양집으로 구성되었으며, 예배의 올바른 태도와 내용을 규정하고 있다.

표제나 제목이 딸린 시편은 116개다. 히브리어 본문에는 이런 표제와 함께 절이 포함되어 있다. 개별적으로 이 제목들을 살펴보고 나서 그 내용을 보면 나중에 제목을 붙였고 그것에 신뢰할 만한 내용이 포함되었음을 알 수 있다(참고. 눅 20:42).

이 제목들은 저자와 헌정 대상, 역사적 배경, 예배 인도자의 전례적 책무, 전례에 관한 지시사항(예를 들면 어떤 종류의 노래인지, 악기 반주가 있는지, 어떤 가락을 사용하는지) 외에 너무 오래된 것이라 그 의미가 불명확한 기술적 지시사항을 담고 있다. 아주 작은 글씨로 달려 있는 히브리어 전치사 하나가 대다수 시편 표제에 등장한다. 이 전치사는 다양한 의미, 예를 들어 '…의' '…로부터' '…에 의해' '…에게' '…를 위해' '…에 대해' '…와 관련해'로 해석된다. 때때로 짧은 표제에도 한 번 이상 등장하며 보통 'X의' 'X에 의해' 'Y에게' 'Y를 위해' 등의 정보를 제공한다. 그러나 이 전치사는 대부분 이스라엘의 탁월한 시편 기자인 '다윗의'나 모세, 솔로몬, 아삽 또는 고라 자손'에 의한'처럼 시편의 저자를 가리킨다.

저자와 저작 연대

신적 관점에서 보면 시편은 당연히 하나님이 저자가 되신다. 그러나 인간적 관점으로 저작권 문제에 접근하면 7명 이상의 저자를 확인할 수 있다. 다윗 왕은 150편의 시편 중 최소한 73편을 썼고 고라의 자손들은 10편을 쓴 것으로 보인다(시 42; 44-49; 84; 85; 87편) 아삽은 12편(시 50; 73-83편)을 썼다. 그 외 저자로는 솔로몬(72; 127편), 모세(90편), 헤만(88편), 에단(89편)이 있다. 나머지 50편은 그 저자를 확인하기가 어렵다. 이 중에서 몇 편은 에스라를 저자라고 보는 이들도 있다. 시편의 시간 범위는 주전 1410년 모세(시 90편)에서 주전 6세기 후반이나 5세기 초(126편)까지 아우르며 약 900년에 걸친 유대 역사를 망라한다.

배경과 무대

시편의 배경은 이중적이다. 첫째, 창조 세계와 역사에 나타난 하나님의 사역이다. 둘째, 이스라엘의 역사다. 역사적으로 시편은 인간의 생명이 시작될 때부터 바벨론 포로생활에서 해방된 유대인의 기쁨을 노래한 포로기 이후까지 아우른다. 주제를 보면 시편은 천상의 예배에서 지상의 전쟁에 이르는 광범위한 스펙트럼의 주제를 다룬다. 이 시 모음집은 성경에서 가장 분량이 많은 책에 해당하며 구약성경 중 신약에서 가장 자주 인용되는 책이다. 시편 117편은 성경의 전체 1,189장 중 중간 장에 해당한다. 오랜 역사에 걸쳐 시편은 원래의 주된 목적, 즉 하나님에 대한 올바른 찬양과 예배를 고취시킨다는 목적을 충실하게 이행하고 있다.

역사적·신학적 주제

시편의 기본 주제는 두 차원이 동시에 존재하는 실제 세상의 실제적인 삶과 관련이 있다. 두 차원은 수평적이며 일시적 세계, 수직적이고 초월적 세계다. 하나님 백성은 지상이라는 차원에서 겪는 고통을 부정하지 않고 기쁨으로 살며 우주적이고 영원한 차원 이면에 있는 하나님과 그분의 약속을 의지하며 살아야 한다. 인간의 고통과 승리라는 반복되는 모든 주기는 이스라엘의 주권자 되신 여호와 하나님께 인간적 원망이나 확신과 기도, 찬양을 표현하는 이유로 작용한다.

이런 점에서 시편은 매일의 일상생활에 실제로 내포된 폭넓은 범위의 신학을 드러낸다. 악인들의 행동 양식뿐 아니라 신자들의 빈번한 넘어짐을 통해 인간의 죄악

됨이 구체적으로 서술된다. 하나님의 주권성을 곳곳에서 인정하지만 순수한 인간적 책임을 무시하지도 않는다. 인생은 종종 통제 불능 상태에 있는 것 같지만, 모든 사건과 상황을 하나님의 시간표에 맞춰 적시에 일어나는 하나님의 섭리적 관점에서 이해한다. 장차 다가올 '하나님의 날'을 확신에 찬 시선으로 바라보며 끝까지 견디라고 권면한다. 이 찬양의 책은 실제적 신학을 보여준다.

시편에 대한 가장 흔한 오해는 한 사람(시편 기자)과 여러 사람(신정의 통치를 받는 백성) 사이에 종종 발전되는 관계다. 실상 이런 사례들은 모두 다윗 왕의 시편에서 나타난다. 중재자 역할을 하는 왕과 그 백성은 불가분의 관계에 있다. 왕의 삶이 백성의 삶과 직결된다. 때로 이 연합관계는 메시아적 시편(일부 시편의 메시아적 내용)에서 시편 기자와 그리스도와의 관련성을 설명해준다.

이른바 저주 시편은 이런 관점에서 봐야 제대로 이해할 수 있다. 다윗은 하나님을 중재하는 대리자 자격으로 그 원수들에게 심판을 내려주시도록 기도한다. 원수들은 그를 해칠 뿐 아니라 하나님의 백성을 해치기 때문이다. 결국 그들은 만왕의 왕이시며 이스라엘의 하나님에 대적한 것이다.

해석상의 과제

시편에서 반복적으로 나타나는 문학적 양식이나 장르를 확인하면 내용을 이해하는 데 여러모로 도움이 된다. 가장 명확한 몇 가지 장르는 다음과 같다. 첫 번째, 올바른 삶의 교훈을 강조하는 일종의 지혜 시편이다. 두 번째, 인생의 고통(보통 외부의 원수로 말미암아 생기는)을 다룬 탄식 시편이다. 세 번째, 참회 시편(대부분 내부의 적, 다시 말해 죄를 다룸)이다. 네 번째, 왕권을 강조한 시편(중재자로서 또는 보편적 왕으로, 신정과 메시아적 통치)이다. 다섯 번째, 감사 시편이다. 문체와 주제를 동시에 살핀다면 이런 양식을 확인하는 데 도움이 된다.

「하프를 연주하는 다윗[*David Playing the Harp*]」 1670년. 얀 데 브레이. 캔버스에 유화. 142X154cm. 개인 소장.

시편 전체를 아우르는 문학적 특징은 시편 모두가 탁월한 시라는 것이다. 운율에 의존하는 대부분의 영시와 달리 히브리 시는 본질적으로 논리적 병행법을 특징으로 한다. 가장 중요한 병행법으로는 동의적 병행법(첫 행의 사상이 둘째 행에서 유사한 개념으로 재등장하는 것으로 예를 들면 시 2:1), 반의적 병행법(둘째 행의 사상이 첫 행과 대조되는 경우로 예를 들면 시 1:6), 계단적 병행법(중요한 단어나 구절, 개념을 선택해 둘째 행과 그 이후 행에서 계단식으로 발전시키는 것으로 예를 들면 시 29:1, 2), 교차적 병행법(논리적 단위가 A…B/B…A 식으로 전개되는 것으로 예를 들면 시 1:2) 등이 있다.

어떤 시편들은 전체적으로 첫 절에서 마지막 절까지 알파벳 순서로 전개하는 방식을 선택한다. 시편 9; 10; 25; 34; 37; 111; 112; 119; 145편은 완전한 알파벳 시 또는 불완전한 알파벳 시의 범주에 속한다. 히브리 본문에서 각 절이나 연의 첫 단어에서 첫 글자가 히브리 알파벳으로 시작하여 22개의 자음이 끝날 때까지 이어진다. 이런 문학적 장치는 내용을 암송하는 데 도움이 되었을 것이며, 강조하고자 하는 주제를 'A부터 Z까지' 제대로 다루는 데 도움이 되었을 것이다. 시편 119편은 이런 장치를 활용한 시의 가장 완벽한 본보기로 한 연당 8절로 구성되며 22개의 자음 첫 글자가 히브리어 알파벳 순서에 따라 완벽한 조화를 이루며 전개된다.

시편 개요

정경에 포함된 150편의 시편이 다섯 권의 '책'으로 편집된 것은 아주 초창기였다. 이 책들은 각기 송영으로 끝난다(시 41:13; 72:18-20; 89:52; 106:48; 150:6). 유대 전승은 이렇게 다섯 권으로 구분한 것이 오경, 즉 모세의 오경을 본뜬 것이라고 주장한다. 첫째, 개인이나 집단과의 관계로 분류된 시편들이다(예를 들면 '고라 자손들'의 시 42-49편, 아삽의 시 73-83편). 둘째, 특별한 용도로 사용되는 시편들이다(예를 들면 '성전에 올라가는 노래' 120-134편). 셋째, 찬양 예배용으로 만들어진 시편들(146-150편)의 경우처럼 개별적 시편 모음도 있다.

이런 분류에도 불구하고 시편을 이렇게 다섯 권으로 편집하는 데 기준이 된 주제가 무엇인지 확인할 길이 없다. 그러므로 시편 전체에 어떤 주제적 구조가 있는지 확인할 수도 없다. 이 주석에서는 각 시편 별로 짧은 서론과 개요를 소개할 것이다.

1:1-6 이 지혜 시편은 기본적으로 전체 시편의 서론 기능을 한다. 이 시편의 주제는 인간의 여러 갈래 길과 궁극적 운명을 말하기 때문에 전체 성경의 주제라고 해도 무방하다(중요한 병행 구절로는 렘 17:5-8을 보라). 이 시편은 대조를 이루는 두 가지 요소를 사용해 모든 사람을 영적 면에서 두 부류로 나눈다.

I. 관찰 결과 모든 사람은 윤리적으로 구분된다(1:1-4)
  A. 경건한 사람의 모습(1:1-3)
  B. 경건하지 않은 사람의 모습(1:4)
II. 결과에 따라 모든 사람은 사법적으로 구분된다 (1:5, 6)
  A. 불의한 사람들의 실패(1:5)
  B. 생활방식에 따른 결실(1:6)
    1. 인정받는 경건한 자(1:6상)
    2. 패망하는 불의한 자(1:6하)

1:1 **복 있는** 개인적 관점에서 이 복은 하나님 안에서 누리는 깊은 내면의 기쁨과 만족이다. 신앙공동체적 입장에서는 구속의 은혜를 가리킨다(참고. 신 27:11-28:6의 축복과 저주). **따르지 아니하며…길에 서지 아니하며…자리에 앉지 아니하고** "복 있는" 사람(참고. 마 5:3-11)은 무엇보다 죄로 추락을 자초하는 이런 관계를 피하는 사람이다.

1:2 **여호와의 율법을 즐거워하여** 긍정적인 서술로 갑자기 넘어간다. 영적으로 '복된' 사람은 하나님 말씀을 꾸준히 묵상하고 체화하여 윤리적인 삶과 순종을 통해 드러나는 특징을 보인다.

1:3 **심은** 문자적으로 '옮겨 심어진'이다. 나무는 스스로 심을 수 없듯이 죄인들은 하나님의 나라로 스스로 옮겨갈 수 없다. 구원은 하나님의 놀라운 은혜의 역사다(참고. 사 61:3; 마 15:13). 그러나 하나님의 풍성한 자원을 이용하는 것은 순전히 개인의 책임이며(참고. 렘 17:8) 그 자원을 이용해야 열매 맺는 삶을 살 수 있다. **나무** 매우 건조한 이스라엘 기후 때문에 싱싱한 나무는 구약에서 축복의 상징으로 사용된다.

1:4 **악인들은 그렇지 아니함이여** 갑자기 대조되는 이들이 등장한다. **겨** 구약에서 알맹이가 없어 아무런 가치가 없으므로 버릴 수밖에 없는 것을 가리킬 때 자주 사용하는 추수기의 언어 그림이다.

1:5 **그러므로…견디지 못하며** *그러므로*는 악인들이 하나님의 심판을 통과하지 못한다는 확고한 결론의 도입부다.

1:6 **여호와께서 인정하시나** 이것은 단순한 인정의 수준을 넘어선다. 주님은 모든 것을 '아신다'. 이 문맥에서는 하나님과 의인들의 개인적 친밀성과 관심을 강조한다(마 7:23과 비교해보라. 참고. 딤후 2:19). …**의 길** 이 표현의 반복적 사용은 이 시편에 두드러진 '길'의 이미지를 바탕으로 한 것이다. 한 개인의 모든 인생 과정, 다시 말해 삶의 방식을 의미한다. 여기서 이 두 길은 신명기 30:19과 예레미야 21:8에서 보듯이 각각 생명과 죽음으로 이어진다. 참고. 마태복음 7:13, 14. **망하리로다** 언젠가 악인의 길은 멸망이라는 종착역에 도달할 것이다. 그러면 새 질서, 곧 의로운 질서가 시작된다. 그래서 시편 1편은 "복 있는"으로 시작해 '망하는' 사람들로 마무리된다(참고. 시 9:5, 6; 112:10).

2:1-12 시편 2편은 시편 1편과 마찬가지로 시편 전체의 서론 역할을 한다고 말할 수 있다(참고. 1:1과 2:12의 "복이 있도다"). 또한 시편 1편은 사람들이 선택하는 두 갈래의 길을 알려주는 반면 시편 2편은 그것을 나라들에게 확대 적용하고 있다. 이 시편은 일반적으로 '제왕시'에 포함되며 오랫동안 메시아 시편으로 해석되어 왔다. 제목이 없지만 다윗의 다른 시편들과 유사하다. 따라서 이 시편은 다윗에서 다윗 왕조를 거쳐 큰 다윗이신 예수 그리스도까지 적용된다. 시편 2편은 하나님에 맞서 일어난 인류의 반란과 관련된 생생한 네 가지 장면을 시적으로 또 점진적으로 집중 조명한다.

I. 장면 1: 인류의 반란(2:1-3)
II. 장면 2: 하나님의 반응(2:4-6)
III. 장면 3: 하나님의 통치(2:7-9)
IV. 장면 4: 인간의 책임(2:10-12)

2:1 **헛된 일을 꾸미는가** 이것은 인간 타락의 역설이다. 사람들은 헛된 일을 꾸미고 공모하며 계획한다(참고. 시 38:12; 잠 24:2; 사 59:3, 13).

2:2 **나서며…꾀하여** 나라들과 민족들이 그 왕과 통치자의 선동으로(1절) 여호와와 그 기름 부으신 자를 향해 적개심을 드러낸다. 거룩함을 입고 중재자로 위임받은 대리자란 가깝게는 다윗을 궁극적으로는 메시아, 즉 그리스도를 말한다(참고. 행 4:25, 26).

2:3 **그들의 맨 것…그의 결박** 반역한 인류는 이 끈이 하나님의 "사랑의 줄"(호 11:4)인 줄 깨닫지 못하고 그들을 얽어매는 "멍에"(렘 5:5)라고 여긴다.

2:5 **그 때에** 하나님은 그들을 비웃으며 조롱한 뒤 크게 진노하여 말씀하고 행동하신다.

2:6 **세웠다** 그들의 가소로운 도전(3절)에 대해 이렇게 놀라운 선언으로 응답해주신다. 이렇게 선언하시면 이미 이루어진 것이나 마찬가지다. 그분이 세우신 왕이 예루살렘의 높은 산에서 보란 듯이 보좌에 앉으실

것이다.

2:7 내가 여호와의 명령을 전하노라 보좌에 좌정한 이 중재자는 주께서 이전에 선언하신 즉위 선포식 내용을 인용한다. **너는 내 아들이라** 이것은 다윗 왕에게 주신 언약인 사무엘하 7:8-16을 연상케 하며, 삼위 중 아버지와 아들의 관계를 언급한 유일한 구약 구절이다. 영원 전에 선언된 이 관계는 성육신으로 증명되어 신약에서 높은 비중을 차지한다. **오늘 내가 너를 낳았도다** 이 표현은 관계상의 특권을 나타내며 아들이신 메시아께 적용되는 예언이다. 이 본문은 신약에서 예수의 탄생(히 1:5, 6)과 승리의 선언으로써 부활하심(행 13:33, 34)을 언급할 때 인용된다.

2:9 네가…이여…하시도다 '만왕의 왕'의 절대적 주권성이 복종케 하는 권능으로 묘사되어 있다. 목자의 '막대기'와 왕의 '홀'은 동일한 단어를 쓴다. 고대 근동 사상에서는 왕과 목자의 이미지가 종종 중첩된다(참고. 미 7:14).

2:10-12 이 단락은 뜻밖의 어조를 사용한다. 여호와와 그 기름 부으신 자는 바로 심판을 시행하지 않고 회개할 기회를 허락하는 자비를 베푸신다. 반역한 인류는 다섯 가지 명령에 순종함으로써 책임을 져야 한다.

2:12 그의 아들에게 입맞추라 이 상징적 행위는 충성과 복종의 표현일 것이다(참고. 삼상 10:1; 왕상 19:18). 여기서 아들에 해당하는 단어는 7절의 아들처럼 히브리어가 아니라 아람어로(참고. 단 7:13) 특별히 "민족들"(1절)이 받은 명령에 어울릴 만한 용어다. **길에서 망하리니** 이 표현은 시편 1편의 결론을 떠올리게 한다.

3:1-8 이 시편은 탄식과 확신이 뒤섞여 있다. 전체적으로 보면, 곤란한 중에 드리는 찬양과 평강과 기도가 하나의 패턴을 이룬다. 세 가지 상호연관성이 있는 역사적 현상을 배경으로 다윗은 고난 가운데서도 믿음을 잃지 않는 신학적 '비결'을 알려준다.

Ⅰ. 시편 기자의 곤경(3:1, 2)
Ⅱ. 시편 기자의 평안(3:3-6)
Ⅲ. 시편 기자의 간구(3:7, 8)

3: 제목 다윗이 지은 시편에 해당하는 73개 시편 중 첫 시편이다. 더 자세히 살펴보면 압살롬 사건(삼하 15-18장)이 배경임을 알 수 있다. 물론 이 시편의 많은 특징은 일반적인 박해 상황을 나타낸다.

3:1, 2 많은지요…많으니이다 많은 사람이 시편 기자는 우울한 어조로 자신의 비참한 처지를 탄식하는 것으로 시작한다.

3:2, 3 구원을 받지 못한다 하나이다…(그러나) 주는 나의 방패시요 세간의 비난과 시편 기자 본인의 확신은 분명한 차이가 있다. 다윗의 태도와 시각에는 바울이 로마서 8:31에서 요약한 신학이 반영되어 있다. 또한 시편 3편은 거룩한 전사(divine warrior) 언어가 처음 사용된다(참고. 배경으로 출 15장).

3:5 내가 누워 자고 하나님은 우리를 붙들고 보호하는 분이므로 다윗은 극한 상황에서도 쉴 수 있다.

3:7 여호와여 일어나소서 이것은 하나님께 원수에 맞서 그 군대를 지켜달라는 출전 구호다(참고. 민 10:35; 시 68:1).

3:8 구원은 여호와께 있사오니 이 구원은 이 세상의 영역과 영원의 영역을 모두 포괄하는 구원을 가리킨다.

4:1-8 시편 3편과 4편은 몇 가지 유사성이 있다. 예를 들어 3편은 때로 아침의 노래(참고. 3:5)라 불리는 반면 4편은 저녁의 노래(참고. 4:8)라고 불린다. 두 시편 모두에서 다윗은 고난과 부당한 공격, 압제로 힘들어한다. 또한 4편 역시 지극히 고통스러운 환경에서 예배자의 급격한 태도 변화를 보여준다. 다윗은 하나님을 향해 난 기도의 길로 가다가 불안과 근심이 확신으로 변한다. 곤란과 고통, 핍박의 또 다른 하루를 마감하면서 다윗은 세 번의 대화를 통해 결국 영혼의 깊은 평강에 도달하게 된다.

Ⅰ. 하나님께 보호해 달라고 간구하다(4:1)
Ⅱ. 대적들과 회개에 대해 변론하다(4:2-5)
Ⅲ. 올바른 시각을 주신 하나님을 찬양하다(4:6-8)

4: 제목 시편 4편은 예배 인도자나 예배 총감독에 대한 표제어가 딸린 55편의 시편 중 첫 시편이다. '현악에 맞춘 노래'라는 더 자세한 지시사항이 포함되어 있다. 그러므로 이 예배 의식에서는 수석 음악가가 전체 성가대와 오케스트라의 현악기 부분을 지휘했을 것이다.

4:1 내 의의 하나님이여 하나님이 개입하시는 궁극적 근거는 시편 기자가 아닌 하나님께 있다. 하나님의 자비하심을 근거로 그분의 의에 참여하는 것은 예레미야 23:6을 보라(참고. 고전 1:30). **곤란** 이 단어는 시편에서 환난을 가리키는 중요한 단어로, 시편 기자가 처해 있는 곤경을 가리킨다. 여기서 "나를 너그럽게 하셨사오니"라는 하나님의 역사적 구원에 대한 그의 증언은 주님이 그에게 숨을 쉴 공간을 주셨다는 의미다.

4:2, 3 다윗이 하나님께 받은 사명(3절)과 그 원수들의 사명(2절)은 근본적으로 다르다. 구약에서 *경건한*에 해당하는 단어는 무엇보다 하나님의 은혜로 복 받은 사람을 가리킨다.

4:4 떨며(분노하며) 범죄하지 말지어다 이 충고는 주를 경외함으로써 떨며 죄를 짓지 말라는 것이다(참고. 사 32:10, 11; 합 3:16).

4:5 의지할지어다 이 명령은 구약에서 신앙적 의존을

시

가리키는 매우 중요한 표현이다.

4:6-8 하나님의 축복하심으로 평안을 누린다는 시편 기자의 증언은 의심하며 조롱하는 자들의 야유를 일시에 무너뜨린다.

4:8 **안전히 살게 하시는** 안전은 5절의 '의지하다'는 단어와 연결되어 일종의 언어유희를 선보인다. 다윗은 위기 속에서 하나님을 전적으로 신뢰한다.

5:1-12 시편 5편은 기본적으로 탄식시인데, 결백하다는 선언, 보호하심에 대한 확신과 간구라는 내용으로 구성되어 있다. 다윗은 하나님의 임재하심을 누리며 대적들을 하나님 앞에 세운다. 그의 기도는 '저를 도우시고 저들을 파멸시키소서'라고 크게 두 가지로 요약된다. 그러므로 다윗은 2차에 걸쳐 하나님의 원수들과 하나님의 자녀들이 가진 대조적 생각을 강조하며, 하나님의 개입하심을 구하고 원수들을 저주하는 기도를 드린다.

I. 전반부: 보복과 화해의 신학적 대비(5:1-8)
  A. 개입하심을 구하는 다윗의 기도(5:1-3)
  B. 다윗이 개입하심을 구하는 기도를 드리는 이유(5:4-8)
II. 후반부: 패역한 자들과 예배하는 자들의 실제적 대조(5:9-12)
  A. 원수들을 저주하는 다윗의 기도(5:10a-c)
  B. 다윗이 원수들을 저주하는 기도를 드리는 이유(5:9, 10d-12)

5: **제목** 시편 4편에서 예배 인도자에 대한 지시사항이 현악 반주와 관련이 있다면 시편 5편은 관악기 반주에 맞춰 공동체 예배에 사용되었음을 보여준다(참고. 삼상 10:5; 왕상 1:40; 사 30:29).

5:1 **귀를 기울이사** 이 간구에서는 귀에 해당하는 단어가 중요하다. 간구하는 자의 고통에 깊은 관심을 보여주시도록 하나님께 간구하는 기도들(시 17:1; 55:1, 2)과 같은 맥락의 기도다.

5:2 **나의 왕, 나의 하나님이여** 다윗은 세상에서 신정을 대행하는 왕으로 기름 부음을 받았지만 온 이스라엘과 온 세상의 궁극적 왕은 하나님이심을 잘 알고 있다(하나님이 중재자로서 왕의 권한을 제한적으로 인정하신 경우는 삼상 8:19 이하를 보라).

5:3 **아침에…아침에** 이 표현 때문인지 많은 사람은 이 시편을 아침의 시라고 부른다(참고. 시 3:5).

5:4-6 **아니시니…못하며…서지 못하리이다…미워하시며…멸망시키시리이다…싫어하시나이다** 이 세 번의 부정문은 각기 세 번의 직접적인 긍정적 진술과 바로 연결된다. 이것은 원리적이고 실제적인 면에서 하나님의 공의에 대한 기준이 완전함을 보여준다.

5:7 **오직 나는** 시편 기자는 자신과 자신의 대적을 철저히 대조한다. 그들이 오만하면 그는 겸손하다.

5:8, 9 실제 삶의 문제에 대해 다윗은 인간의 더러운 입과 관련된 문제를 폭로하며, 특별히 교묘히 말로 사람을 속이는 원수들에게 이것을 적용한다. 잠언은 특히 인간의 구제역, 다시 말해 말과 행위의 질병이 지닌 치명적 위험을 집중적으로 드러낸다. 바울은 시편 5:9의

시편의 유형

유형	해당 시편	예배 행위
개인적 · 공동체적 탄식시	3-7, 12, 13, 22, 25-28, 35, 38-40, 42-44, 51, 54-57, 59-61, 63, 64, 69-71, 74, 79, 80, 83, 85, 86, 88, 90, 102, 109, 120, 123, 130, 140-143편	하나님의 구원에 대한 필요성을 표현함
감사 시편	8, 18, 19, 29, 30, 32-34, 36, 40, 41, 66, 103-106, 111, 113, 116, 117, 124, 129, 135, 136, 138, 139, 146-148, 150편	하나님의 축복을 인정하고 감사를 표현함
즉위 시편	47, 93, 96-99편	하나님의 주권적 통치를 묘사함
순례 시편	43, 46, 48, 76, 84, 87, 120-134편	예배 분위기를 조성함
제왕 시편	2, 18, 20, 21, 45, 72, 89, 101, 110, 132, 144편	주권적 통치자 그리스도를 묘사함
지혜 시편	1, 37, 119편	하나님의 뜻에 대해 가르침
저주 시편	7, 35, 40, 55, 58, 59, 69, 79, 109, 137, 139, 144편	원수들에게 하나님의 진노와 심판이 임하도록 기원함

이 평가를 로마서 3:13에서 인류의 14가지 끔찍한 죄목에 포함시킨다.

5:8 **나를 인도하시고 주의 길을 내 목전에 곧게 하소서** 제자들은 삶에 대한 하나님의 지침에 순종하며 그분의 길로 걸어가야 한다. 그러나 실제로 이 여정이 성공하려면 그분의 은혜에 전적으로 의지해야 한다(참고. 시 119:1-5, 26, 27, 30, 32, 33).

5:10-12 시편 기자는 하나님이 계시하신 공의의 기준(신 25:1)대로 악인들이 그에 걸맞는 최후를 맞이하기를 기도하고 반대로 주의 은혜로 의롭다 하심을 입은 자들이 그 축복을 기쁘게 누리게 해달라고 간구한다.

6:1-10 이 탄식시에서 다윗은 불면증에 시달릴 정도로 감정적으로 아주 불안한 상황임을 드러낸다. 아무런 소망도 없고 암울하기 그지없는 상황이다. 초대 기독교 교회는 이 시편을 '참회의 시편' 가운데 첫 편으로 보았다(참고. 시 32; 38; 51; 102; 130; 143편). 박해로 말미암은 고통의 깊은 수렁에서 외치는 다윗의 부르짖음은 다른 두 대상을 대할 때 태도가 근본적으로 달라진다.

I. 하나님 앞에서 그 영혼의 고통을 토해내다: 패배주의적 태도(6:1-7)
   A. 무기력감에 몸부림치는 어조(6:1-4)
   B. 절망적 어조(6:5-7)
II. 원수들을 향하여: 도전적 태도(6:8-10)
   A. 대담한 선언(6:8상)
   B. 그 근거(6:8하-10)

6: **제목** 새로운 연주 지시가 등장하는데 문자적으로 '여덟째 줄에 맞추어'라는 뜻이다. 이는 '8개의 줄 달린 하프' 연주를 하거나 '옥타브'에 맞춘 것을 지시한다(즉 이런 강력한 탄식시에 어울리는 저음의 베이스 멜로디임).

6:1 **주의 분노로…주의 진노로** 다윗은 심판을 면제해 달라고 구하는 것이 아니라 자비하심으로 징계의 수위를 조절해주시도록 간구한다.

6:2, 7 **뼈…눈** 사람들은 시편 기자가 신체 일부를 언급하는 것으로 보아 그가 당한 곤란이 심각한 육체적 질병이었을 거라고 추측한다. 분명히 그가 처한 상황으로 육신이 영향을 받았을 것이다. 그러나 구약적 인간학에서 이런 언급은 인간이 겪는 총체적 고통을 가리키는 강력한 메타포다(참고. 모든 유사한 개인을 가리키는 표현으로 예를 들면 '나를' '나의 영혼', 즉 나의 존재 또는 인격 등이 있음).

6:3 **어느 때까지니이까** 이것은 격렬한 탄식의 감정을 드러내는 흔한 감탄법이다(참고. 시 90:13; 합 2:6; 계 6:10).

6:4 **주의 사랑으로 나를 구원하소서** 이것은 구원에 대한 새로운 동의적 표현으로, 건져내는 구체적 행동을 강조한다. 그는 주께서 은혜를 베풀어 자신을 구해주시기를 바란다(참고. 욥 36:15; 시 18:19; 116:8).

6:5 **주를 기억하는 일이 없사오니** 시편에는 '죽음'과 '무덤', 즉 스올에 관한 표현이 많다. 5절과 같은 표현은 절멸의 의미가 아니라 공적 찬양 예배에 일시적으로 참여할 수 없는 경우를 가리킨다(사 38:18에서 히스기야의 간구를 참고하라).

6:6, 7 처절한 슬픔으로 시편 기자는 불면의 밤을 지새운다.

6:8-10 극한 고통 가운데 있던 그가 놀랍게도 원수들을 대할 때는 담대해진다. 이런 담대함의 이유는 하나밖에 없다. 시편 기자의 확신은 전적으로 주님의 사랑과 궁극적 개입에 근거한다.

7:1-17 이 시편은 기본적으로 압제자의 부당한 주장과 행위에 대해 하나님이 신원해주시라는 호소다. 거룩하신 재판관에 대한 다윗의 믿음이 7편의 기본 골격을 이룬다(창 18:25의 아브라함을 참고하라). 이 진리에 몰입할수록 그는 심각한 불안에서 벗어나 초월적 확신 상태에 이른다. 이 시편은 무고한 고소를 당한 다윗이 불안한 상태에서 벗어나 조금씩 평강을 얻기까지 세 단계로 그 내적 상태를 표현한다.

I. 1단계: 거룩하신 재판관의 관심을 필사적으로 구하는 다윗의 불안한 모습(7:1-5)
II. 2단계: 자신의 결백을 필사적으로 주장하는 다윗의 법정 출두 모습(7:6-16)
III. 3단계: 거룩하신 재판관의 판결을 인내로 기다리는 다윗의 평온한 모습(7:17)

7: **제목** 이 시편에는 시편의 표제 중 가장 난해한 표현 가운데 하나인 다윗의 식가욘(Shiggaion, 히브리어)이 등장한다. 이것은 생각하거나 어지럽거나 급작스럽게 선회하는 등의 의미와 관련이 있을 것 같다. NKJV는 이것을 '묵상'이라고 번역했지만 감정의 변화나 생각의 변화와 관련된 의미로 사용되었을 가능성이 더 높다. 따라서 이 표현은 이 노래의 리듬이 불규칙하다는 의미일 수도 있다(참고. 합 3:1). "(다윗이)드린 노래"(He sang) 역시 이것이 독창임을 의미한다. "베냐민인 구시의 말에 따라"의 용도는 역사서를 봐도 확인하기가 어렵다. 그러나 이 사람이 누구이건 간에, 그 이름의 뜻이 무엇이건 간에 어떤 원수들이 다윗을 무고히 고발했음이 분명하다(참고. 시므이, 삼하 16:5; 19:16).

7:2 **그들이 사자 같이 나를 찢고 뜯을까 하나이다** 종종 시편 기자의 대적들은 사악한 맹금류로 상징되며 '동

시

물의 왕', 즉 사자라는 표현이 자주 사용된다(시 10:9; 17:12; 22:13, 16, 21).

7:3-5 이처럼 자기에게 저주를 내려달라는 선언은 무고히 고소당한 상황에서는 강력한 결백의 항변이다(욥기 31:5 이하의 욥의 대담한 주장을 참고하라).

7:6 **일어나사** 역시 민수기 10:35과 관련된 출전 구호가 다시 등장한다(참고. 시 9:19; 10:12; 17:13; 44:26; 102:13).

7:8 **나의 의와 나의 성실함** 이것은 무죄하다는 선언이 아니라 이 '고발 내용'에서 결백하다는 선언이다.

7:9 **의로우신 하나님이 사람의 마음과 양심을 감찰하시나이다** 공의로운 재판관은 완전한 지혜를 갖고 있다(렘 17:10의 마음과 생각을 감찰하시는 하나님을 참고하라. 참고. 행 1:24; 15:8).

7:11-13 이것은 거룩한 전사와 거룩하신 재판관 주제가 동시에 등장하는 또 다른 경우다.

7:14-16 종종 엄정한 보응의 원리가 시편에 나타난다(잠 26:27의 격언과 합 2:15-18의 심판을 참고하라).

8:1-9

이 시편의 시작과 끝은 이것이 본질적으로 찬양의 노래임을 보여준다. 그러나 크게 덩어리를 이루는 본문은 소위 자연 시편, 다시 말해 창조 시편의 특징을 지닌다. 나아가 하나님의 형상으로 창조된 인간의 존엄성에 상당 부분 초점을 맞춘다. 이런 장치를 통해 아담 신학의 중요한 주제가 전면에 부각됨으로써 궁극적으로 한 분, 마지막 아담인 그리스도와 많은 사람의 중요한 연합을 적절히 표현한다(참고. 히 2:6-8). 구조적으로 시편 8편의 시작과 마지막 찬양은 두 쌍의 근본적 대조를 이루는 대상에 대한 다윗의 묵상을 중심으로 한다.

- Ⅰ. 도입부 찬양(8:1)
- Ⅱ. 근본적으로 대비를 이루는 두 쌍(8:2-8)
  - A. '어린 아이들'과 대적들 간의 대비((8:2)
  - B. 독립적인 일반 계시와 드러난 특별 계시 간의 대비(8:3-8)
- Ⅲ. 결론부 찬양(8:9)

8: **제목** 이 제목에 또 다른 악기가 언급된다. 블레셋의 가드와 연관이 있는 기타 모양 하프일 것이다.

8:1 **여호와(LORD)…주여(Lord)** 하나님을 직접 지칭하는 이 두 명사에서 전자는 그분의 특별히 계시된 이름 야훼(출 3:14)이고 후자는 그분의 주권성을 강조하는 이름이다. **주의 이름** 하나님의 이름은 그분의 모든 속성을 아우르는 하나님의 계시된 인격을 상징한다.

8:2 본문 도입부에서 강조한 어린 아이들의 역설은 하나님을 의지하는 자들과 어리석게 자기를 의지하는 자들을 대조하기 위한 무대 역할을 한다.

8:3 **주의 손가락으로 만드신 주의 하늘** 하늘은 하나님이 창조하셨다(시 33:6, 9; 102:25; 136:5). 동형신인론적 표현인 "주의 손가락"은 창조주 앞에 선 우주의 작고 미미함을 보여준다.

8:4-6 신약성경의 고린도전서 15:27; 에베소서 1:22; 히브리서 2:5-10에서 인용한 구절이다.

8:4 **사람이 무엇이기에** 광대한 우주가 거룩한 창조주 보시기에 그렇게 작다면 하물며 인간은 얼마나 작고 미미한 존재이겠는가. 4절에서 사용된 사람에 해당하는 단어조차 인간의 미약함을 암시해준다(참고. 시 9:19, 20; 90:3상; 103:15). **인자** 이 표현 역시 인간을 하찮고 덧없는 존재로 인식한다(예를 들면 시 90:3하). 그러나 이 구절의 아람어 표현이 중요한 메시아적 예언 구절인 다니엘 7:13에서 사용된다(예수님이 신약에서 즐겨 사용하신 자신을 가리키는 단어인 인자를 참고하라).

8:5-8 이 구절들은 하나님의 형상과 모양으로 창조되어 피조 세계를 다스릴 책임을 맡은 인간의 중요성(창 1:26-28)을 일관되게 강조한다.

9:1-20

시편 9편과 10편은 하나의 연결된 시다. 그래서 초기 헬라어 필사본과 라틴어 필사본은 이 두 시편을 하나의 시편으로 다루었다. 그러나 두 시편은 두 가지 다른 형식을 지닌다. 전자는 개인적 찬송시인 반면 후자는 개인적 탄식시다.

전반부(1-12절)는 찬양이 두드러지고 후반부(13-20절)는 기도가 두드러진다. 여러 미묘한 방식으로 이 시편의 사상이 하나로 연결된다. 교차대구적 구조로 개인적 관점과 공동체적 관점으로 이동과 후퇴를 하는 특징이 두드러진다. 기본적으로 시편 9편에 실린 다윗의 찬송은 기도와 찬양의 두 가지 흐름을 오간다.

- Ⅰ. 첫 단락: 신적 정의와 찬양(9:1-12)
  - A. 개인적 찬양과 신적 정의(9:1-4)
  - B. 신적 정의와 공동체적 찬양(9:5-12)
- Ⅱ. 둘째 단락: 신적 정의와 기도(9:13-20)
  - A. 개인적 기도와 신적 정의(9:13-16)
  - B. 신적 정의와 공동체적 기도(9:17-20)

9: **제목** 새로 등장하는 제목의 이 부분(뭇랍벤)은 문자적으로 '아들의 죽음에 맞추어'로 읽을 수 있다. 이 수수께끼 같은 구절에 대해 여러 추측이 제기되었지만 특정한 가락을 지정한다고 해석하는 것이 가장 무리가 없다.

9:1, 2 **내가…하오며…하리이다…하며…하리니** 여호와를 열정적으로 찬양하겠다는 다윗의 결심이 드러난 네 번의 *내가…하리다*는 구절로 9편이 시작된다.

9:1 **주의 모든 기이한 일들** 이것은 그 백성을 위해 하

나님이 역사에 특별히 개입하신 사건들을 가리킨다.

9:4 **주께서 나의 의와 송사를 변호하셨으며** 하나님이 하셨다는 일이 바로 이것이다(참고. 신 10:18; 왕상 8:45, 49).

9:5-10 5절과 6절은 공정한 재판관이 불의한 자들을 처리하신 일을 알려주고, 7절과 8절은 그가 모든 인간을 다스리신다는 일반적 사실을 알려주며, 9절과 10절은 그를 의지하는 자들에게 은혜를 베푸신다는 사실을 알려준다.

9:11 **시온에 계신 여호와** 구약 전편에 흐르는 긴장을 보여준다. 즉 하나님은 하늘 보좌에 좌정하시고 하늘 위에 앉아 계실 뿐 아니라 구체적으로 그 성막이라는 상징적 장소에 좌정하고 계신다(참고. 왕상 8장; 시 11:4).

9:12, 18 **가난한 자, 궁핍한 자** 이 지칭은 종종 개인인 시편 기자 자신이나 그가 대표하는 제자들의 집단 공동체를 의미한다. 이 표현들은 모두 박해당하는 연약한 자, 따라서 전적으로 주를 의지하는 자를 가리킨다.

9:15, 16 인과응보의 원리가 강조된다.

9:17-20 시편 기자의 이 놀라운 찬양이 정점에 도달하면서 시편 1편과 2편에 강조된 신학적 주제들이 다시 등장한다.

10:1-18

시편 9편은 찬양으로 시작한 반면 시편 10편은 절망으로 시작한다. 9편에서는 시편 기자가 신적 심판에 대한 확고한 믿음이 있었지만, 10편에서는 불의가 기승을 부림에도 하나님은 그런 상황에 전혀 무관심하신 듯하다. 그러나 시편 기자가 경험적 관찰에 초점을 맞추는 데서 벗어나 점점 신학적 사실에 초점을 두면서 현실을 보는 시야에 변화가 일어난다. 이는 절대 쉬운 변화가 아니다. 그가 수많은 실제적 무신론자에게 둘러싸여 있는 상황을 감안하면 더욱 그렇다(참고. 4, 11, 13절). 그러나 무기력에 빠진 그에게 점차 희망의 빛이 보이기 시작한다(예를 들면 12절). 이런 전반적 관찰 내용에 비춰볼 때 10편에 나온 시편 기자의 발언은 참 성도들이 동시에 다른 두 세계에 사는 것을 예시적으로 보여준다.

Ⅰ. 적대적 세상으로 인한 좌절(10:1-11)

Ⅱ. 그가 속한 소망의 세계에서 얻는 격려(10:12-18)

10:1 **어찌하여…어찌하여** 두 번의 동일한 탄식이 시편 기자의 입에서 반문조의 질문으로 터져 나온다. '하나님이여, 어찌하여 그렇게 계속 무관하심하게 보고 계시나이까'(참고. 시 13:1; 22:11; 38:21; 44:24; 71:12; 88:14).

10:3 **자랑하며…멸시하나이다** 하나님의 명령(신 25:1)과 반대로 사는 *악인들의 행동 방식*이다.

10:5 **그의 길은 언제든지 견고하고** 하나님은 포악자들에게 보상해주시는 것 같다. 시편 기자가 질문조로 암시한 내용은 '하나님 또한 인과응보라는 당신의 기준을 버리지 않으셨습니까?'라는 것이다. 참고. 욥기 20:2 이하와 예레미야 12:1의 "악한 자의 길이 형통하며…무슨 까닭이니이까"라는 질문들.

10:7-11 구제역의 증거들을 다시 악인들에게 적용한다. 이는 탐욕스럽게 상대를 노리는 짐승들로 악인들을 묘사함으로써 그들의 재등장을 강조하고 있다.

10:12 **일어나옵소서** 민수기 10:35의 출전 구호가 다시 등장한다(참고. 시 7:6; 9:19). **손을 드옵소서** 이것은 특히 보복을 호소하는 상황에서 사용되며, 하나님의 능력과 권세를 가리키는 관용구다.

10:14 **주는 벌써부터 고아를 도우시는 이시니이다** 하나님은 다시 누군가를 돕고 변호하시는 분으로 묘사되지만 이번에는 그 대상이 고아다. 그분은 스스로를 지킬 수 없는 자들을 특별히 돌봐주신다(이 이미지에 대해 출 22:21 이하; 신 10:18 이하; 삼상 1:17; 렘 7:6을 참고하라).

10:15 **악인의 팔을 꺾으소서** 하나님의 "손"(12, 14절)은 악한 자들의 팔(힘을 상징하는 또 다른 비유적 표현)을 박살내고도 남을 정도로 강하다.

10:16-18 마지막 절정의 확신에 찬 분위기는 이 시편 도입부의 항변이 무색할 정도로 강렬하다. 시편 기자의 위대하신 하나님은 듣고(17절) 행동하신다(18절).

11:1-7

이 시편 초반의 공포감은 다윗이 아니라 그를 염려한 조언자들의 공포감이다. 그들은 극도로 두려워하지만 다윗은 평온하기만 하다. 다윗의 태도로 미뤄볼 때 이는 확신의 시편(psalm of confidence)에 포함될 수 있다(시 4; 16; 23; 27; 62; 125; 131편). 또한 단수와 복수를 번갈아 사용된 데서 드러나듯 신정을 대행하는 왕과 그 백성의 연대 역시 강력하다. 이 시편의 절과 행은 또 다른 개인적이고 국가적 위기 상황에서 다윗에게 다른 두 '목소리'가 말하고 있지만, 그는 오직 주님만을 신뢰하기로 결단했음을 보여준다.

Ⅰ. 도입부 확신(11:1상)

Ⅱ. 두 가지 목소리

A. 피난을 재촉하는 목소리(11:1하-3)

B. 믿음을 촉구하는 목소리(11:4-7)

11:1 **내가 여호와께 피하였거늘** (여호와를 신뢰하였거늘 In the Lord I put my trust – 옮긴이) 문자적으로 '내가 여호와께 피했다'라는 뜻이다. 하나님은 박해받은 자녀들이 피할 수 있는 유일한 피난처시다(참고. 시 16:1; 36:7).

11:3 이것은 헌신적이지만 혼란에 빠진 성도의 말이다. 그의 철학적 고민은 '신정 사회가 무너져 내리고 모두 위축되어 있는 상황에서 단 한 명의 의인이 무엇을

할 수 있다는 말인가?'라는 데 있다.

11:4상 **그의 성전에…하늘에** 이것은 초월적인 하나님의 보좌를 강조한다. 하지만 하나님은 지상의 모든 일을 주권적으로 통치하신다(참고. 합 2:20).

11:4하-5상 **그의 눈이…통촉하시고…감찰하시고** 앞에서 묘사된 하나님의 초월성 때문에 그의 높은 지위가 부정되지는 않는다. 여기서는 의인들을 비롯해 모든 백성을 꼼꼼히 살피시는 관점으로 그 높은 지위가 제시된다(렘 6:27-30; 17:10).

11:5하-6 **마음에 미워하시도다** 이것은 조금도 사정을 봐주지 않는 완벽한 보응하심을 말한다.

11:7상 **여호와는 의로우사** 그분은 의인들을 사랑하신다. 그 스스로가 모든 영적 고결성의 완벽한 기준이기 때문이다.

11:7하 **정직한 자는 그의 얼굴을 뵈오리로다** '정직한 자가 그의 얼굴을 보리이다'가 더 나은 번역이다(참고. 시 17:15; 27:4; 63:2; 요일 3:2).

12:1-8 사람들의 말은 상처를 주지만 주의 말씀은 치료 효과가 있다. 이것이 시편 12편에 드러난 다윗의 지배적 사고다. 이 시편은 악한 자가 지배하는 현실을 지적하는 것으로 시작하고 끝난다. 그러나 이처럼 암울한 상황에서 5절의 보석 같은 진리는 더욱 영롱하게 빛이 난다. 여덟 절로 된 이 시편은 미묘한 반복과 대담한 대조가 특징이다. 시편 12편에서 다윗은 영적 청문회를 통과할 수 있는 모델을 제공한다. 진정한 제자들은 근본적으로 완전히 다른 말을 듣고 올바로 반응한다.

I. 타락한 말의 선동을 견디다(12:1-4)
  A. 기도로(12:1, 2)
  B. 간구로(12:3, 4)
II. 하나님 말씀의 보호하심으로 누리는 안전함(12:5-8)
  A. 하나님의 약속(12:5)
  B. 하나님 말씀의 순결함(12:6)
  C. 그 말씀의 지켜주심(12:7, 8)

12:1 **경건한 자가 끊어지며** 시인의 말과 표현은 의도적으로 과장법을 동원한다. 하지만 사실 다윗은 경건한 자가 모두 사라졌음을 안다.

12:2-4 이렇듯 아첨이 입에 밴 죄인들은 말로 신실한 남은 자들을 학대하고(2, 3절) 주권자 되신 주를 말로 대적한다(4절).

12:3 **여호와께서 모든 아첨하는 입술과 자랑하는 혀를 끊으시리니** 죄악을 완전히 끊어달라는 요청이다. 거짓말하는 입술의 더러운 죄악에 대해서는 시편 5:9; 이사야 30:10; 다니엘 11:32; 로마서 3:13을 참고하라.

12:6 **순결함이여…단련한** 여호와의 완전한 말씀은 오만한 죄인들의 더러운 말들과 극명한 대조를 이룬다. 하나님의 순결한 인격은 그 약속의 진실성을 담보로 한다(참고. 19:7-10).

12:7, 8 8절의 적대적 현실은 7절에서 천상의 자원을 공급해주시라고 호소하는 이유다.

13:1-6 시편 13편은 격렬하게 "어느 때까지니이까"라는 반문으로 시작한다. 이런 반문은 이것을 포함해 4번 반복되며 또 다른 비탄의 절규를 쏟아내리라는 신호로 작용한다. 그러나 다윗은 여섯 절로 된 이 짧은 시에서 세 단계의 태도 변화를 거치며 혼란에서 평강으로 급격한 감정 변화를 보인다.

I. 절망의 심연에서 외친 절규(13:1, 2)
II. 소망의 수면에서 올린 간구(13:3, 4)
III. 기쁨의 산꼭대기에서 외친 소리(13:5, 6)

13:1, 2 이 두 절에서 시편 기자와 하나님, 그의 원수들이라는 익숙한 삼각구도가 다시 등장한다. 이 삼자관계는 그의 혼란과 고통을 가중시킨다. 하나님이 철저히 외면하시는 듯한 상황에서(1절) 시편 기자는 온전히 자기 힘만으로 현실과 싸워야 하지만 도무지 그 원수들을 이길 능력이 없어 보인다(2절).

13:4하-5하 **기뻐할까…기뻐하리이다** 시편 기자는 동일한 동사를 이용해 의도적으로 원수가 의기양양해서 기뻐하는 것과 하나님의 구원하심에 대한 자신의 확신을 대비시킨다.

14:1-7 시편 14편(지혜시)은 거의 비슷한 쌍둥이 시편 53편과 함께 인간의 타락에 대한 심오한 고찰을 담고 있다. 구원을 바라는 다윗의 대표적 소망(7절)은 타락에 대한 앞의 두 애가에 이어 합창으로 표현된다.

I. 타락의 애가(14:1-6)
  A. 첫 번째 애가: 라운드 형식으로 타락의 보편성을 이야기하다(14:1-3)
  B. 두 번째 애가: 발라드 형식으로 타락의 허망함을 이야기하다(14:4-6)
II. 구원의 합창(14:7)
  A. 구원의 소망(14:7상)
  B. 구원에 따르는 경배(14:7중-하)

14:1 **어리석은 자** 성경에서 이 표현은 지적인 의미가 아니라 도덕적 의미로 사용된다(사 32:6).

14:1-3 "다"와 "하나도 없도다"라는 표현은 이 비판이 보편적으로 적용될 수 있음을 의미한다. 바울이 로마서 3:10-12에서 이런 기소 내용을 포함한 것이 그리 놀랍

지는 않다. 행위와 생각을 연결시키는 성경의 공통된 특징이 여기서도 보인다.

14:4-6 악인에 대해 삼인칭 증언(4, 5절)을 이인칭(6상) 증언으로 바꿈으로써 신적 심판의 불가피성을 강조한다.

14:7 시온 하나님이 그 임재와 보호하심, 권능을 보여주기를 기뻐하시는 지상의 장소다(참고. 시 3:4; 20:2; 128:5; 132:13; 134:3).

15:1-5 시편 14편은 악인의 길을 부각시키는 반면 시편 15편은 의인의 길을 강조한다(참고. 시 1편). 구원받은 죄인은 윤리적 온전함이라는 특징이 두드러지는 것으로 묘사된다. 이런 특징은 세 번에 걸쳐 긍정적 서술과 부정적 서술을 번갈아 가며 강조된다. 이 시편 전체는 질문하고 대답하는 방식으로 구성되며, 실제로 질문과 대답으로 구성된 대표적 시편이라고 할 수 있다. 도덕적 책임을 집중적으로 강조하는 가운데 이 시편은 하나님이 기뻐하시는 예배에 대해 일련의 대답을 제시한다.

Ⅰ. 이중의 질문(15:1)
Ⅱ. 열두 가지로 구성된 대답(15:2-5b)
　A. 세 가지 긍정적 진술로 표현된 윤리적 특징(15:2)
　　1. 그 삶의 모습이 정직하다
　　2. 그 행위가 공정하다
　　3. 그 말이 신뢰감을 준다
　B. 세 가지 부정적 진술로 표현된 윤리적 특징(15:3)
　　1. 그 혀로 사람들을 괴롭히지 않는다
　　2. 이웃을 해하지 않는다
　　3. 가족이나 친구들을 비방하지 않는다
　C. 세 가지 긍정적 진술로 된 윤리적 특징(15:4a-c)
　　1. 부도덕한 사람을 멀리 한다
　　2. 하나님의 사람들을 존중한다
　　3. 자신이 한 말은 책임을 진다
　D. 세 가지 부정적 진술로 된 윤리적 특징(15:4d-5b)
　　1. 변덕을 부리지 않는다
　　2. 탐욕을 부리지 않는다
　　3. 매수되지 않는다
Ⅲ. 근거(15:5c)

15:1 주의 장막 문자적으로 '텐트'다(참고. 시 61:4. 관련된 배경으로 삼하 6:12-17을 보라).

15:2-6 삶과 말의 관련성을 강조하고 있음에 유의하라.

15:4 멸시하며…존대하며 하나님이 거부하시는 자를 시편 기자는 거부하고 하나님이 사랑하시는 자를 그도 사랑한다.

15:5 이자 이자가 50퍼센트의 고리대금으로 운영되었지만 하나님의 법은 돈을 빌리고 꾸는 일에 대해 엄격한 규정을 두었다(*신 23:19, 20; 24:10-13에 대한 설명을 보라*). **영원히 흔들리지 아니하리이다** 잠언과 시편의 이와 관련된 용례들을 보았을 때 중요한 약속이다(참고. 시 10:6; 13:4; 16:8; 46:5; 62:2, 6; 잠 10:30).

16:1-11 시편 16편에서 기도는 첫 행뿐이다. 나머지는 모두 주님을 신뢰한다는 다윗의 개인적 증언들로 이루어져 있다. 따라서 도입부에 다윗의 기도를 두 단락의 증언이 뒷받침하는 셈이다.

Ⅰ. 다윗의 도입부 기도(16:1)
Ⅱ. 다윗의 증언(16:2-11)
　A. 교제에 대한 증언(16:2-4)
　　1. 하나님과의 교제라는 차원에서(16:2)
　　2. 인간과의 교제라는 차원에서(16:3, 4)
　B. 확신에 대한 증언(16:5-11)
　　1. 과거와 현재의 차원들(16:5-8)
　　2. 현재와 미래의 차원들(16:9-11)

16: 제목 다윗의 믹담 참고. 시편 56; 57; 59; 60편. 많은 추측에도 이 제목의 정확한 의미는 여전히 불분명하다.

16:1 나를 지켜 주소서 이것은 시편 기자를 보호해달라고 하나님께 구하는 기도로 시편에서 빈번하게 등장하는 요청이다(참고. 시 17:8; 140:4; 141:9).

16:2 내가 여호와께 아뢰되 여기에 사용된 동사는 히브리어 성경에서 다른 형태로 나오지만 '내가 말하였도다'의 축약 형태로 봐도 무방하다(왕상 8:48; 욥 42:2; 시 140:13; 겔 16:59에서도 사용됨). **주 밖에는 나의 복이 없다** 즉 '나의 행복은 오직 주님께 달려 있다'라는 뜻이다.

16:4 시편 기자는 거짓 신들이나 그 신들을 섬기는 자들과 상종하지 않을 것이다.

16:5, 6 이 두 절은 하나님의 축복을 의미하는 구약적 메타포들을 사용한다.

16:9 나의 영 7절에서 자기 존재의 핵심을 문자적으로 "내 양심"이라고 표현했던 시편 기자는 여기서 "나의 마음" "나의 영광(영)", 마지막으로 "내 육체"라고 표현한다. 이런 인간을 가리키는 용어들은 전인을 상징한다. 따라서 "나의 영"은 인간이 하나님의 형상으로 창조될 때 지니게 된 뚜렷한 특징, 즉 지적 능력과 말할 수 있는 능력을 가리킨다고 보는 것이 가장 설득력이 있다.

16:10 이 용어들은 다윗의 확신을 드러내지만 베드로(행 2:25-28)와 바울(행 13:35)은 더 크신 다윗이신 분(주 예수 그리스도)의 부활에 대한 메시아적 표현이라고 해석했다.

17:1-15 이 다윗의 '기도'는 일부 히브리어 동사형의 번역 여부에 따

라 17번까지 늘어나는 탄원으로 가득하다. 시편 16편과 문학적으로 병행을 이루는 구절이 많다. 이 시편은 여러 복합적인 문학 형태로 되어 있지만 본질적으로 보호하심을 바라는 기도다. 다윗은 출애굽기 내러티브의 주제와 용어를 즐겨 사용한다(참고. 출 15; 신 32장). 논리상 교차대구적 구조로 전개되며 초점이 시편 기자 자신(1-8절)에서 그의 대적들(9-12절)을 거쳐 13, 14절에서 대적들에게 머물다가 다시 다윗 자신(15절)에게로 돌아온다. 다른 관점에서 이 내용의 흐름을 보면 다윗은 크게 세 번의 호소로 하나님의 법정에 나아가 정의를 호소하고 있다.

- I. 응답하심과 인정하심을 구하는 호소(17:1-5)
- II. 구원과 건져주심을 구하는 호소(17:6-12)
  - A. 구원의 필요성을 드러내다(17:6-8)
  - B. 건져주심의 필요성을 호소하다(17:9-12)
- III. 보응과 안식을 구하는 호소(17:13-15)
  - A. 원수들에게 보응해주시기를 기원하는 마음(17:13, 14)
  - B. 그 자신의 내적 안식에 대한 확신(17:15)

17: 제목 이것은 단순히 "기도"라는 제목이 붙은 첫 시편이다(참고. 86; 90; 102; 142편).

17:1, 2 도입부에서는 다윗이 지극히 높은 '재판관' 앞에 서서 자기 결백을 호소하면서 법정의 용어가 나온다.

17:3-5 현재의 상황에서 그의 성실함과 정직함(3, 4절)은 기본적으로 하나님의 은혜와 직접 결부되어 있고 앞으로도 그럴 것이다(5절).

17:8 눈동자 인간의 안구를 의미하는 표현이다. 인간이 사물을 볼 수 있는 이 중요한 장기를 보호하듯 하나님은 자기 백성을 보호해주신다는 것이다.

17:10 그들의 마음은 기름에 잠겼으며 문자적으로 '그들은 그들의 기름을 막았나이다'라는 뜻이다. 이것은 타인에 둔감함을 강조할 때 흔하게 나오는 구약적 관용구다(참고. 신 32:15; 욥 15:27; 시 73:7; 렘 5:28).

17:13 거룩한 전사의 언어다.

17:14, 15 일시적 형통함에 취한 자들(14절)은 하나님의 은혜를 무시한다. 그러나 다윗은 15절에서 참된 만족에 대해 올바른 시각을 회복한다. 마태복음 6:19-34에 나온 중요한 문제들에 대한 예수님의 가르침을 참고하라.

18:1-50 시편 18편은 개인적 감사 시편이 분명하지만 제왕시의 특징도 드러난다. 이 시편의 시적 구성과 주제는 하나님의 위대한 역사적 구원 행위에 대한 다른 고대 증거들과 유사한 점이 많다(예를 들면 출 15; 삿 5장). 사무엘하 22:1-51의 다윗의 노래(*이 구절에 대한 설명을 보라*)는 시편 18편과 아주 유사하다. 다윗의 도입부(1-3절)와 종결부(46-50절) 사이에는 하나님과 동행한 그의 인생이 세 단계로 서술되어 있다.

- I. 서문: 도입부 찬양(18:1-3)
- II. 그의 인생 단계(18:4-45)
  - A. 위험의 구렁텅이에서(18:4-19)
    1. 절망적 상황(18:4, 5)
    2. 그의 변호자(18:6-15)
    3. 구원(18:16-19)
  - B. 윤리적 온전함에 이르는 과정(18:20-28)
    1. 주의 인도하심을 받는 원리(18:20-26)
    2. 주의 인도하심을 받는 특권(18:27, 28)
  - C. 거칠 것이 없는 리더십 행사(18:29-45)
    1. 군사적 리더십(18:29-42)
    2. 신정적 리더십(18:43-45)
- III. 후기: 마무리 찬양(18:46-50)

18: 제목 이 긴 시편은 제목 역시 장황하다. 제목으로 봐서 한 가지 사건(예를 들면 '…해 주신 날에')을 언급하는 것 같지만 여호와께서 "그 모든 원수들의 손에서와 사울의 손에서" 건져주셨다고 명기한다. 그러므로 이 표제의 내용은 다윗이 전 생애를 반추하며 압축해 증언한 거라고 이해하는 것이 타당하다.

18:1 사랑하나이다 이것은 종종 언약적 의미를 지니는 사랑(예를 들면 신 7:8; 시 119:97)의 일반적 표현이 아니며, 깊은 친밀감을 표현하는 단어군 가운데 잘 쓰이지 않는 동사형으로 표현되어 있다. 다윗의 이런 단어 선택은 요한복음 21:15-17의 베드로처럼 확고한 헌신을 표현하는 데 그 목적이 있다.

18:2 이 절에는 신적 전사의 전쟁 메타포가 풍부하다. 인생의 힘든 싸움에서 방어를 위한 것이든 공격을 위한 것이든 다윗은 오직 여호와만 필요로 한다. 다윗의 "구원의 뿔"(즉 힘의 상징)에 대해서는 누가복음 1:47에 나온 마리아의 증언을 참고하라.

18:4 사망의 줄 문자적으로 '극심한 고통'이라는 뜻이다(참고. 요 2:2-9).

18:7-15 하나님의 임재를 표현하는 생생한 시적 묘사인 이 신 현현(theophany)은 다른 성경적 서술들과 유사하다(참고. 출 19:16 이하; 신 33:2 이하; 삿 4;5; 시 68:7, 8; 미 1:3, 4; 합 3; 계 19장). 그의 임재는 대체로 온 피조물의 다양한 자연재난에 해당하는 반응을 동반하는 것으로 묘사된다.

18:16-19 7-15절에서 극적으로 표현된 하나님의 권능이 이제 놀랍게도 시편 기자를 직접 구원하고자 임하는 것으로 나타난다.

18:20-24, 37, 38 이 절들을 문맥과 분리해서 다윗을 오만한 자랑꾼처럼 해석해서는 안 된다. 25-36절과 39-50절처럼 다윗이나 언약관계 속의 공동체는 신실하게 살아야 할 책임이 있지만 그렇게 할 힘은 전적으로 하나님의 자원에 의존한다. 그러므로 그의 '자랑'은 궁극적으로 하나님에 대한 자랑이기 때문에 성경적이다(렘 9:23, 24).

18:31 **반석** (참고. 2, 46절). 모세는 신명기 32장의 여호와에 대한 장엄한 노래를 시작하면서 하나님을 "반석"이라고 불렀다(4절). 하나님은 실제 흔들리지 않는 거대한 기초이며 보호의 근원이시다.

18:50 이 마지막 절은 사무엘하 7장에서 언급한 다윗 언약의 또 다른 왕적 메시아에 대한 확증이다.

19:1-14 이 시편이 둘로 뚜렷하게 구분되고 하나님을 지칭하는 명칭도 다르기 때문에 일부 사람은 시편 19편이 실제로 고대와 오랜 시간이 흐른 후대의 시를 하나로 편집한 것이라고 주장하기도 한다. 그러나 하나님이라는 더 짧은 형태의 명칭(참고. 창 1:1의 더 긴 형태의 이름)은 그분의 권능, 특히 창조주로 드러난 능력을 말하는 반면 '여호와'는 관계에 더 중점을 두는 명칭이다. 따라서 다윗은 하나의 화음으로 그 우주와 말씀을 모두 지으신 분으로서 여호와 하나님을 드러낸다. 하나님은 이 두 가지 통로로 자신을 인류에게 계시하신다. 하나님은 이런 언어적 수단과 비언어적 수단으로 의사소통하시므로 인류는 그분께 그 결과를 책임져야 한다. 이런 목적에 비춰 시편 19편은 두 가지 중요한 하나님의 자기 계시 방식을 웅변적으로 압축해 알려준다.

I. 세상을 통한 하나님의 일반적 자기계시(19:1-6)
  A. 하늘의 선포(19:1-4b)
  B. 태양의 탁월성(19:4c-6)
II. 말씀을 통한 하나님의 특별한 자기계시(19:7-14)
  A. 말씀의 속성(19:7-9)
  B. 말씀에 대한 이해(19:10, 11)
  C. 말씀의 적용(19:12-14)

19:1-6 우주의 증언이 일관되고 명확하게 제시되지만 죄악된 인류는 일관되게 그것을 거부한다. 이런 이유로 일반 계시로는 죄인의 회심이 일어날 수 없지만 확실한 책임을 물을 수는 있다(참고. 롬 1:18 이하). 구원은 궁극적으로 특별 계시로만 가능하다. 다시 말해 하나님의 말씀이 성령의 사역으로 유효하게 적용되어야만 한다.

19:1 **하늘…궁창** 둘 다 창세기 1장 창조의 중요한 두 피조물이다(참고. 1, 8절). **선포하고…나타내는도다** 2개의 동사 모두 이 개별적 계시의 연속성을 강조한다. **그 의손으로 하신 일** 하나님의 위대한 권능을 알리는 신인동형론적 표현이다(참고. 시 8:3의 "주의 손가락으로 만드신").

19:2, 3 **말하고…언어도 없고** 이것은 모순적 표현이 아니라 천상의 끊이지 않는 소통이 문자 그대로의 말로만 이루어지는 것이 아님을 알려준다.

19:4 피조 세계가 전하는 메시지는 어디서나 들을 수 있다.

19:4하-6 여러 이방 종교처럼 태양이나 하늘을 신격화하지 않는다. 성경에서는 하나님이 모든 피조물의 창조주이시며 통치자이심을 분명히 한다.

19:7-14 하나님이 지으신 세계에서 하나님의 말씀으로 장면이 이동한다.

19:7-9 이 단락에서는 하나님의 말씀을 가리키는 이름이 여섯 가지 등장하며, 각기 해당하는 여섯 가지 특징과 효력이 소개된다.

19:7, 8 유사한 네 행은 각각 하나님의 말씀을 지칭하는 표현이 등장하고, 각각 그 말씀의 특징을 소개하며, 결과적으로 그 말씀을 통해 이루는 결실을 선언한다.

19:7 **율법** 이것은 '그의 교훈' '지침' 또는 '지시'로 번역하는 것이 좋다(참고. 시 1:2). **증거** 말씀을 지칭하는 이 단어는 '증언하다'라는 의미의 어근에서 파생한 것이다. 말하자면 말씀은 그 말씀의 신적 저자에 대해 증언한다.

19:8 **교훈** 말씀의 이 동의어는 하나님의 말씀을 명령 또는 요구로 본다. 통치자의 통치 행위로 보는 것이다. **계명** 이 단어는 동사 '명령하다'와 관련이 있다. 그러므

시

시편에 나타난 하나님의 이미지들

하나님의 이미지들	시편의 관련 구절
방패	3:3; 28:7; 119:114
반석	18:2; 42:9; 95:1
왕	5:2; 44:4; 74:12
목자	23:1; 80:1
재판장	7:11
피난처	46:1; 62:7
산성(요새)	31:3; 71:3
복수자	94:1
창조주	8:1, 6
구원자	37:39, 40
치유자	30:2
보호자	5:11
부양자	78:23-29
구속자	107:2

로 말씀은 신적 명령이라고 할 수도 있다.

19:9 **경외** 이것은 엄밀히 말해 말씀을 지칭하는 표현은 아니지만 성경이 하나님 예배용 지침서라는 사실을 보여준다. **법** 이 단어는 하나님의 말씀이 사법적 결정과 동일한 효력을 지녔음을 보여준다.

19:12, 13 시편 기자는 부지중에 짓는 죄와 의도적인 죄를 구분해 다룬다(참고. 레 4:1 이하; 민 15:22 이하). 다윗의 염려에서 하나님의 은혜와 채우심으로 그 죄를 얼버무리려 하거나 부인하지 않는 성숙한 제자의 태도가 엿보인다.

19:14 **열납되기를** 올바로 드린 제사를 하나님이 열납하신다는 표현을 종종 사용하여 다윗은 '입과 삶'의 제사를 '제단'에 드림으로써 얻는 은혜와 힘주심을 구한다(참고. 수 1:8).

20:1-9 시편 20편과 21편은 전쟁과 관련된 쌍둥이 시편이다. 20편은 전쟁에 나서기 전의 의식이라면 21편은 전쟁이 끝난 후에 드리는 감사 의식이다. 신정국가에서 전쟁은 거룩한 전쟁으로 간주되었고 지휘 체계는 다음과 같았다. 첫째, 기름 부음을 받은 왕-장군과 신정하의 백성을 지휘하시는 총사령관이신 하나님이다. 둘째, 군사들이다. 출전하기 전이나 전쟁이 끝난 후 모든 거룩한 집회는 하나님께 바치는 기도와 찬양으로 구성되었다. 하나님은 신정하의 왕-장군을 통해 승리를 허락하시는 분이다. 시편 20편은 출정을 앞두고 왕-장군을 대신하는 총사령관(하나님) 앞에서 백성이 행하는 세 단계 의식을 기린다.

Ⅰ. 백성의 기도(20:1-5)
Ⅱ. 그들의 확신에 대한 확답(20:6-8)
Ⅲ. 그들이 주를 의지한다는 재확인(20:9)

20:1 **환난 날에 여호와께서 네게 응답하시고** 이것은 하나님의 백성이 왕-장군을 위해 드리는 기도다(참고. 6절의 "기름 부음 받은 자").

20:2 **성소에서…시온에서** 이것은 다윗이 우여곡절 끝에 다시 가져와 시온산 성막에 안치했던 언약궤라는 하나님의 상징적 임재 장소를 지칭한다. 백성은 여호와께서 전쟁 도중 그 놀랍고 강한 임재하심으로 왕-장군을 붙드시고 힘을 주시라고 기원한다.

20:5 **너의 승리** 여기서 하나님의 구원은 전쟁의 승리를 말한다.

20:7 **어떤 사람은…의지하나** 신뢰하고 자랑하며 찬양해야 할 대상은 오직 하나님뿐이시며, 그 외에는 대상을 잘못 선택한 것이다(참고. 예를 들면 신 17:16; 20:1-4; 레 26:7, 8; 시 33:16, 17; 사 31:1-3; 렘 9:23, 24; 슥 4:6).

20:9 이 절은 '여호와여, 왕에게 승리를 주소서. 우리가 부를 때 응답해 주소서'라고 번역할 수 있다.

21:1-13 21편의 전반부가 승리를 주신 데 대한 감사 기도라면 후반부는 왕-장군을 통해 여호와께서 미래에도 승리하게 해주시라는 기원을 담고 있다. 승리의 두 가지 시나리오는 이스라엘의 왕이며 장군의 총사령관 되신 여호와께 찬양과 기도를 드리는 배경으로 작용한다.

Ⅰ. 과거와 현재의 찬양: 하나님이 주신 승리에 비춰(21:1-6)
Ⅱ. 현재와 미래의 기도와 찬양: 하나님이 주실 승리를 기초로(21:7-13)

21:2 참고. 시편 20:4(*미래*), 시편 21:2(*과거*).

21:3 **순금 관을 그의 머리에 씌우셨나이다** 이것은 최고의 축복을 상징한다(이 반대에 대해서는 겔 21:25-27을 보라).

21:4 이 절의 전반부는 전쟁 중에 목숨을 지켜주시라는 기도일 것이며, 후반부는 왕조가 영속하게 해달라는 기도일 것이다(참고. 삼하 7:13, 16, 29; 시 89:4; 132:12).

21:5, 6 왕 되신 하나님은 왕이자 장군을 크게 높여주셨다.

21:7 **왕이…하오니** 이전에 받았던 하나님의 축복은 왕-장군이 하나님을 의지하는 인간적 차원의 책임을 다했기 때문이라고 본다. 그러나 개인이 흔들리거나 요동하지 않는 궁극적 근거는 하나님의 주권적 은혜에 있다(참고. 시 15:5; 16:8; 17:5; 잠 10:30).

21:8 **왕의…왕을** 이런 표현은 왕의 중재 역할을 부정하지 않으면서 총사령관이신 하나님께 주목하도록 만든다.

22:1-31 이 시편은 독자에게 완전히 대조적인 분위기를 보여준다. 첫 21개의 절은 탄식시의 특징을 지닌 반면 나머지 10개의 절은 찬양과 감사가 특징이다. 탄식에서 찬양으로 이처럼 급반전한 배경에는 기도가 있다. 요약하면 하나님께 버림받았다가 다시 그분이 찾아주시고 풍성하게 채워주신다는 이야기다. 일차적으로는 다윗에게 적용되는 내용이지만 궁극적으로는 더 크신 다윗, 곧 메시아에게 적용되는 내용이다. 신약은 15번이나 이 시편을 메시아에게 인용하거나 암시했기 때문에 초대 교회 일각에서는 이것을 '다섯 번째 복음서'라고 부르기도 했다.

Ⅰ. 절망하는 시편 기자(22:1-10)
  A. 그의 절망과 민족의 역사(22:1-5)
  B. 그의 절망과 주를 의지한 역사(22:6-10)
Ⅱ. 시편 기자의 기도(22:11-21)
  A. 절망적 전망(22:11-18)
  B. 하나님의 도우심에 대한 간구(22:19-21)

Ⅲ. 시편 기자의 증언과 경배(22:22-31)

A. 개인적 찬양이 용솟음치다(22:22-25)

B. 찬양을 공동체로 확산시키다(22:26-31)

22: **제목 아얠렛사할(새벽녘의 사슴)** 표제로 쓰인 이 독특한 표현은 가락을 지정한 것으로 봐야 할 것이다.

22:1 이 깊은 탄식은 욥기 3장; 시편 69편; 예레미야 20:14-18과 비교된다. **내 하나님이여 내 하나님이여 어찌 나를 버리셨나이까** 하나님의 직접적 호칭을 이렇게 반복하는 것은 절망적으로 보이는 상황에서 개인적인 소망의 속삭임에 가깝다. *버리다*는 다윗이 강렬하게 느끼고 십자가에서 그리스도가 처절하게 경험한(마 27:46) 유기를 가리키는 표현이다.

22:2-5 이 단락의 요지는 '당신이 제게 응답하지 않으실지라도 주는 여전히 주의 백성에게 은혜와 사랑을 한없이 베푸신 이스라엘의 거룩한 자시니이다'라고 요약할 수 있다.

22:6-8 사람들의 비방과 조롱이 시편 기자를 짓누르고 있다. 이 말씀이 메시아에게 적용된 마태복음 27:39-44; 누가복음 23:35을 참고하라.

22:7 **입술을 비쭉거리고** 문자적으로 '입술을 둘로 쪼개고'라는 뜻으로, 조롱의 관용적 표현이다(참고. 욥 16:10; 시 35:21; 히 5:5).

22:8 **그가 여호와께 의탁하니** 문자적으로 '그가 여호와께 굴러가니'라는 뜻이다. 그의 짐을 주께 맡겨 드렸다는 의미다(참고. 시 37:5; 잠 16:3).

22:9, 10 시편 기자는 오랫동안 하나님을 의지했다.

22:12, 13 탐욕스러운 짐승의 이미지가 다시 등장한다(참고. 16, 20, 21절).

22:14, 15 이것은 시편 기자의 기력과 용기가 완전히 바닥났음을 보여주는 생생한 표현이다.

22:16 **내 수족을 찔렀나이다** 히브리어 본문은 '사자처럼', 다시 말해 '이 사악한 원수들이 짐승처럼 나를 발기발기 찢었나이다'라는 의미로 쓰인다. 이 절 역시 십자가에 달리신 주님을 가리키는 메시아적 예언이다(참고. 사 53:5; 슥 12:10).

22:17 이것은 피골이 상접하고 기력이 완전히 소진된 것을 나타내는 생생한 묘사다(참고. 욥 33:21; 시 102:5).

22:18 **나누며…제비 뽑나이다** 사복음서 저자는 모두 십자가에 못 박히신 그리스도를 묘사할 때 이 이미지를 참고했다(마 27:35; 막 15:24; 눅 23:34; 요 19:24).

22:21 **주께서 내게 응답하시고** 마침내 그토록 기다리던 하나님이 침묵을 깨고 응답하신다. 이것은 그분의 성품과 완벽하게 일치를 이룬다(참고. 시 20:6; 28:6; 31:22; 118:5).

22:22 시편 기자는 더 이상 입을 다물고 있을 수가 없다. 하나님의 놀라운 자비를 회중 앞에서 큰 소리로 증거해야 한다. 이런 기쁨을 증거하고자 하는 이유는 사람들이 그 기쁨에 동참하도록 하는 데 목적이 있다(히 2:12).

22:27 온 세상을 축복하신 하나님을 온 세상이 찬양하도록 호소함으로써 증언 대상이 확대된다(참고. 시 67:7; 98:3).

23:1-6 이 시편은 구약에서 가장 널리 알려져 있다. 일생 동안 신실함으로 함께 하신 주님에 대한 다윗의 증언이다. 확신의 찬송으로, 주님을 우리의 목자와 왕, 잔치의 주연으로 묘사한다. 다윗은 23편에서 고대 근동에서 흔한 몇 가지 이미지를 사용해 세 단계로 주님과 그의 개인적 관계를 점진적으로 드러낸다.

Ⅰ. 다윗의 환호: "여호와는 나의 목자시니"(23:1a)

Ⅱ. 다윗의 기대(23:1b-5b)

A. "내게 부족함이 없으리로다"(23:1b-3)

B. "해를 두려워하지 않을 것"(23:4, 5b)

Ⅲ. 다윗의 찬양: "내 잔이 넘치나이다"(23:5c-6)

23:1 **여호와는 나의 목자시니** 하나님의 목자 이미지에 대해서는 창세기 48:15; 49:24; 신명기 32:6-12; 시편 28:9; 74:1; 77:20; 78:52; 79:13; 80:1; 95:7; 100:3; 사 40:11; 예레미야 23:3; 에스겔 34장; 호세아 4:16; 미가 5:4; 7:14; 스가랴 9:16을 참고하라. 이 이미지는 흔히 왕에게 적용되는데, 신약에서는 종종 예수께 적용된다(예를 들어 요 10장; 히 13:20; 벧전 2:25; 5:4).

23:2, 3 목자로서 네 가지 특징적 행위(그의 은혜와 인도하심을 강조)에 이어 그의 선하심의 근거가 "자기 이름을 위하여"임을 알려준다(참고. 시 25:11; 31:3; 106:8; 사 43:25; 48:9; 겔 36:22-32).

23:4 **사망의 음침한 골짜기** 위험이 도사리는 환경을 강조하기 위해 사용된 표현이다(참고. 욥 10:21, 22; 38:17; 시 44:19; 107:10; 렘 2:6; 눅 1:79). **주의 지팡이와 막대기** 목자의 지팡이와 막대기는 각각 보호와 인도하심의 수단이다.

23:5, 6 유능한 보호자(4절)는 넉넉한 부양자이기도 하다.

23:5 **기름을…부으셨으니** 성경에 나오는 기름 부음의 이미지는 종종 축복과 관련이 있다(시 45:7; 92:10; 104:15; 133:2; 전 9:8; 암 6:6; 눅 7:46).

23:6 **내가…살리로다** 히브리어 본문의 형태는 다소 의문의 여지가 있다(참고. 시 27:4). '내가 돌아오리로다'로 해석해야 하는가, 아니면 '내가 거할 것이다'라고 해석

해야 하는가? 어느 쪽으로 해석하든지 다윗은 주의 은혜로 친밀한 교제의 지속적 기회를 기대하고 있다.

24:1-10 시편 24편의 형식에 대해서는 의견이 분분하다. 예를 들어 어떤 사람들은 성전 입당송(entrance ceremony, 참고. 시 15편), 어떤 사람들은 찬양의 시편이라고 한다. 하지만 또 다른 사람들은 두 가지 요소가 복합적으로 드러난다고 말한다. 이 시의 용도 역시 논쟁의 대상이었다. 그러나 예루살렘으로 언약궤를 가져올 때(삼하 6:12-19; 대상 13장) 사용되었을 가능성이 있다는 시각이 신빙성이 가장 높다. 초대 교회는 이 시편을 메시아적 시편으로, 승천 시편이라고 불렀다(참고. 3절). 시편의 내용상 흐름은 사람들의 이동 순서를 따르는 듯하다. 공동체의 예배 행렬을 공간적·영적 측면에서 점진적 3단계로 추적한다.

Ⅰ. 1단계: 묵상을 통한 창조주 예배(24:1, 2)
Ⅱ. 2단계: 성별을 통한 구세주 예배(24:3-6)
　A. 성별을 권면하는 성찰의 질문(24:3)
　B. 성별을 확증하는 올바른 자질(24:4-6)
Ⅲ. 3단계: 선포를 통한 왕에 대한 예배(24:7-10)

24:1 **여호와의 것** 우주가 그분의 것이라는 점에 대해서는 출애굽기 19:5; 신명기 10:14; 시편 50:12; 89:11; 고린도전서 3:21, 23을 참고하라.

24:2 이것은 창조에 대한 과학적 그림이 아니라 시적 그림이다(참고. 창 1:9, 10; 7:11; 49:25; 출 20:4; 신 33:13; 욥 26:10; 시 74:13; 136:6; 벧후 3:5).

24:3 제의에서 제사장이 이런 질문들을 했을 가능성이 높다. 그러면 예배자들은 교창 형식으로 이 질문에 답했을 것이다. 이 형식에 대해서는 시편 15편; 이사야 33:14-16을 참고하라.

24:4 이 대표적 자질은 죄 없는 완벽한 상태를 의미하는 것이 아니라 내적 동기와 외적 태도가 기본적으로 신실하다는 의미다.

24:7-9 이것은 위대한 왕이 입장하시도록 성문이 스스로 길을 열어야 한다는 담대한 의인법적 표현이다. 그리함으로써 성문도 그분을 예배하는 일에 참여하게 된다.

24:10 **만군의 여호와** 신적 전사 개념을 다시 숙고해봤을 가능성이 있다. 총사령관이신 그분은 "군대의 하나님"이시다(참고. 삼상 17:45).

25:1-22 다윗은 심각한 인생 문제들과 씨름하면서 하나님을 부인하지 않고 그분을 온전히 의지함을 고백한다. 인생의 어려움과 그를 괴롭히는 대적들 속에서 하나님을 의지한다. 22개의 절로 된 이 시편은 일종의 알파벳 시의 형식을 따르지만 더 큰 단위로 보면 교차대구적 구조를 이룬다. 1-7절과 16-22절은 보호하심과 구원을 구하는 기도라는 병행 단락이고, 8-15절의 중앙 단락은 하나님이 성도들을 구원하심에 대한 확신을 담고 있다.

Ⅰ. 시련 앞에서 드리는 기도(25:1-7)
Ⅱ. 확신의 찬양(25:8-15)
Ⅲ. 환난 앞에서 도움을 간구함(25:16-22)

25:1 **나의 영혼이 주를 우러러보나이다** 다윗이 주를 의지함을 묘사하는 생생한 그림이다(참고. 시 86:4; 143:8)

25:2, 3 **수치를 당하리이다** 악인은 수치를 당하고 의인은 수치를 당하지 않는다는 중요한 현상의 강조다(그리스도가 통치할 천년왕국에서 이 중요한 원리가 실현되리라는 사 49:23의 표현을 참고하라).

25:4, 5 이 본문의 명사와 동사 메타포들은 인생의 길에 필요한 인도하심을 강조한다(참고. 시 1편의 주제).

25:6, 7 **기억하옵소서…기억하지 마시고** 하나님이 중요한 사실을 잊으실까 염려해서 이런 기도를 한 것이 아니다. 시편 기자의 기도는 하나님의 은혜와 언약적 약속과 채우심을 독자에게 상기시키며 그 모든 것이 오직 그분의 '선하심'에서 비롯된 것임을 알려준다(참고. 11절, "주의 이름으로 말미암아").

25:8-10 하나님의 인도하심을 구한다는 목적 때문에 인생의 길에 대한 메타포들이 더 집중적으로 사용된다(참고. 4-5절). 10절의 마지막 내용은 인간이 감당해야 할 언약적 책임을 강조한다(하나님이 감당해야 할 부분은 6, 7절을 참고하라).

25:11 **나의 죄악이 크오니…사하소서** 성숙한 제자는 죄에 대해 점점 더 민감해져 죄를 용서하신다는 하나님의 은혜에 대한 약속을 더 끈질기게 주장한다(참고. 18하반절).

25:12 **누구냐** 이런 반문은 참된 제자도의 특징을 소개하는 일종의 수단 역할을 한다.

25:14 **친밀하심** 이것은 '교훈' 또는 '친밀한 인격적 교제'로 번역되는 게 더 정확하다(참고. 욥 29:4; 시 55:14; 잠 3:32).

25:15 **그물** 사냥꾼의 올무다(참고. 시 31:4)

25:16-21 이 본문의 중심에는 구원과 힘주심을 구하는 속사포처럼 빠른 열 가지 간청이 자리하고 있다.

25:16 **외롭고 괴로우니** 고립되고 수치스러운 상태를 의미한다.

25:22 개인에서 공동체로 이렇게 이동하는 것은 실제로 특별히 놀라운 일이 아니다. 하나님의 통치를 받는 백성의 안녕은 언약적 개인과 불가분의 관계가 있기 때문이다(참고. 시 51:18, 19).

26:1-12 시편 26, 27, 28편은 공적 예배가 핵심 관심사이므로 여호와의 '집'을 언급한다. 26편은 결백의 선언, 기도, 확신의 요소가 포함된 복합적 형식을 취한다(하나의 신학적 틀로써 1절을 참고하라). 구조적으로 기도와 헌신의 증거가 교대로 제시되어 영과 진리로 주를 예배하고자 하는 시편 기자의 열정을 드러낸다.

I. 시편 기자가 처한 상황(26:1)
  A. 정의를 구하는 기도(26:1상)
  B. 헌신의 증거(26:1하)
II. 그의 진실성(26:2-8)
  A. 엄정한 검증을 구하는 기도(26:2)
  B. 충실함의 증거(26:3-8)
III. 그의 종말론적 시각(26:9-11상)
  A. 임종 때 은혜를 베풀어주시도록 구하는 기도(26:9)
  B. 그가 남들과 달리 온전하다는 증거(26:10-11상)
IV. 그의 확신(26:11하-12)
  A. 하나님의 인격에 대한 확신을 드러내는 그의 기도(26:11하)
  B. 하나님의 채우심에 대한 확신을 드러내는 그의 증거(26:12)

26:1 **나의 완전함** 마찬가지로 이것은 완벽하다는 주장이 아니라 결백하다는 주장이다. 특히 근거 없이 '고발'을 당한 상황에서 결백함을 호소하고 있다(참고. 시 7:8; 잠 10:9; 19:1; 20:7; 28:6). **흔들리지 아니하고** 참고. 시편 18:36; 37:31. 시편 73:18-20과 비교해보라. **나를 판단하소서** 이것은 신성법의 언약적 조항으로 근거 없는 비난과 고소에서 벗어나도록 보호해달라는 요청이다(참고. 시 7:8; 35:24; 43:1).

26:2 **살피시고 시험하사…단련하소서** 세 번에 걸친 이 신적 검증 요청은 본질적으로 시험하고 단련하며 정결하게 하는 것과 동일한 방법이다(참고. 시 11:4, 5; 12:6; 17:3; 66:10; 렘 17:9, 10).

26:4, 5 이 표현은 다윗이 시편 1:1의 특징을 개인적으로 적용하고 있음을 의미한다.

26:6 개인적 정결함은 열납받는 예배의 필수적 전제조건이다(참고. 시 24:3).

26:7 **모든 일을 말하리이다** 히브리어 본문은 문자적으로 '찬양의 소리를 듣고 선포하도록'이다. 이것은 공적 예배에 참여하고 기뻐하는 것을 가리킨다.

26:8 **주의 영광** 하나님의 영광은 하나님의 자기계시, 예를 들면 그분의 성품이 계시되고 드러나는 것을 가리키는 경우가 대부분이다. *레위기 9:23에 대한 설명을 보라.*

26:9-11 이 역시 무고히 남을 해치는 자들과 결백한 자들을 극명하게 대비시킨다.

26:12 **내 발이…섰사오니** 참고. 1절의 "흔들리지 아니하고".

27:1-14 이 시편은 탄식과 환호, 박해와 찬양, 전쟁과 예배 등 크게 대조되는 내용이 특징이다. 시편 27편에서 시편 기자는 하나님 앞에서 세 번의 대화로 인생의 굴곡에도 마음을 지킬 수 있는 힘을 얻는다.

I. 하나님이 주신 여러 특권에 대한 자신과의 대화(27:1-6)
II. 고난에 대한 하나님과의 대화(27:7-12)
III. 끝까지 견디자는 자신과의 대화(27:13, 14)

27:1 **빛** 성경의 이 중요한 언어 그림은 절대적 긍정의 의미로 사용되며, 정죄하는 어둠과 반대로 구속의 빛을 나타낸다(참고. 시 18:28; 36:9; 43:3; 사 60:1, 19, 20; 미 7:8; 요 8:12; 12:46; 요일 1:5).

27:2 **내 살을 먹으려고** 시편 기자의 대적들이 게걸스러운 짐승들과 비슷하다는 암시다(참고. 시 7:2; 14:4; 17:12; 욥 19:22; 렘 30:16; 50:7). 이런 표현을 사용한 것은 비방과 중상모략을 묘사하기 위해서다(참고. 단 3:8; 6:24의 유사한 아람어 표현). **실족하여 넘어졌도다** 이 이중적 표현은 완벽한 패배를 강조한다(참고. 사 3:8; 8:15; 31:3; 렘 46:6).

27:4 **한 가지 일** 다윗의 일생에서 가장 중요한 일은 하나님의 임재를 누리며 그 뜻대로 사는 것이었다(참고. 시 15:1; 23:6, 빌 3:13에 나온 바울의 "한 가지 일").

27:5 **그의 초막** 다윗은 하나님의 보호를 받는 특권을 하나님의 '쉼터'나 '초막'에 숨겨주시는 것으로 표현한다. 이 초막은 '성막' '장막'과 비슷한 표현이다.

27:8, 9 **내 얼굴을 찾으라…주의 얼굴…주의 얼굴** 하나님의 얼굴은 그분의 인격적 임재를 가리키거나 단순히 그분의 존재를 가리킨다(시 24:6; 105:4). 하나님의 얼굴을 구하는 것은 그분과의 교제를 사모하는 참 성도의 가장 중요한 특징이다(참고. 신 4:29; 대하 11:16; 20:4; 시 40:16; 렘 50:4; 호 3:5; 슥 8:22).

27:10 가장 가깝고 사랑하는 이들이 그를 버릴지라도 주님은 늘 돌보시고 사랑해주신다(참고. 신 31:6, 8; 사 49:14, 15; 히 13:5).

27:14 **기다릴지어다…기다릴지어다** 기다림에 대한 이런 표현은 긴박하게 주를 기다린다는 뜻일 수도 있고 뜨거운 마음으로 인내하며 기다린다는 뜻일 수도 있다(참고. 시 37:34; 40:1).

28:1-9 이 시편은 애가에서 기도로 다시 감사로 이어지는 급격한 변화를 보여준다. 시편 기자는 위기 상황은 그대로이지만 주를 향한 확신을 놓지 않는다. 다윗은 위기와 확신의 두 흐름을 오가며 하나님의 공의를 찬양한다.

I. 첫 번째 흐름: 개인적 전망 — 찬양으로 마무리(28:1-7)
  A. 그의 개인적 위기(28:1-5중)
  B. 그의 개인적 확신(28:5하-7)
II. 두 번째 흐름: 공동체적 전망 — 기도로 마무리(28:8, 9)
  A. 공동체적 확신에 따른 그의 재확신(28:8)
  B. 공동체적 위기 앞에서 그의 간구(28:9)

28:1 **잠잠하시면** 그의 상황에 귀를 막고 함구하시는 하나님에 대한 그림은 시편 35:22; 83:1; 109:1; 이사야 57:11; 64:12; 65:6; 하박국 1:13을 참고하라.

28:2 **나의 손을 들고** 주를 의지하는 기도를 드릴 때 마음의 자세를 가리키는 이 상징적 '자세'에 대해서는 출애굽기 9:29; 17:11, 12; 시편 63:4; 디모데전서 2:8을 참고하라.

28:3-5 시편 기자의 대적들(실제로 하나님의 대적들)은 그 죄악으로 무서운 저주를 자초한다.

28:6 **내 간구하는 소리를 들으심이로다** 1, 2절과 비교해보라. 시편 기자는 믿음으로 하나님이 개입해주신 것처럼 살 것이다.

28:8 **그의 기름 부음 받은 자** 이것은 개인이 아니라 기름 부음 받은 하나님의 백성에 대한 언급일 가능성이 높다(참고. 합 3:13).

28:9 **주의 산업** 놀랍게도 하나님은 자기 백성을 아주 귀한 재산이라고 여기신다(참고. 신 7:6-16; 9:29; 삼상 10:1; 시 33:12; 94:5; 엡 1:18).

29:1-11 이 시편은 초기 히브리 시의 특징을 고스란히 지니고 있다(참고. 출 15; 삿 5장). 전체적 형식은 찬송시다. 여기에 사용된 이미지들은 유사한 문학, 특히 여러 '자연의 힘'으로 이방 신들을 지칭한 문학에 많이 등장한다. 그러나 여호와는 유일무이한 창조주시고, 이 모든 자연 현상을 다스리는 지고한 주권자시다. 그분만이 "신들의 신"이시다(단 11:36). 이런 사실들을 미뤄볼 때 하나님의 탁월성을 알 수 있는 세 가지 대표적 존재는 오직 야훼만을 찬양한다.

I. 천체를 다스리시는 하나님의 우월성(29:1, 2)
II. 자연의 힘을 다스리시는 하나님의 우월성(29:3-9)
III. 인간을 다스리시는 하나님의 우월성(29:10, 11)

29:1 **권능 있는 자들** 문자적으로 '하나님의 아들들'(참고. 5-10절 문맥 속에서 89:6, 출 15:11의 복수를 나타내는 "신중")이다. 여기서는 여호와의 천사들을 가리킬 가능성이 높다.

29:3-9 이것은 두려움을 불러일으키는 신적 현현 현상으로 전능하신 주 하나님의 나타나심에 동반된 극적 움직임을 묘사한다. 이른바 이스라엘 주변의 이방인들이 섬기는 신들과 비교해 유일하신 참 하나님으로서 그분의 우월성을 증거하는 역할을 한다.

29:3 **여호와의 소리** 천둥은 종종 하나님의 목소리와 연관된다(참고. 예를 들면 삼상 7:10; 욥 37:4, 5; 시 18:13; 사 30:30, 31).

29:5 **백향목…레바논 백향목** 백향목은 목재 중 으뜸으로, 특히 레바논 백향목이 유명했다.

29:6 **시룐** 단 북쪽에 있는 헤르몬산의 베니키아식 명칭이다(참고. 신 3:9).

29:8 **가데스 광야** 가데스 바네아는 남쪽 사막 지역에 위치한다. 이스라엘 역사에서 이곳이 지니는 중요성은 *민수기 20:1에 대한 설명을 보라.*

29:10 **홍수** 이것은 창세기 6-8장에 나온 전 세계적 홍수를 가리킨다(참고. 창 7:17).

30:1-12 이 시편은 복합적 형식을 띠고 있다. 다윗은 상이한 감정의 기복(즉 탄식과 기쁨)을 경험하다가 기도에서 찬양으로 나아간다. 이런 다양한 내용에도 이 시편은 찬송을 강조하는 구절들(참고. 4, 9, 12)로 다 함께 묶여 있다. 찬송하리라는 시편 기자의 도입부 서약과 종결부 서약이 그의 기도와 증언에 틀을 제공한다.

I. 도입부 찬양의 맹세(30:1상)
II. 역사상의 기도와 증언에 대한 회상(30:1하-9)
  A. 개인적 기도와 증언의 회상(30:1하-3)
  B. 성도를 위한 훈계(30:4, 5)
  C. 개인적 성찰(30:6-9)
III. 지속적 기도와 증거에 대한 예상(30:10-12상)
IV. 종결부 찬양의 맹세(30:12하)

30: **제목** 이 제목, 즉 "다윗의 시"는 많은 시편의 표제로 나온다. 그러나 '낙성가'(a song of dedication)나 '헌당가'(consecration of the house)란 단어는 다윗이 시온산에 세운 언약궤를 모신 임시 장막이나(삼하 6:17) 그 자신의 집을 가리킬 수도 있는데(삼하 5:11, 12) 후대에 추가되었을 가능성이 높다.

30:2, 3 **나를 고치셨나이다** 하나님만이 우리를 고쳐주실 수 있다(참고. 출 15:26; 신 32:39; 시 107:20). 다윗은 거의 죽을 뻔한 상황에서 자신을 건져주신 하나님을 찬양한다.

30:5 극명하게 대비를 이루는 이 내용은 성경에서 가장 감격스러운 증언들 가운데 하나다(참고. 사 54:7, 8; 요 16:20-22; 고후 4:17의 원리).

30:6 다윗은 이전에 하나님을 의지하지 않으며 오만했던 시절을 회상한다. 하나님은 이스라엘 민족과 그 지도자들에게 그런 잘못된 근시안적 생각을 멀리하도록 계속 경고해주신다(참고. 신 8:11-20; 신 32:15; 고후 32:35; 렘 22:21; 호 13:6; 단 4:28-37의 대표적 사례들). 다윗은 하나님의 은혜로 자신이 오만한 대적들 같은 행동을 하고 있다는 사실을 깨닫게 되었다(참고. 시 10:6).

30:8-10 목숨을 지켜달라는 여러 번 들어 익숙해진 말이다(참고. 시 6:5; 28:1; 88:10-12; 115:17; 사 38:18, 19).

30:12 내 영광 다윗은 이제 새로운 시각으로(6절과 비교해보라) 그의 모든 것이 하나님의 넘치는 은혜 때문임을 인정한다(참고. 7상반절).

31:1-24 이 시편은 다윗이 안고 있는 문제와 기도, 찬양 이상의 내용을 담고 있다. 다윗은 염려와 고통에서 벗어나 확신의 길을 다시 걸을 것이다. 두 가지 배경으로 이루어진 이 시편에서 시편 기자는 넘치도록 채워주시는 하나님을 열정적으로 증거한다.

I. 현재의 개인적 배경(31:1-18)
  A. 안전하게 지켜주심과 구원에 대한 증언(31:1-5)
  B. 분별함과 구원에 대한 증언(31:6-8)
  C. 책망과 위로에 대한 증언(31:9-18)
II. 궁극적 · 공적 배경(31:19-24)
  A. 그의 증언과 하나님을 찬양함(31:19-22)
  B. 그의 증언과 성도들을 위한 권면(31:23, 24)

31:2 내게 귀를 기울여 이것은 '내 기도에 주목하라'는 담대한 요청이다(참고. 시 102:2).

31:3 시편 23:1-3의 어조와 유사하지만 이 시편은 기도 형식으로 되어 있다는 점이 다르다.

31:5 주의 손에 이것은 다윗과 큰 다윗 되신 예수께 모두 적용된다(눅 23:46). 여기서는 일반적인 신뢰와 의탁의 표현이다. 이것은 하나님의 권능과 통치를 강조하는 메타포다(15상반절을 참고하고, 8절과 15하반절과 비교해보라).

31:6 내가…미워하고 이런 미움의 정당성에 대한 근거는 시편 26:5을 참고하라(참고. 시 139:21). **허탄한 거짓** 이런 표현은 거짓 신들을 가리키는 성경의 일반적 호칭이다(참고. 신 32:21; 왕상 16:13; 렘 10:15; 14:22; 16:19; 18:15; 욘 2:8). 우상숭배의 어리석음에 대한 것은 하박국 2:18-20을 참고하라.

31:9, 10 이 표현들은 시련과 환난의 영적 영향을 강조하기 위해 은유적 의미로 자주 사용된다.

31:11 시편 기자는 그를 미워하는 대적들뿐 아니라 친지들에게까지 비방과 조롱의 대상이 되어 너무 외롭고 고통스러운 상황에 처해 있다(참고. 시 88:8, 18).

31:13 사방이 두려움으로 감싸였나이다 (참고. 렘 6:25; 20:3, 10; 46:5; 49:29; 애 2:22). **의논할 때에** 이런 악한

다윗 시편의 역사적 배경

시편	역사적 배경	구약 본문
3편	다윗이 아들 압살롬을 피해 도망길 때	삼하 15:13-17
7편	베냐민인 구시의 말	삼하 16:5; 19:16
18편	하나님이 다윗을 그 대적 사울에게서 건지신 날	삼하 22:1-51
30편	다윗의 집을 봉헌한 날	삼하 5:11, 12; 6:17
34편	다윗이 아비멜렉 앞에서 미친 척할 때	삼상 21:10-15
51편	나단이 밧세바와 지은 죄로 다윗을 책망했을 때	삼하 12:1-14
52편	에돔 사람 도엑이 다윗에 대해 사울에게 경고했을 때	삼상 22:9, 10
54편	십 사람이 사울에게 다윗에 대해 경고했을 때	삼상 23:19
56편	다윗이 가드에서 블레셋 사람에게 붙잡혔을 때	삼상 21:10, 11
57편	다윗이 사울을 피해 동굴로 도망갔을 때	삼상 22:1; 24:3
59편	사울이 다윗을 죽이기 위해 사람을 보내 그의 집을 감시하게 할 때	삼상 19:11
60편	다윗이 메소보다미아와 아람에 맞서 싸울 때	삼하 8:3, 13
63편	다윗이 유다 광야에 있을 때	삼상 23:14 또는 삼하 15:23-28
142편	다윗이 동굴에 있을 때	삼상 22:1; 24:3

모의에 대해서는 예레미야 11:19; 18:23을 참고하라.

31:16 이것은 민수기 6:25의 축복을 그에게 내려달라는 간청이다(참고. 시 4:6; 67:1; 80:3, 7, 19; 119:135).

31:17 그가 아니라 대적들을 수치스럽게 해달라는 간구는 시편 25:2, 3, 20; 예레미야 17:17을 참고하라.

31:18, 20 그의 대적들은 '입'에 질병이 생긴 증상을 보인다.

31:19 **은혜가 어찌 그리 큰지요** 다른 성품의 경우처럼 하나님은 절대적으로 선하시기 때문에 선한 일을 행하신다(참고. 시 119:68).

31:23 **여호와를 사랑하라** 성경적 사랑은 태도의 변화가 포함되며 순종으로 증명된다(참고. 신 6:4, 5; 10:12; 요 14:15, 21; 15:10; 요이 6절). 보상과 보응의 확인은 공식처럼 쓰이는 성경적 경구다(예를 들어 신 7:9, 10).

31:24 **강하고 담대하라** 이 복수 명령형이라는 특이한 형태는 여호수아 1:7에 소개되어 있다. 구약에서 특히 전쟁을 앞두고 거의 20번 정도 사용된다.

32:1-11 이 시편은 초대 교회에서 참회 시편 중 하나로 분류되었다(참고. 6, 38, 51, 130, 143편). 이 가운데서 시편 32편과 51편은 대표적인 참회 시에 속한다. 역사적으로 다윗의 생애를 배경으로 하며 구체적으로 밧세바 사건(참고. 삼하 11-12장)과 연관이 있다. 51편이 32편보다 시간적으로 먼저일 것이다. 시편 32편의 전체 주제와 취지, 흐름은 다음과 같이 요약할 수 있다. 다윗은 죄와 고백, 용서에 대한 인생의 가장 중요한 교훈을 두 가지 접근 방식으로 능숙하게 소개한다.

- I. 첫 번째 방식: 교훈 기억하기(32:1-5)
  - A. 결과에 대한 교훈(32:1, 2)
  - B. 거부할 경우에 대한 교훈(32:3, 4)
  - C. 반응할 경우에 대한 교훈(32:5)
- II. 두 번째 방식: 교훈 전달하기(32:6-11)
  - A. 반응할 경우에 대한 교훈(32:6, 7)
  - B. 거부할 경우에 대한 교훈(32:8, 9)
  - C. 결과에 대한 교훈(32:10, 11)

32: **제목** 표제에 언급된 "마스길"은 새로운 단어다. 시편 32편이 '묵상용 시'이거나 '교육용 시' '지혜의 시'(skillful psalm)라는 의미로 사용되었을 수도 있다.

32:1, 2 **허물…죄…간사함** 구약에서 3개의 이 핵심 단어는 각기 반역, 실패, 패역의 의미로 사용된다.

32:3, 4 이것은 다윗이 죄를 회개하지 않을 때 몸에 나타난 증상의 생생한 표현이다.

32:5 다윗은 1, 2절에서 죄를 가리킬 때 사용했던 핵심 단어를 다시 사용한다. 그러나 이번에는 개인적으로 죄를 고백하는 맥락에서 그 악한 죄를 자신의 죄라고 하나님께 밝힌다. 고백의 우선순위에 대해서는 잠 28:13; 요일 1:8-10을 참고하라.

32:6 다윗은 이 절에서 교훈하는 형식으로 다시 돌아가 하나님의 은혜를 아는 사람은 죄 고백을 미루는 식으로 그 은혜를 악용해서는 안 된다고 강조한다.

32:8 **가르쳐 보이고…주목하여 훈계하리로다** 이런 표현은 성경적 지혜와 관련해 사용되는 동사들이다.

32:9 **말이나 노새 같이 되지 말지어다** 즉 완악하게 굴지 말라는 것이다. 이 동물들은 이 죄의 특성을 강조하기 위해 인용된다(참고. 잠 26:3; 사 1:3; 약 3:3).

33:1-22 이 시편은 일반적인 찬양의 노래다. 중요한 주제는 여호와는 자연의 주재시며 역사의 주인이라는 두 가지다. 성경적 사상은 이 두 가지를 늘 연관시켜 생각한다. 창조주는 창조 이래로 그분의 모든 피조 세계와 모든 피조물을 그 주권으로 다스리신다.

- I. 찬양의 요청(33:1-3)
- II. 찬양의 이유(33:4, 5)
  - A. 자연 역사에서 드러난 하나님의 주권적 권능(33:4)
  - B. 인간 역사를 주관하시는 하나님의 주권적 섭리(33:5)
- III. 찬양의 화답(33:6-19)
  - A. 창조주의 주권적 권능(33:6-9)
  - B. 창조주의 주권적 섭리(33:10-19)
- IV. 마지막 피날레(33:20-22)

33:1 **마땅히 할 바** 이것은 하나님께 찬양을 드리는 것이 당연하고 마땅하며 합당하다는 의미다. 찬양의 당연함에 대해서는 시편 147:1을 참고하라.

33:3 **새 노래** 하나님께 다시 찬양을 드리고자 하는 새로운 이유와 마음의 충동이다(참고. 시 96:1; 98:1; 149:1).

33:6, 9 하나님은 말씀으로 무에서 우주를 창조하셨다(참고. 창 1:3, 6, 9, 11, 20, 24, 26의 "하나님이 이르시되").

33:6 **만상** 이것은 별과 행성(참고. 사 40:26; 45:12), 하늘의 천사들(참고. 시 103:20-22)을 가리킨다. 전자가 바로 뒤 문맥에서 더 두드러지게 부각된다.

33:7 **쌓으시며** 하나님이 물을 흙더미나 모래 더미처럼 쌓으신다는 이 생생한 표현에 대해서는 출애굽기 15:8; 여호수아 3:13-16; 시편 78:13을 참고하라.

33:10, 11 인간의 불안한 계획과 하나님의 주권적 계획이 강한 대비를 이룬다.

33:15 **그들 모두의 마음을 지으시며** 이것은 토기장이

의 언어다(참고. 창 2:7). 이 표현의 의미에 대해서는 이사야 29:15, 16을 참고하라.

33:16-19 이 단락의 교훈에 대해서는 스가랴 4:6의 경구를 참고하라.

34:1-22 이 알파벳 시편은 형식뿐 아니라 주요 주제도 시편 25편과 아주 비슷하다(예를 들면 시 25; 34편의 결론에서 구속하심을 강조하고 있음). 주의 구원에 대한 개인적 적용과 공동체적 적용이 계속 등장한다. 이 시편은 찬양의 형식으로 전개되다가 교훈으로 마무리된다.

Ⅰ. 개인적 증언(34:1-10)

Ⅱ. 개인적 교훈(34:11-22)

34: **제목** 이 표제가 암시하는 역사적 배경은 사무엘상 21:10-15에 기록되어 있다. 그러나 시편 34편의 문맥에서는 왜 그 사건과 구체적으로 연결되는지 단서를 찾을 수 없다. 바로처럼 아비멜렉은 고유명사가 아니라 왕의 명칭이었다.

34:1-3 이것은 시편에서 모든 백성에게 찬양에 동참하자고 권유하는 가장 분명한 초청 중 하나였다.

34:2 마땅히 자랑해야 할 이는 오직 하나님이시므로 그분의 이 자랑은 합당한 것이었다(참고. 렘 9:23, 24).

34:7 **여호와의 천사** 결정적인 역사적 순간 하나님은 특별히 몸소 현현하셨다(참고. 창 16:7 이하; 18; 19; 31:11 이하; 수 5; 삿 6; 13장). 이것이 주 예수 그리스도의 성육신 이전의 현현하심이라는 것을 뒷받침해주는 출애굽기 3:2의 설명을 보라.

34:11 지혜에 귀를 기울이라는 이 간청을 잠언 1-9장과 비교해보라.

34:12-14 하나님의 백성이 지녀야 할 중요한 인격적 특성을 소개하고 있다. 참고. 시편 15:1-5.

34:14 시편 1편에 나왔던 "길"의 주제가 다시 등장한다. 여기서는 악을 떠나 선을 행하라는 것을 강조한다(참고. 욥 28:28; 잠 3:7; 16:6, 17; 사 1:16, 17).

34:18 **마음이 상한 자…충심으로 통회하는 자** 이것은 주를 의지하는 제자들을 묘사하는 생생한 관용적 표현이다(참고. 시 51:17; 147:3; 사 57:15; 61:1; 66:2; 마 5:3).

34:19-22 인간이 박해당하고 하나님이 보호해주시는 양면적 상황이라는 세상의 실제 현실이 생생하게 묘사되어 있다.

35:1-28 시편 35편은 형식상으로는 개인적 탄원시다. 현실적인 법정 싸움이라는 이 시편의 문맥으로 보아 신정을 대행하는 왕이 한때 언약관계에 있던 이방의 왕에게 고발당하고 공격받기 직전의 사건임을 짐작할 수 있다. 다윗은 거룩하신 재판장 앞에 자신의 억울함을 호소하며 처지를 원망하다가 기도로 하나님께 나아간다. 그리고 마지막으로 주가 공정하게 그 상황을 처리해주실 것을 확신하고 하나님께 그분의 의로우신 개입을 찬양한다. 그러므로 35편의 분노와 기대에 찬 세 번의 호소는 대적에 대한 시편 기자의 기도다.

Ⅰ. 첫 번째 호소: 그가 받고 있는 공격(35:1-10)

Ⅱ. 두 번째 호소: 그가 겪고 있는 위증의 고통(35:11-18)

A. 하나님이 증거를 직접 살펴주시도록 기도하다(35:11-16)

B. 하나님께서 지체하지 않고 행동해주시도록 기도하다(35:17)

C. 찬양을 맹세하다(35:18)

Ⅲ. 세 번째 호소: 그가 예상하는 사람들의 조롱(35:19-28)

A. 그들을 심판해주시도록 기도하다(35:19-21)

B. 그에게 정의를 실현해주시도록 기도하다(35:22-26)

C. 찬양을 맹세하다(35:27, 28).

35:1 **나와…자와 다투시고…싸우소서** 첫 기도는 대담하게도 하나님께 변호사로서 변호해주시도록 호소하고 있다(참고. 잠 25:8, 9; 사 3:13). 두 번째 기도는 거룩한 전사가 그를 대신해 싸워주시도록 구한다(예를 들면 출 15:3; 신 32:41 이하).

35:3 **내 영혼에게 나는 네 구원이라 이르소서** 다윗은 다시 한 번 확신을 주시길 간절히 원한다(참고. 시 38상반절).

35:4-8 참고. 시편 7; 69; 109편의 저주 시편.

35:7 **까닭 없이…까닭 없이** 이것으로 그가 변호를 받아야 할 이유가 추가된다. 언약적 관점이든 사법적 관점이든 그들의 모든 공격은 아무런 근거 없는 부당한 것이었다.

35:10 **여호와와 같은 이가 누구냐** 이것은 유일무이하신 이스라엘의 위대하신 하나님을 경외한다는 표준화된 표현이었다(참고. 출 15:11; 미 7:18).

35:11-14 언약에 대한 시편 기자의 태도와 상대방 언약 당사자의 태도가 철저하게 대조를 이룬다.

35:16 고통스러운 조롱에 대해서는 욥기 16:9; 시편 37:12; 112:10; 애가 2:16을 참고하라.

35:17 **어느 때까지** 탄식조의 질문은 시편 13:1; 하박국 1:2을 참고하라.

35:19 **부당하게** 참고. 두 번이나 쓰인 "까닭 없이"(7절).

35:21 **하하** 한 목소리로 이런 조롱하는 표현은 25절에 다시 등장한다.

35:21, 22 **우리가 목격하였다 하나이다 여호와여 주께**

시

서 이를 보셨사오니 다윗의 원수들이 현장을 보았다고 우기지만 그 모든 것을 완벽하게 보신 이는 하나님이셨다. 다윗은 하나님이 그를 긍휼히 여겨 참된 증거로 변호해주실 거라고 생각한다.

35:23 **나의 송사** 그는 1절에 나왔던 변호의 주제를 다시 강조한다.

35:27 참고. 시편 40:16. **그의 종** 스스로를 정중하게 제3자로 지칭하는 것에서 더 나아가 구약의 제자는 자신을 하나님께 매인 종으로 인식한 듯한 표현을 사용한다.

36:1-12 이 시편에서는 최소한 세 가지 주제를 확인할 수 있다. 첫째, 지혜(1-4절). 둘째, 찬양(5-9절). 셋째, 기도(10-12절). 36편은 인간의 타락을 서술한다는 점에서 14편과 유사하며, 시편 32편에 나온 다윗의 개인적 죄 고백을 연상하게 한다. 바울은 로마서 3:10-18에서 시편 36:1을 사용해 전 인류에 대한 14가지 죄목을 압축해 소개했다. 전체 구조로 볼 때 다윗의 두 가지 다른 분위기는 인간의 악과 하나님의 은혜라는 진리를 균형감을 잃지 않고 바라보고자 했음을 보여주는 증거다.

I. 성찰의 분위기(36:1-9)
   A. 인간의 불성실함에 대한 그의 성찰(36:1-4)
   B. 하나님의 성실하심에 대한 그의 숙고(36:5-9)
II. 하나님을 의지하는 분위기(36:10-12)
   A. 기도로 주를 의지함을 드러내다(36:10, 11)
   B. 성찰을 통해 얻은 결론(36:12)

36: **제목** 35:27에서 사용된 단어 "종"이 이 시편의 제목에 사용되고 있다. 이는 하나님에 대한 복종과 섬김을 강조하는 언약적 관계와 관련이 있다. 시편에서 다윗에게 이것을 적용한 경우는 78:70; 89:3을 참고하라.

36:1 **두려워하는 빛이 없다** 이것은 참된 제자와 정반대 모습이다. 여기서 "두려워하는"이란 표현은 실제로 공포심을 말한다(참고. 신 2:25; 시 119:120; 사 2:10, 19, 21).

36:2 여기서 자만에 빠져 자기의 죄악을 미워해야 한다는 사실조차 인식하지 못하는 악인은 바로 시편 기자 자신이다.

36:3, 4 바울은 로마서 3장에서 36장 1하반절만 인용하지만 죄의 특징에 대한 동일한 범주들이 문맥상 그대로 나타난다. 참고. 인격에 대한 것은 시편 36:2과 로마서 3:10-12, 대화의 내용에 대한 것은 시편 36:3상반절과 로마서 3:13, 14, 행실에 대한 것은 36:3하-4과 로마서 3:15-17.

36:5, 6 하나님의 인자하심과 진실하심, 의는 측량할 길이 없다.

36:7 **주의 날개 그늘** 이것이 언약궤 위 그룹의 날개를 가리킨다고 해석하는 이들도 있지만 어미 새가 새끼를 돌보고 보호하는 것처럼 하나님이 우리를 돌보신다는 일반적 표현일 가능성이 높다(신 32:11; 시 17:8; 91:4; 룻 2:12. 마 23:37에서 예수님이 이와 유사한 표현을 사용하신 경우를 참고하라).

36:9 **주의 빛 안에서 우리가 빛을 보리이다** 이 문장은 문자적인 의미와 비유적 의미를 모두 가지고 있을 가능성이 높다. 다시 말해 하나님은 육체적 삶뿐 아니라 영적 삶의 근원이 되신다. 주는 모든 빛과 생명의 근원이자 지탱자시다.

36:11 **교만한 자의 발** 이것은 전쟁에서 승리한 왕이 승리의 상징으로 패배한 왕의 목덜미를 밟았던 행위를 가리키는 전쟁의 이미지일 가능성이 높다.

36:12 참고. 시편 14:5상; 18:38; 잠언 24:16.

37:1-40 시편 37편은 불규칙적 알파벳 시편으로 하나님이 아닌 사람들이 그 대상인 지혜시다. 12-24절은 잠언의 격언 내용과 비슷하다. 이스라엘에게 주신 '땅'과 관련된 언약적 약속들이 두드러지게 부각된다(참고. 3, 9, 11, 22, 29, 34절). 기본적 주제는 아주 오래된 질문인 '왜 악인들이 형통하고 경건한 사람들이 일생 동안 고통스럽게 살아가는가'를 다룬다. 이에 대한 다윗의 대답이 정교한 구조로 배열되어 있다. 시편 37편에서 다윗은 여섯 가지 사상을 종합하고 비교하며 하나님의 정의가 결국 실현된다는 중요한 메시지를 강조한다.

I. 도입부 개관(37:1, 2)
II. 첫 권면(37:3-11)
III. 잠언의 몇 가지 시각(37:12-24)
IV. 첫 증언(37:25, 26)
V. 마지막 권면(참고. 3-11절, 37:27-34)
VI. 최종 증언(참고. 25, 26절, 37:35-40)

37:2 오늘 세상에 살아 있다고 해도 내일이면 사라져 버릴 풀처럼 악인도 그러하리라는 설명이 이 시편의 두드러진 특징이다. 이 주제에 대해서는 욥기 14:1, 2; 시편 90:5, 6; 103:15, 16; 이사야 40:6-8; 마태복음 6:30; 야고보 1:10, 11; 요한일서 2:17을 참고하라.

37:7, 8 '안심하고 원망하지 말라!'는 메시지가 다시 강조된다(참고. 1절).

37:10 **잠시 후에는** 예레미야 51:33; 호세아 1:4의 유사한 표현을 참고하라. 주께서 곧 개입하실 것이다.

37:17 **악인의 팔은 부러지나** 부정하게 재물을 움켜쥔 그들의 수족이 부러질 것이다(16하반절). 참고. 욥기 38:15; 시편 10:15; 예레미야 48:25; 에스겔 30:21.

37:18 참고. 시편 1:6.

37:21 구약은 돈을 빌려주고 빌리는 행위에 대한 잠언과 격언을 모두 담고 있다. 참고. 신명기 15:6; 28:12, 44; 시편 112:1-6; 잠언 22:7.

37:24 하나님의 이런 위로에 대해 확증은 시편 145:14; 잠언 24:16; 미가 7:8을 참고하라.

37:31 **그의 마음에는 하나님의 법이 있으니** 하나님의 내면화된 교훈은 신명기 6:6; 시편 40:8; 119장; 예레미야 31:33; 이사야 51:7을 참고하라.

37:38 **끊어질 것이나** 이 심판의 진리에 대해서는 9, 22, 28, 34절과 시편 109:13을 참고하라. 신실한 자들이 받을 축복은 잠언 23:18; 24:14, 20을 참고하라.

37:39 **구원은 여호와로부터 오나니** 구원은 하나님께 속한 것이므로(시 3:8) 하나님은 영원한 구원의 원천이시다(참고. 시 62:1, 2).

38:1-22 기도가 중앙의 깊은 탄식(2-20절)을 에워싸는 구조로 이루어져 있다. 여러 면에서 다윗의 탄식은 욥의 탄식과 비슷하다. 다윗은 현재의 고통과 곤경이 적어도 부분적으로는 자신의 개인적 죄 때문이라고 생각한다. 구조로 볼 때 38편의 도입부와 종결부에 나오는 다윗의 기도는 원수들이 저지른 살육과 관련이 있다.

I. 도입부 기도(38:1, 2)
II. 첫 번째 공격: 내부의 적(38:3-10)
III. 두 번째 공격: 외부의 적(38:11-20)
IV. 종결부 기도(38:21, 22)

38: **제목, 기념하는 시** 문자적으로 '기념하게 하다'라는 뜻이다(참고. 시편 70편의 제목). 시편 기자는 하나님께 행동하시도록 현재 처한 곤경을 알려드리고, 자신과 공동체에 그가 과거에 당한 큰 곤경을 알려줌으로써 유사한 고난을 당할 때 간절히 기도할 것을 권한다.

38:1 참고. 시편 6:1; 39:11; 예레미야 31:18.

38:2 **주의 화살** 이것은 신적 전사 모티프와 관련된 표현이다. 궁수로서 하나님에 대해서는 신명기 32:23; 욥기 6:4; 16:13; 시편 7:12; 예레미야애가 3:12, 13을 참고하라.

38:5 **내가 우매한 까닭** 비난받아 마땅한 윤리적 어리석음에 대해서는 시편 69:5을 참고하라. 다윗은 3절 이하의 하나님의 징계에 대한 이유가 이런 어리석음이라고 본다.

38:11 **내가 사랑하는 자와 내 친구들…내 친척들** 시편 기자와 가까운 사람들 또는 사랑하는 이들이 곤경에 처한 그를 외면하는 것도 모자라 모욕을 주고 상처를 준다.

38:13, 14 조롱과 괴롭힘에도 아무 반응을 보이지 않은 가장 확실한 사례는 이사야 53:7의 고난당하는 종의 모습에서 찾을 수 있다. 참고. 베드로전서 2:23.

38:19, 20 시편 기자는 개인적인 죄를 고백했지만 실상 그를 핍박하는 자들과 비교하면 법적으로 결백하다.

39:1-13 시편 39편은 지극히 무거운 어조의 탄식시로 욥기 7장과 전도서의 많은 부분과 비교된다. 시편 37편처럼 '오늘 여기 있다 내일 사라질' 인생의 덧없음을 강조하지만 모든 사람, 특히 시편 기자 자신에게 이것을 적용하는 새로운 반전이 있다. 이 격렬한 탄식으로 다윗은 두 번에 걸친 요청과 인생의 덧없음, 짐스러움에 대한 성찰로 처음 침묵을 깬다.

I. 도입부: 다윗의 침묵(39:1-3)
II. 1라운드: 인생의 덧없음과 괴로움(39:4-6)
  A. 자신의 한계를 알게 해달라는 요청(39:4)
  B. 인생의 한계에 대한 성찰(39:5, 6)
III. 2라운드: 인생의 덧없음과 괴로움(39:7-13)
  A. 소망에 대한 성찰(39:7)
  B. 필요를 채워주심에 대한 요청과 성찰(39:8-11)
  C. 구원의 요청(39:12, 13)

39: **제목, 여두둔 형식으로 부르는 노래** "여두둔"은 특별히 지명된 예배 인도자를 가리킬 가능성이 높다(참고. 대상 9:16; 16:37 이하; 25:1-3; 느 11:17).

39:1 **내가 하리니…(하)리라** 이런 형식의 표현은 강력한 자발적 헌신의 표현과 유사하다. **내 혀로 범죄하지 아니하리니** 이렇게 혀로 짓는 죄는 하나님이 악인을 보응하시지 않는다고 원망하고 비난하는 식의 직접적 방식, 악인들이 듣는 데서 원망하는 식의 간접적 방식으로 나타날 수 있다.

39:2 침묵해도 고통은 완화되지 않는다. 오히려 더 악화되는 것 같다.

39:3 예레미야 20:9의 예레미야가 처한 곤경을 참고하라. **나의 혀로 말하기를** 1절의 침묵과 비교해보라. 그는 사람들 앞에서 그것을 표현한 것이 아니기 때문에 처음으로 한 서원의 조건을 어긴 것은 아니다. 하지만 하나님 앞에서 마음에 쌓인 짐을 내려놓았다(참고. 4절 이하).

39:4 인생의 덧없음과 괴로움에 대한 비슷한 기도는 욥기 6:11; 7:7; 14:13; 16:21, 22; 시편 90:12; 전도서 2:3을 참고하라.

39:5 **한 뼘 길이** 시편 기자는 자기의 인생을 고대에 사용하던 가장 최소의 측정 단위로 잰다(왕상 7:26). 예레미야 52:21의 "네 손가락 두께"(약 7.3센티미터)를 참고하라. **나의 일생이 주 앞에는 없는 것 같사오니** 하나님의 나이 측정에 대해서는 시편 90:2을 참고하라. **허**

사 동일한 히브리어에 대해서는 전도서 1:2 이하의 '*헛되다*'(전도서에서 이 표현은 모두 38번 등장함)라는 표현과 시편 144:4을 참고하라. 신약에서는 야고보서 4:14을 참고하라.

39:6 **진실로 각 사람은…헛된 일로 소란하며** 이런 수고의 허망함과 역설에 대해서는 욥기 27:16의 문맥을 참고하라. 참고. 전도서 2:18-23; 누가복음 12:16-20.

39:9 이 절에서 시편 38:13; 39:2의 표현이 다시 등장하며 욥기 42장의 신학이 부각된다.

39:11 **좀먹음 같이** 좀은 일반적으로 매우 해로운 생물 가운데 하나로 간주되었다. 그러나 여기서는 좀의 꼼꼼함을 염두에 둔 것으로 보인다(참고. 욥 13:28; 사 50:9; 51:8; 마 6:19 이하).

39:12 **나그네…떠도나이다** 그는 자신을 하나님 앞에서 잠시 스쳐 지나가는 객이자 무단 거주자라고 여긴다. 이런 표현은 레위기 25:23; 신명기 24:19 이하; 역대상 29:15; 시편 119:19을 참고하라. 신약의 이 개념에 대해서는 히브리서 11:13; 베드로전서 2:11을 참고하라.

39:13 이 절박한 요청은 10절에 나온 이 요청의 의도와 병행을 이룬다.

40:1-17 시편 40편은 흥분에 찬 감사로 시작해 탄식이 뒤섞인 기도로 끝난다(참고. 시 27편의 흐름). 나아가 마지막 다섯 절은 시편 70편과 거의 비슷하다. 이 시편 전반에서 중요한 관계들이 짝을 이루어 등장한다. 첫 번째는 신의 통치를 대행하는 개인으로서 왕과 신의 백성이라는 공동체의 관계다. 여기서 나아가 신약 계시의 관점에서 6-8절은 더 위대하신 다윗과의 관계가 암시되어 있다(참고. 히 10:5-7). 역사적 전례와 현재의 곤경에 대한 기도가 처음부터 끝까지 이 시편에 나타난다. 다윗은 로마서 12:1, 2에서 바울을 통해 분명하게 강조될 명령의 중요성을 이해했다. 이런 요소들은 시편 40편을 풍성하게 하는 일부 요소일 뿐이다. 40편에서 시편 기자의 공개적 찬양과 경배의 표현은 두 가지 상황이 뼈대를 이룬다.

I. 과거 상황의 선례(40:1-10)
  A. 하나님이 자비로 곤궁에서 건져주신 일(40:1-3)
  B. 하나님의 풍성한 자원(40:4, 5)
  C. 하나님에 대한 의욕에 찬 반응(40:6-10)
II. 현재 상황에 대한 기도(40:11-17)

40:2 **기가 막힐 웅덩이와 수렁** 이 이미지은 과거의 절망적이고 무기력한 상황을 묘사한 것이다. 참고. 시편 69:2, 14; 예레미야 38:6 이하. 하나님은 은혜로 그를 발 디딜 곳이 없는 곳에서 기초가 든든한 곳으로 옮겨 주셨다.

40:3 **새 노래** *시편 33:3에 대한 설명을 보라.*

40:3, 4 **여호와를 의지하리로다 여호와를 의지하고** 이 중요한 히브리어 어근의 동사형과 명사형은 확신에 찬 믿음의 헌신을 의미한다. 여기서는 올바른 대상, 즉 하나님만 의지하고 헌신하겠다는 고백이다(참고. 렘 17:7의 교훈). 다윗은 언제나 이런 헌신의 마음이 다른 사람들에게도 나타나기를 바랐다.

40:5 시편 139:12-18에 나온 시편 기자의 즐거운 '비명'을 참고하라.

40:6-8 히브리서 저자는 이 단락을 크신 다윗인 주께 극적으로 적용한다(10:5-7).

40:6 **주께서 내 귀를 통하여 내게 들려주시기를** 문자적으로 '귀들' 또는 '당신이 나를 위해 두 귀를 파주시기를'이라는 뜻이다. 이것은 순종과 헌신을 표현한다. **제사와 예물을 기뻐하지 아니하시며** 희생제물을 바치지 말라고 한 것이 아니라 올바른 마음의 태도로 예물을 드려야 할 중요성을 강조한다(삼상 15:22, 23의 사울과 비교해보라. 시 19:14; 50:7-15; 51:15-17; 69:30, 31; 사 1:10-15; 렘 7:21-26; 호 6:6; 암 5:21-24; 미 6:6-8; 마 23:23의 희생제사의 올바른 영적 전제조건을 강조한 것에 유의하라).

40:7 **나를 가리켜 기록한 것이 두루마리 책에 있나이다** 신명기 17:14-20은 인간 다윗에게 적용된다. 누가복음 24:27; 요한복음 5:39, 46의 더 크신 다윗과 관련해 적용되는 내용을 참고하라.

40:9 **의의 기쁜 소식** 히브리어로 기쁜 소식(참고. 사 40:9; 41:27; 52:7; 60:6; 61:1의 어근)에 해당하는 이 단어는 '복음'과 '복음을 선포하다', 즉 '복된 소식을 전하다'의 구약적 표현이다. "의"는 다음 절(10절)에서 하나님의 의로 밝혀진다.

40:10 여기서 다윗의 심정은 앞에 나온 시편 22:22, 23과 동일하다.

40:12 시편 38편의 외적 박해와 내적 고통을 참고하라.

40:13-17 *시편 70편에 대한 설명을 보라.*

41:1-13 이 시편의 단어들은 일반적인 것으로 '낙심한' 이들이라면 누구에게나 해당된다. 이 시편에서 거론한 가장 고통스럽고 구체적인 요소는 모욕이다. 이미 상처입고 고통스러워하는 시편 기자에게 이런 모욕이 가해진다(참고. 시 6; 38편, 욥기와 예레미야 일부). 시편 41편의 형식과 구조는 매우 복합적이다. 1절과 13절에 나오는 "복이 있음이여"라는 말이 본문을 감싸는 구조로 되어 있다. 이 시편의 다른 요소들로는 확신(1하-3, 11, 12절), 기도(4, 10절), 지혜와 찬양의 순간이 뒤섞인 탄식(5-9절)이 있다.

41편에서 다윗이 전하고자 하는 메시지는 인생에서 결정적 돌보심이 필요할 때 하나님이 따뜻한 사랑으로 돌봐주신다는 것이다.

Ⅰ. 인간의 선행을 인정하다(41:1상)
Ⅱ. 긍휼을 베푸는 자들을 돌봐주시는 하나님을 기뻐하다(41:1하-3)
Ⅲ. 은혜와 건강과 용서하심을 구하다(41:4)
Ⅳ. 사람들에게 당한 억울함을 토로하다(41:5-9)
Ⅴ. 은혜와 건강과 보응하심을 구하다(41:10)
Ⅵ. 그를 돌봐주시는 하나님을 기뻐하다(41:11, 12)
Ⅶ. 하나님의 긍휼하심을 인정하다(41:13)

41:1 **복이 있음이여** '복이 있다'에 대해서는 시편 1:1; 2:12을 참고하라.

41:2 **그가 이 세상에서 복을 받을 것이라** 동사 '*복을 받다*'는 1절 감탄조의 문장에 쓰인 이 표현과 동일한 히브리어 어근에서 파생했다(이 동사의 다른 용례는 잠 3:18; 31:28; 아 6:9을 참고하라).

41:3 **여호와께서 그를 병상에서 붙드시고** 이것은 따뜻한 사랑으로 우리를 보살펴주는 의사처럼 하나님을 묘사한다.

41:4 **내가 주께 범죄하였사오니** 죄가 질병의 원인이라고 보는 고대 근동의 인식이 다시 등장한다(참고. 시 31:10; 32:5; 38:3, 4, 18; 40:12). '…에게 범죄하였다'는 단어 조합에 대해서는 시편 51:4을 참고하라. 시편 기자가 이렇게 인식한다고 해서 자신의 기본적인 '신실성'에 대한 언급(12절)을 부정한 것은 아니다.

41:6 **나를 보러 와서는…나가서는** 병문안을 가장한 이런 위선적 관심은 병든 사람에게 모욕을 주는 일이다. 방문객은 병상에 누운 사람을 마음에 없는 말로 위로하는 척하면서 염탐하고 밖에 나가서 그를 비방한다.

41:9 **내가 신뢰하여…나의 가까운 친구도 나를 대적하여 그의 발꿈치를 들었나이다** 다윗과 가까운 친구들이 그를 배신한다. 병들어 누워 있는 그에게 대적한다. 더 크신 다윗도 이런 경험을 하셨다. 요한복음 13:18에서 이 표현이 사용된 이는 가룟 유다다(참고. 마 26:2 이하).

41:13 **송축할지로다** 아멘의 히브리어 어근이 가진 핵심적 뜻은 '옳습니다'로, 다시 말해 '믿을 수 있고 입증된 것'이라는 의미다. 시편 제1권(시 1-41편)이 송영으로 마무리된다. 나머지 4권의 종결부를 참고하라(시 72:18, 19; 89:52; 106:48; 150:6).

42:1-11 시편 9와 10편처럼 시편 42편과 43편은 원래 하나의 시편으로 보인다. 일부 고대 필사본은 이 두 시편을 하나로 편집하고 있다. 시편 43편은 제목이 없고 그 앞뒤 시편들은 모두 제목이 있다. 형식상 42편은 개인적 탄식시에 속하는 것 같다. 또한 이 시편은 시편 제2권의 중요한 특징을 잘 보여준다. 다시 말해 '하나님'(또는 유사한 표현)이라는 표현을 선호한다. 시편 42편의 역사적 배경과 상황은 확인하기 어렵다. 그러나 시편 기자가 어려운 상황에 처해 있음은 분명하다. 설상가상 그를 에워싼 채 조롱하는 사람들 때문에 괴로움이 더욱 가중된다. 따라서 42편은 두 연으로 이루어진 비가라고 할 수 있다.

Ⅰ. 제1연: 시편 기자가 자신의 갈급함을 노래하다(42:1-5)
  A. 이 연의 내용(42:1-4)
  B. 이 비가에 대한 합창(참고. 11절, 42:5)
Ⅱ. 제2연: 시편 기자가 자신의 죽을 뻔한 상황을 노래하다(42:6-11)
  A. 이 연의 내용(42:6-10)
  B. 이 비가에 대한 합창(참고. 5절, 42:11)

42: **제목** 여기서 "인도자"는 예배 인도자를 말하며, "마스길"은 '묵상' '교훈'이라는 뜻으로(참고. 시 32:1) 앞에서도 사용된 표현이다. 하지만 "고라 자손"이라는 표현은 처음 등장한다. 고라 자손의 족보에 대해서는 민수기 26:10 이하; 역대상 6:16 이하; 역대하 20:19을 참고하라. 고라 자손과 연관된 시편은 모두 11편이며 그 중 7편이 2권에 수록되어 있다(시 42; 44; 45; 46; 47; 48; 49편). 이들은 이 시편 저자가 아니라 레위인 예배 인도자일 가능성이 더 높다(즉 '고라 자손을 위해').

42:1 **사슴이…갈급함 같이 내 영혼이…갈급하나이다** 자연을 이용한 이런 직유법에 대해서는 요엘 1:20을 참고하라. 시편 기자는 자신이 하나님이 주신 심각한 가뭄을 겪고 있다고 생각한다.

42:2 **내 영혼이…하나님을 갈망하나니** 이처럼 하나님이 주시는 물을 갈망하는 것은 시편 36:8, 9; 이사야 41:17; 55:1; 예레미야 2:13; 14:1-9; 17:13; 요한복음 4:10; 7:37, 38; 요한계시록 7:17; 21:6; 22:1, 17을 참고하라.

42:4 **이제 이 일을 기억하고 내 마음이 상하는도다** 예레미야애가 역시 이런 어조가 두드러진다. '영혼 또는 마음을 쏟아붓다'(내 마음이 상하다)에 대해서는 사무엘상 1:15; 시편 62:8; 애가 2:19을 참고하라. 이것은 견딜 수 없는 고통과 슬픔의 짐에서 벗어나려는 몸부림이다.

42:5 **네가 어찌하여 낙심하며…불안해 하는가** 시편 기자는 이 적극적인 성찰을 통해 낙심한 자신을 꾸짖는다.

42:6 **요단 땅과 헤르몬과 미살 산** 헤르몬산과 요단강은 팔레스타인 북쪽 지역에서 남쪽으로 흐르는 수원이

있는 곳을 가리킨다. 이런 장소는 시편 기자의 마음에 일어난 변화를 가리키는 그림 언어로 극명한 대조가 곧 이어질 것임을 암시한다. 그는 영적 가뭄 상태에서 익사할 위험에 처해 있을 정도로 물이 풍부한 상태가 될 것이다(참고. 7절 이하). 미살산의 위치와 의미는 확실하게 알려진 것이 없다.

42:7 **주의 폭포 소리…깊은 바다…주의 모든 파도와 물결** 시편 기자는 빠져 익사할 듯한 시련의 바다를 하나님이 궁극적으로 주관하신다고 믿는다.

42:8 **여호와께서 그의 인자하심을 베푸시고** 탄식 중에 이 확신의 고백이 갑자기 끼어들어(참고. 9, 10절에도 계속되는 어조) 힘겨운 시련과 죽을 듯한 위기 속에서 하나님의 은혜를 중간 중간 잠시 맛본다는 것을 알려준다.

43:1-5 시편 43편은 시편 42편의 에필로그로 볼 수 있다. 시편 기자는 자신의 내면을 들여다보다가 하나님께 자신의 심경을 토로하는 기도로 나아간다. 그러나 5절이 암시하듯 시편 기자의 어려움이 완전히 해결된 것은 아니었다. 그럼에도 영적인 진보가 뚜렷하게 감지된다. 시편 43편의 두 가지 소통 방식을 서로 연관시킨 후 그것을 시편 42편의 탄식과 비교해보면 그가 낙심과 계속 싸우면서 영적으로 발전하는 징후들을 볼 수 있다.

Ⅰ. 하나님께 드리는 기도(43:1-4)
　A. 잘못을 바로잡다(43:1, 2)
　B. '권리'를 회복하다(43:3, 4)
Ⅱ. 스스로를 격려하는 말(43:5)
　A. 당부(43:5a-b)
　B. 격려(43c-d)

43:1 **나를 판단하시되…내 송사를 변호하시며** 문자적으로 '오 하나님, 저를 판단하시고 저를 변호해주소서'라는 뜻이다. 이런 법정 용어의 조합은 시편 기자가 하나님께 그의 재판관이자(참고. 삿 11:27; 삼상 24:12; 시 7:8; 26:1) 변호사(참고. 시 119:154; 잠 22:23; 23:11; 렘 50:34; 애 3:58)가 되어달라고 간청하고 있음을 보여준다. 여기처럼 두 가지 개념이 함께 등장한 경우는 사무엘상 24:15; 시편 35:1, 24; 미가 7:9을 참고하라.

43:2 **어찌하여…어찌하여** 시편 기자는 그의 힘과 피난처가 되시는 하나님이 왜 이렇게 그를 외면하시고 슬픔을 주시느냐고 반문한다.

43:3 **주의 빛과 주의 진리를 보내시어 나를 인도하시고…이르게 하소서** 하나님의 인도를 대담하게 의인화시켜 표현한다. 시편 기자는 '하나님의 성품이라는 이 사자'의 인도하심을 받아 그 목적지, 이스라엘의 지정 예배 장소로 무사히 이르게 해주시기를 원한다(창 24:48; 시 78:14, 53, 72; 107:30; 사 57:18에서 그런 '인도하심'을 참고하라).

43:5 **어찌하여…어찌하여…소망을 두라** 참고. 시편 42:5, 11.

44:1-26 시편 44편은 매우 중요하지만 역사적으로 확인되지 않는 전투에서 패배한 후 드린 민족적 탄식시다. 이 시편의 전편에 1인칭 복수 화자(참고. 1-3, 5, 7, 8, 9-14, 17-22의 "우리")와 1인칭 단수 화자(참고. 4, 6, 15, 16절의 "나")가 미묘하게 서로 교차되어 사용되고 있다. 이것은 이 시편이 원래 패배한 왕과 패배한 백성이 서로 번갈아가며 교창으로 드린 찬송일 가능성을 보여준다. 23-26절의 기도는 절정에 해당하는데, 모두 한 목소리로 합창으로 드렸을 것이다. 시편 44편에서 시편 기자는 세 가지 시간 구조를 차용해 민족적 비극을 이해하고 처리하고자 노력한다.

Ⅰ. 과거의 시점: 이 민족적 비극의 충격(44:1-8)
Ⅱ. 현재적 시점: 이 민족적 비극의 극심함(44:9-22)
Ⅲ. 미래적 시점: 이 민족적 비극이 끝나게 해달라는 기도(44:23-26)

44: **제목** 이 제목은 시편 42편 제목과 동일하지만 히브리어 본문에는 순서상에 약간 차이가 있다.

44:1 **우리가 우리 귀로 들었나이다** 조상들이 전해준 하나님의 놀라운 역사에 대한 풍성한 전통이 있었다. 실제로 하나님은 거룩한 역사를 암송하라고 명령하셨다(참고. 출 10:1, 2; 12:26 이하; 13:14 이하; 신 6:20 이하; 수 4:6 이하; 시 78:3).

44:2 **주께서…뿌리박게 하시며** 하나님이 자기 백성을 심으셨다는 비유적 이미지는 사무엘하 7:10; 이사야 5:1이하; 예레미야 12:2을 참고하라. 또한 그 백성이 심기었다 뽑히는 이미지는 시편 80:8-11을 참고하라.

44:3 **그들이…함이 아니요…주의 오른손과…얼굴의 빛으로 하셨으니** 이것은 거룩한 은혜, 개입, 능력 주심의 신학을 역사적으로 짧게 요약한 것이다(참고. 수 24:17, 18).

44:4 **야곱에게 구원을 베푸소서** 히브리어 자음을 다른 부분에서 끊었다면(초창기 일부 번역처럼) 이 구절은 '당신은 나의 왕이요 나의 하나님이시며 야곱을 위해 승리를 명하시는 분이다'라고 해석되어 앞뒤 문맥과 더 잘 연결될 것이다. '야곱'은 원래 고대 족장의 이름으로, 시에서 종종 이스라엘 민족을 가리키는 호칭으로 사용된다.

44:5-8 **주를 의지하여…나는 내 활을 의지하지 아니할 것이라…오직 주께서 우리를…구원하시고** 전쟁에서 패한 왕은 3절의 신학을 다시 내세우며 이 신학의 전폭적 확신을 드러낸다.

44:9 그러나 이제는 주께서…우리 군대와 함께 나아가지 아니하시나이다 여기서 여호와 하나님은 이스라엘 민족의 거룩한 용사로서 자신의 사명을 버리신 것으로 간주된다.

44:11-16 주께서 우리를…넘겨 주시고…파심이여 이것은 하나님이 그들을 패배하게 하시고 온 민족이 처절한 굴욕을 당하게 하셨다는 생생한 묘사다.

44:17-21 우리가 주를 잊지 아니하며…우리가 우리 하나님의 이름을 잊어버렸거나 하나님께 성실했음에도 이스라엘 민족이 최근 패배한 일은 심히 당혹스럽고 고통스럽기까지 하다.

44:22 주를 위하여 그들은 구체적인 답변을 듣지 못했고 오직 이 피할 수 없는 결론, 즉 하나님의 주권적 뜻으로 그 원수들이 그들을 무너뜨리도록 허용하셨다는 결론에 도달할 수밖에 없었다. 로마서 8:36에서 이 절을 바울이 인용한 것과 마태복음 5:10-12; 베드로전서 3:13-17; 4:12-16의 일반적 원리를 참고하라.

44:23 깨소서…일어나시고 참고. 시편 35:23. 하나님은 실제로 주무시는 것이 아니다. 단지 인간이 생각하기에 그렇게 보인다는 것이다.

44:26 일어나 참고. 민수기 10:35; 시편 3:7; 7:6. **주의 인자하심으로 말미암아 우리를 구원하소서** 그러므로 이 시편은 하나님의 은혜에 대한 구속 역사(1-3절)에서 가까운 장래에 동일한 은혜를 베푸시리라는 소망(26절)으로 마무리된다.

45:1-17 시편 45편의 일부 단락은 세속적인 것을 강조하는 반면 다른 단락들은 거룩한 영역을 강조한다. 왕의 혼인 예식에 시편 기자는 3부로 된 축하 노래를 부른다.

I. 시적 서문(45:1)
II. 축하의 노래(45:2-16)
  A. 신랑이 된 왕(45:2-9)
    1. 신랑인 왕의 자질(45:2)
    2. 신랑인 왕의 업적(45:3-5)
    3. 신랑인 왕에 대한 칭송(45:6, 7)
    4. 신랑인 왕의 탁월함(45:8, 9)
  B. 신부가 된 공주(45:10-15)
    1. 신부가 된 공주에게 주는 당부(45:10-12)
    2. 신부의 행진(45:13-15)
  C. 이 결혼으로 생길 미래의 자녀들(45:16)
III. 시적 후기(45:17)

45: 제목 "사랑의 노래"와 "소산님에 맞춘 것"이라는 새로운 두 가지의 표기 내용이 등장한다. 그 내용을 알리는 전자는 이 시편이 혼인 의식에 부르는 노래이며, 구체적으로는 왕의 결혼식 노래임을 암시한다. 후자의 표기는 이 가사에 맞춰 반주된 가락과 관련이 있을 것이다.

45:1 내 마음이…말하리니… 내 혀는 시편 기자는 왕의 결혼식을 맞아 감동으로 마음이 벅차오른다. 그래서 뜨거운 마음의 감동을 말로 표현한다. 2절 이하에서 그의 혀는 붓처럼 생생한 언어 그림을 그리는 데 사용된다.

45:2 왕은 사람들보다 아름다워 즉 당신은 가장 아름답고 가장 수려한 용모를 가졌다는 것이다(참고. 왕이 될 고대의 전제조건. 참고. 삼상 9:2; 10:23; 16:12; 삼하 14:25; 왕상 1:6; 아 5:10; 사 33:17). **은혜를 입술에 머금으니** 하나님이 왕의 말에 기름 부으셨다는 뜻이 암시되어 있다(참고. 전 10:12; 눅 4:22).

45:3-5 칼을 허리에 차고 이 단락에서 시편 기자는 왕이 앞으로 전쟁에서 승리할 것을 기원한다.

45:6, 7 하나님이여 주의 보좌는 영원하며 신랑이 된 이 왕은 다윗 왕조의 일원일 가능성이 높으므로(예를 들면 삼하 7장) 곧 이 절의 내용이 적용될 날이 멀지 않았다(참고. 대상 28:5; 29:23). 점진적 계시를 통해(즉 히 1:8, 9) 우리는 솔로몬보다 더 위대한 분, 하나님이신 주 예수 그리스도께 이 내용이 최종적으로 적용됨을 알게 된다.

45:9 왕이 가까이 하는 여인들…왕들의 딸…왕후 이 궁정의 그림은 왕의 여성 하객들을 가리킬 수도 있지만 왕의 다른 아내들과 첩을 의미할 수도 있다(참고. 왕상 11:1의 솔로몬의 상황). 물론 하나님 말씀은 이런 일부다처제를 금지했지만 불행하게도 이스라엘 왕들에게 이런 일부다처제는 흔한 일이었다. **오빌의 금** 지리적으로 어디인지 확인할 수 없지만 오빌은 순금이 나오는 곳으로 유명했다.

45:10-15 딸이여 이 부분은 '신부 등장'을 강조한다. 그러나 이 단락에서도 고대 근동의 선례대로 관심의 초점은 여전히 신랑인 왕에게 집중된다.

45:16 왕의 아들들은 왕의 조상들을 계승할 것이라 기쁨에 찬 충성스러운 시인은 이제 이 결혼으로 생길 자녀들을 축복한다.

46:1-11 시편 46편은 마틴 루터가 지은 위대한 찬송인 〈내 주는 강한 성이요〉에 영감을 준 성경이다. 또한 이 시편은 승리를 노래하는 시편 3부작(즉 46; 47; 48편)의 첫 시편이며, 나아가 소위 '시온의 노래'(참고. 48; 76; 84; 87; 122편) 가운데 하나다. 이 시편은 자연과 열국의 위협에 맞서 하나님의 도우심을 노래한다. 하나님은 실제로 지구상의 자기 백성(참고. 2, 6, 8, 9, 10절)을 보호하신다(참고. 1, 7, 11절). 46편은 불안정한 두 환경 속에 사는 자기 백성에게 하나님이 안정을 주신다는 사실을 중점적으로 강조한다.

I. 자연이라는 불안정한 환경(46:1-3)
  A. 하나님의 안정성 확증(46:1)
  B. 하나님의 안정성 적용(46:2, 3)
II. 열국이라는 불안정한 환경(46:4-11)
  A. 첫 합창(46:4-7)
  B. 후속 합창(46:8-11)

46: **제목** 이 제목의 새로운 내용은 "알라못"이다. 초창기 헬라어 역본(70인역)은 이 전문 용어를 '숨긴 것들'이라고 해석한다. 그러나 이 단어의 히브리어는 일반적으로 '소녀들'이나 '젊은 처녀들'과 관련이 있다. 따라서 이것은 전문 음악 용어로서 여성의 목소리로 고음에서 불려야 하는 노래임을 나타내는 것이라고 봐야 가장 설득력이 있다.

46:2 **땅이 변하든지** 즉 '땅이 변하고 산이 흔들리거나 움직이며 빠질 때'라는 뜻이다(참고. 사 24:19, 20; 54:10; 학 2:6). '땅'과 '산'은 흔들림 없는 안정성의 상징으로 인식되기 때문에 이 산과 땅이 '춤을 추면' 일반적으로 엄청난 공포감을 유발한다. 그러나 하나님의 초월적 안정성 때문에 가장 안정적이라고 생각한 땅과 산이 불안하게 흔들리더라도 두려워할 필요가 없다.

46:3 **바닷물이…뛰놀든지** 이것은 엄청난 힘의 파도가 솟구치고 온 세상을 집어삼킬 듯한 홍수에 대한 그림이다. 이런 무서운 바닷물도 요새처럼 하나님의 보호하시는 손길을 건드릴 수 없다.

46:4 **한 시내가 있어 나뉘어 흘러** 기력을 회복하게 하는 물에 대한 이 표현은 3절의 위협적인 파도에 대한 표현과 대조를 이룬다. 고대 근동 문학에 종종 언급되는 낙원 개념을 참고하라. 그러나 '북엔드'(bookends) 역할을 하는 창세기 2:10과 요한계시록 22:1, 2를 특별히 유념하면서 성경적 계시를 비교하는 것이 매우 중요하다. **하나님의 성** 이 표현은 이 시편의 배경으로 보아 하나님이 선택하신 지상 거주지인 예루살렘을 가리킨다(참고. 시 48:1, 2; 사 60:14).

46:5, 6 **성이 흔들리지 아니할 것이라** 이 단락은 1-3절의 흔들리고 미끄러지고 포효하는 것을 표현한 핵심 단어들 가운데 몇 개를 사용하지만 하나님의 임재하심 때문에 자연과 열방의 세력은 더 이상 그분과 함께 거하는 하나님의 백성에게 위협이 되지 않는다.

46:7 **만군의 여호와께서 우리와 함께 하시니** 거룩한 전사(참고. "만군의 여호와", 예를 들어 시 24:10; 48:8; 59:5)의 귀중한 인격적 임재(참고. 사 7:14; 8:8, 10의 "우리와 함께 하시는 하나님")로 그 백성의 안전은 보장을 받는다.

46:8 **황무지** 이 단어는 하나님이 과거에 행하신 행적을 특징적으로 드러낼 뿐 아니라 여러 "여호와의 날" 문맥에서도 사용된다(예를 들면 사 13:9; 호 5:9; 습 2:15).

46:10 **가만히 있어 내가 하나님 됨을 알지어다** 두려워하지 말고 그의 주권적 통치를 인정하라는 이 명령은 자기 백성을 위로하는 동시에 다른 모든 열방에게 경고할 목적으로 했을 것이다.

47:1-9 시편 47편의 주요 개념들은 예를 들면 '만민들'과 '나라들'(1, 3, 8, 9절), '땅'과 '온 땅'(2, 7, 9절), '왕'과 (왕으로서) '통치'(2, 6, 7, 8절)와 같은 핵심 단어를 중심으로 전개된다. 이 시편의 주요 메시지는 하나님이 만물의 유일한 주권자 되신다는 것이다. 구조적으로 두 예배의 찬양으로 구성되며, 지극히 높으신 여호와 하나님이 우주의 왕 되심을 찬양한다.

I. 첫 번째 합창: 승리의 왕이자 전사이신 하나님 (47:1-5)
  A. 예배로의 부름(47:1)
  B. 예배의 이유(47:2-5)
II. 두 번째 합창: 주권적 왕이자 통치자로서의 하나님 (47:6-9)
  A. 예배로의 부름(47:6)
  B. 예배의 이유(47:7-9b)
  C. 예배 규정(47:9c)

47:1 **너희 만민들아** 예배의 요청은 보편적으로 적용된다.

47:3 **여호와께서…복종하게 하시며** 또는 '여호와께서 복종하게 하실 것이며', 즉 과거나 현재와 미래에도 적용될 확실한 진리다.

47:4 **택하시나니** '하나님이 택하신다'는 진리 역시 시간을 초월한다. 참고. 신명기 7:6 이하; 시편 135:4의 이스라엘을 선택하신 것. 선택 교리의 논증에 대해서는 *에베소서 1:4; 베드로전서 1:2의 설명을 보라*. **사랑하신 야곱의 영화로다** 야곱의 영화 또는 오만은 가나안 땅을 가리킨다(참고. 사 14:1; 60:14; 나 2:2의 이 표현). "(그가)사랑하신"은 하나님의 특별한 선택적인 언약적 사랑을 가리키는 표현이다(참고. 예를 들어 말 1:2 이하). 이스라엘 백성과 맺은 하나님의 언약을 이렇게 강조한다고 해서 원래 언약이자 모든 열방에 대한 축복의 약속이 포함된 창세기 12:1-3에서 언급한 아브라함 언약의 더 거대한 그림을 부정하는 것은 아니다.

47:5 **하나님께서…함성 중에 올라가심이여** 이 이미지는 자기 백성과 전쟁에 나가신 후 이제 시온산이라는 미완의 '거주지'와 하늘의 그분의 초월적 거주지로 승리한 개선장군처럼 올라가시는 하나님의 모습을 가리킬 것이다. 하나님의 언약궤를 앞세운 이 행렬에는 5,

6절의 큰 함성과 축하의 소리가 울려퍼졌다.

47:9 세상의 모든 방패 이 이미지는 "뭇 나라의 고관들"과 평행을 이룬다. 백성의 보호자로서 하나님이 그 주권으로 임명해 세우신 인간 통치자들(참고. 롬 13:1-7)을 간접적으로 암시한 것일 수도 있다.

48:1-14

시편 48편에서는 종종 시온이 찬양의 대상처럼 보인다. 이 확신의 찬양(참고. 시 46; 47)은 시온을 언급하는 동시에 찬양을 받으셔야 할 이는 궁극적으로 시온에 거하시는 하나님임을 여러 장치를 통해 보여준다. 그러므로 그 성과 그 성의 위대하신 하나님을 강조하며 전개되는 시편 48편을 읽을 때 이 점을 염두에 두어야 한다. 그러므로 오케스트라 반주에 맞춰 부른 이 시편에서 시온의 하나님과 하나님의 시온에 대한 두 가지 다른 반응이 대조적으로 드러난다.

Ⅰ. 도입부(48:1-3)

Ⅱ. 하나님을 도발한 자들의 공포에 찬 반응(48:4-7)

A. 공포의 반응에 대한 기록(48:4-6)

B. 공포에 떠는 이유(48:7)

Ⅲ. 하나님의 백성이 찬양으로 반응함(48:8-14)

A. 그들의 찬양(48:8-13)

B. 그들의 결론(48:14)

48:2 온 세계가 즐거워함이여 애가 2:15의 심판의 맥락을 참고하라. **큰 왕의 성** 참고. 시편 47:2; 마태복음 5:34, 35. 하나님은 언제나 만왕의 왕이셨다. **북방** *북방*은 셈족이 차지한 한 지명을 표현한 단어, 즉 *자폰*(*Zaphon*)이라는 뜻으로 번역한 것이다. 가나안 신화에서 자폰은 올림푸스산처럼 이방 신들이 거주한다는 고대 근동 산을 말한다. 시편 기자가 이것을 염두에 둔 것이라면 이 단어는 주님을 변증하기 위한 표현이라고 할 수 있다. 그는 만왕의 왕이실 뿐 아니라 소위 모든 신의 왕이신 것이다.

48:3 하나님이 그 여러 궁중에서 '하나님이 그 성중에 계시도다'라고 번역하는 게 더 낫다. 문맥상으로 이 단어는 전쟁의 의미를 내포한 표현이다.

48:4-7 이 극적이고 시적이며 전광석화처럼 빠른 역사적 사건들의 나열은 예루살렘이 적대적인 연합군에게 받은 심각한 몇 가지 위협을 시간적으로 기록한 것이다. 그들은 오만하게 하나님의 시온인 예루살렘을 치러 왔지만 시온의 하나님은 그들을 궤멸시키시는 충격을 안겨주셨다.

48:7 다시스의 배 위치는 확실하지 않지만 유명한 지중해에 면한 항구(참고. 욘 1:3) 또는 스페인의 항구일 가능성도 있다.

48:8 우리가 들은 대로…보았나니 참고. 욥의 개인적인 증언(예를 들어 42:5). 1-3절의 역사적 전승은 4-7절의 사건으로 다시 한 번 사실로 증명되었다.

48:11 유다의 딸들 이 구절은 예루살렘 주변 성과 마을들을 가리키는 것으로 보인다.

48:14 이 하나님은…우리 하나님이시니 이 절의 히브리어 본문은 '이는 하나님이시니' 또는 '이는 하나님, 우리 하나님이시니'로 번역할 수 있다.

49:1-20

시편 49편은 인생의 가장 현실적인 문제, 즉 죽음의 확실성이라는 문제를 다룬다. 이 시편에서 강조하는 주제 중 하나는 '공수래공수거'다. 삶과 죽음의 매우 실제적 교훈들을 담은 이 시편은 분명하게 교훈시 또는 지혜시로 분류된다. 때로 욥기나 잠언, 전도서의 일부와 아주 유사한 내용이 등장한다. 부유한 자들과 명예를 누리는 자들에게는 경고의 말씀, 가난한 자들에게는 위로의 말씀을 담고 있다. 시간을 초월하는 이 구약 메시지는 누가복음 12:13-21의 어리석은 부자나 누가복음 16장의 부자와 나사로의 이야기처럼 수많은 신약 구절의 토대를 이룬다. 상당히 긴 서론이 이어지고 나서 시편 본론은 12절과 20절의 절정에 해당하는 후렴구에서 보듯 두 부분으로 나뉜다. 시편 49편의 지혜시를 지은 시인은 모든 인간의 보편적 경험인 죽음을 집중 부각시키며 두 단계로 무거운 주제를 전개한다.

Ⅰ. 서문(49:1-4)

Ⅱ. 1단계: 공통된 죽음이라는 경험(49:5-12)

A. 중요한 성찰을 통해 교훈을 적용시킴(49:5, 6)

B. 주의를 환기시키는 중요한 사실들을 통해 교훈을 설명함(49:7-12)

Ⅲ. 2단계: 대조적인 죽음의 경험(49:13-20)

A. 이 대조적인 죽음의 경험에 대한 확증(49:13-15)

B. 이 대조적인 죽음의 경험을 적용함(49:16-20)

49:1 뭇 백성…세상의 거민들 그의 메시지 대상은 지리적으로 온 세상이다.

49:2 귀천 빈부 이 서술어의 교차대구적 순서(즉 A-B, B-A)에 유의하라. 그의 메시지 대상은 사회적으로 온 세상이다.

49:3, 4 지혜…명철…비유…오묘한 말 이 모든 용어는 지혜에 대한 표현이다(참고. 각각 잠 1:20; 9:1; 14:1; 24:7, 다음으로 잠 2:3; 3:13; 5:1; 14:29; 18:2; 19:8, 그다음으로 잠 1:6; 겔 17:2, 마지막으로 삿 14:12 이하).

49:5 죄악이 나를 따라다니며 이것은 악이 시편 기자를 쫓아다닌다는 의미다.

49:6 **자기의 재물을 의지하고** 성경은 재물을 의지하고자 하는 인간의 성향을 확실하게 증거한다(예를 들면 시 52:7; 렘 17:5). 이런 모습은 전형적인 인간의 어리석음이라고 지적한다(참고. 예를 들어 잠 23:4, 5; 눅 12:16 이하).

49:7-9 **아무도…하지 못하며** 아무리 재물이 많아도 죽음을 피할 자는 없다. 죽음은 불가피하다(히 9:27). 이 구절은 믿음으로 그 죄를 회개하고 유일한 대속 제물이신 주 예수 그리스도가 십자가에서 죽으심으로써 지불하신 속전을 받아들인 사람들(참고. 마 20:28; 벧전 1:18-19)을 제외하면 모든 사람이 지옥의 두 번째 사망을 맞을 거라고 예고한다(참고. 계 20:11-15).

49:9하-10상 **보지 않을 것인가…보게 되리로다** 강한 역설적 의미를 내포한다. 부자가 어떻게 해서라도 죽음을 피하고자 하지만 지혜자로부터 어리석은 자들에 이르기까지 주변에서 사람들이 계속 죽는 것을 목격한다.

49:12 **사람은…하나 장구하지 못함이여** 이 후렴구(참고. 20절)가 이 시편의 주제다. 전도서 3:19의 이 개념을 참고하라. 인간과 짐승이 모두 죽지만 인간의 영혼은 영원히 살고 짐승은 죽음으로 끝이다.

49:14 **그들은 양 같이 스올에 두기로 작정되었으니 사망이 그들의 목자일 것이라** 그들은 풍성한 꼴을 먹던 양에 비유된다. 이제 죽음이 그들을 먹어치울 것이다. **정직한 자들이 아침에 그들을 다스리리니** 미래에 대한 이 희소식(참고. 15절)이 자신을 의지하는 자들에 대한 이 긴 정죄 내용의 중간에 삽입된다.

49:15 **그러나 하나님은 나를 영접하시리니…내 영혼을 스올의 권세에서 건져내시리로다** 이것은 시편에서 하나님에 대한 확신의 가장 중요한 확증 가운데 하나다. 믿음 없는 자들은 돈을 주어도 죽음을 면할 수 없지만(7절 이하) 신실한 자들은 유일한 구속자이신 하나님으로부터 구속함을 받는다. '영접하다'라는 단어의 의미에 대해서는 창세기 5:24; 열왕기하 2:10; 시편 73:24; 히브리서 11:5을 참고하라. 그러므로 15절에서 시편 기자는 하나님이 그를 영원한 생명으로 살려주시리라는 확신을 표현하고 있다.

49:17 **가져가는 것이 없고** '공수래공수거'에 대한 명확한 확증이다(참고. 욥 1:21; 전 5:15; 딤전 6:6, 7).

49:20 **깨닫지 못하는 사람** 이 후렴구는 12절의 후렴구와 비슷하다.

50:1-23 이 시편 전체에서 하나님이 인용된다. 따라서 이 형식은 신적 신탁을 전달하는 예언서와 비슷하며 참된 예배의 본질을 소개하는 데 중점을 둔다(참고. 요 4:24의 "영과 진리로 예배"). 시편 기자는 거짓된 예배의 형식주의와 위선을 폭로하기 위해 변증적 방식으로 이 주제를 전개한다. 여호와 하나님은 지엄하신 재판장으로서 위선적 신앙을 고백하는 자기 백성에게 두 가지 죄를 지적하신다.

I. 서문: 지엄하신 재판장이 재판을 주재하러 입장하시다(50:1-6)

II. 지엄하신 재판장이 두 죄를 지적하시다(50:7-21)

  A. 첫 번째 죄: 형식주의(50:7-15)

  B. 두 번째 죄: 패역함(50:16-21)

III. 지엄하신 재판장이 해결책을 제시하시다(50:22, 23)

50: **제목** 이것은 "아삽의 시"라는 제목이 붙은 첫 시편이다(참고. 시편 제3권의 73-83편). 아삽을 인용한 구절에 대해서는 역대상 6:39; 15:16 이하; 16:5 이하; 25:1 이하; 역대하 5:12; 29:30; 에스라 2:40; 느헤미야 12:46을 참고하라. 때로 '아삽'으로 간단하게 표기되어 있어도 '아삽의 아들들'이라는 의미로 사용되는 경우가 있다. 특정 시편과 아삽의 관계가 무엇인지, 즉 이 특별한 레위 성가대가 노래로 부른 것인지, 작곡한 것인지, 후대에 전수한 것인지는 사례별로 확인해야 한다. 기존의 많은 주석가는 시편 50편이 진짜 '아삽'이 지은 것이라고 생각했다.

50:1 **전능하신 이 여호와 하나님** 세 가지 중요한 구약 명칭으로 거룩한 재판관을 소개한다. 처음 두 이름은 구약에서 하나님을 가리키는 가장 흔한 단어 가운데 짧은 형태와 긴 형태이며, 세 번째 이름은 이스라엘의 하나님을 가리키는 이름인 야훼다(참고. 출 3:14에 나온 이 이름의 역사적 기원). **해 돋는 데서부터 지는 데까지** 동쪽에서 서쪽, 즉 온 세상을 의미하는 일반적인 구약 관용구다.

50:2, 3 **하나님이 빛을 비추셨도다** 이 단락은 신 현현의 언어를 사용하고 있다(참고. 출 19:16-19).

50:4, 5 **하나님이…자기의 백성…위 하늘과 아래 땅에…나의 성도들** 하나님은 위선적인 자기 백성에게 지적하실 이 죄를 증언해줄 증인으로 의인화된 하늘과 땅을 소환하신다(예를 들어 신 32:1 이하; 사 1:2 이하).

50:5 **제사로 나와 언약한** 언약의 이런 인증은 매우 신성하고 엄중한 일이었다(참고. 출 24:3-8). 제사에 대한 이 언급은 7절 이하의 죄악에 대한 첫 고발의 무대가 되어준다.

50:8 **나는 네 제물 때문에 너를 책망하지는 아니하리니** 재판관이신 하나님이 정죄하신 것은 제사 행위가 아니라 희생제사를 드릴 때 사람들의 마음가짐이었다(참고. 삼상 15:22; 시 40:6-8; 51:17; 69:30; 사 1:12; 렘 7:21-26; 호 6:6; 미 6:6-8).

50:9-13 내가 네 집에서 수소나…가져가지 아니하리니 하나님은 단순히 의식에만 치중하는 제사를 거부하시고 싫어하신다. 이방 신들과 달리 그분은 아무것도 필요로 하시지 않는다. 그가 만물을 창조하셨고 그 만물의 주인이시기 때문이다.

50:14 감사로 하나님께 제사를 드리며 하나님이 언제나 기뻐하시는 제사가 바로 이런 제사다(참고. 시 51:17; 히 13:15).

50:16-20 악인 첫 지적은 수직적 관계를 다루는 반면(참고. 십계명 첫 다섯 계명) 16절 이하의 지적은 수평적인 언약 위반 증거들에 집중한다(즉 하나님에 대한 패역을 동료 인간들에게 지은 죄라는 맥락에서 본다. 참고. 십계명 후반부).

50:21 내가 잠잠하였더니…그러나 내가 너를 책망하여 하나님의 오래 참으시는 은혜를 남용하거나 방종의 기회로 생각해서는 안 된다(참고. 벧후 3:3-10). 패역한 죄를 곧 심판하실 것이다.

50:22 이제 이를 생각하라 심판하시기 전에 자신을 돌아보고 회개할 기회를 허락하는 자비를 베푸신다.

50:23 감사로 제사를 드리는 자가 나를 영화롭게 하나니 참고. 14절. 이것은 외형에 치우친 의식의 해결책이다. 22절과 23절의 결론은 교차대구적 구조를 이루어 이 시편의 두 가지 죄[즉 형식주의에 대한 지적(7-15절), 패역에 대한 지적(16-21절)과 패역에 대한 회개라는 해결책(22절), 형식주의에 대한 회개라는 치유책(23절)]의 총체적 결과를 강조한다.

51:1-19 이것은 인간의 회개와 하나님의 죄 용서하심에 대한 구약의 전형적 대목이다. 시편 32편과 함께 다윗이 밧세바와 간음하고 그녀의 남편 우리아를 죽인 후(삼하 11; 12) 지은 시편이다. 이 시편은 참회시(6; 32; 38; 51; 102; 130; 143)라고 불리는 일곱 시 중 하나다. 다윗은 하나님께 무서운 죄를 지었음을 인정하고 오직 자신을 탓하며 하나님의 용서하심을 구한다.

Ⅰ. 용서하심의 간구(51:1, 2)
Ⅱ. 죄 고백(51:3-6)
Ⅲ. 도덕적 정결함을 구하는 기도(51:7-12)
Ⅳ. 새롭게 주를 섬기겠다는 약속(51:13-17)
Ⅴ. 민족적 회복을 구하는 간구(51:18, 19)

51:1 인자 다윗은 무서운 죄를 지었지만 하나님의 언약적 사랑으로 용서받을 수 있다는 것을 안다.

51:4 주께만 범죄하여 다윗은 용서하심을 구하는 신자라면 알아야 할 것, 즉 밧세바와 우리아에게 죄를 지었지만 결국 하나님께 범죄하고 그의 거룩하신 법을 어긴 것이라는 사실을 깨달았다(참고. 삼하 11:27). 로마서 3:4는 시편 51:4를 인용했다.

51:5 죄악 중에 출생하였음이여 다윗은 그가 범죄한 것이 하나님의 탓이 아니며(4하, 6절) 있을 수 없는 일도 아니라고 인정한다. 다윗이 죄를 짓는 근본적 이유는 타락한 죄성, 다시 말해 타고난 본성 때문이다.

51:7 우슬초 구약의 제사장들은 잎사귀가 무성한 우슬초를 사용해 피나 물을 뿌려 문둥병이나 죽은 시체를 만져 부정해진 몸을 정결하게 하는 의식을 행했다(참고. 레 14:6 이하; 민 19:16-19). 여기서 우슬초는 도덕적으로 부정한 데서 영적으로 정결함을 얻고 싶다는 다윗의 소망을 상징한다. 하나님은 죄를 용서해주심으로써 죄를 깨끗하게 해주신다(참고. 시 103:12; 사 1:16; 미 7:19).

51:8 뼈 전인을 가리키는 비유적 표현이다. 다윗은 죄책감으로 온 인격이 붕괴되는 듯한 고통을 당하고 있다(참고. 시 32:3, 4).

51:11 주의 성령을 내게서 이것은 성령의 내주하심이라는 신약적 표현이 아니라 하나님의 대리자에 대한 성령의 특별한 기름 부음을 가리킨다.

51:12 자원하는 심령(Spirit) 성령은 자발적이고 너그럽고 신자를 붙드는 일에 열정적인 분이다.

51:16 주께서는 제사를 기뻐하지 아니하시나니 참된 회개가 동반되지 않는 의식은 무의미하다. 그러나 올바른 마음가짐으로 드리는 제사는 즐겨 받으신다(참고. 19절).

52:1-9 이 시편은 악의 허망함, 의의 최종적 승리, 역사의 도덕적 사건을 하나님이 주권적으로 통치하신다는 교훈을 시적으로 표현하고 있다. 다윗이 이 시편을 쓰게 된 사건은 사무엘상 22:22에 기록되어 있다.

Ⅰ. 악인들의 경거망동(52:1-5)
Ⅱ. 의인들의 대응(52:6, 7)
Ⅲ. 경건한 자들이 기뻐함(52:8, 9)

52:1 포악한 자 사울의 양치기들 중 우두머리인 도엑을 말한다. 그는 놉의 제사장들이 망명생활을 하는 다윗을 도와주었다고 사울에게 고발했다(참고. 삼상 22:9, 18, 19).

52:5 하나님이 영원히 너를 멸하심이여 결국 악인들은 거룩하신 하나님의 수중에 있다(참고. 히 9:27).

52:6 보고 두려워하며 악인들에 대한 하나님의 심판은 의인들이 그분께 순종하도록 자극한다. **그를 비웃어** 결국 악인들은 하나님이 통치하시는 우주에서 웃음거리가 된다.

52:8 푸른 감람나무 시편 기자는 (이 직유법으로) 하나님의 자비에 의지하는 사람이 안전하며 결실하는 삶을

산다는 사실을 찬양한다.

53:1-6 이 시편은 시편 14편과 거의 유사하다(시편 53:1-5상은 시편 14:1-5상, 53:6은 14:7과 같다). 큰 차이점은 시편 기자가 적에 대해 전쟁에서 승리했음을 축하하는 5절이다. 14편은 53편에서 특정한 전투에 적용되어 재편집된 것으로, 정경에서 독특한 위치를 차지한다.

I. 하나님과 그 백성을 거부한 사람에 대한 묘사(53:1-4)

II. 하나님과 그 백성을 거부한 사람에게 닥치는 위험(53:5)

III. 그의 백성을 구원하시는 하나님(53:6)

53: **제목 마할랏** 가락이나 악기 이름이다.

53:1-4 *시편 14편에 대한 설명을 보라.* 로마서 3:10-12은 시편 53:1-3을 인용하고 있다.

53:2 **하나님** '여호와'가 아닌 '하나님'이 언급된 것이 14편과 53편의 또 다른 차이점이다. '엘로힘'은 시편 14편에서 3번 사용되었지만 53편에서는 7번 사용된다.

53:5 **크게 두려워하였으니** 이 절은 전세가 갑자기 역전된 사실을 묘사하고 있다. 이스라엘을 포위한 오만한 적이 갑자기 공포에 빠지더니 완전히 패배한다. 이렇게 이스라엘의 적이 예기치 않게 공포를 경험하는 역사적 사례는 역대하 2장과 이사야 37장에 기록되어 있다. **뼈를…흩으심이라** 전사한 병사들의 뼈를 수습하지 못하고 흩어진 채로 방치한다면 전쟁에 나선 국가로서 견딜 수 없는 치욕이었을 것이다.

54:1-7 이 시편은 다윗의 생애에서 시편 52편과 같은 시기를 배경으로 한다. 다윗이 블레셋 족속에게서 이스라엘 국경을 탈환했지만 사울은 여전히 그를 반역자로 여겼다(삼상 23; 26). 이로 말미암아 심리적 공황 상태에 빠진 다윗은 하나님께 억울함을 신원해주시도록 기도한다. 이 시편은 억울하게 오해를 산 모든 성도에게 격려가 된다.

I. 구원을 구하는 기도(54:1-3)

II. 구원의 기대(54:4, 5)

III. 구원에 대한 감사(54:6, 7)

구약에 나타난 성령의 기름 부으심

구약 이스라엘에는 하나님과 그 백성을 중재하는 중재자가 있었다. 구약 중재자들이 유능하게 국가를 관리하도록 성령은 특별한 행정 능력을 주시고 또한 특별한 전쟁 수행 능력을 주셔서 신정정치의 적을 물리치게 했다. 주님은 먼저 모세에게 이 성령의 사역으로 기름을 부어주셨고, 다음으로 매우 극적인 장면에서 이 성령 사역의 일부를 취해 70인의 장로들에게 그것을 나눠주셨다. 그렇게 해서 그들은 모세가 이스라엘을 경영하는 일을 돕게 되었다(민 11:17-25).

또한 여호수아(신 34:9), 사사들(삿 3:10; 6:34), 통일 이스라엘의 왕들과 남유다 왕들이 이 특별한 성령의 사역으로 기름 부음을 받았다. 예를 들면 여호와의 성령이 사울 왕에게 임하자 그는 실제로 "새 마음"을 받게 되었다(삼상 10:6-10). 이것은 그가 이 시점에 중생을 경험했다는 의미가 아니라 왕으로 통치할 능력을 받았다는 뜻이다. 나중에 사울에게서 이 기름 부음이 떠났고, 대신 다윗이 기름 부음을 받았다(삼상 16:1-14). 그때부터 사울은 완전히 무능한 지도자가 되었다.

다윗 왕은 시편 51편에서 회개 기도를 드릴 때 이 특별한 성령의 사역을 염두에 두고 있었음이 분명하다. 그는 "주의 성령을 내게서 거두지 마소서"(시 51:11)라고 기도할 때 구원을 잃지 않을까 염려한 것이 아니라 하나님이 이 영적 지혜와 행정 능력을 거둬가실까 염려했다. 이스라엘 왕 사울한테서 성령의 기름 부음이 떠나 그런 비극이 일어나는 것을 본 적이 있기 때문이다. 그래서 그는 하나님께 그 인도하시는 손길을 거두어 가지 않게 해달라고 간구했다.

솔로몬 왕 역시 왕으로 즉위한 후 경험이 미숙한 청년으로서 국가를 경영할 능력이 없음을 통감하고 하나님께 이스라엘을 다스릴 특별한 지혜를 달라고 구했다. 하나님은 이 간구를 기뻐하셔서 청년 왕에게 넘치는 지혜를 허락하셨다(왕상 3:7-12, 28; 4:29-34). 솔로몬을 계승한 후임자들이 이 지혜를 받았는지 여부는 구약이 침묵하지만, 다윗 언약으로 다윗의 모든 후손에게 성령의 기름 부음이 임하셨을 가능성이 있다.

유다 백성이 포로로 끌려가고 마지막 다윗 왕조의 왕이 폐위당하면서 신정 자체가 사라졌기 때문에 이런 기름 부음은 더 이상 나타나지 않았다(겔 8-11장). 반면 북왕국의 왕들은 하나님을 배신한 배교자로서 다윗의 혈통이 아니었으므로 아무도 이 특별한 성령 사역의 혜택을 누리지 못했다.

54:1 주의 이름으로 고대 세계에서 이름은 곧 그 사람 자신이었다. 여기서 하나님의 이름은 그분의 언약적 보호하심이라는 의미를 내포한다. **변호하소서** 다윗은 법정에서 피고가 무죄 판결을 받듯 하나님이 그를 위해 올바른 판단을 해주시도록 구한다.

54:2 귀를 기울이소서 '경청하다' '주목하다'의 의미를 가진 신인동형론적 표현이다.

54:3 낯선 자들 이스라엘 백성이 아닌 이방인이나 하나님과 언약을 어긴 이스라엘 백성은 낯선 자들로 불리기도 한다. 사울과 십 사람이 다윗을 압제하기 때문에 여기서는 변절한 이스라엘 백성이 낯선 자들이다(참고. 삼상 23:19; 26:1).

54:5 주의 성실하심으로 하나님은 전지하신 분이시므로 악한 자들에게 완전한 정의를 행하실 수 있다.

54:7 내 눈이 똑똑히 보게 하셨나이다 다윗은 과거에 본 일, 즉 원수들이 패망할 것을 확신을 갖고 고대한다.

55:1-23 이 개인 탄식시에서 다윗은 절친한 친구에게 배신을 당하고(12-14절) 하나님께 그 마음을 토로한다. 이 시편은 압살롬과 아히도벨의 배신을 배경으로 했을 가능성이 있다(참고. 삼하 15-18장). 이 시편 대부분은 원수가 패망하길 바라는 기도(9, 15, 19, 23절)와 하나님의 축복에 대한 찬양(16, 18, 22절)이 교대로 등장한다. 믿었던 사람에게 배신당한 그리스도인에게 가장 위로가 되는 구절은 22절이다. 다윗은 비록 절망하면서도 하나님에 대한 궁극적 확신을 드러낸다.

Ⅰ. 고통 중의 기도(55:1-8)
Ⅱ. 정의를 구하는 기도(55:9-15)
Ⅲ. 확신의 기도(55:16-23)

55:3 죄악을 내게 더하며 이 동사는 어떤 것이 넘어져 희생자를 덮치는 상황을 묘사한다.

55:6 비둘기 같이 날개 다윗은 현실을 회피하고 싶은 마음을 이렇게 표현한다.

55:9 그들의 혀를 잘라 버리소서 하나님이 언어를 혼잡하게 하심으로써 그에 대항하고자 하는 움직임을 일거에 막으신 바벨 탑 사건(참고. 창 11:5-9)을 암시하는 것 같다.

55:15 산 채로 스올에 내려갈지어다 하나님이 모세에게 대적하는 자들한테 이렇게 하신 적이 있기 때문에(민 16:30) 다윗은 그의 대적들한테도 동일한 심판을 내려주시도록 구한다.

55:19 그들은 변하지 아니하며 다윗의 대적들은 자신의 길에 안주하고 만족해서 하나님께 아무 관심이 없다.

55:20 그의 언약을 배반하였도다 이 대적은 반역을 저질러 조약을 깨뜨렸고, 심지어 그와 연합한 자들도 배신했다.

55:21 그의 마음은 전쟁이요 배신자는 입으로 평화를 이야기하지만 그 본심은 전쟁을 도모하고 있다.

55:22 네 짐을 여호와께 맡기라 짐에 해당하는 단어는 개인의 환경이나 운명이라는 의미가 함축되어 있다. 시편 기자는 주께서 인생의 짐을 진 성도를 붙들어주신다고 약속한다.

55:23 파멸의 웅덩이 압살롬의 특이한 죽음(삼하 18:9-15)과 아히도벨의 자살(삼하 17:23)을 참고하라.

56:1-13 이 시편은 다윗이 블레셋 사람들로 인해 목숨이 위태로운 지경에 처했을 때 쓴 것으로(삼하 21:10-15) 성도들이 두려운 상황에 처했을 때 주님에 대한 확신을 가져야 함을 강조한다. 이런 상황에서는 두려움에 휩싸이는 것이 정상이지만(3, 4, 11절) 이 시편에서 다윗은 성도들이 두려움을 버리고 주를 신뢰해야 한다는 것을 보여준다.

Ⅰ. 두려움과 믿음(56:1-4)
Ⅱ. 파괴자와 구원자(56:5-9)
Ⅲ. 신뢰와 감사(56:10-13)

56: 제목 요낫 엘렘 르호김 이것은 시편 56편과 55편을 연결시키는 가락의 명칭일 것이다(참고. 시 55:6 이하). *시편 16편 제목에 대한 설명을 보라.*

56:3 내가 주를 의지하리이다 주님을 의지하는 것은 의도적 결단이며 환경에 대한 본능적 반응을 따르지 않는 것이다.

56:5 종일 해결될 기미가 보이지 않는 괴로운 일로 고통과 번민이 더욱 심해진다.

56:7 분노하사 하나님의 분노는 우리처럼 자기를 이기지 못해 화를 내는 것과 다르다. 악과 불의를 미워하시는 하나님의 거룩하신 성품으로 정의를 행하고자 하는 진노하심이다.

56:8 주의 병…주의 책 다윗은 비유적 표현을 이용해 자신의 모든 곤란을 기억해주셔서 결국 그를 신원해주시라고 기도한다.

56:11 사람이 내게 어찌하리이까 어떤 인간도 하나님의 섭리하심과 통치를 벗어날 힘이 없다.

56:12 서원함 주께서 구원해주실 것을 확신한 다윗은 이미 하나님께 감사의 제사를 드리기로 약속했다(참고. 레 7:12; 시 50:14).

57:1-11 이것은 비참한 환경에서 주님을 향한 흔들림 없는 확신을 드러낸 또 다른 탄식시다. 다윗은 사울을 피해 숨어 있지만(제목을 보라) 그의 참된 피난처는 동굴이 아니라(참고. 삼상

시

22:1; 24:3) 하나님의 날개 그늘 아래임을 안다.

I. 보호하심에 대한 간구(57:1-6)

II. 하나님에 대한 찬양(57:7-11)

57: **제목 알다스헷** 이것은 유명한 노래의 개시부로 이 시편을 그와 동일한 곡조에 맞춰 불러야 한다는 의미일 것이다. *시편 16편 제목에 대한 설명을 보라.*

57:1 **주의 날개 그늘** 어미 새가 새끼를 보호하듯 하나님은 그 백성을 돌보신다는 은유적 표현이다. 여기서는 하나님이 특별히 임재하시는 언약궤의 그룹 날개를 가리키는 상징적 표현일 수도 있다(참고. 출 37:1-16; 시 17:8; 36:7; 61:4; 63:7; 91:1, 4). **피하리이다** 인생이 고통스러울 때 오직 하나님과의 관계만이 영혼을 평온히 거하도록 할 수 있다.

57:2 **지존하신 하나님** 하나님은 초월주이시며 그 만물보다 지극히 높으며 전능하신 분이다. **나를 위하여 모든 것을 이루시는** 하나님이 초월하시는 분이라고 해서(2상) 그 백성의 인생에 무관심하시지 않다. 친히 개입하시는 분이다.

57:4 **사자들** 악인들이 날카로운 이빨로 먹이를 노리는 위협적인 짐승으로 그려진다(참고. 시 7:2; 10:9; 17:12; 22:13). **불사르는** 악인들은 모든 것을 삼키는 불과 같다.

57:5 **하나님이여 주는 하늘 위에 높이 들리시며** 참된 신자는 자신의 문제가 해결되는 것보다 하나님의 영광이 높아지기를 더 원한다.

57:6 **그물…웅덩이** 이것은 사냥꾼이 그물로 짐승의 발을 옭아매듯이 덫을 설치한 것을 묘사한다.

57:7-11 이 단락은 시편 108:1-5에서 다윗이 차용해 쓰고 있다.

57:8 **내 영광** 이것은 인간의 합리적, 지적, 감성적 부분을 담당하는 마음을 가리키며 하나님과 소통하며 하나님을 찬양하는 일을 담당한다. *16:9에 대한 설명을 보라.* **내가 새벽을 깨우리로다** 시편 기자는 하나님이 베푸신 축복을 찬양하고 싶어 도무지 아침까지 기다릴 수가 없다. 새벽을 깨워(의인화된 표현) 주님을 찬양해야 한다.

57:9 **만민…뭇 나라** 보통 방식으로는 여호와 하나님을 알 수 없는 이방인들과 민족들을 가리키는 표현이다.

57:10 **하늘에 미치고** 다윗은 상상력이 닿는 가장 넓고(9절) 높은 곳(10, 11절)까지 생각이 미친다. 하나님의 자비, 진리, 영광은 너무나 거대해 측량이 불가능하다(참고. 롬 11:33; 엡 3:17, 18).

58:1-11

폭정에 대한 탄식시로, 이 시편 전반부는 악한 지도자들과 재판관들에 대한 일련의 혐의를 나열하고 후반부는 그들의 멸절을 구하는 저주의 기도다. 마지막에 시편 기자는 하나님이 결국 공의를 실현하실 것을 확신한다.

I. 불의한 지도자들에 대한 고발(58:1-5)

II. 불의한 지도자들에 대한 저주(58:6-11)

58: **제목 알다스헷** *시편 57편 제목에 대한 설명을 보라. 시편 16편 제목에 대한 설명을 보라.*

58:1 **어찌 잠잠하냐** 마땅히 정의를 대변해야 함에도 지도자들이 침묵을 지킨다.

58:2 **달아 주는도다** 이 악한 통치자들은 악한 계획을 그 중심에서 도모한다.

58:3 **나면서부터** 모든 사람은 타락한 상태로 태어난다. 하나님의 권능으로 그리스도 안에서 새 피조물이 되지 않으면 악한 본성 때문에 하나님을 기쁘시게 할 수 없다(참고. 시 51:5; 롬 3:9-18; 고후 5:17).

58:4 **그들의 독** 이 폭군들의 말과 행동은 뱀의 송곳니에 있는 독과 같다. **귀머거리 독사** 술사의 소리를 들을 수 없는 코브라처럼 이 완악한 통치자들은 의를 장려하고자 하는 모든 권고를 무시한다.

58:6 **입에서 이를 꺾으소서…어금니를** 시편 기자는 악을 행하는 데 사용하는 모든 수단을 망가뜨려 달라고 기도한다.

58:7 **물 같이 사라지게 하시며** 메마른 사막에서 물이 모래 사이로 눈 깜짝할 사이에 사라져 버리듯이 폭군들을 사라지게 해달라는 저주의 기도다. **화살이 꺾임 같게 하시며** 부러진 화살처럼 그 악한 목적을 이루지 못하게 해달라는 기도다.

58:8 **소멸하여 가는 달팽이** 달팽이가 이동하면서 그 지나온 흔적을 스스로 지운다는 사실에 착안한 찰나적인 것에 대한 직유법이다.

58:9 **가시나무 불이 가마를** 의미가 모호한 메타포로 신속함을 암시하는 것 같다.

58:10 **그의 발을 악인의 피에 씻으리로다** 이 비유의 핵심은 악인들이 결국 패배하고 의인들이 주의 승리에 참여한다는 것이다.

58:11 **땅에서 심판하시는 하나님이 계시다** 결국 의인들은 여호와께서 불의에 무관하심한 분이 아님을 알게 될 것이다.

59:1-17

이 시편 역시 시편 기자가 핍박하는 자들에게서 자기를 보호해 주시도록 하나님께 호소하는 일련의 탄식시 가운데 하나다. 이 시편은 기도, 대적에 대한 가차 없는 비판, 저주, 하나님에 대한 찬양이 복합적으로 드러난다. 다윗이 이스라엘 왕일 때 기록되었으며, 사울에게 쫓기던 옛 일을 회상하고 있다(삼상 19:11). 결국 하나님의 주권에 대한 다윗의 견고한 확신으로 애가는 확신의 노래로 바뀐다.

I. 하나님의 구원하심에 대한 간구(59:1-15)

II. 하나님의 보호하심을 찬양(59:16, 17)

59: **제목 믹담** *시편 16편 제목에 대한 설명을 보라.* **알다스헷** *시편 57편 제목에 대한 설명을 보라.* **사울이…다윗을 죽이려고** 이 시편의 배경은 사무엘상 19:11이다. 다윗의 아내(사울의 딸)는 남편이 한밤중에 창문으로 도망가도록 도왔다.

59:5 **만군의 하나님** 만군은 하나님의 군대인 천사들을 의미한다.

59:6 **개처럼 울며** 고대 세계의 개들은 대부분 떠돌아다녔다. 여기서는 다윗의 집 밖에 매복한 사울의 졸개들을 가리키는 직유법으로 사용되고 있다.

59:7 **그들의 입으로는…토하며** 사울의 심복들이 인격적으로 거칠고 추악하다는 것을 묘사한 내용이다(참고. 12절). **그들의 입술에는 칼** 그들의 모든 대화 내용이 다윗을 죽이는 데 집중된다. **이르기를 누가 들으리요 하나이다** 하나님이 계시지도 않고 인간 사이에서 일어나는 일에 대해 알지도 못한다는 뜻의 신성모독적 발언이다.

59:8 **모든 나라들** 이방인을 가리키는 이 구절(*시 57:9에 대한 설명을 보라*)과 11절의 "나의 백성"이라는 구절을 볼 때 이 시편은 다윗이 왕이 된 후 몇 년이 지나 국제 정세에 관여하던 시기에 기록되었음을 알 수 있다.

59:11 **나의 백성이 잊을까 하나이다** 시편 기자는 주께서 악인들을 너무 빨리 진멸하시면 하나님이 악을 미워하신다는 교훈을 백성이 제대로 배우지 못할 것을 우려한다.

60:1-12 이 시편은 사무엘하 8:13과 역대상 18:12에 암시된 대로 전쟁에서 예상치 못한 패배를 당한 후 지은 민족적 탄식시다. 다윗과 그의 주력 부대가 이스라엘 북부에서 싸우는 동안 이스라엘의 인접 국가들 가운데 하나인 에돔이 유다 남부 지역을 공격했다. 다윗은 결국 이 전쟁에서 승리했다. 이 시편은 비극적 사건을 당하고 하나님이 그들을 버리셨으리라는 생각에 충격과 혼란에 빠진 민족의 감정을 표현한다. 5-12절은 시편 108:6-13에서 인용되고 있다.

I. 버림받은 데 대한 백성의 반성(60:1-5)

II. 열국을 통치하시는 하나님(60:6-8)

III. 하나님에 대한 백성의 확신(60:9-12)

60: **제목 요압이…만 이천 명을 죽인 때에** 주님은 그들의 믿음을 보시고 곧 이스라엘 군대가 에돔을 궤멸시키도록 능력을 주셨다.

60:2 **땅을 진동시키사** 지진의 이미지가 사용된 것은 안전하다고 믿던 것이 실제로 안전하지 않다는 것을 설명하기 위해서다.

60:3 **비틀거리게 하는 포도주** 이 메타포는 포도주가 생각에 미치는 영향과 인생의 혼란스러운 일이 우리에게 주는 혼란을 비교한다.

60:4 **깃발** 하나님과 그의 진리는 혼란에 빠진 백성을 결집시키는 구심점 역할을 한다.

60:5 **사랑하시는 자** 다윗을 가리키는 것 같다. 다윗과 "사랑하시는"에 해당하는 히브리어 어근이 같다는 점에서 언어유희를 암시한다.

60:6 **세겜…숙곳** 요단강 건너편에는 이스라엘이 차지한 두 곳의 땅이 있다. 야곱은 라반의 집에서 돌아온 후 숙곳(요단 동쪽)에 정착했다(참고. 창 33:17).

60:7 **길르앗…유다** 이스라엘의 중요한 지역들은 모두 궁극적으로 하나님의 소유로, 하나님은 누구보다 이스라엘의 안녕에 관심이 많으신 분이다. **투구** 에브라임은 이스라엘 북쪽을 방비하는 핵심 지역이다. **규** 유다는 이스라엘을 다스리는 지파로 이 지파에서 다윗과 그 후계자들이 나올 것이다.

60:8 **모압…에돔…블레셋** 이들은 북동쪽, 남동쪽, 서쪽에서 이스라엘과 대치하던 세 주요 적국이다. **모압은 나의 목욕통이라** 시편 기자는 모압이 비천한 일을 맡은 하나님의 종으로 하나님이 쓰실 목욕물을 대령하는 존재처럼 묘사한다. **에돔에는…신발을** 남자가 집에 들어가 종에게 신발을 던지는 장면을 떠올리게 한다. 에돔 역시 모압처럼 하나님의 주권적 통치 아래 있는 종이었다. **블레셋아…외치라** 이것은 이방인과 전쟁에서 승리한 후 외치는 함성으로 이 이방인들은 이스라엘이 승리한 배후에 하나님의 능력이 있음을 알아야 한다.

60:12 **하나님을 의지하고 용감하게** 이스라엘은 오직 하나님만이 승리를 주신다는 진리를 다시 배운다.

61:1-8 다윗이 이 놀라운 시편을 쓴 것은 아들 압살롬의 반역으로 잠시 이스라엘 왕의 권좌에서 내려온 때였을 것으로 짐작된다(삼하 15-18장). 이 시편에는 하나님이 이스라엘과 맺은 언약에 대한 메타포와 암시가 풍성하다. 다윗은 그 인생을 짓누르는 또 다른 사건에 믿음으로 반응한다.

I. 도움을 부르짖는 기도(61:1, 2)

II. 하나님에 대한 확신(61:3-7)

III. 충성에 대한 맹세(61:8)

61:2 **내 마음이 약해질 때에** 다윗의 희망과 용기가 꺾이고 있다. **땅 끝에서부터** 다윗은 집을 떠나 유리하는 자신의 신세로 말미암아 낙심하고 탈진하여 혼란에 빠

지고 만다. 또한 이 구절은 하나님께 버림받은 괴로움을 암시한다. **나보다 높은 바위에** 다윗은 자기 힘으로 살 수 없음을 인정하고 이 피난처의 메타포로 하나님을 의지함을 보여준다.

61:3 **견고한 망대** 3절과 4절의 안전을 강조하는 네 가지 비유적 표현 중 하나다. 견고한 망대는 성의 안전을 지키고 방어와 피난처의 기능을 동시에 했다.

61:5 **기업** 이것은 약속의 땅에 대한 축복을 비롯해 하나님과 언약을 맺음으로써 얻게 된 여러 혜택을 가리킨다(참고. 신 28-30장).

61:6 **왕에게 장수하게 하사** 앞뒤 문맥으로 볼 때 다윗이 압살롬의 반란으로 괴로워하는 자신을 위해 기도하는 것으로 보인다. 여기서 더 나아가 하나님이 세우신 왕국이 지속되도록 기도한다. 그의 후손들 가운데 메시아가 나올 것임을 알았기 때문에 다윗은 때로 자신과 메시아적 왕조를 구분하지 않고 하나로 바라본다.

61:7 **영원히** 다윗 언약은 하나님이 그와 민족을 자비와 은혜로 신실하게 대해주신 것을 근거로 다윗의 후손들이 이스라엘을 영원히 통치하리라는 것을 보장한다(참고. 삼하 7; 시 40:11; 89:4, 33-37).

61:8 **매일 나의 서원을 이행하리이다** 시편 기자는 기도에 응답해주신 데 대한 감사로 매일 주께 순종할 것을 약속한다(참고. 시 56:12).

62:1-12 압살롬의 반역(삼하 15-18장)을 배경으로 한 것인지 확실하지 않지만 누군가 반란을 일으킨 상태에서 다윗이 이 시편을 쓴 것은 분명하다. 다윗은 현재 처한 곤경을 정면으로 직시하지만(3, 4절) 가장 중요한 관심의 대상은 하나님이다(참고. 빌 4:4-13).

I. 하나님의 언약적 관계에 대한 확증(62:1, 2, 5, 6)
II. 반역을 일으킨 대적들에게 도전함(62:3, 4)
III. 하나님의 주권적 통치를 신뢰함(62:7-10)
IV. 하나님의 권능과 자비를 찬양함(62:11, 12)

62: **제목 여두둔** 성전의 공식 음악가다. *시편 39편 제목에 대한 설명을 보라.*

62:1 **잠잠히 하나님만 바람이여** 침묵은 인내하며 원망하지 않고 주를 신뢰한다는 뜻이다(참고. 5절).

62:2 **크게 흔들리지** 이것은 '요동하다' 또는 '사기가 꺾이다'라는 뜻이다.

62:3 **넘어지는 담과 흔들리는 울타리** 임박한 붕괴의 메타포다. 어떤 사람들은 이것이 희생자를 가리킨다고 해석하지만, 여기서 번역된 대로 그를 공격하는 자를 가리킨다고 보는 것이 더 정확한 해석이다.

62:9 **사람은(낮은 지위도)…인생도(높은 지위도)** 사회적 지위와 상관없이 모든 인간은 도무지 신뢰할 수 없는 비참한 존재다.

63:1-11 이 시편은 헌신을 강조하는 언어로 주를 향한 다윗의 뜨거운 사랑을 표현한다. 이 시편은 다윗이 유대 광야에 있을 때 쓴 것으로 사울을 피해 망명생활을 하던 중이었을 수도 있고(삼상 23장), 압살롬의 반역으로 피신 중이었을 수도 있다(삼하 15장. 참고. 63:11의 "왕"). 다윗은 세 가지 시제로 이 시편을 쓰고 있다.

I. 현재: 하나님의 임재를 구함(63:1-5)
II. 과거: 하나님의 능력을 기억함(63:6-8)
III. 미래: 하나님의 심판을 기다림(63:9-11)

63:1 **내가 간절히 주를 찾되** 시기보다는 어떤 일을 당하더라도 주와 함께 동행하겠다는 간절함이 강조된다. **물이 없어 마르고 황폐한 땅** 다윗은 유다 광야에 피신한 상태에서 이 시편을 쓰지만 다시 예루살렘에서 주를 예배할 날을 손꼽아 기다린다. **내 영혼이 주를 갈망하며** 다윗은 사막을 헤매는 사람이 물을 찾듯 하나님의 임재하심을 사모한다.

63:3 **생명보다 나으므로** 하나님의 언약적 사랑은 다윗에게 목숨보다 더 중요한 것이었다(참고. 빌 1:21; 행 20:24).

63:4 **나의 손을 들리이다** 손을 드는 것은 구약의 기도 자세로, 기도를 올려 드린다는 의미와 함께 하나님이 주시는 모든 좋은 선물을 받을 준비가 되어 있음을 나타낸다(참고. 약 1:17). 그러므로 이 자세는 오직 하나님만을 의지한다는 표현이다.

63:5 **골수와 기름진 것** 하나님의 임재로 누리는 영적이고 심리적인 만족을 진수성찬의 포만감에 비유하는 메타포다.

63:8 **나의 영혼이 주를 가까이 따르니** 붙들라는 계속된 하나님의 권면(신 4:4; 10:20; 13:4)에 순종하여 시편 기자는 그분만을 붙든다. 이것은 다윗이 주 되신 하나님께 흔들림 없이 헌신한다는 의미다.

63:9 **땅 깊은 곳에** 죽은 자들의 세계를 가리키는 표현이다. *에베소서 4:9에 대한 설명을 보라.*

63:10 **승냥이** 죽은 사체를 먹고 사는 일종의 청소부 역할을 한다(*시 53:5에 대한 설명을 보라*).

63:11 **주께 맹세한 자** 모세의 율법은 이 맹세의 관습이 유일하게 참되신 하나님만 섬기겠다는 서약이라고 가르쳤다(참고. 신 6:13; 10:20; 왕상 8:31; 렘 12:16).

64:1-10 이 시편은 악인들의 사악한 모습, 특히 그들의 말에 대한 생생

한 묘사로 시작한다(3-5, 8절). 하지만 시편 기자는 하나님이 그 상황을 통제하시지 못할까 두려워하지 않는다. 하나님의 공의가 시행되는 것을 보면 의인들이 기뻐하며 그를 더욱 신뢰할 것이다(64:10).

Ⅰ. 혀를 내두르게 하는 악인들의 악랄함(64:1-6)

Ⅱ. 주님의 보응하심(64:7-10)

64:1 **두려움에서…보존하소서** 두려움에 해당하는 이 단어는 '공포스러움'이라는 의미로 4절과 9절의 두려움과는 다른 히브리어다. 시편 기자는 원수를 두려워하는 것은 실제로 공격을 받은 것 못지않게 해로울 수 있음을 인정한다.

64:3 **자기 혀를 연마하며** 이렇게 한 것은 말로 비방하고자 하는 의도였다(참고. 시 59:7).

64:4 **숨은 곳에서** 즉 '익명으로'이다.

64:5 **누가 우리를 보리요** 이것은 노골적인 반역의 의중을 드러낸 질문이다. 그들은 하나님의 전지하심을 조롱했다(참고. 시 59:7).

64:6 **속 뜻과 마음이 깊도다** 불의한 자들의 악한 모의는 내적 타락에 그 원인이 있다.

64:7 **하나님이 그들을 쏘시리니** 구약 역사에서 보듯 하나님의 화살은 치명적 질병, 패배, 재앙과 같은 자연의 심판을 포함한다.

64:8 **엎드러지리니 그들의 혀가** 하나님은 섭리하심을 통해 악인들이 그들의 악한 모의에 스스로 걸려 넘어지게 하신다.

64:9 **선포하며** 신자들은 그의 사랑과 자비하심뿐 아니라 악인들에 대한 그분의 기이하신 심판에 대해 하나님께 영광을 돌려야 한다.

65:1-13 이것은 찬양의 시편으로 하나님의 축복하심에 감사하여 확신과 열정과 소망이 가득하고 어떤 원망이나 저주의 말도 보이지 않는다. 이 시편은 봄의 무교절이나 가을의 초막절에 성막에서 절기를 지키며 축제를 즐기는 것을 배경으로 한다.

Ⅰ. 영적 축복에 대한 찬양(65:1-5)

Ⅱ. 자연의 축복에 대한 찬양(65:6-13)

65:1 **시온** 특별히 이스라엘이 여호와 하나님을 예배하던 예루살렘 언덕을 가리키지만, 한편 약속의 땅과 동의어이기도 하다(참고. 시 48:2; 시 3:4; 9:12; 24:3; 68:5; 87:2, 5). **서원을…이행하리이다** 이것은 풍성한 수확을 거두게 하신 데 감사하는 농부들이 한 서약일 것이다(참고. 시 56:12; 61:8).

65:2 **모든 육체가…나아오리이다** 이것은 온 세상이 주를 예배할 천년왕국을 가리키는 표현이다(참고. 슥 14:16-18).

65:3 **허물을…사하시리이다(속죄)** 이 단어는 죄와 그 효력을 가려준다는 의미를 가진다. 구약에서 속죄는 희생제사라는 상징적 행위로 표현되었다(참고. 출 30:10; 레 16:10, 11). 그러나 죄의 실제적 사하심은 궁극적으로 회개하는 죄인에게 적용된 그리스도의 죽음을 토대로 한다(참고. 히 9장).

65:5 **땅…바다…의지** 이방 지역에 국한된 신들과 달리 여호와 하나님은 한 지역의 신이 아니다. 모든 사람은 주를 섬겨야 하며(참고. 롬 1:18-32), 하나님의 나라가 온 땅에 실현되는 메시아적 시대에 이 일이 이루어질 것이다(참고. 사 2:1-4; 슥 14:9).

65:8 **아침…저녁…즐거워하게 하시며** 이것은 해가 떠오르는 동쪽에 사는 민족들을 가리킨다. 해가 어둠 속으로 사라지는 서쪽에 사는 사람들은 주 안에서 기뻐한다.

65:11 **주의 길에는 기름 방울이 떨어지며** 이것은 풍년이 들어 곡식 실은 마차가 길에 그 곡식을 흘릴 정도로 풍성하다는 표현이다.

66:1-20 이 기쁨에 찬 시편은 집단 찬양으로 시작한 뒤 개인적 예배를 집중 부각시킨다. 시편 기자는 이스라엘 역사에서 일어난 중요한 몇 가지 기적을 강조하면서 하나님이 시련 속에서도 언제나 신실하셨음을 증거한다.

Ⅰ. 하나님께 공동체가 올려 드리는 찬양(66:1-12)
  A. 미래에 주실 영광으로 말미암아(66:1-4)
  B. 이전에 보여주신 신실하심으로 말미암아(66:5-7)
  C. 계속해 보호해주실 것으로 말미암아(66:8-12)

Ⅱ. 하나님께 드리는 개인적 찬양(66:13-20)
  A. 서원을 실행함으로(66:13-15)
  B. 기도 응답에 대해(66:16-20)

66:1 **즐거운 소리를 낼지어다** 사무엘상 10:24의 경우처럼 충성하고 섬기겠다는 함성이다.

66:4 **온 땅이 주께 경배하고** 이 찬양은 하나님이 우주의 주인이 되신다는 인정일 뿐 아니라 하나님만을 섬기는 왕국이 장차 올 것이라는 백성의 믿음에 대한 선언이다(참고. 사 66:23; 슥 14:16; 빌 2:10, 11).

66:6 **바다…강** 홍해 도하 사건과 요단강 도하 사건에 대한 언급으로 보인다. 구약 저자들은 홍해 사건을 하나님이 이스라엘을 돌보신다는 증거이자 하나님이 보유하신 능력의 궁극적 증거로 보았다.

66:9 **우리의 실족함을 허락하지 아니하시는** 하나님은 그들이 때가 되기 전에 망자들의 세계로 실족해 떨어지지 않도록 보호해주셨다.

66:10 **우리를 단련하시기를 은을 단련함 같이** 하나님

은 이스라엘을 정결하게 하시려고 시련을 주셨다.

66:11 **우리를 끌어 그물에 걸리게 하시며** 시편 기자는 사냥꾼의 그물이나 덫을 하나님이 이스라엘에게 허락하신 극히 어려운 상황에 대한 메타포로 사용한다.

66:12 **우리 머리를 타고 가게 하셨나이다** 호전적인 군대가 승리감에 도취하여 패배한 이스라엘 군대를 짓밟고 달리는 것을 묘사한 그림이다.

66:13 **나의 서원을 주께 갚으리니** 이후 절에서는 서원을 이전에 하나님께 약속한 봉헌 제물을 바치는 것으로 설명하고 있다(참고. 레 1; 22:18, 21; 시 56:12; 61:8; 65:1).

67:1-7 이 짧은 시편은 하나님의 자비의 필요성과 결과, 미래에 온 우주가 하나님을 예배함이라는 두 가지 낙관적 주제로 전개된다. 이 시편은 하나님이 아브라함에게 그 후손들을 축복하시고 "땅의 모든 족속"을 축복해주겠다고 하신 약속(창 12:1-3)을 반영한다.

Ⅰ. 하나님의 자비를 구하는 기도(67:1, 2)
Ⅱ. 온 세상이 주를 예배하게 해달라는 간구(67:3-5)
Ⅲ. 하나님의 축복에 대한 기대(67:6, 7)

67:1 **얼굴 빛을 우리에게 비추사** 왕이 억울함을 호소하는 백성에게 미소로 대하면 그 요구대로 이루어질 가능성이 높다(참고. 민 6:24-26; 시 31:16; 44:3; 80:3, 7, 19; 119:135; 잠 16:15).

67:3-7 **민족들…땅의 모든 끝** 이것은 이방 민족들이 천년왕국의 일원이 된다는 의미다(참고. 사 56:3-8; 60:1-14; 슥 14:16-19; 마 8:11; 25:31-46; 계 20:1-10).

68:1-35 이 기쁨의 시편에는 기도, 찬양, 감사, 역사적 회고, 저주가 모두 포함되어 있다. 자기 백성을 돌보시는 여호와 하나님과 우주에 가득한 그 위엄을 찬양한다. 다윗은 언약궤를 예루살렘으로 다시 가져오는 사건을 계기로 이 시편을 썼을 것이다(참고. 삼하 6:12-15).

Ⅰ. 찬양의 노래(68:1-6)
Ⅱ. 주의 신실하심에 대한 묵상(68:7-18)
Ⅲ. 주의 위엄에 대한 찬양(68:19-31)
Ⅳ. 찬양의 권면(68:32-35)

68:1 **하나님이 일어나시니** 이 시편의 첫 문장은 기본적으로 민수기 10:35와 비슷하다. 언약궤가 이동하는 것을 알리는 축하 시편일 수 있다(참고. 24-27절; 삼하 6:12-15).

68:4 **그의 이름은 여호와(YAH)이시니** 야훼의 축약형인 이 yah는 종종 '주'로 번역된다(참고. 16절; 출 3:15). 이 시편에서 사용된 하나님의 다른 이름으로는 하나님(엘로힘, 1절), 주(아도나이, 11절), 전능하신 이(14절), 여호와 하나님(18절), 주 여호와(20절), 왕(24절)이 있다.

68:6 **고독한 자들** 하나님은 가족을 잃은 사람, 특히 고아와 과부들을 돌봐주신다(5절. 참고. 출 22:22-24; 시 10:14; 약 1:27). **갇힌 자들은 이끌어 내사** 하나님이 전쟁 포로들을 풀어주시는 것을 말한다.

68:9 **기업이…그것을 견고하게 하셨고** 하나님은 언약 백성을 붙들어주신다.

68:14 **살몬에 눈** 살몬은 '검은' 또는 '어둠의 산'이라는 뜻이다. 눈은 그 산에 흩어진 시체와 뼈들을 더 두드러지게 한다.

68:15 **바산의 산** 요단강 건너편에 동쪽 방향으로 위치한 산으로, 비유법을 써서 하나님이 특별히 임재할 곳으로 선택하신 시온산(참고. 렘 22:20, 21)을 질투하는 것으로 표현되어 있다(16절).

68:17 **시내 산 성소** 하나님은 시내산에서 율법을 주실 때처럼(참고. 출 19장) 이스라엘 군대와 함께하신다.

68:18 **높은 곳으로 오르시며** 바울은 에베소서 4:8에서 이 본문을 인용하여 그리스도가 승리하고 승천하신 것에 적용한다.

68:22 **바산…바다** 원수가 육지(바산)나 바다로 도망가고자 해도 하나님은 도로 데려오셔서 그 백성에게 죽임을 당하게 하실 것이다(참고. 암 9:2-4).

68:24 **행차하심…성소** 하나님의 임재를 상징하는 언약궤가 시온산으로 올 때 즐거워하며 기뻐한 모습에 대한 설명이다(참고. 대상 15:16-28).

68:27 **베냐민…납달리** 이스라엘의 대표적 지파로 남쪽의 두 지파(베냐민과 유다)와 북쪽 두 지파(스불론과 납달리)다.

68:29 **왕들…드리리이다** 이 찬양 단락(28-35절)은 온 세상이 예루살렘 성전에서 하나님을 예배할 메시아의 통치를 고대한다(참고. 사 2:2-4; 18:7; 45:14; 60:3-7; 겔 40-48; 학 2:7; 슥 2:11-13; 6:15; 8:21, 22; 14:16-19).

68:30 **은 조각** 하나님께 복종함을 의미하는 공물 헌납이다.

69:1-36 이 시편은 절망 가운데 부르짖는 기도다. 다윗은 사람들이 자기를 미워해서 죽일 수도 있음을 깨닫게 된다. 구원을 간구하며 그 대적들에게 저주를 내려주시기를 구하기는 하지만 결국 하나님의 백성을 대적하는 모든 원수가 신속하게 심판받을 메시아 왕국의 도래에 대해 암시하며 기쁜 찬양의 어조로 마무리한다(참고. 계 2:27). 신약 저자들은 이 시편의 많은 부분을 그리스도께 적용한다. 이 시편은 조롱과 멸시에 시달리는 모든 성도의 마음을 대변하는데, 특별히 그리스도를 대변한다.

Ⅰ. 절망 가운데 드리는 기도(69:1-28)
A. 그가 처한 상황에 대한 서술(69:1-3)
B. 그런 상황에 처한 이유(69:4-12)
C. 그가 바라는 상황에 대한 소망(69:13-18)
D. 그가 처한 상황을 조롱하는 자들(69:19-21)
E. 대적에 대한 보복의 요구(69:22-28)
Ⅱ. 구원의 약속(69:29-36)

69: **제목 소산님** 가락의 명칭이다. *시편 45편 제목에 대한 설명을 보라.*

69:4 **나를 미워하는** 요한복음 15:25에서 인용된다.

69:6 **수치를 당하게 하지 마옵소서** 시편 기자는 그의 끔찍한 상황이 다른 성도들에게 걸림돌이 될까 두려운 마음이 든다.

69:8 **객…자녀** 시편 기자의 가족마저 그를 거부하고 외면한다(참고. 마 12:46-50; 요 7:3-5).

69:9 **나를 삼키고** 시편 기자는 백성의 행동이 하나님께 헌신했다는 그들의 주장과 일치하지 않음을 끝까지 주장함으로써 미움과 비난을 스스로 자초한다. 하나님을 너무나 사랑하다 보니 그분의 영광이 훼손될 때마다 그는 참으로 고통스럽다. 예수님 역시 이런 태도를 취하셨다. 예수님의 이런 모습은 요한복음 2:17; 로마서 15:3에 기록되어 있다.

69:11 **굵은 베** 다윗이 베옷을 입은 것은 애통의 상징이었지만 이로 말미암아 조롱의 대상이 되었다.

69:12 **성문에 앉은** 성문에 앉은 자들은 사회계층상 최고위직으로 보통 정부 관리였다. 그곳에서 성 지도자들도 시편 기자를 험담했다. **나를 두고 노래하나이다** 사회의 쓰레기들, 술주정꾼들도 노래로 다윗을 조롱했다.

69:15 **웅덩이가…입을 닫지** 웅덩이는 사후에 죽은 자들이 가는 스올의 다른 말이다. 시편 기자는 죽음이 임박했음을 느낀다.

69:21 **쓸개…초** 쓸개는 독성을 가진 약초다. 여기서는 배신의 은유적 표현으로 사용된다. 시편 기자를 지지해 주어야 마땅한 친구들이 등을 돌리고 그를 배신했다. 실제로 그리스도가 십자가에 달리셨을 때 누군가가 초의 쓸개를 주었다(마 27:34).

69:22 **밥상이 올무가 되게 하시며** 올무는 새들을 잡으려고 쳐놓은 것이었다. 시편 기자는 그를 해하려는 악인들의 흉계가 오히려 올무가 되어 그들을 망하게 해달라고 기도한다.

69:22, 23 로마서 11:9, 10에 인용된 구절이다.

69:25 유다와 연결지어 사도행전 1:20에서 인용했다.

69:26 **주께서 치신 자** 시편 기자에게 적의를 품은 사람들은 하나님의 징계를 받아 고통을 당하는 거라고 그를 조롱했다. 이것을 메시아에게 적용하면 메시아의 고난은 하나님이 영원 전에 세우신 계획의 일부였다(참고. 사 53:10).

69:31 **뿔과 굽** 다 성장해서 값이 많이 나가는 짐승을 의미한다. **황소를 드림보다 여호와를 더욱 기쁘시게 함이 될 것** 시편 51:16; 히브리서 9:11, 12; 10:9-12을 보라.

70:1-5 적의 수중에서 구원해달라는 이 기도는 시편 40:13-17과 아주 비슷하다. 1, 3, 5절에서 '주' 대신 '하나님'으로 대체한 것이 다르다. 다윗이 언급한 역사적 상황이 구체적으로 무엇인지는 확실하지 않다.

하나님의 구원(70:1)
하나님이 주신 승리(70:2, 3)
하나님 안에서 누리는 기쁨(70:4)
하나님을 의지함(70:5)

71:1-24 시편의 특징 가운데 하나는 인생의 구체적 상황을 시로 표현한다는 것이다. 하나님께 드리는 이 시편은 노년의 여러 문제를 아뢰고 있다. 여러 어려움에 처한 가운데 건져주심을 받아야 하는 시점에 그는 다시 공격 대상이 된다. 대적들은 하나님이 그를 버리셨다고 단정하지만 시편 기자는 그분이 언제나 신실하심을 확신한다.

Ⅰ. 하나님에 대한 신뢰의 고백(71:1-8)
Ⅱ. 기도로 표현한 하나님에 대한 신뢰(71:9-13)
Ⅲ. 하나님이 변호해주시리라는 믿음(71:14-24)

71:3 **항상** 시편 71:1-3은 시편 31:1-3상과 아주 비슷하다. 그러나 한 가지 차이점은 이 시편을 쓰는 노인이 강조하고자 하는 "항상"이라는 단어에 있다. 하나님은 항상 신실하셨다(참고. 6, 14절).

71:7 **이상한 징조** 그의 시련을 일컫는 말이다. 사람들은 이 사람의 인생을 보고 놀란다. 어떤 이들은 그의 시련을 하나님의 돌보심에 대한 표현이라 해석하고, 어떤 이들은 하나님의 징계라고 해석한다.

71:15 **측량할 수 없는** 하나님의 구원과 의의 축복은 끝이 없다.

71:20 **땅 깊은 곳에서** 이것은 실제적 부활이 아니라 거의 죽을 뻔한 상황에서 건져주시고 기력을 회복하고 삶의 의미를 되찾게 해주시는 것을 말한다.

72:1-20 이것은 대관식 시편으로 솔로몬 즉위식에서 그의 형통함을 비는 시편이다(왕상 2장). 신약 저자들 가운데 이 시편을 그리스도께 적용하는 사람은 아무도 없다. 그러나 다윗 계보의 왕들과 메시아의 통치는 구약 문헌에서 서로 함께 통합되기도 하므로 여기서 메시아에 대한 암시 구절

들을 간과해서는 안 된다(7, 17절. 참고. 사 11:1-5; 60-62장). 이 시편은 하나님과 왕, 자연, 모든 사회계급, 열방이 조화롭게 함께 살게 될 왕의 치세를 묘사한다.

I. 공의로운 통치(72:1-4)
II. 우주적 통치(72:5-11)
III. 백성을 긍휼히 여기는 통치(72:12-14)
IV. 형통함의 복을 받는 통치(72:15-17)
V. 영광스러운 통치(72:18-20)

72:1 **주의 판단력** 왕이 하나님의 공의를 백성에게 성실히 중재하도록 구하는 기도다(신 17:18-20). **왕의 아들** 일차적으로 솔로몬을 가리키며 그가 다윗 왕조의 일원임을 강조한다. 또한 다윗 언약이 완성되는 메시아의 통치를 예고한다(참고. 삼하 7:12, 13; 시 2:1-12).

72:3 **산…평강** 왕이 공의와 자비로 다스리면 땅이 저절로 평강을 준다.

72:7 **달이 다할 때까지** 이것은 일차적으로 다윗 왕조의 흥왕함을 가리키며, 메시아적 통치를 가리킬 가능성도 있다(삼하 7:16; 시 89:3, 4, 29, 36, 37; 눅 1:30-33). 예레미야 역시 동일한 지적을 한다(참고. 렘 33:23-26).

72:8 **강** 이스라엘은 유브라데강까지 국경을 넓혀야 했다(참고. 출 23:31; 왕상 4:21; 89:25)

72:10 **다시스…시바** 이것은 국가 이름으로, 솔로몬에게 조공을 바친 나라들이다(참고. 왕상 4:21; 10:1, 23, 24; 사 60:4-7; 렘 6:20). 다시스는 스페인에 있을 것이고, 스바는 아라비아 반도 남부에 위치한 왕국이며(현대의 예멘), 시바는 북아프리카 민족으로 추정된다.

72:20 **끝나니라** 이 시편 뒤에는 아삽의 시편들이 나온다(73-83편). 물론 뒤에 편집된 이 모음집에는 다윗이 지은 시편도 일부 있다(예를 들면 시 86; 101; 103편). 이것으로 시편 제2권이 끝난다.

73:1-28

이 시편은 자기연민이 너무 커서 하나님에 대한 믿음을 잃어

시편의 메시아에 대한 예언

예언	관련 시편	성취
1. 하나님이 그리스도를 아들이라 선언하실 것이다	2:7	마 3:17; 행 13:33; 히 1:5
2. 만물이 그리스도의 발아래 엎드릴 것이다	8:6	고전 15:27; 히 2:8
3. 그리스도가 무덤에서 부활하실 것이다	16:10	막 16:6, 7; 행 13:35
4. 하나님이 버림받은 고통을 당하도록 그리스도를 내버려두실 것이다	22:1	마 27:46; 막 15:34
5. 그리스도가 조롱과 모욕을 당할 것이다	22:7, 8	마 27:39-43; 눅 23:35
6. 그리스도의 손과 발이 창에 찔릴 것이다	22:16	요 20:25, 27; 요 20:25, 27; 행 2:23
7. 그리스도의 옷을 제비뽑기할 것이다	22:18	마 27:35, 36
8. 그리스도의 뼈가 하나도 부러지지 않을 것이다	34:20	요 19:33, 34, 36
9. 그리스도는 이유 없이 미움을 받을 것이다	35:19	요 15:25
10. 그리스도가 주의 뜻을 실행하러 오실 것이다	40:7, 8	히 10:7
11. 그리스도는 친구에게 배신당하실 것이다	41:9	요 13:18
12. 그리스도의 보좌가 영원할 것이다	45:6	히 1:8
13. 그리스도는 승천하실 것이다	68:18	엡 4:8
14. 하나님의 성전에 대한 열심이 그리스도를 삼킬 것이다	69:9	요 2:17
15. 그리스도는 초와 쓸개즙을 받을 것이다	69:21	마 27:34; 요 19:28-30
16. 그리스도를 배신한 제자 대신 다른 제자를 뽑을 것이다	109:8	행 1:20
17. 그리스도의 대적들이 그 앞에 엎드릴 것이다	110:1	행 2:34, 35
18. 그리스도는 멜기세덱과 같은 제사장이 될 것이다	110:4	히 5:6; 6:20; 7:17
19. 그리스도는 모퉁이 머릿돌이 되실 것이다	118:22	마 21:42; 행 4:11
20. 그리스도는 주의 이름으로 오실 것이다	118:26	마 21:9

버릴 때 생기는 결과를 보여준다. 시편 기자는 악인들이 형통하게 살고, 의롭게 살고자 하는 사람들이 어려움을 당하는 현실을 보며 낙담한다. 그러나 15절부터 그의 태도가 완전히 달라진다. 거룩하신 주권자 하나님의 통치하심이라는 시각으로 인생을 바라보고 낭패에 빠진 이들은 의인이 아니라 악인이라고 결론을 내린다.

I. 악인들의 형통함으로 말미암은 혼란(73:1-14)
 A. 악인들의 형통함(73:1-5)
 B. 악인들의 자랑(73:6-9)
 C. 악인들의 오만함(73:10-14)
II. 하나님의 공의에 대한 선언(73:15-28)
 A. 하나님의 시각(73:15-17)
 B. 하나님의 심판(73:18-20)
 C. 하나님의 인도하심(73:21-28)

73: **제목 아삽** 아삽은 성전에서 성가대를 인도한 레위인이었다(대상 15:19; 25:1, 2). 그의 이름이 붙은 시편은 73-83편이며, 시편 50편에도 그의 이름이 보인다(*50편에 대한 설명을 보라*). 그가 이 시편들의 저자이거나, 그가 지휘한 성가대가 이 시편들을 부르거나, 아삽 전통의 후대 성가대가 이 노래를 불렀을 것이다.

73:4 **그들은 죽을 때에도 고통이 없고** 악인들은 건강하게 일생을 살다가 평온하게 죽음을 맞는 것 같다.

73:9 **그들의 혀는 땅에 두루 다니도다** 악인들의 오만한 말을 가는 곳마다 들을 수 있다.

73:10 **물을 다 마시며** 악인과 어울리는 사람들은 그가 자랑스럽게 떠드는 말을 다 '마신다'(참고. 시 1편).

73:11 **지존자에게 지식이 있으랴** 악인들은 하나님이 아무것도 모르시며 지상에서 무슨 일이 일어나는지 알지 못하는 분인 것처럼 살아간다.

73:17 **하나님의 성소** 시편 기자가 성전에서 하나님을 경배하는 순간 악인의 운명에 대한 하나님의 시각을 이해하게 된다. 이는 시편의 전환점이 된다.

73:20 **그들의 형상을 멸시하시리이다** 악인들의 운명은 깨어나면 바로 잊어버리는 악몽과 같다. 그들의 행복은 순식간에 사라진다.

73:22 **주 앞에 짐승이오나** 시편 기자는 인생을 믿음이 없는 세속의 시선으로 바라본 죄를 고백한다.

73:27 **망하리니…멸하셨나이다** 시편 기자는 하나님을 버리고 스스로 선택한 우상을 의지해 살고자 한 사람들이 결국 영원한 죽음을 당할 거라고 결론 짓는다.

74:1-23 이 공동체 애가는 극심한 고통에 처한 백성의 비애를 표현한다. 이스라엘의 대적들이 성전을 파괴한 것도 너무 괴롭지만(참고. 왕하 25장) 시편 기자가 더욱 고통스럽게 생각하는 문제는 하나님이 그들을 버리신 점이었다. 그는 이 기도로 과거에 이스라엘을 보호하고자 행하신 초자연적 역사와 함께 이스라엘과 맺은 언약을 하나님께 상기시켜 드리고 이제 언약 백성을 구원해주시라고 간청한다(참고. 시 137편과 애가).

I. 버림받음에 대한 두려움(74:1-11)
II. 전능하심에 대한 회상(74:12-17)
III. 도움의 간구(74:18-23)

74: **제목 아삽** 이 시편이 주전 586년 느부갓네살이 성전을 파괴한 것을 회상한 것이라면 아삽은 그 당시 이미 고인이 되었을 것이다. 그러므로 이 제목은 이 시편이 후대의 아삽 성가대가 기록했거나 불렀다는 의미일 수 있다(*시 50; 73편 제목에 대한 설명을 보라.*).

74:2 **주의 기업의 지파** 시편 기자는 하나님이 이스라엘을 소유하면서 보호해주시지 않았다고 탄식한다.

74:3 **주의 발을 옮겨 놓으소서** '서둘러 이 폐허 더미를 점검하러 오소서'라는 의미의 신인동형론적 표현이다.

74:4 **자기들의 깃발을 세워 표적으로** 약탈자들은 하나님의 성전에 이교도의 신이 그려진 깃발을 세웠다.

74:5 **도끼를 들어** 둘러싼 나무를 대하는 벌목꾼처럼 대적이 하나님의 성전을 다 파괴시켰다.

74:8 **회당** 하나님은 오직 한 성소만 허락하셨고 요시아 개혁 작업 때는 산당들을 다 없애버렸다(참고. 왕하 22; 23장). 이것은 성전에 있는 여러 방이나 전국의 이방신 사당들을 가리키는 말일 수 있다.

74:9 **우리의 표적** 적대적인 이교도들의 표적은 도처에 보이지만 제사를 드리는 제단과 같은 참 여호와 신앙의 표적들은 보이지 않는다.

74:13 **바다를 나누시고** 이는 홍해를 가르신 사건보다는 하나님의 창조 행위를 가리킬 가능성이 높다(참고. 창 1:6-8; 출 14:26-31). **물 가운데 용들** 이것은 고래, 상어, 공룡을 비롯해 거대한 몸집을 가진 바다생물을 말한다.

74:14 **리워야단** *욥기 41:1에 대한 설명을 보라.*

74:15 **쪼개어 큰 물을 내시며** 이것은 전 세계적 홍수(참고. 창 7:11)를 말할 수도 있고, 천지 창조(창 1:6-8)를 말할 수도 있다.

74:17 **땅의 경계를 정하시며** 창조주 하나님은 낮과 밤을 만드시고 계절도 만드셨다(16절). 땅과 바다를 나누셨고 국가의 경계를 정해주기도 하셨다.

74:20 **언약** 백성은 변절했지만(참고. 출 16:3-8) 하나님은 여전히 이스라엘과 영원한 언약(아브라함 언약)을 유지하고 계신다(참고. 창 17:1-8).

시

75:1-10 이 시편에서 믿음의 공동체는 물리적·도덕적·사회적 혼란에도 하나님이 절대 우주의 통치권을 놓지 않으신다고 확신한다. 지상의 인생들에게 안정을 주시고 때가 되면 악인들을 심판하실 것이다. 구조적으로 이 시편은 "땅의 기둥"(3절), "뿔"(4, 5, 10절), '하나님의 진노의 잔'(8절)이라는 세 가지 메타포를 중심으로 전개된다.

Ⅰ. 우주를 안전하게 해주시는 하나님(75:1-3)

Ⅱ. 세상에 대한 하나님의 공의(75:4-10)

75: 제목 알다스헷 *시편 57편 제목에 대한 설명을 보라.*

75:1 주의 이름이 가까움이라 하나님의 이름은 그의 임재를 상징한다. 그 백성을 위한 하나님의 초자연적 개입의 역사는 그분이 인격적으로 내주하시는 하나님임을 증명한다. 그러나 구약 성도들은 성령의 영구적이고 개인적인 내주하심으로 누리는 하나님의 온전한 임재를 누리지 못했다(참고. 요 14:1, 16, 17; 고전 3:16; 6:19).

75:3 땅의 기둥은 내가 세웠거니와 시기는 확실히 모르지만 하나님은 일반 은총으로 사회가 안정되게 하신다.

75:4 뿔을 들지 말라 뿔은 짐승이나 사람의 힘과 위엄을 상징했다(참고. 신 33:17; 암 6:13; 슥 1:18-21). 뿔을 든다는 것은 머리를 치켜들고 멍에를 메지 않으려고 버티는 짐승을 표현한 말이 분명하다. 그러므로 이 구절은 반역 또는 교만함을 의미한다.

75:8 잔 진노의 잔은 악인들에게 내리는 하나님의 심판을 상징한다(참고. 욥 21:20; 사 51:17; 렘 25:15-29; 마 20:22; 26:39).

75:10 뿔을 다 베고 악인들의 뿔을 벤다는 것은 그들이 치욕을 당한다는 뜻이다(참고. 4절).

76:1-12 이 시편은 자기 백성을 위해 하나님이 크신 권능을 기꺼이 사용하심을 가르친다. 70인역 번역가들을 비롯해 일부 주석가는 이 시편이 주전 701년에 산헤립의 앗수르 군대가 패배하고 이어 산헤립이 암살당한 사건(5, 6절. 참고. 왕하 18; 19; 사 36; 37장)을 기리기 위해 쓰였다고 주장했다. 또한 이 시편에는 여호와께서 원수들을 멸하시고 심판하신다는 종말론적 사상이 엿보인다.

Ⅰ. 자기 백성을 가까이 하시는 하나님(76:1-3)

Ⅱ. 자기 백성을 구원하시는 하나님(76:4-9)

Ⅲ. 자기 백성에게 보이신 하나님의 위엄(76:10-12)

76: 제목 아삽 *시편 50; 73; 74편의 제목에 대한 설명을 보라.*

76:3 화살과 방패와 칼…없이하셨도다 하나님은 적의 무기가 무용지물이 되도록 만드셨다.

76:4 약탈한 산 적들을 시적으로 표현한 것이다.

76:5 그들에게 도움을 줄 손을 만날 수 없도다 하나님은 적의 병사들이 아무 힘도 쓸 수 없도록 만드셨다.

76:10 사람의 노여움은 주를 찬송하게 될 것이요 하나님이 섭리로 악인들을 무너뜨리시자 하나님과 그 백성을 맹렬히 비난하던 자들이 하나님을 찬양한다(참고. 사 36:4-20; 행 2:23; 롬 8:28).

76:12 고관들의 기를 꺾으시리니 하나님은 그를 대적하는 정치지도자들의 오만함을 꺾어버리신다.

77:1-20 이 시편은 낙심의 한 가지 치유 방법을 소개한다. 시편 기자는 왜 그토록 절망하고 있는지 이유를 설명하지 않지만 아주 우울한 상태에 있다. 하나님을 생각하면 입에서 원망이 쏟아진다. 그러나 10절부터 시편 기자의 마음에 변화가 일어나기 시작한다. 그는 하나님의 선하심과 과거에 보여주신 구원의 사건들을 묵상하고 되돌아본다. 그러자 그의 탄식은 찬양의 노래로 바뀐다.

Ⅰ. 낙심한 영혼의 원망(77:1-9)

Ⅱ. 관심의 초점을 바꾸기로 결정함(77:10-15)

Ⅲ. 하나님이 과거에 주신 축복에 대한 사례(77:16-20)

77: 제목 여두둔 *시편 39편 제목에 대한 설명을 보라.*

77:2 내 손을 들고 기도 자세를 말한다. 시편 기자는 밤새 기도했다.

77:4 눈을 붙이지 못하게 하시니 시편 기자는 불안해서 잠을 잘 수도 없고 논리적으로 말하기도 어렵다.

77:6 밤에 부른 노래 행복했던 지난날을 생각하니 오히려 절망감만 깊어진다. **내 심령으로…간구하기를** 그는 당면한 문제들의 여러 가지 해결책을 쉬지 않고 생각한다.

77:10 지존자의 오른손의 해 시편 기자는 하나님이 오른손(능력)으로 그에게 힘을 주시고 보호해주셨던 시절을 기억하기 시작한다.

77:16 물들이…두려워하며 하나님이 홍해를 가르신 장면에 대한 극적 묘사다(참고. 19절; 출 14:21-31; 15:1-19).

77:17 주의 화살 번쩍거리는 번개에 대한 메타포다.

78:1-72 이 교훈적 시편은 하나님이 그 조상들의 반역과 감사치 않음에도 과거에 얼마나 큰 은혜를 베푸셨는지 아이들에게 가르치기 위한 목적으로 쓰였다. 민족의 역사에 대한 신학적 해석을 아이들이 제대로 배운다면 "하나님께 충성하지 아니하는 세대"처럼 되지 않을 것이다(8절). 시편 기자는 특히 출애굽 역사를 중점적으로 부각시킨다.

Ⅰ. 자녀들을 훈계하고 가르치라는 권면(78:1-11)

Ⅱ. 하나님의 은혜로우심에 대한 설명(78:12-72)
A. 이스라엘 역사에 대한 암송(78:12-39)
B. 역사적 교훈의 복기(78:40-72)

78:2 **비유** 이 단어는 여기서 도덕적·영적 시사점을 지닌 이야기라는 의미로 사용된다. **감추어졌던 것** 이것은 혼란스럽고 명확하지 않은 사실을 말한다. 역사의 교훈을 제대로 분별하는 건 쉽지 않은 일이다. 역사를 오류 없이 정확히 해석하려면 선지자가 필요하다. 이스라엘 역사에서 이해할 수 없는 수수께끼가 있다면 하나님의 은혜에도 계속 반역을 저지르는 그들의 모습이다.

78:9 **에브라임 자손** 북쪽 열 지파 중 가장 큰 이 지파의 반역과 변절 행위가 이스라엘 역사에서 구체적으로 어떤 것이었는지 확인하기는 어렵다.

78:12 **소안 들** 소안 지역, 애굽의 한 도시다

78:13 **물을 무더기 같이 서게 하시고** 출애굽기 초반에 이스라엘 백성이 애굽 군대에서 벗어나도록 해준 홍해 사건은 이스라엘 역사에서 가장 중요한 기적으로 구약 성도들에게 각인되었다(참고. 출 14장).

78:15 **반석을 쪼개시고** 이스라엘이 마실 물이 없어 죽게 되었을 때 하나님은 광야에서 두 번이나 바위에서 물이 나오도록 해주셨다(참고. 출 17:6; 민 20:11).

78:18 **탐욕대로 음식을 구하여** 하나님이 만나로 식량을 준비해주신 은혜에도 불구하고 이스라엘 백성은 하나님과 모세를 원망했다. 하나님은 그들에게 고기를 주셨을 뿐 아니라 그들을 심판하시기도 했다(민 11장).

78:19 **광야에서 식탁을 베푸실 수 있으랴** 이 질문의 대답은 '예'이지만 이 질문에는 믿음이 그것밖에 안 되느냐는 빈정거림이 감지된다.

78:27 **고기를 비 같이 내리시고** 광야의 이스라엘 진에 떨어진 메추라기 떼를 시적으로 표현한 것이다(민 11:31-35).

78:41 **거룩하신 이를 노엽게 하였도다** 이스라엘 백성은 하나님의 권능을 의심하면서 그분을 노엽게 만들었다.

78:42 **그의 권능의 손을 기억하지 아니하며** 애굽을 떠나 결국 광야에서 죽었던 이스라엘 세대는 하나님이 보여주신 권능과 성실하심을 지속적으로 무시하는 모습을 보였다. 다음 절들(42-55절)은 출애굽이 있기까지 여러 재앙과 기적을 서술한다. 하나님은 이런 기적과 재앙으로 전능하심과 언약적 사랑을 증명해주셨다.

78:57 **속이는 활** 쓸모없는 활을 말한다.

78:60 **실로의 성막** 실로는 약속의 땅에서 초창기 여호와의 예배 중심지였다. 블레셋 족속들이 실로에서 언약궤를 빼앗아간 사건은 하나님의 심판을 상징했다(참고. 수 18:1; 삼상 1:9; 3:1; 4:1-22).

78:65 **포도주를…용사처럼** 격노한 전사가 이스라엘을 위해 싸우러 전투에 참여하는 장면을 묘사한 것이다.

78:68 **유다 지파** 하나님은 명망 있는 지파들이 아니라 유다를 선택하셨다. 유다에는 여호와 예배의 중심 장소인 시온산이 있었다. 또한 그들의 왕인 다윗과 그의 후손들도 이 지파 출신이었다.

79:1-13 이 탄식시의 역사적 배경은 주전 586년 느부갓네살이 성전을 파괴한 사건일 것이다(참고. 시 74편; 왕하 25:8-21; 애 1-5장). 이 시편은 민족의 영적 필요를 채워주시라는 기도, 하나님의 백성을 대적하는 원수들에 대한 저주, 하나님의 역사하심을 고대하며 드리는 찬양을 담고 있다. 이 시편은 재앙 속에서 하나님이 외면하시는 것처럼 생각될 때 그 고통을 표현하는 데 도움이 된다.

Ⅰ. 민족의 재앙에 대한 탄식(79:1-4)
Ⅱ. 하나님의 개입하심에 대한 간구(79:5-13)
A. 신원하심을 구하는 기도(79:5-7)
B. 용서하심을 구하는 기도(79:8, 9)
C. 보복하심을 구하는 기도(79:10-12)
D. 응답하심을 구하는 기도(79:13)

79:1 **나라들** 이 문맥에서는 이교도인 이방 민족을 가리킨다. **기업** 하나님의 기업은 이스라엘 민족이다. 특히 그 수도로 하나님의 성전이 있는 예루살렘을 말한다.

79:9 **주의 이름을 증거하기 위하여** 한 국가의 패배는 그 신의 패배로 생각되었다. 영적 성숙은 하나님의 영광에 대한 열정으로 평가받았다. **우리 죄를 사하소서** 속죄를 말하며, 시편 65:3을 보라.

79:10 **그들의 하나님이 어디 있느냐** 이교도들은 이스라엘 민족이 망한 것은 그들이 믿는 하나님이 계시지 않기 때문이라고 놀리면서 이스라엘의 하나님을 조롱했다.

79:11 **죽이기로 정해진** 적의 감옥에서 처형될 날을 기다리는 죄수들을 보호해주시라는 기도다.

79:12 **그들의 품에 칠 배** 이스라엘이 당한 것보다 그 대적들에게 더 철저히 갚아주시고 망하게 해주심으로써 하나님의 명성을 회복하게 해달라는 기도다.

80:1-19 이 시편은 주전 722년 북쪽의 열 지파들이 포로로 잡혀가는 모습을 보고 충격을 받아 예루살렘에서 쓴 것으로 보인다. 시편 기자는 하나님의 백성이 배은망덕하게 모세 언약의 축복을 스스로 거부한 사실을 인정한다. 그래서 하나님이 일어나셔서 그 백성이 언약적 축복을 회복하게 해주시라고 간구한다(3, 7, 14, 19절).

시

Ⅰ. 하나님의 회복하심을 구하는 기도(80:1-3)
Ⅱ. 하나님의 진노하심에 대한 절망(80:4-7)
Ⅲ. 하나님의 포도나무에 대한 설명(80:8-16상)
Ⅳ. 하나님의 회복하심을 구하는 기도(80:16하-19)

80: 제목 소산님에듯 가락의 명칭이다. *시편 45편 제목에 대한 설명을 보라.*

80:1 그룹 사이에 좌정하신 이여 하나님의 임재를 상징하는 언약궤를 가리킨다. 두 그룹의 형상이 언약궤 위에 앉아 서로를 마주하고 있었다(참고. 출 37:1-9).

80:3 얼굴빛을 비추사 *시편 67:1에 대한 설명을 보라.* 참고. 80:7, 19.

80:4 만군의 하나님 *시편 59:5에 대한 설명을 보라.* 참고. 80:7, 14.

80:8 포도나무를 애굽에서 포도나무는 이스라엘을 상징하는 메타포로, 하나님은 이스라엘을 애굽에서 구해 내셔서 강력한 나라로 성장하도록 하셨다(참고. 사 5:1-7; 27:2-6; 마 21:33-40).

80:17 인자 이 문맥에서 이 단어는 먼저 이스라엘을 가리킨다. 이차적 의미로 '인자'는 다윗 왕조를 의미할 수 있고, 메시아에게까지 적용될 수 있다. 신약에서 그리스도는 자주 이 호칭으로 불리신다.

81:1-16 이 시편은 이스라엘 절기 중 하나를 지킬 때 사용하고자 작성된 것으로 초막절일 가능성이 높다. 이 시편은 예배로의 부름에 이어(1-5절) 1인칭으로 하나님의 메시지를 전한다(6-16절). 이 신탁은 이스라엘에게 하나님의 음성을 청종하도록 호소하며(13절) 그렇게 해야 하나님은 이스라엘 민족에게 언약의 축복을 물 부어주듯 부어주실 것이다.

Ⅰ. 기쁨으로 예배하라는 부름(81:1-5)
Ⅱ. 순종으로의 부름(81:6-16)

81: 제목 깃딧 *시편 8편 제목에 대한 설명을 보라.*

81:2 비파 기타와 비슷하며 목이 길고 좁은 악기다.

81:3 초하루와 보름 이스라엘에서 일 년 중 일곱 번째 달(티슈리월, 9/10월)에는 연이어 절기가 있어 절기의 정점에 달했다. 이 달은 나팔을 부는 것으로 시작해 10일에 대속죄일을 지키고 보름달이 뜨는 15일에 초막절을 지켰다. 초막절은 광야에서 유리할 때 돌봐주신 하나님의 은혜를 찬양하는 날이다. 또한 이 초막절은 장차 올 나라를 예표했다(마 17:1-4).

81:5 알지 못하던 말씀 시편 기자는 그 의미를 이해할 수 없는 메시지를 들었을 것이다. 이 해석이 맞다면 이 메시지는 다음 단락에서 신탁으로 구체화된다. 그게 아니라면 유대인이 알아듣지 못하는 애굽어를 가리킬 수도 있다.

81:6 손에서 광주리를 놓게 하였도다 애굽에서 이스라엘 백성은 광주리에 벽돌과 진흙을 지고 나르는 중노동에 시달렸다.

81:7 우렛소리의 은밀한 곳 하나님이 율법을 주시기 위해 시내산에 임재하신 일을 가리키는 것으로 보인다(참고. 출 19:16 이하, 20:18 이하). **므리바 물 가** '분쟁' '다툼'이라는 뜻의 므리바는 이스라엘이 하나님을 시험했던 장소를 대표한다(참고. 출 17:1-7; 민 20:1-13; 시 95:8; 106:32).

81:14 속히 그들의 원수를 누르고 모세 언약에서는 이스라엘이 순종할 때 적과 싸워 승리하는 축복을 약속해 주었다(참고. 민 33:52-56; 신 6:16-19; 7:16-24).

81:16 반석에서 나오는 꿀 이 구절은 모세가 하나님을 찬양할 때 가장 먼저 사용한 구절이다(신 32:13). 때로 바위틈에서 꿀을 찾을 수 있지만 여기서 이 비유는 전혀 불가능한 곳에서 귀중한 양식을 얻게 될 때 쓰는 표현일 가능성이 높다.

82:1-8 이는 시편 2편과 58편처럼 폭정의 부당함에 초점을 맞춘다. 시편 기자는 그 권위를 위임받은 땅의 지도자들이 모인 가운데에 서서 그들의 불의를 정죄하시는 하나님을 묘사한다. 시편 기자는 마지막 기도(8절)에서 하나님께 이 세상의 일을 직접 통치해달라고 간구한다.

Ⅰ. 하나님 앞에 모인 세상 지도자들(82:1)
Ⅱ. 세상 지도자들에 대한 하나님의 평가(82:2-7)
Ⅲ. 세상 지도자들 대신 하나님이 직접 통치하심을 구하는 기도(82:8)

82:1 신들의 모임 하나님이 세상 지도자들을 한 곳에 소환하신 장면으로 시작된다. **그들 가운데에서** 어떤 이들은 이 시편을 귀신들이나 거짓 이방 신들에 대한 시라고 해석한다. 가장 설득력이 있는 해석은 이 신들이 재판관, 왕, 입법가 등 인간 지도자들을 가리킨다고 보는 것이다(참고. 출 22:8, 9, 28; 삿 5:8, 9). 위대한 재판장이신 하나님은 이 인간 재판관들의 모임을 주재하신다.

82:2-4 불공평한 판단 하나님은 사회적 불의를 자행하여 모세의 율법(예를 들면 신 24장)을 어기는 인간 재판관들을 정죄하신다.

82:5 흑암 이것은 지적인 무지와 도덕적 부정을 의미한다. **땅의 모든 터가 흔들리도다** 지도자들이 불의로 통치할 때 인간 실존을 뒷받침하는 하나님의 도덕적 질서가 붕괴된다.

82:6 내가 말하기를 왕들과 재판관들은 궁극적으로 하나님의 명으로 세움을 받는다(시 2:6). 실제로 하나님은 우주의 안정을 위해 인간 지도자들에게 권위를

부여하신다(참고. 롬 13:1-7). 그러나 하나님은 이 권위를 거두어가실 수도 있다(7절). **너희는 신들이며** 예수님은 요한복음 10:34에서 이 구절을 인용하며 신들이 인간을 가리킨다는 해석을 지지하신다. 언어유희를 사용해 인간 지도자들이 신이라 불릴 수 있다면 메시아는 당연히 하나님이라 불릴 수 있다고 주장하셨다. **지존자의 아들들** 이들은 고귀하게 살도록 하나님이 창조하셨다.

82:7 **사람처럼 죽으며** 하나님의 형상으로 만들어졌음에도 그들은 유한한 존재로 보통 인간처럼 죽음을 맞는다. **고관의 하나 같이 넘어지리로다** 불의한 통치자들은 폭정으로 살해당해 생을 마감할 가능성이 높다.

82:8 **모든 나라가 주의 소유이기 때문이니이다** 시편 기자는 기도하는 마음으로 하나님이 그 왕국을 세우시고 죄로 저주받은 세상에 질서와 완전한 정의를 회복하실 미래를 기대한다(참고. 시 96, 97; 사 11:1-5).

83:1-18 기도와 저주가 어우러진 민족적 탄식시인 이 시편에는 이스라엘과 대적한 여러 민족이 등장하므로 지도를 참고하면 도움이 될 것이다. 역대하 20:1-30의 기록은 이 시편의 배경이 된 역사적 사건일 가능성이 높다. 언급된 민족들이 단지 이스라엘의 모든 대적을 가리키는 상징적 표현에 불과하다고 주장하는 이들도 있다. 시편 기자는 하나님께 과거에 수없이 그렇게 하신 것처럼 이스라엘을 그 원수들로부터 건져주시리라고 기도한다.

Ⅰ. 도움을 구하는 간구(83:1)
Ⅱ. 이스라엘 원수들에 대한 항변(83:2-8)
Ⅲ. 하나님의 심판에 대한 간구(83:9-18)

83:2 **주의 원수들** 이 시편의 전편에서 이스라엘에 적대적인 민족들이 하나님의 원수로 규정되어 있다.

83:4 **그들을 멸하여** 사탄의 지배를 받는 적대적인 민족들은 이스라엘 민족을 영원히 보호해주겠다는 하나님의 약속을 부정한다(참고. 창 17:7, 8; 시 89:34-37).

83:6 **에돔…하갈인** 이런 민족들의 명단은 이스라엘 역사에서 등장하는 그들의 대적들을 상징한다. 에돔은 에서의 후손으로 이스라엘 남동쪽에 살았다. 아브라함과 하갈의 후손인 이스마엘인은 베두인 족속을 말한다. 모압은 롯의 후손으로(참고. 8절) 요단강 동쪽에 살고 있는 부족이었다(참고. 삿 11:17, 18; 사 15; 16). 하갈인은 요단강 동쪽에서 유목생활을 하는 족속이었다(대상 5:10, 19, 20).

83:7 **그발…두로** 그발은 사해 남쪽, 에돔의 페트라 근방에 살았던 족속을 말하는 것으로 보인다. 암몬은 롯의 후손으로 이루어진 민족이며 요단강 동쪽에 자리 잡고 있었다. 아말렉은 요단강 남동쪽에 살고 있던 유목민으로 에서의 후손이었다(참고. 창 36:12, 16; 출 17:8-13; 민 24:20; 삿 6:3; 삼상 15:1-8). 블레셋은 이스라엘 남서쪽에 위치했다(삿 14-16장). 두로는 이스라엘 서북쪽에 있었다(참고. 겔 27장).

83:8 **앗수르** 주전 8세기의 패권국인 이 나라는 주전 722년 북왕국 이스라엘의 열 지파를 포로로 잡아갔다. 앗수르는 모압과 암몬 같은 소국을 이용해 영토 확장의 목표를 달성했다(롯의 후손들, 참고. 창 19:36-38).

83:9 **미디안인…야빈** 시편 기자는 하나님께 과거에 거둔 놀라운 승리들을 상기시킨다. 기드온은 미디안 족속에게 대승을 거두었다(삿 7:19-25). 바락과 드보라는 야빈과 그 군대 장관인 시스라를 기손 시내 근처에서 물리쳤다(삿 4; 5).

83:11 **오렙…살문나** 이들은 기드온에게 패배한 미디안 족속의 족장들이다(참고. 삿 6-8장).

83:13-15 시편 기자는 여러 극적인 비유법을 들어 이스라엘의 원수들이 파멸하도록 기도한다.

83:18 **여호와라 이름하신 주만** 민족들은 성경의 하나님만이 유일한 하나님이심을 알아야 한다. **지존자로 알게 하소서** 적대적인 민족들을 저주하는 이유는 개인적인 원한이나 민족적 복수심이 아니라 영적인 것이다. 열방이 하나님을 알고 영광을 돌리게 하려는 것이다.

84:1-12 이 시편은 성전에 올라가는 다른 시편들(120-134편)처럼 예루살렘으로 올라가서 성전으로 들어가 절기를 지키는 순례자들의 기쁨을 노래한다. 순례자는 특히 주 하나님의 존전에 있다는 사상에 집중적 관심을 보인다. 신약에서 제사장인 신자는 훨씬 더 놀라운 방법으로 주의 존전에 나아갈 수 있다(참고. 히 4:16; 10:19-22).

Ⅰ. 하나님을 예배하러 갈 때 느끼는 기대감(84:1-4)
Ⅱ. 하나님을 예배하러 가는 여정(84:5-7)
Ⅲ. 하나님을 예배함으로 얻는 기쁨(84:8-12)

84: **제목 고라 자손** 레위인인 이 고핫의 후손은 예루살렘 성전의 문지기이자 음악가였다(대상 6:22; 9:17-32; 26:1. 시 42-49; 84; 85; 87; 88편을 보라). **깃딧에 맞춘 노래** *시편 8편 제목에 대한 설명을 보라.*

84:1 **만군의 여호와** 만군은 천사로 구성된 하나님의 군대를 의미하며, 따라서 하늘과 땅의 모든 권세를 다스리시는 하나님의 전능하심을 상징한다(3, 8, 12절). **주의 장막이 어찌 그리 사랑스러운지요** 성전 예배의 처소가 사랑스러운 것은 구약 성도들이 하나님 임재를 누릴 수 있는 장이었기 때문이다(참고. 시 27편; 42:1, 2; 61:4; 63:1, 2).

시

84:2 **사모하여 쇠약함이여…부르짖나이다** 시편 기자는 성전에서 하나님을 예배하고 싶다는 행복하면서도 불타는 소망으로 몸이 상할 지경이다.

84:3 **참새…제비** 시편 기자는 하나님의 제단 가까운 성전 뜰에 둥지를 틀 수 있는 이 새들이 부럽다.

84:4 **복이 있나니** 이 단어는 고라 자손처럼 "주의 집에 사는" 사람들의 행복을 강조하기 위해 3번 사용된다(대상 9:27).

84:6 **눈물 골짜기** 바카는 '통곡'이나 '발삼 나무'로 번역될 수 있다. 골짜기는 예루살렘으로 가는 길목에 있는 메마른 장소다. **많은 샘이 있을 것이며** 예루살렘에서 예배하러 가는 순례자들 때문에 이 메마른 장소는 기쁨의 장소로 바뀌었다.

84:7 **힘을 얻고 더 얻어** 예루살렘에서 하나님을 예배하는 기쁨을 누릴 수 있다는 기대감으로 순례자들은 고된 여정에 따른 노독도 기꺼이 감당했다. **시온** *시편 87:2에 대한 설명을 보라.*

84:9 **우리 방패이신** 왕을 상징하는 메타포다. 그 역시 성전 절기에 참석할 것이다(참고. 시 47:9; 호 4:18). **기름 부으신 자의 얼굴** 보통 왕은 하나님의 기름 부음을 받은 자로 묘사된다(시 2:2; 18:50; 20:6; 28:8; 89:38, 51). 그러므로 시편 기자는 하나님이 왕을 호의적으로 보셔서 그 통치가 형통하도록 복을 달라고 기도한다.

84:10 **문지기** 악인들과 교제하며 천 날을 사는 것보다 성전 문을 지키거나 성전 가까이서 사는 하루가 더 낫다.

84:11 **해요 방패시라** 이것은 하나님이 우리의 모든 필요를 채우심과 보호하심을 상징한다.

85:1-13 시편 기자는 하나님이 이스라엘에게 다시 언약적 사랑을 베푸실 것이라고 주장한다. 과거에 자비를 베푸셨던 하나님이 지금 진노하고 계신다. 그러나 미래에는 이스라엘을 회복시켜 주실 것이다(참고. 신 30장; 호 3:4, 5). 하나님은 심판하시더라도 그 약속을 신실하게 지키시는 분이다. 이 시편에 표현된 정서는 바벨론 포로생활을 마치고 귀환한 유대인의 정서를 보여주는 듯하다. 고국으로 다시 돌아와서 감사하지만 포로기 이전의 영광에 비해 누추하기 그지없는 현실에 낙담한다(참고. 스 3:12, 13).

Ⅰ. 하나님이 과거에 베푸신 자비의 회고(85:1-3)
Ⅱ. 하나님이 현재 진노하고 계심에 대한 인정(85:4-7)
Ⅲ. 미래에 베푸실 하나님의 구원에 대한 계시(85:8-13)

85: **제목 고라 자손** *시편 84편 제목에 대한 설명을 보라.*

85:1 **주의 땅에 은혜를 베푸사** 과거에 하나님은 그 백성 이스라엘을 용납해주시고 은혜를 베푸셨다.

85:3 **주의 모든 분노** *시편 56:7에 대한 설명을 보라.*

85:7 **인자하심** 이 단어는 '충직한 사랑' 또는 '변함없는 사랑'이라는 뜻이며, 언약적 관계로 그 백성에게 보이신 하나님의 성실함을 가리킨다.

85:8 **화평** 결국 이 평화는 메시아 왕국에서 실현될 것이다(참고. 마 10:34; 눅 2:14).

85:9 **구원이 그를 경외하는 자에게** 인생의 자율성을 포기하고 살아 계신 하나님을 의지하는 사람들만이 구원의 축복과 장차 올 그 나라에 참여할 수 있다(참고. 요 3:3-5). **영광이 우리 땅에 머무르리이다** 하나님의 임재를 상징하는 그분의 영광이 떠나는 내용은 에스겔 10, 11장에 서술되어 있다. 하나님은 바벨론 유수 직전 패역한 이스라엘 민족에게서 그 영광을 거두셨다(참고. 겔 8-11장). 에스겔 43:1-4에서는 장차 올 천년왕국에서 주의 영광이 다시 돌아온다고 예언한다(참고. 시 26:8; 63:2; 사 40:3-5; 60:1-3; 62:1-5). *레위기 9:23에 대한 설명을 보라.*

85:10 **인애와 진리…의와 화평** 이 네 가지 영적 자질은 그리스도가 통치할 미래 왕국의 분위기를 나타낸다. 그곳에서는 모든 이가 이런 자질을 갖춰 서로가 완전한 조화 가운데 그 관계를 누릴 것이다(참고. 10, 13절).

85:12 **우리 땅이 그 산물을 내리로다** 그리스도의 미래 왕국은 땅이 비옥하고 소출이 풍성할 것이다(참고. 사 4:2; 30:23-26; 32:15; 렘 31:12; 겔 36:8-11; 암 9:13-15; 슥 8:11, 12).

86:1-17 이 시편은 개인적 탄식시로(참고. 시 56편) 다윗은 이 시편에서 비통한 마음을 드러내며 찬양과 예배로 그 비통함을 극복한다. 14개의 기도 요청에서 보듯이 긴박감이 느껴진다. 이 요청의 근거는 언약적 관계다(2, 5, 13절).

Ⅰ. 하나님의 관심을 요청함(86:1-7)
Ⅱ. 하나님의 유일무이하심에 대한 증언(86:8-13)
Ⅲ. 하나님의 구원에 대한 호소(86:14-17)

86:2 **나는 경건하오니** 다윗은 자신의 죄성을 인정하면서도(1절) 하나님의 은혜 덕분에 주님과 맺은 언약을 어기지 않았다고 주장한다.

86:4 **영혼이…영혼을** 시편 기자는 언약적 약속대로 그의 속사람을 보호해주시라고 요청한다(참고. 신 7; 8; 20장).

86:8 **신들 중에** 다윗은 여기서 참 하나님과 이방 민족들의 가짜 신들을 비교한다(참고. 10절; 출 15:11; 시 89:6; 사 46:5-11).

86:9 **모든 민족이…경배하며** 시편 기자들과 선지자들

은 세계 열방이 주를 예배할 메시아 시대를 고대한다(참고. 시 22:27; 사 2:3; 슥 8:21, 22; 14:16-19; 계 15:4).

86:11 **일심으로** 시편 기자는 한 마음으로 오직 주께만 충성하게 해달라고 기도한다(참고. 롬 7:15; 약 1:8).

86:14 **교만한 자들** 교만한 자들(오만한 자들)은 하나님과 독립적으로 행동하며, 그분과 그 백성을 대적하는 자들을 말한다(참고. 시 119:21, 51, 69, 78, 85, 122).

86:16 **주의 여종의 아들** 다윗은 집에서 태어난 종이 밖에서 데려온 종보다 더 많은 혜택을 보듯이 자신에게 특별한 은혜를 베풀어달라고 하나님께 호소한다(참고. 시 116:16).

86:17 **표적** 하나님이 참으로 자신의 편이라는 것을 입증할 은혜를 베풀어주시라는 간구다.

87:1-7 이 시편은 예루살렘에 대한 하나님의 애정을 표현하고 이 도시가 장차 도래할 메시아 왕국에서 세계의 종교 중심지가 될 것이라고 찬양한다(참고. 시 48편). 그때 세계 열방(심지어 이전에 이스라엘과 원수였던 나라들까지)이 주를 예배하지만 여전히 이스라엘은 하나님이 사랑하시는 민족일 것이다(참고. 사 2:2-4; 19:23-25; 45:22-25; 56:6-8; 슥 8:20-23; 14:16-19).

I. 시온을 향한 주의 사랑(87:1-3)
II. 이스라엘을 향한 주의 은혜(87:4-6)
III. 음악가의 예루살렘 찬가(87:7)

87: **제목 고라 자손** *시편 84편 제목에 대한 설명을 보라.*

87:1 **그의 터전이 성산에** 그의 터전은 '그가 세우신 성', 즉 유다의 구릉 지대에 위치한 예루살렘을 의미한다.

87:2 **야곱의 모든 거처보다** 이스라엘의 다른 성들은 하나님의 특별히 임재하시는 곳으로 선택되지 못했다. **시온의 문** 시온은 예루살렘을 시적으로 표현한 것이다. 영적이고 종교적으로 특별한 의미를 이 성에 부여하고자 할 때 구약 저자들이 즐겨 사용한 표현으로 보인다. 하나님은 이스라엘의 다른 성들도 사랑하신 것이 분명하지만 그 어느 곳도 예배 중심지로 선택하시지는 않았다(참고. 시 122; 125; 132; 133편). 이 문들은 예배자들이 예루살렘 성안으로 들어가서 하나님과 특별한 예배관계를 맺을 수 있음을 상징한다.

87:3 **하나님의 성이여** 예루살렘은 하나님이 찬양과 제사로 그 백성을 만나는 하나님의 성이었다.

87:4 **라합과 바벨론** 라합은 고대 이방 신화에 등장하는 괴물로 구약에서는 애굽을 상징했다(참고. 시 89:10; 사 30:7; 51:9). 고대 세계의 초강대국에 속하며 이스라엘과 앙숙인 이 두 나라는 언젠가 시온에서 주를 예배할 것이다(참고. 사 19:19-25). **블레셋과 두로와 구스** 고대의 이스라엘 적국인 이방 나라 세 곳이 더 소개된다. 이들의 후손은 예루살렘에서 하나님을 예배할 것이다(참고. 사 14:28-32; 18:1-7). 하나님은 이들 열방의 경배를 매우 기뻐하실 것이다. **이것들도 거기서 났다** 메시아 시대에는 예루살렘에서 태어난 것을 큰 영광으로 생각할 것이다(참고. 5, 6절; 슥 8:20-23).

87:7 **나의 모든 근원이 네게 있다** 근원은 축복의 원천을 가리키는 메타포다. 그리스도의 죽음과 부활을 비롯한 영원한 구원은 예루살렘이 그 근원이다. 선지자들 역시 예루살렘 성전에서 샘이 흘러내려 주위의 온 땅을 적신다고 말한다(참고. 요엘 3:18; 겔 47:1-12)

88:1-18 이 탄식시는 행복한 어조로 마무리되지 않는다는 점에서 독특하다. 시편 기자는 어렸을 때부터 병에 시달렸거나 부상으로 고통당해 왔지만(15절) 건강을 회복하게 해달라는 기도를 하나님이 끝내 외면하셨다고 탄식한다. 그는 하나님이 그에게 화가 나셨다고 생각하지만 욥처럼 왜 화를 내시는지 그 이유를 알지 못한다. 하지만 이런 하나님이 이해되지 않더라도 시편 기자는 주를 의지한다. 그래서 주를 의지하는 믿음을 버리지 않는다.

I. 하나님의 조치에 대한 원망(88:1-9)
II. 하나님의 지혜에 대한 도전(88:10-12)
III. 하나님의 행동에 대한 원망(88:13-18)

88: **제목 고라 자손** *시편 84편 제목에 관한 설명을 보라.* **에스라인 헤만** 헤만은 고핫 가문 출신의 음악가로서 고핫 성가대를 만든 인물이다(참고. 대상 6:33; 대하 5:12; 35:15). 솔로몬 재위 시절에 지혜로운 사람들 가운데 한 명과 동일 인물일 수도 있다(대상 4:31). 에스라인은 한 가문의 이름이거나 '본토박이'라는 뜻일 수 있다(참고. 대상 2:6). **마스길(묵상)** *시편 32편 제목에 대한 설명을 보라.* **마할랏르안놋** 마할랏은 가락이나 악기의 이름이며, 슬플 때 연주하는 갈대 파이프 관으로 보인다. 르안놋은 '학대하다, 괴롭히다'라는 의미로 이 시편에 녹아 있는 절망을 표현했을 가능성이 있다.

88:4 **무덤(구덩이)에 내려가는 자** 구덩이 역시 이 시편에서 무덤을 가리키는 여러 표현 중 하나다(참고. 죽은 자는 5, 10절이고 무덤은 3, 5, 11절이고 멸망의 땅은 11절).

88:5 **죽은 자 중에 던져진 바 되었으며** 죽음으로 하나님뿐 아니라 친구들, 가족들과의 모든 유대가 단절된다는 생각을 표현하고 있다.

88:7 **주의 모든 파도** 해안가로 끊임없이 밀려오는 파도처럼 하나님은 시편 기자에게 고난에 고난을 더해 주

신다(참고. 17절).

88:8 **내가 아는 자를 내게서 멀리 떠나게 하시고** 시편 기자는 주께서 친구들이 그를 배신하도록 하셨다고 주장한다. 어떤 이들은 이 구절을 나병 때문에 격리된 처지를 표현한 것으로 해석한다(참고. 18절; 욥 19:13-20).

88:9 **내 눈이 쇠하였나이다** 이것은 이런 고통과 상심으로 완전히 좌절에 빠진 시편 기자의 상태를 비유적으로 표현한 것으로 그의 눈물을 묘사했을 수 있다.

88:10 **죽은 자에게 기이한 일** 시편 기자는 일련의 수사학적 질문으로 죽은 자들은 하나님의 선하심을 증언할 수 없다고 하나님께 역설한다.

88:14 **주의 얼굴을 내게서 숨기시나이까** 다시 말해 '어찌하여 제 기도에 응답해주지 않으시나이까'라고 묻는 것이다.

88:15 **어릴 적부터…죽게 되었사오며** 시편 기자는 어릴 때부터 심각한 질병이나 부상에 시달렸다.

88:18 **사랑하는 자와 친구…내가 아는 자** *8절에 관한 설명을 보라.*

89:1-52 이 시편은 자신이 견지하는 신학과 같은 민족이 처한 현실의 불일치를 해결하고자 하는 저자의 노력을 강조한다. 첫 37절에서는 신학적으로 진실이라고 믿는 내용을 열거한다. 즉 하나님은 이스라엘을 자기 백성으로 선택하셨고, 다윗의 후손들이 이스라엘을 통치하도록 선택하셨다. 이 시편의 마지막 세 번째 단락은 민족이 유린당하고 다윗 왕조가 치욕적인 최후를 맞은 데 따른 시편 기자의 울분을 보여준다.

언제나처럼 시편 기자는 자신의 신학을 설명하는 데서 그치지 않고 나중에 다윗의 후손들을 통해 지상 왕국이 재건되기를 바라며 긴장 속에서 살아간다(참고. 시 110; 132편).

I. 다윗 언약을 신실하게 지키신 하나님(89:1-37)
  A. 하나님의 언약적 사랑(89:1-4)
  B. 찬양받기에 합당하신 하나님(89:5-18)
  C. 다윗과 맺은 하나님의 언약(89:19-37)
II. 다윗 언약을 무시하시는 듯한 하나님(89:38-52)
  A. 시편 기자의 탄식(89:38-45)
  B. 시편 기자가 받은 충격(89:46-51)
  C. 송영(89:52)

89: **제목 에스라인 에단** 역대하 6:42; 15:17, 19에서 언급한 레위인 가수를 말하는 듯하다(*시 88편 제목에 관한 설명을 보라*).

89:1 **인자하심** *시편 85:7에 대한 설명을 보라*(참고. 2, 14, 24, 28, 33, 49절).

89:2 **하늘에서 견고히 하시리라** 시편 기자는 다윗 왕조가 영원하도록 보장해주시는 하나님을 찬양한다(참고. 삼하 23:5).

89:3 **내가 택한 자와 언약을 맺으며** 메시아의 통치로 완성되는 다윗 언약의 체결 내용은 사무엘하 7장에 기록되어 있다(참고. 왕상 8:23; 대상 17장; 대하 21:7; 시 110; 132편). 이 언약은 위대하신 왕 하나님이 그 종 된 다윗 왕을 선택하신 것으로 일방적 시혜의 언약 형태다. 이런 형식의 언약에서는 주님과 언약을 맺는 대상은 언약 조건을 위반하더라도 처벌되지 않고 주님이 그 언약을 유지할 책임을 졌다.

89:4 **자손을 영원히…왕위** 다윗과 맺은 언약은 그 후손들에게까지 적용되었다. 영원한 보좌를 주겠다는 약속은 다윗의 자손들이 그 왕위의 정통 후계자가 되도록 해주겠다는 약속이다(참고. 29, 36절; 삼하 7:13, 16, 18; 눅 1:31-33). 족보상 예수님은 다윗의 후손이므로 그 보좌에 앉을 자격 요건이 된다(참고. 마 1:1-17; 눅 3:23-38).

89:5 **성실** 이 단어는 지속적이고 습관적인 행동이라는 의미를 함축하며 여기서는 신실하신 하나님이라는 의미로 사용된다. 하나님이 행동의 일관성이라는 이 법칙을 어긴다는 것은 하나님의 본성 자체와 모순된다(참고. 1, 2, 8, 24, 33, 49절).

89:6 **신들** 문자적으로 '하나님의 아들들', 즉 천사들이다.

89:7 **거룩한 자의 모임** 문자적으로 '거룩한 자들'이라는 뜻이며, 주권자 되신 여호와를 중심으로 모인 천사들을 나타낸다.

89:10 **라합** 애굽에 대한 비유적 표현이다. *시편 87:4에 대한 설명을 보라.*

89:12 **다볼과 헤르몬** 이스라엘의 산들이 피조물들과 함께 하나님을 찬양한다는 표현이다.

89:15 **즐겁게 소리칠 줄 아는** 이것은 기쁨으로 하나님을 찬양하며 경배하는 것을 가리킨다(참고. 시 33:3; 47:5; 95:1; 98:4; 100:1. *시 66:1에 대한 설명을 보라*).

89:17 **우리의 뿔이…높아지오리니** *시편 75:4에 대한 설명을 보라*(참고. 24절).

89:18 **우리의 방패는 여호와께 속하였고** 방패는 왕을 상징하는 메타포다(*시 84:9에 대한 설명을 보라*).

89:19 **주의 성도** 성도는 선지자 나단을 가리킨다. 하나님은 그를 사용하셔서 다윗에게 그 언약을 알려주셨다(삼하 7:4 이하).

89:25 **손…바다…강들** 홍해와 유브라데강까지 이스라엘에게 주겠다는 출애굽기 23:31에 나온 하나님의 약속을 가리킨다.

89:27 **장자** 한 집안의 장자는 특별한 명예와 함께 두 배의 유산을 물려받았다(창 27장; 왕하 2:9). 하나님의 일방적 시혜 언약에서 선택받은 사람은 장자권을 가진 맏아들 수준으로 격상되었고, 따라서 왕위 계승이라는 영원한 선물을 받을 자격을 부여받았다(참고. 시 2:7). 이스라엘은 실제로 장자가 아니었지만 열국 가운데 장자로 인정받았다(출 4:22). 둘째인 에브라임이 장자로 인정받았고(창 48:13-20), 다윗은 열왕의 장자로 인정받았다. 이렇게 특별한 인정을 받는다는 의미에서 그리스도는 모든 피조물보다 뛰어난 이름을 받았기 때문에 모든 만물의 장자라고 불릴 것이다(골 1:5).

89:32 **회초리…채찍** 회초리는 혼을 내는 도구였고, 채찍은 그런 채찍질로 생긴 자국을 말한다. 하나님의 경고는 다윗의 자손들이 불순종할 가능성을 이미 알고 계셨다는 반증이다(참고. 삼하 7:14). 예를 들어 다윗의 손자 시대에 이르러 이스라엘 왕국이 분열되어 북쪽 열 지파가 다윗 계보의 왕권에서 이탈했다(열 지파와 다시 통일하는 미래에 대해서는 렘 31:31; 겔 37:16, 17을 참고하라).

89:33 **인자함** 주는 다윗의 후손들을 징계하실 수밖에 없지만, 결코 이 가문한테서 그 언약을 폐기하시지는 않을 것이다(참고. 삼하 7:15). 그러므로 이 언약은 한 개인이나 일부 세대의 경우 조건적이지만 궁극적 결과로 보면 무조건적인 언약이었다(참고. 겔 37:24-28).

89:37 **궁창의 확실한 증인** 하나님이 그 후손들에 대해 다윗과 맺으신 언약은 하늘에 해가 있고(36절) 달이 있는 것처럼 확실한 것이었다(참고. 렘 33:14-26). 이 약속은 '땅의' 나라와 관련이 있었다(렘 33:15).

89:39 **언약을 미워하사** '미워하다'에 해당하는 히브리어는 잘 쓰이지 않는 단어로 '멸시하다'로 번역하면 더 정확할 것이다. 이스라엘이 처한 상황을 본 시편 기자는 하나님이 다윗과 맺은 언약을 소홀히 하고 계시다는 생각이 들었다(참고. 겔 37:1-14). **관을…욕되게 하셨으며** 이것은 하나님이 가하신 것으로, 다윗 왕조가 심각한 모욕을 받았다는 뜻이다.

89:40-45 폐허는 여러 가지 이미지로 묘사된다. 울타리가 무너져 무방비 상태에 있으며 요새가 무너져 침입자들이 아무 어려움 없이 침범할 뿐 아니라 온 대적이 마음껏 탈취해 간다. 군인은 아무 쓸모가 없는 검을 차고 젊은이는 노인처럼 힘을 못 쓴다.

89:45 **그의 젊은 날들을 짧게 하시고** 이것은 다윗 왕조의 수명이 짧다는 것을 강조한 비유적 표현이다. 다윗 왕조는 전성기 때 몰락했다.

89:46 **스스로 영원히 숨기시리이까** 기도에 응답해주시지 않고 다윗 왕조를 회복해주시지 않는 듯한 현실은 마치 하나님이 스스로 숨으신 듯한 느낌을 준다. 물론 불순종한 왕들은 징계를 받을 거라는 사실은 이미 예언되어 있다(32절). 선지자들은 결국 하나님이 이스라엘과 다윗의 왕조를 이 지상 나라에서 회복해주시리라고 말한다(참고. 호 3:4, 5). 이 다윗 왕조의 회복에 대한 약속이 그리스도의 영적인 천상의 통치로 성취되리라는 암시는 구약에서 전혀 보이지 않는다.

89:47 다윗 왕조의 번영은 모든 사람의 안녕과 직결된 문제다(참고. 시 72:17; 사 9:7; 11:1-10). 그 왕국이 망하면 살아남을 사람이 누가 있겠는가(48절).

89:49-51 그 백성을 도우셔서 수치를 면하게 해달라는 마지막 호소다(참고. 사 37:17-35).

89:52 **여호와를 영원히 찬송할지어다** 이 찬송은 확신이 회복되었다는 증거이며, 이것으로 89편이 마무리될 뿐 아니라 시편 3권(73-89편)이 마무리된다.

90:1-17 웅장한 이 기도의 핵심은 죄로 저주받은 우주에 사는 연약한 인간들에게 자비를 베풀어주시라는 것이다. 모세는 하나님의 영원성에 대한 묵상을 시작으로 하나님의 진노의 관점에서 인생의 슬픔과 덧없음을 비관적으로 표현한다. 그리고 그 백성으로 의미 있는 인생을 살 수 있게 해달라고 하나님께 호소하는 것으로 마무리한다. 이 시편은 애굽을 떠났던 이스라엘의 세대들이 광야에서 죽어갈 때 지어진 것으로 보인다(민 14장).

Ⅰ. 하나님의 영원성 찬양(90:1, 2)

Ⅱ. 인간의 미약함에 대한 자각(90:3-12)

Ⅲ. 하나님의 자비하심에 대한 호소(90:13-17)

90: **제목 하나님의 사람 모세** 선지자 모세(신 18:15-22)는 하나님이 그를 '얼굴과 얼굴을 대하며' 알았다고 하신 점에서 특별하다(신 34:10-12). *하나님의 사람*(신 33:1)은 구약에서 70회 넘게 사용된 용어로 항상 하나님을 대변하는 사람을 가리킨다. 신약에서는 디모데를 가리킬 때 이 표현이 사용되었다(딤전 6:11; 딤후 3:17).

90:1 **우리의 거처** 하나님은 보호와 안정과 부양을 책임져주시는 이스라엘의 성소였다(참고. 신 33:27; 시 91:9).

90:2 **영원부터 영원까지** 하나님의 본성은 시작도 끝도 없이 일체의 시간 흐름에 구속받지 않으며 그 자체에 시간의 원인이 포함된다(참고. 시 102:27; 사 41:4; 고전 2:7; 엡 1:4; 딤전 6:16; 계 1:8).

90:3 **주께서 사람을 티끌로 돌아가게 하시고** *티끌*(*destruction*)에 해당하는 특이한 히브리어는 '산산이 박살난 물건'이라는 뜻이 있다. 창세기 3:19의 단어

흙*(dust)*을 쓰지는 않았지만 그 구절을 가리키는 것이 분명하다. 인간은 하나님이 정하신 대로 죽음이라는 운명을 안고 살아야 하며, 누구도 그 운명을 피할 수 없다.

90:4 **밤의 한 순간** 여기서 *한 순간(a watch)*은 네 시간을 가리키는 표현이다(참고. 출 14:24; 애 2:19; 벧후 3:8).

90:5 **홍수처럼** 인간은 홍수에 휩쓸린 것처럼 지상에서 낚아챔을 당한다. **잠깐 자는 것 같으며** 인간은 잠든 것처럼 또는 의식 불명 상태에 빠진 것처럼 살아간다. 사람들은 인생의 덧없음에 무감각하며, 하나님의 진노하심이라는 현실에도 둔감하다.

90:7 **주의 노에 소멸되며** 죄에 대한 하나님의 심판은 우주적으로 그 효력이 미치기 때문에 인간의 육체가 쇠잔하게 된다(참고. 신 4:25-28; 11:16, 17). 죄로 죽음이 시작되었다(롬 5:12).

90:8 **주의 얼굴 빛** 하나님의 '얼굴'에 비치면 모든 죄가 선명하게 드러난다.

90:9 **순식간에** 고난과 어려움 속에서 허우적거리다 보면 한 사람의 인생은 괴로움과 곤비함에 시달리다가 끝이 난다.

90:10 **칠십이요…팔십이라도** 모세가 120세까지 살았고 "그의 눈이 흐리지 아니하였고 기력이 쇠하지 아니"(신 34:7)했다. 하지만 일반적으로 인간은 더 짧게 살며, 하나님의 진노하심 아래 살아간다. 이 확실하고도 신속한 종말 때문에 인생은 서글프기 그지없다.

90:11 **주의 진노의 두려움을 알리이까** 현명한 사람이라면 인생의 저주를 대충 설명하고 잊어버리는 대신 모든 고통의 궁극적 원인이 죄에 대한 하나님의 진노임을 깨닫고 그분을 두려워할 것이다.

90:12 **우리 날 계수함을** 인생이 짧다는 사실을 늘 유념하며 시간을 잘 사용해야 한다. **지혜로운 마음** 지혜는 하나님과 상관없이 독립적으로 사는 인생을 배척하고 주의 통치와 계시에 마음을 둔다.

90:14 **주의 인자하심** *시편 85:7에 관한 설명을 보라.*

90:15 **우리를 괴롭게 하신 날수대로…기쁘게 하소서** 슬픈 일을 당한 만큼 기쁜 일도 경험하게 해달라는 기도다.

90:17 **우리 하나님의 은총** "하나님의 은총"은 그분의 기쁨과 인정, 호의를 의미한다. **우리의 손이 행한 일을 견고하게 하소서** 하나님의 자비와 은혜로 한 개인의 인생이 가치 있고 의미 있는 시간이 될 수 있다(참고. 고전 15:58).

91:1-16

이 시편은 하나님이 그 백성을 상존하는 위험과 인간을 에워싼 두려움에서 주권적으로 보호해주심을 서술한다. 이 시편은 원래 출전을 앞둔 군대를 배경으로 한다. 이 시편에 언급된 두려움은 대부분 구체적인 원인이 밝혀지지 않았는데 다분히 의도적인 것으로 보인다. 그래야 어떤 위험이든 적용할 수 있기 때문이다. 연령에 상관없이 이 시편을 읽는 사람들은 하나님이 허락하시지 않으면 그 무엇도 그 자녀들을 해칠 수 없음을 깨닫게 된다. 그러나 미래의 메시아 왕국에 대한 시편들의 수많은 언급으로 미뤄볼 때(참고. 특히 96-100편) 이 시편은 문자 그대로 성취되는 것으로 해석해야 한다.

- I. 하나님의 보호하심(91:1-13)
  - A. 확신(91:1, 2)
  - B. 위험(91:3-6)
  - C. 사례(91:7-13)
- II. 하나님의 약속(91:14-16)

91:1 **지존자의 은밀한 곳** 하나님의 보호하심을 맛보는 친밀한 곳이다. 하나님에 대해 지존자라는 명칭을 사용해 어떤 위협으로도 하나님을 이길 수 없음을 강조한다. **전능자의 그늘** 내리쬐는 해가 위협적이고 위험해 보이는 곳에서 그늘은 돌봄과 보호하심의 메타포로 인식되었다.

91:3 **새 사냥꾼의 올무** 새 사냥꾼은 올무로 새를 잡았다. 여기서 이 메타포는 믿는 자의 목숨을 해하고자 할 목적으로 꾸미는 모든 음모를 의미한다. **심한 전염병** 여기와 6절에 사용된 이 단어는 특별히 무서운 질병, 전염병을 의미한다(참고. 렘 14:12; 겔 5:12; 14:19).

91:4 **그의 날개 아래** 이것은 어미 새가 새끼를 보호하는 그림을 연상하게 해준다(*시 57:1에 대한 설명을 보라*).

91:8 **오직 너는 똑똑히 보리니** 의인들은 사방에 질병이 창궐해도 안전하므로 그 상황을 관찰하는 유일한 존재가 된다.

91:11, 12 사탄은 천사들을 시켜 보호해주겠다는 이 약속을 인용해 메시아를 시험했다(참고. 마 4:6).

91:13 **사자와 독사를 밟으며** 일반적으로 모든 치명적 공격에서 하나님이 보호해주심을 상징하는 메타포다(*시 58:4 이하에 대한 설명을 보라*).

91:14 **그가 나를 사랑한즉** 이 단락(14-16절)의 화자는 하나님이시며, 그분을 알고 사랑하는 자들에게 베푸실 축복을 직접 열거하신다. 사랑에 해당하는 단어는 하나님에 대한 '깊은 갈망' 또는 하나님에 대한 애착을 의미한다.

91:16 **장수** 장수는 율법에 순종할 때 구약 성도들에게 주겠다고 하신 확실한 약속이다(예를 들면 출 20:12; 잠 3:2). 선지자들 역시 장차 올 메시아 왕국에서 하나님의 백

성에게 이 장수의 복을 약속했다(참고. 사 65:17-23).

92:1-15 이 시편은 하나님이 구원의 자비를 베푸시고, 창조 세계의 주이시며 악인들을 공의로 심판하시고, 신실한 자들을 그 자녀들의 축복으로 번성하게 하신 것을 깨닫고 기뻐하는 시편 기자의 찬양이다.

Ⅰ. 유신론적 낙관론의 표현(92:1-5)

Ⅱ. 의로운 주권적 통치에 대한 소회(92:6-9)

Ⅲ. 하나님의 선하심에 대한 증언(92:10-15)

92: **제목 안식일의 찬송 시** 포로기 후기 공동체에서 주중에 아침과 저녁 제사 때 부르는 시편들이 있었고, 안식일 예배 찬송으로 특별히 지정된 시편들도 있었다.

92:1 **비파** *시편 81:2에 대한 설명을 보라.*

92:2 **주의 인자하심…성실하심** 하나님의 이 속성들은 시편의 변함없는 주제다(*시 85:7; 89:5에 대한 설명을 보라*. 또한 눅 10:2을 보라).

92:10 **내 뿔** *시편 75:4에 대한 설명을 보라.* **신선한 기름을 부으셨나이다** 이 비유적 표현은 짐승의 뿔에 기름을 발라 광이 나도록 하는 방법에 착안한 것이다. 하나님이 시편 기자에게 강건함과 힘을 주셨다는 의미다(참고. 시 23:5; 133:2).

92:11 **내 원수들이 보응 받는 것을…보며** 하나님은 그 대적들을 파멸하게 하심으로써 시편 기자의 소원을 이루어주셨다.

92:12 **종려나무 같이 번성하며** 종려나무와 백향목은 영구성과 힘의 상징이었다(참고. 14절). 이들은 금방 있다 사라지는 풀에 비유된 악인들의 일시적인 운명(7절)과 대조를 이룬다. *시편 1편에 대한 설명을 보라.*

92:13 **여호와의 집에 심겼음이라** 성전 뜰에 심긴 나무는 주와 친밀한 관계를 지속적으로 누리는 이들의 형통함을 상징한다(*시 52:8에 대한 설명을 보라*).

93:1-5 시편 93편과 95-100편(참고. 시 47편)은 세상을 통치하시는 하나님의 주권적 왕권을 찬양하는 시편이다. 시편 93편은 영원하며 우주적인 하나님 나라를 찬양한다. 그 왕국은 그 아들이 다스리게 될 것이다(골 1:17). 주님보다 능력이 큰 이는 없다. 그분의 통치보다 더 안정된 것도 없고, 그분의 계시보다 더 확실한 것도 없다.

Ⅰ. 주의 우주적 왕국(93:1-4)

A. 땅을 통치하심(93:1, 2)

B. 바다를 통치하심(93:3, 4)

Ⅱ. 권위를 지닌 주의 계시(93:5)

93:1 **여호와께서 다스리시니** 세상이 창조될 때부터(2절. 참고. 시 103:19; 145:13) 영원까지 주께서 땅을 다스리신다는 찬양이다.

93:3, 4 하나님의 권능에 비하면 바다의 위세와 세력은 아무것도 아니다. 이 시편에서 계속 보이는 이중적, 삼중적 표현들은 문학적인 강조와 생동감을 불어넣기 위한 시적 장치다.

93:5 **주의 증거들이 매우 확실하고** 땅을 다스리시는 하나님의 통치가 안정적이기 때문에 성경으로 주신 그의 계시들 역시 신뢰할 수 있다(참고. 시 19:7).

94:1-23 이 시편에서 시편 기자의 긴박한 관심사는 의인들이 핍박당하고 악인들이 형통함에도 하나님은 전혀 관심이 없으신 것 같은 현실이다. 그래서 그는 하나님께 악인들을 심판해주시도록 간구한다(참고. 시 73; 82편).

Ⅰ. 하나님을 부름(94:1, 2)

Ⅱ. 악인의 오만(94:3-7)

Ⅲ. 미련한 자에 대한 훈계(94:8-11)

Ⅳ. 의인에게 주는 확신(94:12-15)

Ⅴ. 하나님의 변호(94:16-23)

94:1 **복수하시는 하나님이여** 하나님의 복수는 무절제한 원한으로 되갚아준다는 의미가 아니다. 그 율법을 위반한 데 대한 의로운 재판장의 정당한 보응이다. **비추어 주소서** 시편 기자는 하나님이 나타나주시기를 구한다. 가시적 신 현현을 구하고 있는 것처럼 보인다(참고. 시 50:2; 80:1).

94:7 **여호와가 보지 못하며** 하나님과 상관없이 독립적으로 살려는 무신론적 태도다(*시 59:7에 대한 설명을 보라*).

94:11 **사람의 생각이 허무함을** 인간이 꾸미는 악한 계획들은 무가치하고 무의미할 뿐이다(참고. 시 92:5; 고전 3:20).

94:12 **복이 있나니** 복이 있다는 것은 하나님의 훈계하심으로 지혜롭고 형통한 인생을 사는 것을 말한다(참고. 시 84:5, 12).

94:14 **자기 백성을 버리지 아니하시며** 하나님은 자기 백성인 이스라엘을 영원히 지키기로 약속하셨고 영원한 사랑에 기초한 언약으로 이것을 확증해주셨다(창 15장; 렘 12:15; 미 7:18). 이 중요한 진리는 시편 93-100편의 교리적 근거로 작용하며, 이스라엘 민족이 고난당할 때 격려하고자 하는 데 목적이 있었다. 바울은 이 내용을 로마서 11:1에서 언급하며 이스라엘이 장차 구원받을 것을 확신했다.

94:17 **내 영혼이…침묵 속에 잠겼으리로다** 여기서 침묵은 망자들의 세계인 스올의 다른 이름이다(참고. 시 31:17).

94:18 **주의 인자하심** *시편 85:7에 대한 설명을 보라.*

94:20 **율례를 빙자하고 재난을 꾸미는** 부패한 재판관들과 위정자들이 선한 목적이 아니라 악한 목적으로 법을 이용해 하나님이 세우신 우주의 도덕적 질서에 대항한다. **악한 재판장** 부패한 재판관과 통치자를 의미한다.

94:23 **그들의 악으로 말미암아 그들을 끊으시리니** 이것은 범죄하던 중에 그들이 파멸되는 것을 묘사한 말이다.

95:1-11 광야에서 유리하던 때를 여러 차례 언급하는 이 시편은 초막절에 사용할 용도로(참고. 시 81편) 다윗이 작성했을 가능성이 있다(히 4:7). 이 절기에는 이스라엘 백성이 초막에서 생활하며 광야에서 하나님이 그들을 먹이신 일을 기념했다. 예배에 대한 요청이 있은 후(95:1-7상) 성령의 목소리로 예언(참고. 히 3:7)이 갑자기 시작되어 하나님을 반역하고 시험하는 일의 위험성을 백성에게 환기시킨다. 7하-11절(참고. 히 3:15; 4:3-7)은 히브리서 3:7-11에 그대로 인용되며 유대인이라도 흔들리면 약속된 안식(즉 구원)을 놓칠 수 있음을 경고한다.

Ⅰ. 예배에 대한 긍정적 부르심(95:1-7상)

Ⅱ. 진노에 대한 부정적 경고(95:7하-11)

95:1 **우리의 구원의 반석** 하나님을 의미하는 이 메타포는 특히 광야의 반석에서 물을 낸 사건을 언급한(8, 9절) 이 시편에 적합하다(참고. 출 17:1-7; 민 20:1-13; 고전 10:4).

95:3 **모든 신들보다 크신 왕** 이것은 다른 신들의 존재를 부정하는 시적 방식이다(참고. 96:5). 이 신들은 인격체가 아닌 오직 신상으로만 존재한다(참고. 렘 10:1-10).

95:4 **땅의 깊은 곳** 이것은 깊은 바다나 계곡, 동굴을 가리키며 언덕과 대조를 이룬다. 강조하고자 하는 핵심(참고. 5절)은 보통 높은 곳에 세워지는 이교도들의 가짜 신처럼 하나님이 지역에 국한된 신이 아니라 우주의 창조자이시며 온 세상의 통치자라는 것이다(*시 65:5에 대한 설명을 보라*).

95:8 **완악** 이것은 이스라엘 백성이 광야에서 하나님에 대적했던 므리바(번역하면 '다툼')를 가리킨다. 물이 없다는 그들의 원망은 하나님에 대한 믿음이 없다는 증거였다(출 17:1-7; 민 20:1-13; 시 81:7).

95:9 **나를 시험하고** 이것은 맛사(번역하면 '시험하다')라고도 하는 동일한 곳에서 일어난 사건(8절)을 언급하고 있는데, 하나님이 반석에서 물을 내신 사건을 말한다(출 17:7. 참고. 신 6:16; 9:22; 33:8). 히브리서의 저자는 이 사건의 원리를 독자에게 적용하며, 하나님을 의심하고 유대교로 돌아가려는 그들의 경향이 주를 의심하고 애굽으로 돌아가고자 한 조상들과 비슷하다고 말한다.

95:10 **그들은 마음이 미혹된 백성이라** 광야에서 그들이 방황한 것은 마음이 미혹되어 나타난 결과였다.

95:11 **내 안식** 안식은 원래 약속의 땅(즉 가나안)을 말하며 이스라엘 백성은 가나안 정착으로 40년간의 광야 생활을 끝냈다. 히브리서는 이것을 은혜로 말미암는 구원에 유비적으로 적용한다(히 3:7-4:10. 참고. 히 2:3).

96:1-13 이 시편의 주제와 시편 97; 98; 100편의 일부 내용이 역대상 16장에 나타난다. 다윗은 시온산에서 성막을 봉헌할 때 이 시편의 내용 가운데 일부를 사용하도록 지시했다. 그러나 이 시편은 세계 모든 민족(3, 4, 7, 9-13절. 참고. 사 2:2-4; 슥 14:16-19)과 심지어 자연이 그 왕국을 찬양하기를 기대하므로 역사적 상황에 상관없이 중요하다. 또한 이 시편은 메시아가 예루살렘에서 통치하실 때 온 세상에 충만하게 될 강렬한 기쁨을 노래한다(참고. 사 25:9; 40:9, 10).

Ⅰ. 찬양의 선포(96:1-6)

A. 찬양에의 초대(96:1-3)

B. 찬양을 받으셔야 할 분(96:4-6)

Ⅱ. 예배하라는 권면(96:7-13)

A. 이방 민족들의 예배(96:7-10)

B. 의인화된 자연의 예배(96:11-13)

96:1 **새 노래** 이 새 노래는 주가 이 땅의 천년왕국의 통치자로 취임하심을 축하하기 위한 것이다(참고. 시 144:9; 149:1; 계 5:9; 14:3).

96:2 **그의 구원을…전파할지어다** 참된 찬양은 하나님의 구속 계획을 사람들에게 증거하는 것으로 나타나야 한다.

96:3 **그의 영광을 백성 가운데에** 주의 영광은 단순히 주님의 빛나는 위엄에 국한되는 의미가 아니다. 창조 행위(참고. 시 19:2)와 구속 행위(2절) 등 하나님을 찬양하고 경배해야 할 모든 이유와 관련이 있다. **만민** *시편 67:3에 대한 설명을 보라.*

96:4 **모든 신들보다 경외할 것임이여** *시편 95:3에 대한 설명을 보라.*

96:8 **예물** 시편 기자들과 선지자들은 천년왕국에서 주께 예물과 제사를 드릴 것이다(참고. 시 45:12; 겔 40-46장).

96:9 **아름답고 거룩한 것** 다시 말해 '주의 거룩하심으로 인한 광휘 때문에 주를 경배하라'는 것이다(참고. 시

29:2; 99편; 110:3; 대상 16:29). *역대하 20:21에 대한 설명을 보라.*

96:10 **굳게 서고** 천년왕국에서는 메시아가 통치하시기 때문에 인간 역사의 국제적 혼란이 그치고 세계가 안정되고 효율적으로 운영될 것이다(참고. 시 2편; 미 4:1-5). **만민을 공평하게 심판하시리라** 주는 미래의 메시아 왕국에서 국제적 평화와 안정을 이루실 뿐 아니라 한 치의 오차도 없는 공의로 세상을 다스리실 것이다(참고. 13절; 사 11:1-5).

96:11, 12 이것은 피조물들이 고대하는 상황이다(참고. 롬 8:19-22).

96:13 **그가 임하시되** 이 시편이 말하는 주의 통치는 현재의 우주적 왕국(시편 93편)이 아니라 그리스도가 재림하실 때 이루어질 통치다.

97:1-12 시편 기자는 주가 지금 우주를 통치하고 계심을 인정하지만(9절) 세상을 심판하시기 위해 새롭게 오시기를 고대한다. 주의 임재에 대한 이미지는 실제로 신약에서 주의 재림하심에 대한 일부 진술의 근거가 되었을 수도 있다(참고. 마 24; 계 19장). 또한 이 시편은 거짓 종교들을 박멸하신다는 사실뿐 아니라 그 왕국에서 주가 세상을 의로 심판하실 것을 특별히 강조한다.

Ⅰ. 주의 통치 선언(97:1, 2)
Ⅱ. 주의 통치의 영향(97:3-12)
  A. 주의 대적들에게 미친 영향(97:3-9)
  B. 주의 사랑하는 이들에게 미친 영향(97:10-12)

97:1 **허다한 섬** 세상의 섬들뿐 아니라 모든 대륙을 가리킨다(참고. 사 42:10; 단 2:34, 35, 44; 슥 14:9).

97:2 **구름과 흑암** 이런 표현은 과거(출 19:16-18)뿐 아니라 미래 주의 날(욜 2:2; 습 1:15; 마 24:29, 30)에 주의 임재하심으로 말미암은 두려움을 강조한다.

97:3 **불이…대적들을 불사르시는도다** 주님은 장차 도래할 주의 날에 주님을 대적하는 자들을 처절하게 응징하실 것이다(참고. 슥 14:12).

97:4 **그의 번개** 주가 세상을 통치하기 위해 모든 사람이 보는 가운데 위엄에 찬 모습으로 오실 것을 표현했을 것이다(마 24:26-30).

97:5 **산들이…녹았도다** 주가 오시면 산들의 형체가 무너질 것이다(참고. 사 40:3-5; 슥 14:4, 10).

97:6 **하늘이 그의 의를 선포하니** 예를 들면 이사야 40:5; 마태복음 24:29-31과 같이 영광 가운데 그리스도가 재림하신다는 유사한 표현들을 살펴보라(참고. 계 19:11-15).

97:7 **너희 신들아** 거짓 신이나 거짓 종교는 메시아 왕국에 발을 붙일 수 없다(참고. 슥 13:2, 3).

97:8 **시온** *시편 87:2에 대한 설명을 보라.* **주의 심판을 듣고** 메시아 왕국에 큰 기쁨과 평안이 넘치는 이유는 그리스도가 세상 민족들에게 완벽히 공의로운 심판을 행하시기 때문이다(참고. 1-3절; 시 48:11; 사 11:1-5; 슥 8:3).

97:10 **그의 성도의 영혼을 보전하사** 영원한 안정을 취하리라는 약속에 대한 교리를 볼 수 있다. 그 은혜에 감사하는 성도들은 거룩을 위해 더욱 힘쓸 것이다.

97:11 **빛을 뿌리고** 의와 의인들이 궁극적으로 승리할 것을 강조하는 시적 표현이다(참고. 사 58:8, 10; 60:19, 20; 말 4:2).

98:1-9 앞뒤의 시편들처럼 이 시편도 주가 통치하심으로 온 세상이 기뻐 뛰논다고 선언한다. 이는 전적으로 찬양이 그 목적이며, 악인들은 잠시 언급되었을 뿐이다.

Ⅰ. 승리하신 주님의 통치에 대한 찬양(98:1-6)
  A. 주의 승리(98:1-3)
  B. 주에 대한 찬양(98:4-6)
Ⅱ. 주의 의로우신 심판에 대한 찬양(98:7-9)

98:1 **새 노래** *시편 96:1에 대한 설명을 보라.* **오른손과 거룩한 팔** 이것은 권력의 상징이다. **구원** 주님은 구약에서 종종 거룩한 용사로 묘사된다(출 15:2, 3; 시 18; 68:1-8; 사 59:15 이하). 선지자들은 그리스도가 마지막 때에 이스라엘과 대적하기 위해 모인 세계 열국에 맞서 승리하시고 천년 동안 통치하실 거라고 예언했다(참고. 슥 14:1-15; 계 19:11-21).

98:2 **뭇 나라** *시편 57:9; 67:3; 82:8에 대한 설명을 보라.*

98:3 **인자와 성실** *시편 85:7; 89:5에 대한 설명을 보라.* **구원** 이것은 주가 세상에 의로운 나라를 세우시리라는 메타포다(참고. 사 46:13; 51:5-8).

98:4 **즐거이 소리칠지어다** 큰 소리로 기뻐하며 왕을 영접하는 함성 소리다(참고. 슥 9:9; 마 21:4-9). **소리 내어** 마음속에 가만히 담아둘 수 없어 찬양이 입 밖으로 터져 나온다는 의미다(참고. 사 14:7; 44:23; 55:12).

98:5, 6 **수금…나팔과 호각** 보통 성전 예배에서 사용하던 악기들이다(참고. 대상 16:5, 6; 대하 5:12, 13; 29:25-30; 스 3:10-13).

98:8 **큰 물은 박수할지어다** 전 세계적 기쁨의 장면에서 다른 자연들도 주를 기뻐하는 일에 동참하는 모습으로 묘사된다(참고. 사 35:1, 2; 롬 8:19-21).

98:9 **그가…임하실 것임이로다** *시편 96:13에 대한 설명을 보라.*

99:1-9 이 시편의 주제는 "여호와 우리 하나님은 거룩하심이로다"(9절)라는 마지막 구절에 압축되어 있다. 시편 기자는 거룩하신 왕을 찬양하기를 권면하고 있다(3, 5, 9절). 이 거룩하심으로 하나님은 다른 모든 피조물과 구별되고, 도덕적으로 죄에서 자유롭다. 또한 시편 기자는 그런 거룩하신 하나님이 이스라엘과 친밀한 구원의 관계를 계속 유지하셨다는 사실을 찬양한다.

I. 왕 되신 하나님의 거룩하심을 찬양함(99:1-5)

II. 왕의 거룩하심에 대한 사례(99:6-9)

99:1 **그룹 사이에** *시편 80:1에 대한 설명을 보라.* 참고. 시편 18:6-19; 겔 10:1 이하.

99:2 **시온** *시편 87:2에 대한 설명을 보라.* 참고. 히브리서 12:22-24. **민족** *시편 57:9; 67:3에 대한 설명을 보라.*

99:4 **능력 있는 왕은 정의를 사랑하느니라** 왕의 능력은 하나님을 지칭하는 일종의 관용적 표현일 수 있다. 아니면 시편 기자는 (이 구절과 3절을 종합해볼 때) 거룩한 이름은 공의로운 왕의 힘이라는 점을 강조하고 있다. **공의** 즉 공정함이다(참고. 사 11:1-5).

99:5 **그의 발등상** 일반적으로 이것은 예루살렘 성전을 가리키는 메타포다(참고. 사 60:13; 애 2:1). 그러나 구체적으로는 언약궤를 의미하는 메타포다(대상 28:2). 이스라엘 왕들의 보좌에도 발등상이 있었다(대하 9:18).

99:6 **모세와 아론…사무엘** 유명한 이스라엘 세 영웅을 사례로 들어 시편 기자는 거룩하신 하나님이 이스라엘과 친밀한 구원의 관계를 계속 유지해왔다고 증거한다.

99:7 **구름 기둥** 이것은 하나님의 인도하심의 한 수단이었다(참고. 출 13:21, 22; 33:9, 10; 민 12:5; 신 31:15 이하). **증거와 율례** 시편에서 하나님 말씀을 가리킬 때 사용되는 용어다(시 119편을 보라).

99:9 **그 성산** 이것은 성전이 자리한 예루살렘 언덕을 말하며(참고. 시 15:1; 24:3) 장차 메시아가 통치할 나라에서 성전이 자리할 곳이다(참고. 사 24:23).

100:1-5 이 유명한 시편은 하나님 나라의 보편적 특성을 강조하며, 주의 통치를 집중적으로 강조한 일련의 시편(93; 95-100편)에 대한 송영이다. 이 시편은 전반적으로 찬양과 감사로의 부름이며, 3절과 5절은 그렇게 예배해야 할 이유를 강조한다.

I. 주를 찬양하라는 요청(100:1-3)

II. 주께 감사하라는 요청(100:4, 5)

100:1 **즐거운 찬송** *시편 66:1에 대한 설명을 보라.*

100:3 **여호와가 우리 하나님이신 줄** 이스라엘의 언약의 하나님, 여호와는 유일한 참 하나님이시라는 고백이다. **알지어다** 진리를 몸소 체험하고 완전히 확신한다는 의미다. **우리를 지으신 이** 하나님이 모든 인간을 만드신 것을 인정하는 내용인데, 이 구절은 하나님이 이스라엘을 한 민족으로 만드시고 축복하신 것을 가리키는 듯하다(참고. 신 32:6, 15; 시 95:6; 사 29:22, 23; 44:2). **그의 백성이요…그의 기르시는 양** 목자의 이미지는 종종 하나님뿐 아니라 이스라엘 왕에게도 적용된다(참고. 시 78:70-72; 사 44:28; 렘 10:21; 슥 10:3; 11:4-17; 시 23:1; 28:9; 74:1; 77:20; 78:52, 53; 80:1; 95:7). 이 비유적 표현은 친밀한 돌봄을 의미한다(참고. 눅 15:3-6). 신약에는 주님이 성도들의 목자로 등장하신다(요 10:16).

100:4 **그의 문…궁정** 여기서는 성전의 문과 궁정을 말한다.

100:5 **여호와는 선하시니** 하나님은 선의 근원이시며 완벽한 모델이 되신다. **그의 인자하심** *시편 85:7에 대한 설명을 보라.* **그의 성실하심** 약속을 지키신다는 의미, 즉 그의 신실하심을 말한다.

101:1-8 다윗의 이 시편은 중보자로서 왕(다윗)이 그의 영원한 왕(하나님)께 의로운 헌신을 결단하는 내용을 담고 있다. 첫째 개인적 삶으로, 둘째 그 나라에 거할 사람들의 삶으로 말이다. 이 시편은 후대에 이스라엘을 다스릴 왕들의 대관식 때 사용되었을 것이다. 궁극적으로 유일한 왕 되신 예수가 이 거룩한 헌신의 결단을 완벽하게 성취하실 것이다(참고. 사 9:6, 7; 11:1-5).

I. 왕의 개인생활(101:1-4)

II. 왕국 주민들의 개인적 상벌(101:5-8)

A. 의로운 자(101:6)

B. 불의한 자(101:5, 7, 8)

101:2 **완전한 길** 왕이 가는 길을 그 추종자들도 따른다(참고. 6절). **주께서 어느 때나 내게 임하시겠나이까** 이것은 종말론적 재림의 기대가 아니라 그의 왕국에 하나님이 간섭해주시기를 바라는 다윗의 필요에 대한 표현이다. **내 집** 왕은 먼저 자신의 사생활을 점검하고(참고. 7절) 그다음으로 왕국을 살핀다(참고. 5, 8절).

101:3, 4 시편 1:1의 "복 있는 사람"과 비슷하다.

101:3 **내 눈** 왕은 오직 바르고 의로운 것만 보고 싶어 한다(참고. 6절).

101:4 **악한 일** 왕은 악한 일에 절대 연루되지 않을 것이다(참고. 8절).

101:5 **헐뜯는 자…눈이 높고 마음이 교만한 자** 그 나라에서는 인격 살인뿐 아니라 오만함과 교만함도 일절 용

납되지 않을 것이다.

101:6 **이 땅의 충성된 자** 이들은 8절의 "이 땅의 모든 악인"과 비교된다.

101:7 **거짓…거짓말** 진리의 하나님이 함께하시는 왕국의 초석으로서 진리를 강조한다(참고. 요 14:6).

101:8 **이 땅…여호와의 성** 각기 이스라엘과 예루살렘을 가리킨다.

102:1-28 고난당하는 자의 심정을 부각시킨 일반적인 표제가 이 시편의 특징이다(참고. 시 22; 69; 79; 102; 130; 142편). 포로들의 애통함을 표현한 시로 추정된다(참고. 시 42; 43; 74; 79; 137편). 욥(죄 때문에 하나님의 심판을 받고 고난을 겪은 것이 아니었음)처럼 시편 기자는 고통 중에 부르짖는다. 주권자 되신 하나님을 다시 바라보며 그의 영원한 뜻을 묵상할 때만 유일하게 쉼을 얻는다. 히브리서 1:10-12에서 시편 102:25, 26을 인용한 데서 보듯 이 시편에는 메시아적 의미가 내포되어 있다.

I. 즉각적 도우심을 구하는 호소(102:1-11)
II. 하나님의 주권성과 영원성에 대한 시각(102:12-22)
III. 장수를 구하는 기도(102:23-28)

102:1, 2 시편은 인간의 힘으로 도무지 안 된다고 생각할 때 하나님의 주권적 개입을 바라는 부르짖음으로 시작할 때가 많다. 예를 들면 시편 77:1; 142:1이 여기에 해당된다.

102:2 **주의 얼굴…주의 귀** 각각 하나님의 관심과 응답하심을 의미하는 신인동형론적 언어다(즉 하나님이 인간의 감정을 지닌 것처럼 표현하는 일종의 비유법임).

102:3-5 **뼈…마음…뼈** 이 용어들은 시편 기자가 혹독한 시련으로 몸과 마음에 생긴 증상을 말한다.

102:6 **올빼미** 광야 올빼미를 말할 것이다. 이 절은 극도로 외롭고 고독한 처지를 가리킨다(참고. 사 34:8-15; 습 2:13-15). **부엉이** 부엉이는 부정한 짐승이다. 참고. 레위기 11:16-18.

102:7 **참새** 자신의 처지가 "외로운 참새" 같다는 시편 기자는 하나님과 사람에게 버림받았다는 괴로움을 토로한다.

102:10, 11 **기울어지는 그림자** 일몰 시간은 하나님이 그를 외면하고 힘을 주시지 않고 벌주심으로 수명이 단축될 거라는 시편 기자의 절망적인 감정을 드러내는 데 사용된다.

102:12-22 시편 기자는 관심의 초점을 하늘에서 땅으로, 다시 말해 자신의 처지에서 하나님께로 갑자기 이동하며 하나님의 영원한 본성과 그분의 구속 계획의 영원함을 묵상한다.

102:13-16 **시온** 지상의 시온 또는 예루살렘을 염두에 둔 것이다(참고. 16, 21, 22절). 이것은 바벨론 포로기 이후 회복기를 가리키는 것 같다(주전 605-536년).

102:18 **기록되리니** 시편 기자는 자신의 기록이 후대에까지 전수되리라고 생각한다.

102:19 **굽어보시며…살펴 보셨으니** 하나님의 초월적 전지하심을 강조한다.

102:22 **민족들과 나라들** 이것은 그리스도가 메시아로서 세상을 통치할 때 궁극적으로 성취될 것이다(참고. 시 2편).

102:23, 24 시편 기자는 장수하기를 원하지만 하나님의 영원성에 비하면 그 삶이 덧없음을 인정한다.

102:24 **나의 중년에** 문자적으로 '인생의 반환점에'라는 뜻이다.

102:25-27 영원하신 하나님은 하늘과 땅을 창조하셨고 이 하늘과 땅은 언젠가 없어질 것이다(26절). 히브리서 1:10-12은 이 구절들을 천사들보다 우월하신 주 예수 그리스도께 적용한다. 그가 천사들보다 우월하신 이유는 다음과 같다. 첫째, 천사들은 시작이 있지만 그는 영원하시다. 둘째, 그는 창조주시지만 천사들은 피조물이다. 이 시편 구절은 그리스도의 영원성과 신성을 분명하게 인정한다. 불변하시는 하나님은 그 피조물보다, 심지어 새 피조물보다 더 영원하신 분이다(참고. 말 3:6; 약 1:17; 벧후 3; 계 21; 22장).

102:28 금방 죽게 되더라도 지상에서 하나님의 뜻은 미래 세대들을 통해 이루어질 거라고 생각하는 이의 현실적 소망이다.

103:1-22 시편 103편과 104편은 하나님의 축복을 강조하고 찬양하기 위해 의도적으로 연이어 배치된 것처럼 보인다. 이 시편은 일종의 독백이다. 다윗은 이 시편에서 하나님의 선하심을 살펴보고 천사들과 하나님의 피조물들에게 하나님을 찬양하는 일에 함께하자고 권면한다.

I. 모든 인간을 향한 찬양의 요청(103:1-19)
  A. 개인적으로(103:1-5)
  B. 집단적으로(103:6-19)
II. 피조 세계를 향한 찬양 요청(103:20-22b)
  A. 천사(103:20-21)
  B. 피조물(103:22a-b)
III. 개인적 찬양의 후렴(103:22c)

103:1 **여호와를 송축하라** 참고. 103:2, 22; 104:1, 35.

103:2 **그의 모든 은택을 잊지 말지어다** 하나님이 주신 선물로는 죄 용서하심(3절), 병에서 회복하게 하심(3절), 죽음에서 건져주심(4절), 넘치도록 베푸신 사랑과 자비

(4절), 생명을 유지할 수 있는 양식(5절)이 있다.

103:3 병 이것은 약속이 아니라 신명기 32:39의 측면에서 이해해야 하는 증언이다.

103:5 네 청춘을 독수리 같이 새롭게 하시는도다 신비한 방법으로 장수하는 독수리는 힘과 속도의 상징이었다(참고. 출 19:4; 렘 48:40). 또한 이 힘과 속도는 청춘의 특징이다. 일반적으로 하나님의 축복을 받은 사람은 보통 사람보다 더 오래 청춘을 누린다(참고. 동일한 어조를 사용한 40:29-31).

103:6-19 시편 기자는 하나님의 속성을 열거한다. 하나님은 이 속성으로 말미암아 성도들을 축복하신다.

103:7, 8 그의 행위를 모세에게 참고. 모세의 요청(출 33:13)과 하나님의 응답(출 34:6, 7).

103:9 노를 영원히 품지 아니하시리로다 각자 행한 대로 보응을 받게 되는 마지막 때가 있다. 개인의 죽음(눅 16:19-31)과 흰 보좌 심판(계 20:11-15)이 여기에 해당한다. 창세기 홍수는 이 진리를 미리 엿볼 수 있었던 대표적 사건이다(참고. 창 6:3).

103:10 처벌하지는 아니하시며 그리스도의 죽음으로 성도들은 하나님의 놀라운 자비(11절)와 폐기되지 않는 완전한 칭의(12절)를 얻게 되었다(참고. 고후 5:21; 빌 3:9). 그들 스스로의 힘으로는 이런 자비와 칭의를 얻을 수 없다.

103:13 아버지가…여김 같이 하나님은 인간에 대해 동정심이 없거나 적대적인 이방 신들과는 다르다.

103:14 먼지 아담은 흙으로 만들어졌다(창 2:7). 그러므로 인간은 숨을 거두면 분해되어 흙으로 돌아간다(창 3:19).

103:15, 16 그 날이 풀과 같으며 인간의 인생은 너무나 짧고 순식간이다(참고. 사 40:8).

103:17, 18 여호와의 인자하심 주를 경외하고(17절) 순종하며(18절) 그 자비하심을 의지하는 자들은 영생으로 육신에 매인 짧은 인생을 극복하게 된다. 누가복음 1:50은 시편 103:17을 인용한다.

103:19 그의 보좌를 하늘에 세우시고 하나님은 영원 전부터 영원까지 언제나 만물을 통치하시는 분이다(참고. 시 11:4; 47:1-9; 148:8-13). 이 우주적 왕국은 하나님의 신정 왕국과 구분해야 한다.

103:20, 21 여호와의 천사들이여…천군이여 타락하지 않은 의로운 천사들은 밤낮으로 하나님을 섬긴다(참고. 시 148:2; 계 5:11-13).

103:22 여호와의 지으심을 받고 하나님이 지으신 피조물을 가리킨다. 이들 역시 하나님을 찬양해야 마땅하다(참고. 시 148-150편; 대상 29:10-13).

104:1-35 생생한 시적 표현으로 시편 기자는 피조 세계에 나타난 하나님의 영광을 찬송한다(참고. 창 1; 2장; 욥 38-41; 시 19:1-6; 148:1-6; 잠 30:4; 사 40:1-6; 요 1:1-3; 롬 1:18-25; 골 1:16, 17). 그는 첫 창조를 언급하면서(참고. 104:5) 인간의 타락과 그에 따른 땅의 저주 역시 잊지 않고 거론한다(104:23, 29, 35). 창조주에 대한 개인적 찬양(104:1, 2, 5-9, 20-30)과 하나님이 손으로 행하신 일을 청중에게 선언하는 방식(104:3, 4, 10-19, 31-35)을 번갈아 이용하여 하나님의 위대하심을 이야기한다. 이 시편은 창세기 1:1-31에 기록된 창조 순서를 느슨하게 따르지만 요한계시록 20-22장에 기록된 종말의 사건들을 암시하는 내용으로 마무리된다(35절).

Ⅰ. 하늘과 땅의 창조(104:1-9)
Ⅱ. 피조물의 필요 충족(104:10-18)
Ⅲ. 해와 달(104:19-23)
Ⅳ. 바다와 그 안에 있는 것(104:24-26)
Ⅴ. 하나님의 섭리적 돌보심(104:27-30)
Ⅵ. 창조주께 드리는 송영(104:31-35)

104:1-9 이 단락은 창조 첫 둘째 날의 내용을 대략적으로 다룬다(참고. 창 1:1-8).

104:1 심히 위대하시며 창조주는 그 피조물보다 더 위대하시다. 그러므로 피조물이 아니라 창조주가 예배와 경배를 받으셔야 한다(참고. 출 20:3, 4; 롬 1:29).

104:3 물 궁창 위에 물이 있던 첫 창조 사건을 가리킨다(참고. 창 1:7, 8).

104:4 바람…불꽃 히브리서 1:7은 이것을 천사들의 특징이라고 말하며, 그들의 신속함과 파괴력을 하나님의 심판 도구로 인식한다.

104:5 기초 참고. 욥기 38:4.

104:6-9 이 단락은 창세기 6-9장의 전 세계적 홍수를 말하는 것 같지만 계속해서 창조, 특별히 창조 셋째 날에 대한 창세기 1:9, 10을 이야기하고 있다.

104:10-18 물(10-13절), 채소(14절), 포도와 나무, 곡식(15절), 나무(16, 17절), 높은 산(18절)으로 창조주는 그분이 만드신 피조물의 기본적 필요를 채우게 하신다. 이것은 창조 셋째 날에 해당한다(참고. 창 1:11-13).

104:13 누각 비구름을 말한다.

104:19-23 이 단락은 창세기 1:14-19의 창조 넷째 날에 해당한다. 약탈자들이 활동하는 시간(밤)과 인간의 노동 시간(낮)이 대비를 이룬다.

104:24-26 이 단락은 창세기 1:20-23의 창조 다섯째 날에 해당한다.

104:26 리워야단 이 단어는 여기 외에 구약에서 4번

시편에 나타난 그리스도(눅 24:44)

시편	신약 인용	의미
2:1-12	행 4:25, 26; 13:33; 히 1:5; 5:5	성육신, 십자가 사건, 부활
8:3-8	고전 15:27, 28; 엡 1:22; 히 2:5-10	창조
16:8-11	행 2:24-31; 13:35-37	죽으심, 부활
22:1-31	마 27:35-46; 요 19:23, 24; 히 2:12; 5:5	성육신, 십자가 사건, 부활
40:6-8	히 10:5-9	성육신
41:9	요 13:18, 21	배신
45:6, 7	히 1:8, 9	신성
68:18	엡 4:8	승천, 보좌에 좌정하심
69:20, 21, 25	마 27:34, 48; 행 1:15-20	배신, 십자가 사건
72:6-17		천년왕국에서 다스림
78:1, 2, 15	마 13:35; 고전 10:4	신 현현, 지상에서 가르침의 사역
89:3-37	행 2:30	천년왕국에서 다스림
102:25-27	히 1:10-12	창조, 영원성
109:6-19	행 1:15-20	배신
110:1-7	마 22:43-45; 행 2:33-35; 히 1:13; 5:6-10; 6:20; 7:24	신성, 승천, 천상의 제사장, 천년왕국에서 다스림
118:22, 23	마 21:42; 막 12:10, 11; 눅 20:17; 행 4:8-12; 벧전 2:7	배척당하신 구세주
132:12-18	행 2:30	천년왕국에서 다스림

등장한다(욥 3:8; 41:1; 시 74:14; 사 27:1). 각각의 경우 리워야단은 인간을 압도할 수 있는 강력한 생물이지만 하나님께는 적수가 되지 못한다. 일종의 바다 괴물이나 공룡을 염두에 둔 것으로 보인다. *욥기 41:1에 대한 설명을 보라.*

104:27-30 온 피조물은 하나님의 섭리적 돌보심을 기다린다. 이 단락은 창조 여섯째 날을 암시한다(참고. 창 1:24-31).

104:30 주의 영 이것은 '당신의 숨'(your breath)으로 번역하는 게 낫다. 그래야 창세기 2:7의 "생기"(the breath of life)와 부합한다.

104:31-35 시편 기자는 창조주께 바치는 송영으로 마무리하면서 불의한 자들이 더 이상 하나님의 우주를 더럽히지 않게 해달라고 기도한다(104:35). 이 기도는 새 하늘과 새 땅에 대한 염원을 담고 있다(참고. 계 21; 22장).

104:32 진동하며…연기가 나는도다 지진과 번개로 인한 화재를 염두에 둔 것 같다.

104:35 죄인들…악인들 하나님은 타락한 인간이 생명을 계속 유지하도록 자비를 베푸셨지만(참고. 창 3:1-24) 여호와를 송축하며 찬양하는 자들은 죄인들이 지상에서 소멸되고(참고. 계 20:11-15) 땅의 저주가 풀릴 날(참고. 계 22:3)을 고대한다.

105:1-45 시편 103편과 104편이 한 쌍을 이루듯 시편 105편과 106편 역시 하나님의 관점에서 이스라엘 역사를 바라보고, 이어서 이스라엘의 관점에서 역사를 본다는 점에서 한 쌍을 이룬다. 이 시편은 언약궤가 처음 예루살렘으로 온 때(삼하 6:12-19; 대상 16:1-7)에 다윗의 명령으로 아삽이 지은 시편일 가능성이 있다. 시편 105:1-15은 역대상 16:8-22과 내용이 같다.

Ⅰ. 이스라엘을 위해 베푸신 하나님의 역사를 기뻐함(105:1-3)

Ⅱ. 이스라엘을 위해 베푸신 하나님의 역사를 기억함(105:4-6)

Ⅲ. 이스라엘을 위해 베푸신 하나님의 역사를 암송함(105:7-45)

A. 아브라함부터 요셉까지(105:7-25)

B. 모세에서 여호수아까지(105:26-45)

105:1-5 하나님이 아브라함과 맺으신 언약을 근거로

이스라엘을 위해 그분이 행하신 역사를 기억하고 찬송하며 만방에 전할 시간을 가지도록 열 가지 명령으로 부른다.

105:5 **아브라함의 후손…야곱의 자손** 105:1-5의 명령을 순종해야 하는 자들, 즉 이스라엘 백성을 염두에 둔 것이다.

105:7-12 이 단락은 아브라함 언약을 소개한다.

105:8 **천 대** 남은 인류 역사까지 아우를 수 있는 긴 시간, 즉 영원을 가리키는 표현이다(한 세대는 보통 40년을 말함. 참고. 신 7:9; 대상 16:15).

105:9, 10 하나님이 아브라함과 맺으신 원래 언약이다. 나중에 하나님은 이삭과 언약을 갱신하시고 야곱과도 언약을 갱신하셨다[참고. 아브라함(창 12:1-3; 13:14-18; 15:18-21; 17:1-21; 22:15-19), 이삭(26:23-25), 야곱(35:9-12)].

105:10 **영원한 언약** 언약을 맺은 때부터 마지막까지다. 구약에서 '영원한' 것으로 언급한 언약은 다섯 가지다. 노아 언약(창 9:16), 아브라함 언약(창 17:7, 13, 19), 제사장 언약(레 24:8), 다윗 언약(삼하 23:5), 새 언약(렘 32:40)이다.

105:11 **이르시기를** 창세기 17:8에서 하나님이 아브라함에게 주신 약속을 말하는 것 같다.

105:12 **수가 적어** 하나님은 아브라함에게 작은 무리에 불과한 그들의 후손이 하늘의 별과 바다의 모래처럼 많아지도록 하겠다고 약속하셨다(참고. 창 13:16; 15:5; 17:2, 6; 22:17).

105:13 **이 나라에게서 다른 민족에게로** 아브라함은 갈대아 우르에서 하란으로 이주했고 결국 가나안으로 갔다(창 11:31). 나중에는 애굽으로 잠시 내려간 적도 있다(창 12:10-13:1).

105:14 **꾸짖어** 주님은 사라를 그의 첩으로 들인 바로와 그의 집에 무서운 역병을 내리셨다(창 12:17). 그랄 왕 아비멜렉 역시 하나님의 책망을 받았다(창 20:3-7).

105:15 **나의 기름 부은 자…나의 선지자들** 시적 병행법을 사용해 하나님의 선지자들이 지상에서 그분을 대변하도록 선택받은 자들이라고 말한다. 창세기 20:7은 아브라함을 "선지자"라고 부른다. 이삭과 야곱에게도 이 호칭을 사용할 수 있다. **손대지 말며…해하지 말라** 구약에서 이와 동일한 내용으로 기록한 구절은 어디에도 없다. 시편 기자는 창세기 20:7; 26:11 등 여러 사건을 요약적으로 진술하고 있을 가능성이 높다.

105:16-25 창세기 37-50장에 기록된 역사를 염두에 둔 것이다. 16-22절은 애굽에서 요셉이 겪은 일을 언급하는 반면(참고. 창 37-41장) 23절은 결국 430년간의 체류로 귀결된 야곱의 이동 경로를 말한다(창 42-50장. 참고. 15:13, 14; 출 12:40). 24절과 25절은 애굽에서 이스라엘이 당한 일을 총체적으로 요약하고 있다(참고. 출 1:7-14).

105:23 **함의 땅** 노아의 막내아들인 함의 후손들 가운데 일부가 정착한 애굽 지역을 일컫는 다른 이름이다(참고. 창 9:24; 10:21; 시 78:51).

105:23-25 하나님은 그 주권으로 애굽을 이용하여 이스라엘을 심판하셨다(참고. 창 15:13).

105:26-36 모세와 아론의 인도로 하나님이 애굽에서 이스라엘을 구원하신 사건이 열거되는데, 특히 유월절로 마무리된 열 가지 재앙을 부각시킨다(참고. 출 5-12장).

105:28 **흑암** 아홉 번째 재앙이다(참고. 출 10:21-29).

105:29 **물도 변하여 피가 되게 하사** 첫 번째 재앙이다(참고. 출 7:14-25).

105:30 **개구리** 두 번째 재앙이다(참고. 출 8:1-15).

105:31 **파리 떼…이** 각각 네 번째와 세 번째 재앙이다(참고. 출 8:16-32). 악질의 다섯 번째 재앙(출 9:1-7)과 독종의 여섯 번째 재앙(출 9:8-12)은 언급하지 않았다.

105:32, 33 **우박…화염** 일곱 번째 재앙이다(참고. 출 9:13-35)

105:34, 35 **메뚜기** 여덟 번째 재앙이다(참고. 출 10:1-20).

105:36 **장자를 치셨도다** 열 번째이자 마지막 재앙은 애굽 사람들의 장자와 짐승들의 장자가 죽임을 당했다(참고. 출 11:1-12:51).

105:37-41 시편 기자는 이스라엘 출애굽 사건을 요약하고 있다. 하나님은 그들의 물질적 필요와 물리적 필요를 채워주셨다(참고. 출 11:2, 3; 12:35; 15:26). 또한 밤낮으로 보호해주시며(참고. 출 14:19, 20) 음식(출 16:1-36)과 물(참고. 출 17:6; 민 20:1-11)을 공급해주셨다.

105:42-45 시편 기자는 여호수아가 이스라엘 민족을 이끌고 아브라함에게 약속하셨던 제사장의 나라로 인도하고(수 1-12장) 열두 지파에게 땅을 분배했다(수 13-24장)는 요약으로 이 시편을 마무리한다. 하나님은 약속하신 대로(참고. 105:7-12) 구원해주시는 분이다.

105:42 **기억하셨음이로다** 8절의 명령하신 말씀, 즉 약속이다.

105:45 **지키고…따르게** 이 순종의 주제는 여호수아서의 시작(1:6-9)과 끝(24:14, 15, 16, 18, 21, 24)을 장식한다.

106:1-48

시편 106편은 이스라엘의 죄악에도 하나님이 이스라엘에게 자비를 베푸신 일을 열거한다(참고. 느 9:1-38; 시 78편; 사 63:7-64:12; 겔 20:1-44; 단 9:1-19; 행 7:2-53; 고전

10:1-13). 이 시편의 배경은 예루살렘으로 귀환한 포로기 이후 유대인(46, 47절)의 회개일 가능성이 높다(6절). 1, 47, 48절은 다윗이 언약궤를 처음 예루살렘으로 가져오던 때에 부른 노래인 역대상 16:34-36에서 차용한 것으로 보인다(참고. 삼하 6:12-19; 대상 16:1-7). 시편 기자는 진정한 부흥을 열망한다.

Ⅰ. 기원(106:1-5)
Ⅱ. 이스라엘이 지은 죄악 확인(106:6)
Ⅲ. 이스라엘의 죄 고백(106:7-46)
　A. 모세 시대에 범한 죄(106:7-33)
　B. 여호수아에서 예레미야까지(106:34-46)
Ⅳ. 구원의 호소(106:47)
Ⅴ. 송영(106:48)

106:1 **선하시며 그 인자하심** 시편 기자는 이스라엘의 역사적인 죄악에 비춰볼 때 하나님의 이런 성품은 특별히 찬양을 받으셔야 한다고 생각한다(참고. 106:6-46).

106:2, 3 2절에서 질문한 내용을 3절에서 대답한다.

106:4, 5 시편 기자는 아브라함 언약의 축복을 염두에 두고 있다(*시 105:9, 10에 대한 설명을 보라*). 그는 여기서 개인적 구원을 위해 기도하고(4절), 뒤에서는 민족의 구원을 위해 기도한다(47절).

106:6 **우리가…조상들처럼** 시편 기자는 현재 자신이 속한 세대를 포함해 이스라엘이 계속 죄를 범하고 있음을 인정한다.

106:7-12 이 단락은 출애굽 사건 때 바로와 그의 군대가 추격하는 가운데 홍해를 건넌 사건을 회상하고 있다(참고. 출 14:1-31).

106:7 **홍해** *출애굽기 13:18에 대한 설명을 보라.* **거역하였나이다** 참고. 출애굽기 14:11, 12.

106:8 **자기(주)의 이름을 위하여** 하나님은 자기 영광과 명성 때문에 행동하실 수밖에 없다. 빈번히 사용되는 이 구약 구절은 시편에서 여기 외에도 여러 차례 등장한다(참고. 시 23:3; 25:11; 31:3; 79:9; 109:21; 143:11).

106:9 **홍해를 꾸짖으시니** 이 역사적 사건으로 하나님의 진정한 초자연적 기적(참고. 출 14:21, 22)을 회상하게 된다. 나중에는 그들이 요단강을 건너 가나안 땅으로 들어갈 길을 준비해주신다(참고. 수 3:14-17).

106:10 누가복음 1:71에서 인용한다.

106:11 **그들 중에 하나도 살아남지 못하였도다** 출애굽기 14:28에 기록된 대로다(참고. 시 78:53).

106:12 **그를 찬양하는 노래를 불렀도다** 모세의 노래를 염두에 둔 것 같다(참고. 출 15:1-21).

106:13-33 이 단락은 이스라엘 민족이 광야에서 방랑한 것을 회상한다(참고. 민 14-신 34장).

106:13-15 유대인들은 하나님이 그들을 위해 행하신 가장 최근의 사건은 잊어버리고, 애굽에서 삶의 기본적 필요를 채웠던 것을 기억하며, 앞으로 식수(참고. 출 15:24)와 양식(참고. 출 16:2, 3)을 조달받을 수 있을지를 의심한다.

106:14 **하나님을 시험하였도다** 민수기 14:22을 보면 이스라엘 백성은 여러 차례 하나님을 시험했다(참고. 출 5:21; 6:9; 14:11, 12; 15:24; 16:2, 3; 17:2, 3; 32:1-6; 민 11:1-6; 12:1, 2; 14:2, 3).

106:16-18 여기서는 언급하지 않지만 앞서 언급된 반역을 주도한 이는 고라였다(참고. 민 16:1-35). 하나님의 심판은 250명을 삼킨 불로 마무리되었다(참고. 민 16:35).

106:19-23 이 단락은 모세가 산에서 하나님의 계명을 받는 동안 백성의 성화에 못 이겨 아론이 황금 송아지 우상을 만든 때를 회상하고 있다(참고. 출 32:1-14; 신 9:7-21).

106:19 **호렙** 이것은 시내산의 또 다른 이름일 가능성이 높다(참고. 출 19:11). "하나님의 산"(참고. 출 3:1; 왕상 19:8)이라는 이 특별한 곳에서 모세는 하나님의 계명을 받았다(신 1:6; 5:2; 29:1; 말 4:4).

106:21 **그의 구원자 하나님** 이 명칭은 목회 서신에 흔히 사용되지만 이사야서 외에 구약에서는 거의 사용하지 않는다(19:20; 43:3, 11; 45:15, 21; 49:26; 60:16; 63:8). 여기서는 실제적 구원을 가리키며, 예수 그리스도를 영적 구속자로 기대한다(눅 2:11).

106:22 **함** 노아의 막내아들인 함의 후손들이 정착한 애굽의 한 지역을 일컫는다(참고. 창 9:24; 10:21).

106:23 **모세가 그 어려움 가운데에서** 모세는 아브라함의 언약적 약속을 근거로 그 우상숭배와 부도덕한 행위에도 불구하고 그 민족을 진멸하지 말아달라고 하나님께 호소한다(참고. 출 32:11-14).

106:24-27 이 단락은 백성이 여호수아와 갈렙의 보고를 거부한 일, 애굽으로 돌아가게 해달라고 원망한 일을 회상하고 있다(참고. 민 14:1-4). 하나님은 그들에게 심판으로 응하셨다(민 14:11-38).

106:24 **그 기쁨의 땅** 하나님이 이스라엘 민족을 위해 아브라함에게 약속하신 대제사장을 가리키는 표현이다(참고. 렘 3:19; 슥 7:14).

106:28-31 이 장면은 모압 왕 발락을 위해 이스라엘을 저주하고자 했지만 하나님의 제지하심으로 불발에 그친 선지자 발람과 이스라엘의 만남을 이야기한다(참고. 민 22-24장; 신 23:4; 수 24:9, 10; 느 13:2). 이 일이 실패하자 발람은 발락에게 음행과 우상숭배로 이스라엘

을 유혹하라고 조언한다(참고. 민 31:16; 25:1; 벧후 2:15; 유 11절; 계 2:14). 이스라엘은 결국 범죄했고 하나님의 심판을 받았다(민 25:1-13). 발람은 나중에 이스라엘 민족에게 살해당했다(참고. 수 13:22).

106:28 **브올의 바알** 모압 족속의 신인 바알을 가리키며, 바알 숭배는 브올이라는 산에서 이루어졌다(참고. 민 23:28). **죽은 자에게 제사한 음식** 이것은 생명이 없는 우상들에게 바친 희생제물을 가리킬 가능성이 높다(참고. 신 5:26; 삼상 17:26, 36; 시 42:2; 84:2; 렘 10:3-10; 단 6:20, 26).

106:30 **비느하스** 아론의 아들인 엘르아살의 아들이다(참고. 민 25:7).

106:31 **그의 의로 인정되었으니** 하나님을 믿는 믿음을 증명한 그의 행동은 칭찬받아 마땅한 의로운 행동이었다. 아브라함도 그러했듯이(참고. 창 15:6; 롬 4:3; 갈 3:6; 약 2:23) 비느하스도 그것을 의로 인정받았다. 이것은 레위의 집을 통해 아론의 후손이 영원히 제사장 계보를 잇게 하겠다는 모세 언약의 일부였다. 이 언약은 레위기 24:8, 9에서 하나님이 먼저 주신 언약이었고(참고. 렘 33:17-22; 말 2:4-8) 민수기 18:8, 19에서 재확인되었다. 이 본문에서 언약은 신실한 비느하스의 계보에서 이어지리라고 더 확실하게 말하고 있다.

106:32, 33 이 장면은 이스라엘의 계속된 패역으로 자극받은 모세가 화가 나서(참고. 출 11:8; 16:20) 반석을 내리쳐 하나님을 노엽게 만든(참고. 민 20:12) 민수기 20:1-13을 떠올리게 한다. 이 사건으로 아론뿐 아니라(참고. 민 20:22-29) 모세(신 34:1-8)도 약속의 땅에 들어가지 못하고 죽었다.

106:32 **므리바 물** 이것은 다툼의 물이었다(참고. 민 20:13).

106:33 **그의 뜻(His Spirit)** 이것은 하나님의 성령을 가리킬 가능성이 높다. 하나님의 성령은 구약에서 포괄적인 사역을 감당하셨다(참고. 창 1:2; 6:3; 삼하 23:2; 느 9:30; 시 139:7; 사 48:16; 겔 2:2; 3:12-14; 8:3; 11:1, 5, 24; 학 2:5, 슥 7:12). 이사야 63:10, 11과 사도행전 7:51 모두 이 특별한 사건을 가리킨다.

106:34-39 이 단락은 약속의 땅에 들어간 이후부터(수 3, 4장) 앗수르(왕하 17장)와 바벨론(왕하 24, 25장)에 포로로 끌려갈 때까지 이스라엘의 전반적인 죄악상을 서술하고 있다. 그들은 이방인들을 쫓아내지 않았고 그들의 우상숭배에 동참하는 비극적 죄악을 저질렀다.

106:36-38 **우상들…악귀들…우상들** 악귀들은 우상 속에 터를 잡고 우상숭배를 조장한다(참고. 신 32:17; 대하 33:5-7; 고전 10:14-21; 계 9:20). 당시 어린 아이의 인신 공양은 흔하게 자행되던 악습이었다(참고. 신 12:31; 왕하 17:17; 겔 16:20, 21).

106:39 **그들의 행위…그들의 행동** 하나님은 이스라엘이 지은 죄악에 대해 어떤 변명도 허용하지 않고 직접 그 책임을 물으셨다.

106:40-43 사사 시대부터 앗수르와 바벨론 포로 시대까지 하나님은 그 대적들을 이용해 이스라엘의 범죄를 징계하셨다.

106:44-46 이것은 하나님과 아브라함이 맺은 언약의 무조건적 성격을 강조한다.

106:45 **그들을 위하여** 일차적으로 자기 이름을 위해 행동하시고 이차적으로 그들을 위해 행동하신다(참고. 8절). **그의 언약을 기억하시고** 이것은 아브라함의 후손들이 번성하게 될 것이며, 대제사장이 나오리라는 아브라함 언약에 근거해 4절과 5절에서 드린 시편 기자의 기도에 대한 응답이다(*시 105:9, 10에 대한 설명을 보라.* 참고. 눅 1:72-75).

106:47 시편 기자는 아브라함 언약에 근거해 이스라엘 백성이 다시 모일 수 있게 해달라고 대표 기도를 한다. 모세 시대 사람들이 구세주이신 하나님을 잊었다는 것을 기억하고 있다(참고. 106:21). 유다 지파와 베냐민 지파가 에스라와 느헤미야 시대에 유다로 귀환했지만 이 본문은 주 예수가 약속된 다윗의(삼하 7장) 지상 천년왕국(계 20장)을 통치하러 재림하실 때 이스라엘이 다시 회복되리라는 것을 기대한다(참고. 겔 37:11-28; 호 14:4-8; 욜 3:18-21; 암 9:7-14; 미 7:14-20; 습 3:8-20; 슥 12-14장).

106:48 **영원부터 영원까지** 시편 기자는 시편 106:47의 희망에 가득 찬 기도와 함께 이스라엘의 구원자 하나님의 영원성을 부각시키는 장엄한 송영으로 시편 제4권(90-106편)을 마무리한다(참고. 대상 16:36; 시 41:13; 90:2).

107:1-43

시편 105-107편의 도입부에 공통으로 등장하는 "여호와께 감사하라"는 구절은 하나님의 선하심과 이스라엘에 베푸신 자비를 찬양하는 이 3인조 찬송을 하나로 이어준다. 이 시편은 포로기 이후에 쓰였을 가능성이 높은데(참고. 107:3) 주요 주제는 두 가지다. 포기하지 않고 계속 구원해주시는 하나님에 대한 찬양(107:4-32), 인간의 순종과 불순종에 대한 하나님의 반응에 대한 회고(107:33-42)다.

Ⅰ. 찬양의 요청(107:1-3)
Ⅱ. 기쁨의 이유—구원하심(107:4-32)
Ⅲ. 순종과 불순종의 결과(107:33-42)

Ⅳ. 지혜와 명철에 대한 주석(107:43)

107:1-3 이스라엘의 대적에게서 구원받은 모든 사람은 하나님의 선하심과 영원한 자비에 관심을 집중한다. 여호와께서는 수백 년 동안 남쪽으로는 애굽(참고. 출 12-14장), 북쪽으로는 아람과 앗수르(참고. 왕하 19:29-37), 서쪽으로는 블레셋(참고. 삼하 8:1; 왕하 18:8), 동쪽으로는 바벨론(참고. 스 1장) 등 대적의 손에서 그들을 속량하셨다. 106:47의 시편 기자가 한 기도와 3절을 비교해보라.

107:4-32 이 단락에는 범죄한 이스라엘 민족이 당한 재앙을 예시하는 네 가지 그림 또는 실제적 상황이 등장한다. 광야에서 유리 방황함(4-9절), 감옥에서 고통당함(10-16절), 질병으로 고통당함(17-22절), 풍랑 이는 바다에서 고생함(23-32절)이다. 각 그림은 네 가지 사건을 다음과 같은 동일한 순서에 따라 소개한다. 첫째, 인간의 곤경(4, 5, 10-12, 17, 18, 23-27절)이다. 둘째, 인간의 간구(6상, 13상, 19상, 28상반절)다. 셋째, 하나님의 용서하심(6하, 7, 13하, 14, 19하, 20, 28하-30절)이다. 넷째, 인간의 찬양(8, 9, 15, 16, 21, 22, 31, 32절)이다.

107:4-9 시편 기자는 기적적인 출애굽을 경험한 이스라엘이 감사해하지도 하나님께 신실하지도 않았던 광야생활을 되돌아보는 것 같다(민 14-수 2장).

107:10-16 시편 기자는 주전 586년 시드기야 왕이 포로로 잡혀 감금된 사건을 생각하는 듯하다(참고. 왕하 25:4-7; 렘 39:4-8; 렘 52:1-11).

107:17-22 시편 기자는 민수기 21:4-9의 이스라엘 백성이 불뱀에 물렸다가 낫게 된 사건을 떠올리는 것 같다.

107:23-32 시편 기자는 요나가 선원들과 다시스로 가던 일을 떠올리는 것 같다(참고. 욘 1장).

107:33-42 이 단락은 인간이 순종할 때 하나님이 축복하시고 범죄할 때 심판하심을 대조적으로 보여준다. 시편 기자는 네 가지 설명으로 주제를 강조한다. 형통하던 삶이 가난의 나락으로 굴러떨어짐(33, 34절), 불모한 상태에서 축복을 누리는 상태로 올라감(35-38절), 꼭대기에서 바닥으로 굴러떨어짐(39, 40절), 비천한 상태에서 고귀한 상태로 올라감(41, 42절).

107:33, 34 아합과 이세벨의 범죄로 3년간 가뭄이 덮쳤던 사건을 염두에 둔 것 같다(참고. 왕상 17:1; 18:18).

107:35-38 아브라함(창 24:1, 34, 35) 또는 여호수아(수 24:13) 시대를 가리키는 것 같다.

107:39, 40 앗수르에게 포로로 끌려간 사건(왕하 17:4-6), 바벨론 유수(왕하 24:14, 15)를 가리키는 것 같다.

107:41, 42 가난한 유대인이 애굽 사람이 준 금과 보석으로 부자가 된 것을 가리키는 것 같다(참고. 출 1:13, 14; 3:21, 22; 12:35, 36).

107:43 시편 기자는 이 종결어구를 쓰면서 잠언 8:1-36, 전도서 12:13, 14 또는 호세아 14:9을 참고했을 것이다.

108:1-13

다윗은 이전에 쓴 시편 57편과 60편의 일부를 갖고 하나님의 승리를 찬양하는 이 시편을 썼다(1-5절은 57:7-11을 인용했고 6-13절은 60:5-12를 인용했음). 그는 각 시편의 도입 부분에 있는 탄식 내용(57:1-6; 60:1-4)을 빼버리고 단어만 약간 바꾼 상태에서 하나님을 찬양하고 신뢰한다는 내용을 모아 한 편의 시를 만들었다. 이 시편의 배경이 되는 역사적 사건은 무엇인지 구체적으로 알 수 없다. *시편 57:7-11과 시편 60:5-12에 대한 설명을 보라.*

Ⅰ. 개인적인 하나님 찬양(108:1-5)

Ⅱ. 개인적인 하나님에 대한 신뢰(108:6-13)

109:1-31

이 저주 시편의 배경이 구체적으로 무엇인지 사무엘상하와 열왕기상, 역대상에 기록된 다윗의 생애에서 확인하려고 해도 이 시편의 전반적 내용을 특정 사건이나 인물과 연결할 수 있는 결정적 단서가 없다. 다윗은 이 시편에서 그를 거짓으로 고발하며 악한 말로 비방하는 사람들에게 대답한다(참고. 109:2, 3, 20). 이 시편은 성격상 메시아적 시편으로 인정된다. 그 이유는 사도행전 1:20에서 그리스도를 배신한 유다의 최후를 가리킬 때 8절을 언급하기 때문이다(참고. 시 41:9; 69:25). 다윗은 인간 법정에서 피고인의 신세지만 하나님의 법정에서는 죄를 묻는 일종의 검사로 역할이 역전된다.

Ⅰ. 고소인의 호소(109:1-5)

Ⅱ. 원하는 형량(109:6-20)

Ⅲ. 정의를 실현해달라는 간청(109:21-29)

Ⅳ. 재판장에 대한 찬양(109:30, 31)

109:1 **내가 찬양하는 하나님이여** 다윗은 우주의 재판장 되신 하나님을 찬양하는 것으로 이 시편을 시작하고 마무리한다(참고. 30절). 21절에서 다윗은 재판장이 되신 하나님을 "주 여호와여"라고 부르고 26절에서는 "여호와 나의 하나님이여"라고 부른다.

109:2-5 다윗은 무고한 자가 죄를 지은 자들에게 오히려 고발당하고 있음을 호소한다. 그는 자신이 아무런 이유 없이 고소를 당했다고 주장한다(109:3). 어떤 이들은 다윗을 고소한 사람이 에돔 사람 도엑이라고 주장하지만(참고. 삼상 21; 22; 시 52) 사울을 가리킨다고 보는 것이 더 설득력이 있다(참고. 삼상 18-27장). 이 시편 외에 역사

적 배경을 암시한 14개의 표제 가운데 죽이려고 뒤를 쫓는 사울 때문에 다윗이 고통당하는 내용을 다룬 것이 8편이다(참고. 시 18; 34; 54; 57; 59; 63; 142편).

109:2 2-5, 20, 25, 27-29절에서 다윗은 그를 무고히 고발한 집단을 언급한다. 이것은 한 개인이 언급된 6-19절과 대조된다. 이 개인은 집단의 지도자일 가능성이 높다.

109:6-20 모세 율법은 거짓 고발과 악의적 증언을 예상하고(참고. 신 19:16-21) 남을 무고히 고발하는 자들은 그가 고발한 그대로 처벌받도록 명시했다. 다윗은 이 단락과 26-29절에서 이 법을 염두에 두었을 것이다. 그러므로 그의 저주는 악의적 저주가 아니라 율법에 따라 정의를 실현시켜 달라는 요청이었다. 이 저주는 잘못을 뉘우치는 자들이 아니라 잘못을 뉘우칠 줄 모르는 완악한 하나님의 대적들이 그 대상이다. 그들의 운명은 이미 정해져 있다.

109:8 사도 베드로는 배신자 유다 대신 다른 사도를 세울 때 정당한 근거로 이 절을 인용했다(참고. 행 1:20).

109:21-29 다윗은 재판장의 명예를 위해(109:21) 그리고 그 자신을 위해(22-25절) 구원해주시도록 호소하며 정의가 이루어지도록 기원한다. 그다음으로 그의 대적들이 합당한 심판을 받게 해달라고 간청한다(26-29절).

109:30, 31 거룩하신 재판장에 대한 다윗의 찬양(30절)은 그 재판장의 자비와 사랑에 대한 확신에 근거한다(31절). 사무엘하 22장과 시편 18편은 하나님의 법정에서 다룬 다윗 사건의 전반적 결과를 기록하고 있다.

110:1-7

이 시편은 성경에서 예수 그리스도를 거룩한 왕이자 대제사장으로 묘사한 가장 뛰어난 예언 중 하나를 담고 있다. 이스라엘의 왕들 가운데 이런 경험을 한 이는 아무도 없다. 시편 118편과 함께 이 시편은 신약에서 가장 많이 인용된다(마 22:44; 26:64; 막 12:36; 14:62; 눅 20:42, 43; 22:69; 행 2:34, 35; 히 1:13; 5:6; 7:17, 21; 10:13). 이 시편은 완전한 왕과 완전한 대제사장과 완전한 통치를 묘사하는 동시에 부활하신 구세주로서 그리스도가 현재 천국에서 맡으신 역할(110:1)과 통치자로서 지상에서 장차 맡으실 역할(110:2-7)을 선언한다.

이 시편은 내용상 메시아적 시편이자 천년왕국에 대한 시편이다. 예수 그리스도(마 22:43, 44)는 이 시편의 다윗 저작권을 인정하셨다. 이 시편의 정확한 배경이 무엇인지 불확실하지만 사무엘하 7:4-17의 다윗 언약에 대한 하나님의 선언과 관련이 있을 가능성이 높다.

Ⅰ. 왕 되신 그리스도(110:1-3)

Ⅱ. 대제사장이신 그리스도(110:4-7)

110:1 **내 주** 이 호칭은 이스라엘의 왕이신 주 예수 그리스도를 가리킨다. 육신의 혈육으로 그리스도는 다윗의 후손이다. 이것은 사무엘하 7:12의 다윗 언약에 명시된 그대로다. 그리스도 역시 이 구절을 이용해 복음서에서 자신의 신성을 선언하시며(마 22:44; 막 12:36; 눅 20:42-43) 오직 하나님만이 다윗 왕의 주가 될 수 있다고 주장하셨다. **네 원수들로 네 발판** 발판은 고대 근동에서 절대적 승리의 상징으로 적을 밟고 있다는 의미였다(참고. 시 8:6, 7; 47:3; 사 66:1; 고전 15:27). 이것은 그리스도가 정복자 왕으로 재림하심을 예고한다(참고. 계 19:11-21). **내 오른쪽** 성부 하나님은 승천하신 성자 하나님을 천국 왕실의 영광스러운 보좌에 앉도록 하셨다(참고. 행 2:22-36; 히 10:10-12).

110:2 **시온** 하나님은 지상의 궁극적인 왕을 예루살렘(남서쪽은 시온, 참고. 시 132:13-18)에 세우기로 하셨다. 여기서 천상의 시온이 아닌 지상의 시온을 염두에 두었다고 본 이유는 천상에는 적 자체가 없고, 5-7절의 행동은 그 어떤 것도 천상에서 일어날 일이 아니기 때문이다. **규** 인간적인 관점에서는 유다의 지팡이를 염두에 둔 말이다(참고. 창 49:10). 하나님의 관점에서는 왕 되신 예수가 땅을 심판하기 위해 휘두르시는 철창을 가리킨다(참고. 시 2:9). **다스리소서** 그리스도는 그의 조상 다윗의 보좌에서 통치하심으로써(참고. 눅 1:32) 이사야 9:6과 스가랴 14:9의 말씀을 성취하실 것이다.

110:3 **주의 권능의 날에** 이것은 예수 그리스도가 천년 동안 다스릴 때 나타날 능력을 말한다(참고. 슥 14:1-21; 계 19:11-20:6). **거룩한 옷…새벽 이슬…청년** 이것은 왕에게 해당되는 것으로, 그가 힘 있게 활발히 움직이는 청년처럼 늘 생기가 넘칠 거라는 표현이거나 그의 거룩함과 영원성, 신성을 가리킬 수도 있다. **즐거이 헌신하니** 구속함을 받은 세상 거민들은 만왕의 왕이시며 만주의 주 되신 분을 즐겁게 섬길 것이다.

110:4 **너는…제사장이라** 이스라엘 역사에서 왕이 대제사장의 역할을 동시에 수행한 최초의 시기다. 그리스도(또한 "가지"로 알려짐, 참고. 사 4:2; 렘 23:5, 6; 슥 3:8; 6:12, 13)는 온 세상이 하나님을 경배하는 성전을 세우실 것이다(참고. 삼하 7:13; 사 2:2-4; 겔 40-48장). **멜기세덱의 서열** 이 대제사장은 영원하지 않고 유다 출신이 아니며 왕이 아니고 새 언약과 무관하며 아론과 다르다는 점에서(렘 31:31-33; 히 8;9) 아론의 계보가 아니다. 멜기세덱은 '의로운 왕'이라는 뜻으로 창세기 14:17-20에서 살렘의 왕이자 제사장으로 등장하며 대제사장이신 그리스도의 모형이다(참고. 히 5:6; 7:17, 21). 사독

의 아들들은 천년왕국에서 제사장으로 수종 들며 그리스도와 함께 섬길 것이다(참고. 겔 44:15; 48:11). **영원한** 그리스도는 이스라엘 역사에서 마지막이자 지고의 대제사장을 대표한다.

110:5 **주의 오른쪽** 여기서 역할의 전도가 일어난다. 이제 성부께서 성자의 오른쪽에 서 계신다. 이것은 아버지께서 아들의 필요를 채워주심을 묘사한 것이다(참고. 시 16:8; 109:31; 사 41:13). 성부는 지상의 대적들을 무너뜨리시고 그 아들이 아브라함에게 준 땅과 민족에 대한 약속(창 12:1, 2)과 다윗에게 준 왕권의 약속(삼하 7:12, 13, 16)을 성취하도록 하신다. **그의 노하시는 날에** 이것은 주의 날을 의미하며(참고. 3절 "주의 권능의 날"), 다니엘의 70번째 주(일흔 이레 중 마지막 이레)가 끝나는 날 전 지구적인 차원에서 진행될 것이다(참고. 단 9:24-27). 이는 오직 하나님의 진노를 가리켜 사용되는 표현으로 그리스도의 천년 통치를 위해 회개하지 않는 세상에 쏟아부으실 진노다(참고. 욜 2:1, 11, 31; 3:14; 계 6:16, 17; 14:19; 19:5).

110:6 **심판하여…가득하게 하시고…깨뜨리시며** 참고. 시편 2:8, 9; 50:1-6; 이사야 2:4; 9:6, 7; 다니엘 2:44, 45; 7:26, 27; 요엘 3:2, 12; 미가 4:3; 마태복음 25:32; 요한계시록 6:15-17; 14:20; 16:14; 19:19-21.

110:7 **마시므로** 이것은 새롭게 힘을 회복한 정복자에 대한 표현으로, 그는 온 세상을 다스릴 왕이다. 이것은 스가랴 14:8에 기록된 대로 예루살렘에서 생수가 동서로 흐를 것이라는 기대감의 반영일 수도 있다. **그의 머리를 드시리로다** 머리를 든다는 것은 승리하신 그리스도의 힘을 상징한다(참고. 시 3:3; 27:6; 75:10). 시편 22:28의 보고대로 "나라는 여호와의 것이요 여호와는 모든 나라의 주재심이로다"(참고. 슥 14:9).

111:1-10 시편 111편과 112편은 모두 "할렐루야(여호와를 찬양하라)"로 시작하며(시편 113편처럼), 히브리 알파벳 22글자로 시작하는 22행의 알파벳 시라는 점에서 비슷하다. 시편 111편은 하나님의 행적을 찬양하는 반면 시편 112편은 하나님을 경외하는 자들을 칭송한다. 저자와 배경은 알려져 있지 않다.

Ⅰ. 찬양의 말씀(111:1)

Ⅱ. 하나님의 행적에 대한 말씀(111:2-9)

Ⅲ. 지혜의 말씀(111:10)

111:1 **전심** 예수님은 가장 큰 계명이 "네 마음을 다하고 목숨을 다하고 뜻을 다하여 주 너의 하나님을 사랑하라"(마 22:37)고 가르치실 때 이 구절을 염두에 두셨을지도 모른다.

111:2-9 하나님의 행적을 5번 언급한다(2, 3, 4, 6, 7절). 전체적으로는 더 중요한 구속 사역을 염두에 두지만(9절) 일시적 성격의 부차적인 사역 역시 배제하지 않는 것 같다(5, 6절).

111:5 **양식…그의 언약** 시편 기자는 요셉을 이용해 야곱에게 양식을 제공해주심으로써(창 37-50장) 그 민족을 하늘의 별같이 해주겠다는 아브라함 언약(창 15:5)을 이루어주신 하나님의 신실하심을 생각했을 가능성이 높다.

111:6 **뭇 나라의 기업** 여기서 시편 기자는 아브라함 언약(참고. 창 15:18-21; 17:1-8), 구체적으로 출애굽기(출애굽기-신명기)와 대제사장(여호수아)의 가나안 정복과 땅 분배를 염두에 두었을 것이 분명하다. *신명기 7:1, 2에 대한 설명을 보라.*

111:9 **그의 언약을 영원히 세우셨으니** 5, 6절과 갈라디아서 3:6-9를 볼 때 이 구절은 영원한 언약으로 종종 선언되는 아브라함 언약의 구속적 측면에 주목했다고 할 수 있다(참고. 창 17:7, 13, 19; 대상 16:15, 17; 시 105:8, 10; 사 24:5).

111:10 **여호와를 경외함** *잠언 1:7에 대한 설명을 보라.*

112:1-10 *시편 111:1-10에 대한 설명을 보라.*

Ⅰ. 순종의 축복(112:1-9)

Ⅱ. 죄의 허망함(112:10)

112:1 **여호와를 경외하며** 이 시편은 시편 111:10이 끝난 부분에서 시작하여 두 시편이 하나로 연결된다.

112:2-9 형통함을 원하는 모든 인간의 소망은 오직 하나님의 명령에 순종할 때 충족될 수 있다(참고. 시 1:1-3).

112:9 **흩어** 고린도후서 9:9에서 바울이 인용한 구절이다. **그의 뿔** 짐승의 뿔은 힘과 번영을 상징했는데, 여기서는 의인들을 가리켜 비유적으로 사용되었다.

112:10 2-9절의 의인들과 반대로 악인들은 무기력하게 허무한 인생을 살아간다(참고. 시 1:4-6).

113:1-9 시편 113-118편은 하나님을 찬양하는 내용을 담고 있는데, 흔히 애굽 할렐(할렐은 히브리어로 '찬양'이라는 뜻임)로 알려져 있다. 이 시편들은 유월절, 오순절, 초막절에 부르는 노래였지만 유대인이 애굽에서 구원받은 날을 기념하는 유월절에 가장 중요한 의미를 지녔다(참고. 출 12-14). 전통적으로 시편 113-114편은 유월절 식사 전에 불렀고 115-118편은 그 후에 불렀다. 시편 118편은 그리스도가 배신당하시던 날 밤 다락방을 떠나기 전 제자들과 함께 부르셨을 것이다(참고. 마 26:30; 막 14:26). 시

편에는 중요한 찬양 모음이 두 가지 더 있다. 대할렐(시편 120-136편), 마지막 할렐(시편 145-150편)이다.

I. 찬양으로의 부름(113:1-3)
II. 찬양의 이유(113:4-9)
A. 하나님의 초월성(113:4, 5)
B. 하나님의 내재성(113:6-9)

113:1 **종들** 구속받은 자들로, 순종으로 하나님을 섬기는 이들을 가리킨다. **이름** 하나님의 이름은 그분의 모든 속성을 가리킨다.

113:2 **이제부터 영원까지** 우리는 늘 찬양을 드려야 한다(참고. 엡 5:20; 살전 5:18).

113:3 **해 돋는 데…해 지는 데** 아침에 눈을 뜨는 순간부터 잠자리에 들기 전 깨어 있는 마지막 순간까지다.

113:4, 5 성도들은 초월적 주권성으로 찬양받으시기에 합당한 유일한 분을 찬양해야 한다.

113:6-9 **스스로 낮추사** 비유법을 사용해 하나님이 먼 하늘에서 땅을 살피려고 자세를 낮추시는 모습을 표현한 것이다(참고. 사 40:12-17). 그리스도는 성육신으로 자신을 낮추는 놀라운 겸손을 보여주셨다(참고. 빌 2:5-11).

113:7, 8 **가난한 자** 사무엘상 2:8에 나온 한나의 기도를 거의 그대로 인용하고 있다. 하나님은 부자들과 가난한 자들을 모두 지으셨고(잠 22:2) 가난한 자들과 궁핍한 자들을 긍휼히 여기신다(참고. 시 72:12, 13). 무엇보다 그리스도는 마음이 가난한 자들을 구원하기 위해 오셨다(참고. 사 61:2; 눅 4:18).

113:9 **임신하지 못하던 여자** 사라(창 21:2), 리브가(창 25:21), 라헬(창 30:23)이 가장 중요한 여인으로 부상한 이유는 아브라함 언약의 결과가 불임 여성들이 하나님의 축복으로 어머니가 되는 것과 직결되었기 때문이다.

114:1-8 *시편 113:1-9에 대한 설명을 보라.* 이 시편은 출애굽과 가장 직접적인 관련이 있다(출 12-14장). 이 시편은 하나님이 포로생활을 하는 민족에게 응답하셔서 야곱에게 주신 아브라함 언약의 약속들(창 28:13-17)을 이루어주신 내용을 서술하고 있다[참고. "야곱의 집안"(시 114:1), "야곱의 하나님"(114:7)].

I. 하나님은 이스라엘을 거처로 삼으신다(114:1, 2).
II. 하나님은 자연을 두렵게 하신다(114:3-6).
III. 주 앞에서 떨라고 명하신다(114:7, 8).

114:2 **유다…이스라엘** 유다와 베냐민 지파와 북쪽 열 지파를 각각 가리킨다. **성소…영토** 하나님은 낮에는 구름 기둥으로, 밤에는 불 기둥으로 그 백성 가운데 거하셨다(참고. 출 13:21, 22; 14:19).

114:3 **바다…요단** 하나님이 일으킨 두 가지 기적, 즉 물을 가르신 사건이 출애굽의 시작과 끝을 장식한다. 애굽에서 탈출하는 과정에 하나님은 홍해를 가르셨고(출 14:15-31), 40년 후에는 요단강을 가르셔서 약속의 땅에 유대인이 들어가도록 하셨다(수 3:1-17).

114:4 **산들…작은 산들** 이것은 하나님이 시내산에서 이스라엘에게 강림하시는 두려운 모습을 가리킨다(참고. 출 19:18; 삿 5:4, 5; 시 68:17, 18).

114:5, 6 하나님은 시적 이미지를 이용해 왜 가장 안정적 자연인 물과 산들이 그분의 권능과 뜻을 거스를 수 없는지 질문하신다.

114:7 **떨지어다** 이것은 전능하신 하나님 앞에서 무기력한 자연이 보일 수 있는 합당하고 유일한 반응이다.

114:8 **반석** 이것은 맛사/므리바의 첫 사건(출 17:5, 6) 그리고(또는) 두 번째 사건(민 20:8-11)을 가리킨다.

115:1-18 *시편 113:1-9에 대한 설명을 보라.* 이 찬양 시편은 성격상 교창으로 보이며, 다음 순서로 진행되었다.

백성(115:1-8)
제사장(115:9-11)
백성(115:12, 13)
제사장(115:14, 15)
백성(115:16-18)

4-11절은 시편 135:15-20과 매우 비슷하다. 이 시편은 포로기 이후에 쓰인 것으로(참고. 2절), 제2성전을 봉헌할 때 처음 불렸을 가능성이 있다(참고. 스 6:16).

115:1 **주의 이름에만 영광을 돌리소서** 하나님은 그 누구와도 영광을 나누지 않는다고 선언하신다(사 42:8; 48:11).

115:2 **그들의 하나님이 이제 어디 있느냐** (참고. 시 42:3, 10; 79:10; 욜 2:17; 미 7:10). 유대인은 이방인들의 이런 조롱을 경멸했다.

115:3 이스라엘의 하나님은 살아 계시며 하늘 보좌에서 세상을 통치하신다.

115:4-8 이런 하나님과 달리 이방인들은 타락한 피조물의 형상으로 그들이 손수 만든 죽은 신들을 섬긴다(참고. 사 44:9-20; 46:5-7; 렘 10:3-16; 롬 1:21-25). 우상숭배자들은 그들이 섬기는 우상을 닮아간다. 다시 말해 영적으로 아무 쓸모없게 된다.

115:9-11 이 세 절은 제사장의 교창(참고. 118:2-4; 135:19, 20) 단락으로 각기 세 집단에 대한 교훈으로 볼 수 있다. 이스라엘 민족, 아론의 후손인 레위계 제사장들(115:10), 유대교 개종자로 하나님을 경외하는 자들(115:11)이다. 이 세 집단에게 하나님은 도움과 방패가 되신다.

115:16 **하늘…땅** 이것은 행성 지구만이 생명체가 살고 있다는 강한 암시라고 할 수 있다.

116:1-19 *시편 113:1-9에 대한 설명을 보라.* 이 시편은 매우 개인적인 '감사' 시편으로 죽음에서 건져주신 하나님께 감사를 드린다(116:3, 8). 저자와 배경은 정확히 알 수 없지만 요나가 물고기 안에서 기도를 드릴 때 사용한 말과 비슷하다. 이것은 육체적 죽음을 다루는 것처럼 보이지만 영적 죽음에서 구원받은 사람도 이 시편을 부를 수 있다.

I. 죽음에서 건져달라는 시편 기자의 기도에 대한 하나님의 응답(116:1-11)
II. 죽음에서 건져주신 하나님에 대한 시편 기자의 반응(116:12-19)

116:3 **스올** 무덤이나 죽음을 가리키는 또 다른 표현이다.

116:9 **행하리로다** 순종의 맹세다.

116:10 **나는 믿었도다** 하나님과 그분의 구원하시는 능력에 대한 믿음이 구원의 기도보다 먼저였다. 이 절은 사도 바울이 고린도후서 4:13에서 인용하고 있다. 보이는 것이 아니라 믿음으로 행하는 삶의 원리를 강조한다.

116:11 **모든 사람이 거짓말쟁이라** 시편 기자가 무고히 그를 고발한 자들을 가리켜 이런 말을 하는 것인지, 그를 구해줄 수 있다고 거짓말한 사람들을 가리켜 이 말을 하는 것인지 둘 중 하나다.

116:12 **무엇으로 보답할까** 하나님은 값없이 자비와 은혜를 베푸시며 어떤 대가나 보상을 요구하거나 필요로 하시지 않는다. 시편 기자는 유일하게 용납하실 선물인 순종과 감사를 하나님께 돌려 드린다.

116:13 **구원의 잔** 이 표현이 이대로 사용된 곳은 구약에서 이 절이 유일하다. 시편 16:5; 23:5의 잔과 같은 의미로 사용되었을 것이다. 즉 하나님의 진노의 잔을 강조하는 시편 75:8과 대조적으로 하나님이 주신 구원의 생명을 의미하는 듯하다.

116:14 **나의 서원을…갚으리로다** 이것은 감금되었을 때 한 맹세를 가리킬 가능성이 높다(참고. 116:18, 19).

116:15, 16 시편 기자는 15절에 비춰 그분의 구원이 얼마나 특별한 축복인지 깨달았다("나의 결박을 푸셨나이다"). 그러므로 그는 그 어머니의 모범을 따라 하나님의 종으로서 자기 역할을 다시 강조한다.

116:17-19 이 단락은 13, 14절과 병행을 이룬다. 요나는 이와 거의 동일한 고백을 했다(욘 2:9).

116:17 **감사제** 모세 율법이 규정한 제사가 아니라 시편 136편과 138편의 정신으로 마음에서 우러나와 드린 실제적인 감사와 찬양을 의미할 것이다(참고. 시 50:23; 100:4; 119:108; 히 13:15).

116:19 **여호와의 성전** 이것이 다윗이나 다윗 이전의 사람이 썼다면 '예루살렘 성막'을 가리킬 것이고, 솔로몬이나 그 후대 사람이 썼다면 '예루살렘 성전'을 가리킬 것이다.

117:1, 2 *시편 113:1-9에 대한 설명을 보라.* 짧지만 중요한 이 시편에 구속 진리의 핵심이 압축되어 있다. 분량은 극히 짧지만 지극히 심오한 진리를 담고 있다. 이 중요한 시편은 세 가지 독특한 특징이 있다. 첫째, 가장 짧은 시편이다. 둘째, 성경에서 가장 짧은 장이다. 셋째, 성경에서 중간에 있는 장이다. 하나님이 구약에서 구속 대상을 이스라엘에 국한시키지 않았다는 점이 이 시편에서 분명히 드러난다. 시편 기자는 에덴동산에 아담과 하와를 만드신 목적(창 1; 2장)을 회고하고 새 하늘과 새 땅에서 그 뜻이 궁극적으로 성취될 것을 기대한다(계 21; 22장).

I. 온 세계적 초청(117:1)
II. 중대한 이유(117:2)

117:1 **모든 나라들아…모든 백성아** 바울은 로마서 15:11에서 이 절을 인용해 하나님이 태초부터 온 세상을 구속할 뜻을 갖고 계셨음을 강조한다(참고. 롬 15:7-13). 이 주제를 강조하기 위해 로마서 15장에서 바울이 인용한 다른 구절들은 신명기 32:43; 사무엘하 22:50; 이사야 11:10이다. 구약만큼 확실하지는 않지만 신약 역시 이 사실을 분명하게 명시한다(참고. 행 10:34, 35; 롬 1:16; 고전 12:13; 갈 3:1-29; 골 3:11).

117:2 1절에서 이토록 찬양을 명령한 이유는 구속의 은혜를 베푸시는 하나님의 인자하심, 그분의 영원한 진리 때문이다. 그러므로 하나님은 약속하신 대로 베풀어 주실 것이다(참고. 요 6:37-40).

118:1-29 *시편 113:1-9에 대한 설명을 보라.* 이 시편은 110편과 함께 메시아적 시편으로 신약에서 가장 많이 인용된다(마 21:9, 42; 23:39; 막 11:9, 10; 12:10, 11; 눅 13:35; 19:38; 20:17; 요 12:13; 행 4:11; 히 13:6; 벧전 2:7). 이 시편의 저자가 누구인지, 이 시편을 짓게 된 구체적인 정황이 어떤지 확인되지는 않았다. 다만 두 가지 가능성이 있다. 하나는 출애굽의 모세 시대에 썼다. 다른 하나는 유대인이 포로생활을 마치고 예루살렘으로 귀환하고 나서 썼다.

애굽 할렐의 특성(참고. 시 114편), 유대인 공동체가 특히 유월절에 사용한 점, 출애굽 때 모세의 경험과 내용이 아주 비슷하다는 점, 언어상의 두드러진 유사성(시 118:14과 출 15:2; 118:15, 16과 출 15:6, 12; 118:28과 출 15:2), 유월절 어린 양이신 그리스도가 주시는 구원

(고전 5:7)과 관련이 있는 특별히 두드러진 메시아의 중요성을 감안한다면 출애굽 때 모세가 썼을 가능성이 높다. 모세가 예배 중에 역사적 유월절을 회고하며 그리스도 안의 영적 유월절을 미리 내다보면서 이 아름다운 시편을 썼으리라고 보는 것이 가장 타당하다.

I. 예배의 요청(118:1-4)
II. 개인적 찬양(118:5-21)
III. 공동체적 찬양(118:22-24)
IV. 예배의 헌신(118:25-29)

118:1 **감사하라** 참고. 시편 105-107; 136. 이 시편은 29절에서 1절과 같은 내용으로 마무리된다.

118:2-4 **이스라엘…아론…여호와를 경외하는 자** *시편 115:9-11에 대한 설명을 보라.* "그의 인자하심이 영원함이로다"라는 구절은 모두 26절로 이루어진 시편 136편에서 여러 번 반복된다(참고. 118:1, 29).

118:5-21 이 단락은 모세로 추정되는 시편 기자의 개인적 찬양을 담고 있다.

118:5-9 시편 기자는 여호와께 관심을 집중시킨다.

118:6 히브리서 13:6은 이 절을 인용한다. 참고. 시편 56:4, 11.

118:10-14 여기서는 이스라엘의 민족 지도자가 말하고 있는 것이 분명하다.

118:12 **가시덤불의 불** 마른 가시덤불은 불이 아주 잘 붙는다.

118:13 **너는 나를 밀쳐 넘어뜨리려** 이는 시편 기자의 원수를 말한다.

118:14 이 말은 출애굽기 15:2에서 모세가 한 말과 거의 똑같다.

118:15-18 승리의 선언이다.

118:15, 16 **오른손** 이것은 출애굽기 15:6, 12에서 모세가 한 말과 비슷하다.

118:18 이것은 모세가 화가 나서 반석을 내리친 므리바 사건을 말하는 듯하다(참고. 민 20:8-13).

118:19-21 불가능해 보이는 상황에서 승리하자 시편 기자는 하나님을 찬양하고 싶은 마음이 뜨겁게 용솟음친다.

118:19 **의의 문** 예를 들면 역대상 9:23처럼 비유적 표현으로, 성전의 문들이 아니라 의인들이 지나는 영적 문을 가리키는 것 같다(참고. 시 100:4).

118:20 **여호와의 문** 이것은 여호와 앞으로 인도해주는 문을 말한다. 예수는 마태복음 7:13, 14에서 "좁은 문"에 대해 가르치실 때 이 시편을 염두에 두셨을지 모른다.

118:21 **나의 구원** 주님은 패배하여 죽을 수밖에 없는 상황에서 시편 기자를 건져주셨다(참고. 118:14, 15).

118:22-26 22, 23, 25, 26절을 인용한 신약 구절들은 여기서 강력한 메시아적 의미를 차용했다. 모세가 저자라면 신약 저자들은 이 구절을 그리스도와 연결시키는 완벽한 유비를 사용한 셈이다. 예를 들어 모세는 하나님이 그와 같은 선지자를 일으켜 세우실 것이라고 말했다(신 18:15). 베드로는 이 선지자가 주 예수 그리스도라고 했다(참고. 행 3:11-26). 그러므로 모세는 성경이 인정하는 합법적인 그리스도의 모형이다.

118:22 **건축자가 버린 돌이…머릿돌** 베드로는 신약에서 이 머릿돌을 그리스도라고 확인해준다(행 4:11; 벧전 2:7). 포도원 비유(마 21:42; 막 12:10-11; 눅 20:17)에서 배척당한 포도원 주인의 아들은 머릿돌이 된 건축자의 버린 돌에 해당한다. 그리스도는 그 버림받은 돌이었고 유대 지도자들은 그 돌을 버린 건축가였다. 이렇게 해서 22절의 이 구절은 역사적 근거를 갖고 있다. 이스라엘 민족을 구원하러 오신 그리스도가 버림받으심으로써 22절의 중요한 특징과 유비적 병행을 이룬다. 그리스도의 예표인 모세의 경험은 그리스도의 배척당하심을 상징한다. 최소한 3번 이상 하나님이 구원자(모퉁이 머릿돌)로 보내신 모세(돌)는 유대인(건축자)에게 버림받았다. 예를 들어 출애굽기 2:11-15를 보라. 참고. 출애굽기 14:10-14; 16:1-3, 11, 12, 20; 사도행전 7:35.

118:24 **이 날** 구원받은 날이나 버림받은 돌이 모퉁이 머릿돌이 된 날을 가리킬 것이다. 이제 그들은 이 날을 기념하며 지킨다.

118:25 **구하옵나니 이제 구원하소서** 히브리어를 음역하면 '호산나'로 번역할 수 있다. 이 구절은 그리스도가 예루살렘으로 승리의 입성을 하실 때 무리들이 외쳤던 소리다(마 21:9; 막 11:9, 10; 요 12:13). 며칠 후 그 무리들은 군사적으로나 정치적으로 구원을 베푸시지 않는다는 이유로 그를 외면하고 버렸다.

118:26 **복이 있음이여** 그리스도는 세상을 떠났다가(승천) 재림하실 때 이스라엘 민족이 진심으로 이 고백을 할 수 있을 때까지 다시는 그를 보지 못할 것이라고 가르치셨다(참고. 마 23:39; 눅 13:35). 이 역사적 내용의 본문에서 모세 시대의 유대인은 광야생활 40년이 마무리될 즈음, 하지만 모세가 죽기 전 이 노래를 진심으로 부를 수 있었다(참고. 신 1-33장). **여호와의 집** 모세의 성막을 가리킬 때 사용된 구절(참고. 출 23:19; 34:26; 신 23:18)로 나중에는 성전을 가리킬 때 사용되었다(참고. 왕상 6:1).

118:27 **빛** 민수기 6:25의 모세의 송영과 비슷한 내용

이다. **제단** 번제를 드리는 제단은 성소 밖 뜰 동쪽에 있었다(참고. 출 27:1-8; 38:1-7).

118:28 이 내용은 출애굽기 15:2과 아주 유사하다.

118:29 118:1의 반복이다.

119:1-176 시편 중 가장 긴 시편이면서 성경에서 가장 긴 장인 이 시편은 시편의 '에베레스트산'에 해당한다. 시편 1편 그리고 19편과 함께 하나님 말씀을 찬양하는 시편이다. 저자가 다윗, 다니엘, 에스라라고 주장하는 이들이 있지만 확실하지는 않다. 시편 기자는 일종의 심한 위협 속에서 이 시편을 쓴 것이 분명하다(참고. 23, 42, 51, 61, 67, 71, 78, 86, 87, 95, 110, 121, 134, 139, 143, 146, 153, 154, 157, 161, 169절). 일종의 알파벳 시(참고. 시 9; 10; 25; 34; 37; 111; 112; 145편)로 22개의 연으로 구성되었으며, 각 연은 8개의 행으로 이루어져 있다. 첫 연의 8행은 모두 히브리 알파벳 첫 글자로 시작한다. 이런 식으로 이 시편은 22개의 알파벳이 순서대로 다 사용된다. 이 시편에서 성경을 가리키는 용어는 율법, 증거, 법도, 율례, 계명, 판단, 말씀, 규례로 모두 8개다. 해뜨기 전부터 해진 후까지 시편 기자는 날이 밝기 전에(147절), 종일(97절), 하루 일곱 번씩(164절), 밤에(55, 148절), 밤중에(62절) 하나님 말씀의 지배를 받았다. 알파벳 시인 119편은 일목요연하게 개요를 정리하기가 어렵다. 많은 주제가 반복되어 나타난다. 이 주제들은 주석에서 설명할 것이다.

119:1, 2 **복이 있음이여…복이 있도다** 이것은 시편 1:1-3과 비슷하다. 시편 기자는 다른 절에서 말씀이 재물보다 더 귀중하며(14, 72, 127, 162절) 달콤한 꿀보다 더 달다고 말한다(103절. 참고. 잠 13:13; 16:20; 19:16).

119:1 **행하는** 습관적인 생활방식을 말한다.

119:2 **전심으로** 마음은 지성, 의지, 정서를 통칭한다(참고. 7, 10, 11, 32, 34, 36, 58, 69, 70, 80, 111, 112, 145, 161절). 전적 헌신 또는 전심은 6번 사용된다(2, 10, 34, 58, 69, 145절).

119:4 **잘 지키게 하셨나이다** 시편 기자는 하나님 말씀에 순종하기를 간절히 원한다(참고. 4, 8, 30-32, 44, 45, 51, 55, 57, 59-61, 63, 67, 68, 74, 83, 87, 101, 102, 106, 110, 112, 129, 141, 157, 167, 168절).

119:5, 6 **오** (Oh, 개역성경에는 없음-옮긴이). 시편 기자의 증언이 끝나고 기도가 시작되는 곳이 어디인지 때로 구분하기가 어렵다(참고. 29, 36, 58, 133절).

119:7 의로운 하나님 말씀은 그분의 성품, 특별히 의로우심을 반영한다(참고. 7, 62, 75, 106, 123, 138, 144, 160, 164, 172절). **주께 감사하리이다** 성경은 노래하고 감사하며 기뻐하고 찬양하라고 권한다(참고. 13, 14, 54, 62, 108, 151, 152, 160, 164, 171, 172, 175절).

119:9-11 신자가 죄와 맞서 싸울 수 있는 최고의 무기는 말씀을 내면화하는 것이다.

119:12 **내게 가르치소서** 시편 기자는 말씀을 배우는 학생으로서 거룩한 저자께 그의 선생이 되어달라고 요청한다(참고. 26, 33, 64, 66, 68, 108, 124, 135절). 이렇게 주께 직접 배운 시편 기자는 말씀을 떠나지 않는다(102절).

119:14 **모든 재물** 참고. 72, 127절.

119:15 **읊조리며…주의하며** 시편 기자는 말씀을 틈나는 대로 묵상한다(참고. 23, 27, 48, 78, 97, 99, 148절).

119:16 **즐거워하며** (참고. 24, 35, 47, 70, 77, 92, 143, 174절). **잊지 아니하리이다** (참고. 93, 176절).

119:17 **주의 종** 시편 기자는 자신을 가리킬 때 이 구절을 13번이나 사용한다(17, 23, 38, 49, 65, 76, 84, 122, 124, 125, 135, 140, 176절).

119:18 **내 눈을 열어서** 성경을 배우는 학생이 말할 수 있는 최고의 기도일 것이다. 자신은 말씀을 깨달을 능력이 없고 저자이신 하나님은 탁월한 교사라는 고백이기 때문이다(참고. 98, 99, 105, 130절).

119:19 **나그네** 하나님 나라의 시민인 시편 기자는 인간의 제국에서는 한낱 객일 뿐이다.

119:20 **사모함으로 내 마음이 상하나이다** 이것은 말씀을 향한 시편 기자의 열정이 얼마나 뜨거운지 보여준다(참고. 40, 131절).

119:21 **교만하여 저주를 받으며** 시편 기자는 그 말씀에 불순종하는 자들이 하나님의 책망을 받았다고 말한다(참고. 53, 104, 113, 115, 118, 126절).

119:24 **나의 충고자** 성경적 상담학의 가장 중요한 도구는 하나님 말씀을 성도의 마음에 적용해주는 성령이다(98-100절).

119:25 **나를 살아나게 하소서** 하나님과 그분의 말씀만으로 충분하기 때문에 시편 기자는 간절히 부흥을 바란다(참고. 37, 40, 50, 88, 93, 107, 149, 154, 156, 159절).

119:27 **깨닫게 하여 주소서** 빌립은 이사야 53장을 읽고 있는 에티오피아 내시에게 "읽는 것을 깨닫느냐"(행 8:30)라고 물었다. 시편 기자는 하나님이 교훈의 가장 훌륭한 근원이심을 깨달았다(참고. 34, 73, 100, 125, 144, 169절).

119:28 **눌림으로 말미암아 녹사오니** 이 구절은 죄로 말미암아 애통한 마음을 드러낸다.

119:29, 30 **거짓 행위…성실한 길** 시편 기자는 사탄의 거짓된 길과 반대인 하나님의 참된 성품을 닮고자 하며

시

사모한다(참고. 163절).

119:32 **길로 달려가리이다** 이것은 하나님 말씀에 시편 기자가 열렬히 반응하는 모습을 가리킨다.

119:37 **허탄한 것을 보지 말게 하시고** 시편 기자는 가장 중요한 일, 즉 하나님 말씀을 연구하기를 원한다(참고. 14, 72, 127절).

119:39 **선하심이니이다** 하나님의 속성(참고. 68절)이 바로 성경의 특징이 되었다. 의지할 수 있다(42절), 참되다(43, 142, 151, 160절), 신실하다(86절), 불변하다(89절), 영원하다(90, 152절), 빛이다(105절), 순수하다(140절).

119:41 **주의 구원** 시편 기자가 반복해 바라는 소망이다(참고. 64, 76, 81, 88, 94, 109, 123, 134, 146, 149, 153, 154, 159, 166절).

119:43 **바랐음이니이다** 시편 기자는 말씀의 효력이 나타나기를 인내하며 기다린다(참고. 49, 74, 81, 114, 147절).

119:47, 48 **내가 사랑하는** 시편 기자는 말씀에 대한 깊은 애정을 드러낸다(참고. 97, 113, 127, 140, 159, 163, 167절).

119:50 **위로** 시편 기자는 하나님 말씀에서 위로를 얻었다(참고. 52, 76, 82절).

119:68 **주는 선하사** 시편 기자는 하나님의 성품에 자주 호소한다(참고. 39절). 그분의 성실하심(75, 90절), 긍휼히 여기심(77절), 의로우심(137, 142절), 긍휼하심(156절)이다.

119:70 **살져서 기름덩이 같으나** 이것은 그 마음이 굳어 하나님 말씀이 스며들 수 없는 69절의 교만한 자를 가리킨다.

119:73 **주의 손** 이것은 인간사에 하나님이 개입하심을 비유적으로 표현한 것이다(시 139:13-16).

119:75 **주께서 나를 괴롭게 하심은** 시편 기자는 119:67, 71에 언급된 대로 인간의 고난에 하나님이 주권적으로 관여하신다는 확신을 피력한다(참고. 신 32:39; 사 45:7; 애 3:37, 38).

119:83 **연기 속의 가죽 부대** 연기가 포도주 부대를 건조하고 굳게 하여 금이 가서 못쓰게 하듯 시편 기자의 고난도 그의 기력을 소모시킨다.

119:89 **영원히 하늘에 굳게 섰사오며** 하나님 말씀은 불변하므로 영적으로 언제나 우리 삶과 연관성을 지닌다.

119:98-100 하나님의 지혜는 언제나 인간 지혜를 완전히 능가한다.

119:105 **등…빛** 하나님 말씀은 넘어지지 않고 걷도록 빛을 비춰주신다.

119:111 **즐거움** 하나님 말씀은 기쁨을 준다(참고. 162절).

119:118, 119 하나님은 그 말씀으로 악인을 판단하신다.

119:128 *21절에 대한 설명을 보라.*

119:130 **빛…깨닫게 하나이다** 이것은 말씀의 의미를 깨닫게 하는 빛을 말한다.

119:131 **헐떡였나이다** 하나님을 뒤쫓아가는 것처럼(참고. 시 42:1, 2) 숨이 차다는 말이다.

119:136 **시냇물** 시편 기자는 사람들의 죄로 말미암아 눈물이 끊임없이 흐를 정도로 슬프다.

119:140 **심히 순수하므로** "일곱 번 단련한 은"처럼(참고. 시 12:6) 말씀은 아무 불순물이 없다. 즉 그 모든 선언에 한 점의 오류도 없다.

119:155 **구원이…멀어짐은** 구원은 성경에 분명히 계시되어 있고, 어디서도 성경처럼 명확하게 구원을 계시하지 않는다.

119:160 **강령…진리이오니** 성경에는 단 한 점의 비진리도 없다.

119:161 **경외하나이다** 하나님을 경외하며 옷깃을 여미는 듯이 말씀을 경외한다.

119:163 **나는 거짓을 미워하며** 참고. 29, 30절.

119:164 **일곱 번씩** "일곱"은 완벽함(또는 완전함)의 의미로 사용되었고, 여기서는 시편 기자의 삶이 늘 찬송의 태도로 일관되고 있음을 뜻한다.

119:173 **주의 손** 신인동형론적 비유법이다.

119:176 **내가 방황하오니** 그 인생으로 경험한 말씀의 능력을 온전히 인정했음에도 시편 기자는 그의 생활에서 죄가 다 해결되지 않았다고 고백한다(참고. 롬 7:15-25). 만약 죄 문제가 조금이라도 해결된다면 그것은 하나님 말씀의 효력으로 마음의 불의가 해결되었기 때문이다(참고. 9-11절).

120:1-7

시편 120-136편은 '대할렐'이라고 한다. 참고. '애굽 할렐'(시 113-118편)과 '최종적 할렐'(시 145-150편). 이 시편 중 대부분(17편 중 15편)은 "성전에 올라가는 노래"(시 120-134편)로 유대 순례자들이 정해진 규례대로 일 년에 세 차례 예루살렘(해발 약 823미터)에 올라갈 때 불렀다. 이 세 절기는 무교절, 칠칠절, 초막절이다. 참고. 출애굽기 23:14-17; 34:22, 23; 신명기 16:16. 다윗은 이 노래들 가운데 4편(시 122, 124, 131, 133편), 솔로몬은 1편(시 127편)을 지었고 나머지 10편은 저자 미상이다. 이 시편들을 이렇게 하나로 편집한 시기가 언제인지 확실하게 밝혀지지 않았다. 이 노래들은 예루살렘에서 가장 먼 곳에서 부르기 시작해(참고. 120:5의 메섹과 게달) 예루살렘으로 이동하면서 순례자들이 성전에 도착해 예배를 마칠 때까지 불렀을 것이다(참고. 시 134:1, 2). 시편 120편의 저자와 배경은 확실하게 알려진 것이 없다. 하지만 예배자들이 예루살렘과 멀리 떨어진 곳에서 불신자들과 살았던 것으로 보인다(참고. 시 120:5).

I. 간구(120:1, 2)
II. 고발(120:3, 4)
III. 탄식(120:5-7)

120:2 거짓된 입술과 속이는 혀 참고. 시편 52:2-4; 109:2; 로마서 3:9-18.

120:4 날카로운 화살…숯불 거짓말과 거짓 무고를 전투 중 화살로 생긴 부상이나 고통, 로뎀 나무(3미터에서 4.6미터까지 자라는 사막의 관목)로 만든 숯불에 덴 화상에 비유한다.

120:5-7 시편 기자는 실제로 화친 제안을 받아들이지 않는 이방인들 가운데 살고 있다.

120:5 메섹…게달 각각 소아시아(참고. 창 10:2)와 아라비아(사 21:16)에 있다.

121:1-8 *시편 120:1-7에 대한 설명을 보라*. 저자와 배경은 구체적으로 확인되지 않는다. 이 노래는 하나님이 이스라엘과 성도들을 위험에서 건져주는 도움과 보호자가 되심을 강하게 확신하는 내용이며, 네 단계로 구분된다.

I. 하나님 — 도우시는 자(121:1, 2)
II. 하나님 — 지키시는 자(121:3, 4)
III. 하나님 — 보호하시는 자(121:5, 6)
IV. 하나님 — 지키시는 자(121:7, 8)

121:1 산 순례자들이 예루살렘, 특히 성전 쪽을 바라볼 때 멀리 보였을 산일 것이다.

121:2 나의 도움 시편 기자는 피조물이 아니라 창조주의 도우심에 의지한다.

121:3 실족하지 아니하게 참고. 시편 37:23, 24.

121:3, 4 졸지도 아니하시리로다…졸지도 아니하시고 참고. 시편 44:23의 주무시는 듯한 모습. 살아 계신 하나님은 죽은 이방 신들과 완전히 다르다(참고. 왕상 18:27).

121:5 네 오른쪽 인간적인 필요가 있는 부분을 의미한다.

121:6 낮의 해…밤의 달 종일 보호하심을 말한다.

121:7, 8 처음에는 잠깐 우리를 보호해주심을 의미하는 것 같지만 영생 이후, 예를 들면 모든 환난(7절)과 영원(8절) 이후를 바라본다는 것을 알 수 있다

122:1-9 *시편 120:1-7에 대한 설명을 보라*. 다윗은 예루살렘에 대한 지극한 기쁨을 표현한다. 이 예루살렘은 그가 여부스족과 싸워 이기고 정착한 곳으로(참고. 삼하 5장) 성막과 언약궤를 가져와서 안치한 곳이다(참고. 삼하 6장). '평화의 성'이라는 뜻의 예루살렘이 역사상 세계의 어느 도시보다 월등히 많은 분쟁의 원인이 된 것은 아이러니하다. 약속하신 다윗 계보의 왕으로 평화의 왕(사 9:6)이 영원히 통치하러 오실 때에야(슥 14:9, 11) 비로소 다윗의 이 소망은 완전히 이루어질 것이다(참고. 삼하 7:12, 13, 16; 겔 37:24-28).

I. 예배의 기쁨(122:1-5)
II. 예루살렘을 위한 기도(122:6-9)

122:1 여호와의 집 후대의 솔로몬이 지을 성전이 아닌 성막을 가리키는 표현이다(참고. 출 23:19; 34:26; 삼하 12:20).

122:2 네 성문 안에 섰도다 이것은 성막과 언약궤가 다윗 성에 도착하고 나서 일어난 일이다(삼하 6장). 다윗은 언약궤가 있어야 할 곳에 있게 되었다는 사실을 기뻐한다.

122:3 잘 짜여진 다윗 시대의 예루살렘(시온)은 솔로몬이 확장한 예루살렘보다 작았다.

122:4 이스라엘의 전례 이것은 일 년에 세 차례 예루살렘에 올라가라는 하나님의 명령을 가리킨다(*시 120:1-7에 대한 설명을 보라*).

122:6-9 '화평'이라는 뜻의 이름을 지니며 평강의 하나님이 거하시는 성에 매우 합당한 기도다(사 9:6; 롬 15:33; 히 13:20). 이스라엘의 평화를 기원하는 기도(시 125:5; 128:6)와 예루살렘을 찬양하는 시편(시 128; 132; 147편)을 비교해보라. 기쁘고 좋은 때가 오기 위해(계 21; 22장) 고통의 때를 견뎌야 함을 역사가 증명해줄 것이다(시 79; 137편)

123:1-4 *시편 120:1-7에 대한 설명을 보라*. 저자와 배경은 확실하지 않다.

I. 하나님을 높임(123:1, 2)
II. 하나님의 자비를 구함(123:3, 4)

123:1 하늘에 계시는 참고. 시편 11:4; 103:19; 113:5. **내가 눈을** 시편 121:1에서 거리가 더 가까워진 점에 유의하라.

123:2 상전…종 시편 기자는 낮은 자에서 높은 자로 관심을 이동한다(인간에서 하나님으로, 땅의 것에서 하늘로). 우리의 필요를 채워주실 자비로운 하나님께 시선을 고정해야 한다.

123:3, 4 멸시…조소 이것은 믿지 않는 이방인들, 아마 사마리아인에게 받은 것으로 보인다(참고. 느 1:3; 2:19).

124:1-8 *시편 120:1-7에 대한 설명을 보라.* 전반적으로 과거의 구원, 특히 출애굽(5절)을 회상하는 다윗 시편이다.

I. 하나님의 보호하심(124:1-5)

II. 하나님의 공급하심(124:6-8)

124:1, 2 하나님은 이스라엘이 멸절당하지 않도록 보호해주셨다.

124:2 **사람들이 우리를 치러 일어날 때에** 아브라함부터 다윗에 이르는 이스라엘의 전반적 역사를 아우르는 일반적 표현이다.

124:4, 5 **물…시내…삼켰을 것이라** 홍해 도하 사건(출 14장)과 요단강 도하 사건(수 3장)을 묘사한 것이다.

124:8 **우리의 도움** 참고. 시편 121:1, 2.

125:1-5 *시편 120:1-7에 대한 설명을 보라.* 저자와 배경은 확실히 알 수 없다. 히스기야 시대(왕하 18:27-35)나 느헤미야 시대(느 6:1-19)라고 주장하는 이들도 있다.

I. 예루살렘의 안정(125:1-3)

II. 예루살렘의 영적 순결성(125:4, 5)

125:1 **시온 산** 예루살렘을 상징하는 남서쪽 산이자 영원성의 상징으로 하나님이 언약적 약속으로 지켜주시는 곳이다.

125:1, 2 **영원히…영원까지** 그 백성을 지켜주겠다는 약속이 일시적인 약속이 아니라 영원한 약속이라는 뜻이다.

125:2 **그의 백성** 주를 믿고 의지하는 사람들이다(1절).

125:3 **악인의 규** 히스기야 시대의 앗수르나 느헤미야 시대의 메대-바사 제국의 통치다. **땅** 아브라함에게 약속한 땅을 말할 것이다(창 15:18-21).

125:4, 5 마음이 정직한 자들의 운명(4절)은 굽은 길로 치우치는 자들의 미래(5절)와 대조된다. 참 이스라엘은 거짓 이스라엘과 구별된다(참고. 롬 2:28, 29; 9:6, 7).

125:5 **함께 다니게 하시리로다** 일시적 심판이 아니라 영원한 심판을 말하는 것으로 보인다. **평강** 하나님은 언젠가 영원한 평화의 언약을 체결하실 것이다(참고. 겔 37:26).

126:1-6 *시편 120:1-7에 대한 설명을 보라.* 이 시편의 저자와 배경은 알 수 없다. 그러나 1절은 포로생활이 끝나고 귀환한 시기와 관련이 있음을 암시한다. 구체적으로 바벨론 유수를 가리키는데, 유대인의 귀환은 3차에 걸쳐 진행되었다. 에스라 1-6장의 스룹바벨 주도(주전 538년), 에스라 7-10장의 에스라 주도(주전 458년), 느헤미야 1-2장의 느헤미야 주도(주전 445년)다. 배경은 제2성전 기초 공사를 할 때나(참고. 스 3:8-10) 초막절을 다시 지킬 때다(참고. 느 8:13-14). 이 시편은 애굽에서 이스라엘이 돌아온 것을 기뻐하는 85편과 유사하고, 바벨론 포로생활의 고통을 탄식하는 137편과 대조를 이룬다.

I. 회복에 대한 증언(126:1-3)

II. 부와 풍성함을 구하는 기도(126:4)

III. 의로운 지혜(126:5, 6)

126:1 **꿈꾸는 것 같았도다** 예기치 않게 해방을 맞이하다 보니 현실이 아닌 꿈처럼 느껴졌던 것이다.

126:2, 3 **여호와께서…행하셨다 여호와께서…행하셨으니** 여호와께서 이렇게 하신 것을 주변 민족들이 먼저 인정했고(2절) 다음으로 귀환한 남은 자들이 인정했다(3절).

126:4 **남방 시내들** 브엘세바 남쪽의 건조한 지역(소위 네겝)은 여름에 너무 건조했지만 봄철 우기로 금방 시냇물이 넘쳐흘러 홍수가 났다. 시편 기자는 이처럼 이스라엘도 아무것도 없는 현재의 처지에서 완전히 달라져 부를 누리게 해달라고 기도한다. **돌려 보내소서** 민족의 부를 전성기 때처럼 회복시켜 달라는 기도다.

126:5, 6 **뿌리는…거두리로다** 죄에 대한 회개의 눈물을 뿌린 이스라엘 민족은 고국 땅으로의 귀환이라는 복된 추수를 거두었다.

127:1-5 *시편 120:1-7에 대한 설명을 보라.* 저자는 솔로몬이지만(참고. 전 12:10) 구체적인 배경과 시기는 확실하지 않다. 하나님이 인생의 주권자이시며 중심이라는 주제는 솔로몬이 쓴 전도서 일부 내용과 아주 비슷하다(참고. 전 2:24, 25; 5:18-20; 7:13, 14; 9:1). 시편 112편과 128편 역시 가족을 주제로 한다.

I. 일상생활에서 하나님의 주권성(127:1, 2)

II. 가정생활에 하나님의 주권성(127:3-5)

127:1, 2 하나님의 주권성은 세 가지 영역에서 드러난다. 건축, 성의 방어, 생계유지다. 이 세 가지 영역에서 하나님의 주권적 뜻은 인간 노력보다 그 결과에 훨씬 더 중대한 영향을 미친다. 하나님이 주권적으로 함께 해주시지 않으면 개인의 노력은 수포로 돌아갈 수밖에 없다(참고. 전 1:2; 12:8).

127:2 **수고의 떡** 힘들게 일해 얻은 양식이다.

127:3-5 하나님의 주권성에 대한 동일한 원리가 가족 부양에도 적용된다.

127:3 **기업…상급** 자녀는 주님이 주신 축복이다. 그 자손을 땅의 모래처럼 하늘의 별처럼 주겠다는 아브라함에게 주신 하나님의 언약적 성격이 드러난다(창 13:16; 15:5).

127:4, 5 전쟁에서 이기려면 군인에게 반드시 화살이 필요하듯 전쟁이나 소송에 휘말릴 때 부모를 변호해주는 자녀들이 꼭 필요하다. 그런 변호자는 많을수록 좋다.

128:1-6

시편 120:1-7에 대한 설명을 보라. 저자와 배경은 확실히 모른다. 시편 112편과 127편 역시 가정 문제를 다룬 시편이다.

I. 여호와를 경외함에 있어 기본(128:1, 4)
II. 여호와를 경외함으로 얻는 축복(128:2, 3, 5, 6)
  A. 현재(128:2, 3)
  B. 미래(128:5, 6)

128:1 **여호와를 경외하며** *잠언 1:7에 대한 설명을 보라*. 시편 112:1-6 역시 이 주제를 강조한다. 여호와를 경외하는 것이 구체적으로 무엇인지는 "그의 길을 걷는 자"라는 병행 구절에 잘 나타나 있다. 아버지(시 128:1, 4)와 어머니(잠 31:30)와 자녀들(시 34:11)은 모두 여호와를 경외해야 한다. 이 시편은 두 건축자에 대한 예수님의 비유에 토대가 되었을 것이다(참고. 마 7:24-27).

128:2, 3 필요의 공급, 형통함, 배우자의 복, 자녀의 축복 등 네 가지 축복을 열거한다.

128:3 **감람나무** 가지가 감람나무의 원 뿌리보다 더 크게 번식한다.

128:5, 6 개인적 축복, 국가적 축복 등 축복의 두 영역을 언급한다.

128:6 **자식의 자식** 손자들에 대해서는 시편 103:17; 112:2; 잠언 13:22; 17:6을 참고하라. 이 기도는 하나님의 백성이 번성하게 해달라는 기도다.

129:1-8

시편 120:1-7에 대한 설명을 보라. 저자와 배경에 대해서는 밝혀지지 않았다. 그러나 4절은 포로생활에서 해방된 사실, 바벨론 포로생활에서 해방된 사실을 암시하고 있다.

I. 이스라엘이 자유를 얻게 된 것에 대한 찬양(129:1-4)
II. 이스라엘의 원수에 대한 저주(129:5-8)

129:1 **괴롭혔도다** 애굽에서 노예생활을 하고(주전 1875-1445년) 또 바벨론 포로생활을 견디기까지(주전 605-538년) 이스라엘은 원수들로 말미암아 편안한 쉼을 누린 적이 별로 없다.

129:2 **이기지 못하였도다** 주가 아브라함에게 약속하신 대로다(참고. 창 12:1-3).

129:3 **내 등을 갈아** 이스라엘이 적들에게 받은 깊지만 치명적이지 않은 부상을 가리켜 사용된 농사 유비다.

129:4 **줄을 끊으셨도다** 쟁기와 소를 묶었던 줄로, 하나님이 이스라엘의 고통을 끝내주신 것을 말한다(참고. 시 121; 124편).

129:5-8 3부로 된 저주 기도다. 대적의 수치와 패배를 구하는 기도(5절), 그 수가 줄어들고 단명하게 해달라는 기도(6, 7절), 하나님의 축복을 받지 못하게 해달라는 기도(8절)다.

129:6 **지붕의 풀** 지붕에서 자라는 풀은 뿌리가 얕아 태양의 열기가 조금만 뜨거워도 금방 말라 죽는다. 이는 악인들을 가리킨다.

130:1-8

시편 120:1-7에 대한 설명을 보라. 저자와 배경은 언급되어 있지 않다. 이 시편은 7편의 참회 시편(참고. 시 6; 32; 38; 51; 102; 143편) 가운데 여섯 번째 시편이다.

I. 시편 기자의 긴급한 기도(130:1, 2)
II. 값없이 받는 하나님의 용서하심(130:3, 4)
III. 시편 기자의 포기하지 않는 인내(130:5, 6)
IV. 이스라엘만이 가질 수 있는 소망(130:7, 8)

130:1 **깊은 곳에서** 심한 고통을 비유적으로 표현한 것이다.

130:3, 4 시편 기자는 하나님의 값없이 주시는 용서하심의 은총을 누린다(참고. 시 143:2).

130:5 **나는 주의 말씀을 바라는도다** 시편 기자는 실망시키지 않는 하나님 말씀에 대한 확실한 소망을 드러낸다(참고. 마 5:18; 눅 16:17; 요 10:35).

130:6 **아침을 기다림** 목자들이 밤새 양을 지키다가 해가 떠오르면 쉬는 것을 가리키는 듯하다.

130:7 **여호와를 바랄지어다** 시편 기자가 하나님 말씀에 소망을 갖는 것(5절)은 이스라엘이 여호와 하나님께 소망을 가지는 것과 병행을 이룬다.

130:8 **그가 이스라엘을…속량하시리로다** 이것은 역사적 의미와 구원론적 의미로 모두 해석할 수 있다(참고. 마 1:21; 눅 1:68; 롬 9-11장).

131:1-3

시편 120:1-7에 대한 설명을 보라. 다윗이 저자이지만 배경은 분명하지 않다.

I. 개인적 증언(131:1, 2)
II. 민족을 향한 권면(131:3)

131:1 **교만하지…오만하지** 하나님은 겸손한 자에게 은혜를 베푸신다(참고. 잠 3:34; 16:5; 약 4:6). 다윗은 하나님의 길 가운데 가장 놀라운 길을 보여준다(참고. 시 139:6; 롬 11:33-36).

131:2 **젖 뗀 아이** 다윗은 젖을 뗀 아이가 그 어머니를 의지하듯 그 필요를 채우실 하나님을 의지하도록 훈련받았다.

131:3 다윗은 이스라엘에게 그처럼 주를 영원히 의지하라고 권면한다.

132:1-18 *시편 120:1-7에 대한 설명을 보라.* 저자와 배경은 구체적으로 언급되어 있지 않다. 그러나 다윗 시대에 성막을 예루살렘으로 가져온 사건이 이 시편의 배경일 가능성이 높다(참고. 삼하 6:12-19; 132:6-9). 게다가 솔로몬이 성전 봉헌식 때 8-10절을 인용한 것(대하 6:41, 42)으로 보아 이 시기가 배경일 가능성이 더욱 높다. 시편 132편은 다윗 언약에 대한 강력한 역사적 함의가 담겨 있다(참고. 삼하 7:10-14; 16장; 시 89편; 132:10, 11). 또한 메시아적 선언과 천년 동안의 통치에 대한 내용도 암시하고 있다(시 132:12-18). 요약하면 이 시편은 다윗의 후손들에 대한 민족의 기도를 담고 있다. 메시아까지 이어지는 후손이다.

Ⅰ. 이스라엘의 첫 기도(132:1)
Ⅱ. 하나님에 대한 다윗의 맹세(132:2-9)
Ⅲ. 이스라엘의 두 번째 기도(132:10)
Ⅳ. 하나님에 대한 다윗의 맹세(132:11-18)

132:1-9 이 단락은 예루살렘에 성막을 안치하겠다는 맹세를 다윗이 지킨 사실을 부각시키며 여호와께서 그 자손들을 기억해주시라고 한다.

132:1 **그의 모든 겸손** 이것은 사울에게 쫓길 때부터(참고. 삼상 18-26장) 다윗이 백성의 수를 계수하여 하나님께 심판을 받은 일(참고. 삼하 24장)까지 포함하는 것 같다. 다윗이 받았던 가장 큰 고통에 초점을 맞추는 것으로 보아 예루살렘에 언약궤가 없어 생긴 고통은 아닌 것 같다.

132:2-5 이 특별한 맹세는 성경 어디에도 기록되어 있지 않지만 사무엘하 6장, 역대상 13-16장을 역사적 배경으로 한다.

132:2 **야곱의 전능자** 창세기 49:24에서 야곱이 마지막으로 사용한 호칭이다.

132:6-9 언약궤를 기랏여아림에서 예루살렘으로 가져왔다(참고. 삼하 6; 대상 13; 15장).

132:6 **에브라다에 있다 함을 들었더니** 다윗이 베들레헴의 이전 이름인 에브라다에서 어린 시절을 보낸 사실을 가리킬 수 있다(참고. 룻 1:1, 2; 4:11). 당시 그와 그의 가족들은 언약궤에 대한 소문을 들었지만 직접 보지는 못했다. **나무 밭에서 찾았도다** 다윗은 사울 시대에 블레셋 족속에게서 반환받은 후(참고. 삼상 7:1, 2) 기럇여아림 아비나답의 집에 두었던 언약궤를 예루살렘에 가져오기로 결정했다(참고. 삼하 6; 대상 13-16장).

132:7 **그의 발등상** 비유적인 표현으로 하나님의 보좌는 하늘에 있고(참고. 사 66:1) 그의 발등상은 땅에 있다(참고. 시 99:5). 그러므로 땅에 있는 언약궤 앞에서 예배하는 것은 말하자면 하나님의 발등상 앞에서 예배하는 셈이었다.

73편의 다윗 시편

3, 4, 5, 6, 7, 8, 9, 11, 12, 13, 14, 15, 16, 17, 18, 19, 20, 21, 22, 23, 24, 25, 26, 27, 28, 29, 30, 31, 32, 34, 35, 36, 37, 38, 39, 40, 41, 51, 52, 53, 54, 55, 56, 57, 58, 59, 60, 61, 62, 63, 64, 65, 68, 69, 70, 86, 101, 103, 108, 109, 110, 122, 124, 131, 133, 138, 139, 140, 141, 142, 143, 144, 145편.

132:8 **여호와여 일어나사** 성소에 진설병이 있었으므로(출 25:30; 삼상 21:6) 시편 기자는 언약궤를 예루살렘으로 가져온 것을 말한다.

132:9 이것은 언약궤 이동 작업을 감독하는 제사장들에게 요구되는 올바른 마음 자세를 가리킨다.

132:10-18 이 단락은 하나님이 다윗의 위(자리)가 영원하도록 해주겠다는 맹세를 하나님이 지키신 것에 초점을 맞추는데, 따라서 하나님은 그 후손들을 기억해주셔야 한다.

132:10 유다의 위에 앉은 다윗의 후손에게 하나님의 약속과 은혜를 거둬가지 말라는 기도다. **주의 기름 부음 받은 자** 다윗이 왕으로 기름 부음을 받았듯이(삼상 16:13) 더 위대하신 왕 그리스도는 기름 부음을 받았지만 아직 보좌에 오르시지 않았다(참고. 사 61:1; 눅 4:18, 19).

132:11, 12 사무엘하 7:11과 열왕기상 9:1-9을 인용한 다윗과 맺은 하나님의 언약(삼하 23:5)은 여기에 요약되어 있다.

132:12 이와 같은 언약의 조건 때문에 다윗의 후손들이 영원히 그 위에 앉지 못할 수도 있지만 언젠가 메시아가 영원히 왕으로 다스리실 것이라는 하나님의 약속이 무효화되지는 않는다(참고. 겔 37:24-28).

132:13-18 이 단락은 다윗의 자손이며 아브라함의 자손(마 1:1)인 예수 그리스도가 하나님의 약속대로 그분의 성에 있는 다윗의 보좌에 앉아 세상, 특히 이스라엘을 통치하며 평화가 실현될 날을 기대한다(참고. 시 2; 89; 110편; 사 25; 26장; 렘 23:5, 6; 33:14-18; 겔 37장; 단 2:44, 45; 슥 14:1-11).

132:13 **시온** 이것은 세상의 예루살렘을 가리킨다.

133:1-3 *시편 120:1-7에 대한 설명을 보라.* 이 다윗 시편의 배경은 확실히 밝혀진 것이 없다. 그의 대관식에 온 백성이 한 마음으로 모인 모습에 감동을 받아 지은 시일지도 모른다(참고. 삼하 5:1-3; 대상 11:1-3). 형제의 우애에 대한 교

훈은 다윗의 아들들에게 준 교훈이었을 것이다. 그들은 서로 적대적이었는데, 특히 압살롬은 암몬을 죽였고(삼하 13:28-33) 아도니야는 솔로몬의 왕위를 노렸다(왕상 1:5-53).

I. 형제 우애에 대한 칭찬(133:1)

II. 형제 우애의 그림(133:2, 3)

A. 아론의 머리에 바른 기름(133:2)

B. 시온산의 이슬(133:3)

133:1 **형제** 아브라함과 이삭과 야곱으로 거슬러 올라가는 족보를 가진 사람들이다. **동거함** 민족적 화합은 결과이며, 그 뿌리는 언제나 영적인 하나 됨에 있다. 이 노래들은 3대 절기에 예루살렘으로 올라가는 유대인 순례자들이 불렀기 때문에 여기서 강조하는 것 역시 이 영적 하나 됨일 것이다.

133:2 **기름** 아론이 이스라엘의 대제사장으로 기름 부음 받은 일을 가리킬 것이다(참고. 출 29:7; 30:30). 이것은 영적 축복이 가장 중요함을 강조한다.

133:3 **헤르몬의 이슬** 팔레스타인 북쪽 극단에 있는 2,800미터 높이의 헤르몬산(헐몬산)은 눈이 녹아 요단강의 중요한 수원이 되어주었다. 이 언급은 요단강에 물을 공급한 것을 가리키거나 헤르몬의 풍부한 이슬이 시온까지 물을 대주었음을 비유적으로 말한 것일 수 있다. 어느 경우이든 이것은 두 번째로 중요한 우선순위인 물질적 축복을 강조한다. **거기서** 시온을 가리키는 것 같다. **영생이로다** 참고. 시편 21:4-6.

134:1-3

시편 120:1-7에 대한 설명을 보라. "성전에 올라가는 노래" 중 마지막 노래인 이 시편은 예배자들이 제사장들에게 신실함을 지키도록 권면하는 내용이다(134:1, 2). 절기가 끝나고 순례자들이 시온을 떠나 집으로 돌아갈 때 제사장들은 신실한 자들에 대한 마지막 축복을 기원한다(134:3).

I. 신실성에 대한 권면(134:1, 2)

II. 축복의 기원(134:3)

134:1 **밤에** 밤낮으로 번제를 드려야 함으로(참고. 레 6:8-13) 레위인들은 늘 수종을 들어야 했다(참고. 대상 9:33). **여호와의 성전** 이것은 다윗 시대까지는 성막을 말하고(출 23:19; 삼하 12:20) 솔로몬 이후로는 성전을 의미한다(왕상 9:10). **종들** 하나님의 백성을 수종 드는 레위인이다.

134:2 **너희 손을 들고** 구약에서 흔하게 나오는 찬양의 자세다(참고. 28:2; 63:4; 119:48; 141:2; 애 2:19). 신약에서는 비유적으로 이해되었다(딤전 2:8).

134:3 **여호와** 창조주는 인간 피조물에게 축복을 주신다. **시온에서 네게 복을 주실지어다** 하나님이 시온의 성막이나 성전에 임재하셨기에 인간적 관점에서 시온은 신적 축복의 근원이었다.

135:1-21

시편 135편과 136편은 대할렐의 마지막을 장식한다. 시편 135편의 저자와 배경은 알려지지 않았지만 포로기 이후일 가능성이 높다. 시편 135:15-20은 시편 115:4-11과 아주 비슷하다.

I. 찬양으로의 부름(135:1, 2)

II. 찬양의 이유(135:3-18)

A. 하나님의 성품(135:3)

B. 하나님이 야곱을 선택하심(135:4)

C. 하나님의 주권적 창조 행위(135:5-7)

D. 하나님이 이스라엘을 구원하심(135:8-12)

E. 하나님의 특별한 본성(135:13-18)

III. 종결부 찬양(135:19-21)

135:1, 2 **종들아…성전 뜰에 서 있는** 제사장들과 레위인들에게 하는 말이다(참고. 134:1).

135:3 **여호와는 선하시며** 시편의 일관된 주제다(참고. 시 16:2; 25:8; 34:8; 73:1; 86:5; 100:5; 106:1; 107:1; 118:1; 136:1; 145:9).

135:4 **여호와께서…택하셨음이로다** 이것은 하나님이 아브라함과 이삭, 야곱의 후손을 특별히 선택하고 언약적 축복을 누리도록 하신 것을 말한다(참고. 신 7:6-8; 14:2; 시 105:6; 사 41:8, 9; 43:20; 44:1; 49:7). **특별한 소유** 참고. 신명기 26:18, 19. *시편 148:14에 대한 설명을 보라.*

시

135:5 **여호와께서는 위대하시며** 이스라엘의 참되신 하나님을 이방 민족들의 거짓 신들과 구분하여 자주 나오는 찬사다(참고. 신 7:21; 시 48:1; 77:13; 86:10: 95:3; 104:1; 145:3; 147:5).

135:7 **안개를 땅 끝에서 일으키시며** 이것은 물이 증발해서 구름으로 응축되는 물의 순환 과정을 말한다.

135:8-12 이것은 하나님이 이스라엘을 애굽에서 건져내어 약속의 땅으로 인도하신 것을 말한다.

135:8 **치셨도다** 애굽의 마지막 재앙이다(참고. 출 11장).

135:9 **표적들과 징조들** 참고. 신명기 26:8; 29:3; 34:11.

135:11 **시혼** 이스라엘이 아모리 족속의 왕과 싸워 이긴 내용을 기술한 민수기 21:21, 32를 참고하라. **옥** 이스라엘이 바산 왕의 옥을 쳐서 이긴 내용을 기록한 민수기 21:33-35를 참고하라. **가나안의…국왕** 여호수아 6-12장은 대제사장 여호수아가 가나안을 정복한 내용을 기록하고 있다.

135:12 그들의 땅을…이스라엘에게 기업으로 주셨도다 하나님이 아브라함에게 약속하신 내용이다(참고. 창 15:18-21).

135:13-18 이스라엘의 살아 계신 하나님(13, 14절)은 다른 민족들의 가짜 신들과 비교가 불가능할 정도로 탁월하신 분이다(15-18절).

135:18 그것을 만든…자가 다 그것과 같으리로다 우상을 만든 자나 우상이나 모두 무가치하며 영생에 대해서는 아무것도 모른다.

135:19-20 이스라엘, 아론, 레위, 여호와를 경외하는 너희들이라는 범주는 전체 민족으로 이스라엘, 제사장들(아론과 레위인), 하나님을 경외하는 참 성도를 말한다.

136:1-26

이는 시편 135편과 비슷하며 대할렐의 마지막 시편이다. 모든 시편 중에서 특별히 시편 136편은 각 연 마지막에 "그 인자하심이 영원함이로다"라는 교창용 후렴을 사용한다. 예배에 참여한 백성이 이것을 합창했을 것으로 보인다. 저자와 배경은 알려진 것이 없다.

I. 찬양으로 부름(136:1-3)
II. 찬양의 이유(136:4-22)
  A. 하나님의 창조(136:4-9)
  B. 하나님의 구원(136:10-15)
  C. 하나님의 돌보심과 선물(136:16-22)
III. 종결부 찬양(136:23-26)

136:1 그는 선하시며 *시편 135:3에 대한 설명을 보라.*

136:4-9 참고. 창세기 1장

136:10-15 참고. 출애굽기 11-14장.

136:16-22 참고. 민수기 14-36장.

136:19 시혼 *시편 135:11에 대한 설명을 보라.*

136:20 옥 *시편 135:11에 대한 설명을 보라.*

136:23 비천한 가운데에서도 참고. 신명기 7:7; 9:4, 5; 에스겔 16:1-5.

137:1-9

유다의 바벨론 포로생활에 대한 시편으로, 저자와 연대는 알 수 없다.

I. 애가(137:1-4)
II. 노래 부르기를 거부한 이유(137:5, 6)
III. 저주(137:7-9)

137:1 바벨론의 여러 강변 티그리스강과 유브라데강이다. **시온** 하나님의 지상 거처(시 9:11; 76:2)로 바벨론 사람들이 무너뜨렸다(고후 36:19; 시 74:6-8; 79:1; 사 64:10, 11; 렘 52:12-16; 애 2:4, 6-9; 미 3:12). **울었도다** 그들은 포로생활이 끝나고 제2성전이 재건 중임에도 눈물을 흘렸다(참고. 스 3:12). 참으로 깊은 슬픔이었다.

137:2 우리의 수금을 걸었나니 포로생활 중에는 흥에 겨워 악기를 연주할 일이 없었다(참고. 사 24:8).

137:3 우리를 사로잡은 자 바벨론 사람은 유대인에게 한때 아름다웠지만 지금은 황폐해진 시온에 대해 노래해보라고 조롱한다. **시온의 노래** 참고. 시편 46; 48; 76; 84; 87; 122편.

137:4 어찌…노래를 부를까 당연히 부를 수 없다는 답을 전제로 하는 수사적 질문이다. **여호와의 노래** 시편이 하나님의 영감을 받았음을 가리키는 독특한 표현 방식이다.

137:5, 6 그들이 노래 부르기를 거절한 것은 예루살렘을 잊었거나 예루살렘을 기쁨의 근원으로 여기지 않는 생각조차 할 수 없는 상황 때문이 아니었다. 이 이유들 중 어느 하나라도 사실이라면 처참한 벌을 받아 마땅하다.

137:7 예루살렘이 멸망하던 날 예루살렘이 망하던 날이다. *시편 137:1에 대한 설명을 보라.* **에돔 자손** 에돔 족속들은 바벨론과 연합군을 편성해 예루살렘을 무너뜨리고 파괴하는 데 가담했다(참고. 사 21:11, 12; 렘 49:7-12; 애 4:21; 겔 25:12-14; 35:1-15; 옵 11-14).

137:8 멸망할 참고. 이사야 13:1-14:23, 46, 47; 예레미야 50; 51장; 하박국 1:11; 2:6-17.

137:8, 9 복이 있으리로다 이들은 바벨론의 패망이라는 하나님의 예언을 실행하는 데 사용될 사람들을 말하는 듯하다.

138:1-8

다음에 나온 8편의 시편(138-145)은 다윗이 쓴 것으로, 시편에서 그의 마지막 시편이다. 배경은 확실하지 않지만 다윗은 다윗 언약에 감사해 이 시편을 썼을 가능성이 있다(참고. 삼하 7:12-14, 16).

I. 개인적 찬양(138:1-3)
II. 온 세상의 찬양(138:4, 5)
III. 지칠 줄 모르는 찬양(138:6-8)

138:1 신들 이는 이방의 왕들(참고. 시 82:1)이나 그들이 섬기는 우상을 가리키는 것으로 보인다.

138:2 성전 이것은 솔로몬의 성전이 건축되지 않았을 때이므로 모세의 성막을 말한다. **주의 말씀을 주의 모든 이름보다 높게 하셨음이라** 하나님이 가장 최근에 주신 계시("주의 말씀")가 하나님에 대한 이전의 모든 계시보다 더 탁월함을 말하는 것으로 보인다. 이것은 다윗 언약(삼하 7:12-14, 16)을 받고 나서 그가 한 기도(삼하 7:18-29)와 일맥상통한다.

138:4 모든 왕들 이것은 시편 2:1-3과 대조를 이룬다.

참고. 시편 68:32; 72:11, 12; 96:1, 3, 7, 8; 97:1; 98:4; 100:1; 102:15; 148:11.

138:6, 7 다윗은 자신을 "낮은 자"로 보고 적들을 "교만한 자"라고 말한다.

138:8 **보상해 주시리이다** 이것은 다윗의 인생에서 하나님이 완성하신 사역, 특히 다윗 언약을 말한다(참고. 삼하 7:12-14, 16).

139:1-24 지극히 개인적인 다윗의 이 시편은 하나님이 사소한 데까지 그를 완전히 알고 계신다는 경이로움을 강조한다. 다윗은 "여호와는 중심을 보느니라"(삼상 16:7)는 말씀을 기억하고 있었을 것이다. 이 시편의 정확한 배경은 알려져 있지 않다.

Ⅰ. 하나님의 전지하심(139:1-6)
Ⅱ. 하나님의 무소부재하심(139:7-12)
Ⅲ. 하나님의 전능하심(139:13-18)
Ⅳ. 다윗의 순종(139:19-24)

139:1-6 하나님은 다윗의 모든 것을 알고 계신다.

139:1 **살펴 보셨으므로** 다윗은 일생 그러했듯이 뒤에 나온 절에서도 그의 마음을 살펴주시도록 기도한다(참고. 23, 24절). 다윗은 그의 내면에 어떤 것도 하나님께 숨길 수 없음을 알았다.

139:5 **둘러싸시고** 하나님은 환경을 사용해 다윗의 행동을 제한하셨다.

139:6 **너무 기이하니** 참고. 시편 131:1; 로마서 11:33-36.

139:7-12 하나님은 언제나 다윗을 살펴보고 계시므로 하나님 몰래 어떤 일도 할 수 없다.

139:7 **주의 영** 성령을 가리킨다(참고. 시 51:11; 143:10).

139:9 **새벽 날개** "바다 끝"과 함께 다윗은 거리가 멀다는 것을 강조하고자 이 문학적 비유법을 사용한다.

139:13-18 출생 전에 인간의 생명이 형성되는 과정을 통해 하나님의 권능을 강조한다.

139:13 **지으시며…만드셨나이다** 하나님은 임신 기간을 주심으로써 아이가 엄마의 자궁에서 성장하는 과정을 섭리적으로 감찰하신다.

139:15 **은밀한…깊은 곳** 이것은 자궁을 비유적으로 표현한 것이다.

139:16 **하루도 되기 전에** 하나님은 다윗이 태내에 착상되기 전에 이미 다윗의 인생을 주권적으로 계획하셨다. **주의 책** 이 비유법은 하나님의 생각을 기념 책에 비유하고 있다.

139:17, 18 다윗은 인간의 생각이 제한적인 데 비해 하나님의 생각은 무한하신 데 경이로움을 느낀다. 특히 인간 생명의 생리를 생각하면 더욱 그렇다(참고. 13-16절).

139:22 **미워하니** 다윗은 하나님을 대적하는 자들을 미워할 수밖에 없다. 다시 말해 그는 그들에게 중립적인 입장을 갖지 않을 것이며, 그들과 손을 잡는 일도 없을 것이다.

139:23, 24 19-22절을 근거로 다윗은 하나님께 그 마음을 계속 살펴주시고 불의한 것이 조금이라도 있으면 제거해주시도록 구한다. 심지어 그것이 하나님의 대적들을 향한 것일지라도 마찬가지다.

139:24 **영원한 길** 다윗은 영원한 생명에 대한 소망을 표현한다(*빌 1:6에 대한 설명을 보라*).

140:1-13 다윗이 저자라고 명시하고 있지만 이 시편의 배경은 확실하지 않다. 이 시편은 앞의 시편들처럼 원망, 기도, 구원의 확실한 소망 등이 특징을 이룬다.

Ⅰ. 다윗에 대해(140:1-5)
  A. "나를 건지소서"(140:1-3)
  B. "나를 지키소서"(140:4, 5)
Ⅱ. 다윗의 대적들에 대해(140:6-11)
  A. "그들을 이루지 못하게 하소서"(140:6-8)
  B. "그들을 벌하소서"(140:9-11)
Ⅲ. 여호와에 대해(140:12, 13)

140:1-3 여기서는 악한 모략에서 건져주심을 강조한다.

140:3 **독사** 뱀의 한 종류(참고. 롬 3:13)로 간교함과 악함을 의미한다.

140:4, 5 여기서는 악인에게 사로잡히지 않도록 지켜주심을 강조한다.

140:6-8 여기서는 하나님이 다윗의 원수들이 꾸민 모의가 수포로 돌아가게 해주심을 강조한다.

140:7 **내 머리를 가려 주셨나이다** 하나님은 전쟁 중에 다윗의 투구가 되신다는 비유적 표현이다.

140:9-11 여기서는 하나님이 대적들의 악한 계획에 스스로 걸려 넘어지도록 하시는 그분의 섭리를 강조한다.

140:12, 13 다윗은 하나님의 성품과 의인들을 배려하는 확고한 믿음을 표현한다(참고. 시 10:17, 18; 34:21; 82:3, 4).

141:1-10 다윗이 쓴 또 다른 탄식시로 그 배경에 대해서는 알 수 없다. 이 시편은 네 가지 기도로 구성되며, 이 기도들은 전체적으로 하나의 기도다.

Ⅰ. 속히 응답해 달라는 기도(141:1, 2)

Ⅱ. 개인적 의를 구하는 기도(141:3-5)
Ⅲ. 정의를 구하는 기도(141:6, 7)
Ⅳ. 구원을 바라는 기도(141:8-10)

141:2 분향함…저녁 제사 다윗은 기도하고 손을 들어 도움을 구하는 태도(시 68:31; 77:2)가 분향하고(출 30:7, 8) 성막에서 번제를 드리는 것(출 29:38)처럼 꾸준하게 이루어지며 훈련된 행동이 되기를 원한다.

141:3, 4 다윗은 하나님께 대적들처럼 악에 물들지 않게 보호해 달라고 기도한다.

141:5 다윗은 하나님이 다른 의인을 사용하셔서 3절과 4절의 그의 기도에 응답해주실 것이라고 확신한다(참고. 잠 9:8; 19:25; 27:6; 27:17).

141:6 재판관들…던져졌도다 악인의 지도자들이 절벽에서 내던져짐을 당하는 식으로 심판을 받게 해달라는 내용(참고. 눅 4:28, 29)이 다윗이 드리는 기도의 핵심이다(참고. 5절). **내 말이 달므로** 이는 다윗의 말이 진실되다는 의미다.

141:7 우리의 해골 재판관들이 절벽 아래로 던져진 이유는 그들이 먼저 의인에게 이런 짓을 했기 때문이다(참고. 10절).

141:10 자기 그물에 걸리게 하시고 다윗은 악인들이 자기가 꾸민 악한 계획에 당하게 해달라고 기도한다.

142:1-7 시편 57편과 배경이 동일하다(표제를 볼 때). 다윗은 자신을 죽이려는 사울을 피해(삼상 18-24장) 아둘람 굴에 숨어 괴로운 나날(삼상 22:1)을 보냈다. 비록 잠시이기는 하지만 하나님이 개입하시지 않으신다면 다윗은 절망적인 상황에 처할 수밖에 없었다. 시편 91편은 해결책이 될 진리를 알려준다.

Ⅰ. 다윗의 부르짖음(142:1, 2)
Ⅱ. 다윗이 처한 환경(142:3, 4)
Ⅲ. 다윗의 확신(142:5-7)

142:4 없고 다윗은 완전히 버림받은 느낌을 받는다.

142:5 주는 나의 피난처시요 시편에서 자주 등장하는 고백이다(참고. 시 7:1; 11:1; 16:1; 18:2; 25:20; 31:1; 46:1; 57:1; 61:3; 62:7; 91:2; 94:22; 141:8; 143:9; 144:2).

142:7 옥 다윗이 숨은 동굴이다.

143:1-12 마지막 참회시(참고. 시 6; 32; 38; 51; 102; 130편)인 이 다윗 시편의 구체적 배경은 알 수 없다.

Ⅰ. 다윗의 고난(143:1, 2)
Ⅱ. 다윗의 곤경(143:3-6)
Ⅲ. 다윗의 간청(143:7-12)

143:1 진실과 의 다윗은 하나님의 성품에 간절히 호소한다.

143:2 의로운 인생이 하나도 없나이다 그 자신의 불의함을 인정한 다윗은 의로워서 구원받는다면(참고. 143:11) 그 의는 자신의 의가 아닌 하나님의 의 때문이라는 점을 깨닫는다.

143:6 마른 땅 가뭄으로 바싹 마른 땅이 생명의 물을 간절히 원하듯 박해받은 다윗은 그를 살릴 구원자를 갈망한다.

143:7 주의 얼굴 하나님이 시편 기자의 곤경에 관심을 기울이심을 묘사한 신인동형론적 표현이다

143:10 주의 영 성령을 말한다(참고. 시 51:11; 139:7). *시편 51:11에 대한 설명을 보라.*

143:11 주의 이름을 위하여 다윗은 자신이 아니라 하나님의 영광과 이름에 호소한다(참고. 시 23:3; 31:3; 79:9).

143:12 주의 종 하나님의 종을 공격하는 것은 곧 그분을 공격하는 것이므로 하나님이 구원해주셔야 한다.

144:1-15 이 다윗 시편은 부분적으로(144:1-8) 시편 18:1-15와 아주 비슷하다. 이 시편은 18편처럼 동일한 환경에서, 즉 주가 사울 왕을 비롯한 대적들의 손에서 그를 구원해주신 날(참고. 삼하 22:1-18)에 쓰였을 가능성이 있다.

Ⅰ. 하나님의 위대하심(144:1, 2)
Ⅱ. 인간의 무가치함(144:3, 4)
Ⅲ. 하나님의 능력(144:5-8)
Ⅳ. 인간의 찬양(144:9, 10)
Ⅴ. 하나님의 축복(144:11-15)

144:1 나의 반석 다윗의 기초는 흔들림 없는 견고한 기초가 되신 하나님이다(참고. 시 19:14; 31:3; 42:9; 62:2; 71:3; 89:26; 92:15; 95:1). **손가락을 가르쳐 전쟁하게 하시는도다** 다윗은 신약 교회가 아니라 이스라엘의 신정국가 시절에 살았다(참고. 요 18:36). 하나님은 왕에게 힘을 주셔서 적들을 무너뜨리도록 하셨다.

144:2 하나님은 사랑, 요새, 산성, 구원자, 방패, 피난처 등 여섯 가지 혜택을 주신다.

144:3, 4 영원하신 하나님은 단명하는 인간과 대조를 이룬다(참고. 시 8:4).

144:5-8 하나님을 천상의 전사로 묘사하기 위해 강한 비유법이 사용된다. 다윗 대신 하나님이 지상 대적들과 싸우신다.

144:9 새 노래 구원받은 것을 축하하는 승리의 노래다(참고. 시 33:3; 40:3; 96:1; 98:1; 144:9; 149:1; 계 5:9; 14:3).

144:11 참고. 7, 8절.

144:12 **아들들…딸들** 하나님이 다윗 왕국을 이방인한테서 건져주시면 가정이 축복을 받을 것이다.

144:13, 14 **곳간…양…수소** 농사와 목축도 축복을 받을 것이다.

144:14 **침노하는 일이나 우리가 나아가 막는 일이 없으며…슬피 부르짖음이 없을진대** 분쟁이 사라지고 평화가 그 땅에 충만할 것이다.

145:1-21 다윗은 73편에 달하는 그의 시편을 이렇게 놀라운 글로 마무리한다. 여기서 이스라엘 왕은 하나님의 행하신 일과 속성과 약속으로 인해 그 영원하신 왕을 높이고 찬양한다. 풍부한 내용이 특징인 이 시편은 히브리어 알파벳 22글자를 이용한 장엄한 알파벳 시다. 이 시편은 시편을 마무리하므로 '마지막 할렐'(시 145-150편)이라 부르는 크레센도의 놀라운 찬송 모음 중 첫 시편이다.

I. 찬양의 서약(145:1, 2)
II. 하나님의 위대하심(145:3-7)
III. 하나님의 놀라운 은혜(145:8-13)
IV. 하나님의 변치 않는 신실하심(145:14-16)
V. 하나님의 완전한 의로우심(145:17-20)
VI. 찬양의 재결단과 권면(145:21)

145:1 **왕이신 나의 하나님** 이스라엘 왕 다윗은 하나님을 그의 주권자로 인정한다(참고. 시 5:2; 84:3).

145:11-13 **주의 나라** 다윗은 성경에서 나라에 대한 가장 광의의 용례, 즉 영원하신 하나님이 태초부터 영원까지 만물을 다스리신다는 의미로 이 단어를 사용한다(참고. 시 10:16; 단 4:3; 7:27).

145:14-16 모든 인류를 향한 하나님의 일반 은총을 강조한다(참고. 마 5:45; 눅 6:35; 행 14:17; 17:25).

145:20 **악인들은 다 멸하시리로다** 악인들에게는 하나님과 분리되어 불못에서 살아야 할 영원한 운명이 기다린다(참고. 살후 1:9; 계 20:11-15).

146:1-10 이 시편에서 마지막 시편(시 146-150편)까지 각 시편은 "할렐루야(여호와를 찬양하라)"로 시작하고 끝난다. 저자도 배경도 알 수 없다. 이 시편은 시편 113, 145편과 내용상 유사하다.

I. 찬양의 서약(146:1, 2)
II. 의지 대상이 아닌 인생(146:3, 4)
III. 복된 소망(146:5-10)

146:1 **내 영혼아** 참고. 시편 103, 104편의 도입부와 종결부.

146:3, 4 **의지하지 말지니** 이것은 일반적 원리의 언급일 수도 있고, 이방 민족들처럼 인간 왕을 원하는 이스라엘 백성에 대한 언급이거나(삼상 8:5), 유다가 나중에 이방 왕들에게 보호를 받고자 함(왕하 16:7-9)을 지적한 것일 수도 있다.

146:5 **야곱의 하나님** '아브라함과 이삭의 하나님'처럼 이 구절은 이들이 아브라함의 언약으로 하나님의 복을 받는 자들임을 알려준다(참고. 창 12:1-3; 시 144:15).

146:6 인간은 천지를 창조하시고 모든 진리를 계시해주시는 분을 의지해야 한다.

146:7-9중 하나님은 의와 자비로 도움이 필요한 자들에게 손을 내미신다.

146:9하 **악인들의 길** 참고. 시편 1:4-6; 145:20.

146:10 **영원히 다스리시고** 소멸할 자들(4절)과 반대로 5-9절의 진리는 영원하다(참고. 계 22:5).

147:1-20 *시편 146:1-10에 대한 설명을 보라.* 이것은 포로기 이후에 쓰인 시편(참고. 2, 3절)으로 보이며, 예루살렘 성벽 재건을 기리는 데 사용되었을 것이다(참고. 2, 13절; 느 12:27, 43). 하나님이 욥(욥 38-41장)과 이스라엘(사 40장)에게 제기하신 질문을 시편 기자는 여기서 찬양조의 선언으로 표현한다. 1, 7, 12절은 각기 3부로 구성된 이 찬송의 각 단락 도입부에 해당한다. 2, 3, 19, 20절은 구체적으로 이스라엘에게 개입하시는 하나님에 대해 말한다.

I. 여호와를 찬양하라—1부(147:1-6)
II. 여호와를 찬양하라—2부(147:7-11)
III. 여호와를 찬양하라라—3부(147:12-20)

147:2 **예루살렘을 세우시며** 에스라와 느헤미야는 이스라엘 역사의 이 부분을 시간 순으로 기록했다.

147:3 **상심한 자들을 고치시며** 참고. 시편 137편("상심한"), 126편("고치시며").

147:6 3부로 된 각 단락은 대비되는 내용으로 마무리된다. 여기서는 겸손한 자들과 악인들이 대조를 이룬다(참고. 10, 11, 19, 20절).

147:13 **그가…견고히 하시고** 이것은 방어 수단을 말하는 것으로, 느헤미야 시대의 예루살렘 성벽 재건을 가리킬 것이다.

147:15-18 이것은 예루살렘의 겨울 날씨를 묘사한 것이다. 하나님은 일상적 상황과 특별한 상황을 모두 주권적으로 감찰하신다.

147:19, 20 시편 기자는 하나님이 모든 열방 중에서 이스라엘을 특별히 택하셨음을 인정한다(참고. 창 12:1-3; 출 19:5, 6; 신 7:6-8; 14:2; 26:18, 19; 삼하 7:23, 24; 겔 16:1-7).

148:1-14 *시편 146:1-10에 대한 설명을 보라.* 이 시편은 모든 피조물이 하나님을 찬양하도록 요청한다. 저자와 배경은 확실하지 않다. 피조물이 하나님을 찬양하는 일과 그분이 이스라엘에 개입하시는 일은 상관관계가 있다.

I. 하늘의 찬양(148:1-6)
  A. 누가(148:1-4)
  B. 왜(148:5, 6)
II. 땅의 찬양(148:7-14)
  A. 누가(148:7-12)
  B. 왜(148:13, 14)

148:1-4 하늘에 있는 하나님의 피조물 가운데 대표적인 피조물이다.

148:2 **그의 모든 천사(그의 모든 만군)** 천사들의 다른 이름이다.

148:4 **하늘 위에 있는 물들** 참고. 창세기 1:7.

148:5, 6 시편 기자는 오직 하나님이 세상의 창조주 되심을 강조한다.

148:6 불변하며 확고한 창조 질서는 하나님이 아브라함, 다윗과 맺은 언약의 증인이라는 의미에서 예레미야 31:35-37; 33:20-22을 염두에 두었을 것이다.

148:8 **그의 말씀을 따르는** 하나님이 날씨를 주장하심을 강조하는 또 다른 표현법이다.

148:13, 14 땅이 하나님을 찬양하는 이유는 두 가지다. 그분의 이름만이 하늘에서 홀로 뛰어나시고(148:13), 땅에서 이스라엘을 높이셨다(148:14).

148:14 **뿔** 이것은 일반적으로 이스라엘 민족의 번영과 견고함을 가리키는 표현으로, 이스라엘이 하나님을 찬양하는 이유가 바로 이것이다. 이 말씀은 이스라엘이 과거, 예를 들면 다윗과 솔로몬 시대나 바벨론 유수에서 돌아온 이후보다 더 큰 번영을 구가할 것임을 암시한다. **그를 가까이 하는 백성** 참고. "내가 택한 자"(사 43:20), "자기의 특별한 소유"(시 135:4).

149:1-9 *시편 146:1-10에 대한 설명을 보라.* 이 시편의 저자와 배경은 알려져 있지 않다.

I. 하나님을 찬양하는 이스라엘(149:1-5)
II. 이스라엘의 열국 심판(149:6-9)

149:1 **새 노래** 구원에 대해 증거하는 노래다(참고. 149:4). **성도의 모임** 예배하기 위해 백성이 모인 것이다.

149:3 **춤** 예루살렘에 언약궤가 들어올 때 춤을 추었던 다윗처럼(삼하 6:15, 16) 개인으로나 집단으로 하나님을 향해 기뻐하며 추는 춤이다. **소고** 탬버린 같은 악기로 춤추면서 노래할 때 사용했다(참고. 출 15:20; 삼상 18:6). 사무엘하 6:14에 대한 설명을 보라.

149:6-9 이 단락은 종말론적 성격을 지니며 모든 열방과 민족이 그리스도를 왕으로 인정할 그분의 천년 통치와 그분의 왕궁이 있는 예루살렘을 고대한다(참고. 겔 28:25, 26; 욜 3:9-17; 미 5:4-15).

149:9 **기록된 판결** 이것은 열국이 복종할 것을 하나님이 예언하신 내용과 관련해 '성경대로' 이루어진다는 의미의 또 다른 표현법이다. **이런 영광** 하나님의 뜻을 시행하는 특권이다.

150:1-6 *시편 146:1-10에 대한 설명을 보라.* 이 마지막 시편은 찬양에 대해 몇 가지 중요한 질문을 묻고 답하는 식으로 시편 전체와 마지막 할렐(시 145-150편)의 대미를 장식한다. 어디서(150:1), 무엇에 대해(150:2), 무엇으로(150:3-5), 누가(150:6) 등이다. 저자와 배경은 알려져 있지 않다.

I. 찬양의 장소(150:1)
II. 찬양의 내용(150:2)
III. 찬양의 수단(150:3-5)
IV. 찬양의 주체(150:6)

150:1 **성소…권능의 궁창** 성소는 예루살렘의 성전을 가리키므로 이 절은 '땅과 하늘에서 하나님을 찬양하라'는 뜻이다.

150:2 찬양해야 할 내용은 하나님이 그동안 행하신 일, 하나님의 성품이다.

150:3 **비파** 하프 모양의 현악기로 하프처럼 채가 아닌 손으로 뜯듯이 연주한다.

150:4 **소고 치며 춤 추어** *시편 149:3에 대한 설명을 보라.*

150:6 **호흡이 있는 자마다** 생명이 있는 하나님의 모든 피조물이다. 시편 제5권(107-150편)과 시편 전체에 아주 어울리는 종결구다.

연구를 위한 자료

Steven Lawson, *Psalms 1-75*, in Holman Old Testament Commentary (Nashiville: Broadman & Holman, 2003).

Steven Lawson, *Psalms 76-150*, in Holman Old Testament Commentary (Nashiville: Broadman & Holman, 2006).

Allen P. Ross, *Psalms*, in The Bible Knowledge Commentary-OT (Wheaton, Ill.: Victor, 1985). 『시편』(BKC 강해 주석10), 앨런 로스 지음, 전광규 옮김(두란노서원, 1994).

제목

히브리어 성경은 헬라어 역본인 70인역처럼 "솔로몬의 잠언"(1:1)이라고 부른다. 잠언은 솔로몬이 지은 3,000 수가 넘는 잠언(왕상 4:32; 전 12:9) 중 가장 중요한 513개를 골라 솔로몬의 영향을 받았으리라고 생각되는 사람들의 다른 잠언들과 하나로 엮은 것이다. '잠언'(proverb)은 '본받다'라는 뜻으로, 이는 일상의 구체적인 모습과 인생의 심오한 진리들을 비교한 책이다. 잠언은 도덕적 교훈을 담은 짧은 글로, 인생의 기본적인 진리를 강조하고 가르친다. 하나님의 지혜를 구했던(대하 1:8-12) 솔로몬은 백성이 여호와를 경외하고, 하나님의 지혜를 따라 사는 삶(1:7; 9:10)을 묵상하게 할 목적으로 '짧은 격언'을 지었다. 이 지혜의 요체는 주 예수 그리스도로 의인화된다(고전 1:30).

저자와 저작 연대

"솔로몬의 잠언"이라는 구절은 저작권에 대한 언급이라기보다 오히려 제목에 가깝다. 주전 971-931년 이스라엘을 통치한 솔로몬 왕은 하나님께 놀라운 지혜를 받았고(왕상 4:29-34을 보라) 교훈 단락(1-9장)과 10:1-22:16을 지은 저자이지만, 22:17-24:34의 '현자의 격언'은 단순히 편집만 했을 것이다. 이 현자의 격언 단락은 솔로몬 치세 이전의 어느 시기에 작성된 것으로 보인다. 25-29장은 원래 솔로몬이 지었지만(25:1) 후대에 히스기야 왕(주전 715-686년)이 필사하고 추가했다. 30장은 아굴의 잠언이며, 31장은 르무엘의 잠언으로 그는 솔로몬과 동일 인물로 추측된다.

잠언이 최종 형태로 편집된 것은 히스기야 시대나 그 이후일 것으로 보인다. 솔로몬이 잠언을 지은 것은 그 마음이 하나님을 떠나기 전이었다(왕상 11:1-11). 잠언에 여호와를 경외하는 경건한 시각이 생생히 드러나 있고, 그 대상이 여호와 경외함을 배워야 할 '순전하고' '젊은' 이들이기 때문이다. 또한 솔로몬은 시편 72편과 127편도 지었고, 전도서와 아가서도 지었다. 전도서와 아가서의 서론 가운데 저자와 저작 연대 부분을 참고하라.

배경과 무대

잠언의 배경은 삼중적 성격을 지닌다. 일반적 지혜문학, 왕궁에서 얻은 지혜와 통찰, 아버지와 어머니가 그 자녀들에게 주는 교훈이다. 이는 모두 하나님을 묵상하도록 돕는 데 목적이 있다. 잠언은 지혜문학이기 때문에 때로 이해하기가 쉽지 않다(1:6). 지혜문학은 구약적 지혜의 일부다. 제사장은 율법을 주고 선지자들은 하나님 말씀을 주며 현자는 지혜의 교훈을 준다(렘 18:18; 겔 7:26). 잠언에서 현자인 솔로몬은 인생의 '어려운' 문제에 대한 통찰을 보여준다(1:6). 하지만 선지자나 율법처럼 직설적인 방법을 사용하지 않는다.

잠언은 실제적이면서도 심오한 진리를 담고 있다. 하나님과 관계가 올바로 정립되어야 올바른 삶이 가능하다는 점을 강조하며 그에 따른 도덕적·윤리적 교훈을 가르친다. 솔로몬은 4:1-4에서 다윗과 밧세바의 발아래서 배운 교훈을 아들 르호보암에게 위탁함으로써 세 세대를 하나로 연결시킨다. 잠언은 광대한 지혜의 보고일 뿐 아니라 세대에서 세대로 진리를 계승하는 방법이기도 하다. 성경의 경건한 인물들이 삶으로 보여준 성경의 원리와 적용이 담겨 있다.

역사적 · 신학적 주제

솔로몬은 놀라운 약속과 특권과 기회를 안고 권좌에 올랐다. 하나님은 명철을 달라는 그의 기도에 응답해주셔서(왕상 3:9-12; 대상 2:10-11) 모든 사람보다 뛰어난 지혜를 주셨다. 그러나 그런 그가 자신이 알고 아들 르호보암에게 가르치기까지 했던(왕상 11:1, 4, 6, 7-11) 진리대로 살지 못했다는 사실은 실로 충격이 아닐 수 없다. 결국 르호보암은 아버지의 가르침을 철저히 외면했다(왕상 12:6-11).

잠언은 인간의 사고방식과 생활방식, 일상생활을 거룩한 진리에 비춰보도록 도전하는 등 인간의 윤리적 선택의 문제를 다룸으로써 성경의 주제들을 의로운 삶의 수준으로 끌어내리는(1:3) 성경신학의 금광과 같은 책이다. 더 구체적으로 잠언은 창조주께서 인간을 창조하실 때 의도하신 대로 살도록 요구한다(시 90:1, 2, 12).

잠

잠언에서 반복적으로 강조하는 약속은 일반적으로 지혜로운 자(하나님께 순종하는 의로운 자)들이 장수하며(9:11) 형통하고(2:20-22) 즐거움을 누리며(3:13-18) 하나님의 선하심을 맛보는(12:21) 반면 어리석은 자들은 수치(3:35)와 죽음(10:21)을 당한다는 것이다. 하지만 이것은 일반적인 원리이므로 비록 일시적이지만(시 73:17-19) 악인들이 때로 형통함을 누린다는 사실(시 73:3, 12)도 간과하지 않는 균형감각이 필요하다. 욥 역시 경건한 현인들이 질병과 고통에 시달릴 때가 있다고 했다.

잠언에는 중요한 주제가 많이 등장하지만 무작위적이고 여러 주제와 뒤섞여 있다 보니 주제별로 연구하는 것이 도움이 된다.

Ⅰ. 인간과 하나님의 관계
- A. 하나님에 대한 신뢰(22:19)
- B. 겸손함(3:34)
- C. 하나님에 대한 경외감(1:7)
- D. 의로움(10:25)
- E. 죄(28:13)
- F. 순종(6:23)
- G. 보상(12:28)
- H. 연단(17:3)
- I. 축복(10:22)
- J. 죽음(15:11)

Ⅱ. 인간 스스로의 관계
- A. 성품(20:11)
- B. 지혜(1:5)
- C. 어리석음(26:10, 11)
- D. 언어(18:21)
- E. 자제력(6:9-11)
- F. 인자함(3:3)
- G. 재산(11:4)
- H. 교만함(27:1)
- I. 분냄(29:11)
- J. 게으름(13:4)

Ⅲ. 타인과의 관계
- A. 사랑(8:17)
- B. 친구(17:17)
- C. 적(16:7)
- D. 신실성(23:23)
- E. 험담(20:19)
- F. 아버지로서(20:7; 31:2-9)
- G. 어머니로서(31:10-31)
- H. 자녀로서(3:1-3)
- I. 자녀교육(4:1-4)
- J. 자녀 훈육(22:6)

잠언 전체에서 서로 엮이고 중첩되는 두 가지 주요 주제는 지혜와 어리석음이다. 지식과 명철, 교훈, 분별함, 순종을 포함하는 지혜는 여호와를 경외함과 하나님 말씀을 기초로 한다. 어리석음은 지혜와 반대되는 모든 것이다.

해석상의 과제

첫 번째 과제는 일반적으로 한눈에 이해하기 어려운 지혜문학 자체의 특성이다. 비유처럼 대충 보면 의도한 진리를 파악하기 쉽지 않기 때문에 마음으로 묵상하며 보아야 한다(1:6; 2:1-4; 4:4-9).

또 다른 과제는 병행법의 광범위한 활용이다. 병행법이란 전하고자 하는 진리를 두 가지 이상의 문장으로 병렬해 배치하되 둘째 행이 첫 행의 내용을 확장하고 보완하며 강조하거나 규명하고 최종 목표인 논리적 결론에 도달하는 것으로, 어떤 경우에는 서로 대조되는 관점을 배열하기도 한다. 종종 실제로는 내용상으로 병행법이 암시되는 경우도 있다. 예를 들어 12:13은 의인은 그 입술로 덕망을 얻기 때문에 환난을 이긴다는 점에서 표면적으로는 병행법이 사용되지 않았지만 의미

「솔로몬의 우상 숭배[*The idolatry of King Solomon*]」 1630-1648년. 빌렘 드 푸테르. 패널에 유화. 63X49cm. 암스테르담 국립박물관. 암스테르담.

상으로는 분명히 병행법이 사용되었다(참고. 28:7).

잠언을 해석할 때 다음을 염두에 두어야 한다. 첫째, 병행법을 확인하고 종종 저자가 의도하지만 명시적으로 표현하지 않은 내용을 찾아내야 한다. 둘째, 어떤 비유법이 사용되었는지 확인하고 사실적 문장으로 재서술해야 한다. 셋째, 몇 마디 말로 잠언의 교훈이나 원리를 요약해야 한다. 넷째, 가르치고자 하는 행실을 서술해야 한다. 다섯째, 성경에서 사례들을 찾아보아야 한다.

해석과 이해에 영향을 미치는 여러 맥락도 어려운 문제다. 첫째, 잠언을 말하는 그 배경이 있다. 대체로 왕궁에 있는 젊은이들이 그 대상이다. 둘째, 잠언서 전체의 배경이 있다. 즉 잠언의 교훈은 나머지 성경의 전체적인 맥락에서 이해해야 한다. 예를 들어 솔로몬이 가르친 지혜와 의인화된 그리스도의 지혜를 참고하면 많은 것을 얻을 수 있다. 셋째, 역사적 맥락이 있다. 잠언의 원리와 진리는 당대의 현실에서 차용한 사례를 사용한다.

해석상의 마지막 어려움은 잠언이 신적 지침이자 지혜에 대해 관찰한 내용이라는 이해에서 비롯된다. 즉 불변하는 율법이나 절대적 약속이 아닌 기본적 원리를 가르친다는 것이다(24:3, 4). 이런 일반적인 원리(참고. 10:27; 22:4)는 삶의 불확실성과 타락한 인간의 예측하기 어려운 행위 때문에 보통 '예외'가 있다. 하나님은 각 잠언이 단일한 효과를 내거나 동일하게 적용될 것이라고 보장하지 않는다. 하지만 이 잠언들을 연구하고 적용하면 하나님의 생각과 그분의 성품과 속성, 사역, 축복을 묵상하고 내면화하게 된다. 잠언으로 표현된 이 모든 지혜와 지식의 보화들은 그리스도 안에 감춰져 있다(골 2:3).

잠언 개요

I. 프롤로그(1:1-7)
- A. 명칭(1:1)
- B. 잠언의 목적(1:2-6)
- C. 주제(1:7)

II. 젊은이들에게 주는 격려와 교훈(1:8-9:18)

III. 모든 사람을 위한 잠언(10:1-29:27)
- A. 솔로몬의 잠언(10:1-22:16)
- B. 지혜로운 자들의 잠언(22:17-24:34)
- C. 솔로몬이 짓고 히스기야가 수집한 잠언(25:1-29:27)

IV. 개인적 당부(30:1-31:31)
- A. 아굴의 당부(30:1-33)
- B. 르무엘의 당부(31:1-31)

프롤로그

1:1-7 이 단락은 프롤로그에 해당하며 독자는 자신의 유익을 위해 진지하게 이 잠언을 연구하라는 당부를 받는다. 몇 가지 짧은 단문으로 이루어진 이 단락은 이 문학의 장르(1절), 잠언의 이중적 목적(2-6절), 대단히 중요한 주제(7절)가 소개되어 있다.

A. 명칭(1:1)

1:1 **솔로몬** 서론의 저자와 저작 연대를 보라. 이스라엘 왕이 된 솔로몬은 여호와 하나님께 지혜와 지식을 구하고 이를 받음으로써(대하 1:7-12) 재물과 명성과 영광을 모두 누리게 되었다. **잠언** 서론의 제목을 보라. 잠언은 짧고 간결한 격언으로 시간을 초월하는 진리와 지혜를 알려준다. 사람들의 관심을 유도하여 실제 생활에 신적 원리들을 적용하는 방법에 대해 생각하고 고민하도록 만든다(예를 들어 2:12). 잠언에는 시와 산문 형식으로 된 교훈과 통찰이 담겨 있지만 동시에 순종을 요구하는 명령이 포함될 때도 있다. 하나님의 잠언은 단지 이 잠언서에만 국한되지 않는다(참고. 창 10:9; 삼상 10:12; 24:13; 렘 31:29; 겔 12:22; 18:2).

B. 잠언의 목적(1:2-6)

1:2-6 이 잠언서의 목적은 두 가지다. 지혜와 훈계로 경건한 삶을 살 수 있는 비결을 가르치고(2상반절. 3, 4절에서 확장됨), 분별력을 키우는 것(2하반절. 5절에서 확장됨)이다.

1:2 **지혜** 서론의 역사적·신학적 주제를 참고하라. 히브리적 사고 체계에서 지혜는 단순한 지식이 아니라 하나님이 인간에게 의도하신 대로 경건한 삶을 살 수 있는 비결을 의미했다(참고. 신 4:5-8). **훈계** 이것은 도덕적 성품의 계발을 말한다. **명철** 이 단어는 개인으로 성숙함에 이르러 영적 분별력을 갖도록 하는 정신적 훈련을 연상시킨다.

1:3 **지혜…공의…정의…정직** 잠언은 1:2상반절의 목적과 용어들을 확장시켜 자녀교육 과정에 적용한다. 그 훈련 내용은 다음과 같다. 첫째는 지혜(2절의 단어와는 다른 히브리어)로, 자신을 자제할 수 있는 능력과 신중함이다. 둘째는 공의로, 하나님의 뜻과 기준을 따르는 능력(개인의 지위상의 의와 일치하는 실제적 의)이다. 셋째는 정의로, 타인들과의 관계에서 진정한 의를 적용하는 것이다. 넷째는 정직으로, 공정하고 흡족한 방법으로 삶을 살도록 훈련하는 방식이다.

1:4 **어리석은 자를 슬기롭게** 잠언의 부차적 목적은 무

잠

지하고 어리석은 사람이 분별력을 갖도록 하는 데 있다. *어리석*은의 어근은 '열린 문'이라는 뜻인데, 그 마음으로 지키고 버려야 할 것이 무엇인지 모르는 어리석은 자에 대한 적절한 표현이다. **젊은 자에게 지식과 근신함** 죄를 짓기 전에 고민하여 책임 있는 선택을 하도록 돕는다.

1:5 **지략** 지혜로운 그리스도인은 진리로 다른 사람들을 인도하거나 통제할 수 있는 능력을 갖는다.

1:6 **잠언과…그 오묘한 말을 깨달으리라** 잠언은 '비유적 어법' 그리고 사색과 해석이 필요한 '오묘한 말'로 개인을 훈련시켜 현명한 사고를 하도록 하는 데 목표를 둔다. **오묘한 말** 성경을 연구하면 복잡하고 혼란스러운 인생을 살아가는 데 필요한 지혜를 충분히 얻을 수 있다.

C. 주제(1:7)

1:7 **여호와를 경외하는 것** 이 책, 특히 처음 아홉 장에서 가장 중요한 주제가 소개되어 있다. 그것은 여호와를 경외하는 것이다(29; 2:5; 3:7; 8:13; 9:10; 14:26, 27을 보라. 참고. 욥 28:28; 시 34:11; 행 9:31). 서론의 역사적·신학적 주제를 보라. 주를 경배하며 복종하는 두려움인 이 경외감은 모든 영적 지식과 지혜의 근본이다(참고. 2:4-6; 9:10; 15:33; 욥 28:28; 시 111:10; 전 12:13). 불신자는 삶과 진리에 대해 언급하더라도 하나님을 경외하는 구속적 관계를 갖지 않으면 참된 지식이나 궁극적 지식에 도달하지 못한다.

여기서 내용상의 진전 과정을 주의해 살펴보라. 하나님에 대해 가르침, 하나님에 대해 배움, 하나님을 경외함, 하나님에 대해 앎, 하나님의 지혜를 모방하는 것이다. 여호와를 경외하는 것은 한 개인의 태도와 의지, 감정, 행위, 목표가 하나님의 것으로 바뀌는 의식 상태를 말한다(참고. 시 42:1).

젊은이들에게 주는 격려와 교훈 (1:8-9:18)

1:8-9:18 이 긴 단락은 교훈적 강론 형식으로 부모가 자녀에게 지혜를 권하는 것이 특징이다. 이 장들은 독자가 10:1부터 시작되는 실제적 잠언을 받아들이도록 하는 준비 단계라고 할 수 있다.

1:10-19 여기서 아버지는 악인들의 유혹에 대해 경고하면서 지혜를 멸시하면 그 유혹에 넘어갈 것이라고 말한다(8절).

1:10 **악한 자** 이 단어는 성경에서 계속 죄를 품고 심지어 성도들에게 함께 죄를 짓도록 설득하는 불신자들을 가리킨다(*약 4:8에 대한 설명을 보라*). 살인죄와 강도죄는 그런 어리석음의 대표적 사례다.

1:11 **우리와 함께 가자** 종종 지혜가 모자란 사람들을 유혹할 때 거부하기 어렵게 만들려고 또래 압력을 동원한다.

1:12 **삼키며** 악한 자들은 악한 계획을 꾸며 죽음 자체가 공격하는 것처럼 무고한 자들을 잡아다가 희생시킨다. 요셉(창 37:20 이하)과 예레미야(렘 38:6-13), 다니엘(단 6:16, 17)의 경우가 이에 해당한다. 스올은 망자의 세계다. 악한 자에게는 다시 돌아오지 못할 곳이고(욥 7:9) 흑암(시 143:3)과 고통(사 14:11)의 장소다.

1:13 **우리가…빼앗은 것으로** 이것은 의도를 숨긴 채 순진하고 무고한 자들을 악한 일에 끌어들이려는 것이다. 뻔뻔스럽게 많은 노획물을 약속하는데, 도둑과 살인자들은 이런 식으로 쉽고 편하게 재산을 불린다.

1:15 **다니지 말라** 11절의 유혹을 직접적으로 지적한다. 죄는 처음 유혹을 받는 즉시 거절해야 하며(참고. 시 119:114, 115; 약 1:15), 죄를 지을 것 같다는 생각이 들면 처음부터 어울리지도 말아야 한다(참고. 시 1:1-6). 죄는 아예 접근조차 허용하지 말아야 한다(참고. 4:14).

1:16 참고. 로마서 3:15

1:17 **그물을 치면** 새가 보는 앞에서 새 잡을 그물을 치면 아무 소용이 없다. 18절과 함께 볼 때 이 유비는 악한 자들이 은밀하게 무고한 자가 걸리도록 덫을 놓는다는 뜻이다. 하지만 결국 악인은 자신이 친 함정에 스스로 빠진다(19절). 다시 말해 탐욕에 사로잡혀 노예가 된다(참고. 딤전 6:9-11). 어리석은 죄인은 스스로 패망을 향해 달려간다.

1:20-33 이 단락에서 지혜는 의인화되어 1인칭 화자로 등장하며, 지혜를 거부한 자들이 당할 무서운 결과를 강조한다. 지혜에 대한 이와 유사한 의인법적 표현은 3:14-18; 8:1-36; 9:1-12에서 볼 수 있다.

1:21 **성중에서 그 소리를 발하여** 악인의 유혹은 은밀하고 비밀스럽지만(10절) 아무것도 숨길 필요가 없는 지혜는 공공장소에서 모두가 볼 수 있는 곳에서 누구나 듣도록 부른다.

1:22 **어느 때까지 하겠느냐** 세 가지 질문은 세 가지 범주의 지혜가 필요한 사람들을 보여주며, 죄가 더욱 심각한 수준으로 내몰리는 것을 알려준다. 첫째는 무지하고 어리석은 사람, 둘째는 거만한 자들로 더 심각하고 의도적인 행위를 하는 사람, 셋째는 미련하고 완악한 불신자들로 진리를 듣지 않으려고 하는 사람이다. 잠언은 일단 이 첫 집단의 사람을 대상으로 한다.

1:23 **책망** 하나님의 지혜는 죄인들의 죄를 고발하고

지적하며 회개를 요구한다. 회개하는 사람들에게 하나님은 신적 계시와 연관된 참 지혜의 영을 주겠다고 약속하신다.

1:24-26 하나님의 책망을 냉대하고 조롱하는 죄인들은 그 죄가 더해지고(참고. 롬 2:5) 하나님의 냉대와 조롱이라는 진노를 스스로 자초한다(26, 27절). 어떤 사람들은 미루다가 하나님을 찾지만 때가 너무 늦었다. 신명기 1:45; 사무엘상 28:6; 시편 18:41을 보라.

1:26, 27 **재앙…두려움…근심과 슬픔** 이 단어들은 하나님의 심판으로 받는 심각한 고통을 가리킨다. 지혜를 거부한 죄인들이 심판의 날 하나님을 부를지라도 그분은 고통당하는 그들을 보며 비웃으실 것이다.

1:28-32 하나님이 죄인들을 거부한다는 사실을 꼼꼼하게 지적하고 있다. 하나님은 때로 죄인들을 유기하시는 방법으로 진노를 드러내신다. 로마서 1:24-28에 대한 설명을 참고하라. 기도하고 부지런히 주를 구해도 아무 소용이 없다(참고. 8:17)

1:28-30 **대답하지 아니하겠고** 하나님은 그를 배척한 죄인들을 다시 권면하시지 않을 것이다. 지혜(7절), 지식(22절), 책망(23, 24절), 교훈(25절)을 거부한 사실을 주목하라.

1:31 **자기 행위의 열매를 맺으며** 궁극의 심판은 사람들이 그 악행의 결과를 거두도록 하나님이 방치하시는 것이다. 참고. 로마서 1:24-28.

1:32 **안일** 고의적인 태만이나 애를 쓰고 관심을 기울여야 마땅함에도 이를 무시하는 것을 말한다.

2:1 **나의 말** 솔로몬은 하나님의 율법을 받아들이고 가르쳤을 뿐 아니라 믿음과 순종으로 그것을 내면화시켰다. 이 말씀의 지혜는 무엇보다 지혜의 풍부한 가치('보화')를 이해한 사람들에게 허락된다. 지혜에 최고 가치를 부여하면 그것을 소유하고 활용할 수 있다.

2:2 **귀…마음** *4:21-23에 대한 설명을 보라.* 지혜를 귀하게 여기면 귀와 마음은 온통 지혜로 쏠리게 된다.

2:3-6 참고. 야고보서 1:5.

2:3 **명철을 얻으려고 소리를 높이며** 이것은 하나님의 진리를 알고 적용하기를 원하는 사람의 간절한 기도를 말한다. 잠시이라도 무관심하거나 태만하면 온전한 지혜를 알 수 없다.

2:4 **구하며…찾으면** 일생 간절하게 추구한다는 뜻이다. 참고. 욥기 28:1-28; 마태복음 13:44.

2:6 **그 입** 그 입의 말씀은 성경에 기록되어 있다. 하나님은 성경으로 말씀하신다(참고. 히 1:1, 2; 벧후 1:20, 21).

2:7, 8 **정직한 자** 하나님을 알고 사랑하며 순종하고 의롭게 살고자 노력하는 참된 성도들을 가리킨다. 이렇게 언약을 지키는 자들만이 지혜를 알 수 있고, 하나님의 보호하심을 누릴 수 있다.

2:9 **공의와 정의와 정직** 참고. 1:3의 윤리의 삼각 편대.

2:10 **지혜가 네 마음에 들어가며** *4:21-23에 대한 설명을 보라.*

2:11 **근신…명철** 진리는 모든 악에서 우리를 보호해주는 보호자다(참고. 시 119:11, 97-104).

2:12 **패역을 말하는 자** 지혜를 거부하는 자들이 전형적으로 보이는 왜곡된 언어 습관이다(참고. 잠 8:13; 10:31, 32).

2:14 어리석은 자들은 악한 것에 큰 애착을 보이다가 결국 큰 상처를 입는다.

2:16 **음녀** 잠언에서 반복해 경계 대상으로 삼는 창녀를 말한다(참고. 5:1-23; 6:20-29; 7:1-27; 22:14; 23:27). 다른 성경도 마찬가지다(출 20:14; 레 20:10). 문자적으로 음녀는 '이방인' 또는 '낯선 여자'를 말한다. 이것은 이런 여자들이 처음에는 이스라엘 밖에서 유입되었기 때문이다. 그러나 점차 모든 창녀나 음녀를 가리키는 표현이 되었다. 음녀는 잠언 17:14-20의 아첨하는 말이나 매끄러운 말을 한다.

2:17 **짝을 버리며** 음녀는 남편의 조언과 애정을 거부한다(참고. 16:28; 17:9). **하나님의 언약을 잊어버린 자** 광의의 의미에서 시내산 언약(출 20:14)일 수 있지만 여기서는 구체적으로 정절에 대한 서약인 창세기 2:24의 결혼 서약을 가리킨다.

2:18 **사망으로…기울어졌나니** 이런 맹목적인 죄는 그 파괴적 본질 때문에 사망의 길로 갈 수밖에 없다(8, 9, 12, 15절). 잠언에서 죽음은 점진적 쇠락(5:23)과 갑작스러운 종말(29:1)을 모두 의미한다.

2:19 **누구든지 그에게로 가는 자는 돌아오지 못하며** 한 번 빠지면 돌이킬 수 없는 죄의 성격은 죄의 대가가 얼마나 심각한지 강조한다. 22절에서 히브리어 완곡어법을 이용해 표현한 대로("끊어지겠고"와 "땅에서 뽑히리라") 죄는 육체적 죽음을 낳는다. 또한 그다음에는 영원한 사망이 기다린다.

2:21 **땅에 거하며…남아 있으리라** 성적 죄악에서 벗어나지 못해 사망을 향해 달려가는 자들과 정반대로 주께 속한 자들은 죽지 않고 살 것이다. *8:18-21에 대한 설명을 보라.*

3:1-35 진리를 배움으로써 지혜를 얻으라는 권면이 실려 있다. 이 권면은 지혜로운 자들과 악인들의 운명을 대조하는 방법으로 더욱 강조한다.

3:1-20 솔로몬은 지혜가 올바른 가르침에서 비롯되며(1-4절), 하나님을 신뢰하는 것이며(5, 6절), 순종함에

보상이 따르는 것이라고 말한다(7-10절). 지혜는 징계를 요구하지만 많은 유익이 있으며(13-18절) 하나님의 피조물도 지혜로 지은 바 되었기에 지혜는 더없이 중요하다(19, 20절).

3:1 **나의 법** 히브리인의 토라(Torah)는 '던지다, 분배하다, 가르치다'라는 동사에서 파생한 것으로 '가르침'을 의미한다. 보통 하나님의 율법을 가리키지만(29:18) 여기서는 2:1처럼 하나님이 솔로몬을 통해 주신 명령과 원리를 가리킨다. **마음** *4:21-23에 대한 설명을 보라.*

3:3 **네 목…마음판** 하나님으로부터 오는 자비(인애와 충직한 사랑에 해당하는 히브리어)와 진리가 우리 인격의 일부가 되어야 한다. 영적 아름다움의 장신구처럼 모든 사람이 볼 수 있도록 외적으로는 우리 행동으로 드러나야 하고, 내적으로는 우리 묵상의 주제가 되어야 한다(참고. 신 6:4-9). 이런 내적이고 외적인 자비와 진리는 새 언약적 구원의 증거다(참고. 렘 31:33, 34). 참고. 고린도후서 3:3.

3:4 **하나님과 사람** 참고. 누가복음 2:52의 그리스도.

3:7 바울은 이 잠언을 로마서 12:16에서 간접 인용했다.

3:8 **양약…골수** 여기서 말하는 힘(strength)은 골수, 즉 뼈에서 나온다(욥 21:24). 하나님은 그분의 뜻대로 지혜롭게 사는 자들한테 육체적 건강을 약속해주신다. 다윗은 밧세바와 우리아에게 지은 죄를 고백하지 않았을 때 육신의 건강을 잃어버렸다고 고백했다(참고. 시 32:3, 4; 51:8).

3:9, 10 **네 재물…여호와를 공경하라** 성경적 재물관은 하나님을 공경하는 데 재물을 사용하도록 요구한다. 하나님을 신뢰하고(5절) 그분께 처음 난 최고의 것들을 바치며("처음 난" 것, 참고. 출 22:29; 23:19; 신 18:4) 공평하게 행하며(27, 28절) 후히 베풀고(11:25) 그분이 주신 모든 것을 감사함으로써(신 6:9-11) 하나님을 공경할 수 있다. 이렇게 하나님을 신실하게 공경할 때 형통함과 만족함을 보상으로 받는다.

3:11, 12 **징계를 경히 여기지 말라** 아무리 지혜로운 하나님의 자녀라도 죄를 지을 수 있기 때문에 지혜와 축복을 얻기 위해 하나님 아버지의 징계가 필요하다. 그런 징계를 거부해선 안 된다. *히브리서 12:5-11에 대한 설명을 보라.*

3:14, 15 참고. 시편 19:10, 11. 하나님의 지혜는 14-18절에 이익, 장수, 부귀, 즐거움, 평강, 생명으로 표현된 것처럼 풍성한 보물을 선사한다.

3:18 **생명 나무** 이것은 실제적이고 영적인 갱신과 회복을 가리키는 메타포다(참고. 11:30; 13:12; 15:4).

축복에 대한 핵심 잠언들

1. 잠 3:13	6. 잠 16:20
2. 잠 3:33	7. 잠 18:22
3. 잠 8:32	8. 잠 28:14
4. 잠 8:34	9. 잠 28:20
5. 잠 12:2	10. 잠 31:28

3:19, 20 솔로몬은 모든 인생에 지혜가 기본이라고 말한다. 하나님은 지혜로 만물을 창조하셨다. 하나님이 지혜로 우주를 창조하셨기 때문에 이 우주에서 살아가는 인간은 그 지혜를 간절히 사모해야 한다.

3:22 **네 영혼의 생명** 잠언서는 지혜와 내면의 영적 생활의 상관관계(참고. 2, 16절)를 계속 강조한다(참고. 4:10, 22; 7:2; 8:35; 9:11; 10:11, 16, 17; 11:19, 30; 12:28; 13:14; 14:27; 15:4, 24; 16:22; 19:23; 21:21; 22:4). **네 목에 장식** 하나님의 지혜는 한 개인의 인생 장신구처럼 모든 사람이 그 아름다움을 보게 된다(참고. 1:9).

3:25, 26 **두려워하지…의지할 이** 하나님의 지혜로 인생을 살면 신자는 마음의 평강을 누릴 토대가 생기고(24절) 두려움이 사라진다(25절).

3:28 **이웃** 이웃은 하나님이 인생길에서 만나게 해주시는 어려운 모든 사람을 말한다. 누가복음 10:29-37을 보라.

3:29 **살거든…꾀하지 말며** 당신이 보호해주리라는 것을 전혀 의심하지 말고 믿는 사람을 해치려고 해선 안 된다.

3:30 **다투지** 이것은 '손으로 치다' 또는 법정적 용어로 '누군가를 고발하다'라는 뜻이다.

3:31 **부러워** 많은 사람은 법을 준수하면서도 법을 어기는 일탈을 꿈꾼다(시 37:1-7). 그런 사람들은 압제당하기보다 압제하는 자가 되기를 원한다.

3:32 **미워하시나** 하나님은 특별히 자신의 본성과 양립 불가능하고 도무지 용납하실 수 없는 행동이나 태도를 미워하시며 이런 행동이나 태도에 진노하시고 심판하신다. 이는 잠언의 중요한 한 주제다(*6:16-19에 대한 설명을 보라*). **그의 교통하심** 이것은 하나님이 정직한 자에게 자신과 진리를 계시해주심을 의미한다.

3:34 **겸손한 자** 문자적으로 '자신을 낮추는 자'(약 4:6; 벧전 5:5)다.

4:2 **선한 도리…내 법** 선한 도리로 연결되지 않는 것은 지혜가 아니다. 모든 교훈의 중요한 핵심으로 이 선한 도리를 가르쳐야 한다(참고. 딤전 1:10; 4:13, 16; 5:17; 딤후 3:10, 16; 4:2; 딛 1:9; 2:1, 10).

4:3-5 **내 아버지에게 아들이었으며 내 어머니 보기에** 솔로몬은 다윗과 밧세바를 지칭해 이렇게 표현한다(삼하 12:24).

4:8 **높이라…품으면** 지혜를 귀하게 여길수록 그 지혜로 그 사람은 더 높아진다.

4:9 **머리** *3:22에 대한 설명을 보라.*

4:13 **잡아 놓치지 말고 지키라** 5절에서 아버지는 아들에게 "지혜를 얻으라"고 명령했지만 여기서는 그 지혜를 붙들고 놓지 말라고 말한다.

4:14 **사악한 자의 길에 들어가지 말며** 유혹받는 즉시 필요한 지혜를 적용하는 식으로 죄는 초반에 처리하는 것이 최선이다(참고. 시 1:1).

4:15 초반에 죄를 다루기 위해 긴급히 시행할 단계를 네 가지 동사로 나타낸다(참고. 14절). 첫째, 죄를 지을 수 있는 상황을 만들지 말고 피하라. 둘째, 가능한 한 죄와 멀리 떨어져 다녀라. 셋째, 죄에서 돌이키라. 넷째, 죄를 떠나 도망치라. 우리를 유혹하는 죄의 본성은 야고보서 1:13-15에 요약되어 있다.

4:16, 17 **자지 못하며** 참고. 3:24. 그들은 죄를 지어야 잠이 오고, 죄가 굶주리고 악한 영혼의 식량이라고 생각한다.

4:18 **길은 돋는 햇살 같아서** 새벽의 미명으로 시작된 해가 점점 커져 정오에 찬란하게 커지듯이 성도의 길도 점점 더 빛나게 된다.

4:19 **어둠 같아서** 죄는 사람의 눈을 완전히 멀게 만들기 때문에 악인들은 뻔히 보이는 것에도 걸려 넘어진다. 빛 한 점 없는 칠흑 같은 어둠 속을 걷는 것 같다.

4:21-23 **마음** 마음은 흔히 사고와 판단(3:3; 6:21; 7:3)의 중심부인 의식을 가리키지만 감정(15:15, 30)과 의지(11:20; 14:14)도 포함되므로 내면의 전인(3:5)을 가리킨다. 마음은 모든 지혜의 저장고이며 언어(24절)와 태도(25절), 행실(26, 27절)에 영향을 미치는 모든 것의 근원이다.

5:1, 2 **주의하며** 지혜로운 아버지는 지혜에 대한 권면을 요약해 표현하고자 필요한 단어들을 유심히 살펴본다(참고. 1:2; 2:2; 3:13; 4:5).

5:3 **입술…입** 유혹은 기만적인 아부로 시작한다(참고. 2:16). 꿀을 바른 입술은 부부관계에서 진정한 사랑을 나눌 때 사용해야 한다(아 4:11).

5:4, 5 **나중은** 문자적으로 음녀의 입술을 맛보면 결국 고통의 상징인 "쑥의 뿌리"처럼 쓰고(참고. 신 29:18) 죽음의 상징인 날카로운 '칼'처럼 괴로울 것이다. 음녀는 사망과 지옥으로 난 길을 간다(참고. 2:18).

5:5 **스올** *1:12에 대한 설명을 보라.*

5:6 **자기 길이 든든하지 못하여도** 음녀는 앞에 기다리는 지옥의 심연을 전혀 개의치 않기 때문에 당연하겠지만 자기 마음대로 비틀거리는 인생을 산다.

5:7-14 이 단락은 부부간 정절의 중요성을 강조한다. 하나님의 법대로 순종하지 않고 욕정에 굴복한 사람이 당하는 고통을 집중적으로 부각한다. 그런 유혹에 적절하게 대응한 요셉의 사례와 비교해보라(창 39:1-12).

5:9, 10 **네 존영이 남에게** 이 죄로 인해 노예 신세로 전락할 수도 있다. 간음죄는 사형이 마땅하지만(신 22:22) 감형된 처벌 형태는 노예살이다. 그런 형을 받을 경우 "잔인한 자"는 재판장이고 "타인"은 젊을 때의 모든 힘을 노예살이로 쏟아부어 섬겨야 할 주인을 가리킨다. 모든 재산을 남에게 빼앗기고 낯선 사람의 집에서 종으로 섬기며 그가 번성하도록 도와야 한다.

5:11 **네 몸, 네 육체가 쇠약할 때에** 이것은 성병을 말할 수도 있고(참고. 고전 6:18) 자연사를 가리킬 수도 있다. 그때 가서 상할 만큼 상한 죄인은 뒤늦은 후회에 휩싸여(12절) 지난 시절 경고를 무시한 것과 서글픈 치욕을 후회하지만 아무 소용이 없다.

5:14 **많은 무리들이 모인 중에서** 그런 상황에서는 공동체에서 공개적인 치욕을 당하는 것이 가장 뼈아픈 고통이다. 공개적으로 고백하면 징계받고 용서함을 받을 수 있지만 그렇다고 해서 이전처럼 명예와 섬김을 받던 시절로 돌아갈 수는 없다. 6:33을 보라.

5:15-19 샘의 이미지를 이용해 부부간의 신의를 지키는 즐거움과 부정으로 인한 파국(9-14절)을 비교해보라. *우물*과 *샘*은 남편이 성적으로나 애정적으로 만족과 활력을 얻는 사이인 아내를 말한다(19절. 참고. 9:17, 18; 아 4:9-11).

5:16, 17 **샘물…도랑물** 이 완곡어법은 남자의 번식 능력을 말하며 어리석은 자를 소중한 물을 밖으로 흘리는 샘물로 비유한다. 성적인 난잡함을 묘사한 것이다. 이렇게 무분별한 죄로 결국 "도랑물을 거리로 흘러가게" 한다. 매춘으로 사생아들이 거리에 떠도는 것을 묘사한 표현이다. 솔로몬은 "그 물이 네게만 있게 하고" 그런 부도덕한 낯선 여인들과의 사이에 자녀들이 생기지 않도록 하라고 말한다.

5:18 **샘으로 복되게 하라** 하나님은 아내와의 관계에서만 자손의 번식을 축복하신다. 르호보암뿐 아니라(참고. 대하 11:21) 다윗과 솔로몬 역시 잘못된 일부다처제를 행했다. 그럼에도 이 말씀이 일부일처제가 하나님의 뜻임을 확인해준다는 점에 유의해야 한다(참고. 창 2:24).

5:19 **아름다운 암노루** 암노루는 얼굴과 자태가 우아하고 아름답기 때문에 성경 시대 시문학에서 여인의 아름

잠

다움을 가리킬 때 자주 사용된다. **품** 부부간의 애정을 강조하는 이미지이다(참고. 아 1:13; 4:1-7; 7:7, 8).

5:20 그런 행동은 아무 유익이 없으므로 그런 어리석음을 정당화하는 것은 바보스러운 짓이다.

5:21, 22 **평탄하게 하시느니라…걸리며** 하나님은 인간이 하는 모든 행동을 보시지만 즉각적 심판을 보류하시며 죄인이 회개하고 돌이키든지 아니면 그 죄에 스스로 걸리도록 시간을 허락하신다(참고. 민 32:23; 시 7:15, 16; 57:6; 잠 1:17; 갈 6:7, 8). 하만의 예가 대표적이다(에 5:9-14; 7:1-10). 참고. 15:3; 22:12.

5:23 **죽겠고** *2:18에 대한 설명을 보라.*

6:1 **담보…보증** 남의 빚을 책임지겠다고 나서서 그가 빚을 갚지 않으면 대신 갚겠다고 약속하는 것을 어리석다고 말한다(참고. 11:15; 17:18; 20:16; 22:26). 그런 관습의 선례가 있지만 어려운 사람들에게는 베풀거나(신 15:1-15; 19:17) 무이자로 빌려주어야 한다(레 25:35-38; 28:8을 보라).

6:2-4 **얽혔으며…손에 빠졌은즉** 참고. 22:26, 27. 남의 빚을 책임지게 된 사람은 하나님이 청지기로서 지키도록 하신 것의 통제권을 양보했기 때문에 올무에 걸려 남에게 운명을 맡긴 셈이 된다. 이 상황은 너무나 심각하기 때문에 반드시 하나님이 주신 자원을 스스로 통제하고, 빈털터리가 되거나 노예가 되기 전에 속히 그 약속을 폐기해야 한다("스스로 구원하되", 3, 4절). 참고. 창 43:9; 44:32, 33.

6:6-11 게으름에 대한 경고를 남의 빚에 보증을 서는 어리석음에 대한 훈계 다음에 배치한 것은 아주 적절했다. 게으른 사람들이 종종 보증을 원하기 때문이다.

6:6 **게으른 자여 개미** 참고. 30:25. 개미는 부지런함과 근면함과 계획적 생활의 상징이며(7, 8절) 게으른 자에게 경고가 된다(게으른 사람은 자기 절제력이 부족함). 게으른 사람은 개미에게 배워야 한다(참고 10:4, 26; 12:24; 13:4; 15:19; 19:15; 20:4; 26:14-16).

6:11 **강도…군사** 게으른 사람은 일하기보다 잠을 즐기고(9, 10절) 깨닫는 데 느리기 때문에 강도에게 제압당하듯이 가난을 피하지 못한다(참고. 24:33, 34). 게으르면 가난하게 되지만(참고. 10:4, 5; 13:4; 20:4, 13) 가난의 원인이 반드시 게으름은 아니다(참고. 14:13; 17:5; 19:1, 17, 22; 21:12; 28:3, 11).

6:12 **불량하고** 부랑아(삼상 25:25; 욥 34:18), 문자적으로 '벨리알의 사람, 불량한 사람'(무가치한 사람, 참고. 삼상 2:12; 30:22)이라는 뜻이다. 이 표현은 사탄을 가리킬 때 사용되었다(참고. 고후 6:15).

6:13 **눈짓을 하며 발로 뜻을 보이며 손가락질을 하며** 고대 근동에서 흔히 보이던 행동인 것 같다. 진의를 간파당하지 않게 본심을 숨기려고 사기꾼은 거짓말하면서 눈과 손과 발로 악한 계획에 가담한 공범에게 신호를 보낸다.

6:14 **다툼** 잠언에서는 분쟁, 반목, 갈등 유발의 죄를 의도적으로 자주 지적한다(15:18; 16:28; 17:14; 18:19; 21:9, 19; 22:10; 23:29; 25:24; 26:21; 27:15; 28:25; 29:22).

6:15 **살릴 길이 없으리라** 불의의 결과는 되돌릴 수 없다. 하나님이 심판하실 때 지은 죄에 따라 벌을 받게 될 것이다.

6:16-19 **예닐곱 가지이니** 이 두 숫자는 총체성을 표현한 것이고, 사람의 관심을 사로잡는 수단을 말한다(참고. 30:15, 18; 욥 5:19; 암 1:3). 이 가증한 일곱 가지 죄는 인간의 죄성에 대한 통찰을 제공한다. 이 단락은 앞의 경고를 요약하는 역할을 한다. 교만한 눈(13상반절, "눈짓을 하며"), 거짓된 혀(12하반절, "구부러진 말"), 손(13하반절, "손가락질을 하며"), 마음(14상반절), 발(13중반절), 망령된 증인(19상반절), 이간질(19하반절)이다.

6:20, 21 *3:1, 3에 대한 설명을 보라.*

6:22 **다닐 때에…잘 때에…깰 때에** 참고. 3:23, 24. 이것은 신명기 6:6-9; 11:18-20에 나온 세 가지 삶의 정황을 병렬 배치한 것으로, 이런 각각의 상황에서 지혜는 인도와 보호와 묵상할 능력을 제공한다. 여기서 부모가 얻어야 할 성경적 교훈이 있다면 심지어 잠을 잘 때라도 선하고 참된 생각을 하여 악을 멀리하도록 교육하라는 것이다.

6:23 **명령…법…훈계** 각 단어는 하나님 말씀을 가리키며 풍성하고 영원한 생명으로 인도하는 지혜를 준다(참고. 시 19:7-9).

6:24 *2:16; 5:3에 대한 설명을 보라.* 부모가 지혜로 훈계하는 일은 성적 죄라는 강력한 유혹에 맞설 힘을 갖기 위해 반드시 필요하다. 진리를 사랑하고 지혜를 가지면 거짓된 아첨에 흔들리지 않는다.

6:25 **탐하지** 성적 죄는 욕정(부도덕한 행동을 상상함)이 원인이다. 출애굽기 20:17은 이것을 암시하며 그리스도는 마태복음 5:28에서 이것을 지적하셨다. 이런 음욕은 처음 생길 때 거부해야 한다(약 1:14, 15).

6:26 **한 조각 떡** 여기서 이런 빵 부스러기는 재물(29:3을 보라), 자유, 가족, 순결, 존엄성, 심지어 영혼까지(32절) 잃을 정도로 음녀로 말미암아 한 사람의 인생이 얼마나 무가치하게 전락하는지 반증한다.

6:27-29 간음의 명백한 위험과 치명적 파국을 설명하는 강력한 메타포들이 사용되어 심판이 당연하고 예정된 수순임을 보여준다.

결혼에 대한 중요한 잠언들

1. 잠 5:15-19	6. 잠 19:14
2. 잠 6:29	7. 잠 21:9
3. 잠 12:4	8. 잠 24:3, 4
4. 잠 14:1	9. 잠 27:8
5. 잠 18:22	10. 잠 31:10-31

6:29 **그를 만지는 자** 이것은 성욕을 불러일으킬 의도로 만지는 것을 말한다. 바울은 고린도전서 7:1에서 동일한 의미로 같은 표현을 사용했다.

6:30-35 간음을 절도에 비유한다. 굶주림을 이기지 못해 도둑질을 하면 정상 참작의 여지가 있고 배상을 하면(비록 가진 것 모두를 내놓는다고 해도) 그 죄를 완전히 면제받을 수 있지만(30, 31절) 간음은 그의 영혼을 무너뜨리는 것이므로 배상 가능성 자체가 없다(32절. 참고. 신 22:22). 살아 있는 한 치욕이 따라다닐 것이고(33절) 오명을 씻지 못할 것이다. 질투하는 남편은 그에게 절대 자비를 베풀지 않을 것이다(34, 35절. 참고. 27:4; 아 8:6).

6:31 **칠 배** 성경에서는 배상에 대한 다양한 기준을 제시하고 있다(참고. 출 22:1 이하; 레 6:5; 민 5:7; 삼하 12:6; 눅 19:8). 도둑질은 배상 기준이 엄격했다.

7:1-4 참고. 2:1-4; 3:1-3; 4:10.

7:2 **네 눈동자** 눈동자는 사물을 볼 수 있는 원천으로 철저히 보호를 받는다(신 32:10; 시 17:8; 슥 2:8). 아들은 아버지의 가르침을 지키고 보호해야 한다. 그래야 영적이고 도덕적인 눈을 가질 수 있다.

7:3 **매며** 이것은 거룩한 지혜의 진리를 마음에 새기고 행실로 드러내야 한다는 요청이다. 참고. 3:3; 6:21; 신명기 6:8; 고린도후서 3:3.

7:6 한 편의 드라마처럼 5절에서 시작되어 23절까지 전개되는 음녀의 유혹을 창문에서 지켜보는 남자의 관점으로 묘사하고 있다.

7:7 **어리석은 자…지혜 없는 자** *1:2-4에 대한 설명을 보라.*

7:8 **가는데** 4:14, 15의 조언과 반대로 그는 음녀가 있는 쪽으로 간다. '음행을 피하는 일'(고전 6:18)은 밤에 창녀 근처에 가지 않는 것에서 시작한다. 참고. 25절.

7:10 **간교한** 문자적으로 '숨긴'이라는 뜻이다. 이것은 지혜가 부족하고 어리숙한 젊은 청년과 자신의 목표를 잘 알면서도 본심을 드러내지 않는 간교한 여자와의 불공평한 거래를 묘사한다. *6:26; 23:27, 28에 대한 설명을 보라.*

7:11, 12 이 두 절은 앞의 내러티브를 잠시 중단하고 어리석은 남자를 성공적으로 유혹하기 위한 여인의 작업 방식을 설명하고 있다.

7:14 **화목제** 화목제에 대한 규례(레 7:11-18)를 보면 제사를 드린 후 남은 고기는 하루가 다 가기 전에 먹어야 한다. 여인은 종교적인 사람처럼 보이도록 제사를 드리고 남은 고기를 먹어야 한다는 이유로 남자에게 집으로 가자고 유혹한다.

7:15 이미 밤이 되었고(9절) 남은 제사 음식을 먹어야 한다. 아침까지 남겨둘 수는 없다. 의식에 따라야 한다며 법으로 철저히 위장하지만 사실 하나님의 도덕법이라는 훨씬 중요한 법을 어기도록 적극적으로 유혹한다.

7:16, 17 **애굽의 무늬 있는 이불** 좋은 이불은 부의 상징이었다(31:22; 사 19:9; 겔 27:7). 여기서 여자는 향긋한 향을 뿌리고 침상을 아늑하게 차려놓은 채 노골적으로 남자를 유혹한다(참고. 아 1:13; 3:6).

7:18 **흡족하게 서로 사랑하며** 간음은 진정한 사랑이 아닌 욕정을 채우는 일일 뿐이다.

7:19, 20 여자는 어리석은 남자에게 남편이 필요한 만큼 충분한 현금을 갖고 떠났다고 말한다. 그녀는 남편이 오래 있다가("보름 날에나") 올 것이며, 돌아올 때가 정해져 있으므로 발각될 위험이 없다고 안심시킨다.

7:21 시간과 장소와 분위기가 조성되면 쉽게 유혹할 수 있다(참고. 26절).

7:22 **도수장…쇠사슬** 무슨 위험이 기다리는지 모르고 저항할 의지도 없던 남자는 도살당할 짐승처럼 또는 쇠사슬에 묶인 죄인처럼 바로 굴복한다.

7:23 **화살…새** 간은 생명을 상징하므로(애 2:11) 치명적 상처를 입으리라는 것을 말한다. 그물에 걸린 새는 곧 사냥꾼의 먹이가 될 운명에 처하게 된다(참고. 6:26).

7:24 이 드라마는 음녀의 치명적 유혹을 피하라는 이 절의 경고다.

7:26 악한 자들만 넘어지지 않는다. 강한 사람도 음흉한 생각으로 있지 말아야 할 곳에 있으면 넘어질 수밖에 없다.

7:27 참고. 5:5.

8:1-3 **지혜** *1:21에 대한 설명을 보라.* 지혜의 개방성과 공개적 노출은 7장의 악한 음녀가 은밀하게 유혹하는 모습과 대조를 이룬다.

8:4, 5 **어리석은 자들** *1:4에 대한 설명을 보라.*

8:6-8 지혜의 덕이 탁월하고 진실하며 의롭고 올바른 모든 것으로 요약된다.

8:9 **밝히 아는 바** 문자적으로 '분명한'이라는 뜻이다. 마음에 하나님의 지혜를 담는 자는 도덕적 지식과 통

잠

찰을 습득해 진리를 깨닫게 된다. 참고. 고린도전서 1:18-25.

8:10, 11 젊은이가 손에 넣어야 할 가장 귀중한 보물은 진리의 기준에 따라 삶을 정돈할 수 있는 통찰력이다(*3:14, 15; 8:18-21에 대한 설명을 보라.* 또한 욥 28:12-28; 시 19:10도 보라).

8:13 **여호와를 경외하는 것** *1:7에 대한 설명을 보라.* **교만…미워하느니라** 지혜는 하나님이 미워하시는 것을 미워하는 것이다(참고. 6:16-19; 시 5:5). 가장 고귀한 덕목은 겸손(하나님께 복종하는 것)으로 지혜는 교만과 자기과시를 무엇보다 싫어한다.

8:15, 16 **왕들…방백들…재상과 존귀한 자** 왕궁이라는 배경에서 솔로몬은 장차 왕이 될 아들에게 말한다. 모든 지도자는 하나님의 지혜와 공의로 그 맡은 소임을 감당해야 한다. 참고. 로마서 13:1, 2.

8:17 **사랑** 지혜는 지혜를 받아들이는 이를 사랑한다는 것은 18-21절에 언급된 유익으로 증명된다.

8:18-21 **부귀** 참고. 3:16; 22:4. 놀라운 지혜를 받은 솔로몬은 젊을 때 지혜가 주는 놀라운 혜택을 직접 경험했다(참고. 왕상 3:12-14; 10:14-29).

8:22-31 **여호와께서…나를 가지셨으며** 참고. 3:19, 20. 하나님이 만물을 창조하시기 전에 의인화된 지혜가 존재했으므로 하나님처럼 신적 지혜는 영원 전부터 선재했다. 그리스도는 영원한 지혜로 세상을 창조하셨다(요 1:1-3; 고전 1:24, 30).

8:24-26 이 단락은 창세기의 창조 기사와 병행을 이룬다. "땅"(23절)은 창세기 1:1-5의 첫째 날, "바다"(24절)는 창세기 1:6-8의 둘째 날, 육지(25, 26절)는 창세기 1:9-13의 셋째 날 기사와 병행을 이룬다.

8:27 **궁창을 해면에 두르실 때에** 궁창을 가리키는 히브리어는 지구가 구형임을 시사한다. 따라서 수평선은 둥글다(참고. 사 40:22). 땅을 둘러싼 이 해면은 태초의 바다로 모양이 완전히 갖춘 상태이며, 생명체가 생기기 전 지구 표면을 덮고 있었다(참고. 창 1:2).

8:29 **바다의 한계** 하나님은 세상을 창조하실 때 물의 경계를 정하시고(참고. 창 1:9; 7:11; 8:2) 해안선을 만드셔서 바다가 그 이상 침범하지 못하도록 하셨다. **기초** 이것은 지구가 단단한 구조로 되어 있음을 비유적으로 표현한 것이다(참고. 욥 38:4; 시 24:2).

8:30 **창조자** 아가서 7:1과 예레미야 52:15의 번역대로 이 단어는 피조물을 만드는 능숙하고 숙련된 장인처럼 지혜를 묘사한다.

8:31 **기뻐하였느니라** 하나님이 그 피조물을 보시고 기뻐하실 때(창 1:31; 욥 38:7) 지혜 역시 특별히 인간 피조물을 보고 기뻐했다. 인간은 피조물 중 유일하게 지혜와 진리를 이해하는 능력을 가진다.

8:36 **나를 미워하는 자는 사망을 사랑하느니라** 지혜는 생명의 근원이므로(3:18을 보라) 지혜를 미워하고 회피하는 자는 죽음을 사랑하는 자처럼 행동한다는 것이다.

9:1 **일곱 기둥** 숫자 일곱은 이 집이 잔치를 열기에 적당하고 크기도 충분하다는 의미를 강조한다.

9:2 **포도주를 혼합하여** 참고. 23:29, 30. 포도주는 취하지 않도록 도수를 낮추기 위해 물로 희석한다. 향을 더 하려고 향료를 섞는 경우도 있었다(아 8:2). 물을 섞지 않은 포도주는 독주로 분류된다(*20:1에 대한 설명을 보라.* 참고. 20:1; 31:6; 레 10:9; 사 28:7; 눅 1:15).

9:3-5 지혜의 부름은 은밀하지 않으며 공개적이다. *1:21에 대한 설명을 보라.*

9:5 **와서…먹으며…마시고** 참고. 하나님의 잔치 초청(사 55:1-3; 눅 14:16-24; 계 22:17).

9:7-9 지혜로운 사람들은 책망과 견책을 감사함으로 받지만 어리석은 사람은 그렇지 않다.

9:10 **여호와를 경외하는 것** *1:7에 대한 설명을 보라.*

9:11 서론의 역사적·신학적 주제를 보라.

9:12 모든 개인은 자기 행동에 책임이 있으므로 한 사람의 선택은 그 인생에 영향을 미친다.

9:13-18 어리석은 여주인이 마련한 무분별한 잔치의 모습을 묘사한다. 1-6절의 지혜와 대조를 이루며, 7:6-23의 음녀와 유사한 부분을 유의해서 보라.

9:13 **떠들며** 참고. 7:11, 12.

9:17 때로 금지된 유희가 그 위험과 스릴 때문에 더 즐겁고 짜릿하다.

9:18 **스올** *1:12에 대한 설명을 보라.* 음녀처럼 어리석은 자의 아부는 죽음으로 이끌 뿐이다(참고. 2:18, 19; 5:5; 7:21-23, 26, 27).

여호와를 경외함에 대한 핵심 잠언들

1. 잠 1:7	6. 잠 14:26, 27
2. 잠 3:7, 8	7. 잠 19:23
3. 잠 8:13	8. 잠 22:4
4. 잠 10:27	9. 잠 28:14
5. 잠 14:2	10. 잠 29:25

모든 사람을 위한 잠언 (10:1-29:27)

A. 솔로몬의 잠언(10:1-22:16)

10:1-22:16 이 단락에 솔로몬의 잠언 중 375개가 수

록되어 있다. 체계적으로 분류되지 않았는데, 간혹 주제별로 분류된 경우가 있는가 하면 종종 문맥이 없어 적용하기에 어려움이 따르기도 한다. 율법과 선지자에 대한 솔로몬의 영감받은 지식이 기초를 이룬다. 10-15장의 2행으로 된 병행 구절은 대개 서로 대조되는 내용(반의적 병행법)으로 되어 있지만, 16-22장의 잠언들은 대체로 비슷한 내용으로 병행을 이루고 있다(동의적 병행법).

10:1 어미의 근심 대조적인 내용을 다룬 *23:15, 16에 대한 설명을 보라.* 자녀를 양육하면서 강한 애착관계가 형성된 어머니는 아버지보다 자녀의 일로 더 크게 근심한다.

10:2 죽음 가장 귀한 보물은 생명이다. 공의로 생명을 건질 수 있다.

10:3 악인의 소욕 악인은 잠시 자신이 원하는 대로 삶이 형통한 듯 보일 수 있지만 결국 하나님은 그들의 악함으로 그 업적을 무위로 돌아가게 하신다(참고. 시 37:16-20).

10:4 부지런한 이것은 게으른 자(*6:6-11에 대한 설명을 보라*)와 대조를 이룬다. 게으름에서 비롯된 가난이 아니라면 가난 그 자체는 악하지 않다.

10:5 거두는…자는 참고. 6:6-11; 13:4; 15:19; 24:30-34; 28:19, 20. 농사를 지으려면 철이 맞아야 하듯이 인생의 기회를 잡는 것도 때를 맞춰야 한다.

10:6 독 10:13; 12:13; 14:3; 18:6, 7을 보라. 입으로 독을 말한 악인은 나중에 그의 더러운 입으로 그 독을 뒤집어쓰게 될 것이다(참고. 합 2:17; 말 2:16).

10:7 기념…이름 의인은 그가 죽고 난 뒤 사람들과 하나님이 기억한다는 것을 말한다.

10:8 계명을 받거니와 지혜로운 자는 듣고 배우기 때문에 높아지고 어리석은 자는 늘 말만 하므로 하나님의 명령을 거부하여 넘어진다. 이렇게 해서 병행법이 마무리된다.

10:9 성실하고 한결같은 사람들(믿음을 삶으로 실천하는 사람들)은 누군가에게 들킬까 두려워하지 않지만 마음에 악을 품고 패역한 사람들은 그것을 영원히 숨기지 못할 것이다. 참고. 11:3; 19:1; 20:7.

10:10 눈짓하는 자 6:13, 14를 보라.

10:11 생명의 샘 주님이 이 샘의 원천이시기 때문에(시 36:9) 이 샘은 지혜로운 사람에게서 지혜로운 말(10:11), 지혜의 법(13:14), 여호와를 경외함(12:27), 명철(16:22)이 솟아나온다. *3:18; 에스겔 47:1-12; 요한복음 4:10; 7:38, 39에 대한 설명을 보라.* **독** *10:6에 대한 설명을 보라.*

10:12 사랑 참된 사랑은 남을 위해 최선의 유익을 추구한다(참고. 고전 14:4-7). 베드로전서 4:8은 이 절을 인용한다(참고. 약 5:20).

10:13 채찍 등을 때리는 체벌에 대한 이 첫 번째 언급(참고. 19:29; 26:3)은 자녀들과 미련한 자들을 다루는 가장 효과적인 방법으로 체벌을 권한다. 또한 13:24; 18:6; 19:29; 22:15; 23:13, 14; 26:3; 29:15도 보라.

10:14 미련한 자의 입 어리석은 자의 미련한 말은 잠언에서 반복적으로 등장하는 주제다(참고. 6, 8, 13, 18, 19, 31, 32; 12:23; 13:3; 15:1, 2, 23, 26, 28, 31-33; 17:28; 18:2, 6-8). 야고보 역시 혀에 대한 교훈을 소개한다(약 1:2; 3:1-12).

10:15 부자의 재물…가난한 자의 궁핍 부자는 튼튼한 성벽으로 보호받는다고 생각하는 반면(참고. 18:11; 28:11) 가난한 사람은 아무것도 없어 불안하다. 하지만 부자든 가난한 자든 유일한 보호자이신 여호와를 의뢰해야 한다(참고. 3:5, 6; 11:4, 28; 18:10, 11; 시 20:7; 전 9:11-18; 약 5:1-6).

10:16 소득 의인에게 산업은 성공의 밑거름이지만 악인은 소득이 많을수록 죄를 짓는 기회가 더 늘어난다.

10:18 미움…중상하는 자 미움을 품는 것이나 발산하는 것이 모두 나쁘기 때문에 벌을 받는다. 또한 중상모략(험담이나 거짓말)을 해서도 안 된다(참고. 25:10. 또한 16:28; 18:8; 20:19; 26:20, 22).

10:19 말을 많이 하면 죄를 지을 위험이 그만큼 높아지므로 지혜로운 사람은 말을 자제해야 한다. 참고. 시편 39:1; 야고보서 1:26; 3:2-8.

10:20 혀…마음 이 두 단어는 불가분의 관계가 있으므로 병행 구절로 사용되고 있다. 참고. 마태복음 15:18, 19. **순은** 좋은 말은 참으로 귀하고 희귀하며 소중한 순은과 같다(참고. 15:23; 사 50:4).

10:21 교육하나…죽느니라 올바른 교육은 많은 사람을 이롭게 하지만 어리석은 자는 지혜로운 배움이 부족해서 영적으로 굶어죽는다(참고. 호 4:6).

10:22 부하게 하고 필요 이상으로 소유하는 것은 지혜롭지 않지만 보통 사람들은 이렇게 되고자 한다(참

자녀에 대한 핵심 잠언들

1. 잠 10:1	6. 잠 24:21, 22
2. 잠 13:1	7. 잠 27:11
3. 잠 22:6	8. 잠 28:7
4. 잠 22:15	9. 잠 29:3
5. 잠 23:22-25	10. 잠 29:15

고. 신 6:11-15; 왕상 3:10-14). 서론의 역사적·신학적 주제를 보라. **근심을…주지 아니하시느니라** 부당하게 얻은 재물은 근심을 주지만(참고. 13:11; 15:6; 16:19; 21:6; 28:6) 주님이 주시는 재물은 조금도 근심거리가 되지 않는다.

10:24 악인에게는 그의 두려워하는 것 의인들은 원하는 것을 얻지만 악인들은 두려워하는 것을 얻는다(참고. 히 10:26-2).

10:25 회오리바람 1:27; 6:15; 29:1을 보라.

10:27 여호와를 경외하면 *1:7에 대한 설명을 보라.*

10:29 여호와의 도 이것은 하나님이 우리에게 걷도록 인도하시는 영적 길이다(*행 18:25에 대한 설명을 보라*).

10:30 참고. 시편 37:9-11.

11:1 속이는 저울 참고. 16:11; 20:10, 23. 레위기 19:35, 36; 신명기 25:13-16; 에스겔 45:10; 아모스 8:5; 미가 6:10에서 지적한 대로 하나님은 속임수와 거짓을 미워하신다.

11:2 교만 '끓이다' 또는 '넘쳐흐르다'는 뜻의 어근에서 파생한 단어로 지극히 오만한 태도나 행동을 가리킨다. 일반 사람들(신 17:12, 13)과 왕들(느 9:10), 이스라엘(느 9:16, 29), 거짓 선지자들(신 18:20), 살인자들(출 21:14)을 가리킬 때 이 단어가 사용되었다. **겸손한 자** 잘 쓰이지 않는 단어로 미가서 6:8 "겸손하게 네 하나님과 함께 행하는 것이 아니냐"에서 사용되었다. 겸손하면서 배우고자 하는 이 모습은 하나님을 대하는 태도다(참고. 15:33; 16:18, 19; 18:12; 22:4).

11:4 진노하시는 날 거룩한 재판장이신 하나님이 살아온 날을 계산하는 마지막 날이 되면 돈으로 죽음을 피할 수 없다(참고. 사 10:3; 겔 7:19; 습 1:18; 눅 12:16-21).

11:11 긍정적이든 부정적이든 사회적 영향력을 가리킨다.

11:12 멸시하나 말로 남을 험담하거나 비방하며 깎아내리는 자를 말하며, 지혜로운 자의 침묵과 대조를 이룬다. *10:14, 18에 대한 설명을 보라.*

11:13 한담하는 자 이것은 단순히 무심결에 한 말이 아니라 누군가를 의도적으로 해칠 생각으로 비방하며 소문을 퍼뜨리는 사람을 말한다(참고. 레 19:16).

11:14 지략이 많으면 15:22; 20:18; 24:6에서처럼 지혜로운 조언자가 많으면 올바른 결정을 내릴 수 있다. 중요한 결정일수록 집단적 지혜가 필요하다. 다윗의 예를 주목하라(삼하 15:30-17:23).

11:15 *6:1에 대한 설명을 보라.*

11:16 유덕한 여자…근면한 남자 악한 사람들은 재물을 손에 넣더라도 유덕한 여자가 받는 명예는 누리지 못할 것이다(참고. 31:30).

11:18 삯은 허무하되 남을 기만하는 악인의 노력은 그가 원하는 만큼 부를 창출하지 못하지만 의인들은 하나님의 보상을 받는다.

11:20 여호와께 미움을 받아도 성경에서 경계해야 할 태도인 이 굽은 마음은 하나님이 미워하시는 말과 행동을 모두 포함한다(참고. 6:16).

11:21 피차 손을 잡을지라도 악인들은 서로 힘을 모은다고 해서 응분의 심판을 면할 수가 없다. 하지만 의인들의 자손들은 도와주는 자가 없어도 하나님과의 관계 때문에 구원을 받는다.

11:22 금 고리 구약 시대의 여인들은 아름답게 보이려고 코에 장신구로 달았다(참고. 창 24:47; 사 3:21; 겔 16:12). 아름다운 여성이 분별력이 모자라면 마치 돼지 코에 장신구를 단 것처럼 볼썽사납다.

11:23 소원…소망 이 단어는 하나님의 관점에서 본 태도를 말한다.

11:24-26 흩어…부하게 되는 일이 있나니 이 단락의 원리는 관용을 베풀면 하나님의 축복으로 부유하게 되지만 인색하면 원하는 대로 재물이 모이지 않고 오히려 더 가난하게 된다는 것이다. 주는 사람이 훨씬 더 많은 것을 되돌려 받는다(시 112:9; 전 11:1; 요 12:24, 25; 행 20:35; 고후 9:6-9).

11:28 자기의 재물을 의지하는 자 참고. 23:4, 5. *디모데전서 6:17, 19에 대한 설명을 보라.*

11:29 소득은 바람이라 집을 제대로 경영하지 못하는 사람은 자신의 재물이 사라지는 것을 지켜보고, 결국 아무것도 남지 않을 것이다. 그런 사람은 집을 제대로 경영한 사람(15:27)을 섬기게 된다.

11:30 생명 나무 *3:18에 대한 설명을 보라.* **사람을 얻느니라** 지혜로운 방법으로 영향을 미치거나 선행을 행한다는 의미에서 '목숨을 얻는다'라는 뜻이다(참고. 눅 5:10). 6:25과 시편 31:13, 에스겔 13:18처럼 악한 목적으로 사람들을 사로잡을 경우에도 이 단어가 사용되었다.

11:31 보응을 받겠거든 이 세상의 삶이 끝나면 하나님은 의인들에게는 최종적인 축복과 보상을 주시고 불의한 자들과 죄인들은 심판을 받게 하신다. 그러나 이 땅에 살면서도 이 상벌을 미리 맛본다. 의인들은 하나님의 돌보심과 선하심을 맛보지만 악인들은 이것을 경험하지 못한다. 참고. 베드로전서 4:18.

12:1 짐승과 같으니라 히브리어 '풀을 뜯다'에서 파생한 단어로, 가축이나 짐승처럼 어리석다는 것이다(참고. 시 49:20; 73:22).

12:3 뿌리 의인이 번성하는 나무처럼 기초가 탄탄하다는 것을 강조하는 익숙한 이미지이다(시 1; 렘 17:7, 8).

12:4 어진 여인 *31:10; 룻기 3:11에 대한 설명을 보라.* 반대의 경우는 19:13; 21:9, 19; 25:24; 27:15를 보라. **뼈가 썩음 같게 하느니라** 이것은 심각한 난치병으로 고통당하는 것처럼 힘들고 괴롭다는 뜻이다.

12:6 엿보아 *1:11, 12에 대한 설명을 보라.*

12:7 집 지혜로운 사람이 받는 보상은 단순히 그 개인에게 국한되지 않고 가정이나 가족 전체에게 그 혜택이 돌아간다.

12:9 비천히 여김을 받을지라도…스스로 높은 체 하고도 지위는 낮지만 정직하게 얻은 소득으로 종을 부릴 여유가 되는 사람은 지위를 자랑하게 되는데 실제로 가난한 사람보다 낫다. **…보다 나으니라** 이는 '…보다 나으니라'는 어구를 사용해 대조적인 사실을 더 부각시키는 여러 잠언 가운데 하나다(참고. 3:13, 14; 8:11, 19; 12:9; 15:16, 17; 16:8, 16, 19, 32; 17:1; 19:1, 22; 21:9, 19; 22:1; 25:7, 24; 27:5, 10; 28:6).

12:10 돌보나…잔인이니라 의인은 집에서 기르는 짐승의 상태까지 면밀히 살피지만 악인은 사람들에 대해 관심이 없다.

12:11 방탕한 것 무가치한 일에 에너지를 낭비하고 헛된 것을 쫓는 것은 대놓고 게으름을 피우는 것 못지않게 쓸모없는 짓이다. *6:6-11; 20:4; 24:30-34에 대한 설명을 보라.*

12:12 불의의 이익을 탐하나 이것은 악인이 계략으로 재물을 약탈하고자 노리는 모습을 가리키며 순종에 따른 단순한 삶으로 축복을 누리는 사람과 대조를 이룬다.

12:14 입의 열매 말의 위력을 강조한 표현이다. 지혜로운 말로 받는 보상은 육체적 노동으로 얻는 대가에 비견된다(참고. 10:11; 15:4; 18:4).

12:16 수욕을 참느니라 절제의 모델로 현명한 사람은 남이 모욕해도 일일이 대응하며 흔들리거나 하지 않는다(참고. 9:7; 10:12).

12:17 진리를 말하는 법정에서 정직한 증인은 정의실현에 기여한다.

12:18 칼로 찌름 같이…말하는 여기서는 제 기분대로 지껄이며 남에게 큰 상처를 주는 말(시 106:33)과 관계 회복에 도움이 되는 사려 깊은 말을 대조하고 있다. 참고. 에베소서 4:29, 30.

12:20 속임 내용상으로 반의적 병행법이 사용되고 있다. 속임수로 악을 도모하는 자들은 그 계획의 위험성 때문에 즐거움을 누릴 여유가 없지만 화평을 추구하는 의인들은 두려울 것이 없으므로 기쁨을 누린다.

12:23 감추어도 그 어리석음을 떠벌려 남들이 다 알도록 하는 미련한 자와 달리 지혜로운 사람은 때와 장소에 맞게 할 말을 하는 절제와 겸손의 모범을 보인다(참고. 29:11). *1:4; 10:14에 대한 설명을 보라.*

12:24 부림을 받느니라 부지런한 사람은 맡은 일을 책임지고 감당하지만 게으른 사람은 결국 강제로 일에 떠밀려 부지런한 사람의 생존을 돕는 처지로 전락한다.

12:26 미혹하느니라 참고. 고린도전서 15:33. 이 절을 해석하면 의인은 친구들을 세심하게 배려하고 이끌어주지만 악인들은 그 친구들을 어긋난 길로 이끈다는 뜻이다.

12:27 사냥하지 아니하나니 게으른 자는 기회가 주어져도 열심을 다해 그 일에 매진하지 않는다(참고. 11, 25절).

13:2, 3 의미상의 병행법이 사용되고 있다. 현명하게 말을 조절하는 사람은 형통하지만 악한 말을 하는 사람(그래서 하나님께 신실하지 않은 사람)은 스스로에게 해를 미친다.

13:4 *6:6, 11에 대한 설명을 보라.*

13:7 부한 체하여도…가난한 체하여도 두 가지 대조적인 약점으로 동일한 위선을 드러내고 있다. 한 사람은 부자인 척하지만 다른 사람은 가난한 척한다. 비록 서로 반대 처지이기는 하지만 위선을 버리고 정직해야 한다(참고. 11:24; 고후 6:10).

13:8 재물…속전…가난한 자…협박 재물이 많아서 처벌을 면제받는 사람들도 있지만 어떤 이들은 게으름에 대한 책망을 무시하다가 가난을 면치 못해 어려움을 당한다.

13:9 빛…등불 생명과 형통함, 기쁨의 이 이미지는 곤경과 죽음의 이미지와 대비를 이룬다(참고. 욥 3:20).

13:10 교만한 자들은 타인의 조언을 무시하지만 지혜로운 사람은 그 조언을 받아들인다.

13:11 참고. 20:21

13:12 생명 나무 *3:18에 대한 설명을 보라.*

13:13 말씀…계명 이 두 가지 용어는 신적 계시를 가리킨다.

13:14 생명의 샘 '생명의 우물'이라는 의미와 동일한 히브리어다. *10:11에 대한 설명을 보라.*

13:16 나타내느니라 어리석은 자는 마치 상인이 물건을 진열하고 사람들의 이목을 끌려고 하는 것처럼 어리석음을 드러낸다는 사실을 생생한 언어로 표현하고 있다. 참고. 12:23; 15:2.

13:19 어리석은 자는 악에 대한 미련을 버리지 못하고

잠

선을 미워하기 때문에 순종의 달콤한 축복을 경험할 수가 없다.

13:20 **동행하면…사귀면** 이것은 인격 형성에 영향을 미치는 관계의 힘을 강조한다. 참고. 1:10, 18; 2:12; 4:14; 16:29; 22:24, 25; 23:20; 28:7, 19; 시편 1편.

13:21 이것은 잠언 전반에서 강조하는 기본 주제이자 일반적 원리이며 구약에서도 전반적으로 강조하는 것이다. 의인은 하나님의 축복을 받고 악인은 하나님의 저주를 받는다는 것을 확인시켜준다.

13:22 **그 산업을 자자 손손에게 끼쳐도** 의인의 재산은 그 가족들에게 상속되지만 악인들의 재산은 그렇지 않다. 하나님의 섭리로 결국 그들의 재산은 의인의 재산으로 귀속될 것이다. 참고. 28:8; 욥기 27:16, 17.

13:23 **불의** 여기서는 가난하지만 부지런해서 그 노력의 대가를 보상받는 사람과 부유하지만 불의한 행동으로 그 노력이 오히려 해가 되는 사람을 대비하고 있다(참고. 약 5:1-6).

13:24 **매…근실히 징계하느니라** 어린 자녀의 교육(*22:6에 대한 설명을 보라*)은 체벌(참고. 10:13; 19:18; 22:15; 29:15, 17)을 포함한 부모의 훈육과 균형 잡힌 사랑이 모두 필요하다. 매라는 '하나님의 법'(divine ordinance)을 활용하여 자녀의 경건한 덕성을 기르고(참고. 23:13, 14) 부모로서의 기쁨(참고. 10:1; 15:20; 17:21; 23:15, 16, 24, 25; 28:7; 29:1, 15, 17)을 얻는다는 큰 소망이 있다. 자녀를 진심으로 사랑하지만 체벌을 아끼면 자녀를 미워하는 부모처럼 자녀를 망치게 될 것이다.

13:25 이것은 13, 18, 21절의 가르침을 더 직접적으로 거론한 것이다.

14:1 **자기 집을 세우되** 참고. 자기 집을 짓는 지혜로운 여인(31:10-31)과 자기 집을 짓는 지혜(9:1-6).

14:3 **매** 잔가지를 가리키는 잘 쓰이지 않는 히브리어다(사 11:1을 보라). 여기서는 은유적으로 사용되어 어리석은 자의 입 안에 있는 오만하고 매정한 혀를 가리킨다. 어리석은 자는 그 혀로 자기 자신과 남들을 해친다(참고. 11:2; 16:18; 29:23).

14:7 **떠나라** 지혜를 가르쳐줄 수 없는 사람과는 교제를 중단하라. 참고. 디모데전서 4:6, 7; 6:3-5.

14:9 **미련한 자는 죄를 심상히 여겨도** 어리석은 자는 임박한 심판을 무시하고 비웃지만(참고. 1:26) 지혜로운 사람은 하나님(참고. 사 1:11-20)과 사람(참고. 10:32; 11:27)에게 호의를 얻는다. 참고. 사무엘상 2:26; 누가복음 2:40, 52.

14:10 고통과 즐거움은 결국 개인적이고 사적인 것이다. 그 누구도 그것을 다 표현하고 이해받을 수 없다(삼상 1:10; 왕상 8:38; 마 2:18; 26:39-42, 75).

> **단어 연구**
>
> **지혜(Wisdom):** 1:2; 4:5; 9:10; 14:6; 16:16; 18:4; 23:23; 31:26. '기술'이라는 뜻도 있지만 매일 적용되는 실제적 지혜를 가리킬 때 가장 일반적으로 사용된다. 잠언에서는 단순한 진리를 아는 지식이 아니라 도덕적 일관성이 있는 삶을 사는 것이 참된 지혜라고 가르친다(8:7-9). 악한 생활은 결국 자기를 파괴시키는 결과를 낳지만 하나님의 지혜로는 풍성한 생명을 얻을 수 있다(2:6; 욥 1:6).

14:12 **사망의 길** *마태복음 7:13, 14에 대한 설명을 보라.*

14:14 **마음이 굽은 자** 선지자들이 즐겨 사용하는 이 용어(사 57:17; 렘 3:6, 8, 11, 12, 14, 22; 8:5; 31:22; 49:4; 호 11:7; 14:4)는 여기서 마음이 굽은 자가 어떤 사람인지 확실하게 구분해준다. 그는 어리석은 자, 악인, 불순종하는 자와 같은 범주의 인간이며 경건하고 지혜로운 사람과 대조를 이룬다. 선지자들은 변절한 불신자들을 가리켜 이 용어를 사용한다.

14:17 **노하기를 속히 하는 자…악한 계교** 성급하게 화를 내는 어리석음과 강력한 적의로 미움을 유발하는 모습이 대비를 이룬다(시 37:7).

14:19 **악인은…엎드리고** 고대에는 신분이 낮은 자가 높은 자 앞에서 엎드리거나 그 대문 앞에서 은혜를 베풀어달라고 굽신거리며 기다려야 하는 것이 관행이었다. 선인은 결국 악인을 겸손하게 만든다.

14:20 슬프지만 엄연한 인간 본성의 한 단면인 이 실제 모습은 권면 사항이 아니라 단순한 사실 전달이다.

14:24 **미련한 자의 소유는 다만 미련한 것이니라** 이는 강조를 위한 것으로, 미련한 자를 이용한 언어유희가 엿보이며 어리석은 자가 받는 유일한 보상은 더 심각한 어리석음임을 보여준다.

14:25 진실은 정의를 이루며, 인간의 삶은 그 정의를 기반으로 영위된다.

14:26 **여호와를 경외하는 자** *1:7에 대한 설명을 보라.*

14:27 **생명의 샘** *10:11에 대한 설명을 보라.*

14:28 **백성이 많은 것은** 왕의 영광은 백성의 삶이 윤택해지고 그 수가 늘어난 데 따른 그들이 보여주는 지지에 있다는 것을 강조한 문구다(참고. 30:29-31).

14:29 참고. 17절.

14:30 **평온한 마음은 육신** 지혜로 충만한 건강한 마음

은 몸도 건강하게 한다(참고. 3:5-8; 17:22). **뼈를 썩게 하느니라** *12:4에 대한 설명을 보라.*

14:31 **가난한 사람을 학대하는…그를 지으신 이** 가난한 자를 학대하면 하나님의 피조물을 학대한 것이므로 그분을 모욕하는 일과 매한가지다(참고. 14:21; 17:5; 19:17; 21:13; 22:2, 7; 28:8; 29:13).

14:32 **의인…죽음** 참고. 23:18. 의인은 죽어도 소망이 있다는 것은 구약의 중심 주제 중 하나다(참고. 욥 19:25, 26; 시 31:5; 49:14, 15; 73:24; 전 11:9; 사 26:19; 단 12:1, 2).

14:33 **나타나느니라** 지혜로운 자는 그 마음에 조용히 지혜를 품고 있다가 적절할 때 사용하지만 어리석은 자는 그 어리석음을 어디서나 드러낸다(참고. 12:23; 13:16; 15:2, 14).

14:34 **영화롭게 하고** 공정한 원리와 행동은 사회를 보호하고 심지어 사회 분위기를 고양시켜 주지만 그것이 실종된 사회는 욕을 당한다(참고. 11:11).

14:35 **욕을 끼치는** 참고. 10:5; 12:4.

15:1 **유순한 대답…과격한 말** 이것은 화에 대해 잠언이 강조하는 핵심 원리다.

15:2 *14:33에 대한 설명을 보라.*

15:3 **여호와의 눈** 참고. 5:21; 22:12. 이것은 하나님의 전지하심을 가리킨다. 참고. 삼상 16:7; 대하 16:9; 욥 24:23; 시 33:13-15; 139:1-16; 예레미야 17:10.

15:4 **생명 나무** *3:18에 대한 설명을 보라.* **마음을 상하게 하느니라** 깊은 상처를 주어 그 사람의 사기를 꺾어버린다(참고. 사 65:14).

15:8 예배자의 마음이 악하면 성경 규정대로 준수한다고 해도 외형에 치우친 예배 행위이므로 하나님이 미워하신다(참고. 사 1:12-15; 암 5:21; 말 1:11-14; 히 11:4, 6).

15:10 **도** 진리와 의의 길이다(2:13; 10:17을 보라).

15:11 **스올과 아바돈** 참고. 27:20. 지옥 또는 스올은 망자의 세상이다(*1:12에 대한 설명을 보라*). 아바돈은 영원한 형벌의 경험을 가리킨다. 참고. 욥기 26:6.

15:13 참고. 4절.

15:15 **항상 잔치하느니라** 즐거운 현자의 내적 상태(14:21)는 항상 잔치하는 것으로 묘사된다. 진정한 행복은 언제나 마음에서 나온다(참고. 합 3:17, 18; 딤전 4:6-8).

15:16, 17 다른 '…보다 나으니라'는 구절에 대해서는 *12:9에 대한 설명을 보라.*

15:16 **여호와를 경외하는 것** *1:7에 대한 설명을 보라.*

15:17 **채소를 먹으며** 채소 식단은 가난한 자의 전형적인 저녁식사다.

15:18 "분을 쉽게 내는 자"는 '화평케 하는 자'와 대조를 이룬다(참고. 14:17, 29; 15:1; 28:25; 29:11, 22).

15:19 **가시** 가시를 치우지 않을 정도로 게으른 사람을 말한다. *6:6, 11에 대한 설명을 보라.*

15:22 *11:14에 대한 설명을 보라.*

15:24 **아래에 있는 스올** *1:12에 대한 설명을 보라.*

15:25 악인들이 과부의 재산을 노리면 하나님이 개입하신다(참고. 22:28; 23:10, 11). 하나님의 도우심이 필요한 너무나 궁핍한 사람(과부)이 부유하고 자신만만한 악인보다 더 안정적인 거주지를 가져야 한다.

15:27 **뇌물** 참고. 18:5; 24:23; 29:4; 출애굽기 23:8; 신명기 16:19; 전도서 7:7; 이사야 1:23.

15:28 **악인의 입은 악을 쏟느니라** 악인은 말을 신중하게 하지 않는다. *12:23에 대한 설명을 보라.* 참고. 에베소서 4:29.

15:30 **눈이 밝은 것** 참고하는 방법으로 눈이 밝은 것이 곧 '좋은 기별'임을 알려준다. 좋은 것이 무엇이든 건전한 진리와 지혜는 근심을 덜어주고 얼굴을 즐겁게 함으로 마음에 이롭다(참고. 14:30; 15:13; 17:22).

15:31 **듣는 귀는 지혜로운 자** 지혜를 얻으려면 잘 받아들이고 배우는 자세가 필수다.

15:33 **여호와를 경외하는 것** *1:7에 대한 설명을 보라.*

16:1 **경영…응답** 인간의 책임은 언제나 하나님의 절대적 주권에 복종하는 것이다(참고. 3:6; 16:2, 9, 33; 19:21; 20:24; 21:1, 30, 31).

16:2 **심령** 인간은 스스로 기만당할 수 있지만 하나님은 인간의 실제 동기를 살피신다(참고. 21:2; 24:12; 삼상 16:7; 고전 4:4).

16:3 **맡기라** 전적인 의탁(3:5-6)과 하나님께 전적으로 복종한다는 의미에서 '굴려보내다'라는 뜻이다(시 22:8; 37:5; 119:133). 하나님은 인간의 계획이 옳다면 이루어 주실 것이다.

16:4 악인은 심판의 날이자 영원한 형벌의 날에 하나님께 영광을 돌릴 것이다. *로마서 9:17-23에 대한 설명을 보라.*

16:6 하나님은 그 인자하심과 진리로 '죄를 덮어주는' 속죄의 은혜를 베푸시며 믿음으로 이를 받아들이는 죄인은 이로 말미암아 악에서 떠나게 된다. 속죄에 대한 설명은 *레위기 16:1-34; 17:11에 대한 설명을 보라.* **여호와를 경외함** *1:7에 대한 설명을 보라.*

16:7 이것은 일반적인 원리이며 박해가 전혀 없는 것은 아니다. *디모데후서 3:12에 대한 설명을 보라.*

16:8 **공의…불의** 이 두 단어는 여기서 반대되는 뜻으로 사용된다.

16:9 *1, 2에 대한 설명을 보라.* 주권자 되신 하나님은 그 뜻을 이루기 위해 사람들의 계획을 수포로 돌아가게

잠

하신다. 창세기 50:20; 열왕기상 12:15; 시편 119:133; 예레미야 10:23; 다니엘 5:23-30; 고린도전서 3:19, 20을 보라.

16:10 **하나님의 말씀** 이것은 레위기 19:26에서 금지한 점이나 술법을 가리키는 것이 아니다. 문자적으로 하나님이 주신 지혜로 내린 결정이라는 뜻이며, 하나님을 대변하는 왕의 입을 통해 전달된다(참고. 롬 13:1, 2). 왕은 하나님의 지혜를 구하고 전할(참고. 삼하 14:17-20의 다윗, 왕상 3:9-12의 솔로몬, 사 11:2의 왕이신 그리스도) 책임이 있다(신 17:18-20).

16:11 *11:1에 대한 설명을 보라.*

16:12 *14:34에 대한 설명을 보라.*

16:14 이것은 왕의 생사 박탈권을 가리키며 남용될 수 있고(참고. 삼상 22:16-18; 에 7-10; 단 2:5) 선용될 수도 있다(참고. 삼하 1:1-16; 4:5-12).

16:15 **늦은 비를 내리는 구름** 늦봄에 내리는 비다. 이 비를 맞고 농작물이 자랐는데 추수 직전에 내렸다(참고. 삼하 23:3, 4; 시 72:6). 여기서는 백성을 격려하며 아끼는 왕의 힘에 비유된다.

16:16 **나으니라** 참고. 3:13-16; 8:10, 11, 18, 19. *12:9에 대한 설명을 보라.*

16:17 "대로"는 악을 멀리하고 의를 습관적으로 추구하는 태도를 상징한다. 그 길에 머무는 시간이 길수록 안전하다.

16:19 교만한 자는 가난한 자들을 착취하는 자들을 말한다.

16:21 **입이 선한 자** '꿀이 떨어지는 말'이라는 뜻으로 말에서 지성과 분별력이 느껴지는 것을 가리킨다. 이것은 지혜로운 자의 뛰어난 강의를 가리킨다(참고. 24절).

16:22 **생명의 샘** *10:11에 대한 설명을 보라.* 명철이 뛰어난 사람의 조언은 축복을 주지만 어리석은 자의 책망은 아무 소용이 없다.

16:23 **마음** *4:21-23에 대한 설명을 보라.*

16:24 **선한 말** *21절에 대한 설명을 보라.* 참고. 24:13, 14; 시편 19:10.

16:25 **사망의 길** 참고. 14:12.

마음에 대한 핵심 잠언들

1. 잠 3:5	6. 잠 18:15
2. 잠 11:20	7. 잠 19:21
3. 잠 14:33	8. 잠 23:7
4. 잠 15:13-15	9. 잠 27:19
5. 잠 16:9	10. 잠 28:26

16:26 **고되게 일하는 자** 노동은 고되고 종종 괴롭지만 게으른 자에게도 꼭 필요하다(참고. 전 6:7; 엡 4:28; 6:7; 살후 3:10-12).

16:27 **불량한 자** *6:12에 대한 설명을 보라.* 사냥꾼이 사냥감을 위해 함정을 파듯이 이웃을 해치려고 구덩이를 판다(참고. 시 7:15; 62:6). 그의 말은 자극적이고 위험하다(참고. 약 3:6).

16:28 **일으키고** 블레셋 족속의 밭에 불을 붙인 여우를 풀어놓을 때 동일한 어근의 단어가 사용되었다(삿 15:4, 5. 참고 17:9). **말쟁이** 남을 험담하거나 비방하는 자를 말한다. *6:14에 대한 설명을 보라.* 동일한 히브리어 단어에 대한 것은 8:8; 26:20, 22를 참고하라.

16:30 **눈짓을 하는** 눈을 깜빡이거나 실눈을 하고 입술을 앙 다무는 모습은 골똘히 생각하고 결심을 굳힌 모습을 표현한 것이다.

16:31 이것은 노인들을 존경하라는 요청이다. 참고. 20:29.

16:32 **노하기를 더디하는** *14:17; 25:28에 대한 설명을 보라.* 참고. 전도서 9:17, 18; 야고보서 1:19, 20.

16:33 **제비** *16:1에 대한 설명을 보라.* 제비를 던지는 것은 특정 사안에 대한 하나님의 뜻을 확인하는 데 종종 사용한 방법이었다(참고. 수 14:1, 2; 삼상 14:38-43; 대상 25:8-31; 욘 1:7; 행 1:26). 대제사장은 우림과 둠밈과 함께 성의에 제비를 휴대하고 다녔을 것이다(출 *28:30에 대한 설명을 보라*).

17:1 참고. 15:17.

17:2 **슬기로운 종…유업** 성실한 종은 방탕한 아들보다 인정을 받고 더 많은 유산을 상속받을 것이다(참고. 11:29; 왕상 11:26, 28-38; 마 8:11, 12).

17:3 **풀무** 금은을 제련하고 순도를 높이는 데 사용되는 뜨거운 용기다. 참고. 시편 66:10; 이사야 1:25; 48:10; 예레미야 6:29; 에스겔 22:17-22; 다니엘 12:10; 말라기 3:3. 베드로전서 1:7을 보라.

17:5 참고. 14:21, 31.

17:6 **손자** 경건한 영향력은 가족들이 서로 사랑하고 존중하도록 이끌며 대대로 계승된다(참고. 시 90편; 출 20:12).

17:8 **뇌물** 이것은 받는 자가 재산을 증식하는 한 가지 방법이다(23절; 15:27).

17:9 참고. 16:28; 18:8.

17:10 배우는 데 있어 유순한 태도라는 주제에 대해서는 9:7, 8; 15:31-33을 참고하라.

17:11 반역한 자에게는 응징이 따른다. 왕의 사자는 자비를 베풀지 않을 것이다(참고. 16:14; 삼하 20:1-22; 왕상

2:25, 29, 34, 46).

17:12 미련한 자는 화가 나면 곰보다 더 이성적인 판단을 하지 못한다.

17:13 **악으로 선을 갚으면** 솔로몬은 그 부친이 우리아를 죽인 사건으로 이 잠언에 대해 잘 알고 있었다(참고. 삼하 12:10-31). 이것을 선으로 악을 갚는 사람과 비교해보라(참고. 20:22; 마 5:43-48; 벧전 3:9).

17:14 **물이 새는 것** 댐에 난 작은 구멍을 그냥 두면 둑이 터져 걷잡을 수 없게 된다.

17:15 불의한 재판관은 판결에 자신의 교만이나 편견, 뇌물, 욕심을 개입시킨다. *24:23하-25에 대한 설명을 보라.* 참고. 출애굽기 23:7; 이사야 5:23.

17:16 지혜를 진정으로 사랑하지 않으면 재물로도 지혜를 살 수 없다. 참고. 4:7.

17:17 친구와 형제의 차이점이 기술되어 있다. 참된 친구는 변함없는 사랑의 대상이지만 형제는 평소에 가깝지 않더라도 위기에 처했을 때 도움을 준다. 친구가 형제보다 더 가까운 이유는 위기 때만이 아니라 항상 도움을 주고받기 때문이다. 참고. 18:24.

17:18 *6:1, 2-4에 대한 설명을 보라.*

17:19 **자기 문을 높이는** 여기서 사용된 이미지는 대문이 으리으리한 대저택을 가지고 재물을 과시하는 오만한 사람인데, 그로 말미암아 죽음을 자초하게 된다(참고. 렘 22:13-19).

17:20 **패역한** 참고. 10:31.

17:21 참고. 10:1; 15:20; 17:25; 19:26.

17:22 참고. 14:30; 15:13, 30; 16:14; 욥기 29:24.

17:23 *8절에 대한 설명을 보라.*

17:24 **땅 끝** 이것은 미련한 자는 지혜가 없이 방랑에 집착하는 것을 말한다.

17:25 참고. 21절.

17:26 **벌하는…때리는** 여기서는 종교적이고 정치적인 불의에 대한 지적으로 무고한 자와 고귀한 자를 똑같이 학대하는 데 초점을 맞춘다.

17:27 **아끼는** 참고. 10:19; 14:29; 15:18; 16:27, 32; 29:20.

17:28 **미련한 자라도…지혜로운 자로 여겨지고** 이것은 어리석은 자가 침묵으로 지혜롭게 군다는 뜻이 아니라 침묵으로 그 어리석음을 숨긴다는 뜻이다.

18:1 **스스로 갈라지는 자** 이런 사람은 이기적인 만족을 추구하기 때문에 누구의 조언도 받아들이지 않는다.

18:2 참고. 전도서 10:12-14.

18:3 죄와 처벌은 불가분의 관계다. 악은 남들에게 경멸감을 불러일으키고 능욕도 함께 안겨준다.

18:4 **말은 깊은 물** 지혜로운 말은 깊고 마르지 않는 축복의 샘과 같다.

18:5 참고. 17:26; 28:21.

18:6, 7 미련한 자는 스스로를 파괴한다. 참고. 12:13; 17:14, 19, 28; 19:29; 20:3.

18:8 **별식** 이것은 '게걸스럽게 삼키다'라는 뜻의 히브리어에서 파생했다. 이 잠언은 26:22에서 다시 나온다.

18:9 **게을리 하는…패가하는 자** 일을 하다 말거나 제대로 하지 않으면 그 일을 망치게 된다. *6:1, 11에 대한 설명을 보라.*

18:10 **여호와의 이름** 이 표현은 잠언에서 여기서만 사용되는데 성실성, 능력, 자비, 지혜와 같은 하나님의 완전하심을 상징한다. 의인들은 하나님의 이 성품에 의지해 안전을 추구한다(참고. 출 3:15; 15:1-3; 시 27:4, 5).

18:11 이 잠언은 10:15에도 있으며, 10절과 대조를 이룬다.

18:12 참고. 16:18.

18:14 **심령이 상하면** 참고. 12:25; 15:13. 심령이 상하면 희망을 잃게 된다.

18:16 **사람의 선물** 이것은 뇌물을 가리키는 표현이 아니라(참고. 17:23) 누군가에게 준 선물을 가리키는 단어다[참고. 야곱의 선물(창 32:20, 21), 요셉의 선물(창 43:11), 다윗의 선물(삼상 17:17, 18), 아비가일의 선물(삼상 25:27)].

18:17 13절을 보라. 교차 점검을 하면 성급한 판단을 피할 수 있다.

18:18 **제비** *16:33에 대한 설명을 보라.*

18:19 친척과 불화하면 관계 회복이 쉽지 않다. 서로 간에 생긴 벽을 허물기가 너무 어렵기 때문이다. 그러므로 그런 갈등이 일어나지 않도록 세심한 주의가 필요하다. **산성 문빗장** 참고. 사사기 16:3; 열왕기상 4:13; 느헤미야 3:3; 이사야 45:2.

18:20 **그의 입술에서 나는 것** *12:14; 13:2, 3에 대한 설명을 보라.* 입으로 말하고 만족과 성취감을 얻어야 한다.

18:21 **죽고 사는 것** 가장 놀라운 유익과 가장 심각한 해악이 모두 달려 있을 정도로 혀의 위력은 강하다(참고. 약 3:6-10).

18:22 참고. 12:4; 19:14; 31:10-31.

18:23 부자는 남들의 호의가 필요하지 않기 때문에 사람들을 함부로 대한다.

18:24 **해를 당하게 되거니와** 맛소라 본문(MT)은 '패망할 수 있다'라고 번역하며 친구를 너무 쉽고 무분별하

게 사귀는 사람은 파멸을 자초할 수 있다고 경고한다. 반면 제대로 고른 친구는 형제보다 더 낫다. **친구** '사랑하는 자'라는 뜻의 표현으로 하나님의 친구 아브라함을 가리켜 사용되었다(대하 20:7; 사 41:8. 참고. 삼상 18:1; 삼하 1:26).

19:1 성실은 재물보다 낫다. 참고. 15:16, 17; 16:8.

19:2 **발이 급한** 무지한 탓에 경솔하고 무모하게 덤비면 어려움을 자초할 수 있다. **잘못 가느니라** 문자적으로 '과녁을 놓치다'라는 뜻이다.

19:3 **마음으로…원망하느니라** 미련한 자는 자기가 자초한 어려움과 실패를 하나님 탓으로 돌린다(참고. 창 4:5; 사 8:21; 애 3:39-41).

19:4 **재물은…하나** 참고. 7절; 14:20. 문자적으로 재물은 새 친구들을 더하게 하지만 가난은 가난한 이의 요구에 지쳐 기존의 친구들까지 떠나게 만든다.

19:5, 9 위증의 죄에 대해서는 6:19; 12:17; 14:5, 25; 19:9; 신명기 19:18-21을 참고하라.

19:6 관용이나 뇌물이 이 절의 주제일 수 있다.

19:7 *4절에 대한 설명을 보라.*

19:10 미련한 자나 종은 현명하게 관리할 수 있는 자신의 역량을 넘어서는 책임이나 재물을 가져서는 안 된다(참고. 30:21-23).

19:11 **노하기를 더디 하는 것** *14:17에 대한 설명을 보라.*

19:12 이것은 정부의 권세에 복종하라는 부르심이다. 참고. 로마서 13:1-4; 베드로전서 2:13-17.

19:13 **이어 떨어지는 물방울** 고집이 세고 다투기를 좋아하는 여인은 끝없이 새는 물방울 같아서 피해 달아나지 않으면 미치고 말 것이다(참고. 21:9, 19). 남자를 파멸시키는 두 가지 방법은 미련한 아들, 불평불만과 짜증을 그치지 않는 아내를 두는 것이다.

19:14 유산은 부모에게 상속받지만 지혜로운 아내(참고. 31:10-31)는 하나님이 축복으로 주셔야 한다. 참고. 12:4; 18:22; 31:10-31.

19:15 *6:6, 11에 대한 설명을 보라.*

19:16 **계명** 지혜는 하나님의 계명과 동급이다. 어떤 의미에서 잠언은 하나님의 도덕법의 모든 내용을 적용한 교훈을 담고 있다.

19:17 *14:31에 대한 설명을 보라.* 참고. 마태복음 25:40.

19:18 **징계하되** *3:11, 12; 13:24; 22:6에 대한 설명을 보라.* 참고. 에베소서 6:4.

19:19 마음이 비뚤어진 사람에게 계속 친절을 베푸는 것은 시간낭비다.

19:21 *16:1에 대한 설명을 보라.*

19:22 부유한 거짓말쟁이는 거짓말로 해를 끼치며 친절을 베풀 마음이 전혀 없다. 가난하지만 친절한 사람이 더 낫다.

19:23 **여호와를 경외하는 것** *1:7에 대한 설명을 보라.*

19:24 게으른 자는 너무 게을러서 자기 손으로 음식을 떠먹는 것도 하지 않는다. 26:15에도 비슷한 내용이 나온다.

19:25 **거만한 자…어리석은 자…명철** 세 부류의 사람들이 등장한다. 첫째, 거만한 자들은 아무것도 배우려고 하지 않기 때문에 책망을 받는다. 둘째, 어리석은 자는 거만한 자가 책망받는 모습을 보고 스스로 경각심을 갖는다. 셋째, 명철이 있으면 어떤 책망을 해도 달게 받고 더욱 지혜로워진다.

19:26 **구박하고** 참고. 10:1; 15:20; 17:21, 25; 28:24. 살아생전 유산을 물려받은 아들이 부모를 봉양하지 않고 쫓아낸다(참고. 출 20:12; 21:15, 17).

19:28 **망령된 증인** *12:17에 대한 설명을 보라.*

19:29 *10:13에 대한 설명을 보라.*

20:1 **포도주…독주** 이 장에서부터 절제에 관한 새 주제가 시작된다(21:17; 23:20, 21, 29-35; 31:4, 5을 보라). 포도주는 포도즙에 물을 섞어 희석한 것이지만 독주는 물을 넣어 희석하지 않은 것이다(*엡 5:18에 대한 설명을 보라*). 이런 음료를 마신다고 특별히 정죄하지는 않지만(신 14:26) 술에 취하는 경우 언제나 정죄의 대상이다(사 28:7). 관원들은 술을 마시지 말아야 했다. 그래야 판단력이 흐려지지 않을 것이며, 흐트러지지 않는 행동으로 사람들의 모범이 될 것이다(참고. 31:4, 5). *9:2; 디모데전서 3:3에 대한 설명을 보라.* **거만하게 하는 것…떠들게 하는 것** 거만하게 하는 것은 19:25, 29의 거만한 자와 동일한 단어이며, 떠드는 자는 폭력적이고 시끄럽고 무절제한 사람이다. 두 단어 모두 술에 취한 사람의 상태를 묘사한다.

20:2 *16:14; 19:12에 대한 설명을 보라.* 정부의 권위에 맞서는 사람은 화를 자초한다. *로마서 13:1-5에 대한 설명을 보라.*

성실에 대한 핵심 잠언들

1. 잠 2:7	6. 잠 19:1
2. 잠 10:2	7. 잠 20:6, 7
3. 잠 10:9, 10	8. 잠 20:23
4. 잠 11:3	9. 잠 28:6
5. 잠 16:8	10. 잠 28:18

20:3 참고. 15:18; 17:14; 19:11.

20:4 **게으른 자** *6:6,11에 대한 설명을 보라.*

20:5 **깊은 물** 현명한 사람은 심중 깊은 곳에 자리한 숨은 의도까지 간파하는 예리한 분별력이 있어서 지혜로운 조언을 할 수 있다(참고. 18:4; 히 4:12).

20:6 충실하게 하나님의 선하심을 증언하고자 진심으로 애쓰는 사람보다 자신을 자랑하고 드러내는 데 열을 올리는 사람이 훨씬 더 많다.

20:7 *10:9에 대한 설명을 보라.*

20:8 **흩어지게 하느니라** 재판관으로서 왕은 실제로 자료를 '키질하거나' '까불려서'(26절에서처럼) 선과 악을 분별한다(참고. 사 11:3, 4).

20:9 스스로 무죄하다고 말할 수 있는 사람은 없다. 참고. 욥기 14:4; 로마서 3:10, 23; 요한일서 1:8. 그 죄를 용서받는 사람은 하나님 앞에서 정결하다(시 51:1, 2, 9, 10).

20:10 *11:1에 대한 설명을 보라.* 참고. 20:23.

20:12 인간에게 듣고 볼 수 있는 능력을 주신 하나님은 모든 것을 다 듣고 보고 계신다(참고. 시 94:9).

20:13 *6:6, 11에 대한 설명을 보라.*

20:14 물건을 사는 자는 일부러 값을 흥정하고자 물건의 가치를 깎지만 일단 물건을 사면 자신의 수완 좋음을 자랑하고 다닌다.

20:15 정직하게 노력해서 얻은 재물도 축복이지만 지혜를 더욱 사모해야 할 것이다. *3:14, 15; 8:10, 11, 18-21; 16:16에 대한 설명을 보라.*

20:16 *6:1에 대한 설명을 보라.* 의복은 흔한 담보물이지만 해가 지면 돌려주어야 했다(출 22:26, 27; 신 24:10-13). 여기서 "외인"은 외국인을 가리키는 것으로 보인다. 어리석게 이방인이나 음란한 여인이 진 빚에 대해 보증을 선 자는 절대 돈을 되돌려 받지 못할 것이다. 자기 옷을 담보물로 주어야 돈을 빌리고 갚을 것이다.

20:18 **지략** 참고. 11:14; 15:22; 누가복음 14:28-32.

20:19 **한담하는 자** 남의 비밀을 퍼뜨리기를 좋아하는 사람들은 상대방을 구슬려 비밀을 털어놓도록 할 것이다.

20:20 **등불이 흑암 중에 꺼짐을 당하리라** 참고. 13:9. 이 심각한 죄(참고. 30:11, 17; 출 21:17; 레 20:9)는 죽음으로 끝날 것이다.

20:21 **속히 잡은 산업** 이것은 부당한 방법으로 유산을 받아내는 것을 말하며, 똑같이 부당한 방법이나 벌로 그 재산을 몰수당하거나 빼앗길 것이다(참고. 13:11; 21:5, 6; 28:20, 22).

20:22 **악을 갚겠다** 사람이 아닌 하나님이 악을 갚으시며(참고. 신 32:35; 롬 12:17, 19; 살전 5:15; 히 10:30) 악인에게서 구해주신다.

20:23 참고. 10절. *11:1에 대한 설명을 보라.*

20:24 *16:1, 9, 33에 대한 설명을 보라.* 개인은 하나님이 그 인생에 펼쳐주시는 섭리의 목적을 이해할 수 없기 때문에 믿음으로 행해야 한다.

20:25 **함부로…서원하고** 일단 어떤 물건을 거룩하다고 선언하면, 즉 제물로 바치겠다고 약속하면 되돌릴 수 없으므로 신중해야 한다. 전도서 5:4-6을 보라. 참고. 민수기 30:2; 신명기 23:21-23; 시편 50:14; 78:11.

20:26 *8절에 대한 설명을 보라.*

20:27 **여호와의 등불** '영'은 은밀한 곳까지 두루 살피는 인간의 양심을 말한다. 참고. 로마서 2:15. *고린도후서 1:12에 대한 설명을 보라.* 참고. 고린도전서 2:11.

20:28 **인자와 진리** *3:3에 대한 설명을 보라.*

20:30 체벌을 지혜롭게 활용하면 악한 행동을 예방할 수 있다. *10:13에 대한 설명을 보라.*

21:1 **그가 임의로 인도하시느니라** *16:1, 9, 33에 대한 설명을 보라.* 참고. 19:21; 20:24. 아닥사스다(스 7:21-23), 디글랏 빌레셀(사 10:5-7), 고레스(사 45:1-4), 느부갓네살(단 4:34; 5:23-25)의 사례에 나타난 하나님의 섭리에 대한 사례들을 유의해서 살펴보라.

21:2 *16:2에 대한 설명을 보라.*

21:3 *15:8에 대한 설명을 보라*(참고. 삼상 15:22; 사 1:10-20; 호 6:6; 미 6:6-8).

21:4 **형통한 것** 참고. 6:17; 30:13; 시편 18:27; 131:1. 이것은 '악인의 등불'로 이해해야 가장 설득력이 있다. 여기서 등불은 눈을 상징하며 그들의 교만함을 강조한다.

21:5-7 이 단락은 부당하게 얻은 이익의 문제점을 지적한다. 이 이익을 습득하는 방식은 세 가지 점에서 크게 문제가 있다. 조급하게(5절. 참고. 19:2; 28:20), 속이는 말로(6절. 참고. 13:11), 강포로(7절, 12:6) 습득했기 때문이다.

21:7 참고. 1:18, 19.

21:9 **다투는 여인** 참고. 19절; 19:13; 25:24; 27:15, 16. *19:13에 대한 설명을 보라.* **움막** 지붕은 테라스처럼 열린 공간이었으므로(참고. 신 22:8; 삼상 9:25; 왕하 4:10) 지붕 한 모퉁이나 좁은 곳은 살기에 너무 불편했다.

21:10 **악인의 마음은 남의 재앙을 원하나니** 악인은 악행을 저지르고자 늘 기회를 노리기 때문에(참고. 전 8:11) 방해가 된다면 그 이웃이라도 봐주지 않을 것이다.

21:11 *19:25에 대한 설명을 보라.*

21:12 *20:22에 대한 설명을 보라.* 참고. 10:25; 14:11.

잠

21:13 **가난** *14:31에 대한 설명을 보라.*

21:14 참고. 17:8; 18:16; 19:6.

21:16 이것은 음녀에게 유혹을 당하는 어리석은 남자 이야기로 입증된다(2:18; 7:22, 23; 9:18).

21:17 **술과 기름** 이것은 분수를 모르고 사치를 일삼으며 흥청망청 잔치를 여는 것을 말한다(신 14:26; 느 8:12; 시 104:15; 암 6:6; 요 12:5). 비싼 사치품으로 돈을 탕진하면 가난해진다.

21:18 의인을 넘어뜨리기 위해 계략을 꾸몄지만 오히려 본인이 고통을 당하거나 자기 꾀에 넘어가서 그들 대신 심판을 받는다는 의미에서 의인의 속전이 된다.

21:19 *19:13에 대한 설명을 보라.* 참고. 9절.

21:21 의와 자비를 구하는 자들은 그들이 추구하는 이상으로 받게 될 것이다(참고. 마 5:6, 7; 6:33).

21:22 참고. 24:5. 지혜가 힘보다 낫다(참고. 전 7:19; 19:15).

21:26 게으른 자는 탐욕의 죄를 드러내지만 의인은 관용의 덕을 베푼다.

21:27 *15:8에 대한 설명을 보라.* 참고. 3절; 이사야 1:13-15.

21:28 **거짓 증인** *12:17에 대한 설명을 보라.*

21:29 악인은 남을 배려하거나 진리를 생각하지 않고 자기 입맛에 맞는 것만 고집하지만 선한 사람은 성실함으로 행한다.

21:31 **예비하거니와 이김** 이것은 미래를 대비한다고 비난하는 것이 아니라 여호와 대신 그것에 의지해 승리를 자만하기 때문에 비난하는 것이다(참고. 스 8:22; 시 20:7; 사 31:1-3; 호 1:7).

22:3 지혜로운 사람들은 죄를 지을 위험성이 보이면 스스로 멀리하지만 어리석은 사람들은 곧장 그 일에 덤벼들어 심판을 자초한다.

22:4 **여호와를 경외함** *1:7에 대한 설명을 보라.*

22:6 **마땅히 행할 길** 올바른 길은 단 하나, 즉 생명의 길인 하나님의 길밖에 없다. 잠언은 그 길을 아주 세세히 알려준다. 어릴 때부터 진리로 훈육해야 평생의 습관을 기를 수 있으므로 부모는 이 길을 계속 견지하며 하나님 말씀을 가르치고 자녀의 양육 단계에 맞춰 사랑으로 일관되게 훈육해야 한다. *13:24에 대한 설명을 보라.* 참고. 신명기 4:9; 6:6-8; 11:18-21; 여호수아 24:15; 에베소서 6:4.

22:7 **부자는…주관하고** 이것은 세속 사회에서는 당연하지만 율법과 선지자는 남을 압제하는 자들을 정죄한다(참고. 22:22, 23; 신 24:14-18; 사 5:8; 렘 34:13, 17; 미 2:2).

부모에 대한 핵심 잠언들	
1. 잠 13:22	6. 잠 23:13-16
2. 잠 13:24	7. 잠 24:21, 22
3. 잠 14:26	8. 잠 29:15
4. 잠 20:7	9. 잠 29:17
5. 잠 22:6	10. 잠 31:10-29

22:8, 9 **선한 눈** 늘 베풀 사람을 찾아 두루 살핀다는 면에서 관용을 일컫는 표현이다. 뿌린 대로 거둔다는 것을 강조한다. 참고. 욥기 4:8; 호세아 8:7; 10:13; 고린도후서 9:6; 갈라디아서 6:7-9.

22:11 심지어 엄청난 권력자라도 지혜로운 자에게 끌린다(참고. 전 10:12).

22:12 **여호와의 눈** *15:3에 대한 설명을 보라.* 참고. 5:21, 22. 주권자 되신 하나님은 전지하심으로 신적 지식의 원리를 보호하시고 거룩한 지식을 가진 사람들을 보호해주신다.

22:13 **사자가 밖에 있은즉** 참고. 26:13. 게으른 사람은 일하러 가기 위해 집을 떠나는 게 싫어서 구차하고 말도 안 되는 변명을 늘어놓는다. *6:6, 11에 대한 설명을 보라.*

22:14 여자가 교언영색으로 남자를 유혹하여 함정에 빠지게 한다. 하나님은 그 죄로 그들을 심판하신다. *2:16에 대한 설명을 보라.* 참고. 5:3; 7:5.

22:15 *13:24에 대한 설명을 보라.*

22:16 이 두 가지 악덕은 동일하게 이기적 태도를 반영한다. 자신이 가진 것을 지키려고 가난한 사람들에게 베풀지 않고, 더 가지려고 부자에게 주는 것이다. 두 가지 모두 하나님이 용납하지 않으며 심판하신다.

B. 지혜로운 자들의 잠언(22:17-24:34)

22:17-24:34 솔로몬이 직접 쓴 것이 아니라 편집한 이 잠언 모음집은 솔로몬의 통치 전이나 재임기에 경건한 현자들이 가르친 77개의 잠언을 담고 있다. 이 단락은 서문(22:17-21)으로 시작해 무작위적으로 정리한 잠언들을 배열한다. (앞 단락이 한 절당 2행으로 된 잠언이었던 것과 달리) 이 단락은 한 절당 하나 또는 두세 행으로 구성되어 있다. 다음으로 다른 두 잠언 모음집(22:22-24:22와 24:23-34)이 배치되며, 이 잠언서의 지혜에 관한 주제들을 다시 반복하거나 확장하여 발전시킨다.

22:17-21 이 도입부 단락은 권면의 일종으로, 하나님의 지혜를 주의하여 듣고 말하라는 2:1-5과 5:1, 2을 다시 강조한다.

22:20 **아름다운 것** 이 구절은 문자적으로 '으뜸이 되는 잠언들'이라는 뜻이다(참고. 8:6).

22:21 **확실한 말씀** 솔로몬은 특히 독자가 남들에게 가르칠 수 있도록 잠언 내용의 정확성에 많은 관심을 기울였다.

22:22-24:22 지혜로운 사람들을 위한 첫 잠언 모음집이다.

22:22, 23 *14:31에 대한 설명을 보라.*

22:22 **성문** 거지들은 보통 수많은 사람이 오가는 성문에 앉아 구걸을 했다. 성문은 민형사 사건을 해결하는 곳이기도 했다(참고. 31:23). 억울한 사람들이 그곳에 앉아 구걸을 하거나 정의나 자비를 호소하곤 했는데 그들의 사정을 공정하게 다루어야 했다.

22:24, 25 참고. 12:26.

22:26, 27 *6:1에 대한 설명을 보라.*

22:28 **지계석** 이것은 토지 경계석을 이동시켜 남의 땅을 훔치는 것을 말한다. *15:25에 대한 설명을 보라.* 참고. 레위기 25:23; 신명기 19:14.

23:1-3 이 단락은 부유한 관원의 사치품을 볼 때 자제력을 행사하라는 경고다. 그는 자기 계획과 계략에 끌어들일 사람을 찾고 있으므로 조심해야 한다. 다니엘은 이 잠언에 충실하게 살았던 모범적 사례다. 그는 이방 권력자의 온갖 감언이설에 흔들리지 않았다. 그런 감언이설에 속으면 타락이 불 보듯 뻔했기 때문이다(단 1:8 이하).

23:4, 5 참고. 11:28; 28:22; 디모데전서 6:9, 10, 17. 재물을 쫓지 말고 하나님의 지혜를 구하고 그분께 영광을 돌리는 데 힘쓰면 하나님은 그 뜻에 따라 형통함으로써 복을 주실 것이다. 2:1-11; 3:5-10을 보라.

23:6-8 **악한 눈이 있는 자** 탐욕스러운 사람을 말하며, 부자가 되려고 가난한 이웃을 외면하고 재물을 쌓는 데 집착하는 사람을 가리킨다. 누군가를 초청해서 특별한 대우를 해주며 호의를 베푸는 척하면서 위선적으로 행동한다면 그의 진짜 목표는 그 손님을 속여 자기 재산을 늘리는 것이다. 참고. 26:24-26.

23:9 미련한 자는 지혜를 싫어하기 때문에 옳은 지적이다(참고. 1:22; 9:8; 12:1).

23:10, 11 **옛 지계석** *15:25에 대한 설명을 보라.* 참고. 22:22, 23.

23:11 **구속자** 통상적으로 가장 가까운 친척이 어려움을 당한 사람을 구제하거나(참고. 레 25:25; 룻 2:20; 3:12, 13; 4:1-12), 살인을 당한 경우 복수를 해주어야 했다(민 35:19). 여기서 구속자는 자기 백성의 구세주이신 하나님을 말한다(예를 들어 창 48:16; 출 6:6; 욥 19:25; 시 19:14; 사 41:14; 43:14; 44:24). 도움받을 길이 없는 이들을 대변할 자는 하나님뿐이기 때문이다.

23:13, 14 **훈계** *13:24; 22:6에 대한 설명을 보라.* 아이는 체벌해도 죽지 않을 것이며, 그래야 악한 죄로 불의의 죽음을 당하는 불상사를 방지할 수 있다(참고. 신 21:18-21).

23:14 **스올** *1:12에 대한 설명을 보라.*

23:15, 16 **아들…지혜로우면** 훈계를 받은 자녀(13, 14절)는 지혜로운 선택을 해서 부모에게 기쁨을 준다(참고. 24, 25; 10:1; 15:20; 17:21; 28:7; 29:3).

23:16 **내 속** 문자적으로 '신장'이라는 뜻으로, 마음과 더불어(참고. 3:5; 4:21-23) 한 개인의 생각과 감정을 관장하는 중심부를 가리키는 비유적 표현이다.

23:17 **여호와를 경외하라** *1:7에 대한 설명을 보라.*

23:18 **네 장래가 있겠고** 참고. 24절. 죄인들을 부러워하는 사람은 그들이 잠시 형통할 뿐임을 알아야 한다. 그들은 끊어질 것이고, 모든 불의가 심판을 받고 하나님의 정의가 승리할 때가 꼭 올 것이다(참고. 시 37:28-38). 한편 의인은 영원히 살 것이다(*14:32에 대한 설명을 보라*).

23:19 **바른 길** 지혜의 길만이 옳은 길이다(4:10, 11).

23:20 **술을 즐겨 하는 자** 참고. 29-35절; 신명기 21:20. *20:1에 대한 설명을 보라.*

23:22 참고. 1:8; 2:1; 3:1; 4:1; 5:1; 에베소서 6:1.

23:23 **진리를 사되** 비용을 치러서라도 진리를 얻어야 한다. 참고. 4:5-7; 마태복음 13:44-46. 그리고 어떤 일이 있어도 절대 포기해선 안 된다(참고. 단 1:8 이하).

23:24, 25 *15, 16절; 13:24에 대한 설명을 보라.*

23:27, 28 **음녀…이방 여인** 참고. 22:14. 부도덕한 모든 여인을 가리킨다. *2:16; 5:3-5; 7:6-27; 9:13-18에 대한 설명을 보라.* 음녀의 손아귀에 들어가는 것은 빠져 나올 수 없는 깊은 웅덩이나 우물에 빠진 것처럼 두려운 일이다.

23:29-35 이 단락은 술 취함에 대한 강력한 경고를 담고 있다. 수수께끼를 묻는 형식으로 제시되며(29절) 곧이어 답변이 소개된다(30절). 질문에 이어 권면(31, 32절)이 나오고 술 취한 자의 횡설수설하는 모습을 묘사하고 있다(33, 36절).

23:30 **혼합한 술** *20:1에 대한 설명을 보라.* 오랫동안 술을 먹는다는 것은 중독의 위험 신호이며, 결국 알코올중독에 빠지게 된다(참고. 딤전 3:3; 딛 1:7). 술을 더 찾는 것도 같은 신호다.

23:31 **포도주는 붉고** 이것은 가장 빨리 취할 수 있는데, 특히 술맛이 가장 좋은 포도주를 말한다. '독주'나

지혜에 대한 핵심 잠언들

1. 잠 10:8	6. 잠 16:16
2. 잠 11:2	7. 잠 21:22
3. 잠 13:20	8. 잠 23:22-24
4. 잠 14:16	9. 잠 30:24-28
5. 잠 15:31-33	10. 잠 31:26

향료만 넣고 물로 희석하지 않은 술처럼 독할 것이며, 신선하고 아직 발효되지 않았거나 덜 발효된 "새 포도즙"(3:10)과 대조된다(참고. 호 4:11).

23:32 **물 것이요…쏠 것이며** 이것은 술이 덜 깨서 숙취가 남아 있는 상태를 말한다. 술로 인한 더 심각한 문제를 가리킬 수도 있다(참고. 사 59:5; 렘 8:17).

23:33 술에 취했을 때 헛것이 보이고 왜곡되어 보이는 괴로운 경험을 말한다(*고전 6:12에 대한 설명을 보라*).

23:34 이것은 거친 풍랑이 이는 바다에서 가장 요동이 심한 돛대 꼭대기에서 배멀미를 하는 것처럼 술 취한 사람이 겪는 어지럼증, 구토, 혼란스러움을 경고한 것이다.

23:35 술 취한 사람은 판단력을 상실해 술이 깨면 다시 술을 마시고 그 죄를 다시 즐길 생각부터 한다.

24:1, 2 참고. 23:3, 17.

24:3, 4 **집은…건축되고** 집은 실제의 집 구조물을 말할 수도 있고(참고. 14:1) 가정이나(수 24:15을 보라) 왕조(삼하 7:11, 12; 왕상 11:38; 대상 17:10을 보라)를 가리킬 수도 있다.

24:5, 6 지혜와 지혜로운 조언은 능력과 연관이 있다. *11:14; 13:20에 대한 설명을 보라.* 참고. 전도서 9:16-18.

24:7 **성문** *22:22에 대한 설명을 보라.* 지도자들은 성문에서 생활 문제를 논의하지만 미련한 자는 그 자리에 낄 수가 없다.

24:11 부당한 대우나 폭력에 따른 위험을 염두에 둔 것 같다. 그들을 위해 사실대로 증언해주거나 그들이 살아남는 데 필요한 것을 공급하거나 뻔히 보이는 치명적 위험에서 건져주어야 구원받을 수 있다.

24:12 **마음을 저울질 하시는 이** 이 잠언은 신약(8회)에서 어떤 솔로몬의 잠언보다 더 자주 인용되거나 간접적으로 암시되는 잠언이다(마 16:27; 눅 16:15; 롬 2:6; 딤후 4:14; 벧전 1:17; 계 2:23; 20:12, 13; 22:12). *16:2에 대한 설명을 보라.* 하나님은 옳은 일을 행하지 못하는 마음의 동기와 변명의 진실을 다 아시는 분이다(참고. 약 4:17). **그가 각 사람의 행위대로 보응하시리라** 참고. 29절; 욥 34:11; 예레미야 25:14; 50:29.

24:13, 14 이것은 꿀을 먹으라는 명령이 아니라 지혜가 주는 달콤한 보상을 구하라는 유비다. 참고. 시편 19:10.

24:14 **네 소망이 끊어지지** *23:18에 대한 설명을 보라.*

24:15, 16 **일곱 번** 이것은 '종종' 또는 '많은'이라는 뜻이다(참고. 26:16; 욥 5:19). 의인에 대한 악인의 음모가 부분적이고 일시적으로 성공하더라도 결국에는 실패로 돌아갈 것이다. 악인은 하나님의 영원한 심판을 받을 것이며, 어떤 도움이나 구원의 손길도 받지 못할 것이다.

24:17, 18 **네 원수가 넘어질 때에** *25:21, 22에 대한 설명을 보라.* 적이 넘어졌다고 좋아하면 그 적이 지은 죄보다 더 심각한 죄를 짓는 것이다.

24:19 **분을 품지 말며** 악인이 형통하다고 분노하거나 시기하지 말라. 참고. 3:31; 23:17, 18; 24:1.

24:20 **악인의 등불** *13:9에 대한 설명을 보라.*

24:21 **여호와…을 경외하고** *1:7에 대한 설명을 보라.* **왕** 왕은 주의 지혜를 대리하는 자이므로 왕에게 충성할 때 형통함의 복을 누릴 수 있다(참고. 신 17:14-20; 롬 13:1-7). 왕위를 노리거나 전복시키려고 꾀하는 반역자들과 손을 잡지 않는 것도 왕에게 충성하는 한 방편이다. 베드로는 베드로전서 1:17; 2:17에서 이 절을 차용해 백성으로서의 역할을 강조했다.

24:22 **그 둘의 멸망** 반역에 대한 왕과 하나님의 무자

단어 연구

미련한(Foolish): 12:23; 14:1; 14:24; 15:2, 14; 19:3; 22:15; 24:9; 27:22. 지혜가 부족한 상태를 의미한다. 시편에 나온 두 번의 용례를 제외하면 이 단어는 오직 잠언에서만 사용되며, 미련한 자의 어리석음을 지혜롭고 현명한 자의 지혜와 대비시킨다(13:16; 14:8, 18, 24). 어리석음은 미련한 자의 말과 충동적인 사람의 행동에서도 드러난다(12:23; 14:17, 29; 15:2, 14; 18:13). 미련함은 한 개인의 생활방식에도 영향을 미쳐 그 마음으로 하나님을 원망하게 한다(15:21; 9:3). 실제로 미련함은 종종 불의, 죄와 동일시된다(5:22, 23; 24:9; 시 38:4, 5). 잠언은 미련한 성인에 대해서는 그 어리석음을 버릴 수 있다는 가능성이 그리 높지 않지만 어린 자녀들에 대해서는 훈육의 매로 미련함을 버리게 할 수 있다고 강조한다(22:15; 26:11; 27:22).

비한 응징을 가리키는 표현이다(참고. 욥 31:23).

24:23상 이 23상반절부터 지혜의 잠언 가운데 부록에 해당하는 짧은 단락(23하-34절)이 시작된다. 이 잠언 부록은 솔로몬이 지혜로운 현자들의 잠언(22:22-24:22)을 수집해 편집한 것으로, 솔로몬 자신의 잠언(10:1-22:16)에 추가했다. *22:17-24:34에 대한 설명을 보라.*

24:23하-25 **재판할 때에 낯을 보아 주는 것** 정의를 왜곡하는 것은 악하며 사회를 불안하게 만든다. *17:15에 대한 설명을 보라.*

24:26 **입맞춤** 공정하고 정의로운 반응은 친밀한 우정의 표현인 입맞춤 못지않게 중요하다.

24:27 부지런히 일하고 계획을 세워 들판에서 먼저 안정적인 생활을 확보한 다음 집을 지어야 한다. 다시 말해 재정적인 기초를 다지고 모든 생필품과 비상금까지 다 마련한 후 장막(견딜 만한 상태)에서 집(이상적인 상태)으로 이사를 가라는 것이다.

24:28, 29 거짓 증언으로(참고. 14:5; 19:5) 이웃이 악을 행해도 그에게 보복을 하지 말라는 것이다. *6:16-19; 20:22에 대한 설명을 보라.*

24:30-34 *6:6, 11에 대한 설명을 보라.* 15:19에서도 게으른 자와 가시를 관련시키고 있다(*15:19에 대한 설명을 보라*).

C. 솔로몬이 짓고 히스기야가 수집한 잠언 (25:1-29:27)

25:1-29:27 솔로몬의 잠언을 히스기야가 수집해서 편집한 것이다.

25:1 **히스기야의…편집한 것이니라** 137개의 이 잠언 모음집은 원래 솔로몬이 지었고 200여 년이 지난 뒤 유다 왕 히스기야 재위 시절(주전 715-686년)에 편집한 것이다. 서론의 저자와 저작 연대를 보라. 이것은 유다를 부흥시키고자 한 히스기야의 노력과 서로 통한다(대하 29:30; 32:26). 그는 잊어버린 다윗과 솔로몬의 지혜를 되찾고자 했다(참고. 대하 29:31; 30:26).

25:2, 3 **하나님…왕** 하나님과 왕의 역할을 비교해보라. 모든 인간의 지식을 합친 것보다 더 높은 지식을 가지시고(참고. 시 92:5; 전 3:11; 사 46:10; 행 15:18; 히 4:13), 그 길을 측량조차 할 수 없는(참고. 욥 5:9; 시 145:3; 사 40:28) 하나님은 그 누구의 조언도 필요하지 않기 때문에(롬 11:34을 보라) 혼자 심중에 담아두신다. 반대로 왕은 올바로 통치하기 위해 마땅히 알아야 할 것을 배우기 위해 부단히 노력해야 한다.

25:4, 5 나라가 견고히 서려면 왕에게 지혜가 있어야 하고 악을 몰아내야 한다(참고. 14:34; 16:12).

25:6, 7 어디서나 마찬가지로 왕궁에서 이기심을 부리고 거드름을 피우면 굴욕을 당하기 십상이다. 높은 자리를 차지하려고 하지 말라. 겸손하다고 높여주면 명예로운 일이지만 교만하다고 낮추면 수치스럽다(참고. 눅 14:8-10; 약 4:7-10).

25:8-10 **서둘러 나가서 다투지 말라** 분쟁이 생기면 싸우기 좋아하는 사람은 바로 법정으로 달려간다. 그러나 세세한 내용까지 다 드러내야 하는 법정에서 공개적으로 수치를 당하기보다 이웃과 대화로 해결하는 것이 훨씬 지혜로운 행동이다.

25:11, 12 아름다움을 나타내는 이미지는 책망의 말을 비롯해 신중한 언어 선택의 중요성을 강조한다. 참고. 15:23; 24:26.

25:13 **얼음 냉수** 충직한 심부름꾼(참고. 25절; 26:6)은 뜨거운 여름 추수철처럼 시원하고 상쾌할 것이다.

25:15 **오래 참으면** 인내는 강력한 무기다. 15:1; 16:32를 보라.

25:16 이것은 17절과 연결되는 비유로 지혜로운 자라면 친구 집에 너무 오래 있거나 거만하게 굴어 화가 나도록 하지 말고 또 상대방을 불쾌하게 만드는 일은 과하게 하지 말라고 조언한다.

25:18 거짓 증언하는 사람은 방망이나 칼, 화살 등 몸을 상하게 하는 무기처럼 명성에 파괴적이다.

25:20 **소다 위에 식초** 알칼리성 물질(예를 들면 베이킹 소다)에 식초를 부으면 물이 끓는 것처럼 강력한 반응이 일어난다. 슬픈 일을 당한 사람이 있는데 마음을 나누지 않고 즐거운 노래를 부르는 것도 마찬가지 반응을 일으킨다. 참고. 시편 137:3, 4.

25:21, 22 뜨거운 숯불을 얹으면 금속이 녹듯 친절을 베풀면 적의 마음이 부드럽게 녹는다. 시편 140:10의 심판의 숯불과 비교해보라. 바울은 로마서 12:20에서 이 잠언을 인용했다. 참고. 마태복음 5:43-48.

25:23 원인과 결과가 주제다. 비구름이 생기면 비가 오는 것이 확실하듯 비방하면 분노를 유발한다.

25:24 *19:13; 21:9에 대한 설명을 보라.*

25:25 *13절에 대한 설명을 보라.*

25:26 **샘이 더러워짐** 의인이 죄를 지으면 그 의인을 의의 모범으로 삼았던 사람의 물을 흐리게 하고 샘을 더럽히게 된다(참고. 시 17:5).

25:27 꿀을 먹는 것이 자신의 영광을 구하는 달콤함을 즐기는 것에 비유된다. *6, 7, 16절에 대한 설명을 보라.*

25:28 **성읍이 무너지고** 성벽이 무너지면 악한 생각과 유혹이 침범해도 속수무책일 수밖에 없다. 반대의 경우는 *16:32에 대한 설명을 보라.*

26:1-12 미련한 자가 모든 절에 등장한다. 대부분의 절에서 미련한 자의 어리석은 행동과 어그러진 자연적 질서를 비교한다. 점차 악화되는 어리석음의 성격은 음주(6절)에서 결국 토한 것을 도로 먹는 것(11절)으로 내용이 발전한다.

26:1 심각한 해를 입히는 자연의 이런 이상 현상은 도덕적 영역의 불일치를 예시적으로 설명해준다. 참고. 17:7; 19:10.

26:2 **까닭 없는 저주** 새가 땅으로 내려앉지 않고 허공에서 떠도는 것을 이유 없이 남을 저주하는 미련한 자와 비교한다. 이 저주 역시 새가 땅에 내려앉지 않는 것처럼 이루어지지 않는다.

26:4, 5 **미련한 자에게는…대답하라** 종합하면 이 단락은 미련한 자(예를 들면 진리를 거부하는 불신자)에게 적절하게 대답하는 방법을 가르친다. 미련한 자의 생각이나 편견에 맞장구를 쳐주며 대답해서는 안 된다. 그러면 자기가 옳다고 생각한다(4절). 대신 그의 어리석음을 책망하고 그게 얼마나 어리석은지 사실대로 알려주어야 한다(5절).

26:6 미련한 자를 의지하는 사람은 자기 몸에 스스로 상처를 내는 것과 같다(참고. 25:13).

26:7 저는 자의 다리나 미련한 자의 입은 둘 다 보기 흉하고 쓸모없다.

26:8 **돌을…매는 것** 돌을 풀어지지 않게 물매에 매는 것이 말이 안 되듯 미련한 자를 높여주는 것도 말이 안 된다.

26:10 여기서 사용한 히브리어는 의미가 아주 모호해서 이 본문이 실제로 말하고자 하는 뜻이 무엇인지 다양한 해석이 제기되었다. 원문의 의미를 정확히 알기가 어렵다 보니 그 뜻을 정확히 해석하기도 어렵다. '일 자체에 많은 보상이 있을지라도 미련한 자의 보상과 삯은 사라져버린다'라고 번역할 수도 있다. 이것은 가진 것이 많고 능력도 출중한 사람은 원하는 것을 다 이룰 수 있지만 미련한 자의 손을 빌리면 아무것도 할 수 없다는 뜻일 수 있다. 미련한 자는 아무것도 할 수 없을 뿐 아니라 모든 것을 망치기 때문이다.

26:11 베드로는 베드로후서 2:22에서 이 혐오스러운 잠언을 인용한다.

26:12 **스스로 지혜롭게 여기는 자** 어리석음도 다양한 정도가 있는데, 지적인 자만심이 가장 어리석고 치유가 불가능하다. 이것은 게으른 사람에게(16절), 부유한 사람에게(28:11) 적용된다.

26:13-16 **게으른 자** *6:6, 11; 22:13에 대한 설명을 보라.*

26:16 무식한 자는 자신이 무식한지 잘 모른다. **일곱** *24:15, 16에 대한 설명을 보라.*

26:17-28 이 단락에서는 미련한 자와 게으른 자의 악한 말과 그것의 해악을 생생하게 보여준다.

26:17 **간섭하는…개의 귀를** 팔레스타인의 개는 길들이지 않은 야생이므로 개를 잡는 것은 위험한 행동이다. 그런 어리석은 행동을 한다면 물려도 할말이 없다.

26:18, 19 남에게 기만당하고 입은 깊은 상처는 절대 농담하듯 가볍게 치부할 일이 아니다(참고. 사 50:11).

26:20-22 **말쟁이** *6:14; 16:28에 대한 설명을 보라.* 비방은 숯불에 숯을 더하는 것처럼 문제를 악화시킨다.

26:22 **별식** *18:8에 대한 설명을 보라.*

26:23 **은을 입힌 토기** 흔히 보는 질그릇에 값싸게 은을 도포하여 깨어지기 쉽고 평범한 그릇을 숨기는 것은 악한 사람들이 입만 번지르르한 것과 매한가지다. 이것에 대해 24-28절에서 부연 설명한다.

26:27 남에게 해를 입히려고 하다가 도리어 그것을 모의한 자가 뒤집어쓴다.

27:1 **내일 일을 자랑하지 말라** 미련한 자는 미래를 알 수 있다고 생각하거나 그 결과를 뒤집을 수 있다고 생각하지만 미래의 일은 오직 주권자 하나님의 영역이다. *16:1, 9에 대한 설명을 보라.* 참고. 시편 37편; 야고보서 4:13-16.

27:4 **투기** 참고. 6:34; 아가 8:6. 투기는 가장 통제하기 어려운 죄악이다.

27:5, 6 **면책** 진정한 사랑은 설령 잘못을 책망하는 일이라도 사실대로 말해주는 것이다(참고. 28:23; 시 141:5; 갈 4:16).

27:6 **원수의 잦은 입맞춤** 참고. 5:3-5; 26:23, 24.

27:7 사치와 나태에 빠져 사는 부자는 아무리 진미를 먹어도 맛이 없다. 하지만 열심히 땀 흘려 일해서 허기가 진 사람은 어떤 것을 먹어도 맛있다. 이 잠언은 단순히 음식에 그치지 않고 일반적인 일에 적용될 수 있다. 가진 것이 없는 사람은 조금만 있어도 만족해한다.

27:8 **유리하는 사람** 이런 사람은 있어야 할 자리에서 이탈했을 뿐 아니라 맡은 의무도 감당하지 않았으므로 위험에 처하게 된다. 가정에 충실해야 한다.

27:10 검증된 진정한 친구에게 충실하라. 피를 나눈 형제가 진정한 우정을 나누는 친구보다 의지하기 어려울 수 있다. *17:17; 18:24에 대한 설명을 보라.*

27:11 지혜로운 아들은 그 아비를 신뢰하고 어려울 때 시의적절한 대답으로 도와준다(참고. 10:1; 15:20). 이 잠언은 거꾸로 적용해도 옳은 말이다(참고. 17:25; 19:13; 22:21; 23:15).

27:12 참고. 22:3.

27:13 *20:16에 대한 설명을 보라.*

27:14 **이웃을 축복하면** 과도한 아부는 그 진의를 의심받게 된다.

27:15, 16 *19:13; 21:9에 대한 설명을 보라.* 이런 여인은 자제를 시키거나 길들이는 게 불가능하다.

27:17 **철이 철을 날카롭게 하는 것** 지적인 토론은 사고력을 더 예리하게 하고 선한 성품을 더 계발시키기 때문에 기쁨이 풍성해지고 그로 말미암아 얼굴이 빛나게 된다.

27:20 **스올과 아바돈** 사람의 욕심은 끝이 없고 만족함을 모른다. 아무리 채워도 절대 넘치지 않는 영원한 형벌의 장소처럼 만족함이 없다(참고. 30:15, 16).

27:21 **도가니…칭찬으로** '평가하다'가 가장 좋은 해석은 아니다. 인기와 칭찬은 도가니처럼 개인의 성품을 평가하는 것이 아니라 시험한다. *17:3에 대한 설명을 보라.*

27:22 **절구…공이** 단단한 곡식을 빻는 데 사용하는 돌로 된 절구와 그릇이다.

27:23-27 이 단락은 평범한 목동의 노동과 하나님의 공급하심을 불확실한 재물과 권력의 속절없음과 대조하고 있다(24절). 땅은 50년마다 원래 소유주에게 돌려주어야 하지만 양 떼는 안전한 자산이었다. 부지런히 잘 돌보기만 하면 영원한 재산이 되고 이윤을 남길 수 있었다. 하나님의 채우심(참고. 시 65:9-13)은 땅의 축복을 적절히 이용하기 위한 이런 노력에 도움이 된다(25-27절).

28:1 죄를 지으면 양심이 사방에서 자기를 비난하는 것처럼 여겨진다(참고. 민 32:23; 시 53:5). 반면 깨끗한 양심은 누구를 만나더라도 담대하다.

28:2 **주관자가 많아져도** 한 나라에 불의가 성행하면 권력을 노리는 사람이 많아져 정치적으로 불안정할 수밖에 없다. 그래서 권력을 장악한 지도자마다 그 임기가 짧다. 지혜가 성하면 사회 질서가 뿌리 내리고 장기간 안정적인 통치가 이루어진다.

28:3 **가난한 자를 학대하는** 가난한 자가 권력을 잡고 가난한 동족들을 압제할 때 그것은 농작물에 물을 대는 수준에서 끝나지 않고 폭우로 물이 범람해 밭이 초토화되는 것과 같다.

28:7 하나님의 율법에 순종하는 아들은 음식을 탐하다가 아비의 명예를 더럽히지 않을 것이다. 참고. 23:19-25.

28:8 **중한 변리로 자기 재산을 늘이는 것** 율법은 동족 유대인에게 이자를 물리지 말라고 금했지만(참고. 신 23:19, 20) 이를 어기는 사람이 많았다(참고. 느 5:7, 11; 겔 22:12). **…를 위해 그 재산을 저축하는 것이니라** 하나님의 섭리와 정의로우심으로 그런 재물은 결국 가난한 자의 권익을 위해 싸우는 사람에게 돌아간다. *13:22; 14:31에 대한 설명을 보라.*

28:9 *15:8에 대한 설명을 보라.*

28:10 의인을 부패와 타락의 길로 유인하려는 행동은 악한 죄악이다(마 5:19; 18:6; 23:15). **스스로 자기 함정에 빠져도** *26:27에 대한 설명을 보라.*

28:11 **부자는 자기를 지혜롭게 여기나** 여기서는 가난하지만 자신을 살펴 분별력을 발휘하는 사람과 과도한 자신감에 기만당하는 부자를 대조적으로 보여준다. 부자라고 늘 불의하고 가난하다고 항상 지혜로운 것은 아니지만 눈을 어둡게 하는 재물의 성격 때문에 그럴 경우가 더 많다(참고. 11:28; 18:23; 마 19:23, 24).

28:12 악인이 권력을 잡으면 의인들이 소리 지르고(11:10), 신음하고(29:2), 숨는다(28:28).

28:13 **숨기는…자복하고** 죄는 은폐하는 것이 아니라 고백해야 한다. *시편 32:1-9; 요한일서 1:6-9에 대한 설명을 보라.*

28:14 **마음을 완악하게 하는 자** 참고. 출애굽기 7:13; 17:7; 시편 95:8; 로마서 2:5.

28:16 **무지한 치리자는 포학을 크게 행하거니와** 탐욕스럽고 폭압적인 지도자는 어리석은 자로 단명한다.

28:17 사람을 죽이고 양심의 고통으로 괴로워하는 사람은 피의 보복과 그 형벌을 피하려고 계속 도망 다니게 된다. 아무리 도망 다녀도 쉴 곳을 찾지 못하다가 결국에는 죽음을 맞게 된다. 이 절은 살인자에게 물질적 지원이나 숨을 곳을 주지 말고 정의의 팔로 추적하는 복수의 손에서 지켜주거나 도와주지 말라고 권면한다.

28:20 **복이 많아도** 정직한 노동은 축복을 받는다. *10:22; 11:24-26에 대한 설명을 보라.* 참고. 창세기 49:25; 말라기 3:10. **속히 부하고자 하는 자** *20:21에 대한 설명을 보라.* 참고. 디모데전서 6:9.

28:21 **한 조각 떡** 작은 뇌물이다. 참고. 15:27; 18:5; 24:23.

28:22 **악한 눈이 있는 자** 구두쇠는 탐욕에 사로잡혀 있다. *21:5-7에 대한 설명을 보라.*

28:23 아부는 아무 가치가 없으나 책망은 가치가 있다. 나중에 감사로 돌아온다. 참고. 16:13; 27:5, 6.

28:24 **부모의 물건을 도둑질하고서도** *19:26에 대한 설명을 보라.* 가족의 재산을 빼앗는 것은 생각할 수 없는 악한 짓이지만 그 죄를 부정하는 것은 더 나쁜 짓이다.

28:25 **욕심이 많은 자는 다툼** 이들은 남들과 갈등을 겪더라도 스스로를 만족시켜야 하고, 하나님을 겸허히 의지함으로써 얻는 형통함을 절대 모르는 교만함을 가졌다.

28:27 **못 본 체하는** 이것은 가난한 자의 필요에 무관심한 사람을 말한다. *14:31에 대한 설명을 보라.* 참고. 요한일서 3:16-18.

28:28 *12절에 대한 설명을 보라.*

29:1 **목이 곧은 사람** 이것은 남의 말을 듣지 않고 오만하게 자기주장만 고집하는 완고함을 말한다. *28:14에 대한 설명을 보라.*

29:2 **의인…악인** *28:12에 대한 설명을 보라.* 이것은 히스기야 시대에 북왕국 이스라엘의 정치적 불안을 설명한 것일 수 있다. 당시 히스기야는 이 잠언들을 수집했다(*25:1에 대한 설명을 보라*).

29:4 **뇌물** *15:27에 대한 설명을 보라.*

29:5 아첨은 덫이나 마찬가지다. 참고. 26:28; 28:23.

29:8 분을 이기지 못한 이 교만한 사람들은 분쟁을 부채질하여 온 성이 화염에 휩싸인 것처럼 반목하게 만들었다(참고. 26:21).

29:9 **다투면** 어리석은 자는 지혜로운 사람에게 화를 내거나 웃는 낯으로 대한다. 그러나 어떤 경우에도 서로 합의에 이를 수는 없다. 참고. 26:4, 5.

29:12 **관원이 거짓말을 들으면** 부패한 지도자 주변에는 부패한 사람이 몰려든다. 거짓말을 허용하면 주위에 거짓말쟁이가 들끓게 된다.

29:13 **눈에 빛을 주시느니라** 이 구절은 목숨을 유지한다는 의미다. 하나님은 가난한 자, 부유한 압제자를 가리지 않고 빛을 주신다. 그리고 각 사람에게 그 사실에 대해 책임을 물으신다. 참고. 22:1.

29:15 *13:24; 22:6에 대한 설명을 보라.*

29:17 **네 자식을 징계하라** *13:24; 22:6에 대한 설명을 보라.*

29:18 **묵시가 없으면** 이 잠언은 말씀의 부족(즉 삼상 3:1)과 하나님의 말씀을 청종하는 것의 부족(암 8:11, 12)을 말하며, 이것이 패역한 반역으로 이어진다고 말한다(참고. 출 32:25; 레 13:45; 민 5:18). 이어서 잠언은 율법을 지키는 사회에 넘치는 기쁨과 영광을 대조해 보여준다(28:14; 말 4:4).

29:19 **고치지 아니하나니** 이 절은 책임감도 없고 주인의 말을 듣고도 못 들은 척하는 미련하고 원칙 없는 종의 태도를 말하고 있다.

29:20 **말이 조급한** *10:19에 대한 설명을 보라.*

29:21 버릇없이 구는 종을 계속 묵인하면 종은 주인을 섬기는 자가 아니라 아들 행세를 하려고 한다.

29:22 참고. 15:18.

29:23 참고. 16:18, 19; 마태복음 23:12.

29:24 **도둑과 짝하는 자** 불이익을 당하지 않으려고 사실 그대로 정직하게 증언하기를 거부하면 위증죄로 처벌받을 수 있다. *마태복음 26:63에 대한 설명을 보라.*

29:26 **주권자에게 은혜** 여호와의 은혜를 구하는 것이 도덕적인 삶이다. 이는 오직 그분만이 정의를 구현하실 수 있고 또 행하시기 때문이다.

일에 대한 핵심 잠언들

1. 잠 10:4, 5	6. 잠 21:5
2. 잠 12:24	7. 잠 22:29
3. 잠 14:23	8. 잠 24:30-34
4. 잠 16:3	9. 잠 28:19
5. 잠 20:13	10. 잠 31:13, 31

화에 대한 핵심 잠언들

1. 잠 14:17	6. 잠 17:1
2. 잠 14:29	7. 잠 19:11
3. 잠 15:1	8. 잠 22:24, 25
4. 잠 15:18	9. 잠 29:11
5. 잠 16:32	10. 잠 29:22

개인적 당부 (30:1-31:31)

A. 아굴의 당부(30:1-33)

30:1-33 **아굴의 잠언** 이것은 솔로몬 시대(참고. 왕상 4:30, 31)에 늘 지혜를 배우며 닦던 무명의 현자가 쓴 잠언 모음집이다(참고. 왕상 4:30, 31). 아굴은 겸손(1-4절)과 교만에 대한 깊은 미움(7-9절), 예리한 신학적 사고(5, 6절)의 소유자임을 알 수 있다.

30:1 **이 말씀** 이는 종종 선지자를 가리키는 용어로(참고. 슥 9:1; 말 1:1), 신적 말씀 또는 예언으로 그 엄중한 성격 때문에 '부담, 짐'으로 번역되기도 한다(참고. 말 1:1). **이디엘과 우갈** 아굴은 이 지혜의 말씀을 총애하는 제자들에게 들려주었던 것 같다. 누가 역시 데오빌로에게 이런 내용의 편지를 썼다(눅 1:1-4; 행 1:1, 2).

30:2, 3 **비하면 짐승이라…배우지 못하였고** 이것은 겸허하게 자신을 낮추며, 하나님의 계시가 없다면 참된 지혜를 전혀 알 수 없다는 사실을 인정한다는 뜻이다(*1:7; 9:10에 대한 설명을 보라*). 욥(욥 3:3-26)과 솔로몬

(전 3:1-15)도 이런 태도를 보였다. 아굴은 자신이 알지 못함을 먼저 인정했기 때문에 지혜로운 사람이다(고전 2:6-16).

30:3 **거룩하신 자를 아는 지식** 아굴은 인간의 노력만으로는 지혜를 얻을 수 없음을 알았다. 여기서 명철은 하나님의 거룩하심과 연관되어 있다. 참고. 9:10; 고린도전서 8:2.

30:4 **누구인지…무엇인지** 이런 질문들은 오직 하나님의 계시를 받아야만 대답할 수 있다. 사람은 물리적 세계와 그 세계의 내적 작용을 관찰함으로써 창조의 지혜가 무엇인지 알 수 있지만 그것을 만드신 이가 '누구인지'는 알 수 없었다. 그 '누구'는 오직 하나님이 스스로 자신을 계시해주셔야만 알 수 있으며, 하나님은 그것을 성경으로 계시해주셨다. 이것은 욥(욥 42:1-6)과 솔로몬(전 12:1-14), 이사야(사 40:12-17; 46:8-11; 66:18, 19), 바울(롬 8:18-39)의 한결같은 증언이자 결론이다. **그의 아들의 이름** 예수 그리스도다. 참고. 요한복음 1:1-18; 3:13.

30:5, 6 이 절은 인간적 사유의 불확실성에서 신적 계시의 확실성으로 나아간다. 아굴은 다윗의 말을 인용한다(삼하 22:31; 시 18:30).

30:5 **순전하며** 문자적으로 '단련된'이라는 뜻이며, 흠이나 어떤 실수도 안 보인다는 뜻이다. 참고. 시편 12:6.

30:6 **더하지 말라** 이스라엘에게 주신 하나님 말씀이 영감된 것임을 강력하게 언급하고 있다. 하나님 말씀에 더한다는 것은 진리의 기준이신 하나님을 부정한다는 뜻이다(참고. 창 2:16, 17과 3:2, 3). *신명기 4:2와 요한계시록 22:18, 19에 대한 설명을 보라.*

30:7-9 지혜를 진정으로 추구하는 자의 기도다. 그는 주께 마음의 정직함과 그 안에서 풍성함(극단적인 가난이나 부유함으로 말미암아 발생하는 위험이 없는)을 가질 수 있도록 구한다. 너무 많이 가지면 하나님을 의지하지 않을 수 있고(참고. 신 8:11-20; 10:15; 18:11) 너무 곤궁하면 게으른 자처럼 살고 싶다는 유혹을 받을 수 있다(6:6-11).

30:9 **여호와가 누구냐** 이것은 극도의 오만함이 엿보이는 질문이다. 예를 들면 '전능자가 누구인대 우리가 그를 섬겨야 한다는 말이냐?'라는 식이다(욥 21:14-16). 참고. 신명기 8:10-18; 누가복음 12:16-21.

30:11-14 **무리가 있느니라** 다양한 형태의 어리석은 행동을 정죄하는 이 절의 잠언은 이 공통된 구절을 사용해 특정한 죄악이 온 사회나 특정 시대를 오염시킬 수 있다는 사실을 강조한다.

30:11 *20:20에 대한 설명을 보라.* 참고. 출애굽기 21:17; 시편 14:5; 24:6.

30:12 *16:2; 20:9에 대한 설명을 보라.* 참고. 마태복음 23:23-26.

30:13 *21:4에 대한 설명을 보라.*

30:14 *14:31에 대한 설명을 보라.*

30:15, 16 **거머리…다오 다오** 두 마리의 거머리는 피를 빨아먹고 살기 때문에 만족할 줄 모르는 탐욕을 묘사하는 데 사용된다.

30:16 **땅…불** 탐욕을 상징하는 네 가지 예로, 모두 본질적으로 무엇인가에 기생하며 인간 탐심의 핵심을 특징적으로 드러낸다. 참고. 창 16:2; 20:18; 30:1.

30:17 **조롱하며…하는 자의 눈** 이 잠언은 부모를 공경하고 그 권위를 무시한 비극적 결과와 그에 따른 파멸을 생생하게 강조한다. *10:1; 17:21; 29:15, 17에 대한 설명을 보라.* 참고. 출애굽기 20:12. **까마귀…독수리 새끼** 이 맹금류는 패악질로 명을 재촉한 자식의 매장하지 않은 시체를 파먹는다. 참고. 사무엘상 17:44; 열왕기상 14:11; 예레미야 16:4; 에스겔 29:5; 39:7.

30:18-20 은폐에 대한 자연의 네 가지 유비로 인간의 위선을 설명한다.

첫째, 공중의 독수리는 날아다닌 자취가 남지 않는다. 둘째, 뱀은 바위에 지난 흔적을 남기지 않는다. 셋째, 배는 바다에 자취를 남기지 않는다. 넷째, 남자는 처녀와 잠자리를 하고도 흔적을 남기지 않는다. 이런 행동은 흔적이 다 사라지기 때문에 수치의 증거를 숨기고 결백을 주장하는 음탕한 여인의 위선을 강조하는 역할을 한다.

30:21-23 **세상을 진동시키며** *19:10; 28:3에 대한 설명을 보라.* 역할의 전도가 일어날 때, 예를 들면 종이 다스리고 미련한 자가 부자가 되며 미움을 받던 여인들이 결혼하고 여종이 안주인이 되면 사회는 큰 불안에 휩싸이게 된다.

30:24-28 **작고도 지혜로운 것 넷** 이 단락은 타고난 본능 때문에 살아남는 네 가지 생물에 대해 이야기한다. 각각의 동물이 보여주는 생존의 지혜는 지혜로우신 창조주와 그 피조물의 아름다움(참고. 시 8:3-9)을 드러내

정직에 대한 핵심 잠언들

1. 잠 4:24	6. 잠 14:25
2. 잠 8:7, 8	7. 잠 21:28
3. 잠 12:17	8. 잠 22:21
4. 잠 12:19	9. 잠 23:23
5. 잠 12:22	10. 잠 30:7, 8

잠

며 성실한 노동, 근면함, 체계적 조직, 계획, 지혜가 힘보다 더 낫다는 원리의 모델이 되어 지혜가 권력이나 힘보다 우월함을 암시한다.

30:25 **개미** 개미들은 계획과 쉬지 않는 노동으로 살아남는다. *6:6에 대한 설명을 보라.*

30:26 **사반** 사반은 연약하지만 부지런히 절벽을 타고 올라 높은 곳에서 쉴 곳을 찾았기 때문에 살아남을 수 있었다. 참고. 레위기 11:5; 시편 104:18.

30:27 **메뚜기** 메뚜기들은 탁월한 조직력으로 살아남았다.

30:28 **도마뱀** 이들은 재주가 탁월해서 어디라도 기어 올라갈 수 있고 심지어 궁궐에도 그 집을 짓는다.

30:29-31 **위풍 있게 다니는 것 서넛** 이 세 짐승과 왕은 모두 현명하고 당당하며 체계적인 행동을 상징한다. 모두 창조주의 권능과 지혜를 보여주며(참고. 욥 38:1-42:6) 지혜롭게 행하는 자들의 고귀함과 자신감을 설명한다.

30:31 **사냥개** 히브리어의 의미가 불분명하다. 의기양양한 수탉, 전쟁할 준비가 된 군마를 뜻할 수도 있다. 참고. 욥기 39:19-25. **숫염소** 가축 떼의 지도자가 이 숫염소다. 참고. 다니엘 8:5.

30:32 **네 손으로 입을 막으라** 문자적으로 '악한 계획과 말을 그만두라'는 뜻으로, 위엄에 눌려 스스로 침묵하는 모습을 말한다. 참고. 욥기 21:5; 29:9; 40:4.

30:33 **나는(produce)** 이 동사는 세 가지 사례에 모두 사용된 단어다(젓거나 비틀다). 자연에서 볼 수 있는 원인과 결과의 예시로 화를 참다가 더 이상 견딜 수 없어 폭발하면 다툼이 생긴다는 것을 보여준다.

B. 르무엘의 당부(31:1-31)

31:1-31 이 마지막 장은 두 편의 시로 구성되어 있다. 지혜로운 왕(31:2-9), 현숙한 여인(31:10-31)이다. 두 편의 시는 모두 경건한 어머니가 르무엘 왕에게 주는 교훈이다(1절). 르무엘 왕은 유대 전승에서는 솔로몬 왕이라고 하는데 확실하지는 않다.

31:1 **말씀** *30:1에 대한 설명을 보라.* **어머니가 그를 훈계한** 1:8을 보라.

31:2-9 경건한 왕이 이 교훈을 듣는 대상이며(2절) 왕의 통치는 성결함(3절), 술에 취하지 않은 맑은 정신(4-7절), 연민(8, 9절)이 있어야 한다고 강조한다. 이 단락은 특별히 왕이 경계해야 할 악덕에 대한 간결하면서도 엄중한 경고를 담고 있다. 그것은 부도덕, 방종, 불의한 통치, 약자에 대한 무관심이다.

31:2 **내 아들** 이 표현은 3번이나 반복되어 어머니의 간절한 마음을 강조한다. **서원대로 얻은 아들** 한나처럼 그녀는 아들을 하나님께 드렸다(참고. 삼상 1:11, 27, 28).

31:3 **네 힘을 여자에게 쓰지 말며** 솔로몬 왕을 통해 보듯 이방 여인들을 아내로 삼는 왕은 파국을 맞게 된다(참고. 신 17:17; 왕상 11:1-4). *5:9-11에 대한 설명을 보라.*

31:4, 5 *20:1; 23:29-35에 대한 설명을 보라.* 독주를 많이 마시면 이성과 판단력이 마비되어 마음이 해이해지거나 왜곡될 수 있다. 그러므로 맑고 안정된 마음가짐과 예리한 판단력이 요구되는 왕에게는 적절하지 않다.

31:6, 7 **독주는…줄지어다** 처형을 앞둔 죄수나 죽을병이나 비극적 상황으로 고통을 이기지 못하는 사람과 관련된 것으로 보이는 이런 극단적인 상황은 왕의 상황과 철저하게 대조를 이룬다(참고. 시 104:15).

31:8, 9 **입을 열지니라** 스스로 변호할 힘이 없는 자들, 다시 말해 무기력하고 연약하여 누군가의 도움이 꼭 필요한 사람들을 위해 변호하라는 것이다. 왕이 해야 할 일은 육체적으로(6절) 물질적으로(9절) 위기에 처한 힘없는 자들의 억울함을 풀어주는 것이다. 그러므로 군주는 하나님의 자비와 긍휼을 대신하여 베푸는 일을 한다. *14:31에 대한 설명을 보라.*

31:10-31 이 시는 아내와 어머니로서(1절) 현숙한 여인을 아름답게 묘사하고 있다. 도덕적 덕성에 영적이고 실제적인 지혜는 이 여성의 인품을 드러내고 3절에 나오는 부도덕한 여인의 특성과 대조를 이룬다. 부유한 가정과 고대 근동의 풍습을 배경으로 하지만 그 원리는 모든 가정에 적용된다. 장래의 며느리 감과 장차 혼인해서 가정을 꾸려나갈 딸을 위해 기도하는 모든 어머니가 바라는 여성상이 여기에 담겨 있다. 이 단락은 22글자의 히브리어 알파벳이 순차적으로 첫 단어에 사용되는 알파벳 시에 해당한다.

31:10-12 이 단락은 현숙한 여인의 결혼생활을 그리고 있다.

31:10 **누가…찾아 얻겠느냐** 현숙한 여인이 분명히 있긴 하지만 찾기 쉽지 않다. 참고. 18:22. **현숙한** '탁월한'이라는 뜻이다. *12:4에 대한 설명을 보라.* 참고. 룻기 3:11.

31:11 **그를 믿나니** 남편은 까닭 없이 아내를 질투하지 않으며, 서로를 불신하는 집에서 고대에 흔하게 볼 수 있던 관습과 달리, 아내 몰래 귀중품을 숨기지 않았다. 아내는 남편을 충심으로 섬기며 절약하고 부지런히 일해 남편의 재물이 불어나는 데 일조한다.

31:13-24 이 단락은 현숙한 여인의 행동을 그리고 있다.

31:13 **양털과 삼을 구하여** 현숙한 여인은 옷을 만들기 위한 옷감을 모은다(19절).

31:14 **상인의 배와 같아서** 현숙한 여인은 먼 곳까지 가서 가족을 위해 최상품의 양식을 구해온다.

31:15 **밤이 새기 전에 일어나서** 가족을 위해 식사를 준비하려고 매일 동이 트기 전에 일어나야 하지만 기쁨으로 그 일을 감당한다.

31:16 **밭을 살펴 보고** 유능한 기업가처럼 재산을 투자하고 재투자하는 일을 능숙하게 해낸다.

31:17 이런 여인은 부드럽고 나약하지 않고 활기차고 강하다.

31:18 **장사가 잘 되는 줄** 가족을 위해 만든 옷감과 양식이 아주 훌륭해서 장사로 이윤을 남긴다. **밤에 등불** 등불은 말 그대로 해석해야 한다(참고. 15절). 낮에는 포도원을 가꾸고(16절) 밤늦게까지 옷감을 짰다(19절). 새벽에 일찍 일어나 음식을 준비했다(15절). 다시 말해 해가 뜨기 전부터 해가 진 뒤까지 가족을 돌보는 일에 힘썼고, 그 일을 자기 인생의 우선순위로 삼았다(참고. 딛 2:5).

31:19 **솜뭉치…가락** 이것들은 옷감을 만들기 위해 양털에서 실을 뽑아내는 도구였다. 참고. 출애굽기 35:25.

31:20-24 가족을 돌보는 중요한 우선순위를 지키기 위해 부지런히 일하고 힘쓴 결과 여러 사람에게 실제적으로 유익한 결실을 낳았다. 가난하고 어려운 사람들(20절), 자신의 가족(21절), 자신(22절), 남편(23절), 상인들(24절) 등이다.

31:21 **눈** 눈은 팔레스타인의 고지대에 불어닥치는 추위를 의미한다. 현숙한 여인은 가족들이 그런 추운 곳에서 겨울을 보낼 때 따뜻한 옷이 필요함을 알고 미리 옷을 준비한다.

31:22 **세마포와 자색 옷** 남들을 섬기고자 하는 그녀의 노력은 그만큼의 보람이 따랐다. 이런 호화로운 자줏빛 비단 옷은 하나님의 은총으로 그녀가 축복을 받았다는 증거다.

말에 대한 핵심 잠언들

1. 잠 10:11	6. 잠 17:27, 28
2. 잠 12:17-19	7. 잠 26:20-28
3. 잠 15:1, 2	8. 잠 27:2
4. 잠 15:23	9. 잠 29:20
5. 잠 16:13	10. 잠 31:26

31:23 **성문에 앉으며** 이 여인은 남편이 지역사회에서 명망 있는 인사로 인정받고 또 성공하는 데 중요한 기여를 한다(10-12절). 가정사가 편안하기 때문에 남편은 사회적으로 성공하고 사람들의 존경을 받는 데 힘쓸 수 있다. 남자가 좋은 평판을 얻으려면 먼저 가정이 평안해야 하는데, 그러기 위해선 아내가 현숙해야 한다(참고. 18:22).

31:24 **지어 팔며** 맡은 일을 충실하게 감당하면서 옷감까지 짜서 시중에 내다 판다.

31:25-27 이 단락은 현숙한 여인의 인품을 강조한다.

31:25 **능력과 존귀** 이 단어는 여호와를 경외하는 여성의 성품을 보여준다. 그녀 내면의 옷은 신적 지혜가 그 안에 있다는 의미이며, 이 지혜로 말미암아 예기치 못한 도전이 기다리는 미래를 자신 있게 맞이할 수 있다.

31:26 **입을 열어…인애의 법** 지혜와 하나님의 법을 가르치면서도 남을 긍휼히 여기는 마음을 잃지 않는다.

31:27 그녀는 유능한 가정 경영자다. *디도서 2:4, 5에 대한 설명을 보라.* **게을리 얻은 양식** 문자적으로 '사방을 두리번거리는 눈'이라는 뜻으로, 게으른 사람에게도 동일한 어근의 단어를 사용한다(참고. 6:6, 9).

31:28, 29 이 단락은 현숙한 여인의 가정생활을 묘사한다.

31:28 **일어나…칭찬하기를** 그녀는 가족들의 인정을 받기 때문에 많은 사람으로부터 큰 존경을 받는다. *29:17에 대한 설명을 보라.* 자녀가 경건한 신앙인으로 자란 것이 다 지혜로운 어머니 덕분이었다고 칭송받는 것이 가장 큰 기쁨이다. *디모데전서 2:15에 대한 설명을 보라.*

31:29, 30 **그대는 모든 여자보다 뛰어나다** 이것은 남편이 아내에게 보내는 최고의 찬사였으며(28절), 결코 헛말이 아니었다. 남편은 여기서 앞의 10절에서 사용한 '현숙한'(excellent)에 해당하는 것과 같은 단어를 사용한다.

31:30, 31 이 단락은 그녀의 신앙생활을 요약해 평가하고 있다.

31:30 **고운 것도…아름다운 것도** 참된 성결과 덕성은 영원한 존경과 사랑을 받는다. 외모의 아름다움은 이것과 비교할 수 없다. 참고. 디모데전서 2:9, 10; 베드로전서 3:1-6. **여호와를 경외하는 여자** 잠언은 처음 시작할 때처럼 여호와를 경외하는 내용에 대한 언급으로 마무리된다. *1:7에 대한 설명을 보라.*

31:31 **열매…일** 10-29절을 보라. 현숙한 여인은 물질적 보상을 받고(22절), 힘써 노력하여 가족들이 성공하

고 지역사회가 인정을 누리는 데 기여한 일로 칭찬받을 것이다. 그녀가 쏟은 모든 노력의 결과는 최고의 찬사로 이어진다.

연구를 위한 자료

Charles Bridges, *A Commentary on Proverbs* (Edinburgh: Banner of Truth, reprint 1979), published originally in 1846.

Richard Mayhue, *Practicing Proverbs*, Fearn, Ross-shire(Great Britain: Christian Focus, 2003).

Peter A. Steveson, *A Commentary on Proverbs* (Greenville, S.C.: BJU Press, 2001).

「잠언을 쓰는 솔로몬(*Solomon writing Proverbs*)」1866년. 귀스타브 도레. 판화.『성경(*The Holy Bible: Old and New Testaments*)』 삽화.

제목

영어 제목 *Ecclesiastes*는 솔로몬의 책을 헬라어와 라틴어로 번역한 번역본에서 유래한 것이다. 70인역은 제목으로 헬라어인 *에클레시아테스*(*ekklesiastes*)를 사용했다. 이 단어는 '설교자'라는 뜻으로 신약에서 '집회'나 '회중'으로 번역된 *에클레시아*(*ekklesis*)에서 파생한 것이다. 헬라어와 라틴어 번역본 모두 히브리어 제목인 '부르는 자' 또는 '모으는 자'라는 뜻의 *코헬렛*(*Qobeleth*)에서 제목을 가져왔다. 이 단어는 회중에게 강연하는 자, 따라서 설교자를 가리킨다(참고. 1:1, 2, 12; 7:27; 12:8-10).

룻기나 아가서, 에스더, 애가와 함께 전도서는 '다섯 권의 두루마리'라는 메길로트(Megilloth)의 구약성경 책으로 분류되었다. 후대 랍비들은 연중 5번의 행사 때 회당에서 이 책들을 낭독했다. 전도서는 오순절에 낭독하는 책이었다.

저자와 저작 연대

이 책 저자가 쓴 자서전적 소개를 보면 솔로몬이 저자다. 솔로몬이 저자라는 증거는 많다. 첫째, "다윗의 아들 예루살렘 왕"(1:1)과 "예루살렘에서 이스라엘 왕이 되어"(1:12)라는 표제가 솔로몬이 저자임을 지지해준다. 둘째, 저자의 도덕적 경험이 솔로몬의 생애와 시간순으로 부합한다(왕상 2-11장). 셋째, "백성에게 지식을 가르쳤고"라는 '잠언을 많이 지은' 이의 역할이 그의 여러 업적과 일치한다. 이 모든 특징은 다윗의 아들 솔로몬이 저자임을 지지해준다.

솔로몬을 저자로 인정하면 연대와 배경은 명확해진다. 솔로몬은 말년(주전 931년쯤)에 모든 백성을 대상으로 했겠지만 무엇보다 왕국의 청년들에게 경고할 목적으로 이 책을 저술했을 것이다. 그는 인간의 지혜를 좇지 말고 하나님의 계시된 지혜를 따라 살라고 권면했다(12:9-14).

배경과 무대

솔로몬이 탁월한 지혜의 소유자라는 명성은 전도서 개요와 부합한다. 하나님이 솔로몬에게 추가로 지혜를 주시기 전에 다윗은 아들 솔로몬의 지혜를 이미 인정했다(왕상 2:6, 9). 여호와께 '지혜롭고 총명한 마음'을 받은 후(왕상 3:7-12) 솔로몬은 지혜로운 판결로 '지혜로운 자'라는 명성을 얻었다(왕상 3:16-28). "천하의 모든 왕들"이 이 명성을 듣고 그의 왕궁으로 몰려올 정도였다(왕상 4:34). 또한 그는 많은 노래와 잠언을 지었다(왕상 4:32. 참고. 12:9). 참으로 뛰어난 현자에게 걸맞는 일이었다. 솔로몬의 지혜는 욥의 재산처럼 "동쪽 모든 사람의 지혜"를 능가했다(왕상 4:30; 욥 1:3).

전도서는 솔로몬의 경험뿐 아니라 그가 자신의 경험으로 도출한 원리들을 기꺼이 청종하고 적용하고자 하는 모든 사람에게 열려 있다. 전도서는 인생의 가장 도전적 문제들 중 일부, 특히 솔로몬의 예상과 어긋나는 인생의 문제들에 대한 답변을 찾아내는 것이 목표다. 이런 이유로 일부 사람은 전도서가 허무론적 시각을 담은 책이라고 오해하게 되었다. 그러나 솔로몬은 한때 지극히 지혜롭지 못한 행동과 사고에 빠졌음에도 하나님에 대한 믿음은 포기하지 않았다(12:13, 14).

역사적 · 신학적 주제

성경의 지혜문학 대부분이 그렇듯 솔로몬 자신의 개인적 순례 여정을 제외하면 전도서에서 역사적 내러티브는 거의 찾아보기 어렵다. 현인인 왕은 큰 기대감을 갖고 인생을 살피지만 문제투성이인 것을 보고 계속 개탄할 수밖에 없었고, 그것은 저주(창 3:14-19)를 받았기 때문임을 인정했다. 전도서는 솔로몬이 후회와 괴로움 속에서 쓴 자서전적 성격이 짙다. 그는 하나님이 주신 축복을 그분의 영광을 위해 쓰지 않고 개인적인 쾌락을 즐기느라 인생의 대부분을 허비했다. 그는 후세대들에게 자신과 같은 비극적 잘못을 범하지 않도록 경고할 목적으로 이 글을 썼다. 바울이 고린도 교인들에게 편지를 쓴 것과 아주 비슷하다(참고. 고전 1:18-31; 2:13-16).

히브리어로 '헛되다'나 '헛된 인생'으로 번역된 이 단어는 이생에서 하나님을 떠나 만족을 추구하고자 했던 노력의 허망함을 강조한다. 38번 나오는 이 단어는 이해하기 어려운 인생의 많은 부분을 표현하는 데 사용되었다. 세속적인 목표를 추구하거나 야심이 인생 자체의 목표가 될 때 오직 공허함밖에 남지 않는다. 바울이 "피조물이 허무한 데 굴복하는 것은"이라고 썼을 때(솔로몬의 '헛되다', 롬 8:19-21) 아마도 솔로몬의 이런 허망함을 떠올렸을 것이다. 솔로몬은 그 저주의 결과(참고. 창 3:17-19)를 경험한 만큼 인생을 '바람을 잡으려는 것'으로 보게 되었을 것이다.

솔로몬은 "수고와…무슨 소득이 있으랴"라고 반문하며 이 질문을 2:22과 3:9에서 반복한다. 지혜로운 왕은 상당 분량을 할애하여 이 딜레마를 다룬다. 하나님의 피조물의 이면에서 작동하는 원리와 자신의 생애에서 하나님의 개인적 섭리하심을 눈으로 볼 수 없다는 사실도 욥과 마찬가지로 왕에게 깊은 고통이었다. 그러나 많은 것이 신비에 싸여 있음에도 모든 사람에게 심판이 있다는 것은 분명한 사실이었다. 이런 하나님의 심판 앞에서 보람을 느낄 수 있는 유일한 인생은 하나님을 인정하고 그분을 섬기는 삶이다. 그 외 모든 인생은 허무하고 헛될 뿐이다.

'인생을 즐기라'는 두드러진 주제와 '하나님의 심판'이라는 주제가 적절한 균형을 이루는 전도서는 믿음의 끊어지지 않는 끈으로 솔로몬의 하나님과 독자를 엮어준다. 한동안 솔로몬은 하나님의 심판을 두려워하며 순종의 길로 가야 함에도 인생을 즐기는 데 몰두하며 인생을 허비하고 허무에 시달렸다. 결국 그는 순종의 중요성을 깨닫게 되었다. 비범한 지혜로 얻는 통찰력과 함께 솔로몬의 개인적 경험이 낳은 비극적 결과의 산물인 전도서는 모든 그리스도인에게 경고를 주는 동시에 믿음으로 성장하도록 도전하는 책이다(참고. 2:1-26). 전도서는 매일의 삶과 노동과 기본적 필요를 채울 수 있는 환경을 하나님의 선물로 인식하고 그분이 허락하시는 대로 거부하지 않고 받아들이면 풍성한 삶을 살 수 있음을 보여준다. 그러나 하나님을 떠나 만족을 추구하는 자는 세속적 성공 여부와 관계없이 허망한 인생을 살 것이다.

「퇴폐기의 로마인들(*The Romans of the Decadence*)」 1847년, 토마스 쿠튀르, 캔버스에 유화, 472X772cm, 오르세 미술관, 파리.

해석상의 과제

"모든 것이 헛되도다"라는 저자의 선언은 전도서의 중요한 메시지를 담고 있다(참고. 1:2; 12:8). '헛되다'로 번역된 단어는 최소한 전도서에서 세 가지 의미로 사용된다. 각각의 경우 해 아래서 이루어지는 인간 행위의 본질을 다음과 같이 인식한다. 첫째, 마치 수증기가 사라지듯 "잠깐 보이다가 없어지는"(참고 약 4:14) 덧없고 일시적인 인생의 본질이다. 둘째, '헛되고' '무의미한 것'은 저주받은 온 우주의 상태와 그로 말미암아 인간의 세속적 삶에 미치는 영향에 초점을 맞춘다. 셋째, 답을 알 수 없는 인생의 문제들처럼 '이해할 수 없고' '불가해한' 것이다. 솔로몬은 전도서에서 세 가지 의미를 모두 염두에 두고 있다.

각각의 경우 솔로몬이 어떤 의미를 집중적으로 부각시키는지는 문맥에 따라 결정된다. 하지만 '이해할 수 없는' 또는 '알 수 없는'의 의미로 헛되다는 표현을 가장 많이 사용하며, 이것은 하나님의 뜻이 가진 불가해성을 강조한다. "여호와를 경외하고 그의 명령들을 지킬지어다…"(12:13, 14)라는 솔로몬의 결론은 전도서의 요약 이상의 의미를 갖고 있다. 주권자 되신 하나님에 대한 믿음과 순종의 유일한 합리적 반응이자 의미 있는 인생을 살 수 있는 유일한 희망이다. 하나님은 해 아래서 이루어지는 모든 일을 정확히 조정하시며 그분의 완전한 계획에 따라 그 정한 때에 일을 이루신다. 하지만 그 완전한 계획에 필요하면 그 뜻을 계시해주시고 모든 사람에게 그 책임을 물으신다. 하나님과 그 말씀을 거부하는 사람들은 허무한 인생을 살 수밖에 없다.

전도서는 인간의 모든 행위와 그 결과라는 인생사 전반에 대한 솔로몬의 탐구와 결론을 적은 기록이다. 그는 성공적인 인생을 누리는 데 지혜가 필요함을 반복적으로 강조한다. 특히 하나님이 인생의 모든 해답을 다 알려주시지 않는다는 사실을 인정하면서 지혜의 중요성을 역설한다. 이로써 솔로몬은 타락 이후 하나님의 축복을 누리는 일과 모든 인간이 대면해야 할 그분의 심판이 중요한 인생 문제라는 결론에 도달한다.

전도서 개요

I. 머리말(1:1-11)
  A. 표제(1:1)
  B. 시—피곤하고 헛된 일로 가득한 인생(1:2-11)
II. 솔로몬의 인생 탐구(1:12-6:9)
  A. 서문(1:12-18)
  B. 쾌락 추구에 대한 탐구(2:1-11)
  C. 지혜와 어리석음에 대한 탐구(2:12-17)
  D. 수고와 보상에 대한 탐구(2:18-6:9)
    1. 수고의 보상을 타인이 누리게 된다(2:18-26)
    2. 언제 행동해야 할지 합당한 때를 알 수 없다(3:1-4:6)
    3. 종종 홀로 자기의 짐을 져야 한다(4:7-16)
    4. 모든 것은 언제라도 쉽게 잃을 수 있다(5:1-6:9)
III. 솔로몬의 결론(6:10-12:8)
  A. 서문(6:10-12)
  B. 인간은 제한된 지혜 때문에 가장 좋은 인생길을 알 능력이 없다(7:1-8:17)
    1. 형통함과 곤경에 대해(7:1-14)
    2. 정의와 악에 대해(7:15-24)
    3. 여인과 어리석음에 대해(7:25-29)
    4. 지혜로운 자와 왕에 대해(8:1-17)
  C. 인간은 사후의 일을 모른다(9:1-11:6)
    1. 자신이 죽을 것을 안다(9:1-4)
    2. 무덤 속에서는 아무것도 모른다(9:5-10)
    3. 죽을 때를 모른다(9:11, 12)
    4. 무슨 일이 일어날지 모른다(9:13-10:15)
    5. 어떤 불행이 닥칠지 모른다(10:16-11:2)
    6. 어떤 행운이 기다리는지 모른다(11:3-6)
  D. 심판이 올 것이므로 인생을 즐겨야 하지만 죄를 지어서는 안 된다(11:7-12:8)
IV. 솔로몬의 마지막 충고(12:9-14)

머리말 (1:1-11)

A. 표제(1:1)

1:1 **전도자** 교훈을 베풀고자 회중을 소집하는 자의 직책이다. 서론의 제목을 보라. **말씀** 전도서에서 다룬 문제들은 솔로몬의 신앙에 중요한 핵심적 문제다. 시편 39편과 49편의 주제와 비슷하다.

B. 시 - 피곤하고 헛된 일로 가득한 인생(1:2-11)

1:2 **헛되고 헛되며** 이는 '너무나 헛되다'는 것을 강조하는 솔로몬식 어법이다. 서론의 역사적·신학적 주제, 해석상의 과제에서 헛됨에 대한 논증을 참고하라. 이것은 죄에서의 구속함과 예수 그리스도 안에 있는 영원한 생명의 약속을 모르는 인간의 인생관을 드러낸다. 또한 이런 허무함은 성경에서 가르치는 하나님의 영원한 시각에 대한 이해가 없기 때문에 생긴다.

전도서의 헛된 것들(1:2; 12:8)

1. 인간의 지혜	2:14-16
2. 인간의 노력	2:18-23
3. 인간의 성취	2:26
4. 인생	3:18-22
5. 서로 간의 경쟁	4:4
6. 인간의 이기적 희생	4:7, 8
7. 인간의 권력	4:16
8. 인간의 탐욕	5:10
9. 인간의 재물	6:1-12
10. 인간의 종교	8:10-14

1:3 **해 아래** 이 구절은 전도서에서 28번 사용되며 일상생활을 가리킬 때 사용된다. **수고** 수고는 단순히 생계를 위한 노동뿐 아니라 인생의 모든 행위를 말한다. **유익** 노동이나 수고로 얻는 유익이나 이득을 의미하는데, 솔로몬에게 매우 중요한 단어로 반복해 사용된다(참고. 3:19; 5:9, 11, 16; 6:7, 11; 7:11, 12; 10:10). 솔로몬은 덧없이 지나가는 인생의 순간들과 해 아래서 인간이 수고하고 땀 흘려도 별 유익이 없어 보이는 현실을 바라본다. 이 비관적인 인생관은 하나님의 영원한 뜻을 이루기 위한 노력만이 지속할 가치가 있는 인간적 노력임을 이해할 때 그 원인을 제대로 이해하게 된다. 영원에 대한 시각과 영원한 인생 목적이 없다면 세대가 수없이 왔다 사라지는 현실에서 모든 인생은 허망하고 무의미할 뿐이다.

1:4-7 하나님의 피조 세계를 묘사한 이 단락은 인간 행위의 허망한 반복을 강조하고 예시한다.

1:4 **세대…땅** 세대와 땅을 이렇게 비교한 핵심은 땅은 영원하지만 인간은 아무 '유익도 없이' 허망하게 잠시 왔다가 사라짐을 강조하는 데 있다. 저자는 인생이 끝없는 행위의 반복이며, 그 자체로는 인간에게 어떤 의미도 안전감도 주지 않는다고 생각한다.

1:8-11 이것은 일종의 요약이다. 솔로몬은 하나님의 피조물 가운데 수많은 세대에 걸쳐 일어나는 반복되는 행위의 결과를 영속적으로 만족감을 주지 못하는 한 인간의 무식한 행위와 비교하고 나서 피곤한 인생이라는 결론에 도달한다. 또한 새로운 것은 아무것도 없고 기억할 것도 없다는 사실을 깨닫자 또 다른 냉혹한 현실에 눈을 뜨게 된다.

1:11 **기억됨이 없으니** 기록된 문서, 이런 사건들이나 사람들, 금방 사라지는 것들을 기억하게 해줄 다른 도구들이다.

솔로몬의 인생 탐구(1:12-6:9)

1:12-6:9 이 단락은 잘못된 조언으로 솔로몬이 더 큰 지혜를 좇았던 허망함의 기록이다.

A. 서문(1:12-18)

1:12 **이스라엘 왕** 서론의 저자와 저작 연대를 보라.

1:13 **지혜** 솔로몬이 사용한 이 단어는 전형적인 히브리어 용례에서 철학적인 지혜보다는 실제적인 지혜를 가리키며, 단순한 지식 이상의 의미가 있다. 올바른 품행, 성공, 상식, 재치 등의 개념을 함축한 단어다. 서론의 역사적·신학적 주제를 보라. '지혜' '지혜로운'이라는 단어가 '우매한' '어리석은'과 대조적인 의미로 최소 50번 이상 등장한다. **괴로운 것** 세상을 이해하고 탐구하는 일은 때로 쉽지 않지만 하나님이 지혜를 주신다(참고. 2:26; 3:10; 5:16-19; 6:2; 8:11, 15; 9:9; 12:11). **하나님** 전도서에서는 하나님의 언약적 명칭인 주(Lord)가 한 번도 등장하지 않는다. 그러나 하나님은 40회 정도 등장한다. 이것은 전도서가 구속을 통한 언약적 관계보다는 창조와 섭리로 나타나는 하나님의 주권성을 더 강조하기 때문이다.

1:14 **바람을 잡으려는 것이로다** 인생이 허망한 한 가지 이유는 인생이 뜻대로 되지 않기 때문이다. 마치 바람을 잡는 것처럼 인생에서 바라는 대부분의 일이 손가락 사이로 빠져나가는 바람처럼 뜻대로 되지 않는다(참고. 1:14, 17; 2:11, 17, 26; 4:4, 6, 16; 5:16; 6:9). 참고. 요 3:8.

1:15 **구부러진…모자란** 이 두 단어는 어떤 도덕적 의미도 개입하지 않고 지혜를 인생의 문제를 해결하는 능력으로 간주한다. 왜곡된 어떤 문제는 인간이 아무리 노력해도 인간의 불치병인 죄성(롬 3:9-18)과 에덴의 영원한 저주로 말미암은 영향(창 3:8-24)으로 절대 해결되지 않는다.

1:16 **지혜** 참고. 서론의 배경과 무대. *1:14에 대한 설명을 보라.*

1:17 **마음을 썼으나** 솔로몬은 신적 계시보다는 경험적 탐색에 의지해 인생을 이해하고자 했을 때 그것이 허무하고 무의미한 경험이라는 사실을 깨닫게 되었다.

1:18 **지혜…번뇌도 많으니** 지혜로 얻고자 하는 것은 성공이다. 이렇게 해서 성공하면 행복을 누려야 한다. 그러나 솔로몬은 지혜가 많다고 성공과 행복이 보장되는 것이 아니라 오히려 좌절만 더 깊어질 뿐이라는 결론에 이르게 된다. 그러므로 그 소망을 오직 인간의 성취에서만 찾는 사람은 더 많은 갈등과 근심에 시달리게 된다.

B. 쾌락 추구에 대한 탐구(2:1-11)

2:1-11 쾌락은 반드시 부정적이지는 않지만 인간의 지혜와 마찬가지로 여러 문제가 있다. 솔로몬은 오직 쾌락으로 만족을 얻고자 한 자신의 비극적 경험을 뒤돌아본다.

2:1, 2 **시험** 시험 또는 조사는 솔로몬에게 매우 중요한 일이었다. 그러나 그 시험은 과학적인 실험을 말하는 것이 아니었다. 일이 어떻게 이루어지는지 확인하는 실제적 시험이었다. 솔로몬은 특정 행위로 나타나는 결과에 관심이 많았다.

2:3 **즐겁게 할까** 인간의 수준을 더 깊이 시험해보고 싶었던 솔로몬은 하나님의 영광을 희생해 인간적 만족을 지나치게 강조하고 말았던 것이다.

2:4-8 솔로몬이 엄청난 재물을 모은 것에 대해서는 열왕기상 4-10장을 참고하라.

2:8 **처첩들** 이 히브리어 단어는 구약에서 이곳에서만 등장한다. 이 단어의 의미는 첩을 가리키는 유사한 가나안어를 사용한 초기 애굽 서신에서 암시를 얻을 수 있다. 이것은 솔로몬이 700명의 후궁과 300명의 첩을 두었다는 기록(왕상 11:3)과 부합한다. 이 단어는 '하렘'으로 번역될 수 있을 것이며, 솔로몬이 거느린 수많은 여인을 의미할 것이다(참고. 왕상 11:3).

2:10 **몫** 솔로몬이 인생에서 누린 즐거움은 그의 모든 노력과 수고로 얻은 것이었다.

2:11 **무익한 것** '헛되다'는 의미가 이 맥락에서 규정된다. 수고한 모든 노력이 헛되다는 것은 솔로몬이 그 모든 노력으로 지속적이고 만족스러운 어떤 결과도 얻지 못했다는 뜻이다. 지혜가 있어도 그 개인이 만족스러운 삶을 살도록 보장해주지는 않는다. 심지어 솔로몬에 버금갈 정도로 성공한다고 해도 마찬가지다. 하나님이 주신 자원을 오직 인간적 성공에만 허비하는 것은 찰나적이고 허무하다.

C. 지혜와 어리석음에 대한 탐구(2:12-17)

2:12-17 인간의 지혜는 또 다른 심각한 결점이 있다. 지혜자나 우매한 자 모두 죽음의 문턱에서는 빈손이 된다는 것이다.

2:14 **우매자는 어둠 속에 다니지만** 미련한 자는 정신박약아를 말하는 것이 아니라 도덕적 파탄자를 말한다. 지혜를 배울 수 없는 사람이 아니라 배우려고 하지 않는 사람이다. 그런 사람은 하나님을 알고자 하고 경외하며 순종하지 않는다. *1:13에 대한 설명을 보라.*

2:17 **해 아래에서 하는 일** 솔로몬은 그의 수고가 미련한 자의 어리석은 행위와 마찬가지로 아무 영속적 의미가 없으므로 그 노력이 큰 보상을 받아도 괴로운 것은 매한가지라고 생각한다.

D. 수고와 보상에 대한 탐구(2:18-6:9)

1. 수고의 보상을 타인이 누리게 된다(2:18-26)

2:18-22 참고. 4:7, 8

2:18 **내가 한 모든 수고를 미워하였노니** 솔로몬이 죽은 후 이스라엘 왕국은 여로보암(북쪽 열 지파)과 르호보암(남쪽 두 지파)에 의해 분열되었고, 두 사람 모두 하나님이 주신 기회를 탕진하고 말았다(왕상 12-14장).

2:21 **몫** 사후에 남기고 떠나는 인생의 분깃이다.

2:24 **더 기쁘게 하는 것은 없나니** 현세에서 가진 것이 적을지라도(참고. 3:12, 13, 22; 5:18, 19; 8:15; 9:7) 인간은 현재 누리는 것에 만족하고 즐거워해야 한다. **하나님의 손에서** 하나님의 주권성에 대한 확고한 생각이 있기 때문에 솔로몬은 저주받은 세상에서 인생이 비관적일 수밖에 없음을 솔직히 인정한 이후에도 위로받을 수 있었다.

2:25 **나보다 더** 문자적으로 '그분 외에는'(즉 하나님 외에는) 또는 '그분 없이는'이라는 뜻이다.

2:26 **기뻐하시는 자에게는…주시나** '그가 보시기에'라는 수식어는 하나님의 생각이 기준임을 보여준다.

2. 언제 행동해야 할지 합당한 때를 알 수 없다(3:1-4:6)

3:1-8 **기한…때** 하나님은 기준을 정하시고 만족과 희락을 주시거나 거부하시기도 하지만(2:26) 때와 기한을 정하시기도 한다. 때와 장소에 어긋나지 않는 일이라면 유익하지만 그것을 인생의 중요한 목표로 추구하면 아무런 유익이 없다(참고. 9, 10절).

3:9, 10 세속적인 일(1-8절)을 인생의 중요한 행복으로 추구하면 아무런 유익이 없으며, 이는 하나님이 원하시는 일이 아니다.

3:11 **모든 것** 종료 시점이 정해져 있을지 모를 모든 행위나 일이다. **아름답게** 때에 맞는 일을 말한다. 이 단어는 "보시기에 심히 좋았더라"(창 1:31)라는 구절과 서로 통한다. 저주받은 세상이라도 모든 일이 무의미하지는 않다. 인간의 변덕스러운 만족감과 주권자 되신 하나님의 지혜를 신뢰하지 못하는 인간의 불신 때문에 허망한 것이다. **영원을 사모하는 마음을 주셨느니라** 하나님은 인간이 그분의 영원한 뜻을 추구하도록 만드셨지만 타락 이후 시공간 속에 이루어지는 어떤 일도 하나님의 임재 속에서 영원을 누림으로써 얻는 완전한 만족을 가져다주지 못한다(참고. 계 21:4).

3:12 **기뻐하며 선을 행하는** 이 구절은 솔로몬이 강조

하고자 하는 주제를 잘 포착해내고 있다. 그는 11:9, 10과 12:13, 14에서 이 메시지를 다시 강조하고 발전시킨다.

3:13 **수고함으로 낙을 누리는 그것** 모든 일을 창조주의 선물로 받아들이면 비록 저주받은 세상에 살지라도 구속받은 인간은 그 모든 일에 '낙'을 누릴 수 있다(참고. 2:24, 25; 5:19).

3:14 **그의 앞에서 경외하게 하려 하심** 하나님이 행하신 일은 모두 완전하고 영원하다는 것을 인정하면 그분을 경외하고 경배하게 되고 의미 있는 삶을 누릴 수 있다. 하나님을 등진 인간의 일은 무의미하다. '여호와를 경외함'이라는 주제는 5:7, 7:18, 8:12, 13, 12:13에도 등장한다. 참고. 욥기 28:28; 시편 111:10; 잠언 9:10; 15:33.

3:17 **하나님이 심판하시리니…모든 행사에 때가 있음이라** 솔로몬의 '정한 때가 있다'는 논의의 정점에는 심판의 때가 있다는 주제가 자리하고 있다(참고. 요 5:28, 29). 이 전도서를 통해 솔로몬이 전하고자 하는 중심 주제는 하나님의 심판이다(참고. 11:9; 12:14). 심판이라는 단어가 없는 경우에도 종종 신적 보응이라는 더 포괄적 문제를 강조할 때가 있다.

3:18, 19 **인생이 당하는 일** 인간과 짐승의 마지막 운명은 결국 죽음이다. 솔로몬은 최후의 영원한 운명을 말하는 것이 아니라 육체를 가진 모든 존재가 공동으로 직면하는 운명을 생존자의 관점에서 바라보고 있다.

3:20 **흙으로 말미암았으므로…흙으로** 창세기 3:19을 광의의 의미로 암시하고 있다. 즉 모든 살아 있는 생물은 죽어 무덤으로 간다. 여기서 천국이나 지옥은 고려 대상이 아니다.

3:21 **혼** 인간의 호흡 또는 육체적 생명은 짐승의 것과 별반 다르지 않은 것처럼 보인다. 하지만 사실 인간의 영혼은 하나님이 인간을 영원한 존재로 만드셨다는 점에서 완전히 다르다(참고. 11절). 참고. 누가복음 16:19-31.

3:22 **그의 뒤에** 다시 한 번 죽음이라는 거대한 실체가 강조된다.

4:1-3 학대당하며 괴로워하는 인생은 차라리 죽는 것이 더 낫다는 생각이 들게 한다.

4:3 **악한 일** 차라리 태어나지 않는 게 더 좋을 정도로 세상살이는 고달프고 가슴 아픈 일로 가득하다.

4:4 **시기를 받으니** 인생에서 만족함을 얻지 못한 사람들은 다른 사람의 삶이 더 낫다고 단정하기에 이른다.

4:5 **팔짱을 끼고…자기의 몸만 축내는도다** 남의 것에 기대어 살면서 빈둥거리는 사람은 자신을 괴롭히며 결코 만족감을 모른다(참고. 사 9:20; 44:20).

3. 종종 홀로 자기의 짐을 져야 한다(4:7-16)

4:7-12 만족감을 느끼지 못하고 홀로 수고하며 그것을 누릴 후계자마저 없을 때 생기는 허무함을 지적한다(참고. 2:18-22, 보완적 메시지). 인생은 삶을 함께 누리는 동반자가 있으면 한결 낫다.

4:13-16 왕들은 백성의 인정을 원하지만 그 인정은 오래 가지 못한다.

4:15 **다음 자리** 이것은 자기 힘으로 왕이 된 '가난한 젊은이'와 대조되는 '늙은 왕'의 합법적 후계자를 가리킨다.

4. 모든 것은 언제라도 쉽게 잃을 수 있다(5:1-6:9)

5:1-7 경외하는 마음으로 하나님께 나아가도록 훈계하는 전도서의 마지막 조언에 대한 서문이다.

5:1 **하나님의 집** 솔로몬이 예루살렘에 지은 성전이다(참고. 왕상 8:15-21).

5:2 **하늘…땅** 하나님은 하늘에 계시고 인간은 땅에 있으므로 하나님 앞에서 성급하게 약속을 하거나 자기주장을 하는 것은 어리석다.

5:4, 5 **서원하고 갚지 아니하는 것** 하나님께 약속하는 것은 매우 엄중한 일이다. 이 훈계의 구약적 배경은 신명기 23:21-23; 사사기 11:35에서 볼 수 있다. 아나니아와 삽비라는 하나님이 불순종을 얼마나 싫어하시는지 어렵게 깨달았다(참고. 행 5:1-11).

5:6 **네 입으로 네 육체가 범죄하게 하지 말라** 육신적 욕망 때문에 어길지 모르는 것을 맹세하지 말아야 한다. **천사** 하나님의 집의 제사장을 의미한다(참고. 말 2:7). 제사장과 선지자들은 모두 천상의 왕을 위해 소식을 전하는 심부름꾼이자 대사였다(참고. 사 6:1-13). 이들 앞에서 맹세를 어기고 별 다른 일이 아닌 것처럼 말해서는 안 된다.

5:7 **하나님을 경외할지니라** 참고. 3:14; 7:18; 8:12, 13; 12:13.

5:8, 9 관리들이 재물을 얻고자 하는 마음에 부당한 이득을 취한다.

5:10 돈을 사랑하면 아무리 돈이 많아도 결코 만족할 수 없다(참고. 딤전 6:9, 10).

5:11 **먹는 자들도 많아지나니** 이것은 부자에게 기생하는 사람이 많다는 사실을 말한다.

5:12-17 세상의 재물은 위험성이 있고 괴로움의 원인이 될 수 있다. 재물이 많으면 근심(12절), 괴로움(13절)이 많아진다. 잘못 투자해서 탕진할 수도 있고(14절), 죽

을 때는 무일푼으로 떠나야 한다(15절). 심지어 공포에 시달릴 수도 있다(17절).

5:18-20 앞에서 서술한 사람들의 불안감과 반대로(12-17절) 하나님을 재물의 원천으로 여기는 자들에게는 즐거움과 부와 그 재물을 누릴 능력이 있다(2:24을 보라).

5:18 **아름다움** 이것은 3:11의 "아름답게"로 번역된 것과 같은 단어다. 솔로몬은 여기서도 하나님이 주신 생명의 풍성함을 누리라고 조언한다.

5:19 **하나님의 선물** 이것은 하나님이 주신 좋은 선물을 만족하며 즐기라는 뜻이다.

5:20 **하나님이 그의 마음에 기뻐하는 것으로 응답하심이니라** 하나님의 선하심을 인정하는 사람은 앞에서 언급한 여러 고민으로 쓸데없이 시간을 허비하지 않고 삶을 즐긴다.

6:2 **하나님께서 그가 그것을 누리도록 허락하지 아니하셨으므로** 하나님은 그 뜻에 따라 주기도 하고 빼앗아 가기도 하신다(참고. 욥 1:21, 22). 그러므로 누구라도 하나님의 축복을 당연시해서는 안 된다. 허락하신 동안에는 감사한 마음으로 누려야 한다.

6:3-6 여호야김 왕의 경우(렘 22:18, 19)처럼 죽은 후 제대로 매장되지 못한 것은 한 개인의 인생에서 치욕이자 불명예였다. 죽어도 슬퍼하는 사람이 없거나 예우를 받지 못하면 많은 자녀를 두었고 천수를 누렸다고 해도 차라리 태어나지 않은 것만 못하다.

6:3 이것은 주제를 강조하기 위한 과장법이다.

6:7-9 영혼의 불만족은 오직 사라지는 유한한 것을 위해 수고하기 때문이다(7절). 결국 지혜자와 우매자의 결말은 별 차이가 없고(8절) 그 장래도 불확실하다(9절).

솔로몬의 결론 (6:10-12:8)

A. 서문(6:10-12)

6:10-12 오직 하나님만이 만사를 주관하시기 때문에(10절) 현재와 미래를 제대로 이해한다는 것은 불가능하다(11, 12절).

B. 인간은 제한된 지혜 때문에 가장 좋은 인생길을 알 능력이 없다(7:1-8:17)

1. 형통함과 곤경에 대해(7:1-14)

7:1 **좋은 이름** 좋은 평판과 명성을 얻을 정도로 제대로 살았다면 죽는 날에 명예를 얻을 수 있다.

7:2-6 이 단락은 인생에 있어 쾌락보다 고난으로 더 많은 것을 배운다는 사실을 강조한다. 인생은 시련이라는 도가니에서 참 지혜를 얻게 된다. 하지만 "이것도 헛되니라"(6절)고 쓴 것에서 보듯 전도자는 내심 이런 시련이 자신에게 닥치지 않기를 원한다.

7:10 **옛날** 고난과 괴로움 속에서는 현실감을 잃어버리기가 쉽다.

7:12 **지혜의 그늘** 지혜는 인생의 성취감을 주기 때문에 돈보다 더 낫다.

7:13 **굽게 하신 것을 누가 능히 곧게 하겠느냐** 하나님은 주권자 되시고 해 아래 벌어지는 모든 일을 주관하고 통치하시므로(참고. 1:15) 인간은 그분의 일을 생각해야 한다.

7:14 **형통…곤고** 하나님은 형통한 날과 곤고한 날을 다 주관하시며 인간이 미래의 일을 다 알지 못하도록 막으신다.

2. 정의와 악에 대해(7:15-24)

7:15-18 "하나님을 경외하는 자는 이 모든 일에서 벗어날 것임이니라"(18절)는 문장에 의의 본질에 대한 성찰이 분명하게 드러나 있다.

7:15 **멸망하는…장수하는** 의인 가운데 천수를 다하지 못한 채 죽은 사람이 있고 악인 가운데 장수를 누리는 사람이 있는데, 이는 이해하기 어려운 수수께끼다(참고. 8:11, 12).

7:16 **지나치게 의인이 되지도…지나치게 지혜자도 되지 말라** 솔로몬은 앞에서 의롭고 지혜롭게 살라고 독자에게 권면한 적이 있다(참고. 19절). 여기서는 자칭 의롭다는 자만심이나 위선을 경고한 것이다.

7:18 **하나님을 경외하는** 참고. 3:14; 5:7; 8:12, 13; 12:13.

7:19 **지혜가…능력이 있게 하느니라** 지혜의 척도는 인생에서 유익한 성과를 낼 수 있는 능력이다.

7:20 **선을 행하고 전혀 죄를 범하지 아니하는** 솔로몬은 죄의 총체적 영향을 강조하고(참고. 창 3:1-24), 인간적 죄성의 보편성을 지적한다. 바울은 로마서 3:10을 쓰면서 이 구절을 염두에 두었을지도 모른다.

7:21, 22 **사람들이 하는…말** 누구나 살면서 용서가 필요한 악담을 할 수 있으므로 남들이 하는 악담에 지나치게 민감하게 대처할 필요가 없다.

7:23, 24 **내가 지혜자가 되리라…누가 능히 통달하랴** 왕은 이미 지혜롭지만 더 지혜로워지겠다고 결심한다. 그러나 곰곰이 생각해보니 지혜의 한계가 분명히 보인다. 어떤 것들은 아무리 노력해도 알 수가 없다. 이 사실을 깨닫게 되면 갑자기 그 지혜에 대한 열정이 식어버린다.

3. 여인과 어리석음에 대해(7:25–29)

7:26 **그 여인** 솔로몬이 잠언에서 청년들에게 누누이 경고한 음녀를 말한다(잠 2:16-19; 5:1-14; 6:24-29; 7:1-27). 다른 곳에서 솔로몬은 남자에게 평생 반려자의 중요성을 강조한다(전 9:9. 참고. 잠 5:15-23; 31:10-31).

7:27-29 경험적 지식의 습득, 즉 많은 계획으로 의를 이루고자 하는 사람은 실패한다. 오직 하나님만이 사람을 의롭게 하실 수 있다.

7:29 **많은 꾀** 동일한 단어가 '의도'로 번역된 것으로 보아 아담과 하와 이후 모든 인간의 생각이 악하다는 것을 강조하는 표현이다.

창세기에 대한 솔로몬의 묵상

솔로몬 왕은 그 인생의 말년에 이르러 지난날을 참회하며 타락과 인간이 행한 죄의 결과가 인생에 미치는 영향을 묵상했다. 솔로몬은 창세기 연구를 통해 다음과 같은 결론에 도달한 것으로 보인다.

1. 하나님은 규칙성과 계획성이라는 원리로 천지를 창조하셨다(전 1:2-7; 3:1-8. 참고. 창 1:1-31; 8:22).
2. 인간은 흙에서 창조되었으므로 흙으로 돌아간다(전 3:20; 12:7. 참고. 창 2:7; 3:19).
3. 하나님은 인간에게 생명의 호흡을 불어넣어 주셨다(전 12:7. 참고. 창 2:7).
4. 하나님이 작정하신 대로 결혼은 인생에서 가장 즐겁게 향유해야 할 축복 중의 하나다(전 9:9. 참고. 창 2:18-25).
5. 타락으로 하나님의 심판을 받게 되었다(전 3:14-22; 11:9; 12:14. 참고. 창 2:17; 3:1-19).
6. 피조물은 저주의 영향으로 '헛됨', 즉 허망함에 시달린다(전 1:5-8. 참고 창 3:17-19).
7. 타락한 후 노동은 괴로운 일이 되어버렸고 별다른 수확이 따르지 않게 되었다(전 1:3; 13; 2:3; 3:9-11. 참고. 창 3:17-19).
8. 타락 이후 죽음이 모든 피조물에게 임하게 되었다(전 8:8; 9:4, 5. 참고. 창 2:17; 3:19).
9. 타락 이후 인간의 마음은 심히 악해졌다(전 7:20; 7:29; 8:11; 9:3. 참고. 창 3:22; 6:5; 8:21).
10. 하나님은 그 지혜로운 뜻대로 일부 지식과 지혜를 인간이 얻지 못하도록 하신다(전 6:12; 8:17. 참고. 창 3:22).

4. 지혜로운 자와 왕에 대해(8:1–17)

8:2, 3 **하나님을 가리켜 맹세** 이것은 솔로몬 왕을 섬기겠다는 이스라엘 백성의 약속을 말한다(대상 29:24).

8:5, 6 **때와 판단** 솔로몬은 심판의 때에 대해 3:19의 메시지를 다시 강조한다. 하나님이 심판의 때를 정해놓으셨음을 안다면 매일의 삶 속에서 분명한 목적의식을 가질 수 있다.

8:7 **장래 일** 하나님은 모든 일의 기한을 정하셨지만 인간은 그 시기도 그 결과도 알 수 없다. 이런 불확실성 때문에 인간은 더욱 괴롭고 비참하다.

8:8 **바람** 영을 가리키는 단어와 비슷한 표현이다. 죽음은 바람처럼 예측 불가능하며 통제 불가능하다. *1:14에 대한 설명을 보라.*

8:10 **거룩한 곳** 이것은 예루살렘 성전을 가리킨다(참고. 5:1). **헛되도다** 위선적인 악인의 죽음에서 교훈을 얻더라도 금방 잊힌다는 것이다.

8:11 **징벌** 하나님이 악에 대한 심판을 늦추는 은혜를 베푸시지만 이것은 인간의 더 악한 불순종을 야기한다. 심판이 지체된다고 마지막 심판의 확실성이 절대 희석되는 것은 아니다.

8:12, 13 **그를 경외하는 자들…악인** 때로 악인이 형통한 것 같지만 실제적으로 그들이 이득을 보는 것은 없다(참고. 5:7; 7:18; 12:13, 14). 잠시 참으신다고 해서 영원한 심판이 사라지는 건 아니다.

8:14 **헛된 일** 하나님은 일반적으로 순종하면 상을 주시고 불순종하면 벌을 주신다. 솔로몬은 이 원리의 예외적 사건들은 허망하거나 이해하기 어렵고 실망스럽다고 생각한다(참고. 시 73편).

8:15 **희락** 솔로몬은 절대 아무 거리낌 없이 죄에 탐닉하라고 권하지 않는다. 그리스도는 그 창고에 곡식을 가득 쌓은 부자의 이야기에서 이런 죄를 암시하셨다. 그 사람은 이 구절을 인용하며 자신의 죄를 정당화했을지도 모른다(참고. 눅 12:19). 솔로몬이 여기서 강조하는 핵심은 주위에 불의가 성행하더라도 인생을 즐기라는 것이다(2:24을 보라).

8:16, 17 **하나님의 모든 행사** 하나님의 일은 놀랍고도 때때로 이해하기가 어렵다.

C. 인간은 사후의 일을 모른다(9:1-11:6)

1. 자신이 죽을 것을 안다(9:1–4)

9:1 **하나님의 손 안에** 마지막 심판 때에 의인이나 악인이나 모두 공정하게 심판을 받을 것이다. 하나님은 그들과 관련된 모든 일을 다 기억하고 계신다.

9:2, 3 **모든 사람에게 임하는 그 모든 것이 일반이라** 보

편적 타락으로 말미암아 모두가 죽음을 당한다.

2. 무덤 속에서는 아무것도 모른다(9:5–10)

9:7 **먹고…마실지어다** *2:24에 대한 설명을 보라.*

9:9 **아내** 참고. 잠언 5:15-19와 아가.

3. 죽을 때를 모른다(9:11, 12)

9:11 **시기와 기회** 지혜가 있다고 좋은 결과가 보장되는 것은 아니다. 예측 불가능한 우연한 일이 너무나 많이 일어나기 때문이다.

9:12 **자기의 시기** 이것은 인간에게 불행이 닥칠 때, 특히 죽음이 덮칠 때를 말한다[참고. 11:8("캄캄한 날"), 12:1("곤고한 날")].

4. 무슨 일이 일어날지 모른다(9:13–10:15)

9:13-15 지혜는 이 세상에서 정당한 보상을 받지 못한다.

9:16 이것이 옳은 것은 가난한 자는 지혜가 있어도 높은 자리에 오르지 못하기 때문이다.

10:1-15 솔로몬은 자신이 꼼꼼히 살피고 분류한 유사한 지혜의 사례들을 하나로 종합한다.

10:2 **오른쪽…왼쪽** 이 잠언은 보통 오른손이 왼손보다 더 능숙한 사실을 근거로 한다.

10:3 **우매한 자** *2:14에 대한 설명을 보라.* **길을 갈 때에도** 지혜가 모자라는 사람은 일상의 행동에도 그것이 그대로 드러난다.

10:5 지도자가 그릇된 판단을 하면 많은 사람에게 심각한 영향을 미친다.

10:6, 7 **부자들…고관들** 살다 보면 이해되지 않는 모순이 벌어진다. 이 세상에서 인생은 늘 공평하지만은 않다.

10:8-10 **파는…날을 갈지 아니하면** 인생에는 위험하고 불확실한 일이 가득하다.

10:10 **지혜는 성공하기에 유익하니라** 조금만 지혜가 있어도 인생이 편안해진다. 인생의 경험은 바라는 대로 늘 이루어지는 것은 아니라고 말해주지만 지혜롭게 살면 일반적으로 좋은 결과를 맺는다. 솔로몬은 지혜를 시험하고 이와 같은 중요한 결론에 도달한다.

10:12-14 **말** 인간은 행동뿐 아니라 말로 그 지혜를 드러낸다. 우매한 말은 불리한 결과를 안겨준다.

10:15 **성읍에 들어갈** 너무나 일상적인 문제들에 있어 무지한 것에 대한 잠언이다. 이것은 영적인 사실에도 적용된다. 우매한 자가 성을 찾지 못하는데 어떻게 하나님을 찾을 수 있겠는가?

5. 어떤 불행이 닥칠지 모른다(10:16–11:2)

10:18 **서까래…집** 이것은 게으른 왕이 다스리는 나라에 대한 유비일 가능성이 높다.

10:19 **돈은 범사에 이용되느니라** 18절의 잔치를 즐기는 왕은 세금을 올려 무능한 통치에 따른 모든 재앙을 해결할 수 있다고 생각한다.

11:1 **네 떡을…던져라** 촉촉한 땅에 씨를 뿌리고 싹이 트기를 기다리는 농부처럼(참고. 사 32:20) 현명하고 계산된 걸음으로 인생을 살아가라고 말한다.

11:2 **나눠 줄지어다** 많이 있을 때 인색하게 굴지 말고 베풀고, 시간이 있을 때 친구를 사귀어라. 언제 그들이 필요할지 아무도 모른다.

6. 어떤 행운이 기다리는지 모른다(11:3–6)

11:3-6 세상은 자신의 통제력 밖에 있는 일들이 비일비재하다. 하나님의 뜻도 마찬가지다. 앉아서 소원만 빌면 아무 유익이 없지만 바쁘게 맡은 일에 최선을 다하면 희망이 있다.

D. 심판이 올 것이므로 인생을 즐겨야 하지만 죄를 지어서는 안 된다(11:7-12:8)

11:7-12:8 솔로몬은 전도서의 메시지를 분명하게 드러낸다. 우리에게는 죽음이 기다리고 있으며 죽음과 함께 심판이 기다리고 있다. 이 단락에서는 인생의 향유와 심판이 어색한 조합이지만 함께 짝을 이룬다. 둘 다 인간의 가장 깊은 헌신을 요구하기 때문이다. 놀랍게도 전자는 후자를 극복하지 못한다. 누리도록 창조되었지만 죄로 망가진 세상에서 심판과 즐거움은 긴장관계에 있다. 즐거움을 누리는 데 집착하면 심판이 위협을 가한다. 반면 심판에 지나치게 관심을 가지면 누리지를 못한다. 결국 이 둘은 하나님과 우리 관계로 해결되어야 하는 중요한 주제다. 또한 인생의 중요한 문제이자 이 책의 중요한 주제다.

11:7 **빛** 괴로운 때를 의미하는 캄캄함(8절)과 대조를 이루는 즐거운 때다. 참고. 12:1.

11:9 **즐거워하며…심판** 이 두 단어는 서로에 대해 배타적인 것 같다. 이것을 어떻게 설명할 수 있는가? 인생을 즐기되 불의한 일을 저지르지 말아야 한다. 이 둘이 균형을 이룰 때 인생을 향유할지라도 무모하게 죄악을 탐닉하지 않는다. 믿음과 순종으로 기쁨을 누릴 수 있다. 솔로몬이 반복해 말한 대로 하나님이 선물로 주셔야만 참된 만족을 누릴 수 있다.

11:10 **헛되니라** 인생은 금방 지나가므로 할 수 있을 때 어린 시절과 젊음을 즐겨야 한다.

12:1 **너의 창조주를 기억하라 곧 곤고한 날** 사람들은 하나님께 속한 존재임을 기억하라. 그러므로 기력이 딸려 하나님을 섬기기가 어려운 말년이 아니라 청년의 때에 하나님을 섬겨야 한다.

12:2-6 솔로몬은 노화의 이미지를 사용하고 낡은 집, 자연, 장례 행렬의 요소들을 종합하여 11:7-12:1에서 강조한 내용을 다시 강조한다.

12:2 **해와…달과…구름** 젊음은 일반적으로 차오르는 빛의 시절이고, 노년은 해가 져서 어둑어둑해지는 때다.

12:3 **집을 지키는 자들이 떨 것이며** 궁전의 호위병처럼 몸을 보호하는 손과 팔은 노년이 되면 떨린다. **힘 있는 자들이 구부러질 것이며** 집을 받치는 기둥처럼 몸을 받치던 다리가 약해진다. **맷돌질** 이빨이다. **창들로 내다보는 자** 눈이다.

12:4 **문** 이제 할 말이 별로 없는 입이다. **맷돌 소리** 이것은 먹는 양이 줄어 씹는 소리가 작아진 것을 말한다. **일어날 것이며** 잠이 얕아진다. **음악하는 여자들** 한때 음악을 즐기던 목소리와 귀다.

12:5 **높은 곳을 두려워할 것이며** 넘어지고 떨어질까 두려워한다. **살구나무가 꽃이 필 것이며** 짙은 나무 중에서 흰 꽃이 피는 나무는 백발을 말한다. **조문객** 죽음이 멀지 않았다.

12:6, 7 죽음에 대한 이미지다.

12:6 **은 줄이 풀리고** 이것은 은줄에 맨 램프를 묘사한 것으로, 나이가 들면 이 은줄이 깨져서 등이 산산조각 난다. 어떤 이들은 이것이 척추를 가리킨다고 주장한다. **풀리고…깨지고…깨지고…깨지고** 이 모든 일은 죽음을 비극적이고 돌이킬 수 없는 것으로 묘사한다. **금 그릇** 인간의 두뇌를 가리킬 것이다. **항아리…샘…바퀴** 우물에서 물을 긷기 위해서는 줄을 바퀴에 걸고 항아리를 매달아 내려야 했다. 이것은 피의 원천인 심장을 말할 것이다.

12:7 **흙…영** 솔로몬은 창세기 2:7과 3:19를 회상하며 노화 과정의 마지막을 묵상한다. **영…그것을 주신** 현자는 인간 생애의 종말에 대한 내용으로 마무리한다. "주신 이도 여호와시요 거두신 이도 여호와시오니"(욥 1:21; 딤전 6:7).

12:7, 8 인생의 말년에 대한 이 음울한 그림은 경건하게 살 때 노년이 축복을 받을 수 있다는 사실을 부정하지 않는다(잠 16:31). 하지만 젊은이들에게 젊어서 창조주를 기억하지 않는다면(1절) 경건한 노년의 축복과 하나님을 섬기는 강건한 인생의 복을 누릴 능력이 없을 거라고 일깨워준다.

솔로몬의 마지막 충고 (12:9-14)

12:11 **채찍…잘 박힌 못** 목자의 두 가지 도구가 등장한다. 하나는 말을 듣지 않는 짐승들을 길들이는 데 사용하고, 다른 하나는 무리에서 이탈해 위험한 곳에서 방황할 수 있는 이들을 안전하게 머물도록 하는 데 사용된다. 채찍과 못은 지혜의 실제적 적용을 강조한다. **목자** 참 지혜는 오직 하나님 안에서만 얻을 수 있다.

12:12 **책들** 하나님의 계시된 지혜가 아닌 다른 주제로 쓴 책들은 오직 인간의 허무한 사고 활동만 더하게 할 뿐이다.

12:13, 14 **하나님을 경외하고** 참고. 3:14; 5:7; 7:18; 8:12, 13. 인생 자체의 결론일 뿐 아니라 전도서가 제기한 여러 문제에 대한 솔로몬의 마지막 결론이기도 하다. 해 아래서 이루어지는 인생의 모든 관심사는 불확실성과 즐거움이 뒤섞여 있지만 이제 솔로몬의 관심사가 아니다. 그런 일들은 이제 인생의 마지막을 앞둔 그에게 아득한 옛일처럼 보인다. 그러나 전도서에서 핵심적인 주제로 관심을 기울였지만 죽음이 가장 최후의 심판자는 아니다. 솔로몬이 보기에 심판과 보응이 실제적인 심판자다. 하나님이 모든 일을 심판하실 것이기 때문이다. 불신자들은 흰 보좌 심판대에 설 것이며(참고. 계 20:11-15) 그리스도인은 공로를 심판하는 베마(Bema) 심판 때 그리스도 앞에 설 것이다(참고. 고전 3:10-15; 고후 5:9, 10).

결국 모든 것을 다 들은 이제 신적 보응의 확실성과 최종성은 때로 어리석었던 다윗의 아들이 찾고 있던 인생의 의미를 부여하려고 한다. 인생에서 그 몫이 무엇이든 때로 그 길을 감추고 알려주지 않으시는 하나님과 결산해야 하고, 그 결과는 영원해서 돌이킬 수 없다.

연구를 위한 자료

Donald R. Glenn, *Ecclesiastes*, in The Bible Knowledge Commentary-OT(Wheaton, Ill.: Victor, 1985).

J. Stafford Wright, *Ecclesiastes*, in Expositor's Bible Commentary(Grand Rapids. Zondervan, 1991).

제목

헬라어 성경 70인역과 라틴 불게이트 역본은 1:1의 '노래 중의 노래'라는 첫 두 단어를 음역한 히브리어 본문(맛소라 본문-MT)을 그대로 따른다. 일부 영어 성경은 '솔로몬의 노래'(The Song of Solomon)로 번역해 1:1의 내용을 전적으로 반영한다. 최상급에 속한 '노래 중의 노래'라는 제목(참고. 출 26:33, 34의 "지성소"와 계 19:16의 "만왕의 왕")은 이 노래가 솔로몬이 지은 1,005개의 노래 중 최고 노래에 속한 것임을 암시한다(왕상 4:32). '노래'로 번역된 단어는 종종 하나님을 높이는 음악을 가리킨다(참고. 대상 6:31, 32; 시 33:3; 40:3; 144:9).

저자와 저작 연대

40년(주전 971-931년) 동안 통일 이스라엘을 다스린 솔로몬은 이 책에서 7번 이름이 등장한다(1:1, 5; 3:7, 9, 11; 8:11, 12). 그의 문학적 자질과 음악적 천재성(왕상 4:32), 1:1의 작가에 대한 언급(솔로몬에게 헌정한 것이 아니라)을 감안할 때 이 책은 솔로몬 재위 시절에 기록되었을 것으로 보인다. 솔로몬이 묘사한 장소와 여행을 다닌 곳에 북왕국과 남왕국의 성들이 언급되는 것으로 보아 내용상의 시기와 실제로 작품을 쓴 시기는 모두 솔로몬의 통치가 끝나고 왕국이 분열되기 이전임을 가리킨다. 이 책이 한 저자가 쓴 하나의 노래라는 사실을 감안할 때 공통된 주제나 저자가 없는 사랑의 연작시가 아니라 통일된 시적 지혜문학이라고 해석하는 것이 가장 설득력이 있다.

배경과 무대

이 사실적이고 극적인 연가에는 두 사람만 등장한다. 신분이 왕이라는 것이 5번(1:4, 12; 3:9, 11; 7:5) 언급된 솔로몬은 '사랑을 받는 자'로 등장한다. 술람미 여자(6:13)는 어떤 여자인지 확실하지 않다. 아마 갈릴리 저지대의 이스르엘에서 북쪽으로 4.8킬로미터 떨어진 수넴에 살던 여인이었을 가능성이 높다. 어떤 사람들은 이 여인을 바로의 딸(왕상 3:1)이라고 주장한다. 물론 이 결론에 대해 아가서에서 어떤 증거도 찾을 수 없다. 어떤 사람들은 다윗 왕을 돌보았던 수넴 여인 아비삭(왕상 1:1-4, 15)이라고 주장한다. 그 가족이 솔로몬에게 고용되었던(8:11) 수넴 출신인 무명의 처녀라고 보는 것이 가장 합리적인 것 같다. 그녀는 솔로몬의 첫 아내(전 9:9)로 솔로몬이 699명의 후궁과 300명의 첩을 들여 하나님께 범죄하기 전이었을 것이다(왕상 11:3).

이 아가서에는 조연을 맡은 여러 집단이 등장한다. 첫째, 심심치 않게 등장하는 '예루살렘 딸'들에 대한 언급이다(1:4하, 8, 11; 3:6-11; 5:9; 6:1, 10, 13상; 7:1-5; 8:5상). 이들은 솔로몬의 집안일을 맡은 사람들일 수도 있다(참고. 3:10). 둘째, 5:1하반절의 내용은 두 사람의 결합에 대한 하나님의 축복일 가능성이 높다. 셋째, 술람미 여인의 오빠들이 화자로 등장한다(8:8, 9).

공간적 배경으로 시골과 도시의 풍경이 모두 등장한다. 일부는 예루살렘 북쪽 구릉 지대로 여기에는 술람미 여인이 살고(6:13), 솔로몬이 포도 재배자와 목자로서 그 수완을 자랑했던 곳이다(전 2:4-7). 도시가 공간적 배경으로 등장하는 단락은 결혼식 장면과 그 후 예루살렘에 위치한 솔로몬의 집에서 보낸 시기가 포함된다(3:6-7:13).

2:11-13에서는 첫 번째 봄, 7:12절에는 두 번째 봄이 거론된다. 중간에 생략되지 않고 순차적인 시간 순서를 따른 아가서는 최소한 1년 이상의 기간에서 2년이 넘지 않는 시간에 걸친 일을 기록하고 있다.

역사적·신학적 주제

유대인은 총 117절에 달하는 솔로몬의 노래를 거룩한 정경의 일부로 인정했다. 아가서는 룻기, 에스더, 전도서, 애가와 함께 다섯 권의 두루마기, 즉 메길로트에 포함된다. 유대인은 이 노래를 유월절에 낭독했고 성경 가운데 지성소에 해당한다고 보았다. 놀랍게도 8:6에서 암시된 것을 제외하면 하나님(여호와)은 한 번도 직접적으로 언급되지 않는다. 공식적으로 어떤 신학적 주제도 보이지 않는다. 신약은 솔로몬의 이 노래를 직접 인용한 적이 한 번도 없다.

금욕주의적 절제와 외간 여인과의 뜨거운 애정이라는 왜곡된 두 가지 극단적 입장과 달리 솔로몬의 옛 연가는 순결한 부부애와 그 낭만을 드높이 찬양한다. 이것은 남편과 아내 간의 성적 친밀감이 지니는 아름다움과 성스러움을 비롯해 결혼에 대한 하나님의 계획을 강조하는 성경의 다른 부분들과 유사할 뿐 아니라 한발 더 나아가 그것을 더 강조하고 있다. 이 노래는 이 주제를 강조한 다른 전형적 성경 구절, 예를 들면 창세기 2:24; 시편 45; 잠언 5:15-23; 고린도전서 7:1-5; 13:1-8; 에베소서 5:18-33; 골로새서 3:18, 19; 베드로전서 3:1-7과 당당히 한 반열에 포함된다. 히브리서 13:4는 이 노래의 핵심을 포착하고 "모든 사람은 결혼을 귀히 여기고 침소를 더럽히지 않게 하라 음행하는 자들과 간음하는 자들을 하나님이 심판하시리라"고 말한다.

「아가(*Song of Songs*)」 1893년. 귀스타브 모로. 종이에 수채화. 387x208mm. 오하라 미술관. 오카야마.

해석상의 과제

아가서는 지난 수백 년 동안 알레고리적 해석 방법을 사용해 이 노래를 해석하고자 하는 이들 때문에 본문 그대로의 내용으로 받아들여지지 못하는 어려움이 있었다. 그들은 이 노래가 역사적 근거가 전혀 없고, 이스라엘을 향한 하나님의 사랑을 묘사하거나 교회를 향한 그리스도의 사랑을 묘사한 것이라고 주장했다. 그리스도는 샤론의 장미이며 골짜기 백합화라는 찬송가의 오도된 개념은 바로 이 방법을 사용한 데 원인이 있다(2:1). 모형론적 해석은 아가서의 역사성은 인정한다. 하지만 궁극적으로는 신랑 되신 그리스도의 신부인 교회를 향한 사랑을 묘사한 것이라고 결론을 내린다.

아가서를 더 만족스럽게 접근하는 방법은 일단 액면 그대로 그 내용을 받아들이고 정상적인 역사적 의미로 그 내용을 해석하되 시적 이미지를 빈번하게 사용해 실제를 묘사하고자 했다고 이해하는 것이다. 이런 식으로 접근하면 솔로몬이 그 자신의 연애 시절, 첫 번째 부인과의 신혼 시절, 이어서 서로 기쁜 일과 궂은 일을 함께 겪으며 이 왕과 왕비가 성숙해가는 과정을 노래한 것이라는 사실을 받아들이게 된다. 아가는 창세기 2:24의 결혼에 대한 고대의 지침을 충실히 인정하기 때문에 일생 동안 일구어가는 부부간의 연합을 노래한 영적 노래라고 할 수 있다. 이것은 하나님이 인간관계에서 가장 소중하고 "생명의 은혜"(벧전 3:7)를 함께 누릴 관계인 결혼생활을 낭만적이고 아름답게 영위하기를 바라는 뜻을 알려주시고자 주신 노래다.

아가 개요

I. 머리말(1:1)
II. 구애: '떠남'(1:2-3:5)
  A. 연인들의 회상(1:2-2:7)
  B. 연인들의 서로를 향한 애정 표현(2:8-3:5)
III. 혼인: '연합함'(3:6-5:1)
  A. 신랑이 된 왕(3:6-11)
  B. 결혼식과 첫날밤(4:1-5:1상)
  C. 하나님의 인정(5:1하)
IV. 결혼생활: '한 몸을 이룸'(5:2-8:14)
  A. 첫 다툼(5:2-6:3)
  B. 화해(6:4-8:4)
  C. 은혜로 성장함(8:5-14)

머리말(1:1)

1:1 서론의 제목, 저자와 저작 연대를 보라.

구애: '떠남'(1:2-3:5)

1:2-3:5 큰 세 개의 단락으로 이루어진 아가서의 첫 단락으로, 총 39개의 절 가운데 23개의 절은 술람미 여인이 한 말이다. 중간 중간 잠시 사랑하는 연인과 예루살렘 딸들이 끼어든다. 이 단락은 과거에 일어난 일을 그녀가 회상하는 내용일 가능성이 높으며, 왕과 결혼하고자 하는 간절한 마음으로 그가 예루살렘으로 데려가 결혼식을 올리기를 기대하는 내용이 3:6 이하에 나온다.

A. 연인들의 회상(1:2-2:7)

1:2, 3 그녀는 솔로몬의 네 가지 모습에 이끌린다. 그의 입술, 그의 사랑, 그의 향기로운 기름, 그의 순수한 생활 모습이다. 나중에 솔로몬은 그녀에게 이런 모습이 있다는 것을 알아차린다(4:9-11).

1:3 **처녀들** "예루살렘의 딸들"이다(5절).

1:4 **왕이 나를 그의 방으로 이끌어 들이시니** 이것은 사실에 대한 진술이라기보다 그녀가 마음에 품은 소망으로 해석하는 것이 더 낫다. '왕이 나를 그 방으로 들여 주었으면 좋겠구나'라는 생각으로 말이다. **우리가…달려가리라** 이것은 예루살렘 딸들보다는 술람미 여인이 '우리로 달려가게 하라'는 의미에서 한 말로 이해하는 것이 더 낫다. **네 사랑이 포도주보다 더 진함이라** 예루살렘 딸들은 2절에서 한 술람미 여인의 칭찬이 맞다고 인정해준다.

1:5, 6 **내가 비록 검으나** 술람미 여인은 밖에서 일을 많이 해서 피부가 검게 그을린 것을 염려한다(참고. 7:12; 8:11의 "포도원").

1:6 **나의 포도원** 그녀는 자신을 이런 식으로 표현한다(참고. 8:12).

1:7 **얼굴을 가린** 순결을 중시하는 그녀는 다말(창 38:14-16)과 달리 창녀처럼 너울을 쓰지 않았다. 오히려 양을 치는 목동으로 자유롭게 얼굴을 드러내고 다녔다.

1:8 이것은 예루살렘 딸들이 한 말일 가능성이 높다. **여인 중에 어여쁜 자야** 술람미 여인은 최고의 여인이

아가서 대본

I. 떠나다(창 2:24상)		III. 한 몸을 이루다(창 2:24하)	
1:1	머리말	5:2-8	신부
1:2-4상	신부	5:9	친구들
1:4하	친구들	5:10-16	신부
1:5-7	신부	6:1	친구들
1:8	친구들	6:2, 3	신부
1:9, 10	신랑	6:4-9	신랑
1:11	친구들	6:10	친구들
1:12-14	신부	6:11, 12	신랑
1:15	신랑	6:13상	친구들
1:16-2:1	신부	6:13하	신랑
2:2	신랑	7:1-5	친구들
2:3-3:5	신부	7:6-9상	신랑
		7:9하-8:4	신부
II. 연합하다(창 2:24중)		8:5상	친구들
3:6-11	친구들	8:5하	신랑
4:1-15	신랑	8:6, 7	신부
4:16	신부	8:8, 9	신부의 오빠들
5:1상	신랑	8:10-12	신부
5:1하	하나님	8:13	신랑
		8:14	신부

아가서에 나오는 지방색

1:5	게달의 장막	검은 염소 털로 만든 유목민의 장막
1:5	솔로몬의 휘장	솔로몬 궁전의 아름다운 휘장을 가리킬 가능성이 높음
1:9	바로의 준마	젊은 암말
1:12; 4:13, 14	나도 기름	인도 약용식물로 만든 향유
1:13; 3:6; 4:6, 14	몰약	발삼 나무의 나무껍질을 액체나 고체 형태의 향으로 만든 향품
1:14; 4:13	고벨화 송이	봄에 흰 꽃이 피는 향이 아름다운 흔한 관목식물
1:14	엔게디	사해 바로 서쪽에 위치한 오아시스
1:15; 4:1; 5:12	비둘기 눈	비둘기의 깊고 아름다운 회색 눈

라는 찬사를 받았다(참고. 5:9; 6:1). 이 구절은 잠언 31장의 여인을 떠올리게 한다(29절).

1:9 **내 사랑(나의 사랑)** 아가서에서 사용된 것들 가운데 처음 사용된 표현이다(1:15; 2:2, 10, 13; 4:1, 7; 5:2; 6:4). **준마** 이 비유법은 뛰어난 마병의 모습에서 빌려온 것으로(왕상 10:26-29) 그녀의 눈부신 아름다움에 대한 찬사다.

1:11 이것은 예루살렘 딸들이 한 말일 것이다.

1:13 **나의 사랑하는 자** 20번 넘게 사용된 용례 중 첫 번째다.

1:15 **너는 어여쁘고** 찬사를 통해 두 사람의 사랑은 더 뜨겁게 달아오른다. 그는 어여쁘다(아름답다)는 표현을 최소한 10번 이상 사용한다(1:15; 2:10, 13; 4:1, 7; 6:4, 10; 7:6). **네 눈이 비둘기 같구나** 술람미 여인은 5:12에서 이 찬사에 답한다. 아름다운 눈은 사랑스러운 인격의 상징으로 이해하는 게 가장 설득력이 있다.

1:16, 17 숲속의 경치다.

2:3-6 이 장면은 실제적인 경험이라기보다 술람미 여인의 뜨거운 사랑의 열정을 그린 것이다.

2:4 **잔칫집** 계속 야외 장면이 등장한다. 이 '포도의 집'은 포도원을 상징한다. 1:17의 "들보"와 "서까래"는 숲을 가리키는 것처럼 보인다. **내 위에 깃발** 군대의 깃발이 위치나 점령 상태를 가리키듯이 솔로몬의 사랑은 그의 사랑하는 연인 위에서 펄럭거렸다(참고. 민 1:52; 시 20:5).

2:7 **너희에게 부탁한다** 결혼 전(3:5)과 결혼 후(8:4)에 반복된 이 후렴구는 결혼하기 전 시절과 부부관계를 유지하는 동안 정숙한 생활을 하겠다는 명백한 헌신의 표현이다. 그녀는 예루살렘 딸들이 이 헌신에 함께 책임져줄 것을 부탁한다.

B. 연인들의 서로를 향한 애정 표현(2:8-3:5)

2:11-13 겨울도 가고 비가 그쳤고 꽃이 피고 포도나무에는 꽃망울이 터져 향기를 토하는 봄의 장면이 서로에

아가서에 나오는 지방색

2:1	샤론의 수선화	크로커스, 수선화, 붓꽃처럼 구근식물로 갈멜산 남쪽 저지대(샤론 평야)에 자란 꽃이었을 것으로 추측됨
2:1, 16	골짜기의 백합화	꽃잎이 6개인 꽃으로 비옥하고 물이 풍부한 곳에 자랐을 것임
2:3, 5; 7:8; 8:5	사과	향이 강하고 달콤한 과일로 살구를 말하는 것으로 보임
2:5	건포도(과자)	종교 절기에 사용하는 음식으로 성적 의미를 지닌 것으로 보임(참고. 삼하 6:19; 호 3:1)
2:7, 9, 17; 3:5; 8:14	노루	영양과에 속하는 우아한 동물
2:7; 3:5	들사슴	암사슴
2:9, 17; 8:14	어린 사슴	수사슴
2:14; 5:2; 6:9	비둘기	흔한 사랑의 상징
2:17	베데르산	정확한 위치를 확인하기 어려운 이스라엘의 계곡이나 험한 산지

대한 뜨거운 사랑을 나타내는 그림으로 사용된다.

2:14 이것은 술람미 여인이 솔로몬의 말을 계속 인용하고 있는 것으로 해석해야 가장 설득력이 있다.

2:15 **여우를 잡으라** 그녀는 포도원에서 실제로 이런 일을 했을 것이다. 솔로몬은 이 유비를 이용해 두 사람의 관계에 그녀가 같은 역할을 해주기를, 다시 말해 피어오르는 그들의 사랑을 망치는 방해물을 제거해주기를 원했다. 또한 '우리로…하자'라고 번역할 수도 있다.

2:16 **내 사랑하는 자는 내게 속하였고 나는 그에게 속하였도다** 이것은 상호적 사랑을 기반으로 하는 일부일처제 관계의 존엄성을 강조하는 표현이다(참고. 6:3; 7:10).

3:1-4 결혼식이 다가오자 술람미 여인의 사모하는 열정은 더욱 커진다. 이것은 과거에 대한 회고가 아니라 희망사항과 꿈으로 이해해야 적절하다.

3:1 **사랑하는 자** 그녀는 솔로몬에 대한 배타적 사랑을 표현하는 이 네 절에서 이 표현을 반복해 사용한다.

3:3 **순찰하는 자** 이런 가상의 만남은 후의 실제적 만남과 비슷하다(참고. 5:6-8).

3:4 술람미 여인은 꿈에서 솔로몬을 만나 그녀가 살고 있는 집, 어머니의 집으로 데려온다.

3:5 2:7에서처럼 사랑하는 연인은 솔로몬을 향한 그녀의 사랑이 얼마나 뜨거운지 결혼식을 올린 뒤에야 확인할 수 있다. 그래서 그녀는 예루살렘 딸들에게 성적인 순결을 지키도록 옆에서 도와달라고 요청한다. 지금까지 술람미 여인은 솔로몬을 향한 불타오르는 사랑을 결혼한 부부에게 전적으로 어울릴 법한 노골적인 표현과 반대로 은밀하고 섬세하게 표현했다(참고. 4:1 이하).

혼인: '연합함'(3:6-5:1)

3:6-5:1 이 두 번째 주요 단락은 왕이 실제로 신부를 데리러 와서 예루살렘으로 돌아가(3:6-11) 결혼식을 올리고(4:1-7) 두 사람이 연합한 것(4:8-5:1)을 묘사하고 있다. 앞 단락과 달리 솔로몬이 대부분 화자로 등장한다(23개 절 가운데 15개 절).

A. 신랑이 된 왕(3:6-11)

3:6-11 이 내러티브는 예루살렘 딸들이 한 말로 해석해야 한다. 이들은 "시온의 딸들"(11절)로 불리기도 한다.

3:6 참고. 8:5

B. 결혼식과 첫날밤(4:1-5:1상)

4:1-5:1 3:11까지 혼인 예식이나 결혼에 대한 어떤 암시도 없었으므로 사건의 흐름으로 볼 때 1:2-3:5은 결혼하기 전의 내용이고 4:1 이하는 결혼식 내용과 그 이후에 그들이 나눈 사랑을 말한 거라는 주장이 설득력이 있다. 이 설명을 지지하는 이유는 여러 가지다. 첫째, '혼인 날'은 3:11 이전에는 한 번도 언급된 적이 없다. 둘째, 4:8에 가서야 '신부'라는 단어가 등장하고 그 이후로 4:8부터 5:1까지 6번이나 언급된다. 셋째, 4:1 이전에는 연인이 성적인 금욕에 대한 거룩한 사명의식을 가지고 있지만(참고. 2:7; 3:5), 부부로 거룩한 결합을 한 이후에는 전혀 언급하지 않는다.

4:1-15 솔로몬은 1-7절에서는 공개적인 자리에서 말하고, 8-15절의 훨씬 친밀한 어조는 16절과 5:1의 결혼생활의 정점인 부부관계를 준비하면서 사적인 자리에서 이야기한 것으로 보인다.

4:1-7 술람미 여인의 미모에 대한 다른 구체적인 묘사는 6:4-9과 7:1-7을 보라. 그는 1절과 7절을 "내 사랑 너는 어여쁘고"라는 동일한 내용의 후렴구로 시작하고 끝맺는다.

4:1, 3 **너울** 이것은 창녀의 너울이 아니라(1:7) 신부의 면사포다.

4:8 **레바논에서부터** 이것은 두 사람이 성적으로 순결을 지킨다는 의미에서 두 사람의 거리를 비유적으로 표현한 것이며, 12절에서는 잠근 동산과 봉한 샘과 덮은 우물로 더 자세히 묘사되어 있다.

4:9 **내 누이** 남편이 그 아내를 가리켜 사용하던 고대 근동의 흔한 애칭으로 서로간의 친밀감과 관계의 영속성을 강조한다(참고. 4:10, 12; 5:1, 2).

4:15 **생수의 우물** 솔로몬은 그녀가 혼전에 육체적 순

아가서에 나오는 지방색

3:6; 4:6, 14	유향	유향 나무에서 추출한 황색 수지로 향이나 향신료로 사용되었음
3:6	여러 가지 향품	여러 향신료
3:7, 9	가마	왕과 그 신부를 옮기는 데 사용한 가마
3:9; 4:8, 11, 15; 5:15	레바논	이스라엘 북쪽 해안가에 자리한 아름다운 나라로 천연자원이 풍부했음

아가서에 나오는 지방색

4:1; 6:5	길르앗산	갈릴리와 사마리아 동쪽의 고원
4:4	다윗의 망대	느헤미야 3:19, 25의 무기를 두는 탑이었을 것으로 보임
4:8	아마나 꼭대기	아람의 아마나강 수원이 있는 언덕
4:8	스닐과 헤르몬	꼭대기 이스라엘에서 가장 높은 산 정상을 가리키는 아모리식 이름과 히브리식 이름
4:10, 14, 16; 5:1; 6:3; 8:14	향품	발삼으로 만든 향이 좋은 기름
4:14	번홍화	작은 크로커스의 꽃술을 말려 가루로 만든 것을 말함
4:14	창포	생강 향이 나는 야생 식물
4:14	계수	나무 껍질로 만든 향신료
4:14	침향	향이 강한 약재

결을 고수했지만(8, 12절) 이제 때가 되자 육체적으로 하나 되는 것을 허락했음을 증언한다(참고. 잠 5:15-20).

4:16 그러자 술람미 여인은 스스로를 열린 동산으로 묘사한다. 전에는 닫힌 동산이었다(12절). 그녀는 자신을 '그(의) 동산'으로 묘사해 아내로서 남편을 받아들이고 자발적으로 잠자리를 허락했음을 보여준다(참고. 고전 7:3-5).

5:1상 **내가…으니** 손님들이 잔치를 여는 동안 두 사람은 잠자리를 가졌고(참고. 창 29:23; 신 22:13-21) 솔로몬은 그 축복된 관계를 노래한다(참고. 창 2:25).

C. 하나님의 인정(5:1하)

5:1하 **나의 친구들아 먹으라** 성적인 결합의 은밀하고 사적인 성격을 감안할 때 이 말씀을 하나님이 하신 것으로 이해하지 않으면 문제가 생길 가능성이 있다(참고. 잠 5:21). 이것은 남편과 아내의 성적인 사랑을 거룩하고 아름다운 것으로 인정하신다는 하나님의 선언이다.

결혼생활: '한 몸을 이룸'(5:2-8:14)

5:2-8:14 이 세 번째 단락은 부부의 첫 다툼(5:2-6:3)과 화해(6:4-8:14)를 그리고 있다.

A. 첫 다툼(5:2-6:3)

5:2-6:3 너무나 아름다운 부부 사이에도 피할 수 없는 갈등이 찾아온다. 이 단락에는 2:15의 "작은 여우들"이 두 사람의 집을 찾아온다.

5:2 **내가 잘지라도 마음은 깨었는데** 어떤 이들은 3:1-4처럼 사랑하는 이가 꿈을 꾼 것이라고 주장한다. 그러나 그녀는 '내 마음은 깨었다'는 사실을 인정하며 잠을 깊이 이루지 못했음을 암시한다. 이것이 꿈이라고 해석할 경우 그다음의 내용도 다 꿈속의 내용이 되어야 한다. 하지만 그럴 가능성은 아주 낮다. **문을 열어 다오** 솔로몬은 예상보다 일찍 집으로 돌아와 신부를 깜짝 놀라게 해주기를 원했던 것 같다.

5:3 **어찌 다시…겠으며** 솔로몬에 대한 갈팡질팡하는 마음이다.

5:4-6 그녀가 완전히 잠에서 깨어 문을 열었을 때 솔로몬은 이미 떠나고 없었다.

5:7 그녀가 꿈에서 겪은 일(3:3)과는 반대로 순찰하는 자들은 그녀를 심하게 다룬다. 아직 날이 어둡고 새 신부의 모습을 잘 몰랐기 때문에 이런 일이 일어날 수 있었을 것이다.

5:9 현명한 예루살렘의 딸들은 두 번이나 연거푸 질문하며 신부가 10-16절에서 언급한 새 신랑의 아름다운 외모를 떠올리게 한다.

5:10-16 그녀는 수천 명이 넘는 사람들 가운데 사랑하는 남편이 최고라고 대답한다. 다시 말해 '최고 중의 최고'라고 한다.

6:1 예루살렘의 딸들은 왜 그를 찾아야 하는지 이유를 확인하고(5:9) 이제 '어디서 찾아야 하는지' 두 번째 질문을 한다.

6:2, 3 그녀는 솔로몬이 정원으로 돌아갔다고 믿으며 그를 향한 헌신적 사랑을 재확인한다(참고. 2:16; 7:10).

B. 화해(6:4-8:4)

6:4-8:4 두 사람은 어려움을 이겨내고 다시 서로를 향한 사랑을 불태운다.

아가서에 나오는 지방색

5:14	황옥	황수정과 같은 노란색이나 초록색 빛이 나는 돌
5:14	청옥	동양에서 많이 나는 푸른색의 청금석
6:4	디르사	빼어난 자연미와 정원으로 유명하며, 사마리아 세겜 북동쪽 11킬로미터 지점에 위치함
6:13	마하나임에서	문자적으로 '두 동료의 춤'이라는 뜻으로 마하나임이라는 곳과 그 춤의 기원이 연관되어 있는 것 같지만 그 내용은 확실히 알려져 있지 않음(참고. 창 32:2)

6:4-9 두 사람은 재회하고 솔로몬은 그녀에게 자신의 사랑을 다시 확인시켜 준다.

6:4 **예루살렘 같이 곱고** 이스라엘의 수도는 '온전한 영광, 모든 세상 사람의 기쁨'으로 알려졌다(참고. 시 48:1, 2; 애 2:15).

6:8, 9 솔로몬은 신부에게 최고 중의 최고라고 다시 가슴 벅차게 칭송한다(참고. 2:2; 4:7; 5:2).

6:8 **왕비…후궁…시녀** 이들은 솔로몬의 다른 여인들인 걸까? 실제로 솔로몬의 여인이라거나 그와 관계가 있는 여인들이라는 표현은 전혀 없다. 또한 육십에서 팔십을 거쳐 무수하다는 식으로 점점 많아지는 수는 단순히 문학적 강조를 위해 다양한 범주의 여인들을 열거했음을 암시한다. 솔로몬은 연인에게 그녀가 그 모든 여인보다 뛰어나다고 말한다.

6:10 이것은 세 번에 걸쳐 연속된 예루살렘 딸들의 질문 중 세 번째 것으로, 예루살렘 딸들의 말이라고 해석하는 것이 낫다(참고. 5:9; 6:1). 이번에 그들은 술람미 여인이 놀라운 아름다움을 지닌 하나님의 피조물에 뒤지지 않는다고 칭송한다.

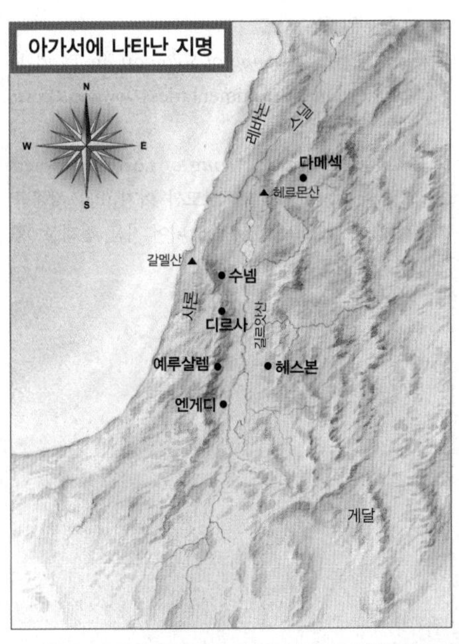

6:11-13 이것은 전체 노래에서 해석하기에 가장 난해한 부분이다.

6:11, 12 이것은 사랑하는 이가 말한 것으로 해석하는 게 가장 적절하다. 솔로몬은 서둘러 집을 떠나(참고. 5:2-6) 다시 농사 일(11절)을 살피고, 군사 업무(12절)를 보았음을 인정한다.

6:13 **돌아오고 돌아오라** 이것은 예루살렘 딸들이 한 말로 해석하는 것이 가장 적절하다. 실제로 그들은 신부에게 왕궁으로 돌아오라고 호소한다. **술람미 여자** 술람미 주민을 가리키는 다양한 표현 중 하나다. 즉 잇사갈 지파에게 할당된 대제사장 땅의 일부인 수넴의 주민이다. **너희가 어찌하여…보려느냐** 이것은 사랑하는 이가 말한 것으로 해석하는 게 가장 적절하다. 이것은 마하나임 성과 관련된 혼인용 춤의 일종을 가리키며, 솔로몬이 아닌 다른 사람이 보아서는 안 되는 춤이었을 것이다.

7:1-5 이것은 솔로몬에게 친구들이 대답하는 것으로 해석하는 것이 적절하다. 1절과 5절은 이렇게 해석해야 이해가 된다.

7:1 **귀한 자의 딸아** 그녀는 비천한 가문 출신이지만 그 아름다움과 의복을 보면 왕족 출신처럼 고귀하게 보인다.

7:6-9상 솔로몬과 그의 신부는 완전히 다시 출발한다. 5:2의 어긋난 관계를 회복한다.

7:9하-8:4 5:3의 반응과 달리 이번에 솔로몬의 여인은 사랑에 화답하며 그 관계를 다시 받아들인다.

7:10 **나는 내 사랑하는 자에게 속하였도다** 그녀는 세 번째로 그에 대한 자신의 헌신적 사랑을 고백한다(참고. 2:16; 6:3).

8:1 **오라비 같았더라면** 이런 식으로 그녀는 당혹스러

아가서에 나오는 지방색

7:4	헤스본 연못	암만 근처의 헤스본이라는 모압의 성읍에 있는 연못
7:4	바드랍빔 문	헤스본의 성문 이름으로 보임
7:4	레바논 망대	해발 3,048미터 높이보다는 그 산의 하얀색을 염두에 두었을 것임
7:4	다메섹	레바논 산지 동쪽에 위치한 아람의 수도
7:5	갈멜산	북왕국 이스라엘의 나무가 울창한 높은 산
7:13	합환채	향이 강한 약용식물로 일종의 정력제였다고 함(참고. 창 30:14)
8:11	바알하몬	예루살렘 북쪽의 산지에 있는 어느 지역

워하지 않고 자신의 애정을 공개적으로 드러낸다.

8:3, 4 구애할 때 이런 식이었을 것이다(참고. 2:6, 7). 이번에 관계를 자제한 것은 사람들이 없는 곳으로 떠나 두 사람만 있을 때까지 기다린 것을 말한다.

C. 은혜로 성장함(8:5-14)

8:5-14 이 마지막 이야기는 서로에 대한 사랑을 재확인하는 부부간의 대화를 그리고 있다.

8:5상 예루살렘 딸들이 한 말이다(참고. 3:6).

8:5하 **어머니** 이것은 술람미 여인의 어머니에 대한 여섯 번째 언급이다(참고. 1:6; 3:4; 6:9; 8:1; 8:2). 반대로 솔로몬의 어머니 밧세바는 단 한 번밖에 언급되지 않는다(참고. 3:11). **내가 너를 깨웠노라** 이것은 솔로몬의 대사로 이해하는 것이 적절하다. 3:4에서 술람미 여인의 꿈은 이제 실제로 그들의 결혼생활로 이어진다.

8:6 **도장** 술람미 여인은 도장이므로 솔로몬은 도장을 찍어야 한다. 이것은 그들이 서로를 사랑함을 공개적으로 선언한다는 뜻이다.

8:6, 7 **사랑** 이것은 구약의 사랑장(고린도전서 13:1-8)이다. 사랑의 특성은 네 가지다. 첫째, 사랑은 죽음과 생명의 관계처럼 결혼생활 중에도 절대 포기를 모른다. 둘째, 사랑은 뜨거운 불길처럼 강렬한데 여호와의 영광처럼 환할 것이다. 셋째, 사랑은 꺼지지 않는다. 심지어 어려움의 홍수가 닥쳐도 꺼질 줄 모른다. 넷째, 사랑은 가산을 다 준다고 해도 살 수 없을 정도로 소중하다. 사랑은 그냥 주는 것이다.

8:8, 9 신부의 오빠들이 혼전에 누이가 순결을 지킬 수 있도록 오빠로서 의무를 다했음을 사람들에게 알린다(참고. 창 24:50-60의 리브가의 오빠들, 창 34:13-27의 디나, 삼하 13:1-22의 다말). 동일한 순결의 기준을 신약에서도 가르친다(참고. 살전 4:1-8).

8:9 **성벽…문** 성벽은 성적 순결을 가리키고 문은 음란한 일을 자제하지 않고 저지른다는 것을 가리킨다.

8:10 **성벽** 그녀는 결혼 전에 성벽처럼 순결을 지키고자 최선을 다했음을 알 수 있다. 그리하여 그녀의 남편은 도덕적 순결을 지킨 것에 대해 크게 기뻐하고 만족한다.

8:11, 12 솔로몬은 포도원을 임대해주고 이윤을 챙겼겠지만 그녀는 자신의 포도원을 솔로몬에게 아무런 대가 없이 주었다.

8:13 **친구들** 이들은 솔로몬과 함께 양을 친 목자들(참고. 1:7)이나 예루살렘의 딸들(참고. 6:13), 신부를 예루살렘까지 호위해준 사람들(참고. 3:7)을 가리킬 수 있다.

8:14 **향기로운 산** 어떤 산인지 확인되지 않는다. 그러나 그녀가 사랑하는 연인에게 적절한 때에 사랑을 나누러 오라고 초청하는 것일 가능성이 높다(참고. 5:1의 "향"). **노루…어린 사슴** 참고. 2:9, 17절의 동일한 이미지.

연구를 위한 자료

G. Lloyd Carr, *The Song of Solomon*, in Tyndale Old testament Commentaries(Downers Grove, Ill.: IVP, 1984).

S. Craig Glickman, *A Song of Lovers*(Downers Grove, Ill.: IVP, 1976). 『전도서·아가』(BKC 강해 주석12), 도날드 R. 글렌·잭 S. 디어 지음, 전계상·홍지훈 옮김(두란노서원, 1994).

저작 연대와 포로생활 여부로 정리한 선지자들

포로기 이전	포로기	포로기 이후
오바댜	다니엘	학개
미가	에스겔	스가랴
요엘		말라기
나훔		
요나		
스바냐		
아모스		
예레미야		
호세아		
하박국		
이사야		

연대와 예언 대상으로 정리한 선지자들

선지자	대상	사역 기간
오바댜	에돔	주전 850-840년
요엘	유다	주전 835-796년
요나	니느웨	주전 784-760년
아모스	이스라엘	주전 763-755년
호세아	이스라엘	주전 755-710년
이사야	유다	주전 739-680년
미가	유다	주전 735-710년
나훔	니느웨	주전 650-630년
스바냐	유다	주전 635-625년
예레미야	유다	주전 627-570년
하박국	유다	주전 620-605년
다니엘	바벨론	주전 605-536년
에스겔	바벨론	주전 592-560년
학개	유다	주전 520-505년
스가랴	유다	주전 520-470년
말라기	유다	주전 437-417년

머리말

구약의 선지서들은 4편의 대선지서(이사야와 예레미야, 에스겔, 다니엘)와 12편의 소선지서(호세아와 요엘, 아모스, 오바댜, 요나, 미가, 나훔, 하박국, 스바냐, 학개, 스가랴, 말라기)로 구분한다. 예레미야애가는 예레미야서와 관련이 있으므로 대선지서에 포함된다.

이 외에 구약에서 선지자로 인정하는 이들이 있다. 갓과 나단, 엘리야, 엘리사 등은 대표적인 비문서 예언자들에 속한다. 어떤 의미에서 예수님의 전령인 세례 요한은 구약 시대의 선지자였다.

다음 표는 문서 선지자들의 활동 연대와 예언 대상을 일련의 순서대로 정리한 것이다. '이스라엘'은 북왕국을 말하고 '유다'는 남왕국을 말한다.

문서 선지자들을 분류하는 또 다른 방법은 이스라엘(주전 722년)과 유다(주전 586년)의 포로생활 여부로 구분하는 것이다. 앞에 나온 표를 참고하라.

문서 선지자들의 메시지는 때로 선지자들의 눈앞에 닥친 미래(예를 들어 사 7:1-11)에 대한 내용이거나 때로는 먼 미래(예를 들어 사 7:12-14)에 대한 내용이었다. 오실 메시아에 대해 빈번하게 예언한 그들은 메시아의 역할을 두 가지로 보았다. 고난당하는 역할(예를 들어 사 53장)과 통치하시는 역할(예를 들면 사 11장)이다. 메시아의 미래 사역에서 이 두 가지 측면이 어떻게 하나로 통합되는지(벧전 1:10-12)는 선지자들이 다 이해하지 못했다.

하나님이 이스라엘을 다루시는 내용이 대선지서와 소선지서의 대부분을 차지하지만 일부 선지서, 즉 다니엘와 오바댜, 요나, 나훔은 이방 세계의 역사 속에 나타난 하나님의 사역을 주제로 삼고 있다. 나머지 선지서들은 때로 이스라엘에 시선이 국한되지 않고 하나님의 선택하신 민족이 나머지 열국에 어떤 영향을 미치는지(예를 들어 사 52:10, 15) 또는 하나님이 열국을 어떻게 심판하시는지를 다룬다.

앞선 연대기적 기록에서 본 대로 문서 선지자들의 사역 시기는 그리스도 오시기 전 약 400년 전에 다 끝났다. 구약 예언의 종식에 대한 공식적 선언은 없었지만 이스라엘 백성은 상당 기간 이스라엘에 선지자가 나타나지 않았다는 사실을 점차 깨닫게 되었다(참고. 마카베오서 9:27). 후대에 구약의 위대한 선지자의 활동은 종식되고 400년간의 '침묵의 시기'가 시작되었다는 사실을 모두 인정하기에 이르렀다. 그 침묵의 시기가 끝난 뒤 신약의 사도들과 선지자들의 문서 사역이 시작되었다.

「선지자 프리즈(*Frieze of Prophets*)」 1890-1895년. 존 싱거 서전트. 벽화. 보스턴 공공도서관. 보스턴. 왼쪽부터 아모스, 나훔, 에스겔, 다니엘, 엘리야, 모세, 여호수아, 예레미야, 요나, 이사야, 하박국이 위치해 있다. 중앙에는 모세와 십계명이 새겨진 두 개의 돌판이 있다.

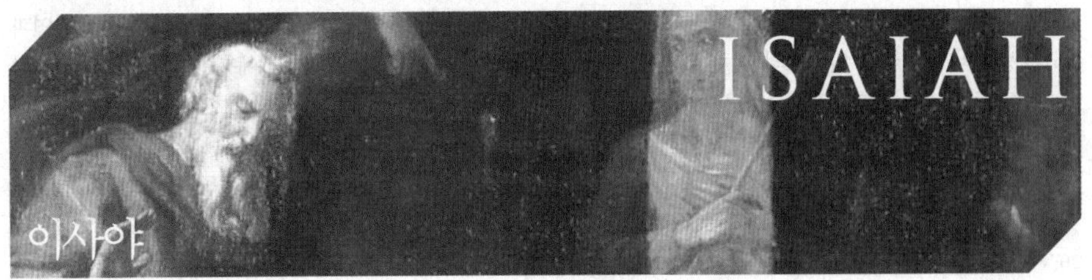

제목

이사야서는 저자의 이름을 그대로 사용했다. 이사야는 '여호와는 구원이시다'라는 뜻이며 여호수아와 엘리사, 예수라는 이름과 비슷한 뜻이다. 그 어떤 선지서보다 신약에서 많이 인용된 이사야는 65회 이상 직접 인용되었으며, 그의 이름이 언급된 것만도 20번이 넘는다.

저자와 저작 연대

아모스의 아들인 이사야는 네 명의 유다 왕을 거친 유다의 선지자로서 예루살렘 인근과 예루살렘에서 사역을 했다. 웃시야(열왕기하에서 '아사랴'로 불린 왕), 요담, 아하스, 히스기야(1:1) 왕에 이르기까지 주전 739-686년에 사역했다. 왕을 쉽게 알현할 수 있었던 것으로 보아(7:3) 직책이 높은 가문 출신임을 알 수 있다. 결혼하여 두 아들을 두었는데, 그 이름은 상징적인 의미가 있었다. 스알야숩('남은 자가 돌아오리라', 7:3)과 마헬살랄하스바스('노략을 빨리 행함', 8:3)다. 웃시야가 죽던 해(주전 739년)에 예언자로 하나님의 부르심을 받자 그는 기쁜 마음으로 바로 순종했다. 물론 그는 처음부터 그 사역이 열매 없이 경고와 권면의 연속이리라는 것을 알았다(6:9-13). 예루살렘에서 성장한 그는 민족의 정치적이고 종교적인 자문관으로서 적격자였다.

이사야는 호세아, 미가와 동시대를 살았다. 풍부한 표현 능력과 어휘력, 이미지를 탁월하게 이용한 그의 문장은 타의 추종을 불허했다. 초대 교부 히에로니무스(제롬)는 그를 그리스의 전설적 웅변가인 데모스데네스에 비유했다. 그의 글은 2,186개의 다양한 단어가 특징이다. 참고로 에스겔은 1,535개, 예레미야는 1,653개, 시편은 2,170개의 단어가 사용되었다. 역대하 32:32은 그가 히스기야 왕의 전기도 썼다고 기록한다. 이사야 선지자는 최소한 주전 681년까지 살았는데, 이때 산헤립이 사망한 이야기를 적었다(참고. 37:38). 전승에 따르면 그는 므낫세 왕 때 나무 톱으로 두 몸이 잘려 죽었다고 한다(참고. 히 11:37).

배경과 무대

52년에 걸친 웃시야 재위 시절(주전 790-739년) 큰 번영을 누린 유다는 홍해에 무역 항구를 갖추고 상업적·군사적 강국으로 발전했고 성벽을 세우고 요새와 망루를 갖춰 외세의 침략에 대비했다(대하 26:3-5, 8-10, 13-15). 그러나 그 기간에 유다의 영적 순결은 점점 쇠락을 맞았다. 웃시야의 타락은 제사장의 특권을 차지하고 제단에 향을 태우고자 하는 오만한 시도가 그 발단이었다(왕하 15:3, 4; 대하 26:16-19). 그는 문둥병으로 심판을 받았고, 그 후로 회복하지 못했다(왕하 15:5; 대하 26:20, 21).

웃시야의 아들 요담(주전 750-731년)은 부친이 살아 있을 때 왕위를 물려받아야 했다. 요담이 유다 왕으로 통치하던 시절 디글랏 빌레셀(주전 745-727년)의 통치 아래 앗수르가 새로운 패권국가로 부상하기 시작했다. 유다 역시 요담 통치기에 이스라엘과 아람의 협공을 받았다(왕하 15:37). 요담은 부친처럼 건축가이자 전사였지만 유다 땅은 여전히 영적 타락에 젖어 있었다(왕하 15:34, 35; 대하 27:1, 2).

아하스가 유다 왕이 된 때는 25세였고 41세까지 유다를 통치했다(대하 28:1, 8. 주전 735-715년). 이스라엘과 아람은 동맹을 맺고 동쪽의 신흥 패권국 앗수르의 위협에 맞섰지만 아하스는 그들과 동맹 맺기를 거부했다(왕하 16:5; 사 7:6). 이로 말미암아 북쪽 이웃 국가들은 그를 폐위시키겠다고 위협했으며 실제로 이루어질 뻔했다(주전 734년). 아하스는 앗수르 왕에게 원조를 청했고, 앗수르 왕은 흔쾌히 그 요청을 받아들여 가사를 점령하고 갈릴리와 길르앗의 모든 주민을 포로로 잡아갔으며, 결국 다메섹을 무너뜨렸다(주전 732년). 아하스와 앗수르의 동맹 이후로 유다에 이방 신 숭배가 성행했고, 급기야 그는 솔로몬 성전에 이방 신의 제단을 세우기에 이르렀다(왕하 16:10-16; 대하 28:3). 그의 재위 기간 중 앗수르는 북왕국 수도 사마리아를 정복하고 수많은 이스라엘의 인재를 포로로 끌고 갔다(왕하 17:6, 24).

히스기야는 주전 715년 유다의 왕이 되었고, 주전 686년까지 29년간 통치했다(왕하 18:1, 2). 왕이 된 즉시 그는 대대적인 개혁 작업을 단행했다(왕하 18:4, 22; 대하 30:1). 동방의 패권국인 앗수르의 침략 위협에 유다는 엄청난 조공을 바치겠다고 약속할 수밖에 없었다. 주전 701년 히스기야는 중병으로 목숨이 위험해졌지만 하나님께 살려달라고 기도했다. 하나님은 주전 686년까지 15년간 그 생명을 연장해주는 은혜를 베푸셨다(왕하 20; 사 38). 바벨론 왕은 그가 중병에 걸렸다가 나은 것을 기회로 축하 사절단을 보냈다. 앗수르에 맞서 유다와 동맹을 맺기 위해서였을 것이다(왕하 20:12 이하; 사 39장). 앗수르가 내분으로 약해진 틈을 타서 히스기야는 그들에게 더 이상 조공을 바치지 않았다(왕하 18:7).

그러자 주전 701년 앗수르 왕 산헤립이 이스라엘의 해안 지역을 침공하고 이스라엘 남쪽의 애굽을 향해 진격했다. 그 과정에서 유다 성읍들을 침범해 약탈을 일삼고 수많은 사람을 앗수르로 끌고 갔다. 라기스를 포위 공격하는 것과 함께 군대를 보내 예루살렘을 에워싸게 했다(왕하 18:17-19:8; 사 36:2-37:8). 그러나 이 원정은 실패로 돌아갔다. 두 번째 포위 공격 때는 예루살렘에 사자들을 보내 즉각 항복을 요구했다(왕하 19:9 이하; 사 37:9 이하). 이사야의 격려로 히스기야는 항복을 거부했고, 산헤립은 갑자기 병에 걸려 황급히 니느웨로 돌아가 다시는 유다를 위협하지 못했다.

역사적·신학적 주제

이사야는 분열 왕국 시기에 예언 사역을 했는데, 예언의 중요한 메시지는 남왕국 유다를 겨냥한 것이었다. 당시의 공허한 의식주의를 비판하고(예를 들어 1:10-15) 수많은 백성이 빠져든 우상숭배를 경고했다(예를 들어 40:18-20). 하나님을 떠난 유다에게 장차 바벨론의 포로가 되는 심판이 임하리라는 것을 예언했다(39:6, 7).

이사야의 예언은 상당 부분 그의 생전에 성취되어 선지자로서의 신망을 확인시켜 주었다. 이사야가 예언한 대로(37:6, 7, 36-38) 예루살렘을 무너뜨리고자 한 산헤립의 시도는 실패로 돌아갔다. 이사야의 예언대로(38:5; 왕하 20:7) 하나님은 히스기야가 중병에서 낫도록 해주셨다. 바사 왕 고레스가 국제무대에 등장하기 오래 전부터 이사야는 그를 바벨론의 포로생활에서 유다를 구원할 구원자라고 이름지어 주었다(44:28; 45:1). 그리스도의 초림에 대한 예언(예를 들어 7:14) 성취로 이사야는 더 깊은 신망의 대상이 되었다. 그가 예언한 대로 정확히 이루어진 것을 보아 그리스도의 재림에 대한 예언 역시 그대로 성취되리라고 확신하게 되었다.

이사야는 장차 올 주의 날과 그 이후의 시간에 대한 자료를 공개한다. 지상에 세워질 이스라엘의 미래 왕국에 대한 여러 측면을 자세히 소개하면서 특별히 자연과 동물 세계의 변화, 열국에서 예루살렘이 차지할 위상과 고난당하는 종의 리더십을 소개한다. 이것은 구약이나 신약 어디서도 발견되지 않는 자료다.

이사야는 이른바 '예언적 원근 통시법'(prophetic foreshortening)이라는 문학적 장치로 미래 사건을 예언한다. 하지만 정확한 사건의 흐름을 나열하거나 사건과 사건 사이의 시간 간격을 말하지는 않는다. 예를 들어 이사야서는 메시아가 이 땅에 두 번의 오심을 구분할 시간의 간격을 밝힌 구절이 없다(참고. 사 61:1, 2; 눅 4:17-22). 또한 요한계시록 20:1-10; 21:1-22:5의 요한처럼 미래 땅에 잠시 이루어질 왕국과 영원한 왕국에 대해 명확히 구분해주지 않는다. 점진적 계시라는 하나님의 계획대로 이런 관계들의 세세한 내용은 후대 예언의 몫이었다.

또한 '복음을 전하는 선지자'로 알려진 이사야는 이스라엘을 향한 하나님의 은혜를 크게 강조한다. 특히 뒷부분의 27개 장을 살펴보면 이 점이 두드러진다. 이사야의 백미는 그리스도를 하나님의 죽임당한 어린 양으로 묘사한 53장으로 최고의 장이라고 부를 만하다.

해석상의 과제

이사야서처럼 길고 중요한 성경의 경우 해석상의 과제는 한두 가지가 아니다. 그중 가장 중요한 문제는 이사야의 예언들이 실제로 문자 그대로 이루어질 것인지 여부와 만세에 세우신 계획대로 하나님이 이스라엘 민족을 버리시고 그 민족을 교회로 대체하셨는지, 그로 말미암아 민족으로서 이스라엘의 장래가 있는지 여부에 모아진다.

후자의 문제에 대해서는 이사야는 많은 부분을 할애해 하나님이 이스라엘 민족을 이른바 '새 이스라엘'로 대체하지 않으셨다는 입장을 지지한다. 이사야는 이스라엘을 향한 하나님의 신실하심을 집중적으로 강조하며, 그분이 창조하고 선택하신 민족을 결코 버리지 않으실 것이라고 말한다(43:1). 이스라엘 민족은 하나님의 손바닥에 있고 예루살렘 성은 영원히 그 눈앞에 있다(49:16). 그분은 자기 약속에 얽매이시는 분이므로, 장차 그들을 돌이켜 돌아오게 하고 축복해주겠다고 하신 약속을 지키실 수밖에 없다(55:10-12. 참고. 렘 31:35-37; 33:19-22, 25, 26).

전자의 문제에 대해서는 이사야가 예언한 많은 부분이 문자 그대로 이루어졌다. 서론의 역사적·신학적 주제에서 이미 설명한 바 있다. 아직 이루어지지 않은 예언들이 이루어지지 않을 거라는 주장은 이제 성경적으로 근거가 없다. 따라서 원래 이스라엘에게 하신 약속 가운데 많은 약속이 교회에게 적용된다는 주장 역시 설득력이 없다. 다윗에게 약속한 나라는 교회가 아니라 이스라엘의 것이다. 앞으로 예루살렘이 천상이 아니라 땅에서 높임을 받을 날이 올 것이다. 그리스도는 장차 올 새 하늘과 새 땅뿐 아니라 현재의 이 땅에서 직접 통치하실 것이다(계 22:1, 3).

이사야 개요

I. 심판(1:1-35:10)
  A. 유다와 예루살렘에 대한 예언(1:1-12:6)
    1. 유다의 사회적 죄악(1:1-6:13)
    2. 유다의 정치적 혼란(7:1-12:6)
  B. 심판과 구원의 신탁(13:1-23:18)
    1. 바벨론과 앗수르(13:1-14:27)
    2. 블레셋(14:28-32)
    3. 모압(15:1-16:14)
    4. 아람과 이스라엘(17:1-14)
    5. 구스(18:1-7)
    6. 애굽(19:1-20:6)
    7. 바벨론에 대한 예언 재개(21:1-10)
    8. 에돔(21:11, 12)
    9. 아라비아(21:13-17)
    10. 예루살렘(22:1-25)
    11. 두로(23:1-18)
  C. 세계 심판을 통한 이스라엘의 구속(24:1-27:13)
    1. 땅을 황폐하게 하시는 하나님(24:1-23)
    2. 구속에 대한 첫 감사의 노래(25:1-12)
    3. 구속에 대한 두 번째 감사의 노래(26:1-19)
    4. 이스라엘의 응징과 궁극적 번영(26:20-27:13)
  D. 애굽과 동맹을 맺은 것에 대한 경고(28:1-35:10)
    1. 술 취한 정치인에 대한 저주(28:1-29)
    2. 종교적 형식주의자에 대한 저주(29:1-14)
    3. 하나님께 계획을 숨기는 자에 대한 저주(29:15-24)
    4. 애굽을 의지하는 자에 대한 저주(30:1-33)
    5. 말과 마차를 의지하는 자에 대한 저주(31:1-32:20)
    6. 파괴자 앗수르에 대한 저주(33:1-24)
    7. 열국, 특히 에돔에 대한 정의를 요구하는 외침(34:1-35:10)

II. 역사적 이야기(36:1-39:8)
  A. 예루살렘을 함락하고자 하는 산헤립의 시도(36:1-37:38)
  B. 병에 걸렸다가 회복된 히스기야(38:1-22)
  C. 예루살렘에 파견된 바벨론 사자들(39:1-8)

III. 구원(40:1-66:24)
  A. 포로생활에서 구원받음(40:1-48:22)
    1. 바벨론 포로들에게 보내는 위로(40:1-31)
    2. 이스라엘의 고난이 끝남(41:1-48:22)
  B. 여호와의 종이 당한 고난(49:1-57:21)
    1. 종의 사명(49:1-52:12)
    2. 고난당하는 종을 통해 받는 구속(52:13-53:12)
    3. 고난당하는 종의 구속으로 이룬 결과(54:1-57:21)
  C. 하나님의 백성에게 임할 미래의 영광(58:1-66:24)
    1. 두 종류의 종교(58:1-14)
    2. 죄악을 버리라는 이스라엘을 향한 호소(59:1-19)
    3. 시온이 받을 미래의 축복(59:20-61:11)
    4. 임박한 시온의 구원(62:1-63:6)
    5. 민족의 구원을 기원하는 기도(63:7-64:12)
    6. 이스라엘의 간구에 대한 하나님의 응답(65:1-66:24)

심판 (1:1-35:10)

A. 유다와 예루살렘에 대한 예언(1:1-12:6)

1. 유다의 사회적 죄악(1:1-6:13)

1:1 서론의 제목, 저자와 저작 연대를 보라.

1:2-9 이것은 하나님이 고소인이고 이스라엘 민족이 피고인 법정 장면이다. 이 백성들은 하나님의 돌보심과 공급하시는 은혜에 감사하지 않고 그분이 마땅히 받으셔야 할 사랑과 순종을 드리지 않았다.

1:2 **하늘…땅** 하나님은 이스라엘이 열국을 위한 축복의 통로가 되기를 원하셨지만(19:24, 25; 42:6; 창 12:2, 3) 이제 오히려 열국을 호출해 이스라엘의 수치를 감상하라고 부르셔야 한다. **자식** 아브라함의 후손들은 그들의 불순종에도 불구하고 하나님의 백성으로 선택되었다(참고. 창 18:18, 19).

1:3 **소…나귀** 하나님과의 교제를 단절해버리는 하나님의 백성보다 차라리 짐승들이 더 온전한 판단력을 행사하는 것 같다.

1:4 **이스라엘의 거룩하신 이** 이것은 하나님을 지칭하는 이사야의 특별한 호칭으로 이사야서에서 25번 사용된다(1:4; 5:19, 24; 10:20; 12:6; 17:7; 29:19; 30:11, 12, 15; 31:1; 37:23; 41:14, 16, 20; 43:3, 14; 45:11; 47:4; 48:17; 49:7; 54:5; 55:5; 60:9, 14). 하지만 다른 구약성경에서는 모두 합쳐도 6번밖에 나오지 않았다(왕하 19:22; 시 71:22; 78:41; 89:18; 렘 50:29; 51:5). 또한 이사야는 *거룩하신(거룩한)* 이 호칭을 3번 사용하고(40:25; 43:15; 49:7) *야곱의 거룩한 이*를 한 번 사용한다(29:23). 수많은 문맥에서 이 이름은 이스라엘의 죄성과 대조되는 하나님의 거룩하심을 강조하기 위해 사용된다.

1:5 **어찌하여 매를 더 맞으려고…하느냐** 하나님께 패역하고 이미 망가진 유다 민족은 그 반역에서 돌아서지 않고 계속 어긋나게 행동한다.

1:8 **딸 시온** 이 구절은 구약에서 20번 이상 사용된 표현으로 그중 6번이 이사야서에 사용되었다(1:8; 10:32; 16:1; 37:22; 52:2; 62:11). 예루살렘을 의인화한 것으로 여기서는 모든 유다를 대표한다.

1:9 **만군의 여호와** 이사야는 이 호칭 또는 유사한 호칭인 만군의 주 하나님이라는 어구를 60회나 사용했다. 이것은 강한 전사와 군대 지도자로서 이스라엘의 모든 적을 섬멸하고 그들을 구원하는 하나님을 가리키는 표현이다. **생존자** 때로 남은 자로 번역되는 이 단어는 이스라엘 백성 가운데 하나님을 향한 믿음을 끝까지 지킨 신실한 자들을 가리킨다. 바울은 이 절을 인용하여 그의 시대까지 이스라엘의 신실한 자들이 남아 있음을 증거했다(롬 9:29). 그런 남은 자들은 메시아께서 재림하시고 그 민족이 다시 회복될 때 귀환 이스라엘의 핵심을 이룰 것이다. 10:20과 호세아 1:10을 보라. **소돔…고모라** 하나님은 소돔과 고모라 사람들의 입에 담기 어려운 죄악 때문에 이 두 가나안 성에 유황과 불을 비처럼 내려 그들을 멸하셨다(창 18:20; 19:24, 25, 28). 그 이후로 이 두 성은 모든 백성에 대한 하나님의 심판을 상징하는 일종의 관용구가 되었다(예를 들어 13:19; 신 29:23; 렘 23:14; 49:18; 50:40; 암 4:11; 습 2:9; 마 10:15; 벧후 2:6; 유 7절). 하나님의 은혜가 개입하지 않았다면 이스라엘을 이들처럼 이미 심판하셨을 것이다.

1:10-17 이사야 선지자는 악한 두 성읍, 소돔과 고모라의 이름을 유다와 예루살렘에 적용하여 그들의 공허한 형식주의적 예배를 비난한다. 하나님은 모세가 정한 의식에 참여하는 그들의 행위를 역겹게 느끼셨다. 예배 의식에 충실하지만 악과 죄악을 버리지 않았기 때문이다.

1:11 **나는…배불렀고…기뻐하지 아니하노라** 참고. 사무엘상 15:22, 23. 하나님은 먼저 그 율법에 순종하지 않고 제사를 드린다면 그 모든 제사가 무의미하고 심지어 역겹다고 판단하신다. 패역함은 마녀를 숭배하는 죄와 같은 것이고 완악함은 불의와 우상숭배나 마찬가지다.

1:13, 14 **월삭과 안식일과 대회로 모이는 것도…성회와** 이것은 모두 모세 율법에서 규정한 것이다(참고. 출 12:16; 레 23; 민 10:10; 28:11-29:40; 신 16:1-17).

1:14 **내 마음이…싫어하나니** 하나님은 위선적 종교를 지극히 혐오하신다. 하나님이 미워하시는 다른 행위로는 번제물을 강탈하는 행위(61:8), 다른 신을 섬기는 행위(렘 44:4), 이웃에 대해 악의를 품고 거짓 맹세를 즐겨하는 행위(슥 8:16), 이혼(말 2:16), 폭력을 즐기는 것(시 11:5)이 포함된다.

1:16, 17 **악한 행실을 버리며…정의를 구하며** 예루살렘에 만연한 형식주의의 허무함은 악이 비일비재하고 선한 행실을 찾아보기 어렵다는 데서 외적 증거가 드러난다.

1:17 **고아…과부** 선한 행실은 어려움에 빠진 이들을 돕는 모습으로 드러난다(23절; 신 10:17, 18; 14:29; 24:17, 19, 20, 21; 26:12, 13; 27:19; 약 1:27).

1:18-20 16절의 정결함에 대한 요구에서 한 걸음 더 나아가 하나님은 죄 용서를 구하고 순종하고자 하는 죄인들을 용서하신다. 이 단락은 심판보다는 은혜와 용서를 더 부각시키는 이사야서 마지막 27개 장의 예고편에 해당한다.

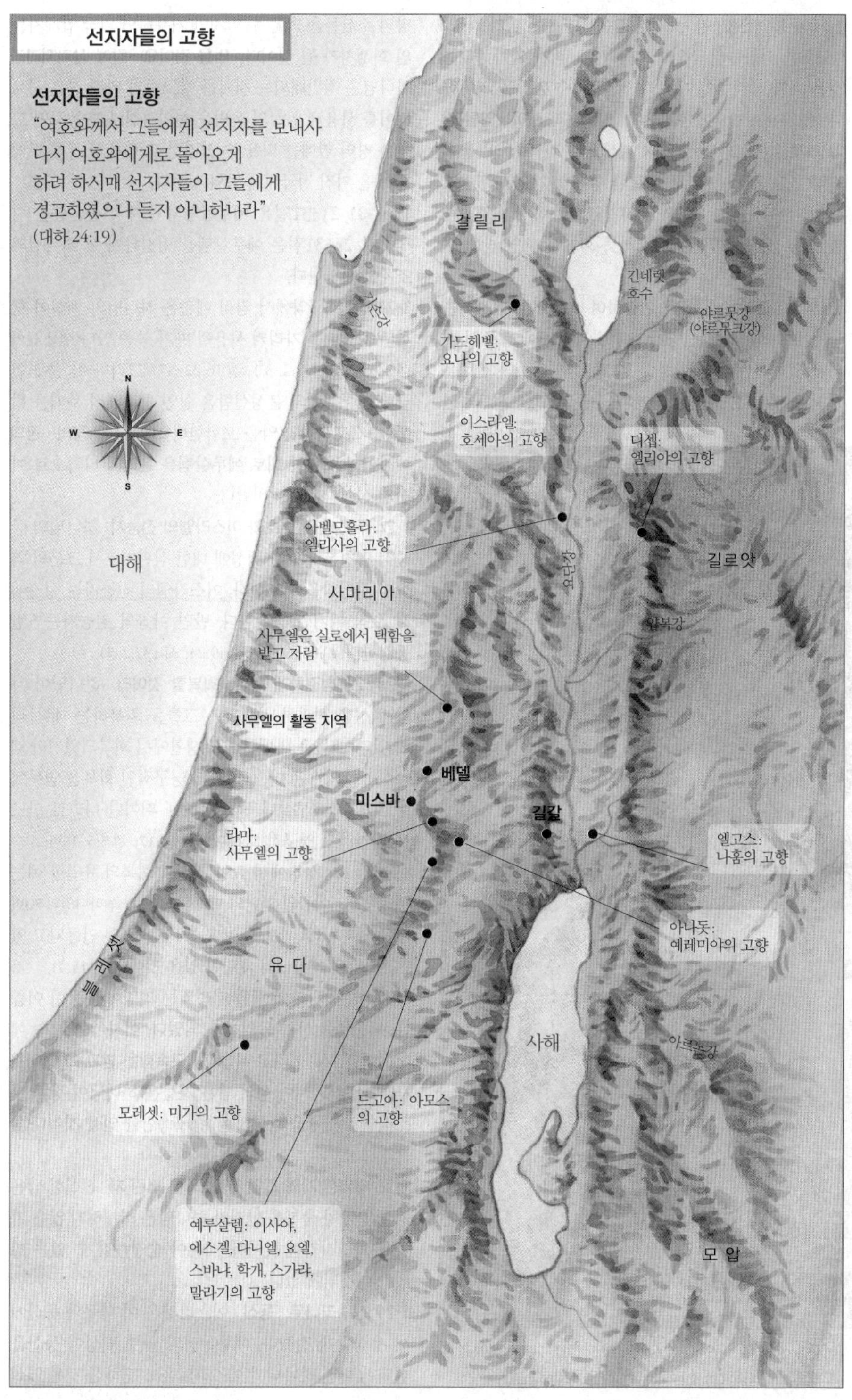
선지자들의 고향
선지자들의 고향
"여호와께서 그들에게 선지자를 보내사
다시 여호와에게로 돌아오게
하려 하시매 선지자들이 그들에게
경고하였으나 듣지 아니하니라"
(대하 24:19)
갈릴리
긴네렛
호수
야르뭇강
(야르무크강)
기손강
가드헤벨:
요나의 고향
N
W
E
S
이스라엘:
호세아의 고향
디셉:
엘리야의 고향
아벨므홀라:
엘리사의 고향
대해
요단강
길르앗
사마리아
얍복강
사무엘은 실로에서 택함을
받고 자람
사무엘의 활동 지역
베델
미스바
길갈
라마:
사무엘의 고향
엘고스:
나훔의 고향
아나돗:
예레미야의 고향
블레셋
유다
사해
아르논강
모레셋: 미가의 고향
드고아: 아모스
의 고향
예루살렘: 이사야,
에스겔, 다니엘, 요엘,
스바냐, 학개, 스가랴,
말라기의 고향
모압

사

1:18 주홍…진홍 이 두 가지 색은 그 "손에 피가 가득"(15절)한 사람들의 죄악을 가리킨다. 피가 가득하다는 것은 죄와 패역함이 이루 다 말로 할 수 없음을 의미한다(참고. 59:3; 겔 9:9, 10; 23:37, 45). **눈과 같이…양털 같이 희게** 눈과 양털은 원래 흰색으로, 따라서 피 흘린 죄악(15절)을 씻음 받고 정결한 상태를 가리킨다(참고. 시 51:7). 이사야는 은혜의 선지자였지만 용서는 조건적이었다. 용서는 19절이 암시하듯 회개할 때만 받을 수 있다.

1:19, 20 즐겨 순종하면…거절하여 배반하면 이사야는 독자에게 하나님이 신명기 28장에서 모세에게 주신 것과 동일한 선택을 제안한다. 즉 축복과 저주의 선택을 제안한 것이다. 그들이 회개와 순종의 길을 선택하면

「이사야 선지자(*The Prophet Isaiah*)」 1511-1512년. 라파엘로. 프레스코화. 250x155cm. 산타고스티노 성당. 로마.

땅의 소산물을 먹을 수 있지만 거부하면 외국 압제자들의 희생자가 될 것이다. **먹을 것이요…칼에 삼켜지리라** 하나님은 정반대되는 결과를 강조하기 위해 같은 히브리어를 사용해 양측의 운명을 설명하신다. 순종하면 그들은 땅의 열매를 먹을 수 있지만 그 반대의 경우 강력한 힘을 가진 적국에게 먹힐 것이다.

1:21-31 21-31절은 예루살렘의 현재적 불순종을 지적하며, 24-31절은 예루살렘을 정결하게 할 하나님의 조치를 설명한다.

1:21 창기 구약에서 영적 매춘은 하나님의 백성이 행한 우상숭배를 가리켜 사용될 때가 종종 있다(예를 들어 렘 2:20; 3:1; 호 2:2; 3:1; 겔 16:22-37). 그러나 이 절에 언급한 예루살렘의 불성실함은 살인과 총체적 부패를 비롯한 더 포괄적인 악을 포함한다(21, 23절). **정의…공의** 이사야가 예언한 대로 예루살렘은 윤리적 타락으로 이전의 신실함을 잃어버렸다.

1:24 주 만군의 여호와 이스라엘의 전능자 하나님의 삼중적 명칭은 범죄한 백성에 대한 심판자로서 그분의 역할이 정당함을 강조한다. 이스라엘의 전능자는 성경에서 오직 여기만 등장한다. 반면 야곱의 전능자는 5번 등장한다(49:26; 60:16; 창 49:24; 시 132:2, 5).

1:25, 26 청결하게 하며…회복할 것이라 하나님이 자기 백성을 심판하시는 것은 그들을 회복하는 데 목적이 있다. 그들은 바벨론 포로생활에서 회복되었지만(렘 29:10) 이 약속은 더 놀랍고 더 영구적인 회복을 염두에 두고 있다. 예루살렘을 열국 중에 뛰어난 나라로 만드는 완전하고 영구적 회복이다(렘 3:17; 겔 5:5; 미 4:2; 슥 8:22; 14:16). 성경에서 그런 청결과 회복의 유일한 예는 미래에 올 "야곱의 환난의 때"[렘 30:6, 7. 즉 다니엘의 70번째 주(일흔 이레). 참고. 단 9:24-27]와 관련해 언급되고 있다. 이 뒤에 메시아의 재림이 있을 것이다(슥 14:4).

1:27 시온 원래 오벨을 가리키는 지명이었던 이 이름은 예루살렘 성의 동의어가 되었다. 이사야는 계속 예루살렘을 시온이라고 부른다. **구속함을 받고 그 돌아온 자들** 죄를 회개한 성의 남은 자들은 하나님이 장차 이스라엘의 영광을 회복하실 때 구속함을 얻을 것이다(참고. 59:20).

1:28 패역한 자와 죄인…여호와를 버린 자 신실한 남은 자들은 장차 축복을 받지만 하나님은 회개하지 않은 자들을 파멸시키실 것이다. 시온이 순결해질 수 있는 방법은 이것밖에 없다.

1:29 상수리나무…동산 이스라엘은 이 나무와 동산에서 우상에게 절했다. 예루살렘의 일부 백성이 동산을 선택한 반면 하나님이 이스라엘을 선택하신 것은 역설

적이다. 하나님이 그들의 악한 선택에 대해 책임을 물으시는 날 수치와 부끄러움을 당하게 될 것이다.

1:31 **탈 것이나 끌 사람이 없으리라** 패역한 죄인과 그 행위가 모두 멸망할 것이다. 이것은 또다시 포로로 끌려가는 형벌이 아닌 마지막 심판을 말한다.

2:1-5:30 2-5장은 하나의 연관된 단일 담화로 이루어져 있다.

2:1-5 이것은 이 담화에서 시온(예루살렘)이 미래에 받을 영광을 묘사한 세 가지 그림 중 첫 번째 그림이다(참고. 2:6-4:1; 4:2-6).

2:2-4 미가서는 이사야의 이 예언 부분을 거의 토씨 하나 틀리지 않게 그대로 인용함으로써(미 4:1-3) 이사야와 동시대 사람인 그가 직접 이사야한테서 이 말씀을 들었을 가능성을 암시한다. 두 구절 모두 미래의 시온, 즉 모든 백성이 예루살렘을 세상의 수도로 인정할 메시아적 왕국에 대한 예언적 그림을 보여준다.

2:2 **말일에** *말일*은 메시아 시대의 전망이 담긴 표현이다(겔 38:16; 호 3:5; 미 4:1). 신약은 이 표현을 예수 그리스도의 초림과 함께 시작된 기간에 적용한다(행 2:17; 딤후 3:1; 히 1:2; 약 5:3; 벧후 3:3). 구약 선지자들은 메시아의 두 강림, 즉 초림과 재림의 중간 기간을 따로 구분해 용어를 사용하지 않고 이 표현을 지상 왕국, 즉 요한계시록 20:1-10에서 말한 천년왕국을 세우시기 위해 오시는 메시아의 재림과 연관시켰다. **여호와의 전의 산** 이것은 예루살렘의 성전이 있는 시온산을 가리킨다. 이 표현은 구약에서 여기 외에도 2번 더 사용되었다(대하 33:15; 미 4:1).

2:3 **여호와의 산** 이사야는 시온산을 종종 "거룩한 산(성산)"이라고 부른다(11:9; 27:13; 56:7; 57:13; 65:11, 25; 66:20).

2:4 **칼을 쳐서 보습…창을 쳐서 낫** 메시아가 예루살렘 보좌에 앉으시면 세상은 유례없는 평화를 누리게 될 것이다. "평강의 왕"(9:6)이 재림하셔서 전쟁을 종식시키

천년왕국에서 열방이 메시아를 섬기리라

1. 사 2:2, 3
2. 사 56:6-8
3. 사 60:6-9
4. 사 66:18, 23
5. 미 4:1, 2
6. 슥 2:11
7. 슥 14:16
8. 마 25:32-34

실 때에야 인간 역사에 전쟁이 그칠 것이다.

2:6-4:1 유다의 영광스러운 미래를 전망한 후(2:1-5) 이사야 선지자는 현재로 다시 돌아와(예루살렘의 두 번째 그림) 예루살렘에 횡행하는 우상숭배를 책망하고 그로 말미암은 하나님의 심판을 경고한다(참고. 4:2-6).

2:6-9 이사야는 예루살렘 백성에 대한 하나님의 공식적인 고소 내용을 알린다.

2:6 **동방 풍속** 동쪽에서 온 대상들을 통해 유입된 종교적 미신들이 예루살렘과 그 인근 지역에 성행했다.

2:8 **우상도 가득하므로** 이사야가 예언 사역을 했던 왕들 가운데 두 왕, 요담과 아하스는 우상에게 절하는 산당을 없애는 데 실패했다(왕하 15:35; 16:4).

2:10-22 이 단락은 미래에 있을 주의 날에 벌어질 일을 묘사한다. 내용의 일부가 바벨론 유수 때 유다가 겪은 일과 일치하지만 여기서 예고된 심판의 강도는 그때와 부합하지 않는다. 그리스도가 오시기 전 대환난 때 이런 심판의 공포를 경험할 것이다.

2:12 **여호와의 날** '여호와의 날'은 하나님의 극에 달한 진노의 때를 가리키는 구절로 구약에서 16회 등장하고(사 2:12; 13:6, 9; 겔 13:5; 30:3; 욜 1:15; 2:1, 11, 31; 3:14; 암 5:18, 20; 습 1:7, 14; 슥 14:1; 말 4:5) 여호와의 날(주의 날)은 가까운 미래의 심판을 가리킬 수도 있고(겔 13:5; 30:3) 훨씬 먼 후대의 심판을 가리킬 수도 있다(슥 14:1; 살후 2:2). 두 가지로 표현된 여호와의 날은 아직 성취되지 않고 다니엘의 70번째 주(일흔 이레)의 끝(욜 3:14; 말 4:5; 살전 5:2을 보라), 천년왕국의 끝(벧후 3:10을 보라)에 이루어질 것이다. 주의 날은 섭리적 방식으로(겔 30:3) 또는 하나님의 손으로 직접(벧후 3:10) 이루어질 수 있다. 때로 가까운 미래의 성취(욜 1:15)는 먼 미래에 이루어질 성취(욜 3:14)를 예표하며, 때로는 두 가지 종류의 성취가 모두 한 구절에 포함될 때도 있다(13:6, 9; 습 1:7, 14). 여기서 이사야는 야곱의 환난 날이 끝날 때인 먼 미래의 성취를 말하고 있다(렘 30:7). *요엘 1:15과 데살로니가전서 5:2에 대한 설명을 보라.*

2:13 **레바논의…백향목과 바산의…상수리 나무** 백향목과 상수리나무는 구약 시대 사람들의 숭배 대상이었다(시 92:12; 104:16; 겔 27:6; 31:3). 그러나 이런 아름다운 피조물들도 인간의 죄악으로 파괴되고 말 것이다.

2:19 **암혈과 토굴** 요한계시록 6:12, 15, 16은 이 구절과 2:21을 인용해 그리스도가 세상에 재림하시기 전에 대환난의 공포를 피해 사람들이 도망가는 장면을 그렸다. 이것은 이 예언의 최종 성취가 다니엘의 70번째 주(마지막 이레)에 이루어질 것임을 보여준다.

2:22 **인생을 의지하지 말라** 이것은 독자에게 다른 인

간을 의지하지 말고 오직 하나님만을 의지할 것을 명한다. 오직 그분만이 의지하기에 합당하신 분이다.

3:1-4:1 예루살렘과 유다에 대한 하나님의 고발과 심판은 계속된다.

3:1 **주 만군의 여호와** 하나님은 자신의 지고한 권위를 강조하시며 스스로를 만군의 주권자이신 아도나이('주')와 강한 전사와 같은 '만군의 주'로 호칭하신다.

3:1-3 **제하여 버리시되…능란한 요술자** 하나님의 심판에는 백성의 지도자를 제거하는 것이 포함될 것이다.

3:4, 5 **아이들…존귀한 자** 미숙한 정부로 말미암아 백성의 삶은 전 분야에서 타락과 무책임이 판을 칠 것이다.

3:6, 7 **이 폐허를…백성의 통치자** 무정부 상태가 되어 혼란이 극에 도달해 아무도 백성을 다스리는 일을 맡으려고 하지 않을 것이다.

3:8 **예루살렘…유다** 주전 586년의 예루살렘 멸망은 이 예언의 부분적 성취에 불과하다. 최종 성취는 그리스도가 재림하시기 직전에 이루어질 것이다. **여호와를 거역하여** 시온이 겪는 혼란의 근본 원인이 표면화되었다. 그것은 여호와에 대한 그들의 노골적 반역이 원인이었다. 백성은 수치심도 모르고 죄를 지었다. 다시 말해 죄를 지었음에도 숨기고자 하지 않았다(3:9).

3:12 **아이…여자들** 아이들과 여자들은 백성을 통치할 지도자로서 무능력하다는 인식이 있었기 때문에 무능한 통치자들을 비유적으로 표현한 것이다.

3:14 **포도원** 지도자들이 포도원을 망친 것은 불의로 나라를 통치한 것을 말한다. 이사야는 5:1-7에서 더 자세히 하나님의 백성을 포도원에 비유한다.

3:16 **시온의 딸들** 여자들이 아름다움 자체를 위해 용모를 가꾼다는 것은 백성이 도덕적으로 타락하고 하나님의 영광에서 떠난 것을 뜻한다. 여자들은 외모와 외적인 일에 골몰하기보다(16-24절) 내면의 아름다움을 가꿔야 마땅하다(딤전 2:9, 10; 벧전 3:3, 4). **발로는 쟁쟁한 소리를 낸다** 발목에 장식용 체인을 달았기 때문에 종종걸음으로 걸을 수밖에 없었고, 이로 말미암아 쟁쟁거리는 소리가 나서 사람들의 이목을 끌었다.

4:1 **일곱 여자…한 남자** 여호와의 날(*2:12에 대한 설명을 보라*)에 여호와는 남자들이 죽어 남편감 품귀 현상을 빚도록 하셔서 악한 여인들을 간접적으로 심판하실 것이다.

4:2-6 시온에 대한 세 번째 그림은 첫 번째 그림(2:1-5)과 유사하다. 순결하게 되어 그 땅에서 번영을 누리는 모습이다.

4:2 **싹** 이 메시아적 명칭은 예레미야 23:5; 33:15(영어 성경에서는 "가지"로 번역됨—옮긴이); 스가랴 3:8; 6:12에도 등장한다. 이 명칭에 함축된 개념은 성장의 개념이 내포된 사무엘하 23:5과 관련이 있다. 가지에 생명이 있기 때문에 영적 과실을 맺을 것이다(참고. 요 15:4, 5).

4:3 **남아 있는 자…거룩하다** '거룩하다' 또는 '구별되다'는 그날에 하나님의 형통하게 하심을 기업으로 받을 남은 자들을 묘사하는 또 다른 방법이다(참고. 1:9, 27; 3:10).

4:4 **소멸하는 영** 불로 태워 정결하게 하는 다른 사례들은 1:25과 6:6, 7을 보라.

4:5, 6 **덮개…초막** 장차 예루살렘의 거민들은 시온산의 영광 위에 덮개를 두고 보호해주시는 여호와의 손길을 누릴 것이다. 이것은 성전에 셰키나 영광이 돌아오리라는 에스겔의 예언을 떠올리게 한다(겔 43:2-5).

5:1-30 2:1에서 시작된 담화는 하나님의 백성을 애써 가꾸었으나 열매를 맺지 않는 포도원에 비유하는 내용의 단락으로 마무리된다.

5:1 **사랑하는 자** 하나님은 이사야가 깊이 사랑하는 친구다. 포도원은 하나님의 포도원이다(5:7).

5:2 **좋은 포도…들포도** 주인은 포도나무의 생산성을 높이고 보호하려고 정성을 다했다. 이것은 하나님이 이스라엘을 순전히 은혜로 선택하셨음을 보여준다. 그렇게 투자하셨으므로 당연히 좋은 결과를 기대하지만 포도나무는 '신맛이 나는' 도무지 먹을 수 없어 버릴 수밖에 없는 열매를 맺었다.

5:5 **헐어 짓밟히게 할 것이요** 열매를 맺지 않은 데 대한 형벌로 이스라엘은 황무하게 되었고 원하면 어느 나라나 침범해 짓밟아도 되는 존재가 되었다. 이 일은 주전 586년 바벨론 침공으로 성취되었고 메시아의 재림하심으로 온 민족이 회개할 때까지 반복될 것이다.

5:7 **정의…포학…공의…부르짖음** 7절 히브리어를 영어로 표현하면 equity(공평), iniquity(불의), right(옳음), riot(폭동)으로 확실한 언어유희가 드러난다.

5:8-23 이사야는 회개하지 않는 이스라엘 민족에 대해 여섯 가지 저주(심판)를 선언한다.

5:8-10 첫 번째 저주는 탐욕과 물질주의의 노예가 된 부동산을 소유한 자들에 대한 것이다.

5:8 **가옥에 가옥을…전토에 전토를** 하나님은 각 지파와 가문에 할당하신 그대로 유지되기를 원하시며 이스라엘에게 가나안 땅을 주셨다(레 25:23-25). 이사야 시대에 이르러 토지 투기꾼들이 거대한 부동산을 손에 넣었고(미 2:2, 9) 권력과 부를 가진 자들은 법을 악용해 가난한 자들의 정당한 유산을 빼앗고 가로챘다(암 2:6, 7).

5:10 **한 바트…한 에바** 하나님은 지력을 완전히 떨어

뜨려 수확물이 없도록 하시는 방법으로 탐욕스러운 부자들을 심판하셨다. 1바트는 대략 6갤런에 해당하는 양이었다. 약 6부셸의 씨를 뿌려 겨우 반 부셸도 안 되는 곡식을 거둔 것이다. 그 정도로 당시 기근이 심각했다.

5:11, 12 두 번째 저주의 대상은 술 취한 자들로 그들은 하나님의 심판과 구속 사역에 무관심으로 일관하며 쾌락에 심취했다.

5:14 **스올** 죽음을 의미하는 이 단어는 아가리를 크게 벌리고 그 희생자들을 삼킬 준비가 된 거대한 괴물처럼 묘사되고 있다. 이는 하나님이 백성의 죄악을 심판하시고자 포로로 잡혀가게 하실 자들의 운명이다.

5:18, 19 여호와를 거부하고 그 선지자를 조롱한 자들이 세 번째 저주의 대상이다.

5:19 **그는 자기의 일을 속속히 이루어** 불신자들은 사실상 '이사야, 네가 그렇게 말한 심판이 언제 오느냐? 어서 보여줘 봐. 우리 눈으로 보면 믿겠다'라고 조롱했다. 빨리 심판해보라는 하나님에 대한 이 도전은 이스라엘의 거룩하신 이가 그 백성을 정말 심판하시리라고 믿지 않았다는 것을 의미한다. 이사야는 아들의 이름을 '빨리 노략하라. 빨리 약탈하라'고 짓는 것으로 이 조롱에 반응한다(8:1. 참고. 5:26).

5:20 **악을 선하다 하며 선을 악하다 하며** 네 번째 저주는 온 나라에 횡행하는 도덕적 가치의 전도 현상에 대한 것이었다. 그들은 모든 도덕적 구분을 철저히 무너뜨리고 훼손했다.

5:21 **스스로 지혜롭다 하며** 다섯 번째 저주 대상은 "교만은 패망의 선봉이요"(잠 16:18)라는 백성의 교만이었다.

단어 연구

빛(Light): 2:5; 5:30; 10:17; 13:10; 30:26; 45:7; 58:10; 60:20. 실제 빛이나 상징적 빛을 의미한다. 이 히브리어 단어는 종종 낮이나 새벽의 의미로 사용되지만(삿 16:2; 느 8:3), 생명과 구원을 상징할 때도 있다(욥 33:28, 30; 시 27:1; 36:9; 49:19; 미 7:8, 9). 성경에서 빛은 종종 참된 지식과 명철(42:6; 49:6; 51:4; 욥 12:25)과 연관되며 심지어 기쁨이나 행운, 선함(욥 30:26; 시 97:11)과 연관되기도 한다. 또한 성경은 빛이 하나님의 옷이라고 묘사한다. 이것은 하나님의 영광과 위엄과 명예를 강조하는 생생한 그림이다(시 104:2; 합 3:3, 4). 올바른 삶은 하나님의 빛 가운데 걷는 것으로 표현되기도 한다(2:5; 시 119:105; 잠 4:18; 6:20-23).

5:22, 23 **악인을 의롭다 하고** 여섯 번째 저주 대상은 뇌물을 받고 술에 취한 재판관들의 굽은 판결이었다.

5:24-30 담화의 결론에 해당하는 이 단락은 유다에 무서운 군대를 보내고 그 땅을 짓밟아 무너뜨리고 암흑과 비통에 휩싸이게 하실 하나님의 심판을 선언한다.

5:26 **먼 나라들** 하나님이 이스라엘을 심판하도록 나라들을 보냈는데 그 대표적 나라는 다음과 같다. 첫째, 앗수르로 주전 722년 북왕국을 무너뜨렸다. 둘째, 바벨론으로 주전 586년 예루살렘을 완전히 함락시키고 성전을 파괴했다.

5:30 **흑암** 백성에 대한 하나님의 진노는 빛 없는 흑암이 임하도록 하는 것이었지만(8:22; 42:7) 남은 자들을 구원하시리라는 약속으로 메시아가 오시는 날 그 어둠은 결국 빛으로 바뀔 것이다(9:2; 42:16; 58:10; 60:2).

6:1-5 임박한 심판을 선언할 선지자로 이사야를 부르시기 전 하나님은 먼저 자신의 거룩하심을 환상으로 보게 하셨다. 그 두려운 환상에 압도된 그는 떨며 자신의 죄성을 깨닫게 되었다.

6:1 **웃시야 왕이 죽던 해에** 52년간의 통치가 끝나고 웃시야는 문둥병에 걸려 주전 739년에 사망했고(참고. 대하 26:16-23) 이사야는 그 해에 선지자로서 사역을 시작했다. 그는 부르심을 받고 나서 첫 다섯 장의 예언을 받았지만 자신이 부름받은 과정을 서술해 이미 기록한 내용의 진정성을 다시 확인시켜 준다. **내가 본즉** 이사야는 외부 세계를 전혀 의식하지 않고 내면의 눈으로 하나님이 계시해주신 것을 보았다. 이런 경험은 요한계시록 4:1-11의 요한이 경험한 예언의 환상과 비슷하다. **높이 들린** 높은 곳에 들린 보좌는 하나님의 지극히 높으심을 강조한다. **옷자락** 이것은 성전을 가득 채운 주의 영광스러운 옷의 자락을 말한다. **성전** 이사야는 지상의 성전에 있었지만, 여기서는 지상의 성전을 초월한 환상 속의 성전을 말한다. 하나님의 보좌는 천상의 성전에 있다(계 4:1-6; 5:1-7; 11:9; 15:5-8).

6:2 **스랍** 스랍은 천사들의 한 위계로 요한계시록 4:6의 네 생물과 유사하다. 또한 이들은 에스겔 10:1 이하의 그룹들과 비슷하다. **여섯 날개** 스랍들은 감히 하나님의 영광을 직접 볼 수 없어 두 날개로 얼굴을 가렸다. 두 날개는 발을 가려 자신들의 비천함을 인정했다. 하나님을 섬기는 거룩한 일을 하고 있었음에도 그들은 겸손했다. 두 날개로는 보좌에 계신 분을 섬기며 날았다. 이처럼 네 개의 날개는 예배와 관련이 있어 찬양의 우선순위를 강조한다.

6:3 **서로 불러 이르되** 스랍들은 교창으로 찬양하며 서로에게 화답했다. **거룩하다 거룩하다 거룩하다** 하나님

사

의 거룩함을 연달아 세 번 반복하는(삼중 거룩송) 중요한 의도는 하나님이 타락한 피조물과 구별되시며 독립적이심을 강조하기 위해서다. 이차적으로는 하나님이 삼위이심을 암시하기 위해서다. 네 생물이 삼중송을 부르는 요한계시록 4:8을 보라. **그의 영광이…충만하도다** 세상은 그 피조물에 드러나는 측량하기 어려운 그의 영광과 완전함과 그 속성을 온 세계가 보도록 배치한 전시 공간과 같다(롬 1:20을 보라). 그럼에도 타락한 인간은 그분을 하나님으로 고백하며 그분께 영광 돌리기를 거부한다(롬 1:23).

6:4 **요동하며…연기** 땅의 흔들림과 연기는 하나님의 거룩하심을 상징하며, 그의 진노와 심판과 관련이 있다(참고. 출 19:16-20; 계 15:8).

6:5 **입술이 부정한** 입술이 부정하면 마음도 부정하다. 하나님의 거룩하심에 대한 환상을 보자 이사야는 자신의 무가치함을 생생히 깨달았고 심판을 받아 마땅하다

신약성경에 인용된 이사야서

이사야	신약	이사야	신약
1:9	롬 9:29	42:1-3	마 12:18-20
6:9	눅 8:10	42:4	마 12:21
6:9, 10	마 13:14, 15	43:20	벧전 2:9
	막 4:12	43:21	벧전 2:9
	행 28:26, 27	45:21	막 12:32
6:10	요 12:40	45:23	롬 14:11
7:14	마 1:23	49:6	행 13:47
8:8, 10	마 1:23	49:8	고후 6:2
8:14	롬 9:33	49:18	롬 14:11
	벧전 2:8	52:5	롬 2:24
8:17	히 2:13	52:7	롬 10:15
8:18	히 2:13	52:11	고후 6:17
9:1, 2	마 4:15, 16	52:15	롬 15:21
10:22, 23	롬 9:27, 28	53:1	요 12:38
11:10	롬 15:12		롬 10:16
22:13	고전 15:32	53:4	마 8:17
25:8	고전 15:54	53:7, 8	행 8:32, 33
27:9	롬 11:27하	53:9	벧전 2:22
28:11, 12	고전 14:21	53:12	눅 22:37
28:16	롬 9:33	54:1	갈 4:27
	롬 10:11	54:13	요 6:45
	벧전 2:6	55:3	행 13:34
29:10	롬 11:8	56:7	마 21:13
29:13	마 15:8, 9		막 11:17
	막 7:6, 7		눅 19:46
29:14	고전 1:19	59:7, 8	롬 3:15-17
40:3-5	눅 3:4-6	59:20, 21	롬 11:26, 27
40:3	마 3:3	61:1, 2	눅 4:18, 19
	막 1:3	62:11	마 21:5
	요 1:23	64:4	고전 2:9
40:6-8	벧전 1:24, 25	65:1	롬 10:20
40:13	롬 11:34	65:2	롬 10:21
	고전 2:16	66:1, 2	행 7:49, 50

는 것을 알았다. 욥(욥 42:6)과 베드로(눅 5:8)는 주의 임재 앞에서 동일한 깨달음을 얻었다(참고. 겔 1:28-2:7; 계 1:17).

6:6-13 환상을 본 이사야는 고통스러울 정도로 자신의 심각한 죄악을 깨달았고 애통해하며 자복했다(참고. 66:2, 5). 이렇게 하나님은 그가 정결함을 입고 소명을 받도록 준비해주셨다.

6:6 **제단…숯** 천상의 분향 제단(참고. 계 8:3-5)에서 가져온 뜨거운 숯은 하나님의 정결하게 하시는 사역을 상징한다. 회개는 고통스러운 일이다.

6:7 **제하여졌고…사하여졌느니라** 이것은 구원의 선언이 아니라 주님을 위해 특별한 일을 하기 위한 영적 정결 과정이다.

6:8 **우리를** 이 복수대명사는 삼위일체 교리를 직접적으로 증거하지는 않지만 강하게 암시하고 있다(참고. 창 1:26). **내가 여기 있나이다 나를 보내소서** 이 반응은 하나님을 완벽하게 신뢰한 데서 나오는 겸손한 순종의 증거다. 이사야는 자기 죄를 잘 알고 있었지만 하나님의 도구로 사용되기를 원했다.

6:9, 10 **깨닫지 못할 것이요…알지 못하리라** 이사야가 전하는 메시지는 눈이 멀어 깨닫지 못하는 백성에게 진리를 숨기는 하나님의 도구로 사용될 예정이었다. 수백 년 후 예수님의 비유 역시 동일한 역할을 할 것이다(마 13:14, 15; 막 4:12; 눅 8:10. 참고. 29:9, 10; 42:18; 43:8; 신 29:4; 요 12:40; 행 28:26, 27; 롬 11:8).

6:11, 12 **어느 때까지니이까** 백성이 완강하게 거부하자 이사야는 언제까지 하나님의 심판에 대한 이 메시지를 전해야 하는지 묻는다. 하나님은 성읍들이 황폐하고(11절) 그 백성이 이방의 포로로 끌려갈 때까지(12절) 계속되어야 한다고 대답해주신다.

6:13 **십분의 일이…남아 있을지라도** 대부분 하나님을 거부하겠지만 "그루터기"와 "거룩한 씨"라고도 하는 십분의 일에 해당하는 사람은 이스라엘의 신실한 남은 자들을 대표하며 듣고 믿는 핵의 역할을 할 것이다.

2. 유다의 정치적 혼란(7:1-12:6)

7:1, 2 아람과 이스라엘(즉 북왕국 열 지파)이 유다를 침략했지만 성공하지 못했고, 이 사건을 계기로 디글랏 빌레셀의 앗수르 군대가 이스라엘에 상주하게 되었다. 아하스가 왕위에 오른 직후(주전 735년) 아람과 이스라엘의 동맹군이 유다의 안전을 위협하자 유다 왕과 백성은 큰 두려움에 떨었다. 역대하 28:5-8, 17-19을 보라.

7:2 **다윗의 집** 이 표현은 다윗 왕조를 가리키며 구체적으로 현재 왕인 아하스를 말한다.

7:3 **스알야숩** 이 이름은 '남은 자가 돌아오리라'는 뜻이다. 이사야의 아들은 그 백성들 중 믿는 자들에게 하나님의 신실하심을 확인해주는 실물 교육 자료였다.

7:4 **두려워하지 말며** 이사야가 아하스에게 전한 메시지는 안심하라는 재확신의 말씀이었다. 유다를 침략하는 두 왕의 시도는 수포로 돌아갈 것이다.

7:8 **에브라임이 패망하여** 여기서 에브라임 지파는 북쪽 열 지파를 말한다. 이사야는 우상숭배로 심판이 임박했음을 예언한다(참고. 호 4:17). 65년 안에 그들이 먼저 주전 722년 대부분의 백성이 포로로 끌려가고(왕하 17:6) 다음으로 주전 670년 외국인들의 이주(왕하 17:24; 대하 33:11; 스 4:2)가 이루어져 나라로서 명맥이 완전히 끊어질 것이다.

7:9 **믿지 아니하면…굳게 서지 못하리라** 선택은 아하스의 몫이었다. 하나님의 약속을 신뢰하든지 적의 수중에 떨어지든지, 최악의 경우 그 마음이 완전히 완악해지든지(6:9, 10) 그의 선택에 달려 있었다.

7:11 **징조** 하나님은 아하스의 믿음을 독려하고자 징조를 구하라고 말씀하시지만 아하스는 겸손함을 가장해 징조를 거부한다(10절).

7:13 **다윗의 집** 아하스가 거절했다는 소식을 듣자 이사야는 바로 청중의 대상을 아하스에게 국한시키지 않고(참고. 2절) 신실한 모든 다윗의 집 사람들에게로 확대한다. 유다 민족은 하나님을 곤비하게 한 죄가 있었다(1:14).

7:14 **징조** 아하스가 징조를 구하기를 사양하자(11, 12절) 하나님은 몸소 징조를 선택하셨다. 그 징조는 아하스 사후의 먼 미래에 이루어질 것이었다. **처녀** 이 예언은 신약에서 기록하듯(마 1:23) 메시아의 동정녀 탄생을 예고한다. 히브리어 단어는 결혼하지 않은 여자를 가리키며 처녀를 의미하므로(창 24:43; 잠 30:19; 아 1:3; 6:8) 이사야가 아들을 낳은 것으로(8:3) 이 예언이 성취되었다고 보기는 어렵다. 참고. 창세기 3:15. **임마누엘** 이 명칭은 마태복음 1:23에서 예수께 적용되며 '하나님이 우리와 함께 계시다'라는 뜻이다.

7:15 **엉긴 젖과 꿀** 엉긴 젖은 응고된 젖으로 부드러운 백색 치즈와 비슷했다. 이것은 이방 침략자들에게 그 땅이 철저히 유린당한 후 먹을 것이 없고 귀해지리라는 것을 의미한다.

7:16 **악을 버리며** 약속한 이사야의 아들이 선악을 분별할 나이가 되기 전에 아람과 에브라임의 두 왕이 앗수르인들의 손에 최후를 맞을 것이다.

7:17 **앗수르 왕이 오는 날이니라** 하나님은 앗수르인들을 사용해 북왕국을 심판하셨을 뿐 아니라 유다 아하스

의 땅을 침범하도록 하셨다. 앗수르 왕의 출현은 유다 민족의 멸망을 시작을 알리는 신호였고, 결국 이들은 바벨론에 포로로 끌려가게 되었다.

7:18-25 이 단락에서 예언된 황폐함은 아하스 시대에 시작되어 바벨론이 유다를 점령하면서 극에 달했다. 그 영향은 메시아께서 이스라엘을 구원하러 오셔서 지상에 그 왕국을 세우실 때까지 계속될 것이다.

7:18 파리…벌 애굽은 파리가 많고 앗수르는 양봉으로 유명한 나라였다. 이 곤충들은 하나님이 유다를 유린하고 그 백성을 포로로 끌고 가도록 소환한 강대국의 군대를 상징한다.

7:19 거친 골짜기…바위 틈 사람들이 접근하기 쉽지 않은 곳까지 이방 침략군들이 득실거릴 것이다.

7:20 세내어 온 삭도 앗수르인들은 주님이 고용한 면도칼로 온 유다의 털을 밀고 그들에게 치욕을 안길 것이다(참고. 1:6).

7:21 어린 암소와 두 양 이방 군대의 침략으로 경제가 농업에서 목축업 위주로 바뀔 것이다. 그 땅에 남은 사람이 별로 없어 농사를 지을 인력이 없어서인데, 당연히 심각한 빈곤에 시달리게 될 것이다.

7:23-25 찔레와 가시 경작하지 않고 버려진 땅에 나는 이 두 식물의 존재는 5:6에서처럼 황폐의 상징이다.

8:1 큰 서판 이사야는 사람들에게 공개하기 위해 커다란 벽보를 준비해야 했다. *마헬살랄하스바스*이라는 어구는 앗수르 침입자들에게 '속히 와서 약탈하라'는 통보였다. 누가 전쟁에서 이길 것인지는 분명했다. *하스바스*는 '노략질을 서둘러라', 즉 정복한 나라의 수확물을 빨리 거두라(5:26)는 요청이었다. 다른 시각에서 보면 그 벽보는 7:18-25에서 이야기한 예언을 반복하는 것이었다.

8:2 진실한 증인 예언이 성취된 후 존경받는 지도자 우리야와 스가랴는 앗수르의 침략 전에 이사야가 그 예언을 했다는 사실을 백성에게 증언했다. 이런 증언은 하나님 말씀의 진실성을 증명했고, 그의 명예를 지켜주었다(신 18:21, 22; 렘 28:9).

8:3 아내 이사야의 아내는 여선지자라고 불렸다. 그녀가 낳은 아들이 앗수르의 침략을 예언하는 역할을 했기 때문이다.

8:4 이 아이가…전에 아람과 북왕국 이스라엘이 약탈당할 시간이 머지않았다. 앗수르인들은 이사야의 아들이 말을 하기 전에 침략을 개시했다. 이 시기에 대한 예언은 7:16의 내용과 유사하지만, 그 예언이 훨씬 더 포괄적으로 적용된다. 가까운 미래에 대한 예언의 성취는 먼 미래에 대한 예언의 성취를 증거하는 역할을 한다.

8:6 이 백성 히브리어는 단수로 표현되어 있다. 이들은 유다 백성(참고. 6:9)을 말하며 이차적으로는 이스라엘 전 민족을 말한다. 아하스는 여호와를 의지하지 않고 앗수르에게 원조를 청했다. **실로아 물** 이것은 예루살렘 성벽 밖의 기혼 샘에서 발원해 성 안의 실로암 연못까지 흘러 성에 물을 대주었다(7:3을 보라). 이것은 예루살렘 성이 하나님을 의지함과 하나님이 그 성을 지켜주신다는 것을 상징했다. 그래야 그들은 살아남을 수 있었다. 먼저 북왕국 이스라엘 열 지파가 주를 의지하기를 거부했다. 후에는 남왕국 유다의 아하스가 같은 죄를 범했다.

8:7 큰 하수 실로아 물이 흐르던 곳으로 유브라데 강이 범람해서 유다로 향하는 모든 길과 유다까지 홍수가 닥칠 것이다. 다시 말해 앗수르 왕이 온 땅을 순식간에 노략하고 황폐하게 만들 것이다. 아하스가 앗수르에게 원조를 청함으로써 겉으로는 유다가 안전하고 평화로워 보이지만(왕하 16:7-18) 이사야는 다윗의 보좌가 허수아비처럼 아무 실속이 없다는 사실을 알았다.

8:8 임마누엘이여 앗수르의 대살육으로 임마누엘의 땅(7:14)은 그 모든 세속적 영광을 다 빼앗길 것이다. 그 땅을 현재 소유하고 언젠가 소유하게 될 자는 그런 처참한 상태로 그 땅을 보아야 할 것이다.

8:9 끝내 패망하리라 앗수르와 다른 이방 열강들이 자신의 힘으로 그 나라를 차지했다고 생각하지 못하도록 선지자는 그들이 주님의 뜻을 위해 도구로 쓰인 것에 불과하며, 결국 그들 역시 망하게 될 것을 일깨워준다.

8:10 하나님이 우리와 함께 계심이니라 히브리어로 임마누엘이다. 처녀가 낳은 아이의 이름(7:14)은 결국 이스라엘의 남은 신실한 자들이 승리하리라는 약속이자 보증이었다.

8:11 강한 손으로 하나님은 이사야에게 큰 능력으로 임하시고 내용의 성격상 처지가 다를 수밖에 없는 백성에게 메시지를 전하도록 하셨다.

8:12 반역자 이스라엘의 많은 사람은 이사야와 예레미야, 여러 선지자가 이방 열강과 화친 정책을 쓰지 말고 오직 하나님만 의지하라고 강조하자 그들을 적국의 끄나풀이라고 생각했다(렘 37:13-15을 보라).

8:14 성소…걸림돌 이사야는 하나님 안에서 힘과 용기를 얻고, 그분을 자기를 정죄하는 자들에게서 보호해주시는 거룩한 피난처로 생각했다. 신약은 이 구절을 예수님을 메시아로 거부한 이스라엘 전체 집단에 적용한다(눅 2:34; 롬 9:32, 33; 벧전 2:8). **이스라엘의 두 집** 그들은 메시아께서 이 땅에 오셔서 회복해주시기 전에는 무너진 채 회복되지 못할 것이다.

8:15 많은 사람들이…걸려 넘어질 것이며 이것은 이스라엘의 넘어짐을 예고한 또 다른 예언으로 여기에는 첫 강림하실 때 메시아를 거부한 일도 포함된다(눅 20:18; 롬 9:32. 참고. 28:16).

8:16 내 제자들 이들은 신실한 하나님의 남은 자들이며, 따라서 이차적 의미에서 이사야의 제자들이다. 그들은 그의 예언 기록을 보관할 책임을 맡았다. 그렇게 해야 예언대로 앗수르가 침공하면 공개할 수 있을 것이기 때문이다(8:2을 보라).

8:17 기다리며…바라보리라 화자는 이사야로 그는 주의 구원, 신실한 남은 자들에게 약속한 민족적 구원을 기다린다(40:31; 49:23). *히브리서 2:13에 대한 설명을 보라.*

8:18 나와…자녀들 역사적 배경을 볼 때 이들은 이사야와 그의 두 아들을 가리킨다. 그 아들들의 이름은 예언적 의미가 있었다(즉 '표적과 기사'). *히브리서 2:13에 대한 설명을 보라.*

8:19 죽은 자에게 구하겠느냐 이사야 시대 사람들은 사울이 엔돌에서 신접한 자를 통해 사자와 대화한 것처럼(삼상 28:8-19) 심령술사들을 통해 죽은 자들과 소통했다. 하지만 율법은 그런 행위를 엄격히 금했다(레 19:26; 신 18:10, 11).

8:20 율법과 증거 8:16을 보라. 하나님은 대변인인 이사야의 예언으로 빛을 비춰주셨다.

8:21, 22 여기서는 하나님을 저주할 정도로 분노하고 좌절과 절망에 빠진 사람들의 암울한 모습을 묘사한다. 하지만 그 모든 고통은 이사야가 장차 그들에게 임할 환난을 예언했음에도 받아들이지 않아서 자초한 것이었다.

9:1 스불론…납달리…갈릴리 북동쪽 갈릴리의 북쪽 경계와 요단강 서쪽에 위치한 스불론과 납달리는 앗수르 왕이 침공하면 가장 먼저 공격 대상이 될 지역이었다(왕하 15:29). 그것은 이스라엘에 암흑 시대가 열린다는 의미였다. **영화롭게 하셨느니라** 더 정확하게 번역하면 '영화롭게 할 것이다'이다. 처음에는 암울하고 절망스러웠지만 "후에는" 하나님이 그 어둠을 영광으로 바꿔주실 것이다. 신약은 갈릴리가 영광을 받으리라는 이 예언을 예수 그리스도의 첫 강림에 적용한다(마 4:12-16). 마태복음 4:15, 16은 이사야 9:1, 2을 직접 인용했다. 궁극적으로는 그것은 이방 침략자들의 멍에에서 해방되는 그리스도의 재림으로 성취될 것이다.

9:2 큰 빛…빛 메시아의 오심과 빛이 와서 포로생활의 어둠을 몰아내는 것과 같은 의미다(42:16; 49:6; 58:8; 60:1, 19, 20).

9:3 이 나라를 창성하게 하시며 주님은 그 후손을 바다의 모래처럼 많게 해주겠다는 언약(창 22:17)을 다시 확인해주신다.

9:4 멍에와…막대기를…꺾으시되 결국 하나님은 이스라엘을 앗수르와 바벨론, 다른 이방의 압제라는 멍에에서 해방시켜주실 것이다.

9:5 불에 섶 그리스도가 재림하시면 온 세상에 평화가 도래할 것이므로 세상은 더 이상 전쟁에 필요한 도구들이 필요하지 않을 것이다.

9:6 아기…아들 이 단어는 동정녀에게서 태어날 아기인 임마누엘(7:14)의 보충 설명이다. 동정녀에게 난 아기는 또한 다윗의 후계자로 왕위 계승자다(9:7. 참고. 마 1:21; 눅 1:31-33; 2:7, 11). **정사** 이 절과 시편 2:9의 성취로 이 아들이 세상 열국을 통치할 것이다(계 2:27; 19:15). **기묘자…모사** 나머지 세 가지 칭호는 각기 두 단어로 조합되어 있으며, 각 단어 쌍은 한 호칭을 가리킨다. 여기서 이 칭호는 '기이한 모사'라는 뜻이다. 아하스와 달리 이 왕은 그 직책에 따른 책임을 초자연적 지혜로 수행할 것이다(참고. 삼하 16:23; 왕상 3:28). **전능하신 하나님** 강력한 전사로서 메시아는 9:3-5에 언급된 공적을 세우실 것이다(참고. 10:21; 신 10:17; 느 9:32). **영존하시는 아버지** 메시아는 그 백성에게 영원히 아버지가 되어주실 것이다. 다윗 계보의 왕이신 그분은 그들을 긍휼히 여기심으로써 돌보시고 훈계해주실 것이다(40:11; 63:16; 64:8; 시 68:5, 6; 103:13; 잠 3:12). **평강의 왕** 임마누엘 정부는 세계 열국들이 전쟁을 그치고 서로 영원히 평강을 누리도록 할 것이다(2:4; 11:6-9; 미 4:3).

9:7 다윗의 왕좌 동정녀의 아들이 다윗 왕좌의 합법적인 후계자가 되어 다윗 언약의 약속들을 물려받을 것이다(삼하 7:12-16. 참고. 시 89:1-37; 마 1:1).

9:8-10:4 이 시는 주가 수차례 경고했음에도 이스라엘이 주의를 기울이지 않은 무서운 경고의 재앙들을 이야기한다. 동일한 후렴구가 4번 반복되어(9:12, 17, 21; 10:4) 이 시를 네 연으로 구분하는 역할을 한다.

9:9 교만하고 완악한 이스라엘의 몰락은 어떤 결과든 스스로 처리할 수 있다는 자만감 때문이었다(10절).

9:11 르신의 대적들 아람 왕의 대적은 앗수르인이었다.

9:12 그의 손이 여전히 펴져 있으리라 편 손은 그 백성이 이제까지 경험해보지 못한 수준의 심판을 행할 것이다(참고. 5:25).

9:16 인도하는 자…인도를 받는 자들 이스라엘은 악이 더욱 성행해 모든 계층, 심지어 과부와 고아까지 예외가 없었다(17절). 고아와 과부는 특별하게 자비의 대상

그리스도의 탄생에 대한 예언

1. 미 5:2	메시아는 베들레헴에서 탄생하실 것이다(마 2:6).
2. 사 7:14	메시아는 동정녀에게서 태어나실 것이다(마 1:23).
3. 사 7:14	메시아는 임마누엘이라 불리리니 "하나님이 우리와 함께 계시다"라는 뜻이다(마 1:23).
4. 사 9:6	메시아는 인간의 몸을 입은 하나님일 것이다(요 1:1).
5. 사 9:6	메시아는 세상에 평화를 주기 위해 오실 것이다(눅 2:14).
6. 사 9:6, 7	메시아는 다윗의 왕좌에서 다스리실 것이다(마 1:1).

으로 간주되던 이들이었다(1:7).

9:19 사람이 자기 형제를…아니하며 하나님은 진노하심으로 사회가 악으로 자멸하도록 하셨다. 서로를 착취하며 사회는 무정부 상태의 혼란으로 치달았다(20절).

9:21 므낫세…에브라임…유다 요셉의 두 아들(므낫세와 에브라임)의 후손들은 서로 내전을 벌인 적이 있었고(삿 12:4을 보라), 유다와 맞설 때에야 하나가 되었다.

10:1, 2 불의한 법령…가난한 자를 불공평하게 판결하여 이사야 선지자는 하나님이 진노하시는 이유를 다시 설명한다. 불공정한 법의 집행, 가난하고 약한 자들에 대한 핍박 때문이었다.

10:2 과부…고아 1:17을 보라.

10:3 벌하시는 날 앗수르인들이 먼저 침공하고 바벨론과 다른 외국 열강들이 침략할 것이다.

10:5 내 진노의 막대기 하나님은 앗수르를 이스라엘과 유다에 대한 심판의 도구로 사용하셨다. 나중에는 유다에 대해 바벨론을 그 도구로 사용하셨다(합 1:6).

10:6 경건하지 아니한 나라 "내 백성"(2절)은 이스라엘과 유다의 백성이다.

10:7 그의 뜻은 이같지 아니하며 앗수르는 자신이 하나님의 도구라는 사실을 깨닫지 못하고 이스라엘을 함락한 것이 자신들의 강력한 힘 때문이라고 생각했다.

10:9 갈로…다메섹 이들 도시와 영토는 모두 앗수르 침략군에게 항복했다.

10:10, 11 행하지 못하겠느냐 오만한 앗수르는 하나님이 다른 나라들을 심판하실 때 예루살렘을 도구로 사용하셨던 것처럼 그들이 예루살렘을 무너뜨릴 것이라고 경고한다.

10:12 앗수르 왕의…을 벌하시리라 하나님은 앗수르를 사용해 예루살렘을 벌하신 후 오만한 앗수르를 심판하시겠다고 말씀하신다.

10:13, 14 이사야는 앗수르 왕의 오만을 그가 자랑한 내용을 열거하는 것으로 확인시켜 준다(참고. 8-11절).

10:15 도끼…톱…막대기…몽둥이 하나님의 도구에 불과한(5, 24절) 앗수르는 스스로 내세울 지혜나 힘이 없었다.

10:16-19 타게…소멸되며…소멸되리니 앗수르를 도구로 사용하고 나면 하나님은 그 왕국의 생명을 끝내실 것이다(12절을 보라).

10:20 이스라엘의 남은 자 참고. 1:9. 하나님의 주권적 은혜로 보존된 하나님의 작은 무리는 온 민족의 변절 속에서 의로움을 지키고 남은 자들이다. 하나님의 법을 고수하고 순종하고 계승하는 소수의 무리는 늘 있었다. 하나님은 아브라함의 언약을 절대 버리시지 않으므로 언제나 남은 자들이 있을 것이다(참고. 미 2:12, 13; 롬 9:27; 11:5).

10:22 바다의 모래 참고. 창세기 22:17.

10:23 작정된 파멸 그들은 하나님의 진노를 당할 수밖에 없다. 바울은 로마서 9:28에서 이 구절을 인용했다.

10:25 분 이 분은 이스라엘이 포로생활을 하는 기간 동안 계속된다(26:20; 단 11:36). 메시아의 오심으로 이 진노가 그칠 거라는 약속이 이 절에 기록되어 있다(11:1-16).

10:26 미디안…애굽 이사야는 과거의 두 가지 사례를 들어 여호와께서 미래에 이스라엘을 구원해주실 것을 설명한다. 첫째, 기드온이 미디안 족속에 대해 승리한 것이다(삿 7:25). 둘째, 홍해까지 이스라엘을 추격한 애굽 군대의 몰살이다(출 14:16, 26, 27).

10:27 짐…멍에 이 멍에를 벗긴다는 것은 장차 이스라엘이 이방 압제자들을 섬겨야 하는 짐에서 벗어난다는 뜻이다.

10:28-32 이사야는 앗수르 군대가 북방에서 예루살렘으로 진격해 오는 모습을 시각적으로 형상화한다. 그가 환상을 설명할수록 예루살렘과 더 가까운 지명들이 거론된다.

10:33 꺾으시리니…찍힐 것이요…낮아질 것이며 앗수르 군이 예루살렘 성으로 진격해 오더라도 주권자 되신 만군의 주께서 개입해 그들을 패배하여 물러가게 하신다. 나중에 이사야는 이 예언이 실제로 성취되었음을 기록하고 있다(37:24, 36-38. 참고. 왕하 19:35-37; 대하

미래의 이스라엘의 남은 자들

문자적으로 '남다' '남겨지다'라는 뜻이며, 노아 시대의 대홍수처럼 재앙에도 생존한 소수를 가리킨다. 성경에서 이 단어는 대부분 포로기 이후까지 생존한 소수의 이스라엘 사람을 가리킬 때 사용된다(9:8). 선지자들 역시 이 단어를 하나님에 대한 믿음을 끝까지 지킨 이스라엘 사람을 묘사하는 데 사용했다(암 5:14, 15). 이사야 선지자는 메시아가 온 열국 중에서 이스라엘의 남은 자들을 모으실 것이고, 심지어 일부 이방인도 그분께로 부르실 것이라고 설명했다(사 10:20-22; 11:11, 16; 28:5; 37:32). 그러므로 남은 자는 자기 백성을 아끼시는 하나님의 언약적 신실하심을 강조한다. 이스라엘이 보존되어야 메시아가 오심으로써 온 세상이 축복을 받을 것이다(창 12:3). 성경적 실례들은 다음과 같다.

대홍수 때 노아와 그의 가족들	창 7:1
대기근 때 애굽에 살던 요셉	창 45:7
본국으로 돌아온 이스라엘	신 4:27-31
바알을 섬기지 않은 7,000명의 선지자	왕상 19:18
유다의 일부	사 10:20-22
시온의 남은 자	미 2:12, 13

32:21).

10:34 레바논 구약은 앗수르와 레바논을 동일시한다(겔 31:3. 참고. 2:13; 37:24).

11:1 이새 이새는 다윗의 아버지로 그의 가계에서 메시아적 왕이 나올 것이다(룻 4:22; 삼상 16:1, 12, 13). **줄기…뿌리** 주전 586년 바벨론 포로생활로 다윗 왕조는 앗수르 군대와 마찬가지로 지상에서 사라지는 것 같았다. 다윗 왕조와 앗수르 군대의 결정적 차이는 다윗 왕조의 줄기와 뿌리에 생명력이 남아 있었다는 점이다. 그 생명력은 가지와 싹의 모습으로 새 생명을 꽃피울 것이다. **가지** 이것은 메시아의 칭호다(4:2을 보라).

11:2 여호와의 영 다윗이 왕으로 기름 부음 받을 때 주의 영이 그에게 임했듯이(삼상 16:13; 시 51:11) 다윗의 후손으로 세상을 통치하실 그리스도께 임할 것이다. **그…여호와…영** 이 절은 거룩한 세 삼위를 거론한다(6:3을 보라). **지혜와 총명…모략과 재능 …지식과 여호와를 경외하는** 이런 자질은 모두 성령이 주시는 것으로 이런 자질이 있어야 메시아께서 정의롭고 효과적인 통치를 할 수 있다. 요한계시록 1:4의 일곱 영과 비교해 보라.

11:3 그의 눈에 보이는 대로…그의 귀에 들리는 대로 이것은 왕이 통치에 필요한 정보를 획득하는 일반적인 통로다. 하지만 미래의 왕은 이런 평범한 통로를 초월하는 초자연적 인지 수단을 가지실 것이다.

11:4 가난한 자…겸손한 자 메시아는 약자들을 억압하고 핍박하던 이스라엘과 반대로 행하실 것이다(3:14, 15; 10:2). **그의 입의 막대기** 메시아의 열국 통치는 강력할 것이다. 신약은 동일한 용어를 사용해 전사이자 왕으로서 당당하게 세상에 재림하실 것을 묘사한다(계 19:15. 참고. 49:2; 시 2:9). **그의 입술의 기운** 이것은 메시아께서 실제로 심판을 행하실 때 사용할 수단을 비유적으로 표현한 것이다. 바울은 이것을 차용해 그리스도가 재림하실 때 불법을 행한 자들에 대한 심판을 말하고 있다(살후 2:8).

11:5 허리띠…몸의 띠 느슨하게 흘러내린 옷을 매어주는 허리띠는 메시아께서 언제라도 싸우실 준비가 되어 계심을 비유적으로 표현하고 있다. 공의와 성실이 그가 준비하신 무기다. 참고. 에베소서 6:14.

11:6-9 평화가 온 땅에 승하여 사람과 짐승 사이에 모든 적의가 사라지고 이들 사이에 경계심도 사라질 것이다. 평강의 왕(9:6)이 통치하실 미래의 천년왕국이 이와 같을 것이다.

11:9 여호와를 아는 지식이…충만할 것임이니라 주께서 이스라엘과 맺은 새 언약을 이루시기 위해 다시 오실 때 모두가 주를 알게 될 것이다(렘 31:34).

11:10 그 날에 주가 통치하실 때 온 세상이 평화를 누릴 것이다. **열방이 그에게로 돌아오리니** 또한 미래 왕국에서는 비유대인도 이새의 뿌리에게 돌아올 것이다(49:6; 52:10; 60:3; 66:18). 바울은 교회 시대에 하나님이 명하신 이방인 사역을 이 절의 추가적 실현으로 보았다(롬 15:12).

11:11 다시 이스라엘의 첫 귀환은 애굽의 포로생활에서 가나안으로 온 것이었다(출 14:26-29). 두 번째 귀환은 세계적 디아스포라에서 돌아오는 것이다(51:9-11.

사

미래에 실현될 이스라엘의 회복

- **신 30:3–5** "네 하나님 여호와께서 마음을 돌이키시고 너를 긍휼히 여기사 포로에서 돌아오게 하시되 네 하나님 여호와께서 흩으신 그 모든 백성 중에서 너를 모으시리니 네 쫓겨간 자들이 하늘 가에 있을지라도 네 하나님 여호와께서 거기서 너를 모으실 것이며 거기서부터 너를 이끄실 것이라 네 하나님 여호와께서 너를 네 조상들이 차지한 땅으로 돌아오게 하사 네게 다시 그것을 차지하게 하실 것이며 여호와께서 또 네게 선을 행하사 너를 네 조상들보다 더 번성하게 하실 것이며"
- **사 11:12** "여호와께서 열방을 향하여 기치를 세우시고 이스라엘의 쫓긴 자들을 모으시며 땅 사방에서 유다의 흩어진 자들을 모으시리니"
- **렘 30:3** "여호와의 말씀이니라 보라 내가 내 백성 이스라엘과 유다의 포로를 돌아가게 할 날이 오리니 내가 그들을 그 조상들에게 준 땅으로 돌아오게 할 것이니 그들이 그 땅을 차지하리라 여호와께서 말씀하시니라"
- **겔 37:21, 22** "그들에게 이르기를 주 여호와께서 이같이 말씀하시기를 내가 이스라엘 자손을 잡혀 간 여러 나라에서 인도하며 그 사방에서 모아서 그 고국 땅으로 돌아가게 하고 그 땅 이스라엘 모든 산에서 그들이 한 나라를 이루어서 한 임금이 모두 다스리게 하리니 그들이 다시는 두 민족이 되지 아니하며 두 나라로 나누이지 아니할지라"
- **암 9:14, 15** "내가 내 백성 이스라엘이 사로잡힌 것을 돌이키리니 그들이 황폐한 성읍을 건축하여 거주하며 포도원들을 가꾸고 그 포도주를 마시며 과원들을 만들고 그 열매를 먹으리라 내가 그들을 그들의 땅에 심으리니 그들이 내가 준 땅에서 다시 뽑히지 아니하리라 네 하나님 여호와의 말씀이니라"
- **습 3:19, 20** "그 때에 내가 너를 괴롭게 하는 자를 다 벌하고 저는 자를 구원하며 쫓겨난 자를 모으며 온 세상에서 수욕 받는 자에게 칭찬과 명성을 얻게 하리라 내가 그 때에 너희를 이끌고 그 때에 너희를 모을지라 내가 너희 목전에서 너희의 사로잡힘을 돌이킬 때에 너희에게 천하 만민 가운데서 명성과 칭찬을 얻게 하리라 여호와의 말이니라"
- **슥 8:7, 8** "만군의 여호와가 이같이 말하노라 보라, 내가 내 백성을 해가 뜨는 땅과 해가 지는 땅에서부터 구원하여 내고 인도하여다가 예루살렘 가운데에 거주하게 하리니 그들은 내 백성이 되고 나는 진리와 공의로 그들의 하나님이 되리라"

10:20에 대한 설명을 보라).

11:12 땅 사방 이 비유적 표현은 온 세상을 의미한다(계 20:8). 온 세상에 흩어져 있던 이스라엘의 신실한 남은 자들이 그 땅으로 돌아올 것이다.

11:13 에브라임…유다 이들은 여로보암의 주도로 왕국이 분열된 후(왕상 12:16-20) 이스라엘에 생긴 두 주요 분파를 의미한다. 에브라임은 북왕국 열 지파를 대표하는 이름이고, 유다는 남왕국 두 지파를 대표하는 이름이다. 메시아께서 재림하시면 그들은 서로 화합하고 영원한 평화를 누릴 것이다.

11:14 서쪽…동방 그날에는 이스라엘이 모든 이방의 압제에서 해방되어 지배적 정치 세력으로 등장할 것이다.

11:15 하수 애굽에서 이스라엘 백성을 구원하실 때 홍해를 말리셨듯이 자기 백성을 최종적으로 구원하실 미래에는 유브라데강을 말리실 것이다. *요한계시록 16:12에 대한 설명을 보라.*

11:16 큰 길 이사야는 남은 자들이 예루살렘에 돌아오는 방법에 대해 상세히 말하고 있다(35:8, 9; 42:16; 43:19; 48:21; 49:11; 57:14; 62:10).

12:1-6 짧은 두 가지 찬양 노래(1-3, 4-6)로 구성되어 있다. 구속받은 이스라엘이 천년왕국이 시작될 때 부르게 될 노래다. 이것은 요한계시록 19:6, 7의 천상 송가와 짝을 이루는 지상 송가다.

12:1 이제는 주의 진노가 돌아섰고 그리스도가 그들의 죄 때문에 대속의 죽음을 죽으셨음을 인정할 미래의 남은 자들을 위해 하나님의 진노를 대신 당하셨다. 그렇지 않았다면 그 진노가 여전히 그들에게 머물러 있을 것이다.

12:2 하나님은 나의 구원이시라 하나님은 이스라엘의 신실한 자들을 정치적 압제자와 영적 죄의 결과에서 건져주실 것이다. **주 여호와** 하나님 명칭의 이중적

암몬에 대한 하나님의 심판

- 사 11:14
- 렘 49:1-6
- 겔 25:1-7
- 암 1:13-15

사용은 언약을 지키시는 분으로서 그분의 역할을 강조한다. **나의 힘이시며 나의 노래시며 나의 구원이심이라** 모세와 이스라엘 백성은 비슷한 노래로 애굽인의 압제에서 구원해주신 하나님을 찬양했다(출 15:2. 참고. 시 118:14).

12:3 우물들에서 물 이 글을 읽은 이사야의 독자는 하나님이 신 광야에서 그 조상들의 목마름을 해결해주신 것(출 17:1-7)을 떠올렸을 것이다. 메시아께서 그 나라를 구원하러 오실 때 그 후손들에게도 동일한 필요를 채워주실 것이다(41:17, 18. 참고. 30:25; 35:6, 7; 43:19; 시 107:35). 신약은 이런 채우심을 확대하여 목마른 영혼에게 영적 물을 공급하실 것임을 강조한다(요 4:10, 14; 7:37; 계 7:16, 17; 21:6; 22:17).

12:4, 5 만국 중에…온 땅에 주의 날을 맞은 후에 이스라엘은 세상에 그의 위대하심과 높으심을 증언할 것이다. 이것은 처음부터 인간을 향한 하나님의 뜻이었다.

12:6 시온의 주민아 이 절의 히브리어는 시온을 여성으로 의인화하며, 시온으로 주의 위대하심을 찬양하여 "소리 높여 부르라"고 명령한다.

B. 심판과 구원의 신탁(13:1-23:18)

13:1-23:18 이 11개의 장은 예레미야 46-51장과 에스겔 25-32장처럼 이방 열국에 대한 예언이다.

1. 바벨론과 앗수르(13:1-14:27)

13:1-14:27 13:1-14:24은 구체적으로 바벨론을 다루고 14:25-27은 앗수르를 다룬다. 그러나 이 예언을 할 당시 바벨론은 아직 세계 열강이라고 부를 수 없었다. 이사야는 바벨론이 현재의 패권국인 앗수르를 무너뜨리고 세계 강대국으로 나설 것을 내다보았다.

13:1 이사야…바벨론…받은 이 장은 바벨론 성의 파멸을 예언한다. 앗수르 제국이 막강할 때도 바벨론 성은 그 위력이 대단했는데, 정복해야 할 이스라엘의 적국 명단 중 맨 앞자리를 차지할 정도였다. **경고(짐)** 이사야가 이 메시지를 전할 막중한 책임이 있다는 뜻에서 이 단어가 사용되었다. 이렇듯 이 단어가 표제로 사용된 경우는 여기 외에 14번이 있다(14:28; 15:1; 17:1; 19:1; 21:1, 11, 13; 22:1; 23:1; 애 2:14; 나 1:1; 합 1:1; 슥 12:1; 말 1:1).

13:2 기치를 세우고 5:26에서처럼 하나님은 이방 군대를 소환하시고 전성기를 구가하는 바벨론을 정복하라고 부르신다.

13:3 내가…명령하고…불러 하나님은 군대를 소집하신 것이 바벨론을 무너뜨리기 위한 것이라고 말씀하신다. **나의 노여움** 이스라엘을 향했던 하나님의 노여움(12:1)은 이제 이 이방 열강을 향한다.

13:4 만군의 여호와께서…군대를 검열하심이로다 문자적으로 '만군의 여호와께서 군대를 소집하시다'로 해석할 수 있다. *1:9에 대한 설명을 보라.* 이것은 말세에 주가 오셔서 마지막 바벨론을 무너뜨리시고 그 원수들을 짓밟으신 후 온 열국 위에 뛰어난 왕국을 세우실 것을 예고한다(계 19:11-16).

13:5 하늘 끝에서 바벨론이 메대에게 멸망한 것은 하나님의 천군에게 최후의 바벨론이 궁극적으로 망할 것을 보여주는 예표일 뿐이다(계 18:2).

13:6 여호와의 날이 가까웠으니 참고. 9절. 이 예언은 메대가 바벨론을 정복하는 가까운 미래의 사건을 넘어 여호와의 더 크신 날을 가리키며, 메시아의 직접적 개입으로 바벨론이 궁극적으로 파멸할 것을 예고한다. *2:12에 대한 설명을 보라.*

13:7 마음이 녹을 것이라 용기가 사라질 것이다(19:1; 겔 21:7; 나 2:10).

13:8 해산이 임박한 여자 같이 고통하며 해산의 고통은 이스라엘이 마지막 구원을 받기 직전 환난 기간을 가리켜 비유적으로 사용될 때가 종종 있다(21:3; 26:17, 18; 66:7 이하; 렘 4:31; 13:21; 22:23; 호 13:13; 미 4:10; 5:2, 3; 마 24:8; 살전 5:3). 보통 해산의 고통은 이스라엘의 고통을 가리켜 사용되지만 여기서는 바벨론의 고통을 상징한다.

13:9 여호와의 날 참고. 6절; 2:12. 요엘서 서론의 역사적·신학적 주제를 참고하라. **죄인들을 멸하리니** 이 일은 메시아가 온 세상의 산 자들을 심판하러 재림하실 때 일어난다. 이 경우에 선지자는 악한 마지막 세계적 도시인 바벨론이 그 거민들과 함께 멸망할 것을 예고한다(참고. 계 17; 18).

바벨론에 대한 하나님의 심판

- 사 13:1-14:23
- 렘 50; 51
- 합 2:6-17

13:10 별들…해…달 성경은 우주적 대격변을 그리스도의 재림 직전에 있을 환난과 자주 연관시킨다(24:23; 겔 32:7, 8; 욜 2:10, 30, 31; 암 8:9; 마 24:29; 막 13:24, 25; 눅 21:25; 계 6:12-14).

13:11 오만 이스라엘이 심판을 받은 원인인 오만이라는 동일한 죄(5:21; 9:9)로 바벨론이 망할 것이다(47:5, 7, 8; 계 18:7).

13:12 희소하게 하며 이 심판으로 인간은 거의 전멸하다시피 하겠지만 생존자가 있을 것이다. 하나님은 신실한 남은 자들을 살려주신다.

13:13 하늘을 진동시키며 땅을 흔들어 이런 대격변은 10절의 것과 연관이 있다(욜 2:10; 학 2:6; 계 6:12-14. 참고. 2:19, 21; 24:1, 19, 20; 34:4; 51:6).

13:14 노루…양 온순한 노루에게 인간은 두려움의 대상이지만 무기력한 양에게는 꼭 필요한 존재다. 바벨론 사람들은 여호와가 그들의 원수일 뿐 그들을 보호해 주는 목자가 아님을 알게 된다. 그들이 할 수 있는 일은 도망가는 것뿐이다.

13:15, 16 찔리겠고 잡히는…메어침을 당하겠고…노략을 당하겠고…욕을 당하리라 이사야 선지자는 메대인들이 바벨론 사람들을 사로잡고 이 모든 악행을 저지를 가까운 미래를 예고한다.

13:17 메대 사람 카스피아해 남서쪽, 페르시아 북쪽, 앗수르 동쪽, 바벨론 북동쪽 지역의 출신인 이 민족은 주전 610년 바벨론과 동맹을 맺고 앗수르를 무너뜨리고 후에는 페르시아인들과 손잡고 바벨론을 함락시켰다(주전 539년).

13:19-22 가까운 미래로 시선을 돌렸던 이사야는 이제 먼 미래로 시선을 향한다. 바벨론의 패망이라는 이 예언의 궁극적 성취는 그리스도의 재림으로 재건된 바벨론이 완전히 패망할 때 이루어질 것이다(계 14:8; 18:2). 이사야는 바벨론이 메대에게 함락되고 수백 년이 지난 뒤 하나님이 바벨론을 마지막으로 패망하게 하시는 모습을 직접 볼 수는 없었다(참고. 계 17, 18).

13:19 소돔과 고모라 하나님은 고대의 이 두 도시를 멸망시킨 초자연적 방식으로 바벨론을 무너뜨리실 것이다(창 19:24; 계 18:8).

13:20 거처할 사람이 대대에 없을 것이며 비록 과거의 영광은 사라졌지만 바벨론이 있던 터에는 늘 거주민이 있었다. 모양이나 형태는 달라졌어도 늘 성읍이 있었다. 그러므로 이 예언은 황무하게 버려질 미래를 예고하는 것이 분명하다.

13:21, 22 들짐승…승냥이 이것은 2:19에 언급된 완전한 파멸과 요한계시록 18:2에 묘사된 미래의 황무함을 말한다(참고. 34:11-17; 렘 51:37).

13:22 때가 가까우며 6절에서 이미 언급한 대로 한때 화려했던 바벨론에게는 이제 남은 날이 길지 않다.

14:1-3 어느 면에서 바벨론의 포로생활에서 해방되는 것을 언급하지만 이 장의 가장 중요한 관심사는 이 시작 단락에서 확인할 수 있다. 이사야 선지자는 환난의 마지막에 있을 최후의 바벨론을 바라보고 있다. 이 단락의 어조는 최후의 바벨론에 대한 심판이 있은 후 천년왕국과 관련이 있다. 미래의 바벨론 파멸은 필연적으로 이스라엘이 노예 상태에서 구원받는 것과 연관이 있다. 바벨론이 망해야 하나님은 자기 백성을 높이실 것이다. 이스라엘을 향한 하나님의 긍휼하심은 40-46장에 더 자세히 기록되어 있다.

14:1 나그네 이들은 그리스도의 마지막 세상 왕국에서 이스라엘 민족의 일원이 되기로 자청한 유대교 개종자들이다.

14:2 자기를 사로잡던 자들을 사로잡고 역할의 대역전이 일어난다. 적그리스도 치하의 대환난 때 포로생활을 하던 비참한 상태에서 벗어나 이스라엘 백성은 그들을 지배하던 그 열방을 통치하게 될 것이다.

14:3 안식 메시아가 통치할 미래의 세상 왕국을 염두에 둔 것이다. 참고. 사도행전 3:19-21.

14:4 바벨론 왕 이는 바벨론을 통치하고 세상을 통치할(참고. 계 17:17, 18) 마지막 적그리스도를 가리키는 것일 수 있다. **이 노래를 지어 이르기를** 이사야 선지자는 구원받은 민족에게 4-21절의 노래를 불러 바벨론 왕의 몰락을 노래하라고 지시한다. **압제하던 자가 어찌 그리 그쳤으며** 하나님의 백성을 괴롭히던 나라가 사라질 것이다.

14:6 여러 민족을 치되…열방을 억압하여도 이것은 바벨론 왕의 폭정을 가리킨다.

14:7 온 땅이 조용하고 평온하니 폭군이 권좌에서 물러나고 온 세상은 평화를 누릴 것이다. 이것은 천년왕국 시대를 말한다.

14:9-11 스올…스올 이 단어는 동일한 히브리어로 되어 있다. 먼저 죽은 열국의 왕들은 바벨론 왕이 온다고 하자 대대적인 환영 준비를 한다.

14:10 너도 우리 같이…되었느냐 왕들은 바벨론 왕을 조롱하며 죽은 사자들의 세계에서는 생전의 지위가 무의미하다고 일깨워준다.

14:11 구더기 인간의 오만은 벌레들로 시체가 썩어가듯 허무하게 사그라진다.

14:12-14 하늘에서 떨어졌으며…지극히 높은 이와 같아지리라 예수님이 12절을 인용해 사탄의 타락을 설명

하신 이후(눅 10:18. 참고. 계 12:8-10) 많은 사람은 이 구절이 단순히 바벨론 왕을 가리키는 것이 아님을 알게 되었다. 하나님이 뱀에게 주시는 말씀을 빌려 사탄에게 말씀하셨듯이(창 3:14, 15) 이 영감받은 애가는 바벨론 왕과 그에게 권세를 준 사탄에게 주는 말이었다. 두로의 왕과 그를 조종하는 사탄에 대한 유사한 내용은 에스겔 28:12-17을 보라.

14:12 **아침의 아들 계명성이여** 계명성(루시퍼)은 문자적으로 '빛나는 자'라는 뜻이지만 종종 '새벽별'이라고 번역하는 사람들이 있다. 당시의 전승은 별들이 서로 높은 자리를 차지하고자 싸우는 신들을 상징한다고 보았다. **하늘** 장면이 갑자기 지하 세계에서 하늘로 옮겨가더니 왕과 그를 사주하는 사탄의 끝없는 오만함을 강조한다.

14:13, 14 **…(하)리라** "내가 …하리라"는 바벨론 왕과 그를 조종하는 사탄의 오만함을 강조한다.

14:13 **집회의 산** 이것은 전설에 따르면 아람 북부의 산으로 가나안 신들이 집회를 소집하는 곳이었다고 한다. 인간 왕은 이 신들을 다스리는 왕권을 갖고자 열망했다.

14:15 **스올…구덩이** 하나님과 같이 높아지고자 하는 자들에게는 죽음이 기다린다(참고. 9, 11; 창 3:5, 22).

14:16-17 **이 사람이…하던 자가 아니냐** 세계 최강의 권력을 자랑하던 자리에서 처절한 굴욕의 자리로 완전한 역할 전도가 일어난 것을 보고 온 세상이 놀랄 것이다.

14:16-21 만가의 마지막 단락은 왕이 수치를 당하는 내용을 묘사하고 있다. 시체가 매장되지 못하고 천하 사람들의 구경거리가 된다.

14:18 **모든 왕들은…영광 중에 자건마는** 바벨론 왕만 혼자 예외다. 그를 제외한 세상의 모든 왕이 그 영광에 걸맞는 무덤에 안장되었다.

14:19 **밟힌 시체와 같도다** 고대인들에게 이것은 가장 수치스러운 일이었다. *전도서 6:3-6에 대한 설명을 보라.*

14:20 **영원히 이름이 불려지지 아니하리로다** 바벨론 왕은 악행을 저질렀기 때문에 그의 이름을 기억해줄 후손도 기념비도 남지 않을 것이다.

14:22 **끊으리라** 이스라엘은 남은 자가 있겠지만 바벨론은 22절과 23절의 하나님의 약속대로 후손이 하나도 남지 않을 것이다. 참고. 요한계시록 18:2, 21.

14:26 **정한 경영이며** 온 세상이 이 심판을 받는 것으로 보아 이스라엘의 불의한 자들(5:25; 9:17)과 열국(23:11)에 대한 하나님의 최후 진노하심이라는 것을 알 수 있다.

블레셋에 대한 하나님의 심판

- 사 14:29-32
- 렘 47장
- 겔 25:15-17
- 암 1:6-8

2. 블레셋(14:28–32)

14:28 **아하스 왕이 죽던 해** 아하스 왕이 언제 사망했는지는 확실하지 않다. 히스기야가 통치를 시작한 주전 727년(왕하 18:1, 9, 10)이나 주전 716/715년(왕하 18:13)이었을 것이다.

14:29 **블레셋** 이스라엘이 블레셋과 동맹을 맺으면 앗수르인들에게서 구원받을 것이라는 생각은 착각이었다. 앗수르는 이스라엘의 이웃국가인 블레셋 역시 무너뜨릴 것이기 때문이다. **막대기가 부러졌다** 이사야 선지자는 앗수르가 쇠약해졌지만 블레셋을 공격할 여력이 있다고 말한다.

14:30-32 **가난** 가난하지만 여호와를 의지한 유다 사람은 하나님이 피난처가 되어주시지만 블레셋의 압제자들은 운명을 피할 수 없을 것이다.

14:32 **사신들** 이들은 이스라엘과 동맹을 맺고자 파견된 블레셋 대사들을 말한다. 이사야는 여호와가 시온의 유일한 피난처가 되어주실 거라고 보았다.

3. 모압(15:1–16:14)

15:1-16:14 모압의 멸망을 보고 이스라엘은 다른 나라들과 마찬가지로 모압 역시 의지하지 말아야 하며, 오직 여호와만 의지해야 함을 배웠다.

15:1 **모압** 모압은 사해 동쪽, 아르논강 남쪽, 세렛강 북쪽에 자리한 약 76.8제곱킬로미터에 이르는 나라였다. **알…기르** 이 두 곳은 모압의 대표적인 성이었다.

15:2 **디본** 모압은 모압 신 그모스의 신전(아르논 북쪽으로 약 4.8미터)을 애곡의 장소로 선택했다. 그 신이 그들을 구원해주지 않았기 때문이다. **느보와 메드바** 느보는 사해 북단, 요단강 동쪽에 위치한 산으로, 여호와께서는 모세를 이 산으로 데려가 약속의 산을 바라보도록 하셨다(신 34:1). 메드바는 느보 남동쪽으로 약 8킬로미터 거리에 있다. **머리카락을 밀고…수염을 깎았으며** 머리를 밀고 수염을 깎는 행위는 수치와 굴욕의 표현이었다(22:12; 레 21:5; 렘 41:5; 48:37).

15:3 **굵은 베** 베옷을 입는 것은 애통해하는 표현으로

모압에 대한 하나님의 심판

- 사 15; 16장
- 렘 48장
- 겔 25:8-11
- 암 2:1-3

성경에서 41번 등장한다.

15:4 **헤스본과 엘르알레…야하스** 헤스본 성은 사해 북단 동쪽 약 32.2킬로미터 아래쪽에 이스라엘과 모압이 서로 자기 영토라고 우기는 곳에 있었다(신 2:32, 33). 엘르알레는 헤스본에서 약 1.6킬로미터 떨어진 곳에 있었다. 야하스는 헤스본 남쪽 약 16킬로미터 거리에 위치했다.

15:5 **내 마음이…부르짖는도다** 심판받을 다른 열국에 비해 모압의 곤경에 대해서는 깊은 동정을 표현한다. 심지어 남은 생존자들이 있을 거라고까지 한다(16:11, 14). **에글랏 슬리시야** 그 위치가 불확실한 성의 이름이다. **루힛…호로나임** 이 두 성 역시 그 위치가 불확실하다.

15:6 **니므림** 이것은 누메리아 와디를 말할 것이다. 물이 완전히 마르고 풀이 시든 모습은 모압의 황폐함이 광범위했음을 나타낸다.

15:7 **버드나무 시내** 세렛강을 말할 것이다. 모압의 피난민들은 침략자들을 피해 이 강을 건너 에돔으로 도망쳤다.

15:8 **에글라임…브엘엘림** 피난민들의 울부짖는 소리가 에돔 북부(에글라임)에서 남단(브엘엘림)까지 들렸다.

15:9 **디몬** 디본(참고. 2절)의 다른 표기로 보인다. 이 이교도의 종교 중심지는 모압 온 땅을 대표하는 지명의 마지막을 장식하기에 적당하다. **사자** 침략군을 피해 도망가도 야생 짐승이라는 새로운 위험이 기다리고 있을 것이다.

16:1 **어린 양들을 드리되** 이것은 모압 왕 메사가 이스라엘 왕 오므리에게 한 것처럼(왕하 3:4) 종주에게 복종하겠다는 의사 표현이었다. **셀라** 이곳은 페트라에서 멀지 않은 에돔의 한 지역으로(왕하 14:7), 여기서 모압 피난민들은 유다에 도움을 구하러 사람을 보냈다. **딸 시온 산** 이것은 예루살렘과 그 거민들을 비유적으로 표현한 것이다.

16:2 **아르논 나루** 피난민들은 북쪽에서 모압으로 진격해오는 앗수르 군대를 피해 남쪽으로 도망쳤다.

16:3 **대낮에 밤** 모압은 유다에게 정오의 뜨거운 태양, 즉 그 침략자들한테서 피할 그늘을 달라고 부탁했다.

16:4 **나의 쫓겨난 자들** 이들은 모압 족속을 말할 것이며, 화자는 의인화한 모압이다. 모압은 쫓겨난 자들이었다. **피할 곳이 되라** 모압은 유다에게 피할 곳을 내어달라고 계속 부탁한다. **멸절하는 자가 그쳤고** 이사야 선지자는 앗수르의 압제가 끝날 날을 예고한다.

16:5 **다윗의 장막에…왕위** 다윗 계보의 왕이 언젠가 시온의 보좌에 앉을 것이고(암 9:11, 12) 그로 말미암아 앗수르인들의 악행이 모두 끝날 것이다.

16:6 **모압의 교만…심히 교만하도다** 모압은 소국이었음에도 다른 나라를 대하는 태도가 오만했다(25:10, 11; 렘 48:29, 42).

16:7 **길하레셋** 이것은 15:1의 기르라는 성과 같은 곳일 것이다.

16:8 **십마** 십마는 헤스본 근교에 있었다(참고. 렘 48:32). **야셀…바다** 모압의 포도나무는 위로 매달린 것이 아니라 땅을 타고 모압의 북쪽 국경 지역까지 뻗어 있어 동쪽 광야에서 서쪽 사해까지 널리 퍼져 있었다. 이것은 건포도와 포도주를 유다에 수출했으리라는 의미다.

16:9 **내가…울리라** 이사야는 그토록 풍부한 농작지와 농작물이 짓밟힌 것에 순수한 애도의 감정을 보여준다. 하나님의 심정 역시 마찬가지였을 것이다.

16:10 **즐거움과 기쁨** 평상시처럼 추수의 기쁨을 즐길 수 없을 거라는 뜻이다.

16:11 **내 마음…내 창자** 이사야와 하나님은 모압을 심판할 수밖에 없다는 사실에 깊이 애통해한다.

16:12 **그 산당에서 피곤하도록** 모압의 종교는 전혀 도움이 되지 않았다. 모압 족속은 신에게 구원과 도움을 받기는커녕 계속 그 신을 섬기는 의식을 행하느라 피곤함만 쌓였다.

16:14 **삼년 내에** 모압은 주전 715년까지 3년 더 '영화'를 누릴 시간이 남았다. 그러나 그 3년이 지나면 앗수르 왕 사르곤이 그 땅을 유린할 것이다. **남은 수** 앗수르는 모압을 완전히 멸절시키지 못할 것이다. 그러나 바벨론은 그런 약속이 없었다.

4. 아람과 이스라엘(17:1-14)

17:1 **다메섹** 이 성은 아람의 수도였다. 헤르몬산 북동

다메섹에 대한 하나님의 심판

- 사 17:1-3
- 렘 49:23-27
- 암 1:3-5

쪽, 메소보다미아와 애굽를 연결하는 주요 육로에 자리한 지리적 이점 때문에 큰 영향력을 행사했다. 주전 732년 앗수르에게 멸망한 것이 이 장의 주제다.

17:2 **아로엘** 아람의 영토는 남쪽으로는 멀리 사해 동쪽, 아르론 강변의 아로엘까지 미쳤다(왕하 10:32, 33).

17:3 **에브라임** 이스라엘로도 알려진 북부 열 지파는 아람과 함께 이 신탁의 주제다. 이스라엘은 아람과 동맹을 맺고 앗수르와 싸우기로 결의했지만 원정에 나선 앗수르가 아람을 무너뜨렸고(1절을 보라) 이스라엘의 많은 성도 그들의 잿밥이 되었다. **아람의 남은 자** 앗수르의 대살육이 끝나고 아람에 남은 자들이 있었을 테지만 왕국은 존속하지 못했다.

17:4 **야곱의 영광** 이 영광의 퇴락은 야곱의 후손들인 북부 열 지파에 대한 하나님의 심판을 상징했다.

17:5 **르바임 골짜기** 추수꾼들이 예루살렘 서쪽의 비옥한 골짜기에서 자란 곡식들을 다 베고 허허벌판을 남기듯 하나님의 진노로 북왕국에는 결실을 맺을 어떤 것도 남아 있지 않을 것이다.

17:6 **두세 개…네다섯 개** 에브라임에 대한 하나님의 심판으로 풍성하던 감람나무에는 몇 개의 과일밖에 남지 않을 것이다.

17:7 **자기를 지으신 이를 바라보겠으며** 장차 무서운 심판으로 에브라임의 남은 자들이 여호와를 의지하지 않은 잘못을 깨달을 것이다. 그리고 회개할 것이다.

17:8 **자기 손으로 만든** 회개하면 오랫동안 빠져 있던 우상숭배를 철저히 배격할 것이다(2:6-22; 44:9-18을 보라).

17:10 **네 구원의 하나님을 잊어버리며** 하나님을 기억하지 않은 죄로 이스라엘은 그분의 보호하심을 받지 못했다.

17:11 **네 씨가 잘 발육하도록 하였으나** 이사야는 사람들에게 주님의 도우심을 의지하지 않고 그 필요를 채우려는 노력의 허망함을 강조한다.

17:12 **많은 민족** 선지자는 밀려오는 유다의 적군들에게 주의를 돌리고 그들에게 '저주'를 선언한다.

17:13 **주께서 그들을 꾸짖으시리니** 하나님이 꾸짖으시자 그 적들은 혼비백산하여 도망간다.

17:14 **없어졌나니** 아침이 오자 침략군들이 다 사라지고 없다. 하나님은 이렇게 자기 백성을 보호하신다.

5. 구스(18:1-7)

18:1 **구스** 구스는 에티오피아에 대한 히브리어를 문자적으로 번역한 것이다. 구스는 애굽 남쪽에 위치했고 현재의 에티오피아 영토를 포함한다. **날개 치는 소리** 이 소리는 에티오피아(구스)의 강력한 무적 함대들을 가리키는 것으로 보인다.

> **애굽에 대한 하나님의 심판**
> - 사 19장
> - 렘 46:1-26
> - 겔 29-32장

18:2 **물…수로…강들** 나일강과 그 지류들을 말한다.

18:3 **모든 거민, 지상에 사는 너희** 이사야 선지자는 인류에게 하나님이 세상에서 일하고 계신다는 신호를 늘 경계하여 살피라고 요청한다.

18:4 **내가 나의 처소에서 조용히 감찰함** 하나님은 인간사에 개입하시지 않고 때가 되기까지, 해와 이슬이 적절한 결정적 순간에 만들어질 때까지 인내하며 기다리실 것이다.

18:5 **베며…찍어 버려서** 전지하신 농부이신 하나님의 전지 작업(즉 직접적인 개입 작업)은 너무 빠르지도 늦지도 않을 것이다.

18:6 **들짐승** 이사야는 은유적 언어를 중단하고 하나님의 심판에 희생된 타락한 인류의 주검을 소름 끼치도록 생생하게 묘사한다.

18:7 **만군의 여호와의 이름을 두신 곳** 예루살렘은 땅에서 주가 거하기로 선택하신 곳이었고, 지금도 그 사실은 변함이 없다(신 12:5). 이 이사야의 예언은 메시아 시대에 예루살렘이 조공을 받을 미래까지 적용된다.

6. 애굽(19:1-20:6)

19:1-4 우상숭배로 내분과 분열이 일어나 애굽의 위대한 영광이 무너질 것이다.

19:1 **빠른 구름을 타고** 구름은 여호와께서 심판하시기 위해 강림하실 때 사용하시는 비유적 수단이다(시 18:10, 11; 104:3; 단 7:13).

19:2 **애굽인을 격동하여 애굽인을 치리니** 수백 년 동안 내분이 있었던 애굽은 하나님의 심판으로 훨씬 더 심각한 내분을 겪게 될 것이다.

19:3 **마술사…요술객** 내분으로 혼란과 절망에 빠질 것이다. 어디에도 의지할 곳이 없는 애굽 사람들은 심령술사에게 의지할 것이다. 이사야 시대의 이스라엘 백성도 같은 모습을 보였다(8:19).

19:4 **포악한 왕** 애굽은 주전 7세기 중반 앗수르에게 정복당한 것을 시작으로 이방의 통치에 시달렸다.

19:5-10 나일강이 메말라서 애굽에 큰 고통이 임할 것이다.

19:5, 6 **없어지겠고…잦아서 마르겠고…마르므로** 하나

님은 애굽의 유일한 물 공급원인 나일강과 그 지류들을 말려버리실 것이다.

19:7 나일 강 가까운 곡식 밭 나일강의 범람으로 생긴 퇴적토로 풍성한 수확을 거둘 수 있었기 때문에 애굽은 다른 나라로 곡식을 수출할 정도로 풍족했다.

19:8 낚시를 던지는…그물을 치는 나일강의 주요 산업인 어업의 붕괴로 애굽 사람들은 엄청난 손실을 입었다.

19:9 세마포…베 짜는 애굽은 아마로 만든 린넨으로 유명했다. 아마를 재배하고 천을 직조하는 일은 모두 물이 풍부해서 가능했다.

19:10 기둥 하나님은 노동자 계급이 의지하던 기둥들을 없애버리실 것이다. 이 단어는 일반적으로 사회의 경제 구조를 가리키는데, 특히 애굽의 산업을 지배하는 상류층을 가리킨다.

19:11-15 하나님의 심판으로 애굽의 유명한 지혜자들도 혼란에 빠질 것이다(참고. 왕상 4:30).

19:11 소안 나일강 삼각주 지역 동쪽에 위치한 애굽 북부의 이 큰 도시는 나일강으로 갈 때 처음 지나가는 대도시였다. 타니스 역시 이 도시의 이름으로, 애굽이 두 곳으로 분열되었을 때 애굽 북부의 수도였다. **책략은 우둔하여졌으니** 이전에 애굽의 전문가들이 어떤 지혜를 가졌든 이제는 그 땅에 대한 여호와의 심판에 대해 무지해서 그 위기를 다룰 능력이 없었다.

19:13 놉 이것은 한때 애굽 북부의 수도였던 멤피스의 또 다른 이름이다. 이 도시는 애굽이 위기에 빠진 진짜 이유가 무엇인지 모르는 지도자들이 다스렸다. **애굽 종족들의 모퉁잇돌** 한 사회의 모퉁잇돌이 망상과 혼란에 시달린다면 그들의 지도를 받는 백성 역시 혼란에 빠질 수밖에 없다.

19:14, 15 여호와께서…어지러운 마음을 섞으셨으므로 여호와는 그들을 어지럽게 하심으로써 침략자들이 쳐들어왔을 때 방향 감각을 잃고 소모적인 일에 시간을 낭비하도록 했다.

19:16-24 1-15절에서 애굽의 황폐함을 묘사하던 이사야는 애굽이 결국 "그 날에" 참 하나님을 의지할 것이라고 말한다(16절). 이것은 그리스도의 천년왕국 통치기를 가리킨다. 아직 이런 상태가 애굽에서 한 번도 실현된 적이 없다.

19:16 부녀…떨며 두려워할 것이며 하나님의 심판으로 강대국 애굽이 스스로 의지할 자가 없음을 절감할 정도로 무력해질 것이다.

19:17 유다의 땅은 애굽의 두려움이 되리니 유다가 애굽을 두려워하는 것이 아니라 그 반대가 될 것이다. 이스라엘을 대신해 하나님이 권능을 행하심으로써 이런 일이 일어난다(참고. 출 10:7; 12:33). 그리스도의 재림 때도 이런 일이 일어날 것이다.

19:18 가나안 방언 애굽은 유다의 언어를 사용하게 될 것이다. 유다를 두려워할 뿐 아니라(17절) 유다가 섬기는 하나님을 섬기게 될 것이다. **여호와를 가리켜 맹세하는** 애굽은 "그 날에" 극적으로 하나님께 돌아올 것이다. 이 예언은 다윗 계열 왕의 직접적 지상 통치를 예고한다. **다섯 성읍** 인간적으로 보면 애굽의 성읍 하나도 하나님께 돌아올 가능성이 없지만 하나님의 시각에서 보면 그보다 다섯 배 많은 사람이 하나님께 돌아올 것이다. **멸망의 성읍** 이것은 '태양의 성', 즉 애굽이 섬기는 태양신의 고향 헬리오폴리스를 가리킬 것이다(렘 43:12, 13의 "벧세메스"를 보라).

19:19 제단…기둥 이것은 메시아가 세상을 통치하실 "그 날에" 애굽이 하나님께 돌아올 것을 비유적으로 말한 것이다(참고. 창 28:22).

19:20 구원자 하나님은 일찍이 이스라엘을 구원하셨던 것처럼 애굽을 위해 행동하실 것이다(삿 2:18; 3:9, 15; 6:7-9; 10:11, 12).

19:21 그 날에 애굽이 여호와를 알고 미래에 생길 왕국에서는 새 언약이 지배하므로 모두가 주를 알게 될 것이다(렘 31:31-34; 히 8:11. 참고. 11:9; 합 2:14).

19:22 치시고는 고치실 것이므로 부모가 사랑하는 마음으로 자녀를 훈육하듯 주님은 애굽을 다루셨고 또 다루실 것이다(참고. 호 6:1).

19:23 애굽에서 앗수르로 통하는 대로 이사야 시대의 두 전쟁 국가는 그리스도가 통치할 "그 날에" 서로 영원히 화해할 것이다(27:13. 참고. 2:2-4).

19:24 세계 중에 복이 되리니 "그 날에" 이스라엘은 하나님이 작정하신 대로 온 세상의 복이 될 것이다(창 12:3; 42:6. 1:2와 비교해보라).

19:25 내 백성…내 손으로 지은 이 외에 성경은 이 표현을 오직 이스라엘에게만 사용한다(10:24; 29:23; 43:6, 7; 45:11; 60:21; 64:8; 시 100:3; 110:3; 138:8; 렘 11:4; 호 1:10; 2:23). 장차 올 나라에서 이스라엘은 다른 열국들을 우리로 모으는 하나님의 도구가 될 것이다.

20:1 사르곤…아스돗 아스돗은 예루살렘 남서쪽에 위치한 블레셋의 가장 큰 성 중 하나였다. 성경에서 오직 이곳에서만 언급된 사르곤은 주전 722-705년 앗수르를 통치한 사르곤 2세를 말한다. **다르단** 이 히브리어는 고유명사가 아니라 앗수르 군대의 장군을 가리키는 호칭이었을 것이다. **쳐서 취하던** 앗수르는 주전 711년 아스돗을 함락하여 애굽인들을 충격과 공포로 몰아넣었다. 얼마나 놀랐던지 그들은 위축되었으며, 이 일로

유다는 애굽과 같은 이방 열강에게 자신들이 보호를 받고자 한 것이 얼마나 어리석은지 깨달았다.

20:2 **그 때에** 이사야는 3-6절의 예언을 하기 전 3년간의 실물 교육을 시작했다(3절). 이 일은 주전 711년 앗수르가 공격하기 직전의 일이었다. **베** 이런 복장은 이사야가 애곡했음을 가리키거나(창 37:34; 왕하 6:30) 그의 예언적 사역을 가리킬 수도 있다(왕하 1:8; 마 3:4). **벗은 몸과 벗은 발** 하나님은 수치와 굴욕을 의미하는 행위로 그에게 모든 겉옷을 벗도록 명령하셨다.

20:3 **나의 종** 이 호칭은 이사야가 선택된 집단의 한 사람임을 보여준다. 이 호칭을 받은 사람으로는 아브라함(창 26:24)과 모세(민 12:7, 8; 수 1:2, 7; 왕하 21:8; 말 4:4), 갈렙(민 14:24), 다윗(삼하 3:18; 7:5, 8: 왕상 11:32, 34, 36, 38; 왕하 19:34; 20:6; 대상 17:4, 7; 시 89:3; 사 37:35; 렘 33:21, 22, 26; 겔 34:23, 24; 37:24, 25), 욥(욥 1:8; 2:3; 42:7, 8), 엘리아김(22:20), 여호와의 종(42:1; 49:5, 6, 7; 52:13; 53:11; 슥 3:8; 마 12:18), 이스라엘(41:8, 9; 42:19; 43:10; 44:1, 2, 21, 26; 44:21; 45:4; 48:20; 50:10; 렘 30:10; 46:27, 28; 겔 28:25; 37:25), 느부갓네살(렘 25:9; 27:6; 43:10), 스룹바벨(학 2:23), 그리스도의 제자(요 12:26)가 있다. **징조와 예표** 이사야가 옷을 벗고 맨발로 다닌 것은 앗수르인들로 말미암아 장차 애굽과 구스에게 임할 파멸과 수치를 상징한다(참고. 19:4).

20:4 **포로…사로잡힌 자** 앗수르의 왕 에살핫돈은 주전 671년에 이 예언을 성취했다(참고. 37:38; 왕하 19:37; 스 4:2). 애굽은 유다가 신뢰할 수 있는 믿음직한 대상이 아니라 포로로 잡혀가는 수치를 당할 것이다.

20:6 **우리가 어찌 능히 피하리요** 우리는 유다 백성을 가리킨다. 애굽을 믿는 것은 잘못된 것이었다.

7. 바벨론에 대한 예언 재개(21:1-10)

21:1 **해변 광야** 비옥함으로 유명한 페르시아만 근방 남쪽의 바벨론 지역을 가리킨다. **네겝 회오리바람 같이** 이 직유법은 네겝 사막에서 갑자기 폭풍이 일어나 이스라엘 온 땅을 휩쓸고 지나가는 모습을 표현한 것이다. 바벨론은 이처럼 갑자기 멸망할 것이다.

21:2 **엘람…메대** 엘람과 메대 사람들은 주전 539년 바벨론을 무너뜨린 페르시아군 소속이었다.

21:3 **요통…고통…괴로워서…놀라서** 예언해야 할 처참한 고통이 이사야를 얼마나 짓눌렀던지 그는 심하게 동요한다.

21:5 **먹고 마시도다…기름을 바를지어다** 이 신탁 부분은 다니엘서 5장에서 벨사살이 잔치하던 장면을 떠올리게 한다. 그들이 한창 연회를 하고 있을 때 적군이 성을 침입했다는 소식을 들었다.

> **에돔에 대한 하나님의 심판**
> - 사 21:11, 12
> - 렘 49:7-22
> - 겔 25:12-14
> - 암 1:11, 12
> - 옵 1-21절

21:6 **파수꾼을 세우고** 이사야는 성벽에 파수꾼을 세웠다.

21:7 **마병대…나귀 떼와 낙타 떼** 이사야는 파수꾼한테서 침략군이 오고 있다는 경고 소리를 들었다.

21:8 **파수꾼이 사자 같이 부르짖기를** 사해 문서는 '파수꾼이 소리 지르기를 내 주여'라고 제대로 번역하고 있다. 이사야가 세운 파수꾼(6절)은 계속 그에게 보고를 해왔다.

21:9 **함락되었도다 함락되었도다 바벨론이여** 파수꾼은 강대국 바벨론의 비극적 종말을 선언한다. 바벨론은 먼저 주전 689년 앗수르에 무너졌고 주전 539년 페르시아에 다시 무너졌다. 그러나 이사야의 예언은 하나님의 대적에 대한 궁극적 멸망을 예고한다. 이는 요한계시록 14:8, 18:2에서 이 절을 인용함으로써 입증된다(참고. 렘 50:2; 51:8, 49).

21:10 **내가 짓밟은 너여, 내가 타작한 너여** 곡식을 사정없이 내리쳐 타작하는 것은 바벨론이 이스라엘을 짓밟은 사실을 말하며, 그로 생긴 곡식은 하나님이 이스라엘을 구원하신 것을 가리킨다. 이 간결한 어구는 하나님의 백성에게 소망을 안겨주었다.

8. 에돔(21:11, 12)

21:11 **두마** 북아라비아의 이 오아시스는 페르시아만에서 페트라로 향하는 동서로 그리고 반대편인 홍해와 다드몰 사이 남북로의 두 중요한 길이 교차하는 곳에 위치했다. 예루살렘 남쪽 약 483킬로미터 지점에 있었다. **세일** 에돔의 다른 이름으로 사해 남쪽에 위치했고 에서의 후손들의 고향이었다. 이사야에게 질문한 이가 바로 세일이다. **밤이 어떻게 되었느냐** 앗수르의 압제가 얼마나 오래 가겠느냐 하는 질문이었다.

21:12 **아침…밤** 이사야 선지자는 앗수르의 압제에서 잠시 해방되긴 하지만 곧 바벨론의 침략이 있으리라고 덧붙인다.

9. 아라비아(21:13-17)

21:13 **드단 대상들** 드단은 아라비아 광야 북서쪽, 두마 남동쪽 약 467킬로미터 지점의 사해로 향하는 길목에 있었다. **수풀** 아라비아에서는 숲을 찾아보기 어려웠으므로 가시덤불을 가리키는 '덤불'로 번역하는 것이 더 낫다.

21:14 **데마** 데마는 아라비아 광야 북서쪽, 두마 남동쪽 약 322킬로미터 지점의 사해 길목에 있었다. **물…떡** 이사야는 앗수르 군대를 피해 도망가는 사람들에게 먹을 것이 필요하리라는 사실을 암시한다.

21:15 **그들이…도망하였음이니라** 아라비아 내륙 지역은 앗수르의 날쌘 군사들을 피해 도망가는 피난민들이 숨는 장소였다.

21:16 **게달의 영광이 다 소멸하리니** 이 예언은 바벨론 왕 느부갓네살이 아라비아 광야의 북서부 지역을 정복할 것을 예고한다(렘 49:28).

10. 예루살렘(22:1-25)

22:1 **환상의 골짜기** 이것은 이스라엘을 가리킨다. 하나님은 종종 환상으로 예루살렘에게 자신을 계시하셨다. 그러나 회개하지 않는 예루살렘 거민들은 파멸이 기다리고 있음을 망각하고 환상을 보지 못한 것처럼 행동했다. **어찌함인고** 이사야 선지자는 백성이 지은 죄악을 깊이 회개해야 할 때 난잡한 연회를 열고 즐긴다고 책망한다. 주전 586년 예루살렘이 바벨론에 멸망한 일과 관련된 상황을 예고하고 있는 것이 분명하다. 그러나 주전 711년이나 701년 앗수르의 공격에서는 그 성을 구원해주셨고, 이로써 백성은 마음이 해이해져 흥청거렸을 것이다.

22:2 **칼…전쟁** 바벨론 군대가 성을 포위하자 굶어죽거나 병들어 죽는 사람이 속출했다.

22:3 **너의 관원들도 다 함께 도망하였다가** 지도자들은 성을 방비하기 위해 싸워야 함에도 자기 목숨을 구하려고 도망치다가 도중에 사로잡혔다(왕하 25:4-7).

22:4 **슬피 통곡하겠노라** 이사야는 너무 고통스러웠다. 영적인 현실이 뻔히 보이기 때문에 함께 즐길 수가 없었다.

22:5 **주 만군의 여호와께로부터 이르는…날이여** 이전에 성이 적의 수중에 무너지려고 할 때 백성은 공포와 두려움에 사로잡혔다. 이제 다시 그런 일이 벌어질 것이며, 더는 어떤 자비도 없을 것이다.

22:6 **엘람…기르** 예루살렘을 포위한 앗수르 주력군 병사들의 고향이다.

22:7 **아름다운 골짜기** 예루살렘과 주변에 있는 골짜기마다 적의 군대로 가득할 것이다.

22:8 **수풀 곳간** 솔로몬이 백향목으로 만든 이 구조물(왕상 7:2-6)은 무기(왕상 10:17)와 다른 귀중품(대하 9:20; 사 39:2)을 보관했던 곳이다.

22:9 **다윗 성** 예루살렘의 다른 이름이다(삼하 5:6, 7, 9). *29:1에 대한 설명을 보라.* **아랫못** 실로암 연못은 예루살렘 성에 물을 공급해주었다. 히스기야가 건설한 긴 지하수로로 기혼 샘의 물을 실로암 연못까지 끌어왔다.

22:10 **성벽을 견고하게** 히스기야는 훼손된 성벽을 다시 재건하면서(대하 32:5) 하나님을 신뢰하는 마음을 버리지 않았다. 그의 믿음은 이 예언의 대상인 백성의 믿음과 대조를 이룬다(11하).

22:11 **옛 못** 이것은 기혼 샘을 가리키며 이사야 선지자는 때로 이 샘을 "윗못"(7:3; 36:2. 참고. 왕하 18:17)이라고 불렀다. **이를 행하신 이를 앙망하지 아니하였고** 침입에 대비해 성을 방비하는 노력은 순전히 외형적인 준비에 지나지 않았다. 백성은 그 성과 못 또는 현재의 위기(참고. 31:1)를 주신 창조주에 대해서는 생각하지 않았다. 창조주를 의지하지 않는다면 아무리 물리적 방비에 힘써도 소용이 없다.

22:12, 13 **굵은 베…기뻐하고 즐거워하며** 위기를 당하면 진정으로 회개해야 하지만 이스라엘 백성은 오히려 쾌락을 즐기며 흥청거렸다. 이런 태도는 하나님의 백성이 그분 안에서 기뻐하고 즐거워하는 35:10, 51:11의 모습과 대조를 이룬다.

22:13 **내일 죽으리니 먹고 마시자** 바울은 이와 동일한 인생철학을 인용한다(고전 15:32). 부활이 없으면 살아생전 즐기는 것이 당연하다. 이런 세계관은 하나님의 영원한 가치들을 완전히 부정한 것이다.

22:14 **용서하지 못하리라** 이사야의 사역 결과에 대한 하나님의 예언(6:9, 10)은 그대로 이루어졌다.

22:15 **왕궁 맡은 자 셉나** 애굽 태생 이방인으로 보이는 이 사람은 권력 서열상 왕 다음으로 막강했을 것이다. 셉나를 언급한 다른 구약 구절들은 그를 '서기관'으로 부른다(36:22; 37:2; 왕하 18:37; 19:2). 이사야가 예언한 대로 강등된 후의 지위일 것이다(19절을 보라).

22:16 **묘실을 팠고** 셉나는 자기 이름을 남기기 위해 왕의 무덤 못지않은 화려한 무덤을 마련해놓았다. 하지만 그런 막중한 위치에 있는 사람이라면 유다의 영적 일에 관심을 쏟아야 마땅했다. 이사야는 그의 이런 오만을 비판한다.

22:17 **장사** 이것은 셉나가 자화자찬한 내용을 인용한 것이다.

22:18 **광막한 곳…수치…죽겠고** 셉나는 화려하게 장

례식을 치르고 매장되기는커녕 이방 땅에서 수치스럽게 죽을 것이다.

22:19 너를 네 관직에서 쫓아내며 셉나는 히스기야가 권좌에 오르고 얼마 후 그 오만함으로 궁중 시종장에서 서기관으로 좌천되었다. 이는 주전 701년 전의 일이었다(36:1, 2).

22:20 내 종 엘리아김 엘리아김은 셉나 대신 시종장 또는 총리가 된 인물로 내 종이라 불리는 큰 영광을 누렸다(*20:3에 대한 설명을 보라*).

22:21 유다…아버지 엘리아김은 시종장으로서 막강한 권세를 가졌다.

22:22 다윗의 집의 열쇠 왕을 알현할지 여부를 관리하는 권세를 받았다는 것은 왕이 엘리아김을 그만큼 신뢰했다는 반증이다. 예수님은 이 용어를 자신에게 적용하여 미래의 다윗 왕국에 들어올 자를 결정하는 권한을 가졌다고 말씀하신다(계 3:7).

22:23 영광의 보좌 이 보좌는 엘리아김의 가족이 그로 말미암아 받을 영광을 상징한다.

22:24 그 위에 걸리리니 이사야는 못의 비유(23절)를 다시 사용해 엘리아김의 후손이 그를 이용해 영광을 얻으려고 할 것임을 말한다.

22:25 못이…부러져 떨어지므로 엘리아김은 한동안 신실하게 주를 섬겼지만 결국 실족했고 그 위(자리)에 걸린 모든 것도 함께 떨어졌다.

11. 두로(23:1-18)

23:1 두로 지중해에 면한 베니게의 항구도시로, 갈멜산 북쪽 56킬로미터 지점과 헤르몬산 서쪽 45킬로미터 지점에 위치한 두로는 솔로몬 왕이 성전을 지을 때 목재를 제공해주었고(왕상 5:1, 7-12) 수군에 필요한 선원을 조달해주었다(왕상 9:26, 27). *에스겔 26:3, 4에 대한 설명을 보라.* **다시스의 배들** 다시스는 스페인에 속한 성이었을 가능성이 높다. 따라서 "다시스의 배들"은 대형 무역선으로 대해를 거쳐 두로 항구까지 장거리 항해를 할 수 있었을 것이다. 구약은 이 배들을 자주 언급한다(2:16; 60:9; 왕상 10:22; 22:48; 시 48:7; 겔 27:25; 욘 1:3). **황무하여** 두로는 이 예언이 있고 주전 332년까지 5번이나 포위공격을 당한다. 이 공격 중 마지막 때(주전 332년 알렉산더 대왕) 완전히 함락되어 멸망했다. 에스겔은 에스겔 26:3-27:36에서 두로의 멸망을 예언했다. **집이 없고 들어갈 곳도 없음이요** 길고 고된 항해로 지친 선원들은 그 목적지인 두로에 도착했지만 예전과 달리 안전하게 쉴 항구를 찾지 못할 것이다. **깃딤** 지중해 동부의 이 섬에 도착한 선원들은 두로가 망했음을 알게 될 것이다.

> **두로에 대한 하나님의 심판**
> - 사 23장
> - 겔 26-28장
> - 암 1:9, 10

23:2 시돈 시돈은 두로와 함께 또 다른 베니게의 주요 항구도시였다. 여기서는 베니게의 남은 지역을 말하며, 두로의 파멸에 대한 이 나라의 반응을 암시한다.

23:3 시홀…큰 물 베니게 사람들은 애굽(여기서는 시홀로 대표됨)의 많은 곡물을 그 배에 싣고 수송했다. 또한 다양한 일상품을 사고 팔았다.

23:4 산고…출산하지 이사야는 황무함, 산고, 출산을 자주 인용한다(7:14; 8:3; 9:6; 26:16-18; 37:3; 44:3-5; 45:10, 11; 47:8; 49:21; 54:1-3; 66:9). 여기서 이 비유는 '바다의 강자'인 두로의 황폐해짐을 애통해하는 것을 말해준다.

23:6, 7 다시스…먼 지방까지 가서 머물던 두로의 피난민들은 지중해 전역을 떠돌아다녔다(참고. 1절). 그들 역시 그 성의 몰락에 슬피 울었다.

23:7 옛날 두로는 주전 2000년 전부터 있던 매우 오래된 도시였다.

23:8 면류관을 씌우던 자…고관들…존귀한 자들 두로는 국제적으로 명성이 높은 도시였다.

23:9 모든 누리던 영화 만군의 여호와는 이런 그들의 오만 때문에 두로를 심판하실 수밖에 없었다. 그들의 어리석은 오만은 그 성의 명성 때문이었다.

23:10 너를 속박함이 다시는 없으리라 이 신탁은 두로의 식민지들이 그 성의 몰락을 기회로 자유를 행사하도록 권한다.

23:11 여호와께서 가나안에 대하여 명령을 내려 하나님은 두로와 시돈이 포함된 가나안 땅이 몰락하도록 하셨다.

23:12 처녀 딸 시돈 한때 생동감 넘치고 환락이 횡행하던 유명한 성(참고. 7절)이 늙어 기력이 쇠한 여자처럼 겨우 살아가는 신세가 될 것이다. 하나님은 앗수르인을 사용해 시돈을 심판하셨다(37:22의 "처녀 딸 시온"과 비교해보라).

23:13 갈대아 사람…앗수르 사람 갈대아 사람, 즉 바벨론 사람의 사례는 주전 689년 바벨론을 짓밟은 앗수르에 맞설 아무 희망이 없음을 두로에게 일깨워준다.

23:15 칠십 년 두로는 영원히 황폐한 상태로 남아 있지 않았다. 오늘날 이 고대 성터에는 작은 촌락이 남아

사

있다. 70년이라는 기간이 언제인지 확실하지는 않지만 주전 700-630년을 말할 것이다. 알렉산더 대왕(주전 332년)이 두로를 멸망시킬 것이다(*겔 26-28에 대한 설명을 보라*).

23:15, 16 기생의 노래…잊어버린 바…기억하게 하라 창녀는 관심을 끌기 위해 노래를 불렀다. 고대 시대에는 이렇게 관심을 끄는 일이 어렵지 않았다. 그런 창녀들처럼 두로 사람들은 이전에 누리던 영광을 일깨우고자 노래를 부르라는 권면을 받는다.

23:17 여호와께서…돌보시리니 하나님의 도우심으로 두로는 다시 회복될 것이다.

23:18 여호와께 돌리고 한때 여러 식민지로부터 지원을 받았던 두로는 그 불의한 이득조차 유다를 지원하는 데 사용할 것이다.

C. 세계 심판을 통한 이스라엘의 구속 (24:1-27:13)

24:1-27:13 이 네 장은 주의 날에 모든 대적에게 승리하시고 이스라엘을 최종 구원하실 하나님을 찬양한다. 이 장(24장)의 심판은 요한계시록 6장 이하에 기록된 대환난을 예고한다.

1. 땅을 황폐하게 하시는 하나님(24:1-23)

24:1 공허하게…황폐하게…뒤집어엎으시고…흩으시리니 이사야 선지자는 13-23장에서 구체적으로 기록했던 파멸을 더 일반적이고 포괄적으로 뭉뚱그려 기록한다. 하나님은 온 세상을 바벨탑 사건이나 노아 홍수 때보다 더 심하게 심판하실 것이다.

24:2 백성과 제사장…빌려 주는 자와 빌리는 자 지위도 재물도 권세도 하나님의 심판에서 면제시켜 주지 않을 것이다.

24:3 여호와께서 이 말씀을 하셨느니라 여기 외에 이사야가 이 표현이나 이와 비슷한 표현으로 그 예언의 확실성을 강조한 경우가 9번 있다(1:20; 21:17; 22:25; 25:8; 37:22; 38:7; 38:15; 40:5; 58:14).

> **이사야의 '짧은' 묵시록**
>
> **사 24장:** 지상에 7년 동안 대환난이 있을 것이다(참고. 계 6-18장).
>
> **사 27장:** 세상을 심판하시기 위해 메시아께서 두 번째 오실 것이다(계 19장).
>
> **사 25, 26장:** 지상에 이루어질 메시아의 천년왕국을 말한다(계 20:1-6)

24:4 높은 자 이사야 선지자는 하나님의 심판의 이유로 교만을 다시 강조한다(참고. 23:9). 참고. 잠언 16:5.

24:5 영원한 언약 이 역시 아브라함의 언약을 가리키며 종종 '영원한'이라는 수식어구가 붙는다(참고. 창 17:7, 13, 19; 대상 16:15, 17; 시 105:8, 10; 111:5, 9). 이것은 하나님의 도덕법 준수와 그분을 믿는 믿음으로 인한 구원의 인정을 포함한다.

24:6 남은 자가 적도다 이방의 남은 자들은 이스라엘의 남은 자들과 다르다. 이들은 메시아가 재림하실 때 이스라엘을 지원할 것이다.

24:7-9 마음이 즐겁던 자가 다 탄식하며 미래에 올 심판의 날에는 자연에서 얻던 모든 즐거움이 사라질 것이다. 참고. 요한계시록 18:22.

24:10 집마다 집은 외부의 위험으로부터 사람을 안전하게 지켜주지만 그들은 그 집에 들어갈 수가 없다.

24:13 감람나무를 흔듦 같고 동일한 비유적 표현이 17:6의 에브라임에 대한 심판에서는 수확이 별로 없었음을 가리킨다.

24:14 소리를 높여 부를 것이며…크게 외치리니 경건한 모든 남은 자들의 노래다(참고. 6절). 이들은 하나님의 의로우신 심판을 찬양하며 노래하면서 술에 취해 부르던 노래 소리를 대신할 것이다(참고. 9절).

24:15 하나님 여호와의 이름을 영화롭게 하며 전 세계의 모든 사람에게 하나님께 마땅히 돌려 드릴 영광을 돌려 드리라고 한다.

24:16 의로우신 이에게 영광을 돌리세 "의로우신 이"는 하나님을 가리킨다. **그러나 나는** 이사야는 하나님의 승리를 최종적으로 축하하기 전 세상이 당할 슬픔과 타락을 생각하면 아직 하나님의 영광을 찬양할 수가 없다.

24:17, 18 함정과 올무 인간이 설치한 올무에 잡힌 짐승의 비유는 인생이 피할 수 없는 덫의 연속임을 상징한다(삼하 22:6; 욥 18:8-10; 22:10; 시 18:5; 64:5; 106:36; 124:7; 렘 48:43, 44; 애 3:47; 암 5:19).

24:18 위에 있는 문 노아 시대에 하나님은 홍수로 세상을 심판하셨다(창 7:11). 그분은 하늘에서 다시 심판하시겠지만 홍수를 사용하시지는 않을 것이다. 참고. 요한계시록 6:13, 14; 8:3-13; 16:1-21. **땅의 기초** 이전과 비교할 수 없는 지진이 미래의 심판 때에 나타날 것이다. 다니엘의 70번째 주(일흔 이레) 예언이 성취되는 동안 그리고 그 이후다(*13:13에 대한 설명을 보라*. 참고. 마 24:7; 계 6:12, 14; 8:5; 11:19; 16:18).

24:20 취한 자…원두막 늘 안전하고 영원할 것 같은 지구가 완전히 무너질 것을 다른 두 가지 대상에 빗대

어 설명하고 있다. 술에 취해 비틀거리는 주정쟁이와 언제라도 쓰러질 듯한 오두막이다.

24:21 **높은 군대…왕들** 주의 날에 막바지 단계에서 천사들이든(엡 6:12) 인간이든 반역한 세력을 치실 것이다. *2:12에 대한 설명을 보라.*

24:22 **옥에 갇혔다가** 신약은 불못에 던져지는 최종 심판을 받기 전 타락한 천사들이 감옥에 갇힌다고 더 자세히 가르친다(벧후 2:4; 유 6절; 계 9:2, 3, 11; 11:7; 17:8; 20:1-10). 믿지 않은 사람들에 대해서도 마찬가지다(눅 16:19-31; 계 20:11-15).

24:23 **달이 수치를 당하고 해가 부끄러워하리니** 그리스도의 천년 통치가 끝나고 하나님의 영광과 어린 양의 영광으로 더 이상 어둠을 밝힐 해와 달이 필요없을 것이다(계 21:23). **예루살렘에서 왕이 되시고** 요한계시록 11:15-17과 19:6, 16(참고. 눅 1:31-33)에서 요한은 메시아가 장차 예루살렘에서 통치하신다는 이 명확한 예언을 확인해준다.

2. 구속에 대한 첫 감사의 노래(25:1-12)

25:1 **기사를 옛적에 정하신 뜻대로** 이사야는 하나님이 최후의 심판(24장)을 오래전에 계획하셨음을 찬양한다.

25:2 **성읍을 돌무더기로…영원히 건설되지 못하게 하셨으므로** 이사야 선지자는 어느 성인지 명시하지 않지만 문맥상 바벨론의 최후 파멸에 대한 예언과 일치한다(21:9; 참고. 렘 51:37; 계 18장).

25:3 **강한 민족…포악한 나라들** 그리스도가 세상을 통치하시면 온 세상 열국이 그분을 영화롭게 하고 두려워할 것이다(24:14-16을 보라).

25:4 **빈궁한…가난한** 하나님이 영광을 받으시기에 합당하신 또 다른 이유는 압제당하는 자를 붙들어주시기 때문이다(참고. 11:4; 14:32).

25:4, 5 **폭풍…폭양** 유다의 극단적 기후를 보여준다. 갑작스럽게 폭풍이 불어닥치거나 견디기 어려운 폭염은 하나님이 가난한 자와 빈궁한 자들을 어떻게 품으시는지를 보여준다.

25:6 **이 산** 그 왕국에서 주님은 신실한 남은 자들을 위해 시온산에서 성대한 연회를 베풀어주실 것이다(*1:27; 2:2에 대한 설명을 보라*).

25:7 **가리개…덮개** 하나님은 그 연회에 참석한 모든 사람에게서 죽음의 덮개를 제거해주실 것이다.

25:8 **사망을 영원히 멸하실 것이라** 죽음이 인간을 삼켰듯 하나님이 죽음을 삼키실 것이다(5:14; 잠 1:12). 바울은 신자들의 부활로 이 약속이 이루어질 것을 강조한다(고전 15:54). **눈물을 씻기시며** 주 하나님은 죽음과 관련된 슬픔이 다 사라지도록 해주실 것이다(참고. 65:19). 요한계시록은 이 내용을 2번이나 암시한다. 처음은 7:17에서 하늘에서 구속받은 자들이 누리는 복을 설명할 때, 그다음은 21:4에서 새 예루살렘의 이상적 상태를 묘사할 때다. **수치…제하시리라** 이스라엘은 열국의 머리가 되고 더는 꼬리가 되지 않을 것이다(신 28:13).

25:9 **그를 기다렸으니** 하나님을 기다리기 위해서는 최종 구원에 대한 그분의 시간표가 우리 기대와 다르다고 조바심을 내지 말고 절대적으로 신뢰해야 한다(참고. 26:8; 33:2; 40:31).

25:10 **모압** 모압은 열국의 나머지를 대표한다. 에돔도 종종 열국의 나머지로 언급된다(34:5-15; 63:1-6; 옵 1-9절).

25:12 **성벽의 높은 요새** 모압 성들은 요새를 높이 세우고 성벽을 높이 쌓았다. 그러나 그렇게 해도 하나님의 심판을 견디지 못할 것이다.

3. 구속에 대한 두 번째 감사의 노래(26:1-19)

26:1-4 구속받은 남은 자들이 난공불락의 성 예루살렘으로 말미암아 하나님을 찬양할 것이다.

26:1 **견고한 성읍** 심판이 예정된 혼란스러운 전형적 도시와 반대로(24:10; 25:2; 26:5) 하나님께는 아름다운 미래의 성, 천년 통치 기간의 예루살렘이 있다(슥 14:11).

26:2 **문들을 열고** 이사야는 오직 의로운 이스라엘만이 들어갈 수 있는 미래의 예루살렘을 그린다. 다른 열국 출신의 구속받은 남은 자들은 정기적으로 예배하러 올 것이다(슥 14:16-19).

26:3 **평강하고 평강하도록…주를 신뢰함이니이다** 여호와를 변함없이 신뢰하면 악인들은 결코 알 수 없는 평화를 누리게 될 것이다(48:22; 57:21). 그렇게 주를 의지하면 두 마음을 품지 않고(약 1:6-8) 두 주인을 섬기지 않는다(마 6:24).

26:4 **영원한 반석** 문자적으로 '만세의 반석', 즉 단단한 바위 절벽을 말한다. 공격자들을 피해 이곳을 피난처로 삼을 수 있다(참고. 12:2).

26:5, 6 **높은 데에 거주하는 자…빈궁한** 교만한 자들은 높은 곳에 거하다가 멸망을 당한다. 겸허한 자들은 높임을 받고 견고한 성에 거한다(참고. 약 1:9, 10; 벧전 5:5).

26:7 **정직함…평탄하게 하시도다** '정직함'에 해당하는 히브리어는 '곧다'라는 뜻이며 '무게를 달다'는 '평탄하게 하다'라는 뜻이다. 언덕이 많고 구불구불한 길로 된 땅에서 선지자는 가난하고 빈궁한 자들이 밟을 곧고 평

평한 땅을 말한다(참고. 40:3, 4; 42:16; 45:13).

26:8 **주를 기다렸사오며** 미래의 남은 자들이 구속받을 수 있는 비결을 말한다. 즉 인간적인 계획이 아니라 주를 의지하는 것이 비결이다.

26:9 **밤에…간절히** 경건한 자는 늘 주를 사모한다. **심판…의를 배움이니이다** 하나님의 심판하시는 손은 죄인들이 회개하도록 이끌어주신다.

26:10 **의를 배우지 아니하며** 하나님은 사랑과 자비를 베푸시지만 악인들은 그것을 외면한다.

26:11 **그들이 보지 아니하오나…보면** 하나님의 권능과 임박한 심판에도 눈을 가린 악인들이 자기 백성 이스라엘을 향한 그분의 긍휼하심을 보고 스스로 부끄러워할 것이다.

26:12 **평강을 베푸시오리니** 이스라엘의 당면한 미래는 암울하게 보여도 이사야는 그들이 결국 번성하리라는 강한 확신을 드러낸다.

26:13 **주 외에 다른 주들** 이스라엘 역사를 보면 애굽과 앗수르 같은 이방 열강에게 지배받은 적이 한두 번이 아니다.

26:14 **일어나지 못할 것이니** 이 이방 맹주들은 과거의 흘러간 인물이 될 수밖에 없다. 이들은 다시 세계 무대에 등장하지 못할 것이다.

26:15 **이 나라를 더 크게 하셨고** 이스라엘이 장차 옛 영광을 회복하리라는 예언적 확신으로 이사야는 이스라엘 국경이 확장될 것을 기정사실화한다.

26:16 **환난…징벌** 이스라엘은 그 고된 역사로 주를 부를 수밖에 없다.

26:17, 18 **잉태한 여인** 이스라엘의 고통스러운 역사가 해산하는 여인의 고통에 비유된다.

26:18 **구원을 베풀지 못하였고** 주를 의지하지 않았기 때문에 이스라엘의 모든 노력은 아무 소득이 없었다.

26:19 **죽은 자들은 살아나고** 이것은 이스라엘이 일어나 미래의 성대한 연회에 참석할 것을 말한다(참고. 겔 37장). 다니엘 12:2은 구약 성도들의 부활을 말한다.

4. 이스라엘의 응징과 궁극적 번영(26:20-27:13)

26:20 **잠깐** 이스라엘의 최종 회복은 바로 이루어지지 않는다. 그러므로 하나님의 진노하심이 사그라질 때까지 그 회복을 위해 계속 홀로 기도해야 한다.

26:21 **피를 드러내고** 압제자들에게 살해당한 무고한 자들이 살아나서(참고. 19절) 그들을 죽인 자들에 대해 증언할 것이다.

27:1 **리워야단** *욥기 41:1에 대한 설명을 보라.*

27:2-6 주의 포도원과 5:1-7의 포도원이 강한 대조를 이룬다. 이 포도원은 포도원지기에게 실망을 주지 않고 풍부한 과실을 맺는다(6절).

27:2 **포도원** 6절을 보면 이 포도원이 이스라엘이라고 확인해준다.

27:3 **밤낮으로 간수하여** 장차 회복될 이스라엘에게 하나님은 완벽하게 그 필요를 채워주실 것이다.

27:4 **노함이 없나니** 하나님이 이스라엘을 심판하신 일은 이미 과거의 일이다. **찔레와 가시…불사르리라** 그 백성의 원수들을 말한다.

27:5 **나와 화친하며** 이스라엘의 대적들은 하나님과 평화를 누릴 수 있다.

27:6 **그 결실로 지면을 채우리로다** 장차 올 메시아의 왕국에서 회복된 이스라엘이 그와 함께 다스리며 의와 평강의 열매로 세상을 충만하게 할 것이다.

27:7 **그 백성을 친 자들을 치심과 같았겠으며** 하나님은 이스라엘에 대한 진노를 다 갚지 않고 화를 누그러뜨리셨지만 이스라엘을 심판하는 데 사용한 자들은 사정을 봐주지 않으실 것이다. 다른 열국에게는 그 자비하심을 베풀지 않으실 것이다.

27:8 **쫓아내실 때에** 하나님은 유다를 포로로 잡혀가게 하심으로써 그분을 다시 의지하도록 일깨우셨다.

27:9 **불의가 속함을 받으며** 야곱은 하나님의 심판을 감당하는 것으로 그 죗값을 치렀다.

27:10 **견고한 성읍** 이 성은 유다의 압제자들을 상징한다(참고. 24:10; 25:2; 26:5).

27:11 **불쌍히 여기지 아니하시며** 창조주는 이스라엘에게 자비를 베푸시는 것과 달리 그 대적들에게 치명적 타격을 입히실 것이다.

27:12 **하나하나 모으시리라** 다니엘의 칠십 이레 마지막에 그 대적들을 심판하신 후 신실한 이스라엘의 남은 자들이 그 땅으로 돌아올 것이다(마 24:31).

27:13 **예루살렘 성산에서 여호와께 예배하리라** 이사야 선지자는 중요한 주제 중 하나를 반복한다. 장차 새로 회복된 이스라엘이 시온산에서 예배하리라는 것이다(24:23; 25:6, 7, 10).

D. 애굽과 동맹을 맺은 것에 대한 경고 (28:1-35:10)

1. 술 취한 정치인에 대한 저주(28:1-29)

28:1 **에브라임** 북왕국 이스라엘은 앗수르에 멸망했고 비슷한 환경에 처한 예루살렘에게 이방 나라와 동맹을 맺는 데 대한 교훈을 남겨주었다. **술취한 자** 멸망 직전의 에브라임은 불법과 부도덕이 난무했다(3, 7절; 암 4:1; 6:1, 6). **면류관** 지중해 해안까지 연결된 기름진 골짜기

를 내려다보는 사마리아 성은 아름다운 언덕의 면류관과 같았다. **화 있을진저** 이 구절은 임박한 재앙의 의미를 강조한다.

28:2 **큰 물이 넘침 같이** 이사야는 강력한 비유법을 사용해 독자에게 앗수르의 침략이 임박했음을 경고하며 나태함에 경종을 울린다.

28:4 **여름 전에 처음 익은 무화과** 늦여름 추수기가 되기 전에 익은 무화과를 사람들이 즉시 먹어치웠다. 앗수르의 에브라임 정복이 그처럼 빠를 것임을 말해준다.

28:5 **자기 백성의 남은 자** 이사야는 주의 날에 신실한 남은 자들을 다시 언급한다(참고. 10:20-22; 11:11, 16; 37:31, 32; 46:3). **영화로운 면류관** 참된 면류관이 거짓된 "교만한 면류관"(1절)을 대체할 것이다.

28:6 **판결하는 영** 메시아가 통치하실 그 날에 능력의 성령이 통치하시며 세상에 공의가 이루어지도록 하실 것이다(참고. 11:2).

28:7 **제사장과 선지자…실수하나니** 심지어 유다의 종교지도자들도 술에 취해 백성을 거짓된 길로 인도했다.

28:8 **깨끗한 곳이 없도다** 지도자들이 더러운 오염물 속에서 나뒹군 나라는 희망이 없다.

28:9 **젖 떨어져** 술 취한 지도자들은 이사야와 다른 선지자들이 그들을 아이처럼 취급하며 선악의 기초적 진리를 가르치자 분노한다.

28:10 **교훈에 교훈을 더하며…저기서도 조금** 이것은 선지자의 책망과 조언에 술 취한 지도자들이 빈정거리며 조롱하는 것이다. 히브리어 1음절 단어들은 이사야의 설교에 대해 어린 아기가 옹알이하듯 조롱하는 것을 흉내 낸 것이다.

28:11 **다른 방언** 술 취한 자들이 선지자의 말을 들으려고 하지 않자 그들이 앗수르의 노역관에게 복종해야 할 거라고 예언하신다. 그들은 외국어로 노역 내용을 지시할 것이다. 신약은 이 절의 추가적 의미를 강조하며 이 기적적 방언의 은사가 하나님의 종이라는 신용장처럼 사용될 것을 예고한다(*고전 14:21, 22에 대한 설명을 보라.* 참고. 신 28:49; 렘 5:15; 고전 14:12).

28:12 **안식…상쾌함…듣지 아니하였으므로** 하나님은 그들이 이해할 수 있도록 단순한 언어로 그 압제자들한테서 벗어날 길을 알려주겠다고 하셨지만 그들은 들으려고도 하지 않았다.

28:13 **교훈에 교훈을 더하고…저기서도 조금** 거절하는 그들을 보시고 하나님은 그들이 이해할 수 없는 웅얼거림으로 술 취한 자들의 조롱을 흉내 내신다(참고. 10절).

28:14 **이러므로** 에브라임에게 닥친 비극(1-13절)을 보고 예루살렘의 조롱하던 지도자들은 이방 열강에게 구원을 의지하려던 계획을 버리고 다른 길을 모색해야 했다.

28:15 **사망과 언약하였고** 예루살렘의 조롱하던 지도자들은 앗수르에 맞서 싸우기로 애굽과 동맹을 맺었다. **넘치는 재앙** 범람하는 강물과 재앙(채찍)의 이미지를 결합하여 이방 군대가 침략해도 절대 무너질 일이 없다는 백성의 호언장담을 강조한다. **거짓…허위** 예루살렘 지도자들은 안전을 위해 편한 길을 선택했다. 그들은 직접 인정하지는 않았지만 기만과 허위 뒤에 숨었다.

28:16 **한 돌…기초…견고한 기촛돌** 하나님은 유일하게 확실한 피난처와 이방 세력에 의지하는 거짓의 피난처(15절)를 대비해 보여주신다. 이는 메시아의 오심을 직접 예언한 구절이다(마 21:42; 막 12:10; 눅 20:17; 행 4:11; 롬 9:33; 엡 2:20; 벧전 2:6-8. 참고. 8:14, 15; 시 118:22). **다급하게 되지 아니하리로다** 헬라어 구약성경은 '다급하다'에 해당하는 이 히브리어 동사를 '수치를 당하다'의 의미로 해석하여 이 절이 신약에서 인용될 근거를 제공한다(롬 9:33; 10:11; 벧전 2:6).

28:17 **정의를 측량줄로** 메시아가 그 왕국을 다스리실 때 정의로운 제도가 확고히 정착될 것이다. 이것은 예루살렘 지도자들이 연루된 거짓의 피난처와 강한 대비를 이룬다(15절을 보라).

28:18 **사망과 더불어 세운 언약이…서지 못하여** 이방 구원자를 의지하면 철저히 낭패를 보게 될 것이다(15절을 보라).

28:19 **아침마다** 앗수르인들은 예루살렘을 수없이 약탈하여 그 도시 거민들에게 공포의 대상이 될 것이다.

28:20 **침상이 짧아서…이불이 좁아서** 짧은 침대와 좁은 이불에 대한 이 잠언 같은 표현은 이방 세력과 동맹을 맺는다고 그 성을 지킬 수 없음을 말해준다.

28:21 **브라심 산…기브온 골짜기** 여호와께서 브라심산에서 블레셋 족속들을 치셨고(삼하 5:19, 20: 대상 14:10, 11) 기브온 골짜기에서 가나안 족속들을 치셨듯이(수 10:6-11) 그분을 조롱하는 자들한테 이렇게 하실 것이다. 예루살렘 거민도 예외는 아니다.

28:22 **멸망시키기로 작정하신 것** 하나님은 기이한 일(21절), 즉 그분의 악한 백성을 파멸시키겠다고 선언하셨다. 그러나 회개하면 그 재앙을 피할 수 있다.

28:23 **귀를 기울여** 농부의 비유는 18-22절에 나온 심판의 위협에 대한 교훈을 강조한다. 농부가 시기와 그 비율에 맞게 일을 달리하듯 하나님은 그 목적에 맞게 수단을 선택하신다. 지금 자비를 베푸시면 다음에는 심판을 베푸시고 어느 때는 빨리 어느 때는 늦게 심판하신다. 농부가 타작하고 쟁기를 가는 목적이 농작물을

죽이기 위해서가 아니듯 그분의 목적은 자기 백성을 파멸시키는 데 있지 않다.

28:24 갈기만 하겠느냐…고르게만 하겠느냐 농부는 흙을 갈고 고르기만 하지 않는다. 그 때에 맞게 씨를 뿌리기도 한다.

28:25 뿌리며…심으며 농부는 흙을 갈고 고르게 한 뒤 정성껏 씨를 심는다.

28:26 하나님이…가르치셨음이며 때에 맞게 농사를 짓는 기술은 하나님이 주신 본능이다.

28:27, 28 다양한 탈곡 방법에 하나님이 주신 지혜가 드러난다.

28:29 그의 경영은 기묘하며 농사라는 물리적 영역에서 하나님의 방법이 이처럼 탁월하듯 영적 문제를 다루는 그분의 방식 역시 놀랍다.

2. 종교적 형식주의자에 대한 저주(29:1-14)

29:1 아리엘 이 단어는 '하나님의 사자'라는 뜻으로, 그 성의 견고함을 가리킨다. 또한 '하나님의 화로'라는 뜻일 경우 향이 꺼지지 않는 하나님의 제단이 있는 곳을 가리킨다. 7절과 8절은 이것이 예루살렘의 이름임을 알려주며, 이 장은 불신앙 때문에 예루살렘이 적의 침략을 받으리라는 것을 예고한다. **다윗이 진 친** 다윗은 예루살렘을 "다윗 성"이라고 불렀다(22:9; 삼하 5:7, 9. 참고. 삼하 6:10, 12, 16; 왕상 2:10; 3:1; 8:1; 9:24; 14:31; 15:8; 왕하 8:24; 9:28; 12:21; 14:20; 15:7, 38; 16:20; 대상 11:5, 7; 13:13; 15:1, 29; 대하 5:2; 8:11; 12:16; 14:1; 16:14; 21:1, 20; 24:16, 25; 27:9; 32:5, 30; 33:14; 느 3:15; 12:37; 눅 2:4, 11). **절기** 하나님께는 주기적으로 지키는 예루살렘의 종교적 절기가 무의미했다.

29:3 진을 치며 하나님은 먼저 앗수르(주전 701년), 다음으로 바벨론(주전 586년)을 도구로 사용하셔서 예루살렘에 진을 치고 포위하셨다.

29:4 땅에서…티끌에서 예루살렘은 사로잡힌 포로처럼 흙을 뒤집어쓴 비천한 신세가 될 것이다. 영매의 목소리처럼, 죽은 자의 목소리처럼 땅에서 그 소리가 들릴 것이다. 이것은 강신술에 심취한 그들의 죄악에 걸맞은 심판이다.

29:5-8 예루살렘이 벌을 받은 후 하나님의 때가 되면 그 성을 쳤던 자들은 그분의 심판을 받게 될 것이다.

29:5 순식간에 갑자기 하나님은 불시에 이스라엘의 대적들을 심판하실 것이다. 주전 701년 앗수르 군대가 예루살렘에서 갑자기 물러난 것이 대표적인 예다.

29:6 우레와 지진과 큰 소리 이 용어는 폭풍 가운데 나타나시는 하나님, 즉 신 현현을 가리키며 요한계시록의 인, 나팔, 대접의 심판을 암시한다(계 8:5; 11:19; 16:18).

29:7 꿈 예루살렘 성을 향한 적국의 모든 위협은 잠에서 깨면 순식간에 사라지는 악몽처럼 사라질 것이다.

29:8 비고…곤비하며 먹고 마시는 꿈을 꾸었지만 깨면 현실은 여전히 배고프고 목마른 것처럼 예루살렘을 친 자들은 좌절을 맛보게 될 것이다.

29:9-14 이사야 선지자는 형식적 종교의 앞을 보지 못함이라는 주제를 다시 거론한다.

29:9 맹인…취함 백성이 보지 못하는 것과 술 취함은 애굽 대신 하나님을 의지하라는 이사야의 메시지를 이해하지 못했기 때문이다.

29:10 깊이 잠들게 하는 영 이스라엘은 참 선지자들의 경고를 들으려고 하지 않았기 때문에 들을 수 있는 능력이 손상되었다. 하나님은 그들의 완악한 마음을 그대로 내버려두셨다. 바울은 이 절을 구체적으로 교회 시대의 이스라엘의 눈먼 상태라는 일반적인 상황에 적용한다(롬 11:8). **선지자들…선견자들** 거짓 선지자들과 선견자들은 거짓 예언으로 그 청중의 귀를 멀게 했다.

29:11 글 아는 자 글을 읽을 수 있는 사람들도 그 영적 감수성을 버렸기 때문에 계시를 읽을 수 없었다(참고. 6:9, 10; 마 13:10-17).

29:12 글 모르는 자 교육을 받지 못한 사람들은 그 책의 내용에 대해 무지한 이유가 두 가지다. 첫째는 그 책이 봉인되었고, 둘째는 봉인되지 않았더라도 글을 읽을 줄 몰랐기 때문이다. 하나님의 풍성한 계시를 받고자 하는 사람이 아무도 없다면 슬픈 일이 아닐 수 없다.

29:13 그들의 마음은 내게서 멀리 떠났나니 공허한 종교 의식으로는 하나님께 가까이 나아갈 수 없다. 예수님은 이 절을 이용해 당시의 유대교를 묘사하셨다(마 15:7-9; 막 7:6, 7).

29:14 지혜가 없어지고…총명이 가려지리라 신적 지혜가 아니라 인간의 지혜를 의지한 것이 예루살렘의 영적 역병을 일으킨 원인이었다. 바울 시대에 헬라 세계의 몰락 역시 동일한 이유 때문이었다(고전 1:19).

3. 하나님께 계획을 숨기는 자에 대한 저주(29:15-24)

29:15 여호와께 깊이 숨기려 하는 여기서 이사야 선지자는 애굽과 동맹을 맺고 앗수르와 싸우고자 하는 지도자들의 은밀한 계획을 말하고 있는 것 같다. 하나님은 그렇게 하지 말라고 하셨으므로 그들은 하나님 몰래 그 계획을 세웠다.

29:16 그가 나를 짓지 아니하였다 인간이 하나님을 배제하고 그 스스로 계획을 세우는 것은 창조주 되신 하나님을 거부하는 것이나 마찬가지다. 바울 역시 그런

행위가 하나님의 주권성을 의심하는 거라고 생각했다(롬 9:19-21). 진흙은 거룩하신 토기장이와 동등한 신분이 될 수 없다.

29:17 **기름진 밭…숲** 하나님이 예루살렘을 축복하러 개입하시면 강자와 약자의 역할이 전도되는 일이 벌어질 것이다. 숲으로 무성한 레바논이 밭으로 변하고 그 반대의 일이 일어난 것처럼 유대인도 도덕적으로 완전히 변화될 것이다.

29:18 **못 듣는 사람이…들을 것이며…맹인의 눈이 볼 것이며** 이스라엘은 영적 눈먼 상태에서 벗어날 것이다. 예수님은 이 말에 의미를 추가하여 눈먼 자와 귀먹은 자를 고치는 그분의 사역에 적용하셨다(마 11:5. 참고. 35:5).

29:19, 20 **기쁨이 더하겠고…끊어졌음이라** 미래의 메시아가 통치하는 시대는 지위에 큰 변동이 있을 것이다. 압제당하던 자들이 고통에서 벗어나 기뻐할 것이고, 압제자들의 지배가 끝날 것이다.

29:21 **사람에게 죄를 씌우며…의인을 억울하게 하느니라** 행정권과 사법권을 가진 자들이 더는 그 힘을 악용해 약자를 괴롭히지 못할 것이다.

29:22 **아브라함을 구속하신** 하나님은 아브라함을 유브라데강 너머에서 가나안 땅으로 인도하심으로 이방 환경에서 건져주셨다(수 24:2, 3). 바울은 이 주제를 로마서 4:1-22에서 자세히 논증한다. **이제는 부끄러워하지 아니하겠고** 이스라엘은 역사적으로 빈번하게 수치스러운 일을 당했지만 메시아의 직접적 임재하심으로 달라질 것이다(45:17; 49:23; 50:7; 54:4). 종말에 이스라엘이 구원받고 나면 야곱의 자손들은 더 이상 그 악함으로 조상들을 욕되게 하지 않을 것이다.

29:23 **거룩하다…거룩하다…경외할 것이며** 야곱의 후손들은 주가 능한 손으로 구원해주신 데 놀라 그분을 지극히 높임을 받으시기에 합당한 유일한 분으로 인정할 것이다. 하나님은 이스라엘을 정결하게 해주실 것이다(참고. 54:13, 14).

29:24 **혼미하던…원망하던** 하나님을 새롭게 찬양하고 공경하게 되면서 이전의 완고한 자들은 영적인 지각능력을 얻게 된다.

4. 애굽을 의지하는 자에 대한 저주(30:1-33)

30:1 **나로 말미암지 아니하며…나의 영으로 말미암지 아니하고** 히스기야의 자문관들은 앗수르의 침략에 맞서 하나님이 아니라 애굽에게 원조를 청하라고 조언했다. 이사야는 하나님이 아니라 애굽을 의지하려는 이런 모습을 크게 책망했다. 하나님은 그런 동맹을 맺지 말라고 금하셨다.

이사야서에 나타난 성령

1. 11:2	8. 48:16
2. 30:1	9. 59:21
3. 32:15	10. 61:1
4. 34:16	11. 63:10
5. 40:13	12. 63:11
6. 42:1	13. 63:14
7. 44:3	

30:2 **바로…애굽…애굽** 하나님은 이스라엘에게 애굽으로 돌아가지 말라고 경고하셨다(신 17:16). 그런데 이제 그분은 애굽과 동맹을 맺지 말라고 경고하신다(31:1). 앗수르의 랍사게가 예루살렘을 포위한 동안 유사한 경고를 한 사실에 주목하라(36:9). **나의 입에 묻지 아니하였도다** 그들은 하나님의 선지자와 상의하지 않았다.

30:3 **수치…수욕** 앗수르인들은 애굽 국경과 불과 160킬로미터도 안 되는 곳에서 애굽 군대와 싸워 승리했다.

30:4 **소안…하네스** 유다의 사신들은 애굽 북동쪽 소안에서 멤피스 남쪽 80킬로미터 지점의 하네스로 곧장 갔다.

30:6 **낙타 안장…위험하고 곤고한 땅** 이사야는 선물을 가득 실은 사신이 원조를 구하러 수많은 위험이 도사리는 험난한 지역을 무거운 발걸음으로 느리게 이동하면서 애굽으로 향하는 모습을 묘사하고 있다.

30:7 **도움은 헛되고…가만히 앉은 라합** 애굽은 유다를 도울 의사가 없었다. 그래서 이사야는 강대국 애굽을 '힘' 또는 '앉아 게으름을 피우는'이라는 뜻의 라합이라고 부른다. 라합은 시편 87:4과 89:10에서 애굽을 가리킬 때 사용되었다.

30:8 **후세에** 하나님이 이사야에게 주신 명령은 후세대들이 여호와 대신 애굽을 의지한 이스라엘의 어리석음에서 교훈을 얻도록 영구히 기록으로 남기라는 것이었다.

30:9 **패역한 백성이요 거짓말 하는 자식들** 하나님께 순종하지 않는 그 백성의 죄악된 행동은 영구히 기록으로 남겨지게 되었다.

30:10, 11 **거짓된 것을 보이라 너희는 바른 길을 버리며** 가고 싶은 길과 상반되는 조언에 질린 이사야의 청중은 자신들이 듣기 좋은 내용으로 메시지를 바꿔주기를 원했다.

사

30:12-14 유다 백성은 주의 선지자의 말씀을 듣지 않았으므로 주의 심판으로 그 말씀을 듣게 될 것이다.

30:12 이 말을 이것은 이사야를 통해 주시는 하나님의 교훈을 말한다.

30:13, 14 담…토기장이가 그릇 두 가지 비유 대상으로 임박한 재앙이 패역한 그들을 갑자기 덮칠 것을 보여준다. 먼저 높은 담이 갑자기 무너진다. 그리고 토기가 떨어져 산산조각이 난다.

30:15 잠잠하고 신뢰하여야 패역한 이스라엘 백성은 구원과 힘을 얻는 참된 방법, 즉 주를 신뢰하며 그 안에서 안식하기를 거부했다.

30:16 말…빠른 짐승 이스라엘 백성은 여호와가 아니라 애굽의 말에 의지했다. 말은 하나님이 도구로 선택하신 압제자들한테서 그들을 건져줄 수가 없다(참고. 신 17:16; 시 33:17; 147:10).

30:17 한 사람…천 사람 다른 곳에서 이와 유사한 비유들은 이스라엘의 승리(레 26:36; 수 23:10)와 이김(신 32:30)을 가리킨다.

30:18 여호와께서 기다리시나니 유다가 구원하실 주를 의지하지 않았으므로(25:9; 26:8; 33:2. 참고. 30:15) 여호와께서는 그들에게 은혜를 베풀고자 기다리셔야 했다.

30:19 시온에 거주하며 예루살렘에 거주하는 이사야 선지자는 이스라엘에 베푸신 하나님의 은혜의 결과를 강조한다. 그 영토의 중심인 예루살렘 성이 생존한 것이 그것이다(65:9; 겔 37:25, 28).

30:20 네 눈이…볼 것이며 불순종으로 심판을 받은 후 하나님은 이스라엘의 눈을 여셔서 그 선지자들의 메시지가 옳았음을 깨닫게 하실 것이다(29:24).

30:21 네 뒤에서 말소리 스승은 가까이 있고 학생들은 주의 선지자들이 하는 말을 주의 깊게 듣는다. 앞에서 보여준 냉담한 모습과는 대조적이다(29:10, 11).

30:22 던지며 바벨론 포로생활로 이스라엘이 우상을 철저히 버림으로써 이 예언은 성취되었다.

30:23-25 미래의 메시아적 왕국에서는 농업, 목축업, 식량, 물 자원이 넘칠 정도로 풍성할 것이다. 이사야 선지자는 자연의 구속을 예언한다(참고. 롬 8:19-21).

30:25 망대가 무너질 때에 이스라엘을 압제한 강대국들은 무너질 것이다(29:17과 비교해보라).

30:26 달빛…햇빛 달과 해 같은 천체들이 훨씬 더 많은 혜택을 베풀 것이다. 훨씬 밝은 빛은 요한계시록 16:8, 9처럼 그들에게 해가 아니라 도움이 될 것이다(60:19, 20).

30:27-33 이사야는 유다의 구속에 대한 약속(19-26절)에 이어 앗수르의 파멸을 약속한다.

30:27 여호와의 이름 이 이름은 특별히 주권자이자 구세주로서 그분의 계시된 속성에 초점을 맞춘다(신 12:5).

30:27, 28 원방에서부터 오되…창일하여…하수 여호와께서 갑자기 홍수를 동반한 무서운 폭풍처럼 그 대적들을 덮치시고 그들을 무너뜨리실 것이다.

30:29 거룩한 절기…노래 하나님의 심판으로 앗수르가 황폐하게 되는 반면 예루살렘 백성은 절기를 지낼 때처럼(아마 유월절 때처럼) 즐거워할 것이다.

30:30, 31 앗수르…치실 것이라 특별히 앗수르, 넓은 의미에서는 모든 하나님의 대적이 그분이 일으킨 폭풍과 홍수에 희생될 것이다(27, 28절).

30:32 몽둥이…소고…수금 앗수르가 심판의 매를 맞을 때마다 예루살렘에서는 즐거운 축제가 벌어질 것이다.

30:33 도벳 문자적으로 가증한 장소다. 우상을 섬기던 이스라엘은 예루살렘 정남쪽의 이 골짜기에서 사람을 불로 태워 죽이는 인신 제사를 드렸다. 때로 힌놈 골짜기라고도 한다(왕하 23:10. *렘 19:6에 대한 설명을 보라*). 나중에 이곳은 게헨나로 알려졌으며, 도시의 쓰레기를 버리는 곳으로 늘 불이 꺼지지 않아 지옥을 상징하는 단어로 쓰였다. 불이 꺼지지 않을 정도로 그 패배가 완전했다.

5. 말과 마차를 의지하는 자에 대한 저주(31:1-32:20)

31:1 말…병거 애굽에는 말과 병거가 많았다(왕상 10:28, 29). 지형상 애굽은 병거가 발달하기에 적합했다. 이는 앗수르의 기병에 맞서 싸워야 하는 이스라엘에게 도움이 될 것이다. **여호와를 구하지 아니하나니** 이스라엘이 애굽을 의지한 것이 그토록 정죄받는 까닭은 그와 동시에 여호와를 저버렸기 때문이다.

31:2 여호와께서도 지혜로우신즉 이사야는 애굽을 의지하라고 조언한 어리석은 왕실 자문관들을 조롱조로 비판한다. **그의 말씀들을 변하게 하지 아니하시고** 니느웨 성의 경우처럼(욘 3:5-10) 범죄한 민족이 회개하면 하나님은 그 심판을 돌이키실 것이다.

31:3 육체…영 예를 들어 히스기야는 육신의 팔이 아니라 여호와를 의지하는 지혜로운 길을 택했다(대하 32:8).

31:4 놀라지 아니할 것이요…굴복하지 아니할 것이라 하나님은 자기를 치러 모인 목자들을 두려워하지 않는 강하고 결연한 사자처럼 예루살렘을 보호해주실 것이다.

31:5 새가 날개 치며 여호와는 아기 새를 안전하게 지키고자 무슨 일이든 하는 어미 새가 그 머리 위를 맴도

는 것처럼 그 백성을 지켜주려고 하신다.

31:6 거역하던 자에게로 돌아오라 선지자는 패역한 이스라엘에게 하나님의 은혜와 사랑을 기억하고 회개하라고 촉구한다(4, 5절. 참고. 30:18, 19).

31:7 우상을…던져 버릴 것이며 우상은 구원해줄 능력이 전혀 없으므로 아무 소용이 없다.

31:8 앗수르는…엎드러질 것이나 인간의 손이 아닌 다른 방법으로 앗수르가 패배한 사실은 이 예언과 잘 부합한다(참고. 37:36, 37). 그러나 애굽에 닥친 환난의 날, 먼 미래에 이스라엘의 다른 압제자들 역시 동일한 운명을 맞게 될 것이다(참고. 렘 30:7).

31:9 불은 시온에…풀무는 예루살렘에 이사야 생전에, 먼 미래에 예루살렘은 이방 열국의 심판을 수행할 하나님의 사령 본부가 될 것이다. 하나님이 직접 불이 되셔서 예루살렘을 공격하는 모든 대적을 기다리신다.

32:1 한 왕…방백 이미 논의한 악한 지도자들과 반대로(예를 들어 28:14, 15; 29:15), 이사야 선지자는 메시아적 왕과 그를 돕는 내각이 의로 통치할 미래의 날을 바라본다. 이 내각은 사도들(눅 22:30)과 성도들(고전 6:2; 딤후 2:12; 계 2:26, 27; 3:21)을 말한다.

32:2 땅에…그늘 그리스도의 천년 통치 기간에 지도자들은 백성의 안녕을 위협하지 않고 "곤비한 땅에 큰 바위 그늘"처럼 백성을 보호해줄 것이다.

32:3 눈이 감기지 아니할 것이요…귀를 기울일 것이며 미래의 이스라엘 백성은 그 말씀을 듣지도 보지도 않았던 이사야 세대들과 완전히 다른 반응을 보일 것이다(6:9, 10. 참고. 29:18, 24; 30:20).

32:4 어눌한 자 어눌한 자들은 술에 취해 횡설수설 어리석은 말을 하던 이전의 술주정꾼을 말한다(28:7, 8; 29:9).

32:5 어리석은 자…존귀하다…우둔한 자…존귀한 자 이사야가 꿈꾸는 미래의 지상 왕국에서는 모두가 분명히 보고 말할 것이기 때문에 지도자의 자질을 잘못 평가하기가 불가능하다.

32:6-8 어리석은 자…존귀한 자 어려운 자를 돌보지 않는 사람은 어리석은 사람이라는 반증이다. 하나님을 의지하는 존귀한 자들은 가난한 자들의 어려움을 보살펴준다. 앞으로 올 세대에는 모든 사람에게 이런 성품이 보일 것이다.

32:9-14 선지자는 유다의 여인들이 안일과 나태에 빠져 있다고 경고한다(참고. 3:16-4:1). 하나님이 그들에게 복을 주셨으므로 평소처럼 행동한 것, 즉 하나님 대신 애굽을 의지한 것에 대해 어떤 변명도 통하지 않는다.

32:9 안일…염려 없는 '안일한'이라는 단어는 18절에서 '조용히'로 '염려 없는'은 '안전한'으로 번역되어 있다. 이 절에는 부정적 의미로, 18절에서는 긍정적 의미로 사용된 결정적 차이는 신뢰의 대상이 하나님이냐 애굽이냐 하는 것이었다. 우리는 하나님 안에서 고요함과 안전함을 누려야 한다.

32:10 일 년 남짓 앗수르 군대가 와서 그 땅을 노략할 때를 가리키는 것 같다. 이사야 선지자는 여기서 하나님의 임박한 심판으로 농작물이 완전히 엉망이 되리라고 경고한다.

32:11, 12 떨지어다…당황할지어다 지금 상황에 만족하지만 곧 완전히 다른 감정을 경험할 것이다.

32:13 가시와 찔레 순종에 대한 하나님의 축복이 없다면 하나님의 백성이 거하는 곳은 버림받은 땅처럼 황폐해질 것이다(1:7; 5:6; 7:23).

32:14 인구 많던 성읍 예루살렘 역시 유다에 대한 주의 심판으로 황폐해질 것이다(눅 21:24).

32:15-20 약속하신 왕국이 드디어 이스라엘에 세워질 때 풍성한 결실과 평강, 안전이 함께 주어질 것이다.

32:15 영을 우리에게 부어 주시리니 하나님이 성령을 부어주시면 그 땅은 풍성한 결실을 맺는 땅으로 변할 것이다(욜 2:28-3:1).

32:16 정의…공의 메시아가 통치할 미래에는 고귀한 영적 가치들이 번성할 것이다.

32:18 내 백성…화평한…안전한…조용히 쉬는 메시아께서 직접 평강을 주심으로써 이스라엘 백성은 항구적 안정을 누릴 것이다.

32:19 성읍은 파괴되리라 예언의 내용대로 이상적 상태가 실제로 실현되려면 먼저 예루살렘은 겸손을 배워야 한다.

32:20 복이 있느니라 그리스도의 팔복처럼(마 5:3-12) 이사야는 그리스도의 나라에서 장차 그 영광에 참여할 자들이 복된 자들이라고 선언한다.

6. 파괴자 앗수르에 대한 저주(33:1-24)

33:1 학대하며 이 예언은 직접적으로는 앗수르를 가리키지만(왕하 18:13-16; 19:32-37) 앗수르 외에 이스라엘을 대적하는 모든 열강에게도 적용된다.

33:2 우리가 주를 앙망하오니 이스라엘은 전에는 주를 앙망하지 않았지만(30:15; 31:6) 이제 회개했다(25:9; 26:8; 33:2).

33:3, 4 산헤립이 갑자기 도망간 것처럼(참고. 37:37; 대하 32:21) 열국이 여호와 앞에서 흩어져 그 노략물을 다 남기고 갈 것이다.

33:6 여호와를 경외함 메시아가 성령께 받은 능력을

재림하실 때(11:2) 그 백성도 소유하게 될 것이다.

33:7-9 영광스러운 미래에 대한 환상을 보던 이사야는 이제 재앙이 사라지지 않는 처참한 현실로 돌아온다. 예루살렘의 상황은 절망적이었다. 주전 701년 앗수르 군대는 그 성을 포위한 채 호시탐탐 성 안으로 진입하려고 노리는 중이었다.

33:7 용사…평화의 사신들 침략자들을 저지하고자 한 전사들과 외교 사절단의 모든 노력이 수포로 돌아가고 말았다.

33:8 대로가 황폐하여 적군이 성을 에워싼 채 외부 세계와 통하는 길과 물자 조달을 위한 길을 봉쇄해버렸다.

33:9 레바논…사론…바산…갈멜 적은 비옥하고 기름진 곳들을 모조리 짓밟았다.

33:10 내가 이제 일어나며 압제자의 권세가 최고 절정에 도달했을 때 여호와께서 그들을 심판하기 위해 일어서신다. 이사야의 경우에는 앗수르 군대가 그 대상이다.

33:11 겨…짚 앗수르에 대한 이런 언급은 약탈자가 이제 약탈의 대상이 될 것을 다시 확인해준다(1절).

33:12 횟돌…가시나무 석회암을 태우면 가루가 되고 가시덤불은 불에 금방 타버린다.

33:13 먼 데에 있는…가까이에 있는 하나님이 이스라엘의 마지막 대적들을 심판하실 때 온 세계가 그의 능력을 인정할 것이다.

33:14 두려워하며…떨며 죄인들(선택된 자들 중에 거짓으로 신앙을 고백한 자들)은 하나님의 능력을 깨닫고 두려움을 느끼게 될 것이다(행 5:11; 히 12:29).

33:15 공의롭게…정직히 전능하신 하나님의 임재 앞에서 오직 의인만이 살아남을 수 있다(시 15:1-5; 24:3, 4).

33:16 요새…양식…물 하나님과 올바른 관계를 누리는 자들은 완전한 안정과 풍성한 채우심을 경험할 것이다(32:15, 17, 18).

33:17 왕을 그의 아름다운 가운데에서 예언은 원수의 압제로 굵은 베옷을 입은 히스기야에서 아름다우신 메시아에게로 이동한다. 영광 가운데 계신 그분을 뵈옵는 것은 의인이 받을 또 다른 상급이다. 산헤립에게서 곧 구원받는 사건은 메시아께서 그 보좌에 앉으실 더 먼 미래의 일을 예고한다.

33:18, 19 장차 올 그 날에 하나님의 백성은 이방의 압제에 따른 지난날의 고난을 기억할 것이다.

33:20 옮겨지지 아니할 장막 하나님은 천년왕국에서 회복된 예루살렘에 영원히 거하실 것이다.

33:21 여러 강과 큰 호수 하나님은 그 성을 방어할 수단으로 넓은 강과 큰 호수를 다시 만드실 것이다.

33:22 그가 우리를 구원하실 것임이라 주변 열국이 아니라 하나님이 재판장이자 입법자, 왕으로서 그 역할을 수행하시며 이스라엘을 구원해주실 것이다.

33:23 돛대 줄이 풀렸으니 예루살렘은 줄과 도르래가 풀려 자력으로 항해할 수 없는 배처럼 스스로를 방비할 힘이 없다. **저는 자도 그 재물을 취할 것이며** 약한 성은 주의 능력으로 침략군을 물리칠 것이다.

33:24 내가 병들었노라 하지 아니할 것이라…사죄함을 받으리라 그리스도가 통치하기 위해 재림하실 때 예루살렘은 육신적 문제와 영적 문제에서 다 벗어날 것이다.

> **단어 연구**
>
> **구원(Salvation):** 12:2; 25:9; 33:6; 49:6; 51:8; 59:11; 62:1. 고통에서 구원하심을 의미하며 그로 말미암아 승리와 안녕을 누림을 의미한다. 이 단어는 시편과 이사야에서 가장 많이 등장하며, 종종 의라는 단어와 함께 사용되어 하나님의 의로우심과 그의 구원하시는 행동이 서로 연관성이 있음을 암시한다(45:8; 51:6, 8; 56:1; 62:1; 시 98:2). 이 단어는 전쟁의 승리(삼상 14:45)를 가리켜 사용될 수 있지만 보통 하나님의 구원을 가리켜 사용된다(출 15:2; 시 13:5, 6). '여호와의 구원'과 '*우리 하나님의 구원*'이라는 표현은 그 백성을 위해 하나님이 역사하심을 의미한다. '내 구원의 하나님'이라는 표현은 의미상 더 사적이며 개인의 구원을 가리킨다(12:2; 52:10; 출 14:13; 대하 20:17; 시 88:1; 98:3).

7. 열국, 특히 에돔에 대한 정의를 요구하는 외침 (34:1–35:10)

34:1 나아와 이사야는 열국에게 나아와 그들에 대한 하나님의 심판 선고를 들으라고 말한다.

34:3 악취 죽은 자들의 시체가 장기간 방치되어 그 냄새가 역하고 보기도 흉할 것이다(참고. 14:19).

34:4 하늘들…두루마리 심지어 하늘도 하나님의 진노를 피하지 못할 것이다. 요한계시록 6:14은 다니엘의 70번째 주(일흔 이레)에 이 예언이 이루어지리라고 확인시켜 준다(2:19; 13:10을 보라).

34:5 에돔 이사야 선지자는 열국의 대표로 에돔을 선택한다(참고. 63:1; 창 25:23; 민 20:14-21; 겔 35:1-15; 옵 1-14; 말 1:2, 3. 참고. 25:10). **진멸하시기로 한 백성** 문자적으로 '헌신된 백성'이다. 이 표현에 함축된 부정적 의

미는 하나님께 강제로 바쳐진 것이기 때문이다.

34:6, 7 어린 양과 염소…숫양…들소…수소 열국은 그 죄를 회개하고 하나님의 대속 제물이라는 방법으로 죄를 속하라는 명령에 순종하지 않았기 때문에 그 자신의 죄에 대해 직접 희생함으로써 죗값을 치러야 한다.

34:6 보스라 사해 남단 약 32킬로미터 남동쪽에 있는 에돔의 큰 성읍이다.

34:8 여호와께서 보복하시는 날 *2:10-22에 대한 설명을 보라.* 에돔에 대해 하나님이 보복하시는 날(63:4)은 열국이 보복당하는 날과 비슷할 것이다(59:17, 18; 61:2).

34:9, 10 하나님의 심판으로 열국은 영원히 용암이 들끓는 것처럼 황무한 상태가 될 것이다.

34:9 유황…불 붙는 역청 창세기 19:24, 28은 소돔을 이와 비슷한 표현으로 묘사한다(참고. 30:33; 신 29:23; 시 11:6; 렘 49:18; 겔 38:22).

34:10 그 연기가 끊임없이 떠오를 것이며 요한계시록은 말세의 거대한 세계적 제국, 최후의 바벨론이 이 운명에 처해질 것이라고 예언한다(계 14:10, 11; 18:18; 19:3).

34:11-15 여러 짐승과 새의 생활 모습은 하나님의 심판으로 인적이 끊긴 열국이 처하게 될 상태를 상징한다(13:21, 22; 14:23).

34:11, 13 당아새…부엉이…까마귀…타조 부정한 짐승들이 산다는 것은 황폐하여 들처럼 폐허가 되었음을 의미한다. 미래의 바벨론이 처할 최종 운명도 유사한 상징으로 묘사된다(계 18:2. 참고. 13:21; 렘 50:39; 습 2:13, 14).

34:16 여호와의 입이 이를 명령하셨고 1-15절의 에돔에 대한 예언은 그 선지자를 통해 하나님이 주신 주권적 명령처럼 확실히 성취될 것이다.

34:17 줄을 띠어 그 땅을…나누어 주셨으니 하나님은 가나안에 대해 그러하셨던 것처럼(민 26:55, 56; 수 18:4-6) 에돔을 나누어 11-15절에 열거한 야생 짐승들에게 나눠주실 것이다.

35:1-4 비옥한 에돔이 광야가 되는 것과 대조적으로(34:1-17) 메시아의 지상 통치 기간에 온 세상은 녹음이 우거지고 꽃이 만발한 정원이 되어 약한 자들이 용기를 얻을 것이다.

35:1 광야…백합화 같이 메시아 시대에 땅에 극적 변화가 일어날 것이다(30:23-25; 32:15-20을 보라).

35:2 레바논…갈멜…사론 비옥한 땅으로 유명한 해안가에 위치한 지역들이다. **그것들이…보리로다** 이스라엘은 땅이 새롭게 풍요로운 결실을 맺게 된 것이 하나님께로부터 온 것임을 알고 그에게 합당한 영광을 돌릴 것이다.

35:3 약한 손…떨리는 무릎 미래에 세계 무대에서 달라질 이스라엘의 위상을 보고 백성 가운데 낙심한 자들이 용기와 힘을 얻을 것이다. 히브리서 저자는 이 절을 새롭게 적용해 믿음 때문에 박해당하는 그리스도인들이 끝까지 견디도록 권면하는 데 인용했다(히 12:12).

35:4 갚아 주실 것이라…구하시리라 하나님이 보복하고 갚아주시는 것(34:8)은 오랫동안 짓눌린 이스라엘 백성을 구속하기 위한 수단을 마련해주시는 것을 말한다.

35:5 눈이 밝을 것이며…귀가 열릴 것이며 이것은 이사야의 직접적 사역 대상들의 영적 상태가 완전히 달라진다는 의미다(29:18; 32:3을 보라).

35:6 저는 자…노래하리니 천년 통치 기간에 하나님이 회복하실 대상으로는 고난당하는 자들의 육체적 회복도 포함된다. 예수님의 첫 강림으로 그 미래의 날을 미리 맛볼 수 있었다(마 11:5; 12:22; 막 7:37; 눅 7:21; 행 3:8).

35:6, 7 사막에서 시내…못 물은 이스라엘에서 소중하고 꼭 필요한 것이었다(41:18). 천년왕국 시대에는 물이 조금도 부족하지 않을 것이다.

35:7 승냥이의 눕던 곳 보통 승냥이가 서식하던 험한 바위(34:13)가 있던 곳이 아름다운 초원이 될 것이다.

35:8 거룩한 길 이것은 구속받은 자들이 영적으로 실제적으로 메시아의 보좌인 예루살렘으로 올라갈 때 이용하는 길을 말한다. 그리스도께서 직접 40:3에서 "여호와의 길"이라고 부른 그 길의 인도자가 되어 이끌어 주실 것이다.

35:9 사자…사나운 짐승 사나운 맹수가 거룩한 대로를 가는 여행자의 안전을 위협하지 않을 것이다. **구속함을 받은 자** 이 주제는 심판을 주제로 한 1-39장에서 2번밖에 언급되지 않는다(1:27; 29:22). 구속에 대한 용어들은 40-66장에서 자주 등장한다.

35:10 속량함을 받은 자들…사라지리로다 이 표현이 다시 등장하는 51:11을 보라. 이스라엘이 회복되는 날 슬픔이 사라지고 기쁨이 가득할 것이다.

역사적 이야기 (36:1-39:8)

36:1-39:8 이 네 장은 열왕기하 18:13-20:19(참고. 대하 32:1-23)와 내용이 거의 비슷하다. 더 자세히 알고 싶다면 *열왕기하에 대한 설명을 보라.* 이사야는 앗수르에 대한 내용을 더 쉽게 이해하도록 이 자료를 추가했다. 역대기하 32:32에서 이사야가 히스기야의 행적

에 대해 썼다고 하는 것으로 보아 이 단락의 저자는 이사야일 가능성이 높다. 열왕기하의 저자는 이사야의 이 기록을 편집해 포함시켰을 것이다. 이 네 장은 이사야 예언의 제1부를 마감하고 2부와 이어주는 다리 역할을 한다. 36장과 37장은 1-35장의 역사적 마무리(예루살렘이 앗수르로부터 구원받은 내용)이며, 38장과 39장은 바벨론 포로생활의 예고편인 40-66장의 역사적 기초에 해당한다.

A. 예루살렘을 함락하고자 하는 산헤립의 시도 (36:1-37:38)

36:1 히스기야 왕 십사년 산헤립이 주전 701년 공격한 것을 감안할 때 히스기야는 주전 715년 왕으로서 통치를 시작했음을 알 수 있다. 그러나 열왕기하 18:1은 주전 729년인 호세아 제3년에 왕으로 다스리기 시작했다고 말하기 때문에 히스기야는 아하스(주전 729-715년)와 공동으로 통치하다가 독자적인 통치를 했다고 할 수 있다. 후대의 이스라엘 왕들은 살아생전 그 아들과 공동 정사를 보면서 훈련시키는 것이 관례였다. **산헤립** 앗수르 왕이다(주전 705-681년). **견고한 성** 고대 산헤립 연감의 발견으로 그가 지중해 연안의 시돈부터 남쪽 지역으로 이 성들을 함락했음을 알 수 있다.

36:2 라기스 예루살렘 남서쪽 약 40킬로미터 지점에 자리한 성이다. 산헤립이 랍사게를 보냈을 때 이 성을 함락하기 위한 마무리 단계에 있었다. **랍사게** 산헤립의 세 장군 중 한 명으로, 열왕기하 18:17을 보면 예루살렘 공격의 임무를 맡았음을 알 수 있다. **대군** 이것은 앗수르 주력 부대(37:36)의 핵심 병력으로 산헤립은 유다가 그 위세에 눌려 항복하기를 바랐을 것이다. **윗못 수도** 이사야는 이방 열강을 의지하지 말라고 설득했다가 무위로 끝난 바로 그 장소(7:3)에서 아하스를 만났다.

36:3 엘리아김…셉나 *22:19-22에 대한 설명을 보라.* **사관 요아** 이 직위는 왕과 백성을 중재하는 역할이었다.

36:4-10 랍사게는 이중적 논리를 펼친다. 첫째, 애굽은 예루살렘을 구원할 수 없다(4-6, 8, 9절). 둘째, 여호와께서 앗수르에게 유다를 멸하라고 부르셨다(7, 10절).

36:4 대왕 앗수르 왕 이것은 앗수르 왕들이 자신을 부르는 이름이었다. 이와 달리 랍사게는 히스기야 왕에게는 어떤 칭호도 붙이지 않았다(4, 14, 15, 16절).

36:5 말뿐이니라 전쟁터에서 말은 아무 의미가 없다. 게다가 유다는 스스로를 지킬 능력이 없었다.

36:6 애굽, 상한 갈대 이 앗수르인의 조롱은 이사야의 조언과 아주 비슷하다(19:14-16; 30:7; 31:3).

36:7 산당과 제단을…하던 그 신 랍사게는 우상을 제거한 히스기야의 개혁(왕하 18:4; 대하 31:1)이 여호와를 예배할 기회를 스스로 차버린 행위라고 잘못 이해하고 있었다. **이 제단** 모든 예배는 솔로몬 성전에서 드려야 한다는 것을 다신론을 신봉하는 앗수르인들은 전혀 이해하지 못했다.

36:8, 9 랍사게는 유다가 아무리 방어를 위해 힘써도, 심지어 애굽의 원조를 받아도 실패할 거라고 조롱하며 비하한다.

36:10 여호와께서…이르시기를 자기 임무가 유다의 하나님께 전권을 받은 것이라는 랍사게의 허풍에 가까운 주장은 항복을 받아내고자 하는 책략이었을 테지만 앗수르인들이 그 백성을 심판하는 도구가 될 거라는 이사야의 예언과 일맥상통한다(8:7, 8; 10:5, 6). 앗수르인들은 이것을 유대인 변절자들에게 들었거나 전혀 몰랐을 수도 있다. 하지만 유다는 그 사실을 알고 있었다.

36:11 아람 방언…유다 방언 히스기야의 사자들은 하나님이 앗수르 편이라는 그의 주장이 줄 충격을 깨닫고 랍사게에게 히브리어가 아니라 국제적 외교 언어인 아람어를 사용해 성의 백성이 그의 말을 듣고 두려워하지 않게 해달라고 부탁한다.

36:12 성 위에 앉은 사람들 이 앗수르 사자는 포위 공격이 장기간 지속되면 기근의 공포가 닥칠 거라고 협박하는 등 유다 백성의 사기를 꺾기 위해 지속적으로 시도했다.

36:13-17 랍사게는 점점 더 큰 소리로 더 긴 문장을 사용해 히스기야가 그 성을 구원할 수 없지만 위대한 앗수르 왕은 그들을 배불리 먹여줄 거라고 외쳤다(16, 17절).

36:16 내게 항복하고 문자적으로 '나와 더불어 축복을 누리자'라는 뜻이다. 랍사게는 유다 백성에게 항복하고 앗수르와 언약을 맺자고 권한다.

36:17 옮기기까지 랍사게는 피정복 국가 백성을 멀리 떨어진 곳으로 재배치하는 악명 높은 정책을 대놓고 말한다.

36:18-20 랍사게가 보기에 하나님은 앗수르에게 무릎을 꿇은 민족들이 섬기는 수많은 신 가운데 하나였다(참고. 10:8-11).

36:21 그들이 잠잠하여 히스기야는 앗수르인들의 최후통첩을 예상하고, 그 사절들과 성을 지키는 이들에게 아무 대응도 하지 말라고 지시했다.

36:22 옷을 찢고 왕의 사자들은 그들이 들은 신성모독적 조롱에 깊은 슬픔과 충격에 잠겨 왕에게 돌아갔다.

37:1 찢고…굵은 베 옷 히스기야의 비통함과 회개, 통회하는 심정을 상징적으로 보여준다. 유다 민족은 회개

할 것이며 왕이 몸소 그 회개를 주도할 것이다. **여호와의 전** 하나님은 성전을 그의 '기도하는 집'으로 정하셨다(56:7; 마 21:13; 막 11:17; 눅 19:46). 따라서 성전은 당연히 죄를 고백하고 용서를 구하는 곳이었다(참고. 시 73:16, 17).

37:2 제사장 중 어른들 이들은 나이가 지긋한 이스라엘의 종교지도자들을 말한다.

37:3 낳으려 하나…힘이 없음 같도다 히스기야는 현재 딜레마를 해산 중인 산모가 출산할 힘이 없는 것에 비유한다. 예루살렘은 구원받아야 하지만 그에게는 그럴 만한 힘이 없었다.

37:4 살아 계시는 하나님을 훼방하였은즉 히스기야는 랍사게가 여호와를 다른 이방신들의 하나로 취급하며 모독했다는 보고를 받고 살아 계신 하나님과 생명도 힘도 없는 무기력한 신들의 차이점을 확실하게 강조한다(40:18-20; 46:5-7). **남아 있는 자** 오직 예루살렘만 정복되지 않았다. 히스기야는 이사야에게 예루살렘을 위해 기도해달라고 부탁했다.

37:6 두려워하지 말라 이사야는 아하스에게도 같은 말을 당부한 적이 있다(7:4).

37:7 영 하나님은 산헤립의 마음을 주장하셔서 예루살렘을 손끝 하나 건드리지 못하고 본국으로 돌아가게 하겠다고 약속해주셨다.

37:8 립나 라기스를 함락시킨 후 산헤립은 라기스 북쪽의 이 작은 성으로 진격했다.

37:9 구스 왕 디르하가 디르하가는 주전 701년의 포위 공격이 있고 나서 11년 후에야 구스(그리고 애굽)의 왕이 되었다. 그러므로 이사야가 왕이라는 호칭을 쓴 것은 그가 미래에 얻을 칭호를 말한 거라고 할 수 있다. 당시 그는 남쪽에서 산헤립에게 실제적 위협이 되는 대표적 인물이었으므로, 산헤립은 예루살렘으로 북방 열강인 자기에게 항복하라고 다시 위협했다.

37:10-13 앗수르 왕은 사자들을 보내어 36:4-19의 랍사게의 최후통첩을 다시 간략하게 전달하도록 했다.

37:10 속지 말라 백성을 기만하고 있다는 비난은 일차적으로는 히스기야에 대한 것이지만(36:14), 최종적으로는 하나님에 대한 비난이었다.

37:11-13 36:18-20의 위협 내용을 반복하고 있다.

37:12 여기 언급된 함락된 성읍들은 메소보다미아의 티그리스강과 유브라데강 사이에 위치했다.

37:13 이는 최근 앗수르에게 망한 아람의 성읍들이다.

37:14 여호와의 전 경건한 히스기야는 왕으로서 마땅한 태도이겠지만 여호와의 집으로 다시 돌아간다(참고. 1절). 비슷한 위기 상황에서 하나님께 징조를 구하는 것조차 거부한 아하스와는 대조적이다(7:11, 12).

37:16 계신…천하 만국에 유일하신 하나님 히스기야가 이렇게 기도한 근거는 구원받을 아무런 자격이 없는 유다가 아니라 우주의 주권자시며 통치자이신 하나님이었다.

37:17 기울여…보시옵소서…들으시옵소서 이방 나라들의 신들과 달리(시 115:4-7) 이스라엘의 하나님은 모든 것을 듣고 보시는 분이다.

37:18, 19 히스기야는 여호와 하나님이 그 예배자들을 구할 힘이 없는 다른 민족들의 신들과 다를 바 없다는 앗수르인의 이론을 거부한다.

37:20 주만이 히스기야는 예루살렘의 구원을 간청하는 가장 고귀한 동기를 강조한다. 바로 세상이 오직 여호와만 하나님이심을 알게 해달라는 것이다(참고. 단 9:16-19).

37:21 아모스의 아들 이사야 히스기야의 기도가 끝나자마자 이사야는 주의 응답을 받는다.

37:22 너를 멸시하며 조소하였고 예루살렘은 무기력한 처녀로 묘사되었지만 산헤립에 대해 조소를 날린 최종 승자였다.

37:23 네가 훼방하며 능욕한 것은 하나님은 산헤립이 자신을 조롱하는 소리를 다 들으셨다(37:17).

37:24, 25 산헤립의 종들도 멈출 줄 모르고 진격하는 앗수르에 대해 자랑했다.

37:26 이제 내가 이루어 하나님은 산헤립의 헛된 오만을 고쳐주셨다. 그가 정복한 그 성읍들은 그 힘이 아니라 단지 하나님의 손에 들린 도구로 사용된 것일 뿐이었다.

37:27 그 주민들이…놀라며 앗수르는 그들이 정복한 성의 백성에게 공포의 대상이었다.

37:28 나를 거슬러 분노함 산헤립이 스스로 하나님의 도구로 사용되었다는 사실을 모르는 것도 나쁘지만 그 생명의 원천이신 하나님을 조롱한 것은 더욱 악한 죄였다.

37:29 갈고리로 네 코를…재갈을 네 입에 물려 하나님은 산헤립을 심판하실 때 코에 갈고리와 입에 재갈을 물린 고집 센 짐승처럼 대하셨다. 일부 고대 문헌은 왕이 가장 앞에 서고 포로들이 그 뒤로 고리에 줄이 달리거나 입술과 코에 고리를 꿰어 끌려갔다고 한다. 이렇게 그는 그 나라로 다시 되돌아가게 될 것이었다.

37:30 징조 작물을 길러 끼니를 이어가던 2년은 산헤립이 곡식을 짓밟아 쓰지 못하게 했던 그 2년이었다(참고. 32:10). 하나님이 유다를 구원하시고 바로 산헤립이 떠났기 때문에(37:37) 3년째 되는 해에 남은 백성은 다

사

시 작물을 심을 수 있었다.

37:31, 32 남은 자…남은 자 예루살렘에 남은 생존자들에게서 다시 한 번 그 땅을 충만하게 채울 후손들이 나올 것이다(1:9, 27; 3:10; 4:3; 6:13; 8:16, 17; 10:20, 22; 11:12, 16; 26:1-4, 8; 27:12; 28:5; 37:4).

37:32 만군의 여호와의 열심 9:7에 언급된 하나님의 약속에 대한 동일한 확증은 미래에 세워질 메시아 왕국을 약속해준다. 히스기야 시대에 산헤립에게서 구원받은 사건은 이스라엘의 실제적이고 최종적인 회복에 대한 보장이었다.

37:33 이르지 못하며…흉벽을 쌓고 하나님은 앗수르가 예루살렘에 아무 실제적 위협을 가하지 못할 거라고 약속해주셨다. 그들은 예루살렘 근처까지 진격해오긴 했지만 그 성을 포위하지는 못했다.

37:34 그가…돌아가고 패배를 모르는 오만한 군주로 유다에 왔다가 그 모습과는 반대로 패배한 가련한 신세가 되어 앗수르로 돌아갔다. 그의 연감을 보면 그는 예루살렘을 정복하지 못하고 '위협'만 했을 뿐이라고 기록되어 있다.

37:35 내가 나를 위하며 산헤립이 그 말씀의 신실성에 대해 하나님께 직접 도전해왔으므로(10절) 앗수르인과의 이 한판 전쟁은 하나님의 신실성이 걸려 있었다(참고. 겔 36:22, 23). **내 종 다윗을 위하여** 하나님은 다윗의 보좌가 영원히 계승되도록 해주겠다고 약속하셨다(삼하 7:16. 참고. 9:6, 7; 11:1; 55:3). *사무엘하 7:8-16에 대한 설명을 보라.*

37:36 여호와의 사자 이것은 구약에 자주 등장하는 이 명칭을 이사야가 사용한 유일한 경우로 하나님 자신을 가리킨다. 확인이 필요하다면 *출애굽기 3:2에 대한 설명을 보라.* 세속적 기록들도 앗수르 군대의 이 대참패를 기록하긴 했지만, 이 사건의 초자연적 성격에 대해서는 전혀 언급하지 않았다(참고. 출 12:12, 29).

37:37 니느웨 앗수르의 수도다.

37:38 자기 신 산헤립이 암살당한(주전 681년) 곳은 히스기야의 전능하신 하나님과 비교해 그의 신 니스록의 무능함을 강조한다. **그를 칼로 죽이고** 산헤립이 비참한 최후를 맞은 것은 예루살렘의 운명에 대해 하나님과 한판 승부를 벌이고 20년 뒤의 일이었다. **아라랏** 이스라엘 북쪽, 앗수르 서쪽 지역의 산이다(참고. 창 8:4; 왕하 19:37; 렘 51:27). **에살핫돈** 산헤립의 계승자다(주전 681-669년).

B. 병에 걸렸다가 회복된 히스기야(38:1-22)

38:1 그 때에…병들어 히스기야가 병든 것은 36장과 37장에 기록된 앗수르의 예루살렘 포위 사건이 일어나기 전이었다. 이사야는 그가 병든 사건을 39장과 나란히 이곳에 배치하여 40-66장의 서문 역할을 하도록 한다. *열왕기하 20:1에 대한 설명을 보라.* **네 집에 유언하라** 히스기야는 그 마지막 유언을 가족에게 알리라는 지시를 받았다(참고. 삼하 17:23; 왕상 2:1-9). **네가 죽고 살지 못하리라** 예언이 최후의 통보 같지만 히스기야는 하나님이 기꺼이 그의 기도를 들으시리라는 것을 알았다(참고. 출 32:7-14).

38:2, 3 기도하여…심히 통곡하니 *열왕기하 20:2, 3에 대한 설명을 보라.*

38:3 전심 히스기야는 전심으로 주를 기쁘게 해드리려고 한 그의 마음을 보시고 목숨을 연장해주시도록 간구한다.

38:5 십오 년 하나님은 즉각(왕하 20:4) 응답하셔서 왕의 요청을 들어주신다. 이사야는 하나님이 그토록 빨리 예언의 내용을 뒤집으셨어도 놀라지 않았다. 나중에 요나 역시 마찬가지 반응을 보인다(욘 4:2, 3). 이 점에서 이사야는 나단과 비슷하다(삼하 7:3-6).

38:6 내가 또 이 성을 보호하리라 앞 장에 보면 이 성이 구원받은 내용이 기록되어 있다.

38:7, 8 징조…뒤로 십 도를 물러가게 성경에서 시간을 알리는 수단에 대해 언급한 첫 사례다. 열왕기하 20:8-10을 보면 히스기야는 병의 회복에 대한 하나님의 약속을 확인하기 위해 이 징조를 구했다고 되어 있다.

단어 연구

종(Servant): 20:3; 24:2; 37:35; 42:1; 44:21; 49:5; 53:11. '섬기다' '일하다' '노예가 되다'는 뜻의 동사에서 유래했다. '노예'라는 뜻도 있지만(창 43:18) 이스라엘에서 노예제는 고대 중동 대부분 지역의 노예제와는 달랐다. 노예는 모세 율법의 규정에 따라야 했다. 모세 율법은 영원히 노예로 사는 것을 금지했고 안식년(7년째, 출 21:2)과 50년째인 희년에는 노예를 해방해야 했다(레 25:25-28). 때로 이 히브리어는 왕의 신하들을 가리킬 때도 있었다(삼하 10:19). 하지만 보통 이 단어는 '종'으로 번역해야 정확하다. 하나님은 선지자들을 "내 종"이라고 부르셨고(렘 7:25), 오실 메시아 역시 그의 종으로 그 뜻에 온전히 순종할 자를 말씀하셨다(42:1-9; 49:1-13; 50:4-11; 52:13-53:12을 보라).

38:9 히스기야가…기록한 글 병에서 회복하자 히스기야는 죽음이 찾아왔을 때 자신의 무기력함을 기록하고(10-14절) 그의 상태에 대한 하나님의 반응에 대해 말한다(15-20절). 이 시는 열왕기하의 병행 구절에는 빠져 있다.

38:10 나의 중년에 히스기야가 병 들었을 때는 30대나 40대였을 것이다.

38:11 뵈옵지 못하리니 히스기야는 죽음으로 하나님과의 교제가 단절될 것을 두려워한다. **여호와(YAH)** 히브리어는 'YAH, YAH'라고 반복하며, NKJV는 'LORD, Even the LORD'라고 번역한다. 이런 식의 반복에 대한 다른 예로는 12:2; 26:4을 보라.

38:12 목자의 장막…베 이런 임시로 쓰는 물건에 대한 두 가지 비유는 영구적인 것처럼 보이던 것이 죽음으로 순식간에 사라질 수 있음을 강조한다.

38:14 슬피 울며…나의 중보가 되옵소서 히스기야는 무력감 속에서 임박한 죽음에서 자신을 건져주시도록 하나님께 호소한다.

38:15 주께서…또 친히 이루셨사오니 왕은 하나님을 완전히 신뢰한다.

38:16 나를 치료하시며 나를 살려 주옵소서 왕이 살아남으려면 하나님이 역사하셔야 한다.

38:17 죄를 주의 등 뒤에 던지셨나이다 히스기야는 자기 병이 죄와 관련이 있다고 생각한다. 죄를 벗어버려야 죽음에서 건짐을 받을 수 있다.

38:18 바라지 못하되 성도의 부활에 대한 히스기야의 이해는 완전하지 못했다. 구약의 다른 많은 사람 역시 마찬가지였다. 그러나 죽음으로 세상 사람들의 칭찬과 찬양을 받을 기회가 끝난다는 그의 인식은 틀리지 않았다.

38:19 아버지…자녀 하나님의 신실하심에 대한 말씀은 세세토록 전해졌다(신 4:9; 6:7; 시 78:3, 4). 이때 히스기야에게 후계자가 없었다면 한창 일할 나이에 죽어야 하는 운명에 좌절할 수밖에 없는 또 다른 이유가 되었을 것이다.

38:20 여호와의 전에서…노래하리로다 히스기야는 하나님께 감사하는 마음을 주체할 수 없어 지상에서 허락된 15년간의 새 인생이 다하기까지 감사하며 살아야 한다고 생각했다.

38:21, 22 이 두 절은 1-8절의 숨은 이야기를 알려준다.

38:21 무화과를 종처에 왕의 병을 고치는 데 사용한 약이다(왕하 20:7).

38:22 여호와의 전 히스기야는 이사야가 지시한 대로(왕하 20:5, 8) 성전에 올라갔다(20절). **징조** 히스기야의 요청은 왜 주님이 그에게 병이 나으리라는 징조를 주셨는지 설명해준다(7절. 참고. 왕하 20:8).

C. 예루살렘에 파견된 바벨론 사자들(39:1-8)

39:1 그 때에 히스기야가 병에 걸렸다가 나은 직후를 말한다. **므로닥발라단** *열왕기하 20:12에 대한 설명을 보라.*

39:2 히스기야가…기뻐하여 본문은 히스기야가 기뻐한 이유가 그의 아부 때문이었는지 아니면 앗수르의 위협이 더욱 거세지는 상황에서 원조를 받고 싶었기 때문인지 밝히지 않았다. 참고. 열왕기하 20:13의 "듣고". **보물** 방문객들의 의중을 떠보기 위해, 과시욕 때문에(대하 32:35) 히스기야는 앗수르에 맞서 동맹을 맺을 경우 얼마나 조공을 바칠 수 있는지 다 보여주었다.

39:3 선지자 이사야가…나아와 종종 그렇듯이(예를 들어 7:3; 삼하 12:1; 왕상 13:1; 18:16, 17) 하나님의 대변자는 초청을 받지 않았는데도 불쑥 나타나 왕과 대면했다.

39:5, 6 여호와의 말씀…옮긴 바 되고 이사야는 1세기 후(주전 586년)에 일어날 바벨론 유수를 예언한다. 이것은 예고한 그대로·세세한 부분까지 성취된 또 다른 예언이다.

39:6 남을 것이 없으리라 히스기야는 방문객에게 재물을 과시한 죄로 화를 자초했다. 물론 이 죄는 포로로 잡혀갈 궁극적 이유의 증거에 불과할 뿐이다. 유다가 몰락해 포로로 끌려간 주된 이유는 히스기야의 아들 므낫세의 타락과 부패였다(왕하 21:11-15).

39:7 네게서 태어날 자손 후사가 없는 왕이라면 이것은 좋은 소식이자(아들이 생긴다는 뜻이므로) 나쁜 소식이었다(그 아들들 가운데 포로로 끌려갈 이들이 있을 것이므로). 이 예언의 성취에 대해서는 열왕기하 24:12-16; 역대하 33:11; 다니엘 1:3, 4, 6을 보라.

39:8 여호와의 말씀이 좋소이다 5-7절의 두려운 예언에 비해 놀라운 반응이 아닐 수 없다. 이렇게 반응한 것은 그가 이사야를 하나님의 신실한 종으로 인정했기 때문일 것이다. **내 생전에는 평안과 견고함이 있으리로다** 히스기야의 이기적 모습일 수도 있고, 그 후손들의 비극적 운명에서 한 줄기 희망의 끈을 잡고 싶었기 때문일 수도 있다.

구원(40:1-66:24)

40:1-66:24 1-39장의 예언은 이사야 사역 기간(주전 739-686년)의 유다 상황과 관련이 있다. 40-66장의 예

언은 예언된 바벨론 유수(39:5-7)가 현재적 사실인 것처럼 유다를 향해 행해지고 있다. 하지만 이 유수는 주전 605-586년이 되어서야 시작되었다. "여호와께서 말씀하시되 악인에게는 평강이 없다 하셨느니라"(48:22; 57:21)는 말씀은 이 단락을 3부로 구분하는 표제 역할을 한다(40-48; 49-57; 58-66장).

A. 포로생활에서 구원받음(40:1-48:22)

40:1-48:22 이 단락은 바벨론 포로생활로 하나님의 심판을 받은 직후 복된 미래의 소망으로 위로를 전한다.

1. 바벨론 포로들에게 보내는 위로(40:1-31)

40:1, 2 **위로하라…위로하라** 이 예언은 하나님의 선지자들을 향한 것으로 예루살렘인 고향 성읍과 수백 킬로미터 떨어진 이국 땅에서 포로생활을 하는 백성에게 위로의 메시지를 확실히 전하라고 명한다. 언약 백성으로서 결코 영원히 내어쫓김을 받지 않을 이스라엘에 대해 하나님은 장차 큰 축복을 베풀 계획을 갖고 계셨다(참고. 롬 11:2).

40:2 **죄악이 사함을 받았느니라 그의 모든 죄로 말미암아…벌을 배나 받았느니라** 바벨론에게 처참한 살육과 긴 포로생활의 고통으로 과거의 죗값을 충분히 갚았다.

「히스기야 왕의 죽음과 이사야 선지자(*The Prophet Isaiah and the Dying King Hezekiah*)」 17세기. 작자 미상. 캔버스에 유화. 180×133cm. 팔라초 비앙코 박물관. 제노바.

온 세계로 뿔뿔이 흩어진 이스라엘은 언젠가 메시아 왕국의 평화와 영광을 누리며 본국으로 돌아갈 것이다.

40:3-5 이 권면의 예언은 메시아가 오실 때 이스라엘에게 주의 영광이 계시될 것을 대비하라는 말씀이다. 성경은 이 역할을 세례 요한이 맡았다고 본다(마 3:3; 막 1:3; 눅 3:4-6; 요 1:23). 또한 마찬가지로 엘리야처럼 그리스도의 재림을 준비하게 될 미래의 전령을 예언한다(말 3:1; 4:5, 6).

40:3, 4 **길을 예비하라** 이스라엘 남은 자들은 죄를 회개하고 장차 오실 메시아의 길에 방해물을 제거할 수 있다. 세례 요한은 청중에게 이 회개의 필요성을 역설했다(마 3:2). 예수님도 그렇게 하셨다. 이 두 절은 동방의 일부 군주가 전령을 먼저 보내 장해물을 말끔히 치우고 길을 만들고 굽은 길은 곧게 하고 언덕을 평평하게 만드는 관습을 반영한다(참고. 45:1, 2). 요한은 메시아가 오시도록 사람들을 준비시키는 역할을 맡았다.

40:5 **여호와의 영광이 나타나고** 예루살렘의 비참한 고통이 끝나고 여호와의 영광이 그곳을 채울 것이다. 메시아의 왕국에서는(합 2:14; 계 21:23. 참고. 11:9) 그 성에 위로가 임하고(2절) 모든 사람이 하나님의 영광스러운 구원을 볼 것이다(참고. 52:10). **여호와의 입이 말씀하셨느니라** 이것은 1:20; 58:14; 62:2에서도 확증의 의미로 사용되었다.

40:6-8 **모든 육체는…꽃은 시드나** 이사야는 인간의 삶이 얼마나 덧없는 것인지 설명한다. 오늘 있다가 내일 사라지는 것이 인간의 운명인 것이다. 사람들은 뜨거운 동풍이 불면 식물처럼 시든다. 야고보는 이 예화를 이용해 물질에 의지하는 어리석음을 말하고자 했다(약 1:10, 11). 베드로는 이 예화로 인간과 관련된 모든 것의 덧없음을 설명했다(벧전 1:24, 25).

40:8 **우리 하나님의 말씀은 영원히 서리라** 하나님의 말씀은 영원하므로 그분의 계획이 어긋날 일은 없다(55:11). 하나님은 오셔서(3-5절) 예루살렘을 구원해주겠다고 약속하셨다(2절). 그러므로 반드시 그 약속대로 이루어질 것이다(참고. 마 5:18; 눅 16:17).

40:9 **아름다운 소식…시온…아름다운 소식…예루살렘** 모두가 보고 듣도록 산으로 달려가는 전령처럼 선지자는 예루살렘 성으로, 유다의 모든 성읍에게 하나님이 그곳에 임재하셨다는 기쁜 소식을 큰 소리로 선포하라고 한다(참고. 2:3). **너희의 하나님을 보라** 이스라엘이 본국으로 귀환하면 수백 년간 떠나 계시던 예루살렘에 하나님이 다시 임재하실 것이다(겔 43:1-7; 계 21:22, 23. 참고. 겔 11:22, 23).

40:10 **주 여호와께서 장차 강한 자로 임하실 것이요** 재

림하실 때 그리스도는 그 원수들을 파하고 이스라엘의 흩어진 자들을 그 땅으로 불러모으실 능력을 갖고 오실 것이다(마 24:31; 계 19:11-21).

40:11 그 팔 하나님의 전능하심에 대한 그림이다. 유대인을 심판하셔서 온 지면에 흩으시던 그 팔로 이스라엘의 압제자들을 이기고(10절) 그 양 떼를 사랑으로 먹이며 인도해주실 것이다(시 23:1, 2; 렘 31:10; 겔 34:11-16; 미 2:12).

40:12-14 '아무도 없다'는 답을 전제로 한 일련의 질문으로 선지자는 하나님의 전능하심과 전지하심을 강조한다. 그분이 1-11절 말씀대로 오셔서 이스라엘을 위로해주실 것이다.

40:12 누가…헤아렸으며…막대 저울로 오직 하나님만이 우주와 세상이 완벽한 조화를 이루도록 창조하실 수 있고 산과 바다의 무게를 완벽하게 재고 지구가 우주에서 온전히 운행하도록 하실 수 있다. 우리 행성이 놀랍도록 균형을 이루는 것은 지각 균형 과학이라고 한다.

40:13, 14 여호와의 영을 지도하였으며 이사야는 비교할 데가 없는 하나님의 놀라운 지혜를 강조한다. 바울은 유대인과 이방인의 문제를 다루면서(롬 11:34) 하나님의 지혜와 하나님이 성도들에게 그 지혜를 나누어주심을 설명할 때(고전 2:16) 이 절을 간접 인용했다.

40:15-17 이스라엘을 억압하고 짓밟던 주변 열강들은 하나님의 크심과 능력에 비하면 참으로 하찮은 존재이므로, 아무리 애써도 그분의 뜻이 이루어지지 못하게 방해할 수가 없다. 이스라엘을 구원하실 그분의 계획은 확실하다.

40:16 땔감…번제 하나님은 너무나 위대하시고 찬양을 받으시기에 참으로 합당한 분이기에 레바논에서 아무리 많은 나무와 짐승을 조달해도 그분을 온전히 예배하기에 모자라다.

40:18-20 이사야 선지자는 하나님의 크심, 즉 그의 능력과 지혜와 자원을 인간이 만든 우상으로 담아내려고 아무리 애써도 불가능하다고 빈정거리듯 말한다. 아무리 아름답게 장식하고 변치 않는 재료를 쓰더라도 다 헛된 노력일 뿐이다.

40:21-31 이사야는 창조주이신 하나님을 찬양한다. 유대인은 마땅히 그분께 의지해야 한다.

40:21 너희에게 전하지 아니하였느냐…깨닫지 못하였느냐 인간 역사가 시작된 이후로 사람들은 우상이 아닌 여호와께서 만물을 창조하셨음을 하나님의 특별한 계시로 계속 배워왔다. 또한 인간 이성으로 자연 세계를 보고 자연 계시를 통해 이해해왔다(참고. 롬 1:20).

40:22 그는 땅 위 궁창에 앉으시나니 궁창이라는 단어는 구 모양의 지구를 가리킨다. 하나님은 그 위에 앉아 계신다. 이것은 하나님이 그 피조물을 쉬지 않고 붙드시고 유지하신다는 뜻이다(골 1:17; 히 1:3). 아래를 내려다보며 우주 공간을 펼치시고 곧게 펴신 분께 인간은 한낱 곤충처럼 보인다.

40:23 귀인…사사 하나님은 그 뜻대로 인간 지도자들을 처리하신다(34:12; 욥 12:17-21; 시 107:40; 단 2:21). 24절에서는 하나님이 얼마나 갑자기 그들을 제거하시는지 자세히 설명하고 있다.

40:25 비교하여…동등하게 하겠느냐 이스라엘은 그런 전능하신 주권자 하나님을 바벨론 압제자들의 신과 비교하는 어리석음을 범했다(참고. 18절).

40:26 이 모든 것을 창조하였나 이스라엘은 별들을 숭배할 것이 아니라(47:13; 신 4:19; 렘 7:18; 8:2; 44:17) 그 속에서 하나님의 창조의 증거를 보아야 했다(시 19:1). 그분은 너무 많아 셀 수 없는 별이라도 하나하나를 아시고 이름을 지어주셨다. 별 하나도 그 경로를 이탈하는 법이 없고 그 힘에 붙들려 모두 우주에 정해주신 궤도와 지정된 장소를 따라 한 치의 어긋남도 없이 돌고 있다.

40:27-31 이사야 선지자는 하나님에 대한 1-26절의 너무나 분명한 진리들을 장차 바벨론에서 포로생활을 할 이스라엘의 처지에 적용했다.

40:27 어찌하여 네가 말하며 하나님이 누구신지 안다면 그분이 어떻게 포로생활을 하는 그 백성을 잊어버렸다고, 그들의 처지에 무관심하다고 생각할 수 있단 말인가!

40:28 피곤하지 않으시며 곤비하지 않으시며 하나님은 피곤해서 그들을 위해 역사를 쉬시는 법도 없고, 곤비함으로 그 백성을 돌보시는 창조주가 방해를 받으시지도 않는다(참고. 29, 30절). 젊고 강한 자라도 피곤해 넘어질 수 있지만 옛적부터 계신 이는 절대 그러실 일이 없다. **한이 없으시며** 인간의 머리로는 하나님이 이스라엘을 구원하시겠다는 그 약속을 어떻게 이루실지 그 지혜를 다 헤아릴 수 없다. 바울은 이스라엘을 최종적으로 회복하실 하나님의 계획에서 이 진리의 더 심오한 예를 보았다(롬 11:33. 40:13을 보라).

40:31 여호와를 앙망하는 자 8:17; 49:23을 보라. 포기하지 않고 끝까지 기도하는 성도는 그 시련 가운데서도 힘을 주시는 하나님의 축복을 받는다는 일반적 원리를 여기서 볼 수 있다(참고. 고후 12:8-10). 또한 하나님은 자기 백성이 말세에 영광 가운데 오셔서 이스라엘의 구원 약속을 지키실 것을 인내하며 기다리기를 원하신다. 그때 믿는 이스라엘은 그 어느 때보다

단어 연구

새 힘을 얻다(Renew): 40:31. '새롭게 하다'(시 51:10) 또는 '고치다'(사 61:4)를 의미할 수 있다. 형용사일 경우 옛 것과 대조적인 의미의 새 것을 말하며(예를 들어 "오래 두었던 묵은 곡식"과 "새 곡식", 레 26:10을 보라), 정체 상태와 비교할 때는 다른 어떤 것을 말한다(예를 들어 "새 영", 겔 11:19; 18:31을 보라). 성경은 하나님만이 새롭게 하실 수 있는 분이라고 가르친다. 신실한 성도들의 마음에 새 노래이든(시 40:3) 구속 계획의 새로운 국면이든(사 42:9; 43:19) 새 이름이든(사 62:2) 아니면 새 하늘과 새 땅이든(사 65:17) 오직 하나님만이 새것을 만드실 수 있다.

강해질 것이다.

2. 이스라엘의 고난이 끝남(41:1–48:22)

41:1 **섬들아** 지중해 주변 땅들과 섬들은 열국을 상징한다. **힘을 새롭게 하라** 하나님은 그를 기다리길 거부한 열국들에게 두려움으로 조용히 입을 다물고 그 힘을 새롭게 하라고(참고. 40:31) 도전하신다. 이는 여호와 앞에서 자기를 변론하기 위한 준비를 확실히 하라는 의미다.

41:2 **동방에서 사람** 하나님은 바사 왕, 고레스 대제에게 기름을 부어 주전 539년에 바벨론을 정복해 그 의로우신 뜻을 이루고 유대인 포로들이 예루살렘으로 귀환하도록 하셨다(참고. 41:25; 44:28; 45:1). 그는 바사 제국을 세우고 주전 550-530년에 통치했다.

41:3 **쫓아가서 그의 발로 가 보지 못한** 고레스는 예전에 한 번도 가본 적이 없는 나라들을 수월하게 정복했다.

41:4 **처음에도…나중 있을** 하나님은 역사 전에도 계셨고 역사가 끝난 후에도 계실 것이다(참고. 44:6; 48:12; 계 1:17; 2:8; 22:13). **내가 곧 그니라** '나는…이다'(I AM, 42:8; 43:10, 13; 46:4을 보라)는 히브리어의 적합한 번역으로, 예수께서 그 신성에 대한 분명한 증거로 자주 이용하신 메시아적 호칭이다(예를 들어 막 13:6; 14:62; 눅 21:8; 요 8:28, 58; 13:19). 이 호칭은 하나님이 출애굽기 3:14에서 모세에게 자기계시를 하신 데서 유래한 것이다.

41:5-7 그의 기름 부은 자 고레스가 오는 것을 보고 열방은 여호와를 의지하지 않고 서로를 의지해 도움을 구했고 더 많은 우상을 만들었다. 우상과 그 우상 만드는 자들에 대한 이사야의 서술 내용은 40:18-20을 보라.

41:8 **나의 종 너 이스라엘아** 이스라엘의 신실한 자들은 여호와의 종이라는 명예로운 집단적 호칭을 얻을 것이다(*20:3에 대한 설명을 보라*). 여호와의 종이라는 이유로 그들은 나머지 열국과 큰 대조를 이룬다(5-7절). 종으로서 이스라엘은 42:18-25을 참고하라. **나의 벗 아브라함** 벗은 종보다 훨씬 더 고귀한 호칭이며(요 15:14, 15. 참고. 대하 20:7; 약 2:23) 신실함을 더 강조한다.

41:9 **땅 끝에서부터 너를 붙들며** 마지막 날에 하나님은 애굽과 바벨론에서처럼 온 세상에 흩어진 이스라엘을 다시 모으실 것이다. 이스라엘은 하나님의 선택한 민족이기 때문이다(참고. 45:4; 암 3:2).

41:10 **두려워하지 말라** 이스라엘은 열국들처럼 하나님의 무서운 심판을 두려워할 필요가 없다(5, 13, 14절; 43:1, 5). 이는 그가 그들의 하나님이시며 그 민족을 회복해주겠다는 약속에 신실하신 분이기 때문이다.

41:11-13 주의 도우심으로 이스라엘 대적들은 쇠퇴하여 망하지만(60:12; 슥 12:3) 이스라엘은 하나님의 도우심으로 강해질 것이다.

41:14 **버러지** 이것은 여호와를 모르는 열방이 이스라엘을 비하해 부르는 말이다. 이런 표현이 십자가에 달리신 메시아에게도 사용되었다(시 22:6). **구속자는 이스라엘의 거룩한 이** *구속자*에 해당하는 히브리어는 잃은 것을 다시 살 수 있는 기회와 책임이 있는 가까운 친척을 가리키는 표현이다(*룻 2:20에 대한 설명을 보라*). 이 단어는 *이스라엘의 거룩하신 이*(*Holy One of Israel*)라는 표현과 관련해 다섯 배 더 많이 등장한다. *43:14; 48:17-19; 49:7; 54:5에 대한 설명을 보라.* 하나님이 유월절 어린 양의 피로 애굽의 속박에서 그 백성을 사셨듯이 그리스도를 믿는 믿음으로 그분을 의지하면 하나님은 참 어린 양이신 예수 그리스도의 피로 온 세상의 포로생활에서 구속해주실 것이다(참고. 슥 12:10-13:1).

41:15, 16 **산…작은 산** 이것은 이방 열국을 비유적으로 표현한 것이며, 주 예수께서 예루살렘에 왕으로 등극하시는 날 전성기를 맞은 이스라엘은 그들을 갈아 먼지로 만들 것이다.

41:17, 18 **가련하고 가난한 자** 이스라엘은 이방 열강의 포로가 된 처지로, 축복과 기쁨을 갈망하는 모습으로 묘사된다. 장차 올 메시아 왕국에서는 이스라엘 땅에 실제로 물(여기서는 실제적이고 현실적 축복)이 풍성하게 공급될 것이다(참고. 12:2, 3; 35:6, 7; 43:19, 20; 44:3, 4; 48:20, 21). 또한 이것은 천년왕국에서 이스라엘의 영적 갈증이 해갈될 것을 상징한다.

41:19 백향목…싯딤 나무…화석류…소나무…황양목 하나님이 그 피조물을 구속하실 때(35:1, 2, 7; 롬 8:19-21) 수목이 무성하게 우거지고 온 땅이 비옥할 것이다.

41:22, 23 장차 당할 일…앞으로 올 일 하나님은 우상들에게 미래를 예언해보고 그 유능함을 증명해보라고 도전하신다. 하나님은 '이전 일', 즉 고레스를 세우신 일(2절), 앗수르인들을 예루살렘에서 몰아내신 일(36, 37장), 히스기야의 병을 낫게 하신 일(38장)을 행하셨다.

41:23 복을 내리든지 재난을 내리든지 하나님은 우상들에게 그가 하신 것처럼 구원을 베풀든지 심판을 내리든지 해보라고 도전하신다.

41:24 아무것도 아니며…허망하며 우상은 인간이 믿는 것과 달리 아무것도 아니다. 미래를 예언할 수도 없고 심판하거나 구원할 수도 없다. 생명 없는 무용지물에 불과하다(44:9; 시 115:2-8; 고전 8:4; 10:19; 갈 4:8).

41:25 북방에서…해 돋는 곳에서 바벨론 동쪽의 바사 왕 고레스가 바벨론을 공격하러 가기 전 먼저 북쪽에서 메대를 무너뜨리고 바벨론으로 진격했다. **내 이름을 부르는** 이것은 에스라 1:1-4에서 고레스의 칙령으로 확실하게 성취되었다.

41:26 …하는 자도 없고 여호와께서 미래를 예언하신 것처럼 예언하는 자는 아무도 없었다.

41:27-29 우상은 미래에 일어날 "기쁜 소식"(27절)과 지혜를 사람들에게 주지 못한다(28절). 그래서 아무 쓸모가 없다.

42:1-9 이것은 4편의 메시아를 의미하는 종의 노래(참고. 49:1-13; 50:4-11; 52:13-53:12) 중 첫 번째 노래다. 그들은 종의 온유한 모습과 세계적 사명에 대해 노래한다. 1-3절은 마태복음 12:18-20에서 초림 때의 예수 그리스도께 적용된다.

42:1 나의 종 "나의 종"의 칭호에 걸맞은 다른 사람들도 있지만(*20:3에 대한 설명을 보라*) 여기서 말하는 여호와의 종은 주가 기뻐하시고(마 3:17; 17:5) 그의 영을 그 위에 부어주심으로(11:2; 59:21; 마 3:16; 눅 4:18) 택하심을 입은(눅 9:35; 벧전 1:20; 계 13:8) 메시아를 말한다. **이방에 정의를** 그리스도는 재림하심으로 온 세계에서 정의가 이기는 왕국을 통치하실 것이다. 천년왕국은 이스라엘만을 위한 나라가 아니다. 메시아는 예루살렘에서 다윗의 보좌에 앉으시며 이스라엘은 영광스러운 나라가 될 것이다. 실제로 세상 모든 나라가 왕 되신 메시아의 의와 공의를 경험하게 될 것이다.

42:2 외치지 아니하며…거리에 초림하신 그리스도가 조용히 복종하시는 모습으로 이 예언을 성취하셨다(마 11:28-30; 벧전 2:23).

42:3 상한 갈대…꺼져가는 등불 그 종은 압제당하는 약자들을 위로하고 힘을 주실 것이다. 참고. 40:11; 50:4; 61:1. *마태복음 12:18-20에 대한 설명을 보라.*

42:4 세상에 정의를 이사야는 그리스도의 초림을 넘어 재림을 바라본다. 예수님은 그 초림으로 1상, 2, 3절을 이루셨고 재림하셔서 세상을 '철창'으로 다스리시고 완벽한 정의를 세우심으로써 1하, 4절을 이루실 것이다(시 2:8, 9; 계 2:27).

42:5 창조하여…땅에서 행하는 자…하나님 여호와께서 이같이 말씀하시되 여기서 하나님은 너로 지칭되는(6절) 메시아에게 직접 말씀하신다. 하나님은 우주의 창조주로서(참고. 40:21, 22) 그 종 메시아로 그 뜻을 확실히 이루도록 하실 보증이 되신다.

42:6 나 여호와 41:13부터 하나님이 자신을 지칭하는 모습이 자주 등장한다(41:13; 42:6, 8; 43:3, 11, 15; 45:5, 6, 7, 18; 48:17; 49:23; 51:15). 하나님이 모세에게 알려주신 그분의 이름은 이스라엘과 하나님의 특별한 관계를 상징했다(출 3:14, 15; 6:3). 이 절에서 이 언약적 이름은 종이신 메시아를 통한 그의 사역을 보장한다. **백성의 언약** 그 종은 하나님의 백성, 이스라엘에게 주신 축복과 구원을 의인화하며 베푸신다는 측면에서 언약이 되신다. 그분은 모세와의 언약보다 더 나은 언약, 즉 새 언약의 중재자가 되신다(렘 31:31-34; 히 8:6, 10-12). *49:8에 대한 설명을 보라.* **이방의 빛** 시므온은 그리스도의 초림으로 이 예언이 성취되기 시작하는 것을 보았다(눅 2:32). 그분은 이스라엘의 메시아로 오셨지만 세상의 구세주가 되신다. 사마리아 우물가에서 비유대인이자 부도덕한 여인에게 스스로를 계시하셨고(참고. 요 4:25, 26) 제자들에게 구원의 복음을 세상 모든 사람에게 전하라고 명하셨다(마 28:19, 20). 대부분 축복의 가지에 이식된 이방인으로 구성된 교회(참고. 9:24-30; 11:11-24)가 이 약속을 이루고 있다. 그 종이 이스라엘을 이용해 세상 모든 열방에 빛을 비추실 미래 왕국에서도 이 일이 이루어질 것이다(49:6. 참고. 19:24).

42:7 눈먼 자들의 눈을 밝히며 갇힌 자를…이끌어 내며 예수님은 성육신하셔서 몸의 질병을 낫게 하시는 기적으로 영적 속박에서 해방시켜 주시는 것(마 11:5; 눅 4:18)이 이 예언의 성취라고 해석하셨다(9:1, 2; 마 4:13-16). 그 종이 땅에서 천년 동안 통치하실 때 이스라엘은 영적 무지에서 벗어나 참된 영적 지식을 갖게 될 것이며, 포로된 자들이 자유를 얻을 것이다(29:18; 32:3; 35:5; 61:1).

42:9 전에 예언한 일…새 일 전에 예언한 일은 이미 성취되었거나 이제 이루어지려고 하는 이사야의 예언을

사

말한다(참고. 41:22). 새 일은 메시아이신 종이 오셔서 그분을 통해 주가 미래에 이루실 일이다.

42:10 새 노래…찬송하라 이 새 노래는 이전에 한 번도 부르지 않은 노래로 하나님의 영광이 새롭게 나타나기 위해 필요하며, 그 왕국에서 종의 구속 사역으로 만들어질 새로운 세계에 적합하다. 세상 거민들 역시 그를 찬양할 것이다. 참고. 2:2; 26:1; 요한계시록 4:11; 5:9.

42:11 게달…셀라 *16:1; 21:16에 대한 설명을 보라.*

42:13 용사…전사 여호와는 강력한 전사로서 그 종을 통해 일하시며 모든 대적을 무너뜨릴 것이다(40:10. 참고. 9:7; 37:32; 59:17).

42:14 조용하고 잠잠하고 참았으나 세상을 창조하신 직후부터 하나님은 때가 무르익을 때까지 인간사에 개입하지 않고 침묵하셨다. 세상의 악에 대해 무관심하시지는 않았지만 "때가 차매"(갈 4:4) 그 종을 보내실 것이다.

42:15 황폐하게 하며…마르게 하며…마르게 할 것이며 자기 종을 통해 하나님이 심판하실 때 세상이 황폐하게 될 것이다(참고. 계 6-19장). 이 반대의 경우는 바로 천년왕국에서 그 메시아로 축복을 베푸시는 것이다(참고. 35:1-4; 41:18).

42:16 이끌며…인도하며…되게 하며…곧게 할 것 하나님이 맹인들을 이전에 가지 않은 길로 인도하실 때 그 주권성이 온 세상에 분명히 드러날 것이다(참고. 출 13:21, 22). 영적인 맹인들(9:1, 2)이 그 길을 볼 것이다(42:7을 보라). 참고. 에베소서 5:8.

단어 연구

우상(Image): 30:22; 42:17. '돌을 깎아내다' 또는 '나무를 자르거나 다듬다'라는 의미의 동사 어근과 관련이 있다(참고. 출 34:4). *페셀(pesel)*은 인간이나 동물의 모양을 한 형상이나 우상으로, 돌이나 나무, 금속으로 만들어졌다. 하나님은 시내산에서 히브리인에게 그런 우상을 만들지 말라고 명하셨다(출 20:4). 하나님은 히브리인이 우상을 만들지 않는 것이 그들의 종교가 참됨을 구분하는 특징이 되기를 원하셨다.

비극적인 일이지만 이스라엘은 이방 이웃들의 영향으로 깎아 만든 우상을 섬겼다(삿 18:30; 대하 33:7). 시편 기자는 그런 형상들이 무가치하며 그 우상을 섬기는 자들이 수치를 당할 것이라고 기록한다(시 97:7). 이사야(40:19, 20; 44:9-20)와 하박국(2:18, 19)은 인간이 손으로 만든 우상들을 의지하는 자들을 조롱한다. 그 우상들은 보지도 듣지도 말하지도 못하며, 그 추종자들을 위해 아무것도 해줄 능력이 없다.

42:17 조각한 우상…부어 만든 우상 하나님은 우상 숭배자들을 완전히 물리치실 것이다(참고. 출 32:4).

42:18-24 하나님은 그의 종인 이스라엘의 불성실함을 책망하신다. 이와 반대로 그 종의 아름다운 자질(42:1-7)은 메시아에게서 분명히 드러난다. 이 단락에서 하나님의 종을 향한 책망의 말(42:18, 19, 22-24)은 곧 그 민족 이스라엘을 향한 책망이다.

42:18-20 못 듣는 자…맹인들 이스라엘은 "내 종"(19절; 41:8; 44:21) 그리고 "내 사자"로 불리는데, 이는 진실과 완벽히 부합한다. 그러나 이사야의 예언 사역은 이스라엘이 영적으로 귀가 멀고 눈이 멀어 있음을 부각시킨다(6:9, 10. 참고. 22:14; 29:11; 32:3). 그들은 하나님의 목소리를 듣지 못했고 영적 현실과 의무를 보지 못했다.

42:21 그의 의로 말미암아 이스라엘이 눈이 멀고 귀가 멀었고 불의함에도(24절) 하나님은 그 의의 원리들을 포기하시지 않을 것이다. 참고. 59:14-17.

42:22 도둑 맞으며 탈취를 당하며…잡히며…갇히도다 이스라엘은 포로로 끌려가고 온 세상으로 뿔뿔이 흩어져 마치 사막의 대상처럼 강도들에게 무자비한 공격을 당하고 동굴이나 지하 감옥에 갇혀 인간 구원자로는 그들을 구할 수가 없다(참고. 63:5).

42:24 여호와가 아니시냐 이스라엘은 하나님께 패역한 죄로 심판을 받아 바벨론 포로로 끌려가고 온 세상으로 흩어지게 되었다(30:15; 57:17; 65:2).

42:25 맹렬한 진노 주전 586년 예루살렘이 바벨론에 무너진 것은 바벨론이 강해서가 아니었다. 이스라엘은 여호와께 아무런 관심을 기울이지 않았기 때문에 하나님의 진노를 맛보았다(1:3; 5:13; 29:13; 47:7; 51:1; 호 7:9). **불타오르나** 바벨론 왕 느부갓네살은 예루살렘을 친 후 그 성을 불태웠다(왕하 25:8, 9).

43:1 야곱아…이스라엘아 하나님이 택하신 민족을 부르는 이 이중적 호칭(참고. 창 32:28)은 이사야에서 21번 사용되는데(9:8; 10:20; 14:1; 27:6; 29:23; 40:27; 41:8, 14; 42:24; 43:1, 22, 28; 44:1, 21, 23; 45:4; 46:3; 48:1, 12; 49:5, 6), 그중 40-49장에서 16번 사용된다. 이것은 아브라함의 혈육에 대한 하나님의 특별한 애착을 의미한다. **창조하신…지으신** 이스라엘 민족이 망하지 않고 계속 유지되는 유일한 이유는 그들을 무에서 창조하시고 붙들어주신 하나님의 주권적 은혜 때문이다(참고. 신 7:6-11). 이스라엘은 하나님의 피조물이므로 그 누구도 그

어떤 것도 심지어 그들의 악함마저도 그들을 무너뜨릴 수 없음을 알고 위로를 얻게 된다(참고. 43:18-25; 롬 11:1, 2, 25-27). **두려워하지 말라** 하나님은 거듭 반복하여 이스라엘의 두려움을 덜어주신다(35:4; 41:10, 13, 14. 참고. 7:4). **구속하였고** 하나님이 그 백성을 포로 상태에서 구속해주시는 일은 이스라엘 땅에서 예수 그리스도를 믿는 신실한 남은 자들을 통치하러 다시 오실 때에야 완성될 것이다(참고. 슥 12:10-13:1; 롬 11:25-27; 계 11:3). 제한적인 바벨론 귀환은 마지막 귀환의 예표일 뿐이다. *43:14에 대한 설명을 보라.*

43:2 물…강…불…불꽃 이스라엘은 수천 년간 이 단어들이 상징하는 숱한 위험들과 맞닥뜨렸고 최종 구속을 받을 때까지 이런 일을 계속 겪을 것이다. 그러나 하나님은 그 모든 위험에도 그들이 멸절되지 않을 것이라고 약속하신다. 모세 시대에 홍해를 건너고(출 14:21, 22) 여호수아 때에 요단강을 건너며(수 3:14-17) 사드락과 메삭, 아벳느고가 뜨거운 풀무에서 살아남은 일은 그분이 이스라엘을 돌보신다는 예증이다.

43:3 네 구원자 하나님은 일시적으로나 영원토록(*딤전 4:10에 대한 설명을 보라.* 참고. 딛 1:3; 2:10; 3:4) 본성상 구세주이시다(11절; 45:21). 하나님은 이스라엘을 애굽에서 건져주셨고 바벨론과 미래의 모든 포로생활에서 건져주실 것이다. 또한 영적 구원으로 인도하실 것이다(슥 12:10-13; 롬 11:25-27). **구스** 18:1을 보라. **스바** 남부 아라비아나 홍해 건너 북아프리카의 구스(에티오피아) 근방에 위치한 나라다. 애굽과 구스, 스바는 하나님이 이스라엘을 살리시고자 할 때 대신 희생되었다. 스바 사람들은 스바의 거민들을 가리키는 또 다른 이름이다(참고. 45:14; 욥 1:15).

43:5, 6 동쪽…서쪽…북쪽…남쪽…땅 끝 주님은 메시아가 지상에서 그 왕국을 시작하실 때 전 세계에 흩어져 살던 자기 백성의 신실한 남은 자들을 이스라엘 땅으로 불러모으실 것이다(참고. 11:12).

43:7 내 이름으로 불려지는…내 영광을 위하여 창조한 이스라엘의 신실한 남은 자들은 주의 이름을 지니며 그를 영화롭게 한다는 한 가지 중요한 목적으로 존재하게 될 것이다(44:23).

43:8 눈이 있어도 보지 못하고 귀가 있어도 듣지 못하는 회복된 이스라엘(5-7절)은 영적 눈과 귀를 회복하게 될 것이다(29:18; 42:18, 19과 비교해보라).

43:9 그들의 증인 우상을 섬기는 예언자들 가운데 고레스가 이스라엘을 바벨론에게서 구해줄 것이라고 예언하거나 이미 이루어진 일들 가운데 어느 것 하나라도 예언한 자가 있었는가? 여호와와 달리 열방의 죽은 신들은 '이전 일'을 정확히 예언할 능력이 없다(41:21-23). 따라서 열국은 그 신들이 예언의 진리를 말할 수 있다고 증언해줄 증인이 없다.

43:10 너희는 나의 증인, 나의 종 이스라엘의 하나님은 미래를 계속 정확히 예언해주셨다. 그러므로 이스라엘은 그분의 말씀이 진리이자 정확함을 증언할 수 있고(13절), 그가 유일하게 살아 계신 영원한 하나님이심을 증언할 수 있다. 그들은 천년왕국 때 다시 이것을 증언할 것이다(참고. 욜 2:28-32).

43:12 알려 주었으며 구원하였으며 보였고 애굽에서 구원해주셨듯이(출 3, 4장) 하나님은 이스라엘을 포로 상태에서 구해주실 것이라고 미리 선언하셨다. 그리고 주님이 선언하신 대로 구원받는 실제적 과정이 나타나 그 사실을 일깨워주었다. 이스라엘 백성은 그런 전지하심과 전능하심을 근거로 참되고 유일하시며 살아 계신 하나님을 증언했다.

43:13 태초로부터 창조 첫째 날 이전에 시간이 시작되고 역사가 진행되는 내내 하나님은 살아계셨고 그 뜻과 목적을 보여주셨다. **내 손…누가 막으리요** 이 절의 히브리어는 신명기 32:39의 구절과 동일하다. 하나님의 역사는 돌이킬 수 없고 결코 그 뜻이 좌절되거나 하지 않는다.

43:14 구속자요 이스라엘의 거룩한 이 전자의 호칭은 40-66장에서 자기 백성을 구원하시는 하나님의 역할을 강조한다(41:14; 43:14; 44:6, 24; 47:4; 48:17; 49:7, 26; 54:5, 8; 59:20; 60:16; 63:16). 후자의 호칭은 이사야서에서 계속 강조하는 그의 거룩하심을 상징한다(*1:4에 대한 설명을 보라*). 주의 종은 그 거룩하심으로 이스라엘을 구속하신다. **갈대아 사람…자기들이 연락하던 배** 하나님이 바벨론을 칠 정복자(즉 고레스, 45:1)를 보내시자 바벨론 함대는 그 나라의 피난민들이 탈출하는 운송 수단으로 사용되었다. 바벨론은 페르시아만과 티그리스강과 유브라데강으로 배를 이용해 접근할 수 있다.

43:15 너희의 왕 여호와는 처음부터 이스라엘의 왕이었지만 백성은 인간 왕을 구했다(삼상 8:4-7). 그들이 돌아오면 그 종의 모습, 즉 메시아의 모습으로 다시 그들의 왕이 되실 것이다(눅 1:31-33. 참고. 6:1; 41:21).

43:16, 17 바다…큰 물…병거와 말 하나님은 그 종으로 장차 더 큰 구원을 베푸실 것을 확신하도록 이사야의 독자에게 그 조상들이 애굽에서 구원받은 것을 상기시킨다(출 14:16, 21, 26-28; 수 3:13).

43:18, 19 이전 일…옛날 일…새 일 과거의 이스라엘에게 베푸신 구원은 장차 주가 자기 백성에게 베푸실 구원과 비교도 안 된다(42:9; 48:6; 렘 16:14, 15).

43:19, 20 강…물…강 메시아 시대에는 이스라엘의 황무한 땅들에 물이 풍부해져(41:18) 하나님이 택한 백성에게 신선한 물을 대어줄 것이다(43:1).

43:21 나를 찬송하게 하려 함이니라 메시아 시대에 이스라엘은 드디어 그분께 합당한 찬송을 돌려드릴 것이다(렘 13:11과 비교해보라).

43:22-24 여호와께서 역사 속에서 계속 이스라엘을 선택하셨지만 이스라엘은 그분을 선택하지 않았다. 오히려 불의와 공허한 형식주의로 그분을 피곤하게 해드렸다(1:11-15).

43:25 나 곧 나는…네 죄를 기억하지 아니하리라 이 절은 구약에서 은혜를 강조하는 구절 중 하나다. 이스라엘은 아무 자격이 없지만 하나님은 그 은혜로 거룩하신 성품과 타협하지 않고 그들의 죄를 용서하고 그들에게 의를 전가하실 방법을 찾아내셨다(*61:10에 대한 설명을 보라*). 그분은 그 종의 사역으로 이 구속을 이루실 것이다(53:6). 이스라엘의 실패에도 하나님은 늘 그들을 자기 백성으로 택해주신다.

43:26 네가 의로움을 나타내라 하나님은 그 백성에게 법정으로 와서 자신을 변론할 기회를 주신다. 가장 확실한 변론은 인격적 자격을 강변하는 것이 아니라 그 죄를 고백하고 회개하며 25절에 언급한 하나님의 은혜의 약속에 근거하고 예수 그리스도가 십자가에서 이루실 일에 근거해 자비와 용서하심을 구하는 것이다(참고. 55:6, 7; 롬 3:21-26).

43:27 시조… 교사 아브라함처럼 유대인 중 가장 존경받는 족장들조차 그 죄 때문에 그 의로움을 주장할 수 없었다(예를 들어 창 12:11-13; 20:2). 제사장처럼 하나님과 이스라엘을 중재하는 명망 높은 중재자들조차 죄에서 씻음을 받아야 했다(6:5-7).

43:28 야곱이 진멸 당하도록…이스라엘이 비방거리가 되게 하리라 하나님이 메시아 시대에 이스라엘을 용서해주신다고 해도 그 중간 시기에는 여전히 그 죗값을 치러야 한다.

44:1-5 앞으로 더 심판을 견뎌야 하지만(43:26-28) 이사야는 천년왕국 시대에 이스라엘이 받을 풍성한 축복에 대해 말하고 있다.

44:1, 2 나의 종…내가 택한…너를 만들고…지어낸 하나님은 그 종 이스라엘을 영원히 그 소유로 선택하셨으므로(43:1, 21, 25) 그들은 버림을 당할까 두려워할 필요가 없다.

44:2 여수룬 그 어근은 '옳다' '곧다'라는 뜻으로 이스라엘을 높여 부른 이름이며, '속이는 자'라는 뜻의 야곱의 어근과 대조를 이룬다(참고. 신 32:15).

> **단어 연구**
>
> **복(축복, Blessing):** 19:24, 25; 44:3; 51:2; 61:9; 65:8, 16. 여러 가지 중요한 개념을 가진 동사, 즉 '넘치도록 채우다' '결실을 맺다' '승리를 확보하다'라는 의미를 가진 동사에서 파생되었다. 이 단어는 아브라함의 후손들을 통해 모든 열방을 축복하겠다는 하나님의 약속을 암시한다(창 12:3). 사람들이 누군가의 축복을 빈다면 상대방이 잘되기를 기원하거나 그 대신 기도를 드린다(창 49; 신 33:1). 구약 족장들은 종종 자녀들에게 내린 축복으로 유명하다. 하나님이 축복을 주실 때는 신실하게 그분을 믿는 자들에게 축복을 베푸시고(신 11:27) 구원(시 3:8)과 생명(시 133:3), 성공(삼하 7:29)을 주신다.

44:3 물…시내 앞으로 올 왕국에는 물질적 축복이 넘치도록 이스라엘 민족에게 임할 것이다(43:19, 20). 이런 축복 역시 성령과 하나님께 받는 영적 회복을 상징한다(32:15; 욜 2:28, 29).

44:5 여호와께 속하였다…야곱의 이름…여호와께 속하였음을…이스라엘의 이름 장차 도래할 이스라엘의 황금시대에는 여호와께 속한 것과 하나님의 선택된 백성에게 속한 것이 같은 의미를 지닐 것이며, 두려움 없이 기쁘게 받아들일 영광의 증표가 될 것이다.

44:6 왕…구원자…만군의 여호와…처음이요…마지막 하나님은 자신을 이스라엘의 왕(43:15), 구속자(43:14), 전쟁의 용사(1:9), 영원하신 자(41:4. 참고. 48:12)라고 말씀하신다. 예수님은 자신의 신성을 직접 확증하시면서 스스로를 처음이자 나중이라고 하셨다(참고. 계 1:17; 2:8; 22:13). **나 외에 다른 신이 없느니라** 자신만이 참 신이라는 하나님의 주장은 7-20절의 거짓 신들에 대한 또 다른 도전의 배경이 된다(참고. 43:10).

44:7 외치며…그들에게 알릴지어다 우상이 '장차 일어날 일'을 예언할 수 있다면 하나님처럼 정확하게 예언해보라는 도전이다. 하나님이 유대인을 그 백성으로 선택하신 이후 미래를 예언했으므로 그들은 그분의 증인이 될 자격이 있다(8절).

44:9-11 수치를 당하리라…수치를 당할 것이라…수치를 당할 것이니라 우상을 제작하는 장인들은 일개 인간일 뿐이고 아무리 뛰어나도 인간 이상의 것을 만들 수 없다. 우상을 의지하는 자들은 두려워하고 자신의 어리석음을 수치스러워해야 마땅하다(11절. 8절과 비교

해보라).

44:12-19 인간 기술자들은 아름다운 우상을 만들려고 정성을 다하지만 아무리 잘 만들어도 인간을 닮은 형상일 뿐이며(신 4:15-18; 롬 1:23) 그들의 힘을 새롭게 해 줄 수 없다. 그러나 여호와를 기다리는 자들은 새 힘을 얻는다(40:28-31). 인간이 키운 나무는 온기를 더해줄 땔감이 되기도 하고 요리를 만드는 데 사용되기도 한다. 그런데 사람들은 그것을 우상으로 만들어 그 우상에게 절하고 기도를 하며 의지한다. 같은 나무를 태워 방을 따뜻하게 하면서 그 나무 조각을 신인 양 섬기는 것보다 더 어리석은 일은 없다. 우상 제작자들은 사소한 가사 일에 사용되는 재료로 신을 만드는 어리석음을 깨닫지 못한다. 참고. 6:9, 10; 신명기 27:15.

44:20 허탄한 마음…거짓 아무 영양가 없는 재를 먹는 것처럼 우상숭배는 거짓과 기만에 지나지 않는다. 우상을 섬기는 죄인들은 우상을 섬기고 그 대가로 심판밖에 받을 게 없다(참고. 잠 15:14; 호 12:1).

44:22 네 죄…없이하였으니 이스라엘에게 하나님의 주권적 은혜를 베푸시겠다는 더 강한 확신을 새롭게 주신다(43:25). 하나님은 그 책에 기록된 그들의 죄를 다 지워버리셨다(참고. 계 20:12). 인간이 '두꺼운 구름'에 가려 앞에 무엇이 있는지 볼 수 없듯이 하나님은 그 구속하신 자들의 죄를 다 지워주신다. **내게로 돌아오라** 하나님은 십자가 사건이 있기 오래전 이미 구속의 은혜를 베푸셨다. 하지만 그 근거는 오직 그 십자가일 뿐이다. 죄에서 돌이켜 그분께 돌아오는 자들은 구속을 받을 수 있다(그리스도의 희생제사로 죄인에 대한 속전이 지불되었기 때문에). 하나님은 그 백성에게 회개함으로써 약속된 구속을 받으라고 부르신다(참고. 느 1:9; 렘 4:1; 24:7; 욜 2:12; 슥 1:3; 말 3:7; 마 3:2; 4:17; 롬 3:25, 26; 히 9:15).

44:23 하늘…모든 나무들…야곱을 구속하셨으니 그리스도가 재림하셔서 온 이스라엘 민족을 구속하시면 모든 자연도 구속함을 입는다(롬 8:19-22). 그래서 이사야 선지자는 온 피조물에게 기뻐하라고 부른다.

44:25 헛된 말을 하는 자들…점치는 자들 거짓 선지자들은 그 거짓된 예언에 대한 책임을 져야 한다(47:12-14; 신 13:1-5; 수 13:22; 렘 27:9; 29:8; 50:36; 미 3:7).

44:26 그의 종…그의 사자들 거짓 선지자들의 말을 중단시키신 것(25절)과는 반대로 하나님은 이사야와 같은 참된 선지자들의 말을 확증해주신다(슥 1:6). 무엇보다 하나님은 모든 선지자와 하나님의 사자들의 궁극적 화신인 메시아의 말씀을 확증해주신다(말 3:1; 마 21:34, 36, 37). **황폐한 곳들을 복구시키리라** 예루살렘은 바벨론의 침략으로 주전 586년에 멸망했다. 하나님은 그 땅의 영광을 회복시켜주겠다고 약속하셨다. 이것은 70년 후 바사인들의 도움으로 실현될 회복의 맛보기에 불과하다(41:2). 더 완전한 회복은 메시아 시대에 이루어질 것이다.

44:27 마르라 하나님은 홍해와 요단강을 마르게 하시고 백성을 구원하심으로써 그 능력을 증명해주셨다(43:2).

44:28 고레스…내 목자 고레스가 나타나 페르시아 왕이 되기 1세기 전에 주신 이 예언은 하나님이 바사 왕을 사용해 이스라엘의 신실한 남은 자들을 다시 그 땅으로 불러모으실 것을 예언했다. 그들을 다시 돌아오게 하는 역할을 맡은 고레스는 그들을 마지막으로 모으실 때 이스라엘이라는 양 떼의 목자가 될 주의 종의 예표다(미 5:4). *목자*라는 호칭은 하나님의 백성을 이끄는 지도자, 왕에게 적용되었다(삼하 5:2; 렘 3:15). 사도행전 13:22에서 바울은 다윗을 고레스의 모범적 순종에 비교한다. **예루살렘…성전** 주전 538년 고레스는 성전 재건 칙령을 발표했고(스 1:1, 2; 6:3) 그로써 이사야의 예언이 성취되었다. 귀환한 유대인은 주전 516년에 그 작업을 완성했다(스 6:15).

45:1 그의 기름 부음을 받은 이 구절은 '메시아'라는 단어를 음역한 히브리어에서 번역한 것이다. 시편 2:2과 다니엘 19:25, 26에서 구속자 되신 메시아적 왕에게 사용되지만 여기서는 거룩한 목적을 위해 하나님의 섭리로 구별함을 입은 왕인 고레스를 가리킨다. 이 바사 왕은 하나님을 섬기는 사람은 아니었지만 이스라엘의 목자(44:28)이자 열국에 대한 하나님의 기름 부음을 받은 심판자로서 특별한 역할을 감당했다.

45:1, 2 문들…성문…놋문 이것은 바벨론 성벽의 수많은 문들을 가리킬 것이다. 고레스는 비교적 수월하게 이 문을 통해 성 안으로 진입했다. 강에서 성으로 난 내 문들은 궁전의 문들과 마찬가지로 열려 있었다. 그리스 역사가 헤로도토스는 성문이 활짝 열려 있어 바사인들은 중앙 궁전으로 이동하면서 포로들을 데려갔다고 기록한다.

45:3 네가 알게 하리라 하나님은 이런 승리를 주시는 이가 유대인의 하나님임을 고레스가 알도록 하셨다. 유대인 역사가 요세푸스는 다니엘이 이사야의 예언으로 고레스에게 영향을 미쳤음을 암시했고, 이스라엘의 하나님이 자신과 함께하심을 그 왕이 알았다고 말한다.

45:4 야곱…나를 알지 못하였을지라도 그 종 이스라엘을 위해 하나님은 고레스를 세우시고 비록 그가 하나님과 인격적 관계가 있었던 것은 아니지만 그를 이름으로

부르셨다. 분명히 고레스는 참되신 하나님을 알게 되었고, 그분이 인간 역사를 주권적으로 통치하심을 알게 되었을 것이다. 여기에는 다니엘의 영향이 컸을 것으로 보인다(참고. 스 1:1-4).

45:6 해 뜨는 곳에서든지 지는 곳에서든지 온 지구를 의미하는 이 표현은 이스라엘을 최종적으로 모으실 때(고레스의 조치는 예고편이었음) 온 세상이 오직 여호와만 하나님인 줄 알게 되리라는 사실을 암시한다(참고. 43:10; 44:6).

45:8 공의…구원…공의 결국 하나님은 이스라엘에게 약속하신 그대로 의와 선함이 온 세상에 충만하게 하실 것이다(13절; 호 10:12).

45:9, 10 화 있을진저…화 있을진저 토기장이와 진흙 그리고 부모와 자녀의 비유는 하나님의 장래 계획에 대해 그분과 다투는 것이 얼마나 터무니없는지 보여준다. 이것은 유대인이 그들의 포로생활과 이방 신에 의한 회복을 받아들이려고 하지 않으며, 궁극적으로 유대인뿐 아니라 전 세계 이방인들을 구속하고자 하는 하나님의 주권적 계획을 반대할 것임을 예고한다(참고. 롬 9:20-24).

45:11 장래 일을 내게 물으며 하나님은 이스라엘에게 계시하신 대로 장차 이스라엘 민족을 위해 무슨 일을 하실지 알아보라고 명령하신다.

45:12, 13 내가…만들고…그가 나의 성읍을 건축할 것이며 전능하신 창조주로서 하나님은 약속하신 대로 고레스를 이용해 그 나라를 구원하실 수 있다.

45:14 애굽…구스…스바의…남자들 남쪽의 세 나라들(참고. 43:3)은 메시아가 다스리는 시대에 온 세계가 이스라엘에게 복종할 것을 상징한다. **하나님이 과연 네게 계시고** 온 열방이 그 백성 이스라엘 가운데 유일한 참되신 하나님의 임재하심을 인정할 것이다(49:23; 60:14). 서로 모일 때 방언보다는 예언하기를 더 사모하라고 고린도 교회에서 권면한 사도 바울은 이 말씀의 더 풍성한 의미를 확인해준다. 예언은 외부인들이 들어와서 그들 가운데 하나님이 함께하심을 인정하게 될 거라고 말한다(고전 14:25).

45:15 스스로 숨어 계시는 당시의 상황에서는 이스라엘을 향한 하나님의 뜻, 다시 말해 그들이 회개하면 하나님이 그들을 다시 모으고 예루살렘을 세계 중심지로 만들겠다는 뜻을 알 수 없었다(참고. 8:17; 54:8; 57:17; 시 44:24).

45:16, 17 이스라엘은…구원을 얻으리니 우상을 만드는 자들은 그 신들이 구원해주지 않으므로 그 믿음이 헛된 것임을 알게 되지만, 이스라엘은 주 안에서 영원한 구원을 얻을 것이다(44:9-11; 롬 11:25-27).

45:19 감추어진 곳…말하지 아니하였으며 거짓 신들이 신비하게 자신들을 알리려는 것과 달리(8:19; 29:4) 참 선지자들을 통해 주시는 하나님의 계시는 누구나 알 수 있고 다가갈 수 있다.

45:21 이 일을 옛부터 듣게 한 자가 누구냐 자신이 유일하신 참 신임을 증명하고자 하는 하나님의 변론에 아무도 답할 자가 없다. 오직 그분만이 유다가 포로로 잡혀가고 그 포로생활에서 구원받을 것을 예언하셨다. 물론 다른 미래 사건들을 예언하고 그대로 이루어진 경우도 하나님이 유일하시다. **다른 신이 없나니…다른 이가 없느니라** 하나님은 신명기 4:35에서 모세가 말한 진리를 재진술하신다(참고. 43:10; 44;6; 45:6). 가장 큰 계명이 무엇이냐고 질문한 서기관은 그 질문에 대한 예수님의 대답을 인정하면서 바로 이 원리를 인용했다(막 12:32).

45:22 땅의 모든 끝이여…구원을 받으라 메시아가 예루살렘의 그 보좌에 좌정하실 때 모든 사람이 지상 천년왕국의 축복 속에서 그분의 일시적 구원하심을 누리며 영적 구원의 기회를 얻을 것이다(49:6).

45:23 모든 무릎이 꿇겠고 천년왕국 시대에는 모든 열국이 이스라엘의 참되신 한 분 하나님을 예배할 것이다. 이 말씀은 신약에서 그 의미가 심화된다. 하나님이 성도의 행위를 심판하실 때 각기 그분께 직고하게 될 것을 말한다(롬 14:11). 바울은 이 말씀을 "예수 그리스도를 주라 시인하여 하나님 아버지께 영광을 돌리게 하셨느니라"(빌 2:11)는 미래의 우주적 인정과 연결시킨다.

45:25 이스라엘 자손 단순히 아브라함의 육신적 자손이라는 이유로 의롭다 함을 얻을 수 없다.

46:1 벨…느보 바벨론의 가장 유명한 두 신이다. 벨은 '바알'을 다르게 표현한 것으로 바벨론의 베니게 주신이었다. 느보가 광범위한 숭배 대상이었다는 사실은 그 이름을 합성한 바벨론인들(느부갓네살, 나보폴라살, 느부사라단 등)의 이름에서 볼 수 있다.

46:2 잡혀 갔느니라 고레스가 오자 그 신들(신상)이 포로로 끌려갔다. 이 우상들은 그들을 숭배한 사람들은 물론이고 스스로도 구원하지 못하고 짐승의 등에 실려 끌려갔다.

46:3, 4 이스라엘 집에 남은 모든 자여 이스라엘의 하나님은 우상처럼 무력하시지 않다. 하나님은 그 능력으로 무기력한 이스라엘을 모든 상황에서 붙들어주시고 지켜주셨다. 4절에서 하나님은 1인칭 대명사를 5번 사용해 이스라엘을 구원하시는 일에 자신이 직접 개입하셨음을 강조한다.

46:5-8 인간의 손으로 만들었고 그 숭배자들을 구원해 줄 수 없는 철저한 무능은 우상이 이스라엘의 하나님과 비교 대상조차 될 수 없음을 알려준다(40:18-20). 8절에서 이사야 선지자는 독자에게 하나님의 법을 어기고 섬겼던 우상의 무능함을 생각해보도록 권한다.

46:9 **옛적 일을 기억하라** 독자는 예언이 성취된 과거의 모든 역사, 애굽에서 구원받은 기적적 구원의 사건들, 이스라엘이 누린 섭리의 축복들을 기억해야 한다. 이 모든 일은 오직 여호와만이 하나님이시라는 확실한 증거다.

46:11 **먼 나라에서…사람** 고레스는 바벨론을 무너뜨리고 이스라엘의 남은 자들을 귀환하게 한다. 그는 이사야가 이 예언을 한 후 150년이 지난 뒤 70년간의 포로생활을 종식시키도록 하나님이 부르신 사람이었다.

46:13 **공의…구원을 시온에 베풀리라** 하나님이 정하신 때에 이스라엘은 구원을 받고 메시아의 의로운 왕국을 이룰 것이다(61:3; 62:11; 욜 3:17; 슥 12:10-13:1; 롬 11:25-27).

47:1-3 **처녀 딸 바벨론이여** 이사야 선지자는 바벨론을 예전에 한 번도 포로로 끌려간 적이 없다는 의미에서 처녀로 묘사한다. 왕실의 처녀처럼 바벨론은 먼지에 앉아 철저히 굴욕을 당한다. '보좌'는 바사가 빼앗아 갔고 바벨론 제국은 권력과 백성과 그 이름을 빼앗기고 다시 회복되지 못했다. 이전의 왕궁 처녀가 화려한 의복을 벗고 작업복으로 갈아입어야 하는 노예로 묘사되고 있다. 강을 건너 일하러 가야 하는 여종처럼 옷을 걷어 올리고 강을 건너가야 한다. 동방에서 이런 일은 천한 여성들의 몫이었기 때문에 바벨론이 망해 굴욕을 당하는 것을 묘사하기에 적절한 이미지다.

47:5 **여러 왕국의 여주인** 1절의 유비를 계속 적용해 바벨론이 높은 위치에 있다고 말하지만 곧 몰락을 앞두고 있다. 바벨론은 세계의 안주인이었지만 교만과 거짓 안정에 취한 죄로(8절) 노예로 전락하는 신세가 될 것이다(참고. 7절).

47:6 **그들을 긍휼히 여기지 아니하고** 하나님은 이스라엘을 포로로 잡혀가게 함으로써 심판하신다. 하지만 바벨론은 포로가 된 이스라엘을 잔인하게 학대해서 결국 왕국이 멸망하는 원인이 될 것이다. 참고. 예레미야 50:17, 18; 51:33-40; 스가랴 1:15.

47:7-9 요한계시록 18:7, 8, 10, 16, 19에서 요한은 그리스도가 재림하시기 직전 바벨론의 몰락을 설명하면서 이 내용을 염두에 두었던 것으로 보인다. "영영히 여주인"이라는 구절과 요한계시록 18:7을 비교하고, "나는 과부로 지내지도 아니하며"를 18:7과 비교하고, "한 날에"를 18:8과 비교해보라.

47:8 **나 외에 다른 이가 없도다** 바벨론의 가장 무서운 오만은 스스로 신의 자리에 올라 참되신 하나님을 조롱한 것이다(10절. 참고. 44:6).

47:9 **한 날에 갑자기** 바벨론은 천천히 타락의 길로 가지 않았다. 부유한 여주인이자 누구에게도 정복당한 적이 없는 처녀, 수많은 자녀를 거느린 오만하고 자신만만한 어머니였던 바벨론은 하루아침에 보좌와 자녀를 잃고 티끌에 앉은 여종으로 전락하고 만다. 고레스와 바사 군대가 성에 들어오면서 하룻밤 사이에 예고치 않게 그런 일이 벌어졌다(참고. 단 5:28, 30). **자녀를 잃으며 과부가 되는** 바벨론은 그 거민들을 잃었고 그중 많은 사람이 죽임을 당하고 고레스의 포로로 끌려갔다. 이 예언은 바벨론이 다리우스(다리오)에게 반기를 들었을 때 다시 성취되었다. 포위 공격에서 살아남기 위해 각 가정은 여자 한 사람만 남기고 다 교살하여 식량을 최대한 아꼈다. 다리우스는 반란군 3,000명을 창으로 찔러 죽였다.

47:10 죄인들은 어리석게도 자신들이 안전하며 누구도 심판할 자가 없다고 생각한다. 참고. 시편 10:11; 94:7.

47:11 **재앙…손해…파멸** 고레스 왕이 이끄는 바사인들은 갑자기 바벨론을 공격했고(9절) 결국 그들을 망하게 만들었다. 부활한 바벨론은 악의 전 세계 사령부 역할을 할 것이지만 그리스도의 재림으로 결국 파멸당할 것이다(51:8; 계 18:2-24).

47:12 **주문…주술** 적들에게 이길 비법을 얻는 데 목적이 있는 바벨론의 주술과 주문(9절)은 미래의 바벨론에서도 성행할 것이다(계 18:23).

47:13 **별을 보는 자…너를 구원하게 하여 보라** 바벨론 사람들은 별들의 움직임을 살피는 자들과 천체의 운행을 살피며 탄생일을 예고하고 별들의 움직임을 보고 미래를 예언하던 자들에게 크게 의지했다(단 2:2, 10). 이사야 선지자는 그런 믿음이 얼마나 허망한지 조롱조로 말한다. 오늘날에도 이 고대의 사기술은 별점을 사용하는 식으로 대중적인 사랑을 받고 있다.

47:14 **스스로 구원하지 못할 것이라** 점성술사들에 의지하던 바벨론 사람들은 물론이고 그 점성술사들 역시 스스로를 구원할 수 없었다. 하나님이 보내신 불은 따뜻하게 해줄 불이 아니라 그들을 삼킬 불이었다.

47:15 **너를 구원할 자가 없으리라** 심판이 임하면 사람들이 돈을 바치고 의지하던 점성술사들이 자기 집으로 도망간다. 그들은 자신은 물론이고 다른 누구도 구원할 수 없다.

48:1, 2 여호와의 이름으로 맹세하며…진실이 없고 그 백성은 명목상 이스라엘 백성이었지만 그 마음은 하나님과 멀리 떨어져 있었다. 이 위선은 이스라엘 역사상 한 번도 사라진 적이 없다. 심지어 주 예수님의 시대에도 마찬가지였다. 참고. 마태복음 23:3, 13-39.

48:3-5 하나님이 예언하신 대로 이루어졌기 때문에(41:2-4; 46:10) 이스라엘 백성은 다른 신들이 그 일들을 일으켰다고 우길 수가 없었다.

48:3 처음 일들 *46:9에 대한 설명을 보라.*

48:6 새 일 이때부터 메시아의 초림과 재림에 대한 예언, 이스라엘의 회복에 대한 예언들은 새로운 차원의 특징을 드러낸다. 바벨론은 요한계시록의 바벨론이 되고(20절) 하나님은 이사야를 사용해 지상에 세울 메시아적 왕국과 그 후에 있을 새 하늘과 새 땅에 대한 진리를 알려주신다(예를 들어 11:1-5; 65:17). 7절은 하나님이 미래에 대한 이 예언들을 이전에는 계시하신 적이 없음을 알려준다.

48:9 내 이름을 위하여 이스라엘 민족은 하나님의 특별한 은혜를 받을 자격이 없었다(8절). 오히려 진노와 죽음을 받아 마땅했다. 하지만 하나님은 그들을 향한 자비하심으로 그분의 영광과 그분 이름의 진실성을 증명하고자 하는 마음을 버리시지 않았다.

48:10, 11 연단하였으나…택하였노라 이사야 시대에 이스라엘이 받은 연단의 시험은 바벨론 포로생활과 현재까지 전 세계에 흩어져 있는 디아스포라가 포함된다. 풀무에서 은을 단련하는 것과 달리 이스라엘은 모두 연단되지도 정결하게 되지도 않았다. 그러나 하나님은 그들 속에 불순물이 사라지기까지 고난으로 계속 연단하신다. 그래서 이스라엘이 멸망함으로써 그 이름이 훼손됨을 막으신다. 그들은 장차 임할 메시아의 왕국에 들어갈 수 있도록 연단을 받을 것이다(참고. 슥 13:1). 하나님은 인간이나 인간이 만든 우상이 아니라 오직 그분만이 이스라엘을 구원하셨음을 온 세상에 알리고자 하신다(42:8. 참고. 롬 11:25-27, 33-36). 하나님은 그 대적들에게 하나님과 그 사역을 비웃고 조롱할 어떤 빌미도 주시지 않을 것이다.

48:14, 15 그의 팔…그를…그를…그 길 6절부터 이사야 선지자는 새 일에 대해 쓰기 시작했다. 바벨론은 요한계시록 18장의 마지막 바벨론이며, 하나님의 쓰임을 받는 심판의 도구는 메시아다. 이 대명사들은 예수 그리스도로, 여호와께서는 그에게 기름을 부어 재림 때 마지막 바벨론을 무너뜨리고 이스라엘이 그 땅으로 돌아오게 하실 것이다. "나 여호와가 사랑하는 자"라는 언급으로 보아 이 사람은 결코 고레스가 아니다. 이방의 왕을 향한 내용으로 보기에는 너무 강력하다. 그러나 하나님의 사랑하는 자인 주 예수에 대한 내용으로는 전혀 모자람이 없다.

48:16 나와…을 보내셨느니라 화자는 이사야 선지자가 아니라 여호와 하나님과 성령께서 이스라엘을 최종적으로 다시 모으고 61:1-7에 묘사한 대로 그 왕국을 세우시기 위해 보내신 주의 종 메시아다. 삼위 하나님의 각 위가 여기에 언급되어 있다(참고. 창 1:26; 마 3:16, 17).

48:17-19 이스라엘의 구속자이자 거룩하신 이가 그들을 치시는 것은 징계하기 위해서다(42:18-43:13. 참고. 히 12:10). 이스라엘이 주의 계명에 순종하고 하나님의 심판이 형통의 축복으로 바뀌는 날 그 징계는 끝날 것이다. 미래 세대는 그 계명에 순종하며, 창일하는 바다처럼 그들을 덮칠 하나님의 평강과 공의의 강에서 쉼과 힘을 얻을 것이다(65:18).

48:19 모래 같았겠고…모래 알 같아서 이스라엘의 불순종으로, 그 후손을 셀 수 없이 주겠다는 아브라함에 대한 하나님의 약속(창 22:17)은 아직 최종적으로 성취되지 않았다. 그들이 바벨론 포로생활을 하고 주후 1948년까지 전 세계에 흩어져 있는 동안 잠시 외면당하고 장차 올 야곱의 환난 때에 치명적 공격을 받을지라도(참고. 렘 30:7) 하나님은 그 약속에 신실하실 것이다.

48:20 바벨론에서 나와서 "여호와께서 그의 종 야곱을 구속하셨다"는 진술과 함께 전 세계적인 구원이 선언된 것은 대부분 이방 땅에 머물러 있고 5만 명의 소규모 유대인만 바벨론에서 귀환한 사건이 아니라 스가랴가 12:10-13:1에서, 바울이 로마서 11:1, 2, 25-27에서 말한 이스라엘의 최종 구속을 말한다. 구속함을 입은 이스라엘은 최후의 바벨론과 그 악한 체제와 완전히 분리되어 세상을 향해 그들에게 베푸신 하나님의 은혜를 선포할 것이다. 요한은 요한계시록 18:4에서 이 명령을 반복한다.

48:21 그들이 목마르지 아니하게 하시되 이사야는 애굽에서 이스라엘을 건져내신 후(출 17:6. 참고. 41:17, 18) 하나님이 그들을 기적적인 방법으로 먹이고 부양하신 사실을 예로 들어 최후의 세계 제국 바벨론을 피해 도망한 구속받은 이스라엘을 하나님이 어떻게 돌보실지 가르쳐준다.

48:22 악인에게는 평강이 없다 참고. 57:21. 모든 이스라엘이 모두 주의 구원을 누리는 것이 아니라 오직 그 악에서 돌이킨 신실한 남은 자들만 그것을 누릴 수 있다. 평화의 나라가 세워지기 전에 악인들은 쫓겨날 것

이다(참고. 슥 13:7-9).

B. 여호와의 종이 당한 고난(49:1-57:21)

49:1-57:21 이 단락은 메시아이며 종이신 분의 예언적 기능과 제사장적 기능, 그 사명을 수행할 준비, 고난과 수욕, 최후의 승귀되심을 말한다. 이 단락에서 종이라는 단어가 약 20번 등장하여 하나님의 택하신 자들을 구속하기 위해 죽임당할 하나님의 어린 양으로서 예수 그리스도를 부각시킨다.

1. 종의 사명(49:1-52:12)

49:1-13 종의 노래 4편 가운데서 두 번째 노래(참고. 42:1-9; 50:4-11; 52:13-53:12)로, 종의 사명과 영적 승리를 노래한다.

49:1 태에서부터…내 어머니의 복중에서부터 이방인들을 포함한 온 세상("섬들" "먼 곳 백성")은 두 가지 중요한 일을 인정하라는 부르심을 받는다. 첫째, 메시아(종)는 보통 여자에게 태어나듯 인간으로 태어나시지만 동정녀의 몸에서 태어나실 것이다(참고. 7:14; 눅 1:30-33). 둘째, 주의 종으로 부름 받았던 이스라엘 민족처럼(41:8, 9; 42:19; 43:10; 44:1, 2, 21, 26; 45:4; 48:20; 50:10) 의인화된 집단과 구분되는 개인으로 오실 것이다.

49:2 내 입을 날카로운 칼 하나님은 그 종에게 말의 능력을 주셔서 그 원수들을 제압하도록 하셨다(11:4. 참고. 시 2:9; 계 1:16; 2:12, 16; 19:15). 그분의 말씀은 언제나 능력이 있다(55:11; 엡 6:17; 히 4:12). **나를…숨기시며** 메시아는 세상에 오시기 전 하나님의 손 그늘에 숨어 계시며 정확한 순간에 나타날 준비를 하고 계셨다(참고. 갈 4:4, 5).

49:3 너는 나의 종이요…이스라엘 하나님이 사용하신 이스라엘(또는 종)이라는 이름이 여기서 메시아를 가리킨다는 것(42:1; 49:5, 6, 7; 52:13; 53:11)은 그 나라와 그 왕의 친밀한 관계로 설명될 수 있다.

49:4 헛되이…무익하게 공연히 초림 때 종은 그 민족에게 배척과 외면을 당하셨다. 그분이 고난과 배척을 당하셨기 때문에 어떤 이들은 그분의 사명이 실패로 끝났다고 생각했을지도 모른다(참고. 요 1:9-11). 마지막 종의 노래 역시 종의 고난을 강조한다(50:4-11; 52:13-53:12). 종은 사람들에게 외면당했지만 하나님의 일을 행하고 있으며 완전한 성공으로 보상받으리라는 강한 확신을 표현한다.

49:5 그에게로 돌아오게…그에게로 모이는도다 종의 사명에는 이스라엘이 주께 돌아오게 하는 일이 우선적으로 포함된다. 참고. 마태복음 10:5, 6; 15:24; 로마서 1:16; 11:25-27. 재림 때 이 일을 완수하실 것이다(참고. 슥 12:10-13:1).

49:6 야곱의 지파들을 일으키며…구원을 베풀어서 땅 끝까지 이르게 하리라 종은 이스라엘을 구원하고 회복하여 언약 약속을 성취하는 것이 목표다. 그분은 이스라엘뿐 아니라 이방인까지 구원하는 빛의 역할을 하실 것이다. 이스라엘의 사명은 언제나 열방을 하나님께로 돌이키는 것이다(19:24; 42:6). 마지막으로 이스라엘은 144,000명의 증인들이 회심하는 대환난 때(계 7:1-10; 14:1-5)와 그 종이 세상에 재림하신 후 이스라엘이 그 땅으로 돌아오는 날 이 일을 성공적으로 감당할 것이다. 참고. 9:2; 11:10; 42:6; 45:22; 눅 2:32. 바울은 이 절을 1차 선교여행 때 이방인 사역에 적용한다(행 13:47).

49:7 사람에게 멸시를 당하는 자, 백성에게 미움을 받는 자 이것은 첫 강림 때 주의 종이 수욕과 멸시를 받으신 일을 말한다. 이사야는 특히 이 주제를 강조한다(50:6-9; 52:14, 15; 53:3). 백성은 그분을 거부한 모든 자, 특히 이방인들, 관원과 왕들과 방백들을 가리킨다. 재림하실 때 그 종을 찬양하고 높일 자들을 집단적으로 일컫는 표현인 것이다. 52:15에서 보듯 이스라엘이 구원받은 모습을 보고 그분을 핍박하던 자들이 엎드려 절할 것이다.

49:8 은혜의 때…구원의 날 메시아는 죄인들에게 은혜를 베풀어주시도록 하나님께 구하는 모습으로 묘사된

이사야서에 나오는 메시아의 칭호들

- 아들(7:14; 9:6)
- 임마누엘(7:14; 8:8)
- 기묘자 (9:6)
- 전능하신 하나님(9:6; 참고. 1:24; 10:34; 49:26; 60:16)
- 영존하시는 아버지(9:6; 참고. 40:28)
- 평강의 왕(9:6)
- 싹(4:2; 11:1)
- 이스라엘의 거룩하신 이(1:4; 5:19, 24; 10:17, 20; 12:6; 17:7; 41:14; 43:3, 14; 49:7; 54:5)
- 구속자(41:14; 43:14; 49:7, 26; 54:5; 59:20; 60:16)
- 내 종(42:1; 49:5-7; 52:13; 53:11)
- 붙드는 나의 종(42:1)
- 구원자(43:3; 44:6; 45:15, 21; 49:26; 60:16; 63:8)
- 왕(6:5; 33:17; 41:21; 43:15; 44:6)

단어 연구

긍휼(자비, Mercy): 14:1; 30:18; 49:13; 63:7. '모태에서부터 사랑하다'라는 뜻이다. 명사형은 '자궁'이라는 뜻이므로, 이 동사는 어머니가 무력한 자녀에게 베푸는 따뜻한 사랑을 가리킨다(왕상 3:26). '모태에서부터'는 이런 사랑이 얼마나 깊은지를 강조한다. 하나님이 얼마나 깊은 연민과 사랑으로 자기 백성을 사랑하시는지 측량할 수가 없다. 하나님은 이런 히브리 단어 형태를 사용해 모세에게 그 성품과 이름을 계시해주셨다. "여호와께서 그의 앞으로 지나시며 선포하시되 여호와라 여호와라 자비롭고 은혜롭고 노하기를 더디하고 인자와 진실이 많은 하나님이라"(출 34:6).

다. 하나님은 은혜의 때(참고. 61:1), 구원의 날이 세상에 임할 때(참고. 갈 4:4, 5; 히 4:7) 이 기도에 응답해주신다. 정하신 때에 하나님은 그 종으로 이스라엘을 최종 구원하실 것이다. 바울은 이 말씀을 모든 사람에게 하나님의 은혜의 복음을 선포하는 사역에 적용했다(고후 6:2).

백성의 언약 *42:6에 대한 설명을 보라.* 하나님께서 이스라엘을 구원하시고 다시 모으실 때 그들은 그 본토로 돌아갈 것이다. 여호수아는 애굽에서 탈출한 후 그 조상들을 그 땅으로 인도하여 갔는데, 그곳은 회복되어 영광을 얻을 것이다(44:26; 수 13:1-8).

49:9, 10 잡혀 있는 자…흑암…먹겠고…풀밭 메시아께서 재림하실 때 이스라엘은 포로생활과 압제 상태에서 벗어나 풍성한 꼴을 먹고 보호를 받으며 물을 마시는 양 떼처럼 만족과 형통의 복을 누릴 것이다. 이스라엘에 생긴 왕국으로 돌아오는 신실한 남은 자들이 이런 이상적인 상태를 누릴 것이다. 요한은 이 상태가 천국을 미리 맛보는 것이라고 말한다(계 7:16, 17).

49:12 먼 곳에서…오리라 포로생활에서 벗어난 이스라엘이 온 세계에서 다시 모여들 것이다(43:5, 6). 심지어 오늘날 중국의 고대 지명으로 보이는 시님 땅처럼 먼 곳에서도 올 것이다.

49:13 참고. 요한계시록 12:12.

49:14 이것은 오랜 고난의 기간에 걸친 이스라엘 민족의 탄식 역사를 요약한다. 15-23절에서는 이런 절망에 대해 확신을 주는 말씀이 강조된다.

49:16 주님은 여기서 출애굽기 13:9에서 인용한 것으로 보이는 유대인의 관습, 즉 충성의 표시로 그 성과 성전의 상징을 손에 새기는 행위를 말씀하시는 것 같다(참고. 아 8:6).

49:17, 18 네 자녀들…그것을 떠기를 성을 파괴한 자들이 떠나면 시온의 자녀들이 돌아와 그 성을 꾸밀 것이다. 이스라엘은 말세에 열국의 회심을 돕는 도구로 사용될 것이다(참고. 롬 11:11, 12, 15).

49:19-21 신실한 남은 자들이 구원받고 다시 모이며 이방인들이 유대인의 증언으로 그 왕국을 믿게 되면 천년왕국의 예루살렘은 작아서 모든 거민을 수용하기가 어려울 것이다.

49:22 민족들…네 아들들을…네 딸들을 세상 열국의 도움으로 이스라엘의 신실한 남은 자들이 그 땅에 돌아옴으로써 이 약속은 실제로 이루어질 것이다(14:2; 43:6; 60:4; 66:20). 이렇게 이스라엘이 다시 모이고 그 왕국이 시작될 때 모든 이방인은 믿음으로 어린 양의 심판을 피하고 그 나라에 들어간 모든 이방인이 예수 그리스도를 믿게 될 것이다(*마 25:31-46에 대한 설명을 보라*). 이스라엘을 핍박하던 열국과 지도자들이 하나님의 언약으로 구속받은 이들 앞에 겸손히 엎드릴 것이며, 이스라엘은 여호와를 바라면 낙심하지 않으리라는 사실을 깨닫게 될 것이다(8:17; 40:31).

49:24 빼앗은 것…사로잡힌 자…건져낼 수 있으랴 이사야는 14절처럼 다시 시온에 대해 말하며 포로로 잡힌 것에 낙심하고 구원받을 수 있을지 의심한다. 이에 여호와 하나님은 25절과 26절에서 격려의 말씀으로 다시 응답해주신다.

49:26 자기의 살을 먹게 하며…자기의 피에 취하게 하리니 이스라엘의 대적들에 대한 강력한 심판의 말씀은 포로생활에서 그들이 결국 구원받으리라는 확신을 다시 심어준다. 요한계시록 16:6에서 세 번째 진노의 잔을 강과 물의 근원에 쏟은 천사가 이 구절을 차용하고 있다. 대환난 때 사탄이 이끄는 이스라엘 대적들이 파멸하는 일(참고. 계 12:15, 16) 역시 이 맹세의 성취다.

49:26 모든 육체가…알리라 이스라엘에 대한 하나님의 구원이 너무 극적이어서 세상은 주이자 구세주, 구속자, 이스라엘의 전능자가 참 하나님이신 줄 알게 된다(11:9; 45:6; 겔 39:7; 합 2:14).

50:1 너희의 어미를 내보낸 이혼 증서…채주 유다의 고난이 죄의 필연적 결과일지라도 하나님이 시온을 떠나신 것은 일시적이기에 이혼 증서나 채주에게 팔았다는 증서는 작성하지 않았다. 실제로 하나님은 비다윗계 왕조인 북왕국에게는 이혼 증서를 주셨다(*렘 3:8에 대한 설명을 보라*). 그러나 다윗 언약의 무조건적 약속들(삼하 7장) 때문에 유다는 비록 별거 시간이 잠시 있었다고 해도(참고. 54:6, 7) 그런 이혼 증서의 대상에서 배제되었다.

50:2 어찌 됨이냐 하나님은 홍해를 마르게 하시고(출 14:21) 요단강을 열어 마른 땅이 되게 하시며(수 4:23) 애굽의 물고기를 죽이심으로(출 7:18-21) 애굽에서 구속의 능력을 보였음에도 왜 아무도 자신을 믿고 순종하지 않느냐고 반문하신다. 여호와의 구속 능력은 논쟁의 여지가 없다(59:1). 그분은 유대인을 애굽에서 건져내심으로써 그것을 증명하셨다(43:16, 17; 44:27; 46:9; 48:3, 21).

50:4-11 이것은 종의 노래 4편 가운데 세 번째로(참고. 42:1-9; 49:1-13; 52:13-53:12) 순종(4, 5절)과 고난(6절)으로 온전케 된다는 메시아의 독백이다. 사도 요한은 예수님이 하나님께 순종하심으로써 그 뜻을 이루었다는 사실을 강조한다(참고. 요 5:19, 36; 6:38; 7:16, 29; 12:49, 50). 참고. 빌립보서 2:8; 히브리서 5:8; 10:7.

50:6 내 등…나의 뺨…내 얼굴 종은 심한 모욕으로 반발심을 부추겨도 끝까지 순종하셨다. 예수님은 아버지의 뜻에 끝까지 복종하심으로써 이 예언을 이루셨다(마 26:67; 27:26, 30; 막 14:65; 15:19; 눅 22:63; 요 18:22).

50:7 내 얼굴을 부싯돌 같이 주 하나님이 도우실 줄 확신했기에 종은 어떤 고난을 당해도 흔들리지 않기로 결심했다(참고. 겔 3:8, 9). 예수님은 십자가에 못 박히기 위하여 예루살렘을 향해 결연히 가심으로써 이 결심을 보여주셨다(눅 9:51).

50:8, 9 아무리 조롱과 배척을 당하더라도 종은 주의 도우심을 조금도 의심하지 않았기 때문에 흔쾌히 대적과 맞서게 된다.

50:10, 11 회개하지 않은 자에게 믿고 구원을 받으라고 부른다. 동시에 스스로 불을 밝혀 영적이고 도덕적 어둠을 피하려고 하는 자들은 영원한 고통에 처해질 거라고 경고한다.

51:1, 2 이사야 선지자는 하나님이 과거에 맺은 아브라함과의 언약(창 12:1-3)을 가리킴으로써 이스라엘 민족의 구원을 확인해준다. 그는 채석장의 바위였고 그들은 그 바위로 한 민족으로 다듬어졌다. 원래 아브라함은 한 개인이었지만 하나님은 그 약속대로(창 13:16; 15:5; 17:5; 22:17) 그 후손을 많게 해주셨다.

51:3 황폐한 곳들…에덴…광야…여호와의 동산 그 능력으로 아브라함에게 주신 약속을 이루신 하나님은 국가적·영적으로 이스라엘의 황폐함을 바꾸어 낙원이 되게 하시고 기쁨과 감사의 노래가 울려 퍼지게 하실 것이다.

51:4 율법…공의…만민의 빛 종이 이스라엘의 지상 왕국을 통치할 때 의가 편만하여 온 민족이 혜택을 누릴 것이다.

단어 연구

앙망하다(Wait): 42:4; 51:5. '기대감으로 기다리다'라는 뜻이다. 이 단어의 용례들 가운데 거의 절반이 시편에 나오는데, 특히 시편 119편에 자주 나온다. 때로 확신에 찬 소망을 표현하거나(욥 13:15) 때로 헛된 희망을 품을 경우에도 사용된다(겔 13:6). 성경은 노아가 7일을 기다려 비둘기를 내보냈다고 설명하며(창 8:12), 사람들이 욥의 조언을 들으려고 기다렸다는 식으로 이 표현을 사용한다(29:21). 그러나 '기대감에 찬 기다림'이나 '소망'의 압도적 주된 대상은 하나님이다. 그분의 말씀과 그분의 심판, 그분의 자비하심이다(시 33:18; 119:43; 미 7:7). 그 소망이 헛되지 않은 것은 사람이 그처럼 고대하는 대상이 그 약속에 신실하신 분이기 때문이다.

51:5 가깝고…나갔은즉 그 백성을 회복하고 공의와 의와 구원을 세상에 베푸는 종의 능력이 역사하지만 하나님의 시간관과 인간의 시간관은 다르다. 시간을 초월하시는 영원한 하나님께는 가깝지만 그 구원의 결실이 맺기까지 이사야 시대에서 수백 년이 더 흘러야 한다. 심판에서 살아남은 나라들은 그분을 믿고 그분이 세운 나라에 들어갈 것이다.

51:6 하늘이…사라지고 땅이 옷 같이 해어지며 이 일은 대환난 때에 일어나서(참고. 계 6:12-14; 8:12, 13; 16:8-10, 21) 땅과 바다와 강에 대한 세상 심판과 함께(참고. 계 6:14; 8:6-11; 16:3-5) 천년왕국 시대에 땅이 회복될 무대가 마련될 것이다. 베드로가 쓴 대로(벧후 3:10-13) 그리스도의 지상 천년왕국 통치가 끝나는 날 실제로 현 우주가 사라지고 새 하늘과 새 땅이 현재의 피조물을 대체하게 될 것이다(벧후 3:10; 계 21:1).

51:7, 8 이스라엘의 대적들은 멸망하지만 종의 구원은 영원할 것이다.

51:9, 10 미래의 구원을 위한 이 기도는 여호와께서 라합을 이기신 과거의 일을 근거로 한다. 이 표현은 이 경우처럼 종종 애굽에 임할 혼란을 가리킬 때 널리 사용된다(시 87:4을 보라).

51:11-16 이사야는 다시 한 번 이스라엘은 죽을 사람에게 의지하지 말고(12절) 만물의 창조주를 의지해야 한다는 영구적 주제를 강조한다. 하나님이 과거에 이스라엘을 구원하셨고 열국이 파멸에 이르기 전 미래에도 영원히 그러하실 것이므로(14절) 압제자들을 두려워할

필요가 없다. 회복된 이스라엘의 축복은 11절의 "기쁨"에서 증명될 것이다.

51:16 내 말을 네 입에 두고 이스라엘은 하나님의 계시를 제대로 간직하지 못했지만(참고. 롬 9:1-5) 하나님이 장차 신실한 남은 자들의 입에 그 말씀을 두실 때가 올 것이다(59:21). 그때는 새롭게 회복된 세상의 시온에 메시아 왕국을 세우실 것이다. 참고. 51:6; 65:17; 66:22.

51:17, 18 잔을 마신 예루살렘이여 예루살렘은 이방 열강에게 오랫동안 굴종함으로써 하나님의 진노를 경험했지만 어떤 인간도 구해줄 수 없었다(18절). 그러나 그 심판이 끝날 날이 올 것이다(22절; 40:1, 2. 참고. 29:9). 반면에 바벨론은 주의 영원한 진노의 잔을 마실 것이다(계 14:8-11; 16:19).

51:19 두 가지 일 예루살렘 성(17절)은 재산("황폐와 멸망")과 생명("기근과 칼")의 이중적 상실을 겪었다.

51:20 네 아들들이 곤비하여 그 성의 거민들은 거리에 무기력하게 누워 있으며 주의 진노에 맞서 부질없이 싸우다 그 힘을 모두 탕진했다(40:30).

51:21, 22 포도주가 아니라도 취한 자여 예루살렘은 하나님의 진노에 찬 잔을 마시고 취했다(63:6). 그러나 하나님의 진노에 찬 잔을 마지막 한 방울까지 마신 바벨론과 달리(17절; 계 18:6) 이스라엘은 모든 진노를 다 마시기 전에 그 잔을 치워주실 것이다. 그리고 그 남은 잔은 이스라엘의 압제자들에게 전해져 그들이 완전한 진노를 마시게 될 것이다(49:26; 렘 25:15, 26, 28; 슥 12:2).

52:1, 2 네 힘…아름다운 옷 시온에게 술에서 깨어 주님이 주신 존귀와 영광의 옷을 입으라는 부름이 전해진다. 그들이 마지막으로 회복될 때는 이방 침략자들이 더는 그 성을 지배하지 않을 것이다.

52:3 값 없이 팔렸으니 돈 없이 속량되리라 유대인은 이방 압제자들의 종이 되었지만 그들은 이스라엘에게 어떤 값도 지불하지 않았다. 그래서 하나님은 이스라엘을 은혜로 죄에서 구속해주실 것이다(45:13; 55:1).

52:5 그들을 관할하는 자들 이스라엘을 포로로 잡아간 바벨론 사람들과 그들의 잔인성을 가리킨다. **내 이름을…더럽히도다** 이방 통치자들은 그 백성이 포로생활을 하는 동안 이스라엘의 하나님을 멸시했다. 하나님은 그들이 선해서가 아니라 그분의 거룩하신 이름 때문에, 다시 말해 그분이 신실하며 진실하고 전능하심을 보이기 위해(겔 20:9, 14) 그 백성을 구원하셨다. 바울은 1세기 유대인이 남들에게 가르치고 또 스스로 알고 있는 하나님의 기준을 자신들에게 적용하지 않는 위선으로 이스라엘의 하나님을 모독한다고 하면서 이 구절을 인용했다(롬 2:24).

52:6 그 날에는…나인 줄을 알리라 주의 날 이후 전 세계에 흩어져 있는 이스라엘이 회복을 경험할 때 그들은 이사야와 다른 선지자들을 통해 주신 예언들이 성취되었음을 알고 여호와께서 구원을 약속하고 이루어주셨음을 확신하게 될 것이다. 그들은 이 사건들을 위대한 "나는 여호와라"(I Am)라는 선언과 연결할 것이다(43:11; 출 3:13-15).

52:7 좋은 소식…어찌 그리 아름다운가 사자들이 예루살렘 주변 산들을 넘어 구속함을 입은 이스라엘이 돌아온다는 복된 소식을 알릴 것이다(40:9; 61:1; 나 1:15). 바울은 이 천년왕국에 대한 언급을 복음 전파로 확장시켜 예수 그리스도 시대 이후로 하나님의 은혜의 복음을 전파하는 데까지 적용했다(롬 10:15. 참고. 엡 6:15). **좋은 소식…구원…네 하나님이 통치하신다** 좋은 소식은 이스라엘의 황금 시대를 나타내는 이상적 조건과 관련이 있다. 이 시대에는 그리스도가 직접 그 왕국을 통치하실 것이다(24:23; 시 93:1).

52:8 눈이 마주 보리로다 민수기 14:14를 보라. 이 히브리어 표현은 두 사람이 밀착될 정도로 가까이서 서로의 눈을 들여다보는 모습을 묘사한다. 진리의 사자들("파수꾼")이 여호와께서 시온으로 돌아오시는 모습을 서로의 눈을 들여다보듯 생생하게 볼 것이라는 뜻이다.

52:9, 10 위로하셨고…구속하셨음이라 황폐한 성이 여호와께서 위로(40:1, 2; 49:13; 51:12)와 구속(41:14; 43:1, 12, 14; 44:6, 23, 24; 47:4)을 베푸심으로 기쁨의 노래를 부르라는 요청에 응할 것이다.

52:11 떠날지어다 떠날지어다 이사야 선지자는 이스라엘 백성에게 그 포로로 잡힌 땅을 떠나 예루살렘으로 돌아가라고 명한다(48:20; 렘 50:8; 슥 2:6, 7; 계 18:4). 고레스 때는 제한적인 귀환이 이루어졌지만(5만 명) 여기서 예고하는 최종 성취는 미래의 일이다. **부정한 것을 만지지 말지어다…정결하게 할지어다** 귀환 포로들은 그 포로생활을 하던 곳의 물건을 가져가서 스스로를 더럽히지 말아야 했다(참고. 수 6:18; 7:1). 신약은 이 예언의 말씀을 원리적으로 적용하여 그리스도인들이 이교

이사야서에 나오는 메시아적 종의 노래들

1. 메시아의 온유하심과 세계적 사명(사 42:1-9)
2. 메시아의 사명과 영적 성취(사 49:1-13)
3. 메시아의 순종과 고난(사 50:4-11)
4. 메시아의 대속적 속죄(사 52:13-53:12)

도의 영향력을 멀리하고 영적으로 성별하도록 권면하는 데 사용한다(고후 6:17).

52:12 황급히 나오지 아니하며 애굽에서 구원받을 때 그 조상들과 달리(출 12:11, 33, 39; 신 16:3) 구원받은 포로들은 예루살렘으로 황급히 돌아갈 필요가 없었다. 메시아가 앞에 서시고 하나님이 뒤에 호위하셔서 안전하게 이동할 수 있었다. 참고. 58:8.

2. 고난당하는 종을 통해 받는 구속(52:13-53:12)

52:13-53:12 이것은 메시아(종)의 노래 4편 가운데 마지막이자 가장 기억에 남을 만한 노래다(참고. 42:1-9; 49:1-13; 50:4-11). 이 단락은 하나님이 성경 저자이시며 예수님이 메시아적 예언의 성취라는 논쟁의 여지가 없는 확실한 증거를 담고 있다. 그 내용이 너무 세세하여 어떤 인간도 우연히 그 내용을 예언하거나 어떤 사기꾼도 속임수로 그 내용을 성취했다고 속일 수 없다. 분명히 이것은 메시아 예수를 가리킨다. 신약이 이를 입증한다(참고. 마 8:17; 막 15:28; 눅 22:37; 요 12:38; 행 8:28-35; 롬 10:16; 벧전 2:21-25). 종종 직접 인용하지 않고 간접적으로 암시하는 경우도 있다(참고. 막 9:12; 롬 4:25; 고전 15:3; 고후 5:21; 벧전 1:19; 요일 3:5).

52:13-15 이 단락은 종의 수욕과 승귀되심에 대한 요약이자 예고편이다. 더 자세한 내용은 53:1-12에 기록되어 있다. 대속적 죽음과 장사 지냄, 부활, 죄인의 구원, 중보 사역과 그분의 왕국이라는 그리스도의 사역이 소개되어 있다.

52:13 받들어 높이 들려서 지극히 존귀하게 되리라 궁극적으로 종이 그 왕국을 다스리면 그 통치의 탁월한 능력으로 국제적 인정을 받게 될 것이다(참고. 빌 2:9).

52:14 그의 모습이…상하였고 종은 인간 형체가 무너질 정도로 비인간적인 잔인함을 겪으셔야 한다. 그분의 외모가 너무나 상해서 사람들은 충격을 받는다(53:2, 3; 시 22:6; 마 26:67; 27:30; 요 19:3).

52:15 나라들을 놀라게 할 것이며 처참하게 상한 모습으로 종은 이스라엘뿐 아니라 그 밖의 수많은 사람을 정결하게 하는 제사장직을 수행할 것이다(출 29:21; 레 4:6; 8:11; 14:7; 민 8:7; 19:18, 19; 히 9:13). **입을 봉하리니** 그분이 존귀함을 입으시면 세상 최고의 권력자들도 말문이 막혀 한때 멸시하던 종 앞에 두려워하며 설 것이다(참고. 시 2편). 그가 보좌에 앉으실 때 그들은 상상조차 해보지 못한 권세와 영광이 펼쳐짐을 보게 될 것이다. 바울은 이 절의 원리를 아직 그리스도를 알지 못하는 곳에 그리스도의 복음을 전하는 사도적 소명에 적용했다(롬 15:21).

53:1 우리가 전한 것을 누가 믿었느냐 이 질문은 이 예언들과 다른 예언을 들었음에도 오직 소수만 종이 나타나실 때 알아볼 거라는 의미를 내포하고 있다. 이런 예고는 그리스도의 초림 때 실제로 성취되었다. 이스라엘은 초림하신 그분을 환영하지 않았다(요 1:9-11; 12:38). 바울은 동일한 예언을 세상에 적용한다(롬 10:16). **여호와의 팔** 초림하셨을 때 이스라엘 민족은 예수의 모습으로 오신 그들의 구원자 하나님의 성육신한 능력을 깨닫지 못했다.

53:2 주 앞에서 세상은 알아보지 못했지만(1절) 하나님은 메시아이신 예수를 늘 지켜보셨고 그 인생의 모든 환경을 정해주셨다. **마른 땅에서…보기에 흠모할 만한 아름다운 것이 없도다** 종은 비천한 신분으로 등장할 것이며 왕족이라는 신분을 알릴 어떤 옷이나 장식도 걸치지 않아서 오직 분별하는 믿음의 눈에만 그분의 참 신분이 보일 것이다.

53:3 멸시를 받아…버림 받았으며…멸시를 당하였고 이사야 선지자는 메시아를 향한 인류의 증오심과 외면을 미리 내다보았다. 그분은 외적으로 사람들의 핍박만 당한 것이 아니라 구원하러 온 자들이 보여준 무반응 때문에 내면의 슬픔을 경험하셨다(예를 들어 마 23:37; 눅 13:34). **우리도 그를 귀히 여기지 아니하였도다** 선지자는 1인칭을 사용하여 십자가에 못 박히신 메시아에 대한 동족들의 불신과 증오심을 강조하며 성육하신 하나님의 아들에 대한 무례를 지적한다.

53:4 지고…당하였거늘 참고. 11절과 12절. 이 동사들은 과거 시제로 사용되었지만 이사야 시대보다 먼 미래에 일어날 일을 예언한다. 즉 이곳과 다른 종의 노래에는 히브리어의 '예언자적인 완료 시제'가 사용되고 있다. 이사야는 메시아가 인간이 지은 죄의 결과들을 대신 감당하실 것을 말한다. 다시 말해 그분의 죽는 모습을 지켜본 유대인은 죄 때문에 하나님의 형벌을 받는 거라고 어리석은 생각을 했지만 실상 인생의 슬픔과 질곡을 대신 감당하신 것이다. 마태는 예수님의 치유 사역에서 이 말씀이 유비적으로 실현되었다고 보았다(*마 8:16, 17에 대한 설명을 보라*). 병은 죄에서 기인했고 종은 그 죗값을 자기 목숨으로 지불하셨기 때문이다(7, 8절. 참고. 벧전 2:24). 영원한 나라에서는 모든 병이 사라지며 속죄함의 혜택에는 치유가 포함될 것이다.

53:5 그가 찔림은 우리의 허물 때문이요 그가 상함은 우리의 죄악 때문이라 이 절은 대속의 언어로 구성되어 있다. 종은 죄가 없으신 분이므로 자기 죄 때문에 고난당한 것이 아니라(참고. 히 4:15; 7:26) 죄인들을 위한 대속물로 고난을 당하셨다. 여기서는 그리스도가 죄인들

사

에 대한 하나님의 진노를 대신 받으셨음을 강조한다(참고. 고후 5:21; 갈 1:3, 4; 히 10:9, 10). **징계를 받으므로 우리는 평화를 누리고** 그분은 성도가 하나님과 평화를 누리도록 하나님의 징계를 받으셨다. **그가 채찍에 맞으므로 우리는 나음을 받았도다** 그분을 죽음으로 몰고 간 채찍(히브리어 명사는 단수)은 그 죄로 죽으신 자들에게는 구원을 주었다. 베드로는 이 사실을 베드로전서 2:24에서 확인한다.

53:6 우리는 다…각기…우리 모두 모든 사람이 죄를 범했지만(롬 3:9, 23) 종은 죄의 결과와 죄인들이 받아 마땅한 의로운 진노를 충분히 다 감당해주셨다(참고. 딤전 2:5, 6; 4:10; 요일 2:2). 하나님은 그 종 스스로는 죄에 대해 완전히 결백함에도 믿는 모든 사람의 죄를 마치 그가 지으신 것처럼 취급하시는 방법으로 우리 죄를 해결하셨다. 하나님이 종에게 우리 죄를 다 전가하신 이유는 진노를 쏟고 정의를 만족시키심으로써 하나님이 믿는 자들에게 그리스도의 의를 전가하셔서 그들이 그리스도의 의로운 일만 행한 것처럼 대우하시기 위해서다. 두 가지 경우 모두 이것은 대속이었다. *고린도후서 5:21에 대한 설명을 보라.*

53:7, 8 이 구절은 에티오피아 내시가 읽던 성경 구절로 빌립은 예수님과 관련시켜 이 구절을 설명해주었다(행 8:32, 33).

53:7 그의 입을 열지 아니하였음이여 종은 자신을 압제하는 자들에게 아무 항변도 하지 않고 순순히 순응했다. 예수님은 이 예언대로 이루셨다(마 26:63; 27:12-14; 막 14:61; 15:5; 눅 23:9; 요 19:9; 벧전 2:23). **도수장으로 끌려 가는 어린 양** 종은 희생양의 역할을 감당하실 것이다(출 12:3, 6). 예수님은 이 비유적 역할을 실제로 감당하셨다(요 1:29; 벧전 1:18, 19; 계 5:6).

53:8 끊어짐은…내 백성의 허물 때문이라 종은 유대인 대신 진노의 대상이 되어 목숨을 잃으셨다. 그들은 그의 대속적 죽음으로 구원과 하나님의 의를 전가받을 것이다. 유사한 용어가 다니엘 9:26에서 메시아에게 적용된다.

53:9 강포를 행하지 아니하였고…거짓이 없었으나 종은 결백했기 때문에 억울한 죽음을 당했다. 베드로는 베드로전서 2:22에서 이 예언이 성취되었다고 말한다. **악인들과 함께…부자와 함께** 그분이 수치스러운 죽음을 당했기 때문에 유대인은 강도들과 함께 묻히는 모욕을 안기려고 했지만(참고. 요 19:31) 오히려 부자 아리마대 요셉이 묘를 기부함으로써 '부자'와 함께 매장되는 명예로운 대우를 받으셨다(마 27:57-60; 막 15:42-46; 눅 23:50-53; 요 19:38-40).

하나님의 궁극적 심판

- 십자가에서 이루어진 그리스도에 대한 심판(사 53:10; 요 1:29; 행 20:28; 롬 3:23-26; 5:9; 고전 15:3; 고후 5:15, 21; 갈 1:4; 딛 2:14)
- 성도들의 죄에 대한 현재적 심판(고전 11:29-32; 히 12:5, 6; 벧전 4:14, 15; 요일 1:9).
- 그리스도의 심판대에서 이뤄질 성도들의 심판(롬 14:10-12; 고전 3:11-15; 9:24-27; 고후 5:10; 엡 6:8)
- 이스라엘에 대한 마지막 심판(겔 20:33-38; 마 24:42-51; 25:1-30)
- 열국에 대한 최후의 심판(마 25:31-46; 계 18:1-24; 19:17-19, 21; 20:7-9)
- 사탄과 타락한 천사에 대한 최후의 심판(마 25:41; 요 16:11; 벧후 2:4; 유 6절; 계 12:7-9; 20:1-3, 7-10)
- 흰 보좌에서 모든 불신자가 받게 될 최후의 심판(계 20:11-15)

53:10 여호와께서…원하사 종은 죽임을 당해야 할 짓을 하지 않았지만 하나님은 그가 죽기를 원하셨다(마 26:39; 눅 22:42; 요 12:27; 행 2:23). **속건제물** 하나님의 어린 양이신 종이 드린 제물이다(7절; 요 1:29). 그리스도는 그리스도인의 유월절 어린 양이시다(고전 5:7). 이것은 믿음으로 기도하면 그리스도의 대속적 제사로 병 고침을 받을 수 있다는 잘못된 주장을 반박할 결정적 근거가 된다. 그분의 죽음은 죄에 대한 대속이지 질병에 대한 대속이 아니다. *53:4에 대한 설명을 보라.* **씨를 보게 되며 그의 날은 길 것이요** 그분이 씨를 보기 위해서는 죽은 자들 가운데서 일어나야 한다. 그분은 이렇게 죽은 자 가운데서 일어나서 영원히 통치하실 것이다.

53:11 그가…만족하게 여길 것이라 종의 희생제사로 죄 문제가 해결되어 완벽한 만족감을 얻을 수 있다(요일 2:2. 참고. 1:1). **자기 지식으로** 종은 죄 문제를 해결하기 위해 정확히 무엇이 필요한지 알았다. **많은 사람을 의롭게 하며** 죄인들을 의롭게 할 방법을 아는 신적 지식이 있었기에 그분이 단번에 드리신 희생제사로 하나님 앞에서 많은 사람이 의롭다 선언하는 계획이 이루어졌다(롬 5:19; 고후 5:21).

53:12 존귀한 자와 몫을…강한 자와 함께 탈취한 것을 그 사역으로 종은 천년왕국에서 통치하는 동안 그 영적 승리의 탈취물을 즐길 수 있다. **범죄자 중 하나로 헤아**

림을 받았음이니라 종은 죄인된 인간 속에서 역할을 맡았고, 이것은 예수가 두 죄수와 함께 십자가에 못 박히시는 것으로 이루어졌다(눅 22:37). **범죄자를 위하여 기도하였느니라** 이것은 대제사장의 중보 사역을 말한다. 이것은 십자가에서 시작되어(눅 23:34) 지금 하늘에서 계속 이어지고 있다(참고. 히 7:25; 9:24).

3. 고난당하는 종의 구속으로 이룬 결과(54:1–57:21)

54:1 잉태하지 못하며 출산하지 못한…산고를 겪지 못한…홀로 된 포로생활과 흩어짐으로 이스라엘은 궁핍해졌고 자녀를 낳지 못한 여인처럼 수치를 당했다(49:21). 그러나 이사야 선지자는 그 민족이 장차 결실을 거둘 거라는 여호와의 약속을 노래하라고 한다(49:19, 20). 신약은 이 절의 원리를 확대 적용하여 사라로 대표되는 약속의 자녀들의 어머니, 천상의 예루살렘이 큰 결실을 얻게 되리라는 증거로 인용한다(갈 4:27).

54:2 넓히며…널리 펴되…길게 하며 이사야 선지자는 황무한 이스라엘이 수많은 거민으로 넘쳐 더 넓은 공간이 필요할 날에 대비하라고 명령한다.

54:3 퍼지며…열방을 얻으며 메시아의 미래 왕국은 전 세계에 걸쳐 있을 것이며, 다윗과 솔로몬의 왕국보다 더 광대할 것이다.

54:4 네가 젊었을 때의 수치…과부 때의 치욕 이스라엘은 범죄하여 애굽의 포로생활과 바벨론의 포로생활, 현재의 흩어짐을 겪고 있지만 미래에 맞이할 왕국의 영광은 과거의 그 모든 수치를 가릴 정도로 엄청날 것이다.

54:5 남편…구속자 과거의 수치를 잊을 수 있는 근거는 이스라엘의 신랑이자(62:4, 5) 구속자이신(41:14) 여호와와의 관계 때문이다.

54:6-8 버림을 받아…근심하는…버림을 받은 포로생활과 이방에 흩어짐으로 고통당하는 이스라엘은 마치 남편에게 버림받은 아내와 같은 신세다. 그러나 메시아가 재림하셔서 근심하는 아내를 데리러 오실 때 누릴 영원한 사랑에 비하면 이것은 찰나에 불과하다(26:20).

54:9 노아의 홍수 하나님은 다시는 온 세상을 홍수로 심판하지 않겠다고 맹세하셨듯(창 8:21; 9:11) 다시는 자기 백성에게 진노하지 않겠다고 맹세하셨다. 그들이 최종적으로 회복되면 이 약속을 지키실 것이다.

54:10 산들…언덕들…나의 자비…나의 화평의 언약 천년왕국 시대(48:6, 7; 51:6, 16)에는 온 땅에 지형 변화가 일어나겠지만(참고. 겔 38:20; 미 1:4; 슥 14:4, 10) 새 언약으로 이스라엘을 축복하겠다는 하나님의 언약은 변함이 없을 것이다(55:3; 59:21; 61:8).

54:11, 12 화려한 채색…청옥…홍보석…석류석…보석 천년왕국에 이어 메시아가 영원히 통치하실 중심지가 될 새 예루살렘은 보석으로 지어질 것이다(계 21:18-21). 이 모습이 화려하고 웅장하겠지만 그 왕국의 영적 풍성함에 비하면 그리 중요하지 않다. 그때는 공의와 함께(14절) 진리와 평강(13절)이 충만할 것이다. 메시아 왕국에서는 여호와께서 직접 가르치므로 모든 사람이 그분의 의를 알게 될 것이다(11:9; 렘 31:34). 예수님은 이 절을 확대 조명해 첫 강림 때 그분께 나아오는 영적 지혜를 지닌 사람들에게 적용하셨다(요 6:45).

54:15-17 누구든지 너와 분쟁을 일으키는 자는…패망하리라 천년왕국 시대에는 요한이 예언한 요한계시록 20:7-9이 이루어질 것이다. 하나님은 이스라엘의 모든 대적을 불사르실 것이다. 메시아 왕국에서 주의 종들은 미래의 정복자들에게서 보호하심을 유산으로 물려받을 것이다. 이사야서 53장에 종의 노래가 소개된 이후 이스라엘은 언제나 하나님의 '종들'(복수)로 지칭되고 있음을 유의할 필요가 있다(54:17; 63:17; 65:8, 9, 13, 14, 15; 66:14).

55:1 모든…자들아 종의 구속 사역과 영광스러운 왕국으로 주 앞에 나아오는 모든 자는 혜택을 받는다(53:6). 이사야 선지자는 독자에게 54장에서 설명했듯이 53장에 언급한 종의 고난으로 얻는 유익에 참여하라고 초청한다. **돈 없는…돈 없이, 값없이** 종의 왕국에서 누릴 유익은 그분의 구속 사역 덕분에 무료로 누릴 수 있다(53:6, 8, 11; 엡 2:8, 9). **포도주와 젖** 이것은 풍성함과 만족과 번영의 상징이다(아 5:1; 욜 3:18).

55:2 양식이 아닌 것 이것은 "속이고 취한 음식물"(잠 20:17)이지 "생명의 떡"(요 6:32-35)이 아니다.

55:3 영원한 언약 하나님이 이스라엘에게 주실 새 언약이다(54:8; 61:8; 렘 31:31-34; 32:40; 50:5; 겔 16:60; 37:26; 히 13:20). **다윗에게 허락한 확실한 언약** 다윗 언약으로 다윗은 그 씨가 영원한 왕국에서 이스라엘을 통치하리라는 약속을 받았다(삼하 7:8, 16; 시 89:27-29). 바울은 그리스도의 부활이 이 약속의 성취에 핵심적 사건이므로 부활과 이 약속을 연관 지었다(행 13:34). 대속적 죽음으로 하나님이 온전히 만족하시지 않았다면 그분은 부활하시지 않았을 것이다. 그분이 죽은 자 가운데서 부활하시지 않았다면 결과적으로 다윗의 지상 보좌에 앉으시지 못할 것이다. 그러나 그분은 부활하셨고 왕으로서 역할을 감당하실 것이다(4절). 참고. 예레미야 30:9; 에스겔 34:23, 24; 37:24, 25; 다니엘 9:25; 호세아 3:5; 미가 5:2. 온 세상은 위대한 왕이신 그분께 나아올 것이다(5절).

55:6, 7 구약에서 현재의 구원과 후에 임할 왕국의 축

그리스도의 초림으로 성취된 이사야의 예언

관련 구절	문자적 성취	모형론적 성취
7:14	그리스도의 동정녀 탄생(마 1:23)	
8:14, 15		걸림돌과 거치는 바위(롬 9:33; 벧전 2:8)
8:17		하나님을 향한 그리스도의 소망과 신뢰(히 2:13상)
8:18		하나님의 아들과 하나님의 아들들(히 2:13하)
9:1, 2		스불론과 납달리 땅에 가신 예수님(마 4:12-16)
9:6상	임마누엘의 탄생(마 1:23; 눅 1:31-33; 2:7, 11)	
11:1	다윗 왕조의 부활(마 1:6, 16; 행 13:23; 계 5:5; 22:16)	
12:3		구원의 우물 물(요 4:10, 14)
25:8		죽음을 삼킨 바 됨(고전 15:54)
28:11		하나님의 사자임을 증명하는 증거인 방언의 은사(고전 14:21, 22)
28:16	예수 그리스도의 성육신(마 21:42)	
29:18; 35:5		귀 멀고 눈 먼 자들을 고치시는 예수님(마 11:5)
40:3-5	세례 요한의 선포(마 3:3; 막 1:3; 눅 3:4-6; 요 1:23)	
42:1상, 2, 3	세례를 받으시고(마 3:16, 17) 변화산에서 변화되심(마 17:5), 지상에서 사는 동안 보여주신 모든 모습	
42:6		그리스도께서 새 언약의 혜택을 교회에 적용하심(히 8:6, 10-12)
42:7		예수께서 눈 먼 자를 고쳐주시고 영적 포로들을 해방시켜 주심(마 11:5; 눅 4:18)
42:7		예수님은 초림 때 영적 어둠을 몰아내심(마 4:16)
50:6	예수께서 채찍에 맞고 침뱉음을 당하심(마 26:67; 27:26, 30; 막 14:65; 15:19; 눅 22:63; 요 18:22)	

50:7	예수께서 결연히 예루살렘으로 가심(눅 9:51)	
53:1	이스라엘이 메시아를 알아보지 못함(요 12:38)	
53:4		예수님은 병자들을 고치심으로 죄를 대신 지시는 상징적 행위를 하심 (마 8:16, 17)
53:7, 8	빌립이 이사야가 쓴 이를 예수님이라고 확인해줌 (행 8:32, 33)	
53:7	예수님은 심문 받으실 동안 내내 침묵하심(마 26:63; 27:12-14; 막 14:61; 15:5; 눅 23:9; 요 19:9; 벧전 2:23)	
53:7	세상 죄를 지고 가는 어린 양 예수님(요 1:29; 벧전 1:18, 19; 계 5:6)	
53:9	사람들이 고소한 모든 혐의에 결백하신 예수님(벧전 2:22)	
53:11	예수께서 두 죄수와 십자가에 못 박히셔야 함을 아심 (눅 22:37)	
54:13		예수님은 그에게 나아오는 자들이 하나님께 듣고 배웠음을 아심(요 6:45)
55:3	그리스도의 부활은 장차 지상에서 다윗의 위에 앉으실 전제조건이었음(행 13:34)	
61:1, 2상		예수님은 초림 사역을 재림 때 이스라엘을 구원하시는 영적 사역으로 보심 (눅 4:18, 19)
62:11	예수께서 승리의 예루살렘 입성으로 딸 시온을 향한 부름을 성취하심(마 21:5)	

이스라엘의 미래 왕국에 대한 이사야의 예언

예언 내용	관련 구절
1. 여호와께서 이스라엘의 신실한 남은 자들을 그 땅으로 돌아오게 하시고 그 왕국이 시작될 때 거하도록 하실 것이다	1:9, 25-27; 3:10; 4:3; 6:13; 8:10; 9:1; 10:20, 22, 25, 27; 11:11; 12; 16; 14:1, 2, 22, 26; 26:1-4; 27:12; 28:5; 35:9; 37:4, 31, 32; 40:2, 3; 41:9; 43:5, 6; 46:3, 4; 49:5, 8, 12, 22; 51:11; 54:7-10; 55:12; 57:13, 18; 60:4, 9; 61:1-4, 7; 65:8-10; 66:8, 9, 19
2. 여호와께서 이스라엘의 대적들을 무너뜨리시고 그 백성을 보호해주실 것이다	4:5, 6; 9:1, 4; 12:1-6; 13:4; 14:2; 21:9; 26:4, 5; 27:1-4; 30:30, 31; 32:2; 33:16, 22; 35:4; 42:8, 9; 49:17, 18; 52:6; 54:9, 10; 55:10, 11; 58:12; 60:10, 12, 18; 62:9; 66:16
3. 이스라엘은 그 왕국에서 형통함과 번영을 누릴 것이다	26:15, 19; 27:2, 13; 29:18-20; 22:22, 23; 30:20; 32:3; 32:15-20; 33:6, 24; 35:3, 5, 6, 8-10; 40:11; 42:6, 7, 16; 43:5, 6, 8, 10, 21; 44:5, 14; 46:13; 48:6; 49:10; 52:9; 54:2, 3; 55:1, 12; 58:9, 14; 60:5, 16, 21; 61:4, 6-10; 62:5; 65:13-15, 18, 24; 66:21, 22
4. 예루살렘 성은 그 왕국에서 세계적 명소로 부상할 것이다	2:2-4; 18:7; 25:6; 40:5, 9; 49:19-21; 60:1-5, 13-15, 17; 62:3, 4
5. 이스라엘은 그 왕국에서 세계적 관심을 받는 중심지가 될 것이다	23:18; 54:1-3; 55:5; 56:6-8; 60:5-9; 66:18-21
6. 그 왕국에서 이스라엘은 여호와께 영광을 돌리는 사명을 감당할 것이다	60:21; 61:3
7. 그 왕국에서 이방인들은 신실한 이스라엘을 통해 축복을 받을 것이다	11:10; 19:18, 24, 25; 42:6; 45:22, 23; 49:6; 51:5; 56:3, 6-8; 60:3, 7, 8; 61:5; 66:19
8. 평강의 왕이 다스리는 그 나라에서는 전 세계에 평화가 임할 것이다	2:4; 9:5, 6; 11:10; 19:23; 26:12; 32:18; 54:14; 57:19; 66:12
9. 그 왕국의 도덕적이고 영적 조건들은 아담의 타락 이후 최고의 수준에 도달할 것이다	27:6; 28:6, 17; 32:16; 42:7; 44:3; 45:8; 51:4; 61:11; 65:21, 22
10. 그 왕국은 메시아께서 다스리시므로 통치자의 리더십이 최상의 능력을 발휘할 것이다	9:6, 7; 11:2, 3; 16:5; 24:23; 25:3; 32:1, 5; 33:22; 42:1, 4; 43:15; 52:13; 53:12; 55:3-5
11. 그 왕국에서는 사람들이 장수를 누릴 것이다	65:20, 22
12. 그 왕국에서는 주를 아는 지식이 편만할 것이다	11:9; 19:21; 33:13; 40:5; 41:20; 45:6, 14; 49:26; 52:10, 13, 15; 54:13; 66:23
13. 그 왕국에서는 자연 세계의 놀라운 회복을 경험할 것이다	12:3; 30:23-26; 32:15; 35:1-4, 6, 7; 41:18, 19; 43:19, 20; 44:3, 23; 55:1, 2, 13; 58:10, 11
14. 그 왕국에서는 '들짐승'들이 길들여질 것이다	11:6-9; 35:9; 65:25
15. 그 왕국에는 슬픔과 눈물이 없을 것이다	25:8; 60:20
16. 천년왕국이 끝나면 하나님의 새 창조의 일부인 영원한 나라가 생길 것이다	24:23; 51:6, 16; 54:11, 12; 60:11, 19; 65:17
17. 그 왕국에서는 왕이 죄를 심판하실 것이다	66:24

복으로 초청한다는 의미가 가장 명백하게 드러난 구절들 가운데 하나다. 구약 시대에 사람들이 어떻게 구원받았는지 엿볼 수 있는 좋은 사례라고 할 수 있다. 구원의 은혜와 자비는 주를 찾고(신 4:29; 대하 15:4), 그분이 아직 가까이 계실 때에 부르는(65:1; 시 32:6; 잠 8:17; 마 25:1-13; 요 7:34; 8:21; 고후 6:2; 히 2:3; 3:13, 15) 영혼에게 허락된다. 그런 참된 믿음의 추구는 회개가 동반되며 이 회개는 불의한 길과 생각을 버리고 죄악된 생활에서 돌이켜 주께로 돌아오는 것이다. 죄인들은 하나님을 믿고 자기 죄를 인정하며 용서와 구원을 바라고 나아와야 한다. 또한 스스로는 의롭게 살 수도 없고 하나님을 만족시켜 드릴 수도 없음을 인정하고 하나님의 자비에 우리 자신을 내맡겨야 한다. 그래야 온전한 용서를 받을 수 있다. 또한 그 죄가 메시아의 대속적 죽음으로 가리움을 받는다(53장). 이 구약의 구원 방식은 누가복음 18:9-14에서 예시로 설명된다.

55:7 버리고 주를 찾기 위해서는(6절) 반드시 죄에서 돌아섬이 있어야 한다(1:16).

55:8, 9 내 생각…내 길 어떤 사람들은 7절에 설명한 그런 자발성을 의심할지 모르지만 그분의 지혜는 인간의 이해 범위를 초월한다. 이스라엘에게 베푸신 은혜는 특히 그렇다.

55:10, 11 비와 눈…내 입에서 나가는 말 하늘의 비는 인간의 물리적 필요를 채우는 데 일조함으로써 의도한 목적을 이룬다. 하나님 말씀 역시 그분의 영적 계획, 특히 지상에 다윗 왕국을 세우심으로써 그 의도한 결과를 이루실 것이다.

55:12 기쁨으로 나아가며 평안히 인도함을 받을 것이요 포로로 잡혀갔던 이스라엘은 흩어진 곳에서 돌아와 그 구원을 즐거워하며 대적들에게 더 이상 시달리지 않을 것이다.

55:13 가시나무를 대신하여…화석류 다윗 왕국에서는 저주(창 3:17)가 풀어지고 자연 세계가 변화되어 주께서 그 백성을 구속하셨다는 지속적인 증거가 될 것이다(44:23; 롬 8:19-23).

56:1 가까이 왔고…나타날 것임이라 55:6, 7의 말씀에 순종해야 할 이유 가운데는 하나님의 구원과 의의 왕국이 가까워졌다는 사실이 포함된다(51:5).

56:2 안식일을 지켜 더럽히지 아니하며 애굽에서 구원받은 후 생긴 안식일 준수(출 20:8-11)는 하나님이 모세와 맺으신 언약 성취의 증거가 되었다(출 31:13-17)

56:3 이방인…고자 율법으로 이스라엘에서 배제된 이런 개인들(출 12:43; 신 23:1, 3, 7, 8)은 장차 올 메시아 왕국에서는 그런 차별이 없어졌음을 알게 될 것이다.

56:4, 5 나의 언약을 굳게 잡는…영원한 이름 모세의 언약을 지키고자 하는 고자들은 후손이 끊어지지 않을 것이다. 행위로 구원받는 것이 아니다(참고. 롬 3:20; 엡 2:8, 9). 하나님의 율법에 순종하고 그분을 기쁘시게 해 드리며 순종의 약속들을 지키고자 하는 마음은 구원받았다는 증거이며, 따라서 모든 구원의 축복을 누릴 것이다.

56:6, 7 나의 언약을 굳게 지키는…나의 제단에서 기꺼이 받게 되리니 하나님을 사랑하고 그 마음에 그분을 섬기고자 원하며 모세 율법에 순종하는 이방인의 제물을 오는 왕국에서는 기꺼이 받아주실 것이다.

56:7 내 집에서…만민이 메시아 왕국에서 예루살렘 성전은 민족적 배경에 상관없이 모든 사람이 여호와를 예배하는 중심지가 될 것이다. 예수님은 두 번째 성전 정화 작업 때 이스라엘이 이 명령을 어겼다고 지적하셨다. 유대 지도자들은 성전을 상업적 거래가 이루어지는 시장으로 만들었던 것이다(마 21:13; 막 11:17; 눅 19:46).

56:8 이미 모은 백성 외에 이스라엘의 포로된 자들을 그 왕국으로 모으신 주님은 비유대인도 모으실 것이다(49:6).

56:9-12 백성을 그릇된 길로 인도하는 이스라엘의 거짓 선지자들과 지도자들에 대한 설명이다.

56:9-11 짐승들…파수꾼들…목자들 이 호칭들은 악한 자들을 가리킨다. 다른 선지자들 역시 이스라엘의 대적들을 짐승이라고 표현했다(렘 12:9; 겔 34:5, 8). 파수꾼으로서 이스라엘에게 회개를 경고했어야 마땅한 선지자들은 그 책임을 방기했다(참고. 겔 3:17). 제사장들 역시 이스라엘을 의의 길로 인도하지 않았다(겔 34:1-6; 슥 11:15-17).

56:12 포도주…독주 이것은 지도자들의 무책임한 방종을 가리킨다. 술에 취하면 지도자들이 백성에 대해 가져야 마땅한 관심을 갖지 않게 된다. *잠언 31:4-7에 대한 설명을 보라.*

57:1, 2 방종과 타락에 빠진 악한 지도자들과 달리 임박한 하나님의 심판을 피할 의인들이 있다. 의인들은 현실을 보고 고통과 억압으로 고통당하지만 믿음 가운데 죽어 영원한 상급을 누릴 것이다.

57:3 무당…간음자와 음녀 무당과 간음은 우상숭배를 의미하는 비유적 표현이다. 하나님은 악인들에게 스스로의 죄를 이실직고하라고 부르신다.

57:4 혀를 내미느냐 불의한 자들은 하나님의 사자들을 대놓고 조롱한다(참고. 28:9, 10).

57:5, 6 이 두 절은 암몬 족속의 신 몰렉 숭배에 있어 어린 아이 인신공양과 우상숭배의 여러 모습을 담고 있

다(렘 32:35; 겔 20:26, 31). 이스라엘의 우상숭배에 대해 하나님은 어떻게 반응하셨는가? 만족하셨는가, 아니면 응징하셨는가? 예레미야는 그 대답을 알고 있었다(렘 5:9, 29; 9:9).

57:7, 8 이스라엘이 바알과 아스타르테에게 제물을 바치며(렘 3:6; 겔 16:16) 영적 간음을 저지른 우상의 제단들을 소개한다.

57:9 몰렉에게 나아가되 이렇게 행한 하나의 사례로 아하스가 있다. 그는 앗수르 왕에게 원조를 청했고 앗수르의 우상숭배를 도입하는 데 비용을 아끼지 않았다(왕하 16:7-18).

57:10 네 힘이 살아났으므로 우상을 숭배하는 일이 피곤함에도 불구하고 그 행위의 무익함을 인정하지 않고 이스라엘 백성은 우상을 섬기는 일에 다시금 힘을 내었다.

57:11 거짓을 말하며 이 악한 백성은 참되신 하나님보다 거짓 신들을 더 두려워하여 하나님께 위선적으로 행하며 그분의 인내심을 시험했다.

57:12 네 공의를 내가 보이리라 하나님은 침묵을 깨시고 이스라엘의 거짓 의를 세세히 지적하신다. 그들에게 실제로 공의가 없다는 점을 반어법으로 조롱하신다. 심판이 이루어지고 그들이 바람에 불려가듯 모두 불려가면 실재하지 않는 신들을 섬기던 어리석음이 숨김없이 드러날 것이다. 하지만 참 하나님을 섬기는 자들은 그 왕국의 축복을 누릴 것이다. 시편 37:11; 마태복음 5:5을 보라.

57:14-20 우상숭배를 심판하시겠다는 경고(3-13절)가 끝나고 14-20절은 축복을 약속해주신다.

57:14 거치는 것을 제하여 버리라 하나님의 백성이 그분께 돌아오도록 길을 준비하기 위해 모든 장해물을 제거하라고 명하신다(62:10).

57:15-18 영을 소생시키며…마음을 소생시키려 함이라 하나님은 겸손히 엎드리며 통회하는 자들에게 참 부흥을 주실 것이다(61:1-3. 10절과 비교해보라). 이스라엘이 범죄하고 타락하여 심판을 모두 받고 나면 하나님의 은혜가 임하고(43:25) 영적 치유와 회복이 일어날 것이다.

57:17 탐심 *잠언 14:14에 대한 설명을 보라.*

57:19 입술의 열매 히브리서 13:15에 따르면 이 구절은 하나님을 찬양하고 감사하는 것을 말한다. 참고. 호세아 14:2. 이 문맥에서는 먼 데 있는 자들과 가까이 있는 이들에게 여호와께 나아와 영적 치유함을 받으라는 부르심으로 "평강이 있을지어다 평강이 있을지어다"라고 외치는 목소리를 말한다.

57:20, 21 요동하는 바다와 같으니라 19절의 사람들과 달리 악인들은 절대 평강을 원하지 않는다(유 13절). 참고. 48:22.

C. 하나님의 백성에게 임할 미래의 영광 (58:1-66:24)

58:1-66:24 이 단락은 하나님의 백성, 이스라엘이 미래에 누릴 영광을 묘사한다.

1. 두 종류의 종교(58:1-14)

58:1-5 거짓된 금식에서 드러나는 종교적 형식주의에 대한 내용이다.

58:1 크게 외치라…그들의 죄를 선지자는 이스라엘 백성에게 여호와께서 미워하시는 행동 영역을 단순한 언어로 알려주어야 한다.

58:2 하나님과 가까이 하기를 즐거워하는도다 이스라엘은 단순히 그런 척만 할 뿐이었다. 외형적으로 나타난 의는 위선적인 겉치레에 지나지 않았다(1:11).

58:3-7 어찌하여 백성은 하나님이 그들의 종교적 행위를 인정해주시지 않는다고 불평했지만 하나님은 그들의 금식이 형식적이라고 대답하셨다. 위선적 금식은 다툼과 거짓을 낳고 하나님께 참된 기도를 드릴 가능성마저 배제하게 만든다. 금식은 단순히 외적인 의식과 회개하는 시늉으로 그쳐서는 안 된다. 죄를 회개하고 하나님 앞에 겸허하며 죄를 끊고 남들을 압제하지 않으며 굶주린 자들을 먹이고 어려운 자들에게 자비를 베풀어야 한다.

58:8 네 공의…네 뒤에 호위하리니 이스라엘이 올바른 금식법을 배우면 구원의 축복과 메시아 왕국을 누릴 것이다(52:12).

58:9 내가 여기 있다 65:1을 보라. 3절의 원망과 대조적으로 주께서 그 백성의 기도에 완벽하게 응답하실 때가 올 것이다(65:24). 이런 일은 그들이 회심하여 진정으로 회개했음을 그 행위의 변화로 보여줄 때 일어날 것이다(9, 10절). 그리스도가 재림하실 때 이스라엘은 참 회개의 모습을 보여주고 하나님은 풍성한 축복을 쏟아부어 주실 것이다(10하, 11절).

58:12 오래 황폐된 곳들을 다시 세울 것이며 여기서는 천년왕국 시대에 예루살렘이 최종적으로 회복되는 모습을 그리고 있다. 느헤미야의 성벽 재건(느 2:17)은 단순히 맛보기에 지나지 않는다(61:4; 암 9:11).

58:13 안식일에 네 발을 금하여 안식일은 아무도 밟아서는 안 되는 거룩한 땅과 같다. 안식일을 지킨다는 것은 모세의 모든 율법에 순종한다는 상징적 행위였다(56:2). 신약에서 안식일 법을 간과한 것은 *로마서*

14:5, 6; 골로새서 2:16, 17에 대한 설명을 보라.
58:14 **여호와 안에서 즐거움을 얻을 것이라** 주와의 교제 가운데 회개하는 백성은 영혼의 만족을 누린다(시 37:4). 그들의 만족은 물질적인 것이 아니다(55:2와 비교해보라).

2. 죄악을 버리라는 이스라엘을 향한 호소(59:1-19)
59:1 **여호와의 손…귀** 여호와의 능력은 포로된 이스라엘을 구원하고도 남는다(50:2). 그분의 귀는 회개하는 백성의 부름을 놓치시지 않는다(58:9; 65:24).
59:2 **죄악…죄** 아브라함의 혈육들은 그 악행으로 생긴 장벽 때문에 여호와의 구원을 아직 경험하지 못했다. 죄가 하나님과 사람 사이를 분리시킨다는 것은 모든 사람에게 적용되는 보편적 진리다(참고. 롬 3:23).
59:5 **독사의 알…거미줄** 사람들이 악행을 저지르면 슬프다. 하지만 더욱 슬픈 것은 남들을 해치거나 올무 놓기를 즐기는 그들의 악한 습성이다(롬 1:32). 이스라엘은 이 후자의 상태까지 악화되었다.
59:6 **짠 것…행위** 악한 거미줄로는 옷을 짜 입을 수 없듯 이스라엘의 악한 행위도 마찬가지다. 영적으로 그들은 무자격자였다.
59:7, 8 **그 발…평강의 길을 알지 못하며** 이사야는 하나님의 구원을 가로막는 이스라엘의 민족적 타락에 초점을 맞춘다. 바울은 범죄한 이스라엘에게 해당 내용이 모든 인류의 타락상을 상징한다는 것을 보여주었다(롬 3:15-17).
59:10, 11 **더듬으며…넘어지니** 자력으로 타락하고 부패한 상태에서 벗어나고자 무익한 수고를 하는 사람들을 묘사하고 있다. 결국 그들은 구원에 도달할 능력이 없어 신음하며 탄식한다(신 28:29).
59:12-14 **허물…죄** 이사야 선지자는 백성의 좌절에 대한 해답을 제시한다. 그들의 죄와 허물이 하나님의 구원에 이르지 못하게 계속 가로막고 있기 때문이라는 것이다. 외형적 의식은 그럴 듯하지만 부정한 마음의 동기가 하나님과 그 백성 사이를 여전히 가로막고 있다(마 12:34; 막 7:21, 22). 해결하지 못한 죄가 있으면 공의도 없다.
59:15 **탈취를 당하는도다** 악이 기승을 부리는 환경에서 악을 떠나려는 사람은 그 환경에 희생된다.
59:15, 16 **여호와께서 이를 살피시고…중재자가 없음** 여호와 하나님은 이스라엘의 비극적 상황과 그를 대신해 중재할 자가 없음을 아셨다. 하나님은 고난당하는 종의 개입으로 이스라엘의 상황을 직접 바꾸기로 하신다(53:12).
59:17 **공의를 갑옷으로…구원을…투구로** 여호와 하나님은 자기 백성의 구원과 그분의 파멸을 원하는 대적들을 응징하기 위해 무장하신다. 바울은 이 용어를 차용해 성도에게 사탄의 공격에 맞서기 위한 영적 준비를 하라고 권면했다(엡 6:14, 17; 살전 5:8).
59:17, 18 **보복을 속옷으로…그 원수에게 보응하시며** 이스라엘의 신실한 남은 자들을 구원하는 과정에서 하나님은 악한 이스라엘 백성뿐 아니라(63:1-6) 모든 패역한 민족("섬들")에게 결정적 심판을 행하신다.
59:19 **두려워하겠고** 전 세계에서 살아남는 모든 민족은 성령으로 자기 백성 이스라엘에게 구원을 주시고 모든 대적을 무너뜨리시는 것을 보고 여호와를 섬길 더 확실한 이유를 알게 될 것이다. 장차 올 그 왕국에서는 온 세상에서 그분께 복종하는 것이 유일한 생존 방법이 될 것이다.

3. 시온이 받을 미래의 축복(59:20-61:11)
59:20, 21 **구속자가…임하며** 고난당하는 종 메시아가 시온과 모든 신실한 이스라엘 백성을 구속하실 것이다. 그들에게 주신 이 변함없는 약속 때문에 바울은 이스라엘이 장차 구원을 받으리라는 사실을 새롭게 확신했다(롬 11:26, 27).
59:21 **나의 언약…영원하도록** 하나님이 이스라엘과 맺은 새 언약은 "영원"하기 때문에(55:3. 참고. 렘 31:31-34) 그분의 성령과 그 말씀에 계속 관심을 가져야 한다.
60:1, 2 **여호와의 영광…어둠…캄캄함…그의 영광** 이사야는 시온을 향해 말하면서(59:20; 60:14) 그 성으로 대표되는 이스라엘 민족에게 그 빛이 임할 것이고 그로 말미암아 어두운 세상과 대비될 것이라고 말한다. 이것은 천년왕국 때 예루살렘의 영광을 표현한 것이다.
60:3 **나라들은…나아오리라** 예루살렘의 빛을 보고 그 어둠에서 구원받고 싶은 민족들이 나아올 것이다(2:3). 오직 믿는 유대인과 이방인만이 주의 날에 세상에 임할 그 왕국에 들어가게 된다. 그러나 천년이 흐르면서 아이들이 태어나고 예수 그리스도를 거부한 자들이 나라마다 생겨날 것이다. 예루살렘 왕의 영광과 그 권능으로 그 이방인들은 그분의 빛으로 나아올 것이다.
60:4 **다 모여…아들들…딸들** 이스라엘의 신실한 남은 자들을 다시 불러모아 주시겠다는 또 다른 약속이다(49:18, 22).
60:5 **기쁨…부** 이스라엘이 미래 왕국에서 누릴 혜택이 몇 가지 더 있다. 기뻐함과 6, 7절에서 상징한 대로 풍부한 물질적 재물이다(23:18; 24:14; 61:6).
60:6 **미디안과 에바…스바** 아브라함과 그두라의 아들

사

(창 25:1, 2)인 미디안의 후손들은 요단강 동쪽의 사막 지역을 물려받았다. 에바는 미디안의 아들들 중 한 명으로(창 25:4) 그 후손들은 엘라니틱만(아카바만이라고 하는 사람도 있음 – 옮긴이) 동쪽 해안에 정착했다. 스바는 풍요로움으로 유명한 아라비아의 한 지역이다(왕상 10:1, 2).

60:7 **게달…느바욧** 이스마엘의 아들 게달의 후손들(창 25:13)은 아람과 메소보다미아 중간의 사막 지역에 살았다. 아라비아의 도시 페트라의 거주민인 나바테안 사람들은 이스마엘의 맏아들 느바욧(창 25:13)의 후손들일 것이다. **제단에 올라…받음이 되리니** 천년왕국 때 다른 민족들이 제사를 드리면 하나님의 영광의 집이 더욱 영화롭게 될 것이다(13절). 천년왕국 시대 성전의 희생제사와 예배 의식에 대한 설명은 *에스겔 40-48장에 대한 설명을 보라.*

60:8 **구름 같이, 비둘기들이…날아가는 것 같이** 비유적 표현으로 이방인들이 예루살렘에 급속하게 유입되리라는 것을 설명한다.

60:9 **섬들…다시스의 배들…네 자손과 그들의 은금** 주께서 시온에 은혜를 베푸셔서 예루살렘 성에 전 세계의 이목이 쏠릴 것이다(23:1; 41:1). 무역선들이 예루살렘에 많은 보물을 가져오면서 이스라엘의 신실한 남은 자들을 싣고 올 것이다.

60:10 **내가 노하여…나의 은혜로** 하나님은 과거에 이스라엘을 대하실 때 대체로 진노하셨으나 미래에는 자비의 사역으로 그 은혜를 베푸실 것이다. **성벽을 쌓을 것이요** 바사 왕의 도움을 받아 예루살렘 성벽을 재건한 일은 그리스도가 재림하실 때 이방인들의 도움으로 그 성을 최종 재건하는 일의 맛보기다.

60:11 **성문이 항상 열려** 미래의 왕국에서는 예루살렘에 아무 저지 없이 들어갈 수 있다(26:2; 62:10; 계 21:25, 26).

60:12 **나라는 파멸하리니** 이스라엘을 인정하지 않는 그 나라들은 장차 임할 왕국에서 살아남을 수가 없다(11:13, 14; 14:2; 49:23). 여호와께서 철창으로 열국을 통치하실 것이다(참고. 시 2:7-12).

60:13 **레바논의 영광** 레바논은 질 좋은 목재로 명성을 날렸다. 솔로몬의 성전도 레바논의 목재를 사용했다(왕상 5:10, 18). 이때는 레바논의 삼림에서 가져온 목재로 예루살렘 성전이 더욱 아름다워질 것이다.

60:14 **여호와의 성읍** 이전에 이스라엘을 핍박하던 나라들이 여호와의 소유로 시온의 우월성을 인정하게 될 것이다.

60:15 **버림을 당하며 미움을 당하였으므로…영원한 아름다움** 그동안 멸시당하던 예루살렘은 영원히 높임을 받을 것이다.

60:16 **젖…젖** 어머니가 자식에게 젖을 물리듯 이방인들과 왕들은 시온에 재물과 권세를 가져다줄 것이다. "모든 육체"가 그러하듯이(49:26) 예루살렘 성은 여호와를 구주와 구속자로, "야곱의 전능자"(49:26)로 인정할 것이다.

60:17 **금…은…화평…공의** 미래의 왕국에서 예루살렘은 의로 충만한 아름답고 평화로운 곳이 될 것이다.

60:18 **구원…찬송** 여호와께서 이런 이름을 가질 그 성의 성벽과 성문들을 모든 폭력이나 파멸에서 보호해주실 것이다.

60:19 **다시는…해가…지 아니하며…영원한 빛** 이사야는 천년왕국 이후를 바라보며 천년왕국 뒤에 임할 새 예루살렘을 예고한다(계 21:23; 22:5). 예언자적 능력을 가졌다고 해서 이사야가 미래의 영원한 왕국과 지상에 세워질 일시적 왕국을 구분할 수 있는 건 아니다. 구약 선지자들이 그리스도의 초림과 재림을 구분할 수 없었

성경에 나오는 예언의 목적

1. 하나님의 주권성을 묘사한다	단 9:27; 행 4:25-29; 빌 1:6
2. 복음 전도를 하도록 자극한다	행 3:18-24; 히 9:26, 27
3. 성경의 진실성과 정확성을 증거한다	사 41:21-29; 42:9; 44:7, 8, 24; 45:7; 46:8-11; 벧전 3:4-13
4. 도덕적·사회적 책임을 다하도록 권면한다	롬 13:11-14; 살전 5:6-11
5. 괴로울 때 위로를 얻는다	살전 4:13-18; 벧전 1:7-9
6. 성경의 중요한 부분이다	벧후 1:19-21; 계 1:3; 22:18, 19
7. 거룩을 강조한다	빌 4:5; 살전 3:13; 5:23; 딛 2:12, 13; 약 5:7-9; 벧전 1:3-7; 벧후 3:11, 12; 요일 3:3
8. 영적 강건함을 돕는다	고전 15:58; 살후 2:2
9. 이 세대를 온전히 바라보는 시각을 준다	고전 7:31; 엡 5:16; 딤전 4:1; 딤후 3:1-5; 요일 2:18

던 것도 같은 맥락이다(참고. 벧전 1:10, 11).

60:20 **슬픔…끝날 것임이라** 새 창조의 영원한 왕국에서는 더 이상 눈물이 없을 것이다(계 21:4).

60:21 **영원히 땅을 차지하리니** 이스라엘은 아브라함에게 약속된 땅을 유업으로 받을 것이다(창 12:1, 7; 13:15; 15:18). 천년왕국에서는 오늘날 아는 것처럼 그 땅이 이스라엘의 땅이 될 것이며, 영원한 왕국에서는 새 피조물의 수도인 새 예루살렘이 될 것이다. **나의 영광을 나타낼 것인즉** 이스라엘의 궁극적 사명은 주를 영화롭게 하는 것이다(49:3; 61:3).

60:22 **작은 자…강국** 이스라엘이 주님의 역사로 인구수나 국력에서 큰 성장을 하고, 이전에 한 번도 경험해 보지 못한 세계적 강국이 될 것이다.

61:1, 2상 **영…여호와의 은혜의 해** 주의 종(42:1)은 이스라엘의 궁극적 선포자이자 구속자로서 그들을 구원해주실 것이다. 예수님은 이 약속의 첫 성취를 말씀하며 영적으로 억눌린 자들에게 구원의 위로를 베푸는 그분의 사역과 연관시키셨다(눅 4:18, 19). "이 글이 오늘 너희 귀에 응하였느니라"(눅 4:21)라고 구체적으로 말씀하셨다. 그리스도의 지상 사역 때 구원받은 유대인이 있고 이 교회 시대에 구원받는 유대인이 있지만, 말세에 이스라엘 민족이 구원을 받으리라는 약속은 아직 이루어지지 않았다(참고. 슥 12:10-13:1; 롬 11:25-27).

61:1 **주 여호와의 영이 내게** 이 절에는 거룩한 삼위가 함께 역할을 하고 있다(6:8. 참고. 마 3:16, 17). **포로된 자에게 자유를** 포로들은 바벨론 유수 이후 세계에 흩어져 있는 이스라엘 백성을 말한다(42:7).

61:2 **은혜의 해** "구원의 날"(49:8)과 "내가 구속할 해"(63:4)와 같은 의미다. 이는 주님이 회당에서 읽으신 본문으로(눅 4:19) 이 장의 남은 본문(2하-11절)의 내용이 재림 때 이루어질 것을 암시하셨다. **보복의 날** 이스라엘을 구원하기 위해서 그분께 대적한 모든 자에게 진노를 쏟으실 것이다(59:17-18). 참고. 요한계시록 6-19장.

61:3 **화관을 주어…영광을 나타낼** 수백 년간 고난을 당하고(60:20) 하나님이 슬퍼하는 자를 위로하시는 이유는 영광을 받으시기 위해서다(60:21).

61:4 **다시 쌓을 것이며** 이스라엘 성읍들의 재건은 그 민족을 향한 하나님의 미래 계획의 일부다(49:8; 58:12; 60:10).

61:6 **여호와의 제사장** 출애굽기 19:6이 이루어져 그리스도가 그 왕국을 세우시고 이스라엘은 제사장의 나라가 될 것이다. 베드로는 동일한 표현을 교회에 적용했다(벧전 2:9).

61:7 **보상을 배나** 이스라엘은 포로생활로 이중의 벌을 받았으므로 이중의 축복을 받을 것이다(40:2).

61:8 **영원한 언약** 이것은 새 언약을 말한다. *55:3에 대한 설명을 보라.*

61:10 **옷을 내게 입히시며…내게 더하심** 이것은 신약의 핵심인 구약적 의의 전가를 묘사한 것이다. 죄인이 회개하고 스스로의 힘과 행위로 의를 이룰 수 없음을 깨닫고(*롬 3:19-22; 고후 5:21; 빌 3:8, 9에 대한 설명을 보라*) 회개하며 하나님의 자비를 구할 때 하나님은 믿음으로 말미암은 은혜로 그 의를 그에게 덮어주실 것이다.

4. 임박한 시온의 구원(62:1-63:6)

62:1 **잠잠하지 아니하며…쉬지 아니할 것** 하나님은 예루살렘을 세상을 위한 등대로 삼고자 결심하셨음을 알려주신다(58:8; 60:1-3).

62:2 **새 이름** 예루살렘의 새 이름은 이스라엘이 새롭게 얻게 된 지위를 상징한다(4, 12절; 65:15).

62:4 **헵시바…라** '내가 그녀를 기뻐하도다'와 '결혼한'이라는 뜻의 이 두 단어는 주와의 완전히 회복된 관계를 암시한다.

62:5 **아들들이 너를 취하겠고** 예루살렘 성을 차지하고 소유한다는 뜻으로 결혼을 의미한다.

62:6, 7 **계속 잠잠하지 않게…쉬지 말며** 이스라엘 선지자들은 대적들이 노린다고 끊임없이 경고했고 예루살렘이 "찬송"이 되도록 기도했다(60:18; 61:11). 그 왕국에는 주의 영광을 계속 선포할 선지자가 더 많을 것이다.

62:8, 9 **여호와께서…맹세하시되** 이방인들의 예루살렘 지배가 끝나리라는 것은 하나님의 맹세만큼이나 분명하다.

62:9 **나의 성소 뜰** 이것은 천년왕국의 성전을 말한다(참고. 겔 40-48장).

62:10 **닦으라** 이 명령과 다른 연관된 명령들은 사람들에게 시온이 영광을 받고 그 구원이 가시화될 때를 준비하라고 한다(11:12; 40:3; 57:14).

62:11 **딸 시온에게 이르라…보라** 마태가 예수님의 예루살렘 입성과 관련해 스가랴 9:9의 말씀을 인용하면서 동시에 이 말씀을 암시했을 수도 있다(참고. 마 21:5). **상급…보응** 40:9, 10을 보라.

62:12 **버림 받지 아니한 성읍** 4절을 보라. 참고. 49:14에 언급한 시온의 원망.

63:1 **에돔…보스라** 에돔은 하나님이 미워하시는 세상을 대표하며(34:5), 보스라는 한때 에돔의 수도였다(34:6). 그 백성의 죄를 심판하신 뒤 통치하시기 위해 예

루살렘으로 오시는 정복자 메시아는 하나님과 그 백성의 마지막이자 원한이 깊은 대적인 에돔의 파멸에서 차용한 이미지로 제시된다. 그분만이 '구원하는 능력'이시다.

63:3 노함…분함…선혈 구세주는 그분의 옷에 묻은 선혈(2절)이 이스라엘의 대적들에 대한 심판(61:2) 때문이라고 설명하신다. 그분의 옷에 튄 '포도즙' 얼룩은 실제로 심판으로 파멸한 자들의 피다. 요한은 전사이자 왕이신 그리스도의 재림을 설명하면서 1-3절을 암시한다. *요한계시록 19:13, 15에 대한 설명을 보라.*

63:4 원수 갚는 날…내가 구속할 해 메시아께서 미래에 악인들을 심판하시는 것과 그분이 이스라엘을 구속하는 일이 동시에 이루어질 것이다(61:2).

63:5 도와 주는 자도 없고…내 팔 이스라엘이 받을 미래의 구원은 주님의 단독 행동이다(3절; 59:15, 16).

63:6 그들을 취하게 하고 51:17, 21-23을 보라. 요한계시록은 하나님의 진노를 여러 차례 포도주에 비교한다(예를 들어 계 14:10, 19; 16:19; 19:15). "그들의 선혈(힘)이 쏟아지게"는 문자적으로 '그들의 피를 흘리게 하다'라는 뜻이다.

5. 민족의 구원을 구하는 기도(63:7-64:12)

63:7-64:12 이사야는 이스라엘의 파수꾼이자 신실한 남은 자들을 대표하는 사람으로, 이 참회의 고백 기도를 드리고 이스라엘의 회복을 위해 기도한다(참고. 62:6, 7).

63:7-14 이 기도는 불성실함에도 불구하고 그 백성을 향해 하나님이 베푸신 긍휼을 되돌아본다.

63:7, 8 자비(들)…사랑(들) 영어 성경은 이 절에서 복수를 썼는데, 하나님이 그들과의 영원한 언약으로 수없이 베푸신 모든 선하심과 자비를 말로 다 표현할 수 없기 때문이다. 일방적 선택으로 그들은 하나님의 백성이 되었고 하나님은 그들의 구주가 되셨다(43:1, 3). 이것은 그들이 언제까지나 거짓말만 하지 않고 언젠가는 그 주권적 선택하심으로 하나님께 성실하고 참된 백성이 되리라는 약속이다. 참고. 에베소서 1:3, 4.

63:9 자기 앞의 사자 이스라엘 백성을 애굽에서 건져준 천사는 다름 아닌 여호와 자신이었다(출 14:19; 23:20-23; 33:12, 14, 15; 민 20:16). 그분은 때로 여호와의 천사로 등장한다. 그들의 고통을 마치 자신이 당하는 것처럼 생각하실 정도로 그 백성을 아끼셨다. *출애굽기 3:2에 대한 설명을 보라.*

63:10 그들이 반역하여 주의 성령을 근심하게 하였으므로 주가 사랑으로 선택해주시고 긍휼히 여기심에도 이스라엘은 계속 하나님을 배신하고 그 사랑을 거부했다(민 20:10; 시 78:40; 106:33; 행 7:51. 참고. 엡 4:30). 성령이 인격이라는 사실을 이것으로 알 수 있다. 인격자만이 근심할 수 있기 때문이다.

63:11-13 기억하여…넘어지지 않게 하신 하나님은 그들의 패역함에도 그 언약을 잊거나 그들을 버리지 않으셨다(레 26:40-45; 시 106:45, 46). 현재의 궁핍한 상황과 모세 시대가 경험한 축복을 비교하며 이스라엘 백성은 하나님이 더 이상 그들에게 놀라운 일을 행하시지 않는다는 사실을 애통해하며 그들을 버리지 말라고 호소한다. **바다에서 올라오게 하신…그들 가운데에 성령을 두신…물을 갈라지게 하시고** 하나님의 능력으로 그 백성은 바다를 마른 땅처럼 건넜고(출 14:29, 30) 성령의 사역이 그들과 함께하셨다(민 11:17, 25, 29). *가운데*는 개인적 차원이 아니라 집단적 차원의 의미로 번역되어야 가장 정확하다. 또다시 홍해의 기적(출 14:21, 22)을 언급하고 있다.

63:14 이름을 영화롭게 하셨나이다 이스라엘을 향한 하나님의 뜻은 그들을 광대하게 만들어 세상에 그 이름을 높이는 것이었다. 참고. 12절.

63:15-19 하나님의 선하심을 찬양하고(7-9절) 그 영광을 위해 이스라엘에게 신실하셨던 과거의 일을 다시 언급하며(11-13절) 이사야 선지자는 황폐한 가운데 있는 그들이 회개 기도를 드리도록 권한다.

63:15 주의 열성과…행동이 이제 어디 있나이까 이사야는 그 백성을 대신해 이스라엘에 대한 마음이 변했는지 반문하며 과거에 그들에게 베푸신 것과 같은 자비를 다시 베풀어주시도록 기도한다.

63:16 아브라함…이스라엘 그 민족의 조상인 아브라함과 야곱(이스라엘)은 유대적 사고에 중요한 역할을 했다. 그들은 아브라함과 야곱의 후손이라는 특권에 안주하고 싶은 유혹과 죄에 시달렸지만(참고. 마 3:9; 요 4:12; 8:39) 마침내 그 특권을 포기하고 오직 하나님만을 아버지로 의지하게 되었다.

63:17 우리로 주의 길에서 떠나게 하시며 우리의 마음을 완고하게 하사 하나님이 이스라엘로 그 길에서 떠나도록 허락하시고 그 마음을 괴롭게 하셨다는 뜻이다. 그들은 자신들의 죄를 부정하지 않고 그 죄로 하나님이 불의한 선택의 결과를 감당하도록 그들을 버려두셨다고 고백한다. 참고. 6:9, 10; 시편 81:11, 12; 호세아 4:17; 로마서 1:24-28.

63:18 주의 성소를 유린하였사오니 특별히 바벨론인들이 이스라엘의 땅을 차지하고 하나님의 성소를 모독했다(시 74:3-7).

63:19 받지 못하는…받지 못하는 이스라엘은 그들의 황폐함이 하나님과 아무 상관없는 민족들과 마찬가지라고 원망한다.

64:1-5 이 단락은 예전처럼 그 능력을 보여달라고 하나님께 호소하는 내용이다.

64:1, 2 하늘을 가르고…주 앞에서…진동하기를 자신의 처지를 한탄한 이스라엘(63:19)은 하나님이 등장하셔서 대적들에게 일시에 보복해주시며(참고. 시 18:7-9; 144:5; 합 3:5, 6) 시내산에서처럼 다시 심판의 주로 나타나주시도록 간구한다(출 19:18; 삿 5:5; 시 68:8; 히 12:18-20). 이스라엘을 구속하심으로써 그 이름이 영광을 받으시듯(63:14) 이스라엘의 대적들을 심판하시고 널리 여호와이심을 알게 해달라고 간구한다(시 99:1).

64:3 두려운 일 이것은 하나님이 시내산에서 행하신 일에 대한 또 다른 언급이다(신 10:21).

64:4 귀…눈 하나님의 심판하심은 특별하다. 누구도 백성을 위한 그 두려운 일은 물론이고 그 유사한 일도 목격한 사람이 없다. 바울은 이 절의 말씀을 빌려 그 사도들과 선지자들에게 밝히신 하나님의 직접적 계시에 대해 말한다. 교회가 탄생하기 전까지 인류에게 알려진 적이 없는 신비와 관련된 것이었다(고전 2:9).

64:5 구원을 얻을 수 있으리이까 하나님 심판의 두려움이 직접 드러나자 죄인들은 구원받아야 할 필요성을 깨닫게 된다(참고. 행 16:26-30).

64:6 부정한 자…더러운 옷 53:6에서처럼(참고. 6:6, 7) 이사야 선지자는 하나님의 존전에 서기에 무가치하다는 사실을 고백하는 사람들 가운데 자신을 포함시킨다. 이사야는 여성이 생리 때 사용하는 생리용 천의 이미지를 차용해 부정함을 설명한다(참고. 레 15:19-24). 불신자는 아무리 선한 행동을 해도 더러운 걸레처럼 부정하다(참고. 빌 3:5-8).

64:7-9 부르는 자가 없으며 선지자는 그 죄악 때문에 하나님과 분리된 사람은 예외가 없음을 알게 된다. 로마서 3:10-18에 대한 설명을 보라. 55:6, 7에서 이사야가 설명한 것처럼 하나님을 구하고 찾기 위해서는 죄악된 마음에 죄를 깨닫게 해주는 성령의 능력이 역사하셔야 한다. 그러므로 이사야의 기도는 하나님을 진흙을 빚으시는 토기장이로 고백하고 구원의 역사를 내려주시도록 간구한다(8절). 참고. 45:9, 10; 60:21; 63:16. 하나님은 구원의 역사로 그 진노를 그치고(54:7, 8) 죄를 기억하지 않겠다고(9절; 43:25) 약속해주셨다.

아골 골짜기(valley of Achor)

64:11 불에 탔으며…황폐하였나이다 이사야는 예언적 계시로 주전 586년 예루살렘이 함락되고 성전이 파괴되기 오래전에 이 예언을 했다. 그러나 그는 이미 그 일이 일어난 것처럼 황폐한 성의 상태를 애통해한다. 하나님의 백성은 절망적인 상태에 있고 그들의 기도는 긴급하고 집요하다. '주의 백성과 주의 땅이 이토록 황폐하게 방치되었는데 어떻게 가만히 서 계시나이까'라며 애통해한다.

6. 이스라엘의 간구에 대한 하나님의 응답 (65:1-66:24)

65:1-7 63:7-64:12의 기도에 대해 하나님은 그 심판의 경고를 되풀이해 강조함으로써 응답하신다.

65:1 구하지 아니하던…찾지 아니하던…부르지 아니하던 이스라엘이 하나님을 찾았다고 해도 그건 피상적인 시늉에 그쳤다. 그들은 진심으로 하나님을 구하지 않았다. 신약은 로마서 10:20에서 의미를 추가하여 그 주권적 은혜의 역사로 그분을 찾는 이방인들에게 이 말씀을 적용했다.

65:2 내가…손을 펴서…패역한 백성 하나님은 항상 먼저 이스라엘 백성에게 그 길로 행하자고 요청하셨지만 그들은 번번이 외면했다. 바울은 이 절을 이용해 동족 유대인의 패역함을 경고한다(롬 10:21).

65:3, 4 여기서 이사야는 우상숭배라는 죄, 죽은 자들의 영과 교통하는 행위(신 18:10, 11에서 금지한 행위), 모세 율법이 금하는 음식을 먹고(레 11:7, 8) '가증한' 우상 제사에 바친 음식을 먹는 것, 자칭 의롭다는 교만함(참고. 마 9:11; 눅 5:30; 18:11) 등 이스라엘의 죄를 추가로 지적했다.

65:5 내 코의 연기 이것은 그들이 드린 자칭 의로운 희생제물의 연기가 하나님을 끊임없이 괴롭혀 심판하시는 것을 암시한다.

65:6 내가 잠잠하지 아니하고 지체하지 말고 속히 구원해달라는 기도(64:12)에 대해 하나님은 구원이 아니라 심판으로 죄를 처벌하실 것이라고 대답하신다(7절).

65:8-10 야곱의 환난 때가 오고 마지막 심판의 진노

를 쏟아부으며(참고. 렘 30:7) 이스라엘의 반역자들을 제거하실 때(참고. 겔 20:38) 하나님은 신실한 남은 자들을 그 땅으로 돌아오게 하실 것이다. 심판이 전체 이스라엘 민족에게 임하지만 하나님은 장차 올 그 왕국에서 신실한 남은 자, "나의 종"(1:9)을 아끼고 구원해주실 것이다(참고. 슥 12:10-13:1; 롬 11:25-27). 하나님께 선택된 믿는 유대인이 이스라엘 땅으로 실제 귀환하는 일도 포함될 것이다(57:13).

65:10 사론…아골 골짜기 사론은 갈멜산 남쪽, 서쪽 지중해 연안에 자리한 비옥한 곳이었다(35:2). 동쪽 아골 골짜기는 여리고와 요단강 근방에 있었다(수 7:24, 26). 이 두 곳은 온 땅을 대표한다.

65:11, 12 패역한 이스라엘 백성에 대한 심판이 다시 선언된다. 그들은 갓과 므니처럼 이방 신들을 숭배하고 의지했으므로 그들에게 임한 칼의 저주는 다른 누구의 잘못이 아니라 자초한 것이었다.

65:13, 14 하나님은 패역한 우상 숭배자들을 계속 책망하면서 이스라엘의 신실한 자들과 신실하지 못한 자들을 비교하신다.

65:15 너희가 남겨 놓은 이름…저줏거리…다른 이름 이스라엘의 새 이름은 열국 가운데 하나님의 은총을 입은 민족임을 알리기 위해서였다(62:2-4). 그러나 방종한 이스라엘 백성은 사람들의 조롱거리가 되어 유대인이라는 이름이 외면을 받게 되었다.

65:16 진리의 하나님 문자적으로 '아멘의 하나님'이며 이스라엘에게 하신 약속을 지키고 모든 백성이 보는 가운데 스스로를 의로운 분으로 입증하실 참 하나님을 가리킨다. 언젠가 패역한 자들이 제거되고 구속받은 남은 자들이 있게 될 것이다. 그때는 오직 한 분 참 하나님만을 가리켜 축복과 맹세를 할 것이다. 영광스러운 메시아 왕국에서는 모든 우상이 사라지고 잊힐 것이기 때문이다.

65:17-25 장차 올 왕국에서 신실한 이스라엘이 받을 축복을 묘사한다.

65:17 새 하늘과 새 땅 이스라엘의 미래 왕국은 천년 동안의 지상 왕국(*계 20:1-10에 대한 설명을 보라*)과 하나님이 새로 창조하신 영원한 왕국(51:6, 16; 54:10; 66:22. 참고. 계 21:1-8)도 포함한다. 이사야 선지자는 여기서 영원한 왕국으로 두 왕국 모두를 포괄해 지칭한다. 이사야의 예언은 후대의 예언처럼(계 20:1-21:8) 그 왕국의 두 측면 간의 시간적 관계를 명확히 구분하지 않는다. 이것은 그리스도의 초림과 재림을 구분하지 않는 것과 비슷하다. 그래서 어떤 경우에는 두 왕국을 구분할 수가 없다(참고. 61:1, 2).

65:20 죽는 어린이와 수한이 차지 못한 노인이 다시는 없을 것이라 천년왕국에서는 모두 장수를 누릴 것이다. 지상의 그 왕국에서 사망하는 사람이 있지만 이사야 시대처럼 그렇게 제 명을 다하지 못하는 일은 없을 것이다. **죽는 자…저주 받은 자** 이스라엘의 천년왕국에서는 죄인이라면 100세에 죽겠지만 수명을 다하지 못하고 죽은 청년으로 인식될 것이다. 그렇게 젊은 때 죽는 사람은 하나님이 죄 때문에 그 생명을 가져가신 거라고 생각할 것이다. 천년왕국에서는 저주의 역전이 일어나지만 영원한 왕국에 가서야 저주가 사라질 것이다(참고. 계 22:3).

65:21, 22 건축하고…살겠고…심고…먹을 것이며 이스라엘의 왕국에서는 사회에 정의가 편만할 것이다. 정당한 몫을 사람들에게서 빼앗지 않을 것이다(신 28:30과 비교해보라).

65:23 않겠고…재난 문자적으로 이것은 '갑작스러운 죽음'이라는 뜻이다. 그 왕국의 백성은 유아의 죽음과 관련된 불행을 겪지 않을 것이다. 유사 이래로 가장 낮은 영아 사망률을 보일 것이다. 사람들이 장수를 누리고(20절) 기하급수적 수준의 출산율로 땅에 인구가 많아질 것이다. 그 왕국이 끝날 때쯤 수많은 사람이 그리스도에 대적하리라는 요한계시록 20:7-9을 참고하라.

65:24 그들이 부르기 전에…그들이 말을 마치기 전에 모든 필요를 예상하고 채워주실 정도로 주님과 친밀한 관계를 누릴 것이다(58:9. 참고. 마 6:8, 32).

65:25 이리…어린 양…사자…소…뱀 주의 종이 통치하실 그때는 야생 짐승의 위험이 없을 것이다(11:6-9).

66:1, 2 이사야는 하나님이 돌로 만든 성전을 찾고 계신 것이 아님을 상기시키며 예언을 최종 요약한다. 만물의 창조주이시므로 온 우주가 그분의 거처가 된다. 스데반은 산헤드린 공의회에서 하나님을 손으로 만든 성전에 제한시키는 그들의 잘못을 지적할 때 이 구절을 인용했다(행 7:49, 50). 하나님이 찾으시는 것은 거하실 마음, 외적인 종교 형식에 관심을 둔 마음이 아니라 상하고 통회하는 심령을 찾으신다(참고. 마 5:3-9). 하나님은 그 말씀을 진심으로 순종하고자 하는 사람들의 마음에 거주하신다(참고. 66:5; 요 14:23).

66:2 그 사람은 내가 돌보려니와 교만한 우상 숭배자들은 완전히 버림받고 심판받을 것이다(참고. 3, 4, 15-17절). 겸손히 통회하는 마음으로 하나님 말씀에 순종하는 자들은 그분의 축복과 은총을 받을 것이다(참고. 5절).

66:3 살인함과 다름이 없이 하고 하나님은 악인들의 희생제물도 싫어하신다(참고. 잠 15:8; 28:9). 그들은 종종 어린 아이를 제물로 드렸다(참고. 겔 23:39). 유대인 가운데는 소를 희생제물로 드리면서 이방인들이 제단

에 '사람'을 드리는 것처럼 그 마음이 공허한 자들이 있었다. **개의 목을 꺾음** 이것은 희생제물로 개를 드린 것을 말한다. 개 역시 부정한 짐승이며(렘 15:3. 참고. 56:10, 11) 돼지도 마찬가지다(마 7:6; 벧후 2:22). 개를 드리는 자는 그 마음의 허망함을 드러낸 것처럼 어린 양을 드리면서도 그와 같은 허망한 마음을 가진 자들이 있었다. 이 모든 이미지는 하나님께 예물을 드리지만 아이를 제물로 바치고 개를 바치고 돼지 피를 제물로 바치며 우상을 섬기고 그런 가증한 것을 사랑하는 이방인처럼 그 마음에 통회함이 없는 이들의 천박한 위선을 드러내는 데 목적이 있다. 하나님은 그런 자들을 심판하신다(4절).

66:5 형제가 너희를 미워하며 변절한 이스라엘 사람은 신실한 남은 자들에 대한 경쟁의식에 불타서(65:11-15) 신성을 모독하며 '여호와께서 영광을 받으시게 하자'라는 식으로 5:19의 빈정거리는 태도를 노골적으로 드러낸다. 결국 하나님의 심판이 임함으로써 "그들은 수치를 당할" 것이다.

66:7-9 인간의 출산 과정을 또다시 비교하여(13:8을 보라) 두 가지 교훈을 가르친다. 첫째, 진통이 있어야 출산이 시작된다(7, 8절). 둘째, 진통이 시작되면 분명히 출산이 뒤따른다(9절). 참고. 예레미야 30:6, 7; 마태복음 24:8; 데살로니가전서 5:3. 중요한 사실은 이스라엘의 고통이 구원으로 끝난다는 것이다. 하나님이 남은 자들에게 고통을 주신 것은 그 왕국으로 데려오시기 위해서다(10절).

66:11 젖을 빠는 것 같이…만족하겠고 이사야 선지자는 예루살렘을 젖 먹이는 어머니에 비유한다.

66:12 평강을 강 같이 고요히 흐르는 강에서 느껴지는 평온처럼 풍성한 평강이 임할 것이다(참고. 32:16-18; 48:18; 8:6과 비교해보라). 세찬 물결이 끝없이 흐르는 시내는 이스라엘이 천년왕국에서 누릴 부와 형통함을 상징한다. 마른 사막의 강바닥처럼 이방인들 속에서 궁핍에 시달리던 이전과는 대조적인 모습이다(참고. 41:18; 43:20).

66:14 그의 종들에게…그의 원수에게 신실한 남은 자들은 형통함을 누리지만 주를 거역한 자들은 진노가 임할 것이다.

66:15 회오리바람…맹렬한 화염 하나님의 진노가 패역한 자들에게 임하리라는 말씀이 최후 심판을 묘사하는 언어로 표현되어 있다(참고. 29:6).

66:16 죽임 당할 자가 많으리니 그분이 그 왕국을 세우기 위해 오실 때 맞서 싸우는 많은 자가 죽임을 당할 것이다(34:6, 7; 계 19:21).

66:17 스스로 거룩하게 구별하며 스스로 정결하게 하고 우상숭배를 목적으로 자신을 정결하게 하고 깨끗하게 하면 참 하나님의 심판을 받을 것이다(참고. 3, 4절).

66:18 그들의 행위와 사상 하나님은 변절한 이스라엘 백성의 행동 이면에 자리한 동기를 알고 계신다(17절). **뭇 나라와 언어…모으리니** 2:2-4를 보라. 예루살렘은 메시아가 계시는 곳이라는 이유로 전 세계로부터 큰 관심을 받을 것이다.

66:19 도피한 자 이스라엘의 신실한 남은 자들을 말한다. 이들은 그 원수들의 박해와 그 대적에 대한 하나님의 심판을 피했다(16절). **다시스와 뿔…룻…두발과 야완** 다시스는 스페인에 있었을 것이며, 뿔과 룻은 북 아프리카, 두발은 소아시아 북부, 야완은 그리스에 위치했을 것이다. 이 도시들은 신실한 남은 자들을 통해 하나님의 영광에 대해 듣게 될 이방인들을 대표한다.

66:20 너희 모든 형제를…태워다가 하나님의 영광에 대한 소문을 들은 이방인들이 여호와께 드릴 예물을 갖고 오면서 이스라엘의 신실한 남은 자들을 예루살렘으로 데려다줄 것이다(43:6; 49:22).

66:21 제사장과 레위인 돌아온 남은 자들 가운데 일부는 천년왕국 시대의 성전에서 섬기며 희생제사를 드리는 특별한 역할을 할 것이다(참고. 겔 44-46장).

66:22 너희 자손…있으리라 이스라엘은 천년왕국 시대에도 그 명맥을 유지하고 새 하늘과 새 땅에서도 영원토록 존재할 것이다.

66:23 모든 혈육이 내 앞에 나아와 예배하리라 모든 인간이 이 땅에 세워질 메시아 왕국에서 정해진 시간에 주를 예배할 것이다.

66:24 그 벌레가 죽지 아니하며 그 불이 꺼지지 아니하여 영원히 고통당하는 자들의 시체는 하나님을 반역한 결과가 얼마나 처참하고 끔찍한지 생생하게 보여준다. 예수님은 이 절을 언급하면서 힌놈(즉 게헨나)의 골짜기를 말씀하셨다. 이곳에서 쉬지 않고 타는 불은 주를 거부한 자들의 끝나지 않는 고통을 상징한다(막 9:47, 48). *예레미야 19:6에 대한 설명을 보라.*

사

연구를 위한 자료

John A. Martin, *Isaiah*, in The Bible Knowledge Commentary–OT (Wheaton, Ill.: Victor, 1985).

제목

이 책은 인간 저자의 이름을 제목으로 쓰고 있다. 처음은 "예레미야의 말이라"(1:1)로 시작한다. 예레미야는 어느 선지자보다 자신의 개인사에 많은 지면을 할애해 사역 내용, 청중의 반응, 개인적 시련과 감정을 술회한다. 그의 이름은 '여호와께서 던지시다'라는 뜻으로, 기초를 놓거나 '여호와께서 세우시다, 임명하시다, 보내시다'라는 의미를 담고 있다.

성경에는 예레미야라는 이름을 가진 사람이 이 외에도 일곱 사람이나 더 있고(왕하 23:31; 대상 5:24; 12:4, 10, 13; 느 10:2; 12:1), 선지자 예레미야의 이름은 이 책 외에서 최소 9번 등장한다(참고. 대하 35:25; 36:12; 36:21, 22; 스 1:1; 단 9:2; 마 2:17; 16:14; 27:9). 구약과 신약에서 예레미야를 인용한 경우는 최소 7번이다. 다니엘 9:2(25:11, 12; 29:10), 마태복음 2:18(31:15), 마태복음 27:9(18:2; 19:2, 11; 32:6-9), 고린도전서 1:31(9:24), 고린도후서 10:17(9:24), 히브리서 8:8-12(31:31-34), 히브리서 10:16, 17(31:33, 34)이다

저자와 저작 연대

제사장이자 선지자였던 예레미야는 제사장 힐기야의 아들이다(율법 책을 발견한 왕하 22:8의 대제사장과 동명이인). 그는 오늘날 아나타에 해당하는 작은 촌락 아나돗에서 태어났다(1:1). 이 땅은 예루살렘에서 북동쪽으로 약 4.8킬로미터 떨어진 베냐민 지파에게 분배된 곳이었다. 예레미야는 유다에게 실물 교육을 하는 차원에서 평생 독신으로 살았고(16:1-4), 바룩이라는 서기가 그를 도왔다. 그는 예레미야가 구술하는 내용을 기록했고 예레미야의 설교를 편찬하고 기록해 보관했다(36:4, 32; 45:1).

눈물의 선지자로 알려진 예레미야(참고. 9:1; 13:17; 14:17)는 바벨론의 침략으로 하나님의 심판을 받는다는 예언을 거듭하며 평생 고단하고 괴로운 인생을 살았다. 위협과 살해 위험에 수없이 시달렸고, 감금당하거나 여호야김 왕을 피해 도망다니고 거짓 선지자에게 공개적 수모를 당하며 웅덩이에 갇히는 핍박까지 받았다.

예레미야는 대부분 동족인 유다 백성을 대상으로 사역했지만, 때로는 다른 국가들에서 사역한 적도 있었다. 유다 백성에게는 회개하고 이방의 침략이라는 하나님의 심판을 피하라고 호소했다(7; 26장). 이들의 거듭된 거부로 이방의 침략이라는 심판이 확실시된 이후에는 바벨론에 맞서 싸우다가 완전한 파멸의 길로 가지 말라고 권면했다(27장). 또한 타국의 사절들에게도 친바벨론 정책을 따르라고 설득하며(27장), 여러 나라에 대한 하나님의 심판을 예언했다(25:12-38; 46-51장).

50년에 걸친 예레미야의 사역 기간은 1:2에 기록된 대로 유다 왕 요시야 13년(주전 627년)에 시작되어 주전 586년 바벨론의 예루살렘 함락 이후까지 이어졌다(렘 39; 40; 52장). 주전 586년 이후 예레미야는 애굽으로 도망가는 유대인에게 강제로 끌려갔다(렘 43; 44장). 주전 570년에도 계속 사역했을 것으로 보인다(*44:29, 30에 대한 설명을 보라*). 일부 랍비의 기록은 주전 568/567년 바벨론이 애굽을 침공했고, 이때 예레미야가 바벨론에 포로로 끌려갔다고 주장한다. 이것이 사실이라면 그는 주전 561년 바벨론에서 이 책의 마지막 장면을 기록했을 가능성이 있다. 이 해에는 주전 597년부터 바벨론에 포로로 끌려와 있던 여호야긴 왕이 자유의 몸이 되었다(52:31-34). 이때 예레미야가 생존해 있었다면 85세에서 95세가량 되었을 것이다.

배경과 무대

예레미야의 시대적 배경은 열왕기하 22-25; 역대하 34-36장에 상세히 기록되어 있다. 예레미야의 메시지는 그 백성의 죄악, 하나님이 보내실 침략자, 포위 공격으로 말미암은 참상, 파멸의 재앙을 생생하게 담아냈다. 그는 우상숭배와 여러 죄악으로 심판이 임박했다는 메시지를 40년 넘게 선포했다(주전 627-586년). 그의 예언 사역은 유다의 마지막 다섯 왕[요시야(주전 640-609년), 여호아하스(주전 609년), 여호야김(주전 609-597년), 여호야긴(주전 597년), 시드기야(주전 597-586년)] 재위 시절

에 이루어졌다.

예레미야가 사역할 당시 유다 백성의 우상숭배가 성행했다(참고. 2장). 예레미야보다 한참 앞선 이사야 시대에 히스기야의 부친 아하스는 예루살렘 밖에 있는 힌놈 골짜기에 몰렉 신에게 어린 아이 인신 제사를 드리는 신당을 세웠다(주전 735-715년). 한편 히스기야는 대대적 개혁 작업과 정화 작업을 단행했다(사 36:7). 하지만 그의 아들 므낫세는 노골적인 우상숭배와 함께 어린 아이 인신 제사를 다시 장려했고, 예레미야 시대까지 이 악습은 계속되었다(7:31; 19:5; 32:35). 또한 많은 백성이 "하늘의 여왕"을 숭배했다(7:18; 44:19). 주전 622년 정점에 도달했던 요시야의 개혁은 이런 죄악의 악습을 억누르는 데 외형적으로는 성공했지만 그것이 백성의 내면적 변화로 이어지지는 않았다. 죄악의 치명적 종양이 너무 깊이 뿌리 박혀 있었기 때문에 개혁의 효과는 잠시뿐, 곧바로 우상숭배의 죄악이 횡행했다. 신앙적 불성실, 부정, 음란, 불의, 약자들에 대한 착취, 음해가 예외적 모습이 아닌 일상이 되었다.

예레미야 시대에는 국제정치적으로 중대한 여러 사건이 발생했다. 앗수르의 힘이 점차 쇠퇴하고 주전 626년 앗슈르나시르팔이 사망했다. 주전 612년에는 불패의 성처럼 보이던 앗수르의 수도 니느웨가 멸망했다(참고. 나훔). 나보폴라살(주전 625-605년)의 신바벨론 제국이 앗수르(주전 612년), 애굽(주전 609-605년), 이스라엘과 싸워 승리하고 세계 무대의 새로운 강자로 떠올랐다. 이스라엘(유다)은 3차에 걸쳐 공격을 받았다. 다니엘서 1장에서 보듯이 주전 605년, 열왕기하 24:10-16에 기록된 주전 597년, 예레미야 39; 40; 52장에 기록된 주전 586년이다.

요엘과 미가는 일찍이 유다의 심판을 예언했지만 요시야 재위 시절에 하나님이 주로 사용하신 선지자는 예레미야와 하박국, 스바냐였다. 나중에 예레미야와 동시대 선지자인 에스겔과 다니엘이 중점적으로 예언 사역을 감당했다.

역사적 · 신학적 주제

예레미야의 주요 주제는 유다에 임할 심판(1-29장)과 장차 메시아 왕국에서 회복되는 일(23:3-8; 30-33장)이다. 이사야는 많은 장을 할애해 이스라엘이 미래에 얻을 영광을 강조했지만(사 40-66장), 예레미야는 이 주제에 대해서는 상대적으로 관심이 덜했다. 하나님의 심판이 임박하자 그는 백성이 돌이킬 수 없는 데까지 가지 말고 하나님께 돌아오도록 당면한 문제에 집중했기 때문이다.

이차적 주제는 그 백성이 회개하기만 한다면 하나님이 언제든지 심판을 면해주고 축복해주신다는 것이다. 이 주제를 많이 강조했는데 토기장이 집의 비유에서 가장 생생하게 드러난다(18:1-11). 하나님의 뜻을 선포하고 그 뜻을 온전히 이루고자 하는(1:5-19; 15:19-21) 예레미야의 인생을 향한 하나님의 계획도 집중 부각된다.

다른 주제로는 첫사랑을 나누던 시절처럼 이스라엘이 회복되기를 바라는 하나님의 간절함(2:1-3), '눈물의 선지자'라는 별명처럼 예레미야가 종으로서 흘리는 눈물(9:1; 14:17), 하나님이 한때 누렸고 또 계속해서 지키기를 원하시는 이스라엘과의 친밀한 관계(13:11), 예레미야의 시련으로 상징되는 고난(11:18-23; 20:1-18), 하나님 말씀이 인생에 차지하는 필수적 역할(15:16), 전능하신 하나님의 돌아오심을 바라는 믿음(32장 가운데 특히 17, 27절), 하나님이 이스라엘을 그 땅으로 돌아오도록 작정하고 이루어주시리라는 기도(33:3, 6-18)가 있다.

해석상의 과제

해석상의 과제가 적지 않다. 대표적으로 다음과 같은 문제들이 있다. 첫째, 하나님은 왜 유대인을 위한 기도를 금하셨고(7:16), 모세와 사무엘이 와서 변호하더라도 심판을 돌이킬 수 없다고 말씀하셨는지(15:1)는 어떻게 설명해야 하는가? 둘째, 예레미야는 수백 킬로미터에 달하는 유브라데강까지 실제로 갔는지, 허리띠를 그 강 근처에 실제로 묻었는가(13:4-7)? 셋째, 그의 출생 사실을 아버지에게 전한 사람을 어떻게 그토록 심하게 저주한 것인가(20:14-18)? 넷째, 고니야 왕의 혈통에 대한 저주가 그리스도와 관련이 있는가(22:30)? 다섯째, 이스라엘이 옛 땅으로 돌아오리라는 약속을 어떻게 해석해야 하는가(30-33장)? 여섯째, 하나님은 이스라엘과 교회와의 관계에서 새 언약을 어떻게 이루시는가(31:31-34)? 이런 문제들의 대답은 관련 구절의 주석에서 소개하겠다.

예레미야서는 엄격히 시간적 순서에 따라 기록된 것이 아니므로 그의 설교를 역사적 배경과 연관 지어 이해하는 일도 해결해야 할 과제다. 주제를 강조하고자 그 순서를 무시하고 배열한 경우가 적지 않다. 이에 반해 에스겔은 전반적으로 연대순으로 내용이 배열되었다.

예레미야 개요

I. 예레미야의 준비(1:1-19)
 A. 예레미야서의 배경(1:1-3)
 B. 예레미야의 선택(1:4-10)
 C. 예레미야의 임무(1:11-19)
II. 유다에 대한 선포(2:1-45:5)
 A. 유다에 대한 정죄(2:1-29:32)
  1. 첫 번째 메시지(2:1-3:5)
  2. 두 번째 메시지(3:6-6:30)
  3. 세 번째 메시지(7:1-10:25)
  4. 네 번째 메시지(11:1-13:27)
  5. 다섯 번째 메시지(14:1-17:18)
  6. 여섯 번째 메시지(17:19-27)
  7. 일곱 번째 메시지(18:1-20:18)
  8. 여덟 번째 메시지(21:1-14)
  9. 아홉 번째 메시지(22:1-23:40)
  10. 열 번째 메시지(24:1-10)
  11. 열한 번째 메시지(25:1-38)
  12. 열두 번째 메시지(26:1-24)
  13. 열세 번째 메시지(27:1-28:17)
  14. 열네 번째 메시지(29:1-32)
 B. 유다에 대한 위로, 새 언약(30:1-33:26)
  1. 회복의 예언 – 1부(30:1-31:40)
  2. 회복에 대한 믿음(32:1-44)
  3. 회복의 예언 – 2부(33:1-26)
 C. 유다에 임할 재앙(34:1-45:5)
  1. 유다 멸망 전(34:1-38:28)
  2. 유다 함락 (39:1-18)
  3. 유다 함락 후(40:1-45:5)
III. 열국에 대한 심판 선언(46:1-51:64)
 A. 서문(46:1. 참고. 25:15-26)
 B. 애굽에 대한 심판(46:2-28)
 C. 블레셋에 대한 심판(47:1-7)
 D. 모압에 대한 심판(48:1-47)
 E. 암몬에 대한 심판(49:1-6)
 F. 에돔에 대한 심판(49:7-22)
 G. 다메섹에 대한 심판(49:23-27)
 H. 게달과 하솔(아라비아)에 대한 심판(49:28-33)
 I. 엘람에 대한 심판(49:34-39)
 J. 바벨론에 대한 심판(50:1-51:64)
IV. 예루살렘 멸망(52:1-34)
 A. 예루살렘 함락(52:1-23)
 B. 포로로 끌려가는 유다 백성(52:24-30)
 C. 여호야긴의 석방(52:31-34)

예레미야의 준비 (1:1-19)

A. 예레미야서의 배경(1:1-3)

1:1 아나돗 예루살렘 북쪽 1.6킬로미터 지점에 위치한 베냐민 지파의 땅 중 레위인들에게 주어진 지역이며(참고. 수 21:18), 한때 아비아달이 살았던 곳이다(왕상 2:26).

1:2 다스린 지 예레미야의 사역 기간은 최소한 40년이다. 유다 왕 요시야 때(제13년, 주전 627년)부터 유다의 마지막 왕 시드기야가 바벨론 군대에게 잡힐 때(주전 586년)까지다.

1:3 오월 바벨론 침략자들은 주전 586년 히브리력으로 압월(7/8월)에 유대인을 포로로 끌고 갔다. 4월 9일에 예루살렘을 침략한 지(39:2; 52:6) 몇 개월 뒤였다.

B. 예레미야의 선택(1:4-10)

1:5 내가 너를…짓기 전에 이것은 환생을 말하는 것이 아니다. 전지하신 하나님은 태어나기 전에 예레미야를 아셨고 주권적 계획을 갖고 계셨다는 뜻이다(참고. 갈 1:15의 바울의 유사한 깨달음).

1:6 예레미야의 이런 반응은 자신의 무능과 미숙함에 대한 고백이었다. 주전 626년 그가 20세에서 25세의 청년이었다면 주전 586년 예루살렘이 함락되었을 때(39장)는 60세에서 65세였고 52:31-34(주전 561년)에서 말한 때까지 살았다면 85세에서 90세가 되었을 것이다.

1:7-10 예레미야의 사역을 지탱한 힘은 하나님의 함께하심과 채우심이었다(참고. 고후 3:5).

1:9 내 말을 네 입에 두었노라 하나님은 예레미야를 대

소명을 받은 예레미야

누가	힐기야의 아들(1:1)
어디서	베냐민 땅 아나돗에서(1:1)
언제	요시야가 통치하던 주전 626년(1:2)
왜	여러 나라의 선지자로 세우고자(1:5)
기원	그가 출생하기 이전에 결정된 사항(1:5)
예레미야의 반응	"나는 아이라"(1:6)
하나님의 시각 교정	"내가 너와 함께 하리라"(1:7, 8)
하나님의 능력 주심	능력의 말씀을 주심(1:9, 10)

예레미야의 소명에서는 하나님이 누군가에게 사명을 주실 때 그 사명을 감당할 힘도 함께 주신다는 원리를 강조하고 있다. 우리는 예레미야처럼 자신의 연약함과 한계를 내세우지만 하나님은 능력으로 함께해 주겠다고 약속하신다. 예레미야처럼 우리도 두려운 상황을 접할 수 있지만 하나님은 우리를 구출해주실 거라고 약속하신다. 하나님이 우리에게 소명을 주실 때는 그것을 실현할 수 있도록 반드시 도와주신다.

변인으로 사용하셔서 그 뜻을 전하기로 하셨다(15:19). 그러므로 예레미야는 하나님 말씀을 받아들여야 한다(15:16).

1:10 너를…세워 하나님이 예레미야를 통해 말씀하셨으므로 그가 전하는 메시지는 신적 권위가 있었다.

C. 예레미야의 임무(1:11-19)

1:11-16 하나님은 두 가지 예를 사용하셔서 심판을 설명하신다. 첫째, 살구나무 가지의 표적이다. 살구나무는 문자적으로 '겨울을 깨우는 나무'라는 뜻이다. 그 어떤 나무보다 빨리 겨울잠에서 깨어나 1월에 꽃을 피운다. 그것은 예레미야가 경고한 대로(주전 605-586년) 하나님의 이른 심판에 대한 상징이다. 그리고 끓는 가마는 바벨론 침략자들이 유다를 심판하는 모습을 상징한다(참고. 20:4).

1:17-19 예레미야가 할 일은 하나님의 대변인으로서(17절) 말씀을 선포하는 것이다. 하나님은 그런 그를 지켜주시고 보호해주겠다고 약속하셨다(18, 19절). 하나님은 11:18-23; 20:1 이하; 38:7-13에서 보듯 실제로 그를 지켜주셨다.

유다에 대한 선포 (2:1-45:5)

A. 유다에 대한 정죄(2:1-29:32)

1. 첫 번째 메시지(2:1-3:5)

2:1-3 예루살렘…이스라엘 예레미야는 여호와의 민감하심과 과거 그들을 돌봐주셨던 일(21절)을 지적한다. 수백 년이 흐른 지금 많은 백성이 하나님을 멀리 떠나 그분을 버렸고(5, 31절), 우상숭배에 깊이 빠져(11, 27, 28절) 참 구원 없이 살고 있다(8절; 5:10상반절처럼).

2:3 첫 열매 이스라엘은 아브라함과 맺은 언약(창 12:1-3)으로 참되신 하나님을 예배한 첫 민족이다. 또한 그 언약은 열국을 복 주시겠다는 그분의 뜻을 확인시켜 준다(16:19-21; 단 7:27).

2:8 제사장들…선지자들 주를 알지 못하는 지도자들은 앞장서서 백성을 우상숭배로 이끌었다(참고. 호 4:6).

2:13 두 가지 악 첫째, 이스라엘은 영적 구원과 생명의 근원이신 주를 버렸다(참고. 17:8; 시 36:9; 요 4:14). 둘째, 이스라엘은 우상을 신뢰 대상으로 삼았다. 예레미야는 이 두 가지 악을 지하의 빗물 저장 장치와 비교하며 이 장치가 고장나면 물이 새기 때문에 아무 쓸모없음을 지적한다.

2:14 백성은 '하나님의 특별한 돌보심을 받는 민족이 어찌하여 하찮은 종처럼 적의 손에 운명이 좌우되는 신세가 되었는가'라는 문제를 생각해봐야 했다.

2:15 어린 사자들 도시와 성읍들을 불태운 침략군을 말한다(참고. 4:7). 이것은 여호야김 4년에 바벨론이 침략한 일과 3년 후에 그가 친애굽 정책을 펼쳤던 때를 말하는 것으로 보인다(참고. 20:4; 46:2; 왕하 24:1, 2).

2:16 놉과 다바네스 애굽의 이 두 도시는 애굽 자체를 상징한다.

2:18 애굽과 앗수르와의 동맹에 희망을 품는 것으로써 유다 백성은 파멸했고, 수치를 당했다(36, 37절). **시홀** 나일강을 말한다.

2:19 반역 참고. 3:6, 8, 11, 12, 14, 22; 8:5; 31:22; 49:4; 이사야 57:17; 호세아 11:7; 14:4. 의미를 명확히

알고 싶다면 *잠언 14:14에 대한 설명을 보라.*

2:23 **바알** 거짓 신들을 총칭하는 포괄적 표현이다. **암낙타** 우상들을 쫓아다니는 유다 백성을 본능에 따르는 암낙타와 뜨거운 콧김을 내쉬며 짝을 찾으려고 날뛰는 야생 암나귀로 묘사한다. 또한 이스라엘은 물건을 훔치다가 들킨 도둑(26절)이나 그 외모를 가꿀 때 쓰던 물품을 잊은 처녀나 신부(32절)에 비유된다.

3:1 **사람이 그의 아내를 버리므로** 아내를 버린 사람은 다시 그 여자를 아내로 받아들여서는 안 된다. 그렇게 하면 그녀를 더럽히고 수치스럽게 하는 일이기 때문이다(신 24:4). 예레미야는 이 유비를 빌려 이스라엘을 수많은 연인, 즉 열국들(2:18, 25)과 우상들(2:23-25; 3:2, 6-9)과 영적 간음을 행하는 음녀로 묘사한다. 그러나 유다나 이스라엘이 회개하면 하나님은 그들을 다시 받아들이는 은혜를 베푸실 것이다(3:12-14).

2. 두 번째 메시지(3:6-6:30)

3:6 **배역한** 3:8, 11, 12, 14. *2:19에 대한 설명을 보라.*

3:8 **내가 그를 내쫓고 그에게 이혼서까지 주었으되** 하나님은 이혼을 미워하시지만(말 2:16) 간음하고 회개하지 않을 때는 이혼을 허용하신다(*마 5:32; 19:8, 9에 대한 설명을 보라*). 영적인 의미의 이 죄를 이스라엘이 계속 행하자 하나님이 그들과 이혼하신다는 이 유비에서도 이런 점이 드러난다. 하나님은 이스라엘과는 이미 이혼하셨지만 유다와는 아직 아니었다(참고. 사 50:1). 에스라 10:3에서 우상을 섬기는 아내들과 하나님의 백성이 이혼하는 것이 올바른 결정이라고 말한 것을 참고하라.

3:14 **나는 너희 남편임이라** 하나님은 이스라엘과의 언약관계를 결혼생활로 설명하시며 유다에게 회개하고 돌아오라고 호소하신다. 회개하고 돌아오면 다시 받아주실 것이다. 하나님이 간음한 자기 백성을 다시 받아주심을 비유적으로 보여준 호세아가 호멜을 받아준 사건을 참고하라.

3:15-18 **그때에…이르리라** 이스라엘이 회개할 때(13, 14, 22절) 하나님이 베푸실 축복은 다음과 같다. 첫째, 목자들이 진리로 그들을 가르칠 것이다. 둘째, 단순히 언약궤가 아니라 예루살렘에 그 보좌를 정하고 직접 함께하실 것이다. 셋째, 이방 민족들조차 충성할 것이다. 넷째, 의로 행할 것이다. 다섯째, 진정한 예배를 드릴 것이다. 여섯째, 이스라엘(북)과 유다(남)가 한 왕국으로 통일될 것이다. 일곱째, 약속의 땅에 다시 돌아갈 것이다. 물론 이스라엘이 민족적으로 회개한 일은 아직 일어나지 않았다. 선지자들이 종종 기록하듯(렘 23:5, 6; 30-33; 겔 36장) 하나님이 이스라엘을 회복하실 천년왕국 시대에 이런 일이 이루어질 것이다.

3:19 **너를 자녀들 중에 두며** 이것은 그 백성이 우상에서 떠나 하나님을 '아버지'로 인정할 때 그분의 가족으로 입양되는 것을 말한다.

3:20 **이스라엘 족속아** 북왕국은 이미 뿔뿔이 흩어진 상태였으므로(주전 722년) 이스라엘이라고 불릴 대상은 유다밖에 없었다. 예레미야는 때로 유다를 이렇게 부른다(예를 들어 3:20-23). **아내가 그의 남편을 속이고 떠나감** 호세아는 이와 동일한 이미지를 이미 사용했다(주전 755-710년). 그래서 하나님은 영적 간음을 회개하지 않는 그들에게 이혼 증서를 주셨다. 그러나 회개하면 이스라엘을 다시 받아들이실 것이다(참고. 3:1).

4:3 **갈고** 예레미야는 죄로 허랑방탕한 삶에서 돌이키라고 호소한다. 그는 이것을 잡초가 무성한 결실할 수 없는 땅을 갈아 파종할 수 있도록 하는 일로 묘사한다(참고. 마 13:18-23).

4:4 **할례** 이 수술(창 17:10-14)은 병이 있을 경우 아내에게 그 병을 옮길 가능성이 있는 피부 부위를 잘라내는 것이다. 하나님의 백성을 육체적으로 보호하는 데 필요한 중요한 수술이었다. 또한 이것은 죄의 치명적 질병에서 마음을 정결하게 해야 한다는 필요성을 상징적으로 보여준다. 정작 중요한 수술은 내면의 수술이었다. 하나님은 우리 마음을 그분께 온전히 바치지 못하게 하고 하나님과 그 뜻에 대한 참 믿음을 갖지 못하게 하는 육신을 제거하라고 요구하신다. 예레미야는 뒤에서 이 주제를 더 자세히 다룬다(31:31-34. 참고. 신 10:16; 30:6; 롬 2:29). 하나님은 죄에서 정결하게 해야 할 인간의 필요를 상징하는 기관으로 생식기관을 선택하셨다. 그 생식기관으로 죄인 세대들을 재생산하기 때문에 인

단어 연구

고치다(Heal): 3:22; 6:14; 8:11; 15:18; 17:14; 30:17; 51:8. 문자적으로 의사가 하는 일을 말한다. 때로 무생물을 가리킬 때는 *수리하다*로 번역할 수 있다(왕상 18:30). 역대하 7:14의 경우처럼 정상으로 회복시킨다는 의미를 함축하고 있다. 하나님은 그 백성이 기도하면 그 땅을 회복해 주겠다고 약속하셨다. 시편에서는 병을 고치시고(시 103:3) 마음이 상한 자를 고쳐주시며(시 147:3) 구원하심으로 그 영혼을 치유해주시는 하나님(시 30:2; 107:20)을 찬양한다. 이사야는 하나님의 백성이 그 아들의 제의적 상처로 고침을 받는다고 선언했다(사 53:5-12).

간 타락을 상징하는 데 가장 적합하기 때문이다.

4:6, 7 **북방에서 재난** 이 재난은 바벨론 군대를 말한다. 그들은 북쪽에서 침입할 것이다. 으르렁거리는 "사자"는 거침없이 전진하는 힘과 기세 때문에 바벨론을 상징하기에 적합하다. 바벨론의 상징물 역시 그 왕궁을 지킨다는 날개 달린 사자였다. 이 사자가 바벨론이라는 것은 뒤의 20:4에서야 확인된다. 4장의 여러 부분에서 적국을 짓밟는 전사들을 묘사하고 있다(7, 13, 29절).

4:10 **속이셨나이다** 하박국처럼(1:12-17) 예레미야는 평화에 대한 희망과 정반대인 이 심판의 말씀에 두려움을 느낀다. 하나님은 때로 방임하시는 방식으로 심판하신다. 예를 들어 스스로를 기만하는 거짓 선지자들이 악한 백성을 속여 평화의 시대가 열린다고 착각하게 허용하시는 것이다(참고. 6:14; 8:11; 왕상 22:21-24). 하나님은 사람들이 스스로의 기만을 고집하면 그 기만에 속도록 그냥 두신다.

4:14 **씻어 버리라** 예레미야는 계속해서 이스라엘 민족에게 아직 회개할 기회가 있을 때 죄를 뉘우치고 민족적 파멸이라는 운명을 돌이키라고 호소한다(참고. 7; 26장).

4:22 **악을 행하기에는 지각이 있으나** 이스라엘 백성은 악행을 저지르는 일에는 지혜롭지만 선행, 즉 하나님의 뜻을 알고 행하는 일에는 둔했다. 바울은 긍정적인 의미로 이 원리를 적용하여 로마 성도들에게 선을 행하는 일은 지혜롭고 악을 행하는 일은 서투른 자가 되라고 권면한다(롬 16:19).

4:23 **혼돈하고** 예레미야는 창세기 1:2의 언어를 차용하지만 문맥상 그 내용은 창조의 언어가 아니라 이스라엘과 그 성읍들에 대한 심판의 언어다(20절). 침략자들은 이스라엘을 이전 형체가 다 사라지고 거민이 없는 텅 빈 땅으로 만들었다. 무참한 살육이 자행되고 그 거민들은 도망쳤다(25절). 하늘에는 빛이 보이지 않았는데, 성읍들을 태워 없애느라 생긴 연기 때문이었을 것이다(7, 20절).

5:1 **한 사람이라도 찾으면** 예루살렘 성에 죄악이 팽배하여 진리와 의로 유다를 대신해 용서를 구할 변호인이 한 사람도 없었다. 일반 백성이든(4절) 지도자들이든(5절) 대부분 회개하기를 거부했다(3절).

5:6 **사자** 먹이를 찢어 먹는 이 짐승은 침략군을 상징한다. 사자(*4:6, 7에 대한 설명을 보라*)와 이리, 표범은 가난한 자(4절)나 부자(5절)를 가리지 않는 맹렬한 심판을 상징한다.

5:7 **간음** 종종 간음은 우상숭배나 하나님이 금하신 정치적 동맹을 비유적으로 가리키지만(*3:1에 대한 설명을 보라*) 여기서 이 단어는 창녀를 찾아다니거나 이웃 아내를 유혹하여(8절) 제7계명(출 20:14)을 범하는 남자들의 실제적 간음을 말한다.

5:10 **여호와의 것이 아님이니라** 꺾인 포도나무 가지로 묘사된 백성(참고. 11:16, 17)은 구원의 관계를 누리며 하나님을 진심으로 알아가는 게 아니라 그를 저버리고 다른 신들에게 충성을 바쳤다. 이사야(6:9)와 예수님(마 13:13)은 눈이 있어도 보지 못하고 귀가 있어도 듣지 못한다는 표현(21절)을 이런 가지들과 같은 거짓 선지자들에게 사용했다. 또 예수님은 요한복음 15:2, 6에서 이 가짜 가지들을 불에 탈 운명으로 표현하셨다.

5:14 **나의 말…불** 예레미야가 하나님 말씀으로 예언한 유다의 심판은 유다 민족을 파멸시키더라도 완전히 멸절시키지는 않는다(18절. 참고. 23:29).

5:22 **모래…바다의** 해변을 만들어 물이 육지를 침범하지 않도록 하고, 때에 따라 비를 내리며(24절), 추수할 때를 정해주시는(24절) 것처럼 자연 세계에 나타난 하나님의 섭리는 하나님의 살아 계심과 은혜의 증거다. 이스라엘 민족이 하나님을 배신하면 하나님은 감사하지 않는 이들에게서 이 은혜의 선물을 거둬가실 것이다(25절).

5:31 **거짓을 예언하며** 이런 자들은 거짓 말씀을 전하는 선지자들, 그 스스로 하나님의 자리를 차지한 제사장들, 그런 거짓을 즐기는 추종자들이 포함된다. 모두 하나님 앞에서 유죄다.

6:1 **드고아…벧학게렘** 드고아는 아모스의 고향으로 베들레헴 남쪽 9.7킬로미터 지점에 있다. 벧학게렘('포도원의 집')의 위치는 분명하지는 않지만 드고아 근방일 것이다. 적이 북쪽에서 침범하면 백성은 남쪽으로 도망간다. **북방** *4:6, 7에 대한 설명을 보라.*

6:3 **목자들** 이들은 침략군 바벨론의 호전적인 지도자들을 말하며, 그 수하 병사들은 양 떼에 비유된다.

6:6 **나무를 베어서** 나무로 성벽에 경사로를 만들어 성을 포위한 전략을 묘사한다.

6:9 **말갛게 주우리라** 추수할 때 가난한 사람들이 줍도록 들판에 곡식을 남기던 관습(레 19:9, 10; 룻 2:5-18)과 달리 바벨론 사람들은 유다를 '추수'할 때 한 명도 남기지 않을 것이다.

6:14 **평강하다 평강하다** 선지자들이나 제사장들 가운데 악한 지도자들(13절)은 거짓 평화를 주장하며 금방 사라질 위로를 주었다. 그들은 영적 상처를 고쳐주지 않았고, 죄와 그에 따른 결과를 처리할 수 있는 어떤 분별력도 갖추지 못했다(15절). 이스라엘 백성이 평강을 얻으려면 순종의 삶을 회복해야 했다(16절). 참고. 8:11; 데살로니가전서 5:3.

단어 연구

목자(Shepherd): 6:3; 23:4; 31:10; 43:12; 49:19; 50:44; 51:23. 가축들을 먹이고 돌보는 사람을 말한다. 다윗은 그를 인도해주시고 먹여주시고 돌봐주시는 하나님을 목자라고 말했다(시 23편). 왕과 여러 지도자 역시 그 백성의 목자였다. 고대 중동에서는 종종 왕들에게 *목자*라는 호칭을 붙여주었다. 다윗 왕은 참 목자로서 그 백성을 책임지고 보호하고 인도했다(삼하 5:1, 2). 예레미야는 이스라엘 지도자들이 하나님의 백성의 영적 안녕을 돌볼 책임을 방기한 가짜 목자라고 책망했다(23:1-4).

6:16 여기서는 길을 잃고 헤매던 여행자가 어디로 가야 하는지 묻기 위해 멈춘 모습을 염두에 두었다.

6:17 파수꾼 선지자들이다.

6:20 받지 아니하며 수입한 향료로 제사를 드려도 하나님은 받으시지 않았다. 제사를 드리면서도 하나님 말씀은 거부했기 때문이다(19절).

6:21 장애물 참고. 이사야 8:14; 마태복음 21:44; 베드로전서 2:8.

6:22, 23 바벨론 사람들을 묘사한 내용이다.

6:27-30 내가 이미 너를…삼아 하나님은 예레미야를 시험 감독관으로 삼아 백성의 순종을 시험하도록 하셨다. 또한 그는 요새였다. 금속을 제련하는 '제련사'이기도 했다. 백성은 그 죄로 말미암아 순은이 될 수 없었다. 오히려 청동, 철, 납, 심지어 불순물 섞인 은으로 시험에 통과하지 못했다.

3. 세 번째 메시지(7:1-10:25)

7:1 말씀이 임하니라 이것은 예레미야가 성전에서 처음으로 한 설교인데(2절), 다른 성전 설교는 26장에 있다. 하나님은 죄를 지적하며 격노하신다(6, 19절). 특히 성전을 강도의 소굴로 만든 죄에 대해 진노하신다(11절). 그러나 이 메시지의 요점은 비록 늦었지만 지금이라도 이스라엘이 회개하면 하나님이 침략자들을 막아주신다는 것이었다(3, 7절). 여호와는 그 성전에 절대 재앙을 내리시지 않는다는 주장을 믿지 말아야 하며 평화가 확실하다는 거짓된 희망도 거부해야 한다(4절). 그 죄를 돌이키고(3, 5, 9절) 위선을 버려야 한다(10절).

7:7 영원무궁토록 준 땅 하나님은 아브라함의 언약에서 땅을 주리라는 약속이 무조건적인 약속이었다고 말씀하신다(창 12; 15; 17; 22).

7:12 실로에 가서 하나님은 언약궤와 함께 성막이 있던 실로로 가보라고 부르신다. 블레셋 족속을 사용해 그곳을 유린하도록 하셨던 하나님(삼상 4장)은 그 성전이 있는 예루살렘도 같은 심판을 내리기로 작정하셨다(13, 14절).

7:13 새벽부터 이것은 선지자들의 일상적 사역을 말한다(참고. 25절).

7:15 내가…에브라임 온 자손을 쫓아낸 것 같이 에브라임은 북왕국 이스라엘을 가리킨다. 이스라엘을 대표하는 지파는 에브라임 지파였다(참고. 왕하 17:23). 하나님은 수적으로나 국력으로나 더 우월했던 그들을 앗수르의 밥이 되게 하셨다(주전 722년). 이제 남왕국에게도 같은 일이 일어날 것이다.

7:16 기도하지 말라 하나님은 그 대변인에게 백성을 위해 기도하지 말라고 말씀하신다(참고. 11:14). 유다는 회개할 기미조차 보이지 않았다. 오히려 7:4에서처럼 뻔뻔스럽게 기만적인 구호를 사용하며 18절처럼 악랄한 우상숭배를 포기하지 않았고 여호와의 말씀을 끝내 청종하지 않았다(27절; 19:15). 참고. 요한일서 5:16.

7:18 하늘의 여왕 참고. 44:17-19, 25. 유대인은 앗수르와 바벨론의 여신 이슈타르를 숭배했다. 이 여신은 아스토레트나 아스타르테라고도 불렸는데, 바알 또는 몰렉의 부인이었다. 이 신들은 생식력을 상징했기 때문에 제의를 드릴 때 음행이 필수였다.

7:22 명령하지 아니하고 성경의 저자들은 때로 비교를 통해 강조하고자 할 때 강한 부정문을 사용했다. 출애굽 때 하나님은 제사에 대한 명령을 별로 하시지 않았다. 순종하고자 하는 마음이 있어야 제사를 드리기 때문이다. 다른 곳에서 이 비교를 통한 강조법을 참고하라(신 5:3; 호 6:6; 요일 3:18).

7:22, 23 번제나 희생…들으라 이것은 내적인 순종의 중요성을 강조한 것이다. 참고. 여호수아 1:8; 사무엘상 15:22; 잠언 15:8; 21:3; 이사야 1:11-17; 호세아 6:6; 마태복음 9:13.

7:25 참고. 13절.

7:29 너의 머리털을 베어 버리고 이것은 하나님이 유대 민족을 베어 포로로 던져주실 것을 상징하는 행위다.

7:31 자녀들을 불에 살랐나니 하나님은 이 악행을 금지하셨지만(레 18:21; 20:2-5; 신 12:31) 이스라엘 백성은 여전히 힌놈 골짜기(예루살렘 남쪽)의 산당에서 어린 아이들을 제물로 바치고 있었다. 그들은 아이들을 몰렉 신에게 바치며 축복을 빌었다. *19:6에 대한 설명을 보라.*

7:32 죽임의 골짜기 바벨론의 침공으로 엄청난 살육이 일어날 텐데, 하나님은 그 장소의 이름을 새로 지어주셨다.

8:1 뼈를…끌어내어 침략군은 보물을 찾아 무덤을 샅샅이 파헤치고 부자들과 귀인들의 뼈를 뿌려 들판에 제물로 바쳐 그 신의 우월성을 증명하며 유대인을 모욕할 것이다(2절).

8:4 예레미야는 넘어지면 일어나고 떠나면 돌아오는 사람의 본능을 거론하면서 유다 백성에게 이런 본능도 없다고 비판한다.

8:5 물러감 *2:19에 대한 설명을 보라.*

8:7 철새들은 매년 봄 그 본능에 따라 겨울을 나던 곳에서 어김없이 되돌아온다. 그러나 하나님의 백성은 그분의 진노의 겨울이 오고 있지만 돌아올 줄을 모른다.

8:11 참고. 4:10; 6:14.

8:16 단 이 지파의 땅은 북쪽 국경 주변에 있었으므로 가장 먼저 침략을 받을 것이다. 침략군은 이 북쪽을 치고 남쪽으로 내려올 것이다.

8:17 독사를…보내리니 이는 바벨론 침략자들을 가리키는 비유적 표현이다.

8:19 먼 땅에서 부르짖는 바벨론에 포로로 끌려간 유대인이 외치는 절규다. 그들은 하나님이 왜 자기 백성과 그 땅으로 이런 일을 겪게 하셨는지 궁금해했다.

8:20-22 구원을 얻지 못한다 임박한 진노를 추수 때가 지났지만 사람들이 여전히 굶주림에 시달리는 절망적 고통과 비교한다. 눈물의 선지자인 예레미야는 자기 백성의 고통을 자기 고통으로 받아들이면서도(참고. 9:1) 이미 운명이 정해져 있어 치료받고 위로받을 가능성이 없다고 본다. 길르앗(갈릴리 바다 동쪽)의 풍부한 치료용 향유도 치료해줄 의사도 없다(참고. 창 37:25; 43:11).

9:1 물…눈물 예레미야는 너무나 고통스럽고 괴로워서 홍수처럼 눈물을 흘려 마음이라도 후련해지거나 유다의 죄라는 짐에서 잠시라도 벗어나 쉴 곳이 있었으면 하고 바란다.

9:2 나그네가 머무를 곳 인적이 드문 지역에는 여행자들이 쉬어가도록 마당 딸린 단순한 정사각형 모양의 건물이 지어져 있었다. 광야이므로 외롭고 머물 곳은 지저분하겠지만 예레미야는 예루살렘보다 그곳이 더 나을 것 같았다. 그러면 도덕적으로 타락한 백성을 보지 않을 수 있을 테니 말이다. 그들의 이런 도덕적 타락은 3-8절에 나와 있다.

9:3 나를 알지 못하느니라 *5:10에 대한 설명을 보라.*

9:15 쑥 하나님은 심판의 무서운 고통을 쑥에 비유하신다. 이 쑥잎은 매우 썼다. 그들은 쓰라린 고통을 양식으로 삼을 것이고, 쓸개처럼 역겨운 독초를 물로 삼을 것이다.

9:22 적은 그들의 시체를 짓밟고 모욕할 것이다.

9:24 명철하여 나를 아는 것 하나님을 아는 참 지식이 아니면 이스라엘 민족을 구할 수가 없다. 바울은 이 구절을 2번 인용한다(참고. 고전 1:31; 고후 10:17).

9:26 애굽…광야 46-51장에서 자세히 소개될 열국에 대한 하나님의 심판을 미리 알려주는 예고편이다. **마음에 할례를 받지 못하였느니라** *4:4에 대한 설명을 보라.*

10:2 하늘의 징조 이방인들은 해와 달과 별을 비롯한 천체를 숭배했다.

10:4 꾸미고 종종 나무로 다듬어 우상을 만들고(3절) 금이나 은으로 장식했다(참고. 9절). 어떤 우상은 흙으로 만들기도 했다(삿 18:17; 사 42:17). 문맥상 그런 가짜 신들은 인간을 심판하거나 복을 주지 못한다는 점을 강조한 표현이다(3-5절).

10:7 왕 만물을 주권적으로 창조하고 통치하시는 하나님(참고. 12, 16절; 신 4:35)은 영원하고 살아 계신 하나님으로(참고. 시 47; 145편) 오직 홀로 의지하기에 합당하신 분이다. 반대로 세상의 우상들은 인간이 만들었으므로(9절) 망할 것이다(15절).

10:9 다시스 스페인 남부나 사르디니아 섬에 있는 무역항일 것이다. 참고. 요나 1:3. **우바스** 위치가 어디인지 확실하지 않다.

10:11-16 참되고 살아 계신 창조주 하나님을 죽은 우상들과 다시 비교한다.

10:16 야곱의 분깃 하나님은 자기 백성의 필요를 모두 채워주시는 분이다(민 18:20). 그러므로 우상처럼 그들을 실망시키시지 않는다(11:12). **이스라엘은 그의 기업의 지파라** 하나님은 언약적 사랑으로 이 민족에게 유업을 주셨다.

10:20 내 장막이 무너지고 예레미야는 유목생활의 메타포를 이용해 침략자들이 공격해왔을 때 이스라엘 백성이 처하게 될 상황을 말한다. 그들은 그 '상처' 때문에 '저주'를 받았다고 느낄 것이며, 무너진 집과 죽임당하고 포로로 끌려간 아이들을 보고 울부짖을 것이다.

10:23 사람의 길이 자신에게 있지 아니하니 인간은 혼자서 자기 인생을 이끌어갈 수 없다. 이 기도는 하나님의 인도하심을 받아야 하는 절박한 필요를 이야기하고 있다(잠 3:5, 6; 16:9). 하나님은 예레미야가 태어나기 전에 이미 그의 인생을 계획하셨다(1:5).

10:24, 25 자신을 유다 백성과 한 몸으로 생각하는 예레미야("나를 징계하옵시되")는 그들이 심판을 받을 수밖에 없음을 인정하면서도 하나님의 자비와 너그러우심

을 바란다. 그러나 유대인을 우상숭배의 길로 이끈 민족들에게는 그 진노를 남김없이 쏟아부어 주시기를 기도한다.

4. 네 번째 메시지(11:1-13:27)

11:2 **이 언약** 이것은 3-5절에 요약된 하나님의 언약을 가리킨다. 이 언약은 말씀에 불순종하면 저주를, 순종하면 축복을 약속했다(참고. 신 27:26-28:68).

11:4 **쇠풀무** 수백 년 전 애굽에서 노예로 살 때 당한 고통을 가리키는 메타포다(참고. 출 1:8-14).

11:9 **반역** 이것은 회개하라는 하나님의 호소를 의도적으로 거부하고 그들이 만든 '평화'의 메시지와 우상에 의지하는 모습을 말한다.

11:13 유다는 도시마다 거짓 신상이 있고 거리마다 우상의 제단이 있을 정도로 우상숭배가 만연했다.

11:14 **기도하지 말라** 참고. 7:16. *7:16에 대한 설명을 보라.* 그들이 하나님을 배척하는 한 아무리 기도해도 원하는 응답을 얻을 수 없다(11절; 시 66:18). 그들을 위해 다른 사람들이 기도해도 마찬가지였다.

11:15 **나의 사랑하는** 한 민족으로서 이스라엘과 그 관계에 하나님이 가진 관심을 암시하는 구절이다(참고. 2:2; 12:7). 그렇다고 이스라엘의 모든 사람이 자동적으로 구원을 받는다는 의미는 아니다(참고. 5:10상). **악한 음모** 진정한 성전 예배를 철저히 더럽힌 수치스러운 우상숭배를 말하며, 에스겔 8:6-13의 사례들이 대표적이다. 이것은 처음 세 계명(참고. 출 20:2-7)을 완전히 어긴 것이다. **거룩한 제물 고기** 어떤 면에서 그들은 죄를 짓고 즐김으로써 짐승을 드리는 제사제도를 오염시켰다(참고. 7:10).

11:16, 17 **푸른 감람나무** 이스라엘은 포도나무에 비유되었고(2:21), 좋은 열매를 맺어야 하는 감람나무에 비유되었다. 그러나 그들은 심판의 불을 부르는 열매를 맺었다(5:10의 경우처럼).

11:18-23 **여호와께서 내게 알게 하셨으므로** 레위인들의 땅으로 할당된 48개 성읍 중 하나인 아나돗 출신인 예레미야의 동향 사람들이 그를 죽일 계획을 꾸몄다. "그 나무와…박멸하자"는 그들의 말은 예레미야를 죽여 그 입을 닫게 하고 싶다는 뜻이다.

11:20 **주의 보복을 내가 보리이다** 예레미야는 1:8, 18, 19에서 실제로 약속해주신 대로 하나님이 그 대신 변론해주시라고 호소한다.

12:1 **무슨 까닭이니이까** 악인들이 왜 심판을 받지 않고 형통한지 하나님의 백성은 종종 의문을 제기했다(참고. 시 73편; 합 1:2-4).

12:3 **잡으려고 끌어냄** 여기서 슬픈 마음으로 자기 백성을 위해 간구하던 예레미야는 하나님께 그들을 심판해주시도록 구한다. 이런 저주의 기도는 시편에서 보았던 기도와 비슷하다.

12:4 **그가 우리의 나중 일을 보지 못하리라** 예레미야가 틀렸고 앞으로 닥칠 일은 알지 못한다는 사람들의 어리석은 생각을 이렇게 표현했다.

12:5 **달려도** 하나님은 예레미야에게 이렇게 사소한 시련도 힘들어 포기하고 싶다면 싸움이 더 치열해질 때는 어떻게 하겠느냐고 반문하신다. **요단 강 물이 넘칠 때** 요단강은 홍수가 나면 강둑을 넘어 관목이 빽빽한 들판까지 밀려들었다. 이는 예레미야가 더 어려운 시험을 감당할 준비가 되어 있어야 함을 강조한다. 침략군이 홍수처럼 그 땅을 덮치거나 요단강 수풀에 숨어 있던 야생 짐승이 사람을 공격할 때처럼 큰 위험이 닥칠 것이다.

12:6 **네 형제와…라도** 예레미야는 고향 사람들에게서 미움을 받았을 뿐 아니라(참고. 11:18-23. *이 단락에 대한*

하나님의 심판에 대한 예화

살구나무(1:11, 12)
끓는 가마(1:13-16)
사자(2:15; 4:7; 5:6; 50:17)
뜨거운 바람, 강한 바람, 회오리바람(4:11, 12; 18:17; 23:19; 25:32)
이리(5:6)
표범(5:6)
유다의 가지를 꺾으심(5:10)
불(5:14)
그의 집(예배 중심지)을 실로와 같이 만드심(7:14)
뱀, 독사(8:17)
감람나무를 태워버림(11:16-17)
뽑아서 멸함(12:17)
못 쓰게 된 허리띠(13:1-11)
포도주로 가득 찬 병이 서로 부딪혀 박살남(13:12-14)
깨진 옹기(19:10-11. 참고. 22:28)
바위를 쳐서 부수는 방망이(하나님 말씀, 23:29)
진노의 술잔(25:15)
밭 같은 경작지가 된 시온(26:18)
나무와 쇠로 만든 멍에를 씀(27:2; 28:13)
망치(바벨론, 50:23)
멸망의 산(바벨론, 51:25)

설명을 보라) 그 가족에게도 미움을 받았다. 가족들은 그를 외면했다(7절).

12:8 **사자 같이** 예레미야의 동족 전체가 사자처럼 사납게 그를 공격한다.

12:9 **무늬 있는 매** 죄와 타협으로 얼룩진 하나님의 백성은 다른 짐승들, 즉 적국의 공격을 받을 것이다.

12:12 **여호와의 칼** 하나님의 능력으로 보호받을 수 있다(참고. 47:6; 삿 7:20). 이 경우에는 심판하시는 데 사용된다. 바벨론 사람들은 그 뜻을 이행하는 하나님의 칼이었다.

12:14 **악한 이웃** 이스라엘을 상하게 한 다른 민족들도 결국 주의 심판을 받게 될 것이다(참고. 9:26; 25:14-32; 46-51장).

12:15 **다시 인도하리니** 하나님은 30-33장에서 암시한 대로 장차 천년왕국이 세워지면 그 백성을 이스라엘 땅으로 돌아오게 하실 것이다.

13:1 **베 띠** 하나님 말씀을 전하기 위해(참고. 서론) 예레미야가 몸으로 보여준 계시들 가운데 하나는 베띠(일반적으로 피부와 직접 맞닿는 속옷)를 허리에 두르는 것이었다. 이것은 언약관계를 맺은 이스라엘이 하나님의 영광이 될 만큼(11절) 하나님과 가깝다는 것을 보여준다. **물에 적시지 말라** 이것은 그 민족의 도덕적 불결함을 의미한다. 땅에 묻어 썩은(7절) 허리띠는 이스라엘이 그 죄로 하나님께 아무 쓸모없는 존재가 되었다는 뜻이다(10절). 유프라테스 강가에 숨긴 것(6절)은 하나님이 그 교만을 심판하시기 위해 이스라엘을 바벨론 땅에 포로로 보내실 것을 가리킨다(참고. 9절).

13:4 **유브라데** 이것은 실제로 유프라테스 강변의 한 지역을 가리킨다. 유프라테스는 포로들의 거주지였고(20:4), "여러 날"은 1,600킬로미터가 넘는 길을 왕복으로 여행하기에 맞는 시간이며(6절), 그 민족의 교만을 썩게 한다는 것(9절)은 바벨론을 이용한 심판과 관련이 있다(10, 11절).

13:12-14 **모든 가죽부대** 하나님은 바벨론 침공 당시 유다 거민들을 포도주 부대나 병으로 설명하셨다. 포도주가 취하게 하듯 그들은 어둠 속에서 휘청거리며 눈을 뜨지 못하고(참고. 16절) 통제 불능 상태에서 파멸의 먹이가 될 것이다(14절).

13:16 **여호와께 영광을 돌리라** 하나님께 회개하고 순종하여 그 위대하심을 인정한다는 사실을 보여주라는 것이다.

13:18 **왕과 왕후** 주전 597년에 유다를 다스린 여호야긴과 느후스다를 말한다(참고. 22:24-26; 29:2; 왕하 24:8-17). 왕은 18세의 어린 나이였기 때문에 그 어머니가 실권을 행사했다.

13:19 **온전히 잡혀가도다** 모두 또는 온전히 잡혀갔다고 해서 한 사람도 빠짐없이 다 잡혀갔다는 의미는 아니다. 다른 곳에서 예레미야는 일부 사람은 죽임을 당하고 남은 자들이 그 땅에 그대로 있거나 애굽으로 도망갔다고 설명한다(참고. 39-44장).

13:23 **구스…표범** 이 생생한 유비는 죄인들이 그 죄성을 버릴 수 없음을 강조한다('불치의 질병'). 오직 하나님만이 마음을 변화시키실 수 있다(31:18, 31-34).

13:26 **네 치마를 네 얼굴에까지 들춰서** 이것은 포로로 잡혀온 여자들과 창녀들에게 모욕감을 주고자 한 행위다(참고. 나 3:5).

13:27 **사악한 소리** 이것은 양심도 없이 짐승처럼 음욕에 불타는 모습을 말한다.

5. 다섯 번째 메시지(14:1–17:18)

14:1 **가뭄** 예레미야는 실제로 유다가 가뭄에 시달렸을 때 이 장의 예언을 한 것 같다(2-6절).

14:2 **성문의 무리가 피곤하여** 성문은 사람들이 모이는 곳으로 가뭄과 기근이 닥치면 텅 비거나 애곡하는 사람들로 가득 찼다.

14:7 **여호와여** 예레미야는 연이어 기도를 드리며 듣고 응답하시는 하나님(참고. 1:7; 12:5-17)과 대화한다. 모두 다섯 차례에 걸쳐 대화가 이루어진다(14:7-12; 14:13-18; 14:19-15:9; 15:10-14; 15:15-21).

14:7-9 **우리의 죄악** 예레미야는 유다의 죄악을 고백하면서 하나님의 명성이 그 백성의 처지와 직결되어 있음을 일깨워 드린다(7, 9절). 또한 이방인처럼, 하룻밤 묵는 유숙객처럼 냉랭하게 대하시지 말아달라고 간구한다(8절).

단어 연구

울다(Weep): 13:17. 눈물을 흘리는 행위를 말하며, 슬픔에서 행복에 이르는 여러 감정을 표현해준다. 이 단어가 망자를 위해 우는 고대 사람들의 애곡 행위와 종종 연관되지만(삼하 1:12), 기쁨의 감정을 표현할 때도 사용된다(창 29:11). 고대 사람들은 작별인사를 할 때(룻 1:9), 재앙이 임박했을 때(9:1; 31:16), 재건된 성전을 보고 너무 기쁠 때(스 3:12), 누군가의 장례식 때(창 50:1) 눈물을 흘렸다. 애가에서 예레미야는 백성의 죄로 인해 눈물을 흘린다. 그 죄는 결국 예루살렘의 파멸을 부른다(애 1:1, 16).

14:10-12 하나님은 이 첫 대화에서 이렇게 대답해주셨다. 첫째, 만성적으로 범죄하는 유다를 심판하셔야 한다. 둘째, 예레미야가 유다를 구원해달라고 기도해서는 안 된다. 셋째, 회개치 않은 죄는 심판받아야 하므로 그들의 기도에 응답하시지 않을 것이다(참고. 11:14. *이에 대한 설명을 보라*).

14:13 선지자들이…이르기를 예레미야는 평강을 약속하는 거짓 선지자들에게 속았기 때문에 유다 백성이 어찌할 도리가 없었다고 변명하는 것 같다.

14:14-18 변명도 그다지 설득력이 없다. 이런 거짓과 허위는 선지자들의 마음이 거짓되기 때문이다. 선지자들은 그 죄로 대가를 치러야 하겠지만(14, 15절) 백성 역시 그 악함의 대가를 치러야 할 것이다(16-18절; 5:31).

14:17 처녀 딸 유다는 한 번도 이방의 노예가 된 적이 없었기 때문에 이렇게 불린다.

14:18 알지 못하는 땅 바벨론이다.

14:19, 20 주께서 유다를 온전히 버리시나이까 예레미야는 유다를 영원히 버리지 말아달라고 하나님께 깊이 통회하며 그 민족의 죄를 고백한다(참고. 단 9:4 이하).

14:21 주의 영광의 보좌 성전이 있는 예루살렘이다.

15:1-9 이제 유다 백성을 위해 중보해도 아무 소용이 없다. 탁월한 중보자인 모세(참고. 민 14:11-25)와 사무엘(삼상 12:19-25)이 기도를 드린다고 해도 사람들이 계속 회개하지 않으면 심판을 막을 수가 없다(참고. 18:8; 26:3). 하나님의 심판을 촉발한 가장 심각한 죄는 유다 왕 므낫세(주전 695-642년)의 죄였다. 4절에서 지적한 이 죄는 열왕기하 21:1-18에 기록되어 있다(참고. 왕하 23:26). 하나님은 이 죄 때문에 진노를 거둘 수 없다고 말씀하신다(또한 왕하 24:3, 4을 보라).

15:6 내가 뜻을 돌이키기에 지쳤음이로다 하나님은 종종 예고하신 심판을 보류하시고(참고. 26:19; 출 32:14; 대상 21:15) 인내하심으로써 그들이 회개할 기회를 주신 적이 있다(참고. 롬 2:4, 5; 3:25).

15:9 아직도 대낮에 그의 해가 떨어져서 젊은 어머니들이 죽고 그 자식들이 죽임을 당한다.

15:10 내게 재앙이로다 예레미야는 슬픔을 이기지 못하고(참고. 9:1) 차라리 태어나지 않았더라면 좋았을 거라고 탄식한다(참고. 20:14-18). 그는 악덕 채권업자도 아니고 누군가에게 돈을 빌린 적도 없다. 그럼에도 그의 동족이 그를 저주하는데, 그들의 증오심이 고통스럽기만 하다.

15:11-14 심판의 한가운데서 하나님은 순종하는 유다의 남은 자들을 보호해주겠다고 약속하신다(참고. 말 3:16, 17). 침략자 바벨론은 떠나면서 일부 사람을 그 땅에 남겨두었다(40:5-7). 예레미야는 침략자들에게 호의적인 대우를 받았다(40:1-6). 그를 핍박하던 대적들은 나중에 그에게 사정할 것이다(21:1-6; 37:3; 42:1-6). 일부 유대인은 예레미야를 강제로 애굽으로 끌고 가는 것으로 하나님의 뜻에 반항했다(참고. 43:1-7).

15:15-18 여호와여 주께서 아시오니 예레미야는 자기 연민에 빠져 끝까지 모욕을 견딘 사실과 말씀을 사랑하고 악한 자들과 어울리지 않고 홀로 꿋꿋하게 견뎠던 일들을 하나님께 상기시켜 드린다.

15:18 속이는 시내 예레미야는 주께 금방 말라버리는 사막의 와디처럼 자기를 속이지 말라고 구한다(18절). 이 간구에 대한 응답은 2:13에 있다(하나님이 그의 샘이 되신다). 참고. 15:19-21; 17:5-8.

15:19 하나님은 성급하게 자기연민에 빠졌다고 예레미야를 책망하신다. 그는 하나님 앞에서 자세를 가다듬고 회개해야 한다. 그렇게 하면 분별할 능력이 생기고 ("귀한 것을 말한다면"은 찌꺼기에서 순수한 금속을 걸러내는 데서 빌려온 비유임) 하나님을 대변할 특권을 갖게 된다. 하나님은 죄인들이 그가 강조하는 가치를 받아들여야 하며, 그는 결코 그들과 타협해서는 안 된다고 말씀하신다. 남을 시험해야 할 사람(6:27-30)은 먼저 스스로를 시험해야 한다(참고. 모세, 출 4:22-26).

15:20, 21 하나님은 예레미야가 회개한다면 보호해주실 것이다(20, 21절. 참고. 1:18, 19).

16:2 아내를 맞이하지 말며 파멸과 포로로 끌려가야 하는 재앙이 곧 유다에 닥칠 것이므로 아내와 가정을 갖지 말아야 한다. 하나님은 고통과 죽음의 끔찍한 상황에서 가족 때문에 고통당하지 않도록 은혜를 베푸신다(4절). 참고. 15:9; 고린도전서 7:26.

16:5 초상집 사랑하는 이를 잃은 사람들을 위해 친구들은 이곳에서 음식을 준비해주었다. 예레미야는 그들과 함께 슬퍼하거나 기뻐하지 말라는 지시를 받았다(참고. 8절).

16:6 베거나…미는 이는 극도의 슬픔을 표현하는 행위다.

16:10-13 어찌됨이며 예레미야는 심판의 이유를 설명해야 한다. 즉 그들이 하나님을 버리고 거짓 신들을 섬겼기 때문이라고 설명해야 한다(11절; 2:13). 그들은 바벨론에서 질릴 정도로 우상을 섬길 것이다(13절).

16:14 맹세하지 아니하고 바벨론에서 돌아오게 하겠다는 하나님의 약속을 보면 애굽에서 이스라엘을 건져주실 때 보이신 구속의 능력과 신실하심의 증거는 그 백성을 바벨론에서 건져내실 때 보이신 증거에 비하면 오히려 초라해 보인다. 이 포로생활이 얼마나 고통스러

웠는지 바벨론에서 구원받는 것이 애굽에서 구원받는 것보다 훨씬 더 놀라운 기적이었다.

16:15 모든 나라 이것은 오직 메시아만이 세상에 세우실 수 있는 왕국이다. 마지막에 모으실 때에야 성취될 정도로 그 대상은 광범위하다.

16:16 많은 어부…포수 하나님의 심판 사역을 대행할 바벨론 군대를 말한다(17절).

16:18 배나 갚을 것은 *배(double)*는 '가득한' 또는 '완벽한'이라는 뜻으로 심각한 죄의 심판에 어울리는 표현이다.

16:19-21 하나님이 유대인을 심판하시면 결국 우상숭배가 종식될 것이다. 심지어 그 가혹한 심판을 목격한 일부 이방인도 우상을 버릴 것이다. 바벨론에서 귀환한 뒤 유대인이 우상을 완전히 버렸고 많은 이방인이 우상에서 돌이켜 여호와께 돌아옴으로써 이 예언은 부분적으로 성취되었다. 그러나 이스라엘의 최종적 회복으로 완전히 성취될 것이다(참고. 사 2:1-4; 49:6; 60:3).

17:1 유다의 죄 심판을 받아야 할 이유(16장)가 이 장에서도 계속된다. 우상숭배(1-4절), 육신으로 힘을 삼은 죄(5절), 부정하게 재물을 축적한 죄(11절)다. **철필** 우상들의 이름이 이런 철필로 그 제단 뿔에 새겨져 있었다. 이것은 유다의 죄가 돌에 새긴 것처럼 영구적으로 그들 속에 새겨져 있다는 뜻이다. 그 마음에 하나님 말씀을 새기는 것과 너무나 대조적이다(31:33).

17:3 들에 있는 나의 산 유다의 예루살렘이다.

17:4 너의 알지 못하는 땅 바벨론이다.

17:5-8 그 사람은 저주를 받을 것이라 예레미야는 저주를 받은 사람(5, 6절)과 축복을 받은 사람(7, 8절)을 비교한다. 저주와 축복을 가른 결정적 이유는 사람을 의지했느냐, 하나님을 의지했느냐의 차이다(5, 7절). 그 활기와 생명력 역시 광야의 바싹 마른 떨기나무(6절)와 물가에 심어져 그 물에서 생명을 공급받아 열매를 맺는 나무(8절. 참고. 시 1:1-3)처럼 대조적이다.

17:10 나 여호와는 심장을 살피며 인간의 죄(1-4절), 열매를 맺지 못하는 인간(5, 6절) 또는 복을 받은 사람(7, 8절)에 대한 최종 판결자이신 하나님은 그 행위에 따라 심판하신다(참고. 계 20:11-15). 하나님은 그 행동을 달아 보신다(삼상 2:3).

17:11 자고새 이것은 알을 많이 품는 것으로 알려져 있는데, 다른 새의 알을 훔쳐다가 품는 습성이 있다고 한다. 남의 것을 부당하게 가로챘지만 온갖 노력에도 그 혜택을 누리지 못하는 사람을 가리킨다.

17:14-18 예레미야는 원수들한테서 건져주시도록 기도하며 부르짖는다(14절). 그는 불의한 사람들에게 둘러싸여 있지만(1-6, 11, 13절) 경건한 신앙의 모습을 잃지 않았다. 첫째, 하나님은 그의 찬송이 되셨다(14절). 둘째, 목자의 마음을 갖고 하나님을 따랐다(16절). 셋째, 기도의 사람으로 언제든지 하나님의 점검을 받았다(16절). 넷째, 하나님이 그의 소망이 되셨다(17절). 다섯째, 심판 중에도 구원해주실 하나님의 신실하심을 신뢰했다(18절).

6. 여섯 번째 메시지(17:19-27)

17:21-24 안식일 유대인은 안식일을 지키지 않았을 뿐 아니라 땅의 안식년(레 25:1-7)도 지키지 않았다. 하나님은 그처럼 불순종하면 심판이 임할 거라고 경고하셨다(레 26:34, 35, 43; 대하 36:20, 21). 70년간의 포로생활은 사울부터 포로생활까지 490년의 세월과 관련이 있다. 이것은 70번의 안식년을 지켜야 하는 세월이었다. 유대인은 포로생활에서 돌아왔을 때 안식일 준수 문제를 특별히 중시했다(참고. 느 13:19).

17:25-27 순종하면 하나님은 다윗 왕조가 예루살렘에서 영원히 통치하게 해주시고 그 성의 안전과 성전 예배를 보장해주실 것이다(25, 26절). 계속 불순종하면 예루살렘 성에 파멸이 임할 것이다(27절). *22:2, 4에 대한 설명을 보라.*

7. 일곱 번째 메시지(18:1-20:18)

18:1-20:18 17장과 18-20장은 밀접하게 연관되어 있다. 파멸을 강조하지만(17장) 회개하면 아직 그 심판을 막을 수 있다(18:7, 8). 그러나 회개할 가능성이 보이지 않기 때문에(18:12) 예레미야는 옹기를 깨뜨려 하나님이 이스라엘을 심판하실 것을 보여준다(19장). 그 일로 하나님 말씀을 거부한 유대 백성(참고. 19:15)은 하나님의 대변자인 그를 핍박한다(20장).

18:2-6 토기장이의 집 하나님은 예레미야를 토기장이의 집으로 보내셨고 그릇을 빚는 과정으로 그분의 뜻을 설명해주신다. 그는 그릇을 하나 사서 행위 계시로 하나님 말씀을 전하는 데 사용했다(19:1 이하). 예레미야는 녹로로 토기를 만드는 토기장이를 지켜보았다. 진흙으로 만든 그릇이 터졌지만 그 토기장이는 그것으로 자기 좋은 대로 다른 그릇을 만들었다. 하나님도 유다가 회개하면 그렇게 하실 것이다.

18:8-10 심판이 임박했다고 선언했더라도 하나님은 심판을 보류하고 '금이 간' 그 민족을 다시 좋은 그릇으로 만들어주실 수 있다(8, 11절). 반대로 그들이 계속 죄를 버리지 않는다면 원하는 축복을 주시지 않을 것이다(9, 10절).

18:12 이는 헛되니 예레미야는 정직하게 그 상태를 털어놓도록 했다. 하지만 그들이 너무 멀리 갔기 때문에 선지자의 경고는 아무 소용이 없었다. 그 죄와 형벌에 이미 버려진 상태였다. 정직을 추구하고 모든 위선을 버려야 하지만 이스라엘은 회개하지 않았다(18절; 19:15처럼). 이것은 표면적으로 드러난 역설을 설명한다. 즉 이스라엘은 회개하고 심판을 되돌릴 수 있지만 예레미야는 이스라엘을 위해 기도할 수가 없다(7:16; 11:14). 그들이 모든 영적 변화를 거부했기 때문에 변화를 위해 기도해도 아무 소용이 없다는 것을 알았다.

18:13 처녀 이스라엘 이스라엘이 하나님이 선택하신 처녀라는 사실(참고. 왕하 19:21)은 그 죗값만 무겁게 할 뿐이었다.

18:14 눈…흘러내리는 찬물 제정신이라면 "들의 바위"를 버리지 않을 것이다. 여기서 들의 바위는 레바논 산을 가리키는 시적 표현으로, 이 산에 강의 수원이 있었다. 그러나 이스라엘은 이방의 터진 샘 때문에 생명의 근원이신 하나님을 버렸다(참고. 2:13).

18:18 꾀를 내어 예레미야를 치자 그 '혀'로 선지자를 고발하고 그를 죽이기로 계획을 꾸미는 것(23절)은 그가 말한 심판의 메시지가 거짓이라고 생각했기 때문이다. 제사장과 현자와 선지자들의 직책은 하나님이 영원한 제도로 만드셨으므로 평상시처럼 계속된다(참고. 레 6:18; 10:11).

18:19-23 나를 돌아보사 이것은 하나님의 심판을 속히 실행해달라는 예레미야의 기도로(11, 15-17절) 하나님의 뜻을 자기 뜻으로 받아들이는 수많은 기도 사례 가운데 하나다.

18:22 구덩이를 팠고 참고. 38:6.

19:1 백성의 어른들…제사장 이들은 "옹기"를 이용한 상징적 행위의 증인으로 선택된 사람들이다. 그래서 이 예언을 모른다고 누구도 핑계를 댈 수 없다. 산헤드린을 이루는 72인의 장로들은 부분적으로 제사장 출신들과 나머지 지파 사람들(백성)로 구성되었다.

19:2 하시드 문 일명 '질그릇 조각'의 문은 예루살렘 남쪽 성벽에 있었고 그곳에서 토기장이들이 근처 성전에서 쓸 그릇을 만들었다. **힌놈…골짜기** *19:6에 대한 설명을 보라.*

19:6 도벳 히브리어는 '북'의 의미로 토프(toph)라는 단어를 사용한다. 이것은 예루살렘 남단의 동서 방향으로 놓인 계곡, 힌놈 골짜기를 가리키는 다른 이름이다. 이곳에서 어린 아이들을 우상의 제물로 불태워 바쳤고(참고. 4, 5절) 그들의 울부짖는 소리를 듣지 못하도록 북을 두들겼다고 한다(참고. 왕하 23:10). 이곳은 게헨나라 불리는 지옥의 꺼지지 않는 불을 가리키는 상징이 되었다(마 5:22). 참고. 7:30-32; 이사야 30:33. 나중에는 대량 살육의 장소가 될 것이다. *7:31에 대한 설명을 보라.*

19:9 살을 먹게 하고 오랜 포위 공격으로 굶주림을 견디다 못한 일부 사람이 가족과 친구를 먹는다는 것이다(애 4:10).

19:10 참고. 1절.

19:13 하늘의 만상에 분향하고 이것은 태양, 행성, 별들을 평평한 지붕에서 숭배했다는 뜻이다(참고. 32:29; 왕하 23:11, 12; 습 1:5). **더러워졌은즉** 그들의 집은 우상숭배로 더러워졌다.

20:1 임멜 그는 '성전의 일을 다스리는 자' 중 한 명이었다(참고. 대상 24:14). **바스훌** 그 의미는 '평안' 또는 '구원이 가까움'이라는 뜻으로 하나님이 3절에서 주실 새 이름과 대조된다. 그와 같은 이름을 가진 사람은 여러 명이다(참고. 21:1; 38:1). **총감독** 그는 대제사장이 아니라 성전 치안과 질서를 책임진 총책임자였다.

20:2 예레미야를 때리고 바스훌이나 그의 권위를 대행한 사람들이 예레미야를 40대 때렸다(참고. 신 25:3). **문 위층** 성전 뜰에 있는 북문의 위층이다. **나무 고랑으로 채워 두었더니** 손과 발, 목을 구멍에 고정하면 몸이 구부러져 뒤틀린 자세가 되어 극도의 고통을 느끼게 된다.

20:3 마골밋사빕 '사방으로 두려움'이라는 뜻으로 하나님의 심판을 받을 이 지도자에게 어울리는 이름이다. 그 두려움은 4절과 6절에 상세히 나타나 있다(참고. 6:25).

20:4 바벨론 예레미야가 "북쪽"(1:13)의 "먼 나라에서"(4:16) 올 침략자를 직접 거론하고 있다.

20:8 종일토록 치욕과 모욕거리 7-18절에서 예레미야는 하나님이 맡기신 사명 때문에 겪는 조롱과 모욕을 기도 중에 털어놓는다. 그의 감정은 포기하고 싶은 마음(9상), 다시 힘을 얻음(9하), 도움을 간구함(12절), 찬양(13절)을 오가며 절망과 낙심의 파고를 넘나든다(14-18절. 참고. 11:18-23; 15:10, 15-18).

예레미야의 실물 교육

- 베띠(13:1-11)
- 터진 그릇을 좋은 그릇으로 만듦(18:1-11)
- 바위에 옹기를 깨뜨림(19:10-11)
- 무화과 두 광주리(24:1-10)
- 나무로 만든 멍에와 쇠로 만든 멍에(27; 28장)
- 토지 구입(32:6-44)
- 애굽에 돌을 묻음(43:8-10)

20:9 말하지 아니하리라 우울하고 비관적인 생각에 마음이 완전히 가라앉은 예레미야는 더 이상 말을 하고 싶지 않았다. 그러나 원수들에게 넘어진 모습을 보이고 싶지 않은 마음에(10절) 마음속에서 불이 난(참고. 욥 32:18, 19; 시 39:3; 행 18:5; 고전 9:16, 17) 그는 주의 임재를 경험하고(11절) 하나님이 이전에 건져주신 일을 기억해낸다(13절).

20:14 내 생일이 저주를 받았더면 또다시 우울한 마음이 그를 삼킨다. 이때는 나무 고랑을 차고 갇혀 있을 때였을 것이다(2절). 마치 욥의 탄식을 듣는 것 같다(욥 3:3, 10, 11).

20:15 즐겁게 하던 자가 저주를 받았더면 하나님의 종은 절망에 빠져 죄를 짓는 지경에 이른다. 그는 마땅히 감사해야 하는 하나님의 지혜와 뜻을 의심하기 시작한다.

20:16 여호와께서 무너뜨리시고…아니하신 성읍 소돔과 고모라다(창 19:25).

8. 여덟 번째 메시지(21:1-14)

21:1 시드기야 왕 주전 597-586년경 그의 재위 기간에 대해서는 열왕기하 24:17-25:7를 참고하라. **바스훌** 이 제사장은 20:1-6의 바스훌과 동명이인이다. 참고. 38:1

21:2 우리를 치니 이것은 주전 587/586년 바벨론의 마지막 포위 공격 때를 말한다(4절). 이 공격으로 유대인은 세 번째이자 마지막으로 포로로 끌려가게 되었다. 히스기야가 산헤립의 공격 때 구원을 받았듯이(왕하 19:35, 36) 시드기야는 하나님이 개입해주시기를 바랐다.

21:4 무기를 내가 뒤로 돌릴 것이요…모아들이리라 유대인은 진격해오는 침략군을 맞아 성 밖으로 나가 언덕과 계곡에서 이미 싸우고 있었다. 그러나 그들은 곧 쫓겨 성 안으로 들어올 것이고, 적은 그들의 무기를 수거한 뒤 그 무기로 그들을 죽일 것이다.

21:5 내가…칠 것이며 하나님은 침략군을 심판의 도구로 사용하셨다(7절). 유대인의 적은 바벨론뿐 아니라 하나님도 있었다.

21:7 칼날로 그들을 치되 시드기야의 아들과 많은 귀족들은 죽임을 당했다. 시드기야는 자식을 잃은 충격과 슬픔에 살아도 산 것이 아니었다(참고. 34:4; 왕하 25:6-8).

21:8 생명…사망 계속 회개하기를 거부했기 때문에 결국 다른 나라의 침략을 받았지만 예레미야는 유대인에게 항복하라고 권한다. 그러면 죽임을 당하지 않고 전쟁 포로로 살아남을 수 있었다.

21:12 다윗의 집이여 왕가와 관련된 모든 사람은 즉각("아침") 정의와 의를 행하도록 부름을 받는다. 그들이 회개하면 파멸을 피할 시간이 아직 남아 있다.

21:13 골짜기와 평원 바위의 주민 예루살렘이 바위와 언덕과 계곡 사이에 거주하는 것처럼 의인화하고 있다.

21:14 너희를 벌할 것이요 포위 공격 때 전 국토와 마찬가지로 예루살렘도 화염에 휩싸일 것이다(10절).

9. 아홉 번째 메시지(22:1-23:40)

22:2, 4 다윗의 왕위 이것은 사무엘하 7:3-17의 다윗 언약을 가리킨다. 하나님은 이 언약으로 다윗의 후사들이 이스라엘을 다스릴 것이라고 약속해주셨다. *사무엘하 7:8-16에 대한 설명을 보라.*

22:6 길르앗…레바논 유다의 높고 아름다운 산들이다.

22:7 네 아름다운 백향목을 찍어 이것은 주로 백향목으로 지은 궁궐과 대저택을 의미한다(참고. 아 1:17).

22:10 죽은 자 이것은 이 바벨론에게 진멸당하기 전에 죽은 요시야를 가리키는 것으로 보인다(왕하 22:20; 사 57:1). 죽은 성도들은 부러움의 대상이고 살아 있는 죄인들은 불쌍한 사람들이다. 요시야가 죽은 후 그의 기일이 되면 공개적인 자리에서 모두 애곡하는 의식을 행했고, 예레미야도 여기 참석했다(대하 35:24, 25).

22:11, 12 살룸 요시야의 넷째 아들이자(참고. 대상 3:15) 여호아하스 왕의 다른 이름이다(주전 609년 3개월 동안 통치함, 왕하 23:31). 그의 이 이름은 역설적이다. 백성은 그를 샬롬('평강')이라고 불렀지만 살룸은 '징벌'이라는 뜻이기 때문이다.

22:13-17 화 있을진저 이 메시지는 선정을 펼쳤던 아버지 요시야 왕과 다른(15, 16절) 여호아하스를 책망하는 내용이다(13, 14, 17절).

22:18, 19 여호야김 주전 609-597년 유다를 다스린 그는 무거운 세금으로 백성을 수탈하고 화려한 그의 궁전을 짓는 데 백성을 강제 동원하는 악행을 저질러 레위기 19:13; 신명기 24:14, 15(참고. 미 3:10; 합 2:9; 약 5:4)에 언급한 하나님의 법을 어겼다. 그는 바벨론 2차 포위 공격 때 죽임을 당하고 죽은 나귀처럼 땅에 버려져 짐승들의 먹이가 되었다.

22:20 레바논에 올라 레바논의 백향목 지대인 북서쪽에 사는 죄인들과 갈릴리해 건너 북동쪽의 바산에 사는 자들이 적의 침략을 받을 것이다. 남동쪽의 아바림처럼 온 땅이 심판을 받을 것이다.

22:24-26 고니야 여고냐를 줄인 말로 비하하는 의미로 사용되었을 것이다. 여호야긴이라고도 한다. 유다를 주전 597년에 불과 3개월 10일을 다스렸고, 포로로 끌려가 천수를 다하고 죽었다.

22:24 인장 반지 개인의 휘장이 새겨진 반지다(참고. 학 2:23).

22:28 여고냐를 우상시했던 사람들이 묻는 질문이다.

22:30 자식이 없겠고…기록하라 여고냐는 자식이 있었지만(대상 3:17, 18) 후계자가 될("왕위에 앉아") 아들이 없었기 때문에 자녀가 없는 셈이나 마찬가지였다. 마리아의 남편 요셉에게로 이어지는 후손들에게도 그 저주는 계속되었다. 그런데 그 부친이 이 저주를 받았는데 어떻게 예수님이 메시아가 될 수 있었는가? 처녀의 몸에서 나심으로써 예수님이 요셉의 혈통을 잇지 않았기 때문이다(마 1:12). 예수님이 다윗의 위에 앉을 수 있는 후손의 권리는 마리아가 솔로몬(여고냐의 조상)이 아니라 솔로몬의 형제 나단의 후손이었기 때문이고, 그로 말미암아 저주를 피할 수 있었다(눅 3:31, 32). 참고. 36:30. *36:30, 31에 대한 설명을 보라.*

23:1, 2 목자에게 화 있으리라 이들은 백성의 안녕을 제대로 돌보지 못한 거짓 지도자를 가리킨다(참고. 2절). 선지자들과 제사장들뿐 아니라(참고. 11절) 22장의 왕들과 다른 일반 지도자들도 이 저주의 대상이다. 그들은 하나님이 나중에 보내실 목자들(4절; 3:15)과 대조를 이룬다. 악한 목자들과 거짓 선지자들을 저주하는 다른 중요한 장으로는 14; 27; 28; 이사야 28; 에스겔 13; 34장; 미가 3; 스가랴 11장이 있다.

23:3, 4 모아 하나님은 포로로 잡혀간 이스라엘 백성을 옛 고토로 돌아오게 하겠다고 약속하신다. 16:14, 15과 30-33장의 유사한 약속들을 비교해보라. 여기서 말하는 땅은 실제로 팔레스타인을 말하며 나머지 "모든 지방"(3절)과 대조를 이루므로 그 흩어짐처럼 모으심 역시 실제적으로 이루어질 것을 확인시켜 준다. 바벨론 귀환을 메시아로 하나님이 백성을 최종적으로 회복하실 때(참고. 8절의 "모든 쫓겨났던 나라에서")에만 적용할 수 있는 어조로 서술하고 있다. "그들의 생육이 번성할 것이며"는 아무도 잃어버리거나 소외받지 않으리라는 뜻이다. 이 예언은 아직 성취되지 않았다. 참고. 32:37, 38; 이사야 60:21; 에스겔 34:11-16.

23:4 그들을 기르는 목자들 참고. 에스겔 34:23-31. 스룹바벨과 에스라, 느헤미야, 여러 다른 사람의 목양은 목자 되신 메시아 예수의 궁극적 목양하심에 비하면 사소한 예언의 성취다.

23:5 가지 메시아가 다윗의 가문이라는 나무에서 난 가지로 묘사되어 있다(참고. 23:5; 33:15, 16; 사 4:2; 11:1-5; 슥 3:8; 6:12, 13). 그는 장차 하나님의 백성을 통치할 것이다. 같은 약속이 반복된 33:14-17을 참고하라. *22:2, 4에 대한 설명을 보라.*

23:6 여호와 우리의 공의라 이 어구는 5절과 6절에서 2번이나 강조되고 있다. 메시아의 목양은 거짓 선지자들의 사역과 대조를 이룬다(1, 2, 11, 14절). 유다와 이스라엘이 하나로 통합될 것이다(참고. 겔 37:15-23).

23:7, 8 *16:14, 15에 대한 설명을 보라.*

23:13, 14 예루살렘과 유다가 사마리아와 이스라엘보다 더 악하다.

23:14 선지자들 가운데도 가증한 일 거짓 목자들은 거짓말을 일삼고 간음을 행하며 헛된 꿈을 설파했다(25, 27절). 그들은 알곡이 아니라 겨가 되었고(28절), 죄악으로 하나님의 위로는커녕 심판을 자초하는 자들에게 평안을 약속했다(17절). 이 모습이 중대한 죄악으로 하나님께 불로 심판을 받았던 소돔과 고모라 같았다(참고. 창 19:13, 24, 25).

23:18 거짓 선지자들의 말을 거부해야 할 확실한 이유가 소개되어 있다(참고. 16절). 그들이 하는 말은 하나님 말씀이 아니다.

23:20 끝날에 그들은 듣지 않을 것이다. 하지만 심판이 임하는 날(12절)에야 비로소 깨닫게 될 것이다.

23:21, 22 모세 율법대로라면 이 거짓 선지자들은 돌로 쳐 죽여야 한다(참고. 신 13:1-5; 18:20-22).

23:23, 24 가까운 데에 있는 하나님이요 먼 데에 있는 하나님 거짓 선지자들은 하나님께 그 행위를 숨길 수 있다고 착각해서는 안 된다. 하나님은 내재적 의미로나 초월적 의미에서 무소부재하고 전지한 분이라고 선언하신다.

23:25 내가 꿈을 꾸었다 꿈으로 하나님의 계시를 받았다는 주장이다(참고. 민 12:6). 그러나 그것은 거짓된 주장으로(26, 27절), 하나님의 말씀이 갖는 능력이 없었다(28, 29절).

23:29 불 같지…방망이 하나님의 말씀은 목자들의 거짓 메시지와 속임수를 다 무너뜨릴 수 있는 거부할 수 없는 능력이 있다.

23:33 여호와의 엄중한 말씀…엄중한 말씀이 무엇이냐 백성은 조롱조로 예레미야에게 최근 무슨 예언의 계시("엄중한 말씀")를 받았느냐고 묻는다. 예레미야의 신실한 말씀 선포를 이렇게 조롱하자 하나님은 그 질문을 그대로 인용해 이렇게 대답하라고 하신다. "내가 너희를 버리리라", 즉 하나님의 심판이 확실하게 임박했다는 뜻이다.

23:34-40 하나님의 엄중한 말씀 거짓으로 하나님 말씀을 받았다고 주장하는 사람은 하나님의 진리를 왜곡한 죄로 심판받을 것이다. 거짓으로 하나님의 예언을 받았다고 주장하는 사람은 그 안위가 위험해질 것이다.

말씀의 상징들

상징	실재	관련 구절
1. 예수 그리스도	성육신하신 말씀	요 1:1; 계 19:13
2. 보화	값으로 따질 수 없는 가치	시 12:6(은), 시 19:10; 119:127(금)
3. 씨	새 생명의 원천	마 13:10-23; 벧전 1:23
4. 물	죄에서 정결하게 함	엡 5:25-27; 계 21:6; 22:17
5. 거울	자기점검	약 1:22-25
6. 양식	영혼의 자양분	고전 3:2; 벧전 2:1-3(젖); 신 8:3; 마 4:4(떡); 고전 3:3; 히 5:12-14(고기) 시 19:10(꿀)
7. 옷	진리로 옷 입은 인생	골 3:12; 벧전 3:5
8. 등불	갈 길을 알려주는 빛	시 18:28; 잠 6:23; 벧후 1:19
9. 검	영적 무기	엡 6:17(외적으로); 히 4:12(내적으로)
10. 다림줄	영적 실재의 척도	암 7:8
11. 망치(방망이)	확실한 심판	렘 23:29
12. 불	무서운 심판	렘 5:14; 20:9; 23:29

10. 열 번째 메시지(24:1-10)

24:1 **느부갓네살 왕이…옮긴 후에** 이는 주전 597년 바벨론의 2차 유대인 포로 사건을 말한다(참고. 왕하 24:10-17).

24:5 **이 좋은 무화과 같이** 2절의 실물 교육을 상세히 설명한다. 끌려간 유대인, 즉 바벨론 포로들은 29:5-7, 10에서 기록한 대로 죽음을 당하지 않고 호의적인 대우를 받았다. 그들은 잡혀온 포로가 아닌 이주민으로서 여러 특권을 누렸다.

24:6, 7 주전 538년 남은 자들이 실제로 유다로 귀환하지만 이 약속은 메시아가 오셔서 세울 왕국에서 아브라함 언약(창 12장), 다윗 언약(삼하 7장), 새 언약(렘 31장)이 궁극적으로 성취될 것이라는 더 중요한 약속을 암시한다(참고. 32:41; 33:7). 우상을 버리고 참 하나님 한 분께 돌아오는 일(7절)이 현재 전 세계에 흩어져 있는 유대인이 마지막 왕국에서 완전히 회심하는 사건(참고. 롬 11:1-5, 25-27)을 암시하는 어조로 설명되어 있다.

24:8-10 **나쁜 무화과 같이** 시드기야가 속주의 봉신으로 통치한 11년(주전 597-586년) 동안 예루살렘에 남아 있던 자들은 곧 다른 나라로 흩어지고 잔인한 죽임을 당하고 기근과 질병에 시달리는 환난을 당할 것이다(참고. 예레미야 29:17). 25:9과 비교해보고 *그에 대한 설명을 보라.* 신명기 28:25, 37의 저주를 인용한(참고. 29:18, 22; 시 44:13, 14) 이 단락은 메시아께서 재림하실 때까지 긴 시간 흩어져 있는 심판으로 성취된다.

11. 열한 번째 메시지(25:1-38)

25:1 **넷째 해** 여호야김이 주전 609-597년 통치했으므로 이때는 주전 605/604년일 것이다. **원년** 느부갓네살은 주전 605-562년에 다스렸다.

25:3 **열셋째 해** 이때는 주전 627/626년일 것이다. 요시야는 640-609년에 다스렸다. **이십삼 년** 예레미야는 요시야 재위 13년에 사역을 시작해(참고. 1:2) 지금까지 23년 동안 충실하게 회개와 심판의 메시지를 전했다(주전 605/604년).

25:9 **내 종** 하나님은 이방 왕 느부갓네살을 그 뜻을 이루는 데 사용하셨다(참고. 사 45:1의 고레스).

25:10 참고. 7:34; 요한계시록 18:23.

25:11 **칠십 년** 포로로 살아야 할 기간에 대한 구체적 언급이 처음으로 나온다(참고. 29:10). 이것은 여호야김 제4년에 시작되었을 것이다. 이때 예루살렘은 처음 함락되었고, 침략군들은 성전 보물들을 가져갔다. 이것은 유대인에게 본국 귀환을 허락한 고레스 칙령으로 끝이 난다. 주전 605/604년부터 주전 536/535년에 이르는 기간이었다. 안식년의 정확한 기간은 주전 490년으로 사울에서 바벨론 포로생활까지 이르는 시간이다. 이것은 안식일 규례를 어긴 데 대한 벌이었다(참고. 레 26:34, 35; 대하 36:21).

렘

25:13 모든 민족 예레미야는 주변 열국에 대한 심판을 예언했다(참고. 46-49장). 50-51장에서는 바벨론이 심판의 대상이 된다.

25:14 섬기게 할 것이나 다른 민족들을 노예로 삼은 바벨론 사람들은 열국의 노예가 될 것이다.

25:15 이 진노의 술잔 무서운 심판의 상징이다(16절).

25:17 그 모든 나라로 마시게 하되 예레미야는 18-26절에 열거된 곳들을 다 방문할 수 없었을 것이다. 하지만 이 환상에서 그는 모든 열국 대표가 다 참석해서 이 진노의 메시지로 마시고(27절) 피할 곳이 없음을 알게 된 것처럼 말한다(28, 29절).

25:29 내 이름으로 일컬음을 받는 성 예루살렘이다(참고. 단 9:18).

25:30-33 유다와 다른 민족들에게 곧 심판이 닥치게 되겠지만, 종말의 언어("땅 이 끝에서 땅 저 끝")를 사용하기 때문에 요한계시록 6-19장이 소개하는 대환난 때에 궁극적으로 성취될 것이다.

12. 열두 번째 메시지(26:1-24)

26:1 시작한 때에 주전 609년이다. 25:1의 설교보다 약 4년 전의 설교이며, 24:1보다 약 11년 전의 설교다.

26:2 성전 뜰에 서서 성전 뜰은 성전에서 가장 큰 회집 장소였다.

26:6 실로 같이 예루살렘 이전에 하나님이 거처하시던 곳이다. 참고. 7:12. *이에 대한 설명을 보라.*

26:11 예레미야가 반역죄로 고발당한다. 참고. 사도행전 21:27, 28의 바울이 체포된 일.

26:12 예레미야가…말하여 이르되 백성의 지도자들과 백성이 그를 죽이겠다고 위협했다(8절). 극도의 위험한 상황 속에서 예레미야는 자신을 변호했다. 그는 타협하지 않았고 놀라운 신앙적 용기를 보여주었다. 그는 죽을 각오가 되어 있으며(14절), 하나님이 그 피 흘린 책임을 물으실 거라고 무리에게 경고했다(15절).

26:15 나를 죽이면 참고. 마태복음 23:31-37.

26:17-19 장로…말하여 이르기를 이들은 선지자 미가의 말을 인용한다(참고. 미 3:12). 미가는 히스기야 재위 시절(주전 715-686년) 예루살렘과 그 성전의 파멸을 예언했다. 그들은 미가를 죽이지 않아서 하나님이 심판을 철회하셨다고 생각했다. 그러므로 하나님이 그 마음을 바꾸시도록 예레미야를 죽일 수가 없었다. 미가와 예레미야의 예언은 때가 되면 이루어질 것이다.

26:20-22 예언한 사람이 있었는데 미가와 예레미야처럼 우리야 역시 여호야김 시대에 예루살렘의 멸망을 경고했다. 예레미야가 이 경고를 하던 당시(주전 609년)보다 불과 얼마 전의 일이었다. 그는 결국 처형되었다. 예레미야 역시 어느 쪽으로도 처리될 수 있었다. 죽인 경우도 있고 살려준 선례도 있었기 때문이다.

26:22 엘라단 어떤 경우에 예레미야의 편을 들어준 고위 관리다(참고. 36:12, 25).

26:23 묘지 성전 동쪽의 기드론 골짜기다(참고. 왕하 23:6).

26:24 아히감 영향력을 발휘해 살해당할 위험에 처한 예레미야를 구해주었다. 요시야 시대에 왕의 비서관이었던 그는 그다랴의 아버지다(참고. 왕하 22:12, 14). 주전 586년 예루살렘 멸망 후 바벨론 사람들은 그의 아들 그다랴를 유다 총독으로 임명했다(39:14; 40:13-41:3).

13. 열세 번째 메시지(27:1-28:17)

27:1 여호야김이 다스리기 시작할 때 이것은 주전 609/608년경으로 여호야김이 다스리던 때다(26장의 경우처럼). 이것이 아니라면 3, 12절과 28:1에서처럼 시드기야를 잘못 표기했을 수도 있다. 그러면 주전 597-586년 통치했으므로 그의 통치 첫 해를 말한다.

27:2 줄과 멍에를 만들어 이 실물 교육은 바벨론에 포로로 끌려갈 것을 상징한다. 예레미야는 멍에를 목에 걸고 유다가 포로로 끌려가리라는 것을 보여주었고(12절), 바벨론의 지배를 받게 될 주변 나라들 가운데 여섯 왕에게도 그 멍에를 보내주었다(3절). 참고. 예레미야 28:10-12.

27:7 참고. 25:13, 14.

27:8 바벨론의 왕의 멍에 이 실물 교육이 말하고자 하는 핵심은 간단하다. 자원해서 바벨론을 섬기는 나라는 그 본토에 머무를 수 있지만 바벨론에 복종하지 않는 나라는 멸망한다는 것이다. 따라서 유다는 바벨론에게 복종해야 그 땅에서 그대로 살 수 있었다(9-18절).

27:18 구하여야 할 것이니라 하나님은 19-22절에서 증명된 대로 그런 기도에 응답하시지 않을 것이다. 하나님은 이런 거짓 선지자들의 기도에 관심이 없으시기 때문이다.

27:20 주전 597년이다.

27:21, 22 기구 예레미야는 바벨론에 빼앗긴 성전 그릇들(참고. 왕하 24:13; 단 1:1, 2)을 되찾게 될 거라고 말한다. 에스라 5:13-15에 보면 주전 536년경 이 예언이 성취되었다고 기록하고 있다. 주전 516/515년경 이 그릇들을 재건한 성전에 다시 두었다(스 6:15).

28:1 시드기야가 다스리기 시작한 지 27:1을 참고하고 *그에 대한 설명을 보라.* 4년째는 주전 약 593년경일 것이다. **하나냐** 이 이름을 가진 동명이인이 많다. 여기

나오는 하나냐는 다니엘 1:6의 충성스러운 하나냐와 다른 사람으로, 하나님의 참 선지자에 대적한 사람이다.

28:2, 3 멍에를 꺾었느니라 27:14-16에서 예레미야가 경고한 거짓 선지자다. 그는 바벨론에게 이겨서 2년 내에 유다가 성전 그릇을 가져올 거라고 예언했다. 그러나 바벨론은 11년 뒤 세 번째 최종 승리를 거두고 유다를 무너뜨렸다(주전 586년). 이 일은 39, 40, 52장에 기록되어 있다. *27:21, 22에 대한 설명을 보라.*

28:4 여고니야와…돌아오게 하리니 이 무모하고 거짓된 주장은 치욕스럽게도 이루어지지 않는다. 여고냐는 주전 597년 바벨론으로 끌려가 그곳에서 천수를 다하며 살았지만 예루살렘으로 돌아오지는 못했다(52:31-34). 다른 포로들 역시 포로 상태로 죽었거나 61년 뒤에도 돌아오지 못했다. 참고. 22:24-26.

28:10 멍에를 빼앗아 꺾고 어리석게도 거짓 선지자는 참 하나님의 대변인이 사용하던 실물 교재를 빼앗아 자기의 예언이 실제로 이루어지리라는 표시로 그것을 꺾어버렸다(참고. 2-4절, 11절).

28:13 가서 하나냐에게 말하여 이르기를 예레미야는 그 자리를 떠났다가 나중에 하나님의 보내심을 받고 그에게 경고했다. 이번에는 나무 멍에 대신 쇠 멍에를 쓰고(하나냐가 꺾을 수 없는) 말씀을 전했을 것이다(14절).

28:15-17 여호와께서 너를 보내지 아니하셨거늘 예레미야는 하나냐에게 이렇게 경고한다. 첫째, 하나님은 그의 메시지를 인정하시지 않았다. 둘째, 백성이 거짓을 믿고 심지어 반역죄를 짓도록 부추기는 죄악을 저질렀다. 셋째, 하나님이 그해, 즉 주전 597년에 그의 목숨을 취하실 것이다. 두 달이 지난 뒤 하나냐가 죽음을 맞게 되었는데, 참 선지자의 말이 사실로 입증되었다(참고. 17절).

14. 열네 번째 메시지(29:1-32)

29:1 편지 주전 597년 많은 동족이 끌려간 직후(참고. 2절) 예레미야는 포로생활을 하는 그들에게 위로의 편지를 썼다.

29:4-10 바벨론에 있는 이스라엘 백성에게 예레미야는 오랫동안(70년, 25:11, 29:10) 지낼 작정을 하고 이민자처럼 살라고 조언했다. 또한 바벨론이 평안하기를 구하며 기도하라고 했다. 그들의 안녕과 직결된 일이었기 때문이다(7절. 참고. 스 6:10; 7:23).

29:11 평안이요 이는 미래에 이스라엘에게 축복을 베푸시고자 하는 하나님의 뜻을 확인시켜 준다(참고. 30-33장).

29:12-14 너희가 내게 부르짖으며 또한 하나님은 그 백성에게 신실한 기도로 그 뜻에 참여할 기회를 주실 것이다(13절). 참고. 요한일서 5:14, 15.

29:14 나는 너희들을 만날 것이며 하나님은 유대인을 그 땅으로 돌아오게 하심으로써 그 기도에 응답해주실 것이다. 참고. 다니엘의 사례와 하나님의 응답(단 9:4-27). 에스라와 느헤미야 시대에 이것이 성취되지만 메시아께서 재림하신 후 훨씬 더 본격적으로 성취될 것이다(참고. 단 2:35, 45; 7:13, 14, 27; 12:1-3, 13).

29:15-19 너희가 말하기를 유대 포로들은 여전히 하나님의 참 메시지를 거부하고 그들 가운데 함께 있는 거짓 선지자들의 말을 들었다(참고. 8, 9, 21-23절). 이로 말미암아 하나님은 유다에 아직 남아 있는 자들을 다시 포로로 끌려가게 하셨다(주전 586년).

29:17 못쓸 무화과 같게 참고. 예레미야 24장의 원리. *24:8-10에 대한 설명을 보라.*

29:21-23 아합…시드기야 거짓 선지자로, 포로로 끌려간 두 사람은 바벨론에서 포로들을 부추겨(15절) 바벨론 왕의 진노를 사게 만들었다(단 3장처럼). 그들은 바벨론 왕의 진노만 샀을 뿐 아니라 하나님의 진노도 샀다. 하나님의 말씀에 반하는 예언을 하고 영적 간음을 저질렀다(참고. 5:7).

29:24-32 스마야에 대한 심판 예레미야를 대적한 선지자로 하나냐와 비슷한 운명에 처해졌다(참고. 28:15-17).

29:28 이것은 5절에 언급된 예레미야의 편지를 말한다.

B. 유다에 대한 위로, 새 언약(30:1-33:26)

1. 회복의 예언–1부(30:1-31:40)

30:3 돌아오게 할 것이니 주제를 담고 있는 이 절은 30-33장의 약속을 한 마디로 압축하고 있다. 하나님이 그 민족을 본토로 돌아오게 하겠다는 약속(참고. 29:10; 암 9:14, 15; 롬 11:26)은 마지막 모으심(*16:15에 대한 설명을 보라*)을 염두에 두고 있으며, 단순히 에스라와 느헤미야 시대의 귀환만을 가리키지 않는다(8, 9절; 31:31 이하, 32:39, 40; 33:8, 9, 15, 16). 이 절은 4-9절의 예언을 요약하고 있다.

30:7 야곱의 환난의 때 이 절이 명시한 대로 이스라엘에 유례가 없는 환난이 닥칠 이 시기는 이스라엘의 마지막 회복이라는 맥락에서 소개된다. 따라서 그리스도가 재림하시기 직전 대환난과 가장 잘 연결된다(참고. 8, 9절). 이 환난은 성경 다른 곳에서도 언급되며(단 12:1; 마 24:21, 22) 자세히 소개하고 있는 곳도 있다(계 6-19장).

30:9 왕 다윗 궁극적으로 이 약속은 메시아, 다윗 계보에서 더 크신 다윗을 통해 이루어진다(삼하 7:16). 그

렘

분은 종종 이스라엘의 소망으로 약속된 분이다(23:5, 6; 사 9:7; 겔 37:24, 25; 단 2:35, 45; 7:13, 14, 27; 마 25:34; 26:64; 눅 1:32; 계 17:14; 19:16). 포로 시대 이후 다윗의 후손들 가운데 왕의 홀을 받았던 사람은 아무도 없다. 다윗의 계보인 스룹바벨도 왕의 칭호를 갖지 않았다(참고. 학 2:2).

30:10, 11 너만은 멸망시키지 아니하리라 이스라엘은 메시아 왕국이 도래할 때까지 민족의 명맥을 유지할 것이다(참고. 롬 11:1-29).

30:12-15 유다는 스스로 범죄해서 하나님의 심판을 자초했으므로(15절) 원망할 이유가 전혀 없다.

30:16-24 이 절대적이고 포괄적인 약속들은 역사적으로 아직 성취되지 않았다. "끝날"에 천년왕국에서 더 큰 다윗 그리스도가 통치하실 때를 예고한다.

30:21 그 통치자 이 통치자는 이스라엘 내부에서 나올 메시아로 9절과 23:5, 6의 왕을 말한다(참고. 사 11:1). 제사장으로 하나님 앞에 나아갈 수 있다.

31:1 그 때에 30:24의 "끝날"과 같다. 이 장에서도 유대 민족의 회복에 대한 예언이 계속된다.

31:2-14 하나님은 미래에 올 메시아적 왕국의 모습을 설명해주신다.

31:15 라마에서…소리 잠시 바벨론의 침공으로 자녀를 잃은 이스라엘의 한 어머니가 겪는 애통한 심정을 서술하고 있다. 이것은 메시아 시대에 지복의 기쁨을 누리도록 그들을 회복해주겠다는 수많은 약속의 배경이 된다(12-14, 16, 17절처럼). 마태는 헤롯 왕이 아기의 모습을 한 메시아를 죽이려고 베들레헴 유아들을 학살했을 때 유대 어머니들이 보여준 애곡함을 묘사하면서 이 표현을 인용한다(마 2:17, 18).

31:18-20 깊이 생각하노라 예레미야는 이스라엘(에브라임으로 불리는 열 지파)이 결국에는 겸손한 마음으로, 주께서 그들을 회개와 용서의 길로 인도해주셔야 함을 깨달을 것이라고 기록했다. 이스라엘의 회복과 그들의 기도에 대한 관계는 시편 102:13-17을 참고하라(또한 24:6, 7; 애 5:21을 보라. 참고. 요 6:44, 65).

31:22 반역 *2:19에 대한 설명을 보라.* **여자가 남자를 둘러 싸리라** 예레미야서에서 가장 이해하기 어려운 구절 중 하나다. 어떤 이들은 그리스도의 동정녀 탄생에 대한 예언으로 해석하기도 하지만, 여자는 '동정녀'가 아니라 '여자'라는 뜻이고 '둘러싸다' 역시 '임신하다'라는 뜻도 아니다. 이전에 처녀였던 이스라엘(21절)이 이제 이혼으로 수치를 당한 아내(22; 3:8)가 되었다는 의미로 보인다. 미래의 어느 날 전 남편, 즉 하나님을 다시 만날 것이고 그분은 그를 완전히 용서하고 다시 받아주실 것이다. 그것이 세상의 "새 일"이다.

31:26 내 잠이 달았더라 이스라엘의 회복에 대한 소망이 생기자 늘 무거운 사역으로 고통스럽던 예레미야가 잠시 마음의 평안을 누린다.

31:28 세우며 심으리라 하나님은 1:10에서 심판하고 축복하는 두 가지 사역에 대해 예레미야에게 처음 하신 말씀을 반복한다. 후자는 건축과 농사의 이미지로 설명되어 있다.

31:29 신 포도를 먹었으므로 이것은 바벨론에서 태어난 아이들이 그 자신의 죄가 아니라 그 아버지의 죄로 괴로움을 당한다는 사실을 표현한 잠언으로 보인다(애 5:7; 겔 18:2, 3).

31:31-34 새 언약 하나님은 이스라엘이 실패한 모세 언약 대신 새 언약을 약속으로 주신다. 하나님을 의지하는 사람들은 그분의 거룩한 영적 능력으로 그 구원의 축복에 참여할 것이다. 이 언약은 개인에게도 적용되지만 민족으로서 이스라엘에게도 적용된다(36절; 롬 11:16-27). 그 본토에서 나라를 다시 회복하는 과정은 (예를 들어 30-33장과 38-40절) 극심한 환난(30:7)이 끝난 후에 실현된다. 원리적으로 예수 그리스도도 이 언약을 선언하셨으며(눅 22:20), 교회 시대에 유대인과 이방인 신자들을 통해 영적으로 성취되기 시작했다(고전 11:25; 고후 3:6; 히 8:7-13; 9:15; 10:14-17; 12:24; 13:20). "은혜로 택하심을 따라 남은 자"(롬 11:5)들은 이 언약의 효력을 이미 누리기 시작했다. 또한 끝날에 그 고토인 팔레스타인으로 그 백성을 다시 모으심으로써 이스라엘 백성을 통해서도 실현될 것이다(30-33장). 아브라함과 다윗의 언약, 새 언약은 메시아가 통치하는 천년왕국에서 하나로 통합될 것이다.

31:35-37 이 단락은 하나님이 새 언약을 이루어주실 것을 이스라엘이 신뢰할 것임을 강조한다(참고. 33:17-22, 25, 26).

31:38-40 하나넬 망대는 예루살렘 성의 북동쪽 모퉁이에 있었다(참고. 느 3:1; 12:39). 이스라엘이 그 땅에 다시 돌아옴으로써 새 언약의 약속들이 궁극적으로 성취되면 재건된 예루살렘은 특정한 조건을 만족시킬 것이다. 모퉁이 문은 북서쪽 모퉁이에 있었다(왕하 14:13; 대하 26:9). "측량줄"은 새롭게 재건할 구역을 표시하는 데 사용된다. 측량줄이 가렙 언덕을 거쳐 고아까지 표시된다. 두 곳 모두 오늘날 어디인지 확인하기는 어렵다. "시체와…의 골짜기"는 힌놈 골짜기를 말하며, 쓰레기 처리장으로 사용되어 불이 꺼지지 않았다(참고. 7:31, *7:31에 대한 설명을 보라*). 마문은 성전 뜰의 남동쪽 모퉁이에 있었다(왕하 11:16; 느 3:28).

2. 회복에 대한 믿음(32:1-44)

32:1 **열째 해** 주전 587년으로 시드기야가 통치(주전 597-586년)한 지 10년째이며, 느부갓네살이 통치한 지 18년째로 바벨론이 예루살렘을 포위 공격했던 때다.

32:2 **바벨론 군대는 예루살렘을 에워싸고** 주전 588년 10월(현재 1월)에 시작된 포위 공격은 최소 30개월 이상 지속되어 주전 586년 4월(현재 6월)에야 끝났다(39:1, 2). 34:1을 참고하고 *그에 대한 설명을 보라.* 이 장에 기록된 사건들은 유다가 그 땅을 잃기 직전에 일어났다. 39; 40; 52장에 기록된 바벨론의 최종 예루살렘 함락이 있기 불과 일 년 전의 일이었다.

32:2-5 **뜰에 갇혔으니** 유다의 마지막 왕은 민족과 왕에 대해 반역을 부추긴다는 죄목으로 예레미야를 감옥에 가두었다. 또한 시드기야는 자기 구미에 맞는 이야기에 솔깃해서 바벨론에 맞서 끝까지 싸워야 한다는 각오를 새롭게 다졌다.

32:8 **기업의 상속권** 어려운 일을 당하면 재산을 처분하게 된다. 희년이 올 때까지 그것을 무를 수 있는 권리는 가장 가까운 친척에게 있었다. 혈육이 아닌 남이 빚 때문에 그 땅을 가져가면 친척이 가문의 재산으로 그것을 되살 수 있었다(레 25:25). 레위인의 땅은 오직 예레미야와 같은 레위인에게만 팔 수 있었다(레 25:32-34). 그는 하나님이 지시하신 대로 순종했다(9-12절).

32:14 **이 증서를…가지고** 토기에 담아 안전하게 보관한 토지 소유권은 그 토지가 해당 주인의 재산임을 증명해 주는 문서다. 아나돗 사람들은 후에 바벨론에서 예루살렘으로 돌아왔다(스 2:23). 또한 바벨론 사람들이 남겨둔 가난한 사람들 가운데(39장) 아나돗의 거민도 일부 있었을 것이다. 하나님은 훗날 부활한 예레미야에게 이 땅을 돌려주시고(17, 27절) 의인들에게 그들이 선지자이자 제사장의 후손임을 확인시켜 주실지도 모른다.

32:16-25 예레미야는 주권적 권능으로 현재의 포로생활과 미래의 고토 귀환을 그 뜻대로 처리하시는 하나님이 왜 그 땅을 사도록 하셨는지 궁금해한다.

32:26-35 하나님은 유다의 죄를 되짚어보시고 바벨론 군대에게 예루살렘을 넘길 것을 예레미야에게 재확인시키신다(참고. 28절의 "이 성").

32:36-41 그러나 하나님은 언젠가 이스라엘을 그 땅으로 돌아오게 하시고 구원의 축복을 베풀어주실 것이다.

32:37 **그들을 모아들여 이 곳으로 돌아오게 하여** 하나님은 이스라엘 백성을 고국 땅으로 돌아오게 하겠다고 약속하신다(참고. 44절). 그 땅에서 그들을 흩으신 것처럼 이 축복의 약속을 문자 그대로 이루어주실 것이다(참고. 42절).

32:38, 39 이것은 영적 구원, 즉 하나님에 대한 참된 지식과 예배를 말한다.

32:40 **영원한 언약** 에스라와 느헤미야 시대의 유대인 귀환으로 미래에 대한 약속이 궁극적으로 성취된 것은 아니었다. 이것은 하나님이 이스라엘 백성에게 고토로 돌아오게 함과 동시에 새 마음을 주어 영원한 구원을 받도록 하실 때 이루어진다(참고. 33:8, 9; 겔 36:26).

32:42-44 천년왕국에서 다시 토지를 매매하게 될 것이다.

3. 회복의 예언-2부(33:1-26)

33:3 **부르짖으라 내가 네게 응답하겠고** 하나님은 예레미야에게 기도하라고 부르신다. 지키시리라 장담한 약속들을 이루어달라고 호소하라는 것이다(29:11-14; 단 9:4-19처럼. 참고. 요 15:7). 4-26절에서는 이 기도에 응답해주겠다는 확신을 주신다(참고. 14절).

33:8 하나님은 다시 그 땅으로 돌아오게 하리라는 새 언약과 함께 영적 구원을 강조하신다.

33:11 **여호와께 감사하라** 이것은 시편 136:1의 내용으로 실제로 바벨론에서 귀환할 때 유대인이 불렀던 노래다(스 3:11).

33:15 **가지** 이는 23:5, 6처럼 다윗의 계보에서 태어날 메시아 왕을 말한다. 그분은 권능 가운데 재림하시고 곧 생길 왕국을 통치하실 왕이다(단 2:35, 45; 7:13, 14, 27; 마 16:27, 28; 24:30; 26:64).

33:17-22 하나님은 다윗 언약(삼하 17장)과 제사장들과의 언약(민 25:10-13)을 반드시 지키겠다고 약속하신다. 이 약속은 밤과 낮이 어김없이 찾아오는 것처럼 확실하다. 별과 바다의 수를 셀 수 없는 것처럼 레위인들을 번성하게 해주실 것이다(참고. 31:35-37; 33:25, 26).

33:24 **두 가계** 유다와 이스라엘이다. **버리셨다** 심지어 오늘날에도 많은 사람은 하나의 민족으로서 이스라엘은 미래가 없다고 믿는다. 25, 26절에서 하나님은 그런 생각이 틀렸다고 분명하게 말씀하신다(참고. 31:35, 36; 시 74:16, 17; 롬 11:1, 2). 하나님은 이스라엘 민족을 회복시켜 주실 것이다.

C. 유다에 임할 재앙(34:1-45:5)

1. 유다 멸망 전(34:1-38:28)

34:1 **느부갓네살…칠 때에** 이 포위 공격은 주전 588년 1월 15일에 시작되어(39:1) 586년 7월 18일에 끝났다(39:2; 52:5, 6). 이 장은 주전 588-586년 포위 공격을 받던 시드기야 재임 시절의 내용으로 예레미야가 감금

렘

된 이유에 대한 32:1-5의 보충 설명이다. **예루살렘** 바벨론의 예루살렘 함락은 주전 586년 8월 14일에 시작되었다(왕하 25:8, 9).

34:3 시드기야에 대한 이 예언(참고. 32:1-5)은 열왕기하 25:6, 7; 예레미야 52:7-11에 기록된 대로 성취되었다.

34:8-10 계약…자유를 선포한 후에 시드기야는 노예들을 해방시키기로 계약하고 처음에는 이 약속을 잘 지켰다. 이 계약을 맺고 바로 자유의 법을 선포했다(레 25:39-55; 신 15:12-18). 이는 하나님의 은혜에 기대어 그 심판이 끝나기를 바라는 희망의 표현이었다.

34:11 그들의 뜻이 변하여 노예를 놓아주었던 사람들이 그 약속을 뒤집고 그 노예들을 다시 불러들였다. 어떤 이들은 애굽 군대가 진격해오면서 바벨론 군대가 잠시 철수하자 위험이 사라졌다고 믿은 사람들 때문에 이런 일이 벌어졌다고 주장한다(37:5, 11).

34:12-16 그러므로 여호와의 말씀이…임하니라 하나님은 이 불성실한 유대인에게 그 자신의 언약을 상기시켜 주셨다. 그분은 옛날 애굽의 노예였던 이스라엘 백성을 자유롭게 해주셨다(참고. 출 21:2; 신 15:12-15). 또한 동족을 노예로 삼으면 6년만 종으로 삼고 7년째에는 풀어주라고 명령하셨다(13, 14절).

34:17-22 너희가 나에게 순종하지 아니하고 최근 그들이 보여준 표리부동한 모습 때문에(16절) 하나님은 칼과 전염병, 기근에게 심판당할 자유만 주겠다고 경고하신다.

34:18, 21 송아지를 둘로 쪼개고 하나님은 피로 맺은 언약을 부인하고 범죄한 그들을 침략자에게 넘겨주어 죽게 하실 것이다(21절). 창세기 15:8-17에서 보듯 이 언약식에서는 두 당사자가 희생제물을 쪼개 양쪽에 놓고 그 사이를 걸었다. 이 상징적 행위를 통해 그 약속을 지키겠다고 맹세했다. 사실상 "내가 지켜야 할 언약의 조건을 지키지 않으면 내 목숨(피가 상징하는)을 이렇게 내놓겠다"라고 인정한 셈이었다.

단어 연구

진실(Truth): 4:2; 33:6. 하나님의 기준이든 창조 질서든 일정한 기준에 부응하는 진실을 가리킨다. 진리는 종종 자비, 특히 하나님의 자비와 연관된다(창 24:49; 시 57:3; 117:2). 또한 이 단어는 법정 용어의 맥락에서 자주 사용된다. 세속적 맥락에서는 증인들과 재판을 가리켜 사용되며(잠 14:25; 슥 8:16), 종교적 맥락에서는 하나님의 율법과 계명을 가리켜 사용된다(시 119:142, 151). 진리는 소중하다. 진리가 실종될 때 선지자들은 애통해하며 탄식했다(9:5; 사 59:14; 호 4:1). 하나님은 그 백성에게서 진실을 원하신다(시 15:2; 51:6). 따라서 진리는 하나님을 기쁘게 해드리는 삶의 토대가 된다(시 25:5, 10; 26:3).

35:1-19 이 장은 불순종하는 유대인과 반대로 한 무리의 사람이 그 선조에게 한 약속을 끝까지 지키는 모습을 보여준다.

35:1 여호야김 때에 주전 609-597년이다. 이것은 34:1보다 몇 년 전의 이야기로 34장의 반역 사건에 이어 순종의 사례를 인용해 주제를 강조한다.

35:2 레갑 사람들 이들은 반유목민으로 모세의 장인과 관련이 있는 겐 족속이며(삿 1:16; 4:1) 역대상 2:55에 나오는 이들의 후손이다. 포도주를 마시지 않는 전통을 만든 사람은 요나답이었다(35:6, 14; 왕하 10:15, 23). 레갑 족속이라는 이름은 레갑에서 유래했으며(8절) 야곱의 후손이 아니라 이스라엘 가운데 이방인이었다.

35:8 순종하여 여기서 칭찬하는 내용은 유목생활에 대한 그 조상의 구체적인 지침이 아니라 그 후손들의 변함없는 순종의 모습이었다. 그들은 항상 모든 일에 예외 없이 조상의 명령대로 순종했다. 이 모든 것은 이스라엘에게는 볼 수 없는 모습이었다(14절).

35:13-17 예레미야는 유대인의 노골적인 불순종을 고발한다.

35:18, 19 너희가…순종하여 하나님은 레갑 자손들을 축복하실 것이다. 그들을 모두 영적으로 구원하지는 않지만 그 후손들을 보존해주실 것이고, 하나님을 섬기는 일에 쓰임받는 사람들도 있을 것이다. 느헤미야 3:14을 보면 레갑 사람이 성벽 재건 작업에 참여했다는 기록이 나온다. 또한 70인역 시편 71편의 표제는 요나답의 아들들과 초기 포로들을 위한 노래라고 되어 있다.

36:1 여호야김 제 사년 이 장(*35:1에 대한 설명을 보라*)은 32-34장보다 시간적으로 몇 년 더 앞선 시점의 일로, 3차에 걸친 바벨론 이주 사건 가운데 주전 605년의 첫 이주 사건 직후에 발생한 일이다.

36:2 거기에 기록하라 주전 627년 예레미야가 사역을 시작한 이후부터(1:2) 주전 605/604년까지 모든 메시지를 한 권으로 기록해 성전에서 백성이 읽도록 하라는 명령이었다(6절).

36:4 바룩이…기록하니라 기록 담당인 예레미야의 비서(참고. 32:12)가 그의 메시지를 기록했는데(참고. 45:1) 첫 두루마리가 불탄 후(참고. 36:32) 다시 기록했다. 또한 그는 성전(10절)과 왕궁(15절)에서 그 내용을 읽었다. 나중에 여후디가 여호야김 왕 앞에서 첫 두루마리

의 일부를 읽었다(21-23절).

36:5 붙잡혔으므로 이는 '갇히다' '제재를 당하다'라는 뜻이며 33:1; 39:15에서 감옥에 갇힌 것을 가리킬 때 쓴 것과 동일한 단어다. 고관들이 예레미야가 숨도록 한 사실(19절)로 미루어 감옥에 갇혀 있지 않고 단순히 연금된 상태였을 수도 있다. 여호야김 시대에 예레미야가 투옥되었다는 기록은 없다.

36:6 금식일 참고. 9절. 이 날은 특별한 금식일로, 임박한 재앙을 돌이키기 위해 정한 날이었다. 그런 날이라면 유대인은 예레미야의 설교를 더욱 귀 기울여 들었을 것이다.

36:9 제오년 제4년이라는 1절의 다음 해(주전 604년)로 그때까지 받은 긴 말씀을 반복하고 기록하는 데 몇 개월이 걸렸을 가능성을 암시한다(참고. 18절). **구월** 11/12월이다(참고. 22, 23절).

36:10 방 성전 뜰을 내려다볼 수 있는 북쪽 성벽 위에 있었다. 사람들이 성전 뜰에 모이자 바룩은 창문이나 발코니에서 말씀을 낭독했을 것이다.

36:17, 18 사람들은 바룩에게 이 말씀이 기억을 되살려 쓴 것인지 실제로 영감받은 그 선지자가 구술한 대로 썼는지 물었다. 후자였다. 그들은 그 말씀이 하나님 말씀일지도 모른다고 생각했다(참고. 16, 25절).

36:23 베어 여후디가 두루마리에 적힌 말씀을 "서너 쪽을 낭독하면" 왕은 모두 칼로 베어 화로에 던져 태워 버렸다. 그 말씀을 거부한다는 뜻이었다(참고. 29절). 여호야김은 사람들을 애굽으로 보내어 신실한 하나님의 선지자 우리야를 잡아와 처형했던 왕이다(26장).

36:24 두려워하거나 …(하)지 아니하였고 왕의 신하들은 고관들(16절)보다 마음이 더 완악했다.

36:26 여호와께서 그들을 숨기셨더라 그 백성을 인도해 주시는 하나님(참고. 1:8, 19; 10:23)은 예레미야와 바룩을 안전하게 지켜주셨다(참고. 36:19; 시 32:8; 잠 3:5, 6).

36:27 참고. 이사야 40:18; 55:11; 마태복음 5:18.

36:30, 31 내가…벌할 것이라 여호야김의 패역은 그 대가가 따랐다. 주전 598년 그가 죽은 후(22:18, 19; 대상 23:36; 대하 36:5) 오랫동안 왕위가 비어 있었다(30절). 그의 아들 여호야긴 또는 여고니야(22:24절은 고니야)가 그 뒤를 이었지만 실제적인 통치 행위는 하지 않았고 주전 597년 불과 3개월 10일 동안 이름만 왕으로 있었다(22:24-30; 대하 36:9, 10). 바벨론은 그를 죽을 때까지 감금했고(참고. 52:31-34) 그 후손들 가운데 누구도 왕이 되지 못했다(22:30을 참고하고 *그에 대한 설명을 보라*).

37:1 시드기야가…왕이 되었으니 느부갓네살은 여호야김과 여고니야를 모욕할 목적으로 여고니야의 삼촌인 시드기야를 왕으로 삼았다. 그는 주전 597-586년 11년 동안 왕으로 다스렸다. 이 장에서 그가 예레미야에게 한 말은 21장보다 더 이전의 일이다. 21장에서는 시드기야가 갈대아인(즉 바벨론 사람들)이 애굽을 치고 예루살렘을 포위 공격하러 돌아오고 있다는 소식에 두려워했다는 내용이 기록되어 있다(3, 5절).

37:4 예레미야는 이제 시위대 뜰(32:2; 33:1)에 있지 않았다.

37:7-10 왕에게 아뢰라 애굽 군대의 진격을 막고자 일시적으로 포위 공격을 해제한 바벨론은 다시 돌아와서 예루살렘을 무너뜨릴 것이다.

37:12 예레미야가…떠나 32:6-12에서 그는 구입한 땅을 받기 위해 고향으로 돌아갔다.

37:13 하나냐 예레미야가 그의 죽음을 예언한 적이 있어(28:16) 그의 손자가 거짓 무고로 복수한 것이다(참고. 38:19; 52:15).

37:15 예레미야를 때려서 예레미야는 종종 하나님의 진리를 전한다는 이유로 사람들에게 매를 맞고 여러 위협과 핍박에 시달렸다(11:21; 20:2; 26:8; 36:26; 38:6, 25).

37:17 이것은 시드기야가 고의적으로 예레미야의 메시지를 거부했음을 보여준다. 그는 예레미야가 하나님을 대변한다는 사실을 알고 있었다.

37:19 선지자들 "바벨론의 왕"이 오지 않을 거라고 말한 선지자들의 예언이 틀렸음이 드러났다. 실제로 그는 왔고 또다시 돌아올 것이다.

37:21 떡 왕은 예레미야를 "감옥 뜰"로 돌려보내고(참고. 32:2; 33:1) 포위 공격이 풀릴 때까지 떡을 먹게 해주겠다고 약속하는(참고. 38:9) 친절을 베풀었다. 그는 성 중에 식량이 다 떨어진 직후 예루살렘이 함락될 때까지 그곳에 머물렀다(38:28). 이때 잠시 구덩이에 갇힌 적도 있다(38:6-13).

38:4 이 사람을 죽이소서 26:11을 참고하고 *그에 대한 설명을 보라*. **손을 약하게 하나이다** 고관들은 예레미야가 바벨론 항복을 권해(2절) 군사들의 사기를 꺾고 전투 의지를 저하시켰다고 고발한다. 바벨론의 승리를 예언한 그가 유대인에게는 반역자로 보였을 수도 있다.

38:5 왕은 조금도 너희를 거스를 수 없느니라 이것은 하나님 말씀을 거부한 지도자의 임무 태만을 보여준다.

38:6 물이 없고 진창 살기등등한 고관들(참고. 4절)은 하나님의 대변자를 갈증, 굶주림, 저체온증으로 사망하게 만들거나 웅덩이 바닥 깊숙한 곳에 가둬 질식사하도록 만들 작정이었다. 참고. 메시아를 언급한 시편 69:2, 14.

렘

38:7-13 에벳멜렉 친절한 이방인 구스 사람(에티오피아인)이 예레미야를 살기등등한 그 동족한테서 건져내기 위해 결정적인 노력을 했다. 왕궁 하렘 책임자('내시')였던 것으로 보이는 이 사람은 나중에 하나님께 그 목숨을 건짐받았고 그 믿음에 대한 보상을 받았다(39:15-18).

38:14-23 내가 네게…물으리니 이것은 여러 질문 가운데 하나다. 시드기야는 하나님 말씀을 듣고 싶어 했지만 막상 그 말씀을 듣자 거부했다. 하나님 말씀은 항복을 권했는데, 시드기야는 이를 받아들이지 않았다. 그 거부에 대한 응답으로 하나님은 예루살렘에 재앙을 내리시고 왕이 잡혀가고 왕궁의 모든 귀족과 함께 그 가족들이 비극적인 최후를 맞게 하셨다. 이 예언의 성취에 대해서는 39:4-8을 참고하라.

38:22 네 친구들이 너를 꾀어 이기고 바벨론 군대에 사로잡힌 왕실 여자들은 시드기야가 친구들의 말을 들었다고 고자질하여 더 능욕을 당하도록 만들었다. 왕은 그 발이 진창에 빠져 꼼짝할 수 없는 사람처럼 무기력하게 될 것이다.

38:27 왕이 명령한 모든 말대로 예레미야가 여기서 거짓말했다는 의미가 아니다. 그가 한 말이 모두 사실이지만 고관들이 알 필요가 없는 대화 내용을 시시콜콜 누설하지 않았다는 뜻이다.

2. 유다 함락(39:1–18)

39:1 제구년 열째 달 34:1을 참고하고 *그에 대한 설명을 보라.* 참고. 52:1-7; 열왕기하 25:1-4. 30개월에 걸친 이 포위 공격에서 적은 성벽을 에워싸고 모든 출구를 봉쇄한 후 물자 조달을 막고 물을 막아서 기근과 갈증, 질병으로 성 안의 사람들이 무력해질 때까지 기다렸다. 그러면 쉽게 성을 함락할 수 있으리라고 생각한 것이다.

39:3 중문에 앉으니 중문은 윗도시와 북쪽의 아랫도시 중간에 있어 이들이 중문에 앉았다는 것은 온 성이 점령군으로 가득했다는 뜻이다.

39:5 하맛 땅 립나 느부갓네살의 지휘 사령부는 예루살렘의 북쪽 370킬로미터 지점에 있었다. **심문하였더라** 느부갓네살 왕은 맹세를 어긴(참고. 대하 36:13; 겔 12:13) 시드기야 왕을 일반 죄수처럼 다루었다.

39:6-10 참고. 52:12-16; 열왕기하 25:8-12.

39:7 시드기야의 눈을 빼게 하고 이것으로 32:4과 에스겔 12:13이 연결된다.

39:11, 12 느부갓네살은 항복한 자들(9절; 38:19)과 여고니야, 바벨론으로 끌려간 포로들(참고. 40:2)에게서 예레미야의 예언 내용을 들었다.

> **예레미야가 받은 핍박**
>
> 1. 살해 위협(11:18-23)
> 2. 고립의 고통(15:15-21)
> 3. 나무 고랑을 참(19:14-20:18)
> 4. 체포당함(26:7-24)
> 5. 거짓 선지자에게 도전당하는 시련을 겪음(28:10-16)
> 6. 파멸의 시련(36:1-32)
> 7. 맞고 갇힘(37:15)
> 8. 아사당할 위험에 처함(38:1-6)
> 9. 사슬에 결박을 당함(40:1)
> 10. 배척당하는 고통을 겪음(42:1-43:4)

39:14 예레미야를 감옥 뜰에서 데리고 이것은 예레미야의 근황에 대한 대략적 내용이며 40:1-6에서는 처음에 다른 포로들과 함께 라마로 끌려갔다가 풀려났다는(40:2-5) 더 상세한 내용이 기록되어 있다. 예레미야의 옛 지지자(26:24)이자 느부갓네살에게 충성한 친바벨론파 중 대표적 인물인 그다랴는 예루살렘에서 남은 자들의 총독이 되었다(40:5).

39:15-18 38:7-13을 참고하고 *그에 대한 설명을 보라.*

3. 유다 함락 후(40:1–45:5)

40:2, 3 이방의 사령관이 유다 지도자들보다 하나님의 심판을 더 잘 알고 있었다.

40:4, 5 사령관은 39:12에서 느부갓네살이 지시한 대로 정확히 실행했다.

40:5, 6 예레미야는 예루살렘 북쪽으로 약 11킬로미터의 미스바에 있는 새 총독 그다랴에게 가는 편을 선택했다. 그다랴는 얼마 지나지 않아서 암살당했다(참고. 41:1-3).

40:7 들에 있는…지휘관 유다 군대의 지도자들은 두려워 뿔뿔이 흩어졌다.

40:9-12 하나님은 남은 자들에게 형통함을 주심으로써 심판의 강도를 누그러뜨리셨다.

40:13-16 요하난 이스마엘이 그다랴를 죽일 음모를 꾸미고 있다고 경고해주었지만 귀담아듣지 않았다.

41:1-4 예루살렘 성이 불타고 두 달 후 방심한 총독은 이스마엘 무리를 환대하다가 결국 살해당하고 말았다.

41:5 팔십 명 이들은 예루살렘의 멸망 소식을 듣고 통곡하며 왔을 것이다. 이스마엘은 불과 열 사람으로(1절)

엄청난 타격을 가했다. 10절에 기록된 그 이상의 일을 하려면 인원을 더 많이 충원했어야 한다.

41:9 아사 유다를 다스린 왕이다(주전 911-870년).

41:12-15 이스마엘과 싸우러 가다가 요하난은 이스마엘이 살인을 저지르고 사람들을 포로로 끌고 간다는 소식을 들었다. 그래서 사람들을 데리고 가서 그를 저지하고 사람들을 풀어주었다(13, 14절). 그러나 이스마엘과 그 부하들은 잡히지 않고 빠져나갔다(15절).

41:12 기브온 큰 물가 참고. 사무엘하 2:13.

42:1, 2 예레미야 그는 미스바에서 끌려왔다가 풀려난 뒤 요하난과 같이 있었을 것이다(41:16).

42:1-6 기도해 주소서 유다의 남은 자들은 예레미야에게 하나님께 기도해서 어떻게 해야 하는지 그 뜻을 알려 달라고 부탁했다. 그들은 순종하겠다고 약속했다(6절).

42:7-12 열흘 동안 기도한 후 예레미야는 하나님 말씀을 전했다. 하나님이 보호해주시는 그 땅에 그냥 있으라는 내용이었다.

42:10 내가…돌이킴이라 이 말씀은 '너희가 여기서 더 죄를 짓지 않으면 현재 내린 벌로 만족한다'라는 뜻이다.

42:13-19 예레미야 선지자는 이교 문화가 판치는 타락하기 쉬운 애굽으로 가지 말라고 분명하게 경고한다(19절).

42:20 애굽에 가기로 이미 마음을 정한 사람들은 위선을 부리고 있었다.

43:1-7 예레미야가…말하기를 마치니 구제불능의 패역한 지도자들은 예레미야의 말이 거짓말이라고 비난하며 예레미야와 남은 자들을 애굽으로 끌고 갔다. 바벨론에 대한 예언이 다 이루어지는 것을 보았음에도 그 말씀에 불순종하는 모든 사람이 그렇듯 하나님의 보호하심을 저버리고 심판을 자초했다.

43:3, 6 바룩 36장을 기록한 충직한 비서가 아직 예레미야 옆을 지키며 20년 전에 약속하신 대로 안전하게 목숨을 유지하고 있었다(45:5. 참고. 1절의 경우처럼 주전 605년).

43:7 다바네스 애굽의 동부 삼각주 지역의 한 지명이다.

43:9-13 큰 돌 여러 개를 가져다가 바로의 궁전 대문 입구, 벽돌 포장도로의 축대에 묻은 돌은 바벨론 왕이 애굽을 멸망시키고 그 왕좌를 세울 장소를 가리킨다. 이 예언은 주전 568/567년에 성취되었다.

43:12 목자가 그의 몸에 옷을 두름 같이 목자가 옷을 두르는 것처럼 간단하고 쉬운 일은 느부갓네살이 얼마나 신속하고 수월하게 애굽을 정복할 것인지를 상징한다.

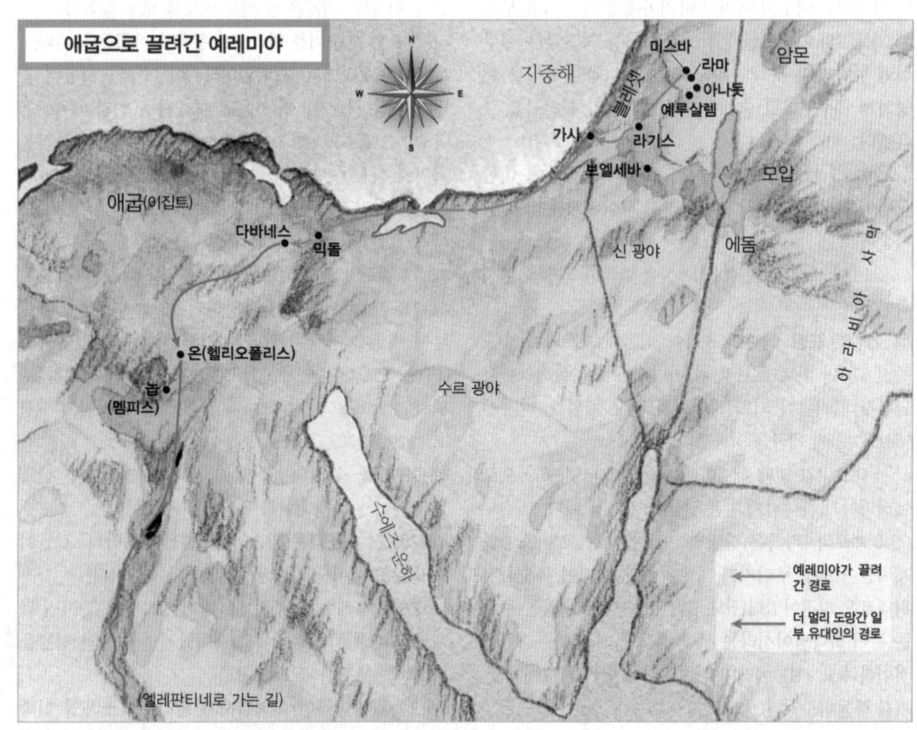

43:13 벧세메스의 석상들 히브리어로 '태양의 집'이다. 이것은 태양신을 숭배하는 신전을 가리킨다. 나일강 동쪽 멤피스 북쪽에 있던 이 석상들은 높이가 18미터에서 30미터였다고 한다.

44:1 말씀이…임하니라 끝없이 죄를 짓는 유대인 때문에 애굽에 사는 그들에게 또다시 심판에 대한 예언을 하게 되었다.

44:2-6 예레미야는 애굽의 유다 피난민에게 임할 심판을 예언하면서 그 근거로 유다에 이미 일어난 일을 짧게 요약한다.

44:7, 9, 10 유다에서 가까스로 죽음을 면한 지가 불과 얼마 전인데 그들은 애굽에서 우상을 섬기는 죄악으로 또다시 죽음을 자초하고 있다.

44:11-14 과거 애굽으로 끌려간 유대인은 우상숭배와 단절하고 그 땅으로 돌아왔지만 애굽으로 도망간 유대인은 계속 우상숭배를 고집하다가 그곳에서 멸망한다. 역설적인 사실이 아닐 수 없다.

44:14 도망치는 자들 외에는 바벨론 군대가 오기 전에 도망간 소수의 무리(28절)만 살아남았다.

44:15 아내들 우상숭배가 여자들에게서 먼저 시작되었음이 분명하다.

44:17-19 하늘의 여왕 *7:18에 대한 설명을 보라.* 로마 가톨릭은 예수의 어머니 마리아에게 이 호칭을 부여해 기독교와 이교도를 혼합시킨 오류를 저질렀다. 예루살렘 함락 전에 유대인은 이 하늘의 여왕이 유다를 번영하게 해주었다고 숭배하면서 하나님의 선하심을 모욕했다.

44:20-23 예레미야는 우상이 그들의 형통함에 대한 근원이 아니라 재앙의 원인이라고 사실관계를 바로 잡아준다.

44:24-28 예레미야는 11-14절에 언급한 운명을 다시 확인한다.

44:29, 30 표징 심판의 표징이 30절에 기록되어 있다. 주전 570년 바로 호브라 왕 아마시스에게 살해당했고 느부갓네살은 이 기회를 놓치지 않고 재위 23년(주전 568/567년)에 애굽을 침공했다.

45:1 여호야김 넷째 해 이때는 주전 605년(36장)으로 예레미야가 하나님께 받은 말씀을 기록한 때다.

45:3 화로다 바룩은 장밋빛 미래에 대한 그의 소중한 계획들이 모두 무너지자 괴로워했다. 심지어 목숨마저 위태로운 지경이었다(참고. 5절). 그는 이런 재앙을 주시는 분이 하나님이시라는 사실 때문에 더 혼란스러웠을 것이다(참고. 4절). 예레미야는 혼란에 휩싸인 그에게 용기를 북돋워주었다(1절).

45:4 그에게 이르라 하나님은 온 민족(유대인)을 심판하실 것이다.

45:5 네가 너를 위하여 큰 일을 찾느냐 바룩은 너무나 큰 기대를 가졌던 탓에 그런 재앙들을 견디기가 더 힘들었다. 그냥 목숨을 잃지 않는 것만으로 만족해야 했다. 처음에 바룩처럼 원망하던 예레미야는 고난을 통해 다른 사람들을 격려하는 법을 배웠다.

열국에 대한 심판 선언 (46:1-51:64)

A. 서문(46:1. 참고. 25:15-26)

46:1 이방 나라들에 대하여 예레미야는 언젠가 모든 열국이 하나님의 진노의 잔을 마실 것이라고 선언했다(25:15-26). 46-51장에서 하나님은 일부 나라를 선택해 그들의 운명을 알려주신다. 각기 다른 시기에 예레미야가 받았을 그 예언들은 연대순이 아니라 민족들을 기준으로 분류되어 있다.

B. 애굽에 대한 심판(46:2-28)

46:2-26 애굽에 대한 것이라 참고. 이사야 19;20; 에스겔 29-32장. 2-12절은 주전 605년 바로 느고가 유브라데 강변 갈그미스에서 바벨론에 대패한 사건을 묘사한다. 이 일로 애굽은 강 서쪽 영토를 모두 잃었다.

46:3-6 패할 준비를 하라고 조롱조로 애굽을 부른다.

46:10 여호와께서…보복일이라 이 어구가 지상의 종말론적 심판을 가리켜 사용될 때가 종종 있지만(예를 들어 습 1:7; 말 4:5; 살전 5:2; 벧후 3:10) 실제 역사적 사건을 가리켜 사용될 때도 있다. 이 경우에는 애굽이 패배한 사건을 가리키는 듯 보인다(참고. 야 2:22). *이사야 2:12; 데살로니가전서 5:2에 대한 설명을 보라.*

46:11 길르앗 *8:20-22에 대한 설명을 보라.*

46:13-26 예루살렘이 패망하기 15, 16년 전에 바벨론이 애굽을 침략한 일을 여기서 서술하고 있다(주전 601년, 참고. 13절). 느부갓네살은 13년 동안 두로를 포위하고 굴욕을 안겨준 대가로 애굽을 약속받았다(참고. 겔 29:17-20).

46:18 다볼…갈멜 이 두 산이 팔레스타인의 낮은 산들보다 높아 느부갓네살의 우월함을 강조한다.

46:20, 21 아름다운 암송아지…살진 수송아지 길들여지지 않고 살이 올라 죽을 준비가 된 짐승이다.

46:26 그 후에는 느부갓네살에게 정복당하고 40년 뒤 애굽은 바벨론의 멍에에서 벗어났지만 이전의 영광을 되찾지는 못했다(겔 29:11-15).

46:27, 28 야곱아 두려워하지 말라 이스라엘 민족

은 전 세계로 뿔뿔이 흩어졌다. 하지만 열국이 응분의 심판을 받고 하나님은 이스라엘을 세계 각지에서(렘 23:5-8; 30-33장처럼) 그 본토로 돌아오게 하실 것이다(30:10, 11에서 반복됨). 바울이 로마서 11:1, 2, 15, 25-27에서 말한 대로 이스라엘은 어떤 심판을 받더라도 완전히 멸절되지 않을 것이다.

C. 블레셋에 대한 심판(47:1-7)

47:1-5 **블레셋 사람에 대하여** 참고. 이사야 14:29-32; 에스겔 25:15-17; 아모스 1:6-8; 스바냐 2:4-7. 애굽의 바로 호브라가 주전 587년경 블레셋(팔레스타인 해안 평지에 사는 족속)을 정복했지만 여기서는 유다를 침공한 때와 같은 시기에 바벨론이 ("북쪽에서") 침략한 사건을 가리키는 것 같다(주전 588-586년, 참고. 39:1, 2).

47:6, 7 **여호와의 칼** 참고. 사사기 7:18, 20.

D. 모압에 대한 심판(48:1-47)

48:1 **모압에 대한 것이라** 정확한 지명은 모르지만 모압의 여러 곳이 무너질 것이다(1-5절). 다른 예언 구절들(사 15:1-9; 16:6-14; 25:10-12; 겔 25:8-11; 암 2:1-3; 습 2:8-11)과 유사한 언어로 또는 일부 비슷한 언어로 심판을 예언하고 있다. 모압은 여러 민족한테 몇 차례 유린당했는데, 주전 588-586년이나 주전 582-581년의 주요 침략자는 바벨론일 가능성이 높다(참고. 48:40). 모압 족속은 롯의 후손들로(참고. 창 19:37) 사해 동쪽에 살면서 이스라엘과 자주 갈등을 빚었다.

48:7 **그모스** 모압의 으뜸 신이었다(참고. 민 21:29; 삿 11:24; 왕상 11:7; 왕하 23:13).

48:10 **저주를 받을 것이요** 모압을 심판하고자 하는 하나님의 결심이 너무나 확고해서 '게을리 하거나' 대충대충 그 일을 행하는 하나님의 도구가 있다면 저주받을 거라고 선포하신다(잠 10:4. 참고. 12:24).

48:11, 12 포도주 제조 과정의 이미지가 생생하다. 포도주를 만들 때 침전물이나 찌꺼기가 바닥에 가라앉을 때까지 포도즙을 부대에 그대로 두었다. 그러다가 찌꺼기가 더 가라앉으면 다른 부대에 그것을 부었다. 이런 식으로 해서 찌꺼기가 모두 제거되고 달콤한 포도즙만 남을 때까지 이 과정을 반복했다. 모압은 쓴 찌꺼기를 걸러 죄를 정화하기 위해 심판을 받은 것이 아니었다. 오히려 그들이 지은 죄의 농도가 더 진해지고 쓴맛이 더 심해지도록 기다렸다. 하나님의 심판은 그들을 완전히 파멸시키는 데 목적이 있었다.

48:18-20 **디본…아로엘** 이 지역들은 아르논 강변에 있지만 물이 없어서 갈증에 시달렸을 것이다.

48:24 **그리욧** 이곳은 가룟 유다의 고향일 가능성이 있다. 참고. 여호수아 15:25.

48:25 **뿔이 잘렸고** 군사력의 상징으로 뿔을 사용한 구약적 용례다. 짐승은 뿔을 사용해 상대를 찌르고 공격하는데, 이제 모압의 뿔이 잘릴 것이다.

48:26 굴욕에 대한 생생한 그림이다.

48:29 모압은 고통을 당해도 겸손할 줄 몰랐다(*11, 12절에 대한 설명을 보라*). 그 오만함은 그대로였다.

48:47 **돌려보내리라** 하나님은 모압의 남은 자들을 그 땅으로 돌아오게 하실 것이다(참고. 12:14-17; 46:26; 48:47; 49:6, 39). 메시아 시대("끝날")에 그 후손들을 통해 이 예언을 이루어주실 것이다.

E. 암몬에 대한 심판(49:1-6)

49:1-6 **암몬 자손에 대한 말씀이라** 참고. 에스겔 25:1-7; 아모스 1:13-15; 스바냐 2:8-11. 암몬 자손들은 롯의 후손으로(참고. 창 19:38) 모압 북쪽에 살았다. 요단 건너편에는 이스라엘의 상속자들, 즉 갓과 르우벤, 므낫세 반 지파(참고. 수 22:1-9)가 있었다. 하지만 말감이나 몰렉을 섬기는 암몬 족속은 북왕국 이스라엘이 살만에셀의 포로로 끌려갈 때 그 기회를 놓치지 않고 그곳을 차지했다고 책망을 받았다(1절).

49:2 **전쟁 소리** 느부갓네살은 주전 582/581년경 예루살렘을 무너뜨린 지 5년째에 암몬을 무너뜨렸다.

49:4 **패역** *잠언 14:14에 대한 설명을 보라.* **흐르는 골짜기** 죽은 자들의 피가 시냇물처럼 흘렀다.

49:6 **돌아가게 하리라** 모압의 경우처럼(48:47을 참고하고 *그에 대한 설명을 보라*) 하나님은 포로들이 돌아올 기회를 주겠다고 약속하셨다. 이것은 고레스 때 부분적으로 성취되었지만 오실 메시아 왕국에서 더 완전하게 성취될 것이다.

렘

F. 에돔에 대한 심판(49:7-22)

49:7-22 **에돔에 대한 말씀이라** 참고. 이사야 21:11, 12; 에스겔 25:12-14; 아모스 1:11, 12; 오바댜 1장. 이 예언은 오바댜와 밀접한 연관이 있다. 이 족속은 에서의 후손들로(참고. 창 36:1-19) 사해 남쪽에 살았다. 에돔 앞에는 영원한 황폐함이 기다리고 있다(13절). 하나님이 그곳을 텅 비게 만드실 것이다(10, 18절). 19절에서 바벨론이 유다를 칠 때와 같은 언어들이 등장하는 것으로 보아(4:7의 "사자", 12:5의 "요단강 물이 넘침") 에돔을 파멸시킨 나라는 주전 588-586년이나 주전 582-581년의 바벨론일 것이다. 또한 "독수리 같이 날아와서"(22절)라는 표현 역시 바벨론을 가리키는 말이다(합

1:8). 미래의 회복에 대한 예언은 없다.

49:8 에서 그는 경건하지 않아서 저주를 받았고 그 후손들 역시 영원한 심판의 대상이었다(참고. 히 12:11, 17).

49:9 *오바댜 5, 6절에 대한 설명을 보라.*

49:10 그가 없어졌느니라 로마에게 정복된 후 에돔은 일종의 정치적 멸종을 당했다.

49:11 이 말씀은 그들을 돌봐줄 성인 남자가 한 명도 남지 않았기 때문이다.

49:12 마시는 습관이 없는 자도…마시겠거든 이것은 하나님과의 언약관계에 있는 유대인을 가리킨다. 그런 언약관계에 있지 않은 민족이 어떤 일을 당하는지 보라(13절).

49:16, 17 높고 험한 산지에 위치한 에돔은 누구에게도 침입당하지 않고 영원히 안전하게 살 거라고 믿었다. 그러나 파멸이 닥쳤고 회복이 불가능할 지경에 이르렀다.

49:19-21 이 내용은 50:44-46에서 반복된다. 이때는 바벨론에게 적용된다.

49:20 양 떼의 어린 것들 갈대아인들이 에돔인 가운데 가장 약한 자도 포로로 끌고 갈 것이다.

G. 다메섹에 대한 심판(49:23-27)

49:23-27 다메섹에 대한 말씀이라 참고. 이사야 17:1-3; 아모스 1:3-5. **하맛** 솔로몬 시대 북쪽 국경 지역으로(대하 8:4) 오론테스 강변에 위치한 성이며, 아람 남부의 다메섹과 아르밧 북쪽 177킬로미터, 북부 아람의 현재 알레포 남서쪽 169킬로미터 지점에 위치하며 아람의 수도인 다메섹처럼 함락되었다. 느부갓네살은 주전 605년에 이곳을 정복했다.

49:25 찬송의 성읍, 나의 즐거운 성읍 이것은 '명성이 자자한 성읍'으로 번역될 수 있다. 명성이 높았던 이유는 에스겔 27:18에서 보듯 넓은 오아시스에 위치했고 무역이 성했기 때문이다.

49:27 벤하닷의 궁전 이스라엘에 대해 수많은 악행을 모의한 곳으로, 이것이 파멸의 이유로 작용한다. 벤하닷은 아람 왕들에게 흔한 이름이며, 이방 신인 하닷의 아들이라는 뜻이다. 열왕기하 13:3과 아모스 1:4의 벤하닷과는 다르다.

「예레미야 선지자[*Prophet Jeremiah*]」 1508-1512년. 미켈란젤로. 프레스코화. 390X380cm. 시스티나 성당. 바티칸.

H. 게달과 하솔(아라비아)에 대한 심판(49:28-33)

49:28-33 게달과 하솔에 대한 말씀 참고. 이사야 21:13-17. 유다 동쪽 아라비아 사막에 위치한 이 두 곳은 황폐해질 것이다(갈릴리해 북서쪽 수 킬로미터 지점의 하솔과는 다른 곳임). 게달은 이스마엘 족속에 속한다(참고. 창 25:13; 겔 27:21). 고대 기록인 바벨론 연대기를 보면 주전 599/598년 느부갓네살이 이들을 정복했다고 한다. 바로 직후인 주전 598/597년 바벨론은 예루살렘을 포위했다.

49:31 성문이나 문빗장이 없이 이 유목민들은 아시아와 아프리카 맹주들에게 전혀 방해물이 되지 않았다.

I. 엘람에 대한 심판(49:34-39)

49:34-39 엘람에 대한 25:25처럼 엘람(바벨론 동쪽으로 322킬로미터, 티그리스강 서쪽)이 무너질 것이다. 바벨론은 주전 596년 이 예언을 성취했다. 후에 바사의 고레스가 엘람을 정복해 엘람 족속을 바사 군대로 흡수했고, 주전 539년 바벨론을 무너뜨렸다. 수도인 수산은 다리오 왕의 궁전으로 바사 제국의 중심지가 되었다(느 1:1; 단 8:2).

49:34 시드기야가 즉위한 지 예레미야는 주전 597년에 이 심판을 예언했다.

49:35 활을 꺾을 것이요 엘람 족속은 뛰어나 궁수가 많은 것으로 유명했다(참고. 사 22:6).

49:39 돌아가게 하리라 이 지역의 일부 민족처럼 하나님은 엘람 사람들도 그 본국으로 돌아가게 하실 것이다. 사도행전 2:9를 보면 엘람 사람들이 오순절 사건에 함께 있었던 것을 알 수 있다. 이 역시 종말론적 의미를 함축하고 있다.

J. 바벨론에 대한 심판(50:1-51:64)

50:1 바벨론…대하여 하신 말씀 50장과 51장의 주제는 바벨론이다(참고. 사 13:1-14:23; 합 2:6-17). 바벨론은 주전 539년 메대-바사에게 무너져 심판을 받았다. 폭력적인 살상과 멸망에 대한 예언은 고레스가 바사를 정복한 사건과 맞지 않으므로(이때는 전투가 벌어지지 않았음) 메시아가 영광 가운데 오실 때 더 완전하게 성취될 것으로 보인다. 그 사건들이 이 본문의 내용을 더 정확하게 충족시킨다(참고. 계 17; 18장).

50:2 우상들 예레미야는 우상을 가리킬 때 잘 사용하지 않는 단어를 사용해 바벨론의 우상들을 모욕한다. 히브리어로 '똥 덩어리'라는 뜻이다.

50:3 사는 자가 없게 할 것임이라 갑자기 바벨론이 파멸한다는 이 예언(참고. 51:8)은 아직 이루어지지 않았다(*1절의 설명을 보라*). 메대-바사 연합군은 주전 539년 북쪽에서 내려와 바벨론을 정복했다. 하지만 역사적으로 바벨론은 완전히 멸절하기까지 계속된 공격을 받았고 서서히 몰락의 길을 걸었다(참고. 12, 13절).

50:4-10 이스라엘 자손이 돌아오며 예레미야는 포로로 끌려간 이스라엘과 유다가 돌아올 것을 예언한다(17-20절. 참고. 30-33장). 흩어졌지만 회개한 유다 민족은 영원한 언약에 따라 바벨론의 손아귀에서 벗어나 예루살렘과 하나님께로 돌아올 기회를 얻었다(5절).

단어 연구

말씀(Word): 1:2; 5:14; 13:8; 21:11; 24:4; 32:8; 40:1; 50:1. '말하다'라는 동사에서 파생했으며 말이나 입으로 언급한 내용을 가리킨다. 선지자들은 하나님의 메시지를 전할 때 '여호와의 말씀'이라는 어구로 입을 열었다. 예언문학에서 말씀은 예언을 가리키는 전문 용어로 사용되는 경우가 많다. 지혜는 지혜로운 사람들과 연관이 있고 율법은 제사장들과 연관이 있는 것처럼(18:18) 성경에서 계시의 말씀은 선지자들과 연관이 있다(26:5). 예레미야는 하나님이 주신 권위를 강조하기 위해 어떤 선지자들보다 다바르(dabar, 말씀)라는 단어를 많이 사용했다.

50:5 영원한 언약 이것은 31:31에서 요약한 새 언약을 말한다.

50:11-16 바벨론이 받은 심판은 자기 백성을 학대한 죄로 하나님이 보응하신 것이다(15절).

50:17-20 이 단락은 이스라엘의 역사에 대한 하나님의 해석이 짧게 요약되어 있다. 이스라엘의 고난과 심판(17절), 이스라엘을 학대한 자들이 받게 될 심판(18절), 많은 재물을 갖고 평화롭게 본국으로 귀환함(19절), 메시아께서 오셔서 그 죄를 용서받음(20절)이다

50:21 므라다임…브곳 이것은 인과관계를 강조하고자 극적 효과를 높인 언어유희다. 전자는 '이중적 반역'이라는 뜻이고 페르시아만 근처 남부 바벨론의 한 지역 이름이다. 후자는 '심판'이라는 뜻으로 남부 바벨론의 티그리스강 동쪽에 위치했다.

50:23 온 세계의 망치 이것은 이전에 바벨론이 온 세상을 거침없이 정복하던 기세를 말한다. 그러나 하나님은 그가 휘두르던 망치를 꺾어버리셨다. 하나님이 바벨론을 심판 대리자로 사용하셨다고 해서 그 나라를 칭찬하시거나 인정하신 것은 아니다(합 1:6, 7).

50:28 그의 성전의 보복하시는 것 이것은 예루살렘 함락으로 성전이 불탄 것을 가리킨다(참고. 51:11).

50:29 그에게 갚으라 하나님은 이스라엘을 축복하고 그들을 저주하는 자들을 저주하겠다고 하셨다(참고. 창 12:1-3의 아브라함 언약). 하박국 2장처럼 바벨론의 심판은 바벨론의 악행(34절; 51:36, 56)에 대한 하나님의 저주였는데, 특히 교만한 바벨론에 대한 하나님의 보복이었다("여호와를 향하여 교만하였음이라", 참고. 31, 32절).

50:34 구원자 기업 무르는 친족(kinsmen-redeemer)이라는 구약 개념은 친척과 그 재산을 보호하며 친척을 죽인 자에게 복수하고 잃은 땅을 사주며 심지어 그 미망인과 결혼하는 것까지 포함한다(참고. 레 25:25; 민 35:21; 룻 4:4).

50:35-38 칼이라는 단어가 여기서 5번 언급된다(참고. 겔 21장).

50:40 하나님께서 소돔…뒤엎었듯이 참고. 50:1. 소돔은 갑작스럽고 완전한 파멸을 당했다(참고. 창 19장). 이 사건은 메대-바사 연합군이 바벨론을 점령한 것보다는 바벨론이 마지막에 당할 미래의 파멸과 더 비슷하다(참고. 계 17, 18장).

50:41 북쪽에서 주전 539년 메대-바사의 침략이다.

50:41-46 참고. 6:22-24; 49:19-21. "사자"는 고레스를 말한다.

51:1-4 재난의 날 북쪽으로부터의 침략을 말한다.

51:5 하나님이 그 백성을 완전히 잊거나 파멸에 이르게 하지 않으리라는 사실을 알려준다. 참고. 로마서 11:1, 2, 29.

51:8 갑자기 넘어져 일차적으로 바벨론이 주전 539년 어느 날 밤 갑자기 패망한 것을 강조한다(단 5:30). 더 멀게는 갑자기 임할 재림 직전 마지막 바벨론이 멸망할 것을 가리킨다(계 18장).

51:11 메대 왕들 바벨론을 칠 자들이 바사의 지원을 받은 메대의 왕들(주전 539년)임을 구체적으로 밝힌다(참고. 28절).

51:15-19 여호와께서…땅을 지으셨고 우주를 지으신 하나님의 권능과 지혜는 모든 우상보다 그분이 더 우월하시다는 증거다(17, 18절). 바벨론의 경우처럼 이 우상들은 그 숭배자들과 함께 하나님의 능력에 파멸당할 것이다(15, 16, 19절).

51:20-23 너는 나의 철퇴 바사의 고레스는 하나님이 전쟁에서 쓰시는 철퇴였다. 여기서 "네가"가 10번이나 반복된다.

51:25 멸망의 산 바벨론은 평지에 있으므로 이 구절은 열국을 짓밟고 무너뜨리는 바벨론의 무서운 힘을 강조하는 표현이다(50:23을 참고하고 *그에 대한 설명을 보라*). **불 탄 산** 바벨론은 화산처럼 소멸해서 결코 재건되지 못할 것이다(26절).

51:27 주전 6세기 초 메대가 정복한 바벨론 북쪽 민족이 여기에 등장한다. 그들은 메대를 도와서 바벨론을 쳤다.

51:31 바벨론의 왕에게 전하기를 전령이 바벨론 성의 멸망 소식을 전한다. 바벨론 성이 함락되던 날 밤 벨사살이 죽었기 때문에(단 5:30) 이 구절은 섭정 왕으로 당시 바벨론에 있지 않았던 나보니두스에게 전령들이 전갈을 전했음을 의미하는 것으로 보인다.

51:32 그들은 바벨론 성을 함락하기 위해 유브라데강을 차단해 성벽 밑으로 흐르는 강바닥을 말리고 성 안으로 들어왔다. '불'은 실제로 그랬듯이 공포감을 조성하는 데 목적이 있었다.

51:39 취하여 다니엘서 5:1-4에 기록된 대로 벨사살이 연회를 열고 술에 취한 것을 암시하는 것 같다(참고. 57절).

51:41 세삭이 함락되었도다 세삭은 바벨론의 다른 이름이다(참고. 25:26).

51:45-50 주의 백성은 도망가라는 경고를 다시 받았다.

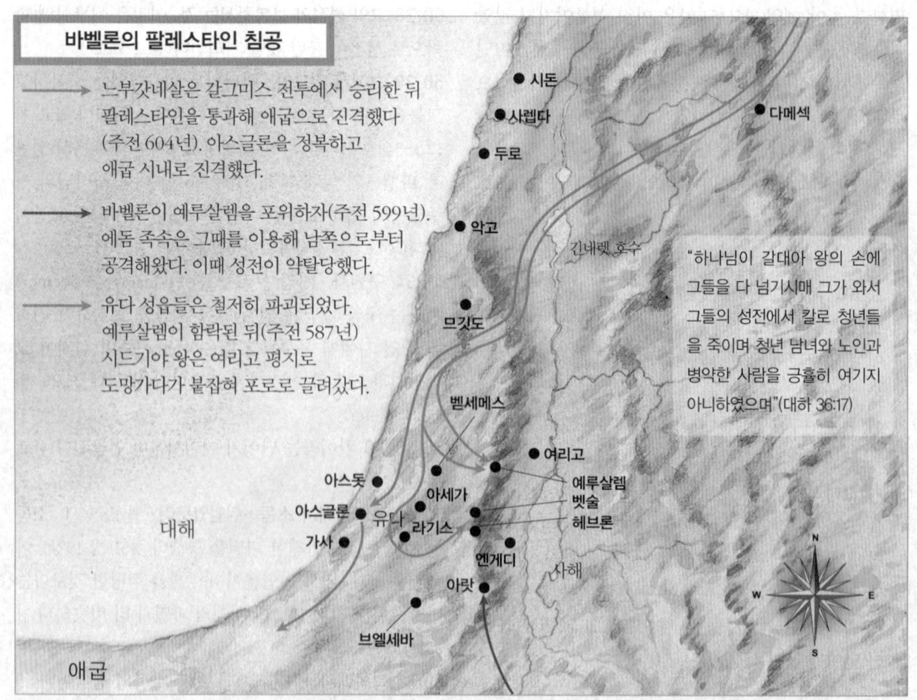

51:58 수고는 헛될 것이요 바벨론에서 노예로 살던 수많은 열국의 백성이 그 성을 지었지만 모두 헛수고가 되고 말았다.

51:59 스라야는 병참감이더라 이 사람은 왕의 안위를 보살핀 사람이다. 어쩌면 예레미야의 서기인 바룩과 형제였을지도 모른다(참고. 32:12).

51:60-63 이 왕궁 관리는 바벨론에서 읽을(61절) 두루마리(60절)를 가져가서 극적 상연으로 임박한 파멸을 알렸다.

예루살렘 멸망 (52:1-34)

A. 예루살렘 함락(52:1-23)

52:1-34 이 장은 열왕기하 24:18-25과 내용상 거의 비슷하며, 예루살렘 함락 내용을 서술한 역사적 부록이다(39장처럼). 그 문맥에 맞춰 유다 마지막 왕과 그 죄악을 서술하는 것으로 시작한다(주전 597-586년). 이 장의 목적은 예루살렘과 유다에 대한 예레미야의 예언이 얼마나 정확한지 알려주는 데 있다.

52:1 예레미야 저자와는 다른 사람이다(참고. 1:1).

52:4-11 *34:1에 대한 설명을 보라.* 이 내러티브는 예루살렘 멸망에 대한 이야기를 다시 들려준다. 이는 너무나 중요한 사건으로, 구약은 4번이나 이 일을 기록하고 있다(참고. 39:1-14; 왕하 25; 대하 36:11-21).

52:4 구년 열째 달 4-6절에 대해서는 *34:1; 39:1, 2에 대한 설명을 보라.*

52:12 열아홉째 주전 586년이다. **열째 날** 열왕기하 25:8의 병행 구절은 "칠일"이라고 적고 있다. 느부사라단(12절)은 "왕의 어전 사령관"으로 7일에 리블라에서 출발해 10일에 예루살렘에 도착했다.

52:18, 19 다 가져갔고 침략자들은 웅장한 솔로몬 성전을 약탈하고 기구와 그릇들을 바벨론으로 가져갔다. 열왕기상 6-8장은 이 기명에 대해 자세히 기록하고 있다. 나중에 벨사살은 이 그릇 일부를 음란하고 방탕한 연회에서 사용하며 그 신들이 준 승리를 자축했다(단 5장. 참고. 단 1:2).

52:22 다섯 열왕기하 25:17은 "세 규빗"이라고 기록하고 있다. 기둥의 머리 부분이 두 부분으로 되어 있고 아랫부분은 두 규빗, 정교하게 장식된 윗부분은 세 규빗이다. 열왕기하 25:17에서는 아랫부분이 기둥의 몸체에 포함되어 생략되었을 가능성이 있다.

B. 포로로 끌려가는 유다 백성(52:24-30)

52:24-27 바벨론은 18개월 동안 저항한 분풀이로(참고. 52:4-6) 일부 유대인 지도자를 처형하여 다시 저항하지 못하도록 본보기로 삼았다.

52:25 칠 명 열왕기하 25:19은 "다섯 사람"으로 기록한다. 이 다섯 명은 여기 언급된 일곱 명 중 일부였을 것이다.

52:28-30 사로잡아 간 바벨론에 포로로 끌려간 시기다. 주전 605년 여호야김 때 70년 포로생활의 시작이었다. 주전 597년 여호야긴 때, 주전 586년 시드기야 때, 주전 582-581년 마지막 시기다. 포로의 숫자는 남자만 포함되었을 것이다.

C. 여호야긴의 석방(52:31-34)

52:31-34 여호야긴이 사로잡혀 간 지 주전 597년부터 포로로 감금되어 있던 그는 주전 561년 느부갓네살이 죽고 에윌므로닥이 바벨론을 통치하기 시작할 때 등장한다. 비록 가택 연금 상태이기는 했지만 이전에 박탈당했던 특권을 다시 누릴 수 있게 되었다. 하나님은 심지어 포로생활 중이라도 다윗 계보의 후손을 잊으시지 않았다.

52:31 스물다섯째 날 열왕기하 25:27은 "이십칠일"이라고 기록한다. 아마 25일에 그가 명령을 내렸고 27일 실행에 옮겼을 것이다.

연구를 위한 자료

Charles H. Dyer, *Jeremiah*, in The Bible Knowledge Commentary–OT (Wheaton, Ill.: Victor, 1985). 『예레미야·예레미야애가』(BKC 강해 주석14), 찰스 H. 디어 지음, 장종식·김정님 옮김(두란노서원, 1994).

Charles L. Feinberg, *Jeremiah*, in Expositor's Bible Commentary (Grand Rapids: Zondervan, 1986).

렘

LAMENTATIONS
예레미야애가

제목

애가(lamentations)는 '큰 울음'이라는 뜻으로 라틴어 불게이트역과 70인역의 제목을 번역한 것이다. 히브리어 본문은 히브리어 감탄사인 '어찌'(비통함을 표현함, 1:1; 2:1; 4:1)를 제목으로 삼았다. 그러나 랍비들은 일찍부터 이 책을 '큰 울음' 또는 '탄식'이라고 부르기 시작했다(참고. 렘 7:29). 한때 아름다웠던 예루살렘 성(참고. 2:15)의 장례식 노래로, 비탄에 찬 이 애가처럼 탄식만으로 이루어진 구약성경은 없다. 이 책은 모든 성도에게 그 성의 몰락(주전 586년)을 생생히 기억하면서 고난의 문제를 어떻게 다루어야 하는지를 가르쳐준다.

저자와 저작 연대

본문으로는 애가의 저자가 누구인지 정확히 알 수 없다. 하지만 예레미야가 저자라는 내적 증거와 역사적인 증거들이 있다. 예를 들어 70인역은 예레미야애가 1:1의 서두를 "그 일이 이루어져 이스라엘이 포로로 잡혀간 이후…예레미야가 앉아 울면서(참고. 3:48, 49) 애통하며…말했다"라고 시작한다. 다른 곳에서 하나님은 예레미야에게 유다로 통곡하게 하라고 명령하신 적이 있다(렘 7:29). 예레미야 역시 요시야를 위해 애가를 지었다(대하 35:25).

「예루살렘의 멸망에 슬퍼하는 예레미야(*Jeremiah lamenting the destruction of Jerusalem*)」 1630년. 렘브란트. 패널에 유화. 46×58cm. 암스테르담 국립 미술관. 암스테르담.

예레미야는 예루살렘의 참상을 생생히 목격한 증인으로서 애가를 썼다(참고. 1:13-15; 2:6, 9; 4:1-12). 주전 586년 예루살렘이 멸망하는 도중이나 직후에 바룩의 도움을 받아 이 애가를 썼을 것이다. 예루살렘 성이 함락된 때는 6월 중순이고 성전이 불탄 때는 8월 중순이었다. 예레미야는 성벽과 망대, 사람들의 집, 왕궁, 성전이 무너지는 것을 눈으로 직접 목격했다. 아직 그 기억이 고통스러울 정도로 생생할 때, 주전 583년 애굽으로 끌려가기 전에 이 애가를 썼다(참고. 렘 43:1-7). 애가에 사용된 언어는 훨씬 더 방대한 분량의 예언서에서 예레미야가 사용한 언어와 아주 비슷하다. 참고. 1:2과 예레미야 30:14. 1:15과 예레미야 8:21. 1:6 및 2:11과 예레미야 9:1, 18. 2:22과 예레미야 6:25. 4:21과 예레미야 49:12.

배경과 무대

예루살렘이 파멸하리라는 예언은 800년 전에 여호수아가 이미 그 씨를 뿌렸다(수 23:15, 16). 이제 40년이 넘게 예레미야는 임박한 진노를 예언했고, 파멸을 예언한다는 이유로 백성에게 조롱과 미움을 받았다(주전 627-586년). 느부갓네살과 그 군대의 침략으로 하나님께 불순종하는 백성이 심판을 받았지만 예레미야는 완악한 동족과 자신의 고통을 여전히 깊은 슬픔과 연민의 시선으로 바라본다. 예레미야서와 밀접하게 연관되어 있는 애가서는 회개치 않는 죄로 하나님의 심판을 받은 예루살렘을 향한 예레미야의 비통한 마음이 잘 표현되어 있다.

그의 이름을 딴 예레미야서 1-29장에서 이 재앙을 예언했다. 애가에서는 예루살렘의 몰락으로 겪는 쓰라린 고통과 비통한 감정을 더 자세히 부각시킨다(참고. 시 46:4, 5). 예루살렘의 멸망이 매우 중요한 일이다 보니 구약에서는 열왕기하 25장, 예레미야 39:1-11; 52장; 역대하 36:11-21 등 4번이나 이 사건을 기록하고 있다.

유대인은 모두 154절로 된 이 애가서를 거룩한 정경의 일부로 인정해왔다. 룻기, 에스더, 아가, 전도서와 함께 애가는 특별한 절기에 회당에서 낭독하던 다섯 권의 두루마리 또는 메길로스에 포함된다. 애가서는 압월(7/8월) 9일에 느부갓네살에게 예루살렘이 멸망한 날을 기억하기 위해 낭독되었다. 흥미롭게도 주후 70년 로마인들에게 헤롯 성전이 무너진 날도 압월 9일이었다.

역사적 · 신학적 주제

애가서는 유다의 죄악에 대한 하나님의 심판에 집중적으로 초점을 맞춘다. 이 주제는 애가서 전반에서 찾을 수 있다(1:5, 8, 18, 20; 3:42; 4:6, 13, 22; 5:16). 두 번째 주제는 하나님의 긍휼하심을 통해 확인하는 소망이다(3:22-24, 31-33. 참고. 시 30:3-5). 예루살렘 멸망으로 겪는 치욕을 다루면서도 하나님의 신실하심을 바라보며(3:22-25) 예레미야는 탄식과 비통함을 넘어서서 위로로 나아가(5:19-22) 은혜를 강조하며 마무리한다.

세 번째 주제는 하나님의 주권적 심판이다. 유다의 죄악으로 하나님의 거룩하심이 크게 모독당했기 때문에 파멸의 재앙을 내리실 수밖에 없었다. 하나님의 진노를 쏟을 인간적 도구로는 바벨론이 선택을 받았다(1:5, 12, 15; 2:1, 17; 3:37, 38. 참고. 렘 50:23). 예레미야는 예레미야 20:4-52:34에서 바벨론을 150번 넘게 언급하지만 애가서에서는 바벨론이나 느부갓네살 왕을 한 번도 구체적으로 명기하지 않는다. 유다의 죄악을 심판하는 분은 오직 하나님이시기 때문이다.

네 번째 주제는 무서운 심판으로, 이스라엘의 구원과 하나님의 약속을 성취하는 것이 불가능해졌기 때문에(참고. 3:18) 애가서는 대부분 기도하는 어조로 되어 있다. 첫째는 1:11, 눈물로 부르짖으며 죄를 고백한다(참고. 18절). 둘째는 3:8, 하나님이 "내 기도를 물리치시기" 때문에 고통 중에 부르짖는다(참고. 3:43-54; 렘 7:16). 셋째는 3:55-59, 예레미야가 하나님의 구원을 부르짖는다. 넷째는 3:60-66, 원수들에 대한 보복을 구한다(렘 50, 51장이 이것을 약속함). 다섯째는 5:1-22, 신실하신 하나님을 믿는 믿음으로(3:23) 자비를 회복해주시도록 하늘에 호소한다(렘 30-33장이 확인해줌).

다섯 번째 주제는 그리스도와 관련이 있다. 예레미야의 눈물(3:48, 39)은 예수님이 예루살렘이라는 같은 도시를 보시고 우신 것과 비교된다(마 23:37-39; 눅 19:41-44). 재판하고 집행한 분이 하나님이시지만 그 백성이 파멸당하는 모습을 보는 일은 괴롭고 슬픈 일이었다. "그들의 모든 고난에 동참하사"(사 63:9)라는 말씀은 옳았다. 언젠가 더 이상 죄가 없어질 때 하나님은 모든 눈물을 닦아주실 것이다(사 25:8; 계 7:17; 21:4).

이 책을 읽는 모든 사람에게 간접적으로 주는 경고가 여섯 번째 중요한 주제다. 하나님이 사랑하는 자기 백성을 심판하는 데 주저하시지 않는다면(신 32:10) 그 말씀을 거부하는 세상 열국들은 어떻게 하시겠는가?

해석상의 과제

몇 가지 세부적 부분에서 해석상의 어려움이 나타난다. 그중 다른 죄인들에 대한 심판을 구하는 저주 기도(1:21, 22; 3:64-66), 하나님이 기도를 물리치시는 이유(3:8), 너무나 가혹한 심판의 필연성(참고. 1:1, 14; 3:8)이 대표적이다.

처음 네 장은 각 절이 아크로스틱 방식, 즉 히브리어 알파벳 22개 글자를 순서대로 사용하는 방식을 사용한다. 1, 2장과 4장은 22개 알파벳에 맞게 22개의 절로 구성되어 있지만 3장은 각 글자를 3절씩 연속해 사용하는 식으로 22개의 삼중 형식 또는 66개의 절로 구성되어 있다. 5장은 22개의 절로 구성되어 있다는 점에서 유사성이 있지만 알파벳 순서를 따르지 않았다. 시편 119편(각기 8개 절로 구성된 연이 연속해 알파벳 글자를 사용함)처럼 알파벳 순서대로 쓰는 이유는 암송하기에 편하기 때문이다. 애가의 구조는 감정이 점점 고조되다가 3:22-24절의 놀라운 고백을 기점으로 차분해진다. "여호와의 긍휼이 무궁하시므로"라는 이 고백은 애가의 문학적 중심에 해당한다.

예레미야애가 개요

- I. 첫 번째 애가, 예루살렘의 파멸(1:1-22)
  - A. 예레미야의 슬픔(1:1-11)
  - B. 예루살렘의 슬픔(1:12-22)
- II. 두 번째 애가, 주의 진노하심에 대한 설명(2:1-22)
  - A. 하나님의 시각(2:1-10)
  - B. 인간적 시각(2:11-19)
  - C. 예레미야의 기도(2:20-22)
- III. 세 번째 애가, 예레미야의 비통함(3:1-66)
  - A. 예레미야의 비통함(3:1-20)
  - B. 예레미야의 소망(3:21-38)
  - C. 예레미야의 조언 또는 기도(3:39-66)
- IV. 네 번째 애가, 하나님의 진노하심에 대한 상세한 설명(4:1-22)
  - A. 예루살렘에 대해 진노하심(4:1-20)
  - B. 에돔에 대해 진노하심(4:21, 22)
- V. 다섯 번째 애가, 남은 자들의 기도(5:1-22)
  - A. 하나님의 기억하심을 바라다(5:1-18)
  - B. 하나님의 회복해주심을 바라다(5:19-22)

첫 번째 애가, 예루살렘의 파멸 (1:1-22)

A. 예레미야의 슬픔(1:1-11)

1:1-22 **어찌 그리 적막하게 앉았는고** 예루살렘은 적막하다. 전에 우호적이던 민족들에게 버림받고 그 백성이 슬피 울고 있다(2절). 그 나라에서 뿌리째 뽑혀 포로로 잡혀갔으며(3절), 성전이 침범을 당했다(10절). 수많은 죄악으로(5, 8절) 의로우신 하나님께 이 끔찍한 심판을 받았다(18절).

1:1 **이제는 과부 같이 되었고** 1-11절은 다른 성경에서 종종 묘사하듯 예루살렘 성을 남편을 잃고 황폐해진 여자로 묘사하고 있다(참고. 겔 16; 23장; 미 4:10, 13). **강제 노동을 하는 자** 유다는 바벨론에 종살이를 하러 포로로 끌려갔다.

1:2 **사랑하던 자들…친구들…원수들이 되었도다** 이것은 유다와 연합했던 이방 민족들과 유다가 '사랑했던' 우상들을 말한다(렘 2:20-25). 얼마 후에는 원수가 되어 그들을 친다(왕하 24:2, 7; 시 137:7). **그에게 위로하는 자가 없고** 이 두려운 주제는 이 외에도 4번 더 언급된다(9, 16, 17, 21절).

1:3 **사로잡혀** 예레미야 39; 40; 52장에서 기록한 대로 주전 586년에 포로로 끌려갔다. 주전 605년과 597년에 이미 두 차례 포로로 끌려간 적이 있다(참고. 서론의 저자와 저작 연대).

1:4 **시온** 이것은 여호와께서 거하시는 장소, 성전이 있는 산을 말한다. **절기를 지키려** 유월절, 오순절, 초막절이다(참고. 출 23; 레 23). **제사장들이 탄식하며** 이들은 애굽으로 도망가기 전 유다에 남아 있던 제사장들이나(렘 43장) 멀리 바벨론에서 애곡하는 포로들을 가리킨다(참고. 3절).

1:5 **그의 죄가 많음으로** 심판의 원인이었다(참고. 렘 40:3; 단 9:7, 16).

1:8 **조소거리가 되었으니** 이것은 계속 범죄하는 비참한 상태와 심판으로 황폐화된 결과를 가리키거나 70인역이나 불게이트역처럼 '잡혀간' 상태를 가리킬 수도 있다. 아마도 전자가 정확한 번역일 것이다. 3행과 4행의 내용, 즉 이전에 화려하던 시절과 반대로 벌거벗은 수치와 모욕적 상황에 더 부합하기 때문이다(참고. 6하반절).

1:9 **그의 더러운 것이 그의 옷깃에 묻어 있으나** 옷자락 끝까지 영적인 불결함으로 성한 데가 없는 상태를 생생하게 묘사한 표현이다(참고. 레 15:19-33).

1:10 **성소에 그들이 들어간 것** 이것은 암몬 자손과 모압 자손에게 해당된다(신 23:3; 느 13:1, 2). 이교도들이 예배하러 성소에 들어갈 수 없다면 약탈하고 파괴하는 일은 더욱 용납되지 않을 것이다. 장차 어느 날 열국이 예배하러 올 것이다(슥 14:16).

1:11 **여호와여 나를 돌보시옵소서** 황폐한 과부의 묘사는 하나님의 자비를 구하는 것으로 마무리된다.

B. 예루살렘의 슬픔(1:12-22)

1:12 **지나가는 모든 사람들이여** 모르는 낯선 사람들에

열왕기하와 예레미야, 예레미야애가 비교

	열왕기하 25장 (대하 36:11-21도 보라)	예레미야	예레미야애가
1. 예루살렘 포위	1, 2절	39:1-3; 52:4, 5	2:20-22; 3:5, 7
2. 성의 기근	3절	37:21; 52:6	1:11, 19; 2:11, 12; 2:19, 20; 4:4, 5, 9, 10; 5:9, 10
3. 군대와 왕의 도주	4-7절	39:4-7; 52:8-11	1:3, 6; 2:2; 4:19, 20
4. 궁전과 성전, 성이 불탐	8, 9절	39:8; 52:13	2:3-5; 4:11; 5:18
5. 성벽이 무너짐	10절	33:4, 5; 52:7	2:7-9
6. 포로로 끌려감	11, 12절	28:3, 4, 14; 39:9, 10	1:1, 4, 5, 18; 2:9, 14; 3:2, 19; 4:22; 5:2
7. 성전 약탈	13-15절	51:51	1:10; 2:6, 7
8. 지도자들의 처형	18-21절	39:6	1:15; 2:2, 20
9. 바벨론의 속국이 된 유다	22-25절	40:9	1:1; 5:8, 9
10. 기대했던 나라의 도움 무산	24:7	27:1-11; 37:5-10	4:17; 5:6

게라도 동정을 받고 싶다는 생각이 들 정도로 딱한 예루살렘의 처지를 표현한 것이다.

1:13 **나의 골수에 불을 보내어** 이것은 뼛속까지 스며들 정도로 심판이 심각하다는 사실을 강조한다. **나로 물러가게 하셨음이여** 하나님의 목적은 그들로 말미암아 회개하도록 하는 데 있다.

1:14 **내 죄악의 멍에에 그의 손으로** 농부가 짐승의 목에 멍에를 걸면 손에 쥔 고삐로도 통제할 수 있다. 마찬가지로 예루살렘을 바벨론에 예속되게 하신 하나님은 여전히 그 백성을 통제하신다.

1:15 **성회를 모아** 이것은 거룩한 절기를 지키기 위해 모인 성회가 아니라 바벨론 군대가 파멸을 목적으로 모인 것을 말한다. **술틀** 포도를 으깨어 포도즙을 내듯 사람을 짓밟아 피를 흘리게 하는 것을 말한다. 요한계시록 14:20; 19:15에서 하나님의 마지막 심판에 대해 유사한 언어를 사용한다.

1:17 **불결한** 이것은 생리 중인 여성이 부정함으로 남편이나 성전을 멀리하는 것을 말한다(참고. 8, 9절; 레 15:19 이하).

1:18 **여호와는 의로우시도다…내가…거역하였도다** 진정한 회개는 하나님의 옳으심을 인정하고 자신의 죄를 고백하는 것이다.

1:21, 22 **그 선포하신 날을 이르게 하셔서** 하나님께 다른 불의한 민족들, 특히 바벨론을 심판해달라는 기도다(참고. 3:64-66; 4:21, 22). 하나님은 그분의 대적들을 심판해달라는 이런 기도는 받으신다(참고. 시 109:14, 15).

1:22 **주 앞에 가지고 오게 하시고** 참고. 요한계시록 16:19.

두 번째 애가, 주의 분노하심에 대한 설명 (2:1-22)

A. 하나님의 시각(2:1-10)

2:1 **주께서 어찌** 애가서 2장은 많은 부분에서 하나님의 진노를 생생하게 묘사하고 있다. 그분은 유다를 구름으로 덮으셨고(1절) 보호의 손길을 거두셨으며(3절), 활을 당겨 그 화살로 죽이시고(4절) 성벽을 허물고자 줄을 띠셨다(8절). 그리고 장차 올 왕국에서 예루살렘을 다시 지으실 것이다(슥 2:1-13). **이스라엘의 아름다움** 이것은 시온산과 성전을 가리킬 것이다(참고. 시 48:2; 50:2; 사 60:13; 64:11; 겔 16:14; 단 11:45). **그의 발판** 이것은 역대상 28:2; 시편 99:5; 132:7에서 암시하듯 언약궤를 가리킨다.

2:2 **땅에 엎으시고** 예레미야 사역 초기부터 말씀하신 대로(렘 1:10) 하나님은 유다의 방어용 요새들을 무너뜨리셨다.

2:3 **모든 뿔** 이것은 동물 세계에서 예증하듯 권력의 상징물이다.

2:6-11 죄로 말미암아 온 사람과 세상에 비극이 닥친다. 이스라엘 백성이 예배하던 성전(6절), 절기와 안식일(6절), 왕과 제사장 등 지도자들(6절), 그 제단과 성소(7절), 성벽(8절), 율법(9절), 가정의 자녀들(11절)이 모두 그 대상이 된다.

2:6, 7 참고. 1:4.

2:7 **여호와의 전에서 떠들기를 절기의 날과 같이 하였도다** 빼앗은 성전에서 승리를 외치는 것은 거룩한 절기 때 성전에서 기쁨으로 즐거워하는 것과 비슷하다.

B. 인간적 시각(2:11-19)

2:11, 12 바벨론의 침략으로 굶주린 아이가 어머니의 품에서 죽어가는 참상을 묘사하고 있다.

2:14 **헛되고 어리석은 묵시** 예레미야 23:16, 17에서 지적하듯 이런 거짓말은 심판이 아니라 평강과 위로를 말한 것이다. 그런 거짓말로 어떻게 파멸에 이르렀는지 예레미야 23:30-40과 비교해보라.

2:17 **명령하신 말씀을 다 이루셨음이여** 15절과 16절의 승리에 도취된 적은 예루살렘의 파멸이 주권자 되신 하나님이 주도하신 일임을 알아야 한다. 이 절은 이 장의 핵심이다(참고. 렘 51:12).

2:18 **딸 시온의 성벽** 적에게 뚫린 예루살렘 성벽은 바벨론 군대에 침략을 받았다고 부르짖는다.

C. 예레미야의 기도(2:20-22)

2:20 **여호와여 보시옵소서** 이 장은 하나님 앞에 문제를 내려놓으며 마무리된다. **여인들이…아이들을 먹으오며** 18개월간의 포위 공격으로 굶주림이 심각해지자 여인들은 믿기 어려운 참혹한 짓을 저질렀다. 자기 자식들을 잡아먹은 것이다(참고. 4:10; 레 26:29; 신 28:53, 56, 57; 렘 19:9).

2:21 **주의 진노의 날** 이것은 역대하 36:17처럼 완전한 살육을 가리킨다.

세 번째 애가, 예레미야의 비통함 (3:1-66)

A. 예레미야의 비통함(3:1-20)

3:1-20 **고난 당한 자** 예레미야가 그런 처참한 비극 속에서 당하는 고통은 하나님께로부터 온 것이다. 의인들조차 "여호와의 분노의 매"를 당한다.

3:8 내 기도를 물리치시며 참고. 44절. 예레미야의 기도에 하나님이 응답하시지 않는 것은 그가 개인적으로 죄를 지었기 때문이 아니다(참고. 시 66:18). 이스라엘이 계속 죄를 짓고 회개하지 않았기 때문이다(렘 19:15). 하나님은 의로우시기 때문에 죄를 지으면 그에 합당한 대가를 치러야 한다(렘 7:16을 참고하고 *그에 대한 설명을 보라.* 11:14). 예레미야는 그 사실을 알면서도 기도하고 울며(48-51절) 동족이 회개하기를 원했다.

3:16 조약돌로 내 이들을 꺾으시고 이것은 동양에서 흔히 보듯 재 위에서 빵을 굽다가 종종 돌이 섞이는 것을 말한다.

B. 예레미야의 소망(3:21-38)

3:21-33 유다의 멸망으로 슬픔을 감당하지 못하던 예레미야는 하나님의 은혜와 자비와 긍휼을 생각하게 된다. 그의 어조에 극적 변화가 일어난다.

3:21 이것을 내가 내 마음에 담아 두었더니 예레미야는 하나님의 성품을 생각한 뒤 떠오른 일을 말한다.

3:22 긍휼 이 히브리어 단어는 구약에서 250번 정도 사용된 단어로 하나님의 은혜로운 사랑을 말한다. 사랑, 은혜, 자비, 선함, 용서, 진리, 연민, 신실함을 총망라하는 포괄적 의미의 단어다.

3:22-24 여호와의…긍휼이 무궁하시므로 심판받은 상황은 처참하고 무섭지만 하나님의 언약적 사랑이 늘 함께하시며(참고. 31, 32절) 그분의 놀라운 신실하심이 언제나 불변하여 유다는 영원히 진멸당하지 않을 것이다(참고. 말 3:6).

3:23 주의 성실하심이 크시도소이다 믿음의 기초는 하나님이 그 신실하신 성품대로 약속을 모두 지키신다는 사실에 있다.

3:27 젊었을 때에 멍에를 메는 것 이것은 예레미야가 젊어서 받았던 훈련을 포함해 하나님이 주시는 사명을 가리킨다(참고. 렘 1:6, 7).

3:29 입을 땅의 티끌에 댈지어다 복종을 의미하는 표현이다.

3:30 빰을 돌려대어 주 예수님이 하신 행동이다(참고. 사 50:6; 벧전 2:23).

> **다른 애가들**
>
> 욥기 3:3-26; 7:1-21; 10:1-22
> 시편(40편이 넘음), 예를 들어 시편 3; 120편
> 예레미야 15:15-18; 17:14-18; 18:19-23
> 에스겔 19:1-14; 27:1-36; 32:1-21

3:33-47 하나님의 심판은 정당한 이유가 있다.

3:38 이것은 하나님이 심판과 축복을 주권적으로 결정하신다는 사실을 말해준다.

C. 예레미야의 조언 또는 기도(3:39-66)

3:40, 41 여호와께로 돌아가자 유다가 심판에서 벗어날 길은 회개하고 하나님의 구원과 회복을 구하는 것뿐이었다.

3:42 사하지 아니하시고 하나님은 공의롭게 그들의 죄를 심판하셨다.

3:48-51 내 눈 예레미야의 슬픔을 요약적으로 표현한 것이다.

3:52-63 나의 원수들 예레미야가 하소연한 박해의 내용은 고관들이 그를 죽이기 위해 웅덩이에 던져넣은 사건과 아주 비슷하다(참고. 53장; 렘 38:4-6). 하나님은 기도 응답으로 그에게 새로운 확신을 주시고 에벳멜렉을 보내어(참고. 렘 38:7-13) 그를 구원해주셨다(58절). 예레미야는 그 원수들에게 공의를 베풀어달라고 호소한다(59-63절).

3:58 내 생명을 속량하셨나이다 예레미야는 사람들이 하나님을 신뢰하도록 격려하고자 이렇게 고백한다.

3:64-66 그들에게 보응하사 하나님의 보응하심을 구하는 이 저주 기도는 바벨론의 멸망으로 응답될 것이다(참고. 사 46; 47; 렘 50; 51; 단 5장). 또한 흰 보좌 심판대에서 최종 응답을 받을 것이다(계 20:11-15).

네 번째 애가, 하나님의 진노하심에 대한 상세한 설명 (4:1-22)

A. 예루살렘에 대해 진노하심(4:1-20)

4:1 금이 빛을 잃고 정복자들이 약탈해간 성전의 금 장식물들은 먼지를 뒤집어쓴 채 광택을 잃었다.

4:3 그들의 새끼를 먹이나 천한 들개도 본능적으로 그 새끼를 먹이는데 적의 공격이 장기화되자 이스라엘 여자들은 자신의 아이들을 돌보지 않았다(참고. 4절). **타조 같도다** 타조는 새끼들을 돌보지 않는 것으로 유명하다(참고. 욥 39:14-16).

4:6 소돔의 죄악 그들의 죄는 동성애였다. 소돔조차 고통이 길지 않았는데 예루살렘의 고통당하는 시간이 길었다는 사실은 그들이 더 큰 벌을 받았음을 말해준다(참고. 벧전 4:17).

4:7, 8 존귀한 자들 사람들 가운데 가장 순결하고 경건하며(참고. 민 6장) 강하고 건강하며 고귀한 자들이 더러워지고 약해지고 천해졌다.

4:10 자기들의 자녀들을 삶아 먹었도다 참고. 2:20. *이에 대한 설명을 보라.*
4:15 저리 가라 사람들은 거짓 선지자들을 좇아냈다.
4:16 여호와께서 노하여 다른 번역에는 '여호와의 얼굴'로 번역되어 신적 진노의 의미로 사용된다. 유대인은 하나님과 대면해야 했다.
4:20 우리의 콧김 이것은 생명을 주시는 하나님을 가리키는 표현이다.

B. 에돔에 대해 진노하심(4:21, 22)

4:21, 22 우스 땅…에돔 실상 하나님은 '지금 마음껏 웃어라. 너희도 심판받을 것이다'(참고. 렘 25:15-29)라고 말씀하신 셈이다.

다섯 번째 애가, 남은 자들의 기도 (5:1-22)

A. 하나님의 기억하심을 바라다(5:1-18)

5:1-22 여호와여…기억하시고 예레미야는 동족에게 자비를 베풀어주시도록 기도한다. 그는 민족의 상처와 아픔을 정리하고(1-10절), 특정 집단이 받은 저주를 회상하며(11-14절), 왜 하나님이 심판하셨는지 알리고(15-18절), 이스라엘의 회복을 위해 중보한다(19-22절. 참고. 미 7:18-20).
5:6 애굽 사람과 앗수르 사람 유대인은 하나님을 모르는 민족들과 동맹을 맺고 사람에게 의지해서 보호와 물자를 받고자 함으로써 하나님께 죄를 지었다(참고. 렘 2:18, 36).
5:7 이것은 예레미야 31:29과 에스겔 18:2에서 인용한 냉소적 잠언이다.
5:8-18 유다를 덮친 끔찍한 참상의 목록이다.

> **애가를 넘어**
>
> **회복의 소망**
> 1. 이사야 35:1-10
> 2. 예레미야 30:1-31:40
> 3. 에스겔 37:1-28
> 4. 호세아 3:5; 14:1-9
> 5. 요엘 3:18-21
> 6. 아모스 9:11-15
> 7. 미가 7:14-20
> 8. 스바냐 3:14-20
> 9. 스가랴 14:1-11
> 10. 말라기 4:1-6

5:16 면류관이 떨어졌사오니 그 후 이스라엘에서는 왕관을 쓴 왕이 공식적으로 사라졌다. 다윗 왕조는 잠시 사라지겠지만 그리스도가 왕으로 오실 때 다시 회복될 것이다(렘 23:5-8; 겔 37:24-28; 계 19:1-21).

B. 하나님의 회복해주심을 바라다(5:19-22)

5:19 주의 보좌는 대대에 이르나이다 이 장의 중요한 주제다. 예레미야는 하나님이 늘 그 보좌에 좌정해 계시며 하늘에서 세상을 다스리신다는 사실로 위로를 받는다(시 45:6; 93:2; 102:12; 103:19; 단 4:3, 34, 35).
5:21 우리를 주께로 돌이키소서 하나님께 돌아오기 위해서는 그분이 먼저 나서서 힘을 주셔야 한다는 말이다(참고. 시 80:3, 7, 19; 렘 24:7; 31:18; 요 6:44, 65). **우리의 날들을 다시 새롭게 하사** 19-22절의 중보기도는 이스라엘의 새 언약을 회복할 때 응답될 것이다(참고. 렘 30-33. *이에 대한 설명을 보라*).
5:21, 22 화가 나서 이렇게 주장한 것이 아니다. 그 백성을 영원히 버려두실 수 없는 하나님께 그 신실하심으로 그들을 회복해달라는 겸허한 마무리 기도다(참고. 렘 31:35-37; 33:25, 26). 실제로 그들이 죄 때문에 슬퍼하며 회개할 때 회복이 시작되었다. 이 회복은 믿음과 순종으로 하나님을 의지할 때 완성된다.

연구를 위한 자료

Charles H. Dyer, *Lamentations*, in Bible Knowledge Commentary–OT (Wheaton, Ill.: Victor, 1985). 『예레미야·예레미야애가』(BKC 강해 주석14), 찰스 H. 디어 지음, 장종식·김정님 옮김(두란노서원, 1994).

Walter Kaiser Jr., *A Biblical Approach to Personal Suffering* (Chicago: Moody, 1982).

애

제목

저자인 에스겔의 이름이 책의 제목이다(1:3; 24:24). 그는 이 성경 외에 어디서도 등장하지 않는다. 그의 이름은 '하나님이 강하게 하신다'라는 뜻이다. 실제로 그는 하나님이 부르신 예언 사역을 위해 그 능력을 덧입었다(3:8, 9). 에스겔은 환상과 예언, 비유, 표적, 상징 들을 이용해 포로로 잡혀온 백성에게 하나님 말씀을 극적으로 선포했다.

저자와 저작 연대

1:1의 "서른째 해"가 에스겔의 나이를 말한다면 그가 포로로 잡혀왔을 때 스물다섯 살이었고 사역의 부르심을 받은 때는 서른한 살이었을 것이다. 서른은 제사장들이 그 사역을 시작하는 나이로, 에스겔에게 중요한 나이였다. 그의 사역은 주전 593/592년에 시작되었고 주전 571/570년까지 최소한 22년간 지속되었다(참고. 29:17). 그는 예레미야(에스겔보다 약 20년 연상), 다니엘(동년배)과 동시대 사람이었다. 그는 14:14, 20; 28:3에서 다니엘을 이미 유명한 선지자로 거론하고 있다.

예레미야(렘 1:1)와 스가랴(참고. 슥 1:1; 느 12:16)처럼 에스겔은 선지자이자 제사장이었다(1:3). 제사장이라는 배경 때문에 성전과 관련된 일에 특히 관심이 많았으며 익숙했다. 그래서 하나님은 성전에 대한 내용을 많이 기록하도록 하셨다(8:1-11:25; 40:1-47:12).

에스겔과 그의 아내(24:15-27)는 주전 597년 바벨론에 포로로 끌려온 1만 명에 포함되어 있었다(왕하 24:11-18). 그들은 바벨론 남동쪽에 위치한 곳으로 보이는 그발 강변의 델아빕에 살았다(3:15). 에스겔서는 포로생활 중에 그의 아내가 죽었다고 적고 있지만(겔 24:18) 에스겔의 죽음은 언급하지 않는다. 랍비 전승은 주전 560년경 우상을 숭배한다고 꾸짖다가 이스라엘 고관에게 죽임당했다고 한다.

에스겔은 주전 597년 포로로 잡혀온 여호야긴이 포로생활을 한 지 5년째인 주전 593년(1:2) 바벨론('갈대아 땅')에서 예언 사역으로 부르심을 받았다. 그는 예언 날짜를 종종 주전 597년을 기준으로 표기한다(8:1; 20:1; 24:1; 26:1; 29:1; 30:20; 31:1; 32:1, 17; 33:21; 40:1). 또한 40:1에서는 메시지를 전한 날짜를 주전 573/572년으로 기술한다. 이것은 주전 586년 예루살렘이 최종 함락되고 14년째 되는 해였다. 날짜를 명기한 에스겔의 마지막 예언은 주전 571/570년이다(29:17).

1-28장의 예언들은 연대기적 순서로 소개되어 있다. 29:1에서는 26:1에서보다 1년 전으로 돌아간다. 그러나 30:1부터는 시간적 순서를 유지한다(참고. 31:1; 32:1, 17).

배경과 무대

역사적으로 이스라엘의 통일 왕국은 사울과 다윗, 솔로몬 치세까지 110여 년 지속되었다(주전 1043-931년). 그다음으로 주전 931-722/721년 분열 왕국, 즉 이스라엘(북)과 유다(남)로 존속했다. 이스라엘은 주전 722/721년 앗수르에 멸망했고 홀로 남은 유다는 135년간 존속하다가 주전 605-586년 바벨론에 멸망했다.

더 직접적인 배경은 몇 가지 특징별로 살펴보는 것이 좋다. 먼저 정치적인 면을 살펴보자. 앗수르의 막강한 군사력은 주전 626년 급속히 쇠퇴했고, 수도인 니느웨는 바벨론과 메대인들에게 멸망했다(참고. 나훔). 나보폴라살이 주전 625년 왕위에 오르면서 신바벨론 제국이 성립되었고 바로 느고 2세 하의 애굽은 정복 전쟁에 나섰다. 주전 612-605년 바벨론은 앗수르에게 대승을 거두었고, 주전 605년 갈그미스에서 애굽과의 싸움에서 결정적 승리를 거머쥐었다. 바벨론 연대기에서는 생존자가 거의 없었다고 기록한다.

또한 주전 605년 느부갓네살이 통치하는 바벨론은 예루살렘을 정복하고 포로들을 끌고 갔다. 그중 다니엘이 있었다(단 1:2). 주전 598년 12월 그는 다시 예루살렘을 포위했고, 주전 597년 3월 16일 성을 점령했다. 이때 여호야긴과 에스겔을 비롯해 1만 명의 포로를 끌고 갔다(왕하 24:11-18). 예루살렘의 최종 멸망과 유다 정복은 주전 586년이며, 세 번째로 포로들이 끌려갔다.

종교적인 측면에서 요시야 왕(주전 640-609년)은 유다의 개혁 작업을 단행했다(참고. 대하 34장). 그의 노력에도 불구하고 유대인의 우상숭배가 워낙 뿌리 깊었기 때문에 개혁은 총체적 각성으로 이어지지 못하고 피상적인 수준에 그치고 말았다. 주전 609년 팔레스타인을 지나던 애굽 군대에 요시야가 전사하면서 유대인은 하나님 앞에서 더욱 범죄했고 여호아하스(주전 609년), 여호야김(엘리야김, 주전 609-597년), 여호야긴(주전 597년), 시드기야(주전 597-586년)을 거치면서 심판을 향해 질주했다.

개인적인 측면에서 에스겔과 1만 명의 포로들은 바벨로니아에서 살았다. 포로라기보다는 이민자처럼 땅을 경작하는 것이 허락될 정도로 우호적인 환경이었다(렘 29장). 에스겔은 자기 소유의 집도 있었다(3:24; 20:1).

예언적인 측면에서는 거짓 선지자들이 유다로 곧 돌아갈 수 있다고 포로들을 속였다(13:3, 16; 렘 29:1). 주전 593-585년 에스겔은 예루살렘이 무너질 것이고 그들의 포로 기간이 더 길어질 것이므로 고향으로 금방 돌아갈 수 있다는 희망은 버리라고 했다. 주전 585년 예루살렘에서 바벨론 군대를 피해 도망친 유대인이 약 6개월 전인 주전 586년 예루살렘 성이 무너졌다는 소식을 갖고 에스겔을 찾아왔다(33:21). 금방 해방될 수 있다는 유대인의 거짓 희망이 산산조각이 난 것이다. 그 후 에스겔은 이스라엘이 장차 그 고향 땅으로 돌아갈 것이며, 메시아 왕국으로 궁극적 축복을 받을 것이라고 예언했다.

역사적 · 신학적 주제

에스겔의 중심 주제는 '여호와의 영광'으로 1:28; 3:12, 23; 10:4, 18; 11:23; 43:4, 5; 44:4에서 등장한다. 에스겔서는 하나님의 사랑에도 불구하고 이스라엘과 유다가 불순종한 모습을 생생하게 묘사하며(23장. 참고. 16장) 이스라엘이 열매를 맺고 축복받기를 바라는 하나님의 마음을 강조한다. 유다는 타락과 방종으로 땔감에 쓰이는 포도나무처럼 심판을 자초했다(15장). 유다 민족의 총체적 재앙을 상징하는 블라댜가 떨어져 죽은 사건과 같이(11:13) 에스겔은 이스라엘의 우상숭배와 그 결과를 자주 언급했다.

에스겔은 여러 극적 장면을 통해 생생하게 영적 원리들을 설명한다. 그중에서 그가 두루마리 책을 먹는 일(2장), 하나님이 통치하시는 창조 세계를 상징하는 네 천사의 얼굴(1:10), 이발하는 장면(5:1-4), 하나님이 그 거처에서 정말로 무엇을 원하시는지 알리는, 즉 추악함이 아닌 거룩을 원하신다는 것을 알려주는 성전 벽화(8:10), 심판을 상징하는 숯불을 뿌리는 일(10:2, 7)이 대표적이다.

에스겔은 여러 신학적 주제 중 특별히 하나님의 거룩과 주권성을 강조한다. 유다의 죄악이라는 혐오스러운 장면을 배경으로 그분의 빛나는 영광을 대조시켜 이 주제를 드러내는 방식을 자주 사용한다(1:26-28, 종종 8-11장의 경우처럼 43:1-7도 마찬가지임). 이 주제는 만민이 "내가 여호와인 줄을 너희가 알게 하려"는 영광스러운 승리에 대한 하나님의 뜻과 밀접하게 연관되어 있다. 그 행위를 인증하는 하나님의 인장인 이 말씀은 60번 넘게 언급된다. 보통 심판의 경고와 함께 언급되지만(6:7; 7:4) 때로는 회복의 약속을 한 뒤 언급되기도 한다(34:27; 36:11, 38; 39:28).

또 다른 특징은 사건의 이면에 하나님의 계획을 수행하는 그분의 천사들이 있다는 사실이다(1:5-25; 10:1-22). 하나님이 의를 추구하는 책임을 각 개인에게 물으신다는 주제 역시 중요하다(18:3-32).

또한 에스겔은 이스라엘(2:3-7; 8:9, 10)과 다른 민족들(25-32장)의 죄성을 강조한다. 진노하신 하나님이 죄를 다루실 수밖에 없는 불가피성(7:1-8; 15:8), 적에게 포위된 예루살렘 성에서 도망가고자 하는 인간의 계략을 좌절시키시는 하나님(12:1-13. 참고. 렘 39:4-7), 아브라함 언약으로 은혜를 베풀겠다는 약속(창 12:1-3)이 아브라함의 자손들을 약속의 땅으로 돌아오게 하심으로 성취된다는 것(34; 36-48장. 참고. 창 12:7)에 대해서도 다룬다. 하나님은 이스라엘의 남은 자를 보호하셔서 그들을 통해 회복의 약속을 이루시고 그 거룩한 말씀을 지키겠다고 약속하신다.

해석상의 과제

에스겔은 이사야와 예레미야처럼 상징적 언어를 많이 사용한다. 그래서 에스겔의 기록 가운데 문자적으로 해석해야 하는 부분과 비유적으로 해석해야 하는 부분이 어디인지 확인해야 하는 문제가 생긴다. 예를 들어 줄로 묶은 일(3:25)을 실제로 재현한 것인지 에스겔의 육신이 실제로 예루살렘으로 이동했는지(8:1-3)가 그것이다. 14:22, 23에서 악인들은 죽음을 피하고 의인들 가운데 일부가 침략으로 죽는 내용(21:3, 4)을 볼 때 18장의 개인적 책임에 따른 심판의 말씀을 어떻게 적용해야 하는지도 해석이 분분하다. 또한 신실한 선지자의 아내를 왜 죽도록 하셨는지(24:15-27), 일부 열국에 대한 심판이 언제 이루어질 것인지(25-32장), 40-46장의 성전이 실제적인 성전인지 그리고 어떤 형태의 성전인지, 이스라엘의 미래에 대한 약속과 교회에 대한 하나님의 계획이 어떤 관계인지도 쉽지 않은 해석상의 과제다. 이런 문제들은 해당 주석에서 다룰 것이다.

에스겔서는 일차적으로 심판과 보응에 대한 단락이 나오고 이어서 위로와 회복의 내용이 나온다. 더 자세히 들여다보면 네 단락으로 나눌 수 있다. 첫째, 예루살렘 멸망에 대한 예언이다(1-24장). 둘째, 이스라엘 주변 민족들에 대한 보응의 예언이 서술되어 있다(25-32장). 여기서 장차 하나님이 이스라엘을 회복해주신다는 내용이 잠시 등장한다(28:25, 26). 셋째, 이스라엘에게 회개를 요청하는 마지막 부르심에 대한 단락이다(33장). 마지막으로 네 번째 단락은 하나님이 장차 이스라엘을 회복시키실 것에 대한 풍성한 소망을 다룬다(34-48장).

에스겔 개요

I. 예루살렘 멸망에 대한 예언(1:1-24:27)
  A. 에스겔의 준비와 사역의 부르심(1:1-3:27)
    1. 에스겔에게 나타나신 하나님(1:1-28)
    2. 에스겔에게 사역을 맡기심(2:1-3:27)
  B. 예루살렘 멸망의 선포(4:1-24:27)
    1. 임박한 심판의 징조(4:1-5:4)
    2. 심판에 대한 메시지(5:5-7:27)
    3. 예루살렘 성과 성전의 가증한 우상에 대한 환상(8:1-11:25)
    4. 심판의 설명(12:1-24:47)
II. 열국의 심판에 대한 예언(25:1-32:32)
  A. 암몬(25:1-7)
  B. 모압(25:8-11)
  C. 에돔(25:12-14)
  D. 블레셋(25:15-17)
  E. 두로(26:1-28:19)
  F. 시돈(28:20-24)
    부록: 이스라엘의 회복(28:25, 26)
  G. 애굽(29:1-32:32)
III. 이스라엘의 회개에 대한 말씀(33:1-33)
IV. 이스라엘의 회복에 대한 예언(34:1-48:35)
  A. 이스라엘이 본토로 돌아옴(34:1-37:28)
    1. 참 목자에 대한 약속(34:1-31)
    2. 열국의 심판(35:1-36:7)
    3. 회복의 목적(36:8-38)
    4. 회복의 환상, 마른 뼈 환상과 두 막대기 환상(37:1-28)
  B. 이스라엘의 대적들이 본토에서 쫓겨남(38:1-39:29)
    1. 이스라엘을 침략하고 약탈한 곡(38:1-16)
    2. 이스라엘을 보호하기 위한 하나님의 개입(38:17-39:29)
  C. 이스라엘의 참 예배의 회복(40:1-46:24)
    1. 새 성전(40:1-43:12)
    2. 새 예배(43:13-46:24)
  D. 이스라엘의 땅 재분배(47:1-48:35)
    1. 강의 위치(47:1-12)
    2. 지파의 분깃(47:13-48:35)

예루살렘 멸망에 대한 예언(1:1-24:27)

A. 에스겔의 준비와 사역의 부르심(1:1-3:27)

1. 에스겔에게 나타나신 하나님(1:1-28)

1:1 **서른째 해** 왕의 통치와 관련된 날짜는 1:2에서 언급하는 것으로 보아 에스겔의 나이를 가리킬 가능성이 높다. 서른 살은 제사장이 공식적 직무를 시작하는 나이였다(참고. 3절; 민 4장). **그발 강** 바벨론 남쪽, 유브라데강 지류의 운하다. **하나님의 모습** 이 장면은 이사야 6장에서 언급한 하나님의 보좌에 대한 환상, 요한계시록 4, 5장의 환상들과 비슷하다. 이 장들 역시 심판이 시작되기 직전 보좌에 대한 환상을 보여준다.

1:2 **오 년** 주전 593년이다. 주전 597년에 왕과 에스겔, 1만 명의 사람(왕하 24:14)이 바벨론으로 끌려왔다. 에스겔은 당시 스물다섯 살이었다.

1:3 **여호와의 말씀…여호와의 권능** 하나님은 이사야(6:5-13)와 예레미야(렘 1:4-19)를 준비하셨듯이 에스겔을 준비하셔서 그가 계시를 받고 선지자로서 고귀하지만 힘든 일을 감당하도록 힘을 주셨다. **제사장 나 에스겔** *1절에 대한 설명을 보라.*

1:4-14 첫 환상은 하나님의 보좌를 에워싼 천사들을 집중적으로 부각시킨다.

1:4 **폭풍…불** 유다에 대한 본격적이고 무서운 심판(주전 597년 추방 사건이 아님)이 북쪽에서 시작된다. 주전 588-586년 바벨론에게 심판받을 것이다(렘 39, 40장). 그 심판의 공포가 하나님의 심판에 대한 상징인 불이 번쩍거리는 폭풍으로 묘사되고, 하나님의 눈부신 영광은 황금처럼 밝은 빛으로 나타난다.

1:5 **네 생물** 10:1-22의 그룹일 가능성이 높은 네 천사가 사람 모양(6-8절에서 얼굴과 다리와 발과 손을 유의해보라)을 하고 선 자세로 나타나 심판하시는 하나님을 섬긴다. 4라는 숫자는 땅의 네 모퉁이와 관련이 있을 수 있다. 다시 말해 하나님의 천사들은 온 세상에서 그 명령을 수행한다는 뜻이다.

1:6 **네 얼굴** *10절에 대한 설명을 보라.* **네 날개** 날개가 2개가 아니라 4개라는 사실은 하나님의 뜻을 신속히 실행한다는 상징적 의미다(참고. 14절).

1:7 **다리** 다리는 짐승처럼 굽지 않고 기둥처럼 곧았다. 이것은 힘을 상징한다. **송아지 발바닥** 이것은 그들의 자세가 꼿꼿하고 안정적이라는 뜻이다.

1:8 **사람의 손** 그들이 능숙하게 하나님을 섬긴다는 것을 상징한다.

1:9 **돌이키지 아니하고** 그들은 어떤 방향으로든 몸을 돌릴 필요가 없었으므로 곧장 가서 하나님의 뜻을 신속하게 수행했다. 이동할 때 일제히 한 방향으로 움직였다.

1:10 **얼굴** 이 상징들은 천사들이 똑똑하고("사람") 힘이 세고("사자") 열심히 섬기며("소") 빠른("독수리") 것을 강조한다.

1:12 **영** 이것은 천사들이 그 뜻을 행하도록 하나님이 주시는 신적 충동을 말한다(참고. 1:20).

1:13 **숯불과 횃불 모양 같은데** 그들의 모습에서 하나

에스겔 연대기

사건/장, 절	포로생활 기준	월/일(유대력)	날짜	연도(주전)
1. 부르심(1:2)	제5년	4/5	7월 31일	593년
2. 성전 환상(8:1)	제6년	6/5	9월 17일	592년
3. 장로들의 방문(20:1)	제7년	5/10	8월 17일	591년
4. 포위 공격 개시(24:1)	제9년	10/10	1월 15일	588년
5. 두로에 대한 예언(26:1)	제11년	?/1	?	587/586년
6. 애굽에 대한 예언(29:1)	제10년	10/12	1월 7일	587년
7. 두로와 애굽에 대한 예언(29:17)	제27년	1/1	4월 26일	571년
8. 바로에 대한 예언(30:20)	제11년	1/7	4월 29일	587년
9. 바로에 대한 예언(31:1)	제11년	3/1	6월 21일	587년
10. 바로를 위한 애가(32:1)	제12년	12/1	3월 3일	585년
11. 스올로 내려가는 바로(32:17)	제12년	?/15	?	586/585년
12. 예루살렘 멸망에 대한 피난민의 보고(33:21)	제12년	10/5	1월 8일	585년
13. 미래의 성전 환상 시작(40:1)	제25년	1/10	4월 28일	573년

님의 영광과 순결하면서도 불타는 정의가 고스란히 드러난다(참고. 사 6장). 그들은 하나님을 도와 이스라엘에까지 그 정의가 실현되도록 했다. 이스라엘은 하나님의 오래 참으심을 외면하고 너무나 오랫동안 완악하게 굴었다.

1:14 힘차면서도 지칠 줄 모르는 움직임은 하나님이 쉬지 않고 심판의 일을 수행하고 계심을 상징한다.

1:15-25 이 단락은 천상에 있는 하나님 보좌의 빛나는 영광을 말한다.

1:15 **바퀴** 심판하고자 하는 곳으로 달려가는 전쟁 기계(거대한 전차처럼)로 하나님의 심판을 묘사한다. 언약궤 위의 그룹은 역대상 28:18에서 "수레"로 표현했다.

1:16 **바퀴 안에 바퀴가 있는** 이는 한 치의 오차도 없이 그 뜻을 이루시는 하나님의 거대한 심판 기계가 복합적으로 움직일 때 분출되는 어마어마한["땅 위에는"(15절), "높고 무서우며"(18절)] 에너지를 묘사한 것이다.

1:17 **돌이키지 아니하고** 참고. 9, 12절. 심판의 기계는 천사들이 가는 방향으로 이동한다(19, 20절).

1:18 **눈** 이것은 하나님의 전지하심, 즉 하나님의 종인 이 천사들이 차질 없이 심판을 이행하도록 하나님께 받은 완벽한 지식을 의미할 수 있다. 하나님은 어떤 일도 맹목적으로 충동적으로 하시지 않는다.

1:20 **영** *1:12에 대한 설명을 보라.*

1:24 **많은 물 소리와도 같으며** 이 이미지는 폭우가 천둥처럼 쏟아지거나 바위 표면을 부술 듯 때리는 모습을 염두에 둔 것일 수 있다(참고. 43:2; 계 1:15; 14:2; 19:6).

1:25 **음성** 분명히 "전능자의 음성"(24절)일 것이다. 하나님의 보좌가 "그 머리 위에"(25절) 있었기 때문이다.

1:26 **보좌** 참고. 시편 103:19; 요한계시록 4:2-8. **사람** 하나님은 영이지만(요 4:24) 인간의 모습으로 나타나신다. 성육신하신 하나님, 메시아는 "신성의 모든 충만"(골 2:9)을 상징하신다. 따라서 이것은 구세주이자 심판자로서 그 성품을 그대로 지니신 메시아의 성육신 이전 모습이라고 할 수 있다(참고. 계 19:11-16).

1:28 **여호와의 영광** 그분의 영광은 예수 그리스도의 위격으로 환하게 빛난다(참고. 고후 4:6). 이것은 에스겔서가 반복해 강조하는 주제다. **내가 보고 엎드려** 요한계시록 1:17에서 요한도 하나님의 영광을 보고 같은 반응을 보였다.

2. 에스겔에게 사역을 맡기심(2:1-3:27)

2:1 **인자** 자신의 인간성을 강조하고자 에스겔이 90번 이상 사용한 표현이다.

2:2 **그 영이 내게 임하사** 하나님은 자기 종에게 일을 맡기시면 성령으로 그 일을 행할 능력을 주신다(참고. 3:14; 슥 4:6). 이것은 성령께서 하나님의 특별한 사명을 감당하도록 선택된 사람에게 능력을 주시는 것을 말한다. 구약에서는 이런 일이 자주 있었다. 예를 들어 11:5; 37:1; 민수기 24:2; 사사기 3:10; 6:34; 11:29; 13:25; 사무엘상 10:10; 16:13, 14; 19:20; 역대하 15:1; 누가복음 4:18을 보라.

2:5 이스라엘 백성은 무지함을 탓할 수가 없었다.

2:6 **가시와 찔레…전갈** 참고. 3:7, 9; 22:29. 하나님은 에스겔에게 이 비유를 사용해 그 말씀을 거부한 유다 백성의 완악함이 뾰족한 가시와 독이 있는 전갈과 같다고 설명하신다. 악인들을 종종 이런 식으로 표현한다(참고. 삼하 23:6; 아 2:2; 사 9:18).

2:8 **네 입을 벌리고…먹으라** 에스겔은 명령대로 순종해야 했다. 실제로 두루마리 책을 먹었다는 뜻이 아니라(9, 10절) 영적인 의미에서 하나님 말씀을 받음으로써 내면에 뜨거운 열정이 일어나도록 했다는 뜻이다. 참고. 3:1-3, 10; 예레미야 15:16.

2:10 **그 안팎에 글이 있는데** 두루마리는 원래 한 면만 써야 하지만 이 심판의 메시지는 내용이 너무 많아서 쓸 수 있는 공간을 모두 써야 했다(참고. 슥 5:3; 계 5:1). 2-32장에 기록된 대로 죄를 지을 때 당하는 고통과 슬픔은 한 면만으로는 전부 기록될 수 없다.

3:1-3 **이 두루마리를 먹고…내게 먹이시며** 하나님의 사자는 먼저 스스로 하나님의 진리를 체화하고 그 후에 그 진리를 선포해야 한다.

3:3 **꿀 같더라** 이스라엘에게 심판이 임한다는 내용이

단어 연구

선지자(Prophet): 2:5; 33:33; 38:17. '선언하다' '알리다'의 의미를 가진 어근에서 파생했을 것이다(렘 19:14; 37:7-9). 아니면 '거품이 일어날 듯 부글부글하다' '뿜어내다'의 의미를 지닌 히브리어에서 파생했을 수도 있다. 예언은 성령께서 신적 메시지를 전달하는 사람을 통해 하나님의 뜻을 '뿜어내시는' 것으로 비유할 수 있다(참고. 암 3:8; 미 3:8). 구약 시대의 선지자들은 누군가 다른 사람을 위해 메시지를 전달해주는 전령이나 대변인에 가까웠다(37:7; 대하 17:13). 히브리 선지자들의 경우에는 하나님을 대변했다. 그래서 선지자들은 "만군의 여호와께서 이와 같이 말씀하시되"라는 말로 메시지를 시작하는 경우가 많았다(렘 9:7, 17을 보라).

지만 하나님의 말씀이었고(참고. 시 19:10; 119:103) 거룩하시고 의로우시며 신실하신 영광의 하나님을 옹호하는 내용이었기 때문에 그 맛이 달았다. 예레미야 역시 하나님의 이런 성품을 즐거워했다(렘 15:16). 에스겔은 유다의 패역을 꾸짖는 이 심판의 메시지에서 쓴 맛도 경험했다(9절). 사도 요한은 요한계시록 10:9, 10에서 하나님 말씀에 대해 쓴맛과 단맛을 모두 경험하는 유사한 내용을 기록했다.

3:7 참고. 요한복음 15:20.

3:8, 9 **네 얼굴을 굳게 하였고** 하나님은 일을 맡기시면("무서워하지 말라") 그 일을 행할 능력을 주신다("내가… 하였고"). '하나님이 힘을 주신다'는 뜻의 이름에 걸맞게 하나님은 그에게 힘을 주실 것이다. 참고. 2:2; 3:14, 24; 이사야 41:10; 예레미야 1:8, 17.

3:9 **반역하는** 포로로 잡혀와 고생해도 하나님을 향한 믿음이 자라지 않는 유대인의 모습은 슬프기까지 하다. 오히려 그 고난으로 더 완악해졌다. 하나님은 에스겔에게 그에 준하는 '굳음'을 주셔서 포로들에게 선지자로서 사역을 감당하도록 하셨다.

3:12, 14 **주의 영이 나를 들어올리시는데** 이것은 8:3; 11:1에서처럼 선지자가 천상의 차원에서 환상을 보는 모습을 설명할 때 사용하는 어구다.

3:14 **분한** *3:3에 대한 설명을 보라.*

3:15 **그 사로잡힌 백성** 델아빕은 유대 포로들이 거주하던 성읍으로 이 중에는 주전 722년 북왕국 이스라엘이 패망할 때 잡혀간 열 지파 사람들 가운데 일부가 있었을 것이다. 열왕기하 17:6은 이 사실을 암시한다('하볼'은 그발과 같은 강임). **칠 일을 지내니라** 에스겔은 칠 일 동안 슬퍼하는 사람들 곁에 앉아 있었다. 여기서 칠 일은 깊은 슬픔을 드러낼 때 통상 소요하는 기간이다(참고. 욥 2:13). 그는 그들의 고난에 마음으로 함께했고(참고. 시 137:1) 그렇게 해서 하나님 말씀을 전하기 전에 그들의 신망을 얻고자 했다.

3:17 **파수꾼** 선지자의 역할은 성벽을 지키는 파수꾼의 역할과 비슷하다. 적이 오는지 살피고 주민들에게 적의 공격에 맞서 싸우도록 경고하려면 깨어 있어야 한다. 에스겔은 심판이 다가오고 있음을 시의적절하게 경고했다. 파수꾼의 역할은 사무엘하 18:24-27과 열왕기하 9:17-20에 생생하게 소개되어 있다. *33:1-20에 대한 설명을 보라.*

3:18-21 *18장에 대한 설명을 보라.*

3:18 **악인에게…그 악인은…그의** 단수 명사를 사용한 것은 개인을 강조하기 위해서다. 하박국(2:1)과 예레미야(6:17), 이사야(56:10)의 사역은 개인적이라기보다 민족적인 사역이었다. 반면 에스겔의 사역은 하나님을 믿고 순종하는 개인의 책임을 더 강조하는 개인주의적 성격이 짙었다. 하나님 말씀에 순종하거나 불순종하는 일은 생사를 결정하는 문제였다. 에스겔 18:1-20은 특히 이 점을 집중적으로 강조한다. **깨우치지 아니하거나… 죽으려니와** 사람들은 심지어 전하는 자가 태만했다고 하더라도 무지를 구실로 심판에서 구해달라고 요구할 수 없었다. 참고. 로마서 2:12. **생명을 구원하게 하지 아니하면** 이것은 영원한 저주보다는 육체적 죽음을 의미한다. 물론 많은 사람이 영원한 저주를 대가로 치른다. 오경에서 하나님은 율법을 위반했을 때 죽음을 명하신 경우가 적지 않았고 어떤 죄든 계속 그 죄악에서 떠나지 않을 경우 죽게 될 거라고 경고하셨다(참고. 수 1:16-18). 이스라엘 백성이 엄중한 성결의 기준을 포기한 지 오래 되었기 때문에 하나님은 그 손으로 다시 심판을 집행하신다. 이스라엘과 유다와 예루살렘의 멸망이 그 사례다. 하지만 하나님은 순종하는 자들에게 특별한 보호와 생명을 약속해주셨다. 참고. 18:9-32; 33:11-16; 잠언 4:4; 7:2; 아모스 5:4, 6.

3:18, 20 **내가 그의 피 값을…찾을 것이고** 각자 자기 죄에 책임을 져야 하지만(참고. 18:1-20) 하나님이 그 죄인의 생명을 취하실 경우 경고해야 할 책무를 태만히 한 선지자를 살인자처럼 생각하신다. 선지자의 책임은 막중하다(참고. 약 3:1). 창세기 9:5의 의미에서 그는 그 사람의 죽음에 책임이 있다. 사도 바울은 사도행전 18:6과 20:26에서 이 구절(그리고 에스겔 33:6, 8)을 염두에 두었다. 히브리서 13:17은 오늘날의 설교자들을 향해 그런 경고를 하고 있다. 설교자가 그런 의무를 불성실하게 감당할 경우 그 대가로 하나님의 징벌을 받고 영원한 상급을 상실하게 된다(참고. 고전 4:1-5).

3:20 **의인** 하나님께 순종하고 옳은 일을 행하다가 죄에 빠지면 하나님은 그의 생명을 취하는 형벌을 내리신다. "거치는 것"은 죽음에 이르게 하는 심판의 돌이다. 시편 119:165은 "주의 법을 사랑하는 자에게는 큰 평안이 있으니 그들에게 장애물이 없으리이다"라고 선언한다. 거치는 돌은 언제나 불순종하는 자에게 떨어진다. 히브리서 12:9는 복종하고 '사는' 것이 더 낫다고 말한다. 참고. 고린도전서 11:30; 야고보서 1:21; 요한일서 5:16.

3:21 **네 영혼을 보존하리라** 에스겔 선지자는 자기 의무를 다했다.

3:23 **여호와의 영광** 서론의 역사적·신학적 주제를 보라.

3:24 **네 집에 들어가 문을 닫으라** 에스겔은 집에서 사역의 많은 부분을 감당했다(8:1; 12:1-7). 그래서 그의

말을 듣기 위해 집까지 찾아오는 자들을 사역 대상으로 한정했다.

3:25 무리가 네 위에 줄을 놓아 실제로 생긴 일이 아니라 영적인 의미를 상징했다. 한편으로 이 줄은 패역한 유대인 때문에 그 영혼이 낙심에 빠지는 내면적 영향력을 의미할 수 있다. 그들의 패역함이 줄처럼 말씀을 선포하는 그의 자유를 속박할 것이다. 또 다른 해석은 하나님이 초자연적 능력으로 그를 짓누르셔서 그분이 허락하실 때만 나가서 말할 수 있다는 것이다. 이 해석이 더 가능성이 높다(참고. 26, 27절).

3:26, 27 네가 말 못하는 자가 되어 에스겔은 하나님의 메시지를 말보다는 행동으로 전해야 했다. 하지만 이렇듯 말하지 못하게 하신 경우는 극히 드물었다. 5-7장에서 종종 확인할 수 있듯이 하나님이 그의 입을 열게 하시면 언제든지(27절) 말을 해야 했다(3:22; 11:25; 12:10, 19, 23, 28). 그 동족에 대해 이렇게 간헐적으로 말을 못하게 하신 이유는 에스겔이 예루살렘 몰락에 대한 유대 피난민의 전갈을 받은 사건과 연결된다(24:25-27; 33:21, 22). 또한 그는 다른 민족들에게도 심판을 예언했다(25-32장).

B. 예루살렘 멸망의 선포(4:1-24:27)

4:1-7:27 이 단락에서는 주전 586년 바벨론 군대에 예루살렘이 함락되리라는 1차 예언을 소개한다.

1. 임박한 심판의 징조(4:1-5:4)

4:1-3 예루살렘을…그리고 에스겔은 실물 교육 차원에서 토판에 예루살렘 성을 그리고 성벽과 포위용 물건들을 만들어 바벨론이 예루살렘을 최종 포위할 것을 시각적으로 보여주었다(주전 588-586년).

4:4-6 왼쪽으로 누워…오른쪽으로 누워 북쪽을 향하듯이 옆으로 누워 하나님이 이스라엘을 심판하신 것을 보여주었고 남쪽으로 누워 유다에게 임할 심판을 보여주었다. 에스겔이 계속해서 모로 누운 상태로 있었다고 생각할 필요는 없다. 음식을 준비해야 했기 때문에(9절) 매일 일어서서 활동할 시간이 있었을 것이다.

4:4, 6 죄악을 담당할지니라 에스겔의 행위는 이스라엘이 범죄한 기간이 아니라 심판을 받을 시간을 상징했다.

4:5 삼백구십 하루는 일 년을 의미했다(6절). 북왕국 이스라엘은 시작과 끝이 확실하지 않은 이 기간에 죄의 대가를 치러야 했다.

4:6 사십 일 유다 역시 죄를 지었다. 하지만 그 기간이 40일이라고 해서 죄가 이스라엘보다 중하지 않았다는 의미는 아니다(참고. 23:11). 그 기간이 390일(또는 390년)을 넘어 430일(또는 430년)일 수도 있고 두 가지 경우 모두를 의미할 수도 있다. 하지만 정확한 기간은 알 수 없다.

4:7 팔을 걷어 올리고 병사가 싸울 준비가 된 것처럼 행동할 준비가 되었다는 상징적 행위다(참고. 사 52:10).

4:8 내가 줄로 너를 동이리니 이것은 유대인이 그 심판을 벗어날 수 없음을 말한다.

4:9-13 떡을 만들어 18개월 동안 포위 공격을 받으면 먹을 것이 귀해져 온갖 곡식을 섞어 떡을 만들 수밖에 없다. "이십 세겔"은 약 227그램에 해당하고 "육분의 일 힌"은 1리터가 안 될 것이다. 매일 최소한의 양만 먹어야 한다는 말이다. '인분'에 대한 12절의 명령은 음식을 만드는 데 사용될 연료에 한정된다는 점을 유의해야 한다. 연료가 없어 인분을 태워 달군 돌에 빵을 구웠다(참고. 왕상 19:6). 더럽고 역겹기 때문에(참고. 신 23:12-14) 하나님은 그것을 "부정한 떡"이라고 부르신다.

4:14, 15 더럽힌 일이 없었나이다 에스겔은 다니엘처럼 먹는 음식으로도 부정해질 수 있다고 생각했다(참고. 단 1:8 그리고 *이에 대한 설명을 보라*). 하나님은 자기 대변인의 민감성을 배려하는 은혜를 베푸셔서 말린 쇠똥을 피워 요리하도록 허락하셨다(참고. 44:31).

4:16, 17 유다 백성은 곧 떡이나 물이 완전히 떨어질 것이고 기근과 그들의 죄악으로 근심하고 슬퍼해야 할 것이다(참고. 레 26:21-26).

5:1-4 삭도 머리털과 수염을 미는 행위는 적에게 당할 심한 굴욕과 모욕을 상징하며 바벨론의 침략으로 예루살렘의 세 구역에 닥칠 재난을 강조한다. 어떤 이들은 불로 심판을 당하고, 즉 전염병과 기근으로 멸망하고(12절) 어떤 이들은 적의 칼에 죽고 어떤 이들은 흩어졌다가 죽임당할 것이다(참고. 12절). 그의 옷자락에 싼 적은 양의 머리카락(3절)은 남은 자들을 가리키는데 그 가운데 일부가 또다시 재난을 당할 것이다(4절. 참고. 6:8; 렘 41-44장).

2. 심판에 대한 메시지(5:5-7:27)

5:5 예루살렘 여기서 그 위대한 성만을 가리키는 단어가 아니다. 예루살렘은 전략적 기회와 책임을 갖고 있음에도 불구하고 하나님을 거부한 온 유대 땅을 대표한다(6, 7절).

5:7 이스라엘은 이방 민족들에게 증인이 되기는 고사하고 오히려 그들보다 더 열심히 우상을 섬겼다. 이방 민족들은 원래 우상을 섬겼지만 이스라엘은 참되고 살아 계신 하나님을 저버리고 우상을 섬겼다. 영적 지식

과 특권을 고려할 때 이방 민족들보다 하나님의 백성이 지은 죄가 더 중했다. 하나님의 심판은 언제나 허락하신 특권과 지식을 감안한 상대적 심판이다. 에스겔의 동족은 유례가 없는 불순종을 범했기 때문에 그 심판 역시 유례가 없어야 했다.

5:8-10 애가서(2:22; 4:10)는 이 예언들이 어떻게 실제로 이루어졌는지 보여준다. 레위기 26:29과 신명기 28:53의 경고가 수세기 동안 전해졌고 예레미야 역시 이 경고를 누누이 강조했다(렘 19:9. 참고. 사 9:20). 하지만 이스라엘 민족은 불순종하고 그 대가를 치르는 것으로 이 경고의 엄중함을 확인시켜 주었다. 남은 자들조차 흩어져 고통을 당하게 될 것이다.

5:11 나의 삶을 두고 하나님은 자신의 존재를 걸고 그 예언을 그대로 이루겠다고 엄중히 맹세하신다. 에스겔서에서는 이런 내용이 15번 등장한다. 그들의 가장 큰 죄는 성소를 더럽히고 그들의 악함을 아낌없이 보여준 것이었다.

5:12 전염병, 기근, 칼, 흩어짐 등 유명한 네 가지 심판(참고. 2-4절)이 바로 그들이 받을 심판이었다. 속죄 제사를 드릴 곳이 없었으므로 그 죗값을 에누리 없이 감당해야 했다.

5:13-15 에스겔은 하나님이 우상숭배와 변절을 얼마나 미워하시는지 이스라엘의 양심에 각인시키고자 했다. '노'와 '분'이라는 표현이 5번 반복된다.

5:16 기근의 독한 화살 독한 화살에는 우박, 비, 쥐, 메뚜기, 깜부기 재앙이 포함된다(참고. 신 32:23, 24).

5:17 나 여호와의 말이니라 동일한 표현에 대해서는 13, 15절을 참고하라. 이것은 그들의 운명에 대한 하나님의 개인적 서명에 해당한다.

6:3 산들아 주 여호와의 말씀을 들으라 하나님이 선지자에게 이렇게 지시하신 이유는 그 백성이 '산당'에 설치한 우상의 제단에 절했기 때문이다(참고. 레 26:30-33; 사 65:7; 렘 3:6; 호 4:13; 미 6:1, 2).

6:7 내가 여호와인 줄을 너희가 알게 하려 함이라 이 어구는 10, 13, 14절에도 반복되며 이 책의 다른 곳에서 60번이나 반복된다. 심판의 본질적 이유가 하나님의 성품을 거슬렀기 때문임을 알 수 있다. 하나님의 율법에 순종해야 할 이유가 그분이 여호와 하나님이시기 때문임을 강조하는 레위기 18-26장 역시 이 점을 반복해 말한다.

6:8-10 대다수 백성은 하나님의 버림을 받았지만 이스라엘 가운데 경건한 남은 자들에게는 은혜와 자비를 베푸셨다. 이스라엘이 완전히 멸망할 일은 지금까지 없었고 앞으로도 없을 것이다. 남은 자의 교리는 이사야 1:9; 10:20; 예레미야 43:5; 스바냐 2:7; 3:13; 스가랴 10:9; 로마서 9:6-13; 11:5에서 확인할 수 있다.

6:14 디블라 모압 동쪽 변방에 위치한 성으로, 디블라다임을 말한다(민 33:46; 렘 48:22). 사해 동남쪽 사막 근방에 있다.

7:1-9 이 애가는 이스라엘 온 땅이 심판을 받을 때가 되었다고 선언한다. 하나님은 더 이상 인내하시지 않는다. 느부갓네살이 예루살렘을 최종 함락시킨 일을 염두에 둔 것이다(주전 586년).

7:10 몽둥이가 꽃이 피며 11절은 이것에 대해 설명한다. 포학이 악의 몽둥이가 되었다. 이것은 하나님의 심판 도구인 느부갓네살을 가리키는 듯 보인다(참고. 사 10:5; 렘 51:20).

7:12 사는 자도 기뻐하지 말고 파는 자도 근심하지 말 것은 갈대아인(바벨론인)이 온 땅을 차지하고 포로로 잡혀가지 않은 자들을 죽일 것이며(15절), 남은 자들은 도망칠 것이므로(16절), 이런 상거래가 무의미하다. 재물이 쓸모가 없다(19, 20절).

7:13 파는 자가…다시 돌아가서 그 판 것을 얻지 못하리니 온 땅을 원래 주인에게 돌려주는 희년이 없을 것이다(참고. 레 25장).

7:17-22 이 단락은 충격과 공포로 망연자실한 사람들의 애통함을 보여준다. 그들은 고통 가운데 그동안 의지했던 것들이 아무 소용없음을 인정한다. 그들이 가진 재물로는 아무것도 얻을 수 없다. 그들의 "은과 금"(19절), "화려한 장식"(20절) 역시 그들이 함께 만들었던 우상만큼이나 아무 쓸모없다.

7:22 내 은밀한 처소 성전의 지성소가 이방인들에 의해 더럽혀질 것이다. 하나님의 존전에서 속죄하기 위해 일 년에 한 번 대제사장만 들어갈 수 있었던 곳이다.

7:23 쇠사슬을 만들라 에스겔은 포로로 끌려가는 또 다른 상징 행위를 해야 했다(참고. 렘 27:2; 나 3:10).

7:24 극히 악한 이방인들 바벨론 사람들이다.

7:27 그 행위대로 참고. 창세기 18:25.

3. 예루살렘 성과 성전의 가증한 우상에 대한 환상 (8:1-11:25)

8:1 여섯째 해 이는 주전 592년(참고. 1:2) 8/9월에 있었던 일로 첫 환상을 본 지 일 년하고 두 달 뒤였다(1:1). **여호와의 권능** 그분의 권능으로 선지자는 11장 끝까지 이어지는 일련의 환상을 보게 된다(3절).

8:2 형상 그는 1:26-28에서처럼 여호와의 영광을 보았다(4절).

8:3 하나님의 환상 에스겔 8-11장은 환상 중에 오직

에스겔만 본 내용을 전하고 있다. 에스겔이 예루살렘을 방문한 것은 그의 영이 한 경험이며, 몸은 그의 집에 그대로 있었다. 환상 중에 그는 예루살렘으로 갔다가 바벨론으로 돌아왔다(11:24). 하나님이 환상을 마치신 후 에스겔은 그가 본 일들을 집으로 찾아온 청중에게 말해주었다. 환상은 과거 이스라엘에서 했던 행동이 아니라 그 당시 이스라엘의 상태에 대한 내용이었다. **질투를 일어나게 하는 우상의 자리** 하나님은 에스겔에게 성전 안뜰로 들어가는 입구에 있는 우상의 형상(참고. 신 4:16)을 보여주셨다. 그것은 하나님의 질투를 불러일으켰기 때문에 "질투를 일어나게 하는 우상"이라고 불린다(16:38; 36:6; 38:19; 출 20:5).

8:4 하나님의 영광 하나님의 영광도 그곳에 있었지만 그 백성은 우상을 섬기느라 무시했다(6절).

8:6 나로 내 성소를 멀리 떠나게 하느니라 죄로 말미암아 백성이 그 땅에서 떠나고 하나님 역시 그 성소에서 떠나신다.

8:7-12 이 단락은 우상숭배의 "큰 가증한 일"(6절), 즉 장로들이 우상을 섬기며 은밀한 의식을 행하는 것을 설명한다.

8:8 그 담을 허니 한 문 이것은 이 우상 숭배자들의 은밀한 행위(참고. 12절), 즉 숨어서 그 의식을 행하는 것을 말한다.

8:10 그 사방 벽에 그렸고 성전 벽이 애굽의 동물숭배(참고. 롬 1:23)나 다른 우상숭배 그림들로 추하게 더럽혀졌다. 이스라엘 지도자들은 성전의 하나님을 섬겨야 함에도 우상들과 짐승들에게 향을 피우고 있었다(11절).

8:11 장로 중 칠십 명 산헤드린을 말하지 않는다. 산헤드린이 결성된 것은 바벨론에서 돌아온 뒤였다. 물론 이런 형식의 기구를 제안한 것은 훨씬 이전이었다(참고. 24:9, 10; 민 11:16). 이들은 우상숭배를 막도록 임명된 사람들이었다. **사반의 아들 야아사냐** 요시야에게 하나님 말씀을 낭독해주었던 사반(왕하 22:8-11)의 아들이 이 정도라면 지도자들의 죄악이 얼마나 심각했는지 짐작할 수 있다. 그는 11:1의 사람과 혼동해서는 안 된다. 아버지가 다르다.

8:14 담무스를 위하여 애곡하더라 이스라엘은 밀교보다 더 가증한 일을 행했다. 즉 이슈타르의 연인이자 봄철 식물의 신 담무스 또는 담무지(두주)를 섬겼다. 여름이 되면 뜨거운 기온에 채소가 시들고 겨울이 되면 얼어 죽어 봄이 되어서야 다시 움을 틔웠다. 여자들은 7월에 이 신의 죽음을 앞두고 슬피 울며 다시 소생하기를 빌었다. 히브리의 4월은 아직도 담무스라는 이름을 사용한다. 이 우상숭배의 의식이 가장 음란하고 천했다.

8:16 태양에게 예배하더라 제사장들만 출입할 수 있는 가장 신성한 안뜰에서(욜 2:17) 하나님을 모독하는 무서운 일이 버젓이 벌어지고 있었다. 스물다섯 명의 남자들이 태양신을 섬기고 있었던 것이다(참고. 신 4:19; 왕하 23:5, 11; 욥 31:26; 렘 44:17). 이 스물다섯 명은 대제사장 외에 24개의 제사장 반차를 상징한다.

8:17 나뭇가지를 그 코에 두었느니라 이 의미는 확실하지 않지만 하나님을 조롱하는 행동이었던 것 같다. 70인역 번역가들은 '망령된 자처럼 행동했다'라고 번역했다.

8:18 나도 분노로 갚아 하나님은 그런 가증한 죄악을 확실하게 심판하시고자 한다(참고. 24:9, 10).

9:1 이 성읍을 관할하는 자들 하나님은 심판을 실행하기 위해 종된 천사들을 소집하신다. 이 천사 집행관들(참고. 단 4:13, 17, 23)은 파멸의 무기를 준비하고 왔다.

9:2 여섯 사람 천사들은 지상 임무를 행할 때 인간의 모습을 할 수 있다(참고. 창 18:1; 단 9:20-23). **한 사람** 나머지 천사들보다 더 우월한 존재였으며, 베옷은 고위직이라는 표시였다(참고. 단 10:5; 12:6). 그는 주의 천사로 성육신 이전의 그리스도일지도 모른다(*출 3:2에 대한 설명을 보라*). 그는 주의 일을 실행하는 데 필요한 서기관의 도구를 갖추고 있었다(4, 11절).

9:3 영광이…이르더니 성전과 예루살렘 성이 파괴되기 전에 하나님의 영광이 떠났다. 하나님이 서서히 떠나셨음을 단계별로 묘사한다. 먼저 하나님의 영광은 성전 지성소의 언약궤 양쪽에 선 그룹 날개 사이에 속죄소 위에 머물러 계셨다. 그러다가 성전 문지방으로 이동했고(9:3; 10:4) 나중에는 하나님의 전으로 들어가는 동문으로 간 다음(10:18, 19) 동쪽의 감람산으로 향했다

하나님의 영광의 떠나심과 천년왕국 때 돌아오심

1. 주전 592년 성전에서 하나님의 영광이 우상숭배의 가증한 모습을 보다(8:4).
2. 주전 592년 하나님의 영광이 그룹에서 떠나 성전 문지방으로 이동하다(9:3; 10:4).
3. 주전 592년 하나님의 영광이 성전 문지방을 떠나 그룹들 위에 머무르다(10:18, 19).
4. 주전 592년 하나님의 영광이 성전과 예루살렘을 떠나 동쪽으로 가다. 그리고 메시아의 천년왕국이 설 때에야 돌아오실 것이다.
5. 하나님의 영광이 동쪽에서 예루살렘과 성전으로 돌아오고 천년왕국이 시작될 것이다(43:2-9; 44:4).

가 마침내 완전히 떠나갔다(11:22, 23). 그 영광은 장래의 메시아 왕국 때 돌아올 것이다(43:2-7).

9:4 이마에 표 하나님이 떠나심으로 모든 보호의 울타리가 사라지고 그 백성은 파멸에 넘겨졌기 때문에 천사 서기관(주의 천사)은 믿음을 끝까지 지킨 신실한 의인들을 하나님이 보호해주시도록 표시를 해놓아야 했다. 이것은 애굽에 살 때 하나님의 심판에서 이스라엘을 보호하고자 문설주에 양의 피를 바른 것과 비슷하다(출 12:21-30). 표시가 없는 사람들은 바벨론의 공격으로 죽임을 당할 운명이었다(5장). 그 표시는 하나님의 선택하신 자라는 표시였고 성육신 이전의 그리스도께서 그것을 친히 확인해주셨다. 그분은 선택하신 자들에게 표시를 해주셨다(참고. 출 12:7). 말라기 3:16-18은 유사한 사상을 전달한다. 참고. 요한계시록 7:3; 9:4. 이마에 표시가 있는 자들은 죄를 회개한 자들로 하나님의 보호를 받을 것이다. 남은 자들에 대한 은혜의 유예 사상을 여기서 엿볼 수 있다. 그 나머지는 다 죽임을 당할 것이다(5-7절).

9:8 남은 자를 모두 멸하려 하시나이까 에스겔은 예루살렘과 이스라엘에 대한 심판이 너무 엄청나서 기도하다가 두려움에 짓눌린다. 하나님은 죄가 되돌릴 수 없을 정도로 만연해서 철저히 심판하실 수밖에 없지만(9, 10절) 표식을 받은 신실한 자들은 목숨을 유지할 것이라고 위로해주신다(11절). 참고. 로마서 11:1, 2, 25-27.

10:1 보좌 1장처럼 네 명의 천사가 있고(10:20-22) 그 위에 보좌가 있다. 그 보좌는 하나님이 앉아 계신 1:26-28의 보좌다. 그 보좌에서 하나님은 예루살렘에 전쟁 기계를 작동하라고 명령하신다("바퀴", *1:15, 16에 대한 설명을 보라*). 그 보좌는 하나님의 영광과 거룩을 상징하듯 남보석처럼 환하게 빛난다(11:22).

10:2 숯불을…가득히 움켜 가지고 하나님은 표를 그리는 천사(9:2, 11)에게 전쟁 기계 사이로 들어가 1장 천사들 앞에서 숯불을 두 손에 가득 채우라고 지시하신다. 이 숯불은 하나님이 예루살렘에 '흩으실' 심판의 불을 의미한다. 이사야 6장에서 "숯불"은 이사야 선지자를 정결하게 하는 데 사용되었지만 여기서는 악인들의 파멸에 사용된다(참고. 히 12:29). 실제로 예루살렘은 주전 586년에 불로 망했다.

10:3 그룹 이들은 1장과 이 장 4절의 그룹들과 다르다.

10:4 이 절은 3절의 "구름"이 어떻게 "성전에 가득" 했는지 설명해준다. 9:3에서 처음 묘사한 내용을 반복한다.

10:6, 7 이 두 절은 2절의 서기관 천사의 행동을 연결해 설명한다.

10:7 그룹…손에 주매 1:5 이하와 1절의 네 그룹 중 한 그룹이 뜨거운 숯불을 집어 표를 그리는 천사의 손에 건네준다.

10:9-17 그룹들 곁에 네 바퀴 이 단락은 1:4-21과 유사하다. 네 천사와 연결된 하나님의 마차에 달린 4개의 바퀴(참고. 1:15-21)는 서로 정확하게 연동했고 각기 그룹의 다른 바퀴와 너무나 비슷해 마치 바퀴 안에 바퀴가 있는 것처럼 보였다(10절). 그 외양이 너무 비슷해서 한꺼번에 일사분란하게 움직이는 것 같았다(11절). 그룹들의 몸은 인간과 같았고, 그 마차 바퀴의 둘레에는 눈이 가득했다. 이것은 죄인들을 보고 그들에게 맞는 심판을 내릴 수 있는 완전한 지각이 있음을 의미한다. 여기서 황옥은 눈부신 노랑 또는 황금색이다.

10:14 그룹의 얼굴 1:10의 그룹에 대한 묘사를 보면 여기서 말하는 그룹의 얼굴은 황소의 얼굴임을 알 수 있다.

10:15 올라가니 하나님의 셰키나 영광이 떠나면서(18절) 그들 역시 일시에 떠날 준비가 되어 있다(16, 17절).

10:18, 19 영광이…떠나서 이 영광의 떠남은 몇 단계로 진행되었다. 9:3; 10:1, 3, 4; 10:18, 19; 11:22, 23. 이스라엘의 영적 생활뿐 아니라 성전 전체에 '이가봇'(하나님의 영광이 떠남)이라고 쓰였다. 참고. 사무엘상 4:21; 10:18, 19.

11:1 스물다섯 명 에스겔은 비록 환상 속에서 성전을 방문했지만(참고. 8:3. *이에 대한 설명을 보라*) 실제로 이 모든 장면을 다 보았다. 무소부재하시고 전지하신 하나님이 환상 속에서 세세한 내용까지 다 보도록 하셨다. 하나님이 심판하시는 이유 중에는 악한 지도자들(참고. 2절)도 포함되어 있었다. 에스겔은 10:19에서 하나님의 영광이 떠났던 바로 그곳까지 영으로 이끌려가서 이 "스물다섯 명"의 환상을 보았다. 이들은 제사장이 아니라 백성에게 큰 영향을 미치는 지도자들로 백성에게 악한 조언을 했다(2절). **앗술의 아들 야아사냐** *8:11에 대한 설명을 보라.*

11:3 가마…고기 확실하지는 않지만 이 지도자들은 백성에게 평상시처럼 상거래를 하거나 '건물을 짓고' 미래를 준비할 필요가 없다는 악한 조언을 했을 것이다. 이제 뜨거운 불로 가마에 고기를 삶는 것처럼 그들의 운명도 그러할 것이다. 이것은 백성에게 전쟁을 준비하고 싸울 준비를 함으로써 평안한 일상이 아닌 생존에 관심을 가져야 한다는 의미였다. 예레미야는 바벨론 군대에 맞서 죽음을 자초하지 말고 항복을 통해 목숨을 보존하라고 말했다(참고. 렘 27:9-17). 백성에게 항복하지 말라고 선동한다는 이유로 예레미야의 책망을 들은

선지자들과 제사장들처럼 이 거짓 지도자들도 하나님이 주신 예레미야의 예언을 멸시했는데, 그에 대한 대가를 치르게 될 것이다(4절). 참고. 24:1-14.

11:6 많이 죽여 순순히 항복하기보다 항전과 승리의 거짓된 희망을 부추긴 이 지도자들은 이스라엘을 제대로 이끌지 못해 이런 치명적 결과를 낳은 책임이 있었다. 바벨론에 저항하다 수많은 사람이 목숨을 잃었다.

11:7 너희는 그 가운데에서 끌려 나오리라 거짓 지도자들은 싸우지 않으면 모두 가마, 즉 예루살렘 성에 갇히는 신세가 되리라고 생각했다. 그러나 여기서 하나님은 그 성에서 구출받는 사람이 있다고 해도 광야의 이스라엘 국경에서 죽을 거라고 말씀하신다(8-11절). 이 예언은 리블라에서 실제로 이루어졌다(참고. 왕하 25:18-21; 렘 52:24-27).

11:13 블라댜가 죽기로 1절에 소개된 지도자들 가운데 한 사람의 죽음은 하나님이 실제로 그 말씀을 실행하신다는 증거였다. 분명히 이 지도자는 에스겔이 환상을 보던 중에 갑자기 죽었을 것이고, 선지자는 이 죽음이 모든 이스라엘 백성의 죽음을 의미한다는 데 생각이 미치자 두려웠다(9:8).

11:14, 15 에스겔은 새 가족이 생겼다는 말을 들었다. 그 가족은 혈육으로 묶인 예루살렘의 제사장들이 아니라 바벨론에 끌려온 동족 포로들로 버림받은 자들로 취급되던 이들이었다. 제사장 제도는 이제 곧 사라지고 그에게는 새 가족이 생길 것이다.

11:15 멀리 떠나라 여고니야와 포로들이 끌려갈 때 예루살렘에 남게 된 사람들이 하던 조롱조의 말을 통해 그들은 자신들이 안전하며 그 땅은 이제 그들의 차지가 되었다고 생각했음을 알 수 있다.

11:16 잠깐 그들에게 성소 이렇게 번역하는 것이 포로생활 기간을 강조하는 '잠시 동안'으로 번역하는 것보다 더 정확하다. 하나님은 본토로 돌아올 때까지 70년 동안 흩어져 있던 사람들을 보호해주시고 그들의 필요를 채워주실 것이다. 포로들은 유대인의 정체성을 포기했을지 몰라도 하나님은 그렇게 하시지 않으셨다(사 8:14). 이것은 장래에 유대인이 회복될 사건에도 그대로 적용될 것이다(17, 18절).

11:19, 20 새 영 하나님은 에스겔의 동족을 그 고토로 돌아오게 하실 뿐 아니라 새 언약의 축복을 주겠다고 약속하신다. 참고. 36:25-28. *예레미야 31:31-34에 대한 설명을 보라.*

11:23 동쪽 산 하나님의 영광이 감람산으로 이동한다. 그곳은 하나님의 아들이 영광 가운데 재림하실 곳이다(참고. 43:1-5; 슥 14:4).

11:24 나를 들어…환상 중에 데리고 이 환상의 경우에도 에스겔의 육신은 바벨론의 집에 그대로 있었으며, 방문객들이 그를 보고 있었다(25절; 8:1). 하나님은 초자연적 역사로 예루살렘의 환상을 보여주셨고, 이제 그 의식이 갈대아로 돌아오게 하심으로써 환상을 마무리하셨다. 환상에서 깨어나자 에스겔은 하나님이 보여주신 환상을 포로로 잡혀온 동족에게 말했다(25절).

4. 심판의 설명(12:1–24:47)

12:2 반역하는 족속 에스겔은 포로생활을 함께하는 동족에게 말씀을 전했지만 그들 역시 아직 예루살렘에 남아 있는 동족 못지않게 완악했다. 그들은 고국으로 돌아가고 싶은 마음이 간절해서 예루살렘 멸망에 대한 하나님의 말씀을 받아들이려고 하지 않았다. 그들의 반역이 익숙한 표현으로 묘사되어 있다(신 29:1-4; 사 6:9, 10; 렘 5:21. 참고. 마 13:13-15; 행 28:26, 27).

12:3 포로의 행장을 꾸리고 에스겔의 이 극적인 실물교육은 몰래 필요한 물건을 챙겨 끌고 가는 행동을 극적으로 보여주는 것이었다. 포로생활에 필요한 짐, 즉 필수품만 챙겨 떠난다는 의미였다. 그의 동족은 포로로 끌려갈 때 그렇게 짐을 꾸렸거나 바벨론이 예루살렘을 함락시키는 동안 급하게 짐을 꾸려 탈출을 시도했을 것이다(7, 11절). 탈출을 시도했던 사람들은 시드기야 왕처럼 도중에 붙잡혔다. 그는 군사들에게 잡혀 두 눈이 빠진 채 포로로 끌려갔다(12, 13절; 왕하 24:18-25:7; 렘 39:4-7; 52:1-11). 7절은 에스겔이 실제로 하나님의 명령대로 실행했음을 알려준다.

12:5 이 단락은 햇볕에 건조한 벽돌로 만든 집에서 필

단어 연구

환상(이상, Vision): 8:3; 11:24; 40:2; 43:3. 꿈 또는 환상은 '보다'라는 의미의 흔한 히브리어 동사에서 파생된 단어다. 고대인들은 꿈과 환상을 종종 신의 계시, 히브리인들의 경우는 하나님의 계시라고 생각했다(사 1:1). 다니엘은 환상을 통해 하나님의 메시지를 받았다. 그 내용은 바사와 헬라 왕국들의 장래에 대한 내용이었다. 그 꿈은 상징으로 암호화되어 있어서 천사 가브리엘에게 해석의 도움을 받아야 했다(단 8:15-27). 잠언 저자는 한 사회의 안녕에 하나님의 계시가 반드시 필요하다고 주장한다. 성령으로 계시된 하나님의 율법이 없으면 한 사회의 기초는 무너지고 만다(잠 29:18을 보라).

사의 탈출을 노린 사람들을 설명한다.

12:6 **얼굴을 가리고** 이것은 들키지 않기 위해 하는 행동이었다.

12:10-13 **왕** 시드기야 왕을 말한다. 에스겔은 항상 그를 왕이 아니라 고관이라고 말한다. 바벨론이 공식적으로 여호야긴을 폐위시키지 않았기 때문에 그가 진짜 왕이라고 생각한 것이다(참고. 17:13). 그러나 이스라엘의 모든 집은 시드기야에게 닥친 재앙을 당했다. 이 예언들이 어떻게 실제로 이루어졌는지 열왕기하 25:1-7의 기사에서 확인할 수 있다. "그물"과 "올무"(13절)는 바벨론 군대를 말한다. 그는 바벨론에 포로로 잡혀왔지만 리블라에서 두 눈을 빼앗겼기 때문에 그 사실을 눈으로 확인하지 못했다.

12:14-16 하나님은 징계의 매로 대적을 사용하실 것이며, 오직 소수만 남을 것이다.

12:22 **이 속담** 심판이 지체되자 백성은 하나님이 절대 심판의 매를 때리시지 않을 거라고 착각하게 되었다. 실제로 백성이 에스겔의 환상과 예언을 인정하지 못하도록 부추기고(참고. 27절) "허탄한 묵시"를 준(23, 24절) 거짓 선지자들이 지어낸 속담이 사람들 사이에 유행했다.

12:25 **너희 생전에** 에스겔은 그 예언이 성취될 시간, 즉 그들 생전에 그 예언이 성취될 것이라고 분명하게 못 박는다.

13:2 **선지자들에게 경고하여** 유다에서 오랫동안 번성했던 거짓 선지자들이 함께 바벨론으로 끌려왔다. 이제 하나님은 1-16절에서 거짓된 평화를 약속한 그 거짓 선지자들의 죄를 고발하도록 에스겔에게 명령하신다. 그러고 나서 17-23절에서 거짓말하는 여선지자들에게 관심을 돌린다. 선지자를 판가름하는 기준은 신명기 13:1-5과 18:21, 22에서 소개하고 있다.

13:2, 3 **마음…심령** 거짓 선지자들은 자기 생각대로 예언하면서 하나님께 계시를 받았다고 주장했다(참고. 7절).

13:4 **여우 같으니라** 거짓 선지자들은 백성에게 실제로 도움이 될 일은 전혀 하지 않았다. 오히려 여우처럼 해악을 끼쳤다.

13:5 **성벽을 수축하지** 거짓 선지자들은 심판을 앞둔 백성에게 너무나 절박한 영적 방비를 강화하도록 도와주었어야 함에도 아무 일도 하지 않았다. 적은 "무너진 곳"을 만들었지만 거짓 선지자들은 백성에게 회개하고 여호와께 돌아오라고 한 번도 권하지 않았다. 그들은 22:30에서 이런 잘못으로 책망을 받는다. 주전 586년 드디어 여호와의 날이 왔고 신정국가는 무너졌다. *이사야 2:12에 대한 설명을 보라.*

13:9 거짓 선지자들은 삼중의 심판을 받는다. 첫째, 하나님의 백성의 공회에 들어올 수 없다. 둘째, 이스라엘의 명부에서 그 이름이 지워진다(스 2:62). 셋째, 결코 본토로 돌아오지 못한다(참고. 20:38).

13:10, 11 **담을 쌓을 때에** 거짓 선지자들은 백성이 거짓된 안정에 취하도록 미혹했다. 죄로 하나님의 심판이 임박함에도 계속 거짓 평화를 약속해 곧 무너질 담을 쌓고 회칠을 해서 그럴 듯하게 보이도록 만들었다. 하나님이 적의 침입이라는 폭풍을 불게 하시면 그런 불안한 담은 바로 무너져 내릴 수밖에 없다(11절).

13:11-16 이 단락의 내용은 모두 담을 설명하기 위한 이미지로 실제 바람과 홍수와 우박은 아니었다. 바벨론 군대는 이스라엘의 위선적이고 거짓된 영성을 실제로 무너뜨리고 없앴다.

13:17-23 이사야(3:16-4:1; 32:9-13)와 아모스(4:1-3)가 여성들을 책망한 경우가 있지만 이 본문은 거짓 여선지자가 언급된 구약의 유일한 본문이다. 점을 치는 일은 대부분 여자들이 한 일이었다. 요한계시록 2:20은 이세벨을 거짓 여선지자라고 부르고 있다.

13:18, 19 **부적…수건…두어 움큼 보리…떡** 이 여자 무당은 이런 물건들을 이용해 점을 치고 이익을 위해 사람들의 영혼을 사냥했다(20절).

13:22 **거짓말로** 영혼 약탈자들은 의인을 거짓 말씀으로 근심하게 하여 큰 손해와 재난을 당하게 했다(참고. 21:3, 4). 악인들에게는 밝은 미래를 꿈꾸도록 부추겨 회개함으로써 죽음을 피할 수 있는 기회를 막았다.

13:23 **내가 내 백성을…건져내리니** 70년의 바벨론 유수가 끝나고 본토로 돌아오는 것으로 이 말씀은 성취되었지만 메시아 왕국에서 더욱 확실하게 성취될 것이다. 하나님의 진정한 약속으로 가증스러운 점이나 거짓 예언이 사라질 것이다(참고. 미 3:6, 7; 슥 13:1-6).

14:1-3 **장로…나아와** 이 장로들은 하나님이 에스겔에게 그 뜻을 계시해주시는 줄 알고 그분의 뜻을 구하는 척하며 에스겔을 찾아왔다(3절. 참고. 시 66:18). 그러나 에스겔은 그들의 본심을 알고 악을 추종하면서 하나님의 뜻을 거부했다고 책망한다. 13장의 거짓 선지자들은 승승장구하고 있었다. 백성의 지도자들과 백성은 그들에게 우호적이었고 기만당할 마음의 준비가 되어 있었다.

14:4 **나 여호와가…보응하리니** 그들은 직접 말로 응답을 받지 않았다. 대신 심판의 형태로 직접 하나님의 응답을 받았다.

14:6 **마음을 돌이켜** 하나님은 이중적 요청에 오직 한

가지, 즉 회개의 요청을 응답으로 주셨다. 하나님의 응답을 구하는 자들은 그분을 떠나 우상을 의지했으므로(6하반절) 하나님 역시 그들을 외면하실 수밖에 없었다(8상반절). 예루살렘에 남은 자들과 동일한 일을 묵인한 포로들은 우상에서 돌이켜 하나님께 돌아와 회개해야 한다.

14:8 이 심판의 메시지는 레위기 20:3, 5, 6과 신명기 28:27의 경고와 비슷하다.

14:9 유혹을 받고 하나님은 어떤 의미에서 거짓 선지자를 속이신다. 하나님의 말씀을 의도적으로 거부하면 검은 구름으로 진리를 숨기시고 자기 고집과 의지에 미혹당하게 하신다. 이것은 하나님이 그분의 말씀을 저버리고(20:24, 26) 자신들이 원하는 교훈과 악한 율례를 고집하는 이스라엘을 유기하시는 원리와 유사하다(20:25, 26). 사람들이 하나님의 진리를 계속 거부하면 하나님은 그들이 그 성향을 좇아 거짓에 미혹되도록 방치하신다(20:39). 이것이 로마서 1:18-32에 지적한 유기의 심판이다(참고. 왕상 22:20-23; 살후 2:11).

14:12 말씀이 또 내게 임하여 에스겔은 하나님이 절대 유다 백성을 버리지 않는다는 거짓 교훈에 맞섰다. 일부 의인이 그들의 주장에 휩쓸리자 조치가 필요했다. 하나님은 경건한 자들을 구원해주실 것이다(14, 20절).

14:13-20 내가 손을 그 위에 펴서 하나님은 심판의 드라마에서 네 가지 재앙을 약속하신다(참고. 21절의 요약). 세 명의 영웅이 와서 변호해도 그 비극을 돌이킬 수 없을 것이다. 그 재앙은 기근, 사나운 짐승들의 약탈, 칼, 전염병이다.

14:14-20 노아, 다니엘, 욥 예레미야 7:16과 15:1-4은 이 구절과 유사하다. 예레미야는 중보기도의 능력으로 유명한 모세와 사무엘이 나서도 예루살렘과 백성을 구원하지 못할 것이라고 말했다. 이 단락에 언급된 세 명의 구약 영웅은 구속사의 중요한 시기에 다른 사람들을 위한 중보기도의 능력을 보여주었지만(참고. 창 6:18; 욥 42:7-10; 단 1; 2장) 자신 외에 누구도 구원할 수 없었다. 경건한 자들이 기도한다고 해도 임박한 심판을 멈출 수는 없다. 창세기 18:22-32과 예레미야 5:1-4은 한 명의 의인으로는 다른 사람들을 파멸에서 건질 수 없다는 원리에 대한 지극히 예외적인 사례를 소개한다.

14:22, 23 그 행동 예루살렘에 남아 있던 악한 자들이 포로로 끌려와 바벨론에서 이미 포로생활을 하는 유대인과 합류할 것이다. 먼저 와 있던 포로들은 그들의 악행을 보고 놀라 예루살렘에 내린 하나님의 무서운 심판이 당연한 일이었음을 깨닫게 될 것이다.

15:1-3 여호와의 말씀이…임하여 종종 포도나무로 상징되는 이스라엘(17:6-10; 창 49:22; 렘 2:21)은 아무 쓸모없게 되었다. 하나님이 구별하여 세우신 목적을 전혀 이행하지 못함으로(열매를 맺지 못함으로) 더는 아무 필요가 없다(2절). 다른 나무들은 물건을 만드는 데 사용할 수 있지만 열매를 맺지 못하는 포도나무는 어떤 용도로도 쓸 데가 없고(3절) 가치도 없다. 시대마다 하나님의 백성은 그 열매 맺음으로 그 가치를 인정받는다.

15:4, 5 불에 던질 열매 맺지 못하는 포도나무를 태우는 것은 주전 605년과 597년의 끌려감과 주전 586년의 마지막 멸망으로 나타난 심판을 상징한다. 이사야는 동일한 유비를 사용해 예언하면서(사 5:1-7) 이스라엘이 아무 쓸모없는 들포도를 맺었다고 책망한다.

15:6-8 그러므로 에스겔은 이 상징을 이스라엘에게 적용하여 예루살렘 성과 유다 땅이 황폐해지게 될 것을 예언한다. 대환난 때도 같은 일이 일어날 것이다(참고. 계 14:18).

16:1-7 이 단락은 아브라함이 가나안에 들어가는 것에서(참고. 창 12장) 애굽의 종살이까지(참고. 출 12장)의 기간을 다룬다.

16:1 말씀 에스겔에서 가장 긴 이 장은 유다를 영적인 음란죄로 고발한다는 점에서(2절) 23장과 비슷하다. 하나님의 사랑을 배신한 이스라엘의 죄가 얼마나 추악하고 더러운지 세세하게 다룬다. 이 장의 내용이 너무 슬프고 적나라해서 고대의 일부 랍비는 공개적인 낭독을 허락하지 않았다고 한다.

16:3-5 이스라엘은 버려진 아이와 비슷했다. 16:4-14은 한 민족으로서 태동과 솔로몬 시대의 찬란한 영광을 꽃피울 때까지 이스라엘의 역사를 열거한다.

16:3 근본…아모리…헷 사람 참고. 16:45. 이 이름들은 아브라함이 이주했을 때 가나안 땅에 거주하던 거민들의 명단이다(참고. 창 12:5, 6). 예루살렘은 도덕적으로 가나안 사람들과 아무런 차이가 없었다.

16:4, 5 이스라엘은 태어날 당시 아무도 원치 않아서 버려진 아이였다.

16:6 살아 있으라 이때는 아브라함과 이삭, 야곱의 족장 시대로 그 민족을 형성하던 시기였을 것이다.

16:7 많게 하였더니 이것은 이스라엘이 살던 땅보다는 그 백성을 가리킨다. 430년 동안 애굽에 거주할 동안 이스라엘이 성장하던 때를 말한다. 야성적이지만 번창하고 아름다운 이스라엘은 문화와 문명의 혜택을 입지 못해 "벌거벗은 알몸"이었다(창 46장-출 12장. 참고. 1:7, 9, 12).

16:8-14 이것은 출애굽(출 12장 이하)에서 다윗 왕의 통치기(왕상 2장)까지 기간으로 해석하는 것이 가장 정

확하다.

16:8 **사랑을 할 만한 때** 이것은 결혼 적령기를 말한다. '날개'를 펴는 것(옷으로 덮어 가려주는 일)은 유행하던 구애의 행위였고(참고. 룻 3:9) 하나님이 시내산에서 신생 민족과 언약을 맺으셨음을 가리킨다(참고. 출 19:5-8). 언약을 맺는 것은 결혼식을 의미하며, 하나님과 이스라엘의 관계를 상징한다(참고. 렘 2:2; 3:1 이하; 호 2:2-23).

16:9-14 이 선물들은 여왕에게 상납하던 결혼 선물이었다. 왕관을 머리에 씌우는 것은 다윗과 솔로몬의 통치를 가리키며, 이때 예루살렘은 이스라엘의 수도가 되었다. 이스라엘은 실제로 소왕국이었지만 큰 명성을 누렸다(참고. 왕상 10장). 이것은 여호수아가 가나안 땅을 정복한 때부터(수 3장 이하) 다윗 왕의 통치기(참고. 왕상 2장), 솔로몬 시대(왕상 11장 이전)까지를 말한다.

16:14 **내가 네게 입힌 영화** 이스라엘은 하나님의 은혜의 상징이었다(참고. 신 7:6-8). 주께서 영광으로 함께하심으로써 예루살렘은 아름다움과 탁월함을 겸비하게 되었다.

16:15-34 이 단락은 결혼의 메타포를 그대로 사용해 솔로몬 때부터(참고. 왕상 11:1) 에스겔 시대까지 계속된 이스라엘의 영적 매춘 행위를 기술한다.

6:15-19 가나안의 종교적 풍습에 몰두해 우상을 숭배한 이스라엘의 모습을 전반적으로 요약한다. 그들은 하나님이 주신 은혜의 선물을 우상들에게 모조리 갖다 바쳤다.

16:20-22 **자녀들** 이방 신들에게 자녀들을 제물로 바친 것을 말한다(참고. 20:25, 26, 31; 왕하 16:3; 21:6; 23:10; 24:4). 하나님은 이런 행위를 철저히 금하셨다(참고. 신 12:31; 18:10). 하지만 요시야가 이런 인신 제사를 폐지할 때까지 자녀들을 죽이고 불에 태워 바치는 악습이 계속되었다(참고. 렘 7:31; 19:5; 32:35; 미 6:7). 에스겔 시대에 이 풍습이 다시 살아났다.

16:23-30 이 단락은 일부는 저주이고 일부는 탄식으로 유다가 우상숭배에 심취하고 애굽(26절)과 블레셋(27절), 앗수르(28절), 바벨론(29절)의 악한 영향을 받는 모습을 적나라하게 지적한다.

16:27 **부끄러워하는** 유대인의 악함과 총체적 부패에 이방의 블레셋 족속들조차 부끄러워한다.

16:29 **갈대아** 이스라엘은 심지어 바벨론 사람들과도 행음했다(참고. 왕하 20:12-19).

16:31-34 음행하자고 간청하는 것도 모자라 그 값을 지불하는 일은 사악하다. 그러나 이스라엘은 훨씬 더 악한 행동을 했다. 우상을 숭배하고 그 값을 치렀다. 그 값은 하나님을 모르는 나라들에게 바쳐야 했던 무거운 공물을 가리킨다.

16:35-40 **네 벗은 몸을 그 앞에 드러내** 음탕한 여인은 공개적으로 수치를 주고 돌로 쳐 죽이는 것이 고대 이스라엘의 관습이었다. 창녀들을 구경거리로 만들어 악의 본보기로 삼았다.

16:42 바벨론을 이용해 파멸시킴으로써 이스라엘의 죄를 철저히 처벌해야 하나님의 진노를 그칠 수 있다.

16:44, 45 **어머니가 그러하면 딸도 그러하다** 유다는 처음부터 이방인들의 발자취를 좇았다(참고. 16:3).

16:46-59 유다는 그 죄로 처절한 심판을 받은 사마리아와 소돔에 비유된다. 유다는 그들보다 더 부패했고(47절) 사마리아와 소돔의 죄보다 더 무거운 죄를 짓고(51절) 더 가증한 죄악을 저질렀다(52절).

16:60 **언약을 기억하고** 은혜로우신 하나님은 그 은혜를 베풀 수 있는 언약적 근거를 언제나 찾아내신다. 하나님은 이스라엘이 어렸을 때 맺은 아브라함 언약(참고. 창 12:1 이하)을 기억하실 것이다. 그 공로 때문이 아니라 은혜 때문에 그들을 회복시켜 주실 것이다. **영원한 언약** 이것은 무조건적이고 영원한 구원의 새 언약이다(참고. 37:26; 사 59:21; 61:8; 렘 31:31-34; 히 8:6-13). 하나님이 은혜를 베푸시는 근거는 모세 언약이 아니다. 유대인은 절대 그 언약을 성취할 수 없다. 아무리 좋은 의도와 뜻을 가졌더라도 안 된다(참고. 출 24:1 이하). 하나님이 영원한 언약을 세우시면 이스라엘은 그 은혜로 하나님이 여호와이신 줄 알 것이다.

16:63 이것은 그리스도의 십자가를 예고한다(참고. 사 53장). 하나님은 이 십자가에서 죄에 대한 정당한 진노를 만족시키시고 믿는 모든 자에게 은혜를 베푸실 것이다(참고. 고후 5:21).

17:1 이 장의 시간적 배경은 주전 588년(예루살렘 멸망 2년 전)이다. 이 기간의 역사는 열왕기하 24; 역대하 36; 예레미야 36; 37; 52장에 수록되어 있다.

17:3 **큰 독수리** 바벨론 왕을 말하며, 그는 유다의 왕족과 백성을 포로로 끌고 갔다(4, 12, 13절). **백향목** 유다 왕국이다.

17:4 **그 연한 가지 끝** 이것은 주전 597년 포로로 끌려간 여호야긴 왕을 말한다(왕하 24:11-16). 바벨론은 "장사하는 땅"이었다(16:29).

17:5, 6 **종자** 바벨론이 유다에 두고 간 사람들이다(주전 597년). 그들이 남겨진 유다는 정복자의 속국으로서 번성할 수 있었다.

17:6 **그것이…퍼져서** 이것은 요시야의 막내아들로 느부갓네살이 유다 왕으로 임명한 시드기야를 말한다(주전 597-586년). 느부갓네살의 우호적 태도로 시드기야

단어 연구

교만(Pride): 7:10; 16:56; 30:6. 우리는 종종 사람들의 교만한 모습을 본다(신 18:22; 삼상 17:28). 구약의 저자들은 오만한 에돔 민족을 묘사할 때 이 명사를 사용했다(3절; 렘 49:16). 하나님 없이 살 수 있다고 생각할 때 인간은 교만해진다. 그러나 이 불의한 죄악은 수치를 낳을 뿐이며, 결국 인간을 파멸로 이끌 것이다(잠 11:2; 13:10; 렘 49:16).

는 형통하게 살 수 있었다. 그가 느부갓네살에게 한 맹세를 끝까지 지켰다면 봉신 국가로서 유다는 계속 존속할 수 있었을 것이다. 그러나 그는 애굽에게 도움을 청하기 시작했고(대하 36:13) 예레미야는 이런 태도에 대해 경고했다(렘 37:5-7).

17:7 또…큰 독수리 하나 애굽(15절), 특히 바로 아프리에스(호브라, 주전 588-568년)를 말한다. 시드기야는 그의 도움을 바라고 바벨론에 반기를 들었다.

17:9, 10 시들게 시드기야의 반역은 성공하지 못했고, 그는 여리고 평지에서 붙잡혔다(렘 52:8). 애굽을 의지했지만 목적을 이루지 못하면서 유다는 동풍(바벨론의 상징함, 참고. 13:11-13)에 맞은 것처럼 시들 것이다.

17:11-21 그에게 맹세하게 하고 비유를 설명해준다. 바벨론(12절)은 시드기야를 봉신으로 삼고 포로들을 잡아가 국가로서 유다의 힘을 약화시켰다(13, 14절). 시드기야는 바벨론에게 복종하겠다고 하나님을 가리켜 맹세했다(대하 36:13). 하지만 애굽의 도움을 구하면서 그 언약을 어겼고(15절) 결국 바벨론으로 끌려가 살아야 했다(16, 19절; 렘 39:4-7). 애굽은 전혀 도움이 되지 않았고(17절) 유다의 군대를 보호해주지 못했다(21절).

17:22, 23 높은 가지 이 메시아적 예언은 하나님이 다윗 왕족(백향목 꼭대기)의 후손으로 메시아를 세우시고 그 왕국을 세우실 거라고 말한다(산처럼, 참고. 단 2:35, 44, 45). 그는 "높은 가지"가 되어 최고의 성공을 구가하는 통치 행위를 할 것이다. 여기서 가지는 메시아를 가리키는 명칭이다(참고. 34:23, 24; 37:24, 25; 사 4:2; 렘 23:5; 33:15; 슥 3:8; 6:12). 메시아는 "연한 가지"(22절)로 "아름다운 백향목"(23절)으로 자랄 것이다. 그의 통치로 온 열방이 축복을 받고 이스라엘이 회복될 것이다.

17:24 마른 나무를 무성하게 하는 메시아는 유다가 치욕의 심판을 받은 후 남은 마른 나무, 즉 유다의 남은 자들에게서 나와 자랄 것이다. 그가 그 남은 자들에게서 나오지만 번성할 것이다(참고. 사 6:13).

18:1-32 이 장에는 성경의 근본적인 원리 중 하나가 소개된다(참고. 신 24:16; 왕하 14:6). 각자의 믿음과 행위대로 심판을 받는다는 것이다. 하나님은 민족적 심판을 예언하셨지만 그 근거는 개인의 죄악이었다(참고. 3:16-21; 14:12-20; 33:1-20).

18:2 신 포도를 먹었으므로 유다 백성은 심판을 받을 정도로 죄를 지은 적이 없다고 생각한다. 그들 스스로가 우상을 숭배하고 악행을 저질렀지만 그들의 상태를 조상들의 탓으로 돌린다(참고. 왕하 21:15). 이런 자기합리화는 유명한 속담으로 표현된다(참고. 렘 31:29). 실제로 "그들이 죄를 지어서(신 포도를 먹어서) 우리가 그 죄를 감당한다(이가 시다)"라고 말한 셈이다.

18:3 이 속담을 쓰지 못하게 되리라 하나님은 그들이 남에게 탓을 돌리고 책임을 회피하지 못하게 하셨다.

18:4 범죄하는 그 영혼은 죽으리라 하나님은 절대 편애하시지 않으며 공평하게 각자 자기 죄에 대해 책임지게 하신다. 여기서 죽음은 육체적 죽음을 말하며, 많은 사람에게는 영원한 죽음으로 이어진다.

18:5-18 개인의 죄 문제를 밝히기 위해 두 가지 시나리오가 제시된다. 올바른 아버지에 악한 아들(5-13절), 악한 아버지에 올바른 아들(14-18절)이다.

18:5 사람이 만일 의로워서 *의롭다*의 정의는 6-9절에서 구체적으로 제시된다. 그런 의로운 행위는 오직 마음으로 '성실한' 참된 성도에게서만 나타날 수 있다.

18:8 변리 이것은 빚에 대한 이자를 말한다(*신 23:19, 20; 24:10-13에 대한 설명을 보라*).

18:9 반드시 살리라 의인이 노환, 순교, 전사 등 여러 이유로 육신적 죽음을 당한다고 해도 이 원리와 모순되지 않는다. 현세의 삶은 "반드시 살리라"는 원칙에 예외가 있고(참고. 21:3, 4) 때로 불의한 자가 살아남지만 18:13과 달리(참고. 14:22, 23) 하나님의 영적인 최후 심판은 절대 예외 없이 이 원리가 적용된다. 의로운 자는 죽더라도 영원히 살고 불의한 자는 영적인 생명을 한 번도 가져본 적이 없기 때문에 육신적으로나 영원토록 반드시 죽는다(요 5:28, 29; 계 20:11-15). 의인은 그 부모나 자녀가 어떻게 살든지 상관없이 살 것이다. *출애굽기 20:5, 6에 대한 설명을 보라.*

18:10-13 아들…강포하거나 악한 아들이 아버지의 의를 내세우며 살기를 바랄 수 있는가? 절대 아니다. 사람마다 자기가 지은 죄에 책임을 져야 한다.

18:14-18 그는 그의 죄악으로 죽으리라 이 단락은 불의한 아버지에 의로운 아들의 경우를 들어 동일한 원리를 강조한다. 의로운 아들은 "반드시 살" 것이다(17절).

18:19, 20 에스겔은 개인적 책임의 원리를 다시 천명한다.

18:19-29 참고. 33:12-20.

18:21, 22 악인이 만일 그가 행한 모든 죄에서 돌이켜 이 절은 불의한 사람이 죄에서 돌이켜 의를 회복하는 경우를 다룬다. 그런 사람은 죄 용서함을 받고(22절) 완전히 새롭게 되어 영원한 생명을 누린다.

18:23 내가 어찌…조금인들 기뻐하랴 하나님은 악인이 죽는다고 조금도 기뻐하시지 않는다(참고. 요 5:40; 딤전 2:4; 벧후 3:9).

18:24 의인이 돌이켜 다음 시나리오는 의인이 악한 행동을 하는 경우를 다룬다. 이전에 의로웠다고 해도 아무 소용이 없다(참고. 요일 2:19). 하나님은 이전의 행동을 믿음의 올바른 행동으로 인정해주시지 않는다.

18:25-29 그런데 너희는 이르기를 하나님은 이 원리를 압축해서 이스라엘의 죄 문제에 적용하신다(참고. 2-4절). 하나님이 아니라 그들이 공평하지 않았음을 인정해야 한다(참고. 25, 29절).

18:30 각 사람이 행한 대로 심판할지라 결론적으로 의로우신 하나님은 각자 살아온 인생대로 심판하신다. 그러나 하나님은 멸망이 아닌 희망을 주고자 회개를 요청하신다(참고. 33:10, 11).

18:31 마음과 영을 새롭게 할지어다 죽음을 이기는 승리와 영생의 비결은 회개하는 것이다. 구체적으로 죄에서 돌이켜(30, 31상반절) 새 마음을 받아야 한다. 하나님은 성령으로 새 영과 함께 새 마음을 주신다(36:24-27; 렘 31:34; 요 3:5-8).

18:32 내가 기뻐하지 아니하노니 하나님은 성도의 죽음을 귀하게 여기신다(시 116:15). 그러나 사람이 회개하지 않고 죽을 경우에도 기뻐하시지 않는다. 하나님은 주권적으로 구원을 베푸시고 인간은 자기 죄에 책임을 진다. **돌이키고 살지니라** 이것은 회개하여 육체적인 죽음과 영적 죽음에서 벗어나라는 요청이다(참고. 시 23:6; 73:24; 사 26:19-21; 단 12:2, 3, 13). 에스겔은 회개의 전도사였고, 회개하는 자들에게 하나님이 베푸시는 자비의 포교자였다.

19:1-4 애가 이것은 전형적인 탄식조의 애가로(14하반절), 여호아하스(주전 609년)와 여호야긴(주전 597년)이 포로로 끌려간 사건과 함께 시드기야 때 다윗 왕조가 무너진 것(주전 586년)을 다룬다.

19:1 이스라엘 고관들 막 언급한 유다 왕들을 가리킨다.

19:1-9 네 어머니는 무엇이냐 10절에서 "포도나무"로 상징되었던 유다가 여기서는 "암사자"로 표현된다. 어린 새끼 사자들은 이방 왕들("젊은 사자")의 영향으로 부패하고 타락한 다윗의 후손들인 유다 왕들을 상징한다.

19:3, 4 새끼 하나 이 사자는 여호아하스(살룸)를 가리킨다. 그는 주전 609년 왕이 되었지만 불과 3개월을 다스리다가 애굽의 바로 느고에 의해 폐위되었다(4절; 왕하 23:32-34; 대하 36:2).

19:5-9 새끼 하나를 또 골라 이 새끼 사자는 여호야긴을 가리킨다. 9절처럼 그는 주전 597년 우리에 갇혀 바벨론으로 끌려갔다(왕하 24:6-15). 3개월밖에 통치하지 않았지만 백성을 괴롭히고 불의를 행했다. 하나님은 애굽과 바벨론이라는 이방 나라를 이용해 이 악한 왕들을 심판하셨다. 바벨론은 여호야긴을 37년간 감옥에 가두었다가 55세 때 석방했다(왕하 25:27-30; 렘 52:31, 32).

19:10-14 네 피의 어머니는…포도나무 같아서 유다는 무성한 포도나무처럼(10절) 강한 힘과 명성을 자랑하며 번창했다(11절). 하나님은 그 포도나무를 뽑아 황폐하게 하시고(12절. 참고. 13:11-13) 추방하시며(13절) 강한 왕을 한 명도 남겨두지 않는 심판을 행하셨다(14절).

19:14 규 유다에게 재앙이 임한 이유는 한 통치자, 즉 시드기야 왕 때문이었다. 반역으로 그는 예루살렘이 불타도록 만들었다(참고. 렘 38:20-23). 다윗의 집은 수치스럽게 최후를 맞았고, 그 후 거의 2,600년 동안 이스라엘에 다윗 계보의 왕이 나오지 않았다. 메시아가 오시자 그들은 그분을 거부하고 가이사(카이사르)를 선택했다. 그럼에도 메시아는 여전히 그들의 구주가 되셨고, 그들의 왕으로 다시 오실 것이다.

20:1 일곱째 해 주전 591년이다.

20:3-44 이스라엘 장로들…물으려고 왔느냐 참고. 14:1-3의 유사한 내용. 선지자는 그들에게 주님이 주신 메시지를 들려준다. 그 내용은 이스라엘의 역사에 대한 개략적인 소개로 그들이 한결같이 범죄하는 모습을 보여준다. 이스라엘은 애굽에서 범죄했고(5-9절) 그다음 광야 길에서 범죄했으며(10-26절) 약속의 땅으로 들어가서도 범죄했다(27-32절). 이 모든 죄악에도 하나님은 그 명성을 지키기 위해 끊임없이 그들을 구원해주셨다(9, 14, 22절). 그러나 계속된 죄악으로 결국 그들은 심판을 자초했다(45-49절). 33-44절은 그리스도가 재림하실 때 이스라엘을 그 땅으로 다시 모으실 것을 예언한다.

20:5 내 손을 들어 맹세하고 참고. 5, 6, 15, 23, 28, 42절. 하나님은 이스라엘을 애굽에서 건져주겠다고 약속하셨다(참고. 출 6:2-8).

20:25, 26 그들을 멸망하게 하여 하나님은 유대인이 죄악 가운데 살도록 방치하셨다. 참고. "우리가 이방인…같이 되어서"(32절). 참고. 시편 81:11, 12; 로마서

1:24-28. 모든 인간처럼 유대인의 역사도 긴 반역의 역사였다.

20:34 바울은 고린도후서 6:17에서 이 구절을 빗대어 말한다. 이스라엘 백성이 회개하고 구원받으면(참고. 슥 12-14장) 하나님은 메시아의 영광스러운 왕국에서 이스라엘을 통치하실 것이다.

20:35 여러 나라 광야 이스라엘의 흩어진 자들이 사는 땅들이 유대인이 고통당할 광야처럼 묘사된다. 이것은 오래전 애굽에서 자기 백성을 인도해서 광야를 지나 약속의 땅으로 들어가게 하신 것과 유사하다(36절).

20:37 막대기 아래로 지나가게 하며 하나님은 목자의 비유를 사용하신다. 하나님은 그들의 위대한 목자시므로 적절한 비유다(34:11-13; 렘 23:5-8). 목자 되신 하나님은 자기 양을 그들의 집인 우리로 인도하시고(참고. 렘 33:13) 목자와 염소를 분리하시고(참고. 마 25장) 목자의 막대기를 통과하도록 해서 상처가 나지 않았는지 살피고 점검하신다. 그분은 생명의 성령을 주심으로 새 언약을 맺으실 것이다(36:24-27; 37:14; 39:29). 이것은 이스라엘의 마지막 구원이다(롬 11:26-33).

20:38 반역하는 자와…자를 모두 제하여 버릴지라 하나님은 반역자나 성령으로 새롭게 되어 구원받지 않은 자는 한 명도 팔레스타인으로 돌아와 메시아 왕국에 참여하지 못하게 하신다. 우상을 섬기는 자들과 달리(39절) 하나님이 돌아오게 하신 자들은 모두 그분을 섬길 것이다(40절). 야곱의 환난의 때(렘 30:7), 대환난 때(마 24:21) 정화 작업이 이루어질 것이다.

20:39 계속 우상숭배를 고집하면 하나님은 그들이 파멸을 향해 달려가도록 두실 것이다. 또한 여호와 신앙을 지지하는 척하며 위선을 부리는 것마저 포기하고 노골적으로 우상을 숭배하도록 하실 것이다(참고. 암 5:21-26).

20:40-42 온 족속이 그 땅에 메시아의 지상 왕국에서 이스라엘을 다시 모으시리라는 약속은 동일한 땅, 즉 팔레스타인에서 이루어질 것이다. 하나님이 그 땅을 그 조상들에게 주셨지만(36:28; 창 12:7) 그들은 다른 곳으로 뿔뿔이 흩어져 살아야 했다(41절). 그들은 회개하여(43절) 구원받고(롬 11:26, 27) 그곳에 돌아와 전심으로 하나님을 섬길 것이다. 온 민족이 정결한 예배에 참석할 것이다(참고. 27:22, 23; 사 11:13).

20:44 너희가 알리라 하나님은 회개하고 새롭게 변화된 이스라엘로 그분이 여호와심을 알게 하고자 이 놀라운 회복을 계획하셨다. 38절에서 보듯 이것은 성경의 핵심 주제다. 또 다른 민족들도 이 사실을 보고 하나님이 누구신지 알고 영광을 돌려 드릴 것이다(41절; 36:23, 36).

20:46-48 남으로 향하여 소리내어 남쪽은 팔레스타인, 특히 유다를 말하며 보통 북쪽으로부터 침입을 받았다. 바벨론은 동쪽에 있었지만(19:12) 그 군대가 서쪽 지중해로 향했다가 북쪽에서 남하하여 유다를 침공할 것이다. 침략군(주전 586년 느부갓네살)은 맹렬한 불처럼 그 땅을 짓밟고(참고. 15:1-8; 19:12; 슥 11:1-3) 푸른 나무건 마른 나무이건 가리지 않고 다 삼켜버릴 것이다(참고. 21:3, 4). 성경 시대의 팔레스타인은 지금보다 녹음이 우거졌다.

20:49 이것은 장로들(1절)이 에스겔의 너무나 분명한 메시지를 거부하는 모습을 설명하고 있다. 순종하지 않는 심령은 하나님의 뜻을 깨달을 수 없다.

21:1-7 말씀이 내게 임하여 이것은 칼이 예루살렘을 친다는 징조다(1-17절). 하나님은 갈고 닦은 칼을 칼집에서 꺼내어 치명적 부상을 입히는 내용으로 그 심판을 설명하신다. 하나님은 칼잡이며(3, 4절) 바벨론은 그분의 칼이다(19절). 이 예언은 주전 588년 느부갓네살이 두로와 암몬과 유다의 반란을 진압하러 원정에 나선 사건을 역사적 배경으로 한다.

21:3, 4 의인과 악인 바벨론은 무자비하게 진압할 텐데 그 군대가 가는 곳마다 의인과 악인을 가리지 않고 죽일 것이다. 이 일은 북쪽에서 남쪽까지 이스라엘의 온 땅에서 일어나며, 불로 심판받으리라는 예언과 부합

단어 연구

인자(Son of Man): 2:1; 3:17; 12:18; 20:46; 29:18; 39:17; 44:5; 47:6. 에스겔을 가리켜 93번 사용된 호칭이다. 이 호칭은 창조주 하나님과 그 피조물의 차이를 강조하며 에스겔 선지자가 인류의 대표성을 지닌다는 것을 강조한다. 에스겔의 인생은 바벨론의 히브리 포로들에게 살아 있는 비유이자 실물 교재였다(참고. 1:3; 3:4-7). 에스겔은 말로나 행동으로나 이스라엘 집에게 주는 징조였다(12:6). 예수님 역시 인자라는 호칭을 사용하셨는데, 그 역시 인류의 대표로서 "마지막 아담"이셨고 생명을 살리는 영이 되셨다(고전 15:45을 보라).

또한 인자라는 호칭은 다니엘이 환상 중에 본 천상의 존재, "인자 같은 이"를 가리킨다(단 7:13). 그러므로 이 호칭은 그리스도가 신이자 인간이라는 사실과 성육신의 신비를 강조한다. 예수는 하나님이자 사람으로 모든 죄악된 인간의 영광스러운 표적이 되셨다(눅 2:34).

한다(20:45-49). "푸른 나무와 마른 나무"(20:47)는 의인과 악인에 상관없이 모든 사람을 의미한다(21:3, 4. 참고. 눅 23:31).

21:8-17 칼(바벨론)이 '날카롭게' 준비되어 있다.

21:10 내 아들의 규가 모든 나무를 업신여기는도다 참고. 13절. 이것은 하나님의 칼, 10상반절에서 공포스럽게 빛난다고 설명한 칼이 유다 왕의 홀을 멸시한다는 의미인 것 같다(참고. 창 49:9, 10). 유다 왕의 홀은 그 칼을 멈추게 할 아무 힘도 없을 뿐 아니라 곧 부서질 것이다(25-27절). 하나님의 심판이 얼마나 강력한지 이 나무로 만든 물건으로는 막을 수가 없다. 나무로 만든 물건은 칼 앞에서는 무용지물의 조롱거리에 지나지 않는다. "내 아들"은 유다를 가리키거나(참고. 출 4:22, 23) 하나님의 '아들'로서 왕을 가리킬 것이다. 솔로몬에게 이런 호칭이 쓰였다(대상 28:6).

21:11 죽이는 자 하나님은 어떤 도구를 사용하시는지에 상관없이 언제나 심판관이자 집행관이 되신다.

21:12 네 넓적다리를 칠지어다 '네 가슴을 치다'로 번역할 수 있다. 선지자가 비통함을 드러낼 때의 몸짓이다. 여기에 "부르짖어 슬피 울며"(12절), "손뼉을 치고"(14절), "손뼉을 치며"(17절) 슬픔을 드러내는 상징적 행동을 더 추가해야 한다.

21:18-20 이 이미지는 바벨론 군대가 갈라진 길까지 진격해온 것을 말한다. 칼은 결단을 앞둔 바벨론 왕 느부갓네살을 가리킨다. 한 길은 예루살렘과 유다를 가리키고 다른 하나는 암몬의 수도 랍바를 가리킨다. 주전 593년 암몬은 유다와 함께 바벨론에 반란을 일으키기로 공모했다. 진노한 왕은 어느 길로 공격해야 할지 결정해야 했고, 점을 쳐서 그 신들에게 물었다(21절).

21:21 왕이…서서 점을 치되 이것은 미신적 방법으로 앞길을 인도받고자 '징조를 구했다'는 뜻이다(참고. 사 47:8-15). 바벨론 왕이 이용할 수 있는 방법은 세 가지였다. 첫째, 화살 전통을 흔들어 떨어지면 그 모습을 보고 점괘를 읽는 것이다. 둘째, 드라빔(우상들)을 보는 것이다. 셋째, 짐승의 간을 검사해 신의 뜻을 구하는 것이다. 실제로 참되신 하나님은 이 미신적 방법에 개입하셔서 예루살렘과 유다를 치겠다는 그 뜻을 이루셨다. 이후 느부갓네살은 요단 동쪽의 암몬 랍바를 공격했다(28-32절).

21:22 전쟁을 위한 모든 준비가 완료되었다.

21:23 거짓 점괘 예루살렘 백성은 이 미신적 결정이 거짓 점괘이므로 실패할 거라고 생각했지만 오산이었다(24, 25절).

21:25 극악하여…왕 시드기야다(주전 597-586년).

21:26 관을 제거하며 왕관을 하나님은 주전 588-586년 유다에 대한 심판으로 제사장의 리더십을 상징하는 관을 제거하고 왕위의 계승을 상징하는 왕관을 제거하셨다. 포로생활이 끝난 뒤에도 이 두 직위는 온전히 회복되지 못했다. 이것은 "이방인들의 때"가 시작되었다는 표시였다(눅 21:24).

21:27 마땅히 얻을 자가 이르면 '엎드러뜨리다'를 3번 반복한 것은 혼란스럽고 불안정한 상태가 최악에 이르렀음을 의미한다. 이스라엘은 심각하게 불안정한 상황을 겪을 것이며 '마땅히 얻을 자인' 메시아가 오실 때까

에스겔의 상징 설교

(참고. 겔 24:24, 27)

1. 집안에 갇힌 채 묶인 상태에서 말을 하지 못한다(3:23-27)
2. 토판과 철판을 사용해 설교의 예화를 든다(4:1-3)
3. 390일 동안 왼쪽으로 눕고 40일 동안 오른쪽으로 누워 있어야 한다(4:4-8)
4. 더럽게 먹어야 한다(4:9-17)
5. 머리와 수염을 밀어야 한다(5:1-4)
6. 행장을 꾸려 성벽을 뚫어야 한다(12:1-14)
7. 떨며 떡을 먹고 물을 마셔야 한다(12:17-20)
8. 날카로운 칼을 쥐고 그 손으로 쳐야 한다(21:8-17)
9. 이스라엘을 금속 녹이는 풀무에 있는 것처럼 묘사한다(22:17-22)
10. 가마에서 양고기를 끓인다(24:1-14)
11. 아내의 죽음에도 애도할 수가 없다(24:15-24)
12. 한철을 벙어리처럼 지낸다(24:25-27)
13. 두 막대기를 모아 하나가 되게 했다(37:15-28)

지(참고. 창 49:10) 왕도 특권을 누리지 못할 것이다. 하나님은 더 위대한 "다윗"이신(겔 37:24) 그에게 왕위를 주실 것이다(참고. 렘 23:5-8). 그의 '권리'는 제사장직과 왕권의 완벽한 조합이다(참고. 히 5-7장).

21:28-32 암몬 족속과…에 대하여 바벨론 군대는 주전 582/581년 암몬 족속을 멸망시킬 것이다(참고. 25:1-7). 그들의 죄명은 예루살렘 성이 무너지고 성전이 모독당하고 유대인이 포로로 끌려갈 때(25:3) 예루살렘을 보고 조롱하며 조소를 보낸 것이었다.

21:30 그 칼집에 꽂을지어다 암몬 족속은 바벨론에게 저항하지 말았어야 한다. 자기 땅에서 죽임을 당할 것이기 때문에 저항해도 아무 소용이 없었다.

21:32 기억되지 못할 것이니 이스라엘에게는 미래가 있다(27절). 하지만 하나님은 암몬에게는 자비를 베풀지 않고 파멸하도록 만드실 것이다. 고대 기록에 따르면 이 일이 있은 후에 그들은 유다스 마카베오의 군대에 더 처절한 응징을 당했다고 한다(마카베오 상. 5:6, 7). 예레미야 49:6을 보면 후에 하나님은 포로들을 그 땅으로 돌아오게 허락하셨다. 결국 그들은 열국의 명단에서 완전히 사라졌다.

22:2 피흘린 성읍 참고. 3, 4, 6, 9, 12, 13절. 이 구절은 사법적 살인(6, 9, 23-27절)과 자녀를 인신 제사로 드린 일, 바벨론에 반역한 일(참고. 24:6)로 피 흘린 예루살렘을 가리킨다.

22:4-13 죄가 있고 예루살렘의 피 흘린 죄를 고발하는 이 고발장에는 최소한 17가지 죄가 열거되어 있다. 25-29절에서는 죄목이 더 늘어난다. 그들이 악행을 자제한 유일한 경우는 죄를 지을 수 있는 능력이 부족할 때 뿐이었다. 가능한 온갖 악을 저질렀고 피 흘리는 일이 인기 스포츠처럼 되었다.

22:5 참고. 로마서 2:24. 하나님은 자기 명예가 그 백성의 행동과 직결된다고 생각하신다.

22:9 산 위에서 제물을 먹는 이것은 이 단락에서 밝히듯이(4절) 우상숭배를 말한다. 다시 말해 우상을 섬기는 산당에서 음식을 먹었고, 10절과 11절에서 지적하는 것처럼 성적인 죄악을 함께 범했다.

2:14-16 에스겔은 가까운 미래에 임할 심판뿐 아니라 지금도 진행중인 유대인의 전 세계적 디아스포라를 예고한다. 이스라엘의 죄를 씻기 위해 이 흩어짐이 지금도 유지되고 있다.

22:16 내가 여호와인 줄 알리라 치욕스러운 흩어짐이 끝나고 죄에서 정결하게 되었을 때 이스라엘은 여호와를 알게 될 것이다. 많은 유대인이 지금 그분을 알고 있지만 장래에는 유다 민족 차원의 구원이 임할 것이다 (참고. 슥 12-14; 롬 11:25-27).

22:17-22 놋이나 주석이나 쇠나 납 이것은 풀무에서 금속을 녹이는 것처럼 예루살렘에 하나님의 심판이 임할 것을 상징한다(참고. 사 1:22; 렘 6:28-30; 슥 13:9; 말 3:2, 3). 이런 풀무는 찌꺼기와 불순물까지 녹이기 때문에 순수한 금속을 얻을 수 있다. 그분의 진노는 일종의 불 같아서(21절, 바벨론이 예루살렘 성을 맹렬하게 짓밟고 무너뜨린 것에 걸맞은 적절한 용어) 그 백성은 정결하게 되고(20절) 악한 자들은 찌꺼기처럼 제거될 것이다(참고. 21:13-22). 마지막 날에도 하나님은 그 피조물의 죄를 정결케 하는 데 이 원리를 적용하실 것이다(벧후 3:9-14).

22:25-29 반역함 온 민족이 악을 저질렀다. 먼저 선지자, 제사장, 고관 등 지도자들이 그 사악한 죄로 기소당한다. 그다음에는 전체 백성이 고발을 당한다.

22:30 사람을 내가 그 가운데에서 찾다가 에스겔과 예레미야는 신실한 종들이었지만 하나님은 그들 외에 그 죄로 심판받을 수밖에 없는 이스라엘을 변호해줄 사람을 찾으셨다. 그러나 누구도 그 백성을 회개하도록 인도할 수 없었고, 그 민족을 심판에서 벗어나도록 할 자가 없었다. 주전 586년 결국 심판이 그들에게 임했다(렘 7:26, 36; 19:15). 오직 하나님의 메시아와 하나님 그분만이 인간의 힘으로 할 수 없는 일을 할 수 있는 성품과 자격이 있으시다. 그것은 이스라엘을 위해 중보하시는 것이다(참고. 사 59:16-19; 63:5; 계 5장). 그리스도는 지상 사역 가운데 그들에게 버림받았고 이 심판의 여파가 지금까지 계속되고 있다. 그들이 믿음으로 돌아올 때까지 이 여파는 지속될 것이다(참고. 슥 12:10; 13:1).

23:2-4 두 여인 이 장은 두 자매로 상징되는 이스라엘과 유다의 영적 간음을 묘사하고, 유다의 죄악이 중함을 강조한다. '한 어머니'는 통일 왕국을 가리킨다면 '두 여인'은 분열 왕국을 가리킨다.

23:5-10 오홀라가…행음하여 북왕국 이스라엘은 우상을 섬기는 젊고 부유하며 매력적인 앗수르와 군사적·정치적 결합을 추구한 영적인 창녀였다. 하지만 앗수르는 이스라엘을 배신하며 침략했고(10절), 주전 722년 이스라엘을 포로로 끌고 갔다(왕하 17장).

23:11-21 더 부패하여졌느니라 참고. 16:47. 유다(남왕국)가 바벨론의 우상숭배를 갈망하여 하나님을 떠났다는 사실에 초점을 맞춘다. 유다는 이스라엘의 멸망에서 아무 교훈도 얻지 못했다(13절).

23:12 앗수르 사람 아하스는 유다가 앗수르의 보호를 받기를 원했다(왕하 16:7-10). 이사야는 이런 정치적 행동을 책망했다(사 7:13-17).

23:14-16 갈대아 사람 유다는 화려한 옷을 입은 갈대

아 사람들의 모습에 끌려 갈대아식 생활방식을 꿈꿨다. 그들과의 정치적·사회적 동맹은 영적 변절로 이어졌다.

23:17 **연애하는 침상** 영적인 부정을 생생하게 묘사하고 있다(30절).

23:19 유다는 오래전 애굽 시절에 지은 죄악을 다시 기억하고 그 시절의 타락한 상태로 되돌아갔다.

23:22-35 **사랑하다가…자들을 충동하여** 하나님은 범죄한 유다에 진노하셔서 바벨론과 다른 민족들을 부추겨 유다를 심판하도록 하셨다. 이 단락은 유다와 화친 관계에 있던 나라들이 심판의 도구로 사용되었음을 묘사한다.

23:23 **브곳과 소아와 고아** 아람의 세 부족이다.

23:25 **네 코와 귀를 깎아 버리고** 바벨론은 사람들의 얼굴을 베는 만행을 저질렀다. 이것은 애굽과 갈대아를 비롯해 여러 곳에서 간음한 여자들에게 내린 고대의 처벌이었다.

23:32-34 **네 형의 잔을 네가 마시고** 유다는 주전 722년 사마리아처럼 하나님의 심판의 '잔'을 마시게 될 것이다(참고. 23:46-49). 종종 잔을 마신다는 개념은 하나님의 진노를 받는다는 것을 상징했다(참고. 시 75:8; 사 51:17-22; 렘 25:15-29; 마 20:22).

23:36-42 에스겔은 유다 민족의 수치스러운 죄상에 대한 하나님의 고발을 요약하고 있다. 이는 심판을 요하는 이중적 고발이었다.

23:45 **의인** 이것은 유다의 경건한 남은 자들을 가리키는 듯 보인다. 이들은 심판의 정당성을 인정해줄 것이다.

24:1, 2 **오늘** 이때는 주전 588년 1월 15일이다(1:2에서처럼 597년을 기준으로 함). 바벨론 사람들은 18개월에 걸친 예루살렘 포위 공격을 시작했다(렘 39:1, 2; 52:4-12).

24:3-5 **비유를 베풀어** 어린 양의 각을 뜨고 좋은 덩이를 삶은 것은 하나님의 양 떼가 가마에서 끓을 것을 의미하며, 포위 공격으로 고통당하는 예루살렘을 상징한다. 참고. 11:3. 짐승의 뼈는 종종 땔감으로 사용되었다.

24:6 **피를 흘린 성읍…화 있을진저** 예루살렘 사람들은 부패함으로 더럽혀졌다. 이것은 가마의 녹이나 끓고 남은 찌꺼기로 상징된다(참고. 22:2).

24:7 **그 피** 예루살렘 성에 낭자하게 흐르는 피(죄의 일반적 상징)가 가려지지 않은 채 그대로 방치되었다. 이것은 바위 위에 피를 그대로 둔 것으로 묘사된다. 피를 흙으로 덮지 않는다는 건 율법을 어기는 일이었다(레 17:13). 하나님은 바벨론 군대를 빌려 이를 심판하실 것이다.

24:9, 10 **나무 무더기를 크게 하리라…그 뼈를 태우고** 백성의 죄로 크게 진노하신 하나님은 에스겔에게 그들을 죽이는 맹렬한 심판을 불로 상징하게 하셨다.

24:11, 12 **가마가 빈 후에는** 모든 조각(백성)이 다 타고 나면 가마는 빈 채로 뜨겁게 달아오르게 된다. 이것은 하나님이 침략자들을 이용해 예루살렘 성과 성전, 모든 잔여물까지 모조리 파괴하도록 철저한 후속 조치를 취하실 것임을 상징한다(참고. 레 14:34-45에서 문둥병이 발생한 집을 처리하는 방식).

24:16-27 에스겔의 아내가 죽었고 이것이 이스라엘에게 징조가 되었다. 우주적 재앙 앞에서 모든 개인적 슬픔은 무색해졌다. 에스겔이 아내의 죽음을 애곡해서는 안 되듯(17절) 이스라엘은 그 가족의 죽음에 눈물을 흘려서는 안 되었다(19-24절). 성경은 그 아내가 얼마나 소중한 존재였는지 "눈에 기뻐하는 것"(16, 21절)이고 "영광과 기쁨"(21절)이라고 강조하지만 에스겔은 하나님의 뜻에 순종하고 복종했다. 그는 그 백성에게 비통함의 상징이 되었다.

24:25 **데려가는 날** 성전 파괴를 가리킨다.

24:26, 27 **그 날에** 예루살렘이 함락될 때(주전 586년) 피한 사람이 바벨론에 있는 에스겔에게 그 소식을 전해 줄 것이다. 이 예언을 한 날 이후로 그는 포로들이 올 때까지 잠잠해야 한다. 그 포로들이 온 뒤에야 유다에 대해 말하게 될 것이다(참고. 3:26, 27). 이는 약 2년에 걸친 기간이었고(참고. 33:21; 렘 52:5-7) 그때는 이미 심판이 이루어졌음으로 심판에 대해 선포할 필요가 없었다. 그는 다른 민족들에 대해 말하기 시작했다(25장부터 시작).

열국의 심판에 대한 예언 (25:1-32:32)

A. 암몬(25:1-7)

25:1 **여호와의 말씀이…임하여** 에스겔 25:1-32:32은 예레미야 46-51장의 예언 단락처럼 다른 일곱 민족에 대한 심판을 선언한다. 그중 25장의 네 민족은 이스라엘에 대해 복수심과 시기심과 증오심이 유난히 강했던 민족이다. 1-24장을 하나님이 선택한 민족에 대한 심판에 전적으로 할애했던 만큼 모든 죄인에게 동일한 잣대를 적용하셔서 이방인들에게 심판의 메시지를 선포하게 하신 것은 매우 적절했다. 이스라엘이 범죄함으로 심판당하여 이 민족들 앞에서 하나님의 영광은 훼손되었지만(36:21-23), 이 민족들은 포로로 끌려가는 이스라엘을 보고 그들의 하나님이 패배했다고 착각했다.

25:2, 3 **암몬 족속에게** 이 민족은 요단강 동쪽, 모압 북쪽의 사막 변방에 살았다. 주전 600년 바벨론과 함께

에스겔의 일생과 시대적 상황

1. 에스겔은 요시야가 개혁을 시도하던 시절(주전 622-621년, 왕하 23장)에 어린 시절을 보냈다.

5. 열여덟 살의 여호야긴이 느부갓네살에게 항복하고 상류층 시민들과 함께 포로로 끌려갔다. 에스겔은 이 포로들 가운데 포함되었을 것이다(주전 599-597, 왕하 24:12). 시드기야가 예루살렘에서 왕으로 임명되었다.

9. 바로의 부러진 팔에 대해 예언했다(주전 587년, 겔 30:20-26).

2. 니느웨가 바벨론에 망하고(주전 612년) 앗수르 제국은 역사 무대에서 사라졌다.

6. 서른 살이 된 에스겔은 바벨론 평지에서 선지자로 부르심을 받았다(주전 593년, 겔 1-3장).

10. 새 예루살렘과 새 성전에 대한 환상을 보았다(주전 573년, 겔 40-48장).

3. 요시야가 전투 중에 전사했다(주전 609년).

7. 에스겔은 예루살렘에서 자행되는 우상숭배의 환상을 보았다(주전 592년, 겔 8장).

11. 두로와 애굽에 대한 느부갓네살의 승리를 예언했다(주전 571년, 겔 29:17-21).

4. 갈그미스에서 바벨론은 치열한 백병전 끝에 애굽을 대파했다(주전 605년).

8. 마지막 예루살렘 포위 공격이 시작되었다. 아내가 죽었지만 애곡할 수가 없었다(주전 588년, 겔 24:1-18).

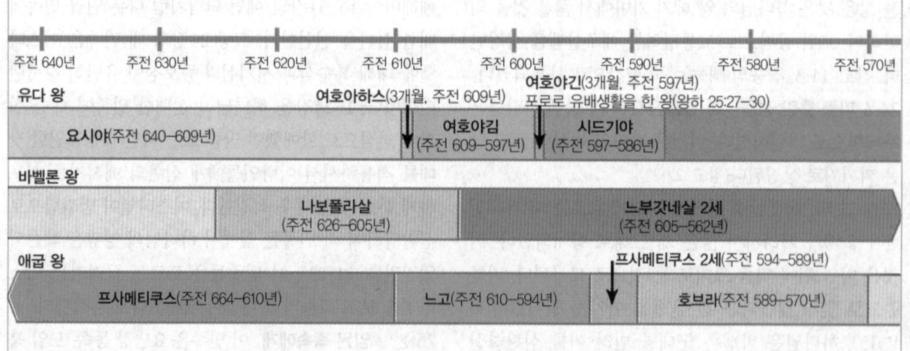

유다를 쳤고(왕하 24:2 이하) 주전 594년에는 다른 민족들과 함께 바벨론에 맞설 동맹에 참가하라고 유다를 회유했다(렘 27:2 이하). 에스겔 21:18-20은 바벨론이 암몬 족속을 침략했다고 암시한다. 그들과 맞서 싸웠다는 기록이 전혀 없는 것으로 보아 바벨론에 항복했음을 알 수 있다(21:28; 습 2:8-11). 그들은 근친상간으로 태어났고(참고. 창 19:37, 38) 유다에 자주 적대적으로 굴었다(참고. 삿 10; 삼상 11; 삼하 10; 12장; 렘 49:1-6; 애 2:15; 암 1:13-15). 하나님은 이스라엘에 대한 적개심의 죄를 물어 이 민족을 심판하셨다(3, 6절). 그들은 성전이 모욕당하고 그 땅이 황폐하게 되고 그 주민들이 끌려가 흩어지는 것을 보고 고소하게 생각하고 기뻐했다.

25:4 **내가 너를 동방 사람에게…넘겨 주리니** 이것은 주전 588-586년이나 582/581년 동쪽에서 바벨론이 침략하고 암몬을 황폐화시킨 사건을 의미할 것이다. 아니면 요단강 너머 살던 여러 유목 부족이 그들의 땅을 차지한 일을 가리킬 수도 있다.

25:5 **랍바** 현재 암만이라고 부르는 이 암몬의 수도(참고. 암 1:14)는 요단강 동쪽, 사해 상류 북동쪽 8킬로미터 지점에 위치했다.

25:7 **패망하게 하여 멸하리니** 암몬 족속은 그 땅에서 노략을 당하고 패망하게 될 것이다. 그러나 예레미야 49:6에서는 흩어진 이 백성들 가운데 남은 자들이 나중에 돌아올 것이라고 말한다.

B. 모압(25:8-11)

25:8-11 **모압과 세일** 이 민족의 기원은 창세기 19:37, 38에 기록되어 있다. 모압은 사해 저지대를 따라 흐르는 아르논강 남쪽에 위치했다. 참고. 이사야 15; 16; 예레미야 48장; 아모스 2:1-3. 바벨론은 주전 582/581년 그곳 성읍들을 파괴했다. 이들의 심판 이유(8절) 역시 이스라엘의 멸망을 기뻐한 것과 이스라엘이 하나님 앞에서 다른 이방 민족들처럼 모든 특권적 지위를 빼앗겼다고 조롱한 죄가 포함된다. 암몬 족속과 모압 족속은 아랍 민족으로 흡수되었다.

25:8 **세일** 인접한 에돔 지역의 다른 이름으로(창 32:3; 36:20, 21, 30) 세일산이 우뚝 솟아 있던 험준한 산악국가였다. 이들의 심판 이유에 대해서는 25:12-14에 기록되어 있다.

C. 에돔(25:12-14)

25:12 **에돔** 참고. 35장; 이사야 21:11, 12; 예레미야

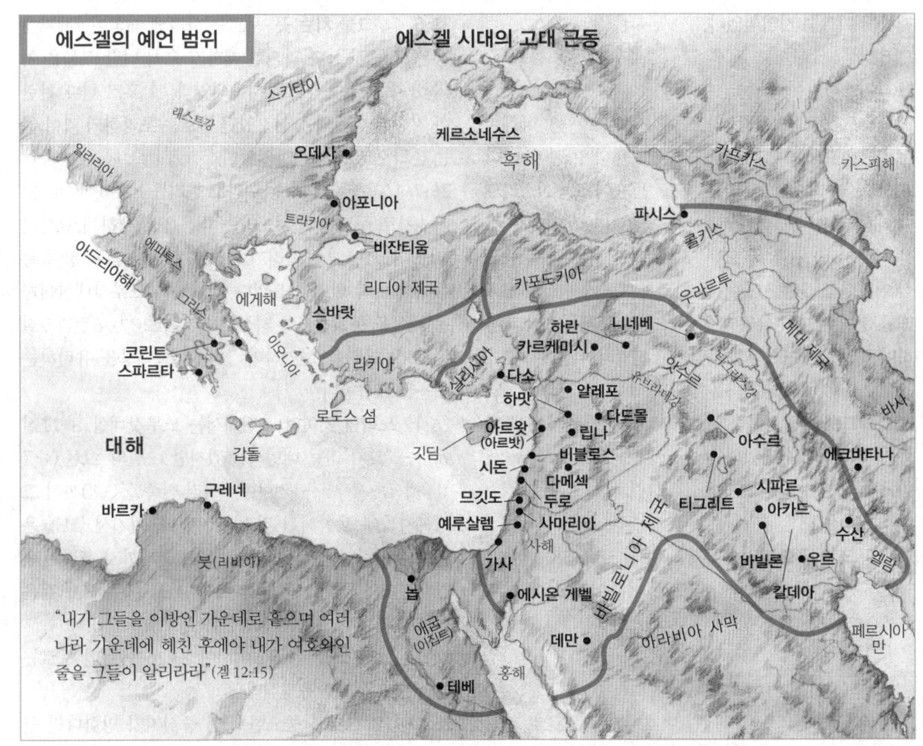

49:7-22; 아모스 1:11, 12; 오바댜; 말라기 1:3-5. 이 민족은 모압 남쪽, 사해에서 아카바만에 이르는 지역에 살았다. 다윗에게 정복당해 국가로서 면모를 거의 상실했다가(삼하 8:14) 아하스 때 다시 독립했다(주전 735-715년). 그들은 이스라엘에 대해 끊임없이 적대감을 품고 복수할 기회를 노렸다(참고. 창 27:27-41; 사 34:5-7). 심판의 이유는 주전 588-586년 이스라엘이 파멸하자 조롱했기 때문이다. 그들은 "헐어 버리라, 헐어 버리라"고 외치며(시 137:7; 애 4:21, 22) 바벨론의 응원단처럼 행세했다.

25:13, 14 내 백성 이스라엘의 손으로…에돔에게 갚으리니 주전 325년 나바티안(나밧 사람)이라는 아랍 부족이 에돔을 침략했지만 완전히 정복하고 예속시킨 이들은 주전 164년 유다스 마카베오와 주전 126년 요한 히르카누스였다. 유대인은 심지어 에돔에게 그들의 종교를 강요하기까지 했다. 이 세 민족(암몬, 모압, 에돔)은 이제 독립된 국가로서 존속하지 않고 아랍 민족에 흡수되었다.

25:13 데만…드단 이 지명들은 에돔의 주요 성읍이었다. 데만(테이마)은 아랍 사막의 사해 동쪽 322킬로미터, 에돔의 북쪽 영토에 위치했을 것이다. 드단은 데만 남쪽 161킬로미터 지점에 위치했고 멀리 동쪽으로 홍해까지 이르는 지역이었다.

D. 블레셋(25:15-17)

25:15-17 블레셋 사람 참고. 이사야 14:29-33; 예레미야 47장; 요엘 3:4; 아모스 1:6-8; 오바댜 19절; 스바냐 2:4-7; 스가랴 9:5. 이들이 심판을 받는 이유는 이스라엘에 대해 계속 적개심과 복수심을 품었기 때문이다. 이것은 사사기 13-16장의 오랜 옛날부터 이어온 '묵은 증오심'이었다. 그들은 사울 왕 통치기에 다윗에게 결정적 패배를 당할 때까지(삼상 17장) 이스라엘을 끊임없이 괴롭히며 짓밟았고 이스라엘에 맞서고 진압되기를 반복했다. 그 후 느부갓네살의 침략을 받았다(렘 47장).

25:16 그렛 사람 이들은 그레데 출신으로 블레셋 민족의 일부로 흡수되었다(*삼상 30:14에 대한 설명을 보라*). 이 중에는 다윗의 호위병으로 섬긴 이들도 있다(삼하 8:18; 15:18).

25:17 크게 갚으리라 이것은 주전 588-586년이나 582/581년 바벨론의 침략으로 이루어졌다(참고. 렘 25:20; 47:1-7).

E. 두로(26:1-28:19)

26:1 열한째 해 주전 586년 여호야긴이 포로로 잡혀 온 지 11년째 5월 10일에 예루살렘이 함락되었다.

26:3, 4 두로야 내가 너를 대적하여 이 성읍의 심판은 세 장에 걸쳐 다루어지는데(26-28장) 하나님이 이 성에 대해 가지신 애착을 암시해준다. 참고. 이사야 23장; 아모스 1:9, 10. 두로는 베니게의 고대 성읍으로 여호수아 19:29에 처음으로 등장한다. 다윗과 솔로몬 시대에 큰 영향력을 발휘했다. 두로 왕 히람은 다윗에게 매우 우호적이었고(삼하 5:11) 그와 솔로몬의 건축 사업에 큰 도움을 주었다(참고. 왕상 5:1-12; 대상 14:1, 2; 대하 2:3, 11). 나중에 두로인들은 유대인을 노예로 팔았다(참고. 욜 3:4-8; 암 1:9, 10). 하나님은 '여러 민족'을 움직여 지중해의 상업 중심지인 두로를 연달아 치게 하실 것이다(참고. 27:3). 이런 침략은 파도가 쉬지 않고 치는 모습으로 묘사된다. 바벨론(7절)이 주전 585-573년 두로를 포위 공격했고, 그 후 주전 332년 알렉산더의 헬라 군대가 이들을 쳤다. 바벨론이 이 해안도시를 황폐하게 만들었지만 많은 두로인은 요새 같은 섬으로 도망가 끝까지 항전했다. 헬라 군대는 남은 '티끌'과 자갈을 모조리 쓸어 담아 바다에 던져 805미터 거리의 그 섬까지 이어지는 길을 만들었다. 또한 배를 이용해 두로를 공격해 그 요새에서 저항하는 자들을 섬멸했다. 26-28장의 예언은 놀라울 정도로 정확하게 성취되었다.

26:5, 14 그물 치는 곳 두로는 사라센 제국이 4세기에 남은 모든 것을 다 파괴할 때까지 수백 년간 그물을 쳐서 고기를 낚는 성으로 사용되었다. 그 후로 한때 찬란한 지중해 상권의 중심지였던 두로는 초라하기 짝이 없는 촌락으로 전락하고 말았다.

26:7-14 "왕들 중의 왕"이라고 불리는 느부갓네살(7절)이 1차로 두로를 무너뜨리는 내용을 생생하게 묘사하고 있다. 그에게 헤아리기 어려울 정도로 많은 왕이 복종해서 이런 별명이 붙었다. 하나님은 느부갓네살에게 온 세상을 통치하도록 하셨다(참고. 단 2:37). 8절과 9절은 포위 공격을 설명하며, 10-14절은 성을 유린하는 내용을 묘사한다.

26:12 노략할 것이며 7절에서는 느부갓네살, 8-11절에서는 "그가"라는 대명사를 썼지만 12절의 '그들'(한글 성경에서는 생략됨–옮긴이)은 "여러 민족들"(3절)까지 그 정복자들에 포함시킨 것으로 보인다. 여기서 '그들'은 바벨론 사람들뿐 아니라 알렉산더 군대까지 포함된다. 알렉산더의 군대는 폐허더미로 바다를 메워 요새 같은 섬까지 연결해 그들을 정복한다(참고. 슥 9:3, 4).

26:13 노래 소리…수금 이사야 23:16을 보면 두로는 음악가가 많기로 유명했다.

26:15-18 그토록 중요한 상업 중심지가 망한다면 근

방 모든 나라가 충격을 받을 수밖에 없다. 지중해 주변의 모든 민족이 두로의 멸망을 재앙으로 여길 것이다. 당시의 애곡하는 풍습대로 왕들은 그 보좌에서 내려와 수 놓은 화려한 옷을 벗을 것이다.

26:19-21 두로의 멸망을 무덤 속의 죽은 사람에 비유한다.

27:1-11 **두로를 위하여 슬픈 노래** 27장 전체가 애가로, 두로를 높은 파도에 휩쓸린 거대한 무역선으로 묘사한다. 여기 지명들은 두로와 무역한 나라들이다.

27:5-9 **스닐의 잣나무** 스닐은 헤르몬산의 아모리식 이름으로 갈릴리해 북단 북동쪽에 위치했다. 잘 알려지지 않은 지명들도 등장한다. "엘리사"(7절)는 구브로섬, "아르왓"(8절)은 비블로스 북쪽 지중해 해안에서 멀지 않은 섬 도시, "그발"(9절)은 오늘날의 베이루트 북쪽 비블로스를 가리키는 이름이기도 하다. "깃딤"(6절)은 앗수르를 말하며 유능한 목수가 많았다.

27:10, 11 **병정** 이 두 절에 나온 지명들은 두로를 방어하기 위해 고용한 베니게 군대 용병들의 출생지다.

27:11 **아르왓** *5-9절에 대한 설명을 보라.* **용사들** 북부 아람으로 추정되는 감마드(Gammad)의 용사들이다.

27:12 **다시스** 이 절부터 두로가 교역 중심지로서 누린 영광을 묘사하기 시작한다. 다시스는 은으로 유명한 페니키아 식민지인 스페인 남부를 말한다(렘 10:9).

27:13 **야완과 두발과 메섹** 야완은 그리스의 넓은 지역인 이오니아를 말한다. 나머지 두 지역은 소아시아에 있었던 곳으로 역사가 헤로도토스가 언급한 티바레니와 모스키이거나, 앗수르인들이 타발과 무스쿠라고 부른 노예 상업도시를 말하는 듯 보인다.

27:14 **도갈마 족속** 도갈마는 소아시아 북동쪽의 아르메니아로 확인되며 현재의 터키다.

27:15 **드단** '로도'로 읽는 것이 더 정확한 번역이다.

27:17 **민닛** 아모리 족속의 성읍이다(삿 11:33).

27:18 **헬본** 오늘날 할분이라고 부르며 다메섹 북쪽 21킬로미터 지점에 위치했다.

27:19 **워단** 유대의 단 지파가 아니다. 이것은 페르시아만의 아덴 성을 가리킬 가능성이 높다. **계피** 향을 말한다.

27:20 **드단** *25:13에 대한 설명을 보라.*

27:21 **게달** 유목민인 베두인 족속을 말한다.

27:22 **스바와 라아마** 이들은 아라비아 남서쪽 극단에 위치한 성읍들이다(창 10:7; 대상 1:9).

27:23 **하란과 간네와 에덴** 모두 메소보다미아 지역에 위치한 도시들이다. 간네는 아람 북쪽에 위치했으며, 아모스 6:2의 갈레 또는 이사야 10:9의 갈로일 수 있다.

앗수르와 길맛 이 지역들 역시 메소보다미아에 있었다.

27:25 **다시스의 배** 거대한 화물선으로 지중해를 항해했다.

27:26, 27 **동풍이…무찔렀도다** 이것은 바다에서 배가 난파된 것처럼 두로가 몰락한 것을 말한다. 영광을 구가하던 그 바다가 두로의 무덤이 된 것이다. 동풍은 동쪽의 강대국인 바벨론을 말한다(참고. 13:11-13).

27:28-35 **부르짖는 소리** 두로를 비유하는 메타포로 배를 계속 사용하며, 생계가 두로의 상업에 달려 있어서 두로의 패망을 특별히 애통해하는 사람들을 부각시킨다. 30-32절은 애통함을 표현할 때 주로 하는 행동이다.

27:36 두로의 멸망을 고소하게 생각하는 사람들도 있을 것이다.

28:1-19 두로 왕에 대한 이 단락은 바벨론 왕에 대한 이사야 14:3-23의 내용과 비슷하다. 두 본문 모두 사탄에게 적합한 어조가 일부 등장한다. 두 본문의 내용은 사탄이 이용한 인간 왕을 거론한 것이라고 볼 수 있다. "사탄아 내 뒤로 물러 가라"는 예수님의 책망을 들은 베드로와 비슷하다(마 16:23). 이 심판의 내용이 사탄에게도 해당된다는 것은 두말할 나위가 없다.

28:2 **두로 왕에게** 고관이 때로 '왕'(king)의 의미로 사용되므로(37:24, 25) 2절의 왕은 12절의 왕인 이토 바알 2세(Itto-baal II)를 말한다. 여기서 에스겔은 단순히 왕이 아니라 두로의 태도를 지적하고 있다. 이 예언을 받은 때는 느부갓네살(주전 585-573년)이 두로를 포위하기 직전이었다. **나는 신이라** 많은 고대 왕이 신이라 주장하고 신처럼 행동했다(6절). 이 왕이 스스로 신이라고 자처하는 모습은 하나님처럼 될 수 있다고 아담과 하와를 속인 뱀(창 3:5)처럼 교만하기 그지없다.

28:3-5 **다니엘보다 지혜로워서** 이것은 왕이 자신을 과대평가한 모습을 조롱하는 표현이다. 바벨론에 오랫동안 포로로 잡혀 있던 다니엘이 당시 유명인사였음을 알 수 있다.

28:6-10 **이방인…너를 치리니** 이 이방인들은 두로를 침략한 바벨론과 후대의 그리스를 말한다(참고. 26장). 하나님은 진정한 집행자이시다.

28:11-19 '두로 왕'에 대한 이 애가는 그 배후에 있는 초자연적인 악의 근원인 사탄까지 거론한다. 사탄의 뜻대로 움직인다고 주님이 베드로를 책망하신 마태복음 16:21-23과 비교해보라.

28:12 **완전한 도장** 하나님은 에스겔에게 두로 왕을 심판받을 자로 선포하라고 하시지만 실제로 두로 왕의 배후에 있는 세력은 사탄이었다. 이 구절은 하나님께 반

에스겔에 등장하는 비유

비유는 기억하기 쉬운 이야기나 언어 그림으로 진리를 감싸는 것이다. 허구일 수도 있고 극화된 내용이나 환상의 내용일 수도 있다. 예수님은 비유를 사용해 많은 교훈을 알려주셨다(참고. 눅 8:4의 "예수님의 비유"). 에스겔을 위시해 구약의 여러 선지자도 비유로 교훈을 전달했다.

1. 포도나무(겔 15:1-8)
유다가 하나님께 아무 쓸모가 없어져 심판으로 불에 탈 수밖에 없음을 상징한다.

2. 버려진 아이(겔 16장)
유다가 하나님의 사랑과 연민을 배신한 것을 비유한 것이다.

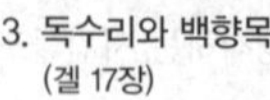

3. 독수리와 백향목
(겔 17장)
반역으로 느부갓네살 군대에게 예루살렘을 멸망시키게 한 시드기야 왕의 어리석음을 비유한 것이다.

4. 맹렬한 풀무
(겔 22:17-22)
하나님이 예루살렘 포위 공격이라는 뜨거운 '불'로 그 백성을 정결하게 하는 방식을 비유한 것이다.

5. 두 음녀(겔 23장)
이스라엘과 유다의 영적 행음을 상징한다.

6. 가마솥에 양고기를 끓이는 것
(24:1-14)
하나님이 예루살렘을 달구어 그 더러움을 정결하게 한다는 것을 상징한다.

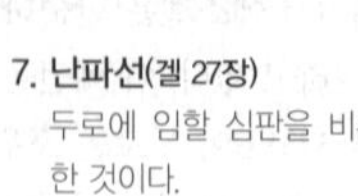

7. 난파선(겔 27장)
두로에 임할 심판을 비유한 것이다.

8. 무책임한 목자
(겔 34장)
예루살렘의 아무 쓸모없는 지도자들과 하나님이 그들을 다루는 방법을 설명한다.

9. 마른 뼈(겔 37장)
이스라엘 민족의 영적 회복을 상징한다.

예레미야와 스가랴 역시 하나님의 뜻을 전하기 위해 비유를 활용한 대표적인 선지자다. 렘 18:1-10과 슥 5:1-4을 보라.

역하기 전에 완벽한 아름다움을 갖췄던 천사로서 사탄을 가리킬 수 있다. 그러나 고대 세계에서 무역의 제1인자의 위상(27:3, 4, 11)과 해상무역의 독보적 위치(27:24), 면류관을 쓴 도시(사 23:8), 즉 예루살렘처럼 완전하다(16:14; 애 2:15)는 의미로 두로의 완전성을 강조한 표현일 수도 있다. **지혜가 충족하며** 이것은 천사로서 사탄의 지혜와 무역에 탁월한 두로의 지혜를 의미할 수 있다(참고. 27:8, 9; 28:4).

28:13 네가…에덴에 있어서 이것은 에덴동산의 사탄을 말할 수도 있고(창 3:1-15), 에덴처럼 아름다운 환경에서 사는 두로 왕을 말할 수도 있다. **각종 보석** 이것은 사탄의 화려한 치장이나(창 2:12) 두로가 솔로몬(왕상 10:10)처럼 아름다운 각종 보석을 소유한 것을 말한다. **네가 지음을 받던 날** 지상의 이 왕이 이런 영화를

누렸다는 의미라기보다 사탄이 이런 재물과 아름다움과 지혜와 완벽함을 가졌다는 의미일 가능성이 더 높다. **소고와 비파가 준비되었도다** 이것은 한때 사탄이 하늘의 찬양을 맡았던 것을 가리키는 동시에 축제 때 두로의 아름다운 악기가 사용되었음을 가리키는 것일 수 있다.

28:14 기름 부음을 받고 지키는 그룹 이것은 그룹이 에덴을 지키듯(창 3:24) 하나님의 보좌를 지키는(가리는) 천사로서 높은 특권을 누렸던 사탄을 가리킨다. 사탄은 원래 영광스러운 하나님의 존전에 언제라도 나아갈 수 있는 존재였다. **내가 너를 세우매** 이것은 하나님의 주권적 인정을 받은 사탄이나 두로 왕 모두에게 해당된다. **네가 하나님의 성산에 있어서** 그 왕국(참고. 단 2:35의 "태산")에서 하나님 앞에 있던 사탄을 가리키든 화려한 유비를 사용해 묘사된 두로의 왕을 가리키든 높은 특권을 누렸음을 강조한다. 앗수르를 레바논 백향목에 비유하여(31:3) 그 높은 위상을 묘사하고자 했던 것과 비슷하다.

28:15 네 모든 길에 완전하더니 이 절은 두로 왕에게 모두 적용하기에는 적합하지 않지만 타락하기 전의 사탄에게는 완벽하게 적용된다. **마침내 네게서 불의가 드러났도다** 사탄이 저지른 교만의 죄(참고. 사 14:14; 딤전 3:6)를 가리키는 것 같다.

28:16 두로 왕을 다루며, 특히 그의 죽음에 대해 설명하고 있다. 그는 사탄의 방식을 그대로 따라했다.

28:17-19 내가 너를…왕들 앞에 두어 이것을 사탄에게 적용하기에는 무리가 따른다. 몰락한 두로 왕이 짓밟히고 땅에 던져져 다른 왕들이 보는 앞에서 나뒹구는 모습을 말할 것이다. 이사야 23:17은 바사 왕국(느 13:16)의 통치를 받던 두로가 부활하리라고 암시한다. 느부갓네살 사후 250년이 지난 시점에서 두로는 7년 동안 알렉산더를 막아낼 정도로 강했다. 로마는 두로를 그 지방의 수도로 삼았다. 그러나 역사의 무대에서 점진적으로 사라져 지금은 그 지위가 미미하다.

F. 시돈(28:20-24)

28:21 시돈 시돈(20-24절)은 베니게 두로의 자매 항구로 두로의 37킬로미터 북쪽에 위치했다. 사사 시대부터(삿 10:6) 이곳은 그 부패함으로 이스라엘에 악영향을 끼치기 시작했으며, 바알 숭배의 본거지였다.

28:22, 23 그 가운데에서 심판을 행하여 하나님은 시돈 백성을 죽이고 전염병을 보내어 심판하실 것이다. 두로를 치게 하실 때로 보인다.

28:24 아프게 하는 가시가 다시는 없으리니 이것은 지금까지 계시된 심판 시나리오(25-28장)의 요약이다. 이스라엘의 대적들은 하나님의 무서운 심판을 받고 더 이상 이스라엘을 괴롭힐 수 없을 것이고, 그들을 심판하신 하나님이 이스라엘의 참 하나님임을 알게 될 것이다.

부록: 이스라엘의 회복(28:25, 26)

28:25, 26 내가…이스라엘 족속을 모으고 이 짧은 소망의 메시지를 통해 하나님은 이스라엘을 가나안으로 다시 돌아오게 하겠다고 약속하신다(참고. 34장, 36-39장; 사 65:21; 렘 30-33장; 암 9:14, 15). 이것은 메시아의 지상 왕국을 예고한다.

G. 애굽(29:1-32:32)

29:1 열째 해 주전 587년은 여호야긴이 바벨론으로 끌려온 지 10년째 되는 해였다. 느부갓네살이 예루살렘을 침략한 지(24:1, 2; 왕하 25:1) 일 년하고 이틀이 지난 때였고, 예루살렘을 무너뜨리기(왕하 25:3-8) 7개월 전이었다. 이것은 애굽에 대한 7개 신탁 가운데 첫 신탁이다(참고. 29:17; 30:1; 32:1; 32:17).

29:2 온 애굽으로 참고. 이사야 19장; 예레미야 46:1-26. 비록 강의 괴물(3-5절) 앗수르처럼 높이 솟은 나무(31:3), 젊은 사자(32:2), 바다 괴물(32:2-8)로 묘사되지만 애굽은 곧 멸망할 것이다. 이 심판은 주전 570년 키레네의 헬라인들이 바로 호브라와 싸워 이긴 것과 주전 568/567년 바벨론이 애굽을 정복한 것을 말한다.

29:3 큰 악어 악어는 왕을 가리켜 사용한 비유법일 것이다. 애굽인들은 애굽의 여러 강에 사는 악어를 숭배했다. *라합*(Rahab)은 종종 애굽을 상징하는 괴물을 가리키기도 한다. *시편 87:4; 89:10; 이사야 30:7에 대한 설명을 보라.*

29:4 강의 모든 고기 이것은 바로를 추종하고 애굽 전체에 하나님이 심판을 내리실 때 함께 심판받은 애굽 백성을 비유적으로 가리킨다(5, 6상반절).

29:6 갈대 지팡이 이스라엘은 군사적 동맹을 맺고 애굽을 의지했지만 그들은 허약해서 기대면 넘어질 수밖에 없는 갈대 지팡이나 마찬가지였다. 애굽은 하나님이 예언하신 대로 이스라엘의 신의를 배반했다(참고. 렘 17:5, 7). 이스라엘은 애굽을 의지하지 말았어야 하지만 그렇다고 해서 애굽에 대한 심판의 형벌이 줄어들지는 않았다.

29:9 이 강 나일강은 애굽의 모든 농작물에 물을 공급하는 수원이었다. *19절에 대한 설명을 보라.*

29:10 믹돌에서부터 수에네 믹돌(출 14:2)은 북쪽에 있

고 수에네는 에티오피아 남부 국경에 위치하므로 이 거리는 애굽 전역에 해당한다.

29:11, 12 **사십년 동안 황폐하게 하고** 이 기간이 언제를 가리키는지 특정하기는 어렵지만 느부갓네살의 바벨론이 애굽을 통치하던 때인 주전 568/567년에서 주전 527년까지를 가리킬 것이다. 이때는 고레스가 바사의 왕으로 등극한 후였다.

29:13-16 **애굽 사람을 다시 모아 내되** 애굽은 결국 고토로 돌아가게 되지만 한때 누렸던 국제적 명성과 영광을 다시 회복하지 못했다.

29:17 **스물일곱째 해** 이것은 주전 571/570년으로, 주전 597년 여호야긴이 포로로 끌려온 때를 기점으로 한다. 1-16절의 예언을 한 지 약 17년이 흐른 뒤였다.

29:18 **두로를 치게 할 때에 크게 수고하여** 주전 585-573년 느부갓네살은 13년이나 두로를 포위 공격한 끝에 정복했다(참고. 겔 26:1-28:19). 두로는 바다 가운데 있는 섬으로 퇴각하여 끝까지 버텼다. 바벨론은 오랫동안 공격했지만 예상하고 바라던 전리품("대가")을 손에 넣지 못한 채 별다른 소득 없이 끝났다.

29:19 **내가 애굽 땅을…넘기리니** 바벨론이 두로에서 충분히 보상받지 못한 것을 보상해주시고자 하나님은 주전 568/567년 애굽을 정복하도록 해주셨다. 바벨론 군대는 애굽을 심판하는 하나님의 도구로 사용되었다.

29:21 **한 뿔이 돋아나게 하고** 참고. 23:25, 26. 하나님은 이스라엘의 힘을 회복하고 짐승의 뿔이 상징하는 권위를 회복해주셨다(참고. 삼상 2:1). 여러 민족에게 짓밟혔지만 이스라엘은 말세의 메시아 시대에 축복을 받을 것이다. **나는 또 네가…입을 열게 하리니** 이것은 에스겔의 예언이 성취된 것을 돌아보고 그 내용을 이해하게 될 날을 가리킨다. 그가 말을 하지 못한 증상은 예루살렘이 함락된 주전 586/585년에 이미 사라졌다.

30:3 **여호와의 날이 가깝도다** 이것은 하나님의 심판에 대한 표현으로, 특히 미래 심판을 표현할 때 자주 쓰인다(참고. 욜 1:15; 2:1, 11; 3:14; 슥 14:1; 살전 5:2; 살후 2:2; 벧후 3:10). 애굽에 대한 하나님의 심판의 날은 가깝게는 주전 568/567년 바벨론의 침략으로 성취되었고(10절; 32:11) 멀게는 하나님이 온 민족을 심판하실 대환난 때 성취될 것이다(단 11:42, 43). *이사야 2:12; 데살로니가전서 5:2에 대한 설명을 보라.*

30:5 **구스와 붓과 룻** *27:10, 11; 29:10에 대한 설명을 보라.* **굽** "섞인 백성"과 "땅의 백성"과 함께 확인이 안 되는 민족이다. 이 절에 나온 여러 민족처럼 이들 역시 애굽 군대의 용병이었을 가능성이 있다.

30:6 **믹돌…수에네** *29:10에 대한 설명을 보라.*

30:8 **돕는 자** 하나님의 심판의 날에는 애굽과 동맹을 맺은 국가들과 그 군대가 전혀 쓸모없다.

30:9 애굽 사람들이 전쟁의 공포를 피해 에티오피아로 도망가면 에티오피아 사람들은 심판을 피할 수 없다는 큰 두려움에 시달릴 것이다.

30:10, 11 느부갓네살은 하나님의 도구였다.

30:12 **강을 마르게 하고** 나일강과 그 지류들이 없다면 애굽은 불모의 사막이나 같았다. 그들은 매년 나일강 범람으로 그 땅에 홍수가 나야 생존할 수 있었다.

30:14 **바드로스** 멤피스 남부의 넓은 지역이다. **소안** 헬라인들은 나일 삼각주의 동쪽에 있는 이 중요한 도시를 타니스라고 불렀다.

30:15 **신** 이곳은 고대의 펠루시움으로, 지중해 근방의 나일강 동쪽 지류 끝에 위치한 주요 도시였다. "노"(테베)와 "신"은 애굽의 정반대쪽 국경에 위치했고, 많은 도시가 거론되는 것으로 보아 이 본문은 온 애굽 땅에 심판이 임하리라는 것을 묘사한다.

30:17 **아웬** 고대의 헬리오폴리스다. **비베셋** 이 도시는 나일강 북동쪽 지류에 위치했으며, 고양이 머리를 한 여신 우가스테트를 기리기 위해 고양이를 미라로 만들었다.

30:18 **드합느헤스** 이 성은 애굽 왕비의 이름을 본뜬 곳으로, 바로들의 왕궁이 있었다.

30:20 **열한째 해** 주전 587/586년으로, 주전 597년 유다가 포로로 끌려온 지 11년째 되는 해였다.

30:21 **팔을 꺾었더니** 하나님은 느부갓네살을 이용해 애굽의 힘을 빼앗고 패배하여 흩어지게 하신 일을 비유적으로 표현하고 계신다(23, 26절).

30:22 **이미 꺾인 팔을 꺾어서** 바로 호브라가 전쟁에서 진 것(참고. 렘 37:5 이하)과 그 이전에 바로 느고가 갈그미스에서 패배한 것(참고. 왕하 24:7; 렘 46:2)을 모두 말한다.

30:26 하나님의 심판이 임해야만 사람들은 그분이 여호와이심을 안다.

31:1 **열한째 해** 주전 587/586년이다. 30:20-26의 신탁이 임한 지 두 달이 지난 시점이다.

31:2-18 **누구에게 비하랴** 에스겔은 숲을 가득 채운 거대한 나무에 애굽을 비유하는 메타포와 유비를 이 장에 대거 사용한다(참고. 17:22-24; 단 4:1-12; 19-27). 그는 앗수르 같은 강한 나무(3절)가 넘어진 것처럼(주전 609년) 애굽도 그러할 것이라고(주전 568년) 말한다. 애굽이 오만하여 스스로 천하무적이라고 생각한다면 강대국 앗수르가 어떻게 무너졌는지 기억하라고 말한다.

31:3 **레바논 백향목** 이 나무는 2.4미터 정도로 키가 큰

나무였고 강력한 힘과 지배의 상징이었다. 특히 이스라엘 북쪽 산지에서 자라는 거대한 백향목은 단연 으뜸이었다.

31:8, 9 하나님의 동산…에덴에 있는 모든 나무 (36:35; 창 13:10; 사 51:3; 욜 2:3) 앗수르가 에덴동산 가까운 곳에 위치했기 때문에 에스겔은 동산 중 최고의 동산과 관련시켜 나무 같은 앗수르를 설명한다.

31:10 솟아났음으로 에스겔은 앗수르의 교만과 몰락에 대한 역사적 예화에서 애굽의 현실로 시선을 돌린다. 하나님은 앗수르를 이용해 열국에 세상적 권세와 힘의 어리석음을 가르치신다.

31:14-16 구덩이 하나님이 앗수르와 그 우방들의 파멸을 언급하시면서("모든 나무" "물을 마시는 에덴의 모든 나무") 땅과 하나님의 정원에서 무덤으로 장면이 이동한다(참고. 32:18).

31:18 어떤 것과 같은고 하나님은 앗수르를 위시한 다른 열강들처럼 애굽을 멸망시키실 것이다.

32:1 열두째 해 주전 585년으로, 주전 597년 유다가 포로로 끌려온 지 12년째 되던 해다.

32:2 사자 다른 민족들을 다루는 애굽의 강력한 통치력을 묘사한다. 사자 역시 악어처럼 포악했다(참고. 29:3).

32:3-6 내 그물을 네 위에 치고 그물로 사자나 악어를 잡듯 하나님은 많은 사람(군인들)을 이용해 애굽을 잡으실 것이다. 애굽 사람들이 쓰러지고 그 시체를 새와 짐승들이 파먹으며 땅과 물이 그 피로 물들 것이다.

32:7, 8 빛 바로를 가리킬 가능성이 높다. 그의 생명과 힘이 다하고 모든 남은 지도자와 그의 빛을 쬐던 백성이 어둠 속으로 던져질 것이다.

32:11, 12 바벨론 왕의 칼 이것은 느부갓네살의 이름을 실제로 거론한 30:10처럼 정복자를 말한다(참고. 21:19; 29:19; 렘 46:26).

32:13, 14 사람도 짐승도 나일강과 그 지류의 흙탕물을 휘젓지 못하므로 물이 깨끗해지고 막힘없이 흘러갈 것이다. 강은 모든 생명의 중심이므로 이것은 파멸에 대한 생생한 묘사라고 할 수 있다.

32:17 열두째 해 주전 597년을 기점으로 12년이 흐른 주전 585년을 말한다.

32:18 유명한 나라 정복된 다른 나라들이다. **구덩이** 스올이나 무덤을 말한다(참고. 31:14-16).

32:19-21 에스겔은 애굽과 그 백성의 사후를 추적한다. '지옥'에서 다른 민족들이 애굽 왕을 맞으며 자신들과 같은 수준이 되었다고 그를 조롱한다. 이것으로 보아 사후에 의식적 존재와 정해진 운명이 있음을 알 수 있다. 누가복음 16:19-31을 보라.

단어 연구

영광(Glory): 1:28; 3:23; 9:3; 10:18; 31:18; 43:2; 44:4. 어떤 것이 무겁거나 가치 있음을 설명할 때 사용하는 히브리어 동사에서 파생했다. 부정적인 무엇인가를 가리킬 수도 있다. 예를 들어 소돔을 설명할 때 그 성이 완전한 파멸을 당해야 할 정도로 죄악이 심각함을 표현하고자 이 단어를 사용하기도 했다(창 18:20). 그러나 보통 이 단어는 위대하고 탁월하다는 의미로 사용된다(창 31:1). 명사형은 일부 용례에서 '영광'(honor)으로 번역되기도 한다(왕상 3:13). 구약에서 하나님의 영광은 구름의 형태로 나타나고(출 24:15-18), 성전에 가득 찼다는 식으로 묘사된다(왕상 8:11). 하나님의 영광 앞에서는 에스겔처럼(3:23; 43:3) 그 앞에 엎드리며 경배해야 마땅하다.

32:22 앗수르…있음이여 여러 민족의 몰살을 사후의 인생으로 묘사한다. 앗수르(22, 23절), 엘람(24, 25절), 메섹과 두발(26-28절. 참고. 38:1, 2. *이에 대한 설명을 보라*), 에돔(29, 30절). 지상에서는 한때 강력한 힘을 자랑했던 앗수르이지만 이제 망해서 그 발에 짓밟혔던 나라들과 함께 죽어 누워 있다. 이들은 모두 죽임을 당해 영원한 지옥에 갇혀 있다(21절).

32:31, 32 바로…위로를 받을 것임이여 그와 자기 백성만 이런 비참한 처지에 있지 않음을 알고 얻게 된 이상한 위로다.

이스라엘의 회개에 대한 말씀 (33:1-33)

33:1-33 말씀이…임하여 이 장은 예루살렘과 열방에 대한 하나님의 심판 예언(1-32장)과 이스라엘이 그 땅으로 돌아올 밝은 미래의 예언(34-48장)을 이어주는 장이다. 민족의 회개에 대한 하나님의 교훈을 소개하고 있는데, 이어진 위로와 구원 예언(34-39장)의 서문에 해당한다.

33:2-20 네 민족에게…이르라 이 말씀은 하나님이 공의를 시행하셔서 예루살렘에 무서운 재앙을 내리실 때를 대비해 포로들에게 마음의 준비를 하도록 할 목적으로 주신 말씀이다(참고. 14:21-23). 그분은 계속해서 경고하셨지만 그들은 귀를 기울이지 않았다. 에스겔은 24:26, 27부터 예루살렘이 함락될 때까지 그들에게 말

을 하지 말라는 명령을 받았다. 대신 이방 나라들을 향해 경고했다(25-32장).

33:2-9 파수꾼 예레미야, 에스겔과 같은 사람들(참고. 3:16-21)은 영적 파수꾼으로(33:7-9) 하나님이 칼을 내리실 것을 경고하여 그 백성이 미리 대비하며 안전을 강구할 기회를 주었다. 이 유비는 성벽에 파수꾼을 세워 위험이 다가오는지 살피고 위험이 생기면 경고의 나팔을 불게 한 데서 유래한다. 파수꾼의 역할에 대해서는 사무엘하 18:24, 25; 열왕기하 9:17; 예레미야 4:5; 6:1; 호세아 8:1; 아모스 3:6; 하박국 2:1을 참고하라. *3:17-21에 대한 설명을 보라.*

33:4 그 피가 자기의 머리로 파수꾼이 자기 임무를 다하면 그 책임은 각자의 몫이었다. *18장에 대한 설명을 보라.* 심판 가운데 죽든지 그 경고를 받아들이고 회개하여 살든지 하나님의 경고에 대한 반응은 각자의 책임이다. 에스겔은 충실하게 복종하는 파수꾼이었다.

33:8, 9 내가 그의 피를…찾으리라 죄를 회개하라고 경고한 선지자는 심판을 받지 않지만(9절) 그 메시지를 제대로 전달하지 않은 선지자는 그에 대한 책임을 져야 했다(8절). 이것은 책임지고 해야 할 일을 제대로 감당하지 않은 선지자가 불성실함의 죄를 지고 하나님의 징계를 받는다는 뜻이다. *18장에 대한 설명을 보라.* 참고. 사도행전 20:26.

33:10-11 어찌 능히 살리요 이스라엘 백성은 심판을 받아 죽을 수밖에 없는 상황이라면 절망적이므로 미래가 없지 않느냐고 반문했다. 하나님은 악인이 그 죄로 죽는 것을 기뻐하시지 않기 때문에 그들이 회개하고 살기를 원하신다고 대답해주셨다(참고. 벧후 3:9). 인간적 질문에 대해 하나님은 회개하고 구원을 받으라(참고. 18:23, 30-32)고 대답하셨다. 이 답변은 하나님의 거룩하심의 요구와 긍휼이 뒤섞여 있다. 모든 사람에게 회개하고 용서받을 길이 열려 있었다.

33:12-20 *18:19-29에 대한 설명을 보라.* 하나님이 자기 백성을 다루시는 가장 기본적인 원칙 하나가 여기 소개되어 있다. 심판은 각 개인의 믿음과 행실에 따라 이루어진다는 것이다. 이것은 영원한 구원과 죽음에 대한 설명이 아니라 죄에 대한 심판으로 당하는 육신의 죽음을 말한다. 성도들은 이렇게 죽어도 영원한 죽음에 처해지지 않는다. 15절의 의로운 행실은 마음이 신실한 참 성도에게만 나올 수 있다. 누가 하나님의 참 성도인지에 대한 문제는 분명하게 다루지 않는다. 육신적 죽음의 한 원인으로 행위 문제만 다루고 있다. 참되신 하나님을 사랑하는 성도가 죄를 지으면 육신적 심판만 받는다(참고. 고전 11:28-31; 요일 5:16, 17). 악과 의는 하나님 앞에서 개인의 상태가 아니라 행위를 가리키는 단어다. 아브라함의 사례에서 설명한 대로 "하나님의 의"가 전가된 것(창 15:6; 롬 4:3-5)이 아니라 개인의 행위만 고려 대상이다(15-19절).

33:17, 20 바르지 아니하다 그들은 현재의 재난을 하나님 탓으로 돌렸다. 하지만 실상 그들은 자신들의 죄 때문에 심판을 받고 있었다.

33:21 그 성이 함락되었다 예루살렘의 참화를 피해 도망친 피난민 또는 피난민들(히브리어로는 집단 명사일 수 있음)이 주전 585년 1월 8일에 이 소식을 에스겔에게 전해주었다. 주전 586년 7월 18일에 예루살렘이 함락되고 거의 6개월이 지난 시점이었다(렘 39:1, 2; 52:5-7). 에스겔 24:1, 2과 33:21은 예루살렘을 포위하기 시작한 588년 1월 15일에서 33:21의 이 보고까지 36개월의 시간이 흘렀음을 보여준다.

33:22 내 입을 여시더니 하나님은 에스겔의 입을 통제하셨다(*3:26, 27에 대한 설명을 보라*).

33:23-29 33:23-39:29의 예언은 구체적 날짜가 명시되어 있지 않다. 하지만 예루살렘이 멸망한 후 첫 메시지는 이스라엘의 육신적 자신감을 책망하는 내용이었다. 이 예언은 예루살렘이 함락되고 약속의 땅에 남은 유다의 남은 자들을 향한 것이었다. 에스겔은 생존자들에게 하나님께 순종하지 않으면 더 무서운 심판이 임할 거라고 경고한다. 어떤 이해하기 어려운 이유로 그들은 하나님이 한 개인인 아브라함에게 그 땅을 주셨다면 수가 더 많은 그들에게 더 확실하게 그 땅을 주시지 않겠느냐고 생각했다. 질이 아니라 양을 기준으로 한 주장이었다(24절). 그러나 그들이 돌아서서 하나님을 다시 외면하면 심판이 임할 것이다(25-29절).

33:30-33 이 단락은 포로들에게 주신 메시지다. 그들은 에스겔 선지자의 메시지에 순종할 의사가 전혀 없었다. 듣기는 좋아했지만 그 말씀을 적용하지는 않았다. 쓰라린 맛을 보고 나서야 마침내 그가 전한 말씀이 진정 하나님의 진리였음을 인정할 것이다. 그 백성은 에스겔의 감동적 설교는 좋아했지만 그 메시지에는 관심이 없었다.

이스라엘의 회복에 대한 예언 (34:1-48:35)

A. 이스라엘이 본토로 돌아옴(34:1-37:28)

1. 참 목자에 대한 약속(34:1-31)

34:1 이 장부터 에스겔은 주로 위로의 메시지를 전하며, 하나님의 은혜와 그 언약의 약속에 충실하심을 강조한다.

34:2 목자들에게 예언하라 이 목자들은 왕과 제사장, 선지자 같은 포로기 이전 지도자들을 말한다. 즉 올바로 양을 먹이고 인도하는 참 지도자들(22:25-28; 렘 14, 23; 슥 11처럼)이 아니라 개인적 이득을 얻으려고(3, 4절) 양 떼의 털을 깎는 거짓 지도자들을 가리킨다. 이 모습은 시편 23편; 80:1; 이사야 40:11; 예레미야 31:10; 누가복음 15:4, 5; 요한복음 10:1 이하의 목자 되신 주님과 대조된다.

34:5 모든 들짐승의 밥 짐승들은 이스라엘을 노리는 민족을 말한다(참고. 단 7:3-7). 14:21처럼 실제 야생 짐승들을 가리킬 수도 있다. 34:25, 28을 참고하고 *이에 대한 설명을 보라.*

34:9, 10 이것은 시드기야 왕의 경우에서 증명되었듯이 말뿐인 협박이 아니었다(참고. 렘 52:10, 11).

34:11 내가…찾고 찾되 참 목자 되신 하나님은 그 양을 찾아내어 메시아가 이끌 왕국인 그 땅으로 이스라엘을 돌아오게 하실 것이다(12-14절).

34:12 흐리고 캄캄한 날 이것은 하나님이 이스라엘에게 심판 내리실 날을 가리킨다(참고. 렘 30:4-7).

34:12-14 전 세계에 흩어진 이스라엘 백성을 고국 땅으로 다시 모으고 회복해주실 거라는 약속이다. 그 흩어짐이 실제로 이루어졌듯이 그 모으심도 실제로 이루어질 것이다. 메시아 왕국에 다시 모이면 그들은 아무 부족함이 없을 것이다(15, 16절).

34:15, 16 내가 친히 내 양의 목자가 되어 양들을 착취하는 배부른 지도자들과 달리 하나님은 그 양(백성)의 필요를 채워주실 것이다. 이것은 시편 23편을 상기시키며, 이스라엘의 목자로서 다스릴 선한 목자가 성취할 것이다(요 10:1 이하).

34:17-22 사이에서 심판하노라 지도자들을 심판하고 나면 하나님은 양 떼 가운데 악한 자들을 그 영적 상태에 따라 심판하실 것이다. 이 단락은 마태복음 25:31-46에서 예수 그리스도가 말씀하신 심판을 예고한다. 불의한 자들은 가난한 자들을 짓밟는 행위에서 그 불의가 드러날 것이다. 오직 하나님만이 참 백성과 거짓 백성을 구별하실 수 있으며(참고. 마 13장의 주님의 비유), 마지막 왕국에서 이 작업을 하실 것이다.

34:23 한 목자…다윗 다윗 왕조의 더 큰 다윗(참고. 삼하 7:12-16)이신 메시아를 말한다. 그분은 천년왕국을 다스릴 이스라엘의 마지막 왕이다(31:24-26; 렘 30:9; 호 3:5; 슥 14:9).

34:24 여호와 성부 하나님을 말한다. **왕** 이 단어는 때로 이 절처럼 왕을 가리킬 때 사용된다(37:34, 35. 참고. 28:2, 12).

34:25 화평의 언약 예레미야 31:31-34의 새 언약을 가리키며(참고. 37:26), 천년왕국에서 완전히 실행될 것이다. **악한 짐승** 그 나라에서는 짐승들을 길들일 것이다. 이사야 11:6-9; 35:9; 호세아 2:18을 보라.

34:26 내 산 예루살렘과 시온을 말한다. 유대인은 하나님을 예배하러 이곳으로 올 것이다. **복된 소낙비** 참고. 사도행전 3:19, 20의 "새롭게 되는 날", 신명기 28:15-68의 저주가 풀리는 때.

34:27 땅이 풍성한 결실을 맺게 해준다는 내용은 아모스 9:13에서도 암시하고 있다.

34:28, 29 다시는 이방의 노략거리가 되지 아니하며 하나님은 다른 나라들이 이스라엘 민족을 짓밟지 못하게 하실 것이다.

34:30 내가…그들의 하나님 자주 등장하는 구약 주제인(참고. 창 17:7, 8) 이 구절은 로마서 11:25-27처럼 이스라엘의 최종적 구원을 말한다.

2. 열국의 심판(35:1-36:7)

35:2 세일 산으로 향하고 참고. 이사야 21:11, 12; 예레미야 49:7-22; 아모스 1:11, 12; 오바댜. 세일은 에돔의 다른 이름으로(참고. 15절; 창 32:3; 38:6) 25:12-14에서도 심판의 경고를 받았다(*25:12-14에 대한 설명을 보라*). 이스라엘의 오랜 앙숙이자 원수인 에돔(참고. 시 137:7; 말 1:2-5)은 아라바 동쪽의 사해에서 아카바만에 이르는 곳에 위치했다. 주요 도시로는 데만과 페트라가 있다. 지금은 폐허만 남아 있다.

35:3, 4 이 예언(참고. 6-9절)은 먼저 느부갓네살을 통해, 후에는 주전 126년 요한 히르카누스를 통해 문자 그대로 이루어졌다. 지금은 에돔 족속의 흔적을 찾기가 어렵다. 오바다(옵 18절)와 예레미야(렘 49:13)가 예언한 대로 폐허가 된 성읍들은 지금도 볼 수 있다. 참고. 6-9절.

35:10 네가 말하기를 에돔이 심판을 받는 또 다른 이유는 "두 민족", 즉 이스라엘(북)과 유다(남)가 살던 땅을 차지할 계획을 세웠기 때문이다. 그들은 사사로운 마음으로 이 두 나라를 차지하고자 계획했지만(12절) 뜻대로 되지 못하고 좌절했으며 "여호와께서 거기에 계셨기" 때문에 결국 파멸하고 말았다.

35:11, 12 노하여 질투한 대로…욕하는 모든 말 에돔이 심판당하는 더 많은 이유가 소개되어 있다.

35:13 너희가 나를 대적하여…자랑하며 에돔의 심판에 대한 또 다른 이유는 에돔의 오만한 야심이었다. 실제로 이 야심은 하나님을 향한 것이었다(참고. 10절의 "그러나 여호와께서 거기에 계셨느니라").

35:15 네가 즐거워한 것 같이 마지막 파멸의 이유는

겔

에돔이 이스라엘의 재앙을 보고 기뻐한 것이다. **무리가 알리라** 에돔이 심판당하는 최종적 목표는 '온 땅'이 그가 여호와이신 줄 알고 그의 영광을 보게 하는 것이다. 슬프지만 죄인들은 직접 파멸당할 때에야 비로소 이 사실을 알게 된다. 참고. 히브리서 10:31.

36:1 이 장은 약속된 축복을 누리기 위한 선결 조건인 거듭남의 필요성을 강조한다. 이 장은 실제 이스라엘, 실제 땅, 실제적 거듭남과 그로 말미암아 실제 메시아 왕국에 들어갈 수 있다고 말한 것으로 이해해야 한다. **이스라엘 산들에게 예언하여** 참고. 1, 4, 6, 8절. 에스겔은 온 이스라엘 민족을 상징하는 이스라엘 산들을 향해 예언한다. 그분은 이 산들을 흩어진 이스라엘에게 다시 줄 것이며(12절), 이 산에서 열매가 자랄 것이며(8절), 성들을 다시 짓고 사람들이 거주하게 할 것이며, 과거보다 더 큰 축복을 얻게 하겠다(11절)는 약속을 주신다. 아직 이루어지지 않은 이 약속들은 장래에 누릴 천년왕국의 축복으로만 이루어질 수 있다. 새 언약의 구원이 포함되어 있기 때문이다(25-27, 29, 31, 33절).

36:2-15 이 단락에서는 35장의 에돔에 대한 예언이 계속된다.

36:2 원수들이 네게 대하여 말하기를 하나님은 원수들이 자기 차지가 되었다고 주장한 이 땅을 이스라엘에게 되돌려주실 것이다(참고. 창 12:7).

36:7 내가 맹세하였은즉 하나님은 이스라엘 땅을 차지한 나라들이 수치를 당하도록 하겠다고 공식적으로 맹세하신다.

3. 회복의 목적(36:8-38)

36:8-15 이스라엘 땅은 많은 곡식을 낼 것이고(8, 9절) 인구가 늘어날 것이며(10, 11절) 평화를 구가할 것이다(12-15절). 이런 예언은 메시아 왕국에서 온전히 성취될 것이다. 바벨론 포로들의 유대 귀환은 부분적 성취에 지나지 않으며, 장차 올 그 왕국에서 온전히 성취될 일을 예표한다.

36:16-19 에스겔은 이스라엘이 여호와께서 내리신 심판으로 고난을 겪은 이유를 다시 되새긴다. 유대인이 죄로 그 땅을 '더럽혔기' 때문에 하나님은 그 땅을 깨끗하게 하셔야 했다. 그런 더러운 상태를 여성의 생리에 비유한다(17절).

36:20 내 거룩한 이름이 그들로 말미암아 더러워졌나니 이스라엘 백성은 그 흩어진 상태에서도 이방인들 앞에서 하나님의 명예를 더럽혔다. 그래서 이방인들은 이 추방당한 사람들의 하나님이 그들을 그 땅에서 지켜줄 수 없는 약한 신이라고 생각했다.

36:21-23 나의 거룩한 이름을 위함이라 하나님이 언약을 통해 약속하신 대로(창 12:7) 이스라엘이 그 땅으로 돌아오면 그분의 위대한 이름이 인정받고 다른 민족들이 "내가 여호와인 줄을 알게" 될 것이다. 이스라엘이 회복되는 가장 중요한 이유는 바로 이 하나님의 영광 때문이다(참고. 32절).

36:24 너희를…모아 데리고 고국 땅에 들어가서 하나님은 이스라엘을 다른 땅에서 인도해내어 약속의 땅(24절), 흩으셨던 바로 그 땅으로 데리고 가실 것이다(20절). "내가 너희 조상들에게 준 땅"이며(28절), 다른 민족들의 땅과 구별되며(36절), 돌아온 자들이 거할 성읍이 있는 땅이다(33, 36, 38절).

36:25-27 너희를 정결하게 할 것이며 하나님은 그들을 그 땅으로 실제로 돌아오게 하실 뿐 아니라 영적인 회복을 주겠다고 다음과 같이 약속해주신다. 죄에서 깨끗하게 됨, 새 언약의 새 마음(참고. 렘 31:31-34)을 주심, 하나님을 섬기기를 원하는 새 영 또는 기질을 주심, 성령이 그들 가운데 거하시며 그의 말씀에 순종하도록 할 힘을 주시리라는 약속 말이다. 이스라엘이 예수 그리스도를 메시아와 구주로 아직 믿지 않기 때문에 이 일은 아직 이루어지지 않았다. 하지만 메시아 왕국이 세워지기 전에 이루어질 것이다(참고. 슥 12-14; 롬 11:25-28; 계 11:13).

36:25-31 이는 이스라엘이 주께로 돌아오고 민족적 구원을 받는다는 주제를 다룬 성경 구절 중에서 가장 아름다운 단락에 속한다. 이 구원은 25절에서 죄를 씻

메시아에 대한 에스겔의 예언

겔 17:22-24	메시아가 이스라엘을 통치하실 것이다.
겔 21:27	메시아는 이스라엘 왕권의 합법적 후계자다.
겔 34:23, 24	하나님은 메시아 왕국을 세우실 것이다.
겔 37:22	메시아가 통일 이스라엘을 다스릴 것이다.
겔 37:24, 25	메시아가 아브라함과 이삭, 야곱에게 처음 약속하신 대로 그 땅에 돌아온 순종적인 이스라엘을 통치하실 것이다.

어줄 정결함으로 묘사된다. 이런 정결함은 모세의 정결 의식으로 상징되었다(참고. 민 19:17-19; 시 119:9; 사 4:4; 슥 13:1). 정결함을 위한 뿌림의 개념은 시편 51:7, 10; 히브리서 9:13; 10:22를 보라. 이것은 바울이 에베소서 5:26과 디도서 3:5에서 언급한 씻음과 같은 개념이다. 예수님은 요한복음 3:5에서 바로 이 약속을 염두에 두고 말씀하셨다.

25절에서 비유적으로 설명한 내용을 26절과 27절에서는 실제적으로 설명하고 있다. "새 마음"의 선물은 새로운 탄생을 의미하며 성령으로 말미암은 거듭남을 말한다(참고. 11:18-20). 마음은 인간의 전 본성을 말한다. "영"은 생각과 행동을 다스리는 마음의 통제력을 가리킨다. "굳은 마음"은 자기 고집대로 하는 완악한 마음이며 "부드러운 마음"은 순종적이고 민감한 마음을 말한다. 악한 성향이 사라지고 그 자리에 새 본성이 자리하게 된다. 이것은 예레미야 31:31-34에서처럼 새 언약이다.

또한 하나님은 신실한 유대인에게 그의 "영"을 주실 것이다(참고. 39:29; 사 44:3; 59:21; 욜 2:28, 29; 행 2:16 이하). 이스라엘이 하나님의 참 백성이 되면(28절) 호세아 1:9에서 언급한 심판의 경고가 무효화될 것이다. 온 자연이 이스라엘의 구원의 복을 누릴 것이다(29, 30절). 유대인은 이런 은총을 누리면 참 회심의 증거로 더 깊이 회개하게 될 것이다(31절).

에스겔은 회심과 영적 생명의 교리들을 선언한다. 죄 용서(25절), 중생(26절), 성령의 내주하심(27절), 하나님의 율법에 순종하고 준행하는 마음(27절)이 여기에 포함된다. 이 모든 내용은 이스라엘의 회심을 예언하는 내용에 분명하게 명시되어 있다. 한 민족으로서 그들은 그들의 하나님을 진정으로 알고(38절) 그들의 죄를 미워하며(31, 32절) 그들의 구세주께 영광을 돌릴 것이다(32절).

36:32 너희를 위함이 아닌 줄 이스라엘의 회복을 약속하신 까닭은 단순히 이스라엘이 아닌 열방 가운데 하나님의 영광과 명성을 드러내기 위해서였다(참고. 시 115:1; 행 5:41; 롬 1:5; 요삼 7절).

36:35 에덴 동산 천년왕국 시대는 에덴동산의 모습과 똑같지는 않고 비슷할 것이다(참고. 47:1-12; 사 35:1, 2; 55:13; 슥 8:12).

36:37 이같이…이루어 주기를 내게 구하여야 할지라 하나님은 이스라엘의 귀환과 회복을 주권적으로 이루시지만 이스라엘에게 그것을 이루어달라고 기도할 인간적 특권을 주실 것이다. 이 예언은 백성에게 기도할 마음이 뜨겁게 일어나는 것을 말한다.

단어 연구

우상(Idols): 6:4; 8:10; 14:6; 20:24; 23:30; 36:18; 44:10. '구르다'는 의미의 동사와 관련이 있다(창 29:3; 수 10:18). 이 단어는 우상의 재료인 돌이나 통나무처럼 '모양이 갖추어지지 않은 것'을 가리킨다(6:9; 20:39; 22:3; 왕상 21:26). 에스겔 선지자는 우상에 해당하는 이 히브리어를 40번 이상 사용하는데, 항상 예외 없이 경멸조의 의미로 사용한다. 이 거짓 신들이 이스라엘 백성을 참 하나님으로부터 떠나게 했기 때문이다(14:5). 이 단어는 '똥 덩어리'를 의미하는 유사한 히브리어와 관련이 있다. 후대의 유대 주석가들은 이것을 '똥 덩어리 우상'이라는 식으로 조롱하며 우상이 똥처럼 무가치함을 강조했다.

36:37, 38 수효를…많아지게 하되 천년왕국 시대에는 인구가 증가한다. 예루살렘으로 오는 사람들은 희생제사로 드릴 수많은 짐승을 가져올 것이다. 그 왕국의 규모에 비하면 그 수가 많지는 않을 것이다.

4. 회복의 환상, 마른 뼈 환상과 두 막대기 환상(37:1-28)

37:1 그의 영으로 나를 데리고 가서 37:1-14에서는 또 다른 환상이 나타난다. 하나님은 에스겔을 실제로 이동시키지 않은 상태에서 "뼈들로 가득한" 골짜기에 와 있다는 생생한 내적 자각을 주신다. (다른 환상들에 대해서는 1:1-3:15; 8:1-11:24; 40:1-48:35를 참고하라.) 이 단락은 예루살렘 멸망에 대한 소식을 듣기 전 어느 밤중에 받은 계시의 일부이며, 유다 백성에게 소망이 될 내용이었다. **골짜기 가운데 두셨는데** 골짜기는 이스라엘 백성이 흩어진 세상을 가리킨다(참고. 12절).

37:2 아주 말랐더라 마른 나무(17:24)가 죽은 민족을 상징하듯 이 표현은 아무 생명 없이 흩어져 죽어 있는 이스라엘 민족을 가리킨다. 이들을 살릴 분은 하나님뿐이시다.

37:3 이 뼈들이 능히 살 수 있겠느냐 수많은 마른 뼈들(2절)은 이스라엘 민족을 가리킨다(11절). 이들은 흩어진 채 죽은 상태로 민족적 부활을 기다리고 있다. 그 백성은 개인적 부활의 교리를 알고 있었다. 만약 그 교리를 몰랐다면 이 예언은 아무 의미가 없을 것이다(참고. 왕상 17; 왕하 4장; 13:21; 사 25:8; 26:19; 단 12:2; 호 13:14).

37:4-6 이 모든 뼈에게 대언하여 에스겔은 온 세상에서 이스라엘 백성을 다시 불러모아 그 민족의 생명을

회복시키며(5절) 그의 영을 주셔서(14절) 참 구원과 영적 생명을 얻게 하겠다는 하나님의 약속을 선포해야 한다. 하나님은 여기서 한 민족으로서 이스라엘의 부활과 그 영적 거듭남을 약속하신다(참고. 36:25-27).

37:7-10 환상 속에서 에스겔은 하나님의 지시대로 이행했고, 죽었던 뼈들은 산 민족이 되었다(10절).

37:11-13 이 단락에는 이 환상을 해석할 수 있는 열쇠가 있다. 그것은 이스라엘의 부활과 구원이다.

37:14 내가 또 내 영을 너희 속에 두어 *36:25-27에 대한 설명을 보라.* **이룬 줄을** 이스라엘을 그 땅으로 데려오고 거듭나게 하는 일은 하나님의 명성이 달린 일이었다. 약속하신 것을 이행해주셔야 그분이 여호와이심을 모두 알게 된다.

37:15-23 환상이 끝나고 에스겔은 동족이 보도록 실물 교육을 하라는 지시를 받는다(18, 20절). 막대 둘을 하나로 합치는 이 공연은 하나님이 이스라엘을 그 땅으로 다시 모으실 뿐 아니라 주전 931년(솔로몬 통치의 끝, 왕상 11:26-40) 이후 처음으로 메시아 시대에 이스라엘과 유다가 통일되리라는(19, 21, 22절) 이차적 예시를 제공한다(참고. 사 11:12, 13; 렘 3:18; 호 1:11).

37:21-23 하나님은 이스라엘에 대한 장래 계획을 요약해 이스라엘의 회복(21절), 통일(22절), 정결함(23절) 등 세 가지 약속을 하신다. 이 약속으로 아브라함 언약(참고. 창 12장), 다윗 언약(삼하 7장), 새 언약(참고. 렘 31장)이 성취된다.

37:22 한 임금 이 지도자(참고. 24, 25절)는 다윗 왕조가 약속으로 받은 메시아이자 왕이며 목자다(34:23, 24; 렘 23:5-8; 30:9; 단 2:35, 45; 7:13, 14, 27). 스가랴 14:9의 한 왕과 같다(참고. 마 25:31, 34, 40).

37:23 그들을…정결하게 한즉 이것은 새 언약의 약속이다(참고. 36:27; 37:14; 렘 31:31-34).

37:24, 25 다윗 이 다윗은 다윗의 후손이자 메시아이신 예수 그리스도로 이해해야 한다(참고. 삼하 7:8-17; 사 7:14; 9:6, 7; 미 5:2; 마 1:1, 23; 눅 1:31-33).

대선지서에 나오는 환상들

1. 사 6:1-12	8. 단 2:1, 31-45
2. 렘 1:11-19	9. 단 2:19-23
3. 렘 24:1-10	10. 단 4:4-27
4. 겔 1:1-28	11. 단 7:1-28
5. 겔 8:1-11:25	12. 단 8:1-27
6. 겔 37:1-28	13. 단 10:4-12:3
7. 겔 40:1-48:35	

37:25 내가…야곱에게 준 땅 이 땅은 이 절이 확인해 주듯 하나님이 아브라함과 이삭과 야곱에게 주신 땅으로 보는 것이 자연스럽다(창 12:7; 26:24; 35:12).

37:26 화평의 언약 참고. 34:25. 이것은 완전한 효력이 나타난 새 언약을 말한다. 이스라엘은 한 번도 영구적 구원의 화평을 누리지 못했다. 그러므로 평강의 왕이신 메시아의 미래 왕국에서 성취될 날을 기다린다(사 9:6). **영원한 언약** 영원성의 차원을 지닌 아브라함 언약(참고. 창 17:7)과 다윗 언약(삼하 23:5), 새 언약(렘 50:5)이 천년왕국을 "영원히"(25-28절에서 4번 사용됨) 누릴 구속받은 자 안에서 하나로 통합된다. '영원한'에 해당하는 히브리어는 긴 시간 또는 영원을 의미할 수 있다. 이 언약들은 천년왕국 이후 성취된 상태로 영원히 지속될 것이다. **내 성소** 하나님의 성령은 하나님이 그 백성 속에서 성소로 거하시며, 그들과 함께할 거라는 놀라운 진실이 실현되도록 준비하신다(참고. 슥 6:12, 13). 하나님은 땅에서 사람들과 함께 거하겠다고 약속하신다(47:1-12). 이는 시대와 관계없이 하나님이 늘 염원하시던 일이다. 모세 시대 이전(창 17:7, 8), 모세 시대(레 26:11-13), 교회 시대(고전 3:16; 6:19), 천년왕국 시대(겔 37:26-28), 영원한 미래(계 21:3).

37:27 바울은 이 본문을 고린도후서 6:16에서 인용한다.

B. 이스라엘의 대적들이 본토에서 쫓겨남 (38:1-39:29)

1. 이스라엘을 침략하고 약탈한 곡(38:1-16)

38:1-39:29 이 두 장은 북방 민족들이 연합하여 약속의 땅을 침략하는 내용을 다룬다.

38:2 마곡 어떤 이들은 이 민족을 야벳의 후손으로(창 10:2), 후에 스키타이인으로 불리게 되었다고 한다. 어떤 이들은 아나톨리아 남동쪽의 민족으로, 나중에 몽골족이나 훈족 등 아시아 민족으로 알려지게 되었다고 한다. 마곡을 팔레스타인 북쪽, 카스피해와 흑해 주변의 야만인들을 총칭하는 이름이라고 보는 사람들도 있다. **로스와 메섹과 두발 왕** 이 어구는 메섹과 두발의 '최고 군주'로 번역해야 한다. 첫째, 히브리 구약성경에서 로스(600번 이상)는 '으뜸'이라는 의미의 형용사이며 종종 '대제사장'을 가리킬 때 사용된다(왕하 25:18). 둘째, 대부분의 고대 번역은 이것을 '으뜸' 또는 '머리'라는 의미로 해석한다. 셋째, 38장과 39장을 제외하면 메섹과 두발을 함께 언급한 곳 가운데 로스를 한 민족의 의미로 쓴 경우는 어디에도 없다(27:13; 32:26; 창 10:2; 대상 1:5). 또한 이것은 대환난 때 세계 패권을 장악할 적그

리스도를 가리키기도 한다(참고. 단 9:24-27; 11:36-45; 계 13:1-17; 19:20). **메섹과 두발** 이 두 민족은 고대 앗수르 기념비에서 확인된다. 메섹은 무쉬키(무스쿠)이고 두발은 투발디(타발)다. 두 민족 모두 마곡 지역이자 현대의 터키인 소아시아에 위치했다. 요약하면 하나님의 백성의 원수인 최고 군주가 예루살렘을 치려고 다민족 연합군을 이끌었다는 것이다. 에스겔은 이 적군이 어떤 파괴적 행위를 했는지 38장과 39장에서 소개하고 있다. **곡에게로 얼굴을 향하고** 곡이라는 이름은 역대상 5:4에서 볼 수 있다. 70인역은 "아각"(민 24:7)이나 "옥"(신 3:1)과 같은 이름을 곡으로 번역했다. 고유명사이지만 하나님의 백성의 원수를 가리키는 일반적 명칭이었던 것으로 보인다. 민수기 24:7과 비교해보면 곡은 '높은' 또는 '지존자'라는 의미를 내포할 수도 있다. 또한 곡은 마곡 땅 출신의 왕으로 한 개인을 가리키며 마지막 적그리스도를 말한다. 곡과 마곡이 다시 언급된 *요한계시록 20:8에 대한 설명을 보라.* 요한계시록에서 이 명칭들은 예루살렘과 그 백성과 메시아 왕에 맞서 일으킨 최후의 세계적 반역을 상징적으로 가리킨다. 이들은 북쪽 방향에서만 아니라 전 세계 사방에서 공격을 가한다. 천년왕국 마지막에 죄인들이 '사랑하는 성' 예루살렘에서 성도들과 싸우러 나올 것이다. 그때 사용되는 무기는 단 하나, 하나님의 불이다. 이것은 사탄과 그 군대와의 최후 전투 중 막바지로, 그들의 운명은 이미 정해져 있다. 이 전쟁이 끝나면 하나님 앞에서 모든 불의한 자가 최후의 심판을 받고(계 20:11-15) 죄와 눈물이 없는 영원한 새 하늘과 새 땅이 시작된다(계 21:1). *39장에 대한 설명을 보라.*

38:4 끌어내되 하나님은 앗수르(사 8장)와 바벨론(21:19)을 그 심판을 실행할 인간 정복자로 사용하신 것처럼 이 군대를 사용하실 작정이다. 여기서는 이 침략군을 팔레스타인으로 보내 침략자들 스스로 심판받도록(38:18-23; 39:1-10) 이용하신다(8절). 그래서 애굽을 심판하실 때처럼(29:4) "갈고리로 그 아가리를 꿰고"라는 표현을 사용하신다. 침략군들은 단순히 노략물을 차지하기 위해 팔레스타인으로 왔다고 생각했을 것이다(11, 12절).

38:5 바사와 구스와 붓 팔레스타인을 침략하기 위해 팔레스타인 동쪽과 남쪽의 세력들이 동맹을 맺었다. 바사는 현재의 이란이고, 붓(리비아)은 애굽 서쪽의 북아프리카이며, 구스는 애굽 남쪽에 있다.

38:6 고멜 오늘날의 아르메니아 지역을 말하며, 카포도키아로 알려지기도 했다. 앗수르 비문에는 고멜이라고 불리는 민족이 등장한다. **도갈마** 오늘날의 터키 동쪽이다(*27:14에 대한 설명을 보라*).

38:7, 8 이때는 이스라엘을 정결하게 하고 구원과 영적 생명을 얻기에 가장 적당한 시기로(참고. 39:22, 27, 28; 슥 12:10-13:9), 메시아의 재림과 그 왕국을 준비해야 할 때였다.

38:8 말년에 이스라엘의 회복이라는 문맥에서 보면(34-39장) 이 침략군들은 이스라엘을 차지할 마지막 시도를 할 것이다. **그 땅 백성은 칼을 벗어나서** 이것은 칼로 많은 동족이 죽거나 흩어진 후 그 땅으로 돌아온 이스라엘 백성을 가리킨다. "벗어나서"에 해당하는 히브리어는 '돌아오다' 또는 '회복하다'라는 뜻이다(창 40:13; 41:13). **모여** 또한 이 단어는 하나님이 이스라엘을 마지막 모으실 것을 가리킬 때 자주 사용된다(37:21; 사 11:12; 43:5; 렘 32:37). 이 모으심은 역사적으로 이미 시작되었고 말세까지 계속될 것이다. 마지막 천년왕국에서 온전하고 영적인 민족적 모으심이 다시 있을 것이며, 모든 이스라엘이 구원받고 약속된 왕국으로 들어갈 것이다(참고. 슥 12-14; 롬 11:25-27). **평안히 거주하는** 이 표현은 하나님이 그 땅으로 돌아오게 하신 뒤 이스라엘이 축복을 누리는 것을 기록한 문맥에서 여러 번 사용된다(28:26; 34:25, 28; 39:26; 렘 32:37; 슥 14:11).

38:9 네가 올라오되 이 침략 시기는 미래의 칠 년 대환난 기간 중 마지막을 가리킨다고 보아야 한다. 이스라엘은 적그리스도와 조약을 맺고 거짓 평화를 누릴 것이며(단 9:27; 11:22, 24) 적그리스도는 그 후에 '멸망의 가증한 것'으로 그들을 배신할 것이다(단 9:27; 마 24:15). 그렇게 거짓 평화가 끝나면 7년이 차기까지 적대관계가 지속될 것이다(슥 14:1-3). 이 최후의 전쟁이 벌어질 때(참고. 계 16:12-16) 그리스도는 최종적으로 짐승과 거짓 선지자와 모든 불의한 세력을 심판하시고(계 19:11-21) 천년왕국을 세우실 것이다(계 20:1-10).

38:10-13 이 단락은 다니엘의 마지막 이레 가운데 전반기인 3년 6개월 동안 적그리스도가 이스라엘과 잠시 조약을 맺을 때(단 9:27) 그들이 누릴 평화를 말한다. "평원의 고을들"에 대한 언급은 이스라엘이 세계를 통치하는 왕, 일명 적그리스도의 보호로 평화롭게 지낼 그 3년 6개월의 시간을 말한다(참고. 단 9:27). 적그리스도가 이스라엘을 배신하면 7년이 다할 때까지 이 거대한 세력은 적개심에 불타서 예루살렘과 약속의 땅을 유린하고 약탈할 것이다(12절).

38:12 물건을 겁탈하며 노략하리라 적그리스도는 세계를 자기 소유로 삼고 권세를 누린다. 그 제국의 부요함은 요한계시록 18장에 기록되어 있다.

38:13 드단과 다시스 *요나 1:3에 대한 설명을 보라.*

38:15 말을 탄…무리 요한계시록 6-16장에 나온 환난의 심판(봉인, 나팔, 호리병)으로 군수산업이 심각한 타격을 입었다면 이 말은 실제로 전쟁에 동원된 군마를 말할 가능성이 높다. 또는 이 말과 무기(39:3, 9)를 에스겔 시대의 백성이 쉽게 이해하도록 상징적으로 사용했지만 미래에는 그 시대에 맞는 여러 전쟁 형태로 표현될 거라고 보는 사람들도 있다.

38:16 그들이 다 나를 알게 하려 함이라 에스겔에 자주 사용되는 이 어구는 '하나님께 영광을 돌리고 그의 주권적 능력을 드러내는' 주제의 일부다(참고. 서론의 역사적·신학적 주제). 하나님은 불로 '거룩하게 되실' 승리자다(참고. 19절).

2. 이스라엘을 보호하기 위한 하나님의 개입 (38:17–39:29)

38:17 네가 아니냐 *38:2에 대한 설명을 보라.* 이것은 이 마지막 이레 후반에 예루살렘을 침략할 자들을 가리키는 일반적 표현이다(참고. 욜 3:9-17; 암 5:11, 12; 습 3:8). 심지어 다니엘도 에스겔 38장보다 최소한 30년 전에 이 시기를 언급했다(단 2:41-44). 이 질문은 성격상 이전의 일반적 대상이 이제 곡으로 구체화되었음을 전제로 한다.

38:18-23 내 노여움이 내 얼굴에 나타나리라 적그리스도의 "가증한 것"이 선 이후로(단 9:27; 마 24:15) 이스라엘을 없애고자 하는 시도가 반복되자 인내심이 소진된 하나님은 이스라엘에 큰 지진을 일으키신다. 침략군들은 공포심에 사로잡혀(21절) 무기를 들고 서로를 죽인다(참고. 대하 20:22, 23). 하나님은 여기에 불과 유황을 보내시고 전염병과 폭우, 큰 우박덩이로 침략군을 심판하실 것이다. 이 단락의 내용은 요한계시록 6:12-17; 11:19; 16:17-21; 19:11-21에 나온 칠 년 대환난의 마지막 후반기 내용과 같다.

39:1-10 내가 너를 대적하여 침략군의 파멸에 대한 다음 장면은 38:18-23의 내용을 보완하고 있다. 군대의 무장 해제(3절), 그들의 죽음(4, 5절), 새와 짐승들이 그 시체를 먹음(4절), 침략군 곁에 있던 다른 이들에게도 불을 내림(6절), 이스라엘이 무기를 불태움(9, 10절).

39:1 곡 *38:2에 대한 설명을 보라.* 천년왕국 마지막에 있을 요한계시록 20:7-9의 곡과 마곡의 공격은 이 본문에 나타난 침략의 여러 이미지를 모방한 또 다른 예루살렘 공격이다(38, 39장). 하지만 천년왕국이 시작된 후 천년이 지나고 있을 별개의 사건이다. *요한계시록 20:8, 9에 대한 설명을 보라.*

39:9, 10 그들의 무기를 불태워 사르되 칠 년 동안 쓸 땔감이 충분히 준비되었다.

39:9 일곱 해 수많은 군대(참고. 38:15의 "많은")가 엄청난 무기를 가지고 있었기에 태우는 데만 7년이 걸린다. 이것은 대환난의 마지막, 즉 아마겟돈 전쟁에서 시작될 것이므로(계 16:16; 19:19-21) 천년왕국 때까지 계속 시체를 묻어야 한다.

39:11-16 곡을 위하여…매장지로 주리니 지중해에서 동쪽으로 이동한 이스라엘 백성은 바다를 등지고 이스르엘 골짜기를 바라보며 시체를 매장할 것이다. 또한 온 땅의 백성이 매장지에 시체를 묻는 일을 돕지만 이 일을 마치기까지 7개월이 걸린다. 이 내용은 그리스도가 재림하신 후 천년왕국으로 이어지는 시기와 맞아떨어진다. 이때 그 왕국에 들어간 자들이 이 일을 하게 될 것이다(참고. 계 20:1-10).

39:11, 16 하몬곡 문자적으로 '곡의 무리'라는 뜻이다. *38:2에 대한 설명을 보라.* 16절에서는 이 지역의 성을 하모나, 즉 '무리'라고 짓는다(참고. 유사한 개념이 나오는 욜 3:14).

39:17-20 새와…짐승에게 이르기를 하나님은 말씀으로 썩은 고기를 먹는 새와 짐승들을 불러 요한계시록 19:21에서 묘사한 대로 죽은 사람들의 시체를 처리하게 하신다.

39:17, 18 너희를 위한 잔치 하나님은 희생제물의 이미지로 잔치를 묘사하기 때문에 죽은 전사들(19절)이 희생제사에서 사용되는 양이나 짐승들처럼 비유적으로 표현된다.

39:21-29 내가 내 영광을…나타내어 하나님은 이스라엘의 대적들을 심판하시고 그 영광을 나타내심으로써 그 대적이나 이스라엘에게 그분이 여호와이심을 알게 하신다(6, 22절). 스가랴 12:10-13:9; 로마서 11:25-27에서 말한 이스라엘의 구원이다.

39:29 내 영을…쏟았음이라 하나님이 재림하실 때 그 성령을 주심으로써 이스라엘을 다시 모으심이 완성된다(참고. 36:27; 37:14; 욜 2:28).

40:1-48:35 대환난의 마지막에 벌어진 대전투가 끝나고 이 단락은 그리스도의 천년 통치에 대한 내용을 소개한다. 이어서 천년왕국에 대한 내용이 어떤 다른 구약의 예언보다 자세히 소개된다. 천년왕국에 대한 예언 중 일종의 '지성소'에 해당한다. 앞의 39장에서처럼 이 결론 부분 역시 성경을 해석하는 가장 적합한 방식이라 생각되는 문자적·역사적 방식으로 접근할 것이다. 이 긴 단락은 여러 면에서 에스겔서에서 가장 중요한 본문으로 에스겔의 예언에서 최고조에 해당하며, 이스라엘의 회복을 다룬다. 이 단락은 새 성전(40:1-43:12), 새

로운 예배(43:13-46:24), 새로운 땅 분배(47:1-48:35) 등 세 부분으로 구성된다.

C. 이스라엘의 참 예배의 회복(40:1-46:24)

1. 새 성전(40:1-43:12)

40:1 스물다섯째 해 주전 573년이다. 교회력으로 첫 달인 니산월이며, 열째 날은 유월절 준비를 시작하는 날이었다.

40:2 하나님의 이상 중에 나를 데리고 에스겔 40-48장은 앞의 1:1-3:27; 8-11장; 37:1-14처럼 또 다른 환상을 서술한다. 예루살렘의 죄악과 우상숭배, 멸망에 대한 에스겔의 환상에서 보듯 환상으로 예언을 받았다고 해서 문자적인 의미가 결코 약화되지 않는다. **이스라엘 땅에 이르러** 1-24; 33; 34-39장처럼 이 환상 역시 이스라엘에 대한 내용이다. **매우 높은 산** 산의 이름은 구체적으로 등장하지 않지만 큰 지진으로(슥 14:4, 5, 10) 주변 지역보다 높이 솟은 시온산(참고. 17:22; 20:40; 사 2:2; 미 4:1)을 가리킬 가능성이 높다. **성읍 형상 같은 것** 하나님은 이스라엘의 영적 미래에 대해 자세히 설명하실 것이므로(2, 4절) 이 형상은 구체적으로는 성전, 일반적으로는 예루살렘을 말하는 게 분명하다. 이 빛나는 새 성전은 모독당하고 폐허가 된 솔로몬 성전(8-11장)과 대조를 이룬다.

40:3 사람 하나 사람의 모습을 하고(예를 들어 창 18; 겔 9장) 놋같이 빛나는 모습의 천사가 선지자가 보는 모든 장면을 안내해주었다. "여호와"라고 불리는 것으로 보아(44:2, 5. *출 3:2에 대한 설명을 보라*) 이 천사는 주의 천사라고 해석해야 정확할 것 같다. 그의 "삼줄"은 넓은 곳을 측량하고 "장대"는 좁은 곳을 측량하는 도구였다(참고. 계 11:1; 21:5). 하나님은 자신의 소유를 측량하시기 위해 이 두 도구를 사용하신다.

40:4 너는 본 것을 다…전할지어다 에스겔 1-24장은 이스라엘이 그 땅에서 포로로 끌려간 역사적 사건을 다루고, 25-32장은 다른 민족들에 대한 역사적 심판을 다루며, 33장은 회개에 대한 역사적 요청과 예루살렘 멸망을 다룬다. 그러므로 이스라엘이 장차 본국으로 돌아오는 내용을 다루는 34-39장은 유대인이 세계로 흩어진 역사를 역전시키는 내용으로 보는 것이 가장 자연스러운 해석이다. 에스겔 38장과 39장은 메시아께서 재림하시기 직전 이스라엘이 침략당할 미래 역사를 다룬다. 따라서 40-48장은 메시아가 오셔서 불의한 자들을 심판하신 후(계 19:11 이하) 이스라엘이 살아나 예배할 천년왕국을 묘사하는 역사적 예언의 연장으로 보아야 한다. 믿는 이방인들 역시 위대한 목자의 양으로(참고. 마 25:31-46) 그 왕국에 참여할 것이며, 믿지 않는 자들은 멸망당할 것이다. 에스겔은 자신이 본 내용을 모두 기록해야 했다.

40:5 집 열왕기상 6장과 7장을 보고 솔로몬 성전의 세부 내용과 비교해보라. 에스겔이 이스라엘로 끌려간 것으로 보아(2절) 이 성전은 하늘의 성전이 아니다. 하나님의 영광이 그 속에 계시지 않기 때문에 스룹바벨의 성전일 수도 없다. 전능하신 이와 어린 양이 성전이 되시는 영원한 성전도 아니다(참고. 계 21:22). 그러므로 구체적으로 소개할 모든 지시사항대로 지어질 이 성전은 천년왕국 시대의 성전이 분명하다. **바깥 사방으로 담이** 바깥 담은 나중에 거룩한 성소와 세속적인 세상을 구분하는 역할을 한다고 설명한다(42:20). **측량하는 장대…한 손바닥 너비…여섯 척** 장대는 6규빗으로 53센티미터이며 전체 320센티미터다. 각 규빗은 46센티미터의 표준 넓이와 7.6센티미터의 손 넓이로 이루어져 있다.

40:6, 7 동쪽을 향한 문 동쪽 문의 건물들을 가장 먼저 소개하는 이유는 성전으로 바로 직결되는 곳이기 때문이다. 각 문은 직경 3.2미터였다. 문간방들은 3.2×3.2미터였다. 이렇게 구체적으로 수치를 표기한 것으로 보아 이것이 상징적 성전이 아니라 실제 성전에 대한 묘사임을 보여준다.

40:8-16 이 단락에서 묘사한 방들은 문지기들과 성전을 관리하는 성전 감독들의 공간이다.

40:16 닫힌 창 유리가 없었기 때문에 격자로 되어 있다(참고. 41:16-26). **각 문 벽 위에는 종려나무** 이것은 이스라엘의 결실을 바라는 하나님의 소망을 반영한다. 종려나무는 아름다움, 구원, 승리의 상징이다(참고. 슥 14:16 이하; 계 7:9). 안뜰의 현관 문 벽에도 종려나무가 새겨져 있다(31절).

40:17 바깥뜰 이 뜰은 성전 본관에서 가장 먼 거리의 뜰로 바깥 담으로 둘러싸여 있었다.

40:17-37 여기는 성전에 대한 더 자세한 청사진이 정확한 수치와 함께 소개되어 있다. 5, 25, 50, 100이란 숫자들이 자주 사용된다. 성소는 약 500규빗의 정사각형 모양이었다.

40:38-47 이 단락은 제사장들의 '방'을 소개하고 있다. 천년왕국에 적용한다면 그때 짐승의 제사를 드리는지의 문제가 제기된다. 39-43절에서 암시하듯 짐승의 제사를 드리겠지만 구약 시대처럼 더 이상 효력을 갖지 못할 것이다. 그리스도가 오시기 전이나 후에도 희생제사 자체는 인간을 구원하는 효력이 없었다. 세상 죄를 지신 유일한 참 어린 양으로서 그리스도를 가리킬 뿐이

다. 주의 만찬은 갈보리를 기념하는 의식으로, 결코 십자가 자체의 효력을 감소시키지 않는다. 이스라엘은 그들의 메시아를 배척했지만 그분을 영접하고 그 왕국에 들어갈 때 희생제사로 그분을 기리고 기념할 것이다. 주의 만찬을 기념하지 못했으므로 천년 동안 희생제사를 드리고 그분을 기념하게 될 것이다.

40:39 **번제와 속죄제와 속건제** 각각의 제사에 대한 구약적 배경은 다음을 참고하라. 레위기 1:1-17; 6:8-13, 레위기 4:1-35; 6:24-30, 레위기 5:1-6:7; 7:1-10. 참고. 에스겔 43:18-27; 45:13-25; 46:1-15, 19-24.

40:41 **상…그 위에서 희생제물을 잡았더라** 안뜰 북문 양쪽에 각각 상이 네 개씩 있고 번제와 속죄제, 속건제로 그리스도의 죽음을 기념하는 데 사용했다.

40:44 **노래하는 자** 구속받은 것을 음악으로 찬양할 준비를 했다.

40:46 **사독의 자손** 고유명사 사독은 이 환상이 역사적 사실과 관련이 있으며, 문자적으로 해석해야 함을 보여준다. 이 레위 가문은 레위, 아론, 엘르아살, 비느하스의 후손이었다(대상 6:3-8). 하나님은 비느하스와 언약(민 25:10-13)을 맺으셨고 엘리가 불성실한 반면(참고. 삼상 1, 2장) 사독은 다윗과 솔로몬에게 충실했기 때문에(왕상 1:32-40) 사독의 아들들이 천년왕국의 성전에서 제사장으로 섬기게 된다. 사독의 자손에 대한 다른 인용 구절로는 43:19; 44:15; 48:11을 보라.

40:47 **그 뜰을 측량하니** 성전을 둘러싼 뜰은 사각형으로 정방형 성전(41:4) 주위를 둘러싸고 있었다. **제단** 이것은 제물을 드리던 청동 제단이다. 참고. 43:13-27.

40:48, 49 **현관** 이것은 성전 현관을 말하며, 솔로몬 성전의 현관과 비슷하다.

41:1 **성전에 이르러** 성전 본관에 대한 꼼꼼한 묘사가 성전, 제사장들이 쓰는 골방(5-11절) 순으로 계속 이어진다. 솔로몬 성전과의 차이점을 알고 싶다면 열왕기상 6장과 7장을 참고하면 된다.

41:4 **지성소** 일 년에 한번 대속죄일에 대제사장이 들어가는 지성소다(참고. 레 16장). 이 수치들은 솔로몬 성전의 것과 동일하며(왕상 6:20), 광야에 세운 성막의 치수보다는 두 배다.

41:5-11 이 단락은 성전 벽과 골방에 대한 내용이다.

41:12 **서쪽 뜰 뒤에 건물** 성전 본관 서쪽 너머에 공간이 딸린 별관 한 채가 있었는데, 성전에 필요한 물품들을 둘 공간이었을 것이다.

41:13 **성전을 측량하니** 참고. 40:47. 약 53미터 정방형이었다.

41:15 **회랑** 이것은 장식을 한 테라스가 딸린 건물이었다(18-22절).

41:18 **그룹들과 종려나무** 종려나무(하나님의 종들이 맺은 결실 있는 삶을 상징함)와 천사(참고. 1; 10장) 모양이 번갈아 성전 본관 벽면과 문에 새겨져 있었다. 각 그룹(천사. 4개의 얼굴을 가진 1장과 10장의 그룹들과 달리)은 사람과 사자의 얼굴을 했는데, 메시아의 인간성과 왕권을 상징할 목적이었을 것이다.

41:22 이것은 분향단이었다(참고. 출 30:1-3; 왕상 7:48).

42:3 **회랑들** 성소와 지성소의 남쪽, 북쪽, 서쪽 벽을 따라 늘어선 3층짜리 제사장의 방들을 소개하고 있다(3-12절). 제사장들은 이곳에서 지성물을 먹고(참고. 레 2:3, 10; 6:9-11; 10:12) 제사장 의복을 갈아입었다(13, 14절).

42:15-20 **문의 길로 나가서** 천사는 바깥 담의 높이와 너비를 측량한 후(40:5) 바깥 뜰을 측량하고(40:6-27) 그다음으로 골방이 딸린 안뜰을 측량했다(40:28-42:14). 그리고 마지막으로 바깥의 성전 건물 전체 둘레를 측량했다. 바깥 담은 각기 152미터로 사방이 각기 약 1.6킬로미터에 이르렀다. 스가랴가 예언한 대로(14:9-11) 모리아산을 기준으로 하면 너무나 커서 이 측량 내용대로라면 예루살렘의 지형적 변화가 불가피할 것이다.

43:2 **이스라엘 하나님의 영광** 앞부분(8-11장)에서는 성전에서 하나님의 영광이 떠나는 것을 중점적으로 부각했다. 그렇게 해서 하나님은 자기 백성이 파멸당하고 흩어지도록 방치하셨다. 그러나 천년왕국의 성전에 대한 이 단락에서는 하나님의 영광이 다시 성전에 거하러 돌아오신다. 영광 가운데 주가 재림하신 후(마 16:27; 25:31) 미래의 그 왕국에서 그분의 영광이 온전하게 드러날 것이다. 1-12절은 하나님이 영광 가운데 성전으로 들어가시는 장면을 그린다. **동쪽에서부터 오는데** 원래 그 영광은 성막(출 40:34, 35)과 성전(왕상 8:10, 11)

천년왕국의 희생제사들

레위기	천년왕국
1. 번제: 레 1:3-17	1. 번제: 겔 40:39
2. 소제: 레 2:1-16	2. 소제: 겔 45:15
3. 화목제: 레 3:1-17	3. 화목제: 겔 45:15
4. 속죄제: 레 4:1-35	4. 속죄제: 겔 40:39
5. 속건제: 레 5:1-6:7	5. 속건제: 겔 40:39
6. 전제: 레 23:13, 37	6. 전제: 겔 45:17

사 56:7; 66:20-23; 렘 33:18에서도 번제와 소제를 언급하고 있다.

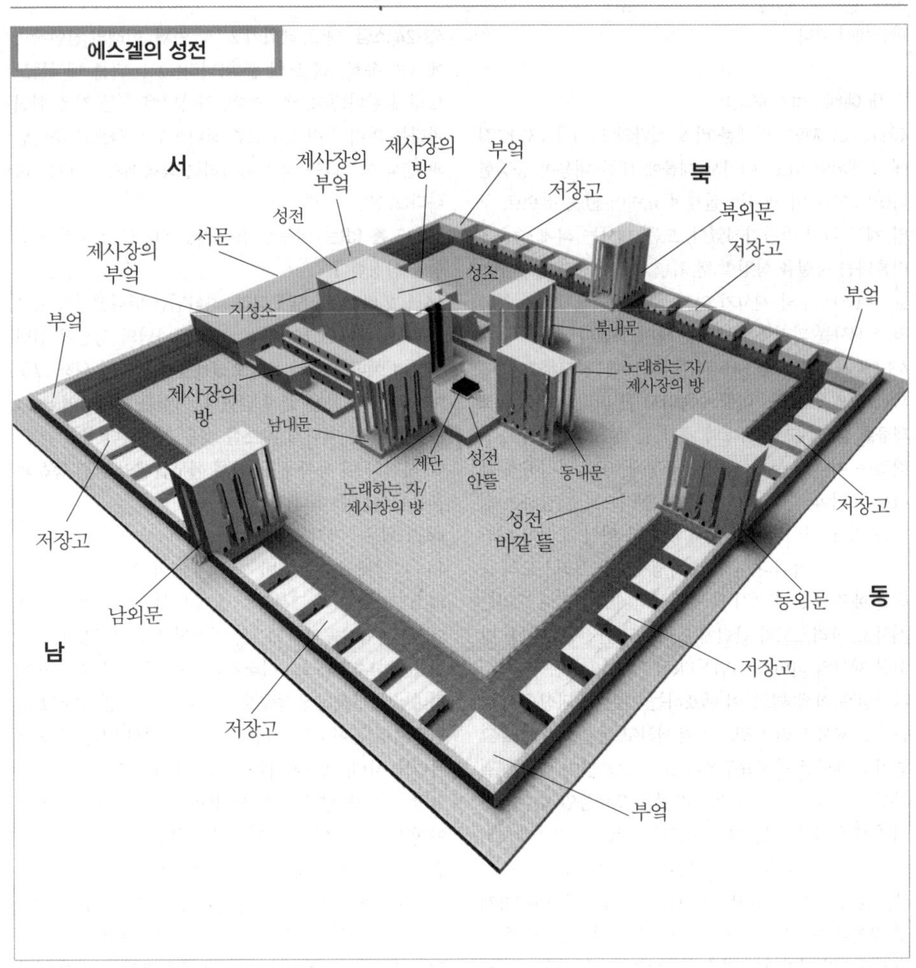

에 거했다. 물론 스룹바벨의 성전은 예외다. 이제 하나님은 다시 이스라엘의 왕이 되신다. 그 영광이 이스라엘을 떠나 동쪽으로 나가면서(11:23) 하나님이 그들을 심판하셨듯 이제 동쪽에서 그 영광이 돌아오고 그들을 모아 예배를 회복해주신다.

43:3 환상 같고 그분의 천사들을 통해 예루살렘을 심판하러 오신 것을 그린 8-11장의 환상처럼(참고. 9:3-11; 10:4-7) 하나님은 이번에도 영광 가운데 에스겔에게 나타나셨다. **그발 강 가에서 보던 환상과도 같기로** 1:3-28의 환상처럼 하나님은 영광 가운데 나타나셨다. **얼굴을 땅에 대고 엎드렸더니** 하나님의 영광의 환상을 보는 다른 경우와 마찬가지 반응이다(1:28; 9:8). 참고. 요한계시록 1:12-17.

43:5 영광이 성전에 가득하더라 하나님의 미래 왕국의 영광이 그분의 성전을 가득 채웠다(슥 2:5). 모세의 성막(출 40:34)과 솔로몬의 성전(왕상 8:11; 시 29:9)도 하나님의 영광으로 가득 찼다.

43:7 내 보좌의 처소 영광의 하나님(시 24:7-10)은 천년왕국의 성전을 거할 처소로 삼겠다고 말씀하신다. 참고. 역대상 29:23; 스가랴 6:13. 그 왕국에는 재림하신 그리스도가 모든 악인을 멸하실 때 들어온 부활하지 않은 사람들이 있다. 그들이 이 성전에서 예배할 것이다.

43:8, 9 미래의 그 성전은 지극히 거룩하며 이스라엘이 한때 저질렀던 음행(왕하 23:7)과 이스라엘이 거룩한 성전에서 묵인했던 왕들의 무덤 훼손 행위(겔 21:18)가 발붙이지 못할 것이다.

43:10-12 40-48장의 전체 환상을 이해할 수 있는 열쇠가 여기 있다. 이 영광스러운 미래 계획은 이스라엘이 그 죄악으로 얼마나 많은 것을 잃었는지 보여준다. 이 모든 내용을 읽고 듣는 사람들은 마땅히 회개함으로

겔

반응해야 한다.

2. 새 예배(43:13-46:24)

43:13-27 제단 번제를 바칠 제단의 크기가 13-17절에 소개되어 있고, 이어서 제물에 대한 내용이 등장한다(18-27절). 이 제사는 실제적 효력이 없는 것으로, 구약 제사 역시 마찬가지였다. 모든 제사는 죄에 죽음을 따른다는 사실을 상징할 뿐 죄를 해결해주지 않는다(참고. 히 10:4). 구약 제사가 미래의 일을 예표했다면 천년왕국 제사는 과거를 기념하는 의미가 있다.

43:19 사독의 자손 40:46과 44:10을 참고하고 *이에 대한 설명을 보라.* **어린 수송아지 한 마리를 주어 속죄제물을 삼되** 모세 시대의 제사 규정이 실제적이고 엄격했듯 이때도 문자 그대로 규정에 따라 엄격하게 제사를 드려야 한다. 이 제사는 본질적으로 기념하는 의미가 있다. 구약의 희생제사처럼 더 이상 효력이 나타나는 제사가 아니다. 구약의 희생제사가 그리스도의 죽음을 예표했듯 이 제사 역시 구체적이고 실제로 드리는 제사로, 그리스도가 단번에 드리시고 완전한 효력을 발휘한 제사의 의미를 기념한다(히 9:28; 10:10). 구약에서 하나님은 희생제물들이 예표하는 어린 양 되신 주님을 근거로 제사 드린 사람들을 용서하고 정결하게 하고 그 증거로 제사를 인정해주셨다. 오직 그분만이 죄를 해결하실 수 있다(요 1:29). 이스라엘은 오랫동안 하나님이 기뻐 받으시지 않는 제사를 드렸지만(참고. 사 1:11-15) 이제 드디어 하나님이 받으실 확실한 예배를 드리고 그 제물들이 가리킨 하나님의 어린 양을 온전히 이해하게 될 것이다. 오늘날 신자들이 의미를 부여하는 성만찬은 그리스도의 십자가와 견줄 수 없지만 그 영광을 기념하는 의미 있는 행위다. 이 제사들도 마찬가지일 것이다.

「에스겔의 환상(*The Vision of Ezekiel*)」 1630년. 프란치스코 콜란테스. 캔버스에 유화. 205×177cm. 프라도 국립 미술관. 마드리드.

43:24 소금 참고. 레위기 2:13. **번제** 미래의 천년왕국에서는 속죄제를 드릴 뿐 아니라(19절) 다른 제사들도 드리게 된다(참고. 레 1-7장). 하나님께 모든 것을 헌신한다는 의미의 번제가 그중 하나이고 언약으로 하나님과 평화를 누리는 것을 감사하는 화목제가 또 다른 하나다(27절).

43:25 흠 없는 아무런 흠이 없으신 그리스도의 완전함을 상징한다.

44:1, 2 바깥 문…닫혔더라 하나님은 떠나셨던 방향으로 다시 돌아오셨다(10:18, 19). 하나님의 영광이 천년왕국의 예배를 위해 돌아오셨음을 기념하기 위해 그분이 들어오신 문은 굳게 닫혔다. 이것은 하나님이 8-11장처럼 다시 떠나지 않으실 것을 의미한다(참고. 43:1-5). 성전의 이 동쪽 문을 현재 예루살렘의 닫힌 동문과 혼동해서는 안 된다(참고. 45:6-8).

44:3 왕은…거기에 앉아서 왕(prince)이라는 호칭이 44-47장에서 최소 6번 사용된다. 이 왕은 주 예수 그리스도가 아니라 그분과는 별개의 사람이다(참고. "여호와 앞에서 음식을 먹고"). 그는 자기의 죄로 제물을 드려야 할 뿐 아니라(45:22) 아버지와 아들이 있다(46:16-18). 하나님이 사용하신 동문으로 들어올 수는 없지만 그 문 현관으로 들어오고 나가며 그 문 옆에서 떡을 먹는 것은 가능하다. 메시아처럼(참고. 시 110:4; 슥 6:12, 13) 제사장 직무를 행할 수 없으며(45:19) 하나님을 경배해야 한다(46:2). 이 왕은 제사장도 왕(king)도 아니며, 왕 중에 왕(주 예수 그리스도)과 열두 부족을 이끄는 왕들(princes)을 대표하여 그 왕국을 관리하는 사람을 말하는 것으로 보인다. 아마 다윗의 자손일 것이다.

44:5-9 성소의 출구를 전심으로 주목하고 성전이 하나님의 영광으로 충만하여 거룩하게 되었으므로(4절), 하나님은 어떤 사람이 성전에서 예배를 드릴지 특별한 관심이 있다. 8-11장처럼 과거의 죄악을 되풀이해서는 안 되며 그런 사람들은 성전에 들어와서도 안 된다. 오직 마음의 할례를 받은 사람만 들어올 수 있다(신 30:6; 렘 4:4; 롬 2:25-29). 이스라엘 사람이든 아니든 상관없다(7, 9절). 유대인이 아니지만 예수 그리스도를 믿고 그 오심을 맞을 준비가 된 많은 이방 민족이 부활하지 않은 몸으로 그 왕국에 들어올 것이다. 그들은 그분의 죽음의 심판을 피할 것이고 천년왕국에서 자녀를 낳고 살 것이다. 그런 할례는 죄를 용서받고 주께 헌신한 마음의 할례를 말한다(참고. 렘 29:13). 천년왕국에서는 마음으로 할례받지 않은 유대인이 이방인이다(9절). "몸에 할례받지 아니한" 사람은 죄인을 말하며 "이방인"은 참 하나님을 거부한 사람을 말한다.

44:10 레위 사람도…그 죄악을 담당하리라 하나님은 구분하는 일을 하신다. 심판이 있기 전에 불성실했던 레위인들은 성전 직무를 감당할 수는 있지만 지성소에 들어와 제사를 드릴 수는 없다(11-14절). 오직 사독의 계보만이 이 직무를 맡을 수 있다(15, 16절). 이렇게 하는 이유는 하나님이 과거에 사독이 보여준 성실함을 귀히 여기셨기 때문이다(삼상 2:35; 삼하 15:24이하; 왕상 1:32-40; 2:26-35). *40:46에 대한 설명을 보라.*

44:16 내 상 이것은 번제단을 말한다(참고. 40:46; 41:22).

44:17-27 …할 것이며 제사장의 규례는 여러 가지 기준이 있었다. 예를 들어 머리를 적당한 길이로 유지할 것(20절), 안뜰에 들어갈 때 포도주를 마시지 말 것(21절)이 대표적이다. 제사장들은 백성에게 하나님께 구별된 삶을 살도록 가르치면서 동시에 거룩한 행실로 모범을 보여야 한다(23, 24절). 복장(양털 옷을 입고 땀을 흘려 부정해지지 않도록 함), 결혼(참고. 레 21:14), 시체의 접촉 문제 등 세세한 규정은 이 단락을 상징적으로 해석하여 일반화하지 말고 문자 그대로 이해해야 함을 보여준다.

44:28-31 내가 곧 그 기업이라 이스라엘이 처음 땅을 지파에 분배할 때 제사장들은 땅을 분배받지 않았다. 마찬가지로 미래에도 하나님이 그들의 기업이 되실 것이다.

45:1-5 한 구역을…여호와께 예물로 드릴지니 팔레스타인 중심부의 구별된 이 성스러운 땅은 여러 지파에게 할당된 땅과는 독립된 곳이었다. 일곱 지파는 북쪽 땅을 할당받고 다섯 지파는 남쪽 땅을 할당받았다(참고. 48장). 온 땅이 여호와의 것이지만(시 24:1) 이 지역을 특별히 의미 있게 생각하신 이유는 45:2-8에서 설명하듯 특별한 목적이 있었기 때문이다. 이 거룩한 직사각형 구역(가로 세로로 13.7킬로미터, 5.3킬로미터)은 48:8-22과 같은 구역으로 북쪽으로는 유다와 남쪽으로는 베냐민 지파에게 할당된 지역 사이에 자리하며 지중해에서 동쪽으로 국경까지 이르는 지역이다. 특히 이곳은 제사장들의 집이 있었지만(4절) 모든 예배자를 위한 땅이기도 했다.

45:2 성소에 속할 땅 특별히 구별한 이 땅의 중심에는 성전 구역이 자리한다(48:10). 온 이스라엘 지파를 섬기고, 온 세계에서 찾아올 예배자들의 예배 중심지로(사 4:2, 3; 슥 14:16-19) 각각 1.6킬로미터에 달하는 정방형이다(참고. 42:15-20). 팔레스타인과 세계의 중심지인 이곳은 당연하겠지만 이스라엘만 사용했던 과거 성전들보다 더 크다.

45:5 레위 사람에게 돌려 성전과 제사장들의 집으로 할당된 구역 외에 성전에서 섬기는 레위인에게도 구역이 할당되었다. 이 구역 역시 가로 13.7킬로미터, 세로 5.3킬로미터로 성전과 제사장 구역의 북쪽에 위치했다. 더 자세한 내용은 48:13, 14과 비교해보라.

45:6 성읍의 기지 중앙 성소 터의 남쪽에 약 가로 13.7킬로미터에서 세로 2.65킬로미터에 달하는 예루살렘 성이 자리했다. 더 자세한 내용은 48:15-20을 참고하라.

45:7 왕에게 돌리되 *44:3에 대한 설명을 보라.* 그리스도 왕국에서 이 대리 행정관은 두 구역의 땅을 할당받을 것이다. 하나는 성전과 제사장과 성읍 터로 할당된 1-6절의 서쪽이고, 다른 하나는 동쪽에 위치한 구역이다.

45:8 나의 왕들이 다시는 내 백성을 압제하지 아니하리라 하나님은 지도자들이 백성을 억울하게 압제하고 땅을 빼앗는 폭정을 저지르지 못할 왕국 시대를 열겠다고 약속하신다(참고. 22:27; 민 36:7-9; 왕상 21; 사 5:8; 호 5:10; 미 2:1, 2). 왕들은 각 지파의 지도자를 말할 것이다. 메시아 시대에는 그 누구도 그 재산을 빼앗기기 않을 것이다.

45:9-12 땅의 통치자들은 철저히 정직하게 상업 거래를 해야 한다. 이 경고는 천년왕국 시대라도 범죄가 발생할 수 있음을 보여준다. 그리스도의 천년왕국 통치를 받고 약속의 왕국을 유업으로 받은 믿는 유대인은 모두 인간성을 그대로 입고 있으므로 죄를 지을 수 있다. 왕 되신 메시아와 그 성전에 대한 최후 반역이 증명하듯 믿지 않는 자녀도 있을 것이다(참고. 계 20:7-9).

45:10 저울 물건을 거래할 때 무게를 재는 도구다. **에바** 건조물을 판매할 때 사용하는 단위다. **밧** 액체 물건을 팔 때 사용하는 단위다.

45:11 에바 약 0.75부셸이다. **밧** 6갤런으로 약 22.7리터다. **호멜** 액체상으로는 60갤런(227리터)이고 마른 물건으로는 7.5부셸(205킬로그램)이다.

45:12 세겔 무게로 11.3그램이며 20게라에 해당한다(1게라는 약 5.7그램). 60세겔(20+25+15)은 1미나 또는 680그램이다(1.5Ibs).

45:13-17 이것은 이스라엘 왕이 드릴 제물로(16절), 백성이 바친 예물로 공적 제사를 준비할 것이다(17절).

45:13 거둔 곡식 가운데 육십분의 일을 드린다.

45:14 고르 *45:11의 고멜에 대한 설명을 보라.* 기름 중 1퍼센트를 바친다.

45:15 가축 떼에서 200마리당 어린 양 한 마리나 0.5퍼센트를 드린다.

45:16, 17 군주 *44:3에 대한 설명을 보라.*

45:17 명절…초하루…안식일…정한 명절 45:18-46:15에서 이 내용을 다룬다.

겔

45:18-25 민족들이 일 년 중 지켜야 할 절기를 간단히 소개한다. 천년왕국 시대에는 여섯 레위 절기 중 유월절, 무교절, 초막절 등 세 절기를 지키면 된다. 오순절, 나팔절, 속죄일은 지키지 않는다. 이 절기들이 빠진 이유는 예언으로 예표한 내용이 이미 성취되어 유월절과 초막절처럼 계속 기념해야 할 의미가 사라졌기 때문일 것이다.

45:18-20 속죄 속죄일은 한 번도 언급되지 않는다. 하지만 하나님은 이전에 한 번도 지키지 않은 절기를 제정하시고 성전의 거룩함을 확인하는 의식으로 '신년'을 시작하게 하신다. 첫 달 아빕월은 3/4월에 해당할 것이다. 절기는 7일 동안 계속된다(20절). 이것은 살아서 그 왕국에 들어온 사람들과 그 후손들이 그때도 죄를 지을 수 있음을 암시한다.

45:21-24 신약 시대처럼 유월절과 무교절이 통합되고 애굽에서 하나님이 이스라엘을 건져주심과 그리스도가 죽으심으로 죄에서 건져주심을 강조한다. 일주일 동안 기념하는 이 절기는 천년왕국 시대까지 계속 이어져 현재 성찬식과 비슷한 의미를 지니게 된다(자세한 내용은 출 12-15장을 참고하라). 모세 언약에서 반드시 참석해야 했던 세 가지 연중 절기는 무교절, 오순절, 초막절(참고. 출 23:14-17; 민 28:16-29:40; 신 16:1-17)이었다. 45:18-25에서 이 세 절기가 조정되었는데, 특히 18-20절을 보면 오순절이 신년 절기로 대체되었음을 알 수 있다. 제물의 양도 모세법과는 차이가 있다(참고. 민 28:19-21). 대체로 천년왕국 시대가 제물의 양이나 내용 면에서 더 풍성하다.

45:22, 23 왕 *44:3에 대한 설명을 보라.* 여기서는 왕이 자신을 위해 제사를 드리는 내용이 등장한다.

45:24 힌 약 3.8리터다.

45:25 스가랴 14:16-21에서 확인한 대로 초막절은 천년왕국 시대에도 계속된다. 이 절기에는 하나님이 광야에서 자기 백성을 먹이고 입히신 일을 기념할 것이다. 칠월인 티슈리월은 9/10월에 해당하며, 다른 두 절기처럼 7일 동안 계속되었다. 역시 왕이 제사를 드린다.

46:1-15 이 단락은 드려야 할 제물을 구체적으로 알려주고 안식일과 초하루(1-8절), 정한 절기(9-11절), 자원하여 드리는 제사(12절)에 대한 규례를 알려준다. 모세

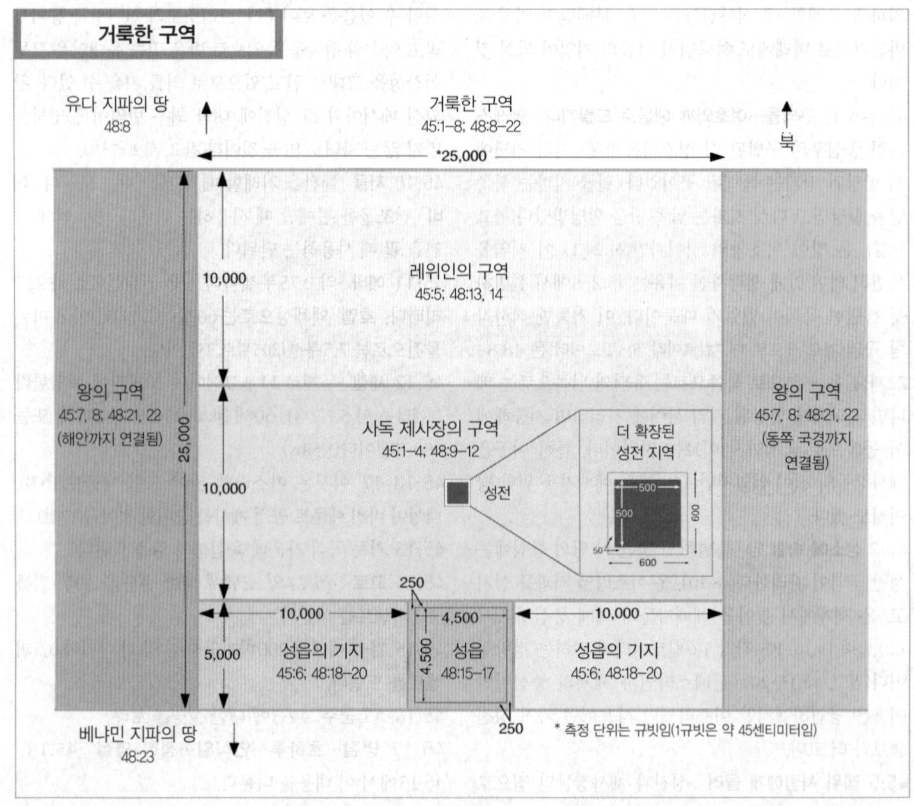

시대의 제사 규례에 대한 자세한 내용은 민수기 28:1-15을 참고하라.

46:1 동쪽을 향한 문은…닫되 6일 동안 이 문을 닫는 것은 안식일과 초하루를 특별히 구별하기 위한 목적인 것 같다. 따라서 이 안식일과 초하루에는 이 문을 열고 사용한다. 이스라엘은 이 날들을 제대로 지키지 않아서 심판을 받았다(렘 17:22-27. 참고. 대하 36:21). 회복되고 거듭난 이스라엘을 위해 안식일이 새로 제정될 것이다. 현재의 안식일 고수론자들은 안식일이 단순히 일을 쉰다는 의미만 있지 않다는 사실을 간과하고 있다. 이 날에도 특별한 제사를 드려야 했다. 안식일 준수에 있어 일부 정신만 취하고 나머지는 버린다면 모순이다.

46:2 군주 *44:3에 대한 설명을 보라.* 그는 희생제사와 관련해 5번 등장한다(2, 4, 8, 10, 12절). 군주는 백성에게 영적 고결함의 모범을 보여주어야 한다.

46:6, 7 초하루 이스라엘은 음력을 지키기 때문에 음력으로 절기를 계산했다.

46:8 군주가 올 때에는 오직 하나님만을 위한 문이므로(44:2) 보통 왕은 동문을 사용하지 않는다. 동문의 현관으로 들어가고 나간다. 그러나 12절은 왕이 자원하여 번제를 드릴 경우 그 문을 사용해도 된다고 한다.

46:9 백성 백성이 성전 예배를 위해 들어가고 나갈 때 뒤엉키거나 혼란스러워서는 안 된다. 모든 백성이 참석해서 그 수가 많기 때문이다(참고. 신 16:16).

46:10-12 군주 백성에게 예배의 모범을 보여주어야 한다.

46:13-15 아침마다 구약은 제단의 불이 꺼지지 않도록 번제를 드리지 않으면 공적 예배를 폐지한 것이나 마찬가지라고 생각했다(참고. 단 8:11-13; 11:31; 12:11).

46:16, 17 선물 이것은 왕이 지켜야 할 유업에 대한 법이다. 아들에게 주는 선물은 영원히 아들의 것이 되지만(16절) 종에게 주는 선물은 50년째인 희년까지 계속 소유할 수 있고(참고. 레 25:10-13) 그 이후에는 그에게 돌려주어야 한다(17절).

46:17 희년 해방의 해다.

46:18 군주는…빼앗아 그 산업에서 45:8, 9에서처럼 왕이 남의 재산을 가로채어 재물을 늘리면 안 된다. 이스라엘 역사에서 가난한 자들을 착취해 재산을 늘리는 왕이 종종 있었다.

46:19-24 방 제사장의 부엌은 제물을 관리하고 예배자들이 바칠 희생제물을 요리하기 위한 곳이었다. 이런 이유로 동쪽 내문과 가까웠을 것이다. "성전에서 수종드는 자"(24절)는 제사장이 아니라 성전 노예일 것이다.

천년왕국의 절기들

이스라엘 절기	천년왕국 절기
1. 당시에는 없었음	1. 신년 절기: 겔 45:18-20
2. 유월절: 레 23:5	2. 유월절: 겔 45:21-24
3. 무교절: 레 23:6-8	3. 무교절: 겔 45:21-24
4. 오순절: 레 23:9-22	4. 없음
5. 나팔절: 레 23:23-25	5. 없음
6. 속죄일: 레 23:26-32	6. 없음
7. 초막절: 레 23:33-44	7. 초막절: 겔 45:25

D. 이스라엘의 땅 재분배(47:1-48:35)

1. 강의 위치(47:1-12)

47:1-12 이 단락은 마지막 왕국에서 땅, 특히 이스라엘에 물리적이고 지리적으로 놀라운 변화가 일어난다는 선지자들의 계속된 예언을 강조하고 있다. 이 장은 주로 강의 변화를 다룬다.

47:1, 2 물이 나와 동쪽으로 흐르다가 성전 아래서 물이 흘러나와(참고. 욜 3:18) 동쪽 요단강으로 흐른 다음 방향을 틀어 사해로 흘러갔다(7, 8절). 스가랴 14:8은 이 강이 예루살렘에서 동쪽(사해)뿐 아니라 서쪽(지중해)으로 흘렀다고 말한다. 이런 강의 기원은 그리스도가 감람산에 재림하시는 것과 일치한다(참고. 슥 14:4; 행 1:11). 이 재림으로 거대한 지진이 일어나 예루살렘 가운데를 관통하는 거대한 동서 방향의 계곡이 생기고 그곳으로 물이 흐르게 된다. *스가랴 14:3, 4에 대한 설명을 보라.*

47:3-5 측량한 후에 호위하던 천사는 강의 크기를 알리고 싶어 에스겔을 성전에서 각각 거리가 다른 네 곳으로 데려간다. 강은 점점 더 깊어져 결국 사람이 건너지 못할 정도가 된다. 참고. 이사야 35:1-7의 "사막이 백합화 같이 피어".

47:7 나무가 심히 많더라 강물 덕분에 녹음이 우거졌다.

47:8 바다의 물이 되살아나리라 동쪽으로 흐르다가 남쪽으로 흐른 강물은 사해로 흘러들어가 염수(바다보다 염분이 6배 더 높음)를 신선하게 만들어 고농도의 미네랄 때문에 생명이 살지 못했을 곳까지 살린다. 사해는 신선한 물이 흐르는 '생명의 바다'로 변한다.

47:9 고기가 심히 많으리니 이 고기는 지중해 바다와 같은 어종이다(10절). 이 강과 사해가 민물이므로 실제로 어종이 많다기보다 그 양이 많음을 강조하는 것 같다.

47:10 엔게디 *사무엘상 23:29에 대한 설명을 보라.*

겔

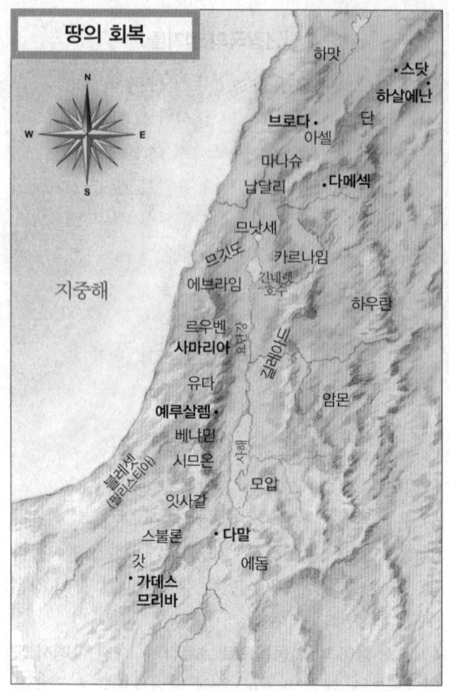

이곳은 사해 서안의 중간쯤에 위치하고 마사다와 가깝다. **에네글라임** 이 사해의 북서쪽 끝의 쿰란과 가까운 에인-페스카를 말할 것이다. 어떤 이들은 동쪽 강둑의 한 곳일 거라고 주장한다. 그래서 양측의 어부들이 이 곳을 볼 수 있었다.

47:11 **진펄과 개펄** 여기서 성전의 제물에 필요한 소금(참고. 43:24)과 필요한 양식을 채취할 것이다.

47:12 **각종…과실나무** 참고. 7절. 이 장면은 에덴동산처럼 풍요의 축복을 다시 누리게 되었음을 의미한다(창 2:8, 9, 16). **잎…열매** 참고. 7절. 나무의 열매는 먹고 잎사귀는 약재로 사용한다. 예방적 효과와 치료적 효과가 다 있을 것이다. 성전의 수원에서 계속 물이 공급되자 이 과일이 떨어지지 않고 풍성할 것이다.

2. 지파의 분깃(47:13-48:35)

47:13-23 **이 경계선대로** 모든 사람이 다 거할 수 있을 정도로 넓은 가나안을 묘사한다. 이 경계는 실제로 민수기 34:1-15에서 모세가 계시받은 경계보다 더 넓다. 하나님이 아브라함 언약으로 약속해주신 팔레스타인(14절, 창 12:7)은 여호수아 시대와는 지리적인 경계가 다르며 이스라엘이 지파별로 최종적으로 차지하게 될 곳은 바로 이 땅이다. 이것은 아브라함 언약에 나타난 땅에 대한 약속을 완전히 성취한 것이다.

47:13 **요셉에게는 두 몫이니라** 이것은 야곱이 요셉에게 한 약속을 지키기 위한 것이다(창 48:5, 6, 22; 49:22-26).

47:15-20 천년왕국의 약속의 땅에 대한 경계가 북쪽으로(15-17절), 동쪽으로(18절), 남쪽으로(19절) 서쪽으로(20절) 소개되어 있다.

47:22 **자녀를 낳은** 메시아의 천년왕국에서 아이들이 태어날 것이다. 마지막 반역을 일으키는 것에서 보듯(참고. 계 20:8, 9) 모두가 믿고 구원받지는 않는다.

47:23 **타국인** 이 부분은 레위기 19:34과 일치한다.

48:1-7, 23-29 **지파** 47:13-23에서 서술한 전체 땅을 각 지파에게 할당한다는 약속은 흩어진 모습 그대로 다시 약속의 땅으로 돌아오게 해주시겠다는 하나님의 약속의 성취다(28:25, 26; 34-37; 39:21-29; 렘 31:33). 단이 먼저 언급된다. 심각한 우상숭배로 요한계시록 7장의 144,000명에서는 빠져 있지만 여기서는 단이 은혜로 회복되어 있다.

48:8-22 **땅** 45:1-8에 언급된 대로 이 특별한 구역에는 파수꾼과 사독 계열 제사장들(8-12절), 레위인들(13-14절), 성읍(15-20절), 군주(21, 22절)에게 할당된 구역이 포함된다.

48:30-35 **출입구는 이러하니라** 동서남북으로 각 방향으로 문이 3개씩, 총 12개의 성문이 있고 성문마다 이스라엘 지파의 이름을 하나씩 붙였다.

48:30 **사천오백 척** 사방의 너비를 모두 합산하면 18,000규빗으로(참고. 16절) 주변 둘레가 약 9.6킬로미터에 이른다. 유대 역사가인 요세푸스는 주후 1세기에 예루살렘 둘레가 6.4킬로미터였다고 적고 있다.

48:35 **이름** 그 성의 이름은 여호와 삼마, '여호와께서 거기 계시다'라고 불린다. 떠나갔던 하나님의 영광(8-11장)이 다시 돌아왔고(44:1, 2) 그 구역 중앙의 성전은 그분의 거처로 하나님의 것이다. 이 마지막 구절로 하나님이 주신 아브라함 언약(창 12장), 제사장 언약(민 25장), 다윗 언약(삼하 7장), 새 언약(렘 31장)의 모든 무조건적 약속들이 성취된다. 그러므로 이 마지막 절은 이스라엘 역사의 완성, 즉 하나님의 임재의 회복을 선언한다.

연구를 위한 자료

Ralph H. Alexander, *Ezekiel*, in Expositor's Bible Commentary (Grand Rapids: Zondervan, 1986).

Charles L. Feinberg, *The Prophecy of Ezekiel: The Glory of the Lord* (Chicago: Moody, 1969).

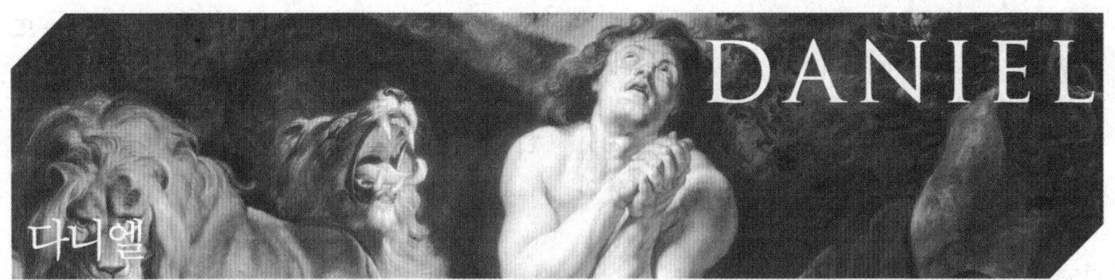

제목

히브리 관습대로 책 전반에서 하나님의 계시를 받은 선지자의 이름을 책 제목으로 삼았다. 다니엘서는 70년간의 바벨론 유수(주전 605-536년, 참고. 1:1; 9:1-3) 전 기간을 아우른다. 열두 장 중 아홉 장은 꿈과 환상으로 계시받은 내용을 다룬다. 다니엘은 하나님의 대변인으로서 이방인들과 유대 세계에 하나님의 현재와 미래 계획을 전했다. 신약에서 요한계시록이 예언과 묵시를 전하는 역할을 한다면 구약에서는 다니엘이 이런 역할을 한다.

저자와 저작 연대

본문 곳곳에서 다니엘이 저자임을 암시한다(8:15, 27; 9:2; 10:2, 7; 12:4, 5). 다니엘은 '하나님은 나의 재판관이시다'라는 뜻이다. 그는 7:2 이후로는 자서전적 형식의 1인칭을 사용한다. 성경의 다른 세 명의 다니엘과는 구분해야 한다(참고. 대상 3:1; 스 8:2; 느 10:6). 십대인 15세쯤에 유다 귀족 가문 출신인 다니엘은 바벨론으로 끌려가 바벨론 문화에 동화되도록 교육을 받았다. 이주한 유대인을 관리하는 일을 맡기고자 했을 것이다. 그는 바벨론에서 여생을 살았다(85년 이상).

다니엘은 포로의 신분이지만 크게 성공했고 그 인품과 행위로 하나님을 높여 드렸다. 왕의 총애를 받고 정치가로 승승장구하며 출세했고 두 제국, 즉 바벨론(2:48)과 메대-바사 제국(6:1, 2)에서 연이어 황제들의 신임을 받았다. 그리스도는 이 책의 저자가 다니엘이라고 확증해주셨다(참고. 마 24:15).

다니엘은 다니엘 10:1(주전 536년)에 명시한 시대 이후에도 살았다. 이 책을 저술한 때는 이 시기 직후로 주전 530년 전일 것이다. 다니엘 2:4하-7:28은 이방 세계의 역사를 저술한 단락으로, 당시 국제어인 아람어로 기록되었다. 에스겔과 하박국, 예레미야, 스바냐는 다니엘과 같은 시대에 예언 활동을 한 선지자들이다.

배경과 무대

다니엘서는 바벨론이 예루살렘을 쳐서 다니엘과 그 세 친구, 여러 유대인을 포로로 끌고 간 주전 605년에서 시작한다. 그리고 이어서 주전 539년 결국 메대-바사 연합군이 포위 공격으로 바벨론이 멸망한 일을 다룬다(5:30, 31). 다니엘서의 기록은 그 이후인 주전 536년까지 이어진다(10:1). 다니엘이 바벨론으로 끌려간 후 예루살렘은 두 번에 걸쳐 침략을 받았다(주전 597, 586년). 두 번의 공격으로 더 많은 유대인 포로가 되어 바벨론으로 끌려갔다. 다니엘은 무려 70년 전에 떠나온 그의 고향, 특별히 예루살렘 성전을 분명하게 기억하고 있었다(6:10).

다니엘서의 배경이 되는 내용을 부분적이기는 하지만 예레미야가 기록하고 있다. 그는 바벨론 유수 전 유다의 마지막 다섯 왕 가운데 세 왕의 이름을 거론한다(참고. 렘 1:1-3). 그들은 요시야(주전 640-609년), 여호야김(주전 609-597년), 시드기야(주전 597-586년)이다. 여호아하스(주전 609년)와 여호야긴(주전 597년)은 언급하지 않는다(참고. 예레미야 서론의 배경과 무대). 또한 다니엘은 에스겔서에서 의인이자 현자로 언급된다(참고. 14:14, 20; 28:3). 히브리서의 저자는 "선지자들…믿음으로…사자들의 입을 막기도 하며"(히 11:32, 33)라는 내용으로 다니엘이 선지자들 가운데 한 명임을 암시하고 있다.

유대 민족은 오랜 시간 계속 하나님 앞에서 범죄했지만 회개하지 않았고 결국 하나님의 심판을 받았다. 이 심판에 대해서는 예레미야와 하박국, 스바냐가 수차례 경고했다. 그전에는 이사야와 다른 하나님의 신실한 선지자들이 심판을 경고했다. 주전 625년쯤 앗수르 제국이 패권을 상실하고 신바벨론 제국이라는 새로운 강자 앞에 수많은 민족이 무릎을 꿇었다. 주전 612년 수도 니느웨와 함께 앗수르, 그 이후에 애굽, 주전 605년 유다가 바벨론에게 무너졌다. 그들은 세 차례에 걸쳐 예루살렘을 무너뜨렸다(1차 주전 605년, 2차 주전 597년과 3차 주전 586년). 다니엘은 1차 침략 때 포로로 끌려갔고, 에스겔은 주전 597년 포로로 끌려갔다.

북왕국 이스라엘은 주전 722년 앗수르에 멸망했다. 유다가 바벨론의 포로가 되면서 그 언약 백성에 대한 하나님의 심판이 완성되었다. 바벨론에서 다니엘은 가장 위대한 정복자 메시아께서 이방 왕들을 모두 무너뜨리실 때까지 이방 세력이 세 단계로 세상을 다스릴 거라는 하나님의 계시를 받았다. 그때가 되면 메시아가 모든 원수를 무너뜨리고 영광스러운 천년왕국에서 언약 백성을 축복하실 것이다.

역사적 · 신학적 주제

다니엘서의 저술 목적은 포로로 잡혀온 유대인에게 세상이 이방 권력한테 잡혀 있을 때 그리고 그 후 그들을 향한 하나님의 뜻을 계시하고 격려하는 것이었다. 이 책에서 가장 두드러지는 주제는 모든 왕과 민족을 하나님이 주권적으로 통치하시고 결국 마지막에 참되신 왕이 그들을 통치하신다는 것이다. 핵심 구절은 2:20-22, 44(참고. 2:28, 37; 4:34, 35; 6:25-27)이다. 유다가 몰락해도 하나님은 패배하시지 않았다(단 1장). 하지만 영광을 받으신 그리스도, 그 왕이 완전히 계시되도록 하나님은 그분의 확고한 뜻을 섭리적으로 이끌어가셨다.

하나님은 이방 국가, 즉 바벨론(주전 605-539년), 메대-바사(주전 539-331년), 그리스(주전 331-146년), 로마(주전 146-주후 476년)가 이스라엘을 지배하도록 허락하셨다. 이런 이방 세력의 지배는 그리스도 재림 때까지 계속될 것이다. 이런 이방 세력의 통치는 2장과 7장에서 3단계로 제시되고 8-12장에서 이 주제가 다시 등장한다(참고. 2:35, 45; 7:27).

하나님이 왕으로 통치하신다는 주요 주제의 핵심은 장차 메시아가 오셔서 온 세상과 만민을 영광 가운데 통치하신다는 것이다(2:35, 45; 7:13, 14, 27). 그는 2장의 "돌"과 7장의 "인자"에 해당한다. 또한 그는 9:26의 "기름 부음을 받은 자"(메시아)다. 9장은 다니엘 시대에서 그리스도의 왕국에 이르는 연대기적 구조를 보여준다.

다니엘서라는 직조물을 구성하는 두 번째 주제는 하나님의 주권적 권능을 증거하는 기적이다. 다니엘 시대는 성경에서 하나님이 기적으로 그 뜻을 이루신다는 사실이 확실하게 드러난 여섯 시대 중 하나다. 나머지 다섯 시대는 다음과 같다. 창조와 홍수(창 1-11장), 족장 시대와 모세 시대(창 12-신), 엘리야와 엘리사 시대(왕상 17-왕하 13장), 예수님과 사도 시대(복음서와 사도행전), 재림(요한계시록)이다. 영원히 세상을 통치하시며 "자기 뜻대로 행하실"(4:34, 35) 전능하신 하나님은 기적을 행하시는 분이다. 하지만 그 어떤 기적이라도 창세기 1:1에서 창조주로서 보여주신 창조의 기적에 비할 수는 없다.

다니엘은 하나님의 능력으로 꿈을 알려주고 해몽한 일을 시간순으로 보여준다. 하나님은 그 뜻을 계시하시는 데 꿈을 사용하셨다(2; 4; 7장). 다른 기적으로는 뜨거운 풀무에서 세 친구를 보호해주신 일, 벽에 글자를 쓰시고 다니엘이 그 내용을 해석한 일, 사자굴에서 다니엘을 지켜주신 일(6장), 초자연적 예언(2; 7; 8; 9:24-12:13)이 있다.

해석상의 과제

해석상의 과제는 주로 미래의 환난과 그 왕국에 대한 약속들이 등장하는 본문에서 두드러진다. 제국어인 아람어가 사용된 점과 고고학적 발견들은 고대 저작설을 지지하지만 초자연적 예언들(11장에만 해도 100개가 넘음)이 성취되었음을 인정하는 데 인색한 일부 회의적인 학자들은 이런 내용들이 신구약 중간기에 삽입되어야 한다고 주장한다. 그들은 이런 예언들이 미래의 예언이 아니라 후대 저자가 당대의 사건들을 기록하면서 역사적 사건들을 관찰해 추가한 것이라고 본다. 그러므로 다니엘서는 안티오코스 4세 에피파네스 시대에 기록되었다고 주장한다(주전 175-164년. 8장; 11:21-45).

이런 시각에서는 돌이 석상을 깨뜨리는 내용과 인자에 대한 내용(2; 7장)이 실제로 일어나지 않은 개인적 상상이거나 저자가 의도적으로 독자를 기만한 것이거나 둘 중 하나다. 7년간의 심판 기간(참고. 7:21, 22; 11:36-45; 12:1)과 그리스도가 이스라엘과 이방인들을 통치하기 위해 재림하신 후(7:27) 시작될 천년왕국(참고. 계 20장)은 실제로 다니엘서가 가르치는 내용이다. 이때는 절대적이고 완벽한 궁극의 상태, 즉 새 예루살렘을 수도로 삼는 새 하늘과 새 땅이 시작되기 전이며, 그때와 구분된다(계 21; 22장). 다니엘서를 포함한 예언서를 문자적으로 해석하면 전천년설의 시각으로 이어진다.

다른 해석상의 여러 과제 역시 독자에게 쉽지 않은 문제다. 예를 들어 숫자의 해석 문제(1:12, 20; 3:19; 9:24-27), 인자 같은 이의 정체(7:13, 14), 8:19-23의 인물이 역사에 등장하는 안티오코스인지 아니면 먼 미래의 적그리스도인지에 대한 문제, 9:24-27의 "일흔 이레"의 해석, 11:21-35의 안티오코스가 11:36-45에 나오는 인물과 동일인인지 아니면 적그리스도인지 결정하는 문제가 여기에 해당한다.

다니엘 개요

다니엘의 개인적 배경 (1:1-21)

A. 바벨론의 예루살렘 정복(1:1, 2)

1:1 **여호야김** 요시야의 아들로 느부갓네살이 처음 예루살렘을 정복했을 때 유다 왕이었다(주전 609-597년). **삼 년** 주전 606-605년으로, 바벨론식 연대 계산법으로 3년째다. 바벨론은 즉위 원년을 제외하고 그다음 해부터 왕의 통치 기간을 계산했다. 그러므로 "삼 년"은 유대식 연대 계산법으로 '4년째'로 표기한 내용과 모순되지 않는다(참고. 렘 46:2). **느부갓네살** 바벨론을 통치한 나보폴라살의 아들이다(주전 605-562년).

1:2 **시날** 바벨론의 다른 이름이다. **자기 신들** 벨 또는 마르둑(므로닥과 같은 신)이다. 바벨론 종교는 다른 신들도 인정했다(*1:7에 대한 설명을 보라*). 다른 나라의 신들을 정복하면 승리자가 섬기는 신의 우월성이 입증된 것이라고 생각했다.

B. 유대인 인재 징발과 교육(1:3-7)

1:4 국사(國事)를 위해 훈련받을 유대인의 자격 요건은 다음과 같다. 신체적인 단점이나 장애가 없고 외모가 준수해야 함, 두뇌가 비상해야 함, 공적으로 왕을 대표하기에 적합해야 했다. 교육생의 연령은 14-17세의 청년이었을 것이다.

1:5 **삼년을 기르게 하였으니** 2:1을 참고하고 *그에 대한 설명을 보라.*

1:7 **이름** 바벨론식 교육을 통한 '세뇌' 과정의 핵심은 개명이었다. 포로들이 본국에서 섬기던 신을 계속 섬기지 못하도록 바벨론 신들의 이름을 넣어 개명했다. 다니엘은 '하나님은 나의 재판자'라는 뜻이지만 '벨이 왕을 보호하다'는 뜻의 벨드사살로 바뀌었다. '여호와는 은혜로우시다'라는 뜻의 하나냐는 또 다른 바벨론 신인 '아쿠의 명령'이라는 뜻의 사드락으로 바뀌었다. 미사엘은 '누가 주와 같으랴'라는 뜻이지만 '누가 아쿠와 같으랴'는 뜻의 메삭으로 바뀌었다. '여호와는 나를 도우시는 자'라는 뜻의 아사랴는 채소의 신으로 느보라고도 하는 '느고의 종'이라는 뜻의 아벳느고로 바뀌었다(참고. 사 46:1).

C. 시험받는 네 사람의 용기(1:8-16)

1:8 **다니엘은 뜻을 정하여** 이교도의 음식과 음료는 우상에게 바쳤던 것이었다. 이런 음식을 먹는 것은 이 신들을 섬기는 행위나 마찬가지였다. 다니엘은 "뜻을 정하고"(참고. 잠 4:23) 하나님의 헌신의 부르심을 충실히 이행하며 타협하지 않기로 결심했다(참고. 출 34:14, 15). 또 이방인들은 하나님의 율법이 금한 음식들(레 1:1)을 먹었다. 그러므로 이런 음식을 먹는 것 역시 신앙의 타협이었다(참고. 단 1:12). 모세 역시 시편 기자(시 119:115)와 예수님처럼(히 7:26) 이 입장을 고수했다(히 11:24-26). 참고. 고린도후서 6:14-18; 디모데후서 2:20.

1:9 하나님은 다니엘의 신앙과 믿음을 귀하게 보시고 이방인 지도자들에게 은혜를 입게 하셨다. 여기서는 박해를 막아주고 호의를 얻게 하는 방법을 사용하셨지만 나중에는 박해를 허용하는 방법을 사용하셨다. 하지만 결국 이 박해로 다니엘은 왕의 총애를 다시 확인하게 되었다(단 3; 6장). 어떤 방법을 사용하시든 하나님은 그분을 높이는 자들을 높여주신다(삼상 2:30; 대하 16:9).

1:12 **채식** 이 히브리어 단어는 구약에서 오직 이 절과 16절에서만 복수 형태로 사용된다. 아마 밀이나 보리

단

를 말하거나 신선한 채소를 말할 수도 있다.

1:15 **살이 더욱 윤택하여** 건강함을 의미한다.

D. 왕의 일을 돕도록 선택된 네 사람(1:17-21)

1:20 **십 배나 나은 줄** 온전성 또는 완전함을 강조하는 수사적 의미의 숫자일 것이다. 다시 말해 그들은 왕의 질문에 하나님의 도우심이 없는 박수와 술객보다 더 탁월하고 뛰어난 실력을 보였다는 말이다. 이것을 실제 경과된 시간을 말하는 양적 의미의 "열흘"(12-15절)이라는 표현과 비교해보라.

1:21 **원년** 바사의 고레스는 주전 539년 바벨론을 정복했다. 10:1의 고레스 제3년은 다니엘이 언급된 가장 후대의 연도다(참고. 스 1:1-2:1).

이방 세력의 지배 순서에 대한 예언 (2:1-7:28)

A. 느부갓네살의 고민(2:1-4:37)

2:1 **이 년** 네 명의 히브리인이 3년 후 왕의 인정을 받은 시기(1:5, 18)와 "이 년"에 왕이 꿈을 꾸고 다니엘이 왕 앞에 나아간 해가 모순되지 않는다. *1:1에 대한 설명을 보라.* **꿈** 하나님은 꿈 해석을 통해 그 뜻을 전하셨다(참고. 29절).

2:2 **갈대아(인)** 이들은 바벨론의 또 다른 이름인 갈대아의 원주민을 통칭할 수도 있고(1:4; 3:8. *1:2에 대한 설명을 보라*) 여기서처럼 갈대아 문화를 가르치는 특별한 술객 집단을 말할 수도 있다.

2:4 **아람 말** 아람어는 히브리어처럼 알파벳을 사용하지만 뚜렷한 차이점이 있다. 다니엘은 4하반절부터 갑자기 아람어를 사용한 후 7:28까지 아람어로 다니엘서를 기록한다. 아람어는 바벨론과 앗수르, 바사인들이 사용한 공용어로 정부 문서와 무역 업무에도 사용되었다. 다니엘서 1:1-2:4상과 8:1-12:13은 히브리어로 기록되었다. 아마 히브리인들의 문제와 더 직결되었기 때문일 것이다. 다니엘서 2:4하-7:28이 갑자기 아람어로 기록된 이유는 내용의 주제가 다른 열국과 관련된 문제들이 중점적으로 다루어지기 때문일 것이다.

2:5 **내가 명령을 내렸나니** 왕은 꿈 내용을 기억하면서도 술객들의 전문성을 확인할 목적으로 꿈 내용을 알려주지 않았다. 꿈 해석이 노골적이고 불쾌하지 않을까 불안했기 때문일 수도 있다.

2:7 **왕은 꿈을 종들에게 이르소서** 인간적인 지혜에 의지하는 세상 사람들은 왕의 꿈 내용을 알 수 없었다(참고. 출 8:16-19의 바로 궁의 술사들과 창 41:1 이하의 요셉).

2:8-13 이것은 인간의 능력으로는 하나님이 주신 꿈을 해석하기가 불가능함을 보여준다(참고. 27절).

> **단어 연구**
>
> **해석(Interpretation):** 2:6, 30; 4:7, 18; 5:7, 15, 17; 7:16. 문자적으로 '풀다' 또는 '느슨하게 하다'라는 뜻이다. 다시 말해 다니엘은 꿈과 환상의 수수께끼를 풀 수 있었다는 말이다. 그 내용을 설명하고 풀이할 수 있었지만, 그는 언제나 그 능력을 하나님께 받았다고 말했다(2:27-30).

2:14-47 그러나 하나님을 믿는 다니엘은 기도하고(18절) 하나님이 초자연적으로 주신 꿈 해석을 받았다(19, 30절). 그는 기도로 하나님을 찬양하고(20-23절) 느부갓네살 앞에서 증언했다(23, 45절). 그 후로 느부갓네살도 하나님께 영광을 돌렸다(47절).

2:20-23 이 하나님에 대한 찬양은 다니엘서의 전체 주제, 즉 하나님은 만물을 다스리시며 지혜와 힘을 주시는 분이라는 주제를 압축적으로 드러낸다.

2:28 **은밀한 것을 나타내실 이는…하나님이시라** 요셉 시대에 하나님은 애굽에서 동일한 일을 하셨다(참고. 창 40:8; 41:16).

2:36-45 **그 해석을…아뢰리이다** 다섯 제국이 잇따라 이스라엘을 통치할 것이다. 여기서는 그 제국이 신상의 각 부위로 상징된다. 다니엘 7장에서는 이 제국들이 네 마리 짐승으로 나타난다. 이 제국은 바벨론, 메대-바사, 그리스, 로마이며 후대에 로마가 다시 부활한다(참고. 서론의 배경과 무대). 신상의 금속이 아래로 갈수록 질적으로 떨어지는 것에서 보듯 각 제국은 이전 제국과 다르다. 그리스도를 상징하는 돌(눅 20:18)은 재림하셔서(단 7:13, 14의 인자처럼) 마지막 네 번째 제국을 한순간에 무너뜨릴 것이다(2:34, 35, 44, 45). 그리스도가 이방 권력을 산산이 무너뜨리시면 최후의 제국인 천년왕국이 시작되고, 이후에 영원한 나라가 계속될 것이다(2:44; 7:27).

2:39 **왕보다 못한** 이것은 다니엘이 느부갓네살의 제국(머리)을 이을 나라를 설명하면서 신상 부위의 '더 낮은 부분'(문자적으로 '땅 쪽으로')이라는 의미로 이 표현을 썼을 것이다. 메대-바사는 비록 바벨론만한 영광은 누리지 못했지만(금에서 은으로) 패권을 잡았을 때 그 힘은 바벨론에 결코 뒤지지 않았다. 사실 바벨론은 이 메대-바사에 망했다(7:5). 또한 그리스의 경우 높은 은보다 영광스러움은 덜하지만 더 강하다. **온 세계를 다스릴 것이며** 알렉산더 대왕은 이스라엘을 포함한 유럽에

다니엘서에 등장하는 왕국들

I. 다니엘 2, 7장	
A. 바벨론	2:32, 37, 38; 7:4, 17
B. 메대-바사	2:32, 39; 7:5, 17
C. 그리스(헬라)	2:32, 39; 7:6, 17
D. 로마	2:33, 40; 7:7, 17, 23
E. 부활한 로마 제국	2:33, 41-43; 7:7, 8, 11, 24, 25
F. 천년왕국	2:34 35, 44; 7:13, 14, 26, 27
II. 다니엘 8, 11장	
A. 메대-바사	8:3-8, 20, 21; 10:20, 21; 11:2-35
B. 그리스(헬라)	8:3-8, 20, 21; 10:20, 21; 11:2-35
C. 부활한 로마 제국	8:9-12, 23-26; 11:36-45

서 애굽과 인도에 이르는 온 세계의 지배자가 되었다.

2:40 **강하기가 쇠 같으리니** 이 금속은 로마 제국을 제대로 표현한다. 다니엘의 해석이 딱 맞아떨어진다. 로마에는 철갑 군단으로 알려진 철갑을 착용한 군대가 있었으며, 로마군은 강력한 무기를 지닌 무적의 군대였다.

2:41 **발가락** 열 발가락은 7:24의 "열 뿔"처럼 왕들을 말한다. 그들은 마지막 이방 제국을 통치할 것이고 재림하신 그리스도는 그들을 불시에 멸하실 것이다.

2:41-43 **진흙…쇠** 열 발가락(왕들) 중 쇠발가락은 그리스도가 재림하시기 전에 새로 부활한 로마 제국을 말한다. 이들은 쇠처럼 강해서 다른 나라를 정복할 것이다(참고. 계 13:4, 5). 그러나 진흙이 섞여 있다는 사실은 왕들과 민족의 그 연합(연방)에 인간적 약점이라는 치명적인 결함이 있어 본질적인 취약성이 내재되어 있음을 강조한다.

2:44 **영원히 설 것이라** 메시아가 통치하시는 하나님 나라는 마지막 왕국으로 대체할 나라가 없다. 이는 천년왕국을 말하며, 영원한 나라로 이어진다. 한 왕이 천년왕국과 영원한 왕국을 모두 다스리실 것이다.

2:45 **손대지 아니한** 이것은 메시아가 하나님께로부터 오시며 인간적 기원이나 능력과 무관함을 암시한다(참고. 8:25의 동일한 개념). 초자연적 기원에 대한 이 언급은 동정녀 탄생과 부활과 재림을 모두 의미한다. **돌…산** 돌은 메시아를 말한다(참고. 시 118:22, 23; 사 28:16; 롬 9:33; 벧전 2:6; 특히 눅 20:18). 산은 허약한 세속 권력들 위에 드리워진 초월적인 하나님의 통치를 묘사한다(4:17, 25; 시 47:8; 103:19; 145:13; 계 17:9). 메시아는 하나님의 이 주권적 영역에서 '나오셨다'. 이 사실은 인자의 오심과 부합한다(7:13, 14).

3:1 **금으로 신상** 오만해진 왕은 신상을 만들어 그의 위대함과 영광을 확인하고자 했다. 자신이 신상의 금 머리였던 꿈을 현실로 만든 것이다(2:38). 전체를 금으로 만든 것이 아니라 바벨론 유적지에서 발견되는 많은 유물처럼 금으로 도금했을 가능성이 더 높다. '상'(image)에 해당하는 단어는 보통 인간의 형상을 의미한다. 이 신상의 높이는 약 27.5미터였고 넓이는 2.7미터였다. 그 지역에서 볼 수 있는 대추야자 높이와 비슷했을 것이다. 거대한 하단부로 높이를 지탱해야 했기 때문에 자칭 신인 왕의 상은 높이에 비해 두께가 지나치게 얇은 불균형한 모양은 아니었을 것이다. 이 신상으로 느부갓네살은 신의 위치에 올랐고 그가 다스리는 바벨론은 신들의 반열에 그를 추가했다.

3:2 느부갓네살의 위상을 확인할 신상 낙성식에 참여할 지도자들로는 총독, 즉 지역을 다스리는 자들과 행정관, 지방장관, 대신, 고문관, 재무관, 판사, 법률가, 지방의 모든 관리가 포함되었다.

3:5 **수금** 하프처럼 정사각형이나 직사각형 모양으로 채를 이용해 현을 뜯듯이 연주했고 고음의 소리가 났을 것이다. **양금** 채보다는 손가락으로 뜯듯 연주하며 저음의 소리가 났을 것이다.

3:6 **풀무** 일부 고대 가마는 수직형 터널 모양으로 위에만 뚫려 있고 기둥으로 돔을 받치는 구조를 하고 있었다. 보통 숯을 연료로 사용했다.

3:8 **어떤 갈대아 사람들** 이 젊은 유대인을 질투한 벨므로닥의 제사장들일 가능성이 높은데, 그들이 처형되기를 원했을 것이다.

3:12 **이 사람들이…왕의 신들을 섬기지 아니하며…금 신상에게 절하지 아니하나이다** 하나님의 종들을 노리는 원수들은 그들이 우상숭배를 거부하고 이스라엘의 하나님께 조금도 흔들림없이 충성했다고 분명하게 증언한다.

3:13 **그 사람들** 갈대아 사람들이 신상에 절하지 않았다고 고발한 사람들 가운데 다니엘은 언급되지 않았다. 그가 그 자리에 있었다면 친구들처럼 분명히 하나님을 향한 믿음을 고수했을 것이다.

3:15 **신이 누구이겠느냐** 왕은 이렇게 하나님께 도전했지만 그를 인정할 수밖에 없을 것이다. 꿈과 그 의미를

계시해주셨던 참되신 하나님은 세 사람을 능히 구원해 주실 수 있었다. 느부갓네살은 앞에서 하나님을 "모든 신들의 신"(2:47)이라고 불렀지만 그 사실은 그의 기억 속에서 이미 퇴색했다. 하나님이 그의 도전을 받아들여주셨으므로 이제 그는 충격과 굴욕을 당할 수밖에 없었다.

3:16 **대답할 필요가 없나이다** 세 친구가 왕을 무시해서 이런 말을 한 것은 아니다. 유일하게 참되시고 살아계신 하나님을 굳건히 붙들고 있었기 때문에 어떤 변명도 헌신을 재고할 필요도 없었다. 17, 18절이 암시하듯 그들의 목숨은 그분의 손에 달려 있었다(참고. 43:1, 2).

3:19 **평소보다 칠 배나** 면전에서 모욕을 당한 왕은 대노해서 풀무의 온도를 더 뜨겁게 하라고 명령했다. 눈금이 올라가듯 문자 그대로 일곱 배나 풀무 온도를 높이라는 말이 아니었다. 일곱 배 더 온도를 올리려고 시간을 들이거나 연료 양을 일곱 배 더하라는 의미도 아니었다(참고. 6절의 "즉시…던져 넣으리라"). 격분한 왕은 뜨거움을 강조하기 위해 비유적으로 "칠 배"라는 표현을 사용했다(레 26:18-28; 잠 6:31; 24:16의 경우처럼). 다니엘서 1:20의 "십 배"라는 표현과 유사하다. 참고. 3:22의 "심히 뜨거우므로". 돌이나 벽돌로 만든 풀무는 공기 흡입구가 있어 연료와 공기를 더 많이 공급하면 무서울 정도로 달아올랐을 것이다.

3:22 **붙든** 이것은 풀무 안으로 던져 넣을 수 있도록 풀무 꼭대기로 이어진 경사로로 두 사람을 끌고 갔음을 의미한다(참고. 26절). 불이 뜨거워서 왕의 사람들까지 태우고 말았다.

3:23 **떨어졌더라** 그들이 풀무 바닥의 숯불 위로 곧장 떨어지도록 관이 있었을 것이다.

3:25 **결박되지 아니한 네 사람** 왕은 네 번째 사람이 천상의 존재라는 것을 알았던 것 같다. 그를 신들의 아들(초자연적 존재를 가리키는 이방인들의 표현임)이자 "천사"(28절)라고 부른다. 네 번째 사람은 성육신하기 이전에 나타난 제이위 하나님(예수 그리스도)이실 수도 있다(*수 5:13-15; 삿 6:11에 대한 설명을 보라*).

3:27 **불이 능히 그들의 몸을 해하지 못하였고** 하나님이 기적을 행하시면 모든 세세한 부분까지 초자연적으로 통제하셔서 그 능력이 허투루 쓰이지 않게 하신다. 이외에 다른 설명이 필요하지 않다.

3:28-30 느부갓네살 왕은 이들의 하나님을 그의 만신전에 추가하고자 했다. 하지만 머지않아 하나님은 많은 신 가운데 하나가 아니라 유일하신 하나님임을 깨닫는다(4장).

4:1-3 하나님을 찬양한 4:1-3절과 4:34하-37절에 왕이 1인칭으로 자신의 경험을 상술한 내용(4-34절)이 삽입되어 있다. 그는 내러티브를 찬양으로 시작하고 마무리하며 그 중간에 자신이 왜 참되신 하나님 숭배로 전향했는지 말한다(참고. 롬 11:33).

4:6, 7 **바벨론의 모든 지혜자들** 왕은 그들에게 또 한 번 숙제를 주었는데(참고. 2:2-13), 이번에도 그 숙제를 해결할 능력이 없었다.

4:8 **그 후에 다니엘이 내 앞에 왔으니** 다니엘만이 하나님의 도우심으로 그 나무 환상을 해석해낸다(10절). **내 신** 이야기 초반에 그는 자신이 여전히 벨-므로닥 숭배자라고 밝힌다.

4:9 **박수장** 이방인들이 다니엘에게 붙인 직책이 소개되어 있다(참고. 5:11). **영** 여기와 18절이 의도한 의미(5:11, 14도 마찬가지임)는 '거룩하신 하나님의 영'(거룩한 신들의 영)이라는 번역에 정확히 반영되어 있다. 여호수아 24:19의 참되신 하나님에 대한 히브리어 표기도 이 절의 아람어 표현과 동일하다(*2:4에 대한 설명을 보라*). 어떤 이들은 그가 '거룩한 신들의 영'이라는 의미로 이 말을 썼다고 믿지만 그럴 가능성은 별로 없다. 이방신 숭배자들은 그들이 섬기는 신의 순결함이나 거룩함을 주장하지 않는다. 실상 정반대였다. 또한 느부갓네살은 자신의 회심을 이야기하고 있기 때문에 하나님의 참 성령을 생각해 이 표현을 쓴 것이 분명하다.

4:10-17 **한 나무** 이 이미지는 주전 605년 이후의 느부갓네살을 상징한다(참고. 4:20-22). 12절의 생물들은 그의 통치를 받는 사람들을 말한다(22절). 나무를 벤 것은 그에게 하나님의 심판이 임할 때를 가리킨다(참고. 4:23-25).

4:13 **한 순찰자, 한 거룩한 자** 이 순찰자는 천사(참고. 23절), 하나님의 종으로 한 민족의 흥망성쇠를 관장한다(참고. 단 10:13). 창세기 18장, 이사야 37장, 요한계시록 16장에서 보듯 천사들은 종종 하나님의 심판을 집행하는 역할을 맡는다.

4:15 **그루터기** 26절에서 여전히 건재하는 것으로 나타나는 바벨론 왕국의 기초(핵심. 참고. 사 6:13)는 자연의 그루터기처럼 다시 소생할 것이다(욥 14:7-9). 쇠와 놋줄은 하나님이 남은 그루터기를 손상되지 않게 보호하시고 왕의 통치를 보존해주겠다는 보증이다(26절).

4:16 **짐승의 마음** 라이캔스로프(Lycanthropy)라고 불리는 질병의 한 종류로 자신이 짐승이라고 생각하고 야생생활을 하며 풀을 먹고 손톱이나 머리를 깎지 않고 야만적인 생활을 한다. **일곱 때** (참고. 4:23, 25, 32). 아마 29절에 사용한 것처럼 '달'이 아니라 '년'을 말할 것이다. 다니엘은 7:25에서 '해'(years)라는 의미로 동일한 단어를 사용한다.

4:19 놀라며 다니엘은 왕에게 재앙이 임박했음을 알고 충격과 연민에 휩싸인다.

4:20-27 다니엘은 4:10-17의 환상을 해석한다.

4:26 하나님이 다스리시는 줄 하나님은 그의 거처인 하늘과 동의어다.

4:27 죄를 사하고 다니엘은 죄를 인정하고 회개하라고 권했다(참고. 사 55:7). 행위 구원을 제안한 것이 아니라 마태복음 19:16-23에서 예수님이 젊은 부자 관원에게 하신 대로 죄 문제를 다룬 것이다. 이때 왕은 회개하지 않았다(30절).

4:30 내가…건설하여 느부갓네살은 물이 흐르는 층계로 된 언덕(122미터 높이)을 만들고 아내가 시원하게 휴식하도록 공중 정원(고대 세계의 7대 불가사의 중 하나)을 지어줄 정도로 건축 프로젝트로 유명세를 떨쳤다. 그의 이런 인간적 오만 때문에 하나님의 심판이 임했다(31-33절).

4:34 하늘을 우러러 보았더니 하나님의 은혜가 임하면 이런 일이 가능하다(요 6:44, 65). "나를 존중히 여기는 자를 내가 존중히 여기고"(삼상 2:30). "진실로 그는 거만한 자를 비웃으시며 겸손한 자에게 은혜를 베푸시나니"(잠 3:34). 34하-37절의 찬양과 앞의 1-3절의 찬양은 그 결과로 나온 것이다(참고. 렘 9:23, 24).

B. 벨사살의 방탕과 파멸(5:1-31)

5:1 벨사살 이 장의 사건은 느부갓네살이 죽고(주전 563/562년) 20여 년 뒤인 주전 539년에 일어났다. '벨이여, 왕을 보호하소서'라는 뜻의 이름(다니엘의 이름과 비슷함. 참고. 4:8)을 가진 이 왕은 얼마 후 메대-바사 군대에게 망할 것이다.

5:2 그릇 바로 이 시각에 메대-바사 군대(참고. 30절)가 바벨론을 포위하고 있었기 때문에 사람들의 사기를 진작시키고 비극적 최후에 대한 암울한 예감을 떨쳐내고자 잔치를 열었을 것이다.

5:4 이런 행위는 그들의 신들에게 구원을 기원하는 것이었다.

5:5 사람의 손가락 바벨론 사람들이 손으로 하나님의 거룩한 그릇들을 잡고 있는데(2번이나 언급됨), 하나님을 모독하고 도전한다는 비하의 의미로 들고 있었다. 이제 모든 사람을 통치하시는 그 손, 누구도 막을 수 없는 그 손이 그들에게 도전한다(4:35). 그들의 오만한 도전에 대한 하나님의 대답은 23-28절에서 보듯 분명했다.

5:7-9 알려 주지 못하는지라 하나님의 도우심이 없는 술사와 술객, 점쟁이들은 이번에도 그 글자를 해석하지 못한다(참고. 2, 4장). 그러나 하나님의 사람 다니엘은 그렇지 않았다.

5:10 왕비…이에 말하여 이 왕비는 느부갓네살의 딸이거나 왕비일 것이다. 딸이라면 벨사살과 공동 통치한 나보니더스의 아내다(참고. 16절의 "셋째 통치자"). 그녀는 4장의 느부갓네살처럼 다니엘을 신임했다(11, 12절).

5:13 부왕 이 표현은 할아버지와 같은 의미로 사용된다(참고. 18절).

5:16 셋째 통치자 이 삼인조는 느부갓네살의 손자 벨사살(주전 553-539년까지 통치)과 나보니더스(주전 556-539년까지 통치), 다니엘이 포함된다. 그날 밤 그 성이 함락되었기 때문에 받았다고 해도 바로 소용이 없을 상이었다(29, 30절).

5:25-29 메네 메네 이것은 '세다' 또는 '정해지다'라는 뜻으로 강조하기 위해 반복한 것이다. 데겔은 '재다' 또는 '평가되다'는 뜻으로 하나님이 행동을 달아보셨음을 말한다(삼상 2:3; 시 62:9). '*베레스*'는 '나누다'는 뜻으로 바사와 메대인들이 그 왕국을 나누어 가질 거라는 의미다. 25절의 *바르신*은 베레스의 복수로 나누어 가지는 몫을 강조하는 의미가 있을 것이다. *바르신* 앞에 붙은 'U'라는 접두어는 영어의 and에 해당한다.

5:30 그 날 밤 고대로부터 전해진 이야기에 따르면 바사의 우그바루 장군이 도랑을 파서 유브라데강의 흐름을 되돌려 강의 수위를 낮췄다고 한다. 바벨론 성으로 강이 관통해 흘렀기 때문에 수위가 낮아지자 연합군은 두꺼운 성벽 아래 있는 수로로 들키지 않고 들어가 왕궁으로 진입할 수 있었다. 주전 539년 10월 벨사살과 호위병들 등 여러 사람이 죽임을 당하고 바벨론 제국은 하루아침에 종말을 맞았다.

5:31 메대 사람 다리오 다리오는 이름이 아니라 고레스를 높여 부르는 직책이었을 것이다. 그는 주전 539년 10월 29일 바벨론 성으로 들어갔다. 이 이름은 바사 비문에서 최소 다섯 명의 바사 왕들을 가리켜 사용된다. 메대 사람 다리오라는 이름의 특정인을 언급한 역사 기록은 없다. 6:28의 다리오가 나오는 구절은 '다리오…고레스 왕의 시대'라고 번역할 수도 있다. 가능성은 낮지만 다리오는 고레스가 제국의 바벨론 지역을 통치하도록 임명한 왕인 구바루의 다른 이름이라는 해석도 있다. 구바루(또는 고브리아스)는 바벨론 정복 직후 사망한 우그바루 장군과 다른 인물이다. 앞서 예언했듯 바벨론은 하나님의 심판을 받았다(참고. 사 13; 47; 렘 50; 51; 합 2:5-19).

C. 견짐을 받은 다니엘(6:1-28)

6:1 **고관** 고관은 왕의 임명을 받은 각 지역의 행정관이다. 다니엘을 고위직에 임명한 이유는 부섭정으로 왕을 보좌하는 '대표 총리'로 삼기 위해서였다(2절).

6:2 **손해가 없게 하려 함이었더라** 그들은 반란이나 세금 회피, 횡령으로 왕실이 손실을 입지 않도록 하는 책임을 맡았다.

6:3 **마음이 민첩하여** 다니엘은 80세가 넘었으며 평생 하나님의 축복을 누렸다(참고. 1:20, 21; 2:49; 4:8; 5:12). **전국을 다스리게 하고자** 다니엘은 왕의 총애를 받았다. 그에게는 풍부한 경험과 지혜, 역사의식, 지도력, 좋은 평판, 능력, 섬기는 자세, 하늘의 하나님이 주시는 계시가 있었다. 하나님은 영향력을 행사할 수 있는 위치에 그를 두셔서 유대인의 귀환을 조언하고 돕기를 원하셨을 것이다. 유대인의 유다 귀환은 고레스 원년(주전 539-537년)인 사자 굴 사건이 일어나기 직전에 성사되었다. 에스라 1장과 6장의 기록으로 볼 때 다음과 같은 귀환의 기본적 필요가 충족되었다. 고레스의 국비 지원을 받아 성전을 재건하게 되었으며, 원하는 유대인은 누구나 돌아갈 수 있게 되었고, 정착한 사람들은 재정적으로 지원할 책임을 맡았으며, 느부갓네살이 성전에서 가져간 금 그릇과 은 그릇을 되돌려 받았다. 유대인이 받은 이런 호의는 다니엘이 고레스에게 영향을 미쳐 칙령을 작성하도록 했고, 심지어 그것을 공식화하도록 했다는 식으로 설명해야 쉽게 납득이 된다(참고. 잠 21:1).

6:4 **다니엘을 고발할** 3:8 이하에서 세 친구들이 음해를 받았던 것처럼 시기심에 눈먼 경쟁자들이 다니엘에 대해 음모를 꾸민다. 이것은 요셉의 형들이 꾸민 음모와 비슷하다(참고. 창 37:18-24).

6:7 **왕 외의** 왕의 이기적 오만함을 자극하는 계략으로 다니엘의 경쟁자들은 절호의 기회가 될 명령을 끌어내는 데 성공했다. 고대의 왕들은 종종 신으로 숭배를 받았다. 이방인들은 이런 인간 숭배가 아무런 문제가 안 된다는 아주 저열한 의식을 갖고 있었다.

6:8 **규례…다시 고치지 못하게** 메대-바사의 법은 일단 한번 정해지면 심지어 왕이라고 해도 바꿀 수가 없었다(참고. 6:12, 15; 에 1:19; 8:8).

6:10 **예루살렘으로 향한** 예루살렘을 향한 다니엘의 끈질긴 기도 방식은 주의 백성이라면 마땅히 따라야 할 솔로몬의 기도 형식에 근거한다(왕상 8:44, 45). 하루에 세 번 기도하는 전통은 다윗이 세운 것이다(시 55:16, 17).

6:13 **사로잡혀 온 유다 자손 중** 다니엘은 바벨론에서 60년이 넘게 살았으며, 왕들을 향한 그의 충성심은 널리 알려져 있었다(5:13). 왕에게 충성하면서 하나님에 대한 신앙 역시 변함없이 고수했기 때문에 이런 위협을 자초하게 되었다.

6:14 왕은 스스로를 신으로 자처하다가 하루아침에 어리석은 자가 되고 말았다.

6:16 **사자 굴** 굴이라는 단어는 '파다'라는 의미의 히브리어와 관련이 있는데 지하 구덩이를 말한다. 아마도 가장 위쪽에 구멍이 있어서 그쪽으로 먹이를 던져 구덩이로 떨어지게 했을 것이다. 그리고 바닥이나 경사로에 문이 있어 사자들이 들어갈 수 있었을 것이다.

6:16, 20 **네가 항상 섬기는…하나님** 왕은 다니엘의 궁극적인 충성 대상이 살아 계신 하나님이라는 사실을 알았고, 그런 그를 존중해주었다.

6:22 **그의 천사** 이 기적에서 천사는 맹렬한 풀무 속에 보인 네 번째 사람과 동일인물이었을 것이다(3:25을 참고하고 *이에 대한 설명을 보라*). **무죄함이 그 앞에** 이것은 하나님 앞에서 결백하다는 다니엘 자신에 대한 최고의 자화자찬이며, 그런 벌을 받을 이유가 없다는 항변이다.

6:23 **그의 몸이 조금도 상하지 아니하였으니** 하나님은 공개적으로 다니엘의 믿음에 보상해주심으로써 그 영광을 드러내셨다(참고. 3:26, 27). 늘 이런 일이 일어나는 것은 아니다. 하나님은 믿음의 종이 순교하도록 허락하심으로써 영광을 받으실 때도 있다(참고. 히 11:33의 다니엘, 11:35-38의 다른 믿음의 성도들).

6:24 **왕이 말하여** 범죄한 아간처럼(수 7:20-26) 하나님과 다리오 왕과 다니엘에게 맞선 이 죄악으로 당사자들과 그 가족들까지 목숨을 잃었다. 하나님의 이 심판은 이 기적 사건에서 중요한 부분이다. 일부 비평가는 사자들이 길들여진 사자이거나 이빨이 없었거나 굶주리지 않은 사자라고 주장한다.

6:25-27 **다리오 왕이…조서를 내려** 다니엘과 그 하나님의 영향을 받아 느부갓네살처럼 개인적 구세주로 하나님을 신뢰하는 정도까지 믿음이 이른 것처럼 표현하고 있다(참고. 4:1-3, 34-37). 다니엘은 타협하지 않는 경건한 삶이 복음을 전하는 데 얼마나 효과적인지 몸소 보여주었다. 참고. 마태복음 5:48.

D. 다니엘의 꿈(7:1-28)

7:1 **원년** 이것은 5:1-3의 잔치가 있기 14년 전인 주전 553년을 말한다. 7장과 8장의 일은 4장 이후, 5장 이전에 있었던 일이다. 다니엘 7장의 꿈은 다니엘 시대를 넘어 이스라엘의 왕이 오셔서 모든 이방 왕국을 끝내시고 영원한 그분의 나라를 세우실 것을 바라본다(7:13,

14, 27. 참고. 2:35, 45).

7:2 큰 바다 이 바다는 지중해를 말한다. 이 지역의 어떤 다른 강이나 바다보다 크다. 여기서 이 바다는 세계 열국과 민족들을 가리킬 때 사용된다(참고. 단 7:3, 17; 계 13:1).

7:3 짐승 넷 이 짐승들은 2장에서 언급한 신상의 각 부위로 상징된 나라들과 같은 제국을 가리킨다. 하늘에서 오는 인자(13, 14절)와 왕 되신 그리스도는 2:35, 45의 "돌"에 해당한다.

7:4 사자…날개 강하고 사납고 빠른 동물의 왕 사자는 바벨론을 상징한다. 바벨론 궁궐의 문을 지키는 날개 달린 사자상이 발굴되었다. 다니엘과 동시대 사람들인 예레미야와 에스겔, 하박국은 느부갓네살을 짐승에 빗대어 표현했다.

7:5 곰 이것은 메대-바사를 가리키며, 큰 몸 한쪽은 바사를 말하고 갈빗대는 이들에게 망한 나라들을 말한다.

7:6 표범 이것은 알렉산더 대왕(주전 356년 출생) 때 순식간에 세계를 제패한 그리스(헬라)를 상징한다. 그는 유럽에서 아프리카를 지나 인도까지 통치했다. 머리 4개는 서른세 살(주전 323년)의 나이로 요절한 알렉산더 이후 왕국을 나누어 가진 네 명의 장군을 말한다. 그들은 각기 마케도니아와 소아시아, 아람, 애굽을 통치했다(참고. 8:8).

7:7 넷째 짐승 현실에 존재하지 않는 짐승이다. 특이한 이 짐승은 로마 제국을 가리키며 2:40에서 쇠로 상징했던 무서운 파괴력을 가졌다. 로마 제국은 주후 476년 멸망했는데, 분열 왕국으로 한동안 존속했다(유럽). 하지만 다시 부활해서 그리스도 재림이 가까워지면 무서운 힘을 회복할 것이다. 그 나라는 왕들이 다스리는 10개 지역으로 이루어지고(7, 24절) 열한 번째 왕 적그리스도가 나타날 것이다(8, 24절; 살후 2:3-10; 계 13:1-10).

7:8 다른…뿔 이것은 적그리스도의 등장을 가리킨다(참고. 20절). 이 짐승은 인간이며("사람의 눈 같은 눈들"과 "입이 있어 큰 말을 하였더라") 오만하다(참고. 계 13:5, 6).

7:9, 10 내가 보니 다니엘의 환상은 갑자기 네 번째 왕국에 심판을 내릴 하나님의 보좌로 이동한다(참고. 계 20:11-15).

7:11, 12 짐승이 죽임을 당하고 이것은 네 번째 짐승(즉 로마 제국)으로 '작은 뿔' 또는 적그리스도(7, 24절)가 통치하는 나라다. 그는 그리스도가 재림하실 때 망할 것이다(참고. 계 19:20; 20:10). 참고. 우상을 친 돌(단 2:35, 45).

7:12 그 남은 짐승들 이들은 앞서 나온 세 짐승(2장과 7장의 제국들)을 말한다. 세 짐승은 각기 역사상 다른 나라에 정복당하고 제국으로서 지배력을 상실했다. 그러나 각기 새 제국에 흡수되어 그 후손들은 살아남았다. 재림이 가까워지면 후손들로 존속했던 이 세 제국은 모두 최후 제국인 로마 제국의 일원이 될 것이다(계 13:2). 그리스도가 재림하신 후에는 네 번째 제국이자 부활한 최후 제국은 더 이상 생존하지 못할 것이다. 무서운 재앙적 파국(참고. 2:35)으로 그 나라가 완전히 망하고 그리스도의 왕국이 들어설 것이다.

7:13, 14 인자 메시아(참고. 9:27), 즉 그리스도를 가리킨다. 주님은 자신을 가리켜 종종 인자라는 단어를 사용하셨다(마 16:26; 19:28; 26:64). "하늘 구름"은 요한계시록 1:7에 다시 나타난다. 이 절의 인자는 옛적부터 항상 계신 이, 영원하신 분, 성부 하나님과 구별되는 분으로 그 왕국을 다스리도록 그를 세우실 것이다(2:44). "옛적부터 항상 계신"은 나이 들어 쇠약하다는 뜻이 아니라 하나님의 영원성과 세상을 심판하실 거룩한 지혜를 강조한다(참고. 7:9, 10).

7:14 모든 백성과 나라들과 다른 언어 이런 특징들은 세상에서 존재하는 것으로, 그리스도가 이 땅에서 통치하실 왕국에 대한 약속이다. 이 나라는 영원한 나라로 흡수될 것이다(참고. 18, 27절; 계 20:1-4; 21; 22).

7:15 중심에 근심하며 그는 임박한 심판의 환상을 보고 나자 슬펐다. 역사는 결국 언제나 죄악과 심판의 이야기이기 때문이다(참고. 28절).

7:16 그 곁에 모셔 선 자들 천사들은 다니엘이 하나님의 계시를 이해하도록 도와주었다(8:13-16; 9:22-27).

7:17 짐승…네 왕 사자, 곰, 표범, 괴상한 짐승(3-7절)이 상징한 이 제국들은 바벨론, 메대-바사, 그리스, 로마를 말한다. '왕들'은 이 제국들의 가장 유명한 지도자를 가리킨다. 예를 들어 느부갓네살(2:37, 38), 고레스, 알렉산더 대왕, 마지막으로 '작은 뿔'(적그리스도)이다.

7:18, 22, 27 성도 (개역개정 성경의 27절은 "백성"으로 되어 있음-옮긴이) 하나님을 믿는 이들은 13절과 14절의 인자, 메시아가 다스리는 나라를 얻게 된다. 14절과 27절에서는 모든 사람이 그를 섬긴다. 27절은 섬김을 받는 분이 실제로 지극히 높으신 하나님임을 밝힌다. 네 이방 제국에 왕이 있듯이(참고. 2:38; 7:8; 8:8) 마지막 왕국은 왕 되신 그리스도가 다스릴 것이다.

7:18 지극히 높으신 이 다니엘서는 하나님을 모든 신보다 뛰어난 분이라고 강조한다(2:47; 3:29; 4:35). 멜기세덱과 아브라함도 하나님을 지극히 높으신 분으로 불렀고(창 14:19, 20, 22) 나아만도 그랬다(왕하 5:17).

7:19 넷째 짐승…달라서 이것은 이 제국이 이전 제국보다 훨씬 더 다양함을 가리키며, 세계를 정복할 규모

단

다니엘서의 꿈과 환상의 상관관계

	신상(2장)	짐승(7장)	짐승(8장)	관련 왕국
이방인들의 통치 시대	정금의 머리	독수리의 날개가 있는 사자		바벨론
	은으로 된 가슴과 팔	곰	2개의 뿔이 달린 숫양	메대-바사
	놋으로 된 배와 넓적다리	4개의 날개와 머리가 달린 표범	뿔 하나 달린 숫염소와 4개의 뿔과 작은 뿔	그리스
	쇠로 된 다리와 쇠와 진흙으로 된 발	10개의 뿔과 작은 뿔이 달린 짐승		로마
	큰 산을 이루는 돌	메시아와 성도들이 나라를 얻음		하나님 나라

임을 가리킨다(24절). 이 제국은 거대한 두 나라로 분열되었다가(참고. 2:33, 40의 "다리") 종말이 가까워지면 열 뿔로 나누어진다(연방 형태의 열 국가). 열한 번째 뿔(적그리스도)은 그리스도가 재림하실 때까지 존속할 것이다.

7:20 **또 다른 뿔** 열한 번째 뿔(통치자와 그의 영역)은 작고 그 앞에 등장한 뿔보다 힘이 약하다(8절). 대환난기 초반에 그는 점점 자라서 나머지 뿔들보다 강성하게 된다.

7:21 **성도들과 더불어 싸워** 마지막 적그리스도는 성도들, 특히 이스라엘의 성도를 크게 박해할 것이다(참고. 마 24:15-22; 살후 2:4; 계 12:13-17; 13:6, 7).

7:22 **옛적부터 항상 계신 이** 영원하신 하나님을 말한다. 그분은 재림 이후 그 아들에게 메시아적 왕국을 다스리도록 맡기실 것이다(7:13, 14). 적그리스도와 그 적그리스도에게 힘을 준 사탄(계 13:4; 20:1-3)과 구원받지 않은 자들에게는 심판이 임할 것이다. 구원받지 않은 자들은 그 천년왕국이 시작될 때 그 나라의 일원이 되지 못하고 파멸을 당하지만 마지막 흰 보좌 부활과 심판이 기다린다. **성도들이 나라를 얻었더라** 성도들은 그리스도가 재림하신 후(마 23:34) 세상의 천년왕국에 들어가서(계 20:1-4) 영원토록 계속될 생명을 누린다. 그 상태는 천년이 끝난 후에도 계속되며, 그 이후에 영원한 나라가 이어진다(계 21, 22장).

7:24 **그 후에 또 하나가** '작은 뿔'(적그리스도)은 거침없이 강성해져 세상을 통치하며 전성기를 누린다.

7:25 **한 때와 두 때와 반 때** 이것은 적그리스도가 지배하는 칠 년의 후반기인 3년 반을 말한다(참고. 9:27). 그의 통치는 그리스도가 심판의 돌(2:35, 45)이자 영광 가운데 오실 인자(7:13, 14)로서 재림하실 때까지 이어진다. 이 기간에 대한 것은 요한계시록 11:2, 3; 12:14; 13:5과 비교해보라.

7:26 **심판** 하나님은 정식으로 죄인들과 죄를 심판하실 것이다(9, 10절). 적그리스도의 권력을 박탈하고 그와 그의 제국을 무너뜨리고 영원한 지옥으로 던지실 것이다(계 19:20; 20:10).

7:27 **나라…거룩한 백성에게 붙인 바 되리니** 하나님 나라는 세상(계 20:4)과 하늘에서 모두 실현된다(계 21:27; 22:3, 4, 14).

이스라엘의 운명에 대한 예언 (8:1-12:13)

A. 숫양과 숫염소에 대한 예언(8:1-27)

8:1 **처음에** 이것은 7장을 가리킨다. **제삼년** 주전 551년으로, 7장의 꿈을 꾸고 2년이 지난 후이며 5장보다 이전이다.

8:2 **수산** 그리스인들이 수사라 부르는 이 성은 메대-바사 제국의 주도로 바벨론 동쪽 약 402킬로미터 지점에 있었다. 다니엘은 환상 속에서 자신을 보았기 때문에 실제로 을래 강변에 가지는 않았을 것이다(참고. 겔 8-11장에서 실제로 바벨론에서 장로들과 함께 있는 가운데 예루살렘에 있는 환상을 본 에스겔).

8:3-9 이 심상은 역사적 전개 과정을 다룬다. 숫양은 메대-바사 제국 전체를 상징하고 두 뿔은 두 집단(메대인과 바사인)이 한 제국으로 통합되었음을 상징한다. 고레스 황제 때 동쪽을 기점으로 서쪽과 남쪽과 북쪽까지 온 세상을 제패한 이 제국의 역사가 4절에 짧게 언급되어 있다. 이사야 역시 150년 전에 이 사실을 예언했다(사 45:1-7). 뒤에 나온 더 긴 뿔은 바사를 상징한다. "숫염소"(5절)는 그리스를 상징하고 "현저한 뿔"은 알렉산더를 가리킨다. 그는 3만 5,000명의 군대를 이끌고 빛

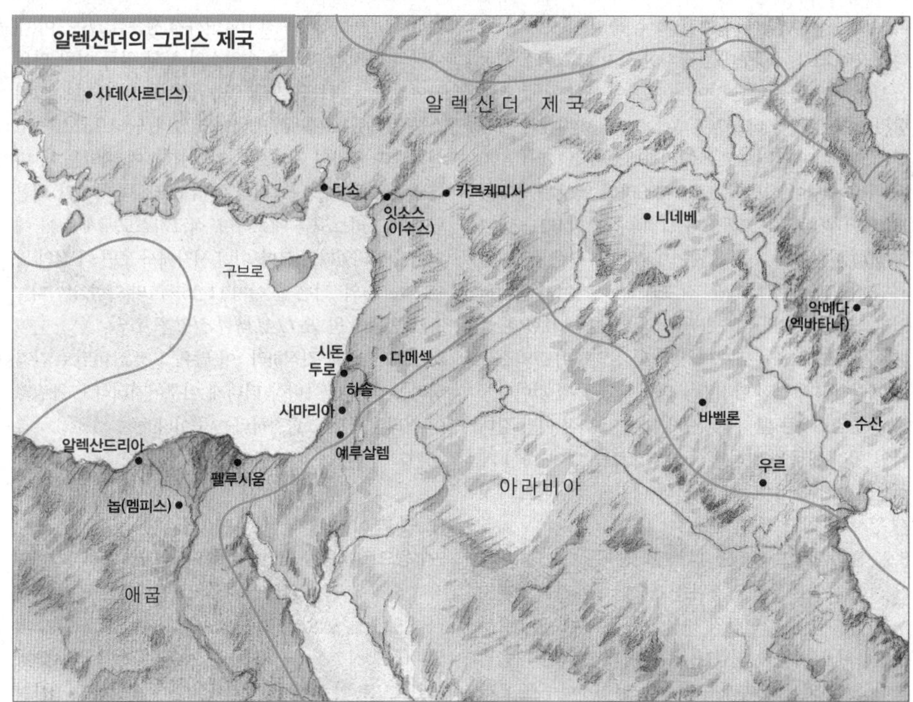

처럼 빠른 속도로 나라들을 제패했기 때문에 성경은 발이 지면에 닿지 않을 정도였다고 묘사한다. 숫염소의 큰 뿔이 꺾인 것은 알렉산더의 사망을 말한다. 뿔 넷은 알렉산더 사후 헬라 제국이 네 왕국으로 분할되고 왕이 된 네 명의 장군을 말한다(참고. 7:6). 작은 뿔은 안티오코스 에피파네스를 말한다. 그는 주전 175-164년 분할 왕국 중 세 번째 왕국인 아람을 다스린 왕이며, 11:21-35의 왕과 동일인이다. 참고. 유사한 '작은 뿔'이지만 최후의 적그리스도를 상징하는 7:8, 24-26. 두 왕 모두 '작은 뿔'로 언급된 이유는 전자가 후자의 예표이기 때문이다. 더 자세한 내용은 11:2-35에 요약되어 있다.

8:9 영화로운 땅 팔레스타인. 참고. 11:16, 41.

8:10 하늘 군대 안티오코스가 유대인을 박해할 것을 별들에 비유해 생생하게 묘사한다(참고. 창 12:3; 15:5; 2:17; 출 12:41; 신 1:10). 패배한 '별들'(유대 백성)은 폭군에게 져서 그 발에 짓밟힐 것이다.

8:11 주재 성전을 모독하는 것도 모자라서(참고. 마카베오 상 1:20-24, 41-50) 안티오코스는 그리스도를 모독할 것이다. 그리스도는 유대 백성의 제사를 받으시며, 성소 역시 그분의 것이다. 뒤에서는 "만왕의 왕"(25절)으로 불리고 있다.

8:13 거룩한 이 여기서는 천사들을 말한다.

8:14 이천삼백 주야 이것은 2,300번의 아침과 저녁으로 전체 2,300일이나 2,300개의 단위를 말한다. 창세기에서는 "저녁이 되고 아침이 되니 첫째 날"(1:5)이라고 표현한다. 이는 약 6년과 4개월 동안 아침과 저녁으로 하루 두 번 어린 양 제사(출 29:38, 39)를 드리는 기간에 해당한다. 이 예언은 안티오코스가 유대인을 박해한 기간, 즉 주전 171년 9월 6일부터 주전 165/164년 12월 25일까지라고 보는 게 정확하다. 그가 죽자 유대인은 유다 마카베오의 주도로 성전을 탈환한 것을 기념하여 빛의 절기라는 하누카를 지키며 거룩한 성소를 정결하게 하는 의식을 거행했다.

8:15 사람 모양 사람에 해당하는 이 단어는 '강력한 사람'이라는 뜻으로, '가브리엘'을 가리키는 표현이며 '하나님의 강한 자'라는 뜻이다. 성경에서 가브리엘이라는 이름으로 천사를 언급한 최초의 사례다.

8:16 올래 바사의 수산 성 동쪽에 위치한 강이다. **사람의 목소리** 하나님은 인간의 음성으로 말씀하신다.

8:17 두려워서…엎드리매 천상의 존재가 나타나면 두려워하는 것이 정상적 반응이다(참고. 겔 1; 사 6; 계 1장). **끝에 대한** 이 "끝"은 이중적 성취의 의미가 있다. 첫째는 *끝*(참고. 19절), *마지막 때*(19, 23절) 또는 *정한 때*(19절)는 역사적 예언과 관련해 특정 기간의 후반부를 가리킨

다. 그때는 이 단락에서 여러 제국, 즉 바사(숫양)와 그리스(숫염소)가 국제무대를 장악한 시기로, 그리스 제국은 네 왕국으로 분할될 것이다(8절). 이 분할 왕국 중 아람의 셀류키드 왕조(*22절에 대한 설명을 보라*)에서 작은 뿔(참고. 9절)인 안티오코스 에피파네스(주전 175-164년)가 나타나 왕이 되었다. 그는 이스라엘 백성을 박해하고(10절) 하나님을 모독했다(11절). 참고. 11:21-35과 *이에 대한 설명을 보라.* 둘째는 9절의 이 "작은 뿔"은 말세의 마지막 때에 나타날 '적그리스도'로, 여러 면에서 안티오코스는 그와 비슷한 적그리스도를 예표한다. 물론 이 적그리스도는 그보다 훨씬 더 강력하며 그리스도가 재림하시기 직전 마지막 세대에 활개를 칠 것이다.

8:21 **숫염소…큰 뿔** 이것은 세 번째 세계적 이방 강대국인 헬라 왕국을 말하며, 구체적으로는 메대-바사 제국을 무너뜨린 유명한 알렉산더 대왕을 말한다. 그 '첫째 왕'이다. 참고. 11:3.

8:22 **뿔이 꺾이고…네 뿔** 알렉산더는 주전 323년 서른세 살의 나이로 죽었고 왕위를 계승할 후계자를 남기지 못했다. 그래서 22년간의 싸움으로 결국 네 왕국으로 분할하여 통치하게 되었다. 분열된 네 왕국은 다음과 같다. 첫째, 카산더, 마케도니아. 둘째, 리시마쿠스, 트라키아와 소아시아. 셋째, 셀류키드, 아람과 바벨론. 넷째, 프톨레미, 애굽과 아라비아. 이들은 "사방을 향하여" 난 뿔 넷(8절)에 해당한다. "그의 권세만 못하더라"는 구절은 그들이 알렉산더처럼 막강한 권력을 누리지 못했거나 그의 직계 혈통이 아님을 암시한다.

8:23-25 **한 왕이 일어나리니** 이 예언은 역사상 실제로 유다를 박해한 안티오코스에게서 1차적으로 성취되었다(참고. 9-14절). 주전 164년까지 생존한 그는 "이 네 나라의 마지막 때", 즉 숫염소의 분할 왕국 아람 땅의 왕이었다. 로마는 불과 몇 년 뒤인 주전 146년에 그리스를 정복했고 세계적 제국이 되었다. 안티오코스는 정신착란과 창자의 질병으로 사망했다. 이 예언을 더 미래에 적용하면 23-25절의 안티오코스는 마지막 대환난과 적그리스도를 예표하며, 적그리스도에게서 이 예언이 성취되었다고 본다. 이런 시각에서 보면 이 절의 왕도 7:7; 8:9의 "작은 뿔"이며 11:36-45의 악한 왕이다.

8:25 **만왕의 왕** *8:11에 대한 설명을 보라.*

8:26 **그 환상을 간직하라** 이 말은 그것을 비밀로 간직하라는 의미가 아니라 더디게 이루어지더라도 틀림없이 진리임을 믿고 간직하라는 뜻이다.

B. 일흔 이레에 대한 예언(9:1-27)

9:1 **왕으로 세움을 받던** 이것은 다리오(고유명사가 아닌 직책, *5:31에 대한 설명을 보라*)가 고레스와 동일 인물이라는 암시일 수 있다. 그는 하나님의 허락으로 왕이 되었다(참고. 시 75:6, 7). 고레스는 메대-바사 제국의 첫 왕이었으므로 이 시간 표기 역시 바벨론이 망하고 벨사살이 죽은 첫 해를 가리킬 수 있다. **첫 해** 주전 539년이다.

9:2 **칠십 년** 다니엘이 '책'(구약 두루마리)을 연구하던 중 눈여겨본 내용은 예레미야 25:11, 12과 29:10의 예레미야가 포로생활에 대해 예언한 기간이었다. 그 기간이 끝나가는 것을 안 그는 이스라엘을 위해 하나님이 개입해주시도록 기도했다. 참고. 70년간의 포로생활은 이스라엘이 너무나 오랫동안 무시한 안식년(참고. 레 25:4, 5; 26:34-43)을 회복하기 위함이라는 역대하 36:21을 참고하라.

9:4-19 **내…기도하며** 이 구절에서 기도에 대한 풍성한 교훈을 얻을 수 있다. 참된 기도는 말씀에 근거하며(2절), 열정과 자기부정이 필수적이고(3절), 하나님의 백성을 아무 조건 없이 나와 일치시키고(5절), 죄 고백으로 힘을 얻으며(5-15절), 하나님의 성품을 의지하며(4, 7, 9, 15절), 하나님의 영광에 초점을 맞추는 것(16-19절)이다.

9:11 **저주** 이것은 이스라엘이 그 땅에서 불순종하면 내리기로 약속하신 심판을 말한다(레 26:21-42; 신 28:15-68). 믿고 순종할 때 축복을 베푸시기로 한 약속과 대조된다(레 26:3-20; 신 28:1-14). 하나님은 심판의 때라도 이스라엘이 죄를 고백하면 다시 축복해주겠다고 약속하셨

「사자굴에 갇힌 다니엘[*Daniel in the Lions' Den*]」 1614-1616년. 페테르 파울 루벤스. 캔버스에 유화. 330.5×224.2cm. 워싱턴 국립미술관. 워싱턴.

다(레 26:40-42).

9:16 다니엘은 세 가지를 회복해주시도록 구했다. 실상 그는 하나님께 "주의 성"(16, 18절), "주의 성소"(17절), "주의 백성"(19절)을 회복해주시도록 구했다. 하나님의 응답에는 이 세 가지가 모두 포함되었다(24절).

9:21 그 사람 가브리엘 인간의 모습으로 나타났기 때문에 '사람'이라고 표현된 이 천사는 8:16에도 나타났다. 참고. 10:13, 21; 12:1의 미가엘 천사. **저녁 제사** 이것은 매일 2번 드리는 어린 양 제사 중 두 번째 제사로(*8:14에 대한 설명을 보라*), 오후 3시에 공동으로 드리는 기도 시간이었다(스 9:5).

9:24-26 일흔 이레…날 때부터…일어나기까지 여기서 이레에 해당하는 단어는 7년을 말하는 반면 실제로 한 주간을 말할 때는 다르게 표기하고 있다(10:2, 3). 이 시간은 주전 445년 아닥사스다가 예루살렘을 중건하라고 칙령을 발표한 후(느 2:1-8) 메시아 왕국까지 기간이다. 이 기간은 크게 세 기간으로 나뉜다. 첫째는 일곱 이레 또는 49년간의 기간으로, 이 기간에 말라기의 사역이 끝나고 구약이 종료될 뿐 아니라 '성과 광장과 거리'를 중건하는 느헤미야의 사역도 마무리될 것이다. 둘째는 예순두 번째 이레, 또는 434년이 지나서 메시아 초림 때까지 총 483년의 기간이다. 이것은 주후 30년 니산월 9일에 주님의 승리의 예루살렘 입성으로 성취된다(*마 21:1-9에 대한 설명을 보라*). 메시아가 '끊어져 없어질 것이다'(죽음을 의미하는 일반적 표현). 셋째는 마지막 칠 년 또는 일흔 이레 중 마지막 이레인 적그리스도 시대다(참고. 27절). 적그리스도의 출생 국가인 로마는 주후 70년 예루살렘 '성읍'과 그 성전을 무너뜨릴 것이다.

9:24 복잡하고 놀라울 정도로 정확한 이 예언은 다니엘의 기도에 대한 응답으로 주신 예언이다. 가까운 미래에 대한 언급이 전혀 없으며 먼 미래의 말세에 이스라엘에게 이루어질 일을 예언한다. 하나님은 각기 세 가지로 이루어진 두 종류의 예언이 성취될 것을 약속해 주신다. 첫째, 죄와 관련된 예언은 다음과 같다. **허물을 그치며** 즉 죄를 그치며, 특히 이스라엘이 11절처럼 특별히 긴 배교의 시기에 죄를 자제한다. **죄가 끝나며** 즉 최종적으로 죄를 심판하신다(참고. 히 9:26). **죄악이 용서되며** 즉 온전한 속죄, 즉 십자가에 못 박혀서 "끊어져 없어질"(26절) 그리스도가 보혈을 흘리심으로써 죄를 가릴 실제적 기초가 마련된다는 뜻이다. 이 그리스도의 속죄는 앞의 두 가지 약속에 영향을 미친다(참고. 슥 13:1의 "샘").

둘째, 의와 관련된 예언은 다음과 같다. **…의가 드러나며** 즉 수백 년간의 배교를 버리고 완전히 변화된 다니엘의 동족에게 영원한 의가 드러난다. **환상과 예언이 응하며** 다시 말해 더 이상의 계시가 필요하지 않으며 하나님은 이스라엘 민족을 축복하심으로 이 예언을 이루어주신다. **지극히 거룩한 이가 기름 부음을 받으리라** 천년왕국에서 예배 중심지가 될 성전의 성소가 거룩하게 된다는 것이다(참고. 겔 40-48장). 이것은 이방 열강이 사라지고 그리스도 재림 직전 적그리스도 시대까지를 말한다고 이해해야 맞다. 요약하면 첫째의 세 가지 예언은 그리스도의 초림으로 원리적으로 성취되고 그의 재림으로 온전히 성취된다. 둘째의 세 가지 예언은 그리스도의 재림으로 완성된다.

9:27 장차 말세에 그리스도가 재림하시고 세상을 심판하실 것을 말한다. 영원한 의가 드러나는 일은 메시아가 죽으신 후 7년 뒤에 이루어지지 않으며 예루살렘 파괴 역시 이 7년이라는 이레와 맞지 않다(37년 후에 일어남). 이것은 말세의 7년으로 죄가 최종 심판을 받고 그리스도가 의로 통치하실 때, 즉 그리스도가 재림하셔서 통치하실 때 끝난다. 이 7년은 다니엘의 일흔 이레 중 마지막 이레에 해당한다. **굳게 맺고** 이 언약을 맺는 자는 최후의 왕이며(26절) 로마 제국의 지도자이고(참고. 2, 7장) 말세에 나타날 적그리스도다. 이때는 마지막 때에 있을 '이레'의 대환난, 즉 24절의 마지막 7년을 말한다. 그는 이스라엘과 7년간의 언약을 굳게 맺는다(다시 말해 효력이 발생하도록 한다). 하지만 실제로 그 언약의 효력이 지속될 기간은 길지 않다. 이 언약을 맺은 왕은 7:7, 8, 20, 21, 24-26절의 "작은 뿔"이며 신약의 예언에 나타나는 악한 지도자다(막 13:14; 살후 2:3-10; 계 13:1-10). 그가 미래에 등장하리라는 것, 심지어 그리스도의 초림 이후에 나타나리라는 것은 마태복음 24:15, 관련된 시기의 언급들(7:25; 계 11:2, 3; 12:14; 13:5), 재림까지 연결되는 종말(이것은 다니엘서 다른 곳과 요한계시록 11:2, 3; 12:14; 13:5에서 언급한 기간과 일치함)로 알 수 있다. **그 이레의 절반** 이것은 그리스도의 재림까지

단어 연구

자복하다(Confess): 9:4, 20. 문자적으로 '던지다' 또는 '떨쳐 버리다'라는 뜻이다. 이 히브리어 동사는 죄를 '던져 버리고' 하나님의 명령에 반항했음을 인정한다는 의미가 내포되어 있다(느 1:6; 9:2; 시 32:3; 잠 28:13). 또한 하나님의 위대하심에 감사한다는 의미도 있다(왕상 8:33, 35). 죄 고백은 하나님의 용서하심의 은혜와 선하심을 인정하기 때문에 감사와 같은 의미다(대하 30:22).

이어지는 일흔 이레 중 마지막 이레의 절반 기간을 말한다. 적그리스도는 고대에 행해진 희생제사의 회복을 골자로 한 이스라엘과의 언약을 파기한다(27상반절). 3년 반 기간의 환난이 아직 남아 있다. 이것은 다른 성경에서 언급한 시기들과 일치한다(7:25; 계 12:2, 3; 12:14; 13:5에서는 "대환난"이라고 부름. 참고. 마 24:21). **가증한 것…황폐하게 하는 자** 적그리스도는 유대 종교를 모욕하고 가증한 것을 세울 것이다. 이런 모독으로 유대인이 신성시하는 거룩한 성전과 성전 예배를 훼손할 것이다(참고. 왕상 9:3; 살후 2:4). 예수님은 감람산 강화에서 이 본문을 직접 인용하셨다(마 24:15). *11:31에 대한 설명을 보라.* **정한 종말** 하나님은 대환난 때 적그리스도가 이런 악행을 저지르도록 허용하시다가 결국 이스라엘(12:7)과 세상(참고. 렘 25:31)의 죄와 죄인들을 심판하심으로써 승리하실 것이다. 이 심판 대상에는 적그리스도(11:45; 계 19:20)와 심판을 받아 마땅한 모든 사람(9:24; 마 13:41-43)이 포함된다.

C. 이스라엘의 굴욕과 회복의 예언(10:1-12:13)

10:1 제삼년 주전 536년이다. 이스라엘에게 귀환을 허락한 첫 칙령이 반포되고 2년이 지났다(참고. 스 1:1-2:1; 2:64-3:1).

10:6 그의 몸은 황옥 같고 환상 속에서 본 하나님의 사자(1, 7절)는 다니엘이 도움을 받았던 천사 미가엘(13절)과 다른 인물이다. 이런 영광스러운 모습의 묘사 때문에 어떤 이들은 이 사람을 성육하시기 이전의 그리스도라고 주장한다(참고. 수 5:13-15; 6:2; 삿 6:11-23). 그에 대한 묘사 내용은 그리스도와 거의 동일하다(계 1:13, 14). 다니엘의 반응 역시 요한과 비슷하다(계 1:17).

10:10 한 손이 있어 나를 어루만지기로 그를 만진 이는 가브리엘일 것이다. 그는 다니엘에게 다른 계시들을 해석해주었고(참고. 8:16) 9:20-23처럼 다니엘이 크게 은총을 받은 자라고 말했다.

10:12 네 말이 응답 받았으므로 이것은 기도를 들으시고 응답하시는 하나님의 놀라운 위로의 말씀이다(참고. 9:20-27).

10:13 바사 왕국의 군주 3주가 지체된 이유는 천상에 싸움이 벌어져 악한 천사가 가브리엘을 막았기 때문이다(참고. 계 16:12-14). 이 악한 천사는 특별히 바사 왕의 임명을 받아 하나님의 일을 좌절시키려고 했다. 이 사실에서 우리는 사탄이 천상의 전쟁에 개입해 하나님과 그 백성을 대적하는 세대와 민족에 영향을 미친다는 사실을 알 수 있다(참고. 엡 6:10 이하). **미가엘** 하늘의 천사장이다(참고. 10:21; 12:1; 유 9; 계 12:7). 미가엘은 유대인이 포로생활에서 해방되어 본토로 귀환할 거라는 확신을 주려고 개입했다.

10:14 오랜 후의 일임이라 이것은 다니엘 시대부터 적그리스도 시대까지 자기 백성을 위해 하나님이 미래의 계획을 세우셨음을 말한다.

10:19 내가 곧 힘이 나서 이것은 하나님의 임재와 계시로 엄청난 외상을 겪을 수 있음을 말해주는 세 번째 언급이다(10, 16절).

10:20 헬라의 군주 악한 천사는 헬라 왕국을 위해 싸운다.

10:21 진리의 글 인간과 민족에 대한 확실하고도 참된 하나님의 계획을 말한다. 하나님은 이 계획을 그 뜻대로 계시해주신다(11:2; 사 46:9-11). **미가엘뿐이니라** 천사는 미가엘과 함께 바사와 헬라의 귀신들을 처리할 작정이다. 이것은 실제로 11:2-35에서 펼쳐질 세상 역사의 배후에 이런 천상의 싸움이 있음을 알려준다.

11:1 메대 사람 다리오 *5:31에 대한 설명을 보라.* **원년** 주전 539년이다(참고. 6:1 이하; 9:1). **그를 도와서 그를 강하게 한 일** 10:10 이하에 나오는 천상의 사자는 미가엘이 도와(10:21을 보면 마귀들과의 싸움에서 미가엘이 그에게 힘을 주었음) 다리오가 이스라엘 귀환을 명령하도록 했음(참고. 5:31)을 말하고 있다.

11:2-45 8:3-26에서 보듯 이 예언은 이스라엘의 영적 전쟁 역사(11:2-35)에서 먼 미래의 대환난 때(36-42절) 미가엘이 이스라엘을 온전히 구원하는 일에 힘쓴 일(12:1)까지 모두 망라하고 있다. 이 내용이 너무나 정확하고 세세하며 실제 역사로 확인되었기 때문에 하나님을 모르는 비평가들은 아무런 증거 없이 이 글이 다니엘이 죽고 400년 후에 기록되었다고 주장한다. 다시 말해 사후에 이 글을 작성했다는 것이다. 그렇게 되면 다니엘은 사기꾼이 되고 만다. 하지만 이것은 실제로 다니엘이 마지막 적그리스도까지 예고하는 실제적인 예언이다.

11:2-35 이 단락은 바사 왕국과 그리스의 세계 제패, 안티오코스 에피파네스에 이르는 가까운 미래에 일어

천사장 미가엘

1. 하위 계급의 천사가 방해를 뚫고 다니엘의 기도에 응답해주도록 도와준다(단 10:13, 21).
2. 대환난 기간에 이스라엘을 호위해준다(단 12:1).
3. 모세의 시체를 두고 사탄과 싸운다(유 9절).
4. 천상에서 사탄과 싸운다(계 12:7).

날 일을 다룬다.

11:2 또 세 왕들…넷째 고레스 사후(10:1) 바사 왕국의 세 왕은 다음과 같다. 캄비세우스(주전 530-522년), 수도-스메르디스(주전 522년), 다리오 1세 히스타스페스(주전 522-486년)이다. 네 번째 왕은 크세르크세스 1세로 에스더서에서 아하수에로(주전 486-465년)라고 부른다. 아하수에로 이후의 왕들이 포함되지 않는 이유는 그리스와의 원정(주전 481-479년)에 그가 패배했기 때문일 것이다. 이 패배로 바사 왕국은 몰락의 길로 접어들었고, 결국 주전 331년 알렉산더 대제에게 멸망한다.

11:3 능력 있는 왕 알렉산더 대제다(참고. 8:5).

11:4 알렉산더가 사망하고(주전 323년) 그의 혈육이 아닌 네 명의 장군이 광활한 제국을 분할해 통치했다(*7:6; 8:3-9에 대한 설명을 보라*). 남방(애굽) 왕과 북방(아람) 왕은 5절 이하에 중점적으로 등장한다. 시간이 흐르면서 여러 지도자가 팔레스타인을 두고 각축전을 벌였다.

11:5, 6 남방의 왕…북방 왕 남방의 왕은 애굽의 왕들인 프톨레미 왕가를 말하며, 5절 이하에서는 아람의 왕들인 셀류키드 왕조의 북방 왕들과 서로 적대관계로 나타난다(6절). 남방 왕과 북방 왕이 이렇게 언급된 이유는 팔레스타인과 관련성 때문이다. 가브리엘은 이 단락에서 팔레스타인에 대해 큰 관심을 갖고 있다. 5-20절은 이 국경을 맞댄 강대국 간의 200년에 걸친 전쟁 역사를 다룬다.

11:6 서로 단합하리니 애굽의 프톨레미 2세 필라델푸스(주전 285-246년)의 딸 베레니스는 아람 왕 안티오코스 2세 테오스(주전 261-246년)와 결혼했다. 이 절의 후반은 그들이 이 혼인으로 얻고자 했던 정치적 이득을 언급한다. 안티오코스는 본처와 이혼하고 베레니스와 결혼했다. 나중에 그 본처는 베레니스와 어린 아들을 죽이고 심지어 안티오코스까지 독살했다. 이렇게 해서 그녀는 자신의 아들 셀류쿠스 2세 칼리니쿠스를 왕으로 옹립했다.

11:7 그 공주의 본 족속에게서 난 자 베레니스의 남동생이 아버지의 뒤를 이어 왕이 되었다. 그의 이름은 애굽의 프톨레미 3세 에우에르게테스(주전 246-222년)로, 아람을 정복하고 수많은 보물을 가져갔다(8절).

11:9 북방 왕이…쳐들어갈 것이나 아람의 칼리니쿠스는 주전 240년 애굽을 공격했지만 대패하고 돌아갔다.

11:10 그의 아들들 셀류쿠스의 아들들(후계자)은 11-35절에 기록된 대로 애굽을 공격했다.

11:11 남방 왕 프톨레미 4세 필로파토르(주전 222-203년)는 안티오코스 3세(주전 223-187년)가 이끄는 아람 군대와 싸워 대승을 거두었다. 애굽의 이런 승리는 오래 가지 못했다(12절).

11:13-16 북방 왕 13년 후 안티오코스는 대군을 이끌고 다시 돌아왔다. 계속된 애굽 원정 끝에 팔레스타인("영화로운 땅")이 그에게 복속되었고 멀리 가사까지 그의 땅이 되었다.

11:14 네 백성 중에서도 포악한 자 강경한 유대인은 애굽에서 유다가 독립하기를 원했지만 실패했다.

11:16 와서 치는 자 안티오코스 3세는 이스라엘을 오랫동안 지배했다. **영화로운 땅** 팔레스타인이다(참고. 8:9).

11:17 여자의 딸을…주어 로마(네 번째 제국, 2:40; 7:7)의 압력을 느낀 안티오코스는 애굽과 화친을 맺기 위해 딸 클레오파트라를 프톨레미 5세 에피파네스에게 주었다(주전 192년). 이렇게 해서 이 아람 왕은 그의 딸을 충실한 스파이로 삼아 허약해진 애굽을 '망하게' 해서 아람 영토로 만들고자 했다. 그러나 클레오파트라는 아버지를 돕기는커녕 오히려 애굽 왕인 남편과 결탁했다.

11:18 한 장군 안티오코스는 지중해 해안 지역의 그리스를 정복하고자 했다. 그러나 이 일로 로마와 갈등을 빚게 되었고, 결국 로마의 루시우스 스키피오 아시아티쿠스 장군이 이 지역에 대한 로마의 권리를 침해한 잘못을 물어 싸움을 걸었고 대승을 거두게 된다(주전 191-190년).

11:19 넘어지고 패배한 안티오코스는 패배의 대가로 타우루스 서쪽 지역을 모두 로마에 내어주고 본국으로 물러갔다. 그는 (로마에 갚을 패전 배상금을 마련하기 위해) 엘리마이스에 있는 바사의 한 사원을 약탈하려다가 그곳에서 살해당했을 것이다.

11:20 압제자 로마는 셀류쿠스 4세인 필로파토르에게 공물을 요구했다. 로마는 점점 강력한 나라로 부상하고 있었다. 아람 왕은 그 공물을 바치려고 백성에게 무거운 세금을 물렸다. 그러다가 곧 독살당해 죽었다. "아름다운 곳"은 아름다운 성전이 있는 이스라엘을 말할 것이다(*11:16의 "영화로운 땅"에 대한 설명을 보라*).

11:21 비천한 사람 21-35절에서 북방의 가장 포악한 왕은 셀류키드 왕조의 안티오코스 4세 에피파네스로 이스라엘을 핍박한 아람 왕이다(참고. 8:9-14, 23-25). 형 셀류쿠스가 살해당하고 후계자인 형의 아들 데메트리우스 1세 소테르가 로마에 인질로 있었기 때문에 그가 왕이 되었다. 권력의 공백기를 이용해 안티오코스가 아람의 왕위를 차지한 것이다.

11:22 그에게 넘침으로 말미암아 패할 것이요 애굽 군대는 홍수(참고. 9:26의 대대적 살육을 가리키는 "홍수")처

럼 밀어닥치는 안티오코스의 침략군에게 무너질 것이다. 이스라엘의 '동맹한 왕' 오니아스 3세는 안티오코스의 요구로 그를 배신한 형 메넬라오스에게 살해당한다(주전 171년).

11:23 **약조** 애굽이 왕위를 둘러싸고 암투를 벌이는 동안 안티오코스는 프톨레미 7세 에우에르게테스 2세(7절의 왕과는 다른 인물)와 숙적인 프톨레미 6세 필로메테르와 동맹관계를 맺었다. 이 동맹으로 안티오코스는 애굽을 장악하려는 음모를 꾸몄으며, 소수의 병력으로 멤피스를 정복하고 알렉산드리아에 이르는 애굽의 지역을 모두 수중에 넣었다.

11:24 **평안한 때에** 안티오코스는 우정을 빙자해 애굽의 가장 비옥한 지역을 약탈했다. 그는 부하들의 환심을 사기 위해 약탈한 물건으로 선심을 썼다. **계략을 세워 얼마 동안 산성들을 칠 것인데** 그는 애굽을 통째로 삼킬 음모를 꾸몄다.

11:25 **힘…남방 왕을 칠 것** 안티오코스는 이제 적이 된 필로메테르를 공격했다. 하지만 필로메테르는 신임하던 부하들의 배신으로 패배하여(26상반절) 안티오코스의 포로가 되었다.

11:26 **그의 음식을 먹는 자들** 자신의 녹을 먹던 측근들이 필로메테르를 부추겨 아람을 공격하도록 유도하여 패배하게 만들고 수많은 부하를 죽음으로 몰아넣었다.

11:27 **거짓말을 할 것이라** 안티오코스는 프톨레미 필로메테르가 다시 애굽 왕이 되도록 돕는 척했다. 당시 애굽 왕은 프톨레미 에우에르게테스였다. 두 왕은 회담에서 본심을 숨기고 거짓말을 했고 안티오코스는 필로메테르를 멤피스의 왕으로 세웠다. 에우에르게테스는 당시 알렉산드리아에서 통치하고 있었다. 두 애굽 왕은 곧 공동 섭정하기로 하고 아람 왕의 계획을 무산시켰다.

11:28 **거룩한 언약을 거스르며** 성경 외 자료에 따르면 많은 재물을 갖고 이스라엘을 거쳐 북쪽 아람으로 돌아가던 안티오코스는 유대인 반란군을 만난다. 그는 예루살렘 성전을 유린하고 희생제사제도를 모욕하며 8만 명을 학살하고 4만 명을 포로로, 4만 명을 노예로 팔고 그가 임명했던 메넬라우스를 파직하라는 유대인의 요구를 묵살한다.

11:29 **남방에 이를 것이나** 안티오코스는 공동 통치를 하는 애굽을 세 번째로 침략한다(주전 168년). 하지만 이전과 비교했을 때 그 전과는 미미하기 그지없었다.

11:30 **배들이 이르러 그를 칠 것임이라** 구브로(키프로스)의 로마 함대가 애굽을 측면에서 지원하여 안티오코스의 공격을 무력화시켰다. 로마군의 합세로 퇴각을 결정한 안티오코스는 애굽을 떠났고 퇴각하던 중 이스라엘 백성에게 그 분풀이를 했다. 그는 아람의 정책과 유대인의 타협에도 불구하고 일부 유대인이 계속 고수했던 하나님의 모세 언약을 극도로 싫어했다. 그는 변절한 유대인("거룩한 언약을 배반하는 자들")에게 상을 베풀었다. 성경 외 자료도 이 사실을 입증한다.

11:31 **성소…더럽히며** 안티오코스의 부하들은 변절한 유대인과 합세해 백성의 성전 출입을 차단하고 모든 예배를 금지시켰으며 예루살렘 성을 공격해 남자들과 여자들과 아이들까지 무차별적으로 죽였다. 이스라엘의 성전을 더럽히고 할례와 매일 드리는 제사를 금지했고(마카베오 상 1:44-54) 제단에 돼지를 제물로 바쳤다. 기슬르월(주전 167년 12월 15일)에는 올림푸스의 신 제우스를 기려 성전에 우상을 세우도록 강요했다. **멸망하게 하는 가증한 것** 안티오코스의 병사들은 제단에 암퇘지 국물을 뿌려 성전을 모독하고 희생제사를 금지했다(참고. 8:14과 *이에 대한 설명을 보라*). 다니엘과 예수님은 이 만행이 마지막 적그리스도가 후대에 저지를 가증한 일의 예고편에 불과하다고 말했다.

11:32-34 **악행하는 자** 유대인 가운데 신앙에서 타협

이란의 수산 궁터 아래에는 다니엘의 무덤이 있다. 이곳의 무덤은 다니엘의 가묘이다.

한 자들(참고. 30절)은 아부에 속아 안티오코스의 편에 서서 스스로 타락의 길을 걸었다(참고. 마카베오 상 1:11-15).

11:32 **오직 자기의 하나님을 아는 백성** 하나님께 절개를 지킨 유대인(하시디안이라고 부름)은 굳은 확신으로 타협의 길을 걷기보다 죽음을 택했다(33절, 마카베오 상 1:62, 63). 마카베오는 로마의 지원을 받아 혁명을 일으켰고 결국 성공했다.

11:33 **많은 사람들을 가르칠 것이나** 진리를 믿고 아는 유대인은 사람들에게 성경을 가르쳤지만 박해는 계속되었다.

11:34 **도움을 조금** 많은 사람이 몰락하고 언약에 헌신한 유대인은 인간적으로 별다른 도움을 받지 못할 것이다. 신실한 남은 자들이 변절자들을 처리할까 두려워 일부 유대인은 충성을 가장할 것이다.

11:35 **연단을 받아** 박해에도 하나님의 참된 '지혜'를 끝까지 고수한 일부 유대인(12:3, 모든 참 신자)은 순교자처럼 죽임을 당할 것이다. 이런 고난의 거룩하신 뜻은 그들을 정결하게 하는 데 있었다. 이런 박해는 그리스도의 재림 때 하나님이 정하신 "마지막"이 올 때까지 계속된다. 이 "마지막"에 대한 언급으로 36절에서 안티오코스가 예표하는 적그리스도가 권세를 잡을 마지막 대환난으로 장면이 바뀌는 무대가 마련된다. **마지막 때…정한 기한** 이 두 종말론적 용어를 언급한 후 수천 년의 역사를 건너뛰어 적그리스도를 거쳐 자기 마음대로 행하는 왕이 통치할 미래에 닥칠 유사한 시련이 소개된다(36-45절). 이 마음대로 행하는 왕은 "작은 뿔"이자 적그리스도이며(7:7, 8, 20, 21, 24-26) 9:27의 박해자다(*이에 대한 설명을 보라*)

11:36-45 이 단락은 먼 후대에 이루어질 하나님의 예언으로, 다니엘의 마지막 이레에 대한 내용을 요약하고 있다. 이 내용은 이곳 외에 어디서도 기록되어 있지 않다. 적그리스도의 예표인 안티오코스 에피파네스는 실제 적그리스도의 완벽한 분신이다.

11:36 **그때에** (개역 성경에서는 이 단어가 생략됨-옮긴이) 이 단어는 35절에 언급한 미래의 "마지막 때"를 가리킨다. 36-45절은 그리스도의 천년왕국에 앞서 마지막 7년 동안 활약할 적그리스도의 이력을 말하고 있다. 이 왕은 마지막 적그리스도다(*7:8, 11, 12, 25; 9:27에 대한 설명을 보라*. 참고. 계 13:4-7).

11:37 **그의 조상들의 신** 신에 해당하는 단어는 엘로힘으로 복수 어미를 쓰고 있다. 그러므로 이 문맥에서는 '신들'을 가리킬 가능성이 있다. 이방인들은 조상 때부터 전통적으로 섬기던 신들을 물려받았다. 하지만 이 왕은 그 어떤 신도 신경 쓰지 않는다. 그의 유일한 신은 힘이었다(38절의 "강한 신"). **여자들이 흠모하는 것을 돌아보지 아니하며** 이것은 적그리스도가 동성애자일 가능성이 있다는 뜻이다. 독신자처럼 여성에 대해 정상적인 어떤 흥미도 느끼지 않는다는 뜻이다.

11:38 **강한 신(산성의 신)** 이 산성을 뜻하는 용어는 이 장에서 여기 외에 5번 더 나오며(7, 10, 19, 31, 39절) '견고한 곳'이라는 뜻이다. 힘을 신으로 숭상하기 때문에 힘을 갖거나 전쟁을 준비하는 데 재물을 아끼지 않는다. 이 힘만 있으면 어떤 산성이든 공격할 수 있다고 여긴다(39절).

11:40 **남방 왕…북방 왕** 이제 최후의 남북 전쟁이 일어난다. 남방은 앞 문맥에서는 애굽이었다. 최후의 남방 아프리카 세력의 공격에 맞서 최후의 북방 군대가 마지막 대격전을 벌인다. 적그리스도는 41절 이하에 기록된 대로 철저히 보복해서 이기고 적을 섬멸한 뒤 이스라엘("영화로운 땅")에 들어갈 것이다. 그리고 이때 멸망의 가증한 일을 저지를 것이다(9:23; 마 24:15). 이 승리로 그는 한동안 권세를 얻을 것이다.

11:44 **동북에서부터 소문** 승리에 도취되어 있던 이 왕에게 세상의 다른 지역에서 팔레스타인으로 군대를 배치한다는 급보가 날아든다(참고. 계 9:16; 16:12).

11:45 **그의 종말** 위협을 느낀 왕은 지중해와 사해(또는 갈릴리해), 예루살렘 성산 가운데 사령부를 세우고 헤아리기 어려울 정도로 많은 군대를 이 지역에 배치한다(참고. 슥 12:2, 3; 14:2, 3; 계 19:17-21). 하나님에 맞서는 그를 도울 자는 아무도 없다. 하나님은 그리스도의 재림으로 그를 멸망시키실 것이다(참고. 계 19:20).

12:1 **그 때에** 이것은 11:36-45로 되돌아가 마지막 대환난 때 적그리스도가 세계의 왕으로 등극할 때를 가리킨다. 이방인이 득세하는 이때에 천사장 미가엘(참고. 10:13, 21; 유 9절)은 이스라엘을 보호하는 데 특별한 관심을 쏟는다(참고. 사 26:20, 21; 렘 30:7; 마 24:21). **네 민족** 이것은 다니엘의 동족인 이스라엘 백성을 말한다. 이들은 유례없는 대환난의 고통 속에서도 소망을 갖게 된다(마 24:21. 참고. 계 12:12-17; 13:7). 이 책은 구원받은 자들의 책이다(말 3:16-4:3; 눅 10:20; 계 13:8; 17:8; 20:12, 15; 21:27).

12:2 **많은 사람…(하)는 자도…할 자도** 죽은 자들 가운데서 두 집단이 일어날 것이다. 요한복음 5:29처럼 그들은 '많은 자들'에 해당하며, 여기서 많은 자들은 모든 사람을 의미한다. 믿음의 사람들은 영원한 생명으로 부활하고 구원받지 않은 나머지 사람들은 영원한 고통으로 부활한다. 구약 성도들의 영혼은 지금 이미 그리스도와 함께 있다. 그때는 영화로운 몸을 받을 것이다(참

성경이 말하는 부활

1. 주 예수 그리스도의 부활(마 28:1-7; 막 16:1-7; 눅 24:1-8; 요 20:1-10; 행 2:24; 3:15; 4:32; 10:40; 17:3; 롬 1:4; 4:25; 10:9; 고전 15:4; 엡 1:20; 살전 4:14; 벧전 3:18)
2. 그리스도의 부활 때 일어난 소수 성도의 부활(마 27:50-53)
3. 휴거 시 부활(고전 15:51-58; 살전 4:14-17)
4. 예루살렘의 두 증인의 부활(계 11:3-13)
5. 구약 성도들의 부활(사 26:19-21; 겔 37:12-14; 단 12:1-3)
6. 대환난의 핍박을 받은 성도들의 부활(계 20:4-6)
7. 흰 보좌 심판을 받기 위한 불신자들의 부활(계 20:11-15)

고. 계 20:4-6).

12:3 **지혜 있는** 하나님 말씀을 믿는 믿음으로 참 지식을 소유한 자들은 지도자뿐 아니라(11:33처럼) 다른 사람들도 포함된다(11:35; 12:10). 영광 중에 빛나는 것은 구원받은 모든 자가 누릴 특권이다(참고. 살전 2:12; 벧전 5:10의 원리). 다른 사람들에게 의로운 영향을 미친 사람은 보상이 달라 빛의 밝기는 다르겠지만 모두 별처럼 빛날 것이다(고전 3:8에서처럼). 성도의 증언이 신실한지 여부에 따라 하나님의 영광을 반영할 영원한 능력이 결정된다.

12:4 **마지막 때** 이것은 대환난의 마지막 이레를 말한다(참고. 11:35, 40). **빨리 왕래하며** 이 히브리어 동사형은 무엇인가를 찾아 사람이 움직이는 것을 가리킨다. 대환난 때 사람들은 그 황폐함의 원인을 찾아 동분서주할 것이며, 다니엘이 보존한 책으로 지식이 더할 것이다.

12:5 **다른 두 사람** 두 천사다.

12:6 **세마포 옷을 입은 자** 참고. 10:5.

12:7 **한 때 두 때 반 때** 이것은 6절의 질문에 대한 대답이다. 이때(한 때, 두 때, 반 때)를 모두 합하면 다니엘의 마지막 이레(9:27)의 마지막 절반인 3년 반이 된다. 이때는 "작은 뿔" 또는 자기 뜻대로 하는 왕이 성도들을 박해하는 환난의 시기다(7:25. 참고. 11:36-39와 계 12:14; 계 11:2, 3; 13:5에서 동일한 기간을 말함).

12:10 **많은 사람이…정결하게 하며** 대환난 때 많은 유대인이 구원받을 것이다(참고. 슥 13:8, 9. 삼분의 일이라는 표현을 쓰는 선지자는 롬 11:26; 계 11:13). 진정으로 구원받은 자들은 시련으로 더욱 경건해진다. 구원받지 않은 자들은 거짓 가치를 추구하게 된다.

12:11 **매일 드리는 제사** 이 표현은 매일 드리는 성전 제사가 폐지된다는 뜻이다. 적그리스도는 이스라엘과 언약을 맺고 이 제사를 보장했지만 마지막 이레(9:27) 중 절반이 지나면 이 제사를 폐지한다. 그리고 이스라엘에게 우호적인 태도를 버리고 그들을 박해하기 시작한다. 심지어 성전을 모독하는 가증한 것을 세워 박해에 더 열을 올린다(9:27; 마 24:1; 막 13:14; 살후 2:3, 4). **천이백구십 일** 성전에 가증한 것을 세운 후로 1,290일이 흐르고 천년왕국이 시작될 것이다. 여기서 1,290일은 마지막 7년(*7절에 대한 설명을 보라*)의 마지막 후반기인 3년 6개월, 즉 1,260일에 그리스도가 재림하시고 산 자들을 심판하는 기간(참고. 마 24:29-31; 25:31-46)인 30일이 포함된 시간으로 보인다.

12:12 **천삼백삼십오 일** 1,290일이 지나고 45일 동안 이스라엘은 산산이 박살이 나고(7절) 하나님이 그 왕국을 세우시기까지(참고. 7:13, 14, 27) 과도기가 있을 것이다. **복이 있으리라** 이것은 2, 7, 8장의 이방 제국들의 시대가 끝나고 그 왕국에서 복을 누린다는 뜻이다(2:35, 45; 7:13, 14, 27).

12:13 **가서** 다니엘은 곧 죽음을 맞을 것이다. **끝날에는** 9:24-27; 12:11, 12의 예언된 날이 끝나면 그리스도가 다스리는 왕국이 시작될 것이다. **누릴 것임이라** 부활함으로 그 몫을 누린다(참고. 12:2; 요 5:28, 29).

연구를 위한 자료

Charles L. Feinberg, *Daniel: The Kingdom of the Lord* (Winona Lake, Ind.: BMH, 1984).

John F. Walvoord, *Daniel: The Key to Prophetic Revelation* (Chicago: Moody, 1971).

John C. Whitcomb, *Daniel* (Chicago: Moody, 1985).

Leon Wood, *A Commentary on Daniel* (Eugene, Ore.:Wipf & Stock, 2000).

제목
주인공이자 저자의 이름으로 책 제목을 지었다. 호세아라는 이름은 '구원'이라는 뜻으로 여호수아(참고. 민 13:8, 16)와 예수(마 1:21)와 같다. 호세아는 열두 권의 소선지서 중 첫 선지서다. '소선지서'라는 이름은 이사야와 예레미야, 에스겔과 비교하면 예언 분량이 짧기 때문에 붙여진 것이다.

저자와 저작 연대
호세아서 외에 저자에 대해 알려주는 문헌은 없다. 그에 대해 알려진 내용은 거의 없고 그의 부친 브에리(1:1)는 더욱 그렇다. 이스라엘 역사와 환경, 북왕국 지명에 익숙한 것으로 보아(참고. 4:15; 5:1, 13; 6:8, 9; 10:5; 12:11, 12; 14:6) 호세아는 이스라엘 북왕국에서 태어난 인물로 보인다. 호세아와 요나는 북왕국 출신의 유일한 문서 선지자다. 이스라엘(북왕국)과 유다(남왕국) 두 왕국을 모두 대상으로 하지만 이스라엘 왕을 "우리 왕"(7:5)이라고 밝힌다.

호세아는 주전 755-710년에 걸쳐 오랜 기간 사역했다. 유다는 웃시야(주전 790-739년), 요담(주전 750-731년), 아하스(주전 735-715년), 히스기야(주전 715-686년)까지, 이스라엘은 여로보암 2세(주전 793-753년) 시대에 예언 사역을 했다(1:1). 또한 그의 오랜 사역 기간은 스가랴(주전 753년)에서 호세아(주전 732-722년)에 이르는 이스라엘의 마지막 여섯 명의 왕을 아우른다. 주전 752년 스가랴(예후 왕조의 마지막 왕)의 폐위 사건은 아직 미래의 일로 기록되어 있다(1:4). 그는 북쪽에서 아모스에 뒤이어 사역했고, 유다에서 예언 사역을 한 이사야, 미가와 동시대 사람이었다. 열왕기하 14-20장과 역대하 26-32장은 호세아가 사역한 시대의 역사적 배경을 기록하고 있다.

배경과 무대
호세아는 여로보암 2세 말년에 이스라엘(가장 큰 부족인 에브라임의 이름으로 불리기도 함)에서 사역을 시작했다. 여로보암 2세의 통치 하에 이스라엘은 정치적 평안과 물질적 풍요를 구가했지만 도덕적으로 부패하고 영적으로는 파산 상태였다. 여로보암 2세가 사망하자(주전 753년) 이스라엘은 극도의 혼란 속으로 빠져들었고 급속히 쇠퇴의 길을 걸었다. 30년 후 앗수르에 망하기까지 마지막 여섯 명의 왕 가운데 무려 네 명의 왕이 후임자에게 암살을 당했다. 사마리아가 함락되기까지 예언한 호세아는 이스라엘의 도덕적 부패(참고. 아모스), 여호와와 맺은 언약관계의 위반을 집중적으로 지적하며 심판이 임박했음을 선언했다.

남왕국이라고 다르지는 않았다. 제사장 행세를 하려고 했던 웃시야는 문둥병에 걸리고 말았다(대하 26:16-21). 요담은 우상 종교를 묵인하여 아하스가 바알을 숭배할 길을 열어주었다(대하 27:1-28:4). 히스기야의 개혁과 부흥은 유다가 북왕국과 동일한 운명을 향해 질주하는 것을 잠시 늦추었을 뿐이다. 국경을 맞댄 두 왕국의 허약한 왕들은 여호와의 도우심을 구하기보다 이방 국가들과 동맹을 맺는 데 열을 올렸다(7:11. 참고. 왕하 15:19; 16:7).

역사적·신학적 주제
호세아의 주제는 우상숭배에도 불구하고 그 언약 백성인 이스라엘을 향해 품은 하나님의 성실한 사랑이다. 이런 이유로 호세아에게는 구약의 '사도 요한'(사랑의 사도)이라는 별칭이 따라다닌다. 자기 백성을 향한 하나님의 참된 사랑은 끝이 없으며, 이에 필적할 만한 경쟁자가 없다. 호세아의 메시지는 민족적·개인적 경고와 책망이 주를 이루지만 그 백성을 향한 하나님의 사랑을 열정적이고 통렬하게 묘사하고 있다. 호세아는 어떤 여성과 결혼하고 가정생활을 꾸려가도록 하나님의 지시를 받았다. 그 가정생활로 이스라엘의 죄와 불성실을 하나의 드라마처럼 상연해야 했는데, 호세아와 그 아내 고멜의 결혼생활은 죄, 심판, 용서하는 사랑이라는 호세아서의 주제를 강조하는 풍성한 메타포를 제공한다.

해석상의 과제
부정한 아내 고멜이 부정한 이스라엘을 상징한다는 것

은 너무도 분명한 사실이다. 하지만 여전히 여러 난제가 남아 있다. 첫째, 어떤 이들은 1-3장의 결혼 장면은 알레고리로만 해석해야 한다고 주장한다. 하지만 단순한 산문체로 기록된 내러티브에서 이것이 실제로 일어날 사건이라는 사실을 의심할 어떤 근거도 찾을 수 없다. 실제 사건이 아니라면 대부분 그 의미가 퇴색하고 만다. 실제 현실이 아닌 내용을 소개할 때는 '깨닫다'(보다, saw)라는 단어가 먼저 등장한다(5:13; 9:10, 13). 비사실적 내용을 도입할 때 보통 쓰는 히브리 문학의 장치다. 또한 자신이 비유나 알레고리의 주제라고 언급한 내용은 그 어디에도 없다.

둘째, 하나님이 호세아에게 창녀와 결혼하라고 한 도덕적 의미는 무엇인가? 고멜이 호세아와 결혼할 당시에는 정숙한 여성이었지만 나중에 부도덕한 여성이 되었다고 보는 것이 설득력이 있다. '음란한 여자를 맞이하여'라는 말은 선취적으로, 즉 미래를 내다본 말로 이해해야 한다. 음란한 여자는 이스라엘의 애굽 탈출에 대한 비유로 사용될 수 없다(2:15; 9:10). 이스라엘은 출애굽 때가 아니라 나중에 하나님을 버리고 떠났다(11:1). 3장은 호세아가 아내를 다시 데리고 온 내용을 다룬다. 그녀는 간음한 이유로 버려진 상태였다. 호세아가 그녀가 창녀인 것을 분명히 알고 결혼했다면 아내를 버린 것은 정당화될 수 없다.

셋째, 1장과 3장의 관계에 대한 문제와 3장의 여자가 고멜인지 다른 여자인지에 대한 문제다. 3장의 여자가 고멜이라는 것을 지지하는 요인은 많다. 1:2에서 하나님은 "가서…맞이하여"라고 명령하셨는데, 3:1에서는 "또 가서…사랑하라"고 명령하신다. 이것은 동일한 여자를 다시 사랑하라는 말씀이다. 나아가 1장의 유비에서 고멜은 이스라엘을 상징한다. 하나님이 부정한 이스라엘을 향해 그 사랑을 다시 회복하시듯 호세아는 부정한 고멜을 다시 사랑해야 한다. 호세아 3장의 여성이 다른 여성이라면 이 유비는 문제가 된다.

호세아 개요

I. 음란한 아내와 성실한 남편(1:1-3:5)
  A. 호세아와 고멜(1:1-9)
  B. 하나님과 이스라엘(1:10-2:23)
  C. 양측의 화해(3:1-5)
II. 음란한 이스라엘과 성실하신 하나님(4:1-14:9)
  A. 음란한 이스라엘의 죄(4:1-6:3)
  B. 버림받은 음란한 이스라엘(6:4-10:15)
  C. 음란한 이스라엘이 여호와께로 돌아옴(11:1-14:9)

음란한 아내와 성실한 남편 (1:1-3:5)

A. 호세아와 고멜(1:1-9)

1:1 여호와의 말씀 참고. 6:5. 선지자의 신적 권위를 강조하며 메시지의 출처가 하나님임을 드러내는 이와 같은 서문은 요엘 1:1; 미가 1:1; 스바냐 1:1; 스가랴 1:1; 말라기 1:1에도 등장한다. 아모스 1:3; 오바댜 1; 요나 1:1; 학개 1:2에도 유사한 언급이 보인다. 호세아가 사역한 시기의 왕들은 서론의 저자와 연대에서 나온 연대를 보라.

1:2 음란한 여자 서론에 나오는 해석상의 과제를 보라. **음란한 자식들** 이것은 그 여자가 앞으로 부정을 저지를 거라는 예고다. 호세아가 자녀들을 부양하지는 않았을 것이다. 이 본문은 하나님이 이스라엘과 결혼한 것을 보여주기 위해 호세아가 고멜과 결혼했다는 점을 분명히 적시한다. 또한 이것은 이 호세아서의 주제를 이해하는 열쇠가 된다.

1:4 이스르엘 '하나님이 흩으신다'는 뜻(참고. 슥 10:9)의 이름이 첫 아이에게 주어지며, 심판을 예고한다(참고. 왕하 9:7-10:28). **내가 이스르엘의 피를…갚으며** 예후는 이스르엘 성에서 아합의 가문을 도륙했다(참고. 왕하 9:7-10:28). **폐할 것임이니라** 이는 주전 722년 이스라엘이 앗수르의 포로가 될 것을 예고한다. 이들은 다시 회복되지 못할 것이다.

1:5 이스르엘 골짜기 에스드라엘론이라고 하는 이스르엘은 요단강에서 팔레스타인 중부를 가로질러 지중해까지 16킬로미터에 이르며 갈멜산 근방에 위치했다. 므깃도 골짜기와 인접하고 있으며 대격전지이기도 했다(계 16:14-16을 보라). 그리스도가 영광 가운데 재림하시면 축복의 길이 될 것이다(참고. 11절). **활을 꺾으리라** 활은 이스라엘의 중요한 전쟁 무기로 군사력을 의미하는 흔한 완곡어법이다. 주전 722년 앗수르의 침입으로

이 예언이 이루어졌다.

1:6 로루하마 문자적으로 '긍휼히 여김을 받지 못한 자'라는 뜻으로, 하나님이 이스라엘에 더 이상 은혜를 베푸시지 않고 심판하실 것을 상징하고자 딸의 이름을 이렇게 지었다. 참고. 베드로전서 2:10.

1:7 유다 족속을 긍휼히 여겨 하나님은 주전 701년 예루살렘이 앗수르의 공격을 받자 히스기야를 위해 싸워 주셨다(참고. 왕하 19; 사 37장).

1:9 로암미 이 이름은 '내 백성이 아니다'라는 뜻으로, 하나님이 이스라엘을 버리신다는 것을 상징한다. **너희 하나님이 되지 아니할 것임이니라** 문자적으로 '나는 너희에게 스스로 있는 자가 되지 않을 것이다'라는 뜻이다. 이 어구는 출애굽기 3:14에서 "나는 스스로 있는 자"라는 언약 또는 결혼선언문과 대조적으로 언약의 파기나 일종의 이혼선언문으로 사용된다.

B. 하나님과 이스라엘(1:10-2:23)

1:10-2:1 이스라엘의 완악함에도 하나님은 자신을 위해 이스라엘과 유다의 남은 자들을 보호해주신다. 그들에게 여호와는 *암미*(1:9, 내 백성)라고 말씀하시고 *루하마*(1:6, 긍휼)를 베풀어주실 것이다. 참고. 베드로전서 2:10. 천년왕국의 축복을 말씀하시면서 하나님은 유대 민족의 확장(참고. 사 54:1), 회심과 재통일(참고. 겔 37:15-23), 민족의 리더십(3:5)과 회복(2:23)을 약속하신다.

1:10 수 아브라함 언약을 다시 확인해주시지만 이 언약은 이 세대에 이루어지지 않고 미래에 이루어진다. *창세기 12:1-3; 17:9에 대한 설명을 보라.* **내 백성이 아니라** 로마서 9:26에서 바울이 인용한 구절이다.

1:11 한 우두머리 메시아를 가리킨다(참고. 3:5). **이스르엘의 날** 여기서는 긍정적인 신적 축복의 의미로 사용되며, 흩어버리는 심판의 개념과 반대된다(4절).

2:2 너희 어머니와 논쟁하고 이 어머니라는 표현이 고멜을 가리킬 수도 있지만 여기서는 여호와께서 검사로서 피고를 고발하는 법정 장면을 묘사한다. 자녀로 표현된 개별 이스라엘 백성은 그 어머니, 즉 이스라엘 민족을 고발하라는 명령을 받는다. 고멜의 음란은 이스라엘의 영적 우상숭배를 상징한다.

2:3 벌거벗겨서 *에스겔 16:1-6에 대한 설명을 보라.*

2:5 나는…따르리니 문자적으로 '나를 보내달라'는 뜻으로 강렬한 욕망을 암시한다. 이스라엘은 자신의 번영이 이웃 이교도들이 섬기는 우상들, "사랑하는 자"(참고. 7, 10, 12절) 덕분이라고 생각한다. 그 연인을 따라가는 데 아무도 방해하지 말라는 것이다.

2:8-13 하나님은 비를 거두고 흉년을 내리셔서 가나안 신 바알이 비와 다산의 신이기는커녕 신이라고 할 자격도 없음을 이스라엘에게 보여주실 것이다.

2:8 바알을 위하여 쓴 참고. 13:1. 바알(베니게의 태양신) 숭배는 사사 시대에도 있었지만(참고. 삿 2:17; 3:3; 8:33) 아합 왕이 이세벨과 결혼하면서 이스라엘에 본격적으로 횡행했다. 이세벨은 이스라엘의 참되신 하나님 신앙을 뿌리까지 박멸하고자 시도한 악녀다(참고. 왕상 19장). 바알에게 바친 예물은 실제로 하나님이 이스라엘에게 준 예물이었다(참고. 겔 16:10-14).

2:10 내가 그 수치를…드러내리니 하나님은 이스라엘의 악행을 드러내겠다고 맹세하신다. 이 구절은 에스겔 16:37-40에서 포로로 끌려가리라는 내용과 비슷하다. **그 사랑하는 자** 우상들이 아무런 도움을 줄 수 없음에도 마치 눈으로 볼 수 있는 것처럼 의인화되어 있다.

2:11 절기 출애굽 이후로 이스라엘은 여호와와 거짓 신들을 함께 섬겼다(참고. 암 5:26; 행 7:43).

2:13 나를 잊어버리고 참고. 이스라엘이 하나님을 버린 것을 묘사한 열왕기하 17:7-18.

2:14 말로 위로하고 이 어구는 구애할 때 사용하는 표현이다(창 34:3; 삿 19:3; 룻 2:13). 하나님은 이스라엘을 그분께 돌아오도록 하실 것이다.

2:15 아골 골짜기 문자적으로 '괴로움의 골짜기'라는 뜻이며, 아간과 그 가족이 심판을 받은 곳으로 여리고 근처에 있다(수 7:24). 이 약속은 '소망의 문'이 있기 때문에 이스라엘에 대한 징계와 심판이 영원히 계속되지

호세아서에 나오는 중요한 이름들

이스라엘(호 1:1; 창 32:28)	하나님과 다투다
호세아(호 1:1; 민 13:16의 *여호수아*와 마 1:21의 *예수*와 같은 뜻)	여호와는 구원이시다
이스르엘(호 1:4)	하나님이 흩으실 것이다
로루하마(호 1:6)	긍휼히 여김을 받지 못한 자다
로암미(호 1:9)	내 백성이 아니다
에브라임(호 4:17; 창 41:52)	결실을 맺는 자

않을 것임을 알려준다.

2:16 **내 남편…내 바알** 전자[문자적으로 '내 이쉬'(ishi)]는 애정과 친밀감의 의미가 강하지만 후자[문자적으로 '내 바알리'(baali)]는 '지배자'라는 의미가 강하다.

2:17 13절에서 이스라엘은 참 하나님을 잊었다. 이제 하나님은 이스라엘이 애지중지 섬기던 거짓 신들을 잊게 할 거라고 말씀하신다. 모세 언약의 규례를 충실히 지키더라도 할 수 없는 일을 하나님은 새 언약으로 새롭고 거듭난 마음을 주셔서 이루게 하실 것이다(렘 31:31-34; 슥 13:1, 2).

2:18 **언약** 이것은 하나님의 백성이 그분께 복종하고 자연 세계가 그들에게 복종하는 천년왕국의 장면이다(참고. 사 2:4; 11:6-9; 미 4:3).

2:19, 20 **내가 네게 장가들어** 3번이나 반복되는 이 표현은 이스라엘 민족을 회복하시고자 하는 하나님의 강한 소망을 강조한다. 그날이 되면 이스라엘은 음녀라는 오명을 씻게 될 것이다. 이스라엘은 그 결혼에서 아무것도 하지 않고 하나님이 모든 약속을 주고 지참금을 준비하신다. 이 두 절은 손과 이마에 경문으로 붙이며 정통 유대인이라면 누구나 암송하는 구절이다(참고. 신 11:18). 이스라엘 민족의 회심(중생)은 개인의 회심과 아주 비슷하다(참고. 고후 5:16-19).

2:21-23 환경의 극적인 반전이다(참고. 1:4, 6, 9; 1:10-2:1).

2:22 **이스르엘** 문자적으로 '하나님이 흩으시리라'는 뜻이다. 1:11처럼 여기서는 긍정적인 의미로 씨를 뿌린다는 것이다.

2:23 로마서 9:25에서 바울이 인용한 구절이다.

C. 양측의 화해(3:1-5)

3:1 **건포도 과자** 특별한 날에 먹는 음식으로(참고. 삼하 6:19) 우상숭배 의식에 일종의 최음제처럼 사용되었을 것이다(참고. 아 2:5). **너는 또 가서…사랑하라** 이미 고멜과 헤어졌던 호세아는 남남처럼 지내는 아내 고멜을 찾으라는 명령을 받는다(참고. 서론에 나온 해석상의 과제). 이를 통해 부도덕한 이스라엘을 향한 하나님의 꺼지지 않는 사랑을 보여주신다.

3:2 **그를 사고** 아마 노예 시장에서 호세아는 은 15세겔과 보리 한 호멜 반으로 고멜을 샀을 것이다. 합산하면 은 30개에 해당하는 액수이며, 보통 노예 한 사람의 가격이다(참고. 출 21:32). 보리는 간음죄로 고발된 사람이 바치는 예물이다(민 5:15).

3:3-5 고멜은 "많은 날 동안" 호세아를 비롯해 어떤 남자와도 부부관계를 갖지 못할 것이다. 하나님이 현 시대에 언약 백성을 다루시는 그림의 또 다른 측면을 여기서 볼 수 있다. 이스라엘은 메시아가 재림하셔서 천년왕국을 통치하실 때까지 기존의 정치적·종교적(참이든 거짓이든) 관계를 박탈당한 채 살게 된다(참고. 겔 40-48; 슥 12-14장).

3:4 **에봇도 없고 드라빔도 없이** 이스라엘은 제사장의 예복과 예배에 사용하는 물건들을 우상숭배에 사용했다.

3:5 **다윗** 참고. 1:11. "마지막 날"이 구체적으로 지적하듯 다윗은 천년왕국 때 메시아를 가리킴이 분명하다(참고. 사 55:3, 4; 렘 30:9; 겔 34:23, 24; 37:24, 25). 유대인은 초림하셨을 때 그리스도를 외면했다. 다윗을 언급한 것에서 그 배경이 다윗 언약임을 알 수 있다(참고. 삼하 7:12-17; 시 39; 132장).

음란한 이스라엘과 성실하신 하나님 (4:1-14:9)

A. 음란한 이스라엘의 죄(4:1-6:3)

4:1 **여호와께서…논쟁하시나니** 선지자는 자신이 경험한 결혼생활의 유비를 일단락 짓고 하나님이 이스라엘을 고발하신 사실을 다룬다.

4:2 이스라엘이 십계명을 얼마나 많이 위반했는지 유의해서 보라(참고. 출 20:3-17).

4:3 죄는 인간과 자연에 파괴적인 영향을 미친다(참고. 욜 1:17-20; 롬 8:19-2). *스바냐 1:3에 대한 설명을 보라.*

하나님이 이스라엘에게 보여주신 인애

	호세아와 고멜	하나님과 이스라엘
혼인	호 1:2	추정, 렘 2:2; 겔 16:8
한 몸	호 1:3	추정, 렘 3:1; 겔 16:9-14
음행	호 2:2; 3:1	호 2:5; 4:12; 렘 3:6; 5:7; 겔 16:15-34
이혼	호 3:1	호 2:2; 렘 3:8-10, 20; 겔 16:35-59
재결합	호 3:3-5	호 1:10, 11; 2:14-23; 14:4-9; 렘 3:22-4:2; 겔 16:60-63

4:4 어떤 사람이든지 다투지도 말며 자신들의 잘못을 합리화하고 부정하는 사람들은 제사장의 결정을 겸허히 받아들이지 않는 사람들처럼 무죄를 항변한다(참고. 신 17:8-13).

4:5 네 어머니 그 백성을 자녀로 둔 이스라엘 민족이다(참고. 2:2).

4:6 나도 너를 버려 내 제사장이 되지 못하게 할 것이요 주의 명령을 거부한 이스라엘은 더 이상 열국의 제사장으로 섬길 수 없다(참고. 출 19:6; 약 3:1).

4:7-10 영광스러운 능력을 누리도록 하셨음에도 그 후손들은 죄악의 제물을 먹고 그 지위를 남용했으므로 수치를 당할 것이다. 마땅히 신실해야 할 제사장들은 그 백성과 조금도 다를 바 없기 때문에 함께 심판을 당할 것이다(참고. 사 24:1-3). 약 4세기 후인 말라기 시대도 다를 바가 없다(참고. 말 2:1-9).

4:11 시대를 초월해 누구에게나, 특히 호세아 시대의 이스라엘과 유다에게 적용할 수 있는 도덕적 진리다.

4:12 음란한 마음 세속적이고 영적인 음행, 즉 우상숭배에 끌리는 강렬한 마음과 성향을 말한다(참고. 5:4).

4:13 올바른 교훈과 명철을 빼앗긴 이스라엘 백성은 우상에게 제물을 바쳤다. 산꼭대기와 나무숲은 그들이 즐겨 우상을 섬기고 더러운 종교적 매춘을 행하는 곳이었다(참고. 신 12:2; 렘 2:20; 겔 6:13).

4:14 범죄한 모든 자가 심판을 받겠지만 하나님은 음녀만 처벌하고 그들과 음행한 남자들은 처벌하지 않고 그냥 풀어주지 못하게 하셨다. 중벌을 받아야 할 이들은 범죄한 여자가 아니라 음행을 저질러 악한 모범을 보여준 아버지들과 남편들이었다. **깨닫지 못하는** 참고. 4:6.

4:15 길갈 요단강과 사마리아 지역의 여리고 사이에 위치한 이곳은 한때 하나님의 거룩한 성소였지만(수 5:10-15; 삼상 10:8; 15:21) 우상숭배로 더러워졌다(참고. 9:15; 12:11; 암 4:4; 5:5). **벧아웬** 유다는 벧아웬('악/거짓의 집')을 비롯한 이스라엘의 우상숭배 중심지를 멀리해야 한다. 이것은 한때 하나님의 거룩한 성소였던 벧엘("하나님의 집", 창 28:17, 19)을 의도적으로 바꿔 부른 것이다. 여로보암은 이 벧엘을 송아지 신상 숭배의 중심지로 만들었다(참고. 왕상 12:28-33; 13:1; 렘 48:13; 암 3:14; 7:13).

4:16 이스라엘은 완강한 소처럼 완악했기 때문에 하나님은 더 이상 안전한 울타리로 보호하지 않고 광야의 어린 양처럼 그들을 방치하신다.

4:17 에브라임…버려 두라 북왕국 열 지파 중 가장 큰 영향력을 가진 에브라임은 종종 북왕국을 대표했다. 이것은 진노하신 하나님의 유기를 표현한 것이다. 죄인들이 그분을 거부하고 악한 뜻을 좇는 데 골몰하면 하나님은 제어하는 은혜를 중단하시고 그들이 선택한 패역의 결과를 감당하도록 방치하신다. 이런 하나님의 진노는 로마서 1:18-32에 기록되어 있다(참고. 삿 10:13; 대하 15:2; 24:20; 시 81:11, 12).

5:1 들으라…깨달으라…기울이라 호세아는 제사장들과 왕족, 백성에게 말한다. 3번의 명령은 다 귀 기울여 주목하라는 명령이다. 종교지도자들과 일반 지도자들이 백성의 올무와 덫이 되었다(참고. 6:9; 7:7). **미스바…다볼** 길르앗의 미스바는 요단강 동쪽에 위치하며(삿 10:17; 11:29) 다볼은 갈릴리 바다 남서쪽에 위치한 곳으로 거짓 우상을 섬기던 곳으로 보인다.

5:2-4 살육죄…음행 불순종하던 제사장들은 여전히 짐승들을 죽이고 용납할 수 없는 희생제사를 드렸다. 그 제사는 악한 마음으로 이방 신들에게 드리는 것이었다.

단어 연구

넘어지다(Stumble): 4:5; 5:5. 문자적으로 '기우뚱거리다' '걸려 넘어지다' '넘어지다'라는 뜻이다. 선지자들은 이 단어를 사용해 종종 히브리인들의 영적 상태를 표현했다. 예를 들어 호세아는 거짓 선지자들과 그 추종자들을 깜깜한 데서 넘어지는 자들로 비유한다. 그들은 우상숭배의 죄에 걸려 넘어져 파멸을 자초한다(4:5; 5:5; 사 3:8). 이사야는 자기 힘에 의지하는 자들은 쓰러지고 넘어지지만(사 40:30) 주의 인도하심을 받는 자들은 넘어지지 않는다고 말한다(사 63:13). 실제로 하나님은 과거에 넘어졌던 자들이라도 그분을 부르면 힘을 주신다(삼상 2:4).

음행하다(Play the harlot): 2:5; 3:3; 4:15. 이것은 부정한 성관계를 맺는 것, 특히 매춘 행위를 의미한다. 고대 세계에는 두 가지 형태의 매춘이 있었다. 일반적 매춘과 의식적 또는 '종교적' 매춘으로, 후자는 이교도의 다산 의식에서 흔히 볼 수 있었다. 하나님의 율법은 매춘을 엄격히 금했다(레 19:29; 신 23:17). 구약은 매춘을 우상숭배의 죄악에 자주 비유한다. 이스라엘은 한 분 하나님만을 섬겨야 하기 때문에(출 20:3) 우상숭배는 하나님께 간음하는 것이나 마찬가지였다. 호세아는 실제로 하나님이 이스라엘의 음행을 참으신다는 것을 보여주는 살아 있는 상징으로 음녀와 결혼했다(1:2).

5:5 **이스라엘의 교만이 그 얼굴에 드러났나니** 우상을 섬기는 이스라엘의 교만함은 그 얼굴로 드러나 스스로 유죄임을 밝힌다(참고. 7:10). **유다** 주로 북왕국을 겨냥한 호세아서에서 남왕국에 대한 11번의 고발 중 첫 고발이다(5:5, 10, 12, 13, 14; 6:4, 11; 8:14; 10:11; 11:2; 12:2).

5:6, 7 이스라엘의 종교적 희생제사와 매월 지키는 절기들은 이제 하나님의 은혜는커녕 오히려 심판을 불러오게 만든다. 하나님은 "그들에게서 떠나셨음이라". *4:17에 대한 설명을 보라.*

5:8 **기브아…라마** 이스라엘과 인접한 유다의 북쪽 국경 지대에 위치한 곳이다. **뿔나팔을 불며** 적이 눈앞까지 왔으니 파수꾼들은 경고의 나팔을 울려야 한다(참고. 민 10:9). 이 세 곳은 모두 전략적인 방어 도시였다. **벧아웬** (벧엘)이스라엘 남쪽에 위치했다(참고. 4:15). **베냐민** 이것은 남왕국 전체를 가리킨다.

5:10 **유다** 남왕국 역시 결백하지 않았다. **경계표를 옮기는 자** 경계를 표시하는 돌로 밤에 몰래 옮기곤 했다. 경계표를 옮기는 것은 이웃의 땅을 훔치는 일이나 마찬가지였다(참고. 신 19:14; 27:17; 잠 22:28; 23:10). 게다가 유다 지도자들은 하나님이 설정하신 영적 경계들까지 마음대로 바꾸었다(참고. 11절).

5:11 에브라임은 하나님의 뜻이 아니라 인간의 뜻을 좇은 죄로 고통을 겪는다.

5:12 **좀…썩이는 것** 하나님의 존재가 이스라엘에게 오히려 파괴적으로 작용한다.

5:13 **야렙 왕** 야렙은 '전사'라는 뜻으로 앗수르 왕을 가리킨다(참고. 10:6) 이스라엘은 앗수르 왕의 도움에 의지했고(참고. 왕하 15:19, 20) 나중에 유다 역시 앗수르에 도움을 구했다(참고. 왕하 16:5-9).

5:14, 15 여호와께서 이스라엘을 앗수르의 손에 붙이시고 유다는 바벨론에 붙이셔서 심판을 내리시기 때문에(참고. 13:7, 8) 이방의 도움은 아무 소용이 없을 것이다. "그들이 그 죄를 뉘우치고" "내 얼굴을 구하기"까지(참고. 5:15) 자신을 보여주시지 않을 것이다.

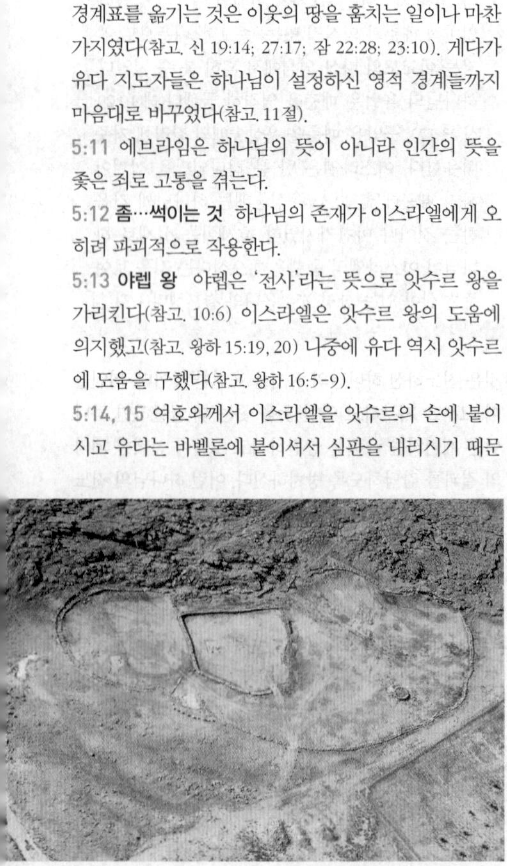

요단강과 사마리아 지역의 여리고 사이에 위치한 길갈(Gilgal)

6:1-3 호세아는 미래에 그리스도의 천년 통치가 시작되면(참고. 슥 12:10-13:1; 사 43:1-6) 이스라엘이 회개하며 할 말을 기록한다(참고. 5:15).

6:2 **이틀 후에…셋째 날에** 이것은 그리스도의 부활에 대한 언급이 아니라(1절의 문맥상 죽음이 아닌 질병을 가리킴) 신속히 병을 치유해주시고 회복해주심을 가리키는 말이다. 이 본문처럼 성경에는 문학적 효과를 높이기 위해 종종 숫자가 사용된다(예를 들어 욥 5:19; 잠 6:16; 30:15, 18; 암 1:3).

B. 버림받은 음란한 이스라엘(6:4-10:15)

6:4-7 하나님을 향한 이스라엘의 헌신은 너무나 피상적이고 찰나적이므로 엄한 메시지를 들려 선지자들을 보내고(4, 5절) 혼인관계에 합당한 언약적 정절을 지키라고 요구하신다(6절). 그러나 그들은 혼인 서약을 저버렸다(7절).

6:6 **나는 인애를 원하고 제사를 원하지 아니하며** 참고. 사무엘상 15:22; 시편 51:16, 17; 마태복음 9:13; 12:7.

6:7 **아담…언약** 일부 번역본처럼 '아담'으로 번역하기보다 '사람들'로 번역하는 게 더 정확하다. 모세 언약을 가리킨다(참고. 8:1; 출 19:5, 6).

6:8 **길르앗** 참고. 12:11. 요단강 동쪽과 얍복강 북쪽에 위치한 지역으로, 라못 길르앗을 가리킬 것이다.

6:9 **세겜** 이 성은 예루살렘 북쪽 64킬로미터 지점의 중앙 산악 지역에 위치했고 에발산과 그리심산이 근방에 있다. 48개 레위인의 성읍 중 하나였고(수 20:7), 북왕국의 첫 수도였다(왕상 12:25).

6:11 유다가 이웃 나라의 멸망에 우쭐한 생각을 갖지 않도록 호세아 선지자는 그들에게도 심판의 날이 기다리고 있음을 경고한다(참고. 렘 51:13; 욜 2:1-3).

7:1 **사마리아** 수도인 사마리아는 북왕국을 상징한다.

7:4-7 백성의 지도자들은 밤새 더러운 욕망을 불태웠기 때문에 호세아는 그것을 뜨겁게 달궈진 화덕에 비유한다(참고. 4, 6, 7절). 얼마나 뜨겁게 달아올랐는지 빵 굽는 자가 밤새도록 불을 조절해야 다음날 아침 빵을 굽기에 적당한 온도로 맞출 수 있다.

7:7 **그들의 왕들을 다 엎드러지게 하며** 이스라엘의 마지막 여섯 명의 왕 가운데 네 명의 왕이 반란으로 목숨을 잃었다. 서론의 저자와 연대를 보라.

7:8, 9 이스라엘의 요청에 의해 이방 열국들이 이스라엘의 종교생활과 국민들의 삶에 간섭했다. 이런 간섭으

로 이스라엘은 한쪽은 타고 한쪽은 익지 않은 '뒤집지 않은 전병'처럼 되었다. 이런 이방인의 지원에 보답하느라 이스라엘은 힘을 탕진하고(9절) 어느새 노쇠해졌지만 그 사실을 알지 못한다.

7:10 *5:5에 대한 설명을 보라.*

7:11, 12 지능이 낮은 것으로 유명한 비둘기처럼(참고. 마 10:16) 이스라엘은 여호와의 도움을 구하지 않고 애굽과 앗수르의 도움을 구했다. 결국 주님은 이스라엘에게 덫을 치실 것이다(참고. 8:9, 10).

7:13 건져 주려 하나 애굽과 다른 원수들로부터 건져 주고자 하신다.

7:14 침상에서 슬피 부르짖으며…모이며 앞에 나온 구절은 종교 매춘이 이루어지는 침상에서 이교도의 다산 신들에게 기도하는 것을 말하는 듯하다. 뒤에 나온 구절은 '그들의 몸을 상하게 하더라'로 번역하는 것이 더 정확하다는 점을 감안할 때 엘리야가 갈멜산에서 바알 선지자들과 일전을 벌인 것을 비유하는 것 같다(참고. 왕상 18:28).

8:1 나팔 신의 대리자인 정복자가 다가오고 있음을 나팔을 울려 경고하라는 것이다. **독수리처럼** 문자적으로 '콘도르'를 말한다. 앗수르는 이스라엘을 언제라도 덮쳐 한 입에 먹어치울 준비가 되어 있었다(참고. 신 28:49). **내 언약을 어기며** *6:7에 대한 설명을 보라.*

8:2 우리 이스라엘이 주를 아나이다 이스라엘은 우상을 섬기고 거짓된 혼합 종교에 심취했기 때문에 하나님께 부르짖어도 아무 소용이 없다.

8:4 왕들…지도자들 아무리 인간적으로 최선을 다해도 하나님이 진정으로 개입해주시지 않으면 파멸할 수밖에 없다.

8:5, 6 네 송아지는 버려졌느니라 북왕국의 민족 종교는 송아지를 숭배하는 것이었다(참고. 왕상 12:25-33). 하나님은 처음부터 이 우상숭배를 단호하게 꾸짖으셨다(참고. 출 32:1-35).

8:7 바람을 심고 광풍을 거둘 것이라 이것은 그들이 믿는 모든 거짓 종교가 점점 더 허망하고 무가치해지리라는 것을 의미한다.

8:9 그들이…앗수르로 갔고 문맥에서 보듯 이것은 포로로 잡혀갔다는 의미가 아니라 앗수르와 동맹을 맺었다는 뜻이다(참고. 7:11, 12). "들나귀처럼" 이스라엘은 자기 고집대로 이방의 도움을 구하는 등 여호와를 의지하지 않았다.

8:11, 12 이스라엘은 계속해서 충분한 경고를 받았기 때문에 더는 변명할 말이 없다(참고. 6:7; 8:1).

8:13 그들은 애굽으로 다시 가리라 이스라엘은 이전에 노예생활을 하던 곳을 다시 회상하며 앗수르가 그들에게 또 다른 '애굽'이 될 것이라고 말한다(참고. 9:3; 11:5; 신 28:68). 소수의 유대 피난민은 실제로 애굽으로 피했다(참고. 왕하 25:26). 이사야는 비슷하게 이런 대표적 의미를 지닌 곳으로 '소돔'을 인용했다(사 1:9, 10).

8:14 유다는 견고한 성읍을 많이 쌓았으나 유다는 이스라엘보다 우상숭배가 덜했지만(*5:5에 대한 설명을 보라*) 견고한 성읍을 하나님보다 더 의지했다. 하나님께 나아가기보다 인간적 방어 시설들을 확장하는 데 힘썼다(참고. 사 22:8; 렘 5:17). 하나님만 의지하지 않고 이런 인간적 수단을 만드는 데 몰두하면 이 모든 노력은 실패할 수밖에 없다.

9:1-17 호세아는 하나님이 이스라엘을 앗수르에게 넘겨주기로 작정하셨음을 알 수 있는 다섯 가지 징후를 말한다. 기쁨의 박탈(1, 2절), 포로생활(3-6절), 영적 분별력의 상실(7-9절), 출산율 저하(10-16절), 하나님이 버리심(17절)이다.

9:1, 2 타작 마당…술틀 이것은 바알에게 번영을 기원하며 신전 매춘을 행하던 곳이었다. 하지만 하나님은 그들에게 가난을 보내셨다.

9:3 여호와의 땅 참고. 레위기 25:23. **애굽** *8:13에 대한 설명을 보라*(참고. 11:5).

9:4 애곡하는 자의 떡…더러워지나니 애곡할 때 먹은 음식은 부정하며 그것을 먹은 자는 다 부정하다고 간주되었다(참고. 신 26:12-15).

9:6 놉 애굽의 고대 수도로 무덤과 피라미드로 유명하다. 이것은 앗수르를 비유적으로 가리킬 때 사용된다(*왕하 17:6-23에 대한 설명을 보라*).

9:7, 8 참 선지자는 하나님의 영감을 받은 사자이자 파수꾼이지만(참고. 겔 3:17; 33:1-7) 이스라엘은 그들을 어리석고 미친 자들로 취급했다. 그래서 이스라엘은 진정한 경고의 말씀을 무시한 대가로 선지자들이 한 말의 올무에 걸리고 만다.

9:9 기브아 참고. 10:9. 이스라엘의 죄악은 기브아 사람들의 총체적 악행에 비유된다. 그들은 레위 사람의 첩을 잔인하게 강간하고(삿 19:22-25) 결코 잊을 수 없는 악랄한 죄를 저질렀다(참고. 삿 19:30).

9:10 광야에서 포도 진기하고 신선한 물건이다(참고. 신 32:10). **바알브올** 이스라엘은 약속의 땅에 들어가기 전에 바알브올에서 바알에게 절하며 우상을 섬긴 적이 있다(민 25:3-18). 하나님은 그들의 부도덕과 거짓 예배로 2만 4,000명을 죽이셨다(민 25:9).

9:11-14 호세아는 저주 시편을 연상하는 기도를 드린다. 세상의 최고 축복이라고 할 수 있는 자녀 축복에 빗

대어 하나님의 축복을 거두어달라고 기도한다.

9:13 **두로** 풍요로운 지중해 연안에 위치한 도시로 시돈 남쪽에 위치한다. 두로가 무서운 심판을 받듯이(참고. 사 13; 겔 26-28장) 이스라엘도 그러할 것이다.

9:15 **길갈** 우상숭배의 중심지인(*4:15에 대한 설명을 보라*) 이곳은 이스라엘의 영적 간음을 상징한다. 하나님은 그런 이유로 그들과 친밀한 교제를 거부하신다.

9:17 **떠도는 자** 하나님은 불순종하면 온 세상으로 흩어버리겠다고 약속하셨다(참고. 레 26:33; 신 28:64, 65). 그러나 장차 하나님은 그 언약 백성을 다시 그 땅으로 불러모으실 것이다(참고. 신 30:3, 4; 사 11:12; 렘 30:3; 겔 37:21, 22; 암 9:14; 습 3:19, 20; 슥 8:7, 8).

10:1 풍요로움은 영적 타락을 낳았다(참고. 겔 16:10-19).

10:2 여호와만을 섬기지 않는 이스라엘의 거짓 예배를 파하실 것이다.

10:3, 4 이스라엘의 마지막 다섯 왕은 다 불법으로 왕위를 찬탈했다. 무능하고 존경받을 만한 가치가 없던 그들은 법을 제대로 집행할 능력도 없었다.

10:5 **벧아웬의 송아지** *4:15; 8:5에 대한 설명을 보라.* 참고. 5:8.

「선지자 호세아와 요나(*The Prophets Hosea and Jonah*)」 1510년. 라파엘. 캔버스에 유화. 26.2x20cm. 워싱턴 국립미술관. 워싱턴.

10:6 **야렙 왕** *5:13에 대한 설명을 보라.*

10:8 **아웬** *4:15; 5:8에 대한 설명을 보라.* **우리를 가리라…우리 위에 무너지라** 포로생활이 너무 힘들어 백성은 차라리 산이나 언덕이 무너져 그들을 덮치게 해달라고 기도할 것이다. 마지막 때의 절규와 비슷하다(참고. 눅 23:30; 계 6:16).

10:9 **기브아 시대** *9:9에 대한 설명을 보라.*

10:10 **두 가지 죄** 이스라엘은 불의를 저지른 대가로 벌을 두 배로 받을 것이다(참고. 사 40:2; 렘 16:18).

10:11 **길들인 암소 같아서 곡식 밟기를 좋아하나** 가축에게는 밭을 가는 것보다 곡식 밟기가 훨씬 더 쉽다. 다른 가축들과 한 멍에에 묶여 일하지 않고 혼자서 곡식을 밟다가 도중에 곡식을 먹을 수도 있기 때문이다. 율법은 밭을 가는 짐승의 입에 망을 씌우지 말라고 명했다(신 25:4; 고전 9:9). 이스라엘은 거짓 신들과 이방 왕들의 멍에를 쓰기 원했기 때문에 하나님은 앗수르의 포로라는 멍에를 그들에게 씌워주실 것이다.

10:14 **살만이…벧아벨을 무너뜨린 것 같이** 살만은 앗수르 왕 살만에셀 5세(주전 727-722년)일 것이다. 그는 이스라엘의 멸망에 큰 역할을 했다(참고. 왕하 17:3-6). 벧아벨의 위치는 확실하지 않다. 그곳에서 저지른 악명 높은 악행이 그들의 기억에 생생하게 각인되었다.

10:15 **벧엘** *4:15; 5:8에 대한 설명을 보라.* 이스라엘의 중요한 성소이자(참고. 암 7:13) 우상숭배의 중심지다(왕상 12:25-33; 왕하 10:29). **왕** 호세아(주전 732-722년)로 이스라엘의 마지막 왕이다(참고. 왕하 17:1-6).

C. 음란한 이스라엘이 여호와께로 돌아옴 (11:1-14:9)

11:1 하나님은 출애굽한 역사(참고. 출 4:22, 23)를 부드러운 어조로 상기시키시며 강렬한 사랑을 재확인시켜 주신다. 하나님은 이스라엘에게 다시 연민을 느끼신다(참고. 사 12:1; 40:1, 2; 49:13; 렘 31:10-14; 슥 1:12-17). 마태가 이 절을 예수 그리스도와의 관계에 비유적으로 빗댄 내용은 마태복음 2:15을 보라.

11:3, 4 하나님의 사랑을 나타낸 언어 그림은 이스라엘의 초기 역사에 대한 에스겔의 감동적 묘사에 반영되어 있다(참고. 겔 16:1-14).

11:5-7 하나님의 따뜻한 돌보심에도 이스라엘이 감사하지 않으므로 이제 심판은 불가피해졌다(참고. 롬 1:21).

11:5 **애굽 땅으로 되돌아 가지 못하겠거늘** *8:13에 대한 설명을 보라.*

11:7 **물러가나니** *잠언 14:14에 대한 설명을 보라.*

11:8 **아드마…스보임** 에브라임을 향한 하나님의 사랑

이 극진해서 이 두 도시에게 행한 것처럼 그를 심판하기가 고통스럽다. 이 도시는 소돔과 고모라와 함께 멸망했다(참고. 창 10:19; 19:23-25; 신 29:23).

11:9 **내가 다시는 에브라임을 멸하지 아니하리니** 앗수르 왕 디글랏 빌레셀이 가한 파괴와 살육이 암시되어 있다. 그는 이스라엘한테서 길르앗, 갈릴리, 납달리를 빼앗아갔다(왕하 15:29). 궁극적으로 이 구절은 하나님이 오랫동안 흩어져 있던 그 백성을 자비하심으로 회복해 다시는 멸하지 않게 해주시리라는 약속을 말한다. *9:17에 대한 설명을 보라.*

11:10 **사자처럼 소리를 내시는** 여호와께서 사자처럼 이스라엘을 심판하기 위해 포효하시기도 하지만(참고. 5:14; 13:7) 또 그들을 부르고 보호하며 축복하실 작정으로 포효하실 때도 있다(참고. 욜 3:16). **서쪽에서부터** 앗수르와 바벨론의 포로생활에서 돌아올 때는 동쪽에서 돌아올 것이다. 따라서 그리스도가 재림하셔서 천년왕국을 세우실 것을 말하는 게 분명하다(참고. 사 11:11, 12). 그때에는 전 세계에 흩어져 있는 이스라엘을 부르시고 9:17의 심판을 되돌리실 것이다.

11:11 **애굽…앗수르** *8:13에 대한 설명을 보라.* 참고. 7:11, 12.

11:12 **하나님…대하여 정함이 없도다** *5:5에 대한 설명을 보라.* 호세아가 유다에 대해 언급한 다른 내용들과 자연스럽게 연결되도록 이 구절은 '정함이 없이 하나님을 대적한다'라고 번역하는 것이 정확하다(참고. 12:2).

12:1 이스라엘이 이방 이웃들과 맺은 동맹은 아무 소용이 없었다. 이 예언은 이스라엘이 앗수르와 애굽 왕에게 도움을 구하던 때 받은 예언이다. *8:9에 대한 설명을 보라.* 참고. 열왕기하 17:1-4.

12:2 **유다** *5:5에 대한 설명을 보라.* **야곱** 이스라엘과 번갈아 사용될 때가 많다(참고. 10:11; 창 32:28).

12:3-6 호세아는 이스라엘 백성에게 조상 야곱의 끈질긴 기도 태도를 본받으라고 권면한다. 야곱은 끈질긴 기도로 하나님의 은혜를 입었다. 하나님은 불변하시는 분이므로 야곱처럼 하나님을 진심으로 구하는 자손에게 동일한 은혜를 베푸실 것이다.

12:3 **형의 발뒤꿈치** *창세기 25:22-28에 대한 설명을 보라.*

12:3, 4 **하나님과 겨루되…천사** 창세기 32:22-32를 보라. *창세기 32:24에 대한 설명을 보라.*

12:4 **벧엘** 창세기 28:10-22; 31:13; 35:9-15를 보라.

12:5 **여호와…기억하게 하는 이름** *출애굽기 3:14에 대한 설명을 보라.*

12:7, 8 **상인** 가나안 사람들은 상인으로 널리 알려져 있어 가나안 사람이라는 표현은 '상인'과 동일한 의미로 통용되었다(참고. 겔 16:29; 17:4; 습 1:11). 이스라엘은 스스로 인정하지 않지만(8절) 물질주의적이며 탐욕에 빠졌고 부정한 이득을 탐하는 자들이 되었다.

12:9 일 년에 한 번 지키는 초막절(참고. 민 29:12-38)이 되면 이스라엘은 초막에서 생활하며 40년간 광야에서 방황한 일을 기념했다. 포로생활 때는 내내 장막에서 살아야 한다.

12:10 **내가…말하였고** 이스라엘의 죄가 무거운 것은 그들이 몰라서 범죄한 것이 아니라 하나님의 계시된 말씀에 도전했기 때문이다(참고. 암 3:8).

12:11 **길르앗** 6:8에 대한 설명을 보라. **길갈** *4:15; 9:15에 대한 설명을 보라. 길갈*은 '돌무더기'라는 뜻으로 언어유희가 사용되고 있다. **밭이랑에 쌓인 돌무더기** 돌무더기를 쌓아 농부가 밭의 경계를 표시하듯 이스라엘은 전국에 우상 섬기는 돌 제단을 쌓았다.

12:12-14 야곱이 아람까지 나그네 신세로 방황하고(창 28:1-5; 29:1-30) 이스라엘이 모세의 인도로 애굽에서 탈출한 일(출 12-15장)을 듣고 에브라임은 마땅히 오만함을 회개하고 자신의 비천한 출신을 되새기며 오직 하나님의 은혜로우신 능력이 있어야만 민족으로 보존될 수 있음을 인정해야 했다.

13:1 **떨었도다** 이스라엘 역사 초기에 가장 강한 지파 에브라임(참고. 창 48:17-20)이 입을 열어 말하면 권위가 있어 사람들은 두려워했다. **바알** *2:8에 대한 설명을 보라.* **망하였거늘** 에브라임은 두려움의 대상이었지만 범죄하여 영적으로 죽었고, 이제 민족의 운명도 막바지에 이르렀다.

13:2 **송아지와 입을 맞출 것이라** 그 우상에게 헌신을 표현하는 우스꽝스러운 행위다(참고. 왕상 19:18).

13:3 이 네 가지 비유적 표현은 우상숭배의 영적 허망함, 허무, 공허함, 무익함을 생생하게 묘사한다.

13:4-6 하나님과 결혼 서약을 맺은 이스라엘은 오직 그분만을 사랑하고 정절을 지켜야 한다(참고. 출 20:2, 3). 그러나 그들은 하나님을 잊고 구하지 않았다.

13:4 **나 밖에…다른 신** *출애굽기 20:3-6에 대한 설명을 보라.* 이스라엘은 토라의 첫 두 계명을 대놓고 어겼다. **나 외에는 구원자가 없느니라** 참고. 이사야 43:11. *이사야 43:3에 대한 설명을 보라.*

13:5 **광야 마른 땅** 하나님은 광야에서 생활할 때 물(출 17:1-7)과 양식(민 16장)을 주시며 이스라엘 민족의 필요를 채워주셨다.

13:6 **배가 불렀고** 하나님은 그 백성을 젖과 꿀이 흐르는 땅으로 인도해주셨지만(출 3:8; 신 6:3) 그들은 모세

의 예언대로 하나님을 버리고 다른 신들을 섬겼다(참고. 신 31:20).

13:7, 8 사자, 표범, 곰은 모두 이스라엘에서 볼 수 있는 짐승이었다. 이스라엘의 보호자께서 이제 그들의 영적 음란함 때문에 맹수처럼 그들을 찢고 삼키며 심판하실 것이다(참고. 레 26:21, 22; 신 32:24; 겔 14:21).

13:9 패망하였나니…도와 주는 이스라엘을 도와주시던 분(4절)이 이제 그들을 심판하고 파멸시키실 것이다(8절).

13:10 네 왕 여기서는 '네 왕이 어디 있느냐'로 번역하는 것이 더 정확하다. 이것은 하나님을 그들의 참 왕으로 인정하지 않는 이스라엘을 고발하는 어구다. 참고. 사무엘상 10:17-19.

13:11 이것은 주전 1011년의 이스라엘 초대 왕 사울(삼상 15:26)부터 마지막 왕 호세아의 주전 722년까지의 기간을 말한다(왕하 17:7-18).

13:12 봉함되었고…저장되었나니 이스라엘의 죄는 심판의 날에 처리하도록 꼼꼼하게 기록해서 안전한 곳에 보관해두었다(참고. 7:2; 신 32:34, 35; 욥 14:17).

13:13 해산할 때가 되어도 이것은 아기가 나오는 산도를 말한다. 출산의 비유를 사용해 하나님은 에브라임을 산도를 타고 내려올 마음이 없는 지혜 없는 태아라고 말씀하신다. 회개하고 '새롭게 출생'해야 하지만 오랫동안 그 일을 미룬 이스라엘 민족은 마치 산도에서 오랫동안 지체해서 생명이 위태로워진 아기와 같다(참고. 왕하 19:3; 사 37:3; 66:9).

13:14 이스라엘을 비난하시던 하나님이 이렇게 갑자기 구원의 강력한 확신을 주시는 모습에서 그분의 무조건적인 사랑의 신비가 더욱 확연하게 드러난다(참고. 11:8, 9; 레 26:44). 이것은 하나님이 이스라엘을 앗수르에게서 회복해주시고 말세에 흩어져 있던 온 땅에서 돌아오게 하심으로써 그들을 보호하고 메시아 왕국에 들어가게 해주시는 모습에도 나타난다(겔 37장). 또한 이것은 다니엘 12:2, 3에서처럼 개인적 부활을 말한다. 회개하는 이스라엘 백성은 그 땅으로 돌아올 것이고, 심지어 죽음에서 일어나 영광을 얻을 것이다. 바울은 고린도전서 15:55에서 이 본문을 인용해(70인역 인용) 장차 있을 교회의 부활을 찬양한다. 죽음과 무덤에서 살아나신 메시아의 큰 승리는 앞으로 있을 완전한 추수의 첫 열매다. 그 추수 때는 성도들도 그 부활의 권능을 누릴 것이다.

13:15 동풍 이것은 앗수르를 말한다. 참고. 12:1.

13:16 사마리아 *7:1에 대한 설명을 보라.* **엎드러질 것이요…부서뜨려지며…갈라지리라** 앗수르의 악명 높은 잔혹성에 걸맞게 충격적 만행이 언급되어 있다(참고. 왕하 17:5; 사 13:6; 암 1:13; 나 3:10).

14:1, 2 이스라엘은 하나님께 돌아오라는 권면을 받는다. 하나님은 회개하고, 순종으로 그 회개를 증명하며, 진정한 "입술의 열매"로 그들을 받아주신 은혜에 보답하라고 권면하신다(참고. 히 13:15). 하나님은 입술로만 드리는 예배를 정죄하신다(사 29:13; 마 15:8).

14:3 고아 다른 민족과 군사력, 우상을 의지했던 이스라엘은 고아 같은 신세가 되었다. 하나님은 고아들에게 자비를 베풀라고 누누이 말씀하셨다(참고. 출 22:22; 신 10:18). 그러므로 이스라엘은 하나님의 연민을 기대할 수 있다(참고. 눅 15:17-20).

14:4-8 이 축복은 천년왕국에서 궁극적으로 성취될 것이다. 이스라엘은 대환난이 끝날 때에야 2, 3절의 방식으로 회개할 것이기 때문이다(참고. 슥 12:10-13:1). 하나님의 사랑이 이슬, 백합화, 레바논의 백향목, 감람나무, 곡식, 포도나무, 푸른 잣나무를 이용한 메타포로 아름답게 소개되어 있다.

14:4 반역 *잠언 14:14에 대한 설명을 보라.*

14:7 그 향기는 레바논의 포도주 같이 되리라 그들의 향기(문자적으로 '기억')는 전 세계적 명성과 존경을 말한다.

14:8 우상이 아닌 여호와 하나님이 이스라엘을 돌봐주실 것이다. 이스라엘이 아닌 하나님이 그들에게 안식과 형통함을 주는 나무이며 결실을 맺게 해줄 "푸른 잣나무"다.

14:9 이 책의 주제가 집약된 호세아의 에필로그는 두 가지 생활방식, 즉 순종의 삶과 불순종의 삶(참고. 신 30:19, 20; 시 1)을 독자에게 소개하며 예언을 마무리한다. 그리고 하나님의 길이 언제나 옳기 때문에(참고. 시 107:43; 전 12:13, 14) 주의 길을 선택하는 지혜로움을 발휘하라고 호소한다.

연구를 위한 자료

Charles L. Feinberg, *The Minor Prophets* (Chicago: Moody, 1980). 『12소선지서 연구』, 찰스 리 화인버그 지음, 엄성옥 옮김(은성, 1992).

Leon Wood, *Hosea*, in Expositor's Bible Commentary (Grand Rapids: Zondervan, 1985).

제목

헬라어 70인역과 라틴어 불게이트 역본은 히브리어 맛소라 본문을 따라 선지자 요엘의 이름을 음역해서 이 책의 이름을 붙였다. 요엘은 하나님께 이 메시지를 받은 선지자다(1:1). 요엘은 '여호와는 하나님이시다'라는 뜻이며, 구약에서 최소한 동명이인이 12명 등장한다. 요엘 선지자는 구약에서 1번밖에 언급되지 않고(1:1) 신약에서도 1번 인용된다(행 2:16-21).

저자와 연대

저자는 자신을 "브두엘의 아들 요엘"이라고만 밝힌다(1:1). 성경은 그에 대해 거의 알려주지 않는다. 그의 아버지의 이름 역시 여기 외에는 구약 어디서도 언급되지 않는다. 요엘이 성전 제사에 큰 관심을 보이지만(1:9; 2:13-16) 농사와 시골생활에 익숙하고 제사장들을 자신과 별개의 인물로 보는 것으로 보아(1:13, 14; 2:17) 레위인이 아님을 알 수 있다. 성경 외적 전승은 그가 르우벤 지파 출신이며 르우벤과 갓 지파의 경계를 맞댄 사해 북동쪽 베돔 또는 벧하람 동네 사람이라고 전한다. 그러나 예언의 맥락은 그가 예루살렘 인근 지역 출신의 유대인임을 암시한다. 외지 사람이라는 암시가 전혀 보이지 않는다.

이 책의 연대는 정경상의 위치, 역사적 암시, 언어학적 요소들로 유추할 수밖에 없다. 유다 말기의 세계 열강들(앗수르, 바벨론, 바사)에 대한 명시적 언급이 부재한 점, 요엘의 문체가 포로기 이후 선지자들보다 호세아와 아모스와 유사한 점, 초기 선지자들과 언어적 유사성(욜 3:16, 암 1:2; 욜 3:18, 암 9:13)으로 볼 때 주전 9세기 후반의 요아스 통치기(주전 835-796년)에 기록되었다고 보는 것이 가장 설득력이 있다. 그러나 책의 기록 연대를 확증할 수 없다고 해도 그 해석에 미치는 영향은 미미하다. 요엘서의 메시지는 시대를 초월하여 어느 시대에나 적용할 수 있는 교훈을 담고 있다.

배경과 무대

두로, 시돈, 블레셋은 이스라엘에게 자주 군사적 위협을 가했다(3:2 이하). 오랜 가뭄과 엄청난 메뚜기 떼의 습격으로 유대 땅에는 초목이 보이지 않을 정도였고 심각한 경제적 타격으로(1:7-20) 남왕국은 허약할 대로 허약해진 상태였다. 요엘은 이 자연재해를 예시로 들어 하나님의 심판을 설명한다. 메뚜기 떼가 죄의 심판이라면 주의 날(여호와의 날)에 하나님이 내리실 심판은 비교도 안 될 정도로 극심할 것이다. 그날에 하나님은 그 원수들을 심판하시고 믿음을 지킨 자들을 축복하실 것이다. 죄를 구체적으로 언급하지 않으며 우상숭배로 유다를 책망하는 내용도 전혀 없다. 그러나 백성의 냉담한 무관심 때문인 듯 선지자는 그들에게 회개를 촉구하며 "너희는 옷을 찢지 말고 마음을 찢고"라고 책망한다(2:13).

역사적·신학적 주제

요엘서의 주제는 주의 날이다. 이 주제는 요엘서 전반에 걸쳐 나타나며 구약 전체에서 가장 지속적으로 이 주제를 다룬다(1:15; 2:1, 11, 31; 3:14). 여호와의 날은 구약에서 여덟 명의 저자가 19번 사용했다[사 2:12; 13:6, 9; 겔 13:5; 30:3; 욜 1:15; 2:1, 11, 31; 3:14; 암 5:18(2번), 20; 옵 15절; 습 1:7, 14(2번); 슥 14:1; 말 4:5]. 이는 특정한 시기를 가리키는 표현이 아니라 오직 하나님만이 시행하실 진노와 심판의 시간을 통칭하는 표현이다. 전능하며 거룩하신 그분의 성품이 드러나는 특별한 날로 그분의 원수들이 떨며 두려워할 날이다.

여호와의 날이 항상 종말의 사건을 말하지 않는다. 바벨론의 침략과 예루살렘 멸망을 예언한 에스겔 13:5에서 보듯 가까운 미래에 이루어질 수도 있다. 예언서에서 흔하게 보겠지만 가까운 미래에 성취된 역사적 사건은 먼 미래의 종말에 성취될 예언을 이해하는 열쇠가 된다.

여호와의 날은 지진(예를 들어 2:1-11; 2:31; 3:16), 혹독한 기후(겔 13:5 이하), 구름과 흑암(예를 들어 2:2; 습 1:7 이하), 우주적 격변(2:3, 30)과 종종 연관되며 "크고 심히 두려운"(2:11) 날로 "멸망 같이 전능자에게로부터 이르는"(1:15) 날이다. 요엘서 후반(2:18-3:21)은 약속과 소망의 관점에서 여호와의 날 직전과 이후의 시기를 묘사한다. 그때는 모든 육체에 성령을 부어주심으로 예언을 하고 꿈을 꾸고 환상을 보게 된다(2:28, 29).

여호와의 날이 임하면 축복과 결실, 번영을 누리게 된다(2:21 이하; 3:16-21). 죄인들에게 심판이 임하고 회개하는 자들은 축복을 받으며 하나님은 자기 백성과 언약을 다시 확증해주신다. *데살로니가전서 5:2에 대한 설명을 보라.*

해석상의 과제

먼저 1장과 2장의 관계에 대한 해석상의 어려움이 있다. 1장은 메뚜기 떼의 역습으로 온 땅이 황폐해진 실제로 일어난 역사적 사건을 서술한 것으로 보아야 타당하다. 2장은 서술 내용이 고양된 것으로 볼 때 신중하고 정확한 해석이 필요하다. 2장에서 선지자는 1장의 메뚜기 재앙 이상의 문제를 제시하고 점점 더 높은 수위의 내용을 거론하면서 그 재앙과 그로 말미암은 참된 회개의 즉각적 필요성을 부각시킨다. "말 같고"(2:4) "용사 같이"(2:7)와 같은 직유법을 사용한 데서 그가 마지막 여호와의 날에 있을 대량 살상으로만 설명될 침략을 예시하기 위해 실제 메뚜기 재앙을 사용하고 있음을 알 수 있다.

해석상의 두 번째 과제는 베드로가 사도행전 2:16-21에서 요엘 2:28-32를 인용한 부분이다. 어떤 이들은 사도행전 2장의 기적적 현상과 주후 70년의 예루살렘 멸망을 이 요엘 단락의 궁극적 성취로 해석한다. 반면에 어떤 이들은 이 구절이 오직 마지막 여호와의 날에만 성취될 수 있다고 주장한다. 하지만 분명히 요엘은 최후의 두려운 여호와의 날이라고 언급하고 있다. 오순절 성령 강림 사건은 이 예언의 온전한 성취가 아니라 여호와의 날 이후 메시아 왕국에 온전히 임할 성령의 권능과 역사의 예고편이자 맛보기라고 할 수 있다.

세 번째, 요엘서에 시간적 관점을 정확히 파악하기 어려운 부분이 있다. 지금의 논증은 이 문제를 해결하는 데 도움이 될 것이다. 1:1 이후의 요엘서 내용은 세 가지 기본 범주로 정리할 수 있다. 첫 단락(1:2-20)에서 요엘은 당시의 주의 날을 묘사한다. 땅은 메뚜기 재앙과 가뭄으로 황폐해진 상태였다. 그는 재앙의 세세한 내용(1:1-12)을 소개한 후 공동체적 회개와 개혁을 요구한다(1:13-20).

두 번째 단락(2:1-17)은 1장에서 묘사한 역사적 메뚜기 재앙에서 2:18-3:21의 종말론적 여호와의 날로 이어지는 교량 역할을 한다. 그는 당대의 메뚜기 재앙을 배경으로 사용하지만 강조의 수위를 높여 주의 임박한 진노를 생생하고 강렬하게 묘사하고(2:1-11) 분명하면서도 단호한 어조로 집요하게 회개를 호소한다(2:12-17).

세 번째 단락(2:18-3:21)에서는 여호와께서 직접 종말론적 소망을 강조하시며 그 백성에게 그들과 함께하겠다는 사실을 확인해주신다(2:27; 3:17, 21). 이 요엘서 단락은 호소한 대로(2:12-17) 이미 백성이 회개했음을 전제로 하며, 그들의 기도에 주님이 열정적으로 응답해주실 것을 말한다(2:18, 19상). 요엘서 2:18-20은 애가와 저주에서 하나님의 임재와 재앙의 돌이키심에 대한 하나님의 약속으로 내용상 전환이 일어나며 2:19하, 20절은 그 돌이키심의 본질과 성격을 소개한다. 그리고 이어서 주님은 회개하는 자들과 함께하실 것을 확증하는 세 가지 약속을 주신다. 그 땅을 고쳐 물질적 회복을 주심(2:21-27), 그 성령을 부어 영적 회복을 주심(2:28-32), 불의한 자들을 심판해 민족적 회복을 주심(3:1-21)이다.

요엘 개요

I. 이미 경험한 역사적 여호와의 날(1:1-20)
  A. 메시지의 출처(1:1)
  B. 황폐함을 성찰하라는 명령(1:2-4)
  C. 황폐함의 완결(1:5-12)
  D. 황폐함을 보며 회개하라는 요청(1:13-20)
II. 내용 전환의 예시로 소개된 여호와의 날(2:1-17)
  A. 경고의 나팔 소리(2:1)
  B. 군대의 침입(2:2-11)
  C. 회개의 호소(2:12-17)
III. 종말론적 여호와의 날에 대한 서술(2:18-3:21)
  A. 서문(2:18-20)
  B. 물질적 회복(2:21-27)
  C. 영적 회복(2:28-32)
  D. 민족적 회복(3:1-21)

이미 경험한 역사적 여호와의 날 (1:1-20)

A. 메시지의 출처(1:1)

1:1 **브두엘** 그의 이름은 '하나님의 열린 마음' 또는 '하나님을 향해 열린 마음'이라는 뜻이며, 성경에서 오직 요엘서에만 등장한다. **요엘** 그의 이름은 '여호와는 하나님이시다'라는 뜻이다. **여호와의 말씀** 이 도입부 구절은 하나님이 위임하신 말씀이라는 사실을 강조하고자 선지자들이 자주 사용한다. 참고. 호세아 1:1; 미가 1:1; 스바냐 1:1. 또한 사무엘상 15:10; 사무엘하 24:11; 예레미야 1:2; 에스겔 1:3; 요나 1:1; 스가랴 1:1; 말라기 1:1은 약간 변형된 형태를 사용한다. **여호와** 이스라엘이 특별히 사용하는 하나님의 이름이다. 이 이름은 친밀하고 결혼생활처럼 언약으로 결속된 관계를 암시하며 이스라엘에게 특별한 의미를 지닌다(출 3:14).

1:2-20 선지자는 당장 눈앞에 임한 주의 날을 묘사한다. 땅은 메뚜기 재앙과 가뭄으로 황폐할 대로 황폐해져 있었다. 재난의 세세한 묘사(2-12절)에 이어 민족적 회개와 개혁을 촉구한다(13-20절).

B. 황폐함을 성찰하라는 명령(1:2-4)

1:2 **늙은 자들아…땅의 모든 주민들아** 전자는 왕과 고위직들, 종교지도자들을 가리킨다. 그들의 위치를 감안할 때 온 백성(땅의 모든 주민)에게 회개의 모범이 되라는 권유일 것이다. 역사상 전무후무한 재앙에서 백성은 이것이 단순한 자연재해가 아니라 신적 징벌이라는 경각심을 가져야 마땅하다. **들을지어다…귀를 기울일지어다** 상황의 엄중함은 오감을 총동원한 집중을 요구하며 의식적이고 의도적인 결단의 필요성을 강조한다. 이런 표현은 '소송' 구절(참고. 사 1:2; 호 4:1)에서 흔히 사용되며, 이스라엘이 유죄로 밝혀지고 현재의 재앙이 하나님의 '심판'일 거라는 두려움을 안겨준다.

1:3 **너희 자녀에게 말하고…자기 자녀에게** 주의 경이로운 역사를 다음 세대로 전수해야 할 교육의 중요성을 삼중적 명령으로 강조하고 있다(참고. 출 10:1-6; 신 4:9; 6:6, 7; 11:19; 32:7; 시 78:5-7; 145:4-7; 잠 4:1 이하).

1:4 **메뚜기** 네 종류의 메뚜기는 종이 다른 메뚜기를 말하거나 메뚜기의 성장 단계를 말한다. 참고. 저자가 순서를 바꿔 메뚜기를 언급한 2:25. 메뚜기의 무서운 식성으로 초토화된 참혹함을 보았다면 이런 재앙이 재발하지 않도록 마땅히 회개해야 한다(참고. 신 28:38; 사 33:4; 암 7:1).

C. 황폐함의 완결(1:5-12)

1:5-12 참혹한 재앙은 사회적 · 경제적 영역을 비롯해 모든 영역에 영향을 미쳤다. 포도주의 풍성함을 즐기던 술꾼들(5-7절), 자연의 산물로 제사를 드리는 제사장들(8-10절), 씨를 뿌리고 가꾸며 추수를 하는 농부들(11, 12절)이 영향을 받았다. 마치 절정을 향해 감정이 고조되듯 선지자는 첫 연에서 풍요로운 생활이 과거의 일이 되었다고 말한다. 둘째 연에서는 예배에 필요한 물품의 공급이 중단되었다고 말한다. 셋째 연에서는 생활 필수품들을 구할 수 없게 되었다고 말한다. 포도주를 마시는 즐거움이 사라진 것도 힘들지만 하나님을 섬길 제물조차 구할 수 없는 지경에까지 이른 것이다. 하지만 먹을 것이 없는 상황은 죽음의 고통이 따른다.

1:5 **깨어 울지어다…울지어다** 술에 취해 흥청거리던 자들이 술에서 깨어 더 이상 포도주가 없음을 알게 되었다. 그들은 소리 내어 울고 통곡해야 한다. 재앙이 너무 참혹해서 모든 백성이 공개적으로 애곡하고 울어야 한다. **단 포도주** 때로 '새 포도주'로 번역되는 이 표현은 갓 짠 신선한 포도 주스나 새로 발효시킨 포도주를 말한다(참고. 사 49:26).

1:6, 7 **내 땅…포도나무…무화과나무** 소유격 명사는 여호와를 말한다. 그분은 그 땅(참고. 레 25:23; 민 36:2; 겔 38:16)과 포도나무, 무화과나무(참고. 호 2:9)의 주인이다. 포도나무와 무화과나무는 풍요와 평화의 상징(왕상 4:25; 미 4:4; 슥 3:10)이 아니라 신적 심판의 시각적 상징

「요엘 선지자(*Prophet Joel*)」 1508-1512년. 미켈란젤로. 프레스코화. 355X380mm. 바티칸 미술관. 바티칸시티.

욜

이 되었다.

1:6 한 민족 메뚜기의 습격이 마치 군대가 침략한 것처럼 온 땅을 유린하고 황폐하게 만들었다고 말한다. **사자의 이빨** 요엘은 헤아릴 수 없이 많은 이 무서운 메뚜기 떼가 마치 무서운 사자의 이빨을 가진 것처럼 설명한다. 그래서 가는 곳마다 닥치는 대로 먹어치우는 것이다. 사자는 때로 폭력(창 49:9; 민 23:24)과 하나님의 맹렬하고 무서운 심판(사 30:6; 호 13:8)의 상징으로 사용된다.

1:8, 9 이 메타포가 중요한 이유는 구약이 여호와 하나님을 이스라엘의 남편으로 이스라엘은 그 아내로(사 54:5-8; 렘 31:32) 말하고 있기 때문이다. 언약 제물과 전제를 드릴 수가 없으므로 하나님의 아내 이스라엘은 여호와와의 관계가 젊은 과부처럼 되지 않도록 회개해야 한다.

1:8 처녀가…애곡함 같이 할지어다 술 취한 자와 마찬가지로 종교지도자들 역시 젊은 남편의 죽음에 젊은 미망인이 슬퍼하듯 애곡해야 한다. 남편을 잃은 젊은 과부는 비단으로 만든 혼인 예복을 벗고 결혼식의 들뜬 마음도 버리고 성기고 거친 염소 털옷으로 갈아입고 장례식 만가를 부르며 울었다. 처녀라는 단어는 여러 곳에서 처녀성이 아닌 다른 의미로 사용되었고(예를 들어 에 2:17; 겔 23:3) 남편이라는 단어와 함께 사용되면 결혼식 직후 남편을 잃은 젊은 미망인을 가리켰다. **굵은 베** 일반적으로 염소 털로 만든 옷감으로 검정 색이나 어두운 색이 대부분이었고(참고. 계 6:12) 허리의 맨살 위에 둘러(창 37:34; 왕상 21:27) 가슴을 치는 데 방해가 되지 않게 했다(사 32:11, 12). 고대 세계에서 슬픔과 뉘우침을 표현할 때 이 옷을 입었다(느 9:1; 사 37:1; 마 11:21). 선지자의 메시지는 회개의 부르심이 주를 이루었기 때문에 선지자들이 주로 이런 굵은 베옷을 입었다(마 3:4; 계 11:3).

1:9 소제와 전제가…끊어졌고 매일 아침저녁으로 드리던 이 제사(출 29:38-42; 레 23:13)가 끊어졌다는 것은 그 백성이 언약에서 끊어졌다는 것이다. 희생제물로 생계를 유지하던 제사장들의 생계가 위협받게 되었다는 것은 상황의 엄중함을 더욱 부각시킨다.

1:11 농부들아 너희는 부끄러워할지어다 이 히브리어 표현은 유죄 판결을 받은 죄인이 받아야 할 물리적 처벌인 공개적 수치를 가리킨다.

1:12 모든 나무가 다 시들었으니 황량하고 을씨년스러운 풍경이 아닐 수 없다. 깊이 뿌리 내린 나무들조차 게걸스럽게 다 먹어치우는 메뚜기 떼를 견뎌낼 수가 없다. 여기에 설상가상으로 가뭄조차 오래되었고 언제 끝날지 기약이 없다(20절). **즐거움이 말랐도다** 사회의 모든 부분에서 인간적인 즐거움과 기쁨이 사라졌다. 누구도 메뚜기의 재앙을 비껴갈 수 없었다. 추수 때가 되면 추수의 기쁨을 누려야 하지만 절망과 탄식만이 가득하다.

D. 황폐함을 보며 회개하라는 요청(1:13-20)

1:13, 14 금식일을 정하고 요엘 선지자는 제사장들에게 행동에 나서라고 촉구한다. 먼저 몸소 모범을 보이고(13절) 이어서 선포를 해야 한다(14절). 백성의 지도자로서 민족적 금식을 선포하고 온 민족이 회개하며 하나님께 죄를 용서하고 회복해주시도록 구하는 것이 그들의 임무였다. 본문에서는 "금식일을 정하는" 교훈을 받는다. 긴박하면서 거룩한 금식이어야 한다는 뜻이다. **성회를 소집하여** 주로 절기를 지키기 위한 목적으로(참고. 대하 7:9; 느 8:18) 모임을 소집하라는 명령은 민수기 10:3에 기록되어 있다. "금식일을 정하는" 것과 유사하다. 이런 날에는 일을 해서는 안 된다(레 23:36; 민 29:35; 신 16:8).

1:15 여호와의 날이 가까웠나니 요엘서의 주요 주제(서론의 역사적·신학적 주제를 보라)가 처음 등장한다(참고. 2:1, 11, 31; 3:14). 요엘서 후반에서(2:18 이하; 3:1, 18-21) 주의 날(여호와께서 그 진노를 쏟아부으시는 날)은 주의 백성에게는 죄 용서와 축복의 날이지만 이방인들에게는 심판의 날이다(사 13:6; 겔 30:3). 그러나 여기서는 동족에게 그 진노가 임할 거라고 말한다. 주의 날이 가까이 왔다. 죄인들이 회개하지 않으면 무서운 심판이 임할 것이다. **멸망 같이 전능자에게로부터** 멸망에 해당하는 히브리어는 '전능자'와 생생한 언어유희를 이룬다. 이것으로 대적할 수 없는 능력이라는 개념이 확실하게 강조된다. 파멸시키는 전능하신 하나님의 심판이 임박했다. 그들에게 내릴 재앙은 변덕스러운 자연이 아니라 그들의 창조주 하나님이 작정해서 주신 형벌이다.

1:17, 18 씨가…썩어졌고…가축이 울부짖고 영적인 영역에서 물리적 영역까지 모든 것이 비명을 지르며 신음한다. 무고한 짐승들조차 배고픔의 심판을 당하고 있다(참고. 롬 8:18-22). 참고. 20절.

1:19 주께 부르짖으오니 요엘은 민족적 차원의 회개를 요청한 당사자이므로 그 부름을 누구보다 앞서 순종해야 할 사람도 바로 그다. 솔선수범으로 백성이 회개의 요청에 부응하도록 인도하고 도전해야 한다. 하나님의 선지자들은 심판을 선언하는 도중 괴로운 감정을 이기지 못하고 갑자기 자비와 용서하심을 바라며 중보기도를 드리는 경우가 종종 있다(참고. 출 32:11-14; 렘 42:1-4; 단 9:1-19; 암 7:1-6). **불** 메뚜기 재앙이 얼마나 심각

하고 참혹한지 파괴자의 불에 비유된다.

내용 전환의 예시로 소개된 여호와의 날 (2:1-17)

2:1-17 요엘은 점점 수위를 올려 메뚜기 재앙과 가뭄의 메타포를 강력한 회개의 부르심을 촉구하는 배경으로 활용하며, 적의 유다 침략과 현재와 미래에 임할 주의 날을 경고한다.

A. 경고의 나팔 소리(2:1)

2:1 **시온** 이것은 지상의 예루살렘을 말할 수도 있고(사 10:12) 하나님이 거하시는 천상의 장소를 말할 수도 있다(히 12:22). **나팔을 불며** 고대 세계에서 나팔은 특별한 일이 생길 때 사람들을 모으거나 위험을 경고하는 데 사용되었다(출 19:13, 16, 19; 20:18; 민 10:1-10; 사 27:13; 암 3:6; 습 1:14-16; 슥 9:14; 살전 4:16). 이 나팔은 양의 뿔로 만들어졌다. **여호와의 날** 요엘서에서 5번(1:15; 2:11, 31; 3:14) 사용된 이 주제 어구가 두 번째로 나오는 경우다.

B. 군대의 침입(2:2-11)

2:2-11 극적이고 생생한 언어로 요엘은 가뭄과 메뚜기 재앙을 불과 말, 침략군에 비유한다.

2:2 **어둡고 캄캄한 날이요 짙은 구름** 이런 묘사는 메뚜기의 급습으로 하늘이 시커멓게 어두워진 상태를 나타낸다. 살아 움직이는 곤충 떼가 구름이 태양을 가리듯 온 하늘을 뒤덮었다. 이런 표현은 구약에서 비참한 재앙을 강조하는 흔한 비유이며(사 8:22; 60:2; 렘 13:16; 암 5:18, 20; 습 1:15), 과거 여호와의 심판을 가리키는 비유적 표현이기도 하다(출 10:12 이하, 19:16-19; 24:16; 신 4:12; 5:22, 23).

2:4-9 **그의 모양은 말 같고** 메뚜기의 머리가 말과 비슷하다는 말이다. 그 모양이 너무 비슷해서 요엘 선지자는 모양이라는 단어를 되풀이한다. 말은 고대 세계에서 농사를 짓는 데 사용하지 않았기 때문에 공포심을 자아내는 전쟁 도구였다(출 15:1 이하, 19; 신 20:1; 수 11:4). "병거 소리와도 같고"(5절), "강한 군사…같으니"(5절), "용사 같이"(7절), "무사 같이"(7절), "도둑 같이"(9절)로 직유법이 연달아 사용된다.

2:10 **땅이 진동하며…해와 달이 캄캄하며** 재앙의 참상이 극심한 곳마다 먼지가 일고 땅이 흔들린다. 지진과 우주적 격변은 신 현현에 동반되는 표적으로 성경 여러 곳에서 나타난다(삿 5:4; 시 18:7; 렘 4:23-26; 나 1:5, 6; 마 24:7). 메뚜기 재앙의 위력이 실로 엄청나서 천상의 현상과 연결된다. 요엘은 뒤에서 이런 표적들을 언급한다(참고. 2:31; 3:15).

2:11 **여호와의 날** 5번의 경우(1:15; 2:1, 31; 3:14) 가운데 세 번째다. 서론의 역사적·신학적 주제를 보라. 여호와의 날이라는 표현이 언급될 때마다 그 두려움도 더 강렬해진다.

C. 회개의 호소(2:12-17)

2:12-14 심판의 와중이라도 회개할 기회가 주어진다. 유다 백성이 진심으로 회개하면 하나님은 그들을 용서하고 축복하실 준비가 되어 있다. 비극적인 사실은 이교도인 니느웨 백성은 회개하여(욘 3:5-9) 하나님이 진노를 돌이켰지만(욘 3:10) 유다는 회개하지 않았고 하나님도 진노를 돌이키지 않았다. *사무엘하 24:16; 예레미야 18:8-10; 42:10에 대한 설명을 보라.*

2:15 **불어…정하고…소집하라** 참고. 1:14; 2:1.

2:16 노인으로부터 갓난아기에 이르기까지 다 나와야 한다. 상황이 너무 엄중해 신랑과 신부도 나와야 한다(참고. 신 24:5). 결혼생활이 끝장날 상황일 수도 있다.

2:17 *1:19에 대한 설명을 보라.*

종말론적 여호와의 날에 대한 서술 (2:18-3:21)

A. 서문(2:18-20)

2:18-3:21 18절부터 본문은 결정적인 어조의 변화가 일어나 이 책의 마지막까지 미래의 회복을 집중적으로 다룬다. 이것은 17절과 18절에 이스라엘이 회개한 시간이 있었음을 전제로 한다. 이스라엘이 회개함으로써 1:1-2:17의 세 가지 주요 관심사가 하나님의 응답을 받는다. 그것은 물질적 회복(2:21-27), 영적 회복(2:28-32), 민족적 회복(3:1-21)이다.

2:19-27 **욕…수치** 다시는 열국에게 "욕을 당하지 않고"(19절) "영원히 수치를 당하지 아니하리로다"(26, 27절)는 것은 먼 미래에나 성취될 수 있는 확실한 약속이다. 참고. 3:17.

2:20 **북쪽 군대** 어떤 이들은 이것이 메뚜기 떼를 언급한 거라고 해석하지만 이스라엘 북쪽에서 침략해올 이 민족을 가리킬 가능성이 더 높다(참고. 겔 38:6, 15; 39:2). 미래의 이 침략군은 동해(사해)와 서해(지중해)로 쫓겨갈 것이다.

B. 물질적 회복(2:21-27)

2:21-24 1:18-20에서 묘사한 상황에 완전한 변화가 일어난다. 짐승들은 더 이상 두려워하지 말라는 권면을 받는다.

2:23, 24 이른 비…늦은 비 이른 비가 10월부터 12월 사이에 내려 모판을 준비하고 파종하기에 적합한 환경을 마련해준다면, 늦은 비는 3월과 5월 사이에 내려 곡식과 과일이 자라 결실을 맺는 데 충분한 수분을 공급해준다.

2:25 참고. 1:4.

2:27 내가 이스라엘 가운데에 있어 다시 돌아오시리라는 약속으로 하나님의 떠나심의 역전이 일어난다(참고. 겔 8-11장).

C. 영적 회복(2:28-32)

2:28-32 서론에 나온 해석상의 과제를 보라. 이 단락이 예루살렘에서 베드로가 행한 오순절 설교와 어떻게 연관되는지는 *사도행전 2:16-21에 대한 설명을 보라.*

2:28 그 후에 풍성한 물질적 축복이 임하고 영적 축복의 부으심이 따를 것이다. 이 단락의 시간을 나타내는 어구들(29절의 "그 때에"와 31절의 "여호와의 크고 두려운 날이 이르기 전에")과 연결해보면 이 표현은 재림 때에 성취될 일을 가리킨다. **만민** 문맥상 "너희 자녀들"이라는 언급이 있으므로 '만민'은 이스라엘 집단을 가리킨다고 보아야 옳다. 열국은 성령이 임하는 대상이 아니라 하나님의 진노의 대상이다(참고. 3:2, 9 이하).

2:30, 31 여호와의…날이 이르기 전에 이 표현의 네 번째 용례다(참고. 1:15; 2:1, 11; 3:14). 서론의 역사적·신학적 주제를 보라. 무서운 하늘의 징조들이 여호와의 날의 심판이 임박했음을 알려줄 것이다(참고. 10절). *마태복음 24:29-31에 대한 설명을 보라.*

2:32 누구든지…부르는 자 로마서 10:13에서 바울이 인용한 구절이다(*이에 대한 설명을 보라*). **남은 자** 이스라엘 민족이 범죄했음에도 하나님은 그들과 맺은 무조건적 언약(노아 언약, 아브라함 언약, 제사장 언약, 다윗 언약, 새 언약)을 이루어주겠다고 약속하신다. 장차 유대인의 남은 자들은 하나님이 약속한 축복을 물려받을 것이다(참고. 사 10:20-22; 11:11, 16; 렘 31:7; 미 2:12; 습 3:13; 롬 9:27).

D. 민족적 회복(3:1-21)

3:1-21 요엘은 이스라엘의 민족적 회복을 말한다. 그 때는 이스라엘 백성이 그 땅으로 다시 돌아올 것이다(사 11:15, 16; 마 24:31).

3:2 만국을 모아 세계의 모든 나라가 아마겟돈 전투를 하러 예루살렘으로 모일 것이다(슥 12:3; 14:2; 계 16:16; 9:11-21). **여호사밧 골짜기** 여호사밧은 '야훼께서 심판하시다'라는 뜻이다(참고. 3:12, 14). 위치가 불분명하지만 이 심판이 예루살렘 근처에서 일어날 것이라고 한 다른 선지자들이 있다(겔 38; 39; 단 11:45; 슥 9:14 이하; 12:1 이하). 이 열국의 심판은 마태복음 25:31-46의 사건을 포함한다. *이에 대한 설명을 보라.* **흩어 버리고…나누었음이며** 바벨론에 포로로 끌려간(주전 605-586년) 이후로 지금까지 유대인은 계속 이런 역사적 환경 속에 있다. 그러므로 하나님의 이 약속은 미래에 이루어질 약속이다.

3:4 두로와 시돈과 블레셋 *아모스 1:6-10에 대한 설명을 보라.*

3:5, 6 여기서 어떤 역사적 사건이 이 구절과 관련이 있는지는 확실하지 않다. 베니게와 블레셋 사람들 사이에 노예무역이 성행했다.

3:6 헬라 족속 주전 9세기경 헬라인들은 군사력에 있

주(여호와)의 날

구약에 명시적으로 언급된 '주(여호와)의 날'			
1. 옵 15절	6. 욜 3:14	11. 습 1:7	16. 슥 14:1
2. 욜 1:15	7. 암 5:18	12. 습 1:14	17. 말 4:5
3. 욜 2:1	8. 암 5:20	13. 습 1:14	
4. 욜 2:11	9. 사 2:12	14. 겔 13:5	
5. 욜 2:31	10. 사 13:6	15. 겔 30:3	

신약에 명시적으로 언급된 '주(여호와)의 날'			
1. 행 2:20	2. 살전 5:2	3. 살후 2:2	4. 벧후 3:10

어서는 두드러지지 않았지만 지중해 무역에 활발하게 참여했다.

3:7, 8 놀라울 정도로 처지가 완전히 뒤바뀔 것이다. 희생자들이 주의 진노를 수행할 도구가 되고 보복자가 되도록 부르심을 받을 것이다(참고. 사 11:12-14; 슥 12:8).

3:8 **스바 사람** 아라비아에서 생활하는 무역상들이다(왕상 10장; 렘 6:20).

3:9-17 요엘은 땅의 법정인 여호사밧 골짜기에 열국을 소환하는 1-3절의 주제를 다시 거론한다. 그들에게 형이 선고되었고 재판관은 그의 대리자들에게 형을 집행하도록 준비하라고 명령하신다.

3:10 **보습…낫** 하나님이 열국을 심판하신 후에는 완전히 정반대의 결과가 나타날 것이다. *미가 4:3에 대한 설명을 보라.*

3:12 **여호사밧 골짜기** *3:2에 대한 설명을 보라.*

3:13 **곡식이 익었도다…포도주 틀** 이것은 먼 종말에 그리스도가 천년왕국을 통치하기 위해 재림하실 때 있을 하나님의 심판을 가리키는 비유적 장면이다. *요한계시록 14:14-20에 대한 설명을 보라.*

3:14 **심판의 골짜기** 이곳은 선고된 심판을 집행하는 여호사밧 골짜기와 같은 곳이다(참고. 3:2, 12). *3:2에 대한 설명을 보라.* **여호와의 날** 5번의 경우(1:5; 2:1, 11, 31) 가운데 마지막이다. 서론의 역사적·신학적 주제를 보라.

3:15, 16 **해…하늘** 참고. 2:10, 30, 31. 이것은 대환난이 끝나고 종말에 여호와의 날이 임하기 전 우주적으로 나타날 징조다(참고. 마 24:29, 30).

3:16 **목소리를 내시리니** *아모스 1:2에 대한 설명을 보라.*

3:17 **내 성산 시온** 이것은 천년왕국의 예루살렘 성전(참고. 겔 40-48장)에 하나님이 임재하실 곳이다. **그 가운데로 통행하지 못하리로다** 참고. 2:19, 26, 27. 하나님은 유다가 그 영광으로 영원히 빛날 미래를 주겠다고 약속하셨다. 궁극적 평화와 번영이 도래할 이 시대는 그리스도가 세상을 정복하고 지상에 천년왕국을 세우신 뒤 실현될 것이다(참고. 겔 37:24-28; 마 24; 25; 계 19장).

3:18 **싯딤 골짜기** 아카시아 나무로 유명한 이 골짜기는 사해 북쪽 해안가에 위치했으며, 약속의 땅에 입성하기 전 이스라엘 민족이 마지막으로 들렀던 곳이다(민 25:1; 수 2:1; 3:1). 천년왕국에서는 이 계곡으로 생명의 강이 흐를 것이다(겔 4:17-12; 슥 14:8).

3:19 **애굽…에돔** 이사야(*19:1-25에 대한 설명을 보라*), 예레미야(46:1-26)와 에스겔(29-32장)은 애굽의 심판을 다룬다. 오바다(전체)와 아모스(1:11, 12), 이사야(21:11, 12), 예레미야(*49:7-22에 대한 설명을 보라*)는 에돔의 심판을 더 자세히 다룬다.

3:20 **유다…영원히** 이것은 그리스도가 지상에 천년왕국을 세우실 것을 가리키며, 아직 이루어지지 않았다.

3:21 **갚아 주리니** 여기서 '갚아주다'로 번역된 히브리어는 '복수하다'로 번역하는 것이 낫다. 그러므로 21절은 이유 없이 유다의 피를 흘리게 한 자들을 하나님이 심판하시리라는 19절의 개념을 다시 반복한 거라고 볼 수 있다. **시온** *2:1에 대한 설명을 보라.*

연구를 위한 자료

Irvin A. Busenitz, *Joel and Obadiah* (Fearn, Ross-shire, Great Britain: Christian Focus, 2003).

Charles L. Feinberg, *The Minor Prophets* (Chicago: Moody, 1980). 『12소선지서 연구』, 찰스 리 화인버그 지음, 엄성옥 옮김(은성, 1992).

여호사밧 골짜기(Valley of Jehoshaphat)는 예루살렘 동쪽 부분과 감람산 사이에 있는 기드론 골짜기로 추측한다.

욜

제목

소선지서가 다 그렇듯 이 책의 제목은 하나님의 메시지를 받은 선지자의 이름이다(1:1). 아모스의 이름은 '짐' 또는 '짐을 진 자'라는 뜻이다. 이사야의 아버지 아모스('강건한' '건강한')와 혼동해서는 안 된다.

저자와 저작 연대

아모스는 예루살렘 남쪽 약 16킬로미터 지점에 위치한 드고아 출신이다. 그는 하나님께 부르심을 받기 전 직업이 알려진 유일한 선지자다. 그는 제사장 가문이나 귀족 가문도 아니고 "목자"로 일했고(1:1. 참고. 왕하 3:4) "뽕나무를 재배하는 자"(7:14)였다. 그와 동시대인으로는 요나(왕하 14:25), 호세아(호 1:1), 이사야(사 1:1)가 있다. 저작 연대는 주전 8세기 중반으로(주전 755년) 유다 왕 웃시야(주전 790-739년)와 이스라엘 왕 여로보암 2세(주전 793-753년) 재위 시절 지진이 일어나기 2년 전이다(1:1. 참고. 슥 14:5).

배경과 무대

아모스는 유다 출신의 선지자로서 주로 북왕국 이스라엘을 대상으로 말씀을 전하도록 부르심을 받았다(7:15). 정치적으로 여로보암 2세의 안정적인 오랜 통치로 이스라엘이 번영을 누릴 때였다. 그는 선친인 요아스(왕하 13:25)처럼 상당히 많은 "이스라엘 영토를 회복하였다"(왕하 14:25). 또한 유다(참고. 5:5), 이웃 국가들과 전쟁 없이 평화가 지속되던 시기이기도 했다. 당시에는 앗수르의 위협도 잠잠했다. 요나의 활동으로 니느웨가 회개했기 때문일 수도 있다(욘 3:10). 그러나 영적으로는 부패가 극심하고 도덕적으로 타락한 시대였다(4:1; 5:10-13; 왕하 14:24).

역사적 · 신학적 주제

아모스는 이스라엘의 참된 예배의 부재, 공의의 실종 등 두 가지 죄를 지적했다. 허울 좋은 예배 의식은 있었지만 마음으로 하나님을 좇지 않았고(4:4, 5; 5:4-6) 이웃에 대해 하나님이 세우신 공의의 기준도 따르지 않았다(5:10-13; 6:12). 아모스 선지자의 예언 메시지를 계속적이고 의도적으로 거부한 데서 보듯 이런 배교는 하나님이 약속하신 심판의 일부였다. 그러나 하나님은 그 언약 때문에 이스라엘을 완전히 버리시지 않을 것이며, 의로운 남은 자들을 회복해주실 것이다(9:7-15).

해석상의 과제

9:11에서 하나님은 "다윗의 무너진 장막을 일으켜" 세워주시겠다고 약속했다. 약 800년 후 이방인들의 개종 조건으로 할례를 요구해야 하는지 논의하기 위해 예루살렘 공의회가 소집되었고, 야고보는 이 구절을 인용해(행 15:15, 16) 하나님이 "이방인 중에서 자기 이름을 위할 백성을 취하시려고 그들을 돌보셨다"(행 15:14)는 베드로의 보고 내용을 지지했다. 그래서 어떤 이들은 이 구절이 더 크신 다윗의 아들 예수님으로 성취되었다고 결론을 지었다. 다윗 왕조가 그분을 통해 재건되었다는 것이다.

그러나 사도행전의 이런 인용은 이 어구의 성취가 아니라 아모스의 말을 예로 든 것으로 해석하는 것이 자연스럽다. 미래의 어느 시기("그 날에", 9:11), 이스라엘이 "에돔의 남은 자와…만국을…얻게" 될 때(9:12), 여호와께서 "그들을 그들의 땅에 심으리니 그들이 내가 준 땅에서 다시 뽑히지 아니할" 때(9:15)와 같은 시간적 암시들은 요엘이 사도들의 교회 설립이 아니라 메시아가 재림하셔서 다윗의 위에 앉으실 때(참고. 사 9:7)를 이야기하고 있음을 분명히 해준다.

아모스 개요

열국에 대한 심판 (1:1-2:16)

A. 서문(1:1, 2)

1:1 **여로보암…아모스** 서론을 보라. **지진** 여기서 스가랴(14:5)가 언급한 이 지진을 요세푸스(「고대사」 *Antiquities*, IX. 10.4)는 웃시야가 스스로 제사장이 되려고 한 죄악(대하 26:16-23)과 연관 지어 해석한다. 정확한 날짜는 확인하기 어렵지만 주전 750년경 큰 지진이 일어났다고 한다.

1:2 **부르짖으시며** 요엘 3:16에서 하나님은 열국을 향해 포효하시지만 여기서는 주로 이스라엘을 그 진노의 대상으로 삼으신다(참고. 렘 25:30). 목자 아모스는 용감하게 하나님의 초장에 있는 양 떼에게 무서운 사자의 위험이 임박했다고 경고한다. 그러나 그 사자는 사실 지존의 목자셨다(참고. 3:8). **마르고…마르리로다** 이것은 파멸과 심판의 메시지다. **갈멜** 울창한 수목과 풍요로운 동산으로 유명한 갈멜은 '비옥함' 또는 '과수원'이라는 뜻으로 동서로 난 산줄기를 따라 지중해로 연결되는 북왕국 이스라엘의 산을 말한다(참고. 9:3).

B. 이스라엘의 대적들에 대한 심판(1:3-2:3)

1:3-2:3 아모스는 먼저 이스라엘의 대적들에 대해 경고함으로써 사람들의 관심을 유도한다. 그러나 이스라엘에 대한 하나님의 심판을 경고하려고 하자 지도자들은 그를 침묵시키려고 한다(참고. 7:10-17).

1:3 **서너 가지 죄로 말미암아** 이 수사적 장치는 8번의 심판 예언(1:3-2:16) 서두마다 반복해 등장하며, 성경의 다른 곳에서 사용된 유사한 표현(욥 5:19; 시 62:11; 잠 30:15)과 차별된다. 이 숫자는 특정한 의미의 수를 표기하는 방식으로(참고. 잠 30:18, 21, 29) 각 나라가 수많은 죄악으로 심판받을 것을 강조한다. '3'은 죄악의 잔이 가득 찼다는 뜻이고 '4'는 그것이 넘쳐흐른다는 뜻이다. 이것은 다메섹을 수도로 둔 아람에 임할 심판이었다. **길르앗을 압박하였음이라** 커다란 타작 기계로 곡식을 타작하면 곡식이 탈곡되고 짚이 떨어져 나간다. 길르앗은 북동쪽 이스라엘 골란 고원에 위치해 있다 보니 아람의 공격에 노출되어 있었다(참고. 왕하 13:7; 18:12).

1:4 **벤하닷** '(신)하닷의 아들'이라는 뜻의 왕 이름이다. 벤하닷 2세는 아람 왕 하자엘(주전 841-801년)의 아들이다.

1:5 **아웬 골짜기** '악의 골짜기'라는 뜻으로 다메섹 북쪽에 위치한 태양 숭배 중심지인 바알벡을 가리키는 것으로 보인다. **벧에덴** '쾌락의 집'이다. 유브라데강 건너편 아람 동쪽에 위치했다. **기르** 아람인들의 본거지로 보인다. 아람인들이 나중에 포로로 끌려간 지역으로(왕하 16:9) 정확한 위치는 알 수 없다.

1:6 **가사** 블레셋의 매우 중요한 상업도시로 애굽과 이스라엘 사이의 중요한 지점에 위치했다. 여기서는 블레셋 족속을 가리킨다. **모든 사로잡은 자를 끌어** 그들은 주전 852-841년 요람 왕 통치기로 추정되는 시기에 유다 민족을 포로로 끌고 갔다(대하 21:16, 17; 욜 3:3). **에돔** 오바댜의 서론을 보라.

1:7, 8 블레셋의 주요 성읍 다섯 곳 가운데 네 곳이다. 다섯째인 가드는 웃시야에게 이미 함락되어 언급하지 않은 것이다(대하 26:6).

1:9 **그 형제의 계약** 다윗이 궁을 건축할 때(삼하 5:11), 솔로몬이 성전을 건축할 때 히람 왕이 도와준 이후(왕상 5:1-12; 9:11-14) 시작된 베니게와 이스라엘 간의 오랜 형제애를 말한다. 나중에 이세벨이 아합과 결혼함으로써 그 관계는 더 공고화되었다(왕상 16:31). 이스라엘 왕은 베니게와 한 번도 전쟁을 하지 않았는데, 특히 두 주요 도시국가인 두로와 시돈은 더욱 그랬다. **에돔** *6절에 대한 설명을 보라.*

1:10 **두로** 알렉산더 대왕이 주전 330년 이 요새 같은 도시를 정복했다(참고. 겔 26:1-18).

1:11 **쫓아가며 긍휼을 버리며** 에돔은 형제, 즉 이스라엘과 단순히 싸우는 데서 그치지 않고 맹렬히 추격하여 괴롭혔고 어떤 연민도 베풀지 않았다. 에돔의 심판에 대해 더 자세한 설명이 필요하면 *오바다에 대한 설명을 보라.*

1:12 **데만** 에서의 손자다(창 36:11). 에돔 북부의 이 성은 그의 이름을 본뜬 것이다. **보스라** 페트라 북쪽 56킬로미터 지점에 위치한 에돔 북부의 요새화된 성이다.

1:13 **암몬 자손** 롯과 그의 작은 딸 사이에 생긴 아들 벤암미의 후손들이다(창 19:34-38). **길르앗** *3절에 대한 설명을 보라.* **아이 밴 여인의 배를 갈랐음이니라** 전쟁 때 이런 잔혹한 만행을 저질렀다(참고. 왕하 8:12; 15:16; 호 13:16).

1:14 **랍바** 요단강 동쪽에 위치한 이 성은 암몬의 수도였다.

1:15 앗수르 왕 디글랏 빌레셀 3세가 주전 734년 이들을 포로로 잡아갔다.

2:1 **모압** 롯과 첫 딸 사이에 생긴 후손이다(창 19:37). **뼈를 불살라** 죽이는 것으로 끝나지 않고 뼈를 불사르는 이 보복 행위는 여기 외에 성경 어디에도 기록되어 있지 않다.

2:2 **그리욧** 모압의 주요 도시로 수도이거나 종교 중심지였을 것이다.

2:3 **재판장** 왕을 말하는 것으로 보인다. 왕을 종종 이렇게 불렀다(왕하 15:5; 단 9:12).

하나님의 심판에 대한 여덟 가지 메시지

1. 다메섹	1:3-5
2. 가사	1:6-8
3. 두로	1:9, 10
4. 에돔	1:11, 12
5. 암몬	1:13-15
6. 모압	2:1-3
7. 유다	2:4, 5
8. 이스라엘	2:6-16

C. 유다에 대한 심판(2:4, 5)

2:4 **유다** 주변 이방 민족들에 대한 심판의 경고를 마치고 이제 아모스는 유다에 대해 예언하고 최종 목표인 이스라엘을 향해 더 가까이 다가간다. **여호와의 율법을 멸시하며** 열국이 심판을 받는 것은 그 마음과 양심에 새겨진 하나님의 율법(참고. 롬 2:14, 15)을 어기고 범죄했기 때문이다. 참고. 신명기 28:15-68.

2:5 **유다에 불을 보내리니** 바벨론 왕 느부갓네살은 주전 605-586년경에 이 심판의 예언을 성취했다(참고. 왕하 24, 25장).

D. 이스라엘에 대한 심판(2:6-16)

2:6, 7 탐욕이 얼마나 기승을 부렸던지 이스라엘 백성은 하찮은 빚 때문에 다른 동족을 노예로 팔았고(참고. 마 18:23-35) 사람들은 성적 욕망에 눈이 멀었다. 가난한 자들에 대한 관심은 구약의 중요한 주제이며(예를 들어 잠 14:31; 17:5), 성적 순결을 지킬 것을 반복해 명령한다(참고. 레 18장). 이 모두를 어기는 것은 하나님의 거룩하신 이름을 모욕하는 것이었다.

2:7 **한 젊은 여인에게 다녀서** 약자를 압제하는 내용으로, "젊은 여인"은 노예 소녀를 가리키는 것 같다(참고. 출 21:7-11).

2:8 **전당 잡은 옷** 담보로 잡은 겉옷은 해가 지기 전에 돌려주어야 했고(출 22:25-27; 신 24:12, 13) 과부의 옷은 어떤 상황에서도 가져가서는 안 되었다(신 24:17). 그런데 그들은 그 옷을 우상을 숭배할 때 사용했다. **벌금으로 얻은** 그들은 가난한 자들에게 부당하게 갈취한 벌금으로 포도주를 사서 마시고 하나님이 금하시는 우상을 섬기는 것으로 하나님께 이중의 죄악을 저질렀다.

2:9 **아모리** 가나안 정복 이전의 거민으로 하나님은 유대인을 대신해 그들과 싸워주셨다(참고. 수 10:12-15). **높이…강하기는** 그들의 큰 키 때문에 광야의 이스라엘 정탐꾼들은 메뚜기처럼 보였다(민 13:32, 33). 하나님은 그들을 완전히 열매와 뿌리까지 다 멸하실 것이다(겔 17:9; 말 4:1).

2:11 **나실인** 참고. 민수기 6:1-21.

2:12 **포도주를 마시게 하며** *민수기 6:2에 대한 설명을 보라.*

2:13 **누름 같이** 13절의 내용이 모호해서 14-16절의 문맥을 봐야 정확한 뜻을 알 수 있다. 이 세 절은 범죄한 이스라엘이 임박한 주의 심판을 피해 달아날 수 없음을 예언한다(참고. 6-12절). 13절은 두 가지로 해석할 수 있다. 첫째, 짐을 가득 싣고 달리는 마차에 부딪혀 심각한 부상을 입는 것처럼 하나님이 거룩하신 분노로 이스라엘 백성을 무너뜨리신다. 둘째, 죄를 지을 때는 마음대로였지만 하나님이 섭리하심으로 이스라엘을 내리누르시면 주전 722년 앗수르 군대처럼 하나님의 심판을 실행하는 침략군의 손아귀에서 결코 벗어나거나 도망할 수 없다. 이런 비교를 통해 저자는 하나님이 범죄한 이스라엘을 꼼짝달싹 못하게 하시는 모습이(도망갈 수 없도록) 물건을 가득 실어 마차가 움직이지 못하는 모습과 비슷하다는 것을 강조한다. 이스라엘에게 직접 심판을 내리지 않고 공격에 취약한 상태로 만든다는 의미에 무게가 더 실리기 때문에 여기서는 후자의 해석이 더 설득력이 있다.

2:14-16 개인적으로 힘이 세다고 해도, 싸울 만반의 준비를 갖추었다고 해도 주전 722년 앗수르 군대를 사용한 하나님의 심판의 손길을 막을 수는 없었다(참고. 왕하 17장).

이스라엘에 대한 정죄 (3:1-6:14)

A. 무책임의 죄악(3:1-15)

3:1 **모든 족속** 이 메시지의 1차 대상은 이스라엘이다. 물론 유다도 예외는 아니다.

3:2 **너희만을 알았나니** 이 '알다'는 단순히 아는 사이가 아니라 친밀한 관계를 가리킨다. 참고. 창세기 4:1, 17; 마태복음 1:25; 요한복음 10:14, 15. 그러나 하나님이 이스라엘을 주권적으로 선택하셨다고 해서 불순종의 형벌이 면제되지는 않는다(참고. 신 28:15-68).

예루살렘에서 북쪽으로 17Km 떨어진 벧엘(Bethel)이 발굴되던 1894년의 모습.

3:3-8 하나님은 일련의 수사적 질문으로 자연계의 일부 명약관화한 현상들에서 보듯 이스라엘에게 일어나는 일은 모두 하나님의 주권 안에서 일어난다는 사실을 보여준다. 어떤 일들은 결말이 정해져 있다. 하나님이 말씀하시면 선지자는 전해야 하고 백성은 두려움에 떨며 경청해야 한다. 하지만 그들은 불가능한 일, 즉 선지자의 입을 막고(참고. 2:12; 7:12, 13) 하나님의 입을 막고자 시도한다.

3:7 심판이 다가오고 있지만 하나님은 그 선지자들을 통해 미리 그 백성에게 경고해주시는 은혜를 베푸신다 [예를 들어 노아(창 6장), 아브라함(창 18장)].

3:8 **부르짖은즉** 동물의 왕이 부르짖어도 두려워하는데 하물며 온 세상의 왕이 그러시면 더욱 그러해야 마땅하다(참고. 1:3).

3:9 블레셋과 애굽 같은 이방 나라들이 이스라엘에 대한 심판의 증인이 되도록 하나님의 소환을 받는다(참고. 13절). 그들이 이스라엘을 정죄한다면 의로우신 하나님은 더욱 그렇게 하시지 않겠는가.

3:11 **대적** 이것은 주전 722년 이스라엘을 무너뜨리고 포로로 끌고 갈 앗수르를 가리키는 것으로 보인다(참고. 왕하 17장).

3:12 하나님은 앗수르에게 망한 뒤 이스라엘에 소수의 남은 자들이 있음을 생생하게 묘사하신다.

3:13 **듣고…증언하라** 9절에서처럼 이방 나라들이 다시 이스라엘에 대한 하나님의 의로우신 심판을 증언하고 증거하라는 부르심을 받는다.

3:14 **벧엘** 이스라엘에서 우상숭배의 중심지다(참고. 왕상 12:25-33).

B. 우상숭배의 죄악(4:1-13)

4:1 **바산의 암소들** 호화롭게 사는 사마리아 여인들이 가난한 자를 압제하는 모습을 비하하여 부르는 표현이다(참고. 사 3:16-26; 32:9-13; 렘 4:30). 바산은 요단강 동쪽 헤르몬산 아래 위치한 비옥한 지대로 울창한 초목으로 유명했다. 여로보암 2세 때 이스라엘은 풍요와 번영을 구가하고 있었다.

4:2, 3 **성 무너진 데를 통하여…하르몬에** 포로들은 성벽이 무너진 틈을 통해 성 밖으로 무자비하게 끌려 나갈 것이다. 성이 처참할 정도로 무너졌음을 말한다. 하르몬의 위치는 정확하지 않다.

4:2 **맹세하시되** 참고. 6:8; 8:7; 시편 89:35; 이사야 62:8; 예레미야 44:26.

4:4, 5 통렬한 마음으로 빈정거리듯 아모스는 우상을

섬기고 형식주의적 종교에 매몰된 이스라엘을 기소한다. 그들의 이 모든 행위는 하나님께 무의미하고 무가치하다(참고. 삼상 15:22; 시 51:16, 17).

4:4 **벧엘…길갈** 야곱이 꿈을 꾼 장소인 벧엘(창 28장)과 이스라엘이 여리고를 함락하기 전 할례를 행한 길갈(수 5:1-9)은 이스라엘의 거룩한 곳이었다.

4:5 **누룩 넣은 것…드리며** 누룩은 대부분의 제사에서는 사용할 수 없지만 감사의 제사에서는 꼭 필요했다(레 7:11-15).

4:6-11 기근, 가뭄, 흉년, 전염병, 전쟁의 패배라는 과거의 경고가 아무 소용이 없었다. 이 사실을 "너희가 내게로 돌아오지 아니하였느니라"(6, 8, 9, 10, 11절)는 문장을 반복함으로써 강조한다.

4:6 **이를 깨끗하게 하며** 아모스는 하나님이 이스라엘에게 경고하시고자 보낸 기근과 가뭄 때문에 먹을 양식이 없음을 표현하는 데 이 완곡어법을 이용한다. 6-9절에 이 내용이 묘사되어 있다(참고. 신 28:22, 23, 24, 47, 48; 레 26:18).

4:10 **애굽에서 한 것처럼** 참고. 출애굽기 7-12장.

4:11 **불붙는 가운데서 빼낸 나무 조각** 오직 하나님의 자비하심으로 이스라엘은 소멸 직전에 구원을 받았다(참고. 슥 3:2; 유 23절).

4:12 **네 하나님 만나기를 준비하라** 이런 표현은 시내산에서 언약을 받기 전 이스라엘에게 준비하라고 이를 때 사용되었다(출 19:11, 15). 여기서는 그분의 심판을 받을 준비를 하라는 의미로 사용된다.

4:13 그들이 만날 준비를 해야 하는 하나님은 이런 분이다. 그분은 전능하신 여호와 하나님으로 세상을 창조하시고 붙드시며 이제 심판으로 그들을 삼키시려고 한다.

C. 도덕적·윤리적 타락의 죄악(5:1-6:14)

5:1, 2 이스라엘을 죽은 젊은 여인에 비유해 장례식 만가를 짓는다(참고. 8:14).

5:3 대부분 전투 중에 죽거나 포로로 끌려가고(사상자가 90퍼센트에 육박함) 오직 소수만 돌아올 것이다.

5:5 **벧엘…길갈** *4:4에 대한 설명을 보라.* **브엘세바** 예루살렘에서 남서쪽으로 80킬로미터의 남왕국 유다에 위치한 브엘세바는 이스라엘 역사에서 많은 사연이 담긴 곳이다(참고. 창 21:33; 26:23; 삼상 8:1-3; 왕상 19:3-7).

5:6 **요셉의 집** 이는 북왕국을 말한다. 요셉의 아들 에브라임과 므낫세가 이스라엘의 가장 큰 두 지파였기 때문이다.

5:7 **정의를 쓴 쑥** 정의가 완전히 왜곡되어 쓴 쑥처럼 되었다(참고. 계 8:11).

5:8 **묘성과 삼성** 일명 황소자리의 일부인 묘성과 삼성은 하나님의 창조 능력과 지혜를 나타낸다(참고. 욥 9:9; 38:31-35). 이스라엘은 그 창조주가 아니라 그 별들을 숭배한 죄를 지었다(참고. 26절).

5:10-13 공의가 뿌리째 무너져 공의가 시행되어야 할 "성문"에 부패가 만연하다(참고. 15절; 신 21:19; 수 20:4).

5:14, 15 하나님의 신속한 심판을 되돌리는 데 꼭 필요한 정의의 조건이다.

5:16, 17 앞서 경고한 심판의 내용을 되돌아보며 아모스는 여호와께서 그들 가운데를 지나시며 심판을 시행하실 때 백성이 울며 애곡하는 모습을 묘사한다(참고. 출 11:3 이하). 출애굽 때는 여호와께서 이스라엘을 '건너가셨다'. 여기서는 모세 시대에 애굽 사람들에게 하신 것처럼 가운데로 '관통해 지나가신다'.

5:18-20 악인들조차 주의 날이 오기를 원한다. 이 날이 무서운 심판의 날이 아니라 승리와 축복의 날이라고

오늘날의 브엘세바(Beersheba)는 네게브 사막에서 가장 큰 도시로, 이스라엘에서 4번째로 인구가 많은 대도시다.

착각하고 있었기 때문이다(참고. 습 1:14-18). 요엘의 서론 가운데 역사적·신학적 주제를 보라.

5:21-24 부패한 마음으로 드리면(참고. 4:4, 5) '향기로운' 제물과 절기라도 여호와 하나님은 싫어하시고 경멸하신다(참고. 레 26:27, 31; 시 51:16, 17, 19).

5:25, 26 이스라엘은 광야에서 여호와 하나님을 섬겼지만 "너희 왕(또는 '몰렉') 식굿(또는 '성막')과 기윤과 너희 우상들"을 짊어지고 다니면서 다른 신들도 숭배했다. 몰렉 숭배는 토성이라는 별자리 숭배나 수많은 천체 숭배와 함께 실제로 어린 아이 인신 공양을 행했다(왕하 17:16, 17). 이스라엘은 몰렉 숭배에 대해 경고를 받았지만(신 18:9-13) 솔로몬(왕상 11:7)과 그 후손들(왕상 12:28; 왕하 17:16, 17; 렘 32:35) 때도 중단되지 않았고 요시야 시대까지(왕하 23:10) 몰렉 숭배에 열을 올렸다. 스데반은 사도행전 7:42, 43에서 이스라엘의 과거 죄악을 지적할 때 아모스 5:25-27을 인용한다.

5:27 앗수르는 주전 732년 다메섹을 함락하고 주전 722년 이스라엘을 함락했다.

6:1, 2 유다와 이스라엘의 두 도시 시온(예루살렘)과 사마리아에게 주위를 둘러보라고 권한다. 갈레(아마 사 10:9의 갈로)와 하맛(아람), 가드(블레셋)가 심판을 피할 수 없다면 그들은 어떻게 심판을 피하겠는가?

6:3-8 하나님은 심판하실 백성의 악하고 천박한 생활을 지적하신다.

6:6 **대접으로 포도주를 마시며** 보통 제의적 용도로 사용하는 이 큰 그릇은 여기서 그들의 사치스럽고 방탕한 생활을 상징한다.

6:8 **당신을 두고 맹세하셨노라** 참고. 6:8; 8:7; 창세기 22:16; 이사야 45:23; 예레미야 49:13; 51:14; 히브리서 6:13, 14.

6:9, 10 남은 자가 조금이라도 있으면 찾아 죽일 정도로 심판은 철저하고 광범위하게 행해졌다.

6:10 **불사를 자** 이것은 죽은 자가 너무 많아서 전염병의 위험이 있어 시체를 소각하는 것과 관련된 언급일 것이다. 고대 이스라엘에서 예외적 경우가 있긴 하지만(참고. 삼상 31:12) 시체는 매장하는 것이 관례였다. **여호와의 이름을 부르지 못할 것이라** 친구처럼 다가오시던 하나님이 이제 원수가 된 것처럼 심판하기 위해 오신다. 살아남은 자들은 그 이름으로 기도하는 것조차 두려워할 것이다.

6:12 이스라엘은 바위에서 말을 달리거나 소로 바위를 갈게 하는 것처럼 공의가 왜곡되고 부조리가 판을 쳤다.

6:13 **허무한 것(Lo Debar)…뿔들(Karnaim)** 이것은 여로보암 2세(참고. 왕하 14:25)가 정복한 두 아람 성이 분명하다. 로 드발은 '허무하다'는 뜻으로 이스라엘의 '큰' 수확이 허무한 것에 불과함을 빈정거리듯 강조한다. 카르나임은 '뿔'이라는 뜻으로 짐승의 힘을 상징한다. 이스라엘은 그곳을 점령할 수 있었던 것이 어리석게도 그들의 힘이라고 믿었다.

6:14 **한 나라** 주전 722년 앗수르다. **하맛 어귀에서부터 아라바 시내** 이 지명들은 여호보암 2세가 새로 확정한 이스라엘의 북쪽과 남쪽 국경을 대표한다(참고. 왕하 14:25).

심판과 회복의 환상 (7:1-9:15)

7:1-9:10 아모스는 다섯 가지 환상을 소개하면서 중간에 역사적 기록을 끼워넣었다(7:10-17). 먼저 언급한 두 가지 환상은 여호와께서 남은 자들을 보호해주겠다는 약속을 나타내고, 나머지 세 가지 환상은 심판의 불가피함을 선언한다.

A. 여호와께서 재앙을 돌이키시다(7:1-6)

1. 메뚜기 환상(7:1-3)

7:1-3 하나님의 행동을 상징하는 첫 환상은 왕이 풀을 베고 난 뒤(참고. 욜 1:2-12) 메뚜기 떼가 다시 자란 백성의 풀을 먹어치우는 내용이다.

7:2 **내가 이르되** 이스라엘이 황폐해지리라는 것을 본 아모스는 근심스러운 마음에 그들을 위해 중보기도를 드린다. 마치 모세가 그랬던 것과 비슷하다(출 32:30-32).

7:3 **여호와께서…뜻을 돌이키셨으므로** 창세기 18:22, 23에서 소돔을 위해 아브라함이 간구하셨을 때 보이신 반응과 비슷하다.

2. 불의 환상(7:4-6)

7:4-6 불로 비유된 두 번째 환상은 큰 바다를 삼키고 육지까지 먹으려는 가뭄이다(참고. 신 32:22). 아모스는 다시 이스라엘에게 자비를 베풀어주시도록 구한다(참고. 2, 3절).

아모스의 다섯 가지 환상

1. 메뚜기 환상(7:1-3)
2. 불의 환상(7:4-6)
3. 다림줄 환상(7:7-9)
4. 여름 과일 환상(8:1-14)
5. 여호와에 대한 환상(9:1-10)

암

B. 여호와께서 더 이상 재앙을 돌이키지 아니하시다(7:7-9:10)

1. 다림줄 환상(7:7-9)

7:7-9 다섯 가지 환상 중 이 세 번째 환상은 이스라엘의 진정한 영적 상태를 하나님의 의의 다림줄로 측정한다(그리고 하나님의 기준에 미치지 못한 것으로 드러남). 앗수르라는 심판의 칼이 내려올 것이다.

2. 역사적 기록(7:10-17)

7:10-17 아모스의 경고에 심기가 매우 불편해진 이스라엘 지도자들은 왕에 대한 모반을 꾀하는 거라고 그를 모략한다(참고. 렘 26:11; 37:11-13; 38:1-6).

7:10 **벧엘** *3:14; 4:4에 대한 설명을 보라.*

7:11 **아모스가 말하기를** 이것은 9절의 내용을 가리킬 것이다. 아마샤는 아모스가 전한 하나님의 말씀을 이해했지만 받아들이지 않았다.

7:12 **도망하여** 아모스는 드고아의 고향으로 소환될 처지가 되었다.

7:14-16 **선지자가 아니며…여호와의 말씀** 아모스는 자신은 원래 농부이지만 하나님이 그를 통해 말씀하셨고 이스라엘은 그의 말을 들어야 한다고 경고한다.

7:17 **사로잡혀…떠나리라** 주전 722년 앗수르로 끌려간다는 예언이다.

3. 과일 광주리 환상(8:1-14)

8:1 **여름 과일** 이 네 번째 환상은 과일이 여름 햇볕에 완전히 익듯 이스라엘이 심판을 받을 때가 되었음을 말해준다.

이스라엘의 궁극적 회복

1. 사 27; 42-44; 65; 66장
2. 렘 30-33장
3. 겔 36; 37; 40-48장
4. 단 9:20-27; 12:1-3
5. 호 2:14-23; 14:4-7
6. 욜 3:18-21
7. 암 9:11-15
8. 옵 17, 21절
9. 미 7:14-20
10. 습 3:14-20
11. 학 2:20-23
12. 슥 13; 14장
13. 말 4:1-3

8:5 **월삭** 음력을 지킨 이스라엘은 이 날을 절기로 지켰다. 안식일처럼 이 날에는 아무 일도 해서는 안 되었다(삼상 20:5, 6; 왕하 4:23; 겔 46:3). 이 날이 끝나기를 기다렸다는 것은 상인들의 욕심과 탐욕이 어느 정도였는지를 보여준다. **에바를 작게 하고 세겔을 크게 하여** 상인들은 부정직한 저울로 받을 때는 양을 줄이고 팔 때는 부풀리는 식으로 폭리를 취했다. 부정직한 저울에 대한 다른 구절은 *잠언 11:1에 대한 설명을 보라.*

8:6 **찌꺼기 밀** 이것은 좋은 밀에 겨를 섞어서 속여 팔았다는 말이다.

8:7 **야곱의 영광** 이스라엘이 악한 교만으로 가득했기 때문에(참고. 호 5:5; 7:10) "야곱의 영광"이 되셔야 마땅한 하나님(미 5:4)은 그들의 악행을 잊지 않으실 것이다(참고. 6:8). 인간의 교만에 해당하는 히브리어는 하나님의 지극한 위엄과 동의어로 언어유희가 사용되고 있다. 하나님은 자신이 미워하시는 이스라엘의 모습(6:8)을 두고 스스로 맹세하신 셈이다(*6:8에 대한 설명을 보라*).

8:8 **애굽 강 같이 뛰놀다가 낮아지리라** 해마다 강둑을 넘어 범람해 농사를 지을 물과 영양이 풍부한 퇴적층을 제공해주는 나일강처럼 불의하고 오만한 이스라엘 때문에 그 땅에 하나님의 심판이 흘러넘칠 것이다.

8:9 **해를 대낮에 지게 하여** 이것은 주전 763년의 개기일식을 하나님의 임박한 심판에 대한 그림으로 상기시키는 것 같다. 어둠은 그들의 애곡함을 상징할 것이며 실제로 어둠으로 애곡함이 더할 것이다.

8:10 **굵은 베** *요엘 1:8에 대한 설명을 보라.* 애곡하는 나라에 대한 이런 자세한 설명은 바벨론 거민들이 바벨론의 최종 죽음을 애곡하는 것과 비슷하다(계 18:9-19).

8:11, 12 나라가 형통할 때 백성은 선지자들을 배척했다(참고. 7:10-17). 포로로 잡혀 있을 때는 여호와의 말씀을 어디서도 들을 길이 없었다(참고. 삼상 28:6 이하). 한때 풍성했으나 거부했던 것을 이제 필사적으로 원하지만 아무리 찾아도 발견할 수가 없다.

8:14 **사마리아…단** 여로보암 1세(주전 931-910년)는 이스라엘 백성이 예루살렘에 예배하러 가지 않게 이 두 곳에 제단을 만들었다(왕상 12:26-29). **브엘세바** *5:5에 대한 설명을 보라.* 그들은 영원히 우상을 섬기지 못할 것이다(참고. 5:2).

4. 제단 환상(9:1-10)

9:1 다섯 번째 환상은 벧엘의 제단 곁에 서신 하나님이 성전이 무너져서 그 예배자들 위로 떨어지라고 명령하시는 장면으로 시작한다. 그분은 한 사람도 살려주지 않으실 것이다(참고. 5:2; 8:14).

9:2-4 아무리 피하려고 필사적으로 노력해도 심판의 손에서 벗어날 수 없을 것이다. 의로운 다윗은 하나님의 전능하심에서 위로를 얻었다(시 139:7-10. 참고. 렘 23:23, 24). 하지만 악인은 그분의 진노하심만 얻을 뿐이다(참고. 계 20:13).

9:3 갈멜 지중해보다 549미터 높은 산지로 수많은 동굴과 숲으로 유명하다. *1:2에 대한 설명을 보라.*

9:4 주목하여 하나님의 전지하심을 가리키는 비유적 표현이다(참고. 8절).

9:5-9 주의 권능에 의문을 품지 않도록 창조와 이스라엘 민족의 주권적 통치하심으로 계시된 그분의 전능하심을 상기시켜준다. 많은 나라를 그 본국에서 옮겨 심으셨다. 이스라엘이라고 예외일 이유가 있겠는가.

9:5 강 *8:8에 대한 설명을 보라.*

9:7 갑돌 그레데 섬이다. **기르** *1:5에 대한 설명을 보라.*

9:8, 9 북왕국 이스라엘은 주전 앗수르에게 망한 후(왕하 17장) 국가로서 다시 회복되지 못했다. 그러나 하나님은 야곱의 자손들 중 남은 자를 보존하셔서 아브라함과 이삭과 야곱에게 오래전 약속하신 더 크고 완전한 나라의 일원이 되게 하실 것이다(*창 12:1-3; 롬 11:1-27에 대한 설명을 보라*).

9:8 주 여호와의 눈 *4절에 대한 설명을 보라.*

9:9 만국 중에서 체질하기를 체질을 해서 겨만 심판을 받을 것이다. 하나님의 남은 자들은 보존되어 다음 단락에 소개된 축복을 유업으로 누릴 것이다.

C. 여호와께서 회복하실 것이다(9:11-15)

9:11-15 마지막 남은 신실한 자들에게 천년왕국의 축복이 기다린다. 그때는 메시아가 직접 예루살렘 다윗의 보좌에서 만국을 통치할 것이고 유대인은 다시는 하나님이 유업으로 주신 땅에서 뽑히지 않을 것이다.

9:11 다윗의…장막 다윗 왕조를 말한다(참고. 서론의 해석상의 과제). 하나님이 다윗 언약으로 주신 약속이 여기에 암시되어 있다(*삼하 7:1-17에 대한 설명을 보라*). 하나님은 천년왕국 때 그리스도가 통치하시도록 지상에 이 장막을 '일으켜' '다시 세우실' 것이다(참고. 슥 14:9-11). 사도들은 이 구절을 이용해 이방인들이 하나님 구속의 일원이 될 수 있음을 설명한다. *사도행전 15:13-18에 대한 설명을 보라.*

9:13, 14 풍요와 번성함을 과장법으로 묘사한다(참고. 레 26:5; 욜 3:18. 사 5장과 대조해보라). 파종하는 시기와 거두는 시기가 겹칠 정도로 엄청난 결실을 거둘 것이다. 이런 풍요로움 때문에 대규모 본국 귀환(참고. 사 11:15, 16)과 재건축이 일어날 것이다(참고. 슥 2:1-5).

9:15 그들이 내가 준 땅에서 다시 뽑히지 아니하리라 하나님이 아브라함에게 주신 땅에 대한 약속(참고. 창 12:7; 15:7; 17:8)이 그리스도가 지상에서 천년 동안 통치하실 때(참고. 욜 2:26, 27) 궁극적으로 성취될 것이다.

「우상에게 희생제물을 바치는 여로보암(*Jeroboam Offering Sacrifice for the Idol*)」 1752년. 장 오노레 프라고나르. 캔버스에 유화. 115X145mm. 에콜 데 보자르, 파리.

연구를 위한 자료

Charles L. Feinberg, *The Minor Prophets* (Chicago: Moody, 1980). 『12소선지서 연구』, 찰스 리 화인버그 지음, 엄성옥 옮김(은성, 1992).

Donald R. Sunukjian, *Amos*, in The Bible Knowledge Commentary–OT (Wheaton, Ill.: Victor, 1985). 『아모스…』(BKC), 도날드 R. 수누키얀 외 지음, 김영헌 옮김(두란노서원, 1991).

암

제목

이 책의 제목은 환상을 받은 선지자(1:1)의 이름이다. 오바댜는 '여호와의 종'이라는 뜻으로 구약에서 21번 나오지만 다른 인물일 때가 많다. 오바댜는 구약에서 가장 짧은 책이며 신약에서는 인용되지 않는다.

저자와 저작 연대

저자에 대해서는 확실히 알려진 내용이 없다. 이 이름을 지닌 사람이 열한 명 정도 언급되지만 이 선지자와 동일 인물은 아니다. 예루살렘, 유다, 시온을 자주 언급하는 것으로 보아 남왕국 사람으로 추정된다(참고. 10-12, 17, 21절). 오바댜는 엘리야, 엘리사와 동시대 사람이었을 것이다.

저작 연대 역시 확인하기가 어렵다. 10-14절에 기록된 대로라면 에돔이 예루살렘을 공격한 시기와 관련이 있는 것으로 보인다. 이 공격이 있은 직후 이 책을 썼을 것이다. 구약 역사상 예루살렘은 총 4번의 공격을 받았다. 르호보암이 통치하던 때인 주전 925년 애굽 왕 시삭의 침략(왕상 14:25, 26; 대하 12장), 유다 여호람이 통치하던 때인 주전 848-841년 블레셋과 아라비아인들의 침략(대하 21:8-20), 주전 790년 이스라엘 왕 요아스의 침략(왕하 14; 대하 25장), 주전 586년 바벨론 왕 느부갓네살의 예루살렘 함락이다.

이 4번의 침략 가운데 두 번째와 네 번째 침략만 오바댜의 역사적 기록과 부합한다. 하지만 오바댜서 내용이 느부갓네살의 공격으로 발생한 예루살렘의 완전한 파괴를 암시하지 않기 때문에 두 번째 침략이 오바댜서와 더 확실하게 부합한다고 말할 수 있다. 또한 에돔 족속이 느부갓네살의 예루살렘 함락에 함께하기는 했지만(시 137편; 애 4:21) 오바댜가 바벨론 사람들을 구체적으로 언급하지 않는다는 점 역시 중요하다(예루살렘 멸망에 대해 예언한 다른 선지자들과 달리). 게다가 성전 파괴나 백성이 포로로 끌려갈 것에 대해서도 전혀 언급하지 않았다. 실제로 포로들은 동쪽 바벨론이 아니라 남서쪽으로 끌려간 것으로 보인다(참고. 20절).

배경과 무대

에돔 사람들의 시조는 이삭과 리브가의 장자(쌍둥이) 에서로(창 25:24-26), 태중에 있을 때부터 야곱과 싸웠다(창 25:22). 에서의 이름은 '털이 많다'는 뜻으로 "전신이 털옷" 같았기 때문이다(창 25:25). 또한 그는 '붉은 죽'과 장자권을 맞바꾸었으므로 '붉다'는 의미의 에돔으로 불리기도 했다(창 25:30). 그는 언약을 무시하고 가나안의 두 여인과 결혼하고(창 26:34) 나중에는 이스마엘의 딸과 결혼했다(창 28:9). 들에서 사냥하기를 좋아했고 동생 야곱에게 아버지의 축복을 도둑맞은 이후로는 마치 운명처럼 들사람으로 살았다(창 25:27; 27:38-40).

에서는 사해 남쪽 험한 산악 지역에 정착했다(창 33:16; 36:8, 9; 신 2:4, 5). 이곳은 에돔이라 불리게 되었고(헬라어로 '이두매'), 남쪽으로 아카바만까지 약 161킬로미터에 이르며 폭이 64킬로미터에 이르는 지역이다. 북아프리카와 유럽과 아시아를 이어주는 중요한 무역로인 유명한 왕의 대로가 동쪽 고원을 따라 나 있었다(민 20:17). 야곱과 에서의 갈등과 출생(창 25장)은 창세기 25:23의 "두 국민이 네 태중에 있구나"라는 예언의 궁극적 배경을 이룬다. 그들의 후손인 이스라엘과 에돔은 오랜 기간 숙적이었다.

이스라엘이 애굽에서 탈출한 뒤 에돔은 사해 남쪽에 위치한 그들의 땅을 통과하게 해달라는 형제 야곱의 부탁을 거절했다(민 20:14-21). 그럼에도 이스라엘은 에돔을 적대하지 말라는 하나님의 지시를 받았다(신 23:7, 8). 오바댜는 하나님의 환상을 받고 에돔의 죄악을 경고하고 이스라엘을 대하는 그들의 태도로 말미암아 완전한 파멸이 임할 것을 선언하라는 부르심을 받았다.

에돔 족속은 사울과 맞서 싸웠고(주전 1043-1011년), 다윗(주전 1011-971년)과 솔로몬(주전 971-931년) 때 속국이 되었다. 여호사밧(주전 873-848년) 때 반기를 들었고 여호람(주전 853-841년) 때 유다의 지배에서 벗어났다. 아마샤(주전 796-767년) 때 다시 정복되었지만 아하스(주전 735-715년) 때 다시 자유를 얻었다. 그 후로는 앗수르와 바벨론의 지배를 받았고 주전 5세기에는 나바트인들에게 쫓겨나 그 땅을 떠나야 했다. 그들은 팔레스타인인 남부로 이주하여 이두매인들로 알려지게 되었다.

헤롯 대왕은 이두매 사람으로 주전 37년 유다 왕이 되었다. 헤롯이 예수를 죽이려고 한 것은 어떤 의미에서 에서와 야곱 사이에 있던 반목의 연장이었다. 이두매족은 로마에 맞서 예루살렘 반란에 가담했고, 주후 70년 유대인과 함께 티투스에게 패배했다. 에돔 족속은 주전 586년 예루살렘 멸망을 크게 반겼지만(참고. 시 137:7) 주후 70년에는 반대로 예루살렘을 방어하다가 대거 죽임을 당했다. 그러고 나서 역사에서 완전히 사라졌다. 오바댜의 예언대로 그들은 "영원히 멸절되고"(10절) "에서 족속에 남은 자가 없게"(18절) 되었다.

역사적 · 신학적 주제

오바댜는 창세기 12:1-3의 저주와 축복이 적용된 대표적 사례로, 관련된 두 가지 주제가 두드러진다. 첫째, 이스라엘을 저주한 에돔에 대한 하나님의 심판이다. 이런 사실을 유다에게 분명하게 전달하여 에돔이 교만과 유다의 몰락에 동조한 죄로 하나님의 심판을 받았음을 재확인해주었다. 둘째, 유다의 회복이다. 유다의 회복에는 에돔 족속의 땅에 대한 내용도 포함된다(19-21절; 사 11:14). 유다에 대한 오바댜의 축복은 가깝게는 에돔이 몰락하고(1-14절) 멀게는 에돔이 심판을 받고 그 땅을 이스라엘이 최종 차지하는 것(15-21절)을 포함한다.

해석상의 과제

오바댜 1-9절과 예레미야 49:7-22의 놀라운 유사성(최소한 일곱 군데)은 누가 누구의 글을 차용했는가 하는 문제를 불러왔다. 세 번째 공통의 자료가 없음을 전제하면 예레미야가 오바댜를 차용했을 것으로 보인다. 공통된 구절들이 오바댜에서는 한 단위로 정리된 반면 예레미야서에는 여러 구절들에 흩어져 있기 때문이다. 이것은 오바댜가 예레미야보다 약 250년 더 앞선 사람이라는 '배경'의 결론을 확증해준다. 오바댜가 후시대 사람인 예레미야의 글을 차용했다는 것은 불가능한 일이다.

오바댜 개요

I. 에돔에 대한 하나님의 심판(1-14)
 A. 에돔의 심판(1-9)
 B. 에돔의 죄악(10-14)
II. 열국에 대한 하나님의 심판(15, 16)
III. 이스라엘을 회복시키시는 하나님(17-21)

에돔에 대한 하나님의 심판 (1-14절)

A. 에돔의 심판(1-9)

1 **묵시** 하나님의 예언적 말씀이 환상의 형태로 전해질 때가 종종 있다(참고. 사 1:1; 미 1:1; 나 1:1; 합 1:1). **주 여호와께서…이와 같이 말씀하시니라** 선지자의 출신과 배경이 확실하지 않지만 그 메시지의 출처는 그렇지 않다. 하나님이 초자연적으로 주신 말씀으로 잘못된 복수심 때문이 아니었다. 참고. 예레미야 49:14. **에돔** 에서의 후손으로(창 25:30; 36:1 이하) 사해 남쪽 지역에 정착했다. 서론의 배경과 무대를 보라. 이것은 소선지서에서 이스라엘과 유다 외의 대상에게 메시지를 전한 두 선지서 중 첫 선지서다(요나와 오바댜). **일어날지어다…일어나서 그와 싸우자** 오바댜는 에돔을 무너뜨리고자 여러 민족이 모의한다는 이야기를 들었다. 이것은 하나님이 작정하신 일이었다. 에돔의 대적들이 가진 이기적인 동기를 하나님의 주권적 뜻을 이루고자 하는 "사자"가 거룩한 목적으로 이용한다(참고. 시 104:4).

2 **내가 너를…하였으므로** 하나님은 모든 민족을 주권적으로 통치하신다(참고. 단 2:21; 4:17). 참고. 예레미야 49:15.

3, 4 **누가 능히 나를…끌어내리겠느냐…내가…너를 끌어내리리라** 에돔의 교만에 하나님이 결정적으로 대답하신다(참고. 마 23:12). 에돔에게 임한 재앙은 그 대적들이 가한 것이지만 실제로는 그 교만에 대한 하나님의 심판이었다(참고. 잠 16:18; 고전 10:12). 에돔의 경제적 번영과 난공불락의 지리적 이점에도 야곱의 하나님은 에서의 후손들을 거꾸러뜨리실 것이다. 참고. 예레미야 49:16.

3 **바위 틈** 산악 지역에 자리 잡은 에돔의 수도인 난공

불락의 페트라는 실제로 천연 요새로서 절대 안전하다고 생각되는 곳이었다. 1,737미터에 이르는 꼭대기에 생긴 깊고 험한 협곡들이 요새처럼 둘러싸고 있었기 때문에 절대 안전하다는 오만하고 거짓된 착각을 하게 만들었다.

5, 6 강도가 밤중에 지형이 험해서 좁은 협곡으로 접근할 수밖에 없어 공격은 밤에야 가능했다. 보통 강도는 만족스럽다는 생각이 들면 그 행위를 그만두지만 하나님의 심판의 일환이었기 때문에 에돔의 적들은 그 정도로는 성에 차지 않았다. 그들은 아무것도 남기지 않을 것이다. 참고. 예레미야 49:9.

6 에서 에돔 민족을 의인화한 표현이다. 참고. 예레미야 49:10.

7 에돔을 치기로 모의한 자들(1절)은 한때 우방이자("너와 약조한 모든 자들") 이웃("너와 화목하던 자들")이었고 심지어 에돔의 번영을 함께 누린 부족들("네 먹을 것을 먹는 자들")이었다.

8 지혜 있는 자 에돔은 지혜로운 사람과 명철한 사람이 많기로 유명했다(참고. 렘 49:7). 왕의 대로에 위치했기 때문에 인도와 유럽, 북아프리카 등으로부터 지적인 자극을 받을 수 있었다.

9 드만 에서 손자의 이름에서 파생된 명칭으로(창 36:11) 에돔 북부의 한 지역을 말하며, 욥의 친구 엘리바스의 고향이었다(욥 4:1). *하박국 3:3에 대한 설명을 보라.* **용사들** 참고. 예레미야 49:22하반절.

B. 에돔의 죄악(10-14)

10 야곱에게 행한 포학 이스라엘이 가나안 땅에 가까이 갔을 때(참고. 민 20:14-21) 시작되어 예레미야 시대까지 계속된(참고. 대하 28:17) 에돔의 방해를 말한다. *예레미야 49:7-22에 대한 설명을 보라.* 야곱과 에서가

난공불락의 천연 요새 페트라(Petra)

> **에돔에 대한 하나님의 심판**
>
> 구약에 언급된 그 어떤 나라보다 에돔은 하나님의 일차적 심판의 대상이다.
>
> - 시 83:5-18; 137:7
> - 사 11:14; 21:11, 12; 34:5; 63:1-6
> - 렘 49:7-22
> - 애 4:21, 22
> - 겔 25:12-14; 35:1-15
> - 욜 3:19
> - 암 1:11, 12; 9:11, 12
> - 말 1:2-5

형제였기 때문에 에돔의 이런 악행은 더 비난받아 마땅했다(참고. 창 25:23; 말 1:3; 롬 9:10-13). 에돔이 부끄러움과 "멸절"(9절)을 당하는 것은 형제국에 대한 에돔의 포학과 살육에 대한 정당한 보응이었다. 서론의 배경과 무대를 보라.

11-14 10절의 죄목이 더 구체화된다. 첫째, 그들은 이스라엘이 당할 때 돕지 않고 "멀리 서 있었다"(11절). 둘째, 유다의 몰락을 보고 "기뻐했다"(12절. 참고. 시 83:4-6; 137:7). 셋째, 그 성을 약탈했다(13절). 넷째, 그 피난민들이 도망가지 못하도록 막았다(14절). 서론의 저자와 저작 연대를 보라.

12-14 이 단락에는 "…할 것이 아니며"로 암시하는 8개의 죄목이 등장한다. 에돔이 유다를 학대하고 그로 말미암아 심판받은 역사에 대한 요약은 *에스겔 25:12-14; 35:15에 대한 설명을 보라.*

열국에 대한 하나님의 심판(15, 16절)

15 벌할 날 하나님이 에돔을 심판한 역사(1-14절)는 하나님의 주권적 통치에 복종하기를 거부하는 모든 민족에 대한 미래적 심판(15, 16절)의 예표다(요엘 서론의 역사적·신학적 주제를 보라).

16 내 성산 예루살렘을 가리키는 시온이다(참고. 17절). **마시고 삼켜서** 여호와께서 그 백성을 '취하게 하는 잔'으로 만드시고 대적들로 마시게 하리라고 하신 스가랴 12:2과 비교해보라. 하나님의 진노의 잔을 말한다. 유다는 잠시 심판의 잔을 마시지만 에돔은 '항상 마셔서' 돌이킬 수 없는 영원한 결과를 초래할 것이다. 참고. 예레미야 49:12.

이스라엘을 회복시키시는 하나님 (17-21절)

17 메시아께서 개입하셔서 천년왕국을 세우시고 '거룩'이 편만해지면 10-14절에 기록한 대로 에돔 때문에 역경에 처했던 유다에게 대반전이 일어날 것이다.

18-20 유다의 남은 자들(14절)은 하나님의 능력을 받아 '에서의 집을 불사르며'(18절) 완전히 진멸할 것이다(슥 12:6. 참고. 사 11;14; 34:5-17). 메시아가 그 왕국을 세우시면 다윗 왕국과 솔로몬 왕국의 국경이 벧엘에서 그 꿈에 야곱에서 약속해주신 곳(창 28:14)까지 다시 확장될 것이다. 그것은 아브라함에게 주신 하나님의 약속에 대한 재확증이다(참고. 창 12장). 여기에는 남쪽(에서의 산지), 서쪽(블레셋), 북쪽(에브라임…사마리아), 동쪽(길르앗)이 포함된다.

18 야곱 족속…요셉 족속 아브라함의 자손을 대표한다.

20 가나안 사람 출애굽 전에 가나안 땅을 차지했던 족속들이다. **사르밧** 사렙다(참고. 눅 4:26)로도 알려진 이 성읍은 두로와 시돈 사이의 베니게 해안에 위치했다. *열왕기상 17:9에 대한 설명을 보라.* **스바랏** 성경에서는 여기 외에 언급된 곳이 없어 위치가 불확실하다.

21 구원받은 자들이…올라와서…심판하리니 여호와께서 자기 백성을 구원하기 위해 재판할 자들을 일으키셨듯이(참고. 느 9:27) 천년왕국에서도 통치를 도울 지도자들을 세우실 것이다(참고. 고전 6:2; 계 20:4). **나라가 여호와께 속하리라** 주의 날, 열국이 심판을 받을 때 천년왕국을 세우시고 지상에서 직접 자기 백성을 다스리며 신정을 펼치실 것이다(슥 14:4-9; 계 11:15).

연구를 위한 자료

Irvin A. Busenitz, *Joel and Obadiah* (Fearn, Ross-shire, Great Britain: Christian Focus, 2003).

Charles L. Feinberg, *The Minor Prophets* (Chicago: Moody, 1980). 『12소선지서 연구』, 찰스 리 화인버그 지음, 엄성옥 옮김(은성, 1992).

「오바댜 선지자(*Prophet Obadiah*)」 1477-1480년. 멜로초 다 포를리. 프레스코화. 산마르코 국립박물관. 피렌체.

옵

제목

히브리어 맛소라 본문을 따라 책의 제목은 주인공이자 아밋대의 아들 요나('비둘기'라는 뜻)로 되어 있다(1:1). 70인역과 불게이트 번역본 모두 이 이름을 제목으로 삼았다.

저자와 저작 연대

요나서는 저작권에 대해 직접적으로 언급하지 않는다. 요나서 전반에서 요나를 계속 3인칭으로 지칭하므로 저자가 요나가 아닌 다른 사람이라고 주장하는 이들이 있다. 그러나 저자 자신을 3인칭으로 쓰는 경우는 구약에서 흔히 볼 수 있다(예를 들어 출 11:3; 삼상 12:11). 더욱이 요나서에서 제공하는 자서전적 정보는 요나가 저자임을 분명히 드러낸다. 이런 특이한 사건의 직접적인 이야기는 요나가 직접 쓴 것으로 보아야 제대로 이해할 수 있다. 도입부 구절 역시 그가 저자임을 지지한다. 호세아, 요엘, 미가, 스바냐와 같은 선지자들 역시 유사한 형식으로 도입부를 소개한다.

열왕기하 14:25에 따르면 요나는 나사렛 근방의 가드헤벨 출신이라고 한다. 문맥으로 보면 그는 이스라엘이 크게 번영한 여로보암 2세(주전 793-753년)의 오랜 통치 기간 중에 사역한 선지자로 8세기 전반부인 주전 760년경 아모스 선지자 직전에 북쪽 열 지파를 상대로 사역했다. 요나는 갈릴리 사람이므로 "갈릴리에서는 선지자가 나지 못하느니라"(요 7:52)고 말한 바리새인들의 주장은 틀린 셈이다. 검증할 수는 없지만 어떤 유대 전승에 따르면 요나는 엘리야가 죽은 자 가운데서 살린 사렙다 과부의 아들(왕상 17:8-24)이라고 한다

배경과 무대

북왕국 이스라엘의 열 지파가 사역 대상이었던 선지자 요나는 아모스와 배경이 비슷하다. 북왕국은 비교적 오랫동안 평화와 번영을 구가했다. 아람과 앗수르가 허약했기 때문에 여로보암 2세는 이스라엘 북쪽 국경을 다윗과 솔로몬 시대의 영토까지 회복했다(왕하 14:23-27). 그러나 영적으로는 궁핍한 시대였다. 종교는 형식적이었고 우상숭배가 점점 만연하여 공의가 왜곡되었다. 부에 취하고 전쟁 없이 평화로운 시대가 장기간 지속되면서 영적으로, 도덕적으로, 윤리적으로 이스라엘 왕국은 파산 상태가 되었다(참고. 왕하 14:24; 암 4:1 이하; 5:10-13).

결국 하나님은 주전 722년 앗수르인들을 사용해 이들을 심판하시고 포로로 붙잡혀가게 하셨다. 니느웨의 회개는 두 전염병(주전 765년과 759년) 중 첫 전염병과 일식(주전 763년)이 영향을 미쳤을 것이고, 이 두 가지 사건으로 요나가 전하는 심판의 메시지를 받아들일 마음의 준비가 되었을 것이다.

역사적 · 신학적 주제

요나는 이스라엘의 선지자이지만 그의 이스라엘 사역 때문에 후세대들이 기억하는 것은 아니다. 예수님 시대에 바리새인들이 갈릴리에서 선지자가 나온 적이 없다

「요나와 고래[*Jonah and the Whale*]」 1621년. 피터르 라스트만. 오크에 유화. 52.1×36cm. 쿤스트 팔 라스트 미술관. 뒤셀도르프.

고 잘못 주장한 이유가 설명이 된다(참고. 요 7:52). 요나서는 그가 니느웨에 회개를 선포하도록 선지자로 부름을 받았지만 그 소명을 받아들이지 않았다고 기록한다. 앗수르의 수도이자 잔인함으로 악명 높은 니느웨는 이스라엘과 유다를 오랫동안 괴롭힌 역사적 숙적이었다.

요나서는 이 이방 도시에 관심을 집중한다. 니느웨는 노아의 증손자인 니므롯이 세운 도시였다(창 10:6-12). 고대 세계에서 가장 큰 도시였을 니느웨(1:2; 3:2, 3; 4:11)는 요나의 메시지를 듣고 회개한(주전 612년) 후 약 150년 뒤에 멸망했다. 나훔이 예언한 그대로였다(나 1:1 이하). 하나님의 언약적 축복의 당사자라는 영적 우월감과 함께 앗수르에 대한 이스라엘의 정치적 반감으로 요나는 니느웨에 선교사로 가라는 하나님의 명령을 따르고 싶지가 않았다.

요나가 니느웨로 파송된 이유는 부분적으로는 이스라엘을 부끄럽게 하기 위해서였다. 낯선 선지자의 말씀을 듣고 이방 도시가 회개하는데 이스라엘은 많은 선지자의 호소에도 회개하지 않는다는 사실을 깨닫게 하려고 하셨던 것이다. 그는 하나님의 사랑과 자비가 그분의 언약 백성뿐 아니라(참고. 창 9:27; 12:3; 레 19:33, 34; 삼상 2:10; 사 2:2; 욜 2:28-32) 그분이 지으신 모든 피조물에 미친다는 사실을 곧 깨닫게 된다.

요나서는 모든 인류와 모든 피조물에 대한 하나님의 주권적 통치를 알려준다. 그를 통해 피조 세계가 존재하고(1:9) 온 피조물은 그의 모든 명령에 복종한다(1:4, 17; 2:10; 4:6, 7. 참고. 막 4:41). 예수님은 니느웨 사람들이 회개한 사건을 인용하시며 바리새인들을 책망하셨고 그들의 완악한 마음과 회개치 않는 악함을 설명하셨다(마 12:38-41; 눅 11:29-32). 마지못해 순종한 선지자의 선언에 이교도들의 성 니느웨는 회개했지만 바리새인들은 모든 선지자 중 가장 크신 분의 복음 전파에도 회개하지 않았다. 그분이 그들의 주이자 메시아라는 부정할 수 없는 증거를 보고도 회개하지 않았던 것이다.

요나는 하나님이 증인으로 선택하고 사명을 맡겼지만(사 43:10-12; 44:8) 그 뜻에 반항했던 이스라엘을 대표한다(출 32:1-4; 삿 2:11-19; 겔 6:1-5; 막 7:6-9). 그럼에도 하나님은 수백 년간 포로생활과 흩어짐 속에서 그들을 기적적으로 보존하시고, 마침내 그분의 진리를 선포하도록 하셨다(렘 30:11; 31:35-37; 호 3:3-5; 계 7:1-8; 14:1-3).

해석상의 과제

일차적 과제는 이 책을 역사적 내러티브로 해석해야 하는지 아니면 비유나 알레고리로 해석해야 하는지에 대한 문제다. 사흘 밤낮으로 큰 물고기 뱃속에 산 채로 살아 있었다는 기적 때문에 일부 회의주의자와 비평가는 그 역사적 진실성을 부인하고 일부 내용을 영적 교훈으로 보거나(알레고리) 요나서 전체를 영적 교훈이라고 주장한다(비유). 그러나 그 사건들이 믿기 어려울 정도로 거창하고 기적 같은 이야기라고 해도 이 내러티브들은 역사적 사건으로 보아야 한다. 주전 8세기에 생존한 구약의 역사적 실존 인물을 주인공으로 한 요나서는 내러티브 형식으로 기록되었고 역사적 기록으로 이해하지 않을 다른 이유가 없다. 더욱이 예수님은 요나 이야기를 비유가 아니라 역사에 기반한 실제 사건이라고 가르치셨다(마 12:38-41; 16:4; 눅 11:29-32).

요나 개요

I. 하나님의 뜻을 피해 달아남(1:1-17)
  A. 요나를 부르심(1:1, 2)
  B. 도망치는 요나(1:3)
  C. 요나를 추격하심(1:4-16)
  D. 요나를 보호하심(1:17)
II. 하나님의 뜻에 복종함(2:1-10)
  A. 무기력한 요나(2:1-3)
  B. 요나의 기도(2:4-7)
  C. 요나의 회개(2:8, 9)
  D. 요나의 구원(2:10)
III. 하나님의 뜻의 성취(3:1-10)
  A. 소명의 회복(3:1, 2)
  B. 요나의 순종(3:3, 4)
  C. 니느웨 성의 회개(3:5-9)
  D. 하나님이 진노를 돌이키심(3:10)
IV. 하나님의 뜻에 의문을 제기함(4:1-11)
  A. 마음이 불쾌한 선지자(4:1-5)
  B. 책망받는 선지자(4:6-11)

하나님의 뜻을 피해 달아남 (1:1-17)

A. 요나를 부르심(1:1, 2)

1:1 **아밋대의 아들 요나** 요나의 이름은 히브리어로 '비둘기'라는 뜻이며 그 아버지의 이름은 '신실한' 또는 '충직한'이라는 뜻이다.

1:2 **일어나…니느웨로 가서** 다른 선지자들은 이방 열국에 대해 심판을 예언했지만[참고. 이사야(열국에 대한 하나님의 심판), 나훔(앗수르/니느웨에 대한 하나님의 심판)] 요나는 하나님의 심판 메시지를 전하기 위해 이방 나라에 실제로 보내심을 받은 유일한 선지자다. 요나의 사역은 이방인들이 참되신 하나님께 돌아오기를 원치 않는 유대인을 책망할 뿐 아니라 니느웨 성을 구원하여 이스라엘이 수치심과 질투심을 느끼도록 하는 데 목적이 있었다. 니므롯에 의해 세워진 니느웨(창 10:11)는 이스라엘 북동쪽 약 805킬로미터 지점의 티그리스 강변에 위치했다. 앗수르의 왕궁이 있는 도시 중 하나로 오랫동안 앗수르의 수도였다.

니느웨의 이름은 '니누스'(ninus), 즉 니므롯에서 파생한 것으로 보이며 니므롯의 거주지 또는 '누누'(nunu, '물고기'에 해당하는 아카디아어)라는 의미가 있다. 니느웨 사람들은 물고기의 여신 난쉐(민물의 여신 에아의 딸)와 반인 반어인 물고기 신 다곤을 숭배했다. **큰 성읍** 니느웨는 규모(3:3)나 권력 면에서 모두 거대했고, 주전 612년 느부갓네살에게 멸망당할 때까지 근동에서 무시하지 못할 영향력을 행사했다. 당시 세계에서 가장 큰 성읍이었을 것이다. 역사가들은 거의 13킬로미터에 이르는 웅장한 성벽이 내성을 둘러쌌고 그 성의 바깥 지역은 둘레가 약 97킬로미터에 이르렀다고 한다. 인구는 60만 명에 육박했다(참고. 4:11). **그 악독이 내 앞에 상달되었음이니라** 니느웨는 아수르(Assur)와 이슈타르(Ishtar)라는 신을 섬기는 우상 숭배의 중심지였다. 1세기 후 나훔은 그 악행과 잔혹함으로 앗수르가 멸망하리라고 선언했다(나 3장). 이 예언은 주전 612년 느부갓네살에 의해 성취되었다.

B. 도망치는 요나(1:3)

1:3 **그러나 요나가…일어나 다시스로 도망하려 하여** 선지자가 하나님의 소명을 거부한 사례로 기록된 유일한 경우다(참고. 렘 20:7-9). 부유하기로 유명한 다시스(시 72:10; 렘 10:9; 겔 27:12, 25)의 위치는 확실하게 알려져 있지 않다. 그리스 역사가 헤로도토스는 욥바에서 서쪽 약 4,023킬로미터 지점인 스페인 남부의 상업도시 타르테수스라고 확인해준다. 요나는 하나님이 지시하신

요나의 이동 경로

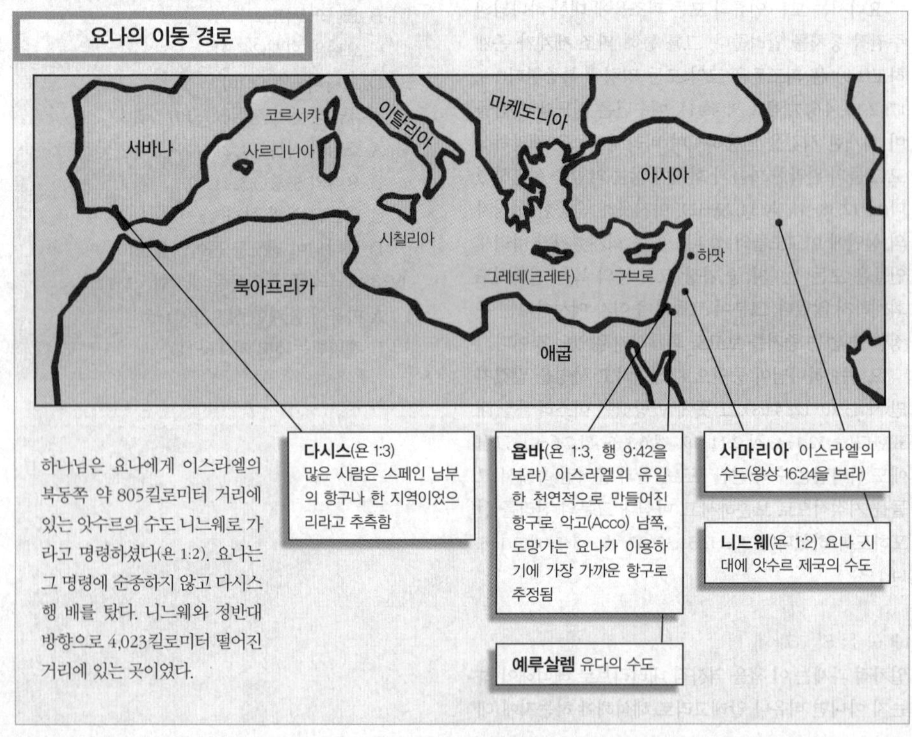

하나님은 요나에게 이스라엘의 북동쪽 약 805킬로미터 거리에 있는 앗수르의 수도 니느웨로 가라고 명령하셨다(욘 1:2). 요나는 그 명령에 순종하지 않고 다시스행 배를 탔다. 니느웨와 정반대 방향으로 4,023킬로미터 떨어진 거리에 있는 곳이었다.

곳과 정반대인 서쪽 방향으로 갔다. 그가 이방인들에게 구원의 축복을 전하기를 얼마나 싫어했는지 알 수 있다. **욥바** 욥바(오늘날의 자파)는 유다와 사마리아 국경 근방의 지중해 해안에 위치했으며, 베드로가 이방인 고넬료를 방문하기 전 스스로를 준비하며 환상을 본 곳이기도 하다(행 10장). **여호와의 얼굴을 피하여** 전지하신 하나님을 피할 수 있는 사람이 아무도 없지만(시 139:7-12; 암 9:2-4), 요나는 예루살렘 성전이라는 하나님의 임재를 상징하는 곳을 피하면 그분을 피할 수 있으리라 생각했다(참고. 창 4:16; 욘 2:4).

C. 요나를 추격하심(1:4-16)

1:4 큰 바람 이것은 평범한 폭풍이 아니라(*행 27:14에 대한 설명을 보라*) 하나님이 보내신(문자적으로 '내던지다'라는 뜻임) 무서운 바람이었다. 폭풍에 익숙한 선원들조차 이 폭풍을 두려워했을 정도인데(5절), 이 두려움은 하나님의 뜻에 긍정적으로 작용했다(참고. 시 104:4). 로마로 가던 사도 바울에게 일어난 일과 비슷하다(행 27:1-44).

1:5, 6 자기의 신…네 하나님 이 선원들은 바울 시대의 아테네 사람처럼(*행 17:23, 24에 대한 설명을 보라*) 다신론적 신앙 체계(요나의 유일신과 반대되는)에 헛되이 매달렸다.

1:7 제비를 뽑아 마지막 수단은 이런 무서운 신의 진노를 산 죄인이 누구인지 가리는 것이었다. 하나님은 제비뽑기 과정에 개입하심으로써 그 뜻을 드러내실 때가 있었다. 제비를 뽑는 이 방법의 정확한 절차는 확인되지 않았지만 이스라엘에서 금기시되는 행위는 아니었다(참고. 잠 16:33; 수 7:14 이하; 15:1; 삼상 14:36-45; 행 1:26).

1:8 청하건대…말하라 요나는 앗수르가 언젠가 이스라엘을 무너뜨리고 승리한다는 사실을 이미 알고 있었을지도 모른다. 하지만 그 사실을 말해줄 수가 없었을 것이다. 요나의 강한 민족적 자부심으로 볼 때 니느웨에 복음을 전하라는 하나님의 명령을 받아들이기가 쉽지 않았을 것이다.

1:9 나는 히브리 사람이요 요나는 이스라엘 사람이 이방인들 앞에서 사용하는 호칭으로 자신을 소개한다(참고. 삼상 4:6, 9; 14:11). **하늘의 하나님** 요나가 오래전부터 사용된 이 명칭(창 24:3, 7)을 사용한 이유는 하늘의 신인 바알과 대비해 하나님의 주권성을 강조하고 싶었기 때문일 것이다(참고. 왕상 18:24). 바알 숭배의 중심지인 베니게 출신이었을 선원들에게 특히 "바다와 육지를 지으신"이라는 구절과 연결된 이 호칭은 의미심장하게 들렸을 것이다. 성경을 모르는 이방인들에게 참되시고 살아 계신 하나님을 소개하기에 적절한 호칭이었다. 그러나 그들은 세상을 지은 창조주가 있다는 사실을 진작 인정하고 있었을 것이다(참고. 롬 1:18-23). 따라서 이방인들을 대상으로 복음을 전할 때는 사도행전 14:14-17과 17:23하-29에서처럼 하나님의 창조를 논증의 출발점으로 삼는 것이 현명하다. 유대인에게 복음을 전할 때는 구약성경을 출발점으로 삼는다.

1:10 심히 두려워하여 *1:16에 대한 설명을 보라.*

1:11, 12 니느웨로 가기 싫어 죄책감에 시달리던 요나는 다른 사람들의 생명을 살리고자 기꺼이 희생하기로 한다. 니느웨로 가느니 차라리 죽는 편이 더 낫겠다고 생각했던 것이다.

1:13, 14 이방 선원들이 일개 개인에게 가진 관심은 요나가 니느웨의 수만 명에 대해 가진 관심보다 더 컸다. 폭풍, 요나의 말, 제비뽑기의 결과는 모두 하나님이 개입하셨음을 선원들에게 확인시켜주었다. 그들이 하나님께 제사를 드리고 맹세한 행동은 요나가 여기 기록한 내용보다 하나님에 대해 더 자세하게 전했음을 암시한다.

1:15 바다가…그친지라 그리스도가 갈릴리의 폭풍을 잠재우신 것과 비슷하다(참고. 마 8:23-27).

1:16 크게 두려워하여 *마가복음 4:41에 대한 설명을 보라.*

D. 요나를 보호하심(1:17)

1:17 큰 물고기 물고기의 종류가 무엇인지 확실하지 않다. 고래에 해당하는 히브리어가 여기서는 사용되지 않았다. 하나님은 큰 물고기를 예비하셔서(문자적으로 '임명하셔서'라는 뜻임) 요나를 구출하셨다. 요나가 바다 깊은 곳으로 가라앉자 물고기가 삼켰을 것이다(참고. 2:3, 5, 6). 그는 이렇게 물고기 배 속에서 사흘 밤낮을 지냈다. 참고. 마태복음 16:4. *마태복음 12:40의 설명을 보라.*

니느웨(Nineveh)는 아시리아 제국에서 가장 큰 도시였다.

요나와 선원들	
요나	선원
신실하신 여호와 하나님과 교제한 역사적 전통이 깊은 히브리인	야훼 하나님을 전혀 모르는 이방인
유일하신 참 하나님을 믿는 유일신론자(9절)	수많은 거짓 신을 섬기는 다신론자
참되신 하나님과 교제를 누림	참되신 하나님과 아무 교제가 없음
영적으로 무감각하여 하나님과 반대 방향으로 감(5절)	영적으로 민감하여 하나님을 향해 나아가고 기도함(5절)
하나님을 알지만 그 뜻에는 무관심함	하나님을 거의 또는 전혀 모르면서도 하나님 앞에서 있는 것처럼 행동함
니느웨에 대해 긍휼히 여기는 마음이 없음(3절)	요나를 긍휼히 여김(11-14절)
하나님의 뜻에 불순종하여 징계를 받았지만 멸망하지는 않음(7절)	하나님을 예배하고 서원하게 됨(16절)

하나님의 뜻에 복종함 (2:1-10)

2:1-9 요나의 기도는 하나님의 주권성을 인정하고(1-3절) 그 주권성에 복종함을 보여준다(4-9절). 고통 중에 드리는 요나의 기도는 다니엘(9:3-20)과 느헤미야(1:5-11)처럼 순종하는 사람들의 기도와 대비를 이룬다.

A. 무기력한 요나(2:1-3)

2:2 **스올의 뱃속** 이 어구가 요나가 실제로 죽었음을 의미하지는 않는다. 스올은 죽음의 문턱에 갈 정도로 고통스러운 상황을 가리킬 때 과장하는 의미로 종종 사용된다(시 30:3). 뒤에서 요나는 '구덩이'에서 그를 구원해 주심을 찬양하며 죽을 뻔했다가 살아났다고 고백한다. *1:17에 대한 설명을 보라.*
2:3 깊은 바다에 빠진 일을 설명하면서 요나는 그 일이 하나님의 심판임을 인정한다.

B. 요나의 기도(2:4-7)

2:4 **내가 주의 목전에서 쫓겨났을지라도** 1:3에서 요나는 주의 앞을 피해 달아났지만 여기서는 하나님이 그를 잠시이긴 하지만 쫓아내셨음을 깨닫는다. **주의 성전** 요나는 언젠가 하나님을 만나 그분을 뵈올 수 있다는 확신을 드러낸다. 아마 예루살렘을 말하겠지만 여기서는 천국을 가리킬 가능성이 더 높다(참고. 7절).
2:5 **영혼** 이것은 육신적이고 영적인 요나의 전인격을 말한다(참고. 7절).

C. 요나의 회개(2:8, 9)

2:9 **나의 서원** 요나는 희생제사를 드리고 맹세했던 선원들과 같은 입장임을 알게 된다(참고. 1:6). 3:1-4을 볼 때 요나의 맹세는 니느웨에 복음을 선포하라는 하나님의 명령에 순종하겠다는 맹세였을 것이다(시 50:14; 66:13, 14). **구원은 여호와께** 참고. 시편 3:8; 이사야 45:17. 이스라엘의 하나님은 유일한 구세주이시다(사 43:11; 호 13:4; 유 25절).

D. 요나의 구원(2:10)

2:10 **여호와께서…말씀하시매** 말씀으로 세상을 창조하시고(창 1:3, 6, 9, 11, 14, 20, 24) 별들을 이름으로 부르시는(사 40:26. 참고. 시 147:4) 하나님은 몸소 지으신 그의 피조물에게 말씀하신다(참고. 민 22:28-30). 그 물고기는 요나를 욥바 근처의 팔레스타인 해변에 토해냈을 것이다.

하나님의 뜻의 성취 (3:1-10)

A. 소명의 회복(3:1, 2)

3:1, 2 하나님은 요나에게 은혜를 베풀어 두 번째 기회를 주시고 다시 니느웨로 가도록 소명을 맡기신다. 요나는 이방 땅에 실제로 가서 회개를 선포하도록 하나님의 보내심을 받은 유일한 선지자였다. 그는 욥바에서 니느웨까지 805킬로미터가 넘는 거리를 가야 했다.

B. 요나의 순종(3:3, 4)

3:3 **사흘 동안 걸을 만큼…큰 성읍이더라** 문자적으로 '하나님께 큰 성읍'이라는 뜻이다. 본문은 그 크기뿐 아니라(참고. 1:2) 그 중요성까지 강조한다(참고. 4:11). 둘레가 약 97킬로미터에 이르는 니느웨와 같은 거대 도시는 한번 둘러보는 데만도 사흘이 걸린다. 이 성읍의 크기는 역사가들이 확인해준다. 회개의 메시지를 선포하고자 멈췄다 가기를 반복했다면 아마 시간이 더 걸렸을 것이다.

3:4 **사십 일** 이 사십일이라는 시간은 모세가 시내산에서 밤낮으로 간구하던 시간을 연상시킨다(신 9:18, 25). 요나의 메시지는 짧았지만 하나님이 의도하신 뜻을 이루었다.

C. 니느웨 성의 회개(3:5-9)

3:5 **사람들이 하나님을 믿고** 니느웨 사람들이 섬기던 신을 볼 때(*1:2에 대한 설명을 보라*) 요나가 물고기 배 속에 들어갔다 나온 사건(2:1-10)은 니느웨 사람들의 관심을 집중시켰을 것이다. 이런 대대적 회개는 하나님이 주신 기적이 아니고는 불가능한 일이었다. 예수님은 선지자 요나의 경고에 니느웨 사람들이 회개한 일을 들어 요나보다 더 큰 선지자인 예수님의 말씀을 거부한 바리새인들을 정죄하셨다(마 12:41; 눅 11:32). 이방 선원들과 이방 도시는 마지못해 말씀을 전한 선지자에게 기꺼이 반응함으로써 그 종의 연약함에도 하나님의 능력이 얼마나 크신지를 보여주었다.

3:6 일부에서 아다드-니라리 3세(주전 810-783년)라고 추정하지만 잇수르단 3세(주전 772-755년)일 가능성이 훨씬 더 높은 니느웨 왕은 왕복을 벗고 베옷으로 갈아입고 재 위에 앉았다(참고. 욥 42:6; 사 58:5). 요나가 물고기 배 속에서 기적적으로 살아남았다는 소문은 그가 도착하기 전에 먼저 니느웨에 전해졌을 것이다. 그래야 그의 메시지를 그토록 신속하고 광범위하게 받아들인 일이 설명된다(참고. 1:2). 물고기 배 속의 위산 때문에 요나의 얼굴이 새하얗게 변해 그 경험의 진실성을 더욱 확고하게 뒷받침해주었으리라고 보인다.

3:7-9 **사람이나 짐승이나** 애통하는 의식을 행할 때 동물을 함께 동참시키는 것은 페르시아식 풍습이었다.

요나서의 열 가지 기적

1. 1:4 "여호와께서 큰 바람을 바다 위에 내리시매"
2. 1:7 "제비가 요나에게 뽑힌 지라"
3. 1:15 "바다가 뛰노는 것이 곧 그친지라"
4. 1:17 "여호와께서 이미 큰 물고기를 예비하사"
5. 1:17 "요나를 삼키게 하셨으므로"
6. 2:10 "여호와께서 그 물고기에게 말씀하시매 요나를 육지에 토하니라"
7. 3:10 "하나님이 그들이 행한 것 곧 그 악한 길에서 돌이켜 떠난 것을 보시고"
8. 4:6 "하나님 여호와께서 박넝쿨을 예비하사"
9. 4:7 "하나님이 벌레를 예비하사"
10. 4:8 "하나님이 뜨거운 동풍을 예비하셨고"

D. 하나님이 진노를 돌이키심(3:10)

3:10 **하나님이…보시고 하나님이 뜻을 돌이키사** *사무엘하 24:16; 시편 106:45; 예레미야 18:8-10; 42:10에 대한 설명을 보라.* 니느웨 사람들은 진심으로 회개했다. 요나가 정말 원치 않았던 일이 일어난 것이다(참고. 4:2). 그렇게 해서 앗수르는 이사야, 호세아, 아모스의 예언대로 한 세대 뒤에 하나님의 진노의 막대기로 쓰임받을 수 있었다(사 10:5).

하나님의 뜻에 의문을 제기함 (4:1-11)

A. 마음이 불쾌한 선지자(4:1-5)

4:1, 2 이방인들을 배척하고 그들이 구원에 참여하는 것을 극도로 싫어했던 요나는 하나님이 니느웨 사람들에게 자비를 베푸시고 처음 다시스로 도망갔던 실제 이유가 그대로 현실화되자 기분이 나빴다. 요나는 처음부터 자비로우시고 은혜로우신 하나님의 성품을 잘 알고 있었다(참고. 딤전 2:4; 벧후 3:9). 그러나 그 자신은 하나님의 용서하심을 받았으나 니느웨 사람들이 하나님의 자비를 받는 것이 싫었다(참고. 눅 15:25 이하의 유사한 태도). 요나의 이런 태도는 예수님 시대의 바리새인들과 아주 흡사하다(마 12:41; 눅 11:34).

4:2 **은혜로우시며…인애가 크시사** 하나님의 속성이 잘 정리되어 있다(출 34:6; 민 14:18; 시 86:15; 103:8; 145:8, 9). 참고. 욜 2:13.

4:3 **사는 것보다 죽는 것이 내게 나음이니이다** 요나는 또다시 하나님께 그 맹세(2:9)를 어기는 말을 한다(참고. 민 30:2; 전 5:1-6). 욥(6:8, 9)과 모세(민 11:10-15), 엘리야(왕상 19:4)처럼 하나님께 차라리 죽여달라고 하소연한다. 참고. 4:9.

4:4 **성내는 것이 옳으냐** 참고. 1절. 요나가 화를 낸 것은 그의 뜻대로 되지 않고 하나님의 뜻대로 되었기 때

요나와 박넝쿨	
하나님과 니느웨	요나와 박넝쿨
하나님은 니느웨 사람들을 사랑하셨다	요나는 식물 하나를 애지중지했다
하나님은 사람들의 안녕에 관심이 있으셨다	요나는 자신에게 관심이 있었다
하나님은 니느웨의 모든 것을 창조하셨다	요나는 그 식물을 만들지 않았다
하나님은 니느웨를 돌봐주셨다	요나는 그 식물을 위해 어떤 수고도 하지 않았다
니느웨 사람들은 영원한 가치를 지닌 존재다	그 식물은 한철도 지나지 않아 사라질 것이다
하나님은 인간의 삶에 관심을 가지신다	요나는 개인적 평안함과 개인적 이익에 관심이 있었다
니느웨에 대한 하나님의 관심은 적절하며 그분의 사랑을 드러낸다	사람보다 식물에 관심이 더 많은 요나의 모습은 부적절하며 이기적이고 인생에 대한 그릇된 관점을 드러낸다

문이다(마 26:39, 42). 요나는 이 질문에 아무 대답도 하지 않았다. 참고. 4:9.

B. 책망받는 선지자(4:6-11)

4:6 **박넝쿨** 어떤 식물인지 확실하지 않지만 성장 속도가 빠르고 잎이 큰 박넝쿨로 뜨거운 기후에서 빨리 자라 그늘을 만들어주었다.

4:8 **뜨거운 동풍** 뜨겁고 더운 바람으로 보통 '시로코'라 불리며 아라비아 사막에 불어오는 열풍이다. 요나가 만든 그늘(5절)도 이 하나님의 주권을 대행하는 바람 앞에서 예외가 아니었다.

4:9 요나의 화는 하나님이 10절에서 지적하신 대로 합리적 수준을 넘어섰다. 야고보서 1:19, 20은 요나의 감정적 독소를 제거할 해독제를 알려준다.

4:10, 11 직접 창조하신 니느웨 사람들을 향한 하나님의 사랑은 그들의 파멸에 무관심한 요나와 사뭇 달랐고 아무런 수고도 하지 않은 야생 식물 하나를 향한 요나의 왜곡된 관심보다 훨씬 더 강렬했다. 하나님은 의인 열 명만 있어도 소돔을 멸하지 않으려고 하셨다. 하물며 좌우를 분별할 수 없는 12만 명의 아이들이 있는 한 성읍에 대해서는 어떻게 하시겠는가(참고. 창 18:22, 23). 서너 살의 아이들이 이 정도라면 니느웨 총 인구가 60만 명이 넘었다고 봐야 한다. 요나의 설교는 베드로의 오순절 사역에 못지않은 놀라운 사건이었다(참고. 행 2:14-39).

욥바 항(Joppa port)은 예루살렘 북서쪽에 있는 지중해 연안의 바위가 많은 항구다.

연구를 위한 자료

Charles L. Feinberg, *The Minor Prophets* (Chicago: Moody, 1980). 『12소선지서 연구』, 찰스 리 화인버그 지음, 엄성옥 옮김(은성, 1992).

John D. Hannah, *Jonah*, in The Bible Knowledge Commentary–OT (Wheaton, Ill.: Victor, 1985).

제목

이 책의 제목은 하나님 말씀을 받고, 그 말씀을 전하도록 부르심을 받은 선지자의 이름으로 되어 있다. 미가는 구약에서 동명이인이 여러 명 등장하며(예를 들어 삿 17:1; 대하 13:2; 렘 36:11) 미가야의 축약형으로 '주와 같은 이가 누구인가'라는 뜻이다. 7:18에서 미가는 자신의 이름을 이용한 언어유희로 "주와 같은 신이 어디 있으리이까"라고 말한다.

저자와 저작 연대

1절은 미가가 저자임을 밝히고 있다. 이것 외에는 그에 대해 알려진 내용이 거의 없다. 부모가 누구인지 본문은 밝히지 않지만 그의 이름은 경건한 혈통의 자손임을 암시한다. 그는 고향이 예루살렘 남서쪽 약 40킬로미터 지점의 산지에 위치한 모레셋이라고 밝힌다. 이곳은 가드 근방으로 유다와 블레셋의 국경 지역이다. 농촌 지역 출신인 그는 아모스처럼 중앙 정치나 종교와 상관이 없는 시골 사람이었지만 예루살렘 고관들과 백성에게 심판의 메시지를 전하도록 하나님의 택하심을 받았다(3:8).

미가는 자신의 예언 활동이 요담(주전 750-731년)과 아하스(주전 735-715년)와 히스기야(주전 715-686년) 시대에 이루어졌다고 밝힌다. 사회적 불의와 종교적 타락에 대한 경고는 아모스(주전 8세기 중반)와 동시대인들, 즉 북왕국의 호세아(주전 755-710년)와 남왕국의 이사야(주전 739-690년)가 중점적으로 전하던 메시지와 유사하다. 이것은 아하스(왕하 16:10-18) 시대와 본격적인 종교개혁(대하 29; 31:1)을 하기 전 그 아들인 히스기야 시대에 대해 알려진 내용과 부합한다. 그가 사마리아의 멸망이 임박했다고 언급한 사실로 보아(1:6) 주전 722년 전인 주전 735-710년에 활동했을 것으로 보인다.

배경과 무대

북왕국이 앗수르에 멸망하기(주전 722년) 직전이었기 때문에 미가는 하나님께 그 메시지를 받은 시기와 관련해 유다 왕들만 언급한다. 때로 이스라엘을 향해 말씀을 전하지만(참고. 1:5-7) 일차적 관심은 그가 살고 있는 남왕국에 집중된다. 여로보암 2세(주전 793-753년) 치하에서 이스라엘은 경제적 풍요를 누렸고 국제적으로 장기간 평화로운 시기가 지속되었고, 유다와 이스라엘은 다윗과 솔로몬 시대의 영토를 거의 회복했다(참고. 대하 14:23-27). 하지만 풍요롭고 평화로운 그 시절은 서서히 저물어가고 있었다.

아람과 이스라엘은 유다를 침략해 악한 왕 아하스를 잠시 포로로 잡아갔다(참고. 대하 28:5-16; 사 7:1, 2). 아람과 이스라엘이 앗수르에 망한 후 선한 왕 히스기야는 앗수르에 대한 독립을 시도하다가 주전 701년 산헤립에게 예루살렘을 포위당하기에 이른다(참고. 왕하 18; 19; 대하 32장). 그러자 하나님은 천사를 보내 유다를 구원해주셨고(대하 32:21) 히스기야를 이용하셔서 유다가 참 신앙을 회복하도록 하셨다.

주전 739년 웃시야의 시대가 끝나고 그의 아들 요담은 부친과 같은 정책을 펼쳤지만 우상숭배를 척결하기에는 미흡했다. 일단 피상적으로는 형통하게 보였지만 사회적 부패와 종교적 혼합주의가 기승을 부렸다. 가나안에 널리 퍼진 다산의 신 바알 숭배가 구약의 희생제 사제도와 점점 뒤섞이게 되었고, 아하스가 통치할 때는 그것이 극에 달했다(참고. 대하 28:1-4). 사마리아가 함락되자 수천 명의 피난민이 유다로 몰려들었다. 그리고 그들의 종교 혼합주의도 본격적으로 유입되기에 이르렀다.

이런 문제를 언급하긴 하지만 미가(호세아처럼)가 정말 준엄하게 책망하고 경고한 것은 개인적·사회적 가치의 붕괴였다(예를 들어 7:5, 6). 당시 앗수르가 패권국으로서 끊임없이 유다를 위협했기 때문에 당시 앗수르의 지배 아래 있던 바벨론이 유다를 정복하리라는 미가의 예언(4:10)은 먼 나라의 일처럼 느껴졌다. 그래서 아모스 선지자가 이스라엘을 책망한 것처럼 미가는 유다를 책망한다.

「미가 선지자(*The Prophet Micah*)」 1432년. 얀 반 에이크. 패널에 유화. 성 바프 대성당. 겐트.

역사적·신학적 주제

일차적으로 미가는 끊임없이 악을 추구하는 한 민족을 향해 심판의 메시지를 전한다. 다른 선지자들과 마찬가지로(참고. 호 4:1; 암 3:1) 미가는 법정 소송 용어로 그의 메시지를 전한다(1:2; 6:1, 2). 그의 예언은 세 가지 신탁으로 이루어지며 각각의 신탁은 "들을지어다"라는 훈계로 시작한다(1:2; 3:1; 6:1). 각 신탁에서 그는 심판을 전하고 희망을 전하는 형식을 사용한다. 시내산에서 받은 하나님의 법을 어겼기 때문에 심판을 받아야 하지만, 그들의 조상들과 맺은 하나님의 변함없는 언약 때문에 소망이 있다는 것이다(7:20).

미가서에서 삼분의 일이 유다 백성의 죄악을 겨냥한다면 또 다른 삼분의 일은 임박한 하나님의 심판을 말하며 나머지 삼분의 일은 심판 후에 신실한 자들에게 주실 소망을 약속한다. 그러므로 죄에 대한 신적 심판의 불가피성이라는 주제는 그 언약적 약속에 대한 하나님의 변함없는 신실하심과 짝을 이룬다. 죄를 심판하시는 하나님의 절대적 일관성과 그 백성의 남은 자들을 통해 그 언약을 끝까지 지키시는 모습은 청중에게 우주적 주권자의 성품을 분명하게 각인시켜 준다. 하나님은 그 개입하심으로 죄인들에게는 심판을 내리시고 회개하는 자들에게는 축복을 베푸실 것이다.

해석상의 과제

미가서 4:1-3과 이사야 2:2-4의 언어적 유사성 때문에 누가 누구의 글을 인용한 것인지에 대한 문제가 제기되었다. 하지만 어느 한쪽을 지지할 분명한 증거가 없기 때문에 주석가들마다 의견이 엇갈린다. 두 선지자가 서로 가까운 거리에 살았고 같은 시기에 예언 활동을 했기 때문에 이런 유사함이 한편으로는 이해가 된다. 하나님은 두 선지자를 통해 같은 메시지를 주셨다. 도입부 구절인 "끝날에"(4:1)라는 내용으로 볼 때 이 예언이 포로기 이후 성취되었다는 해석은 가능성이 낮다. 그리스도의 재림과 천년왕국의 시작이라는 종말론적 성취로 해석해야 한다.

이사야 2:2-4와 달리 미가에 언급된 이 3개의 신탁 단락은 성경 여러 곳에서 인용된다. 미가 3:12는 예레미야 26:18에 인용된다. 여호야김 왕이 사형을 선고했지만 장로들 가운데 몇 명이 이 구절을 인용해 예레미야의 목숨을 구한다. 미가 5:2는 메시아의 출생지에 대한 헤롯의 질문에 대제사장들과 서기관들이 인용한 내용이다(마 2:6). 미가서 7:6은 마태복음 10:35, 36에서 예수님이 제자들에게 사명을 위임하실 때 인용하셨다.

미가 개요

I. 표제(1:1)
II. 하나님이 심판하고 구원하기 위해 모으시다 (1:2-2:13)
  A. 사마리아와 유다에 대한 심판(1:2-16)
  B. 압제자들에 대한 심판(2:1-5)
  C. 거짓 선지자들에 대한 경고(2:6-11)
  D. 구원의 약속(2:12, 13)
III. 하나님이 통치자들을 심판하고 구원하기 위해 오시다(3:1-5:15)
  A. 지도자들의 죄(3:1-12)
  B. 오실 지도자가 구원하고 회복해주실 것이다 (4:1-5:15)
IV. 하나님이 고발하고 궁극적으로 구원하시다 (6:1-7:20)
  A. 책망의 메시지와 애가(6:1-7:6)
  B. 확신과 승리의 메시지(7:7-20)

표제 (1:1)

1:1 **모레셋** 예루살렘 남서쪽, 블레셋 성읍 가드 근방에 위치한 곳이다(참고. 1:14).

하나님이 심판하고 구원하기 위해 모으시다 (1:2-2:13)

A. 사마리아와 유다에 대한 심판(1:2-16)

1:2-7 선지자는 세계 모든 열국을 법정으로 소환하여(2절) 사마리아와 유다의 죄상을 들어보라고 말한다(5-7절. 참고. 사 3:13, 14). 그들의 파멸은 열국에게 주는 경고이며, 하나님께 범죄한 모든 사람에게 임할 심판을 예표한다. 전능하신 정복자로서 모든 만유의 주이신 하나님께는 승리가 보장되어 있다(3, 4절).

1:2 **성전** 문맥상으로 하나님의 하늘 보좌를 가리킨다(참고. 시 11:4; 사 6:1, 4).

1:3, 4 **높은 곳…산들** 이것은 이스라엘의 방어에 핵심적인 중요한 군사상의 위치를 가리키거나 이스라엘의 우상숭배 장소를 가리킬 것이다(참고. 5절). 불에 녹는 밀초처럼 그들을 지켜주던 요새들이 사라지면 사람들은 온 땅의 심판자께 직고해야 하는 무서운 현실과 직면해야 할 것이다(창 18:25; 암 4:12, 13).

1:3 **여호와께서…나오시고 강림하사** 지극히 높은 곳에 앉으신 분의 임박한 심판에 대한 경고다.

1:5 **사마리아…예루살렘** 이스라엘과 유다의 두 수도는 여기서 각기 두 왕국을 대표한다.

1:6, 7 하나님은 직접 앗수르인들의 손에 사마리아가 멸망할 것(주전 722년)을 말씀하신다.

1:7 **기생의 값** 우상을 숭배하는 산당이나 신전은 종교 매춘부들을 이용해 돈이나 음식, 옷을 받아 유지되었다(참고. 창 38:17, 18; 겔 16:10, 11; 호 2:8, 9; 3:1). 이런 종교 매춘은 이스라엘에서 엄격히 금지된 악습이었다(신 23:17, 18). 앗수르 사람들은 이스라엘 성전에서 빼앗아 온 금과 은을 그들의 우상을 섬기는 데 사용했다.

1:8-16 심판이 너무 처절해서 미가 선지자조차 회복이 불가능할(9절) 적의 침략의 결과를 생각하며 탄식한다.

1:9 **내 백성의 성문** 주전 701년 산헤립 때 앗수르는 유다를 거의 무너뜨릴 뻔했다(참고. 왕하 18:13-27). 여기서 "내"는 하나님이 아니라 미가를 가리킨다고 보는 것이 맞다.

1:10-15 예루살렘 서쪽에 위치한 11개 성읍이 언급되어 있다. 어떤 성읍들에는 언어유희가 사용된다.

1:10 **가드에 알리지 말며** 사울의 죽음에 대한 다윗의 애가(참고. 삼하 1:20)를 회상하며 미가는 블레셋 사람들에게 알려주지 말라고 훈계한다. 그들이 듣고 기뻐할지 모르기 때문이다. 미가는 그 근방에서 자랐기 때문에 그들이 어떻게 반응할지 잘 알고 있었다. **베들레아브라** 문자적으로 '먼지의 집'이라는 뜻이다.

1:11 **사빌** 문자적으로 '아름다운'이라는 뜻이다. **사아난 주민은 나오지 못하고** 문자적으로 '나가다'라는 뜻이다. 위험에 처한 이 주민들은 심히 두려워 적의 말발굽에 짓밟힌 이웃들을 위로하러 밖으로 나가지 못할 것이다.

1:12 **마롯** 문자적으로 '원통함'이라는 뜻이다. **재앙이…임함이니라** 이것은 심판의 주체가 하나님이심을 말한다(참고. 3, 4절).

1:13 **라기스…딸 시온의 죄** 예루살렘 남서쪽에 위치한 라기스는 중요한 군사 요충지로, 하나님이 아니라 군대의 힘에 의지한 죄를 지었다.

1:14 **예물을 줄지어다** 부모의 품을 떠나는 신부가 이별의 선물을 받듯(참고. 왕상 9:16) 가드모레셋을 떠나 포로로 끌려가는 것을 상징한다.

1:15 **이스라엘의 영광…아둘람** 이스라엘 백성(즉 이스라엘의 "영광", 참고. 호 9:11-13)은 다윗이 아둘람 동굴로 피신한 것처럼(삼하 23:13) 동굴로 피할 것이다.

1:16 **대머리 같게 할지어다** 제사장들은 머리를 밀 수 없었고(레 21:5), 백성은 그런 이방인들의 풍습을 따라 해서도 안 되었다(신 14:1). 그러나 여기서는 깊은 애도의 표현으로 권장하고 있다(스 9:3; 욥 1:20; 사 22:12; 겔 7:18).

2:1-11 1장이 하나님에 대한 죄를 책망했다면 2장은 사람들에게 지은 죄를 책망한다. 1-5절에서 미가는 부자들의 타락을 고발하고, 6-11절에서는 참 선지자들의 입을 막는 거짓 선지자들을 비판한다.

B. 압제자들에 대한 심판(2:1-5)

2:1, 2 부자들에게 죄상을 낭독하는 내용으로 법정 장면이 계속 이어진다. 그들은 열 번째 계명을 어겼다(출 20:17. 참고. 22:26; 23:4-9). 스스로를 방어할 수 없는 가난한 사람들은 부자들의 손에 운명이 좌우될 수밖에 없다.

2:2 **그의 산업** 이스라엘에서 땅은 영원히 원주인에게 귀속되었다(레 25:10, 13; 민 36:1-12. 참고. 왕상 21).

2:3-5 하나님은 범죄함으로 이방의 침략자들이 그들의 땅을 나누어 갖도록 허락하실 것이다. 누구도 할당받은 유업을 누리지 못할 것이다. 부자들이 가난한 사람들의 것을 빼앗듯 하나님은 이스라엘을 심판하시고자 주신 그 땅을 되돌려 받으실 것이다.

C. 거짓 선지자들에 대한 경고(2:6-11)

2:6-11 미가에게 예언을 그치라고 윽박지른 거짓 선지자들은 백성의 악행을 꾸짖는 예언을 할 수가 없었다. 또한 백성에게 하나님의 성결의 기준을 요구하지도 않았다. 오히려 거짓 말씀으로(7절) 참 선지자들의 입을 막았고 통치자들이 악행을 저지르는 것을 묵인하고(8, 9절) 백성을 파멸의 길로 이끌었다(10절). 그들은 참 예언을 원치 않았는데, 이로 말미암아 그들은 원하는 대로 얻게 될 것이다(참고. 사 30:10). 6절은 미가가 말한 것으로, 7-11절은 하나님이 말씀하신 것으로 이해해야 가장 정확하다.

2:6 **예언하지 말라** 참 선지자는 어린 아이처럼 웅얼거린다는 비아냥거림을 받았다. 하지만 진짜 웅얼거리는 자는 거짓 선지자들이었다(참고. 11절).

2:7 **여호와의 영** 하나님은 악한 선지자들에게 이스라엘 민족의 죄를 용인하는 그들의 메시지가 성령과 미가에게 주신 참 메시지와 일치하지 않는다고 지적하신다(참고. 3:8).

2:9 **내 백성의 부녀들** 과부들을 가리킬 것이다.

2:11 백성은 그들의 탐욕과 재물, 형통함의 욕망에 영합하는 메시지를 전하는 '선지자'는 누구나 받아들였다. 이 거짓 선지자들은 '아첨꾼'이었다.

D. 구원의 약속(2:12, 13)

2:12, 13 메시아는 재림 때 남은 자들의 구원과 회복에 방해가 되는 모든 장애물을 치우고 길을 만드실 것이다(참고. 사 11:15, 16; 52:12).

2:12 **남은 자** 참고. 4:7; 5:7, 8; 7:18. *이사야 10:20에 대한 설명을 보라.*

하나님이 통치자들을 심판하고 구원하기 위해 오시다(3:1-5:15)

A. 지도자들의 죄(3:1-12)

3:1-4 두 번째 신탁을 시작하면서 미가는 2:1-2에서처럼 부패한 통치자들을 겨냥해 말한다. 그들은 불의를 경계해야 마땅함에도 오히려 가축을 도축하는 업자처럼 가난한 사람들을 학대했다(2, 3절). 그러므로 심판이 임하고 그들이 도움을 구하더라도 하나님은 응답하시지 않을 것이다(4절).

3:5-7 거짓 선지자들(참고. 2:6-11) 역시 백성을 그릇된 길로 인도해 심판자 앞에서 유죄 선고를 받는다. 그들은 뇌물을 먹으면 평안을 예언하고 뇌물이 없으면 전쟁을 예언했다(5절). 통치자들처럼 그들 역시 자기 탐욕에 따라 행동했다. 그러므로 사람들의 눈을 멀게 한 그들 역시 이상을 보지 못하며 입술을 가리고 침묵할 수밖에 없는 것이다(6, 7절).

3:8 미가는 거짓 선지자들과 달리 하나님의 성령의 능력으로 예언했다(참고. 2:7). 그러므로 그의 메시지는 권위가 있고 참되었다.

3:9-12 모든 지배 계층이 다 죄를 범했다. 통치자들은 보상을 바라고 판결하고(9-11상반절) 제사장들은 삯을 받고 가르치며(11중반절) 선지자들은 돈을 바라고 점을 보았다(11하반절). 그러면서 스스로를 속인 채 하나님을 대변하고 주께서 은혜를 베푸실 거라고 착각한다. 그렇게 해서 결국 그 민족은 파멸의 길로 갈 것이다(주전 586년 느부갓네살로 말미암아 성취됨).

3:12 참고. 예레미야 26:18.

B. 오실 지도자가 구원하고 회복해 주실 것이다 (4:1-5:15)

4:1-3 참고. 이사야 2:2-4.

4:1 미가는 임박한 심판에서 미래의 천년왕국("끝날")에 대한 예언으로 시선을 돌린다. 3:12의 내용과 정반대다. 시온산(2절)이 메시아의 지상 왕국의 중심지가 되어 영적·물리적으로 부상할 것이다(참고. 슥 14:9, 10). 이 논증은 5:15까지 계속된다.

4:2 **많은 이방 사람들** 천년왕국 때(참고. 슥 8:20-23) 이스라엘뿐 아니라 온 땅의 사람들이 자발적으로 예루살렘에 여호와를 예배하러 올 것이다(참고. 1절).

4:3 **그 칼을 쳐서 보습을 만들고** 전능자가 철창으로 예루살렘에서 다스리시고(참고. 시 2:9; 계 2:27; 12:5; 19:15) 그 땅에 유례없는 풍성한 결실이 있어(참고. 암 9:13) 무기들이 더 이상 필요하지 않을 것이다.

4:4 **자기 포도나무 아래와…무화과나무** 솔로몬의 태평성대를 묘사할 때 사용된(참고. 왕상 4:25) 이 어구는 천년왕국의 놀라운 평화와 번영을 예고한다(참고. 슥 3:10).

4:5 다른 이들이 지금 다른 신들을 따라 행한다고 해도 이스라엘의 경건한 남은 자들은 천년왕국에서 참 하나님을 따라 행할 것이다(참고. 수 24:15).

4:6-8 미가는 계속해 메시아의 지상 왕국에 대한 놀라운 상태를 묘사한다. 여기에 목자의 모티브를 다시 사용한다(참고. 2:12, 13). "양 떼의 망대"는 메시아가 그 백성을 살피시며 미래에 거하실 예루살렘 성을 가리킨다.

4:7 **영원까지** 이 히브리어 단어는 언제나 '끝이 없다'는 의미로 사용되지 않더라도 길고 무한한 시간을 의미하며, 그 시간의 길이는 문맥으로 결정된다. 여기서는 메시아가 지상에서 다스리실 천년을 가리킨다(참고. 계 20장).

4:9, 10 유다는 바벨론에 포로로 잡혀가지만(9, 10상반절) 여호와께서 바사 왕 고레스의 칙령으로(주전 538년) 그들을 해방시켜 예루살렘으로 돌아오게 하실 것이다(참고. 스 1:2-4).

4:11-13 미가는 다시 재림의 시간으로 시선을 돌린다. "많은 이방 사람들"과 "여러 백성"의 결집은 미래의 아마겟돈 전쟁을 가리킨다(슥 12; 14장). 그 날에 여호와는 자기 백성에게 힘을 주실 것이다(참고. 5:7-9; 사 11:14; 슥 14:14).

4:13 뿔을 무쇠…굽을 놋 무쇠나 놋 등 뿔이나 굽을 가진 짐승에 비유하며 하나님은 이스라엘이 그 원수들을 영원히 무너뜨릴 날을 예고하신다.

5:1 이스라엘 재판자의 뺨을 치리로다 시드기야 왕이 주전 586년 바벨론의 손에 끌려가는 것을 말한다(참고. 왕하 24; 25장).

5:2-4 이 단락은 그리스도의 초림(5:2)과 그 중간 기간(5:3상)과 그 이후의 재림(5:3하, 4)을 예고한다.

5:2 베들레헴 에브라다 *룻기 1:1, 2에 대한 설명을 보라.* 예루살렘 남쪽 마을로 다윗의 출생지이며(삼상 16:4) 후에 예수 그리스도가 나신 곳이다(마 2:5; 눅 2:4-7). 베들레헴은 '떡집'이라는 뜻으로 구약 시대에 곡식이 많이 나는 곳이어서 붙여진 이름이다. 에브라다('결실을 맺는')는 동일한 이름의 갈릴리 마을과는 다른 곳이다. 많은 포도원과 올리브 과수원으로 유명한 이곳은 크기는 작지만 사람들이 부러워하는 곳이었다. **상고에, 영원에** 이것은 예수 그리스도로 오신 영원한 하나님의 성육신을 말한다. 만왕의 왕으로서 천년왕국을 통치하실 것을 가리킨다(참고. 사 9:6).

5:3 그들을 붙여 두시겠고 초림 때 그리스도가 배척당하고 재림하실 때까지의 기간을 가리킨다. 그때는 이방인들의 시대로 이스라엘은 그리스도를 배척하고 적들의 지배를 받고 있다. "형제 가운데에 남은 자"를 다시 모으는 일은 초림 때 일어나지 않고 재림 때 이루어진다(참고. 사 10:20-22; 11:11-16). '돌아온다'는 것은 이방인들을 말하는 것이 아니다. 그들이 여호와께 돌아온다는 표현은 쓸 수 없기 때문이다. 5:3, 4의 문맥상으로 볼 때 그리스도의 초림이 아닌 천년왕국 때를 말한다. 그러므로 '해산하는 여인'은 이스라엘 민족을 가리키는 것이 분명하다(참고. 계 12:1-6).

5:4 그리스도가 다윗의 보좌에 앉으시고 천년 동안 통치하실 것이다(참고. 사 6:13).

5:5, 6 앗수르 사람 이스라엘(주전 722년)과 유다(주전 701년)를 칠 하나님의 도구인 앗수르가 여기서는 주를 대적하는 적군들의 대표로 등장한다.

5:5 일곱…여덟 지도자 수가 차고 넘치게 많다는 것을 의미하는 관용적 표현이다(참고. 전 11:2).

5:6 니므롯 앗수르를 가리키며(참고. 창 10:11) 바벨론도 해당될 수 있다(참고. 창 10:10).

5:7-9 수많은 민족 가운데 이스라엘은 어떤 민족에게는 축복의 근원이 되고(참고. 슥 8:22, 23) 어떤 민족에게는 사자처럼 두려움과 파멸의 근원이 될 것이다(참고. 사 11:14; 슥 12:2, 3, 6; 14:14).

5:9 네 모든 원수 이스라엘은 완전하고 절대적인 평화를 아직 한 번도 누린 적이 없다. 이것은 열국을 무너뜨리신 평강의 왕이 통치하실 천년왕국을 가리킨다(참고. 15절).

5:10 그 날 미래의 왕국을 말한다. 이스라엘은 하나님이 아니라 칼과 말에 의지할 위험이 있으므로(왕상 10:26, 28) 기병을 사용할 수 없도록 했다(신 17:16). 하나님은 그들이 의지할 수 있는 모든 수단을 제거해 모든 인간적 자원을 빼앗긴 그 백성이 오직 하나님만 의지하도록 하실 것이다. 그 평화의 시대에는 무기가 아무런 소용이 없을 것이다.

5:11-14 성읍들을 멸하며…견고한 성 10절의 주제가 계속 강조된다. 요새화된 성읍들은 방어를 목적으로 했다. 그래서 사람들은 하나님만을 의지하지 않고 그 성들에 의지하고 싶다는 유혹을 받았다(참고. 1:13; 시 27:1; 호 10:13, 14). 사람들은 성벽이 없는 마을에서 주를 섬기며 평화롭게 살 수 있다(겔 38:11; 슥 2:4). 또한 성들은 우상숭배의 중심지(14절. 참고. 신 16:21), 특히 앗세라(가나안의 다산과 전쟁의 여신) 숭배의 중심지였다. 하나님은 전쟁 때 그분의 힘에 의지하는 모습과 우상숭배를 제거하여 그 민족이 오직 그들의 왕 그리스도를

하나님의 죄 용서하심

1. 하나님은 동이 서에서 먼 것 같이 우리 죄를 우리로부터 멀리 옮겨주신다(시 103:12).
2. 하나님은 우리 죄를 얼룩까지 완벽하게 깨끗이 해주신다(사 1:18).
3. 하나님은 우리 죄를 주의 등 뒤에 던져버리신다(사 38:17).
4. 하나님은 우리의 죄를 더 이상 기억하시지 않는다(렘 31:34).
5. 하나님은 우리의 죄를 발로 밟아버리신다(미 7:19).
6. 하나님은 우리의 죄를 바다 깊은 곳으로 던지신다(미 7:19).

구세주로 의지하며 그분만을 예배하게 할 것이다.

하나님이 고발하고 궁극적으로 구원하시다 (6:1-7:20)

A. 책망의 메시지와 애가(6:1-7:6)

6:1 미가는 세 명의 화자가 번갈아 등장하는 극적 법정 모티브로 세 번째 신탁(6:1-7:20)을 시작한다. 세 명의 화자는 자기를 변론하는 여호와, 죄책감을 느끼고 반응하는 백성, 원고를 변호하는 선지자다.

6:1, 2 하나님은 그분의 변호사인 미가에게 산과 언덕 앞에서 그를 변론하라고 명령하신다(1절). 이 산과 언덕들이 그 백성의 죄를 고발하는 증인이 되어줄 것이다(참고. 신 4:25, 26; 사 1:2). 하나님이 이스라엘 백성과 언약을 맺으시고 계명들을 기록하여 언약궤 안에 놓고 영원한 증거로 삼을 때 시나이 반도의 산과 언덕이 증인이 되어주었다(참고. 신 31:26).

6:3-5 이것은 하나님의 변론이다. 원고이신 하나님은 부드럽지만 격정적인 어조로 그들에게 베푸신 수많은 은혜의 역사를 상기시키신다. 거의 피고처럼 자신을 변론하고 계신다. 노예생활을 하던 애굽을 탈출해 가나안으로 오기까지 여정을 함께하시며 하나님은 그들을 인도해주셨고(4절) 그들을 저주하려는 발람의 시도를 되돌리셨으며(5상반절. 참고. 민 22-24장) 요단강을 가르고(5하반절) 요단 동쪽에 위치한 아카시아 숲에서 여리고 근방 서쪽 길갈로 기적적으로 건너가게 해주셨다. 하나님은 그들에게 하신 모든 약속을 성실하게 이행하셨다.

6:6, 7 미가는 마치 백성을 대변하는 것처럼 하나님이 그들에게 한결같이 신실하셨음에도 겉으로는 종교적인 척하면서 안으로는 부패함을 버리지 않는 위선을 어떻게 계속 고집할 수 있는지 스스로에게 수사학적 질문을 한다.

6:8 미가의 간명한 대답(8절)에는 그 수사학적 질문의 답을 그들이 마땅히 알고 있어야 한다는 질책이 반영되어 있다. 영적 장님인 그들은 하나님이 원하시는 것, 즉 마음의 헌신과 그에 따른 올바른 행실이라는 단 한 가지만 빼고 온갖 것을 하나님께 바쳤다(참고. 신 10:12-19; 마 22:37-39). 이 주제는 구약에서 자주 강조되는 주제다(참고. 삼상 15:22; 사 1:11-20; 렘 7:21-23; 호 6:6; 암 5:15).

6:9-16 하나님은 심판을 내리신다. 그리고 직접 '매'를 지정하고 그 백성을 심판하실 것이다. 또한 하나님은 그들에게 경고하고 징계하셨음에도 가난한 이웃들에게 여전히 악행을 자행하고 있음을 지적하신다(10-12절). 그러므로 무서운 심판이 임할 것이다(13-15절). 북왕국 이스라엘처럼(16절) 악한 왕들의 꾀를 따르면 심판을 받게 될 것이다.

6:9 너희는 매가…들을지니라 유대인들은 임박한 심판의 내용을 들어야 한다(참고. 13-15절; 사 10:5, 24).

6:16 오므리의 율례 주전 885-874년에 통치했다. 그는 사마리아를 세웠고 사악한 아합 왕조의 시조로서 여로보암의 악행을 따라했다(참고. 왕상 16:16-28). **아합 집의 모든 예법** 참고. 열왕기상 21:25, 26(주전 874-853년).

7:1-6 미가는 당대의 현실을 개탄한다. 헛된 것인 줄 알면서 정직한 사람이 있는지 찾아본(참고. 2절) 그는 자신을 철이 지나 포도원에 들어가 열매를 얻지 못하는 포도원지기에 비유한다. 지도자들은 원하는 것을 손에 넣으려고 모의를 하고 음모를 꾸민다(3절). 누구도 믿을 사람이 없다(5, 6절). 주님은 열두 제자를 파송하실 때(마 10:1, 35, 36) 6절을 인용해 설명하셨다.

7:1 재앙이로다 나여 마치 이사야처럼 말한다(참고. 사 6:5).

B. 확신과 승리의 메시지(7:7-20)

7:7 고통스러운 환경에도 미가는 파수꾼으로서(참고. 4절) 하나님이 일하신다는 증거를 열심히 찾으며 그분이 정하신 때에 그 방법으로 역사하실 것을 믿는다(참고. 합 3:16-19).

7:8-10 이스라엘은 대적들에게 하나님에 대한 믿음을 고백하며 다시 일어날 거라고 경고한다(8, 10절). 그들은 죄를 고백하며 하나님의 심판이 공정함을 인정하고 그분의 회복하심을 기대한다.

7:10 네 하나님 여호와가 어디 있느냐 참고. 시편 42:3, 10; 마태복음 27:43.

7:11-13 미가가 다시 화자로 등장하여 메시아의 천년왕국 시대에 신실한 남은 자들이 받을 수많은 축복을 말한다. 이 축복에는 유례없는 영토 확장(참고. 슥 2:1-5)과 이민자들의 거대 유입(참고. 사 11:15, 16)이 포함된다. 메시아의 천년왕국 통치를 거부한 자들의 땅은 황폐하게 될 것이다(13절. 참고. 슥 14:16-19).

7:14-17 미가는 하나님께 그 백성을 양 떼처럼 인도하고 먹이며 보호해주시도록(참고. 시 23편) 간구한다(14절). 이에 대해 여호와께서 응답하시는데, 출애굽할 때처럼 그들과 함께하시며 권능을 보여주시겠다고 말씀한다(15절). 그렇게 되면(참고. 10절) 의기양양하게 오만을 떨며 그 힘을 자랑하던 열방이 무력화되고(참고. 수 2:9-11), 수치를 당할 것이며(17절), 그 이후로는 그 백

성을 조롱하거나 그런 말에 동조하지 않을 것이다(16하반절. 참고. 12:3; 사 52:15).

7:15 **이적** 이 기적들은 메시아의 재림이 있기 전 하나님이 땅을 심판하실 때 이루어진다(참고. 계 6-19장).

7:18-20 이스라엘에 보여주신 그 은혜롭고 죄를 사하시는 주님의 성품을 보고 회개한 남은 자들은 그분의 놀라운 은혜와 자비를 찬양한다(참고. 시 130:3, 4).

7:18 **주와 같은 신이 어디 있으리이까** 미가는 종결부 주제를 정리하면서 자신의 이름을 가지고 언어유희를 한다. 서론의 제목을 보라.

7:20 **우리 조상들에게 맹세하신 대로** 이스라엘이 불성실했음에도 주님은 아브라함과 맺으시고 이삭과 야곱에게 확증하신 언약의 무조건적 약속들을 지키신다(참고. 창 12; 15; 17; 22; 26; 28; 35장). 다윗 언약과 연계하여 이 언약을 이행하시면 이스라엘은 다시 한 민족이자 국가로서 아브라함에게 약속하신 그 땅으로 돌아올 것이다. 다윗의 최후 후손이신 예수 그리스도가 만왕의 왕이자 만주의 주로 예루살렘에서 세상을 통치하실 것이다(참고. 계 17:14; 19:16).

연구를 위한 자료

Charles L. Feinberg, *The Minor Prophets* (Chicago: Moody, 1980). 『12소선지서 연구』, 찰스 리 화인버그 지음, 엄성옥 옮김(은성, 1992).

Walter C. Kaiser Jr., *The Book of Micah*, in vol.23 of The Preacher's Commentary (Nashville: Thomas Nelson, 1992).

「이스라엘 백성들에게 회개를 촉구하는 미가(*Micah Exhorting the Israelites to Repentance*)」 1866년. 귀스타브 도레. 판화. 『성경(*The Holy Bible: Old and New Testaments*)』 삽화.

제목

책 제목 나훔은 앗수르의 수도 니느웨에 대해 신탁을 받은 선지자의 이름이다. 나훔은 '위로' '위안'이라는 뜻으로 느헤미야('야훼의 위로')의 줄임말이다. 신약에서는 나훔을 인용하지 않는다. 로마서 10:15이 나훔 1:15를 암시했을 가능성은 있다(참고. 사 52:7).

저자와 저작 연대

문서 선지자의 의의는 그들의 개인적 삶이 아니라 그들이 전한 메시지에 있다. 그러므로 예언의 내용 안에 선지자에 대한 배경 정보가 담긴 경우는 극히 드물다. 때로 역사서가 선지자에 대한 정보를 소개하는 경우가 있다. 나훔의 경우 그가 엘고스 사람이라는 사실 외에 어떤 정보도 없으며(1:1) 엘고스는 그의 출생지이거나 사역 장소 중 하나일 것이다. 엘고스의 위치를 확인하려는 시도는 여러 차례 있었지만 아직 확실하게 밝혀진 사실이 없다. 학자들은 이라크 북부에 위치한 알쿠시(이것이 맞을 경우 나훔은 주전 722년 앗수르에 노예로 끌려간 포로의 자손일 것임)나 가버나움('나훔의 마을'), 유다 남쪽의 어느 곳(참고. 1:15)이라고 주장한다. 하지만 나훔서를 해석하는 데 그의 출생지나 사역 장소는 그리 중요하지 않다.

도입부에서 어떤 왕도 언급하지 않기 때문에 나훔이 예언한 시기는 역사적 자료로 추론할 수밖에 없다. 니느웨에 대한 그의 심판 메시지는 강성한 나라로 묘사하고 있다. 따라서 주전 612년 앗수르가 몰락하기 전이면서 주전 626년 앗슈르나시르팔 사망 이전이어야 한다. 그가 죽은 후 앗수르의 힘이 급속히 약화되었기 때문이다. 주전 663년 테베라고도 하는 노아몬이 몰락한 사건(앗슈르나시르팔에 의해)을 나훔은 생생하게 언급한다(3:8-10). 하지만 10년 후 노아몬의 재건을 전혀 언급하지 않는 점으로 보아 므낫세(주전 695-642년, 참고. 왕하 21:1-18)가 통치하던 주전 7세기 중반을 저작 시기로 추정할 수 있다.

배경과 무대

니느웨는 요나의 심판 메시지를 듣고 회개했지만 1세기가 지난 후 우상을 섬기고 폭력적이고 교만한 옛 모습으로 되돌아갔다(3:1-4). 앗수르는 산헤립의 예루살렘 전투 패배(주전 701년)라는 굴욕(참고. 사 37:36-38)을 극복하고 최고의 전성기를 구가하고 있었다. 멀리 애굽까지 영토가 확장되었고 에살핫돈은 정복한 민족들을 주전 670년 사마리아와 갈릴리로 이주시키고(참고. 왕하 17:24; 스 4:2) 아람과 팔레스타인을 철저히 무력화시켰다. 그러나 하나님은 니느웨를 신흥 강국 바벨론의 왕 나보폴라살과 그 아들 느부갓네살에게 넘겨주셨다(주전 612년). 앗수르의 멸망은 하나님이 예언하신 그대로 이루어졌다.

「선지자 나훔(*Prophet Nahum*)」 18세기초. 작자 미상. 러시아 키시 수도원의 성화벽.

역사적 · 신학적 주제

나훔은 1세기 전에 예언한 요나서의 속편에 해당한다. 요나는 하나님이 니느웨에 대한 심판을 돌이키신 내용을 말하지만 나훔은 하나님이 심판을 실행하실 후대의 일을 말한다. 니느웨는 높이 30.5미터에 달하는 견고한 성벽에 넓이 45.7미터에 깊이가 18미터에 달하는 해자가 있는 성으로, 그 성에 대한 백성의 자부심은 대단했다. 그러나 나훔은 주권자 되신 하나님(1:2-5)이 그 율법을 어긴 자들(1:8, 14; 3:5-7)에게 보복하신다는 사실을 다시 확인해준다. 하나님은 구속의 성격을 지닌 보응의 심판을 하시며 신실한 자들에게는 그 인애하신 사랑을 베풀어주신다(참고. 1:7, 12, 13, 15; 2:2).

나훔의 예언은 유다와 잔인한 앗수르인들을 두려워하는 모든 사람에게 위로가 되었다. 나훔은 "범람하는 물"(1:8)로 니느웨가 멸망할 거라고 예언했고, 그 예언은 티그리스강이 범람해 그 성벽이 무너져 바벨론 군사가 성으로 들어가도록 길을 열어줌으로써 그대로 실현되었다. 또한 나훔은 니느웨 성이 숨을 거라고 예언한다(3:11). 주전 612년에 멸망한 뒤 주후 1842년이 되어서야 그 터가 발견되었다.

해석상의 과제

엘고스의 위치가 어디인지 확인하기 어려운 것 외에(참고. 서론의 저자와 연대) 실제적인 해석상의 어려움은 없다. 그 잔혹한 악행과 우상숭배로 앗수르와 니느웨에 심판이 임할 거라는 사실을 직접적으로 선언하고 있다.

나훔 개요

I. 표제(1:1)
II. 니느웨의 멸망에 대한 선언(1:2-15)
  A. 하나님의 권능에 대한 설명(1:2-8)
  B. 하나님의 심판의 시작(1:9-15)
III. 니느웨의 파멸에 대한 묘사(2:1-13)
  A. 공격당하는 니느웨(2:1-10)
  B. 니느웨의 치욕(2:11-13)
IV. 니느웨의 파멸에 대한 요구(3:1-19)
  A. 첫 번째 고발(3:1-3)
  B. 두 번째 고발(3:4-7)
  C. 세 번째 고발(3:8-19)

표제(1:1)

1:1 **경고** 이 예언은 파멸의 예언이기 때문에 전체적으로 분위기가 무겁다. 나훔은 니느웨에 대한 이 신적 심판 신탁의 전달자일 뿐이다. *이사야 13:1; 하박국 1:1에 대한 설명을 보라.*

니느웨의 멸망에 대한 선언(1:2-15)

A. 하나님의 권능에 대한 설명(1:2-8)

1:2-8 나훔은 전반적인 하나님의 능력을 소개하면서 전능하신 하나님이며 악인을 심판하고 그 악을 갚는 거룩하고 질투하시는 하나님이라는 사실을 확인해준다.

1:2 **질투하시며** 그 아내 이스라엘에 대한 불같은 하나님의 열정을 가리킬 때 종종 사용되는 이 속성은 영적 간음죄를 저지른 모든 자에게 하나님이 보이시는 강렬한 감정을 강조한다. 여기서는 산헤립의 침입으로(주전 701년) 북쪽 열 지파가 포로로 끌려간 것(주전 722년)을 염두에 두었을 것이다.

1:3 **노하기를 더디 하시며** 2절처럼 질투하시는 하나님이라고 해서 쉽게 화를 내시는 분은 아니다. 오히려 그 분은 오래 참으시는 분이다(참고. 출 34:6; 민 14:18). 하나님은 1세기 전에 요나의 메시지를 듣고 회개한 니느웨에 그 참으심의 은혜를 베풀어주셨다(참고. 욘 3:10; 4:2). 그러나 참으신다고 해도 결국 그 공의로우심으로 악인을 심판하신다. **회오리바람과 광풍…구름** 이런 비유는 종종 심판하실 목적으로 하나님이 나타나시는 것(신 현현)을 묘사할 때 사용된다(참고. 출 19:9, 16; 시 83:15; 사 29:6; 욜 2:2; 살전 4:17). 자연은 하나님이 그 능력과 위엄을 드러내시는 극장 역할을 한다.

1:4 홍해를 건널 때처럼 바다를 꾸짖으시고(출 14:15-25) 비옥한 골짜기와 해안 고지대에 비를 내리지 않도록 해서 그 권능을 드러내신다. **바산과 갈멜…레바논** 요단강 동쪽 헤르몬산 아래 위치한 바산은 풍성한 목초지로 유명했다(미 7:14). 갈멜은 가나안 해안에 위치하며 풍요로운 결실의 대명사였다(아 7:5). 레바논은 아름다운 백향목으로 유명했다. 그러나 그들 역시 전능하신 재판자의 무한한 권능 앞에서 시들고 말 것이다.

1:5 지구의 격렬한 흔들림은 하나님의 경이로우신 권능의 또 다른 증거로, 그 앞에서는 가장 안정적이고 견고한 땅들도 두려워서 떤다.

1:6 이 연속적 수사학적 질문들은 2-5절의 요약이다. 하나님의 능력과 니느웨를 심판한다는 결정의 철회가 불가능함을 강조하고, 그 앞에서 모든 반대가 녹아버림

을 강조한다.

1:7 6절과 반대로 나훔은 하나님이 자비로우며 그분을 바라는 자들에게 강한 산성(참고. 시 46:1)이 되어주심을 부연 설명함으로써 그 진노의 두려움을 완화시킨다(참고. 사 33:2-4; 37:3-7, 29-38). 이 절은 12하, 13, 15절; 2:2의 유다의 신원 회복을 예고한다.

1:8 **물…흑암** 나훔은 니느웨의 실제적 심판을 누구도 피할 수 없는 범람하는 홍수와 흑암이라는 메타포로 묘사한다.

B. 하나님의 심판의 시작(1:9-15)

1:9-15 하나님의 능력과 심판할 주권적 권세를 전반적으로 확인한 나훔은 니느웨에 대한 하나님의 구체적 심판을 선언하고, 악한 나라에 대한 심판의 신탁 안에 이스라엘을 향한 축복과 소망의 표현들을 엮어 넣는다. 주권적 심판자인 그분은 심판하실 뿐 아니라(9-12상, 14절) 구원하시는 분이다(12하, 13, 15절).

1:9 **꾀하느냐** 하나님의 심판을 좌절시키고자 하는 앗수르의 모든 시도는 헛되이 끝날 것이다(참고. 시 2편). 다시는 하나님의 백성을 핍박하지 못할 것이다(참고. 12절). 그들의 운명은 이미 정해져 있다.

1:11 **악을 꾀하는 한 사람** 문자적으로 '벨리알의 자문관'(*신 13:13; 고후 6:15에 대한 설명을 보라*)이라는 의미인 이 어구는 앗수르 왕으로 대표되는 이 지도자들에게 사탄의 영향력이 미친다는 것을 암시한다(참고. 3:18). 구체적으로는 앗슈르나시르팔(주전 669-633년)을 가리킬 수 있지만, 주전 701년 유다를 침공한 산헤립(주전 705-681년)을 가리킬 가능성이 더 높다. 이사야 역시 그에 대해 유사한 언어를 사용하고 있다(사 10:7).

1:12 **여호와께서 이같이 말씀하시기를** 하나님의 명확한 메시지를 소개하는 일반적 예언 형식인 이 어구는 나훔에서는 여기서만 사용된다. 12상반절의 3인칭은 대적을 가리키는 반면 12하반절의 2인칭은 하나님의 선민을 가리킨다. 성벽을 둘러 견고하고 안전한 성과 그 수의 많음("많을지라도")도 하나님의 심판을 막을 수가 없다. "이같이"는 7-10절을 상기시킨다.

1:12하, 13 **다시는 너를 괴롭히지 아니할 것이라** 유다는 앗수르에게 더 이상 괴롭힘을 당하지 않을 것이다.

1:14 앗수르에 대한 세 가지 심판이 선언된다. 첫째, 앗수르를 대표하는 앗수르 왕에게 후사가 없을 것이다. 둘째, 그들에게 그 권위를 부여한 신들이 멸절될 것이다. 셋째, 왕이 죽을 것이다(참고. 주전 612년에 일어난 니느웨의 몰락).

1:15 **발…산** 이 절은 바벨론에게서 구원받을 복된 소식을 전할 사람들을 표현한 이사야 52:7과 비슷하다. 아름다운 소식과 평화의 주제는 신약의 모든 메시지에서 울려 퍼진다(참고. 눅 2:10; 사 61:1과 눅 4:16-21; 롬 10:15; 엡 2:14-18). **절기** 포위 공격 때 사람들은 예루살렘으로 올라가 연례 절기들을 지킬 수가 없었다(참고. 민 28; 29). 앗수르의 멸망으로 유다는 절기를 지키고 포위 공격 때 한 맹세를 지키라는 부르심을 받는다(참고. 시 116:14, 17, 18).

니느웨의 파멸에 대한 묘사(2:1-13)

2:1-13 나훔 당시에는 아직 미래의 사건이지만, 주전 612년 니느웨가 바벨론의 느부갓네살에게 멸망당할 것을 현재적 시점으로 생생하게 묘사하고 있다.

A. 공격당하는 니느웨(2:1-10)

2:1 **파괴하는** 앗수르는 포로들을 다른 나라로 강제 이주시키는 정책을 폈다. 하지만 이제 그들이 비슷한 심판을 받게 된다. **지키며…파수하며…견고히 묶고** 역설과 풍자를 사용해 나훔 선지자는 앗수르인들에게 바벨론의 임박한 침략에 대비하라고 명한다.

2:2 **야곱의 영광…이스라엘** 이것은 남왕국 유다와 북왕국 이스라엘을 말하는 것이 아니다. 북쪽 지파는 이 때 거의 1세기 전에 앗수르에 멸망한 상태였다. 이것은 야곱이 브니엘에서 하나님의 축복을 받고(창 32:27, 28) 그의 이름이 이스라엘로 바뀐 때를 기억하며 유다를 높여 부르는 호칭이다. 이 두 가지 호칭은 유다가 하나님이 약속하신 신분으로 회복될 것을 의미한다. **약탈자들이 약탈하였고** 앗수르는 계속 그들의 땅을 '약탈했고' 비옥한 포도원을 무너뜨리고 경제적 젖줄을 짓밟았다.

2:3 **방패는 붉고** 방패를 구리로 도금해 햇볕에 반사될 때 군대의 규모를 부풀리고 적의 공포감을 극대화하는 효과를 노렸거나 붉은 색으로 염색한 가죽으로 방패를 입혀 날아오는 화살을 막아내고 부상을 입고 피를 흘리더라도 그 충격을 최소화시키고자 했을 것이다. '붉은' 옷도 동일한 효과를 노렸다. **창이 요동하는도다** 언제라도 전투할 태세가 되어 있는 전사들은 그 무기를 마음껏 휘둘렀을 것이다.

2:4 전쟁 준비로 니느웨 성은 소란스럽고 혼란스럽다.

2:5 **급히 성에 이르러** 이것은 4절 내용의 연장으로 니느웨의 왕족과 귀족들, 장군들이 수많은 망루 가운데 하나로 급히 달려가는 모습을 묘사한다. 그리스 역사가 디오도로스 시쿨루스는 그 망루 수가 1,500개에 달했고 그 높이가 61미터나 되었다고 한다. 이 절의 후반부

앗수르/니느웨에 대한 하나님의 심판

회고적 성취	
1. 렘 50:17, 18	2. 겔 32:22, 23
미래적 예언	
1. 사 10:5	6. 미 5:5, 6
2. 사 10:24-27	7. 나 1:1
3. 사 14:24, 25	8. 나 2:8
4. 사 30:31-33	9. 나 3:7, 18
5. 사 31:8, 9	10. 습 2:13-15

는 침략자들이 작은 요새 모양의 상자인 '방벽'을 세우기 위해 준비하는 모습을 묘사했을 수도 있다. 병사들은 이 상자 안에 타고 성벽을 공략했을 것이다.

2:6 **강들의 수문** 니느웨는 세 강(티그리스와 다른 두 작은 강)이 합류하는 지점에 위치했기 때문에 성에 미칠 홍수의 피해를 최소화할 목적으로 댐을 건설했다. 6절 후반부는 이 댐의 수문들이 열려 성벽이 무너지고 왕국이 홍수에 휩쓸려갔음을 암시한다(참고. 서론의 역사적·신학적 주제, 1:8).

2:7 **왕후가…끌려가니** 침략군은 이슈타르로 추정되는 니느웨의 여신을 끌고 가는 것으로 그들의 신에 대한 우월성을 증명하고자 했다(참고. 삼상 4:1-11). 신전 창녀들("시녀들")이 그 여신의 운명에 눈물을 흘리며 슬피 울었다.

2:8 **물이 모인 못** 니느웨는 사막의 오아시스처럼 많은 사람에게 매력적인 곳이었지만 이제 파멸의 칼날을 피할 수 없었다.

2:9 **노략하라** 니느웨는 그동안 노략질해 온 물건이 넘쳐날 정도였다. 그러나 이제 그들이 노략질을 당할 차례가 되었다.

2:10 **주민이 낙담하여** 거대한 성 니느웨가 폐허가 된 모습은 사람들에게 두려움과 공포심을 불러일으킬 정도였다(참고. 단 5:6).

B. 니느웨의 치욕(2:11-13)

2:11-13 **어디냐** 고고학자들은 앗수르 왕이 사자를 사냥하는 조각상을 한 궁궐터에서 발견했다. 나훔은 그 찬란한 니느웨가 어디로 사라져 버렸느냐고 수사학적 질문을 던진다. 그는 더 이상 니느웨의 몰락을 묘사하지 않고 권력과 찬란한 영광을 다 잃어버린 그들을 조롱한다. 먹잇감이 가득하고 어떤 적도 두려워하지 않는 사자들처럼 니느웨는 그들의 먹이를 무자비하게 '찢었다'. 그러나 이제 하나님의 주권적 인도하심으로 그들이 타국의 먹이가 될 것이다. 한 국가가 하나님께 받을 수 있는 가장 두려운 말씀은 "내가 네 대적이 되리라"는 것이다.

2:13 **네 병거들을 불살라** 함락한 성들을 불태웠던 니느웨는 동일한 운명을 맞을 것이다. **네 파견자** 무소불위의 권력을 휘두른 앗수르 왕의 칙령을 속국들에게 전달하던 파견자의 목소리가 더 이상 들리지 않을 것이다.

니느웨의 파멸에 대한 요구(3:1-19)

3:1-19 나훔 선지자는 니느웨의 파멸이 정당함을 주장하며 그들의 세 가지 죄악(1, 4, 8-10)을 고발한 뒤 바로 그 뒤에 그 결과(2, 3, 5-7, 11-19)를 소개한다.

A. 첫 번째 고발(3:1-3)

3:1 **피의 성** 첫 번째 고발 내용은 역사적인 기록으로 입증할 수 있다. 앗수르는 잔혹하기로 유명했고 피에 굶주린 나라였다. **거짓** 앗수르는 거짓과 기만으로 적을 무너뜨리고 짓밟았다(참고. 왕하 18:28-32). **포악** 2:11, 12을 보라. 그 먹이로 포식하며 다른 나라의 보물로 그 성을 채웠다.

3:2, 3 이 두 절은 2:3-5에서 묘사한 장면을 다시 재현한다. 앗수르는 침략군에게 철저히 짓밟히고 살육당했는데, 그 성에는 시체가 가득해 병사들이 그 시체 위에 걸려 넘어질 정도였다.

B. 두 번째 고발(3:4-7)

3:4 니느웨에 대한 두 번째 고발은 영적·도덕적 음행이었다. 니느웨는 열국을 그 음란한 말로 유혹하는 아름다운 창녀에 비유된다.

3:5, 6 니느웨는 만인 앞에 끌려 나와 수치와 굴욕을 당할 것이다.

3:7 **니느웨가 황폐하였도다** 몰락한 니느웨를 보고 슬퍼하기는커녕 기뻐하며 즐거워할 것이다. 아무도 그들을 위로하지 않을 것이다. 오직 홀로 그 비참함을 감당해야 할 것이다.

C. 세 번째 고발(3:8-19)

3:8-10 나훔은 니느웨에 대해 세 번째와 네 번째 죄를 고발한다. 그들은 노아몬을 보고도 배운 것이 없었다. 테베로도 알려진 노아몬은 카이로 남쪽 644킬로미터 지점에 위치한 애굽 남부의 큰 수도였다. 세계에서 가

장 웅장한 고대 문명 중 하나를 꽃피운 이곳은 성문만 100개였고 신전은 길이가 101미터, 넓이가 52미터에 달했다. 또한 수많은 운하망을 갖추었다. 이 성은 주전 663년 앗수르의 앗슈르나시르팔에 멸망했다. 나일강변의 노아몬처럼 니느웨는 티그리스 강변에 위치했고 주변 국가들을 평정했으며 누구의 위협도 받지 않는 안정을 구가했다. 그러나 노아몬과 유사한 최후를 맞았다.

3:9 **구스와 애굽…붓과 루빔** 노아몬은 북쪽으로 하애굽과 남쪽으로는 에티오피아 사이에 자리 잡아 사방으로 보호받았던 곳이다. 붓의 위치는 북아프리카의 인근 지역으로 확인된다. 1세기 유대인 역사가 요세푸스는 함의 셋째 아들 붓(창 10:6)이 리비아의 시조라고 말한다. 루빔 역시 현재의 리비아 지역으로 확인된다.

3:11 **술에 취하여** 예언한 대로(참고. 1:10) 니느웨는 하나님의 진노의 잔을 마시고 취해 그 진노하심에 무방비 상태가 될 것이다.

3:12, 13 나훔은 계속 메타포를 사용해 니느웨의 철통 같은 방어시설이 너무나 쉽게 무너질 것을 강조한다. 그 성들은 잘 익은 과일처럼 조금만 흔들어줘도 떨어지고, 그 군대는 연약한 여인 같을 것이다.

3:14, 15 나훔은 니느웨 백성을 조소하고 조롱하며 그들에게 전투태세를 갖추고 성의 방어시설을 정비하라고 한다. 하지만 결국 다 무너지고 말 것이다. 메뚜기들이 초목을 모두 먹어치우고 아무것도 남기지 않듯 니느웨에는 아무것도 남지 않을 것이다(참고. 암 7:1).

3:16 **네 상인을…많게 하였으나** 니느웨는 상인들을 지속적으로 육성해 거대한 재물을 축적했지만 다 파괴될 것이다.

3:17 **메뚜기** 무역을 주도하던 니느웨의 영광스러운 시절은 사라지고(16절) 통치자들과 장수들도 사라졌다. 이 위대한 성벽 안에서 밤 사이 진을 쳤던 메뚜기들(앗수르의 지도자들)이 햇살이 비치자마자 먹을 것을 찾아 일제히 달아난다.

3:18 **자고…쉬며** 앗수르 지도자들과 군대는 기진하여 자는 것처럼 묘사되지만 사실은 죽은 상태다. 또한 백성은 뿔뿔이 흩어졌다. 바벨론의 침략에 함께 싸워줄 자가 아무도 남지 않았다. 주전 612년 앗수르는 바벨론에게 멸망했다.

3:19 니느웨의 운명은 분명하다. 사망할 정도로 치명적 부상을 입었고 다시 회복하지 못할 것이다. 그 소식을 들은 자들은 모두 기뻐할 것이다. 앗수르는 잔혹하게 수많은 나라를 짓밟고 무너뜨렸다. 따라서 그들이 망했다는 소식은 열국의 기쁨이자 즐거움이었다.

연구를 위한 자료

Charles L. Feinberg, *The Minor Prophets* (Chicago: Moody, 1980). 『12소선지서 연구』, 찰스 리 화인버그 지음, 엄성옥 옮김(은성, 1992).

Walter C. Kaiser Jr., *The Book of Nahum*, in vol. 23 of The Preacher's Commentary (Nashville: Thomas Nelson, 1992).

노아몬(No Amon)은 더베(Thebes)의 히브리식 지명이다.

합

제목

이 예언서는 저자의 이름을 제목으로 한다(1:1; 3:1). 하박국은 '껴안는 자'라는 뜻을 가진다. 예언의 말미에 이르러 선지자가 그 백성을 향한 하나님의 계획이 혼란스러움에도 그분을 붙드는 모습에서 이 이름의 진가가 제대로 드러난다.

저자와 저작 연대

많은 소선지서가 그렇듯 본문으로 추론할 수 있는 내용 외에 하박국에 대해 알려진 정보는 거의 없다. 하박국의 경우 본문에 정보가 거의 존재하지 않으므로 그의 생애와 신분은 추측에 불과하다. '선지자 하박국'이라는 단순한 소개는 당시 그가 잘 알려진 선지자여서 별도의 소개가 불필요했다는 암시일 수도 있다. 그가 예레미야, 에스겔, 다니엘, 스바냐와 동시대인이라는 사실은 확실하다.

갈대아 사람을 언급한 것으로 보아(1:6) 주전 7세기 후반 이 예언서를 썼을 가능성이 있다. 이때는 느부갓네살이 니느웨(주전 612년), 하란(주전 609년), 갈그미스(주전 605년)로 진격하기 직전이었다. 그는 이후에 예루살렘을 쳤다(주전 605년). 하박국의 깊은 탄식(1:2-4)은 요시야가 죽은(주전 609년) 직후 경건한 왕의 개혁(참고. 왕하 23장)을 그 후임자 여호야김이 하루아침에 무위로 돌려버린 것(렘 22:13-19)에 대한 반영일 수 있다.

배경과 무대

하박국은 앗수르 제국 말기에 나보폴라살과 그 아들 느부갓네살의 통치 아래서 바벨론이 세계의 신 패권국가로 부상하기 시작한 때쯤에 예언 활동을 했다. 나보폴라살은 주전 626년 왕이 되면서 북쪽과 서쪽으로 영향력을 확대하기 시작했다. 그의 아들 느부갓네살이 왕이 되자 바벨론 군대는 주전 612년 니느웨를 무너뜨렸고 앗수르의 귀족들은 처음에는 하란으로 그다음에는 갈그미스로 도망갔다. 느부갓네살은 그들을 추격하여 주전 609년 하란을 공격하고 주전 605년에는 갈그미스를 쳤다.

애굽 왕 느고는 주전 609년 유다를 지나 도망가는 앗수르 왕을 지원하려다가 므깃도에서 요시야 왕의 저지를 받았다(대하 35:20-24). 요시야는 잇따른 전투 중에 전사했고, 그 이후로 세 아들과 손자가 연달아 왕이 되었다. 요시야는 성전에서 율법 책을 발견하고(주전 622년) 유다에 중요한 영적 개혁을 단행하여(왕하 22, 23장) 그 부친 아몬(왕하 21:20-22)과 조부 므낫세(왕하 21:11-13)가 조장한 악한 우상숭배를 근절하고 철폐하고자 노력했다. 그러나 그가 사망하자 유다는 바로 옛날의 악습을 되풀이하고(참고. 렘 22:13-19) 우상숭배에 매달렸다. 하박국은 이런 현실 앞에서 왜 하나님이 침묵하며, 그 언약 백성을 침으로써 죄에서 돌이키시지 않는지 의문을 제기한다(1:2-4).

역사적 · 신학적 주제

도입부 단락은 아모스, 미가 시대와 역사적 상황이 유사함을 보여준다. 정의가 그 땅에서 사라지고 폭력과 불의가 기승을 부려도 제지할 자가 없다. 이런 암울한 시대에 선지자는 하나님께 개입해달라고 부르짖는다(1:2-4). 하지만 유다를 심판하러 갈대아인들을 보내실 거라는 하나님의 응답(1:5-11)에 하박국은 훨씬 더 심각한 신학적 딜레마에 봉착하게 된다. '왜 하나님은 자기 백성을 성결하게 하시고 그 의를 회복해주시지 않는가? 하나님이 어떻게 더 의로운 민족을 심판하시는 도구로 갈대아인을 쓰실 수 있는가'(1:12-2:1) 하는 것이었다.

이에 하나님은 갈대아인들 역시 심판하실 거라고 대답해주신다(2:2-20). 하지만 이 대답으로 선지자의 신학적 난제가 충분히 해소되지는 않는다. 오히려 혼란만 가중된다. 하박국이 생각하기에 해결이 필요한 문제는 더는 악에 대한 하나님의 의로운 심판이 아니다. 오히려 하나님의 성품과 그 백성과의 언약에 대한 확인이 필요했다(1:13). 욥처럼 하박국은 하나님과 논쟁을 벌였고 그 경험을 통해 하나님의 주권적 성품에 대한 더 깊은 이해와 그분에 대한 확고한 믿음에 도달하게 된다(참고. 욥 42:5, 6; 사 55:8, 9). 결국 하박국은 하나님이 단순히 일시적으로 누리는 축복 때문이 아니라 그분 자체 때문에 예배를 받으셔야 함을 깨닫는다(3:17-19).

해석상의 과제

하박국 선지자가 품은 의문들은 인생에서 가장 근본적인 몇 가지 의문을 대표한다. 이런 의문의 대답은 하나님의 성품과 역사에 드러난 그분의 주권적 방식을 올바로 이해하는 중요한 초석이 되어준다. 그의 메시지의 핵심은 하나님을 신뢰하라는 부르심에 있다(2:4). "의인은 그의 믿음으로 말미암아 살리라." 이 구절을 인용하는 신약성경은 신학적으로 큰 중요성을 하박국에 부여한다. 히브리서 저자는 하박국 2:4를 인용하여 성도가 환난과 시련 가운데도 끝까지 믿음을 지니며 견고해야 함을 강조한다(히 10:38).

사도 바울은 이 구절을 2번이나 인용해(롬 1:17; 갈 3:11) 이신칭의 교리를 강조한다. 그러나 하박국과 신약 인용문이 믿음의 행위를 넘어 믿음의 지속성을 강조한다고 해서 해석상의 충돌이 꼭 일어나야 하는 건 아니다. 믿음은 일회성 행위가 아니라 삶의 방식이다. 하나님께 의롭다 함을 입은 참된 성도는 평생 습관처럼 믿음 안에 거할 것이다(참고. 골 1:22, 23; 히 3:12-14). 언제나 옳게 행하시는 주권자 되신 하나님을 신뢰할 것이다.

하박국 개요

I. 표제(1:1)
II. 하박국의 혼란(1:2-2:20)
  A. 그의 첫 번째 항변(1:2-4)
  B. 하나님의 첫 번째 응답(1:5-11)
  C. 그의 두 번째 항변(1:12-2:1)
  D. 하나님의 두 번째 응답(2:2-20)
III. 하박국의 기도(3:1-19)
  A. 하나님의 자비하심에 대한 간구(3:1, 2)
  B. 하나님의 권능에 대한 찬양(3:3-5)
  C. 하나님으로 충분하다는 신앙고백(3:16-19)

표제 (1:1)

1:1 **경고** 무거운 심판의 신탁(참고. 1:5-11; 2:2-20)을 종종 이 단어로 표현한다. 특히 선지자들은 죄에 대한 하나님의 진노를 선언할 때 이 표현을 선호한다(예를 들어 사 13:1; 15:1; 17:1; 19:1; 나 1:1; 슥 9:1; 12:1; 말 1:1). **묵시** 하박국은 환상의 형태로 하나님 말씀을 받았다.

하박국의 혼란 (1:2-2:20)

A. 그의 첫 번째 항변(1:2-4)

1:2-4 하박국은 첫 번째 항변에서 하나님이 유다의 죄악에 무관심해 보인다는 점을 지적한다. 그분의 의로우심을 사모하며 언약을 어기면 심판이 따른다고 알고 있던(참고. 신 28장) 하박국은 하나님의 지혜로우심에 의문을 제기하며 그 율법이 이렇게 무너지고 있음에도 아무것도 하시지 않는 하나님에 대해 혼란스러움을 드러낸다. 유대인은 강포와 불의의 죄를 저질렀으므로 그에 준하는 벌을 받아야 마땅했다.

1:2 **어느 때까지리이까** 선지자의 조바심이 묻어나는 이 구절은 시편 기자에게서도 자주 볼 수 있다. 시편 기자 역시 유사한 혼란스러움을 표현했다(참고. 시 13:1, 2; 62:3; 렘 14:9; 마 27:46).

1:2, 3 **강포…죄악…패역…겁탈** 유대 사회는 악행을 암시하는 이 네 가지 단어로 정의할 수 있었다. 도덕적·윤리적으로 강자가 그 이웃을 억압함으로써 분쟁과 다툼이 끊이지 않았다.

1:2 **구원하지 아니하시나이다** 하박국 선지자는 정결케 함과 징계, 부흥이 그 백성 가운데 일어나 의와 공의가 회복되기를 원했다.

1:4 **율법이 해이하고** 문자적으로 '율법이 얼어붙고 마비되고'(참고. 창 45:26; 시 77:2)라는 뜻이다. 율법이 전혀 존중받지 않았고 권위를 갖지 못했다. 추위로 손이 얼어붙듯이 유대 지도자들의 타락으로 율법이 제대로 시행되지 못하고 그 효력이 마비되었다(참고. 전 8:11).

B. 하나님의 첫 번째 응답(1:5-11)

1:5-11 하박국의 혼란과 간구에 하나님은 침묵을 깨고 응답해주시며 유다의 죄악에 무관심하지 않다고 알려주신다. 하지만 그들에게 부흥을 주시는 대신에 '두렵

고 무서운' 심판을 보내겠다고 말씀하신다(7절).

1:5 **보고 또 보고 놀라고 또 놀랄지어다** 연이은 명령은 복수형으로 되어 있어 유다와 예루살렘이라는 광의의 공동체가 임박한 이 이방의 침략에 주목하게 되리라고 암시한다. 바울은 사도행전 13:41에서 이 본문을 인용한다.

1:6-8 갈대아인들(바벨론 사람들)은 거룩한 사령관의 명령을 받고 올 것이다. 이 무자비하고 사나운 사람들을 데려와 유다를 침략하게 하실 이는 주권자이시다. 갈대아인들은 자기확신이 강하고 당당하며 위험하고 스스로를 신성시하는 자들로 묘사되었다(참고. 렘 51:20).

1:8 **저녁 이리** 이들은 낮에 아무것도 먹지 못하고 밤에 먹이를 찾아다니는 늑대와 같다. 바벨론 군대는 늑대처럼 놀라운 힘과 승리의 전리품을 차지할 일념으로 희생물을 해치려는 모습으로 묘사되어 있다.

1:10 바벨론 군대는 왕의 권위이든 물리적 장애물이든 그 길을 방해하는 자들을 조롱하며 거침없이 진격한다. **흉벽을 쌓아** 적의 성으로 들어가기 위해 자갈과 흙을 갖고 성채나 성벽에 경사로처럼 쌓았다.

1:11 **자기들의 신** 갈대아인들은 하나님의 심판 도구이지만 그 오만함과 자기과신으로 자멸의 씨앗을 심었다(2:2-20에서 설명한 대로). 그들은 우상숭배와 신성모독으로 전능하신 여호와께 유죄 판결을 받을 것이다.

C. 그의 두 번째 항변(1:12-2:1)

1:12-2:1 하나님이 계시하신 응답(5-11절)으로 혼란에 빠진 하박국은 하나님에 대한 신뢰를 선언하고(12절) 두 번째 불만을 드러낸다. 하나님이 어떻게 악한 나라(갈대아인)를 사용해 그들보다 더 의로운 나라(유다)를 심판하실 수 있느냐는 것이다(13-17절). 그는 응답을 기다리겠다는 결의를 드러내며 항변을 마무리한다(2:1).

1:12 **여호와 나의 하나님, 나의 거룩한 이시여** 선지자는 의로우신 하나님의 주권적 사역이 전부 이해되지 않지만 절대적 신뢰와 믿음을 드러낸다. 영원하고 거룩하신 주권자로서 하나님의 성품이 불변함을 고백하면서 그는 유다가 완전히 파멸하지 않으리라는 확신에 이른다(참고. 렘 31:35-40; 33:23-26). 신실하신 하나님의 손길 속에서 갈대아인들이 오는 것은 유다를 멸절하기 위해서가 아니라 징계하기 위해서임을 알게 된다. **반석이시여** 하나님의 불변하고 흔들림 없는 성품을 강조하는 호칭이다(참고. 시 18:2, 31, 46; 31:2, 3; 62:2, 6, 7; 78:16, 20, 35).

1:13 **눈이 정결하시므로** 선지자는 하나님에 대한 믿음과 신뢰를 드러내면서도 훨씬 더 혼란스러운 문제가 있음을 깨닫는다. 하나님이 정결하셔서 악을 용납하지 못하신다면 어떻게 악인을 사용해 더 선한 의인을 삼키도록 하실 수 있는가 하는 문제다. 갈대아인을 도구로 사용하시는 것이 하나님의 의로운 성품에 훨씬 더 심각한 위해가 되지 않을까 생각한 것이다.

1:14-17 하박국은 갈대아인들이 얼마나 악한 사람인지 그들의 악한 성품과 행동을 상기시켜 드린다. 갈대아인들은 인명을 경시하는 자로 전쟁에서 얼마나 잔혹한 방식을 동원하는지 다른 민족들은 "바다의 고기 같게 하시며 다스리는 자 없는 벌레" 취급을 당한다. 그토록 잔혹한 사람을 내세워(6-10절) 어떻게 무기력한 사람들한테 이런 무자비한 폭력을 가하도록 허용하신다는 말인가?

1:16 **제사하며 투망 앞에 분향하오니** 하박국은 그것으로도 모자라 그들은 자신들의 승리가 참되신 하나님의 은혜가 아니라 스스로의 군사력 덕분이라고 생각한다고 지적한다.

1:17 **그물을 떨고는** 압제자(갈대아인들)가 이렇게 불의를 좇고 악행을 행하도록 언제까지 방치하실 것인가?

2:1 **내 파수하는 곳에 서며** 자신을 파수꾼(참고. 겔 3:17 이하; 33:7-11)에 비유하며 성벽의 망루에 서서 하나님의 응답을 기다리고 그 응답을 묵상할 준비를 한다.

D. 하나님의 두 번째 응답(2:2-20)

2:2-20 하박국의 두 번째 항변(1:12-2:1)에 하나님은 응답하며 갈대아인들 역시 그 악행으로 심판할 거라고 선언하신다. 하나님이 응답하신 내용은 다음과 같다. 첫째, 그 일이 확실히 일어날 것임을 알리기 위해 기록해두라고 명령하신다(2, 3절). 둘째, 의인과 비교하여 악인들의 속성을 묘사해주신다(4, 5절). 셋째, 갈대아인들의 파멸을 다룬 다섯 가지 저주를 선언하신다(6-20절).

2:2, 3 **이 묵시를 기록하여** 하박국은 묵시 내용을 기록하고 보존하여 후손들이 모두 읽고 그 묵시가 확실히 성취되었음을 알게 하라는 명령을 받는다(참고. 단 12:4, 9의 유사한 표현). 이 예언은 지속적인 관련성이 있기에 보존해야 했다. 성취되기까지 일정한 시간이 필요하겠지만 하나님의 '정한 때'에 이루어질 것을 모두 알게 된다(참고. 사 13; 렘 50; 51장). 바벨론은 고레스의 메대-바사 왕국에 멸망당할 것이다(참고. 단 5장).

2:2 **달려가면서도 읽을 수 있게 하라** 이것은 활자가 선명해 훑듯이 읽더라도 그 의미를 쉽게 이해할 수 있고, 내용을 분명하고 쉽게 써서 전달자가 쉽게 전할 수 있게 하라는 의미일 것이다.

2:4 **교만하며** 문맥상 갈대아인들을 가리키는 것이 분명하지만 이 구절은 민족적 출신과 상관없이 모든 악인과 의인을 나누는 특징에 대한 첫 도입부다. 대조적인 두 가지 특징이 비교되어 있다. 교만한 자들은 자신을 의지하지만 의인은 그 믿음으로 산다는 것이다. **의인은 그의 믿음으로 말미암아 살리라** 교만한 자들과 반대로 의인은 하나님을 향한 신실성 때문에 멸망하지 않고 존속되리라는 것이다. 이것은 하박국에서 하나님이 주시는 교훈의 핵심이다. 로마서 1:17과 갈라디아서 3:11에서 바울이 강조한 믿음으로 의롭게 된다는 측면과 히브리서 저자가 설명한 믿음으로 거룩하게 된다는 측면(10:38)은 모두 하박국의 이 핵심 구절을 반영하고 있다. 이 두 가지 측면은 조금도 충돌하지 않는다. 하박국과 신약의 두 인용 구절 모두 믿음의 행위를 넘어서서 믿음을 지속적으로 견지해야 할 중요성을 인정한다. 믿음은 단회적 행위가 아니라 삶의 방식이다. 하나님이 의롭다고 선언하신 참 성도는 삶의 방식으로 믿음을 견지할 것이다(참고. 골 1:22, 23; 히 3:12-14).

2:5 갈대아인들에 대한 이 비판은 6-20절의 책망에 대한 근거로 사용된다. 그들은 오만하고 탐욕스러웠다. 지옥과 죽음처럼(참고. 잠 1:12; 27:20; 30:15, 16) 그들은 만족함을 모르고 더 많은 것을 가지려고 했다.

2:6-20 조롱조의 노래 형식으로 갈대아인들에 대해 다섯 가지 저주를 선언하며, 결국 그들이 심판받을 거라고 말한다. 각각 세 절로 된 다섯 연의 이 다섯 가지 저주는 악을 행하는 다른 집단 다섯을 대상으로 한다.

「하박국 선지자와 천사(*The Prophet Habakkuk and the Angel*)」 1565년. 바우터 크레이브. 유리에 실버 스테인. 25.8X21.7cm. 게티 미술관. 로스엔젤레스.

2:6-8 첫 번째 저주는 강탈과 착취의 죄악, 즉 축재를 목적으로 남에게 신체적 위해를 가하며 약탈을 일삼는 나라들에 대한 고발이다. 그런 나라들은 남은 그 민족들에게 노략당할 것이다.

2:6 **그 무리가 다** 바벨론에게 괴롭힘을 당한 모든 나라를 일컫는다. **화 있을진저** 예언문학에서는 사법적 고발이나 심판의 선언을 소개할 때 종종 감탄문이 사용된다(사 5:8, 11, 18, 20-22; 렘 22:13; 23:1; 암 5:18; 6:1). **볼모 잡은 것** 바벨론 사람들은 정복 국가에 과중한 세금을 부과했다. 당시 이 조치는 종종 가난한 자들을 과도한 이자로 착취하는 고리대금이 성행하는 원인이 되었다(참고. 신 24:10-13; 왕하 4:1-7; 느 5:1-13).

2:7 **너를 억누를 자들** 살아남은 나라들을 말하며, 이들에게 무거운 세금을 부과해 강탈당할 것이다(참고. 8절).

2:9-11 탐욕으로 남을 착취하고자 궁리하는 죄악에 대한 두 번째 고발은 6-8절의 연장이다. 남들한테서 빼앗은 돌과 목재로 지은 집의 담이 그들의 악행을 증언한다(11절).

2:9 **높은 데 깃들이려 하며** 혹시 있을지도 모르는 적의 보복에서 자신을 보호하기 위해 갈대아인들은 그 성들을 어떤 적도 무너뜨리지 못할 난공불락의 요새로 만들었다.

2:10 **네 집에 욕을 부르며** 갈대아의 지도자들은 사람들을 죽이도록 함으로써 스스로 수치를 입고 그 영혼에 해를 입었다.

2:12-14 세 번째 저주는 사람들의 피를 흘리고 강제로 노동을 착취해 호화스러운 궁전을 짓고 무자비한 독재의 칼을 휘둘렀다고 그들을 고발한다. 스치는 모든 것을 다 태워버리는 불처럼 그들의 모든 수고가 허망할 것이며, 아무런 영속적 가치도 갖지 못할 것이다(13절. 참고. 미 3:10).

2:14 **덮음 같이** 스스로 높아지려고 했지만 그 노력이 허무하게 끝나버린 갈대아인들과 달리 하나님은 그분의 천년왕국이 설 때 그 영광을 온 땅이 인정하게 될 거라고 약속하신다(참고. 민 14:21; 시 72:19; 사 6:3; 11:9).

2:15-17 네 번째 저주받을 죄는 방종이다. 바벨론은 사람들이 술에 취해 수치스러운 행동을 하게 만들어 손쉬운 먹잇감이 되도록 했다. 그래서 그들 역시 하나님의 진노의 잔을 마시고 공개적으로 수치를 당할 것이다(참고. 렘 49:12).

2:16 **할례 받지 아니한 것** 이 표현은 '표피'를 가리키며 히브리적 사고에서 할례를 받지 못한 것은 하나님께

버림받았다는 증거로 가장 심각한 수치를 뜻했다. *예레미야 4:4에 대한 설명을 보라.* **여호와의 오른손의 잔** 신적 보복을 가리키는 메타포로 하나님은 그의 강력한 오른손으로 이 보복을 행하신다(참고. 시 21:8). 갈대아인들이 다른 나라에 했던 대로 당할 것이다(7, 8절). **욕이 네 영광을 가리리라** 술 취함의 메타포를 구체화한 이 어구는 "더러운 욕"으로 굴욕당할 것을 가리킨다. 그들이 자랑스러워했던 바로 그 일이 그들의 수치가 될 것이다. 여호와의 영광은 "물이 바다를 덮음 같이"(14절) 되겠지만 바벨론의 영광은 수치로 뒤덮일 것이다.

2:17 **강포** 이것은 건축 자재와 땔감과 식량을 대려고 나무와 동물들을 무자비하게 착취한 일을 가리킬 수 있다. 전쟁 때는 이런 약탈이 수시로 일어났다. 레바논의 아름다운 백향목은 이기적 용도로 무자비하게 벌목을 당했다(참고. 사 14:7, 8; 37:24). 이런 일에는 인간의 살육도 뒤따랐다. 17하반절을 보면 이들은 느부갓네살이 정복한 이스라엘과 그 백성을 상징하는 것으로 보인다(참고. 왕하 14:9; 렘 22:6, 23; 겔 17:3).

2:18-20 다섯 번째 고발은 우상숭배로 다른 신들을 섬긴 어리석음을 지적한다(참고. 사 41:24; 44:9). 갈대아인들의 멸망으로 여호와 하나님이 모든 신보다 더 뛰어난 분임을 증명할 것이다.

2:19 **깨라…일어나라** 엘리야가 갈멜산에서 바알 선지자들에게 한 조롱의 말과 비교해보라(왕상 18:27. 참고. 렘 2:27).

2:20 **성전** 하나님이 통치하시고(시 11:4) 그를 구하는 자들의 기도에 응답해주시는 천상을 가리킨다(왕상 8:28-30; 시 73:17). **잠잠할지니라** 침묵하는 우상들과 달리(19절) 살아 계시며 우주를 통치하시는 주권자 되신 하나님은 온 땅에게 그 앞에서 잠잠하라고 명하신다. 누구도 그분과 독립되어 살 수 없다. 온 땅은 겸손히 복종하며 그분을 섬겨야 한다(참고. 시 46:10; 사 52:15).

하박국의 기도

3:1-19 "선지자 하박국"이라는 언급으로(참고. 1:1) 내용의 전환이 이루어졌음을 암시한다. 하나님이 개입해 주실 것을 부르짖던 앞선 두 장의 항변조 어조가 이제 하나님의 자비하심을 구하는 간구(2절), 하나님의 능력에 대한 확인(3-15절), 하나님의 붙드시는 은혜와 충족에 대한 찬양의 합창(16-19절)으로 나타난다. 그러나 어조의 변화는 있지만 주제는 연속적이다. 하박국은 하나님의 심판 계획에 대해 듣고 유다의 심판 문제를 다시 거론하면서 자비를 베풀어주시도록 호소한다.

성경에 나오는 노래들

1. 구원의 노래	출 15:1-18
2. 모세의 노래	신 32:1-43
3. 드보라의 노래	삿 5:1-31
4. 한나의 노래	삼상 2:1-10
5. 여인들의 노래	삼상 18:6, 7
6. 다윗의 노래	삼하 22:1-51
7. 히스기야의 노래	사 38:9-20
8. 요나의 노래	욘 2:1-9
9. 하박국의 노래	합 3:1-19
10. 마리아의 노래	눅 1:46-55

A. 하나님의 자비하심에 대한 간구(3:1, 2)

3:1 **시기오놋** 정확한 의미는 알 수 없다(시편 7편에서 단수형으로 표제에 사용됨). 3장 말미에 연주 형태를 표기한 것으로 보아 제의적 음악으로, 이 장은 그 용도로 불렸을 거라고 추정된다.

3:2 **주께 대한 소문** 하나님이 유다와 갈대아인들의 심판 계획에 대해 알려주신 1:5-11과 2:2-20에 대한 내용을 말한다. **주의 일을…부흥하게 하옵소서** 하나님의 심판이 엄중하리라는 것을 안 하박국은 두려움에 떤다. 하나님이 오랫동안 능력을 사용하시지 않은 것처럼 선지자는 하나님께 "부흥하게 하셔서"(문자적으로 '살리셔서'라는 뜻임) 그 백성 이스라엘을 위한 놀라운 구원 사역을 다시 보여주시기를 간구한다. **이 수년 내에** 하박국 선지자는 갈대아인들에게 유다의 심판을 맡기시더라도 그 자비하심을 잊지 말아달라고 구한다.

B. 하나님의 권능에 대한 찬양(3:3-5)

3:3-15 하나님이 과거에 이스라엘을 위해 개입하신 일들, 애굽에서 자기 백성을 구원하시고 가나안 땅을 차지하게 하신 일들을 비유로 들면서 하박국은 미래에 있을 그들의 구속에 대한 그림을 그린다. 출애굽 사건은 천년왕국이 시작될 때 있을 이스라엘의 구속에 대한 유비로 자주 사용된다(참고. 사 11:16).

3:3 **데만…바란 산** 에서의 손자 이름을 본뜬 데만은 에돔의 한 성이었다(암 1:12; 옵 9절). 바란산은 시나이 반도에 위치했다. 두 곳 모두 하나님이 이스라엘을 가나안 땅으로 인도하셨을 때 큰 권능을 보이신 일을 암시한다(참고. 신 33:2; 삿 5:4).

3:3, 4 이스라엘을 애굽에서 보호하고 광야를 통과하

도록 인도하신 셰키나 영광(참고. 출 40:34-38)은 그분의 임재하심에 대한 물리적 증표였다. 태양처럼 그분은 온 천지에 그 광선을 비쳐주신다.

3:5 **역병…불덩이** 시내산에서 주신 언약에 불순종함으로 이스라엘이 심판받은 사실을 회상하며(출 5:3; 민 14:12; 신 28:21, 22; 32:24) 하박국은 심판의 주권적 대리자를 강조한다. 두 가지 다 하나님의 대리자에 해당한다.

3:6, 7 전능하신 하나님이 나타나시자 온 우주가 두려워하며 반응한다(참고. 출 15:14). 세상을 창조하실 때처럼(사 40:12) 온 땅과 그 거민들은 그분의 처분에 달려 있다.

3:7 **구산…미디안** 시나이 반도에 거주하는 한 민족을 가리킬 것이다(참고. 출 2:16-22; 18:1-5; 민 12:1, 모세의 아내는 미디안 여인이자 구스 여인이었음).

3:8-15 하박국은 생생한 수사학적 어조로 하나님이 직접 그 뜻을 거스르는 모든 것에 대해 심판을 행하실 것임을 말한다.

3:8 **말…병거** 하나님이 원수를 물리치심을 묘사한 상징적 표현이다(참고. 3:11, 15).

3:9 **화살을 바로 쏘셨나이다** 하나님의 화살은 그분의 거룩한 맹세를 지킬 의무를 받았다(참고. 렘 47:6, 7).

3:11 **해와 달이 그 처소에서 멈추었나이다** 하나님의 창조 질서를 뜻하는 확실한 상징인 해와 달이 그 명령에 순종한다. 이 이미지는 이스라엘이 기브온에서 아모리 족속과 싸워 이긴 일을 상기시킨다(수 10:12-14).

3:12 **밟으셨나이다** 문자적으로 '타작하다'로 종종 적이 침범해 심판을 실행한다는 의미로 사용된다(참고. 삿 8:7; 왕하 13:7; 사 21:10; 25:10; 단 7:23; 암 1:3).

3:13 **기름 부음 받은 자를 구원하시려고** 13상반절("주의 백성")과 병행 구절을 이루며 문맥상으로 출애굽에 대한 여러 암시가 있는 것으로 보아 이것은 모세와 그 선민 이스라엘을 가리키는 것 같다. 그들은 하나님의 기름 부음을 받은 자들로 바로와 애굽 군대에 대해 승리를 거두었다(참고. 시 105:15). 궁극적으로 이것은 다윗 언약(참고. 삼하 7:11-16)으로 약속하신 메시아를 예고하며(참고. 시 132:10-12) 후대의 구원을 예표한다. **악인의 집의 머리를 치시며** 장자가 죽임을 당한 출애굽기의 바로를 말하거나 불의한 소득으로 그 집을 지은 갈대아인들의 왕(2:9-11)을 말할 것이다.

3:14 **그들이…이르러 나를 흩으려 하며** 바로의 군대가 도망치는 이스라엘을 홍해까지 쫓아온 것을 가리킬 수도 있다(출 14:5-9). 가난한 자들처럼 이스라엘은 추격하는 애굽 군대에게 금방이라도 붙잡힐 것 같았다.

3:15 **바다…파도를 밟으셨나이다** 홍해에서 하나님이 개입하셔서 이스라엘을 기적적으로 보호해주심을 가리키는 또 다른 표현이다. 이 역사적 사건은 하나님이 우주를 주권적으로 통치하심을 보여주며, 혼란스러운 선지자에게 하나님이 그 백성을 다시 한 번 구원해주시리라는 확신을 심어준다.

C. 하나님으로 충분하다는 신앙고백(3:16-19)

3:16-19 하박국은 새로운 헌신과 확신의 고백으로 예언을 마무리하며 하나님에 대한 흔들림 없는 믿음을 표현한다.

3:16 **기다리므로** 하나님은 그의 기도에 응답해주셨다(1절). 그분의 의로우심을 입증하고 결국 참으로 회개하는 사람들을 회복해주실 것이다(참고. 2:4). 하박국은 그 응답에 만족하면서도 갈대아인들이 그 백성을 친다는 생각을 하자 기운이 빠지고 두려움으로 몸이 후들거린다(참고. 렘 4:19). 그럼에도 그는 주께서 의로 심판하실 것이므로 "환난 날"에 쉼을 누릴 수 있다.

3:17, 18 **나는 여호와로 말미암아 즐거워하며** 정상적이고 예측 가능한 모든 것이 무너진다고 해도 그는 여전히 즐거워할 것이다. 농사와 목축업의 형통함을 누리기 위해서는 언약에 순종해야 한다(신 28:1-14). 불순종하면 언약적 저주를 자초하지만(신 28:31-34; 49-51) 선지자는 주께 변함없이 헌신할 것임을 확인한다. 그는 하나님만을 사모하며 기뻐한다.

3:19 **주 여호와는 나의 힘이시라** 혼란스러워하는 하박국에게 하나님은 거룩한 심판을 약속하셨을 뿐 아니라 그 은혜와 소망도 확인해주신다. 우리의 안전과 소망은 일시적 축복이 아니라 주님 자신에 근거한다. 이것은 2:4의 "의인은 그의 믿음으로 말미암아 살리라"는 말씀의 핵심이다. **나의 발을 사슴과 같게 하사** 높고 가파른 산에서 미끄러지지 않는 발을 가진 사슴처럼 하박국은 여호와에 대한 믿음으로 임박한 심판의 고통을 견딜 수 있고 그 모든 혼란스러운 의문도 감당할 수 있다. **지휘하는 사람을 위하여** 이 장은 성전 예배의 시편으로 사용되었을 가능성이 있다(참고. 3:1).

연구를 위한 자료

Charles L. Feinberg, *The Minor Prophets* (Chicago: Moody, 1980). 『12소선지서 연구』, 찰스 리 화인버그 지음, 엄성옥 옮김(은성, 1992).

Walter C. Kaiser Jr., *Habakkuk*, in vol. 23 of The Preacher's Commentary (Nashiville: Thomas Nelson, 1992).

제목

열두 권의 소선지서가 그렇듯 이 예언서는 저자의 이름으로 되어 있다. 스바냐라는 이름은 '여호와께서 숨기시다'라는 뜻이라는 데 대체로 동의한다(참고. 2:3).

저자와 저작 연대

저자 스바냐에 대해서는 알려진 내용이 거의 없다. 구약에서 스바냐 외에 세 명의 동명이인이 있다. 그는 히스기야 왕(주전 715-686년)의 4대 후손으로 선지자들 중에서 유일하게 왕족 출신이다(1:1). 왕가의 후손이었기 때문에 사역할 당시 유다 왕이었던 요시야는 그의 예언을 직접 들었을 가능성이 높다.

스바냐는 예언받은 때가 요시야 왕(주전 640-609년)이 통치할 시기라고 직접 밝힌다. 이 책에 소상히 밝힌 유다의 도덕적·영적 상태(참고. 1:4-6; 3:1-7)로 볼 때 저작 연대는 요시야가 개혁을 단행하기 전으로 추정된다. 유다는 여전히 우상숭배와 죄악에 빠져 있었다. 요시야가 바알의 제단을 모두 헐고 거짓 선지자들의 뼈를 태우고 깎아 만든 우상을 쳐부순 때는 주전 628년이었다(대하 34:3-7). 그리고 율법서를 발견한 때는 주전 622년이었다(대하 34:8-35:19). 따라서 스바냐는 주전 635-625년 예언 활동을 했을 가능성이 높고, 예레미야와 동시대인이었다.

배경과 무대

정치적으로 앗수르의 세계 패권이 바벨론으로 넘어가기 직전이어서 니느웨의 통제가 느슨해진 틈을 타서 유다는 50년 만에 처음으로 속국에서 벗어날 수 있는 기회를 얻었다. 요시야 왕은 각종 무거운 공물과 속박에서 벗어나 이렇게 새롭게 얻은 자유를 지키고자 하는 열망이 강했다. 주전 609년 도망가는 니느웨 왕을 도우려고 북진하는 애굽 왕을 저지하고자 했던 것도 이런 열망 때문이었을 것이다(참고. 대하 35:20-27). 히스기야의 아들 므낫세(주전 695-642년)의 재위 기간이 40여 년이 넘었고 그 손자 아몬(주전 642-640년)은 불과 2년 동안 짧게 통치했지만 이 시기는 영적으로 악과 배교가 판을 치던 시대였다(왕하 21; 대하 33장).

요시야 집권 초반도 그 부친 시대의 악이 여전히 기승을 부렸다(왕하 23:4). 그러나 주전 622년 여호와의 성전을 수리하던 도중 대제사장 힐기야가 율법서를 발견했다(왕하 22:8). 요시야는 율법서를 읽은 즉시 광범위한 개혁 작업에 착수했다(왕하 23장). 선지자 스바냐가 예언한 때는 바로 이 요시야의 집권 초반기로 대대적 부흥이 일어나기 전이었고, 그의 예언은 분명 요시야의 광범위한 개혁에 영향을 미쳤을 것으로 보인다. 그러나 요시야 이전에 통치한 악한 왕들(55년간)이 유다에 미친 악영향이 워낙 심각해서 그의 개혁으로 유다가 바로 회복되기는 쉽지 않았다. 요시야의 개혁은 너무 늦은 감이 있었고, 사후에는 그 효과가 급속히 소멸되었다.

역사적 · 신학적 주제

주의 날에 대한 스바냐의 예언은 느부갓네살의 손을 빌려 하나님이 유다를 심판하실 최후의 날(주전 605-586년)이 멀지 않았음을 경고한다(1:4-13). 그러나 이 예언은 먼 미래에 다니엘의 마지막 이레의 심판으로 성취될 것이다(1:18; 3:8). '주의 날'은 임박한 미래에 이루어질 것이며(1:7) 진노와 환난, 고통, 파멸, 황폐, 흑암, 어둠, 구름, 짙은 어둠, 나팔, 경고(1:15, 16, 18)의 날로 묘사되어 있다. 그러나 하나님의 진노에 대한 이런 신탁 속에서도 스바냐는 그 백성에게 여호와를 구하라고 권면하며 심판 중에 피할 길을 제시하고(2:3), 신실한 남은 자들이 결국 구원받으리라는 약속을 선언한다(2:7; 3:9-20).

해석상의 과제

이 책은 죄에 대한 단호한 경고와 함께 유다에 주의 심판이 멀지 않았음을 경고한다. 어떤 이들은 "내가 여러 백성의 입술을 깨끗하게 하여"(민족들의 순수한 언어를 회복하여, 3:9)라는 어구를 바벨탑에서 언어가 혼잡해지기 전처럼(창 11:1-9) 세계적 단일 언어가 회복되리라는 예언이라고 해석한다. 그들은 *언어*라는 단어가 창세기 11:7에서도 사용되었다고 지적한다.

그러나 이 어구는 마음과 삶의 순결함을 강조하는 것이라고 해석하는 게 더 설득력이 있다. 문맥상으로 이 해석이 타당할 뿐 아니라(참고. 3:13) 언어라는 단어가 흔히 '입술'로 번역된다는 사실 역시 이 해석을 지지한다. *깨끗한*이라는 단어와 결합하면 언어에 대한 이 언급은 죄에서 깨끗함을 입고(사 6:5) 그것이 언어생활에서 드러난다는 뜻이다(참고. 마 12:34). 구체적으로는 백성이 그 입술로 거짓 신들의 이름을 부르지 않게 된다는 뜻이다(호 2:17). 따라서 세계적 단일 언어를 의미하는 것이 아니다.

스바냐 개요

표제 (1:1)

1:1 **요시야…히스기야** 스바냐는 히스기야(주전 715-686년)의 4대손으로 왕족이며, 요시야 시대(주전 640-609년)에 사역했다.

여호와의 심판 (1:2-3:8)

A. 온 땅에(1:2, 3)

1:2, 3 선지자는 먼 미래에 이루어질 주의 날을 먼저 언급한다. 그때는 짐승들과 물리적 피조 세계까지 심판의 영향을 받을 것이다(참고. 창 3:17-19; 출 12:29; 수 7:24, 25; 롬 8:22).

1:2 **땅 위** 일반적으로 '지면'으로 번역되는 이 단어는 온 세계를 가리킨다(1:18). 이 구절은 노아 홍수를 떠올리게 한다(창 6:7, 17; 7:21-23).

1:3 "사람과 짐승"과 "공중의 새"(창 6:7; 7:23)를 통해 이 절에서도 창세기 홍수와의 비교가 이루어진다. 또한 스바냐는 사람과 짐승을 한 짝으로 연결하고(창조 여섯째 날), 새와 물고기를 한 짝으로 연결함으로(창조 다섯째 날) 하나님의 창조를 암시한다. **거치게 하는 것** 인간을 하나님과 멀어지게 하는 모든 것이 제거될 것이다.

B. 유다에(1:4-2:3)

1:4-9 하나님은 심판 대상을 좁혀 구체적으로 유다에 초점을 맞추고 심판의 이유를 배교와 우상숭배라고 명시하신다(4-6절). 이런 죄악은 항상 도덕적이고 윤리적 부패로 나타난다(7-9절).

1:4 **남아 있는 바알을…멸절하며** 이스라엘은 가나안의 다산을 상징하는 신 바알을 섬기고 싶은 유혹을 끊임없이 받았다(참고. 민 25:1-5; 삿 2:13). 그들은 여호와 신앙과 함께 바알 신을 섬겼고(렘 7:9; 23:25-29) 이런 혼합 종교는 심판을 초래한 일차적 원인이 되었다(왕하 17:16-20; 렘 11:13-17; 호 2:8). 심판으로 바알 숭배가 이스라엘에서 영원히 사라질 것이다.

1:5 **하늘의 뭇 별에게 경배하는** 점성술은 이스라엘의 우상숭배에서 큰 비중을 차지했다. 그들은 출애굽 시절부터 하늘의 별들을 섬겼다(참고. 신 4:19; 암 5:25, 26; 행 7:40-43). 하나님은 그들에게 반복해 경고하셨지만 그들은 그 말씀에 귀 기울이지 않았다(왕하 23:5, 6; 렘 7:17, 18; 8:2; 44:17-25). 하늘을 제대로 보기 위해 지붕에 제단을 쌓기도 했다(렘 8:2; 19:13; 32:29). **말감을 가리켜 맹세하는** 유다의 혼합 종교는 여호와를 가

리켜 맹세하면서 동시에 말감을 가리켜 맹세하는 행태로 나타났다. 여기서 말감은 열왕기상 11:5, 33에 나오는 암몬의 신이거나 인신 공양, 점성술, 신전 매춘으로 숭배하는 몰렉을 가리킬 수도 있다(참고. 레 18:21; 왕하 17:16, 17; 겔 23:37; 암 5:25, 26; 행 7:40-43).

1:6 스바냐는 처음에 회개의 부르심에 순종했지만 후에는 적극적으로 배반한 자들에게 심판을 선언한다.

1:7 **잠잠할지어다** 심판이 정당하기 때문에 어떤 변명도 할 수 없고 파멸의 정도로 볼 때는 충격을 받고 놀라 침묵할 수밖에 없다(참고. 합 2:20; 슥 2:13). **여호와의 날** *요엘 1:15에 대한 설명*과 역사적·신학적 주제를 보라. **희생을 준비하고…청할 자들을 구별하셨음이니라** 이스라엘에 대한 심판을 하나님의 희생제사로 간주한다. 청한 손님은 무서운 바벨론 사람들로 그들은 '제사장'으로서 희생제물, 즉 유다를 죽이라는 요청을 받는다(참고. 사 13:3; 34:6; 렘 46:10; 겔 39:17; 합 1:6; 계 19:17, 18).

1:8 **방백들…왕자들** 심판은 왕족들부터 시작된다. 하나님의 언약을 소홀히 한 그들은 이교도의 관습에 따르고 우상을 섬겼다. 왕이 되었을 때(주전 640년) 요시야는 겨우 여덟 살이었기 때문에 이들은 그의 자녀들이 아니라 왕궁의 고관들이나 예언이 성취될 때 통치하고 있을 왕의 자녀들을 가리킬 것이다(참고. 왕하 25:7; 렘 39:6).

1:9 **문턱을 뛰어넘어서** 이것은 부자들이 집에서 급히 나가 가난한 자들을 유린하고 착취하는 모습을 가리킨다.

1:10, 11 부정직하게 얻은 것으로 부자가 된 상인들(참고. 9절)이 다가올 심판의 고통을 당할 대표적인 대상으로 묘사된다. 오늘날 다메섹 문으로 알려진 어문은 성 북쪽에 위치했다. 제2 구역은 성 안에 있다. 막데스는 '절구'라는 뜻으로 그 모양 때문에 붙은 실로암 골짜기의 별칭으로 쓰였는데, 상인들이 장사하던 곳이었다.

1:12 **찌꺼기 같이 가라앉아서** 오랫동안 저어주지 않고 두면 포도주 표면이 두텁게 엉기는 것을 가리키는 표현으로, 선지자는 그 백성이 하나님에 대해 완악할 정도로 무관심하고 나태함을 이렇게 묘사한다. 그들은 영적 태만에 빠져 하나님이 도덕적인 일에 관심이 없는 분이라고 생각한다. **두루 찾아** 아무도 주의 심판을 피하지 못할 것이다(암 9:1-4).

1:14-18 스바냐는 여호와의 날을 스토카토 방식으로 생생하게 묘사하며, 그 날의 불길한 모습을 열거한다. 이 단락은 바벨론이 유다를 무너뜨릴 가까운 미래의 성취를 가리키는 듯 보인다(4-13절). 또한 온 세상이 심판의 대상이 될 먼 미래의 궁극적 성취도 묘사하고 있다(18절).

1:16 **나팔을 불어 경고하며** 하나님의 지시대로 위험이 닥칠 때 경고할 목적으로 나팔을 만들었다(민 10:1-10).

1:17, 18 그들의 피와 살이 아무 가치도 없는 흙처럼 쏟아지고 버려진다. 부정직하게 얻은 은과 금은 거룩하신 하나님의 진노로부터 그들을 전혀 보호해주지 못한다(참고. 렘 46:28).

1:17 **맹인 같이 행하게** 맹인처럼 그들은 피할 곳을 찾아 더듬거리지만 소용없다(신 28:29).

1:18 **온 땅** 2절과 3절처럼 이제 온 땅까지 논증의 대상에 포함된다.

2:1-3 하나님은 임박한 심판의 선언과 함께 그 자비하심으로 백성에게 회개하라고 요청하신다. 그들은 모여 하나님의 은혜를 구하고 그분의 진노를 돌이켜 달라고

'여호와의 날'의 성취

가까운 미래	먼 미래
오바댜 1-14절	오바댜 15-21절
요엘 1:15, 2:1, 11	요엘 2:31(3:1); 3:14
아모스 5:18-20	———
———	이사야 2:12
이사야 13:6	이사야 13:9
스바냐 1:7	스바냐 1:14
에스겔 13:5; 20:3	———
———	스가랴 14:1
———	말라기 4:5

「스바냐 선지자(*Prophet Zephaniah*)」, 1408년. 작자 미상. 나무에 템페라화. 국립 러시아 박물관. 상트페테르부르크.

간구해야 할 것이다(참고. 욜 2:16).

2:1 **수치를 모르는 백성** 수많은 선지자를 보내 회개를 요청하셨음에도 유다는 무관심으로 일관했고 이제는 수치를 모르는 지경에 이르렀다.

2:3 **너희가 혹시…숨김을 얻으리라** 주의 율법을 따랐던 겸손한 자들이라도 회개의 열매를 계속 보여줌으로써 그 심판의 날에 피하도록 권면한다(사 26:20).

C. 주변 민족에(2:4-15)

2:4-15 하나님은 이방 나라들을 사용해 자기 백성을 벌하지만 그 나라들을 처벌하지 않고 그냥 두시지는 않는다. 이것을 설명하기 위해 대표적으로 네 나라가 선택된다.

1. 블레셋(2:4-7)

2:4-7 심판을 받을 첫 나라는 이스라엘 서쪽의 블레셋이다. 심판을 예상치 않은 때 누구도 예상하지 못할 정도로 신속하게 이루어질 것이다. 블레셋의 다섯 도시 가운데 가드만 빠져 있다(참고. 암 1:6-8).

2:5 **그렛 족속** 때로 블레셋 족속과 동의어로 쓰이는데, 그레데 출신 민족을 말한다(*겔 25:16에 대한 설명을 보라*). 다윗의 호위병은 그렛 사람과 블렛 사람이 주축을 이루었다(삼하 8:18; 대상 1:38, 44). *사무엘상 30:14에 대한 설명을 보라.*

2:7 **그들이 사로잡힘을 돌이킬 것임이라** 하나님은 이스라엘 포로들이 돌아와서 블레셋이 심판을 받아 비어 있는 그 자리를 차지하도록 하실 것이다.

2. 모압/암몬(2:8-11)

2:8-11 동쪽으로는 딸과의 근친상간으로 생긴 롯의 후손인 모압과 암몬(창 19:30-38)이 언급된다. 그들은 하나님의 백성을 조롱하며 비방하여 하나님의 진노를 자초했다(참고. 창 12:3). 그 조상 롯 시대의 소돔과 고모라처럼 그들 역시 멸망하여 그 땅은 폐허가 될 것이다.

2:11 **이방의 모든 해변 사람들이…여호와께 경배하리라** 이 예언은 미래에 궁극적으로 성취되며 열국의 모든 신이 무가치하게 되고 하나님이 온 세계에서 경배받을 천년왕국을 가리킨다(사 66:18-21; 슥 14:16; 말 1:11).

3. 구스(2:12)

2:12 구스는 이스라엘 남쪽에 위치했다. 구스는 하나님의 칼에 심판을 받을 것이다. 이것은 느부갓네살의 애굽 침략과 정복으로 성취되었다(겔 30:24, 25).

4. 앗수르(2:13-15)

2:13-15 이스라엘 북서쪽에 위치한 앗수르 역시 황폐화될 것이다. 이 예언 직후인 주전 612년 니느웨는 바벨론에 망했다. 관개 시스템으로 유명했던 니느웨이지만 물이 없어 사막처럼 메마르게 될 것이다.

2:15 바벨론 왕(사 14:13, 14; 47:8)이나 두로 왕(겔 28:2)처럼 앗수르는 스스로 신으로 자처했다. 이런 오만함으로 그들은 파멸에 이른다.

D. 예루살렘에(3:1-7)

3:1-7 열국에 대한 심판을 선언한 뒤 선지자는 다시 예루살렘에 대한 심판을 선언한다. 열국 가운데 특별히 은총을 입었기 때문에(참고. 출 19:5) 그들에게는 더 온전한 순종이 요구되었다. 따라서 불순종에 대한 형벌 역시 클 것이다.

3:2 **교훈을 받지 아니하며** 예루살렘은 하나님의 교훈을 거부하면 파멸에 이른다는 사실을 곧 깨닫게 될 것이다(잠 5:23). **자기 하나님에게 가까이 나아가지 아니하였도다** 하나님은 그 성 가운데 거처를 정하시고 누구든 나아오도록 하셨지만(신 4:7) 그 앞에 나아와 온전한 예배를 드리지 않았다.

3:3-5 네 부류의 지도자 집단이 특별히 심판의 대상이 된다. 정치 지도자들, 즉 방백들과 재판장들은 끊임없이 먹이를 찾는 게걸스러운 늑대에 비유된다(참고. 1:8, 9). 영적 지도자들, 즉 선지자들과 제사장들은 하나님을 대변하는 위치에 있었음에도 그분께 불성실했다. 하지만 하나님은 공의와 의의 기준을 빠짐없이 성실하게 보여주고 가르쳐주셨다.

3:6, 7 주변 열국이 하나님의 심판으로 황폐화된 모습을 보고 유다는 마땅히 경각심을 가지고 하나님께 돌아와야 했다. 그러나 부패의 열매에 취한 그 백성은 아침 일찍부터 죄악의 길을 좇느라 바빴다.

E. 모든 열국에(3:8)

3:8 선지자는 바벨론의 유다 침공에서 미래에 올 여호와의 날로 관심을 돌리고 대환난에 대해 말한다. 이때는 여호와께서 심판을 위해 온 열국을 모으실 것이다(참고. 욜 3:1, 2, 12-17; 슥 12:2, 3; 14:2; 마 24:21). 신실한 남은 자들, 2:1-3의 겸손한 자들이 그 심판을 수행하도록 그분을 신뢰하며 기다리라는 권면을 받는다.

주의 축복 (3:9-20)

3:9-20 마지막 단락은 하나님의 백성과 열국의 회복에

이스라엘을 회복시키겠다는 하나님의 약속

스바냐 3:18–20

1. 모으리니	3:18
2. 벌하고	3:19
3. 구원하며	3:19
4. 얻게 하리라	3:19
5. 이끌고	3:20
6. 명성과 칭찬을 얻게 하리라	3:20

대한 축복을 계시한다.

A. 열국에 대해(3:9, 10)

3:9 **입술을 깨끗하게 하여** 서론에 나온 해석상의 과제를 보라. 주께 돌아온 열국의 남은 자들이 의와 진리로 그분을 섬길 것이다(슥 8:20–23; 14:16). 순결한 마음에서 순결한 말이 나온다(참고. 눅 6:45).

3:10 먼 곳에서 그들이 돌아올 것이다(참고. 사 11:11, 15, 16; 27:13).

B. 유다에 대해(3:11-20)

3:11-13 하나님은 교만한 자들과 불의한 자들을 그들 중에서 제하고(슥 13:1–6) 온유하고 겸손한 자만 남게 하실 것이다. 또한 그들에게는 물질적 번영과 평화가 함께하며 하나님이 주신 풍성한 축복을 누릴 것이다(욜 3:18–20; 미 4:4).

3:14-20 축복과 회복을 누리는 천년왕국의 메시아적 시대가 묘사되어 있다.

3:15-17 14절에서 이스라엘이 기뻐할 수 있는 이유는 심판의 날이 지나가고 그 왕이 그들 가운데 거하시기 때문이다. 느부갓네살이 성전을 파괴하기 직전 그 영광이 떠나시는 모습은 에스겔 8–11장에 생생하게 묘사되어 있다. 그러나 그분은 주와 메시아로 돌아오실 것이다. 너무나 영광스러운 사실이라 17절에서 반복된다.

3:17 신랑이 그 신부를 기뻐하듯(참고. 사 62:4) 하나님은 그 백성으로 말미암아 기뻐하고 잠잠히 사랑하시며 즐거워하실 것이다(참고. 신 30:9; 사 54:1–17).

3:18 **절기로 말미암아 근심하는 자들** 경건한 남은 자들은 포로생활 중에 정해진 절기를 지킬 수 없어(참고. 출 23:14–17) 슬퍼했다. 그러나 하나님은 그들의 슬픔을 제하시고 칭찬과 명성을 얻게 하실 것이다(19절).

3:19, 20 **그 때에** 메시아가 재림하시고 유대인이 다시 돌아와 세상에 축복의 근원이 됨으로써 이스라엘의 원래 사명을 이룰 것이다(신 26:18, 19; 사 62:7).

연구를 위한 자료

Charles L. Feinberg, *The Minor Prophets* (Chicago: Moody, 1980). 『12소선지서 연구』, 찰스 리 화인버그 지음, 엄성옥 옮김(은성, 1992).

Walter C. Kaiser Jr., *Zephaniah*, in vol. 23 of The Preacher's Commentary (Nashiville: Thomas Nelson, 1992).

구스(Cush)는 '검다'는 뜻이며, 아프리카 북동쪽 애굽 아래 위치한 고대 누비안(Nubian) 왕국을 말하며, 오늘날 아비시니아 고원 일대의 에티오피아를 말한다.

제목

이 예언서는 저자의 이름을 제목으로 한다. 그 이름이 '절기의 사람'이라는 뜻인데, 학개가 어떤 절기 중에 태어났을 가능성을 시사한다. 학개는 구약에서 두 번째로 짧은 책(오바댜가 더 짧음)이며 신약에서 1번 인용된다(참고. 히 12:26).

저자와 저작 연대

이 짧은 예언서 외에 학개에 대해 알려진 내용은 거의 없다. 그는 에스라 5:1과 6:14에서 짧게 언급되는데, 모두 스가랴 선지자와 함께 등장한다. 에스라의 귀환자 명단에 학개는 등장하지 않는다. 부모나 소속 지파에 대한 암시도 전혀 없다. 직업에 대해 소개한 역사적 기록도 찾아보기 어렵다. 그는 구약에서 이 이름을 가진 유일한 사람으로, 유사한 이름을 가진 사람은 몇 명 있다(참고. 창 46:16; 민 26:15; 삼하 3:4; 대상 6:30). 나아가 그가 솔로몬 성전이 파괴되기 전의 장엄함을 보았을 가능성을 암시하는 2:3이 사실이라면 이 예언서를 쓸 때 최소한 일흔 살이 넘었을 것이다.

이 예언의 저작 연대에 대해서는 어떤 모호함이나 이견도 존재하지 않는다. 그의 네 가지 예언은 각기 시대적 배경을 구체적으로 명시한다(1:1; 2:1; 2:10; 2:20). 바사 왕인 다리오 히스타스페스(주전 521-486년) 재위 2년(주전 520년) 4개월에 걸쳐 계시받은 내용이다. 학개는 18년 전인 주전 538년 스룹바벨과 함께 바벨론에서 예루살렘으로 돌아왔을 것으로 보인다.

배경과 무대

주전 538년에 바사 왕 고레스 칙령이 발표되어(참고. 스 1:1-4) 이스라엘은 스룹바벨이라는 민간 지도자와 대제사장 예수아라는 영적 지도자의 인도 아래 고향으로 돌아올 수 있었다(참고. 스 3:2). 당시 약 5만 명의 유대인이 귀환했다. 주전 536년 그들은 성전 재건 작업을 시작했지만(참고. 스 3:1-4:5) 인근 지역 사람들의 방해와 동족의 무관심으로 결국 공사가 중단되었다(참고. 스 4:1-24). 16년이 지난 뒤 학개와 스가랴는 백성을 격려하여 성전을 재건할 뿐 아니라 영적 우선순위를 재정비하라는 하나님의 지시를 받았다(참고. 스 5:1-6:22). 그 결과 4년 후에 성전이 완공되었다(주전 516년, 참고. 스 6:15).

역사적 · 신학적 주제

가장 중요한 주제는 하나님의 성전 재건이다. 성전은 주전 586년 느부갓네살 때 파괴된 후 폐허로 방치되어 있었다. 학개는 하나님께 다섯 번의 메시지를 받고 백성에게 성전 재건 작업을 재개하도록 권면했다. 그는 가뭄과 흉년이 잘못된 영적 우선순위 때문이라는 사실을 지적함으로써 백성에게 성전 재건의 동기를 불어넣었다(1:9-11).

그러나 학개에게 성전 재건 자체가 목표는 아니었다. 성전은 하나님의 거주하시는 장소였고 그분이 택하신 백성과 함께하신다는 가시적 증거였다. 하나님의 영광이 떠난 후 느부갓네살이 성전을 파괴했다(참고. 겔 8-11장). 그래서 선지자에게 성전 재건은 하나님이 다시 돌아오셔서 그들 가운데 임재하시도록 구하는 요청이나 마찬가지였다. 학개는 역사적 상황을 도약의 계기로 삼아 메시아가 궁극적으로 세우실 성전의 놀라운 영광을 찬양하며(2:7) 천년왕국에서 더 큰 평화(2:9), 번영(2:19), 신적 통치(2:21, 22), 민족의 축복(2:23)을 누리게 된다는 약속으로 그들을 격려한다.

해석상의 과제

가장 두드러진 해석상의 모호함은 "모든 나라의 보배"(2:7)라는 어구다. 여러 가지로 번역되었지만 해석은 두 가지다. "은도 내 것이요 금도 내 것이니라"(2:8)라는 구절과 이사야 60:5과 스가랴 14:14을 지적하며 어떤 이들은 이것이 천년왕국 때 예루살렘에 다른 나라들의 재물이 쌓일 것을 가리킨다고 주장한다(참고. 사 60:11; 61:6). 그러나 이 어구는 모든 민족이 궁극적으로 사모할 구원자 메시아를 가리키는 것으로 보는 것이 더 정확하다. 고대 랍비들과 초대 교회가 이 해석을 지지할 뿐 아니라 이 절의 후반절에 "영광"이 언급된 점 역시 메시아를 가리킨다는 주장에 무게를 실어준다(참고. 사 40:5; 60:1; 눅 2:32).

학개 개요와 연표

		년	월	일
I. 불순종에 대한 책망	1:1-11	2	6	1
II. 남은 자들의 순종과 성전 재건	1:12-15	2	6	24
III. 하나님의 영광의 회복	2:1-9	2	7	21
IV. 제의적 질문	2:10-19	2	9	24
V. 주의 통치	2:20-23	2	9	24

불순종에 대한 책망 (1:1-11)

1:1-11 인근 사람들의 방해(스 4:1-5, 24)에 낙심한 유다 백성은 아직 성전을 재건할 때가 아니라는 잘못된 결론을 내렸다(2절). 하나님은 성전이 아직 황폐한 상태로 방치되어 있는데 그들이 판벽한 집에 사는 것이 옳지 않으며, 그런 무관심으로 어떤 결과가 초래되었는지 꼼꼼히 살펴보라고 신랄하게 꾸짖으신다.

1:1 다리오 왕 제이년 메대의 다리오 왕과 혼동해서는 안 된다(참고. 단 5:31). 다리오 1세(히스타스페스)는 주전 521년 캄비세스 사후에 왕이 되었다. 캄비세스의 부관이자 고레스 대왕의 형제의 증손자인 다리오는 바사 군대의 신망을 받았고 그로 말미암아 왕위 계승 싸움에서 승리하고 왕이 되었다. 그는 주전 486년 사망할 때까지 제국을 다스렸다. **여섯째 달 곧 그 달 초 하루** 엘룰월 1일은 주전 520년 8월 29일에 해당한다. **스룹바벨** 스룹바벨은 여호야긴(마 1:12의 여고냐. 참고. 대상 3:17, 19) 왕의 손자로 다윗의 혈통이었다. 그가 세스바알과 동일 인물은 아니지만(스 1:8, 11; 5:14, 16) 민간 지도자이자(스 2:2) 성전 재건 작업의 감독이었다는 사실(슥 4:6-10)은 확실하다. 그를 통해 다윗의 계보가 재확인되었다. 물론 메시아 시대가 되어서야 다윗의 보좌에 명실상부한 왕이 좌정한다(참고. 시 2; 110편). **여호사닥** 느부갓네살의 포로로 끌려간 사람들 가운데 한 명이다(참고. 대상 6:15). **대제사장 여호수아** 에스라 3:2에서 예수아로 표기된 여호수아는 사독의 후손이며(대상 6:15) 예루살렘으로 귀환한 포로 공동체의 종교지도자였다. 그는 엘르아살로 이어진 아론의 대제사장 계보에 속하는 후손이었다.

1:2 이 백성이 말하기를 학개는 백성이 흔히 사용하는 표현을 인용하는 것으로 그 메시지를 시작한다. 성전을 지을 때가 아직 아니라는 것이다. 이웃 민족들의 적의에 찬 방해 공작(스 4:1-5, 24)과 경제적 어려움(참고. 9-11절) 때문에 성전 재건이 지연되고 있지만, 궁극적인 원인은 하나님에 대한 그들의 이기적인 무관심이었다. 하나님의 불쾌한 마음은 '내 백성'이 아니라 "이 백성"이라고 그들을 지칭하신 데서 드러난다. 그들은 성전이 아니라 그들의 안락한 삶에 관심이 더 많았다.

1:4 성전이 황폐하였거늘 제2 성전의 시작에 대해서는 에스라 3:1-13을 비교해보라. 학개 선지자의 수사학적 질문에서 드러나는 이기적 방종은 그들의 위선과 잘못된 우선순위를 확인해준다. 부자들은 집을 지을 때 보통 벽과 천장을 백향목으로 입혔다(참고. 왕상 7:3, 7; 렘 22:14).

1:6 각기 본질적으로 결론이 동일하지만 대비되는 다섯 쌍의 시적 어구를 사용해 학개는 그들의 경제적·사회적 곤란과 어려움을 생생하게 묘사한다. 하나님의 집에 대한 이기적 무관심은 그들에게 더 심각한 어려움을 가져다주었을 뿐이다(참고. 마 6:33). 이것은 전도서에서 솔로몬이 전하는 메시지, 즉 "모든 것이 헛되도다"라는 주장을 다시 한 번 확인해준다.

1:8 올라가서 나무를 가져다가…건축하라 세 가지 명

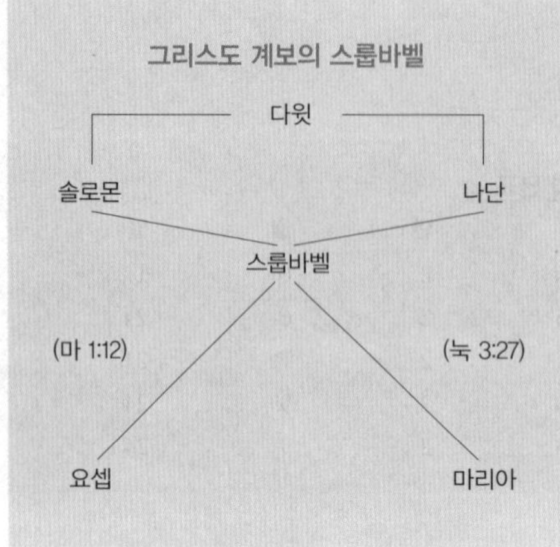

령으로 그들의 어려움에 대한 해법을 제시한다. 70년간이라는 오랜 포로생활로 숲이 울창하게 우거져 목재가 풍부했을 것이다. 그들이 그 목재를 사용해 하나님의 집을 재건하면 그 성전에서 하나님은 영광을 받으실 것이다. 하나님을 최우선순위로 모시고 그분을 예배하면 영광을 받으실 것이고 인생의 부차적 문제들을 해결해주실 것이다. 이 안타까운 성전 재건 작업(스 3:12; 학 2:3)과 솔로몬이 첫 성전을 지을 때 풍부한 여건을 비교해보라(참고. 대상 28; 29; 대하 2-6장).

1:9 **자기의 집을 짓기 위하여 빨랐음이라** 유대인이 자기 이익을 취하는 데 열심이었기 때문에 선지자는 하나님의 집("내 집")은 버려두고 "자기의 집"을 돌보려고 급히 달려가는 자들을 비교한다.

1:10, 11 하나님이 여름 이슬을 내리시지 않아 초래된 경제적 재앙은 그들의 불순종에 원인이 있었다(참고. 신 7:13). 곡식, 포도주, 기름이 그 땅의 주된 작물이었다. 그들의 영적 건강 이상은 가축들의 상태에도 영향을 미쳤다(참고. 욜 1:18-20).

남은 자들의 순종과 성전 재건 (1:12-15)

1:12-15 학개는 첫 메시지를 받은 지 23일 후인 주전 520년 9월 21일경 두 번째 메시지를 받았다. "너희의 행위를 살필지니라"(5, 7절)는 하나님의 부르심에 백성은 회개하고 순종함으로써 반응했다(12절). 이제 "내가 너희와 함께 하노라"는 이 새 메시지에 유대인은 더 적극적인 행동으로 반응한다(13, 14절).

1:12, 14 **남은 모든 백성** 바사에서 돌아온 포로들은 그 메시지를 마음으로 받아들였다. 선지자의 메시지가 하나님께로부터 온 것임을 깨달은 그들은 하나님이 함께하심을 알고 순종하고 경외했다.

1:13 **내가 너희와 함께 하노라** 밖으로는 이웃 민족들의 적대감과 내적으로는 기근에 시달리던 그들이 진심으로 회개하고 순종하자 주님은 그들과 함께하겠다는 사실을 다시 확인해주셨다. 이것은 수백 년 전 하나님이 여호수아와 백성에게 주신 말씀을 떠올리게 했을 것이다(참고. 수 1:5).

1:14 **마음을 감동시키시매** 하나님은 그 말씀으로 지도자들과 백성에게 성전 재건에 다시 착수할 의욕을 불어넣어 주신다. 하나님은 그 주권으로 16년 전에도 고레스의 마음을 움직여주셨다(참고. 대하 36:22, 23; 스 1:1-3). 이제 그 백성이 회개하고 말씀에 순종함으로써 하나님의 성령이 그 일을 할 수 있는 마음의 열정을 회복해주신다.

하나님의 영광의 회복 (2:1-9)

2:1-9 재건 작업이 본격화되자 하나님은 강한 격려의 말씀을 주셨다. 솔로몬의 성전을 본 적이 있는 연장자들이 특별히 귀담아들어야 할 말씀이었다. 솔로몬의 성전은 더 크고 웅장했지만 하나님은 그 백성에게 용기를 가지라고 격려하시며 그들과 함께하실 것(4절)과 언약적 약속을 신실하게 지키시고(5절) 미래에 더 크고 더 아름다운 성전을 주겠다는 약속(6-9절)을 확인해주셨다.

2:1 **일곱째 달…이십일일** 티슈리월의 이 날은 주전 520년 10월 17일에 해당한다. 레위기 23:39-44절은 이 날이 40년 광야생활 동안 이스라엘의 필요를 채워주신 하나님을 기념하며 풍성한 수확을 감사하는 절기인 초막절의 마지막 날이라고 암시한다. 이때 하나님은 학개에게 세 번째 메시지를 주셨다.

2:2 첫 번째 메시지는 지도자들인 스룹바벨과 여호수아에게 주신 말씀이었다(*1:1에 대한 설명을 보라*). 이 세 번째 메시지에서는 바벨론에서 돌아온 남은 포로들도 그 대상에 포함된다.

2:3 **이전 영광을 본 자** 파괴되기 전 솔로몬의 성전을 본 사람이 일부 남아 있었고 그중에는 학개도 포함되었다(참고. 스 3:12, 13). 주님은 학개 선지자를 통해 세 가지 수사학적 질문으로 이 성전이 솔로몬의 성전보다 못하다는 사실을 부각시키신다(참고. 스 3:8-13). 그래서 많은 사람이 그 초라한 성전을 보고 낙심한다.

2:4 **굳세게 할지어다** 하나님은 낙심에 빠지지 않도록 '굳세라'와 '일하라'는 명령을 반복하시며 그들 가운데 함께하심을 확인해주신다. 이것은 "내가 너희와 함께 하노라"는 주님의 두 번째 확인이다(참고. 1:13).

2:5 광야생활을 할 때 하나님이 필요를 채워주신 일을 기념하는 절기의 말미에 "너희가 애굽에서 나올 때"(주전 1445년)처럼 성령으로 함께하겠다고 언약적 약속을 다시 확인해주시자 백성은 큰 힘을 얻었을 것이다. 하나님은 900년 넘는 세월이 흘렀지만(출 33:14) 그 백성을 조금도 잊으시지 않았다. **나의 영** 삼위 하나님 중 세 번째 위다(참고. 민 11:16, 17).

2:6, 7 진동시킬 것 우주의 천체가 흔들리고 열국이 진동하는 것은 그리스가 바사를 무너뜨리는 것처럼(단 7장) 왕국이 무너지고 그 자리에 다른 왕국이 들어서는 역사적 격변의 정도를 넘어서는 현상이다. 오히려 본문은 요한계시록 6-19장에 기록된 우주적 대격변, 즉 열국이 메시아에게 복종하고 절대 무너지지 않을 그 왕국이 세워질 것을 예고한다(참고. 단 2:44; 7:27; 슥 14:16-21; 마 25:32; 눅 21:26; 히 12:26; 계 19:19-21).

2:7 모든 나라의 보배 서론에 나온 해석상의 과제를 보라. 어떤 이들은 이 구절을 예루살렘을 가리킨다고 해석하지만(예를 들어 스 6:3-9처럼) 여기서는 메시아, 모든 열방이 사모하며 기다릴 구원자를 가리킨다고 해석하는 것이 더 자연스럽다. **내가 이 성전에 영광이 충만하게 하리라** 셰키나 영광으로 충만했던 1차 성전처럼 하나님의 영광이 스룹바벨의 성전에 임재한 적이 있음

학

성경의 성전들

성전	연대	내용	관련 구절
성막(이동 가능한 성전)	주전 약 1444년	모세가 여호와께 상세한 계획을 받고 하나님이 임명하신 일꾼들이 건축했지만 나답과 아비후로 말미암아 모욕당했다	출 25-30; 35:30-40:38; 레 10:1-7
솔로몬의 성전	주전 966-586년	다윗이 계획하고 솔로몬이 건축했으며 느부갓네살이 무너뜨렸다	삼하 7:1-29 왕상 8:1-66; 렘 32:28-44
스룹바벨의 성전	주전 516-169년	스룹바벨이 구상하고 스룹바벨과 유다 장로들이 건축했으며 안티오코스 에피파네스가 모욕했다	스 3:1-8; 4:1-14; 6:1-22
헤롯의 성전	주전 19-주후 70년	헤롯 대왕이 스룹바벨 성전을 복구했고 로마인들이 파괴했다	막 13:2, 14-23; 눅 1:11-20; 2:22-38; 2:42-15; 4:21-24; 행 21:27-33
현재의 성전	현 시대	성도의 마음속에 존재하며 성도의 공동체는 메시아께서 재림하실 때까지 주의 유일한 성전이다	고전 6:19, 20; 고후 6:16-18
요한계시록 11장의 성전	대환난 기간	대환난 기간에 적그리스도가 지을 것이며 모욕당하고 파괴될 것이다	단 9:2; 마 24:15; 살후 2:4; 계 17:18
에스겔의 (천년왕국) 성전	천년왕국	선지자 에스겔이 환상으로 보았고 천년왕국에서 통치하실 메시아가 지으실 것이다	겔 40:1-42:20; 슥 6:12, 13
그분이 임재하실 영원한 성전	영원한 나라	가장 위대한 성전("전능하신 주 하나님과 그 어린 양이 그 성전임"), 영적 성전	계 21:22; 22:1-21

을 암시하는 성경 구절은 없다(참고. 왕상 8:10, 11; 대하 5:13, 14). 그러나 천년왕국의 성전에는 그 영광이 가득할 것이다(겔 43:5). 이 영광의 임재는 헤롯의 성전에 그리스도가 들어가신 것을 가리킬 수도 없다. 6-9절의 사건들은 역사적 사건으로 설명할 수 없기 때문이다. 문맥상으로 지상에 세울 다윗의 천년왕국과 그 왕국의 성전에 그분이 임재하심을 가리킨다고 보는 것이 타당하다.

2:8 은…금 경제적으로 궁핍했던 백성은 그분이 모든 만물의 주인이시라는 사실을 다시 확인받는다(참고. 시 50:12).

2:9 이 성전의 나중 영광 유대인은 예루살렘 성전을 시대에 따라 모양은 달라졌지만 하나의 성전이라고 인식했다. 재건된 성전을 솔로몬 성전의 연장으로 보았다(참고. 3절). 그러나 천년왕국의 성전, 즉 끝날에 세워질 성전의 종말론적 영광은 장엄한 솔로몬 성전(이전 성전)을 훨씬 능가할 것이다. 천년왕국에 대한 자세한 설명은 에스겔 40-48장을 비교해보라. 이 평화는 그분이 신자들에게 주시는 평화에 국한되지 않고(예를 들면 롬 5:1처럼) 재림하셔서 왕 중의 왕으로 예루살렘에서 다윗의 위에서 통치하실 때 임할 궁극적 평화를 가리킨다(사 9:6, 7; 슥 6:13; 행 2:30).

제의적 질문 (2:10-19)

2:10-19 학개가 네 번째 메시지를 받은 때는 세 번째 메시지를 받고 두 달 후인 기슬르월 24일, 다시 말해 주전 520년 12월 18일이었다. 불과 한 달 전에 학개는 예언 사역을 시작했다(슥 1:1). 그 메시지는 그들의 불순종으로 하나님의 축복을 거두셨지만 순종하면 다시 축복을 주시겠다는 사실을 강조한다.

2:11-14 유다 백성에게 유비 또는 실물 교육을 제공하는 차원에서 제사장들에게 의식법과 관련된 질문을 두 가지 제기한다. 첫 번째 질문이 의식적 정결함이 다른 대상에게 전이될 수 없음을 보여주는 데 목적이 있다면(12절), 두 번째 질문은 의식적 부정함이 전이될 수 있음을 보여준다(13절). 그런 다음 학개는 그 교훈을 적용한다(14절). 백성이 성전 재건의 사명을 소홀히 한 채 예물을 가져온다면 하나님은 그 예물을 받으시지 않는다. 그들의 죄로 그 예물이 더러워져 받으실 수 없는 것이다. 그들의 예물과 행위로는 정결함을 얻을 수 없다. 다시 말해 죄는 전염성이 있지만 의로움은 그렇지 않다(참고. 삼상 15:22; 호 6:6).

2:15-18 하나님은 그 백성에게 성전 재건 작업을 재개하기 전에 먼저 자신들의 상태를 다시 돌아보라고 부르신다. 그때 농부는 기대한 작물을 얻지 못했다(참고. 1:6, 9-11).

2:16 고르(에바)…고르(바스) 각각 15리터, 23리터다. 예상 수확물에서 50-60퍼센트를 잃었다.

2:19 그러나 오늘부터는 내가 너희에게 복을 주리라 하나님은 순종한 그들에게 그날부터 축복해주겠다고 약속하셨다(참고. 10절).

주의 통치 (2:20-23)

2:20-23 유다 총독인 스룹바벨에게 주는 다섯 번째 메시지(20절)를 네 번째 메시지를 받은 날에 받았다. 그는 6-9절의 주제와 메시아의 천년 통치를 다시 거론한다. 이 역시 세상 왕국들이 무너지고 메시아 왕국이 설 것을 묘사한다(참고. 단 2:44; 7:27). 예언된 사건들이 역사적으로 아직 일어나지 않았으므로 이 약속은 다윗의 후손을 통해 메시아가 세상에서 통치하실 때를 가리킨다(참고. 시 2편; 계 19; 20장).

2:23 내 종 다윗 계보의 메시아를 가리키는 호칭이다(참고. 삼하 3:18; 왕상 11:34; 사 42:1-9; 겔 37:24, 25). **그 날에** 메시아가 승리하실 날이다(참고. 슥 12-14장). **인장** 인장은 명예와 권세와 능력을 상징했다(참고. 아 8:6). 문서와 조서를 인증하는 데 사용된 이것은 왕의 홀과 비슷하다(참고. 왕상 21:8; 에 8:8; 단 6:17). 하나님의 인장인 스룹바벨은 다윗 왕조를 대표하며 바벨론 유수로 중단된 메시아적 계보의 회복을 상징한다. 바로가 요셉에게 인장을 주며 왕국의 2인자로 삼았듯(창 41:41-43) 하나님은 다윗 계보의 왕들을 그렇게 하실 것이다. 포로기 이전의 여호야김의 인장은 하나님이 제거하셨고(렘 22:24), 여기서 그 손자 스룹바벨로 그 인장을 회복하셔서 다윗 계열의 왕들을 다시 세우실 것이다. 그리고 그것은 그리스도가 천년왕국에서 통치하심으로써 완성될 것이다. *에스라 2:2에 대한 설명을 보라.*

연구를 위한 자료

Charles L. Feinberg, *The Minor Prophets* (Chicago: Moody, 1980). 『12소선지서 연구』, 찰스 리 화인버그 지음, 엄성옥 옮김(은성, 1992).

Walter C. Kaiser Jr., *The Book of Haggai*, in vol. 23 of The Preacher's Commentary (Nashville: Thomas Nelson, 1992).

제목

유대교와 기독교 전승 모두 선지자 스가랴를 저자로 인정한다. 구약에서 29명 이상의 동명이인이 있을 정도로 흔한 이름이며, '여호와께서 기억하신다'라는 뜻이다. 메시아에 대해 할애한 내용이 이사야 다음으로 분량이 많다.

저자와 저작 연대

예레미야와 에스겔처럼 스가랴 역시 제사장이었다(느 12:12-16). 전승에 따르면 그는 느헤미야가 만들고 에스라가 주재한 120인의 모임인 대회당(Great Synagogue)의 일원이었다고 한다. 이 모임은 후에 유대인의 종교지도자 모임인 산헤드린으로 발전했다. 스가랴는 바벨론에서 출생했고 스룹바벨과 대제사장 여호수아의 지도 아래 할아버지 잇도와 함께 예루살렘으로 1차 귀환한 무리 가운데 있었다(참고. 느 12:4). 그의 아버지 베레갸는 어릴 때 할아버지의 뒤를 이어 제사장이 되기 전에 사망한 것으로 보인다.

스가랴의 도입부 단락은 주전 520년 다리오 1세 제2년에 하나님 말씀을 받았다고 기록한다. 바사 왕 고레스가 죽고 캄비세스가 그 뒤를 이어 왕이 된 후(주전 530-521년) 애굽을 정복했다. 그는 후계자가 없는 상태에서 자살했고 다리오가 반란을 진압하고 왕이 되었다. 스가랴는 학개와 동시대 사람으로 그보다 두 달 후에 예언 사역을 시작했다(참고. 학개의 서론). 2:4에서 "소년"이라고 부른 것으로 볼 때 스가랴는 학개보다 연하로 보인다. 그의 사역 기간은 확실하지 않다. 시기가 명시된 마지막 예언(7:1)은 첫 예언을 하고 나서 약 2년 뒤이기 때문에 학개의 예언 기간(주전 520-518년)과 시기적으로 겹친다. 9-14장은 일반적으로 그의 사역 후기에 받은 말씀으로 추정된다.

문체상의 차이와 그리스를 언급한 구절들로 미뤄볼 때 다리오 1세(주전 521-486년)가 사망하고 에스더를 바사의 왕후로 삼은 왕인 아하수에로가 통치하던 주전 480-470년에 기록된 것 같다. 마태복음 23:35을 보면 스가랴는 성전과 제단 사이에서 살해되었다고 한다. 오래전 돌에 맞아 죽은 다른 스가랴와 비슷한 운명이었다(참고. 대상 24:20, 21).

배경과 무대

스가랴의 역사적 배경은 그와 동시대 사람인 학개와 유사하다(참고. 학개의 서론). 주전 538년 바사 왕 고레스는 이스라엘 포로들을 풀어주고 그들의 고향에서 재정착하도록 허락했으며(참고. 스 1:4) 약 5만 명의 유대인이 바벨론에서 돌아왔다. 그들은 즉각 성전을 재건하기 시작했지만(참고. 스 3:1-4:5) 인근 주민들의 반발과 잇따른 유다 백성의 무관심으로 성전 재건 작업은 중단되고 말았다(참고. 스 4:24). 16년 후(참고. 스 5:1, 2) 스가랴와 학개는 하나님의 명령으로 백성을 독려해 성전 재건 작업을 재개했다. 결국 4년 후인 주전 516년 성전이 완공되었다(스 6:15).

역사적·신학적 주제

스가랴는 학개와 함께 무관심한 백성을 일깨워 성전 건축을 재개하도록 독려했다. 학개의 주된 목적은 성전을 재건하는 것이었다. 따라서 그의 설교는 백성의 무관심과 죄악, 하나님을 믿지 못하는 불신을 책망하는 어조를 담고 있었다. 그는 부흥이 시작되도록 쓰임받았지만 스가랴는 백성에게 회개를 촉구하고 미래의 축복을 재확인하며 더 긍정적 어조로 그 열정을 뜨겁게 유지하는 일에 쓰임받았다.

스가랴는 메시아가 오셔서 그 성전에 거하신다는 약속을 강조하며 백성에게 성전 건축을 독려한다. 유다 백성은 단순히 현재적 목적으로 성전을 짓는 것이 아니라 메시아에 대한 미래의 소망을 품고 성전을 지었다. 그는 여전히 이방 열강에게 고통당하고 있는 백성에게(1:8-12) 여호와께서 언약적 약속을 기억하시며 그들을 회복하고 축복해주시리라는 사실을 일깨워주고 격려한다. 그러므로 이 책의 제목('여호와께서 기억하신다'라는 뜻)에 예언서의 주제가 씨앗처럼 내포되어 있다. 종종 '구약의 묵시록'이라 불리는 이 스가랴는 그 당시의 청중과 연관성이 있을 뿐 아니라 미래의 청중과도 관련성이 있다. 이런 특징은 예언서 구조 자체에 드러난다. 크게 세 단락(1-6; 7; 8; 9-14장)으로 나뉘는 각 단락을 보면 선지자는 역사적 내용으로 시작한 후 메시아가 그 성전에 재림하셔서 지상 왕국을 세우실 미래의 재림을 이야기한다. 스가랴는 메시아께서 자기 백성을 현재뿐 아니라 미래에까지 돌보시고 지켜주실 것을 일깨워준다. 그러므로 그의 말은 먼 미래의 하나님의 남은 선민뿐 아니라 스가랴 시대의 포로들에게 "선한 말씀, 위로하는 말씀"(1:13)이었다.

스가랴는 구약에서 메시아적 색채와 묵시적이고 종말론적 색채가 가장 강한 책이다. 무엇보다 이 책은 예수 그리스도에 대한 예언서로 그분의 미래의 영광을 강조함으로 이스라엘을 위로한다(참고. 1:13, 17). 환상과 예언, 표적, 천상의 방문자들, 하나님의 음성으로 가득 찬 책이지만 회개, 하나님의 돌보심, 구원, 성결한 삶과 같은 문제들을 다루는 실제적인 책이다. 머지않아 예언이 그치고 하나님은 세례 요한 때까지 400년이 넘게 침묵하실 것이다. 그래서 하나님은 스가랴를 사용하셔서 신실한 남은 자들이 그 암흑기를 견뎌내도록 미래의 약속들을 쏟아붓듯이 풍성하게 계시해주신다.

해석상의 과제

이 예언서를 읽는 독자에게 여러 가지 소소한 어려움이 있겠지만 두드러지는 해석상의 어려움은 두 단락 때문이다. 11:8에서 선한 목자는 "한 달 동안에 내가 그 세 목자를 제거하였으니"라고 말한다. 정관사가 있는 것으로 보아 이 세 명의 목자를 잘 알고 있다는 뜻이므로 더 이상의 설명이 없더라도 유대인은 이들의 정체를 이해하고 있었을 것이다. 그러나 지금 독자는 이 세 목자가 누구인지 모르며, 이들의 정체에 대한 수많은 해석이 제기되었다.

가장 오래되었고 정확할 것으로 보이는 한 가지 해석은 이들이 세 부류의 지도자들, 즉 이스라엘의 제사장, 장로, 서기관을 가리킨다고 주장한다. 예수님 역시 지상 사역 때 이스라엘 종교지도자들의 위선에 도전하시고(참고. 마 23장) 그들을 신랄하게 책망하셨다. 주후 70년 실제로 온 유다가 멸망하는 심판을 받았다. 예수님이 초림하신 이후로 유대 민족은 더 이상 선지자나 제사장, 왕이 나오지 않았다.

"두 팔 사이에 있는 상처"(13:6)를 지닌 사람의 정체 역시 상당한 해석상의 어려움이 있다. 어떤 이들은 이 사람을 그리스도를 가리킨다고 주장하며, 그 상처는 그분의 십자가의 죽음을 가리키는 거라고 말한다. 그러나 그리스도는 자신이 선지자가 아니라고 부정하거나 농부라거나 그 친구의 집에서 상처를 입었다고 주장하신 적이 없다. 분명히 이것은 우상을 섬기다가 상처를 입은 거짓 선지자를 가리킬 것이다(참고. 4, 5절). 메시아 왕국에서는 주를 향한 열정이 너무나 뜨거워 우상 숭배자들이 자기 정체를 숨기려고 노력해도 그 상처 때문에 그 배역의 증거를 들키고 말 것이다.

스가랴 개요

I. 회개의 부르심(1:1-6)
II. 스가랴가 밤에 본 여덟 가지 환상(1:7-6:15)
  A. 화석류나무 사이에 선 자(1:7-17)
  B. 네 뿔과 네 대장장이(1:18-21)
  C. 측량줄을 잡은 사람(2:1-13)
  D. 정결함을 입은 대제사장(3:1-10)
  E. 순금 등잔대와 두 감람나무(4:1-14)
  F. 날아가는 두루마리(5:1-4)
  G. 에바 속의 여인(5:5-11)
  H. 네 병거(6:1-8)
  I. 부록: 대제사장 여호수아의 즉위식(6:9-15)
III. 스가랴에게 주신 네 가지 메시지(7:1-8:23)
  A. 금식에 대한 질문(7:1-3)
  B. 네 가지 응답(7:4-8:23)
    1. 그릇된 동기에 대한 책망(7:4-7)
    2. 회개의 요구(7:8-14)
    3. 은혜의 회복(8:1-17)
    4. 금식이 희락의 절기가 되다(8:18-23)
IV. 스가랴의 두 가지 묵시(9:1-14:21)
  A. 초림 때 사람들에게 배척을 받으실 메시아(9:1-11:17)
  B. 재림 때 영접을 받으실 메시아(12:1-14:21)

회개의 부르심 (1:1-6)

1:1-6 도입부에 해당하는 여섯 절은 전체 예언서의 서문 역할을 하며 선지자는 백성에게 회개하고 다시는 그 조상들이 지은 죄를 답습하지 말라고 요청한다(참고. 고전 10:11).

1:1 **다리오 왕 제이년 여덟째 달** 대략 주전 520년 10/11월경이다. 서론의 저자와 연대를 보라. 스가랴는 학개가 사역을 시작하고(참고. 학 1:1) 성전 재건이 재개된 지(참고. 학 1:12-15) 두 달 후에 사역을 시작했다. 대부분의 구약 선지자는 이스라엘이나 유다 왕의 재임 시기를 기준으로 예언 사역 일자를 표시한다. 그러나 학개와 스가랴(또한 다니엘)는 이방 왕의 통치 기간을 기준으로 사역 연대를 표시하여 "이방인의 때"(눅 21:24)가 시작되었음을 암시한다. **스가랴** 서론의 저자와 연대를 보라.

1:2 **여호와가…심히 진노하였느니라** 이것은 실제로 '오래 참으시던 진노를 터뜨렸다'라는 뜻으로, 하나님의 진노가 맹렬함과 포로기 이전 과거의 죄에 대한 그분의 심판이 필연적이었음을 그 백성에게 일깨워준다.

1:3 **만군의 여호와** 하나님을 가리켜 자주 사용되는 이 호칭은 군대의 사령관으로서 그분의 능력을 가리킨다. 그 군대는 이스라엘 군대일 수도 있고(참고. 대하 26:11) 이방 민족들의 군대(참고. 삿 4:2)나 천상의 군대를 말할 수도 있다(참고. 왕상 22:19). **내게로 돌아오라** 기본적으로 위로의 책이지만 스가랴는 회개를 요청하는 내용으로 시작하여 하나님이 그 영적 상태에 상관없이 축복하신다는 착각으로 거짓 안정감을 갖지 않도록 경계한다. 이것은 하나님이 그 백성을 향해 늘 갖고 계신 생각을 표현하며(참고. 창 17:7; 레 26:12; 겔 37:27; 고후 6:16; 약 4:8; 계 21:3) 축복의 불변하는 조건이다.

1:4 **너희 조상들을 본받지 말라** 그 조상들의 불순종하고 완악한 행동은 선지자들을 향한 것이 아니라 하나님을 향한 것이었다. 유다 백성은 그 조상들의 죄를 잘 알고 있었으며(참고. 스 9:7) 주변을 둘러보면 그 결과가 무엇인지 금방 알 수 있었다. 역사를 보고 회개의 교훈을 배워야 한다. **옛적 선지자들** 동일한 회개의 메시지를 전한 포로기 이전의 선지자들, 예를 들어 이사야와 예레미야를 가리킨다. 참고. "나의 종"(6절).

1:5 조상들과 옛 선지자들은 죽었지만 선지자들의 경고를 무시한 그 조상들의 유산은 그들 앞에 생생히 남아 있었다. 폐허로 남아 복구가 필요한 예루살렘 성과 그 성전이 증거였다.

1:6 축복과 저주에 대한 하나님 말씀은 계획하신 그대로 남김없이 다 이루어진다(사 55:10, 11). 그의 경고는 정확히 이루어져 그 조상들이 심판을 받았고 그들은 그 심판에서 하나님의 손길을 의식했다(참고. 스 9:6 이하; 애 2:17). 포로생활은 하나님이 범죄하고 그 경고를 무시한 자들을 벌 주신다는 확실한 증거였다. **그들이 돌이켜** 이것은 '그들이 회개하여'라고 번역하는 것이 더 적절하다(참고. 단 9:1-19).

스가랴가 밤에 본 여덟 가지 환상 (1:7-6:15)

1:7-6:15 하나님이 스가랴에게 이 환상을 보여주신 것은 아브라함에게 약속한 땅(참고. 창 12장)으로 돌아가도록 허락받은 포로기 이후 이스라엘의 남은 자들을 위로하시기 위해서였다. 그들은 성전을 재건하고(참고. 역대상과 역대하) 메시아가 재림하셔서 이스라엘에게 주신 하나님의 모든 약속이 궁극적으로 성취될 날을 기다려야 했다. 환상의 일부는 성취되었다. 하지만 대부분은 예수 그리스도의 재림을 기다리고 있다. 다음에 요약한 내용은 각 환상의 역할을 이해하고 전체적인 내용을 파악하는 데 도움이 될 것이다. 화석류나무 사이에 선 자에 대한 첫 번째 환상(1:7-17)은 하나님이 이스라엘에게 형통의 복을 약속해주신다는 내용이다. 네 뿔과 네 대장장이에 대한 두 번째 환상(1:18-21)은 하나님이 이스라엘을 무너뜨린 열국을 심판하신다는 내용이다. 측량줄을 가진 자에 대한 세 번째 환상(2:1-13)은 하나님이 예루살렘을 재건하신다는 예언이다. 대제사장을 정결케 하시는 네 번째 환상(3:1-10)은 하나님이 대제사장과 백성을 정결케 하시리라는 뜻이다. 순금 등잔과 두 감람나무에 대한 다섯 번째 환상(4:1-14)은 하나님이 성전을 재건하시리라는 환상이다. 날아가는 두루마리에 대한 여섯 번째 환상(5:1-4)은 하나님이 전가된 죄와 우상숭배를 제거하신다는 환상이다. 광주리 속의 여인에 대한 일곱 번째 환상(5:5-11)은 하나님이 거짓 종교제도를 제거하신다는 뜻이다. 네 병거에 대한 여덟 번째 환상(6:1-8)은 이스라엘에 평화와 안식을 주시겠다는 환상이다. 대제사장의 즉위식에 대한 부록(6:9-15)은 메시아가 왕이자 제사장의 직분을 수행하신다는 내용이다.

A. 화석류나무 사이에 선 자(1:7-17)

1:7-17 이것은 스가랴가 하룻밤에 본 여덟 가지 환상 중 첫 번째 환상이다. 이 환상은 나머지 일곱 환상의 요약에 해당하며, 전체 환상의 주제를 제시한다. 세부 내용은 환상마다 다르다. 선민의 미래에 대한 하나님

의 뜻을 계시하심으로써 유다 포로들에게 확신을 심어 준다.

1:7 열한째 달…이십사일 주전 519년 1/2월경으로 스가랴가 회개를 처음 촉구한 지 3개월 후다.

1:8 내가 밤에 보니 예루살렘에 대한 하나님의 계획을 계시하는 이 첫 번째 환상은 "한 사람이 붉은 말을 타고" 있는 장면으로 시작된다. 이 사람은 주의 천사로 밝혀진다(참고. 11절). 나머지 말 탄 사람들이 그에게 보고하는 장면은 그가 그들의 상전임을 암시한다. 말은 힘이 세기 때문에 전쟁을 상징하는 동물이었다. 종종 피를 상징하는 붉은 색은 심판을 상징한다(참고. 사 63:1-4; 계 6:3 이하). **골짜기 속 화석류나무 사이에** 화석류나무는 초막절에 만드는 초막(레 23:33-44; 느 8:15)과 메시아의 축복(참고. 사 41:19; 55:13)과 관련이 있으므로 회복과 축복을 상징한다. "골짜기 속"이라는 표현은 그런 나무들로 무성한 저지대를 가리킨다는 게 대체적인 해석이다. 낮은 키(이런 나무들은 2.4미터를 결코 넘지 못했을 것임), 흔함, 향기(흰 꽃이 내뿜는 향기), 여러 곳에서 잘 자라는 이런 특징 때문에 이 화석류는 하나님의 백성인 이스라엘을 상징한다고 보는 것이 가장 정확하다. 그들은 미천하지만 복된 백성이다. 골짜기의 저지대에 있었다는 것은 이스라엘이 처해 있는 현재의 어려운 상황을 가리킬 수도 있다. **붉은 말과 자줏빛…백마** 다른 말들 역시 기수가 있었을 것이다. 각 색깔은 그 기수들이 맡은 역할을 가리킬 수 있다. 붉은 색은 피흘림과 심판을 말하고(참고. 사 63:1, 2) 흰색은 승리를 의미하며(참고. 계 19:11) 자줏빛 또는 갈색은 이 모든 것을 종합한 의미일 것이다. 요한계시록 6:1-8에 유사한 내용이 묘사되어 있다. 이들 말은 성공적으로 심판을 수행할 것이다. 이들은 보복의 사자들이기 때문에 하나님이 종종 심판의 도구로 사용하시는 천사들을 가리킬 수 있다.

1:9 내게 말하는 천사 해석해주는 이 천사(1:13, 14, 19; 2:3; 3:1; 4:1)는 "여호와의 천사"(11, 12절)와 구분해야 한다.

1:10 두루 다니라고 천사가 온 지구를 순찰하며 조사하는 모습을 상징적으로 묘사한 표현으로, 일종의 전쟁을 수행하는 모습이다. 순찰의 목적은 적의 상태를 확인하고 그 적을 성공적으로 처리하여 하나님의 뜻을 수행하는 데 있다.

1:11 여호와의 천사 다른 곳에서 여호와의 천사는 종종 성육신하시기 전의 주님으로 확인된다(예를 들면 창 16:11, 13; 18:1, 2, 13, 17; 22:11-18; 출 3:2, 4; 수 5:13; 6:2; 삿 6:12, 14; 13:21, 22). 13절에서 이 천사는 주로 불리며 이 천군 천사의 총사령관이다. **온 땅이 평안하고 조용하더이다** 성전도 성도 없는 포로들이 직면한 어려운 현실과 반대로 이방 나라들은 외면상 평안을 누리며 자신들의 이익을 충족하는 데 몰두하고 있다(참고. 15절). 이것이 다리오 제2년에 흔히 볼 수 있는 모습이었다. 이런 대조적 모습에서 이스라엘이 처한 곤경이 더욱 두드러지고 학개 2:7, 22의 성취에 대한 소망이 더 절실해진다.

1:12 여호와의 천사는 이스라엘을 대신해 성부 하나님께 중보하며 징계의 손을 거두어달라고 호소한다. "칠십 년"은 유다가 포로로 살 기간에 대해 예레미야에게 주신 말씀을 가리킨다(렘 25:11, 12; 29:10).

1:13 선한 말씀, 위로하는 말씀 이 말씀의 내용은 14-17절에 기록되어 있다. 첫째, 하나님이 여전히 예루살렘을 사랑하신다(14절). 둘째, 그들을 핍박한 민족들에게 하나님이 진노하신다(15절). 셋째, 예루살렘에 번영을 주실 것이다(16, 17절).

1:14 예루살렘을 위하며…크게 질투하며 하나님은 이스라엘과 언약을 맺으실 때 자신을 질투하시는 분으로 설명하셨다(출 20:5; 34:14). 이스라엘은 심판을 통해 하나님의 이 질투심이 어떤 것인지 실제로 경험했다(참고. 신 29:18-28; 겔 5:13). 예루살렘 성을 지키고자 하는 데서 질투하시는 사랑이 또다시 강조된다.

1:15 그 백성을 향한 큰 사랑 때문에 주님은 그들을 학대한 열국에게 진노하신다(참고. 2절). 그들은 이스라엘을 치기 위한 심판 도구였음에도 하나님의 지시에 만족하지 않고 더 심하게 이스라엘을 괴롭혔다. 그들은 하나님의 뜻이 잠시 그 백성을 심판하신 후 다시 연민을 베풀고 회복하시는 데 있음을 알지 못했다(참고. 사 54:7, 8).

1:16, 17 당시 기초만 놓여 있던 성전이 다시 재건되고(참고. 학 2:18) 그 성 역시 번영함으로 더 확장될 것이다(참고. 사 40:9, 10). 성벽이 완성된 것은 75년이 지난 뒤였다. 하나님은 다시 예루살렘을 위로하시고(참고. 사 40:1, 2; 51:3, 12) 그 지상 보좌로 선택하실 것이다(참고. 시 132:13). 이 일은 메시아가 통치하실 천년왕국에서 이루어진다(참고. 계 20장). 귀환한 유대인들이 우선순위를 놓친 사실(참고. 학 1:1-12)을 감안할 때 이 메시지는 하나님의 계획에 대한 재확인이라고 볼 수 있다. 천년왕국에 이루어질 일은 다음과 같다. 예루살렘에 하나님이 임재하심(겔 48:35), 영광스러운 성전 완공(겔 40-48장), 예루살렘 재건(렘 31:38-40), 열국 심판(마 25:31-46), 유다 성읍들의 번성(사 60:4-9), 그 백성이 지복을 누림(슥 9:17), 시온의 위로(사 14:1) 등이다.

B. 네 뿔과 네 대장장이(1:18-21)

1:18-21 여덟 환상 중 두 번째 환상은 그 백성을 위로하리라는 하나님의 약속을 기반으로(1:13, 17) 이스라엘을 박해한 열국의 심판 내용이 추가된다.

1:18 **네 개의 뿔** 뿔은 힘과 오만함을 상징한다(참고. 시 75:10; 89:17; 92:10; 단 7:24; 8:20, 21; 미 4:13). 심판의 맥락에서 이 뿔은 한 민족이나 그 민족의 왕을 상징한다(참고. 단 7:21, 24; 8:3; 계 17:12). 여기서 뿔은 하나님의 백성을 공격한 민족들을 가리키는데(19, 21절) 구체적으로 애굽과 앗수르, 바벨론, 메대-바사를 가리키든지 다니엘 2장과 7장의 세계적 네 제국인 바빌로니아, 메대-바사, 그리스, 로마를 가리킬 가능성이 있다. 모두 이스라엘을 압제한 나라들이다.

1:20 **대장장이 네 명** 대장장이는 문자적으로 석공, 금속공, 목수를 가리키는 단어로 망치와 끌을 사용해 뭔가를 만드는 사람을 말한다. 이 '망치'는 "네 개의 뿔"을 무너뜨리는 나라들을 상징한다(18절). 다니엘 7장의 네 짐승처럼 각 제국은 그다음 제국에게 망하고 마지막 제국이 무너진 자리에 메시아 왕국이 들어선다(참고. 단 2:44; 7:9-14, 21, 22). 바벨론은 메대-바사인들의 공격으로 하룻밤 사이에 그 성을 내주었다(주전 539년). 주전 333년 알렉산더가 잇소스(이수스)에서 다리오에게 승리함으로써 헬라인들이 메대-바사의 뿔을 쳐서 무너뜨렸다. 주전 2세기에는 로마의 망치에 맞아 차례로 나라들이 무너졌다(주전 63년 이스라엘). 다니엘의 예언에 따르면 로마 제국은 마지막 때에 다시 부활할 것이고, 재림하신 메시아에게 무너질 것이다(참고. 단 2:34, 35, 45).

C. 측량줄을 잡은 사람(2:1-13)

2:1-13 세 번째 환상은 측량줄을 가진 남자를 보여준다. 두 번째 환상처럼 이 환상도 그 백성을 위로하라는 하나님의 약속(1:13, 17)이 바탕에 깔려 있다. 바벨론에서 돌아온 후 예루살렘이 회복되는 것은 미래에 있을 메시아 왕국의 예고편일 뿐이다. 환상의 내용은 역사적으로 이루어지지 않았기 때문이다. 이 예언은 스가랴 시대를 넘어 메시아의 지상 통치를 바라본다.

2:1 **한 사람이 측량줄을 그의 손에 잡았기로** 예루살렘의 회복과 재건을 상징한다. 이 측량사는 여호와의 천사일 가능성이 높다(참고. 1:11; 6:12; 겔 40:2, 3). 미래의 예루살렘 성의 치수를 잰다.

2:3 **내게 말하는 천사** 이것은 1:9의 천사다.

2:4 너무 놀라운 소식이라서 즉각 전해야 한다. 천사는 예루살렘이 성벽을 쌓을 수 없을 정도로 크게 확장될 것을 알리기 위해 간다(참고. 사 49:19, 20; 겔 38:11). 이 구절에 기록된 상황이 아직 역사적으로 이루어진 적이 없기 때문에(참고. 느 7:4; 11:1, 2) 미래의 지상 왕국에서 온전히 실현된다고 볼 수밖에 없다(참고. 사 49:19, 20). 이렇게 성벽 없이 안전함을 구가하는 유사한 일이 대환난 때 적그리스도 통치 하에서도 일어난다(*겔 38:8-12에 대한 설명을 보라*).

2:5 **불로 둘러싼 성곽** 성벽이 없더라도 예루살렘은 하나님의 보호하심으로 안전하다. 이 구절은 출애굽의 불기둥을 연상하게 만든다(참고. 출 13:21; 왕하 6:15-17; 사 4:5, 6). **그 가운데에서 영광이 되리라** 이 영광은 보호하심을 넘어 지상 왕국에서 메시아가 베푸실 축복과 직접적인 임재를 가리킨다(참고. 사 4:2-6; 40:5; 60:17, 18; 겔 42:1-7).

2:6-9 선지자는 먼 미래(4, 5절)에서 현재로 시선을 돌리며 여전히 바벨론(이스라엘을 침입한 방향 때문에 북방 땅으로 언급됨, 참고. 7절)에 남아 있는 이스라엘 백성에게 하나님이 진노를 쏟아부으시기 전에 빨리 그곳에서 도망치라고 부른다. 이것은 미래의 바벨론을 떠나라는 부르심이기도 하다(참고. 계 17:3-5; 18:1-8).

2:6 **사방에…흩어지게 하였음이니라** 열왕기하 17:6을

에스라와 학개, 스가랴의 사역 중 결정적인 순간들

날짜	사건
1. 주전 520년 8월 29일	학개의 첫 설교(학 1:1-11; 스 5:1)
2. 주전 520년 9월 21일	성전 건축 재개(학 1:12-15; 스 5:2)
3. 주전 520년 10월 17일	학개의 두 번째 설교(학 2:1-9)
4. 주전 520년 10-11월	스가랴의 사역 시작(슥 1:1-6)
5. 주전 520년 12월 18일	학개의 세 번째와 네 번째 설교(학 2:10-23)
6. 주전 519년 2월 15일	스가랴의 여덟 가지 환상(슥 1:7-6:8)
7. 주전 518년 12월 7일	벧엘에서 예루살렘으로 사람들이 파견됨(슥 7:1-7)
8. 주전 515년 3월 12일	성전 봉헌(스 6:13-18)

보면 이스라엘은 니느웨 서쪽 322킬로미터 지점의 고산강에서 동쪽 483킬로미터의 메대까지 흩어졌다고 한다. 유다의 일부 사람은 심지어 모압, 암몬, 에돔, 애굽까지 도망갔다(참고. 렘 40:11, 12; 43:7).

2:8 **영광을 위하여 나를…보내셨나니** 메시아는 그 영광을 드러내고 이스라엘을 약탈한 열국에서 그분의 힘을 입증하도록 "만군의 여호와"의 보내심을 받았다(9절). **그의 눈동자** *신명기 32:10에 대한 설명을 보라.* 하나님의 백성을 해치는 것은 하나님의 눈동자를 치는 것이다.

2:10-13 이 단락의 어조도 메시아적 예언으로, 메시아의 직접적 임재를 묘사하고 천년왕국 때 예루살렘에서 다윗의 위에 앉으실 것을 말한다.

2:11, 12 아브라함에게 주신 약속(창 12:3)을 상기시키는 이 구절은 많은 나라가 여호와께 속할 것을 말한다(참고. 6:15; 8:20-23; 사 2:2-4; 56:6, 7; 60:3). 그러나 그렇다고 하나님이 이스라엘을 자기 백성으로 택하신 사실이 달라지지는 않을 것이다. 그들은 여전히 "거룩한 땅에서 자기 소유"가 될 것이다(참고. 신 32:9).

2:12 **거룩한 땅** 여기서만 이 표현이 사용된다. 이 땅이 거룩한 것은 약속의 땅이라서가 아니라 정결함을 입고 메시아의 지상 보좌로 사용될 곳이기 때문이다. 거룩한 땅은 거룩하신 여호와께 어울리는 땅이다(사 6:1-5).

2:13 **그의 거룩한 처소** 하나님의 지상 거처다(참고. 시 15:1; 24:3).

D. 정결함을 입은 대제사장(3:1-10)

3:1-10 네 번째 밤의 환상은 이스라엘이 정결하게 되어 제사장 나라로 회복될 것을 강조한다. 1-5절에서 환상을 보고 6-10절에서는 그 환상을 설명하고 의미를 알려준다. 계시자는 하나님일 가능성이 높다.

3:1 스가랴는 스룹바벨과 함께 1차 귀환한 대제사장 여호수아(참고. 스 3:2; 5:2; 학 1:1)가 법정에서 검사의 자리(참고. 시 109:6)인 오른쪽에 선 사탄에게 고발당하는 장면을 본다. 여호수아가 이스라엘 민족을 대표한다는 것은 여러 가지를 통해 알 수 있다. 이들 환상이 이스라엘 민족을 강조한다는 사실, 2절의 책망이 하나님이 (여호수아가 아니라) 예루살렘을 선택한 데 근거한다는 사실, 8절에서 여호수아와 그 동료 제사장들이 미래의 이스라엘을 상징한다고 확인한 점, 9절에서 이 환상을 이스라엘 땅에 적용한 점이다. **사탄** 사탄은 '대적'으로 번역할 수 있는데, 그 대적의 정체가 무엇인지 확인하기란 쉽지 않다. 그러나 고발하는 행동이 사탄의 특징과 일치하므로(참고. 욥 1, 2; 계 12:10) 사탄으로 보는 것이 적합하다. 악의를 품은 대적이 여호와 앞에 서서 이스라엘의 죄악을 고발하고 그들이 하나님의 은혜를 누릴 자격이 없다고 주장한다. 이 상황은 매우 중요하다. 여호수아의 결백이 입증되면 이스라엘이 용납함을 받지만 여호수아가 거부당하면 이스라엘이 거부당하기 때문이다. 결과적으로 유대 민족을 향한 하나님의 전체 계획을 확인하게 된다. 이스라엘의 소망이 무너지든지 확증되든지 둘 중 하나일 것이다.

3:2 **여호와께서…이르시되** 여호와의 천사는 여호와임이 확인되며, 따라서 이 '사자'가 신적 존재임이 입증된다. *1:11과 사사기 6:11에 대한 설명을 보라.* 메시지 내용이 중요한 이유는 하나님이 유대인을 버리신 것이 아니며 아브라함과 다윗 언약으로 그들과 맺은 언약적 약속을 신실하게 지키시고, 하나님은 사탄의 비난에 맞서 그들을 변호해주시는 쪽을 택하셨음을 확인해주기 때문이다. 하나님은 요한계시록 20:10에 기록된 대로 이렇게 사탄을 책망하실 것이다. *유다서 9장에 대한 설명을 보라.* **예루살렘을 택한** 하나님은 지상 어느 나라보다 이스라엘을 사랑하시고 큰 은혜를 베푸셨다(참고. 신 7:6-11). 포로생활로 멸망할 위험에서 그들을 건져주셨다. 불에 완전히 타 사라지기 전에 나무를 끄집어낸 것과 비슷하다(참고. 암 4:11). 이렇게 해서 하나님은 스가랴 시대부터 인간 역사가 끝날 때까지 이스라엘을 향한 하나님의 뜻을 확인해주신다(참고. 계 12:3-17).

3:3 **더러운 옷** 이 구절은 더러움을 가리키는 단어 중 가장 혐오스럽고 역겨운 단어를 사용해 제사장들과 그 백성의 습관적인 더러운 상태를 묘사한다(참고. 사 4:4; 64:6). 이런 그들의 모습은 그 민족이 도덕적으로 더러워서 하나님의 보호와 축복을 받을 자격이 없다고 사탄이 고발하는 구실이 된다.

3:4 천사들("자기 앞에 선 자들")이 더러운 옷을 벗기는 것은 그들에게 약속으로 주신 미래의 법적 칭의와 구원을 상징한다(참고. 9절; 12:10-13:1; 롬 11:25-27). 대제사장은 상징적 의미로 아름다운 옷을 입혔다. 이것은 하

소선지서의 환상들

1. 암 7:1-3	8. 슥 2:1-13
2. 암 7:4-6	9. 슥 3:1-10
3. 암 7:7-9	10. 슥 4:1-14
4. 암 8:1-14	11. 슥 5:1-4
5. 암 9:1-10	12. 슥 5:5-11
6. 슥 1:7-17	13. 슥 6:1-8
7. 슥 1:18-21	

나님의 의가 전가되고(참고. 사 61:10) 이스라엘이 첫 소명을 회복하게 해준다는 의미다(참고. 출 19:6; 사 61:6; 롬 11:1, 2).

3:5 정결한 관 대제사장의 복장 중 하나인 관에는 "여호와께 성결"이라는 글이 새겨져 있었다(출 28:36, 37; 39:30, 31). 스가랴는 그 장면에 끼어들어 정결한 관을 여호수아에게 씌워달라고 요구한다. 그것은 이스라엘의 제사장의 지위를 하나님이 회복해주심을 확실하게 상징하기 때문이다.

3:6, 7 하나님이 이스라엘을 의롭게 하고 그 민족을 제사장 나라로 회복시켜 그 집에서 섬기고 그 뜰을 지키며 그 임재 앞에 마음껏 나아갈 수 있게 하겠다는 약속(모두 그분이 주권적으로 그들을 선택하신 사랑에 근거하며 인간의 공적이나 행위에 근거하지 않음)을 지키신다고 해도 이스라엘이 하나님께 신실함을 회복하지 않으면 그 약속은 이루어지지 않는다. 이것은 12:10-13:1의 성취와 관련이 있다.

3:8 이들은 예표의 사람들이라 여호수아 앞에 앉아 있는 동료 제사장들은 미래의 이스라엘을 상징하며 오실 메시아를 예표한다. **내 종 싹** 메시아적 구절 2개가 하나의 구절로 통합되었다. "내 종"은 이전 선지자들이 메시아를 가리켜 사용한 호칭으로(사 42:1; 49:3, 5; 52:13; 53:11; 겔 34:23, 24) 그의 완전한 순종과 겸손을 의미한다. "싹"(가지) 역시 메시아를 가리키며(참고. 6:12, 13; 사 4:2; 렘 23:5; 33:15) 그분이 비천한 데서 존귀하게 되며(사 11:1; 렘 23:5, 6) 결실할 것을 의미한다(6:12; 사 11:1).

3:9 돌 이것은 메시아의 또 다른 상징이다. 시편 118:22, 23; 이사야 8:13-15; 28:16; 다니엘 2:35, 45; 마태복음 21:42; 에베소서 2:19-22; 베드로전서 2:6-8에서 그는 버림받은 돌이며 거치는 돌이고 파괴하는 돌이며 기초석으로 소개한다. 여기서 그는 귀중한 기초석으로 그 전능하심과 무한한 지혜를 상징하는 "일곱 눈"을 갖고 있다(참고. 4:10; 사 11:2; 골 2:3; 계 5:6). 새길 것을 새긴다는 것은 성전의 모퉁잇돌과 그 위에 하나님이 그 성전을 지으셨다는 내용과 그 성전이 건축된 목적을 글로 새긴 것을 가리킬 수 있다. 이런 행위는 "이 땅의 죄악을 하루에 제거"하는 것과 직결되는 행위로 4절의 더러운 옷을 벗기는 것으로 상징되었다. 이 구절은 온 이스라엘 민족이 정결함을 입고 죄를 용서받을 미래를 예고하며(12:10-13:1; 롬 11:25-27) 갈보리에서 그리스도의 구속 사역으로 성취되었다.

3:10 무화과나무 아래로 서로 초대하리라 이스라엘에서 평화와 번영을 상징하는 흔한 표현으로(참고. 왕상 4:25; 미 4:4) 여기서는 천년왕국에서 메시아가 통치하실 때 평화를 누릴 것을 말한다.

E. 순금 등잔대와 두 감람나무(4:1-14)

4:1-14 네 번째 환상은 대제사장 여호수아에 초점을 맞추며 이스라엘 민족이 정결하게 되어 제사장으로서 하나님이 주신 역할을 회복하게 된다는 의미로 확대 적용할 수 있다(3:1-10). 다섯 번째 환상은 다윗의 후손으로 민간 지도자인 스룹바벨에게 초점을 맞추며, 성전 재건 작업을 감당하도록 격려한다. 그 일을 성실하게 완수해야 이스라엘은 다시 세상에 하나님의 은혜의 빛(증언)을 반사할 수 있을 것이다.

스가랴의 환상들

환상	의미
화석류나무 사이에 선 사람과 말들(1:8)	여호와께서 다시 예루살렘에 자비를 베푸실 것이다(1:14, 16, 17)
네 뿔과 네 대장장이(1:18-20)	유다를 흩은 자들이 쫓겨날 것이다(1:21)
측량줄을 가진 사람(2:1)	하나님이 불로 둘러싼 성곽처럼 예루살렘을 지켜주실 것이다(2:3-5)
여호수아의 정결례(3:4)	종이자 가지 되신 분이 구원하러 오신다(3:8, 9)
순금 등잔대와 감람나무(4:2, 3)	여호와께서 그 성령으로 이스라엘에 능력을 주신다(4:6)
날아가는 두루마리(5:1, 2)	부정직하면 저주를 받는다(5:3)
에바 속의 여인(5:6, 7)	악이 제거된다(5:9)
네 병거(6:1)	하늘의 영들이 온 땅을 심판한다(6:5, 7)

4:1 **자는 사람이 잠에서 깨어난** 환상을 해석해주던 천사가 앞에서 본 환상으로 거룩한 트라우마에 빠져 영적으로 기진한 그를 다시 와서 깨운다. 참고. 다니엘 10:9.
4:2 **일곱…등잔을 위해서 일곱 관** 등잔대는 일곱 대롱이 있으며 성막에서 사용했던 것이다. 그 등잔대 위에는 그릇이 있어 기름을 공급했고 일곱 등잔이 계속 꺼지지 않고 타도록 기름을 공급할 관이 있었다. 전체적으로 풍성한 채우심을 상징한다.
4:3 **두 감람나무** 감람유는 그 당시에 등잔을 밝히는 데 사용되었다. 두 감람나무는 기름을 등잔대 위의 그릇에 공급해주는 역할을 했다. 생생한 이 그림은 인간의 도움이 없이 기름이 나무에서 그릇으로 가서 등잔까지 무한정 자동적으로 공급됨을 가리킨다.
4:4 **이것들이 무엇이니이까** 스가랴는 이 두 감람나무의 의미를 알기를 원했다. 스가랴가 제사장 출신이기 때문에 해석해주는 천사는 그가 이런 질문을 하자 놀란다(5절). 그는 질문의 답은 뒤에 가서 듣는다(14절).
4:6 **여호와께서 스룹바벨에게 하신 말씀이 이러하니라** 환상의 목적은 스룹바벨을 격려하여 성전 재건을 완공하고 그에게 그 일을 감당할 능력을 주시리라는 확신을 심어주며 메시아 왕국과 성전이 장차 영광 가운데 있도록 끝없이 공급해주실 것을 확인해주는 데 있었다. 등잔대는 하나님이 이스라엘의 필요를 풍성하게 채워주셔서 그때나 미래에 그의 빛이 되도록 하심을 상징한다. 교회가 지금 일시적으로 그 역할을 하고 있다는 사실을 유념해야 한다(참고. 엡 5:8, 9; 계 1:12, 13, 20). 이스라엘이 장차 구원을 받고 언약적 축복을 회복하고 그 도구로 사용될 때까지 이 역할을 임시적으로 맡은 것이다. 참고. 로마서 11:11-24. **힘으로…능력으로 되지 아니하고 오직 나의 영으로 되느니라** 인간의 힘이나 재물이나 물리적 능력으로는 그 일을 감당할 수 없다. 오직 "그릇"(2절)으로 묘사된 성령의 능력을 풍성히 공급받을 때만 그는 그 일을 감당할 수 있고, 메시아 왕국에서 이스라엘 역시 성령의 역사로 다시 한 번 세상에 빛이 될 수 있다(참고. 겔 36:24).
4:7 **큰 산아 네가 무엇이냐** 결과가 보장되어 있기 때문에(6, 9절) 산처럼 거대한 반대라도 하나님의 힘으로 평평하게 평지처럼 변한다. 스룹바벨 시대이든 마지막 메시아 왕국에서든 어떤 장해물도 성전 완공을 방해할 수 없다(참고. 겔 40-48장). **머릿돌** 건축을 마무리할 마지막 돌이 놓이면 성전이 완공된다. **은총, 은총이 그에게 있을지어다** 성전이 완공되면 기쁨과 감사의 함성을 지르며 축복하게 될 것이다(참고. 스 3:11-13). 이 모습과 미완성된 성전을 바라보는 백성의 모습을 비교해보라(학 2:3).
4:9 **나를** 여호와의 천사를 말한다(*1:11에 대한 설명을 보라*). 그는 이스라엘의 구원자이자 보호자이시며 변호인으로서 이 성전 재건을 완성하도록 보내심을 받았다. 장차 그는 메시아로서 그 왕국의 성전에서 예배를 시작하실 것이다.
4:10 **작은 일의 날** 재건된 성전이 솔로몬 성전보다 더 작아서 일부 사람은 낙담했지만(참고. 스 3:12; 학 2:3) 하나님은 이 성전 완공을 기뻐하며 전지한 돌보심으로("일곱 눈") 그 성전이 완공되는 모습을 지켜보며 즐겁다고 선언하신다. 사실상 그분은 '하나님이 기뻐하신 것을 멸시하지 말라'고 말씀하신 셈이다. 이 성전은 메시아가 오셔서 통치할 천년왕국의 영광스러운 성전을 예표할 뿐이다. 그 성전 앞에서 다른 모든 성전이 빛을 잃을 것이다(참고. 겔 40-48장).
4:14 **기름 부음 받은 자 둘** 두 감람나무(3, 11절)는 하나님의 축복의 통로가 될 이스라엘의 왕과 제사장직을 상징한다. 두 감람나무 가지들(12절)은 스가랴 당시 그 직책의 최고 직위를 차지한 두 사람을 말한다. 다윗의 후손인 스룹바벨과 엘르아살의 후손인 대제사장 여호수아다. 이 두 사람은 메시아를 예표하며 이 두 가지 직책은 메시아 안에서 하나로 통합된다(참고. 6:13; 시 110편). 그는 축복의 참 근원이시고 이스라엘로 열국의 빛이 되게 하실 것이다(참고. 사 60:1-3). 그들은 "온 세상의 주"(천년왕국인 마지막 왕국을 상징하는 용어임. 참고. 미 5:4)를 섬기는 중요한 책무를 맡았다.

F. 날아가는 두루마리(5:1-4)

5:1-4 여섯 번째 날아가는 두루마리 환상은 이스라엘 백성과 온 세상이 불순종하며 지키지 않았던 하나님 말씀을 가리킨다. 그 말씀에 명확히 제시된 기준대로 하나님이 의로 죄인들을 심판하실 것을 강조한다.
5:1, 2 이 날아가는 두루마리는 누구나 양면을 읽도록 펼쳐져 있었고 길이 9미터에 넓이 4.5미터(1규빗은 약 45센티미터)로 정확히 성막의 성소와 크기가 같다. 그러므로 두루마리는 인간을 평가하는 하나님의 기준을 말한다.
5:3 **저주** 하나님의 율법을 상징하는 두루마리는 그 율법을 어긴 모든 자에게는 저주나 형벌을 상징하고 순종한 모든 자에게는 축복을 상징한다(참고. 신 27:26; 28:15-68). 요한계시록 5:1-9; 10:1-11에 유사한 그림이 소개되어 있다. **도둑질하는 자…맹세하는 자** 양면에 글이 쓰인 두루마리는 단순히 이 두 계명만이 아니라 십계명을 다 담고 있었을 것이다. 셋째와 여덟째 계

명이라는 대표로 선정된 두 계명은 이스라엘이 위반한 모든 계명을 대표할 가능성이 높다(참고. 약 2:10). 그 두루마리에는 하나님이 그 말씀을 거부하는 죄인들을 뿌리째 뽑아 망하게 할 거라는 스가랴 시대 사람들을 향한 직접적인 메시지가 담겨 있지만, 메시아 왕국이 서기 전 이스라엘과 세상에 주는 미래의 메시지도 담고 있다(참고. 겔 20:33-38; 마 25:31-46).

5:4 하나님의 심판을 피할 길은 없다. 그분의 말씀은 죄인들의 집에 들어가 그 목직을 이룰 때가지 머무를 것이다(사 55:10, 11). 특히 그 왕국에서는 더욱 확실하게 이루어질 것이다. 신명기 30:1-10의 땅에 대한 약속은 엄중한 심판과 함께 미래에 이루어질 것이다(참고. 계 6-19).

G. 에바 속의 여인(5:5-11)

5:5-11 앞의 환상은 거룩한 땅에서 죄인들을 처벌한다는 내용이었다. 에바 속의 여인에 대한 이 일곱 번째 환상은 앞의 주제가 연속되며 이스라엘에서 모든 악한 제도를 제거하신다는 내용에 초점을 맞춘다. 이 일은 메시아의 왕국이 서기 전에 일어날 일이다(참고. 겔 20:38).

5:5, 6 악한 제도가 납 조각으로 입구를 막고 여인을 포로로 잡고 있는 바구니로 상징된다. 에바(바구니)는 부셸보다 더 작으며 약 19리터의 양을 담을 수 있다. 날아가는 두루마리(1-4절)처럼 이 에바 역시 이런 환상의 목적 때문에 확대된 것이 분명하다. 이스라엘 백성이 곡식 낟알로 인식되는 것으로 보아 악이 특별히 물질적인 것과 관련이 있다는 암시를 준다. 이것은 이스라엘이 바벨론에서 배운 죄악으로 수세기를 거쳐 마지막 날에 메시아께서 그 죄악을 소멸시키기까지 그들에게 계속 영향을 미칠 것이다. 이런 세속주의적 상업주의가 마지막 세계 체제의 핵심이다(참고. 계 18장).

5:7, 8 **여인** 에바 안에는 한 여인이 앉아 있었다. 이 여인은 최종적 악을 의인화한 것으로(참고. 계 17:3-5) 에바 속에 가두어두기 위해 납 뚜껑이 필요한 데서 보듯 동면 상태가 아니다(참고. 살후 2:6-8).

5:9 **두 여인…그 날개에 바람이 있더라** 학은 부정한 새이기 때문에(레 11:19; 신 14:18) 이 두 여인은 악의 대리인이나 악한 세속주의를 보호하는 악마적 세력을 말하는 것이 분명하다. 이들은 궁극적 악의 체제를 세운다. 하나님은 그들이 세상 체제를 세우도록 허락하신다. 하지만 재림하시면 그 체제를 멸망시킬 것이다(참고. 계 19:11-16).

5:11 **시날** 에바를 든 이들 여인의 목적지는 고대어로 바벨론을 지칭하는 시날이었다(참고. 창 10:10). 시날은 하나님에 대한 반역을 상징하는 바벨탑을 회상시킬 목적으로 쓰인 것 같다(참고. 11:2). 그들은 신전을 가리키는 '집'에 받침단을 쌓고 그 위에 에바를 모시고 우상으로 섬길 것이다. 이 환상 역시 그리스도가 재림하실 때인 요한계시록 17장과 18장에서 묘사한 최후의 바벨론을 가리키는 것이 분명하다(참고. 말 4:1-3).

H. 네 병거(6:1-8)

6:1-8 마지막 여덟 번째 환상으로 환상이 모두 마무리되며 첫 번째 환상과 다시 연결된다. 이 환상에서는 첫 번째 환상(1:8)에 등장한 말들이 끄는 네 병거가 등장하는데, 이들은 하나님의 일을 대행하는 천사를 상징한다(참고. 5절). 이들은 메시아 왕국이 설립되기 직전 열국에 대한 심판을 신속히 실행할 것이다.

6:1 **두 산…구리 산** 이스라엘을 침략한 열국에 대한 하나님의 심판을 상징하는 이 두 산은 시온산과 감람산으로 보인다. 주님은 이 산으로 재림하셔서 심판하신다(참고. 욜 3:2, 12, 14; 슥 14:4). 여호사밧('여호와께서 심판하신다')으로 불리는 이 골짜기는 이 두 산 사이에 있는 기드론 골짜기를 가리킬 수 있다. 기독교와 심지어 이슬람교까지 이곳에서 마지막 심판이 이루어질 것이라고 오랫동안 가르쳐왔다. "구리"는 하나님이 죄 문제를 처리하신 구리 뱀(민 21:9)과 구리(청동) 제단의 경우에서 보듯 심판과 상징적 관계가 있다.

6:2, 3 이 말들과 병거로 심판 장면이 더욱 극적으로 고조된다. 말 색깔의 의미에 대해서는 *1:8에 대한 설명을 보라.* "검은" 말이 추가된 것은 기근과 죽음이 따르리라는 암시일 수 있다. "자줏빛" 말이 "어룽진"(즉 얼룩진) 말로 대체되어 있다. 요한계시록 6:1-8에 유사한 그림이 등장한다. 묵시록의 기수들은 심판을 상징하며 열국을 응징하러 등장한다.

6:5 **하늘의 네 바람** 이 심상은 '온 세상의 주'를 대신해 심판을 시행할 하나님의 대리자인 천사들을 상징한다. 온 세상의 주라는 호칭은 천년왕국 시대에 메시아가 우주를 통치하리라는 뜻이다(참고. 4:14; 미 4:13).

6:6, 7 **나가고…땅에 두루 다니고자** 이 심판 대행자인 천사들은 온 땅에 무서운 심판의 재앙을 내린다(참고. 유사한 내용의 계 6:1-19:16). 서쪽과 동쪽에는 바다와 사막이 있기 때문에 그곳으로 천사가 갔다는 언급은 없다. 이스라엘의 대적들은 북방(앗수르, 바벨론, 셀류키드, 로마)과 남방(애굽)에서 침입했다. 이 북쪽과 남쪽으로 천사들이 나가고 온 땅의 열국에 대한 세계적 심판이 이어진다(참고. 마 25:31-46).

6:8 **내 영을 쉬게 하였느니라** 하나님이 그 원수들을 심

판하시면 진노가 그친다. 하나님은 이 심판으로 특히 북방의 세력을 최종 심판함으로써 원수에 대해 보복하신다. 이것은 최후의 바벨론을 가리킬 것이다(참고. 계 17; 18장). 이 심판이 마무리되고 하나님의 진노가 그칠 때 메시아가 보좌에 앉으시고 통치하실 나라가 세워질 것이다(계 19; 20장).

I. 부록: 대제사장 여호수아의 즉위식(6:9-15)

6:9-15 스가랴가 대제사장 여호수아에게 관을 만들어 씌운 것은 싹이신 메시아의 미래 대관식을 축소하여 예시해준 것으로 여호수아는 메시아를 예표하는 역할을 한다. 메시아는 후에 제사장과 왕 두 가지 직을 하나로 통합하여 수행하실 것이다(13절). 이 부록은 네 번째 환상과 다섯 번째 환상(3:1-10; 4:1-14)을 보충하는 역할을 한다. 역사의 절정인 주 예수 그리스도의 대관식으로 여덟 번째 환상이 마무리된다.

6:10 사로잡힌 자 가운데… 바벨론에 남았지만 성전 건축에 드릴 선물을 가지고 왔던 유대인 포로들을 확인해준다. 스가랴는 그들을 그날 바로 만나서 그 선물을 받으라는 지시를 듣는다.

6:11 면류관 스가랴는 대제사장의 관이 아니라 화려한 면류관을 만들라는 지시를 받는다. (요한계시록 19:12에서 재림하신 메시아가 쓰실 관처럼) 여러 고리로 장식한 찬란한 관이었다. 이 관은 대제사장 여호수아가 쓸 관이었다. 구약에서 왕과 제사장직은 엄격히 구분되는 직분이었다. 왕의 직분은 오직 다윗의 혈통에게 허락되었고 제사장 직분은 레위의 후손만이 가질 수 있었다. 웃시야는 제사장직까지 탐내다가 죽음을 자초했다(참고. 대하 26:16-23). 그러나 여기서는 오히려 하나님이 이 일을 장려하신다. 오실 왕이자 제사장이신 메시아를 예고한다.

6:12 싹 대제사장 여호수아가 면류관을 쓰지만(11절) 그 행위는 장차 오실 메시아, 싹이신 분이 그 관을 쓰실 것을 상징한다(참고. 3:8). 메시아는 왕과 제사장직을 하나로 통합하실 것이다.

6:12-15 이 짧은 단락에서 싹이신 메시아에 관해 여덟 가지 사실을 알려준다. 첫째, 그가 이스라엘에서 나올 것이다("자기 곳", 12절). 둘째, 천년왕국의 성전을 지으실 것이다(12하, 13상). 셋째, 영광을 받으실 것이다(13절). 넷째, 왕과 제사장이 될 것이다(13절). 다섯째, 평화를 선사하실 것이다(13절). 여섯째, 이방인들에게 그 왕국을 개방하실 것이다(15상). 일곱째, 하나님 말씀을 확증해주실 것이다(15중). 여덟째, 순종을 요구하실 것이다(15하). 언제나 그렇지만 이 마지막 특징이 가장 필수적이다. 이스라엘이 그를 믿은 후 메시아가 오셔서 그 왕국을 세우실 것이다(참고. 12:10-13:1; 14:9-21). 그러나 먼저 그들에게 믿음과 정결함을 요구하신다.

6:12, 13 여호와의 전을 건축 성전 재건을 스룹바벨에게 약속해주신다(참고. 4:9, 10). 메시아에게 약속된 이 성전 건축은 천년왕국의 성전 건축을 말한다(참고. 사 2:2-4; 겔 40-43장; 학 2:6-9).

6:14 그 면류관은 여호수아가 계속 착용하는 것이 아니라 바벨론에서 선물을 가지고 온 사람들의 헌신을 기리는 동시에 더 중요한 목적, 즉 이스라엘의 최후 소망인 오실 메시아를 잊지 않고 기억하도록 성전 안에 보관했다. **헬렘…헨** 헬렘은 헬대의 다른 이름이 분명하고 헨은 스바냐의 아들 요시야의 다른 이름임이 분명하다(참고. 10절).

스가랴에게 주신 네 가지 메시지 (7:1-8:23)

7:1-8:23 대적들이 무릎을 꿇고 이스라엘이 최종적으로 그 땅에 돌아와 정결하게 되어 회복되며 메시아가 오시고 그 왕국이 도래한다는 이스라엘의 미래를 예고한 아홉 가지 환상을 전해듣고 유대인은 큰 격려와 위로를 받았다. 성전 재건 작업은 절반 이상 진척되었고 다리오 왕이 칙령을 내려 고레스의 칙령을 확인해줌으로써 재건 작업을 방해할 요인이 모두 사라졌다(참고. 스 6:1-14). 모든 일이 형통했다. 이렇게 모든 일이 형통하게 풀리자 바벨론에 멸망당하고 성전이 무너진 것을 슬퍼하며 애곡하는 민족적 절기를 이대로 계속 지켜야 하는지 묻는 사절단을 벧엘 사람이 보내왔다. 아직 예루살렘 성벽이 재건되지 않았고 많은 곳이 폐허로 남아 있었지만(참고. 학 1:4) 성전이 완공되었으므로 금식을 계속할 필요가 있는지 하나님과 제사장들에게 확인하

단어 연구

싹(Branch): 3:8; 6:12. '가지'를 의미한다. 이는 오실 메시아를 가리키는 호칭으로 바벨론 포로생활로 끊어진 왕조인 다윗의 혈통에서 나올 '싹'을 말한다(사 11:1). 많은 선지자가 다윗 혈통의 왕이 의로 통치하며(렘 23:5, 6) 제사장으로서 진정한 여호와 신앙을 재확립할 거라고 예언했다(6:12, 13). 예수 그리스도는 그 사역으로 왕의 직분(요 12:13-15; 딤전 6:13-16을 보라)과 제사장의 역할(히 4:14을 보라)을 모두 감당하리라는 이 예언을 성취하셨다.

려고 한 것이다.

7장에서는 이 질문에 대해 두 가지 메시지로 부정적 답변을 주지만 8장에서는 두 가지 메시지로 긍정적인 답변을 준다. 네 가지 메시지는 각기 그 백성에게 의롭게 살아야 할 필요성을 강조한다. 1-6장처럼 선지자는 역사적 내용으로 시작한 후 그리스도의 재림을 예고하는 예언적 내용으로 마무리한다.

A. 금식에 대한 질문(7:1-3)

7:1 **다리오 왕 제사년** 주전 518년 11/12월로 스가랴가 첫 메시지(참고. 1:1)와 아홉 가지 환상(참고. 1:7)을 본 지 2년이 지난 뒤이고 성전이 완공되기 2년 전이다.

7:2 **여호와께 은혜를 구하고** 구약에서 '여호와의 집'은 여러 차례에 걸쳐 하나님의 전을 지칭해 사용되지만 구약 어디에서도 벧엘('하나님의 집'이라는 뜻)이 성전을 가리킨 예는 없다. 이 단어는 성전이 아닌 한 성읍을 가리키는 것으로 보아야 정확하다. 이들은 예루살렘 북쪽 19킬로미터 떨어진 '벧엘로' 간 것이 아니라 '벧엘에서' 왔다고 했다. 바벨론에서 돌아온 후 유대인은 벧엘을 재건하고 그곳으로 이주해서 생활해왔다(참고. 스 2:28; 느 7:32).

7:3 **오월 중에 울며 근신하리이까** 하나님의 율법에서는 연중 대속죄일만 금식하는 날로 정해놓았다(레 23:27). 물론 하나님이 필요하시면 금식을 요청하시기도 했다(참고. 욜 1:12, 14). 유대인은 4월, 5월, 7월, 10월(*8:19절에 대한 설명을 보라*)에 걸쳐 총 4회의 금식을 하며 예루살렘이 멸망한 날을 기억했다(참고. 왕하 25; 렘 39:1-44; 41; 52:13). 다섯째 달(7-8월)에 성전이 불탔으므로 이 날의 금식이 가장 엄숙했으므로 파견단은 시범 사례로 5월을 이야기한 것으로 보인다(참고. 왕하 25:8; 렘 52:12). 그들은 "여러 해 동안" 이 날을 울고 금식하며 지켜왔다. 그런데 형통한 현재를 보면서 성가신 의식이라는 생각이 들었던 것이다.

B. 네 가지 응답(7:4-8:23)

1. 그릇된 동기에 대한 책망(7:4-7)

7:4-7 이것은 3절의 질문에 대해 대답한 네 번의 메시지 가운데 첫 메시지다. 하나님은 먼저 책망하심으로 응답하신다.

7:5 **일곱째 달** 이 금식은 주전 586년 예루살렘이 함락되고 느부갓네살이 임명한 총독 그달리야의 죽음(왕하 25:22-26; 렘 41)을 슬퍼하며 지킨 것이다.

7:5, 6 **그 금식이…나를 위하여 한 것이냐** 스가랴는 그들이 진심으로 애통하고 회개하는 마음으로 금식한 것이 아니라 자기연민으로 금식한 것이라고 지적한다(참고. 사 1:10-15; 58:3-9).

7:7 **평온히 거주하며** 중요한 것은 의식이 아니라 마음의 참된 순종이다. 과거에 다윗과 솔로몬 시대처럼 이스라엘이 큰 기쁨과 평화와 번영을 누릴 수 있었던 것은 하나님 말씀에 순종했기 때문이다. 스가랴 시대 백성이 의식에 치중해 순종을 등한시한다면 그들 역시 현재 누리는 기쁨과 평화와 형통함의 복을 잃게 될 것이다. **남방과 평원** 브엘세바의 남쪽 지역과 지중해의 해안 평지를 가리키는 것으로 남쪽에서 서쪽에서 이르는 유다 전 지역을 말한다.

2. 회개의 요구(7:8-14)

7:8-14 이것은 그 질문에 대해 하나님이 주신 네 번의 메시지 가운데 두 번째 메시지다(3절). 도입부의 요청(1:4)과 이전 선지자들의 경고(참고. 사 1:11-17; 58:1-7; 암 5:10-15)를 다시 거론하며 스가랴는 의의 열매를 맺고 하나님 말씀에 순종함을 증명하라고 경고하며(9, 10절) 하나님 말씀을 거부해(11, 12상반절) 하나님의 진노를 산(12하반절) 그 조상들의 모습을 생각해보라고 권면한다. 참고. 신명기 28:15-68; 대하 36:14-16.

7:12 **그의 영** 성령은 인간 저자들을 통해 하나님 말씀을 계시하고 영감하는 일에 핵심적 역할을 한다(참고. 고전 2:10; 벧후 1:21).

7:13 **내가 듣지 아니하리라** 이것은 불순종한 죄인들을 유기하시는 방법으로 하나님의 진노를 표현하는 무서운 심판을 말한다. *11:9에 대한 설명을 보라.* 참고. 사사기 10:13, 14; 16:18-21; 잠언 1:24-31; 호세아 4:17; 마태 15:14; 로마서 1:18-32.

7:14 **흩었느니라** 이것은 그들이 포로로 끌려가 온 땅에 흩어진 것과 그들이 끌려간 뒤 그 땅이 황폐하게 버려진 것을 가리킨다(참고. 신 30:3-10).

8:1-23 이어서 스가랴는 벧엘에서 온 사람들에게 이스라엘이 과거에 받은 심판과 미래의 약속된 회복을 비교해 설명한다. 과거에 포로로 잡혀간 일을 생각하며 유다 민족은 회개하고 의롭게 살아야 한다. 또한 미래의 약속된 회복을 생각하며 이스라엘은 회개하고 의롭게 살아야 한다. 마지막 두 메시지(1-17절과 18-23절)는 긍정적으로 미래를 바라보면서 이스라엘이 특별한 축복을 누리고 금식이 기쁨의 절기가 될 때를 예고한다.

3. 은혜의 회복(8:1-17)

8:2 **시온** 옛 예루살렘 성이 있던 산으로, 그 도시를 가리키는 이름이 되었다. **질투하며** *1:14에 대한 설명을*

보라. 강력한 어조의 이 표현은 선택한 백성이 범죄할 때 그들을 멀리할 수밖에 없는 사실을 하나님이 괴로워하시며 이스라엘의 대적들 역시 묵인하시지 않는다는 의미를 전달한다. 이스라엘을 향한 사랑이 너무 커서 다시 그들에게 돌아오시고 그 백성과 함께 거하실 것이다. 에스겔은 하나님이 예루살렘을 떠나시고(겔 8-11장) 다시 그 영광이 돌아오는(43:1-5) 환상을 보았다.

8:3 **진리의 성읍** 진리 그 자체이신 메시아가 그 성을 다스리시기 때문에(요 14:6) 말뿐 아니라 행위로 진리가 행해지는 성이다(8, 16절). **성산** 시온은 거기 거하시는 왕이 거룩하시므로 거룩하다(사 6:3).

8:4, 5 사회에서 가장 약한 자들이 평화롭고 안정된 삶을 누리게 된다(참고. 사 65:20-22).

8:6 사람들은 하나님을 제한시키는 경향이 있지만(참고. 시 78:19, 20, 41) 여호와께는 불가능한 일이 없다(참고. 창 18:14; 렘 32:17, 27). 사실상 하나님은 '너희에게 불가능해 보인다고 나도 어려우리라 생각하느냐'라고 반문하신다.

8:7, 8 **해가 뜨는 땅과 해가 지는 땅** 문맥으로 볼 때 이 돌아옴은 그리스도가 재림하시고 온 세계에서 그 백성을 다시 모으실 일을 가리킨다. 바벨론에서 귀환한 일을 가리키지 않는다. 이스라엘은 주후 1세기에 로마인들로 말미암아 디아스포라가 발생할 때까지 서쪽으로 흩어진 적이 없다.

8:8 *스가랴 1:3에 대한 설명을 보라.* 이것은 12:10-13:1에서 이야기한 이스라엘의 민족적 회심을 가리킨다. 예레미야(32:38-41)와 바울(롬 11:25-27) 역시 이 사실을 확인해준다.

8:9-17 이스라엘 민족에 대한 1-8절의 실제적 결과가 소개되어 있다. 유다 백성은 영광스러운 미래를 생각하고 성전 재건과 의로운 삶에 대한 결단을 새롭게 하라는 권면을 받는다.

8:9 **선지자들** 학개와 스가랴를 가리키는 것이 분명하다. 비문서 선지자들도 염두에 두었을 것이다.

8:10, 11 스가랴는 학개 1:6-11에 묘사한 주전 520년 전의 시간들을 회상한다. 이때는 사마리아인들의 방해와 갈등에 안락한 삶에 대한 욕구가 겹쳐 성전을 건축해야 한다는 열의가 식었고, 결국 하나님의 형벌을 받게 되었다. 그러나 그들이 다시 성전을 짓기 시작했으므로 하나님은 10절처럼 그 백성을 대하지 않으실 것이다.

8:12, 13 **이 번영의 약속이** 광범위하고 풍성함으로 당시의 역사적 순간에 국한되지 않고 메시아가 천년왕국에서 다스릴 때까지 확대 적용된다. 이것은 신명기 28:15-68과 예레미야 24:9; 25:18; 29:22의 역전이다.

8:14, 15 과거에 자기 백성을 심판하신 괴로움이 미래의 축복에 대한 맹세로 바뀐다(참고. 렘 32:42).

8:16, 17 언제나 그렇듯 약속된 축복은 하나님의 의로우신 기준에 부합해야 한다는 단서가 붙는다. 그런 수준의 순종은 하나님의 은혜로 믿고 변화되어 그 삶에 성령의 능력이 함께하셔야만 가능하다. 이런 기준들은 시편 15:1-5; 24:4; 잠언 6:20-22을 상기시켜 준다.

4. 금식이 희락의 절기가 되다(8:18-23)

8:18, 19 벧엘 사람이 보낸 사절들의 질문에 대한 마지막이자 네 번째 대답은 금식하고 애곡하는 민족의 절기가 어떻게 기쁨의 축제가 될 수 있는지를 보여준다. 이것은 7:3의 원래 질문에 대한 실제적 답변이라고 할 수 있다. 하나님의 약속하신 축복을 바라보며 금식을 기쁨의 절기로 바꾸라는 것이다.

8:19 다섯째 달과 일곱째 달의 금식 외에(*7:3, 5에 대한 설명을 보라*) 두 번의 금식이 더 있었다. 네 번째 달에는 예루살렘 성벽이 무너진 것을 기억했고(왕하 25:3; 렘 39:2-4) 열 번째 달에는 주전 588년 시작된 예루살렘 마지막 포위 공격이 시작된 날(왕하 25:1; 렘 39:1)을 기

예루살렘의 다른 이름들

'평화의 성'

- 우리 하나님의 성(시 48:1)
- 큰 왕의 성(시 48:2)
- 만군의 여호와의 성(시 48:8)
- 살렘(시 76:2)
- 시온(시 76:2)
- 의의 성읍(사 1:26)
- 신실한 고을(사 1:26)
- 아리엘(하나님의 사자, 사 29:1)
- 거룩한 성(사 52:1)
- 여호와의 성읍(사 60:14)
- 헵시바(나의 기쁨이 그에게 있다, 사 62:4)
- 여호와의 보좌(렘 3:17)
- 여호와는 우리의 의(렘 33:16)
- 온전한 영광(애 2:15)
- 모든 세상 사람들의 기쁨(애 2:15)
- 여호와삼마(겔 48:35)
- 진리의 성읍(슥 8:3)
- 성산(슥 8:3)

억했다.

8:20-22 천년왕국에서 영광을 회복한 이스라엘은 온 세상에게 축복의 통로가 될 것이다(참고. 사 2:2-4; 미 4:1-5). 온 세계의 이방인은 하나님께 기도하러 예루살렘을 찾아올 것이다. 이것은 천년왕국 때 온 세상 사람이 구원을 받는다는 의미이며, 시편 122편이 성취되었음을 보여준다.

8:23 **그 날에는** 지상에 메시아 왕국이 시작되는 날(*욜 3:18에 대한 설명을 보라*) 유대인은 원래 뜻하신 대로 하나님의 참된 메신저가 될 것이고, 많은 사람이 그리스도께 돌아올 것이다. 열 명당 한 명이라는 비율은 돌아올 이방인의 수가 엄청나다는 뜻이다(참고. 창 31:7; 레 26:26; 민 14:22; 삼상 1:8; 느 4:12). 천년왕국 때 온 세상은 이스라엘에 계신 메시아를 주목할 것이다. 그 왕국에서 유대인이 누리는 놀라운 축복을 보고 사람들은 왕 되신 구세주를 만나려고 할 것이다.

흩어진 이스라엘을 다시 모아 천년왕국의 백성이 되게 하시겠다는 하나님의 약속

1. 신 30:3, 4	14. 렘 32:37
2. 사 11:12	15. 렘 50:19, 20
3. 사 43:5, 6	16. 겔 11:17
4. 사 54:7	17. 겔 20:41
5. 사 56:8	18. 겔 28:25, 26
6. 렘 12:15	19. 겔 34:11-13
7. 렘 23:3	20. 겔 36:24
8. 렘 23:8	21. 겔 37:21, 22
9. 렘 24:5, 6	22. 겔 39:25-29
10. 렘 29:14	23. 암 9:14
11. 렘 30:3	24. 습 3:19, 20
12. 렘 30:8	25. 슥 8:7, 8
13. 렘 31:10	

스가랴의 두 가지 묵시 (9:1-14:21)

9:1-14:21 스가랴는 날짜가 명기되지 않은 마지막 두 번의 신탁에서 "그 날에"를 18번이나 이용해 다음 몇 가지를 중점적으로 부각시킨다. 첫째, 이스라엘 민족의 몰락이다. 둘째, 이스라엘의 구원이다. 셋째, 메시아의 왕으로서 등극이다. 첫 신탁(9:1-11:17)은 첫 번째와 세 번째 내용을 다루며 초림 때 그리스도가 배척당하실 것을 예언하는 내용으로 마무리한다. 두 번째 신탁(12:1-14:21)은 두 번째와 세 번째 특징을 다루고 메시아이신 그리스도의 왕국으로 마무리한다.

A. 초림 때 사람들에게 배척을 받으실 메시아 (9:1-11:17)

9:1-8 이 신탁은 이스라엘 주변 나라들에 대한 일련의 심판을 선언하고(1-7절) 그 백성에게 구원을 약속한다(8절). 대부분의 학자는 이것이 팔레스타인으로 진격해 오기 약 200년 전에 주어진 유명한 그리스 정복자 알렉산더 대왕의 승리에 대한 예언이라고 이해한다. 그는 대환난 마지막에 열국을 심판하고 이스라엘을 구원하러 재림하실 그리스도에 대한 유비를 제공한다(참고. 마 24:21).

9:1 **말씀** 무겁고 부담스러운 메시지(즉 신탁)로, 두려운 미래의 사건에 대한 예언을 말한다. 여기서는 열국에 대한 심판의 예언이다. **하드락** 위치는 불확실하다. 앗수르 왕의 연감에 언급된 고대의 하타리카(Hatarika)로, 하맛 부근에 위치했을 것이다. 오래된 유대 전승에서는 이것이 합성어로 '하드'는 '예리하다'는 뜻이며 '락'은 '부드럽다'라는 뜻이라고 한다. 날카로우면서 부드러운 땅은 메대-바사 왕국을 가리키는 표현일 수 있다. 바사는 고레스와 같은 강력한 정복자로 말미암아 예리한 쪽에 해당되고 메대는 그 방탕함 때문에 부드러운 쪽에 해당된다. 1, 2절의 성들은 메대-바사 왕국의 지배를 받은 주요 성읍들이다. **다메섹** 하나님이 심판하실 주요 목표물로 주전 900-722년 이스라엘을 가장 많이 괴롭힌 적들 가운데 하나다. 하나님은 알렉산더 대왕을 이용해 이 아람 수도를 심판하실 것이다. **사람들과…눈이 여호와를 우러러봄이니라** 모든 인류가 보는 가운데, 특히 이스라엘이 보는 가운데 알렉산더 대왕을 이용한 하나님의 심판이 이루어질 것이다.

9:2 **하맛** 다메섹 북쪽 402킬로미터 지점에 위치한 큰 성읍으로 오론테스 강변에 자리한다. 알렉산더는 메대-바사 제국의 속국이던 아람 내륙의 이 성읍들을 손에 넣고 남쪽 해안으로 방향을 돌려 애굽으로 진격하는 도중 베니게와 블레셋의 성읍들을 정복했다. **두로와 시돈…매우 지혜로움이니라** 지중해 연안에 자리한 페니키아 도시들은 장인의 기술력과 지혜(참고. 겔 28:12-15), 사악한 영향력(겔 28:11-19)으로 유명했다.

9:3, 4 **두로** 이 도시는 해안에서 0.8킬로미터 거리의 섬이 딸려 있었고 난공불락의 성이라고 생각했다(참고. 사 23:1-4). 어떤 곳은 성벽의 높이가 46미터에 달할 정도로 견고한 요새였기 때문에 앗수르의 왕 살만에셀은 5년간 포위 공격을 했지만 결국 함락시키지 못했다.

그러나 하나님의 심판 도구인 알렉산더는 느부갓네살이 무너뜨린 내륙 본성의 잔해를 이용해 그 섬으로 제방을 만들어 7개월 만에 이 섬을 함락했다(주전 334-332년).

9:5, 6 블레셋 성읍들은 알렉산더 대왕의 군대가 신속하게 두로를 정복하는 모습을 보고 공포에 떨었다. 알렉산더는 곧 남쪽으로 진격하여 모든 블레셋 성읍을 무너뜨리고 그들의 민족적 자부심을 짓밟았다.

9:7 이 심판으로 블레셋의 많은 사람이 우상숭배를 버리고 이스라엘의 하나님을 의지하게 된다. 이 절에서 사용된 이미지를 보면 블레셋 민족은 그 입에 피를 흘리고(우상에게 바친 제물을 먹고) 가증한 것(나머지 우상의 더러운 음식)을 가진 사람으로 묘사되어 있다. 하나님은 이 피와 가증한 것을 제거해주신다. 이것은 그들이 회심하고 참되신 하나님을 예배하게 됨을 의미한다. **여부스 사람** 이 고대의 예루살렘 거민들은 다윗에게 정복되어(참고. 삼하 5:6-11) 이스라엘에 흡수되었다. 이 블레셋 사람들도 그렇게 될 것이다.

9:8 이것은 하나님이 알렉산더에게서 예루살렘을 보호해주겠다는 맹세다. 알렉산더가 남방으로 진격하는 도중 예루살렘을 우호적으로 대함으로써 이 예언이 실제로 이루어졌다. 그는 애굽을 정복하고 귀국길에 다시 팔레스타인을 통과하면서도 이스라엘에 해를 입히지 않았다. **포학한 자가 다시는 그 지경으로 지나가지 못하리니** 여기서 약속하신 초자연적이고 지속적인 보호는 메시아의 재림을 기대하게 한다. 그분의 오심은 이 메시지의 남은 부분이 가진 주제다. 알렉산더에서 그리스도로 이 예언을 확대 적용한 이유는 하나님이 이방 왕을 사용하셔서 열국을 심판하고 이스라엘을 구원하실 수 있다면 그 의로우신 메시아는 기꺼이 사용하실 수 있다는 당연한 추론 때문이다. 그러므로 8절은 마지막 심판과 메시아의 구원으로 연결된다.

9:9, 10 이사야 61:1-3의 경우처럼 그리스도의 초림과 재림을 마치 한 사건인 것처럼 압축적으로 표현한다(참고. 눅 4:16, 21). 실제로 9절은 그분의 초림을 가리키고 10절은 그분의 재림을 말한다. 구약 선지자들은 두 강림 사이의 긴 시간적 간격을 구분하지 않았다. 교회 시대는 그들에게 감춰진 '신비'였다(참고. 엡 3:1-9; 골 1:27).

9:9 **네 왕이…나귀를 타시나니** 알렉산더 대왕과 달리 이 왕은 나귀를 타고 오신다(참고. 렘 17:25). 이것은 그리스도께서 예루살렘으로 승리의 입성을 하실 때 성취되었다(마 21:1-5; 요 12:12-16). 유대인은 다윗의 계보에서 나오실 왕을 사모했어야 한다(참고. 삼하 7; 대상 17장). 이 절은 왕이시다, 공의로우시다, 구원을 베푸시다, 겸손하시다 등 네 가지로 메시아의 속성을 설명한다.

9:10-15 스가랴는 이어서 그리스도의 재림과 그분의 우주적 왕국의 설립을 말한다(*9:9, 10; 11:15, 16에 대한 설명을 보라*). 피비린내 나는 전쟁이 없는 메시아의 통치로 평화의 왕국이 열리므로 전쟁 무기가 평화로운 용도로 사용되거나 무용지물이 된다(참고. 사 2:4; 9:5-7; 11:1-10; 미 5:2, 10-15). 평화가 유브라데강(문명의 발상지)에서 온 세계로 확산될 것이다.

9:10 **에브라임** 이스라엘을 가리키는 또 다른 이름으로 종종 구약에서 북왕국을 가리켜 사용되며, 때로 온 이스라엘 민족을 가리킨다.

9:11 **네 언약의 피** 이스라엘이 그렇게 복을 받아야 하는 이유는 무엇인가? 수세기 동안 그들이 언약에 충실해서가 아니라 하나님이 아브라함과 피로 맺은 그 언약(창 15:1-10)을 한결같이 지키시기 때문이다. 하나님이 살아 계시는 한 그 언약은 효력이 있다. **물 없는 구덩이에서** 고대의 죄수들은 종종 요셉처럼 물 없는 구덩이나 마른 우물에 갇혀 있었다(창 37:24, 28). 포로생활과 고통, 절망이라는 마른 우물에 갇힌 이스라엘 포로들은 하나님의 폐기할 수 없는 언약 때문에 자유를 얻게 된다. 그들은 "소망을 품은 자들"(소망의 죄수들, 12절)이라 불리며 '갑절'의 복을 받는다(참고. 사 61:7).

9:13-15 출애굽을 연상케 하는(출 19:16-19; 합 3:3-15) 내용으로, 주님은 그들을 보호하고 힘을 주실 것이다(참고. 사 11:11-16; 슥 12:6, 8). 이 예언은 마카베오가 주전 167년 그리스인들과 싸워 이김으로써 역사적으로 처음 성취되었다. 마지막 완전한 성취는 그리스도가 재림하실 때 이루어진다. 마카베오의 승리는 모든 원수를 최종적으로 이기시라는 약속이자 예표일 뿐이다.

9:15 **물맷돌을 밟을 것이며** 이것은 다윗이 골리앗을 이기듯 유대인들이 쉽게 그 원수들을 무너뜨린다는 의미다(삿 20:16). 이는 적들이 물맷돌을 던져도 아무 해를 가하지 못하며 그 모습을 본 그들이 비웃으며 그 물맷돌을 짓밟는다는 뜻이다. 이것은 하나님을 미워하는 세상 군대가 이스라엘에 집결하지만 메시아께서 무너뜨리심으로써 아마겟돈 전쟁이 허무하게 끝난다는 뜻일 수 있다(참고. 계 16:12-16; 19:11-16). 그날에는 여호와를 모르는 자들이 흘린 피가 팔레스타인 땅 끝까지 보일 것이다. 마치 희생제물을 잡은 대야에서 피가 튀어 제단 사방에 묻은 것과 같다(참고. 계 14:20). **피를 마시고 즐거이 부르기를** 이것은 이스라엘이 승리한 후 기뻐하며 흥겨워하는 모습을 나타낸다.

9:16, 17 일찍이 한 번도 보지 못한 풍성함과 형통함

으로 기뻐 뛰며 그 백성, 이스라엘을 구원해주신 하나님을 찬양한다(참고. 신 33:28; 시 4:7, 8).

10:1 **여호와께 비를 구하라** 9:17의 약속된 축복을 생각하고 선지자는 백성에게 확신을 가지고 하나님께 이 축복을 구하도록 독려한다. 그 왕국에 늦은 비(4/5월)가 내려 그 땅이 윤택해질 것이다(참고. 사 35:1-7). 그러나 이 약속은 영적 축복까지 포함한다(참고. 호 6:1-3). 영적 은혜와 하나님의 선하심이라는 '늦은 비'는 그 백성의 영혼을 새롭게 소성시켜 줄 것이다(참고. 사 44:3).

10:2 **드라빔…복술자** 풍성한 축복을 주시는 하나님과 달리 우상이나 가정 신들(참고. 창 31:19, 34), 사탄의 힘을 빌린 복술자들은 이스라엘을 목자 없는 양 떼처럼 유리하도록 만들었다(참고. 겔 34:6-10). 하나님은 거짓으로 백성을 인도한 지도자들을 심판하실 것이다(3절). 이 말씀은 말세에 비슷한 속임수와 기만이 있으리라는 것을 의미한다. 신약은 이 점을 확인해준다(참고. 마 24:5, 11, 22-28; 살후 1:8-12).

10:3 **준마** 이스라엘은 양처럼 유약하지만 주님이 힘 주심으로 그 원수들을 무너뜨릴 때는 천하무적의 왕궁 군마처럼 된다(12:8).

10:4 **모퉁잇돌** 이것은 메시아의 칭호로 빈번하게 사용되는 표현이다(참고. 사 28:16; 엡 2:20; 벧전 2:6-8). 그리스도는 그 왕국의 기초석이 되신다. **말뚝** 이것은 장막 중앙 기둥에 부착된 못들을 가리킬 수도 있다. 이곳에 용기와 귀중품을 걸었다. 메시아는 그 왕국 가운데 있는 말뚝이며, 그 왕국의 모든 영광이 그분께 달려 있다(참고. 6:13; 사 22:23-24). **싸우는 활…권세 잡은 자** 메시아를 가리키는 또 다른 표현으로(참고. 9:13; 계 19:11-16) 그분의 권세 아래 모든 통치자가 복종할 것이다.

10:5 **여호와가 그들과 함께 한즉** 선지자는 전쟁에서 보병이 기병을 제압하는 모습을 묘사한다(참고. 12:1-9). 이 유비는 그분이 함께하실 때 그 백성이 큰 힘을 발휘하는 모습을 그린다.

10:6 **유다 족속…요셉 족속** 천년왕국의 축복으로 온 이스라엘 민족이 회복되듯 남왕국과 북왕국도 축복을 누리는 위치로 회복될 것이다(참고. 렘 32:37). **나는 그들의 하나님 여호와라** 이스라엘이 회복한 이유는 언약을 지키시는 하나님 때문이다. 그는 한결같이 무조건적으로 그들을 사랑하겠다고 확인해주셨다. 앗수르와 바벨론 유수로 표현된 신명기 28:15-68의 저주 때문에 이스라엘에게 하나님이 약속하신 축복이 무효화되거나 그 축복이 다른 민족으로 이전되지는 않았다. 심지어 그들이 메시아를 못 박은 후에도 베드로는 여전히 그 약속을 받을 수 있음을 확인해주었다(참고. 행 2:39). 아브라함의 언약이 여전히 유효했고 그들은 여전히 하나님의 약속의 백성이었다(행 3:25).

10:7 천년왕국이 시작될 때 이스라엘 민족이 회복된 기쁨을 포도주를 마시는 사람에 비유한다(참고. 사 66:10-14; 습 3:14-20).

10:8 **내가 그들을 향하여 휘파람을 불어** 선지자는 지금까지의 내용을 요약한다. 즉 메시아가 이스라엘을 구속하러 부르시고 그 땅에 다시 모으신다는 것이다(참고. 사 5:26). 애굽에서처럼(참고. 출 1:8-22) 메시아를 믿는 믿음으로 하나님의 보호하심을 입는 이스라엘 백성은 대환난을 이기고 천년왕국에 들어가 크게 번성할 것이다(참고. 2:4; 사 54:1-3).

10:9, 10 하나님이 예언대로 그 백성을 온 세상에 흩으셨듯(주후 70년) 그들을 다시 불러 모아 메시아 왕국의 백성이 되게 하시리라는 또 다른 내용의 요약이다(참고. 사 11:11, 12; 49:20-22).

10:11 이스라엘 백성이 홍해를 건넌 것처럼 하나님은 메시아 왕국에 이스라엘이 다시 돌아오도록 정치적이고 지리적인 장해물을 모두 치워주실 것이다. 이스라엘의 오랜 원수인 앗수르와 애굽은 하나님이 그 뜻을 성취하지 못하도록 막을 모든 나라를 상징한다(참고. 사 11:11, 12).

10:12 **내 이름으로 행하리라** 이스라엘 백성은 천년왕국에서 메시아의 메신저가 될 것이다. 이것은 에스겔이 말한 완전한 영적 회복이다(참고. 겔 36:21-38; 37:1-14, 22-28).

11:1-17 메시아가 놀라운 목자로 묘사된 9장과 10장과 달리 이 단락은 참되신 목자인 메시아가 배척당하는 장면을 묘사한다. 선지자는 재림으로 메시아가 영접받으시며 영광을 받으시는 장면에서 초림 때 그 민족이 변절하여 메시아를 배척하는 장면으로 전환한다.

11:1-3 스가랴는 대형 화재로 나무가 다 사라지듯 심판의 불이 이스라엘 온 땅을 휩쓸어 모든 것을 사르며 불의한 자들을 삼키리라고 묘사한다. 이런 심판은 영적 심판에 국한되지 않는다. 이스라엘 땅이 심판을 당함으로써 사람들이 죽음을 당하는 형벌도 포함된다. 스가랴서에서 가장 시적인 언어가 여기서 사용되고 있다. "레바논" "바산" "요단"은 온 이스라엘 땅을 상징하며 심판의 불이 꼭대기부터 바닥까지 휩쓸고 북쪽, 내륙, 마지막으로는 요단 골짜기 아래 남쪽 국경까지 온 땅이 그 대상이 될 것임을 가리킨다.

11:2 **너 잣나무여 곡할지어다** 튼튼한 백향목이 쓰러진다면 한층 더 약한 작은 나무는 서 있을 수도 없을 것이다. **바산의 상수리나무들** 이스라엘 북쪽 경계의 레바

논에서 상수리나무와 무성한 초지로 유명한 갈릴리 해의 바산까지 시선이 이동한다(참고. 암 4:1; 미 7:14).

11:3 **목자들의 곡하는 소리** 목자들은 그 초지가 사라진 것에 탄식하고 어린 사자들은 그 집과 양식이 없어 부르짖는다. 둘 다 무서운 심판으로 온 땅을 덮친 비참한 상황을 묘사한 시적 비유다. 이 장을 읽다 보면 이것이 주후 70년 예루살렘 파괴와 그 이후 그 땅이 황폐해지고 그로 말미암아 유대 국가가 붕괴되는 과정의 예언임을 알게 된다.

11:4-14 1-3절에서 언급한 재앙의 원인이 소개되어 있다. 참되신 목자를 거부했기 때문이다. 하나님은 선지자 스가랴를 목자의 역할을 맡은 배우처럼 사용하셔서 참된 목자이신 예수 그리스도와 그분이 당한 배척을 설명하도록 하신다. 4-6절의 교훈은 7-14절에서 극적으로 상연된다.

11:4-6 여호와 하나님은 그의 백성이 살육을 당하기 전에 살을 찌우는 양처럼 취급당하리라고 말씀하신다. 목자들은 그들에게 아무 관심이 없고 오직 고기를 팔아 벌 돈에만 관심이 있다. 이처럼 하나님은 어떤 연민도 보이시지 않고 그 양들을 살찌울 것이다. 하나님의 연민(참고. 호 1:6)과 보호하심이 없어지면 그들은 로마라는 "이웃"과 그들의 "임금" 가이사의 손에 넘겨질 것이다(참고. 요 19:14, 15). 그들은 결국 주후 70년 로마군에게 멸망했다(참고. 요 11:47-50). 이 공격에서 100만 명이 넘는 유대인이 살육당했고 잇따른 로마군의 팔레스타인 공격으로 50만 명 이상이 사망했다.

「스가랴 선지자(*Prophet Zechariah*)」 1508년. 미켈란젤로. 프레스코화. 390×360cm. 시스티나 성 당. 바티칸.

11:7-14 스가랴가 그리스도의 배척당하심을 극으로 연기한 내용이 기록되어 있다. 이 배척으로 이스라엘은 1-3절에 기록된 대로 심판을 받을 것이다.

11:7 **양 떼를 먹이니** 선지자는 그 백성을 하나님의 진리로 먹였다. 메시아가 오실 때 하실 일을 미리 보여준 것이다. **참으로 가련한 양들이라** 예수님이 양 떼를 먹이러 오셨을 때 가련한 자들(가난한 자들)만 반응을 보였다(참고. 마 11:5; 고전 1:26). 그들은 비천한 신분이었지만 제사장이나 서기관과 바리새인의 오만에 물들지 않고 예수님을 믿었다. **은총…연합** 선지자는 상징적 행위를 하기 위해 "막대기 둘"을 취했다. 동양의 목자들은 종종 막대기 두 개를 들고 다니면서 하나는 야생 짐승들을 막는 데 쓰고 하나는 제멋대로인 양들을 인도하고 불러모으는 지팡이로 사용했다(참고. 시 23:4). 한 막대기가 선한 목자인 그리스도가 자기 백성을 인도하고 보호하며 하나님의 사랑과 은혜를 표현하는 상징이라면(막 6:34), 또 다른 막대기는 이스라엘의 흩어진 집을 한 우리로 끌어모으는 그리스도의 연합의 사역을 상징한다(참고. 14절; 마 15:24).

11:8 **세 목자를 제거하였으니** 세 목자가 누구인지 확인하기 어렵지만 가장 오래된 해석 가운데 하나는 이것이 이스라엘의 제사장, 장로, 서기관을 가리킨다고 주장한다(서론의 해석상의 과제를 보라). 예수님은 이스라엘에게 은혜와 연합을 베푸는 동시에 이 종교지도자들의 위선을 지적하셨다. 그러나 그들이 그분을 거부했기에 이 세 직분은 바로 소멸되었다. 하나님은 전통적인 중재자 직을 폐하시고 그 자리에 새 제사장인 성도들을 세우셨다(참고. 벧전 2:5, 9; 계 1:6; 5:10; 20:6). **내 마음에 그들을 싫어하였고** 문자적으로 '내 영혼이 그들을 외면하다'라는 뜻으로 회개하지 않는 자들에 대한 하나님의 인내심이 한계가 있음을 가리킨다.

11:9 **서로 살을 먹는 대로 두리라** 7:13*에 대한 설명을 보라.* 이 드라마에서 스가랴는 양을 버리며 그들을 가르치고 보호하는 일을 그만두는 이상한 선지자 역할을 맡았다. 믿기를 거부하는 자들은 그들 스스로의 욕망을 좇도록 버려둘 것이며 위험한 적들에게 노출되도록 버려둘 것이다. 주후 70년경 로마의 포위 공격으로 굶주림을 이기지 못한 사람들은 식인을 했다고 한다(참고. 렘 19:9).

11:10 **언약을 폐하려 하였음이라** 이것은 순종하면 이스라엘을 해하지 못하도록 열국에게서 보호해주겠다는 모세 언약을 말하는 것이 분명하다(신 28:1-14). 하나님은 끊임없이 불순종하는 그 백성에게서 사랑과 보

호하시는 은혜를 거두시고(신 28:15-68) 로마의 침략으로 이스라엘이 멸망하도록 허락하셨다(참고. 눅 19:41-44; 21:24).

11:11 그리스도 당시의 신실한 남은 자들은 하나님 말씀이 성취되고 있음을 알았다. 그들은 심판이 임할 것을 알고 그리스도를 믿음으로써 그 심판의 저주를 피했다.

11:12 **은 삼십 개** 스가랴는 예수님이 돌보고자 하신 자들에게 그가 그들에게 지닌 가치라 생각되는 돈을 달라고 요청하시는 모습을 상징적으로 묘사함으로써 드라마를 계속 진행한다. 종교지도자들은 비웃으며 소에 받쳐 죽은 노예의 변상금인 은 30을 내밀었다(참고. 출 21:32). 이것은 위대한 목자 되신 예수님을 배신하고 가룟 유다가 받은 액수였다(마 26:14-16). 예수님 당시의 유대인은 그 액수를 건네며 그분이 천한 노예처럼 무가치한 존재라고 말한 셈이다.

11:13 선지자는 그리스도가 배척당하시는 것을 묘사하는 드라마에서 더 구체적인 지시를 받는다. 즉 그 은 30을 성전에 던지라는 것이었다. 이것은 가룟 유다가 죄책감을 이기지 못하고 다시 돌아가 그 피값을 성전 바닥에 던짐으로써 성취되었다. 제사장들은 그 돈을 주워 토기장이의 밭을 샀다(참고. 마 27:3-10). **그 삯** 하나님의 이 빈정거림은 그분이 인간의 이 모욕을 기꺼이 받으셨음을 나타낸다.

11:14 첫 막대기는 유대인이 선하신 목자를 배척하기 전에 꺾었지만(10절) 이스라엘 민족의 연합을 상징하는 이 막대기(7절)는 그분이 배척당하신 후에 꺾었다. 이것은 로마인들이 유다를 멸망시킴으로써 성취되었다. 요세푸스는 로마에 정복당하는 와중에 파당끼리 내분이 일어나 유대인이 서로 공격하고 싸웠다고 한다. 또한 서로에 대한 공격 정도가 로마인들 못지않게 잔인했다고 한다.

11:15, 16 선지자는 참 목자가 배척당한 후 다니엘의 마지막 이레에 나타날 적그리스도를 상징하는 어리석은 목자에 대해 연기하라는 명을 받는다(참고. 단 9:27; 요 5:43; 살후 2:3). 스가랴의 예언은 현재에 해당하는 교회 시대의 신비(*9:9, 10; 9:10-15에 대한 설명을 보라*)를 다루지 않고 주후 1세기에서 껑충 건너뛰어 재림 전의 마지막 시대로 향한다. 이 어리석은(악한) 목자는 부러진 막대기 또는 몽둥이로 완고한 양들을 때려 복종하게 만든다. 양을 정성껏 돌보는 목자라면 절대로 하지 않았을 행동이다. 하나님은 이 악한 목자가 일어나 양들을 학대하도록 허락하신다. 이스라엘이 선하신 목자를 영접하지 않았기에 목자로서는 절대 하지 말아야 할 일, 즉 양들을 파괴하는 일(16절)을 할 어리석은 목자를 맞이하게 된 셈이다. 바로 적그리스도다(참고. 단 9:27; 마 24:15-22).

11:17 **그의 팔…오른쪽 눈** 스가랴는 악한 목자를 정죄하고 그의 힘("팔")과 그의 지적 능력("눈")이 박탈당할 거라고 지적한다(참고. 단 7:9-14, 24-27; 8:23-25; 살후 2:8; 계 19:20; 20:10).

B. 재림 때 영접을 받으실 메시아(12:1-14:21)

12:1-14:21 스가랴가 받은 마지막이자 두 번째 신탁은 이스라엘이 결국 구원과 구속을 받으리라는 익숙한 주제를 제시한다. 첫 신탁의 주제가 심판이었다면 이제 그는 하나님의 언약 백성에게 천년왕국에서 이스라엘이 회복되고 복을 받으리라는 것을 약속하고 격려한다. '여호와께서 기억하신다'는 스가랴의 이름과 하나님의 성품에 맞는 약속이었다.

12:1 **이스라엘에 관한…경고** *9:1에 대한 설명을 보라.* 이 민족이 장차 포위 공격을 받으리라는 것을 말하며, 이스라엘이 회개하고 회심하기까지 황폐할 것을 암시한다(참고. 14:1, 2). **펴시며…세우시며…지으신** 세상을 창조하신 하나님은 궁극적으로 완성하는 일을 하실 것이다.

12:2 **취하게 하는 잔** 예루살렘은 열국이 열심히 들이켜 취하게 만드는 커다란 잔으로 비유된다. 다니엘의 마지막 이레에 예루살렘을 공격하러 집결한 아마겟돈 전쟁에서 그들은 취해 방향 감각을 상실하고 하나님의 심판에 속수무책으로 당하는 처지가 된다(참고. 겔 38:1-6, 14-16; 단 11:40-44; 계 9:13-16; 14:20; 16:12-16).

12:3 **크게 상할 것이라** 무거운 물건을 드는 것처럼 예루살렘을 이기려고 하는 자들마다 '심각한 부상을' 입게 된다(참고. 4, 5절).

12:4 고대에서 힘을 상징하는 말은 이스라엘 대적을 무너뜨릴 하나님의 크신 능력을 강조한다. 혼란, 광기, 눈먼 상태는 신명기 28:28에서 이스라엘이 받을 저주이지만 여기서는 이스라엘 대적에게 약속된 저주다.

12:5 하나님이 예루살렘을 특별히 사랑하시는 성으로 선택하셨음을 알고 그 땅을 다스리는 "우두머리들"(지도자들)이 자신감을 가질 것이다(참고. 시 46:5). 이 절은 그 날 유대인이 하나님을 진심으로 믿었다고 고백하는 데서 보듯 그들이 구원받는 믿음을 가졌음을 암시한다.

12:6 두 가지 직유법으로 하나님의 능력이 역사함을 설명한다. 뜨거운 숯을 담아 나무에 불을 붙이는 데 사용되는 "화로"와 마른 곡식단에 불을 붙이는 "횃불"처럼 유다 지도자들을 사용하실 것이다. 그렇게 해서 말세에

하나님의 능력이 이스라엘을 공격한 군대를 불사를 것이다.

12:7 먼저 유다 하나님은 요새화된 수도 예루살렘을 구하시기 전에 먼저 아무 방어도 할 수 없는 시골 사람들을 구원하셔서 그 전쟁이 군사력이나 전략으로 이기는 것이 아님을 보여주실 것이다.

12:8 하나님은 약한 자들을 이스라엘 역사상 가장 훌륭한 용사인 다윗 같게 하실 것이다(참고. 삼상 18:7). "여호와의 사자" 같은 "다윗의 족속"은 그 백성의 힘이 되신 메시아를 가리킨다.

12:9 십자가를 암시하는 표현에 대해서는 *12:2에 대한 설명을 보라.*

12:10 은총과 간구하는 심령 성령을 이렇게 표현한 이유는 성령이 구원하는 은혜를 주시고 그 은혜는 경건한 슬픔을 낳아 하나님께 회개하고 용서를 구하는 기도를 하게 만들기 때문이다(참고. 마 5:4; 히 10:29). **부어 주리니** 하나님은 그 완전하신 때에 그 능력으로 이스라엘을 주권적으로 구원하러 행동하실 것이다. 이것은 다른 선지자들도 예언하는 내용이며(참고. 겔 39:29; 욜 2:28-32) 이는 사도 바울도 확인해주고 있다(참고. 롬 11:25-27). **그들이 그 찌른 바 그를 바라보고** 이스라엘은 그들이 배척하고 십자가에 못 박았던 예수를 보고 회개하게 된다(참고. 사 53:5; 요 19:37). 그들이 '나를' 찔렀다고 말씀하심으로써 하나님이 성육신하셨음을 확인해준다. 예수님은 하나님이셨다. *요한복음 10:30에 대한 설명을 보라.*

12:11 므깃도…하다드림몬 그 날의 처절한 통곡은 예루살렘 북서쪽에 위치한 므깃도 평원의 하다드림몬에서 의로운 왕 요시야가 전사한 사건(참고. 대하 35:20-24)에 비유된다(참고 약 4:8, 9).

12:12-14 왕족(다윗과 그 아들 나단)과 제사장의 자손들(레위와 그 손자 시므이)은 과거에 악한 모범을 보였지만 가장 진지하고 뜨겁게 통회하고 애통해하는 모습을 보인다(참고. 민 3:17-21; 삼하 5:14). 이사야 53:1-9은 그 고백의 내용이었을 것이다. 이 애통함과 깊은 참회는 집단적 감정이 아니다. 각 개인이 개별적으로 죄를 뉘우치고 주 예수 그리스도를 믿게 된다. *요한계시록 11:13에 대한 설명을 보라.*

13:1 죄와 더러움을 씻는 샘 주님이 창에 찔리시고 못 박히사 대속적 죽음을 당하심으로써 죄에서 정결함을 입게 됨을 상징하는 표현이다(참고. 요일 1:7). 이것은 예레미야 31:31-34; 에스겔 36:25-32; 로마서 11:26-29의 새 언약을 직접적으로 인용하고 있다. 그러므로 갈보리의 죄로 이스라엘에 불어닥쳤고 수백 년 동안 조금도 누그러지지 않았던 진노의 폭풍이 갑자기 그치고 영광스럽고 즐거운 메시아 왕국에 죄를 버리고 의롭게 하실 구원이 임하게 된다. **다윗의 족속과 예루살렘 주민** 왕족과 일반 백성에게 정결함의 온전한 효과가 나타날 것을 지적한다.

> **단어 연구**
>
> **천사(Angel):** 1:9, 13; 2:3; 3:1, 5; 4:1; 5:5; 6:5; 12:8(여호와의 사자). 천상의 존재를 가리킬 수도 있고(4:1, 5; 창 19:1; 시 91:11) 사자(창 32:3; 신 2:26)나 사절(사 30:4; 겔 17:15)을 말할 수도 있다. 구약에서 하나님이 천사나 주의 천사로 나타나시는 특별한 경우도 있다(2:6, 창 16:7-13; 21:17; 22:15; 출 14:19을 보라). 구약에서 선지자들(학 1:13)과 제사장들(말 2:7)은 하나님의 사자 역할을 한다. 스가랴에서 천사들은 미래에 대한 하나님의 계시를 알리고 꿈과 환상의 의미를 해석해준다(1:14; 6:4, 5). 예수님은 말라기 3:1에서 예언한 여호와의 날을 위해 길을 예비할 이가 세례 요한이라고 알려주셨다(마 11:10, 11).

13:2-6 그리스도가 재림하셔서 이스라엘을 그 더러움에서 깨끗하게 해주시고 거짓 선지자들의 기만과 그들의 사탄적 종교에서 열국을 깨끗하게 해주실 것이다.

13:2 더러운 귀신 거짓 선지자들은 우상숭배를 조장하지만 그 이면에서는 사탄이 이를 조종한다. 거짓 선지자들을 움직이는 악한 영들은 하나님과 거룩함을 미워하고 희생자들이 도덕적 부정과 거짓 종교를 신봉하도록 하기 때문에 부정하다(참고. 신 32:17; 왕상 22:19-23; 시 106:34-39; 고전 10:20).

13:3 하나님의 구원으로 그 백성이 정결하게 되고 하나님과 그 진리를 사랑하게 됨으로써 거짓 예언을 극도로 미워하게 된다. 그래서 심지어 부모가 변절한 자녀를 죽일 정도로 극한 혐오감을 표출한다(참고. 신 13:6-9, 12-15; 신 18:18-22). 이것은 하나님이 진리를 왜곡한 그 설교자들을 어떻게 다루실 것인지 보여주는 엄중한 경고다.

13:4, 5 털옷 이 엄중한 조치 때문에 거짓 선지자들은 선지자가 전통적으로 입던 복장도 입지 않는다(참고. 왕하 1:8; 마 3:4). 그들은 사탄에게 사주받은 거짓말로 은밀하게 선동하는 방식을 쓸 것이며(참고. 렘 22:22; 미 3:7), 선지자인가 하는 물음에 농부라고 우기며 거짓말할 것이다.

13:6 네 두 팔 사이에 있는 상처 이 구절은 메시아를

가리키지 않는다. 4절과 5절의 거짓 선지자가 보이는 행동의 연장이다. 거짓 선지자가 이교도와 아무 관계가 없다고 우기면 사람들은 그의 몸에 난 의심스러운 상처를 설명해보라고 반박한다. 거짓 선지자들은 우상을 섬기는 의식을 행할 때 예언적 황홀경에 빠지고자 스스로를 자해했다(참고. 레 19:28; 신 14:1; 왕상 18:28; 렘 16:6; 48:37). 그러나 그들은 그 상처 자국이 친구들에게 폭행당해 생겼다고 주장한다. 서론에 나온 해석상의 과제를 보라.

13:7-9 스가랴는 그 친구들의 집에서 상처를 입었다고 주장하는 거짓 선지자들에게서 그 친구들의 집인 이스라엘에서 상처를 입은 참 선지자에게 시선을 돌린다. 그는 첫 강림(13:7)과 재림(13:8, 9) 사건들을 이 짧은 단락에 뭉뚱그려 표현한다. 그리스도의 십자가에 달리심(7절)과 재림 때 유대인 남은 자들(8, 9절)에 대해 말한다.

13:7 내 목자, 내 짝 된 자 하나님은 참 목자, 그분의 친한 친구인 그 강한 자에 대해 말씀하신다. 그는 그리스도로 하나님과 동등하신 분이므로 그의 신성이 확인된다(참고. 요 1:1; 10:30; 14:9). **목자를 치면** 11:17에서 맞을 자는 악하고 쓸모없는 목자였지만 여기서는 선한 목자가 그 대상이다(참고. 12:10). 하나님은 세상의 기초를 놓기 전에 그의 죽음을 작정하셨다(참고. 사 53:10; 행 2:23; 벧전 1:18-20). **양이 흩어지려니와** *마태복음 26:31; 마가복음 14:27에 대한 설명을 보라.* 예수님은 이 예언을 자신이 체포된 후 그를 떠날 제자들에게 적용하신다(마 26:56; 막 14:50). 베드로의 배신도 여기에 포함된다(마 26:33-35, 69-75). **작은 자들** "가련한 양들"(11:7)과 비슷하다. 이 표현은 유대인 가운데 예수님이 십자가에 못 박히신 후에도 메시아에게 신실했던 남은 성도들을 가리킨다. 하나님이 그들에게 손을 드리운다는 것은 실제로 그랬던 것처럼(참고. 요 15:18, 20; 16:2; 약 1:1) 그들이 박해를 받으리라는 뜻일 수 있다. 아니면 하나님이 신실한 자들을 보호해주신다는 뜻일 수도 있다.

13:8 삼분의 이…삼분의 일 이스라엘 백성 중 일부만 그리스도에 대한 믿음을 지키고 끝까지 살아남는다. 영적인 생존자들은 그분의 재림 때 회개하고 그리스도를 의지한 남은 자들일 것이다(참고. 12:10-13:1). 여기에는 14만 4,000명에 포함된 자들도 해당될 것이다(참고. 계 7:4). 이들은 그리스도의 재림 후 있을 양과 염소 심판에서 양에 해당하며, 그 왕국에 살아서 들어갈 것이다(참고. 사 35:10; 렘 30:11; 마 25:31-46).

13:9 그들 이스라엘의 선택된 남은 자들은 불같은 연단을 받는 도중 메시아이신 예수 그리스도를 만날 것이고, 그분을 그들의 구주와 주로 고백할 것이다. 그렇게 해서 이스라엘이 구원받고 주와 언약적 관계를 회복할 것이다.

14:1-21 14장은 13:8, 9의 부연 설명이다. 이스라엘 민족이 회개하기 전에(참고. 12:10-13:1) 유대인은 거짓 메시아와 조약을 맺을 것이다(참고. 단 9:27). 그는 어리석은 목자(참고. 11:15-17)나 적그리스도다. 그 7년간의 언약 기간이 중반쯤에 이르면 적그리스도는 이스라엘과 조약을 깨고 그만을 섬기도록 요구할 것이다(단 9:24-27; 마 24:15; 살후 2:3, 4). 이스라엘이 거부하면 세계의 군대가 전쟁하러 집결할 것이고 예루살렘 포위 공격과 아마겟돈 전쟁으로 정점에 도달할 것이다(계 19장). 그 전쟁에서 주님이 승리하시고(참고. 계 19:11-16) 호세아 14:4-7; 요엘 3:18-21; 아모스 9:13-15; 미가 4:1-3; 스바냐 3:14-20에서 예언한 대로 이스라엘이 완전히 회복될 것이다.

14:1 여호와의 날이 이르리라 "여호와의 날"은 죄인들에게 하나님이 진노를 내리시는 것을 가리키는 전문용어다. 여기서 스가랴는 온 세계의 죄인들에게 진노하시는 여호와의 날을 말하고 있다. 이런 일이 있고 나서는 지상에서 주님의 천년왕국 통치가 시작될 것이다. *이사야 2:12에 대한 설명을 보고,* 요엘 서론의 역사적·신학적 주제를 보라. **약탈되어 네 가운데에서 나누이리라** 예루살렘은 적에게 철저히 패배하고, 적은 그 성에서 약탈물을 나눌 여유를 부린다. 이것은 예루살렘이 얼마나 처절하게 패배할지 보여준다. 그러나 여호와의 날에 하나님은 이 악행을 저지른 세상에 진노를 쏟아부으실 것이다.

14:2 내가 이방 나라들을 모아 하나님이 직접 나라들을 모아 정결하게 하고 심판하는 데 사용하실 것이다(참고. 계 16:13, 14, 16). 그들로 말미암아 이스라엘은 유례없는 재앙의 때를 보내야 한다. 이것은 "야곱의 환난 때"의 정점이다(렘 30:5-7).

14:3, 4 그의 발이…감람 산에 서실 것이요 남은 자들이 멸절당함을 막기 위해 주님이 직접 개입해 집결한 민족들과 싸우실 것이다. 과거에 그 백성을 위해 싸우셨듯 미래에도 최고의 전사이자 왕으로 싸우실 것이다. 승천하실 때 천사들이 알린 그대로(참고. 행 1:11) 예수님은 문자 그대로 기드론 골짜기 동쪽 감람산으로 재림하실 것이다. 그분이 재림하시는 날 지형적인 대격변이 일어날 것이다(아마 지진이 원인일 듯). 이런 현상은 하나님이 심판하러 강림하실 때 흔히 보이는 현상이다(참고. 미 1:2-4; 나 1:5; 계 16:18-21). 사람들의 반응은 요한계

단어 연구

연단(Test): 13:9. '시도하다' '테스트하다'라는 뜻이다(욥 23:10; 시 139:23; 말 3:10). 이 단어는 서로 구별하고 차별화한다는 의미에서 '시험하다'라는 뜻을 가질 수 있다(욥 34:3). 이 단어가 하나님이 인간을 '시험하시다'는 의미로 사용될 때는 그 신앙이 더 확고해지도록 증명하고 확인시켜 준다는 의미를 가진다(시 66:10-12; 렘 17:10; 20:12을 보라). *시도하다*(시험하다, try)의 이 단어는 '시험하다'에 해당하는 또 다른 히브리어 *나사(nasah)*와 비교할 수 있다. 이 단어는 부정적 의미로 자주 사용되며 이스라엘이 불신앙으로 하나님을 시험할 때를 가리켜 사용되었다(출 17:7; 시 78:18; 95:9). 모세 율법은 이스라엘 백성에게 하나님을 시험하지 말라고 경고한다(신 1:16; 시 95:9). 그것은 영적 간음이나 마찬가지다(마 12:38-39). 야고보서는 하나님이 생명의 면류관을 주시고자 사람들을 시험하시지만 유혹하시지는 않는다고 말한다(약 1:12-14).

시록 6:15-17에 기록되어 있다.

14:4 감람 산은…동서로 갈라져 산이 북쪽과 남쪽으로 이동해 동서로 난 골짜기가 생길 것이다(참고. 미 1:2-4; 나 1:5; 계 16: 18, 19).

14:5 아셀 이곳은 예루살렘 동쪽으로, 새로 생긴 골짜기의 동쪽 끝을 가리킨다고 해석해야 정확하다. 정확한 위치는 모르지만 여호사밧 골짜기나 결단의 골짜기(참고. 욜 3:12, 14)일 가능성이 높다. 여기서 열국이 심판을 받고 사로잡히지 않은 절반이 피신할 것이다(2절). **모든 거룩한 자들이 주와 함께 하리라** 이 표현은 천사들 또는 유대 신자들과 이방인 신자들을 모두 가리킬 수 있다(참고. 계 19:14).

14:6, 7 이들 유대인이 새롭게 생긴 이 골짜기로 도망갈 때 세상에 빛이 사라지고(참고. 사 13:9, 10; 24:23; 욜 2:10; 3:14-16; 마 24:29, 30; 계 6:12-14) 그리스도의 영광의 빛이 대신할 것이다(참고. 사 60:19, 20). 오직 여호와만이 천년왕국에서 빛이 사라지고 다시 밝아질 그 날의 모든 계획을 알고 계신다(참고. 사 30:26; 말 4:2).

14:8 예루살렘의 성전 산은 가장 높은 곳이라도 감람산보다 91미터 낮다. 그러나 4절과 10절의 지형적 변화로 생긴 샘이 사해(동쪽)와 지중해(서쪽)로 흐르게 된다(*겔 47:1-12에 대한 설명을 보라*). 대부분의 팔레스타인 시내와 달리 여름에도 마르지 않고 연중 내내 흘러 사막이 "백합화 같이" 피게 될 것이다(사 35:1).

14:9 여호와께서 홀로 한분이실 것이요 그의 이름이 홀로 하나이실 것이라 참고. 요한계시록 11:15. 그리스도가 통치하실 천년왕국에서는 온 세상에 오직 한 종교만 있을 것이다. 그리스도는 철창으로 통치하시며(참고. 계 19:15) 사탄이 만든 온갖 거짓 종교를 다 제하실 것이다. 이것은 유대 민족에게 이스라엘이라는 나라와 아브라함에게 약속하신 땅을 주시리라는 아브라함 언약, 유다 지파와 다윗 계보에서 왕이 나시리라는 다윗 언약, 유대인과 이방인의 영적 구속에 대한 소망을 강조하는 새 언약의 궁극적 성취다. 이 모든 것이 주 예수 그리스도 안에서 그분으로 말미암아 성취될 것이다.

14:10 온 땅이 아라바 같이 되되 *아라바(plain)*는 헤르몬산(해발 약 2,815미터)에서 아카바만에 이르는 요단 골짜기를 가리킨다. 북쪽으로 9.7킬로미터에 이르는 게바에서 남쪽의 림몬에 이르는 온 땅이 요단 골짜기의 물이 풍부하고 비옥한 저지대처럼 될 것이라고 말한다(참고. 창 13:10). 그래서 예루살렘이 반지 위의 영롱한 다이아몬드처럼 높아질 것이다. 이 수치대로 재건되면 예루살렘은 하나님의 성전과 예수 그리스도의 보좌가 있는 존귀한 왕의 성으로 지리적으로나 용도상으로 높이 들림을 받게 된다(참고. 겔 40-48장). 이런 랜드마크의 위치를 보면 "동쪽에서 서쪽까지 북쪽에서 남쪽까지 모두 예루살렘"이라고 말하는 것이나 다름없다.

14:11 평안히 서리로다 평화의 도시인 예루살렘은 지구상에서 그 어느 성보다 치열한 쟁취의 대상이었고 천년이 넘게 기도의 대상이 된 곳이다(시 122:6-9). 하나님이 약속하신 대로(삼하 7:10-17; 시 2:6; 겔 37:24-28; 욜 3:16, 17) 영원한 의를 알고 그와 더불어 평화와 안식과 안전을 누릴 것이다.

14:12-15 스가랴 선지자는 마지막으로 천년왕국이

아라바 평원(Arabah plain)

단어 연구

날(Day): 14:1. 구약에 다양한 사례가 있다. 밤과 반대되는 낮을 말하거나(암 5:8) 한 달 중의 특정한 하루처럼 스물네 시간을 가리킬 수 있다(창 7:11). 또한 '때'나 추수기처럼 일정한 기간을 말하거나(잠 25:13) 심지어 일 년을 가리킬 때도 있다(삼하 13:23). 이 단어는 "여호와의 날"과 같은 중요한 어구에 사용된다(사 2:12; 겔 13:5; 욜 1:15; 습 1:14). 선지자들에게 여호와의 날은 하나님이 그 대적들에게 결정적으로 승리하실 미래의 날이라는 뜻이다. 이 날은 하나님의 신실한 종들에게는 축복과 큰 기쁨을 누리는 날이지만(사 2장) 하나님의 대적들에게는 어둠의 날이다(암 5:18).

도래하기 전에 있을 심판을 다시 거론한다. 하나님은 앗수르 군대를 심판하실 때처럼(사 37:36) 초자연적으로 역병을 주셔서 이스라엘을 공격하러 집결한 이교도들을 치실 것이다(1-3절). 이들은 공포에 휩싸여 서로를 공격하게 되고(참고. 삿 7:22; 삼상 14:15-20; 대하 20:23) 이 틈을 타서 절반의 살아남은 자들이 탈출할 수 있다. 하나님은 자기 백성이 싸우도록 힘을 주시고(참고. 사 11:13, 14) 이어서 그 짐승들에게까지 전염될 역병을 주셔서 그 짐승들이 전쟁에 동원되거나 탈출하는 데 사용되지 못하게 막으실 것이다. 이것은 하나님이 메시아를 통해 그들을 완전히 무너뜨리고 이스라엘을 치고자 한 시도가 철저히 좌절될 것을 의미한다(계 19:11-16).

14:16-19 이 중요한 단락은 일부 이방인이 구속함을 입은 유대인과 더불어 산 채로 천년왕국에 들어갈 것을 계시한다. 그 이방 나라들의 회심한 남은 자들은 천년왕국 때 매년 예루살렘으로 와서 여호와를 경배하고 초막절을 지킬 것이다. 하나님이 광야에서 이스라엘과 함께 거하신 때를 기념하는 이 절기는 예루살렘에서 지키는 중요 세 가지 절기 중 마지막 절기로(레 23:34-36) 한 해의 작물을 최종 추수함을 상징하는 기쁨의 절기였다. 천년왕국에서 이 절기는 메시아가 그 백성 가운데 다시 거하심을 기념하고 열국을 모으심과 이스라엘이 회복된 것을 기뻐하는 시간이다. 이 절기를 지키러 예루살렘으로 올라오지 않는 자들은 가뭄과 역병을 겪을 것이다. 비극적인 것은 천년이라는 세월이 흐르면서 그리스도를 그들의 구주와 왕으로 인정하지 않고 배척한 온 세계의 많은 사람이 그분에 맞서 마지막 전쟁을 시도하지만 결국 패배하고 영원히 지옥에 던져진다는 것이다(참고. 계 20:7-15).

14:16 초막절 초막절의 역사적 배경은 레위기 23:33-36; 민수기 29:12-38; 신명기 16:13-17에서 확인할 수 있다. 초막절 외에 천년왕국에서 지킬 다른 두 절기는 신년 절기(겔 45:18-20)와 유월절/무교절(겔 45:21-25)이다. 이 절기들은 모세 시대나 교회 시대의 주의 만찬처럼 더 이상 효력이 있지는 않을 것이다. 이 모든 절기는 갈보리에서 단번에 드리신 희생제사를 상징적으로 예표하거나 기념하는 의미가 있다.

14:17 비를 내리지 아니하실 것인즉 가뭄은 사람들의 생명 유지에 필수적인 물을 공급받지 못하기 때문에 무서운 심판이다(참고. 왕상 17:1-7; 대하 7:13, 14; 약 5:17, 18).

14:20, 21 관에다 "여호와께 성결"이라는 구절을 새겨 썼던 대제사장들이 주의 일을 위해 구별되었듯(참고. 슥 3:5; 출 28:36; 39:30) 말에 단 방울, 솥과 팬처럼 세속적이고 일상적인 그릇조차 희생제사에서 사용하는 제단 주발과 대제사장에 못지않게 거룩할 것이다. 성과 속을 구분할 필요가 사라지는 것이다. 메시아의 영광스러운 왕국에서는 모든 것이 주를 섬기도록 성별함을 입는다.

14:21 가나안 사람 이 가나안 사람은 도덕적으로나 영적으로 부정해서 천년왕국의 성전에 들어가지 못할 사람을 비유적으로 표현한 것이다. 이스라엘이 약속의 땅을 정복하기 전 부정한 가나안 사람들이 그곳에 살았다. 그래서 이스라엘에서는 가나안 사람이라는 표현이 도덕적으로 타락하고 의식적으로 부정한 사람을 가리키는 일종의 관용적 표현이 되었다.

연구를 위한 자료

Charles L. Feinberg, *The Minor Prophets* (Chicago: Moody, 1980). 『12소선지서 연구』, 찰스 리 화인버그 지음, 엄성옥 옮김(은성, 1992).

Walter C. Kaiser Jr., *Zechariah*, in vol.23 of The Preacher's Commentary (Nashiville: Thomas Nelson, 1992).

Merrill F. Unger, *Zechariah: Prophet of Messiah's Glory* (Grand Rapids: Zondervan, 1991).

제목

저자 말라기의 이름이 책의 제목이다. 소선지서에서 마지막 책인 이 말라기를 끝으로 하나님은 역사적·예언적 의미에서 구약 정경을 마무리하신다.

저자와 저작 연대

어떤 이들은 이 책이 익명의 저자가 쓴 것으로 '내 사자' 또는 '여호와의 사자'라는 의미의 말라기는 고유명사라기보다 직책을 가리킨다고 주장한다. 그러나 역사적으로 다른 예언서들이 서론의 표제에서 그 저자를 밝힌 전례가 있기 때문에 말라기 역시 이스라엘의 마지막 구약 문서 선지자의 이름이라고 보는 것이 일반적이다. 유대 전승은 그가 성경을 수집하고 보존한 대회당의 일원이라고 말한다.

내적 증거만으로 볼 때 이 예언서의 저작 연대는 주전 5세기 후반이며 주전 433-424년 느헤미야가 바사로 돌아간 때일 가능성이 높다(참고. 느 5:14; 13:6). 말라기는 주전 516년 완공된(참고. 스 6:13-15) 두 번째 성전에서 희생제사를 드렸다고 기록한다(1:7-10; 3:8). 그 후로 세월이 흘러 제사장들은 점점 안일함에 빠져 타락하게 되었다(1:6-2:9). "총독"(1:8)이라는 말라기의 표현은 느헤미야가 바사로 돌아간 당시(느 13:6) 유다가 바사의 지배하에 있었음을 보여준다. 반면 율법을 강조한 것(4:4)은 에스라와 느헤미야의 태도와 일맥상통한다(참고. 스 7:14, 25, 26; 느 8:18).

그들은 이방 여인들과의 혼인 문제(2:11-15. 참고. 스 9; 10; 느 13:23-27)나 십일조 태만 문제(3:8-10. 참고 느 13:10-14), 사회적 불의(3:5. 참고. 느 5:1-13) 등 다른 관심사도 공유한다. 느헤미야는 주전 445년 예루살렘에 도착해서 성벽을 재건하고 주전 433년 바사로 돌아갔다. 나중에 그는 말라기가 지적한 죄 문제를 다루기 위해 이스라엘로 다시 돌아온다(주전 424년, 느 13:6). 그러므로 말라기는 느헤미야가 부재한 기간에 기록되었을 가능성이 높다. 이것은 학개와 스가랴가 예언을 시작한 후 거의 1세기가 지난 뒤였다.

배경과 무대

바벨론에서 유다로 귀환한 포로 수는 5만 명에 지나지 않았다(주전 538-536년). 스룹바벨의 지도하에 성전이 재건되었고(주전 516년) 제사제도가 새롭게 갱신되었다. 에스라는 주전 458년에 귀환했고, 그 후로 주전 445년 느헤미야가 돌아왔다. 팔레스타인으로 귀환한 지 겨우 1세기가 지난 후 유대인은 종교적 형식주의에 빠져 그들을 향한 하나님의 크신 사랑에 무감각해졌고 백성이나 제사장을 가리지 않고 그 율법을 무시하는 태도가 만연해 있었다.

말라기는 이런 잘못을 책망하고 정죄하며 그 백성을 강력히 고발하고 회개를 촉구한다. 바사에서 다시 돌아온 느헤미야(주전 424년)는 성전과 제사장들의 이런 잘못된 모습을 통렬히 책망했다. 안식일을 어기고 유대인 아내와 이혼하고 이방인 여인과 결혼함으로써 율법을 범한 일도 크게 책망했다(참고. 느 13장).

아브라함 이후 2,000년이 넘는 구약 역사가 마무리되었지만 아브라함 언약, 다윗 언약, 새 언약의 약속들이 궁극적인 의미에서 하나도 성취되지 않았다. 여호수아, 다윗, 요시야 시대처럼 이스라엘 역사에서 몇 번의 전성기가 있었지만 유대인은 포로생활에서 해방된 이후로 채 100년이 되지 않아 하나님의 은혜를 누릴 수 있는 기회를 모두 놓쳐버린 듯했고, 앗수르와 바벨론에 포로로 끌려가게 한 이전의 죄악을 능가할 정도로 타락이 만연했다. 게다가 그토록 대망하던 메시아는 오시지 않았고 그럴 가능성도 전혀 보이지 않았다.

그래서 말라기는 계속 범죄하는 이스라엘에게 하나님의 심판의 메시지를 전하고, 언젠가 유대인이 회개하고, 메시아가 오시고, 하나님의 언약적 약속이 성취되리라는 하나님의 약속을 전한 구약 예언서를 썼다. 말라기의 심판 메시지만이 그들의 귀에 울릴 뿐 하나님은 400년이 넘게 침묵하셨다. 그렇게 400년이 흘러 다른 선지자가 하나님의 메시지를 들고 등장했다. 바로 세례 요한이었다. 그는 "회개하라 천국이 가까이 왔느니라"(마 3:2)고 외쳤다. 드디어 메시아가 오셨다.

역사적 · 신학적 주제

하나님은 도입부에서 사랑으로 맺은 결혼관계에 그들이 성실하지 않음을 일깨워주고(참고. 1:2-5) 이스라엘과 맺은 언약을 반복해 언급하신다(참고. 2:4, 5, 8, 10, 14; 3:1). 말라기 곳곳에는 그 백성을 향한 하나님의 사랑이 배어 있다. 메시아가 오셔서 최종적 구원을 베풀고 오랫동안 고대하던 축복을 주시리라는 선지자들의 약속, 학개와 스가랴의 약속(주전 500년경)으로 그 백성과 그 지도자들은 오히려 더욱 안일하고 나태해졌다. 그들은 이런 사랑관계는 일상생활 모습과 상관없이 형식적 의식으로 유지될 수 있다고 생각했다.

말라기 선지자는 제사장들(1:6-2:9)과 백성(2:10-16)을 모두 책망하며 그들이 하나님의 강림하심을 구하지만(3:1) 그 날은 그들을 연단하고 정결하게 하는 심판의 날이라고 지적한다(3:2, 3). 하나님은 피상적인 수준의 율법 준수가 아니라 율법이 내면화되어 삶으로 나타나기를 원하신다(참고. 마 23:23). 선지자는 그들의 위선과 부정과 타협, 이혼, 거짓 예배, 오만을 책망하시고 그들의 부패와 악, 거짓 안정감을 공격한다.

말라기 선지자는 질문하고 답하는 방식을 통해 일종의 논쟁 형식으로 예언을 제시한다. 그 백성에 대한 하나님의 비판을 백성이 냉소적으로 반문하는 형식도 자주 나온다(1:2, 6, 7; 2:17; 3:7, 8, 13). 어떤 경우에는 하나님의 변호사로 법정에 선 것처럼 백성의 시비조 비판에 거꾸로 수사학적 질문을 던지기도 한다(1:6, 8, 9; 2:10, 15; 3:2).

말라기는 제사장들과 백성에게 최소한 여섯 가지의 의도적 죄악을 지적한다. 첫째, 하나님의 사랑을 거부한 것이다(1:2-5). 둘째, 하나님께 마땅히 돌려 드려야 할 영광을 돌려 드리지 않은 것이다(1:6-2:9). 셋째, 하나님의 신실하심을 외면한 것이다(2:10-16). 넷째, 하나님의 의를 마음대로 왜곡한 것이다(2:17-3:5). 다섯째, 하나님의 것을 강탈한 것이다(3:6-12). 여섯째, 하나님의 은혜를 조롱한 것이다(3:13-15). 말라기는 세 번의 삽입 단락으로 하나님의 심판을 경고한다. 그 대상은 제사장들(2:1-9), 유다 민족(3:1-6), 남은 자들(3:16-4:6)이다.

해석상의 과제

엘리야가 "여호와의 크고 두려운 날이 이르기 전에"(4:5) 보냄을 받는다는 의미를 둘러싸고 많은 논쟁이 있었다. 이것이 세례 요한으로 이루어졌는가 아니면 미래에 이루어질 일인가? 엘리야가 재탄생한다는 뜻인가? 말라기의 예언은 실제로 엘리야가 돌아온다는 의미가 아니라 엘리야 같은 예언자가 나타난다는 의미로 해석해야 가장 자연스럽다. 천사는 세례 요한이 "엘리야의 심령과 능력으로 주 앞에 먼저 와서"(눅 1:17)라고 선언했으며, 세례 요한 역시 "나는 그리스도가 아니라"(요 1:20)고 말했다.

그러므로 요한(*3:1에 대한 설명을 보라*)은 내면적으로 엘리야와 같은 '심령과 능력'을 소유했고 외면적으로는 혼자 살면서 타협하지 않는 삶을 살았다고 할 수 있다. 유대인이 메시아를 영접한다면 요한은 여기서 예언한 엘리야가 될 수 있다(참고. 마 11:14; 17:9-13). 하지만 그들이 왕 되신 메시아를 거부한다면 또 다른 엘리야 같은 선지자를 보내실 것이다. 요한계시록의 두 증인 가운데 한 증인일 것이다(*계 11:5, 6에 대한 설명을 보라*).

말라기 개요

I. 이스라엘의 죄악에 대한 책망(1:1-2:16)
- A. 이스라엘을 향한 하나님의 사랑 확인(1:1-5)
- B. 제사장들에 대한 책망(1:6-2:9)
  1. 하나님의 제단을 멸시함(1:6-14)
  2. 하나님의 영광을 멸시함(2:1-3)
  3. 하나님의 율법을 멸시함(2:4-9)
- C. 백성에 대한 책망(2:10-16)

II. 이스라엘에 대한 심판과 축복의 선언(2:17-4:6)
- A. 하나님의 사자를 보내심(2:17-3:5)
- B. 회개에 대한 촉구(3:6-12)
- C. 이스라엘의 하나님에 대한 비판(3:13-15)
- D. 신실한 남은 자들에 대한 위로(3:16-4:6)

이스라엘의 죄악에 대한 책망 (1:1-2:16)

1:1-2:16 크게 두 단락으로 나뉘는 본문 중 첫 단락(참고. 2:17-4:6)에서 말라기는 이스라엘 백성의 죄악을 책망하는 하나님의 메시지를 전한다.

A. 이스라엘을 향한 하나님의 사랑 확인(1:1-5)

1:1 경고 이 단어는 선지자가 선언한 무거운 판결을 가리킨다. *이사야 13:1; 나훔 1:1; 하박국 1:1; 스가랴 9:1; 12:1에 대한 설명을 보라.*

1:2 내가 너희를 사랑하였노라 하나님의 사랑을 받는 민족이라는 이스라엘의 놀라운 특권을 이스라엘과 에돔을 비교하는 방법으로 생생하게 강조한다. 하나님이 그들에 대한 사랑을 확인해주셨지만 그 백성은 포로생활 이후로 빼앗긴 온갖 것과 그 민족의 허약한 처지만 생각하면서 그 사랑을 의심하고 그 사랑에 도전하는 무례와 오만을 저질렀다. 그럼에도 하나님은 그들에 대한 사랑을 다시 확인해주시며 에돔 족속의 조상 에서가 아니라 야곱을 선택하고 언약을 맺으셨다는 사실을 상기시켜 주신다(참고. 창 25:23). 구약의 이 마지막 책에서 하나님은 자격 없는 이스라엘을 끊임없이 주권적으로 사랑하는 선택을 하셨다는 것을(참고. 롬 9:13) 분명하게 다시 말씀해주시고 야곱과 그 후손을 선택하셨다는 것을 설명해주신다. 인간적 조건을 전혀 고려하지 않고 무조건적이고 절대적으로 야곱과 그 후손을 선택하시고 그 약속의 상속자들로 삼으셨다(참고. 롬 9:6-29).

1:3 에서는 미워하였으며 창세기에는 하나님이 에서를 미워하셨다는 어떤 표현도 보이지 않는다. 하지만 1,000여 년이 흐른 후 오바댜의 예언(참고. 옵 1-21)은 하나님이 우상을 섬기는 에서의 후손들을 미워하셨음을 암시한다. 마찬가지로 야곱을 향한 하나님의 사랑은 주권적으로 선택하신 백성인 그의 후손들을 사랑하시는 것으로 나타난다. 그들에게서 세상의 구주가 나오실 것이다. 이렇게 사랑하고 미워한다고 해서 그가 야곱을 더 사랑하고 에서를 덜 사랑하셨다는 식의 상대적 사랑을 의미하지 않는다. 문맥으로 볼 때 사랑은 구속의 영역에서 '친밀한 교제를 나누고자 선택하시다'는 뜻이며 미움은 '친밀한 교제를 나누기로 선택하지 않다'는 뜻이다. *로마서 9:6-13에 대한 설명을 보라.* **그의 산들을 황폐하게 하였고…산업** 에돔(후에는 이두매로 불림)의 멸망에 대한 언급이다. 이들은 먼저 느부갓네살에게 망하고 나중에는 나바티안(나밧 사람)들이나 인근 민족(예를 들면 애굽, 암몬, 모압)에게 망한다. 오바댜 서론의 배경과 무대, 역사적·신학적 주제를 보라.

1:4, 5 에돔은 폐허에서 다시 재건하고자 노력하지만 하나님은 그 노력을 헛되이 만드실 것이다. 하지만 이스라엘은 회복된다. 지연되더라도 반드시 완전하게 회복되어 결국 하나님의 은혜로운 통치하심을 그 국경 내외에 증거하게 될 것이다(참고. 창 12:3; 말 1:11).

구약에 나타난 하나님의 이름들

1. 엘로힘, '하나님', 즉 그분의 힘과 능력을 강조하는 명칭	창 1:1; 시 19:1
2. 엘 엘리온, '지극히 높으신 하나님'	창 14:17-20; 사 14:13, 14
3. 엘 올람, '영원하신 하나님'	사 40:28-31
4. 엘 로이, '살피시는 강한 자'	창 16:13
5. 엘 샤다이, '전능하신 하나님'	창 17:1; 시 91:1
6. 아도나이, '주님' 또는 '하나님의 주재권'	말 1:6
7. 여호와(야훼), '주', 영원하신 하나님의 본성	창 2:4
8. 여호와 이레, '여호와께서 준비하신다'	창 22:13, 14
9. 여호와 마카데쉠, '너희를 거룩하게 하시는 하나님'	출 31:13
10. 여호와 닛시, '여호와 우리 깃발'	출 17:15
11. 여호와 라파, '우리를 치료하는 여호와'	출 15:26
12. 여호와 로이, '여호와 나의 목자'	시 23:1
13. 여호와 사바오트, '만군의 여호와'	사 6:1-3
14. 여호와 샬롬, '여호와는 평화'	삿 6:24
15. 여호와 삼마, '거기 계시는 하나님'	겔 48:35
16. 여호와 치드케누, '여호와 우리의 공의'	렘 23:6

B. 제사장들에 대한 책망(1:6-2:9)

1:6-2:9 하나님의 무조건적 사랑을 확인한다고 죄가 면제되지 않는다. 그래서 말라기는 먼저 이스라엘 민족의 영적 지도자인 제사장들의 죄를 지적하며 그들이 하나님의 제사(6-14절), 그분의 영광(2:1-3), 그분의 율법(2:4-9)을 얼마나 조롱했는지 보여준다.

1. 하나님의 제단을 멸시함(1:6-14)

1:6 **제사장들** 그가 먼저 제사장들의 잘못을 지적하는 이유는 의로 하나님을 섬기는 일에 모범을 보여야 마땅한 사람들이었기 때문이다(그러나 오히려 그분의 이름을 모독하는 일에 더 적극적이었음). 그들의 반문은 하나님에 대한 그들의 악한 태도를 부정하는 것이나 마찬가지였다(참고. 눅 6:46).

1:7 **더러운 떡** 8절을 볼 때 짐승의 희생제물을 가리키는 것이 분명하다. 제사장들은 하나님이 엄격히 금하시는(참고. 레 22:20-25; 신 15:21), 의식적으로 부정하거나 흠이 있는(참고. 13절) 희생제물을 드렸지만 그런 책망에 동의하기 어렵다는 식으로 그 지적에 반문하며 위선의 죄를 다시 범한다. "눈 먼" "저는 것" "병든 것"을 하나님께 바친다는 지적에서 보듯(8절) 그들은 주를 모독하고 있었다. **여호와의 식탁** 희생 제단을 말한다(참고. 겔 41:22).

1:8 **이제 그것을 너희 총독에게 드려 보라** 제사장들은 뻔뻔하게 그들의 총독이라면 절대 받아주지 않을 것을 하나님께 드리고 있었다. 그들은 하나님보다 총독의 심기를 건드릴까 봐 더 두려워했다. 이때는 느헤미야가 그 자리에서 잠시 물러나 바사로 돌아가고(참고. 느 13:6) 없을 때였을 것이다.

1:9 이 회개의 권면은 역설적 표현이 분명하다. 하나님을 받지 못할 제물로 모욕하면서 어떻게 그분의 은혜를 기대한다는 말인가.

1:10 **성전 문을 닫을** 하나님은 1인칭으로 말씀하시며 누군가 성전 문을 닫아 쓸모없고 무성의한 제물을 드리지 못하게 막아주기를 바라신다(참고. 사 1:11-15).

1:11 **해 뜨는 곳에서부터 해 지는 곳까지** 이어지는 구절 '각처'에서 보듯이(참고. 1:5) 온 땅을 표현하는 한 방식이다(참고. 시 50:1; 103:12; 사 45:6; 59:19; 슥 8:7). 온 땅에서 이런 예배를 드릴 때가 언제인지 아무런 암시가 없지만 이스라엘이 아닌 다른 외국에서 유대인이 드렸던 예배를 지칭하지 않는다. 이스라엘이 올바른 제사 드리기를 간절히 기원하면서 이방인들과 그 신들에 대해 부정적인 태도를 취하는 것으로 보아(2-5절; 2:11) 재건된 성전에서 섬기고 분향하며 제물을 드릴 천년왕국 시대를 가리키는 것이 분명하다(참고. 겔 40-48장). 그때에, 그때가 되어서야 하나님은 온 세계에서 참 예배를 받으실 것이며 그분의 이름이 각처에서 높임을 받을 것이다(참고. 사 2:24; 19:19-21; 24:14-16; 45:22-24; 66:18-21; 미 4:1-3; 슥 8:20-23; 14:16-19).

1:12, 13 7절과 8절의 책망을 반복한다. 제사장들은 희생제물의 까다로운 규정을 성가시게 여겼다. 주의 식탁이 경멸스럽다고 실제로 말하지는 않았다. 하지만 백성이 여호와를 경외하고 가장 좋은 것으로 주께 드리도록 가르치고 모범을 보이지 않음으로써 사실상 그렇게 말하는 셈이나 마찬가지였다. 그들의 태도와 행동으로 제단과 주를 모독하고 있었기 때문에(참고. 사 43:22-24; 미 6:3) 하나님은 그들의 제사를 거부하셨다.

1:14 **흠 있는 것으로** 맹세한 대로 흠 없는 좋은 것을 자발적으로 드려야 하지만 갑자기 그들은 흠 없는 수컷 대신(참고. 레 22:19) 흠 있는 암컷을 드린다. 자발적으로 그렇게 했다는 사실에서 그 의중이 더 분명하게 드러난다(참고. 행 5:1-5). **큰 임금** 총독도 그런 제물을 받지 않는다면(8절) 우주의 왕 되신 하나님은 더욱 그러하시지 않겠는가(참고. 시 48:2; 마 5:35).

2. 하나님의 영광을 멸시함(2:1-3)

2:2 **내가 너희에게 저주를 내려** 하나님께 제대로 영광을 돌려드리지 않으면 저주를 받는다. 이것이 구약의 기본을 이루는 주제다. 순종하는 자에게는 축복을 주시고 불순종에는 저주를 내리신다(참고. 1:14; 신 27:15-26; 28:15-68). **너희의 복** 단순히 물질적 축복에 국한되지 않는다(참고. 민 18:21). 제사장이 그 백성에게 선언하는 축복을 포함한(참고. 민 6:23-27) 하나님의 은혜로운 손길이 주시는 모든 유익을 가리킨다(참고. 5절).

2:3 **똥** 매우 생생한 느낌이 묻어나는 언어로 하나님이 불성실한 제사장들을 생각조차 하기 싫은 최악의 수치를 당해 마땅한 자로 보고 계심을 보여준다. 희생제물의 내장은 일반적으로 진 밖으로 가져가서 불에 태웠다(참고. 출 29:14; 레 4:11, 12; 8:17; 16:27). 제사장들은 이런 내장과 부산물처럼 버려진 채 굴욕을 당하며 그 직을 박탈당할 것이다. 주님은 이런 경고로 그들이 충격을 받고 안일함과 나태함에서 깨어나기를 원하셨다.

3. 하나님의 율법을 멸시함(2:4-9)

2:4, 5 **레위와 세운 나의 언약** 하나님과 제사장들과의 관계는 레위 언약에서 분명히 규정하고 있다(민 3:44-48; 18:8-24; 신 33:8-11). 그 언약은 쌍무적 관계로 하나님은 제사장들에게 생명과 평안을 주시고 그들은 그분

을 경외해야 했다. 대제사장의 혈통이 되게 하겠다는 비느하스의 언약(참고. 민 25:10-13)과 유사한 이 언약은 레위 계열인 아론과 그 후손들 간에 맺은 언약이었다. 말라기 시대 백성은 그 언약의 조건은 소홀히 하고 특권만을 요구해 스스로를 기만했다. 자신들은 하나님을 섬길 의무를 다하지 않으면서 그분께 축복할 의무를 강요했다.

2:4 너희가 알리라 제사장들은 그 대가를 처절하게 치러야 불순종의 무서움을 알게 될 것이다.

2:6 말라기 시대의 제사장들과 달리 아론은 하나님을 두려워하고 경외했다. 또한 이 책임을 다하며 가르친 그대로 경건한 삶을 모범으로 보여주었다. *4, 5절에 대한 설명을 보라.*

2:7 제사장은 이스라엘에서 하나님의 뜻을 전하는 전달자였다. 그들은 하나님께 백성을 대표할 뿐 아니라 모세의 율법을 가르침으로써 그 백성에게 하나님을 대변할 책임이 있었다(참고. 레 10:9-11; 신 33:10; 스 7:10; 호 4:6).

2:8, 9 말라기 시대의 제사장들은 레위인에게 주신 하나님의 기준을 철저히 외면했고 잘못된 모범과 거짓된 율법 해석으로 백성을 실족하게 만들었다.

C. 백성에 대한 책망(2:10-16)

2:10-16 이스라엘의 영적 지도자들은 심각한 범죄를 저지르고(1:6-2:9) 백성도 같은 죄를 짓도록 만들었다. 레위 제사장 제도의 규정을 모욕하고, 이방 여인들과 결혼하며(10-12절), 젊어서 결혼한 아내를 버림으로써(13-16절) 하나님의 율법이 정해준 규례를 어겼다.

2:10 한 아버지 하나님이 온 세상을 창조하셨으므로 만인의 아버지시지만(참고. 행 17:29; 엡 3:14, 15) 일차적으로는 언약 백성인 이스라엘의 아버지이시다(이 책망이 시작된 1:6의 *아버지*를 보라. 참고. 렘 2:27).

2:10, 11 거짓을 행하여 이 핵심적 구절(10, 11, 14, 15, 16절)은 유대인 아내를 버리고 이방 여인과 혼인함으로써 하나님의 뜻을 어긴 것을 말한다. 하나님은 이스라엘에게 생명을 주신 아버지시지만(참고. 사 43:1; 60:21) 그들은 우상 숭배자들과 통혼함으로써 그 조상들과 하나님이 맺으신 언약을 어기고 분열과 반목을 초래했다. 그 언약은 성별된 민족을 보존하기 위한 것이었다(참고. 출 19:5; 24:8; 34:14-16; 레 20:24, 26; 신 7:1-4).

2:11 이방 신의 딸과 결혼하였으니 우상을 섬기는 자는 우상의 자녀와 마찬가지였다(렘 2:27). 선지자들은 종종 간음과 우상숭배를 동일시하고 육체적 음란과 영적 음란을 하나로 보았다. 진정한 유대교 개종자가 아닌 이방 여인들은 그 남편들을 미혹하여 우상을 섬기도록 만들고 이스라엘의 하나님 신앙을 변질시켰다(참고. 삿 3:5-7). 그들과 결혼한 유대인은 하나님의 성전과 그 언약 공동체를 모독한 셈이다. 솔로몬이 이 율법을 어김으로써 유다에 우상숭배가 횡행하도록 길을 터주었다(왕상 11:1-6). 에스라(스 9:2-15)와 느헤미야(느 13:23-29) 역시 이런 문제를 다루었다.

2:12 깨는 자나 응답하는 자 두 집단의 사람들을 일컫는 관용적 표현으로 진실을 '직시하는' '적극적 파수꾼'과 그가 '자각하게 하는' '수동적 청중'이다. 이 잠언은 장막 주변에 파수꾼을 세워 위험이 다가오면 사람들에게 그 위험을 알리는 유목민들의 관습에서 나온 표현이 분명하다. 우상을 섬기는 이 총체적 죄악을 저지른 모든 자가 멸절당할 심판을 가리킨다. **끊어 버리시리라** 흔하게 사용되는 이 표현은 일반적으로 죽음을 의미한다. 이혼과 통혼이라는 음란을 저질렀으므로 그들은 이스라엘의 공동체에 허락된 권리와 특권에 참여할 자격이 없다. 그래서 그들이 제물을 드리더라도 하나님은 받으시지 않을 것이다.

2:13 눈물과…제단을 가리게 하는도다 죄는 하나님께 나아갈 길을 차단하기 때문에 울고 통곡해도 아무 소용이 없다. 그들은 결혼 서약을 어겼고 하나님의 명하신 대로 우상들을 멀리하지 않고 불순종했다. 이 이중적 간음을 행하면서 제물을 드리는 것은 하나님을 조롱하는 위선이나 마찬가지였다. 일반 백성은 제단 가까이 갈 수 없었지만 제사장들은 제단에 나아갈 수 있었으므로 그들의 죄악이 더 컸다. 하나님은 그들의 위선을 도무지 용납하실 수가 없었다.

2:14 서약한 아내 말라기 선지자는 결혼 서약이 법적 구속력을 지닌다는 사실을 언급하며 그 죄악의 중함을 강조한다. 그것은 하나님을 증인으로 모시고 맺은 언약이었다(참고. 창 31:50; 잠 2:17). 여자들은 어려서, 때로 열다섯 살이 되기 전에 결혼했다(참고. 잠 5:18; 사 54:6).

2:15 하나님이 결혼제도를 만드시고 두 사람을 하나 되게 하셨음(창 2:24)을 지적하며 말라기는 하나님이 한 남자를 위해 오직 한 여자만을 준비하셨음을 상기시킨다. 생명을 주는 성령의 능력이 있었기에 아담에게 많은 아내를 주실 수 있었지만 오직 한 여자만 창조하셨다. 이는 '경건한 자손'을 키우도록 하기 위해서였다. 일부다처제, 이혼, 우상을 섬기는 이방 여인들과의 결혼은 약속된 메시아의 계보로 신실한 남은 자를 얻고자 하는 하나님의 일을 망가뜨릴 수 있었다. 부모가 그 결혼 서약을 충실하게 지켜야만 그 자녀들이 경건하게 살 수 있는 토대가 될 안정적인 삶이 가능하다. 이런 중요

한 결혼이라는 신적 제도가 위험에 처해 있었기에 말라기는 남편들이 아내에게 거짓을 행해서는 안 된다고 촉구한다. 일부다처제에 대해서는 *열왕기상 11:1-6에 대한 설명을 보라.*

2:16 **이혼하는 것과…미워하노라** 하나님은 이 선언으로 지금까지 말씀하신 내용을 다시 강조하신다. 실제로 하나님은 타당한 이유가 없는 이런 이혼을 총체적 범죄로 보셨고, 살인자가 죽인 사람의 피가 튀어 증거를 남기듯 악행의 증거를 남긴다고 말씀하신다. 하나님이 이런 우상을 섬기는 아내들과 이혼하라고 유대인에게 실제로 권장하신 일에 대해서는 에스라의 서론에 나온 해석상의 과제와 *에스라 10:9-19에 대한 설명을 보라.* 하나님은 이혼을 미워하시지만 훨씬 더 심각한 미래의 재앙을 예방하기 위해 이런 더 작은 악을 허용하실 때가 있다. *마태복음 5:32; 19:3-12; 고린도전서 7:10-16에 대한 설명을 보라.*

이스라엘에 대한 심판과 축복의 선언 (2:17-4:6)

2:17-4:6 이스라엘의 죄악에 대해 책망하신 후 회개하지 않는 자들에 대한 심판과 신실한 남은 자들에 대한 축복을 선언한다. 17절은 나머지 단락의 서문이다. 이 불성실하며 불순종하는 제사장들과 백성의 회의적 태도와 자기정당화에 하나님은 인내하시지 않게 된다. 그들에게는 심판이 불가피했다.

A. 하나님의 사자를 보내심(2:17-3:5)

2:17 **여호와를 괴롭게 하고도** 성전을 재건한 후 사람들은 현실에 눈을 떴다. 그 새로운 성전에 하나님의 영광이 임하시지 않았던 것이다. 그들은 하나님에 대해 무관심해지기 시작했고, 영적 분별력이 흐려져 자신들은 그분을 괴롭게 한 일에 책임이 없다는 냉소적 표현을 하기에 이르렀다. 선과 악에 대한 고민을 모두 포기했다. 선지자는 심판이 임박했음을 경고하며 하나님이 오시지만 그들을 정결하게 하고 단련하게 할 목적으로 오실 거라고 말한다(참고. 3:1, 5).

3:1 **내 사자** 고대 근동에서는 왕이 어느 지역을 방문하기 전 사자를 보내 도중에 있을 장해물을 정리하는 관습이 있었다. 하나님은 말라기("여호와의 사자")라는 이름으로 언어유희를 활용하며 직접 '내 앞에서 길을 준비할' 자를 보내리라고 선언하신다. 이것은 광야에서 "외치는 자의 소리"(사 40:3)이고 주님에 앞서 보내실 4:5의 엘리야다. 신약은 그가 세례 요한이라고 분명하게 확인시켜 준다(참고. 마 3:3; 11:10, 14; 17:12 이하; 막 1:2; 눅 1:17; 7:26, 27; 요 1:23). **갑자기…임하시리니** 갑자기 오신다고 해서 바로 오신다는 뜻은 아니다. 즉각적이고 예고치 않게 오신다는 뜻이다. 이런 임재하심은 보통 재앙적 사건을 동반한다(참고. 사 47:11; 48:3; 렘 4:20). 준비가 완료되면 주님은 오시겠지만 스룹바벨의 성전에 오시거나 헤롯 성전에 오셔서 부분적으로 이 예언을 완성하시는 것이 아니라(*요 2:13-24에 대한 설명을 보라*) 에스겔서 40-48장에 기록한 대로 천년왕국으로 임재하셔서 이 예언을 최종적으로 이루실 것이다. 그리스도의 예고치 않은 오심은 첫 강림으로 일부 성취되었지만 재림으로 완전히 성취될 것이다(참고. 마 24:40-42). **너희가 사모하는 바** 조롱조의 표현일 것이다. 범죄한 이 백성들은 당시 하나님을 기뻐하지 않았고 그들의 위선적 예배를 심판하러 오셔서 성전을 정결하게 해주시더라도 기뻐하지 않을 것이다(참고. 요 2:13-25). 그분이 재림하실 때 불경건한 자 모두가 심판을 받을 것이다(참고. 계 19:11 이하). **언약의 사자** 바로 앞에서 언급된 사자를 가리키지는 않을 것이다. 이 사자가 '그의 성전에 임하시는' 것으로 보아 그 언약에 제대로 헌신하는 정도를 기준으로 자기 백성을 상주시거나 심판하실 권세를 가진 주님을 가리킬 가능성이 높다. 이 호칭은 문자적으로 '사자'(messenger)라는 의미로 그분의 '천사'(참고. 출 23:20-23; 32:34; 사 63:9)를 가리키는 앞의 구약적 표현과 의미가 유사하다.

3:2 **연단하는 자의 불과 표백하는 자의 잿물** 그의 오심은 상을 주시기 위해서가 아니다. 그분의 오심은 두 가지 정결하게 만드는 물질, 즉 찌꺼기를 태워 없애는 불과 희게 만드는 비누의 역할에 비유된다. 여기서 그들의 마음이 어떤 상태인지 드러난다. 불은 죄의 찌꺼기를 태워 없애고 비누는 죄의 얼룩을 씻어준다. 그분의 오심으로 모든 불순물이 깨끗하게 제거될 것이다. 아무도 이 정결함의 작업을 피할 수는 없다. 중요한 점은 그분이 죄를 정결하게 하고 깨끗이 하고자 오시지만 그것이 반드시 파멸을 목적으로 하지 않는다는 점이다(참고. 사 1:25; 48:10; 렘 6:29, 30; 겔 22:18-22).

3:3 **레위 자손을 깨끗하게 하되** 레위 제사장들은 이스라엘 민족이 어긋난 길로 가도록 조장했다. 천년왕국의 성전에서는 순결한 제사장이 필요하기 때문에(참고. 겔 44:1-45:8) 이스라엘 민족의 정결 작업은 그들로부터 시작될 것이다(참고. 겔 9:6). 정결하게 된 그들은 천년왕국에서 요구할 공의의 제사를 "여호와께 바칠" 수 있다(참고. 겔 45:9-46:24). **공의로운 제물** 하나님 앞에서 정결하게 된 마음으로 드리는 제물은 "공의로운" 제물이

말

그리스도의 오심

말라기의 예언	신약의 확인
그분의 오심은 심판하기 위해서다(4:1)	그 이름이 생명책에 기록되지 않은 자들은 불 못에 던져진다(계 20:11-15)
공의로운 해가 되신 그리스도는 그 백성을 고쳐주신다(4:2)	그리스도는 수많은 사람을 고쳐주시는데, 모든 질병이 사라질 것이다(마 12:15; 계 21:4)
주의 오심을 그분의 전령이 예비할 것이다(3:1; 4:5)	세례 요한은 그리스도의 오심을 선언한다(마 11:10-14)

될 것이다. 이 천년왕국의 희생제사는 구속받은 이스라엘 민족을 기념하고 갈보리에서 제물로 드려진 그리스도를 기념하는 의식이다. *에스겔 44-46장에 대한 설명을 보라.*

3:4 옛날과 고대와 같이 제사장이 정결하게 되고 그 백성이 깨끗함을 얻은 후에야 솔로몬 시대(대하 7:8-10), 히스기야 시대(대하 30:26), 요시야 시대(대하 35:18), 에스라 시대(느 8:7)처럼 주님이 기뻐하시는 제사를 드릴 수 있다.

3:5 메시아를 인정하고 회개하는 유대인의 남은 자들(참고. 슥 12-14; 롬 11:25-27)에 대한 정결 과정은 천년왕국 때 그 왕국에 들어가서 주를 예배하도록 준비하는 것이며, 다른 자들에게는 완전한 파멸의 날이 될 것이다. 이 절의 불의한 행위들은 이들이 "여호와를 경외하지 아니하는 자"라는 증거다. 2:17에서 그들은 한 가지 질문을 제기했고, 여기에 그 답변이 있다. "내가 심판하러 너희에게 임할 것이라." 사교들이 엄격히 금지되었지만(참고. 출 22:18; 신 18:10-12) 근절되지 않고 신약 시대까지 그 악습이 계속되었다(참고. 행 8:9). 간음(2:16)과 위증(참고. 출 20:16; 레 19:12; 신 19:16-20), 강탈, 압제 역시 하나님의 율법을 어기는 행위였다.

B. 회개에 대한 촉구(3:6-12)

3:6-12 이 단락은 하나님의 공의와 심판에 대한 두 메시지 사이에 삽입된 단락이다. 유대인이 부당하다고 규정한 하나님의 처신은 사실 그분이 공정하시지 않거나 불의한 태도가 아니라 자비하심으로 인내하셨기 때문이다. 이어서 회개의 진정한 요청이 이어지고(7절) 그 회개의 열매를 설명하는 구절이 이어진다(10절).

3:6, 7 하나님이 불공평하셔서 이스라엘을 위해 행동하시지 않은 것이 아니었다. 오히려 오랜 반역의 역사에도 하나님의 불변하시는 성품, 족장들과 맺은 그 언약에 끝까지 성실하심 덕분에 그들이 진멸되지 않고 살아남은 것이다(특별히 민 23:19; 삼상 15:29; 렘 31:35-37; 33:14-22을 참고하고 전체적으로 약 1:17을 비교해보라). 그들이 회개하면 다시 하나님의 선하심을 경험하고 복을 누릴 수 있다. 주의 오심이 정결하도록 단련하는 데 있음을 안 말라기는 회개하라고 강력하게 도전한다(참고. 슥 1:3). 그러나 그들은 죄를 고백하고 회개해야 할 필요성을 인정하지 않았기 때문에 이런 회개의 권면에 또 다시 냉소적 질문으로 반응한다. 그들이 떠난 것이 아니라 하나님이 떠나셨는데 어떻게 돌아갈 수 있느냐는 것이다. 사실 실제로 하나님은 변하시지 않았고 그들도 마찬가지였다. 그분은 언제나 의로우셨고 그들은 언제나 불의했다.

3:8-12 언제 하나님의 길을 벗어났느냐고 반문하며 돌아오라는 요청에 냉소적으로 반응하는 그들을 향해 말라기 선지자는 너무나 명확하고 부정하기 어려운 영적 변절의 증거를 제시한다. 하나님께 십일조와 봉헌물을 바치지 않은 사실을 지적한 것이다. 이런 십일조와 봉헌물은 레위인들을 부양하고(참고. 레 27:30-33; 민 18:8-28; 신 12:18; 느 13:10) 종교 절기를 지키며(신 12:6, 17; 14:2-27) 가난한 이웃을 돕는 데(신 14:28, 29) 사용되었다. 그러나 그들이 이런 세금을 내지 않고 하나님의 것을 도둑질함으로써 그분은 축복을 거두셨고 결국 그들은 스스로를 강탈한 셈이었다. 세금 납부에 대한 신자들의 의무에 대해서는 *마태복음 22:21; 로마서 13:1-7에 대한 설명을 보라.* 신약의 헌금에 대해서는 *고린도전서 16:1, 2; 고린도후서 8, 9장을 보라.*

3:8, 9 너희는 나의 것을 도둑질하고 하나님이 율법으로 그분의 몫이라고 정한 것을 도적질하는 뻔뻔한 죄를 온 나라가 짓고 있었다.

3:10-12 나를 시험하여 성경의 통상적 기준과 반대로 하나님은 그 백성에게 자기를 시험해보라고 도전하신다(참고. 왕상 18:20-46; 사 7:11, 12). 그들이 도적질한 것을 돌려 드리고 진심으로 회개하며 하나님의 요구

를 충족시킨다면 넘치는 풍요의 복을 베푸시며(참고. 잠 11:24, 25) 메뚜기 떼('먹어 없애는')에서 지켜주시고 열국의 기쁨이 되게 하실 것이다(참고. 사 62:4). *누가복음 6:38; 고린도후서 9:6-11에 대한 설명을 보라.*

3:10 **온전한 십일조** *8-12절에 대한 설명을 보라.* 십일조를 제대로 드리지 않으면 제사장들은 생계를 유지할 수 없어 사역을 포기하고 농사를 지어야 한다. 또한 유대 민족의 종교 체계가 무너지고 가난한 이웃과 나그네들이 고통당한다(참고. 느 13:10, 11). 그러나 정작 무서운 일은 그런 불순종이 이스라엘 신정정치의 참 왕이신 하나님의 것을 도적질하는 죄악이라는 점이다. **창고** 백성이 십일조로 가져온 농작물과 짐승들을 보관하는 데 사용된 성전 내의 창고로(참고. 대하 31:11; 느 10:38, 39; 12:44; 13:12) 성전 곳간이라고 한다. 느헤미야는 자신이 부재했을 때처럼 성전 사역에 필요한 물자가 끊어지지 않게 각별히 신경을 썼다(참고. 느 13:10-13).

C. 이스라엘의 하나님에 대한 비판(3:13-15)

3:13 이 악한 제사장들과 백성은 단순히 하나님께 반문하는 정도로 끝나지 않고(2:17) 그분의 언약을 어기고(2:11) 그 율법에 불순종하며(2:9) 그 제단을 더럽히고(1:7, 12) 그 이름을 멸시했다(1:6). 그러나 여기서 더 나아가 공개적으로 그분께 대적했다. 약속으로 주신 말씀에도(10-12절) 그 백성은 하나님의 율법에 순종해도 아무런 보람이 없다고 불평했다(14절). 오히려 악하고 교만한 자들이 더 성공한다고 투덜거렸다(15절).

3:14 **슬프게 행하는 것** 그 백성은 죄를 슬퍼하는 척하면서 베옷을 입고 돌아다니며 심지어 슬픔을 강조하려고 얼굴에 재를 발랐지만(참고. 사 58:5; 욜 2:13; 마 6:16-18) 곧 그 입으로 이 모든 종교 행위가 쓸데없다고 투덜거렸다

3:15 **하나님을 시험하는** 교만하고 악한 자들이 아무 어려움 없이 활보하며 악을 행해도 얼마든지 형통함을 보고 하나님을 시험했다(참고. 시 73:2-14). 10절에서 하나님은 그 백성에게 얼마나 큰 복을 주실지 확인해보라고 말씀하셨다.

D. 신실한 남은 자들에 대한 위로(3:16-4:6)

3:16-4:6 말라기는 신실한 남은 자들을 격려하는 말로 글을 마무리한다.

3:16 **기념책** 하나님을 사랑하고 섬기는 참되고 의로운 이스라엘의 예배자들은 이 모든 심판의 말씀을 듣고 그분의 진노가 임할 때 그들 역시 진멸할까 두려워한다. 말라기는 경건한 남은 자들을 격려하기 위해 하나님이 "여호와를 경외하는 자와 그 이름을 존중히 여기는 자"를 절대 잊지 않으셨음을 알려준다. 이 기념책은 하나님의 자녀들의 명단이 적힌 '생명책'일 것이다(예를 들어 출 32:32-34; 느 13:14; 시 69:28; 단 12:1). 바사인들은 장차 보상이 필요한 사람의 모든 행적을 책에 기록하는 관습이 있었다(예를 들어 에 6:1, 2). 시편 기자 역시 이런 책의 존재를 알았다(시 56:8).

3:17 **나의 특별한 소유** '나의 소유'는 히브리어에서 강조의 표현이다. 경건한 남은 자들은 그분의 것이고, 그분의 특별한 보물이다(참고. 출 19:5; 신 7:6; 14:2; 26:18; 시 135:4의 동일한 단어). 심판 와중에도 하나님은 그들을 아껴주실 것이다(참고. 시 103:13).

3:18 의로우신 하나님이 예루살렘에 임재하여 다윗의 보좌에서 다스리시면 모두가 알 정도로 의인과 악인이 뚜렷하게 구분될 것이다.

4:1 **용광로 불 같은** 연단하는 불의 심상(3:2)을 사용했던 말라기는 하나님의 심판을 뜨거운 열로 순식간에 삼켜버리는 파괴적인 불에 비유한다(참고. 3:15의 "교만한 자"). 땅 아래 있어서 보통 불에 타지 않는 뿌리까지 타버린다는 것은 그 심판이 얼마나 처절할지 생생하게 보여준다. 회개하지 않는 자들은 모두 지옥 불에 던져질 것이다(참고. 계 20:11-15). **날이 이르리니** 첫 3절은 3장 마지막 절들의 주제를 그대로 연결하여 악인들에 대한 하나님의 심판과 의인들의 구원하심을 더 자세히 다룬다(참고. 3:1-5). "여호와의 날"이라는 이 종말론적 표현(참고. 사 13:6; 욜 2:11, 31; 습 1:14)은 선지자의 마지막 마무리 말에 4번이나 암시되어 있다(3:17; 4:1, 3, 5). 주 예수께서 심판하러 재림하실 날을 예고한다(참고. 계 19:11-21).

4:2 **공의로운 해** 악인들은 진노의 불에 삼켜짐을 당하지만 여호와를 경외하는 자들은 치유 효과가 있는 그 광선의 온기를 누릴 것이다(참고. 사 30:26; 60:1, 3). 이것은 '여호와 우리의 공의'이신 메시아를 가리키는 표현이다(시 84:11; 렘 23:5, 6; 고전 1:30). **치료하는** 이 치료의 대상은 악인들에게 입은 물리적 상처의 회복에 국한되지 않는다(참고. 3:5). 이런 질병은 죄와 연관이 있으므로 종의 고난당하심만으로 치유할 수 있다(참고. 시 103:3; 사 53:5; 57:18, 19; 벧전 2:24). **외양간에서 나온 송아지** 오랫동안 우리에 갇혀 있다가 고삐를 풀고 태양빛이 환한 밖으로 나온 송아지는 기뻐서 껑충껑충 뛴다. 이 그림은 아무 걱정이 없이 즐겁고 활기찬 삶의 한 모습을 묘사한다.

4:3 **너희 발바닥 밑에 재** 악인들이 파멸하면 그들에게 고통당하던 자들이 그 사실을 알게 된다. 비가 오면 땅

이 질척거리지 않게 사람들이 다니는 길에 재를 뿌리곤 했다. 여기서는 악인들이 재에 비유된다. 의인들이 하나님이 내린 심판의 불로 재가 된 그들을 발밑에 밟고 다닌다(참고. 1절). 신자라면 마땅한 일이겠지만 선지자는 광범위한 회개가 일어나기를 바란다. 그렇게 회개하지 않으면 파멸을 피할 수 없다.

「말라기 선지자(*Prophet Malachi*)」 1308-1311년. 두초 디 부오닌세냐. 나무에 템페라화. 42.5x16cm. 두오모 오페라 미술관. 시에나.

4:4 율법과 선지자는 여호와의 날이 도래하도록 준비하는 데 일정한 역할을 한다. 먼저 그 백성은 시내산(호렙산)에서 받은 모세의 율법을 기억해야 한다. 그 율법은 언약에 들어갈 때 순종해야 할 의무를 중점적으로 강조하고 있다(출 24:1 이하; 수 8:32; 23:6; 왕상 2:3).

4:5 **엘리야** 엘리야의 언급은 메시아의 오심을 선언하기 위해서다(서론에 나온 해석상의 과제를 보라). 세례 요한은 그리스도의 초림 때 엘리야와 같은 역할을 한다(참고. 눅 1:17). 변화산에서 모세와 엘리야가 함께 나타났고(참고. 마 17:14) 대환난 때 두 증인도 이들일 수 있다(참고. 계 11:1-3). 이 엘리야는 엘리야 같은 사람을 말할 것이다. 세례 요한 역시 엘리야 같은 사람이다(*3:1에 대한 설명을 보라*). 그 날에 그는 사람들이 하나님을 믿고 저주를 피하도록 하나님과의 화해를 선포하는 일을 맡는다. 그의 이런 노력은 결실을 맺게 된다(6절).

4:6 **마음을…돌이키게** 그리스도의 초림 때와는 정반대로(참고. 마 10:34-36) 사회 전반에 걸쳐 회개가 일어나서(참고. 마 25:31-46; 계 7:9-17; 20:4-6) 완전한 파멸을 피할 수 있다. 온 세상이 에덴동산 때처럼 회복되고 저주가 역전되며 메시아가 통치하시는 나라가 세워져 의로운 유대인과 이방인이 그 나라의 백성이 될 것이다. **저주** 이 단어는 일반적인 의미의 저주가 아니라 완전히 진멸함으로 하나님께 온전히 바친다는 헤렘(herem)의 행위를 말한다. 가나안 성읍들은 '저주'를 받았으므로 가나안 백성은 진멸당해야 했다(참고. 신 13:12-18; 20:16 이하). 이 본문의 용례는 회개하는 남은 자가 없으면 하나님이 온 세상을 번제물로 삼으시리라는 의미를 내포하고 있다.

연구를 위한 자료

Charles L. Feinberg, *The Minor Prophets* (Chicago: Moody, 1980). 『12소선지서 연구』, 찰스 리 화인버그 지음, 엄성옥 옮김(은성, 1992).

Walter C. Kaiser Jr., *The Book of Malachi*, in vol. 23 of The Preacher's Commentary (Nashiville: Thomas Nelson, 1992).

머리말

구약성경에 기록된 마지막 사건들(느 13:4-30)과 마지막 예언(말 1:1-4:6)이 주전 425년경이고, 신약성경에 기록된 최초의 활동(눅 1:5-25)이 주전 6-4년경이므로 그 사이에 대략 400년의 간격이 있다. 이 기간에 하나님으로부터 아무런 예언의 말씀이 주어지지 않았기 때문에 이 시기가 때로 "침묵의 400년"이라고 불리기도 한다. 하지만 이 시기의 역사는 다니엘서에 예언된 대로(단 2:24, 45; 7:1-28; 8:1-27; 11:1-35) 정확하게 진행되었다. 비록 하나님의 음성은 침묵했지만, 하나님의 손은 여러 세기 동안 발생한 사건들의 진행을 활발하게 지도하시고 있었던 것이다.

유대 역사

다니엘서에 예언된 대로 이스라엘 땅에 대한 지배권은 메대-바사 제국에서 그리스로, 다음에는 로마로 넘어갔다(단 2:39, 40; 7:5-7). 약 200년간 바사(페르시아) 제국이 유대인을 통치했다(주전 539-332년). 바사인은 유대인에게 자기 나라로 돌아가서 예루살렘을 재건하고 거기서 예배를 드리도록 허락했다(대하 36:22, 23; 스 1:1-4). 구약성경 정경이 완성된 지 약 100년 후에 유대는 수리아(시리아) 총독의 지배하에 바사 영토로 존속했으며, 대제사장이 어느 정도 사회를 관리하는 권력을 행사했다. 그리하여 유대인은 바사의 공식적인 간섭을 받지 않고 자기들의 종교적 규례를 준수할 수 있었다.

마카비 통치 하에서의 영토 확장

주전 334-331년, 알렉산더 대왕은 세 번의 결정적인 전투에서 바사의 다리오(다리우스) 3세에게 승리를 거두고 바사 제국의 영토를 지배하게 되었다. 그 결과 이스라엘 땅은 주전 332년 그리스의 지배하에 들어갔다(단 8:5-7, 20, 21; 11:3). 알렉산더는 유대 땅에 사는 유대인이 자기들의 법을 지키면서 살도록 허용했고, 안식년에는 세금도 면제해주었다. 하지만 알렉산더는 헬레니즘으로 알려진 그리스 문화를 자기가 점령한 땅에 이식하려고 했다. 그는 그리스 언어와 사상으로 통일된 세상을 만들고자 했던 것이다. 알렉산더의 후계자들을 통해 계승된 이 정책은 이스라엘에게 바알 종교처럼 위험한 것이었다. 이는 그리스의 생활방식이 매력적이고 정교하고 인간적으로 매력이 있었지만 전적으로 불경건한 것이었기 때문이다.

주전 323년 알렉산더가 죽은 후 그의 휘하 장군들 사이에서 권력투쟁이 일어나 제국은 분열되었다(단 8:22; 11:4). 애굽에 프톨레미 왕국을 건설한 프톨레미 1세 소테르가 이스라엘에 대한 지배권을 갖게 되었다. 그러나 주전 301년 조약에 따라 이스라엘 땅은 원래 수리아에 셀류키드 왕국을 세운 셀류쿠스 1세 니카토르에게 할당되어 있었다. 이로 말미암아 셀류키드 왕조와 프톨레미 왕조 사이에 지속적인 분쟁이 있었다(단 11:5). 프톨레미 왕조는 주전 301-198년 유대를 통치했다(단 11:6-12). 프톨레미의 치하에서 유대인은 경제적인 억압을 당하긴 했지만 종교적으로는 비교적 자유를 누릴 수 있었다.

주전 198년 안티오코스 3세 대왕이 프톨레미 5세 에피파네스에게 승리를 거두고 팔레스타인의 지배권을 획득했다(단 11:13-16). 유대 땅은 주전 143년까지 셀류키드 왕조의 지배하에 있었다(단 11:17-35). 유대인의 종교적 관행에 관용을 베풀던 초기 셀류키드 왕국의 정책은 안티오코스 4세 에피파네스(주전 175-164년)에서 끝났다. 안티오코스는 주전 170년 예루살렘 성전을 모독하고 약탈했다. 주전 167년 안티오코스는 팔레스타인의 '헬라화'를 명함으로써 유대인이 안식일을 지키고, 절기를 지키고, 제물을 드리며, 자녀에게 할례를 행하는 유대교의 율법 준수를 금했다. 토라 책들을 없애라는 명령이 떨어졌고, 우상의 제단이 세워졌으며, 안티오코스는 유대인에게 부정한 제물을 드리고 돼지고기를 먹으라고 했다. 안티오코스는 유대인을 그들의 신앙 때문에 박해한 최초의 이교도 왕이 되었다(단 8:9-14, 23-25; 11:21-35).

늙은 제사장 맛다디아와 그의 다섯 아들은 안티오코스와 그의 셀류키드 왕조의 후계자들에 대한 저항을 이끌었다. 이것은 마카비의 독립운동으로 알려졌다. 유

다스 마카비('망치'라는 뜻)가 다섯 아들 가운데 첫 번째 지도자였기 때문이다. 24년에 걸친(주전 166-142년) 전쟁 끝에 유대인은 수리아로부터 독립을 쟁취했다. 이는 셀류키드 왕국에 대한 로마의 압박이 갈수록 커졌기 때문이다. 맛다디아의 후손들은 하스모니안 왕조를 세웠다. 이 이름은 마카비 가문의 조상인 하쉬몬에게서 유래했다.

하스모니안의 왕들은 사독 계열(민 25:10-13; 겔 40:46; 48:11)에 속한 사람들이 아니면서도 대제사장의 직책을 취했다. 하스모니안 왕들은 자기들이 처음에 저항하여 일어났던 바로 그 헬라의 길을 신속하게 따랐다. 그리스의 영향력은 이 왕조에 의해 주전 142-63년 팔레스타인에서 계속되었다.

대제사장직을 주장하던 두 사람, 아리스토불루스 2세와 힐카누스 2세 사이 발생한 충돌에 로마의 장군 폼페이가 개입함으로써 하스모니안 왕조는 주전 63년에 끝났다. 이렇게 되어 그 땅은 로마의 지배 아래에 들어갔다(단 2:40; 7:7). 지속적인 불안정이 이어지자 로마는 대 헤롯을 유대의 왕으로 세우게 되었다. 그는 이두매 태생으로 유대교로 개종했으며, 철저하게 그리스-로마의 관점을 가지고 있었다. 그는 주전 37-4년 팔레스타인을 다스렸으며, 예수님이 탄생하실 때(마 2:1-2) '유대인의 왕'이었다.

유대의 발전

디아스포라 이스라엘의 분산은 두 번의 포로, 곧 이스라엘이 앗수르에게 포로가 되고(왕하 17:23) 유다가 바벨론에게 포로가 된(왕하 25:21) 때에 시작되었다. 포로기가 끝난 후에도 대다수 이스라엘 사람은 유대로 귀환하지 않았으며, 바사 제국에서 더 이상 포로가 아니라 해외 이주자가 되었다. 그리스와 로마 제국 하에서도 이스라엘 사람들의 이주는 계속되었으며, 그 결과 주후 1세기에는 지중해 지역과 메소보다미아(메소포타미아) 전역에 유대인이 살고 있었다. 후기 중간기 시대의 이스라엘 사람 가운데 대다수가 팔레스타인 밖에서 살았다.

서기관과 랍비 율법에 대한 지식의 부족과 불순종이 포로생활을 초래했다고 믿은 포로로 잡혀간 이스라엘 사람들은 구약 연구에 전념했다. 중간기 시대 서기관들은 성경 해석의 전문가가 되어 권위를 가지게 되었다. 랍비들은 성경에 대한 서기관들의 연구를 이스라엘 백성에게 전달해주는 교사 역할을 했다.

회당 주전 586년 성전 파괴와 함께 회당이 포로기 유대인의 교육과 예배의 장소가 되었다. 유대인 대다수가 포로기 이후에도 팔레스타인으로 귀국하지 않자 디아스포라 유대인 속에서 회당은 여전히 그 역할을 수행했으며, 주전 516년 스룹바벨의 주도로 성전이 재건된 후에도 회당은 팔레스타인에서 자기 위치를 확보했다.

70인역 주전 330년 이후로 헬라어를 사용하도록 강요받으면서 디아스포라 유대인은 주로 헬라어를 사용하게 되었다. 유대인의 전설에 따르면 주전 250년 프톨레미의 왕인 필라델푸스가 72명의 학자를 모아 72일 동안 구약성경을 헬라어로 번역했다고 한다. 그래서 그 번역을 70인역(70의 라틴어 LXX)이라고 부르게 되었다. 주전 250-125년 애굽의 알렉산드리아에서 번역되었을 70인역은 가장 중요하고 가장 널리 사용되었던 구약성경의 헬라어 번역본이다.

바리새인 이 종교 집단은 헬라적 요소를 그 땅에서 없애기 위한 열정으로 마카비 가문에 협력한 '거룩한 자들'로 시작했을 것이다. 마카비 가문이 권력을 잡자 헬라주의로 돌아갔으므로, 이 거룩한 자들은 유대의 공식 종교로부터 '분리되었다'(이것이 바리새라는 이름의 기원일 것임). 바리새인들은 당시 발전되던 구전에 따라 율법을 엄격하게 해석했으며, 자기들의 이해를 모든 유대인이 지키기를 원했다. 비록 숫자는 적었지만 바리새인들은 팔레스타인 땅에 살던 백성 대다수로부터 호의적인 대접을 받았다.

사두개인 대제사장 혈통인 사독에게서 그 이름이 유래

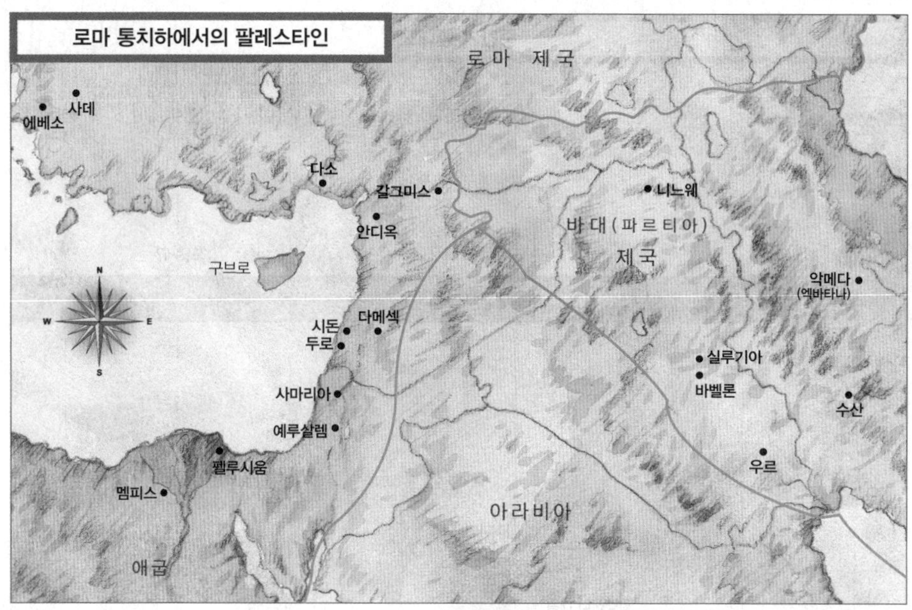

된 것으로 보이는 이 헬라화된 유대인 귀족들은 성전의 정책과 행습의 관리자가 되었다. 사두개인들은 오경 이외의 구약성경을 경전으로 인정하지 않았으며, 오경에서 명시되지 않았다고 생각되는 모든 가르침을 거부했다. 죽은 자의 부활이 그 한 가지 예다(마 22:23; 행 23:6-8).

「디도 황제의 예루살렘 정복(*The Conquest of Jerusalem by Emperor Titus*)」 1638년. 니콜라스 푸생. 캔버스에 유화. 199X148cm. 빈 미술사 박물관. 빈.

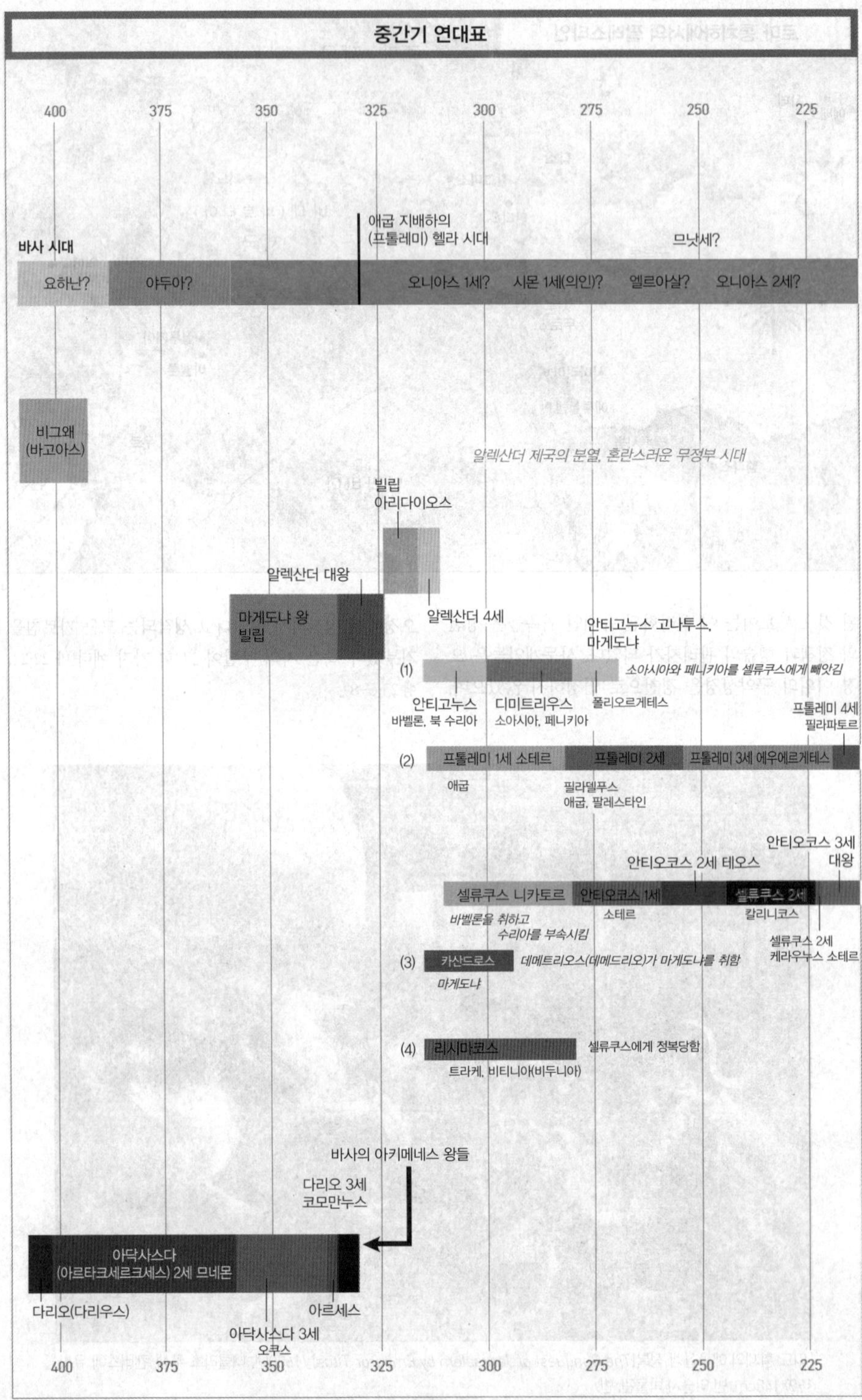
중간기 연대표
400
375
350
325
300
275
250
225
애굽 지배하의
(프톨레미) 헬라 시대
바사 시대
므낫세?
요하난?
야두아?
오니아스 1세?
시몬 1세(의인)?
엘르아살?
오니아스 2세?
비그왜
(바고아스)
알렉산더 제국의 분열, 혼란스러운 무정부 시대
빌립
아리다이오스
알렉산더 대왕
마게도냐 왕
빌립
알렉산더 4세
안티고누스 고나투스,
마게도냐
(1)
소아시아와 페니키아를 셀류쿠스에게 빼앗김
안티고누스
바벨론, 북 수리아
디미트리우스
소아시아, 페니키아
폴리오르게테스
프톨레미 4세
필라파토르
(2)
프톨레미 1세 소테르
프톨레미 2세
프톨레미 3세 에우에르게테스
애굽
필라델푸스
애굽, 팔레스타인
안티오코스 3세
대왕
안티오코스 2세 테오스
셀류쿠스 니카토르
안티오코스 1세
셀류쿠스 2세
소테르
칼리니코스
바벨론을 취하고
수리아를 부속시킴
셀류쿠스 2세
케라우누스 소테르
(3)
카산드로스
데메트리오스(데메드리오)가 마게도냐를 취함
마게도냐
(4)
리시마코스
셀류쿠스에게 정복당함
트라케, 비티니아(비두니아)
바사의 아키메네스 왕들
다리오 3세
코모만누스
아닥사스다
(아르타크세르크세스) 2세 므네몬
다리오(다리우스)
아르세스
아닥사스다 3세
오쿠스
400
375
350
325
300
275
250
225

중간기 연대표

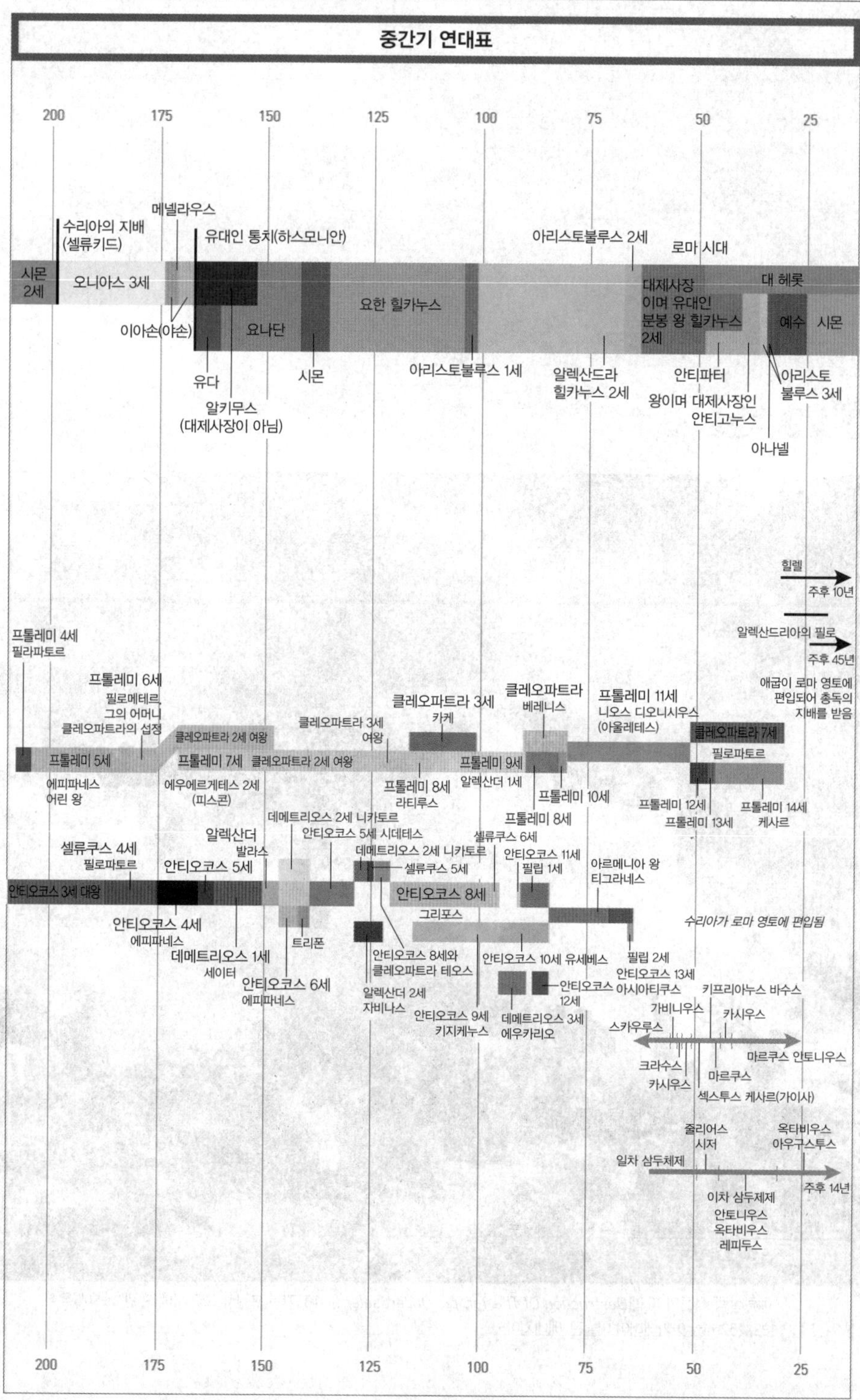
200
175
150
125
100
75
50
25
수리아의 지배
(셀류키드)
메넬라우스
유대인 통치(하스모니안)
아리스토불루스 2세
로마 시대
시몬
2세
오니아스 3세
이아손(야손)
요나단
요한 힐카누스
대제사장
이며 유대인
분봉 왕 힐카누스
2세
대 헤롯
예수
시몬
유다
알키무스
(대제사장이 아님)
시몬
아리스토불루스 1세
알렉산드라
힐카누스 2세
안티파터
왕이며 대제사장인
안티고누스
아나넬
아리스토
불루스 3세
힐렐
주후 10년
알렉산드리아의 필로
주후 45년
애굽이 로마 영토에
편입되어 총독의
지배를 받음
프톨레미 4세
필라파토르
프톨레미 6세
필로메테르,
그의 어머니
클레오파트라의 섭정
클레오파트라 2세 여왕
클레오파트라 3세
여왕
클레오파트라 3세
카케
클레오파트라
베레니스
프톨레미 11세
니오스 디오니시우스
(아울레테스)
클레오파트라 7세
필로파토르
프톨레미 5세
프톨레미 7세
클레오파트라 2세 여왕
프톨레미 9세
에피파네스
어린 왕
에우에르게테스 2세
(피스콘)
프톨레미 8세
라티루스
알렉산더 1세
프톨레미 10세
프톨레미 8세
프톨레미 12세
프톨레미 13세
프톨레미 14세
케사르
셀류쿠스 4세
필로파토르
알렉산더
발라스
데메트리오스 2세 니카토르
안티오코스 5세 시데테스
데메트리오스 2세 니카토르
셀류쿠스 5세
셀류쿠스 6세
안티오코스 11세
필립 1세
아르메니아 왕
티그라네스
안티오코스 3세 대왕
안티오코스 5세
안티오코스 8세
그리포스
수리아가 로마 영토에 편입됨
안티오코스 4세
에피파네스
데메트리오스 1세
세이터
트리폰
안티오코스 6세
에피파네스
안티오코스 8세와
클레오파트라 테오스
알렉산더 2세
자비나스
안티오코스 10세 유세베스
필립 2세
안티오코스 13세
아시아티쿠스
안티오코스
12세
안티오코스 9세
키지케누스
데메트리오스 3세
에우카리오
키프리아누스 바수스
가비니우스
카시우스
스카우루스
마르쿠스 안토니우스
크라수스
카시우스
마르쿠스
섹스투스 케사르(가이사)
줄리어스
시저
옥타비우스
아우구스투스
일차 삼두체제
주후 14년
이차 삼두제제
안토니우스
옥타비우스
레피두스

「예루살렘 성전의 파괴(*Destruction Of The Temple Of Jerusalem*)」 1867년. 프란체스코 하예즈. 캔버스에 유화. 183X252mm. 아카데미아 미술관. 베네치아.

The New Testament

신약

"아브라함과 다윗의 자손
예수 그리스도의 계보라"(마 1:1)

계시의 발전

신약성경

책	대략적인 저작 연대	저자
1. 야고보서	주후 44-49년	야고보
2. 갈라디아서	주후 49-50년	바울
3. 마태복음	주후 50-60년	마태
4. 마가복음	주후 50-60년	마가
5. 데살로니가전서	주후 51년	바울
6. 데살로니가후서	주후 51-52년	바울
7. 고린도전서	주후 55년	바울
8. 고린도후서	주후 55-56년	바울
9. 로마서	주후 56년	바울
10. 누가복음	주후 60-61년	누가
11. 에베소서	주후 60-62년	바울
12. 빌립보서	주후 60-62년	바울
13. 골로새서	주후 60-62년	바울
14. 빌레몬서	주후 60-62년	바울
15. 사도행전	주후 62년	누가
16. 디모데전서	주후 62-62년	바울
17. 디도서	주후 62-64년	바울
18. 베드로전서	주후 64-65년	베드로
19. 디모데후서	주후 66-67년	바울
20. 베드로후서	주후 67-68년	베드로
21. 히브리서	주후 67-69년	미상
22. 유다서	주후 68-70년	유다
23. 요한복음	주후 80-90년	요한
24. 요한일서	주후 90-95년	요한
25. 요한이서	주후 90-95년	요한
26. 요한삼서	주후 90-95년	요한
27. 요한계시록	주후 94-96년	요한

머리말

복음(gospel)은 앵글로색슨의 단어인 godspell에서 왔는데, 이 말은 '하나님에 대한 이야기' 또는 '좋은 이야기'라는 뜻을 가진다. 그런데 이 두 번째 뜻이 '복음'이라고 번역된 헬라어 *유앙겔리온*(*euangellion*)과 맞는다. 유앙겔리온은 '좋은 소식'이라는 뜻이다. 그리스 세계에서 유앙겔리온은 중요한 사건에 대한 좋은 보고를 가리키는 말이다. 네 편의 복음서는 모든 역사에서 가장 중요한 사건에 대한 좋은 소식이다. 곧 나사렛 예수의 삶, 희생적 죽음, 부활에 대한 이야기인 것이다.

복음서는 현대적 의미의 전기가 아니다. 예수의 생애 전체를 보여주려는 의도로 쓰이지 않았기 때문이다(참고. 요 20:30; 21:25). 탄생 기록을 제외하면 복음서는 예수의 생애 가운데 처음 30년에 대해서는 거의 말하고 있지 않다. 예수의 공생애는 3년이 넘지만 복음서들은 그 생애의 마지막 주간에 많은 관심을 기울인다(참고. 요 12-20). 그 기록이 역사적으로 완전히 정확하고 예수의 삶에 대한 중요한 전기적 세부 내용을 보여주긴 하지만, 복음서의 일차적 목적은 신학적이고 변증적이다(요 20:31). 복음서는 예수의 생애와 사역에 대한 권위 있는 대답을 제공하며, 신자로 믿음의 확신을 갖게 해준다(눅 1:4).

많은 거짓 복음서가 있지만, 아주 오래전부터 교회는 오직 마태복음과 마가복음, 누가복음, 요한복음만을 영감된 성경으로 받아들였다. 각 복음서가 자체의 독특한 관점을 가지고 있기는 하지만(마가복음 서론의 해석상 과제에서 다룬 '공관복음 문제'에 대한 논의를 보라) 마태, 마가, 누가를 요한과 비교해보면 그 세 복음서들은 동일한 관점을 드러낸다. 그래서 그 세 복음서가 공관(synoptic, '함께 본다' 또는 '공통된 하나의 관점을 공유한다'는 의미의 헬라어에서 온 단어임) 복음서라고 불린다. 예를 들면 마태와 마가, 누가는 그리스도의 갈릴리 사역에 집중하는 데 반해 요한은 유대 사역에 집중한다. 공관복음서에는 많은 비유가 등장하지만 요한은 하나도 기록하고 있지 않다. 요한복음과 공관복음서는 고난주간 이전의 기록들 가운데 공통된 것이 단 2개뿐이다(예수가 물 위를 걸으신 것과 5,000명을 먹이신 기적). 그러나 요한복음과 공관복음서 사이의 이런 차이는 모순적이 아니라 상호보완적이다.

앞서 말했듯이 각 복음서의 저자는 독특한 시각에서 서로 다른 대상을 위해 글을 썼다. 그 결과 각각의 복음서는 독특한 요소를 지닌다. 전체를 종합해보면 네 편의 복음서는 예수 그리스도에 대한 완전한 증언을 담고 있다.

마태는 일차적으로 유대인을 대상으로 글을 쓰면서 나사렛 예수를 이스라엘이 오래 기다린 메시아요 정당한 왕으로 제시한다. 마태의 족보는 누가의 족보와 달리 예수가 이스라엘의 가장 위대한 왕인 다윗의 후손이라는 사실에 초점을 맞춘다. 마태복음 전체에 퍼진 구약 인용은 예수의 생애와 사역의 다양한 면이 구약 메시아 예언의 성취임을 보여준다. 오직 마태만이 '천국'이라는 단어를 사용하며 병행적 표현인 '하나님의 나라'라는 용어를 피한다. 이는 '하나님의 나라'라는 말이 1세기 유대인의 생각 속에 비성경적인 의미를 가지고 있었기 때문이다. 그렇다면 마태는 유대인 그리스도인의 믿음을 강화하기 위해 복음서를 기록한 것이다. 따라서 마태복음은 유대인 복음화에 유용한 변증적 도구를 제공한다.

마가는 이방인 독자, 특히 로마인을 겨냥했다(마가복음 서론에서 배경과 무대를 보라). 마가복음은 행동의 복음서다. 자주 등장하는 '즉시' '그 때에' 등의 표현으로 마가의 서술은 급박하게 앞으로 나아간다. 마가복음에서 예수는 많은 사람의 죄를 대신해 고난당하기 위하여 온 종으로 나타난다(참고. 막 10:45). 마가의 긴박한 접근법은 실천적이고 행동 지향적인 로마인들의 마음을 사로잡았을 것이다.

누가는 보다 광범위한 이방인 독자를 대상으로 했다. 교육받은 그리스 사람인 누가(누가복음 서론에서 저자와 저작 연대를 보라)는 신약성경의 저자들 가운데 가장 정교한 문학적 헬라어로 글을 썼다. 그는 세심한 연구자요(눅 1:1-4) 날카로운 역사가였다. 누가는 예수를 인자(25번 등장하는 호칭임)로 그렸는데, 예수는 잃어버린 죄인을 찾아서 구원하러 오신, 인류의 결핍과 소망에 대한 해답이다(눅 9:56; 19:10).

마지막으로 기록된 복음서인 요한복음은 그리스도의 신성을 강조한다(예를 들면 5:18; 8:58; 10:30-33; 14:9). 요한은 신자의 믿음을 더 강하게 하고, 불신자에게 그리스도를 믿을 것을 호소하기 위해 복음서를 썼다. 요한은 20:31에서 자신이 글을 쓴 목적을 분명히 밝히고 있다. "오직 이것을 기록함은 너희로 예수께서 하나님의 아들 그리스도이심을 믿게 하려 함이요 또 너희로 믿고 그 이름을 힘입어 생명을 얻게 하려 함이니라."

전체적으로 보면 네 편의 복음서는 신인이신 나사렛 예수의 온전한 모습을 완성시킨다. 완전한 인성과 신성이 결합된 나사렛 예수는 세상의 죄를 대속하기 위해 유일한 제물이 되고, 믿는 자들에게 마땅히 주님이 된다.

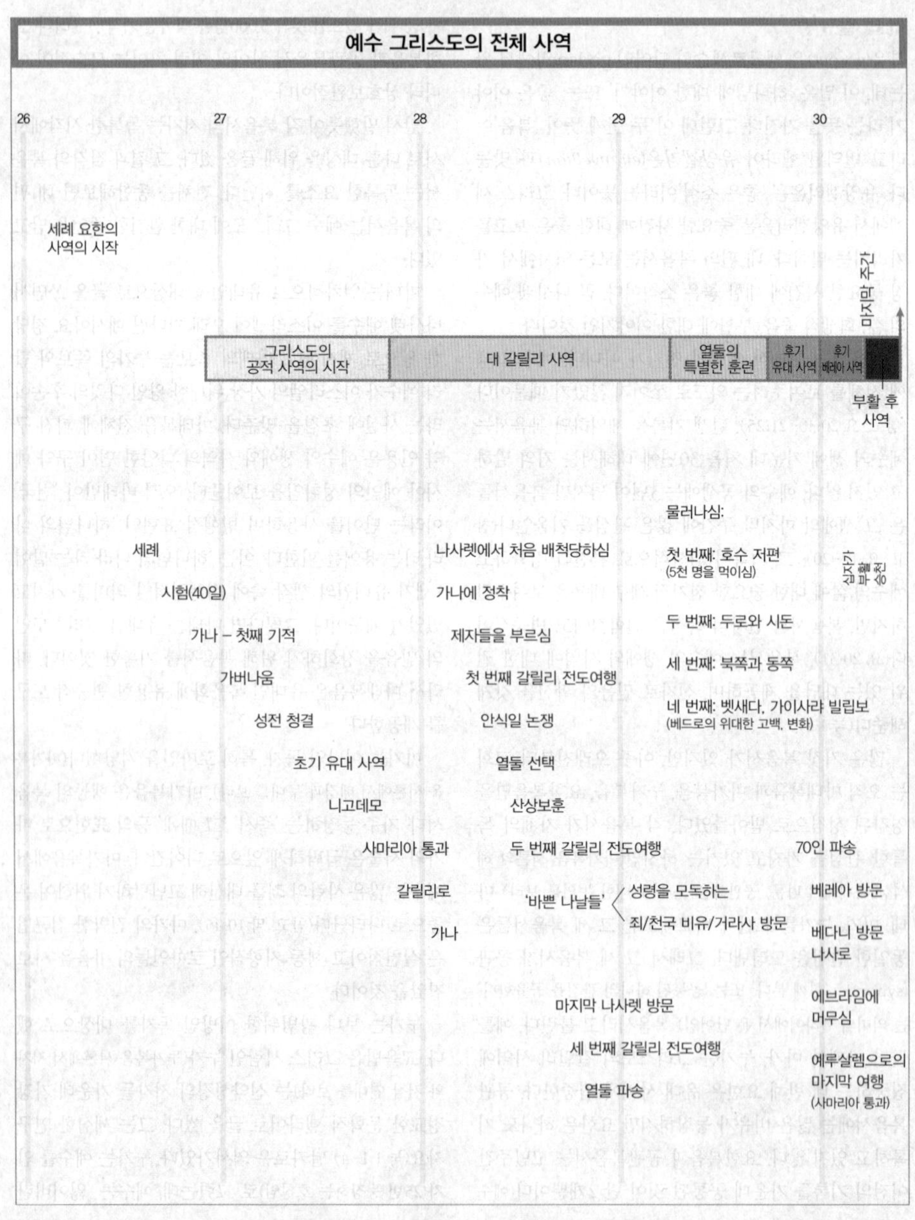

사복음서의 조화

	마태	마가	누가	요한
예수 그리스도를 소개함				
(1) 누가의 소개			1:1-4	
(2) 육신을 입기 이전 그리스도의 상태				1:1-8
(3) 예수 그리스도의 족보	1:1-7		3:23-38	
예수의 탄생, 유년 시절, 십대 시절과 세례 요한				
(1) 요한의 출생 고지			1:5-25	
(2) 예수의 동정녀 탄생 고지			1:26-38	
(3) 마리아를 향한 엘리사벳의 노래			1:39-45	
(4) 마리아의 송가			1:46-56	
(5) 세례 요한의 출생, 유년 시절, 앞으로 할 일			1:57-80	
(6) 예수 탄생이 요셉에게 고지됨	1:18-23			
(7) 예수 그리스도의 탄생	1:24, 25		2:1-7	
(8) 천사의 선포			2:8-14	
(9) 목자들이 찾아와 경배함			2:15-20	
(10) 예수의 할례			2:21	
(11) 첫 번째 성전 방문 시 시므온과 안나가 알아봄			2:22-38	
(12) 동방박사의 방문	2:1-12			
(13) 애굽으로의 피신과 무죄한 영아 살해	2:13-18			
(14) 예수와 함께 애굽에서 나사렛으로 귀환함	2:19-23		2:39	
(15) 예수의 어린 시절			2:40	
(16) 열두 살 때 성전을 방문한 예수			2:41-50	
(17) 예수의 청소년기와 성인 시기에 대한 기록(18년간)			2:51, 52	
세례 요한에 대한 진실				
(1) 요한이 사역을 시작함	3:1	1:1-4	3:1, 2	
(2) 요한의 사람됨과 메시지	3:2-12	1:2-8	3:3-14	
(3) 요한이 묘사한 예수	3:11, 12	1:7, 8	3:15-18	
(4) 요한의 용기	14:4-12		3:19, 20	

사복음서의 조화

	마태	마가	누가	요한
예수, 사역의 시작				
(1) 세례를 받으심	3:13-17	1:9-11	3:21-22	
(2) 시험받으심	4:1-11	1:12, 13	4:1-13	
(3) 요한의 증언				1:19-34
(4) 첫 번째 제자들을 부르심				1:35-51
(5) 첫 번째 기적				2:1-11
(6) 첫 번째 가버나움 기거				2:12
(7) 첫 번째 성전 청소				2:13-22
(8) 예루살렘에서 영접을 받으심				2:23-25
(9) 니고데모에게 거듭남을 가르치심				3:1-21
(10) 세례 요한과 함께 사역하심				3:22-36
(11) 갈릴리를 향해 떠나심	4:12	1:14	4:14	4:1-4
(12) 야곱의 우물에서 만난 사마리아 여인				4:5-42
(13) 갈릴리로 돌아오심		1:15	4:15	4:43-45
예수의 갈릴리 사역				
(1) 왕을 보필하는 신하의 아들을 고치심				4:46-54
(2) 나사렛에서 배척받으심			4:16-30	
(3) 가버나움으로 이사하심	4:13-17			
(4) 네 사람이 사람 낚는 어부가 됨	4:18-22	1:16-20	5:1-11	
(5) 안식일에 귀신 들린 사람을 고치심		1:21-28	4:31-37	
(6) 베드로의 장모와 다른 사람들의 병을 고치심	8:14-17	1:29-34	4:38-41	
(7) 첫 번째 갈릴리 전도여행	4:23-25	1:35-39	4:42-44	
(8) 나병환자의 치료와 사람들의 반응 기록	8:1-4	1:40-45	5:12-16	
(9) 중풍병자를 고치심	9:1-8	2:1-12	5:17-26	
(10) 마태를 부르심과 잔치	9:9-13	2:13-17	5:27-32	
(11) 비유를 통해 제자들을 변호하심	9:14-17	2:18-22	5:33-39	
(12) 두 번째 유월절을 위한 예루살렘 방문: 앉은뱅이를 고치심				5:1-47
(13) 이삭을 자른 일로 안식일 논쟁이 가열됨	12:1-8	2:23-28	6:1-5	
(14) 손 마른 사람을 고치신 일로 발생한 또 다른 안식일 논쟁	12:9-14	3:1-6	6:6-11	
(15) 많은 사람을 고치심	12:15-21	3:7-12	6:17-19	
(16) 철야 기도 후에 열두 사도를 세우심		3:13-19	6:12-16	

사복음서의 조화

	마태	마가	누가	요한
(17) 산상보훈	5:1-7:29		6:20-49	
(18) 백부장의 종을 치료하심	8:5-13		7:1-10	
(19) 과부의 죽은 아들을 살리심			7:11-17	
(20) 예수가 요한의 의심을 잠재우심	11:2-19		7:18-35	
(21) 특권층에게 화를 선포하심		11:20-30		
(22) 죄인인 여인이 예수께 향유를 부음			7:36-50	
(23) 또 다른 갈릴리 여행			8:1-3	
(24) 신성을 모독한다는 비난을 받으심	12:22-37	3:20-30		
(25) 기적을 요구하는 사람들에 대한 예수의 대답	12:38-45			
(26) 예수의 모친과 형제들이 접견을 요청함	12:46-50	3:31-35	8:19-21	
(27) 씨 뿌리는 자, 씨, 가라지, 겨자씨, 누룩, 보화, 진주, 그물, 등잔의 비유들	13:1-52	4:1-34	8:4-18	
(28) 풍랑을 잔잔케 하심	8:23-27	4:35-41	8:22-25	
(29) 거라사(가다라) 지방의 귀신 들린 자를 치료하심	8:28-34	5:1-20	8:26-39	
(30) 야이로의 딸을 살리심, 혈루증 여인을 치료하심	9:18-26	5:21-43	8:40-56	
(31) 두 맹인의 시력 회복	9:27-31			
(32) 귀신 들려 말 못하는 사람을 치료하심	9:32-34			
(33) 나사렛에서 받은 두 번째 배척	13:53-58	6:1-6		
(34) 열둘이 파송됨	9:35-11:1	6:7-13	9:1-6	
(35) 겁에 질린 헤롯이 요한을 참수함	14:1-12	6:14-29	9:7-9	
(36) 열둘의 귀환, 예수의 물러나심, 5,000명을 먹이심	14:13-21	6:30-44	9:10-17	6:1-14
(37) 물위를 걸으심	14:22-33	6:45-52		6:15-21
(38) 게네사렛에서 병자를 고치심	14:34-36	6:53-56		
(39) 갈릴리에서 인기의 절정이 지나감				{ 6:22-71; 7:1
(40) 전통을 공격하심	15:1-20	7:1-23		
(41) 베니게에서 사람들에게 알려짐: 수로보니게 여인을 치료하심	15:21-28	7:24-30		
(42) 고통당하던 사람을 고치심	15:29-31	7:31-37		
(43) 4,000명을 먹이심	15:32-39	8:1-9		
(44) 바리새인의 공격이 심해짐	16:1-4	8:10-13		
(45) 제자들이 부주의함으로 꾸중을 들음: 맹인을 치료하심	16:5-12	8:14-26		

사복음서의 조화

	마태	마가	누가	요한
(46) 베드로가 예수를 그리스도로 고백함	16:13-20	8:27-30	9:18-21	
(47) 예수가 자신의 죽음을 예언하심	16:21-26	8:31-38	9:22-25	
(48) 천국의 약속	16:27, 28	9:1	9:26, 27	
(49) 변화	17:1-13	9:2-13	9:28-36	
(50) 간질병자를 치료하심	17:14-21	9:14-29	9:37-42	
(51) 다시 죽음과 부활을 말씀하심	17:22, 23	9:30-32	9:43-45	
(52) 세금 납부	17:24-27			
(53) 누가 큰가를 놓고 다투는 제자들: 큰 자에 대한 예수의 정의: 인내, 충성, 용서	18:1-35	9:33-50	9:46-50	
(54) 예수가 형제들의 충고를 거절하심				7:2-9
(55) 갈릴리를 떠나심과 사마리아인의 배척	19:1		9:51-56	7:10
(56) 제자도의 대가	8:18-22		9:57-62	
예수의 마지막 유대와 베레아(페레아) 사역				
(1) 장막절				7:11-52
(2) 간음한 여인을 용서하심				7:53-8:11
(3) 그리스도 — 세상의 빛				8:12-20
(4) 바리새인들이 예언을 당하지 못하므로 예언자를 죽이려고 함				8:12-59
(5) 70인의 봉사			10:1-24	
(6) 율법교사가 선한 사마리아인의 이야기를 들음			10:25-37	
(7) 마르다와 마리아가 예수를 대접함			10:38-42	
(8) 기도에 대한 또 다른 교훈			11:1-13	
(9) 바알세불과 연결되었다는 비난을 들으심			11:14-36	
(10) 율법교사와 바리새인에 대한 심판			11:37-54	
(11) 외식, 탐욕, 걱정, 경성함에 대해 가르치심			12:1-59	
(12) 회개 또는 멸망			13:1-5	
(13) 열매 맺지 못하는 무화과나무			13:6-9	
(14) 꼬부라진 여인을 안식일에 고치심			13:10-17	
(15) 겨자씨와 누룩의 비유			13:18-21	
(16) 날 때부터 맹인 된 사람을 고치심: 그 후속 결과들				9:1-41
(17) 선한 목자의 비유				10:1-21
(18) 수전절				10:22-39
(19) 요단 저편으로 가서 거기에 거하심				10:40-42

사복음서의 조화

	마태	마가	누가	요한
(20) 헤롯에 대한 특별한 말씀과 함께 예루살렘으로 돌아와 가르치심			13:22-35	
(21) 바리새인과의 식사 자리에서 수종병 든 사람을 치료하심; 소, 가장 높은 자리, 큰 잔치 비유			14:1-24	
(22) 제자가 되는 길			14:25-35	
(23) 잃은 양, 잃은 은전(드라크마), 탕자의 비유			15:1-32	
(24) 불의한 재판관, 부자와 나사로의 비유			16:1-31	
(25) 용서, 믿음, 종이 할 일에 대한 교훈			17:1-10	
(26) 죽은 나사로를 살리심				11:1-44
(27) 그에 대한 반응: 예수가 물러나심				11:45-54
(28) 사마리아와 갈릴리를 통과하는 예루살렘으로의 마지막 여행을 시작하심			17:11	
(29) 열 명의 나병환자를 치료하심			17:12-19	
(30) 하나님 나라에 대한 교훈			17:20-37	
(31) 비유들: 끈질긴 과부, 바리새인과 세리			18:1-14	
(32) 이혼 교리	19:1-12	10:1-12		
(33) 예수가 아이들에게 안수하심: 반대들	19:13-15	10:13-16	18:15-17	
(34) 재물이 많은 청년 관원	19:16-30	10:17-31	18:18-30	
(35) 십일 시에 온 일꾼	20:1-16			
(36) 죽음과 부활을 예언하심	20:17-19	10:32-34	18:31-34	
(37) 야고보와 요한의 야망	20:20-28	10:35-45		
(38) 맹인 바디매오가 고침을 받음	20:29-34	10:46-52	18:35-43	
(39) 삭개오와의 대담			19:1-10	
(40) 은 열 므나의 비유			19:11-27	
(41) 마리아와 마르다의 집으로 돌아오심				11:55-12:1
(42) 나사로를 죽이려는 계교				12:9-11
예루살렘에서의 예수의 마지막 주간				
(1) 승리의 입성	21:1-9	11:1-11	19:28-44	12:12-19
(2) 무화과나무 저주와 성전 청소	21:10-19	11:12-18	19:45-48	
(3) 희생으로 사람들을 이끄심				12:20-50
(4) 말라버린 무화과나무의 증언	21:20-22	11:19-26		

사복음서의 조화

	마태	마가	누가	요한
(5) 산헤드린이 예수께 도전함: 예수가 두 아들, 악한 포도원 농부, 혼인 잔치의 비유로 대답하심	21:23-22:14	11:27-12:12	20:1-19	
(6) 가이사에게 바치는 세금	22:15-22	12:13-17	20:20-26	
(7) 부활에 대한 사두개인의 질문	22:23-33	12:18-27	20:27-40	
(8) 율법에 대한 바리새인의 질문	22:34-40	12:28-34		
(9) 예수와 다윗	22:41-46	12:35-37	20:41-44	
(10) 예수의 마지막 설교	23:1-39	12:38-40	20:45-47	
(11) 가난한 과부의 헌금		12:41-44	21:1-4	
(12) 예수가 미래를 이야기하심	24:1-51	13:1-37	21:5-36	
(13) 비유들: 열 처녀, 달란트, 심판 날	25:1-46			
(14) 예수가 십자가에 달리는 날을 말씀하심	26:1-5	14:1, 2	21:37, 38; 22:1, 2	
(15) 시몬의 집 식사 자리에서 마리아가 향유를 부음	26:6-13	14:3-9		12:2-8
(16) 유다의 배신 계약	26:14-16	14:10, 11	22:3-6	
(17) 유월절 준비	26:17-19	14:12-16	22:7-13	
(18) 유월절 식사, 질투심을 꾸짖으심	26:20	14:17	22:14-16, 24-30	
(19) 제자들의 발을 씻으심				13:1-20
(20) 유다가 드러남, 결점들	26:21-25	14:18-21	22:21-23	13:21-30
(21) 다른 제자들도 예수를 버릴 것을 경고하심: 제자들의 충성 선언	26:31-35	14:27-31	22:31-38	13:31-38
(22) 성찬의 제정	26:26-29	14:22-25	22:17-20	
(23) 사도들을 향한 마지막 강설과 중보기도				14:1-17:26
(24) 겟세마네의 비탄	26:30, 36-46	14:26, 32-42	22:39-46	18:1
(25) 유다의 배신, 예수의 체포, 제자들의 도주	26:47-56	14:43-52	22:47-53	18:2-12
(26) 안나스에게 먼저 심문당하심				18:13-14, 19-23
(27) 가야바와 공의회의 재판: 그에 따른 치욕	26:57, 59-68	14:53, 55-65	22:54상, 63-65	18:24
(28) 베드로의 세 번 부인	26:58, 69-75	14:54, 66-72	22:54하-62	18:15-18, 25-27

사복음서의 조화

	마태	마가	누가	요한
(29) 공의회의 정죄	27:1	15:1상	22:66-71	
(30) 유다의 자살	27:3-10			
(31) 빌라도 앞에 첫 번째 서심	27:2, 11-14	15:1하-5	23:1-7	18:28-38
(32) 헤롯 앞에 서심			23:6-12	
(33) 빌라도 앞에 두 번째 서심	27:15-26	15:6-15	23:13-25	18:39-19:16상
(34) 로마 군인들의 조소를 받으심	27:27-30	15:16-19		
(35) 골고다로 가심	27:31-34	15:20-23	23:26-33상	19:16하, 17
(36) 십자가에서의 처음 세 시간 동안 일어난 여섯 가지 사건	27:35-44	15:24-32	23:33하-43	19:18-27
(37) 십자가에서의 마지막 세 시간	27:45-50	15:33-37	23:44-46	19:28-30
(38) 예수의 죽음에 동반된 사건들	27:51-56	15:38-41	23:45, 47-49	
(39) 예수의 장례	27:57-60	15:42-46	23:50-54	19:31-42
(40) 무덤 봉인과 여인들의 주시	27:61-66	15:47	23:55, 56	
부활에서 승천까지				
(1) 여인들의 무덤 방문	28:1-8	16:1-8	24:1-11	
(2) 베드로와 요한이 빈 무덤을 봄			24:12	20:1-10
(3) 예수가 막달라 마리아에게 나타나심		16:9-11		20:11-18
(4) 예수가 다른 여인들에게 나타나심	28:9, 10			
(5) 경비병이 부활을 보고함	28:11-15			
(6) 예수가 엠마오 도상에서 두 제자에게 나타나심		16:12, 13	24:13-35	
(7) 예수가 도마가 빠진 열 제자에게 나타나심			24:36-43	20:19-25
(8) 도마가 있을 때 제자들에게 나타나심				20:26-31
(9) 예수가 갈릴리 바닷가에서 일곱 제자에게 나타나심				21:1-25
(10) 대위임령	28:16-20	16:14-18	24:44-49	
(11) 승천		16:19, 20	24:50-53	

제 목

'주님의 선물'이라는 뜻을 가진 마태는 레위의 다른 이름이다(9:9). 그는 세리였다가 모든 것을 버리고 그리스도를 좇았다(눅 5:27, 28). 마태는 열두 사도 중 한 사람이었다(10:3; 막 3:18; 눅 6:15; 행 1:13). 그런데 성경의 다른 어디에서도 마태라는 이름은 '세리'와 관련되지 않는다. 다른 복음서의 저자들은 그의 죄 많은 과거를 이야기할 때 이전의 레위라는 이름을 사용한다. 자신을 이런 방식으로 밝히는 것이 마태 편에서는 겸손의 증거다. 다른 세 편의 복음서와 마찬가지로 이 복음서도 저자의 이름으로 알려져 있다.

저자와 저작 연대

초대 교회에서는 이 복음서의 저자가 마태라는 사실과 그것이 정경이라는 사실에 대해 아무런 이의가 없었다. 에우세비오스(주후 265-339년경)는 오리게네스(주후 185-254년경)의 말을 다음과 같이 인용한다. "하늘 아래 하나님의 교회에서 유일하게 논쟁의 여지가 없던 네 편의 복음서들 가운데 첫 번째 것은 마태에 의해 기록되었으며, 그는 한때 세리였다가 뒤에 예수 그리스도의 사도가 되었고, 이 책은 유대교로부터의 회심자를 위해 준비되었다는 것을 전승을 통해서 배웠다"(『교회사』, 6:25).

이 복음서는 상대적으로 이른 시기인 주후 70년의 성전 파괴 이전에 기록되었음이 분명하다. 어떤 학자들은 저작 연대를 주후 50년경으로 잡는다. 이 복음서의 저자 및 연대와 관련된 어떤 문제, 특별히 '공관복음 문제'에 대한 더 자세한 논의는 마가복음의 '해석상의 과제'를 보라.

배경과 무대

마태복음은 유대적 분위기를 풍긴다는 점에서 특기할 만하다. 그것은 복음서 첫머리의 족보에서도 분명하게 드러난다. 거기서 마태는 족보를 아브라함까지만 추적한다. 이와 대조적으로 누가복음의 족보는 그리스도를 인류의 구속자로 제시하기 위해 아담까지 추적한다(눅 3:23-38). 마태의 목적은 상당히 제한적이다. 곧 그리스도가 이스라엘의 왕이요 메시아이심을 입증하는 것이다. 이 복음은 구약의 예언을 60회 이상 인용함으로 그리스도가 어떻게 그 약속들을 성취했는지를 강조한다.

마태의 청중이 주로 유대인이었을 개연성은 몇 가지 사실을 통해 더 분명해진다. 다른 복음서들과 달리 마태는 유대인의 풍습을 별도의 설명 없이 인용한다(참고. 막 7:3; 요 19:40). 그는 지속적으로 그리스도를 '다윗의 자손'으로 지칭한다(1:1; 9:27; 12:23; 15:22; 20:30; 21:9, 15; 22:42, 45). 심지어 마태는 하나님의 이름을 사용할 때도 유대인이 민감하게 생각하는 측면을 고려해 다른 복음서의 저자들이 "하나님의 나라"라고 할 때 마태는 "천국"이라고 한다. 이 책의 모든 중심 주제는 구약에 뿌리를 두고 있으며, 이스라엘의 메시아 대망에 비춰

복음서들에서 발견되는 유사점

마태, 마가, 누가복음을 대충만 훑어봐도 놀랄 만큼 유사한 내용이 많다는 것을 알 수 있다. 예를 들어 마태복음 9:2-8과 마가복음 2:3-2, 누가복음 5:18-26을 비교해보라. 그러나 동시에 각각의 저자가 예수의 생애와 사역, 교훈을 바라보는 시각에 상당한 차이점도 존재한다. 이 유사점과 차이점을 어떻게 설명하는가 하는 문제가 '공관복음 문제'로('공'은 '함께'라는 뜻이고 '관'은 '본다'라는 뜻임) 알려져 있다.

현대적 해법은 (심지어 복음주의자들 가운데서도) 공관복음서 저자들이 서로 상대방의 글에 의존했다는 것이다. 이 말은 복음서 저자들이 서로의 글을 베꼈다는 것을 의미한다. 그런 문헌적 의존성을 설명하는 가장 널리 받아들여지는 이론이 '두 개의 자료' 이론으로 알려져 있다. 이 이론에 따르면 마가가 최초로 기록된 복음서이고, 마태와 누가가 마가복음을 원 자료로 활용하여 각각 자기의 복음서를 기록했다는 것이다. 이 견해의

지지자들은 Q라고('원 자료'라는 의미의 독일어 Quelle에서 왔음) 이름 붙인 제2의 자료가 있으며, 마가복음에는 등장하지 않지만 마태복음과 누가복음에 등장하는 자료가 오늘날 사라진 이 Q에서 온 것이 분명하다고 주장한다. 그들은 이 이론을 지지하기 위해 다음과 같은 증거를 제시한다.

- 첫째, 마가복음에 나온 대부분의 자료는 마태복음과 누가복음에 병행 구절을 가지고 있다. 마가복음의 구절이 마태와 누가의 복음서보다 훨씬 짧기 때문에 마태와 누가가 마가의 글을 확대한 것이 분명하다.
- 둘째, 세 편의 복음서가 전체적으로 비슷한 연대적 순서를 따르고 있지만, 마태나 누가가 마가의 연대 순서에서 벗어날 때 다른 한 사람은 여전히 마가의 순서와 일치한다. 다른 말로 하면 마태와 누가는 같은 곳에서 함께 마가의 연대기 순서를 벗어나지 않는다는 뜻이다. 그들은 이런 패턴이 마태와 누가가 자기 기록의 역사적 틀을 위해 마가복음을 사용했음을 보여준다고 주장한다.
- 셋째, 세 편의 복음서 가운데 공통된 구절에서 마태와 누가의 어구는 그것이 마가의 어구와 다를 때 일치하지 않을 때가 많다. 두 개의 자료 이론 지지자들은 이것이 마태와 누가가 마가복음을 자료로 사용했다는 것을 확증한다고 본다.

이 두 개의 자료 이론에 대한 대안이 있다. 공관복음의 대답이다. 위의 논증은 마태와 누가가 마가복음을 원자료로 사용했다는 것을 증명해주지 않는다. 실제로는 모든 증거의 무게가 그런 이론에 강렬하게 저항한다.

- 19세기까지 교회의 거의 일치된 견해는 마태복음이 가장 먼저 기록되었다는 것이다. 이런 일관되고 인상적인 합창은 쉽게 무시할 수 없다.
- 사도이면서 그리스도의 생애를 목격한 마태가 심지어 그 자신의 회심에 대한 기록에서까지(목격자도 아니었던) 마가에게 의존할 이유가 있는가?
- 공관복음서에 대한 세심한 통계학적 분석에 따르면 공관복음서 사이의 병행 구절이 일반적으로 인정되는 것보다 범위는 훨씬 좁으며, 차이점은 훨씬 큰 것으로 드러났다. 특별히 그 차이점들은 복음서 저자들 사이의 문헌적 의존성에 반대하는 논증이 된다.
- 복음서가 실제 역사적 사건들을 다루기 때문에 그들이 대체적으로 비슷한 시간적 순서를 따르지 않는다면 그것이 도리어 놀라운 일일 것이다. 예를 들어 미국 역사에 대한 세 권의 책이 모두 독립전쟁, 남북전쟁, 1차 세계대전, 2차 세계대전, 베트남전쟁, 페르시아만전쟁을 동일한 순서로 다룬다고 해서 저자들이 서로의 책을 읽었다는 증거가 되지는 않는다. 내용의 일반적인 일치가 문헌적 의존을 증명하지 않는다.
- 마태복음과 누가복음에서는 일치하면서 마가복음과 다른 구절이(위 두 개의 자료 이론을 지지하는 세 번째 논증을 보라) 마태복음 가운데 육분의 일, 누가복음 가운데 육분의 일 정도가 된다. 만약 마태와 누가가 마가를 원 자료로 사용했다면 마태와 누가가 그렇게 자주 동일한 방식으로 마가의 어투를 바꾼 이유를 만족스럽게 설명할 수가 없다.
- 두 개의 자료 이론은 마가복음에서 중요한 단원(6:45-8:26)을 누가가 뺀 이유를 설명하지 못한다. 이 누락은 누가가 글을 쓸 때 마가복음을 읽지 않았음을 암시한다.
- Q 문서가 존재했다는 역사적 · 문헌적 증거가 존재하지 않는다. 그것은 순전히 현대 회의주의의 조작이며, 복음서의 축자영감을 부인하기 위한 한 가지 방법일 수 있다.
- 문헌적 의존 이론은 복음서 저자들 간의 직접적인 접촉의 중요성을 무시하는 것으로 악명이 높다. 마가와 누가는 바울의 동역자였다(몬 24절). 초대 교회는(마태를 포함해) 한동안 마가의 모친의 집에서 모였다(행 12:12). 누가는 바울이 가이사랴에서 2년간 감옥에 있을 때 마태를 만났을 가능성이 높다. 그런 접촉은 상호 문헌에 대한 의존 이론을 불필요하게 만든다.

공관복음 문제에 대한 가장 단순한 해법은 그런 문제 자체가 존재하지 않는다는 것이다. 비평가들이 복음서 저자들 사이의 문헌적 의존성을 증명하지 못하므로 그것을 설명할 필요가 없다. 복음서의 저자들은 하나님의 영감을 받았으며, 세 사람 모두가 동일한 한 성령에 의해 감동되었다(벧후 1:20)는 사실을 제외하고는 독자적으로 복음서를 썼다는 전통적 견해가 유일하게 타당성이 있어 보인다.

조명할 필요가 있다. 마태가 헬라어를 사용한 것은 그 자신이 팔레스타인의 유대인으로서 헬라 세계의 다른 곳에 있는 유대인에게 글을 썼다는 것을 암시한다. 그는 자신이 묘사하는 많은 사건의 목격자로서 글을 썼으며, 나사렛 예수의 말씀과 활동에 대해 직접적으로 증언한다.

마태의 목적은 분명하다. 예수가 유대 국가가 오래 기다려 온 메시아라는 것이다. 그의 잦은 구약 인용은 약속된 메시아와 역사 속에 존재한 그리스도 사이의 연결을 보여주려는 목적에서 나온 것이다. 마태는 이 목적에서 빗나간 적이 없으며, 심지어 예수가 메시아라는 주장의 증명으로 부수적인 세부사항까지 구약에서 추론한다(예를 들면 2:17, 18; 4:13-15; 13:35; 21:4, 5; 27:9, 10).

역사적 · 신학적 주제

마태의 관심은 예수를 유대인의 왕 메시아로 제시하는 데 있으므로, 구약성경에 등장하는 하나님 나라에 대한 약속이 그의 복음서 전체에 퍼져 있다. 마태의 특징적 어구인 '천국'은 이 책에 36번 등장한다(이것이 성경의 다른 곳에서는 전혀 나타나지 않는다).

첫머리에 등장하는 족보는 이스라엘의 왕으로서 그리스도의 신임장을 제시하기 위한 것이며, 책의 나머지는 이 주제를 완성시킨다. 마태는 그리스도가 왕족의 후손임을 보여준다. 그는 예수가 앞으로 올 왕에 대한 구약의 수십 개에 달하는 예언의 성취임을 입증한다. 그는 그리스도의 왕권을 확립하기 위한 증거를 계속해서 제공한다. 이 책의 다른 모든 역사적·신학적 주제들은 이 주제를 중심으로 돌아간다.

마태는 산상보훈(5-7장), 사도들 파송(10장), 왕국 비유들(13장), 신자가 어린 아이와 같음에 대한 강화(18장), 재림에 대한 강화(24, 25장) 등 5개의 주요 강화를 기록한다. 각각의 강화는 다음과 같은 또는 약간 변형된 어구로 끝난다. "예수께서 이 말씀을 마치시매"(7:28; 11:1; 13:53; 19:1; 26:1). 그리고 이것은 새로운 부분의 서술이 시작되었음을 알리는 신호가 된다. 처음에 나오는 긴 단원(1-4장)과 짧은 결론(28:16-20)이 복음서의 나머지 부분을 괄호로 묶고, 이것은 자연스럽게 5개의 단원으로 분류되며, 각각의 단원 속에 강화 단원과 서술 단원이 있다. 어떤 사람들은 이 5개의 단원과 구약의 모세오경이 병행관계에 있다고 생각한다.

마태복음에 흔히 등장하는 또 다른 주제는 그리스도와 바리새주의자 사이의 충돌이다. 그러나 마태는 유대인 청중의 유익을 위해 바리새인의 오류를 보여주기에 열심인데, 이는 개인적인 이유 때문이거나 자신을 드러내 보이려는 의도가 아니다. 예를 들어 마태는 바리새인과 세리의 비유(눅 18:9-14)가 세리였던 자신을 돋보이게 했을 것임에도 불구하고 그 비유를 싣지 않았다.

또한 마태는 다른 어느 복음서보다도 사두개인을 많이 언급한다. 마태복음은 바리새인과 사두개인을 모두 부정적으로 그리면서 그들을 경고의 신호로 사용한다. 그들의 교리는 피해야 하는 누룩이다(16:11, 12). 이 두 집단이 교리적으로는 서로 다르면서도 그리스도에 대한 증오에서는 하나가 되었다. 그러므로 마태에게 있어

왜 네 편의 복음서인가

복음서	마태	마가	누가	요한
청중	유대인	로마인	헬라인	그리스 세계
예수에 대한 묘사	예수는 구약의 예언과 기대를 성취하는 메시아(왕)이시다	예수는 권위 있는 하나님의 아들이다	예수는 완전한 인자로, 성령의 능력과 기도를 통해 모든 사람을 구원하고 섬기려고 왔다	예수는 완전한 하나님의 아들로 우리가 영생을 얻으려면 그를 믿어야 한다(하나님의 "I AM")
핵심적인 절들	마 1:1; 16:16; 20:28	막 1:1; 8:27; 10:45; 15:34	눅 19:10	요 20:31
핵심 단어	성취되었음	즉시	인자	믿음, 영생

그들은 이스라엘에서 그리스도의 왕 됨을 거부한 모든 사람을 상징했다.

이스라엘이 메시아를 거부한 것이 이 복음서에서 지속적으로 등장하는 또 다른 주제다. 다른 복음서에서는 예수에 대한 공격이 이 복음서만큼 강하게 묘사되어 있지 않다. 애굽으로의 피신부터 십자가 장면에 이르기까지 마태는 그리스도가 버림받은 것을 다른 어느 복음서 저자보다 생생하게 그렸다. 예를 들면 마태의 십자가 서술에는 회개한 강도도, 십자가 아래 있던 친구나 사랑하는 사람도 등장하지 않는다. 죽을 때 그리스도는 심지어 하나님으로부터도 버림받는다(27:46). 버림받음의 그림자가 결코 사라지지 않는다.

마태복음에만 나오는 내용들

모든 복음서 가운데 오직 마태만 다음 사건을 기록하고 있다.

1. 요셉의 꿈(1:20-24)
2. 동방박사의 방문(2:1-22)
3. 애굽으로의 피신(2:13-15)
4. 헤롯의 영아 살해(2:16-18)
5. 유다의 후회(27:3-10, 하지만 행 1:18, 19을 보라)
6. 빌라도 아내의 꿈(27:19)
7. 다른 부활들(27:52)
8. 군인들에게 준 뇌물(28:11-15)
9. 대위임령(28:19, 20)

그러면서도 마태는 예수를 "인자가 구름을 타고 능력과 큰 영광으로 오는" 승리의 왕으로 그린다(24:30).

해석상의 과제

앞서 말했듯 마태는 자신의 서술 자료들을 5개의 큰 설교를 중심으로 모아놓았다. 마태는 엄격한 연대적 순서를 따르려는 시도를 전혀 하지 않았으며, 복음서를 비교해보면 사건들을 시간 순서와 무관하게 자유롭게 배치했다는 것이 드러난다. 그는 시간의 순서를 따르지 않고 주제와 큰 개념을 다루고 있다.

예언적 구절들은 특히 해석하기가 어렵다. 예를 들어 예수의 감람산 강화는 주후 70년 예루살렘의 격렬한 멸망 이미지를 떠올리게 하는 몇 가지 상세한 묘사를 포함하고 있다. 24:34에 나온 예수의 말씀으로 말미암아 어떤 해석자들은 이 모든 일이 그 시대 로마의 정복에 의해 성취되었다는(비록 문자적으로는 아니지만) 결론에 도달했다. 이 견해는 '과거주의 해석법'(preterism)으로 알려져 있다. 그러나 이 해석은 정상적인 해석 방법의 지지를 받지 못하는 영해적·풍유적 의미를 본문에 억지로 끼워넣어 본문의 의미를 심각하게 훼손한다. 여기서 취하는 접근법은 문법적·역사적 해석 방법이며, 핵심적 예언들에 대해 일관되게 미래주의적 해석을 내놓을 것이다.

공관복음 문제에 대한 토론을 위해서는 앞서 언급한 '복음서들에서 발견되는 유사점'과 마가복음 서론에 나온 해석상의 과제를 보라.

「목자들의 경배(*Adoration of the shepherds*)」 1622년. 헤라드 반 혼토르스트. 캔버스에 유화. 63.6×48.7cm. 포메라니아 국립 박물관. 그라이프스발트.

마태복음 개요

I. 머리말: 왕의 임함(1:1-4:25)
- A. 왕의 탄생(1:1-2:23)
  1. 왕의 조상(1:1-17)
  2. 왕의 오심(1:18-25)
  3. 왕에 대한 찬양(2:1-11)
  4. 왕의 대적(2:12-23)
- B. 왕의 공적 사역이 시작됨(3:1-4:25)
  1. 왕의 오심을 선포한 이(3:1-12)
  2. 왕의 세례(3:13-17)
  3. 왕의 시험(4:1-11)
  4. 왕의 초기 사역(4:12-25)

II. 왕의 권세(5:1-9:38)
- A. 강화 1: 산상보훈(5:1-7:29)
  1. 의와 행복(5:1-12)
  2. 의와 제자도(5:13-16)
  3. 의와 성경(5:17-20)
  4. 의와 도덕성(5:21-48)
  5. 의와 실천적 종교(6:1-18)
  6. 의와 일상적인 일(6:19-34)
  7. 의와 인간관계(7:1-12)
  8. 의와 구원(7:13-29)
- B. 서술 1: 권세를 확증하는 기적들(8:1-9:38)
  1. 나병환자가 깨끗함을 받음(8:1-4)
  2. 백부장 종의 병을 고치심(8:5-13)
  3. 베드로 장모의 병을 고치심(8:14, 15)
  4. 많은 사람의 병을 고치심(8:16-22)
  5. 바람과 바다를 꾸짖으심(8:23-27)
  6. 두 명의 귀신 들린 자가 건짐을 받음(8:28-34)
  7. 중풍병자의 사죄와 병 고치심(9:1-8)
  8. 세리를 부르심(9:9-13)
  9. 질문에 대답하심(9:14-17)
  10. 한 소녀가 죽음에서 살아남(9:18-26)
  11. 두 명의 맹인이 시력을 회복함(9:27-31)
  12. 말 못하는 사람이 말함(9:32-34)
  13. 무리를 불쌍히 여기심(9:35-38)

III. 왕의 의제(10:1-12:50)
- A. 강화 2: 열둘에게 사명을 줌(10:1-11:1)
  1. 주인의 사람들(10:1-4)
  2. 제자들 파송(10:5-23)
  3. 제자도의 표지(10:24-11:1)
- B. 서술 2: 왕의 사명(11:2-12:50)
  1. 요한의 제자들을 위해 예수의 정체가 밝혀짐 (11:2-19)
  2. 회개하지 않는 자들에게 저주가 선포됨 (11:20-24)
  3. 피곤한 자에게 안식이 제공됨(11:25-30)
  4. 안식일의 주인임이 단언됨(12:1-13)
  5. 유대 지도자들의 반감이 들끓음 (12:14-45)
  6. 영적 조상에 의해 영원한 관계가 규정됨 (12:46-50)

IV. 왕의 대적(13:1-17:27)
- A. 강화 3: 천국 비유(13:1-52)
  1. 씨 뿌리는 자 비유(13:1-23)
  2. 알곡과 가라지 비유(13:24-30, 34-43)
  3. 겨자씨 비유(13:31, 32)
  4. 누룩 비유(13:33)
  5. 감춰진 보화 비유(13:44)
  6. 값진 진주 비유(13:45, 46)
  7. 그물 비유(13:47-50)
  8. 집주인 비유(13:51, 52)
- B. 서술 3: 천국의 갈등(13:53-17:27)
  1. 나사렛이 왕을 배척함(13:53-58)
  2. 헤롯이 세례 요한을 죽임(14:1-12)
  3. 예수가 5,000명을 먹이심(14:13-21)
  4. 예수가 물 위를 걸으심(14:22-33)
  5. 무리가 병 고침을 구함(14:34-36)
  6. 서기관과 바리새인이 예수께 도전함 (15:1-20)
  7. 수로보니게 여인이 믿음(15:21-28)
  8. 예수가 무리를 고치심(15:29-31)
  9. 예수가 4,000명을 먹이심(15:32-39)
  10. 바리새인과 사두개인이 표적을 구함 (16:1-12)
  11. 베드로가 예수를 그리스도로 고백함 (16:13-20)
  12. 예수가 자신의 죽음을 예고하심 (16:21-28)
  13. 예수가 자신의 영광을 드러내심 (17:1-13)
  14. 예수가 한 아이를 고치심(17:14-21)

15. 예수가 자신이 배반당할 것을 예고하심 (17:22, 23)
16. 예수가 성전세를 지불하심(17:24-27)

V. 왕의 행정(18:1-23:39)

A. 강화 4: 신자는 어린 아이와 같음(18:1-35)
1. 어린 아이 같은 신앙을 요구함(18:1-6)
2. 실족에 대한 경고(18:7-9)
3. 잃은 양 비유(18:10-14)
4. 교회의 징계의 모범(18:15-20)
5. 용서에 대한 교훈(18:21-35)

B. 서술 4: 예루살렘 사역(19:1-23:39)
1. 왕의 몇 가지 교훈(19:1-20:28)
a. 이혼에 대해(19:1-10)
b. 독신생활에 대해(19:11, 12)
c. 아이에 대해(19:13-15)
d. 포기에 대해(19:16-22)
e. 누가 구원받을 수 있을지에 대해 (19:23-30)
f. 천국에서의 평등에 대해(20:1-16)
g. 그분의 죽음에 대해(20:17-19)
h. 참된 위대함에 대해(20:20-28)
2. 왕의 몇 가지 행동(20:29-21:27)
a. 두 명의 맹인을 고치심(20:29-34)
b. 찬송을 받으심(21:1-11)
c. 성전을 청결케 하심(21:12-17)
d. 무화과나무를 저주함(21:18-22)
e. 도전에 응답하심(21:23-27)
3. 왕의 몇 가지 비유(21:28-22:14)
a. 두 아들 비유(21:28-32)
b. 악한 포도원 농부 비유(21:33-46)
c. 혼인 잔치 비유(22:1-14)
4. 왕의 몇 가지 대답(22:15-46)
a. 세금 바치는 문제에 대해(22:15-22)
b. 부활에 대해(22:23-33)
c. 첫째요 큰 계명에 대해(22:34-40)
d. 다윗의 더 큰 자손에 대해(22:41-46)
5. 왕의 몇 가지 선언(23:1-39)
a. 서기관과 바리새인에게(23:1-36)
b. 예루살렘에게(23:37-39)

VI. 왕의 대속(24:1-28:15)

A. 강화 5: 감람산 강화(24:1-25:46)
1. 성전의 파괴(24:1, 2)
2. 시대의 징조(24:3-31)
3. 무화과나무의 비유(24:32-35)
4. 노아의 교훈(24:36-44)
5. 두 명의 종 비유(24:45-51)
6. 열 처녀 비유 (25:1-13)
7. 달란트 비유(25:14-30)
8. 민족들에 대한 심판(25:31-46)

B. 서술 5: 십자가와 부활(26:1-28:15)
1. 왕을 죽이려는 계교(26:1-5)
2. 마리아가 기름을 부음(26:6-13)
3. 유다가 배반함(26:14-16)
4. 유월절(26:17-30)
5. 베드로의 부인에 대한 예언(26:31-35)
6. 예수가 번민하심(26:36-46)
7. 예수가 잡히심(26:47-56)
8. 산헤드린 앞에서의 재판(26:57-68)
9. 베드로의 부인(26:69-75)
10. 유다의 자살(27:1-10)
11. 빌라도 앞에서의 재판(27:11-26)
12. 병사들의 조소(27:27-31)
13. 십자가(27:32-56)
14. 장사(27:57-66)
15. 부활(28:1-15)

VII. 맺음말: 왕의 임무 부여(28:16-20)

머리말: 왕의 임함 (1:1-4:25)

A. 왕의 탄생(1:1-2:23)

1. 왕의 조상(1:1-17)

1:1 **아브라함의 자손** 이 명칭은 예수 왕가의 족보가 이스라엘 국가 생성기의 아브라함 언약까지 거슬러 올라가게 한다(창 12:13). **다윗의 자손** 공관복음서에서만 메시아를 가리킬 때 사용되는 명칭이다(*22:42, 45에 대한 설명을 보라*). **예수 그리스도** 히브리어로 *예슈아*(*Jeshua*)는 '주는 구원이시다'라는 뜻이다. 헬라어 *크리스토스*(*Christos*)는 '기름 부음을 받은 사람'이라는 뜻이며, 히브리어의 '메시아'와 정확하게 같은 의미다(단 9:25). **예수 그리스도의 계보** 어떤 사람들은 이 어구를 복음서 전체를 위해 마태가 붙인 제목으로 본다. '족보 책'으로 번역된 헬라어 어구는 70인역이 창세기 5:1에서 사용한 어구와 정확하게 같다.

1:2 이 족보와 누가복음에 등장하는 족보의 비교는 *누가복음 3:23-38에 대한 설명을 보라.*

1:3 **다말** 족보에 여성의 이름이 등장하는 것은 예외적이다. 마태는 다섯 여성의 이름을 포함시켰다. 다말은 유다를 유혹하기 위해 창녀로 가장한 가나안 여인이었다(창 38:13-30). 라합(5절)은 이방인 창녀였다(수 2:1). 룻(5절)은 모압 여인이었고(룻 1:3) 우상 숭배자였다. 밧세바("우리아의 아내", 6절)는 다윗과 간음했다(삼하 11장). 그리고 마리아(16절)는 결혼하지 않고 임신했다는 낙인이 찍힌 여인이다. 이 여인들은 각각 하나님의 은혜가 하는 일을 보여주는 교훈적인 인물이다.

1:5, 6 **살몬은 라합에게서 보아스를 낳고…이새는 다윗 왕을 낳으니라** 이 족보는 모든 사람을 열거한 것이 아니다. 라합과 (여호수아 시대) 다윗 (6절) 사이에 약 400년의 시간이 경과되었으므로 이 족보는 여러 세대를 건너뛴 셈이다. 마태의 족보는 (성경에 실린 대부분의 족보와 마찬가지로) 목록을 요약하기 위해 널리 알려진 인물 사이의 여러 세대를 건너뛰기도 한다. *룻기 4:18-22; 4:21에 대한 설명을 보라.*

1:8 **요람은 웃시야를 낳고** 역대상 3:10-12을 보라. 마태는 아하시야, 요아스, 아마샤를 건너뛰고 바로 요람(여호람)에서 웃시야(아사랴)로 넘어감으로써 일종의 요약판 족보를 사용하고 있다. 17절에서 드러나듯 마태는 족보를 균형이 맞는 3개의 부분으로 나누기 위해 의도적으로 족보를 축소한 것으로 보인다.

1:11 **요시야는 여고냐와 그의 형제들을 낳으니라** 여기서 다시 마태는 요시야와 여고냐 사이의 한 세대를 건너뛴다(대상 3:14-16). 여고냐는 여호야긴(왕하 24:6; 대하 36:8), 때로는 고니야라고도 불린다(렘 22:24). 이 족보에 여고냐가 등장하는 것은 흥미로운 일이 아닐 수 없다. 그의 후손이 다윗의 위에 영원히 앉지 못하리라는 저주가 그에게 선언되었기 때문이다(렘 22:30). 예수는 요셉으로 연결되는 왕가의 후손이지만 요셉의 실제 아들이 아니었고, 따라서 이 족보를 따라 내려오는 육체적 후손이 아니었기 때문에 이 저주가 예수를 피해갔던 것이다.

1:12 **스알디엘을 낳고 스알디엘은 스룹바벨을 낳고** 역대상 3:17-19에는 스룹바벨이 스알디엘의 형제인 브다야의 아들이라고 되어 있다. 구약의 다른 곳에서 스룹바벨은 언제나 스알디엘의 아들이라고 불린다(예를 들면 학 1:1; 스 3:2; 느 12:1). 어쩌면 스알디엘이 조카를 입양했을 수도 있다(*학 2:23에 대한 설명을 보라*). 스룹바벨은 구약 족보에 등장하는 사람들 중에 마태복음의 족보에 등장하는 마지막 인물이다.

1:16 **마리아의 남편 요셉…마리아에게서 그리스도라 칭하는 예수가 나시니라** 이것은 전체 족보에서 '낳았다'는 단어가 사용되지 않은(한 세대 전체를 건너뛴 곳을 포함해) 유일한 항목이다. 영어 성경에 나오는 대명사(*whom*)는 단수로 마리아 한 사람을 가리킨다. 이 마지막 항목의 예외적인 어투는 예수가 요셉의 문자적인 후손이 아니라는 사실을 강조한다. 그럼에도 이 족보는 예수가 요셉의 법적 후손으로서 다윗 왕좌에 대한 권리를 가지신다는 사실을 밝히고 있다.

1:17 **열네 대** 열넷이라는 숫자가 무엇을 의미하는지

마태복음에 나타난 꿈들

요셉	네 개의 꿈	
	• 마리아의 순결을 확신함	마 1:20
	• 애굽으로 피하라는 경고	마 2:13
	• 이스라엘로 돌아가라는 명령	마 2:19, 20
	• 나사렛으로 돌아가라는 하나님의 경고	마 2:22
현자들	아기 예수에 대한 헤롯의 계교를 경고함	마 2:12

단어 연구

예수(Jesus): 1:1, 21, 25; 4:23; 8:22; 11:4; 19:1; 24:1; 26:52; 27:37. 히브리어 이름 예슈아(여호수아)에 해당하며, 문자적으로 '주께서 구원하실 것이다'라는 뜻이다. 구약 시대에 예수라는 이름은 유대인의 흔한 이름 가운데 하나였다(눅 3:29; 골 4:11). 그러나 이 이름의 의미는 지상에서 이루시는 예수의 구속 사역을 나타낸다. 요셉을 방문한 천사는 "이는 그가 자기 백성을 그들의 죄에서 구원할 자이심이라"(1:21)고 하며 예수의 이름의 중요성을 분명히 말해준다. 예수가 그 백성을 위하여 자신을 희생하고 죽음에서 부활하신 뒤에 초대 사도들은 예수를 단 한 분, 유일한 구주라고 선언했다(행 5:31; 13:23).

는 분명하지 않지만, 마태가 숫자에 신경을 쓴다는 것은(히브리적 특성) 복음서 전체를 통해 분명하게 드러난다. 이런 조직적인 나열이 기억에 도움이 되기 때문일 수도 있다. 마태가 바벨론 포로 이전 세대 집단과 이후 세대 집단에 모두 여고냐를 포함시키는 것에 주목하라.

2. 왕의 오심(1:18-25)

1:18 **약혼하고** 유대교의 약혼은 오늘날의 결혼만큼이나 구속력이 있었다. 파혼하기 위해서는 이혼 절차가 필요했는데(19절), 약혼한 두 사람은 육체적으로 결합하기 이전이라도 법적으로 남편과 아내로 간주되었다. *누가복음 2:5에 대한 설명을 보라.* **성령으로 잉태된 것** 20, 23절; 누가복음 1:26-35을 보라.

1:19 **그의 남편 요셉은 의로운 사람이라 그를 드러내지 아니하고 가만히 끊고자 하여** 이런 종류의 간음에 대한 법적 처분은 돌로 쳐죽이는 것이었다(신 22:23, 24). 요셉이 의롭다는 말은 그가 자비하다는 뜻이기도 했다. 그래서 그는 마리아를 '모든 사람 앞에 본보기'로 삼을 생각이 없었다. '의인'은 히브리적 표현으로 그가 하나님을 진정으로 믿었으며, 그 결과 의롭다고 선언되었으며, 율법을 세심하게 지키는 사람이었음을 암시한다(창 6:9을 보라). '끊으려면' 법적 이혼 절차를 거쳐야 하는데(19:8, 9; 신 24:1), 이는 유대교의 관습에서 약혼을 취소하기 위해 필요한 과정이었다(*18절에 대한 설명을 보라*).

1:20 **주의 사자** 이것은 신약에서 아주 드물게 나오는 일 가운데 하나로 천사(사자)의 방문은 대부분 그리스도의 탄생과 연결되어 있다. 그 외 천사의 방문은 28:2; 사도행전 5:19; 8:26; 10:3; 12:7-10; 27:23; 요한계시록 1:1을 보라. **현몽** 그리스도의 오심이 초자연적인 일임을 강조하기라도 하려는 듯 그 사건에 대한 마태의 서술은 5번의 그런 계시적 꿈을 묘사한다. 20절; 2:12, 13, 19, 22. 여기서 천사는 요셉이 마리아를 맞아들여야 한다고 말한다.

1:21 **예수** 25절; 누가복음 1:31을 보라. 이 이름은 실제로 '구주'라는 뜻을 가진다(*1절에 대한 설명을 보라*).

1:22 **이루려 하심이니** 마태는 구약 예언의 성취를 무려 12번이나 지적한다(2:15, 17, 23; 4:14; 8:17; 12:17; 13:14, 35; 21:4; 26:54-56; 27:9, 35). 그는 60회 이상 구약을 인용하는데, 이는 로마서에서 바울이 한 것을 제외하면 신약의 다른 어느 저자보다 빈번하게 구약을 인용한 셈이다.

1:23 **처녀** 학자들은 때로 이사야 7:14의 히브리어 단어가 '처녀'인지 '젊은 여성'인지를 놓고 논쟁을 벌인다. 마태는 여기서 70인역을 인용하는데, 그 헬라어는 '처녀'를 의미한다(*사 7:15에 대한 설명을 보라*). 이렇게 해서 성령의 영감을 받아 글을 쓴 마태는 이사야 7:14을 이용해 이 단어의 의미에 대한 모든 의심을 없앤다. **임마누엘** 참고. 이사야 8:8, 10.

1:24 **그의 아내를 데려왔으나** *누가복음 2:5에 대한 설명을 보라.*

1:25 **동침** 성관계를 표현하는 단어다. 창세기 4:1, 17, 25; 38:2을 보라.

3. 왕에 대한 찬양(2:1-11)

2:1 **헤롯 왕 때에** 이 사람은 헤롯 대왕으로, 성경에 이름이 기록된 헤롯 왕가의 주요 왕들 가운데 첫 번째 왕이다. 이 왕가를 세운 헤롯은 주전 37-4년에 재위했다. 그는 이두매 사람, 곧 에서의 후손인 에돔 족속이었던 것으로 짐작된다. 헤롯은 무자비하고 교활했으며 화려하고 장엄한 건축을 좋아해서 오늘날 이스라엘에서 볼 수 있는 가장 거창한 유적들 가운데 상당수가 헤롯 대왕 시대까지 거슬러 올라간다. 그의 가장 유명한 건축 계획은 예루살렘 성전의 재건이었다(*24:1에 대한 설명을 보라*). 이는 건축만 수십 년이 걸리는 대공사였으며, 헤롯이 죽고 나서 오랜 시간이 흐른 뒤에도 완공되지 못했다(요 2:20). *22절에 대한 설명을 보라.* **베들레헴** 예루살렘 남쪽 끝자락에 위치한다. 예수 당시의 히브리 학자들은 베들레헴을 메시아의 출생지로 기대했음이 분명하다(미 5:2; 요 7:42). **동방으로부터 박사들** 박사의 숫자가 몇 명이었는지는 알려져 있지 않다. 그들이 세 명이었다는 전통적인 관념은 그들이 가져온 선물의 숫

신약의 정치적 통치자들

로마의 통치자	팔레스타인의 통치자		
	헤롯 대왕(주전 37-주후 4년)		
	유대	갈릴리와 베레아	다른 지방
가이사 아구스도 (아우구스투스 카이사르, 주전 31-주후 4년)	아켈라오 (아켈라오스, 주전 4년-주후 6년)	헤롯 안디바 (헤롯 안티파스, 주전 4-주후 39년)	헤롯 빌립 2세 (주전 4-주후 34년)
	코르포니우스(주후 6-8년)		
	암비비우스(주후 9-12년)		
	아니우스 루푸스 (주후 12-15년)		
디베료 (티베리우스 카이사르, 주후 14-37년)	발레리우스 그라투스 (주후 15-26년)		
	본디오 빌라도 (폰티우스 필라테, 주후 26-36년)		
	마르첼루스 (마르셀루스, 주후 37년)		
칼리굴라(주후 37-41년)	헤롯 아그립바 1세 (주후 37-44년)		
글라우디오 (클라우디우스, 주후 41-54년)	코스피우스 파두스 (주후 44-46년)	헤롯 아그립바 2세 (주후 34년에 다른 지방을 다스리기 시작해 주후 39년에는 갈릴리와 베레아까지 다스림)	
	티베리우스 알렉산더 (주후 46-48년)		
	벤티디우스 쿠마누스 (주후 48-52년)		
	안토니우스 벨릭스 (M. 안토니우스 펠릭스, 주후 52-60년)		
네로(주후 54-68년)	보르기오 베스도 (포르시우스 페스투스, 주후 60-62년)		
글라보, 오토, 비텔리우스 (주후 68-69년)	클로디우스 알비누스 (주후 62-64년)		
베스파시아누스 (주후 69-79년)	게시우스 플로루스 (주후 64-66년)		
티투스(주후 79-81년)		유대인의 독립전쟁(주후 66-70년)	
도미티아누스 (주후 81-96년)			

자 때문이다. 이들은 왕이 아니라 마술사 또는 바사(페르시아)에서 온 조로아스터교의 현자인 점성술사였을 수도 있다. 히브리 성경에 대한 그들의 지식은 다니엘 시대까지 거슬러 올라간다(단 5:11). **말하되** 이는 이것이 계속되는 행동임을 보여준다. 그들이 도시를 돌아다니면서 만나는 모든 사람에게 질문했음을 알 수 있다.

2:2 별 이 별은 오늘날의 어떤 이론이 주장하는 것처럼 초신성이나 별들의 일렬종대가 아니다. 왜냐하면 그

별들이 움직이다가 한 장소 위에 머물러 있었기 때문이다(9절). 그것은 모세 시대에 이스라엘 사람을 인도했던 셰키나와 같은 초자연적 현상과 더 비슷하다(출 13:21).

2:4 **대제사장들** 이들은 성전 관료로 대부분 사두개인이었다(*3:7에 대한 설명을 보라*). **서기관들** 주로 바리새인들(유대법 권위자들로 때로는 '율법사'라고 불림, 눅 *10:25에 대한 설명을 보라*). 전문적인 학자인 그들은 법을 설명하고 적용하는 일을 했다. 그들은 메시아가 어디서 출생할지 정확하게 알았지만(5절), 박사들과 함께 메시아가 있는 곳까지 동행할 만한 믿음이 없었다.

2:6 미가 5:2에서 인용된 이 고대의 예언은 주전 8세기에 기록되었다. 마태복음에서는 완전히 인용되지 않은 원래의 예언은 이스라엘의 메시아의 신성을 선언했다. "이스라엘을 다스릴 자가 네게서 내게로 나올 것이라 그의 근본은 상고에, 영원에 있느니라". **한 다스리는 자가 나와서 내 백성 이스라엘의 목자가 되리라** 마태가 인용한 이 부분은 이스라엘 왕국이 처음에 섰을 때 하나님이 다윗에게 하신 말씀을 가리키는 것으로 보인다(삼하 5:2; 대상 11:2). 헬라어 '다스리는 자'는 강할 뿐 아니라 엄하기까지 한 지도자의 이미지를 떠올리게 한다. '목자'는 부드러운 돌봄을 강조한다. 그리스도의 통치에는 이 두 가지가 모두 포함된다(계 12:5).

2:8 **나도 가서 그에게 경배하게** 헤롯의 속마음은 그 아기를 죽이려는 것이었다(13-18절). 이는 그 아기를 자기 왕좌에 대한 잠재적 위협으로 보았기 때문이다.

2:11 **집에 들어가** 박사들이 도착했을 때 마리아와 요셉은 마구간에 있지 않고 집에 있었다(눅 2:7). **아기와 그의 어머니 마리아가 함께 있는 것** 마태가 아기와 관련해 마리아를 언급할 때는 언제나 아기가 먼저 등장한다(13, 14, 20, 21절). **황금과 유향과 몰약** 왕에게 드려도 손색없는 선물이었다(사 60:6). 이방인들이 이런 경배를 표한다는 것에는 예언적인 의미도 있다(시 72:10).

4. 왕의 대적(2:12-23)

2:12 **꿈에** *1:20에 대한 설명을 보라.*

2:15 **헤롯이 죽기** 최근에 이루어진 연구는 이 시기를 주전 4년으로 잡는다. 애굽에 머문 기간이 매우 짧아서 4주 이상 되지는 않았을 것이다. **애굽으로부터** 이 인용은 호세아 11:1에서 가져온 것이다(*이에 대한 설명을 보라*). 그 구절은 출애굽기에서 하나님이 이스라엘 백성을 애굽에서 인도해내신 것을 말한다. 마태는 애굽에서 이스라엘 백성이 나그네 생활을 한 것이 6절의 경우처럼 문자적으로 적용되는 예언이라고 제안한 것이 아니라 그림 예언이라고 제안한 것이다. 참고. 1:23. 이런 그림 예언들은 '모형'이라고 불리며, 모든 모형은 항상 그리스도에게서 성취되고 신약 저자들을 통해 분명하게 밝혀진다. 모형의 또 다른 실례가 요한복음 3:14에서 발견된다. *17절에 대한 설명을 보라.*

2:16 **사내아이를…다 죽이니** 자기가 죽이려는 대상이 주의 기름 부음 받은 자라는 것을 헤롯이 확실히 안다는 사실을 생각해보면 헤롯의 죄질은 더욱 가증스럽다.

2:18 **이루어졌느니라** *15절에 대한 설명을 보라.* 이 예언 역시 모형의 형태로 되어 있다. 18절은 예레미야 31:15을 인용한 것인데(*이에 대한 설명을 보라*) 이 구절은 이스라엘 백성이 바벨론에 포로로 잡혀갈 때(주전

586년경) 모든 백성이 애곡하는 것을 말한다. 이 통곡은 헤롯의 학살에 따른 것임을 미리 보여준다.

2:19 **현몽하여** *1:20에 대한 설명을 보라.*

2:22 **아켈라오** 헤롯의 왕국은 세 갈래로 분할되어 그의 아들들에게 주어졌다. 아켈라오는 유대, 사마리아, 이두매를 다스렸고, 헤롯 빌립 2세는 갈릴리 북쪽을 다스렸으며(눅 3:1), 헤롯 안디바는 갈릴리와 베레아를 다스렸다(눅 3:1). 역사의 기록에 따르면 아켈라오는 너무나 잔인하고 무능해서 잠깐 다스리다가 로마가 그를 그 자리에서 추방하고 대신 총독을 임명했다. 본디오 빌라도는 유대의 다섯 번째 총독이었다. 복음서에 주로 등장하는 헤롯은 헤롯 안디바다. 세례 요한을 죽이고(14:1-12) 십자가 처형 전야에 그리스도를 심문한 헤롯이 이 사람이다(눅 23:7-12)

2:23 **나사렛 사람이라 칭하리라** 예루살렘에서 북쪽으로 13킬로미터 되는 곳에 위치한 이름 없는 고을 나사렛은 유명하지도 않았고 구약 어디에서도 언급된 적이 없다. 어떤 사람들은 "나사렛 사람"이 이사야 11:1의 "가지"를 가리키는 히브리어라고 말했다. 또 다른 사람들은 "선지자"가 이것을 예언했다는 마태의 말은 구약에 기록되지 않은 구전의 예언이라고 주장했다. 하지만 가장 설득력 있는 설명은 마태가 '나사렛 사람'이라는 말을 멸시받거나 싫어서 버림받는 사람이라는 뜻으로 사용했다는 것이다. 그 지역 사람들이 실제로 그렇게 취급되었기 때문이다(요 1:46). 만약 이것이 사실이라면 마태가 생각한 예언에는 시편 22:6-8; 이사야 49:7; 53:3이 포함되었을 것이다.

B. 왕의 공적 사역이 시작됨(3:1-4:25)

1. 왕의 오심을 선포한 이(3:1-12)

3:1 **세례 요한** 참고. 마가복음 1:2-14; 누가복음 1:5-25, 57-80; 3:3-20; 요한복음 1:6-8, 19-39. **유대 광야** 사해의 바로 서쪽 지역으로 완전히 황무지다. 유대교의 에세네파는 이 지역에 중요한 공동체를 가지고 있었다. 그러나 요한이 이 파와 연결되었음을 암시하는 어떤 성경적 증거도 없다. 요한은 이 지역의 북쪽 끝, 요단강이 사해로 흘러 들어가는 곳 근처에서 설교했던 것으로 보인다(6절). 이곳은 예루살렘에서 온전히 하룻길이 되는 곳으로, 왕의 오심을 알리기에는 적절치 않은 곳으로 보인다. 그러나 하나님의 방법에는 딱 맞는 곳이었다(고전 1:26-29).

3:2 **회개하라** 이것은 단순히 학문적으로 마음을 바꾸는 것이 아니며, 단순한 후회나 회한도 아니다. 세례 요한은 세례란 죄로부터 철저하게 돌아선 결과로 의의 열매를 맺는 것이라고 말한다(8절). 예수의 첫 번째 설교도 동일한 명령형으로 시작된다(4:17). 회개의 본질에 대한 논의는 *고린도후서 7:8-11에 대한 설명을 보라.* **천국** 디모데후서 4:18을 제외하곤 마태복음에만 이 표현이 등장한다. 여기서는 유대인 독자의 민감한 감정을 고려하여 하나님의 이름을 '천국'이라는 말로 돌려 완곡하게 표현하고 있다(참고. 23:22). 성경의 다른 곳에서는 '하나님의 나라'라고 되어 있다. 이 두 가지 표현은 모두 하나님께 속한 사람들 위에 행사되는 하나님의 통치 영역을 가리킨다. 지금은 이 나라가 신자의 마음을 통치하는 하늘의 영적 통치에서 드러나지만(눅 17:21), 앞으로 언젠가는 문자적으로 이 땅의 왕국으로 설 것이다(계 20:46). **가까이 왔느니라** 어떤 의미에서 천국은 이미 있지만, 완전한 의미에서는 천국이 아직 성취되지 않았다.

> **단어 연구**
>
> **천국(Kingdom of heaven):** 3:2; 4:17; 5:3, 10; 10:7; 25:1. 문자적으로 '하나님의 나라'라는 뜻이다. 하나님에 대한 존경과 경외의 마음을 표시하기 위해 유대인은 하나님의 이름을 소리내어 발음하는 것을 피했다. 대신 그들은 하나님을 가리키는 다른 말로 자주 *하늘*이라는 표현을 사용했다. 또한 *하늘*은 예수의 나라를 가리키기도 한다. 예수는 자신의 나라가 자기 백성의 마음속에 있다고 선언했다. 이 영적인 나라는 외적인 복종뿐 아니라 내적인 회개까지 요구한다. 이 나라는 많은 유대인이 원했던 정치적 구원보다 죄로부터의 구원을 제공한다.

3:3 **선지자 이사야를 통하여 말씀하신** 요한의 사명은 이사야 40:3-5에서(*이에 대한 설명을 보라*) 오래 전에 설명되었다. 네 편의 복음서는 전부 이 구절을 세례 요한을 가리키는 예언으로 인용하고 있다(*눅 3:6에 대한 설명을 보라*).

3:4 **낙타털 옷을 입고 허리에 가죽 띠를 띠고** 이런 의상은 편리하고 오래 입을 수 있는 옷을 가리키는 것이지, 화려하거나 유행을 따르는 것과는 거리가 멀다. 요한은 엘리야의 모습을 떠올리게 한다(왕하 1:8). 이스라엘 사람들은 주의 날이 임하기 전에 그가 오리라고 기대했다(말 4:5). **메뚜기** 모세의 율법은 이것을 먹는 것을 허용했다(레 11:22).

3:6 **세례를 받더니** 요한의 세례는 구약의 결례(레 15:13)와 같은 것을 상징한다. 세례는 유대교로 들어오

는 이방인들에게 오랫동안 행해지고 있었다. 그러므로 요한의 세례는 강력하고도 극적인 방식으로 회개를 상징한다. 요한의 세례를 받는 유대인은 자기들이 이방인과 같으며, 따라서 진정으로 내적으로 하나님의 백성이 되어야 할 필요가 있음을 인정한 것이다(이방인에 대한 그들의 미움을 감안한다면 이것은 놀라운 인정임). 백성은 메시아가 오실 것을 기대하면서 회개했다. 요한의 세례는 기독교의 세례(행 18:25)와는 다소 다른 의미를 가진다. 실제로 기독교의 세례는 그 예식의 의미를 바꿨다. 이제 세례는 신자가 그리스도의 죽음, 장사, 부활에 연합하는 것을 상징한다(롬 6:3-5; 골 2:12).

3:7 **바리새인들과 사두개인들** *요한복음 3:1에 대한 설명을 보라*. 바리새인은 그 수가 적고 (6,000명 정도) 율법주의적인 유대교 종파로, 율법의 세세한 종교적 규례를 엄격하게 지키는 것으로 알려져 있었다. 그들의 이름은 '구별된 자들'이라는 뜻을 가진다. 예수는 대개 바리새인과 충돌하셨다. 예수는 그들이 인간의 전통을 가지고 성경을 무효화한다고 비난하셨는데(15:39), 특히 지독한 위선을 꾸짖으셨다(15:7, 8; 22:18; 23:13, 23, 25, 29; 눅 12:1). 한편 사두개인은 죽은 자의 부활(22:23)과 천사의 존재를 포함한(행 23:8) 초자연적인 일을 부인하는 것으로 알려져 있었다. 바리새인들과 달리 그들은 인간의 전통을 거부하고, 오직 모세오경(창세기부터 신명기까지)만을 권위 있는 것으로 받아들였고 율법주의를 비웃었다. 그들의 숫자는 바리새인보다 적었지만 헤롯 시대에 부유하고 귀족적인 제사장 지파에 속해 있어 성전을 지배했다(*2:4에 대한 설명을 보라*). 바리새인과 사두개인은 공통점이 별로 없었다. 바리새인은 제의적이었지만 사두개인은 합리주의적이었다. 바리새인은 율법주의적이었지만 사두개인은 자유주의적이었다. 바리새인은 분리주의자였지만 사두개인은 타협하는 사람들이었고 정치적 기회주의자였다. 그럼에도 그리스도를 대적할 때는 힘을 합쳤다(22:15, 16, 23, 34, 35). 요한은 공개적으로 그들을 "독사의 자식들"이라고 불렀다. **임박한 진노** *누가복음 3:7에 대한 설명을 보라*. 요한의 설교는 구약의 익숙한 주제 중 하나로, 주의 날에 임할 것이라고 약속된 진노의 메아리다(예를 들면 겔 7:19; 습 1:18, 요엘 서론의 '역사적 · 신학적 주제'를 보라). 이 꾸짖음은 하나님의 진노가 비유대인에게만 내리게 되어 있다고 생각한 유대교 지도자들의 생각을 흔들어놓았을 것이 분명하다.

3:8 **회개에 합당한 열매** *2절에 대한 설명을 보라*. 회개 그 자체는 행위가 아니지만, 행위가 필연적인 열매로 따라오게 되어 있다. 성경에서 회개와 믿음은 불가분적으로 연결되어 있다. 회개는 죄로부터 돌이키는 것이고, 믿음은 하나님께로 돌이키는 것이다(살전 1:9). 회개와 믿음은 동전의 양면이다. 바로 이런 이유로 이 둘은 회심과 연결된다(막 1:15; 행 3:19; 20:21). 요한이 보이라고 요구하는 것이 회개의 '열매'라는 사실에 주목하라. 그러나 믿음이 행위가 아니듯 회개 그 자체도 행위가 아니다(*딤후 2:25에 대한 설명을 보라*).

3:9 **아브라함이 우리 조상이라고** 요한복음 8:39-44을 보라. 요한의 청중은 아브라함의 후손 곧 하나님의 택한 족속의 구성원이 되는 것만으로도 영적인 안전이 확보된다고 믿었을 것이다. 그러나 아브라함의 진짜 후손은 그의 믿음에 속한 사람들이다(롬 4:16). 또한 "믿음으로 말미암은 자들은 아브라함의 자손"(갈 3:7, 29)이다. *누가복음 3:8에 대한 설명을 보라*.

3:10 **도끼가 나무 뿌리에 놓였으니** 돌이킬 수 없는 심판이 가까이 왔다.

3:11 여기서 세 종류의 세례가 다음과 같이 거론되고 있다. **회개하게 하기 위하여 물로 세례를 베풀거니와** 요한의 세례는 씻음을 상징한다(*6절에 대한 설명을 보라*). **성령으로…세례를** 그리스도를 믿는 모든 사람은 성령 세례를 받는다(고전 12:13). **불로…세례를** 이 문맥 전체에서 불이 심판의 수단으로 사용되므로(10, 12절), 여기서도 불은 회개하지 않는 자들에 대한 심판을 가리킨다.

3:12 **키를 들고** 키는 추수한 곡식을 공중에 던져 쭉정이를 바람에 날려 보내는 연장이다.

2. 왕의 세례(3:13-17)

3:14 **요한이 말려** 요한의 세례는 회개를 상징하는 것으로, 그는 흠 없는 "하나님의 어린 양"(요 1:29)은 세례를 받을 필요가 없음을 알았다.

3:15 **우리가 이와 같이 하여 모든 의를 이루는 것이 합당하니라** 그리스도는 세례를 통하여 죄인과 하나가 된다. 그리스도는 최종적으로 그들의 죄를 담당할 것이며, 그분의 완전한 의가 죄인들에게 전가될 것이다(고후 5:21). 이 세례의 행위는 그리스도가 죄인을 위해 확보해주는 의의 필수적인 부분이다. 그리스도의 사역에서 공개적으로 발생한 이 최초의 사건은 그 의미가 풍부하다. 첫째, 이 세례는 그의 죽으심과 부활을 그린다(눅 12:50). 둘째, 그러므로 그 세례는 그리스도인의 세례의 의미를 미리 보여준다(*6절에 대한 설명을 보라*). 셋째, 이 세례는 그리스도가 그 죄를 담당할 죄인과 하나 되는 최초의 공적인 행사다(사 53:11; 벧전 3:18). 넷째, 이 세례는 하늘로부터 직접 오는 증언을 통해 그리스도의 메

시아직을 확증한다(*17절에 대한 설명을 보라*).

3:16, 17 **예수께서…하나님의 성령…하늘로부터 소리가 있어** 여기에 성삼위의 세 위격이 명백하게 표현되고 있다. *누가복음 3:22에 대한 설명을 보라*. 아들의 말을 들으라는 성부의 명령과 성령의 증명과 힘주심(*12:31에 대한 설명을 보라*)이 그리스도의 사역을 공식적으로 출발시킨다.

3:17 **내 사랑하는 아들이요 내 기뻐하는 자라** 하늘에서 들린 이 선언은 시편 2:7과 이사야 42:1의 어구를 합친 것으로, 메시아의 오심을 기대하는 모든 사람이 잘 알고 있었을 것이다(참고. 17:5; 막 1:11; 9:7; 눅 3:22; 9:35).

3. 왕의 시험(4:1-11)

4:1 **성령에게 이끌리어 마귀에게 시험을 받으러** 하나님은 결코 시험하는 분이 아니지만(약 1:13), 욥기에서 그렇듯 여기서도 하나님은 사탄의 시험까지 사용해 자신의 주권적인 목적을 이루신다. 그리스도는 철저하게 시험을 받으셨다(히 4:15; 요일 2:16). 사탄은 "육신의 정욕"(2, 3절), "안목의 정욕"(8, 9절), "이생의 자랑"(5, 6절)으로 그리스도를 유혹했다.

4:2 **사십 일을 밤낮으로** 이와 유사하게 모세도 시내산에서 "사십 주 사십 야"를 떡도 먹지 않고 물도 마시지 않았으며(신 9:9), 엘리야도 그만한 기간에 금식했다(왕상 19:8). *12:40에 대한 설명을 보라*.

4:3 **네가 만일 하나님의 아들이어든** 여기서 조건을 표시하는 *만일*은 '그러므로'라는 의미다. 사탄은 예수가 누구인지에 대해서는 의심하지 않았다. 단지 사탄은 예수님이 하나님의 계획을 어기고, 낮아지시기 위하여 스스로 비운 신성한 능력(빌 2:7)을 잘못된 방식으로 사용하기를 원했던 것이다.

4:4 **기록되었으되** 예수가 마귀에게 대답한 세 번의 말씀은 모두 신명기에서 인용한 것들이다. 신명기 8:3에서 인용한 이 말씀은 하나님이 이스라엘로 주리도록 하신 것은 만나로 그들을 먹이고 그들에게 하나님의 공급하심에 의지하도록 하기 위해서였다고 말한다. 그러므로 이 구절은 예수의 상황에 그대로 적용되며 사탄의 시험에 대한 적절한 대답이다. **하나님의 입으로부터 나오는 모든 말씀** 음식보다 더 중요한 생명의 자원을 위해 성경은 단순한 육체적 허기만을 채워주는 것이 아니라 우리에게 영원한 유익을 줄 수 있는 방법으로 우리의 영적 필요를 채워준다.

4:5 **성전 꼭대기** 이곳은 성전 건물 가운데 남동쪽 모퉁이의 주랑이 있는 지붕이었을 것이다. 성전이 있는 언덕보다 훨씬 위까지 쌓인 성벽인 여기서 아래로 내려다보면 저 깊은 기드론 골짜기까지 떨어지는 절벽이다. 유대 역사가 요세푸스에 따르면 그 높이가 거의 137미터에 이른다.

4:6 **기록되었으되…발이 돌에 부딪치지 않게 하리로다** 사탄 역시 성경을 인용한다는 것을 주목하라(시 91:11, 12). 그러나 그는 그 의미를 완전히 비틀어 하나님을 *신뢰하는* 것에 대한 구절을 틀리게 해석해 하나님을 *시험하는* 것을 정당화하기 위해 이용한다.

4:7 **또 기록되었으되** 그리스도는 이스라엘의 광야 경험을 기록한 다른 구절(신 6:16), 즉 그것은 맛사에서의 경험을 상기시키는 것으로 불평 많은 이스라엘 백성이 물이 없는 곳에서 모세에게 물을 내놓으라고 여호와를 시험한 곳이다(출 17:2-7).

4:9 **네게 주리라** 사탄은 "이 세상 임금"(요 12:31; 14:30; 16:11)이자 "이 세상 신"(고후 4:4)이다. 온 세상은 그의 세력 아래에 있다(요일 5:19). 이것은 다니엘 10:13에서 예증된다(*이에 대한 설명을 보라*). 이 구절은 마귀의 세력이 바사 왕국을 지배했음을 뜻하며, 그래서 한 귀신이 바사의 왕이라고 불린다.

4:10 **기록되었으되** 여기서 그리스도는 신명기 6:13, 14을 인용하여 설명한다. 이것 역시 이스라엘의 광야 경험과 관련이 있다. 이스라엘 백성이 그러했듯 그리스

사탄의 하와에 대한 시험과 예수께 대한 시험

시험	창세기 3장	마태복음 4장	요한일서 2장
생리적 식욕	동산 어떤 나무의 실과도 먹을 수 있다 (3:1에 암시됨)	돌을 떡으로 만들어 먹을 수 있다(4:3)	안목의 정욕(2:16)
개인적 이득	네가 죽지 않을 것이다 (3:4)	네 발이 상하지 않을 것이다(4:6)	육체의 정욕(2:16)
권세	네가 하나님과 같아질 것이다(3:5)	네가 땅의 모든 나라를 가질 것이다(4:8, 9)	이생의 자랑(2:16)

도도 시험받기 위해 광야로 인도되었다(신 8:2). 그러나 그들과 달리 그리스도는 어떤 시험에도 넘어지시지 않았다.

4:11 **천사들이 나아와서 수종드니라** 시편 91:11, 12(사탄이 왜곡하려고 노력한 구절)이 이렇게 하나님의 방법과 하나님의 완전한 때에 성취되었다.

4. 왕의 초기 사역(4:12-25)

4:12 **요한이 잡혔음** 요한은 용감하게 헤롯 안디바를 꾸짖은 것 때문에 감옥에 갇혔다. 14:3, 4을 보라.

4:13 **나사렛을 떠나** 12절과 13절 사이에 어느 정도 시간이 흘렀다. 나사렛 사람들이 예수를 배척하고 폭력을 동원해 죽이려고 하자 이로 말미암아 예수님이 나사렛에서 살던 시기가 갑자기 끝나버렸다(눅 4:16-30을 보라). **가버나움** 예수는 갈릴리 바다 북쪽의 상업적 도로에 위치한 이 중요한 도시에 정착하셨다. 가버나움은 베드로와 안드레(18절), 야고보와 요한(21절), 마태(9:9)의 고향이다. 복음서들을 비교해보면 그리스도는 이미 가버나움에서 광범위한 사역을 했다는 것이 드러난다(눅 *4:23에 대한 설명을 보라*).

4:15 **이방의 갈릴리** 갈릴리가 이방인들이 이스라엘로 들어오고 나가는 길목에 있었기 때문에 심지어 이사야 시대에도 이 명칭이 사용되었다. 예수 시대에 갈릴리 지역은 로마가 이스라엘을 점령하는 데 있어 중심 역할을 했다. 마태가 인용하는 구절은 이사야 9:1, 2이다. 이사야 42:6, 7을 보라.

마태복음 주제 개요

전체적으로 마태는 그리스도의 생애를 주제에 따라 기술하는 방법을 취한다. 마태는 예수의 교훈을 5개의 주요 강화로 분류한다.

1. 산상보훈(5-7장)
2. 사도들 파견(10장)
3. 천국 비유(13장)
4. 신자는 어린 아이와 같음(18장)
5. 재림에 대한 강설(24, 25장)

마태는 연대적 순서를 따르려는 시도를 전혀 하지 않는다. 공관복음서와 비교해보면 그가 사건들을 순서와 무관하게 자유로이 배치한다는 사실이 드러난다. 마태는 시간 순서에 따르지 않는 주제들과 큰 개념들을 다룬다. 마가복음과 누가복음은 연대기적 순서를 좀 더 충실하게 따른다.

마태복음에 나온 예수의 설교들

1. 산상보훈(마 5-7장)
2. 열둘의 파송 설교(마 10:5-42)
3. 귀신을 쫓아낸 것에 대한 논쟁(마 12:22-45)
4. 비유(마 13:1-52, 또한 막 4:1-34; 눅 8:4-18을 보라)
5. 장로의 전통에 대한 설교(마 15:1-20, 또한 막 7:1-23을 보라)
6. 신자는 어린 아이와 같음(마 18장)
7. 서기관과 바리새인에 대한 비난(마 23장)
8. 감람산 강화(마지막 날들, 마 24:4-25:46, 또한 막 13:5-37; 눅 21:8-36을 보라)

4:17 **이 때부터 예수께서 비로소 전파하여 이르시되** 이 어구는 예수의 공적 사역이 시작되었음을 알린다. 그의 메시지가 요한의 설교를 정확하게 반영하는 것에 주목하라. **회개하라 천국이 가까이 왔느니라** *3:2에 대한 설명을 보라*. 이 최초의 설교의 처음 단어는 예수의 지상 사역 전체의 흐름을 결정한다(참고. 눅 5:32). 회개는 그의 공적인 설교 전체의 지속적인 주제다. 마지막으로 사도들에게 한 당부도 회개를 전파하라는 명령이었다(눅 24:47).

4:18 **두 형제** 예수는 예전에 요단강 지역 베다바라 근처에서 베드로와 안드레를 만난 적이 있었는데, 그곳은 안드레가 (아마 베드로와 함께) 세례 요한의 제자가 되었던 곳이다(요 1:35-42). 그들은 요한을 떠나 한동안 예수를 따르다가 다시 가버나움에서 어부로 돌아갔다. 그들은 가버나움에서 예수의 초기 사역 도중에 어부로 돌아갔을 것이다(눅 *4:23에 대한 설명을 보라*). 여기서 예수는 그들을 장기적인 제자도로 들어오라고 부르신다.

4:21 **세베대의 아들 야고보** 이 야고보는 신약성경의 다른 야고보와 쉽게 구별된다. 이 야고보는 성경에서 언제나 그의 형제 요한과 함께 언급되기 때문이다. 헤롯 아그립바 1세에 의해 그가 순교당한 때부터 초대 교회의 혹독한 박해가 시작되었다(행 12:2). 야고보라고 불린 다른 사람들에 대해서는 *10:2에 대한 설명을 보라*. 그리고 야고보서 서론의 저자와 저작 연대를 보라.

4:23 **가르치시며…전파하시며…고치시니** 그리스도의 공적 사역에 포함된 세 가지 중심적인 활동이다.

4:24 **수리아** 갈릴리와 북동쪽으로 접한 지역이다.

4:25 **데가볼리** 헬라화된 열 도시의 연합으로 갈릴리 남쪽 지역이며 대부분이 요단강 서안에 있다. 폼페이의 팔레스타인 침공(주전 64년경) 직후에 형성된 도시 연합

으로, 셈족 지역에서 그리스 문화를 유지하기 위한 역할을 하게 된다. 따라서 이 도시들은 자연히 이방의 아성이 되었다.

왕의 권세 (5:1-9:38)

A. 강화 1: 산상보훈(5:1-7:29)

산상보훈은 마태복음에 기록된 중요한 다섯 가지 연속 설교 가운데 첫 번째 것이다(서론의 역사적·신학적 주제를 보라). 이 설교는 율법을 완벽하게 해석하고, 바리새인의 율법주의를 잠재적으로 공격하며, 참된 믿음과 구원으로의 초대로(7:13-29) 끝을 맺는다. 이 설교에서 그리스도는 율법의 완전한 의미를 설명하고, 율법의 요구는 인간이 지키기에 불가능함을 보여준다(5:48). 구원과 관련해 율법의 정당한 용도는 죄인인 인간이 자신의 공로로 구원받을 수 있는 모든 가능성을 막고, 오직 하나님의 은혜만 의지하게 하는 것이다(참고. 롬 3:19, 20; 갈 3:23, 24). 그리스도는 율법의 깊이를 측정하여 율법의 참된 요구는 말의 표면적 의미를 넘어선다는 것을 보여주고(5:28, 39, 44), 율법을 가장 부지런히 연구한 사람이 인식한 것보다도 그 기준이 더 높음을 보여준다(5:20). *누가복음 6:17-49에 대한 설명을 보라.*

1. 의와 행복(5:1–12)

5:1 **앉으시니** 랍비들은 보통 앉아서 가르쳤다(참고. 13:1, 2; 26:55; 막 4:1; 9:35; 눅 5:3; 요 6:3; 8:2). *누가복음 4:20에 대한 설명을 보라.*

5:3 **심령이 가난한 자** 자기충족의 반대인 영적 가난에는 하나님 없이는 완전한 영적 파멸밖에 없음을 인정하는 깊은 겸손이 있다. 이 영적 가난은 하나님의 은혜가 없다면 자기들은 버림받고 절망적이라는 것을 예리하게 인식하는 사람들을 묘사한다(참고. 9:12; 눅 18:13). *19:17에 대한 설명을 보라.* **복이 있나니** 복은 문자적으로 '행복한' '행운의' '기쁨이 넘치는'이라는 뜻이다. 여기서 말하는 복은 단순한 표면적 감정 정도가 아니다. 여기서 예수는 오직 믿음이 있는 사람에게만 주어진, 하나님이 내리시는 안녕을 묘사한 것이다. 팔복은 하늘의 복을 받은 상태가 사람들이 일반적으로 행복을 찾아서 따라가는 세상적인 길과 반대라는 것을 보여준다. 세상 사람은 행복이 재산, 즐거움, 풍요, 취미 등에 있다고 생각한다. 그런데 팔복에서 예수는 참 신앙의 성격을 묘사한다. **천국이 그들의 것임이요** *3:2에 대한 설명을 보라.* 설교의 시작인 이 어구는 은혜에 의한 구원이라는 진리를 명확하게 전제한다. 예수는 천국은 자신들의 영혼이 가난함을 느끼는 사람들에게 은혜로 주어지는 선물임을 가르친다.

5:4 **애통하는 자** 죄에 대한 애통은 후회 없는 구원으로 이끄는 회개를 낳는 경건한 슬픔을 느낀다는 뜻이다(고후 7:10). 여기서 '위로'는 사죄와 구원의 위로다(참고. 사 40:1, 2).

5:5 **온유한 자** 온유함은 통제불능의 반대다. 그것은 연약함이 아니라 성령의 능력으로 가능한 최고의 자기통제다(갈 5:23). **그들이 땅을 기업으로 받을 것임이요** 이 말은 시 37:11의 인용이다.

5:6 **의에 주리고 목마른 자** 스스로 의롭다고 생각하는 바리새인들이 했던 것처럼 자기 자신의 의를 세우려 하는 사람이 아니라 하나님의 의를 구하는 사람이다(롬 10:3; 빌 3:9). 하나님의 의는 그것을 찾는 사람을 채워줄 것이다. 즉 하나님과의 올바른 관계를 위한 그들의 주림과 목마름을 만족시켜 줄 것이다.

5:7 **긍휼히 여김을 받을 것임이요** 반대로 긍휼이 없는 사람이 심판을 받으리라는 것 역시 사실이다(약 2:13).

5:8 **하나님을 볼 것임이요** 믿음의 감각으로 뿐만 아니라 하늘의 영광 속에서도 볼 것이다. 참고. 히브리서 12:14; 요한계시록 22:3, 4.

5:9 **화평하게 하는 자** 이 자질에 대한 더 풍부한 설명은 44, 45절을 보라.

5:10 **박해를 받은 자** 참고. 야고보서 5:10, 11; 베드로전서 4:12-14. *누가복음 6:22에 대한 설명을 보라.*

2. 의와 제자도(5:13–16)

5:13 **소금이 만일 그 맛을 잃으면 무엇으로 짜게 하리요** 소금은 음식을 보존하고 맛을 낸다. 순수한 소금은 맛

> **단어 연구**
>
> **복이 있다(Blessed):** 5:3-5, 11; 16:17; 24:46. 문자적으로 '행운이 있다' 또는 '행복하다'라는 뜻이다. 이 단어는 고전 헬라어 문헌과 70인역, 신약성경에 등장하며, 오직 하나님으로부터만 오는 복을 묘사한다. 신약성경에서 *마카리오스*(*makarios*)는 대개 복을 내리는 분이 하나님이라는 것이 표시 없이 사용된다. 그래서 "온유한 자는 복이 있다"라는 표현이 되는 것이다. 이런 습관적 문체는 하나님의 이름을 함부로 발설하지 않는 방식으로 그분에 대한 존경을 나타내는 것이므로, 독자는 사람에게 복을 내리거나 호의를 베푸는 이가 하나님임을 알 수 있다.

을 잃을 수 없지만, 사해 지역에 흔하던 소금은 석고와 다른 광물들로 오염되어 있어 맛을 잃어버리게 하거나 식품 보존 능력을 상실할 수 있었다. 그렇게 광물이 섞인 소금은 길에 풀이 나지 못하도록 하는 것 외에는 별로 쓸모가 없었다.

5:16 **너희 빛이 사람 앞에 비치게 하여** 경건한 생활은 확신을 가지고 하나님의 구원하시는 능력을 증거하며, 그것이 하나님을 영화롭게 한다. 참고. 베드로전서 2:12.

3. 의와 성경(5:17-20)

5:17 **내가 율법이나 선지자를 폐하러 온 줄로 생각하지 말라** 우리는 앞으로 나오는 구절들에서 예수님이 가르치시는 것이 구약 율법의 도덕적 내용을 바꾸거나, 폐하거나, 대체하려는 의도에서 나온 것으로 생각해서는 안 된다. 예수님이 하시고자 하는 것은 새로운 법을 내리거나 이전의 법을 변경하려는 것이 아니라 모세 율법의 도덕적 내용과 구약성경 가운데 나머지 부분의 참된 뜻을 설명하려는 것이다. "율법이나 선지자"는 구약성경 전체를 가리키는 말이지 구약에 대한 랍비의 해석을 가리키는 말이 아니다. **완전하게 하려 함이라** 이 말은 예언이 성취된다고 말할 때와 같은 의미로 성취된다는 뜻이다. 그리스도는 자신이 율법의 모든 측면을 성취한다고 말한다. 그는 도덕법을 완전히 지킴으로써 도덕법을 성취한다. 그리스도는 율법의 모형과 상징이 가리키는 모든 것의 구현이 됨으로써 의식법을 성취한다. 또한 그리스도는 하나님의 완전한 의를 인격 속에 현현함으로써 국가법을 성취한다(참고. 12:18, 20).

5:18 **천지가 없어지기 전에는…다 이루리라** 여기서 그리스도는 모든 성경의 영감과 항구적인 권위를 강조한다. 특히 그리스도는 일점일획에 이르기까지 하나님 말씀으로써 구약의 완전한 무오성과 절대적인 권위를 단언하신다. 다시 한 번(*17절에 대한 설명을 보라*) 우리는 신약이 구약을 밀어내거나 완전히 폐지하는 것이 아니라 구약을 성취하고 해명한다는 것을 기억해야 한다. 예를 들면 모세 율법의 모든 종교 의식적 요구사항들은 그리스도에게서 성취되었으며, 따라서 그리스도인은 더 이상 그것을 지키지 않는다(골 2:16, 17). 하지만 그럼에도 일점일획도 지워지지 않는다. 그 성경의 기초가 되는 진리들이 여전히 유지되며, 그것들의 배후에 있는 신비가 이제 복음의 더 밝은 빛에 의해 드러났기 때문이다. 예수는 가장 작은 글자에서부터 가장 깊은 신비에 이르는 이 모든 것에서 율법의 효력이 끝나지 않았음을 가르치신다. **일점 일획** "일점"은 히브리 글자 중에서 가장 작은 요드(*yohd*)를 가리키며 이 글자는 펜으로 살짝 삐친 글자로 액센트 표시나 생략 부호와 비슷하다. "일획"은 히브리 글자에서 약간 그은 선으로 오늘날 서체의 세리프(serif)와 비슷하다.

5:19 **지극히 작다 일컬음을 받을 것이요…크다 일컬음을 받으리라** 하나님의 어떤 말씀에 대해 불순종하거나 불순종하라고 가르친다면 그 결과는 천국에서 가장 작은 자라고 불리는 것이다(*약 2:10에 대한 설명을 보라*). 천국에서 계급을 정하는 것은 순전히 하나님의 권리다(마 20:23). 예수는 자신의 말씀을 멸시하는 자를 멸시할 것이라고 선언하신다. 하나님의 법을 불순종하거나, 무시하거나, 가볍게 취급한 신자들에게 아무 일도 일어나지 않는 것이 아니다(*고후 5:10에 대한 설명을 보라*). 예수가 구원의 상실을 말한 것이 아니라는 사실은 범법자들이 '작은 자'라고 불리기는 하지만 여전히 천국에 있다고 말하는 것을 보아 분명하다. 긍정적인 결과는 누구든지 하나님 말씀을 지키고 가르치면 천국에서 '큰 자'로 일컬음을 받으리라는 것이다. 여기서 예수는 행함과 가르침의 두 가지 측면을 언급한다. 천국 시민은 그들의 생활과 가르침 모두에서 하나님의 법의 모든 부분을 따라야 한다.

5:20 **너희 의가 서기관과 바리새인보다 더 낫지 못하면** 한편으로 예수는 그의 제자들에게 바리새인들보다 더 깊고 철저한 거룩함을 요구하신다. 바리새주의는 외적인 순종에만 초점을 맞춤으로써 율법의 요구를 약화시키는 경향이 있다. 뒤이어 나오는 구절에서 예수는 율법의 도덕적 의미를 완전하게 설명하신 뒤 율법이 요구하는 의는 문자에 외적으로만 순응하는 것이 아니라 율법의 정신에 내적으로 순응하는 것까지 포함하고 있음을 보여준다. **결코 천국에 들어가지 못하리라** 다른 한편으로 이 요구는 행위 구원을 불가능하게 만든다. 성경은 죄인이 할 수 있는 일은 흠 있고 불완전한 의일 뿐임을 거듭해서 가르치신다(예를 들면 사 64:6). 그러므로 죄인을 의롭게 할 수 있는 유일한 의는 믿는 자에게 하나님이 부여하시는 완전한 의뿐이다(창 15:6; 롬 4:5).

4. 의와 도덕성(5:21-48)

5:21, 22 **너희가 들었으나 나는 너희에게 이르노니** 27, 31, 33, 38, 43절을 보라. 이는 출애굽기 20:13; 신명기 5:17에서 인용한 것이다. 이 단락의 어디서도 예수는 율법의 조건을 바꾸시지 않는다. 도리어 예수는 그들이 들은 랍비적인 율법 이해를 수정하고 계신다(*38절에 대한 설명을 보라*).

5:22 **라가** 문자적으로 '돌대가리'라는 뜻이다. 예수는

말로 하는 폭력 역시 살인으로 이끄는 악한 동기로부터(분노와 증오) 나온다고 말씀하신다. 이런 내적인 태도가 바로 율법이 실제로 금하는 것이며, 공격적인 모욕도 살인 행위와 동일한 종류의 도덕적 죄책을 일으킨다. **지옥** 예루살렘 남서쪽의 힌놈 골짜기를 이르는 말이다. 아하스와 므낫세는 왕으로 재위하던 시절 그곳에서 사람을 제물로 바치는 것을 허용했으며(대하 28:3; 33:6), 그래서 그곳은 "죽임의 골짜기"라고 불렸다(렘 19:6). 예수 시대에 그곳은 쓰레기를 태우는 곳으로 항상 불이 타고 있어 영원한 불을 상징하기에 적절한 장소가 되어 있었다.

5:25 **급히 사화하라** 예수는 설사 자기희생이 따르는 한이 있더라도 열심히, 적극적으로, 신속히 화해를 추구할 것을 요구하신다. 형제와 분쟁함으로써 그리스도에게 욕을 돌리는 것보다 차라리 피해를 당하는 편이 낫다(고전 6:7). **고발하는 자** 재판에서 법정 다툼을 벌이는 상대를 가리킨다. **옥** 채무자가 가야 하는 감옥으로, 그 사람은 그곳에서 사취한 것을 되돌려주기 위한 수단을 강구해야 한다.

5:27 출애굽기 20:14; 신명기 5:18에서 인용한 것이다.

5:29 **빼어 내버리라** 예수님이 신체의 훼손을 권고하시는 것이 아니다(그렇게 한다고 해도 실제적으로 마음의 문제인 욕정이 사라지지는 않기 때문임). 예수는 정욕과 악한 욕망의 심각성을 보여주기 위해 이런 생생한 과장법을 사용하신 것이다. 핵심은 그런 죄로 말미암은 죄책의 영원한 결과를 당하는 것보다 차라리 몸의 일부분을 잃어버리는 것이 더 유익하다는 것이다(30절). 죄는 그것의 치명적인 결과 때문에 극단적인 방식으로 처리되어야 한다.

5:31 **또 일렀으되** *신명기 24:14에 대한 설명을 보라.* 랍비들은 성경이 실제로 말하는 것을 제멋대로 변경해 사용했다. 그들은 신명기 24:1-4이 마치 이혼하려고 할 때 문서 한 장으로 처리될 수 있다고 가르치는 것처럼 그 구절을 해석했다(*19:7에 대한 설명을 보라*). 그래서 그들은 남자가 어떤 일로든 아내가 마음에 들지 않을 때 '이혼 증서'를 써서 주기만 하면 이혼할 수 있다고 잘못된 결론을 내렸다. 그러나 모세가 이런 조항을 둔 것은 어느 때든지 이혼해도 좋다고 한 것이 아니라 이혼당하는 여인을 보호하기 위한 조치였다(*19:7-9에 대한 설명을 보라*).

5:32 **음행한 이유 없이** *19:9에 대한 설명을 보라.* 이혼은 음행의 경우에 허용되었다. 누가복음 16:18은 이 절에 비춰 이해되어야 한다. **이는 그로 간음하게 함이요** 이 절은 이혼한 사람이 재혼할 것을 가정한다. 그런데 성적 부도덕 이외의 이유로 이혼했다면 재혼은 간음이 된다. 하나님이 그 이혼을 인정하시지 않기 때문이다. 이혼에 대한 더 많은 논의를 위해서는 *고린도전서 7:15에 대한 설명을 보라.*

5:33 **헛 맹세를 하지 말고** 이는 레위기 19:12; 민수기 30:2; 신명기 23:21, 23에서 가져온 교훈이다.

5:34 **도무지 맹세하지 말지니** 참고. 야고보서 5:12. 이 금령은 모든 경우의 맹세를 정죄하는 것이 아니다. 하나님 자신이 맹세로 약속을 확증하셨다(히 6:13-18. 참고. 행 2:30). 그리스도도 맹세로 말씀하셨다(26:63, 64). 율법도 어떤 특정한 경우에는 맹세할 것을 명한다(예를 들면 민 5:19, 21; 30:2, 3). 그리스도가 여기서 금하시는 것은 모든 말에서 경박하거나 불경하거나 부주의한 맹세를 하는 행태다. 그 문화에서는 그런 맹세들이 사람을 속이기 위한 목적으로 자주 이용되었다. 어떤 유대인은 '하늘' '땅' '예루살렘' 또는 그들 자신의 '손'으로 맹세함으로써 사람을 속였다(34-36절). 그러면서 자기들의 거짓말에 대한 하늘의 심판을 피하기 위해 하나님의 이름으로는 맹세하지 않았다. 그러나 그런 모든 것을 하나님이 지으셨기 때문에 그것으로 맹세하는 것은 여전히 하나님을 끌어들이는 것이며, 결국 하나님의 이름으로 맹세한 것과 똑같이 하나님 앞에서 죄책을 지게 된다. 예수는 우리의 모든 말이 마치 맹세로 하는 것처럼 참되어야 함을 가르치신다(37절).

5:38 **눈은 눈으로** 율법에 따르면 보응은 정의를 세우는 정도로 제한되어야 한다(출 21:24; 레 24:20; 신 19:21). 이 규칙은 형벌이 범죄에 상응하도록 하는 것을 목적으로 한다. 법은 개인적 보복을 절대로 인정하지 않는다. 그래서 역시(*17, 18절에 대한 설명을 보라*) 예수가 율법의 참 의미를 바꾸시는 것이 아니다. 그분은 율법의 참된 의미를 설명하고 천명하실 뿐이다.

5:39 **악한 자를 대적하지 말라** 38절과 마찬가지로 여기서도 범법 문제나 군대 공격의 문제가 아닌 개인의 보복과 관련된 문제만을 다룬다. 예수는 보복하지 말라는 이 원칙을 다른 사람의 존엄성에 대한 모욕(39절), 개인의 재산을 얻기 위한 소송(40절), 사람의 자유에 대한 침해(41절), 재산권에 대한 침해(42절)에 적용하신다. 그리스도는 모든 개인적 권리를 완전히 내려놓으라고 요구하신다.

5:41 **억지로** 이는 강제 또는 완력을 가리키는 말이다. 신약성경은 로마 병정이 구레네 사람 시몬에게 예수의 십자가를 '억지로' 지게 한 것을(27:32) 이 단어로 표현한다.

5:43 **네 이웃을 사랑하고 네 원수를 미워하라** 전반부는

모세 율법에서 발견된다(레 19:18). 두 번째 부분은 서기관들과 바리새인들이 이 구약의 명령을 설명하고 적용한 데서 발견된다. 예수의 적용은 그에 정반대되는 것으로 훨씬 높은 기준으로 귀결된다. 네 이웃을 사랑하고 그 사랑을 원수인 이웃에게까지 확대하라는 것이다(44절). 이것 역시 전혀 혁신적인 것이 아니다. 왜냐하면 심지어 구약성경도 하나님의 백성은 원수에게도 선을 행해야 할 것을 가르치기 때문이다(잠 25:21).

5:44, 45 **너희 원수를 사랑하며…하늘에 계신 너희 아버지의 아들이 되리니** 이 두 어구는 하나님의 사랑이 원수에게까지 뻗친다는 것을 명백하게 가르친다. 하나님의 이 보편적인 사랑은 그분이 모든 사람에게 차별 없이 내리시는 복에서 분명하게 드러난다. 신학자들은 이것을 일반 은혜라고 부른다. 이것은 하나님이 선택된 자들을 향하여 가지시는 영원한 사랑과는 구별되어야 하지만(렘 31:3), 그럼에도 불구하고 그것은 진정한 선의다(시 145:9).

5:46 **세리** 개인의 이익을 위해 로마에 고용되어 다른 유대인에게서 세금을 받는 불충성스러운 사람들이었다. 그들은 가장 악한 사람의 상징이 되었다(9:10, 11; 11:19; 18:17; 21:31; 막 2:14-16; 눅 5:30; 7:25, 29, 34; 18:11-13). 마태는 그런 사람들 가운데 한 명이었다(*9:9; 막 2:15에 대한 설명을 보라*).

5:48 **너희도 온전하라** 그리스도는 도달할 수 없는 기준을 정하셨는데, 이것은 율법 자체가 요구하는 것의 요약이다(약 2:10). 비록 이것이 만족시키기가 불가능한 기준이지만, 하나님이 그분의 완전성을 타협하시지 않는 한 그 기준을 낮출 수가 없다. 그리고 완전하신 이가 불완전한 의의 기준을 정할 수는 없다. 그런데 복음의 놀라운 진리는 그리스도가 우리를 위해 이 기준을 만족시키셨다는 것이다(*고후 5:21에 대한 설명을 보라*).

5. 의와 실천적 종교(6:1-18)

여기서 그리스도는 5:20의 사상을 확장시키면서 '구제'(1-4절), '기도'(5-15절), '금식'(16-18절)에서 바리새인들의 위선을 폭로함으로써 그들의 의가 어떻게 부족한지를 보여주신다. 이 모든 행위는 다른 사람의 칭찬을 받기 위한 자기 의의 과시가 아닌 하나님을 향한 예배가 되어야 한다.

6:2 **외식하는 자** 이 단어는 그리스의 극장에서 생긴 것으로 가면을 쓴 사람을 가리키는 말이다. 신약성경에서 이 단어는 보통 스스로를 속이는 거듭나지 못한 사람을 가리킨다. **그들은 자기 상을 이미 받았느니라** 참고. 5, 16절. 그들의 상은 그들이 사람들에게 드러내어 보였다는 것 이상이 아니다. 하나님은 외식하는 자에게 상을 주는 것이 아니라 벌을 내리신다(참고. 23:13-23).

6:4 **은밀한 중에 보시는** 참고. 6, 18절; 예레미야 17:10; 히브리서 4:13. 하나님은 모든 것을 아신다.

6:7 **중언부언하지 말라** 기도는 단순한 반복이 되어서는 안 되며, 기도에서 사용하는 말은 아무 생각 없이 반복되어서도 안 되며, 공식처럼 되어서도 안 된다. 그렇다고 해서 끈질긴 기도를 금지하는 것은 아니다(*눅 11:8; 18:1-8에 대한 설명을 보라*).

6:9 **이렇게** 참고. 누가복음 11:2-4. 이 기도는 단순히 예식의 일부로 사용하라는 것이 아니라 하나의 본보기인 것이다. 이 기도의 간단함과 명료함, 포괄성은 실로 놀랍다. 6개의 간구 가운데 3개는 하나님을 향한 것이고(9, 10절) 다른 3개는 인간의 필요에 대한 것이다(11-13절).

6:10 **뜻이…이루어지이다** 모든 기도는 무엇보다도 먼저 하나님의 목적과 계획, 영광에 순복하는 것이다. *26:39에 대한 설명을 보라.*

6:12 **우리 죄를 사하여 주시옵고** 병행 구절(눅 11:4)은 '죄'를 뜻하는 단어를 사용하므로, 이 문맥에서 '빚'은 영적인 빚을 의미한다. 죄인들은 하나님의 법을 어겼다는 점에서 그분께 빚을 지고 있다(*18:23-27에 대한 설명을 보라*). 이 간구는 이 기도의 핵심이다. 예수는 이 빚의 문제를 기도 다음에 바로 이어지는 말씀에서 강조하고 있다(14, 15절, 참고. 막 11:25).

6:13 **우리를 시험에 들게 하지 마시옵고** 참고. 누가복음 22:40. 하나님은 우리를 시험하시지 않지만(약 1:13), 욥과 베드로(눅 22:31, 32)의 경우처럼 우리를 사탄의 공격에 노출시키기도 하신다. 이 간구는 죄의 모든 위험을 피하고자 하는 신자의 열망을 표현한 것이다. 하나님은 구하기 전에 사람에게 필요한 것을 아시며(8절), 감당할 능력을 넘어서는 시험을 당하는 일이 없을 것임을 약속하셨다. 또한 하나님은 자주 인내를 통해서(고전 10:13) 피할 길을 약속하신다. 그럼에도 신자의 합당한 태도가 이 간구에 표현되어 있다.

6:15 **너희 아버지께서도 너희 잘못을 용서하지 아니하시리라** 이 조건문은 하나님이 모든 신자에게 적용하시는 값없는 용서를 받은 사람들로부터 의를 거둬가리라는 의미가 아니다. 이런 의미의 용서, 곧 죄책과 궁극적 형벌로부터의 영구적이고 완전한 사면은 그리스도 안에 있는 모든 사람의 것이다(참고. 요 5:24; 롬 8:1; 엡 1:7). 하지만 동시에 성경은 하나님이 불순종하는 자기 자녀를 징계하신다는 사실을 가르친다(히 12:57). 신자는 매일 깨끗함을 얻기 위해 자기 죄를 고백해야 한다(요일

1:9). 이런 종류의 용서는 그저 세상적인 죄로 인한 더러움을 씻어내 주는 것을 의미하는 것이지 칭의에 수반되는 일, 즉 부패한 죄를 전적으로 씻는 것을 반복한다는 의미가 아니다. 그것은 목욕이 아니라 발만 씻는 것이다(참고. 요 13:10). 하나님은 다른 사람을 용서하지 않는 신자에게 이 매일의 씻음을 중단하겠다고 경고하신다(참고. 18:23-35).

6:16, 17 **금식할 때에** 이 지침은 금식이 사람의 영적 생활 가운데 일부분이라는 것을 전제로 한다(참고. 고전 7:5). 금식은 슬픔(9:14, 15)과 기도(17:21), 구제(사 58:3-6), 주의 뜻을 구하는 것(행 13:2, 3; 14:23)과 연결되어 있다.

6. 의와 일상적인 일(6:19-34)

6:20 **보물** 세상적인 부를 축적하지 말라는 것이다. 예수는 돈을 하늘의 일, 영원한 일을 위하여 사용할 것을 명하신다. *눅 16:1-9에 대한 설명을 보라.*

6:22, 23 이 구절은 작은 것으로부터 큰 것을 추론한다. 비유는 실로 단순하다. 만약 당신의 눈이 나쁘면 빛이 들어올 수 없으며 그 눈병 때문에 당신은 깜깜함 속에 있게 된다. 그런데 단순히 육신의 시력이 손상된 것이 아니라 영적인 성품이 부패했다면, 그 어둠이 자기 안에서 발생하여 사람의 전 존재에 영향을 미친다면 그 상태가 얼마나 더 나쁘겠는가. 예수는 사람의 마음을 어둔 상태로 남겨두는 피상적인 세상의 종교를 단죄하신다. *눅 11:34에 대한 설명을 보라.*

6:24 **재물** 세상의 물질적 재화, 특히 돈을 가리킨다. *눅 16:13에 대한 설명을 보라.*

6:26 **너희 하늘 아버지께서 기르시나니** 당연한 일이지만, 이 말은 게으름을 옹호하는 것이 아니다(잠 19:15). 새들도 게으르지 않는데 그들에게 먹을 것을 공급하시는 이는 하나님이다.

6:27 **그 키를 한 자라도 더할 수 있겠느냐** 헬라어에서는 이 말이 사람의 수명에 시간을 더하는 것을 가리킬 수도 있다.

6:29 **솔로몬의 모든 영광** 솔로몬 왕국의 영광과 화려함은 세계적으로 유명하다(대하 9장).

6:30 **믿음이 작은 자들아** 예수는 때로 8:26; 14:31; 16:8; 17:20에서 보듯 연약한 제자들의 믿음이 부족함을 꾸짖으셨다.

6:32 **이방인** 언약 백성인 유대인에 속하지 않은 사람들, 하나님의 복 주심을 받지 못한 사람들을 가리킨다. 참고. 에베소서 4:17-19.

6:33 **하나님의 나라** 이 어구는 '천국'과 같은 의미다. *3:2에 대한 설명을 보라.* 이 말은 구원의 영역을 가리킨다. 예수는 청중에게 구원을 구하라고 촉구하신다. 그럴 경우 그것과 함께 하나님의 완전한 보호와 공급이 따라올 것이다. 참고. 로마서 8:32; 빌립보서 4:19; 베드로전서 5:7.

7. 의와 인간관계(7:1-12)

7:1 **비판하지 말라** 문맥에서 나타나는 것처럼 이 지침이 모든 형태의 비판을 금하는 것은 아니다(16절). 우리는 세심한 분별력을 가지고 당연히 올바른 비판을 해야 한다(요 7:24). 여기서 금지하는 것은 혹독하고 위선적이고 자기 의를 주장하는 것과 같은 부당한 비판이다. 그러나 그 뒤에 따르는 명령을 이행하려면 개와 돼지(6절)를 형제로부터(3-5절) 구별하는 것이 필요하다.

7:6 **거룩한 것을 개에게 주지 말며** 이 원칙으로 말미암아 예수는 믿지 않는 자를 위해서는 이적을 베푸시지 않았다(13:58). 개와 돼지에 대한 멸시가 아니라 거룩한 것에 대한 존경심이 이 원칙의 동기다. 이 원칙은 원수를 사랑하라는 명령(5:44)과 전혀 모순되지 않는다. 그 절은 자기 원수에 대한 개인적인 태도를 규제하는데(*이에 대한 설명을 보라*), 이 원칙은 진리를 싫어하는 사람들 앞에서 복음을 어떻게 다루어야 하는지를 규제한다.

7:11 **너희가 악한 자라도** 예수는 인간의 부패라는 교리를 전제하신다(*롬 1:18-3:20에 대한 설명을 보라*). **하물며** 이 땅의 아버지들도 자녀에게 필요한 것을 주는데(9, 10절), 하나님이 자기 자녀들이 구하는 것을 주시지 않겠는가(7, 8절)? *야고보서 1:17에 대한 설명을 보라.*

7:12 **너희도 남을 대접하라** 황금률과 유사한 교훈은 그리스도 이전에 랍비의 글들을 비롯해 힌두교와 불교에도 있었다. 그 교훈들은 전부 이 규칙을 부정적인 형태로 표현했다. 랍비 힐렐처럼 "너에게 싫은 것은 다른 사람들에게도 하지 말라"와 같은 형태로 말이다. 예수는 이것을 긍정의 명령으로 만들어 그 의미를 풍부하게 하셨고, 이 명령이 율법과 선지자에 포함된 윤리적 원칙의 전체 핵심을 적절하게 요약한다는 것을 강조하셨다.

8. 의와 구원(7:13-29)

7:13-29 산상보훈의 이 마지막 내용은 복음의 적용이다. 두 개의 문, 두 개의 길, 두 개의 목적지, 두 무리의 사람들이 있다(13, 14절). 두 종류의 나무와 두 종류의 열매가 있다(17-20절). 심판을 당하는 두 부류의 사람이 있다(21-23절). 그리고 두 건축가가 두 종류의 기초를 놓는다(24-28절). 그리스도는 멸망으로 인도하는 길

과 생명으로 인도하는 길 사이에 더 없이 명확한 선을 긋고 계신다.

7:13, 14 많은 사람은 좁은 문과 넓은 문이 모두 하나님의 나라에 들어가게 한다고 생각한다. 이 두 문은 사람의 두 가지 삶의 방식을 말한다. 그러나 오직 좁은 문만이, 즉 그리스도를 통한 믿음에 의한 구원이라는 엄밀하게 정의된 문만이 영원한 생명으로 인도하는 하나님의 길이다. 넓은 문은 한 가지 길이 아니라 행위와 자기 의를 내세우는 모든 종교가 여기에 포함된다(참고. 행 4:12). 그러나 그것은 하늘이 아니라 지옥으로 인도한다.

7:14 **좁고 길이 협착하여** 그리스도는 자신을 따르는 것이 어렵다는 사실을 계속해서 강조하셨다(10:38; 16:24, 25; 요 15:18, 19; 16:1-3. 참고. 행 14:22). 구원은 오직 은혜에 따른 것이지만 결코 쉽지 않다. 구원은 진리에 대한 지식, 회개, 그리스도를 주로 삼고 순종과 기꺼이 그분의 뜻과 말씀을 따르는 태도를 요구한다. *19:16-28에 대한 설명을 보라.*

7:15 **거짓 선지자들** 이들은 자신을 양처럼 가장하여 속이는 것이 아니라 참 선지자 행세를 하면서 속인다. 그들은 넓은 문과 넓은 길을 추천한다. **양의 옷** 목자의 특징적인 겉옷인 양털로 만든 의복을 가리킬 수도 있다.

7:16 **그들의 열매로 그들을 알지니** *3:8에 대한 설명을 보라.* 거짓된 교리는 육체를 통제하지 못하므로 거짓 선지자들은 결국 악을 드러내게 되어 있다. 참고. 베드로후서 2:12-22.

7:21 **나더러 주여 주여 하는 자…행하는 자** 말을 하지만 행하지 않는 믿음은 열매 없는 불신앙이다(참고. 20절). 예수는 행위로 받는 구원을 말하는 것이 아니라 참 믿음은 반드시 선행이라는 열매를 맺는다는 것을 말씀하고 있다. 또한 이것은 야고보서 1:22-25; 2:26의 요점이기도 하다.

7:22 **선지자 노릇 하며…귀신을 쫓아 내며…많은 권능을 행하지 아니하였나이까** 이들이 아무런 행위도 하지 않은 것이 아니라 주목할 만한 이적과 기사를 행했다고 주장하는 것에 주목하라. 실제로 이들은 이런 일들에 대한 전적인 신뢰를 가지고 있었는데, 이것 역시 이런 일들이 비록 겉으로 굉장하게 보일지 모르지만 실은 참된 것이 될 수 없다는 증거다. 이렇듯 참된 믿음이 결여된 사람은 절대로 선한 행실을 내지 못한다. 나쁜 나무가 좋은 열매를 맺을 수 없는 것과 같다(18절).

7:23 **불법** 모든 죄는 불법(요일 3:4), 즉 하나님의 법에 대한 반항이다(참고. 13:41).

7:24-27 여기서 집은 종교생활, 비는 하나님의 심판을 표시한다. 오직 하나님 말씀에 대한 순종이라는 기초만이 심판을 견디게 한다. 이 순종은 회개와 행위에 의한 구원의 거절, 자비로운 방법을 통해 구원하는 하나님의 은혜에 대한 전적인 신뢰를 요구한다. *야고보서 1:22-25에 대한 설명을 보라.*

7:29 **서기관들과 같지 아니함일러라** 서기관들은 그들 가르침의 권위를 세우기 위해 다른 사람들을 인용했으나 예수는 그분 자신이 바로 권위였다(28:18). 이는 자기들의 권위가 도전받는다고 느꼈던 유대인과 예수 사이의 주요 문제였다. *21:23에 대한 설명을 보라.* 참고. 마가복음 1:22; 11:28-33; 누가복음 4:32; 20:2-8; 요한복음 12:49, 50; 14:10.

B. 서술 1: 권세를 확증하는 기적들(8:1-9:38)

1. 나병환자가 깨끗함을 받음(8:1-4)

8:1 **산에서 내려 오시니** 참고. 5:1.

8:2 **주여 원하시면** 이 사람은 그리스도의 능력에 대해서는 아무런 의심이 없었지만, 오직 그분의 뜻에 대해서만은 확신이 없었다(참고. 막 1:40-45).

8:4 **삼가 아무에게도 이르지 말고** 그런 기적을 널리 퍼뜨리면 그리스도의 사명 수행이 방해를 받고 사람들은 그분의 메시지에 집중하지 못할 것이다. 마가는 바로 이런 일이 발생했음을 기록한다. 이 사람은 그 기적을 너무 기뻐한 나머지 불순종하고 말았다. 그 결과 그리스도는 도시에서 사역하지 못하고 사막 지역으로 옮기셔야 했다(막 1:45). **모세가 명한 예물** 새 두 마리를 취해 한 마리는 죽이고 다른 한 마리는 놓아주는 것이다(레 14:4-7). **그들에게 입증하라** 즉 제사장들에게 입증하라는 뜻이다.

2. 백부장 종의 병을 고치심(8:5-13)

8:5 **가버나움** *4:13에 대한 설명을 보라.* **백부장** 100명의 군사를 지휘하는 로마 군대의 지휘관이다(9절). 누가는 백부장이 유대인 장로 몇 사람을 보내 호소했다고 말하는데(눅 7:3-6), 이는 백부장 자신은 직접 예수께 나아갈 만하지 못하다고 느꼈기 때문이다(8절. 참고. 눅 7:7) 마태는 이 중개자를 언급하지 않는다.

8:8 **내 집에 들어오심을 나는 감당하지 못하겠사오니** 유대교의 전통에 따르면 이방인의 집에 들어가는 사람은 종교적으로 더러워진 것으로 여겼다고 한다(참고. 요 18:28). 이 법을 알고 있던 것이 분명한 백부장은 예수님이 자기 때문에 그런 불편을 감수하시게 할 수 없다고 느꼈다. 그에게는 그리스도가 말만으로 병을 고칠 수

있다는 확실한 믿음이 있었다(*10절에 대한 설명을 보라*).

8:10 **내가…이스라엘 중 아무에게서도 이만한 믿음을 보지 못하였노라** 이 백부장은 예수의 절대적인 권위를 알고 있었다(8, 9절). 그런데 예수의 제자들은 이렇듯 명확하게 그 사실을 깨닫지 못하고 있었다(26절).

8:11 **동 서로부터 많은 사람이 이르러** 아브라함의 나라에서는 이방인들이 구원과 하나님의 복을 누릴 것이다(사 49:8-12; 59:19; 말 1:11; 눅 13:28, 29).

8:12 **그 나라의 본 자손들** 히브리 국가, 곧 아브라함의 육체적 후손이다. **쫓겨나** 이 생각은 그 나라는 아브라함 그리고 메시아와 함께 큰 잔치를 열고 오직 유대인에게만 허락된다는 랍비의 기대와 정반대였다. **울며 이를 갈게 되리라** *22:13에 대한 설명을 보라*. 참고. 24:51; 25:30; 누가복음 13:28. 이 표현은 지옥에 있는 자들의 영원한 고통을 묘사하고 있다.

8:13 **네 믿은 대로** 때로 주님의 병 고침에는 믿음이 수반되었다(그러나 이 경우에는 병자의 믿음이 아니었는데, 이것은 9:2과 15:28의 병 고침에서도 마찬가지임). 다른 경우에는 믿음이 아무런 요인이 되지 않았다(14-16절; 눅 22:51).

3. 베드로 장모의 병을 고치심(8:14, 15)

4. 많은 사람의 병을 고치심(8:16-22)

8:16 **귀신 들린 자** 이 말은 귀신의 내적인 통제 아래에 있다는 뜻이다. 그리스도께서 처리한 모든 귀신 들린 경우는 귀신이 실제로 그 사람 안에 머물면서 사람의 몸을 완전히 지배하여 귀신이 그들을 통해 말하거나(막 5:5-9), 미치게 하거나(요 10:20), 폭력적으로 만들거나(눅 8:29), 벙어리로 만들기도 했다(막 9:17-22).

8:17 **선지자 이사야를 통하여 하신 말씀** *이사야 53:4, 5에서 병 고침과 속죄에 대한 설명을 보라*. 마태는 그 구절을 여기서 인용한다. 그리스도는 죄책과 죄의 저주를 담당하셨다(갈 3:13). 육체적 치료와 죽음에 대한 궁극적 승리는 그리스도의 대속 사역에 의해 보장되지만, 이것이 완전히 성취되는 것은 마지막 때다(고전 15:26).

8:18 **건너편** 호수의 동쪽 해변이다.

8:19 **한 서기관** 서기관이었던 이 사람은 예수를 따르고자 하는 자신의 의지를 공개적으로 천명함으로써 동료 서기관과의 관계를 단절했다. 그럼에도 예수는 그 사람이 고난과 불편함이라는 비용을 계산하지 않았음을 아신 것이 분명하다.

8:20 **인자** *마가복음 2:10; 요한복음 1:51에 대한 설명을 보라*. 예수는 자신을 가리킬 때 다른 어느 명칭보다도 이 명칭을 많이 사용하셨는데, 복음서에 80회 이상 등장한다. 이것은 메시아의 호칭으로(단 7:13, 14) 그리스도의 인성과 낮아지심을 분명하게 가리킨다. 그러나 그것은 다니엘 7:13, 14이 보여주듯 그리스도의 영원한 영광을 가리키기도 한다(참고. 24:27; 행 7:56).

8:21 **내가 먼저 가서 내 아버지를 장사하게 허락하옵소서** 이 말은 그 사람의 아버지가 이미 죽었다는 뜻이 아니다. '내가 아버지를 장사하게 한다'는 말은 '나로 아버지의 유산을 받을 때까지 기다리게 하라'는 의미의 비유적 표현이었다.

8:22 **죽은 자들이 그들의 죽은 자들을 장사하게 하고** 세상으로(영적으로 죽은) 하여금 세상의 일들을 돌보게 하라는 것이다.

5. 바람과 바다를 꾸짖으심(8:23-27)

8:24 **바다에 큰 놀이 일어나** 갈릴리 호수는 지중해 수면보다 약 210미터 아래에 있다. 북쪽에 있는 헤르몬산은 높이가 2,804미터이며, 5-10월에 이 산을 타고 내려오는 강풍이 주변을 둘러싼 좁은 언덕들을 통과하여 호수로 몰아쳐 갑자기 격렬한 폭풍이 일곤 한다. **예수께서는 주무시는지라** 바로 직전에 제자들은 예수의 신성이 발휘되는 가장 두려운 현상 하나를 보았고, 지금은 예수의 인성을 드러내는 감동적인 모습을 보고 있다. 그분은 너무나 피곤하여 배가 크게 흔들림에도 주무시는 중이었다. 그러나 제자들은 물에 빠져 죽을 것을 두려워하고 있었다(25절).

8:26 **믿음이 작은 자들아** *6:30에 대한 설명을 보라*. **잔잔하게 되거늘** 참고. 시편 65:7; 89:9.

8:27 **바람과 바다도 순종하는가** 이것은 그리스도의 신성을 확신시켜 주는 증거다(참고. 시 29:3, 4; 89:9; 93:4; 107:25-29).

6. 두 명의 귀신 들린 자가 건짐을 받음(8:28-34)

8:28 **가다라 지방** '거라사'라고 나온 성경도 있는데, 개역개정은 '가다라 지방'으로 되어 있다(막 5:1; 눅 8:26은 거라사임). 이는 호수에서 디베랴 건너편에 있는 작은 마을을 가리키는데, 오늘날 게르사(쿠르시)라는 마을이 위치한 곳으로 보인다. 고대의 무덤들이 그곳에 있으며, 해변이 급경사를 이루어 호수로 떨어지는 이곳은 이 설명 속의 지형과 정확하게 일치한다. **귀신 들린 자 둘** 마가복음 5:2과 누가복음 8:27은 두 사람 중 한 사람만을 언급한다. 한 사람이 다른 사람보다 목격자에게 더 강한 인상을 주었을 것이다.

8:29 **때가 이르기 전에 우리를 괴롭게 하려고** 귀신들은

예수의 신성을 인식하고 있을 뿐 아니라 하나님이 정하신 때가 되면 예수가 그들을 심판하리라는 것을 알고 있었다. 그들의 종말론은 사실적으로 정확했지만 귀신들은 그것에 합당하게 살지는 않는다(참고. 약 2:19).

8:30 **돼지 떼** 마가복음 5:13은 이 떼가 2,000마리라고 부가적으로 설명한다. 부정한 동물의 이런 큰 떼는 그 지역이 이방인이 주도하는 곳임을 암시한다. 또한 이것은 귀신의 숫자가 많았음을 암시한다(참고. 막 5:9).

8:31 **귀신들이 예수께 간구하여 이르되** 누가복음 8:31은 그들이 무저갱, 곧 불순종하는 귀신들을 가두는(*벧후 2:4; 유 6절에 대한 설명을 보라*) 지하 세계의 감옥으로 보내지 말 것을 간구했다고 말한다. 귀신들은 예수님이 하고자 하시면 그들을 그리로 보낼 수 있는 능력과 권세를 가졌음을 알고 있다.

8:34 **떠나시기를 간구하더라** 그들은 돼지를 잃은 결과 초래된 경제적 충격을 우려했던 것 같다. 또는 모두가 그런 영적 능력 앞에서 겁을 먹은 불경건한 사람들이었을 것이다(참고. 막 5:14, 15).

7. 중풍병자의 사죄와 병 고치심(9:1–8)

9:1 **본 동네** 가버나움이다(*4:13에 대한 설명을 보라*). 예수는 한동안 군중을 피해 그곳을 떠나 계셨다(8:18).

9:2 **네 죄 사함을 받았느니라** 침상에 누운 채로 예수께 운반되어 온 그 사람은 중증의 중풍을 앓고 있었다. 예수님의 사죄의 말씀은 그 병이 그 사람이 저지른 죄의 직접적인 결과였음을 시사한다. 참고. 요한복음 9:13, *누가복음 5:20-26에 대한 설명을 보라*.

9:3 **이 사람이 신성을 모독하도다** 이 판단은 성육신한 하나님 이외의 모든 사람에게 해당될 것이다. 죄를 짓지 않은 분만이 죄를 사할 특권을 가지기 때문이다. 그러므로 그 사람에 대한 예수의 사죄의 선언은 예수의 신성한 권위를 재론의 여지없이 단언한 것이다.

9:4 **그 생각을 아시고** 참고. 12:25; 요한복음 2:24. 주 예수가 지상에 계신 동안 비록 자신을 낮추고(빌 2:4-8) 신성한 특권을 독립적으로 사용하시지 않았지만(요 5:30), 여전히 그분은 완전한 하나님이므로 전지하셨다. 마가복음 13:32; 누가복음 2:52을 보라.

9:5 **어느 것이 쉽겠느냐** 병을 고치는 능력을 실증하는 것보다 죄를 용서할 수 있는 능력이 있다고 선언하는 것이 더 쉬운 일이었음이 확실하다. 그리스도는 중풍병자를 즉시 고쳐줌으로써 죄를 용서할 수 있는 자신의 능력을 실제로 입증해 보이셨다. 만약 그분이 더 어렵게 보이는 일을 실제로 하실 수 있었다면 더 쉽게 보이는 일은 당연히 하실 수 있었다. 하지만 실제로는 죄를 용서하는 것이 더 어려운 일이었다. 그것은 궁극적으로 그분의 생명을 희생으로 바칠 것을 요구하기 때문이다.

바리새인과 사두개인

바리새인은 유대인 가운데 그 수가 적은(약 6,000명) 율법주의적 교파였다. 그들의 이름은 '분리된 자들'이라는 의미인데, 여기서 분리는 '순결하다'는 의미다. 즉 그들은 모세 율법과 그들이 구약의 법제도에 덧붙인 자신들의 전통에 따른 제의적 · 종교적 순결을 지키는 데 매우 열심이었다. 그들은 유대교의 정통 핵심을 대표했으며, 이스라엘 백성에게 매우 강한 영향을 끼쳤다. 그리스도는 그들이 인간의 전통으로 성경을 무효화시킨다고 꾸짖으셨는데(마 15:39), 특별히 지독한 위선을 꾸짖으셨다(마 15:7, 8; 22:18; 23:13, 23, 25, 29; 눅 12:1).

초자연적인 것을 부인하는 것으로 알려진 사두개인은 죽은 자의 부활(마 22:23)과 천사의 존재(행 23:8)를 인정하지 않았다. 바리새인과 달리 그들은 인간의 전통을 거부하고 율법주의를 비웃었다. 그들은 모세오경만 받아들였다. 부유했던 그들은 바리새인보다 그 수가 적었음에도 귀족적이며 제사장 지파의 구성원으로 헤롯 시대에는 성전을 지배했다.

바리새인과 사두개인 사이에는 공통점이 거의 없었다. 바리새인은 의식주의자였고 사두개인은 합리주의자였다. 바리새인은 율법주의자였고 사두개인은 자유주의자였다. 바리새인은 분리주의자였고 사두개인은 타협자였고 정치적 기회주의자였다. 그럼에도 그들은 그리스도에 대항할 때는 하나가 되었다(마 22:15, 16, 23, 34, 35). 요한은 공개적으로 그들을 "독사의 자식들"이라고 지칭했다(3:7).

8. 세리를 부르심(9:9–13)

9:9 **세관에 앉아 있는 것** 여기서 마태 자신의 겸손이 드러난다. 그는 자신의 과거를 속이지 않았고 그것에 대해 어떤 변명도 하지 않았다. 마가복음 2:14과 누가복음 5:27은 그의 이전 이름인 레위를 사용했지만, 마태 자신은 제자가 된 다음에 알려진 이름만을 사용했다(참고. 막 3:18; 눅 6:15). 세리는 그 사회에서 가장 멸시받던 부류에 속했다. 그들이 받는 돈의 일부는 로마를 위한 것이었지만, 다른 일부는 그들 자신의 이익을 위한 늑징일 수 있었다(참고. 눅 19:8). 로마를 위해 세금을 걷

고 자기 자신을 위해 더 걷는 것으로 그들은 도적이 되었을 뿐 아니라 유대 민족의 반역자가 되었다(*5:46; 막 2:15에 대한 설명을 보라*).

9:11 **세리** *5:46에 대한 설명을 보라.*

9:12 **건강한 자…병든 자** 바리새인들은 자기들이 건강하다고, 즉 종교적으로 순결하고 온전하다고 생각했다. 그러나 사회에서 버림받은 자들은 자기들이 그렇지 않다는 것을 알았다. 구원은 스스로를 의롭다고 여기는 사람에게는 임할 수 없다.

9:13 **너희는 가서…하신 뜻이 무엇인지 배우라** 이 어구는 무엇을 알고 있어야 하는 사람이 모르고 있을 때에 꾸짖음으로 사용되던 일반적인 표현이다. 예수님이 인용하신 구절은 호세아 6:6로(참고. 삼상 15:22; 미 6:6-8), 율법의 도덕적 기준이 제의적 요구보다 절대적으로 우선됨을 강조하는 구절이다. 바리새인은 하나님의 율법의 외적·의식적·제의적 측면에 초점을 맞춘 채 율법의 내적이고 영원하며 도덕적인 측면을 등한시하는 경향을 가졌다. 그러면서 그들은 다른 사람들에게 가혹하고, 비판적이며, 자기 의를 내세워 무시했다. 예수는 12:7에서 이 동일한 꾸짖음을 반복하신다.

9. 질문에 대답하심(9:14-17)

9:14 **요한의 제자들** 누가는 바리새인들이 이 질문을 제기했다고 암시한다(*눅 5:33에 대한 설명을 보라.* 참고. 막 2:18-20). 요한의 제자들이 왔을 때 몇몇 바리새인이 여전히 그 자리에 있었음이 분명하다. 이 두 집단이 모두 이 질문을 던졌을 것이다. **바리새인들은 금식하는데** 참고. 누가복음 18:12.

9:15 **그 때에는 금식할 것이니라** *6:16, 17에 대한 설명을 보라.* 예수는 결혼 잔치를 비유로 사용해 그분이 그들과 함께 있는 것이 너무나 즐거운 일이어서 금식할 수 없다고 답하셨다. 금식은 슬픔의 시기, 간절한 기도와 연결되어 있었다.

9:16 **생베 조각을 낡은 옷에 붙이는** 새 천을 낡은 천에 덧대지 않는 것은 새 언약을 모세의 낡은 제의적 형식에 짜깁기하지 않아야 한다는 뜻이다.

9:17 **새 포도주를 낡은 가죽 부대에** 동물의 가죽이 신축성이 있기 때문에 포도주를 숙성시키는 데 사용되었다. 포도주가 숙성되면서 압력이 높아지면 가죽이 늘어난다. 그런데 이전에 사용해서 늘어난 가죽은 신축성이 없기 때문에 찢어져 포도주와 가죽 부대를 모두 버리게 된다. 예수는 이것을 예로 들어 바리새인들과 요한의 제자들이 따르던 제의적 금식 같은 과거의 의식 형태는 신약 시대의 새 포도주에 적절치 않다고 가르치셨다(참고. 골 2:17). 이 두 가지 비유(16, 17절)에서 주님은 바리새인들이 금식이나 다른 종교적 예식에서 하던 일들은 복음과 아무런 관련이 없다고 말씀하신다.

10. 한 소녀가 죽음에서 살아남(9:18-26)

9:18 **관리** 야이로(막 5:22; 눅 8:41)는 회당 책임자였다.

9:20 **열두 해 동안이나 혈루증으로** 이 여인이 가진 어려움은 육체적으로 병이 심각했을 뿐 아니라 의식적 이유로 영원히 부정한 상태로 있어야 한다는 것이었다(참고. 레 15:25-27). 이 말은 이 여인이 자신의 가족을 포함한 모든 사람으로부터 격리되었을 뿐 아니라 회당과 성전에서도 배제되었음을 의미한다. **겉옷 가** (또한 14:36) 그 옷을 입은 사람에게 하나님의 명령에 순종해야 함을 상기시키기 위해 옷의 귀퉁이에 달았던 옷술의 하나를 가리키는 것으로 보인다(민 15:38-40; 신 22:12).

9:23 **피리 부는 자들과 떠드는 무리** 이것은 그 문화에서 애곡해야 할 때의 전형적인 모습이었다(참고. 대하 35:25). 장례식장에 모인 사람들 가운데 전문적인 애곡꾼이 있었는데, 이들은 대개 여성으로 서럽게 울면서 죽은 자의 이름을 반복해 불렀을 뿐 아니라 최근에 죽은 사랑하는 사람들의 이름까지 불렀다. 그래서 분위기가 시끄럽고 혼란스러우며 요란했던 것이다.

9:24 **잔다** 예수의 말씀은 그 죽음이 오진이라는 뜻이 아니었다. 예수는 그 아이가 다시 살아날 것을 예언하신다. 예수는 나사로가 죽었을 때도 비슷한 말씀을 하셨고(요 11:11), 뒤에 제자들에게 그것이 은유적인 말이라고 설명하셨다(요 11:14). 신약성경에서 잠은 죽음의 간접적 표현이다(고전 11:30; 15:51; 살전 5:10). **그들이 비웃더라** 그들이 사람을 사서 얻어낸 애곡이 순식간에 비웃음으로 바뀌었다.

11. 두 명의 맹인이 시력을 회복함(9:27-31)

9:27 **다윗의 자손** 참고. 1:1; 12:23; 21:9, 15. 이것은 메시아의 호칭이다(*1:1에 대한 설명을 보라*). 이것과 놀라울 정도로 유사하지만 다른 기록이 20:29-34에 나온다.

9:29 **너희 믿음대로** *8:13에 대한 설명을 보라.*

9:30 **삼가 아무에게도 알리지 말라** *8:4에 대한 설명을 보라.*

12. 말 못하는 사람이 말함(9:32-34)

9:34 **귀신의 왕** 바리새인들은 예수의 능력이 하나님의 능력임을 충분히 알 수 있었음에도 자신들의 불

신앙 속에서 예수의 능력이 사탄의 능력이라고 말했다. *12:24에 대한 설명을 보라*. 참조 25:41; 마가복음 3:22; 누가복음 11:15.

13. 무리를 불쌍히 여기심(9:35-38)

9:35 모든 병과 모든 약한 것 예수는 일찍이 본 적 없는 치료 행위로 병을 추방했으며, 이를 통해 그분의 신성에 대한 인상적인 증거를 보여주셨고 유대인의 배척을 더욱 악한 것으로 만드셨다. *12:15에 대한 설명을 보라*.

9:36 불쌍히 여기시니 여기서 그리스도의 인성으로 말미암아 죄인을 향한 그분의 태도가 이렇게 인간적인 언어로 표현되고 있다. 그분은 긍휼의 심정으로 '감동되었다'. 불가변적인 하나님은 감정의 기복이나 변화를 겪으시지 않지만(민 23:19), 인성의 모든 기능을 가진 완전한 인간이신 그리스도는 때로 죄인의 곤경을 보고 눈물을 흘리시기도 했다(눅 19:41. *눅 13:34에 대한 설명을 보라*). 하나님도 선지자들을 통해 그와 유사한 긍휼의 심정을 표현하셨다(출 33:19; 시 86:15; 렘 9:1; 13:17; 14:17). **고생하며 기진함이라** 사람들의 영적인 필요는 육체적 치료의 필요보다 더욱 심각했다. 그 필요에 부응하려면 더 많은 일꾼이 필요했다(37절).

9:37 추수 참고. 누가복음 10:1, 2. 주는 구원을 위한 영혼의 영적 추수를 말씀하신다.

9:38 그러므로…주소서 하라 예수는 신자의 기도가 하나님의 계획의 성취에 참여한다는 사실을 단언하신다.

왕의 의제 (10:1-12:50)

A. 강화 2: 열둘에게 사명을 줌(10:1-11:1)

1. 주인의 사람들(10:1-4)

10:1, 2 제자…사도 *제자*는 '학생' 곧 다른 사람한테서 배우는 사람을 뜻한다. *사도(Apostles)*는 사명과 함께 보냄을 받은 자격을 갖춘 대표자를 가리킨다. 이 용어들은 열둘이 가진 소명의 여러 측면을 강조한다.

10:1 권능을 주시니라 *고린도후서 12:12에 대한 설명을 보라*. 예수는 사도들에게 자신의 능력을 위임하심으로써 자신과 자신의 나라가 물리적 영역과 영적 영역, 죄의 영향력, 사탄의 활동 위에 군림하고 있음을 분명히 보여주신다. 이 능력의 발휘는 전대미문의 것이며, 구속사에서 이전에는 나타난 적이 없었다. 그것의 목적은 메시아의 오심을 선언하고, 그분과 그분의 복음을 전파하는 그의 사도들의 진정성을 입증해주는 것이다. 이 능력은 사탄이 결박당하고(계 20장), 육체적 생명에 대한 저주가 해제될 때 그의 지상 왕국에서 그리스도가 발휘할 능력을 미리 보여주는 것이다(사 65:20-25).

10:2 열두 사도의 이름 열둘은 항상 비슷한 순서로 나열된다(참고. 막 3:16-19; 눅 6:13-16; 행 1:13). 베드로의 이름이 가장 먼저 나온다. 이 목록은 네 명씩 짝이 지어진 세 무리로 되어 있다. 세 개의 하위 그룹은 언제나 같은 순서로 나열되며, 각 그룹의 첫째 이름도 언제나 같다. 하지만 그 하위 그룹 내에서 이름이 나열되는 순서는 약간씩 바뀌기도 한다. 다만 가룟 유다는 항상 맨 나중에 나온다. **베드로…안드레…야고보…요한** 첫째 하위 그룹에 속한 네 명이 우리에게는 가장 익숙하다. 이 두 가족의 두 형제는 모두 어부였으며, 종종 예수와 가장 가까운 내부 집단으로 그려진다(*17:1에 대한 설명을 보라*).

10:3 알패오의 아들 야고보 신약성경에는 야고보라는 이름을 가진 네 명의 사람이 등장한다. 요한의 형제인 사도 야고보(*4:21에 대한 설명을 보라*), 이 구절에 언급된 사도로서 '작은 야고보'라고 불리는 인물(막 15:40), 유다의 아버지 야고보(가룟이 아님, 눅 6:16), 주님과 아버지가 다른 형제인 야고보(갈 1:19; 막 6:3)로 그의 이름이 붙은 서신을 기록했고 초대 교회에서 지도적인 역할을 수행한 인물이다(행 12:17; 15:13; 갈 1:19). **다대오** 다른 곳에서는 그가 야고보의 아들 유다로 불린다(눅 6:16; 행 1:13).

10:4 가나안인 시몬 다른 사본에는 '카나니안'이라고 되어 있는데, 이 말은 팔레스타인에 대한 로마의 지배를 종식시키기로 결심한 집단인 열심당을 가리키는 용어다. 사도행전 1:13은 그를 "셀롯(열심당)인 시몬"이라고 칭한다. 시몬은 그리스도께 오기 전 열심당원이었던 것으로 보인다. *마가복음 3:18에 대한 설명을 보라*.

10:5-11:1 이 주요 강화는 마태복음에 기록된 것들 가운데 두 번째다(서론의 역사적·신학적 주제를 보라).

2. 제자들 파송(10:5-23)

10:5 이방인의 길로도 가지 말고 그리스도는 제자들이 길을 가다가 이방인이나 사마리아인을 만났을 때 그들에게 복음을 전하지 말라고 하신 것이 아니라 그 메시지를 가까운 지역의 언약 백성에게 먼저 전하라고 하셨다(참고. 롬 1:16).

10:6 이스라엘 집의 잃어버린 양 참고. 15:24; 예레미야 50:6. 예수는 자기들이 영적으로 병들었으며(9:13) 의사가 필요하다는 것을 아는 사람들에게만 복음이 필요하다고 말씀하심으로써 우선적으로 말씀을 전해야 할 대상 범위를 더욱 축소시켰다(눅 5:31, 32).

10:7 **가까이 왔다** *3:2에 대한 설명을 보라.*

10:8 **너희가 거저 받았으니 거저 주라** 예수는 병든 자를 고치고 죽은 자를 살릴 수 있는 큰 능력을 그들에게 주셨다. 만약 그들이 돈을 받고 이 은사를 판다면 상당한 돈을 벌 수 있었을 것이다. 하지만 그렇게 한다면 그리스도가 그들을 보내 전파하게 하신 은혜의 메시지가 흐려질 것이다. 이를 우려해 그리스도는 그들의 사역에 대해 돈을 받지 말라고 하셨지만, 그들의 기본적인 필요를 위한 지원을 받는 것은 허락하셨다. 이는 일꾼이 그 정도의 지원을 받는 것은 정당하기 때문이다(10절).

10:9, 10 *누가복음 9:3에 대한 설명을 보라.* 이 임무를 위해 그들이 지참할 수 있는 것에 대한 제한은 참으로 특이하다. 누가복음 22:36을 보라. 거기 보면 그 이후의 사명에 대해선 그리스도께서 전혀 다른 지침을 주신다. 여기서 핵심은 그들의 사역 대상이 되는 사람들의 관대함을 통해 주님이 필요한 것을 공급하실 것을 신뢰해야 함을 그들이 배우고, 그들의 사역을 통해 복을 받는 사람들이 그리스도의 종을 지원해야 한다는 것을 가르치는 것이다. 참고. 디모데전서 5:18.

10:13 **평안** 히브리어의 *샬롬(shalom)*에 해당하며 번영이나 안녕, 복을 가리킨다.

10:14 **너희 말을 듣지도** 우선적으로 중요한 것은 왕이 임했으며 그 나라가 가까이 왔다는 사실을 전파하는 것이다. 이 메시지가 가장 중요하며, 이적과 기사는 메시지의 진정성을 입증하기 위한 것이다. **너희 발의 먼지를 떨어 버리라** 유대인은 이방인의 지역에서 돌아올 때는 혐오의 표현으로 이렇게 하곤 했다. 바울과 바나바 역시 안디옥에서 쫓겨날 때 이렇게 했다(행 13:51). 이 가시적인 저항은 그들이 그 지역을 이방인의 땅보다 나을 것이 없는 것으로 간주했다는 표시다.

10:15 **소돔과 고모라** 이 두 도시와 그 주변 지역 전체는 경고 없이 심판을 받았고 그 심판은 아주 가혹했다. *창세기 19:1-29에 대한 설명을 보라.*

10:16 **이리** 참된 선지자를 박해하고 교회를 파괴하려 하는 거짓 선지자들을 가리키는 말이다(참고. 7:15; 눅 10:3; 행 20:29). *누가복음 10:3에 대한 설명을 보라.*

10:17 **너희를…넘겨 주겠고** 전문적인 단어로, 이 문맥에서는 죄수가 형벌을 받도록 넘겨주는 것을 가리킨다. 신자에 대한 박해가 때로 정부의 공식적인 정책이 되기도 했다. 그런 박해는 복음의 진리를 증거할 수 있는 기회가 되기도 한다. 참고. 요한복음 16:1-4; 디모데후서 4:16.

10:19 **염려하지 말라** *누가복음 12:11에 대한 설명을 보라.*

10:21-23 이 구절들은 제자들의 눈앞의 사명을 넘어서는 종말론적 의미를 분명히 지니고 있다. 그리스도가 묘사하는 박해는 23절에서 암시된 그리스도 재림 시 환난 기간에 속하는 것으로 보인다.

10:22 **끝까지 견디는 자** *24:13에 대한 설명을 보라.*

3. 제자도의 표지(10:24-11:1)

10:24 **높지 못하나니** 만약 선생이(그리스도) 고난을 당한다면 그의 제자들 역시 고난을 당할 것이다. 만약 사람들이 스승(그리스도)을 신성모독으로 공격한다면 그의 종들 역시 저주할 것이다. 이것이 박해의 약속이다. 참고. 요한복음 15:20.

10:25 **바알세불** 사탄 숭배와 관련 있는 팔레스타인의 신이다. 이 이름은 귀신의 왕인 사탄을 가리키는 데 사용되었다(*왕하 1:2; 눅 11:15에 대한 설명을 보라*).

10:28 **이를 두려워하라** 하나님은 죄인을 지옥의 멸망으로 던져 넣으시는 분이다(눅 12:5). 박해자는 오직 몸만 해할 수 있다.

10:29 **아버지께서 허락하지 아니하시면** 단순히 '그분이 알지 못하면'이 아니다. 예수는 참새의 죽음처럼 사소한 사건의 때와 상황까지 하나님이 섭리적으로 통제하신다는 것을 가르치신다. 심지어 우리 머리에 붙은 털의 개수까지 하나님의 주권적 뜻에 의해 통제된다(30절). 다른 말로 하면 하나님의 섭리는 가장 작은 세부 내용까지, 가장 일상적인 일까지 지배한다. 이것은 하나님의 주권에 대한 매우 강력한 선언이다.

10:32 **나를 시인하면** 주는 그리스도를 삶과 (필요하다면) 죽음에서 주님으로 인정하는 사람을 하나님 앞에서 자신의 것이라고 인정하실 것이다. *13:20; 디모데후서 2:10-13에 대한 설명을 보라.*

10:33 *누가복음 12:9에 대한 설명을 보라.*

10:34 **화평이 아니요 검을 주러 왔노라** 복음의 궁극적 목적은 하나님과의 화평이지만(요 14:27; 롬 8:6), 복음의 즉각적인 결과로 자주 갈등이 일어난다. 그리스도에게로 회심하면 가족관계의 긴장(35, 36절), 박해, 심지어 순교를 초래할 수도 있다. 그리스도를 따른다는 것은 이런 고난을 겪을 각오를 전제로 한다(32, 33, 37-39절). 그리스도는 비록 "평강의 왕"으로 불리기는 하지만(사 9:6), 그분이 신자를 아무 갈등이 없는 삶으로 부르신다고 착각하면 안 된다.

10:35, 36 미가 7:6을 인용한 것이다.

10:38 **자기 십자가를 지고** 여기서 예수는 처음으로 제자들에게 *십자가*를 언급하신다(*16:21에 대한 설명을 보라*). 그들에게 이 단어는 폭력적이고 수치스러운 죽음

의 모습을 떠올리게 했을 것이다(*27:31에 대한 설명을 보라*). 예수는 심지어 육체적 죽음까지 당할 수 있는 전적인 헌신을 요구하고 계시며, 그들이 이런 전적인 헌신을 다른 사람에게도 전해야 한다고 요구하신다. 그리스도는 이런 죽음을 각오한 헌신을 16:24; 마가복음 8:34; 누가복음 9:23; 14:27에서도 반복해 요구하신다. 자신을 버리는 믿음으로 그리스도께 오는 사람은 참되고 영원한 생명을 받는다(39절).

10:40 **너희를 영접하는 자는 나를 영접하는 것이요** 그리스도는 자기 백성 안에서 사신다. 또한 그리스도의 백성은 그분을 대신하여 그분의 이름으로 온다(고후 5:20). 그러므로 사람들이 그리스도의 백성을 대접하는 방법대로 그리스도도 그 사람들을 대접하실 것이다(참고. 18:5; 25:45; 눅 9:48).

10:41 **선지자의 이름으로…의인의 이름으로** 40절의 원리를 확대한다. 그리스도의 사자를 환영하는 것은 그분을 환영하는 것이다(참고. 25:40).

10:42 **작은 자** 신자를 가리킨다. *18:3-10; 25:40에 대한 설명을 보라.*

11:1 **그들의 여러 동네** 즉 갈릴리에 있는 동네다. 한편 제자들 역시 갈릴리 지역 내부와 주변의 유대 마을들에서 사역하고 있었다(10:5, 6).

B. 서술 2: 왕의 사명(11:2-12:50)

1. 요한의 제자들을 위해 예수의 정체가 밝혀짐 (11:2-19)

11:3 **오실 그이가 당신이오니이까 우리가 다른 이를 기다리오리이까** 세례 요한은 그리스도를 소개할 때 격렬한 심판 속에서 "쭉정이는 꺼지지 않는 불에 태우시리라"(3:12)고 말했다. 그런데 실제 사건이 진행되는 것을 보고 요한이 혼란을 느낀 것은 이해할 수 있는 일이다. 요한이 감옥에 갇혀 있는 동안 그리스도는 왕의 도시인 예루살렘에서 멀리 떨어진 갈릴리에서 심판의 사역이 아니라 치료의 사역을 하고 계셨으며, 그나마 사람들로부터 환영을 받으시지 못하고 있었다(참고. 8:34). 요한은 자신이 혹시 예수의 의제(agenda)를 오해한 것이 아닌지 생각했다. 이것을 그의 신앙이 흔들린 것으로 해석하는 것은 잘못이다(7절).

마

세례 요한은 엘리야였는가

성경의 증거

1. 말라기 4:5: "보라 여호와의 크고 두려운 날이 이르기 전에 내가 선지자 엘리야를 너희에게 보내리니."
2. 마태복음 11:14: 예수는 문법적 조건문을 사용하여, 만일 유대인이 예수를 메시아로 받아들인다면 요한이 말라기 4:5의 완전한 성취가 될 것이라고 말씀하신다.
3. 마태복음 16:14; 마가복음 8:28; 누가복음 9:19: 유대인은 세례 요한과 엘리야를 동일 인물이라고 믿지 않았다. 그들은 문자적인 성취를 찾고 있었다.
4. 마태복음 17:3 이하; 마가복음 9:4 이하; 누가복음 9:28 이하: 엘리야와 모세는 변화산에서 함께 등장한다.
5. 마태복음 17:9-13; 마가복음 9:9-13: 예수는 엘리야가 두 번 온다는 것에 대한 의미를 설명하신다. 한번은 요한으로 오고(17:12, 13), 다른 한 번은 미래의 일이다(17:11).
6. 마태복음 27:47-49; 마가복음 15:35, 36: 유대인은 주님이 하늘을 향해 외친 것을(참고. 시 22:1) 엘리야를 부르는 것으로 이해한다. 그들은 조소하면서 엘리야가 오지 않았기 때문에 예수는 말라기 4:5에 예언된 메시아가 아니라고 결론짓는다.
7. 누가복음 1:17: 주의 천사는 사가랴에게 세례 요한이 엘리야의 심령과 능력으로 사역할 것이며, 어떤 의미에서 말라기 4:5을 성취할 것이라고 선언한다.
8. 요한복음 1:21: 사도 요한은 세례 요한이 환생한 엘리야(이렇게 되려면 엘리야가 엘리사벳에게서 실제로 태어나야 함)가 아니라고 말하면서 이사야 40:3을 인용하여 세례 요한의 사역을 입증한다.

성경적 판결

1. 세례 요한은 모형적으로만 엘리야다(눅 1:17; 마 17:12, 13; 요 1:21).
2. 요한은 그리스도의 초림을 준비하는 사람으로, 말라기 4:5, 6의 예언을 부분적으로 성취했다(눅 1:17).
3. 말라기 4:5, 6은 재림 때 또 다른 엘리야의 모형에 의해 성취될 것이며(마 17:12, 13), 그 방식은 그리스도의 초림 때 요한이 엘리야의 모형이었던 것과 매우 유사한 방식이 될 것이다.

11:4 **요한에게 알리되** 예수는 요한의 제자들로 하여금 많은 기적을 목격하도록 하고 나서 요한에게 보낸다. 예수는 자신이 메시아라는 증거를 요한의 제자들이 직접 목격하고 돌아가서 요한에게 그 사실을 보고하도록 그들 앞에서 기적을 행하신 것으로 보인다(참고. 사 29:18, 19; 35:5-10). 하지만 예수는 요한의 믿음이 얼마나 강한지를 아셨기 때문에 그 이상의 설명을 하시지 않는다는 사실에 주목하라(참고. 고전 10:13).

11:10 말라기 3:1을 인용한 것이다.

11:11 **극히 작은 자라도 그보다 크니라** 요한이 구약 선지자들보다 큰 것은 그들이 예언만 한 것이 성취되는 것을 자기 눈으로 실제로 보았고 직접 거기에 참여했기 때문이다(10, 13절. 참고. 벧전 1:10, 11). 그러나 십자가 이후의 신자들은 요한보다 더 크다. 그들은 요한이 흐릿한 모습으로 보던 것, 곧 그리스도의 실제 대속의 일을 충만히 이해하고 경험했기 때문이다.

11:12 **천국은 침노를 당하나니** 세례 요한은 설교 사역을 시작할 때부터 강력한 반발에 맞서야 했다. 이미 투옥되어 있던 요한은 결국 헤롯의 야만적인 행동의 희생자가 되고 만다. 그러나 인간의 폭력은 그 나라를 정복하지도 못하고 대적하지도 못한다. 마태가 "침노한 자는 빼앗느니라"고 말한 곳에서 누가는 "사람마다 그리로 침입하느니라"(눅 16:16)고 말한 사실을 주목하라. 이 구절의 의미는 '그 나라는 지치지 않고 전진하며, 지치지 않는 자만이 그 나라 안으로 밀고 들어간다'라고 할 수 있다. 이처럼 그리스도는 다시 한 번 그 나라로 들어가기가 어려움을 강조하신다. *7:13, 14에 대한 설명을 보라*).

11:14 **엘리야가 곧 이 사람이니라** 즉 그가 말라기 4:5, 6의 성취다(17:12, 13을 보라). 유대인은 엘리야가 죽지 않았다는 것을 알고 있었다(참고. 왕하 2:11). 이 표현은 세례 요한이 엘리야의 환생이라는 말이 아니다. 실제로 요한은 자신이 엘리야가 아니라고 부인한다(요 1:21). 그러나 그는 엘리야의 정신과 능력으로 왔다(눅 1:17). 만약 사람들이 믿었다면 그들에게 요한은 엘리야 예언의 성취가 되었을 것이다. *마가복음 9:13; 요한계시록 11:5, 6에 대한 설명을 보라.*

11:16 **비유하건대 아이들이** *누가복음 7:32에 대한 설명을 보라.*

11:19 **먹고 마시매** *누가복음 7:34에 대한 설명을 보라.*

2. 회개하지 않는 자들에게 저주가 선포됨(11:20-24)

11:21 **화 있을진저 고라신아…벳새다야** 이 두 마을은 가버나움에서 매우 가까우며, 갈릴리 호수의 북쪽 해변 근처에 있었다. **두로와 시돈** 지중해 연안에 위치한 페니키아 도시들이다. 에스겔 26-28장에 예언된 두로와 시돈의 멸망은 그대로 성취되었다.

11:22, 24 **견디기 쉬우리라** 불경건한 자들에 대한 지옥의 형벌은 다르게 이루어질 것을 말한다(*10:15; 막 6:11; 눅 12:47, 48; 히 10:29에 대한 설명을 보라*).

11:23 **가버나움아…높아지겠느냐…낮아지리라** 예수님이 본부로 삼으셨던 가버나움은 더 큰 정죄를 당한다. 그 마을 사람들이 예수를 조소하거나 비웃거나 마을에서 추방하거나 그분의 목숨을 위협했다는 아무런 기록이 없다. 하지만 그리스도께 무관심했던 그 고을의 죄는 소돔의 극렬한 악보다 죄질이 더 나쁘다(참고. 10:15).

3. 피곤한 자에게 안식이 제공됨(11:25-30)

11:25 **지혜롭고 슬기 있는 자들…어린 아이들** 이 말씀은 유대 지도자들을 냉소적으로 지혜롭고 슬기로운 자라고, 그리고 그리스도를 따르는 자들을 어린 아이들이라고 말한다(참고. 18:3-10). 하지만 하나님은 이런 어린 아이들에게 메시아와 그의 복음의 진리를 계시하셨다. 참고. 13:10-17.

11:26 **이렇게 된 것이 아버지의 뜻이니이다** 참고. 누가복음 10:21, 22. 이 구절은 모든 인간사에 대한 하나님의 주권을 단언한다. 또한 뒤따르는 구절에서 그리스도는 하나님의 뜻을 행하는 임무가 자신에게 맡겨졌음을 선언하신다. 만약 예수님이 전능한 하나님 자신이 아니라면 이 주장은 완전한 신성모독이 될 것이다.

11:28-30 **수고하고 무거운 짐 진 자들아 다 내게로 오라** 이 단락은 팔복 가운데 첫 번째 복(5:3)을 가리킨다. 여기서 주목할 것은 듣는 모든 사람이 초청을 받지만, 거기에 응하는 이들은 자신의 영적 파산의 짐을 지거나 율법을 지킴으로써 자신을 구원하려는 짐을 지고 허덕이는 사람들이라는 점이다. 악하고 반항적인 인간성은 너무나 완고해서 주권적으로 내리는 영적 깨달음이 없다면 어떤 사람도 자신의 영적 가난을 인정하려고 하지 않는다. 바로 이런 이유로 예수님은 27절에서 나오는 구원은 하나님의 주권적인 일이라고 말씀하신다. 27절에 하나님의 선택의 진리는 28-30절에서 구원이 모든 사람에게 값없이 제시된다는 사실과 모순되지 않는다.

11:29 **너희 마음이 쉼을 얻으리니** 즉 율법의 행위로 자신을 구원하려는 끝없이 무익한 노력으로부터 쉼을 얻는다는 뜻이다(참고. 히 4:1-3, 6, 9-11). *쉼*은 행위와 전혀 별개로 주어지는 하나님의 은혜 안에서 영원히 누리는 휴식을 말한다(30절).

4. 안식일의 주인임이 단언됨(12:1-13)

12:2 **안식일에 하지 못할 일** 실제로 먹기 위해 안식일에 낟알을 따는 것을 금하는 법은 없다. 율법은 급한 허기를 해결하기 위해 이웃의 밭에서 한 줌의 낟알을 취하는 것을 허용한다(신 23:25). 율법은 단지 이익을 얻기 위한 노동을 금할 뿐이다. 그러므로 농부는 이익을 위해 안식일에는 추수할 수 없지만 개인은 먹기에 충분한 낟알을 딸 수 있다.

12:3 **예수께서 이르시되** 3-8절에서 예수의 대답은 안식일 법은 필요한 법령(3, 4절), 곧 하나님에 대한 예배(5, 6절) 또는 선행(7, 8절)을 막지 않아야 함을 지적한다. 예수는 하나님이 사람의 유익과 자신의 영광을 위해 안식일을 만드셨음을 분명히 말씀한다. 하나님은 안식일이 그분의 백성을 얽어매는 굴레가 되도록 의도하신 적이 결코 없다(막 2:27). *누가복음 6:9에 대한 설명을 보라.*

12:4 **진설병** 매 안식일에 새로 구워 진열하는 거룩한 빵으로 보통은 제사장만이 그것을 먹었다(레 24:5-9). 하나님은 다윗이 자기 수하의 사람들이 기진하고 굶주렸을 때 그들의 정당한 필요를 채우기 위해 이것을 먹은 일로 노하시지 않았다(삼상 21:4-6). *마가복음 2:26; 누가복음 6:3에 대한 설명을 보라.*

12:5 **안식을 범하여도 죄가 없음** 제사장들은 안식일에도 일을 해야 했으므로 어떤 안식일 규정은 범할 수 없는 절대적 도덕이 아니라 율법의 제의적 성격에 적합하도록 만든 것이었다.

12:6 **성전보다 더 큰 이** 여기서 예수는 직설적으로 신성을 주장하신다. 주 예수는 성육신하신 하나님, 곧 육신 안에 거하시는 하나님으로서 그분이 그저 방문하기만 하는 건물보다 훨씬 우월하시다.

12:7 **자비를 원하고 제사를 원하지 아니하노라** 6:6로부터 인용한 것이다. *9:13에 대한 설명을 보라.*

12:8 **인자는 안식일의 주인이니라** 그리스도는 사람이 만든 안식일 규정뿐 아니라 하나님께 예배드리기 위해 설계된 안식일 그 자체를 지배할 권리를 가지고 계신다. 여기서 예수는 다시 자신의 신성을 주장하시는데, 이 주장은 바리새인의 격렬한 분노를 불러일으켰다(14절).

12:10 **안식일에 병 고치는 것이 옳으니이까** 유대교 전통은 생명이 위험한 경우 외에는 안식일에 의술을 행하는 것을 금했다. 그러나 실제 구약의 법은 약을 처방하거나 치료하는 것을 포함한 다른 어떤 선행도 금하지 않는다. 선을 행하는 것은 언제나 합법이다.

5. 유대 지도자들의 반감이 들끓음(12:14-45)

12:15 **그들의 병을 다 고치시고** *9:35에 대한 설명을 보라.* 구약 역사 전체를 통틀어 그런 광범위한 치유의 능력이 발휘된 시기도, 그런 능력을 발휘한 사람도 없었다. 그리스도는 병 고침, 죽은 자를 살림, 사람들을 귀신에게서 해방시킴으로써 자신의 신성을 보여주셨다. 그런 행동은 물질적·영적 영역 위에 군림하는 메시아의 능력을 보여줄 뿐 아니라 죄의 영향력 하에 있는 사람들을 향한 하나님의 긍휼하심도 보여준다. *요한복음 11:35에 대한 설명을 보라.*

12:16 **자기를 나타내지 말라 경고하셨으니** *8:4에 대한 설명을 보라.* 여기서 그리스도는 자신이 랍비 전문가들이 메시아 예언으로부터 추론한 정복자 영웅이라는 틀에 맞춰지는 것을 피하신다(*18절에 대한 설명을 보라*).

12:18 **보라 내가 택한 종** 18-21절은 이사야 42:1-4을 인용한 것으로(전형적인 1세기 랍비적 기대와 달리) 메시아는 정치적 의제, 군사작전, 큰 팡파르와 함께 오시는 것이 아니라 '이방인에게도' 의를 선포하는 부드러움과 자비로 오신다는 것을 보여준다.

12:19 **다투지도 아니하며 들레지도 아니하리니** 메시아는 혁명을 일으키거나 강제로 세력을 잡으려고 하시지 않을 것이다.

12:20 **상한 갈대…꺼져가는 심지** 목자들은 갈대를 사용하여 작은 악기를 만들었다. 그런데 갈대가 갈라지거나 낡으면 더 이상 쓸모가 없다. 꺼져가는 심지 역시 빛을 내지 못한다. 이는 세상 사람이 무익하다고 여기는 사람들을 가리킨다. 그러나 그리스도는 그런 사람들을 '꺾거나' '끄는' 것이 아니라 회복시키고 다시 점화시키신다. 이 어구는 잃어버린 천한 자들을 향한 그리스도의 부드러운 자비를 말한다. 그분은 혁명을 일으킬 힘 있는 자들을 모으기 위해 오신 것이 아니라 약한 자들에게 자비를 베풀기 위해 오셨다. 참고. 고린도전서 1:26-29.

12:23 **다윗의 자손** *1:1에 대한 설명을 보라.*

12:24 **바알세불** *10:25에 대한 설명을 보라.* 예수의 모든 신성이 이렇게 드러난 뒤 바리새인들은 그가 사탄으로부터 왔다고 말했다. 이는 진리의 정반대되는 것으로, 그들도 그 사실을 알고 있었다(*31절에 대한 설명을 보라*. 참고. 9:34; 막 3:22; 눅 11:15).

12:28 **하나님의 나라가 이미 너희에게 임하였느니라** 왕이 그들 가운데 있으면서 자신의 주권적인 능력을 발휘하고 있다. 그분은 사탄과 사탄 수하의 귀신들을 결박함으로써 그 능력을 보여주고 계신다(29절).

12:31 **성령을 모독하는 것** 예수는 자신이 하나님께로부터 왔다는 사실을 바리새인들이 뻔히 알면서도 의도적으로 거부하는 현실에 직면하셨다(참고. 요 11:48; 행

4:16). 그들은 성령이 예수를 통해 한 일의 실상을 부인할 수 없으므로 그것을 사탄에게 돌리고 있다(24절; 막 3:22).

12:32 **사하심을 얻되** 그리스도의 신성한 능력과 임재 앞에 선 적이 없는 사람이 무지로 그분을 거절했다가 그 불신앙이 참된 회개로 바뀌면 용서받을 수 있다. 심지어 사울 같은 바리새인도 "인자를 거역"하는 말을 하면서 인자를 따르는 사람들을 박해했으나, 그의 불신앙이 무지로부터 비롯된 것이었기에 용서받을 수 있었다(딤전 1:13). 그러나 그리스도의 주장이 참이라는 것을 알면서도 그분을 거절하는 것은 "성령을 거역"하는 죄를 범하는 것이다. 그리스도를 증거하고 그분의 진리를 우리에게 알려주시는 이가 성령이기 때문이다(요 15:26; 16:14, 15). 그리스도의 기적을 직접 목격하고 그분의 주장이 진리임을 알면서도 성령을 거스린 이 바리새인들에게는 사죄가 불가능하다. 그들은 가능한 가장 완전한 계시를 이미 거부했기 때문이다. *히브리서 6:4-6; 10:29에 대한 설명을 보라.*

12:36 **무슨 무익한 말을 하든지** 겉으로 보기에 가장 사소해 보이는, 실수로 말이 잘못 나온 것과 같은 죄라도 모든 지옥의 악에 해당할 수 있다(참고. 약 3:6). 하나님의 거룩함을 침해하는 것은 사소한 일이 아니며, 각 사람은 그런 사려 깊지 못한 모든 것에 대해 궁극적으로 책임을 져야 할 것이다. 나쁜 나무를 가장 잘 드러내는 것은 나쁜 말이라는 열매다(33, 35절). 마음의 악을 드러내는 독한 입을 통해 독사의 정체가 드러난다(34절. 참고. 눅 6:45). 하나님은 사람의 말로 그 사람을 판단한다. 이는 그 말이 그들의 마음 상태를 나타내기 때문이다.

12:38 **선생님이여 우리에게 표적 보여주시기를 원하나이다** 그들은 하늘로부터 오는 이적을 기대하고 있다(눅 11:16). 그러나 예수는 그들한테 성경에서 가져온 '이적'을 제시하신다. *16:1; 21:21에 대한 설명을 보라.*

12:39 **악하고 음란한 세대** 영적 간음과 하나님을 향한 불충실함을 말한다(참고. 렘 5:7, 8).

12:40 **밤낮 사흘 동안** 요나 1:17의 인용이다. 이것은 어떤 기간이 가지는 예언적 의미를 부각시키는 일반적인 방법이다. "사십 일을 밤낮으로" 같은 표현(*4:2에 대한 설명을 보라*)이 때로는 단순히 한 달 이상이 되는 기간을 가리키기도 한다. "밤낮 사흘 동안"은 '사흘'을 강조한 것으로, 유대인의 계산에 따르면 전체적으로 또는 부분적으로 '사흘'이 되는 기간을 표시한다. 만약 그리스도가 금요일에 십자가에 달리셨고 그분의 부활이 주간의 첫째 날(일요일)에 발생했다면 유대인의 계산으로 이 기간은 "밤낮 사흘"이 된다.

오늘날 이 말을 극단적으로 문자적인 이해에 맞추기 위해 그리스도가 수요일 또는 목요일에 십자가 달리셨을지도 모른다는 온갖 종류의 세세한 설명이 나오고 있다. 그러나 원래의 의미는 그런 경직된 해석을 필요로 하지 않는다. *누가복음 13:32에 대한 설명을 보라.*

12:41 **니느웨 사람들이…회개하였음** *요나 3:5-10을 보라.* 요나의 설교에 따른 니느웨의 영적 부흥은 세계가 경험한 가장 비상한 일들 가운데 하나다. 어떤 해석자들은 니느웨의 회개가 구원의 신앙 직전에서 멎었다고 말한다. 왜냐하면 니느웨가 한 세대가 지나기 전에 이전 이방의 길로 돌아갔기 때문이라는 것이다(참고. 나 3:7, 8). 그러나 여기 예수의 말씀으로 미루어보건대 요나 당시의 부흥은 참된 구원의 회심이었음이 분명하다. 이 부흥의 결과 그 한 세대에서 얼마나 많은 사람이 그 나라로 밀려들어 왔는지는 오직 영원한 나라에서만 알 수 있을 것이다.

12:42 **남방 여왕** 열왕기상 10:1-13을 보라. 시바 여왕은 솔로몬의 영광을 보러왔는데(*6:29에 대한 설명을 보라*) 그 과정에서 솔로몬의 하나님의 영광을 만났다(왕상 10:9).

12:45 **그 사람의 나중 형편이 전보다 더욱 심하게 되느니라** 문제는 악한 영이 집이 '비었음'을 알게 된 것이다(44절). 이 절은 성령의 내주 없이 도덕적 개혁을 시도하는 어떤 사람을 그리고 있다. 거듭남이 없는 개혁은 결코 효력을 발휘하지 못하며, 결국 다시 개혁 이전으로 돌아가고 만다.

6. 영적 조상에 의해 영원한 관계가 규정됨(12:46-50)

12:46 **동생들** (아버지가 다르지만) 예수의 실제 형제들이다. 마태는 그들을 마리아와 연결시킴으로써 어떤 사람들의 상상처럼 그들이 예수의 사촌이거나 요셉이 이전 결혼해서 낳은 아들들이 아님을 드러낸다. 그들은 복음서에서 언급된다(막 3:31; 눅 8:19-21; 요 7:3-5). 마태와 마가는 예수의 네 형제들의 이름을 언급하면서 예수께 자매도 있었음을 밝힌다(13:56; 막 6:3).

12:48, 49 예수는 이 땅의 육신적 가족을 배척하시지 않았다(참고. 요 19:26, 27). 그분은 영적 관계의 우월성과 영원성을 강조하셨다(참고. 10:37). 결국 그 가족들에게도 그분이 구주로 필요했던 것이다(참고. 요 7:5).

12:50 **내 아버지의 뜻대로 하는** 하나님의 뜻을 행하는 것은 행위에 의한 구원이 아니라 은혜에 의한 구원의 증거다. *7:21-27에 대한 설명을 보라.*

왕의 대적 (13:1-17:27)

A. 강화 3: 천국 비유(13:1-52)

이 강화는 마태복음에 등장하는 다섯 가지 강화 가운데 세 번째다(서론의 역사적·신학적 주제를 보라).

1. 씨 뿌리는 자 비유(13:1-23)

13:3 **비유** 유대교에서 비유는 일반적인 교훈의 방법이었다. 70인역에는 "비유"가 45번 등장한다. 비유는 긴 유비로, 종종 이야기의 형태로 만들어진다. 예수는 이 시점 이전에도 그림 같은 비유를 여러 번 사용하셨지만(참고. 5:13-16), 그분이 말씀한 교훈의 문맥 속에서 그 의미는 비교적 분명하게 나타났다. 하지만 비유는 그 이상의 설명을 필요로 한다(참고. 36절). 예수는 제자들에게는 진리를 분명히 밝히면서도 믿지 않는 자들에게는 감추기 위해 비유를 사용하신다(11, 12절). 갈릴리 사역의 나머지 기간에 예수는 군중에게 비유로만 말씀하신다(34절). 이런 방법으로 믿지 않는 자들에게 진리를 감추시는 것은 심판의 행동이면서 동시에 자비의 행동이다. 그들이 사랑하는 흑암 속에 방치된다는 관점에서는 심판이고(참고. 요 3:19), 이미 빛을 거부했으므로 그들에게 계속 진리를 명백하게 보여주면 그들의 정죄가 증가하므로 알아듣지 못하는 비유로 말씀하신다는 관점에서는 자비다. *13절에 대한 설명을 보라.*

13:4 **길 가** 밭은 좁은 통로로 구획이 지어지고 그 통로로 사람들이 지나다니는데, 햇빛이 벽돌을 굽는 역할을 해서 통로는 아주 단단해진다.

13:5 **돌밭** 크고 넓은 암반 위에 흙이 얇게 덮인 밭이다. 위에서 보면 비옥한 토지 같지만 뿌리를 지탱하거나 뿌리가 물에 도달할 수 있을 만큼 흙이 깊지 못하다(21절).

13:7 **가시** 쟁기질을 했음에도 여전히 땅 속에 남아 있

마

신약성경의 '비밀'

신약성경에서 '비밀'(또는 '신비'로도 번역됨-옮긴이)은 이전에 알려지지 않았다가 이제 성경에 계시된 진리를 가리킨다. 신약성경에 나오는 '비밀'은 다음과 같다.

"천국의 *비밀*"(마 13:11)
"하나님 나라의 *비밀*"(눅 8:10)
"이 *신비*는…이스라엘의 더러는 우둔하게 된 것이라"(롬 11:25)
"영세 전부터 감추어졌다가 이제는 나타내신 바 되었으며…알게 하신 바 그 *신비*의 계시"(롬 16:25, 26)
"오직 은*밀*한 가운데 있는 하나님의 지혜를 말하는 것"(고전 2:7)
"그리스도의 일꾼이요 하나님의 *비밀*을 맡은 자"(고전 4:1)
"내가 너희에게 *비밀*을 말하노니 우리가 다 잠 잘 것이 아니요…순식간에 홀연히 다 변화되리니"(고전 15:51)
"그의 뜻의 *비밀*"(엡 1:9)
"하나님의 그 은혜의 경륜…곧 계시로 내게 *비밀*을 알게 하신 것"(엡 3:2, 3)
"그리스도의 *비밀*"(엡 3:4)
"영원부터 만물을 창조하신 하나님 속에 감추어졌던 *비밀*의 경륜"(엡 3:9)
"이 *비밀*이 크도다…그리스도와 교회"(엡 5:32)
"복음의 *비밀*을 담대히 알리게 하옵소서"(엡 6:19)
"이 *비밀*은 만세와 만대로부터 감추어졌던 것인데 이제는 그의 성도들에게 나타났고"(골 1:26)
"이 *비밀*은 너희 안에 계신 그리스도시니"(골 1:27)
"하나님의 *비밀*인 그리스도"(골 2:2)
"그리스도의 *비밀*"(골 4:3)
"불법의 *비밀*이 이미 활동하였으나"(살후 2:7)
"믿음의 *비밀*을 가진 자"(딤전 3:9)
"크도다 경건의 *비밀*이여"(딤전 3:16)

는 잡초 뿌리다.

13:11 **천국의 비밀** 여기서 '비밀'은 과거에는 모든 시대를 통틀어 감춰져 있다가 신약에서 계시된 진리다. *고린도전서 2:7; 4:1; 에베소서 3:4, 5에 대한 설명을 보라.* **너희에게는 허락되었으나** 여기서 예수는 영적인 진리를 깨닫는 능력은 선택된 자들에게만 주권적으로 주어지는 하나님의 은혜로운 선물임을 분명히 천명하신다(11절). 반면 유기된 사람들은 그 선물을 받지 못한다. 그들은 자신들의 불신앙과 반항의 자연스러운 결과인 영적인 맹인 상태를 그 열매로 거둔다(13절).

13:13 **그들이 보아도 보지 못하며** 여기서 마태는 그들의 불신앙이 그들의 영적 맹인 상태를 초래한다고 말하는 듯하다. 그러나 누가복음 8:10은 이 불신자들에게 진리를 감추는 하나님의 주도권을 강조한다("다른 사람에게는 비유로 하나니 이는 그들로 보아도 보지 못하고 들어도 깨닫지 못하게 하려 함이라". 참고. 사 6:9). 당연히 이 두 가지 모두 진리다. 그러나 우리는 하나님이 어떤 식으로든 그들의 멸망을 즐거워하기 때문에 그들을 맹인으로 만들었다고 생각해선 안 된다(참고. 겔 33:11, *23:37에 대한 설명을 보라*). 하나님이 눈을 멀게 한 이 일은 자비의 행동으로 이해될 수도 있다. 그렇게 해서 그들의 정죄가 증가하는 것을 막는다는 의미가 있기 때문이다(*3절에 대한 설명을 보라*).

13:14, 15 이사야 6:9, 10에서 인용한 것이다(*이에 대한 설명을 보라*).

13:17 **많은…보고자 하여도** 참고. 요한복음 8:56; 베드로전서 1:9-12.

13:19 **천국 말씀** 구원의 영역인 하나님 나라에 어떻게 들어가는지에 대한 메시지, 곧 복음을 가리킨다(참고. 고후 5:19의 "화목하게 하는 말씀"). **악한 자** 사탄이다. 참고. 요한일서 5:19. 복음이 영혼에 침투하지 못하여 그들의 피상적인 이해에서 사라지는 것이 여기서는 원수가 그것을 빼앗아가는 것으로 이해되고 있다.

13:20 **돌밭** 어떤 사람들은 감정적이고 피상적인 방식으로 그리스도께 헌신하지만 그 헌신은 참된 것이 아니다. 그들은 희생의 값을 지불해야 하는 일이 발생할 때까지만 헌신하다가 그런 일이 벌어지면 그리스도를 버리고 떠난다. *요한일서 2:19에 대한 설명을 보라.*

13:22 **가시떨기에 뿌려졌다는 것** 이들은 참된 회개 없이 피상적으로 헌신하는 것이다. 그래서 돈과 세상에 대한 사랑을 끊지 못한다(약 4:4; 요일 2:15-17. *19:16-21에 대한 설명을 보라*).

13:23 **좋은 땅** 열매를 맺지 못하고 따라서 구원이 없는 세 가지 밭이 있는 것처럼 열매를 맺는 세 가지 좋은 밭이 있다. 모든 신자가 똑같은 열매를 맺지는 않지만 모두가 열매를 맺는 것은 사실이다(참고. 7:16; 요 15:8).

2. 알곡과 가라지 비유(13:24-30, 34-43)

13:25 **가라지** 이삭이 익을 때까지는 알곡과 거의 구별이 안 되는 잡초의 일종인 독보리일 것이다. 농사 짓는 곳에서 다른 사람의 밀밭에 독보리를 심는 것은 그의 생계를 완전히 끊으려는 원수의 계책이다. 여기서는 사탄이 하나님의 자녀 속에 자기 자녀를 뒤섞어 놓아 교회를 속이려는 모습으로 그리고 있다. 어떤 경우에는 참된 신자와 거짓 신자를 구별할 수 없게 된다. 예수는 36-43절에서 이 비유를 설명하신다.

3. 겨자씨 비유(13:31, 32)

13:32 **나무가 되매 공중의 새들이 와서 그 가지에 깃들이느니라** 팔레스타인의 겨자나무는 큰 관목으로 약 4.5미터까지 자라므로 새가 충분히 깃들일 수 있을 만큼 크게 자란다. 이 구절은 에스겔 17:23; 31:6; 다니엘 4:21처럼 이방인이 그 나라에 편입될 것을 예언하는 몇몇 구약 구절을 가리키고 있음이 분명하다.

4. 누룩 비유(13:33)

13:33 **천국은 마치…누룩과 같으니라** 여기서 하나님의 나라는 조용히 배가되어 모든 것에 퍼지는 누룩으로 그려진다. 가르치는 교훈은 겨자씨 비유와 동일하다. 어떤 해석가들은 성경에서 누룩은 거의 언제나 악을 상징하므로(*막 8:15에 대한 설명을 보라*) 여기서도 악을 의미하는 것이라고 주장한다. 그들은 누룩을 천국 내에서 활동하는 어떤 악한 영향력으로 본다. 그러나 이것은 예수의 실제 말씀을 비틀고 문맥에도 맞지 않는다. 여기서 예수는 퍼져 나가는 세력으로서의 천국을 반복해 묘사하신 것이다.

13:34 **비유가 아니면 아무 것도 말씀하지 아니하셨으니** 갈릴리 사역의 나머지 기간에 예수님이 공개적으로 가르친 모든 말씀은 오직 비유였다.

13:35 **선지자를 통하여 말씀하신 바** 여기서 말하는 "선지자"는 시인이다. 시편 78:2를 보라.

13:37 **뿌리는 이** 구원의 씨를 뿌리는 참된 파종자는 주님 자신이다. 오직 주님에게만 마음을 변화시킬 능력이 있다. 신자의 복음 전파와 증거를 통하기는 하지만 죄인을 구원하는 이는 바로 주님이다(롬 10:14).

13:43 **해와 같이 빛나리라** 참고. 다니엘 12:3. 신자들은 그리스도의 영과 복음의 영광스러운 메시지를 가지고 있기에 이미 빛을 내고 있다(5:16; 고후 4:3-7). 그러

마태복음 13장의 천국 비유들

1. 씨 뿌리는 자	13:1-23	복음의 좋은 소식이 많은 사람으로부터 배척을 당할 것이다
2. 알곡과 가라지	13:24-30, 36-43	그리스도의 초림과 재림 사이에 참된 믿음을 가진 사람들과 거짓으로 신앙을 고백하는 사람들이 공존할 것이다
3. 겨자씨	13:31, 32	기독교는 보잘것없이 시작했다가 빨리 성장할 것이며, 이방인을 포함하게 될 것이다
4. 누룩	13:33-35	천국의 영향력이 세상에 퍼질 것이다
5. 감춰진 보화	13:44	복음은 값으로 계산할 수 없는 보화다
6. 값진 진주	13:45, 46	참된 신자는 값으로 계산할 수 없는 복음을 위해 자기의 모든 것을 기꺼이 포기한다
7. 그물	13:47-50	그리스도의 재림 때 천사들이 악인을 의인으로부터 갈라낼 것이다.

나 그들은 그리스도 나라의 영광과 영원한 하늘에서 더욱 빛날 것이다(롬 8:16-23; 빌 3:20, 21; 계 19:7-9).

5. 감춰진 보화 비유(13:44)

6. 값진 진주 비유(13:45, 46)

13:44-46 이 두 가지 비유는 같은 의미를 가지고 있다. 이 비유들은 구원이 대부분의 사람 눈에 감춰진 어떤 것이지만(*11절에 대한 설명을 보라*), 그것은 너무나 귀한 것이어서 발견한 사람은 그것을 소유하기 위해 자기의 모든 것을 기꺼이 포기하게 된다고 말한다.

7. 그물 비유(13:47-50)

13:47 그물 어떤 사람들은 크고 무거운 그물을 호수 바닥까지 내려 고기를 잡았다. 그물을 끌어올리면 그 안에는 분류해야 할 고기들이 들어 있었다. 그와 유사한 방식으로 눈에 보이는 나라, 곧 스스로 신자라고 주장하는 사람들의 무리는 선인과 악인으로 가득하며 심판 때 가서 분류될 것이다.

13:49 천사들 그들은 심판할 때 하나님을 섬긴다(참고. 41절; 살후 1:7-10).

8. 집주인 비유(13:51, 52)

13:52 새것과 옛것을 그 곳간에서 내오는 제자들은 새것을 위해 옛 것을 무시해서는 안 된다. 도리어 그들은 예수의 비유로부터 배운 새로운 통찰을 옛 진리에 비춰 이해해야 하며, 이것은 거꾸로도 적용해야 한다.

B. 서술 3: 천국의 갈등(13:53-17:27)

1. 나사렛이 왕을 배척함(13:53-58)

13:54 고향 즉 나사렛이다.

13:55 그 형제들 *12:46에 대한 설명을 보라*. 요셉이 이 기록 어디에도 등장하지 않는 사실로 보건대 그는 더 이상 생존해 있지 않은 것으로 보인다.

13:57 선지자가 자기 고향 이 고대의 격언은 오늘날의 "익숙함이 멸시를 낳는다"(familiarity breeds contempt)는 말과 병행을 이룬다. 그들은 예수님이 자기 마을에서 소년과 청년으로 지낸 것을 잘 알고 있었으며, 따라서 그에게 특별한 것이 없다고 결론지었다. 58절이 그 슬픈 결과를 보여준다(참고. 막 6:4).

13:58 거기서 많은 능력을 행하지 아니하시니라 *마가복음 6:5에 대한 설명을 보라.*

2. 헤롯이 세례 요한을 죽임(14:1-12)

14:1-12 마가복음 6:14-29(참고. 눅 9:7-9) 역시 세례 요한이 죽임당한 것을 기록하고 있다.

14:1 분봉 왕 지역을 나눠 다스리던 네 명의 통치자 중 한 명이다. 대 헤롯의 사후에 팔레스타인은 그의 아들들에게 분할되었다. 다른 곳에서 마태는 헤롯을 '왕'이라고 부르는데(9절), 이는 갈릴리 사람들이 이 명칭으로 그를 알고 있었기 때문이다. **헤롯** *2:22에 대한 설명을 보라*. 이 헤롯은 갈릴리를 다스리던 안디바다.

14:3 그 동생 빌립의 아내 헤로디아 헤로디아는 대 헤롯의 다른 아들인 아리스토불루스의 딸이었다. 그러므로 그녀가 빌립과 결혼했다는 것은 자기 아버지의 형

제와 결혼했다는 뜻이다. 요한의 체포를 촉발한 사건은 헤롯 안디바(헤로디아의 다른 작은 아버지)가 헤로디아에게 그녀의 남편(안디바의 형제)을 떠나 자기와 결혼하자고 함으로써(막 6:17) 레위기 18:16을 어길 뿐 아니라 복잡한 근친상간을 범한 일을 말한다. 이스라엘의 통치자가 이런 식으로 공개적으로 죄를 짓는 것에 대해 요한은 크게 분노해 헤롯을 심하게 꾸짖었다(4절). 이로 말미암아 헤롯은 요한을 투옥시킨 뒤에 죽였다(막 6:14-29).

14:6 헤로디아의 딸 헤로디아와 빌립 사이에서 태어난 딸이 살로메다. 유대 역사가 요세푸스에 따르면 그녀는 대 헤롯의 다른 아들(그녀 자신의 아버지 형제와 그녀 어머니의 삼촌)과 결혼함으로써 이 가족들 사이에 근친상간의 그물을 더욱 복잡하게 만들었다.

14:8 제 어머니의 시킴을 듣고 *6절에 대한 설명을 보라.*

14:9 자기가 맹세한 것…때문에 어떤 맹세와 함께한 약속은 성스럽고 어길 수 없는 것으로 간주되었는데(*5:34에 대한 설명을 보라*), 특별히 지도층인 왕족이 한 약속이 그러했다. 헤롯은 이중적인 사람으로 널리 알려져 있는데, 그는 정직성에 신경을 쓴 것이 아니라 다른 사람에게 어떻게 보이는지에 더욱 신경을 썼다. 그는 식사 자리에 함께한 손님들 앞에서 난처한 모습을 보이고 싶지 않았던 것이다.

14:12 장사하고 동굴에서 행해진다(막 6:29).

3. 예수가 5,000명을 먹이심(14:13-21)

14:13 무리가…걸어서 따라간지라 그들은 예수님이 배로 가신 한적한 곳을 따라가기 위해 육로로 먼 길을 걸어왔다.

14:14 보시고 불쌍히 여기사 *9:36에 대한 설명을 보라.*

14:16 너희가 먹을 것을 주라 예수는 그 군중을 먹이기에 충분한 양식이 그들에게 없다는 것을 아셨다. 예수는 제자들이 그것을 분명히 말함으로써 그분의 능력으로 기적이 일어난 것이 분명히 기록되길 원하신 것이다(17, 18절). 16:9, 10을 보라.

4. 예수가 물 위를 걸으심(14:22-33)

14:24 물결로 말미암아 고난을 당하더라 *8:24, 27에 대한 설명을 보라.*

14:25 밤 사경 오전 3-6시다.

14:33 하나님의 아들이로소이다 참고. 27:43, 54.

5. 무리가 병 고침을 구함(14:34-36)

14:34 게네사렛 땅 갈릴리 호수 북서쪽에 위치한 마을이다.

14:36 예수의 옷자락 *9:20에 대한 설명을 보라.*

6. 서기관과 바리새인이 예수께 도전함(15:1-20)

15:2 장로들의 전통 성경에 나오지 않은 이 법 체계는 구전으로만 존재했으며, 바벨론 포로 이후에 생겼다. 2세기가 끝나갈 무렵 이 구전은 *미쉬나(Mishnah)*로 기록되었다. 모세 율법에는 제사장 외의 사람들에게는 음식을 먹기 전에 손을 씻으라는 법이 없었다. 다만 제사장들은 거룩한 제물을 먹기 전에 손을 씻어야 했다(레 22:6, 7).

15:3 계명을 범하느냐 4-6절은 이 죄가 교묘하게 지어낸 방식으로 부모를 공경하지 않는다고 밝히고 있다. 하나님의 명령은 분명하다(출 20:12; 21:17; 신 5:16에서 인용됨). 그럼에도 그 법을 회피하기 위해 어떤 사람들은 자기들이 번 돈의 일정한 분량을 부모보다 더 큰 하나님께 바쳤기 때문에 부모를 경제적으로 지원할 수 없다고 주장했다. 랍비들은 모세 율법에 대한 이런 예외 조항을 인정함으로써 실제적으로는 하나님의 법을 무효화시켰다(6절).

15:6 너희의 전통으로 하나님의 말씀을 폐하는도다 *마가복음 7:13에 대한 설명을 보라.*

15:8, 9 이사야 29:13을 인용한 것이다.

15:11 입에서 나오는 그것이 사람을 더럽게 하는 것이니라 부정한 것을 먹음으로써 사람은 (옛 언약 하에서는) 제의적으로 더러워질 수 있지만, 악한 것을 말하면 도덕적으로 더럽혀질 것이다(참고. 약 3:6). 여기서 예수는 율법의 제의적 요구와 불가침의 도덕적 기준을 분명히 구분하신다. 제의적 부정은 제의적 방법으로 처리될 수 있다. 그러나 도덕적 부정은 사람의 영혼을 부패시킨다.

15:14 그냥 두라 이 엄한 심판은 하나님의 진노를 드러낸 한 가지 형태다. 이것은 하나님이 버리신 것을 의미하며, 로마서 1:18-32에서는 '넘겨줌'이라고 묘사된다(*이에 대한 설명을 보라*). 참고. 호세아 4:17.

15:15 이 비유 즉 11절이다. 이 '비유'는 이해하기 어렵지는 않지만 심지어 제자들도 받아들이기가 어려웠다. 여러 해가 지난 후에도 베드로는 여전히 모든 음식이 깨끗하다는 것을 이해하기가 어려웠다(행 10:14).

7. 수로보니게 여인이 믿음(15:21-28)

15:22 다윗의 자손 *1:1에 대한 설명을 보라.*

15:24 이스라엘 집의 잃어버린 양 *10:6에 대한 설명을 보라.*

예수의 기적

기적	마태	마가	누가	요한
1. 나병환자를 깨끗하게 하심	8:2	1:40	5:12	
2. 백부장의 종을 고치심(마비)	8:5		7:1	
3. 베드로의 장모를 고치심	8:14	1:30	4:38	
4. 저녁 시간에 병든 자를 고치심	8:16	1:32	4:40	
5. 풍랑을 잔잔케 하심	8:23	4:35	8:22	
6. 귀신들이 돼지 떼에 들어감	8:28	5:1	8:26	
7. 중풍병자를 고치심	9:2	2:3	5:18	
8. 관리의 병을 고치심	9:18, 23	5:22, 35	8:40, 49	
9. 혈루증 걸린 여자를 고치심	9:20	5:25	8:43	
10. 두 명의 맹인을 고치심	9:27			
11. 말 못하는 사람을 고치심	9:32			
12. 손 마른 사람을 고치심	12:9	3:1	6:6	
13. 귀신 들려 눈 멀고 말 못하는 사람을 고치심	12:22		11:14	
14. 5,000명을 먹이심	14:13	6:30	9:10	6:1
15. 물 위를 걸으심	14:25	6:48		6:19
16. 이방 여인의 딸을 고치심	15:21	7:24		
17. 4,000명을 먹이심	15:32	8:1		
18. 간질 걸린 소년을 고치심	17:14	9:17	9:38	
19. 물고기의 입에 나온 돈으로 성전세를 내심	17:24			
20. 두 명의 맹인을 고치심	20:30	10:46	18:35	
21. 무화과나무를 마르게 하심	21:18	11:12		
22. 더러운 귀신을 쫓아내심		1:23	4:33	
23. 귀 먹고 말 더듬는 사람을 고치심		7:31		
24. 벳새다에서 맹인을 고치심		8:22		
25. 적대적 군중으로부터 벗어나심			4:30	
26. 많은 고기를 잡으심			5:1	
27. 나인 성에서 과부의 아들을 살리심			7:11	
28. 불구로 꼬부라진 여자를 고치심			13:11	
29. 수종병 든 사람을 고치심			14:1	
30. 열 명의 나병환자를 고치심			17:11	
31. 종의 귀를 회복시키심			22:51	
32. 물로 포도주를 만드심				2:1
33. 왕의 신하의 아들을(열병) 고치심				4:46
34. 벳새다에서 불구자를 고치심				5:1
35. 태어날 때부터 맹인 된 사람을 고치심				9:1
36. 나사로를 살리심				11:43
37. 많은 고기를 두 번째로 잡으심				21:1

15:26 **자녀의 떡** 이스라엘 집의 잃어버린 양이 '작은 개들'보다(*10:5에 대한 설명을 보라*) 먼저 양식을 받아야 한다. 여기서 그리스도가 말씀하시는 개는 가족의 애완견이다. 이 여인에 대한 말씀을 가혹하다거나 무정하다고 생각하면 안 된다. 실제로 그리스도는 27절에서 부드럽게 그녀의 믿음의 표현을 이끌어내신다.

8. 예수가 무리를 고치심(15:29-31)

15:29 **갈릴리 호숫가** 예수는 실제로 두로에서 시돈으로 북쪽을 향해 여행하시고, 다음에는 갈릴리 호수 동쪽 호숫가의 넓은 길을 가로질러 데가볼리로 가셨는데(막 7:31), 그곳은 주로 이방인이 사는 지역이다. 예수는 헤롯 안디바가 다스리는 지역을 피하기 위해 이 길을 택하셨을 수도 있다(참고. 14:1, 2). 다음에 벌어지는 일들은 데가볼리에서 발생한 것임이 분명하다(*4:25에 대한 설명을 보라*).

9. 예수가 4,000명을 먹이심(15:32-39)

15:33 **우리가 어디서 이런 무리가 배부를 만큼 떡을 얻으리이까** 주님이 최근에 5,000명을 먹이셨음에도(14:13-21) 이런 질문을 하는 것을 보면 믿음이 적은 자라고 하신 것이 전혀 이상한 말씀은 아니다(8:26; 14:31; 16:8; 17:20).

15:34 *14:16에 대한 설명을 보라*. 여기서도 예수는 군중의 숫자에 비해 그들이 가진 양식이 얼마나 적은지를 기록하도록 하기 위해 그들로 하여금 사실을 고백하게 하신다. 이 고백으로 말미암아 군중을 먹인 것이 그리스도의 신성에 대한 기적적인 증거임이 분명히 드러난다.

15:38 **사천 명** 그리스도는 5,000명을 먹이신 기적으로(14:13-21) 갈릴리 사역을 마치셨다. 여기서는 4,000명을 먹이심으로써 이방 지역에 대한 사역을 마치시고, 다락방에서 제자들과 식사하시는 것으로 예루살렘 사역을 마치신다.

10. 바리새인과 사두개인이 표적을 구함(16:1-12)

16:1 **하늘로부터 오는 표적** *12:38에 대한 설명을 보라*. 이번에 예수는 그들이 자기 주변에 있는 시대의 징조를 해석하지도 못하면서 하늘로부터 오는 징조에만 관심을 가지는 것을 꾸짖으신다. 그다음 예수는 예전에 그들에게 주었던 징조, 곧 선지자 요나의 징조를 다시 말씀하신다(4절. 참고. 12:39).

16:2, 3 날씨를 예상하는 방법도 원시적이었지만, 영적인 문제를 분별하는 그들의 능력은 더 초라했다. 그들은 오랫동안 약속되었고 오랫동안 기다리던 메시아가 자기들 가운데 계심에도 그 사실을 인정하길 거부한 것이다.

16:6 **바리새인과 사두개인들의 누룩** 예수는 이 위험한 영향에 대해 경고하시는데 제자들은 그것을 빵과 관련된 이야기라고 생각한다. 예수는 다시 이전에 많은 빵을 공급한 사실을 상기시키면서 그들에게 바리새인들이 제공하는 빵이 필요하지 않다고 가르치신다. 그들은 주님의 기적을 참 빨리도 잊어버린다! *13:33에 대한 설명을 보라*.

16:12 **바리새인과 사두개인들의 교훈** 여기서 바리새인의 누룩은 그들의 '교훈'이다. 누가복음 12:1에 보면 그것은 그들의 "위선"이다. 이 둘은 밀접하게 연결되어 있다. 유대 지도자들의 가장 사악한 영향은 위선의 여지를 만드는 실천적 가르침이다. 그들은 외적인 것, 제의적인 것, 다른 사람에게 보이는 것에 지나치게 마음을 쓰면서 마음의 문제에 대해서는 충분한 주의를 기울이지 않는다. 예수는 그들의 위선을 반복해 꾸짖으신다. *23:25에 대한 설명을 보라*.

11. 베드로가 예수를 그리스도로 고백함(16:13-20)

16:13 **빌립보 가이사랴 지방** 갈릴리 북쪽 40킬로미터 되는 곳으로 헤르몬산 자락에 위치한 지역이다. 이곳은 대 헤롯이 지중해 연안에 건축한 도시인 가이사랴와 다른 곳이다.

16:16 **살아 계신 하나님** 여호와를 가리키는 구약의 이름이다(예를 들면 신 5:26; 수 3:10; 삼상 17:26, 36; 왕하 19:4, 16; 시 42:2; 84:2; 단 6:26; 호 1:10). 이 이름은 죽어서 말이 없는 우상과 하나님을 대비시킬 때 나온다(렘 10:8; 18:15; 고전 12:2).

16:17 **이를 네게 알게 한 이는 혈육이 아니요** 그리스도는 자신이 메시아라고 주장할 때는 언제나 섬세하게 구약의 예언을 암시한 후에 기적적인 일로 그 주장을 입증하셨다. 이전에 그리스도는 베드로와 사도들에게 자신의 정체를 완전히 가르치신 적이 없었다. 그런데 성부 하나님이 베드로의 눈을 열어 그리스도의 메시아 주장에 대한 충만한 의미를 볼 수 있게 하셨고, 예수가 진정 누구인지를 그에게 계시하셨다. 하나님은 베드로의 마음을 열어 믿음으로 그리스도에 대한 이 깊은 지식에 도달케 하셨다. 베드로는 그리스도의 정체에 대한 학문적 의견을 표명하고 있는 것이 아니었다. 그의 고백은 자신의 신앙이었으며, 하나님이 거듭남의 은혜를 베푸신 사람에게서만 나올 수 있는 것이었다.

16:18 **이 반석 위에** '베드로'라는 헬라어 *페트로스*(*Petros*)는 작은 돌멩이를 의미한다(요 1:42). 여기서 예

단어 연구

그리스도(Christ): 1:1, 18; 2:4; 11:2; 16:20; 23:8; 26:68; 27:22. 문자적으로 '기름 부음 받은 자'라는 뜻이다. 많은 사람은 그리스도라는 명칭이 실은 신앙 고백임을 인식하지 못한 채 예수 그리스도에 대해 말한다. 그리스도에 해당하는 히브리어 '메시아'는 구약성경에서 선지자(왕상 19:16), 제사장(레 4:5, 16), 왕(왕상 24:6, 10)을 가리켰다. 이는 그들이 전부 기름 부음을 받았다는 의미에서 그러했다. 이 기름 부음은 하나님이 맡기신 일을 위하여 구별되었음을 상징한다. 기름 부음 받은 자인 예수 그리스도는 궁극적인 선지자, 제사장, 왕이 된다(사 61:1; 요 3:34). "주는 그리스도시요 살아 계신 하나님의 아들이시니이다"라는 극적인 고백으로(16:16) 베드로는 예수가 약속된 메시아라는 자신의 믿음을 선언한 것이다.

수는 기초석이라는 의미의 *페트라(petra)*라는 단어를 언어유희로 사용하신다(참고. 7:24, 25). 신약성경은 그리스도가 교회의 기초이면서(행 4:11, 12; 고전 3:11) 머리라는 사실을 분명하게 밝히는데, 여기서 그리스도가 그 역할 가운데 어느 것이라도 베드로에게 양여했다고 생각하는 것은 잘못이다. 어떤 의미에서 사도들이 교회 설립의 기초적인 역할을 한 것은 사실이지만(엡 2:20), 최고의 역할은 오직 그리스도의 몫이지 베드로에게 맡겨진 것이 아니다. 그러므로 여기서 예수의 말씀을 해석하는 최선의 방법은 작은 돌멩이라고 불리는 사람의 입에서 기초석과 같은 진리가 나왔다고 하는 단순한 언어유희로 보는 것이다. 베드로 자신이 이 이미지를 그의 첫 번째 서신에서 설명한다. 교회는 "산 돌"로 세워지는데(벧전 2:5), 이들은 베드로처럼 예수를 살아 계신 하나님의 아들인 그리스도로 고백하는 사람들이다. 그리고 그리스도는 "모퉁이의 머릿돌"이다(벧전 2:6, 7). **교회** 마태복음은 이 단어가 등장하는 유일한 복음서다(또한 18:17을 보라). 그리스도는 "나의 교회"라고 하심으로써 자신만이 유일한 설계자이자 건축자, 소유자, 주인임을 강조하셨다. 헬라어로 교회는 '불려 나온 자들'이라는 뜻이다. 구속사가 시작된 이래로 하나님은 은혜로 구속받은 자들을 모으셨지만, 하나님이 약속하신 독특한 교회는 성령이 오신 오순절에 건설되기 시작했으며, 주는 성령으로 세례를 주어 신자를 자신의 몸인 교회에 속하게 하신다(*행 2:1-4; 고전 12:12, 13에 대한 설명을 보라*). **음부의 권세** 음부는 죽음으로 들어간 불신자들의 영혼이 형벌을 받는 장소다. 그러므로 유대교에서 이는 죽음을 가리킨다. 그러나 사탄의 궁극적 무기인 죽음도(참고. 히 2:14, 15) 교회를 멈출 능력이 없다. 실제로 순교자의 피는 교회의 규모와 영적 능력을 성장시켰다.

16:19 **천국 열쇠** 이것은 권세를 상징한다. 여기서 그리스도는 베드로에게(또한 확장시켜 모든 신자에게) 하늘에서 묶인 것이 무엇이고 풀린 것이 무엇인지를 선언할 권세를 주신다. 이는 요한복음 20:23의 약속을 그대로 따라하는데, 거기서 그리스도는 사람들의 죄를 용서하거나 그대로 둘 수 있는 권세를 제자들에게 주신다. 이 모든 행동은 그리스도가 교회 내에서 죄를 처리할 때 사용되어야 하는 특별한 지침을 주시는 18:15-17의 문맥에서 이해되어야 한다(*18:15에 대한 설명을 보라*).

여기서 그리스도가 하신 일의 의미는 하나님 말씀에 합당히 행하여 정당하게 구성된 신자의 단체는 어떤 사람의 죄가 용서될지 용서되지 않을지 선언할 권세를 가진다는 것이다. 교회의 권세는 사죄의 여부를 결정하는 것이 아니라 말씀의 원리에 기초해 하늘의 심판을 선언하는 것이다. 교회가 하나님 말씀에 기초하여 그런 판단을 내릴 때 그들은 하늘에서도 그러하리라는 것을 확신할 수 있다. 다른 말로 하면 그들이 땅에서 '묶거나' '푸는' 것은 하늘에서 이미 '묶거나' '푼' 것이다. 교회가 회개하지 않는 사람은 죄에 묶여 있다고 말할 때, 이는 교회가 하나님이 그 사람에 대해 하신 말씀을 말하고 있는 것이다. 회개한 사람이 죄에서 풀려났음을 교회가 인정할 때 하나님은 그것을 인정해주신다.

16:20 **아무에게도 이르지 말라** *8:4; 12:16에 대한 설명을 보라.*

12. 예수가 자신의 죽음을 예고하심(16:21-28)

16:21 **이 때로부터** 이 절은 마태의 이야기에서 새로운 강조점을 전개하기 시작한다. 마태는 예수의 공적 사역으로부터 눈을 돌려 제자들을 위한 사적 교훈에 집중하는데, 이것은 새롭고 음울한 음색을 띠게 된다. 제자들은 예수가 메시아라는 그들의 신앙을 고백했다. 그때부터 예수는 자신의 죽음을 위해 그들을 준비시키기 시작하신다. *20:19에 대한 설명을 보라.*

16:23 **사탄아 내 뒤로 물러 가라** 이 꾸짖음의 가혹함은 17-19절에 나온 그리스도의 칭찬의 말과 극단적으로 대조된다. 여기서 그리스도는 베드로가 사탄의 대변인처럼 행한다고 말씀하신 것이다. 예수의 죽음은 하나님의 주권적 계획의 일부다(행 2:23; 4:27, 28). "여호와께서 그에게 상함을 받게 하시기를 원하사"(사 53:10).

그리스도는 죄를 위한 대속의 죽음을 죽어야 한다는 분명한 목적을 가지고 이 세상에 오셨다(요 12:27). 그러므로 그분의 이 사명을 막는 사람들은 사탄의 일을 하는 것이다.

16:24 **자기 십자가를 지고** *10:38에 대한 설명을 보라.*

16:26 **바꾸겠느냐** 사람이 자기의 잃어버린 영혼으로 말미암아 후회와 고난의 비참한 지옥을 직면해야 하는 심판에서 무엇을 지불하고 자기 영혼을 저주에서 구하겠는가? 아무것도 없다!

16:27 **오리니…갚으리라** 미래에 하나님은 신자들에게 상급을 주실 것이다(고전 4:5; 고후 5:8-10; 계 22:12). 하지만 여기서 주님이 하시는 말씀은 불신자에 대한 보상, 즉 최종적이고 영원한 심판이다(롬 2:5-11; 살후 1:6-10).

16:28 **서 있는 사람 중에** 3편의 공관복음 모두에서 이 약속은 예수의 변화 직전에 등장한다(막 9:1-8; 눅 9:27-36). 게다가 여기서 '나라'에 해당하는 단어는 '왕의 장엄'으로 번역될 수도 있다. 그러므로 이 약속을 변화를 가리키는 것으로 보는 것이 자연스럽다. 그 광경을 제자들 가운데 일부, 즉 베드로와 요한과 야고보가 불과 엿새 후에 목격했다(*17:1에 대한 설명을 보라*).

13. 예수가 자신의 영광을 드러내심(17:1-13)

17:1 **엿새 후에** 지나간 시간의 길이를 이렇듯 정확하게 언급하는 것이 마태복음에서는 드문 일이다. 마태가 16:28의 약속을 바로 뒤따라오는 사건과 조심스럽게 연결시키는 것으로 보인다. 마가도 "엿새 후에"라고 말하지만(막 9:2), 누가는 "팔 일쯤"이라고 말하는데(눅 9:28) 이는 베드로의 고백과 그리스도의 변화를 이 날의 시작과 끝을 포함시켜 계산한 결과로 보인다. **베드로와 야고보…요한** 그리스도와 가까운 내부 인물이었던 이 세 사람은(*10:2에 대한 설명을 보라*) 때때로 다른 제자들 없이 예수와만 따로 있기도 했다(26:37; 막 5:37; 13:3).

17:2 **변형되사** 그리스도의 외형에 극적인 변화가 일어나 제자들은 영광 가운데 있는 그분을 볼 수 있었다.

17:3 **모세와 엘리야** 이 두 사람은 각각 율법과 선지자를 대표하는데, 이들 모두 그리스도의 죽음을 예언했다. 그래서 누가는 이 세 사람이 서로 이야기를 나누었다고 말한다(눅 9:31).

17:4 **초막 셋** 이것은 말할 것도 없이 이스라엘 백성이 초막에서 칠 일을 지내던 초막절에(레 23:34-42) 사용되던 초막을 가리킨다. 베드로는 그곳에 머물고 싶어 했다.

17:5 **그의 말을 들으라** 모세와 엘리야를 그리스도와 같은 수준에 둔 것은 베드로의 실수였다. 그리스도는 모세와 엘리야가 가리키던 바로 그분이다. 아버지의 음성(5절)이 베드로가 "말할 때에" 그 말을 잘랐다. 이 말씀은 그리스도가 세례를 받던 때 하늘에서 들린 소리와 같다(3:17).

17:6 **엎드려** 이렇게 거꾸러지는 것은 우주의 거룩한 하나님의 임재 앞에서 사람이 취하는 일반적인 반응이다. 참고. 이사야 6:5; 에스겔 1:28; 요한계시록 1:17.

17:9 **본 것을 아무에게도 이르지 말라** *8:4과 12:16에 대한 설명을 보라.*

17:10 **어찌하여…엘리야가 먼저 와야 하리라 하나이까** 이는 말라기 4:5, 6에서 그렇게 예언되어 있기 때문이다. *11:14에 대한 설명을 보라.*

17:12 **엘리야가 이미 왔으되** *11:14에 대한 설명을 보라.* 유대 지도자들은 세례 요한을 알아보지 못했다(제자들은 알아보았음, 13절). 유대 지도자들은 엘리야의 심령과 능력으로 온 요한을 죽였다. 그리고 메시아도 그와 유사하게 "고난을 받게" 될 것이다.

14. 예수가 한 아이를 고치심(17:14-21)

17:17 **믿음이 없고 패역한 세대여** 20절에서 주님은 제자들과 그들의 약한 믿음에 대해 말씀하신다(*15:33에 대한 설명을 보라*).

17:19 **우리는 어찌하여 쫓아내지 못하였나이까** 제자들을 파송하실 때(10:6-8) 그리스도는 그들이 이런 종류의 기적을 행할 사명을 분명하게 위임하셨다. 그로부터 일 년이 지나기 전에 그들은 과거에 할 수 있었던 일을 못하게 된 것이다. 그리스도는 그들의 실패가 믿음이 부족하기 때문이라고 설명하신다(20절). 이 결핍은 그들의 확신이 부족해서 비롯된 것만이 아니다. 그들은 자신들이 귀신을 쫓아내지 못하는 사실에 대해 놀랐는데, 문제는 그들이 자기들의 은사가 아닌 하나님을 믿음의 대상으로 삼지 못했다는 데 있을 것이다(*20절에 대한 설명을 보라*).

17:20 **믿음이 겨자씨 한 알 만큼** 그리스도의 정의에 따르면 참된 믿음은 언제나 하나님의 뜻에 대한 복종을 포함한다. 여기서 그리스도가 가르치시는 것은 적극적 사고방식의 심리학과는 아무런 관련이 없다. 예수는 참 신앙의 근원과 대상은(비록 그것이 약하고 겨자씨 같은 것이라 할지라도) 하나님이라는 것이다. 또한 "대저 하나님의 모든 말씀은 능하지 못하심이 없느니라"(눅 1:37). *또한 21:21에 대한 설명을 보라.* **못할 것이 없으리라** 여기서 그리스도는 요한일서 5:14을 통해 분명하게 덧붙여진 조건, 곧 우리가 구하는 것이 "그의 뜻대로" 되어

야 한다는 것을 전제로 하고 있다.

15. 예수가 자신이 배반당할 것을 예고하심(17:22, 23)

17:22 **장차 사람들의 손에 넘겨져** 즉 가룟 유다에 의해서다. *26:47, 50에 대한 설명을 보라.*

16. 예수가 성전세를 지불하심(17:24–27)

17:24 **반 세겔** 성전세로 반 세겔의 세금(이틀 품삯 정도가 됨)이 20세 이상의 유대인 남자에게 매년 부과되었는데, 이는 성전 유지를 위한 비용이다(출 30:13, 14; 대하 24:9). 그런데 기술적으로 말하면 왕이 자기 아들에게는 세금을 부과하지 않으므로 하나님의 아들이신 예수는 세금을 면제받는 게 맞다(26절). 그러나 소란을 피하기 위해 예수는 자신과 베드로의 세금을 내신다(27절). 참고. 로마서 13:1-7; 디도서 3:1; 베드로전서 2:13-17.

왕의 행정 (18:1-23:39)

A. 강화 4: 신자는 어린 아이와 같음(18:1-35)

이 강화는 마태가 서술의 중심 구조로 삼은 다섯 가지 강화 가운데 네 번째다(서론의 역사적·신학적 주제를 보라). 이 단원의 주제는 신자의 어린 아이 같은 특성이다.

1. 어린 아이 같은 신앙을 요구함(18:1–6)

18:3 **어린 아이들과 같이** 어린 아이처럼 되는 것이 예수님이 말씀하신 회심의 특징이다. 팔복과 마찬가지로 이 어구도 믿음을 자기 자신의 자원이 전혀 없는 사람이 단순하게, 달리 기댈 데 없이 믿고 의지하는 것으로 그린다. 어린 아이처럼 그들은 내어놓거나 스스로 자랑할 아무런 공로도 성취도 없다.

18:5 **누구든지…영접하면** *10:41에 대한 설명을 보라.* **이런 어린 아이 하나** 문자적인 어린 아이가 아니라 3절과 4절에서 묘사된 것과 같은 의미의 어린 아이(어린 아이처럼 자신을 낮추는), 곧 참된 신자다(6절). *10:42; 19:14에 대한 설명을 보라.*

18:6 **연자 맷돌** 곡식을 빻는 데 쓰이는 돌로, 문자적으로 '당나귀의 맷돌'이라는 뜻이다. 너무 커서 당나귀가 돌려야 하는 정도의 맷돌이다. 이방인들이 이런 방식의 처형 방법을 사용했기 때문에 유대인에게는 특별히 혐오스러운 것이었다.

2. 실족에 대한 경고(18:7–9)

18:7 **세상에 화가 있도다** 세상에 있는 사람들은 그리스도인을 실족하게 하고, 넘어지게 하고, 범죄하게 해서 그것으로 말미암아 심판받을 것이다. 그러나 동료 그리스도인은 직접적이든 간접적이든 다른 그리스도인을 실족하게 해서는 안 된다. 그렇게 하느니 차라리 죽는 편이 낫다. 참고. 로마서 14:13, 19, 21; 15:2; 고린도전서 8:13.

18:8, 9 **찍어 내버리라…빼어 내버리라** *5:29에 대한 설명을 보라.*

3. 잃은 양 비유(18:10–14)

18:10 **업신여기지 말라** 즉 다른 신자에게 불친절하거나 무관심함으로써 그를 무시하거나 배척하는 것을 말한다. **그들의 천사들** 이 어구는 각 신자에게 수호천사가 있다는 뜻이 아니다. 도리어 여기 사용된 대명사는 집합대명사로 각 신자가 일반적으로 천사들의 섬김을 받는 사실을 가리킨다. 이 천사들은 '항상' 하나님의 얼굴을 쳐다보면서 필요할 때 신자를 도우라는 명령을 기다리는 것으로 그려진다. 하나님과 거룩한 천사들이 신자의 안녕에 이렇듯 관심을 가지고 있으므로, 동료 신자를 무시하는 것은 심각한 일이 아닐 수 없다.

18:14 **잃는 것** 이 단어는 여기서 완전한 파멸을 가리키기보다는 영적으로 황폐해지는 것을 가리킨다고 봐야 한다(실제로 이 문맥에서는 그런 뜻을 가짐). 이 말은 하나님의 자녀가 궁극적인 의미에서 멸망당한다고 말하는 것이 아니다(참고. 요 10:28).

4. 교회의 징계의 모범(18:15–20)

18:15 15-17절에 기록된 교회의 권징을 위한 지침은 12-14절에 나온 잃은 양의 비유에 비춰 해석되어야 한다. 이 과정의 목적은 회복이다. 만약 성공한다면 "네가 네 형제를 얻은 것"이다. 첫 번째 단계는 사적으로 권고하는 것이다.

18:16 **만일 듣지 않거든** 만약 상대가 회개하지 않는 채로 버틴다면 두 번째 단계로 간다. "한두 사람을 데리고 가서" 신명기 19:15의 원칙을 지키는 것이다(*이에 대한 설명을 보라*).

18:17 **교회에 말하고** 만약 그가 여전히 회개하기를 거절한다면 세 번째 단계는 그 문제를 전체 회중에게 알려서(17절) 모든 사람이 사랑을 가지고 그 형제의 회개를 위해 노력하는 것이다. 만약 이 노력도 실패하면 네 번째 단계는 그 범죄자를 출교하여 교회가 그를 "이방인과 세리"처럼 간주하도록 하는 것이다(*5:46에 대한 설명을 보라*). 여기서는 범죄자를 처벌하거나 완전히 추방하라는 뜻이 아니라 그의 파괴적인 영향을 교회의 교제로부터 제거하고 그를 형제가 아닌 복음 전도의 대상으

로 삼으라는 것이다. 궁극적으로, 그를 출교시킨 죄는 고집스럽게 회개하지 않은 것이다.

18:18 **땅에서 매면 하늘에서도 매일 것이요** *16:19에 대한 설명을 보라.*

18:19 **너희 중의 두 사람이 땅에서 합심하여** 이 약속은 15-17절에서 다룬 권징의 문제에 적용된다. 여기서 말하는 "너희 중의 두 사람"은 권징 절차의 두 번째 단계에 등장하는 두세 증인을 가리킨다(*15절에 대한 설명을 보라*).

18:20 **두세 사람** 유대교의 전통에 따르면 회당을 구성하거나 공적인 기도회를 개최하기 위해서는 최소한 열 명의 남자(하나의 *민얀minyan*)가 필요하다. 그런데 여기서 그리스도는 권징을 위해 그리스도의 이름으로 모인 '두세 증인'에 불과한 작은 무리라 할지라도 그들과 함께할 것을 약속하신다(*15절에 대한 설명을 보라*).

5. 용서에 대한 교훈(18:21-35)

18:21 **일곱 번까지 하오리이까** 베드로는 자신이 관대하다고 생각한다. 아모스 가운데 몇 개의 절(1:3, 6, 9, 11, 13)을 인용하여 랍비들은 하나님이 이스라엘의 원수를 3번만 용서하셨으므로 누구든지 3번 이상 용서하는 것은 주제넘은 일이며 불필요하다고 가르쳤다.

18:22 **일곱 번을 일흔 번** '셀 수 없이 많이'라는 뜻이다. *누가복음 17:4에 대한 설명을 보라.*

18:23 **종들** 여기에 나타난 엄청난 액수로 미뤄볼 때 이 "종들"은 세금과 관련해 왕에게 빚을 진 지방 관리들이었을 것이다.

18:24 **만 달란트** 이 액수의 돈은 상상하기 힘들 정도로 큰 액수다. 달란트는 화폐의 가장 큰 단위였으며, 일반적인 표현에서 '만'은 무한히 큰 숫자를 의미했다.

18:25 **그 몸과…팔아** 왕은 그 가족을 노예로 팔아서 그 돈의 일부를 회수할 수 있었다.

18:27 **탕감하여 주었더니** 하나님께 갚을 수 없는 빚을 지고 자비를 구하는 죄인에게 적용되는 그분의 관대하고 자비로운 용서를 그린다. 참고. 골로새서 2:14.

18:28 **백 데나리온** 약 석 달치 임금이다. 이 액수는 일반적인 기준으로 무시할 수 없는 금액이지만 그 종이 탕감받은 액수에 비하면 아무것도 아니었다.

18:29 **나에게 참아 주소서 갚으리이다** 참고. 26절. 빚을 탕감받은 이 사람은 자신이 자기 주인에게 했던 것과 똑같은 자비의 호소를 듣지만 자비를 베풀지 않았다(30절).

18:31 **동료들이…딱하게 여겨** 탕감해주지 않는 이 모습이 동료 신자들을 분노하게 만들었다. 무엇보다도 이 것이 하나님을 분노하시게 했으며, 하나님은 탕감해주지 않는 이 자녀를 엄하게 징계하신다(32-34절). *34절에 대한 설명을 보라.* 참고. 6:15.

18:34 **주인이 노하여** 하나님은 거룩하고 의로우시므로 죄에 대해서는 언제나 분노하시며, 자기 자녀의 죄에 대해서도 마찬가지다(참고. 히 12:5-11). **그 빚을 다 갚도록** 원래의 빚은 상환이 불가능한 액수였으며, 그에게는 여전히 갚을 능력이 없었다. 그러므로 이 사람은 이미 탕감받은 원래의 빚을 갚아야 한다는 선고를 받은 것이 아니다. 그가 지금 주인에게 갚아야 하는 것은 그가 기꺼이 다른 사람을 탕감해줄 때까지 주인이 독촉하는 빚이다. **옥졸들에게 넘기니라** 처형하는 자에게 넘긴 것이 아니다. 이것은 최종적인 정죄가 아니라 엄한 징계의 모습이다.

B. 서술 4: 예루살렘 사역(19:1-23:39)

1. 왕의 몇 가지 교훈(19:1-20:28)

a. 이혼에 대해(19:1-10)

19:1 **요단 강 건너 유대 지경** 요단강 바로 동쪽 땅의 이름이 베레아였다. 그곳이 지리적으로 유대의 일부는 아니었지만 그 두 지역 모두 대 헤롯이 다스리고 있어 보통 이렇게 불렸다. 베레아에서 그리스도의 사역은 불과 몇 달뿐이었다. 그리스도는 이곳에서 출발하여 유월절 전에 예루살렘에 올라가는 마지막 여행을 시작하실 것이다(20:17-19).

19:3 **어떤 이유가 있으면** 힐렐 학파는 전적으로 실용적인 접근 방식을 취한 뒤 무분별하게 아내와 이혼하는 것을 허용했다. **옳으니이까** 랍비 샤마이와 힐렐(두 사람 모두 예수님 시대 가까이 살았음)은 이혼에 대해 완전히 다른 생각을 가지고 있었다. 샤마이 학파는 율법을 엄격하게 해석한 뒤 아내가 성적으로 부도덕한 죄를 범한 경우에만 이혼을 허용했다.

19:4 창세기 1:27; 5:2을 인용한 것이다. 바리새인을 향한 예수님의 도전은 말라기 2:15에 제기된 질문인 "오직 하나를 만들지 아니하셨느냐"를 반영한다(참고. 6절).

19:5 창세기 2:24을 인용한 것이다(*이에 대한 설명을 보라*).

19:7 **그러면 어찌하여 모세는 이혼 증서를 주어서 버리라 명하였나이까** 바리새인들은 신명기 24:1-4을 잘못 거론하고 있다. 그 구절은 이혼하라는 '명령'이 아니라 이혼한 후 재혼하고자 할 때에 대한 제한이다. 남자가 아내에게서 '수치 되는 일이 있음을 발견'했을 때(예수의 해석에 따르면 신 24:1, 9에서 말하고자 한 것은 성적인 죄임) 이혼할 수 있음을 인정한 것이지 모세가 이혼을 '명령'한 것은 아니다. *신명기 24:1-4에 대한 설명을 보라.*

19:8 **모세가…아내 버림을 허락하였거니와** 이 어구는 '허락했다'는 사실을 분명 강조하고 있다. 그러므로 예수는 샤마이 학파의 해석 편에 선 것이 분명하다(*3절에 대한 설명을 보라*). **너희 마음의 완악함 때문에** 이 구절은 이혼이 완고한 성적 부도덕에 대한 최후의 수단이라는 진리를 강조한다(9절).

19:9 **음행** 이 단어는 온갖 종류의 성적 죄악을 포함한다. 이곳과 5:32에서 예수는 '예외 조항'을 포함시킴으로써 그런 이혼의 경우 무죄한 편은 재혼하더라도 '간음을 범한' 사람이라는 낙인이 찍히지 않음을 분명히 하셨다. *5:31, 32에 대한 설명을 보라.*

19:10 **장가 들지 않는 것이 좋겠나이다** 제자들은 결혼의 구속적 성격과 극단적인 경우에만 이혼을 허용하는 예수님이 정하신 높은 기준을 정확하게 이해했다.

b. 독신생활에 대해(19:11, 12)

19:12 **받을 만한 자는 받을지어다** 모든 사람이 독신생활을 견딜 수 있는 것이 아니므로(11절) 그리스도는 여기서 그것을 모든 사람에게 요구하시는 것이 아니다. 도리어 그리스도는 그것은 전적으로 개인적 선택의 문제로 삼으신다. 다만 자연적 원인에 따른 것이든 다른 사람의 폭력에 따른 것이든 신체적으로 결혼할 수 없게 된 사람은 예외다. 그런데 어떤 사람들은 하나님 나라의 유익을 위해 결혼하지 않아야 할 실천적인 이유를 발견할 수도 있다(*고전 7:7-9에 대한 설명을 보라*). 그러나 그리스도는 독신이 결혼보다 우월하다고 가르치시지 않았다(참고. 창 2:18; 딤전 4:3).

c. 아이에 대해(19:13-15)

19:14 **이런 사람의** 이 어린 아이들은 너무 어려서 자신의 믿음을 드러낼 수가 없다. 누가복음 18:15을 보라. 여기서 누가는 그들을 "어린 아기"라고 지칭한다. 그러므로 그리스도가 "천국"을 이루는 사람들이 누구인지 예증하기 위해 이런 아이들을 사용하신 것은 더욱 의미심장하다(참고. 18:1-4). 마가복음 10:16 역시 그리스도가 "어린 아이들을 안고…축복하시니라"고 말한다. 하나님은 때로 나이나 정신적 결핍 때문에 신앙이나 고의적 불신앙을 발휘할 수 없는 사람들에게 특별히 자비를 베풀어주신다(참고. 요 4:11). 예레미야 19:4에서 그들은 "무죄한 자"로 불린다. 여기서 무죄하다는 말은 그들이 유전된 죄책이나 아담이 저지른 죄의 부패로부터 자유롭다는 의미가 아니라(*롬 5:12-19에 대한 설명을 보라*) 사전에 계획하고 의도적으로 죄를 범하는 사람들에게 있는 것과 같은 허물이 그들에게 없다는 뜻이다. 여기서 예수의 말씀은 하나님의 자비가 은혜롭게 유아들에게 이르러 어려서 죽은 사람들을 주권적으로 중생시켜 천국에 들여보낸다는 것이다. 이는 그들이 천국을 받을 자격이 있기 때문이 아니라 하나님이 은혜로 그들을 구속하기로 결정하셨기 때문이다. *사무엘하 12:23; 마가복음 10:14에 대한 설명을 보라.*

d. 포기에 대해(19:16-22)

19:16 **선생님이여** 이런 방식으로 예수를 부르는 것이 반드시 그분의 신성을 인정하는 것은 아니다. 청년의 말은 단지 그리스도는 의로운 분으로 보이며, 따라서 어떻게 영생을 얻는지 아는 하나님으로부터 온 선생이라는 뜻이다.

19:17 **어찌하여 선한 일을 내게 묻느냐 선한 이는 오직 한 분이시니라** 예수는 자신의 신성을 부인하는 것이 아니라 그 청년에게 하나님 외의 모든 사람은 죄인이라는 것을 가르치셨다. 이 청년의 가장 심각한 영적 결함은 자신의 전적인 영적 파산 상태를 인정하려 들지 않는다는 점이다. *5:3에 대한 설명을 보라.* 참고. 누가복음 18:11. **네가 생명에 들어 가려면 계명들을 지키라** 이 가르침은 물론 율법이지 복음이 아니다. 그에게 생명의 길을 보이기 전 예수는 청년에게 하나님이 요구하시는 높은 표준과 자신의 공로에 의한 구원을 추구하는 것이 절대적으로 헛된 일임을 각인시킨다. 이 청년은 제자들이 25절에서 한 것처럼 응답하고 율법을 완전히 지키는 것이 불가능함을 고백했어야 하지만, 그는 도리어 그 율법의 조건들 하에서도 자신은 천국에 들어갈 자격이 있다고 확신에 차서 선언한다.

19:18, 19 이 계명들은 십계명의 두 번째 판을 이루는 6개의 계명 가운데 5개로 모두가 인간관계를 다룬다(참고. 출 20:12-16; 신 5:16-20). *22:40에 대한 설명을 보라.* 그리스도는 탐심을 다루는 열 번째 계명을 빼고, 십계명의 후반부를 요약하는 레위기 19:18을 덧붙이신다. 참고. 로마서 13:1-10.

19:20 **내가 지키었사온대** 자기 의를 믿는 이 청년은 자신의 죄를 인정하려고 하지 않는다. *9:13에 대한 설명을 보라.*

19:21 **가서 네 소유를 팔아 가난한 자들에게 주라** 예수는 다시 구원의 조건을 제시하시지만, 이것은 그 청년의 실상을 폭로하는 말씀이다. 여기서 이 명령에 대한 순종을 거부하는 것은 두 가지 사실을 드러낸다. 첫째, 율법에 관한 한 그는 비난받을 일이 없는 것이 아니다. 그는 자신과 자기 소유를 이웃보다 더 사랑하고 있기 때문이다(참고. 19절). 둘째, 그에게는 그리스도의 요구에 따라 기꺼이 모든 것을 내어놓으려는 참 신앙이 없다(16:24). 예수는 박애에 따른 구원을 가르치는 것이 아니라 그리스도를 최고의 위치에 두어야 함을 가

마

르치는 것이다. 청년은 시험에 떨어졌다(22절). **와서 나를 따르라** 이것은 16절에서 청년이 질문한 것에 대한 대답이다. 그것은 믿음으로의 부르심이다. 자기 재산에 대한 사랑이 걸림돌이 되어 그는 예수님이 그의 삶에 대한 주권을 가져야 한다는 주장을 이미 거절했지만, 이 청년은 예수의 주 되심을 들은 적도 생각한 적도 없었을 것이다. 그래서 그는 불신앙 속에서 떠나버렸다.

e. 누가 구원받을 수 있을지에 대해(19:23-30)

19:24 **낙타가 바늘귀로** 즉 그것은 불가능하다는 뜻이다. 예수는 어떤 사람도 자기의 공로로 구원을 얻지 못한다는 것을 강조하신다. 일반적으로 재산이 하나님의 승인에 대한 증거로 이해되고, 부를 가진 사람은 더 많은 구제를 할 수 있으므로 부자가 천국에 들어갈 수 있는 가장 유력한 후보자로 간주되었다(*막 10:25에 대한 설명을 보라*). 예수는 그 관념을 부수며, 그것과 함께 천국에 들어가기에 충분한 공로를 세운 사람이 있다는 기존 관념을 무너뜨리신다. *25절에 대한 설명을 보라.*

19:25 **그렇다면 누가 구원을 얻을 수 있으리이까** 이것은 올바른 질문이다. 이 질문은 그들이 예수님의 메시지를 이해했음을 보여준다(*17절에 대한 설명을 보라*). 구원은 오직 하나님의 은혜를 통해서만 가능하다(26절). *로마서 3:9-20; 갈라디아서 3:10-13; 빌립보서 3:4-9에 대한 설명을 보라.*

19:27 **우리가 모든 것을 버리고 주를 따랐사온대** 베드로는 예수님이 재물 많은 청년에게 요구하신 것(21절)을 자기들이 이미 이행했음을 말한다. 그들은 그리스도와 함께하는 믿음의 생활을 시작했다. 여기서 그리스도가 상급을 바라는 베드로의 기대를 꾸짖지 않았음을 주목하라(참고. 계 22:12).

19:28 **새롭게 되어** 여기서 이 단어는 개인적 중생이라는 일반적인 신학적 의미를 가지지 않는다(참고. 딛 3:5). 예수님이 하시는 말씀은 "하나님이 영원 전부터 거룩한 선지자들의 입을 통하여 말씀하신 바 만물을 회복하실 때"다(행 3:21). 이것은 요한계시록 20:1-15에 묘사된 지상에 서는 왕국을 가리키는 것으로, 그때 신자는 그리스도와 함께 그분의 보좌에 앉을 것이다(계 3:21). **심판** 다스림이다. 참고. 고린도전서 6:2, 3.

19:30 **먼저 된 자로서 나중 되고 나중 된 자로서 먼저 될 자** 이 진술은 모든 사람이 끝에 가서는 똑같아지리라는 의미로, 뒤따르는 비유를 통해 이 진리가 설명된다(*20:16에 대한 설명을 보라*).

f. 천국에서의 평등에 대해(20:1-16)

20:1 **품꾼을 얻어** 이는 추수기에 품꾼을 고용하는 전형적인 방법이었다. 일용 노동자는 새벽부터 시장에 나와 그날 하루 일을 위해 고용되기를 기다렸다. 하루의 일은 아침 6시에 시작해 저녁 6시에 끝났다.

20:2 **하루 한 데나리온** 온전한 하루 노동에 대한 정당한 품삯이다(*22:19에 대한 설명을 보라*).

20:3 **제삼시** 오전 9시다. 고용하는 사람이 없어 그들은 우두커니 서 있었다(7절).

20:4 **상당하게** 너무나 일을 하고 싶었기 때문에 이들은 구체적인 품삯을 흥정하지도 않는다.

20:6 **제십일시** 오후 5시다. 일거리가 너무도 절실했기에 그들은 거의 '종일토록' 기다렸다. 그들은 무엇이든 취할 준비가 되어 있었다.

20:8 **나중 온 자로부터 시작하여 먼저 온 자까지** 이것이 비유를 푸는 실마리다(*16절에 대한 설명을 보라*).

20:13 **내가 네게 잘못한 것이 없노라** 모든 사람이 하루치 품삯을 받았는데, 이것은 그들에게 충격을 안겨주었다(9-11절). 이 주인은 어떤 사람들에게 과분한 품삯을 지불함으로써 자비를 보여주었다. 이런 품삯 지불은 온종일 일하고 하루치 품삯을 받은 사람들을 냉대한 것이 아니다. 그것은 처음에 그들과 합의한 삯이었다. 그렇지 않은 사람들에게도 동일한 품삯을 지불한 것은 포도원 주인의 권리였다(15절. 참고. 롬 9:15).

20:16 **나중 된 자로서 먼저 되고 먼저 된 자로서 나중 되리라** 다른 말로 하면 모든 사람이 살인적인 더위 속에서 자기의 일을 끝냈고, 온종일 일한 사람도 그렇지 않은 사람도 모두 하루치 품삯을 받는다. 이와 마찬가지로 십자가의 강도도 평생을 그리스도를 위해 수고한 사람과 함께 하늘의 풍성한 복을 누릴 것이다. 그것이 하나님의 은혜다(*19:30에 대한 설명을 보라*).

g. 그분의 죽음에 대해(20:17-19)

20:17 **예루살렘으로 올라가려** 이제 십자가를 향한 예수의 마지막 여행이 시작된다.

20:19 **십자가에 못 박게** 이것은 예수님이 제자들에게 세 번째로 자신의 죽음을 말씀하신 것이다(*16:21에 대한 설명을 보라.* 참고. 17:22, 23). 또한 변화산에서 세 명의 제자는 예수님이 모세, 엘리야와 함께 자신의 죽음에 대해 말씀하시는 것을 들었다(눅 9:31). 하지만 이번에는 더 자세한 내용을 덧붙이신다.

h. 참된 위대함에 대해(20:20-28)

20:20 **세베대의 아들의 어머니** 마가복음 10:35은 야고보와 요한이 직접 예수께 요구했고 그 결과 예수님이 21절의 질문을 했다고 말한다. 이것은 모순이 아니다. 모친을 포함한 세 사람이 함께 질문했거나 그들이 그 문제를 상의할 때는 함께했지만 예수께 그 문제를 질문했을 때는 개인적으로 했을 가능성이 더 높다.

20:21 나의 이 두 아들을…앉게 명하소서 19:28에 나오는 예수의 말씀을 상기시키면서 야고보와 요한은 어머니를 충동질해 자기들의 교만하고 이기적인 요구를 예수께 말하도록 했다. 제자들은 최후의 만찬 자리에 이르기까지 계속해서 높은 자리를 요구했다(참고. 18:1, 4; 23:11; 막 9:34; 눅 9:46; 22:24, 26).

20:22 너희는 너희가 구하는 것을 알지 못하는도다 가장 큰 영광은 그리스도를 위해 가장 큰 고난을 당하는 사람에게 돌아간다. **내가 마시려는 잔** 하나님의 진노의 잔이다(*26:39; 막 14:36; 눅 22:42; 요 18:11에 대한 설명을 보라*). **내가 받을 세례** (한글 개역개정판성경에는 이 어구가 없음–옮긴이). 이 세례는 주께서 고난 속에 잠기는 세례다(참고. 눅 12:50).

20:23 너희가 과연 그리스도를 위해 야고보는 목이 잘렸고(행 12:2) 요한은 고문당한 후에 밧모 섬으로 유배되었다(계 1:9). **누구를 위하여 예비하셨든지** 오직 하나님만이 결정하신다.

20:24 분히 여기거늘 시기심에서 비롯된 불쾌함을 의미한다. 기회만 주어졌다면 그들 모두가 예수께 높고 좋은 자리를 탄원했을 것이다. *21절에 대한 설명을 보라.*

20:25-28 이 단락에서 주님은 제자들한테 신자의 위대함과 리더십은 세상의 것과 다르다는 것을 가르치신다. 이방 지도자들은 육신적 힘과 권위를 사용하여 독재적인 방식으로 지배한다. 신자는 그 반대로 해야 한다. 곧 신자들은 예수가 하신 것처럼 종이 되고 자신을 다른 사람들을 위해 내어줌으로 지도해야 한다.

20:28 자기 목숨을 많은 사람의 대속물로 주려 함이니라 '위하여'(for)로 번역된 단어는 '대신으로'라는 뜻으로 그리스도의 희생의 대속적 성격을 강조한다. "대속물"은 노예나 죄수를 구해내기 위해 지불하는 값이다. 여기서 구속은 사탄에게 값을 지불하는 것이 아니다. 이 대속물은 죄에 대한 하나님의 의와 진노를 만족시키기 위해 제공되는 것이다. 지불되는 값은 피의 대속물인 그리스도 자신의 생명이다(참고. 레 17:11; 히 9:22). 그러므로 그리스도의 십자가의 의미는 이것이다. 곧 그리스도가 우리를 대신해 죄에 대한 하나님의 진노를 당한다는 것이다(참고. 사 53:4, 5. *고후 5:21에 대한 설명을 보라*). 죄인을 대신해 하나님의 진노의 예봉을 감당하는 게 그리스도가 말씀하신 잔을 마시는 것이고, 세례를 받는 것이다(22절).

2. 왕의 몇 가지 행동(20:29–21:27)

a. 두 명의 맹인을 고치심(20:29–34)

20:29 여리고에서 떠나 갈 때에 *30절에 대한 설명을 보라.*

20:30 맹인 두 사람 마가복음 10:46과 누가복음 18:35은 맹인 한 사람만을 언급하며, 누가는 이 일이 그리스도가 여리고를 떠나실 때(29절)가 아니라 여리고로 가까이 오실 때 일어났다고 말한다. 이 이야기를 하나로 보는 것은 그리 어렵지 않다. 맹인은 두 명이었지만, 바디매오(막 10:46)가 대표로 말했고, 따라서 누가와 마가의 기록은 그가 초점의 대상이 되었다(*8:28에 대한 설명을 보라*). 또한 여리고가 두 군데 있었다는 것이 사실이다. 하나는 고대 도시(이 도시의 폐허는 오늘날에도 볼 수 있음)의 흙더미 위에 있었고, 다른 하나는 근처에 사람들이 살고 있던 여리고 도성이었다. 예수님은 이전 여리고에서 '나와서' 새로운 여리고로 들어가시던 중이었을 것이다. 아니면 그리스도가 도시로 들어가는 길에 먼저 맹인들을 만났고 도시를 떠날 때 그들을 치료한 사실을 이렇게 기록했을 수도 있다. **다윗의 자손** *1:1에 대한 설명을 보라.*

b. 찬송을 받으심(21:1–11)

21:1 벳바게 감람산 남동쪽 기슭에 위치한 베다니 근처의 작은 마을이다. 이 마을은 그리스도의 승리의 입성을 기록하는 이곳 외에는 성경에서 언급되지 않는다(막 11:1; 눅 19:29).

21:3 만일 누가 무슨 말을 하거든 마가는 이 일이 분명히 일어났다고 기록한다(막 11:5, 6). 벳바게에 막 도착했으므로(1절), 예수님은 이 동물에 대해 알 기회가 없었을 것이다. 그럼에도 이 동물의 위치와 동물의 주인이 무엇이라고 말할지 정확히 알고 계셨다. 이런 상세한 예지는 그분의 신성한 전지를 드러낸다.

21:5 나귀, 곧 멍에 메는 짐승의 새끼 스가랴 9:9을 정확하게 인용한 말이다(참고. 사 62:11). 유대인 군중은 이 메시아의 예언이 성취되고 있음을 인식한 뒤 메시아에게만 적용되는 명칭과 환호로 응답한다(*9절에 대한 설명을 보라*).

21:7 나귀와 나귀 새끼 오직 마태복음만 암나귀를 언급한다. 그러나 모든 복음서는 나귀가 어리다는 사실만 언급하거나(요 12:14) 아무도 탄 적이 없다는 사실만 말한다(막 11:2; 눅 19:30). 암나귀를 함께 끌고 온 것은 나귀 새끼가 말을 듣도록 하기 위해서였던 것 같다. **예수께서 그 위에 타시니** 즉 겉옷 위에 타신 것이다. 그리스도는 나귀 새끼를 타셨다(막 11:7).

21:8 그들의 겉옷을 길에 펴고 겉옷을 길에 펴는 것은 높은 왕족에 대한 칭송의 행동으로(참고. 왕하 9:13), 자신이 유대인의 왕이라는 그리스도의 선언을 군중이 인정했음을 암시한다.

21:9 **호산나** 시편 118:25에 있는 "이제 구원하소서"라고 번역되는 히브리어를 음역한 것이다. **찬송하리로다** 동일한 시편의 26절을 인용한 것이다. 이런 표현과 함께 '다윗의 자손'이라는 메시아의 호칭을 사용함으로써 군중은 그리스도의 메시아 주장을 인정하고 있다(*1:1에 대한 설명을 보라*). 이 예루살렘 입성의 날짜는 주후 30년 니산월 9일 일요일이며, 다니엘 9:24-26의 아닥사스다의 칙령이 있은 지 정확하게 483년 이후가 된다(*이에 대한 설명을 보라*).

c. 성전을 청결케 하심(21:12-17)

21:12 **매매하는 모든 사람들** 예수는 물건을 파는 사람과 사는 사람이 전부 성전을 더럽힌 죄가 있는 것으로 간주하신다. 사고 파는 물건들 가운데는 '비둘기'를 포함하여 제물로 드릴 동물이 포함되어 있었다(참고. 요 2:14). **내쫓으시며** 이것은 예수님이 두 번째로 성전을 청결케 하신 것이다. 요한복음 2:14-16은 그리스도의 공적 사역 초기에 유사한 일이 있었음을 설명한다. 이 두 사건은 다르다. 첫 번째 성전 청결에서는 성전 관리들이 즉시 예수와 대면한다(*23절에 대한 설명을 보라*. 참고. 요 2:18). 그러나 두 번째 청결의 기록 어디에도 그런 대면의 기록은 없다. 도리어 공관복음 저자들은 거기에 있던 모든 사람에게 무엇을 말씀하셨는지 말하고 있으며(13절), 심지어 그것을 계기로 모인 사람들에게 교훈을 베푸신 것을 말하고 있다(막 11:17; 눅 19:46, 47). **돈 바꾸는 사람들** 이곳에 환전상들이 필요했던 이유는 로마의 동전과 다른 동전은 성전의 예물로 합당하지 않은 것으로 여겨졌기 때문이다. 상인들과 환전상들이 너무 높은 수수료를 요구했기에 성전이 도적의 소굴 같은 분위기가 되었음이 분명하다(13절). 이런 종류의 상업 활동이 성전이 위치한 언덕의 수제곱미터를 차지하는 넓은 구역인 이방인의 뜰에서 이루어졌다.

21:13 **기록된 바** 예수는 두 가지 구약 예언, 즉 이사야 56:7("이는 내 집은 만민이 기도하는 집이라 일컬음이 될 것임이라")과 예레미야 7:11("내 이름으로 일컬음을 받는 이 집이 너희 눈에는 도둑의 소굴로 보이느냐")을 합치셨다.

21:15 **어린이들** 문자적으로 '소년들'이라는 뜻이다. 유월절을 위해 예루살렘에 온 군중 가운데는 예루살렘에서 최초의 유월절을 지키기 위해 온 12세의 소년이 많았을 것이다(예수님도 12세에 그렇게 하셨음).

21:16 **읽어 본 일이 없느냐** 분노한 대제사장과 서기관들에 대한 예수의 대답은 그분의 신성에 대해 주장하신 것임을 부인할 수 없다. 예수는 하나님께 드리는 '찬송'에 대해 말하는 시편 8:2을 인용하신다. 하나님이 "젖먹이들의 입으로" 세우신 예배에 대해 말하는 구절을 자신을 위하여 사용하심으로써 예수는 자신이 하나님이며 예배받을 권리가 있음을 선언하신다.

d. 무화과나무를 저주함(21:18-22)

21:19 **곧** 상대적인 용어다. 그 나무는 즉시 죽었을 수도 있지만 마가복음 11:14, 20(*이에 대한 설명을 보라*)은 그 나무가 마른 것이 다음 날에야 눈에 보이게 드러났음을 암시한다. 예수가 그 나무를 저주하신 것은 당황하여 즉흥적으로 취하신 행동이 아니라 의도적으로 신성한 객관적 교훈을 내리시기 위해서였다. 성경은 때로 무화과나무를 이스라엘의 상징으로 사용한다(호 9:10; 욜 1:7). 열매 없는 무화과나무는 때로 풍부한 영적 장점에도 불구하고(렘 8:13; 욜 1:12) 이스라엘이 영적인 열매를 맺지 못하는 까닭에 하나님이 이스라엘에게 내리시는 심판을 상징한다(*3:8에 대한 설명을 보라*). 그러므로 예수의 행동은 이스라엘이 메시아를 거부한 데서 드러났듯 이스라엘은 아무 열매를 맺지 못하고 있으며, 그에 대해 하나님이 심판하신다는 사실을 예증하고 있다. 그리스도의 비유 가운데 하나가 유사한 교훈을 가르친다(눅 13:69).

21:21 **만일 너희가 믿음이 있고 의심하지 아니하면** 이 교훈은 기도로 구하는 것이 실제로 하나님의 뜻이라는 것을 전제로 한다(*17:20에 대한 설명을 보라*). 하나님이 주신 믿음만이 그렇게 의심 없는 믿음이기 때문이다(참고. 막 9:24). **될 것이요** 그런 우주적 규모의 이적이 바로 서기관과 바리새인들이 그리스도께 원한 것이지만, 그리스도는 한 번도 그들의 요구에 응하신 적이 없다(*12:38에 대한 설명을 보라*). 여기서 그리스도는 참 신앙을 가진 사람들의 삶에서 발휘되는 하나님의 측량할 수 없는 능력을 비유적으로 말씀하신다.

e. 도전에 응답하심(21:23-27)

21:23 **이런 일** 즉 공적인 가르침과 기적을 행하는 일이다. 그들은 그 전날 그리스도가 성전을 청결케 하신 일까지 생각했을 수도 있다(*12절에 대한 설명을 보라*). **누가 이 권위를 주었느냐** 그들은 그리스도가 논란의 여지가 없는 권위를 가지셨다는 것을 인정하지 않을 수 없었다. 그분의 기적은 너무나 분명하고 너무 많아서 속임수일 수가 없었다. 심지어 그분의 가르침도 힘 있고 선명해서 그 말씀에 권위가 있다는 것이 모든 사람 앞에 명백하게 드러났다(*7:29에 대한 설명을 보라*).

21:25 **요한의 세례가 어디로부터 왔느냐** 예수는 유대 지도자들을 자기 함정에 빠지게 하신다. 그들은 그리스도가 (예전에 여러 번 그렇게 하셨듯이) 자기의 권위는 직접 하나님으로부터 온다고 대답할 것으로 기대했음이 분명하다(참고. 요 5:19-23; 10:18). 그러면 그들은 과거

에 그렇게 했듯이(요 5:18; 10:31-33) 그리스도를 신성 모독으로 몰고 간 후 그것으로 예수를 기소하여 죽일 수 있었다. 그런데 여기서 예수는 그들이 곤란한 지경에 빠질 수밖에 없는 질문을 그들에게 제기하신다. 요한은 사람들에게 널리 존경받고 있었기 때문이다. 그들이 요한의 사역을 인정하게 되면 반드시 스스로를 정죄하는 결과를 가져오게 된다. 만약 그들이 요한의 유업을 부정한다면 그때는 백성이 보일 반응이 두려웠을 것이다(26절). 이렇게 하여 예수는 그들이 자신을 조사할 아무런 권위가 없음을 드러내 보이셨다. *누가복음 20:5에 대한 설명을 보라.*

3. 왕의 몇 가지 비유(21:28-22:14)

a. 두 아들 비유(21:28-32)

21:31 **그 둘 중의 누가 아버지의 뜻대로 하였느뇨** 예수는 유대교 지도자들이 스스로를 정죄하지 않을 수 없게 만드신다. 이 비유의 핵심은 말보다 행동이 중요하다는 것이다(참고. 7:21-27; 약 1:22). 그들은 이런 사실을 알아야 했다. 그렇게 하면 그들은 스스로를 정죄하지 않을 수 없다. 회개하는 세리와 창녀가 외적으로 종교적인 위선자들보다 먼저 천국에 들어가리라는 것은 예수의 사역에서 반복적으로 등장하는 주제로(*5:20에 대한 설명을 보라*) 유대교 지도자들을 격노하게 만들었다.

21:32 **의의 도** 즉 하나님의 의를 전가해주는 회개와 믿음이다(*롬 3:21에 대한 설명을 보라*). **세리와 창녀** *5:46; 9:9; 마가복음 2:15에 대한 설명을 보라.* 대제사장들과 장로들이 공개적으로 멸시한 천민은 구원을 발견했지만, 스스로 의롭다고 한 지도자들은 발견하지 못했다. 참고. 로마서 10:3.

b. 악한 포도원 농부 비유(21:33-46)

21:33 **포도원을…즙 짜는 틀** 이사야 5:2을 보라. 예수는 이 구약의 구절을 암시하신 것이 분명한데, 유대교 지도자들은 이 구절을 잘 알고 있었을 것이다. 성경에서 포도원은 유대 나라를 가리킬 때 자주 사용되는 상징이다. 여기서 하나님을 상징하는 농장 주인은 세심하게 포도원을 일구고 그것을 농부들에게 임대했는데, 이 농부들은 유대교 지도자들을 상징한다.

21:34 **자기 종들** 즉 구약 선지자들이다.

21:35 **하나는 심히 때리고 하나는 죽이고 하나는 돌로 쳤거늘** 마태는 자주 세부사항을 뒤섞어 단순하게 만든다(*19절; 8:28; 20:30에 대한 설명을 보라*). 마가의 기록을 통해 우리는 예수의 이 이야기에서 세 명의 종이 나온 것을 알게 된다. 농부들이 첫째 종을 때렸고, 둘째 종을 돌로 쳤고, 셋째 종을 죽였다(막 12:2-5). 이런 일은 유대 통치자들이 구약의 많은 선지자에게 행한 것과 다르지 않았다(왕상 22:24; 대하 24:20, 21; 36:15, 16; 느 9:26; 렘 2:30).

21:37 **내 아들** 이는 주 예수 그리스도를 상징하는데, 농부들이 그를 죽인다(38, 39절). 그로 말미암아 그들은 하나님의 심판을 자초하게 된다(41절).

21:41 **포도원은…다른 농부들에게 세로 줄지니이다** 여기서 다시 유대교 지도자들은 자신들에 대한 심판을 선고한다(*31절에 대한 설명을 보라*). 악한 포도원 농부들에 대한 그들의 선고 또한 그들에 대한 그리스도의 심판이다(43절). 과거에 이스라엘에게 주었던 그 나라와 모든 영적인 유익이 "다른 농부들"에게 주어질 것이다. 이들은 교회를 상징하며(43절), 주로 이방인으로 구성되어 있다(참고. 롬 11:11).

21:42 **버린 돌** 예수 그리스도를 가리키며 "머릿돌"의 회복은 그분의 부활을 말한다. **모퉁이의 머릿돌** 피상적인 눈에는 시편 118:22, 23에서 인용한 이 구절이 그 앞의 비유에 어울리지 않는 것처럼 보일 것이다. 그러나 그것은 메시아 시편에서 가져온 인용이다. 예수는 죽임을 당해 포도원 밖으로 던져진 아들이 하나님의 구속 계획에서 "모퉁이의 머릿돌"이라는 것을 말하기 위해 그것을 인용하신 것이다.

21:43 **그 나라의 열매 맺는 백성** 교회를 말한다. *41절에 대한 설명을 보라.* 베드로는 교회가 "거룩한 나라"(벧전 2:9)라고 말한다.

21:44 **이 돌** 그리스도가 불신자에게는 "부딪치는 돌과 걸려 넘어지게 하는 바위"(사 8:14; 벧전 2:8)가 된다. 또한 선지자 다니엘은 그리스도를 "손대지 아니한 돌이 산에서 나와서" 세상의 나라들 위에 떨어져 그 나라들을 부서뜨리실 것으로 그린다(단 2:44, 45). 세라믹 그릇이 돌 위에 '떨어지든', 돌이 그릇 위에 '떨어지든' 결과는 마찬가지다. 적대감과 무관심 모두가 그리스도에 대한 잘못된 반응이며, 이런 반응을 범한 잘못은 심판받을 것이다.

21:45 **자기들을 가리켜 말씀하심인 줄 알고** 익숙한 메시아의 이미지들을 일으켜(42-44절), 그리스도는 대제사장과 바리새인들에게 자신이 말하고자 하는 바를 분명하게 전달하셨다.

c. 혼인 잔치 비유(22:1-14)

22:2 **혼인 잔치를 베푼 어떤 임금과 같으니** 예수는 누가복음 14:16-23에서 유사하지만 다른 비유를 하셨다. 여기서 잔치는 왕의 아들의 혼인 잔치이며, 초대받은 사람의 무관심(5절)이나 적대감(6절)은 왕에 대한 개인적인 멸시가 된다. 또한 여기서 그들은 실제로 왕의

종들을 악하게 대하거나 죽였는데, 이는 왕의 자비에 대한 크나큰 모욕이었다.

22:4 **다시 다른 종들을 보내며** 이 행동은 의도적으로 하나님을 배척하는 사람에 대한 그분의 인내와 오래 참음을 예증한다. 하나님은 사람들이 그분의 선하심을 무시하고 거부한 후에도 계속 그들을 초대하신다.

22:7 **임금이 노하여** 그분의 인내가 마침내 한계에 도달했고 그들에 대한 심판이 내려진다. **그 동네를 불사르고** 예수님이 묘사하시는 심판은 주후 70년 예루살렘 멸망을 예견한 것이다. 그 대화재 속에서 거대한 석조 성전까지 불타서 조각나고 말았다. *23:36; 24:2; 누가복음 19:43에 대한 설명을 보라.*

22:9 **사람을 만나는 대로 혼인 잔치에 청하여 오라** 이 지시는 복음이 모든 사람에게 차별 없이 제공된다는 사실을 보여준다(참고. 계 22:17).

22:11 **예복** 예외 없이 모든 사람이 잔치에 초대받았기 때문에 이 사람을 특별히 잔치에 와서 소란을 피우는 종류의 사람으로 볼 이유는 없다. 실제로 모든 손님이 '길'을 가다가 갑자기 잔치에 참석했기 때문에 제대로 예복을 갖춰 입은 사람이 없었다. 그렇다면 잔치 예복을 왕이 직접 마련해주었다는 의미다. 그러므로 이 사람이 예복을 입지 않은 것은 그가 왕이 제공하는 은혜를 의도적으로 거부했음을 보여준다. 왕에 대한 이 사람의 무례함은 아예 오기를 거절한 사람들보다 왕에게 더 모욕적이었을 것이다. 그가 왕의 면전에서 자신의 무례함을 드러냈기 때문이다. 이 이미지는 외적으로는 자신을 그 나라의 백성이라 하고, 또한 자신을 그리스도인이라 고백하고, 스스로 보이는 교회에 속해 있으면서도 자신의 의를 추구함으로 말미암아(참고. 롬 10:3; 빌 3:8, 9) 그리스도가 제공하는 의의 겉옷을(참고. 사 61:10) 거부하는 사람을 가리키는 것으로 보인다. 그들은 자신의 영적 빈곤을 인정하기를 부끄러워하면서(*5:3에 대한 설명을 보라*) 왕이 은혜롭게 제공하는 더 나은 옷을 거부함으로써 그의 선하심에 대항하는 무서운 죄를 저질렀다.

22:12 **그가 아무 말도 못하거늘** 즉 그는 아무런 변명도 하지 못했다.

22:13 **바깥 어두운 데** 빛에서 가장 멀리 떨어진 암흑을 뜻한다. **슬피 울며 이를 갈게 되리라** 위로 없는 비탄과 돌이킬 수 없는 고뇌를 말한다. 예수는 보통 지옥을 묘사하면서 이 구절의 표현을 사용하신다(참고. 13:42, 50; 24:51).

22:14 **청함을 받은 자는 많되 택함을 입은 자는 적으니라** 여기서 말하는 청함은 때로 '일반적인 부르심'(또는 '외적인 부르심'), 즉 복음 메시지에 본질적으로 포함되는 회개와 믿음으로의 부르심을 지칭한다. 이 청함은 복음을 듣는 모든 사람에게로 확대된다. '많은 사람'이 그것을 듣지만 '적은 사람'이 거기에 응답한다(7:13, 14에서 많음과 적음의 대비를 보라). 응답하는 사람들은 '선택된' 사람들, 곧 택자다. 바울 서신에서 *부르다*는 대개 택자에게만 미치는 하나님의 거부할 수 없는 부르심을 가리킨다(롬 8:30). 이것을 '유효한 부르심'(또는 '내적 부르심')이라고 한다. 유효한 부르심은 예수님이 요한복음 6:44에서 말씀하신 바 하나님이 초자연적으로 사람을 이끄시는 것이다(*롬 1:7에 대한 설명을 보라*). 그러나 마태복음의 이 부분에서는 일반적인 초청을 말하고 있으며, 이것은 복음을 듣는 모든 사람에게 해당된다. 이것은 복음 전파에서 '원하는 자는 누구나'라는 위대한 말로 표현될 수 있다(참고. 계 22:17). 그러므로 여기에 인간의 책임과 하나님의 주권 사이에 적절한 균형이 유지된다. "청함"을 받고도 거부하는 사람들은 자기 뜻으로 그렇게 하는 것이며, 따라서 그들이 천국에서 배제되는 것은 완전히 정당하다. "택함"을 받은 자들이 천국에 들어가는 것은 오직 그들을 택하시고 이끄시는 하나님의 은혜 때문이다.

4. 왕의 몇 가지 대답(22:15–46)

a. 세금 바치는 문제에 대해(22:15–22)

22:16 **헤롯 당원** 로마의 후원을 받던 헤롯 왕가를 지원하는 유대인의 파당이었다. 헤롯 당원은 바리새인 같은 종교적 단체가 아니라 정치적 단체인데, 주로 사두개인으로(성전 관리들을 포함해) 구성되었을 것이다. 이와 대조적으로 바리새인들은 로마의 통치와 헤롯의 영향력을 싫어했다. 이 두 무리가 공모하여 예수를 올무에 걸리게 하려고 한 사실은 그들이 예수를 얼마나 심각한 위협으로 간주했는지를 보여준다. 헤롯 자신도 예수의 죽음을 원했으며(눅 13:31), 바리새인도 예수를 죽일 계교를 꾸미고 있었다(요 11:53). 그래서 그들은 공동의 목표를 이룰 길을 모색한 것이다.

22:17 **가이사에게 세금을 바치는 것이 옳으니이까 옳지 아니하니이까** 여기서 문제가 되는 것은 일 년에 한 사람당 1데나리온을 바치는 인두세였다(*19절에 대한 설명을 보라*). 그 '세금'은 로마가 부과하는 무거운 세금 가운데 일부였다. 이렇게 모인 자금이 점령군을 위해 사용되었으므로 백성은 로마가 부과한 모든 세금을 부당하게 여겼다. 그중에서 인두세를 가장 싫어했다. 이스라엘 백성은 자신과 자기 나라를 하나님의 소유로 보았지만, 인두세는 로마가 그들을 소유하고 있다는 것을 의

미했기 때문이다. 그러므로 그들이 특별히 인두세를 꼭 집어 그리스도께 질문한 것은 중요한 의미를 내포하고 있다. 만약 세금을 바치는 것이 옳지 않다고 대답한다면 헤롯당은 그리스도가 로마에 대해 반역을 꾀한다고 기소할 수 있었다. 반대로 세금을 바치는 것이 옳다고 대답한다면 바리새인들은 그가 유대 나라에 충성하지 않는다고 비난하면서 군중의 지지를 잃게 만들 수 있었기 때문이다.

22:19 **데나리온** *마가복음 12:16에 대한 설명을 보라.* 이것은 은화이며 로마 군인의 하루치 급료였다. 이 동전은 황제의 권위 하에 주조할 수 있었다. 이는 오직 황제만이 금화와 은화를 만들 수 있었기 때문이다. 예수 시대의 데나리온은 디베료에 의해 주조되었다. 한쪽 면에는 그의 얼굴이 새겨져 있었고, 다른 면에는 그가 제사장의 옷을 입고 왕좌에 앉아 있는 모습이 새겨져 있었다. 유대인은 그렇게 상을 새기는 것을 두 번째 계명에 따라 금지된(출 20:4) 우상숭배로 간주했으며, 그로 말미암아 이 은전으로 내는 세금을 더더욱 혐오했다.

22:21 **가이사의 것…하나님의 것** 그 동전에는 가이사의 상이 새겨져 있었다. 하지만 하나님의 상은 사람에게 새겨져 있었다(창 1:26, 27). 그리스도인은 가이사의 영역에서는 가이사에게 충성을 '돌려야' 한다(롬 13:1-7; 벧전 2:13-17). 그러나 '하나님의 것'은 가이사에게 속하지 않으므로 오직 하나님께만 돌려야 한다. 그러므로 그리스도는 세금을 거둘 수 있는 가이사의 권리를 인정하시고, 세금 내는 것을 그리스도인의 의무라고 말씀하셨다. 그러나 여기서 (어떤 사람들의 추측처럼) 그리스도가 사회적·정치적 영역에서 가이사가 유일하고 궁극적인 권위를 가진다고 말씀하신 것은 아니다. 궁극적으로는 가이사나 다른 지상의 통치자가 권위를 행사하는 영역을 포함한 모든 것이 하나님의 것이다(롬 11:36; 고후 5:18; 계 4:11).

b. 부활에 대해(22:23–33)

22:23 **부활이 없다** *3:7에 대한 설명을 보라.*

22:24 **그 동생이 그 아내에게 장가 들어** 이것은 신명기 25:5-10에서 언급하는(*이에 대한 설명을 보라*) 계대 결혼 법을 가리킨다. 이 규정은 가문을 유지하고 과부를 돌보기 위한 법이다.

22:30 **하늘에 있는 천사들과 같으니라** 사두개인들은 천사를 믿지 않았다(*3:7에 대한 설명을 보라*). 그러므로 여기서 예수는 그들의 잘못된 믿음에서 또 다른 부분을 폭로하신 셈이다. 천사는 죽지 않는 피조물이므로 번식할 필요가 없으며, 따라서 결혼할 필요도 없다. "부활 때에" 성도들도 천사들과 같은 성격을 가지게 될 것이다.

22:32 **하나님은 죽은 자의 하나님이 아니요** 예수의 논증은 (사두개인은 모세의 권위만을 인정했으므로 이 논증은 모세오경에서 취한 것임, *3:7에 대한 설명을 보라*) 출애굽기 3:6의 강조적 현재 시제인 '나는 있다'(I AM)라는 말을 근거로 한다. 이 섬세하면서도 유효한 논증이 사두개인들을 잠잠케 만들었다(34절). *마가복음 12:26에 대한 설명을 보라.*

c. 첫째요 큰 계명에 대해(22:34–40)

22:35 **한 율법사** 율법 해석을 전문으로 하는 서기관을 가리킨다. *2:4; 누가복음 10:25에 대한 설명을 보라.*

22:36 *마가복음 12:28에 대한 설명을 보라.*

22:37 **마음…목숨…뜻** 마가복음 12:30에는 "힘"이 덧붙여진다. 이것은 *쉐마*(*shema*는 '듣다'라는 뜻의 히브리어임, 신 6:4)의 일부인 신명기 6:5에서 인용한 것이다. 이 절에는 "마음…뜻…힘"으로 되어 있다. 70인역의 사본 가운데는 '정신'을 첨가한 것이 있다. 이런 다양한 용어는 인간의 여러 기능을 구분하는 것이 아니라 여기서 명령하는 사랑의 완전성을 강조한 것이다.

22:39 **네 이웃을 네 자신 같이 사랑하라** 레위기 19:18을 인용한 것이다. 현대의 어떤 해석과 달리 이 어구는 자기에 대한 사랑을 명령하지 않는다. 도리어 이것은 황금률의 사상과 동일한 사상을 다른 말로 포함하고 있다(*7:12에 대한 설명을 보라*). 이 명령은 사람이 자기에게 이루어지기를 원하는 것에 비춰 다른 사람에 대한 사랑을 측정하라고 한다.

22:40 **온 율법과 선지자** 즉 구약 전체다. 이렇게 해서 예수는 사람의 모든 도덕적 의무를 두 가지 범주, 곧 하나님에 대한 사랑과 이웃에 대한 사랑으로 요약하신다. 처음 4개의 계명과 나머지 6개의 계명이 이 두 가지 범주로 나뉜다.

d. 다윗의 더 큰 자손에 대해(22:41–46)

22:42 **어떻게 생각하느냐** 어떤 사람의 생각을 시험하기 위한 목적으로 그리스도가 때때로 사용하신 어구다(17절; 17:25; 18:12; 21:28; 26:66). 여기서는 바리새인과 헤롯당, 사두개인, 서기관이 전부 그리스도를 시험했지만, 그리스도 역시 그들을 시험하셨다. **다윗의 자손** *1:1에 대한 설명을 보라.* "다윗의 자손"은 예수 시대에 가장 일반적인 메시아 호칭이었다. 그들의 대답은 메시아가 인간 이상의 존재가 아니라는 그들의 확신을 반영하지만, 그에 대한 대답 속에서 예수는 다시 한 번 자신의 신성을 단언하신다. *45절에 대한 설명을 보라.*

22:43 **성령에 감동되어** 즉 '성령의 영감 아래에서'다(참고. 막 12:36).

22:44 시편 110:1을 인용한 것이다.

22:45 **다윗이 그리스도를 주라 칭하였은즉** 다윗은 단순한 인간의 자손에 대해 "주"라고 칭하지 않았을 것이다. 여기서 예수는 '다윗의 자손'이라는 말이 메시아를 가리키는 적절한 호칭인가 하는 문제를 제기한 것이 아니다. 어쨌든 이 호칭은 구약에서 메시아에 대해 계시된 내용을 근거로 하고 있으며(사 11:1; 렘 23:5), 1:1에서 이 표현이 메시아의 호칭으로 사용되고 있다(*이에 대한 설명을 보라*). 예수님이 지적하신 것은 '다윗의 자손'이라는 말이 '하나님의 아들'이기도 한 메시아에 대한 모든 것을 포함하는 말이 아니라는 점이다(눅 22:70). 여기서 예수님은 자신의 신성을 주장하고 계신다.

5. 왕의 몇 가지 선언(23:1-39)

a. 서기관과 바리새인에게(23:1-36)

23:2 **모세의 자리** 대학의 '철학교수'와 유사한 의미다. "모세의 자리에 앉았으니"라는 것은 율법을 가르치는 최고의 권위를 가진다는 뜻이다. 여기서 사용된 표현은 '그들이 스스로 모세의 자리에 앉아 있다'라고 번역할 수 있으며, 이 말은 그들이 스스로 주장하는 가상의 권위라는 점을 강조한다. 제사장과 레위인들은 율법의 문제를 결정할 수 있는 어느 정도의 권위를 가졌지만(신 17:9), 서기관과 바리새인은 모든 합법적 권위를 뛰어넘어 하나님 말씀에 인간의 전통을 덧붙였다(15:3-9). 예수는 이 사실로 말미암아 그들을 정죄하신다(8-36절).

23:3 **행하고 지키되** 즉 그것이 하나님 말씀에 부합하는 한 그렇게 하라는 것이다. 바리새인들은 성경 이외의 전통으로 사람들의 어깨에 "무거운 짐"(4절)을 지우는 경향이 있었다. 예수는 그런 종류의 율법주의를 분명하게 정죄하신다.

23:5 **경문** 네 단으로 글이 기록된(출 13:1-10, 11-16; 신 6:4-9; 11:13-21) 양피지를 담고 있는 가죽 상자를 가리킨다. 사람들은 이 상자들을 달고 기도했는데 하나는 이마 중간에, 다른 하나는 왼쪽 팔꿈치 바로 위에 걸었다. 이런 경문을 사용하게 된 것은 출애굽기 13:9, 10과 신명기 6:8에 대한 지나친 문자적 해석 때문이다. 바리새인들은 이 경문을 더욱 두드러져 보이도록 하기 위해 경문을 팔과 이마에 맬 때 사용하는 끈을 더 넓은 것으로 사용한 것으로 보인다. **옷술** 즉 예수도 장식 술을 다셨다(*9:20에 대한 설명을 보라*). 그러므로 예수가 비판하신 것은 옷술 자체가 아니라 사람을 더욱 신령한 것처럼 보이기 위해 옷술을 크게 하는 사고방식이었다.

23:8-10 **랍비…아버지…지도자** 여기서 예수가 정죄하시는 것은 명칭 그 자체가 아니라 교만과 허세다. 바울은 교회 내의 '교사들'에 대해 여러 번 이 단어들을 말했는데, 심지어 자신을 가리켜 고린도 교인들의 "아버지"라고 했다(고전 4:15). 이 금지가 존경심을 보이는 것까지 막는 건 아니다(참고. 살전 5:11, 12; 딤전 5:1). 그리스도는 그런 호칭들을 거기에 영적 권리가 포함된 것으로, 하나님이 아닌 자가 진리의 근원이라도 되는 양 동료 인간에 대해 과도한 영적 권위를 가진다는 과시적 의미로 사용하는 것을 금하셨을 뿐이다.

23:13 **들어가지 못하게 하는도다** 하나님의 의를 막아버린 바리새인들은 그들 자신의 의를 세울 길을 모색하면서(롬 10:3) 다른 사람들에게도 그렇게 가르쳤다. 그들의 율법주의와 자기 의는 모든 사람이 천국에 들어가기 위해 통과해야 하는 좁은 문을 흐릿하게 만들었다(*7:13, 14에 대한 설명을 보라*).

23:14 이 구절은 마태복음의 가장 초기 사본에는 없지만 마가복음에는 등장한다. *마가복음 12:40에 대한 설명을 보라*.

23:15 **교인** 이 단어는 유대교로 개종한 이방인을 가리킨다. 사도행전 6:5을 보라. **지옥 자식** 즉 지옥행이 결정된 사람들이다.

23:16 **아무 일 없거니와** 이런 자의적인 구분은 바리새인들에게 거짓말에 대한 종교적 정당화를 제공하여 거짓말하면서도 벌을 피해갈 수 있다고 여기게 만들었다. 만약 어떤 사람이 '성전으로'[제단으로(18절) 또는 하늘로(22절)] 맹세하면 그의 맹세는 구속력이 없는 것으로 간주되지만, 그가 '성전의 금으로' 맹세하면 그 말을 어길 수 없으며 어길 경우 유대법에 따라 처벌을 받아야 했다. 우리 주님은 그런 것을 걸고 맹세하는 것이 하나님 자신을 걸고 맹세하는 것과 마찬가지임을 분명히 하셨다. *5:34에 대한 설명을 보라*.

23:23 **박하와 회향과 근채의 십일조** 정원에서 자라는 허브로 십일조를 떼야 하는 농작물이 아니다(레 27:30). 그럼에도 바리새인은 모든 허브의 십일조를 꼼꼼하게 계산했으며, 심지어 아니스(anise) 씨의 개수까지 세었다. 여기서 예수의 요점은 그들이 율법의 상세한 점까지 지키는 것을 정죄하려는 게 아니다. 문제는 그들이 정의와 긍휼과 믿음 같은 '율법의 더 중한' 것들, 곧 모든 율법의 근간이 되는 도덕적 원칙을 저버린다는 것이다. 그들은 사소한 것들과 외적인 것들에 집중하는 것으로 만족하면서 율법의 영적인 의미에 대해서는 고집스럽게 저항했다. 예수는 그 큰 문제들에 집중하면서 "저것도 버리지 말아야" 한다고 말씀하신다.

23:24 **하루살이는 걸러 내고 낙타는 삼키는도다** 어떤 바리새인들은 부정한 동물 중에서(레 11:23) 가장 작은

하루살이를 실수로 먹는 일을 피하기 위해 음료를 미세한 천으로 걸러내곤 했다. 낙타는 부정한 동물 중에서 가장 큰 동물이었다(레 11:4).

23:25 **겉은 깨끗이 하되** 외적인 것에만 집중하는 바리새인의 행태가 그들이 키운 오류의 핵심을 이룬다. 겉은 깨끗하지만 속은 여전히 더러운 컵으로 물을 마시려는 사람이 어디 있겠는가? 그럼에도 바리새인들은 겉으로 드러난 것이 속의 실제보다 더 중요한 것처럼 생활을 영위했다. 이런 행동이 그들의 위선의 본질이었으며, 예수는 이 문제로 그들을 반복해 꾸짖으셨다(*5:20; 16:12에 대한 설명을 보라*).

23:27 **회칠한 무덤** 무덤은 정기적으로 회칠을 했다. 실수로라도 그것을 만지거나 밟으면 종교의 예식적인 부정을 범하게 되기 때문이다(민 19:16). 새로 회칠한 무덤은 하얗게 빛났으며 깨끗해 보였고 때로는 장엄하게 장식되기도 했다. 그러나 그 안에는 더러운 것과 부패가 가득했다. 이 예수의 말씀과 누가복음 11:44의 말씀을 비교해보라.

23:30 **참여하지 아니하였으리라** 메시아를 죽이려는 계교를 꾸미면서 하는 이 말은 자기 의에 대한 가소로운 주장이다(참고. 요 11:47-53).

23:34 **선지자들과 지혜 있는 자들과 서기관들** 제자들을 가리킬 뿐 아니라 그들 뒤에 올 예언자와 복음 전도자, 목사를 가리킨다(참고. 엡 4:11).

23:35 **아벨…사가랴** 각각 구약의 최초 순교자와 최후 순교자다. **바라갸의 아들** (슥 1:1). 구약성경에는 그가 어떻게 죽었는지에 대한 기록이 없다. 하지만 역대하 24:20, 21은 여호야다의 아들이며 동명이인인 스가랴의 죽음을 기록하고 있다. 그는 여기서 예수님이 묘사하신 것과 똑같이 성전 마당에서 돌에 맞아 죽었다. 마태복음의 많은 사본에서 "바라갸의 아들 사가랴"라는 어구를 포함하고 있다(비록 누가복음 11:51에는 없지만). 어떤 해석가들은 역대하 24장의 스가랴가 실제로는 여호야다의 손자이며 그의 부친 이름 역시 바라갸였다고 말한다. 그러나 더 앞선 시대의 스가랴가 죽은 것과 똑같은 방식으로 성전과 제단 사이에서 선지자 사가랴가 순교했다는 예수의 말씀을 액면 그대로 받고 그분의 무오한 증언을 단순히 받아들인다면 아무런 문제가 없다.

23:36 **이 세대** 이 세대는 주후 70년 예루살렘의 완전한 파괴와 성전이 불에 타는 것을 경험했다. 예루살렘에 대한 예수의 탄식과 예수께서 성전으로부터 하나님의 복을 제거한 사실은(37, 38절) 여기서 그분이 말씀하시는 심판이 주후 70년 예루살렘 멸망임을 강력하게 지지해준다. *22:7; 24:2; 누가복음 19:43에 대한 설명을 보라.*

b. 예루살렘에게(23:37-39)

23:37 **내가 네 자녀를 모으려 한 일이 몇 번이더냐 그러나 너희가 원하지 아니하였도다** 하나님은 전적인 주권을 가지고 계시므로 자신이 원하는 것은 무엇이든 이룰 완전한 능력이 있으시며(참고. 사 46:10), 거기에는 자신이 선택한 모든 사람을 구원하시는 일이 포함된다(엡 1:4, 5). 하지만 하나님은 때때로 자신이 주권적으로 일으키지 않는 일에 대한 소망을 표현하실 때가 있다(참고. 창 6:6; 신 5:29; 시 81:13; 사 48:18). 이런 표현은 하나님의 주권의 한계를 암시하거나 그분 안에 실제 변화가 있다는 것을 의미하는 말이 절대 아니다(민 23:19). 이런 진술은 도리어 하나님의 성품의 본질적인 측면을 드러낸다. 곧 그분은 긍휼이 가득하며, 모든 사람에게 진정으로 선하시며, 악이 아니라 선을 원하시며, 따라서 악인의 멸망을 기뻐하시지 않는다는 것이다(겔 18:32; 33:11). 한편으로 우리는 하나님의 주권을 단언하면서도 유기된 자들의 회개를 위한 호소를 선의의 호소로 이해해야 한다. 또한 악인을 향한 하나님의 선의를 그들을 회개로 이끌기 위한 참된 자비로 이해해야 한다(롬 2:4).

여기서 (또한 눅 19:41 등과 유사한 구절에서) 드러나는 그리스도의 감정은 분명히 깊고도 진지한 열망이다. 그리스도의 모든 감정은 하나님의 뜻과 완전히 조화를 이룬다(참고. 요 8:29). 그러므로 이 탄식은 단지 그리스도의 인성을 표시하는 것으로만 이해해선 안 된다.

23:38 **너희 집이 황폐하여 버려진 바 되리라** 며칠 전 그리스도는 성전을 아버지의 "집"이라고 지칭하셨다(21:13). 그러나 하나님의 복과 영광은 이스라엘에게서 떠났다(삼상 4:21을 보라). 그리스도가 "성전에서 나와서 가실 때에"(24:1) 하나님의 영광도 예수와 함께 갔다. 에스겔 11:23은 그의 시대에 셰키나의 영광이 떠나는 에스겔의 환상을 묘사한다. 영광이 성전을 떠나서 감람산에 섰는데(*24:3; 눅 19:29에 대한 설명을 보라*), 이것은 그리스도가 여기서 따라가신 그 길과 정확히 일치한다(참고. 24:3).

23:39 **나를 보지 못하리라** 그리스도의 공개적인 가르침의 사역이 끝났다. 그리스도는 이스라엘 사람들이 그리스도를 메시아로 인정할 때까지 이스라엘 국가로부터 물러나신다(롬 11:23-26). 여기서 그리스도는 시편 118:26을 인용하신다.

왕의 대속(24:1-28:15)

A. 강화 5: 감람산 강화(24:1-25:46)

이 강화는 마태가 부각시킨 다섯 가지 강화 가운데 마지막이다(서론의 역사적·신학적 주제를 보라). 이것은 감람산 강화로 알려져 있으며, 성경 전체에서 가장 중요한 예언적 자료를 포함하고 있다.

1. 성전의 파괴(24:1, 2)

24:1 **성전 건물들** 대 헤롯은 주전 20년 이 성전의 건축을 시작했으며(*2:1에 대한 설명을 보라*), 주후 70년 로마가 그것을 파괴할 때까지 완공되지 못했다(*2절에 대한 설명을 보라*). 예수 사역 때 그 성전은 세계에서 가장 인상적인 구조물 가운데 하나이며 황금으로 장식된 거대한 바위 블록으로 지어졌다. 성전 건물에 있는 어떤 돌들은 크기가 가로 약 12.2미터, 세로와 높이 약 3.65미터였으며, 전문 석공이 깎은 돌들은 서로 완벽하게 들어맞았다. 성전 건물들은 빛나는 하얀 대리석으로 만들어졌고, 거대한 주 건물의 동쪽 벽 전체가 황금 판으로 덮여 있어 아침 햇빛에 반사되면 수 킬로미터 밖에서도 보일 정도로 장관을 이뤘다. 성전이 자리 잡은 언덕 전체가 헤롯의 기술자들에 의해 확장되었는데, 남쪽과 남동쪽 모퉁이의 남은 큰 벽들과 아치형 방을 이용해 그렇게 했다. 이렇게 해서 성전이 있는 언덕 꼭대기의 큰 마당은 그 크기가 두 배로 늘어났다. 어떤 기준으로 보더라도 전체 성전 건물은 장엄했다. 여기 제자들의 대화는 23:38에 나온 예수의 말씀을 통해 촉발되었을 것이다. 그들은 그토록 장엄한 곳이 어떻게 '황폐한' 채로 남을 수 있는지 궁금했을 것이다.

24:2 **돌 하나도 돌 위에 남지 않고** 이 말씀은 문자적으로 주후 70년 성취되었다. 로마 장군 티투스는 성전 건물 벽을 거대한 나무 비계로 싸고 거기에 나무와 함께 가연성 물질을 쌓아놓고 나서 불을 붙였다. 불의 열기가 너무 강해 돌들이 무너졌다. 그다음에는 조각들을 체로 쳐서 녹은 금을 회수했으며, 잔해는 기드론 골짜기에 '던졌다'. *22:7; 누가복음 19:43에 대한 설명을 보라.*

2. 시대의 징조(24:3-31)

24:3 **감람 산** 동쪽으로 기드론 골짜기를 사이에 두고 성전과는 정반대 쪽에 있는 언덕이다(*눅 19:29에 대한 설명을 보라*). 이 지점에서 예루살렘의 파노라마를 가장 잘 볼 수 있다. 이 산의 아래가 겟세마네다(*26:36에 대한 설명을 보라*). **주의 임하심…무슨 징조가 있사오리이까** 누가복음 19:11에는 제자들이 여전히 "하나님의 나라가 당장에 나타날 줄로 생각함이더라"고 기록되어 있다. 성전 파괴(2절)는 그들이 그리던 종말론의 구조에 맞지 않았으므로, 그들은 그 점을 분명히 해줄 것을 요구한 것이다. 예수는 그들의 요구에 대해 순서를 거꾸로 대답하셨다. 4-35절에서는 자신의 오심에 대한 예언적 징조(실제로는 일련의 징조)를 묘사하고, 다음으로 이 사건들이 일어나는 시간에 대한 그들의 질문을 36절부터 다루셨다. 그들이 그리스도의 오심(헬라어 *파루시아parousia*의 문자적 뜻은 '임재'임)에 대해 질문할 때 그들은 재림이 먼 미래의 일이라고 생각지 않았다. 그들은 그리스도가 메시아로 오실 승리의 귀환 날을 말하고 있는데, 그 일이 곧 발생할 것으로 생각한 것이 분명하다. 그리스도가 여러 번에 걸쳐 명백하게 예언했던(*20:19에 대한 설명을 보라*) 그분의 죽음이 임박했음을 제자들은 알고 있었지만, 그리스도가 승천하시리라는 것과 그 이후에 긴 교회 시대가 있으리라는 것을 예상할 수는 없었다. 그러나 예수가 이 강화 속에서 *파루시아(parousia)*라는 단어를 사용하실 때 그것은 재림을 가리키는 전문적 의미를 가진다.

24:6 **아직 끝은 아니니라** 전쟁과 전쟁에 대한 소문, 거짓 선지자들은 현 세대 전체를 특징짓게 되지만 끝이 가까울수록 그 정도가 더 심해질 것이다(참고. 딤후 3:13).

24:8 **재난** 이 단어는 '해산의 고통'을 의미한다. 기근과 지진, 갈등은 언제나 타락한 세상에서의 삶을 특징짓는 것이었다. 그러나 이것들을 '해산의 고통'의 시작이라고 말함으로써 예수는 이 독특한 환난들이 메시아가 악한 인류를 심판하고 자신의 천년왕국을 세우러 오실 것을 가리키는 신호인데, 이 시대의 마지막 때에 확연하면서도 현저하게 더 악화되리라고 말씀하셨다. 참고. 데살로니가전서 5:3; 요한계시록 6:1-17; 8:1-9:21; 16:1-21. *14절에 대한 설명을 보라.*

24:9 **너희를 환난에 넘겨 주겠으며** *10:17에 대한 설명을 보라.*

24:10 **많은 사람이 실족하게 되어** 문자적으로 '실족하게 하다'란 뜻으로, 이 말은 신앙고백을 하는 신자들이 떨어져 나갈 뿐 아니라 심지어 충격적인 영적 배신의 행동 속에서 "서로"에게 대적하는 일이 있으리라는 것을 암시한다. 그런 방식으로 떨어져 나가는 사람들은 그들이 참된 신자가 아니었음을 보여주는 것이다(*13절에 대한 설명을 보라*).

24:13 **끝까지 견디는 자는 구원을 얻으리라** 참고. 10:22. 사랑이 식은 사람들(12절)이 아니라 마지막까지

견디는 사람이 구원을 받는다. 이 사실은 사람의 인내가 구원을 확보해준다는 말이 아니다. 성경은 어디서나 정반대로 말한다. 하나님은 구원의 일부로서 신자의 견인을 보장하신다. 참 신자들은 "믿음으로 말미암아 하나님의 능력으로 보호하심"(벧전 1:5)을 받게 된다. 사람의 견인에 대한 보장은 새 언약 속에 새겨져 있다. 하나님은 "나를 경외함을 그들의 마음에 두어 나를 떠나지 않게 하고"(렘 32:40)라고 말씀하셨다. 그리스도로부터 떨어져 나가는 사람들은 그들이 처음부터 참 신자가 아니었다는 결정적 증거를 제공한다(요일 2:19). 하지만 하나님이 견인을 보장해주신다고 말하는 것이 그리스도인은 그저 수동적이기만 하다는 뜻이 아니다. 하나님은 신자들을 "믿음으로 말미암아"(벧전 1:5) 보호하시는데, 이것은 그들 자신의 믿음으로 보호하신다는 뜻이다. 성경은 때로 그리스도인에게 그들의 믿음을 굳게 잡을 것을 요구하고(히 10:23; 계 3:11), 떨어져 나가는 것을 경고한다(히 10:26-29). 이런 권면은 참 신자는 마지막까지 견디리라는 많은 약속(요 10:28, 29; 롬 8:38, 39; 고전 1:8, 9; 빌 1:6)을 무효화하는 것이 아니다. 도리어 이 경고와 호소는 하나님이 이 견인에 대한 믿음을 확실하게 하기 위해 사용하시는 수단에 속한다. 경고와 약속이 나란히 등장하는 것에 주목하라. 예를 들어 유다는 신자에게 "하나님의 사랑 안에서 자신을 지킬"(유 21절) 것을 촉구하면서 즉시 "능히 너희를 보호하사 거침이 없게 하실"(유 24절) 하나님을 가리킨다.

24:14 **온 세상에 전파되리니** 그 모든 환난이 임해도(거짓 선생들의 속임과 전쟁, 박해, 자연 재해, 그리스도를 버리고 떠남, 복음 전파를 막는 여러 가지 장애) 복음 메시지는 결국 지구상의 모든 곳으로 파고들 것이다. 하나님의 증인은 항상 있으며, 만약 필요하다면 하나님은 복음을 하늘에서 직접 전파하실 것이다(참고. 계 14:6). **그제야 끝이 오리라** "끝"은 마지막에 도달하는 극단적인 해산의 고통을 가리킨다(*8절에 대한 설명을 보라*). 이것이 그 다음 절에서 묘사되는 대환난 시대의 특징을 그리스도가 설명하시는 방식이다.

24:15 **멸망의 가증한 것** *다니엘 9:27; 11:31에 대한 설명을 보라*. 이 구절은 원래 주전 2세기 수리아 왕 안티오코스 에피파네스에 의해 성전이 더럽혀진 일을 가리킨다. 안티오코스는 주전 168년 예루살렘을 침공해 제단을 제우스 사당으로 만들었으며, 심지어 거기서 돼지를 제물로 바쳤다. 하지만 예수는 분명히 아직 미래의 일인 "멸망의 가증한 것"을 내다보고 계셨다. 어떤 사람들은 주후 70년 티투스가 예루살렘에 침공해 성전을 불태운 일에서 이 예언이 성취되었다고 생각한다(*2절에 대한 설명을 보라*). 그러나 바울은 요한이 그랬던 것처럼(계 13:14, 15) 적그리스도가 성전에 상을 세우는 대환난이 아직 먼 미래의 일이라고 본다(살후 2:3, 4). 그러므로 여기서 그리스도의 말씀은 주후 70년의 사건들을 넘어 재림 직전에 발생할 더 큰 전 지구적 격변을 내다보는 것이다(참고. 29-31절).

24:16 **산으로** 예루살렘 남동쪽 지방, 특히 많은 동굴과 피난처가 있는 사해 지역을 가리킬 것이다. 다윗은 사울을 피해 이 지역에서 숨어 지내기도 했다(삼상 23:29). 또한 여기에는 모압과 에돔의 산지가 포함될 것이다.

24:21 **큰 환난** "없었고"와 "…에도 없으리라"는 그 뒤에 따라오는 묘사와 함께 이것이 하나님의 진노가 지상에 부어지는 미래에 일어날 일임을 밝힌다(*계 7:14에 대한 설명을 보라*). 그 뒤에 따르는 격변에 대한 예수의 묘사는 요한계시록 16장의 대접 심판에 묘사된 하나님의 진노를 쏟아붓는 것, 이어서 그분이 나타나시는 요한계시록 19장의 묘사와 아주 유사하다(*30절에 대한 설명을 보라*).

24:22 **그 날들을 감하시리라** 만약 이 시기의 환난이 계속된다면 "모든 육체가 구원을 얻지 못할", 즉 아무도 살아남지 못할 것이다. 그러나 "택하신 자들을 위하여"(구속받은 자들이 견딜 수 있는 정도 이상의 고난을 당하지 않도록 하기 위해) 그 시간이 '감해질', 즉 완전히 멸망되지 않도록 하실 것이다. 다니엘 7:25과 요한계시록 12:14(*이 구절들에 대한 설명을 보라*)은 짐승이 세상을 마음대로 할 수 있도록 허락된 시간이 3년 반으로 정해져 있다고 말한다.

24:24 **할 수만 있으면 택하신 자들도 미혹하리라** 이 경고는 그런 속임수가 불가능하다는 것을 분명하게 암시한다(요 10:4, 5).

24:26 **믿지 말라** 메시아를 자칭하는 사람들의 주장을 심각하게 생각해서는 안 된다. 그들은 전부 거짓되기 때문이다. 그리스도가 다시 오시면 누구도 그것을 모르지 않을 것이다(27, 28절).

24:28 **독수리들이 모일 것이니라** 시체가 있는 위치는 멀리 떨어진 곳에서도 알 수 있다. 사체를 먹는 새들이 그 위를 선회하기 때문이다(참고. 욥 39:27-30). 이와 마찬가지로 그리스도의 재림도 모든 사람에게 분명하게 알려질 것이다. 27절의 번개가 말하는 것도 동일하다. 여기서 독수리 사체의 이미지는 그리스도의 재림에 동반될 심판을 말한다(계 19:21).

24:29 **해가 어두워지며** 이런 현상은 여호와의 날에 대한 예언에서 흔하게 나타나는 모습이다(사 13:9, 10; 겔

32:7, 8; 욜 2:10, 31; 3:15; 암 8:9을 보라). 이 예언들은 짐승이 다스리는 시대에 궁극적으로 성취된다(계 6:12, 13; 8:12).

24:30 **인자의 징조** 즉 인자 자신이 그 징조다. 여기 묘사된 사건들은 다니엘 7:13과 요한계시록 19:11-21의 묘사와 정확하게 병행을 이룬다. **땅의 모든 족속들이 통곡하며** 즉 그들 자신의 반항에 대해 통곡한다는 뜻이다. 특히 이스라엘은 그들이 메시아를 거절한 것으로 말미암아 통곡할 것이다(참고. 슥 12:10-12).

24:31 **하늘 이 끝에서 저 끝까지** 모든 "택하신 자"가 하늘과 땅에서부터 모여 그리스도 앞에 설 것이다. 그리스도의 천년 통치에서 세계 역사가 절정에 도달할 것이다(참고. 계 20:4).

3. 무화과나무의 비유(24:32-35)

24:32 **무화과나무의 비유** 무화과나무가 '잎사귀를 내면' 여름까지 얼마 남지 않은 것이다. 이와 마찬가지로 최후의 산고가 시작되면(*14절에 대한 설명을 보라*) 그리스도의 재림이 "가까이 곧 문 앞에 이른 줄" 알아야 한다(33절).

24:34 **이 세대** 그리스도 시대에 살던 세대를 가리키지 않는 것이 분명하다. "이 모든 일", 곧 "멸망의 가증한 것"이 거룩한 곳에 선 것(15절), 박해와 심판(17-22절), 거짓 선지자들(23-26절), 하늘의 징조(27-29절), 그리스도 최후의 재림(30절), 택자를 모으심(31절)과 같은 일이 그들의 생애 동안 '일어날' 수 없기 때문이다. 그리스도의 이 말씀은 마지막의 고된 산고가 시작되는(*14절에 대한 설명을 보라*) 시기에 사는 사람들을 지칭하는 것으로 해석하는 것이 합당해 보인다. 이 견해는 이런 일들이 발생할 짧은 시기를 강조하는 무화과나무의 교훈과 가장 잘 어울린다(*32절에 대한 설명을 보라*).

24:35 **천지는 없어질지언정** 참고. 사도행전 24:18-20. *베드로후서 3:10-13에 대한 설명을 보라.*

4. 노아의 교훈(24:36-44)

24:36 **그 날과 그 때** *마가복음 13:32에 대한 설명을 보라.* 제자들은 정확한 시기를 알기 원했지만 그것은 그들이 알 수 있는 일이 아니었다(행 1:7). 대신 그리스도는 신실함과 깨어 있음, 청지기직, 기대, 준비성을 강조하셨다. 그리스도는 그 뒤에 따르는 비유들에서 이런 덕성들을 가르치신다.

24:37 **노아의 때와 같이** 예수는 노아 시대의 극단적인 악함(창 6:5)을 강조하신 것이 아니라 사람들이 일상생활에만 정신이 팔려 있을 때["먹고 마시고 장가 들고 시집가고 있으면서"(38절)] 갑자기 심판이 임한다는 사실을 강조하셨다. 그들은 노아의 설교(벧후 2:5)와 임박한 심판을 증거하는 방주로 경고를 받았다. 그러나 그들은 그 문제에 신경 쓰지 않았고, 그 결과 매일의 생활을 영위하던 가운데 예기치 못하게 갑자기 쓸려가 버렸다.

24:40, 41 **한 사람은 데려가고…버려둠을 당할** 즉 노아 시대처럼["멸하기까지"(39절)] (영어 성경에는 '데려감을 당하다'라고 되어 있음 – 옮긴이) 심판 속에서 데려감을 당할 것이다(참고. 39절). 이 절은 데살로니가전서 4:16, 17에 기록된 신자를 데려가는 것을 가리키는 게 아니다.

24:43 **도둑** 도적이 언제 들어올지 아무도 모르기 때문에 주님의 재림 시간, 곧 주님의 오시는 일이 발생하는 주의 날이 언제쯤일지 알 수 없다(참고. 살전 5:2; 벧후 3:10). 그러나 신자는 언제나 준비를 갖추고 있어야 한다.

24:44 **생각하지 않은 때에** 그다음 비유는 그리스도를 따르는 자들에게 그리스도가 생각보다 일찍 오실 경우에 대비하고(43-51절) 그분의 오심이 예상보다 늦춰질 경우를 준비하라고(25:1-13) 가르친다.

5. 두 명의 종 비유(24:45-51)

24:45-51 악한 종은 그리스도의 재림에 대한 약속을 심각하게 생각하지 않는 불신자들을 상징한다(참고. 벧후 3:4). 비록 그는 불신자이지만(그의 형벌에서 입증되듯, *22:13에 대한 설명을 보라*), 그럼에도 자신의 시간에 대한 관리 책임을 그리스도 앞에서 져야 한다. 예수는 지상에 사는 모든 사람은 자신의 생명, 선천적 재능, 재산과 소유를 하나님으로부터 맡아 가지고 있으며, 그것들을 어떻게 사용했는지에 대해 하나님 앞에 책임을 져야 한다고 가르치신다.

24:51 **슬피 울며 이를 갈리라** *22:13에 대한 설명을 보라.*

6. 열 처녀 비유(25:1-13)

25:1-13 열 처녀 비유는 그리스도의 재림이 예상보다 늦어진다고 해도, 어떤 일이 있어도 재림을 예비하는 일이 중요하다는 사실을 강조한다. 그리스도가 재림하시면 회개하지 않은 사람들에게 두 번째 기회는 없을 것이다(11, 12절).

25:1 **열 처녀** 즉 신부들이다. 결혼식은 신랑이 결혼 예식을 위해 신부 집에 도착하면 시작되었다. 식이 끝나면 잔치를 마치기 위해 신랑이 신부와 함께 행렬을 지어 신랑 집으로 간다. 어둠 속에서 계속되는 결혼식을 위해 '등', 곧 횃불이 그 행렬을 비췄다.

25:12 **내가 너희를 알지 못하노라** *누가복음 13:25에 대한 설명을 보라.* 참고. 마태복음 7:23.

7. 달란트 비유(25:14-30)

25:14-30 달란트 비유는 기회를 낭비한 비극을 생생하게 보여준다. 여행을 떠난 사람은 그리스도를 나타내며, 종들은 각기 다른 책무를 부여받은 신자들을 나타낸다. 그리스도가 그들에게 요구한 것은 충성이며(*23절에 대한 설명을 보라*), 이 비유는 충성된 모든 사람은 어느 정도의 열매를 맺으리라는 것을 말한다. 열매 없는 사람은 위선자로 밝혀져 멸망을 당한다(30절).

25:15 **달란트** 1달란트는 특정 동전이 아니라 무게의 단위이며, 금 1달란트는 은 1달란트보다 값이 더 나갔다. 은 1달란트는 (18절에서 "돈"으로 번역된 단어는 문자적으로 '은'이라는 뜻임) 상당한 금액이었다. *달란트*를 오늘날 타고난 재능에 적용하는 것은 이 비유를 선천적인 재능을 가진 청지기직에 잘못 적용한 결과다.

25:23 **네 주인의 즐거움** 다섯 달란트를 받은 사람과 두 달란트를 받은 사람은 각각 그만큼의 보상을 받았는데, 이는 그들의 결과에 근거한 것이 아니라 그들의 충성에 근거한 것이었다.

25:24 **굳은 사람** 주인을 이렇게 규정하는 것은 그를 무자비한 기회주의자요, 자기 것이라고 주장할 수 없는 것을 '거두고 모으는' 사람이라고 헐뜯는 행위다. 이 게으른 종은 참된 신자가 아니다. 이 사람은 자기 주인을 알지 못하는 것이 분명하기 때문이다.

25:26 **나는 심지 않은 데서 거두고…네가 알았느냐** 주인이 자신에 대한 종의 비난을 반복한 것은 그 비난이 사실이라고 인정한 것이 아니다. 주인은 그 사람의 말이 그 사람을 정죄하도록 하고 있다. 만약 종이 자기 주인이 자기가 묘사한 것과 같은 사람이라고 정말로 믿었다면 그것은 그가 게으르지 말아야 할 이유가 되어야 했다. 주인에 대한 종의 비난이 설사 사실이었다고 해도 종의 게으름이 정당화되지는 않는다.

25:29 **무릇 있는 자는 받아 풍족하게 되고** 13:12을 보라. 하나님의 은혜를 받는 사람은 영원한 생명과 하나님의 호의 이외에도 말할 수 없는 복을 상속받게 된다(참고. 롬 8:32). 그러나 하나님의 선하심, 인내, 오래 참으심을 무시한 채(롬 2:4) 그것들을 땅에 묻어버리고 그 대신 이 세상의 하찮고 덧없는 물건들에 매달리는 사람들은 마지막에 가서 자기들이 가진 모든 것을 잃게 된다(참고. 6:19; 요 12:25).

25:30 **바깥 어두운 데…슬피 울며 이를 갈리라** *22:13에 대한 설명을 보라.*

8. 민족들에 대한 심판(25:31-46)

25:31 **인자가…자기 영광의 보좌에 앉으리니** 이 구절은 요한계시록 20:4-6에 묘사된 그리스도의 지상 통치에 대해 말한다. 여기 32-46절에 묘사된 심판은 요한계시록 20:11-15의 흰 보좌 심판과 다르다. 이 심판은 그리스도의 천년 통치 앞에 있을 것이며, 이 심판을 받는 사람은 재림 당시 살아 있는 사람들로 보인다. 이 심판은 때로 열국 심판이라는 말로 표시되지만 예수의 평결은 열국의 각 사람에 대한 것이지 열국 전체에 대한 것은 아니다(46절).

25:32, 33 **양** 즉 신자들이다(10:16; 시 79:13; 겔 34장). 그들은 "그 오른편" 자리, 곧 호의의 자리를 얻는다. **염소** 이는 불신자들을 나타내며, 수치스럽고 버림받은 자리로 배정된다.

25:34 **너희를 위하여 예비된** 이 어구는 그들의 구원이 35절과 36절에 묘사된 행위의 공로를 통해 주어진 것이 아니라 하나님의 은혜의 선물임을 보여준다. "창세" 전에 하나님은 그들을 선택하여 거룩하게 되도록 정하셨으며(엡 1:4), 그리스도의 형상을 닮도록 예정하셨다(롬 8:29). 그러므로 35, 36절에서 칭찬하는 선한 행위들은 그들의 구원의 뿌리가 아니라 열매다. 그 행위가 그들을 천국에 들여보내는 것이 아니다. 그 행위는 그들의 삶 속에서 하나님의 은혜를 드러낼 뿐이다. 그 행위가 심판을 위한 객관적 기준이 되는 것은 그것이 구원에 이르는 믿음의 증거이기 때문이다(참고. 약 2:14-26).

25:40 **내 형제 중에 지극히 작은 자 하나** 이 어구는 구체적으로 다른 제자들을 가리키는 말이다. 어떤 사람은 이 어구를 이스라엘 국가에 적용하고 어떤 사람은 이것을 궁핍한 사람 전체에 적용한다. 그러나 여기서 그리스도는 "오른편에 있는 자들"이 그리스도의 보내신 자를 영접한 방식을 특별히 칭찬하신다(34절). *18:5에 대한 설명을 보라.*

25:46 **영벌에…영생에** 이 두 번의 경우 동일한 헬라어가 사용된다. 악인에 대한 심판은 의인의 기쁨과 마찬가지로 영원하다. 악인에게는 두 번째 기회가 주어지지 않으며, 존재가 소멸되지도 않는다. 악인으로 죽은 사람에 대한 심판은 성경 전체에서 다음과 같은 말들로 묘사된다. "영원한 불"(41절), "꺼지지 않는 불"(3:12), "수치를 당하여서 영원히 부끄러움을 당할"(단 12:2), "구더기도 죽지 않고 불도 꺼지지 아니하는" 곳(막 9:44-49), "고통"과 "불꽃"의 장소(눅 16:23, 24), "영원한 멸망"(살후 1:9), "불과 유황"으로 고통당하는 곳이며 "고난의 연기가 세세토록 올라가는" 곳(계 14:10, 11), "불과 유황"으로 악인들이 "세세토록 밤낮 괴로움을 받는" 곳(계 20:10)이다. 여기서 예수는 그 형벌이 단지 연기와 불꽃일 뿐 아니라 그 자체가 영원하다고 말씀하신다. 악인

은 하나님의 분노와 진노 아래 영원히 처하게 된다. 그들은 분노한 하나님의 불 같은 진노와 수치, 부끄러움 속에서 자신을 비난하는 양심의 공격을 의식 있는 상태로 당한다. 그것도 영원히 말이다. 심지어 지옥 자체가 하나님의 완전한 공의를 인정할 것이다(시 76:10). 거기에 있는 사람들은 그들에 대한 형벌이 정당하며 모든 비난은 자기들이 받아야 한다는 사실을 알게 될 것이다(참고. 신 32:3-5).

B. 서술 5: 십자가와 부활(26:1-28:15)

1. 왕을 죽이려는 계교(26:1-5)

26:2 **유월절** 하나님이 그리스도의 죽음의 때로 선택한 시기였다. 그리스도는 모형이었던 유월절 양이 가리키던 실체였다. 그리스도는 지금까지 자신을 죽이려는 대적의 계교를 피해왔지만(눅 4:29, 30; 요 5:18; 10:39), 이제는 그때가 되었다(*5절에 대한 설명을 보라*). 하나님의 참된 양은 세상의 죄를 지고 갈 것이다(요 1:29).

26:3 **가야바** 주후 18-36년 대제사장을 지낸 사람인데, 그 직책을 담당한 사람들 가운데 재임 기간이 예외적으로 길었다. 그의 재임 기간이 그렇게 길었다는 것은 그가 로마와 헤롯 왕가와 가까운 관계를 유지했음을 암시한다. 그는 전임자인 안나스의 사위였다(요 18:13. *눅 3:2에 대한 설명을 보라*). 그는 성전을 통제했으며, 성전에서 이루어지던 타락한 상업적 활동으로 개인적 이득을 취했으리라는 데 의심의 여지가 없다(*21:12에 대한 설명을 보라*). 예수에 대한 그의 적대감은 지극히 사적인 것이었고 특별히 악의적이었던 것으로 보인다. 성경에 등장할 때마다 그는 예수를 죽일 방법을 찾고 있다.

26:5 **명절에는 하지 말자 하더라** 그렇게도 오랫동안 예수를 죽일 방법을 찾던 유대 지도자들이 정치적으로 더 좋은 기회가 올 때까지 실행을 늦추기로 결정한다. 그런데 그렇게 되지 않았다. 하나님이 정하신 때가 되었던 것이다(*2, 18, 54절에 대한 설명을 보라*).

2. 마리아가 기름을 부음(26:6-13)

26:6 **나병환자 시몬** 이 시몬은 예수님이 나병을 고쳐주신 그 사람임이 거의 확실하다. 나병환자들은 부정한 것으로 간주되어 사람들과 섞이는 것은 말할 것도 없고 심지어 도성 내에서 살도록 허락되지도 않았기 때문이다. 나병은 *레위기 13:2에 대한 설명을 보라*.

26:7 **매우 귀한 향유 한 옥합** 마가는 이 향유의 값을 "삼백 데나리온 이상"으로 정하는데(*막 14:5에 대한 설명을 보라*), 이는 일 년 동안의 급료와 맞먹는 큰 금액이다. 게다가 값비싼 옥합까지 깨뜨렸으므로(막 14:3), 이 행동은 더욱 큰 값을 지불한 것이었다. 옥은 더 좋은 대리석의 일종으로 원광석이 애굽에서 나왔으며 그것을 깎아 값비싼 향유를 보관하는 병으로 사용했다. 요한은 이 여인이 마르다와 나사로의 여자 형제인 마리아라고 말한다(요 12:3). 그렇다면 마르다와 마리아가 나병환자 시몬의 집에서 마련된 식사 자리에서 시중을 들고 있었던 것으로 보인다. 마태와 마가는 그녀가 예수의 머리에 향유를 부었다고 말한다. 요한은 마리아가 예수의 발에 기름을 붓고 머리털로 닦았음을 덧붙인다. 이와 유사한 경배는 누가복음 7:36-38에 기록되어 있지만, 시간과 장소, 다른 세부적 내용의 차이점을 볼 때 이것은 분명히 다른 두 사건이다.

26:8 **제자들이 보고 분개하여** 요한은 이 불평의 대변자가 유다였으며, 위선적인 이유로 그렇게 했다고 말한다(요 12:4-6). 분별력이 없던 다른 제자들도 유다의 말에 동조했던 것으로 보인다.

26:11 **가난한 자들은 항상 너희와 함께 있거니와** 예수님은 분명 가난한 자에 대한 사역을 얕보는 것이 아니다. 특히 양과 염소에 대한 심판의 교훈 직후인 것을 감안한다면 더욱 그렇다(참고. 25:35, 36). 그러나 여기서 예수는 지상의 다른 사역보다 더 높은 우선권을 가지는 일이 그분에 대한 경배임을 보여주신다. 이런 주장을 하나님 이외의 다른 사람이 했다면 분명히 신성모독이 되었을 것이다. 따라서 여기서 예수님은 자신의 신성을 간접적으로 천명하신 것이다(*8:27; 12:6, 8; 21:16; 22:42, 45에 대한 설명을 보라*).

26:12 **내 장례를 위하여 함이니라** 이 말은 반드시 마리아가 자기 행위의 의미를 의식적으로 알고 있었다는 뜻이 아니다. 예수의 임박한 죽음 또는 최소한 그것이 얼마나 가까이 다가왔는지 마리아가 알고 있었다는 건 의심스럽다. 그렇다고 해도 이것은 순수한 경배였다. 그녀 자신이 그 의미를 완전히 알지 못했다고 해도 하나님으로부터 감동을 받아 그런 희생적이고 상징적인 행동을 한 것이다.

26:13 **그를 기억하리라** 이 이야기가 신약성경에 포함됨으로써 이 약속이 보장되었다.

3. 유다가 배반함(26:14-16)

26:15 **은 삼십** 노예 한 명의 가격이다(출 21:32).

4. 유월절(26:17-30)

26:17 **무교절의 첫날** 유월절 양은 니산월(3/4월) 14일에 도살되었고(막 14:12), 그날 저녁에 유월절 식사를

했다. 유월절 직후인 니산월 15-21일이 무교절 절기였다. 이 전체 기간이 유월절로 불리기도 하고(눅 22:1) 무교절로 불리기도 했다. 그러므로 첫 날은 니산월 14일이다. 요한복음 서론의 해석상의 과제를 보라. *요한복음 19:14에 대한 설명을 보라.*

26:18 **아무에게** 마가복음 14:13과 누가복음 22:10은 그 사람이 "물 한 동이를 가지고 가는" 남자이므로(당시 이 일은 보통 여성들의 몫이었음) 제자들은 그 사람을 가려낼 수 있을 것이라고 말한다. 그는 제자들이 모르는 사람임이 분명했다. 아마 '다락방'이 있는 집주인의 종이었을 것이며, 그의 집에서 유월절 식사를 했을 것이다(막 14:15; 눅 22:12). 예수는 자신이 너무 일찍 배반당하고 잡혀가는 것을 막기 위해 이 일을 은밀하게 준비하신 것으로 보인다. 만약 유다가 식사 장소를 미리 알았다면 그는 분명히 대제사장과 장로들에게 밀고했을 것이다(14-16절을 보라). 그러나 '그때'가 '이를 때'까지 이 중에서 어떤 일도 일어날 수 없었다. 이 모든 세부 내용은 예수님이 자신이 당할 십자가형의 상세한 부분까지 주권적으로 통제하고 계심을 보여준다(*5, 54절에 대한 설명을 보라*).

26:20 **앉으셨더니** 문자적으로 '기대어 있다'라는 뜻이다(*막 14:18에 대한 설명을 보라*. 참고. 요 13:25).

26:26 **먹으라 이것은 내 몸이니라** 이렇게 해서 예수님은 마지막 유월절을 최초의 주의 만찬으로 바꾸셨다. 그리스도는 유월절과 성찬이 가리키는 중심 대상이다. 유월절 양과 성찬의 떡, 포도주를 통해 상징적으로 표시된다. "이것은 내 몸이니라"는 말씀은 그날 저녁 그곳에 있던 제자들에게는 도무지 문자적으로 이해될 수 없었다. *누가복음 22:19에 대한 설명을 보라.*

26:28 **언약의 피** 언약은 희생의 피로 확증되었다(창 8:20; 15:9, 10). 여기 예수의 말씀은 출애굽기 24:8에 나온 모세의 선언을 반영한다. 새 언약의 피는 동물의 피가 아니라 죄의 용서를 위해 흘린 그리스도 자신의 피다. *예레미야 31:31-34; 히브리서 8:1-10:18; 8:6에 대한 설명을 보라.*

26:29 **내 아버지의 나라** 즉 지상의 천년왕국이다(눅 22:18, 29, 30을 보라).

26:30 **찬미하고** 시편 118편으로 찬미했을 것이다. 탈무드는 시편 113-118편을 애굽의 할렐(찬송시)이라고 칭했다(*시 113-118편에 대한 설명을 보라*).

5. 베드로의 부인에 대한 예언(26:31-35)

26:31 **버리리라** 56절을 보라. 여기 사용된 헬라어는 24:10에서 마지막 때 발생할 타락과 영적 변절을 묘사하는 '실족하다'라는 말씀에서 예수님이 사용하신 단어와 같다. 그러나 여기서 예수님은 완전하고 최종적인 배교를 말씀하시는 것이 아니다. 육신적인 두려움에 빠지는 순간 제자들은 그분을 버린다(34절). 그러나 예수님은 그들의 믿음이 떨어지지 않기를 기도하시며(눅 22:32; 요 17:9-11), 그 기도는 응답된다. 여기서 예수님이 인용하시는 구절은 스가랴 13:7이다(*이에 대한 설명을 보라*).

26:32 **너희보다 먼저 갈릴리로 가리라** *28:7에 대한 설명을 보라.*

26:34 **닭 울기 전에** 마가는 '두 번'이라는 말을 덧붙인다. 닭은 오전 3시경에 울기 시작한다(참고. 막 13:35). 비록 베드로와 다른 제자들은 자신들이 그리스도를 부인하지 않을 것이라고 말했지만(33, 35절), 그들이 부인하리라는 예언의 성취는 불과 몇 시간밖에 걸리지 않았다(74, 75절; 막 14:66-72).

6. 예수가 번민하심(26:36-46)

26:36 **겟세마네** '기름 압축기'라는 뜻이다. 그리스도와 제자들은 예루살렘에서 기드론 계곡 건너 맞은편에 있는(요 18:1) 이곳에서 자주 만나곤 했다(요 18:2). 고대의 감람원이 오늘날에도 거기에 있다. 그리스도가 이곳으로 오실 것을 미리 말씀하지 않았지만 예수의 습관을 알고 있던 유다는 그곳에서 예수를 찾을 수 있었다.

26:38 **고민하여 죽게 되었으니** 예수님의 고민은 인간에 대한 두려움이나 십자가의 신체적 고통에 대한 두려움과는 아무런 관련이 없다. 그것은 몇 시간 후 죄에 대한 하나님의 진노의 잔을 자신이 마셔야 한다는 사실에 따른 슬픔이다(*39절에 대한 설명을 보라*).

26:39 **이 잔** 참고. 42절. 구약에서 잔(컵)은 때로 죄에 대한 하나님의 진노를 상징한다(사 51:17, 22; 렘 25:15-17, 27-29; 애 4:21, 22; 겔 23:31-34; 합 2:16). 다음 날이면 그리스도는 "많은 사람의 죄를 담당"하실 것이며(히 9:28), 하나님의 진노가 몽땅 그분 위에 떨어질 것이다(사 53:10, 11; 고후 5:21). 이것이 그분이 담당하는 죄의 값이며 그리스도는 이것을 완전히 갚으셨다. 27:46에 언급된 그분의 번민에 찬 외침은 그리스도가 받은 진노의 잔의 극단적인 고통을 반영한다. **나의 원대로 마시옵고 아버지의 원대로 하옵소서** 이 진술은 성삼위의 위격 사이에 일어난 갈등을 암시하는 것이 아니다. 도리어 이 말은 그리스도가 그 인성에서 행하는 모든 일에서 자발적으로 자신의 뜻을 아버지의 뜻에 복종시켰음을 생생하게 보여주며, 따라서 하나님의 뜻과 그리스도의 소원 사이에는 아무런 갈등이 없었다. 요한복음

4:34; 6:38; 8:29; 빌립보서 2:8을 보라. *요한복음 5:30에 대한 설명을 보라.*

26:41 **육신이 약하도다** 이 부드러운 권고는 감동을 안겨준다. 그리스도 자신은 인간의 연약함을 익히 알고 계시지만(히 4:15) 죄는 없었다. 이 순간 그리스도는 그 자체가 죄는 아니지만 죄를 피하려면 하나님의 뜻에 복종해야 하는 인간적 열망과 싸움을 벌이시고 있었다. *39절에 대한 설명을 보라.*

7. 예수가 잡히심(26:47–56)

26:47 **열둘 중의 하나인 유다** 14절을 보라. 네 명의 복음서 저자가 전부 유다를 이렇게 지칭한다(막 14:10, 43; 눅 22:47; 요 6:71). 단 한 번(요 20:24) 다른 제자가 이렇게 묘사된 적이 있다. 복음서 저자들은 유다가 저지른 범죄의 음흉함을 강조하기 위해 특별히 배반의 한가운데서 이 표현을 사용한 것으로 보인다.

26:48, 49 *마가복음 14:44, 45에 대한 설명을 보라.*

26:50 **친구** 여기 사용된 헬라어는 보통 *친구*를 가리키는 단어가 아니라 '동지'를 뜻한다.

26:51 **함께 있던 자 중의 하나** 요한은 칼을 휘두른 사람이 베드로이고 희생자가 말고라는 사람임을 밝힌다(요 18:10). 여기서 베드로는 귀를 겨냥한 것이 아니라 머리를 겨냥했음이 분명하다. 오직 누가만이 예수님이 말고의 귀를 치료해주셨음을 언급한다(눅 *22:51에 대한 설명을 보라*).

26:52 **칼로 망하느니라** 베드로의 행동은 자경단의 행동이었다. 예수를 체포하는 것이 아무리 불의한 일이라고 해도 그것을 막기 위해 베드로가 법을 집행할 권리는 없다. 예수의 대답은 창세기 9:6의 원칙을 다시 한 번 말한다. "다른 사람의 피를 흘리면 그 사람의 피도 흘릴 것이니". 이것은 살인에 합당한 형벌은 사형임을 천명한다.

26:53 **열두 군단 더 되는** 로마 군대의 한 군단은 6,000명으로 되어 있으므로 이것은 천사 7만 2,000명을 의미할 것이다. 열왕기하 19:35에 보면 한 천사가 하룻밤에 18만 5,000명 이상을 죽였으므로, 이렇게 많은 천사라면 무적의 군대가 되었을 것이다. *누가복음 2:13에 대한 설명을 보라.*

26:54 **성경이 어떻게 이루어지겠느냐** 하나님은 예수님이 어떻게 죽으실지에 대한 세부 내용을 예정해놓으셨다(행 2:23; 4:27, 28). 죽으심은 하나님의 뜻에 대한 그리스도의 순종의 절정이었다(*39절에 대한 설명을 보라*). 이 모든 것을 예수님은 친히 절대적으로 통제하셨다(요 10:17, 18). 그럼에도 구약 예언의 모든 세부적 내용을 정확하게 성취한 것은 예수만이 아니라 (그의 적을 포함한) 그분을 둘러싼 사람들이었다. 이 사건들은 예수의 신성한 주권을 보여준다. *2절; 1:22; 5:18; 27:50에 대한 설명을 보라.*

사람들에게 버림받은 그리스도: 복음서에서 성취된 이사야 53:3의 예언

1. 나사렛의 이웃들에게(눅 4:16-30)
2. 제자들에게(요 6:66)
3. 자기 형제들에게(요 7:5)
4. 유다에게(마 26:47-50)
5. 열 제자들에게(마 26:56)
6. 베드로에게(마 26:57-75)
7. 자기 나라 이스라엘에게(마 27:22; 요 1:11)

「산헤드린 공회(*The Sanhedrin in session*)」 1883년. 개인 소장.

8. 산헤드린 앞에서의 재판(26:57–68)

26:57 **대제사장 가야바** *3절에 대한 설명을 보라.* 요한복음 18:13에서 우리는 그리스도가 먼저 안나스(가야바의 장인이며 전

임 대제사장)에게 끌려가셨다는 것을 알게 된다. 그다음 가야바의 집으로 보내졌다(요 18:24). 음모는 제대로 꾸며졌고, 그로써 "대제사장들과 온 공회"(산헤드린, *59절에 대한 설명을 보라*)가 가야바의 집에 '모여서' 예수의 재판을 준비하고 있었다. 때는 자정부터 닭이 첫 번째로 울 때까지였다(74절). 이런 시간에 심문했다는 것은 몇 가지 점에서 불법이었다. 형사 재판은 밤에 진행할 수 없었다(*27:1에 대한 설명을 보라*). 또한 사형이 언도되는 재판은 오직 성전 안에서 공개적으로 진행되어야 했다. 십자가로 나아가는 사건들의 시간 순서에 대해서는 *27:2에 대한 설명을 보라.*

26:59 공회 *요한복음 3:1에 대한 설명을 보라.* 산헤드린은 이스라엘의 최고법원이며, 71명으로 구성되어 있고, 대제사장이 회의를 주재했다. 그들은 안식일과 기타 다른 절기를 제외한 날에는 매일 성전에 모여 재판을 진행했다. 전문적으로 말하면 그들에게는 사형 집행 권한이 없었으나(요 18:31), 스데반의 예에서 보듯 권한이 없으면서도 돌로 치는 형벌을 내렸다(참고. 행 6:12-14; 7:58-60). 로마 총독들이 정치적 편의를 위해 그런 사건을 눈감아주는 경우가 있었던 것으로 보인다. 예수의 경우 그분을 죽이려는 계교를 꾸민 사람들이 재판을 진행하고 있었던 것이다(참고. 요 11:47-50).

26:60 얻지 못하더니 비록 많은 사람이 나서서 위증했지만 산헤드린은 예수를 기소하기에 적합한 혐의를 찾을 수 없었다. '거짓 증인들'은 자기네끼리도 증언이 일치하지 않았던 것으로 보인다.

26:61 하나님의 성전을 헐고 요한복음 2:19-21을 보라. 증인들이 예수의 말씀을 왜곡한다. 마가복음 14:58은 그들의 증언을 더 자세히 전한다.

26:63 맹세하게 하노니 *5:34에 대한 설명을 보라.* 가야바는 예수의 침묵을 깨려고 노력했다(62절). 맹세는 예수님으로 하여금 법적으로 대답하지 않을 수 없게 만들었다. 예수의 대답(64절)은 그 맹세를 받아들였다는 뜻이다.

26:64 이 이미지는 시편 110:1과 다니엘 7:13에서 가져온 것이다.

26:65 대제사장이 자기 옷을 찢으며 보통 이 행동은 깊은 슬픔의 표현이다(왕하 19:1; 욥 1:20; 렘 36:24). 대

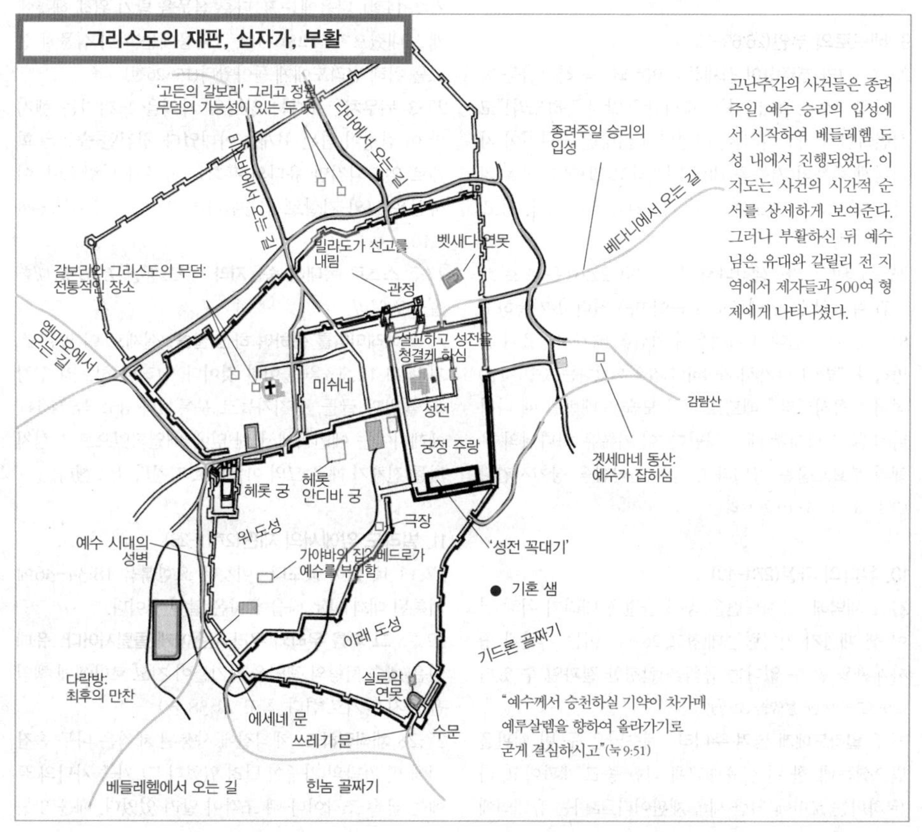

시편의 십자가 예언

예언	시편	성취
1. 그리스도가 번민에 차 있는 순간 하나님은 그를 돌아보지 않으실 것이다	22:1	마 27:46; 막 15:34
2. 그리스도는 비웃음과 조롱을 당할 것이다	22:7, 8	마 27:39-43; 눅 23:35
3. 그리스도의 손과 발이 찔릴 것이다	22:16	요 20:25, 27; 행 2:23
4. 다른 사람들이 그리스도의 옷을 제비 뽑을 것이다	22:18	마 27:35, 36
5. 그리스도의 뼈 가운데 어느 것도 꺾이지 않을 것이다	34:20	요 19:32, 33, 36
6. 그리스도가 친구에게 배신을 당할 것이다	41:9	요 13:18
7. 그리스도께 초와 쓸개가 주어질 것이다	69:21	마 27:34; 요 19:28-30

제사장은 자기 옷을 찢는 것이 금지되었지만(레 10:6; 21:10), 탈무드는 대제사장이 신성모독을 목격했을 때는 예외로 했다. 그러나 가야바의 슬픔의 표현은 예수에 대한 신성모독의 고발처럼 거짓된 행동이었다. 그는 자신이 고발의 근거로 삼을 만한 것을 찾았다는 생각에 내심 회심의 미소를 띠고 있다(67절).

9. 베드로의 부인(26:69–75)

26:74 **그가 저주하며 맹세하여 이르되** 즉 하나님을 자신의 증인으로 불러 "나는 이 사람을 알지 못하노라!"고 선언하면서 자신의 말이 진실되지 않다면 하나님이 자기에게 죽음의 저주를 내릴 것이라고 말한다. 네 편의 복음서는 전부 베드로의 배반을 기록하고 있다. 참고. 31-35절.

26:75 **베드로가…생각나서** 누가복음 22:61은 바로 그 순간 예수의 눈과 베드로의 눈이 마주쳤다고 기록하고 있는데, 이는 견디기 어려운 수치심을 배가시켰음이 분명하다. "밖에 나가서(가야바의 집을 떠났다는 뜻일 것임) 심히 통곡하니라." 베드로의 참 모습은 배반할 때 나타나지 않고 회개할 때 나타난다. 이 기록은 하나님의 은혜의 부요로움뿐 아니라 우리의 연약함을 상기시킨다(또한 요 21:15-19을 보라).

10. 유다의 자살(27:1–10)

27:1 **새벽에** 산헤드린은 공식 판결을 내리기 위해 날이 샐 때까지 기다렸는데(참고. 26:66), 이는 야간에 형사재판을 할 수 없다는 규칙을 인정한 결과일 수 있다(*26:57에 대한 설명을 보라*).

27:2 **빌라도에게 넘겨 주니라** 예수님은 두 번 재판을 받으셨는데, 한 번은 유대교에 의한 종교 재판이고, 다른 하나는 로마에 의한 세속 재판이다. 로마는 유대인에게 사형 선고를 내릴 권한을 주지 않았으므로(*26:59에 대한 설명을 보라*), 유대인은 사형 집행을 위해 예수를 로마 당국에 넘겨준 것이다. 빌라도의 사령부는 지중해 해변인 가이사랴에 있었지만 유월절 기간에는 예루살렘에 기거했으므로 재판을 관할할 수 있었다(*막 15:1에 대한 설명을 보라*). 그리스도는 빌라도 앞으로 보내졌다가(2-14절), 다음에는 또 다른 심문을 받기 위해 헤롯에게 보내졌으며(눅 23:6-12), 그다음에는 다시 심문과 선고를 위해 빌라도에게 돌아왔다(15-26절).

27:3 **뉘우쳐** 유다는 양심의 가책을 느끼기는 했지만 이 감정이 참된 회개는 아니었다. 경건한 슬픔은 회개로 인도되지만 유다의 후회는 종류가 달랐으며, 이 사실은 그의 자살로 입증된다(5절). 참고. 고린도후서 7:10.

27:5 **스스로 목매어 죽은지라** *사도행전 1:18에 대한 설명을 보라.*

27:9 **예레미야를 통하여 하신 말씀** 실제로 이 말은 스가랴 11:12, 13을 풀이한 것이다. 그러나 히브리 성경은 율법과 글들, 선지자들로 분류했다(참고. 눅 24:44). 예레미야는 예언서에서 맨 앞에 배열되었으므로 선지자들 전체가 때로 그의 이름으로 지칭되기도 했다.

11. 빌라도 앞에서의 재판(27:11–26)

27:11 **네 말이 옳도다** 이것은 요한복음 18:34-36에 기록된 대화 바로 다음에 나온 말일 것이다.

27:25 **그 피를 우리와 우리 자손에게 돌릴지어다** 유대인은 예수 처형의 책임을 자기들이 지고 로마에게 책임을 묻지 않기로 한다. 참고. 21:38, 39.

27:26 **채찍질하고** 채찍질에 사용된 채찍은 나무 손잡이에 몇 가닥의 가죽이 달려 있었다. 그 가죽 가닥의 끝에는 금속 조각이나 뼈 조각이 달려 있었다. 매를 맞는

사람은 팔을 머리 위 높은 곳에 올린 자세로 나무에 묶인다. 그러면 등의 살이 얇아진다. 채찍 전문가는 말 그대로 등에서 살점을 떼어내고 근육을 찢어내는데, 때로는 신장이나 다른 내장이 노출되기도 했다. 채찍질은 때론 치명적인 상처를 입혔다.

12. 병사들의 조소(27:27–31)

27:27 **관정** 빌라도의 예루살렘 숙소다. 이곳은 성전 북서쪽 모퉁이 근처 안토니아 성채에 있었을 것이다. "총독의 군병들"은 총독이 (빌라도) 예루살렘에 머무는 동안 그를 보호하는 임무를 맡은 600명 정도로 구성된 '주둔 부대'의 일부였을 것이다.

27:28 **홍포** 마가복음 15:17과 요한복음 19:2은 "자색"이라고 말하는데, 이것은 왕의 자색과 *홍색(scarlet)* 사이의 어떤 색으로, 그들이 구할 수 있던 전통적 왕의 복장과 가장 비슷한 색이었을 것이다. 여기서 '도포'는 군사들 가운데 한 사람의 군대 외투였을 것이다.

27:29 **갈대를 그 오른손에 들리고** 조롱의 한 가지 방법으로 손에 홀과 비슷한 것을 들게 하기 위해 군인들이 의도적으로 막대기 같은 것을 예수의 손에 쥐어준 것이다.

27:30 **그에게 침 뱉고** 이사야 50:6을 보라. **그의 머리를 치더라** 홀을 흉내 낼 수 있을 정도로 긴 갈대라면 빗자루 손잡이처럼 아프게 때릴 수 있을 만큼 단단했을 것이다. 요한복음 19:3은 그들이 주먹으로도 때렸다고 말한다.

27:31 **십자가에 못 박으려고** 십자가는 바사, 페니키아, 카르타고로부터 전해진 형벌의 형태다. 로마의 십자가형은 서서히 죽어가도록 설계되었다. 로마의 처형자들은 죄수가 살아 있으면서 서서히 고문을 당하는 기술을 완성해냈다. 어떤 희생자들은 육식 조류나 맹수에게 뜯어 먹히면서도 살아 있었다. 또 다른 죄수들은 탈진하거나 탈수, 발열 또는 대부분의 경우 호흡곤란으로 죽을 때까지 며칠 동안 십자가에 매달려 있기도 했다. 다리가 더 이상 몸의 무게를 지탱하지 못하면 횡격막이 눌려 호흡이 불가능해졌다. 이런 이유로 다리를 부러뜨려 죽음을 재촉하기도 했지만(요 19:31–33), 예수의 경우에는 이렇게 할 필요가 없었다. 대개 손목에 못을 박았으며, 발은 발등이나 아킬레스건에 못을 박았다(어느 때는 발을 모아 못 하나를 박기도 했음). 이 상처는 치명적이지는 않지만 시간이 지나면서 그 고통은 참을 수 없이 심해졌다. 또한 십자가형은 수치라는 낙인까지 찍었다(갈 3:13; 5:11; 히 12:2). 그 수치 가운데 하나는 자기 십자가를 자기가 지고 가야 한다는 것이었다. 십자가의 무게는 약 90킬로그램에 달했다. 대개 네 명의 군인이 군중을 뚫고 죄인을 십자가 형장으로 데려간다. 죄명을 적은 패는 죄인의 목에 걸렸다.

13. 십자가(27:32–56)

27:32 **구레네** 북아프리카에 있는 도시다. 채찍질이 예수를 너무 약하게 만들어 십자가를 옮기지 못할 지경이 된 것이 분명하다. 이것은 죄를 제외하고 인간의 모든 약점을 그대로 지닌(히 4:15) 그분의 인성을 보여주는 또 다른 감동적인 모습이다.

27:33 **해골의 곳** 골고다가 해골 모양의 언덕이었든지, 아니면 십자가형이 행해지던 곳이어서 해골이 쌓인 결과 이런 이름이 붙었을 것이다. 복음서에는 언덕을 언급한 곳이 없다. '해골'은 라틴어로 *칼바리아(calvaria)*인데, 갈보리는 예수께서 십자가에 달리신 곳을 가리키는 라틴어의 영어식 표현이다.

27:34 **쓸개 탄 포도주** *쓸개*는 그냥 쓴 어떤 것을 가리킨다. 마가복음 15:23은 그것을 몰약, 곧 일종의 마취제라고 말한다. 유대인은 잠언 31:6에 근거해 십자가 처형을 당하는 사람에게 고통을 줄여주기 위해 마취 효과가 있는 약품을 제공하는 관습이 있었다. 그리스도는 갈증 때문에 그것을 맛보고 나서 "마시고자 하지 아니"하셨다. 이는 자신의 일을 마칠 때까지 감각이 둔해지지 않게 하시려는 것이었다. 육체적 고통을 감소시키는 것이 그분의 대속 사역의 효력을 감소시키지는 않았을 것이다(*26:38, 39에 대한 설명을 보라*). 하지만 앞으로 올 시간을 위해 온전한 정신으로 있고자 하셨다. 예를 들면 죽어가는 도적에게 사역하기 위해서라도 깨어서 온전한 정신을 가지고 있어야 했다(눅 23:43).

27:35 **그 옷을 제비 뽑아 나누고** 죄수의 옷은 보통 처형 집행자의 차지였다. 요한복음 19:23, 24은 더 완전한 설명을 제공한다. 이 행동은 시편 22:18에서 예언되었다.

27:37 **죄패** 이 패에 대한 서로 다른 설명을 통일시키는 문제에 대해서는 *누가복음 23:38에 대한 설명을 보라*(참고. 막 15:26). 이 죄패가 '그 머리 위에' 달렸다는 말은 이 십자가가 당시 때때로 사용되던 T자 모양이 아니라 전통적으로 교회에 알려져 있는 세로대가 가로대 위로 올라가 있는 십자가였음을 말해준다.

27:38 **강도** 이 단어는 단순한 도적이 아니라 약탈하는 반역자와 산적을 가리키는 단어다. 단순한 도적이 십자가에 달리지는 않았을 것이다. 이들은 바라바의 동료였을 것이다.

27:40 **성전을 헐고 사흘에 짓는** 26:61을 보라. 그들

은 예수의 말씀 가운데 핵심을 놓쳤다. "예수는 성전된 자기 육체를 가리켜 말씀하신 것이라"(요 2:21). 예수는 "십자가에서 내려"오시지 않았다. 하지만 이는 그렇게 할 능력이 없어서가 아니었다(요 10:18). 그가 하나님의 아들이라는 증거는 "사흘" 후에(*12:40에 대한 설명을 보라*), 그분이 재건된 "성전"과 함께 돌아올 때에 나타날 것이다.

27:42 **우리가 믿겠노라** *12:38; 16:1에 대한 설명을 보라.*

27:45 **제육시로부터…제구시까지** 정오부터 오후 3시까지다. 십자가형은 오전 9시부터 시작되었다(*막 15:25; 눅 23:44에 대한 설명을 보라*).

27:46 **엘리 엘리 라마 사박다니** *엘리(Eli)*는 히브리어이고 나머지는 아람어다(막 15:34은 전체 외침을 아람어로 기록함). 이 외침은 시편 22:1의 성취다. 시편과 십자가에서 벌어진 구체적인 사건 사이에는 많은 놀라운 유사점이 있다(*시 22편에 대한 설명을 보라*). 그 순간 그리스도는 죄를 진 자신에게 부어지는 하나님의 진노로 말미암아 버림받음과 절망을 경험하고 계셨다(*26:39에 대한 설명을 보라*).

27:50 **영혼이 떠나시니라** 자발적인 행동이다. 요한복음 10:18을 보라. *26:54에 대한 설명을 보라.*

27:51 **성소 휘장** 즉 지성소에 들어가는 것을 막는 커튼이다(출 26:33; 히 9:3). 휘장이 찢어진 것은 이제 새롭고 살아 있는 길을 통해 하나님의 임재 앞으로 나아가는 것이 모든 사람에게 열렸다는 것을 상징한다(히 10:19-22). 그것이 "위로부터 아래까지" 찢어졌다는 것은 사람이 그것을 찢지 않았다는 것을 보여준다. 하나님이 그렇게 하신 것이다.

27:52 **자던 성도의 몸이 많이 일어나되** 오직 마태만이 이 기적을 언급한다. 이 사람들에 대해 더 이상의 말이 없는데, 만약 그들이 땅에 오래 머물렀다면 그러지 않았을 것이다. 그들은 영화된 몸을 입고 있었음이 분명하며, "많은 사람에게" 보였다(53절). 이것은 그 기적의 사실성을 입증하기에 충분했다. 그 후 그들은 영광 가운데 올라간 것으로 보인다. 데살로니가전서 4:16을 미리 맛본 셈이다.

27:54 **백부장** *8:5에 대한 설명을 보라.* **함께…지키던 자들** 이들은 백부장의 휘하에 있던 사람들일 것이다. 마가복음 15:39은 이 백부장이 고백의 말을 한 사람이라고 말하지만, 그는 분명 자기 휘하의 사람들을 대표해 말했을 것이다. 이 "두려움"은 이들의 죄에 대한 인식을 보여주며, *진실*로는 참된 신앙을 보여주는 확실성과 확신을 암시해준다. 이들은 누가복음 23:34에서 언급한 예수의 기도의 응답을 나타낸다. 이들의 반응은 39-44절의 조롱과 날카롭게 대비된다.

27:56 **막달라 마리아** 그녀는 일곱 귀신으로부터 구원받은 마리아다(눅 8:2). 다른 "마리아"는["글로바의 아내"(요 19:25), 글로바는 알패오의 다른 이름임] "작은 야고보"로 알려진(막 15:40. *10:2에 대한 설명을 보라*) 사도의 어머니였다. **세베대의 아들들의 어머니** 야고보와 요한의 어머니인 살로메다(막 15:40). 요한복음 19:26로부터 우리는 예수의 어머니 마리아가 십자가 근처에 있었음을 알 수 있다. 가까이서 그 고통을 바라보는 게 견디기 힘들 정도였지만 그렇다고 그에게서 멀어지는 것도 견딜 수 없다는 듯이 "멀리서 바라보고 있던"(55절) 세 사람으로부터 마리아는 떨어져 서 있었을 것이다.

14. 장사(27:57-66)

27:57 **아리마대** 예루살렘에서 24-32킬로미터 북서쪽에 있는 마을이다. **요셉** 마가복음 15:43과 누가복음 23:50, 51은 그를 산헤드린 회원이라고 말한다(*26:59에 대한 설명을 보라*). 그럼에도 그는 그리스도를 정죄하는 "그들의 결의와 행사에 찬성하지 아니한 자라"고 누가는 말한다. 요셉과 니고데모(요 19:39)는 유대의 고위 지도자였지만 그리스도를 요셉의 "새 무덤"에 장사 지냄으로써(60절) 이사야 53:9의 예언을 정확하게 성취했다.

27:62 **그 이튿날** 안식일이다. **준비일** 금요일이다.

15. 부활(28:1-15)

28:1 **안식 후 첫날이 되려는 새벽에** 유대인의 안식일은 공식적으로 토요일 일몰과 함께 끝난다. 그때 여인들은 향품을 구입하고 준비할 수 있다(눅 24:1). 여기에 묘사된 일들은 한 주간의 첫째 날인 다음 날 아침, 곧 일요일 새벽에 일어난다. **다른 마리아** 작은 야고보의 어머니다(*27:56에 대한 설명을 보라*).

28:2 **큰 지진** 이 지진은 그리스도의 죽음과 관계된 두 번째 지진이다(27:51). 이 지진은 "주의 천사"가 초자연적으로 "돌을 굴려"내고 있을 때 무덤 근처에서만 느껴졌을 것이다. 그러나 돌을 굴려낸 것은 예수가 나오도록 준비한 것은 아니었다. 만약 그가 죽음에서 살아날 수 있었다면 무덤에서 나오기 위해 도움이 필요치 않았을 것이다. 돌을 굴려낸 것은 여인들과 사도들이 무덤 속으로 들어가기 위한 준비였다(6절).

28:4 **죽은 사람과 같이 되었더라** 이 말은 그들이 두려움 때문에 몸이 얼어붙은 것이 아니라 자기들이 본 것에 너무 놀란 나머지 정신을 잃었다는 뜻이다. "떨며"라

그리스도의 사역 개관

26년	
겨울	
	요한의 공적 사역
봄	
	그리스도의 세례
여름	시험
가을	
27년	
겨울	
	요한 사역의 종말과 그리스도 사역의 시작
봄	공적 사역의 첫 번째 유월절
여름	니고데모와의 대화
가을	영적 추수의 도전
28년	
겨울	
	제자들을 부르심
봄	두 번째 유월절(복음서에는 언급되지 않음)
여름	갈릴리 사역
	장막절: 안식일 논쟁
가을	산상보훈
29년	첫 번째 공적인 배척: 비유 사역 시작
겨울	마지막 갈릴리 사역
	세 번째 유월절
봄	생명의 떡
	갈릴리 주변 사역
여름	메시아의 교훈이 가르쳐지고 확증됨
	장막절
가을	후기 유대 사역
30년	수전절
겨울	베레아와 주변 사역
봄	고난 주간
	부활과 승천
여름	

고 번역된 단어는 2절에서 "지진"을 가리키는 단어와 동일한 어근이다. 여인의 도착과 함께 갑자기 천사가 등장한 것은 어떤 일이 일어나고 있다는 첫 번째 단서다.

28:6 **와서 그가 누우셨던 곳을 보라** 이 사건들의 순서를 네 편의 복음서 전체를 종합해 정리한 것을 보려면 *누가복음 24:4에 대한 설명을 보라.*

28:7 **거기서 너희가 뵈오리라** 10, 16절; 26:32; 요한복음 21:1-14을 보라. 이 말은 그때까지 그들이 예수를 못 보리라는 뜻이 아니다. 사도들은 갈릴리에서 예수를 보기 전에 여러 번 그분을 보았다(눅 24:15, 34, 36; 요 20:19, 26). 그러나 부활하신 후 예수가 자신을 드러내신 최고 장면은 갈릴리에서 "오백여 형제에게 일시에 보이신"(고전 15:6) 것이다. *16절에 대한 설명을 보라.*

28:9 **예수께서 그들을 만나** 그리스도가 부활하신 후 나타나신 경우를 요약한 것은 *누가복음 24:34에 대한 설명을 보라.*

28:10 **내 형제들** 즉 제자들이다.

28:11 **대제사장들에게 알리니** 발생한 일들을 덮으려는 유대교 지도자들의 결심은 부인할 수 없는 증거 앞에서 그들이 보여준 불신앙의 고집을 드러낸다(눅 16:31).

28:12 **돈을 많이 주며** 여기 돈은 문자적으로 '은'이라는 뜻이다(참고. 26:15). 뇌물이 필요했던 이유는 만약 군인들의 말이 사실이라면 그들의 목숨이 위험했기 때문이다. 그들은 빌라도의 직접적인 명령으로 무덤을 지키는 책임을 맡았다(27:65). 또한 유대 지도자들은 군인들이 퍼트린 거짓 이야기가 빌라도의 귀에 들어가면 자기들이 군인들을 지켜주겠다고 약속한다(14절).

28:13 **우리가 잘 때에** 이 이야기는 지어낸 것이 분명한데, 사건을 덮으려는 설명으로는 빈약하기 그지없다. 그들이 자고 있었다면 무슨 일이 발생했는지 알 수 없었을 것이다.

맺음말: 왕의 임무 부여 (28:16-20)

28:16 **열한 제자** 오직 열한 명만 거기에 있었다는 뜻이 아니다. 거기에 "의심하는 사람들"이 있었다는 사실은(17절) 열한 명 이상의 사람이 있었음을 시사한다. 제자들 대부분이 갈릴리에 있어 그리스도는 그곳에서 그들을 만나기로 준비하신 것 같다. 이곳이 바울이 고린도전서 15:6에서 묘사한 군중이 모이기에 좋은 장소로 보인다(*7절에 대한 설명을 보라*).

28:17 **의심하는 사람들이 있더라** 이 간단한 어구는 성경의 진실성에 대한 무수한 증언 가운데 하나다. 이런 진술의 투명한 정직성은 마태가 여기서 그런 영광스러운 순간의 완전성을 약화시킬 수 있는 사실들을 변명하거나 덮으려 하지 않고 있음을 보여준다.

28:18 **모든 권세** 11:27; 요한복음 3:35을 보라. "하늘과 땅"에 있는 것에 대한 (모든 것을 다스리는) 절대의 주권적 권세가 그리스도의 손에 주어졌다. 이 절은 그리스도의 신성에 대한 분명한 증거다. 예수님이 낮아지신 시간은 이제 끝났고, 하나님이 그를 모든 것 위에 높이셨다(빌 2:9-11).

28:19 **그러므로** 즉 그분의 권세를 근거로 해서 제자들은 "모든 민족을 제자로 삼기" 위해 파송된다. 이들의 임무가 모든 것을 포함한다는 것은 그리스도의 궁극적인 권세에 따른다는 것이다. **아버지와 아들과 성령의 이름으로** 이 공식은 삼위일체를 강력하게 천명한다.

28:20 **내가 너희에게 분부한 모든 것을 가르쳐 지키게 하라 볼지어다** 이 명령에서 요구하는 종류의 복음 전파는 불신자의 회심으로 끝나는 것이 아니다. **너희와 항상 함께 있으리라** 마태복음 시작 부분의 메아리다. "임마누엘"(1:23), "이를 번역한즉 하나님이 우리와 함께 계시다 함이라"가 "세상 끝날까지", 즉 그분이 세상을 심판하고 지상에 왕국을 세울 때까지 계속될 것이다.

연구를 위한 자료

John MacArthur, *Matthew 1-7* (Chicago: Moody, 1985).

John MacArthur, *Matthew 8-15* (Chicago: Moody, 1987).

John MacArthur, *Matthew 16-23* (Chicago: Moody, 1988).

John MacArthur, *Matthew 24-28* (Chicago: Moody, 1989).

Leon Morris, *The Gospel According to Matthew* (Grand Rapids: Eerdmans, 1992).

제목

이 복음서의 제목이 된 마가는 베드로와 가까운 동역자이면서 사도행전에 반복해 등장하는 인물이다. 사도행전에서 마가는 "마가라 하는 요한"이라고 불린다(행 12:12, 25. 참고. 15:37, 39). 베드로가 감옥에서 풀려났을 때 찾아갔던 예루살렘에 있던 집이 요한 마가의 어머니 집이었다(행 12:12).

요한 마가는 바나바의 조카였으며(골 4:10), 바울의 1차 전도여행에서 바울과 바나바와 동행하기도 했다(행 12:25; 13:5). 그러나 버가로 가는 도중 마가는 일행을 떠나 예루살렘으로 돌아왔다(행 13:13). 2차 전도여행 때 바울은 마가를 전도여행에 참여시키자는 바나바의 의견을 받아들이지 않았다. 이 일로 말미암아 분쟁이 일어나 바울과 바나바는 결별했다(행 15:38-40).

요한 마가가 처음에 보여주었던 우유부단함은 나이가 들면서 사라지고 대신 신앙의 큰 힘이 그 자리를 채웠는데, 사도 바울도 나중에 그 사실을 인정했다. 골로새서를 기록할 때 바울은 요한 마가가 오면 환영하라고 말했다(골 4:10). 게다가 마가를 동역자의 목록에 포함시켰으며(몬 24절), 훗날 디모데에게 "네가 올 때에 마가를 데리고 오라 그가 나의 일에 유익하니라"고 말하기까지 했다(딤후 4:11).

요한 마가가 유능한 사역자로 회복된 것은 부분적으로 베드로의 사역 때문이었을 것이다. 베드로가 마가와 친밀한 관계를 맺었다는 사실은 베드로가 마가를 "내 아들 마가"라고 부르는 데서도 나타난다(벧전 5:13). 물론 베드로 자신도 실패의 경험이 낯설지 않았을 텐데, 그의 영향력으로 이 젊은이는 청년의 불안정함에서 벗어나 하나님이 자신을 부르신 사명 수행에 필요한 힘과 성숙성을 갖추게 되었다.

저자와 저작 연대

서신들과 달리 복음서들에는 저자의 이름이 없다. 하지만 초대 교부들은 이 두 번째 복음서의 저자가 마가임을 의심하지 않았다. 히에라폴리스의 감독이었던 파피아스는 주후 140년경 쓴 글에서 이렇게 말했다. "장로(사도 요한)가 이렇게 말했다. 마가는 베드로의 통역자가 되었으며 자기가 기억하는 모든 것을 정확하게 기록했다. 그러나 그가 기록한 그리스도의 말씀이나 행적은 정확히 시간 순서를 따른 것은 아니었다. 그는 주님의 말씀을 직접 듣거나 그분과 동행하지 않았기 때문이다. 그러나 내가 말했듯 뒤에는 베드로와 동행했는데, 베드로는 자신의 가르침을 (청중의) 필요에 맞추긴 했지만 주님의 말씀을 순차적인 서술로 제공하겠다는 의도가 없었다. 마가는 자신이 기억한 것들을 기록할 때 실수가 없었다. 마가가 특별히 주의를 기울인 것은 자기가 들은 것을 하나도 빼놓지 않고, 지어낸 어떤 이야기를 자기의 말에 조금도 덧붙이지 않는 것이었다"(「주의 말씀의 해석」, 6에서).

순교자 유스티누스(저스틴)는 주후 150년경 쓴 글에서 마가복음을 '베드로의 비망록'이라고 부르면서 마가가 이탈리아에 있을 때 이 복음서를 글로 옮겼다고 말했다. 이 말은 이 복음서를 로마에 있는 그리스도인의 유익을 위해 로마에서 기록했다고 간주하는 초기 전승의 일관된 목소리와 일치한다. 주후 185년경 쓴 글에서 이레나이우스는 마가를 "베드로의 제자요 통역자"라고 부르면서 베드로가 그리스도에 대해 설교한 것을 내용으로 하는 두 번째 복음서를 마가가 기록했다고 말한다. 이 복음서가 베드로 생전에 기록되었는지, 아니면 사후에(주후 67-68년) 기록되었는지에 대해서는 교회 교부들 사이에서 증언이 일치하지 않는다.

복음주의 학자들은 이 서신의 저작 연대를 주후 50-70년으로 잡는다. 13:2에 나온 예수의 말씀 때문에 주후 70년 예루살렘과 성전 파괴 이전에 이 서신이 기록되었을 것으로 보인다. 한편 누가복음은 사도행전 기록 이전에 기록된 것이 분명하다(행 1:1-3). 사도행전의 저작 연대는 주후 62년경으로 보인다. 이 연대가 사도행전 이야기가 종료된 직후이기 때문이다(사도행전 서론의 저자와 저작 연대를 보라). 그러므로 비록 확실하지는 않지만 마가는 그보다 이른 시기, 대략 50년대에 복음서를 기록했을 것으로 예상된다.

배경과 무대

마태가 유대인 청중을 대상으로 한 반면 마가는 로마인 신자들, 특히 이방인을 대상으로 삼은 것으로 보인다. 아람어 용어를 사용할 때는 독자를 위해 그것을 번역해 주고 있다(3:17; 5:41; 7:11, 34; 10:46; 14:36; 15:22, 34). 한편 다른 몇몇 곳에서는 라틴어 단어를 사용하는데 그것에 해당하는 헬라어는 사용하지 않았다(5:9; 6:27; 12:15, 42; 15:16, 39). 또한 그는 시간을 로마 체계에 맞춰 말하며(6:48; 13:35) 유대인의 풍습을 세심하게 설명하고 있다(7:3, 4; 14:12; 15:42). 마가복음은 마태복음과 누가복음에서 발견되는 족보와 같은 유대적인 요소를 생략한다. 다른 복음서들과 비교했을 때 구약을 덜 언급하며, 유대인 독자가 특별히 관심을 가질 만한 내용, 이를테면 바리새인과 사두개인에 대한 예수의 비판 등은 덜 적고 있다(사두개인은 12:18에 단 한 번 언급됨). 구레네 사람 시몬을 언급할 때는(15:21) 그가 루포의 아버지임을 밝히는데, 루포는 로마 교회의 주요 교인이었다(롬 16:13). 이 모든 증거는 마가복음이 로마에 사는 이방인 독자를 위해 처음 기록되었다는 견해를 뒷받침한다.

역사적 · 신학적 주제

마가는 예수를 고난받는 주의 종으로 제시한다(10:45). 마가는 예수의 가르침보다 행적에 초점을 맞추는데, 특히 예수의 섬김과 희생을 강조한다. 마가는 다른 복음서에서 발견되는 긴 강화를 생략하며, 때로 짧은 발췌문을 통해 예수의 가르침의 핵심을 제공한다. 또한 예수의 조상과 탄생에 대한 기록을 모두 생략하고 그의 공적인 사역이 시작된, 광야에서 세례 요한에게 세례받는 장면부터 시작한다.

마가는 다른 복음서의 저자들보다 그리스도의 인간성을 더 분명히 보여주며, 그리스도의 인간적 감정(1:41; 3:5; 6:34; 8:12; 9:36)과 그의 인간적 한계(4:38; 11:12; 13:32), 하나님의 아들의 인간적 측면을 부각시키는 다른 작은 세부 사항(예를 들면 7:33, 34; 8:12; 9:36; 10:13-16)을 강조한다.

해석상의 과제

마가복음의 해석자들은 세 가지 중요한 문제에 부딪히게 된다. 첫째, 마가복음이 누가복음 그리고 마태복음과 어떤 관계를 맺고 있는가(*다음에 나올 '공관복음 문제'를 보라*)? 둘째, 종말론적 단락들을 어떻게 해석해야 하는가(*4; 13장에 대한 설명을 보라*)? 셋째, 16장의 마지막 열두 절이 원래 마가복음의 일부였는가(*16:9-20에 대한 설명을 보라*)?

공관복음 문제

마태복음, 마가복음, 누가복음을 대충만 읽어봐도 예수의 생애와 사역, 가르침을 그린 세 복음서 사이에 존재하는 놀라운 유사성(참고. 2:3-12; 마 9:2-8; 눅 5:18-26)과 중요한 차이점을 발견할 수 있다. 그 유사성과 차이점을 어떻게 설명해야 하느냐 하는 문제를 공관복음 문제라고 한다[공(syn)은 '함께'라는 뜻이고, 관(optic)은 '본다'는 뜻임].

오늘날은 (심지어 복음주의자들 사이에서도) 공관복음서들 간에 어떤 형태로든 문헌적인 의존이 존재했다는 것을 당연시한다. 그렇게 추정된 문헌적 의존성을 설명하기 위해 가장 일반적으로 받아들여지는 이론이 '두 개의 자료' 이론으로 알려져 있다. 이 가설에 따르면 마가복음이 처음에 기록되었고, 마태와 누가가 마가복음을 자료로 삼아 각각 자기의 복음서를 기록했다는 것이다. 이 견해를 지지하는 사람들은 지금 존재하지 않는 두 번째 자료를 상상하여 그것에 Q('원천'이라는 뜻을 가진 독일어 Quelle의 첫 글자)라는 이름을 붙이고 나서 마가복음에는 없으면서 마태복음과 누가복음에 있는 자료가 Q에서 왔다고 주장한다. 그들은 이 시나리오

「산상수훈[*The Sermon on the Mount*]」 1598년. 얀 브뤼헐. 동판에 유화. 36.8×26.7cm. 폴 게티 미 술관. 로스앤젤레스.

를 뒷받침하기 위해 몇 가지 증거를 내놓았다.

첫째, 마가복음 대부분의 내용이 마태복음과 누가복음에서 병행되어 나타난다. 그런 내용들이 마가복음에서는 마태복음과 누가복음의 경우보다 짧아서 마태복음과 누가복음이 마가복음의 내용을 확대한 것이 분명하다. 둘째, 세 편의 복음서가 전체적으로 비슷한 연대기적 순서를 따르지만 마태복음과 누가복음이 마가복음과 다른 순서를 취할 때 마태복음과 누가복음 중 하나는 마가복음의 순서와 같다. 다른 말로 하면 마태복음과 누가복음이 함께 같은 곳에서 마가복음의 연대기를 벗어나지 않는다는 것이다. 그들은 이것이 마태와 누가가 마가복음을 역사적 틀로 삼았음을 보여주는 증거라고 주장한다. 셋째, 세 편의 복음서에 공통적으로 들어 있는 구절에서 마태복음의 어구와 누가복음의 어구가 마가복음의 어구와 다른 곳에서는 마태복음과 누가복음이 일치하는 경우가 거의 없다. '두 개의 자료' 이론의 지지자들은 이것을 마태복음과 누가복음이 마가복음을 자료로 사용했다는 증거로 본다.

그러나 이런 논증들은 마태와 누가가 마가복음을 원자료로 사용했다는 확실한 증거가 되지 못한다. 실제 증거가 그런 이론을 강력하게 반박한다.

1. 19세기까지 교회에서 언급한 거의 일치된 증언에 따르면 마태복음이 최초로 기록된 복음서였다. 이처럼 인상적인 큰 증언을 아무렇지 않게 무시해선 안 된다.
2. 그리스도의 생애에서 발생한 사건들의 목격자인 마태가 왜 자신의 회심에 대한 기록을 위해 목격자도 아닌 마가의 글에 의존했겠는가?
3. 공관복음서에 대한 중요한 통계적 분석에 따르면 일반적으로 알려진 것보다 그들 사이의 병행관계는 훨씬 덜 광범위하고 차이점이 더욱 큰 것으로 드러난다. 특별히 이 차이점들은 복음서 저자들 사이의 문헌적 의존성을 부인한다.
4. 복음서는 실제 역사적 사건들의 기록으로, 그들이 동일한 역사적 순서를 따르지 않았다면 도리어 이상할 것이다. 예를 들어 미국 역사에 대한 세 권의 책이 모두 독립전쟁, 남북전쟁, 1차 세계대전, 2차 세계대전, 베트남전쟁, 페르시아만전쟁 등을 연대기적 순서로 나열한다고 해서, 저자들이 다른 저자의 책에 의존했다는 증거는 되지 못한다. 내용상의 일반적인 일치점이 문헌적 의존성을 증명하는 것은 아니다.
5. 마태복음과 누가복음 사이에는 서로 일치하면서 마가복음과는 다른 ('두 개의 자료' 이론을 지지하는 셋째 논증을 보라) 내용의 분량이 전체 가운데 육분의 일에 이른다. 만약 그들이 마가복음을 자료로 삼았다면 왜 마태와 누가가 그렇게도 자주 마가의 어구를 동일한 방식으로 바꿨는지에 대한 만족스러운 설명을 할 수가 없다.
6. '두 개의 자료' 이론은 마가복음의 중요한 단락(6:45-8:26)을 누가가 빠뜨린 것을 설명하지 못한다. 그 부분을 생략했다는 것은 누가가 복음서를 쓸 때 마가복음을 참고하지 않았다는 뜻이다.
7. Q문서가 존재했음을 보여주는 어떤 역사적·사본적 증거도 없다. 그것은 순전히 현대 회의론자가 낳은 허구의 산물이며, 복음서의 축자영감을 부인하는 길로 나갈 가능성이 있다.
8. 복음서들 사이에 문헌적 의존성이 있었다는 모든 이론은 복음서 저자들이 서로 직접적인 접촉이 있었다는 중요한 사실을 간과한다. 마가와 누가는 모두 바울의 동역자였다(참고. 몬 24절). 초대 교회는 (마태를 포함해) 한동안 마가의 어머니 집에서 모였다(행 12:12). 또한 누가는 바울이 가이사랴에 2년 동안 붙잡혀 있었을 때도 쉽게 만날 수 있었다(*행 27:1에 대한 설명을 보라*). 이런 접촉은 문헌적 의존성이라는 이론을 불필요하게 만든다.

공관복음 문제에 대한 가장 단순한 해결책은 그런 문제가 애초에 없었다고 생각하면 된다. 비평 학자들이 복음서 저자들 사이의 의존성을 증명하지 못하므로 그것을 설명할 필요도 없다. 복음서 저자들이 하나님의 영감을 받았으며, 독립적으로 [세 사람이 모두 성령의 감동을 받은 사실을 제외하고(벧후 1:21)] 복음서를 기록했다는 전통적 견해가 유일하게 정당해 보인다.

복음서의 다양한 관점들을 비교해보면 복음서들이 얼마나 잘 조화를 이루고, 전체 사건 또는 전체 메시지에 대한 완전한 그림으로 독자를 인도하는지가 분명해진다. 기록들은 서로 모순되는 것이 아니라 서로를 보완해주기 때문에 공관복음서 전체가 모이면 더 완전한 이해를 제공한다. 어려운 문제들은 각 복음서의 설명에서 다뤄진다.

마가복음 개요

I. 머리말: 광야에서(1:1-13)
A. 요한의 메시지(1:1-8)
B. 예수의 세례(1:9-11)
C. 예수의 시험(1:12, 13)
II. 사역의 시작: 갈릴리와 주변 지역에서 (1:14-7:23)
A. 메시지 선포(1:14, 15)
B. 제자를 부르심(1:16-20)
C. 가버나움 사역(1:21-34)
D. 갈릴리로의 진출(1:35-45)
E. 자신의 사역을 변호하심(2:1-3:6)
F. 군중에 대한 사역(3:7-12)
G. 열둘을 세우심(3:13-19)
H. 서기관들과 바리새인들을 꾸짖으심 (3:20-30)
I. 자신의 영적 가족을 밝히심(3:31-35)
J. 비유로 설교하심(4:1-34)
1. 씨 뿌리는 자(4:1-9)
2. 비유로 말하는 이유(4:10-12)
3. 씨 뿌리는 자의 비유 설명(4:13-20)
4. 등불(4:21-25)
5. 씨(4:26-29)
6. 겨자씨(4:30-34)
K. 자신의 능력을 보여주심(4:35-5:43)
1. 풍랑을 잠재우심(4:35-41)
2. 귀신을 쫓아내심(5:1-20)
3. 병자를 고치심(5:21-34)
4. 죽은 자를 살리심(5:35-43)
L. 고향으로 돌아오심(6:1-6)
M. 제자들 파송(6:7-13)
N. 강한 적을 정복하심(6:14-29)
O. 제자들과 다시 만남(6:30-32)
P. 5,000명을 먹이심(6:33-44)
Q. 물 위를 걸으심(6:45-52)
R. 많은 사람을 고치심(6:53-56)
S. 바리새인에 대한 대답(7:1-23)
III. 사역의 확장: 갈릴리 여러 지역(7:24-9:50)
A. 두로와 시돈: 이방 여인의 딸을 구하심 (7:24-30)
B. 데가볼리: 귀먹고 벙어리 된 사람을 고치심 (7:31-37)
C. 갈릴리 동쪽 해안: 4,000명을 먹이심(8:1-9)
D. 달마누다: 바리새인들과의 논쟁(8:10-12)
E. 호수 건너편: 제자들을 꾸짖으심(8:13-21)
F. 벳새다: 맹인을 고치심(8:22-26)
G. 가이사랴 빌립보와 가버나움: 제자들을 가르치심(8:27-9:50)
1. 베드로가 예수를 그리스도로 고백함 (8:27-30)
2. 죽음을 예언하심(8:31-33)
3. 제자도의 대가를 설명하심(8:34-38)
4. 자신의 영광을 드러내심(9:1-10)
5. 엘리야의 역할을 해명하심(9:11-13)
6. 제자들이 쫓지 못한 귀신을 예수가 쫓아내심(9:14-29)
7. 다시 죽음과 부활을 예언하심(9:30-32)
8. 하나님 나라에서의 큰 자를 정의하심 (9:33-37)
9. 참된 성령의 열매를 구별하심(9:38-41)
10. 거치는 돌이 되는 것에 대한 경고 (9:42-50)
IV. 사역의 마무리: 예루살렘으로 가는 길 (10:1-52)
A. 이혼에 대한 교훈(10:1-12)
B. 아이들을 축복하심(10:13-16)
C. 부자 청년 관원을 만나심(10:17-27)
D. 제자들의 보상을 확증함(10:28-31)
E. 자신의 죽음을 대비해 제자들을 준비시키심(10:32-34)
F. 제자들에게 겸손한 섬김에 도전하도록 하심(10:35-45)
G. 맹인을 고치심(10:46-52)
V. 사역의 절정: 예루살렘(11:1-16:20)
A. 승리의 입성(11:1-11)
B. 청결(11:12-26)
1. 무화과나무에 대한 저주 (11:12-14, 20-26)
2. 성전을 청결케 하심(11:15-19)
C. 공적인 가르침과 사적인 가르침 (11:27-13:37)
1. 공적으로: 성전에서(11:27-12:44)
a. 자신의 권위에 대해(11:27-33)

머리말: 광야에서 (1:1-13)

A. 요한의 메시지(1:1-8)

1:1 **하나님의 아들…시작이라** 이것을 마가가 자기 복음서에 붙인 제목으로 보는 것이 가장 합당하다. 복음 메시지의 역사적 기록은 세례 요한과 함께 시작된다(참고. 마 11:12; 눅 16:16; 행 1:22; 10:37; 13:24). **하나님의 아들** 예수의 신성을 단언하는 말로, 그가 아버지와 맺고 있는 유일한 관계를 강조한다(참고. 3:11; 5:7; 9:7; 13:32; 15:39. *요 1:34에 대한 설명을 보라*). **예수 그리스도** "예수"는 히브리어 이름인 조슈아('주는 구원이다')의 헬라어다. "그리스도"('기름 부음 받은 자')는 히브리어 단어 '메시아'에 해당하는 헬라어다. 예수는 주님의 인간 이름이고(참고. 마 1:21; 눅 1:31), 그리스도는 임하고 있는 하나님 나라의 통치자로서 그의 직책을 표시한다(단 9:25, 26). **복음** 예수 그리스도의 삶, 죽음, 부활에 대한 좋은 소식으로, 네 편의 복음서는 그것을 기록한 것이다(복음서에 대한 설명을 보라).

1:2 **선지자…글에** 신약에서 구약을 인용할 때 일반적으로 사용되는 어구다(참고. 7:6; 9:13; 14:21, 27; 마 2:5; 4:4, 6, 7; 눅 2:23; 3:4; 요 6:45; 12:14; 행 1:20; 7:42; 롬 3:4; 8:36; 고전 1:31; 9:9; 고후 8:15; 9:9; 갈 3:10; 4:22; 히 10:7; 벧전 1:16). **선지자 이사야의 글에** (한글 개역개정판 성경은 헬라어 사본을 택했음 – 옮긴이) 마가가 인용한 글은 실제로 두 개의 구약성경 구절이며(사 40:3; 말 3:1), 이것이 어떤 사본에서 '선지자들'이라고 되어 있는 이유를 설명해준다. 복음서들은 전부 세례 요한의 사역을 소개하면서 이사야 40:3을 인용한다(참고. 마 3:3; 눅 3:4; 요 1:23). **내 사자** 요한은 하나님이 약속한 사자이며, 메시아의 길을 예비하기 위해 보냄을 받았다. 고대에는 왕의 사신이 왕보다 앞서 길을 떠나 왕의 오심을 알리는 것뿐 아니라 길이 안전한지, 왕이 여행하기에 적합한지 확인했다.

1:4 **세례** 요한의 사역을 특징짓는 그의 세례는 단 한

단어 연구

복음(Gospel): 1:1, 14, 15; 13:10; 14:9; 16:15. 문자적으로 '좋은 소식' '좋은 메시지'라는 뜻이다. 전쟁 승리의 소식을 가지고 오는 전령들이 원래 이 헬라어를 사용했다. 신약성경에서 이 단어는 구원의 좋은 소식을 가리킨다. 예수 그리스도는 십자가에서 자신을 완전한 제물로 드림으로써 자기 백성의 삶에서 죄의 세력을 폐하기 위해 오셨다. 그리스도는 우리에게 이 좋은 소식을 온 세상과 나눌 것을 명하신다. 이는 죽어가는 세상에게 생명을 주는 그리스도의 기쁜 소식이다(16:15).

번 행한다는 점에서 유대교의 의식적 씻음과 달랐다. 유대인은 이방인 개종자들에 대해서는 한 번 씻는 예식을 행함으로써 그들이 참된 믿음을 받았다는 것을 상징적으로 보여주었다. 그러나 유대인이 그런 예식에 참여한다는 것은 그들이 하나님의 언약 백성이면서도 이방인과 마찬가지로 회개와 믿음으로 하나님께 나와야 한다는 것을 시인하는 경악스러운 일이었다. **요한** 신약 시대에 흔한 이름이며, 히브리 이름인 요하난에 해당하는(참고. 왕하 25:23; 대상 3:15; 렘 40:8) 헬라어 이름으로 '주는 자비하시다'라는 뜻을 가진다. 요한은 그의 아버지 사가랴가 성전에서 제사장 임무를 수행하고 있을 때 천사 가브리엘이 지어준 것이다(눅 1:13). 그의 어머니인 엘리사벳 역시 아론의 후손이며(눅 1:5), 예수의 어머니인 마리아의 친척이었다(눅 1:36). 구약의 마지막 선지자이자 메시아의 전령으로(*2절에 대한 설명을 보라*) 신성하게 임명된 요한은 구약 역사와 선지자의 마지막 세대이며(눅 16:16), 예수 그리스도 복음에 대한 역사적 기록의 출발점이 되었다. 예수가 요한을 당시까지 살았던 모든 사람 가운데 가장 큰 인물이라고 부른 것은 놀라운 일이 아니다(마 11:11). **광야** 예루살렘과 사해 사이의 황량하고 메마른 지역이다(*마 3:1에 대한 설명을 보라*). **죄 사함을 받게 하는** 세례라는 요한이 행한 의식이 사죄를 가져오는 건 아니다(*행 2:38; 22:16에 대한 설명을 보라*). 세례는 외적으로 죄를 고백하는 것이며 사죄를 가져오는 참된 회개를 예증하는 것에 불과하다(참고. 눅 24:47; 행 3:19; 5:31; 고후 7:10). **회개의 세례** 참된 회개의 결과인 세례다. 요한의 사역은 오시는 메시아를 맞이하기 위해 이스라엘에게 회개를 촉구하는 것이었다. 세례는 회개에서 비롯된 것이 아니라 회개의 결과였다(참고. 마 3:7, 8). 단순히 마음을 바꾸거나 후회하는 것 이상인 회개는 죄를 버리고 하나님께 돌아가는 일이며(참고. 살전 1:9), 그 결과로 의로운 삶을 낳게 된다. 참된 회개는 사람의 마음속에 하나님이 일으키시는 일이다(행 11:18). 회개의 성격이 뭔지 알고 싶다면 *고린도후서 7:9-12에 대한 설명을 보라.*

1:5 **온 유대 지방과 예루살렘 사람** 이스라엘에서 선지자의 목소리가 들리지 않은 지 수세기가 지났으므로(말라기가 선지자로 활동한 지 400년 이상이 지났음) 요한의 사역은 큰 관심을 불러일으켰다. **유대** 예수님 당시 팔레스타인의 남부 지역이다(사마리아와 갈릴리는 북부 지역임). 유대는 북쪽으로 베델, 남쪽으로 브엘세바, 서쪽의 지중해부터 동쪽으로 사해와 요단강에 이르는 지역이었다. 예루살렘은 유대 영토 안에 있었다. **죄를 자복하고** 세례받을 때 자기 죄를 자복하는 것은 자신들에 대한 하나님 말씀이 옳음을 인정하는 것이다. 요한은 자기의 죄를 자복하고 회개하지 않는 사람에게는 세례를 베풀지 않았다. **요단 강** 팔레스타인의 중심 요단강은 갈릴리 바다 북쪽 훌라 호수에서부터 (오늘날에는 말랐음) 요단 협곡을 따라 남쪽의 사해로 흘러드는 강이다. 전승에 따르면 요한은 여리고 근방의 여울(강)들에서 세례 사역을 시작했다.

1:6 **낙타털 옷…가죽 띠** 광야 거주자들의 이 전통 복장은 한기를 잘 막아주었지만 시각적으로 보기 좋다거나 입었을 때 편안하지는 않았다. 요한의 복장은 사람들에게 선지자 엘리야를 상기시켰을 것이다(참고. 왕하 1:8). 그들은 메시아가 오기 전에 선지자 엘리야가 먼저 오리라고 기대했다(말 4:5. 참고. 마 17:10-13). **메뚜기와 석청** 구약의 음식 규례에서는 메뚜기 섭취를 허용했다(레 11:21, 22). 석청은 때때로 광야에서 발견되곤 했다(신 32:13; 삼상 14:25-27). 요한의 금욕적인 식탁은 평생 서약을 한 나실인의 신분에 어울리는 것이었다(참고. 눅 1:15. *민 6:2-13에 대한 설명을 보라*).

1:7 **전파하여 이르되** 여기선 '선포하다'가 더 나은 번역이다. 요한은 예수의 오심을 선포하도록 보낸 전령이었다(*4절에 대한 설명을 보라*). **나는…그의 신발끈을 풀기도 감당하지 못하겠노라** 이것은 노예가 수행하는 가장 천한 일로, 요한은 자신의 낮은 위치를 이렇게 표현했다.

1:8 **너희에게 성령으로 세례를 베푸시리라** 이 세례가 베풀어지는 것은 사람이 믿음으로써 그리스도께 올 때다(*행 1:5; 8:16, 17; 고전 12:13에 대한 설명을 보라*).

B. 예수의 세례(1:9-11)

1:9 **그 때에** 요한이 요단강에서 세례 사역을 하고 있던 어느 때를 말한다. **나사렛** 예루살렘에서 북쪽으로 약 110킬로미터 되는 지역에 위치한 이름 없는 마을로(구약성경에도, 요세푸스의 글에도, 탈무드에도 언급되지 않음) 별로 평판이 좋지 않았던 곳이다(참고. 요 1:46). 예수는 이스라엘에 공개적으로 자신을 드러내기 전 그곳에서 살고 계셨던 것이 분명하다. **요한에게 세례를 받으시고** 이 일은 요한의 뜻에 역행하여 진행되었다(참고. 마 3:14). 이는 죄 없는 하나님의 어린 양(요 1:29)이 회개의 세례를 받아야 할 필요를 요한이 찾아내지 못했기 때문이다(*4, 5절에 대한 설명을 보라.* 예수님이 세례를 받으신 이유에 대한 설명은 *마 3:15에 대한 설명을 보라*).

1:10 **곧** 긴박한 서술 스타일에 어울리게(복음서에 대한 설명을 보라) 마가는 다른 세 명의 복음서 저자들을 다 합친 것보다 이 부사를 더 많이 사용했다. 여기서 처음 등장한 이 부사는 예수의 세례 다음에 벌어진 눈에 보

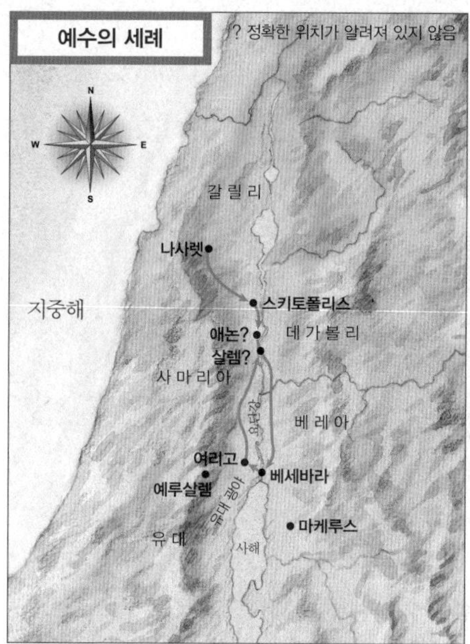

이고 귀에 들리는 징조를 위한 무대를 마련하고 있다. **성령이 비둘기 같이 자기에게 내려오심** 이 일은 예수님이 사역을 위한 능력을 받았음을 상징적으로 보여주는 것이다(사 61:1). *마태복음 3:16, 17에 대한 설명을 보라.*
1:11 성부의 선언은 청중에게 시편 2:7과 이사야 42:1의 메시아 예언을 상기시켰을 것이다.

C. 예수의 시험(1:12, 13)

1:12 **성령이…예수를…몰아내신지라** 성령의 강권하심에 따라 예수는 사탄과 대면했으며, 그의 악한 나라를 전복시키는 첫 걸음을 떼셨다(참고. 요일 3:8). 비록 하나님은 아무도 시험하시지 않지만(약 1:13), 때로 사탄이 자기 백성을 시험하는 것을 주권적으로 허락하신다(예를 들면 욥; 눅 22:31, 32). **곧** *10절에 대한 설명을 보라.* 예수의 시험은 세례를 받고 난 뒤에 일어났다. **광야** 예수가 사탄을 대면한 정확한 위치는 알려져 있지 않다. 하지만 요한이 살면서 사역했던(*4절에 대한 설명을 보라*) 저 멀리 남쪽의 황량한 지역이거나 요단강 건너편의 메마른 사막이었을 것이다.
1:13 **사십 일** 이는 이스라엘이 40년 동안 광야에서 방황한 것을 떠올리게 했을 것이다(민 14:33; 32:13). 마태와 누가는 이 기간에 예수가 양식 없이 지내셨다고 덧붙인다. 모세(두 번, 신 9:9, 18)와 엘리야(왕상 19:8) 역시 그만큼 긴 기간 금식했다. **사탄** '대적'이라는 의미의 히브리어에서 왔다. 예수님은 타락한 성품이 없었기 때문에 이 시험은 내부에서 감정적 또는 심리적 갈등이 일어난 것이 아니라 외부의 인격적 존재로부터 오는 공격이었다. **들짐승** 마가의 기록에만 있는 독특한 세부 내용으로, 예수의 완전한 고독과 다른 사람들로부터의 완전한 격리를 강조한다. **천사들이 수종들더라** 참고. 시편 91:11, 12. 헬라어 동사 '수종 들다'는 천사들이 예수가 시험을 받으시는 동안 줄곧 그를 수종 든 것을 말한다.

사역의 시작: 갈릴리와 주변 지역에서 (1:14-7:23)

A. 메시지 선포(1:14, 15)

1:14 **요한이 잡힌 후** 요한은 헤롯 안디바가 조카인 헤로디아와 근친 결혼한 것을 꾸짖다가 투옥되었다(*6:17-27절에 대한 설명을 보라*). **예수께서 갈릴리에 오셔서** 유대에서 오셨다는 뜻이다(마 4:12; 눅 4:13; 요 4:3). 마가도 마태와 누가처럼 시험 이야기에서 바로 갈릴리 사역의 시작으로 넘어가는데, 이는 그 사이에 유대에서 있었던 사역을 생략한 것이다(요 2:13-4:4). 갈릴리는 팔레스타인의 최북단 지역으로 인구가 가장 밀집한 곳이었다. **하나님의 복음** 하나님과 그분으로부터 오는 구원에 대한 좋은 소식이다(*롬 1:1에 대한 설명을 보라.* 참고. 롬 15:16; 살전 2:2, 8, 9; 딤전 1:11; 벧전 4:17).
1:15 **때가 찼고** 이 말은 연대기적 의미의 시간을 가리키는 것이 아니라 하나님의 결정적인 행동을 위한 시간을 가리킨다. 왕의 임하심과 함께 하나님이 인간을 다루시는 역사에 새로운 시기가 도래한 것이다. *갈라디아서 4:4에 대한 설명을 보라.* **하나님의 나라** 구원의 영역에서 이루어지는 하나님의 주권적 통치를 가리키는 말이다. 현재는 하나님의 백성의 마음속에서 이루어지지만(눅 17:21), 미래에는 문자적인 지상 왕국으로 이뤄질 것이다(계 20:4-6). **가까이 왔으니** 이것은 왕이 와 있다는 뜻이다. **회개하고…믿으라** 회개(*4절에 대한 설명을 보라*)와 믿음(*롬 1:16에 대한 설명을 보라*)은 하나님의 은혜로운 구원의 제공에 대한 사람의 필수적인 응답이다(참고. 행 20:21).

B. 제자를 부르심(1:16-20)

1:16 **갈릴리 해변** 긴네렛 바다(민 34:11)라는 이름으로도 알려진 게네사렛 호수(눅 5:1), 디베랴 바다(요 6:1)를 말한다. 길이가 약 21킬로미터이며, 폭이 약 11킬로미터이고, 해수면보다 약 210미터 낮은 (지구상에서 가장 낮은 담수호임) 곳에 위치한 큰 담수호인 갈릴리 바다는

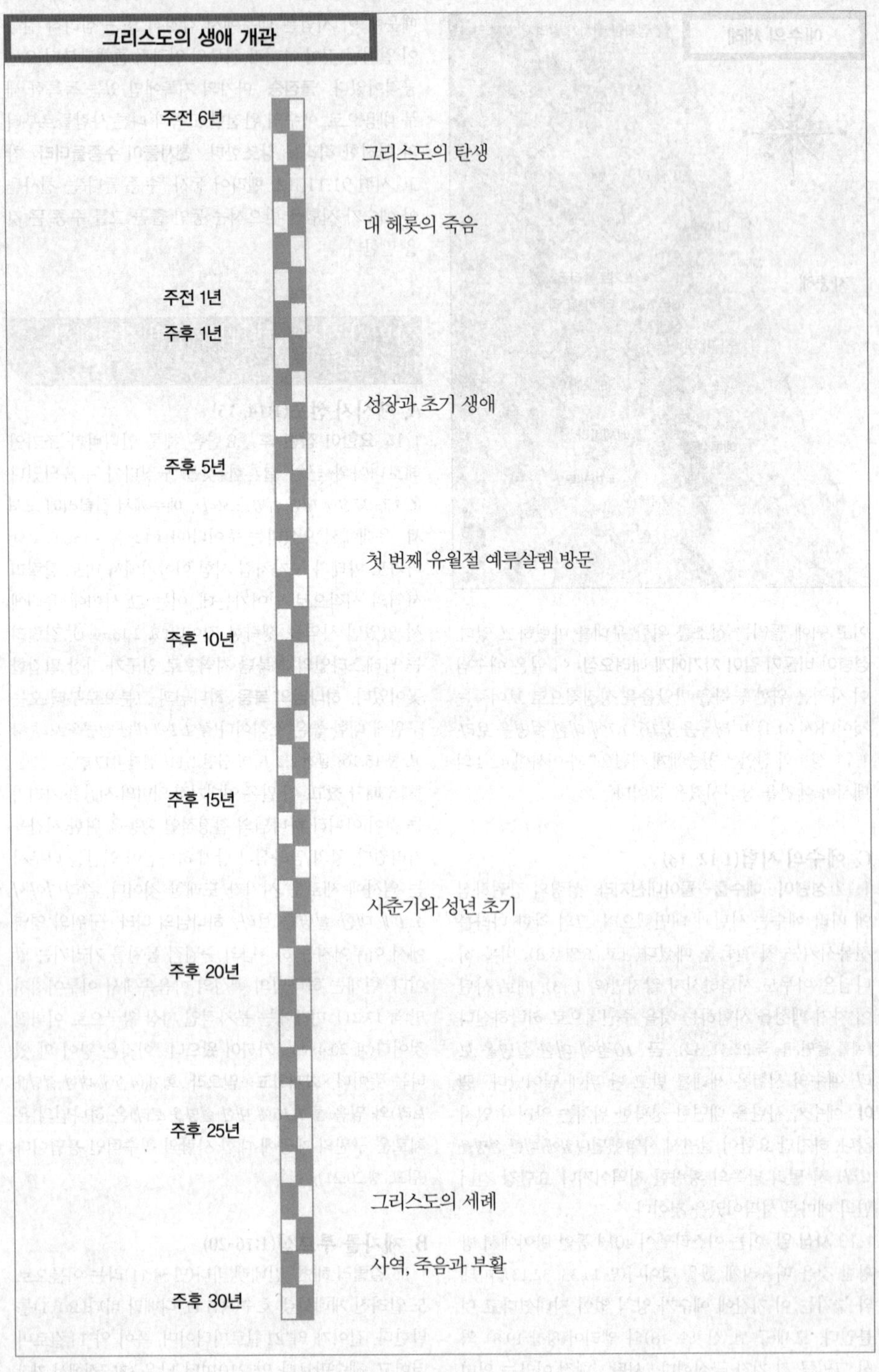
그리스도의 생애 개관
주전 6년
그리스도의 탄생
대 헤롯의 죽음
주전 1년
주후 1년
성장과 초기 생애
주후 5년
첫 번째 유월절 예루살렘 방문
주후 10년
주후 15년
사춘기와 성년 초기
주후 20년
주후 25년
그리스도의 세례
사역, 죽음과 부활
주후 30년

번창한 어촌 지역이었다. **시몬…안드레** 예수님이 불러 자신을 따르게 하신 두 가족의 형제 가운데 첫 번째 가족의 형제다. 야고보와 요한처럼 이들도 어부였다. 안드레는 세례 요한을 따르던 사람이었는데(요 1:40), 베드로도 그랬을 가능성이 있다. 요한이 체포된 후 그들은 다시 어부로 돌아갔을 것이다(*14절에 대한 설명을 보라*). 그들은 이미 예수를 만나 함께 시간을 보낸 적이 있는데(*마 4:18에 대한 설명을 보라*), 여기서 비로소 그분을 항상 따르라는 부르심을 받았다. **그물** 직경이 약 2.7미터 되는 원을 만드는 밧줄로 거기에 그물을 매달았다. 손으로 물속에 던진 후에 거기에 달린 무거운 밧줄로 그물을 끌어당겼을 것이다.

1:17 **나를 따라오라** 이것은 복음서들에서 제자도를 가리킬 때 자주 사용되는 표현이다(2:14; 8:34; 10:21; 마 4:19; 8:22; 9:9; 10:38; 16:24; 19:21; 눅 9:23, 59, 61; 18:22; 요 1:43; 10:27; 12:26). **사람을 낚는 어부** 예수가 사도들을 부르신 주된 목적은 복음 전도이며, 이것은 그의 백성에게도 여전히 중심적인 사명이다(참고. 마 28:19, 20; 행 1:8).

1:18 **따르니라** 즉 그리스도의 영구적인 제자가 되었다(*16절에 대한 설명을 보라*).

1:19 **야고보…요한** 예수님이 부르신 두 번째 어부 형제다(*16절에 대한 설명을 보라*). 이들의 어머니와 예수의 어머니가 자매였을 수도 있다(참고. 15:40; 마 27:55, 56; 요 19:25). 만약 그렇다면 그들은 예수의 사촌이 되는 셈이다.

1:20 **품꾼** 이 말은 세베대의 어로 사업이 번창하고 있었으며, 따라서 그가 중요한 인물이었음을 알 수 있다(참고. 요 18:15).

C. 가버나움 사역(1:21-34)

1:21 **가버나움** 갈릴리 북서쪽 해변의 부유한 어촌 마을이었던 가버나움은 나사렛보다 더 중요한 도시였다. 가버나움에는 로마 파견대가 주둔했고 주요 도로상에 위치해 있었다. 예수님은 나사렛에서 배척받으신 후에(마 4:13; 눅 4:16-31) 이곳을 사역의 중심지로 삼으셨다(참고. 2:1). **회당** 유대인이 예배를 위해 모이던 곳이다['synagogue'는 '함께 모인다'라는 의미의 헬라어를 음역한 것임]. 회당은 주전 586년 바벨론 왕 느부갓네살에 의해 예루살렘 성전이 파괴되고 유대인이 바벨론에 포로로 잡혀간 때에 생겨났다. 회당은 예배와 교육의 장소로 사용되었다. 예수님은 자주 회당에서 가르치셨으며(참고. 39절; 3:1; 6:2), 바울도 그렇게 했다(참고. 행 13:5; 14:1; 17:1). **가르치시매** 마가는 자주 예수의 가르치는 사역을 언급한다(참고. 2:13; 4:1, 2; 6:2, 6, 34; 10:1; 11:17; 12:35; 14:49).

1:22 **권위** 하나님 말씀인 예수의 권위 있는 가르침은 주로 다른 랍비의 권위를 근거로 하던 서기관들(구약성경의 전문가들)의 가르침과 확연하게 대비되었다. 예수의 직접적이고 인격적이며 힘 있는 가르침은 그들의 경험에 비춰봤을 때 너무 낯선 것이어서 예수의 가르침을 들은 사람들은 '놀랐다'(참고. 딛 2:15).

1:23 **더러운 귀신** 즉 도덕적으로 부정하다는 뜻이다. 이 용어(더러운 영)는 신약성경에서 '귀신'과 같은 의미로 사용된다. *5:2에 대한 설명을 보라*. **사람이…소리 질러** 사탄과 그의 귀신들은 예수의 사역 내내 저항했으며, 그것의 절정이 십자가였다. 예수는 언제나 그들의 노력을 제압했으며(참고. 골 2:15), 부활을 통해 사탄에 대한 궁극적인 승리를 확실하게 증명해 보이셨다.

1:24 **나사렛** *9절에 대한 설명을 보라*. **우리가 당신과 무슨 상관이 있나이까** 또는 '왜 당신이 우리를 방해합니까'로 번역할 수도 있다. 귀신은 자기와 예수가 전혀 다른 나라에 속해 있으며, 따라서 공통점이 없음을 알고 있었다. 귀신이 복수대명사인 '우리'를 사용한 것은 그가 모든 귀신을 대표해 말하고 있음을 알려준다. **하나님의 거룩한 자** 참고. 시편 16:10; 다니엘 9:24; 누가복음 4:34; 사도행전 2:27; 3:14; 4:27; 요한계시록 3:7. 놀랍게도 이 귀신은 예수의 무죄함과 신성을 천명한다. 이것은 이스라엘 중 많은 사람이 부인했고 여전히 부인하고 있는 진리다.

1:25 **잠잠하고** 예수님은 사탄과 동맹을 맺고 있다는 비난을 부채질할 수 있는, 귀신의 영역으로부터 오는 진리의 증거를 원치 않으셨다(참고. 3:22; 행 16:16-18).

1:27 **권위 있는** *22절에 대한 설명을 보라*. 예수는 그 말씀뿐만이 아니라 그 행동에 있어서도 절대적 권위를 가지고 계신다(마 28:18).

1:29 **야고보와 요한** 마가만 베드로의 장모의 병을 고치는 자리에 이들이 있었음을 언급한다. **시몬과 안드레의 집** 원래 벳새다에 있었으나(요 1:44), 예수가 가버나움을 본거지로 삼자 두 형제도 가버나움으로 이사했다(*21절에 대한 설명을 보라*).

1:30 **시몬의 장모** 바울 역시 베드로가 혼인했음을 확인해준다(고전 9:5). 베드로의 장모가 베드로와 그의 아내와 함께 살고 있었다는 것은 장인이 타계했음을 의미한다. **열병** 그녀가 침대에서 일어나지 못할 정도로 아팠고, 누가가 그녀에 대해 '중한 열병'이라고 묘사한 것은 그녀의 병이 심각했으며 심지어 생명을 위협할 정도였으리라는 것을 짐작하게 한다.

막

1:32 **저물어 해 질 때에** 이것은 안식일이 끝났고 안식일과 관련된 금지사항이 풀렸다는 것을 보여준다. 특별히 랍비의 법은 안식일에 짐(들 것 같은) 옮기는 것을 금했다. **데려오니** 예수가 회당에서 귀신 들린 자를 고치시고 베드로의 장모를 고치신 사실이 알려지자 가버나움에 흥분된 분위기가 일었으며, 질병으로 고생하는 다른 사람들의 마음속에 치료의 소망이 생겼다.

1:34 **귀신이…말하는 것을 허락하지 아니하시니라** *25절; 3:11, 12에 대한 설명을 보라.* **자기를 알므로** 귀신들의 신학은 절대적으로 정통이었다(약 2:19). 그러나 그들은 진리를 알면서도 진리와 그것의 근원이신 하나님을 거부했다.

D. 갈릴리로의 진출(1:35-45)

1:36 **시몬과 및 그와 함께 있는 자들** 복음서에서 베드로가 지도적 역할을 한 최초의 경우다. 여기서 지시대명사 '그'는 예수를 가리키는('Him') 것이 아니라 베드로를 가리키는('him') 것으로 번역되어야 한다. 그래서 '그와 함께 있는'이라는 어구는 '예수와 함께 있는'이 아니라 '베드로와 함께 있는'으로 이해되어야 한다. 베드로와 함께 있던 사람의 이름이 열거되지는 않았지만 안드레와 야고보, 요한이 그들 가운데 있었을 것이다.

1:37 열심히 찾다가 예수를 발견한(36절) 베드로, 그와 함께한 다른 사람들은 가버나움으로 돌아가서 전날 밤의 치료가 일으킨 흥분을 이용하자고 예수께 청했다.

1:39 **온 갈릴리에** 마가의 이 간명한 진술은 여러 주일 또는 심지어 여러 달이 걸린 복음 전파 여행을 요약하고 있다(참고. 마 4:23, 24).

1:40-45 마가는 39절로 요약된 갈릴리 사역 도중에 있었던 많은 병 고침 중에서 한 가지를 말한다. 나병환자의 치료는 질병에 대한 예수의 기적적인 능력을 강조한다. 나병은 고대에 가장 무서운 질병 가운데 하나였기 때문이다.

1:40 **나병환자** 나병환자들은 종교 의식상 불결한 것으로 간주되었으며 사회에서 추방되었다(레 13:11). 구약성경에서 나병이라고 불리는 병에는 다른 피부병도 포함되지만(*레 13:2에 대한 설명을 보라*), 이 사람은 실제 나병(한센병)에 걸렸을 것이다. 만약 그렇지 않다면 그를 치료한 것이 이렇듯 흥분을 불러일으키지 않았을 것이다(45절).

1:41 **불쌍히 여기사** 오직 마가만이 나병환자의 절망적인 곤경에 대한 예수의 감정적 반응을 기록하고 있다. 이 헬라어는 공관복음에만 등장하며, (비유에서 사용된 경우를 제외하면) 오직 예수에 대해서만 사용한다. **손을 내밀어 그에게 대시며** 종교 의식상 부정해지지 않기 위해 나병환자들을 피했던 랍비와 달리 예수님은 신체적 제스처를 통해 동정심을 표현하셨다.

1:44 **아무에게 아무 말도 하지 말고** 그 일이 알려지면 예수의 사역에 방해가 될 것이며(실제로 이런 일이 발생했음, 참고. 45절), 사람들의 관심이 그분의 메시지가 아니라 병 고침에 집중될 것이다. 참고. 3:12; 5:43; 7:36. *마태복음 8:4에 대한 설명을 보라.* **가서 네 몸을 제사장에게 보이고** 제사장은 당시 성전에서 자기 임무를 수행하고 있던 사람으로, 예수님은 병이 나은 나병환자에게 깨끗해진 나병환자에 대한 구약성경의 규례를 지키라고 명하셨다(레 14:1-32). 필요한 예물을 드릴 때까지 그 사람은 종교 의식상 부정한 상태에 머물러 있게 된다. **그들에게 입증하라** 제사장이 그 사람의 예물을 받았다는 것은 그의 병이 나아서 이제 깨끗하다는 공식 선언이었다.

1:45 **이 일을 많이 전파하여** 누가는 이 나병환자의 불순종을 암시하는 것으로 끝나지만(눅 5:15), 마가는 그것을 기록하고 있다. **다시는 드러나게 동네에 들어가지 못하시고** 나병환자가 불순종한 결과, 예수는 마을에 들어갈 때마다 병이 낫기를 바라는 사람들에게 둘러싸이게 되었다. 결국 그 지역에 대한 예수의 설교 사역이 중단되었다. **한적한 곳** 예수는 나병환자 치료에 따른 흥분이 가라앉기를 기다리면서 상대적으로 사람이 적은 곳에 머물러 계셨다. 누가 역시 예수가 광야에 있는 시간을 이용해 기도하셨다고 말한다(눅 5:16).

E. 자신의 사역을 변호하심(2:1-3:6)

2:1 이는 다섯 가지 충돌 이야기(2:1-12; 13-17, 18-22, 23-28; 3:1-6) 가운데 첫 번째 것이다. **집에 계시다** 이 말은 '그가 가정에 계시다'라고 하는 것이 더 나은 번역이다. 이 가정은 베드로의 가정으로 보이며, 예수님이 한동안 거처로 삼으셨던 곳이다(참고. 마 4:13).

2:2 **도** 사죄를 위한 구원은 오직 은혜로, 믿음으로 받는다는 복음의 기쁜 소식이다.

2:3 **한 중풍병자** 침상에 누워 있은 것으로 보아 그의 중풍은 심각해 보이는데, 아마 사지마비 상태였을 것이다.

2:4 **지붕을 뜯어** 팔레스타인에 있는 대부분의 집은 지붕이 평평하여 시원한 낮에는 거기서 쉬고 더운 밤에는 거기서 잠을 잘 수 있었으며, 대개 지붕으로 연결된 외부 계단이 있었다. 때로는 여기처럼 벽과 벽을 가로질러 지붕을 지지하는 들보에다 불에 그슬리거나 마른 진흙 판을 올려놓아 지붕을 만들기도 했다. 그런 다음 단

단하게 된 진흙 위에 새로 만든 젖은 진흙을 얇고 평평하게 발라 빗물이 떨어지지 않게 했다. 중풍병자의 친구들은 이런 지붕의 바깥 진흙을 파내고 토판 몇 개를 빼서 중풍병자를 예수 앞에 달아 내릴 수 있는 공간을 확보한 것이다. **중풍병자** *3절에 대한 설명을 보라.*

2:5 **예수께서 그들의 믿음을 보시고** 중풍병자 친구들의 이런 적극적이고 끈질긴 노력은 그리스도가 그 병을 고칠 수 있다는 그들의 믿음을 드러낸 가시적 증거였다. **작은 자야 네 죄 사함을 받았느니라** 당시 많은 유대인은 모든 질병이 그 사람이 지은 죄의 직접적인 결과에 따른 고통이라고 믿었다. 이 중풍병자도 그렇게 믿었을 것이다. 그래서 그는 병을 고치기 전에 사죄받는 것을 환영했을 것이다. '사함을 받다'라고 번역된 헬라어 동사는 보내거나 쫓아내는 것을 가리키는 말이다(참고. 시 103:12; 렘 31:34; 미 7:19). 이렇게 예수는 그 사람의 죄를 사하고 죄책으로부터 그를 해방시켰다(*마 9:2에 대한 설명을 보라*).

2:6 **서기관들** *마태복음 2:4에 대한 설명을 보라.* 참고. 1:22.

2:7 **이 사람이…신성모독이로다** 서기관이 오직 하나님만이 죄를 사하신다고 말한 것은 옳지만(참고. 사 43:25), 예수님을 향해 신성모독이라고 말한 것은 틀렸다. 그들은 예수의 능력이 하나님으로부터 나온다는 것을 인정하지 않았고, 그 자신이 하나님임을 더욱 인정하지 않았다.

2:8 **중심에** 이 표현은 '그의 영혼에 의해서'라고 번역될 수도 있다. 이는 성령을 지칭하는 것이 아니라 모든 것을 아시는 구주의 마음을 가리킨다.

2:9 **어느 것이 쉽겠느냐** "네 죄 사함을 받았느니라"는 말이 훨씬 하기 쉽다. 그것이 눈에 보이지 않기 때문에 그런 일이 실제로 발생하지 않았다고 입증할 사람이 없기 때문이다. 하지만 중풍병자에게 걸으라는 명령은 설득력 있게 말하기가 어렵다. 왜냐하면 중풍병자의 행동이 그 명령의 효과(치료가 되었는지, 치료되지 않았는지)를 즉시 확증해주기 때문이다(*마 9:5에 대한 설명을 보라*).

2:10 **인자** 예수는 자신의 겸손을 강조하기 위해 자신을 지칭할 때 이 단어를 사용하셨다(*14:62; 마 8:20에 대한 설명을 보라*). 마가복음에 이 단어가 15번 등장한다[10, 28절; 8:31, 38; 9:9, 12, 31; 10:33, 45; 13:26, 29; 14:21(2번), 41, 62]. **너희로 알게 하려 하노라** 중풍병자의 신체적 불구를 고칠 수 있는 예수의 능력은 죄를 용서한다는 그분의 선언의 진실성과 죄를 용서할 수 있는 그분의 능력을 입증한 것이다.

2:14 **알패오의 아들 레위** 열둘 중 한 사람으로, 보통 마태로 알려진 인물이다(마태복음 서론의 제목을 보라). **세관** 마태는 세리였는데, 이들은 민족의 배신자로 취급당하는 등 팔레스타인에서 멸시받는 직업이었다. 세리는 로마 정부로부터 세금 징수권을 할당받은 유대인이었다. 로마가 요구하는 것 이상으로 걷은 돈은 그들의 몫이었다. 그래서 많은 세리는 동족의 희생을 발판으로 부자가 되었다(*마 5:46; 9:9에 대한 설명을 보라*). **일어나 따르니라** 마태의 이 단순한 행동은 그의 회심을 의미한다. 그의 반응이 즉시 나타난 것을 보면 마태는 죄의 찔림을 받고 사죄의 필요성을 인식하고 있었던 것으로 보인다.

2:15 **앉아 잡수실** 이 말은 '식탁에 비스듬히 기대어'로 번역될 수도 있다. 이는 손님들이 함께 있을 때 식사하면서 취하는 일반적인 자세였다. 누가복음 5:29에 따르면 이것은 마태가 예수에 대한 예우로 마련한 잔치였다. **많은 세리** 세리에는 두 부류가 있었다. 첫째, 가바이(gabbai)로 인두세 또는 등록세라고 불리는 땅과 재산과 수입에 대해 부과하는 세금을 걷는 사람이다. 둘째, 모카스(mokhes)로 오늘날 수입관세, 사업허가세, 통행료 등 다양한 이용세를 걷는 사람들이다. 모카스는 다시 두 부류로 나뉘었다. 대 모카스는 다른 사람을 고용해 자기를 위해 세금을 걷도록 하는 사람이었고, 소 모카스는 자기가 세액을 정하고 세금을 걷는 사람이었다. 마태는 소 모카스였다. 이 두 부류에 속한 사람들이 마태의 연회에 참석했을 것이다. 그들은 전부 종교적·사회적으로 버림받은 사람들이었다. **죄인들** 이 말은 모세 율법이나 랍비의 전통에 대한 존경심이 없으며, 따

회개하는 죄인에 대한 하나님의 용서는 얼마나 완전한가

하나님의 사죄의 완전성, 곧 하나님이 죄를 어떻게 처리하시는지에 대해 성경은 여러 가지 생생한 방법으로 묘사한다. 몇 가지 본문을 예로 들면 다음과 같다.

1. 동이 서에서 먼 것처럼 죄를 옮기신다 (시 103:12).
2. 죄를 자기 등 뒤로 던지신다(사 38:17).
3. 더는 죄를 기억도 하시지 않는다 (사 43:25; 렘 31:34).
4. 죄를 깊은 바다에 던지신다(미 7:19).
5. 십자가에 '완전히 지불했다'는 확인증을 박으신다(골 2:13, 14).

라서 가장 천하고 무가치한 사람들을 일컬을 때 유대인이 사용하는 용어였다. **함께 앉았으니** 문자적으로 '함께 비스듬히 기대어'라는 뜻이다. 예수가 세리, 죄인들과 함께 식탁에 앉아 거리낌 없이 교제를 나눈 것은 서기관들과 바리새인들에게 아주 거슬리는 일이었다.

2:16 **바리새인의 서기관들** 이 말은 모든 서기관이 바리새인이 아니었음을 표시한다(서기관에 대해서는 *마 2:4에 대한 설명을 보라*). 바리새인은 유대교의 율법주의적 교파이며, 종교 의식법을 엄격하게 지키는 것으로 알려져 있었다(*마 3:7에 대한 설명을 보라*).

2:17 **나는 의인을 부르러 온 것이 아니요** 이 어구의 병행구인 누가복음 5:32에는 "회개시키러"라는 말이 있다. 회개하는 사람(자신이 죄인인 것을 인정하고 죄로부터 돌아서는 사람)은 예수의 부르심의 대상이다. 죄가 있으면서도 자신이 의롭다고 생각하는 사람은 자기 죄를 회개해야 할 필요가 있음을 인정하지 않는다. *마태복음 9:12, 13; 요한복음 9:39-41에 대한 설명을 보라.*

2:18 **요한의 제자들** 자기들의 충성을 예수께로 돌리지 않고 세례 요한을 따르던 사람들이다(참고. 요 3:30; 행 19:1-7). 이때 요한은 감옥에 있었다(마 4:12). 그들의 질문은 자신들이 바리새인의 전통을 준수하고 있음을 드러낸 것이다(참고. 마 9:14). **바리새인들** *16절에 대한 설명을 보라.* 요한의 제자들과 바리새인이 연결되어 등장한다는 것은 이 두 집단 모두가 예수님이 세리들, 죄인들과 어울리는 것에 대해 문제가 있다고 생각했다는 표시다(참고. 15절). **금식** 예수 시대에는 일주일에 두 번 금식하는 것으로 정통 유대교인임을 드러냈다(참고. 눅 18:9-14). 하지만 구약은 대속죄일에 한 번만 금식할 것을 정하고 있다(레 16:29, 31).

2:19 **혼인 집 손님들…금식** 예수의 예화에서 '혼인 집 손님들'은 혼인 잔치를 맡아 진행하는 신랑의 들러리들이었다. 이때는 금식할 때가 아니었다. 금식은 대개 애곡이나 큰 영적 결핍의 시기와 연결되어 있다. 예수의 요점은 요한의 제자들과 바리새인들의 종교 의식이 현실과 유리되어 있었다는 것이다. 그분을 따르는 사람들은 예수가 그들 사이에 계시는 현실을 즐기는 동안 애곡하거나 금식할 이유가 없었다.

2:20 **빼앗길** 이 말은 갑작스럽게 옮기거나 폭력적으로 탈취당하는 것을 가리키는 말이다. 그렇다면 이것은 예수의 체포와 십자가형을 가리키는 것이 분명하다. **그 날에는 금식할 것이니라** 예수가 십자가에 달리실 때가 애곡할 시간인 것이다.

2:21, 22 예수는 두 개의 비유를 통해 자신이 전하는 회개와 사죄의 새롭고 내적인 복음은 자기 의와 종교 의식의 낡고 외적인 전통에 담길 수도 없고, 그것과 연결될 수도 없다는 것을 예증하셨다(*마 9:17에 대한 설명을 보라*).

2:22 **새 부대** 새로 만들어 사용한 적이 없는 가죽 부대만이 포도주의 발효를 견딜 수 있는 힘과 신축성을 가진다.

2:23 **안식일에** *사바스(Sabbath)*는 일을 그치거나 쉬는 것을 가리키는 히브리어를 음역한 것이다. 하나님이 세상 창조를 마치고 쉬신 날을 기념하는 의미에서(창 2:3) 주님은 주간의 일곱째 날을 자기 백성을 위한 안식과 기념의 특별한 날로 선언하셨고, 그것을 십계명에 포함시키셨다(*출 20:8에 대한 설명을 보라*). 그러나 수백 년에 걸친 랍비의 교훈은 하나님의 원래 요구사항에 다 사람이 지키기 어려운 많은 자의적인 제한을 덧붙였다. 그중 하나가 안식일에는 자기 집에서 910미터 이상 되는 거리를 여행할 수 없다는 조항이다(참고. 민 35:5; 수 3:4). **밀밭** 1세기 팔레스타인의 길들은 주요 도로였다. 주요 도로를 벗어나면 여행자들은 목축지와 밀밭을 접하거나 통과하는 넓은 샛길로 접어들게 된다. **이삭을 자르니** 모세 율법은 여행할 때 식량을 준비하지 못한 여행자가 허기를 채우기에 충분한 알곡을 취할 수 있도록 허용했다(신 23:24, 25. *마 12:2에 대한 설명을 보라*).

2:24 **안식일에 하지 못할 일** 랍비의 전통은 손으로 알곡을 비비는 것을(참고. 눅 6:1) 일종의 탈곡이라고 여겨 이를 금했다. 모세 율법은 이익을 취하기 위해 안식일에 추수하는 것을 금했지만(출 34:21), 여기서는 이윤 추구가 동기가 아니라는 것이 분명하다(*마 12:2에 대한 설명을 보라*). 실제로는 바리새인의 공격 자체가 불법이었다. 자기들의 전통을 하나님의 말씀과 동등한 위치에 두었기 때문이다(*마 15:2-9에 대한 설명을 보라*).

2:25 **예수께서 이르시되…읽지 못하였느냐** 예수의 조소는 바리새인들의 잘못을 지적하신다. 곧 성경의 전문가이자 수호자라고 자임하면서도 성경이 실제로 가르치는 것에 대해서는 무지한 바리새인의 모습을 지적한 것이다(참고. 롬 2:17-24). **다윗이…한 일** 다윗과 그의 동료들이 목숨을 지키기 위해 사울을 피해 달아나다가 놉 땅에 이르렀다. 당시 거기에는 성막이 있었는데, 그들은 시장해서 음식을 요구했다(참고. 삼상 21:1-6).

2:26 **아비아달 대제사장 때에** "때에"는 '생존 시에'라는 뜻도 있다. 사무엘상 21:1에 따르면 다윗에게 빵을 준 사람은 제사장 아히멜렉이었다. 아비아달은 아히멜렉의 아들이며, 뒤에 다윗이 왕이 되었을 때에 대제사장이 되었다. 이 사건 직후 아히멜렉이 죽었으므로(참고. 삼상 22:19, 20), 마가가 이 명칭을 덧붙인 것은 널리 알

려진 다윗의 친구이자 뒤에 사독과 함께 대제사장이 된 아비아달을 밝히기 위함이었을 것이다(삼하 15:35). **진설병** 열두 덩이의 무교병으로(이스라엘 열두 지파를 상징함) 장막의 성소의 상에 진설되었으며, 일주일 중 마지막 날에 새 떡으로 교체되었다. 진설되었던 떡은 제사장만 먹을 수 있었다. 통상적으로 다윗과 동료들이 이 떡을 먹는 것은 불법이었지만, 하나님은 그들이 굶주리는 것을 원치 않으셨다. 그러므로 성경 어디에서도 그들이 이 떡을 먹은 것에 대해 정죄하지 않았다(*마 12:4에 대한 설명을 보라*).

2:27 **안식일이 사람을 위하여 있는 것이요** 하나님은 노역에서 쉴 수 있는 날을 제공해 사람에게 유익과 복이 되게 하기 위해 안식일을 제정하셨다. 그러나 바리새인은 그것을 짐으로 만들었고, 사람들을 인간이 만든 무수한 규정의 노예로 만들어버렸다.

2:28 **안식일에도 주인이니라** 예수는 자신이 안식일보다 큰 자라고 선언하셨는데, 이것은 자신이 하나님이라고 선언한 것이다. 이 권세를 근거로 해서 실제로 예수는 안식일에 대한 바리새인의 규정을 거부하고, 안식일 준수에 대한 하나님의 원래 의도를 회복시켜 그것이 짐이 아니라 복이 되게 하셨다.

3:1-6 이 충돌 이야기는 2:1에서 시작된 다섯 가지 충돌 이야기(2:1-12, 13-17, 18-22, 23-28) 가운데 마지막이다. 그러므로 이 이야기는 예수와 유대교 지도자들 사이에서 갈수록 커져가던 적대감이 절정에 도달했음을 말해준다. 이 충돌에서 예수는 바리새인들에게 성경적인 안식일 준수, 사람과 안식일에 대한 예수의 주권을 보여주는 생생한 예화를 제공하셨다.

3:1 **회당** 유대인이 각 지역에서 모이고 예배드리는 곳이다(*1:21에 대한 설명을 보라*). **손 마른** 이는 사고, 질병, 선천성 불구에 따른 마비 상태를 묘사하는 말이다.

3:2 **고발하려** 바리새인들은 예수로부터 배울 만큼 마음이 열려 있지 않았으며, 도리어 안식일을 범했다고 고발할 기회만 엿보았다. 그들은 이 기소 내용을 산헤드린에 제출할 수 있었다.

3:4 예수는 현재의 율법적 문제를 도덕적 문제로 올리는 질문으로 바리새인들에게 대응하셨다. **선을 행하는 것과 악을 행하는 것, 생명을 구하는 것과 죽이는 것** 예수는 이 지역에서 흔히 사용하던 방법을 쓰셨다. 곧 핵심이 부각되는 극단적인 내용으로 문제를 바꿔 표현하신 것이다. 선을 행하지 않거나 생명을 구하지 않는 것은 잘못이며, 안식일에 대한 하나님의 원래 의도와 부합하지 않는다는 결론이 나올 수밖에 없었다(*2:27; 마 12:10에 대한 설명을 보라*). **어느 것이 옳으냐** 예수님은 바리새인들에게 모세 율법을 예로 들어 안식에 대한 그들의 전통을 검토하여 그것이 하나님의 구약 율법과 일관성을 가지는지 살펴보도록 하셨다. **그들이 잠잠하거늘** 바리새인들은 예수의 질문에 대답하기를 거부했으며, 그들의 침묵은 안식일에 대한 그들의 견해와 행태가 잘못된 것임을 함축적으로 보여주었다.

3:5 **그들의 마음이 완악함** 이 어구는 반항적인 태도로 말미암아 이해하지 못하게 되는 무능력을 가리킨다(시 95:8; 히 3:8, 15). 바리새인들의 마음은 진리에 대해 더욱 완고하고 둔감해져 갔다(참고. 16:14; 롬 9:18). **노하심으로** 인간의 죄에 대해 가지는 단호한 불쾌감은 건강하고 도덕적인 성품의 표시다. 예수의 반응은 그분의 신성한 성품에 어울리는 것이며, 그가 하나님의 의로운 아들임을 증명해 보였다. 악한 태도와 행동에 대한 이런 종류의 거룩한 분노는 예수가 성전을 깨끗케 하실 때 더욱 완전히 드러났다(참고. 11:15-18; 마 21:12, 13; 눅 19:45-48).

3:6 **바리새인들이…의논하니라** 그들은 예수가 말씀하시고 행하신 어떤 것에 의해서도 절대 설득당하지 않았으며(참고. 요 3:19), 도리어 그를 죽이기로 결심했다. 헬라어의 '계획을 세우다'(문자적으로 '함께 상의하다'라는 뜻임)는 이미 결정된 내용을 수행하는 것을 포함한다. 바리새인들은 이미 결정된 사항을 어떻게 실행할 것인지 논의했을 뿐이다. **헤롯당** 이 세속적이고 정치적인 집단은 그 이름을 헤롯 안디바에게서 따왔으며, 로마를 지원하는 데는 적극적이었고 바리새인과는 사사건건 충돌했지만 여기서는 바리새인들과 기꺼이 연합했다. 이는 양쪽 집단이 모두 예수를 필사적으로 죽이려고 했기 때문이다. *마태복음 22:16에 대한 설명을 보라.*

F. 군중에 대한 사역(3:7-12)

3:8 바리새인들과 충돌하고 있었음에도 보통 사람들에게 예수의 인기는 여전히 높았다. 복음서 저자들 가운데 오직 마가만이 예수의 사역 중 이 시점에 팔레스타인 전 지역에서 사람들이 예수를 보고 그 가르침을 듣기 위해 모여들었음을 밝힌다. **이두매** 유대의 남동쪽 지역으로 신약성경에서는 여기서만 언급되며 에돔 사람(원래 에서의 후손임, *창 36:43에 대한 설명을 보라*)이 많이 살았다. 이 시기에는 대부분 유대인 인구로 구성되었으며 유대의 일부로 간주되었다. **요단 강 건너편** 요단강 동쪽으로 베레아라고도 불렸으며 헤롯 안디바가 지배했다. 많은 유대인 인구가 있었다. **두로와 시돈** 갈릴리 북부, 지중해에 위치한 페니키아 도시들이었다. 때로는 페니키아 전체가 이 두 도시로 지칭되기도 했다

(참고. 렘 47:4; 욜 3:4; 마 11:21; 행 12:20).

3:10 **병** 문자적으로 '채찍' '회초리'인데, 때로 '역병'으로 번역되기도 한다. 이 단어는 고통스럽고 괴로운 다양한 신체적 통증과 질병을 은유적으로 묘사한 말이다.

3:11 **더러운 귀신들** 이것은 귀신들을 가리키는 말이다(*1:23에 대한 설명을 보라*. 참고. 눅 4:41). **어느 때든지 예수를 보면** 헬라어 동사의 시제는 귀신들이 예수를 주목하고 그분의 성품과 신분의 진실성을 직시한 것이 여러 번임을 보여준다. **당신은 하나님의 아들이니이다** 참고. 1:24. 귀신들은 예수의 유일무이한 본성을 주저 없이 단언했는데, 마가는 이것을 예수의 신성과 관련된 분명한 증거로 본다.

3:12 **자기를 나타내지 말라고 많이 경고하시니라** 예수는 귀신이 그분에 대해 증거하는 것을 언제나 금하셨다. 예수는 귀신의 불결한 말이 아닌 자신의 가르침과 행동이 자신이 누구인지를 선포하기 원하셨던 것이다(*1:25에 대한 설명을 보라*. 참고. 행 16:16-18).

G. 열둘을 세우심(3:13-19)

3:13 **자기가 원하는 자들을 부르시니** 헬라어 동사 *부르시니*는 열두 제자를 택하셨을 때 예수가 자신의 주권을 가지고 그렇게 하셨음을 강조한다(참고. 요 15:16).

3:14 **열둘을 세우셨으니** 그리스도는 자기 뜻의 명시적인 행동에 의해 자신을 따르는 사람들 가운데 열두 사람으로 특별한 집단을 형성하셨다(*마 10:1에 대한 설명을 보라*). 이 새 집단이 그리스도 교회의 기초가 되었다(참고. 엡 2:20).

3:15 **권능도 가지게** 여기서 *권능*으로 번역된 단어는 때로 '권세'로 번역되기도 한다. 예수는 이 열둘에게 복음 전파의 사명뿐 아니라 귀신을 쫓아낼 수 있는 능력과 권위를 주셨다(참고. 눅 9:1).

3:16-19 열둘의 목록이다(*마 10:2-4에 대한 설명을 보라*).

3:16 **베드로** 여기서 이 이름으로 처음 불린 것도 아니고(참고. 요 1:42), 시몬이라는 이름을 완전히 대체한 것도 아니지만(참고. 행 15:14) 이 시점부터 마가는 시몬을 가리킬 때 이 이름만을 쓴다. 그 이름은 '바위'를 의미하며 베드로의 성격과 활동, 곧 교회 건설의 기초석이 된 그의 위치를 나타낸다(참고. 마 16:18; 엡 2:20).

3:17 **우레의 아들** 마가는 이방인 독자를 위해 '보아너게'라는 아람어의 뜻을 설명해준다. 이 형제에게 이 이름을 붙여준 것은 열렬하고 외향적인 성격 때문이었을 것이다(참고. 9:38; 눅 9:54).

3:18 **다대오** 신약성경에 등장하는 열둘의 목록에서 같은 이름으로 표기되지 않는 유일한 이름이다(참고. 마 10:2-4; 눅 6:14-16; 행 1:13). 마태는 그를 '리배오'라고 부르며 성을 '다대오'라고 말한다(마 10:3, 한글 개역개정판은 '다대오'라고 되어 있음-옮긴이). 누가복음과 사도행전은 그를 '야고보의 아들 유다'라고 부르며, 요한복음 14:22은 그를 "가룟인 아닌 유다"라고 부른다. **가나나인** 이 이름은 이 시몬이 가나 출신이라는 뜻이 아니다. 이 단어는 '열렬하다'라는 의미의 아람어에서 왔으며, 율법에 열심인 사람을 말할 때 썼다. 누가는 '열심당'을 의미하는 헬라어를 음역해 사용한다(*눅 6:15; 마 10:4에 대한 설명을 보라*).

3:19 **가룟** 이 히브리 단어는 '그리욧 사람'이라는 뜻이다. 그리욧은 그리욧 헤즈론에서 알 수 있듯 헤브론 남쪽에 있는 마을이다(수 15:25).

H. 서기관들과 바리새인들을 꾸짖으심(3:20-30)

3:20 **집에 들어가시니** 좀 더 분명한 번역은 '가정으로 가시니'다. 이 말은 예수님이 가버나움으로 돌아가신 것을 의미한다(참고. 2:1). 이 구절부터 새로운 문단이 시작된다.

3:21 **예수의 친족들** 헬라어에서 이 표현은 어떤 사람의 친구들이나 가까운 사람들을 묘사하기 위해 다양한 방식으로 사용된다. 엄밀한 의미에서 이것은 가족을 의미하며, 여기서도 가족으로 이해하는 것이 최선일 것이다. **그를 붙들러** 마가는 다른 곳에서 어떤 사람을 체포하는 것을 표현하기 위해 이 용어를 사용한다(6:17; 12:12; 14:1, 44, 46, 51). 예수의 친척들은 20절의 소식을 들었을 것이고, 가버나움으로 오면 예수를 활동하지 못하게 막고 자기들의 보호와 통제하에 두려고 했음이 분명하다. 물론 예수를 위해 그렇게 하려 했을 것이다. **그가 미쳤다** 예수의 가족은 사람들이 강요하는 인습에 얽매이지 않는 예수의 생활방식에 대해 터무니없다거나 그가 미쳤다는 말로 설명할 수밖에 없었다.

3:22 **서기관들** 율법사라고도 불린 유대교 학자들로, 율법과 그것의 적용 전문가인 바리새인이 많았다(*마 2:4에 대한 설명을 보라*). **바알세불** 사탄이다(*눅 11:15에 대한 설명을 보라*).

3:23 **비유** 예수는 자신이 설명한 진리를 널리 알려진 사실에 비유해 대답하셨다(*마 13:3에 대한 설명을 보라*).

3:26 **망하느니라** 마가복음에서만 사용된 표현이며, 귀신 세계의 우두머리인 사탄의 궁극적인 멸망을 가리킨다. *요한계시록 20:1-10에 대한 설명을 보라*.

3:27 **강한 자의 집에 들어가 세간을 강탈** 사탄의 영역에("강한 자의 집") 들어가서 그를 묶고(그의 활동을 제어하고) 사람들을("세간") 그의 지배로부터 해방하기("강탈")

예수의 제자들

다음은 공관복음서가 열둘을 나열하는 다양한 순서(맛디아가 가룟 대신 뽑히기 전 사도행전의 기록은 열둘이 아니라 열한 명임)와 다대오의 다양한 이름을 보여준다.

마 10:2-4	막 3:16-19	눅 6:13-16	행 1:13
1. 베드로라 하는 시몬	베드로란 이름을 받은 시몬	베드로라고도 이름 주신 시몬	베드로
2. 안드레	세베대의 아들 야고보	베드로의 동생 안드레	야고보
3. 세베대의 아들 야고보	야고보의 형제 요한	야고보	요한
4. 요한	안드레	요한	안드레
5. 빌립	빌립	빌립	빌립
6. 바돌로매	바돌로매	바돌로매	도마
7. 도마	마태	마태	바돌로매
8. 세리 마태	도마	도마	마태
9. 알패오의 아들 야고보	알패오의 아들 야고보	알패오의 아들 야고보	알패오의 아들 야고보
10. 다대오	다대오	셀롯이라는 시몬	셀롯인 시몬
11. 가나나인 시몬	가나나인 시몬	야고보의 아들 유다	야고보의 아들 유다
12. 가룟 유다	가룟 유다	가룟 유다	제비 뽑기로 선정된 맛디아(26절)

위해서는 그보다 강해야 한다. 오직 예수만이 마귀를 제어하는 힘을 소유하셨다. 참고. 로마서 16:20; 히브리서 2:14, 15.

3:28 **내가 진실로 너희에게 이르노니** 여기서 처음 등장하는 이 표현을 마가는 복음서 전체에 걸쳐 사용하며, 이 표현은 예수의 참되고 권위 있는 말씀을 소개할 때 언제나 등장한다(참고. 6:11; 8:12; 9:1, 41; 10:15, 29; 11:23; 12:43; 13:30; 14:9, 18, 25, 30).

3:29 **누구든지 성령을 모독하는 자는 영원히 사하심을 얻지 못하고** 예수 그리스도의 주 되심과 구속을 가리키는 성령의 사역을 의도적으로 무시하고 헐뜯는 사람에게는 일체의 사죄의 가능성이 사라진다(*마 12:31에 대한 설명을 보라*). 이는 그가 하나님의 구원의 유일한 근거를 완전히 거부하기 때문이다.

I. 자신의 영적 가족을 밝히심(3:31-35)

3:31 **예수의 어머니와 동생들** 이 땅에 속한 예수의 가족들이다(*21절; 마 12:46에 대한 설명을 보라*). 21절에서 중단되었던 서술이 여기서 재개된다.

3:35 예수는 참된 제자도에 대한 결정적이고 포괄적인 말씀을 하신다. 그런 제자도는 혈연적 가족을 초월하는 영적 관계를 포함하며, 이 관계는 하나님의 성령에 의해 믿음과 회개로 그리스도께 나아오며 하나님 말씀에 순종하는 삶을 살 수 있는 힘을 받은 모든 사람에게 열려 있다.

J. 비유로 설교하심(4:1-34)

1. 씨 뿌리는 자(4:1-9)

4:1 **앉으시고** 랍비들이 가르칠 때 취하는 전형적인 자세는 앉는 것이다. 또한 실제적으로 물에 떠 있는 배는 흔들리기 때문에 예수님은 앉으셨을 것이다.

4:2 **비유** 유대교에서 일반적으로 사용하던 교훈의 방법이며, 예수는 믿지 않는 자들에게 진리를 감추고 제자들에게는 설명하고자 할 때 이 방법을 사용하셨다(참고. 11절. *마 13:3에 대한 설명을 보라*).

4:3-8 이 비유는 복음의 가르침이 온 세계로 퍼져나갈 것과 사람들이 그 가르침에 대해 보여줄 다양한 반응을 그리고 있다. 어떤 사람은 그것을 거절하고, 어떤 사람은 그것을 잠깐 동안 받았다가 다시 떨어져 나갈 테지만 어떤 사람은 믿고 다른 사람들을 이끌어 그들도 믿게 할 것이다.

4:4 **길 가** 밭 가장자리에 난 길이나 밭을 가로지르는

길이다. 사람들이 계속해서 밟고 다니는 곳이기 때문에 표면이 단단하다.

4:5 **돌밭** 일반적으로 석회석으로 되어 있는 큰 암반으로 표면에 좋은 흙이 덮여 있고 그 아래에 이 암반이 놓여 있다. 이 흙은 쟁기가 닿지 않을 만큼 깊지만 뿌리가 물에 도달해 자리 잡을 만큼 깊지 않은 양밖에 되지 않는다.

4:7 **가시떨기** 거칠고 엉겅퀴를 내는 잡초로 좋은 씨에 필요한 공간을 차지할 뿐 아니라 빛과 물을 먹어치운다.

4:8 **백 배가 되었느니라** 뿌린 씨와 수확 사이의 일반적인 비율은 1대 8이며, 만약 1대 10이 되면 예외적인 풍작이었다. 여기서 예수님이 말씀하신 수확은 믿을 수 없을 만큼 풍성하다는 것이다.

4:9 **들을 귀 있는 자는 들으라** 이 말의 표면적인 의미는 예수 비유의 의미를 주목하고 분별하라는 요구다. 그러나 비유를 해석하려면 인간의 이해력 이상의 어떤 것이 필요하다. 구속받은 자에게만 신성한 선생께서 참된 의미를 설명해주실 것이다.

2. 비유로 말하는 이유(4:10-12)

4:11 **비밀을…비유로** "비밀"은 이전에는 감춰져 있었지만 신약에 와서 드러난 것을 가리킨다(*고전 2:7; 엡 3:4-6에 대한 설명을 보라*). 이 문맥에서 비밀의 주제는 천국이며(*마 3:2에 대한 설명을 보라*), 예수님이 비유의 형태로 전달해주신 것이 이 천국에 대한 것이다. 그러므로 이 비밀은 믿는 사람들에게는 계시되었지만 그리스도와 그의 복음을 거부하는 자들에게는 여전히 감춰져 있다(*마 13:11에 대한 설명을 보라*). **외인에게는** 즉 '그리스도를 따르지 않는 자들에게는'이라는 뜻이다.

4:12 **이는** *마태복음 13:13에 대한 설명을 보라*. 이사야 6:9, 10을 구체적으로 인용한 마태와 달리 마가가 인용한 예수의 말씀은 이사야가 그 본문에서 말한 내용의 본질이다. **돌이켜…얻지 못하게 하려 함이라** 여기에 함축된 의미는 불신자들은 죄로부터 돌이키기를 원치 않는다는 것이다(*마 13:3, 13에 대한 설명을 보라*).

3. 씨 뿌리는 자의 비유 설명(4:13-20)

4:13 **모든 비유** 씨 뿌리는 자의 비유에 대한 이해는 제자들이 예수의 다른 천국 비유(21-34절)를 이해하는 데 필요한 능력의 열쇠다.

4:14-20 씨 뿌리는 자의 비유를 설명하고 계신다. 씨 뿌리는 자는 예수 자신이며(참고. 마 13:37), 복음을 전하는 모든 사람 역시 예수와 함께 씨를 뿌리는 자다.

4:14 **말씀** 누가복음 8:11에는 "하나님의 말씀"이라고 되어 있으며, 마태복음 13:19에는 "천국 말씀"이라고 되어 있다. 이것은 구원의 복음이다(*마 13:19에 대한 설명을 보라*).

4:16 **기쁨으로 받으나** 여기서 기쁨이란 복음을 받을 때의 비용은 계산하지 않은 채 복음에 대해 보이는 열광적이고 감정적이지만 피상적인 반응이다.

4:17 **뿌리가 없어** 이 사람의 마음이 바위처럼 딱딱하기 때문에(*5절에 대한 설명을 보라*) 복음은 그 사람의 영혼에 절대로 뿌리를 내리지 못하며 결코 그의 삶을 변화시키지 못한다. 한시적이고 표면적인 변화밖에 없다는 뜻이다. **환난이나 박해** 삶의 일반적인 문제나 어려움이 아니라 사람이 하나님 말씀과 맺는 관계로 말미암아 발생하는 고통이나 고난, 박해다. **넘어지는** 이 헬라어는 '떨어지다' 또는 '범죄하게 하다'라는 뜻을 가진다. 이 헬라어로부터 영어의 scandalize(화나게 하다, 모욕하다)라는 단어가 생겼다. 여기서는 이 모든 의미가 이 단어의 뜻으로 적절하다. 피상적인 신자는 그의 믿음이 시험받을 때 불쾌해하고 흔들리다가 떨어져 나가기 때문이다(참고. 요 8:31; 요일 2:19).

4:19 **세상의 염려** 문자적으로 '이 세대의 주의산만'이라는 뜻이다. 현 세상의 한시적인 문제들에 마음을 빼앗기면 복음을 진지하게 생각하지 못하게 된다(참고. 약 4:4; 요일 2:15, 16). **재물의 유혹** 돈과 물질적인 소유는 그것들이 거짓으로 약속하는 행복이나 마음의 욕망을 채워주지 못하고 도리어 그것을 추구하는 자들의 눈을 가려 영원하고 영적인 것에 대한 관심을 갖지 못하게 한다(딤전 6:9, 10).

4:20 **듣고 받아…결실을 하는** 3개의 헬라어 현재분사는 지속적인 행동을 표시한다. 신자는 불신자와 달리 하나님 말씀을 듣는다. 하나님이 그들로 들을 수 있게 하시기 때문이다. 그들은 그것을 '받는다'. 하나님이 정신과 마음을 열며 그들의 삶을 변화시키기 때문에 이해하고 순종하게 된다. 그 결과로 그들은 영적 열매를 맺는다.

4. 등불(4:21-25)

4:21 **등불** 이것은 작은 진흙 그릇으로, 거기에는 심지를 고정시키는 주둥이가 있고 연료로 사용할 수 있는 약간의 기름을 담을 수 있다. **등경** 일반 가정에서 이것은 벽에 약간 빼져 나온 선반이다. 더 부유한 가정에는 별도의 장식이 들어간 받침대가 있었다(참고. 계 1:12).

4:22 **드러내려 하지 않고는 숨긴 것이 없고** 무엇인가를 숨기는 목적은 언젠가 그것을 드러내기 위해서다. 예수의 가르침은 오직 그분을 따르는 내부 집단만을 위한 것이 아니다. 그 나라의 복음을 온 세상에 알리는 것이 앞으로 제자들이 해야 할 일이었다(참고. 마 28:19, 20).

4:24 **그 헤아림으로** 제자들이 실현할 영적인 결과는 그들이 거기에 투자한 노력에 비례할 것이다. 그들은 뿌린 만큼 거둘 것이다. **더 받으리니** 영적인 진리를 배우고 그것을 부지런히 적용한 사람은 적용할 진리를 더 많이 받을 것이다.

5. 씨(4:26-29)

4:26-29 오직 마가만이 씨 뿌리는 자의 비유를 보완하는 이 비유를 기록했으며, 좋은 땅에서 이루어지는 영적 성장의 결과를 더 깊이 있게 설명하고 있다.

4:26 **하나님의 나라** *1:15에 대한 설명을 보라.*

4:29 **곧 낫을 대나니 이는 추수 때가 이르렀음이라** 낟알이 익으면 씨를 뿌린 사람은 추수해야 한다. 설명이 제공되지 않은 이 비유에 대해 가능한 해석이 두 가지 있다. 이 비유는 예수님이 복음 메시지를 뿌리실 때부터 미래의 최후 추수까지 하나님 나라의 전 기간을 가리킬 수 있다. 그의 제자들은 복음을 제시하는 일을 계속할 것이고 마지막에 추수가 있을 것이다. 이것보다 더 나은 해석은 복음이 사람들의 삶에서 작용하는 모습을 그린다고 보는 것이다. 복음이 제시되면 하나님 말씀이 개인의 마음속에서 작용하며, 어느 때는 느리게 보이기도 하지만 하나님이 그 사람 속에서 추수하여 그를 구원할 때까지 계속된다는 뜻이다.

6. 겨자씨(4:30-34)

4:30-32 이 겨자씨 비유는 하나님의 나라가 시작할 때는 그 영향력이 미미하지만 점차 온 세계로 퍼져나가는 모습을 그린다.

4:31 **겨자씨 한 알** 보통 검은 겨자 식물을 가리킨다. 잎은 채소로 사용되고 씨앗은 조미료로 쓰였다. 이 씨는 의학적인 약효도 있었다. **모든 씨보다 작은 것이로되** 겨자씨가 존재하는 모든 씨앗 중에서 가장 작지는 않았지만 유대인이 팔레스타인에 뿌렸던 모든 씨앗보다는 작았다.

4:32 **풀** 이 단어는 특별히 식용으로 재배하는 채소를 가리킨다. **공중의 새들** 진정한 의미의 나무는 아니지만, 겨자는 4.5미터까지 자라고 나무처럼 되어 새가 둥지를 틀 정도로 큰 가지가 생기는 것으로 알려져 있다. 이 나무는 구원의 영역을 나타내는 것으로, 사람들에게 피난처와 보호, 유익을 가져다줄 만큼 자랄 것이다(*마 13:32에 대한 설명을 보라*). 심지어 불신자들까지 복음 그리고 구원하는 하나님의 능력과 연결되어 복을 받아왔다. 그리스도인은 이처럼 세상에 축복이 되어 왔다. *고린도전서 7:14에 대한 설명을 보라.*

4:33, 34 예수의 비유에 대한 마가의 이 결론은 그의 기록이 예수님이 가르치신 모든 비유 가운데 대표적인 본보기를 추출한 것임을 강조한다.

4:34 **비유가 아니면 말씀하지 아니하시고** 바로 그날 예수는 군중에게 오직 비유로만 말씀하셨다. 그 결과 불신자들은 수수께끼를 안게 되었고, 그들은 예수를 믿으라거나 믿지 말라는 강요를 받지 않았다. 그들은 예수님이 가르치시는 내용을 이해할 수 없었기 때문에 그분을 따르겠다는 결정을 내릴 수 없었다.

K. 자신의 능력을 보여주심(4:35-5:43)

1. 풍랑을 잠재우심(4:35-41)

4:35-41 이 기록은 자연 세계에 대한 예수의 무제한적 능력을 입증한다.

4:35 **저편으로** 예수와 제자들은 갈릴리 호수 서해안에 있었다. 군중을 피하여 잠깐 휴식을 취하기 위해 예수는 큰 마을이 없어서 사람들의 왕래가 적은 동쪽 해안으로 건너가기를 원하셨다.

4:37 **광풍** 해수면보다 210미터 낮은 곳에 산으로 둘러싸인 이 호수에서는 늘 바람이 일었다. 여기 사용된 헬라어는 '회오리바람'을 의미할 수도 있다. 이 경우 그 바람이 너무 세서 허리케인 정도로 느껴질 수도 있다(*마 8:24에 대한 설명을 보라*). 자기들이 이런 바람 속에 있다는 것을 아는 제자들은 그 광풍으로 자신들이 익사할 수도 있다고 생각했다(38절).

4:38 **예수께서는…주무시더니** 예수는 온종일 병을 치료하고 가르치시느라 너무 피곤하여 그 광풍 속에서도 잠들어 계셨다(*마 8:24에 대한 설명을 보라*).

4:39 **잠잠하라 고요하라** 문자적으로 '조용하라' '입을 다물라'는 뜻이다. 통상적으로 광풍은 서서히 잦아들지만 창조주가 명령을 내리자 이 광풍에 따른 자연적인 요소들이 그 즉시 중지되었다.

4:41 **그들이 심히 두려워하여** 이것은 광풍으로 해를 입을 것에 대한 두려움이 아니라 예수가 방금 발휘하신 초자연적인 능력에 대한 경외의 두려움이었다. 배 바깥의 광풍보다 더 두려운 것은 배 안에 하나님을 모시고 있다는 것이었다. **그가 누구이기에** 이 진술은 예수의 참된 신분에 대한 제자들의 경탄을 보여준다.

예수의 비유

비유	마태	마가	누가
1. 말 아래 등불	5:15-16	4:21, 22	8:16, 17; 11:33-36
2. 바위 위에 집을 지은 지혜로운 사람과 모래 위에 집을 지은 어리석은 사람	7:24-27		6:47-49
3. 옛 옷감에 덧댄 줄지 않는 (새) 천	9:16	2:21	5:36
4. 낡은 부대에 든 새 포도주	9:17	2:22	5:37, 38
5. 씨 뿌리는 자	13:3-23	4:2-20	8:4-15
6. 가라지(잡초)	13:24-30		
7. 겨자씨	13:31, 32	4:30-32	13:18, 19
8. 누룩	13:33		13:20, 21
9. 숨겨져 있는 보화	13:44		
10. 값비싼 진주	13:45, 46		
11. 그물	13:47-50		
12. 잃은 양	18:12-14		15:3-7
13. 용서하지 않는 종	18:23-35		
14. 포도원 품꾼	20:1-16		
15. 두 아들	21:28-32		
16. 악한 포도원 농부	21:33-45	12:1-12	20:9-19
17. 혼인 잔치	22:2-14		
18. 무화과나무	24:32-44	13:28-32	21:29-33
19. 지혜로운 처녀와 어리석은 처녀	25:1-13		
20. 달란트	25:14-30		
21. 자라는 씨		4:26-29	
22. 멀리 떠난 집주인		13:33-37	
23. 채권자와 두 명의 채무자			7:41-43
24. 선한 사마리아인			10:30-37
25. 필요가 있어 찾아온 친구			11:5-13
26. 어리석은 부자			12:16-21
27. 깨어 있는 종			12:35-40
28. 신실한 종과 악한 종			12:42-48
29. 열매 없는 무화과나무			13:6-9
30. 큰 잔치			14:16-24
31. 탑 건축과 전쟁에 나가는 왕			14:25-35
32. 잃은 은전			15:8-10
33. 잃은 아들			15:11-32
34. 불의한 청지기			16:1-13
35. 부자와 나사로			16:19-31
36. 무익한 종			17:7-10
37. 끈질긴 과부			18:1-8
38. 바리새인과 세리			18:9-14
39. 므나(파운드)			19:11-27

2. 귀신을 쫓아내심(5:1–20)

5:1 **바다 건너편** 갈릴리 바다의 동쪽 해안이다(참고. 눅 8:26). **거라사인의 지방** 마가복음에서 선호되는 번역은 '가다라인'이 아니라 '거라사인'이다(한글 개역개정판 성경은 '거라사인'으로 읽었고, 전부 '거라사인의 땅'으로 통일시켰음 – 옮긴이). 이곳은 동쪽 해안의 중앙로에 위치한 게르사(케르사 또는 쿠르시, *마 8:28에 대한 설명을 보라*)의 작은 마을이었음이 거의 확실하다. '…의 지방'이라는 말은 게르사를 포함한 전체 지역이며, 갈릴리 호수에서 남쪽으로 약 10킬로미터 되는 가다라 시의 관할 하에 있었다. 그 지역에서 가다라가 이런 위치를 가졌기 때문에 누가는 그 지역을 "거라사의 땅"이라고 불렀을 것이다(눅 8:26, 37).

5:2 **더러운 귀신** 이것은 그 사람을 지배하던 귀신을 가리키는 말이다. 이런 영들은 그 자체가 도덕적으로 더러웠으며 그들에게 사로잡힌 사람에게 큰 해를 끼쳤다(*1:32-34에 대한 설명을 보라*. 참고. 눅 4:33, 36; 7:21; 8:2). **사람이 무덤 사이에서 나와** 마가는 귀신 들린 사람들 가운데 한 사람만 언급하는데, 그 사람이 둘 중에서 더 눈에 잘 띄었을 것이다(참고. 마 8:28). '무덤'은 (당시에 정신 이상자들이 주로 거하던 곳) 마을 외곽에 있는 언덕을 파내어 만든 매장지였다. 이 사람과 그의 동료가 유대인이었다면 시체에 접촉하는 것을 대단히 불결하게 여겼던 사람들이 그런 곳에서 산다는 건 큰 고통이었을 것이다.

5:3 **아무도…맬 수 없게 되었으니** 이 사람의 엄청난 힘을 강조하기 위해 헬라어 본문에서는 부정어를 반복해 사용했다.

5:4 **고랑과 쇠사슬** 고랑은(금속 또는 부분적으로는 밧줄이나 꼰 줄) 발을 묶는 데 사용되었고 쇠사슬은 몸의 나머지 부분을 제어하는 데 사용되었다.

5:5 **소리 지르며 돌로 자기의 몸을 해치고 있었더라** "소리 지르며"는 강렬한 감정을 가지고 계속 섬뜩한 비명을 지르는 모습을 묘사한다. 마찬가지로 여기서 말하는 돌들은 부싯돌로 만들어진 끝이 날카로운 울퉁불퉁한 것이었다.

5:7 **지극히 높으신 하나님의 아들** 귀신들은 예수가 신이며 신인(神人)이라는 것을 알았다. "지극히 높으신 하나님"은 고대의 명칭으로 유대인과 이방인들이 공히 이스라엘의 한 분 참되고 살아 계신 하나님을 밝히며, 다른 모든 거짓된 우상으로부터 구별하기 위해 사용한 명칭이다(참고. 창 14:18-20; 민 24:16; 신 32:8; 시 18:13; 21:7; 사 14:14; 단 3:26; 눅 1:32; 히 7:1). **나와 당신이 무슨 상관이 있나이까** 일반적인 저항의 표현이다(*1:24에 대한 설명을 보라*). **원하건대…나를 괴롭히지 마옵소서** *마태복음 8:29에 대한 설명을 보라*. 마가는 "원하건대"(간구하건대)라는 말을 덧붙이는데, 이는 귀신이 자기가 당하게 될 가혹한 운명을 약화시키기 위해 애쓰는 모습을 보여준다. 참고. 야고보서 2:19.

5:9 **네 이름이 무엇이냐** 예수님이 이렇게 질문하신 것은 자기를 고통스럽게 하지 말아달라는 귀신의 호소 때문인 것이 거의 확실하다. 그러나 예수가 귀신을 쫓아내기 위해 그 이름을 알아야 하는 것은 아니다. 도리어 예수가 이 질문을 던지신 것은 이 상황의 실상과 복잡성을 공개하기 위해서였다. **군대** 이것은 당시 유대인과 헬라인에게 널리 알려졌던 라틴어 용어로, 보병 6,000명으로 이루어진 로마 군대의 단위를 가리킨다. 이런 이름은 그 사람이 많은 수의 전투적 악령의 지배를 받고 있었음을 말하며, 이 사실은 "우리가 많음이니이다"라는 말을 통해 다시 확인된다.

5:10 **자기를 그 지방에서 내보내지 마시기를** *1절에 대한 설명을 보라*. 귀신들은 자기들이 악한 세력을 행사하던 그 지역에 그냥 남기를 원했다. **간구하더니** 귀신은 예수가 자신을 완전히 지배할 권력을 가지셨다는 것을 알았는데, 자신의 요구가 받아들여지기를 간곡히 원하고 있다.

5:11 **돼지** 돼지는 유대인에게 부정한 짐승으로, 돼지를 치던 사람은 이방인이었거나 율법에 개의치 않는 유대인이었을 것이다(*마 8:30에 대한 설명을 보라*).

5:13 **허락하신대** 예수는 주권적인 목적을 가지고 귀신들이 돼지 떼한테 들어가서 돼지들을 죽게 만드는 것을 허락하셨다. 본문은 그 이외의 다른 설명을 제공하지 않는다(참고. 신 29:29; 롬 9:20). 이렇게 해서 예수는 그 사람에게 그를 사로잡고 있던 악이 얼마나 어마어마했는지에 대한 생생하고 가시적이고 강력한 교훈을 주셨다.

5:15 **정신이 온전하여** 그는 더 이상 귀신들의 지배를 받으며 광적으로 비명을 지르지 않았다. **앉은 것** 이 사람의 안정된 상태는 이전의 불안하고 동요하던 상태와 대조를 이룬다.

5:16 **돼지의 일을 본 자들이 그들에게 알리매** 열두 제자와 돼지 치던 사람들을 가리킬 것이다. 그들은 그 사람과 돼지에게 어떤 일이 발생했는지, 그 두 사건 사이의 관계를 사람들이 알게 되기를 원했다.

5:17 **예수께 그 지방에서 떠나시기를 간구하더라** 그 지역 주민들은 거기서 일어난 일 때문에 놀랐고 예수에 대해 반감을 품게 되었다. 그들은 자기들의 일상생활에 혼란이 발생하고 재산상의 손실이 발생할 것을 우려하

면서 예수와 그분의 능력이 그곳을 떠나 더 이상 재정적 손실이 발생하지 않기를 원했을 것이다. 하지만 더 중요한 것은 그들이 그리스도가 영적 능력을 발휘하는 것에 놀란 불경건한 사람들이었다는 사실이다(*마 8:34에 대한 설명을 보라*).

5:19 **주께서 네게…행하사…네 가족에게 알리라** 예수는 그 사람에게 자신이 자연적·초자연적 세계를 통치하는 하나님이라고 말씀하셨다(참고. 눅 8:39).

5:20 **데가볼리** 요단강 동쪽에 위치한 헬라의 영향을 받은 열 도시의 동맹이다(*마 4:25에 대한 설명을 보라*).

3. 병자를 고치심(5:21-34)

5:21 **맞은편** 예수와 제자들은 갈릴리 호수 북서쪽의 해안으로 돌아왔다.

5:22 **회당장** 이들은 지역 회당의 장로들을 통솔했다. 평신도 임원으로 구성된 장로 집단은 예배를 준비하고 회당의 다른 일들을 처리하는 일을 담당했다.

5:25 **혈루증** 이는 고질적인 내부 출혈을 가리키는데, 종창 또는 다른 질병으로 발생했을 것이다(*마 9:20에 대한 설명을 보라*).

5:26 **많은 의사에게 많은 괴로움을 받았고** 신약 시대에는 의학적으로 고치기 어려운 질병을 가진 사람이 의사들에게 자문을 구하고 다양한 치료를 받는 것을 흔히 볼 수 있다. 치료라고 하는 것이 서로 상반되는 처치일 때도 종종 있어 그 결과 상태가 호전되는 것이 아니라 더욱 악화되는 일이 발생하기도 했다. 누가복음 8:38에서 누가는 그녀의 상태가 치료하는 것이 불가능했기 때문에 도움을 받을 수 없었음을 암시하고 있다.

5:28 **내가 그의 옷에만 손을 대어도** 예수의 치유 능력에 대한 그녀의 믿음이 너무나 컸기 때문에 옷을 통해 예수와 접촉만 해도 병이 나을 것이라고 믿었다(*마 9:20에 대한 설명을 보라*).

5:29 **그의 혈루 근원** 출혈이 일어나는 곳을 샘에 비유하고 있다.

5:30 **그 능력이 자기에게서 나간 줄** 그리스도의 능력, 곧 초자연적인 일을 이루는 그 고유한 능력은 그분의 주권적인 의지의 의식적 통제 하에 있었다. **누가 내 옷에 손을 대었느냐** 예수가 이 질문을 던지신 것은 잘 몰라서가 아니라 그녀를 군중 가운데서 이끌어내어 거기서 발생한 일로 하나님께 영광을 돌리기 위해서였다.

5:34 **네 믿음이 너를 구원하였으니** 예수의 공개적인 진술은 그녀의 믿음과(28, 33절에 표현된 대로) 그 결과에 대한 것이었다. "너를 구원하였으니"의 헬라어 동사는 '너를 온전케 했으니'라고도 번역될 수 있으며, 그녀의 치료가 완전했음을 보여준다. 이 동사는 '구원하다'라고도 번역되며(*마 9:22에 대한 설명을 보라*), 신약성경에서 보통 죄로부터의 구원을 가리킨다. 이는 그 여자의 믿음이 영적인 구원까지 가져다주었다는 것을 암시한다.

4. 죽은 자를 살리심(5:35-43)

5:36 **믿기만 하라** 여기 사용된 동사는 현재의 행동을 계속하라는 명령으로, 예수께 나아올 때 야이로가 보여준 믿음을 견지할 것을 촉구하는 표현이다. 야이로가 처한 절망적인 상황에서는 그리스도께 도움을 요청하는 길밖에 없음을 아는 믿음이다. 예수는 믿음의 결말을 확실히 알고 계셨다(참고. 눅 8:50).

5:37 **베드로와 야고보와…요한** 이는 마가가 이 세 명의 제자에게 특별한 지위를 부여한 최초의 경우다. 성경은 왜 이 제자들이 때로 다른 제자들은 목격하지 않은 일들을 목격했는지에 대해(참고. 9:2; 14:33) 아무런 설명도 해주지 않는다. 그러나 이 세 명이 열두 제자 가운데서 내부 집단을 형성한 것은 사실이다. 심지어 헬라어 문법도 이들의 이름을 하나의 정관사(영어의 'the'에 해당하는 헬라어) 아래 묶음으로써 내부 집단이었음을 암시한다.

5:38 **울며 심히 통곡함** 당시 이 문화에서는 울며 통곡하는 것이 누군가가 죽었다는 확실한 표시였다. 사망하게 되면 곧 매장이 진행되기 때문에 이때가 사람들이 공개적으로 슬픔을 드러낼 수 있는 유일한 기회였다. 곡소리는 특별히 컸는데, 대개 직업적으로 애곡하는 사람이 고용되었다(*마 9:23에 대한 설명을 보라*).

5:39 **죽은 것이 아니라 잔다** 이 비유적 표현을 통해 예수는 그 소녀가 통상적인 의미에서 죽은 것이 아니라는 의미로 말씀하신다. 소녀의 상태는 한시적인 것이

그리스도의 기적이 지닌 특성

예수 그리스도의 능력에 조금이라도 근접한 경우가 이전에도 없었고 이후에도 없었다. 예수 그리스도는 영원히 유일무이하다. 네 편의 복음서에 기록된 그리스도의 기적들은…

- 부인할 수 없다
- 굉장하다
- 압도적이다
- 풍성하다
- 경이롭다
- 즉각적이다
- 권위적이다
- 제한이 없다
- 총체적이다
- 확실하다

며 원래대로 돌아올 것이었기 때문이다(*마 9:24에 대한 설명을 보라*. 참고. 요 11:11-14; 행 7:60; 13:36; 고전 11:30; 15:6, 18, 20, 51; 살전 4:13, 14).

5:40 **비웃더라** 이 표현을 더욱 문자적으로 번역하면 '그를 경멸하며 비웃었다' 또는 '그의 면전에서 비웃었다'이다. 그들은 예수의 말씀을 문자적으로 이해한 결과 말도 안 된다고 생각해 '비웃었다'. 이 말은 주님께 창피를 주려는 목적으로 반복해 웃음을 터뜨렸다는 의미로 보인다. 이 반응이 비록 경박하고 부적절한 것이기는 했지만 사람들은 소녀의 죽음이 회복할 수 없는 것임을 확신했다는 것과 예수가 행하시려고 하는 기적이 실제 사건이었음을 보여준다. **다 내보내신** 예수는 그들을 전부 내보내셨다. 이것은 예수의 권위를 보여주는 강력한 행동이었다. 이렇게 하신 이유는 믿지 않는 애곡자들은 소녀의 부활을 목격할 자격이 없었기 때문이다.

5:41 **달리다굼** 오직 마가만이 예수가 사용하신 아람어 원어를 기록하고 있다. *달리다*(*Talitha*)는 '양' 또는 '청년'의 여성형이며, *쿠미*(*Cumi*)는 '일어나라'는 명령이다. 다른 경우들과 마찬가지로 예수님은 죽은 시체에게뿐 아니라 살아난 그 사람에게 말씀하셨다(참고. 눅 7:14; 요 11:43).

5:43 **이 일을 아무도 알지 못하게 하라** 기적이 일어나면 널리 알려지기 마련인데, 그리스도는 자신이 그 지역을 떠날 때까지 그 소식이 퍼지지 않기를 원하셨다. 이는 그 소식이 퍼지면 갈릴리에 있는 많은 유대인 대적이 그리스도를 찾아내어 때가 되기 전에 죽이려고 할 것이었기 때문이다. 또한 그리스도는 자신이 단순히 기적을 일으키는 사람이 아니라 복음을 가져온 사람으로 알려지기를 원하셨다. 예수님은 그 소녀와 소녀의 부모가 과도한 호기심과 돌발적인 사건의 대상이 될 것을 우려하셨던 게 분명하다.

L. 고향으로 돌아오심(6:1-6)

6:1 **고향** 예수의 고향인 나사렛이다(*마 2:23에 대한 설명을 보라*). **제자들** 이것은 개인적으로 자기 가족을 찾아가는 여행이 아니라 사역을 하는 시기였다.

6:2 **안식일** *2:23에 대한 설명을 보라*. 이 말은 안식일이 올 때까지 공개적으로 가르치시지 않았다는 뜻이다. **회당에서 가르치시니** *1:21에 대한 설명을 보라*. **놀라** 1:22에도 같은 단어가 사용되었다(*이 구절에 대한 설명을 보라*). 그러나 여기서는 사람들의 일차적인 반응 후 회의적 태도가 따르고, 그다음에는 예수에 대한 비판적 태도가 뒤따랐다.

6:3 **목수** 나사렛 사람들은 예수를 여전히 아버지의 가업(참고. 마 13:55)을 물려받아 나무나 단단한 재료(예를 들면 돌이나 벽돌)를 다루는 기술자라고 생각했다. 예수와 그의 가족의 평범한 신분이 마을 사람들에게 걸림돌이 되었던 것이다. 그들은 그리스도를 자기들보다 높은 인물로 보기를 거절했으며, 그를 하나님의 아들이요 메시아로 받아들이지 않았다. **마리아의 아들** 오직 여기서만 예수님을 이렇게 지칭한다. 유대인의 일반적인 관행에 따르면 아들은 아버지의(요셉의) 이름으로 그 신분을 밝혔다. 여기서 그런 관행을 따르지 않은 것은 요셉이 이미 죽었기 때문이거나 청중이 그리스도가 부정하게 출생했다는 소문을 들었기 때문일 것이다(참고. 요 8:41; 9:29). 아버지가 누군지 모르는 사람은 그의 어머니의 아들이라고 불렸으며, 만약 그런 의미로 그리스도를 이렇게 불렀다면 이는 의도적으로 그리스도를 모욕하기 위한 것이었다. **야고보와 요셉과 유다와 시몬의 형제** *마태복음 12:46에 대한 설명을 보라*. 이들은 실제로 예수와 아버지가 다른 형제들이었다. 야고보는 훗날 예루살렘 교회의 지도자가 되었으며(참고. 행 12:17; 15:13; 21:18; 고전 15:7; 갈 1:19; 2:9, 12), 야고보서를 기록했다. 유다는 나중에 유다서를 기록했다. 다른 두 명에 대해서는 아무것도 알려진 바가 없다. **그 누이들** 예수와 아버지가 다른 누이들의 이름은 신약성경에 나오지 않을 뿐 아니라 그들이 다른 가족들처럼 신자가 되었는지에 대해서도 아무런 언급이 없다. **예수를 배척한지라** 영어 단어 scandalize는 여기 '배척한지라'로 번역된 헬라어 동사에서 유래되었는데, 이 단어의 원래 의미는 '걸려 넘어지다' 또는 '덫에 걸려' 죄에 빠진다는

마

단어 연구

믿음(Faith): 2:5; 4:40; 5:34, 36; 10:52; 11:22. '신뢰' 또는 '신념'이다. 믿음을 가진다는 것은 스스로에 대한 신뢰를 포기하고 그 신뢰를 다른 누구 또는 다른 어떤 것으로 돌리는 것이다. 혈루증으로 여러 해 고생하던 여인은 의사를 신뢰했다. 그러다가 예수의 옷에 손을 댈 때 그분이 자기의 병을 고쳐줄 것이라고 믿었다. 그녀가 병 고침을 받은 후 예수는 그녀의 믿음이 그녀를 건강하게 만들어주었다고 선언하셨다(마 8:10; 9:22, 29; 15:28; 눅 7:50; 8:48을 보라). 서신들에서 단어 *피스티스*(*pistis*)는 때로 한 사람의 믿음과 신념의 내용, 곧 성경에 기록된 하나님의 계시를 의미하기도 한다(갈 1:23을 보라).

것이다(*4:17에 대한 설명을 보라*). 나사렛 주민들은 예수가 위대한 선생 같은 태도를 취하는 것에 대해 대단히 불쾌해했다. 이는 예수의 평범한 배경과 빈약한 정규 교육, 공식적으로 인정된 종교적 직위가 없었다는 사실 때문이다.

6:4 *마태복음 13:57에 대한 설명을 보라*. 예수의 역할 가운데 하나가 선지자였으므로 예수님은 자신을 선지자로 칭하셨다(참고. 15절; 8:28; 마 21:11, 46; 눅 7:16; 24:19; 요 6:14; 7:40; 9:17). **자기 집** 자기 가족이다(참고. 요 7:5; 행 1:14).

6:5 **거기서는 아무 권능도 행하실 수 없어** 참고. 마태복음 13:58. 이 말은 그들의 불신앙 때문에 예수의 능력이 줄어들었다는 뜻이 아니다. 도리어 불신앙으로 말미암아 가버나움이나 예루살렘에서와 달리 사람들이 병 고침을 받거나 기적을 위해 예수를 찾아오지 않았다는 것을 암시한다. 또는 더욱 중요하게는 다음과 같은 이유로 예수가 자신의 사역을 제한하셨다는 의미일 수도 있다. 첫째, 그들에게 더 큰 빛이 비치고 그들의 마음은 더욱 완악해지고 그 결과로 그들이 더 큰 정죄를 받는 일을 피하기 위해 기적을 제한하셨다면 그것은 자비의 행위다. 둘째, 그들의 불신앙에 대한 심판일 수 있다. 그리스도께는 더 많은 기적을 행할 수 있는 능력이 있었지만 그들이 그분을 배척했기 때문에 그렇게 하고자 하는 의지가 없었다는 것이다. 기적은 기꺼이 믿는 사람들의 몫이다.

6:6 **그들이 믿지 않음을 이상히 여기셨더라** *이상히 여기셨더라*는 나사렛 사람들이 예수와 그분의 가르침, 기적에 대해 보인 반응으로 예수님이 놀라고 아연실색하셨다는 뜻이다. 예수는 사람들이 믿지 못한다는 사실에 놀란 것이 아니라 그들이 예수에 대한 모든 것을 안다고 주장하면서도 그분을 배척했다는 사실에 놀라신 것이다. 예수님이 그렇게 많은 이적을 행하시고 많은 가르침을 베푸신 지역인 갈릴리의 그 마을에서는 사람들이 믿었어야 했다. **모든 촌에 두루 다니시며** 나사렛을 방문하고 나서 예수님은 그곳을 떠난 후 갈릴리의 다른 지역을 다니며 가르치셨고, 이 여행을 시작한 곳 근처에서 사역을 마치셨다(참고. 마 9:35).

M. 제자들 파송(6:7-13)

6:7 **열두 제자** *3:16-19; 마태복음 10:2-4에 대한 설명을 보라*. 이 시기에 열두 제자는 신성한 사명을 받은 공인된 집단이 되어 있었다. **둘씩 둘씩** 이 지혜로운 관행(참고. 전 4:9-12)은 유대의 성금 모금자들에 의해, 세례 요한에 의해(눅 7:19), 이와 다른 경우에 예수에 의해(11:1; 14:13; 눅 10:1), 초대 교회에 의해(행 13:2, 3; 15:39-41; 19:22) 사용되었다. 이 관행은 제자들에게 상호 도움과 격려를 제공했으며, 증언의 진실성에 대한 법적 요구를 만족시킬 수 있었다(신 19:15). **보내시며** 이 헬라어 동사형에 따르면 예수님이 두 사람씩 짝을 지어 주시면서 그들을 예수의 대리인으로 직접 임명하셨음을 알 수 있다. **더러운 귀신** *1:23; 5:2에 대한 설명을 보라*.

6:8 **지팡이** 당시 여행자들이 쓰던 도보용 막대기로, 범죄자나 야생동물로부터 있을 수 있는 위협에 대한 보호 도구이기도 했다. **배낭이나…가지지 말며** 그들은 여행용 가죽 가방이나 음식을 위한 부대도 가지지 말아야 했다.

6:9 **신만 신고** 당시 신발은 가죽이나 나무로 만들어진 밑창을 끈으로 발목과 발등에 묶는 것이었다. 샌들은 뜨겁고 거친 팔레스타인 지형에서 발을 보호하기 위해 꼭 필요했다. **두 벌 옷도 입지 말라** 여기서 말하는 옷은 겉옷이다. 비교적 부유한 사람들은 두 벌을 입었지만 예수는 제자들이 보통 사람들처럼 최소한의 옷을 입고 여행하기를 원하셨다.

6:10 제자들은 머물 곳을 조심스럽게 선택해야 했으며(참고. 마 10:11), 일단 거기에 들어가면 그들은 오직 사역에 초점을 두어야 했다. 최초로 그들을 맞이하는 사람들과 그들이 제공하는 숙식에 만족하는 것이 제자들이 사역하는 동안 다른 사람들에게 하나의 증언이 될 수 있었기 때문이다(참고. 딤전 6:6).

6:11 **먼지를 떨어버려** 그들을 배척한 사람들과는 더 이상의 교제가 없다는 것을 나타내는 상징적 행동이다(*마 10:14에 대한 설명을 보라*). 제자들이 이 제스처를 취하면 그것은 그 사람들이 예수와 복음을 거부했으며, 따라서 제자들과 주님도 그들을 거부한다는 표시였다.

6:12, 13 **전파하고…많은 귀신을 쫓아내며** 참고. 7절. 열두 제자는 복음의 전령이었으며, 사람들한테서 악한 귀신을 쫓아내는 일은 계속 성공적으로 수행되었다. 제자들의 성공은 초자연적 세계에 대한 그리스도의 능력을 입증해주었고, 자신이 하나님이라는 그리스도의 주장을 확증해주었다.

6:12 **회개하라** *1:15; 마태복음 3:2에 대한 설명을 보라*.

6:13 **병자에게 기름을 발라** 예수 시대에는 올리브기름이 자주 약재로 사용되었다(참고. 눅 10:34). 그러나 여기서는 그것이 성령의 능력과 임재를 표시했으며, 초자연적인 치료를 나타내는 상징으로 사용되었다(참고. 사 11:2; 슥 4:1-6; 마 25:2-4; 계 1:4, 12). 잘 알려진 치료제였던 기름은 제자들이 병자를 위한 사역을 할 때 사람

들이 확인할 수 있는 적절하고 구체적인 매체였다.

N. 강한 적을 정복하심(6:14-29)

6:14 **헤롯 왕이 듣고** *마태복음 14:1에 대한 설명을 보라*. 이는 헤롯이 예수를 중심으로 한 깜짝 놀랄 만한 소식, 제자들이 최근 갈릴리에서 행한 전도와 기적 사역에 따른 소식을 들었음을 보여준다. **세례 요한** 그리스도의 오심을 미리 준비한 사람이다(*1:4-7; 마 3:1, 4, 6에 대한 설명을 보라*).

6:15 **그가 엘리야라** 유대인 사이에서 반복적으로 언급되었을 예수에 대한 이런 견해는 메시아의 도래 이전에 선지자 엘리야가 돌아올 거라는 유대인의 기대에 근거한 것이었다(*말 4:5; 마 11:14; 눅 1:17에 대한 설명을 보라*). **그가 선지자니 옛 선지자 중의 하나와 같다** 어떤 사람들은 예수를 신명기 18:15의 성취로 보았다. 신명기의 이 구절은 모세와 같은 사람이 그의 백성을 인도할 것을 내다보는 메시아적 예언이었다. 또 다른 사람들은 예수를 위대한 선지자로 보았거나 단절된 구약 선지자의 계열을 이어갈 사람으로 보았다. 이런 의견과 또 다른 의견들이 비록 올바른 것은 아니었지만, 백성들이 여전히 예수를 특별한 인물 또는 어느 정도 초자연적인 인물로 보았다는 것을 알 수 있다.

6:16 **요한 그가 살아났다** 흥분과 죄의식이 실린 이 고백으로 헤롯이 세례 요한의 목을 벤 자신의 악행을 잊지 못하고 있다는 사실과 그의 양심이 요한이 다시 살아났다는 데 대한 두려움을 품게 했음을 보여준다(참고. 마 14:1, 2; 눅 9:7-9).

6:17 **빌립의** 헤롯 빌립 2세이며, 헤롯 안디바(이 구절에서 말하는 헤롯)의 또 다른 의붓 형제다. 그러므로 빌립은 헤로디아의 삼촌이기도 했다(*마 14:3에 대한 설명을 보라*). **헤로디아** 헤롯의 조카이며, 그의 의붓 형제인 아리스토불루스의 딸이다. **요한을 잡아 옥에 가두었으니** 헤롯은 요한을 감옥에 가두었는데, 그 감옥은 사해 북쪽 해안에 위치한 마케루스에 있었을 것이다. 헤롯의 원래 의도는 그를 헤로디아의 음모로부터 보호하려는 것이었다(참고. 20절).

6:18 **요한이…말하되…옳지 않다** 헬라어 시제와 마가의 표현으로 볼 때 요한은 헤롯 안디바가 헤로디아와 혼인한 것이 모세 율법에 어긋난다는 이유를 들어 계속 꾸짖었던 것으로 보인다(*마 14:3에 대한 설명을 보라*. 참고. 마 3:7-10).

6:20 **헤롯이…크게 번민을 하면서도** 이것은 헤롯이 요한과의 접촉을 통해 큰 내적 갈등, 곧 헤로디아에 대한 욕망과 죄의식 사이에서 도덕적 갈등 속에 빠져 있었음을 보여준다.

6:21 **대신들** 이는 '영주들' '큰 사람들'로도 번역될 수 있다. 이들은 헤롯 아래서 높은 관직에 있던 사람이었다. **천부장들** 1,000명의 군인을 통솔하던 고위 군인들이다(헬라어로 *킬리아르코스*). **갈릴리의 귀인들** 그 지역의 명망 있는 사회지도자들을 가리킨다.

6:22 **헤로디아의 딸** 헤로디아가 빌립에게서 낳은 딸이다(*마 14:6에 대한 설명을 보라*). **춤을 추어** 이것은 혼자 추는 춤으로 오늘날의 스트립쇼에 비교할 수 있는 매우 외설적인 손동작과 몸동작이 있었다. 살로메가 헤롯의 손님들 앞에서 이런 공연을 했다는 것은 아주 드문 일이며, 거의 전례가 없는 일이었다(참고. 에 1:11, 12).

6:23 **내 나라의 절반까지라도** 이것은 헤롯의 관대함을 강조하기 위한 과장된 말이었다. 로마의 분봉 왕인 헤롯에게는 나눠줄 만한 '나라'가 없었다.

6:26 **자기가 맹세한 것…인하여** 통치자인 헤롯은 그 약속을 지키지 않을 수 없었다. 맹세는 거룩하고 깨뜨릴 수 없는 것으로 간주되었기 때문이다(*마 5:34; 14:9에 대한 설명을 보라*).

6:27 **시위병** 이 용어는 원래 '첩자' 또는 '척후병'을 의미했으나, 뒤에는 로마 법정에서 일하는 사람을 가리킬 때 쓰이게 되었다. 그들은 시위병뿐 아니라 시종과 호위병으로도 근무했다. 헤롯은 그런 사람들에게 둘러싸여 보호를 받았다.

O. 제자들과 다시 만남(6:30-32)

6:31 **너희는 따로** 사막의 조용한 곳으로 오라는 예수의 초대는 열두 제자에게만 해당되는 것이었다. 예수는 사역 여행의 고됨과 지속적인 사람들의 압박으로 인해 휴식이 필요하다고 생각하셨다.

6:32 **배를 타고 따로 한적한 곳에 갈새** 제자들은 예수의 제안에 순종해 5:2에 등장한 그 배를 타고 가버나움의 본부를 떠났다.

P. 5,000명을 먹이심(6:33-44)

6:33 **도보로 그 곳에 달려와** 사용할 수 있는 다른 배가 없는 상태에서 그 배의 방향(호수의 북동쪽을 향하는)과 속도로 말미암아 군중이 육로로 그들을 따랐을 수도 있다. **그들보다 먼저 갔더라** 오직 마가의 기록에만 있는 이 어구는 반드시 모든 사람이 배보다 먼저 도착했다는 뜻은 아니다. 배로 가면 6.4킬로미터 되는 거리가 육지로 가면 그 두 배인 12.8킬로미터가 되었기 때문이다. 도리어 이 말은 그중 젊고 열심을 가진 사람들이 나머지 사람들과 배보다 먼저(배가 순풍을 만나지 못했거나 역

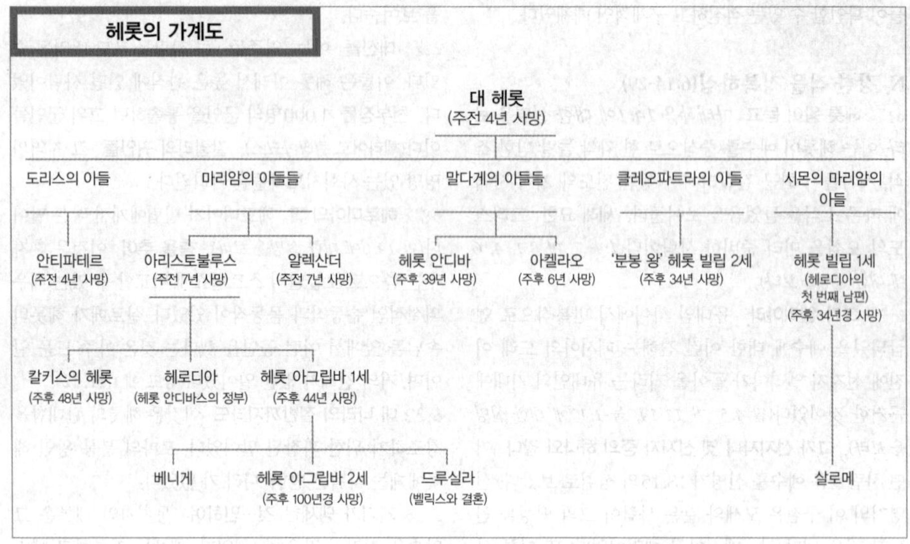

풍을 만났기 때문에) 그 해안에 도착할 수 있었다는 말이다(참고. 마 14:13, 14; 눅 9:11; 요 6:3, 5).

6:34 **목자 없는 양** 구약의 비유로(참고. 민 27:17; 왕상 22:17; 대하 18:16; 겔 34:5) 의지할 데 없고, 굶주리며, 영적 인도와 보호를 받지 못하고, 죄와 영적 멸망의 위협에 노출된 백성을 묘사한 말이다. **불쌍히 여기사** *마태복음 9:36에 대한 설명을 보라.*

6:37 **이백 데나리온** 1데나리온(*마 22:19에 대한 설명을 보라*)은 노동자의 하루치 품삯에 해당하는 돈이었다(참고. 마 20:2). 200데나리온은 여덟 달 품삯에 해당하는 금액으로, 제자들이 조달할 수 있는 액수를 훨씬 초과했다.

6:38 **떡** 문자적으로 '빵-케이크' 또는 '롤'이다.

6:39 **푸른 잔디** 이 세부 묘사는 당시가 우기인 봄이었음을 말해준다. 뜨거운 여름이 되면 풀이 말라 갈색이 된다.

6:40 **백 명씩 또는 오십 명씩** 100명으로 구성된 50개의 둥근 원으로 사람들을 앉히는 대칭적 좌석 배치로, 순서에 따라 한 원 뒤에 다른 원이 오는 구조다. 이런 배치는 축제 기간 중 유대인이 자리를 배치하는 방법으로 음식을 분배할 때 편리했다.

6:41 **하늘을 우러러** 예수님이 기도할 때 취하신 전형적인 자세다(참고. 7:34; 눅 24:35; 요 11:41; 17:1). 하늘은 어디서나 성부의 거처로 간주되었다(마 6:9).

6:42 **다 배불리 먹고** 거기 모인 군중 모두가 허기를 완전히 해소했다(참고. 요 6:11).

6:43 **열두 바구니에 차게** 이 바구니는 유대인이 음식을 나를 때 사용하던 운반 용기였다.

6:44 **오천 명** 헬라어 '남자'는 엄격하게 남자만을 의미하므로, 이 숫자에 여자와 아이들은 포함되지 않았다(참고. 마 14:21). 식사할 때 여자와 아이들은 전통적으로 남자와 떨어져 따로 앉았다. 그러므로 모든 사람을 더하면 그 숫자는 2만 명 정도가 되었을 것이다.

Q. 물 위를 걸으심(6:45-52)

6:45 **배** *32절에 대한 설명을 보라.* **앞서** 이는 예수가 뒤에 제자들과 다시 합치리라는 것을 암시한다. **벳새다** 갈릴리 바다 서해안, 가버나움 남쪽에 있는 마을이다(참고. 마 11:21).

6:46 **산** 갈릴리 바다 동쪽은 가파른 경사로 되어 있으며 그 경사를 통해 오르면 고원이다. 그 경사 위의 한 장소가 군중을 벗어나 기도하기 좋았던 것으로 보인다(참고. 요 6:15).

6:47 **바다 가운데** 보통 호수 북쪽을 가로지르는 뱃길은 해변에서 1.6킬로미터 또는 3.2미터 정도 떨어져 있다. 그러나 이때는 바람이 배를 수 킬로미터를 밀어 배는 호수 중앙에 다다르게 되었다(참고. 마 14:24).

6:48 **밤 사경** 새벽 3-6시다. **바다 위로 걸어서** 여기 사용된 단어의 시제는 파도에 방해받지 않고 지속적으로 나아가는 것을 묘사한다. **지나가려고 하시매** 이 말을 좀 더 직역하면 '나란히 오기를 원했다'가 되는데, 이것은 예수의 의도를 잘 보여준다. 예수는 제자들의 믿음을 시험하시고자 했다. 그래서 의도적으로 코스를 바꿔 배와 나란히 오셨던 것이다. 그리하여 제자들이 예

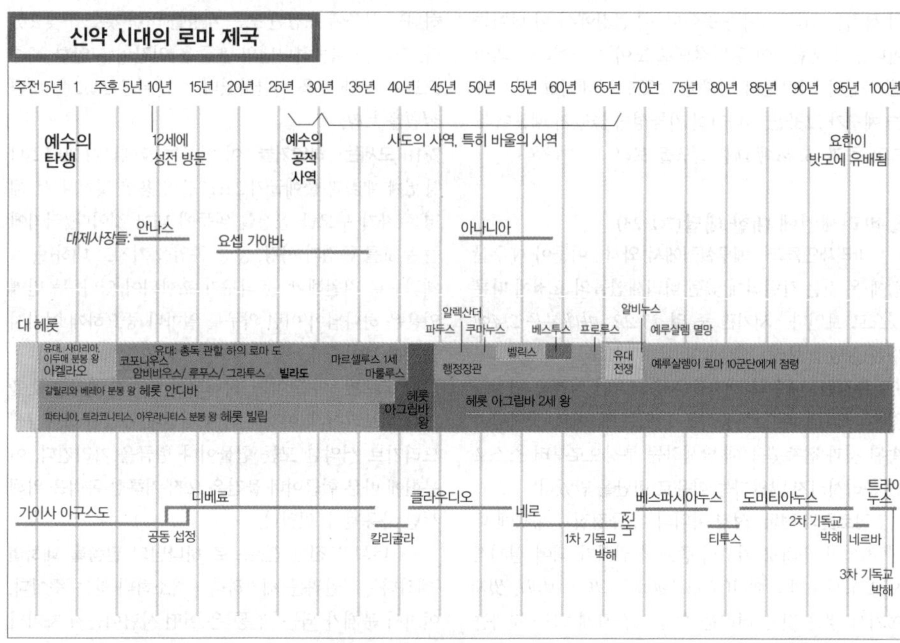

수와 그분의 초자연적인 능력을 알아보고 그 자신을 배로 맞아들이려고 하는지를 보고자 하신 것이다.

6:49 **유령** 환영 또는 상상 속의 존재다. 이 헬라어에서 영어의 *phantom*(환영)이 왔다. 사람이 물 위를 걷는다는 것은 불가능했고, 폭풍 속에서 피로와 두려움 때문에 열두 제자는 처음에 그가 예수이심을 믿지 않았다.

6:50 **안심하라** 복음서에서 항상 두려움, 공포 상황과 연결되어 등장하는 이 명령(참고. 10:49; 마 9:2, 22; 14:27; 눅 8:48; 요 16:33; 행 23:11)은 제자들에게 지속적으로 용기 있는 태도를 견지할 것을 촉구한다. **내니** 문자적으로 '나다'라는 뜻이다. 이 말은 그 인물이 유령이 아니라 주 예수임을 분명히 밝혀준다. 또한 이 말 속에는 구약의 하나님의 자기계시가 메아리치고 있다(참고. 출 3:14).

6:52 **그들이 그 떡 떼시던 일을 깨닫지 못하고** 방금 일어난 일에 대한 제자들의 놀라움을 설명하고 있다. 제자들이 그날 오후에 일어난 기적의 참된 의미를 깨닫지 못했기 때문에 호수를 다스리는 그분의 능력이 가진 초자연적 성격을 이해하지 못한 것이다. **마음이 둔하여졌음이러라** 참고. 8:17. 제자들의 마음이 하나님 말씀이 뚫고 들어갈 수 없을 만큼 굳어져서 그들은 그리스도의 말씀을 깨달을 수 없었던 것이다(참고. 4:11, 12). 이 어구는 단순한 무지만을 의미하는 것이 아니라 반항을 암시한다(*3:5에 대한 설명을 보라*).

R. 많은 사람을 고치심(6:53-56)

6:53 **게네사렛** *마태복음 14:34에 대한 설명을 보라.*

6:56 **시장** 성벽 바로 안쪽 또는 도성의 중심부 근처에 있는 열린 공간으로, 사람들이 상업적 목적이나 그 외

모든 복음서에 기록된 사건들

1. 예수가 유대를 떠나심
2. 갈릴리에서 물러나심
3. 5,000명을 먹이심
4. 예루살렘으로의 승리의 입성
5. 배반자를 밝히심
6. 베드로의 부인에 대한 두 번째 예언
7. 예수가 배반당하고 체포되고 버림받으심
8. 베드로의 부정
9. 빌라도 앞에서의 로마 재판(첫 번째 단계)
10. 빌라도 앞에서의 로마 재판(세 번째 단계)
11. 골고다로의 여정
12. 십자가의 처음 세 시간
13. 십자가의 마지막 세 시간
14. 사망 확인과 예수의 시신 수습
15. 예수의 시신을 무덤에 안치함
16. 여인들이 빈 무덤을 발견함

의 목적을 위해 모이는 곳이다. 이 문장에서 이 단어는 어디든지 사람들이 일반적으로 모이는 곳이라는 의미를 가진다. 사람들이 병자를 그곳으로 데리고 온 이유는 예수가 그곳을 지나가실 가능성이 높았기 때문이다. **그의 옷 가** *5:28에 대한 설명을 보라.*

S. 바리새인에 대한 대답(7:1-23)

7:1 **바리새인들과…예루살렘에서 와서** 이들이 예루살렘에 온 것은 갈릴리에 있던 바리새인들의 요청에 따른 것으로 보인다. **서기관 중 몇** *3:22; 마태복음 2:4에 대한 설명을 보라.*

7:2 **부정한** 예수의 제자들은 종교적인 의례를 거치지 않은 더러운 손으로 음식을 먹었는데, 이로 말미암아 속된 것과 접촉했을 때 발생하는 부정으로부터 스스로를 분리시키지 않았다는 이유로 비난을 받았다.

7:3 **장로들의 전통** 성경 이외의 이 규정집과 성경에 대한 해석이 유대교 최고의 종교적 권위가 되어 실제적으로 성경을 대신했다(*마 15:2에 대한 설명을 보라*). **씻지** 여기서 씻는 것은 더러운 손을 깨끗하게 하는 것과는 아무 관계가 없고, 종교 의식적인 결례를 가리키는 것이다. 이 예식은 한 사람이 그릇에 든 물을 다른 사람의 손에 부어주는 것이며, 이때 손을 씻는 사람의 손가락은 항상 위를 향해야 했다. 손목에서 물이 떨어지기 시작하면 그 다음 단계로 넘어간다. 다음 단계에서는 물이 양손에 부어지며, 이때 손가락은 아래로 향해야 한다. 그다음에는 한 손으로 주먹을 쥐어 다른 손을 닦는 방식으로 두 손을 씻는다.

7:4 **시장** *6:56에 대한 설명을 보라.*

7:5 **어찌하여 당신의 제자들은** 바리새인들과 서기관들은 제자들의 스승에게 가서 제자들의 수치스러운 행동에 대한 해명을 요구했다. 그러나 실제로는 예수님이 제자들에게 장로들의 전통에 순종하지 말라고 가르쳤다고 비난할 생각이었다. **부정한 손** *3절에 대한 설명을 보라.*

7:6 **이르시되 이사야가…잘 예언하였도다** 이사야 29:13이 구약의 헬라어 번역본(70인역)으로부터 거의 글자 그대로 인용되었다. 이사야의 예언은 바리새인들과 서기관들의 행동에 완벽하게 들어맞았다(*사 29:13에 대한 설명을 보라*). **외식하는 자** 즉 영적 속임수를 쓰는 사람이다(*마 6:2에 대한 설명을 보라*). 그들은 사람의 전통을 따랐다. 사람의 전통은 순결한 마음 없이도 기계적인 방식으로 아무 생각 없이 율법을 지키기만 하면 된다고 했기 때문이다.

7:8 **하나님의 계명…사람의 전통** 먼저 예수는 그들이 하나님 말씀에 포함된 모든 계명을 버린 것을 꾸짖으셨다. 그다음에는 하나님의 표준을 인간이 고안한 표준으로 대체한 것을 비난하셨다. *마태복음 15:2에 대한 설명을 보라.*

7:10 **모세는…하였거늘** 이 어구는 출애굽기 20:12(다섯 번째 계명)과 출애굽기 21:17을 인용한 것이다. 두 계명은 자기 부모를 공경할 의무에 대한 것이다. 거기에는 부모를 존경과 사랑, 공경, 존엄을 가지고 대하며, 경제적으로 지원해야 할 의무가 포함되어 있다. 두 번째 인용은 하나님이 이런 의무를 얼마나 중요하게 여기시는지를 보여준다.

7:11 **고르반** 이 단어는 '하나님께 드려진'이라는 뜻을 가진 히브리어다. 이것은 어떤 개인이 특별히 하나님께 드리기로 서약한 모든 헌물이나 현금을 가리킨다. 이 봉헌에 따른 현금이나 물건은 오직 거룩한 목적을 위해서만 사용될 수 있었다.

7:13 **너희가 전한 전통으로 하나님의 말씀을 폐하며** '폐하다'는 '권위를 제거하다' '취소하다'라는 뜻이다. 여기서 문제가 되는 "전통"은 어떤 사람이든지 자기의 모든 소유를 '고르반'이라 부르도록 허용한 점이다(*11절에 대한 설명을 보라*). 어떤 아들이 자기 부모에 대해 화가 나면 그는 자기 돈과 재산을 '고르반'이라고 선언할 수 있었다. 성경은 하나님께 한 어떤 맹세도 어길 수 없다고 가르치므로(신 30:2), 그의 재산은 하나님을 섬기는 일 이외의 목적을 위해서는 사용될 수 없으며, 따라서 부모를 재정적으로 지원하는 일에도 사용될 수 없었다. 그러나 예수는 이 관행을 들어 바리새인들과 서기관들이 자기들의 전통을 가지고 하나님 말씀(부모를 공경하라는 하나님의 명령)을 무효화한다는 것을 보여줌으로써 그들을 정죄하셨다.

7:16 가장 권위 있는 사본에는 이 구절이 없다.

7:18 **사람을 더럽게 하지** *2절에 대한 설명을 보라.*

7:19 음식은 물질적인 것에 불과하므로 음식을 먹는다고 해서 그것으로 그의 속사람, 곧 영적인 것이 더럽게 되는 일은 없다. 물질적인 더러움은 그것이 아무리 부패했다고 해도 영적이고 도덕적인 부패를 일으킬 수 없다. 마찬가지로 외적인 예식이나 종교적 절차가 사람을 영적으로 정화시키지 못한다. **모든 음식물을 깨끗하다 하시니라** 이 문장은 복음서 저자가 삽입한 진술로 봐야 한다. 손을 씻는 전통을 폐기함으로써 예수는 실질적으로 음식법과 관련된 모든 제한을 없애버리신다. 마가는 지난 사건들을 회상하는 위치에 있으며, 이 점과 관련해 욥바에서 있었던 베드로의 경험에서(*행 10:15에 대한 설명을 보라*) 영향을 받았으리라는 데 의심

대략적인 거리

예루살렘에서	킬로미터
1. 베다니	3.2
2. 베들레헴	9.7
3. 엠마오	11
4. 여리고	24
5. 요단	33.8
6. 수가	50
7. 지중해	64.4
8. 가나	111
9. 가버나움	137
10. 가이사랴 빌립보	169
11. 두로	170.5
12. 사렙다	190
13. 시돈	209

가버나움에서	킬로미터
1. 벳새다	9.7
2. 가나	25.8
3. 나인	35.4
4. 나사렛	37
5. 가이사랴 빌립보	43.5
6. 지중해	51.5
7. 두로	59.5
8. 사렙다	72

의 여지가 없다.

7:20 **사람에게서 나오는 그것** 사람의 더럽혀진 마음이 그의 말과 행동에서 표현된다(*마 15:11에 대한 설명을 보라*. 참고. 12:34-37). **더럽게 하느니라** *2절에 대한 설명을 보라*.

7:21 **음란** 문자적으로 '불법적인 성행위'를 뜻한다.

7:22 **음탕** 문자적으로 '제어되지 않는 수치스러운 행동'을 뜻한다. **질투** 히브리어로는 악한 눈이다(신 28:54; 잠 23:6; 마 20:15).

사역의 확장: 갈릴리 여러 지역 (7:24-9:50)

A. 두로와 시돈: 이방 여인의 딸을 구하심(7:24-30)

7:24 **두로** *3:8에 대한 설명을 보라*. **아무도 모르게 하시려 하나** 예수는 이 지역에서 공개적인 사역을 하길 원치 않으셨다. 유대교 지도자들의 압력으로부터 휴식을 취하면서 앞으로 있을 십자가와 그 이후의 사역을 위해 제자들을 준비시키시고자 했던 것으로 보인다.

7:25 **더러운 귀신** 즉 악령이다(*1:23에 대한 설명을 보라*. 참고. 마 15:22).

7:26 **헬라인** 언어와 종교 모두에서 비유대인이다(*롬 1:14에 대한 설명을 보라*). **수로보니게** 당시 페니키아(보니게) 지역은 수리아 지방의 일부였다. 마태복음 15:22은 그 여자가 가나안 족속이었다고 덧붙인다.

7:27 **먼저** 예수께서 말씀하신 비유는 근본적으로 여인의 믿음을 시험하기 위한 것이었다. 예수의 일차적인 목적은 복음을 이스라엘의 자녀들에게 선포하는 것이었다(참고. 롬 1:16; 15:8). 그러나 여기서 "먼저"는 뒤에 이방인들도 하나님의 복을 받을 때가 온다는 것을 암시한다. **자녀의 떡을 취하여 개들에게 던짐** "자녀의 떡"은 유대인에게 제공된 하나님의 복을 가리킨다. 이 이야기는 "개들"(이방인)은 하나님의 집에 자리가 있지만 명망 있는 자리는 없다는 것을 보여준다(*마 15:26에 대한 설명을 보라*). **개들** 여기 축소형 단어가 사용된 것을 보면 애완용 개임을 알 수 있다. 예수는 이 단어로 이방인을 가리키셨지만, 이것이 유대인이 이방인을 지칭할 때 사용하던 더럽고 추한 잡종 개를 가리킬 때 쓰는 단어는 아니었다.

7:28 **주여 옳소이다** 이 말은 여인의 겸손한 믿음과 경배의 태도를 보여준다. 그녀는 자신이 악하며 하나님이 주신 복의 어떤 부분도 받을 만하지 않다는 것을 알고 있었다. 그녀의 대답 속에는 어떤 자만심이나 자기를 의지하는 마음이 없었으며, 예수는 그녀의 이런 반응에 대한 응답으로 요청을 들어주셨다(29, 30절).

B. 데가볼리: 귀먹고 벙어리 된 사람을 고치심 (7:31-37)

7:31 **두로 지방에서 나와 시돈을 지나고…갈릴리 호수** 예수는 두로에서 북쪽으로 32킬로미터를 여행하여 시돈을 통과하셨는데, 그분이 이방인 땅으로 깊숙이 들어가셨음을 말한다. 거기서부터 동쪽으로 여행하여 요단강을 건넌 뒤에 갈릴리 동쪽 해변을 따라서 남쪽으로 여행하셨다. **데가볼리** *5:20에 대한 설명을 보라*.

7:33 **손가락을 그의 양 귀에 넣고** 그 사람이 듣지 못했으므로 예수는 자신이 그 사람의 청력을 회복시켜 주겠다는 사실을 상징 언어를 통해 그 사람에게 말씀하셨다. **침을 뱉어 그의 혀에 손을 대시며** 이것 역시 그 사람에게 말을 할 수 있다는 희망을 불어넣어 주기 위한 상징 언어였다.

7:34 **에바다** 이것은 아람어 단어로, 마가는 즉시 그 의

미를 설명한다.

7:36 아무에게도 이르지 말라 비록 필요가 있으면 이방인들에게도 사역하셨지만, 예수는 그들 사이에서 공개적으로 사역할 계획은 없으셨다. *1:44에 대한 설명을 보라.*

C. 갈릴리 동쪽 해안: 4,000명을 먹이심(8:1-9)

8:1-9 5,000명을 먹이신 일은 네 편의 복음서 모두에 기록되어 있지만, 4,000명을 먹이신 일은 마태복음(15:32-38)과 마가복음만 기록한다.

8:1 큰 무리가 있어 이것은 예수가 귀먹고 벙어리인 사람을 고치셨다는 소식이 널리 퍼졌기 때문일 것이다(7:36).

8:2 내가 무리를 불쌍히 여기노라 이곳과 병행되는 구절에서만(마 15:32) 예수 자신에 대해 이 단어를 사용하셨다. 5,000명을 먹이셨을 때는 사람들이 영적으로 방황하는 상태를 불쌍히 여기심을 표현하셨다(6:34). 그런데 여기서는 사람들의 물질적 결핍에 대한 긍휼의 심정을 드러내셨다(참고. 마 6:8, 32). 예수는 자신이 직접 굶주림을 경험하셨기 때문에(마 4:2) 그들의 배고픔에 공감하실 수 있었다. **나와 함께 있은 지 이미 사흘이 지났으나** 이 세부적 내용은 군중이 예수의 교훈을 듣고 그의 병 고침을 경험하려고 하는 그들의 열심을 보여준다(참고. 마 15:30). 군중이 사흘 동안 예수와 함께 있은 뒤 기적적으로 음식을 공급받았다는 사실로 미뤄볼 때, 이 일은 하루 동안에 모여 있던 군중을 먹이고 흩으신 5,000명의 사건과는 구별된다(마 14:14, 15, 22, 23).

8:4 이 광야 데가볼리(*5:20에 대한 설명을 보라*) 지역은 갈릴리처럼 인구가 밀집한 곳이 아니었다. **어디서 떡을 얻어 이 사람들로 배부르게 할 수 있으리이까** 어떤 사람들은 이전에 5,000명을 먹이신 적이 있는데도 제자들이 이런 질문을 다시 한다는 것이 믿어지지 않는다고 말한다(참고. 14-21절; 6:52).

8:5 떡 쉽게 잘라 작은 조각으로 나눌 수 있는 납작한 빵이다.

8:8 일곱 광주리 이 광주리는 5,000명을 먹였을 때 언급된 바구니(6:43)와 같은 것이 아니다. 그것은 유대인이 여행 도중 한두 끼 정도의 양식을 운반할 수 있는 바구니였다. 한편 여기서 사용한 것은 이방인이 사용하던 큰 광주리다(한 사람이 들어갈 수 있을 정도로 컸음, 행 9:25). 남은 양식이 어떻게 처리되었는지에 대한 설명은 없다. 제자들이 그것을 취하지는 않은 것으로 보이는데, 아마도 군중이 집으로 돌아가는 길에 먹을 수 있도록 나눠주었을 것이다(참고. 14절).

8:9 사천 명 여자와 아이가 포함되지 않은 남자만 헤아린 숫자로(마 15:38), 그들까지 합치면 최소 1만 6,000명 정도 됐을 것이다.

D. 달마누다: 바리새인들과의 논쟁(8:10-12)

8:10 달마누다 이 지역의 이름은 다른 일반 문서 어디에도 등장하지 않고 신약성경의 이곳에만 등장한다. 위치는 알 수 없으나 막달라 지방과 가까운 것은 분명하다. 최근 행해진 고고학적 작업에서 갈릴리 호수의 수면이 가장 얕아졌을 때 지금까지 알려지지 않았던 몇몇 정박지가 발굴되었다. 막달라와 가버나움 사이에서 작은 항구가 발견되었는데, 이곳이 달마누다일 것이다.

8:11 바리새인들 *2:16; 마태복음 3:7에 대한 설명을 보라.* **하늘로부터 오는 표적** 회의적인 바리새인들은 예수의 메시아 주장을 증명할 수 있는 또 다른 기적을 요구했다. 예수가 땅 위에서 베푸신 수많은 기적에 만족하지 못하고 그들은 천체와 관련된 어떤 종류의 기적을 요구했다. 이미 넘치는 증거를 제공했으므로 예수는 그들의 영적인 맹인 상태에 자신을 맞추기를 거부하셨다. 자신이 하나님의 아들이요 메시아라는 예수의 주장을 입증할 최고의 증거는 그분의 부활이 될 것이다(마 12:39, 40).

E. 호수 건너편: 제자들을 꾸짖으심(8:13-21)

8:13 건너편 즉 벳새다(율리아스)가 위치한 북동쪽 해안이다(22절).

8:15 바리새인들의 누룩과 헤롯의 누룩 신약성경에서 누룩은 영향력을 가리키는데(*마 13:33에 대한 설명을 보라*), 대부분의 경우 죄의 악한 영향력을 상징한다. 바리새인의 누룩은 그들의 거짓된 가르침(마 16:12)과 위선적인 행동(눅 12:1)을 가리킨다. 헤롯 안디바의 누룩은 그의 부도덕하고 타락한 행동을 가리킨다(참고. 6:17-

마가복음에만 있는 기록

마가복음의 많은 자료가 마태복음과 누가복음에도 등장하지만(서론의 '공관복음 문제'를 보라) 다음 비유들과 병 고침 이야기는 마가복음에만 등장한다.

1. 자라나는 씨의 비유(4:26-29)
2. 귀먹고 벙어리 된 사람의 치유(7:31-37)
3. 맹인의 치유(8:22-26)
4. 여행을 떠난 집주인의 비유(13:33-37)

29). 바리새인들과 헤롯 당은 연합해 그리스도를 대적했다(3:6).

8:17 **너희가 어찌 떡이 없음으로 수군거리느냐** 예수님의 이 질문은 제자들이 자기 말의 핵심을 놓친 데 대한 꾸짖음이었다(*15절에 대한 설명을 보라*). 예수는 통상적인 물질적 문제가 아니라 영적인 진리를 말씀하신 것이다. **너희 마음이 둔하냐** 즉 그들은 반항적이고 영적으로 무감각했으며, 영적인 진리를 이해하지 못했다(*3:5; 6:52에 대한 설명을 보라*).

8:18-21 예수는 다섯 가지 질문을 통해 제자들의 마음의 완고함을 더욱 꾸짖으시며 그들의 부족함이 무엇이든 채울 수 있는 자신의 능력을 상기시켜 주신다.

8:21 **아직도 깨닫지 못하느냐** 예수가 방금 던지신 질문에 근거한 호소다. 마태복음의 병행 구절은 제자들이 마지막에 예수가 하신 말씀의 핵심을 깨달았음을 보여 준다(마 16:12).

F. 벳새다: 맹인을 고치심(8:22-26)

8:22-26 마가복음에만 기록되어 있는 예수가 행하신 두 가지 기적 가운데 두 번째다(참고. 7:31-37). 또한 이것은 마가복음에 기록된 맹인을 고친 두 가지 이야기 중 첫 번째다(참고. 10:46-52).

8:22 **벳새다** 다른 벳새다에 대해서는 *6:45에 대한 설명을 보라*. 이것은 요단강 동쪽, 갈릴리 바다 북쪽 수 킬로미터 되는 곳에 위치한 벳새다 율리아스다.

8:23 **눈에 침을 뱉으시며** 예수의 이 행동과 그의 눈에 손을 댄 행동(25절)은 예수가 맹인의 눈을 고치리라는 사실을 그에게(당연히 그는 접촉과 같은 다른 감각에 의존했을 것임) 재확인시키기 위한 것임이 분명하다(참고. 7:33; 요 9:6).

8:26 **마을에는 들어가지 말라** 예수는 맹인을 치료하기 전에 그를 마을 바깥으로 이끌어내셨다(23절). 사람들에게 알려져 군중이 모이는 것을 방지하기 위해서였을 것이다. 이전의 다른 사람들과 달리(참고. 1:45; 7:36), 그 맹인은 이 말을 따른 것으로 보인다.

G. 가이사랴 빌립보와 가버나움: 제자들을 가르치심(8:27-9:50)

1. 베드로가 예수를 그리스도로 고백함(8:27-30)

8:27 **빌립보 가이사랴** 벳새다 북쪽 약 40킬로미터 지점 헤르몬산 근처에 있는 곳으로, 예루살렘 북서쪽 약 97킬로미터 지점에 위치한 가이사랴와 혼동하면 안 된다.

8:28 **엘리야** *6:15; 말라기 4:5; 마태복음 11:14; 누가복음 1:17에 대한 설명을 보라.*

8:29 **너희는 나를 누구라 하느냐** 제자들이 널리 퍼져 있는 예수에 대한 잘못된 이야기들을 보고하자(28절), 예수는 자신에 대해 그들이 어떻게 평가하는지를 질문하셨다. 이 질문에 대한 대답은 각 사람의 영원한 운명을 결정할 것이다. **주는 그리스도시니이다** 베드로는 열두 사람을 대표해 주저 없이 이렇게 대답했다(참고. 마 14:28; 15:15; 17:4; 19:27; 26:33; 요 6:68; 13:36). 이 대답은 그들이 예수를 메시아로 믿는다는 재론의 여지가 없는 분명한 선언이었다.

8:30 **아무에게도 말하지 말라** 예수의 메시아적 사명은 십자가와 분리해서는 이해될 수 없지만 당시 제자들은 아직 그것을 이해하지 못했다(참고. 31-33절; 9:30-32). 그 당시 예수를 메시아로 선언한다는 것은 그들에게 메시아가 정치적이고 군사적인 구원자가 되리라는 오해를 키울 뿐이었다. 이런 오해는 유대인에게 예수를 억지로 왕으로 삼아 해방을 얻으려는 시도를 자극할 수 있었다(요 6:15. 참고. 12:12-19). 로마의 멍에에서 벗어나기 위해 필사적이었던 유대 백성은 예수를 억지로 왕으로 삼고자 했다(요 6:15. 참고. 12:12-19).

8:31-10:52 이 단락은 예루살렘으로 여행하는 동안 예수가 자신의 죽음을 위해 제자들을 준비시키시는 내용이다.

2. 죽음을 예언하심(8:31-33)

8:31 **인자** *2:10에 대한 설명을 보라*. **많은 고난을 받고** 인간적으로 말하면 유대 지도자들이 예수를 거부함으로 말미암아 그분은 고난과 죽임을 당하셨지만, 그것은 하나님이 예정하신 일이므로 필연적이었다(행 2:22, 23; 4:27, 28). *시편 118:22; 이사야 53:3에 대한 설명을 보라*. 참고. 12:10; 마태복음 21:42. **장로들** *7:3에 대한 설명을 보라*. **대제사장들** 산헤드린의 회원이면서 24명으로 이루어진 제사장의 대표자들이다(참고. 눅 1:8). **서기관들** 구약 율법의 전문가들이다(*마 2:4에 대한 설명을 보라*). **사흘 만에** 요나의 표적대로다(마 12:40). **살아나야 할 것** 예수는 항상 자신의 죽음과 함께 부활을 언급하셨음에도(참고. 9:31; 10:34; 마 16:21; 17:23; 20:19; 눅 9:22; 18:33), 제자들이 그처럼 더디 깨달았다는 건 이해하기 어렵다.

8:32 **드러내 놓고 이 말씀을 하시니** 즉 '비유나 암시가 아닌 방식으로'라는 뜻이다(참고. 요 16:29). **베드로가 예수를 붙들고 항변하매** 제자들은 도무지 죽어가는 메시아를 상상할 수가 없었다(*30절에 대한 설명을 보라*). 늘 그렇듯 베드로(*29절에 대한 설명을 보라*)가 열두 사람 중

단어 연구

서기관들(Scribes)/대제사장들(Chief Priests): 2:6; 3:22; 8:31; 9:14; 11:18; 12:39; 15:31. 원래 서기관들은(문자적으로 '쓰는 사람들'이라는 뜻임) 율법을 베끼고 성경을 연구하는 사람들이었다. 훗날 그들은 시민법과 종교법을 해석하는 일을 하며 법관과 종교적 학자로 활동했다. 대제사장에 해당하는 헬라어를 번역하면 '지도적인 제사장들'이 된다. 이 집단에는 대제사장과 성경에 전문가인 다른 제사장들이 포함된다. 역설적이지만 이 제사장들은 자신들이 예수를 모욕함으로써(14:64, 65) 메시아에 대한 이사야의 예언, 곧 "그는 멸시를 받아 사람들에게 버림받았으며 간고를 많이 겪었으며 질고를 아는 자라"(사 53:3)는 예언을 성취하고 있다는 사실을 몰랐다

나머지 사람들의 생각을 대변했다(참고. 33절). 경솔하고 격한 반응은 주제넘음과 오해의 결과이기도 했지만 예수를 향한 깊은 사랑의 표현이기도 했다.

8:33 **사탄아 내 뒤로 물러가라** 이 극적인 반전 속에서 바로 전에 하나님의 대변인으로 칭찬받았던 베드로(마 16:17-19)가 지금은 사탄의 대변자로 정죄받고 있다. 하지만 예수의 희생적 죽음은 하나님의 계획이며(행 2:22, 23; 4:27, 28) 알고 했든 모르고 했든 간에 그것을 반대하는 사람은 사탄의 일을 옹호하고 있었다.

3. 제자도의 대가를 설명하심(8:34-38)

8:34 **자기를 부인하고** 자신을 부인하지 않으면 어떤 사람도 스스로 예수 그리스도의 제자라고 적법하게 주장할 수 없다. **자기 십자가를 지고** 이 어구는 자기부인의 정도, 곧 필요하면 죽음까지 감수해야 함을 보여준다. 회개하는 죄인이 스스로를 구원할 수 없음을 깨닫고 어떤 것도 감추지 않고 하나님의 자비에 완전히 승복할 때 십자가를 지는 일이 시작된다(참고. 마 19:21, 22). **나를 따를 것이니라** *1:17; 마태복음 10:38에 대한 설명을 보라.*

8:35 **자기 목숨을 잃으면 구원하리라** 이 역설적 말씀은 중요한 영적 진리를 보여준다. 즉 쉽고 편안하고 세상에 인정받는 삶을 추구하는 사람은 영원한 생명을 발견하지 못하리라는 것이다. 반면 그리스도와 복음을 위해 자신의 생명을 포기하는 사람(*34절에 대한 설명을 보라*)은 영원한 생명을 발견할 것이다. 참고. 요한복음 12:25.

8:36, 37 **목숨** 이 단어는 천국 또는 지옥에서 영원히 살아갈 실제 사람을 가리킨다. 세상이 제공하는 모든 것을 가지면서도 그리스도를 소유하지 못한 사람은 영원히 파산한다. 온 세상의 재물도 한 영혼의 영원한 멸망을 보상하지 못할 것이다. *마태복음 16:26에 대한 설명을 보라.*

8:38 **나와 내 말을 부끄러워하면** 제자도의 요구를 거부하는 사람은 예수 그리스도와 그분이 가르치는 진리를 부끄러워한다는 것을 스스로 증명함으로써 죄로부터 결코 구속받지 못한다. **인자** *2:10에 대한 설명을 보라.* **올 때에** 이것이 예수의 재림에 대한 마가의 첫째 언급이며, 뒤에 감람산 강화에서 그 내용이 상세히 묘사될 것이다(13:1-37).

4. 자신의 영광을 드러내심(9:1-10)

9:1 **내가 진실로 너희에게 이르노니** 이것은 복음서에만 등장하는 엄숙한 표현이며, 언제나 예수님이 사용하신다. 이 말은 극히 중요한 주제를 언급할 때 사용된다(*3:28에 대한 설명을 보라*). **죽기 전에 하나님의 나라가 권능으로 임하는 것을 볼 자들** 여기서 예수님이 말씀하신 사건이 무엇인지에 대해서는 다양한 해석이 제기되었다. 첫째, 부활과 승천이다. 둘째, 오순절 성령 강림이다. 셋째, 기독교의 확장이다. 넷째, 주후 70년의 예루살렘 멸망이다. 하지만 가장 정확한 해석은 이 약속을 이 문맥 속에서 등장하는 예수의 변형으로 보는 것이다(2-8절). 이것은 앞으로 임할 그리스도의 영광을 미리 맛보게 한다. 세 편의 복음서가 모두 이 약속을 예수의 변형 바로 앞에 둔다는 사실이 이런 견해를 뒷받침해준다. 또한 이는 "나라"가 왕의 장엄을 가리킬 수 있다는 사실을 통해서도 뒷받침된다.

9:2 **엿새 후에** 마태와 마가는 예수의 변형이 이런 약속(1절) "엿새 후"에 일어났다고 말한다. 누가는 이 약속을 한 날과 변형된 날까지 포함해 그 간격을 "팔 일쯤"이라고 말한다(눅 9:28). **베드로와 야고보와 요한** *5:37에 대한 설명을 보라.* 예수의 제자들 가운데 내부 집단인 이 세 사람은 때로 다른 제자들에게는 허락되지 않은 사건들을 목격하는 것이 허락되었다(참고. 14:33). **높은 산** 헤르몬산이었을 가능성이 가장 높다(해발 약 2,805미터). 이것은 가이사랴 빌립보에서 가장 높은 산이다(참고. 8:27). **변형되사** '형태를 바꾸다' 또는 '변화되다'라는 헬라어에서 왔다. 도무지 설명할 수 없는 방식으로 예수는 세 명의 제자들에게 자신의 신성한 영광의 일부를 드러내셨다(참고. 벧후 1:16).

9:3 **광채가 나며…매우 희어졌더라** 예수로부터 뿜어져

나오는 신성한 영광이 그의 옷까지 하얗게 빛나도록 만들었다. 빛은 종종 하나님의 가시적인 임재와 연결된다(참고. 시 104:2; 단 7:9; 딤전 6:16; 계 1:14; 21:23).

9:4 **엘리야가 모세와 함께** 이들은 구약의 큰 두 부분인 선지자와 율법을 상징한다. '엘리야'가 먼저 나오고 뒤에 '모세'가 나오는 기록은 마가복음에만 있다(5절에서는 이 순서가 바뀜). **예수와 더불어 말하거늘** 대화의 주제는 임박한 예수의 죽음이었다(눅 9:31).

9:5 **랍비여** 문자적으로 '나의 선생님'이라는 뜻이다. 이것은 유대인이 존경하는 선생을 부를 때 사용한 존경과 높임의 호칭이었다. 신약성경에서는 세례 요한에게도 이 호칭이 사용되었다(요 3:26). **우리가 초막 셋을 짓되** 이 세 명이 영구적으로 머물 수 있게 하기 위해서다. 베드로의 이 제안은 천년왕국이 곧 시작되리라는 그의 신념을 반영한 것일 수도 있다(참고. 슥 14:16).

9:7 **마침 구름이 와서 그들을 덮으며** 이것은 영광의 구름 셰키나이며, 구약성경 전체에 걸쳐 이 구름은 하나님의 임재를 상징한다(*계 1:7에 대한 설명을 보라*. 참고. 출 13:21; 33:18-23; 40:34, 35; 민 9:15; 14:14; 신 1:33). **구름 속에서 소리가 나되** 구름 속에서 성부 하나님의 소리가 나더니 베드로의 더듬거리는 말을 잘랐다(마 17:5; 눅 9:34). **이는 내 사랑하는 아들이니** 성부 하나님은 예수의 세례 때 처음 선언했던(1:11) 아들에 대한 사랑을 다시 천명하신다. 예수의 변형을 기록한 병행 구절(마 17:5; 눅 9:35)은 베드로의 말과 함께 이 말도 기록하고 있다(벧후 1:17). **너희는 그의 말을 들으라** 율법과 선지자들이 가리키는 그 인물인 예수는(참고. 신 18:15) 제자들이 귀를 기울이고 순종해야 할 유일하신 분이다(참고. 히 1:1, 2).

9:9 **경고하시되…아무에게도 이르지 말라** *8:30에 대한 설명을 보라*. **인자** *2:10에 대한 설명을 보라*. **인자가 죽은 자 가운데서 살아날 때까지는** 이 어구는 예수의 메시아적 사명이 죄와 죽음을 정복하는 것이지 로마를 정복하는 것이 아니라는 사실이 모든 사람에게 분명히 드러날 때를 예상하게 만든다.

9:10 **문의하되 죽은 자 가운데서 살아나는 것이 무엇일까 하고** 다른 대부분의 유대 백성과 마찬가지로(사두개인들은 분명하게 예외임) 제자들도 미래의 부활을 믿었다(참고. 요 11:24). 그들이 혼란스러워한 것은 예수가 하신 말씀, 곧 자신의 부활이 임박했으며 그의 죽음도 임박했다는 취지의 말씀이 가진 의미였다. 제자들이 혼란스러워했다는 것은 그들이 예수의 메시아적 사명을 여전히 이해하지 못했다는 또 다른 증거다(*9절; 8:30에 대한 설명을 보라*).

5. 엘리야의 역할을 해명하심(9:11-13)

9:11 **엘리야가 먼저 와야 하리라** 참고. 8:28, 29. 여기서 서기관의 가르침은 랍비의 전통에 근거한 것이 아니라 구약성경에 근거한 것이다(말 3:1; 4:5). 말라기의 예언은 예수 당시 사람들 사이에 널리 알려져 있었으며, 따라서 제자들은 그들이 방금 목격한 엘리야의 등장과 그 예언을 조화시킬 방법을 찾고 있었음이 분명하다. 서기관들과 바리새인들 역시 엘리야가 먼저 나타나야 한다는 것을 근거로 예수가 메시아일 수 없다고 주장했음이 분명하다. 혼란에 빠진 세 명의 제자는 이 문제에 대한 예수의 해석을 구한다.

9:12 **엘리야가 과연 먼저 와서** 예수님이 말라기 3:1; 4:5에 대한 서기관의 해석이 정확하다고 확인해주셨기 때문에 제자들은 더욱 머리가 복잡해졌을 것이다. **인자** *2:10에 대한 설명을 보라*. **고난을 받고 멸시를 당하리라** 예수는 엘리야에 대한 예언이 결코 메시아의 고난과 죽음을 배제하는 것이 아니며, 이것 역시 구약에 예언되었다는 점을 지적하셨다(예를 들면 시 22; 69:20, 21; 사 53. *롬 1:2에 대한 설명을 보라*).

9:13 **엘리야가 왔으되** 예수님이 제자들의 질문에 답하셨다. 엘리야가 오리라는 예언이 세례 요한에게서 성취되었다. 요한이 엘리야의 환생은 아니라는 것이 분명하지만(참고. 요 1:21), 요한은 "엘리야의 심령과 능력으로" 왔으며, 만약 그들이 믿었다면 그 예언은 성취되었을 것이다(*마 11:14; 눅 1:17에 대한 설명을 보라*). 많은 유대인이 세례 요한과 예수를 배척했으므로, 그리스도의 재림 이전에 엘리야의 심령과 능력으로 오는 다른 사람이 있을 것이다(*마 11:14; 계 11:5, 6에 대한 설명을 보라*). **기록된 바와 같이** 구약의 예언 가운데 메시아에 앞서 온 사람이 죽을 거라는 예언은 없었다. 그러므로 이 진술은 모형적으로 이루어진 것으로 이해하는 것이 최선이다. 엘리야에게 임할 운명(왕상 19:1, 2)이 세례 요한에게 임한 것이다. *마태복음 11:11-14에 대한 설명을 보라*. **사람들이 함부로 대우하였느니라** 유대 지도자들은 세례 요한을 배척했고(마 21:25; 눅 7:33), 헤롯은 그를 죽였다(6:17-29).

6. 제자들이 쫓지 못한 귀신을 예수가 쫓아내심(9:14-29)

9:14 **제자들** 즉 뒤에 남은 아홉 명의 제자를 말한다.

9:17 **말 못하게 귀신 들린** 이 소년에게 말을 못하게 하는 귀신이 들어가 있었는데, 상세한 내용은 마가복음에만 있다.

9:18 **그들이 능히 하지 못하더이다** 예수가 그들에게

부여하신 능력에 비춰보면(3:15; 6:13) 제자들의 실패는 놀라운 일이 아닐 수 없다.

9:19 **믿음이 없는 세대여** 참고. 시편 95:10. 여기서 *세대*는 예수님이 격분하신 이유가 단순히 그 소년의 아버지나 아홉 명의 제자들 때문만이 아니라 제자들의 실패를 고소해했을 믿지 않는 서기관들 때문이기도 했음을 보여준다(참고. 14절).

9:22 **그를 죽이려고** 이 귀신은 특히 폭력적이고 위험했다. 1세기 팔레스타인에는 불을 피워놓은 곳이나 울타리 없는 물가가 많아서 귀신이 아이를 죽이려고 시도할 기회가 많았다. 아버지의 이 말은 그가 처한 가련한 상황을 잘 보여준다. 그 소년은 화상으로 몸이 엉망이 됐을 것이며, 그로 말미암아 기피하는 사람이 많았을 것이다. 소년의 이런 상황은 그를 다치지 않게 하기 위해 계속 감시해야 하는 가족에게도 힘겨운 것이었다.

9:23 **능히 하지 못할 일이 없느니라** 가장 오래된 사본에는 '믿는다'는 말이 없으며, 따라서 '할 수 있다면'이라는 어구는 예수의 질문이 될 수도 있고 놀라움의 표현이 될 수도 있다. 문제는 예수의 능력이 부족한 것이 아니라 아버지의 믿음이 부족했던 것이다. 비록 예수는 때로 믿음과 무관하게 병을 고치시기도 했지만, 여기서는 믿음의 능력을 강조하신다(참고. 마 17:20; 눅 17:6). 예수는 많은 사람의 병을 고치셨지만, 대부분은 아니라도 많은 사람이 그분을 믿지 않았다. 참고. 누가복음 17:15-19.

9:24 **내가 믿나이다 나의 믿음 없는 것을 도와 주소서** 믿음과 회의가 뒤섞인 자신의 불완전한 믿음을 인정하면서 이 아버지는 주님이 그에게 요구하시는 더 큰 믿음을 가지도록 도와줄 것을 필사적으로 호소한다.

9:25 **무리가 달려와 모이는 것** 무리가 점점 늘어나는 것을 본 예수는 지체 없이 행동을 취하셨는데, 이는 번민하는 아버지와 그 소년이 더 이상 당황스러운 일을 당하지 않게 하기 위해서였을 것이다. 또한 예수는 흥분된 상황을 즐기는 사람들을 만족시키기 위해 기적을 행하시지 않았다(참고. 8:11; 눅 23:8, 9). **내가 네게 명하노니** 예수가 귀신들에 대해 가지는 절대적인 권위는 신약성경에서 충분히 입증된다(예를 들면 1:32-34; 5:1-13; 눅 4:33-35). 예수의 병 고침 사역은 자연계를 지배하는 능력을 통해 그분의 신성을 입증했다. 또한 귀신들을 지배하는 그분의 권세는 초자연계를 지배하는 능력을 통해 그분의 신성을 입증했다.

9:29 **기도 외에 다른 것으로는** 제자들이 이전의 성공으로 지나치게 자신만만해진(참고. 6:13) 나머지 자신들의 은사만으로 무장한 채 하나님의 능력에 의지하는 일을 게을리했던 것으로 보인다. **이런 종류** 어떤 귀신은 다른 귀신들보다 더 강력하고 끈질겨서 축출당하지 않으려고 더 강하게 저항했다(참고. 마 12:45). *다니엘 10:10-21에 대한 설명을 보라.*

7. 다시 죽음과 부활을 예언하심(9:30-32)

9:30 **갈릴리 가운데로 지날새** 예수와 제자들은 가이사랴 빌립보 근처를 떠나 예루살렘으로 향하는 여행을 시작했는데, 이는 몇 달 후 예수의 십자가로 결말이 날 여행이었다. 그들의 다음 목적지는 바로 가버나움이었다(33절). **아무에게도 알리고자 아니하시니** 예수는 계속 은밀한 여행을 원하셨는데, 이는 자신의 죽음을 위해 제자들을 준비시키시기 위해서였다(참고. 7:24).

9:31 **인자** *2:10에 대한 설명을 보라.*

9:31, 32 예수는 계속해서 자신의 임박한 죽음과 부활에 대해 가르치셨다. 하지만 제자들은 아직 이 말을 이해하지 못하고 있었다(*10절; 8:30-33에 대한 설명을 보라*).

8. 하나님 나라에서의 큰 자를 정의하심(9:33-37)

9:33 **가버나움** *1:21에 대한 설명을 보라.* **집** 정관사가 사용된 것은 이곳이 예수가 가버나움에 계실 때 거하시던 곳임을 암시한다. 그 집이 베드로의 집이었는지(참고. 1:29), 다른 어떤 사람의 집이었는지는 정확히 알 수 없다.

9:34 **그들이 잠잠하니** 잘못을 깨닫고 당혹스러웠던 제자들은 말이 없었다. **누가 크냐** 이 논란은 베드로와 야고보, 요한에게만 예수의 변형을 목격할 수 있는 특권이 주어진 일로 촉발되었을 수 있다. 제자들이 논쟁을 벌인 사실은 그들이 겸손에 대한 예수의 명백한 가르침(예를 들면 마 5:3)과 예수 자신의 고난과 죽음의 본보기(31, 32절; 8:30-33)를 자신들에게 적용하지 못했음을 보여준다. 이 논쟁으로 그들은 예수께 문제 해결을 요청하게 되었으며, 예수는 그 요청에 응하셨다. 그러나 그들이 기대한 방식으로 이에 응하신 것은 아니었다.

9:35 **앉으사** 랍비들은 보통 앉아서 가르쳤다(참고. 마 15:29; 눅 4:20; 5:3; 요 8:2). **누구든지 첫째가 되고자 하면** 제자들은 말할 것도 없이 이렇게 되고자 했다(34절. 참고. 10:35-37). **뭇 사람의 끝이 되며 뭇 사람을 섬기는 자** 제자들이 속한 문화에서 배운 위대함과 리더십의 개념은 완전히 뒤집어져야 했다. 하나님 나라에서 큰 자는 다른 사람들 위에 군림하는 사람이 아니라 겸손하게 다른 사람들을 섬기는 사람이다(참고. 10:31, 43-45; 마 19:30-20:16; 23:11, 12; 눅 13:30; 14:8-11; 18:14;

22:24-27).

9:36 **어린 아이 하나** 여기 사용된 헬라어는 겨우 걸음마를 하는 어린 아이이다. 만약 그들이 머문 곳이 베드로의 집이었다면(*33절에 대한 설명을 보라*), 이 아기는 베드로의 아기들 중 한 명이었을 수도 있다. 예수의 뛰어난 교훈에서 이 아기는 자신을 낮추고 어린 아이처럼 신뢰하는 신자의 모범이 되었다.

9:37 **누구든지 내 이름으로 이런 어린 아이 하나를 영접하면** 이것은 실제 어린 아이를 말하는 것이 아니라 참 신자를 말하는 것이다. 곧 작은 아이처럼 자신을 낮추는 사람이다(*36절에 대한 설명을 보라*).

9. 참된 영적 열매를 밝히심(9:38-41)

9:38 **요한이 예수께 여짜오되** 이것은 공관복음에서 요한이 혼자 말하는 유일한 경우다. 예수의 꾸짖음으로(35-37절) 요한의 양심은 앞의 사건 때문에 찔림을 받았다. 이름이 밝혀지지 않은 축귀사가 실제로 귀신을 쫓아내었으므로 그가 사기를 친 것은 분명 아니었다. 그는 진정으로 예수를 믿는 사람처럼 보였다. 그런데 그가 자신들처럼 공개적이고 공식적으로 예수의 편을 들지 않았기 때문에 제자들은 그를 반대했다.

9:39, 40 예수는 제자들에게 귀신을 내쫓는 그자를 방해하지 말라고 명하셨다. 그 논리적인 근거는 진정으로 예수의 이름으로 행하는 사람이 곧 돌아서서 예수께 대항하지 않으리라는 것이었다. 예수 그리스도와 관련해 중립지대는 없다. "우리를 반대하지 않는 자는 우리를 위하는 자"이며, 동일한 방식으로 "나와 함께 아니하는 자는 나를 반대하는 자요 나와 함께 모으지 아니하는 자는 헤치는 자니라"(마 12:30).

9:41 **너희가 그리스도에게 속한 자라 하여** 예수는 자신을 따르는 사람들에게 행해진 일을 자신에게 행해진 것으로 간주하셨다(참고. 마 25:37-40). **내가 진실로 너희에게 이르노니** *3:28에 대한 설명을 보라.* **상** 즉 영원한 나라에서 그의 특별한 자리와 섬김이다.

10. 거치는 돌이 되는 것에 대한 경고(9:42-50)

9:42 **누구든지…실족하게 하면** '실족하다'는 문자적으로 '넘어지게 하다'라는 뜻이다. 신자를 유혹하거나 함정에 빠뜨리거나 이끌어 죄를 범하게 하는 것은 심각한 문제다. **나를 믿는 이 작은 자들** *37절에 대한 설명을 보라.* **연자맷돌** 이 단어는 맷돌의 위짝을 가리키며, 너무 무거워 당나귀가 돌려야 할 정도다(*마 18:6에 대한 설명을 보라*). 이런 끔찍한 죽음(이방인이 사용한 처형의 한 가지 방식)은 그리스도인을 죄에 빠뜨리는 것보다 낫다.

9:43 **찍어버리라** *마태복음 5:29에 대한 설명을 보라.* 예수의 말씀은 비유적으로 이해되어야 한다. 자신의 신체를 아무리 잘라내어도 마음의 문제인 죄를 처리하지는 못한다. 주는 죄의 심각성과 그것을 처리하기 위해 무슨 일이든 해야 한다는 것을 강조하신다. **영생** 여기서 지옥과 생명이 강조되는 것을 보면 이 생명은 영생을 가리킨다(원문에는 그냥 '생명'이라고 되어 있음 – 옮긴이). **지옥** 헬라어는 예루살렘 근처에 있는 힌놈 골짜기를 가리킨다. 이곳은 계속 불이 타는 쓰레기 더미였으며, 그 결과 영원한 고통의 생생한 상징으로 사용되었다(*마 5:22에 대한 설명을 보라*). **꺼지지 않는 불** *마태복음 25:46에 대한 설명을 보라.* 지옥의 형벌이 영원히 계속된다는 것은 오해의 여지가 없는 성경의 가르침이다(참고. 단 12:2; 마 25:41; 살후 1:9; 계 14:10, 11; 20:10).

9:44, 46 권위 있는 헬라어 사본에는 이 두 절이 없다. 이 두 절은 48절에 있는 이사야 66:24의 인용을 반복하고 있다.

9:47 **하나님의 나라** *1:15에 대한 설명을 보라.*

9:49 이 난해한 구절은 신자들이 고난과 박해를 통해 정결하게 되리라는 뜻으로 보인다. 소금과 불을 연결하는 고리는 구약의 제사에 있는 것으로 짐작된다. 제사에 소금이 사용되었기 때문이다(레 2:13).

9:50 **소금은 좋은 것이로되** 소금은 1세기 팔레스타인에서 꼭 필요한 품목이었다. 냉장고가 없던 시대에 더운 지역에서 소금은 음식을 보존하는 중요한 역할을 했다. **너희 속에 소금을 두고** 하나님의 말씀(골 3:16)과 성령의 역사(갈 5:22, 23)가 경건한 성품을 함양하며, 그 결과 사회를 부패로부터 막는 역할을 할 수 있게 된다. 참고. 마태복음 5:13. **서로 화목하라** 참고. 마태복음 5:9; 로마서 12:18; 고린도후서 13:11; 데살로니가전서 5:13; 야고보서 3:18.

사역의 마무리: 예루살렘으로 가는 길 (10:1-52)

A. 이혼에 대한 교훈(10:1-12)

10:1 **요단 강 건너편** 이곳은 베레아라는 이름으로 알려졌다. 예수는 고난주일 직전에 예루살렘으로 떠나시기 전까지 그곳에서 사역하셨다(*마 19:1에 대한 설명을 보라*). **요단** *1:5에 대한 설명을 보라.*

10:2 **바리새인들** *2:16에 대한 설명을 보라.* **예수께 나아와 그를 시험하여 묻되** 바리새인들은 예수의 사역을 공개적으로 훼손하고자 했다. 그 결과로 대중이 예수로부터 등을 돌려 그를 죽이기가 더 쉬워지기를 원했던

것이다. 또한 베레아는(*1절에 대한 설명을 보라*) 헤롯 안디바의 관할 하에 있었는데, 헤롯은 자신의 이혼과 재혼에 대한 세례 요한의 견해 때문에 그를 감옥에 가뒀다(6:17, 18). 바리새인들은 이런 일이 예수께도 일어나기를 원했던 것이다. **사람이 아내를 버리는 것이 옳으니이까** 바리새인들은 1세기 유대교에서 예민한 문제였던 이혼을 거론해 예수를 함정에 빠뜨리려고 했다. 이 문제에 대한 두 학파의 견해가 달랐는데, 한 학파는 말 그대로 어떤 이유 때문이라도 이혼할 수 있다고 했으며, 다른 학파는 간음 이외에는 이혼이 허용되지 않는다고 했다(*마 19:3에 대한 설명을 보라*). 바리새인들은 예수님이 한쪽의 입장을 지지할 것으로 예상했고, 그렇게 되면 반대편의 신뢰를 잃을 것이라고 생각했을 것이다.

10:3 **모세가 어떻게 너희에게 명하였느냐** 예수는 토론을 위한 정당한 기본 원칙을 정하신다. 중요한 것은 랍비의 해석이 아니라 성경의 가르침이다.

10:4 **이혼 증서** 남편은 이 문서에 이혼의 사유를 기록해야 했으며, 그 결과 아내의 평판을 지켜주어야 했다(만약 실제로 아내에게 악행이 없다면). 또한 이 문서는 그녀가 공식적인 혼인관계에서 벗어났음을 밝히고 그녀에게 재혼의 권리가 있음을 확인시켜 주어야 했다(그녀가 부도덕한 죄를 범하지 않았을 경우). 바리새파의 자유주의 진영에서는 신명기 24장을 오해해서 그것이 어떤 이유에서라도(아내가 저녁식사를 망쳤다는 사소한 이유나 남편이 아내보다 더 매력적인 여인을 발견했다는 것 등을 합법적인 근거로 내세우면서) 남편이 법적인 서류만 구비하면 이혼할 수 있다고 가르친 것으로 보인다. 이렇게 하여 그들은 가볍게 언급된 세부 내용을 확대하여 그 구절의 핵심 쟁점으로 만들어버렸다. **허락하였나이다** 바리새인들이 인정하지 않을 수 없듯이 모세의 율법은 어디서도 이혼을 명하지 않았다. 문제가 되는 구절(신 24:1-4)은 이혼이 현실적으로 벌어지고 있는 상황에서 아내의 권리와 평판을 지켜주고, 재혼에 대한 규정을 제공하려는 것이었다.

10:5 **너희 마음이 완악함** *3:5; 6:52에 대한 설명을 보라*. 이 완악함은 자기 잘못을 회개하기는커녕 뻔뻔스러운 태도로 성적 부정을 계속해서 저지르는 것을 가리킨다. 이혼은 그런 완악함을 치리하기 위한 최후의 방책이다. 바리새인들은 하나님이 이혼을 허용하신(특정한 환경 하에서) 것이 은혜로운 처방임을 알지 못하고 도리어 이혼을 명령하신 것으로 오해한 것이다.

10:6 **창조 때로부터** 이혼은 혼인에 대한 하나님의 원래 계획 가운데 일부가 아니었다. 원래 계획은 한 남자가 한 여자와 혼인하여 평생을 함께하는 것이었다(창 2:24). **남자와 여자** 문자적으로 '한 남자와 한 여자'라는 뜻인데, 여기서는 아담과 하와를 가리킨다. 마가는 창세기 1:27; 5:2를 인용하고 있다.

10:7, 8 예수는 이 문제를 이혼에 대한 랍비식의 지엽적인 논쟁을 넘어서 혼인에 대한 하나님의 설계에 연결하셨다. 그리스도가 인용하신 구절(창 2:24)은 혼인의 불가침성에 대한 세 가지 이유를 제시한다. 첫째, 하나님은 오직 두 명의 인간을 창조하셨다(*6절에 대한 설명을 보라*). 즉 자기 마음에 맞는 방식으로 배우자를 바꾸도록 여러 사람을 창조하신 것이 아니다. 둘째, '연합하라'로 번역된(한글 개역개정판 성경은 "한 몸이 될지니라"고 번역했음 – 옮긴이) 단어의 원래 의미는 '접착하다'이

그리스도 시대의 중부 팔레스타인

며, 따라서 결혼을 통한 결속의 힘을 보여준다. 셋째, 하나님이 보시기에 혼인한 부부는 '한 몸'으로 눈에 보이지 않는 결합을 이루며, 이 하나 됨은 자녀의 출산을 통해 나타난다.

10:9 **그러므로 하나님이 짝지어 주신 것을** 예수는 혼인의 불가침성에 대한 네 번째 이유를 제시하신다(*7, 8절에 대한 설명을 보라*). 하나님이 혼인을 제정하셨으므로 따라서 사람이 그것을 깨뜨려서는 안 된다.

10:11, 12 이혼 후의 재혼(합법적으로 성경적 근거가 있는 경우를 제외하고)은 간음을 확산시킨다. 무죄한 쪽(자신의 배우자가 오랫동안 완고하게 회개하지 않고 간음을 범한 경우)은 재혼해도 간음죄가 성립되지 않는다. 이는 믿지 않는 배우자로부터 버림받은 신자의 경우 재혼이 허용되는 것과 같다(*고전 7:15에 대한 설명을 보라*).

B. 아이들을 축복하심(10:13-16)

10:13 **만져 주심을 바라고** 예수는 그들에게 안수하고 기도해주시기를 바라는데(마 19:13), 유대인 부모들은 일반적으로 훌륭한 랍비가 자기 자녀에게 축복해주기를 원했다. **어린 아이들** *9:36에 대한 설명을 보라.*

10:14 **금하지 말라** 예수는 아이들의 접근을 막자 제자들을 꾸짖으셨다(13절). 누가 예수께 올 수 있는지를 결정하는 것은 제자들의 몫이 아니었다(참고. 마 15:23). **하나님의 나라** *1:15에 대한 설명을 보라.* **하나님의 나라가 이런 자의 것이니라** 전부는 아니지만 어린 아이들 가운데 대부분은 자신의 신앙을 드러내기에 너무 어렸을 것이다. 예수의 말씀은 하나님은 너무 어리거나 정신적으로 큰 결점이 있어 자신의 믿음을 드러낼 수 없는 사람에게도 구원의 손길을 뻗치신다는 것을 암시한다(*마 19:14에 대한 설명을 보라*).

10:15 **내가 진실로 너희에게 이르노니** *3:28에 대한 설명을 보라.* **어린 아이와 같이** 즉 '겸손한 신뢰를 가지고' '자신은 가치 있는 것을 아무것도 이룰 수 없다는 인식을 가지고'라는 뜻이다.

10:16 **축복하시니라** *13절에 대한 설명을 보라.*

C. 부자 청년 관원을 만나심(10:17-27)

10:17 **한 사람** 다른 복음서들은 이 사람이 청년이고(마 19:20), 관원(눅 18:18)이라고 말한다(아마도 산헤드린의 의원). 또한 그는 부자였다(22절). **내가 무엇을 하여야** 당시 율법주의에 젖어 있던 이 청년은 당연히 자신에게 영생을 보장해줄 어떤 종류의 종교적 행위를 생각했을 것이다. 하지만 이 청년이 구원에 대한 이해가 부족했다고 해서 그가 진지하지 않았다는 의미는 아니다. **영생** 영원한 생명은 단순히 영원히 존재한다는 것과 질적으로 다른 그 이상의 생명이다. 영원한 생명은 오직 그리스도 안에만 있다(*요 3:15, 16에 대한 설명을 보라*. 참고. 요 10:28; 17:2, 3; 롬 6:23; 요일 5:11, 13, 20). 영생을 소유한 사람들은 "죽음에서 생명으로 옮겨졌다"(요 5:24; 요일 3:14. 참고. 엡 2:1-3). 그들은 죄에 대해 죽고 하나님에 대해 살아 있다(롬 6:11). 또한 그리스도의 생명을 그들 안에 가지고 있으며(고후 4:11; 갈 2:20), 영원히 다함이 없는 그리스도와의 교제를 누린다(요 17:3).

10:18 **네가 어찌하여 나를 선하다 일컫느냐** 예수는 그 청년을 향해 그분께 '선하다'라는 호칭을 붙이는 것이 무엇을 의미하는지 깊이 생각하라고 요구하셨다. 오직 하나님만이 본질적으로 선하신 분이라면 그 청년은 예수의 신성을 인정할 준비가 되었는가? 이 도전으로 예수는 자신의 신성을 부인하신 것이 아니라 도리어 그것을 천명하신 것이다.

10:19 출애굽기 20:12-16을 인용했다. **속여 빼앗지 말라** 이 어구는 십계명의 어느 한 계명과도 일치하지 않으며, 마가복음에만 있다. 탐내지 말라는 계명을 풀어 말한 것으로 보인다.

10:20 **내가 어려서부터 다 지켰나이다** 그의 대답이 성실하기는 했지만 피상적이었고 진실이 아니었다. 그도 바울처럼(빌 3:6) 외적인 행위에서는 비난받을 일이 없었을지 모르지만 내적인 태도와 동기에서는 그렇지 않았다(참고. 마 5:21-48).

10:21 **예수께서 그를…사랑하사** 즉 예수는 절망적으로 잃어버린바 되었으나 진정으로 진리를 찾는 이 사람에게 큰 동정을 느끼셨다(*마 5:43-48에 대한 설명을 보라*). **네게 있는 것을 다 팔아** 예수는 박애나 가난을 구원의 조건으로 내건 것이 아니라 이 청년의 마음을 드러내셨다. 그 청년은 자신이 주장하는 것처럼 흠 없는 사람(20절)이 아니었다. 그는 자기 이웃보다 자기 재물을 더 사랑했기 때문이다(참고. 레 19:18). 더 중요한 것은 그는 그리스도의 직접적인 명령에 순종하기를 거부하고 하나님 대신에 자기 재물을 섬겼다(마 6:24). 문제의 핵심은 그리스도께서 무엇을 요구하시든지 그가 그리스도의 주 되심에 복종하기로 작정했느냐 하는 것이다. 자기 죄를 인정하고 회개하기를 거부했기 때문에 그는 주권자인 구주에게 복종하려고 하지 않은 것이다. 이 두 가지 사실을 거부한 결과 그는 그렇게 추구하던 영생을 얻을 수 없었다. **하늘에서 보화가** 즉 아버지께서 하늘에 거하는 사람들에게 금생과 내생에서 주시는 구원과 모든 혜택이다(참고. 마 13:44-46). **나를 따르라** *8:34-38에 대한 설명을 보라.*

10:22 슬픈 기색을 띠고 근심하며 가니라 이 슬픔은 지불해야 할 희생이 너무 커서 자기가 구하던 영생을 얻지 못했다는 사실에 따른 순전히 세상적인 낙심이었다. 그는 자기 재물을 사랑했다(참고. 8:36, 37).

10:23 재물이 있는 자는 하나님의 나라에 들어가기가 심히 어렵도다 *27절에 대한 설명을 보라.* 이 문맥에서 단어 *어렵다*는 불가능하다는 뜻이다(참고. 25절). 재물은 그것을 가진 사람에게 스스로 충분하다는 생각과 거짓된 안정감을 품게 해서 자기들은 하나님의 자원이 필요 없다고 생각하게 만든다(눅 16:13을 보라. 눅 19:2과 비교해보라. 참고. 딤전 6:9, 17, 18).

10:24 놀라는지라 *26절에 대한 설명을 보라.*

10:25 낙타가 바늘귀로 바사 사람들은 불가능하다는 것을 말할 때 코끼리를 바늘귀로 통과시키는 것이 더 쉽겠다고 말한다. 그러므로 이 말은 불가능하다는 것을 가리키는 유대인의 관용어였다(팔레스타인에서 가장 큰 동물은 낙타였음). 이 어구의 의미를 희석시키려는, 예를 들면 다음과 같은 억지 해석이 생겨났다. 첫째, 여기서 '바늘귀'는 예루살렘에 있는 어떤 작은 문의 이름으로 낙타가 겨우 지나갈 수 있다(그런 문이 존재했다는 아무런 증거가 없으며, 설사 그런 문이 있었다고 해도 생각 있는 낙타 주인이라면 더 큰 문을 찾았을 것이 분명하다). 둘째, 필사자의 실수로 큰 밧줄을 의미하는 *카밀로스(kamilos)*가 *카멜로스(kamelos*, 낙타)로 잘못 표기되었다(그러나 큰 밧줄이 바늘귀를 통과하지 못하는 것은 낙타나 마찬가지이며, 세 복음서 저자의 본문이 똑같은 방식으로 잘못 표기되었을 가능성은 아주 낮음). 예수님이 이 예증을 통해 명확하게 말씀하고자 하신 것은 인간의 노력으로는 구원이 불가능하다는 것이다. 구원은 전적으로 하나님의 은혜로 받는 것이다. 그런데 유대인은 구제를 통해 구원을 얻을 수 있다고 믿었다(탈무드에 그렇게 기록되어 있음). 따라서 재물이 많을수록 더 많이 구제할 수 있고, 더 많은 제물을 바칠 수 있으며, 따라서 구속을 살 수 있다는 것이다. 제자들의 질문(26절)은 그들이 예수 말씀의 의미를 이해했음을 분명히 보여준다. 곧 부자라고 하더라도 구원을 살 수는 없다는 것이다. *마태복음 19:24에 대한 설명을 보라.*

10:26 그런즉 누가 구원을 얻을 수 있는가 예수의 가르침은 구원에 있어 부자에게 유리한 위치를 부여하던 당시 랍비의 가르침과 충돌했다. 부자라고 할지라도 자기 노력으로는 구원을 얻을 수 없다는 예수의 가르침은 제자들에게 그렇다면 가난한 사람이 구원받을 가능성이 있느냐 하는 의문을 품도록 만들었다. *로마서 3:9-20; 갈라디아서 3:10-13; 빌립보서 3:4-9에 대한 설명을 보라.*

10:27 사람으로는 할 수 없으되 하나님으로는 그렇지 아니하니 어떤 사람도 자신의 노력으로 구원받을 수는 없다(*25절에 대한 설명을 보라*). 구원은 전적으로 하나님의 은혜롭고 주권적인 일이기 때문이다. *로마서 3:21-28; 8:28-30; 갈라디아서 3:6-9, 26-29에 대한 설명을 보라.*

D. 제자들의 보상을 확증함(10:28-31)

10:28 우리가 모든 것을 버리고 베드로는 주님이 그 부자 청년 관원에게 요구하신 것(21절)을 열두 제자가 이행했고, 그 요구대로 주님을 따랐다고 말했다. 그렇게 자기를 포기하는 믿음이 그들을 천국에 들어갈 수 있게 하느냐 하는 것이 베드로의 질문이었다.

10:29 내가 진실로 너희에게 이르노니 *3:28에 대한 설명을 보라.*

10:30 현세에…내세에 예수를 따르면 현세에도 보상을 받고 메시아의 영광스러운 나라가 임할 때도 보상을 받는다. **박해를 겸하여** 큰 환난은 자주 큰 복을 동반한다(*롬 8:17; 빌 1:29; 딤후 3:12*). **영생** *17절에 대한 설명을 보라.*

10:31 신자들은 하늘의 복에 평등하게 참여할 것이다. 마태복음 19:30-20:16의 비유가 이 진리를 예증해준다(*이 구절에 대한 설명을 보라*).

E. 자신의 죽음을 앞두고 제자들을 준비시키심 (10:32-34)

10:32 예루살렘으로 올라가는 길에 베레아(*1절에 대한 설명을 보라*)에서 여리고를 거쳐(46절) 갔다는 것이다. 이 어구는 최초로 예루살렘을 예수의 목적지라고 밝히고 있다. 예루살렘의 높은 고도 때문에(해발 777미터 정도) 여행자들은 이스라엘의 어디서 출발하든지 언제나 그 도시로 '올라간다'라고 말했다. **놀라고** 즉 예루살렘에서 자신을 기다리고 있는 잔인한 죽음에도(32-34절) 불구하고 예루살렘으로 올라가시려는 단호한 결심에 놀란 것이다. **따르는 자들** 헬라어 문장 구조는 이들이 열두 제자가 아닌 다른 사람들이라고 분명하게 밝힌다. 아마 유월절을 위해 예루살렘으로 가고 있는 사람들이었을 것이다. 그들은 자기들이 이해하지 못하는 어떤 중요한 일이 일어나리라는 것을 눈치 채고 두려워했다. **열두 제자** *3:14에 대한 설명을 보라.*

10:32-34 예수는 제자들에게 세 번째이자 마지막으로 자신의 죽음과 부활을 예언하신다(참고. 8:31; 9:31). 이 세 번째 예언은 예언들 가운데 가장 상세한 내용

을 담고 있다. 그가 조소를 당하고(15:17-20; 눅 23:11, 35-39), 채찍에 맞고(15:15), 침 뱉음을 당하리라는 것(14:65; 15:19)이 구체적으로 예언된다.

F. 제자들에게 겸손한 섬김에 도전하도록 하심 (10:35-45)

10:35-45 이 사건은 제자들이 겸손에 대한 예수의 가르침을 깨닫지 못했음을 또다시 보여준다(*9:34; 마 20:21에 대한 설명을 보라*). 죽기 위해 예루살렘으로 올라간다는 주님의 반복되는 가르침(*32-34절에 대한 설명을 보라*)을 무시하고 제자들은 여전히 그 나라가 물리적으로 임하리라는 생각으로 그 나라에서 높은 자리를 차지할 궁리에 바빴다(참고. 마 18:1).

10:35 세베대의 아들 야고보와 요한 *1:19에 대한 설명을 보라.* 마태는 그들의 어머니가 먼저 그들과 함께 주께 나아가 말했다고 기록한다(마 20:20, 21). 그 후 야고보와 요한이 다시 그들의 요구를 반복했다. 만약 그녀가 예수의 이모였다면 그 세 사람은 가족관계를 자신들에게 유리하게 이용하려고 했음이 분명하다.

10:37 주의 영광중에서 즉 '예수 나라의 영광스러운 장엄 속에서'라는 뜻이다(참고. 마 20:21). **하나는 주의 우편에, 하나는 좌편에 앉게** 즉 왕좌의 좌우편에 있는 가장 높은 자리다.

10:38 잔…세례 예수가 당하실 고난과 죽음을 말한다(참고. 32-34절. *마 20:22에 대한 설명을 보라*).

10:39 야고보와 요한이 주님과 같은 고난을 당할지라도(참고. 행 12:2; 계 1:9), 그런 일을 당하는 것 자체로 그들이 원하는 영예를 얻지는 못할 것이다.

10:40 내가 줄 것이 아니라 그 나라에서의 영광은 이기적인 야망에 근거해 주어지는 것이 아니라 하나님의 주권적인 뜻에 따라 주어지기 때문이다.

10:41 열 제자가 듣고…화를 내거늘 이 분노는 의로운 분노가 아니다. 그들 역시 이전에 마찬가지로 자기중심적 행동을 했으며(9:33, 34), 앞으로도 그렇게 할 것이었기 때문이다(눅 22:24). 그들이 야고보와 요한에게 화를 낸 것은 그들 모두가 원하는 것을 그 두 사람이 앞서서 얻으려고 했기 때문이다.

10:42 그들을 임의로 주관하고…그들에게 권세를 부리는 줄을 이 병행 어구들은 다른 사람 위에 군림하는 독재적인 권세를 가리킨다.

10:43 너희 중에는 그렇지 않을지니 교회 내에는 군림하는 지도자를 위한 자리가 없다(참고. 9:35; 마 23:8-12; 벧전 5:3-6; 요삼 9, 10절).

10:45 인자 *2:10에 대한 설명을 보라.* **온 것은 섬김을 받으려 함이 아니라** 예수는 섬기는 리더십의 최고 모범이다(참고. 요 13:13-15). "만왕의 왕이요 만주의 주"(계 19:16)가 자신의 특권을 포기하고(빌 2:5-8) 다른 사람을 섬기기 위해 자기 목숨을 아낌없이 내어주었다. **많은 사람의 대속물로** *마태복음 20:28에 대한 설명을 보라.* 대속물은 노예나 죄수를 풀어주기 위해 지불하는 값을 가리키는 말이다. 그리스도를 의지하는 사람들을 위한 그리스도의 대속적 죽음은 성경 전체에 퍼져 있

그리스도, 그리스도인의 죄를 담당하신 분

신자를 죄에서 구원하는 그리스도의 핵심 사역이 신약성경의 많은 본문에 표현되어 있다. 다음 본문들은 특별히 중요하다.

1. 마가복음 10:45; 마태복음 20:28	그리스도가 죄를 위한 속전으로 자신을 주셨다
2. 로마서 4:25	그리스도가 죄를 위해 내어준바 되셨다
3. 로마서 5:6, 8	그리스도가 죄인들을 위해 죽으셨다
4. 로마서 6:3	하나님은 자기 아들을 죄로 말미암아 보내셨다
5. 고린도전서 15:3	그리스도가 죄를 위해 죽으셨다
6. 고린도후서 5:21	하나님은 죄인들을 위해 그리스도를 죄로 삼으셨다
7. 갈라디아서 1:4	그리스도가 죄를 위해 자신을 내어주셨다
8. 갈라디아서 3:13	그리스도가 구속을 위해 저주가 되셨다
9. 히브리서 9:28	그리스도가 많은 사람의 죄를 담당하기 위해 단번에 주어졌다
10. 베드로전서 2:24	그리스도가 그 몸으로 죄를 담당하셨다
11. 베드로전서 3:18	그리스도가 죄를 위해 고난을 당하셨다
12. 요한일서 2:2	그리스도는 죄를 위한 대속 제물이다

는 복된 진리다(참고. 롬 8:1-3; 고전 6:20; 갈 3:13; 4:5; 엡 1:7; 딛 2:14; 벧전 1:18, 19). 대속에 대한 어떤 잘못된 이론이 가르치는 것처럼 속전은 사탄에게 지불된 것이 아니다. 성경에서 사탄은 무찔러야 할 대적이지 마음을 달래야 하는 통치자가 아니다. 속전은 죄에 대한 하나님의 공의와 거룩한 분노를 만족시키기 위해 지불되었다. 그것을 지불하기 위해 그리스도는 "나무에 달려 그 몸으로 우리 죄를 담당"(벧전 2:24)하셨다. *고린도후서 5:21에 대한 설명을 보라.*

G. 맹인을 고치심(10:46-52)

10:46-52 마가복음에 기록된 맹인을 고친 두 번의 경우 중 두 번째 이야기다(참고. 8:22-26).

10:46 **여리고** 예루살렘 북동쪽 약 24킬로미터, 요단강에서 약 8킬로미터 떨어진 곳에 위치한 마을이다. 베레아에서 예루살렘으로 가려면 이곳을 통과해야 했다. 이것은 예수가 이 마을을 방문하신 유일한 기록이다. **여리고에서 나가실 때에** 마가와 마태는 예수가 여리고를 지나가실 때 맹인을 치료했다고 기록하지만 누가는 마을로 들어갈 때 그 일이 일어났다고 기록한다. 마가와 마태는 신약 시대 마을 바로 북쪽에 있는 고대 성벽이 있던 도성을 가리켜 말한 반면에 누가는 신약 시대 당시의 여리고를 가리켜 말한 것으로 보인다. 또는 누가의 말은 단순히 그 치료를 행하실 때 예수님이 여리고 인근에 계셨다는 의미일 수도 있다. *마태복음 20:30에 대한 설명을 보라.* **맹인 거지** 마태는 두 명의 맹인 거지가 있었다고 기록하지만, 마가와 누가는 그 두 명 중 더 큰 소리를 낸 사람한테 초점을 맞춘다(참고. 마 8:28; 5:2; 눅 8:27). 맹인은 제대로 일을 할 수 없어 대부분 구걸을 통해 생계를 유지했다(참고. 요 9:8). 이 두 사람은 예루살렘으로 통하는 대로에서 좋은 자리를 잡았다. **바디매오** '바'는 '…의 아들'이라는 뜻을 가진 아람어다.

10:47 **나사렛** *1:9에 대한 설명을 보라.* **다윗의 자손** 메시아를 가리키는 일반적인 호칭으로 공관복음서에서만 이런 식으로 사용되었다(*마 1:1에 대한 설명을 보라*).

10:49 **예수께서…서서 그를 부르라 하시니** 예수는 그 맹인 거지를 잠잠하게 하려고 했던 사람들을 완곡하게 꾸짖으셨다(48절).

10:51 **선생님이여** '랍비'의 강세형이다(*9:5에 대한 설명을 보라*).

10:52 **네 믿음이 너를 구원하였느니라** 바디매오의 육체적 눈과 영적 눈이 동시에 열렸다. 외적인 치료가 내적 구원의 회복을 반영했다.

사역의 절정: 예루살렘(11:1-16:20)

A. 승리의 입성(11:1-11)

11:1-11 전통적으로 예수의 승리의 입성으로(좀 더 정확하게 말하면 예수가 진정한 왕으로 즉위하는 대관식임) 불리는 이 단락은 예수님이 십자가에 달리시기 전 대중 앞에 마지막으로 모습을 나타내신 때의 기록이다. 이 사건의 중요성은 이것이 네 편의 복음서 모두에 기록된 두 번째 사건이라는 사실에서 나타난다(참고. 마 21:1-11; 눅 19:29-44; 요 12:12-19).

11:1 **예루살렘에 가까이 와서** 전환을 가리키는 이 진술은 10장의 이야기가 끝났음을 표시한다. 동시에 이 진술은 그리스도의 3년에 걸친 사역이 마지막 국면에 접어들었음을 가리킨다. **감람 산** 이 산은 베다니와 예루살렘 사이에 있다(*마 24:3에 대한 설명을 보라*). **벳바게** 예루살렘 동쪽의 작은 마을로 그 이름의 뜻은 '익지 않은 무화과의 집'이다(*마 21:1에 대한 설명을 보라*). **베다니** 마리아와 마르다, 나사로의 고향이며(요 11:1), 예루살렘 동쪽 3.2킬로미터 지점에 위치한 감람산의 동쪽 경사면에 있다.

11:2 **너희 맞은편 마을** 벳바게를 가리키는 것이 거의 분명해 보인다. '맞은편'은 대로를 벗어난 곳을 가리킨다. **아직 아무도 타 보지 않은** 유대인은 아무도 타본 적이 없는 동물들이 거룩한 목적에 특별히 적합하다고 생각했다(참고. 민 19:2; 신 21:3; 삼상 6:7). **나귀 새끼** 그리스의 파피루스(신약 시대에 파피루스 갈대로 만들어진 종이에 기록된 일반 문서)에서 이 단어가 사용된 용례를 보면 이 나귀 새끼는 어린 당나귀를 가리키는 것이 분명해 보인다. 이것은 성경의 다른 본문들과도 일치한다(*마 21:5에 대한 설명을 보라.* 참고. 창 49:1; 삿 10:4; 12:14; 슥 9:9).

11:3 **만일 누가 너희에게 왜 이렇게 하느냐 묻거든** 그 일의 성격 때문에 예수는 제자들의 행동이 도전받을 것이라고 예상하셨다(5절). **주가** 마가는 자신이 쓴 복음서의 다른 곳에서는 '주'라는 말로 예수를 가리키지 않았지만, 여기서는 그 말로 예수를 가리키고 있다. 누가복음과 요한복음에서는 이 '주'가 때로 예수를 가리키는 말로 등장한다. 그 지역의 사람들은 그리스도와 제자들을 잘 알고 있었으며, 그 나귀 새끼의 주인은 그 말이 그리스도를 가리킨다고 이해했다.

11:8 **자기들의 겉옷을…길에 펴며** 이 행동은 고대에 새 왕을 맞이하는 풍속 가운데 하나였다(*마 21:8에 대한 설명을 보라*). **나뭇가지** 기쁨과 구원을 상징하며 그리스도의 미래 왕권에 대한 찬사를 표시하는 종려나무 가

시편의 메시아 예언

예언	시편	성취
1. 하나님은 그리스도를 자신의 아들로 선언하실 것이다	2:7	마 3:17; 행 13:33; 히 1:5
2. 모든 것이 그리스도의 발아래 놓일 것이다	8:6	고전 15:27; 히 3:8
3. 그리스도가 무덤에서 부활하실 것이다	16:10	막 16: 6, 7; 행 13:35
4. 하나님은 그리스도의 번민의 순간에 그를 버리실 것이다	22:1	마 27:46; 막 15:34
5. 그리스도는 조소와 비웃음을 받으실 것이다	22:7, 8	마 27:39-43; 눅 23:35
6. 그리스도의 손과 발이 찔리실 것이다	22:16	요 20:25, 27; 행 2:23
7. 다른 사람들이 그리스도의 옷을 제비 뽑을 것이다	22:18	마 27:35, 36
8. 그리스도의 뼈가 하나도 부러지지 않을 것이다	34:20	요 19:32, 33, 36
9. 그리스도가 불의하게 미움을 받으실 것이다	35:19	요 15:25
10. 그리스도가 하나님의 뜻을 행하러 오실 것이다	40:7, 8	히 10:7
11. 그리스도가 친구의 배반을 당하실 것이다	41:9	요 13:18
12. 그리스도의 왕좌는 영원할 것이다	45:6	히 1:8
13. 그리스도가 승천하실 것이다	68:18	엡 4:8
14. 하나님의 성전을 위한 열심이 그리스도를 삼킬 것이다	69:9	요 2:17
15. 그리스도께 쓸개 탄 포도주가 주어질 것이다	69:21	마 27:34; 요 19:28-30
16. 그리스도의 배반자가 다른 사람으로 대체될 것이다	109:8	행 1:20
17. 그리스도의 대적들이 그분께 절할 것이다	110:1	행 2:34, 35
18. 그리스도는 멜기세덱 같은 제사장일 것이다	110:4	히 5:6; 6:20; 7:17
19. 그리스도는 머릿돌일 것이다	118:22	마 21:42; 행 4:11
20. 그리스도가 여호와의 이름으로 오실 것이다	118:26	마 21:9

지들이다(계 7:9). 군중은 흥분했으며, 그런 권위를 가지고 가르치고 병을 고치고 죽은 자를 살리신(나사로, 참고. 요 12:12-18) 메시아께 환호를 보냈다.

11:9 **호산나** 원래 '지금 구원하소서'라는 뜻의 히브리 기도다. 이 경우에는 단순한 환영의 외침이었을 것이다. **찬송하리로다…오시는 이여** *마태복음 21:9에 대한 설명을 보라.* 이 말은 할렐의 일부인데(시 118:26) 시편 113-118편으로 이루어진 할렐은 유대인의 종교적 절기, 특히 유월절에 불렸다(*시 113:1-9에 대한 설명을 보라*). "오시는 이"는 구약에서 메시아를 가리키는 호칭이 아니었지만, 후일 유대인에게 그런 의미로 받아들여졌음이 분명하다(참고. 마 11:3; 눅 7:19; 요 3:31; 6:14; 11:27; 히 10:37).

11:10 **우리 조상 다윗의 나라** 마가복음에만 기록된 이 환호는 예수를 다윗에게 약속된 메시아의 왕국을 이루는 인물로 인정한 것이다. 군중(9절)은 시편 118:26(9절)의 인용을 풀어 말하면서 예수가 그 나라를 이룸으로써 예언을 성취하리라고 기대한다.

11:11 **성전** 이 말은 성전 내부의 거룩한 구역을 가리키는 것이 아니라 뜰과 건물로 이루어진 성전 지역 전체를 가리킨다. **모든 것을 둘러 보시고** 마가복음에만 등장하는 묘사이며, 그것을 목격한 베드로의 기억을 근거로 삼았을 가능성이 높다. 그리스도는 성전의 상태를 심사하는 권위를 가진 사람으로 행동하셨으며, 그 어느 것도 그분의 시선을 벗어나지 못했다. **베다니에 나가시니라** 근처 베다니는 유대 지도자들의 갑작스럽고 때 이른 체포를 피할 수 있는 상대적으로 안전한 곳이었다.

B. 청결(11:12-26)

1. 무화과나무에 대한 저주(11:12-14, 20-26)

11:12 **이튿날** 마태복음 21:18에는 이것을 "이른 아침"이라고 표현하는데, 아마 오전 6시 이전이었을 것이다. **베다니** *1절에 대한 설명을 보라.*

11:13 **잎사귀 있는 한 무화과나무** 무화과나무는 흔한 식량 가운데 하나였다. 나무를 심고 열매를 얻기까지 3년이 걸렸다. 그 후로는 일 년에 2번 수확할 수 있었으며, 대개 열매를 풍성히 맺었다. 무화과는 대개 잎사귀와 함께 열렸다. 그런데 이 나무에는 잎사귀는 있었지만 열매가 없었다. 그것이 길가에 있었다는 것은(참고. 마 21:19) 그 나무가 공공의 재산이었음을 암시한다. 그 나

무의 잎사귀가 시절을 앞질러 나왔고 주변의 다른 나무들보다 더 많은 잎이 있었다면 이는 그곳의 땅이 비옥했음을 나타낸다. 잎이 무성했다는 것은 그 나무가 열매도 일찍 맺으리라는 약속이나 마찬가지였다. **무화과의 때가 아님이라** 무화과의 정상적인 다음 추수 시기는 6월로, 아직 한 달 이상이 남아 있었다. 마가복음에만 있는 이 어구는 이 무화과나무의 특이한 성격을 드러내고 있음을 강조한다.

11:14 영원토록 사람이 네게서 열매를 따 먹지 못하리라 예수님이 직접 그 나무에게 말씀하신 것은 그 나무를 사람처럼 여긴 것이며, 그 나무의 외형이 약속한 것을 공급하지 않는다는 이유로 그것을 정죄하셨다. 이 사건은 영적 열매가 없는 것을 경고하신 무화과나무 비유(눅 13:6-9)에 따라 행동한 것이 아니다. 여기서 예수는 그 나무가 굉장한 열매를 맺을 것처럼 보였음에도 실제로는 열매를 맺지 않은 것을 정죄하신 것이다. 그것은 열매가 주렁주렁 열려야 했지만 실제로는 열매가 없었다. 구약에서 무화과나무는 종종 유대 국가를 상징했다(호 9:10; 나 3:12; 슥 3:10). 이 사건에서 예수는 길가의 나무를 이용해 이스라엘의 영적 위선과 열매 없음에 대해 실물적 교훈을 주신 것이다(*21:19에 대한 설명을 보라*. 참고. 사 5:1-7).

2. 성전을 청결케 하심(11:15-19)

11:15-19 *마태복음 21:12에 대한 설명을 보라*. 예수는 3년 전에 성전을 청결케 하신 적이 있다(요 2:14-16). 당시 성전은 이전 그 어느 때보다 더 부패하고 더럽혀졌으므로 예수는 하나님의 거룩함과 영적인 신성모독 및 거짓 종교에 대한 하나님 심판에 대해 다시 증언하지 않을 수 없었다. 하나님은 구약 시대 내내 반복적으로 선지자들을 보내 백성의 죄와 우상숭배를 경고하셨듯이, 그리스도도 백성이 아무리 거부하더라도 반항적인 백성에게 하나님의 뜻을 선포하는 일을 멈추시지 않았다. 이 성전을 청결케 하심을 통해 예수는 하나님의 아들로서 신성한 임무를 수행하고 있음을 생생하게 보여주셨다.

11:15 성전 *11절에 대한 설명을 보라*. 뒤따르는 사건들이 일어난 곳은 넓은 이방인의 뜰이다. **매매하는** 유

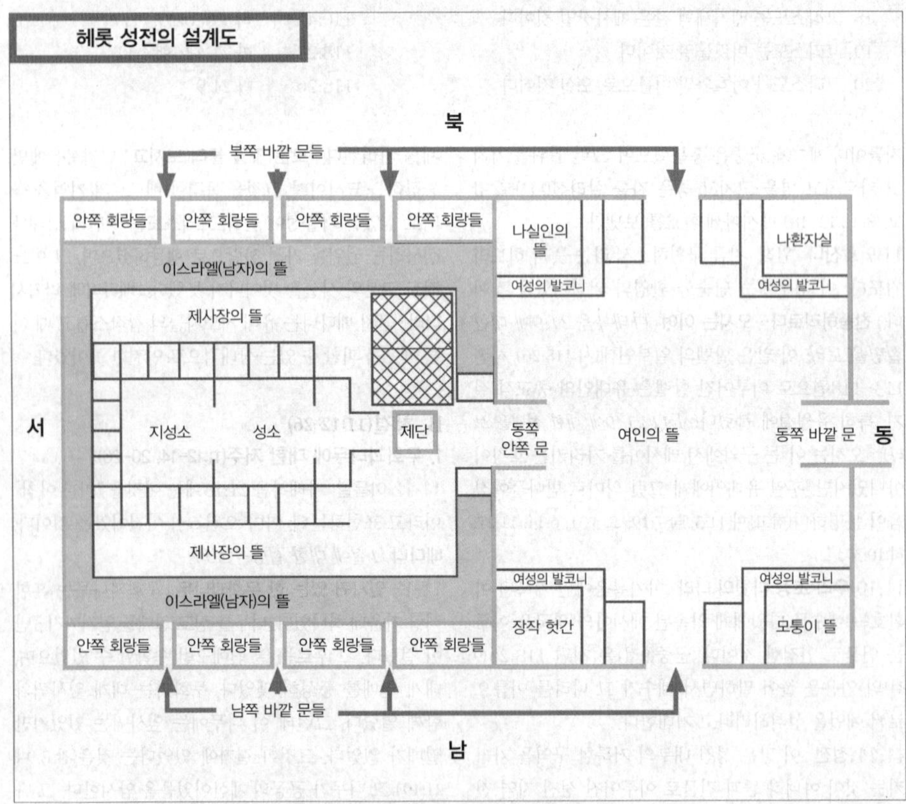

대인에게는 성전에서 희생제물로 드릴 동물이 필요했다. 그런데 예배자의 입장에서는 멀리서 동물을 끌고 왔다가 대제사장의 검사에서 제물로 쓸 수 없다는 판정을 받는 위험을 감수하기보다 성전에서 동물을 구입하는 것이 더 편했다. 상인들은 대제사장의 무리에 속해 있거나, 성전에서 물건을 매매할 권리를 얻기 위해 성전 관리자들에게 거액을 지불해야 했다. 어느 경우든지 대제사장의 가문은 금전적인 이익을 얻었다. **돈 바꾸는 자들** 이들은 성전 안에서 그리스와 로마의 동전을 유대와 두로의 동전으로 바꿔주었다. 순례자들(20세 이상의 모든 유대인 남자)은 성전의 종교적 봉사를 위해 매년 지불하는 반 세겔의 돈을 이 동전으로 내야 했다(*마 21:12에 대한 설명을 보라*). 그런데 환전 수수료가 무려 10퍼센트 또는 12퍼센트에 달했다. **비둘기 파는 자들** 이 새들은 너무 자주 제물로 사용되었기 때문에 마가는 그것을 파는 사람들을 별도로 지적하고 있다. 비둘기는 보통 가난한 사람들의 제물이었는데(레 5:7), 다른 목적을 위해서도 필요했다(레 12:6; 14:22; 15:14, 29).

11:16 **아무나 물건을 가지고 성전 안으로 지나다님을 허락하지 아니하시고** 예수는 사람들이 물건을 담은 상자나 기구를 예루살렘의 다른 곳으로 옮기기 위해 성전을 지름길로 이용하는 관행이 지속되는 것을 원치 않으셨다. 이는 성전을 무시하는 태도일 뿐 아니라 하나님을 무시하는 태도였기 때문이다.

11:17 예수는 자신의 행동으로 말미암아 군중이 모이자 성경에 호소해 자신의 정당성을 주장하셨다(*마 21:13에 대한 설명을 보라*). **만민이 기도하는 집** 이것이 하나님의 성전의 참된 목적이다. 오직 마가만이 이사야 본문(56:7)을 인용하면서 "만민"이라는 단어를 포함시켰다. 이는 마가가 주로 이방인을 대상으로 삼고 있었기 때문일 것이다. 이방인의 뜰은 성전에서 이방인들이 기도와 예배를 위해 사용할 수 있는 유일한 공간이었는데, 유대인은 그곳을 탐욕을 채우기 위한 장소로 만들어 이방인들의 예배를 불가능하게 만들었다. **강도의 소굴** 예레미야의 말을 이용해(렘 7:11) 예수는 종교지도자들을 성전을 피난처로 삼는 강도로 묘사하셨고, 종교지도자들의 행태를 노상강도들이 다른 강도들과 함께 굴에 피신하는 것에 비유하셨다. 성전이 하나님의 백성이 방해를 받지 않고 예배할 수 있는 곳이 아니라 도리어 갈취당하는 곳이 되었고, 그들을 갈취하는 자들이 보호받는 곳이 되었다.

11:18 **대제사장들과 서기관들** 여기서 마가는 이 두 부류를 처음으로 함께 거론한다. 이들은 산헤드린의 주요 지도자들이었다(*마 2:4; 26:59에 대한 설명을 보라*). **예수를 어떻게 죽일까 하고 꾀하니** *3:6에 대한 설명을 보라*. 지도자들은 어떻게 예수를 죽일지 계속 논의해왔다. **그의 교훈을 놀랍게 여기므로** *1:22에 대한 설명을 보라*.

11:19 **성 밖으로 나가더라** 유월절 주간에서 처음 사흘간 예수는 군중이 흩어지고 성문이 닫히는 해 질 녘까지 예루살렘을 떠나시지 않았다.

11:20 **아침에** *12절에 대한 설명을 보라*. **뿌리째 마른 것** 열매를 맺지 못하게 하는 나무의 마름병(14절)이 위쪽으로 올라가 나무 전체에 퍼져 나무를 죽였다. 마태는 이 사건을 더욱 압축해 묘사하지만, 그의 이야기는 여전히 마가의 시간 구조에 부합한다(*마 21:19에 대한 설명을 보라*).

11:21 **랍비여** *9:5에 대한 설명을 보라*.

11:22 **하나님을 믿으라** 자신의 말씀의 능력에 대한 믿음이 부족함을 부드럽게 꾸짖고 계신다. 예수 말씀의 능력에 대한 믿음은 하나님의 계시된 진리와 그의 능력을 믿으며, 그분의 뜻을 행할 길을 찾게 해준다(참고. 요일 5:14, *마 21:21에 대한 설명을 보라*).

11:23 **이 산더러…바다에 던져지라** 이 말씀은 당시의 일반적인 은유인 '산을 뿌리째 뽑는다'는 말과 관련이 있다. 이 말은 유대 문헌에서 난해한 문제를 해결하고 불가능해 보이는 일들을 할 수 있었던 위대한 랍비와 영적 지도자들에게 사용되었다. 예수가 실제로 산을 뿌리째 뽑지 않은 것이 분명하다. 사실 예수는 믿지 않는 유대 지도자들을 위해 그런 거창한 기적을 행하기를 거절하셨다(*마 12:38에 대한 설명을 보라*). 예수 말씀의 요점은 신자들이 진정으로 하나님을 신뢰하고, 그런 믿음을 통해 얻을 수 있는 무제한의 능력을 진정으로 깨닫게 된다면 하나님의 막강한 능력이 작동하는 것을 보게 되리라는 것이다(참고. 요 14:13, 14. *마 21:21에 대한 설명을 보라*).

11:24 **무엇이든지 기도하고 구하는 것은** 이 구절은 신자의 기도가 하나님의 뜻과 목적에 부합한다면 기도에 어떤 제한도 없음을 가르친다(*마 17:20에 대한 설명을 보라*). 이는 사람의 믿음과 기도가 하나님의 다스리심과 일치해야 한다는 뜻이다. 신자의 할 일은 이것이 어떻게 그럴 수 있는지 밝혀내는 것이 아니라 예수님이 이 구절에서 말씀하신 기도에 대한 분명한 교훈을 믿고 순종하는 것이다. 하나님의 뜻은 그 백성의 기도를 수단으로 하여 구속사 전체를 통해 드러나고 있다. 하나님의 구원 목적은 복음을 듣고 회개하는 사람들의 믿음을 통해 실현되고 있다. 참고. 야고보서 5:16.

11:25 **서서 기도할 때에** 이는 유대인의 전통적인 기

도 자세다(참고. 삼상 1:26; 왕상 8:14, 22; 느 9:4; 마 6:5; 눅 18:11, 13). 무릎을 꿇거나 얼굴을 땅에 대는 것은 특별한 경우 또는 아주 긴급한 간구를 올릴 때의 자세다(참고. 왕상 8:54; 스 9:5; 단 6:10; 마 26:39; 행 7:60). **아무에게나 혐의가 있거든** 신자들이 다른 사람에게 어떤 적대감을 품게 만드는 죄악 또는 단순히 싫은 감정 등을 전부 포함한다. *아무에게나(anyone)*는 신자와 불신자를 모두 포함한다. **용서하라** 신자는 계속 용서해야 할 의무가 있다. 예수는 신자가 지속적인 용서의 태도를 가져야 할 의무가 있다고 말씀하신다. 성공적인 기도를 위해서는 믿음뿐 아니라 용서도 필요하다. *에베소서 4:32에 대한 설명을 보라.*

C. 공적인 가르침과 사적인 가르침(11:27-13:37)

1. 공적으로: 성전에서(11:27-12:44)

a. 자신의 권위에 대해(11:27-33)

11:27 **성전** 이곳은 다시 이방인의 뜰이다. 더 구체적으로 말하면 뜰의 남쪽에 위치한 솔로몬 현관 또는 왕의 현관이다(참고. 11절; 요 10:23; 행 5:12). **대제사장들** *마태복음 2:4에 대한 설명을 보라.* 예수를 만난 사람들 가운데 가야바와 안나스가 포함되었을 텐데, 이들은 여러 해 동안 함께 대제사장으로 있었다(눅 3:2). 이 회합의 중요성 때문에 두 번째로 높은 직위에 있던 성전장도 그 자리에 있었을 것이다.

11:28 **무슨 권위로** 지도자들은 교육도 받지 못했고 공인도 받지 못한 자칭 랍비라는 예수가 어떤 신임장을 가지고 그런 일을 하는지 알고자 했다. 그들은 그 전날에 있었던 사건으로 받은 충격에서 회복되자 공격적으로 해명을 요구했다(*마 21:23에 대한 설명을 보라.* 참고. 요 2:18). **이런 일** 일차적으로 성전을 청결하게 한 예수의 행동을 가리킨다. 그러나 애매하게 표현된 이 말은 예수가 공적 사역 기간에 행하고 가르치신 모든 것을 포함할 여지도 있다.

11:30 **요한의 세례** *1:4; 마태복음 21:25에 대한 설명을 보라.* 예수는 그들을 방어적 위치에 놓으시고, 요한의 권위에 대한 그들의 평가를 예수 자신에 대한 그들의 평가를 알아보기 위한 하나의 시험으로 삼으셨다. **하늘로부터냐 사람으로부터냐** 예수는 유대교 지도자들에게 요한이 가진 권위의 근원에 대해 둘 중 하나의 답을 선택하도록 하셨는데, 이것은 간접적으로는 예수 자신의 권위의 문제에도 적용되는 것이었다. 결국 그리스도는 그 사람들이 백성에게 종교적 안내자의 역할을 수행하도록 하되, 예수 자신의 사역뿐 아니라 요한의 사역에 대한 그들의 평가를 공표하지 않을 수 없도록 하셨다(*마 21:25에 대한 설명을 보라*). **내게 대답하라** 예수의 이 도전적인 말씀은 오직 마가복음에만 기록되어 있다. 이것은 유대인이 예수의 질문에 정직하게 대답할 용기를 가지고 있지 못했음을 암시한다.

b. 그가 버림받을 것에 대해(12:1-12)

12:1-12 예수는 대제사장과 장로들에게 대항하시고 그들의 위선적인 성격을 폭로하기 위해 이 비유를 사용하셨다.

12:1 **비유** *4:2, 11에 대한 설명을 보라.* **그들에게** 즉 대제사장들과 서기관들, 장로들이다(참고. 11:27). **포도원** 그 지역에서 흔히 볼 수 있는 풍경이다. 팔레스타인의 언덕 비탈들은 경제의 버팀목인 포도원으로 덮여 있었다. 여기서 포도원은 이스라엘을 상징한다(참고. 시 80:8-16; 사 5:1-7; 렘 2:21). 예수는 이 비유의 근거로 이사야 5:1, 2을 사용하셨다(*마 21:33에 대한 설명을 보라*). **산울타리** 문자적으로 '울타리'라는 뜻이다. 이것은 보호를 위해 건축한 돌 벽이나 찔레나무 울타리를 가리킨다. **즙 짜는 틀** 포도주 압축기 아래에 놓는 기구다. 압축기에서 포도가 짜지면 포도즙이 물받이를 통해 이 낮은 물동이로 흘러 들어가고, 거기서 가죽 부대나 항아리에 옮겨져 저장되었다. **망대** 이 건축물은 세 가지 목적을 가지고 있었다. 첫째, 감시 처소로 사용되었다. 둘째, 일꾼들을 위한 쉼터로 사용되었다. 셋째, 씨앗과 기구를 보관하는 곳으로 사용되었다. **농부들에게 세로 주고** 예수는 이사야 5:1, 2에 있는 내용을 덧붙이셨다. 주인은 믿을 수 있는 사람들과 계약을 맺었고, 그들은 소출의 일정 부분을 그에게 세로 지불해야 했다. 그 나머지 이익은 농사를 지은 대가로 그들의 몫이 되었다. 여기서 농부들은 유대교 지도자들을 말한다.

12:2 **때가 이르매** '추수 때'가 더 좋은 번역이다. 수확은 대개 밭을 일군 지 5년이 지나야 얻을 수 있다(참고. 레 19:23-25). **종** 비유에 등장하는 모든 종은 구약 선지자들을 말한다.

12:6 **그가 사랑하는 아들이라** 이 아들은 예수 그리스도를 나타낸다(*마 21:37에 대한 설명을 보라*).

12:7 **그 유산이 우리 것이 되리라** 포도원 농부들은 탐욕스러운 사람들이었다. 그들은 모든 수확과 포도원까지 가지고자 했고, 그 목적을 위해 주인의 아들까지 죽일 계획을 세웠다. 군중이 예수를 따랐기 때문에 유대교 지도자들은 백성에 대한 자기들의 지위와 세력을 유지하는 유일한 방법은 예수를 죽이는 것이라고 믿었다(참고. 요 11:48).

12:9 **그 농부들을 진멸하고** 포도원 주인은 농부들을 처형할 것이다. 그리하여 이것은 예루살렘과 이스라엘

나라가 멸망하리라는 예언이 되었다(주후 70년). 마태복음에서는 대제사장들과 서기관들, 장로들이 그 말을 했다(*마 21:41에 대한 설명을 보라*). **포도원을 다른 사람들에게 주리라** 이 예언은 그리스도의 교회가 서고 이방인이 그 지도자 자리의 상당수를 차지하게 된 사실로 성취되었다.

12:10, 11 이 메시아 예언은 70인역의 시편 118:22, 23을 인용한 것이다. 예수는 비유의 형식으로 계속 가르치셨는데, 여기서 그의 나라는 포도원이 아니라 건물로 나타난다. 여기서 핵심은 버림받은 아들과 버림받은 돌이 그리스도를 나타낸다는 것이다.

12:10 **건축자들이 버린 돌이** 건물의 균형과 안정을 위해 머릿돌이 대단히 중요하기 때문에 건축자들은 완전히 곧은 머릿돌 감을 찾을 때까지 많은 돌을 버린다. 예수의 비유에서 그 자신은 건축자들(유대교의 종교지도자들)이 버린(십자가에 달아버린) 돌이다. 그러나 부활하신 그리스도는 머릿돌이 되신다(참고. 행 4:10-12; 벧전 2:6, 7. *마 21:42에 대한 설명을 보라*).

12:12 **자기들을 가리켜** 대제사장들과 서기관들, 장로들은 그리스도가 자기들의 행동을 정죄한다는 것을 알았지만, 그것은 그들을 회개하도록 한 것이 아니라 분노만 불러일으켰다.

c. 세금 바치는 문제에 대해(12:13-17)

12:13-17 이것은 예수께 자신을 혁명분자라고 선언하게 하여 함정에 빠지도록 유도하는 유대교 종교지도자들이 제기한 질문 가운데 두 번째다(참고. 11:28). 이것은 유대인 사이에서 논란이 되었던 로마에 세금을 바치는 문제에 대한 것이었다.

12:13 **바리새인과 헤롯당** 마태는 바리새인의 제자들이 헤롯 당과 함께 왔음을 밝히고 있다. 바리새인들은 예수가 헤롯 당의 존재를 알아채지 못하고 방심하다가 그들의 질문에 걸려 체포될 것을 기대했을 것이다. 헤롯 당은 헤롯 안디바를 지지하는 정당이었으며, 헤롯은 로마의 꼭두각시였다(*마 22:16에 대한 설명을 보라*).

12:14 **사람을 외모로 보지 않고** 이것은 불편부당함, 곧 누구의 편도 들지 않는 것을 가리키는 말이다. 비록 이 말은 바리새인들과 헤롯 당의 아첨에 불과했지만, 실제로 예수는 사람의 권력이나 특권, 지위에 흔들리시지 않았다. **가이사에게 세금을 바치는 것** 여기서 "세금"을 가리키는 헬라어는 라틴어에서 온 것으로, 오늘날 '센서스'(census, 인구조사)가 이 라틴어에서 유래되었다. 로마인들은 모든 시민의 숫자를 파악하고 나서 한 사람이 일 년에 1 데나리온의 인두세를 내게 했다(*마 22:17에 대한 설명을 보라*).

12:15 **외식함** 바리새인들과 헤롯 당은 자기들이 마치 예수의 교훈에 관심이 있는 척 거짓으로 꾸며 예수를 함정에 빠뜨리려는 진짜 의도를 숨겼다. 그러나 예수는 그들의 진짜 의도를 이미 아셨다(참고. 요 2:25). **어찌하여 나를 시험하느냐** 예수의 대답은 바리새인들과 헤롯 당의 참된 동기를 폭로하셨고, 그들의 위선을 드러내 보여주셨다. **데나리온** 로마 황제가 주조한 이 작은 은전은 보통 노동자나 군인의 하루 품삯에 해당했다(*마 22:19에 대한 설명을 보라*).

12:16 **형상** 그 데나리온의 한쪽 면에는 당시 황제인 디베료의 형상이 새겨져 있었을 것이다. 하지만 아구스도의 형상이 새겨진 동전도 유통되고 있었으므로 거기에 아구스도의 형상이 새겨졌을 수도 있다. 하지만 디베료의 형상이 새겨져 있었을 가능성이 더 높다. 그들은 "가이사의 것"이라고 말했는데, 이는 이전 지배자가 아니라 현재 지배자를 가리키는 말이기 때문이다. **글** 만약 그 동전이 디베료의 명령으로 주조되었다면 한쪽 면에는 '디베료 가이사 아구스도, 신성한 아구스도의 아들', 다른 면에는 '대제사장'이라고 새겨져 있었을 것이다. *마태복음 22:19에 대한 설명을 보라.*

12:17 **가이사의 것은 가이사에게…바치라** '바치다'로 번역된 헬라어는 '지불하다' '되갚다'라는 뜻으로 빚을 함축하고 있다. 가이사의 영역에 사는 모든 사람은 그에게 세금을 납부할 의무를 갖고 있었다. 그것은 선택의 여지가 없었다. 그러므로 예수는 모든 시민은 그들 위에 어떤 정부가 있든지 거기에 세금을 납부할 책임이 있다고 선언하신 것이다(참고. 롬 13:1-7; 벧전 2:13-17. *마 22:21에 대한 설명을 보라*).

d. 부활에 대해(12:18-27)

12:18 **부활이 없다 하는** 이것이 사두개인들의 신학의 가장 뚜렷한 특징이었다. 그들이 이 입장을 택한 것은 모세오경에 대한 그들의 충성과 모세는 실제로 죽은 자가 살아난다고 가르치지 않았다는 그들의 믿음 때문이었다. 그렇게 미래가 없다고 믿었으므로 사두개인들은 최대한 이익을 챙기려고 애쓰는 현세 중심의 삶을 살았다. 그들은 성전 사업을 관장하고 있었으므로 예수가 성전에서 환전상을 추방하고 그들의 이익을 끊어버리자 극도로 분노했다(11:15-18). 이런 이유로 그들은 백성들 앞에서 예수를 깎아내리려고 했다. **사두개인들** 모든 유대인 분파 중에서 가장 부유하고 영향력이 있으며 귀족층에 속했다. 모든 제사장과 대제사장, 산헤드린의 대다수가(*마 26:59에 대한 설명을 보라*) 사두개인이었다. 그들은 구전된 법이나 전통, 바리새파 서기관들의 법을 무시했고, 오직 모세오경만 권위가 있다고 보

았다(*마 3:7에 대한 설명을 보라*).

12:19 이는 사두개인들이 역연혼(죽은 남편의 형제와 혼인하는 것)을 언급한 신명기 25:5, 6을 요약해놓은 것이다. 하나님은 지파의 이름, 가문, 유업을 지키기 위해 모세의 율법 속에 이 조항을 포함시키셨다(*마 22:24에 대한 설명을 보라*). **모세가 우리에게 써 주기를** 사두개인들이 모세를 거론한 것은 예수가 성경을 존중한다는 것을 알았고, 따라서 예수가 역연혼의 타당성을 문제 삼지 않으리라고 믿었기 때문이다.

12:24 **하나님의 능력** 성경에 대한 그들의 무지는 구약성경 전체에 걸쳐 하나님이 행하신 기적에 대한 이해의 결핍으로 확대되었다. 만약 그런 지식을 가졌다면 그들은 죽은 자를 살리시는 하나님의 능력을 믿을 수 있었을 것이다.

12:25 **장가도 아니 가고 시집도 아니 가고** 결혼은 이 세상에서의 동반자 관계와 인류 존속을 위해 하나님이 계획하신 것이다. 예수는 하늘에서는 배타적 관계나 성적 관계가 없음을 강조하셨다. 신자들은 다른 모든 사람과 완전한 영적 관계를 맺는 전혀 새로운 경험을 하게 될 것이다. **천사들과 같으니라** 신자들은 죽지 않는 영적이고 영원한 존재가 된다는 점에서 천사와 같이 될 것이다(참고. 고전 15:39-44, 48, 49. *마 22:30에 대한 설명을 보라*).

12:26 **모세의 책** 이것은 모세오경을 가리킨다. 곧 구약성경의 시작을 알리는 다섯 권의 책이다. 예수는 사두개인들이 완전한 권위를 인정하는 책만을 증거로 사용하셨다. **가시나무 떨기에 관한 글** 가시나무 떨기에서 하나님이 모세에게 처음 나타나신 기록인 출애굽기 3:1-4:17을 가리킨다. **하나님께서 모세에게 이르시되 나는…하나님이로라** 출애굽기 3:6의 "나는…아브라함의 하나님, 이삭의 하나님, 야곱의 하나님이니라"는 말씀에서 현재 시제가 사용된 사실을 부각시킴으로써 예수는 하나님이 이 세 명의 족장과 확립한 인격적이고 영구적인 언약관계를 강조하셨다. 하나님이 모세에게 말씀하실 때 이 족장들은 이미 죽었지만, 하나님은 그들이 지상에 살아 있었을 때와 마찬가지로 여전히 그들의 하나님이시다. 그리고 지금 그들은 하늘에서 하나님과 영원한 교제를 누리고 있으므로 하나님은 더욱 그들의 하나님이시다(*마 22:32에 대한 설명을 보라*).

12:27 **너희가 크게 오해하였도다** 예수는 사두개인들이 부활이 없다고 가르침으로써 오류를 범했다고 비판하신 것이다.

e. 큰 계명에 대해(12:28-34)

12:28 **서기관** *1:22에 대한 설명을 보라*. **모든 계명 중에 첫째가 무엇이니이까** 랍비들은 모세오경에는 십계명의 글자 수에 해당하는 613개의 조문이 있다고 했다. 그 613개 조문 가운데서 248개 조문은 무엇을 하라는 명령이고, 365개 조문은 무엇을 하지 말라는 금지의 조문으로 이해되었다. 또한 그 법조문은 무거운 것과 가벼운 것으로 분류되었는데, 무거운 것이 가벼운 것보다 더 큰 구속력을 가지는 것으로 이해되었다. 그러나 서기관들과 랍비들은 어느 것이 무거운 조문이고 어느 것이 가벼운 조문인지에 대해 의견일치를 이루지 못했다. 율법에 대한 이런 태도 때문에 바리새인들은 예수가 그 자신만의 이론을 계발했다고 생각하게 되었던 것이다. 그래서 바리새인들은 이 질문을 해서 예수가 그의 비정통적이고 치우친 신념을 노출시켜 스스로 정죄당하도록 할 심산이었다.

12:29 **이스라엘아 들으라** 히브리어로 '들으라'는 뜻을 가진 쉐마의 일부(신 6:4, 5)를 인용하심으로써 예수는 매일 아침과 저녁에 전체 쉐마(민 15:37-41; 신 6:4-9; 11:13-21)를 낭송했던 모든 경건한 유대인의 관행을 인정하셨다.

12:30 **하나님을 사랑하라** 신명기 10:12; 30:6에서 취한 예수의 대답은 바리새인의 질문에 대답하기 위해 모세오경에서 가져온 것으로, 이는 예수의 신학이 가진 정통적 성격을 보여주었다. *마태복음 22:37에 대한 설명을 보라*.

12:31 **둘째는** 예수는 두 번째로 큰 계명을 밝히심으로써 바리새인의 질문을 한 걸음 더 진전시키셨다. 이는 온전한 사랑의 의무를 이해하는 데 극히 중요했기 때문이다. 역시 모세의 글에서 가져온 이 계명(레 19:18)은 첫 번째 계명과 동일한 성격과 특징을 지닌다. 하나님을 향한 참된 사랑에는 사람을 향한 참된 사랑이 반드시 따라와야 한다(*마 22:39에 대한 설명을 보라*). **이웃** 참고. 누가복음 10:29-37.

12:32, 33 **서기관이 이르되** 서기관의 대답은 도덕적 문제가 종교 의식적 문제보다 우선한다는 구약성경의 교훈을 잘 이해하고 있었음을 보여준다(참고. 삼상 15:22; 사 1:11-15; 호 6:6; 미 6:6-8).

12:33 **번제물** 제단에서 완전히 불태우는 제물이다(참고. 레 1:1-17; 6:8-13).

12:34 **하나님의 나라에서 멀지 않도다** 예수는 그 서기관을 칭찬하시면서 동시에 그에게 도전하셨다. 사랑의 중요성에 대한 그 서기관의 통찰을 인정하셨지만 천국에서 "멀지 않다"고 말씀하심으로써 예수는 그 서기관이 아직 천국 안에 있지는 않다는 것을 강조하셨다. 그 서기관은 사랑의 요구를 이해하고는 있었지만, 그를 하

나님 나라로 들여보내 주실 그분을 사랑하고 순종하는 일이 남아 있었던 것이다.

f. 메시아가 참 아들임에 대해(12:35–37)

12:35 예수의 질문은 유대교 지도자들이 교사로서 자질이 없다는 사실과 메시아의 참된 특성에 대한 구약의 가르침을 그들이 모르고 있다는 사실을 드러냈다. **성전** *11:11에 대한 설명을 보라.* **그리스도** 이것은 구약의 히브리어 메시아를 번역한 말이다. '기름 부음을 받은 자'라는 뜻이며, 하나님이 약속하신 왕을 가리킨다. **다윗의 자손** 서기관의 가르침에서 메시아를 가리키는 일반적인 호칭이다. 종교지도자들은 메시아가 단순한 사람 이상의 존재가 아니라는 확신을 가지고 있었다. 그래서 그들은 그런 호칭이 적당하다고 생각한 것이다 (*10:47; 마 22:42에 대한 설명을 보라*).

12:36 **다윗이 성령에 감동되어 친히 말하되** 다윗은 자신이 하고 싶은 말을 했지만 그것은 동시에 성령의 영감에 따른 것이었다(참고. 삼하 23:2). **주께서 내 주께 이르시되** 이것은 히브리어 본문에서(시 110:1) 인용한 말로 첫 번째 '주'는 야훼, 곧 하나님의 언약적 이름이다. 그리고 두 번째 '주'에 해당하는 히브리어는 유대인이 하나님을 가리킬 때 사용한 호칭으로 앞의 '주'와는 다른 단어다. 여기서 다윗은 하나님이 메시아에게 말씀하시는 모습을 그리고 있는데, 이 메시아를 '주'라고 불렀다. 예수 당시의 종교지도자들은 이 시편이 메시아를 가리키는 것으로 인식하고 있었다.

12:37 **다윗이 그리스도를 주라 하였은즉** 예수는 바리새인들에게 시편 110:1을 해석해주셨다. 다윗은 자기 자손들 가운데 한 사람을 '주'라고 부르지는 않았을 것이다. 그렇다면 메시아는 '다윗의 자손' 이상의 인물이다. 즉 그는 '하나님의 아들'이기도 한 것이다. 여기서 예수는 메시아의 신성을 선언하심으로써 결국 자신의 신성을 선언했던 것이다(참고. 롬 1:3; 딤후 2:8. *마 22:45에 대한 설명을 보라*). **많은 사람들** 예수와 종교지도자들 사이의 논쟁을 지켜본 많은 군중을 가리킨다

g. 서기관들에 대해(12:38–40)

12:38 **긴 옷** 흘러내리는 긴 겉옷으로, 그것을 입은 사람이 경건하고 주목받는 학자임을 드러내는 의상이었다. **문안** 영예로운 위치에 있는 사람을 위한 환호다.

12:39 **회당의 높은 자리** 거룩한 두루마리를 보관한 회당의 큰 상자 가장 가까이에 있는 의자다. 지도자들과 백성 가운데 귀인들을 위해 예약된 자리였다(*약 2:3에 대한 설명을 보라*). **삼가라** 이 단어는 '보다' 또는 '감시하다'라는 뜻이다. 서기관의 악한 영향에 물들지 않도록 주의하라는 의미가 포함되어 있다.

12:40 **과부의 가산을 삼키며** 예수는 서기관들의 탐욕스럽고 파렴치한 악행을 폭로하셨다. 서기관들은 자주 과부들의 부동산 관리인으로 봉사했는데, 그들의 재산을 빼앗은 다음에는 괴로워하는 과부들에게 그들이 성전 또는 서기관 자신의 거룩한 일을 지원함으로써 하나님을 섬길 기회를 얻게 되었다고 말하곤 했다. 어떤 경우이든 서기관들은 금전적 이익을 얻었는데, 결국 과부에게서 그녀의 남편 유산을 갈취한 셈이었다. **길게 기도하는 자** 바리새인들은 자주 길게 기도함으로써 자기들의 경건을 과시했다. 그들이 이렇게 한 것은 하나님을 향한 경건이 아니라 사람들에게 존경받고자 하는 욕망 때문이었다.

h. 참된 헌금에 대해(12:41–44)

12:41 **헌금함** 이것은 성전에서 여인의 뜰 벽에 놓인 13개의 트럼펫 모양을 한 용기로, 성전에 바치는 헌금이나 기부금을 거기에 넣었다.

12:42 **두 렙돈** 1렙돈은 작은 동전으로 당시 통용되던 가장 작은 액수에 해당하는 것이었다. 그것의 가치는 8센트 정도였다. **한 고드란트** 이 글을 읽는 로마인 독자를 위해(서론의 배경과 무대를 보라) 마가는 렙돈을 로마 동전의 가장 작은 액수와 연결시켰다. 1고드란트는 1데나리온의 육십분의 사에 해당되며, 1데나리온은 하루 품삯에 해당되었다.

12:43 **내가 진실로 너희에게 이르노니** *3:28에 대한 설명을 보라.*

12:44 **생활비 전부** 이 말은 '그녀가 살기 위해 필요한 모든 것'이라고 번역될 수 있다. 이 말은 그녀가 또다시 돈을 벌 때까지 먹을 것이 없다는 의미다. 그 과부는 진정한 의미에서 희생적으로 내는 것이 무엇인지를 보여주었다.

2. 사적으로: 감람산에서(13:1–37)

13:1-37 예수의 이 위대한 설교는 일반적으로 감람산 설교로 알려져 있다. 이는 예수가 이 설교를 하신 곳이 바로 성전 동쪽 기드론 골짜기 건너편에 위치한 감람산이었기 때문이다. 성전이 곧 파괴되리라는 예수의 예언으로 인해 제자들은 마지막 때에 대한 질문을 한다. 이 단락의 나머지 부분(5-37절)은 제자들의 질문에 대한 예수의 대답으로 현시대의 마지막에 있을 재림을 묘사한다.

a. 마지막 때에 대한 제자들의 질문(13:1)

13:1 **이 돌들이 어떠하며 이 건물들이 어떠하니이까** *마태복음 24:1에 대한 설명을 보라.* 이 익명의 제자는 성전과 주변 건물의 장엄함과 아름다움을 찬탄하면서 예

수도 비슷한 반응을 보이실 것을 권했다. 이 제자는 그런 장엄한 건축물을 어떻게 '무너뜨려질' 수 있는지 상상조차 할 수 없을 것이다(참고. 마 23:38).

b. 주님의 대답(13:2–37)

13:2 **예수께서 이르시되** 그 제자의 감탄에 대한 응답으로 예수는 그 성전이 파괴되리라는 것을 다시 예언하셨다. 약 40년 후인 주후 70년에 로마는 예루살렘을 약탈하고 수많은 유대인을 죽이고 성전을 부쉈다. **돌 하나도** 손대지 않고 남은 유일한 돌은 거대한 기초석인데, 이 돌은 실은 성전 건물의 일부가 아니라 성전이 위치한 언덕에서 성전의 벽 전체를 떠받치고 있던 바위였다. 서쪽 벽을 따라 남동쪽으로 연결된 '랍비의 터널' 안에서 오늘날에도 이 바위를 볼 수 있다. 이것이 오늘날 통곡의 벽이라고 불리는 버팀 벽의 서쪽 면 가운데 일부를 이루고 있다. 성전 언덕을 오르내릴 때 사용하는 계단을 포함한 버팀 벽의 더 많은 부분이 남쪽 면에서도 드러났다.

13:3 **감람 산** *11:1에 대한 설명을 보라.* **베드로와 야고보와 요한과 안드레가 조용히 묻되** 이 네 명의 제자는 열두 명 전체를 대표해 질문한 것이다.

13:4 제자들은 예수가 곧 나라를 이루실 것이라고 생각했기 때문에 이중적인 질문을 던졌다. 첫째, 언제 성전이 무너지고 나라가 시작될 것인가? 둘째, 그 나라의 시작을 알리는 사건이 무엇인가? **어느 때에 이런 일이 있겠사오며** "어느 때"는 그때가 바로 임박했다는 것을 암시한다. 제자들은 예수가 언제라도 하나님의 나라를 주도할 수 있으며(참고. 눅 19:11), 그것이 적어도 유월절 기간이 끝날 무렵일 것이라고 생각했다. "이런 일"은 성전이 파괴되어 황폐하게 되는 것을 가리킨다(참고. 마 23:38; 24:2). **징조** 제자들은 천년왕국의 도래를 선포하기 위해 기적적인 일들이 벌어지리라고 기대했을 것이다. 즉 완전한 어둠, 찬란한 빛, 하늘로부터 천사가 내려오는 것과 같은 일들 말이다(*마 24:3에 대한 설명을 보라*). 그때가 되면 그 모든 일이 벌어질 것이다(*24-27절에 대한 설명을 보라*).

13:5 **주의하라** 이 헬라어의 문자적 의미는 '보다'이지만, 여기서처럼 종종 '눈을 크게 뜨고 있으라' 또는 '조심하라'는 의미로도 사용된다.

13:6 **내가 그라** 많은 거짓 선지자가 스스로 메시아요 구원자라고 주장하면서 자신이 세계 문제의 해결사라고 할 것이다. 어떤 사람은 심지어 자기가 바로 그리스도라고 주장할 것이다. 마지막 때가 가까워질수록 거짓 그리스도의 숫자는 증가할 것이다(참고. 마 24:23, 24).

13:7 **끝** 현 시대의 종말이다(*마 24:6에 대한 설명을 보라*).

13:8 **재난의 시작** '재난'에 해당하는 헬라어는 '산고'를 의미한다. 주는 여인의 출산 경험을 가리켜 말씀하셨다. 산고는 임신이 끝나간다는 표시다. 산고는 처음에 간헐적으로 일어나다가 아이가 태어나기 직전 점점 증가한다. 이와 비교해 말하면 6-8절의 징조들이 처음에는 간헐적으로 일어나다가 점점 가속이 붙어 그리스도의 재림 직전에는 거대하고 비극적인 규모로 일어날 것이다(참고. 살전 5:3. *마 24:8에 대한 설명을 보라*).

13:9 **공회** 헬라어를 문자적으로 해석하면 '산헤드린'이다. 이곳은 회당에 부속된 각 지역의 유대 법정으로, 이단이나 일반적인 율법 위반 사건을 심리하는 곳이다. 역사가인 요세푸스는 각 도시의 회당은 일곱 명의 재판관으로 구성되어 있다고 했으며(『고사기』, 4.8.14), 미쉬나의 기록에 따르면 100명 이상의 유대인 남자가 있는 각 성읍에 23명의 재판관이 있었다고 한다('산헤드린' 1.6). 이 '회당'들은 예루살렘에서 소집된 대 산헤드린의 축소판이었다(마 26:59*에 대한 설명을 보라*). **회당에서** 회당은 유대인이 모여 예배하는 장소였다. 공의회가 열리면 사람들은 보통 회당에서 만났다. **매질하겠으며** 이 지역들의 회당은 신명기 25:2, 3을 어기지 않기 위해 보통 39번의 채찍질을 했다. 태형을 당하는 사람은 허리까지 옷을 벗기고 맨살을 드러냈다. 그러고는 가슴에 13번, 등에 26번의 채찍질을 당했다(*고후 11:24에 대한 설명을 보라*).

13:10 **복음이 먼저 만국에 전파되어야 할 것이니라** 끝이 오기 전에(*7절에 대한 설명을 보라*), 전 세계에 복음이 전파될 것이다. 이 전파가 환난의 끝에 하나님이 심판을 쏟기 전에 천사들이 초자연적으로 복음을 전파하는 것을 가리킬 수도 있다(계 14:6-8. *마 24:14에 대한 설명을 보라*).

13:11 **무슨 말을 할까** 박해는 끔찍하겠지만 그리스도인은 그 일들을 미리 생각하고 걱정할 필요가 없다. **말하는 이는 너희가 아니요** 신자는 두려워할 것이 아니라 평안을 유지하면서 성령에 의지해야 한다. 그리스도에 대한 그들의 믿음을 변호하기 위한 적절하고 유효한 말씀을 성령께서 주실 것이다. *누가복음 12:11에 대한 설명을 보라.*

13:13 **끝까지 견디는 자는 구원을 받으리라** *마태복음 24:13에 대한 설명을 보라.* 이 인내로 구원받는 것은 아니다. 그것은 성령의 능력에 의한 견인이며, 견디는 사람에게 구원이 있다는 증거다. 그리스도는 그런 신자들을 마침내 현재의 악한 시스템에서 건져 하나님의 영원한 나라로 들이실 것이다(참고. 마 10:22).

13:14 **멸망의 가증한 것** 처음에 이것은 수리아 왕 안

티오코스 에피파네스가 주전 2세기에 돼지 피를 제단에 바침으로써 성전을 더럽힌 사건을 가리켰다. 이 사건은 그리스도가 여기서 가리키시는 사건과 성격상 유사하다. 환난기에 적그리스도는 자신의 형상을 성전에 세움으로써 성전을 더럽힐 것이다(*단 9:27; 11:31; 마 24:15; 살후 2:4에 대한 설명을 보라*). **서지 못할 곳에 선 것** 마태복음 24:15은 그곳을 "거룩한 곳"이라고 밝힌다. 마태복음에 등장하는 이 말은 신약성경의 다른 곳에서 단 한 번 등장하는데(행 21:28), 거기서 이 말은 분명하게 성전을 가리킨다. 그러므로 마가복음의 이 절은 미래에 성전이 재건될 것이며, 매일의 제사가 재개될 것임을 구체적으로 암시한다. *선 것*은 멸망의 가증한 것이 지속되어 실제적으로 3년 반 동안 계속될 것을 말한다(단 12:11. 참고. 계 12:6). **(읽는 자는 깨달을진저)** 이 말은 예수가 이런 일을 경험하지 않을 당시의 제자들이나 그 세대의 다른 사람들에게 이 경고의 말씀을 하시는 것이 아니라 마지막 때의 신자들에게 말씀하시는 것이다. 이 진리를 읽는 사람들은 그들이 당하고 있는 환난을 위해 준비를 갖추고, 그 환난을 이해하고 있어야 할 것이다. **산으로 도망할지어다** '도망하다'에 해당하는 헬라어는 영어의 *피난민*, 곧 위험을 피해 도망치는 사람을 가리키는 단어다. 예수는 유대에 사는 사람들에게 대학살을 피해 산으로 도피하라고 경고하신다(*마 24:16에 대한 설명을 보라*).

13:15 **집에…들어가지도** 너무 급히 도망쳐야 하기 때문에 어떤 사람이 그 소식을 들을 때 마침 지붕에 있다면(*2:4에 대한 설명을 보라*) 그는 무엇인가를 챙기기 위해 집 안에 들어가지 말고 바깥 계단을 통해 그대로 도망쳐야 한다.

13:16 **겉옷** 이 헬라어는 외투를 가리킨다. 예수는 밭에서 일하던 사람은 집이나 밭 입구에서 좀 떨어진 곳에 놓아둔 겉옷을 가지러 가기 위해 시간을 쓰지 말아야 한다고 경고하신다.

13:17 **아이 밴 자들과 젖먹이는 자들** 예수는 아이를 배고 있기 때문에 빨리 피할 수 없는 여인들을 불쌍히 여기셨음이 분명하다. 그러나 태어나지 않은 아이들이 난도질당하고 유아들이 짓이겨지는 잔인한 일들을 경고하셨을 수도 있다(참고. 호 13:16).

13:18 **겨울에** 이것은 팔레스타인의 우기를 가리킨다. 이때는 시내를 건널 수 없고, 황량한 들판에서 먹을거리를 구하기가 어려울 것이다.

13:19 **지금까지 이런 환난이 없었고** 이 어구는 예수가 말씀하시는 환난이 미래의 일이며, 모든 환난 중에서 가장 극심한 환난이 될 것임을 드러낸다. 그것은 오래 계속될 것이며 가혹한 압박과 지속적으로 곤란을 겪게 될 것이다. 이것이 이 세대의 종말에 있을 대환난이다(참고. 계 7:14, *마 24:21에 대한 설명을 보라*).

13:20 **감하지** 문자적으로 '잘라내다' '절단하다'라는 뜻이다. 예수는 그 시간을 3년 반으로 줄이거나 제한하기로 한 하나님의 결정을 가리키신 것이다(참고. 단 7:25; 계 12:14. *마 24:22에 대한 설명을 보라*). **택하신 자들을 위하여** 이 택하신 자들은 이스라엘 국가를 가리킬 수도 있고(참고. 사 45:4), 환난 기간에 그리스도인이 된 사람들을 가리킬 수도 있다(계 17:14). 어느 것을 가리키든 간에 하나님은 그들을 위해 기간을 줄이신다.

13:21 **보라 그리스도가 여기 있다** 사탄은 거짓 그리스도인들을 통해 택하신 자들을 속여 피난처를 떠나게 하려고 시도할 것이다. 거짓 교사들은 그리스도가 그들 가운데 있거나, 예루살렘이나 유대의 다른 곳에 있다고 주장할 것이다.

13:22 **이적과 기사** 이는 거짓 그리스도인들이 자기네가 진짜 그리스도인임을 주장하고, 그 주장을 입증하기 위해 사용할 사탄의 입김이 들어간 거짓 기적들이다(참고. 살후 2:9).

13:23 **삼가라** 예수는 조심하라는 선지자적 경고를 발하신다. 예수는 미래의 택함받은 피난민들이 사탄의 속수에 의해 오도되고 속지 않기 위해 알아야 하는 모든 것을 말씀하셨다.

13:24 **그 때에 그 환난 후** *그 때*는 6-23절에 기록된 사건들을 가리키고, 따라서 *그 환난*은 예수가 방금 말씀하신 대환난을 가리킨다. 이렇게 일치시키고 보면 예수가 바로 연이어 묘사하는 것(24-27절)은 미래 환난 시기의 마지막에 일어날 일이 될 것이다(참고. 마 24:29). **해가 어두워지며** 그리스도 재림 이전에 우주가 붕괴되면 태양이 검게 될 것이다(*마 24:29; 행 2:20; 계 6:12에 대한 설명을 보라*).

13:25 **별들이 하늘에서 떨어지며** 천체들이 제멋대로 공간에서 기울어져 질주할 것이다(참고. 계 6:13, 14; 8:10-13; 16:8, 17-20). **하늘에 있는 권능들** 공간에 있는 모든 것을 일정하게 유지시키던 에너지, 곧 그리스도가 통제하시던 힘이 제멋대로 움직여 혼란에 빠지도록 방치하실 것이다(참고. 사 13:6-16; 34:1-5; 벧후 3:10-12).

13:26 **인자** *2:10에 대한 설명을 보라*. **구름을 타고 큰 권능과 영광으로 오는 것** 예수는 이 땅을 떠날 때와 똑같은 방법으로 땅으로 돌아오실 것이다(참고. 행 1:9-11; 단 7:13, 14; 계 1:7). 시편의 저자는 하나님이 "구름"을 수레로 사용하신다고 말했으며(시 104:3), 이사야 19:1은

막

주님이 구름을 타신 모습을 묘사하고 있다. 이 "구름"이 자연적인 구름일 수도 있지만, 그보다는 구약 시대에 이스라엘에서 하나님의 임재를 나타내던 초자연적인 '영광의 구름'일 가능성이 높다(*계 1:7에 대한 설명을 보라*). 그리스도는 지금도 '큰 권능과 영광'을 가지고 계시지만, 그분의 재림 때도 이 권능과 능력이 가시적으로 드러날 것이다(참고. 계 6:15-17; 11:15-19; 16:17-21; 19:11-16). 그리스도는 택하신 자를 속량하시고, 폐허가 된 땅을 회복하시며, 지상에 자신의 통치를 이루실 것이다.

13:27 **천사들** 상당한 수의 천사가 그리스도와 함께 돌아올 것이다(참고. 8:38; 마 16:27. *이어지는 설명을 보라*). **택하신 자들을…모으리라** 천사들은 하나님의 명을 받아 모으는 자들이다. 그들은 심판을 위해 불신자들을 모으며(마 13:41, 49, 50), 영광을 위하여 택하신 자들을 모은다. 택하신 자들 가운데는 144,000명의 유대인 증인(*계 7:4에 대한 설명을 보라*), 그들을 통해 회심한 자들(계 7:9), 천사의 선포를 듣고 회심한 자들(*계 14:6에 대한 설명을 보라*)이 포함될 것이다. 또한 땅의 무덤에서 나와 구속받은 영혼들과 연합한 구약의 성도들이 포함될 것이다(단 12:1-3). **사방에서** 관용적 표현으로 '모든 곳으로부터'라는 뜻이며, '땅의 네 모퉁이에서부터'라는 표현과 유사한 뜻을 가진다. 택하신 자들은 땅에 있든지 하늘에 있든지 그 나라에 들어가지 못할 일은 없을 것이다.

13:28 **무화과나무** *11:13에 대한 설명을 보라*. **이 비유** *4:2에 대한 설명을 보라*.

13:29 무화과나무의 싹이 잎으로 변하면 여름이 가까웠다는 뜻으로, 예수가 해산의 고통으로 묘사하신 사건들(6-23절)은 그리스도 재림의 분명한 징조가 된다(*마 24:32에 대한 설명을 보라*). **이런 일** 6-23절에서 언급한 사건들이다. **일어나는 것** 누가복음 21:31은 "그것"이 하나님의 나라라고 밝힌다. 이것은 제자들이 처음 예수께 했던 질문(4절), 곧 그 나라가 설 때에 어떤 일이 먼저 있느냐는 질문과 일관성을 가진다.

13:30 **내가 진실로 너희에게 말하노니** *3:28에 대한 설명을 보라*. **이 세대** 그리스도의 재림으로 이어지는 징조와 사건들을 목격하는 마지막 때를 사는 세대를 가리킨다(*마 24:34에 대한 설명을 보라*).

13:31 **천지는 없어지겠으나** 그리스도의 천년 통치 이후에는 우리가 알고 있는 우주가 극적으로 변화될 것이다(*벧후 3:10-13에 대한 설명을 보라*). **내 말은 없어지지 아니하리라** 하나님 말씀이 어떤 식으로든 취소되거나 파괴되거나 바뀌는 일은 없다(참고. 시 19:9; 마 5:18; 눅 16:17; 요 10:35).

13:32 **그 날과 그 때는** 그리스도의 재림의 정확한 날과 시간이다(*마 24:36에 대한 설명을 보라*). **아무도 모르나니** 그리스도의 재림의 때는 어떤 사람에게도 미리 계시되지 않는다. 오직 성부 하나님만이 그때를 알고 계신다. **천사들** 모든 천사는 하나님과의 친밀한 교제를 누리고, 하나님의 명을 받들기 위해 그 보좌 주위에 대기하고 있으며(사 6:2-7), 지속적으로 하나님을 주목하지만(마 18:10) 그들도 그리스도 재림의 때에 대해서는 알지 못한다. **아들도 모르고** 예수가 제자들에게 이 말씀을 하실 때는 심지어 예수 자신도 자신의 재림의 날과 시간에 대해 알지 못하셨다. 비록 예수는 완전한 하나님이셨지만(요 1:1, 14), 사람이 되셨을 때 예수는 신적인 속성의 사용을 자의적으로 제한하신 것이다(빌 2:6-8). 예수는 성부의 지시 없이는 그 신적 속성을 드러내시지 않았다(요 4:34; 5:30; 6:38). 예수는 자신의 전지를 몇 번 발휘하기는 하셨지만(참고. 요 2:25; 13:3), 인성을 입고 있던 지상 생애 동안 하나님이 그에게 알리기를 원하셨던 것만으로 자신의 전지를 제한하셨다(요 15:15). 예수 재림의 날짜와 시기에 대한 지식이 그런 경우에 해당된다. 그러나 부활하신 뒤에는 자신의 완전하고 신성한 지식을 다시 사용하셨다(참고. 마 28:18; 행 1:7).

13:33 **주의하라 깨어 있으라** 그리스도는 신자에게 두 가지 방식으로 정신을 차리고 있으라고 경고하셨다(*5절에 대한 설명을 보라*). 먼저 *주의하라*는 말씀은 접근하는 위험에 대비해 깨어 감시하고 있으라는 요구다. 그리고 *기도하라*(한글 개역개정판 성경에는 "깨어 있으라"—옮긴이)는 이 일을 할 때는 신자에게 하나님의 지속적인 도움이 필요함을 강조한다. 심지어 신자라고 할지라도 그토록 손쉽게 그들을 습격하는 영적인 위험에 대해 깨어 있기에 충분한 자원을 갖추지 못할 것이다.

13:34 **문지기** 예수님 당시 이 사람은 주인이 돌아올 때 문을 열어주기 위해 대문을 지켰다. 그리스도의 모든 제자는 주인이 돌아올 때를 위해 깨어 정신을 차리고 있는 문지기와 같아야 한다.

13:35 **저물 때일는지…새벽일는지** 저녁 6시부터 아침 6시까지의 시간을 사등분하여 세 시간씩 보초 서는 것을 가리키는 일반적인 표현이다. 이 이름들은 세 시간의 처음 부분이 아니라 마지막 부분을 가리킨다.

D. 배반을 준비하심(4:1, 2, 10, 11)

14:1 **이틀이 지나면** 마태복음 26:2의 문맥을 보면 예수는 자신이 십자가에 달리시는 것이 "이틀이 지나면"

있으리라고 말씀하셨는데, 이 말씀을 하신 때가 수요일 저녁이었으므로 그날은 금요일이 될 것이다. 여기서 마가의 시간 순서도 마태가 언급한 것과 동일하다(*마 26:2에 대한 설명을 보라*). **유월절** 즉 유월절 금요일인데, 유월절은 목요일 일몰 때부터 시작되었다. 유월절은 애굽의 장자들을 죽인 죽음의 천사가 이스라엘 사람의 집을 '넘어간' 것을 기념하는 절기였다(출 12:1-13:16). 유월절은 니산월(유대력의 첫달) 14일에 유월절 양을 잡으면서 시작되어 15일 이른 시간까지 계속되었다(*출 12:6; 마 26:2에 대한 설명을 보라*). **무교절** 이는 이스라엘 백성이 애굽을 떠난 것을 기념하는 절기다(출 23:15). 이 날은 유월절이 끝나면서 시작되는데, 니산월 15-21일이다. 무교병은 이스라엘 백성이 애굽을 벗어날 때 가지고 나온 떡으로, 그들의 생활과 가정에 죄의 누룩이 없다는 것을 상징했다(*출 12:14; 레 23:6-8에 대한 설명을 보라*). **대제사장들** *8:31에 대한 설명을 보라.* **서기관들** *마태복음 2:4에 대한 설명을 보라.*

14:2 **명절에는 하지 말자** 예루살렘에서 유월절을 지켜야 했기 때문에 도시가 사람들로 넘쳐났을 것이다. 당시 200만 명 이상의 사람이 모였을 것으로 짐작된다. 예수의 추종자가 많은 갈릴리에서 사람이 대거 몰려들자 민란이 일어날지도 모른다는 두려움에 종교지도자들은 유월절 기간 이후 사람이 줄어들고 나서 일을 추진하기로 결정했다(*마 26:5에 대한 설명을 보라*).

E. 기름 부음, 최후의 만찬, 배반, 체포, 재판 [유대인의 단계](14:3-9, 12-72)

1. 기름 부음: 베다니(14:3-9)

14:3-9 여기 기록된 사건은 이전 토요일에 일어난 것이다(참고. 요 12:1). 이것은 마리아가 예수의 십자가를 준비하면서 그에게 기름을 부은 사건에 대한 마가의 기록이다(참고. 마 26:6-13; 요 12:2-8).

14:3 **베다니** *11:1에 대한 설명을 보라.* **나병환자 시몬** 이 사람은 신약성경에서 오직 이 사건과 관련해서만 언급된다. 유대 사회에서 나병환자는 사회와 격리되어 지내야 했으므로, 이 사람은 예수를 통해 기적적으로 고침을 받고 감사의 표시로 이 잔치를 준비했을 것이다(*레 13; 마 26:6에 대한 설명을 보라*). **한 여자** 요한복음 12:3은 이 여자를 이 잔치에 동석한 마르다와 나사로의 자매인 마리아라고 밝힌다. **순전한 나드** 이 표현은 헬라어 두 단어로 되어 있으며(영어는 spikenard라는 한 단어로 되어 있음 – 옮긴이) '순수한 나드'라고 번역한다. 이 기름은 원산지가 인도인 식물 나드에서 추출한 기름이다. 여기서 순전하다는 말은 그것이 진짜이며 잡것이 섞이지 않았다는 뜻으로, 그것이 왜 비쌌는지 알 수 있다. **옥합** 목이 긴 이 병은 특별한 대리석으로 만들어진 것으로, 이 대리석은 값비싼 향유나 기름을 가장 잘 보존하는 물질이라고 증명되었을 것이다(*마 26:7에 대한 설명을 보라*). **그 옥합을 깨뜨려** 마리아는 내용물을 더 빨리 쏟아붓기 위해 병의 목을 깼던 것으로 보인다. 이것은 주님을 향한 그녀의 진지하고 전적인 헌신을 보여준다.

14:4 **어떤 사람들이 화를 내어** 요한복음 12:4, 5은 유다가 그것을 부추겼다고 말하며, 마태복음 26:8은 유다의 뒤를 이어 다른 제자들도 마리아가 귀중품을 낭비하는 것에 화를 냈다고 말한다.

14:5 **삼백 데나리온** 1데나리온이 보통 사람의 하루 품삯이었으므로 그것은 보통 사람의 거의 일 년 치에 해당하는 수입이었다. **가난한 자들에게 줄 수 있었겠도다** 열한 명의 제자들은 그 돈이 가난한 사람들을 위해 사용되어야 한다는 데 동의했을 테지만, 실제로는 가난한 사람이 도움을 받을 수는 없었을 것이다. 유다가 실제로는 열둘의 자금 담당자를 가장한 도적이었기 때문에 그것을 전부 착복할 수도 있었을 것이다(요 12:6).

14:7 **가난한 자들은 항상 너희와 함께 있으니** 가난한 자들을 도울 수 있는 기회는 항상 있지만 예수는 아주 제한된 시간만 그들과 함께하실 수 있다. 지금은 가난한 자와 병든 자의 필요를 채워주어야 할 때가 아니었다. 지금은 곧 고난을 당하고 십자가에 달릴 그분께 희생의 예배를 드릴 시간이었다(*마 26:11에 대한 설명을 보라.* 참고. 2:19).

14:8 **내 몸에 향유를 부어 내 장례를 미리 준비하였느니라** 마리아는 그렇게 하긴 했지만 자신이 하는 일을 깨닫지 못했을 것이다. 그녀가 예수께 기름 부은 행위는 예수의 죽음과 장사를 내다보는 상징이 되었다(*마 26:12에 대한 설명을 보라*).

14:9 **내가 진실로 너희에게 이르노니** *3:28에 대한 설명을 보라.* **복음** *1:1에 대한 설명을 보라.*

14:10 **열둘** *3:14에 대한 설명을 보라.* **가룟 유다** 마리아의 사랑과 헌신에 확연히 대비되는 것이 유다의 미움과 배신이다. 열둘의 목록에서 당연히 맨 나중에 언급되는 이 제자는 시몬의 아들이었는데, 이 시몬은 '가룟'이라고도 불렸다. '가룟'은 '그리욧' 사람이라는 뜻인데, 그리욧은 예루살렘에서 남쪽으로 37킬로미터 떨어진 곳에 있는 작은 마을이었다(참고. 3:19). 그러므로 유다는 다른 제자들처럼 갈릴리 사람이 아니었다. 유다는 예수님에 대해 어떤 영적 관심도 갖지 않았음이 분명하다. 유다는 예수가 강력한 종교적·정치적 지도자가 되

리라고 예상해 그에게 끌렸던 것이다. 유다는 예수와 관계를 맺어 권력, 부, 특권을 얻을 수 있는 큰 기회를 잡을 수 있을 것으로 기대했다. 그러나 예수는 처음부터 유다가 어떤 사람이라는 것을 아셨으며, 그것 역시 유다를 열둘 가운데 하나로 택하신 이유이기도 했다. 그는 예수를 배반함으로써 성경과 하나님의 구원 계획이 성취되도록 한 인물이다(시 41:9; 55:12-15, 20, 21; 슥 11:12, 13; 요 6:64, 70, 71; 13:18; 17:12). **대제사장들** *8:31에 대한 설명을 보라.*

14:11 **돈** 마태는 유다가 피값을 은전 30개로 합의했다고 말한다(*마 26:15에 대한 설명을 보라*). **어떻게 넘겨줄까 하고 그 기회를 찾더라** *찾았다*가 '찾기 시작했다'보다 더 나은 번역이다. '적당하게'(한글 개역개정판 성경에는 이렇게 되어 있지 않음 – 옮긴이)는 유다가 자신의 악한 계획을 실행에 옮기기 위해 적절한 기회를 엿보고 있음을 의미하는데, 예수님이 군중으로부터 떨어져 있을 때가 그런 상황이었을 것이다(눅 22:6).

2. 최후의 만찬: 예루살렘(14:12–31)

14:12 **무교절** 유월절과 무교절은 연이어 있기 때문에 유월절과 함께 시작되는 팔 일 동안의 절기를 가리키는데 두 용어가 혼용되었다. 여기서 '무교절'이 사용되기는 했지만, 마가가 분명히 하고자 한 것은 유월절을 위한 준비다(*1절; 마 26:17에 대한 설명을 보라*). **유월절 양 잡는** 사람들은 니산월 14일 저녁에 양을 잡았는데(출 12:6), 이때를 가리키는 히브리어는 '두 저녁 사이'라는 의미를 가진 단어로 오후 3-5시를 가리킨다. 양을 죽인 다음에는 그 피의 일부를 제단에 뿌렸고, 사람들은 양을 집으로 가지고 가서 전체를 구웠으며, 저녁에 무교병, 쓴 나물, 카로셋(으깬 사과와 대추야자, 석류, 땅콩으로 만든 페이스트로 여기에 빵을 찍어 먹었음), 포도주와 함께 양고기를 먹었다.

14:13 **제자 중의 둘** 즉 베드로와 요한이다(눅 22:8). 양을 제물로 드릴 때는 오직 두 사람만 양과 함께할 수 있었다. **물 한 동이를 가지고 가는 사람** 이것이 그 사람을 찾을 수 있는 방법으로 예수가 가르쳐주신 유일한 특징이다. 이 사람이 눈에 띈 것은 남자가 물동이를 이고 가는 일이 드물었기 때문이다. 이런 일은 대개 여자의 몫이었다(*마 26:18에 대한 설명을 보라*).

14:14 **객실** 누가복음 2:7에서는 이 단어가 "여관"으로 나온다. 이 단어의 일반적 의미는 여행자가 밤을 지낼 수 있는 장소다. 여기서처럼 어떤 사람의 집에 있는 숙소 또는 객실을 가리킨다(참고. 마 26:18).

14:15 **큰 다락방** 그 방이 위층에 있었다는 뜻이다. 아마도 지붕에 만들어진 방이었을 것이다. **준비하라** 베드로와 요한이 예수와 다른 제자들을 위해 유월절 식사를 준비했다.

> **그리스도 사역의 유월절들**
>
> | | |
> |---|---|
> | 주후 27년 | 그리스도 사역의 첫 번째 유월절 (요 2:13) |
> | 주후 28년 | 그리스도 사역의 두 번째 유월절 (복음서에는 기록되지 않음) |
> | 주후 29년 | 그리스도 사역의 세 번째 유월절 (요 6:4) |
> | 주후 30년 | 그리스도의 십자가(마 26:17; 막 14:1; 눅 22:11; 요 11:55) |

14:17 **저물매** 유월절 식사는 일몰 후 밤에 먹어야 했는데 자정 전에는 식사를 마쳐야 했다(출 12:8-14). **그 열둘을 데리시고** 베드로와 요한이 예수와 다른 제자들을 다시 만나 그들을 다락방으로 인도했을 것이다. 이것 역시 열둘을 가리키는 표현으로, 예수가 다른 열 제자와 함께 와서 베드로와 요한을 만났다는 뜻이다.

14:18 **앉아 먹을 때에** 유월절 식사의 순서는 다음과 같다. 첫째, 물을 섞은 적포도주 한 잔을 마신다(참고. 눅 22:17). 둘째, 손 씻는 의식을 행하는데, 이는 영적·도덕적 청결함이 요구된다는 상징이다. 셋째, 쓴 나물을 먹는데, 이는 애굽의 노예생활을 상징한 것이다. 넷째, 포도주 두 번째 잔을 마시는데, 이때 주인이 유월절의 의미를 설명한다. 다섯째, 할렐을 부른다(시 113-118편). 이 순서에서는 처음 두 장을 불렀다. 여섯째, 양고기를 나눈다. 이때 주인은 무교병과 함께 양고기 조각을 나눠준다. 일곱째, 포도주 세 번째 잔을 마신다(*고전 10:16에 대한 설명을 보라*).

14:20 **나와 함께 그릇에 손을 넣는 자니라** 식탁에는 몇 개의 접시가 있었을 것이다. 유다는 예수님 가까이 앉은 사람들 가운데 섞여 있었으므로 그가 예수와 함께 그릇에 빵을 찍었을 것이다.

14:21 **인자** *2:10에 대한 설명을 보라.* **기록된 대로** 예수는 희생자가 아니었다. 유다가 그를 배반한다는 내용이 구약에 기록되어 있었으며(시 22; 사 53), 이것은 사람에게 구원을 베풀기 위해 하나님이 예정하신 계획의 일부였다(행 2:23). **그 사람은 차라리 나지 아니하였더라면 자기에게 좋을 뻔하였느니라** 참고. 요한복음 8:21-24; 16:8-11. 이것은 유다가 지옥에서 당할 일이 너무나 두려워 내뱉은 말이다. 가장 가혹한 형벌이 유다와 그와 같은 사람들을 위해 준비되어 있다(히

10:29). 이 진술은 성경에서 예수 그리스도를 믿어야 하는 인간의 책임과 불신의 결과에 대해 가르치는 가장 강력한 진술 가운데 하나다.

14:22-25 이 부분의 서술은 유다가 이미 떠난 후였고(요 13:23-30), 예수는 충실한 열한 제자와 함께 있었던 것으로 보인다(*눅 22:21에 대한 설명을 보라*). 여기서 예수는 옛 언약의 유월절을 새 언약의 주의 만찬으로 바꾸셨으며, 하나님이 죄인을 죄로부터 건지시는 것을 기억하는 새로운 기념 축제를 만드셨다.

14:22 **그들이 먹을 때에** 복음서 가운데 이것이 유월절 식사의 어느 순서인지를 말하고 있는 곳은 없지만, 이는 구운 양고기를 먹기 직전이거나 구운 양고기를 먹는 때였을 것이다. 예수가 유월절 식사를 하는 도중 새 언약의 진리를 세우셨다는 것은 의미심장한 일이다. **이것은 내 몸이니라** 예수는 빵을 먹는 것에 새로운 의미를 부여하셨다. 무교병은 이스라엘 사람들이 애굽의 옛 생활로부터 단절되는 것을 상징했다. 그래서 그것은 세속적인 것, 죄, 거짓 종교로부터 분리되어 거룩하고 경건한 새 생명이 시작됨을 나타냈다. 그 후로 주의 만찬에서 떡은 인류의 구원을 위해 희생제물로 드린 그리스도의 몸을 상징하게 되었다(*마 26:26에 대한 설명을 보라*).

14:23 **잔** 예식에서 사용되는 세 번째 잔이다(*고전 10:16에 대한 설명을 보라*).

14:24 **많은 사람을 위하여** 이것의 문자적 의미는 '많은 사람의 유익을 위해서'다. '많은' 사람은 유대인과 이방인을 포함한 믿는 모든 사람이다. *10:45에 대한 설명을 보라*. 참고. 마태복음 20:28. **나의 피 곧 언약의 피니라** 하나님은 언약을 맺을 때 모든 언약에서 언제나 희생제물이 흘리는 피를 요구하셨다(참고. 창 8:20; 15:10; 출 24:5-8). 여기서는 죄의 용서를 위해 그리스도의 피를 흘려야 했다(히 9:22; 벧전 1:19. *마 26:28에 대한 설명을 보라*).

14:25 **진실로 너희에게 이르노니** *3:28에 대한 설명을 보라*. **하나님 나라** 지상에 서는 천년왕국을 예상하는 말씀이다. **새 것으로 마시는** 미래에 대한 이 기대는 예수가 다시 오셔서 지상에 천년왕국을 세우실 거라는 확신을 제자들에게 심어주었다. 이는 천년왕국에서도 십자가를 기념하는 예식으로 성찬식이 지속되리라는 것을 의미할 수도 있다. 하지만 다른 한편으로는 그 나라가 임할 때까지 더 이상 유월절을 지키는 일이 없으리라는 것을 예수가 가르치셨을 가능성이 더욱 크다(*겔 45:18-25; 45:21-24에 대한 설명을 보라*). 그 나라에서 옛 언약으로부터 내려온 어떤 기념 제사가 회복될 수 있다는 것도 사실이다(겔 43-45장). 그때는 그 제사가 그리스도의 십자가 이전에는 이해되지 않았던(하지만 그 제사가 가리켰던) 새로운 의미를 가질 것이다. **다시 마시지 아니하리라** 예수는 이것이 마지막 유월절이 되리라는 것과 다시는 포도주를 마시지 않으리라는 것을 선언하셨다. 이는 그것이 마지막 식사였기 때문이다. 천년왕국이 시작될 때까지 신자들은 이 기념 식사에 참여할 것이다(*고전 11:23-34에 대한 설명을 보라*).

14:26 **찬미하고** 유월절에 부르던 전통적인 할렐의 마지막 시편인 시편 118편을 불렀을 것이다(*마 26:30에 대한 설명을 보라*). **감람 산** *11:1에 대한 설명을 보라*.

14:27 **버리리라** *4:17; 마태복음 26:31에 대한 설명을 보라*. 이 말은 '떨어져 나가다'로 번역될 수도 있다. 이는 제자들이 한동안 예수에 대한 신실함에서 멀어질 것을 가리킨다. **기록된 바** 스가랴 13:7을 인용한 것이다.

14:28 **갈릴리로** 예수는 부활 이후의 몸으로 제자들을 만날 것을 약속하셨다(참고. 16:7; 마 28:16, 17. *마 28:7에 대한 설명을 보라*).

14:30 **내가 진실로 네게 이르노니** *3:28에 대한 설명을 보라*. **닭이 두 번 울기 전에** 유대인의 시간 계산에 따르면 '수탉의 울음'은 대개 밤 삼경에 시작되는데, 밤 삼경은 새벽 3시까지의 시간을 말한다(*13:35에 대한 설명을 보라*). 복음서 가운데 마가복음만 닭이 두 번 울었다고 말한다(72절. *마 26:34에 대한 설명을 보라*).

3. 기도: 겟세마네(14:32-42)

14:32 **겟세마네** 이 이름은 '기름 압착기'라는 뜻이며, 감람산 기슭에 감람나무가 가득한 밭을 가리킨다. 예수는 군중을 벗어나 기도할 시간을 얻기 위해 제자들과 자주 이곳을 찾으셨다(참고. 요 18:1, 2. *마 26:36에 대한 설명을 보라*).

14:33 **베드로와 야고보와 요한** *5:37에 대한 설명을 보라*. 예수가 이 세 사람을 데리고 정원으로 들어가신 것은 그들이 열두 제자의 리더였고, 중요한 교훈을 다른 사람들에게 전달해야 했기 때문일 것이다(34-42절). **놀라시며** 이 헬라어는 깜짝 놀란 감정을 표현할 때 쓴다. 죄에 대한 하나님의 완전한 진노를 당해야 하는 무서운 일을 앞두고 예수는 두려움에 사로잡히셨다(*마 26:38에 대한 설명을 보라*).

14:34 **죽게 되었으니** 예수의 슬픔이 너무나 극심해 그 순간 그분의 목숨을 위협할 지경이 되었다. 단순한 번민 때문에도 사람은 목숨을 잃을 수 있다(참고. 눅 22:44. *마 26:38에 대한 설명을 보라*).

14:35 **될 수 있는 대로** 예수는 하나님이 그 잔을 피하게 하실 능력이 있는지를 질문한 것이 아니라 하나님의

막

계획 안에서 그것이 가능한지를 질문하신 것이다. 그리스도는 죄를 위한 하나님의 유일한 제물로 곧 이 잔을 마셔야 했다(참고. 행 4:12). **이 때** 즉 하나님이 정하신 희생제물로 죽어야 하는 때다. 그것은 배반부터(41절) 재판, 조소, 십자가에 이르는 모든 것을 포함한다.

14:36 **아빠** 이것은 영어의 *대디*(Daddy)에 해당하는 아버지를 부르는 애정이 넘치고 친근한 아람어다(참고. 롬 8:15; 갈 4:6). **모든 것이 가능하오니** 예수는 하나님이 원하시기만 하면 구원을 위한 다른 대안을 제공하는 것이 하나님의 능력과 전지의 범위 안에 있다는 것을 아셨다(*35절에 대한 설명을 보라*). **잔** 이것은 구약에 언급된 하나님의 진노의 잔을 가리킨다(시 75:8; 사 51:17; 렘 49:12). 그리스도는 죄와 사탄, 죄의 세력, 죗값에 대한 하나님의 진노를 견디셔야 했다(*마 26:39; 눅 22:42; 요 18:11에 대한 설명을 보라*). **나의 원대로 마옵시고 아버지의 원대로 하옵소서** 이것은 하나님의 뜻을 행하겠다는 예수의 전적인 결단과 헌신을 드러낸다. 예수는 하나님의 뜻을 행하기 위해 세상에 오셨으며, 이 세상에 계신 동안 그 결심이 흔들리신 적이 없다(*마 26:39에 대한 설명을 보라*. 참고. 요 6:38-40).

14:37 **시몬아** 예수가 시몬이라는 이름을 사용하신 것은 그가 새로운 이름인 '베드로'의 뜻에 걸맞게 살지 못하고 있음을 암시한다(*마 16:18에 대한 설명을 보라*). **한 시간** 이 구절은 예수님이 한 시간 동안 기도하셨고, 베드로는 그 시간 동안에 깨어 있지 못했음을 보여준다.

14:38 **깨어 있어** 예수는 베드로와 야고보, 요한에게 영적인 공격을 받을 때를 분별하라고 권하신 것이다. 그들은 자신감에 차서 영적인 잠에 빠지도록 자신을 방치해선 안 된다. **육신이 약하도다** 하고자 하는 정신이 있을지라도 그 정신이 구속되지 않은 육신에 붙어 있으므로 그들이 원하는 의를 항상 행할 수 있는 건 아니다(참고. 롬 7:15-23. *마 26:41에 대한 설명을 보라*).

14:41 **이제는 자고 쉬라** 세 명의 제자는 그 순간 그리스도께 필요한 것에 대해 무관심했을 뿐 아니라 열한 명에게 곧 닥칠 시험에 대비하기 위해 그들에게 필요한 것에 대해서도 무관심했다. 제자들은 영적인 승리는 기도로 깨어 있으며 하나님을 의지하는 사람의 몫이고, 자신감과 영적인 무방비 상태는 영적 재난을 초래한다는 교훈을 배워야 했다. **인자** *2:10에 대한 설명을 보라*.

4. 배반: 겟세마네(14:43-52)

14:43 **열둘 중의 하나인 유다** *3:19; 마태복음 26:47에 대한 설명을 보라*. 복음서 저자들은 그를 이런 식으로 언급한다(10, 20절; 마 26:14, 47; 눅 22:47; 요 6:71). 이는 그들이 유다를 묘사하고 평가할 때 놀라운 절제력을 발휘했음을 보여준다. 특별히 이 문맥에서 이런 간단한 묘사가 실제로는 그에 대한 어떤 일련의 모욕적인 언사나 부정적인 비판보다도 더욱 그의 악을 극대화한다. 또한 이것은 18-20절에서 예수가 하신 예언이 정확하게 성취되었음을 보여준다. **대제사장들과 서기관들과 장로들** 이들은 산헤드린의 세 부류를 대표했지만(헬라어에서 정관사가 각각의 무리 앞에 붙은 사실이 그것을 보여줌) 이때는 연합하여 움직였다. 이 유대 지도자들은 한동안(*3:6; 11:18에 대한 설명을 보라*) 예수를 로마에 대한 반역죄로 엮기를 원했던 것이 분명하다. 그렇게 되면 그를 처형한 책임이 로마인에게 돌아갈 것이고, 유대 지도자들은 예수를 존경하던 유대인으로부터 보복을 면할 수 있으리라는 계산에서였다. 산헤드린은 로마 총독인 본디오 빌라도에게 즉시 군인을 움직여줄 것을 요

겟세마네(Gethsemane) 정원과 올리브 나무

청했을 것이다. 아니면 요청이 오면 즉시 군대를 움직이기로 미리 준비해두었다가 이때 행동에 옮겼을 수도 있다. 어떤 경우든지 지도자들은 예루살렘에 있는 안토니오 요새에 주둔하고 있던 로마 군인들의 도움을 받았을 것이다. **무리가 검과 몽치를 가지고** 이 무리는 예수를 체포하여 죽음으로 몰아넣으려는 유일한 목적을 위해 신중하게 선택된 자들이었다. 완전 무장한 600명으로 구성된 로마 보병대 중 일부(요 18:3, 12)가 그 무리에 포함되어 있었다. 이는 그 무리를 조직한 유대인 지도자들(참고. 눅 22:52)이 사형 집행을 위해 로마의 허가가 필요했고 군중이 들고 일어나지 않을까 두려웠기 때문이다. 로마인들이 주로 사용하던 무기는 칼이었고, 나무 몽둥이는 유대 성전에 있던 병사가 사용하던 것이었다.

14:44 **입맞추는** 이런 종류의 입맞춤은 존경과 애정을 표시하는 특별한 행동이라는 의미 외에도 중동 지방의 문화에서는 칭송의 표시였다. 이런 입맞춤의 다양한 방법 가운데(발에, 손등에, 손바닥에, 옷자락에 입 맞추는) 유다는 포옹하고 볼에 입 맞추는 방법을 택했다. 이것은 아주 가까운 사이에만(이를테면 학생과 스승 사이 같은) 행해지는 가장 친밀한 사랑과 애정의 표시였다. 유다가 사람들에게 예수를 알려주기 위해 취한 이 방법은 가장 구역질나는 것이었다. 그는 그 행동의 일반적인 의미를 뒤집어 가장 비열하고 위선적인 목적으로 사용했기 때문이다.

14:45 **랍비여** '나의 선생님'이라는 뜻이다(*9:5에 대한 설명을 보라*). **입을 맞추니** 여기 사용된 *입맞춤*은 44절에서 사용된 단어의 강세형으로, 강렬하고 계속되는 애정 표현을 가리킨다(참고. 눅 7:38, 45; 15:20; 행 20:37). 유다는 격렬하게 그리스도를 사랑하는 척했는데, 무리가 예수를 알아볼 수 있는 충분한 시간을 주기 위해 그 행동은 오래 지속되었을 것이다.

14:47 **곁에 서 있는 자 중의 한 사람** 이 사람은 무기를 가져온 두 사람 중(눅 22:38) 한 사람인 시몬 베드로였다(요 18:10). 마가와 다른 공관복음서 저자들은 그가 베드로라고 명백하게 밝히지 않았다. 이는 요한이 복음서를 기록하던 때보다 훨씬 이른 때, 곧 베드로가 여전히 유대인의 보복을 당할 위험이 있었던 때 그들이 복음서를 기록했기 때문일 것이다. **대제사장의 종** 말고다(요 18:10). 그는 군인도 아니고 성전에 있던 병사도 아니었다. 대제사장 가야바의 개인 종으로 유다를 지켜보다가 그날 밤의 사건을 보고하라는 명령을 받았을 것이다.

14:48 **강도를 잡는 것 같이** 예수는 무리의 행동과 태도에 대해 정당한 분노를 표현하셨다. 노상강도나 무장한 떼강도는 체포에 저항하기 마련이다. 무리가 연출해 놓은 상황은 종교지도자인 예수의 널리 알려진 사역과는 어울리지 않는 것이었다.

14:49 **성전** *11:11에 대한 설명을 보라*. 성전은 예루살렘에서 가장 공개된 장소였다. **이는 성경을 이루려 함이니라** 예수를 향한 무리의 악한 의도와 달리 하나님은 주권적으로 그들을 이용하여 예언을 이루시며(참고. 사 53:7-9, 12), 그 은혜로운 목적을 이루신다(*마 26:54에 대한 설명을 보라*).

14:50 **예수를 버리고** 예수가 성경을 가리켜 말씀하시는 것이 제자들에게는 아무 위로도 되지 않았다. 체포당할 때 예수가 저항하시지 않는 모습을 보고 그들 역시 체포될 수 있다는 생각이 들자 예수에 대한 그들의 믿음은 순식간에 무너지고 말았다.

14:51 **한 청년이** 이 사람은 마가 자신이었을 것이다. 만약 유다의 인도를 받은 무리가 예수를 찾아서 마가 어머니의 집으로 먼저 갔다면(이곳이 예수가 열두 제자와 유월절 식사를 하신 곳일 수도 있음) 마가는 소란스러운 소리를 듣고 무슨 일이 벌어지고 있는지 살펴보다가 급하게 무리를 따라갔을 수도 있다. **베 홑이불** 헐겁게 이어 댄 린넨 이불이거나 마가가 침대에서 일어나면서 몸에 두른 침대보였을 것이다.

14:52 **벗은 몸으로 도망하니라** 마가는 체포를 피해 뛰어 도망쳤다. 그런데 그렇게 하는 도중 몸을 싸고 있던 천이 벗겨져 아무것도 걸치지 않은 상태가 되었거나 속옷만 입은 상태가 되었을 것이다.

14:53-15:15 다른 모든 복음서와 마찬가지로 마가복음의 예수 재판 기록도 그리스도가 두 단계에 걸쳐 재판을 받았다는 것을 분명히 밝힌다. 첫째로 종교 당국자들 앞에서(유대 산헤드린), 둘째로 세속의 정치적 당국자들 앞에서(총독 본디오 빌라도로 대표되는 로마) 재판을 받았다. 각각의 단계에는 예비 심문, 공식 절차, 공식 언도 등 세 부분이 있다. 다른 복음서 저자들과 마찬가지로 마가도 모든 세부 사항과 단계에 대한 포괄적인 내용을 싣지는 않았다. 완전한 그림을 보려면 네 복음서 전체에서 자료들을 모아 종합해야 한다.

5. 유대인의 재판: 가야바의 집(14:53-72)

14:53 **대제사장** 산헤드린의 지도자인 가야바다(*마 26:3, 57에 대한 설명을 보라*. 참고. 요 18:24). 그는 주후 18-36년 공식적인 대제사장이었다. **대제사장들과 장로들과 서기관들이 다** *43절에 대한 설명을 보라*. 모든 산헤드린 의원과 세력자가 모였다.

14:54 **대제사장의 집 뜰** 대제사장 저택의 중앙에 있는

안뜰이다.

14:55 **공회** 산헤드린이다(*마 26:59에 대한 설명을 보라*).

14:56 예수께 죄가 없었기 때문에 유대 지도자들은 위증과 불의에 의지하지 않고는 유죄를 끌어낼 수가 없었다. 유대 지도자들은 성경과 랍비의 모든 규칙을 어기는 한이 있더라도 원하는 바를 이룰 생각이었다. **예수를 쳐서 거짓 증언 하는 자가 많으나** 산헤드린의 초청에 응해 재판에 나와 거짓된 증언을 할 사람의 숫자가 부족하지는 않았다. **서로 일치하지 못함이라** 증언들은 전혀 일관성이 없었다. 하지만 율법에는 두 증언이 정확하게 일치해야 한다고 규정되어 있다(신 17:6; 19:15).

14:57, 58 **거짓 증언** 증인들은 예수의 말을 악의적으로 왜곡하고 허위로 진술했다. 가장 가능성이 높은 것은 그들이 요한복음 2:19-22에 기록된 자신의 죽음과 부활에 대한 예수의 비유적 진술을 13:2에 기록된 성전의 문자적 파괴에 대한 예수의 예언과 뒤섞었으리라는 것이다. 그들은 예수가 현재의 종교와 예배제도를 따르지 않았으며(현재 있는 성전을 다른 것으로 대체함으로) 하나님을 모독했다는 것이다(그가 사람의 손을 빌리지 않고 그렇게 빨리 성전을 재건하겠다고 말한 것으로).

14:58 **손으로 지은 이 성전을 내가 헐고** 이 성전은 예루살렘에 있는 돌로 지은 성전 건물을 가리킨다. 예수는 유대인이 귀히 여기던 성전 앞에서 과감하게 이렇게 말씀하셨으나, 그분의 말씀은 온전하게 이해되지 못했던 것이다(*14:57, 58; 요 2:19, 20에 대한 설명을 보라*).

14:60 거짓된 고발들이 일을 마무리짓지도 못하고 주님으로부터 아무런 대응도 이끌어내지 못하자 가야바가 그 긴장된 상황을 해결하기 위해 나섰다. 대제사장은 예수가 침묵을 지키면서 아무런 변호도 하지 않는 것을 이해할 수 없었다.

14:61 **침묵하고** 이 침묵은 무죄, 고결함, 하나님에 대한 믿음의 침묵이었다. 만약 예수가 대답하셨다면 그 모든 거짓 증언과 불법적 절차가 마치 합법적인 것처럼 보였을 것이다. **찬송 받을 이의 아들** 이것은 예수가 신성을 주장하신 사실을 가리킨다. 이 표현은 신약성경에서 여기만 등장하며, 유대인이 하나님의 이름을 발설하지 않기 위해 사용하는 어구의 한 예다(*요 8:58에 대한 설명을 보라*). 예수가 자신의 메시아직과 신성을 인정하셨을 때마다(참고. 눅 4:18-21; 요 4:25, 26; 5:17, 18; 8:58) 유대교 지도자들은 이를 집요하게 반대해왔다(요 5:19-47; 8:16-19; 10:29-39). 대제사장은 이 질문을 했을 때 예수님이 그 질문에 긍정적으로 대답할 것이고, 그렇게 되면 신성모독으로 공식 기소를 할 수 있으리라고 기대했던 게 분명하다. **그리스도** 이 단어는 예수님이 자신을 약속된 메시아라고 주장하신 사실을 가리킨다(*마 1:1에 대한 설명을 보라*).

14:62 **내가 그니라** 예수가 과거에나 현재에나 변함없이 메시아이시며 하나님의 아들이라는 오해의 여지가 없는 명백한 선언이다. **인자** *2:10; 마태복음 8:20에 대한 설명을 보라*. 예수는 보통 메시아로 인식되던 이 호칭을 복음서에서 80회 이상 사용하셨으며, 여기서는 시편 110:1 그리고 다니엘 7:13과 연결시켜 사용하셨다(참고. 계 1:13; 14:14). **권능자의 우편** 참고. 10:37; 사도행전 2:33; 7:55; 히브리서 2:9; 요한계시록 12:5. 예수의 영화된 위치는 하나님의 보좌 우편이다('권능자'는 하나님을 가리키는 또 다른 표현임). **구름** *13:26에 대한 설명을 보라*. 참고. 마태복음 24:30; 26:64; 누가복음 21:27; 사도행전 1:9-11; 요한계시록 1:7; 14:14.

14:63 **자기 옷을 찢으며** 예수를 통해 하나님의 이름이 모욕을 당했다는 것에 대한 슬픔과 분노의 표시로 행하는 종교 의식적 행동이지만, 이 경우에는 조작된 행동이다(참고. 창 37:29; 레 10:6; 욥 1:20; 행 14:14. *마 26:65에 대한 설명을 보라*). **더 증인을 요구하리요** 긴장되고 당황스러운 상황이 마침내 끝났다는 안도의 마음을 표현하는 수사적 질문이다. 예수가 산헤드린의 면전에서 스스로를 범죄자로 만든 격이었으므로 그들은 더 이상 다른 거짓 증인들을 소환할 필요가 없었다.

14:64 **신성모독** *2:7에 대한 설명을 보라*. 참고. 3:29. 엄격하게 말하면 예수의 말씀은 '신성모독'이 아니었으며, 하나님에 대한 건방진 반항도 아니었다(레 24:10-23). 하지만 가야바가 그렇다고 간주한 것은 예수가 하나님과 동일한 능력과 특권을 스스로 선언하셨기 때문이다.

14:65 **그에게 침을 뱉으며…주먹으로 치며** 유대인에게 있어 다른 사람의 얼굴에 '침을 뱉는' 것은 가장 심하고 증오에 찬 인격모독이었다(참고. 민 12:14; 신 25:9). 그들의 잔인성은 극에 달했으며, 예수를 '주먹으로 친 것'은 그들 마음의 무서운 부패를 드러낸 행동이었다. **선지자 노릇** 그들은 예수를 조롱하고 무시하면서 스스로 선지자의 능력이 있다고 주장했으니 그 능력을 사용하라고 요구했다. 그것도 그를 친 사람이 누구인지 알아맞히라는 가소로운 방식으로 말이다(마 26:68).

14:66 **아랫뜰** 뜰 주변의 건물들은 뜰보다 높았다. **여종 하나** 이 여자는 대제사장 집안의 여종 또는 하녀로 문 지키던 여자(참고. 요 18:15, 16)와 동일인이었을 것이며, 베드로를 들여보낼 때 수상하게 여겨 좀 더 살펴보려고 했을 것이다.

14:67 **나사렛 예수와 함께** 그들이 예수의 고향을 언급

한 데는 무시하고자 하는 의도가 깔려 있었다. 이는 유대인 지도자들의 견해, 당시 나사렛이 일반적으로 가지고 있던 오명과도 일치된다(참고. 요 1:46).

14:68 **앞뜰** 신약성경에서 오직 여기에만 등장하는 이 단어는 '앞쪽의 뜰' 또는 거리로 통하는 아치로 덮인 '입구'를 의미한다. **닭이 울더라** 한글 개역개정판 성경에는 생략된 이 말은 30절(*그곳의 설명을 보라*)과 마태복음 26:34에 나온 예수의 예언을 상기시켜 준다. 자신을 향하여 제기되는 온갖 비난으로 베드로는 닭 울음소리를 듣지 못했거나 그것이 의미하는 바를 깨닫지 못했을 것이다. 닭이 두 번째 울 때 예수가 베드로를 쳐다보심으로(눅 22:61), 베드로의 기억을 되살리셨고 예수를 부인한 사실에 따른 자책을 그에게 일으켰다(참고. 72절).

14:70 **갈릴리 사람** 이는 예루살렘 사람들이 북쪽 주민을 가리킬 때 쓰는 조롱 섞인 표현이었다. 이 말은 갈릴리 출신 사람들은 생각이 단순하고 무식하다는 의미를 담고 있었다(참고. 행 4:13).

F. 재판[로마의 단계], 십자가(15:1-41)

「십자가에 달리심(*Crucifixion*)」 1660-1665년. 가브리엘 메취. 캔버스에 유화. 56.8×73cm. 카피톨 리니 박물관, 로마.

1. 로마의 재판: 빌라도의 궁정(15:1-15)

15:1 **새벽에…즉시** 새벽 5-6시였을 것이다. 야간에 불법적으로 예수를 유죄 확정한(14:53-65; 요 18:13-24) 산헤드린은 선고를 위해 새벽에 공식 재판을 열었다. **대제사장들** *마태복음 2:4에 대한 설명을 보라*. **장로들과 서기관들** *14:43, 마태복음 2:4에 대한 설명을 보라*. **온 공회** 전체 산헤드린을 말한다(*14:43, 53; 마 26:59에 대한 설명을 보라*). **의논** 누가복음 22:66-71은 이 회의에 대해 설명하고 있다. 이 모임은 이미 이루어진 예수에 대한 고발을 반복하면서 유죄 판결을 확정하는 것 이상의 의미가 없었다. **빌라도** 주후 26-36년 재임한 유대에 파견된 로마 총독이다. 그의 공식 처소는 가이사랴였지만 유월절 기간이라 예루살렘에 머물고 있었다.

15:2 **빌라도가 묻되** 요한의 기록에 따르면(요 18:30) 유대교 지도자들은 빌라도에게 자신들이 예수께 이미 언도한(14:64) 사형을 인정해줄 것을 요구했다. 그런데 빌라도가 이를 거절하자 유대교 지도자들은 예수에 대한 그들의 거짓 기소 내용을 제시했다(눅 23:2). 그들의 기소 내용을 들은 빌라도는 예수를 심문했다. **네가 유대인의 왕이냐** 빌라도가 심각하게 간주한 유일한 죄목은 예수가 자신을 왕이라고 선언했으며, 따라서 로마에 반항한 죄가 있다는 것이었다. 빌라도의 질문은 그가 이미 그 기소 내용에 대해 알고 있었다는 것을 보여준다(눅 23:2). **네 말이 옳도다** 예수의 대답은 자신이 이스라엘의 정당한 왕임을 인정하는 것이었으나, 그 말에 대한 빌라도의 개념이 예수의 개념과 다르다는 것을 암시하고 있다(참고. 요 18:34-37).

15:3 **여러 가지로** 참고. 누가복음 23:2, 5.

15:4 **아무 대답도 없느냐** 빌라도는 예수의 침묵에 놀랐다. 고발당한 죄수들은 보통 자신에 대한 고발을 격렬하게 부인하기 때문이다. 예수가 침묵을 지키신 것은 예언의 성취 때문이거나(사 42:1, 2; 53:7), 빌라도가 이미 그의 무죄를 선언했기 때문이다(눅 23:4; 요 18:38). 아니면 두 가지 모두가 그 이유였을 것이다.

15:6 **명절이 되면** 이는 유월절을 가리킨다. **전례가 있더니** 고대의 자료에 따르면 로마 총독은 때로 백성의 요구

로 사면을 행하기도 했다. 백성이 자기네 왕의 방면을 요구할 것으로 가정한(백성은 그 주간의 앞부분에 그를 왕으로 인정했음, 11:1-10) 빌라도는 이 연중 행사의 관습을 통해 예수와 관련된 곤경에서 빠져나가려고 했다.

15:7 **바라바** 강도이며(요 18:40) 살인자인(눅 23:18, 19) 그는 어떤 이유로 반로마 항거에 연루되었다. 그의 정치적 신념 때문이었는지 개인적 탐욕 때문이었는지는 알 수 없다. 문제가 되는 반란이 어떤 것이었는지 정확하게 밝힐 수는 없지만 예수 시대에 그런 반란은 흔했으며, 그런 반란들은 주후 66-70년 발생한 거국적 항거의 전조였다.

15:10 **시기로** 빌라도는 유대 당국자들이 로마에 대한 충성으로 예수를 자기에게 넘겨준 것이 아니라는 사실을 알고 있었다. 빌라도는 그들의 거짓말 뒤에 숨어 있는 이유를 눈치 챘다. 즉 예수가 백성에게서 얻고 있던 인기에 대한 시기였다.

15:13 **십자가에 못 박게 하소서** *15절에 대한 설명을 보라.*

15:15 **채찍질하고** 이 채찍질에 사용된 채찍(플라젤룸이라는 이름을 가지고 있었음)은 나무로 된 손잡이에 뾰족한 금속이 달린 가죽이 달려 있었다. 플라젤룸으로 채찍질을 당하는 것은 끔찍한 고통을 가져다주었다. 살이 떨어져 나가 뼈가 드러났으며 심각한 출혈이 있었다. 죄수들은 이 채찍질로 사망하는 경우가 많았다. **십자가에 못 박히게** *마태복음 27:31에 대한 설명을 보라.* 로마가 노예와 외국인에 대한 처형 방법으로 사용한 십자가는 로마의 저자 키케로를 통해 "사람이 가할 수 있는 가장 잔인하고 혐오스러운 형벌"로 묘사되었다.

2. 십자가: 골고다(15:16-41)

15:16 **브라이도리온** 로마 총독의 예루살렘 공관으로 안토니오 성채에 있었을 것이다. **온 군대** 예루살렘에는 600명으로 이루어진 로마 보병대가 주둔하고 있었다. 당시에 근무를 서지 않고 있던 모든 군인이 모여 예수를 놀렸다.

15:17 **예수에게 자색 옷을 입히고 가시관을 엮어 씌우고** 자색은 전통적으로 왕이 입던 옷의 색깔이었다. 가시관은 왕관을 비꼰 것이었다. 군인들은 유대인의 왕 예수의 거짓 대관식을 거행하기로 작정했던 것이다.

15:18 **경례하여 이르되 유대인의 왕이여 평안할지어다** 이 인사는 가이사(카이사르)에게 주어졌던 호칭의 패러디였다.

15:19 **갈대** 왕의 홀을 흉내 낸 것이다.

15:21 유죄 판결을 받은 죄수들은 자기가 달릴 십자가의 무거운 기둥을 지고 처형장으로 가야 했다. 불면의 밤을 지낸 뒤 심각한 상처를 입고 채찍질에 약해질 대로 약해진 예수는 십자가를 지고 계속 걸어갈 수가 없었다. 로마 군병들은 시몬을 불러(되는 대로 아무나 부른 것임) 예수의 십자가를 대신 지고 나머지 거리를 가게 했다. 북아프리카의 구레네에서 온 시몬은 예루살렘으로 들어가는 중이었다. 그를 "알렉산더와 루포의 아버지"라고 밝힌 것(참고. 롬 16:13)은 마가가 로마의 교회와 연결되어 있다는 증거다(서론의 배경과 무대를 보라).

15:22 **골고다라 하는 곳** 골고다는 '해골'이라는 뜻의 아람어로, 마가는 독자를 위해 그 뜻을 해석해주고 있다(서론의 배경과 무대를 보라). 정확한 위치는 알려지지 않았지만 오늘날 예루살렘에서 두 곳이 후보지로 알려져 있다. 먼저 북쪽의 고든 갈보리다(현대에 그곳을 발견한 사람의 이름을 따서 명명됨). 다음은 거룩한 무덤의 교회 서쪽에 있는 전통적인 위치다(4세기부터). 이 전통은 4세기까지 거슬러 올라간다.

15:23 **몰약을 탄 포도주** 잠정적으로 고통을 완화시키기 위해(*마 27:34에 대한 설명을 보라*) 로마인들은 십자가에 달린 죄인이 이것을 마시는 것을 허용했다. 이는 자비심 때문이 아니라 십자가에 달려 있는 동안 요동을 치지 못하게 하기 위해서였을 것이다.

15:24 **십자가에 못 박고** *15절에 대한 설명을 보라.* 어느 복음서의 기록도 실제로 십자가에 못 박는 과정을 상세하게 설명하고 있지 않다. **그 옷을 나눌새** 이것은 시편 22:18의 성취였다. 처형자들이 희생자의 옷을 나누는 것이 관례였다.

15:25 **제삼시** 십자가형은 유대인의 시간 계산에 따르면 오전 9시에 집행되었다. 요한은 빌라도가 예수께 십자가형을 언도한 것이 "제육시"였다고 말한다(요

누가 예수를 죽였는가

이 도발적 질문에 대한 대답은 사람들을 깜짝 놀라게 할 것이다. 전 인류에게 그 죄가 있다는 충분한 증거가 있다. 그리스도 이외의 어떤 사람도 무죄하지 않다(고후 5:21).

1. 사탄/유다(눅 22:3, 4; 요 13:27)
2. 유대교 종교지도자들(요 5:18; 7:1; 8:59; 10:31)
3. 로마의 정치지도자들(행 4:27)
4. 유대인 군중(마 27:22; 막 15:14; 행 2:36)
5. 성부 하나님(사 53:10; 행 2:23)
6. 온 세상(행 4:27; 딤전 2:6; 요일 2:2)

19:14). 요한은 로마의 시간 계산법을 사용한 것으로 보인다. 이 방법에서는 자정부터 시간을 계산한다. 그러므로 요한이 말한 제육시는 오전 6시였을 것이다.

15:26 **죄패** 정죄받은 사람의 죄명이 나무판에 기록되어 머리 위 십자가에 걸렸다. 예수의 죄패는 라틴어와 히브리어, 헬라어로 기록되었다(요 19:20). *마태복음 27:37에 대한 설명을 보라.* **유대인의 왕** 빌라도는 예수께 어떤 죄도 없다는 것을 반복해 선언했으므로(눅 23:4, 14, 15, 22), 그가 예수의 죄패에 이렇게 쓰라고 명령했던 것으로 보인다. 빌라도의 의도가 예수를 조롱하거나 높이려는 것은 아니었지만, 빌라도는 자신을 그렇게도 성가시게 한 유대교 당국자들을 그 죄패를 통해 모욕하려는 의도를 가지고 있었을 것이다. 화가 난 유대 지도자들이 죄명을 바꿀 것을 요구했지만 빌라도는 그 요구를 받아들이지 않았다(*요 19:22에 대한 설명을 보라*). 네 편의 복음서 전부를 종합해보면 그 죄패에는 '이 사람은 나사렛 예수, 유대인의 왕이다'라고 쓰여 있었다. *누가복음 23:38에 대한 설명을 보라.*

15:27 **강도 둘** 이 두 사람은 바라바의 반란에 연루되었을 것이다(*7절에 대한 설명을 보라*). 로마법 하에서 강도 짓 자체만으로는 사형되지 않았기 때문이다.

15:28 예수의 십자가를 두 강도의 십자가 사이에 둠으로써(27절) 빌라도는 유대인의 왕이 보통 범죄자에 불과하다는 것을 드러내어 유대인을 더욱 모욕하고자 했을 것이다. 그러나 하나님은 그것이 예언의 성취가 되도록 하셨다(참고. 사 53:12).

15:29 **머리를 흔들며** 멸시와 조소를 드러낸 제스처다(참고. 왕하 19:21; 시 22:7; 44:14; 109:25; 렘 18:16; 애 2:15). **성전을 헐고 사흘에 짓는다는 자여** 행인들은 가야바 앞에서 행한 재판에서 예수를 향하여 반복적으로 제기되었던 거짓 고소를 반복했다(14:58). 이 고발은 요한복음 2:19-21에 언급된 예수의 말씀에 대한 오해였다.

15:32 **그리스도** *1:1에 대한 설명을 보라.* **십자가에서 내려오라** 믿지 않는 유대인 당국자들이 마지막으로 기적을 요구하며 한 말이다(참고. 8:11). 그렇게 하면 믿겠다는 그들의 선언은 거짓이었다. 그들은 나중에 그리스도의 부활이라는 가장 큰 기적마저 믿으려고 하지 않았기 때문이다. **함께 십자가에 못 박힌 자들** 두 명의 강도도 예수에 대한 욕설에 동참했다. 하지만 그중 한 명은 뒤늦게 회개했다(눅 23:40-43).

15:33 **제육시** 유대인의 시간 계산으로 정오이며, 예수가 십자가에 달리신 여섯 시간의 절반이 지난 시점이다(*25절에 대한 설명을 보라*). **어둠** 하나님 심판의 표지다(참고. 사 5:30; 13:10, 11; 욜 2:1, 2; 암 5:20; 습 1:14, 15; 마 8:12; 22:13; 25:30). 이 어둠이 얼마나 넓은 지역을 덮었는지는 알 수 없다. 하지만 교부들의 글은 그것이 팔레스타인 너머까지 미쳤음을 암시한다. **제구시** 즉 오후 3시다.

15:34 **엘리…사박다니** 시편 22:1의 아람어다. 이 외침을 기록한 마태는 그것을 히브리어로 기록했다(마 27:46). **어찌하여 나를 버리셨나이까** 예수는 죄인을 대신해 자신에게 쏟아져 내리는 하나님의 진노의 결과로 자신이 아버지로부터 버림받았다는 사실을 처절하게 느끼셨다(*고후 5:21에 대한 설명을 보라*).

15:35 **엘리야** 계속되는 조소로 '그에 앞서 온 자가 와서 소위 말하는 이 메시아를 구해보라'는 뜻이다(*눅 1:17에 대한 설명을 보라*).

15:36 **신 포도주** 일반적으로 군인들과 노동자들이 마시는 값싼 포도주다. 이것은 자비심의 발로일 수도 있고, 그의 고통을 더 연장시키려는 시도일 수도 있다. **갈대** 우슬초 가지다(요 19:29).

15:37 **큰 소리를 지르시고** 그가 견딘 고통에 비춰보면 놀라운 힘을 발휘하신 것이다. 그 가운데서 예수의 외침은 그의 생명이 서서히 사그라진 것이 아니라 그분이 스스로 생명을 내어주셨음을 보여준다(요 10:17, 18). 그리스도의 외침에 대해서는 누가복음 23:26을 보라.

15:38 **성소 휘장이 위로부터 아래까지 찢어져 둘이 되니라** 지성소를 성전의 다른 장소와 분리하는 거대한 커튼이다(출 26:31-33; 40:20, 21; 레 16:2; 히 9:3). 그것이 찢어진 것은 하나님의 아들의 죽음으로 우리가 그분 앞으로 나아가는 길이 활짝 열렸다는 것을 상징한다.

15:39 **백부장** 십자가를 책임지던 로마군 장교다. 100명의 군인을 지휘하는 백부장들은 로마 군대에서 중추적 역할을 했다. **그렇게 숨지심을 보고** 백부장은 많은 죄수가 십자가에서 죽어가는 것을 보았지만 예수와 같은 죽음은 처음 보았다. 그의 큰 외침이 보여주듯이(37절), 죽음의 순간에 그가 가지고 있던 힘은 십자가에서 죽어간 죄수들에게서는 볼 수 없었던, 전례가 없는 것이었다. 그리스도의 죽음에 동반된 지진과 함께(마 27:51-54) 이 외침은 백부장에게 예수가 "진실로 하나님의 아들이었도다"라는 고백을 하게 만들었다. 전승에 따르면 이 사람은 신자가 되었다(*마 27:54에 대한 설명을 보라*).

15:40 이 여인들 가운데 몇 명은 처음에 십자가 아래 있었다(요 19:25-27). 그러다가 가까운 거리에서 예수의 고통을 차마 볼 수 없어 '멀리서 바라보고' 있었다. 예수를 동정하는 이 여인들의 신실함은 요한을 제외하고는 어디로 피신했는지 알 길이 없는 제자들과 확연히

십자가상에서 남긴 예수의 마지막 일곱 마디 말씀

1. 자비의 말씀	아버지께 올린 용서를 구하는 기도	"아버지 저들을 사하여 주옵소서 자기들이 하는 것을 알지 못함이니이다"(눅 23:34)	오전 9시
2. 은혜의 말씀	회개하는 죄인을 향한 약속	"내가 진실로 네게 이르노니 오늘 네가 나와 함께 낙원에 있으리라"(눅 23:43)	거의 정오가 되었을 때
3. 긍휼의 말씀	예수의 어머니를 위한 준비	"예수께서…자기 어머니께 말씀하시되 여자여 보소서 아들이니이다 하시고 또 그 제자에게 이르시되 보라 네 어머니라"(요 19:26, 27)	정오가 거의 가까이 되었을 때
4. 고통의 말씀	성부와 분리되는 외침	"엘리 엘리 라마 사박다니 하시니 이를 번역하면 나의 하나님, 나의 하나님 어찌하여 나를 버리셨나이까 하는 뜻이라"(막 15:34)	오후 3시
5. 요구의 말씀	병사들에게 갈증을 알려줌	"내가 목마르다"(요 19:28)	오후 3시
6. 승리의 말씀	세상을 향한 성취의 외침	"다 이루었다"(요 19:30)	오후 3시
7. 의탁의 말씀	아버지께 맡기는 외침	"아버지 내 영혼을 아버지 손에 부탁하나이다"(눅 23:46)	오후 3시

대비된다. **막달라 마리아** 이 여인은 갈릴리 호수의 서해안에 있는 막달라라는 마을 출신이어서 이런 이름이 붙었다. 누가는 예수가 그녀에게서 일곱 귀신을 쫓아내셨다고 기록한다(눅 8:2). 예수를 따른 여인의 목록에서 그녀의 이름이 대개 가장 먼저 등장한다. 이를 통해 보건대 그녀가 여인들의 지도자였던 것으로 짐작된다. **작은 야고보와 요세의 어머니 마리아** 이 여인은 아들들의 이름을 통해 다른 마리아들과 구별된다. "작은 야고보"(마태복음 10:3에서는 "알패오의 아들 야고보"라고 불림)는 열둘 중 한 명이었다. **살로메** 세베대의 아내이며(마 27:56), 야고보와 요한의 어머니다(*10:35에 대한 설명을 보라*).

15:41 **여자들도 많이 있었더라** 이 여인들은 갈릴리 사역부터 예수와 함께했으며, 예수 그리고 제자들과 함께 여행하면서 그들을 수종 들었다(참고, 눅 8:2, 3).

G. 아리마대 요셉의 무덤에 장사됨(15:42-47)

15:42 **준비일** 즉 안식일(토요일) 전날인 금요일이다.

15:43 **아리마대 사람 요셉** 구약성경에서 라마 또는 라마다임소빔으로(사무엘의 출생지, 삼상 1:1, 19; 2:11) 알려진 아리마대는 예루살렘에서 북서쪽으로 24-32킬로미터쯤 되는 곳에 있었다. 요셉은 '공회'(즉 산헤드린, *14:43에 대한 설명을 보라*)의 명망 있는 회원으로, 예수를 정죄하는 것에 반대했다(눅 23:51). **당돌히 빌라도에게 들어가** 빌라도는 산헤드린이 자신에게 압력을 넣어 무죄한 사람에게 십자가형을 집행하게 한 후였으므로, 산헤드린 회원을 만나려고 하지 않았을 것이다. 게다가 요셉이 공개적으로 예수의 편에 서는 것이 산헤드린의 다른 의원들을 분노케 했을 것이다. **예수의 시체를 달라 하니** 사형 선고를 받은 죄수들은 로마법 하에서 장사될 권리를 박탈당하지만 친척이 와서 시신을 요구하면 그 요구는 대개 받아들여졌다. 그러나 예수의 어머니는 호된 시련 때문에 감정적으로 탈진해 있었다. 예수의 친구들과 형제들이 예루살렘에 있었다는 증거는 없으며, 가장 가까운 친구들인 제자들은 도망쳤다(마리아를 돌봐야 하는 요한을 제외하고, 요 19:26, 27). 예수와 가장 가까운 친지가 없는 상태에서 요셉이 용감하게 예수의 시신을 요구했던 것이다. **하나님의 나라** *1:15에 대한 설명을 보라.*

15:44 **빌라도는…이상히 여겨** 십자가에 달린 죄수는 때로 며칠씩 견디기도 했으므로 빌라도는 예수가 겨우 여섯 시간 만에 죽은 것을 보고 놀랐을 것이다. 예수의 시신을 요셉에게 넘겨주기 전에 빌라도는 십자가형을 감독하는 백부장과 함께 예수가 정말로 죽었는지를 검

사하게 했다(*39절에 대한 설명을 보라*).

15:45 **요셉에게 시체를 내주는지라** 백부장으로부터 예수의 죽음에 대한 확증을 듣고 나서 빌라도는 요셉에게 예수의 시신을 내주었다. 이 절차를 통해 로마 사람들은 예수의 죽음을 공식적으로 선포했다.

15:46 **세마포를 사서 예수를 내려다가 그것으로 싸서** 유대인은 시체에 기름을 바르지 않고 향료를 칠한 장례용 천으로 시체를 쌌다(*16:1에 대한 설명을 보라*). 산헤드린의 또 다른 의원인(참고. 요 7:50) 니고데모가 요셉을 도와서 예수의 시신을 모시는 일을 거들었다(요 19:39, 40). 예수가 살아 계시던 동안 그분에 대한 신실함을 숨기고 있던 이들이 공개적으로 자신을 드러내고 그분의 장례를 치르는 동안 제자들은 숨어 있었다(요 20:19). **바위 속에 판 무덤** 이 무덤은 골고다 근처에 있다(요 19:42). 마태는 그것이 요셉의 소유였음을 부언하는(마 27:60) 한편, 누가와 요한은 그곳에 아무도 장사된 적이 없었다는 사실을 기록하고 있다(눅 23:53; 요 19:41).

H. 부활(16:1-18)

16:1 **안식일이 지나매** 안식일은 공식적으로 토요일 해가 지면 끝난다. 따라서 해가 진 후에는 여인들이 향품을 구입할 수 있다. **막달라 마리아와 야고보의 어머니 마리아와 또 살로메가** *마태복음 27:56에 대한 설명을 보라*. 누가는 요안나와 다른 여인들도 거기에 있었다고 말한다(눅 24:10. 참고. 15:41). **바르기 위하여** 애굽인들과 달리 유대인은 시신의 몸에 기름을 바르지 않았다. 기름을 바르는 것은 부패해 가는 시신의 악취를 없애기 위한 사랑의 행동이었다. 예수를 장사 지낸 지 사흘 후에 여인들이 예수의 시신에 기름을 바르기 위해 온 것은 제자들과 마찬가지로 여인들도 예수의 부활을 예상하지 않았음을 보여준다(참고. 8:31; 9:31; 10:34). **향품** 여인들은 그 이전에 준비한 것 외에도 향품을 더 구입했다(참고. 눅 23:56; 요 19:39, 40).

16:2 **해 돋을 때에** 요한복음 20:1에 따르면 막달라 마리아는 아직 어두울 때 무덤에 도착했다. 그녀가 다른 여인들보다 먼저 갔든지, 아니면 그들이 아직 어두울 때 함께 출발했다가 해가 뜬 후에 도착했든지 했을 것이다.

16:3 **누가…돌을 굴려 주리요** 무덤에 가서 이 이야기를 나눈 사실을 오직 마가만이 기록한다. 여인들은 무덤을 막아놓은 무거운 돌(4절)을 옮길 수 있는 남자가 없다는 것을 알고 있었다(4절). 마지막으로 무덤을 찾은 것이 금요일 밤이었기 때문에 그들은 무덤이 봉인되었고 파수꾼이 지키고 있다는 것을 몰랐다. 이 일은 토요일 아침에 이루어졌다(마 27:62-66).

16:4 **벌써 돌이 굴려져 있는데** 이것은 예수가 나갈 수 있게 하기 위해서가 아니라 목격자들이 들어갈 수 있게 하기 위해서였다. 천사가 돌을 굴렸을 때(마 28:2) 일어난 진동은 여인들이 그것을 느끼지 못한 것으로 보아 그 근처에서만 감지되었을 것이다.

16:5 **무덤에 들어가서** 시신을 안치한 내실과 작은 문으로 분리되어 있는 외실이 있다. **흰 옷을 입은 한 청년** 천사는 돌을 굴리고 나서(마 28:2) 시신을 안치한 방에 들어가 있었다. 누가는 두 명의 천사가 무덤에 있었다고 기록한다. 마태와 마가는 말을 한 천사에게 초점을 맞추었다(이와 유사한 경우는 *10:46에 대한 설명을 보라*).

16:6 **십자가에 못 박히신 나사렛 예수** 더 나은 번역은 '나사렛 사람'이다(*마 2:23에 대한 설명을 보라*). 영감된 기록은 무덤에 누가 있었는지에 대해 아무런 의혹도 남기지 않았다. 여인들이 무덤을 잘못 찾아갔다는 어떤 불신자의 생각은 근거가 없다. 그분은 부활하신 것이다! 그리스도의 부활은 기독교 신앙의 주요한 진리 중 하나이며(고전 15:4), 빈 무덤에 대한 유일하게 합리적인 설명이다. 유대교 지도자들도 무덤이 비었다는 사실은 부인하지 못했다. 단지 그들은 제자들이 예수의 시신을 훔쳐갔다는 이야기를 조작했을 뿐이다(마 28:11-15). 두려움에 떨며(요 19:19) 의혹에 빠져 있던(11, 13절; 눅 24:10, 11) 제자들이 로마가 파견한 수비병을 제압하고 예수의 시신을 훔쳐갔다는 주장은 어불성설이다. 수비병이 잠든 사이에 제자들이 그렇게 했다는 것은 더 논리에 맞지 않는 이야기다. 무덤 입구에서 무거운 돌을 굴리는 사이 수비병들 가운데 적어도 한 명은 깼을 것이다. 게다가 수비병들은 자기들이 잠든 사이 벌어진 일을 어떻게 알았겠는가? 빈 무덤을 설명하기 위해 긴 세월 동안 많은 이론이 만들어졌지만 모두가 헛된 시도였다.

16:7 **베드로에게** 베드로가 별도로 거명된 것은 그가 제자들 가운데 지도자의 자격을 가졌기 때문이 아니다. 비록 그가 그리스도를 여러 번 부인하기는 했지만 여전히 제자들 가운데 한 명이었음을 확실히 하기 위해서였다. **예수께서 너희보다 먼저 갈릴리로 가시나니 전에 너희에게 말씀하신 대로** *14:28에 대한 설명을 보라*. 믿음이 부족했기 때문에 제자들은 이 말씀에 대해 즉시 반응하지 않았다. 그들은 예수가 예루살렘에서 그들에게 여러 번 나타나실 때까지(참고. 눅 24:13-32; 요 20:19-31) 갈릴리를 향해 떠나지 않았다.

16:8 **무서워하여** 그들은 천사의 등장과 부활의 큰 신비에 압도되어 있었다.

교회를 향한 진격 명령

대위임령이 성경에 5번 등장한다. 그리스도인들은 성령의 능력을 받아서 예수 그리스도의 복음을 땅 끝까지 전해야 한다.

1. 마태복음 28:18-20
2. 마가복음 16:15-20
3. 누가복음 24:44-49
4. 요한복음 20:21-23
5. 사도행전 1:8

I. 후기(16:9-20)

16:9-20 외적인 증거는 이 단락이 마가가 쓴 원래 복음서 중 일부가 아님을 강력하게 암시한다. 비록 다수의 헬라어 사본이 이 단락을 포함하고 있기는 하지만, 더 신뢰할 수 있는 가장 초기의 사본들에는 이 단락이 없다. 좀 더 짧은 후기가 존재했지만 그것은 본문에 포함되지 않았다. 나아가서 그 단락을 포함하고 있는 어떤 사본들은 더 오래된 헬라어 사본들에는 그 단락이 없다는 것을 밝혀냈고, 또 다른 사본들에는 그 단락이 위작으로 간주되어야 한다는 필사자의 설명이 포함되어 있다. 4세기의 교부인 에우세비오스와 히에로니무스(제롬)는 자기들에게 가용한 거의 모든 헬라어 사본에 9-20절이 없다고 말했다. 이 단락의 내적인 증거도 이 부분을 마가가 기록하지 않았음을 확실히 보여준다. 8절에서 9절로 넘어가는 부분이 갑작스럽고 대단히 어색하다. 9절을 시작하는 헬라어 접속사는 9절이 그 앞 서술의 연속임을 암시한다. 그러나 9절부터 등장하는 내용은 8절에서 언급된 여인들 이야기의 연속이 아니라 그리스도가 막달라 마리아에게 나타나신 일을 언급한다(참고. 요 20:11-18). 9절의 남성 분사는 '그 남자'를 선행사로 가져야 하지만 8절의 주어는 '여인들'이다. 막달라 마리아는 이미 3번 언급되었음에도(1절; 15:40, 47) 9절은 마치 막달라 마리아를 처음 언급하는 것처럼 소개한다. 나아가서 9절을 마가가 기록했다면 예수가 그녀에게서 일곱 귀신을 쫓아내신 사실을 이제야 말한다는 게 이상하다. 예수가 갈릴리에서 제자들에게 나타나실 것을 천사들이 말했음에도 9-20절에 묘사된 예수가 나타나신 이야기는 전부 예루살렘에서의 일이다. 마지막으로 이 단락에 등장하는 상당한 숫자의 헬라어들이 마가복음의 다른 곳에서는 전혀 사용된 적이 없다는 사실은 이 글이 마가가 기록한 것이 아님을 설득력 있게 보여준다. 9-20절은 마가의 복음을 완성시키려는 초기의 시도를(이 단락을 2세기 교부인 이레나이우스, 타시아노가 알고 있었으며, 순교자 유스티누스도 알고 있었을 가능성이 있음) 보여준다. 비록 대부분이 성경의 다른 곳에서 가르친 진리를 요약한 것이기는 하지만 9-20절은 언제나 성경의 다른 부분과 비교해 설명되어야 하며, 이 부분만을 근거로 교리를 만들거나 해선 안 된다. 이 부분에 대한 신뢰성을 떨어뜨리는 이 모든 고려 사항에도 불구하고 이 문제에 대해 잘못 생각할 가능성이 있으므로, 이 단락의 의미를 생각하고 요한복음 7:53-8:11과 마찬가지로 이 단락도 본문에 남겨두는 것이 좋을 것이다.

16:9 **예수께서 안식후 첫날 이른 아침에 살아나신 후** 즉 주일의 이른 아침이다. **막달라 마리아** *15:40에 대한 설명을 보라.*

16:12, 13 이 사건은 누가복음 24:13-32에 기록되어 있다.

16:14 **열한 제자** 열두 제자 가운데 자살한 유다를 뺀 숫자다(마 27:3-10). **마음이 완악한 것…믿지 아니함일러라** 그들은 부활의 증인들이 한 말을 믿지 않았다(12, 13절. 참고. 눅 24:10, 11).

16:15, 16 이것은 마태복음의 대위임령과 유사한데, 거기에 세례를 받은 사람들(신자들)과 믿기를 거부하고 정죄당한 사람들의 대비를 덧붙였다. 16절이 마가복음의 일부라 하더라도 그것은 세례가 구원한다고 가르치지 않는다. 구원받지 못하는 자들은 세례를 받지 않았기 때문이 아니라 믿지 않았기 때문에 정죄받는다(*행 2:38에 대한 설명을 보라*).

16:17, 18 이 표적들은 사도의 공동체에게 약속된 것이지(마 10:1; 고후 12:12) 모든 시대의 모든 신자에게 약속된 것이 아니다(참고. 고전 12:29, 30). 모든 표적(독을 마시는 것을 제외하고)이 사도들이 활동하던 교회의 어떤 사람들을 통해 경험되었고 성경에 기록되었지만(예를 들면 행 28:5) 그 이후에는 그런 일이 없었다(참고. 20절).

16:19 **하나님 우편** 승천한 후 예수는 영예로운 자리 앉으신다(*행 2:33에 대한 설명을 보라*).

16:20 **표적으로 말씀을 확실히 증언하시니라** *사도행전 2:22; 고린도후서 12:12; 히브리서 2:4에 대한 설명을 보라.*

연구를 위한 자료

D. Edmond Hiebert, *Mark: Portrait of a Servant* (Chicago: Moody, 1974).

John MacArthur, *Mark* (Chicago: Moody, 2015).

제목

다른 세 편의 복음서와 마찬가지로 이 복음서도 저자의 이름이 제목이 되었다. 전승에 따르면 누가는 이방인이다. 사도 바울이 누가를 '할례파'로부터 구분하는 것으로 보아 누가가 이방인임을 확증한 것으로 보인다(골 4:11, 14). 그렇다면 누가는 성경의 유일한 이방인 저자가 되는 셈이다. 그는 이 복음서와 사도행전을 기록함으로써 성경의 상당한 부분이 그의 손을 통해 쓰였다(저자와 저작 연대를 보라).

누가에 대해 알려진 것은 거의 없다. 그는 개인적인 사항을 글에 포함시킨 경우가 거의 없으며, 그의 배경이나 회심에 대해서도 분명하게 알려진 사실이 없다. 에우세비오스와 히에로니무스(제롬)는 그를 안디옥 출신이라고 밝혔다(이것이 사도행전의 상당 분량이 안디옥 중심이라는 사실을 설명해줄 수도 있음, 참고. 행 11:19-27; 13:1-3; 14:26; 15:22, 23, 30-35; 18:22, 23). 누가는 자주 사도 바울의 선교여행에 동행했다. 적어도 바울이 마게도냐 사람의 환상을 보았을 때부터(행 16:9, 10) 그의 순교 때까지 자주 함께 다녔다(딤후 4:11).

사도 바울은 누가를 의사라고 지칭했다(골 4:14). 누가가 의학적 현상에 관심을 가지고 있었다는 것은 그가 예수의 병 고침 사역에 높은 비중을 둔 사실에서도 드러난다(예를 들면 4:38-40; 5:15-25; 6:17-19; 7:11-15; 8:43-47, 49-56; 9:2, 6, 11; 13:11-13; 14:2-4; 17:12-14; 22:50, 51). 누가 시대에는 의사들이 그들만의 전문적인 용어를 가지고 있지 않았다. 그러므로 누가가 병 고침과 의료적 이슈들을 다룰 때 사용하는 단어는 다른 복음서 저자들의 단어와 크게 다르지 않다.

저자와 저작 연대

누가복음과 사도행전은 같은 사람이 썼다(참고. 1:1-4; 행 1:1). 비록 누가가 자신을 밝힌 적은 한 번도 없지만 사도행전의 '우리'라는 표현이 등장하는 것으로 보아 그가 사도 바울과 가까운 동역자였음이 분명하다(행 16:10-17; 20:5-15; 21:1-18; 27:1-28:16). 바울이 자신의 서신에서 언급하는 동역자들 가운데(골 4:14; 딤후 4:11; 몬 24절) 누가복음과 사도행전의 저자에 합당한 유일한 사람이 누가다. 이는 이 복음서를 누가의 것으로 돌리는 초기의 교회 전통과 완벽하게 일치한다.

누가복음과 사도행전은 비슷한 시기에 쓰인 것으로 보인다(누가복음을 먼저 기록하고 다음에 사도행전임). 이 두 권이 합쳐져 '데오빌로'에게 보낸(1:3; 행 1:1. 배경과 무대를 보라) 두 권짜리 저술이 되며, 이 책은 그리스도의 탄생부터 바울이 로마에 가택연금이 될 때까지(행 28:30, 31) 기독교의 발생에 대한 전반적인 역사를 보여준다.

사도행전은 바울이 로마에 있는 것으로 끝나는데, 이는 누가가 이 책들을 바울의 구금 기간에 로마에서 기록했다는 결론에 이르게 만든다(주후 60-62년경). 누가는 주후 70년 예루살렘 멸망에 대한 예수의 예언을 기록했지만(19:42-44; 21:20-24) 그 예언의 성취에 대해서는 이 복음서나 사도행전에서 전혀 언급하지 않는다. 누가는 예언의 성취를 기록의 핵심으로 삼았다(참고. 행 11:28). 그러므로 그가 로마의 예루살렘 침공 이후 이 글을 썼다고 보기는 매우 어렵다. 또한 사도행전은 주후 64년 시작된 네로의 박해를 전혀 언급하고 있지 않다. 게다가 많은 학자가 야고보의 순교를 주후 62년으로 잡는데, 누가가 이 역사 기록을 완성하기 전에 그 일이 발생했다면 분명 그 일을 언급했을 것이다. 그러므로 이 복음서의 저작 연대는 주후 60년이나 61년일 가능성이 높다.

배경과 무대

누가는 자신이 쓴 두 책을 '데오빌로 각하에게'[그 이름은 문자적으로 '하나님을 사랑하는 자'라는 뜻임(1:3), 참고. 행 1:1] 헌정했다. 별명일 수도 있고 지어낸 이름일 수도 있는 이 이름에 공식적 호칭('각하')이 붙었는데, 이는 '데오빌로'가 널리 알려진 로마의 귀족으로, 어쩌면 그리스도께 돌아온 '가이사의 집안' 가운데 한 명이었을(빌 4:22) 가능성을 보여준다.

그러나 누가가 이 글을 쓸 때는 이 한 사람이 아닌 광범위한 청중을 염두에 두었음이 거의 확실하다. 누가복음과 사도행전 시작 부분의 헌정사는 오늘날 책에도 등장하는 형식적인 헌정이었을 것이다. 그런 헌정사는 편지에 등장하는 말과는 다르다.

누가는 자신이 쓴 복음서에 기록된 사건들에 대한 지식이 목격자들의 보고에서 비롯되었음을 명확하게 밝힌다(1:1, 2). 이것은 누가 자신이 목격자가 아니었다는 것을 강력히 시사한다. 그가 이 글을 쓴 목적이 예수 생애에 일어난 사건들에 대한 정돈된 이야기라는 것이 머리말에 분명히 드러나 있지만, 그렇다고 해서 그가 모든 경우에 연대기적 순서를 따른 것은 아니다(예를 들면 *3:20에 대한 설명을 보라*).

누가가 당시 존재하던 다양한 자료를 가지고 자신의 이야기를 편집했음을 인정했다고 해서(*1:1에 대한 설명을 보라*), 자신의 글이 신적인 영감에 따른 것임을 부인하는 것은 아니다. 영감의 과정은 성경을 기록한 인간 저자들의 개성이나 어휘, 문체를 무시하거나 압도하는 일이 절대로 없다. 성경의 모든 책에는 인간 저자의 특징이나 개성이 각인되어 있다. 누가의 연구도 이런 원칙에서 벗어나지 않는다. 연구 그 자체는 하나님의 섭리에 의해 이루어진 것이다. 또한 누가는 글을 쓰는 동안 하나님의 영에 의해 감동되었다(벧후 1:21). 그러므로 그의 기록은 오류 없이 참되다(*1:3에 대한 설명을 보라*).

역사적 · 신학적 주제

누가의 문체는 박식한 학자의 문체다(*1:1-4에 대한 설명을 보라*). 그는 역사가처럼 글을 썼으며, 자신이 서술하는 사건의 역사적 문맥을 이해하는 데 도움을 주기 위해 때로 세부적 사항까지 실었다(1:5; 2:1, 2; 3:1, 2; 13:1-4).

누가의 그리스도 탄생 기록은 모든 복음서 기록 가운데서 가장 완전하다고 말할 수 있다. 그리고 (누가가 쓴 다른 부분과 마찬가지로) 문학적으로 세련된 문체를 구사한다. 그는 탄생 기록에 일련의 찬양 시편을 포함시켰다(1:46-55; 1:68-79; 2:14; 2:29-32, 34, 35). 누가만 세례 요한의 출생을 둘러싼 비상한 상황과 마리아에 대한 수태고지, 구유, 목자들, 시므온, 안나의 이야기를 기록했다(2:25-38).

누가의 복음서를 관통하는 한 가지 주제는 이방인과 사마리아인, 여인, 아이, 세리, 죄인 등 이스라엘 사회에서 버림받은 존재로 간주된 사람들을 향한 예수의 긍휼이다. 누가가 세리를 언급할 때마다(3:12; 5:27; 7:29; 15:1; 18:10-13; 19:2) 언제나 그들을 긍정적으로 그리고 있다. 그러면서도 누가는 부유하고 존경받는 사람들의 구원을 간과하지 않는다(예를 들면 23:50-53). 예수의 공적 사역의 시작부터(4:18) 십자가상에서의 주님의 마지막 말씀까지(23:40-43) 누가는 사회의 하층민에 대한 그리스도의 사역을 강조했다. 누가는 반복해서 그 위대한 의사가 자기의 필요를 가장 절감하는 사람들을 위해 어떻게 사역하셨는지를 보여준다(참고. 5:31, 32; 15:4-7, 31, 32; 19:10).

누가가 여성에게 부여한 높은 비중은 특별히 의미심장하다. 마리아와 엘리사벳과 안나가 뚜렷한 위치를 차지하는 탄생 기록에서부터(1; 2장) 역시 여성들이 중요한 인물로 등장하는 부활의 아침에 일어난 사건에 이르기까지(24:1, 10) 누가는 우리 주님의 사역에서 여성의 중심적 역할을 강조한다(예를 들면 7:12-15, 37-50; 8:2, 3, 43-48; 10:38-42; 13:11-13; 21:2-4; 23:27-29, 49, 55, 56).

반복해서 등장하는 다른 몇 가지 주제가 누가복음의 씨줄과 날줄을 형성한다. 예를 들면 다음과 같은 주제들이다. 하나님의 임재 앞에서 사람이 느끼는 두려움(*1:12에 대한 설명을 보라*), 용서(3:3; 5:20-25; 6:37; 7:41-50; 11:4; 12:10; 17:3, 4; 23:34; 24:47), 기쁨(*1:14에 대한 설명을 보라*), 신성한 진리의 신비를 기이하게 여김(*2:18에 대한 설명을 보라*), 성령의 역할(1:15, 35, 41, 67; 2:25-27; 3:16, 22; 4:1, 14, 18; 10:21; 11:13; 12:10, 12), 예루살렘에 있는 성전(1:9-22; 2:27-38, 46-49; 4:9-13; 18:10-14; 19:45-48; 20:1-21:6; 21:37, 38; 24:53), 예수의 기도(*6:12에 대한 설명을 보라*) 등이다.

누가는 9:51부터 열 장을 할애해 예루살렘을 향하는 예수의 마지막 여행을 서술한다. 이 부분을 서술한 자료들 가운데 많은 것이 누가복음에만 있다. 이 부분이 누가복음의 심장이며, 누가가 복음서 전체에 걸쳐 강조한 주제가 거기에 등장한다. 곧 십자가를 향한 예수의 거침 없는 전진이다. 바로 이것이 그리스도가 이 땅에 오신 목적이며(참고. 9:22, 23; 17:25; 18:31-33; 24:25, 26, 46) 예수님이 방해받기를 원치 않은 목적이다. 죄인을 구원하는 것이 그의 사명이었다(19:10).

해석상의 과제

누가는 이방인 독자를 대상으로 삼은 것처럼 보이는데, 이 점에서 마가와는 같고 마태와는 다르다(공관복음 문제는 마가복음 서론의 해석상의 과제를 보라). 누가는 모든 유대인에게는 낯익었을 장소의 위치를 설명해준다(예를 들면 4:31; 23:51; 24:13). 이는 그의 독자가 팔레스타인 지역에 대한 지식을 가진 사람의 범위를 벗어나 있음을 암시한다. 대개 그는 히브리적 표현보다 헬라어 용어를 사용하는 편을 택한다(예를 들면 23:33에서 '골고다'보다는 '갈보리'를 사용한 것). 다른 복음서들은 때로 셈어 단어인 "아빠"(막 14:36), "랍비"(마 23:7, 8; 요 1:38, 49), "호산나"(마 21:9; 막 11:9, 10; 요 12:13) 등의 단어를 사용하지만 누가는 그 말들을 생략하거나 그에 해당하는 헬라어를 사용한다.

누가는 마태보다 구약을 덜 인용하며, 구약성경을 인용할 때 대부분 히브리 성경의 헬라어 번역본인 70인역에서 인용한다. 나아가서 누가의 구약 인용문은 대부분 직접 인용이 아니라 암시이며, 그나마도 그중 다수가 누가 자신의 서술보다 예수의 말씀에 등장한다(2:23, 24; 3:4-6; 4:4, 8, 10-12, 18, 19; 7:27; 10:27; 18:20; 19:46; 20:17, 18, 37, 42, 43; 22:37).

누가는 다른 복음서의 저자들보다 복음에의 초대가 모든 사람에게 적용된다는 사실을 부각시킨다. 그는 예수를 이스라엘에게 배척당해 온 세상에 주어진 인자로 그렸다. 앞서 보았듯이(역사적·신학적 주제를 보라) 누가는 예수의 눈에서 은혜를 발견한 이방인과 사마리아인, 사회적으로 버림받은 다른 사람들에 대한 이야기를 반복적으로 들려준다. 이런 강조는 우리가 "이방인의 사도"(롬 11:13)와 가까운 동역자에게서 자연스레 기대하는 바로 그것이다.

그럼에도 어떤 비평가들은 누가의 신학과 바울의 신학 사이에 큰 간극이 있다고 주장해왔다. 실제로 누가복음에 바울이 독특하게 사용하는 단어들이 나타나지 않는 것은 사실이다. 누가는 그 자신만의 문체로 글을 썼다. 그러나 그 이면에 흐르는 신학은 사도 바울의 그것과 완전한 조화를 이룬다. 바울의 교리의 중심은 이신칭의다(*롬 3:24에 대한 설명을 보라*). 누가 역시 자신이 언급한 많은 사건과 비유에서 이신칭의를 부각시키고 예증한다. 바리새인과 세리에 대한 이야기(18:9-14), 널리 알려진 탕자의 이야기(15:11-32), 시몬의 집에서 일어난 일에 대한 이야기(7:36-50), 삭개오의 구원에 대한 이야기(19:1-10)를 보면 알 수 있다.

누가복음 개요

- I. 그리스도의 사역의 서막(1:1-4:13)
  - A. 머리말(1:1-4)
  - B. 예수의 탄생(1:5-2:38)
    - 1. 사가랴에게 고지됨(1:5-25)
    - 2. 마리아에게 고지됨(1:26-38)
    - 3. 마리아의 방문(1:39-45)
    - 4. 마리아의 송가(1:46-55)
    - 5. 전령의 출생(1:56-80)
    - 6. 탄생(2:1-38)
  - C. 예수의 소년 시절(2:39-52)
    - 1. 나사렛에서(2:39, 40)
    - 2. 성전에서(2:41-50)
    - 3. 가족 속에서(2:51, 52)
  - D. 예수의 세례(3:1-4:13)
    - 1. 세례 요한의 설교(3:1-20)
    - 2. 하늘의 증언(3:21, 22)
    - 3. 인자의 족보(3:23-38)
    - 4. 하나님의 아들의 시험(4:1-13)
- II. 갈릴리 사역(4:14-9:50)
  - A. 사역의 시작(4:14-44)
    - 1. 나사렛(4:14-30)
    - 2. 가버나움(4:31-42)
      - a. 귀신을 쫓아내심(4:31-37)
      - b. 군중을 고치심(4:38-42)
    - 3. 갈릴리의 고을(4:43, 44)
  - B. 제자들을 부르심(5:1-6:16)
    - 1. 네 명의 어부(5:1-26)
      - a. 사람을 낚는 어부(5:1-11)
      - b. 병을 고치심(5:12-16)
      - c. 죄를 사하심(5:17-26)
    - 2. 레위(5:27-6:11)
      - a. 복음(5:27-32)
      - b. 포도주 부대(5:33-39)
      - c. 안식일(6:1-11)
    - 3. 열둘(6:12-16)
  - C. 계속된 사역(6:17-9:50)
    - 1. 평지 설교(6:17-49)
      - a. 팔복(6:17-23)
      - b. 화를 선언하심(6:24-26)
      - c. 계명(6:27-49)
    - 2. 고을들에서의 사역(7:1-8:25)
      - a. 백부장의 하인을 고치심(7:1-10)
      - b. 과부의 아들을 살려내심(7:11-17)
      - c. 세례 요한의 제자들을 격려하심(7:18-35)
      - d. 죄 많은 여인을 용서하심(7:36-50)

e. 사랑하는 제자들을 모으심(8:1-3)
f. 비유로 군중을 가르치심(8:4-21)
g. 바람과 파도를 잠잠케 하심(8:22-25)
3. 갈릴리 여행(8:26-9:50)
a. 귀신 들린 자를 구하심(8:26-39)
b. 여인을 고치심(8:40-48)
c. 소녀를 살리심(8:49-56)
d. 열둘을 파송하심(9:1-6)
e. 헤롯의 혼란(9:7-9)
f. 군중을 먹이심(9:10-17)
g. 십자가를 예언하심(9:18-26)
h. 영광을 나타내심(9:27-36)
i. 더러운 귀신을 쫓아내심(9:37-42)
j. 제자들을 가르치심(9:43-50)
Ⅲ. 예루살렘을 향한 여행(9:51-19:27)
A. 사마리아(9:51-10:37)
1. 한 마을에서 배척받으심(9:51-56)
2. 헌신하지 못한 사람을 돌려보내심 (9:57-62)
3. 칠십 명을 파송하심(10:1-24)
4. 선한 사마리아인의 비유(10:25-37)
B. 베다니와 유대(10:38-13:35)
1. 마리아와 마르다(10:38-42)
2. 주기도문(11:1-4)
3. 끈질긴 기도의 중요성(11:5-13)
4. 중립적 입장의 불가능성(11:14-36)
5. 바리새인과 율법교사에게 화를 선포하심 (11:37-54)
6. 길에서 베푼 교훈(12:1-59)
a. 외식을 경계함(12:1-12)
b. 세속적 물욕을 경계함(12:13-21)
c. 걱정을 경계함(12:22-34)
d. 불신실을 경계함(12:35-48)
e. 안락한 생활에 대한 사랑을 경계함 (12:49-53)
f. 준비되지 못한 생활을 경계함 (12:54-56)
g. 분열을 경계함(12:57-59)
7. 질문에 대한 대답(13:1-30)
a. 하나님의 공의에 대해(13:1-9)
b. 안식일에 대해(13:10-17)
c. 하나님 나라에 대해(13:18-21)
d. 구원받는 작은 무리에 대해 (13:22-30)
8. 그리스도의 탄식(13:31-35)
C. 베레아(14:1-19:27)
1. 바리새인에게 초대받으심(14:1-24)
a. 안식일에 대한 시험(14:1-6)
b. 겸손에 대해 가르치심(14:7-14)
c. 천국 잔치에 대해 말씀하심 (14:15-24)
2. 무리의 교사(14:25-18:34)
a. 제자도의 비용(14:25-35)
b. 잃은 양 비유(15:1-7)
c. 잃은 은전 비유(15:8-10)
d. 잃은 아들 비유(15:11-32)
e. 불의한 청지기 비유(16:1-18)
f. 부자와 나사로 비유(16:19-31)
g. 용서에 대한 교훈(17:1-4)
h. 신실함에 대한 교훈(17:5-10)
i. 감사함에 대한 교훈(17:11-19)
j. 준비하고 있어야 한다는 교훈 (17:20-37)
k. 지치지 않는 과부 비유(18:1-8)
l. 바리새인과 세리 비유(18:9-14)
m. 어린 아이처럼 되어야 한다는 교훈 (18:15-17)
n. 결단에 대한 교훈(18:18-30)
o. 구원 계획에 대한 교훈(18:31-34)
3. 죄인들의 친구(18:35-19:10)
a. 맹인의 눈을 열어주심(18:35-43)
b. 잃은 자를 찾아 구원하심(19:1-10)
4. 온 땅의 심판자(19:11-27)
Ⅳ. 고난 주간(19:28-23:56)
A. 일요일(19:28-44)
1. 승리의 입성(19:28-40)
2. 도성을 위해 우심(19:41-44)
B. 월요일(19:45-48)
1. 성전을 청결케 하심(19:45, 46)
2. 유월절 군중을 가르치심(19:47, 48)
C. 화요일(20:1-21:38)
1. 유대교 통치자들과의 논쟁(20:1-8)
2. 유월절 군중을 가르치심(20:9-21:38)
a. 악한 포도원 농부 비유(20:9-19)

그리스도의 사역의 서막 (1:1-4:13)

A. 머리말(1:1-4)

1:1-4 처음 네 절은 그리스 고전문학의 세련된 문체로 쓰인 한 문장이다. 그리스의 역사적인 글은 이런 머리말로 시작되는 것이 관례였다. 그러나 이런 공식적인 머리말이 끝나면 누가는 단순한 서술 문체로 바꾸는데, 이는 70인역의 익숙한 문체를 따르는 것 같다.

1:1 **우리 중에 이루어진 사실** 즉 그리스도에게서 성취된 구약성경의 메시아 예언이다. **우리 중에** 즉 '우리 세대에'다. 이 어구는 누가가 그리스도의 생애를 직접 본 목격자라는 뜻이 아니다(*2절에 대한 설명을 보라*).

1:2 **전하여 준 그대로 내력을 저술하려고** 누가는 그리스도의 사역을 권위 있고 논리적이며 연대기적으로 기록하겠다고 말한다(그러나 연대기적 순서를 항상 엄격하게 따른 것은 아님, 3절). **많은지라** 비록 누가가 성령의 영감을 통해 하나님의 계시를 직접 썼지만, 그는 그리스도의 생애에 대한 다른 사람들의 글들을 알고 있었다(*2절에 대한 설명을 보라*). 하지만 영감된 복음서들을 제외하고 다른 모든 자료는 오래전에 사라졌다. 마태와 마가가 누가보다 먼저 복음서를 썼을 가능성이 매우 높은데, 사람들은 그 두 사람의 복음서 둘 다 또는 그중 하나를 누가가 확보하고 있었을 것이라고 추측해왔다. 또한 누가는 그리스도의 생애를 직접 목격한 많은 사람들을 개인적으로 알고 있었던 것으로 알려져 있다. 또한 그가 사용한 자료들 가운데 일부는 구전이었을 가능성이 있다. 마가복음에 있는 자료들 가운데 60퍼센트 가량이 누가복음에서 반복되고 있으며, 누가는 마가복음의 사건 순서를 긴밀하게 따르는 것처럼 보인다(마가복음 서론에 나온 해석상의 과제나 공관복음 문제를 보라).

1:3 **근원부터** 이 말은 '그리스도의 지상 생애의 시작부터'라는 뜻일 수 있다. 하지만 '위로부터'라는 뜻일 수도 있다(요 3:31; 19:11; 약 3:15). 2절의 "처음부터"는 이와는 다른 헬라어인 *아르케(arch)*를 사용한다. 그러므로 여기서 누가의 말은 그가 기존의 자료로부터 정보를 얻긴 했지만, 이 연구와 저술을 하는 동안 하늘의 인도를 받았다고 말한 것으로 이해하는 게 최선이다. 누가가 자신의 이야기를 권위 있는 것으로 간주했음이 분명하다(*4절에 대한 설명을 보라*). **자세히 미루어 살핀 나도** 문자적으로 '세심하게 추적한 결과로'라는 뜻이다. 누가복음은 힘겨웠던 조사의 결과물이었다. 초대 교회의 다른 누구보다도 누가는 예수의 사역의 목격자들에게 문

의하고 그들의 이야기를 통합하여 정리할 능력과 기회가 있었다. 누가는 바울이 가이사라에 감금되었을 때 2년 동안 그와 함께 지냈는데(행 24:26, 27), 그 기간에 예수의 사역을 목격했던 사도들과 많은 사람을 만나 인터뷰를 진행했을 것이다. 예를 들면 우리는 누가가 빌립을 만난 것을 알고 있는데(행 21:8), 빌립이 누가가 모은 자료의 출처가 되었으리라는 데는 의심의 여지가 없다. 또한 여행하면서 그는 사도 요한을 만났을 것이다. 헤롯의 청지기 구사의 아내 요안나는 오직 누가복음에서만 언급된다(*8:3에 대한 설명을 보라*. 참고. 24:10). 그렇다면 그녀는 누가를 직접 알았을 것이다. 누가 역시 헤롯과 그리스도 사이에 발생한 일을 상세히 기록하는데, 이는 다른 복음서들에서는 찾아볼 수 없는 내용이다(13:31-33; 23:7-12). 누가가 이런 사실들을 요안나로부터(또는 비슷한 위치에 있던 어떤 사람) 들었음이 분명하다. 하지만 성령의 신성한 계시가 있었기에 그의 이해는 완전할 수 있었다(딤후 3:16, 17; 벧후 1:19-21). **차례대로 써 보내는 것** 누가의 기록은 전체적으로 연대기적 순서를 따르고 있기는 하지만, 그렇다고 해서 무조건 연대기적 순서를 따른 것은 아니다.

1:4 **각하** 이것은 총독에게 말할 때 사용하는 호칭이었다(행 23:26; 24:3; 26:25). 이런 종류의 말은 최상위 귀족들에게만 사용했기 때문에 '데오빌로'가 그런 인물이었음을 암시한다. **알고 있는 바** 데오빌로는 사도의 전승을 배워 알고 있었다. 어쩌면 바울에게서 직접 배웠을 수도 있다. 하지만 기록된 성경인 이 복음서가 그가 들어 알고 있던 것의 확실성을 확인시켜 주었을 것이다. **확실하게** 여기에 암시된 권위를 주목하라. 비록 누가가 다른 자료들의 도움을 받긴 했지만(3절), 그는 자신이 쓴 복음서의 신빙성과 권위가 다른 영감받지 않은 자료들보다 우월하다고 간주했다.

B. 예수의 탄생(1:5-2:38)

1. 사가랴에게 고지됨(1:5-25)

1:5 **헤롯** 대 헤롯이다. *마태복음 2:1에 대한 설명을 보라*. **아비야 반열** 성전의 제사장은 스물네 개의 반열로 조직되었으며, 각 반열은 일 년에 한 주일씩 두 번 봉사하도록 되어 있었다(대하 24:4-19). 아비야는 여덟 째 반열이었다(대상 24:10). **스가랴** 문자적으로 '여호와가 기억하시다'라는 뜻이다. **아론의 자손** 즉 남편과 아내가 모두 제사장 지파에 속해 있었다.

1:6 **이 두 사람이 하나님 앞에 의인이니** 다시 말하면 그들이 하나님 보시기에 의롭다는 인정을 받은 신자였다는 뜻이다. 이 표현에는 바울 신학의 메아리가 분명히 들린다. 서론에 나온 해석상의 과제를 보라.

1:7 **그들에게 자식이 없고 두 사람의 나이가 많더라** 많은 사람은 당시에 이것을 하나님의 은총을 받지 못한 징조로 보았다. *25절에 대한 설명을 보라*.

1:8 **그 반열의 차례대로** 즉 그의 반열이 일 년에 두 번 담당하는 봉사 의무를 수행하고 있었다는 뜻이다(*5절에 대한 설명을 보라*).

1:9 **제비를 뽑아 주의 성전에 들어가 분향하고** 제사장에게는 큰 영예였다(출 30:7, 8; 대하 29:11). 제사장의 숫자가 많다 보니 대부분은 이런 영예를 누리지 못했으며, 아무도 이 일을 두 번 담당하지 못했다. 사가랴는 이 봉사를 제사장 직무 수행에서 최고 순간으로 간주했음이 분명하다. 분향단은 지성소와 성소를 구분하는 휘장 바로 앞에 있었으며, 향불은 꺼지지 않고 항상 타고 있어야 했다. 제사장이 혼자 들어가 아침과 저녁에 향을 피웠고, 그때 나머지 제사장들은 성소 밖에 서서 기도로 경배했다(10절).

1:12 **무서워하니** 이것은 하나님의 임재를 경험하거나 하나님의 전능하신 일을 만났을 때 사람이 보이는 정상적인(12:5) 태도다(삿 6:22; 13:22; 막 16:5. *계 1:17에 대한 설명을 보라*). 누가는 특별히 이 점에 주목했다. 누가는 종종 하나님과 그분의 일에 대해 사람들이 품었던 두려움을 기록하고 있다(참고. 30, 65절; 2:9, 10; 5:10, 26; 7:16; 8:25, 37, 50; 9:34, 45; 23:40).

1:13 **너의 간구함** 그의 가정에 자녀를 달라는 기도였을 것이다(*7절에 대한 설명을 보라*. 참고. 25절). **요한** 그 뜻은 '여호와께서 자비를 베푸시다'이다.

1:14 **기뻐하고 즐거워할 것이요** 이것이 메시아 왕국의 특징이다(사 25:9; 시 14:7; 48:11). 기쁨이라는 모티브는 누가복음 전체에 걸쳐 나타난다(참고. 44, 47, 58절; 2:10; 6:23; 8:13; 10:17-21; 13:17; 15:5-10, 22-32; 19:6, 37; 24:52).

1:15 **포도주나 독한 술** 이것은 나실인 서원의 핵심 요소였으며(민 6:1-21) 사가랴도 그렇게 이해했을 것이다. 대개 이 서원은 한시적이었지만, 삼손(삿 16:17)과 사무엘(삼상 1:11)의 경우에는 태어나면서 그 서원을 했다. 여기서 사용된 표현은 삼손의 부모에게 천사가 준 지침을 상기시켜 준다(삿 13:4-7). 하지만 요한의 머리칼을 자르는 것과 관련된 제한은 전혀 언급되지 않는다. 누가는 이방인 독자에게 부담을 줄 수 있다는 생각에 유대법을 상세히 설명하지 않았을 것이다. **모태로부터** 예레미야를 상기시킨다(렘 1:5). 이것은 구원이 오직 하나님의 주권에 달려 있는 것임을 예증한다.

1:17 **엘리야의 심령과 능력으로** 엘리야도 세례 요한과

마찬가지로 하나님 말씀을 위해 용감하고 타협 없이 원칙을 고수한 것으로 널리 알려져 있다. 그것도 절대적 권력을 휘두르는 왕실에 대항하여 그렇게 했다(참고. 왕상 18:17-24; 막 6:15). 구약성경의 마지막 두 절(말 4:4, 6)은 주의 날 이전에 엘리야가 다시 올 것을 약속했다. *마태복음 3:4; 11:14; 마가복음 9:11, 12에 대한 설명을 보라.* **마음을…돌아오게 하고** 말라기 4:6의 인용으로, 세례 요한이 그 예언의 성취임을 보여준다. **준비하리라** 이시야 40:3-5을 암시하는 말일 수 있다(*3:4; 마 3:3에 대한 설명을 보라*).

1:18 **내가 이것을 어떻게 알리요** 아브라함 역시 비슷한 상황에서 표징을 요구한 적이 있다(창 15:8). 사가랴에게 주어진 표징은 그의 불신에 대한 부드러운 꾸짖음이기도 했다(20절).

1:19 **가브리엘** 문자적으로 '하나님의 강한 남자'라는 뜻이다. 가브리엘은 다니엘 8:16; 9:21에도 등장한다(*단 9:21에 대한 설명을 보라*). 그는 성경에서 이름이 소개되는 두 명의 거룩한 천사 중 한 명이다. 다른 천사는 미가엘이다(단 10:13, 21; 유 9; 계 12:7).

1:21 **그가 성전 안에서 지체함을 이상히 여기더라** 사가랴는 원래 성소에서 분향만 하고 나와서 성전 뜰에서 기다리고 있던 백성을 향하여 민수기 6:23-27에 기록된 널리 알려진 축도를 하게 되어 있었다. 그런데 천사와의 대화 때문에 시간이 더 오래 걸렸을 것이다.

1:23 **그 직무의 날이 다 되매** 이 기간은 일주일이다. *5절에 대한 설명을 보라.* **집으로** 유대의 산지다(39절).

1:24 **숨어 있으며** 주님을 향한 깊은 감사에서 비롯된 경건한 행동이었을 것이다.

1:25 **내 부끄러움을** 자녀를 생산하여 가문을 잇는 것이 복으로 간주되던 문화에서 자녀가 없다는 것은 수치였다. 아이를 낳지 못하는 것이 때로 하나님의 자비를 입지 못한 표시이기도 했지만(레 20:20, 21), 항상 그런 것은 아니었다(참고. 창 30:23; 삼상 1:5-10). 그럼에도 자녀를 낳지 못하는 것이 수치스러운 사회적 낙인으로 인식되었다.

2. 마리아에게 고지됨(1:26-38)

1:26 **여섯째 달에** 즉 엘리사벳이 임신한 지 여섯 달이 되던 때다. **나사렛** *마태복음 2:23에 대한 설명을 보라.*

1:27 **약혼한** *마태복음 1:18, 19에 대한 설명을 보라.* **처녀** 동정녀 탄생의 중요성은 아무리 강조해도 지나치지 않다. 성육신에 대한 올바른 견해는 예수의 동정녀 탄생에 좌우된다. 누가와 마태는 마리아가 예수를 임신했을 때 처녀였다는 사실을 명백하게 밝힌다(*마 1:23에 대한 설명을 보라*). 성령이 초자연적인 방법으로 마리아를 임신하게 한 것이다(*35절; 마 1:18에 대한 설명을 보라*). 그리스도 수태의 이런 성격은 그분의 신성과 죄없음을 증명해준다.

1:28 **은혜를 받은 자여** '은혜가 충만한'이라는 뜻이다. 에베소서 1:6에서는 모든 신자에게 이 표현이 사용되었으며, '받아들여진'이라고 번역되었다(한글 개역개정판 성경은 "거저 주시는 바"라고 번역했음 – 옮긴이). 이 표현은 마리아를 하나님의 은혜를 나눠주는 자가 아니라 받는 자로 그리고 있다.

1:30 **무서워하지 말라** 가브리엘은 사가랴에게도 같은 말을 했다(13절). *12절에 대한 설명을 보라.*

1:31 **예수** *마태복음 1:1, 21에 대한 설명을 보라.*

1:32 **그가 큰 자가 되고** 세례 요한에게도 이와 똑같은 약속이 있었다. 그러나 그 뒤에 따라오는 호칭에서 세례 요한과 예수는 구별된다. **지극히 높으신 이의 아들** 참고. 76절. 여기서 세례 요한은 "지극히 높으신 이의 선지자"라고 불린다. 누가가 사용한 "지극히 높으신 이"라는 말은 70인역에서 '지극히 높으신 하나님'이라는 히브리어를 번역한 말이다. 아들은 아버지의 특성을 가지고 있기 때문에 어떤 사람을 누구의 '아들'이라고 말하는 것은 그의 특성을 표현하는 것이었다. 여기서 천사는 마리아의 아들이 지극히 높으신 하나님과 동등한 인물임을 말한 것이다. **그 조상 다윗** *마태복음 9:27에 대한 설명을 보라.* 예수는 마리아의 계보를 통해 다윗의 혈통적 후손이 되셨다. 다윗의 '보좌'는 메시아 왕국의 상징이었다(참고. 삼하 7:13-16; 시 89:26-29).

1:33 **영원히 야곱의 집을…다스리실** 이 말은 천년왕국이 유대적인 특성을 가진다는 사실과 만유에 대한 그리스도의 통치가 영원할 것임을 동시에 강조한다. *이사야 9:7; 다니엘 2:44에 대한 설명을 보라.*

1:34 **나는 남자를 알지 못하니** 즉 남자와 동침한 적이 없다는 말이다. 마리아는 천사가 자기에게 곧 임신하리라고 말한 것으로 이해했다. 하지만 그녀는 요셉과 아직 결혼하지 않은 상태로 정혼 또는 약혼 기간 중이었다(*마 1:18에 대한 설명을 보라*). 마리아의 질문은 의심이나 불신에서 나온 것이 아니라 놀라움에서 나온 것으로, 천사는 사가랴의 경우처럼 그녀를 꾸짖지 않았다(20절).

1:35 **성령이 네게 임하시고** 이것은 이방 신화에서 때때로 나타나는 신과 인간의 동거가 아니라 성령의 창조 행위다.

1:36 **네 친족 엘리사벳도** 3:23-38의 족보는 마리아의 족보로 보는 게 맞다(*3:23에 대한 설명을 보라*). 이 족보

신약성경에 나오는 여인들

예수의 동정녀 어머니인 마리아는 신약성경의 여인들 가운데 명예로운 자리를 차지하고 있다. 그녀는 믿음과 겸손, 섬김에 대한 영구적인 모범이 되었다(눅 1:26-56). 신약성경에 등장하는 주목할 만한 여인들은 다음과 같다.

이름	성경의 묘사	성구
안나	예수가 그토록 기다리던 메시아임을 인식함	눅 2:36-38
버니게	아그립바의 누이로 바울이 그 앞에서 자신을 변호함	행 25:13
간다게	에티오피아 여왕	행 8:27
글로에	고린도 교회의 분열을 알고 있던 여인	고전 1:11
글라우디아	로마의 그리스도인	딤후 4:21
다마리	바울의 사역으로 회심한 아덴의 여인	행 17:34
도르가(다비다)	죽었다가 베드로에 의해 살아난 욥바의 여인	행 9:36-41
드루실라	유대 총독 벨릭스의 아내	행 24:24
엘리사벳	세례 요한의 어머니	눅 1:5, 13
유니게	디모데의 어머니	딤후 1:5
헤로디아	세례 요한의 처형을 요구한 왕비	마 14:3-10
요안나	예수의 물질적 필요를 공급함	눅 8:3
로이스	디모데의 할머니	딤후 1:5
루디아	바울의 빌립보 사역에서 회심함	행 16:14
마르다와 마리아	나사로의 자매이자 예수의 친구	눅 10:38-42
막달라 마리아	예수님이 귀신을 쫓아내신 여인	마 27:56-61; 막 16:9
뵈뵈	겐그레아 교회의 일꾼, 어쩌면 여집사	롬 16:1, 2
브리스길라	아굴라의 아내, 고린도와 에베소에서 바울의 동역자	행 18:2, 18, 19
살로메	예수의 제자인 야고보와 요한의 어머니	마 20:20-24
삽비라	초기 그리스도인 공동체로부터 재물을 감춤	행 5:1
수산나	예수의 물질적 필요를 공급함	눅 8:3

에 따르면 마리아는 다윗의 직계 후손이다(*32절에 대한 설명을 보라*). 그러나 엘리사벳은 아론의 후손이었다(*5절에 대한 설명을 보라*). 그렇다면 마리아는 아론 지파였던 엘리사벳의 어머니 쪽을 통해 엘리사벳과 인척관계에 있었음이 분명하다. 그러므로 마리아는 그녀의 아버지 쪽으로 다윗의 후손이었다.

1:38 **말씀대로 내게 이루어지이다** 마리아는 당황스럽고 어려운 상황에 처하게 되었다. 요셉과 정혼한 상태에서 마리아는 미혼모라는 낙인이 찍히게 될 상황이었다. 요셉은 마리아의 아이가 자기 아이가 아님을 분명히 알았다. 따라서 마리아는 자신이 간음죄로 기소될 수도 있다는 것을 알았으며, 이 죄에는 돌로 치는 형벌이 가해졌다(신 22:13-21. 참고. 요 8:3-5). 그럼에도 그녀는 기꺼이 그리고 은혜롭게 하나님의 뜻에 순종했다.

3. 마리아의 방문(1:39-45)

1:41 **성령의 충만함을 받아** 즉 성령의 지배를 받았다는 뜻이다. 성령께서 엘리사벳의 찬송에 나오는 놀라운 표현을 인도하셨다는 데는 의심의 여지가 없다. *43, 44, 67절에 대한 설명을 보라*.

1:43 **내 주의 어머니가** 이 표현은 마리아를 찬송하는 것이 아니라 그녀가 임신하고 있던 아기를 찬송한 것이다. 이 말은 마리아의 아기가 오래 기다려온 메시아, 심지어 다윗도 '주'라고 불렀던 그 인물이라는 엘리사벳의 확신을 드러내는 표현이다(참고. 20:44). 이 모든 사건을 둘러싼 여러 가지 상황을 생각해볼 때, 당시 엘리사벳의 이해는 비범한 것이었다(참고. 2:19). 엘리사벳은 의심스러운 눈으로 마리아를 맞은 것이 아니라 기쁨으로 맞이했다. 그녀는 자기 태 속에 있는 아기의 반응이 무슨 의미인지 이해했다. 또한 엘리사벳은 마리아가 임

신하고 있는 아기가 얼마나 중요한 존재인지를 파악한 것으로 보인다. 이 모든 일은 성령께서 알려주신 것으로 간주해야 한다(41절).

1:44 **아이가 내 복중에서 기쁨으로 뛰놀았도다** 태아도 자기 어머니와 마찬가지로 성령의 충만함을 입었다(참고. 15, 41절). 태아의 반응 역시 엘리사벳의 반응과 마찬가지로 하나님의 영에 따른 초자연적 감동의 결과였다(*41절에 대한 설명을 보라*).

4. 마리아의 송가(1:46-55)

1:46-55 마리아의 *송가*(이는 라틴어 번역문의 첫 번째 단어임, *68-79절; 2:29-32에 대한 설명을 보라*)는 구약에 대한 암시와 인용으로 가득하다. 그것은 마리아의 심정과 마음이 하나님의 말씀에 젖어 있었음을 보여준다. 이 기도에서는 한나가 올린 기도의 메아리가 반복적으로 들린다. 사무엘상 1:11; 2:1-10이 그 예라고 할 수 있다. 또한 이 송가는 율법과 시편, 선지자의 글들을 여러 번 간접적으로 인용한다. 전체 내용은 하나님의 언약적 약속을 하나하나 열거하고 있다.

1:47 **내 구주** 마리아는 하나님을 "구주"라고 부른다. 이는 마리아가 자신에게 구주가 필요함을 인정한다는 것이며, 참 하나님을 자신의 구주로 알고 있음을 드러낸 것이다. 이곳을 포함해 성경의 다른 어느 곳에서도 마리아가 자신을 '무흠하다'고(곧 원죄가 없다고) 생각했다는 증거는 없다. 도리어 그 반대다. 그녀가 사용한 언어는 하나님의 은혜를 유일한 구원의 소망으로 삼는 사람이 일반적으로 사용하는 것이었다. 이 구절의 어떤 내용도 마리아가 찬송의 대상이라는 주장을 뒷받침해 주지 않는다.

1:48 **여종** 즉 여자 노예다. **비천함** 여기서 가장 분명하게 드러나는 마리아의 특징은 깊은 겸손이다.

5. 전령의 출생(1:56-80)

1:56 **석 달쯤** 마리아는 엘리사벳이 임신한 지 여섯 달 되었을 때 엘리사벳의 집에 도착했다(26절). 그리고 세례 요한이 태어날 때까지 그곳에 머문 것으로 보인다. **집으로** 이때까지도 마리아는 요셉과 약혼한 상태였으며, 아직 요셉의 집으로 들어가지 않았다(참고. 마 1:24).

1:59 **팔 일** 하나님의 명령에 따라(창 17:12; 레 12:1-3. 참고. 빌 3:5) 할례를 행할 때 아기의 이름을 지어주는 것이 관습이었다. 이 의식에는 가족과 친구들이 참석하는데, 이때 아기에게 '그 아버지의 이름을 따라' 이름을 지어주라는 요청이 있었다. 이는 사가랴에 대한 존경을 표시하는 제스처였을 것이다.

1:60 **아니라** 엘리사벳은 사가랴가 쓴 글(63절)을 통해 가브리엘이 그에게 말한 모든 것을 알고 있었다.

1:62 **그의 아버지께 몸짓하여** 할례를 행하는 제사장들은 사가랴가 말을 하지 못하므로 듣지도 못한다고 생각한 듯하다.

1:65 **두려워하고** *12절에 대한 설명을 보라.* **온 유대 산골에 두루** 즉 예루살렘과 그 주변 지역이다. 세례 요한의 명성은 탄생과 함께 널리 퍼지기 시작했다(66절).

1:67 **성령의 충만함을 받아** *41절에 대한 설명을 보라.* 누가의 탄생 서술에서 누군가가 성령의 충만함을 받으면 그 결과는 항상 성령의 감동을 받은 경배로 이어졌다. 참고. 에베소서 5:18-20.

1:68-79 이 단락은 *축복의 찬송*(라틴어 번역문의 첫째 단어임. *46-55절; 2:29-32에 대한 설명을 보라*)으로 널리 알려져 있다. 마리아의 송가와 마찬가지로 이 단락에도 구약성경의 인용과 암시가 많다. 사가랴는 원래 성소에서 일을 마치고 나가 축복의 말을 하게 되어 있었는데(*21절에 대한 설명을 보라*) 성소 안에서 말을 못하게 된 것이었다(20절). 그러므로 그가 다시 말할 수 있게 되었을 때 그의 입에서 처음으로 나온 말이 이 영감된 축복이었다는 것은 자연스러운 일이다.

1:69 **구원의 뿔** 구약성경에서 흔히 등장하는 표현이다(삼하 22:3; 시 18:2. 참고. 삼상 2:1). 뿔은 힘의 상징인데(신 33:17), 이 말이 세례 요한을 높이는 말이 아님은 분명하다. 사가랴와 엘리사벳은 모두 레위 족속이므로(*5절에 대한 설명을 보라*), '다윗의 집'에서 일으킴을 받는 인물은 요한일 수 없었다. 이 말은 요한보다 더 큰 어떤 인물을 가리킨다(요 1:26, 27). 76-79절은 요한의 역할을 말한다.

1:72 **그 거룩한 언약** 아브라함 언약(73절)과 그 언약에 포함된 은혜에 의한 구원의 약속이다. *창세기 12:1-3에 대한 설명을 보라.*

1:76 **지극히 높으신 이의 선지자** *32절에 대한 설명을 보라.*

1:77 **그 죄 사함** 죄사함은 구원의 핵심이다. 하나님은 죄인의 죄를 속하고 그 죄를 용서함으로써만 죄인을 하나님과 분리된 상태와 영원한 지옥으로부터 건져내신다. *로마서 4:6-8; 고린도후서 5:19; 에베소서 1:7; 히브리서 9:22에 대한 설명을 보라.*

1:78 **돋는 해** 메시아를 지칭하는 말이다(참고. 사 9:2; 60:1-3; 말 4:2; 벧후 1:19; 계 22:16).

1:80 **빈 들에 있으니라** 예루살렘 동쪽의 광야에서 지내던 금욕주의자 무리가 있었다. 그중 하나가 유명한 쿰란 공동체로, 사해 두루마리가 그들에게서 나왔다.

요한을 낳을 때 이미 연로했던 요한의 부모가 그런 공동체와 관련된 어떤 사람에게 요한을 맡겼을 수도 있다. 이와 유사한 방법으로 한나도 사무엘을 거룩하게 구별하여 엘리에게 맡긴 적이 있다(삼상 1:22-28). 하지만 성경에는 요한이 그런 무리에 속했다는 구체적인 언급은 없다. 오히려 그는 엘리야의 심령으로 홀로 광야에 머물렀던 것으로 그려진다. *17절에 대한 설명을 보라.*

6. 탄생(2:1-38)

2:1 **가이사 아구스도** 율리우스 시저가 입양한 그의 조카의 아들로 그를 이은 후계자가 된 카이우스 옥타비우스를 말한다. 율리우스가 사망한 주전 44년을 전후해 로마 정치는 권력 투쟁으로 분열에 분열을 거듭했다. 옥타비우스는 그의 마지막 정적인 안토니우스를 악티움 해전에서 꺾고 주전 31년 명실공히 적수가 없는 최고 지위에 올랐다. 주전 29년 로마 원로원은 옥타비우스를 로마 최초의 황제로 선포했다. 2년이 지난 뒤 원로원은 그에게 아우구스투스('숭고한 자'라는 뜻으로 종교적 경배를 의미하는 용어임)라는 칭호를 주었다. 로마의 공화정은 실질적으로 폐지되었고, 아우구스투스에게 군통수권이 주어졌다. 그는 75세로 사망할 때까지(주후 14년) 황제로 다스렸다. 그의 치세에 로마 제국은 지중해 지역을 통치했으며, 큰 번영과 비교적 평화로운 시대(팍스로마나)를 누렸다. 그는 '온 세계'(즉 로마 제국 전체)에 '호적'하라는 명을 내렸다. 이것은 일회성의 인구조사가 아니었다. 그 칙령은 14년에 한 번씩 정기적으로 호적 등록을 하도록 규정했다. 그런데 당시 팔레스타인은 로마의 인구조사에서 제외되었다. 인구조사의 일차적 목적이 징집을 위해 젊은이를 등록시키는 것이었는데(또한 로마의 인구 파악을 위한 목적도 있었음) 유대인은 병역이 면제되었기 때문이다. 새로 시행하는 이 인구조사의 표면상 목적은 각 나라를 가족과 가문에 따라 숫자를 파악하는 것이었다(그래서 유대 지역 출신인 요셉은 호적 등록을 위해 조상의 고향으로 가야 했음, *3절에 대한 설명을 보라*). 이 호적에는 재산과 수입의 액수는 기록되지 않았다. 그러나 인구조사에서 이름과 인구 통계가 잡히면 그것을 이용해 인두세를 부과했으며(*마 22:17에 대한 설명을 보라*), 그런 이유로 유대인은 인구조사 자체를 지긋지긋한 로마 압제의 상징으로 여기게 되었다. *2절에 대한 설명을 보라.*

2:2 **구레뇨가 수리아 총독 되었을 때** 이 인구조사의 정확한 시기를 확정하는 데는 어려움이 따른다. 구레뇨(원래 이름은 블리우스 술피키우스 퀴리니우스이었음)는 주후 6-9년 수리아(시리아) 총독이었고, 잘 알려진 인구조사는 주후 6년 팔레스타인에서 시행되었다. 요세푸스는 이 인구조사 때문에 유대인의 반란이 촉발되었다고 기록한다(사도행전 5:37에서 누가는 가말리엘의 말을 인용하면서 이 일을 언급했음). 이 인구조사를 수행한 인물은 구레뇨였는데, 그는 그 뒤에 일어난 반란을 진압할 때도 중심적 역할을 했다. 그러나 여기서 누가는 그 인구조사를 생각하지 못했을 것이다. 그 인구조사는 헤롯이 죽은 지 약 10년 후에 시행되었기 때문이다(*마 2:1에 대한 설명을 보라*). 너무 나중에 일어난 일이어서 누가의 연대기에 맞지 않는다(참고. 1:5). 역사가인 누가의 꼼꼼함에 비춰볼 때 그가 그런 명백한 시대착오를 범했다고 보는 것은 앞뒤가 맞지 않는다. 실제로 고고학적 발굴이 누가가 옳았음을 밝혀주었다. 주후 1764년 티볼리(로마 근처)에서 발견된 돌조각에 한 로마 관리를 기리는 글이 발견되었는데, 그 관리가 아우구스투스 치세에 수리아와 페니키아의 총독을 두 번 역임했다고 기록되어 있다. 그 조각에는 관리의 이름이 기록되어 있지 않지만, 거기에 열거된 그의 업적을 살펴보면 우리가 아는 구레뇨 이외의 다른 사람일 수 없다. 그렇다면 그는 수리아 총독을 두 번 역임했음이 분명하다. 그는 바루스가 수리아의 민간 총독이었다고 기록한 그 시기에 군대의 총독으로 그곳에 함께 있었을 것이다. 인구조사의 연대에 대해서는 애굽에서 발견된 몇몇 고대의 기록이 주전 8년에 시행하도록 명령된 세계적인 인구조사를 언급한다. 하지만 이 연대 역시 문제가 없는 건 아니다. 학자들의 대체적인 의견은 그리스도의 탄생을 아무리 이르게 잡아도 주전 6년 이전일 수는 없다. 짐작컨대 가이사 아구스도(아우구스투스)가 인구조사를 명한 것은 주전 8년이었지만, 로마와 헤롯 사이의 정치적 문제로 팔레스타인에서 실제로 인구조사가 시행된 것은 그로부터 2년이나 4년이 지난 후였던 것으로 보인다. 그러므로 그리스도 탄생의 정확한 연대는 알 수 없지만

사가랴의 예언에 나오는 구약의 언약

1. 다윗 언약(삼하 7:11하-16)	눅 1:68-71
2. 아브라함 언약(창 12:1-3; 15:18-21; 17:1-21; 26:2-5; 28:10-17)	눅 1:72-75
3. 새 언약(렘 31:31-34)	눅 1:76-79

신약성경에 나오는 로마 황제들

가이사 아구스도(아우구스투스, 주전 27-주후 14년): 요셉과 마리아를 베들레헴으로 가도록 인구조사를 명령했다(눅 2:1).

디베료(티베리우스, 주후 14-37년): 예수는 이 황제의 통치 기간에 사역하고 죽으셨다(눅 3:1; 20:22, 25; 23:2; 요 19:12, 15).

클라우디오(클라우디우스, 주후 41-54년): 그의 통치 기간에 기근이 발생했으며(행 11:28) 유대인을 로마에서 추방했는데, 이때 아굴라와 브리스길라가 추방당했다(행 18:2).

네로(주후 54-68년): 그리스도인을 박해했으며, 이때 베드로와 바울도 박해를 받았다. 바울은 공정한 재판을 위해 그에게 호소하기도 했다(행 25:8, 10-12, 21; 26:32; 27:24; 28:19).

베스파시안(주후 69-79년): 유대인 독립운동을 제압했으며, 그의 아들 티투스는 주후 70년 예루살렘 성전을 파괴했다.

주전 6년 이전은 아니며, 주전 4년 이후도 아닐 것이다. 당시의 정치적 역사를 알고 있던 누가복음의 독자는 누가가 제공한 정보만 가지고도 그 정확한 연대를 추정할 수 있었을 것이다.

2:3 **각각 고향으로** 즉 '지파의 원적지로'라는 뜻이다.

2:4 **나사렛 동네…베들레헴** 요셉과 마리아는 다윗의 후손이었으므로 호적을 위해 그들 지파의 땅이었던 유대로 가야 했다. 그들의 여행은 약 113킬로미터 거리의 산지를 통과하는 힘든 여정이었다. 특히 출산 직전이었던 마리아에게는 더욱 힘겨운 여행이었을 것이다. 마리아와 요셉은 베들레헴에서의 출산이 미가 5:2에서 한 예언의 성취임을 알고 있었을 것이다.

2:5 **약혼한** *마태복음 1:18에 대한 설명을 보라*. 마태복음 1:24에 따르면 천사가 요셉에게 마리아가 임신한 사실을 알려주었고, 요셉은 "그의 아내를 데려온"(자기 집으로 맞아들인) 것으로 되어 있다. 그러나 그들은 예수 탄생 때까지 동침하지 않았기 때문에(마 1:25) 법적으로 말하면 약혼한 상태였다.

2:7 **첫아들** 마리아는 이 후에 다른 자녀들을 낳았다. *마태복음 12:46에 대한 설명을 보라*. **강보** 아기를 싸기 위해 사용하던 폭이 좁고 긴 천이다. 이렇게 해놓으면 아기가 자기의 (때로는 날카로운) 손톱으로 민감한 피부나 눈에 상처를 내는 일을 막을 수 있었고, 사지의 힘이 강해진다고 믿었다. 오늘날에도 이런 관습을 지키는 지역이 있다. 이 포대기가 없었다는 것은 부모가 가난하거나 아이를 돌보지 않는다는 표시였다(겔 16:4). **구유** 동물의 먹이를 담는 그릇이다. 이 단어로 말미암아 그리스도가 마구간에서 탄생하셨다고 생각하게 되었는데, 성경 어디에도 그런 기록은 없다. 고대의 전설은 그리스도가 동굴에서 탄생하셨다고 한다(동물의 피난처로 사용되는 곳이었을 수도 있음). 그러나 정확한 위치에 대한 기록은 없다. **여관에 있을 곳이 없음이러라** 많은 사람이 호적을 위해 이 오래된 마을로 돌아오고 있었기 때문일 것이다.

2:8 **목자들** 베들레헴은 예루살렘에 가까이 있었으며, 성전에서 제물로 쓰이는 양들 가운데 상당수가 여기서 왔다. 주변의 언덕들은 양을 치기에 최적의 조건을 갖추고 있었으며, 목자들은 일 년 내내 밤낮으로 양을 쳤다. 그러므로 목자들이 바깥 들판에서 지내고 있었다는 기록을 근거로 계절을 추론할 수는 없다.

2:10 **무서워하지 말라** *1:12에 대한 설명을 보라*. 참고. 1:65.

2:11 **다윗의 동네** 즉 베들레헴, 곧 시온산 남쪽 기슭에 있었던 다윗 성이 아니라 다윗이 태어난 동네다(참고. 삼하 5:7-9). **구주** 이것은 복음서에서 그리스도가 '구주'라고 불린 두 곳 중 하나다. 다른 한 곳은 요한복음 4:42로, 수가 성 사람들이 그리스도를 "세상의 구주"라고 고백한 곳이다. **그리스도** 그리스도는 '메시아'에 해당하는 헬라어다(*마 1:1에 대한 설명을 보라*). **주** 헬라어는 '주인'을 뜻할 수도 있지만, 이 단어는 하나님의 언약적 호칭을 번역하는 말로도 사용된다. 여기서는(또한 신약성경에 이 단어가 등장하는 대부분의 경우와 마찬가지로) 하나님의 호칭으로, 후자의 의미로 사용되고 있다.

2:13 **천군** 군대가 진을 치고 있음을 뜻하는 단어다. 마태복음 26:53에서 그리스도도 천사들을 묘사하기 위해 군대의 이미지를 사용하셨다(*이에 대한 설명을 보라*). 요한계시록 5:11은 천군의 숫자가 너무 많아서 사람의 머리로는 헤아릴 수 없을 정도라고 말한다. 여기서는 천군이 평화와 선의의 메시지를 전했다는 것에 주목하라(14절).

2:14 **지극히 높은 곳** 즉 하늘이다. **기뻐하신 사람들** 여기서 '기뻐하심'에 해당하는 헬라어가 10:21에서도 사용되었다. 이 동일한 단어의 동사형이 3:22; 12:32에서 사용된다. 각각의 경우 그 단어는 하나님의 주권적인 기뻐하심을 말한다. 그러므로 더 나은 번역은 '하나님의 주권적 기뻐하심이 머무는 사람들 위에 평화'이다. 하나님의 평화는 선의를 가진 사람들을 위한 보상이 아니라 하나님의 선의의 대상이 된 사람들에게 은혜로 주어

지는 선물이다. **평화** 이것은 모든 인류를 향한 보편적인 평화의 선언으로 해석되어서는 안 된다. 오히려 하나님과의 평화는 칭의에 따라오는 결과다(*롬 5:1에 대한 설명을 보라*).

2:18 **듣는 자가 다 목자들이 그들에게 말하는 것들을 놀랍게 여기되** 그리스도의 말씀과 활동의 신비에 대한 놀람은 누가복음 전체를 관통하는 하나의 날줄이다. 참고. 19, 33, 47, 48절; 1:21, 63; 4:22, 36; 5:9; 8:25; 9:43-45; 11:14; 20:26; 24:12, 41. *20절에 대한 설명을 보라.*

2:20 **하나님께 영광을 돌리고 찬송하며** 누가는 이런 반응을 종종 기록한다. 참고. 28절; 1:64; 5:25, 26; 7:16; 13:13; 17:15-18; 18:43; 19:37-40; 23:47; 24:52, 53.

2:21 **팔 일** *1:59에 대한 설명을 보라.*

2:22 **정결예식** 아들을 낳은 여인은 40일 동안 종교적으로 부정했다(딸을 낳은 경우 부정한 기간이 그 두 배가 됨, 레 12:2-5). 그 기간이 끝나면 그녀는 어린 양이나 집비둘기 또는 산비둘기를 예물로 드려야 한다(레 12:6). 만약 집안이 가난하다면 집비둘기 또는 산비둘기 두 마리를 드리면 되었다(레 12:8). 마리아의 예물을 보면 요셉과 마리아가 가난했음을 알 수 있다(24절). **아기를 데리고** 첫 아들을 드리는 것도 모세의 율법의 요구다(23절. 참고. 출 13:2, 12-15). **예루살렘에** 베들레헴에서 약 9.7킬로미터 떨어져 있다.

2:24 **집비둘기 둘로** *22절에 대한 설명을 보라.* 레위기 12:8을 인용한 것이다.

2:25 **시므온** 성경의 다른 곳에서는 이 사람이 언급되지 않는다. **이스라엘의 위로** 메시아를 가리키는 말로, 이사야 25:9; 40:1, 2; 66:1-11 같은 구절에서 유래했을 것이다.

2:26 **성령의 지시를 받았더니** 메시아에 대한 기대가 그토록 높았고(참고. 3:15), 메시아의 오심을 이야기한 구약의 예언이 그렇게 많았음에도 불구하고 그리스도 탄생의 의미를 깨달은 사람의 숫자가 소수에 불과했다는 것은 의미심장한 일이다. 시므온을 포함한 대부분이 구약 예언의 성취를 분명하게 밝혀준 천사의 메시지나 다른 특별한 계시를 받았다.

2:29-32 시므온의 시는 라틴어 번역의 처음 두 글자를 따서 *Nunc Dimittis*('이제 당신이 놓아준다'는 뜻임)로 알려져 있다(*1:46-55; 1:68-79에 대한 설명을 보라*). 이 시는 누가가 탄생 기록에 포함시킨 다섯 편의 시 가운데 네 번째 시다(서론의 역사적·신학적 주제를 보라). 이 시는 시므온의 특출한 신앙을 보여주는 감동적인 표현으로 쓰여졌다.

2:30 **주의 구원** 즉 '자기 백성을 그들의 죄에서 건져주시는 분'이다.

2:31 **만민** 모든 나라와 언어, 종족을 가리킨다(참고. 계 7:9). 이스라엘과 이방인들이다(32절).

2:34 **이스라엘 중 많은 사람을 패하거나 흥하게 하며** 그분을 거부하는 사람들에게는 그가 "부딪치는 돌"이다(벧전 2:8). 그분을 받아들이는 사람들은 일으킴을 받는다(엡 2:6). 참고. 이사야 8:14, 15; 호세아 14:9; 고린도전서 1:23, 24. **비방을 받는** 이것은 제유법(synecdoche)이다. 시므온은 그리스도를 향해 쏟아질 모욕적 언어만을 언급했지만, 실제로 이 표현은 그 이상을 포함한다. 곧 이스라엘이 메시아를 버리고 미워하고 십자가에 못 박으리라는 것을 포함하고 있다. *35절에 대한 설명을 보라.*

2:35 **칼** 이 말은 마리아가 자기 아들이 고통 속에서 죽어가는 것을 지켜봐야 하는 개인적 슬픔을 가리키는 것임이 분명하다(요 19:25). **이는 여러 사람의 마음의 생각을 드러내려 함이니라** 메시아를 배척하는 것은(*34절에 대한 설명을 보라*) 유대인의 배교한 상태에 대한 충격적 진실을 드러낼 것이다.

2:36 **선지자** 이 단어는 하나님 말씀을 전하는 여인을 가리킨다(헬라어는 선지자의 여성형으로 '여선지자'라는 뜻임—옮긴이). 그녀는 계시의 전달자가 아니라 구약성경을 가르치는 일을 했다. 구약성경은 예언 사역을 한 여인으로 단 세 명만 언급한다. 미리암(출 15:20), 드보라(삿 4:4), 훌다(왕하 22:14; 대하 34:22)가 예언을 했다. 다른 한 여인으로 '여선지자' 노아댜가 있었는데, 이 여인은 느헤미야가 자기의 대적으로 분류한 것으로 보아 거짓 선지자였음이 분명하다. 이사야 8:3은 선지자 이사야의 아내를 '여선지자'라고 부른다. 그러나 이사야의 아내가 예언했다는 증거는 없다. 그녀가 이렇게 불린 이유는 그녀가 낳은 자녀에게 붙여진 이름이 예언적인 역할을 했기 때문일 것이다(사 8:3, 4). 이사야의 아내

누가복음에 나오는 다른 기도들

- 성전에서 드린 시므온의 기도(2:29-32)
- 치료를 구하는 나병환자의 기도(5:12)
- 백부장의 기도(7:6, 7)
- 거라사 지방의 귀신 들린 자의 기도(8:28)
- 야이로의 기도(8:41, 42)
- 나병환자 열 명의 기도(17:12, 13)
- 여리고 맹인의 기도(18:38-41)

에게 이런 명칭이 사용된 사실은 그런 명칭을 가졌다고 해서 반드시 지속적으로 계시적 예언 사역을 했다는 의미는 아님을 보여준다. 또한 랍비의 전통은 사라와 한나, 아비가일, 에스더를 여선지자로 간주했다(이는 미리암, 드보라, 훌다와 함께 일곱이라는 숫자를 채우기 위한 것으로 보임). 신약성경에서는 빌립의 딸들이 예언했다(*행 21:9에 대한 설명을 보라*).

2:37 **과부가 되고 팔십사 세가 되었더라** 이 말은 그녀가 84세인 과부였다는 의미로 과부가 된 후 84년의 긴 세월이 흘렀다는 말은 아닐 것이다. 그녀가 7년 동안 결혼생활을 한 후(36절) 과부가 되어 84년을 지냈다면 그녀의 나이는 최소 104세가 되었을 것이기 때문이다. **성전을 떠나지 아니하고** 그녀가 성전 내에 생활공간을 가지고 있었음이 분명하다. 성전 바깥 뜰에 선지자를 위한 그런 공간이 몇 군데 있었는데, 안나는 여선지자라는 특별한 신분으로 그곳에 거주할 수 있는 허가를 받았을 것이다.

C. 예수의 소년 시절(2:39-52)

1. 나사렛에서(2:39, 40)

2:39 **갈릴리로 돌아가** 누가는 박사들의 방문과 애굽 피난 이야기를 생략했다(마 2:1-18). 예수가 초기에 버림을 받는 주제(마태복음 서론의 역사적·신학적 주제를 보라)는 마태복음에서 뚜렷한 위치를 차지하고 있지만 누가의 관심을 끄는 내용은 아니었다.

2. 성전에서(2:41-50)

2:41 **유월절** *출애굽기 23:14-19에 대한 설명을 보라*. 유월절은 하루뿐인 명절이지만, 바로 그다음부터 일주일 동안의 무교절이 따라온다(*마 26:17에 대한 설명을 보라*).

2:43 **예수는 예루살렘에 머무셨더라** 외경 복음서들은 예수가 소년 시절에 기적을 행하고 초자연적인 능력을 오용했다는 지어낸 이야기들을 소개하고 있다. 이와 대조적으로 누가는 소년 시절 예수의 모습을 보여주는 이 유일한 언급을 통해 예수를 보통 가정의 보통 소년으로 그리고 있다. 그가 뒤처진 것은 버릇없는 행동도 아니었고 불순종도 아니었다. 그것은 예수가 뒤에 남겨졌다고 생각한 부모의 잘못된 추정의 결과일 뿐이었다.

2:44 **동행 중에** 요셉과 마리아가 친구들과 가족으로 구성된 큰 무리와 나사렛을 떠나서 여행을 하고 있었음이 분명하다. 수백 명의 사람이 그 절기에 맞춰 함께 여행하고 있었을 것이다. 그런 무리에서 남자와 여자는 어느 정도 거리를 두고 여행한다. 그래서 요셉은 예수가 마리아와 함께 있을 것이라 생각했고, 마리아는 예수가 요셉과 함께 있을 것이라고 생각했던 것으로 보인다.

2:46 **사흘** 이 말은 그들이 예루살렘을 사흘 동안 찾아다녔다는 뜻은 아닐 것이다. 그들은 하루 종일을 여행한 뒤 예수가 함께 있지 않다는 사실을 알았을 것이다. 그렇다면 그들이 다시 예루살렘에 돌아가기 위해 하루를 썼고, 나머지 하루는 예수를 찾으면서 보냈을 것이다. **그들에게 듣기도 하시며 묻기도 하시니** 예수는 학생의 위치에서 그들을 향해 존경의 태도를 보이셨다. 그러나 그렇게 어린 나이임에도 예수의 질문은 선생들을 부끄럽게 할 만큼 지혜로웠다.

2:48 **어찌하여 우리에게 이렇게 하였느냐** 마리아의 말에는 분노와 꾸짖음이 스며 있다. 이것은 이런 상황에 처한 모든 어머니로부터 나올 수 있는 당연한 반응이지만 이 경우에는 문제가 다르다. 예수는 그들로부터 숨거나 그들의 권위를 무시한 것이 아니었다. 사실을 말하면, 예수가 취하신 행동은 그런 상황에서(부모 없이 혼자되었을 때) 어떤 아이라도 취했을 법한 것이다. 곧 예수는 믿을 만한 어른들이 있는 공개된 장소, 부모가 자기를 찾아올 것 같은 곳에 있었던 것이다(49절). **네 아버지** 그의 법적인 아버지 요셉이다.

2:49 **내 아버지 집** 이 말은 48절에 나오는 마리아의 "네 아버지"라는 말과 대조된다. 예수의 대답은 무례한 것이 아니라 요셉과 마리아가 어디서 예수를 찾아야 할지 몰랐다는 사실에 대한 순수한 놀라움을 드러낸 것이다. 이 말은 그처럼 어린 나이임에도 예수는 이미 자신의 신분과 사명에 대한 분명한 의식을 가지고 계셨음을 보여준다.

3. 가족 속에서(2:51, 52)

2:51 **순종하여 받드시더라** 예수님이 하늘에 계신 아버지와 맺고 있는 관계 때문에 지상의 부모에 대한 의무가 무시되거나 무효화되지 않았다. 다섯 번째 계명에 대한 순종은 그리스도가 우리를 위해 완전히 성취해야 하는 율법의 필수적인 부분이었다(히 4:4; 5:8, 9). 그는 모든 의를 이루어야 했다(*마 3:15에 대한 설명을 보라*).

2:52 **예수는…자라가며** 예수는 사람이 되기 위해 잠시 하나님이 아닌 존재가 되었거나 신성한 속성을 벗어버린 것이 아니다. 도리어 그리스도는 인성을 입으시고(신성을 버린 것이 아니라 인성을 더한 것임) 아버지의 뜻에 따라 신적 속성을 사용하셨다(요 5:19, 30; 8:28; 빌 2:5-8). 그래서 어느 때는 그리스도의 전지가 발휘되기도 했고(마 9:4; 요 2:24, 25; 4:17, 18; 11:11-14; 16:30) 어느 때는 아버지의 뜻에 따라 그의 인성으로 그것이 가

헤롯 가문의 통치자들

주전 37-4년	헤롯 1세(대 헤롯)	유대 왕	마 2:1-22; 눅 1:5
주전 4-주후 6년	헤롯 아켈라오	유대, 사마리아, 이두매 행정 장관	마 2:22
주전 4-주후 34년	헤롯 빌립*	이두래와 드라고닛 분봉 왕	눅 3:1
주전 4-주후 39년	헤롯 안디바	갈릴리와 베레아 분봉 왕	마 14:1-11; 막 6:14-29; 눅 3:1, 19; 13:31-33; 23:7-12
주후 37-44년	헤롯 아그립바 1세	유대 왕	행 12장
주후 44-100년	헤롯 아그립바 2세 (48년에 왕이 됨)	칼키스의 분봉 왕 그리고 왕	행 25:13-26:32

* 또 다른 헤롯 빌립이 신약성경에 등장한다. 대 헤롯과 미리암 2세 사이에서 출생한 그는 헤로디아의 첫 남편이었다(마 14:3; 막 6:17; 눅 3:19을 보라).

려지기도 했다(막 13:32). 이와 같이 그리스도는 지적으로, 신체적으로, 영적으로, 사회적으로 사람이 성장하는 정상적인 과정을 밟으셨다. *마가복음 13:32에 대한 설명을 보라.*

D. 예수의 세례(3:1-4:13)

1. 세례 요한의 설교(3:1-20)

3:1 **디베료 황제가 통치한 지 열 다섯 해** 디베료(티베리우스)가 권력을 쥔 과정 때문에 이때의 정확한 연대를 확정하기가 쉽지 않다. 로마의 원로원이 가이사 아구스도(아우구스투스)를 황제로 선포했을 때(*2:1에 대한 설명을 보라*), 이는 그의 권력이 죽음과 함께 끝난다는 조건이었지 그의 권력이 후계자에게 계승될 때 끝난다는 조건이 아니었다. 또한 다음 왕위를 물려받는 후계자를 황제가 정하는 것이 아니라 원로원이 정한다는 사실이 거기에 적시되어 있었다. 하지만 아구스도는 섭정 왕을 지명하고 그에게 서서히 황제의 권력을 넘겨줌으로써 이 어려움을 비껴갔다. 그가 후계자로 정한 첫 번째 사람이 죽자 그는 사위인 디베료를 다시 선택했고 그를 입양해 주후 4년 그를 후계자로 세웠다(아구스도는 디베료를 싫어했지만, 그를 통해 자기 손자에게 권력이 넘어가기를 원했음). 디베료는 주후 11년 섭정 왕이 되었고, 아구스도가 죽자 주후 14년 8월 19일 자동적으로 황제가 되었다. 만약 누가의 연대 계산이 디베료가 섭정 왕으로 임명된 때를 기점으로 삼았다면 재위 15년은 주후 25년 또는 26년이 될 것이다. 만약 누가의 시간 계산이 아구스도의 죽음을 기점으로 삼았다면 이때는 주후 28년 8월 19일부터 주후 29년 8월 18일 사이가 될 것이다. 그런데 연대 확정을 복잡하게 만드는 또 다른 요인이 있다. 유대인은 통치자의 재위 기간을 유대력으로 그가 즉위한 다음 해 1월 1일부터 계산하기 때문에 누가가 유대의 체계를 따랐다면 실제 연대는 약간 늦어질 수도 있다. **본디오 빌라도…헤롯이…빌립** *마태복음 2:22에 대한 설명을 보라.* **루사니아** 다메섹 북서쪽 지역의 통치자로, 역사는 그에 대해 전혀 언급하지 않는다.

3:2 **안나스와 가야바가 대제사장으로 있을 때에** *사도행전 4:6에 대한 설명을 보라.* 요세푸스에 따르면 안나스는 주후 6-15년 대제사장으로 활동하다가 로마에 의해 그 자리에서 물러났다. 그럼에도 그는 실질적 권력을 유지했다. 이는 그의 후계자들 가운데 그의 다섯 아들과 사위인 가야바가 포함된 것으로 알 수 있다(*마 26:3에 대한 설명을 보라*). 누가가 서술한 기간의 실제 대제사장은 가야바였지만 안나스가 여전히 그 직책을 관장하고 있었다. 이런 사실은 그리스도가 체포되신 후 가장 먼저 안나스에게 보내졌고, 그다음 가야바에게 보내진 데서도 알 수 있다(*마 26:57에 대한 설명을 보라*). **빈 들** *마태복음 3:1에 대한 설명을 보라.*

3:3 **죄 사함을 받게 하는** 즉 '회개를 근거로 이미 받은 사죄를 상징하고 증거하는'(*행 2:38에 대한 설명을 보라*)이라는 뜻이다. **회개의 세례** *마태복음 3:6에 대한 설명을 보라.*

3:4 **그의 오실 길을 곧게 하라** 이사야 40:3-5을 인용

한 것이다(*이 구절에 대한 설명을 보라*). 광야 지역을 여행하는 왕은 동행하는 일꾼들을 앞서 보내 길에 파편이나 장애물, 웅덩이 등으로 여행이 난관에 부딪히는 일이 없도록 조치를 취했다. 영적 의미에서 요한은 이스라엘 사람들에게 메시아를 맞이하기 위해 마음을 준비하라고 요청한 것이다.

3:6 **모든 육체** 즉 유대인뿐 아니라 이방인까지다(*2:31에 대한 설명을 보라*). 네 편의 복음서 모두 이사야 40:3을 인용한다(마 3:3; 막 1:3; 요 1:23). 오직 누가복음만이 5, 6절을 덧붙이고 있다. 이사야서의 익숙한 본문을 사용해 누가는 복음이 모든 사람을 위한 것이라는 주제를 강조하고 있다(서론에 나온 해석상의 과제를보라).

3:7 **장차 올 진노** 곧 발생할 예루살렘의 멸망을 가리키는 말일 수 있다. 하지만 이 표현은 이 세상의 모든 재앙을 넘어선 종말론적 최후의 심판, 곧 주의 날에 쏟아부어질 하나님의 진노를 가리키는 것이 분명하다. 그날 모든 회개치 않는 자들이 받을 의로운 결과로 하나님의 진노가 임할 것이다(참고. 롬 1:18; 살전 1:10; 히 10:27). *마태복음 3:7에 대한 설명을 보라.*

3:8 **돌들** 참고. 19:40. 이 이미지는 에스겔 11:19; 36:26 등 구약성경에 나온다. 하나님의 주권적 능력은 돌 같은 마음을 믿는 마음으로 바꾸실 수 있다. 하나님은 원하기만 하면 무생물로부터, 그 마음이 돌같이 굳은 이방인으로부터도 아브라함의 자손을 일으키실 수 있다(참고. 갈 3:29). **아브라함의 자손** 아브라함의 참된 후손은 혈통적인 후손만이 아니라 아브라함의 믿음을 따라 아브라함이 믿은 것처럼 하나님 말씀을 믿는 사람들이다(롬 4:11-16; 9:8; 갈 3:7). 혈통을 믿는 사람은 믿음의 초점을 하나님으로부터 다른 데로 돌린다. 따라서 그것은 영적으로 치명적인 상황에 놓이게 된다(참고. 요 8:39-44).

3:9 **도끼가 나무 뿌리에 놓였으니** *마태복음 3:10에 대한 설명을 보라.*

3:11 **옷 두 벌** 셔츠 같은 옷이다. 한 번에 하나만 입을 수 있었다. 요한은 여전히 임박한 심판을 강조하고 있다. 당장 필요한 것 이외의 물건을 보유하고 있을 때가 아니었다.

3:12 **세리들** *마태복음 5:46에 대한 설명을 보라.*

3:14 **군인들** 이들은 베레아에 주둔해 있던 헤롯 안디바의 군대와 유대인 병사일 가능성이 가장 높다. **거짓으로 고발하지 말고** 이곳과 13절에서 요한이 요구한 것은 수도원의 생활방식이나 신비주의적 금욕주의가 아니라 매일의 실제 생활에서 고결성과 고상한 성품을 지니라는 것이다. 참고. 약 1:27.

3:16 **세례를 베풀거니와** *마태복음 3:11에 대한 설명을 보라.* **신발끈** 신발 끈을 푸는 것은 발을 씻기 위한 준비로 노예가 하는 가장 천한 일이었다(*요 13:4, 5에 대한 설명을 보라*).

3:17 **키** *마태복음 3:12에 대한 설명을 보라.*

3:19 **헤로디아의 일…책망을 받고** *마태복음 14:3에 대한 설명을 보라.*

3:20 **요한을 옥에 가두니라** 실제로 이 일은 예수의 사역 과정에서 훨씬 나중에 일어났다(마 14:1-12; 요 3:22-24). 그러나 누가는 세례 요한에 대한 자료를 연대기적으로 배열하지 않고 주제를 따라 배열했다(서론의 배경과 무대를 보라).

2. 하늘의 증언(3:21, 22)

3:21 **세례를 받으시고** *마태복음 3:15에 대한 설명을 보라.* **기도하실 때에** 오직 누가만이 예수가 기도하신 사실을 기록한다. 기도는 누가의 주제 가운데 하나다(서론의 역사적·신학적 주제를 보라).

3:22 **성령** *마태복음 3:16, 17에 대한 설명을 보라.* 성삼위의 세 위격은 서로 구별된다. 이 구절은 양태론(modalism)의 이단, 곧 하나님은 한 위격으로 자신을 세 가지의 서로 다른 모습으로 드러내되 어느 순간에는 하나의 모습으로 드러낸다는 이단을 반박하는 강력한 증거를 제공한다. **비둘기 같은** 부드러운 모습이다(마 10:16). **형체로** 즉 '모든 사람이 볼 수 있는 물리적인 방식으로'이다(참고. 마 3:16; 요 1:32). **내 사랑하는 아들** *마태복음 3:17에 대한 설명을 보라.*

단어 연구

세례를 베풀다(세례를 받다, Baptize): 3:7, 12, 16, 21; 7:29, 30; 12:50. 문자적으로 '담그다' '물 속에 담그다'라는 뜻이다. 사람들은 요한의 말에 따라 물 속에 몸을 담그기 위해 요단강으로 왔다. 유대교로 개종하는 이방인들이 세례를 받는 것은 관례였지만, 유대인이 이렇게 세례를 받는다는 것은 새롭고 낯선 일이었다. 요한은 그들이 옛 생활을 청산한다는 공개적인 표시로 세례받을 것을 요구했다. 세례를 받는다는 것은 메시아의 오심을 위해 마음을 준비한다는 상징이었다. 바울은 세례를 신자가 그리스도와 하나가 되는 것과 연결시켰다. 물감 속에 담긴 천이 그 색을 빨아들이듯 그리스도 안에 담긴 사람은 그분의 성품을 취해야 한다.

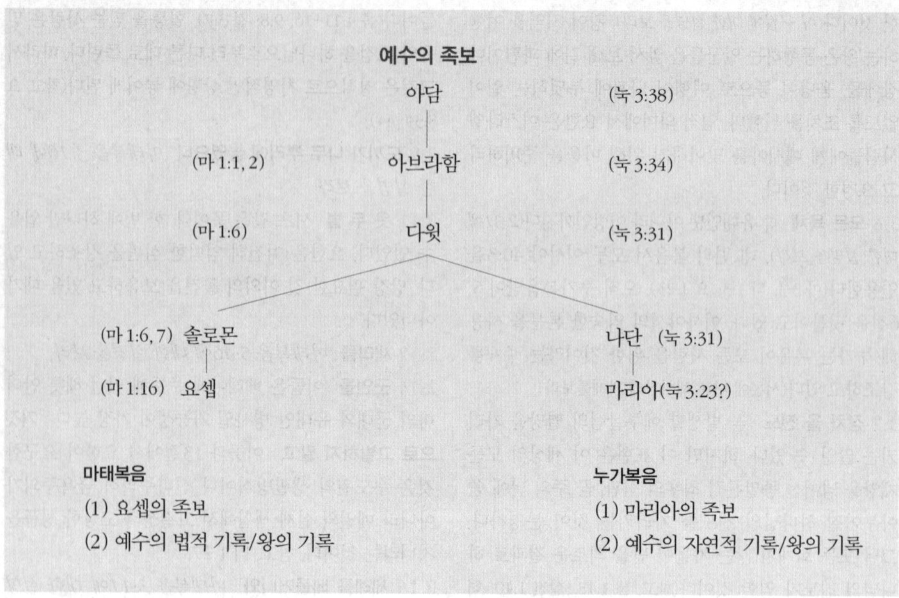

3. 인자의 족보(3:23-38)

3:23-38 누가의 족보는 예수로부터 시작하여 아담으로 거슬러 올라가고 마태의 족보는 아브라함부터 요셉으로 내려간다. 요셉에서 다윗에 이르는 부분에서 누가의 족보는 마태의 족보와 전혀 다르다. 누가의 족보를 마리아의 것으로 보고 마태의 족보를 요셉의 것으로 보면 그 둘은 조화를 이룬다. 그렇게 되면 예수가 왕족이라는 사실은 예수의 법적 아버지를 통해 내려오고, 그가 육체적으로 다윗의 후손이라는 사실은 마리아의 족보를 통해 확인된다. 누가는 마태와 달리(*마 1:3에 대한 설명을 보라*) 족보에 여인을 포함시키지 않았다. 심지어 마리아도 포함시키지 않았다. 요셉은 결혼을 통해 "헬리의 아들"(헬리는 아들이 없었음)이 되었으며, 따라서 여기 23절에서 마리아 세대의 대표자로 그 이름이 기록되었다. 이처럼 족보에 대신해 이름이 들어가는 전례를 모세가 만들었다(민수기 27:1-11; 36:1-12). 헬리(23절)부터 레사(27절)에 이르는 사람들은 성경의 다른 곳에서는 나오지 않는다. 스룹바벨과 스알디엘(27절)이 마태의 족보에서 예수님과 다윗 사이에 등장하는 이름들 가운데 누가의 족보와 겹치는 유일한 두 개의 이름이다. 이와 관련해 *학개 2:23; 마태복음 1:12에 대한 설명을 보라.*

3:23 **삼십 세쯤** 누가는 여기서 정확한 나이를 확정하고 있지 않다. 대략적인 숫자인데, 30세는 선지자(겔 1:1), 제사장(민 4:3, 35, 39, 43, 47) 또는 왕(창 41:46; 삼하 5:4)이 공적 직무를 시작하는 일반적인 나이였다. **사람들이 아는 대로는** 누가는 동정녀 탄생의 사실을 확실히 밝혔다(1:34, 35). 여기서 그는 다시 한 번 요셉이 예수의 진짜 아버지가 아니라는 사실을 밝히고 있다.

4. 하나님의 아들의 시험(4:1-13)

4:1 **성령에게 이끌리시며** *마태복음 4:1에 대한 설명을 보라.*

4:1, 2 **사십 일 동안…시험을 받으시더라** 그리스도의 시험은 금식하는 40일 전체에 걸쳐 이루어졌음이 분명하다(*마 4:2에 대한 설명을 보라*). 마태와 누가는 세 가지의 특정한 시험을 압축된 표현으로 제시한다. 누가는 마태의 기록에 있는 세 가지 시험 가운데 마지막 두 가지 시험의 순서를 바꿨다. 누가는 때로 자료를 연대기적으로 나열하는 것이 아니라 논리적 순서에 따라 배열하기도 한다(서론의 배경과 무대를 보라. *1:3에 대한 설명을 보라*). 누가가 이렇게 한 데는 어떤 이유가 있을 것이다. 어쩌면 누가는 매우 중요한 장소인(서론의 역사적·신학적 주제를 보라) 예루살렘에서(참고. 9절) 예수의 시험 이야기를 마치려고 했을지도 모른다.

4:3-13 *마태복음 4:3-10에 대한 설명을 보라.*

4:4 예수는 신명기 8:3을 인용하셨다.

4:8 예수는 신명기 6:13을 인용하셨다.

4:10, 11 사탄이 시편 91:11, 12을 인용했다.

4:12 예수는 신명기 6:16을 인용하셨다.

시험: 두 아담의 대비

아담과 그리스도는 모두 세 가지 시험에 직면했다. 아담은 시험에 패배함으로써 인류를 죄와 죽음으로 몰아넣었다. 그러나 그리스도는 시험에 저항했고, 그 결과 의와 생명을 가져다주셨다.

요일 2:16	창 3:6 첫째 아담	눅 4:1-13 두 번째 아담: 그리스도
"육신의 정욕"	"먹음직도 하고"	"이 돌들에게 명하여 떡이 되게 하라"
"안목의 정욕"	"보암직하고"	"마귀가…천하 만국을 보이며"
"이생의 자랑"	"지혜롭게 할 만큼 탐스럽기도 한"	"뛰어내리라"

4:13 **얼마 동안** 그리스도를 향한 사탄의 시험은 여기서 끝난 것이 아니라 사역 내내 지속되었으며(참고. 히 4:15), 겟세마네에서 절정에 도달했다(22:39-46).

갈릴리 사역 (4:14-9:50)

A. 사역의 시작(4:14-44)

1. 나사렛(4:14-30)

4:14 **갈릴리에 돌아가시니** 공관복음서는 예수가 세례를 받으신 후 갈릴리로 돌아오실 때까지의 사역에 대해 대체적으로 침묵하지만 요한은 예루살렘과 유대에서의 광범위한 사역을 기록했다(요 2:12-4:1). 그 결과 그리스도에 대한 소문이 신속하게 퍼져 나갔다.

4:15 **회당** *마가복음 1:21에 대한 설명을 보라.*

4:16 **나사렛에 이르사** 누가는 23절에서(*이 구절에 대한 설명을 보라*) 그리스도가 이미 가버나움에서 사역하셨음을 밝히고 있다. 그러면서도 누가는 이 이야기를 그리스도의 공적 사역에 대한 그분의 기록 가운데 가장 앞부분에 놓았다. 이것은 누가가 사건들을 배열할 때 연대기적 순서를 따르지 않고 논리적 순서를 따른다는 것을 보여주는 하나의 실례다(서론의 배경과 무대를 보라. *1:3에 대한 설명을 보라*). **늘 하시던 대로** 나사렛은 예수의 고향이었으므로 정기적으로 회당에 참석하는 사람들은 그분을 잘 알고 있었을 것이다.

4:18 **내게 기름을 부으시고** 성령이 곧 그 기름 부음이었다(1, 14절).

4:19 **주의 은혜의 해** 또는 '주의 자비의 해'다. 그리스도는 이사야 61:1, 2을 읽으셨다. 그리스도는 2절 중간까지만 읽으셨는데, 그 절의 나머지 부분은 하나님의 보복의 날에 있을 심판에 대한 예언이었다. 그 부분은 재림에 적용되는 구절이므로 읽지 않으셨던 것이다.

4:20 **앉으시니** 성경을 읽는 동안에는 존경의 태도로 서 있지만(16절), 가르칠 때는 보통 자리에 앉는다. *마태복음 5:1에 대한 설명을 보라.*

4:21 **이 글이 오늘 너희 귀에 응하였느니라** 이것은 예수가 그 예언을 성취하는 메시아라는 분명한 선언이었다. 그들은 그리스도 말씀의 의미를 정확하게 이해했지만, 목수의 아들로 알고 있던 사람에게서 나오는 그처럼 고귀한 선언을 받아들일 수가 없었다(22절. 참고. 마 13:55).

4:23 **가버나움** 그리스도는 이미 가버나움에서의 기적을 통해 명성을 얻으셨음이 분명하다. 성경은 공적 사역 첫 해에 있었던 일에 대해 상세하게 기록하고 있지 않다. 그 몇 달 동안의 사역에 대해 알려진 대부분의 내용은 요한복음에 있으며, 이는 그 사역이 주로 유대에서 이루어졌다는 암시다. 요한복음 2:12은 가버나움을 짧게 방문한 사실을 언급할 뿐 더 이상의 자세한 내용은 없다. 요한복음 4:46-54은 그리스도가 가나에 계신 동안 가버나움에서 병들어 누워 있던 왕의 신하의 아들을 고치셨다고 말한다. 그 구절을 통해 그리스도가 이미 제자 몇 명을 두고 계셨다는 사실과 그들이 갈릴리 바다 북쪽 출신이라는 것을 알 수 있다(요 1:35-42. *마 4:18에 대한 설명을 보라*). 그렇다면 사역 첫 해에 그리스도는 그곳을 한 번 이상 방문하셨을 것이다. 어쨌든 그리스도는 기적을 행하실 수 있을 정도로 긴 시간 그곳에 머물러 계셨으며, 그분의 소문이 갈릴리 전역에 퍼져 나갔다(참고. 14절).

4:25-27 사렙다 과부(왕상 17:8-24)와 수리아 사람 나아만(왕하 5장)은 모두 이방인이었다. 이들은 이스라엘에 불신앙이 널리 퍼져 있던 시기에 살았다. 예수 말씀의 핵심은 하나님이 이스라엘의 모든 과부와 나병환자를 지나치셨지만 이 두 명의 이방인에게는 은혜를 베푸셨다는 것이다. 이방인과 버림받은 자들을 향한 하나님의 관심은 누가복음 전체를 관통하는 주제 가운데 하나

다(서론의 역사적·신학적 주제를 보라).

4:28 **크게 화가 나서** 여기서 누가는 그리스도의 사역에 대한 적대적인 반대를 처음 언급하고 있다. 나사렛 사람들의 분노를 촉발한 것은 하나님의 은혜가 그들이 아닌 이방인에게 베풀어졌다는 그리스도의 말씀이었던 것으로 보인다.

4:30 **가운데로 지나서 가시니라** 이것은 기적적으로 그들을 피했다는 뜻이다. 그리스도가 때가 되기 전 군중의 손에 죽임을 당할 순간 기적적으로 빠져나가신 몇 번의 경우 중 첫 번째 경우다(참고. 요 7:30; 8:59; 10:39).

2. 가버나움(4:31–42)

4:32 **권위** *마태복음 7:29에 대한 설명을 보라.*

4:33 **귀신** *마태복음 8:16에 대한 설명을 보라.*

4:34 **하나님의 거룩한 자** 귀신들은 언제나 곧바로 그리스도를 알아보았다(참고. 41절; 8:28; 마 8:29; 막 1:24; 3:11; 5:7).

4:38 **시몬의 장모** 베드로는 결혼했다(참고. 고전 9:5). 그러나 그의 아내에 대한 자세한 정보는 성경 어디에도 없다. **중한 열병** 마태복음 8:14, 15과 마가복음 1:30, 31도 이 기적을 기록하고 있다. 그러나 의사인 누가만이 그 열병이 중했다고 언급하며, 예수가 그녀를 치료하기 위해 사용하신 방법을 기록하고 있다(39절).

4:40 **해 질 무렵** 이것은 안식일의 끝을 의미한다. 자유롭게 여행할 수 있게 되자마자 사람들이 모였다.

4:41 **당신은 하나님의 아들이니이다** *34절에 대한 설명을 보라.*

3. 갈릴리의 고을(4:43, 44)

4:43 **하나님의 나라** 이 용어는 누가복음에서 지금 처음으로 등장한다. *마태복음 3:2에 대한 설명을 보라.*

B. 제자들을 부르심(5:1-6:16)

1. 네 명의 어부(5:1–26)

5:1 **게네사렛 호숫가** 즉 갈릴리 바다를 말한다. 때로는 디베랴 바다라고도 불린다(요 6:1; 21:1). 실제로 이것은 큰 담수호로 그 수위는 해발 210미터이며, 갈릴리 지역의 주 상수원이고 상업 활동의 거점 역할을 했다.

5:2 **그물을 씻는지라** 밤새 투망질을 하고도 아무런 소득 없이(참고. 5절) 그들은 야간 작업을 위해 그물을 말리며 손질하고 있었다.

5:3 **앉으사** *4:20; 마태복음 5:1에 대한 설명을 보라.*

5:4 **그물을 내려** 보통 밤 시간 얕은 곳에서 그물에 걸리는 물고기들이 낮 동안에는 그물이 닿지 않는 수심 깊은 곳으로 옮겨가기 때문에 베드로는 밤에 고기를 잡고 있었다. 베드로는 분명 예수의 지시가 무의미하다고 생각했을 테지만, 어쨌든 그는 그 지시를 따랐고 그 순종에 대한 보상을 받았다(6절).

5:8 **나를 떠나소서** 그처럼 많은 고기를 잡은 것은 분명 기적이었으며, 가버나움의 모든 어부를 놀라게 했다(9절). 베드로는 즉시 자신이 신성한 능력을 가진 거룩한 존재 앞에 있다는 사실을 깨닫고, 자신의 죄에 대한 부끄러움에 사로잡혔다. 참고. 출애굽기 20:19; 33:20; 사사기 13:22; 욥기 42:5, 6. *이사야 6:5에 대한 설명을 보라.*

5:11 **모든 것을 버려 두고 예수를 따르니라** *마태복음*

「만선의 기적(*The Miraculous Draught of Fishes*)」 1563년. 요하힘 베케라르, 패널에 유화. 210.8×110.4cm. 폴 게티 박물관, 로스앤젤레스.

4:18에 대한 설명을 보라. 누가는 이 제자들을 두 번째 부르신 일에 대한 더 자세한 설명을 해준다.

5:12 **온 몸에 나병 들린** 누가의 강조는 그것이 증세가 극히 심한 나병이었음을 보여준다. *마가복음 1:40에 대한 설명을 보라.*

5:13 **곧** 예수의 병 고침의 특징 가운데 하나는 즉각적이고 완전한 회복이라는 점이다. 참고. 17:14; 마태복음 8:13; 마가복음 5:29; 요한복음 5:9.

5:14 **아무에게도 이르지 말고** *마태복음 8:4에 대한 설명을 보라.* **제사장에게 네 몸을 보이고** 즉 나병에 대한 율법의 규정에 따른 것이다(레 13:1-46).

5:17 **바리새인** *마태복음 3:7에 대한 설명을 보라.* **율법교사** 즉 서기관이다. *마태복음 2:4에 대한 설명을 보라.* 이 유대교 지도자들은 멀리 예루살렘에서 왔다. 그리스도의 명성이 널리 퍼졌으므로 이미 서기관과 바리새인들은 그분을 비판적인 시선으로 주시하고 있었다.

5:19 **기와를 벗기고** 이곳은 지붕이 기와로 되어 있는 집으로, 기와를 걷어내면 지붕 기둥 사이로 사람을 달아 내릴 수 있는 집이었던 것으로 보인다. 그들이 이 사람을 예수 앞으로 데리고 가기 위해 이런 방책을 강구한 것으로 볼 때, 그분을 따르는 군중이 매우 많았던 것을 알 수 있다. 많은 사람이 예수를 둘러싸고 있어 그 집을 떠나실 때까지 기다렸어도 그들은 중풍병자를 데리고 예수 가까이 가기가 불가능했을 것이다.

5:20 **네 죄 사함을 받았느니라** 그리스도는 그의 병을 먼저 다루시지 않고 곧장 그 사람의 가장 큰 필요를 처리하셨다. *마태복음 9:2에 대한 설명을 보라.* 그렇게 행하면서 그리스도는 오직 하나님만이 하실 수 있는 일을 자신도 할 수 있다고 주장하셨다(21절. 참고. 7:49). 그 사람의 불구를 고치신 사실은 예수께 죄를 사할 권세가 있다는 증거이기도 했다.

5:21 **신성 모독** 만약 그리스도가 성육신하신 하나님이 아니었다면 그들의 평가는 옳았을 것이다. *마태복음 9:3에 대한 설명을 보라.*

5:22 **아시고** '전지에 의하여'다. 참고. 마태복음 9:4; 요한복음 5:24, 25.

5:23 **어느 것이 쉽겠느냐** *마태복음 9:5에 대한 설명을 보라.*

5:24 **너희로 알게 하리라** 자신의 뜻대로 즉시 완전하게(25절) 사람의 병도 고칠 수 있는 능력은 그분의 신성에 대한 결정적 증거다. 하나님인 예수는 죄를 용서할 모든 권세를 가지고 계신다. 이것은 결정적인 순간이었으며, 바리새인들이 모든 반대를 단번에 포기해야 하는 순간이었다. 그럼에도 그들은 예수가 자신들의 안식일 규칙을 어겼다고 비난함으로써 그분에 대한 신뢰를 무너뜨리기 위해 애썼다(*6:2-11에 대한 설명을 보라*).

5:26 **놀라운 일** 이 반응은 놀라울 정도로 무심하기 그지없다. 이상하게 여기고 놀라기는 했지만 참된 신앙은 전혀 없었다.

2. 레위(5:27-6:11)

5:27 **레위** 회심하기 이전 마태의 이름이다. *마태복음 9:9, 11에 대한 설명을 보라.*

5:28 **모든 것을 버리고** 참고. 11절; 9:59-62. 이것은 돌이킬 수 없는 행동을 의미한다.

5:29 **세리와 다른 사람이 많이** 레위는 곧바로 이전 동료들에게 그리스도를 소개했다.

5:30 **먹고 마시느냐** 사회적으로 추방된 자들과 교제하는 것, 심지어 그들에게 말하는 것까지도 아주 나쁜 일이었다. 그들과 함께 먹고 마시는 것은 바리새인들이 보기에 역겨울 정도의 교제를 의미했다(참고. 7:34; 15:2; 19:7).

5:31 **건강한 자** 즉 자기들이 건강하다고 생각하는 사람들은 치료를 받으려고 하지 않는다. *마태복음 9:12에 대한 설명을 보라.*

5:33 **자주 금식하며** 예수가 금식하신 경우는 한 번 기록되어 있다(마 4:2). 그러나 그것도 자신의 가르침에 따라 은밀하게 하셨다(참고. 마 6:16-18). 또한 율법은 속죄일에 금식해야 한다고 규정했다(레 16:29-31; 23:27). 그러나 다른 모든 금식은 회개나 간절한 기도를 위해 자발적으로 하는 것이었다. 바리새인들이 이런 질문을 제기했다는 사실은 그들이 금식을 자신의 영성을 드러내기 위해 공개적으로 행하는 것으로 생각했다는 것을 보여준다. 하지만 구약 역시 위선적인 금식을 꾸짖었다(사 58:3-6). *마태복음 6:16, 17; 9:15에 대한 설명을 보라.*

5:36-38 *마태복음 9:16, 17에 대한 설명을 보라.*

5:39 **묵은 것이 좋다** 옛 언약의 의식들과 바리새적인 전통의 맛을 본 사람들은 예수의 가르침이라는 새 포도주를 위해 옛 것을 포기하려고 하지 않았다. 누가만이 이 말씀을 덧붙였다.

6:2 **하지 못할 일** *마태복음 12:2에 대한 설명을 보라.*

6:3 **다윗이…한 일** *사무엘상 21:1-6에 대한 설명을 보라.* **읽지 못하였느냐** 기본적인 진리조차 알지 못하는 잘못의 책임이 그들에게 있음을 가리키는 꾸짖음이다(참고. 마 12:5; 19:4; 21:16, 42; 22:31).

6:4 **진설병** *마태복음 12:4에 대한 설명을 보라.*

6:5 **안식일의 주인** *마태복음 12:8에 대한 설명을 보라.*

6:7 **안식일에 병을 고치시는가** 서기관과 바리새인들은

손 마른 사람이 있는 것을 목격하고(6절) 그리스도가 계시니 그 사람을 고칠 것이라고 짐작했다. 그리스도가 병 고치는 능력을 행한 다른 모든 사람과 확연하게 비교되는 것은 그리스도는 사람을 골라서 병을 고치시지 않았다는 것이다. 그리스도는 자기에게 오는 모든 사람을 고치셨다(19절. 참고. 4:40; 마 8:16).

6:8 **그들의 생각을 아시고** 참고. 5:22. *마태복음 9:4에 대한 설명을 보라.* **일어나…서라** 예수는 마치 바리새인들이 사람의 손으로 만들어놓은 규례를 비웃기라도 하듯 의도적으로 모든 사람 앞에서 공개적으로 이 기적을 행하셨다.

6:9 **선을 행하는 것** 안식일법은 이익을 위한 노동, 무가치한 오락, 예배 이외의 일들을 금했다. 활동 그 자체는 불법이 아니었다. 특히 선행은 안식일에 어울리는 일이었다. 구체적으로 자선 활동, 긍휼을 베푸는 것, 예배가 그러했다. 생명을 유지하기 위한 조치도 허용되었다. 그런 일들을 금함으로써 안식일을 더럽히는 것은 하나님의 의도에 역행하는 일이었다. *마태복음 12:2, 3에 대한 설명을 보라.* **악을 행하는 것** 선을 행하기를 거부하는 것은 악을 행하는 것이다(약 4:17).

6:10 **무리를 둘러보시고** 즉 9절의 질문에 대답할 수 있는 기회를 그들에게 주신 것이다. 그런데 그들은 아무도 대답하지 못했다.

6:11 **노기가 가득하여** 영광스러운 기적을 목격한 반응치고는 이상한 반응이다. 이런 불합리한 증오는 그들이 공개적으로 수치를 당한 사실에 따른 반응이다. 이런 수치는 그들이 다른 어떤 것보다도 싫어하는 것이었다(참고. 마 23:6, 7). 그들은 예수의 논리에 대항할 수가 없었다(9, 10절). 게다가 예수는 그 사람을 오직 명령으로만 낫게 하셨으므로 안식일을 범했다고 비난받을 만한 실제적인 어떤'일'도 하지 않으셨던 것이다. 예수를 비난할 이유를 필사적으로 찾으려 해도(7절) 모두 허사였다. 그래서 그들은 무조건 분노를 터뜨린 것이다.

3. 열 둘(6:12–16)

6:12 **밤이 새도록 하나님께 기도하시고** 누가는 자주 예수의 기도하는 모습을 보여준다. 특히 예수의 사역 가운데 중요한 사건을 앞두었을 때는 더욱 그랬다. 참고. 3:21; 5:16; 9:18, 28, 29; 11:1; 22:32, 40-46.

6:13 **그 제자들을 부르사** *마태복음 10:1-4에 대한 설명을 보라.* 그리스도께는 많은 제자가 있었다. 한번은 70명을 둘씩 짝지어 복음 선포를 위해 보내기도 하셨다(10:1). 그러나 이 경우 예수는 열둘을 택하셔서 그들에게 특별히 사도(즉 '보냄 받은 자')의 사명, 예수를 대신하여 그분의 메시지를 전하도록 특별한 권세를 주셨다(참고. 행 1:21, 22).

6:17-49 평지 설교다. 산상보훈(*마 5:1-7:29에 대한 설명을 보라*)과의 유사성이 분명하게 드러난다. 예수가 동일한 설교를 여러 번 하셨을 가능성은 얼마든지 있다(같은 자료를 한 번 이상 사용하신 적은 분명히 있음, 예를 들면 12:58, 59. 참고. 마 5:25, 26). 하지만 평지 설교의 경우 같은 설교에 대한 다른 기록일 가능성이 더 높은 것으로 보인다. 누가의 기록은 축약본으로, 그는 유대인 특유의 부분(구체적으로 그리스도의 율법 강해 부분)을 생략했다. 이것을 제외하면 산상보훈과 평지 설교는 정확하게 동일한 생각의 흐름, 곧 팔복으로 시작해 반석 위에 집을 짓는 비유로 마치는 흐름을 따라간다. 이 두 서술 간의 차이는 그 설교가 원래 아람어로 되었다는 사실에 기인한 것이 분명하다. 누가와 마태가 헬라어로 번역하면서 약간씩 차이가 생긴 것이다. 그 두 번역은 당연히 동일하게 영감되었고 권위를 가지고 있다.

C. 계속된 사역(6:17-9:50)

1. 평지 설교(6:17–49)

6:17 **평지** 다른 곳에는 "산에"라고 되어 있다(마 5:1). 이 문제는 쉽게 해결될 수 있는데, 누가가 고원 지대 또는 산 경사면의 평평한 곳을 이 단어로 표현했을 수 있기 때문이다. 실제로 이 설교를 행했다고 전해지는 장소가 가버나움 근처에 있는데, 그곳이 그런 장소다. **두로와 시돈** *마태복음 11:21; 마가복음 3:8에 대한 설*

누가복음에 나오는 예수의 설교

1. 회당에서의 첫 번째 설교	눅 4:17-27
2. 평지 설교	눅 6:17-49
3. 비유로 된 설교	눅 8:4-21
4. 잃어버린 것에 대한 설교	눅 15장
5. 하나님 나라에 대한 설교	눅 17:20-37
6. 다양한 주제를 다룬 설교	눅 20:1-21:38

명을 보라.
6:18 **더러운 귀신** 이 용어는 복음서들에서 19번 사용되었다.
6:19 **능력이 예수께로부터 나와서** 참고. 8:45, 46. *마가복음 5:30에 대한 설명을 보라.*
6:20-25 누가의 팔복은 간략하게 언급된다(참고. 마 5:3-12). 누가는 네 가지 복을 열거하는데, 그 각각에 병행되는 화가 선언되어 균형을 이룬다.
6:20 **너희 가난한 자** 가난한 자들과 비림받은 자들에 대한 그리스도의 관심은 누가가 좋아하는 주제 가운데 하나다(서론의 역사적·신학적 주제를 보라). 마태복음 5:3에서는 정관사("그")가 사용된 반면 누가복음은 인칭대명사("너희")를 사용한다. 누가는 그리스도 말씀의 따뜻하고 인격적인 의미를 부각시켰다. 하지만 그 두 절을 비교해보면 그리스도가 단순한 물질적 가난과 부요 이상의 것을 말씀하고 계심이 드러난다. 여기서 말하는 가난은 일차적으로 사람이 자신의 영적 빈곤 상태를 의식하는 것을 의미한다.
6:21 **지금 주린 자** 단순히 음식에 대한 갈망이 아니라 의에 대한 굶주림과 목마름이다(*마 5:6에 대한 설명을 보라*).
6:22 **인자로 말미암아** 박해 그 자체는 추구할 만한 것이 아니다. 그러나 그리스도로 말미암아 욕을 먹거나 그리스도를 위해 악한 말을 듣는다면(마 5:11) 그런 박해에는 하나님의 복이 따른다.
6:29 **저 뺨도 돌려대며** *마태복음 5:39에 대한 설명을 보라.*
6:31 *마태복음 7:12에 대한 설명을 보라.*
6:35 **지극히 높으신 이의 아들** 즉 하나님의 자녀에게는 지울 수 없는 하나님의 도덕성이 새겨져 있어야 한다는 것이다. 하나님은 사랑이 많고 은혜롭고 관대하시므로(심지어 하나님의 대적에게까지) 우리도 하나님처럼 되어야 한다. *마태복음 5:44, 45에 대한 설명을 보라.* 참고. 에베소서 5:1, 2.
6:37 **비판하지 말라** 이것은 스스로 의롭다는 생각으로부터 솟아나오는 위선과 비판적인 태도를 금하는 말씀이다. 참된 분별을 금하는 말씀은 아니다. *마태복음 7:1에 대한 설명을 보라.* **너희가 용서를 받을 것이요** *마태복음 6:15에 대한 설명을 보라.*
6:38 **너희에게 안겨 주리라** 즉 옷을 받쳤을 때 생긴 움푹한 곳에 부어준다는 것이다. 당시에는 긴 겉옷을 사용해 곡식을 옮기곤 했다. 참고. 시편 79:12; 이사야 65:6; 예레미야 32:18.
6:41 **티…들보** 이 이미지의 유머는 의도적인 것으로 보인다. 그리스도는 때로 우스꽝스러운 이미지를 보여주기 위해 과장법을 사용하시곤 했다(참고. 18:25; 마 23:24).
6:46 **너희는 나를 불러 주여 주여 하면서도** 그리스도의 주 되심을 말로만 인정하는 것은 불충분하다. 참된 믿음은 순종을 낳는다. 나무는 열매를 통해 결과를 얻는다(44절). *마태복음 7:21-23에 대한 설명을 보라.*
6:47-49 *마태복음 7:24-28에 대한 설명을 보라.*

2. 고을들에서의 사역(7:1-8:25)

a. 백부장의 하인을 고치심(7:1-10)

7:2 **백부장의…종** *마태복음 8:5에 대한 설명을 보라.* 비천한 종을 보살피는 백부장의 모습은 이스라엘을 점령한 로마 군대에 대한 평판과 상반된다. 하지만 신약성경에서 참된 신앙의 증거를 보여준 백부장은 이 사람 외에도 두 명이 더 있다(*마 8:5에 대한 설명을 보라.* 참고. 사도행전 10장).
7:3 **유대인의 장로 몇 사람** 마태복음 8:5-13에서는 백부장이 이 사람들을 통해 예수께 호소했다는 언급이 없다. 유대인 장로들이 그의 사정을 예수께 전달한 사실은 백부장이 그 사회에서 어느 정도로 존경받았는지를 보여준다. 그는 유대 민족을 사랑했으며, 그 지역의 회당 건설에 직접적으로 기여하기도 했다(5절). 그는 분명히 하나님을 통해 그리스도께 이끌렸다(참고. 요 6:44, 65). 자신의 잘못을 깨달은 모든 사람처럼 그도 자신의 무가치함을 뼈저리게 느꼈으며(*5:8에 대한 설명을 보라*), 바로 그런 이유로 그는 직접 예수께 말하지 않고 다른 사람을 통해 말한 것이다(6, 7절).
7:6 **감당하지 못하겠나이다** *마태복음 8:8에 대한 설명을 보라.*

b. 과부의 아들을 살려내심(7:11-17)

7:11 **나인** 나사렛 남동쪽의 작은 마을이다.
7:12 **독자** *9:38에 대한 설명을 보라.*
7:14 **그 관에 손을 대시니** 보통 이것은 사람을 종교적으로 부정하게 만드는 행동이었다. 예수는 자신이 그런 더러움에 영향을 받지 않는다는 것을 생생하게 보여주셨다. 예수가 관에 손을 대셨을 때 그 부정함이 그분께 영향을 미치지 못했다. 도리어 그분의 능력이 모든 죽음과 부정을 즉시 쫓아내었다(*39절; 8:44에 대한 설명을 보라*). 이것은 예수가 죽은 사람을 살리신 세 번의 경우 중 첫 번째 경우다(참고. 8:49-56; 요 11:20-44). 22절은 예수가 성경에 언급되지 않은 다른 사람들도 살리셨음을 암시하고 있다.

c. 세례 요한의 제자들을 격려하심(7:18-35)

7:18 **요한의 제자들** 세례 요한은 자신의 메신저로 활동한 제자들을 통해 그리스도 사역에 대해 늘 파악하고 있었음이 분명하다(심지어 투옥된 후에도). 참고. 사도행전 19:1-7.

7:19 **오실 그이가 당신이오니이까** 요한은 생각이 왔다 갔다 하는 사람이 아니었다(24절). 우리는 그의 믿음이 약해졌다든지 그리스도에 대한 믿음을 잃어버렸다고 단언할 이유가 없다. 그러나 많은 예상 밖의 사건들이 일어나(요한은 감옥에 있고, 그리스도는 불신앙과 악의에 부딪힘) 요한은 그리스도 자신으로부터 확신을 얻기 원했던 것이다. 예수가 요한에게 주신 것이 바로 그것이었다(22, 23절). *마태복음 11:3-11에 대한 설명을 보라.*

7:22 **가서…요한에게 알리되** 22, 23절은 이사야 35:5, 6; 61:1을 인용한 것이다. 이 구절들은 메시아에 대한 약속이다(사 61:1은 예수가 나사렛 회당에서 읽으신 것과 같은 단락에 나옴, *4:19에 대한 설명을 보라*). 요한의 제자들은 성경이 메시아에 대해 예언한 바로 그것을 예수께서 행하고 계셨다고 보고해야 했던 것이다(21절). 비록 예언 성취의 구조는 세례 요한이 생각했던 방식과 정확하게 일치하지 않았지만 말이다.

7:23 **실족하지 아니하는 자** 이 말은 세례 요한에 대한 꾸짖음이 아니라 격려의 한 마디였다(참고. 28절).

7:27 말라기 3:1을 인용한 것이다.

7:28 *마태복음 11:11에 대한 설명을 보라.*

7:29 **하나님을 의롭다 하되** 세례 요한의 설교를 들은 보통 사람들과 사회적으로 버림받은 세리들은 그가 회개를 통해 요구한 것이 하나님으로부터 왔고 올바른 것임을 깨달았다.

7:30 **율법교사들** *10:25에 대한 설명을 보라.* **하나님의 뜻을 저버리니라** 회개하라는 요한의 요구는 하나님의 뜻을 표현한 것이었다. 회개를 거부함으로써 그들은 세례 요한만 거부한 것이 아니라 하나님까지 거부했다.

7:32 **아이들이…같도다** 그리스도는 바리새인들을 꾸짖기 위해 그들을 강하게 조롱하셨다. 예수는 '춤'을 추라고 초대하든지(죄인과 함께 먹고 마시는 등 그리스도의 즐거운 사역 방식을 가리킴, 34절), '곡'하라고 촉구하든지(회개하라는 등 세례 요한의 엄격한 사역 방식을 가리킴, 33절), 그들은 기뻐하지 않겠다고 결심한 뒤 유치하게 행동하고 있다고 말씀하셨다.

7:34 **먹고 마시매** 즉 일상생활을 영위하는 것이다. 이 구절은 예수와 세례 요한이 선포한 메시지는 동일하지만 요한의 사역 스타일이 예수의 그것과 왜 그렇게도 극적으로 달랐는지를 설명해준다(*마 4:17에 대한 설명을 보라*). 이처럼 방법이 서로 달랐다는 사실은 바리새인들의 모든 변명을 막아버린다. 그들이 예수께로부터 보기를 원한다고 주장한 바로 그것(엄격한 금욕과 스파르타식 생활방식)이 세례 요한 사역의 특징이었음에도 그들은 이미 세례 요한도 배척했다. 진짜 문제는 그들의 타락한 마음임에도 그들은 그것을 인정하지 않았다. **죄인의 친구로다** *5:30-33; 15:2에 대한 설명을 보라.*

7:35 **지혜는 자기의 모든 자녀로 인하여 옳다 함을 얻느니라** 즉 참된 지혜는 그것의 결과, 곧 그로 말미암아 생겨난 것들에 의해 정당화된다. 참고. 야고보서 2:14-17.

d. 죄 많은 여인을 용서하심(7:36–50)

7:36 **한 바리새인** 그의 이름은 시몬이었다(40절). 그는 예수께 공감하지 못한 듯하다(참고. 44-46절). 의심할 여지없이 그의 동기는 예수를 함정에 빠뜨리거나 그분을 고발할 어떤 명분을 얻으려는 것이었다(참고. 6:7).

7:37 **향유 담은 옥합** *마태복음 26:7에 대한 설명을 보라.* 여러 가지 면에서 이것은 마태복음 26:6-13; 마가복음 14:3-9; 요한복음 12:2-8에 기록된 사건과 비슷하긴 하지만 분명히 그것과는 다른 사건이다. 그 일은 고난 주간에 예루살렘 인근 베다니에서 발생했다. 베다니에서 예수께 기름을 부은 사람은 마르다와 나사로의 누이인 마리아였다. 누가복음의 이 사건은 갈릴리에서 발생했으며 '죄를 지은 한 여인', 곧 창녀가 그 사건의 주인공이었다. 어떤 사람들처럼 이 여인을 막달라 마리아와 동일시할 어떤 이유도 없다(*8:2에 대한 설명을 보라*).

7:38 **예수의 뒤로 그 발 곁에 서서** 예수는 당시의 관습대로 낮은 식탁을 앞에 두고 비스듬히 기대어 계셨다. 그때 평판이 안 좋은 여인이 바리새인의 집에 들어왔고, 이는 모든 사람에게 충격이었을 것이다. 귀인들이 참여하는 그런 식탁은 구경꾼들에게 개방되었다. 그러나 창녀가 거기에 오리라고 예상한 사람은 아무도 없었다. 그녀가 거기에 왔다는 것은 큰 용기를 냈다는 뜻이고, 필사적으로 용서를 구했다는 것을 나타낸다. 그녀의 '울음'은 깊은 회개의 표현이었다.

7:39 **이 여자가 누구며 어떠한 자** 바리새인들은 죄인들에 대해 무시하는 태도로 일관했다. 시몬은 예수가 그 여인의 정체를 알았다면 그녀를 내쫓았을 것이라고 확신했다. 그녀와의 접촉이 종교적인 부정을 초래한다고 생각했기 때문이다. *14절; 8:44에 대한 설명을 보라.*

7:40 **예수께서 대답하여 이르시되** 예수는 시몬의 생각을 이미 아셨다(참고. 5:22; *마 9:4에 대한 설명을 보라*). 이렇게 하여 시몬에게 자신이 선지자임을 입증해 보이셨다.

7:41 **데나리온** 1데나리온은 하루 노동의 품삯이었다

(*마 22:19에 대한 설명을 보라*). 따라서 이것은 약 2년 동안 노동해 얻는 품삯에 해당하는 큰 금액이었다.

7:44 **내게 발 씻을 물도 주지 아니하였으되** 명백한 부주의였다. 손님의 발을 씻어주는 것은 가장 기본적인 예의였다(*요 13:4, 5에 대한 설명을 보라*). 손님에게 발 씻을 물을 주지 않는 것은 상대를 모욕하는 일이었다. 오늘날 서구 문화에서 손님의 겉옷을 받아주지 않는 것과 같다고 할 수 있다.

7:47 **그의 사랑함이 많음이라** 그녀가 많이 사랑해서 죄를 용서받았다는 뜻으로 이해해서는 안 된다. 그 비유(41-43절)는 무조건적인 사죄를 그리며, 사랑은 그 결과로 따라오는 것이었다. 그러므로 사랑 때문에 그녀가 죄를 용서받았다고 하는 것은 여기서 예수가 가르치는 교훈을 왜곡하는 것이다. "이러므로"는 '그런 이유로'라는 뜻이다. 예수의 발에 기름을 부은 행동이 아니라 그녀의 믿음(50절)이 예수의 사죄를 자기 것으로 삼을 수 있었던 수단이다.

7:49 **죄도 사하는가** *5:20, 21; 마태복음 9:1-3; 마가복음 2:7에 대한 설명을 보라.*

7:50 **네 믿음이 너를 구원하였으니** 예수가 병을 고쳐주신 모든 사람이 구원을 받은 것이 아니라 참된 믿음을 보인 사람이 구원을 받았다(참고. 17:19; 18:42; 마 9:22; *막 5:34에 대한 설명을 보라*).

e. 사랑하는 제자들을 모으심(8:1–3)

8:2 **어떤 여자들** 랍비들은 보통 여자를 제자로 삼지 않았다. **막달라인이라 하는 마리아** 이 이름은 갈릴리 지역의 마을인 막달라에서 유래되었을 것이다. 어떤 사람들은 그녀가 7:37-50에 등장한 여인이라고 주장하는데, 그녀가 앞선 이야기의 중심인물이었다면 여기서 다시 이름을 거론하며 그녀를 소개할 이유가 없다. 또한 그녀가 '귀신'에게 고통당한 적이 있다는 것은 분명하지만, 그녀가 창녀였다고 생각할 이유는 전혀 없다.

8:3 **요안나** 이 여인은 24:10에서도 언급되지만, 그 밖의 다른 곳에서는 더 이상 언급되지 않는다. 누가가 헤롯에 대해 말한 내용의 일부가 그녀를 통해 흘러나왔을 수도 있다(참고. 23:8, 12). *1:3에 대한 설명을 보라.* **수산나** 이곳 외에는 성경에 이 여인이 언급되는 곳이 없다. 그녀는 누가가 개인적으로 아는 사람이었을 것이다. **자기들의 소유로** 제자들이 이런 방식으로 랍비를 지원하는 것이 유대교의 관습이었다. 참고. 10:7; 고린도전서 9:4-11; 갈라디아서 6:6; 디모데전서 5:17, 18.

f. 비유로 군중을 가르치심(8:4–21)

8:4 **비유로 말씀하시되** 이것은 예수의 사역에서 중요한 전환점이 되었다. *마태복음 13:3, 34에 대한 설명을 보라.*

8:5 **그 씨를 뿌리러 나가서** 씨 뿌릴 때는 땅을 갈고 손으로 씨를 뿌렸다. 밭의 가장자리에 씨를 뿌릴 때는 자연히 씨가 길가에 떨어지거나 바람에 날려 그리로 갈 수도 있다. 그런데 그 땅은 사람들이 밟고 지나다녀 딱딱하게 굳어 씨가 뚫고 들어가 성장할 수 없다(*마 13:4, 19에 대한 설명을 보라*). 이것은 경직되고 고집 센 유대교 지도자들을 가리킬 수 있다.

8:6 **바위 위** 즉 지표면 바로 아래에 큰 암반층이 있고 그 위에 흙이 살짝 얇게 덮여 있는 땅이다. *마태복음 13:5, 20에 대한 설명을 보라.* 이것은 기적만을 보고 예수를 따르던 변덕스러운 군중을 가리킬 수 있다.

8:7 **가시떨기** *마태복음 13:7, 22에 대한 설명을 보라.* 이것은 영적인 부요보다 세상의 재산이 더 중요한 물질주의자를 가리킬 수 있다.

8:8 **백 배** 누가는 이 비유를 단순화했다. 마태복음 13:8과 마가복음 4:8은 세 단계로 결실의 정도를 말한다. "백 배"는 믿기 어려울 정도로 풍성한 결실을 뜻한다(참고. 창 26:12). **들을 귀 있는 자** 공관복음은 전부 씨 뿌리는 자의 비유에 이 권고를 포함시킨다(참고. 마 13:9; 막 4:9). 예수는 신비한 언어로 전달된 특별히 중요한 진술을 강조하기 위해 이 표현을 자주 사용하셨다(참고. 14:35; 마 11:15; 13:43; 막 4:23).

8:10 **비밀** *마태복음 13:11, 13에 대한 설명을 보라.* **보아도 보지 못하고** 이사야 6:9에서 인용한 이 말은 불신자들의 눈을 멀게 하는 하나님의 행위를 묘사한다.

8:13 **잠깐 믿다가** 즉 구원의 신앙이 아니라 말뿐인 신앙을 말한다. *마태복음 13:20에 대한 설명을 보라.*

8:15 **듣고 지키어…결실하는** 이것이 참된 구원의 증거다. "듣고"는 이해하고 믿는 것을 가리킨다(요 8:31, 47).

사람을 통한 하나님의 치유 사역

	마태복음	마가복음	누가복음	요한복음
1. 제자들	10:1-15	3:15; 6:7-13	9:1-6	—
2. 익명의 사람들	—	9:38-40	9:49, 50	—
3. 칠십 명	—	—	10:1-20	—

예수님을 통한 하나님의 치유 사역

	마태복음	마가복음	누가복음	요한복음
1. 군중	4:23, 24	1:39	—	—
2. 나병환자	8:2, 3	1:40-42	5:12, 13	—
3. 종	8:5-13	—	7:2-10	—
4. 여인	8:14, 15	1:30, 31	4:38, 39	—
5. 군중	8:16, 17	1:32-34	4:40, 41	—
6. 귀신 들린 자	8:28-34	5:1-20	8:26-39	—
7. 중풍병자	9:1-8	2:1-12	5:17-26	—
8. 어린 소녀	9:18, 19, 23-26	5:21-23, 35-43	8:40-42, 49-56	—
9. 여인	9:20-22	5:24-34	8:43-48	—
10. 두 맹인	9:27-31	—	—	—
11. 귀신 들린 자	9:32-34	—	—	—
12. 군중	9:35	—	—	—
13. 군중	11:2-5	—	7:18-22	—
14. 남자	12:9-14	3:1-6	6:6-11	—
15. 군중	12:15-21	3:7-12	—	—
16. 귀신 들린 자	12:22, 23	—	—	—
17. 몇 사람	13:54-58	6:1-6	—	—
18. 군중	14:13, 14	—	9:10, 11	6:1-3
19. 군중	14:34-36	6:53-56	—	—
20. 이방인 소녀	15:21-28	7:24-30	—	—
21. 군중	15:29-31	—	—	—
22. 귀신 들린 소년	17:14-21	9:14-29	9:37-43	—
23. 군중	19:2	—	—	—
24. 맹인	20:29-34	10:46-52	18:35-43	—
25. 맹인/저는 자	21:14	—	—	—
26. 귀신 들린 자	—	1:21-28	4:31-37	—
27. 귀 먹은 남자	—	7:32-37	—	—
28. 맹인	—	8:22-26	—	—
29. 군중	—	—	5:15	—
30. 군중	—	—	6:17-19	—
31. 과부의 아들	—	—	7:11-17	—
32. 여인들	—	—	8:2	—
33. 귀신 들린 자	—	—	11:14	—
34. 여인	—	—	13:10-13	—
35. 남자	—	—	14:1-4	—
36. 나병환자 열 명	—	—	17:11-21	—
37. 남자의 귀	—	—	22:50, 51	—
38. 남자의 아들	—	—	—	4:46-54
39. 불구인 남자	—	—	—	5:1-9
40. 맹인	—	—	—	9:1-7
41. 나사로	—	—	—	11:1-45
42. 많은 사람	—	—	—	20:30, 31; 21:25

"지키어"는 지속적인 순종을 가리킨다(11:28. *요 14:21-24에 대한 설명을 보라*). "결실"은 선한 행실이다(마 7:16-20; 약 2:14-26).

8:16 **평상 아래** 그리스도가 비유로 비밀을 가르치신 사실은 그분의 메시지가 제자들을 위한 것이었거나 그것이 비밀로 지켜져야 한다는 뜻이 아니다. 등잔에 불을 붙여 감춰두는 일은 없다. 그것은 등경 위에 두어 멀리까지 빛을 비추게 해야 한다. 그럼에도 그것을 볼 눈이 있는 사람만이 볼 것이다.

8:17 **숨은 것이 장차 드러나지 아니 할 것이 없고** 심판 때 모든 진실이 드러날 것이다. 참고. 12:2, 3; 고린도전서 4:5; 디모데전서 5:24, 25. 하나님의 궁극적 목적은 진리를 감추는 것이 아니라 알리는 것이다.

8:18 **어떻게 들을까 스스로 삼가라** 이생을 사는 동안 빛에 어떤 반응을 보였느냐 하는 것은 대단히 중요하다. 심판의 보좌에서는 이미 전파된 진리를 받아들일 수 있는 기회가 없기 때문이다(계 20:11-15). 지금 복음의 빛을 비웃는 사람들은 영원히 모든 빛을 빼앗기게 될 것이다. 참고. 19:26; 마태복음 25:29.

8:19 **동생들** *마태복음 12:46-49에 대한 설명을 보라.*

8:20, 21 *마가복음 3:31, 35에 대한 설명을 보라.*

g. 바람과 파도를 잠잠케 함(8:22-25)

8:22-25 *마태복음 8:24-27에 대한 설명을 보라.*

3. 갈릴리 여행(8:26-9:50)

a. 귀신 들린 자를 구하심(8:26-39)

8:26-38 *마태복음 8:28-34에 대한 설명을 보라.*

8:27 **귀신 들린 자 하나가** 마태는 거기에 실제로 두 명이 있었다고 말한다. 그중 한 사람만이 말을 했을 뿐이다. *마태복음 8:28에 대한 설명을 보라.*

8:30 **군대** *마태복음 8:30; 마가복음 5:9에 대한 설명을 보라.*

8:31 **무저갱** *마태복음 8:31에 대한 설명을 보라.*

b. 여인을 고치심(8:40-48)

8:41 **회당장** *13:14에 대한 설명을 보라.* 예수는 야이로의 회당에서 귀신을 쫓아내신 적이 있다(4:33-37).

8:42 **외딸** *9:38에 대한 설명을 보라.* **밀려들더라** 문자적으로 '숨을 못 쉬게 하다'라는 뜻이다(즉 그들이 예수를 거의 압사시킬 지경이었음).

8:43 **혈루증** *마태복음 9:20에 대한 설명을 보라.*

8:44 **뒤로 와서 그 옷 가에 손을 대니** 병 때문에 그녀가 접촉하는 모든 사람은 부정하게 되었다. 그런데 여기서는 그것이 거꾸로 되었다. *7:14, 39에 대한 설명을 보라.* **옷 가** *마태복음 9:20에 대한 설명을 보라.*

8:46 **내게서 능력이 나간 줄** *마가복음 5:30에 대한 설명을 보라.*

c. 소녀를 살리심(8:49-56)

8:50 **믿기만 하라** 예수의 모든 병 고침이 믿음을 조건으로 내건 것은 아니지만(참고. 22:51), 때로 그분은 믿음을 요구하시기도 했다.

8:51 **베드로와 요한과 야고보** *9:28; 마태복음 10:2; 17:1에 대한 설명을 보라.*

8:52 **죽은 것이 아니라** *마태복음 9:23, 24에 대한 설명을 보라.*

8:56 **아무에게도 말하지 말라** *마태복음 8:4에 대한 설명을 보라.*

d. 열둘을 파송하심(9:1-6)

9:1-6 *마태복음 10:1-42에 대한 설명을 보라.*

9:3 **아무 것도 가지지 말라** 마태복음과 마가복음, 누가복음 사이에 발견된 사소한 차이가 어떤 사람들에게는 고민거리가 되기도 한다. 마태복음 10:9, 10과 이 본문은 제자들이 지팡이를 가지면 안 된다고 말한다(*이 구절에 대한 설명을 보라*). 그러나 마가복음 6:8은 "지팡이"를 제외한 아무것도 갖지 말라고 되어 있다. 마가복음 6:9도 "신만 신고"라고 되어 있다. 그러나 마태복음 10:10에서는 신도 그들이 지참하면 안 되는 물건 속에 포함된

죽음에서 다시 살아난 경우들

1. 엘리야가 사르밧 과부의 아들을 살림	왕상 17:22
2. 엘리사가 수넴 여인의 아들을 살림	왕하 4:34, 35
3. 엘리사의 뼈에 접촉해 사람이 살아남	왕하 13:20, 21
4. 예수가 야이로의 딸을 살리심	눅 8:52-56
5. 예수가 나인 성 과부의 아들을 살리심	눅 7:14, 15
6. 예수가 베다니 나사로를 살리심	요 11장
7. 베드로가 도르가를 살림	행 9:40
8. 바울이 유두고를 살림	행 20:9-12

다. 하지만 마태복음 10:10과 이 본문이 실제로 말하는 것은 여분의 지팡이와 신발을 짐 보따리에 싸지 말라는 것이다. 제자들은 여행을 위해 보따리를 챙기는 것이 아니라 한 벌 옷만 등에 지고 간소하게 여행을 해야 했다.

e. 헤롯의 혼란(9:7–9)

9:7 **분봉 왕 헤롯** *마태복음 14:1에 대한 설명을 보라.* 그리스도에 대한 이야기가 정부의 최고위층까지 올라갔다. **요한이 죽은 자 가운데서 살아났다** 물론 이것은 사실이 아니지만, 그럼에도 헤롯 자신은 죄책으로 말미암은 두려움에 사로잡혀 있었던 것으로 보인다(참고. 마가복음 6:16).

9:8 **엘리야** *1:17에 대한 설명을 보라.*

9:9 **그를 보고자 하더라** 오직 누가만이 이와 관련된 자세한 내용을 전한다. *1:3; 8:3에 대한 설명을 보라.*

f. 군중을 먹이심(9:10–17)

9:10 **벳새다** *마가복음 8:22에 대한 설명을 보라.* 벳새다 율리우스는 갈릴리 북쪽 해변, 요단강이 호수로 흘러드는 입구의 동쪽에 있다. **떠나 가셨으나** 그들은 군중을 피해 휴식을 취하고자 했다. 참고. 마가복음 6:31, 32.

9:12–17 부활을 제외하고 5,000명을 먹이신 기적은 유일하게 네 편의 복음서 모두에 기록되었다(참고. 마 14:15–21; 막 6:35–44; 요 6:4–13).

9:14 **남자가 한 오천 명** 여인과 아이들을 포함하면 전체 군중의 숫자는 2만 명에 이르렀을 것이다.

9:17 **바구니** *마가복음 6:43; 8:8에 대한 설명을 보라.*

g. 십자가를 예언하심(9:18–26)

9:18–21 *마태복음 16:13–20에 대한 설명을 보라.*

9:19 **세례 요한…엘리야라…옛 선지자 중의 한 사람** 참고. 7, 8절. 그런 소문은 분명 흔했을 것이다. *1:17; 마태복음 11:14; 마가복음 9:13; 요한계시록 11:5, 6에 대한 설명을 보라.*

9:20 **하나님의 그리스도** 구약에서 약속된 메시아다(단 9:25, 26). *마태복음 16:16에 대한 설명을 보라.*

9:21 **아무에게도 이르지 말라** *마태복음 8:4; 12:16에 대한 설명을 보라.*

9:22 **인자가 많은 고난을 받고** 이 선언은 예수의 사역에 있어 큰 전환점이 된다. *마태복음 16:21에 대한 설명을 보라.*

9:23 **십자가** *마태복음 10:38에 대한 설명을 보라.* 자기부인은 제자들에 대한 그리스도의 교훈에 늘 등장하는 주제였다(참고. 14:26, 27; 마 10:38; 16:24; 막 8:34; 요 12:24–26). 예수가 원하시는 자기부인은 은둔적 금욕주의가 아니라(*7:34에 대한 설명을 보라*) 그리스도를 위해서 기꺼이 그분의 명령에 복종하고 서로를 섬기며 고난당하는(심지어 죽을지라도) 것이다.

9:24 **누구든지 나를 위하여 제 목숨을 잃으면** "나를 따르라"는 명령을 제외하면 이 말씀은 그리스도의 다른 어떤 말씀보다 복음서들에 반복적으로 등장한다. 참고. 17:33; 마태복음 10:39; 16:25; 마가복음 8:35; 요한복음 12:25. *14:11에 대한 설명을 보라.*

9:26 **누구든지 나와 내 말을 부끄러워하면** 즉 불신자들이다. 참고. 마태복음 10:33; 로마서 9:33; 10:11; 디모데후서 2:12. *12:9에 대한 설명을 보라.*

h. 영광을 나타내심(9:27–36)

9:27 **하나님의 나라를 볼** *마태복음 16:28에 대한 설명을 보라.*

9:28 **이 말씀을 하신 후** 이 표현은 하나님 나라를 볼 것이라는 약속(27절)과 그 뒤에 따라오는 사건을 연결시킨다(*마 16:28에 대한 설명을 보라*). **팔 일쯤 되어** 약 일주일을 가리키는 일반적인 표현이다(참고. 요 20:26). *마태복음 17:1에 대한 설명을 보라.* **베드로와 요한과 야고보** 이 세 사람만이 야이로의 딸을 살리시는 모습(8:51), 변형(참고. 마 17:1), 감람원에서 그리스도의 고뇌를 지켜보는 것이 허락되었다(막 14:33). **산** 전통적으로 다볼산을 가리킨다고 생각해왔지만, 실제로 그럴 가능성은 희박하다. 예수와 제자들은 당시 "빌립보 가이사랴 지방"에 있었는데(마 16:13) 다볼산은 그 근처가 아니다. 그 외에도 다볼산은 이교도 예배 장소였음이 분명하며(호 5:1), 예수 당시에는 파견 부대가 산 정상의 요새에 주둔해 있었다. 변형이 발생한 실제 위치는 정확하게 밝혀지지 않았지만, 많은 사람이 헤르몬산(다볼산보다 2,134미터가 높으며, 빌립보 가이사랴에 더 가까움)을 변형이 일어난 곳으로 믿는다.

9:29 **기도하실 때에** *3:21에 대한 설명을 보라.* 예수가 세례를 받으셨을 때처럼 그가 기도하고 계실 때 성부의 목소리가 하늘로부터 들렸다(참고. 서론의 역사적·신학적 주제를 보라). **광채가 나더라** 문자적으로 '빛을 내뿜다'라는 뜻이다. 신약성경에서 이 단어는 여기서만 등장한다. 이것은 번개와 유사한 밝고 번쩍이는 빛을 의미한다.

9:30 **모세와 엘리야** *마태복음 17:3에 대한 설명을 보라.*

9:31 **별세하실 것** 베드로는 자신의 죽음을 말할 때 이와 동일한 용어를 사용한다(벧후 1:15). 오직 누가만이 그들이 나눈 대화의 주제와 베드로, 야고보, 요한이 잠든 사실을 언급한다(32절). 참고. 22:45.

9:32 **예수의 영광…보더니** 참고. 출애굽기 33:18–23.

9:33 **초막 셋** *마태복음 17:4에 대한 설명을 보라.*

9:34 **구름** 마태복음 17:5은 "빛난 구름"이라고 말한다. 이는 하나님의 영광이 그들을 둘러쌌다는 뜻인데, 구약 성경에서 이스라엘 백성을 인도하던 구름 기둥과 비슷하다(출 14:19, 20). 이 구름이 빛을 낸 사실과 제자들이 잠든 사실(32절)은 이 사건이 밤에 일어났을 것이라고 짐작하게 한다.

9:35 **이는 나의 아들 곧 택함을 받은 자니** 마태복음 3:17*에 대한 설명을 보라.*

i. 더러운 귀신을 쫓아내심(9:37–42)

9:38 **내 외아들** 참고. 7:12; 8:42. 나인 성 과부의 아들은 유일한 아들이었다. 또한 야이로의 딸 역시 유일한 자녀였다. 누가만이 이 사실을 자세하게 언급한다.

9:39 **귀신이 그를 잡아** 이것은 단순한 간질이 아니었다. 그것은 분명히 귀신 들린 것이었다. 의사인 누가가 단지 독자의 생각에 맞춰 이렇게 썼다고 생각할 이유는 없다. 그 외에도 예수는 귀신을 꾸짖으심으로써 소년을 치료하셨다(42절. 참고. 막 9:25).

9:40 **그들이 능히 못하더이다** *마태복음 17:19–21에 대한 설명을 보라.*

9:41 **믿음이 없고 패역한 세대여** *마태복음 17:17에 대한 설명을 보라.*

j. 제자들을 가르치심(9:43–50)

9:44 **사람들의 손에 넘겨지리라** *마태복음 17:22에 대한 설명을 보라.*

9:45 **숨긴 바 되었음이라** 즉 하나님의 전능한 계획에 따른 것이다. 참고. 24:45.

9:46 **누가 크냐** *마태복음 20:21에 대한 설명을 보라.*

9:48 **이런 어린 아이를 영접하면** *마태복음 18:5에 대한 설명을 보라.* **너희 모든 사람 중에 가장 작은 그가 큰 자니라** 그리스도의 나라에서 훌륭한 사람이 될 수 있는 길은 희생과 자기부인이다. *23절에 대한 설명을 보라.*

9:49 **우리와 함께 따르지 아니하므로** '사랑의 사도'로 알려진 요한이 이렇게 반발한 장본인이라는 사실은 역설적이다(*54절에 대한 설명을 보라*). 요한은 다른 사람의 사역을 평가할 수 있는 유일하게 정당한 기준은 교리(요일 4:1-3; 요이 7-11절)와 도덕성이라는 것(요일 2:4-6, 29; 3:4-12; 4:5, 20. 참고. 마 7:16)을 깨닫게 되었다. 이 사람은 이 두 가지 기준을 만족시켰지만 요한은 그가 자기 무리에 속하지 않았다고 해서 그를 배척했던 것이다. 이것이 분파주의의 오류다.

9:50 **너희를 반대하지 않는 자는 너희를 위하는 자니라** 이것을 11:23과 대비시켜 보라. 중간 지대와 중립성은 없다. 여기서 그리스도는 드러난 행동을 다른 사람을 평가하는 기준으로 삼으라고 말씀하셨다. 그런데 11:23에서는 내적인 삶을 자신에게 적용하는 기준으로 삼으라고 하셨다.

예루살렘을 향한 여행 (9:51-19:27)

A. 사마리아(9:51-10:37)

1. 한 마을에서 배척받으심(9:51–56)

9:51 **예루살렘을 향하여 올라가기로 굳게 결심하시고** 누가복음의 중심 부분이 시작된다. 여기부터 19:27까지 그리스도는 예루살렘을 향해 가시는데(*53절에 대한 설명을 보라*), 누가의 서술은 십자가를 향한 긴 여행담이 된다. 여기가 그리스도 사역의 극적인 반전이 일어난 지점이다. 이후 갈릴리는 그리스도의 활동 지역이 아니었다. 비록 17:11-37이 갈릴리 귀환 방문을 묘사하지만, 누가는 이 시점과 갈릴리에서의 그 짧은 여행 사이의 모든 것을 예루살렘을 향한 여행의 일부로 포함시켰다. 복음서 비교를 통해 우리는 이 시기에 그리스도가 절기를 지키기 위해 예루살렘을 잠깐 방문한 적이 있다는 것을 알고 있다(*13:22; 17:11에 대한 설명을 보라*). 그러나 그 짧은 방문은 이 사역 기간에 잠깐 끼어든 일에 불과했고, 이 사역 전체는 죽기 위해 예루살렘에 올라가는 마지막 여행에서 절정에 도달한다. 이와 같이 십자가의 사명을 완수하기 위한 그리스도의 결단을 보여 줌으로써 누가는 다른 어느 복음서보다 그리스도 사역에서 이 전환점을 극적으로 강조한다. *12:50에 대한*

사복음서에 등장하는 다른 사람들과 귀신들

	마태복음	마가복음	누가복음	요한복음
1. 열둘	10:1, 8	6:7, 13	9:1	—
2. 열둘	—	3:15	—	—
3. 익명의 제자들	—	9:38	9:49	—
4. 열둘	—	16:17	—	—
5. 칠십 인	—	—	10:17-20	—

설명을 보라.

9:52 **사마리아인들** 이들은 유대인의 포로기부터 유대인이 이방인과 혼인하여 낳은 사람들의 후손이었다. 이들은 유대 국가와 경쟁관계에 있었으며, 유대교와 이교를 혼합한 자기들의 예배를 만들었고, 그리심산에 자신들의 성전을 가지고 있었다. 유대인은 그들을 부정하게 여겼고 미워했으므로, 갈릴리에서 유대로 갈 때 사마리아를 통과하지 않기 위해 요단 동쪽의 더 먼 길을 택해 여행했다. *요한복음 4:4에 대한 설명을 보라.*

9:53 **예루살렘을 향하여 가시기 때문에** 예배를 드리기 위해 예루살렘으로 여행한다는 것은 그리심산에 있는 성전을 거부하고 사마리아인의 예배를 조소한다는 것을 암시해준다(*52절에 대한 설명을 보라*). 이것이 유대인과 사마리아인 사이에 벌어진 심한 다툼의 원인이었다(참고. 요 4:20-22).

9:54 **야고보와 요한** 예수는 이 두 형제에게 '보아너게' [우레의 아들(막 3:17)]라는 별명을 붙여주셨는데, 그들에게 적절한 별명이었다. 이것은 요한이 짧은 기간에 두 번째로 범한 무자비한 죄였다(*49절에 대한 설명을 보라*). 그로부터 몇 년 후 요한은 베드로와 다시 사마리아를 통과한 적이 있는데, 그때는 사마리아의 마을들에서 복음을 전했다는 것은 흥미로운 일이 아닐 수 없다(행 8:25).

9:55 **꾸짖으시고** 사마리아인에 대한 예수의 대응은 모든 형태의 종교적 박해에 대해 교회가 취해야 하는 태도의 모범이 되었다. 사마리아인의 예배는 그 중심이 이교적이었으며 명백하게 잘못된 것이었다(*요 4:22에 대한 설명을 보라*). 게다가 관용이 없었다. 그러나 주는 무력으로 그들을 응징하고자 하시지 않았다. 심지어 그들에 대해 악한 말도 하시지 않았다. 주는 구원하러 오신 것이지 멸망시키기 위해 오신 것이 아니다. 그래서 그리스도의 대응은 파괴적인 분노가 아니라 은혜였다. 그럼에도 여기서 제자들을 꾸짖는 그리스도의 말씀을 열왕기상 18:38-40 또는 열왕기하 1:10-12에 기록된 엘리야의 행동을 정죄하는 것으로 이해해서는 안 된다. 엘리야는 신정체제 하에서 선지자의 사역이라는 특별한 사명을 받았으며, 그 사명은 하나님의 권위를 찬탈하려는 악한 왕에게(아합) 대항하라는 하나님으로부터 온 명령이었다. 엘리야는 하나님의 진노의 보응을 이행하기 위한 특별한 권위를 받았다. 엘리야는 오늘날 국가의 권위에 비교할 만한 권위를 가지고 행동한 것이지(참고. 롬 13:4) 복음의 사역자와 같은 자격으로 행동한 것이 아니었다.

2. 헌신하지 못한 사람을 돌려보내심(9:57-62)

9:59, 60 *마태복음 8:21, 22에 대한 설명을 보라.*

9:62 **뒤를 돌아보는** 뒤를 돌아보면서 밭을 가는 사람은 밭고랑을 비뚤게 간다.

3. 칠십 명을 파송하심(10:1-24)

10:1 **따로 칠십 인을** 70인을 파송한 일은 누가복음에만 나온다. 모세 역시 자신의 대리자로 70인을 세웠다(민 11:16, 24-26). 열두 제자는 갈릴리로 파송되었다(9:1-6). 70인은 그리스도가 앞으로 가실 모든 마을과 장소로 파송되었다. 즉 유대로 파송되었는데, 베레아도 포함되었을 수 있다(*마 19:1에 대한 설명을 보라*). **둘씩** 이것은 열두 제자가 파송되었을 때와 같다(막 6:7. 참고. 전 4:9, 11; 행 13:2; 15:27, 39, 40; 19:22; 계 11:3).

10:3 **어린 양을 이리 가운데로** 즉 그들은 사람들의 적대감과 대면하게 되고(참고. 겔 2:3-6; 요 15:20) 영적 위험에 처해질 것이다(참고. 마 7:15; 요 10:12).

10:4 **전대나 배낭이나 신발을 가지지 말며** 불필요한 짐 없이 여행하라는 뜻이다. 이 말은 그들이 맨발로 다녀야 한다는 뜻이 아니다. *9:3에 대한 설명을 보라.* **아무에게도 문안하지 말며** 당시 문화에서 문안한다는 것은 형식적인 의식이 수반되는 일로 예의를 차린다든지, 심지어 식사하면서 오래 체류해야 한다는 것을 의미할 수도 있었다(*11:43에 대한 설명을 보라*). 긴급한 임무를 수행하는 사람은 그런 예의를 차리지 않아도 무례하다는 비난을 받지 않았다. 예수가 내리시는 지시의 모든 내용은 시간이 얼마 남지 않았으며, 그 임무가 매우 긴급함을 말하고 있다.

10:7 **이 집에서 저 집으로 옮기지 말라** 즉 숙소를 구하기 위해 옮겨다니지 말라는 것이다(*막 6:10에 대한 설명을 보라*). 그들은 마을 한 곳에 중심 거처를 정해 놓으면 이리저리 옮겨다니거나 더 안락한 숙소를 찾아 돌아다녀선 안 되었다.

10:11, 12 *마태복음 10:14, 15에 대한 설명을 보라.*

10:13-15 *마태복음 11:21, 23에 대한 설명을 보라.*

10:16 이 말씀은 그리스도의 신실한 일꾼의 직분을 높이 들어올리고, 그 메시지를 거절하는 자들의 죄책과 받을 심판을 더욱 엄중하게 만든다.

10:17 **기뻐하며 돌아와** 이 임무가 어느 정도 걸렸는지는 기록되어 있지 않다. 몇 주 정도 되었을 수도 있다. 70명이 동시에 돌아오지는 않았을 텐데, 이 대화는 그들이 모두 다시 모였을 때에 했던 것으로 보인다.

10:18 **사탄이…떨어지는 것을 내가 보았노라** 이 문맥에서 예수의 말씀의 의미는 '귀신들이 너희에게 복종하

는 것을 보고 너무 놀라지 말라. 그들의 대장이 하늘에서 쫓겨나는 것을 내가 보았으므로 그의 앞잡이들이 땅에서 쫓겨나는 것은 전혀 이상한 일이 아니다. 결국 그들을 너희에게 복종시키는 권위의 근원은 바로 나다'는 것이다(19절). 또한 예수는(사탄이 멸망한 이유와 관련해) 그들의 자만심을 은근히 상기시키고 경고하려는 의도로 이런 말을 하셨을 수도 있다(참고. 딤전 3:6). 사탄의 멸망에 대한 논의는 *이사야 14:12-14; 에스겔 28:12-15에 대한 설명을 보라.*

10:19 **뱀과 전갈** 참고. 시편 91:13; 에스겔 2:6. 이것은 귀신의 능력을 가리키는 비유적 표현으로 보인다(참고. 롬 16:20).

10:20 **기뻐하지 말고** 귀신을 통제하는 힘이나 기적을 행할 수 있는 능력 등 특별한 현상에 그처럼 흥분하기보다는 사람들이 실제로 구원받는다는 사실(복음 메시지의 취지이자 모든 기적이 가리키는 핵심 이유가 구원임)이 가장 특별한 일임을 그들은 깨달아야 했다. **너희 이름이 하늘에 기록된 것으로 기뻐하라** 참고. 빌립보서 4:3; 히브리서 12:23; 요한계시록 21:27. 이와 대조적으로 불신자들은 "흙에 기록"되었다(렘 17:13).

10:21, 22 *마태복음 11:25, 26에 대한 설명을 보라.*

4. 선한 사마리아인의 비유(10:25-37)

10:25 **율법교사** 하나님의 법에 정통한 것으로 여겨지던 서기관이다. 마태복음 22:35에서(*이 구절에 대한 설명을 보라*) 이 단어가 사용된 한 번의 경우를 제외하고 복음서 저자들 가운데 누가만 이 단어를 사용했다(11:45, 46). **내가 무엇을 하여야 영생을 얻으리이까** 이와 동일한 질문을 가지고 온 사람이 몇 명 있었다(18:18-23; 마 19:16-22; 요 3:1-15).

10:27 **대답하여 이르되** 이 율법교사는 그리스도가 다른 경우에 하신 것과 똑같은 방식으로(*마 22:37-40에 대한 설명을 보라*) 율법의 요구를 요약했다(레 19:18; 신 6:5).

10:28 **이를 행하라 그러면 살리라** 참고. 레위기 18:5; 에스겔 20:11. "행하라 그러면 살리라"는 율법의 약속이다. 그러나 어떤 죄인도 완전한 순종이 불가능하므로, 율법의 불가능한 요구는 우리에게 하나님의 자비를 구하게 하려는 것이다(갈 3:10-13, 22-25). 이 사람은 자기 의를 주장하기보다는 자신의 죄를 고백했어야 한다(29절).

10:29 **자기를 옳게 보이려고** 이 말은 이 사람이 스스로 의롭다는 생각을 가진 사람임을 보여준다. **내 이웃이 누구니이까** 서기관들과 바리새인들 사이에 지배적인 의견은 오직 의로운 사람만이 이웃이라는 것이었다. 그들에 따르면 세리와 창녀 등 죄인의 신분을 가진 사람들과 이방인, 그중 특히 사마리아인을 포함한 악인은 미움의 대상이 되어야 한다. 그들이 하나님의 적이었기 때문이다. 그들은 자신들의 주장을 정당화하기 위해 시편 139:21, 22을 인용했다. 그 구절이 가르치듯 의에 대한 사랑은 당연히 악에 대한 미움을 일으킨다. 그러나 진정으로 의로운 사람이 품는 악에 대한 미움은 악의적인 적대감이 아니다. 그것은 천하고 부패한 모든 것에 대한 의로운 혐오감이지 사람들에 대한 원한 맺힌 개인적 미움이 아니다. 경건한 미움의 특징은 죄인의 상태에 대해 아파하면서 슬퍼하는 마음이다. 또한 예수가 이곳과 다른 곳에서 가르치셨듯이(6:27-36; 마 5:44-48), 그 미움 역시 참된 사랑으로 부드럽게 된다. 바리새인들은 악인에 대한 증오를 미덕의 위치로 격상시킴으로써 결국 큰 계명 가운데 두 번째 계명을 무효화시켰다. 이 율법교사에 대한 예수의 대답은 원수에 대한 미움을 합리화하려는 바리새인의 핑계를 무너뜨렸다.

10:30 **예루살렘에서 여리고로 내려가다가** 27킬로미터의 거리를 가는 동안 1,006미터를 내려가는 바위투성이의 구불구불하고 위험한 길이다. 이 길은 도적들과 위험이 도사리고 있는 악명 높은 길이었다.

10:32 **레위인** 이들은 레위 지파 사람들이지만 아론의 후손은 아니다. 그들은 제사장들을 도와서 성전의 일들을 처리했다.

10:33 **사마리아 사람** 이 길을 여행하는 동안 사마리아 사람을 만나는 것은 드문 일이었다. 여기 등장하는 사마리아 사람은 도적의 위험뿐 아니라 다른 여행객들의 적대감까지 감수해야 했다.

10:34 **기름과 포도주** 구급약품으로 여행객 대부분이 가지고 다녔을 것이다. 포도주는 살균 소독제였으며, 기름은 고통을 경감시키고 치료 효과가 있었다.

10:35 **데나리온 둘** 즉 이틀 치 삯이다(*마 20:2; 22:19에 대한 설명을 보라*). 그 사람이 회복할 때까지 머물기에는 충분한 돈이었을 것이다.

10:36 **강도 만난 자의 이웃** 예수는 율법교사의 원래 질문(29절)을 뒤집으셨다. 율법교사는 다른 사람들이 그에게 그의 이웃이라는 사실을 증명해야 한다고 가정했다(*29절에 대한 설명을 보라*). 예수의 대답은 각 사람이 다른 사람의 이웃(특별히 어려움 가운데 있는 사람들에게)이 되어야 할 책임이 있음을 분명히 한다.

B. 베다니와 유대(10:38-13:35)

1. 마리아와 마르다(10:38-42)

10:38 **한 마을** 예루살렘 성전에서 동쪽으로 3.2킬로

누가복음에 기록된 예수의 기도

- 세례 시 예수의 기도(3:21)
- 광야에서의 예수의 기도(5:16)
- 제자들을 택하기 전의 예수의 기도(6:12, 13)
- 5,000명을 먹이실 때의 축도(9:16)
- 변화산에서의 예수의 기도(9:28, 29)
- 아버지에 대한 예수의 감사(10:21)
- 주께서 가르치신 기도(11:2-4)
- 주의 만찬에서의 축도(22:17-19)
- 베드로의 믿음을 위한 예수의 기도(22:31, 32)
- 겟세마네에서의 예수의 기도(22:39-46)
- 십자가상에서의 예수의 기도(23:46)
- 엠마오로 가는 길에 떡을 가지고 축사하심 (24:30)

미터 되는 곳, 감람산의 서쪽 경사면에 위치한 베다니다. 이곳은 마리아와 마르다, 나사로의 고향이다(참고. 요 11:1)

10:40 **준비하는 일이 많아** 마르다는 불필요하고 세세한 일들에 정신이 팔려 있었음이 분명하다. **분주한지라** 문자적으로 '사방으로 끌고 다니다'라는 뜻이다. 이 표현은 마르다가 혼란 속에 있었음을 암시한다.

10:42 **이 좋은 편** 예수는 접대용 그릇의 숫자를 말씀하신 것이 아니다. 필요한 한 가지 일은 마리아가 잘 보여주고 있다. 그것은 경배와 묵상의 태도로 마음을 열고 예수의 말씀을 듣는 것이었다.

2. 주기도문(11:1-4)

11:1 **주여…기도를…우리에게도 가르쳐 주옵소서** 랍비들은 제자들이 암송할 수 있는 기도를 만들어주곤 했다. 예수가 기도하시는 모습을 여러 번 목격한 제자들은 그분이 기도를 사랑하신다는 것을 알았고, 기도는 단순히 암송하는 일이 아니라는 것도 알았다(*마 6:7에 대한 설명을 보라*).

11:2 **아버지여** 그리스도는 두 번에 걸쳐 모범이 될 만한 기도를 가르쳐주셨는데, 한번은 산 위에서이고(*마 6:9-13에 대한 설명을 보라*), 다른 한번은 이번처럼 제자들의 직접적인 요청에 대한 응답으로 기도를 가르쳐주신 경우다. 그래서 두 기도문 사이에 약간의 차이가 있는 것이다. **이름** 하나님의 이름은 그분의 모든 성품과 속성을 나타낸다. 참고. 시편 8:1, 9; 9:10; 22:22; 52:9; 115:1.

11:4 **죄** *마태복음 6:12에 대한 설명을 보라.*

3. 끈질긴 기도의 중요성(11:5-13)

11:7 **아이들이 나와 함께 침실에 누웠으니** 이스라엘에서는 단칸방 집에 온 가족이 한 방에서 잠을 잤다. 만약 한 사람이 일어나 불을 켜고 빵을 찾으면 모든 사람이 잠에서 깨어났을 것이다.

11:8 **간청함** 이 단어는 '뻔뻔스러움'이라고 번역될 수도 있다. 이 말은 긴급성이나 대담성, 진정성, 용감함, 끈질김 등을 표현한다. 거지의 필사적인 간청과 비슷하다.

11:13 **악할지라도** 즉 '본성적으로'라는 뜻이다. *마태복음 7:11에 대한 설명을 보라.*

4. 중립적 입장의 불가능성(11:14-36)

11:14 **말 못하는** 귀신이다. **말하는지라** 말 못하는 사람이다.

11:15 **바알세불** 원래 이 말은 바알-제불('바알, 임금')을 가리키며, 블레셋 고을인 에그론의 주신이었다. 이스라엘 사람들은 그를 가리켜 비꼬는 말로 바알-제붑('파리의 주인')이라고 불렀다. *열왕기하 1:2에 대한 설명을 보라.*

11:16 **하늘로부터 오는 표적** 즉 우주적 규모의 기적, 곧 별자리를 재배치하는 이적 또는 그들이 방금 목격한 귀신을 쫓아내는 것보다 훨씬 더 큰 어떤 이적을 가리킨다. *마태복음 12:38에 대한 설명을 보라.*

11:17 **그들의 생각을 아시고** 예수는 전지의 능력을 가진 완전한 하나님이시다(*2:52; 막 13:32; 요 2:23-25에 대한 설명을 보라*). **스스로 분쟁하는 나라** 이 말씀은 유대 나라에 대한 은근한 공격일 수 있다. 유대 나라는 여로보암 시대에 분열되었으며, 당시까지도 온갖 내부적 갈등과 분열 속에 빠져 있었고, 그 상태로 가다가 주후 70년 예루살렘의 멸망을 맞았다.

11:19 **너희 아들들은 누구를 힘입어 쫓아내느냐** 유대인 가운데서도 귀신을 쫓아낼 능력이 있다고 주장하는 축귀사들이 있었다(행 19:13-15). 예수 말씀의 요점은 그런 축귀가 사탄의 힘에 의해 이루어질 수 있었다면 바리새인들의 축귀도 동일한 의심을 받을 수 있다는 것이다. 실제로 사도행전 19장의 증거에 따르면 유대의 제사장인 스게와의 아들들은 거짓으로 마귀를 쫓아내는 사기와 눈속임 기술을 사용했던 것으로 보인다. **너희 재판관** 즉 '너희의 잘못을 보여주는 증인들'이라는 뜻이다. 이 말씀은 (그들이 승인했던) 거짓 축귀가 그리스도의 참된 축귀를 승인하지 않는 바리새인들 자신의

잘못을 보여주는 증거가 된다는 뜻으로 보인다.

11:20 **하나님의 손을 힘입어** 출애굽기 8:19에서 애굽의 술사들은 모세의 이적은 자기들이 행하던 속임수가 아니라 진정 하나님의 일이었다고 고백하지 않을 수 없었다. 여기서 예수는 자신의 축귀와 유대인 축귀사들의 일을 그와 유사하게 비교하셨다. **하나님의 나라가 이미 너희에게 임하였느니라** *마태복음 12:28에 대한 설명을 보라.*

11:21 **강한 자** 즉 사탄이다.

11:22 **더 강한 자** 즉 그리스도다. **그의 재물을 나누느니라** 이사야 53:12을 가리키는 말씀일 것이다. 귀신이 그리스도의 능력에 패하면 흑암의 능력이 비워진 영혼은 그리스도의 것이 된다. 참고. 24-26절.

11:23 **나와 함께 하지 아니하는 자는 나를 반대하는 자요** *9:50에 대한 설명을 보라.*

11:24 **더러운 귀신이 사람에게서 나갔을 때에** 그리스도가 거짓 축귀사들이 행하는 일의 특징을 묘사하신 것이다(*19절에 대한 설명을 보라*). 겉보기에 진짜 축귀 같아도 실은 잠시 동안 귀신의 활동을 유예하는 것에 지나지 않으며, 그 후에는 귀신이 다른 일곱 귀신을 데리고 돌아온다(26절).

11:26 **전보다 더 심하게 되느니라** *마태복음 12:45에 대한 설명을 보라.*

11:28 오히려 이 말씀은 '그렇기는 하지만, 도리어…' 라는 뜻이다. 마리아가 복받은 사실을 부인하지는 않지만, 그리스도는 마리아를 경배의 대상으로 격상시키는 어떤 경향도 묵인하시지 않았다. 마리아가 그리스도의 육체적 어머니라고 할지라도 그로 말미암아 하나님의 말씀을 듣고 순종하는 사람들보다 더 큰 영예를 얻는 것은 아니다. *1:47에 대한 설명을 보라.*

11:29 **표적을 구하되** *16절에 대한 설명을 보라.* 예수는 이적을 보여달라는 요구에 응하신 적이 한 번도 없다. 예수는 증거를 도구로 사용하여 불신자에게 호소하시지 않았다. *16:31에 대한 설명을 보라.*

11:30 **요나가…표적이 됨** 즉 앞으로 임할 심판의 표적이다. 요나가 물고기 뱃속에서 나온 것은 그리스도 부활의 모습이었다. 예수는 요나의 기록을 정확한 역사적 사실로 간주하셨다. *마태복음 12:39, 40에 대한 설명을 보라.*

11:31, 32 *마태복음 12:41, 42에 대한 설명을 보라.*

11:33 *8:16에 대한 설명을 보라.*

11:34 **네 몸의 등불** 이것은 33절에서 사용된 은유와 다르다. 거기서 등불은 하나님의 말씀을 말하지만, 여기서 눈은 몸을 위한 '등불'(즉 빛의 근원)이다. *마태복음 6:22, 23에 대한 설명을 보라.* **네 눈이…나쁘면** 문제는 빛이 없는 것이 아니라 그들의 깨달음이 없다는 데 있다. 그들에게 필요한 것은 표적이 아니었다. 이미 목격한 하나님의 위대한 능력을 믿을 수 있는 마음이 필요했다.

5. 바리새인과 율법교사에게 화를 선포하심(11:37-54)

11:38 **잡수시기 전에 손 씻지 아니하심** 바리새인의 관심사는 위생이 아니라 종교적 의식이었다. '씻는다'에 해당하는 헬라어는 정결 의식을 가리킨다. 율법에는 그렇게 씻으라는 명령이 없지만 바리새인들은 그런 의식을 행했다. 그 의식이 실수로 범한 종교적 불결을 제거해준다고 믿었기 때문이다. *마가복음 7:2, 3에 대한 설명을 보라.*

11:39 **탐욕과 악독이 가득하도다** 즉 그들은 외면적인 종교 의식에 열심을 내기는 했지만 더 중요한 내면적 도덕성의 문제는 간과했다. *마태복음 23:25에 대한 설명을 보라.*

11:40 **어리석은 자들아** 즉 깨닫지 못하는 사람들이다. 그들은 진실로 어리석었다. 그리스도가 마태복음 5:22에서 금하신 조야한 인식 공격이 아니다.

11:41 **그 안에 있는 것으로 구제하라** 문자적으로 '너의 안에 있는 것을 가지고 도우라'는 뜻이다. 이 말씀은 내적인 미덕과 외적인 의식을 대비시킨다. 구제는 보이기 위해 하면 안 되고 믿는 마음의 표시로 해야 한다(참고. 마 6:1-4). 참된 구제는 외적인 행동이 아니라 하나님 앞에서 사람이 취하는 태도다.

11:42 **십일조** *마태복음 23:23에 대한 설명을 보라.*

11:43 **문안** 이것은 겉으로 내보이는 예법으로, 인사를 받는 상대방의 수준에 따라 그 방식이 달라지는 어느 정도 세밀한 인사법이었다.

11:44 **평토장한 무덤** 감춰진 근원적 더러움을 말한다. 그들은 자신들의 내적 부패를 조심스럽게 감추고 있었지만 거기서 여전히 더러움이 솟아나고 있었다. *마태복음 23:27에 대한 설명을 보라.*

11:45 **율법교사** 즉 서기관이다. *10:25에 대한 설명을 보라.*

11:46 **짐** *마태복음 23:3에 대한 설명을 보라.*

11:47 **너희는 선지자들의 무덤을 만드는도다** 그들은 자기들이 선지자를 존경한다고 생각했지만 실제로는 선지자들을 죽인 자들과 더욱 닮았다(48절). *마태복음 23:30에 대한 설명을 보라.*

11:49 **하나님의 지혜가 일렀으되** 이 인용문은 구약에는 나오지 않는다. 그리스도는 앞으로 임할 하나님의

진노를 예언적으로 선언하신다. 이미 기록된 글을 인용하시는 것이 아니라 그들에게 하나님의 직접적인 경고를 선언하신 것이다.

11:49-51 *마태복음 23:34-36에 대한 설명을 보라.*

11:52 **지식의 열쇠** 그들은 자신들의 잘못된 해석과 인간적 전통으로 하나님 말씀을 왜곡해 성경 진리를 가둔 채 잠그고 그 열쇠를 던져버렸다. *마태복음 23:13에 대한 설명을 보라.*

11:54 **책잡고자** 이 동일한 단어가 그리스 문헌에서는 동물을 사냥하는 것을 가리킨다.

6. 길에서 베푼 교훈(12:1–59)

a. 외식을 경계함(12:1–12)

12:1 **무리 수만 명** 여기 사용된 헬라어로부터 'myriad'(만, 무수한 사람)라는 단어가 생겼다. **누룩** *마태복음 16:12; 마가복음 8:15에 대한 설명을 보라.*

12:2, 3 *8:17; 마가복음 4:22에 대한 설명을 보라.*

12:5 **두려워할 자** *마태복음 10:28에 대한 설명을 보라.*

12:6 **두 앗사리온** *앗사리온(assarion)*은 1데나리온의 십육분의 일에 해당하는 로마 동전이다. 1앗사리온은 한 시간의 품삯보다 적다. **하나님 앞에는 그 하나도 잊어버리시는 바 되지 아니하는도다** 하나님의 섭리는 피조물 가운데 가장 미미해 보이는 것에도 미친다. 하나님은 아무리 하찮은 것일지라도 자신의 모든 피조물을 돌보신다. *마태복음 10:29에 대한 설명을 보라.*

12:8 **하나님의 사자들 앞에서** 즉 심판의 날을 말한다. 참고. 마태복음 25:31-34; 유다서 24절. *마태복음 10:32에 대한 설명을 보라.*

12:9 **사람 앞에서 나를 부인하는 자** 이것은 영혼에 저주받은 사람들이 그리스도를 부인하는 것을 가리킨다. 베드로가 잠깐 동안 흔들린 것과 같은 잘못(22:56-62)이 아니라 두려움, 수치, 무관심, 뒤로 미룸, 세상에 대한 사랑 때문에 모든 증거와 계시를 거부하고 그리스도를 구주와 왕으로 고백하지 않은 채 모든 기회를 날려버린 큰 죄다.

12:10 **성령을 모독하는** *마태복음 12:31, 32에 대한 설명을 보라.* 이것은 모르고 범하는 죄가 아니라 그리스도를 향한 의도적이고 고집스럽고 단호한 적대감이었다. 마태복음 12장에서 바리새인들이 보여준 태도, 곧 그리스도의 일을 사탄의 일로 돌린 것이 그런 예라고 할 수 있다(참고. 11:15).

12:11 **염려하지 말라** 즉 걱정하지 말라는 뜻이다. 이 말은 사역자들과 교사들이 정상적인 영적 의무의 이행을 위한 준비를 게을리 해도 된다는 말이 아니다. 이 구절과 이와 유사한 다른 구절들(21:12-15; 마 10:19)을 인용해 연구와 묵상을 게을리 해도 좋다고 주장하는 것은 성경의 의미를 왜곡하는 처사다. 이 구절은 게으른 사역자를 변명하기 위한 것이 아니라 생명을 위협하는 박해를 받고 있는 사람들을 위로하기 위한 것이다. 동일한 표현이 22절에 사용되었는데, 이는 생필품을 걱정하는 사람에게 하는 말씀이다. 이 표현들이 등장하는 어느 문맥에서도 예수는 합당한 수고와 준비를 정죄하시지 않았다. 예수는 준비할 수 없는 박해의 상황에 처했을 때 성령께서 도우실 것을 약속하고 계신 것이다. *마가복음 13:11에 대한 설명을 보라.*

b. 세속적 물욕을 경계함(12:13–21)

12:13 **내 형을 명하여 유산을 나와 나누게 하소서** '장자의 권리'는 유산에서 두 몫을 받는 것이었다(신 21:17). 어쩌면 이 사람은 동일한 몫을 원했는지도 모른다. 어떤 경우이든 예수는 이 사람이 주장하는 불의에는 관심이 없으셨으며, 가족의 분쟁을 중재해달라는 이 사람의 요구를 거절하셨다.

12:14 **누가 나를 너희의 재판장…세웠느냐** 그리스도의 역할 가운데 하나는 온 세상을 심판하는 재판장이 되시는 것이었다(요 5:22). 그러나 그리스도는 사소한 세속적 분란을 중재하기 위해 오신 것이 아니다. 유산 분쟁은 민사 소송으로 처리할 문제였다.

c. 걱정을 경계함(12:22–34)

12:22-31 *마태복음 6:26-33에 대한 설명을 보라.*

12:22 **염려하지 말라** *11절에 대한 설명을 보라.*

12:32 **기뻐하시느니라** *2:14에 대한 설명을 보라.* 그리스도는 제자들이 걱정하지 않도록 하기 위해 성부께서 적은 무리를 세심하게 돌보신다는 사실을 강조하셨다(22-30절).

12:33 **너희 소유를 팔아 구제하여** 세상에 재물을 쌓는 사람들은 물질적 자원이 자신들의 안정을 보장해줄 것이라는 잘못된 생각을 가지고 있다(16-20절). 그들은 보물을 세상이 아니라 하늘에 쌓아야 한다. *마태복음 6:20에 대한 설명을 보라.* 초대 교회의 신자들은 가난한 형제들의 기본적인 필요를 충당하기 위해 자기 소유를 팔았다(행 2:44, 45; 4:32-37). 그렇다고 해서 이 교훈을 오해하여 세상적인 재물을 일체 소유해서는 안 된다는 것으로 생각해서는 안 된다. 사실 사도행전 5:4에서 베드로가 아나니아에게 한 말은 그가 자기 땅을 팔 수도 있고 팔지 않을 수도 있었음을 분명히 보여준다. **낡아지지 아니하는 배낭** 낡지 않는(따라서 돈을 잃어버리지 않는) 이 지갑은 '하늘에 둔 바 다함이 없는 보물'로 규정된다. 사람이 자기 돈을 가장 안전하게 보관할 수

있는 그런 곳은 도적도 없고 좀이 먹는 일도 없는 하늘이다.

12:34 **너희 마음도 있으리라** 사람들이 자기 돈을 보관하는 곳은 그의 마음의 우선순위를 드러낸다. 참고. 16:1-13; 마태복음 6:21.

d. 불신실을 경계함(12:35–48)

12:35 **띠를 띠고** 준비하고 있어야 한다는 뜻이다. 흘러내리는 긴 겉옷을 허리띠로 잡아매어 자유롭게 일할 수 있는 상태가 되어야 한다. 참고. 출 12:11; 벧전 1:13.

12:36 **주인이 혼인 집에서 돌아와** 종들에게는 횃불을 밝히고 주인을 맞이할 책임이 있다.

12:37 **깨어 있는** 여기서 핵심이 되는 것은 언제든지 그리스도의 재림을 준비하고 있어야 한다는 것이다. *마태복음 25:1-13에 대한 설명을 보라.* **주인이 띠를 띠고** 즉 주인이 종의 역할을 하고 종을 섬기리라는 것이다. 이 놀라운 말은 그리스도가 재림하실 때 종처럼 신자들을 섬기는 모습을 그리고 있다.

12:38 **이경** 밤 9시에서 자정까지다. **삼경** 자정에서 새벽 3시까지다.

12:40 **생각하지 않은 때에** 참고. 21:34; 마태복음 24:36, 42-44; 데살로니가전서 5:2-4; 베드로후서 3:10; 요한계시록 3:3; 16:15.

12:42 그리스도는 베드로의 질문(41절)에 직접 답하시지 않았지만, 이 진리가 불신자들에게 적용됨을 암시해주신다. 무엇보다도 많은 일을 맡은 사람들 말이다(48절). **종** *16:1에 대한 설명을 보라.*

12:43 **그 종은 복이 있으리로다** 충실한 종의 모습은 참된 신자다. 그는 하나님이 다른 사람에게 유익을 끼치라고 맡기신 영적 재물을 잘 관리하며, 주인의 재산을 잘 관리한다. 그런 영적인 종의 의무를 충실히 수행한 사람에게는 명예와 보상이 주어질 것이다(44절).

12:45 **종들을 때리며** 이 악한 종의 불충실함과 잔인한 행동은 불신자의 마음속에 있는 악을 보여준다.

12:46 **엄히 때리고** 즉 완전히 파멸시키는 것이다. 이는 불신자에 대한 심판의 가혹함을 말한다.

12:47, 48 형벌의 정도는 불신앙의 행동이 얼마나 의도적이었는지에 비례한다. 그럼에도 무지가 변명이 되지 않음에 주목하라(48절). 지옥에서 가해지는 형벌의 정도가 다르다는 것은 마태복음 10:15; 11:22, 24; 마가복음 6:11; 히브리서 10:29에서 분명히 가르치고 있다(*이 구절에 대한 설명을 보라*).

e. 안락한 생활에 대한 사랑을 경계함(12:49–53)

12:49 **불** 즉 심판이다. *마태복음 3:11에 대한 설명을 보라.* 불과 심판의 연관성에 대한 것은 이사야 66:15; 요엘 2:30; 아모스 1:7, 10-14; 2:2, 5; 말라기 3:2, 5; 고린도전서 3:13; 데살로니가후서 1:7, 8을 보라.

12:50 **세례** 고난의 세례다. 그리스도는 자신의 죽음을 말씀하신 것이다. 그리스도인이 받는 세례는 그리스도와 연합하여 함께 죽고, 함께 장사되고, 함께 부활하는 것을 상징한다. **그것이 이루어지기까지** 앞으로 당할 고난 때문에 답답했지만, 그럼에도 그리스도는 바로 그 일을 하러 오셨으며 그것의 성취를 위해 꾸준히 전진하고 계셨다(*9:51에 대한 설명을 보라*. 참고. 요 12:23-27). **답답함** *마태복음 26:38에 대한 설명을 보라.*

12:51 **아니라** *마태복음 10:34에 대한 설명을 보라.*

f. 준비되지 못한 생활을 경계함(12:54–56)

12:54-56 *마태복음 16:2, 3에 대한 설명을 보라.*

g. 분열을 경계함(12:57–59)

12:58 **길에서 화해하기를 힘쓰라** *마태복음 5:25에 대한 설명을 보라.*

12:59 **한 푼** *21:2; 마가복음 12:42에 대한 설명을 보라.*

7. 질문에 대한 대답(13:1–30)

a. 하나님의 공의에 대해(13:1–9)

13:1 **어떤 갈릴리 사람들의 피를 그들의 제물에 섞은 일** 이 사건은 우리에게 알려진 빌라도의 성격과 어울린다. 갈릴리에서 온 어떤 예배자들이 로마로부터 유죄 판결을 받았는데, 치안을 방해하는 열심당원들이었기 때문일 수 있다(*마 10:4에 대한 설명을 보라*). 그들은 희생제물을 드리던 도중에 발각되어 로마 당국의 명령으로 성전에서 죽임을 당했을 것으로 짐작된다. 그렇게 사람을 죽이는 것은 가장 큰 신성모독에 속했다. 이런 사건들이 로마에 대한 유대인의 증오에 불을 붙였고, 결국 반란을 일으키게 만들었으며, 주후 70년 예루살렘 멸망을 초래했던 것이다.

13:2 **죄가 더 있는 줄** 재앙과 갑작스러운 죽음은 언제나 특정한 죄에 대한 하나님의 불쾌함을 표시한다는 것(참고. 욥 4:7)이 많은 사람의 신념이었다. 그러므로 특이한 방식으로 고통당하는 사람들은 어떤 심각한 도덕적 잘못이 있는 것으로 간주되었다(참고. 요 9:2).

13:3 **너희도 만일 회개하지 아니하면** 예수는 재앙과 인간의 악 사이의 관련성을 부인하시지 않았다. 그런 모든 고통은 궁극적으로 인간의 타락에서 비롯된 저주의 산물이기 때문이다(창 3:17-19). 나아가서 특정한 재난들은 실제로 악행의 열매일 수 있다(잠 24:16). 그러나 그리스도는 그런 재난으로 고통당하는 사람들보다 자기가 도덕적으로 우월하다는 사람들의 관념에 도전하셨다. 그리스도는 모든 사람에게 회개를 촉구하셨는

데, 모두가 갑작스러운 파멸의 위험 속에 처해 있었기 때문이다. 아무도 죽음을 준비할 시간이 보장되어 있지 않으므로 지금이야말로 모든 사람이 회개할 때다(참고. 고후 6:2). **다 이와 같이 망하리라** 이 말씀은 점점 가까이 오고 있는 이스라엘에 대한 심판을 예언적으로 경고하는 말씀이다. 이 심판은 주후 70년 예루살렘 멸망에서 절정에 이르렀다. 예루살렘에 있던 수천 명의 사람들이 로마 군인에게 죽임을 당했다. *마태복음 23:36에 대한 설명을 보라.*

13:4 **실로암** 예루살렘 아래 도시의 남쪽 끝 지역이며, 널리 알려진 우물이 있었다(참고. 요 9:7, 11). 수도관을 지키기 위한 망대 하나가 공사 도중에 무너져 사람 몇 명이 죽었던 것으로 보인다. 이번에도 사람들의 마음속에는 그 재앙과 피해자들이 범한 악행('더 나쁜 죄인') 사이의 관계에 대한 의문이 일었다. 예수는 그런 재앙이 특별히 악한 무리의 사람들을 뽑아 죽게 하는 하나님의 방법이 아니라 모든 죄인에 대한 경고라고 대답하셨다. 만약 그들이 회개하지 않는다면 심판의 재난이 결국 모든 사람에게 미칠 것이다.

13:6 **무화과나무** 이 나무는 자주 이스라엘의 상징으로 사용되었다(*마 21:19; 막 11:14에 대한 설명을 보라*). 그러나 이 경우 과실이 없는 것에 대한 이 비유의 교훈은 모든 민족과 각 개인에게 동일하게 적용된다.

13:8 **금년에도 그대로 두소서** 이것은 그리스도의 중보, 성부의 지극한 인내와 은혜로움에 대한 실증이다.

b. 안식일에 대해(13:10–17)

13:10 **안식일** 예수 사역에서 가장 빈번하게 논쟁을 일으킨 문제가 바리새인의 안식일 전통이었다. 참고. 6:5-11; 14:1-5; 마태복음 12:2-10; 마가복음 2:23-3:4. **회당** *마가복음 1:21에 대한 설명을 보라.*

13:11 **귀신 들려 앓으며** 이 말은 이 여인을 곧게 일어서지 못하게 했던 육체의 질병이 악한 영에 의해 초래되었다는 뜻이다. 하지만 그리스도는 귀신과 맞대면하여 나가라고 할 필요 없이 그녀가 귀신의 속박에서 놓여났음을 선언하기만 하면 되었다(12절). 그러므로 이 여인의 경우는 그리스도가 자주 접했던 다른 경우들과는 어느 정도 다른 것으로 보인다(참고. 11:14. *16절에 대한 설명을 보라*).

13:12 **예수께서 보시고 불러 이르시되** 이 치료는 간청에 따른 것이 아니었다. 예수가 먼저 행동하셨다(참고. 7:12-14). 나아가서 그녀 또는 다른 어떤 사람의 특별한 믿음이 요구되지도 않았다. 예수는 때로 믿음을 요구하셨지만 항상 그런 것은 아니었다(참고. 8:48; 막 5:34).

13:14 **회당장** 모임을 주재하고 건물을 관리하며 회당에서의 가르침을 감독하는 평신도다(참고. 8:41; 마 9:18; 막 5:38).

13:15 **소나 나귀를…풀어내어** 성경의 어디서도 소에게 물을 먹이거나 병자를 치료하는 것을 금하지 않는다(*6:9; 마 12:2, 3, 10에 대한 설명을 보라*). 바리새인의 안식일 전통은 실제로 고통당하는 사람보다 동물에게 더 높은 가치를 부여했다. 결국 안식일의 전반적인 목적을 망각한 것이다(막 2:27).

13:16 **사탄에게 매인 바 된** 욥의 신체적 고통과 다른 재난들도 사탄을 통해 가해졌는데, 그것은 하나님의 허락하신 것이었다. 이 여인에게도 그런 고통이 허락되었는데, 그녀가 어떤 악을 행했기 때문이 아니라 그녀에게서 하나님의 영광을 드러내기 위해서였다(참고. 요 9:3). **아브라함의 딸** 그녀는 유대인 여자였다.

c. 하나님 나라에 대해(13:18–21)

13:19, 21 *마태복음 13:32, 33에 대한 설명을 보라.*

d. 구원받는 작은 무리에 대해(13:22–30)

13:22 **각 성 각 마을로 다니사** 누가가 어떤 지역을 가리킬 때 그 사용하는 말이 때로 모호하다. 그가 염두에 두고 있던 독자도 대개 팔레스타인 지리에 대해서는 익숙하지 않았을 것이다. 마태복음 19:1; 마가복음 10:1; 요한복음 10:40은 모두 예수가 요단강 동쪽 베레아라고 알려진 지역으로 사역지를 옮기셨다고 말한다. 그렇게 옮기신 것이 누가의 서술에서 이 시점이었을 것이다. 그러므로 예수가 여행하시면서 통과한 성과 마을들에 유대와 베레아가 모두 포함되었을 것이다. **예루살렘으로 여행하시더니** 유대에서 베레아로 옮겨가는 사역 기간에 예수는 예루살렘을 한 번 이상 방문하셨다. 장막절을 위해 적어도 한 번(요 7:11-8:59), 수전절을 위해 또 한 번(요 9:1-10:39), 나사로를 살리셨을 때 또 한 번(요 11:20-44) 예루살렘으로 올라가셨다. 누가의 초점은 죽기 위한 분명한 목적을 가지고 마지막으로 예루살렘을 향해 올라가시는 그리스도의 지속적인 전진에 맞춰져 있다. 그러므로 누가는 그리스도의 모든 여행을 예루살렘을 향한 하나의 긴 여정으로 묘사했던 것이다. *9:51; 17:11에 대한 설명을 보라.*

13:23 **구원을 받는 자가 적으니이까** 이 질문은 몇 가지 요인에 의해 제기되었을 것이다. 한때 그리스도를 따라다니던 큰 무리가 빠져나가고 신실한 소수만이 남았다(참고. 요 6:66). 큰 무리가 아직도 말씀을 듣기 위해 오기는 했지만(14:25), 헌신된 추종자들은 점점 줄어들었다. 게다가 그리스도 말씀은 마음에 열정이 없는 사람들을 낙심시키려는 듯이 보일 때가 많았다(*14:33에 대한 설명을 보라*). 그리스도 자신도 그 길이 너무 좁

아 찾는 사람이 적다고 말씀하셨다(마 7:14). 이 말씀은 세리와 다른 악명 높은 죄인들을 제외한 모든 유대인이 구원을 받으리라는 유대교의 믿음과 충돌하는 것이었다. 그리스도의 대답은 다시 한 번 좁은 문으로 들어가기가 어렵다는 점을 부각시켰다. 부활 이후 오직 120명의 제자만 예루살렘에 있는 다락방에 모였으며(행 1:15), 갈릴리에서는 겨우 500명 정도가 모였다(고전 15:6. *24:34; 마 28:16에 대한 설명을 보라*).

13:24 **힘쓰라** 이 단어는 갈등 속에서 겪는 강렬한 싸움을 의미한다. 그리스도 말씀은 힘쓴 공로(*merit*)로 천국을 얻을 수 있다는 뜻이 아니다. 죄인들은 종교적으로 아무리 노력해도 자신을 구원할 수 없다. 구원은 오직 은혜로 얻는 것이지 행위로 얻지 못한다(엡 2:8, 9). 그럼에도 좁은 문으로 들어가는 것은 인간적 자만심을 버려야 하기 때문에, 죄인이 죄에 대해 품은 타고난 사랑 때문에, 진리에 대한 세상과 사탄의 저항 때문에 결코 쉽지가 않다. *16:16; 마태복음 11:12에 대한 설명을 보라.* **들어가기를 구하여도 못하는 자가 많으리라** 즉 심판 자리에서 많은 사람이 자기들은 천국에 들어갈 만하다고 항의할 때의 일이다(참고. 마 7:21-23).

13:25 **나는 너희가…알지 못하노라** 참고. 마태복음 7:23; 25:12. 그 사람들은 자기들이 집주인을 알고 있다는 망상에 빠져 있었지만 실제로는 주인과 아무 관계도 없는 것이 분명하다(26절). 그들의 항의에도 불구하고 주인은 27절에서 거부 의사를 반복해 강조했다.

13:28 **슬피 울며 이를 갈리라** *마태복음 22:13에 대한 설명을 보라.*

13:29 **사람들이…와서** 온 땅, 사방으로부터 사람들이 올 것을 말씀하심으로써 예수는 이방인도 천국 잔치 식탁에 초대받으리라고 밝히셨다. 이것이 당시 랍비의 생각과 충돌했지만 구약성경과는 완전히 일치한다(시 107:3; 사 66:18, 19; 말 1:11). *2:31; 마가복음 13:27에 대한 설명을 보라.*

13:30 **나중 된 자…먼저 될 자…먼저 된 자…나중 될 자** *마태복음 20:16에 대한 설명을 보라.* 이 문맥에서 이 말씀은 유대인("먼저 된 자")과 이방인들("나중 된 자")의 대비로 보인다. *14:11에 대한 설명을 보라.*

8. 그리스도의 탄식(13:31-35)

13:31 **여기를 떠나소서** 헤롯 안디바가 갈릴리와 베레아를 다스리고 있었다(*마 2:22에 대한 설명을 보라*). 그리스도는 베레아로 접근하는 중이셨든지, 아니면 이미 베레아에서 사역 중이셨을 것이다(*22절에 대한 설명을 보라*). 헤롯의 친구가 아니었던 이 바리새인들은 헤롯의 폭력적인 위협이 그리스도를 잠잠하게 만들기를 기대했거나 그리스도가 유대로 가서 산헤드린의 법적 조치를 받기를 기대하면서 이렇게 말했을 것이다.

13:32 **저 여우** 어떤 사람들은 여기서 예수가 사용하신 표현이 출애굽기 22:28; 전도서 10:20; 사도행전 23:5과 일치하지 않는다고 생각해왔다. 하지만 이 구절들은 일상적인 담화에 속하는 것이다. 하나님의 대언자로서 신성한 권위를 가지고 말한 선지자들은 때로 지도자들을 공개적으로 꾸짖는 사명을 받았다(사 1:23; 겔 22:27; 호 7:3-7; 습 3:3). 예수는 완전한 하나님의 권위를 가지고 말씀하셨으므로 헤롯에 대해 그런 표현을 사용할 수 있는 권리가 얼마든지 있었다. 랍비의 글들도 자주 교활하면서 무가치한 사람을 가리킬 때 '여우'라는 표현을 사용했다. 헤롯의 권력 앞에 무기력했던 바리새인들은 예수의 이 담대함에 충격을 받았을 것이다. **오늘과 내일…제삼일** 이 표현은 그리스도가 오직 자신의 신성한 시간 계획에 따라 움직이신다는 의미이지 문자적으로 사흘 일정의 스케줄을 가지고 계신다는 뜻이 아니다. 이런 표현은 셈족이 관용적으로 사용하는 표현인데 정확한 시간 간격을 말하는 건 아니다. *마태복음 12:40에 대한 설명을 보라.* **완전하여지리라** 즉 죽음에 의해 자신의 일을 마치신다는 것이다. 참고. 요한복음 17:4, 5; 19:30; 히브리서 2:10. 헤롯이 그리스도를 죽이겠다고 위협했지만 때가 이르기 전에는 누구도 그리스도를 죽일 수 없다(요 10:17, 18).

13:33 **죽는 법이 없느니라** 물론 순교한 모든 선지자가 예루살렘에서 죽임당한 것은 아니었다. 예를 들면 세례 요한은 헤롯에 의해 참수당했는데, 마케루스(Machaerus)에 있는 그의 궁정에서였을 것이다. 이 표현은 4:24, 마태복음 13:57과 같은 격언이었을 것으로 보인다. 여기 기록된 것처럼 구약에 등장한 대부분의 선지자들이 외국의 적들에 의해서가 아니라 유대 민족의 손에 순교당한 것은 대단한 아이러니다. 누가는 여기에 이 말씀을 포함시킴으로써 복음서의 주제(죽으러 예루살렘을 향해 가시는 예수님의 중단 없는 행진)를 부각시킨다(*9:51에 대한 설명을 보라*).

13:34 **예루살렘아 예루살렘아** 병아리를 품은 암탉의 이미지에서 드러나듯 이 말씀 속에 그리스도의 말할 수 없는 부드러운 심정이 드러난다. 하나님의 긍휼을 드러낸 이런 표현은 마지막 때를 향해 가고 있던 그 도시를 향한 그리스도의 통곡(19:41)에 대한 전조가 된다. 분명히 이것은 심오하고 참된 감정이다(*마 9:36에 대한 설명을 보라*). **내가…한 일이 몇 번이냐 그러나 너희가 원하지 아니하였도다** 문자적으로 '나는 하려 했지만 너희는

눅

하려 하지 않았다'라는 뜻이다. 예루살렘의 곤경에 대해 그리스도가 반복적으로 슬픔을 표현했다고 해서 거기서 발생하는 모든 일을 그리스도가 주권적으로 주관하신다는 사실이 약화되지 않는다. 또한 하나님의 주권을 근거로 그리스도의 진실한 동정심을 경시해서도 안 된다. *마태복음 23:37에 대한 설명을 보라.*

13:35 그리스도의 사역 순서에서 누가의 이 기록은 마태복음 23:37-39의 병행 사건에 대한 기록보다 더 이른 시기에 해당된다. 마태복음의 사건은 그리스도가 예루살렘에서 마지막 시간을 보내시던 때의 일이다. 그럼에도 두 얘기는 실질적으로 일치한다. 누가복음의 이 기록에서 그리스도는 예언적인 메시지를 전하시고 뒤에 최후의 심판을 선언하실 때 그것을 반복하신다. **찬송하리로다** 이것은 시편 118:26을 인용한 것이다.

C. 베레아(14:1-19:27)

1. 바리새인에게 초대받으심(14:1-24)

a. 안식일에 대한 시험(14:1-6)

14:1 **안식일** *13:10에 대한 설명을 보라.* 누가는 그리스도가 안식일에 병을 고치신 일을 다른 어느 복음서 저자들보다 자주 보여준다. 그리스도는 안식일을 자비로운 행위를 하는 날로 선호하셨던 것으로 보인다. **그들이 엿보고 있더라** 이 바리새인이 그리스도를 식사에 초대한 동기가 좋지 못했던 것이 분명하다.

14:2 **수종병** 신체 조직과 빈 공간에 물이 차는 상태로, 암을 포함해 신장이나 간의 질병으로 발생한다.

14:3 **율법교사들** 즉 서기관들이다. *10:25에 대한 설명을 보라.* **합당하냐** 그리스도는 안식일에 병을 고치는 것의 정당성을 반복해 변호하셨으며, 그리스도의 논리는 반대자들을 압도했다(참고. 6:9, 10; 13:14-17). 여기와 6:9에서 그리스도는 서기관들에게 안식일에 병을 고치는 것의 적법성에 대해 미리 질문하셨다. 그럼에도 그들은 안식일에 병을 고치는 것이 왜 안식일 법에 저촉되는지에 대한 합당한 근거를 제시하지 못했다(참고. 6절).

14:5 **아들이나 소** 참고. 13:15; 마태복음 12:11, 12. 일반적인 인도주의는(경제적 필요성은 말할 필요도 없이) 안식일에 짐승들한테 자비를 행하는 것이 정당하다는 것을 그들에게 가르쳐주었다. 그러므로 동일한 원리가 고통당하는 사람에게 자비를 행해야 한다는 것에도 적용되어야 한다.

b. 겸손에 대해 가르치심(14:7-14)

14:7 **높은 자리** 즉 식탁에서 가장 좋은 자리다. 참고. 11:43; 마태복음 23:6.

14:11 **무릇 자기를 높이는 자는 낮아지고** 예수는 이런 종류의 역설적 언어유희를 즐겨 사용하셨다(참고. 9:24; 13:30; 17:33; 18:14; 마 23:11, 12). 이 말씀은 8-10절의 논점을 분명히 하는 것이다. 이 전체 교훈의 핵심은 잠언 25:6, 7과 병행을 이룬다.

14:12 **벗이나 형제나…청하지 말라** 이 말씀은 친구나 친척을 절대로 식사에 초대하지 말라는 금령이 분명 아니다. 그리스도는 이와 유사한 과장법을 26절에서도 사용하셨다. 이런 표현은 셈족의 서술에서 흔한데, 보통 강조하기 위해 사용된다. 그리스도 말씀의 요지는 친구나 친척을 청하는 것은 참으로 자비로운 영적인 행동으로 분류될 수 없다는 것이다. 또한 이것은 호의를 되갚을 수 있는 능력을 가진 '부유한 이웃'에게만 호의를 베푸는 경향이 있는 사람들에 대한 비판일 수도 있다. 참고. 신명기 14:28, 29.

14:14 **부활시에 네가 갚음을 받겠음이라** 즉 하늘의 보화로 말이다(참고. 18:22).

c. 천국 잔치에 대해 말씀하심(14:15-24)

14:15 **하나님의 나라에서 떡을 먹는 자** 이 사람은 유대인만이 천국 잔치에 초대받으리라는 견해를 가지고 있었을 것이다(*마 8:12에 대한 설명을 보라*). 이것은 진지한 성찰 없이 내뱉은 경건한 소리였을 것이다. 그러나 그리스도는 이방인이 그 잔치에 포함된다는 것을 보여주는 비유로 대답하셨다.

14:16 **큰 잔치** 이 비유는 여러 가지 면에서 마태복음 22:2-14에 있는 비유와 비슷한데, 동일한 문제를 지적함에도 그 둘은 서로 구별된다. 마태복음의 비유는 다른 환경에서 베풀어졌고 핵심적인 세부 내용이 다르다. **많은 사람을 청하였더니** 그 초대를 거절한 사람은 아무도 없었던 것으로 보인다. 이 사람은 초대받은 모든 사람이 올 것이라고 믿을 충분한 이유가 있었다.

14:17 **청하였던 자들** 꼬박 일주일 동안이나 계속되는 혼인잔치의 하객들은 미리 초대를 받았고, 그에 대한 일반적인 사항을 미리 고지받았다. 마침내 많은 준비가 완료되었고, 미리 초대받았던 하객들에게 잔치가 시작될 것이라는 통고가 발송되었다. 여기서 미리 초대받은 하객은 이스라엘 민족을 가리킨다. 그들은 메시아가 오실 것을 예비하라는 이야기를 구약성경으로부터 들었다.

14:18 **양해하도록 하라** 모든 변명이 진실하지 않은 냄새가 난다. 밭을 먼저 보기 전에 매입하는 사람은 없다. 또한 매입이 완료되었으니 급할 것이 없다. 잔치가 끝난 후에 땅은 여전히 거기에 있을 것이다. 이와 마찬가지로(19절), 황소를 먼저 살펴보지 않고 사는 사람은 없

다. 최근에 혼인한 사람의 경우(20절) 그들의 사업적 여행이나 병역 의무는 면제되지만(신 24:5), 신혼부부가 그런 사회적 활동에 참여하지 못할 합당한 이유는 없다.

14:21 **가난한 자들과 몸 불편한 자들과 맹인들과 저는 자들** 즉 바리새인이 부정하거나 무가치하다고 간주했던 사람들이다. 종교지도자들은 예수가 창녀, 세리들과 교제한다는 이유로 예수를 정죄했다(참고. 5:29, 30; 15:1; 마 9:10, 11; 11:19; 21:31, 32; 막 2:15, 16).

14:22 **아직도 자리가 있나이다** 하나님은 죄인들 자신이 구원받기를 바라는 것보다 더 강하게 죄인을 구원하기 원하신다.

14:23 **길과 산울타리 가로 나가서** 이것은 이방인의 종교를 나타내는 것임이 분명하다. **사람을 강권하여 데려다가 내 집을 채우라** 강압이나 폭력이 아니라 진정한 설득을 통해서다.

14:24 **청하였던 그 사람들은 하나도** 즉 오기를 거절했던 사람들이다. 초대에 응하지 않은 이스라엘은 잔치에 참석하지 못할 것이다. 그들에 대한 주인의 심판은 그들 자신의 결정을 확정시켜 주는 것이었다. 그들 대부분은 주후 70년에 로마인의 손을 통해 임한 하나님의 심판에서 죽임을 당했다. *마태복음 22:7; 23:36; 24:2에 대한 설명을 보라.*

2. 무리의 교사(14:25-18:34)

a. 제자도의 비용(14:25-35)

14:25 **수많은 무리** 그리스도의 목적은 고마워하는 군중을 모으는 것이 아니라 참 제자를 만드는 것이었다(*13:23에 대한 설명을 보라*). 그리스도는 결코 자신의 메시지를 대중의 기호에 맞추시지 않았고, 언제나 제자도의 높은 대가를 분명하게 선언하셨다. 여기서 그리스도는 과감한 결단을 몇 가지 요구하셨는데, 이 요구는 미지근한 사람들을 낙심시켰다.

14:26 **미워하지** 마태복음 10:37에 등장하는 유사한 요구가 이 난해한 명령을 이해하는 데 필요한 열쇠다. 여기서 요구되는 '미워하라'는 건 실제로 덜 사랑하라는 것이다. 제자들이 예수께 완전 헌신한 나머지 (그들의 생명을 포함한) 다른 모든 것에 대한 애착이 예수에 대한 애착에 비하면 미움이라고 말할 수 있을 정도가 되어야 한다는 것이다. *미움(hate)*이라는 단어에 대한 이와 유사한 사례는 16:13; 창세기 29:30, 31을 보라.

14:27 **자기 십자가를 지고** 즉 기꺼이 지라는 것이다. 이것은 26절의 자기 목숨을 미워하는 것과 병행을 이룬다. *9:23; 마태복음 10:38에 대한 설명을 보라*. 참고. 마가복음 8:34.

14:28 **비용을 계산하지** 군중은 예수에 대해 긍정적이기는 했지만 완전히 헌신하지는 않았다. 그리스도는 그들이 긍정적으로 반응하도록 유도하신 것이 아니라 제자도의 대가를 가능한 한 높게 정하셨다(26, 27, 33절). 또한 주님을 따를 의사가 있다고 선언하기 전에 재고조사를 신중하게 해보라고 권하셨다. 참고. 9:57-62.

14:33 **자기의 모든 소유를 버리지** 대가를 신중하게 평가하고(28-32절) 자신이 가진 모든 것을 예수의 나라에 투자하는 사람만이 그 나라에 들어갈 자격이 있다. 이것은 단순히 자신의 물질적 소유를 포기하는 것 이상의 어떤 것을 말한다. 그것은 절대적이고 무조건적인 승복이다. 예수의 제자들에게는 어떤 특권도, 어떤 요구도 허용되지 않았다. 그들은 어떤 죄악도 품지 않고, 이 세상의 어떤 소유에도 연연해하지 않으며, 어떤 은밀한 자기탐닉에도 빠지지 않도록 방비해야 했다. 예수에 대한 그들의 헌신은 무조건적이어야 한다. *9:23-26에 대한 설명을 보라.*

14:34 **소금이 좋은 것이나** *마태복음 5:13; 마가복음 9:50에 대한 설명을 보라*. 그리스도는 사역 도중에 적어도 각각 세 번에 걸쳐 이와 동일한 이미지를 사용하셨다.

b. 잃은 양 비유(15:1-7)

15:1 **세리와 죄인들** *14:21; 마태복음 5:46; 21:32에 대한 설명을 보라*. 그리스도의 메시지가 어려웠음에도 (14:25-35) 사회적으로 버림받은 사람들이 그리스도께 이끌렸다. 그러자 종교지도자들은 그리스도를 죽여야겠다는 결심을 더욱 굳혔다. 참고. 고린도전서 1:26-29.

15:2 **수군거려 이르되** 문자적으로 '심하게 불평하다'라는 뜻이다(특히 군중 모두가 듣도록). 그들의 불평으로 말미암아 그리스도는 죄인이 회개했을 때 하나님이 기뻐하심을 예증하는 세 가지 비유를 베푸셨다. **이 사람이 죄인을 영접하고** 이 구절은 다음에 이어지는 세 가지 비유의 핵심을 이룬다. 그리스도는 "세리와 죄인의 친구"로 알려지는 것을 부끄러워하시지 않았다(7:34).

15:4 **그 잃은 것을…찾아다니지** 처음 두 가지 비유는 먼저 죄인을 찾아나서는 하나님을 그린다. 랍비는 하나님은 진심으로 그분의 용서를 구하는 죄인을 받아들이신다고 가르쳤지만, 이 비유에서 하나님은 죄인을 찾으시는 분이다(*19:10에 대한 설명을 보라*). 중동에서 목자는 각각의 양에 대한 책임을 져야 했다. 목자는 한 마리의 양도 잃어버리거나 죽임을 당하거나 상처를 입지 않도록 돌봐야 하는 책임을 지고 있었다(참고. 마 18:11-14).

15:5 **어깨에 메고** 사랑이 많은 목자의 모습이다. 참고.

요한복음 10:11; 시편 24:1. **즐거워** 이 세 가지 비유에서는 잃었던 것을 되찾았을 때의 기쁨이 가장 두드러진 특징이다(7, 10, 32절).

15:7 **하늘에서는…기뻐하는** 하나님 그분의 기쁨을 가리키는 말이다. 지상에서는 바리새인들 사이에 불평이 있었지만(2절), 하나님과 천사들 사이에는 큰 기쁨이 있었다(10절). **회개할 것 없는** 즉 자기는 의롭다고 생각하는 사람들이다(참고. 5:32; 16:15; 18:9).

c. 잃은 은전 비유(15:8–10)

15:8 **드라크마** 드라크마는 로마의 데나리온과 가치가 비슷한 그리스의 은전이었다(*마 22:19에 대한 설명을 보라*). **등불을 켜고** 보통 방 한 칸짜리 집에는 창문이 없었다. **집을 쓸며** 이것은 샅샅이 찾는다는 표현이다.

d. 잃은 아들 비유(15:11–32)

15:11, 12 탕자의 비유는 그리스도의 모든 비유 가운데 가장 많이 화자되고 사랑받는 이야기다. 이것은 가장 길고 상세한 비유에 속한다. 또한 다른 대부분의 비유와 달리 하나 이상의 교훈을 가지고 있다. 탕자는 제대로 된 회개의 모범이다. 형은 바리새인의 자기 의, 회개하는 죄인에 대한 편견과 무관심이라는 사악함을 예증한다. 또한 아버지는 용서하기를 원하시며 죄인이 돌아오기를 간절히 바라시는 하나님을 그린다. 하지만 이 장에 있는 다른 두 비유와 마찬가지로 이 비유의 주된 특징은 하나님의 기쁨, 죄인이 회개했을 때 천국을 가득 채우는 축하 잔치다.

15:12 **재산 중에서 내게 돌아올 분깃을 내게 주소서** 이것은 충격적인 요구로 아버지가 죽었으면 좋겠다고 말하는 것과 마찬가지다. 그는 아버지가 생존해 있는 동안 어떤 유산에 대해서도 권리를 행사할 수 없다. 하지만 아버지는 은혜롭게도 그의 요구를 수용하여 전 재산 가운데 삼분의 일에 해당하는 그의 몫을 주었다. 장자의 권리(신 21:17)를 가진 형이 두 배의 몫을 가지기 때문이다. 이것은 (창조를 통해 하나님과 관계를 맺고 있는) 모든 죄인의 모습을 그린다. 그들은 자기들의 것이 될 수 있는 특권을 낭비하고, 하나님과의 모든 관계를 거부한 채 대신 악한 자기탐닉의 삶을 선택한다.

15:13 **다 모아 가지고** 탕자는 자기 몫을 현금으로 바꿔가지고 자기 아버지를 떠나 악한 생활로 들어갔다. **허랑방탕하여** 사치스럽고 낭비하는 생활이 아니라 제멋대로 하는 부도덕한 생활을 말한다(30절). '허랑방탕'으로 번역된 헬라어는 '방종한'이라는 뜻을 가지는데, 방탕한 생활을 가리킨다.

15:15 **돼지를 치게 하였는데** 이것은 예수의 말씀을 듣는 사람들이 상상할 수 있는 극단적인 추락이었다. 돼지는 가장 부정한 동물이었다.

15:16 **돼지 먹는 쥐엄 열매로 배를 채우고자 하되** 즉 돼지에게 먹이는 쥐엄나무 열매로, 이는 사람이 소화시킬 수 없는 식물이다. 다른 말로 하면 그가 돼지와 같은 음식을 먹지 못한 유일한 이유는 그것을 먹을 수 없었기 때문이라는 뜻이다. **주는 자가 없는지라** 구걸을 통해 생계를 꾸려나갈 수가 없었다. 그의 상황은 더 이상 어찌해볼 수 없을 정도로 절망적인 상태였다. 여기서 그는 절망 가운데 아무 도움도 받을 수 없는 소외된 죄인을 상징한다.

15:17 **스스로 돌이켜** 즉 제정신이 돌아왔음을 뜻한다. 쉼 없는 죄악의 결과 완전한 파산과 굶주림에 떨어졌을 때 그는 비로소 구원받을 준비가 된 것이다(*마 5:3–6에 대한 설명을 보라*).

15:18 **아버지께 가서 이르기를** 그는 신중하게 자신이 무슨 말을 할지 생각했으며 회개의 대가를 계산했다(19절). **하늘과…죄를 지었사오니** 그가 하나님에 대해 범죄했다는 것을 뜻하는 완곡어법이다. 그는 자기 상황의 허망함만 깨달은 것이 아니라 자기 아버지에 대한 범법의 심각성도 깨달았다.

15:20 **아버지가 그를 보고** 아버지는 아들이 돌아오기를 기다리면서 이제나저제나 아들이 오는지를 내다보고 있었음이 분명하다. **달려가** 아들이 돌아옴을 보고 아버지가 얼마나 기뻐했는지 생생하게 보여준다. 이는 하나님을 사람이 만든 모든 거짓 신과 귀신으로부터 구별하는 그분의 장엄한 속성이다. 하나님은 무관심하거나 적대적인 분이 아니라 죄인이 회개하기를 원하시며 죄인이 회개할 때 기뻐하시는 구원자의 성품을 가지신 분이다. *디모데전서 2:4; 4:10에 대한 설명을 보라*. 창세기 3:8부터 요한계시록 22:17까지, 타락으로부터 절정까지 하나님은 언제나 죄인을 구원하기 원하시며 죄인이 회개하고 돌아올 때마다 기뻐하신다.

15:21 아들이 준비된 말을 채 마치기도 전에 아버지가 그를 용서하는 것에 주목하라. 이것은 죄를 사하고자 하시는 하나님의 마음을 그리고 있다.

15:22 **아버지는…이르되** 지난 일에 대한 한 마디의 꾸짖음도 없이 아버지는 아들을 향한 사랑을 쏟아내면서 잃었던 자를 되찾은 기쁨을 표현한다. 아버지가 아들에게 주는 각각의 선물은 아버지가 아들을 받아들이는 일에 수반된 특별한 요소를 보여준다. **옷** 이것은 귀한 손님을 위해 준비해둔 것이었다. **가락지** 이것은 권위의 상징이었다. **신** 노예들은 대개 이 신을 신지 않았으므로 그가 아들의 완전한 지위로 회복되었음을 의미한다.

15:23 **살진 송아지** 이 송아지는 희생제물이나 큰 잔치 등 아주 특별한 경우에만 나온다. 이 모든 것(22, 23절)은 구원의 복이 얼마나 풍성한지를 보여준다(참고. 엡 1:3; 2:4-7).

15:25 **맏아들** 이 사람은 바리새인을 상징한다. 위선적인 종교인이며, 아버지에게(성전에) 늘 가까이 있지만 죄에 대한 감각도 없고 아버지에 대한 (아버지의 기쁨을 함께 나눌) 진정한 사랑도 없으며 회개하는 죄인에 대해 아무런 관심이 없다.

15:28 **그가 노하여** 이것은 서기관들과 바리새인의 불평과 병행을 이룬다(2절).

15:29 **명을 어김이 없거늘** 이 아들이 아버지의 큰 즐거움에 참여하기를 거절한 것은 자기 아버지를 무시하는 명백한 태도다. 이런 사실로 미뤄보건대 그는 아버지의 명을 어기지 않았을 리가 없다. 명을 어긴 적이 없다는 이 말은 모든 종교적 위선자의 숨길 수 없는 문제를 폭로한다. 그들은 자기 죄를 인정하고 회개하지 않을 것이다(*마 9:12, 13; 19:16-20에 대한 설명을 보라*). 이 맏아들의 말은 18:11에 등장하는 바리새인의 말과 같다. **내게는 염소 새끼라도 주어…일이 없더니** 여러 해에 걸친 봉사의 동기가 아버지로부터 얻을 것에 대한 계산에서 비롯되었음을 알 수 있다. 이 아들의 스스로 의롭게 여기는 행동은 사회적으로 동생의 방탕한 생활보다는 용인되겠지만 결국 아버지를 공경하지 않는다는 점에서는 동일하다. 따라서 회개가 요구된다.

15:30 **이 아들이** (원어와 영어 번역에는 '당신의 이 아이'로 되어 있음 – 옮긴이) 깊은 멸시의 표현이다(참고. 18:11의 "이 세리"). 그는 자기 동생을 가리켜 '내 형제'라고도 부를 수 없었던 것이다.

15:31 **내 것이 다 네 것이로되** 유산은 이미 분배되었다(12절). 아버지의 모든 것은 글자 그대로 맏아들의 소유가 되었다. 그럼에도 맏아들은 아버지가 탕자 아들에게 보인 사랑에 대해 불평한 것이다. 바리새인과 서기관들은 성경을 다루고 공적 예배를 주재하는 일로 평생을 보냈기 때문에 하나님의 풍부한 진리에 쉽게 접근할 수 있었다. 그런데 그들은 회개하는 죄인이 주는 즐거움의 보화를 전혀 소유하지 못했던 것이다. 참고. 로마서 9:3-5.

15:32 **네 동생** *30절에 대한 설명을 보라.* **우리가 즐거워하고 기뻐하는 것이 마땅하다** 이것은 세 가지 비유의 핵심을 요약한 말이다.

e. 불의한 청지기 비유(16:1-18)

16:1 **청지기** 청지기는 신뢰하는 종으로, 대부분 그 집에서 출생한 사람이며 집안의 물품을 관리하고 분배하는 책임자다. 그는 다른 종들에게 양식을 공급했으며, 그렇게 하여 다른 사람들이 잘 지내도록 주인의 자산을 관리했다. 그는 주인의 대리인 역할을 했으며, 주인의 이름으로 전적인 권위를 얻어 주인의 사업을 대신 경영했다. **소유를 낭비한다** 이 종의 방탕함은 이 비유를 앞의 비유와 연결시키는 끈이다. 앞 비유에 등장하는 작은 아들처럼 이 청지기도 자기에게 허락된 자원을 낭비한 잘못을 범했다. 하지만 탕자와 달리 이 청지기는 머리가 좋아서 자신이 낭비한 것 때문에 친구를 잃거나 앞일이 막히지 않도록 조치할 수 있었다.

16:2 **청지기 직무를 계속하지 못하리라** 주인이 청지기를 해고하겠다는 의도를 드러낸 것이 지혜롭지 못했으며, 그로 말미암아 더 큰 손실을 입게 되었다. 주인은 그 종이 착복했다고 생각하지 않고 그 일을 제대로 수행할 능력이 없었다고 생각한 듯하다. 그래서 8절과 같은 조치를 취했던 것이다.

16:3 **땅을 파자니 힘이 없고** 즉 그는 자신이 육체노동을 할 수 없다고 생각한 것이다.

16:4 **내가 할 일을 알았도다** 이 종은 교활하게도 주인의 채무자들에게 빚을 크게 줄여주겠다고 했으며, 채무자들은 그 제안을 흔쾌히 받아들였다. **사람들이 나를 자기 집으로 영접하리라** 이렇게 빚을 탕감해주자 그들은 이 청지기에게 그만큼 빚을 진 셈이 되었다. 그러므로 그들은 이 청지기가 주인의 집에서 쫓겨난 후 자기들 집으로 영접할 의무가 생긴 셈이다.

16:6 **빨리** 이것은 은밀한 거래로, 주인의 허락을 받지 않은 것이었다. 채무자들은 이 사람의 직무유기에 의도적으로 동조한 잘못이 있다.

16:8 **주인이 이 옳지 않은 청지기가…칭찬하였으니** 주인은 청지기의 영리함을 칭찬했다. 악한 청지기의 비범한 범죄를 칭찬한 것을 보면 이 주인 역시 악한 사람이었음이 틀림없다. 악인의 공교함을 칭찬하는 것은 타락한 마음의 자연적인 경향이다(시 49:18). 이 비유에 등장하는 모든 인물이 불의하고 파렴치하고 부패한 것에 주목하라. **더 지혜로움이니라** 즉 세상적인 방법을 취

단어 연구

재물(맘몬, Mammon): 16:9, 11, 13. 즉 '부' '돈' '재산'이다. 누가복음 16장에서는 이 말이 '재물'이라는 의미로 사용된다. 또한 맘몬은 참 하나님과 충돌을 일으키는 인간 마음속의 우상 또는 신으로 간주된다. 성경은 이 세상의 신과 참 하나님을 동시에 섬기는 것이 불가능하다고 선언한다.

하는 대부분의 불신자는 하나님의 뜻을 따르는 어떤 신자들("빛의 아들들". 참고. 요 12:36; 엡 5:18)보다 더 지혜롭다.

16:9 **불의의 재물** 즉 돈이다. 불의한 청지기는 주인의 돈을 이용해 세상 친구들을 만들었다. 신자들은 주인의 돈을 사용하여 영원을 위한 친구들을 만들어야 한다. 그러기 위해서 신자들은 천국 복음으로 죄인들을 구원으로 인도해야 한다. 그렇게 되면 신자들이 천국에 갔을 때 그 죄인들이 그들을 환영할 것이다. 그리스도는 청지기의 부정직을 칭찬하신 것이 아니라 도리어 그를 '불의하다'고 예리하게 말씀하셨다(8절). 그리스도는 이 세상의 가장 사악한 아들들이라도 임박한 악한 날을 예비할 만큼 지혜롭다는 것을 보이기 위한 예증으로 이 불의한 청지기를 사용하셨을 뿐이다. 신자는 그들보다 더욱 지혜로워야 한다. 신자에게는 세상적인 일뿐만 아니라 영원한 것이 문제가 되기 때문이다. 참고. 12:33; 마태복음 6:19-21.

16:10 **충성된 자는** 일반적인 격언이었을 것이다. 참고. 19:17; 마태복음 25:21.

16:11 **참된 것** 세상 재물을 충실하게 사용하는 것이 하늘에 보물을 쌓는 것과 계속 연결된다(참고. 12:33; 18:22; 마 6:19-21).

16:12 **남의 것** 즉 '다른 사람의 것'이다. 이것은 하나님의 것을 가리킨다. 또한 신자는 하나님의 돈을 맡은 청지기로, 오직 청지기로서 그것을 관리할 따름이다.

16:13 **너희는 하나님과 재물을 겸하여 섬길 수 없느니라** 많은 바리새인은 돈에 대한 애정과 하나님에 대한 신앙심이 완벽하게 조화를 이룰 수 있다고 가르쳤다(14절). 이 가르침은 세상의 재물이 하나님의 복이라는 일반적인 관념과 상통하는 것이다(*마 19:24에 대한 설명을 보라*). 그리스도는 재물 자체를 정죄하시지는 않지만 재물에 대한 사랑과 맘몬에 대한 애착을 모두 질책하셨다. 돈을 사랑하는 문제에 대해서는 *디모데전서 6:9, 10, 17-19에 대한 설명을 보라*.

16:15 **스스로 옳다 하는** 바리새인들은 자기들의 선함이 스스로를 정당화시킬 수 있으리라고 믿었다(참고. 롬 10:3). 바로 이것이 '자기 의'의 정의다. 그러나 예수가 지적하셨듯이 그들의 의 자체에 결함이 있으며, 그것은 단지 껍데기에 불과했다. 그것이 사람들 앞에서는 그들을 정당화시킬 수 있을지 모르지만 하나님 앞에서는 아니었다. 하나님이 그들의 마음을 아시기 때문이다. 그리스도는 사람들의 칭찬을 추구하는 그들의 습성을 여러 번 폭로하셨다(참고. 마 6:2, 5, 16; 23:28).

16:16 **요한의 때까지요** 세례 요한의 사역은 구속사의 분수령이었다. 그 이전에는 그리스도와 그분의 나라에 대한 위대한 진리가 율법의 모형과 그림자 속에 가려진 채 선지자들의 글 속에 약속되어 있었다(참고. 벧전 1:10-12). 그런데 세례 요한이 바로 그 왕을 소개했다(*마 11:11에 대한 설명을 보라*). 자신들이 율법과 선지자들의 글에 대한 전문가라고 생각한 바리새인은 율법과 선지자가 가리킨 바로 그분의 중요성을 놓치고 말았다.

사람마다 그리로 침입하느니라 참고. 예레미야 29:13. 바리새인이 그리스도를 대적하기에 바빴을 때 죄인들은 무리를 지어 하나님 나라로 들어가고 있었다. 여기 사용된 말은 격렬한 힘을 표현한다. 죄인들이 온 마음으로 하나님 나라에 들어가려는 열심을 의미한 것으로 보인다(*13:24; 사 55:6, 7; 마 11:12에 대한 설명을 보라*).

16:17 **율법의 한 획이 떨어짐보다** 16절의 진술이 율법과 선지자가 폐기되었다는 선언이라고 오해하는 사람이 없도록 하기 위해 이 말씀을 덧붙이신 것이다(*마 5:18에 대한 설명을 보라*). 율법의 위대한 도덕 원칙, 율법의 유형과 상징이 담고 있는 영원한 진리, 선지자들이 기록한 언약은 여전히 유효하며 천국 메시지를 통해 폐해지는 것이 아니다.

16:18 **간음함이니라** 즉 이혼에 합법적인 근거가 없다면 그렇다는 뜻이다. 누가는 이혼에 대한 예수의 교훈을 요약하여 중심적인 문제만을 강조하고 있다. 마태복음에서 그리스도는 배우자가 간음을 범했을 때만 이혼을 허용하셨음을 분명하게 보여준다. *마태복음 5:31, 32; 19:3-9에 대한 설명을 보라*. 이 교훈은 수많은 이유를 들어 남편이 아내와 쉽게 이혼하도록 허용한 랍비의 가르침과 대립된다(마 19:3).

f. 부자와 나사로 비유(16:19-31)

16:20 **나사로** 요한복음 11장의 나사로가 아닌 것은 분명하다(그는 뒤에 죽었다). 이 거지는 예수의 비유들에 나오는 사람들 가운데 이름을 가진 유일한 인물이다. 그래서 어떤 사람들은 이것이 상상의 이야기가 아닌 실제 사건이라고 추측한다. 어느 편이든 그리스도는 다른 모든 비유에서와 마찬가지로 여기서도 교훈을 주시기 위해 같은 방식으로 비유를 채택하신다. 이 경우에는 바리새인의 유익을 위해 그렇게 하신 것이다. 비유 속의 부자는 때로 '다이브스'(Dives)라고 불리는데 이것은 라틴어에서 '부'라는 뜻이다.

16:21 여기에 언급되는 상에서 떨어지는 부스러기, 헌데, 개 등은 모두 바리새인에게 이 거지의 상태를 가중한 것으로 보이도록 한다. 바리새인은 그런 것들을 하나님의 호의를 입지 못한 표시로 보는 경향이 있었다. 그들은 그런 사람을 부정할 뿐 아니라 하나님으로부터

버림받은 사람으로 보았다.

16:22 **아브라함의 품** 이 동일한 표현(성경에서는 여기에만 있음)이 탈무드에서 천국을 표현하는 말로 사용되었다. 이 말은 나사로가 하늘에서 높은 자리를 배정받아 천국의 잔치에서 아브라함 옆에 자리잡았다는 뜻이다.

16:23 **음부에서** 부자가 천국에서 배제된다는 주장이 바리새인들에게 걸림돌이 되었을 것이다(*마 19:24에 대한 설명을 보라*). 부자의 상에서 떨어지는 부스러기를 먹던 거지가 아브라함 옆의 영예로운 자리를 얻었다는 말이 특히 짜증스러웠을 것이다. '음부'는 죽은 자의 거처를 가리키는 헬라어였다. 70인역에서는 구약의 스올을 이 단어로 번역했다. 스올은 의인의 영혼이나 불의한 자의 영혼을 구분하지 않고 일반적으로 죽은 자가 거하는 곳을 가리키는 말이었다. 그러나 신약성경의 용법에 따르면 언제나 '음부'는 악인이 지옥에서 최후의 심판을 받기 전에 머무는 곳을 가리켰다. 랍비의 잘못된 개념 속에서 예수가 사용하신 이미지와 병행되는 요소가 발견된다. 곧 스올이 두 부분으로 되어 있어 하나는 의인의 영혼을 위한 곳이고 다른 하나는 악인의 영혼을 위한 곳이며, 그 둘 사이에 건널 수 없는 간격이 있다는 것이다. 그러나 어떤 사람들의 주장처럼 '아브라함의 품'이 구약 성도의 한시적인 감옥이며, 그들은 거기에 머물다가 그리스도가 실제로 그들의 죄를 속하신 후에 천국으로 올라갔다고 가정할 이유는 없다. 성경은 죽은 의인의 영혼은 즉시 하나님 앞으로 간다고 일관되게 가르친다(참고. 23:43; 고후 5:8; 빌 1:23). 모세와 엘리야가 변화산에 나타난 사실(9:30)은 그들이 그리스도가 사역을 마치실 때까지 스올에 갇혀 있었다는 관념이 거짓임을 드러낸다.

16:24 **내가…괴로워하나이다** 그리스도는 음부를 말할 수 없는 지옥의 고통이 이미 시작된 곳으로 그리셨다. 이 비유에서 드러나는 고통 중에는 꺼지지 않는 불(*마 25:46에 대한 설명을 보라*), 잃어버린 기회에 대한 기억이 일으키는 가책(25절), 하나님과 모든 좋은 것으로부터 분리된 채 영원히 돌이킬 수 없다는 사실(26절) 등이 있다.

16:27 **나사로를 내 아버지의 집에 보내소서** 부자는 지옥에서까지 나사로를 향해 무시하는 태도를 견지하면서 아브라함에게 나사로를 '보내서' 자기의 수종을 들게 해달라고 반복적으로 요구한다(참고. 24절). 지옥의 불길도 그들의 죄를 속하지 못하고 죄인들을 부패로부터 깨끗하게 하지 못한다(참고. 계 22:11).

16:29 **그들에게 모세와 선지자들이 있으니** 즉 구약성경이다.

16:31 **권함을 받지 아니하리라** 이 말씀은 불신앙을 극복하는 데는 성경만으로 충분하다는 것을 강력하게 천명한다. 복음이야말로 구원에 이르는 하나님의 능력이다(롬 1:16). 불신앙은 본질적으로 지적인 문제가 아니라 영적인 문제이므로 아무리 많은 증거를 가지고도 불신앙을 신앙으로 바꾸지 못한다. 그러나 계시된 하나님 말씀에는 그렇게 할 능력이 포함되어 있다(참고. 요 6:63; 히 4:12; 약 1:18; 벧전 1:23).

g. 용서에 대한 교훈(17:1–4)

17:1 **실족하게 하는 것** 문자적으로 '함정'이라는 뜻이다. *마태복음 18:7에 대한 설명을 보라.*

17:2 **작은 자** 신자, 하나님의 돌보심을 받는 자녀다. *마태복음 18:5에 대한 설명을 보라.* **연자맷돌** 문자적으로 '당나귀의 맷돌'이다. *마태복음 18:6에 대한 설명을 보라.*

17:3 **경고하고** 죄악 가운데 있는 형제나 자매의 죄를 직접 지적하는 것이 신자의 의무다. *마태복음 18:15에 대한 설명을 보라.*

17:4 **하루에 일곱 번** 즉 '아무리 여러 번 범죄하고 회개하더라도'라는 뜻이다. *마태복음 18:21, 22에 대한 설명을 보라.* 숫자 일곱은 용서의 횟수를 제한하는 것이 아니라(참고. 시 119:164) 오히려 그 반대다. 그리스도의 말씀은 용서를 한없이 해야 한다는 것이다(참고. 엡 4:32; 골 3:13).

h. 신실함에 대한 교훈(17:5–10)

17:5 **우리에게 믿음을 더하소서** 문자적으로 '우리에게 더 많은 믿음을 주소서'라는 뜻이다. 그들은 예수가 그들을 위해 정하신 높은 기준에 미치지 못한다고 느꼈던 것이다.

17:6 **겨자씨 한 알만한 믿음** *마태복음 17:20에 대한 설명을 보라.*

17:7-10 이 비유의 요점은 종이 자신의 의무를 다했다고 해서 특별한 보상을 기대하지 말아야 한다는 것이다. 그리스도가 정하신 철저한 기준(1-4절)이 제자들에게 너무 높게 보일 수도 있지만, 그 기준은 그리스도의 종을 위한 최소한의 의무일 뿐이었다. 순종하는 사람은 자기의 순종에 대해 공로 의식을 품지 말아야 한다.

17:10 **무익한 종** 즉 어떤 특별한 명예도 받을 만하지 않다는 것이다.

i. 감사함에 대한 교훈(17:11–19)

17:11 **예수께서 예루살렘으로 가실 때에 사마리아와 갈릴리 사이로 지나가시다가** 누가는 이렇게 돌아가는 길을 잡은 이유를 설명하지 않았지만, 복음서를 비교해보면 몇 가지 단서가 나온다. 10절과 11절 사이에 상당한

시간이 흐른 것으로 보인다. 베다니에서 나사로를 살리신 일(요한복음 11장)은 이 시간 구조에 맞는 것으로 보인다. 요한복음 11:54은 그리스도가 나사로를 살리신 후 자신을 죽이려는 당국자들을 피해 "에브라임이라는 동네"(예루살렘에서 북쪽으로 올라가서 사마리아 국경 근방에 있음)로 가셨다고 말한다. 그리스도는 거기서부터 다시 한 번 북쪽으로 여행하여 사마리아와 갈릴리를 통과하셨을 것이다. 아마 유월절을 위하여 예루살렘으로 순례의 길을 떠나려는, 갈릴리에서 온 친지와 가족들과 만나기 위한 목적이 있었을 것이다. 거기서부터 그리스도는 통상적인 길을 따라 남쪽으로 여행하셨을 텐데, 그렇다면 여리고를 통과하여(18:35) 예루살렘에 도착하셨을 것이다. *9:51; 13:22에 대한 설명을 보라.*

17:12 **나병환자** 이들은 종교적으로 부정했으며, 강제로 마을 밖에서 살아야 했다(레 13:46; 민 5:2, 3). 그들은 법적으로 사람들과 일정한 거리를 떨어져 지내야 했으므로 그리스도와 대화를 나누려면 고함을 질러야 했다. 나병에 대한 설명은 *레위기 13:2에 대한 설명을 보라.*

17:13 **우리를 불쌍히 여기소서** 참고. 16:24; 18:38, 39; 마태복음 9:27; 15:22; 17:15; 20:31; 마가복음 10:47, 48. 이 말은 병 낫기를 간구하는 간청의 표현이었다.

17:14 **가서 제사장들에게 너희 몸을 보이라** 즉 제사장들로부터 깨끗하다는 선언을 들으라는 것이다(레 13:2, 3; 14:2-32). **그들이 가다가** 즉각적으로 즉시 눈에 보이게 병이 고쳐졌지만, 이 일은 그들이 명령을 순종한 후에 일어났다.

17:15 **그 중의 한 사람이…돌아와** 이 사람의 행동은 나아만의 행동을 생각나게 한다(왕하 5:15). 정결하다는 선언을 듣고 정상적인 사회생활로 돌아가기를 열망했던 다른 사람들은 감사하기를 잊고 그대로 제사장에게 갔음이 분명하다.

17:16 **그는 사마리아인이라** 예수가 나병환자들을 보내어 제사장에게 그 몸을 보이라고 한 것을 보면 그들이 유대인이었음을 알 수 있다. 이 사마리아 사람은 그들이 전부 종교적으로 부정하게 되었으므로 그들과 교제가 허락되었다. 그러나 나음을 입은 다음 그들은 이 사람의 깊은 감사에 동참하지 않았다.

17:18 **이 이방인** 예수는 사마리아 사람을 이방인 이상도 이하도 아닌 오직 이방인으로 보셨음이 분명하다. *요한복음 4:4에 대한 설명을 보라.*

17:19 **너를 구원하였느니라** 문자적으로도 '너를 구원했다'라는 뜻이다(참고. 마 9:22. *막 5:34에 대한 설명을 보라*).

j. 준비하고 있어야 한다는 교훈(17:20-37)

17:20 **하나님의 나라가 어느 때에 임하나이까** 그들은 예수가 메시아가 아니라는 결론을 미리 내려놓고 조롱조로 물었을 것이다. **볼 수 있게 임하는 것이 아니요** 바리새인은 메시아의 승리가 임박했다고 믿었다. 그들은 메시아가 와서 로마를 전복시키고 천년왕국을 세울 것을 기대하고 있었다. 하지만 그리스도의 계획은 전혀 달랐다. 그리스도로 말미암아 시작되었던 시대는 하나님이 구주에 대한 믿음을 통해 사람들의 마음속에서 통치권을 행사한 결과로 그 나라가 드러나는 시대였다(21절. 참고. 롬 14:17). 그 나라는 어떤 일정한 지역으로 국한되지 않았고 사람의 눈에 보이지도 않았다. 그 나라는 조용히, 눈에 보이지 않게, 보통 왕이 임할 때에 나타나는 거드름이나 장엄함 없이 임할 것이다. 예수는 나라가 그렇게 임하므로 지상의 왕국에 대한 구약의 약속이 무효화되었다고는 말씀하시지 않았다. 지상적이고 가시적인 나라가 아직 드러나지 않고 있는 것이다(계 20:1-6).

17:21 **너희 안에** 즉 '사람들의 마음속에'라는 뜻이다. 대명사 "너희"는 일반적으로 바리새인 전체를 가리킨다고 볼 수 없다.

17:22 **때가 이르리니** 이 말씀에 이어서 마태복음 24, 25장의 감람산 강화와 어느 정도 비슷한 짧은 강화가 등장한다. **너희가 인자의 날 하루를 보고자 하되** 즉 그리스도가 육체로 계신 것을 보려는 열망이다. 이것은 모든 일이 제대로 되는 그리스도의 재림에 대한 열망을 가리킨다(참고. 계 6:9-11; 22:20).

17:23, 24 *마태복음 24:26에 대한 설명을 보라.*

17:25 **고난을 받으며** 죄인을 대신해 죽는 것이 그리스도를 위한 하나님의 주권적인 계획이다. 참고. 9:22; 18:31-33; 24:25, 26; 마태복음 16:21; 마가복음 8:31.

17:26, 27 *마태복음 24:37에 대한 설명을 보라.*

17:28 **롯의 때** 즉 심판이 갑자기 임해 사람들이 일상적인 활동을 하다가 멸망당하는 것이다(창 19:24, 25). 예수가 노아의 날과 롯의 날과 관련해 말씀하신 일들 중에 그 자체로 악한 것은 하나도 없었다. 그러나 사람들은 이생의 일에 너무나 깊이 사로잡힌 나머지 심판이 임할 때 전혀 준비되지 못했다.

17:31 **지붕 위** 보통 집들은 지붕이 평평했고 외부 계단으로 오를 수 있었다. 그런데 너무 위험해서 지붕에 있는 사람들은 물건을 가지러 집에 들어가지 못하고 도망쳐야 했다.

17:32 롯의 아내는 구원의 문턱에서 멸망당했다. 소돔에 대한 그녀의 애착이 너무나 강했기 때문에 주저하면서 뒤를 돌아보았기 때문이다. 그녀는 안전한 곳에 도착하기 직전 거기에 임한 심판에 압도되었다(창 19:26).

누가와 바울

비록 누가가 다른 복음서 저자들보다 복음이 보편적으로 모든 사람을 초청한다는 데 초점을 맞추기는 했지만, 어떤 사람들은 바울의 동역자였던 누가가 구원의 과정을 설명하면서 바울의 언어를 그토록 적게 사용한 이유가 무엇인지를 묻는다. 그러나 어휘에 차이가 있다고 해서 사상이나 배경에 흐르는 신학에도 반드시 차이가 있는 것은 아니다.

누가는 자기 자신의 문체로 글을 쓴 것이 분명하다. 그는 예리한 관찰자였고 신중한 사상가였다. 복음서를 기록하면서 누가는 바울의 언어를 복음서에 삽입하지 않으려고 신경을 썼다. 누가의 기록에 나타난 신학은 바울의 신학과 정확하게 병행을 이룬다. 누가는 이방인, 사마리아인, 다른 버림받은 자들이 예수의 은혜를 입은 것을 반복해 말한다. 이런 강조점은 예수의 호소를 기록한 것일 뿐만 아니라 우리가 "이방인의 사도"(롬 11:13)와 가까웠던 이에게서 기대할 수 있는 바로 그것이다.

누가가 바울 교리의 핵심인 이신칭의를 다루는 방식에서 두 사람의 사상적 병행관계는 명백하게 나타난다. 누가는 복음서에서 말한 많은 사건과 비유에서 이신칭의를 부각시키고 예증했다. 예를 들어 바리새인과 세리 이야기(18:9-14), 잘 알려진 탕자의 이야기(15:11-32), 시몬의 집에서 발생한 사건(7:36-50), 삭개오의 구원(19:1-10) 등 이 모든 이야기가 바울이 이신칭의를 기록하기 오래전에 예수가 이신칭의를 가르치셨음을 입증한다.

17:33 *14:11에 대한 설명을 보라.*

17:34-36 *마태복음 24:40,41에 대한 설명을 보라.*

17:37 *마태복음 24:28에 대한 설명을 보라.*

k. 지치지 않는 과부 비유(18:1-8)

18:1 **항상 기도하고** 바울 서신의 통상적인 주제다(서론에 나온 해석상의 과제를 보라). 참고. 로마서 1:9; 12:12; 에베소서 6:18; 데살로니가전서 5:17; 데살로니가후서 1:11. **낙심하지 말아야** 즉 사람의 고난과 힘겨움, 다가오는 심판의 증거에 비춰서다(앞의 강화에서 설명되었음).

18:2 **하나님을 두려워하지 않고 사람을 무시하는** 이 사람은 철저한 악인이었다. 그리스도는 그를 "불의"하다고 묘사하셨다(6절). 16:8의 청지기와 같았다. 재판관이 하나님의 상징으로 소개된 것이 아니라 도리어 그 반대다. 그런 불의한 사람임에도 끈질긴 간청에 응답한다면 의로우실 뿐만 아니라 사랑과 자비가 많으신 하나님은 얼마나 더 응답하시겠는가.

18:5 **나를 괴롭게 하리라** 문자적으로 '눈 아래를 치리라'는 뜻이다. 재판장이 과부에 대한 자비심이나 하나님에 대한 공경심으로는 하지 않을 일을 오직 그녀의 끊임없는 간구에 따른 번거로운 상황 때문에 하려고 한다.

18:6 **불의한 재판장이 말한 것을 들으라** 즉 이 이야기의 요점을 들으라는 것이다. 항상 의로운 일만 하시고 고통당하는 신자들을 위한 긍휼로 가득하신 하나님은 도움을 구하는 사랑하는 자들의 부르짖음에 반드시 응답하실 것이다(7절).

18:8 **속히** 하나님은 오래 끄실 수도 있지만 거기에는 항상 정당한 이유가 있으며(참고. 벧후 3:8, 9), 일단 행동을 옮기시면 보복은 신속하게 이루어진다. **믿음을 보겠느냐** 이 말씀은 그리스도가 다시 오실 때 참된 믿음이 상대적으로 희귀하리라는 것을 암시한다. 마치 오직 여덟 명만이 구원을 얻은 노아 때와 같을 것이다(17:26). 그리스도가 재림하시기 이전 시대는 박해와 배교, 불신앙을 특징적으로 보여줄 것이다(마 24:9-13, 24).

l. 바리새인과 세리 비유(18:9-14)

18:9 이 비유는 이신칭의의 교리가 진리임을 가르친다. 그리고 어떻게 개인적인 의가 전혀 없는 한 죄인이 회개하는 믿음의 행동을 통해 즉시 하나님 앞에서 의롭다고 선언될 수 있는지를 완벽하게 예증해준다. 또한 이 비유는 자기의 의로움을 의지하는 바리새인을 대상으로 한다(10, 11절). 자기가 가진 의로움에 대한 그런 확신은 저주받은 소망이다(참고. 롬 10:3; 빌 3:9). 인간의 의(그것이 가장 엄격한 바리새인의 의라고 할지라도)는 하나님의 표준에 미치지 못하기 때문이다(마 5:48). 성경은 죄인이 의롭게 되는 것은 하나님의 완전한 의가 죄인에게 전가될 때뿐임을 일관되게 가르친다(참고. 창 15:6; 롬 4:4, 5; 고후 5:21; 빌 3:4-9). 또한 이 세리가(또는 다른 누구든지) 구원받을 수 있는 것은 오직 그것을 근거로 했을 때다.

18:12 **이레에 두 번씩 금식하고** 즉 성경의 기준이 요구하는 것 이상으로(*5:33에 대한 설명을 보라*) 자신의 공로를 높임으로써 이 바리새인은 그의 온 소망이 자신이

다른 누구만큼 악하지 않다는 사실에 근거해 있음을 드러냈다. 그는 자신의 무가치함과 죄에 대한 어떤 의식도 갖고 있지 않았다. 참고. 18-21절; 마태복음 19:17-20. *17:7-10에 대한 설명을 보라.*

18:13 세리의 겸손은 그의 자세와 태도 등 모든 면에서 분명하게 드러난다. 이 사람은 자기 죄의 실재를 직시했다. 그리고 절망적인 겸손과 회개가 그의 유일한 반응이었다. 그는 바리새인과 모든 면에서 대비된다. **하나님이여 불쌍히 여기소서** 그에게는 하나님의 자비 이외에는 아무런 소망이 없었다. 율법은 모든 죄인을 바로 이 지점으로 이끌고자 하는 것이다(참고. 롬 3:19, 20; 7:13; 갈 3:22-24).

18:14 **의롭다 하심을 받고** 즉 '전가된 의로 말미암아 하나님 앞에 의롭다는 인정을 받고'라는 뜻이다(*9절에 대한 설명을 보라*).

m. 어린 아이처럼 되어야 한다는 교훈(18:15-17)

18:17 **어린 아이와 같이** *마태복음 18:3에 대한 설명을 보라.*

n. 결단에 대한 교훈(18:18-30)

18:18-30 *마태복음 19:16-30; 마가복음 10:17-31에 대한 설명을 보라.*

18:20 출애굽기 20:12-16; 신명기 5:16-20에서 인용한 것이다.

o. 구원 계획에 대한 교훈(18:31-34)

누가복음에만 있는 내용

누가복음에는 다른 복음서에는 없는 열두 가지 사건 또는 주요 단락이 있다.

- 세례 요한과 예수 탄생 이전의 사건들(1:5-80)
- 예수의 어린 시절에 일어난 일들(2:1-52)
- 헤롯이 세례 요한을 감옥에 가둠(3:19, 20)
- 나사렛 사람들이 예수를 배척함(4:16-30)
- 최초의 제자들이 부르심을 받음(5:1-11)
- 과부의 아들이 살아남(7:11-17)
- 한 여인이 예수의 발에 기름을 부음(7:36-50)
- 어떤 여인들이 예수를 섬김(8:1-3)
- 그리스도의 죽음으로 향해가는 몇 달 동안의 사건과 교훈, 기적(10:1-18:14)
- 그리스도가 삭개오의 집에 머무심(19:1-27)
- 헤롯이 그리스도를 재판함(23:6-12)
- 승천하기 전 그리스도가 하신 마지막 말씀(24:44-49)

18:31 **선지자들을 통하여 기록된 모든 것** 예를 들면 시편 22; 69; 이사야 53장; 다니엘 9:26; 스가랴 13:7.

18:32 **이방인들에게 넘겨져** 예수의 죽음에 대한 각 예언(참고. 9:22, 44; 12:50; 13:32, 33; 17:25)은 이전의 예언보다 분명하다. 이것은 이방인들에게 넘겨질 것에 대한 최초의 언급이다.

18:33 **그는…살아나리라** 그리스도는 이전에 자신이 사흘 만에 부활할 것을 예언하신 적이 있다(9:22). 그러나 제자들은 이 말씀의 의미를 이해하지 못했고, 그리스도가 실제로 부활하셨을 때 깜짝 놀랐다(24:6).

18:34 **그들이…알지 못하였더라** 그리스도의 죽음과 부활에 대한 모든 내용을 열두 제자는 제대로 이해하지 못했다. 그 이유는 그들이 메시아와 그분의 지상 통치가 어떠하리라는 것에 대해 다른 생각을 품었기 때문일 것이다(참고. 마 16:22; 17:10; 행 1:6).

3. 죄인들의 친구(18:35-19:10)

a. 맹인의 눈을 열어주심(18:35-43)

18:35 **여리고** *마가복음 10:46에 대한 설명을 보라.* **맹인** 실제로는 두 명의 맹인이 있었는데, 한 사람이 대표해 말했던 것으로 보인다. *마태복음 20:30에 대한 설명을 보라.*

18:38 **다윗의 자손** 그가 예수를 메시아요 왕으로 이해했다는 확증이다. *마태복음 9:27에 대한 설명을 보라.*

18:42 **너를 구원하였느니라** 문자적으로 '너를 구원했다'라는 뜻이다(참고. 마 9:22. *마가복음 5:34에 대한 설명을 보라*). 영어 성경 NKJV에는 '너를 낫게 했다'로 되어 있다.

b. 잃은 자를 찾아 구원하심(19:1-10)

19:2 **세리장** *마태복음 5:46에 대한 설명을 보라.* 삭개오는 넓은 지역에 대한 세금 징수를 관리하면서 다른 세리들을 휘하에 두고 일했을 것이다. 당시 여리고는 번성하는 교역 중심지였다. 그러므로 삭개오가 부자였다는 것은 확실하다. 바로 앞 장에서 누가가 부자 청년 관원의 이야기를 기록하면서 예수가 "재물이 있는 자는 하나님의 나라에 들어가기가 얼마나 어려운지"(18:24)에 대해 하신 말씀에 비춰본다면 충격적이다. 여기서 예수는 하나님께 불가능한 일이 없음을 입증하신다(참고. 18:27).

19:3 **사람이 많아** 그리스도는 유월절을 맞아 예루살렘으로 순례의 길을 떠난 많은 여행객에 둘러싸여 함께 여행하고 계셨을 것이다. 그러나 여기의 '많은 사람'은 그리스도가 지나가시는 것을 보려고 길에 도열한 여리고 사람들을 가리키는 것으로 보인다. 그들은 거기서 불과 24킬로미터도 떨어지지 않은 베다니에서 최근에

예수가 죽은 나사로를 살리신 이야기를 들어 알고 있었을 것이다(요한복음 11장). 병 고치는 자와 선생으로서의 그리스도의 명성과 그 이야기가 합쳐져, 그분이 오고 있다는 소식이 퍼지자 전 도시가 들썩거렸을 것이다.

19:4 **돌무화과나무** 낮지만 넓게 퍼진 가지들을 가진 억센 나무다. 키가 작은 사람은 가지 끝으로 가서 길 위 나뭇가지에 매달릴 수 있었다. 이것은 삭개오 같은 지위에 있는 사람에게는 창피한 일이었지만 그는 그리스도를 정말 보고 싶었던 것이다.

19:5 **내가 오늘 네 집에 유하여야 하겠다** 이는 요청하는 어투가 아니라 명령하는 어투였다. 이것은 복음서에서 그리스도가 자신을 다른 사람의 손님으로 청하시는 유일한 장면이다(참고. 사 65:1).

19:6 **즐거워하며** 세리 같은 그런 비천한 죄인(*마 5:46에 대한 설명을 보라*)이 완전하고 무죄한 하나님 아들의 방문을 받게 되자 압박감이 상당했을 것이다. 그러나 삭개오의 마음은 준비되어 있었다.

19:7 **뭇 사람이 보고 수군거려 이르되** 종교지도자와 보통 사람 모두 삭개오를 싫어했다. 그래서 예수님의 행동을 이해하지 못했으며, 그들의 눈먼 교만은 예수님이 그런 악명 높은 죄인을 방문하실 때 어떤 의로운 목적이 있으리라는 것을 보지 못하게 방해했다. 그러나 그리스도는 잃어버린 자를 찾아 구원하러 오셨다(10절). *15:2에 대한 설명을 보라.*

19:8 **네 갑절이나 갚겠나이다** 잘못된 것을 기꺼이 바로 잡으려는 삭개오의 태도는 그의 회심이 참되다는 증거다. 그것은 그의 구원에 대한 조건이 아니라 열매였다. 율법은 사기를 쳐서 얻은 돈을 변상할 때 오분의 일에 해당하는 벌금을 물렸다(레 6:5; 민 5:6, 7). 그렇다면 삭개오가 한 것은 법이 요구하는 것 이상이었다. 율법이 네 배의 배상을 요구하는 것은 동물을 훔쳐 죽였을 때다(출 22:1). 동물이 산 채로 회수되면 두 배만 배상하면 되었다(출 22:4). 그러나 삭개오는 자신의 범죄를 심각하게 여겼고, 자신의 죄질이 가장 천한 도적질과 같다고 인정한 것이다. 그의 재산 가운데 상당 부분이 부당한 방법으로 축적되었겠지만 이것은 값비싼 결단이었다. 게다가 그는 자기 소유의 절반을 가난한 자들에게 나눠주었다. 그러나 삭개오는 지금 막 상상할 수 없는 영적 부요를 발견했으며, 물질적 부의 손실에 신경 쓰지 않았다(*14:28; 마 13:44-46에 대한 설명을 보라*). 그는 18:18-24의 부자 청년 관원과 확연하게 대조되는 모습을 보여준다.

19:9 **아브라함의 자손** 그들은 민족적으로 유대인이며, 그리스도는 그들의 구주로 오셨다(참고. 마 1:21; 10:6; 15:24; 요 4:22).

19:10 **인자** *마태복음 8:20에 대한 설명을 보라.* **잃어버린 자를 찾아 구원하려 함이니라** 누가복음의 중심 주제다. 참고. 5:31, 32; 15:4-7, 32. *디모데전서 2:4; 4:10에 대한 설명을 보라.*

4. 온 땅의 심판자(19:11-27)

19:11 **그들이…생각함이더라** 제자들은 여전히 그리스도가 예루살렘에 지상 왕국을 세우실 거라는 생각을 가지고 있었다(*17:20에 대한 설명을 보라*).

19:12 **먼 나라** 갈릴리와 베레아 등 로마 속국의 왕들은 실제로 나라를 받기 위해 로마로 갔다. 헤롯 왕조 전체가 로마에 의지해 통치권을 행사했으며, 대 헤롯도 나라를 받기 위해 로마로 간 적이 있다. 이 비유는 그리스도를 그리고 있다. 그는 곧 나라를 받기 위해 떠날 것이며, 앞으로 다스리기 위해 다시 오실 것이다. 이 비유는 달란트의 비유(마 25:14-30)와 비슷하지만 중요한 차이점이 있다(*13절에 대한 설명을 보라*). 그 비유는 감람산 강화 도중에 베풀어졌고(*마 24:1-25:46에 대한 설명을 보라*), 이 비유는 여리고에서 예루살렘으로 올라가던 길에서 베풀어졌다(참고. 28절).

19:13 **므나** 그리스의 화폐 단위로 석 달 치 급료에 약간 못 미치는 액수다. 므나는 1달란트의 육분의 일에 해당하는 액수로, 이 비유에 나오는 열 명의 종은 달란트 비유의 어느 종들보다 적은 금액을 받은 셈이다(마 25:14-30).

19:14 **사자를 뒤로 보내어** 이 일은 대 헤롯의 아들인 아켈라오(*마 2:22에 대한 설명을 보라*)가 유대의 분봉 왕이 되기 위해 로마로 갔을 때 발생했다. 유대인의 사자가 가이사 아구스도(*2:1에 대한 설명을 보라*)에게 가서 그를 왕으로 세우는 것을 반대했다. 가이사는 그들의 반대를 무시하고 아켈라오를 왕으로 세웠다. 뒤에 아켈라오는 예수가 이 비유를 베푸신 곳에서 멀지 않은 여리고에 자기의 궁전을 건설했다. 아켈라오는 너무 무능하고 포악해서 로마는 신속하게 그를 폐위시키고 그 대신 총독을 보내 다스리게 했는데, 본디오 빌라도가 다섯 번째 총독이었다. 이 비유를 통해 예수는 유대인이 그들의 참된 메시아에게 영적으로 동일한 일을 하고자 한다는 것을 경고하신다.

19:15-27 *마태복음 25:14-30에 대한 설명을 보라.*

19:15 **돌아와서** 이것은 그리스도가 다시 오시리라는 것을 말한다. 그때가 되면 그리스도가 지상에서 다스리시는 나라의 온전한 모습이 드러날 것이다. *17:20에 대한 설명을 보라.*

19:17 **지극히 작은 것에 충성하였으니** *13절에 대한 설명을 보라.* 상대적으로 적은 은사와 기회를 받은 사람도 훨씬 많은 것을 받은 사람과 마찬가지로, 자기에게 주어진 것을 얼마나 충성되게 사용했는지에 대해 동일한 책임을 진다. **열 고을을 권세** 그 보상은 10므나가 보장한 것보다 비할 수 없을 정도로 크다. 보상이 종들의 부지런함에 따라 다르다는 것에 주목하라. 10므나를 번 사람은 열 고을을, 5므나를 번 사람은 다섯 고을을 얻는 방식이었다(19절).

19:21 **내가 무서워함이라** 이것은 사랑이나 공경에서 우러나온 것이 아니라 주인에 대한 비웃음이 섞인 비겁한 두려움이다(*마 25:24에 대한 설명을 보라*). 만약 주인을 진정으로 공경했다면 정당한 '두려움'은 게으름이 아닌 부지런함을 불러왔을 것이다.

19:22 **너는…알았느냐** *마태복음 25:26에 대한 설명을 보라.* 이 말은 그 사람이 주인에 대해 '알았던' 것이 참되다는 의미가 아니다. 하지만 그가 스스로 가지고 있다고 선언한 지식만으로도 그를 정죄하기에 충분했다. 심판 날에 악인이 이와 같을 것이다.

19:26 *마태복음 25:29에 대한 설명을 보라.*

19:27 **저 원수들** 이것은 적극적으로 그리스도를 대적했던 유대인을 가리킨다. **내 앞에서 죽이라** 이것은 거칠고 폭력적인 심판을 말하며, 예루살렘 멸망을 가리킬 수도 있다(*마 24:2에 대한 설명을 보라*).

고난 주간 (19:28-23:56)

A. 일요일(19:28-44)

1. 승리의 입성(19:28-40)

19:28 **예루살렘을 향하여** 여리고에서 예루살렘으로 올라가는 길은 32킬로미터로 약 1,219미터는 걸어가야 하는 가파른 오르막길이다. 이것은 9:51에서 시작된(*이 구절에 대한 설명을 보라*) 긴 여행의 막바지였다.

19:29 **감람원이라 불리는 산** 북에서 남으로 연결된 능선의 주봉으로, 기드론 골짜기 동쪽에 있으며 성전과 가깝다. 감람원은 한때 그곳을 덮었던 울창한 감람나무 숲으로부터 유래된 것이다. *마태복음 24:3에 대한 설명을 보라.* **벳바게** *마태복음 21:1에 대한 설명을 보라.* **베다니** 예수는 예루살렘을 방문하셨을 때 자주 이곳에 머무르셨다. *10:38에 대한 설명을 보라.*

19:30-36 *마태복음 21:1-8; 마가복음 11:1-8에 대한 설명을 보라.*

19:30 **아직 아무도 타 보지 않은** *마가복음 11:2에 대한 설명을 보라.* **나귀 새끼** 다른 복음서에는 당나귀 새끼라고 되어 있는데(참고. 슥 9:9, 영어 번역판에는 '망아지'라고 되어 있음 – 옮긴이), 마태복음에는 어미 말도 함께 있었다고 나온다(*마 21:6에 대한 설명을 보라*).

19:36 **자기의 겉옷을 길에 펴더라** *마태복음 21:8; 마가복음 11:8에 대한 설명을 보라.* 누가는 야자나무 가지를 꺾은 이야기는 생략했지만 마태와 마가는 그것을 기록했다.

19:37 **제자의 온 무리** 군중 가운데 많은 사람이 분명 제자는 아니었다. **능한 일** 요한복음 12:17, 18은 나사로를 살리신 소식이 많은 사람을 움직여 예수를 보러오도록 만들었음을 구체적으로 밝힌다.

19:38 **찬송하리로다…왕이여** 시편 118:26을 인용해 그들은 예수를 메시아로 칭송했다. *마태복음 21:9에 대한 설명을 보라.* **하늘에는 평화요** 누가만 이 구절을 기록했다. 이것은 2:14의 천사의 메시지를 생각나게 한다.

19:39 **당신의 제자들을 책망하소서** 바리새인들은 사람들이 그리스도께 그런 예배에 준하는 찬양을 돌리는 것에 분개했다. 그들은 그리스도가 그들을 만류하기를 원했다.

19:40 **돌들이 소리 지르리라** 이것은 신성을 주장하는 강력한 선언이며, 하박국 2:11의 말씀을 가리킨다. 성경은 영혼 없는 자연물이 하나님을 찬양하는 것을 자주 언급한다. 참고. 시편 96:11; 98:7-9; 114:7; 이사야 55:12. 또한 마태복음 3:9에 나온 세례 요한의 말을 참고하라. 마태복음 27:51에서 예수의 말씀이 성취되는 것에 주목하라.

2. 도성을 위해 우심(19:41-44)

19:41, 42 누가만 예수가 예루살렘 도성을 위해 우신 것을 기록했다. 그리스도는 다른 상황에서 최소 두 번 예루살렘에 대해 슬픔을 표하셨다(13:34; 마 23:37). 예루살렘에 대해 애통해하는 이 시간이 승리의 입성과 어울리지 않는 것처럼 보이지만, 예수는 사람 마음의 피상성을 알고 계셨으며, 나귀를 타고 도성으로 들어가시는 동안 전혀 들뜬 기분이 아니었음이 드러난다. 이 군중은 잠시 후면 그리스도의 죽음을 큰 소리로 요구할 것이다(23:21).

19:43 **너를 둘러 사면으로 가두고** 참고. 21:20. 바로 이것이 주후 70년 티투스가 예루살렘을 함락시킬 때 사용한 전략이다. 그는 4월 9일 성을 포위한 뒤 모든 공급품을 끊었고 유월절과 무교절(이 절기가 막 끝났음)을 위해 예루살렘에 와 있던 수천 명의 사람을 가뒀다. 로마 군대는 조직적으로 성 주위에 토성을 쌓고 서서히

주민들을 굶겼다. 로마 군대는 이런 방식으로 여름이 지날 때까지 도성을 포위했고, 성의 이곳저곳을 차례대로 공략했다. 9월 초에 성은 완전히 정복되었다.

19:44 **돌 하나도 돌 위에 남기지 아니하리니** 이 예언은 말 그대로 성취되었다. 로마 군대는 도성과 성전, 거처, 백성을 완전히 쓸어버렸다. 남자와 여자, 아이들 수천 명이 잔인하게 학살되었다. 소수의 생존자는 끌려가서 로마의 서커스와 검투사의 칼날에 희생되었다. **이는 네가 보살핌 받는 날을 알지 못함으로 인함이니라** 즉 예루살렘의 완전한 멸망은 메시아가 그들을 찾았을 때 그를 알아보고 환영하지 못한 것에 대한 하나님의 심판이었던 것이다(참고. 20:13-16; 요 1:10, 11).

B. 월요일(19:45-48)

1. 성전을 청결케 하심(19:45, 46)

19:45, 46 예수가 성전에서 장사꾼들을 쫓아낸 두 번째 경우인데, 요한복음 2:14-16에 기록된 것과 다른 이야기다. 그리스도는 이사야 56:7을 인용하셨다. *마태복음 21:12에 대한 설명을 보라.*

2. 유월절 군중을 가르치심(19:47, 48)

19:47 **대제사장들** *마태복음 2:4에 대한 설명을 보라.* 성전 관리 책임자다. **서기관들** 대부분 바리새인이며, 율법과 전통에 관한 한 전문가였다. **백성의 지도자들** 성전 일에 영향력을 행사하는 유대교 평신도들을 가리킨다. 성전으로 사역을 확대시킴으로써 그리스도는 자신에 대한 반대 세력의 중심으로 들어가셨다. **그를 죽이려고 꾀하되** 즉 죽이려고 한다는 것이다(영어 성경에는 '파괴하려'로 되어 있음 – 옮긴이. 참고. 22:2; 마 26:3, 4; 요 5:16-18; 7:1, 19, 25).

C. 화요일(20:1-21:38)

1. 유대교 통치자들과 논쟁(20:1-8)

20:1 **하루는** 고난주간 화요일이었을 것이다. 승리의 입성은 일요일이었고 성전 청결은 월요일이었다. 이 장에 기록된 사건은 그 주간의 시간 순서상으로 보았을 때 화요일이 가장 잘 들어맞는다. 이 장은 유대 지도자들이 치밀하게 모의한 그리스도에 대한 일련의 공격을 보여준다. **대제사장들과 서기관들이 장로들** *19:47에 대한 설명을 보라.* 이들 각각의 집단은 다음에 이어지는 다양한 공격에서 독특한 역할을 담당했다. 또한 이들 집단은 유대인의 의회(*마 26:59에 대한 설명을 보라*)인 산헤드린에 속해 있었다. 이는 그리스도에 대한 공격을 지휘하기 위해 산헤드린이 회집되었다는 것을 의미한다. 그들의 공격은 예수를 함정에 빠뜨리기 위한 공격으로 나타났다(*2, 22, 33절에 대한 설명을 보라*).

20:2-8 *마태복음 21:23, 25에 대한 설명을 보라.*

20:2 이것은 예수를 함정에 빠뜨리기 위한 질문들 가운데 첫 번째 질문이다. 이 질문을 제기한 자는 대제사장들과 서기관들, 장로들로 산헤드린의 대표자들이었다. *22, 33절에 대한 설명을 보라.*

20:5 **어찌하여 그를 믿지 아니하였느냐** 요한은 예수가 메시아임을 분명하게 증언했다. 만약 요한이 진실을 말하는 선지자였음을 인정했다면 그들은 그리스도에 대한 요한의 증언을 믿어야 했다. 한편 세례 요한의 합법성이나 그가 하나님의 선지자로서 권위를 가졌음을 부인하는 것은 바리새인들 편에서는 정치적으로 어리석은 일이었다. 요한은 백성에게서 대단한 인기를 얻었고, 그들이 비웃던 헤롯의 손에 순교의 죽음을 당했다. 요한의 권위에 의문을 제기하는 것은 국가적 영웅을 공격하는 것이었으며, 바리새인들은 그것이 어떤 의미인지 너무 잘 알고 있었다. 그래서 그들은 자기들은 모르겠다고 말했던 것이다(7절).

20:8 **나도…너희에게 이르지 아니하리라** 예수는 그들

눅

고난주간 — 일요일에서 수요일까지

요 일	사 건	성 경
일요일	예루살렘으로의 승리의 입성	막 11:1-11
월요일	예루살렘에서 성전을 청결케 하심	막 11:15-19
화요일	산헤드린이 예수의 권위에 도전함	눅 20:1-8
	예수가 예루살렘의 멸망과 자신의 재림을 예언하심	마 24; 25장
	마리아가 베다니에서 예수께 기름 부음	요 12:2-8
수요일	유다가 예수를 넘겨주기 위해 유대 권력자들과 협상함	눅 22:3-6

이 내놓은 질문의 위선을 폭로하시고 감춰진 그들의 악한 동기를 드러내셨다. 여기서 예수는 그들에게 어떤 진리도 낭비하지 않으셨다(참고. 마 7:6).

2. 유월절 군중을 가르치심(20:9–21:38)

a. 악한 포도원 농부 비유(20:9–19)

20:9–19 *마태복음 21:33–45; 마가복음 12:1–12에 대한 설명을 보라.*

20:9 **백성** 누가만 이 비유가 유대교 지도자만이 아니라 모든 백성을 향해 주어졌다는 것을 밝히고 있다.

20:13 **사랑하는 아들** 누가와 마가 모두 이 표현을 사용했다. 이 표현은 그 비유 속의 아들이 그리스도를 나타낸다는 것을 분명히 밝히고 있다(*마 21:37에 대한 설명을 보라*).

20:16 **그 농부들을 진멸하고** 이것은 예루살렘 멸망을 가리킨다(*19:43에 대한 설명을 보라*). **포도원을 다른 사람들에게 주리라** *21:24에 대한 설명을 보라.* **그렇게 되지 말아지이다** 누가만 군중의 이 적대적인 반응을 기록했다. 이런 반응은 그들이 이 비유의 의미를 파악했다는 사실을 보여준다.

20:17 시편 118:22의 인용이다

20:18 **이 돌 위에 떨어지는 자는…이 돌이 사람 위에 떨어지면** *마태복음 21:44에 대한 설명을 보라.* 이 표현은 이사야 8:13–15의 인용으로 이사야서의 이 구절은 여호와를 말하고 있다. 그리스도께 적용되는 구약성경의 다른 많은 구절과 마찬가지로 이 구절도 그리스도가 성육신한 여호와임을 증명해준다.

b. 세금 문제에 대해 바리새인에게 대답하심(20:20–26)

20:20 **엿보다가** 유대 지도자들이 이런 수단에 의지했다는 것은 그들이 얼마나 필사적이었는지를 보여준다. 그들은 그리스도를 고발하기 위한 어떤 합당한 이유도 찾을 수 없었다(참고. 6:7; 11:53, 54; 마 22:15; 26:59, 60). **총독** 즉 빌라도다. 그는 유월절과 무교절을 대비하기 위해 거기에 있었다(*마 27:2에 대한 설명을 보라*).

20:21–26 *마태복음 22:16–21; 마가복음 12:13–17에 대한 설명을 보라.*

20:22 이것은 그리스도를 함정에 빠뜨리기 위해 생각해낸 질문들 가운데 두 번째다. 이 질문을 제기한 자는 바리새인들과 헤롯 당원들이었다(막 12:13). *2, 33절에 대한 설명을 보라.*

20:24 **누구의 형상** 동전 데나리온에 새겨진 형상은 유대인이 인두세를 그처럼 껄끄럽게 여긴 중요한 이유 중 하나였다. 그들은 데나리온에 형상을 넣는 것은 우상을 만들지 말라는 계명을 어기는 것이며, 가이사가 은근슬쩍 신에 해당하는 지위를 갖자 세금을 내는 것은 불법적인 예배라고 주장했다. 또한 많은 사람은 세금을 내는 것을 심각한 우상숭배로 간주했다. *마태복음 22:19; 마가복음 12:16에 대한 설명을 보라.*

20:25 **그런즉…가이사에게…바치라** 이렇듯 그리스도는 모든 시민은 하나님께만 의무를 지는 것이 아니라 세속 국가에도 의무를 진다는 것을 인정하셨다. 또한 그 둘 사이의 합당한 구분을 인정하셨다(*마 22:21; 막 12:17에 대한 설명을 보라*).

c. 부활에 대해 사두개인에게 대답하심(20:27–40)

20:27–38 *마태복음 22:23–32; 마가복음 12:18–27에 대한 설명을 보라.*

20:27 **사두개인** *마태복음 3:7에 대한 설명을 보라.*

20:28 **그 동생이 그 아내를 취하여** 신명기 25:5의 역연혼법에 따른 것이다(*마 22:24에 대한 설명을 보라*).

20:33 이것은 예수를 함정에 빠뜨리기 위해 생각해낸 질문들 가운데 세 번째다. 이 질문을 제기한 자는 사두개인들이었다(27절). *2, 22절에 대한 설명을 보라.* 마태복음 22:34–40과 마가복음 12:28–34은 서기관이 제기한 마지막 한 가지 질문만을 기록했다. 누가는 이 질문을 기록하지 않았다.

20:36 **천사와 동등이요** 즉 종족을 이어가지 않는다는 점에서 천사와 같다(*마 22:30에 대한 설명을 보라*).

20:37 **가시나무 떨기** 출애굽기 3:1–4:17. 이 구절에서 하나님은 모세에게 자신을 밝히기를 아브라함, 이삭, 야곱의 하나님이라고 하셨는데, 여기서 사용한 시제는 현재형이다. 하나님은 자신이 그들의 하나님*이었다*고 말한 것이 아니라 그들의 하나님*이다*라고 말씀하셨는데, 이는 그들의 존재가 죽음과 함께 끝난 것이 아님을 의미한다.

20:38 **하나님에게는 모든 사람이 살았느니라** 누가만이 이 구절을 기록한다. 현세의 몸을 여전히 가지고 있든 가지고 있지 않든 간에 모든 사람은 여전히 살아 있으며 여전히 살 것이다. 죽음과 함께 소멸되는 사람은 없다(참고. 요 5:28–30).

20:39 **선생님 잘 말씀하셨나이다** 그리스도는 죽은 사람의 부활에 대한 강력한 논거를 제공하셨으며, 이 주제에 관한 한 바리새인은 사두개인과는 반대로 그리스도의 말씀에 동의했다. 이 서기관은 그리스도를 미워했지만 그 대답에는 기뻐했다.

20:40 **그들은 아무 것도 감히 더 물을 수 없음이더라** 더 많은 질문에 대답할수록 그리스도의 이해와 권위가 서기관들과 바리새인들에 비해 훨씬 우월하다는 것이 더욱 분명해졌다. 참고. 마태복음 22:46; 마가복음

12:34.

d. 메시아 예언에 대해 서기관에게 질문하심(20:41–47)

20:41-44 유대교 지도자들이 질문하기를 포기하자 이번에는 그리스도가 그들에게 질문하셨다. *마태복음 22:42-45; 마가복음 12:35-37에 대한 설명을 보라.*

20:42 시편 110:1의 인용이다.

20:45-47 *마가복음 12:38-40에 대한 설명을 보라.*

e. 과부의 적은 헌금에 대한 교훈(21:1–4)

21:1 **헌금함** 깔때기 모양의 입구가 달린 13개의 대형 상자가 여인들의 뜰에 비치되어 있었다. 각각의 상자에는 거기 모인 돈의 사용처가 기록되어 있었으며, 그 용도에 따라 원하는 곳에 돈을 넣을 수 있었다.

21:2 **가난한 과부** 헬라어 표현은 극단적인 가난을 뜻한다. 이 여인은 생계를 위협받을 정도로 가난했으며, 기부금을 내기보다는 구제받아야 할 처지였다. **렙돈** 팔레스타인에서 사용되던 가장 작은 단위의 동전으로 팔분의 일 센트 정도의 가치가 있었으나, 이 여인에게는 생활비 전부였다(4절). *마가복음 12:42에 대한 설명을 보라.*

21:3 **많이 넣었도다** 즉 그녀는 가진 것에 비해 많이 넣은 것이다. 따라서 하나님 보시기에 더 많이 넣은 것이다.

21:4 **그 풍족한 중에서** 그들이 헌금을 내는 것은 희생이 아니었다.

f. 예루살렘 멸망에 대한 예언(21:5–24)

21:5 **아름다운 돌** *마태복음 24:1; 마가복음 13:1에 대한 설명을 보라.* **헌물** 부유한 사람들은 성전에 사용되는 황금 동상, 황금 장식판, 그 외 다른 보화들을 바쳤다. 헤롯은 거의 1.8미터에 달하는 황금 포도송이가 달린 황금 포도나무를 기부했다. 그 기부 물품들은 벽에 장식되었고 기둥에 매달렸다. 그것은 헌금한 사람들의 부를 드러낸 것이었다. 그러나 성전이 파괴되었을 때 로마인들은 그것들을 전부 가져갔다(6절).

21:6-17 *마태복음 24:2-10; 마가복음 13:2-11에 대한 설명을 보라.*

21:8 **그들을 따르지 말라** 참고. 17:23. *마태복음 24:26에 대한 설명을 보라.*

21:9 **끝** *마태복음 24:6, 14에 대한 설명을 보라.*

21:11 **하늘로부터 큰 징조들** 마태복음 24:7과 마가복음 13:8을 교차 대조해보면 거기에는 이 구절이 빠져 있다. 참고. 25절. *마가복음 13:25에 대한 설명을 보라.*

21:13 **너희에게 증거가 되리라** 고난은 언제나 기회이며(약 1:2-4), 박해는 때로 사람의 증거를 가장 분명하게 드러낼 수 있는 기회가 된다.

21:14 **변명할 것을 미리 궁리하지 않도록** *12:11에 대한 설명을 보라.*

21:18 **머리털 하나도** 참고. 16절. 이것은 그들의 육체적 생명이 보존되리라는 약속이 아니라 그들이 영원한 생명을 잃지 않으리라는 보장이었다. 하나님은 스스로 주권을 가지고 자기 백성을 보존하신다. *요한복음 10:28, 29에 대한 설명을 보라.*

21:19 이 절의 참된 의미는 '인내를 통해 너희는 구원을 얻을 것이다'라는 것으로 구원의 마지막 측면, 곧 영화에 도달하는 것을 가리킨다. *마태복음 24:13에 대한 설명을 보라.*

21:20 **예루살렘이 군대들에게 에워싸이는 것** *19:43에 대한 설명을 보라.* 마태복음 24:15, 16과 마가복음 13:14을 비교해보면 이 징조가 '멸망의 가증한 것'과 밀접하게 연결되어 있음이 드러난다(*마 24:15; 단 9:27; 11:31에 대한 설명을 보라*). 예루살렘 함락이라는 이 징조는 주전 70년에 미리 나타났지만, 최후 성취는 미래의 일로 남아 있다.

21:21 **산** *마태복음 24:16; 마가복음 13:14에 대한 설명을 보라.*

21:22 **징벌** 즉 죄에 대한 하나님의 의로운 보복이다.

21:23 **아이 밴 자들과 젖먹이는 자들** *마가복음 13:17에 대한 설명을 보라.*

21:24 **이방인의 때** 이 표현은 누가복음에만 나온다. 이 말은 이스라엘이 포로로 잡혀가던 때부터(주전 586년 바벨론으로 잡혀가던 때. 참고. 왕하 25장) 왕국으로 회복되는 때까지를 가리킨다(계 20:1-6). 그 기간은 하나님의 뜻에 따라 이방인들이 예루살렘을 지배하거나 위협해온 시기다. 또한 이 시기에 이방 국가들은 큰 영적 특권을 누린다(참고. 사 66:12; 말 1:11; 마 24:14; 막 13:10).

g. 시대의 징조(21:25–38)

21:25 **징조가 있겠고** 여기 묘사된 하늘의 징조와 이적은 그리스도의 재림 직전에 일어날 일이다. *마태복음 24:29에 대한 설명을 보라.*

21:27 **오는 것** 다니엘 7:13을 인용한 것이다. *마태복음 24:30, 31; 마가복음 13:26, 27에 대한 설명을 보라.* 참고. 데살로니가후서 1:7-10; 요한계시록 19:11-16.

21:28 **머리를 들라** 최후의 날이 도래했음을 알리는 두려운 환난과 징조가 참 신자에게는 큰 기대이자 기쁨, 승리의 이유가 된다. **속량** 즉 구속받은 자들이 영원히 그리스도와 재결합하는 완전한 최후의 구속이다

21:29-33 *마태복음 24:32-36; 마가복음 13:29-32에 대한 설명을 보라.*

21:34 **그 날** 즉 그리스도가 다시 오시는 날이다. *마태*

복음 24:37에 대한 설명을 보라. 그리스도는 다시 오실 일을 말씀하실 때마다 깨어 있을 것을 당부하셨다(참고. 12:37-40; 마 25:13; 막 13:33-37).

21:36 **인자 앞에 서도록** 더 오래 된 사본들에는 '너희가 힘을 가지도록'으로 되어 있다. **항상 기도하며** *18:1에 대한 설명을 보라*.

21:37 **낮에는** 즉 예루살렘에서 보낸 마지막 주간의 낮 시간을 말한다.

D. 수요일(22:1-6)

1. 예수를 죽이려는 계략(22:1, 2)

22:1 **유월절이라 하는** *마태복음 26:17에 대한 설명을 보라*. 유월절은 하루이고, 바로 그다음 날부터 무교절이 시작되었다(레 23:5, 6). 그 전체 기간이 유월절 또는 무교절이라고 불렸다(참고. 7절).

22:2 **대제사장들과 서기관들** *19:47; 20:1에 대한 설명을 보라*. **그들이 백성을 두려워함이더라** 그래서 그들은 유월절이 지나고 예루살렘이 사람으로 붐비지 않을 때 조용히 그를 제거하려는 계획을 세우고 있었다(참고. 6절; 마 26:4, 5; 막 14:1, 2). 그러나 이 사건들은 그들의 시간 계획이 아니라 하나님의 시간 계획에 따라 발생했다(*마 26:2에 대한 설명을 보라*).

2. 유다가 음모에 가담함(22:3-6)

22:3 **사탄이 들어가니** 즉 유다가 사탄에게 붙잡혔다. 두 번의 경우에는 사탄이 유다를 직접 통제했던 것으로 보인다. 한번은 대제사장들과 예수를 넘겨줄 기회를 찾을 때이고, 다른 한번은 그 배신을 행동에 옮기기 직전인 최후의 만찬 자리에서였다(요 13:27).

22:4 **성전 경비대장들** 즉 레위인들로 구성된 성전 경비 부대다.

22:5 **돈을 주기로 언약하는지라** 마태복음 26:15은 은 30냥이라고 말하는데, 이는 노예 한 명의 값이었다(출 21:32).

E. 목요일(22:7-53)

1. 유월절 준비(22:7-13)

22:7 **무교절날** 즉 절기의 첫째 날이다(*마 26:17에 대한 설명을 보라*). 갈릴리에서 온 사람들은 유월절을 목요일 저녁에 지켰다(요한복음 서론에 나오는 해석상의 과제를 보라). 그래서 어린 양을 그 날 오후에 잡았다. 제자들과 예수는 그 날 저녁 해진 후에(유월절이 공식적으로 시작되는 시간임) 유월절 식사를 했다. 반면 유대 사람들은 하루 지난 금요일에 이 의식을 행했다.

22:8 **베드로와 요한** 누가만 이 사람을 밝히고 있다. **가서…준비하여** 이것은 작은 일이 아니었다. 그들은 희생을 위한 유월절 양을 잡아야 했고 30인분의 식사를 준비해야 했다(14절). 그러나 그 식사를 위한 준비를 예수가 하신 것으로 보이며, 다락방 주인이 그들을 위해 여러 가지를 준비해두었을 것이다. *마태복음 26:18에 대한 설명을 보라*.

22:10 **물 한 동이를 가지고 가는 사람** 이것은 식사를 준비하는 과정의 일부였을 것이다. 통상 물을 나르는 것은 여성의 일이어서 남자가 물동이를 가지고 가는 것은 금방 눈에 띄었을 것이다. 물동이가 사전에 준비되었다고 보기는 어렵다. 제자들이 거기에 도착한 바로 그 순간에 그 남자가 무엇을 하고 있으리라는 것을 그리스도가 아셨다는 사실은 그분이 모든 것을 아시는 하나님이었다는 증거다.

22:12 **자리를 마련한 큰 다락방** 순례자들이 유월절 식사를 기념하도록 빌려주기 위해 준비한 방들 중 하나였다. 식사를 준비하거나 제공하기에 필요한 모든 설비가 갖춰져 있었을 것이다.

2. 주의 만찬(22:14-38)

22:14 **때가 이르매** 즉 해가 진 때로, 유월절이 공식적으로 시작되는 시점이다(7절). **앉으사** 즉 비스듬히 기대어 누운 모습이다.

22:15 **원하고 원하였노라** 참고. 요한복음 13:1. 그리스도는 앞으로 임할 일을 위하여 그들을 준비시키기 원하셨다.

22:16 **이루기까지** 다음 날 그리스도의 죽음은 유월절 식사가 상징한 것을 성취했음을 뜻한다. 유월절은 애굽으로부터 구원받은 것을 기념할 뿐 아니라 그리스도의 희생을 예언하는 모형이다.

22:17 **이에 잔을 받으사** 누가는 두 번의 잔을 언급한다(참고. 20절). 유월절 식사에서는 대개 묽게 만든 넉 잔의 적포도주를 나눠 마셨다. 이 잔은 넉 잔 가운데 첫 번째 잔이었으며(감사의 잔) 주의 만찬을 제정하기 위한 준비였다(*고전 10:16에 대한 설명을 보라*). 그것은 제자들과 함께 먹고 마시는 시간의 끝, 특히 유월절을 함께 보내는 시간의 끝을 상징했다(18절. 참고. 5:34, 35; 마 9:15; 26:29. *막 14:25에 대한 설명을 보라*).

22:19 **이것은…내 몸이라** 즉 그것은 예수의 몸을 대표한다(참고. 8:11의 "씨는 하나님의 말씀이요". 또한 20절을 보라). 이런 은유적 표현은 전형적인 히브리적 어법이다. 화체설 같은 성례의 기적 같은 것은 전혀 의도되지 않았으며, 제자들도 그 말씀의 상징적 의도를 오해했을

수가 없다. 그리스도의 실제 몸이 아직 부서지지 않은 채로 그들 앞에 있었기 때문이다. *마태복음 26:26에 대한 설명을 보라.* **이를 행하여** 이렇게 해서 그리스도는 만찬의 집행을 예배를 위한 규정으로 확정하셨다(*고전 11:23-26에 대한 설명을 보라*). **나를 기념하라** 유월절은 그리스도의 희생을 보여준다. 그리스도는 유월절 식사를 전혀 다른 의식으로 변화시키셨다. 곧 그리스도의 대속의 죽음을 회고하는 것으로 만드셨다.

22:20 **저녁 먹은 후에** 참고. 고린도전서 11:25. 이 두 절은 그 형태가 실제로 동일하다. 바울은 이 사건에 대한 지식을 주께로부터 직접 받았다고 말했다(고전 11:23). **잔도 그와 같이 하여** 이것은 유월절 기념 식사의 넉 잔 가운데 세 번째 잔이다(축복의 잔. *고전 10:16에 대한 설명을 보라*). **이 잔은…새 언약이니** 분명히 이 잔은 새 언약을 나타냈다(*19절에 대한 설명을 보라*).

22:21 **나를 파는 자의 손이 나와 함께 상 위에 있도다** 누가는 주가 베푼 만찬의 세부 내용을 시간의 순서에 따라 기록하지 않고 주제에 따라 기록했다(서론의 배경과 무대를 보라. *1:3에 대한 설명을 보라*). 마태와 마가는 배신에 대한 경고를 떡과 잔 이야기 앞에 배치했다. 그런데 누가는 그 이야기 다음에 배치했다. 오직 요한복음 13:30만 유다가 떠나는 이야기를 기록했는데, 요한은 떡과 잔에 대해서는 아무 말도 하지 않았다. 따라서 사복음서를 비교해 유다가 주의 만찬 전에 떠났는지 후에 떠났는지를 확정하는 건 불가능하다. 그러나 여기 누가의 말은 유다가 실제로 그 식사에 함께했음을 암시한 것으로 보인다. 만약 그렇다면 유다의 만찬 참석은 그의 위선과 범죄를 더욱 비열한 것으로 만든다(참고. 고전 11:27-30).

22:22 **이미 작정된 대로** 그리스도의 십자가의 모든 세부적 내용은 하나님의 주권적인 통제 하에 있으며, 하나님의 영원한 계획에 따라 진행되었다. 참고. 사도행전 2:23; 4:26-28. **화가 있으리로다** 유다의 배신이 하나님이 세우신 계획의 일부였다고 해서 유다가 자기 뜻으로 참여한 범죄의 죄책이 면제되는 것은 아니다. 하나님의 주권은 결코 사람의 죄책에 대한 변명이 되지 않는다.

22:24 **다툼** 참고. 9:46; 마태복음 20:20-24. 이 다툼은 그리스도가 그들의 발을 씻어주신 일화의 계기가 되었을 것이다(요 13:1-20). 이 이야기는 누가 큰가 하는 것이 제자들의 마음속에 얼마나 큰 문제였는지, 그리스도가 그들에게 가르치신 모든 것을 얼마나 깨닫지 못하고 있었는지를 단적으로 보여준다.

22:25 **은인** 참고. 마태복음 20:25. 이 호칭이 애굽과 수리아의 통치자들을 통해 사용되었으나 실제로 이 호칭이 어울리는 경우는 거의 없었다. 이런 호칭을 사용한 의도는 자기들을 백성의 우두머리로 부르려는 것이었으나 실제로는 일종의 생색을 내려는 의도가 강했다. 특히 그렇게도 많은 '은인'이 실제로는 무자비한 독재자였던 상황에서는 더욱 그러했다.

22:26 **섬기는 자** 참고. 마태복음 20:26-28. 이것은 발을 씻는 행동을 가리키는 것이 분명하다(*24절에 대한 설명을 보라*). 그리스도는 사역 내내 그런 섬김의 모범을 보이셨다(27절. 참고. 빌 2:5-8).

22:28 **나의 모든 시험** 아직 지나가지 않은 십자가의 고난은 논외로 하더라도 그리스도의 전 생애와 사역은 고생(9:58), 슬픔(19:41), 고민(44절) 등 유혹으로 가득했다(4:1-13).

22:29 **나라를…나도 너희에게 맡겨** 그리스도는 아직 임하지 않은 지상 왕국에 대한 제자들의 기대를 확증해주셨다. 그 나라는 그들이 기대하는 때나 방법으로는 오지 않을 것이다. 하지만 예수는 그런 나라가 분명히 건설될 것이며, 제자들이 그 나라에서 중심적인 역할을 하리라는 것을 확언하셨다(30절. 참고. 마 19:28).

22:30 **이스라엘 열두 지파를 다스리게** 이 표현은 그 나라가 천년왕국에 대한 약속임을 밝힌다. *요한계시록 20:4에 대한 설명을 보라.*

22:31 **시몬아, 시몬아** 이름을 반복해 부른 사실(참고. 10:41; 행 9:4)은 이 경고의 진지함과 불길함을 암시한다. 그리스도는 직접 시몬에게 베드로라는 이름을 주셨다(6:14). 그런데 여기서는 다시 그의 옛 이름을 사용하셨다. 이는 베드로의 인간적인 자기과신에 대한 꾸짖음을 강조하시고자 한 의도였을 것이다. 문맥을 볼 때 24절에 기록된 논쟁에서 베드로는 더욱 노골적으로 목소리를 낸 사람들 가운데 한 명이었다. **사탄이 너희를…요구하였으나** 이 말씀은 특별히 베드로에게 하셨지만 다른 제자들도 그 대상에 포함되었다. 대명사 '너'가 헬라어 본문에서는 복수로 되어 있다(한글 개역개정판 성경에서는 '너희', 곧 복수로 되어 있음—옮긴이) **밀 까부르듯 하려고** 이미지가 적절하다. 이것은 그런 고난이 비록 불안정하고 바람직하지 않지만 신앙을 단련하는 효과가 있음을 의미한다.

22:32 **내가 너를 위하여…기도하였노니** 여기 대명사 '너'는 단수다(*31절에 대한 설명을 보라*). 예수가 모든 제자를 위해 기도하신 것은 분명하지만(요 17:6-19), 베드로에게는 직접 그를 위해 기도하신다는 사실과 그의 궁극적인 승리를 약속하시면서, 심지어 다른 사람에게 용기를 주라는 격려의 말씀까지 하셨다. **네 믿음이 떨어**

지지 않기를 비록 베드로 자신은 비참하게 실패했지만 그의 믿음까지 무너지지는 않았다(참고. 요 21:18, 19).

22:34 **네가…나를…부인하리라** 베드로가 부인하리라는 이 예언은 다락방에서 말씀하신 것이 분명하다(참고. 요 13:38). 마태복음 26:34과 마가복음 14:30은 이와 거의 동일한 일이 두 번째로 발생한 것을 기록하고 있다. 이 두 번째 일은 그들이 겟세마네로 가는 길을 따라 감람원으로 갈 때 일어났다(참고. 마 26:30; 막 14:26).

22:35 **내가 너희를…보내었을 때** 참고. 9:3; 10:4.

22:36 **이제는** 전에 그들을 파송하셨을 때 그리스도는 필요한 것을 주권적으로 공급하셨다. 하지만 앞으로는 그들이 자신에게 필요한 것과 스스로를 보호하기 위한 수단을 통상적인 방법으로 마련해야 한다. 전대, 배낭, 검은 그런 수단을 상징하는 물건들이다(검은 방비의 상징이지 공격의 상징이 아님). 하지만 그들은 그리스도의 말씀을 문자적인 뜻으로 오해했다(38절).

22:37 이사야 53:12의 인용이다.

22:38 **검 둘** 이것은 검이라기보다는 단도 같은 것이다. 당시 문화에서 그런 단도를 가지고 다니는 것은 전혀 이상한 일이 아니었다. 단도는 사람들을 공격하는 것 외에도 여러모로 쓸모가 있었다. **족하다** 즉 그런 대화로 충분하다(참고. 51절).

3. 동산에서의 번민(22:39–46)

22:39 **감람 산** *19:29; 마태복음 24:3에 대한 설명을 보라.* **제자들도 따라갔더니** 마태복음 26:36, 37과 마가복음 14:32, 33은 더 자세한 내용을 전한다. 예수는 다른 제자들을 동산 입구에 남겨두시고 베드로와 야고보, 요한만 데리고 기도하러 올라가셨다.

22:40 **그 곳** 겟세마네다. *마태복음 26:36; 마가복음 14:32에 대한 설명을 보라.* **기도하라** 그리스도는 이미 그들에게(특별히 베드로에게) 엄청난 시험이 임박했음을 경고하셨다(31절). 하지만 슬프게도 그 경고와 그들을 위한 기도도 그들을 각성시키지 못했다.

22:41 **돌 던질 만큼** 즉 부르면 들리는 거리를 말한다. 그리스도의 기도는 부분적으로는 제자들의 유익을 위한 것이기도 했다(참고. 요 11:41, 42).

22:42 **이 잔** 즉 하나님의 진노의 잔이다(참고. 사. 51:17, 22; 렘 25:15-17, 27-29; 애 4:21, 22; 겔 23:31-34; 합 2:16). **내 원대로 마시옵고** 참고. 마태복음 26:39; 요한복음 4:34; 5:30; 6:38; 8:29. 이것은 아버지의 뜻과 아들의 뜻 사이에 어떤 형태로든 충돌이 있었다는 의미가 아니다. 하나님의 진노의 잔에 대해 움츠러드는 것이 그리스도의 인성에서는 지극히 당연한 일이었다(*마 26:39에 대한 설명을 보라*). 비록 그 잔이 끔찍한 것이기는 했지만 그리스도는 기꺼이 그 잔을 받으셨다. 그것이 아버지의 뜻이었기 때문이다. 이 기도 속에서 그리스도는 의식적으로, 의도적으로, 자발적으로 자신의 모든 인간적인 욕망을 아버지의 완전한 뜻에 복종시키셨다. 그러므로 아버지와 아들 사이 또는 그리스도의 신성과 인성의 욕구 사이에 어떤 갈등도 없었다.

22:43, 44 이 구절이 말하는 사실은 오직 의사인 누가를 통해서만 기록되었다.

22:44 **땅에 떨어지는 핏방울 같이** 이것은 혈한증(hematidrosis)으로 알려진 아주 심각한 증세인데, 땀에 피가 번져 나가는 것이다. 이것은 극단적인 번뇌나 육체적 긴장으로 발생할 수 있다. 피하 모세혈관이 확장되다 터져 피가 땀에 섞이는 것이다. 그리스도는 자신의 번민이 심하여 죽음의 경계까지 갔다고 직접 말씀하셨다(*마 26:38; 막 14:34에 대한 설명을 보라*. 참고. 히 12:3, 4).

22:45 **슬픔으로 인하여 잠든 것** 참고. 9:32. 감정적인 긴장이 그리스도뿐 아니라 제자들까지 지치게 했다. 그러나 그들은 육신의 욕망에 승복하고 말았다. 그들은 그리스도가 명하신 대로(40절) 깨어 기도하면서 힘을 얻는 것이 아니라 잠을 자고 싶다는 즉각적인 욕망에 굴복하고 말았다. 그 이후 그들에게 닥친 모든 실패의 원인은 동산에서 보여준 그들의 행동에서 비롯된 것이다.

22:46 **시험에 들지 않게 일어나 기도하라** 제자들을 향한 부드러운 호소다. 하지만 제자들은 위기의 순간에도 그들의 연약함 때문에 이 말씀에 불순종했다. 그리스도는 제자들이 졸린 상태에 있었기 때문에 서 있는 자세를 유지할 것을 권하셨을 수도 있다. 마태복음 26:43과 마가복음 14:40은 그리스도가 그들이 잠든 것을 적어도 한 번 더 보신 사실을 기록하고 있다.

4. 체포(22:47–53)

22:47 **한 무리** 이들은 산헤드린을 대표하는 중무장한 병사들이었고(마 26:47; 막 14:43), 그들과 함께 등불, 횃불, 무기를 든 로마 군인들이 있었다(요 18:3).

22:48 **입맞춤** 이것은 일반적으로 하는 인사였지만 이 경우에는 유다가 병사들에게 누가 그리스도인지를 가르쳐주기 위해 미리 정한 표시였다(참고. 마 26:48, 49. *막 14:44에 대한 설명을 보라*).

22:50 **그 오른쪽 귀를 떨어뜨린지라** 네 편의 복음서가 전부 이 사건을 기록한다. 오직 요한만 칼을 휘두른 사람이 베드로였고, 희생자의 이름이 말고였음을 밝힌다(요 18:10). 그리고 오직 의사인 누가만 예수가 그를 고

쳐준 것을 기록한다(51절).

22:51 **이것까지 참으라** 즉 배신과 체포까지를 말한다(참고. 요 18:11). 모든 일이 하나님의 시간 계획에 따라 움직이고 있었다(*22절에 대한 설명을 보라*). **그 귀를 만져 낫게 하시더라** 이것은 성경의 모든 기록 가운데서 그리스도가 방금 생긴 상처를 치료하신 유일한 경우다. 이 기적의 독특성은 구하지도 않았고 어떤 믿음의 증거도 없는 원수를 그리스도가 치료하셨다는 사실이다. 또한 이런 극적인 기적이 그 사람들의 마음속에 아무런 영향을 미치지 못했다는 것은 주목할 만한 일이다. 그들을 땅에 넘어뜨린 예수가 행한 말씀의 폭발적인 능력 역시 아무 영향을 미치지 못했다(요 18:6). 그들은 그 어떤 일도 일어나지 않았다는 듯이 예수를 체포했다(54절).

22:53 **이제는 너희 때요** 즉 밤, 어둠의 시간이다. 그들은 그리스도가 매일 공개적으로 가르치시던 성전의 군중 앞에서는 그리스도와 대적할 용기가 없었다. 숨어서 일을 진행한 것은 그들의 마음이 어떠했는지를 보여준다. 밤 시간은 흑암(사탄)의 능력을 가진 종들이 활동하기에 좋은 시간이었다(참고. 요 3:20, 21; 엡 5:8, 12-15; 살전 5:5-7).

F. 금요일(22:54-23:55)

1. 베드로의 부인(22:54-62)

22:54 **대제사장의 집** 즉 가야바의 집이다. *마태복음 26:57에 대한 설명을 보라*. **베드로가 멀찍이 따라가니라** 네 편의 복음서가 전부 이 장면을 기록한다. 요한은 또 다른 제자(아마 자신일 것임)가 따라갔다고 말한다(요 18:15).

22:56 **한 여종** 네 편의 복음서가 전부 그녀를 언급한다. 그녀는 안나스 집의 문지기였던 것으로 보인다(참고. 마 26:69; 막 14:66; 요 18:17).

22:57 **베드로가 부인하여** 요한복음 18:13-18은 이 첫 번째 부인이 예수가 가야바의 장인인 안나스에게(*3:2에 대한 설명을 보라*) 심문받고 있을 때 일어났다고 말한다. 그러나 이 두 기록에서 모두 뜰에 불이 언급된 것으로 보아(55절; 요 18:18), 안나스의 집과 가야바의 집이 뜰을 공유했던 것으로 짐작된다. 오직 요한만 안나스가 심문한 사실을 이야기하며, 다른 복음서들은 베드로의 세 번에 걸친 부인이 가야바 집의 현관과 뜰에서 일어난 것으로 묘사한다.

22:58 **다른 사람이 보고** "다른 사람"은 헬라어에서 남성으로 되어 있는데, 그가 남자였음을 말해준다. 마가

고난주간 – 목요일에서 일요일까지

요 일	사 건	성 경
목요일	제자들과 유월절 음식을 잡수시고	요 13:1-30
	기념 만찬을 제정하시고	막 14:22-26
	겟세마네에서 제자들을 위해 기도하심	요 17장
금요일	배반으로 겟세마네에서 체포되심	막 14:43-50
	이전 대제사장이었던 안나스에게 심문을 당하심	요 18:12-24
	가야바와 산헤드린에 의해 유죄 판결을 받으심	막 14:53-65
	베드로가 예수를 세 번 부인함	요 18:15-27
	산헤드린에 의해 공식적으로 유죄 판결을 받으심	눅 22:66-71
	유다가 자살함	마 27:3-10
	빌라도 앞에서의 재판	눅 23:1-5
	헤롯 안디바 앞에 서심	눅 23:6-12
	빌라도를 통해 공식적으로 사형 선고를 받으심	눅 23:13-25
	두 강도 사이의 십자가에 달리시고 조롱을 받으심	막 15:16-27
	운명하실 때 성전 휘장이 찢어짐	마 27:51-56
	아리마대 요셉의 무덤에 장사되심	요 19:31-42
토요일	여인들이 안식일에 쉼	눅 23:56
일요일	죽은 자 가운데서 부활하심	눅 24:1-9

복음 14:69은 베드로에 대한 이 두 번째 위기가 처음에 그를 알아보았던 여종에게서 왔다고 말한다(56절). 모순처럼 보이는 이 기록은 어렵지 않게 설명될 수 있다. 베드로가 여러 사람과 함께 서 있었기 때문에 많은 사람이 동시에 그에게 질문했던 것이다(마 26:73). 여기서 그는 두 번째로 예수를 부인했다.

22:59 **이는 갈릴리 사람이니** 그들은 베드로의 억양으로 이런 사실을 알았다(마 26:73).

22:61 **주께서 돌이켜 베드로를 보시니** 누가만 예수님이 베드로와 눈길이 마주쳤음을 기록한다. 여기 사용된 동사는 강렬한 눈길이었음을 의미한다. 예수가 베드로를 보실 수 있었다는 것은 예수를 잡은 사람들이 그를 때리기 위해 뜰로 데리고 갔음을 의미한다(63절). **베드로가…생각나서** *마태복음 26:75에 대한 설명을 보라.*

2. 조롱과 구타를 당하심(22:63–65)

22:63 **예수를 희롱하고 때리며** 누가는 마태복음 26:59–68; 마가복음 14:55–65에 기록된 가야바가 예수를 첫 번째 심문한 세부 내용을 기록하지 않았다. 여기서 묘사된 구타는 첫 번째 심문 이후, 즉 산헤드린의 공식 심문을 위해 모이기(66절) 이전에 발생했던 것이 분명하다.

3. 산헤드린 앞에서의 재판(22:66–71)

22:66 **날이 새매** 형사 재판은 야간에 열리면 불법이어서 산헤드린은 날이 샐 때까지 기다렸다가 날이 새자마자 이미 결정된 판결을 내린 것이다(참고. 마 26:66; 막 14:64).

22:67 **네가 그리스도이거든** 산헤드린은 지난 밤 재판에서 심문했던 것과 동일한 내용을 반복했고, 예수도 동일하게 답변하셨다(참고. 67–71절; 마 26:63–66; 막 14:61–64).

4. 빌라도와 헤롯 앞에서의 재판(23:1–25)

23:1 **무리가 다** 약 70명에 달하는 산헤드린 전체 회원를 말한다. 공의회 회원들 가운데 적어도 한 명, 아리마대 요셉이 그리스도를 정죄하기로 한 결정에 반대했다(50–52절). **예수를 빌라도에게 끌고 가서** *마태복음 27:2에 대한 설명을 보라.*

23:2 **가이사에게 세금 바치는 것을 금하며** 이것은 고의적인 거짓말이었다. 산헤드린은 바로 이 문제에 대해 공개적으로 예수께 질문했고(유대인 앞에서 그에 대한 신뢰성을 훼손하기 위해), 예수는 가이사의 징세 권리를 명백하게 인정하셨다(20:20–25). **자칭 왕 그리스도라 하더이다** 이는 빈정거리는 말로, 그리스도가 로마를 대항해 반란을 꾸미고 있다는 암시를 준다. 이것 역시 거짓된 죄명이었다.

예수의 재판

종교 재판	
안나스 앞에서	요 18:12–14
가야바 앞에서	마 26:57–68
산헤드린 앞에서	마 27:1, 2
사회 재판	
빌라도 앞에서	요 18:28–38
헤롯 앞에서	눅 23:6–12
빌라도 앞에서	요 18:39–19:16

23:3 **네 말이 옳도다** 요한복음 18:33–37은 이 질문에 대한 예수의 더 완전한 대답을 기록하고 있다.

23:4 **죄가 없도다** 유대인은 필사적으로 예수를 유죄로 만들고자 했지만 빌라도는 예수가 반란을 계획하지 않았다고 확인해주었다. 하지만 백성의 분노 때문에 예수를 무죄 방면할 수가 없었다. 빌라도는 예수가 갈릴리 사람이라는 말을 듣고 안심했다. 그를 헤롯에게 보낼 구실이 생겼기 때문이다(5, 6절).

23:7 **헤롯의 관할** *13:31에 대한 설명을 보라.* **헤롯에게 보내니** 당시 헤롯은 유월절을 위해 예루살렘에 있었기 때문에 빌라도는 예수를 자신의 경쟁자인 헤롯에게 보냄으로써 이 정치적 딜레마에서 벗어나고자 했다. *12절에 대한 설명을 보라.*

23:8 **예수를…보고자** 헤롯이 그리스도께 관심을 가지게 된 것은 한때 그의 강적이었던 세례 요한을 떠올리게 했기 때문이다(참고. 9:7–9). 헤롯이 분명 예수를 죽이겠다고 위협한 적이 있기는 하지만(13:31–33), 갈릴리와 베레아(헤롯이 다스리던 곳)가 아닌 유대에 그리스도가 계셨으므로 그의 관심은 단순히 강한 호기심 정도였다.

23:9 **아무 말도 대답하지 아니하시니** 예수가 다양한 사람들로부터 심문을 받으시던 중 헤롯에게만 아무 말씀도 하시지 않은 것은 의미심장하다. 참고. 마태복음 7:6. 헤롯은 세례 요한에게서 진리를 들었을 때 간단하게 그것을 거부했다. 그러므로 예수가 그에게 대답하시는 것은 아무런 의미가 없었다. 참고. 이사야 53:7; 시편 38:13, 14; 39:1, 2, 9; 베드로전서 2:23.

23:11 **군인들** 즉 경비하는 군인이다. **예수를 업신여기며 희롱하고** 헤롯은 그리스도와 그에 대한 고발을 빌

라도의 즐거움을 위한 여흥거리로 만들었다(12절). **빛난 옷** 마태복음 27:28에 언급된 옷과 같은 옷이 아니었을 것이다. 그 옷은 군복이었다. 이 옷은 우아한 왕복으로 헤롯이 폐기하려고 했던 옷이었을 것이다.

23:12 **친구** 그들이 똑같이 불의하고 비겁하게 예수를 대우한 사실을 근거로 한 것이다.

23:13 **불러 모으고** 빌라도는 그리스도께 무죄를 선언하려고 했으며(14절), 그 판결을 가능하면 공개적으로 할 생각이었다. 그는 그렇게 하면 모든 문제가 마무리될 것이라고 생각했음이 분명하다.

23:14, 15 빌라도와 헤롯은 무죄 선언에 뜻을 같이했다(참고. 딤전 6:13).

23:16 **때려서 놓겠노라** 참고. 22절. 빌라도는 예수께 아무 죄가 없다는 것을 알았지만 유대인을 달래기 위해 그에게 채찍질을 하려고 했다. 비록 그 형벌이 심한 것이긴 했지만(*마 27:26에 대한 설명을 보라*), 이것으로 피에 굶주린 유대인을 만족시킬 수가 없었다.

23:18 **바라바** *마가복음 15:7에 대한 설명을 보라.*

23:21 **십자가에 못 박게 하소서** 십자가형은 로마인들이 내리는 가장 고통스럽고 수치스러운 형벌이었다. *마태복음 27:31에 대한 설명을 보라.*

23:22 **세 번째** 빌라도는 반복해 그리스도가 무죄임을 증언했다(4, 14, 15절). 이 행동으로 빌라도는 예수의 죽음을 요구한 유대인을 정죄했을 뿐 아니라 자신까지도 정죄했다. 아무 이유도 없이 구주를 죽음에 넘겨주었기 때문이다.

23:24 **빌라도가…언도하고** 빌라도의 대응 방식은 그가 원칙 없는 사람임을 보여준다. 정치적인 이유로 유대인의 요구를 들어주려는(로마의 미움을 받지 않으려는) 그의 마음이 결국 예수를 방면하려는 마음을 눌렀다(참고. 20절). 요한복음 18:39-19:16은 예수를 넘겨주려는 빌라도의 결정에 대해 보다 상세하게 기록하고 있다.

5. 십자가(23:26–49)

23:26 **시몬이라는 구레네 사람** 네 편의 공관복음 전부 시몬에 대해 언급한다. *마태복음 27:32; 마가복음 15:21에 대한 설명을 보라.*

23:28 **예루살렘의 딸들아** 이 여인들이 그리스도의 제자들이었다고 주장할 만한 증거는 전혀 없다. 그들은 유대 장례식에 반드시 있어야 하는 직업적인 애곡이었을 것이며(*마 9:23에 대한 설명을 보라*), 중요한 사람의 처형 자리에 불려왔을 것이다. **너희와…위하여 울라** 그들에 대한 그리스도의 대답은 예언적 경고였다. 오직 누가만 이 일을 기록한다.

23:29 **잉태하지 못하는 이와…복이 있다** 즉 애곡할 자녀가 없는 사람이 복을 받은 것으로 간주될 때가 오고 있다.

23:30 **하리라** 호세아 10:8의 인용이다. 참고. 요한계시록 6:16, 17; 9:6.

십자가에서 발생한 일

예수께 고통을 줄이기 위한 약이 든 음료를 권함	마 27:34
예수가 십자가에 달리심	마 27:35
예수가 "아버지 저들을 사하여 주옵소서"라고 외치심	눅 23:34
병사들이 예수의 옷을 놓고 뽑기를 함	마 27:35
예수가 구경꾼들로부터 조롱을 당하심	마 27:39-44; 막 15:29
예수가 두 강도에게 비웃음을 당하심	마 27:44
한 강도가 믿게 됨	눅 23:39-43
예수가 "오늘 네가 나와 함께 낙원에 있으리라"고 약속하심	눅 23:43
예수가 마리아에게 "보소서 아들이니이다"라고 말씀하심	요 19:26, 27
온 땅에 어둠이 임함	마 27:45; 막 15:33; 눅 23:44
예수가 "나의 하나님 나의 하나님"이라고 외치심	마 27:46, 47; 막 15:34-36
예수가 "내가 목마르다"라고 외치심	요 19:28
예수가 "다 이루었다"라고 외치심	요 19:30
예수가 "내 영혼을 아버지 손에 부탁하나이다"라고 외치심	눅 23:46
예수가 영혼을 떠나보내심	마 27:50; 막 15:37

23:31 **푸른 나무에도…마른 나무** 이것은 일반적인 격언이었을 것이다. 예수 말씀의 의미는 다음과 같다. 만약 로마 사람들이 그런 악을("푸른 나무"는 젊고 강한 생명의 근원인) 예수께 행했다면, 그들이("마른 나무"는 늙고 열매 없고 심판을 받을 상황이 무르익은) 유대 나라에는 어떻게 하겠는가?

23:32 **또 다른 두 행악자** *마태복음 27:38; 마가복음 15:27에 대한 설명을 보라.*

23:33 **해골** *골고다(Golgotha)*의 라틴어는 해골을 의미하는 "갈보리"다. *마태복음 27:33; 마가복음 15:22.* **십자가에 못 박고** *마태복음 27:31에 대한 설명을 보라.*

23:34 **저들을 사하여 주옵소서** 즉 유대인과 로마인을 포함해 자신에게 고통을 가한 사람들을 말한다(참고. 행 7:60). 이 기도의 열매 가운데 일부는 오순절 예루살렘에서 구원받은 수천 명의 사람이 될 것이었다(행 2:41). **자기들이 하는 것을 알지 못함이니이다** 즉 그들은 자기들이 행하고 있던 악에 대해 전혀 알지 못했다. 그들은 그리스도를 참된 메시아로 인식하지 못했던 것이다(행 13:27, 28). 그들은 신성한 진리의 빛에 눈이 멀어 있었다. "만일 알았더라면 영광의 주를 십자가에 못 박지 아니하였으리라"(고전 2:8). 하지만 그들이 알지 못했다고 해서 용서받을 수 있다는 뜻은 아니다. 도리어 그들의 영적인 암매 상태 그 자체가 그들에게 죄가 있다는 증거다(요 3:19). 그러나 그들이 그리스도를 조롱하고 있는 바로 그 자리에서 드려진 그리스도의 기도는 하나님 은혜의 한없는 긍휼을 보여준다. **제비 뽑을새** *마태복음 27:35; 마가복음 15:24에 대한 설명을 보라.*

23:35 **비웃어 이르되** 참고. 시편 22:6, 7, 16-18.

23:36 **신 포도주** 참고. 시편 69:21. *마태복음 27:34에 대한 설명을 보라.*

23:38 **패** 네 명의 복음서 저자가 전부 이 패에 대해 언급했으나 그 기록에는 약간씩 차이가 있다. 누가와 요한(19:20)은 그 패가 헬라어, 라틴어, 히브리어로 써 있었다고 말한다. 그러므로 복음서들의 기록에서 발견되는 차이는 판에 기록된 말을 해석하는 방식의 차이였을 수도 있다. 더욱 개연성이 있는 해석으로는 네 명의 복음서 저자들이 패에 기록된 말을 요약하여 그 핵심만 기록했을 수 있다. 그렇다면 각자 전체 문장에서 조금씩 생략했을 것이다. 네 편의 복음서 모두 "유대인의 왕 예수"라고 기록되어 있다(마 27:37; 막 15:26; 요 19:19). 누가는 문장의 앞머리에 "이는"이라는 말을 덧붙였고, 마태는 "이는…예수라"는 말 중간에 들어간다. 요한의 기록은 "나사렛 예수"라는 말로 시작한다. 그것들을 전부 합치면 거기 새겨진 글은 '이는 나사렛 예수, 유대인의 왕'이 된다.

23:39 **행악자 중 하나** 마태복음 27:44과 마가복음 15:32은 두 행악자가 모두 군중과 함께 그리스도를 조롱했다고 말한다. 하지만 시간이 지나면서 이 행악자가 양심의 찔림을 받아 회개했다. 회개하지 않은 행악자가 다시 조롱하기 시작하자(39절), 이 행악자는 그를 꾸짖고 나서 다시 조롱에 가담하지 않았다.

23:41 **이 사람이 행한 것은 옳지 않은 것이 없느니라** 참고. 4, 15, 22절. 심지어 행악자까지 예수의 무죄함을 증언했다.

23:42 **예수여…나를 기억하소서** 회개한 행악자의 기도에는 죽은 후에도 영혼은 산다는 믿음, 그리스도가 사람의 영혼의 나라를 지배할 권세가 있다는 사실에 대한 믿음, 그리스도는 임박한 죽음에도 불구하고 하나님 나라에 곧 들어가시리라는 것에 대한 믿음이 있다는 게 드러나 있다. 자신을 기억해달라는 그의 요구는 자비를 간구하는 것으로, 이 행악자가 자기에게는 오직 하나님의 은혜 이외에 소망이 없으며, 그 은혜를 베푸시는 것이 예수의 능력에 속한 것임을 이해했음이 드러난다. 이 모든 것은 죽어가는 죄인에게 참 믿음이 있었다는 증거이며, 그리스도는 은혜롭게도 이 사람의 구원을 약속해주셨다(43절).

23:43 **낙원** 신약성경에서 이 단어가 사용된 다른 두 곳은 고린도후서 12:4과 요한계시록 2:7이다. 그 단어의 뜻은 정원이지만(70인역에서는 이 단어가 에덴을 가리키는 데 사용되었음) 신약성경에서 사용된 세 번의 경우에는 전부 하늘을 가리킨다.

23:44 **제육시쯤 되어…제구시까지** 정오부터 오후 3시

단어 연구

낙원(Paradise): 23:43. 문자적으로 '정원' 또는 '공원'이라는 뜻이다. 이 단어가 70인역의 전도서 2:5과 예레미야애가 4:13에서 그대로 사용되었다. 이 단어는 에덴동산을 가리키기도 한다(창 2:8을 보라). 이후에는 스올에 있는 죽은 의인의 장소를 낙원이라고 하기도 했다(눅 16:19-31). 예수가 십자가에 달린 행악자에게 하신 말씀은 그가 그날 낙원에 예수와 함께 있을 것이라고 안심시켜 주는 것이었다(23:43). 그렇다면 낙원은 죽은 자들 가운데서 의인이 머무는 좋은 곳을 가리키는 말로 보인다. 요한계시록 2:7은 낙원을 에덴과 같은 낙원이 회복된 곳, 신자를 위한 영원한 본향이라고 말한다(참고. 창 2; 계 22장).

까지다. 누가는 유대인의 시간 계산법을 따르고 있다. *마태복음 27:45; 마가복음 15:25에 대한 설명을 보라.*
어둠 *마가복음 15:33에 대한 설명을 보라.* 이 어둠은 일식으로 발생한 것이 아니다. 유대인은 음력을 사용하는데, 유월절은 언제나 만월이어서 일식의 가능성이 없다. 이것은 초자연적인 어둠이었다.

23:45 **휘장** *마태복음 27:51에 대한 설명을 보라.*

23:46 **아버지 손에 부탁하나이다** 이것은 시편 31:5의 인용으로, 그분의 죽으신 방법은 요한복음 10:18과 일치한다. 보통 십자가 처형자는 훨씬 서서히 죽어갔다. 하지만 그 모든 것을 친히 주재하신 예수는 자기 영혼을 아버지께 맡기셨다(요 10:18; 19:30). 그래서 그는 "흠없는 자기를 하나님께 드린" 것이다(히 9:14).

23:47 **백부장** *마태복음 27:54에 대한 설명을 보라.*
의인 마태복음 27:54과 마가복음 15:39은 백부장이 "이는 진실로 하나님의 아들이었도다"라고 말한 것을 기록해놓았다. 누가의 표현도 그런 뜻이었을 텐데, 백부장이 이 말을 전부 했을 가능성이 더 크다.

23:48 **가슴을 치며** 누가만 이 후회와 번민의 표현을 기록한다(참고. 18:13).

23:49 **갈릴리로부터 따라온 여자들** 마태복음 27:56과 마가복음 15:40, 41(*이 구절에 대한 설명을 보라*)은 이 여인들 가운데 막달라 마리아(*8:2에 대한 설명을 보라*), 야고보(작은)와 요세의 어머니 마리아, 야고보와 요한의 어머니 살로메 등 다른 많은 여인이 포함되어 있었다고 말한다. 이 여인들은 예수의 안장(55절; 마 27:61; 막 15:47)과 부활의 자리에도 있었다(24:1; 마 28:1; 막 16:1). 그러므로 이들은 가장 중요한 복음 사건의 목격자들이었다(참고. 고전 15:3, 4).

6. 장사됨(23:50-55)

23:50 **요셉** *마태복음 27:57; 마가복음 15:43; 요한복음 19:38에 대한 설명을 보라.* 네 명의 복음서 저자 모두가 이 사람을 언급한다. 마가와 누가는 이 사람이 산헤드린의 회원이라고 밝혔다. 누가만 그가 예수를 정죄하는 공의회의 판결에 반대했음을 기록한다(51절).

23:51 **하나님의 나라를 기다리는** 즉 그는 예수의 주장을 믿었다. 요한복음 19:38은 요셉을 은밀한 "예수의 제자"라고 지칭한다.

23:53 **바위에 판 무덤** 부자였던 요셉은 자기 가족을 위한 무덤을 가지고 있었음이 분명하다. 하지만 아직 그것을 사용하지 않았다. 그리스도가 거기에 안장된 것은 이사야 53:9의 놀라운 성취였다.

23:54 **준비일** 즉 안식일 전날인 금요일이다.

23:55 **그의 시체를 어떻게 두었는지를 보고** 요한복음 19:39에 따르면 니고데모가 몰약과 침향 100파운드(오늘날의 무게로 하면 72파운드 정도로, 로마의 파운드는 11.5온스에 해당함)를 가져왔고(요셉이 빌라도와 예수의 시신을 놓고 협상하는 동안 그것을 구해왔을 것임), 그와 요셉은 예수의 시신을 향품과 함께 세마포로 쌌다. 갈릴리에서

부활한 일요일의 사건과 예수의 나타나심

부활 사건들

세 여인이 무덤을 향해 출발함	눅 23:55-24:1
그들은 돌이 굴려져 옮겨진 것을 발견함	눅 24:2-9
막달라 마리아가 그 사실을 제자들에게 말하러 떠남	요 20:1, 2
야고보의 어머니 마리아가 천사들을 봄	마 28:1, 2
베드로와 요한이 와서 무덤 안을 들여다봄	요 20:3-10
막달라 마리아가 돌아와서 천사를 보고, 그다음에 예수를 봄	요 20:11-18
야고보의 어머니 마리아가 다른 여인들과 돌아옴	눅 24:1-4
이 여인들이 천사를 봄	눅 24:5; 막 16:5
천사가 그들에게 예수가 살아났다고 말함	마 28:6-8
도중에 예수를 만남	마 28:9-10

예수의 나타나심

같은 날, 시간이 지난 뒤 베드로에게	눅 24:34; 고전 15:5
엠마오 도상의 제자들에게	눅 24:13-31
사도들에게(도마가 없을 때)	눅 24:36-45; 요 20:19-24

온 이 여인들은 유대 사람이었던 요셉과 니고데모를 잘 알지 못했을 것이다. 어쨌든 이 두 사람은 예수에 대한 음모를 꾸몄던 유대 지도자들과 친분이 있는 사람들이었다(50절; 요 3:1). 그래서 여인들은 자기들이 직접 예수의 시신을 무덤에 안치시키기 위한 준비를 하기로 결심했다. 그들은 향품과 향유를 준비하기 위해(56절) 자신들이 머물고 있는 곳으로 돌아갔다. 그들은 안식일이 시작되기 전인 해가 지기 전에 예수의 시신을 무덤에 안치시켜야 했으므로 시신을 준비하는 일을 마칠 수가 없었다. 마가복음 16:1은 "안식일이 지나매"(즉 토요일 해가 진 다음에) 그들이 더 많은 향품을 샀다고 말한다. 그런 다음 일요일 아침에 안식일이라 중지했던 일을 마치겠다는 생각으로 향품을 가지고 돌아왔던 것이다.

G. 안식일(23:56)

그리스도 사역의 절정(24:1-53)

A. 부활(24:1-12)

24:1 **향품을 가지고** *23:55에 대한 설명을 보라.* 여인들은 죽음에서 살아나신 예수를 만나리라고 생각하지 못했다. 그들의 유일한 계획은 장례를 위해 그분의 몸에 기름을 바르는 것이었다. *마가복음 16:1에 대한 설명을 보라.*

24:2 **돌이 무덤에서 굴려 옮겨진 것** 마태복음 28:2-4에는 지진이 일어났고 천사가 돌을 굴렸다는 기록이 나온다. 로마 수비병들은 두려움으로 정신을 잃었다. 마가와 누가, 요한이 지키던 병사에 대해 아무런 언급도 하지 않은 것으로 볼 때, 정신이 들자 그들은 무덤이 빈 것을 보고 도주한 것 같다. 여인들은 그 일이 있은 직후 그곳에 도착한 것이 분명하다.

24:4 **두 사람** 이들은 천사였다. 누가만 이 둘 모두를 언급한다(*마가복음 16:5에 대한 설명을 보라*). 마가는 대표해 말한 한 천사에게만 관심을 두었다. 복음서에 나타난 이런 사소한 차이점은 다 설명 가능하다. 복음서 저자들의 기록을 종합해 부활의 사건들을 요약하면 다음과 같다. 돌이 굴려진 것을 보고 여인들은 무덤 속에 들어갔지만 그곳은 비어 있었다(3절). 그들이 아직 무덤 속에 있을 때 갑자기 천사가 나타났다(4절; 막 16:5). 그중 천사가 그들에게 예수의 말씀을 상기시키고 나서(6-8절), 베드로와 제자들에게 가서 예수님이 부활하신 사실을 알리라고 말했다(마 28:7, 8; 막 16:7, 8). 여인들은 천사가 시키는 대로 했다(9-11절). 제자들은 처음에 믿지 않았다(11절). 이를 확인하기 위해 무덤이 있는 곳으로 달려왔는데 요한이 가장 먼저 도착했다(요 20:4). 그러나 실제로 무덤에 먼저 들어간 것은 베드로였다(요 20:6). 그들은 세마포가 안이 빈 채로 시체를 쌌던 모습 그대로 있는 것을 보았는데, 이것은 예수가 부활하셨다는 증거였다(12절; 요 20:6-8). 그들은 즉시 무덤을 떠났다(12절; 요 20:10). 한편 막달라 마리아는 무덤 밖에서 울고 있었는데 그때 갑자기 예수가 그녀에게 나타나셨다(요 20:11-18). 이것이 부활 후 최초로 나타나신 예수의 모습이다(막 16:9). 얼마 후 그리스도는 길에서 다른 여인들을 만났으며, 그들에게도 나타나셨다(마 28:9, 10). 같은 날 늦은 시간 그리스도는 엠마오 도상에서 두 제자들에게 나타나셨으며(13-32절), 베드로에게도 나타나셨다(34절). 부활 후에 나타나신 것을 시간 순으로 정리한 자료는 *34절에 대한 설명을 보라.*

24:6 **갈릴리에 계실 때에 너희에게 어떻게 말씀하셨는지** *9:22; 18:31-33에 대한 설명을 보라.*

24:9 **다른 모든 이** 대부분은 갈릴리에서 온 제자들로 유월절을 위해 예루살렘에 머물고 있었다.

24:10 **막달라 마리아** *8:2에 대한 설명을 보라.* 그녀는 부활하신 그리스도를 처음 보았다(막 16:9; 요 20:11-

예수가 부활한 몸으로 나타나신 경우

제자들에게(도마도 있었음)	요 20:24-29
디베랴 호수에서 일곱 명에게	요 21:1-23
갈릴리에서 약 500명에게	고전 15:6
예루살렘과 베다니에서 야고보에게	고전 15:7
승천할 때 많은 사람에게	행 1:3-12
스데반이 돌에 맞아 죽을 때 그에게	행 7:55
다메섹 근처에서 바울에게	행 9:3-6; 고전 15:8
성전에서 바울에게	행 22:17-19; 23:11
밧모에서 요한에게	계 1:10-19

18). *4절에 대한 설명을 보라.* **요안나** 그녀의 남편은 헤롯의 청지기였다. *8:3에 대한 설명을 보라.* **야고보의 모친 마리아** *마태복음 27:56에 대한 설명을 보라.* **다른 여자들** 그들이 누군지는 밝혀진 것이 없다(참고. 23:49).

24:11 **말이 허탄한 듯** 즉 당찮은 말이다.

24:12 **베드로는…달려가서** 요한이 베드로와 함께 달렸으나 무덤에는 먼저 도착했다(요 20:4). **세마포** 즉 몸을 싸고 있던 모양 그대로 속이 빈 채로 있었다.

B. 엠마오 도상(24:13-45)

24:13 **그들 중 둘이** 두 사람은 열한 제자들 가운데 속하지 않았음이 분명하다. 18절에 따르면 그들 중 한 명의 이름은 글로바였다. **엠마오** 이 마을은 성경의 다른 곳에서는 나오지 않는다. 그곳의 정확한 위치는 알 수 없지만, 전통에 따르면 예루살렘에서 북서쪽으로 11킬로미터쯤 떨어진 쿠베이베로 알려진 마을이다.

24:16 **그들의 눈이 가리어져서** 즉 하나님은 그들이 그리스도를 알아보지 못하게 하셨다.

24:18 **당신이 예루살렘에 체류하면서도 요즘 거기서 된 일을 혼자만 알지 못하느냐** 예수가 십자가에 달린 일은 이미 널리 알려진 사건임에도 불구하고 그가 그 사건을 알지 못하는 것처럼 보이자 깜짝 놀랐다.

24:21 **우리는…바랐노라** 그들은 지상 왕국이 즉시 임하기를 기다리고 있었다. 예수가 십자가에 달리시자 그들은 그분이 정말 통치할 메시아였는지에 대한 회의로 고민하고 있었을 것이다. 그러면서도 그들은 여전히 그리스도를 참된 선지자로 간주했다(19절). **사흘째** 이 말 속에는 일말의 소망이 있었을지도 모른다. 그들은 예수가 부활했다는 소문을 이미 들어 알고 있었다(22-24절). 어쩌면 글로바는 9:22; 18:33의 주님이 하신 약속을 기억해냈을 것이다. 하지만 그 말은 예루살렘에서 일어난 지난 사흘 동안의 일을 나그네가 모르고 있다는 것에 대한 놀라움을 표현하는 말이었을 것이다.

24:24 **우리와 함께 한 자 중에 두어 사람** 즉 베드로와 요한이다(*12절에 대한 설명을 보라*). **예수는 보지 못하였느니라 하거늘** 이것은 사실이었다. 글로바와 그의 동료는 예수가 마리아 막달라에게 나타나신 것에 대해서는 듣지 못했던 것 같다(*4절에 대한 설명을 보라*).

24:26 **할 것이 아니냐** 즉 '그것이 필요하지 않았느냐'라는 말이다. 구약의 예언은 자주 여호와의 고난받는 종에 대해 말했다(*27절에 대한 설명을 보라*).

24:27 **모세와 모든 선지자의 글** 44절은 구약을 세 부분으로 분류하는 법을 보여준다. 이것은 동일한 것을 줄여 말하는 표현법이다. **모든 성경에** 신성한 섭리의 측량할 수 없는 지혜로 말미암아 여기서 그리스도가 구약의 메시아 예언을 풀어 설명해준 핵심 내용은 기록되지 않았다. 그러나 그리스도의 설명에는 구약의 희생제도에 대한 설명이 포함되었을 것이다. 바로 이 희생제도는 그리스도의 고난과 죽음을 말하는 모든 유형과 상징이 가득했다. 또한 그리스도는 십자가를 말하는 구약의 중심적 예언을 그들에게 가리켜 보여주었을 것이다. 그 예언에는 시편 16:9-11; 22; 69; 이사야 52:14-53:12; 스가랴 12:10; 13:7 등의 구절이 포함되어 있다. 그리스도는 창세기 3:15; 민수기 21:6-9; 시편 16:10; 예레미야 23:5, 6; 다니엘 9:26, 그 외에도 핵심적인 수많은 메시아 예언, 메시아의 죽음과 부활을 말하는 많은 구절의 참된 의미를 가리켜 보여주었을 것이다.

24:30 **떡을 가지사** 음식을 함께 먹는다는 단순한 표현이다(35절).

24:31 **그들의 눈이 밝아져** 즉 '하나님에 의해서'다. 하나님은 주권적으로 이 순간까지 그들이 그리스도를 알아보지 못하도록 막으셨다(참고. 16절). 그리스도 부활의 몸은 영화되었고 이전에 보이던 모습과 달랐다(계 1:13-16에 나온 요한의 묘사를 보라). 그래서 마리아도 처음에 그리스도를 알아보지 못한 것이다(참고. 요 20:14-16). 그러나 이 경우에는 그리스도가 그들을 떠나는 순간까지 알아보지 못하도록 하나님이 적극적으로 개입하여 막으신 것이다. **예수는 그들에게 보이지 아니하시는지라** 그의 부활의 몸은 비록 진짜 몸이었고 만질 수 있는 것이었지만(요 20:27), 심지어 이 지상의 음식을 섭취할 수도 있었지만(42, 43절) 그 몸이 영화되었고 신비한 방

엠마오(Emmaus)

식으로 변화되었음을 드러내는 어떤 특별한 성질을 가지고 있었다(참고. 고전 15:35-54; 빌 3:21). 그리스도는 이 본문에서처럼 그 몸이 나타날 수도 있고 사라질 수도 있었다. 그리스도의 몸은 단단한 물체, 이를테면 수의(*12절에 대한 설명을 보라*)나 닫힌 방의 벽이나 문을 통과할 수도 있었다(요 20:19, 26). 그는 먼 거리를 순식간에 여행할 수 있었던 것으로 보인다. 이 제자들이 예루살렘으로 돌아갔을 때 그리스도는 이미 베드로에게 나타나셨기 때문이다(34절). 그의 몸이 하늘로 승천한 사실은 그분의 부활의 몸이 이미 천국에 적합한 것이었음을 입증해준다. 그럼에도 그것은 무덤에서 사라진 그 동일한 그리스도의 몸이었다. 심지어 못 자국의 상처처럼 그분임을 확인할 수 있는 특징을 그대로 가지고 계셨다(요 20:25-27). 그분은 유령이나 환상이 아니었다.

24:34 **시몬에게 보이셨다** 참고. 고린도전서 15:5-8. 성경에 보면 부활과 승천 사이에 그리스도는 적어도 10번 나타나셨다. 무덤에서 막달라 마리아에게(막 16:9; 요 20:11-18), 길에서 여인들에게(마 28:9, 10), 엠마오 도상의 제자들에게(13-32절), 베드로에게(34절), 열한 제자 가운데 도마가 빠진 열 명에게(36-43절; 막 16:14; 요 20:19-25), 그로부터 8일 후 도마가 포함된 열한 제자에게(요 20:26-31), 갈릴리 호숫가에서 일곱 제자에게(요 21:1-25), 갈릴리에 있는 어느 산에서 500명 이상의 제자들에게(고전 15:6. *마 28:16에 대한 설명을 보라*), 야고보에게(고전 15:7), 승천하실 때 사도들에게(행 1:3-11). 승천하신 후에는 바울에게 나타나셨는데(고전 15:8) 다음에 나타나실 때는 영광 중에 나타나실 것이다(마 24:30).

24:36 **예수께서 친히 그들 가운데 서서 이르시되** 문은 닫힌 채 잠겨 있었다(요 20:19). *31절에 대한 설명을 보라.*

24:39 **내 손과 발을 보고** 그리스도는 자신이 정말로 부활한 그리스도임을 증명하기 위해 못 자국으로 생긴 상처를 보여주셨다. 참고. 요한복음 20:27.

24:41-43 *31절에 대한 설명을 보라*. 참고. 사도행전 10:41.

24:44 **모세의 율법과 선지자의 글과 시편** 즉 구약성경 전체를 말한다. *27절에 대한 설명을 보라.*

24:45 **그들의 마음을 열어** 그리스도는 엠마오 도상에서 하셨듯 그들에게도 구약을 가지고 가르치셨음이 분명하다(*27절에 대한 설명을 보라*). 그러나 이 표현의 요지는 그리스도가 펼치시는 진리를 받도록 그들의 마음을 초자연적으로 열었다는 점에 있다. 한때 그들의 이해력은 둔했지만(9:45), 마침내 분명히 보게 되었다(참고. 시 119:18; 사 29:18, 19; 고후 3:14-16).

24:46-53 이 부분은 사도행전 머리말에서 상기시켰던 몇 가지 사상을 포함하고 있다. 곧 그리스도의 고난과 부활(46절; 행 1:3), 회개의 메시지와 죄의 용서(47절; 행 2:38), 그의 증인인 제자들(48절; 행 1:8), 성부의 약속(49절; 행 1:4), 예루살렘에 머물러 있음(49절; 행 1:4)과 거기서부터 복음이 퍼져나감(47절; 행 1:8), 위로부터 오는 능력(49절; 행 1:8), 그리스도의 승천(51절; 행 1:9-11), 제자들이 예루살렘으로 돌아옴(52절; 행 1:12), 그들이 성전에서 모임(53절; 행 2:46).

C. 승천(24:46-53)

24:47 **기록되었으니** 즉 구약에 기록되었다는 것이다. *27절에 대한 설명을 보라.*

24:49 **내 아버지께서 약속하신 것** 즉 성령이다(요 14:26; 15:26. 참고. 욜 2:28, 29; 행 2:1-4).

24:50 **베다니** *19:29; 마가복음 11:1에 대한 설명을 보라.*

24:51 **하늘로 올려지시니** 즉 직접 보는 앞에서 일어난 일이다. 전에 부활하신 그리스도가 그들을 떠나실 때는 그냥 사라지셨다(31절). 이번에는 그가 승천하시는 것을 그들이 보았다. 참고. 사도행전 1:9-11.

24:52 **그에게 경배하고** 즉 공식적 예배의 행동이다. 이제 그리스도가 그들의 이해력을 열어주셨으므로(*45절에 대한 설명을 보라*), 그들은 혼란과 의심의 어둠에 휩싸이지 않고 예수의 신성의 완전한 진리를 인식하게 되었다. 참고. 마태복음 28:9; 요한복음 20:28; 마태복음 28:17.

24:53 **성전에서** 이것이 최초로 교회가 모인 것이었다(행 2:46; 5:21, 42). 바깥 뜰의 주랑 주위에는 그런 모임을 위한 방들이 있었다.

연구를 위한 자료

John MacArthur, *Luke* (Chicago: Moody, 2007).

Leon Morris, *The Gospel According to St. Luke* (Grand Rapids: Eerdmans, 1974).

제목

요한복음의 제목도 다른 복음서들의 형식을 따라 '요한에 따른'에서 찾아냈다. 다른 복음서들과 마찬가지로 '복음'은 나중에 덧붙여진 것이다.

저자와 저작 연대

비록 복음서 안에 저자의 이름이 나타나지는 않지만 초대 교회의 전통은 강력하고도 일관되게 요한을 저자로 규정한다. 초대 교회의 교부였던 이레나이우스(주후 130-200년경)는 폴리캅(주후 70-160년경)의 제자였는데, 폴리캅은 요한의 제자였다. 이레나이우스는 폴리캅의 권위에 근거해 요한이 한참 나이가 들어 에베소에 머물면서 복음서를 썼다고 증언했다(「Against Heresies」 2.22.5; 3.1.1). 이레나이우스 이후 모든 교부는 요한을 이 복음서의 저자로 간주했다. 알렉산드리아의 클레멘스(주후 150-215년경)는 요한이 다른 복음서에 기록된 사실들에 대해 알고 성령의 영감을 받아 '영적인 복음'을 작성했다고 썼다(에우세비오스의 「교회사」 6.14.7을 보라).

요한복음의 내적 특징은 교회의 이런 전통에 대한 신빙성을 더욱 높인다. 공관복음서(마태복음과 마가복음, 누가복음)는 요한의 이름을 약 20번 정도(병행구를 포함해) 언급하는 데 반해, 요한복음에는 요한의 이름이 한 번도 직접 거론되지 않는다. 그 대신 저자는 자신을 "예수가 사랑하신 제자"라고 지칭하고 있다(13:23; 19:26; 20:2; 21:7, 20). 이 복음서에서 이름이 거론된 다른 제자들이 담당한 중요 역할에 비춰볼 때 요한의 이름이 한 번도 직접 거론되지 않은 것은 특기할 만하다. 요한이 자신의 이름을 직접 밝히기를 의도적으로 피하면서 대신 자신을 '예수가 사랑하신' 제자라고 반복해 지칭하는 것은 요한의 겸손과 그가 주 예수와 맺은 복스러운 관계를 반영한다. 당시 요한이 이 복음서의 저자라는 사실이 널리 알려져 있어 굳이 이름을 언급할 필요가 없었다.

또한 20, 21장 자료를 분석해 주요 근거로 소거해 나가면 '예수가 사랑하신' 이 제자가 사도 요한으로 압축된다(예를 들면 21:24. 참고. 21:2). 이 복음서의 저자는 이 책에서 다른 인물들의 이름을 열거해야 했으므로, 만약 사도 요한이 아닌 다른 사람이 이 책의 저자였다면 절대 요한의 이름을 빼놓지 않았을 것이다.

이 복음서가 익명으로 되어 있다는 사실이 저자가 요한임을 강하게 드러낸다. 요한처럼 널리 알려져 있고 확실한 권위를 가진 사람만이 그 형식과 내용에서 다른 복음서들과 뚜렷하게 차별화된 복음서를 쓸 수 있었고, 그것이 초대 교회에서 무난히 받아들여졌을 것이기 때문이다. 이와 대조적으로 2세기 중반 이후부터 등장한 외경 복음서들은 마치 사도나 예수와 밀접한 관계를 가진 유명한 사람들이 기록한 것처럼 꾸며졌지만 교회 전체가 그것을 거부했다.

요한과 그의 형 야고보(행 12:2)는 "세베대의 아들"(마 10:2-4)로 알려졌으며, 예수는 그들에게 "우레의 아들"(막 3:17)이라는 이름을 주셨다. 요한은 사도로서(눅 6:12-16) 예수와 가장 가까운 세 명의 내부 집단 가운데 한 명이었으며(베드로와 야고보와 함께, 참고. 마 17:1; 26:37), 예수의 지상 사역을 증언할 목격자이자 함께한 참여자였다(요일 1:1-4). 그리스도 승천 이후 요한은 예루살렘 교회의 "기둥"(갈 2:9)이 되었다. 그는 베드로와 함께 사역하다가(행 3:1; 4:13; 8:14) 에베소로 가서(구전에 따르면 예루살렘 멸망 전이었음) 이 복음서를 썼고, 거기서 로마인들에 의해 밧모로 유배당했다(계 1:9). 이 복음서 이외에도 요한은 요한일서, 요한이서, 요한삼서와 요한계시록을 썼다(계 1:1).

어떤 교부들의 글에 따르면 요한은 고령에도 활발하게 저술 활동을 했고 다른 공관복음서를 이미 알고 있었다. 따라서 많은 사람은 요한복음의 저작 연대를 공관복음의 저작 이후, 요한일서, 이서, 삼서와 요한계시록 집필 이전으로 잡는다. 요한은 주후 80-90년경 예수의 지상 사역을 목격한 지 약 50년 뒤에 복음서를 기록했다.

배경과 무대

요한복음의 배경과 무대에서 중요한 것은 전설에 따르면 요한이 다른 공관복음서를 알고 있었다는 사실이다.

그렇다면 요한은 주님 생애를 기록하기 위한 목적으로('영적 복음'), 부분적으로는 마태와 마가, 누가복음을 보완하고 보충할 목적을 갖고 이 책을 쓴 것으로 보인다.

이 복음서의 독특한 특징이 그런 목적을 뒷받침해 준다.

첫째, 요한은 다른 복음서들에는 기록되지 않은 독특한 자료를 많이 서술하고 있다.

둘째, 요한은 공관복음서의 사건들을 이해하는 데 도움이 되는 정보를 제공한다. 예를 들면 공관복음서들은 예수의 갈릴리 사역부터 시작하지만 그 이전에 이미 사역하셨음을 암시하고 있을 뿐이다(예를 들면 마 4:12; 막 1:14). 그런데 요한은 갈릴리 사역 이전인 유대(3장)와 사마리아(4장)에서 행한 예수의 사역 장면을 넣음으로써 그 문제에 답한다. 마가복음 6:45을 보면 5,000명을 먹이신 후 예수는 제자들에게 갈릴리 호수를 건너 벳새다로 가라고 하셨는데, 요한은 그 이유를 기록했다. 기적적으로 음식을 공급받은 사람들이 예수를 왕으로 삼으려고 하자 예수는 잠시 피하셨던 것이다(6:26).

「그리스도와 사마리아 여인(*Christ and the Woman of Samaria*)」 1700년. 마르칸토니오 프란체스키니. 캔버스에 유화. 105.4×144.1cm. 휴스턴 미술관. 휴스턴.

셋째, 요한복음은 복음서 가운데 가장 신학적이다. 예를 들면 다소 무거운 신학적 머리말(1:1-18), 서술에 비해 상대적으로 더 많은 교훈적 강화(예를 들면 3:13-17), 가장 많은 성령에 대한 가르침(예를 들면 14:16, 17, 26; 16:7-14) 등이다. 요한은 다른 복음서들을 알고 있었고 그것을 염두에 두고 집필했지만 다른 복음서들로부터 정보를 얻지는 않았다. 도리어 성령의 영감을 받아 자신의 기억을 활용해 목격자로서 복음서를 작성했다(1:14; 19:35; 21:24).

요한복음은 저자의 목적에 대해 분명한 진술을 담고 있는(20:30, 31) 두 번째 복음서다(참고. 눅 1:1-4). 요한은 이렇게 선언한다. "오직 이것을 기록함은 너희로 예수께서 하나님의 아들 그리스도이심을 믿게 하려 함이요 또 너희로 믿고 그 이름을 힘입어 생명을 얻게 하려 함이니라"(20:31). 일차적 목적은 두 가지다. 곧 전도와 변증이다. '믿는다'는 단어가 이 복음서에서 100회 이상 등장한다는 사실(공관복음서들은 그 절반에도 미치지 못함)이 이 복음서가 전도의 목적으로 쓰여졌음을 더 확실하게 보여준다. 요한은 독자가 구원의 믿음을 든든히 하고, 그 결과 그들이 신성한 영생의 선물을 받았음을 확신시키기 위한 목적으로 이 복음서를 집필했다(1:12).

변증은 전도의 목적과 밀접하게 연결되어 있다. 요한은 예수가 성육신하신 신인(God-Man)이고, 예언된 그리스도('메시아')이며, 세상의 구주(예를 들면 1:41; 3:16; 4:25, 26; 8:58)인 그 예수 안에 신성과 인성의 두 본성이 완벽하게 결합되었다는 것을 독자에게 확신시키기 위해 이 글을 썼다. 그는 전체 복음서를 8개의 '표적', 곧 증거를 중심으로 구성했다. 그 증거들은 예수의 참된 존재를 드러내어 사람들을 믿음으로 인도한다. 요한복음의 전반부는 그리스도의 존재를 드러내고 믿음을 일으키기 위해 선택된 7개의 표적을 중심으로 하는데, 다음은 그 표적들이다. 물이 포도주가 됨(2:1-11), 왕의 신하의 아들을 고치심(4:46-54), 불구자를 고치심(5:1-18), 군중을 먹이심(6:1-15), 물 위로 걸으심(6:16-21), 맹인을 고치심(9:1-41), 나사로를 살리심(11:1-57) 등이다. 그리고 그다음 표적은 부활하신 뒤 제자들이 고기를 잡게 하는 기적이다(21:6-11).

역사적 · 신학적 주제

요한의 전도와 변증 목적에 부합하는 이 복음서 전체를 요약한 메시지가 20:31에 기록되어 있다. "예수가 하나님의 아들 그리스도이심." 그러므로 이 책은 그리스도라는 인물과 그분의 활동을 중심으로 하고 있다. 20:30, 31에 등장하는 세 가지 지배적인 단어('표적' '믿는다' '생명')가 복음서 전체를 통해 다시 강조되면서 그 안에 구원이 있다는 주제를 강화한다. 이것이 머리말에서 처음으로 제시되고(1:1-18. 참고. 요일 1:1-4) 복음서 전체를 통해서는 다양한 방법으로 여러 차례 표현되었다(예를 들면 6:35, 48; 8:12; 10:7, 9; 10:11-14; 11:25; 14:6; 17:3). 게다가 요한은 사람들이 예수 그리스도와 그분이 제공하는 구원에 어떤 반응을 보였는지에 대한 기록을 제공해준다. 요약하면 요한복음은 다음 사실에 초점을 맞춘다. 첫째는 말씀이요, 메시아이시며, 하나님의 아들인 예수다. 둘째는 예수는 인류에 구원의 선물을 가져다주신다. 셋째는 사람들은 그 제안을 받아들이거나 거부한다.

요한은 주제를 강조하기 위해 서로 대비되는 하위 주제들을 제시한다. 요한은 그리스도의 존재와 사역에 필요한 정보를 전달하고 그분을 믿어야 하는 이유를 보여주기 위해 이분법을 사용한다(생명과 죽음, 빛과 어둠, 사랑과 미움, 위로부터 오는 것과 아래로부터 오는 것. 예를 들면 1:4, 5, 12, 13; 3:16-21; 12:44-46; 15:17-20).

또한 예수를 하나님이요 메시아로 밝히는 일곱 가지 강조하는 표현인 '내가…이다'(I AM)라는 진술이 등장한다(6:35; 8:12; 10:7, 9, 11, 14; 11:25; 14:6; 15:1, 5).

해석상의 과제

요한이 명쾌하고 단순한 문체로 글을 썼기 때문에 이 복음서의 가치를 과소평가하는 경향이 있다. 그러나 요한의 복음은 '영적' 복음이므로(저자와 저작 연대를 보라) 그가 전달하고자 하는 진리는 심오하다. 저자가 성령의 영감을 받아(14:26; 16:13) 사랑으로 이 복음서에 쌓아 놓은 풍성한 영적 보화를 발견하기 위해 독자는 기도하는 마음으로 꼼꼼하게 책을 탐사해야 한다.

요한복음과 공관복음 사이의 연대기적 시간 계산은 특별히 최후의 만찬(13:2) 시간과 관련해 하나의 도전이 될 수 있다. 공관복음서는 제자들과 주님이 목요일 저녁(니산월 14일) 유월절 식사를 끝마치고 주님이 금요일에 십자가에 달리신 것으로 그리는 반면, 요한은 유대인이 "더럽힘을 받지 아니하고 유월절 잔치를 먹고자 하여 관정에 들어가지 아니하더라"(18:28)고 말한다. 그렇다면 제자들은 목요일 저녁에 유월절 식사를 했지만 유대인은 아직 유월절 식사를 하지 않은 셈이 된다. 실제로 요한(19:14)은 예수의 재판과 십자가형이 유월절 식사 이후가 아니라 유월절을 준비하는 날에 진행되었으며, 금요일에 재판과 십자가형이 집행됨으로써 그리스도는 유월절 양이 죽임당하는 것과 같은 때(19:14)에 희생되었다고 말한다. 문제는 '왜 제자들이 목요일에 유월절 식사를 했느냐?' 하는 것이다.

그 대답은 날의 시작과 끝을 계산하는 방법이 유대인 사이에서도 달랐다는 데 있다. 요세푸스, 미쉬나, 다른 고대의 유대 자료들에 따르면 팔레스타인 북부의 유대인은 일출부터 다음 날 일출까지를 하루로 계산한다. 갈릴리 지역이 여기에 속하며, 예수와 유다를 포함한 다른 모든 제자는 이 지역에서 성장했다. 모든 바리새인은 아니겠지만 대부분의 바리새인이 이 계산 체계를 사용한 것으로 보인다. 그러나 예루살렘을 중심으로 하는 남부 지방에서는 일몰부터 다음 날 일몰까지를 하루로 계산했다. 모든 제사장은 예루살렘 안이나 근처에 살아야 했고 사두개인도 그러했으므로, 이들은 남부 지방의 방식에 따랐다.

이런 차이가 때로 혼란을 일으켰을 거라는 데 의심의 여지가 없지만, 거기에는 실제적인 이익도 있었다. 예를 들어 유월절 기간에는 이 날짜 계산법의 차이 때문에 이틀 연속으로 절기를 지켜도 법을 어기는 것이 아니었으며, 따라서 성전에 희생제물을 드리는 시간이 두 시간이 아니라 네 시간이 되었던 것이다. 이렇게 날짜가 분리됨으로써 두 집단의 지역적·종교적 충돌의 기회를 줄이는 효과도 있었을 것이다.

이런 사실을 근거로, 복음서에서 착오가 아닌가 여겨지던 것이 쉽게 설명될 수 있다. 갈릴리 사람이었던 예수와 제자들은 유월절이 목요일 일출에 시작해 금요일 일출에 끝나는 것으로 여겼다. 예수를 잡아 심문한 유대 지도자들은 대부분이 제사장과 사두개인으로 구성되었으므로, 유월절이 목요일 일몰에 시작해 금요일 일몰에 끝나는 것으로 여겼다. 하나님의 주권적 준비에 따른 예정된 이런 차이 때문에 예수는 제자들과 함께 합법적으로 최후의 만찬을 기념하고 유월절에 희생되실 수 있었던 것이다.

하나님이 어떻게 주권적으로 이 구속의 계획을 성취시킬 수 있도록 준비하셨는지 알 수 있다. 예수는 사람들의 악한 계교에 따른 희생자가 아니며 눈먼 상황의 희생자는 더더욱 아니었다. 그분이 하신 모든 말씀, 그분의 취하신 모든 행동은 하나님의 손길로 인도되었고 계획된 것이었다. 심지어 그분이 대적하는 말과 행동들도 신성한 통제 하에 있었다. 예를 들어 11:49-52; 19:11을 보라.

요

요한복음 개요

I. 하나님의 아들의 성육신(1:1-18)
  A. 그분의 영원성(1:1, 2)
  B. 그분의 성육신 이전의 활동(1:3-5)
  C. 그분의 전령(1:6-8)
  D. 그분이 배척받음(1:9-11)
  E. 그분이 영접받음(1:12, 13)
  F. 그분의 신성(1:14-18)
II. 하나님의 아들의 등장(1:19-4:54)
  A. 세례 요한이 소개함(1:19-34)
    1. 종교지도자들에게(1:19-28)
    2. 그리스도의 세례에서(1:29-34)
  B. 요한의 제자들에게 나타나심(1:35-51)
    1. 안드레와 베드로(1:35-42)
    2. 빌립과 나다나엘(1:43-51)
  C. 갈릴리에 나타나심(2:1-12)
    1. 첫째 표적, 물을 포도주로(2:1-10)
    2. 제자들이 믿음(2:11, 13)
  D. 유대에 나타나심(2:13-3:36)
    1. 성전을 청결케 하심(2:13-25)
    2. 니고데모를 가르치심(3:1-21)
    3. 세례 요한을 통해 전파됨(3:22-36)
  E. 사마리아에 나타나심(4:1-42)
    1. 사마리아 여인에게 증거하심(4:1-26)
    2. 제자들에게 증거하심(4:27-38)
    3. 사마리아인들에게 증거하심(4:39-42)
  F. 갈릴리에 나타나심(4:43-54)
    1. 갈릴리인들의 영접(4:43-45)
    2. 두 번째 표적, 귀인의 아들을 고치심(4:46-54)
III. 하나님의 아들에 대한 반대(5:1-12:50)
  A. 예루살렘 절기 때의 반대(5:1-47)
    1. 세 번째 표적, 반신불수를 고치심(5:1-9)
    2. 유대인의 배척(5:10-47)
  B. 유월절 기간의 반대(6:1-71)
    1. 네 번째 표적, 5,000명을 먹이심(6:1-14)
    2. 다섯 번째 표적, 물 위를 걸으심(6:15-21)
    3. 생명의 떡 이야기(6:22-71)
  C. 장막절 기간의 반대(7:1-10:21)
    1. 반대(7:1-8:59)
    2. 여섯 번째 표적, 맹인의 눈을 뜨게 하심(9:1-10:21)
  D. 수전절 기간의 반대(10:22-42)
  E. 베다니에서의 반대(11:1-12:11)
    1. 일곱 번째 표적, 나사로를 살리심(11:1-44)
    2. 바리새인이 그리스도를 죽일 계획을 세움(11:45-57)
    3. 마리아가 그리스도께 기름 부음(12:1-11)
  F. 예루살렘에서의 반대(12:12-50)
    1. 승리의 입성(12:12-22)
    2. 믿음과 배척에 대한 강화(12:23-50)
IV. 하나님의 아들이 제자들을 준비시키심(13:1-17:26)
  A. 다락방에서(13:1-14:31)
    1. 발을 씻기심(13:1-20)
    2. 배반당할 것을 말씀하심(13:21-30)
    3. 그리스도의 떠나심에 대한 강화(13:31-14:31)
  B. 동산으로 가는 길(15:1-17:26)
    1. 제자들을 향한 당부(15:1-16:33)
    2. 아버지께 중보함(17:1-26)
V. 하나님의 아들의 처형(18:1-19:37)
  A. 그리스도를 버림(18:1-19:16)
    1. 그분의 체포(18:1-11)
    2. 그분의 재판(18:12-19:16)
  B. 그리스도의 십자가(19:17-37)
VI. 하나님의 아들의 부활(19:38-21:23)
  A. 그리스도의 장례(19:38-42)
  B. 그리스도의 부활(20:1-10)
  C. 그리스도의 나타나심(20:11-21:23)
    1. 막달라 마리아에게(20:11-18)
    2. 도마가 없는 자리에서 제자들에게(20:19-25)
    3. 도마가 있는 자리에서 제자들에게(20:26-29)
    4. 복음서의 목적에 대한 진술(20:30, 31)
    5. 갈릴리에서 제자들에게(21:1-14)
    6. 베드로에게(21:15-23)
VII. 맺음말(21:24, 25)

하나님의 아들의 성육신(1:1-18)

A. 그분의 영원성(1:1, 2)

1:1-18 이 절들은 머리말로, 요한이 앞으로 다룰 여러 중요한 주제를 소개하고 있다. 그중 중심 주제는 '예수는 하나님의 아들 그리스도'라는 것이다(12-14, 18절. 참고. 20:31). 복음서 전체를 통해 반복적으로 나타나는 핵심 단어(예를 들면 빛, 생명, 증거, 영광)가 여기에 등장한다. 이 복음서의 나머지 부분은 머리말의 주제, 곧 하나님의 영원한 '말씀'인 하나님의 아들 메시아 예수가 인간의 몸을 입고 사람들 사이에서 사역하심으로써 그분을 믿는 모든 사람이 구원받게 된다는 것을 설명하고 있다. 비록 요한이 신약성경 중에서 가장 단순한 어휘로 머리말을 썼지만, 머리말이 전달하는 진리는 가장 심오하다. 하나님의 아들인 그리스도에 대한 여섯 가지 기본 진리가 머리말에서 드러난다. 영원한 그리스도(1-3절), 성육신한 그리스도(4, 5절), 그리스도의 전령(6-8절), 인정받지 못한 그리스도(9-11절), 전능하신 그리스도(12, 13절), 영광스러운 그리스도(14-18절)가 그것이다.

1:1 **태초에** 요한일서 1:1에서 요한은 이와 비슷한 표현을 사용하여("태초부터") 예수의 사역과 복음 전파의 시작을 알린다. 하지만 여기서는 대조적으로 이 구절이 창세기 1:1과 병행을 이루는데, 이는 시간과 공간과 물질적 우주의 시작을 가리키는 절대적인 뜻을 가진다. **계시니라** 이 동사는 말씀(즉 예수 그리스도)의 영원한 선재(preexistence)를 부각시킨다. 우주가 시작되기 전부터 성삼위의 두 번째 위격은 항상 존재하셨다. 즉 항상 계셨다(참고. 8:58). 이 단어는 시간의 시작을 표시하는 3절의 "지은 바 되었으니"라는 동사와 대조적인 뜻으로 사용되었다. 예수 그리스도가 영원한 하나님, 성삼위의 두 번째 위격이라는 것이 요한의 주제이기 때문에 그는 마태나 누가와 달리 족보를 싣지 않았다. 예수의 인성이라는 점에서 보면 그분은 인간의 족보를 가지고 계셨다. 하지만 예수의 신성이라는 관점에서 보면 그분께는 족보가 없다. **말씀** 여기서 요한이 사용한 *말씀*은 구약과 관련된 용어일 뿐 아니라 헬라 철학과도 관련되어 있었다. 헬라 철학에서는 말씀이 원래 비인격적인 것으로 '신적인 이성'의 합리적 원리, '마음' 또는 심지어 '지혜'를 의미하기도 했다. 하지만 요한은 그 용어에 전적으로 구약적이며 기독교적인 의미(예를 들면 하나님 말씀으로 세상이 생기는 창 1:3. 하나님 말씀이 창조와 지혜, 계시, 구원을 통해 하나님의 강력한 자기표현으로 나타나는 시 33:6; 107:20; 잠 8:27)를 부여하여 그 용어가 어떤 인물(즉 예수 그리스도)을 가리키도록 했다. 그러므로 헬라의 철학적 용법만이 요한의 사상적 배경이 아니다. 전략적으로 '말씀'은 유대인만이 아니라 구원받지 못한 헬라인과의 다리 역할도 한다. 유대인과 헬라인이 모두 이 개념에 익숙하기 때문에 요한은 이 개념을 선택한 것이다. **이 말씀이 하나님과 함께 계셨으니** 성삼위의 두 번째 위격인 말씀은 성부 하나님과 영원토록 함께 지내면서 내내 긴밀한 교제를 나누고 있었다. 그런데 그 말씀이 성부와 함께 하늘의 영광과 영원함을 누리고 계셨음에도 불구하고(사 6:1-13. 참고. 12:41; 17:5) 말씀은 기꺼이 하늘의 신분을 포기하고 사람의 형태로 십자가에서 죽임을 당하신다(*빌 2:6-8에 대한 설명을 보라*). **하나님이시니라** 헬라어 구문은 말씀이 신성의 모든 본질 또는 속성을 가지고 있음을 강조한다. 곧 메시아 예수가 완전한 하나님이라는 것이다(참고. 골 2:9). 성육신한 예수는 여전히 하나님이었으나, 진정한 인성(인간)의 몸을 취했고 신적 속성을 독자적으로 행사하시지 않았다.

요

신약성경에서 창조주로 나타나는 그리스도

- 요한복음 1:3 "만물이 그로 말미암아 지은 바 되었으니 지은 것이 하나도 그가 없이는 된 것이 없느니라"
- 에베소서 3:9 "영원부터 만물을 창조하신 하나님 속에 감추어졌던 비밀의 경륜이 어떠한 것을 드러내게 하려 하심이라"(영어 성경에는 "예수 그리스도를 통하여 만물을 창조하신 하나님"으로 되어 있음 – 옮긴이)
- 골로새서 1:16 "만물이 그에게서 창조되되 하늘과 땅에서 보이는 것들과 보이지 않는 것들과 혹은 왕권들이나 주권들이나 통치자들이나 권세들이나 만물이 다 그로 말미암고 그를 위하여 창조되었고"
- 히브리서 1:2 "이 모든 날 마지막에는 아들을 통하여 우리에게 말씀하셨으니 이 아들을 만유의 상속자로 세우시고 또 그로 말미암아 모든 세계를 지으셨느니라"
- 요한계시록 4:11 "우리 주 하나님이여 영광과 존귀와 권능을 받으시는 것이 합당하오니 주께서 만물을 지으신지라 만물이 주의 뜻대로 있었고 또 지으심을 받았나이다"

B. 그분의 성육신 이전의 활동(1:3-5)

1:3 **만물이 그로 말미암아 지은 바 되었으니** 예수 그리스도는 성부 하나님의 창조 동인으로 우주 만물의 창조에 관여하셨다(골 1:16, 17; 히 1:2).

1:4, 5 **생명…빛…어둠** 요한은 이 복음서 전체를 통해 대조적인 주제들을 소개한다. '생명'과 '빛'은 말씀의 특성으로 성삼위 사이에서만 나누는 것이 아니라(5:26) 예수 그리스도에 대한 복음 메시지를 받는 사람들과도 나눈다(8:12; 9:5; 10:28; 11:25; 14:6). 요한은 단어 *생명*을 30회 넘게 사용하는데, 다른 어느 신약성경보다 많다. 생명은 성자가 창조의 동인으로(3절) 피조세계에 참여함으로써 공급하는 광범위한 의미의 물리적이고 한시적인 생명만을 가리키는 것이 아니라 특별히 그리스도에 대한 믿음을 통하여(3:15; 17:3; 엡 2:5) 선물로 공급하는 영적이고 영원한 생명도 가리킨다. 성경에서 '빛'과 '어둠'은 매우 익숙한 상징이다. 지적인 측면에서 보면 '빛'은 성경적 진리를 가리키는 반면 '어둠'은 오류 또는 거짓을 가리킨다(참고. 시 119:105; 잠 6:23). 도덕적인 측면에서 보면 '빛'은 거룩 또는 순결을 가리키는(요일 1:5) 반면 '어둠'은 죄 또는 악행을 가리킨다(3:19; 12:35, 46; 롬 13:11-14; 살전 5:4-7; 요일 1:6; 2:8-11). '어둠'은 사탄(그리고 그의 군대인 귀신들)과의 관계 속에서 특별한 의미를 가진다. 그는 '공중 권세 잡은 자'로 현재의 어두운 영적 세상(요일 5:19)을 지배하며, 영적 흑암과 하나님에 대한 반항을 조장한다(엡 2:2). 신약성경에는 단어 *어둠*이 30회 이상 등장하는데 그중 14번을 요한이 사용하여(복음서에서 7번, 요한일서에서 7번) 요한이 이 단어를 많이 사용했음을 알 수 있다. 요한복음에서 '빛'과 '생명'은 말씀이신 주 예수 그리스도와의 관계 속에서 특별한 의미를 지닌다(9절; 9:5; 요일 1:5-7; 5:12, 20).

1:5 **깨닫지** 문맥상 '정복하다'가 더 정확한 의미다. 어둠은 빛을 정복하거나 이기지 못한다. 하나의 초가 어두운 방을 밝히듯이, 어둠의 세력이 아들의 십자가의 죽음을 통해 아들에 의해 정복된다(참고. 19:11상).

C. 그분의 전령(1:6-8)

1:6 **하나님께로부터 보내심을 받은** 예수의 전령인 요한은 예수가 메시아요 하나님의 아들이신 것을 증언해야 한다. 하나님이 아무런 계시도 내리시지 않던 구약과 신약 사이 '침묵의 400년'이 요한의 사역과 함께 끝났다. **요한** 이 복음서에서 '요한'은 언제나 사도 요한이 아닌 세례 요한을 가리킨다. 이 복음서의 저자는 그를 부를 때 '세례자'라는 말이 없이 '요한'이라고만 부른다. 한편 다른 복음서들은 요한을 구분하기 위해 별도의 수식어를 붙인다(마 3:1; 막 6:14; 눅 7:20). 나아가서 사도 요한(세베대의 아들)은 예수와 가장 가까운 세 명 가운데 한 명이면서도(마 17:1) 이 복음서 안에서 직접 '요한'이라는 이름으로 자신을 밝힌 적이 없다. 이 침묵은 요한이 이 복음서의 저자이며, 사람들이 그가 이 복음서를 썼다는 사실을 잘 알고 있었다는 강력한 논증이 된다. 세례 요한에 대한 더 자세한 내용은 마태복음 3:1-6; 마가복음 1:2-6; 누가복음 1:5-25, 57-80을 참고하라.

1:7 **증언하러 왔으니…증언하고** '증언' 또는 '증언하다'는 이 복음서에서 특별한 의미를 가진다. 이 단어는 어떤 문제의 사실성이 다수 증인을 통해 확정되는 구약 재판정에 적용된다(8:17, 18. 참고. 신 17:6; 19:15). 예수가 메시아이시며 하나님의 아들이라는 사실(19-34절; 3:27-30; 5:35)을 요한만 증언한 것이 아니라 사마리아 여인(4:29), 예수의 일들(10:25), 성부(5:32-37), 구약성경(5:39, 40), 군중(12:17), 성령(15:26, 27)도 증언하고 있다. **모든 사람이 자기로 말미암아 믿게 하려 함이라** *자기*는 그리스도를 가리키는 대명사가 아니라 그리스도에 대해 증언한 요한을 가리킨다. 그의 증언 목적은 예수 그리스도를 세상의 구주로 믿는 믿음을 일으키는 것이었다.

1:8 **그는 이 빛이 아니요** 세례 요한이 믿음을 위한 수단이었다면 예수 그리스도는 그 믿음의 대상이다. 요한의 존재와 사역이 극히 중요하기는 했지만(마 11:11), 그는 메시아의 오심을 선언하는 전령일 따름이었다. 요한의 사역과 죽음 이후 여러 해가 지난 뒤에도 요한이 예수의 종속적 역할을 했다는 것을 여전히 이해하지 못한 사람들이 있었다(행 19:1-3).

D. 그분이 배척받음(1:9-11)

1:9 **참 빛 곧 세상에 와서** "세상에 오는"이라는 어구는 "각 사람"과 연결되기보다는 "빛"에 연결되는 것이 문법적으로 더 낫다. 그렇게 되면 이 문장은 '세상에 오는 참 빛이 모든 사람에게 빛을 준다'가 될 것이다. 이는 예수 그리스도의 성육신을 부각시키는 표현이다(14절; 3:16). **세상** '장식'이라는 의미를 가지는 이 헬라어의 기본적 의미는 *단장*이 잘 설명해준다(벧전 3:3). 신약성경에서 이 단어가 200회 넘게 사용되기는 했지만, 요한은 이 단어를 특히 즐겨 썼다. 그래서 요한복음에서 78회, 요한 1서와 2서, 3서에서 24회, 요한계시록에서 2회 사용했다. 요한은 이 단어에 몇 가지 의미를 부여해 사용한다. 첫째, 피조된 물리적 우주다(9절. 참고. 3절;

21:24, 25). 둘째, 전체 인류다(3:16; 6:33, 51; 12:19). 셋째, 사탄의 지배를 받는 보이지 않는 영적 악의 체계 그리고 사탄이 하나님과 하나님 말씀, 하나님의 백성을 대적하는 모든 것이다(3:19; 4:42; 7:7; 14:17, 22, 27, 30; 15:18, 19; 16:8, 20, 33; 17:6, 9, 14. 참고. 고전 1:21; 벧후 1:4; 요일 5:19). 뒤의 개념은 신약성경에서 이 단어가 새롭게 가지게 된 중요한 의미이며, 요한복음에서는 주로 이 의미를 지닌다. 그 결과 대부분의 경우 이 단어는 부정적인 의미를 가진다. **각 사람에게 비추는 빛** 하나님의 주권적 능력을 통해 모든 사람은 핑계대지 못할 만큼의 충분한 빛을 받았다. 하나님은 창조와 양심이라는 일반 계시를 통해 사람들 가운데 하나님에 대한 지식을 심어놓으셨다. 그러나 일반 계시는 구원이라는 결과를 내는 것이 아니라 예수 그리스도의 충만한 빛으로 사람을 이끌거나 그 '빛'을 거부하는 사람들을 정죄하는 결과를 초래한다(*롬 1:19, 20; 2:12-16에 대한 설명을 보라*). 예수 그리스도의 오심은 하나님이 사람 안에 심어놓으신 빛의 완성이요, 그 빛이 사람의 몸을 입은 것이다.

1:11 **자기…자기** 앞에 나온 "자기"는 세계의 모든 인류를 가리킨다고 보는 것이 가장 적절하고, 뒤에 나온 "자기"는 유대 나라를 가리킨다고 봐야 한다. 온 세상은 창조주인 그리스도의 소유이지만, 세상은 영적 맹인 상태로 그리스도를 인식하지 못한다(참고. 10절). 요한이 말한 두 번의 "자기"는 예수 자신의 혈통인 유대 민족을 가리키는 좁은 의미로 사용되었다. 유대인은 그리스도의 존재와 나타나심을 증언하는 성경을 가지고 있었으면서도 그분을 받아들이지 않았다(사 65:2, 3; 렘 7:25). 유대인이 자기들에게 약속된 메시아를 거부한 사실은 요한복음에서 특별한 관심 대상이 된다(12:37-41).

E. 그분이 영접받음(1:12, 13)

1:12, 13 이 두 절은 10, 11절과 대조를 이룬다. 요한은 믿음을 갖게 된 남은 자를 강조함으로써 유대인이 전면적으로 메시아를 거부한 사실을 어느 정도 상쇄시킨다. 이것은 요한복음 전체의 개관이나 마찬가지다. 1-12장이 그리스도를 거절한 것을 강조한다면, 13-21장은 그리스도를 받아들인 남은 자들에게 초점을 맞추기 때문이다.

1:12 **영접하는 자 곧 그 이름을 믿는 자들에게는** 앞의 어구가 뒤에 나온 어구를 설명한다. 하나님 말씀인 그리스도를 영접한다는 것은 그분의 주장을 인정하고 그분을 신뢰하며 그 결과 그분께 충성한다는 것을 의미하기 때문이다. **그 이름** 이 이름으로 일컬어지는 인물 자신을 가리킨다. *14:13, 14에 대한 설명을 보라*. **권세** 말씀인 예수를 영접하는 사람들은 "하나님의 자녀"라는 고귀한 칭호를 자기 것이라 주장할 수 있는 완전한 권세를 받는다. **주셨으니** 이는 구원의 선물에 수반되는 하나님의 은혜를 강조한다(참고. 엡 2:8-10).

1:13 **하나님께로부터** 구원의 신성한 측면이다. 궁극적으로 구원을 일으키는 것은 사람의 의지가 아니라 하나님의 의지다(참고. 3:6-8; 딛 3:5; 요일 2:29).

F. 그분의 신성(1:14-18)

1:14 **말씀이 육신이 되어** 하나님이신 그리스도는 피조되지 않은 영원한 존재이지만(*1절에 대한 설명을 보라*), "되어"는 그리스도가 인간성을 취하셨음을 강조한다(참고. 히 1:1-3; 2:14-18). 이는 참으로 심오한 사실을 담고 있다. 이 말은 무한한 분이 유한하게 되었고, 영원한 분이 시간 속에 들어왔으며, 볼 수 없는 분이 보이게 되었고, 초자연적인 분이 자신을 자연의 일부로 축소한 것을 가리키기 때문이다. 그런데 성육신이 일어났을 때 말씀이 하나님이 아닌 존재가 된 것이 아니라 인간의 육신을 입은 하나님이 되신 것이다. 즉 한 사람의 형상을 가졌으면서도 완전한 신인 것이다(딤전 3:16). **거하시매** '장막을 세우다' '장막 안에서 살다'라는 의미를 가진 단어로, 성전이 건설되기 전 하나님이 이스라엘을 만나셨던 구약의 장막을 떠올리게 한다(출 25:8). 그 장막은 '회막'이라고['만남의 장막'(출 33:7), '증거의 장막'(70인역)] 불렸으며, 거기서 "사람이 자기의 친구와 이야기함 같이 여호와께서는 모세와 대면하여 말씀"하셨다(출 33:11). 신약에 와서는 하나님이 직접 사람이 되셔서 훨씬 더 인격적인 방법으로 자기 백성 가운데 거하기로 작정하셨다. 구약에서 장막이 완성되었을 때 하나님의 셰키나가 성막을 가득 채웠다(출 40:34. 참고. 왕상 8:10). 말씀이 육신이 되었을 때 영광스러운 하나님의 임재가 말씀 안에서 구현되었다(참고. 골 2:9). **우리가 그의 영광을 보니** 비록 그분의 신성이 인간의 육신에 가려져 있을지라도 그분의 장엄한 신성이 복음서의 기록 속에서 잠깐씩 나타난다. 제자들은 변화산에서 그분의 영광이 잠시 나타나는 것을 보았다(마 17:1-8). 그러나 그리스도의 영광은 눈에 보이게 나타나기만 하는 것이 아니라 영적으로도 나타난다. 제자들은 그리스도에게서 하나님의 속성, 즉 하나님의 성품이 나타나는 것을 보았다(은혜와 선하심, 자비, 지혜, 진리 등. 참고. 출 33:18-23). **아버지의…영광이요** 하나님이신 예수는 성부와 본질적으로 동일한 영광을 드러내셨다. 그것은 본질적 성격에서 하나다(참고. 5:17-30; 8:19; 10:30). **독생자의** '독생한'(only begotten)은 헬라어를 잘못 번역한 것이다. 이

단어는 '낳는다'는 의미에서 온 것이 아니며 '유일하게 사랑받는 자'라는 뜻을 가진다. 그러므로 이 단어는 '유일하고 비길 데 없다'는 개념, 곧 다른 누구와도 다르게 사랑받는다는 뜻이다. 이 단어를 가지고 요한은 삼위일체 속 성부와 성자가 가지는 관계의 배타적인 독특성을 강조했다(참고. 3:16, 18; 요일 4:9). 이 단어는 기원을 의미하는 것이 아니라 독특한 우월성을 의미한다. 예를 들면 이 단어는 아브라함의 둘째 아들인 이삭에게(이스마엘이 첫째 아들이었음. 창 16:15과 창 21:2, 3을 비교하라) 사용되었다(히 11:17). **은혜와 진리가 충만하더라** 요한은 출애굽기 33장과 34장을 생각하고 있었을 것이다. 거기서 모세는 하나님의 영광을 보여달라고 요구한다. 그러자 주는 모세에게 자신의 모든 '선하심'을 그의 앞으로 지나가게 하겠다고 약속하신 뒤 그 약속대로 모세의 앞을 지나가시면서 이렇게 선언하셨다. "여호와라 여호와라 자비롭고 은혜롭고 노하기를 더디하고 인자와 진실이 많은 하나님이라"(출 33:18, 19; 34:5-7). 하나님의 영광을 보여준 이 속성들은 하나님의 성품의 선하심, 특히 구원하시는 하나님의 선하심을 강조한다. 예수는 구약의 야훼로서(8:58 "내가 있느니라") 신약 시대에 사람들 가운데 하나님의 장막이 되심으로써 하나님과 동일한 속성을 드러내셨다(골 2:9).

1:15 세례 요한의 증언은 성육신한 말씀의 영원성(참고. 14절)에 대한 사도 요한의 증언을 확증한다.

1:16 **은혜 위에 은혜러라** 이 어구는 사람, 특히 신자들에게 베풀어지는 하나님 은혜의 풍성함을 강조한다(엡 1:5-8; 2:7).

1:17, 18 14절의 진리를 확증하는 이 두 절은 대비를 제시하면서 머리말을 마무리한다. 모세를 통해 주어진 율법은 하나님의 은혜를 보여주는 것이 아니라 하나님이 거룩을 요구하신다는 사실을 보여준다. 하나님은 사람들의 불의함을 입증하여 그들에게 구주이신 예수 그리스도가 필요하다는 사실을 보여주도록 율법을 설계하셨다(롬 3:19, 20; 갈 3:10-14, 21-26). 나아가서 율법은 진리를 계시했으므로 그 성격상 온전한 것을 준비하는 것이다. 율법이 가리키는 그 실체 또는 완전한 진리는 예수 그리스도를 통해 왔다.

1:18 **아버지 품 속에 있는** 이는 성삼위 상호 간의 친밀성과 사랑, 지식을 가리킨다(13:23; 눅 16:22, 23을 보라). **나타내셨느니라** 신학자들은 이 단어로부터 '석의'(exegesis), 곧 '해석하다'라는 단어를 빌려왔다. 요한이 말하고자 하는 것은 예수의 모든 것, 예수가 하시는 모든 것이 하나님이 누구시며 하나님이 무엇을 하시는지를 해석하고 설명하는 것이다(14:8-10).

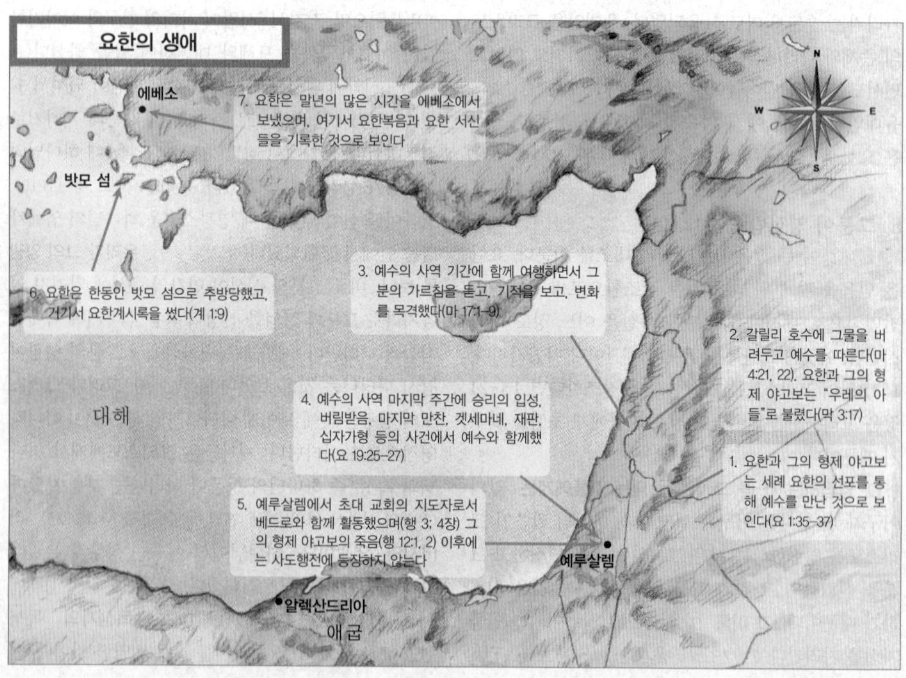

하나님의 아들의 등장(1:19-4:54)

A. 세례 요한이 소개함(1:19-34)

1. 종교지도자들에게(1:19-28)

1:19-28 이 단락에서 요한은 예수가 하나님의 아들 메시아임을 증명하기 위한 많은 증인 가운데서 첫 번째 증인을 소개하며 자신의 핵심 주장을 뒷받침하고자 한다(20:30, 31). 세례 요한의 증언은 서로 다른 세 날에 걸쳐 서로 다른 세 집단에 주어졌다(참고. 29, 35, 36절). 그 각각의 경우 세례 요한은 그리스도에 대해 다른 방식으로 말했고, 그리스도에 대한 서로 다른 측면을 강조했다. 이 단락의 사건들은 예수가 요한에게 세례를 받으신 지 불과 몇 달이 지나지 않은 주후 26/27년에 발생했다(참고. 마 3:13-17; 눅 3:21, 22).

1:19 **유대인이 예루살렘에서** 이것은 유대 나라를 다스리는 권력의 중심인 산헤드린을 가리킬 것이다. 산헤드린은 대제사장 가문이 주도적으로 이끌어갔는데, 요한에게 보냄을 받은 사람들은 자연히 요한의 사역, 그의 메시지와 세례에 관심을 가진 제사장과 레위인들이었을 것이다. **요한** 제사장 집안에서 태어난 레위 지파(눅 1:5)인 그는 29세 또는 30세 때 요단 계곡에서 사역을 시작했으며, 영적인 회개의 필요성과 메시아의 오심을 준비해야 함을 담대하게 선포했다. 그는 예수 그리스도의 사촌이며, 그리스도의 전령으로 봉사했다(마 3:3; 눅 1:5-25, 36).

1:20 **나는 그리스도가 아니라** 어떤 사람들은 요한을 메시아라고 생각했다(눅 3:15-17). **그리스도** '그리스도'는 히브리어 '메시아'를 헬라어로 번역한 것이다.

1:21 **네가 엘리야냐** 말라기 4:5(*이 구절에 대한 설명을 보라*)은 메시아가 지상 왕국을 세우기 전에 선지자 엘리야가 올 것을 약속한다. 그들은 "만약 요한이 메시아의 전령이라면 그가 엘리야인가"라고 질문했다. 요한의 출생을 예고한 천사가 요한이 "엘리야의 심령과 능력으로"(눅 1:17) 예수 앞에 갈 것을 말함으로써 문자적인 엘리야가 아닌 다른 누군가가 그 예언을 성취할 수 있음을 말했다. 하나님은 엘리야와 같은 사람, 곧 엘리야가 행한 유형의 사역을 행하고, 엘리야의 능력과 성격을 가진 요한을 보내셨다(왕상 1:8. 참고. 마 3:4). 그들이 예수를 메시아로 영접했다면 요한은 그 예언을 성취한 것이다(*마 11:14; 막 9:13; 눅 1:17; 계 11:5, 6에 대한 설명을 보라*). **네가 그 선지자냐** 이 질문은 하나님이 그분의 음성을 대신할 모세와 같은 선지자를 일으키시리라는 것을 예언한 신명기 18:15-18을 가리키는 말이다. 요한이 사역하던 당시 어떤 사람들은 이 예언을 메시아의 다른 전령을 가리키는 것으로 해석했지만, 신약성경(행 3:22, 23; 7:37)은 이 구절을 예수께 적용한다.

1:23 요한은 이사야 40:3을 인용하고 있다(참고. 마 3:3; 막 1:3; 눅 3:4). 이사야 40:3에서는 선지자가 길을 평탄케 할 것을 요구하는 음성을 듣는다. 이 부르심은 하나의 예언적 그림으로, 메시아에 의해 성취되는 영적 구속을 통해 이스라엘이 영적 흑암과 소외로부터 최종적으로 가장 위대하게 하나님께로 돌아오는 사건을 미리 보여준다(참고. 롬 11:25-27). 요한은 겸손하게 자신을 인격체가 아닌 소리에 비유함으로써 사람들의 관심을 오직 그리스도께 돌렸다(참고. 눅 17:10).

1:25 **세례** 요한이 자신을 단순한 소리라고 밝혔으므로(23절), 그렇다면 그가 무슨 권위로 세례를 베푸느냐 하는 질문이 제기될 것이다. 구약성경은 메시아의 오심을 회개 그리고 영적 씻음과 연결시켰다(겔 36; 37장; 슥 13:1). 요한은 자신이 메시아의 전령이라는 사실을 분명히 밝힌다. 자신은 전통적으로 이방인에게 베푸는 세례를 유대인에게 베풂으로써 유대인도 이방인과 마찬가지로 하나님의 구원의 언약 밖에 있다는 사실을 인정해야 함을 가르치는 사람이라고 말한다. 그들 역시 메시아의 오심을 예비하기 위해 영적 씻음과 준비(회개, 마 3:11; 막 1:4; 눅 3:7, 8)가 필요했던 것이다. 요한의 세례에 어떤 의미가 있는지는 *마태복음 3:6, 11, 16, 17에 대한 설명을 보라*.

1:27 여기서 세례 요한의 말은 머리말에서 시작된 메시아의 탁월함이라는 주제(6-8, 15절)를 계속 이야기하면서 비범한 겸손을 증명한다. 이 대화 속에서 자신이 주인공이 될 수 있는 기회가 올 때마다 요한은 메시아에게로 관심이 향하도록 한다. 심지어 요한은 주인의 발에서 신발을 벗기는 일을 하는 종과 달리 자신은 메시아에게 그런 행동을 할 가치조차 없다고 말한다.

1:28 **베다니** 두 곳의 베다니가 존재했다고 볼 수 있는데, 한 곳은 마리아와 마르다, 나사로가 살던 예루살렘 근처의 베다니이고(11:1), 다른 한 곳은 갈릴리 지역 인근 '요단강 건너편'에 있는 베다니다.

2. 그리스도의 세례에서(1:29-34)

1:29-34 이 부분은 요한이 둘째 날 두 번째 집단의 유대인에게 예수에 대해 증언한 내용을 다룬다(첫째 날의 증언은 19-28절을 보라). 이 단락은 일종의 다리와 같은 역할을 한다. 세례 요한의 증언이라는 주제가 계속되며, 예수께 적용되는 호칭의 긴 목록이 소개된다. 하나님의 어린 양(29, 36절), 랍비(38, 49절), 메시아/그리스도(41절), 하나님의 아들(34, 49절), 이스라엘의 임금(49절), 인자

(51절), "모세가 율법에 기록하였고 여러 선지자가 기록한 그이"(45절) 등이다.

1:29 **이튿날** 요한이 예루살렘에서 파견된 사람들에게 답변한 다음 날을 가리키는 것으로 보인다. 이 날을 기점으로 일련의 날들이 지나고(43절; 2:1) 가나의 기적에서 그 여러 가지 일이 정점에 도달한다(2:1-11). **세상 죄** *9절에 대한 설명을 보라.* 참고. 3:16; 6:33, 51. 이 문맥에서 "세상"은 모든 사람 하나하나를 가리키는 것이 아니라 인류 전체를 가리킨다. 세상과 연결해서 단수 "죄"를 사용한 것은 죄를 위한 예수의 희생이 잠재적으로 모든 인류에 차별 없이 도달함을 말한다(참고. 요일 2:2). 그러나 요한은 그 희생에 따른 효과는 그리스도를 영접하는 사람에게만 해당된다는 것을 분명히 한다(11, 12절). 그리스도 죽음과 세상과의 관계에 대한 논의는 *고린도후서 5:19에 대한 설명을 보라.* **하나님의 어린 양** 희생제물로 어린 양을 사용하는 것이 유대인에게는 익숙한 일이었다. 어린 양이 유월절 기간에 제물로 사용되었다(출 12:1-36). 이사야의 예언에서 어린 양은 도살자에게 끌려갔다(사 53:7). 이스라엘에서는 매일의 희생제물로 어린 양이 바쳐졌다(출 29:38-42; 민 28:1-8. 참고. 히 10:5-7). 세례 요한은 이 표현을 통해 세상의 죄를 대속하기 위해 예수가 십자가에서 궁극적인 제물이 되신다는 것을 말하고자 한다. 바로 이 주제를 사도 요한은 이 복음서 내내 전개해 나가며(19:36. 참고. 계 5:1-6; 7:17; 17:14), 이는 다른 신약성경에도 나타난다(예를 들면 벧전 1:19).

1:31 **나도 그를 알지 못하였으나** 요한은 예수의 사촌이었으나 그도 예수를 "오는 사람", 즉 "메시아"로는 알지 못했다(30절).

1:32 **성령이…내려와서** 하나님은 이전에 요한에게 이것이 약속된 메시아임을 가리키는 표시임을 가르쳐주셨다(33절). 그러므로 이 일을 목격했을 때 요한은 그 메시아가 바로 예수임을 알았다(참고. 마 3:16; 막 1:10; 눅 3:22).

1:34 **하나님의 아들** 신자도 제한적인 의미로 '하나님의 아들'이라고 불릴 수 있지만(예를 들면 12절; 마 5:9; 롬 8:14), 요한은 이 표현을 예수가 성부의 '아들'로서 성부와 유지하고 있는 독특한 일체성과 친밀성을 표시하는 호칭으로 사용한다. 이는 메시아인 예수의 신성이라는 개념도 가지고 있다(49절; 5:16-30. 참고. 삼하 7:14; 시 2:7. *히 1:1-9에 대한 설명을 보라*).

B. 요한의 제자들에게 나타나심(1:35-51)

1. 안드레와 베드로(1:35–42)

1:35-42 이 부분은 셋째 날(첫 번째와 두 번째 집단의 사람들은 19-28, 29-34절을 보라) 세 번째 집단에게(즉 요한의 제자들 가운데 일부) 요한이 예수에 대해 증언한 내용이다. 그의 겸손에 어울리는 태도로(27절), 요한은 자기 제자들의 관심을 예수께로 돌린다(37절).

1:37 **두 제자가…예수를 따르거늘** '따르다'는 요한의 글에서 대개 '제자로서 따른다'는 뜻을 가지지만(43절; 8:12; 12:26; 21:19, 20, 22), 때로는 일반적인 의미를 가

하나님의 어린 양

- 요한복음 1:29 "이튿날 요한이 예수께서 자기에게 나아오심을 보고 이르되 보라 세상 죄를 지고 가는 하나님의 어린 양이로다"
- 요한복음 1:36 "예수께서 거니심을 보고 말하되 보라 하나님의 어린 양이로다"
- 사도행전 8:32 "읽는 성경 구절은 이것이니 일렀으되 그가 도살자에게로 가는 양과 같이 끌려갔고 털 깎는 자 앞에 있는 어린 양이 조용함과 같이 그의 입을 열지 아니하였도다"
- 베드로전서 1:18, 19 "너희가 알거니와 너희 조상이 물려 준 헛된 행실에서 대속함을 받은 것은 은이나 금 같이 없어질 것으로 된 것이 아니요 오직 흠 없고 점 없는 어린 양 같은 그리스도의 보배로운 피로 된 것이니라"
- 요한계시록 5:6 "내가 또 보니 보좌와 네 생물과 장로들 사이에 한 어린 양이 서 있는데 일찍이 죽임을 당한 것 같더라 그에게 일곱 뿔과 일곱 눈이 있으니 이 눈들은 온 땅에 보내심을 받은 하나님의 일곱 영이더라"
- 요한계시록 5:12 "큰 음성으로 이르되 죽임을 당하신 어린 양은 능력과 부와 지혜와 힘과 존귀와 영광과 찬송을 받으시기에 합당하도다 하더라"
- 요한계시록 12:11 "또 우리 형제들이 어린 양의 피와 자기들이 증언하는 말씀으로써 그를 이겼으니 그들은 죽기까지 자기들의 생명을 아끼지 아니하였도다"

지기도 한다(11:31). 여기서 '따르다'는 그들이 영구적인 제자가 되었다는 의미가 아니라 요한의 증언 때문에 예수를 좀 더 자세히 알아보기 위해 그를 따랐다는 의미다. 이 일로 말미암아 요한의 제자들이 예수와 접촉하기 시작했다[예를 들면 안드레(1:40)]. 이 사건 이후 예수가 그들을 불러 영구적으로 섬기라고 했을 때 그들은 참된 제자와 사도로 자기들의 삶을 예수께 헌신했다(마 4:18-22; 9:9; 막 1:16-20). 이 시점에서 세례 요한은 장면에서 사라지고 그리스도의 사역에 초점이 맞춰진다.

1:39 **열 시** 로마인들은 하루 24시간을 12시간씩 둘로 나눴고, 자정이 시작점이 되었다. 그렇다면 이때는 오전 10시가 된다. 요한이 정확한 시간을 밝힌 것은 그가 세례 요한의 다른 제자로서 안드레와 함께 있었다는 것을 강조하기 위해서였을 것이다(40절). 사흘 동안 발생한 이 일련의 사건을 목격한 요한은 예수와의 첫 만남이 그의 삶을 완전히 바꿔놓았기 때문에 주님을 처음 만났던 그 시간을 정확하게 기억했다.

1:41 **메시아** *메시아*(*Messiah*)는 '기름 부음 받은 자'라는 의미의 히브리어 또는 아람어를 음역한 것이다. 이 단어는 어떤 사람을 구별하여 그에게 어떤 특정한 직책이나 기능을 맡기는 절차로 '기름을 붓는다'는 뜻을 가진 동사에서 왔다. 처음에는 이스라엘의 왕("여호와의 기름 부으실 자", 삼상 16:6), 대제사장("기름 부음을 받은 제사장," 레 4:3), 족장들에게("나의 기름 부은 자", 시 105:15) 적용되었다. 그리고 마침내 선지자와 제사장, 왕의 역할을 수행하는 예언된 '오실 자', 즉 '메시아'를 가리키게 되었다. *그리스도*(*Christ*)는 '기름 붓다'라는 의미의 동사에서 온 헬라어(동사적 형용사)이며 히브리 단어를 번역해 사용되었으므로 *메시아* 또는 *그리스도*는 예수 개인을 뜻하는 것이 아니라 직책이다.

1:42 **예수께서 보시고** 예수는 사람의 마음을 속속들이 아신다(43-51절). 그리고 그들을 꿰뚫어보실 뿐 아니라(47, 48절) 자신이 원하는 대로 사람을 변화시키신다. **장차 게바라 하리라** 이때까지 베드로는 '요나의 아들 시몬'으로 알려져 있었다(아람어의 '요나'는 '요한'을 뜻함, 참고. 21:15-17; 마 16:17). '게바'는 아람어로 '바위'라는 뜻이고, 이것을 헬라어로 번역하면 '베드로'가 된다. 예수가 시몬에게 '게바', 즉 '베드로'라는 이름을 주신 것은 사역이 시작될 때의 일이다(참고. 마 16:18; 막 3:16). 이 말은 베드로가 앞으로 어떻게 불리리라는 것을 예견하는 말이며, 예수가 그의 성품을 변화시켜 교회의 초석으로 사용하리라는 선언이기도 하다(참고. 21:18, 19; 마 16:16-18; 행 2:14-4:32).

2. 빌립과 나다나엘(1:43-51)

1:43-51 이 단락은 세례 요한의 증언이 시작된 지 나흘 째 되는 날을 소개한다(참고. 19, 29, 35절).

1:44 **안드레와 베드로와 한 동네 벳새다** 마가복음 1:21, 29은 베드로의 집이 가버나움에 있고, 요한은 베드로가 갈릴리 벳새다 출신이라고 말한다(참고. 12:21. *마 11:21에 대한 설명을 보라*). 이 문제에 대한 해답은 다음과 같다. 베드로는 (안드레와 함께) 벳새다에서 자라고 나중에 가버나움으로 옮겼을 가능성이 높다. 이는 예수가 나중에 다른 곳에서 사셨지만 계속해서 그의 고향인 나사렛 사람으로 불린 것과 마찬가지다(마 2:23; 4:13; 막 1:9; 눅 1:26).

1:45 **모세가 율법에 기록하였고 여러 선지자가 기록한 그이** 이는 요한복음 전체의 입장을 요약한 것이다. 즉 예수는 구약성경의 성취다(참고. 21절; 5:39; 신 18:15-19; 눅 24:44, 47; 행 10:43; 18:28; 26:22, 23; 롬 1:2; 고전 15:3; 벧전 1:10, 11; 계 19:10).

1:46 **나사렛에서 무슨 선한 것이 날 수 있느냐** 나다나엘은 가나 출신인데(21:2), 가나 역시 갈릴리에 있는 마을이었다. 갈릴리 사람들은 유대인에게 멸시를 받았음에도 그들 역시 나사렛 사람들을 무시했다. 7:52에 비춰볼 때 나다나엘의 비웃음은 나사렛에 대해 중요한 예언이 없었다는 사실에 기인했을 것이다(하지만 마 2:23을 참고하라). 훗날 어떤 사람들은 그리스도인을 무시하는 의미에서 "나사렛 이단"이라고 불렀다(행 24:5).

1:47 **간사한 것이 없도다** 예수가 하신 말씀의 요점은 나다나엘의 통명스러운 태도가 그에게 이중적인 동기가 없음을 나타낸다는 뜻이다. 나다나엘은 예수에 대해 선언된 내용을 스스로 알아보려고 했다. 이 말은 진실을 추구하는 정직한 마음을 드러낸다. 이 언급은 진실한 나다나엘과는 대조적으로 교묘한 술수를 쓰는 것으로 알려진 야곱의 이야기인 창세기 27:35을 간접적으로 암시했을 수도 있다. 이 말씀은 그런 교묘한 술수를 사용하는 것이 야곱뿐 아니라 그 후손들의 성격이기도 하다는 의미일 수도 있다. 예수가 보시기에 정직하고 진실한 이스라엘 사람은 대세가 아니라 예외에 속했다(참고. 2:23-25).

1:48 **보았노라** 이 말씀은 예수의 초자연적인 지식을 보여준다. 나다나엘에 대한 예수의 간단한 요약은 정확했을 뿐 아니라(47절) 오직 나다나엘만 알 수 있었던 것이다. 나다나엘은 그 자리에서 하나님과 어떤 의미심장하거나 심오한 교통을 경험하고 있었는데, 예수가 그것을 언급하셨다는 사실을 알았을 것이다. 어찌 되었든 예수는 사람들이 알지 못하는 그 사건에 대

해 알고 계셨다.

1:49 **당신은 하나님의 아들이시요 당신은 이스라엘의 임금이로소이다** 예수가 보여주신 초자연적인 지식과 빌립의 증언이 나다나엘의 의심을 없애주었다. 그래서 요한은 여기서 나다나엘의 증언을 덧붙였다. 영어 성경(NKJV)에서 "하나님의 아들" 앞에 정관사를 붙인 것은 그 표현이 완전한 하나님의 아들을 가리킨다는 표시다(참고. 34절; 11:27). 나다나엘에게 있어 그 인물은 인간적인 용어로만 설명할 수 없는 존재였다.

1:51 **진실로 진실로** 참고. 5:19, 24, 25. 앞으로 나올 말의 중요성과 진실성을 강조하기 위해 자주 사용되는 어구다. **하늘이 열리고 하나님의 사자들이 인자 위에 오르락 내리락 하는 것** 47절의 문맥을 볼 때 이 구절은 야곱이 꿈에 하늘로 연결된 사다리를 보았던 창 28:12을 가리키는 것이 확실하다. 나다나엘에 대한 예수 말씀의 핵심은 야곱이 초자연적인, 즉 하늘에서 온 계시를 경험했듯이 나다나엘과 다른 제자들도 예수가 누구인지를 확증하는 초자연적인 소통을 경험하리라는 것이다. 더 나아가 야곱이 꿈에 본 사다리 대신 "인자"라는 단어가 사용되었는데, 이는 예수가 하나님과 사람 사이의 접근 통로임을 의미한다. **인자** *마태복음 8:20에 대한 설명을 보라*. 이것은 예수가 자신을 가리킬 때 즐겨 사용하신 표현이다. 예수는 이 표현을 자주 사용하셨는데, 그 횟수가 80회 이상 된다. 신약성경에서 이 말은 오직 예수를 가리키며, 대부분 복음서에 등장한다(참고. 행 7:56). 요한복음에서는 이 표현이 13번 나오며, 주로 십자가와 고난이라는 주제(3:14; 8:28) 그리고 계시(6:27, 53)와 관련되어 사용되지만, 간혹 종말의 권위와도 관련되어 사용된다(6:27, 참고. 6:20). 한편으로는 "인자", 즉 메시아가 "옛적부터 항상 계신 이"(즉 성부)로부터 나라를 받기 위해 영광 중에 오는 모습을 그리는 다니엘 7:13, 14과 관련된 종말론적 의미를 가지기도 한다.

C. 갈릴리에 나타나심(2:1-12)

1. 첫째 표적, 물을 포도주로(2:1-10)

2:1-10 요한은 예수가 자신의 신성을 입증하기 위해 행하신 첫 번째 위대한 표적, 물을 포도주로 바꾸신 이적을 기록한다. 오직 하나님만이 무에서 유를 창조하실 수 있다. 요한은 자신의 복음서에 예수가 누구인지에 대한 확증, 곧 '표적'이 되는 여덟 가지 기적을 골라 소개한다. 여덟 가지 기적은 각각 다르다. 비슷한 두 가지 기적이 없다(참고. 11절).

2:1 **사흘째 되던 날** 이 날은 앞서 이야기한 사건, 곧 빌립과 나다나엘을 부르신 일을 기점으로 한다(1:43). **갈릴리 가나** 가나는 나다나엘의 고향이었다(21:2). 정확한 위치는 알 수 없지만 가능성이 있는 후보지는 키르베트 카나로, 현재는 나사렛에서 북쪽으로 약 14.5킬로미터 되는 곳에 폐허만 남아 있다. **혼례** 팔레스타인에서 혼인식은 일주일 동안 치러졌다. 그 비용은 신랑의 몫이었다(9, 10절). 손님을 위한 포도주가 떨어졌다는 것은 신랑에게 당황스러운 일이었으며, 심지어 신부의 친척들에게 고소까지 당할 수 있는 일이었다.

2:2 **예수와 그 제자들도 혼례에 청함을 받았더니** 예수와 어머니, 제자들이 전부 참석한 것으로 미루어볼 때 그 혼인이 친척이나 가족, 가까운 친구의 혼인이었던 것으로 보인다. 그리스도와 함께한 제자들은 1장에서 언급된 다섯 명이다. 안드레, 시몬 베드로, 빌립, 나다나엘 그리고 이름이 밝혀지지 않은 한 제자(1:35)인데 그는 이 기적을 목격한 요한이었음이 분명하다.

2:3 **포도주** 잔칫상에 내오는 포도주는 발효된 것이다. 고대 세계에서는 취하지 않으면서 갈증을 해소하기 위해 포도주에 물을 타서 원래 도수의 삼분의 일 또는 사분의 일 정도로 묽게 만들었다. 그곳의 기후와 환경 때문에 '새 포도주'라고 해도 신속하게 발효되어 물을 섞지 않으면 사람을 취하게 만들 수 있었다(행 2:13). 정수 장치가 없다 보니 물을 섞은 포도주를 마시는 것이 더 안전했다. 성경이 술 취하는 것을 정죄하기는 하지만 포도주를 마시는 것까지 정죄하지는 않는다(시 104:15; 잠 20:1. *엡 5:18에 대한 설명을 보라*).

2:4 **여자여** 이 말을 무례하다고 볼 수는 없다. 이는 예수를 그의 어머니와 그녀의 요구로부터 멀어지게 하는 효과가 있다. 이 말은 오늘날 영어의 'ma'am'(부인) 정도의 의미를 가졌을 것이다. **나와 무슨 상관이 있나이까** 흔한 셈족의 관용어인(삿 11:12; 삼하 16:10) 이 표현은 두 당사자 사이에 거리를 두며, 어느 정도 상대방을 꾸짖는 어감을 가진다. 예수의 이 표현은 무례한 것은 아니지만 갑작스럽기는 하다. 이 말은 두 당사자 사이에 공통으로 가지고 있는 것이 무엇이냐고 묻는 것이다. 예수 말씀의 핵심은 자신은 사명을 이루고자 하는 목적을 가지고 이 땅에 왔으므로 모든 행동이 그 사명을 성취하기 위한 것과 연결되어야 한다는 것이다. 마리아는 그리스도를 자기가 키운 아들이 아니라 약속된 하나님의 아들 메시아로 인식해야 했다. 참고. 마가복음 3:31-35. **내 때가 아직 이르지 아니하였나이다** 이 말은 언제나 예수의 죽음과 승천을 가리킨다(7:30; 8:20; 12:23, 27; 13:1; 17:1). 예수는 만세 전에 하나님이 정하신 신성한 계획을 따르고 계셨다. 선지자들이 메시아 시대를 특징

적으로 묘사할 때 포도주가 넘쳐흐르는 시기라고 했으므로(렘 31:12; 호 14:7; 암 9:13, 14), 예수의 이 말씀은 천년 시대의 복이 도래하기 전에 십자가가 먼저 있어야 함을 의미하는 것으로 보인다.

2:6 **유대인의 정결 예식** 여섯 항아리는 돌로 만들어진 것이다. 이는 돌이 진흙보다 물이 스며들지 않고 쉽게 부정한 것에 더럽혀지지 않았기 때문이다. 또한 이것이 종교적 결례에 더욱 적합하기 때문이다(참고. 막 7:3, 4).

2. 제자들이 믿음(2:11, 12)

2:11 **표적** 요한은 능력이 뚜렷하게 발휘되는 것을 가리켜 *표적*이란 단어를 사용했다. 이 단어는 드러난 현상 너머의 더 깊은 신성한 진리를 가리키며, 그 신성한 진리는 오직 믿음의 눈을 통해서만 볼 수 있다. 이 말을 통해 요한은 기적들이 그저 능력이 발휘되는 것이 아니라 그 현상 너머에 신성한 의미를 가지고 있음을 강조했다.

2:12 **그 후에** '이 일 후에'(또는 '이 일들 후에' 같은 표현)라는 뜻으로, 이 복음서에서는 종종 두 서술을 이어주는 표현으로 사용된다(예를 들면 3:22; 5:1, 14; 6:1; 7:1; 11:7, 11; 19:28, 38). 요한은 이 구절을 여기에 두어 갈릴리 가나에서 가버나움으로, 마침내 유월절을 지키기 위해 예루살렘으로 나아가는 예수의 이동을 설명한다. 가버나움은 가나에서 북동쪽으로 25.8킬로미터 떨어진 갈릴리의 북서쪽 해안에 위치했다.

D. 유대에 나타나심(2:13-3:36)

1. 성전을 청결케 하심(2:13–25)

2:13-25 요한은 예수가 불의에 분개하여 성전을 청결하게 하신 이 이야기를 사용해 예수가 약속된 메시아이시며 하나님의 아들이라는 자신의 논제를 강조한다. 이 단락에서 요한은 예수의 신성을 확증하는 세 가지 속성을 부각시킨다. 하나님을 공경하는 그분의 열정(13-17절), 부활의 능력(18-22절), 현실에 대한 그분의 인식(23-25절)이다.

2:13-17 성전 청결의 서술에서 요한이 그리스도의 신성을 증명하는 첫 번째 방법은 하나님을 섬기는 그분의 열정을 보여주는 것이다. 오직 하나님만이 경배의 방식을 정하신다.

2:13 **유대인의 유월절** 이것은 요한이 기록한 세 번의 유월절 중 첫 번째다(13절; 6:4; 11:55). 유대인은 그 달 10일에 양을 선택하고, 음력으로 니산월 14일에(3월 말 또는 4월 초의 보름) 유월절을 지켰다. 그들은 유월절 전야 오후 3-6시에 양을 죽였다. 유월절은 유대인이 애굽의 노예 상태에서 건짐을 받은 것을 기념하는 절기다. 그때 죽음의 천사는 "문 인방과 좌우 설주"에 피를 바른 유대인의 집을 유월했다(출 12:23-27). **예수께서 예루살렘으로 올라가셨더니** 예수가 유월절을 지키기 위해 예루살렘으로 여행하신 것은 열두 살 이상의 모든 경건한 유대인 남자라면 당연히 지켜야 하는 연중행사였다(출 23:14-17). 이 유대교 절기를 지키기 위해 유대인 순례자들이 예루살렘으로 몰려들었다.

2:14 **파는 사람들과 돈 바꾸는 사람들** 유월절 기간이 되면 절기를 지키려는 사람들이 이스라엘과 로마 제국 전역에서 예루살렘으로 왔다. 많은 사람이 먼 거리를 여행해야 했기 때문에 희생제물을 직접 가지고 올 수가 없었다. 이런 필요에 부응해 이 기간에 상당한 이익을 남길 수 있음을 간파한 상인들은 성전 외곽 뜰에 여행객들한테 동물을 팔 수 있는 곳을 마련했다. 20세 또는 그 이상의 모든 성실한 유대인 남자는 매년 성전세(출 30:13, 14; 마 17:24-27)를 지불해야 했는데, 이때 유대 동전이나 두로 동전이 사용되었다(이 동전의 은이 순도가 높았으므로). 그렇다 보니 돈 바꾸는 사람들이 필요했다. 외국에서 오는 사람들은 자기들의 돈을 세금으로 낼 수 있는 돈으로 환전해야 했다. 그런데 환전상들은 환전에 높은 수수료를 부과했다. 많은 여행객이 몰리자 동물 판매상들과 환전상들은 그 기회를 이용해 금전적 이득을 노렸다["강도의 소굴"(마 21:13)]. 그 결과 종교가 역겨운 것, 물질적인 것이 되어버렸다.

2:15 요한은 이 성전 청결을 예수의 사역 시작 부분에 기록했고, 공관복음은 예수가 십자가에 달리시기 직전 마지막 유월절 기간에 기록했다(마 21:12-17; 막 11:15-18; 눅 19:45, 46). 성전 청결의 역사적 상황과 기록한 내용이 너무 달라서 이 두 사건을 동일시하려는 시도는 성공하지 못했다. 하지만 성전 청결이 두 번 있었다면 예수 사역의 전체적 문맥과 완전히 들어맞는다. 당시 유대 나라 전체적으로 메시아인 예수의 권위를 결코 인정하지 않았다(마 23:37-39). 도리어 그들은 예수의 존재뿐 아니라 그분의 메시지까지 거부했기 때문에 반복적인 성전 청결의 개연성을(필요성뿐 아니라) 높여준다. **다 성전에서 내쫓으시고** 하나님의 거룩과 하나님에 대한 예배가 걸린 문제였으므로 예수는 신속하고도 단호하게 행동하셨다. "다"라는 말은 예수가 사람들만 쫓아내신 것이 아니라 동물까지 쫓아내셨음을 의미한다. 하지만 예수의 행동은 강제적이기는 했지만 잔혹하지는 않았다. 그분의 행동이 온건했다는 사실은 어떤 반동적인 소란이 발생하지 않았다는 사실에서 알 수 있다. 만약 그렇지 않았다면 유월절 군중을 감시하기 위해 안토

요

니아 성채에 주둔해 있던 로마의 파견대가 신속하게 움직였을 것이다. 이 사건이 일차적으로는 천년왕국에서의 메시아의 행동을 가리키지만, 성전을 청결하게 하신 예수의 행동은 메시아가 자기 백성의 종교적 예배를 정결하게 하리라는 말라기 3:1-3(또한 슥 14:20, 21)의 성취를 위한 서막이다.

2:16 **내 아버지의** 이 어구로 요한은 예수가 메시아라는 사실뿐 아니라 그가 하나님의 아들임을 은근히 암시한다(5:17, 18을 보라). **집으로 장사하는 집** 예수는 언어유희를 의도하셨던 것으로 보인다. *장사하는 집*은 상품이 가득한 상점을 말한다. **만들지 말라** 이 헬라어 명령형의 의미를 살리는 번역은 '만들기를 중지하라'가 된다. 이 말씀은 예수가 그들이 현재 하고 있는 일을 그만둘 것을 요구하신 것이다. 하나님의 거룩성이 예배의 거룩성을 요구하신다.

2:17 시편 69:9을 인용한 구절로, 예수가 하나님을 향한 불경을 용납하지 않을 것임을 말한다. 이 시편을 쓸 때 다윗은 하나님의 집을 향한 열심과 하나님의 명예를 지키기 위한 노력 때문에 박해를 당하고 있었다. 제자들은 예수의 행동이 그와 동일한 박해를 재촉할 것을 두려워했다. 바울은 로마서 15:3에서 시편 69:9의 후반절을 인용하는데("주를 비방하는 자들의 비방이 내게 미쳤나이다"), 이는 이 시편이 초대 교회에서 메시아를 가리키는 것으로 해석되었음을 말해준다.

2:18-22 성전 청결의 기록에서 요한이 그리스도의 신성을 입증하는 두 번째 방법은 부활을 통해 죽음을 정복하는 그리스도의 능력을 보여주는 것이었다. 이런 권세는 오직 하나님만이 가지고 계신다.

2:18 **유대인** 성전 관리들이나 산헤드린의 대표자들이었을 가능성이 높다(참고. 1:19). **표적** 유대인은 성전에서의 행동을 규제한 그리스도의 행동이 정당한 권위로 이루어졌음을 입증하는 어떤 종류의 기적적인 표적을 보이라고 요구한다. 그들이 표적을 요구한 사실은 예배를 위한 정당한 태도와 거룩성이 요구된다는 사실에 초점을 맞춘 예수의 꾸짖음을 그들이 이해하지 못했음을 보여준다. 그런 행동 자체가 이미 예수의 정체와 권위의 '표적'이었던 것이다. 더 나아가 그들은 자기들의 요청에 따라 기적을 행하라는 천박한 요구를 함으로써 그들의 불신앙을 분명하게 드러냈다.

2:19 재판에서 관원들은 예수가 성전을 위협하는 말을 했다고 고발했는데(막 14:58; 15:29), 이는 그들이 예수의 대답이 무슨 의미인지 이해하지 못했음을 드러낸다. 여기서 다시 요한은 예수의 이 수수께끼 같은 말씀이 자신의 부활을 가리킨다고 밝힘으로써 다른 복음서들을 보완해준다. 비유에 있어 예수의 수수께끼 같은 진술의 목적은 제자들에게는 진리를 드러내고 예수를 심문하는 불신자들에게는 그 의미를 감추려는 것임이 분명해 보인다(마 13:10, 11). 하지만 제자들도 부활 이후에야 비로소 이 진술의 참된 의미를 이해했다(22절. 참고. 마 12:40). 그리스도의 죽음과 부활을 통하여 예루살렘 성전에서 드리던 예배는 끝나고(참고. 4:21), 교회라고 불리는 영적 성전으로 지어진 사람들의 마음속에서 그 예배가 새롭게 제정되었다는 건 중요한 의미를 지닌다(엡 2:19-22).

2:20 **이 성전은 사십육 년 동안에 지었거늘** 이것은 솔로몬 성전이 아니다. 그 성전은 주전 586년 바벨론이 이스라엘을 점령할 당시 파괴되었다. 그런데 포로들이 바벨론에서 돌아왔을 때 스룹바벨과 예수아가 성전 건축을 시작했다(스 1-4장). 선지자 학개와 스가랴의 격려를 받은(스 5:1-6:18) 유대인은 주전 516년 성전 재건을 마쳤다. 그리고 주전 20/19년 대 헤롯이 성전의 재건과 확장을 진행했다. 일꾼들은 십 년에 걸쳐 성전의 주요 부분을 완성했지만, 다른 부분은 예수가 성전을 청결하게 하시던 당시까지도 건설 중이었다. 흥미롭게도 주후 70년 로마 군대가 예루살렘과 함께 성전을 파괴했을 때 성전은 여전히 건설 중이었다. 유명한 '통곡의 벽'은 헤롯 성전 토대의 일부에 건축된 것이다.

2:23-25 요한이 성전 청결 기록에서 그리스도의 신성을 입증하는 세 번째 방법은 실재에 대한 그리스도의 지식을 보여주는 것이었다. 오직 하나님만이 사람의 마음을 진정으로 아신다.

2:23, 24 **많은 사람이…그의 이름을 믿었으나 예수는 그의 몸을 그들에게 의탁하지 아니하셨으니** 요한은 여기서 헬라어 '믿다'를 본동사로 사용했다. 이 절은 성경이 말하는 믿음의 참된 성격을 은근히 드러낸다. 기이한 표적으로 형성된 예수에 대한 지식으로 많은 사람이 예수를 믿었다. 그러나 예수는 그 사람들에게 자신을 전적으로 '의탁하거나' '맡기지' 않으셨다. 이는 사람들의 마음을 아셨기 때문이다. 24절을 보면 예수의 요구는 어떤 일에 열광하는 것이 아니라 참된 회심임을 보여준다. 또한 24절은 어떤 사람들의 회심이 보여준 진실성에 대한 의심의 여지를 남겨둔다(참고. 8:31, 32). 신뢰라는 관점에서 23절과 24절은 명백하게 대조를 이룬다. 또한 이 대조는 "그의 이름을 믿는다"라는 것이 지적인 깨달음 이상의 어떤 것임을 드러낸다. 참된 믿음은 예수의 제자로서 자신의 삶을 전적으로 헌신할 것을 요구한다(참고. 마 10:37; 16:24-26).

두 번의 성전 청결

1. 요한복음 2:13-22: 이 사건은 그리스도의 지상 사역 초기 유월절 기간에 발생했다. 예수는 시편 69:9을 인용하셨다.
2. 마태복음 21:12, 13; 마가복음 11:15-17; 누가복음 19:45, 46: 그리스도는 3년 후 죽으시기 직전에 다시 한 번 성전을 청결케 하셨다. 이 때는 이사야 56:7과 예레미야 7:11을 인용하셨다.

2. 니고데모를 가르치심(3:1-21)

3:1-21 예수와 니고데모의 이야기는 예수가 하나님의 아들 메시아이시며(변증) 사람에게 구원을 베풀기 위해(복음 전파) 오셨다는 요한의 주제를 확실하게 드러낸다. 요한복음 2:23, 24은 니고데모 이야기의 머리말 역할을 한다. 3장은 예수가 사람의 마음을 아는 능력을 가지고 계시다는 생생한 증거가 되며, 따라서 예수의 신성을 입증하고 있다. 또한 예수는 니고데모에게 하나님의 구원 계획을 제시하셨다. 이는 예수가 하나님 말씀을 전하는 인물이며, 구속 활동이 그 백성에게 약속된 구원을 가져다준다는 것을 보여주기 때문이다(14절). 이 장은 예수와 니고데모의 대화(1-10절), 하나님의 구원 계획에 대한 예수의 설교(11-21절) 등 두 부분으로 나뉠 수 있다.

3:1-10 예수와 니고데모의 대화를 기록한 이 단락은 니고데모의 질문(1-3절), 니고데모에 대한 예수의 통찰(4-8절), 니고데모에 대한 예수의 꾸짖음(9, 10절) 등으로 나눌 수 있다.

3:1 **바리새인** *마태복음 3:7에 대한 설명을 보라. 바리새인*은 '분리하다'는 히브리어 단어에서 온 것으로 보인다. 그러므로 바리새인은 '분리된 자들'이라는 뜻을 가진다. 그들이 분리되었다는 것은 고립되었다는 의미가 아니라 청교도적인 의미다. 즉 그들은 구약의 규정에 자신들이 덧붙인 그들 자신의 전통뿐 아니라 모세의 법에 따른 종교 의식과 종교적 순결에 매우 열심이었다. 그들이 어떻게 생겨났는지는 알려지지 않았지만 마카비 시대에 '하시딤', 즉 '경건한 자들'이라 불리던 사람들이 그 기원이었던 것으로 보인다. 그들은 대체로 유대인 중산층 출신으로 평신도(사업가)로 구성되었으며, 제사장이나 레위인은 아니었다. 그들은 정통 유대교의 정수를 대표했으며 이스라엘 백성에게 강한 영향력을 미쳤다. 요세푸스에 따르면 대 헤롯 시대에 6,000명의 바리새인이 있었다고 한다. 예수는 내적인 영적 변화보다 외형화된 종교(규칙과 규정)에 극단적으로 집중하는 그들의 경향을 정죄하셨다(3, 7절). **니고데모** 니고데모는 바리새인이었지만 그의 이름은 헬라어에서 온 것으로 '백성 위의 승자'라는 뜻이다. 그는 유력한 바리새인이자 산헤드린의 회원('유대인의 지도자')이었다. 그의 가족적 배경에 대해서는 아무것도 알려진 것이 없다. 마침내 그는 예수를 믿게 되었으며(7:50-52), 예수의 시신을 정중하게 장사 지내는 일을 도움으로써 자신의 생명과 명성에 대한 위험을 감수했다(19:38-42). **유대인의 지도자** 이는 팔레스타인 유대인을 다스리는 중심 기관인 산헤드린을 가리킨다(*마 26:59에 대한 설명을 보라*). 산헤드린은 당시 유대인의 '대법원' 또는 통치회이며, 바사 시대에 생긴 것으로 보인다. 신약 시대에 산헤드린은 대제사장(의장), 제사장들, 장로들(각 가문의 우두머리), 서기관으로 구성되었으며 총 인원은 71명이었다. 회원을 지명하는 방식은 세습적인 동시에 정치적이었다. 산헤드린은 유대교 법에 따라 민사와 형사 소송을 처리했다. 그러나 사형 언도는 로마 총독의 재가를 받아야 했다(18:30-32). 주후 70년 예루살렘 멸망 후에는 산헤드린이 없어지고 서기관들로 구성된 베트 딘(재판정)이 그 역할을 담당했는데, 그들의 결정권은 도덕적·종교적 문제에 대한 권위에 한정됐다.

3:2 **밤에 예수께 와서** 어떤 사람들은 니고데모가 밤에 방문한 이유가 그 마음의 어둠을 비유적으로 보여준다고 했으며(참고. 1:5; 9:4; 11:10; 13:30), 어떤 사람들은 예수와 좀 더 충분한 시간을 가지고 여유롭게 대화를 나누기 위해서라고 했다. 하지만 가장 논리적인 설명은 유대인의 지도자인 니고데모가 예수와 공개적으로 대화하는 것이 다른 사람들에게 어떻게 비춰질지 걱정했기 때문이라는 것이다. 그는 일반적으로 예수에 대한 감정이 좋지 않던 동료 바리새인들의 마음에 악감정을 일으키지 않을까 걱정해 은밀한 만남을 위해 밤에 찾아왔을 것이다.

3:3 **거듭나지** 이는 문자적으로 '위로부터 출생하다'라는 뜻이다. 예수는 니고데모가 질문하기도 전에 대답하셨다. 예수는 니고데모의 마음을 읽으시고 그 문제의 핵심인 성령에 의해 일어나는 영적 변혁, 곧 거듭남의 필요성을 지적하신다. 새로 태어나는 것은 하나님이 하시는 일이며, 그 결과로 영원한 생명이 신자에게 주어진다(고후 5:17; 딛 3:5; 벧전 1:3; 요일 2:29; 3:9; 4:7; 5:1, 4, 18). 요한복음 1:12, 13은 '거듭남'이 성육신된 그 이름을 신뢰함으로써 '하나님의 자녀가 되는 것'이라는 개념을 포함하고 있음을 보여준다. **하나님의 나라를 볼 수 없느니라** 이 말은 일차적으로 역사의 끝에 임

할 천년왕국에 참여하는 것을 가리킨다. 바리새인과 유대인은 이 천년왕국을 열렬히 기대했다. 초자연주의자들인 바리새인은 당연히 구약에 예언된 성도의 부활과 메시아 왕국의 성립을 간절히 기대했다(사 11:1-16; 단 12:2). 그들의 문제는 그 나라에 들어가기 위해서는 예수가 강조하신 영적 변혁이 필요하다는 것을 인정하지 않고 혈통과 종교적 외형만 갖추면 된다고 생각한 것이었다(참고. 8:33-39; 갈 6:15). 역사의 끝에 그 나라가 임하는 것을 가리켜 '세상이 새롭게 되는 것'이라고 부를 수 있지만(마 19:28), 그 나라에 들어가려면 역사의 끝 이전에 거듭나야 한다.

3:4 그 자신이 선생인 니고데모는 비유적 표현을 사용해 영적 진리를 가르치는 랍비의 방법을 알고 있었다. 그는 단지 예수의 상징적 표현을 그대로 거론한 것뿐이다.

3:5 **물과 성령으로 나지** 여기서 예수가 말씀하시는 물은 실제 물이 아니라 '씻음'이 필요하다는 뜻이다(예를 들면 겔 36:24-27). 구약에서 물이 비유적으로 사용될 때는 영적 거듭남 또는 씻음을 가리키는데, 특별히 '영'이라는 말과 함께 사용될 때는 더욱 그렇다(민 19:17-19; 시 51:9, 10; 사 32:15; 44:3-5; 55:1-3; 렘 2:13; 욜 2:28, 29). 그러므로 예수의 이 말씀은 구원의 순간에 하나님 말씀으로 성령에 의해 성취되는 영적 씻음 또는 정화가 그 나라에 들어가기 위해 꼭 필요하다는 것이다(참고. 엡 5:26; 딛 3:5).

3:8 **바람이 임의로 불매** 예수 말씀의 초점은 사람이 바람을 제어하거나 이해할 수 없이 오직 그 효과만 목격할 수 있는 것처럼 성령도 그러하다는 것이다. 사람은 성령을 통제할 수도 없고 이해하지도 못한다. 오직 성령이 일하신다는 증거만 드러날 뿐이다. 성령이 일하시는 곳에는 부인할 수 없고 오해의 여지도 없는 증거가 드러난다.

3:10 **선생** 영어 성경(NKJV)에는 '그'라는 정관사가 사용된 것을 보면 니고데모가 이스라엘의 존경받는 스승으로서 걸출한 종교적 권위를 가지고 있었음을 알 수 있다. 니고데모는 당시의 랍비 또는 선생들 가운데서도 높은 지위를 누리고 있었다. 예수의 대답은 당시 이스라엘의 영적 파산 상태를 강조하고 있다. 가장 위대한 유대교의 선생이 명백하게 구약을 근거로 한 영적 씻음과 변혁에 대한 이 가르침을 알지 못하고 있었기 때문이다(참고. 5절). 그 총체적인 결과로 종교의 외형이 사람의 영적 깨달음의 능력을 무기력하게 만든다는 것을 알 수 있다.

3:11-21 이 단락의 초점은 니고데모가 아니라 구원의 참된 의미에 대한 예수의 설교다. 핵심 단어는 '믿다'이다. 새로 태어나는 일이 믿음의 행동을 통해 자기 것이 되어야 한다. 1-10절은 하나님이 구원을 주도하신다는 사실을 밝히고, 11-12절은 거듭남에서 하나님이 하시는 일에 대한 사람의 응답을 강조한다. 11-12절은 불신앙의 문제(11, 12절), 불신앙에 대한 대답(13-17절), 불신앙의 결과(18-21절) 등 세 부분으로 나뉜다

3:11, 12 예수는 불신앙이 무지의 원인이라는 개념에 초점을 맞추셨다. 니고데모가 예수의 말씀을 이해하지 못한 문제의 본질은 그의 지성에 따른 문제라기보다는 예수의 증언을 믿지 못했기 때문이다.

3:11 **너희가 우리의 증언을 받지 아니하는도다** 복수 "너희"는 2절의 "우리"를 가리킨다. 거기서 니고데모는 이스라엘의 대표로서 말했다("우리가…아나이다"). 11절에서 예수가 "너희"라는 말로 대답하신 것은 니고데모의 불신앙이 이스라엘 전체의 전형적인 현상이었음을 보여준다.

3:13 **하늘에 올라간 자가 없느니라** 이 절은 자기들이 하나님으로부터 특별한 계시를 받았다고 주장하는 다른 종교들과 충돌을 일으키게 한다. 예수는 어떤 사람도 하늘에 올라갔다가 내려와서 하늘의 일들에 대해 말한 경우가 없다고 주장하셨다(참고. 고후 12:1-4). 오직 예수만이 성육신 이전 하늘에 영원한 거처를 가지고 계시며, 따라서 예수만이 하늘의 지혜에 대한 참된 지식을 가지고 계신다(참고. 잠 30:4).

3:14 **인자도 들려야 하리니** 참고. 8:28; 12:32, 34; 18:31, 32. 이것은 예수의 십자가 죽음을 감춰 예언하는 말씀이다. 예수는 민수기 21:5-9을 언급하셨는데, 거기에는 모세가 들어 올린 뱀을 쳐다본 이스라엘 백성이 치료받은 일이 기록되어 있다. 이 예증 또는 유비의

> **단어 연구**
>
> **거듭남(중생, Born Again):** 3:3, 7. 문자적으로 '다시' '위로부터'라는 뜻이다. 예수가 말씀하신 출생은 새로운 출생, 하늘로부터 출생 또는 이 둘 모두다. 예수의 말씀은 하늘로부터 출생일 가능성이 가장 높다. 예수님이 하늘에서 내려오는 그 출처를 알지 못하는 바람이라는 유비를 사용해 그 출생을 설명하셨기 때문이다. 니고데모는 예수가 자연적인 출생을 다시 해야 한다고 말하는 것으로 이해했다. 예수는 3:6-8에서 육신으로 태어나는 것과 성령으로 태어나는 것을 대비하심으로써 이 출생을 설명하셨다.

핵심은 '들린다'는 것이다. 모세가 뱀을 장대에 매달아 높이 들어 그것을 바라본 사람들이 신체적으로 병이 나았듯이, 십자가에 '들린' 그리스도를 바라보는 사람만이 영적으로 그리고 영원히 살 것이다.

3:15 영생 이것은 요한복음에 등장하는 '영생' 가운데 첫 번째다. 동일한 헬라어가 8번은 '영원한 생명'으로 번역되고 있다. 이 표현은 신약성경에 거의 50회 등장한다. 영생은 양적으로만 영원한 것을 가리키는 것이 아니라 그 생명이 질적으로 신성한 생명임을 가리킨다. 이는 말 그대로 '앞으로 올 세상에서의 생명'이다. 따라서 부활, 완전한 영광과 거룩함에 도달한 천상의 존재를 가리킨다. 주 예수 안에서 신자들은 이 생명을 하늘에 가기 전에 경험할 수 있다. 이 '영생'은 본질적으로 살아 있는 말씀인 예수 그리스도의 영원한 생명에 참여하는 것이다. 그것은 각 신자 안에 있는 하나님의 생명이지만, 부활 때까지는 완전히 드러나지 않는다(롬 8:19-23; 빌 3:20, 21).

3:16 하나님이 세상을 이처럼 사랑하사 아들의 사명은 하나님께 반항하는 악하고 죄에 빠진 인간의 '세상'을 향한 하나님의 지고의 사랑에 묶여 있다(참고. 6:32, 51; 12:47. *1:9; 마 5:44, 45에 대한 설명을 보라*). *이처럼*은 하나님의 사랑이 얼마나 큰지를 강조한다. 아버지는 자신의 사랑하는 독생자를 죄인인 사람들을 위해 죽도록 내어주셨다(*고후 5:21에 대한 설명을 보라*). **영생** *15절에 대한 설명을 보라*. 참고. 17:3; 요한일서 5:20.

3:18 이름을 믿지 이 어구(문자적으로 '그 이름을 믿다'라는 뜻임)는 복음의 주장을 단순히 머리로만 받아들이는 것 이상의 어떤 것을 의미한다. 거기에는 그리스도를 주님과 구원자로 믿고 헌신하는 일이 포함되며, 그 결과로 새로운 성품을 얻고(7절) 마음이 변화되어 주께 순종하게 되는 것이 포함된다(*2:23, 24에 대한 설명을 보라*).

3. 세례 요한을 통해 전파됨(3:22-36)

3:22-36 이 단락은 이 복음서에서 그리스도에 대한 세례 요한의 마지막 증언이다. 그의 사역이 아니라 그리스도의 사역이 전면에 부상한다. 세례 요한이 이스라엘에서 광범위한 명성을 얻었고 그 땅의 소외된 자들뿐 아니라 평민들로부터 전반적인 환영을 받았지만, 예수에 대한 그의 증언은 받아들여지지 않았다. 특히 이스라엘의 지도자들에게 그러했다(참고. 마 3:5-10; 눅 7:29).

3:22 유대 땅으로 니고데모와의 사이에 있었던 앞의 이야기는 유대 땅에 속한 예루살렘에서의 일이지만(2:23), 여기서 예수는 유대의 농촌 지역에 계셨다. **세례를 베푸시더라** 예수가 직접 세례를 베푸신 것이 아니라 제자들이 그 일을 했다(참고. 4:2).

3:23 살렘 가까운 애논 이곳의 정확한 위치에 대해서는 의견이 일치되지 않고 있다. 이 어구가 가리키는 곳은 세겜 근처의 살렘이거나 벳스안 남쪽 9.7킬로미터 지점에 위치한 살렘일 것이다. 이 두 곳은 모두 사마리아 지역이다. 애논은 '샘들'이라는 히브리어를 음역한 것으로, 앞서 말한 두 후보지는 모두 물이 풍부했다("거

요

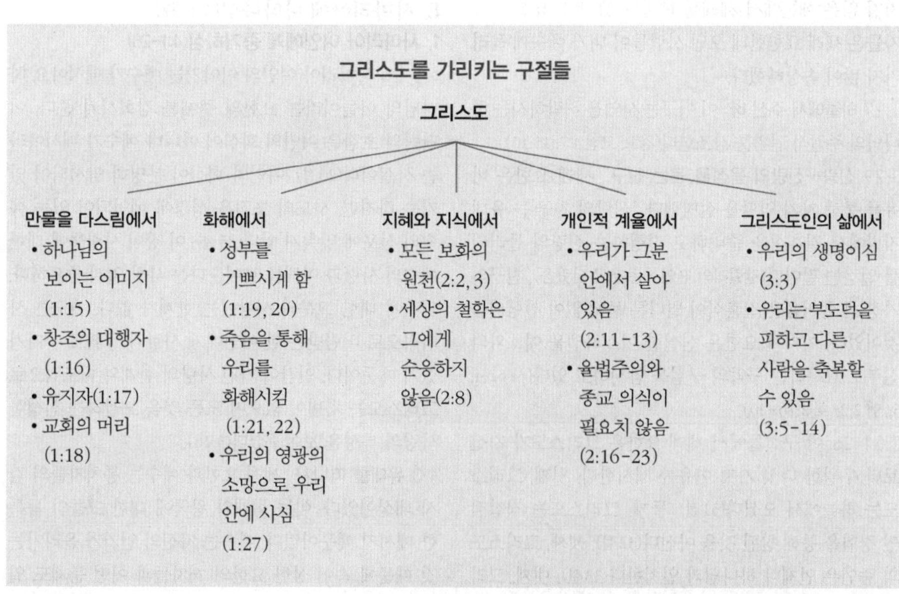

기 물이 많음이라").

3:24 **요한이 아직 옥에 갇히지 아니하였더라** 이 말은 요한복음이 세례 요한과 예수의 활동을 더 잘 이해할 수 있는 추가 정보를 제공해 공관복음서를 보완했다는 또 다른 증거다(서론의 배경과 무대를 보라). 마태복음과 마가복음에서는 그리스도의 광야 시험 다음에 세례 요한의 투옥 사실이 기록된다. 이 어구는 예수의 세례와 시험 그리고 세례 요한의 투옥 사이 간격을 채워준다.

3:25 **변론이 되었더니** 이 변론은 요한과 예수의 세례 사역과 2:6에 암시된 유대인의 정결 의식 사이의 관계에 대한 논쟁이었을 것이다. 그러나 그 배후의 진짜 문제는 예수가 세례 요한과 경쟁관계에 있다고 보고 염려하는 요한의 제자들이었다.

3:25-36 이 단락은 세례 요한의 사역과 예수의 사역 관계에서 어떤 일이 발생하는지를 부각시키는 세 부분으로 나눌 수 있다. 첫째, 세례 요한은 옛 시대의 마지막이 되었다(25-29절). 둘째, 예수 사역으로의 전환이다(30절). 셋째, 새 시대의 시작을 이루는 예수의 사역이다(31-36절). 세례 요한은 질투를 보이는 대신 예수의 존재와 사역의 우월함을 겸손하게 인정하는 신실함을 보여주었다.

3:26 **사람이 다 그에게로 가더이다** 세례 요한과 예수 사이의 잠재적 갈등은 그들이 거리상 얼마 떨어지지 않은 곳에서 사역하고 있었다는 사실로 인해 고조되었다. 22절에서 세례가 언급되는데, 예수는 요단강 근처 여리고 가까운 곳에 계셨고, 요한은 북쪽으로 얼마 떨어지지 않은 애논에서 세례를 베풀고 있었다. 요한의 제자들은 세례 요한한테 오던 사람들이 대거 예수께 몰려가자 많이 속상해했다.

3:27 **하늘에서 주신 바** 이 어구는 사역을 허락하시는 하나님의 주권적 권위를 강조한다(참고. 고전 4:7; 15:10).

3:29 **신랑…신랑의 음성을 듣는 친구** 세례 요한은 비유를 통해 자기 역할을 설명했다. '신랑의 친구'는 유대 지방에서 결혼식을 준비하고 진행하는 신랑의 들러리를 일컫는 말이다(갈릴리의 혼인식은 조금 달랐음). 친구의 가장 큰 즐거움은 결혼식이 별다른 문제 없이 진행되는 것이었다. 여기서 요한은 신실한 이스라엘을 여호와의 신부로 묘사하는 구약의 구절을 암시하고 있다(사 62:4, 5; 렘 2:2; 호 2:16-20).

3:31-36 이 구절들에서 세례 요한은 그리스도가 자신보다 우월한 다섯 가지 이유를 제시한다. 첫째, 그리스도는 하늘에서 오셨다(31절). 둘째, 그리스도는 직접적인 경험을 통해 참된 것을 아신다(32절). 셋째, 그리스도의 증언은 언제나 하나님과 일치한다(33절). 넷째, 그리스도는 성령을 한없이 경험하신다(34절). 다섯째, 성부께서 주권적으로 최고 지위를 주셨기에 그리스도는 지극히 높은 분이시다(35절).

3:31, 32 **만물 위에** 이 두 절은 전체 장을 통해 말하고자 한 몇 가지 주제를 포함하고 있다. 앞서 세례 요한은 왜 성육신한 말씀이신 예수가 크게 되어야 하는지를 설명한다. 즉 오직 예수만이 "위로부터" 오셨으며(하늘에서 오심), 따라서 "만물 위에" 계시다는 것이다. "만물 위에"라는 헬라어는 3절을 상기시킨다. 거기에 보면 "위로부터" 오는 신생을 경험하려면 오직 "위로부터" 오신 분에 대한 믿음이 있어야 한다. 이와 대조적으로 그 외의 모든 자는 땅에 속한 자였다. 이는 유한하고 제한적이라는 말이다. 이 문맥에서 세례 요한은 작아져야 한다(30절). 그는 땅에 속한 자였기 때문이다. 비록 세례 요한이 회개와 세례를 촉구하긴 했지만, 그는 신인(神人)이신 예수처럼 하늘의 경륜을 보여줄 수는 없었다.

3:34 **성령을 한량 없이** 하나님은 아들에게 성령을 한량없이 주신다(1:32, 33; 사 11:2; 42:1; 61:1).

3:36 이 절은 이 장의 절정에 해당한다. 세례 요한은 두 가지 선택의 여지, 곧 참된 믿음과 무례한 불순종을 제시했다. 이렇게 함으로써 어렴풋이 보이는 심판에 직면하도록 했다. 세례 요한은 전면에서 사라지면서 아들에 대한 믿음으로 사람들을 초대했으며, 믿지 않을 때 당하게 되는 궁극적 결과(즉 '하나님의 진노')를 분명하게 보여주었다.

E. 사마리아에 나타나심(4:1-42)

1. 사마리아 여인에게 증거하심(4:1-26)

4:1-26 사마리아 여인의 이야기는 예수가 메시아요 하나님의 아들이라는 요한의 주제를 강화시켜 준다. 이 단락의 초점은 여인의 회심이 아니다 예수가 메시아라는 사실이다(26절). 여인의 회심이 분명히 암시되어 있기는 하지만, 사도의 초점은 성경에 예언되어 있는 예수의 선포에 맞춰져 있다(25절). 이 장이 사람들에 대한 예수의 사랑과 이해를 보여준다는 사실 역시 중요하다. 인간에 대한 그분의 사랑에는 한계가 없다. 예수는 사회적으로 버림받은 한 여인에게 사랑과 긍휼로 다가가셨기 때문이다. 인간이 가진 사랑의 한계와 대조적으로 그리스도는 차별이 없으며 모든 것을 포괄하는 신성한 사랑의 특성을 보여주셨다(3:16).

4:3 **유대를 떠나사** 세례 요한과 예수는 통치자들의 감시 대상이었다. 이는 회개와 왕국에 대한 그들의 독특한 메시지 때문이었다. 예수는 자신의 인기가 올라가는 것 때문에 속이 상한 요한의 제자들과 어떤 문제도 일

으키기를 원하시지 않았다. 게다가 바리새인들이 예수의 영향력을 예의주시하고 있었으므로 어떤 충돌도 일으키지 않기 위해 유대를 떠나 북쪽으로 올라가셨다.

4:4 **사마리아** 솔로몬의 통치 이후 이스라엘이 정치적으로 분열되었을 때 오므리는 북왕국 이스라엘의 수도 이름을 '사마리아'로 지었다(왕상 16:24). 이 이름은 그 지역 전체를 가리키기도 하고 때로는 북왕국 전체를 가리키기도 했다. 이 나라는 주전 722년 (수도 사마리아) 앗수르에 점령당했다(왕하 17:1-6). 앗수르는 열 지파에 속한 이스라엘 백성을 끌고 갔으며(오늘날 북부 이라크 지역으로), 북부 사마리아에 약간의 인구만을 남겨두고 많은 비유대인을 사마리아로 옮겨와 살도록 했다. 그리하여 연혼을 통해 서로 섞이게 되었다. 이로 말미암아 포로생활에서 돌아온 유대인과 사마리아인 사이에 긴장감이 형성되었다. 사마리아인은 예루살렘 성전에서의 예배를 포기하고 사마리아의 그리심산에 그들의 성전을 건축했다(20-22절). 사마리아인들은 모세오경만 권위 있게 여겼다. 이로 말미암아 유대인은 사마리아인을 배척했고 그들을 이단으로 간주했다. 역사적으로 이 두 집단 사이에 강력한 종족적·문화적 긴장감이 형성되자 두 집단은 가능하면 서로 접촉하지 않으려고 했다(9절; 스 4:1-24; 느 4:1-6; 눅 10:25-37). *열왕기하*

17:24에 대한 설명을 보라. **통과하여야 하겠는지라** 유대에서 갈릴리로 통하는 길이 몇 갈래 있었다. 하나는 해변을 따라가는 길이었고, 다른 하나는 베레아 지역을 통과하는 길이었으며, 또 다른 하나는 사마리아 가운데를 통과하는 길이었다. 유대 역사가인 요세푸스에 따르면 유대인과 사마리아인 사이에 강한 적대감이 존재했음에도 큰 절기 때 유대인은 사마리아를 통과하는 풍습이 있었는데, 이는 그것이 가까운 길이었기 때문이다. 아버지의 계획을 성취하기 위한 주님의 의식을 이 복음서가 강조하고 있기 때문에(2:4; 7:30; 8:20; 12:23; 13:1; 14:31) "하겠는지라"는 예수가 시간과 불필요한 발걸음을 줄이기 원하셨다는 것을 의미할 수도 있지만 다른 한편으로는 요한이 신성하고 영적인 필요성, 즉 예수가 사마리아 여인을 만나 자신의 메시아직을 알려주셔야 하는 신성한 계획 성취의 필요성을 부각했을 수도 있다.

4:5 **수가라 하는 동네** 이 동네의 위치는 오늘날 그리심산 반대편 에발산 기슭에 있는 마을 아스카르인 것으로 보인다. 전승에 따르면 야곱의 우물은 아스카르에서 805미터 남쪽에 위치해 있다.

4:5, 6 이 두 절은 야곱이 '하몰의 자손'에게서 구입한 땅(참고. 창 33:19)을 요셉에게 상속해주는 창세기 48:22을 가리킨다. 애굽에서 돌아온 유대인은 요셉의 뼈를 세겜에 있는 그 땅에 묻었다. 이 지역은 요셉 후손의 유업이 되었다. "야곱의 우물"의 정확한 위치는 유대인, 사마리아인, 무슬림, 그리스도인들 사이의 확고한 전통에 의해 확정되었으며, 완공되지 못한 한 그리스정교회 교회당의 지하실 속이 그곳이다. 여기서 '우물'은 흐르는 샘을 가리키는 말이지만 11, 12절에서 요한이 사용한 '우물'은 '수조' 또는 '파낸 우물'을 가리킨다. 이를 통해 보건대 이 우물은 사람이 판 것으로, 지하의 샘물이 수원지였음을 알 수 있다. 이 우물은 오늘날에도 사용한다.

4:6 **길 가시다가 피곤하여** 말씀이 육신이 되었으므로(1:14) 예수는 그분의 인성 속에 육체적 한계를 경험하셨다(히 2:10-14). **때가 여섯 시쯤** 만약 요한이 로마의 시간 체계를 사용했다면 오후 12시를 기점으로 하여 저녁 6시쯤 되었을 것이다.

4:7 **사마리아 여자 한 사람이 물을 길으러 왔으매** 여인들은 대개 무리를 지어 낮의 뜨거운 열기를 피해 이른 시간이나 늦은 시간에 물을 길으러 왔다. 만약 사마리아 여인이 낮 12시에 혼자 왔다면(*6절에 대한 설명을 보라*), 이는 수치스러운 일로 인해(16-19절) 다른 여인들과 떨어져 혼자 다녔기 때문일 것이다. **물을 좀 달라** 유대인 남자가 사마리아 여인에게 공개된 장소에서 물을 청하는 것은 고사하고 말을 거는 것 자체가 당시의 사회적 관습을 명백하게 어기는 것이며, 나아가서 유대인과 사마리아인 사이의 사회적 적대감을 분명하게 무시하는 것이었다. 또한 '랍비'이자 종교지도자인 사람이 평판 나쁜 여인과 대화를 나눈다는 것은 있을 수 없는 일이었다(18절).

4:8 **먹을 것을 사러** 예수와 그의 제자들이 사마리아인한테서 음식을 구입하고자 한 것을 보면, 엄격한 유대인이 버림받은 사마리아 사람이 손을 댄 음식은 구입하지 않는다는 자의적인 규율에 이들이 얽매이지 않았다는 것을 보여준다.

4:10 **생수** 이 단어의 배후에는 구약성경이 있는데, 중요한 은유적 의미를 지닌다. 예레미야 2:13에서 여호와는 불순종하는 유대인이 '생수의 근원되신' 여호와를 버린 것을 꾸짖으신다. 구약 선지자들은 "생수가 예루살렘에서 솟아날" 날을 내다보았다(겔 47:9; 슥 14:8). 구약의 이 은유는 씻음, 영적인 생명, 성령의 변화 능력을 제공하는 하나님의 은혜와 그분을 아는 지식을 말한다(참고. 사 1:16-18; 12:3; 44:3; 겔 36:25-27). 요한은 이 주제를 예수 그리스도께 적용시킨다. 곧 예수 그리스도가 생수이며, 이 생수는 그리스도에게서 오는 성령이 전달해주는 영생의 상징이라는 것이다(참고. 14절; 6:35; 7:37-39). 예수는 이 황량한 지역에서 생명을 유지하려면 물리적인 물이 필요하다는 점을 예로 들어 그녀에게 영적 변화가 필요하다는 객관적 교훈을 주신 것이다.

4:15 이 여인도 니고데모와 마찬가지로(3:4) 예수의 말씀이 영적 필요에 대한 것임을 깨닫지 못했다. 도리어 그녀는 마음속으로 야곱의 우물로 자주 물을 길으러 오지 않기 위해 물리적 물을 원했다.

4:16 **네 남편을 불러 오라** 이 여인이 생수가 무엇인지 이해하지 못하자(15절), 예수는 갑자기 대화의 주제를 바꿔 그녀에게 정말로 필요한 것이 회심과 죄로부터의 씻음이라는 영적 문제에 초점을 맞추셨다. 예수가 도덕적으로 타락한 그녀의 삶에 대한 상세한 지식을 가지고 계셨다는 것은 예수의 초자연적 능력을 보여줄 뿐 아니라 예수가 그녀의 영적 상태에 초점을 맞추고 계셨음을 뜻한다.

4:18 **네 남편이 아니니** 그녀는 당시에 한 남자와 동거하고 있었으나 예수는 그가 그녀의 남편이 아니라고 말씀하셨다. 이런 진술을 통해 주님은 두 사람이 함께 살면 혼인이 성립된다는 생각을 부정하셨다. 성경에 따르면 결혼은 언제나 공개적·정식적·공적으로 이루어지는 언약이다.

4:19 **내가 보니 선지자로소이다** 그녀의 삶에 대한 예

수의 지식은 그분의 초자연적 통찰을 보여준다.

4:20 **이 산에서** 유대인과 사마리아인은 하나님이 그들의 조상에게 예배를 위한 특별한 장소를 고르라는 명령을 받았음을 인정했다(신 12:5). 히브리 정경 전체를 받아들이는 유대인은 예루살렘을 선택했다(삼하 7:5-13; 대하 6:6). 모세오경만 인정하는 사마리아인은 아브라함이 하나님을 위해 처음으로 제단을 만든 곳이 세겜임을 주목했다(창 12:6, 7). 이 세겜은 이스라엘 백성이 약속의 땅에 들어가기 전 하나님이 약속하신 축복을 외쳤던 그리심산 저편에 있었다(신 11:29, 30). 그 결과 그들은 그리심산을 그들의 성전을 위한 장소로 정했다.

4:21 **이 산에서도 말고 예루살렘에서도 말고** 장소 문제로 논쟁할 이유가 전혀 없었다. 그 두 곳이 곧 힘을 잃을 것이고, 진정으로 하나님을 예배하는 사람들에게 그 두 곳 모두 아무 역할도 못할 것이기 때문이다. 예루살렘은 성전과 함께 파괴될 것이다(주후 70년).

4:22 **너희는 알지 못하는 것** 사마리아인은 하나님을 알지 못했다. 그들은 하나님의 충만한 계시를 가지고 있지 않았으며, 따라서 진리 안에서 예배할 수가 없었다. 유대인은 구약에서 하나님의 충만한 계시를 가지고 있었으므로 자기들이 예배하는 하나님을 알고 있었다. 구원의 진리가 그들에게 먼저 오고(*눅 19:9에 대한 설명을 보라*) 그들을 통해 세상으로 퍼져나가야 했기 때문이다(참고. 롬 3:2; 9:4, 5).

4:23 **참되게 예배하는 자들** 예수 말씀의 핵심은, 어떤 특정한 성전이나 장소에 의해서가 아니라 그리스도가 메시아와 구주로 오신 사실에 비춰 아들을 통해 아버지께 예배하는 자가 참된 예배자라는 것이다. 그리스도가 오심으로 말미암아 장소에 따라 참된 예배자와 거짓된 예배자를 나누던 구분은 사라졌다. 아들을 통하여 진정으로 하나님을 예배하는 사람은 어디에 있든지 참된 예배자다(참고. 빌 3:3). **때** 이것은 예수의 죽음과 부활, 승천을 통해 구속이 완성되는 것을 가리킨다.

4:24 **하나님은 영이시니** 이 어구는 하나님의 특성을 영으로 규정하는 고전적 진술의 대표다. 이는 사람의 물리적 또는 물질적 성격(1:18; 3:6)과 반대로 하나님은 보이시지 않는다는 의미다(골 1:15; 딤전 1:17; 히 11:27). 이 어구의 어순에서 '영'이 강조되고 있으며, 이 진술 자체에 원래 강세가 주어지고 있다. 하나님이 성경과 성육신을 통해 자신을 계시하시지 않았다면 사람은 보이지 않는 그분을 인식할 수 없었다. **영과 진리로** 영은 성령을 말하는 것이 아니라 사람의 영을 가리킨다. 여기서 예수 말씀의 요점은, 사람은 종교적 규율이나 장소에 맞춰서(외적인 것) 예배하기만 하면 되는 것이 아니라 내적으로("영으로") 정당한 마음의 태도를 가지고 예배해야 한다는 것이다. "진리"가 가리키는 것은 계시된 성경과 일치되며 궁극적으로 아버지를 계시하시는(14:6) '육신을 입은 말씀'을 중심으로 하나님께 예배하는 것이다. **예배할지니라** 예수는 예배에서의 바람직한 요소가 아니라 절대적으로 필요한 요소를 말씀하고 계신 것이다.

4:25 **메시아** 사마리아인 역시 메시아가 오시리라는 것을 알고 있었다.

4:26 **네게 말하는 내가 그라** 메시아에 대해 그런 어리석은 정치적·군사적 견해를 가지고 있던(참고. 10:24; 막 9:41) 유대 백성에게 이런 선언을 회피하신 건 예수의 관행이었으나, 여기서는 자신을 메시아라고 직접적으로 선언하셨다. 여기서 '그'라는 말이 헬라어에는 없다. 예수가 하신 말씀은 문자적으로 '네게 말하는 나이다'가 된다. 여기 등장하는 '나이다'라는 표현은 8:58을 상기시킨다(*이 구절에 대한 설명을 보라*). 이 선언이 사마리아 여인에 대한 이야기의 핵심을 이룬다.

4:27-42 이 단락은 자신이 메시아라는 예수님의 주장을 증거를 제시하여 그분이 메시아임을 더 강하게 보여준다. 요한은 예수가 진정한 메시아요 하나님의 아들이라는 다섯 가지의 참되지만 미묘한 증거들을 제시하여 20:31의 주제를 강조한다. 첫째, 그분이 모든 것을 즉시 통제하심(27절), 둘째, 여인에게 그분이 준 영향력(28-30절), 셋째, 아버지와 맺고 있는 긴밀한 관계(31-34절), 넷째, 사람들의 영혼을 들여다보는 능력(35-38절), 다섯째, 사마리아 사람들에게 끼친 인상(39-42절) 등이다.

2. 제자들에게 증거하심(4:27-38)

4:27 **이 때에** 제자들이 더 일찍 돌아왔다면 방해를 받아 대화가 중단되었을 것이다. 또한 그들이 더 늦게 돌아왔다면 그녀가 떠나고 그들은 예수가 자신의 메시아직을 선언하는 말을 듣지 못했을 것이다. 이런 사실은 당시 상황을 예수가 신성하게 통제하고 계셨음을 드러낸다.

4:28-31 **사람들에게** 예수께 큰 충격을 받은 그녀에게 자신의 나쁜 평판으로 말미암아 지금까지 교류를 피해 왔던 마을 사람들과 그 소식을 나눠야겠다는 강한 소원이 일었다. 그녀의 증언과 그 자신의 삶에 대한 솔직한 태도로 말미암아 마을 사람들이 직접 예수를 보러 나왔다.

4:32, 33 **내게는…먹을 양식이 있느니라** 실제 물에 대한 예수의 말씀을 사마리아 여인이 오해했던 것처럼(15절) 예수의 제자들도 실제 양식만을 생각했다. 요한

은 종종 그런 오해를 드러내는 것으로 자신의 복음서에 대한 논증을 제시하곤 했다(예를 들면 2:20; 3:3).

4:34 나의 양식은 나를 보내신 이의 뜻을 행하며 예수가 신명기 8:3을 상기시키고 계심이 거의 확실하다. 그 구절에서 모세는 "사람이 떡으로만 사는 것이 아니요 여호와의 입에서 나오는 모든 말씀으로 사는 줄을 네가 알게 하려 하심이니라"고 말했다(참고. 마 4:4; 눅 4:4). 사마리아 여인과 말씀하실 때 예수는 아버지의 뜻을 행하고 계셨으며, 따라서 단순한 물질적 양식이 제공할 수 없는 더 큰 활기와 만족을 얻으셨다(5:23, 24; 8:29; 17:4). 하나님의 뜻에 대한 순종과 의존은 예수의 전 생애에 대한 요약이었다(엡 5:17). 그분이 이루어야 하는 하나님의 뜻이 6:38-40에 설명되어 있다(*6:40에 대한 설명을 보라*).

4:35 넉 달이 지나야 추수할 때가 이르겠다 이 사건은 통상적인 봄 추수(4월 중순)가 있기 넉 달 전인 12월이나 1월에 일어났을 것이다. 농작물은 11월에 파종되어 12월이나 1월이면 밭은 초록색 옷을 입는다. 예수는 밭에서 자라 추수를 기다리는 농작물이 그들을 둘러싸고 있는 당시 상황에 빗대어, 잃어버린 자들에게 자신이 급히 복음을 전해 '추수'해야 한다는 객관적 교훈을 주셨다. 예수는 그 순간 거기에 나타난 사마리아 여인과 수가 성 사람들(30절)을 가리키셨는데("눈을 들어"), 그들이 급히 '모아야' 하는(즉 복음을 전파해야 하는) 무르익은 곡식처럼 보였다. **희어져 추수하게 되었도다** 자라는 곡식 위에 덮인 흰색은 줄기에 달린 하얀 알곡 같아서 추수할 준비가 되었다는 표시처럼 보였다. 예수는 모든 사람의 마음을 아셨으므로(2:24), 그들이 구원을 위해 준비되었다고 말씀하실 수 있었다(참고. 39-41절).

4:36-38 주님이 제자들에게 요구하신 복음 전파 사역에는 보상의 약속이("삯") 포함되어 있다. 그 보상은 영원한 기쁨을 가져다주는 열매(36절), 함께 특권을 나누는 사귐이다(37, 38절).

3. 사마리아인들에게 증거하심(4:39-42)

4:42 세상의 구주 이 표현은 요한일서 4:14에도 등장한다. 이 절은 사마리아 여인 이야기의 절정을 이룬다. 예수가 메시아요 하나님의 아들임을 입증하는 요한복음의 여러 증인들 가운데서 사마리아인은 또 다른 증인들이 되었다. 이 이야기는 타문화권 복음 전파의 최초 사례가 되었다(행 1:8).

F. 갈릴리에 소개함(4:43-54)

1. 갈릴리인들의 영접(4:43-45)

4:43-54 예수가 왕을 보필하는 신하의 아들을 고치신 이야기는 요한이 예수의 정체를 더욱 분명히 드러내어 독자에게 믿음을 일으키기 위해 사용한 여덟 가지 주요 '표적' 가운데 두 번째다(54절). 이 이야기 속에서 예수는 그리스도를 믿기 위해 기적적인 표적이 필요했던 신하의 불신앙을 꾸짖으셨다(48절). 어떤 사람들은 이 이야기가 백부장의 종을 고친 이야기(마 8:5-13; 눅 7:2-10)와 같다고 말하지만, 이것이 공관복음의 기록과는 다른 사건임을 입증하기에 충분한 차이점이 있다. 다음은 그 차이점이다. 첫째, 왕을 보필하는 신하의 아들이 이방인이었다는 아무런 증거가 없다. 둘째, 치료받은 이는 왕을 보필하는 신하의 종이 아니라 그의 아들이었다. 셋째, 예수는 백부장보다(마 8:10) 왕을 보필하는 신하의 믿음에 대해 훨씬 더 부정적이셨다(48절). 이 단락은 예수가 불신앙을 관찰하심(43-45절), 예수가 불신앙과 대면하심(46-49절), 예수가 불신앙을 정복하심(50-54절) 등 세 부분으로 나눌 수 있다.

4:43 갈릴리로 가시며 사마리아에서 이틀을 지내신 후 예수는 3절에서 시작한 여행을 재개하여 갈릴리로 가셨다.

4:44 선지자가 고향에서는 높임을 받지 못한다 이 격언(또한 마 13:57; 막 6:4에 등장함)은 사마리아 사람들의 신앙적인 태도를(39절) 예수의 본향 갈릴리(또한 유대) 사람들이 보인 불신앙과 대비시킨다. 그들의 죽은 듯한 신앙은 예수가 행하시는 기적에 크게 의존하고 있었다(48절). 사마리아에서 예수는 복음 전파 사역에서 처음으로 무조건적이고 저항 없는 성공을 거두셨다. 하지만 자기 백성의 마음은 그분께 열리지 않고 도리어 완고한 태도를 보여주었다.

4:45 갈릴리인들이 그를 영접하니 요한의 이 말은 풍자였을 것이다. 특별히 이 절을 둘러싼 44, 48절의 문맥을 보면 그런 생각이 든다. 그들의 영접은 예수를 메시아로 믿기보다 '절기'에 그랬던 것처럼(*2:23-25에 대한 설명을 보라*) 기적을 보는 것이 주요 관심사인 사람들의 태도로 보인다.

2. 두 번째 표적, 귀인의 아들을 고치심(4:46-54)

4:46 갈릴리 가나 45절의 말이 포함하고 있는 풍자는 예수가 최근에 가나의 혼인 잔치에서 기적을 행하셨다는 사실을 통해 더 확실하게 드러난다. 사람들은 믿음의 반응을 보이기는커녕 더 많은 기적을 요구했다(*48절에 대한 설명을 보라*). 그들의 영접에 대한 근거는 극히 치졸

타문화권 복음 전파

사마리아 여인과 온 마을이 그리스도를 믿게 된 이야기에서 예수는 추수와 일꾼의 필요성을 말씀하셨다(4:35). 예수는 밭에서 자라 추수를 기다리는 농작물이 그들을 둘러싸고 있는 당시 상황에 빗대어, 잃어버린 자들에게 급히 복음을 전해 '추수'해야 한다는 객관적 교훈을 주셨다. 이 사건은 통상적인 봄 추수(4월 중순)가 있기 넉 달 전인 12월이나 1월에 일어났을 것이다. 농작물은 11월에 파종되어 12월이나 1월이면 밭은 초록색 옷을 입는다. 예수는 그 순간 거기에 나타난 사마리아 여인과 수가성 사람들(30절)을 가리키셨는데("눈을 들어"), 그들은 급히 '모아야' 하는(즉 복음을 전파해야 하는) 무르익은 곡식처럼 보였다. 희어져 추수하게 되었다는 것은 자라는 곡식 위에 덮인 흰 색은 줄기에 달린 하얀 알곡 같아서 추수할 준비가 되었다는 뜻이다. 예수는 모든 사람의 마음을 아셨으므로(2:24), 그들이 구원을 위해 준비되었다고 말씀하실 수 있었다(참고. 39-41절).

이 이야기는 타문화권 복음 전파의 최초의 사례가 되었다(행 1:8). 주님이 제자들에게 요구하신 복음 전파 사역에는 그때나 지금이나 보상의 약속("삯")이 포함되어 있다. 그 보상은 영원한 기쁨을 가져다주는 열매(36절), 함께 특권을 나누는 사귐이다(37, 38절).

사마리아 여인과 말씀하실 때 예수는 아버지의 뜻을 행하고 계셨으며, 따라서 단순한 물질적 양식이 제공할 수 없는 더 큰 활기와 만족을 얻으셨다(34절). 하나님의 뜻에 대한 순종과 의존은 예수의 전 생애에 대한 요약이었다(엡 5:17). 이것은 그리스도를 따르는 모든 사람에게도 동일하게 적용된다.

했다. **왕의 신하** 헬라어의 뜻은 '왕의 관리'이며, 이 사람은 주전 4년부터 주후 39년까지 갈릴리 분봉 왕이었던 헤롯 안디바를 공식적으로 보좌하는 어떤 사람을 가리키는 듯 보인다. **가버나움에서 병들었더니** 가버나움은 가나에서 북동쪽으로 약 25.8킬로미터 되는 곳에 있었다.

4:47 **청하되** 이는 그가 예수께 자기 아들을 고쳐주시기를 반복해 간청했다는 것을 보여준다. 그는 필사적으로 예수께 다가오기는 했지만 그분이 누구인지에 대해서는 거의 생각하지 않았다. 46절에 비춰볼 때 왕의 신하를 예수께로 향하게 한 이유는 예수가 기적을 행한다는 사실이었지 그분을 메시아로 받아들인 것은 아니었다.

4:48 **너희는 표적과 기사를 보지 못하면** 여기에서 '너희'는 복수다. 예수의 이 말씀은 왕의 신하만을 향한 것이 아니라 갈릴리 사람 전체를 향한 것이다(*45, 46절에 대한 설명을 보라*). 갈릴리 사람들의 태도는 근본적으로 잘못된 것이었다. 그들은 그리스도가 누구신지에 대해서는 무관심하면서 지속적으로 기적적 표적을 보여달라는 요구를 하고 있다. 그런 태도는 깊은 불신앙의 상태를 드러낼 뿐이다.

4:50 **네 아들이 살아 있다** 예수는 왕을 보필하는 신하의 아들을 치료하심으로써 갈릴리 사람들의 불신앙에 응답하셨다. 이는 예수의 자비를 드러낼 뿐 아니라 기적을 요구하는 그런 불신앙적 태도에 대해 놀라운 은혜도 드러내신 것이다.

4:52 **일곱 시에** 정오부터 시간을 계산하면 저녁 7시다. *6절에 대한 설명을 보라.*

4:53 **그 때인 줄** 왕을 보필하는 신하의 아들이 병에서 나은 것은 정확하게 그가 예수와 이야기를 나누던 때였다. 이 사실이 그 신하의 믿음을 굳건하게 만들었으며, 그 결과로 "온 집안"이 다 예수를 믿게 되었다.

하나님의 아들에 대한 반대 (5:1-12:50)

A. 예루살렘 절기 때의 반대(5:1-47)

1. 세 번째 표적, 반신불수를 고치심(5:1-9)

5:1-7:52 이 기록은 메시아인 예수에 대해 관찰과 주저함(3:26; 4:1-3)의 태도를 보이던 사람들이 노골적으로 배척하는 태도로 나아가는 것을 보여준다(7:52). 예수에 대한 반대는 안식일에 병 고치는 문제에 대한 논쟁을 시작으로(1-18절), 6장에서는 많은 제자가 예수를 버리는 사건으로 비화되고(6:66), 결국 7장에서는 공식적인 반대로 굳어져 종교지도자들이 그분을 체포하려고 하지만 그 일을 이루지 못한다(7:20-52). 그러므로 이 부분은 예수를 메시아로 인정하기를 거절했다는 것을 드러내 보여준다.

5:1-18 예수에 대한 반대가 표면 아래서 들끓고 있는 상태에서(예를 들면 2:13-20), 베데스다 못에서 예수가 병을 고친 일은 팔레스타인 남쪽 지방에서 공개적으로

예수에 대한 적대감을 드러내는 분명한 계기가 되었다. 이 단락은 기적(1-9절), 핍박받는 주님(10-16상반절), 살해 계획(16하-18절) 등 세 부분으로 나눌 수 있다.

5:1 **유대인의 명절** 요한은 반복적으로 자신의 서술을 다양한 유대인의 절기와 연결시킨다[2:13(유월절), 6:4(유월절), 7:2(장막절), 10:22(하누카 곧 수전절), 11:55(유월절)]. 그러나 여기서는 이 일이 어느 절기에 일어난 것인지 밝히지 않고 있다.

5:2 **양문** 이는 느헤미야 3:1, 32; 12:39에서 말하는 문으로 보인다. 그것은 북동쪽 모퉁이 바로 서쪽의 북쪽 면으로 나 있는 조그만 문이었다. **베데스다** '쏟아짐의 집'이라는 뜻의 히브리어(아람어)를 헬라어로 음역한 것이다. **못이 있는데** 어떤 사람들은 요한이 여기서 '있다'라는 현재형을 사용한 것은 당시에 문이 아직 있었다는 뜻이므로 그가 복음서를 쓴 것이 주전 70년 예루살렘이 멸망하기 전이라고 주장한다. 그러나 요한은 자주 과거의 사건에 현재 시제를 사용하는 '역사적 현재'라고 불리는 방법을 사용하므로 이 주장은 근거가 없다. 저술의 시기에 대해서는 서론의 '저자와 저작 연대'를 보라.

5:3 **누워** 당시에는 몸이 불편한 사람들이 이 못을 찾는 풍습이 있었다. 때로 샘의 물이 못에 공급되면서 물이 출렁거리기도 했다(7절). 고대의 어떤 증언에 따르면 못의 물이 미네랄 때문에 붉게 보였으며, 그 결과 치료 효과가 있다고 여긴 듯하다.

5:3하, 4 3하반절의 "물의 움직임을 기다리니"라는 말은 4절과 함께 원래 복음서에는 없던 말이다. 가장 오래되었고 가장 권위 있는 헬라어 사본은 초기의 다른 판본들과 함께 이 부분을 포함시키지 않았다. 요한의 글들에 나타나지 않는 단어와 표현이 있다는 사실 역시 이 부분을 포함시키지 말아야 함을 가리킨다.

5:5 **서른여덟 해** 요한이 이 숫자를 밝힌 것은 이 사람을 허약하게 만든 이 질병의 심각성을 강조하기 위해서다. 거의 40년간 많은 사람이 그의 질병을 목격했으므로, 예수가 고치셨을 때 모든 사람은 그것이 진짜 병 고침이라는 것을 알았다(참고. 9절).

5:6 **아시고** 이는 그 사람의 상태에 대한 초자연적인 지식을 뜻한다(1:47, 48; 4:17). 예수는 많은 병자 가운데 그 사람을 선택하셨다. 주권적인 우선권은 항상 예수께 있으며, 이 선택에 대해 어떤 이유도 말씀하시지 않는다.

5:8 **자리** 즉 '매트'는 보통 짚으로 만들었는데 건강한 사람이 들고 다닐 수 있을 만큼 가벼웠다(참고. 막 2:3). **일어나…들고 걸어가라** 이와 똑같은 방식으로 창조 시 세상을 존재하게 했으며(창 1:3), 예수의 이 말씀은 치유의 힘을 발휘했다(참고. 1:3; 8:58; 창 1:1; 골 1:16; 히 1:2).

5:9 **자리를 들고 걸어가니라** 이 어구는 그 치료가 완벽했음을 강조한다(참고. 5절).

2. 유대인의 배척(5:10-47)

5:10, 11 구약은 안식일에 일하는 것을 금했지만 '일'이 무엇인지 구체적으로 규정하지는 않았다(출 20:8-11). 성경은 사람이 통상적으로 하는 직업적인 활동을 '일'로 간주하는 것으로 보이지만, 랍비들은 구전으로 이어져 구약이 말하지 않는 서른아홉 가지에 달하는 해선 안 되는 일을 정했다(미쉬나 *샤바트* 7:2; 10:5). 거기에는 한 곳에서 다른 곳으로 어떤 것도 들고 가서는 안 된다는 조항이 포함되어 있다. 그러므로 이 사람은 구약의 법을 어긴 것이 아니라 구전을 어긴 것으로 봐야 한다(*16절에 대한 설명을 보라*).

사람들이 좋아하는 열 가지 신화

번호	신화	찾아볼 성경 구절
1	예수 그리스도는 위대한 도덕 선생일 뿐이다	마 13:34-35
2	예수가 죽음에서 부활했다는 증거는 없다	마 28:1-10
3	과학은 기독교 신앙과 충돌한다	요 4:48
4	무얼 믿든지 무방하며, 모든 종교는 근본적으로 똑같다	행 4:12
5	기독교는 단지 연약한 사람을 위한 지푸라기일 뿐이다	고전 1:26
6	사람은 사회적 조건에 따라 기독교인이 된다	고전 15:9-10
7	기독교는 개인의 자유를 억압한다	갈 5:1-12
8	기독교는 내세적이며 오늘날의 생활에는 적실성이 없다	히 12:1-2
9	성경은 신빙성이 없으며 믿을 수 없다	벧후 1:16
10	세상의 모든 악과 고통은 하나님이 존재하지 않는다는 증거다	계 20:1-10

5:10 옳지 아니하니라 이 어구는 예수 당시의 유대교가 경건한 위선으로 타락했음을 드러낸다. 주 예수는 그런 위선에 특별히 분노하셨으며(참고. 마 22, 23장), 이 사건을 계기로 유대교의 극단적인 율법주의에 맞서는 국가적 회개의 필요성을 드러내셨다.

5:14 더 심한 것이 생기지 않게 다시는 죄를 범하지 말라 여기서 예수 말씀의 핵심은 죄가 필연적인 결과를 초래한다는 것이다(참고. 갈 6:7, 8). 성경에서 모든 질병이 죄의 결과가 아니라는 것을 분명히 밝히고 있지만(참고. 9:1-3; 눅 13:1-5), 때로는 죄가 사람의 도덕적 상태와 직접 연결되기도 한다(참고. 고전 11:29, 30; 약 5:15). 예수는 이 점을 부각시키기 위해 이 사람을 선택하셨을 수도 있다.

5:16 안식일에 예수는 하나님의 법을 어기시지 않았다. 하나님의 법에는 안식일에 선행을 베풀면 안 된다는 규정이 없기 때문이다(막 2:27). 하지만 예수는 유대인이 발전시킨 구전, 즉 '사람의 유전'을 무시하셨다(참고. 마 15:1-9). 예수는 하나님께 드리는 참된 예배에 눈멀게 만든 유대인의 종교적 위선과 대결하기 위해 의도적으로 안식일에 병을 고치셨을 것이다(예수가 그들과 충돌하신 진짜 이유를 알고자 한다면 17-47절을 보라. 또한 *10, 11절에 대한 설명을 보라*). **박해하게 된지라** 이 동사의 시제는 유대인이 반복해 예수를 박해했음을 말해준다(즉 지속적인 적대 행동). 예수가 안식일에 병을 고쳤다고 해서 한 번 미워하고 만 것이 아니었다(참고. 막 3:1-6).

5:17-47 이 단락은 예수가 유대인의 종교적 위선에 맞서신 궁극적인 이유가 그들에게 자신이 누구인지를 선포하기 위한 기회를 잡기 위해서였음을 보여준다. 그리스도가 직접 자신의 신성을 진술하신 단락으로 이것은 성경에서 가장 위대한 기독론적 설교 중 하나다. 여기서 예수는 자신이 하나님과 동등하다는 것을 다섯 가지로 선언하신다. 첫째, 인격에 있어 하나님과 동등하다(17, 18절). 둘째, 하는 일에 있어 하나님과 동등하다(19, 20절). 셋째, 능력과 주권에 있어 하나님과 동등하다(21절). 넷째, 심판에 있어 하나님과 동등하다(22절). 다섯째, 영예에 있어 하나님과 동등하다(23절).

5:17 이 말씀의 요점은 자신이 안식일을 범했든 범하지 않았든 하나님은 계속 일하고 계시며, 예수 자신도 계속 일하셨으므로 자신이 하나님일 수밖에 없다는 것이다. 나아가서 하나님은 피곤해지는 일이 없으므로 안식일이 필요치 않다는 것이다(사 40:28). 예수의 자기 변호가 타당하려면 하나님께 적용되는 요소가 자신에게도 적용되어야 한다. 예수가 안식일의 주인이다(마 12:8)! 흥미롭게 랍비들도 하나님이 우주를 유지하고 계시기 때문에 하나님의 일은 안식일에도 쉬는 일이 없다는 것을 인정했다.

예수가 안식일에 병을 고치신 경우

1. 마 12:9-14(막 3:1-6; 눅 6:6-11): 손 마른 사람
2. 눅 4:31-41: 귀신을 쫓아내심, 시몬의 장모의 병을 고치심, 많은 사람을 고치심
3. 눅 13:10-17: 귀신 들려 앓으며 꼬부라진 여인
4. 눅 14:1-6: 수종병 든 남자
5. 요 5:1-18: 걷지 못하는 남자
6. 요 9:1-23: 맹인인 남자

5:18 이 절은 예수가 자신을 하나님이라고 한다는 것을 유대인이 즉시 알아챘음을 확증해준다(*17절에 대한 설명을 보라*).

5:19 진실로 진실로 참고. 24, 25절; 1:51. 이 표현은 '내가 너희에게 진리를 말한다'는 것을 강조하고 있다. 예수는 자신이 하나님과 동등하다는 자신의 말에 대한 유대인의 적의를 대면하셨음에도 두려움 없이 힘 있고 강하셨다. 예수는 안식일에 병을 고친 사건을 곧바로 성부와 연결시키셨다. 아들은 아버지가 하시는 모든 일에 합치되는 일만 하기 때문에 아들은 아버지에게 거슬리는 어떤 독자적인 행동도 하지 않는다. 예수는 아버지가 하시는 일을 할 수 있는 유일한 인물은 아버지만큼 클 수밖에 없다는 의미로 말씀하신 것이다.

5:20 더 큰 일 이것은 죽은 자를 살리시는 전능한 일을 가리킨다. 하나님은 그런 능력을 갖고 계시며(참고. 왕상 17:17-24; 왕하 4:32-37; 5:7) 주 예수도 마찬가지다(21-29절; 11:25-44; 14:19; 20:1-18).

5:23 아버지를 공경하는 예수는 자신에 대한 유대인의 공격 방향을 되돌려 다름 아닌 그들이 신성모독의 죄를 범하고 있다고 말씀하신다. 예수는 아버지를 공경하는 유일한 길은 아들을 받아들이는 것임을 천명하셨다. 그러므로 아들을 거부한 유대인이야말로 하나님을 모독한 사람들이었다. **아들을 공경하게** 이 절은 하나님이 모든 심판을 아들에게 맡기신 이유를 보여준다(22절). 그것은 아버지를 공경하듯 아들을 공경하도록 하기 위해서다. 이 절은 예수가 왕의 이름을 빙자하여 행동하는 단순한 대사가 아니라 성부와 완전하고 충만한 동등성을 가진다고 선언한다(참고. 빌 2:9-11).

5:24 사망에서 생명으로 옮겼느니라 이것은 예수가 자신이 원하는 사람에게 생명을 주신다는 21절의 진리를 발전시키고 있다. 그 생명을 받은 사람들이 말씀을 듣

고 아버지와 아들을 믿게 되었음이 여기서 밝혀진다. 그들은 영생을 가진 사람들이며, 결코 정죄당하지 않을 것이다(롬 8:1; 골 1:13).

5:25-29 이 단락의 주제는 부활이다. 예수는 구원의 여부와 상관없이 모든 사람이 실제로 몸으로 부활할 것을 말씀하셨다. 그러나 육체적 부활만이 아니라 영생에 이르는 영적 부활("거듭남")을 경험하는 것은 오직 구원받은 사람들뿐이다. 구원받지 못한 사람들은 심판의 부활을 할 것이며 하나님과 영원히 분리되는 형벌, 곧 두 번째 죽음을 당할 것이다(참고. 계 20:6, 14; 21:8). 또한 이 단락은 예수 그리스도의 신성에 대한 증거를 보여준다. 아들은 부활의 능력을 가지고 있는데(25, 26절), 성부께서 그에게 온 인류를 심판하는 심판자의 지위를 주셨기 때문이다(27절). 다른 성경에 비춰볼 때 여기서 예수는 부활에 대한 일반적인 말씀을 하셨을 뿐 한 번 발생하는 전체 부활을 말씀하신 것이 아니다(*단 12:2; 고전 15:23; 살전 4:16에 대한 설명을 보라*).

5:25 **때가 오나니 곧 이 때라** 참고. 4:23. 이 절은 부활에 있어 이미/아직의 긴장을 드러낸다. 거듭난 사람은 영적으로 '이미' 부활했다["이 때라"(엡 2:1; 골 2:13)]. 하지만 미래 몸의 부활은 '아직' 일어나지 않았다["때가 오나니"(고전 15:35-54; 빌 3:20, 21)].

5:26 **아버지께서…아들에게도…주어** 아들은 영원 전부터 생명을 줄 수 있는 권리를 가지고 있었다(1:4). 그런데 예수의 신성과 그분의 성육신은 구별된다. 예수는 사람이 되시면서 하나님의 속성과 특권을 독자적으로 행사할 권한을 자발적으로 포기하셨다(빌 2:6-11). 그런데 여기서 예수는 그의 인성에 있어서 성부께서 '생명을 주는' 능력, 곧 부활의 권능을 아들에게 주셨음을 천명하셨다(*20절에 대한 설명을 보라*).

5:27 **권한** 참고. 17:2; *마태복음 28:18에 대한 설명을 보라*.

5:29 **선한 일을 행한 자…악한 일을 행한 자** 여기서 예수는 행위에 의한 구원을 가르치신 것이 아니다(6:29을 보라). 이 문맥에서 "선한 일"은 아들을 믿음으로써 새로운 성품을 받아 선한 일을 하는 것이며(3:21; 약 2:14-20), "악한 일"은 아들을 거부하고(구원받지 못한 자) 빛을 싫어하여 악을 행하는 것이다(3:18, 19). 본질적으로 사람의 일은 어떤 사람이 구원받았는지 받지 못했는지를 증거할 뿐(*롬 2:5-10에 대한 설명을 보라*) 결코 구원을 결정하지 못한다.

5:30 **나를 보내신 이의 뜻** 하나님과 동등함에 대해 19절부터 말씀하신 모든 것을 요약하시면서 예수는 자신이 하는 모든 일은 아버지의 말씀과 뜻에 의지해 한 것이므로 자신의 심판은 의롭다고 선언하셨다(참고. 19, 20절).

5:32-47 이 단락의 배경은 신명기 17:6; 19:15로 증인이 문제의 진실성을 확증해야 한다는 것을 규정하는 부분이다(*1:7에 대한 설명을 보라*). 예수는 익숙한 주제, 곧 아들의 신분을 증언하는 증인에 대해 직접 언급하셨다. 세례 요한(32-35절), 예수의 일들(35, 36절), 아버지(37, 38절), 구약성경(39-47절) 등이 그것이다.

5:36 **내가 하는 그 역사** 참고. 10:25. 예수의 기적들은 그분의 신성과 메시아이심에 대한 증거였다. 그 기적들은 요한이 복음서에 기록한 주요 표적들이며, 요한은 이를 통해 20:30, 31의 목적을 이루려고 한 것이다(서론의 역사적·신학적 주제를 보라).

5:37 **아버지께서…증언하셨느니라** 참고. 마태복음 3:17; 마가복음 1:11; 누가복음 3:22.

5:39 **연구하거니와** 동사 '연구하다'는 명령으로도 이해될 수 있지만(즉 "성경을 연구하라"), 대부분의 사람은 이 번역처럼 직설법을 택한다. 이 동사는 '영생'을 찾기 위하여 성경을 부지런히 살핀다는 의미다. 하지만 예수는 그들의 노력에도 불구하고 하나님의 아들을 통하여 영생에 도달하는 참된 방법을 발견하지 못하는 비참한 지경에 떨어졌다고 지적하신다(*마 19:16-25에 대한 설명을 보라*. 참고. 14:6; 딤후 3:15). **내게 대하여 증언하는 것이니라** 참고. 45절. 그리스도가 성경의 주제다. *1:45에 대한 설명을 보라*.

5:40 **원하지 아니하는도다** 그들은 영생을 찾았지만 영생의 유일한 근원을 신뢰하려고 하지 않았다(참고. 24절; 1:11; 3:19).

5:41 **사람에게서 영광을 취하지** 예수가 유대인이 원하는 메시아가 되어 정치군사적 힘과 함께 기적과 양식을 공급했다면 그들로부터 영광을 받았을 것이다. 그러나 예수는 오직 하나님을 기쁘시게 하는 길만 찾으셨다(19절 이하).

5:43 **다른…오면 영접하리라** 유대 역사가 요세푸스는 주후 70년 이전에 스스로 메시아라고 일컫는 일련의 사람들이 일어났다고 기록한다. 이 절은 유대인이 참된 메시아를 거부한 것과 대조를 이룬다. 그들은 하나님을 사랑하지도 못하고 알지도 못하면서(42절) 사기꾼들을 기꺼이 받아들였기 때문이다.

5:46 **모세를…이는 그가 내게 대하여 기록하였음이라** 모세가 예수에 대해 기록한 내용이 많지만(예를 들면 신 18:15. 참고. 1:21; 4:19; 6:14; 7:40, 52) 예수는 모세오경 가운데서 어떤 특정한 구절을 언급하시지 않았다.

천상적인 치유의 능력

그리스도가 자신의 신성의 *독자적인* 행사를 포기하셨으므로 그분의 치유 능력은 성부 하나님으로부터 온 것이었다. 그것은 예수가 스스로 창출한 것이 아니다.

- 하나님의 성령에 힘입어 귀신을 쫓아내심 (마 12:28).
- 치유를 행하는 주님의 능력이 예수와 함께하심 (눅 5:17).
- 하나님의 손에 힘입어 귀신을 쫓아내심 (눅 11:20).
- "아들이…아무 것도 스스로 할 수 없나니" (요 5:19).
- "하나님께서 나사렛 예수로 큰 권능과 기사와 표적을 너희 가운데서 베푸사"(행 2:22)
- 하나님이 함께하심으로 그리스도가 병을 고치심(행 10:38)

B. 유월절 기간의 반대(6:1-71)

1. 네 번째 표적, 5,000명을 먹이심(6:1-14)

6:1-14 5,000명을 먹이신 이야기는 예수가 메시아요 하나님의 아들임을 증명하기 위해 요한이 기록한 네 번째 표적이다. 이것은 모든 복음서에 나오는 유일한 기록이다(마 14:13-23; 막 6:30-46; 눅 9:10-17). 요한이 공관복음서에 기록되지 않은 다른 정보들을 보완하고 제공하기 위해 이 복음서를 썼을 가능성이 매우 높은데(서론의 배경과 무대를 보라), 이 기적의 기록은 두 가지 면에서 전략적으로 매우 중요하다. 첫째, 이 기적은 다른 어느 기적보다도 그리스도의 창조 능력을 강력하게 증명해준다. 둘째, 이 기적은 예수 그리스도의 신성을 증명하려는 요한의 목적에 결정적인 도움을 주면서도 "생명의 떡"에 대한 예수의 설교(22-40절)의 무대를 제공해준다. 흥미롭게도 예수가 행한 창조의 기적, 곧 물로 포도주를 만든 기적(2:1-10)과 떡을 배가시킨 기적(1-14절)이 모두 성찬의 떡과 포도주와 관계가 있다(53절).

6:1 **그 후에** 5장과 6장 사이에 상당한 시간적 간격이 있었을 수도 있다. 만약 5:1의 절기가 장막절이었다면 그 사이에 여섯 달이 흐른 것이다(10월부터 4월). 만약 5:1의 절기가 유월절이었다면 이 두 장 사이에 일 년의 시간이 흐른 것이다. **갈릴리 바다** 6장은 구조에 있어 5장과 아주 유사하다. 두 장 모두 유대교 절기를 중심으로 발생했으며, 모두 예수의 신성에 대한 설교로 연결되기 때문이다. 5장이 남쪽의 유대와 예루살렘 주변에서 발생한 이야기라면 6장은 북쪽의 갈릴리 부근에서 발생한 이야기다. 두 장의 결과는 동일하다. 예수는 남쪽에서만 배척받은 것이 아니라 북쪽에서도 배척받으셨다. *21:1에 대한 설명을 보라.*

6:2 **표적을 보았음이러라** 군중이 예수를 따른 것은 믿음 때문이 아니라 행하신 기적에 대한 호기심 때문이었다(26절). 하지만 군중의 천박한 동기에도 예수는 그들에 대한 자비심으로 병을 치료하고 음식을 공급해 먹이셨다(참고. 마 13:14; 막 6:34).

6:7 **이백 데나리온** 1데나리온이 노동자 한 사람의 하루치 임금이었으므로 200데나리온은 약 여덟 달 치 임금에 해당되었다. 하지만 군중이 너무 많아서 그런 상당한 금액으로도 그들을 먹이기에 충분치 않았다.

6:10 **오천 명** 여자와 아이를 포함하지 않은 남자만 5,000명이었으므로 전체 숫자는 2만 명에 달했을 것이다.

6:14 **그 선지자** 군중은 신명기 18:15의 "나와 같은 선지자"를 가리켜 말했다. 슬프게도 예수가 병을 고치시고 그들을 먹이신 후에 나온 이 말은 그 백성이 요구한 메시아가 그들의 영적 필요보다는 물질적 필요를 채워주는 메시아였음을 나타낸다. 하나님 나라를 위한 영적 회개와 준비가 필요하다는 인식이 전혀 없었음이 분명하다(마 4:17). 그들은 자신들의 필요를 채워주고 자신들을 로마의 압제에서 해방시켜 줄 지상적이고 정치적인 메시아를 원했다. 그들의 반응은 자신들에게 아무것도 요구하지 않고(참고. 마 10:34-39; 16:24-26) 대신 자신들의 이기적인 요구를 들어줄 수 있는 '그리스도'를 원하는 많은 사람의 전형적인 모습을 보여준다.

2. 다섯 번째 표적, 물 위를 걸으심(6:15-21)

6:15 **자기를 억지로 붙들어 임금으로 삼으려는 줄** 예수가 제자들을 보내시고 군중을 떠나 홀로 산으로 올라가신 이유가 자기들의 병을 고치고 먹이는 것을 본 군중이 예수를 왕으로 삼으려고 한다는 것을 초자연적으로 아셨기 때문임을 밝힘으로써 요한은 마태와 마가의 이야기를 보완했다. 군중 심리에 휩쓸린 사람들은 하나님의 뜻에 위배되는 어리석은 정치적 의도를 밀고 나가려고 했다.

6:16-21 예수가 물 위로 걸으신 이야기는 예수가 메시아요 하나님의 아들임을 입증하려는(20:30, 31) 저자의 목적을 위해 준비된 다섯 번째 표적이다. 그 기적은 자연법에 대한 그분의 통치권을 통해 예수의 신성을 증명한다.

그리스도의 증인들

1. 세례 요한	1:6-8
2. 예수의 일들	5:36
3. 성부 하나님	5:37
4. 성경	5:39
5. 예수의 말씀	8:18
6. 성령 하나님	15:26
7. 그리스도의 제자들	15:27

6:17 **가버나움으로** 마태복음 14:22과 마가복음 6:45은 예수가 군중을 먹이신 직후 곧바로 제자들을 서쪽 가버나움으로 보내셨다고 한다(16, 17절).

6:18 **큰 바람이 불어** 갈릴리 바다는 해수면보다 213미터 낮은 곳에 있었다. 북쪽의 산지와 남동쪽의 고원 지대에서 몰려오는 찬 대기가 따뜻하고 습한 대기를 밀어내면서 호수에 풍랑이 일었다.

6:19 **예수께서 바다 위로 걸어** 공관복음서는 두려움과 어둠 속에서 제자들이 예수를 유령으로 착각했음을 보여준다(마 14:26; 막 6:49). 천지를 만드신 하나님의 아들은 자연의 힘을 통제하시는데, 이 경우에는 중력의 법칙을 정지시키신 것이다. 예수에게도 이 행동은 사소한 것이 아니었다. 이 행동이 예수의 참된 정체가 모든 피조물의 주권적 주님이라는 사실을 제자들에게 가르쳐 준 객관적 교훈이 되었기 때문이다(참고. 1:3).

6:21 **배는 곧 그들이 가려던 땅에 이르렀더라** 이 말은 물 위를 걸으신 것 외에 또 다른 기적이 일어났음을 보여준다. 즉 예수가 배에 오르시자마자 그 배는 가고자 하는 바로 그 지점까지 즉시 기적적으로 도착한 것이다.

3. 생명의 떡 이야기(6:22-71)

6:22-58 예수의 유명한 "생명의 떡" 설교다. 핵심 주제는 35절로(즉 "나는 생명의 떡이니"), 이 복음서에서 'I AM'이라는 7번 강조된 표현 가운데서(8:12; 10:7, 9; 10:11, 14; 11:25; 14:6; 15:1, 5) 첫 번째 것이다. 예수를 "생명의 떡"으로 비유하는 이 표현은 예수가 메시아요 하나님의 아들이라는 요한의 주제를 강화한다(20:30, 31). 요한은 예수의 신성을 확고히 하기 위해 기적들을 기록하지만 예수 그리스도가 누군지를 바로 밝히기 위해, 즉 그분이 단순히 기적을 행하는 자가 아니라 인류를 죄에서 건지기 위해 세상에 오신 하나님의 아들(3:16)이라는 것을 바로 밝히려고 예수가 영적으로 어떤 인물인지 보여주는 설교를 빠르게 소개한다. 이 설교가 행해진 곳은 가버나움의 회당이었다(59절).

6:22, 23 이 두 절은 예수의 병 고침과 군중을 먹이는 기적을 목격한 군중이 기적이 일어난 원래 장소(호수 동쪽)에 있었음을 보여준다. 그들은 크나큰 호기심으로 예수를 다시 보기 원했다. 디베랴(호수 북서쪽 해변)에서 사람들을 잔뜩 싣고 온 다른 배들 역시 기적에 대해 듣고 예수를 찾아온 사람들이 타고 있었다.

6:26 **떡을 먹고 배부른 까닭이로다** 이 절은 군중이 예수를 따른 것이 그분의 인물과 사명에 대한 참된 영적 의미를 알았기 때문이 아니라 음식에 대한 피상적인 욕구 때문이라는 예수의 말씀을 강조한다(8:14-21; 막 6:52).

6:27 **썩을 양식** 예수는 군중이 가지고 있던 메시아 왕국에 대한 순전히 물질주의적인 관념을 꾸짖으셨다(참고. 26절; 4:15). 언젠가는 메시아 왕국이 문자적이고 물리적으로 성취되겠지만, 백성은 자기 아들에 대한 하나님의 증언을 믿는 사람들에게 즉시 주어지는 가장 중요한 '영생'의 영적 특성과 복스러움을 깨닫지 못했던 것이다. **영생하도록 있는 양식** 계속되는 설교는 이 양식이 예수 자신임을 보여준다(35절).

6:28 **하나님의 일** 그들은 예수가 자기들에게 하나님은 영생을 얻기 위한 어떤 일을 요구한다고 말씀하신 것으로 생각했으며, 자기들은 그 일을 할 수 있다고 생각했다.

6:29 **믿는 것이 하나님의 일이니라** 군중이 27절에 나온 예수의 금령("일하지 말고")을 오해하고 있으므로 예수는 물질적 복에만 초점을 맞추는 것이 잘못이라는 점을 상기시켜야 했다. 하나님이 요구하시는 것은 오로지 예수를 메시아요 하나님의 아들로 믿는 것이다(참고. 말 3:1). 하나님의 요구는 아들을 믿는 것이었다(참고. 5:24).

6:30 **행하시는 표적이 무엇이니이까** 이 질문은 군중의 무감각, 영적으로 눈이 먼 상태, 그들의 피상적이고 이기적인 호기심을 보여준다. 2만 명을 먹이신 일(10절)은 그리스도의 신성을 증명하기에 충분한 표적이었다(참고. 눅 16:31).

6:31 **우리 조상들은…만나를 먹었나이다** 군중의 논리는 예수가 기적적으로 사람들을 먹이신 일이 모세가 한 일에 비하면 작은 기적에 불과하다는 것이다. 그들이 예수를 믿도록 하려면 광야를 방황하던 40년 동안 하나님이 만나를 내려 온 백성을 먹이셨던 것과 같은 규모로 예수가 이스라엘 백성을 먹이시는 기적이 필요했을 것이다(출 16:11-36). 그들은 자기들을 믿게 하려면 예수가 모세보다 더 큰 일을 해야 한다고 요구하고 있었다. 그들은 시편 78:24에서 이를 인용했다.

요한복음에 나오는 절기

1. 유월절 – 3월/4월(2:13, 23)
2. 유대인의 절기(5:1)
   모세 율법(출 23:14-17)은 유대인이 일 년에 3번 예루살렘에 올라갈 것을 요구했으며[유월절(3월/4월), 오순절(5월/6월), 장막절(9월/10월)] 5:1의 이 절기는 장막절이었을 것임
3. 유월절 – 3월/4월(6:4)
4. 장막절 – 9월/10월(7:2)
5. 수전절 – 11월/12월(10:22)
6. 유월절 – 3월/4월(11:55; 12:1; 13:1)

6:32 **하늘로부터 참 떡** 하나님이 주신 만나는 한시적이요 사라지는 것이었으며, 인류에게('세상') 영적이고 영원한 생명을 주시는 참 떡이신 예수 그리스도를 주신 것의 희미한 그림자일 뿐이었다.

6:33 **하나님의 떡** 이 말은 "하늘로부터 떡"(32절)을 주신 것과 같은 의미다.

6:34 **주여 이 떡을 항상 우리에게 주소서** 이 말은 다시 한 번 군중의 눈이 먼 상태임을 보여준다. 그들은 어떤 물질적인 떡만 생각하면서 예수가 바로 그 "떡"이라는 영적 의미를 이해하지 못했기 때문이다(참고. 4:15).

6:35 **나는 생명의 떡이니** 34절에서 드러났듯이, 군중이 깨닫지 못하기 때문에 예수는 그 떡이 자신을 가리킨다는 것을 명확하게 말씀하시지 않을 수 없었다.

6:37 **아버지께서 내게 주시는 자는 다 내게로 올 것이요** 이 절은 구원을 위해 자신에게 올 사람들을 선택하는 것은 하나님의 주권적인 뜻임을 강조한다(참고. 44, 65절; 17:6, 12, 24). 아버지께서는 구원받을 자들을 예정하셨다(*롬 8:29, 30; 엡 1:3-6; 벧전 1:2에 대한 설명을 보라*). 예수가 자기 사명의 성공을 확신하신 근거는 하나님의 절대적인 주권이다(*40절에 대한 설명을 보라*. 참고. 빌 1:6). 구원의 확실성은 하나님의 주권 안에 있다. 하나님이 택하신 '모든' 사람이 구원을 위해 그리스도께로 오리라는 것을 그분이 보장하시기 때문이다. "내게 주시는"이라는 개념은 하나님이 선택하셔서 자신에게 이끄시는 모든 사람(44절)이 아들을 향한 아버지의 사랑의 선물로 이해되어야 함을 나타낸다. 아들은 각각의 '사랑의 선물'을 받아서(37절) 각 사람을 지키시다가(39절) 각 사람을 영원한 영광으로 일으키실 것이다(39, 40절). 선택된 어떤 사람도 잃어버리시지 않을 것이다(*롬 8:31-39에 대한 설명을 보라*). 이 구원의 목적이 아버지의 뜻이며, 아들이 이 뜻을 완전히 이루지 못하는 일은 없다(38절. 참고. 4:34; 10:28, 29; 17:6, 12, 24).

6:40 **아들을 보고 믿는 자마다** 이 절은 구원에 있어 사람의 책임을 강조한다. 하나님이 주권을 쥐고 계시기는 하지만, 하나님은 믿음을 통해 일하시므로 사람은 예수를 유일한 구원의 길을 제공하는 메시아와 하나님의 아들로 믿어야 한다(참고. 14:6). 하지만 그 믿음마저도 "하나님의 선물"이다(롬 12:3; 엡 2:8, 9). 하나님의 주권과 인간의 책임을 지적으로 조화시키는 것은 인간적으로 불가능하지만, 하나님의 무한한 마음속에서 완전히 조화를 이룬다.

6:41-50 이 단락은 예수의 생명의 떡 설교에 대한 군중의 반응을 보여주는데, 군중의 불평(41, 42절)과 이 반응에 대한 예수의 꾸짖음(43-46절), 군중을 향한 예수의 메시지 반복(47-51절) 등 세 부분으로 나뉜다.

6:41 **자기가 하늘로서 내려온 떡이라 하시므로** 유대인의 분노는 두 가지 문제에 걸려 있었다. 첫째, 예수가 자신이 떡이라고 말씀하신 사실이다. 둘째, 자신이 하늘에서 내려왔다고 말씀하신 사실이다. 예수가 자신을 하나님과 동등한 위치에 놓자 예루살렘의 유대인(5:18)과 갈릴리 사람들이 모두 부정적인 반응을 보였다. **유대인** 이 복음서에서 *유대인(Jews)*은 그리스도에 대한 적대감과 자주 연결되어 있다. 이 표현은 그들이 자기 메시아에 대해 점점 적대감을 품게 되는 이상한 상황을 역설적으로 드러낸다. 그들이 자기 마음을 완고하게 했으므로 하나님 역시 공평하게 그들의 마음을 완고하게 만드셨다(참고. 12:37-40; 사 6:10; 53:1; 마 13:10-15). 환난 속에서 이스라엘은 그들의 참된 메시아인 예수께로 돌아와 구원받을 것이다(롬 11:25-27; 계 1:7; 7:1-8. 참고. 슥 12:10-14). **수군거려** 예수의 진술에 대해 회당에 모인 사람들의 반응은 만나를 받기 이전과 이후에 하나님을 향하여 불평을 늘어놓았던 광야의 유대인과 똑같다(출 16:2, 8, 9; 민 11:4-6).

6:42 **그 부모를 우리가 아는데** 인간의 수준에서 그들은 예수를 동료 갈릴리 사람으로 알고 있었다. 이 말씀은 4:44에서 예수가 하신 "선지자가 고향에서는 높임을 받지 못한다"라는 말씀을 생각나게 한다. 그들의 적대감은 불신앙이라는 뿌리에서 나온 것이다. 이런 적대감은 예수가 가시는 모든 곳에서 일어났는데, 이는 그분의 죽음이 멀지 않았음을 말해주고 있다.

6:44 **이끌지** 참고. 65절. 37상반절과 44절을 함께 보면 예수가 말씀하시는 하나님의 이끄심은 신학자들이 '선행적 은혜'라고 부르는 것, 곧 그리스도께 올 수 있는 능력이 모든 인류에 주어졌으며 따라서 사람들은 그들 자신의 의지만으로 복음을 받거나 거부할 수 있다고 하

요

는 이론으로 축소될 수 없다. 성경은 죄인의 성품에는 '자유 의지'가 없다고 가르친다. 이는 죄의 노예(전적 부패)인 사람이 하나님의 힘 주심이 없다면 믿을 수가 없기 때문이다(롬 3:1-19; 고후 4:4; 엡 2:1-3; 딤후 1:9). 원하는 사람은 누구든지 아버지께 올 수 있지만, 하나님께 오려는 의지의 능력을 그분으로부터 받은 사람만이 실제로 올 것이다. 여기서 이끄심은 선택적이며 하나님이 주권적으로 구원하기로 선택한 사람들에게서만 효과를 발휘한다. 즉 하나님이 선택하신 사람만이 믿을 것이다. 이는 하나님이 영원 전부터 그 결과를 주권적으로 정하셨기 때문이다(엡 1:9-11).

6:45 만약 누군가가 하나님을 향한 믿음과 회개를 보인다면 이는 그들이 하나님께 '가르침을 받아서' 그분께 이끌렸기 때문이라는 점을 더 설명하기 위해 예수는 이사야 54:13을 풀어 말씀하셨다. '이끎'과 '가르침'은 인간의 삶에서 하나님이 주권적으로 인도하시는 작용의 다른 측면일 뿐이다. 또한 하나님으로부터 가르침을 받아 진리를 깨달은 사람은 성부 하나님의 이끄심을 받아 그분의 아들을 맞아들이게 된다.

6:49, 50 예수는 땅의 떡과 하늘의 떡을 대비시키셨다. 광야에서 그들이 받았던 만나는 이스라엘 백성의 물리적인 필요를 만족시키기 위해 하늘로부터 내려왔지만, 메시아 예수라는 존재로 하늘에서 내려온 "생명의 떡"(48절)처럼 영원한 생명을 주지 못했고 그들의 영적 필요를 채워주지도 못했다. 광야에서 만나를 먹은 모든 조상이 죽었다는 반박할 수 없는 사실이, 이 대조가 진실이라는 핵심 증거다.

6:51-59 이 단락은 예수의 선언(51절), 군중의 어리둥절함(52절), 예수의 약속(53-59절) 등 세 단락으로 나눌 수 있다.

6:51 이 선언은 33, 35, 47, 48절을 정확하게 반복하고 있다. **곧 세상의 생명을 위한 내 살이니라** 예수는 여기서 자신에게 임박한 십자가의 죽음을 예언적으로 가리키신다(참고. 고후 5:21; 벧전 2:24). 예수는 악하고 죄 많은 인간을 위해 기꺼이 자기 목숨을 내놓으셨다(10:18; 요일 2:2).

6:52 **다투어 이르되** 유대인의 어리둥절한 모습은 다시 한 번 그들이 예수가 예화로 든 말씀 속의 영적 진리를 이해하지 못했음을 보여준다. 예수가 그들에게 가려진 예화를 말씀하실 때마다 그것의 영적 의미를 이해하지 못했다(예를 들면 3:4; 4:15). 모세 율법은 피를 마시거나 아직 피가 빠지지 않은 고기를 먹는 것을 금했다(레 17:10-14; 신 12:16; 행 15:29). 물질적 관점을 초월하지 못한 유대인은 어리둥절해하며 분노했다.

6:53-58 **먹지…마시지** 예수 말씀의 요점은 문자적 의미가 아니라 영적 의미를 가진 비유였다. 먹고 마시는 것이 육체적 생명을 위해 필수적인 것과 마찬가지로 십자가 위에서 희생한 예수의 죽음에 대한 믿음은 영원한 생명을 위해 필수적이다. 예수의 살을 먹고 피를 마신다는 것은 십자가에서 예수가 이루시는 일을 받아들여야 한다는 것을 상징적으로 가르친다(참고. 행 17:1-3). 고집과 천별로 눈이 먼 유대인은 예수의 말씀 배후에 있는 참된 영적 의미를 볼 수 없었다. 나아가서 여기서 예수가 먹고 마시는 것을 언급하신 것은 두 가지 이유로 성찬을 가리키는 것이 아니었다. 첫째, 성찬이 아직 제정되지 않았다. 둘째, 예수가 성찬을 가리키셨다면 이 구절은 성찬에 참여하는 사람은 누구나 영생을 얻는다는 가르침이 되었을 것이다.

6:60-71 이 부분은 예수의 "생명의 떡" 설교에 대한 제자들의 반응을 기록한 것이다. 예루살렘 군중(5장)과 갈릴리 군중(6장)의 반응과 마찬가지로 제자들의 반응도 예수에 대한 불신앙과 배척이었다. 요한은 두 무리의 제자들과 그들의 반응을 기록하고 있다. 거짓 제자들의 반응인 불신앙(60-66절), 참 제자들의 반응인 신앙(67-71절)이다. 이 설교 후에는 소수의 제자들 그룹만이 남았다(67절).

6:61 **제자들이…수군거리는 줄** 예수의 제자들 가운데 많은 사람이 41절에 나오는 유대인과 같은 반응, 일세대 유대인이 만나에 대해 보였던 반응(출 16:2)과 같은 불평을 늘어놓았다.

6:64 **예수께서…처음부터 아심이러라** 2:23-25의 예수 말씀을 생각나게 하는데, 예수는 자신을 따르는 제자들을 포함해 사람들의 마음을 알고 계셨다. 예수는 많은 사람이 자신을 메시아이자 하나님의 아들로 믿지 않는다는 것을 알고 자신을 그들에게 의탁하시지 않았다. 이 거짓 제자들은 물질적 현상에만 끌렸을 뿐(즉 기적과 양식) 예수의 교훈이 주는 참된 의미는 깨닫지 못했다(61절).

6:65 **하였노라** *37, 44절에 대한 설명을 보라.* 사람들에게 믿으라는 명령이 주어지고, 불신에 대한 책임을 그들이 지지만, 참된 믿음은 결코 인간의 결정에만 달려 있는 것이 아니다. 이 불신앙 앞에서 예수는 다시 한 번 구원을 위한 선택 작업에 하나님의 주권이 작용함을 재천명하신다.

6:66 **제자 중에서 많은 사람이…다시 그와 함께 다니지 아니하더라** 여기 사용된 언어는 그렇게 떠난 것이 확고한 최종 결정이었음을 표시한다(참고. 벧전 2:6-8; 요일 2:19).

6:69 **우리가…믿고** 베드로의 말 속에 약간 우쭐해하는 기색이 느껴진다. 그는 참 제자들은 어떤 방식으로든지 좀 더 우월한 통찰력을 가지게 되었고, 그 통찰력을 통해 믿음에 도달하게 되었다고 말하고 있다.

6:70 **내가 너희 열둘을 택하지 아니하였느냐** 제자들이 믿게 되었다는 베드로의 말에 대해 예수는 자신이 그들을 주권적으로 선택했다는 사실을 상기시키신다(37, 44, 65절). 예수는 하나님의 주권적 선택의 문제에 있어 인간의 허세가 속삭이는 것까지도 용납하시지 않는다. **한 사람은 마귀니라** 여기서 *마귀*(*devil*)는 '비방하는 사람' '거짓 고발자'라는 뜻이다. '너희 중의 하나는 그 마귀니라'고 번역하는 것이 좀 더 정확하다. 13:2, 27; 마가복음 8:33; 누가복음 22:3에 비춰보면 이 의미가 더 분명하다. 하나님께 대항하는 최고의 대적 사탄은 타락한 사람들 배후에서 활동하면서 사람들에게 이런 악의를 심어준다(참고. 마 16:23). 예수는 초자연적 힘으로 그 근원을 아시고 그 사실을 정확하게 지적하셨다. 이 말씀은 유다의 성품을 분명하게 규정 짓는다. 그는 선한 의도가 아닌 잘못된 생각으로 예수로 하여금 능력을 발휘하여 자신의 나라를 세우도록 강요하려고 애썼지만(어떤 사람들이 이렇게 제안함), 극단적인 악을 행하는 사탄의 도구로 그렇게 한 것이다(*13:21-30에 대한 설명을 보라*).

6:71 **가룟** 이 단어는 '그리옷 사람'이라는 뜻의 히브리어 단어에서 왔을 가능성이 가장 높다. 그리옷은 유다의 한 고을이다. 다른 세 편의 복음서에서와 마찬가지로 요한복음에서도 그의 이름이 거론되자마자 그가 배반자라는 것이 밝혀진다.

C. 장막절 기간의 반대(7:1-10:21)

1. 반대(7:1-8:59)

7:1-8:59 이 부분의 핵심은 '높은 강도의 증오'라고 요약할 수 있다. 5장과 6장에서 부글거리던 예수에 대한 미움이 화염으로 폭발하여 활활 타올랐다. 이 미움의 절정은 11:45-57이다. 거기서 유대 당국자들은 하나님의 아들을 죽일 계획을 세우며, 그것이 결국 십자가에서 절정에 이른다. 7장과 8장은 예수가 장막절 때 예루살렘에 계신 장면을 그린다. 특별히 주목할 것은 초막절과 관련된 두 가지 주제(즉 물과 빛)가 이 두 장에서 현저하게 부각된다는 사실이다(37-39절; 8:12). 이 초막절 다음에 오는 유월절에 예수님은 십자가에 달리신다. 이 단락 전체를 지배하는 중심 진리는 예수가 하나님의 시간 계획을 따르고 계신다는 것이다. 그분의 삶은 우연히 진행되는 것이 아니라 하나님의 주권적이고 완벽한 타이밍과 지침에 따라 움직이셨다.

7:1-13 이 단락은 예수가 하나님의 주권적인 계획에 따른 때가 아직 이르지 않아 피하심(1-9절), 예수가 하나님의 주권적인 계획에서 정한 때에 완전히 순종하심(10-13절)의 두 부분으로 나눌 수 있다.

7:1 **그 후에** 6장과 7장 사이에 일곱 달의 시간이 흘렀음이 거의 확실하다. 6장은 유월절쯤 일어난 일이지만(6:4, 4월), 7장은 초막절(10월)에 일어난 일이다. 요한은 그 여러 달 동안에 대해서는 아무것도 기록하지 않았다. 그의 목적이 그리스도 삶의 연대기를 전부 제시하려는 것이 아니라 예수를 메시아와 하나님의 아들로 그리면서 그에 대한 사람들의 반응을 보여주는 것이었기 때문이다. **갈릴리에서 다니시고** 6장에서 예수는 2만 명의 사람들과 이틀을 보내셨지만(6:22), 그 후에는 자신을 믿는 열두 제자들을 가르치기 위해 일곱 달을 보내셨다. 이 구절은 제자 됨의 중요성을 은근히 부각시킨다. 예수가 이 미래의 영적 지도자들을 훈련시키는 일에 아주 긴 시간을 할애하셨다.

7:2 **초막절** *5:1에 대한 설명을 보라*. 구약성경에서 초막절은 포도, 올리브 수확과 관련이 있었다(출 23:16; 레 23:33-36, 39-43; 신 16:13-15). 한편 곡물은 4월과 6월 사이에 수확한다. 초막절은 티슈리(9-10월) 15일부터 21일까지 7일 동안 지키는 절기다. 요세푸스에 따르면 유대인이 지내는 세 절기(유월절, 오순절, 초막절) 중에서 초막절이 가장 인기가 있었다. 농촌 지역에 사는 사람들은 가벼운 나뭇가지들과 잎으로 임시 숙소를 짓고 그 기간에 거기서 생활했다(그래서 그 이름이 '장막절' 또는 '초막절'임. 참고. 레 23:42). 한편 도시 거주자들은 평평한 지붕이나 마당에 임시 건축물을 만들었다. 초막절에는 물을 길어 올리고 등을 밝히는 의식이 행해졌으며, 예수는 그것을 가리켜 말씀하셨다["누구든지 목마르거든 내게로 와서 마시라"(37, 38절), "나는 세상의 빛이니"(8:12)].

7:3 **그 형제들** 마태복음 13:55은 예수 형제들의 이름을 "야고보, 요셉, 시몬, 유다"라고 열거한다. 야고보는 그의 이름으로 지칭되는 신약 서신서를 썼고 예루살렘 교회의 지도자가 되었으며, 유다 역시 그의 이름으로 지칭되는 서신서를 썼다. 예수는 동정녀 탄생을 하셨으므로 그들은 예수와 아버지가 다른 형제였다. 이는 예수의 부모는 마리아 한 명이고 요셉은 배제되기 때문이다(참고. 마 1:16, 18, 23; 눅 1:35).

7:4 **스스로 나타나기를 구하면서…자신을 세상에 나타내소서** 예수의 형제들은 예수가 기적을 나타내기를 바랐다. 성경에는 그들의 동기가 분명하게 나와 있지 않지만 대개 두 가지 이유로 짐작할 수 있다. 첫째, 그들

요

자신이 기적의 진위를 판별하기 위해 기적을 직접 목격하고 싶었을 것이다. 둘째, 그들도 백성처럼 예수가 사회정치적 메시아가 될 거라는 어리석은 정치적 동기를 품고 있었을 수도 있다. 가족들은 예수를 메시아로 믿어야 할지를 예루살렘이 예수를 받아들이는지에 따라 결정하려고 했을 것이다.

7:5 예루살렘과 갈릴리의 군중처럼 예수의 형제들도 처음에는 그를 믿지 않았다. 그들은 예수 부활 사건 이후에야 그를 따르는 자가 되었다(행 1:14; 고전 15:7).

7:6 **내 때는 아직 이르지 아니하였거니와** 이 말씀은 가나 혼인 잔치에서 예수가 어머니에게 하신 말씀을 생각나게 한다(2:4을 보라). 또한 이 말씀은 예수가 절기에 참석하시지 않으려고 하신 일차적인 이유를 보여준다. 아직 하나님의 완전한 때가 아니었던 것이다. 이 문장은 자기 생애를 위한 아버지의 주권적인 시간 계획에 완전히 의지하고 거기에 자신을 철저하게 맡기신 예수의 모습을 보여준다(참고. 8:20; 행 1:7; 17:26). 나아가 예수는 (심지어 아버지가 다른 형제들이라 할지라도) 다른 사람의 불신앙에 자극받아 어떤 일에 착수하신 적이 없다. **너희 때는 늘 준비되어 있느니라** 예수의 형제들이 예수를 믿지 않았기에 그들은 세상에 속했으며, 따라서 하나님에 대해서나 그분의 일에 대해 아무것도 모르고 있었다. 불신앙으로 그들은 예수의 말씀을 믿지 않았고 하나님의 시간 계획을 깨닫지 못했으며, 그들 앞에 있는 성육신하신 말씀을 알아볼 수도 없었다. 그 결과 그들은 언제라도 좋았고, 그 순간을 선호했던 것이다.

7:7 **세상이 너희를 미워하지 아니하되** 예수의 형제들은 세상에 속해 있었고 세상은 자기에게 속한 것을 사랑하므로 예수의 형제들을 미워할 수 없었다(참고. 15:18, 19). 이 악한 세상의 제도 그리고 말씀이신 하나님의 아들을 거부하는 모든 자는 악한 자의 지배하에 있다(요일 5:19). **이는 내가 세상의 일들을 악하다고 증언함이라** 하나님의 영광을 위해서 사는 참으로 거듭난 신자는 세상의 미움과 적대감을 경험하게 된다(참고. 15:18-25; 16:1-3; 딤후 3:12).

7:8 **내 때가 아직 차지 못하였으니** 이것이 예수가 절기에 예루살렘에 올라가시려고 하지 않은 두 번째 이유다. 하나님의 완전한 시간과 계획이 준비되기 전까지 유대인은 예수를 죽일 수 없었다(참고. 갈 4:4). 예수는 하나님의 시간 계획에 자신을 완전히 맡기셨기 때문에 하나님이 정하신 것에서 벗어나시지 않는다.

7:10 **은밀히** 아버지께서 예루살렘에 올라가도록 허용하셨음을 추측케 한다. 예수가 마지막으로 갈릴리를 떠나신 것은 십자가를 지러 가실 때였다. 이 여행을 은밀히 하신 것은 예수가 심사숙고하신 결과임을 보여준다. 이는 형제들이 예수께 요구한 것과 정반대였다(참고. 4절).

7:11 **유대인이 예수를 찾으면서** 이 절의 "유대인"과 12절의 "무리"가 대비되는 것을 볼 때 "유대인"은 유대에 살면서 예루살렘에 본부를 두고 있던, 예수께 적대적이었던 유대인 관원들을 가리킨다는 것을 알 수 있다.

7:12 **무리 중에서 수군거림이 많아** 유대 지방 사람들과 갈릴리 지방 사람들, 디아스포라(흩어진) 유대인은 그리스도에 대해 여러 가지 견해를 가졌다. 피상적으로 받아들이는 것에서부터("좋은 사람이라") 냉소적인 거부 반응에 ("무리를 미혹한다") 이르기까지 견해가 다양했다. 유대교 탈무드를 보면 후자의 견해가 많은 유대인의 지배적인 의견이었음을 알 수 있다(바빌로니아 탈무드, 「산헤드린」 43a).

7:14-24 적대감이 늘어났다고 해서 예수의 가르치는 사역이 방해받지는 않았다. 도리어 예수는 자신의 신분과 사명에 대한 주장을 지치지 않고 말씀하셨다. 이스라엘 전역에 흩어져 있던 유대인이 예루살렘으로 모인 초막절 중간에 예수는 다시 한 번 가르치기 시작하셨다. 이 단락에서 예수는 자기 사역의 정당성을 주장하면서 하나님의 아들로서 권위를 가지고 가르치셨다. 이 단락은 예수가 자신에 대해 주장하시는 내용이 왜 참된 것인지에 대한 다섯 가지 이유를 제시한다. 첫째, 그의 초자연적인 지식은 아버지로부터 직접 온 것이다(15, 16절). 둘째, 그분의 교훈과 지식은 시험에 의해 확증될 수 있다(17절). 셋째, 예수의 행동은 그분이 이기적이지 않으시다는 것을 증명해준다(18절). 넷째, 세상에 대한 그분의 영향력은 깜짝 놀랄 만하다(19, 20절). 다섯째, 예수의 행적은 그가 하나님의 아들임을 증명한다(21-24절).

7:14 **명절의 중간** 정치적 동기를 품은 사람들이 억지로 때 이른 '승리의 입성'을 하라고 강요하는 것을 방지하기 위해 예수는 절기 중간까지 기다리셨을 수도 있다. **성전에 올라가사 가르치시니** 예수는 당시 선생들, 즉 랍비의 관습에 따라 가르치셨다. 훌륭한 랍비들은 성전 경내에 들어가서 자기 주위에 모인 군중에게 구약을 풀어 가르치곤 했다.

7:15 **놀랍게 여겨** 예수의 성경 지식은 초자연적이었다. 위대한 랍비를 배출하는 기관이나 위대한 랍비의 문하에서 공부한 적이 전혀 없는 사람이 성경을 심오하게 깨우쳤다는 사실에 사람들은 놀랐다. 예수의 가르침의 내용이나 방식은 다른 어떤 선생과 비교해도 질적으로 달랐다.

7:16 나를 보내신 이 예수가 주신 교훈이 질적으로 다른 것은 아버지께서 그 교훈을 주셨다는 사실에서 비롯되었다(8:26, 40, 46, 47; 12:49, 50). 사람에게서 받은 랍비의 교훈과 달리 예수의 교훈은 아버지에게서 직접 받은 것이었다(갈 1:12). 랍비는 다른 사람의 권위에 의존했지만(인간 전통의 긴 사슬), 예수의 권위는 그 자신 속에 중심을 두고 있었다(참고. 마 7:28, 29; 행 4:13).

7:17 사람이 하나님의 뜻을 행하려 하면…알리라 하나님의 뜻을 행하기로 헌신한 사람들은 하나님의 인도를 받아 예수의 말씀이 진리임을 확신하게 될 것이다. 하나님의 진리는 성령의 가르치는 사역을 통하여 그 자체로 진리임이 입증된다(참고. 16:13; 요일 2:20, 27).

7:18 보내신 이의 영광을 구하는 자 다른 구원자들과 메시아들은 그들 자신의 이기적인 이익을 구했으며, 그로 말미암아 그들의 거짓된 모습이 드러났다. 하지만 하나님의 아들인 예수 그리스도는 오직 아버지를 영화롭게 하며 아버지의 뜻을 이루기 위해 오셨다(고후 2:17; 빌 2:5-11; 히 10:7).

7:19, 20 나를 죽이려 하느냐 예수가 또 다른 종교적 사기꾼이었다면 세상은 그런 증오를 보이지 않았을 것이다. 악한 세상의 제도는 자기의 것을 사랑하므로, 세상이 예수를 미워한 사실은 그분이 하나님께로부터 오셨음을 입증해준다(15:18, 19).

7:21 한 가지 일 여기서 예수가 가리키시는 것이 안식일에 병을 고친다는 이유로 유대 관원들이 예수를 박해하기 시작한 계기가 되었던 반신불수를 치료한 일이라는 것이 문맥에서(22, 23절) 분명히 드러난다(5:1-16을 보라).

7:22 조상들에게서 난 것이라 하나님이 할례의 표지를 제정하신 것은 아브라함 시대였는데(창 17:10-12), 나중에 이 할례는 시내산 모세 언약 속에 포함되었다(출 4:26; 12:44, 45). 이 말씀은 모세에 대한 유대인의 존경심을 평가절하했을 뿐 아니라 더욱 중요한 점은 할례가 모세 율법보다 앞섰으며, 따라서 모세 율법보다 우선한다는 것을 보여준다는 점이다(갈 3:17). 나아가서 할례는 안식일법보다도 먼저였다.

7:23 안식일에도 율법은 출생한 지 팔 일 만에 할례를 행할 것을 요구했다(레 12:1-3). 만약 아기가 안식일에 출생했다면 다음 안식일이 팔일 째가 되므로 유대인은 이 날에 할례를 행하곤 했다. 예수 말씀의 핵심은 그들이 아기의 할례를 행하기 위해 안식일법을 범했다는 것이다. 이로써 그들의 위선이 분명히 드러난다. **내가 안식일에 사람의 전신을 건전하게 한 것** 예수는 작은 것에서 큰 것으로 나아가는 논증을 사용하셨다. 할례라는 행동을 통해 사람 몸의 일부를 종교적으로 정결케 하는 것이 안식일에 허용된다면(작은 것), 안식일에 온몸을 실제로 치료하는 것이 왜 허용되지 않는가(큰 것).

7:24 공의롭게 판단하라 예수는 독선적인 율법주의를 부추기는 가혹한 판단은 금하셨지만(마 7:1) 도덕적이고 신학적인 분별력을 행사하라고 하셨다.

7:25-36 이 단락에서 요한은 다시 한 번 자신이 메시아요 하나님의 아들이라는 예수의 주장을 반복해 소개한다. 요한은 예수의 신성한 기원과 자격에 초점을 맞춘다. 이때 어떤 사람들은 예수를 믿었지만(31절), 종교지도자들은 예수께 더욱 분노했고 그분을 붙잡으려는 악한 계획을 꾸몄다(32절). 이 절에서 예수가 대면하신 사람들은 깊은 혼란의 문제(25-29절), 분열된 신념의 문제(30-32절), 회심이 지연된 문제(33-36절) 등 세 가지 딜레마에 빠지게 되었다. 이 세 가지 문제로 예루살렘은 극단적인 절망 속에 있었다.

7:26 드러나게 말하되 군중이 놀란 것은 종교지도자들의 험악한 위협(20, 32절) 앞에서 예수가 자신의 정체를 과감하게 선언했다는 점이다. **당국자들은…알았는가** 이 질문은 군중과 통치자들이 예수가 누구이며 그를 어떻게 해야 하는지에 대해 큰 혼란과 불확실성에 빠져 있었음을 보여준다. 그들은 예수가 누구신가에 대해 확실한 결론을 내리지 못했다. 그들의 질문은 의심과 불신을 드러내고 있었다. 그리스도가 진짜 사기꾼이라면 종교지도자들이 왜 그를 잡아들여 조용히 하도록 만들지 않는지, 군중 역시 혼란스러웠다. 이런 큰 혼란 때문에 군중은 혹시 종교지도자들이 자기들끼리 그가 그리스도라고 결론짓고 있는 것이 아닌가 하고 의심했던 것이다. 모든 집단이 예수와 관련해 혼란에 사로잡혀 있었다. **그리스도** *1:20, 41에 대한 설명을 보라.*

7:27 어디서 오시는지 아는 자가 없으리라 메시아의 출생지에 대한 유일한 정보는 성경에 계시되었다(미 5:2; 마 2:5, 6). 그런데 이사야 53:8과 말라기 3:1에 대한 그릇된 해석을 근거로 메시아가 갑자기 백성 앞에 나타나리라는 전설이 유대교 집단에서 생겨났다. 이 전설에 비춰볼 때 이 구절의 의미는 메시아의 정체가 완전히 감춰져 있다가 갑자기 이스라엘 가운데 나타나서 이스라엘의 구속을 이루리라는 것이 거의 확실하다. 그런데 이와 달리 예수는 나사렛에서 사셨으며 (피상적으로나마) 사람들에게 널리 알려져 있었다(28절).

7:28 외쳐 이르시되 예수는 목소리를 높여 가장 중요한 이 진리를 공개적으로 가르치셨다(참고. 37절; 1:15; 12:44). **너희가 나를 알고 내가 어디서 온 것도 알거니와** 이 말씀은 예수가 대적들에게 그들이 예수도 알지

못하고 아버지도 알지 못한다고 말씀하신 8:19과 정반대되는 내용이다. 이 말씀은 예수의 큰 역설과 조소임을 알 수 있다. 예수 말씀의 요점은 그들의 생각과 달리 실제로 예수가 누구인지 그들이 전혀 모르고 있다는 것이다. 그들은 세상적 의미에서는 예수를 알았지만 영적인 의미에서는 몰랐다. 이는 그들이 하나님 역시 몰랐기 때문이다. **너희는 그를 알지 못하나** 그들은 자기들이 예리한 이해력을 가지고 있으며 신령한 방향으로 향하고 있다고 생각했으나, 예수를 거부한 사실은 그들이 영적으로 파산했음을 드러낸다(롬 2:17-19).

7:30 **그의 때가 아직 이르지 아니하였음이러라** 이 말씀은 그들이 예수를 잡지 못한 이유를 보여준다(즉 예수를 위한 하나님의 주권적인 시간표와 계획이 그것을 허락하지 않았던 것임).

7:31 **많은 사람이…믿고** 예수에 대한 사람들의 신념은 나뉘었다. 어떤 사람들은 예수를 붙잡고자 했지만 군중 속에는 참된 신자들, 곧 남은 자들이 있었다. 여기 이 질문은 부정적인 대답, 곧 메시아라고 해도 예수가 행한 것보다 큰 기적은 행할 수 없다는 대답을 예상하고 있다.

7:32 **대제사장들과 바리새인들** *3:1에 대한 설명을 보라.* 역사적으로 바리새인들과 대제사장들은 조화로운 관계를 이어가지 못했다. 대제사장 대부분은 사두개인으로, 정치적·종교적으로 바리새인들의 반대편에 서 있었다. 요한은 그들의 협력이 예수에 대해 그들이 가지고 있던 미움 때문임을 강조하기 위해 자신의 복음서에서(45절; 11:47, 57; 18:3을 보라) 이 두 집단을 반복해 연결시킨다. 이 두 집단은 31절에 표시된 사람들의 믿음에서 경고음을 들었으며, 예수를 메시아로 높이는 어떤 일도 사전에 막기 위해 예수를 붙잡으려고 했으나 실패했다(30절). **아랫사람들** 성전의 질서 유지 책임을 맡은 레위인들로 구성된 일종의 경찰 역할을 하던 성전 경비자다. 산헤드린은 로마의 정책에 영향을 미치지 않는 종교적 논쟁이 성전 경내 이외 지역에서 발생했을 때 이들을 동원할 수 있었다.

7:34 **나 있는 곳에 오지도 못하리라** 여기서 예수는 십자가에 달렸다가 부활하신 후에 원래 아버지와 함께 있던 하늘로 올라가실 것을 말씀하신다(*17:15을 보라*).

7:35, 36 요한은 다시 예수의 말씀에 대한 유대인의 무지를 부각시킨다. 이 말들은 예수를 조소하기 위한 것이다.

7:35 **헬라인을 가르칠 터인가** '헬라인을 가르치다'라는 어구는 유대교로 개종한 사람들을 가리킬 것이다(즉 이방인들). 요한은 풍자의 목적으로 이 어구를 인용했을 것이다. 유대인이 눈이 멀어 메시아를 거절한 것 때문에 결국 복음이 이방인들에게 갔기 때문이다. *로마서 11:7-11에 대한 설명을 보라.*

7:37-52 이 단락은 예수의 주장에 대해 사람들이 보인 각기 다른 반응을 열거하고 있다. 이 반응들은 모든 시대를 통해 사람들이 예수께 보인 반응의 보편적인 패턴이 되고 있다. 이 단락은 그리스도의 주장(37-39절)과 그리스도에 대한 반응으로(40-52절) 나눌 수 있다. 이는 다시 믿게 된 사람들의 반응(40-41상반절), 모순되는 반응(41하-42절), 적대적인 사람들의 반응(43, 44절), 혼란에 빠진 사람들의 반응(45, 46절), 종교적 권력자들의 반응(47-52절) 등 다섯 가지로 나눌 수 있다.

7:37 **끝날** 이 말은 이 일이 11-36절에 기록된 논쟁이 벌어진 날이 아닌 다른 날에 일어났음을 암시한다. **누구든지 목마르거든** 예수가 오시기 몇 세기 전 초막절 7일에 실로암 못에서 금 그릇으로 물을 길어 대제사장이 행렬을 지어 성전에 가지고 가는 전통이 생겨났다. 이 행렬이 성전 안뜰 남쪽 면의 수문에 도달하면 절기를 맞는 기쁨을 표시하기 위해 나팔을 세 번 불었고, 사람들은 "너희가 기쁨으로 구원의 우물들에서 물을 길으리로다"라는 이사야 12:3의 말씀을 암송했다. 성전에서는 구경꾼들이 지켜보는 가운데 제사장들이 물통을 들고 성전 주위를 행진했고 성가대는 할렐(시편 113-118편)을 불렀다. 그 물은 아침 희생제사를 드리는 시간 하나님께 제물로 드려졌다. 여기서 사용되는 물은 농작물을 위해 비가 적절히 내리는 복을 상징했다. 예수는 이 일을 객관적 교훈의 기회로 사용하여 그 명절의 마지막 날에 백성을 향해 생명의 물인 자신을 받아들이라는 공적인 초청의 말씀을 외치셨던 것이다. 그분의 말씀은 이사야 55:1을 상기시킨다. **목마르거든…와서 마시라** 이 세 마디는 복음의 초청을 요약하는 말씀이다. 필요를 인식하면 그것을 채울 수 있는 곳으로 나아오게 되며, 그 결과 필요한 것을 받는다. 목마르고 가난한 영혼은 구주에게 와서 마시고 싶다는 갈망, 곧 주님이 제공하시는 구원을 받으려는 갈망을 느낀다.

7:38 **생수** 유대교 전통에서 물을 붓는 의식은 에스겔 47:1-9과 스가랴 13:1이 예언한 종말의 때에 있을 생명수 강의 전조를 보여주는 것이다. 예수 초청의 의미는 그분이 모든 초막절의 성취라는 것, 곧 그분이 사람에게 영생을 주는 생수를 제공하는 분이라는 사실을 중심으로 한다(참고. 4:10, 11).

7:39 **성령을 가리켜 말씀하신 것이라** 성령을 나눠주는 것이 영적이고 영원한 생명의 근원이다. *16:7에 대한 설명을 보라.*

7:41 **어찌 갈릴리에서 나오겠느냐** 이것은 백성의 큰 무지를 드러내는 말이다. 예수는 갈릴리가 아닌 유대 베들레헴에서 탄생하셨기 때문이다(미 5:2. 참고. 마 2:6; 눅 2:4). 그들은 예수가 정말로 태어나신 곳을 알아보려고 하지도 않았다. 이는 그들이 메시아의 자격에 대해 관심이 없었음을 보여준다.

7:43 **쟁론이 되니** 마태복음 10:34-36; 누가복음 12:51-53을 보라.

7:44 *8, 30절에 대한 설명을 보라.*

7:45 **아랫사람들** 관리들은 예수의 인격과 힘 있는 가르침을 직접 접하고 나자 예수를 잡을 엄두를 내지 못했다. 예수의 말씀이 종교적인 훈련을 받은 그들의 마음 깊은 곳을 울렸기 때문이다. 그들의 신분에 대해서는 *32절에 대한 설명을 보라.*

7:47, 48 바리새인들은 관리들을 비웃었는데, 이는 그들의 직업을(경찰 관리로서) 비웃은 것이 아니라 종교적인 근거에서(레위인이므로) 비웃은 것이다. 바리새인들은 그들이 사기꾼(즉 예수)에게 속았다고 비난한 것이다. 바리새인들은 자기들은 다르다고 생각했다. 교만하게도 그들은 스스로 의롭다고 생각하면서 지혜와 지식을 갖춰 누구도 자기들을 속일 수 없다고 생각했다.

7:49 **무리** 바리새인들은 백성을 "무리"라고 낮춰 불렀다. 랍비들은 보통 사람(또는 땅의 사람들)을 자기들과 달리 무지하고 불경건하다고 보았다. 보통 사람이 무지했던 것은 성경에 대한 무지 때문만이 아니라 특별히 바리새인의 구전을 따르지 못하기 때문이기도 하다. **저주를 받은** 백성은 엘리트 집단에 속하지도 않았고 율법에 관한 그들의 신념을 따르지도 못했으므로 저주받은 것으로 간주되었다.

7:50-52 니고데모(3:10을 보라)의 마음은 그리스도의 주장에 대해 닫혀 있지 않았다. 그래서 직접 예수를 변호하지는 않았지만 일어나서 예수께 유리하도록 절차적 문제를 거론한 것이다.

7:51 **우리 율법은…심판하느냐** 니고데모의 요점과 관련된 구약 본문은 발견되지 않는다. 그는 그들의 구전에 포함된 랍비의 전통을 가리킨 것으로 보인다.

7:52 **갈릴리에서는 선지자가 나지 못하느니라** 정말로 무지한 자들은 예수가 실제로 탄생하신 곳에 대한 사실을 주의 깊게 살피지 않은 교만한 바리새인들이었다. 그들은 군중을 무지하다고 비난했지만 사실 그들 역시 무지했다(42절). 게다가 선지자 요나는 갈릴리 출신이다.

7:53-8:11 간음 도중 잡힌 여자 이야기가 나오는 이 단락은 원래 요한복음의 일부가 아니었음이 거의 확실하다. 이 이야기는 요한복음의 다양한 사본에서 서로 다른 곳에 삽입되어 있으며(예를 들면 36절 이후, 44절 이후, 52절 이후, 21:25 이후), 한 사본에는 누가복음 21:38 다음에 들어가 있다. 본문 전승에서 이처럼 큰 다양성을 보이고 가장 오래된 사본에 이 단락이 없는 것으로 볼 때 이 단락은 요한복음 본문에 포함되지 않았음이 분명하다. 많은 사본은 이 본문이 포함된 것에 대한 의문을 나타내는 표시를 해두었다. 중요한 초기 판본들에는 이 단락이 포함되어 있지 않다. 12세기까지 이 단락에 대해 해설한 그리스 교회의 교부가 없다. 이 단락의 어휘와 문체도 나머지 복음서와 다르며, 이 단락은 52절과 8:12 이하의 연속성을 단절시킨다. 하지만 많은 사람은 이 단락이 역사적 신빙성의 모든 특징을 가지고 있으며, 서방 교회의 일부에서 회람되던 구전이었을 수 있기에 몇 가지 설명이 필요하다. 이 단락이 신빙성이 없어 보임에도 불구하고 이 문제에 대한 판단이 틀렸을 수도 있다. 그러므로 이 단락의 의미를 다시 생각하면서 마가복음 16:9-20의 경우처럼 본문 속에 그대로 남겨두는 것이 좋겠다.

8:6 **고발할 조건을 얻고자 하여…시험함이러라** 만약 예수가 모세의 법(레 20:10; 신 22:22)을 거부하셨다면 그분의 신뢰성은 무너질 것이다. 또한 예수가 모세의 법을 견지하셨다면 자비와 사죄의 인물이라는 그분의 명성에 타격을 입게 될 것이다.

8:7 **죄 없는 자** 이 말씀은 범죄를 목격한 자가 처형을 시작하라는 신명기 13:9; 17:7을 직접 가리키고 있다. 동일한 죄의 죄책이 없는 사람만이 거기에 참여할 수 있다.

8:8 참고. 6절. 이 말씀은 그들에게 생각할 시간을 주기 위한 지연책으로 보인다.

8:11 **다시는 죄를 범하지 말라** 실제 의미는 '너희는 죄악의 삶을 떠나라'이다(참고. 3:17; 12:47; 마 9:1-8; 막 2:13-17).

8:12-21 7:53-8:11의 간음한 여인의 이야기를 건너뛰면 이 절은 7:52과 자연스럽게 연결된다. 단어 *또*(*again*)는 예수가 이 초막절에 사람들한테 다시 한 번 말씀하셨음을 보여준다(7:2, 10을 보라). 예수는 초막절이 기대하는 모든 것을 성취하는 메시아가 자신이라는 궁극적인 영적 진리를 보이기 위한 은유로 물을 길어 올리는 의식을 먼저 사용하셨다(7:37-39). 다음으로는 그 절기에 전통적으로 행해지던 또 다른 의식, 곧 불을 밝히는 의식을 거론하셨다. 초막절 기간 성전 가운데 여인의 뜰에 4개의 큰 등을 밝혔으며, 그 빛 아래서 사람들은 밤새 춤을 추면서 즐겼고, 손에 횃불을 든 채

노래하고 찬송했다. 레위 지파 사람들로 구성된 악단은 음악을 연주했다. 예수는 불을 밝히는 이 축하의 전통을 은유로 사용해 사람들에게 영적 진리를 가르치셨다. "나는 세상의 빛이니."

8:12 **나는 세상의 빛이니** 이것은 두 번째의 'I AM' 진술이다(6:35을 보라). 요한은 예수는 "빛"이라는 은유를 이미 사용했다(1:4). 여기서 예수의 은유는 구약에서 자주 사용된 표현이다(출 13:21, 22; 14:19-25; 시 27:1; 119:105; 잠 6:23; 겔 1:4, 13, 26-28; 합 3:3, 4). 이 구절은 메시아와 하나님의 아들인 예수의 역할을 부각시킨다(시 27:1; 말 4:2). 구약은 앞으로 임할 메시아 시대에 주님이 온 세상의 빛이 될 뿐 아니라(사 42:6; 49:6) 그 백성의 빛이 될 것임을 보여준다(사 60:19-22. 참고. 계 21:23, 24). 스가랴 14:5하-8은 자기 백성에게 생명의 물을 주는 온 세상의 빛이신 하나님을 강조한다. 스가랴서의 이 구절은 초막절에 읽는 성경이 되었을 것이다. '빛'이신 예수의 의미에 대해 더 자세한 내용을 보려면 *1:4, 5; 요한일서 1:5에 대한 설명을 보라.* **나를 따르는 자** 단어 '따르다'는 따르는 사람에게 자신을 완전히 내어주는 어떤 사람을 생각나게 한다. 예수는 미지근한 사람을 염두에 두고 있지 않다(참고. 마 8:18-22; 10:38, 39). 이 말씀은 출애굽 당시 자기들을 인도하던 구름기둥과 불기둥을 따르던 유대인을 가리킨다(출 13:21).

8:13 **네가 너를 위하여 증언하니** 유대인은 5:31에 나온 예수의 말씀을 조롱조로 거론한다. 그러나 그곳과 여기의 예수 말씀은 어떤 문제에 대한 증인의 말이 사실인지를 증명하기 위해서는 복수의 증인이 있어야 한다는 구약의 법(신 17:6)과 배치되지 않는다. 자신이 메시아라는 예수의 증언은 그분 혼자 하는 것이 아니었다. 많은 사람이 이미 그 진리에 대해 증언했기 때문이다(*1:7에 대한 설명을 보라*).

8:14-18 이 단락은 예수의 증언이 사실인 세 가지 이유를 제시한다. 첫째, 유대인은 기초적인 영적 진리에 대해서조차 무지하여 그 판단이 제한적이고 피상적이었지만 예수는 자신이 어디서 와서 어디로 가는지를 아셨다(14, 15절). 둘째, 아들과 아버지의 긴밀한 연합이 아들이 한 증언의 사실성을 보장해준다(16절). 셋째, 아들의 신분에 대해 아버지와 아들이 조화롭게 증언하신다(17, 18절).

8:17 **너희 율법에도…기록되었으니** 참고. 신명기 17:6; 19:15. *1:7에 대한 설명을 보라.*

8:19 **네 아버지가 어디 있느냐** 유대인은 늘 하던 대로(예를 들면 3:4; 4:11; 6:52) 여기서 또 한 번 예수의 아버지에 대해 순전히 인간적인 견지에서 생각했다.

8:21-30 예수는 자신이 메시아요 하나님의 아들임을 부인하고 거부하는 결과가 영적 죽음이라는 것을 보여주셨다(24절. 참고. 히 10:26-31). 이 구절은 어떤 사람들이 자기들의 죄악 가운데서 죽고 그 결과 영적 죽음을 경험하는 네 가지 방식을 보여준다. 그 방식은 스스로 의롭다고 생각함으로(20-22절), 세상에만 묶임으로(23, 24절), 믿지 않음으로(24절), 무지를 고집함으로(25-29절)이다. 예수를 거절한 유대인은 이 네 가지 특징 모두를 보여주었다.

8:21 예수는 7:33, 34의 메시지를 반복하셨으나, 이번에는 사람들이 자신을 거절한 결과에 대해 더욱 불길한 어조로 말씀하셨다. **내가 가리니** 자신의 임박한 죽음과 부활, 승천을 통해 아버지께 가는 것을 가리키는 말씀이다.

8:22 **그가 자결하려는가** 유대인의 이 말은 헷갈린다는 표현이거나(*7:34, 35에 대한 설명을 보라*), 그리스도에 대한 조소였을 것이다. 여기서는 후자일 가능성이 더 높다. 유대교의 전통은 자살을 특별히 무서운 죄악으로 정죄하며, 자살하면 지옥의 가장 나쁜 곳으로 영원히 추방된다고 가르친다[요세푸스, 「유대 전쟁」, iii. viii.5(iii.375)]. 하나님은 예수를 죽음에 넘겨주셨다(행 2:23). 그러므로 하나님이신 예수는 스스로 자신의 생명을 내어주신 것이다(10:18).

8:23 **너희는 아래에서 났고** 여기서는 하나님의 영역과 타락하고 악한 세상이(즉 "아래에서") 대비되고 있다. 이 문맥에서 세상은 사탄이 지배하는 보이지 않는 영적인 악의 체계이며, 하나님과 그의 백성과 그의 백성에 저항하는 모든 것이다(*1:9; 요일 5:19에 대한 설명을 보라*). 예수는 자신을 반대하는 사람들이 실은 사탄과 그의 영역에 속해 있음을 선언하셨다. 이런 지배에 의해 그들은 영적으로 맹인 상태에 있게 된 것이다(고후 4:4; 엡 2:1-3을 보라).

8:24 **너희가 만일…믿지 아니하면** 예수는 자신을 메시아요 하나님의 아들로 믿지 않는 것이 치명적이요 용서받을 수 없으며 영원한 죄임을 강조하셨다. 실제로 오직 이 한 가지 죄를 회개하면 다른 모든 죄는 용서될 수 있다. *16:8, 9에 대한 설명을 보라.* **내가 그인 줄** '그'는 원래 문장에 없다. 예수의 말씀은 정상적인 구문으로 되어 있지 않고 구약성경의 히브리적 용례의 영향을 받은 표현으로 되어 있다. 그것은 'I AM'이라는 의미의 절대적 용법으로 엄청난 신학적 의미를 가지고 있다. 이것은 여호와께서 자신을 'I AM'이라고 선언했던 출애굽기 3:14과 'I AM'이 반복해 등장하는 이사

야 40-55장을 가리킬 것이다(특별히 43:10, 13, 25; 46:4; 48:12). 여기서 예수는 자신을 구약의 하나님(야훼-주)이라고 하셨으며, 스스로 완전한 신성을 주장하심으로써 24절의 질문을 불러오셨다. *58절에 대한 설명을 보라.*

8:25 **네가 누구냐** 유대인은 의도적으로 무지를 고집하고 있었다. 왜냐하면 1-8장은 다수의 증인이 예수의 정체를 증언했고, 예수 자신이 지상에서의 사역 내내 말과 행동으로 하나님의 아들이요 메시아임을 증명했기 때문이다. **처음부터** 유대인 사이에서 예수 사역의 시작을 뜻한다.

8:28 **너희가…내가 그인 줄을 알고** 믿음으로 예수를 영접하기를 거절하고 그분을 십자가에 못 박은 후 그들은 자신들이 무시한 예수가 바로 그들이 경배했어야 하는 분이라는 끔찍한 인식에 도달할 것이다(참고. 빌 2:9-11; 계 1:7). 많은 유대인은 그리스도의 죽음과 승천 후에 자기들이 거절한 그분이 참된 메시아였음을 깨닫고 그리스도를 믿었다(행 2:36, 37, 41). **인자를 든 후에** 예수의 임박한 십자가형을 가리킨다.

8:31-36 이 단락은 참된 구원과 참된 제자도를 이해하는 데 필요한 구절이다. 요한은 진리와 자유를 강조함으로써 이런 실재들을 강조했다. 이 단락의 초점은 예수를 메시아요 하나님의 아들로 믿는 믿음을 발휘하기 시작하는 사람들을 향하고 있다. 구원의 믿음은 흔들리는 것이 아니라 견고하고 안정되어 있다. 이런 성숙은 예수 그리스도 안에 있는 진리에 완전히 헌신해 얻는 자유 속에서 표현된다. 이 단락은 자유의 진보(31, 32절), 자유의 흉내(33, 34절), 자유의 약속(35, 36절) 등 세 가지 특징을 가지고 있다.

8:31 **자기를 믿은** 참 제자도를 향한 진보의 첫 발자국은 예수 그리스도를 메시아요 하나님의 아들로 믿는 것이다. **너희가 내 말에 거하면 참으로 내 제자가 되고** 이 말씀은 참 제자도를 향한 전진의 두 번째 단계를 보여준다. 성경을 꾸준히 순종하는 것(참고. 마 28:19, 20)이 참 믿음의 열매 또는 증거다(엡 2:10을 보라). *거하다(abide)*는 예수 말씀 속에 늘 머문다는 뜻이다. 참 신자는 예수의 교훈을 굳게 붙들고 순종하고 실행한다. 예수의 교훈 안에 계속 머무는 사람에게는 아버지와 아들이 있다(요이 9절. 참고. 히 3:14; 계 2:26). 참 제자는 배우는 사람이면서(이것이 제자라는 단어의 기본 의미임) 충실하게 따르는 사람이다.

8:32 **진리** 여기서 '진리'는 예수가 메시아요 하나님의 아들이라는 사실뿐 아니라 그분의 교훈까지 가리킨다. 참으로 구원받아서 주 예수를 순종적으로 따르는 사람은 하나님의 진리를 알고, 죄로부터의 해방(34절)과 참된 것에 대한 염원을 알고 있다. 이 신성한 진리는 지적인 승인을 통해서만이 아니라(고전 2:14) 구원을 가져다주는 그리스도에 대한 헌신을 통해 온다(참고. 딛 1:1, 2).

'I AM' 진술

우리는 요한복음의 헬라어 본문에서 주님이 사용하신 총 24번의 'I AM'(헬라어로 *에고 에이미ego eimi*) 진술을 발견할 수 있다(4:26; 6:20, 35, 41, 48, 51; 8:12, 18, 24, 28, 58; 10:7, 9, 11, 14; 11:25; 13:19; 14:6; 15:1, 5; 18:5, 6, 8). 이 가운데 몇 번의 경우 예수는 'I AM'이라는 표현을 자신이 세상의 구원자임을 표현하는 놀라운 비유와 함께 사용하셨다.

"나는 생명의 떡이다"(6:35, 41, 48, 51)
"나는 세상의 빛이다"(8:12)
"나는 양의 문이다"(10:7, 9)
"나는 선한 목자다"(10:11, 14)
"나는 부활이요 생명이다"(11:25)
"내가 곧 길이요 진리요 생명이다"(14:6)
"내가 참포도나무다"(15:1, 5)

8:33 **남의 종이 된 적이 없거늘** 유대인은 과거에 많은 나라에 정치적으로 예속된 적이 있어(애굽, 앗수르, 바벨론, 그리스, 수리아, 로마) 이것은 그들의 내적 자유를 가리켜 말한 것임이 분명하다.

8:34 **진실로 진실로** *1:51에 대한 설명을 보라.* **죄를 범하는 자마다** 여기서 예수가 생각하시는 예속은 물리적 예속이 아니라 죄에 대한 예속이다(참고. 롬 6:17, 18). 여기서 말하는 '죄를 범하다'는 습관적으로 죄를 범한다는 의미다(요일 3:4, 8, 9). 궁극적인 예속은 정치적 또는 경제적 노예 상태가 아니라 죄의 굴레와 하나님에 대한 반항이다. 그러므로 이 말씀은 예수가 단순한 정치적 메시아로 축소되기를 원하시지 않은 이유를 설명하고 있다(6:14, 15).

8:35, 36 34절에 나온 예속이란 개념이 종의 상태에 대한 논의로 연결된다. 유대인은 자기들을 아브라함의 자유로운 후손이라고만 생각했으나 실제로는 죄의 종이었다. 이 문맥에서 참된 아들은 그리스도 자신이었으며, 그는 종을 죄에서 해방시켜 주는 이다. 예수가 죄의 독재와 율법주의의 굴레에서 해방시켜 주는 사람들이야말로 참 자유를 얻는 것이다(롬 8:2; 갈 5:1).

8:39 **너희가 아브라함의 자손이면** 이 어구의 구문을

보면 예수는 단순한 육체적 혈통이 구원받기에 충분하다는 생각을 부인하신다(빌 3:4-9을 보라). 이 어구의 의미는 '실제로는 아니지만 너희가 아브라함의 자손이었다면 아브라함처럼 행동했을 것이다'라는 것이다. 자녀가 부모로부터 유전적 형질을 물려받듯이, 정말 아브라함의 후손이었다면 그들도 아브라함처럼 행동했을 것이다. 즉 아브라함의 믿음과 순종을 본받았을 것이다(롬 4:16; 갈 3:6-9; 히 11:8-19; 약 2:21-24을 보라). **아브라함의 행한 일들** 아브라함의 믿음은 하나님을 향한 그의 순종을 통해 증명되었다(약 2:21-24). 예수 말씀의 초점은 믿지 않는 유대인의 행동이 하나님의 명령에 순종한 삶을 살았던 아브라함의 행동과 정반대였다는 것이다. 예수를 향한 그들의 행동은 그들의 진짜 아버지가 사탄임을 입증해 보여주었다(41, 44절).

8:41 **우리가 음란한 데서 나지 아니하였고** 유대인의 이 말은 예수의 탄생과 관련된 논란을 가리킨 것으로 보인다. 유대인은 마리아의 정혼과 요셉이 예수의 진짜 아버지가 아니라는 것을 알고 있었다. 그래서 그들은 예수를 사생아 취급을 한 것이다(마 1:18-25; 눅 1:26-38을 보라).

8:42 **하나님이 너희 아버지였으면 너희가 나를 사랑하였으리니** 이 문장의 구문은(39절과 마찬가지로) 하나님이 그들의 진짜 아버지라는 것을 부인한다. 비록 구약성경이 이스라엘을 '맏아들'이라고 부르고(출 4:22) 하나님이 이스라엘을 지으시고 그들을 자신의 소유로 구별하심으로써 이스라엘의 아버지임을 천명하시지만(렘 31:9), 예수를 향한 유대인의 불신앙은 하나님이 영적으로 그들의 아버지가 아님을 입증한 것이다. 하나님의 자녀라는 주장을 입증할 수 있는 명백한 기준이 그의 아들 예수에 대한 사랑임을 분명하게 강조하셨다. 하나님이 사랑이시므로 그분의 아들을 사랑하는 자들 역시 하나님의 성품을 드러내게 되어 있다(요일 4:7-11; 5:1).

8:44 **너희 아비 마귀** 행동이 누구의 아들인지를 말해준다. 아들은 아버지의 특징을 드러낼 것이다(참고. 엡 5:1, 2). 예수를 향한 적대감과 예수를 메시아로 믿지 못하는 모습 속에서 유대인은 사탄의 모범을 따랐으며, 그들의 부자관계는 그들의 주장과 정반대였다(즉 그들은 사탄에게 속해 있었음). **그는 처음부터 살인한 자요** 예수의 이 말씀은 사탄이 아담과 하와를 유혹하여 영적으로 그들을 죽이는 데 성공한 타락을 가리킨다(창 2:17; 3:17-24; 롬 5:12; 히 2:14). 어떤 사람들은 이것이 가인이 아벨을 죽인 것을 가리킨다고 본다(창 4:1-9; 요일 3:12).

8:46 **나를 죄로 책잡겠느냐** 유대인은 예수께 죄가 있다고 주장했으나(5:18), 이 절이 말하고자 하는 것은 예수의 완전한 거룩함이 입증되었다는 것이다. 예수의 완전한 거룩함은 여기서 유대인이 예수의 질문에 대해 아무 대답도 하지 못한 사실뿐 아니라 자신의 전체 삶이 순결했다는 예수의 직접적인 의식을 통해 입증되었다. 성부와 가장 긴밀하고 친밀한 교통을 나누는 완전히 거룩하신 분만이 이런 말을 할 수 있다. 유대인은 천상의 법정에서 예수를 정죄할 수 있는 어떤 증거도 제출할 수 없다.

8:48 **너를 사마리아 사람이라** 유대인은 예수의 개인적 삶과 행동을 빌미로 예수를 공격할 수 없었기 때문에(46절) 인신공격을 시도했다. 그들이 예수를 "사마리아 사람"이라고 부른 것은 사마리아 사람들이 예수처럼 유대인만 유일하게 아브라함의 자손이라고 불릴 수 있는 권리에 의문을 제기했다는 사실 때문일 것이다(33, 39절을 보라).

8:51 **영원히 죽음을 보지 아니하리라** 예수의 교훈에 주목하고 그분을 따른 결과는 영원한 생명이다(6:63, 68). 즉 육체적 죽음은 그 생명을 소멸시키지 못한다(5:24; 6:40, 47; 11:25, 26을 보라).

8:52 **아브라함과…죽었거늘** 예수의 말씀을 지키는 자는 죽지 않으리라는 선언(51절)은 유대인의 반박을 불러왔는데, 이런 반박은 다시 한 번 그들이 순전히 문자적이고 지상적인 수준에서만 생각하고 있음을 드러냈다(3:4; 4:15을 보라).

8:56 히브리서 11:13은 아브라함이 그리스도의 날을 보았다고 말한다("그것들을 멀리서 보고", *이 구절에 대한 설명을 보라*). 특히 아브라함은 후손인 이삭을 얻은 사실을 그리스도에게서 절정에 도달할 하나님 언약의 성취의 시발점으로 보았다(창 12:1-3; 15:1-21; 17:1-8, 참고. 22:8).

8:58 **진실로 진실로** *1:51에 대한 설명을 보라.* **내가 있느니라(I AM)** *6:22-58에 대한 설명을 보라.* 여기서 예수는 자신을 야훼, 곧 구약의 주님이라고 선언하셨다. 이 표현의 기초는 출애굽기 3:14; 신명기 32:39; 이사야 41:4; 43:10이며, 이 구절들에서 하나님은 자신이 영원히 선재한 하나님이며 구약성경 속에서 자신을 유대인에게 계시했다고 선언하셨다. *24, 28절에 대한 설명을 보라.*

8:59 **그들이 돌을 들어** 유대인은 예수의 선언이 무엇을 의미하는지 이해했고, 자신을 하나님이라고 속이는 자는 누가 되었든 돌로 쳐서 죽여야 한다는 레위기 24:16의 명령에 따랐다. **예수께서 숨어 성전에서 나가시니라** 예수는 자신의 때가 아직 아니었기 때문에 반복적으로 체포와 죽음을 피하셨다(*7:8, 30에 대한 설명*

을 보라). 이 절은 기적적인 방법으로 피하셨음을 말하고 있는 듯하다.

2. 여섯 번째 표적, 맹인의 눈을 뜨게 하심(9:1-10:21)

9:1-13 예수는 선천적으로 맹인인(1절) 사람을 위해 눈을 재창조하는 기적을 행하셨다. 이는 치료를 재촉한 문제(1절), 그 사람이 맹인으로 태어난 목적(2-5절), 그를 치료한 능력(6, 7절), 이 치료의 현장을 목격한 사람들의 당황스러움(8-13절) 등 네 가지 특징을 부각시킨다.

9:2 **누구의 죄** 성경에 분명히 드러나듯 죄가 고통의 원인이 될 수 있지만(5:14; 민 12; 고전 11:30; 약 5:15을 보라), 항상 그런 것만은 아니다(욥기; 고후 12:7; 갈 4:13을 보라). 제자들도 당시 대부분의 유대인처럼 죄가 모든 고통의 유일한 원인은 아닐지라도 주된 원인이라고 생각했다. 하지만 이 경우에는 그 사람의 개인적인 죄 때문에 맹인이 된 것이 아님을 분명히 밝히셨다(3절을 보라).

9:3 예수는 죄와 고통 사이의 일반적인 관계를 부정하신 것이 아니라 개인의 죄가 직접적인 원인이라는 생각에 반박하신 것이다. 욥기 1장과 2장에서 분명히 드러나듯 하나님의 주권과 목적이 거기에 역사하기도 한다.

9:4 **때가 아직 낮이매** 예수는 자신이 여전히 제자들과 함께 이 땅에 계신 때를 말씀하신다. 이 어구는 예수가 일단 승천하신 후에는 더 이상 세상의 빛이 아니라는 뜻이 아니라 자신이 이 땅에서 사람들 사이에 거하며 아버지의 뜻을 행하는 동안 그 빛이 가장 밝게 비친다는 뜻이다(참고. 8:12). **밤이 오리리** *1:4, 5; 요한일서 1:5-7에 대한 설명을 보라*. 어둠이 가리키는 것은 예수가 제자들에게서 떨어져 십자가에 달리시는 기간이다(5절).

9:5 **내가…세상의 빛이로라** *8:12에 대한 설명을 보라*. 참고. 1:5, 9; 3:19; 12:35, 46. 예수는 세상의 영적 빛일 뿐 아니라 이 맹인을 위한 물리적 빛의 수단도 되실 것이다.

9:6 **침을 뱉어 진흙을 이겨** 처음에 사람을 만드실 때 땅의 티끌을 사용하셨듯이(창 2:7) 예수는 새로운 눈을 만들기 위해 진흙을 사용하셨다.

9:7 **실로암 못에 가서 씻으라** 히브리어로 *실로암(Siloam)*은 '보내다'라는 뜻이다. 실로암 못은 다윗의 원래 도성이던 곳의 남동쪽에 있었다. 그곳의 물은 기드론 골짜기의 샘에서 솟아난 물이 수로를 통해(히스기야의 터널) 공급된 것이다. 이곳은 이사야 22:9, 11의 "아랫못" 또는 "옛 못"과 같은 것으로 보인다. 초막절에 물을 붓는 예식에서 사용되는 물을 이 못에서 길어 갔다(*7:37-39에 대한 설명을 보라*).

단어 연구

말씀(말, The Word): 1:1, 14; 2:22; 5:24; 8:43; 15:3; 17:14, 17. 우주의 창조주를 가리킬 때 사용하는 말, 나아가 우주를 생성시킨 창조의 능력을 가리킨다. 구약성경에서는 로고스(*logos*)라는 단어가 하나님의 의인화 또는 하나님 속성으로서의 지혜와 연결되기도 했다(잠 8장을 보라). 유대교와 그리스의 단어 사용법에서 로고스는 태초의 개념과 연결되어 있었다. 세계는 말씀과 함께 시작되었다(창 1:3). 특히 요한은 하나님의 아들이 신이라는 사실을 밝히기 위해 이 단어를 사용했다. 예수는 보이지 않는 하나님의 이미지이며(골 1:15), 하나님의 본질 그 자체다(히 1:3). 성삼위 속에서 아들은 하나님의 계시이며 실제로 하나님이다.

9:8, 9 고대에 날 때부터 맹인인 심각한 신체적 결함을 가진 사람이 생계를 유지할 수 있는 유일한 수단은 구걸이었다(행 3:1-7을 보라). 이 사람에게 일어난 극적인 변화 때문에 사람들은 그가 날 때부터 맹인이었던 사람이라고 믿지 못하게 되었다.

9:13-34 맹인의 눈을 고친 이야기 가운데서 이 부분은 고집스러운 불신앙의 핵심적인 몇 가지 특징을 보여준다. 첫째, 불신앙은 거짓 기준을 세운다. 둘째, 불신앙은 언제나 더 많은 증거를 요구하지만 결코 만족하지 않는다. 셋째, 불신앙은 순전히 주관적인 근거에 치우친 탐구를 한다. 넷째, 불신앙은 사실을 거부한다. 다섯째, 불신앙은 자기중심적이다. 요한이 바리새인들과 맹인 사이의 이 대화를 포함시킨 것은 다음과 같은 두 가지 이

실로암(Siloam)

유 때문이었을 것이다. 첫째, 이 대화는 완고하고 고정된 불신앙의 성격을 보여준다. 둘째, 이는 회당과 새롭게 그리스도를 따르는 사람들 사이에 일어난 최초의 분열을 확인해준다. 이 맹인은 그리스도를 따르기로 결정했기 때문에 회당에서 추방당한 것으로 알려진 최초의 인물이다(16:1-3을 보라).

9:13 **그들** 이는 맹인의 "이웃 사람들과 전에 그가 걸인인 것을 보았던 사람들"(8절)을 가리킨다. **바리새인들에게** 사람들이 이 맹인을 바리새인들한테 데리고 간 것은 그 일이 안식일에 일어났고(14절), 바리새인들이 안식일을 범한 사람에게 부정적으로 반응한다는 걸 알았기 때문일 것이다(참고. 5:1-15). 또한 사람들은 지역 회당과 종교지도자들로부터 조언을 듣고자 했다.

9:16 **하나님께로부터 온 자가 아니라** 그들이 해석한 안식일 법을 지키지 않았기 때문에 예수가 약속된 하나님의 선지자(신 13:1-5)일 수 없다는 것이 그들의 논리였을 것이다. **분쟁** 예전에는 군중 사이에서 예수에 대한 의견이 나뉘었는데(7:40-43), 여기서는 당국자들 사이에서 의견이 나뉘었다.

9:17 **선지자니이다** 그 맹인은 예수가 평범한 사람이 아님을 알았다. 한편 눈이 멀지 않았지만 완고한 바리새인들은 그 진리에 대해 영적 맹인이었다(39절을 보라). 성경에서 맹인은 영적인 어둠, 즉 하나님과 그분의 진리를 깨닫지 못하는 무능력을 나타내는 은유다(고후 4:3-6; 골 1:12-14).

9:18 **그 부모를 불러** 이웃 사람들은 이 사람의 신분을 정확히 모를 수 있지만, 이 사람의 부모는 그가 자기 아들인지 분명히 알 것이다. 당국자들은 치료받은 사람의 증언을 무가치한 것으로 간주했다.

9:24 **너는 하나님께 영광을 돌리라** 이 말은 이 사람이 자기의 잘못을 고백하고, 예수가 당국자들의 전통을 어기고 그들의 영향력을 위협했으므로 죄를 범했다고 시인하기를 원했다는 의미다(참고. 수 7:19). **우리는 이 사람이 죄인인 줄 아노라** 종교적 권위자들 사이에서는 예수가 죄인이라는 결론에 도달할 만한 충분한 의견일치가 있었다(참고. 8:46). 미리 결정되어 있던 이 생각 때문에 그들은 기적이 실제로 발생했다는 어떤 증언도 받아들이려고 하지 않았다.

9:27 치료받은 사람이 그들도 예수의 제자가 되고자 하느냐고 질문한 것은 그들의 위선을 강조하기 위한 신랄한 냉소였다.

9:28 **너는 그의 제자이나 우리는 모세의 제자라** 이 시점에서 그들은 고함치면서 욕설을 퍼부었다. 치료받은 사람의 기지가 조사관들의 위선을 폭로한 것이다. 당국자들이 볼 때 예수와 모세 사이의 갈등은 화해가 불가능한 것이었다. 만약 치료받은 사람이 예수를 변호한다면 그것은 그가 예수의 제자라는 의미일 뿐이었다.

9:30 치료받은 사람은 자신과 예수를 판단하는 자리에 앉아 있던 종교 당국자들을 다 합친 것보다 더 영적인 통찰력과 상식을 갖추었음을 보여준다. 그의 예리한 기지는 그들의 어찌할 수 없는 불신앙에 초점을 맞추고 있다. 이 사람의 논리는 그런 비상한 기적은 예수가 하나님에게서 온 인물임을 표시할 수밖에 없다는 것이다. 유대인은 하나님께서 기도하는 사람의 의로움 정도에 따라 기도를 응답하신다고 믿었기 때문이다

육체적 치료를 통해 드러난 영적 진리

1. 맹인 마 9:27-31; 요 9:1-7	죄가 사람을 영적 맹인으로 만든다	구원은 사람의 영적 시력을 회복시킨다
2. 나병환자 마 8:2, 3; 눅 17:11-21	죄는 영적으로 치료가 불가능하다	구원은 달리 치료할 수 없는 영적 병을 치료한다
3. 중풍병자 마 9:1-8; 요 5:1-9	죄는 사람을 영적으로 무능력하게 만든다	구원은 사람의 영적 능력이 사용되도록 회복시킨다
4. 귀신 들린 사람 마 12:22, 23; 눅 11:14	죄는 사람을 거룩하지 못하게 만든다	구원은 사람을 하나님이 보시기에 거룩하다고 선언한다
5. 죽은 사람 눅 7:11-17; 요 11:1-45	죄는 사람을 불법과 죄 가운데서 죽게 만든다	구원은 그리스도 안에서 영원한 생명을 제공한다

(욥 27:9; 35:13; 시 66:18; 109:7; 잠 15:29; 사 1:15를 보라. 참고. 14:13, 14; 16:23-27; 요일 3:21, 22). 그 기적의 크기는 예수가 실제로 하나님에게서 왔다는 것을 표시할 뿐이다.

9:34 **네가…우리를 가르치느냐** 이 바리새인들은 그 사람의 말에 격앙되었으며, 분노에 사로잡혀 치료받은 이 배우지 못한 사람의 통찰력을 볼 수 없었다. 또한 이 구절은 구약에 대한 그들의 무지를 드러냈다. 구약성경은 앞으로 도래할 메시아 시대에는 맹인의 시력이 회복되는 일이 있으리라고 말했기 때문이다(사 29:18; 35:5; 42:7. 참고. 마 11:4, 5; 눅 4:18, 19).

9:35-41 1-34절은 예수가 맹인의 신체적 시력을 회복시켜 주신 것을 다루지만, 35-41절은 예수께서 그 사람에게 영적 '시력'을 선물하신 것에 초점을 맞춘다.

9:35 **네가…믿느냐** 예수는 그 사람에게 자신이 사람에게 하나님을 계시하는 존재임을 믿으라고 권하셨다. 또한 사람이 공적으로 예수를 시인하고 그분에 대한 신앙을 고백하는 것에 큰 중요성을 부여하셨다(마 10:32; 눅 12:8). **인자** 참고. 1:51; 3:13, 14; 5:27; 6:27, 53, 62; 8:28.

9:36 **주여** 이 단어는 그 사람이 예수의 신성을 이해했다는 표시로 이해되어선 안 된다. 도리어 이것은 통상적인 존칭이다. 또한 38절을 보라. 이 맹인은 한 번도 예수를 본 적이 없고(7절), 못에서 눈을 씻은 후에도 예수를 만난 적이 없으므로 처음에는 자기를 치료한 이를 알아보지 못했다.

9:39 **심판하러** 이것은 예수의 목표가 정죄하기 위한 것이라는 뜻이 아니라 구원하기 위한 것이라는 뜻이다(12:47; 눅 19:10). 그럼에도 어떤 사람을 구원하려면 다른 사람들을 정죄해야 한다(*3:16, 18에 대한 설명을 보라*). 이 절의 마지막 부분은 이사야 6:10; 42:19을 인용하고 있다(참고. 막 4:12). **보지 못하는 자들** 자신이 영적인 흑암 속에 있음을 아는 사람들이다. **보는 자들** 자기는 본다고 생각하지만 실제로는 보지 못하는 자들을 가리키는 반어적 표현이다(참고. 막 2:17; 눅 5:31).

9:40 **우리도 맹인인가** 예수가 그 사람을 공개된 장소에서 발견하셨으며(35절), 바리새인들도 그 자리에서 대화를 들었음이 분명하다.

9:41 **너희 죄가 그대로 있느니라** 예수는 특별히 자신을 메시아요 하나님의 아들로 믿지 않고 거절하는 죄를 언급하신다. 만약 그들이 버림받아 흑암 속에 있는 자기들의 상태를 알고 영적인 빛을 달라고 외쳤다면 그들에게는 그리스도를 믿지 않은 죄가 더 이상 없었을 것이다. 그러나 흑암을 빛으로 생각하고 만족하면서 그리스도를 계속 거부했으므로 그들의 죄가 그대로 있었던 것이다. *마태복음 6:22, 23에 대한 설명을 보라.*

10:1-39 자신을 '선한 목자'로 가르치시는 예수의 설교는 9장과 바로 연결된다. 이는 예수가 9장의 그 사람들에게 계속 말씀하셨기 때문이다. 9장에서 드러난 문제는 이스라엘이 거짓 목자들의 인도를 받고 있으며, 이 거짓 목자들이 백성을 잘못 인도하여 메시아에 대한 참된 지식과 메시아의 나라를 떠나게 했다는 것이다(9:39-41). 10장에서 예수는 자신을 아버지에 의해 구주와 왕으로 임명된 '선한 목자'라고 선언하셨다. 이 선한 목자는 스스로 목자가 되었고 자신을 의롭다고 생각하는 이스라엘의 거짓 목자와는 구별된다(시 23:1; 사 40:11; 렘 3:15. 참고. 사 56:9-12; 렘 23:1-4; 25:32-38; 겔 34:1-31; 슥 11:16).

10:1 **우리** 1-30절에서 예수는 1세기의 양 방목장을 근거로 한 여러 가지 은유를 사용해 말씀하셨다. 양은 우리 안에서 키웠고, 문을 통해 나가고 들어갔다. 목자는 "문지기"(3절) 또는 "삯꾼"을(12절) 고용해 목자의 조수로 문을 지키게 했다. 목자는 그 문을 통해 들어갔다. 양을 훔치거나 해를 끼칠 목적을 가진 자는 다른 곳을 통해 침입을 시도할 것이다. 예수의 이 가르침은 에스겔 34장의 말씀을 배경으로 했을 것이다. 거기서 이스라엘의 거짓 목자들(즉 국가의 영적 지도자들)이 이스라엘의 양 떼(즉 국가)를 제대로 돌보지 않는 것을 하나님이 꾸짖으시기 때문이다. 복음서 자체는 양/목자의 이미지를 풍성하게 포함하고 있다(마 9:36; 막 6:34; 14:27; 눅 15:1-7을 보라).

10:3 **문지기** 문지기는 목자의 조수로서 양 떼의 참된 목자가 누구인지 알며, 그를 위해 문을 열어주고, 그를 도와 양 떼를 돌보며, 밤에 양 떼를 지킨다. **양은 그의 음성을 듣나니** 근동 지방의 목자들은 양 우리 밖의 다른 곳에 서서 양 떼가 인식하는 자기들만의 독특한 소리를 낸다. 그렇게 하면 양 떼가 목자 주위로 모여든다. **그가 자기 양의 이름을 각각 불러** 이 목자는 각각의 양을 독특한 이름으로 부른다. 예수 말씀의 요점은 자신이 이스라엘의 양 우리로 와서 자신의 양들을 하나씩 불러내어 메시아의 양 우리 속으로 들인다는 것이다. 그 양들은 아직 이름을 불리지 않았지만 이미 그의 양이라는 사실이 전제되어 있다(25-27절; 6:37, 39, 44, 64, 65; 17:6, 9, 24; 18:9을 보라).

10:4, 5 양몰이 개를 사용하여 때로 옆이나 뒤에서 양 떼를 모는 서양의 목자들과 달리 근동 지방의 목자들은 앞에서 이끌며 목소리로 양 떼를 움직인다. 이것은 스승/제자 관계의 놀라운 그림이 된다. 신약성경에서 영

그리스도의 다양한 치료 방법

구약에서 하나님이 사람의 병을 치료하신 경우에서 볼 수 있듯, 신약에서 예수도 다양한 치료 방법을 사용하셨다. 병을 낫게 하는 것은 하나님의 능력이다. 방법 자체에 어떤 치료 능력이 마술적으로 결합되어 있는 것이 아니다.

1. 그리스도가 손을 만지심(마 8:15).
2. 그리스도가 말씀하심(요 5:8, 9).
3. 병자가 그리스도의 겉옷을 만짐 (마 9:20-22).
4. 그리스도가 침을 뱉으심(막 8:22-26).
5. 그리스도가 사람의 귀에 손가락을 집어넣어 침을 뱉고 그의 혀에 손을 대심 (막 7:33-35).
6. 그리스도가 진흙을 바르심(요 9:6)

적 지도자는 언제나 자신의 행동을 본받기 바라며 모범을 보인다(참고. 딤전 4:12; 벧전 5:1-3).

10:6 **비유** 이 단어를 '예화' 또는 '비유적 말씀'으로 번역하는 것이 가장 좋다. 비밀스럽거나 수수께끼 같은 어떤 것이 의도되었다는 개념이 포함되어 있다. 이 단어는 16:25, 29에 다시 등장하지만 공관복음서에는 이 단어가 등장하지 않는다. 예화를 말씀하신 후(1-5절) 예수는 거기서 중요한 영적 진리를 이끌어내셨다.

10:7-10 **나는 양의 문이라** 이것은 예수가 말씀하신 7번의 'I AM' 진술 가운데서 세 번째다(6:35; 8:12을 보라). 여기서 예수는 은유를 조금 바꾸셨다. 1-5절에서는 예수가 목자였지만 여기서는 문이다. 1-5절에서는 목자가 양을 이끌고 우리를 나오지만, 여기서는 예수가 그 우리의 입구이며(9절) 이것을 통하여 바른 초장으로 인도된다. 이 단락에서는 예수가 아버지께로 가는 유일한 길이라는 14:6의 말씀이 메아리치는 듯하다. 이 말씀의 요점은 아버지께로 나아가 그분이 약속하신 구원을 얻을 수 있는 유일한 수단이 예수라는 것이다. 근동 지방의 어떤 목자들이 양 떼를 지키기 위해 문에 기대어 잠을 잤는데, 여기서 예수는 자신을 그 문이라고 하셨다.

10:9, 10 이 두 절은 예수를 메시아요 하나님의 아들로 믿는 믿음이 죄와 지옥으로부터 "구원을 받고" 영생을 얻는 유일한 길이라는 것을 주장하는 격언 형태의 말씀이다. 오직 예수 그리스도만이 하나님을 아는 지식의 유일하게 참된 근원이며 영적 안정을 위한 유일한 기초다.

10:11-18 예수는 1-5절에서 사용하신 표현, 즉 자신이 당시 이스라엘의 악한 지도자들과 달리 "선한 목자"라는 표현을 다시 사용하신다(9:40, 41). 이것은 예수가 말씀하신 7번의 'I AM' 진술 중에서 네 번째다(7, 9절; 6:35; 8:12을 보라). *선한*은 '고귀하다'는 개념을 가지고 있으며, 오직 자기 이익만 챙기는 "삯꾼"과 대비된다.

10:11 **양들을 위하여 목숨을 버리거니와** 이것은 예수가 십자가에서 죄인들을 위해 죽으시는 대속의 죽음을 가리킨다. 참고. 15절; 6:51; 11:50, 51; 17:19; 18:14.

10:12 **이리가 오는 것을 보면…달아나나니** 삯꾼(고용된 일꾼)은 좋은 시절에는 자기 의무를 행하지만 위험할 때는 결코 희생적으로 양을 돌보지 않는 종교지도자들을 가리킨다. 그들은 자기 양 떼를 위해 목숨을 내놓는 예수와 대비된다(15:13을 보라).

10:16 **이 우리에 들지 아니한** 이것은 예수의 음성에 응답하여 교회의 일부가 될 이방인들을 가리킨다(참고. 롬 1:16). 예수의 죽음은 유대인만을 위한 것이 아니라 (*1, 3절에 대한 설명을 보라*) 예수가 교회 안으로 불러들여 새로운 몸인 교회를 이루실 비유대인을 위한 것이기도 하다(*11:51, 52에 대한 설명을 보라*. 참고. 엡 2:11-22).

10:17, 18 **다시 얻기(얻을)** 예수는 이 두 절에서 이 말씀을 반복하심으로써 자기희생의 죽음이 끝이 아님을 가르치셨다. 예수의 메시아직과 신성을 증명하기 위해 그분의 부활이 뒤따랐다(롬 1:4). 예수는 죽음과 부활로 궁극적인 영광을 얻으셨으며(12:23; 17:5) 성령이 부어졌다(7:37-39. 참고. 행 2:16-39).

10:19-21 유대인 사이에서는 다시 예수의 말씀에 대한 상반된 반응이 일어났다(7:12, 13을 보라). 어떤 사람들은 예수가 귀신 들렸다고 비판했지만(7:20; 8:48을 보라. 참고. 마 12:22-32), 다른 사람들은 예수의 일과 말씀이 하나님이 그를 승인하신 증거라는 결론에 도달했다.

D. 수전절 기간의 반대(10:22-42)

10:22 **수전절** 이스라엘을 박해했던 수리아의 지도자 안티오코스 에피파네스에 대한 이스라엘의 승리를 경축하는 유대교의 축제 하누카다. 주전 170년경 그는 예루살렘을 정복하고 나서 하나님의 제단을 치우고 그 자리에 이방신의 제단을 세움으로써 유대교의 성전을 모독했다. 맛다디아라는 이름의 늙은 제사장(그의 가문은 하스모니안이었음)의 영도 아래 유대인은 수리아에 대항하여 게릴라전을 일으켜 (마카비 반란, 주전 166-142년) 수리아로부터 성전과 땅을 되찾았다. 그러다가 주전 63년 팔레스타인은 로마(폼페이)의 지배하에 들어갔다. 유대인이 성전을 되찾아서 다시 봉헌한 것이 주전 164년

기슬르월(대략 12월) 25일이었다. 이 축제는 '빛의 축제'라고도 한다. 그날 유대인 집집마다 등잔과 촛불을 밝혀 그 일을 기념하기 때문이다. **때는 겨울이라** 요한은 추운 날씨로 인해 예수가 솔로몬 현관의 아늑한 지역 내에 있는 성전의 동쪽 면을 걸었음을 말해준다. 이곳은 부활 후에 그리스도인들이 정기적으로 모여 복음을 선포하던 곳이었다(행 3:11; 5:12).

10:24 **밝히 말씀하소서** 31-39절 문맥으로 볼 때 유대인은 단순히 분명한 이해를 구한 것이 아니라 예수께 자신이 메시아임을 공개적으로 밝히도록 해 그에 대한 공격을 정당화시키려고 했다.

10:26, 27 이 절은 하나님이 자기 양을 선택하셨으며, 믿고 따르는 자들이 그들임을 밝힌다(*3, 16절에 대한 설명을 보라*. 참고. 6:37-40, 44, 65).

10:28, 29 양의 안전은 선한 목자이신 예수가 그들을 안전하게 지킬 수 있는 능력이 있다는 사실을 근거로 한다. 절도나 강도(1, 8절), 이리(12절)도 그들을 해치지 못한다. 29절은 성부께서 궁극적으로 양의 안전을 보장하신다는 것을 밝힌다. 모든 것을 주권적으로 통제하시는 하나님으로부터 양들을 훔칠 수 있는 자가 없기 때문이다(골 3:3). *로마서 8:31-39에 대한 설명을 보라*. 신약과 구약성경을 통틀어 참된 그리스도인의 절대적이고 영원한 안전을 이보다 더 강하게 표현한 구절은 없다.

10:30 **나와 아버지는 하나이니라** 성부와 성자가 함께 예수의 양들을 완전하게 보호하고 보존하는 일을 담당하신다. 양들의 안전과 보장을 위해 성부와 성자가 연합된 목표와 행동을 취하심을 강조하는 이 문장은 성부와 성자의 본성과 본질의 통일성을 전제로 한다(5:17-23; 17:22을 보라).

10:31 요한은 유대인이 세 번째로 예수를 돌로 치려고 했음을 기록한다(5:18; 8:59을 보라). 자신이 아버지와 하나라는 예수의 단언(30절)은 그분이 신성을 주장한다는 것을 확인해주었고 유대인에게 그분의 처형을 진행시키도록 만들었다(33절). 구약성경은 어떤 경우 돌로 처형하는 것을 허용했지만(예를 들면 레 24:16), 로마인들은 사형의 권리를 그들에게만 국한시켰다(18:31). 그럼에도 통제력을 잃은 유대인은 법적 절차 대신 집단적 행동을 시도하기도 했다(행 7:54-60을 보라).

10:33 **네가…하나님이라 함이로라** 그 유대인은 마음속으로 의심의 여지없이 예수가 자신을 하나님이라고 선언했다고 여긴다(참고. 5:18).

10:34-36 하나님이 어떤 불의한 재판관들을 '신들'이라고 부르고 나서 그들에 대한 재앙을 선언하는 시편 82:6의 인용이다. 예수의 논점은 *하나님(god)*이라는 단어가 하나님 이외의 사람들을 가리키는 데도 사용될 수

유대교 절기

절기명	유대 월력	날짜	현대 월력	성구
유월절	니산	14일	3-4월	출 12:1-14; 마 26:17-20
*무교절	니산	15-21일	3-4월	출 12:15-20
초실절	니산	16일	3-4월	레 23:9-14
	또는 시완	6일	5-6월	민 28:26
*오순절 (맥추절)	시완	6일(보리 추수 후 50일째)	5-6월	신 16:9-12; 행 2:1
나팔절, 로쉬 하샤나	티슈리	1, 2일	9-10월	민 29:1-6
속죄일, 욤 키푸르	티슈리	10일	9-10월	레 23:26-32; 히 9:7
*장막절(초막절 또는 수장절)	티슈리	15-22일	9-10월	느 8:13-18; 요 7:2
수전절(빛들), 하누카	기슬르	25일(8일간)	11-12월	요 10:22
부림절(제비뽑기)	아달	14, 15일	2-3월	에 9:18-32

*3대 주요 절기로, 이때 이스라엘의 모든 남자는 예루살렘 성전으로 순례여행을 함(출 23:14-19)

요

있음을 이 시편이 증명한다는 것이다. 예수의 논리는 하나님이 어떤 사람들을 향해 '신' 또는 '지존자의 아들들'이라고 부를 수 있다면 예수가 스스로 "하나님의 아들"이라고(36절) 말한 것을 왜 유대인이 문제 삼느냐 하는 것이다.

10:35 **성경은 폐하지 못하나니** 성경의 절대적 정확성과 권위를 확언하는 말이다(*마 5:17-19에 대한 설명을 보라*).

10:38 **그 일은 믿으라** 예수는 자신의 주장만으로 사람들이 믿을 것이라고 기대하시지 않았다. 성부께서 하시는 일을 예수 자신도 했으므로(*5:19에 대한 설명을 보라*), 그의 대적들은 예수를 평가할 때 그 사실을 고려해야 한다. 그러나 이 말은 그들이 하나님에 대해 너무나 무지했기 때문에 아버지의 일도 인식하지 못했고 아버지께서 보내신 사람도 인식하지 못했다는 것을 암시하고 있다(또한 14:10, 11을 보라).

10:40 **다시 요단 강 저편…가사** 자신에 대한 적대감이 점점 강해지자(39절을 보라), 예수는 유대 지경을 떠나 요단강 건너편 인적이 드문 곳으로 가셨다. **요한이 처음으로 세례 베풀던 곳** 참고. 마태복음 3:1-6; 마가복음 1:2-6; 누가복음 3:3-6. 이것은 베레아 또는 바타네아를 가리킬 것이다. 이곳은 전체적으로 갈릴리 호수의 동쪽과 북동쪽에 있는 분봉 왕 빌립의 영지였다. 이 진술에는 반어적인 요소가 있다. 요한이 처음 세례를 베풀던 곳이 예수가 십자가에 달리기 위해 예루살렘으로 떠나시기 전에 머물던 곳이 되었기 때문이다. 사람들은 그리스도에 대한 요한의 증언을 기억하고 예수에 대한 믿음을 천명했다(41, 42절).

단어 연구

믿다(Believe): 1:7; 5:44; 6:64; 7:5; 10:26; 11:48; 13:19; 20:31. 문자적 의미는 '다른 무엇을 신뢰하다'라는 뜻이다. 예수에 대한 참 신앙은 구원을 위해 그분을 완전히 신뢰하는 것이다(3:15, 16). 예수가 땅 위에서 행하셨을 때 많은 사람이 그분이 보여주신 기적의 능력은 믿었지만 예수 자신을 믿으려고 하지는 않았다(6:23-26). 다른 어떤 사람들은 예수를 이스라엘을 정치적으로 보호해 주는 인물로만 여겼다(막 15:32). 하지만 우리는 성경에 제시된 예수를 믿고 신뢰해야 한다. 참 신자를 죄의 굴레에서 건지기 위해 자신을 겸손하게 희생하신 하나님의 아들로 믿어야 한다(갈 1:3, 4; 빌 2:5-8).

11:1-12:50 앞 단락(10:40-42)은 요한이 예수의 공적 사역을 마지막으로 기록한 부분이다. 그 이후 예수는 공적 활동을 삼가고 자신의 죽음을 준비하면서 제자들과 그를 사랑하는 사람들을 중심으로 사역하기 시작하셨다. 이제 이스라엘에게 기회의 시간은 끝났다. 해가 지고 밤이 오고 있다. 이 두 장은 그리스도의 고난, 곧 십자가를 둘러싼 사건들을 기록한 13-21장으로 넘어가는 다리 역할을 한다.

E. 베다니에서의 반대(11:1-12:11)

1. 일곱 번째 표적, 나사로를 살리심(11:1-44)

11:1-57 11장이 시작될 때쯤 예수는 자신에게 드리워진 십자가의 그림자를 직시해야 했다. 요단강 저편에서 보냈던 그 짧은 시간(참고. 마 19:1-20:34; 막 10:1-52; 눅 17:11-19:27)은 곧 끝날 것이다. 요한은 예수가 예루살렘 지역으로 돌아오신 후 십자가의 죽음이 불과 며칠 앞으로 다가왔을 때의 이야기를 재개한다(55-57절). 예수가 죽으시기 직전 마지막 며칠 동안 요한복음의 장면은 미움과 배척으로부터(10:39) 그리스도의 영광에 대한 분명하고 복스러운 증언으로 바뀐다. 모든 배척과 증오도 나사로를 살리심을 통해 드러난 그분의 영광을 흐리지 못했다. 이 기적은 그분의 영광을 세 가지 방식으로 증언한다. 첫째, 이 기적은 그분의 신성을 가리킨다. 둘째, 이 기적은 제자들의 믿음을 강화시킨다. 셋째, 이 기적은 곧바로 십자가로 연결된다(12:23). 이 장은 기적을 위한 준비(1-16절), 예수의 도착(17-37절), 기적 그 자체(38-44절), 기적의 결과(45-57절)로 나눌 수 있다.

11:1 **마리아와…마르다** 이 복음서에서 이 가족이 최초로 언급되고 있다. 요한은 12:1-8에서 마리아가 예수에게 기름 부은 이야기를 하지만, 이 이야기는 그 일이 원래의 독자에게 익숙한 사건이었음을 말한 것으로 보인다. 참고. 누가복음 10:38-42. **베다니** 이 베다니는 1:28에 기록된 "요단 강 건너편 베다니"와 다른 곳이다(*그곳에 대한 설명을 보라*). 이곳은 예루살렘에서(18절) 여리고로 가는 길을 따라 3.2킬로미터 정도 되는 곳으로 감람산의 동쪽 기슭에 있다. **나사로** 나사로의 회생은 이 복음서의 절정이면서 가장 극적인 표적이며 예수의 공적 사역에 절정을 이룬다. 여섯 가지 기적은 이미 소개되었다[물을 포도주로 바꾸심(2:1-11), 귀인의 아들을 치료하심(4:46-54), 오래된 병을 가진 사람들을 회복시키심(5:1-15), 떡과 물고기로 사람들을 배불리 먹이심(6:1-14), 물 위를 걸으심(6:15-21), 맹인으로 태어난 사람을 고치심(9:1-12)]. 나사로의 회생은 그 모든 기적보다 더욱 강력한

기적이었으며, 나인 성 과부의 아들을 살린 것이나(눅 7:11-16), 야이로의 딸을 살린 것(눅 8:40-56)보다도 더욱 기념비적인 기적이라 하겠다. 이 두 번의 회생은 죽음 직후에 일어났지만, 나사로는 무덤 속에 들어간 지 나흘이 되어 몸의 부패 과정이 이미 진행되고 있었기 때문이다(39절).

11:3 **예수께 사람을 보내어** 예수는 요단강 건너에 계셨고 나사로는 예루살렘 근처에 있었으므로 그 소식이 예수께 전해지기 위해서는 만 하루의 시간이 필요했다. 그런데 예수는 모든 것을 아셨으므로 나사로의 상태도 이미 알고 계셨음이 분명하다(6절; 1:47을 보라). 예수가 도착하셨을 때 죽은 지 나흘이 지난 것을 보면 이틀을 지체하셨고(6절) 여행에 하루가 걸렸으므로 소식을 전한 자가 예수와 만나기 전에 나사로는 이미 죽었을 것이다(17절). **주여…사랑하시는 자가** 이는 예수가 나사로와 나누셨던 친밀한 우정을 암시하는 감동적인 말이다. 참고. 13:1.

11:4 **하나님의 아들이…영광을 받게 하려 함이라** 이 말씀은 나사로의 병 배후의 진정한 목적을 드러낸다. 즉 그 병의 목적은 나사로의 죽음이 아니라 하나님의 아들이 나사로의 회생을 통해 영광을 받는 것이었다(참고. 4절. *9:3에 대한 설명을 보라*).

11:6 **이틀을 더 유하시고** 지체하기로 한 결정 때문에 나사로가 죽은 건 아니었다. 예수는 이미 나사로의 곤경을 초자연적으로 아셨기 때문이다. 소식을 전한 사람이 예수께 도착했을 때쯤 나사로는 죽었을 것이 거의 확실하다. 지체의 이유는 예수가 그 가족을 사랑하셨기 때문이다(5절). 또한 이 사랑은 나사로를 죽음에서 살리심으로써 그 가족의 믿음을 크게 강화시켰을 때 분명해질 것이다 또한 그 지체는 나사로가 죽은 지 오랜 시간이 지난 까닭에 아무도 기적을 사기극이나 단순히 기절에서 깨어난 것이라고 해석하지 못하게 하려는 것이었다.

11:7, 8 제자들은 예수에 대한 유대인의 적대감이 너무 강해 예수가 유대로 돌아가시면 살의를 품은 그들에게 죽임을 당할 수 있다는 것을 알고 있었다(참고. 8:59; 10:31).

11:9, 10 환한 낮에는 대부분의 사람이 안전하게 자기 일을 했다. 그러나 밤이 오면 하던 일을 멈췄다. 하지만 격언 같은 이 말씀에는 더 깊은 뜻이 있었다. 성자가 성부의 뜻을 행하는 한(즉 아들이 일을 할 수 있는 사역의 낮 시간 동안) 아들은 안전했다. 그러나 하나님의 계획에 따른 지상 사역이 끝나고 그분이 죽음에 '걸려 넘어질' 때가 곧 올 것이다. 예수는 자신이 하나님의 뜻을 행하면서 지상에 있을 동안 늦은 시간일지라도 안전하게 하나님의 뜻을 완성하리라는 것을 강조하셨다.

11:11-13 **잠들었도다** 신약성경에서 죽음을 가리키는 완곡어법이다. 특별히 육체의 부활을 통하여 영원한 생명으로 들어갈 신자의 죽음을 가리킬 때 사용된다(참고. 고전 11:30; 15:51; 살전 4:13).

11:14, 15 나사로의 회생은 예수에 대한 유대인의 강력한 반발에 직면하여 예수가 메시아요 하나님의 아들이라는 제자들의 믿음을 더욱 굳건하게 만들기 위한 것이었다.

11:16 도마의 말은 신실한 헌신을 드러내지만 동시에 그들이 전부 죽을지도 모른다는 사실에 대한 비관론이 깔려 있다. 예수에 대한 강한 적대감을 직면한 상황에서 그의 두려움은 비현실적인 것이 아니었다. 또한 동산에서 주께서 그들을 보호하지 않았다면(18:1-11), 그들 역시 붙들려가서 처형당했을 것이다. 참고. 20:24-29.

11:17 **무덤에 있은 지** *무덤(tomb)*은 돌을 파서 만든 매장 장소를 가리킨다. 이스라엘에서는 이런 무덤이 흔하다. 동굴을 파거나 바위를 파내어 공간을 만들고, 바닥을 평평하게 고르고 약간 기울어져 내려가게 경사를 만든다. 다른 가족을 장사지낼 공간을 마련하기 위해 선반 등 시신을 안치할 시설도 만든다. 야생 동물이나 도둑이 들어가지 못하도록 입구를 바위로 막는다(또한 38절을 보라). 요한은 이 기적이 얼마나 굉장한지를 강조하기 위해 나흘(*3절에 대한 설명을 보라*)을 특별히 강조한다. 유대인은 기름을 바르지 않았고, 그때가 되면 시체는 급속히 부패한다.

11:18, 19 이 두 절은 이 가족이 저명한 가문이었음을 암시한다. 또한 유대인에 대한 언급은 예수가 예루살렘 가까이 온 것이 얼마나 위험한 일이었는지에 대한 경각심을 불러일으킨다. 예루살렘의 지도자들은 예수를 향한 분노로 들끓고 있었다.

11:21 **주께서 여기 계셨더라면** 참고. 32절. 이것은 예수에 대한 비난이 아니라 예수의 치유 능력에 대한 마르다의 신뢰를 보여준다.

11:22 **주께서 무엇이든지 하나님께 구하시는 것을** 39절 말씀에 비춰볼 때 마르다의 이 말은 예수가 나사로를 죽음 가운데서 건져내실 것을 믿는다는 뜻이 아니라 예수가 하나님과 특별한 관계에 있으므로 이 슬픈 일 가운데서도 뭔가 좋은 것을 가져다주실 것을 믿는다는 뜻이다.

11:25, 26 이것은 예수가 말씀하신 7번의 'I AM' 진술 가운데서 다섯 번째다(6:35; 8:12; 10:7, 9; 10:11, 14을 보

라). 이 진술을 가지고 예수는 '마지막 날'에(참고. 5:28, 29) 있을 부활에 대한 마르다의 추상적인 믿음을 유일하게 죽은 자를 살리실 수 있는 예수에 대한 구체적이고 개인적인 신뢰로 바꿔주셨다. 하나님의 아들을 떠나서는 어디에도 부활이나 영생이 없다. 부활과 생명의 능력(1:4)을 소유한 이에게 시간은('마지막 날') 아무런 장애가 되지 않는다. 그분은 언제든지 생명을 주실 수 있기 때문이다.

11:27 **이르되** 마르다의 고백은 요한이 이 영감된 복음서를 기록한 이유를 대표적으로 보여준다(참고. 20:30, 31). 마태복음 16:16 베드로의 고백을 보라.

11:32 *21절에 대한 설명을 보라.*

11:33 **함께 온 유대인이 우는 것** 구전에 따르면 유대인의 장례 풍습에서는 가난한 가족이라도 최소한 나팔을 부는 사람 두 명과 죽은 자를 위해 울어줄 여성 애곡꾼 한 명을 고용해야 했다. 이 가족은 유복했던 것으로 보이는데, 이런 일을 하는 사람이 많이 있었던 것으로 보이기 때문이다. **심령에 비통히 여기시고 불쌍히 여기사** 이 표현은 예수가 단지 그 광경을 보고 동정심으로 마음이 움직였다는 뜻이 아니다. 헬라어 '비통히 여기다'는 언제나 분노, 분통, 감정적 분노를 암시한다(38절을 보라. 참고. 마 9:30; 막 1:43; 14:5). 예수가 사람들의 슬픈 감정에 대해 분노를 느끼셨을 거라는 가능성이 많다. 이는 죽음은 잠깐이며 앞으로 부활이 있을 것에 대한 불신앙을 암묵적으로 드러냈기 때문이다. 그들은 마치 소망이 없는 이방인처럼 행동하고 있었다(살전 4:13). 슬픔은 이해할 수 있지만, 그들은 절망적인 행동을 통해 성경이 부활을 약속한다는 사실을 부인한 셈이다. 또한 인간의 상황 속으로 죄가 끌어들인 죽음의 고통과 슬픔에 예수는 화가 나셨을 수도 있다.

11:35 **예수께서 눈물을 흘리시더라** 이는 그 집단의 시끄러운 통곡 소리(33절을 보라)와 대조적으로 눈물이 걷잡을 수 없이 조용히 흐르는 것을 가리킨다. 여기서 예수의 눈물은 애곡이 아니었다. 왜냐하면 곧 나사로를 살리실 것이기 때문이다. 도리어 그것은 죄가 일으킨 슬픔과 죽음에 뒤얽혀 있는 타락한 세상에 대한 애통이었다. 그는 "간고를 많이 겪었으며 질고를 아는 자"였다(3:16; 사 53:3).

11:39 **냄새가 나나이다** 유대인이 향료를 사용하기는 했지만 그것은 시신에 바르기 위한 것이 아니라 부패의 악취를 가라앉히기 위한 것이었다. 그들은 시신을 세마포로 싸고 그 천 사이에 향료를 넣었다. 유대인은 애굽인들처럼 시신을 단단히 싸지 않고 헐겁게 쌌으며 머리를 별도의 천으로 쌌다. 그래서 나사로가 천을 풀지 않고도 무덤에서 걸어 나올 수 있었던 것이다(44절. 참고. 20:7).

11:41, 42 예수의 기도는 실제로 간구가 아니라 아버지에 대한 감사였다. 그 기적을 베푼 이유는 자신이 메시아요 하나님의 아들이라는 주장이 사실임을 증명하기 위한 것이었다.

11:43 이것은 모든 죽은 자가 하나님 아들의 음성을 듣고 살아나는 마지막 부활 때 완전히 드러날 능력의 예고편이었다(5:25, 28, 29).

2. 바리새인이 그리스도를 죽일 계획을 세움(11:45-57)

11:45, 46 예수의 교훈과 행동은 자주 유대인을 갈라놓았다(예를 들면 6:14, 15; 7:10-13; 45-52). 어떤 사람들은 예수는 믿었지만(참고. 40절), 다른 어떤 사람들은 악한 의도를 품고 예수의 행동을 바리새인들에게 알려주었을 것이다.

11:47 **공회를 모으고** 바리새인들로부터 경고를 들은 대제사장들(이전 대제사장과 대제사장 가문의 구성원들)과 바리새인들로 구성된 산헤드린 공의회를 소집했다. 바리새인들만으로는 예수에 대한 아무런 법적 조치를 취할 수 없었다. 비록 로마의 지배를 받기는 했지만 산헤드린은 이스라엘 최고의 사법기구로 당시에 사법과 입법, 행정적 권력을 쥐고 있었다. 예수 당시 70명으로 구성된 산헤드린은 대제사장들이 지배했으며, 모든 대제사장은 사두개인들이었다. 바리새인들은 영향력을 가진 소수였다. 바리새인들과 사두개인들은 자주 충돌을 일으켰지만 당시에는 예수에 대한 미움으로 연합전선을 구성했다.

11:48 **로마인들이 와서** 나사로가 살아났음에도 유대인은 예수가 하나님의 아들임을 믿으려고 하지 않았다. 그들은 메시아에 대한 기대감이 점점 상승하면 로마의 압제와 지배에 대항하는 운동이 일어나고, 결국 로마인들이 와서 그들의 모든 권리와 자유를 박탈할 것이라 생각하고 두려워했다.

11:49 **가야바** 가야바는 주후 18년경 대제사장이 되었는데, 로마 총독 발레리우스 그라투스의 임명을 받았다. 그의 장인은 안나스로 주후 7-14년 대제사장직을

예수께서 살리신 사람들

1. 나인 성 과부의 아들	눅 7:14, 15
2. 야이로의 딸	눅 8:52-56
3. 마리아와 마르다의 오라버니 나사로	요 11장

맡았으며, 임기가 끝난 다음에도 대제사장에 큰 영향력을 행사하고 있었다(18:12-14을 보라). 가야바는 본디오 빌라도와 함께 로마인들에 의해 축출된 주후 36년까지 대제사장직을 유지했다. 그는 예수를 재판하고 정죄하는 데 주도적인 역할을 했다. 그의 뜰 또는 궁정에 대제사장들(사두개인들)과 바리새인들이 모여서 "예수를 흉계로 잡아 죽이려고 의논"했다(마 26:3, 4을 보라).

11:50 **한 사람이 백성을 위하여 죽어서** 그의 말은 단지 자기들의 지위를 지키고, 민족을 로마의 보복으로부터 건지기 위해 예수가 처형되어야 한다는 뜻이었다. 그러면서도 가야바는 자기도 모르게 희생적이요 대속적인 언어를 사용하여 죄인을 위한 그리스도의 죽음을 예언한 격이 되었다. 참고. 고린도후서 5:21; 베드로전서 2:24.

11:52 **하나님의 자녀를 모아 하나가 되게** 문맥 속에서 이 말은 흩어져 있던 믿는 유대인이 약속의 땅에 모여 하나님의 나라에 참여하는 것을 가리킨다(사 43:5; 겔 34:12). 보다 넓은 의미에서 이 말은 이방인 선교를 가리킨다(12:32을 보라). 그리스도의 희생적인 죽음과 부활의 결과 유대인과 이방인이 한 무리인 교회를 이뤘다(엡 2:11-18). **미리 말함이러라** (이 말은 '예언하다'로도 번역될 수 있음 – 옮긴이) 가야바는 자기가 한 말에 어떤 뜻이 숨겨져 있는지도 알지 못했다. 비록 그는 그리스도에 대해 신성모독적인 말을 했지만 하나님이 그의 말을 패러디하여 진리로 바꾸신 것이다(참고. 시 76:10). 그의 말이 가지는 악한 의미의 책임은 가야바에게 있지만, 하나님의 섭리는 그가 그 말을 선택하게 함으로써 하나님의 영광스러운 구원 계획에 대한 핵심을 표현하도록 했다(행 4:27, 28). 그는 대제사장이었고, 원래 대제사장은 하나님의 뜻을 계시하는 도구였으므로 그분에 의해 예언자로 쓰임받았던 것이다(삼하 15:27).

11:53 **이 날부터는** 이 어구가 가리키는 것은 예수에 대해 취할 행동이 결정되었다는 뜻이다. 이제 그 일을 실행하는 것만 남았다. 예수가 재판을 받으시기 위해 체포된 것이 아님에 주목해야 한다. 재판을 받기 전 이미 신성모독으로 유죄 결론이 난 것이다. 재판은 이미 내려진 판결을 위한 형식에 불과했다(막 14:1, 2).

11:54 **에브라임** 이곳은 구약의 도시 에브론일 것이다(대하 13:19을 보라). 오늘날 그곳의 이름은 에트-타이이베며, 벧엘 북동쪽 약 6.4킬로미터, 예루살렘에서는 약 19킬로미터 정도 되는 곳이다. 그곳의 위치는 유월절까지 한시적으로 안전을 도모하기에 충분할 정도로 먼 거리에 있었다(55절).

11:55 **유월절** 이것은 요한복음에 언급된 세 번째 유월절이며(2:13; 6:4을 보라) 지상 생애의 마지막 유월절로, 이 절기에 예수는 희생의 죽음을 맞으신다. 유월절 주간의 시간표를 보려면 누가복음 서론의 개요를 보라.

11:56 **그들이 예수를 찾으며** 유월절을 맞아 예루살렘을 가득 채운 유대인은 이번에 예수가 나타날지를 궁금해하며 적극적으로 그분을 찾았다. 대제사장들과 바리새인들의 계교(47절; 7:12을 보라)가 널리 알려졌음에도 예수가 용감하게 예루살렘에 나타날 것인지 사람들은 대단히 궁금해했다.

11:57 **누구든지…알거든** 예수를 잡기 위한 계획을 세운 사람들은 온 도시를 잠재적 첩자로 채워놓았다.

12:1-50 이 장은 그리스도를 향한 사랑과 미움, 믿음과 배신에 초점을 맞추고 있으며, 이 모든 것이 십자가로 연결된다.

3. 마리아가 그리스도께 기름 부음(12:1-11)

12:1 **유월절 엿새 전에** 이 날은 유월절 일주일 전 토요일이 거의 확실하며, 그다음 주 목요일 저녁부터 금요일 일몰까지가 유월절이다. 서론에 나온 해석상의 과제를 보라.

12:3 **지극히 비싼 향유 곧 순전한 나드 한 근** 여기 사용된 '근'이라는 말은 약 사분의 삼 파운드(약 12온스) 무게에 해당된다. '나드'는 인도에서 자라는 식물의 뿌리에서 추출한 기름이다. **예수의 발에 붓고** 식탁에 비

일곱 가지 표적

물을 포도주로 바꾸심(요 2:1-12)	예수는 생명의 근원이시다
왕의 신하의 아들을 고치심(요 4:46-54)	예수는 거리를 초월한 주권자이시다
베데스다 못에서 장애인을 고치심(요 5:1-17)	예수는 시간을 초월하는 주권자이시다
5,000명을 먹이심(요 6:1-14)	예수는 생명의 떡이시다
물 위를 걷고 풍랑을 잠잠케 하심(요 6:15-21)	예수는 자연의 통치자이시다
날 때부터 맹인인 사람을 고치심(요 9:1-41)	예수는 세상의 빛이시다
나사로를 죽음에서 살리심(요 11:17-45)	예수는 죽음을 지배하신다

스듬히 기대어 식사하는 사람들의 발이 불쑥 삐져나와 있었으므로 마리아가 예수의 발에 기름을 부을 수 있었다. 이 행동은 예수를 향한 마리아의 겸손한 헌신과 사랑의 상징이었다.

12:5 **삼백 데나리온** 1 데나리온이 노동자의 하루치 품삯이었으므로, 300 데나리온은 일 년 치 품삯에 해당했다(안식일이나 다른 절기에는 일해서 돈을 벌 수 없었음).

12:6 **도둑이라** 유다가 말한 인도주의는 실은 자신의 개인적 탐욕을 위한 구실에 불과했다. 유다가 사도들의 자금 관리자였기 때문에 몰래 돈을 착복할 수 있었던 것이다.

12:7 **나의 장례할 날을 위하여 그것을 간직하게 하라** 마리아는 자신의 헌신을 표시하기 위해 그런 행동을 했지만, 가야바의 경우처럼(11:49-52) 그녀의 행동은 당시 자신이 생각한 것 이상을 드러냈다. 1세기에는 장례식에 상당한 돈이 들었는데, 거기에는 시신이 부패하는 악취를 덮기 위한 값비싼 향료 비용이 포함되어 있었다(11:39*에 대한 설명을 보라*).

12:8 이 말씀은 가난한 자들을 위한 구제가 필요하지 않다는 말이 아니라(신 15:11) 가난한 자들은 그들과 함께 있지만 예수는 항상 그들과 함께 있지 않을 것임을 상기시킨다. 마태복음 26:11; 마가복음 14:7을 보라.

12:11 **가서 예수를 믿음이러라** 이 어구는 의식적이고 고의적으로 당시 세력가의 종교를 버리고 예수를 메시아와 하나님의 아들로 믿는 믿음으로 옮겨감을 말한다.

F. 예루살렘에서의 반대(12:12-50)

1. 승리의 입성(12:12-22)

12:12-22 이 단락은 예수의 예루살렘 개선(凱旋) 입성을 다룬다. 보통 종려주일로 알려져 있다. 이것은 예수의 생애 중 네 편의 복음서 모두에 기록된 소수의 사건 가운데 하나다(마 21:1-11; 막 11:1-11; 눅 19:29-38). 이 행동을 통해 예수는 공식적으로 온 백성을 향해 자신이 메시아요 하나님의 아들임을 드러내셨다. 산헤드린과 다른 유대교 지도자들은 그분을 죽이고자 했지만, 예수를 환호하는 군중의 동요를 우려해 유월절 기간에는 거사를 피하려고 했다(마 26:5; 막 14:2; 눅 22:2). 하지만 예수는 자신의 때에 도성에 들어가셨으며, 양이 희생을 당하는 유월절의 바로 그 시간에 그 일이 일어나도록 진행하셨다. 성경이 말하듯이 "우리의 유월절 양 곧 그리스도께서 희생되셨느니라"(고전 5:7; 벧전 1:19). 하나님의 완전한 때(7:30; 8:20을 보라), 영원 전부터 예정된 바로 그때 예수는 자신을 죽음에 내어주신 것이다(23절; 10:17, 18; 17:1; 19:10, 11. 참고. 행 2:23; 4:27, 28; 갈 4:4).

12:12 **그 이튿날** 예수가 베다니를 방문하신 다음 날인 일요일이다(*1절에 대한 설명을 보라*).

12:13 **종려나무 가지를 가지고** 대추야자는 얼마든지 있었다. 이 나무는 오늘날 예루살렘에서 여전히 자라고 있다. 약 2세기 전부터 종려나무 가지를 흔드는 것은 국수주의의 상징이 아니라 국민적인 상징이었다. 곧 해방자 메시아가 나타나기를 열렬히 바라는 소망의 상징이다(6:14, 15). **호산나** 이 단어는 '지금 구원을 주소서'라는 의미의 히브리어를 음역한 것이다. 그것은 모든 유대인이 잘 알고 있던 시편 118:25에 등장하는 환호 또는 찬송이었다. 유대인은 초막절 기간에(7:37) 성전 합창단이 그 시편을 아침마다 불렀고 수전절(10:22), 특히 그 시편이 유월절과 관련되어 있던 할렐(시 113-118편)의 일부여서 잘 알고 있었다. "호산나"를 외치고 나서 군중은 시편 118:26을 외쳤다. 의미심장하게도 시편 118편은 메시아 왕에 대한 축복의 선언이었다. 유대교 주석들은 이 절이 메시아를 가리킨다는 것을 알고 있었다. "주의 이름으로 오는 자"는 메시아를 가리킨다. 특히 이 어구가 사용되는 곳에서는 '이스라엘의 왕'을 가리킨다(비록 이 메시아의 호칭이 시편 118편에서 온 것은 아니지만).

12:14, 15 공관복음서는 예수가 나귀 새끼를 선택하신 것에 대한 더 많은 설명을 실었다(마 21:1-9; 막 11:1-10; 눅 19:29-38을 보라). 공관복음서의 기록들은 예수가 의도적으로 온 백성 앞에 자신을 이런 방식으로 드러낼 계획을 세우시므로 스가랴 9:9(여기에 인용됨)의 메시아 예언을 의식적으로 성취하셨다고 말한다. "두려워하지 말라"는 말씀은 스가랴의 구절에는 없는 것으로 이사야 40:9의 말씀을 덧붙인 것이다. 예수가 승천하신 후에야 제자들은 승리의 입성이 무슨 의미인지 깨닫게 되었다(참고. 14:26).

12:19 **온 세상이 그를 따르는도다** "세상"은 각각의 사람 전부라는 뜻이 아니라 그냥 사람들이라는 뜻이다. 세상의 모든 사람이 당시에 예수를 알았던 것도 아니고, 이스라엘에서도 많은 사람이 예수를 믿지 않았음이 분명하다. 때때로 "세상"은 일반적인 의미로 사용된다(47절; 1:29; 3:17; 4:42; 14:22; 17:9, 21).

12:20, 21 이들은 유대교로 개종한 이방인으로 유월절을 지키기 위해 왔을 것이며, 예수를 죽일 계획을 세우고 있던 국가 지도자들과 정반대 이유로 예수를 보려고 했을 것이다.

2. 믿음과 배척에 대한 강화(12:23-50)

12:23 **인자** *1:51에 대한 설명을 보라.* **때** 이것은 예

수의 죽음과 부활, 승천의 때를 가리킨다(27절; 13:1; 17:1). 이 시점까지 예수의 때는 항상 미래였다(2:4; 4:21, 23; 7:30; 8:20).

12:24 땅에 심긴 씨가 죽어 많은 열매를 맺듯이 하나님의 아들의 죽음도 많은 사람의 구원을 성취할 것이다.

12:25, 26 죽음의 원리는 예수께만 적용되는 것이 아니라(24절을 보라) 그분을 따르는 자들에게도 적용된다. 그들도 제자가 되어 예수를 섬기고 증거하기 위해 목숨을 잃을 수 있었다(마 10:37-39; 16:24, 25).

12:27 **내 마음이 괴로우니** 여기 사용된 단어는 강한 뜻을 담고 있으며 공포, 두려움, 번민을 표시한다. 앞으로 믿을 모든 사람에 대한 하나님의 진노를 담당해야 한다는 사실이 무죄한 구주의 마음속에 격동을 일으킨 것이다(참고. 고후 5:21).

12:28 **아버지의 이름을 영광스럽게 하옵소서** 이 간구는 예수의 삶과 죽음을 그대로 드러내고 있다. 7:18; 8:29, 50을 보라. **내가 이미…하였고 또다시 영광스럽게 하리라** 성부께서 소리를 내어 성자에게 대답하셨다. 이것은 예수의 사역 도중 이런 일이 발생한 단 세 번 가운데 한 번의 경우다[참고. 마 3:17(그의 세례), 17:5(그의 변형)].

12:31 **이 세상의 임금** 사탄을 가리키는 말이다(14:30; 16:11을 보라. 참고. 마 4:8, 9; 눅 4:6, 7; 고후 4:4; 엡 2:2; 6:12). 십자가가 하나님에 대한 사탄의 승리를 표시하는 것처럼 보였지만 실제로는 사탄의 패배였다(참고. 롬 16:20; 히 2:14).

12:32 **땅에서 들리면** 이것은 예수의 십자가를 가리킨다(33절; 18:32). *3:14에 대한 설명을 보라*.

12:34 **영원히 계신다** *율법(law)*은 모세의 다섯 책뿐 아니라 구약성경 전체를 가리킬 수도 있는 폭넓은 단어였다(롬 10:4을 보라). 그들은 하나님이 메시아의 나라가 영원하리라는 것을 약속한 이사야 9:7 또는 하나님이 최후의 다윗(final David)이 영원히 이스라엘의 왕이 될 것을 약속하신 에스겔 37:25을 생각했을 것이다(또한 시 89:35-37을 보라).

12:35 **예수께서 이르시되** 이것은 메시아와 하나님의 아들에 대한 믿음에 초점을 맞추기 위해 요한이 기록한 예수의 마지막 초청이다(20:30, 31을 보라).

12:37-40 이 단락에서 요한은 유대 국가가 보여준 재난을 초래한 대규모적인 불신앙에 대한 성경의 설명을 알려준다. 그 설명은 그런 불신앙이 성경에 예견되어 있을 뿐 아니라 그것의 필요성까지 가르친다. 요한은 38절에서는 이사야 53:1을, 40절에서는 이사야 6:10(롬 10:16을 보라)을 인용한다. 이 두 구절은 하나님이 징계를 위해 이스라엘을 완악하게 만드신 주권적 계획을 강조한다(참고. 롬 9-11장 바울의 논증). 비록 하나님이 그런 심판을 예정하셨지만 그것은 사람의 책임과 과오에 무관하게 이루어지는 것이 아니다(8:24).

12:41 **이사야가…주의 영광을 보고 주를 가리켜 말한 것이라** 이것은 이사야 6:1을 가리킨다(*이 구절에 대한 설명을 보라*). 요한은 분명하게 예수를 구약의 하나님, 곧 야훼와 연결시킨다(*8:58에 대한 설명을 보라*). 그러므로 41절이 예수를 가리키기 때문에 이스라엘을 완악하게 만든 이는 다름 아닌 예수다(5:22, 23, 27, 30; 9:39을 보라).

12:42, 43 37-41절의 고발에 뒤이어 42, 43절에는 예외가 기록된다(1:10-13을 보라). 백성은 더 순수하고 열정적으로 예수를 신뢰한 것으로 보이는 반면, 예수를 믿은 이스라엘의 지도자들은 부적절하고 단호하지 못하며 심지어 거짓된 신앙을 보여준다(*2:23-25에 대한 설명을 보라*). 지도자들은 믿음이 너무도 약해 회당에서 그들의 지위를 위협할 만한 어떤 태도도 취하려고 하지 않았다. 이것은 영적 지도자들에 대한 가장 슬픈 진술이다. 그들은 공개적으로 예수를 메시아와 하나님의 아들로 인정하기를 거부함으로써 하나님의 칭찬이 아닌 사람의 칭찬을 선택했기 때문이다.

하나님의 아들이 제자들을 준비시키심 (13:1-17:26)

A. 다락방에서(13:1-14:31)

1. 발을 씻기심(13:1-20)

13:1-17:26 이 나머지 부분은 십자가 이전까지의 기록이며, 제자들에게 집중하시는 예수의 모습을 보여준다. 1-12장은 온 백성이 예수를 배척한 것에 초점을 맞추지만(참고. 1:11), 13-17장은 예수를 받아들인 사람들에게 초점을 맞춘다(*1:12을 보라*). 13장부터 예수는 공적 사역을 접고 자신을 받아들인 사람에 대한 사적 사역에 착수하셨다. 13-17장은 예수가 배반당하고 잡히시던 날 밤에 제자들에게 물려줄 유산을 가르치기 위해 예수가 하신 고별사(13-16장)와 그들을 위한 기도다(17장). 이제 십자가까지 하루 남았다.

13:1 **끝까지** 완전한 사랑으로 '완성에 이르기까지'라는 의미다. 하나님은 긍휼과 일반 은혜로 세상을 사랑하시고(3:16) 죄인을 사랑하셨으나(3:16; 마 5:44, 45; 딛 3:4) 자기 소유인 사람들에게는 구원을 베푸는 완전하고 영원한 사랑으로 그들을 사랑하셨다.

13:2 **마귀가 벌써…유다의 마음에** 그렇다고 해서 유다

요한복음에 나오는 구약성경

1:23	사 40:3
2:17	시 69:9
6:31	시 78:24
6:45	사 54:13
10:34	시 82:6
12:13	시 118:25, 26
12:15	슥 9:9
12:38	사 53:1
12:40	사 6:10
13:18	시 41:9
15:25	시 35:19; 69:4
19:24	시 22:18
19:36	출 12:46; 민 9:12
19:37	슥 2:10

가 면죄부를 받는 것은 아니다. 그의 악한 마음이 마귀가 원하는 것, 곧 예수의 죽음을 원했기 때문이다. 마귀와 유다가 한 마음이 된 것이다.

13:3 **저녁** 목요일 일몰 후의 유월절이다. 서론에 나온 해석상의 과제를 보라. **하나님께로 돌아가실 것을** 예수는 배반과 번뇌, 죽음을 당당히 직면하셨다. 그 모든 일이 지난 뒤 아버지께로 들림받을 것이며, 거기서 성삼위 안에서 영원히 누리던 영광과 교제를 회복하실 것이기 때문이다(17:4, 5을 보라). 이는 예수께 "십자가를 참을" 수 있게 한 "그 앞에 있는 기쁨"이었다(히 12:2).

13:4, 5 그 지역은 먼지가 많고 더러운 환경 때문에 꼭 발을 씻어야 했다. 제자들은 예수의 발을 기꺼이 씻었을 테지만 서로의 발을 씻긴다는 것은 생각할 수도 없는 일이었다. 당시 사회에서 발을 씻기는 것은 가장 천한 종의 일이었기 때문이다. 동료 사이에서는 아주 드물게, 큰 사랑을 드러내는 것 이외에는 다른 사람의 발을 씻어주지 않았다. 누가는 그들이 서로 누가 큰가를 놓고 논쟁을 벌이고 있었으며, 따라서 아무도 허리를 굽혀 발을 씻어주려고 하지 않았음을 지적한다(22:24). 예수님이 그들의 발을 씻으시기 시작하자 그들은 충격을 받았다. 이 행동은 영적 씻음의 상징(6-9절)과 그리스도인의 겸손의 모델이 되었다(12-17절). 이 행동을 통해 예수는 이기적이지 않은 봉사의 교훈을 주셨고, 그것은 십자가의 죽음을 통해 예증되었다.

13:6-10 이런 과정이 모든 제자를 당황하게 만들었다. 다른 사람들은 침묵에 빠졌지만 베드로는 다른 사람들을 대표해(마 16:13-23을 보라) 예수님이 몸을 낮게 숙이고 자기 발을 씻는 것에 대해 분노하며 목소리를 높였다. 그는 겸손한 봉사 그 자체 너머에 있던 영적 씻음의 상징을 이해하지 못했던 것이다(7절. 참고. 요일 1:7-9). 그때 예수의 대답은 그 행동의 참됨을 밝혀주셨다. 하나님의 어린 양이 사람의 죄를 씻어주지 않는다면(즉 씻는 상징에서 묘사된 것처럼) 사람은 예수와 함께할 수 없다는 것이다.

13:10 **발밖에 씻을 필요가 없느니라** 그리스도가 구원할 때의 씻으심은 결코 반복될 필요가 없다. 구속은 그 순간에 완성된다. 그러나 하나님의 은혜로운 칭의를 통해 씻음을 받은 사람이라고 할지라도 육체를 입고 죄와 싸우며 사는 동안에는 예외 없이 지속적인 씻음이 필요하다. 신자들은 이미 의롭게 되어 전가된 의를 받지만(빌 3:8, 9), 여전히 성화와 의롭게 되는 과정이 필요하다(빌 3:12-14).

13:11 **다는 깨끗하지 아니하다** 이는 유다를 가리키며(6:70), 그는 곧 무리를 이끌고 예수를 잡으러 올 것이다(18:3).

13:15 **본** 여기서 사용된 이 단어는 '모범' 또는 '전형'이라는 의미를 가진다(히 4:11; 8:5; 9:25; 약 5:10; 벧후 2:6). 예수님이 이런 행동을 하신 목적은 겸손한 사랑의 모델을 보여주시기 위해서였다.

13:17 **너희가 이것을 알고 행하면 복이 있으리라** 하나님의 계시된 말씀에 순종하면 언제나 기쁨이 따라온다(15:14을 보라).

13:18 **내가 택한 자들** 열두 제자를 가리키는 말로, 주님이 택하셨고(15:16을 보라) 주님이 완전히 아시는 제자들이다. 그중에는 유다도 포함되었는데, 이는 시편 41:9을 이루기 위해서다.

2. 배반당할 것을 말씀하심(13:21-30)

13:21 **괴로워** 이 단어의 의미를 알려면 *12:27에 대한 설명을 보라*.

13:23 **예수의 제자 중 하나 곧 그가 사랑하시는 자** 이 말은 이 복음서의 저자 요한을 처음으로 가리키는 말이다(서론의 저자와 저작 연대를 보라). 그는 십자가에서(19:26, 27), 무덤에서(20:2-9), 디베랴 호수에서(21:1, 20-23) 자신을 언급했고, 끝에서 두 번째 절(21:24)에서 자신이 이 복음서의 저자임을 밝혔다.

13:26 **한 조각을…유다에게 주시니** 잔치에서 주인(여기서는 예수가 이 역할을 하셨음)은 모두가 함께 사용하는 그릇에 담긴 음식 중 특별히 맛있는 조각을 한 손님에게 주었는데, 이것은 특별한 명예와 우정의 표시였다.

예수가 유다에게 그 조각을 쉽게 주신 것을 보면 그가 주님 근처 명예로운 자리에 앉아 있었다는 것을 추측하게 한다. 비록 유다가 자신을 배반하겠지만, 예수는 그에게 마지막 사랑의 모습을 보여주셨다.

13:27 **사탄이 그 속에 들어간지라** 예수를 배반할 때 유다는 사탄에게 붙잡혀 있었다. *2절에 대한 설명을 보라.*

13:30 **밤이러라** 비록 이것이 요한이 기억한 역사이기는 하지만, 이 어구 역시 심오한 신학적 의미를 품고 있다. 이는 유다가 흑암의 권세에 완전히 넘어간 시간이었다(사탄. 참고. 눅 22:53).

3. 그리스도의 떠나심에 대한 강화(13:31-14:31)

13:31-33 **영광을 받으셨도다** 유다가 떠나면서 마지막 사건들이 전개되기 시작했다. 예수는 십자가의 고통을 보기보다 십자가 너머에 있는 것, 곧 모든 것이 끝난 후 아버지와 함께 나눌 영광을 기대하셨다(17:4, 5; 히 12:2을 보라).

13:33 **내가 유대인에게…말한 것과 같이** 이것은 8:21의 진술을 가리킨다.

13:34, 35 자신이 떠나리라는 것과 제자들이 자신을 따라오지 못할 것을 선언하신 후 예수는 자신이 떠나고 나서 그들이 어떻게 되기를 원하는지 말씀하셨다. 그것은 사랑이 제자도의 특징이 되어야 한다는 것이다(35절. 참고. 요일 2:7-11; 3:10-12; 4:7-10, 20, 21).

13:34 **새 계명을 너희에게…내가 너희를 사랑한 것 같이** 사랑의 계명은 결코 새로운 것이 아니었다. 신명기 6:5은 하나님에 대한 사랑을 명령했고, 레위기 19:18은 이웃을 자기 몸처럼 사랑할 것을 명령했다(참고. 마 22:34-40; 롬 13:8-10; 갈 5:14; 약 2:8). 그러나 사랑에 대한 예수의 명령은 다음 두 가지 이유로 새로운 기준을 제시하셨다. 하나는 그것은 예수의 사랑을 모델로 삼는 희생적인 사랑이다("내가 너희를 사랑한 것 같이", 참고. 15:13), 다른 하나는 그것은 성령의 변화시키는 능력에 의해, 새 언약을 통해 생성된다(참고. 렘 31:29-34; 겔 36:24-26; 갈 5:22).

13:36 **네가 지금은 따라올 수 없으나** 예수의 일은 거의 끝나가지만 그들의 일은 지금 막 시작되고 있다(마 28:16-20; 막 16:15; 눅 24:47). 특별히 베드로에게는 할 일이 있었다(*21:15-19에 대한 설명을 보라*). 세상의 죄를 대속하기 위해선 무죄한 희생제물인 예수만이 십자가 위에서 죽을 수 있었다(벧전 2:22-24). 또한 오직 예수만이 성육신 이전에 가졌던 영광으로 아버지 앞에서 영광을 받으실 수 있다(12:41; 17:1-5을 보라).

13:38 18:25-27을 보라. 참고. 마태복음 26:71-75; 마가복음 14:69-72; 누가복음 22:54-62.

14:1-31 이 장 전체의 핵심은 그리스도가 재림 때뿐 아니라 지금도 성령의 사역으로 신자에게 위로를 주시는 분이라는 약속이다(26절). 예수가 잡히시기 전 제자들과 함께 모여 있던 다락방 장면이 계속되고 있다. 유다는 떠났고(13:30) 예수는 남은 열한 명의 제자들에게 고별사를 시작하셨다. 제자들은 하늘이 무너지는 경험을 하게 될 것이다. 잠시 후면 분명히 드러날 사건 때문에 제자들은 어리둥절하고 혼란에 빠져 근심에 사로잡히게 될 것이다. 하늘이 무너지는 경험을 하게 되리라는 것을 내다보시고 예수는 제자들의 마음을 위로하는 말씀을 하셨다.

14:1 십자가 사건을 앞둔 순간, 제자들이 예수께 힘이 되어준 것이 아니라 예수가 그들을 심리적·영적으로 격려해주어야 했다. 이것은 예수의 섬기는 사랑의 마음을 보여준다(참고. 마 20:26-28). **근심하지** 예수에 대한 믿음만이 마음의 동요를 잠재울 수 있다. *12:27에 대한 설명을 보라.*

14:2 **거할 곳** 원래 뜻은 거처, 방, (오늘날 말로) 아파트라는 뜻이다. 이 모든 것이 큰 '아버지의 집'에 있다.

14:2, 3 **가서…거처를 예비하면** 예수가 떠나시는 게 그들에게 유익할 것이다. 예수는 하늘에 그들의 거처를 마련하기 위해 떠나시는 것이며, 다시 돌아와 그들을 데려다가 함께하실 것이다. 이것은 그리스도가 재림하실 때 이루어질 성도의 휴거를 가리키는 구절들 가운데 하나다. 이것은 그리스도가 지상에 나라를 세우기 위해 성도들과 함께 이 땅으로 오시는 사건(계 19:11-15)을 말하는 것이 아니라 신자들을 땅에서 하늘로 데려가 살게 하는 것을 말한다. 여기에 구원받지 못한 자들에 대한 심판의 이야기가 없는 것으로 볼 때, 이것은 악한 자를 멸망시키기 위해 영광과 능력으로 재림하시는 것을 가리키는 말이 아니다(참고. 마 13:36-43, 47-50). 도리어 이 구절은 예수가 자신의 소유인 사람들 가운데서 살아 있는 사람들은 모으고, 이미 죽은 사람들은 살려내어 모두 하늘로 데려가기 위해 오시는 것을 말한다. 이 휴거 사건은 고린도전서 15:51-54; 데살로니가전서 4:13-18에도 기록되어 있다. 휴거 이후 교회는 혼인 잔치에 참석하고(계 19:7-10), 상급을 받으며(고전 3:10-15; 4:5; 고후 5:9, 10), 뒤에 그리스도가 나라를 세우러 이 땅으로 오실 때 그리스도와 함께 지상으로 돌아올 것이다(계 19:11- 20:6).

14:6 이것은 요한복음에서 예수가 말씀하신 'I AM' 진술 가운데 여섯 번째다(6:35; 8:12; 10:7, 9; 10:11, 14; 11:25; 15:1, 5을 보라). 도마의 질문에(5절) 예수는 자신

이 하나님의 진리이고(1:14) 하나님의 생명이므로(1:4; 3:15; 11:25) 하나님께 이르는 길이라고 선언하셨다. 이 절에서는 예수가 아버지께 이르는 유일한 길이라는 사실이 강조되고 있다. 많은 길이 아니라 오직 한 길, 곧 예수 그리스도만이 하나님께 도달할 수 있는 길이다(10:7-9. 참고. 마 7:13, 14; 눅 13:24; 행 4:12).

14:7-11 **이제부터는 너희가 그를 알았고** 제자들은 그리스도의 사역을 통해, 그리고 곧 발생할 죽음과 부활을 통해 그리스도를 알게 되므로 그들은 하나님을 안 것이다. 그리스도를 아는 것이 하나님을 아는 것이다. 예수가 성육신 하신 하나님이라는 사실을 이 복음서는 지속적으로 강조하고 있다(11절; 1:1-3, 14, 17, 18; 5:10-23, 26; 8:58; 9:35; 10:30, 38; 12:41; 17:1-5; 20:28).

14:12 **그보다 큰 일도 하리니** 여기서 예수가 말씀하신 더 큰 일은 그 능력에 있어 그렇다는 뜻이 아니라 그 범위에 있어 그렇다는 뜻이다. 그들은 성령의 내주와 충만한 능력을 통해 온 세상에 복음을 증거하는 자들이 될 것이며(행 1:8), 그들 안에 거하시는 보혜사 때문에 많은 사람을 구원으로 인도할 것이다. 그러므로 초점은 물리적 기적이 아니라 영적 기적이다. 사도행전은 성령의 능력을 받은 제자들이 세상에 영향력을 끼치기 시작한 역사적 기록이다(참고. 행 17:6). **이는 내가 아버지께로 감이라** 예수의 제자들이 더 큰 일에 쓰임받을 수 있는 것은 성령의 능력을 통해서이며, 그가 보혜사로 보냄을 받으려면 먼저 예수가 아버지께로 돌아가셔야 했다(26절; 7:39).

14:13, 14 예수가 떠나시게 되어 제자들이 상실감에 빠져 있을 때, 예수는 앞으로 그분의 빈 자리를 채워 그들의 임무를 완수할 능력을 주는 자원을 공급해줄 수단으로 예수는 그들을 위로하셨다. 예수의 "이름"으로 구하라는 말은 기도의 끝에 별 생각 없이 이 표현을 붙이라는 뜻이 아니다. 도리어 그것은 이런 의미다. 첫째, 신자의 기도는 이기적인 이유가 아니라 예수의 목표와 나라를 위한 것이어야 한다. 둘째, 신자의 기도는 예수의 공로를 기초로 한 것이 되어야지 개인적인 공로나 개인의 가치를 근거로 해서는 안 된다. 셋째, 신자의 기도는 오직 하나님의 영광만을 위한 것이 되어야 한다. *16:26-28에 대한 설명을 보라.* 제자들의 기도에 대해서는 *마태복음 6:9, 10에 대한 설명을 보라.*

14:15-31 이 단락에서 예수는 세상은 누리지 못하는 다섯 가지의 초자연적인 축복으로 신자들이 위로받을 것을 약속하신다. 초자연적인 조력자(15-17절), 초자연적인 생명(18, 19절), 초자연적인 연합(20-25절), 초자연적인 선생(26절), 초자연적인 평안(27-31절)이 그것이다. 이 모든 것의 열쇠는 15절에 있다. 곧 이 초자연적인 약속은 예수 그리스도를 사랑하고 순종을 통해 그 사랑을 증명하는 사람들을 위한 것이다.

14:15 **너희가 나를 사랑하면 나의 계명을 지키리라** 참고. 21-24절. 그리스도를 향한 사랑은 순종과 분리될 수 없다(눅 6:46; 요일 5:2, 3을 보라). "나의 계명"은 문맥상 예수의 윤리적 명령만이 아니라(23, 24절), 아버지로부터 오는 모든 계시다(3:31, 32; 12:47-49; 17:6을 보라).

14:16 **아버지께 구하겠으니** 그리스도의 제사장직과 중보자의 일은 아버지께서 성령을 보내어 믿음의 백성 안에 거하게 해달라는 요구로 시작되었다(7:39; 15:26; 16:7. *20:22에 대한 설명을 보라.* 참고. 행 1:8; 2:4, 33). **또 다른** 이 헬라어는 동일한 종류의 다른 것을 가리키는 단어다. 즉 예수의 위치에서 그분의 일을 담당할, 그분과 같은 어떤 이를 가리킨다. 그리스도의 영은 성삼위의 세 번째 위격으로 예수와 동일한 신적 본질을 갖고 있고, 예수가 아버지와 하나인 것과 똑같이 예수와 완전히 하나인 분이다. **보혜사** 여기 사용된 헬라어 단어는 '곁에서 돕도록 부름을 받은 자'라는 뜻을 가지며, 격려하고 힘을 주는 사람이다(*16:7에 대한 설명을 보라*). "함께 있게"는 성령이 신자 안에 영원히 거하시는 것을 가리킨다(롬 8:9; 고전 6:19, 20; 12:13).

14:17 **진리의 영** 성령은 진리의 원천이며, 그 진리를 자기 백성에게 전달해준다는 의미에서 진리의 영이시다(26절; 16:12-15). 성령을 떠나서 사람은 하나님의 진리를 알 수 없다(고전 2:12-16; 요일 2:20, 27). **그는 너희와 함께 거하심이요 또 너희 속에 계시겠음이라** 이것은 오순절 이전과 이후의 신자를 향한 성령의 사역에 어떤 차이가 있을 거라는 뜻이다. 성령께서 구속 역사 내내 믿음을 가진 모든 사람에게 진리와 믿음, 생명의 근원이었음은 분명한 사실이지만, 예수는 자신의 사역으로 말미암아 임할 새로운 어떤 것을 말씀하고 계신다. 요한복음 7:37-39은 이 독특한 사역이 "생수의 강"과 같을 것임을 보여준다. 사도행전 19:1-7은 이렇게 독특한 충만함과 친밀함으로 성령을 받지 못했던 옛 언약의 신자들을 소개한다. 참고. 사도행전 1:8; 2:1-4; 고린도전서 12:11-13.

14:18 **고아** 자신의 죽음을 간접적으로 가리키는 이 말씀을 통해 예수는 제자들을 홀로 남겨두지 않을 것임을 약속하셨다(롬 8:9).

14:18, 19 **내가…너희에게로 오리라…너희는 나를 보리니** 먼저 이 구절은 예수가 자신의 부활을 가리켜 하신 말씀으로, 부활 후에는 그들이 예수를 볼 것이다(20:19-29). 부활 후 불신자가 예수를 보았다는 기록은 없다

(고전 15:1-9을 보라). 또 다른 의미에서 이 구절은 성삼위의 신비를 가리킨다. 오순절 성령 강림과 내주를 통해 예수는 자기 자녀들에게 돌아오셨다(16:16. 참고. 마 28:20; 롬 8:9; 요일 4:13).

14:19 **너희도 살아 있겠음이라** 예수의 부활로 말미암아, 그리스도의 영의 내주로 말미암아 신자들은 영원한 생명을 가질 것이다(롬 6:1-11; 골 3:1-4을 보라).

14:20 **그 날에는** 이것은 예수가 부활하여 그들에게 다시 돌아오시는 것을 가리킨다.

14:21-24 다시 한 번 예수는 신자들이 예수와 하나님을 사랑한다는 증거로 예수의 명령에 복종하는 습관을 가지고 있어야 함을 강조하셨다(*15절에 대한 설명을 보라*). 이것은 참된 믿음은 변화시키고 거듭나게 하는 성령의 능력을 통해 하나님이 만들어내시는 행위를 통해 드러난다는 야고보서 2:14-26의 교훈과 일치한다. 그 행위들은 성령께서 신자의 마음속에 쏟아부으시는 사랑의 표현이다(롬 5:5; 갈 5:22).

14:26 **너희에게 모든 것을 가르치고** 성령께서는 사도들의 머리와 마음에 힘을 주어 신약성경을 기록하는 사역을 하도록 하셨다. 제자들은 예수에 대한 많은 것과 예수가 가르치신 많은 것을 이해하지 못했다. 그러나 이 초자연적인 일 때문에 제자들은 주님과 그분의 일에 대한 무오하고 정확한 깨달음에 도달했으며, 복음서와 나머지 신약성경에 기록할 수 있었다(딤후 3:16; 벧후 1:20, 21). *16:7에 대한 설명을 보라.*

14:27 **평안을 너희에게 끼치노니…세상이 주는 것과 같지 아니하니라** 단어 "평안"은 히브리어 '샬롬'을 의미하는데, 이는 부활하신 후 제자들을 향한 인사가 되었다(20:19-26). 개인적인 차원에서는 불신자들이 알지 못하는 이 평안은 어려움 가운데 안정을 가져다주고(참고. 1절), 두려움을 쫓아내주고(빌 4:7), 하나님의 백성의 마음이 조화를 유지하도록 다스려준다(골 3:15). 메시아 왕국에서 이 평안이 가장 위대하게 실현될 것이다(민 6:26; 시 29:11; 사 9:6, 7; 52:7; 54:13; 57:19; 겔 37:26; 학 2:9. 참고. 행 10:36; 롬 1:7; 5:1; 14:17).

14:28 **나보다 크심이니라** 이것은 예수가 아버지보다 열등함을 인정하는 것이 아니라(동등성을 반복적으로 주장하신 후에, *7-11절에 대한 설명을 보라*) 제자들이 예수를 사랑한다면 마지못해 예수를 아버지께로 가시게 하지 않을 거라는 뜻이다. 예수는 원래 계시던 곳으로 돌아가고, 그동안 포기했던 충만한 영광을 다시 받으실 것이기 때문이다(17:5). 예수는 아버지와 동등한 영광을 나누기 위해 돌아가시는 것이며, 그 영광은 성육신을 통하여 경험하신 것보다 더 클 것이다. 예수는 그 영광에서 결코 열등하시지 않을 것이다. 이는 그분의 낮아지심이 끝났기 때문이다.

오직 그리스도만이 구세주다

- 요한복음 14:6 "예수께서 이르시되 내가 곧 길이요 진리요 생명이니 나로 말미암지 않고는 아버지께로 올 자가 없느니라"
- 사도행전 4:12 "다른 이로써는 구원을 받을 수 없나니 천하 사람 중에 구원을 받을 만한 다른 이름을 우리에게 주신 일이 없음이라"
- 고린도전서 3:11 "이 닦아 둔 것 외에 능히 다른 터를 닦아 둘 자가 없으니 이 터는 곧 예수 그리스도라"
- 유다서 4절 "이는 가만히 들어온 사람 몇이 있음이라 그들은 옛적부터 이 판결을 받기로 미리 기록된 자니 경건하지 아니하여 우리 하나님의 은혜를 도리어 방탕한 것으로 바꾸고 홀로 하나이신 주재 곧 우리 주 예수 그리스도를 부인하는 자니라.

14:30 **이 세상의 임금** 유다는 흑암의 체제를 지배하는 '왕', 곧 사탄의 도구일 뿐이다(6:70; 13:21, 27). **내게 관계할 것이 없으니** 이 히브리어의 관용적 표현은 사탄은 예수와 아무 관계도 없고, 예수에 대해 아무 주장도 할 수 없으며, 어떤 죄로도 예수를 고발할 수 없다는 뜻이다. 그러므로 사탄은 예수를 죽음에 붙잡아둘 수가 없다. 그리스도는 사탄을 이기고 멸망시키실 것이다(히 2:14). 예수의 죽음은 사탄이 승리했다는 표시가 아니라 하나님의 뜻이 이루어지고 있다는 표시다(31절).

B. 동산으로 가는 길(15:1-17:26)

1. 제자들을 향한 당부(15:1-16:33)

15:1-17 포도나무와 가지를 소재로 사용한 이 확장된 은유를 통해 예수는 그리스도인의 삶에 대한 기초를 제시하셨다. 예수는 당시 농경생활을 보여주는 포도나무와 포도 수확의 이미지를 사용하셨다(또한 마 20:1-16; 21:23-41; 막 12:1-9; 눅 13:6-9; 20:9-16을 보라). 구약에서는 자주 포도나무가 이스라엘을 가리키는 상징으로 사용되었다(시 80:9-16; 사 5:1-7; 27:2-6; 렘 2:21; 12:10; 겔 15:1-8; 17:1-21; 19:10-14; 호 10:1, 2). 예수는 자신을 "참포도나무"로, 성부를 포도원 "농부" 또는 포도나무를 돌보는 사람이라고 말씀하셨다. 포도나무에는 열매를 맺는 가지(2, 8절)와 열매를 맺지 않는 가지(2, 6절)의 두

유형이 있다. 열매를 맺는 가지는 진정한 신자다. 이 문맥에서는 열한 명의 제자들에게 초점이 맞춰져 있지만, 이것 역시 역사를 통해 내려오는 모든 신자를 포함한다. 열매를 맺지 않는 가지는 신앙고백을 하기는 하지만, 그들에게 열매가 없다는 사실로 말미암아 그들에게 참된 구원이 일어난 적도 없고 포도나무에서 아무런 생명도 공급받지 못하고 있음을 드러낸 사람들이다. 특별히 이 문맥에서는 유다가 문제였지만, 이는 유다를 출발점으로 해서 그리스도에 대한 신앙을 고백하기는 하지만 실제로는 구원받지 못한 모든 사람에게로 확대된다. 열매 맺지 않는 가지가 불태워지는 이미지는 종말의 심판과 영원한 버림받음을 그리고 있다(겔 15:6-8을 보라).

15:1 **나는 참포도나무요** 이것은 요한복음에서 예수가 자신의 신성을 주장하시면서 선언하신 7번의 'I AM' 진술 가운데 마지막이다(6:35; 8:12; 10:7, 9; 10:11, 14; 11:25; 14:6을 보라).

15:2 **아버지께서 그것을 제거해 버리시고** 농부(즉 성부)가 죽은 나무를 제거해 살아 있고 열매 맺는 가지들을 분명하게 구별하는 모습을 그리고 있다. 죽은 나무는 한 번도 진정으로 믿은 적이 없어 심판을 받아 제거될 배교한 그리스도인의 모습으로(6절; 마 7:16; 엡 2:10), 그리스도의 변화시키는 생명이 그들 안에서 약동한 적이 한 번도 없다(8:31, 32. 참고. 마 13:18-23; 24:12; 히 3:14-19; 6:4-8; 10:27-31; 요일 2:19; 요이 9절). **깨끗하게 하시느니라** 하나님은 신자의 생활에서 열매 맺는 것을 방해하는 모든 것을 제거하신다. 즉 풍성한 결실을 방해하는 모든 것을 농부가 제거하는 것과 똑같이 하나님은 영적인 생명을 고갈시키는 죄와 방해물을 잘라내기 위해 징계하신다(히 12:3-11).

15:4-6 **내 안에 거하라** 단어 *거하다(abide)*는 '체류하다' '머물다'라는 뜻을 가지고 있다. '머무는 것'은 구원이 이미 일어났다는 증거다(요일 2:19)다. 구원의 열매 또는 증거는 예수를 계속 섬기고, 그분의 교훈을 계속 배우는 것이다(8:31; 골 1:23; 요일 2:24). 예수 안에 머무는 신자가 유일한 합법적인 신자다. 머무는 것과 믿는 것은 참된 구원의 동일한 결과다(히 3:6-19). 신자의 견인에 대해 논의하려면 *마태복음 24:13에 대한 설명을 보라.*

15:6 여기 멸망의 이미지가 등장한다(참고. 마 3:10-12; 5:22; 13:40-42, 50; 25:41; 막 9:43-49; 눅 3:17; 살후 1:7-9; 계 20:10-15). 이는 구원받은 적이 없는 모든 사람을 기다리는 심판을 그리고 있다.

15:7-10 참 신자들은 주의 명령에 순종하며 그분의 말씀에 복종한다(14:21, 23). 하나님 말씀에 대한 헌신 때문에 그들은 하나님의 뜻에 헌신한다. 따라서 그들의 기도는 열매를 맺으며(14:13, 14), 응답의 결과로 하나님의 영광이 드러난다.

15:9, 10 **나의(내) 사랑 안에 거하라** 참고. 유다서 21절. 10절에 보면 이 사랑은 감정적이거나 신비주의적인 사랑이 아니라 순종이다. 예수는 아버지에 대한 완전한 순종을 이 사랑의 모델로 제시하셨으며, 우리 역시 하나님에 대한 우리의 순종을 이 사랑의 모범으로 사용해야 한다.

15:11 **너희 기쁨을 충만하게 하려 함이라** 예수가 아버지에 대한 순종을 자기 기쁨의 근거로 삼으신 것처럼 예수의 계명들에 순종하는 신자들은 동일한 기쁨을 맛보게 될 것이다(17:13. 참고. 16:24).

15:12 참고. 13:34, 35. *요한일서 2:7-11에 대한 설명을 보라.*

15:13 이것은 예수의 사랑에 대한 최고 증거이자 표현인(12절) 십자가의 희생적인 죽음을 가리킨다. 그리스도인은 이와 동일한 종류의 희생적인 나눔을 서로에게 실증하라는 부름을 받았다. 그 희생이 그리스도를 본받아 자기 목숨을 내어주어야 한다고 해도 그렇게 해야 한다(참고. 요일 3:16).

15:14, 15 **친구** 아브라함이 자신이 믿었던 하나님의 계시를 통해 그분의 마음을 아는 특권을 누린 까닭에 "하나님의 벗"이라고 불린 것(대하 20:7; 약 2:23)과 똑같이 그리스도를 따르는 사람들도 메시아요 하나님의 아들인 그분을 통해 계시를 받고 그것을 믿음으로써 하나님의 친구가 되는 특권을 누린다. 주는 자기의 "친구들"을 위해 목숨까지 버리신다(13절; 10:11, 15, 17).

15:16 **내가 너희를 택하여 세웠나니** 참고. 19절. 예수는 제자들이 누리던 특권 때문에 그들 안에 영적 교만이 생길 수 있는 모든 빌미를 제거하고자 하셨다. 그래서 그 특권이 그들 자신의 공로에 기인한 것이 아니라 그들을 선택한 예수의 주권에 있음을 분명히 하셨다. 하나님이 이스라엘을 택하셨지만(사 45:4; 암 3:2), 그것은 결코 그들의 공로 때문이 아니다(신 7:7; 9:4-6). 하나님은 천사들을 택하셔서 영원히 거룩하게 하셨다(딤전 5:21). 하나님은 구원받을 신자들을 선택하시는데, 이것은 그들의 공로와 전혀 무관하다(마 24:24, 31. *롬 8:29-33; 엡 1:3-6; 골 3:12; 딛 1:1; 벧전 1:2을 보라*). **열매를 맺게 하고** 하나님이 주권적으로 선택한 한 가지 목적은 그런 계시와 깨달음의 복을 받은 제자들이 영적 열매를 맺게 하려는 것이다. 신약성경이 묘사하는 열매는 경건한 태도(갈 5:22, 23), 의로운 행동(빌 1:11), 찬양(히

13:15), 특별히 다른 사람을 인도하여 예수를 메시아요 하나님의 아들로 믿게 하는 것이다(롬 1:13-16).

15:18, 19 사탄은 하나님께 대적하는 악한 세상의 체계를 지배하는 자로(14:30), 결과적으로 세상은 예수만을 미워하는 것이 아니라 예수를 따르는 자들까지 미워한다(딤후 3:12). 예수를 미워한다는 것은 예수를 보내신 성부까지 미워한다는 뜻이다(23절).

15:20 종…주인 13:16에도 등장하는 이 원리는 예수가 제자들에게 가르치신 분명한 진리를 반영한다. 제자들은 예수가 당하신 일을 자기들 역시 당하리라고 생각했다. 예수를 미워하는 사람은 하나님을 알지 못하며(21절) 따라서 제자들까지 미워할 것이기 때문이다. 역으로 믿음을 가지고 예수의 말씀을 듣는 사람들은 제자들의 말도 들을 것이다.

15:22-24 죄가 없었으려니와 이 말씀은 예수가 오지 않으셨다면 그들이 죄를 짓지 않았으리라는 뜻이 아니다. 그러나 예수가 오심으로 말미암아 가장 심각하고 치명적인 죄악, 곧 하나님과 그분의 진리를 거절하고 반항하는 죄를 자극하게 된다. 그것은 빛보다 어둠을, 생명보다 죽음을 의도적으로 택한 결정적이고 치명적인 거절의 죄악으로, 예수가 말씀하신 것은 바로 이 죄악이다. 예수는 자신이 메시아이며 하나님의 아들임을 증명하기 위해 그처럼 많은 기적을 행하시고 셀 수 없이 많은 말씀을 하셨지만, 그들은 전투적인 태도로 죄를 사랑하고 구주를 거절했다. 히브리서 4:2-5; 6:4-6; 10:29-31을 보라.

15:25 예수는 시편 35:19; 69:4을 인용하신다. 여기서의 논리는 이것이다. 즉 단지 사람에 불과한 다윗이 하나님의 대적으로부터 그렇게 끔찍한 방법으로 미움을 당했다면, 죄와 대결하면서 영원히 의의 나라를 다스리기로 약속된 왕이었던(삼하 7:16을 보라) 다윗의 완전하고 신성한 아들을 악한 자들은 얼마나 더 미워하겠는가.

15:26 보혜사…오실 때에 예수는 성령을 보내실 것을 다시 약속하셨다(7:39; 14:16, 17, 26; 16:7, 13, 14). 이번에는 복음을 증거하고 선포하는 일을 성령께서 도우실 것을 강조하셨다. *16:7에 대한 설명을 보라.*

16:1-15 예수는 세상이 제자들을 미워하는 것과 예수를 메시아요 하나님의 아들로 증언하는 성령의 증거를 세상이 반대하는 것에 대해 말씀하신 15:18-25의 개념을 계속 말씀하신다. 이 단락에서 예수는 성령이 세상에 대해 어떤 일을 하시는지를 더 구체적으로 말씀하신다. 즉 성령께서 예수를 증거하실 뿐 아니라 사람들의 죄를 깨닫게 하신다. 죄의 각성과 복음의 증언을 통해 성령께서는 적대적인 사람의 마음을 하나님에 대한 반항으로부터 예수를 구세주와 구주로 믿는 믿음으로 돌려놓는다. 이 단락은 네 부분으로 나눌 수 있다. 세상이 제자들을 죽임(1-4절), 주께서 제자들을 위로하심(5-7절), 성령께서 사람의 죄를 깨닫게 하심(8-12절), 성령께서 신자를 모든 진리 가운데로 인도하심(13-15절)이다.

16:1 이것을 이 말은 예수가 15:18-25에서 방금 말씀하신 것을 가리킨다. **실족하지** 이 단어는 함정을 놓는 것을 가리킨다. 세상은 제자들이 예수가 메시아요 하나님의 아들임을 증언하는 것을 싫어하기 때문에 제자들 앞에 함정을 놓아 그들을 파멸시키려고 할 것이다. 예수는 제자들이 모르고 있다가 함정에 걸리는 일이 없도록 하시려는 것이다(4절).

16:2 하나님을 섬기는 일 구원받기 전의 바울이 그랬다. 그는 교회를 핍박하면서 그것이 하나님을 섬기는 일이라고 생각했던 것이다(행 22:4, 5; 26:9-11; 갈 1:13-17; 빌 3:6; 딤전 1:12-17). 회심한 후에 바울은 박해하던 자에서 세상의 미움을 사서 박해받는 자가 되었다(고후 11:22-27. 참고. 행 7:54-8:3의 스데반).

16:4 내가 너희와 함께 있었음이라 예수가 그들과 함께하면서 보호하셨기 때문에 그들에게 경고할 필요가 없었다.

16:5 묻는 자가 없고 예전에는 그들이 물었지만(13:36; 14:5), 지금은 그들 자신이 슬픔과 혼란에 빠져 있어 예수가 어디로 가시는지에 대한 관심까지 잃어버렸다. 그들은 앞으로 자신들에게 닥칠 일을 생각하느라 정신이 없었던 것 같다(6절).

16:7 보혜사가 너희에게로 오시지 아니할 것이요 제자들을 위로하기 위해 성령께서 오실 것이라는 약속이 다시 주어진다. *15:26, 27에 대한 설명을 보라.* 처음에는 생명을 주는 성령의 능력이 강조되었다(7:37-39). 다음에는 그가 내주하신다는 사실이 부각되었다(14:16, 17). 마지막에는 성령의 가르치시는 사역이 부각되었다

요한복음에 나오는 예수의 설교

- 성자의 권세에 대한 예수의 설교(5:19-47)
- '생명의 떡'에 대한 예수의 설교(6:26-59)
- 초막절에 행한 예수의 설교(7:37, 38)
- '세상의 빛'에 대한 예수의 설교(8:12-59)
- 목자와 양에 대한 예수의 설교(10:1-18)
- 다락방 강화(13:31-16:33)

요

구원에 이르는 참된 신앙의 특징

I. 신앙을 증명하지도 반증하지도 못하는 증거들

A. 가시적인 도덕성	마 19:16-21; 23:27
B. 머리로 아는 지식	롬 1:21; 2:17 이하
C. 종교적인 활동	마 25:1-10
D. 적극적인 사역	마 7:21-24
E. 죄에 대한 깨달음	행 24:25
F. 확신	마 23장
G. 결단의 시간	눅 8:13, 14

II. 진정한(참된) 신앙의 열매(증명)

A. 하나님을 향한 사랑	시 42:1 이하; 73:25; 눅 10:27; 롬 8:7
B. 죄로부터 돌아섬	시 32:5; 잠 28:13; 롬 7:14 이하; 고후 7:10; 요일 1:8-10
C. 진정한 겸손	시 51:17; 마 5:1-12; 약 4:6, 9 이하
D. 하나님의 영광에 헌신함	시 105:3; 115:1; 사 43:7; 48:10 이하; 렘 9:23, 24; 고전 10:31
E. 지속적인 기도	눅 18:1; 엡 6:18 이하; 빌 4:6 이하; 딤전 2:1-4; 약 5:16-18
F. 이기심 없는 사랑	요일 2:9 이하; 3:1-44; 4:7 이하
G. 세상으로부터의 분리	고전 2:12; 약 4:4 이하; 요일 2:15-17; 5:5
H. 영적 성장	눅 8:15; 요 15:1-6; 엡 4:12-16
I. 순종하는 삶	마 7:21; 요 15:14 이하; 롬 16:26; 벧전 1:2, 22; 요일 2:3-5
J. 하나님의 말씀에 대한 갈망	벧전 2:1-3
K. 변화된 삶	고후 5:17

만약 어떤 사람에게 위의 특징 중에서 I이 있지만 II가 없다면 그 사람의 신앙고백에 의문을 던질 필요가 있다. 그러나 II가 있는 사람이라면 I도 있을 것이다.

III. 복음적인 행동

A. 복음을 선포함	마 4:23
B. 복음을 변호함	유다서 3
C. 복음을 증명함	빌 1:27
D. 복음을 나눔	빌 1:5
E. 복음을 위해 고난당함	딤후 1:8
F. 복음을 방해하지 않음	고전 9:12
G. 복음을 부끄러워하지 않음	롬 1:16
H. 복음을 전함	고전 9:16
I. 복음을 통해 능력을 받음	살전 1:5
J. 복음을 지켜 방어함	갈 1:6-8

(14:26). 성령께서 증거를 위한 능력을 주신다는 사실은 15:26에서 강조되었다.

16:8 **그가 와서** 오순절의 성령 강림은 이 일로부터 40여 일 이후에 발생했다(행 2:1-13을 보라). **책망하시리라** 이 말은 두 가지를 의미한다. 첫째는 선고를 위해 죄질을 결정하는 법적 행동(즉 법정에서 사용하는 용어인 유죄판결)이고, 둘째는 죄가 있음을 깨닫게 하는 행동이다. 여기서는 둘째 의미로 보는 것이 최선이다. 성령의 목적은 정죄가 아니라 죄를 깨닫고 구주의 필요를 느끼게 하는 것이기 때문이다. 심판은 성자께서 성부와 함께하신다(5:22, 27, 30). 14절은 성령께서 그리스도의 영광을 그의 백성에게 드러내실 것이라고 말한다. 또한 성령은 신약성경을 위한 영감을 주고, 사도들을 인도하여 신약성경을 기록하게 하시며(13절), 신약성경 시대의 예언자들을 통해 '장래 일'을 알리실 것이다(13절).

16:9 **죄** 여기서 단수가 사용된 것은 어떤 특정한 죄를 말한다는 것을 나타낸다. 즉 예수를 메시아요 하나님의 아들로 믿지 않는 죄다. 이는 궁극적으로 사람을 지옥으로 떨어뜨리는 유일한 죄다(*8:24에 대한 설명을 보라*). 모든 사람이 타락했고 하나님의 법을 어김으로써 저주를 받았으며, 그들의 본성이 악하지만, 궁극적으로 그들을 지옥에 떨어지게 하는 것은 주 예수 그리스도를 구주로 믿으려고 하지 않는 그들의 태도다.

16:10 **의** 여기서 성령의 목적은 사람들이 스스로 의로운 체하는 것(위선)을 부수고 그들의 마음속 어둠을 폭로하는 것이다(3:19-21; 7:7; 15:22, 24). 예수가 지상에 계신 동안 생명을 주지 못하고 율법주의로 전락해버린 유대교의 피상성과 공허함을 향해 특별히 이 임무를 수행하셨다(예를 들면 2:13-22; 5:10-16; 7:24; 사 64:5, 6). 예수가 아버지께로 가신 후에는 성령께서 죄를 꾸짖는 이 일을 계속하시게 된다.

16:11 **심판** 이 문맥에서 심판은 사탄의 통제 하에 있는 세상에 대한 심판이다. 세상이 내리는 판결은 그리스도에 대한 그들의 판결에서 드러났듯이 맹목적이고 오류투성이며 악하다. 세상은 의로운 심판을 할 수 없지만(7:24), 그리스도의 영은 의로운 심판을 할 수 있다(8:16). 사탄이 내리는 모든 판결은 거짓이며(8:44-47), 따라서 성령은 그리스도에 대해 사람들이 정한 거짓 판단을 정죄한다. 세상 임금인 사탄(14:30; 엡 2:1-3)은 이 세상 신으로 세상의 판단을 왜곡시켰고 사람들이 예수를 메시아요 하나님의 아들로 믿지 못하게 만들었으나(고후 4:4) 십자가에서 패배했다. 그리스도의 죽음은 사탄의 가장 큰 승리처럼 보였지만, 실은 사탄의 멸망을 의미한다(참고. 골 2:15; 히 2:14, 15; 계 20:10). 성령이 죄인들을 이끌어 참된 판단에 이르게 하실 것이다.

16:13 **모든 진리** 이 구절은 14:26과 마찬가지로 하나님이 그리스도 안에서 자신을 계시하는 수단으로 사용한 모든 진리의 초자연적 계시다(14, 15절). 이것은 하나님의 영감으로 기록된 신약성경 문헌의 주제다. *7절에 대한 설명을 보라.*

16:14 **그가 내 영광을 나타내리니** 이 말씀은 13절의 말씀과 동일하다. 곧 하나님을 통해 계시된 신약의 모든 진리의 중심에 그리스도가 있다는 것이다(히 1:1, 2). 신약성경의 주장처럼 그리스도가 구약성경의 주제였다(1:45; 5:37; 눅 24:27, 44; 행 10:43; 18:28; 롬 1:1, 2; 고전 15:3; 벧전 1:10, 11; 계 19:10).

16:16-19 예수는 자신의 승천("너희가 나를 보지 못하겠고")과 성령 강림("나를 보리라")을 가리켜 말씀하면서 성령과 자신이 하나임을 강하게 선언하셨다(롬 8:9; 빌 1:19; 벧전 1:11; 계 19:10). 그리스도는 성령을 통해 신자 안에 거하신다. 그런 의미에서 그리스도를 보게 되리라고 말씀하신 것이다. *14:16-18에 대한 설명을 보라.*

16:20 **근심이 도리어 기쁨이 되리라** 인간의 가증스러운 영역에서("세상") 기쁨이 되고 예수의 제자들에게 비탄이 되었던 바로 그 사건이 세상에서는 슬픔이 되고 신자에게는 기쁨이 될 것이다. 제자들은 예수가 이루신 일을 통해 주어지는 하나님 구원의 선물과 성령, 기도 응답이 얼마나 놀라운 일인지 깨닫게 될 것이다(24절). 사도행전은 성령의 오심과 초대 교회의 능력과 기쁨(행 2:4-47; 13:52)을 기록한다.

16:22 **내가 다시 너희를 보리니** 부활하신 후 예수는 실제로 제자들과 만나셨다(20:19-29; 21:1-23. 참고. 고전 15:1-8). 잠시 직접적인 교제를 나눈 뒤에(행 1:1-3), 성령 안에서 그들과 영원히 함께하실 것이다(*16-19절; 14:16-19에 대한 설명을 보라*).

16:23 **그 날에는** 이것은 성령이 오시고(행 2:1-13) 슬픔이 기쁨으로 바뀐 오순절을 가리킨다. 또한 이것은 예수의 부활과 성령 강림 이후에 시작된 '마지막 때(말세)'를 가리킨다(행 2:17; 딤후 3:1; 히 1:2; 약 5:3; 벧후 3:3; 요일 2:18). **너희가 아무 것도 내게 묻지 아니하리라** 예수가 떠나시고 성령을 보내신 다음에는 신자들이 더 이상 예수께 묻지 않을 것이다. 그가 더 이상 신자들과 함께 계시지 않기 때문이다. 대신에 그들은 예수의 이름으로 아버지께 물을 것이다(*26-28절; 14:13, 14에 대한 설명을 보라*).

16:24 **기쁨이 충만하리라** 여기서 신자의 기쁨은 삶에서 주님의 목적과 일치되는 기도가 응답되고 충만한 하늘의 복이 공급된 결과다. *15:11에 대한 설명을 보라.*

요한복음의 독특성

초대 교부들 가운데 한 사람인 알렉산드리아의 클레멘스(주후 150-215년경)는 요한의 예수 전기를 최초로 '영적 복음'이라고 묘사한 인물이다. 요한이 복음서를 쓴 목적은 예수 생애의 기록에 특별한 기여를 하고, 마태와 마가, 누가의 기록을 보완하고 또 보충하기 위한 것이었음이 분명하다.

요한의 문체가 굉장히 명백하고 단순하기 때문에 이 복음서의 깊이를 과소평가하는 경향이 있다. 그러나 이 복음서가 '영적 복음'이라고 묘사된 것처럼 요한이 전달하는 진리는 심오하다. 저자가 성령의 영감으로 자신의 복음서 속에 담아 놓은 풍성한 영적 보화를 발견하기 위해서는 기도하는 마음으로 꼼꼼하게 이 책을 탐구해야 한다(14:26; 16:13).

16:25 **비유로** 이 단어는 '가려진, 날카로운 진술', 즉 분명치 않은 어떤 것이라는 의미다. 예수의 지상 사역 동안 제자들이 이해하기 어려웠던 것이 예수의 죽음과 부활, 성령 강림 이후에는 분명해질 것이다(13, 14절; 14:26; 15:26, 27을 보라). 그들은 예수와 함께했을 때보다 그리스도의 사역을 실제로 더 잘 이해하게 될 것이다. 이는 성령이 그들에게 영감을 주어 복음서와 서신들을 기록하게 하며, 그들 안에서 그리고 그들을 통해 사역할 것이기 때문이다.

16:26-28 **하는 말이 아니니** 그리스도는 그분의 이름으로 기도한다는 말의 의미를 밝혀주셨다. 그리스도의 말씀은 마치 성부께서 신자들에게는 무관심하지만 아들에게는 무관심하지 않으시니 아들이 아버지께 구하듯이 아들에게 부탁하라는 뜻이 아니다. 도리어 성부께서는 그리스도께 속한 사람들을 사랑하신다. 아버지가 아들을 보내 그들을 구속하고 돌아오게 하시지 않았는가. 예수의 이름으로 구한다는 것은 예수의 공로, 예수의 의를 근거로 구한다는 것이고 그리스도의 나라를 세우도록 그리스도께 영예가 되고 영광이 되는 것은 무엇이나 구한다는 의미다.

16:33 **너희로 내 안에서 평안을 누리게 하려 함이라** *14:27에 대한 설명을 보라.* **환난** 이 단어는 자주 종말의 화를 가리키며(막 13:9; 롬 2:9), 신자들이 그리스도를 증거하기 때문에 당하는 박해를 가리킨다(참고. 15:18-16:4; 행 11:19; 엡 3:13). **이기었노라** 박해를 견딜 수 있게 하는 근본적인 토대는 예수가 세상을 이기신 사실이다(12:31; 고전 15:57). 예수는 임박한 죽음을 통하여 세상의 반대를 무효로 만드셨다. 세상은 계속해서 그의 백성을 공격하지만, 그 공격은 실패로 끝나게 되어 있다. 그리스도의 죽음이 이런 악하고 반항적인 체계에 대해 완전한 승리를 거두셨기 때문이다. *로마서 8:35-39에 대한 설명을 보라.*

2. 아버지께 중보함(17:1-26)

17:1-26 마태복음 6:9-13과 누가복음 11:2-4은 '주기도문'으로 널리 알려졌지만, 실은 예수가 제자들에게 기도의 모범으로 사용하도록 가르치신 기도다. 여기 기록된 기도가 참된 의미의 주님의 기도다. 아들이 아버지를 대면하여 나누는 교통을 보여주고 있다. 예수는 아버지께 자주 기도하셨지만 그 내용에 대해선 거의 알려지지 않았다(마 14:23; 눅 5:16). 그런데 이 기도는 아들이 아버지와 교통하면서 중보하는 귀중한 내용의 일부를 드러내 보여준다. 이 장은 예수의 지상 사역이 끝나면서 신자를 위한 중보의 사역으로 넘어가는 부분이다(히 7:25). 여러 가지 면에서 이 기도는 요한의 전체 복음서에 대한 요약이다. 주요 주제는 다음과 같다. 아버지에 대한 예수의 순종, 예수의 죽음과 승귀를 통해 아버지께서 영광을 받으심, 예수 그리스도 안에 있는 하나님의 계시, 세상으로부터 제자들을 선택하심, 세상에 대한 제자들의 사명, 성부와 성자의 연합을 모델로 하는 제자들의 연합, 성부와 성자 앞에서 보낼 제자들의 최후 상황 등이다. 이 장은 자신을 위한 예수의 기도(1-5절), 사도들을 위한 예수의 기도(6-19절), 앞으로 교회를 이룰 신약의 모든 신자를 위한 예수의 기도(20-26절) 등 세 부분으로 나뉜다.

17:1 **때가 이르렀사오니** 예수가 죽을 때를 말한다. *12:23에 대한 설명을 보라.* **아들을 영화롭게 하사** 아들의 죽음이 아들을 영화롭게 할 바로 그 사건이다. 아들은 죽음을 통해, 그분이 죄를 대신 담당한 수많은 사람의 찬송과 경배와 사랑을 받고 있다. 예수는 이 죽음을 통해 자신이 아버지께로 승귀될 것을 아시고 이 영광의 길을 받아들이셨다. 아버지께서는 아들을 통해 이루시는 구원의 계획으로 영광을 받으시는 것이 목적이었다. 그래서 예수는 자신의 영광을 통해 아버지께서 영광받기를 원하셨다(13:31, 32).

17:2 **아버지께서 아들에게 주신 모든 사람** 그리스도께로 올 사람을 하나님이 선택하신다는 것을 가리키는 말이다(*6:37, 44에 대한 설명을 보라*). 선택 또는 예정에 대한 성경의 교리는 신약성경 전체에 걸쳐 나타난다(15:16, 19; 행 13:48; 롬 8:29-33; 엡 1:3-6; 살후 2:13; 딤

1:1; 벧전 1:2). **만민을 다스리는 권세** 참고. 5:27; *마태복음 28:18에 대한 설명을 보라.*

17:3 영생 *3:15, 16; 5:24에 대한 설명을 보라.* 참고. 요한일서 5:20.

17:5 아버지와 함께 나를 영화롭게 하옵소서 자신의 일을 마치신 후(4절) 예수는 십자가 저편을 바라보시면서 세상이 시작되기 전에 아버지와 나눴던 영광으로 돌아갈 것을 구하셨다(*1:1; 8:58; 12:41에 대한 설명을 보라*). 죄인에게 떨어질 심판의 진노를 완전히 담당한 사실이 "다 이루었다"(19:30)는 그리스도의 외침 속에서 선언되었다.

17:6-10 그들은 아버지의 것이었는데 이 단락은 바로 몇 시간 앞으로 다가온 십자가를 포함한 예수의 모든 사역을 요약한다. 여기서 다시 예수는 아들을 믿는 자들은 아버지께서 주신 자들임을 강조하셨다(*2절에 대한 설명을 보라*). "그들은 아버지의 것이로소이다"(참고. 9절)라는 말은 회심 전에도 그들이 아버지께 속한다는 힘 있는 주장이다(참고. 6:37). 이것은 하나님이 직접 선택하시기 때문에 참된 진술이다. 그들은 세상이 만들어지기 전에 선택되었으며(엡 1:4), 이때 그들의 이름이 어린 양의 생명책에 기록되었다(계 17:8). 사도행전 18:10에서 하나님은 고린도에 자신에게 속한 사람이 많다고 말씀하시지만 그들은 아직 구원받지 못한 상태에 있었다. *10:1-5, 16에 대한 설명을 보라.*

17:8 그들은…믿었사옵나이다 하나님의 아들이 제자들의 참된 신앙을 인정하셨다.

17:11 나는 세상에 더 있지 아니하오나 자신의 죽음과 아버지께로 돌아가실 것이 너무나 확실했기 때문에 예수는 그것을 이미 이루어진 사실로 언급하셨다. 예수는 여기서 제자들을 위해 기도하셨다. 예수가 직접 그들과 함께 계시면서 보호하지 못하는 상황에서 그들이 세상의 시험과 미움을 감당해야 했기 때문이다(15:18-16:4). 변할 수 없는 하나님의("이름") 영원한 본성을 근거로 하여 예수는 신자들의 영원한 안전을 위해 기도하셨다. 예수는 성삼위가 영원한 하나 됨을 경험하듯 신자들도 하나 됨을 경험할 것을 기도하셨다. 로마서 8:31-39을 보라.

17:12 내가…아버지의 이름으로 그들을 보전하고 지키었나이다 예수는 6:37-40, 44에서 말씀하신 것처럼 그들을 세상으로부터 지키고 보호하셨다. 18:1-11에서 한 가지 실례를 볼 수 있다. 신자들은 그리스도와 하나님이 지키시므로 영원히 안전하다. *10:28, 29에 대한 설명을 보라.* **멸망의 자식** 이는 유다를 가리키는 말로 그가 영원한 저주를 받을 운명임을 의미한다(마 7:13; 행 8:20; 롬 9:22; 빌 1:28; 3:19; 딤전 6:9; 히 10:39; 벧후 2:1; 3:7; 계 17:8, 11). 유다의 배반은 예수님의 실패가 아니다. 성경에서 예견되고 예정된 것이었다(시 41:9; 109:8. 참고. 13:18).

대제사장적 기도

(1) 자신을 위해(1-5절)	(2) 제자들을 위해(6-19절)	(3) 미래 신자들을 위해(20-26절)
십자가의 영광을 천명하심 (1, 2절)	그들의 이해를 위해 기도하심 (6-9절)	그들의 하나 됨을 위해 기도하심(20-22절)
영생의 본질을 표현하심 (3, 4절)	그들의 견인을 위해 기도하심 (10-12절)	그들의 완전한 연합을 위해 기도하심(23절)
성부와 나누는 영광으로 기뻐하심(5절)	그들의 기쁨을 위해 기도하심 (13절)	그들이 앞으로 그분과 함께할 것을 위해 기도하심(24, 25절)
	그들의 성화를 위해 기도하심 (14-17절)	그들이 서로 사랑하길 기도하심(26절)
	그들의 사명을 위해 기도하심 (18, 19절)	

17:15 **악에 빠지지 않게 보전하시기를** 이 말은 사탄과 사탄을 추종하는 모든 악한 세력으로부터 보호받는 것을 가리킨다(마 6:13; 요일 2:13, 14; 3:12; 5:18, 19). 비록 십자가에서의 예수 희생이 사탄의 궁극적 패배를 확정하기는 했지만, 그는 여전히 활동하면서 신자를 공격하는 악한 체계를 운영하고 있다. 그는 욥과 베드로(눅 22:31, 32), 일반 신자에게 그러하듯(엡 6:12) 신자의 멸망을 추구하지만(벧전 5:8) 하나님은 신자의 힘 있는 보호자이시다(12:31; 16:11. 참고. 시 27:1-3; 고후 4:4; 유 24, 25절).

17:17 **거룩하게 하옵소서** 이 말씀은 이 장의 19절과 10:36에도 나온다. '거룩하게 하다'는 어떤 특정한 목적을 위해 어떤 것을 따로 구별하는 것이다. 따라서 신자들은 오직 하나님의 목적만을 위해 그분에 의해 구별되었으므로, 하나님이 원하시는 것만 하고 그분이 미워하시는 모든 것을 미워해야 한다(레 11:44, 45; 벧전 1:16). 성화는 진리를 수단으로 해서 성취되며, 이 진리는 아버지께서 아들에게 전달하라고 명하신 모든 것을 아들이 전한 것이며, 지금은 사도들에 의해 성경에 포함되어 있다. 참고. 에베소서 5:26; 데살로니가후서 2:13; 야고보서 1:21; 베드로전서 1:22, 23.

17:19 **내가 나를 거룩하게 하오니** 이것은 예수가 아버지의 뜻을 위해 온전히 구분되었다는 의미다(참고. 4:34; 5:19; 6:38; 7:16; 9:4). 예수가 이렇게 하신 것은 자신이 전한 진리를 통해 신자들이 하나님의 것으로 구분되도록 하기 위해서다.

17:21 **그들도 다 하나가 되어** 이 하나 됨의 근거는 아버지께서 아들을 통해 최초의 제자들에게 전해주신 계시를 신실하게 지키는 일이다. 또한 신자들은 하나님의 말씀 안에서 받은 공동의 신념으로 연합되어야 한다(빌 2:2). 이것은 여전히 희망사항이 아니라 성령이 오셨을 때 현실이 되었다(참고. 행 2:4; 고전 12:13). 이것은 경험적인 연합이 아니라 진리를 믿는 모든 사람이 공유하는 영생을 중심으로 하는 하나 됨이며, 그 결과 그의 생명을 공유하는 모든 사람이 그리스도의 한 몸에 속하게 되는 것이다. *에베소서 4:4-6에 대한 설명을 보라.*

17:22 **내게 주신 영광** 이 말씀은 신자가 성령의 내주를 통해 하나님의 모든 속성과 본질에 참여하는 것을 가리킨다(10절. 참고. 골 1:27; 벧후 1:4). 23절은 이 점을 분명하게 보여준다("내가 그들 안에 있고").

17:23 **그들로 온전함을 이루어 하나가 되게 하려 함** 이는 그들이 죄인들을 구원하는, 진리를 중심으로 하는 동일한 영적 생명에 함께 부름을 받았다는 뜻이다. 이 기도가 고린도전서 12:12, 13; 에베소서 2:14-22의 현실로 응답되었다.

17:24 **나와 함께 있어** 이것은 하늘에서 일어날 일이다. 거기서 사람들은 그리스도의 충만한 영광을 볼 수 있을 것이다(참고. 5절). 앞으로 신자들은 그의 영광을 볼 뿐 아니라 거기에 참여할 것이다(빌 3:20, 21; 요일 3:2). 그때까지 그들은 영적으로만 거기에 참여할 것이다(고후 3:18).

17:25, 26 이 말씀은 이 장에 실린 기도 내용의 요약이면서 지속적인 그리스도의 내주와 그분의 사랑이 지속될 거라는 약속이다. 참고. 로마서 5:5.

하나님의 아들의 처형 (18:1-19:37)

A. 그리스도를 버림(18:1-19:16)

18:1-40 이 장에서는 그리스도의 체포, 재판과 관련된 사건들이 강조되고 있다. 요한이 이 복음서를 쓴 목적은 예수가 메시아이시며 하나님의 아들임을 보여주는 것이었다. 그러므로 예수 수난의 이 기록을 통해 그 목적을 이루기 위한 증거를 제공한다. 예수께 가해진 모든 수치스러운 사건을 통하여 요한은 이 사건들이 예수의 존재와 사명을 손상시키기는커녕 도리어 그분이 누구시며, 그분이 오신 이유가 무엇인지를 확증해주는 결정적 증거임을 보여준다(1:29. 참고. 고후 5:21).

1. 그분의 체포(18:1-11)

18:1 **예수께서…나가시니** 예수가 십자가로 나아가기로 한 결정에서 그분의 지극히 큰 용기가 드러난다. 그 십자가에서 죄인들을 향한 하나님의 진노를 담당하는 것이 그분의 순결과 무죄에는 크게 어긋나는 일이었던 것이다(3:16. *12:27에 대한 설명을 보라*). "어둠의 권세"의 때가 왔다(눅 22:53. *1:5; 9:4; 13:30에 대한 설명을 보라*). **기드론 시내** 여기서 '시내'는 일 년 중 대부분 말라 있지만 비가 오는 우기에는 여울이 되는 냇물을 가리킨다. 이 시내는 예루살렘 동쪽의 성전 언덕과 더 동쪽에 위치한 감람산 사이로 흘렀다. **동산** 감람나무가 우거져 감람산이라는 이름이 붙은 그 산기슭에는 정원이 많았다. 마태복음 26:36과 마가복음 14:32은 바로 이 정원을 '겟세마네'라고 부른다. 그 뜻은 '기름 짜는 기계'다. **들어가시니라** 이 말은 그곳이 담장으로 둘러싸인 정원이었음을 암시한다.

18:3 **군대와 대제사장들과 바리새인들에게서 얻은 아랫사람들** '군대'는 로마군의 보병대를 가리킨다. 완전한 지원 보병대는 1,000명까지 구성되기도 했다(즉 보

병 760명과 기병 240명으로 이들은 *킬리아크*, 곧 '천부장'의 지휘를 받았음). 보통은 600명 정도로 구성되었는데, 때로는 200명 정도의 부대도 이 단어로(즉 '보병 중대') 지칭되었다. 로마의 지원 부대는 대개 가이사랴에 주둔해 있었지만, 절기에는 성전 지역 북쪽 외곽에 위치한 안토니아 요새에 주둔했다(당시 예루살렘에 많은 사람이 모여 만일에 발생할 수 있는 폭동이나 반란에 대응해 질서를 유지하기 위해서였음). "아랫사람들"로 지칭된 두 번째 무리의 사람들은 성전 경찰로, 주로 체포하는 일을 담당했다. 예수를 체포하면 대제사장에게 보내야 했기 때문이다(12-14절). 그들은 예수와 추종자들의 저항을 진압할 준비를 갖춘 상태였다("무기").

18:4 **그 당할 일을 다 아시고** 요한은 예수가 모든 것을 다 아시므로 그분을 하나님이라고 말하는 것이다.

18:4-8 **너희가 누구를 찾느냐** 예수는 이 질문을 두 번 하셨고(4, 7절), 사람들은 "나사렛 예수"라고 대답했다(5, 7절). 이렇게 하심으로써 예수는 그들이 자신의 제자들을 체포할 권리가 없다는 사실을 인정하지 않을 수 없게 만드셨다. 실제로 예수는 제자들을 보낼 것을 요구하셨다(8절). 이 요구의 힘은 그의 말씀이 가진 능력을 통해 확립되었다. "내가 그니라"(6절)는 이전에 그가 자신이 하나님임을 선언할 때 사용하신 말씀인데(8:28, 58. 참고. 6:35; 8:12; 10:7, 9, 11, 14; 11:25; 14:6; 15:1, 5), 예수가 이 말씀을 하시자 그들은 뒤로 물러가서 땅에 엎드러졌다(6절). 이런 능력 발휘와 제자들에게 손을 대지 말라는 권위 있는 요구는 중요한 의미를 가졌다. 바로 다음 절이 그것을 보여준다.

18:9 **하나도 잃지 아니하였사옵나이다** 예수의 말씀은 제자들을 잡히지 않도록 보호하심으로써 그들 가운데 한 명도 잃어버리지 않으시며, 그 결과 그분이 앞에서 하신 약속을 지키시리라는 것이다(6:39, 40, 44; 10:28; 17:12). 예수는 제자들이 붙잡혀 투옥되거나 처형되는 것은 제자들이 견딜 수 있는 능력을 넘어서는 일이며, 그들의 신앙을 무너뜨릴 수도 있다는 것을 아셨다. 그래서 예수는 그런 일이 일어나지 않도록 조치를 취하신 것이다. 모든 신자는 주님의 보호 없이는 연약하고 취약할 수밖에 없다. 그러나 여기서 입증되는 것처럼 주님은 신자들이 감당할 수 있는 능력을 넘어서는 시험이 그들에게 임하지 않도록 하신다(고전 10:13). 신자들은 그들 자신의 힘 때문이 아니라 구주의 은혜롭고 지속적인 보호 때문에 영원히 안전하다(참고. 롬 8:35-39).

18:10 **시몬 베드로** 베드로는 주님을 보호하기 위한 전투를 준비하고 있었으며 분명 말고의 머리를 겨누었지만 그 사랑과 용기는 잘못된 것이었다. 그리스도는 말고의 귀를 치료해주셨다(눅 22:51).

18:11 **잔을 내가 마시지 아니하겠느냐** 10절에 나타난 베드로의 갑작스러운 용기는 오도된 것이었을 뿐만 아니라 예수가 죽기 위해 오셨다는 것을 이해하지 못했음을 보여준다. 구약에서 "잔"은 고난과 심판, 곧 하나님의 진노의 잔과 연결되어 있다(시 75:8; 사 51:17, 22; 렘 25:15; 겔 23:31-34. *마 26:39; 막 14:36; 눅 22:42에 대한 설명을 보라*. 참고. 계 14:10; 16:19).

2. 그분의 재판(18:12-19:16)

18:13 **먼저 안나스** 안나스는 주후 6-15년 대제사장 자리에 있다가 주후 15년 빌라도의 전임자였던 발레리우스 그라투스에 의해 면직되었다. 그럼에도 안나스는 계속해서 대제사장 직위에 대한 영향력을 행사했다. 이는 그가 여전히 대제사장으로 간주되었을 뿐 아니라 그의 다섯 아들과 사위인 가야바가 때를 따라 대제사장의 직위를 담당했기 때문이다. 두 가지 재판이 진행되었는데, 하나는 유대의 재판이었고 다른 하나는 로마의 재판이었다. 유대의 재판은 안나스의 비공식적 심문과 함께 시작되었다(12-14, 19-23절). 이것은 산헤드린 회원들이 급히 모일 수 있는 시간을 벌기 위한 방책이었을 것이다. 그다음에는 산헤드린 앞에서의 심문이 있었는데(마 26:57-68), 여기서 예수를 빌라도에게 보내기로 의견이 모아졌다(마 27:1, 2). 로마의 재판은 빌라도 앞에서의 심문과 함께 시작되었고(28-38상반절; 마 27:11-14), 그다음에는 헤롯 안디바("저 여우", 눅 13:32)가 예수를 심문했다(눅 23:6-12). 마지막으로 예수는 다시 빌라도 앞에 서셨다(38하-19:16; 마 27:15-31).

18:13, 14 **가야바** *11:49에 대한 설명을 보라*. 요한은 예수가 가야바에게 심문받으신 사실은 기록하지 않았다(마 26:57-68을 보라).

18:15 **또 다른 제자…이 제자** 전통적으로 이 사람은 "사랑하시는 자"(13:23, 24), 곧 이 복음서를 쓴 사도 요한으로 알려져 있다. 하지만 요한은 자신의 이름을 거론한 적이 없다(서론의 저자와 저작 연대를 보라).

18:16-18 **베드로** 베드로가 예수를 3번 부인하리라는 예언 가운데 첫 번째 부인이 여기 기록되어 있다(*18:25-27에 대한 설명을 보라*).

18:16 **대제사장을 아는** 요한은 그저 대제사장을 아는 정도가 아니었던 것으로 보인다. 여기서 단어 '안다'는 친구를 의미할 수 있기 때문이다(눅 2:44). 요한이 니고데모(3:1)와 요셉(19:38)을 언급한 사실은 그가 다른 유력한 유대인을 알았다는 의미일 수도 있다.

18:19 그들이 가진 관심 가운데 핵심은 예수가 자신을

단어 연구

I AM(나는…이다): 6:35; 8:58; 10:7, 14; 15:1; 18:5. 문자적으로 '스스로 충족한 상태에 있는 자기정체성'이라는 뜻이다. 예수는 단순에 자신의 영원한 선재(先在)와 절대적 신성을 선포하신 것이다. 하나님의 아들이신 예수 그리스도는 인간들과 달리 시작이 없다. 그는 영원한 하나님이시다. 예수는 자신을 가리켜 'I AM'이라는 표현을 사용하심으로써 자신의 신성을 분명하게 진술하신다. 출애굽기 3:14에서 하나님은 그분의 정체성을 'I AM'이라는 말로 계시하신다. 이와 같이 그리스도도 재판장들 앞에서 자신을 항상 존재하고 스스로 존재하는 하나님이라고 선언하셨다.

하나님의 아들로 선언했다는 사실이다(19:7). 공식적인 유대 심문에서는 피고에게 질문하는 것이 불법일 수 있다. 사건은 증인의 증언을 근거로 해야 하기 때문이다(*1:7에 대한 설명을 보라*). 만약 이것이 산헤드린이 아니라 전임 대제사장 앞에서의 비공식적 심문이었다면 안나스는 자신이 그런 규칙에 구속되지 않는다고 생각했을 수도 있다. 하지만 예수는 율법이 증인의 소환을 요구한다는 것을 알고 계셨다(20, 21절). 거기 서 있던 한 사람은 예수가 안나스를 꾸짖고 있음을 알고 예수를 쳤다(22절).

18:23 문제의 본질은 예수가 공정한 재판을 요구하시지만, 이미 판결을 내려놓은 반대자들은(11:47-57을 보라) 그럴 의사가 전혀 없었다는 것이다.

18:24 안나스는 자신이 예수에 대해 아무것도 할 수 없음을 깨닫고 가야바에게 보냈다. 예수를 빌라도에게 보내 처형시키려면 산헤드린의 의장 지위를 가진 현직 대제사장(즉 가야바)의 주재 하에 법적인 정죄가 이루어져야 하기 때문이다(*또한 13절에 대한 설명을 보라*).

18:25-27 **시몬 베드로** 베드로가 예수를 3번 부인하리라는 예수의 예언이 여기서 마침내 성취되었다(참고. 마 26:34).

18:28-19:16 이 단락은 예수가 빌라도 앞에서 재판받은 것을 다룬다. 비록 장면마다 빌라도가 등장하기는 하지만 무대의 중심을 차지하는 것은 예수 자신과 하나님 나라의 본질이다.

18:28 **관정** 로마 군대 지휘관의 사령부 또는 로마 군대 총독(즉 빌라도)의 본부다. 빌라도는 주로 대 헤롯이 자기를 위해 건축한 가이사랴에 있는 궁전에 주둔했다. 그러나 빌라도와 그의 전임자들은 절기 기간에는 예루살렘에 주둔했다. 이는 혹시 일어날지 모르는 폭동을 진압하기 위해서였다. 그때는 예루살렘이 그의 *관정*, 곧 본부가 되었다. **새벽** 이 말은 뜻이 분명하지 않다. 아침 6시경일 가능성이 가장 높은데, 로마군 장교들은 아주 일찍 일을 시작해 오전 10시나 11시에 일을 다 마쳤기 때문이다. **더럽힘을 받지 아니하고** 유대교 구전법에는 이방인의 거처에 들어간 유대인은 종교적으로 부정하게 된다는 법이 있다. 그들이 바깥 주랑에 머물면 이 더럽힘을 피할 수 있었다. 요한의 이 말은 큰 아이러니를 품고 있다. 대제사장들은 종교적 결례는 그처럼 꼼꼼하게 지키면서 예수에 대한 재판 절차에 있어서는 줄곧 비할 데 없이 큰 도덕적 불결함을 초래하고 있었기 때문이다.

18:29 **무슨 일로 이 사람을 고발하느냐** 이 질문은 로마 민사소송에서 예수에 대한 심리를 공식적으로 개시하는 말이다(이는 24절에 나온 유대인 앞에서의 종교적 재판과 대비됨). 예수를 체포할 때 로마 군대가 동원된 사실은(*3절에 대한 설명을 보라*) 유대인 당국자들이 사전에 빌라도와 이 고발에 대한 의견을 교환했다는 증거다. 그들은 빌라도가 예수에 대한 자기들의 판결을 확증해 줄 것을 기대했지만, 빌라도는 자신이 직접 심문을 시작했다.

18:31 **권한이 없나이다** 유대를 점령하여 주후 6년 직접 통치를 시작했을 때 로마는 유대인에게서 사형 집행권을 박탈하여 로마 총독이 그 권리를 행사하도록 했다. 사형에 대한 권한만큼은 로마가 지방 행정에서 반드시 확보하려고 한 것들 중 하나였다.

18:32 **예수께서…하신 말씀을 응하게 하려 함이러라** 예수는 자신이 들림을 받아서 죽을 것이라고 말씀하셨다(3:14; 8:28; 12:32, 33). 만약 유대인이 그를 처형할 수 있었다면 그들은 예수를 내치고 돌로 쳤을 것이다. 그러나 하나님은 모든 정치적 과정을 그분의 섭리로 통제하셔서 마침내 판결이 내려졌을 때, 예수가 스테반처럼(행 7:59) 돌에 맞지 않고 로마 당국에 의해 십자가에 달리도록 하신 것이다. 유대인은 신명기 21:23을 근거로 들어 돌로 치는 형벌을 선호했을 것이다.

18:34 **다른 사람들** 예수는 다시 증인을 요구하셨다(참고. 20, 21절).

18:36 **내 나라는 이 세상에 속한 것이 아니니라** 예수의 이 말씀이 가진 의미는 그분의 나라가 세상의 정치적·국가적 실체들과 연결되지 않았고, 하나님께 대항하는 이 악한 세상의 제도에 기원을 두고 있지 않다는 것이다. 만약 그분의 나라가 이 세상에 속했다면 그분은 싸

웠을 것이다. 이 세상의 왕권들은 무력 싸움으로 자신을 유지한다. 메시아의 나라는 사람의 노력에서 생겨난 것이 아니라 자기 백성의 삶 속에 있는 죄를 결정적으로 정복하는 하나님의 아들로 말미암아 생겨난 것이며, 그분이 다시 오셔서 이 지상에 메시아 왕국을 세울 미래에는 악한 세계의 체제를 정복하실 것이다. 그분의 나라는 이스라엘의 민족적 정체성에도 위협이 되지 않고, 로마의 정치군사적 정체성에도 위협이 되지 않는다. 그 나라는 이 세대의 끝까지 영적 차원 속에 존재한다(계 11:15).

18:38 진리가 무엇이냐 37절에서 예수가 "진리"에 대해 말씀하시자 빌라도는 수사적으로 예수를 조소했다. 그는 자신의 질문에 대한 대답이 없을 것이라고 확신했다. 이 반발은 그가 아버지께서 아들에게 주신 사람들 속에 속하지 않았음을 증명해준다["무릇 진리에 속한 자는 내 음성을 듣느니라"(37절)]. *10:1-5에 대한 설명을 보라.* **아무 죄도 찾지 못하였노라** 참고. 19:4. 요한은 예수에게는 어떤 죄나 범법도 없었음을 분명히 밝히며, 예수를 처형한 유대인과 로마인들에게 심각한 불의와 잘못이 있음을 보여준다.

18:40 바라바는 강도였더라 *강도*는 '강탈하는 사람'을 의미하는데, 강도뿐 아니라 피의 반란에 참여한 테러리스트 또는 게릴라 전사를 가리킬 수도 있다(막 15:7을 보라).

19:1 채찍질하더라 빌라도는 예수를 놓아주려는 의도로 채찍질을 했던 것으로 보인다(4-6절을 보라). 빌라도는 유대인이 이 행동으로 화가 풀리고, 예수의 고통에 대한 동정심이 그들의 마음속에 예수를 놓아주어야겠다는 마음을 불러일으키기를 원했다(눅 23:13-16을 보라). 채찍질은 끔찍하게 잔인한 행동이었다. 채찍질당할 사람은 옷이 벗겨진 상태에서 기둥에 묶인 채 여러 명의 사람들한테 돌아가면서 채찍질을 당했다. 군인들은 지치면 교대해 가면서 채찍질을 했다. 로마 시민이 아닌 사람들에게 사용되던 채찍은 짧은 나무 손잡이에 몇 가닥의 가죽 끈이 달려 있었는데, 각각의 가죽 끈 끝에는 짐승의 뼈 조각이나 금속이 있었다. 채찍질은 너무나 야만적이어서 때로 사람이 죽기까지 했다. 살이 찢기거나 벗겨져 근육, 심줄, 뼈가 드러나기도 했다. 이런 채찍질은 때로 죄인을 약하게 만들거나 비인간적으로 만들기 위해 처형 직전에 이루어졌다(사 53:5). 그러나 빌라도는 예수에 대한 동정심을 일으키기 위해 이렇게 했던 것으로 보인다.

19:2 가시나무로 관을 엮어 이 '관'은 대추야자나무의 긴 가시들(30.5센티미터가 넘는)로 만든 것으로 동양의 왕들이 쓰던 부챗살 모양의 관을 흉내 낸 것이다. 긴 가시가 예수의 머리 깊숙이 박혀 고통을 안겨줄 뿐 아니라 피가 흘렀다. **자색 옷** 이 색깔은 왕권을 나타냈다. 이 옷은 아마 예수의 어깨에 군인의 외투를 걸친 것이었을 것이며, 자신이 유대인의 왕이라는 예수의 주장을 비웃기 위한 의도였을 것이다.

19:4 내가 그에게서 아무 죄도 찾지 못한 것 *18:38에 대한 설명을 보라.*

19:5 보라 이 사람이로다 빌라도는 군인들에게 고문당한 예수의 모습을 극적으로 보여주었다. 예수는 부어올랐고 상처가 났고 피를 흘리고 있었을 것이다. 빌라도는 맞아서 불쌍한 모습이 된 예수를 보여주면서 사람들이 예수를 방면해달라고 요구하기를 바랐다. 빌라도의 표현은 조소로 가득하다. 유대인 권력자들에게 예수는 그들이 주장한 것처럼 위험한 인물이 아님을 각인시키려고 했다.

19:6 너희가 친히 데려다가 십자가에 못 박으라 대명사인 "너희"가 강조되어 있다. 이는 빌라도가 예수에 대한 유대인의 무정함에 넌더리가 나고 분노가 치밀어올랐음을 나타낸다.

예수의 죽음

	예수의 죽음이 지닌 양상	구약의 언급
유대인은 예수의 죽음을 수치로 간주했으며, 교회는 예수의 죽음을 구약 예언의 성취로 이해했음	아버지에 대한 순종으로(18:11)	시편 40:8
	그분 스스로 알리심(18:32; 3:14을 보라)	민수기 21:8, 9
	자기 백성을 대신해서(18:14)	이사야 53:4-6
	죄인 두 사람과 함께(19:18)	이사야 53:12
	죄 없이(19:6)	이사야 53:9
	십자가에 달리심(19:18)	시편 22:16
	부자의 묘실에 장사되심(19:38-42)	이사야 53:9

19:7 **우리에게 법이 있으니** 이것은 "여호와의 이름을 모독하면 그를 반드시 죽일지니"(레위기 24:16)를 가리킬 것이다. 신성모독이라는 고발(5:18; 8:58, 59; 10:33, 36)이 가야바 앞에서 행해진 예수의 재판 중심 사안이었다(마 26:57-68을 보라).

19:8 **더욱 두려워하여** 로마 장교들 대부분은 미신을 믿었다. 유대인은 예수의 주장을 메시아적인 것으로 해석했지만, 그리스 로마 사람들에게 '하나님의 아들'이라는 명칭은 예수가 초자연적인 능력을 부여받은 '신성한 사람'의 범주에 속했음을 의미했다. 빌라도가 두려워한 것은 그가 방금 고문하고 채찍질한 사람이 자신에게 저주를 내리거나 보복할 수 있는 사람이라고 생각했기 때문이다.

19:9 **너는 어디로부터냐** 빌라도는 예수가 어디서 온 인물인지에 대해 우려하는 마음이 들었다. 미신에 사로잡힌 그는 자신이 다루고 있는 사람이 어떤 부류의 사람인지 궁금해졌다.

19:11 예수의 이 진술은 가장 악한 일이라도 하나님의 주권을 벗어날 수 없다는 것을 보여준다. 실은 빌라도가 통제하는 것이 아니었다(10, 11절). 하지만 그는 자신의 행동에 책임을 다하기 위해 그 자리에 섰다. 반대와 악에 직면했을 때 예수는 종종 아버지의 주권 속에서 위로를 찾았다(예를 들면 6:43, 44, 65; 10:18, 28, 29). **나를 네게 넘겨 준 자의 죄는 더 크다** 이것은 유다를 가리킬 수도 있고 가야바를 가리킬 수도 있다. 가야바는 예수에 대한 계교에서 적극적인 역할을 했고(11:49-53) 산헤드린을 주재했으므로 이 말은 주로 그를 가리킬 것이다(18:30, 35). 핵심적인 요소는 누가 그 사람인가 하는 것보다는 예수가 메시아요 하나님의 아들이라는 압도적인 증거를 보고 들은 후에도 의도적이고 고압적이며 냉혹하게 계산된 행동으로 예수를 빌라도에게 넘겨준 잘못이다. 빌라도는 그 정도까지는 알지 못했다. *9:41; 15:22-24; 히브리서 10:26-31에 대한 설명을 보라.*

19:12 **가이사의 충신이 아니니이다** 유대인의 이 말은 아이러니로 가득하다. 로마에 대한 유대인들의 증오는 그들이 가이사의 친구가 아니라는 것을 보여주기 때문이다. 그러나 그들은 빌라도가 디베료 가이사(예수가 십자가에 달리시던 때 로마 황제)를 두려워한다는 것을 알고 있었다. 가이사는 의심이 아주 많은 인물로 무자비한 형벌을 가했기 때문이다. 빌라도는 유대인을 분노케 하는 몇몇 어리석은 행동을 통해 팔레스타인에서 소요가 일어나게 만들었으며, 따라서 로마는 그의 행동을 주시하고 있었다. 유대인은 빌라도가 예수를 처형하지 않으면 또 다른 소요 사태가 발생할 것이고, 그렇게 되면 팔레스타인에서 빌라도의 권력은 마지막이 될 것이라고 위협했던 것이다.

19:13 **재판석** 빌라도는 결국 이 압력에 무릎을 꿇었고(12절), 예수가 로마에 반역했다는 원래의 판결을 내릴 준비를 했다. 이 '재판석'은 빌라도가 앉아서 공적인 결정을 내리는 곳이었다. 그 자리는 돌을 깔아놓아 '포석'(Pavement)이라고 알려진 곳에 있었다. 여기서 아버지께서 모든 심판을 맡기신 그분(5:22), 즉 빌라도에 대한 의로운 판결을 내리실 그분을 빌라도가 판결한다는 것은 아이러니가 아닐 수 없다.

19:14 **유월절의 준비일** 이것은 유월절 주간을 준비하는 날을 가리킨다(즉 유월절 금요일). **제육시라** 요한은 여기서 자정부터 시간 계산을 시작하는 로마의 방식을 따르고 있다. *마가복음 15:25에 대한 설명을 보라.* **보라 너희 왕이로다** 이것은 빌라도의 조소였다. 즉 그렇게 잔인한 형벌을 받은 능력 없는 사람이 그들의 왕으로 합당하다는 뜻이다. 이 조소는 십자가에 달린 명패에서도 계속되었다(19-22절).

B. 그리스도의 십자가(19:17-37)

19:17 **자기의 십자가를 지시고** 정죄당한 사람은 십자가의 가로 기둥을 어깨에 지고 처형장까지 갔다. 예수는 자기의 십자가를 지고 성문까지는 가셨지만, 전날 가해진 채찍질의 여파로 다른 누군가가 십자가를 대신 지고 가야 했다. 이 일을 한 사람은 시몬이라는 구레네 사람이었다(마 27:32; 막 15:21; 눅 23:26). **해골(골고다)** 이 단어는 '해골'이라는 뜻을 가진 아람어 단어를 헬라어로 음역한 것을 다시 영어로 음역한 것이다. 이곳은 그 장소가 생긴 모양 때문에 이런 이름을 얻은 듯하다. 그 정확한 위치는 알 수 없다.

19:18 **예수를 십자가에 못 박을새** 사람들은 예수를 땅에 눕힌 후에 팔을 쭉 뻗어 그가 지고 온 가로 기둥에 못을 박았다. 그리고 예수와 함께 가로 기둥을 들어 올려 세로 기둥에 고정시켰다. 그 다음에는 발을 세로 기둥에 못 박았다. 때로는 발아래에 나무 조각을 붙여 몸의 무게를 부분적으로 지탱하게 했다. 그러나 이 나무 조각은 고통을 감면시키려는 것이 아니라 고통을 더 오래 끌기 위한 수단이었다. 옷이 벗겨지고 채찍질을 당한 예수는 며칠 동안은 아니지만 몇 시간 동안 뜨거운 태양 아래 십자가에 달려 있었다. 숨을 쉬기 위해 다리를 밀고 팔을 당길 때마다 견딜 수 없는 고통을 느껴야 했다. 끔찍한 근육 경련이 온몸에서 일어났다. 그러나 정신을 잃으면 질식할 수 있으므로 살기 위한 고투는 계속되었다(*마 27:31에 대한 설명을 보라*). **다른 두 사람**

마태(27:38)와 누가(23:33)는 이 두 사람을 가리킬 때 요한이 게릴라 전사였던 바라바를 가리킬 때 사용한 것과 동일한 단어를 사용했다. *18:40에 대한 설명을 보라.*

19:19-22 **패를 써서** 이 처형의 관례는 처형장으로 가는 죄인의 목에 명판을 달도록 되어 있었다. 그리고 그 명판을 죄인의 십자가에 매달았다(마 27:37; 막 15:26; 눅 23:38을 보라). 빌라도는 이 명패를 이용해 자신을 위협해 예수를 처형하지 않을 수 없게 만든 유대인을 조소하는 보복의 기회로 삼았다(*12절에 대한 설명을 보라*).

19:23 **그의 옷…속옷도** 관습적으로 정죄된 죄인의 옷은 형 집행관들의 몫이었다. 옷을 나눈 것을 보면 형 집행관은 네 명의 군인이 한 조로 구성되었음을 알 수 있다(참고. 행 12:4). 속옷은 피부에 직접 닿는 옷이었다. 의미상 복수로 쓰이는데 겉옷, 허리띠, 샌들, 머리 덮개 같은 다른 것도 포함되었기 때문이다.

19:24 요한은 시편 22:18을 인용한다. 이 시편에서 다윗은 대적들에 의한 신체적 압박과 조소에 시달리는 것, 처형장에서 형 집행관이 죄인의 옷을 나누는 일반적인 관습을 사용해 그가 당한 고통의 깊이를 묘사했다. 다윗이 자신이 한 번도 본 적 없는 처형을 정확하게 묘사한 것에 주목해야 한다. 이 구절은 다윗의 후손으로 메시아적 왕권을 가진 예수를 유형론적으로 예언한 것이다(마 27:46; 막 15:34).

19:25 여기서 언급된 여인의 정확한 숫자에 대해서는 의문이 있지만 요한은 세 여인이 아니라 네 여인을 언급했다. 즉 두 사람은 이름을 밝히고 두 사람은 이름

두 유월절의 문제에 대한 설명

마지막 만찬에 대한 이야기에서 요한복음(13:2)과 공관복음의 시간 계산을 조화시키는 것이 어려움으로 남아 있다. 공관복음서는 제자들과 주님이 마지막 만찬으로 목요일 저녁(니산월 14일) 유월절 식사를 했고 예수는 금요일에 십자가에 달리신 것으로 묘사하지만, 요한복음은 유대인이 "더럽힘을 받지 아니하고 유월절 잔치를 먹고자 하여"(18:28) 관정에 들어가지 않았다고 말한다. 따라서 제자들은 목요일 저녁에 유월절 식사를 했지만 유대인은 하지 않은 것이 된다. 실제로 요한(19:14)은 예수의 재판과 십자가형이 유월절 식사 이후가 아니라 유월절 준비일에 시행되었다고 말한다. 이것은 재판과 십자가 사건이 금요일에 일어났으므로 그리스도는 유월절 양을 잡는 것과 같은 시간에 십자가에 달리셨다는 의미다(19:14). 그렇다면 문제는 왜 제자들이 목요일에 유월절 식사를 했느냐 하는 것이다.

이에 대한 대답은 예수 당시 유대인이 하루의 시작과 끝을 계산하는 서로 다른 두 가지 방법을 사용하고 있었다는 사실에 있다. 팔레스타인 북부의 유대인은 하루를 해가 뜰 때부터 해가 뜰 때까지로 계산했다. 지역적 색채가 없는 집단이었던 바리새인들은 이 시간 체제를 따랐다. 그러나 예루살렘을 중심으로 하는 남부 이스라엘의 유대인은 하루를 해 질 때부터 해 질 때까지로 계산했다. 바리새인들과 달리 주로 예루살렘 근처에서 살았던 제사장들과 사두개인들은 남쪽의 시간 계산법에 따랐다.

이 두 종류의 시간 계산법이 때로 혼란을 불러왔음에도 불구하고 현실적 필요 때문에 이 제도가 유지되었다. 예를 들면 유월절 시기가 되면 이틀 연이어 유월절 잔치를 여는 것이 합법적으로 허용되었다. 또한 성전에서 희생제물을 드리는 것도 총 두 시간이 아니라 네 시간 동안 허용되었다. 많은 사람이 모이기 때문에 희생제사를 드리는 시간을 늘림으로써 두 가지의 시간 계산법은 서로 다른 집단 사이에 발생하는 지역적·종교적 충돌을 경감시키는 효과를 낳았다.

이렇게 두 가지의 시간 계산법이 사용되었다는 사실은 복음서 기록에서 모순으로 보이는 문제를 쉽게 설명해준다. 갈릴리 사람들이었던(북부인들) 예수와 제자들은 유월절이 목요일 해 뜰 때에 시작되어 금요일 해 뜰 때에 끝난 것으로 간주했다. 예수를 잡아들여 재판을 진행한 주로 제사장들과 사두개인들로 구성된 유대 지도자들은 유월절이 목요일 해 질 때 시작해서 금요일 해질 때 끝나는 것으로 간주했다. 이것이 예수가 마지막 유월절 식사를 제자들과 합법적으로 지키면서도 유월절에 희생될 수 있었던 이유다.

이 상세한 세부 내용에서 우리는 하나님이 그분의 구속 계획을 얼마나 주권적이고 놀라운 방식으로 정확하게 성취하셨는지를 볼 수 있다. 예수는 인간의 악한 죄의 희생자가 아니며, 눈먼 상황의 희생자는 더더욱 아니었다. 그분의 모든 말씀과 행동은 하나님의 지시를 받아 확실하게 취해진 것이다. 심지어 그분께 대적하는 다른 사람들의 말과 행동까지 하나님의 통제 아래 있었다(11:49-52; 19:11).

을 밝히지 않았다. 그 네 여인은 "그 어머니"(마리아)와 "이모"[마리아의 자매이면서 세배대의 아들인(마 27:56, 57; 막 15:40) 야고보와 요한의 모친 살로메(막 15:40)일 것임], "글로바의 아내 마리아"[젊은 야고보와 요셉의 어머니(마 27:56)], 막달라 마리아('막달라'는 갈릴리 서해안, 디베랴 북쪽 3.2-4.8킬로미터 지점에 있었던 마을인 '막달라'를 가리킴)다. 막달라 마리아는 부활을 설명하는 데 있어 중요한 인물이다(20:1-18을 보라. 참고. 눅 8:2, 3. 예수가 그녀한테서 귀신을 쫓아내주신 이야기임).

19:26 **사랑하시는 제자** 이것은 요한을 가리키는 말이다(*13:23에 대한 설명을 보라*. 참고. 서론의 저자와 저작 연대). 장자로서 가족을 부양하던 예수는 사역을 시작하기 전 자신의 의무를 형제들에게 맡기지 않았다. 이는 그들이 예수의 사역에 공감하지 않았고(7:3-5), 예수를 믿지도 않았기 때문이다. 또한 그들은 당시에 나타나지도 않았던 것으로 보인다(그들의 집은 가버나움에 있었음, 2:12을 보라).

19:29 십자가로 가는 길에 고통을 줄여주기 위해 예수께 제공되었던 "쓸개 탄 포도주"(마 27:34)가 아니다. 이 음료는 생명을 연장시켜 고문과 고통을 극대화하려는 것이었다(참고. 막 15:36). 그것은 병사들이 마시던 값싸고 신 포도주였다. 여기 사용된 이 단어는 70인역에 동일한 단어가 사용된 시편 69:21을 상기시킨다. 우슬초는 작은 식물로 액체를 적셔서 뿌리기에 적합하다(출 12:22을 보라).

19:30 **다 이루었다** 이 단어는 임무를 완수했다는 의미로, 종교적 관점에서는 종교적 의무를 완수했다는 뜻이다(17:4을 보라). 구속의 모든 일이 완료되었다. 여기 사용된 헬라어 단어가("다 이루었다"로 번역되었음) 파피루스로 된 세금 영수증에 사용된 것이 발견되었다. 그 의미는 '완전히 지불되다'이다(골 3:13, 14을 보라). **영혼이 떠나가시니라** 이 문장은 예수가 자신의 의지로 자기 영혼을 '넘겨주었음'을 말한다. 아무도 그분에게서 생명을 빼앗지 못한다. 다만 그분이 자발적으로 의지적으로 그것을 포기할 뿐이다(10:17, 18을 보라).

19:31 **준비일** 이 날은 금요일로, 안식일 전날 또는 안식일을 위한 '준비일'을 가리킨다. 서론에 나온 해석상의 과제를 보라. **그 안식일에 시체들을 십자가에 두지 아니하려 하여** 로마인들은 통상적으로 십자가에 달린 사람이 죽을 때까지 그대로 십자가 위에 두었는데(며칠이 걸릴 수도 있음), 계속 썩어가는 시체를 십자가 위에 두면 독수리의 먹이가 되었다. 모세 법은 나무에 달린 (대개 처형 이후) 사람은 누구든지 그곳에 밤새 방치되어 있으면 안 되었다(신 21:22, 23). 그런 사람은 하나님의 저주를 받았기 때문에 그런 사람을 그대로 놓아두면 그 땅이 더러워진다고 생각했던 것이다. **그들의 다리를 꺾어** 어떤 이유로 죽음을 재촉하고자 할 때 군인들은 강철 망치로 죄수의 다리를 때렸다. 이렇게 하면 충격과 더 많은 출혈을 유도할 뿐 아니라 죄수가 계속 숨을 쉬기 위해 다리를 밀 수가 없어(*18절에 대한 설명을 보라*) 질식사하게 된다.

19:34 군인이 예수의 옆구리를 찔렀는데 창이 아주 깊숙이 들어가 갑작스럽게 물과 피가 흘렀다. 창이 예수의 심장을 찔렀거나, 흉강 하부를 찔렀을 것이다. 어느 쪽이든 요한은 예수가 의심의 여지 없이 사망했음을 강조하기 위해 '피와 물'이 흘러 나왔음을 언급했다.

19:35 **이를 본 자** 이것은 이 모든 사건의 목격자인 사도 요한 자신을 가리키는 말이다(26절; 13:23; 20:2; 21:7, 20. 참고. 요일 1:1-4).

19:36, 37 요한이 출애굽기 12:46 또는 민수기 9:12에서 인용한 것이다. 이 두 구절은 모두 유월절 양의 뼈를 부러뜨려서는 안 된다는 것을 분명하게 규정하고 있다. 신약성경에서 예수 그리스도를 세상 죄를 지고 가는 유월절 양으로 묘사하므로(1:29. 참고. 고전 5:7; 벧전 1:19), 이 두 구절은 예수를 가리키는 특별한 유형론적 예언의 의미가 있다. 37절은 스가랴 12:10을 인용한 것으로, 하나님을 대표하는 목자(슥 13:7. 참고. 슥 11:4, 8, 9, 15-17)가 찔린 것은 하나님이 찔리는 것이라고 말한다. 스가랴의 구절에서 자신들이 하나님의 목자에게 상처를 주었기 때문에 느끼는 유대인의 고민과 참회는 하나의 유형이 되어 하나님의 아들인 메시아의 재림 때 발생할 일에 대한 예언이 되었다. 그 재림 때 이스라엘은 자기들의 왕을 거절하고 죽인 사실로 말미암아 통곡할 것이다(참고. 계 1:7).

하나님의 아들의 부활 (19:38-21:23)

A. 그리스도의 장례(19:38-42)

19:38 **아리마대 사람 요셉** 이 사람은 네 편의 복음서 모두에 등장하는데, 오직 예수의 장례와 관련해서만 등장한다. 공관복음서는 그가 산헤드린 의원이고(막 15:43), 부유했으며(마 27:57), 하나님의 나라를 기다리는 자라고(눅 23:51) 말한다. 요한은 숨어 있는 제자들이라는 개념을 부정적으로 다루지만(12:42, 43을 보라), 요셉이 예수의 시신을 요구함으로써 자신의 명예, 더 나아가 자신의 생명을 위협당할 수도 있는 일을 공개적으로 행했기에 요한은 그를 좀 더 긍정적인 모습으로 그렸다.

19:39 **니고데모** *3:1-10에 대한 설명을 보라.* **백 리트라쯤** 향료를 혼합한 이 물품의 무게는 30킬로그램 가까이 되었을 것이다. 몰약은 향기를 가진 나무의 끈적끈적한 진이었으며, 유대인은 이것을 가루 형태로 만들어 백단향에서 취한 가루인 침향과 혼합했다. 유대인은 시신에게 바르기 위해 이 향료를 사용한 것이 아니라 시신이 부패할 때 나는 악취를 없애기 위해 사용했다(*11:39에 대한 설명을 보라*).

19:40 **향품…세마포** 이 향품을 세마포 전체에 묻히고 그 세마포로 예수의 시신을 감았을 것이다. 시신 밑에 더 많은 향품을 두었을 것이며, 세마포를 향품으로 채웠을 것이다. 끈적끈적한 나무의 진 때문에 천이 잘 붙었을 것이다.

19:41, 42 **동산…새 무덤** 오직 요한만이 그 무덤이 예수가 십자가에 달린 곳 가까이에 있었음을 말해준다. 모든 일을 멈춰야 하는 안식일의 시작이 가까웠으므로(저녁 6시, 일몰) 무덤이 가까이 있었던 게 도움이 되었다. 요한은 아리마대 요셉이 돌로 무덤 문을 막은 것이나 막달라 마리아와 요세의 어머니 마리아가 예수의 누인 곳을 보았다는 것을 말하지 않았다(마 27:58-61). 주님의 죽으시고 장사되신 시간에 대해서는 마태복음 27:45에 대한 설명을 보라.

20:1-31 이 장은 막달라 마리아에게 나타나심(1-18절), 열 제자에게 나타나심(19-23절), 도마에게 나타나심(24-29절) 등 예수가 자신을 따르던 자들에게 나타나신 것을 기록하고 있다. 예수는 불신자에게는 나타나지 않으셨다(14:19; 16:16, 22을 보라). 기적의 경우와 마찬가지로 그분의 부활에 대한 증거가 그들을 설득하지 못할 것이었기 때문이다(눅 16:31). 이 세상의 신은 그들 눈을 가려 그들을 믿지 못하게 했다(고후 4:4). 그러므로 예수는 그리스도의 살아 계심에 대한 그들의 믿음을 확증하기 위해 자기 백성에게만 나타나셨다. 이 나타나심은 그들에게 큰 영향을 끼쳤을 뿐 아니라 제자들을 두려움에 숨는 비겁한 사람에서 겁 없는 그리스도의 증인으로 바꿔놓았다(예를 들면 베드로는 18:27을 보라. 참고. 행 2:14-39). 다시 한 번 부활 후에 나타나신 일을 기록한 요한의 목적은 예수의 물리적이고 육체적인 부활은 그분이 자기 백성을 위해 자기 생명을 내어놓은 참된 메시아요 하나님의 아들이라는 최고 증거임을 보여주는 것이었다(10:17, 18; 15:13. 참고. 롬 1:4).

B. 그리스도의 부활(20:1-10)

20:1 **안식 후 첫날** 일요일을 가리키는 말이다. 그 이후로 신자들은 모여서 구주의 놀라운 부활을 기억하는 날로 일요일을 정했다(행 20:7; 고전 16:2을 보라). 그 날이 주의 날로 알려지게 되었다(계 1:10). *누가복음 24:4, 34에 대한 설명을 보라.* **일찍이 아직 어두울 때에 막달라 마리아가 무덤에 와서** 예수께서 막달라 마리아에게 처음 나타나신 이유는 볼품없는 과거를 지닌 사람에게 나타나심으로써 그분의 인격적이고 사랑이 넘치는 신실하심과 그분의 은혜를 입증하기 위해서였던 것으로 보인다. 그러나 동시에 그녀가 예수를 진심으로 깊이 사랑했기 때문에 다른 누구보다 먼저 무덤에 나타났던 것도 분명한 사실이다. 그녀가 무덤에 온 목적은 시신을 위한 향료를 더 가져와서 장사를 준비하기 위해서였다(눅 24:1).

20:2 **예수께서 사랑하시던 그 다른 제자** 이는 이 복음서의 저자인 요한이다. **사람들이…가져다가** 비록 예수가 자신의 부활을 여러 번 예언하셨지만, 그 당시 그것은 그녀가 믿을 수 있는 한계를 넘어서는 일이었다. 그들을 믿도록 하기 위해서는 "확실한 많은 증거"(행 1:3)로 친히 살아나심을 나타내실 필요가 있었다.

20:5-7 **세마포 놓인 것을 보았으나** 나사로의 회생(11:44)과 예수의 부활은 서로 대비된다. 나사로는 수의를 입은 채로 무덤에서 나왔지만 예수의 몸은 물리적이고 물질적인 몸이었지만 영화롭게 된 상태였고 나중에 잠긴 방 속에 나타나신 것과 똑같은 방식으로 수의를 통과할 수 있었다(19, 20절을 보라. 참고. 빌 3:21). **수건…세마포** 이 물품들의 상태는 깨끗했다. 거기서 누군가가 힘들게 일을 한 적도 없고, 도굴꾼들이 급하게 시신의 세마포를 풀지 않았음을 말해준다. 만약 도적이 그의 시신을 훔쳐갔다면 세마포로 감고 향료가 가득한 상태에서 작업하기가 더 편했을 것이므로 세마포를 풀지 않았을 것이다. 현장의 모든 상황은 누군가가 시신을 가져간 것이 아니라 시신이 옷을 뚫고 나가면서 옷만 무덤에 남겨둔 것임을 보여주었다.

20:8 **그 다른 제자** 요한은 수의를 보고 예수가 부활하셨음을 확신했다.

20:9 **알지 못하더라** 베드로와 요한은 모두 성경이 예수가 부활하실 것이라고 말한 것(시 16:10)을 알지 못했다. 누가의 기록으로 볼 때 이는 분명한 사실이다(24:25-27, 32, 44-47). 예수는 자신의 부활을 예언하셨지만(2:17; 마 16:21; 막 8:31; 9:31; 눅 9:22), 제자들은 그 말을 귀담아듣지 않았다(마 16:22; 눅 9:44, 45). 요한이 이 복음서를 쓸 때쯤 교회는 메시아의 부활에 대한 구약의 예언을 이해하고 있었다(참고. "아직").

C. 그리스도의 나타나심(20:11-21:23)

1. 막달라 마리아에게(20:11-18)

20:11-13 **울다** 비탄과 상실감이 마리아를 다시 무덤으로 가게 했을 것이다. 그녀는 베드로나 요한과 마주치지 않았으므로 예수가 부활하신 사실을 알지 못했을 것이다(9절을 보라).

20:12 **두 천사** 누가(24:4)는 두 천사 모두를 묘사한다. 마태(28:2, 3)와 마가(16:5)는 한 천사만을 언급한다. 요한이 천사를 언급하는 목적은 도굴꾼이 시신을 가져간 것이 아님을 입증하려는 것이다. 그것은 하나님의 능력이 일으킨 일이었다.

20:14 **예수이신 줄은 알지 못하더라** 마리아가 예수를 알아보지 못한 이유는 확실하지 않다. 어쩌면 눈물이 앞을 가려 알아보지 못했을 수도 있다(11절). 또는 상처받고 상한 예수의 시신에 대한 생생한 기억이 그녀의 마음속에 흔적을 남겼고, 부활하여 예수가 나타나신 일이 너무 극적이어서 알아보지 못했을 수도 있다. 하지만 엠마오로 가던 제자들의 경우처럼(눅 24:16을 보라) 예수가 자신을 알려주실 때까지 그녀가 알 수 없도록 초자연적인 조치를 취하신 결과일 가능성이 더 높다.

20:16 **마리아야** 예수를 인식하지 못한 이유가 무엇이었든 간에 예수가 "마리아야"라고 하시는 순간 그녀는 즉시 그분을 알아보았다. 이 모습은 "내 양은 내 음성을 들으며 나는 그들을 알며 그들은 나를 따르느니라"는 말씀을 상기시킨다(10:27. 참고. 10:3, 4).

20:17 **나를 붙들지 말라 내가 아직 아버지께로 올라가지 아니하였노라** 마리아는 또다시 예수를 잃을지 모른다는 두려움으로, 몸으로 서 계신 그분을 붙들려는 소원을 표현했다. 승천에 대한 예수의 말씀은 잠시 동안만 그들과 함께하실 것을 의미하며, 그녀가 머물러 계시기를 간절히 원하지만 그렇게 할 수 없음을 나타낸다. 예수는 그들과 40일 동안 함께 계시다가 승천하셨다(행 1:3-11). 아버지께로 가신 다음에는 성령을 보내셔서(보혜사) 그들이 버림받았다고 느끼지 않게 하셨다(*14:18, 19에 대한 설명을 보라*). **내 형제들** 제자들은 "종" 또는 "친구"라고(15:15) 불렸는데, 그들이 "형제들"이라고 불린 것은 여기가 처음이다. 예수가 죄인을 대신하여 십자가에서 하신 일 때문에 그리스도와의 이 새로운 관계가 가능해졌다(롬 8:14-17; 갈 3:26, 27; 엡 1:5; 히 2:10-13).

「의심하는 도마(*The Incredulity of Saint Thomas*)」 1601-1602년. 카라바조. 캔버스에 유화. 146×107cm. 상수시 미술관. 포츠담.

2. 도마가 없는 자리에서 제자들에게(20:19–25)

20:19 이 날 *1절에 대한 설명을 보라.* **문들을 닫았더니** 이 헬라어는 그들이 유대인에 대한 두려움으로 문을 잠갔음을 표시한다. 당국자들이 자기들의 지도자를 처형했으므로 예수의 운명이 자기들에게도 임할 것이라고 생각한 것은 자연스러운 일이었다. **너희에게 평강이 있을지어다** *14:27; 16:33에 대한 설명을 보라.* 예수의 이 인사는 "다 이루었다"의 후속이다. 십자가에서 그분이 이루신 일은 하나님과 그의 백성 사이의 평강을 성취했기 때문이다(롬 5:1; 엡 2:14-17).

20:20 예수는 그들에게 나타나신 자신이 십자가에 달렸던 이와 동일인임을 입증하셨다(참고. 눅 24:39).

20:21 이 위임령은 17:18을 기반으로 한 것이다. 마태복음 28:19, 20을 보라.

20:22 제자들이 실제로 성령을 받은 것은 오순절이고, 오순절은 앞으로 약 40일이 지나야 했으므로(행 1:8; 2:1-3), 이 말씀은 성령이 오시리라는 그리스도의 약속으로 이해되어야 한다.

20:23 *마태복음 16:19; 18:18에 대한 설명을 보라.* 이 구절은 신자에게 죄를 사할 수 있는 권세를 주지 않는다. 예수는 아들이 이룬 일 때문에 아버지께서 죄인의 죄를 확실히 사하신다는 것을 (그 죄인이 회개하고 복음을 믿는다면) 용감하게 선언할 수 있음을 말씀하신 것이다. 또한 신자는 그리스도에 대한 믿음을 통해 하나님이 죄를 사하신다는 메시지에 응답하지 않는 사람들은 그 결과로 죄를 용서받지 못한다는 사실을 확신에 차서 말할 수 있다.

20:24, 25 도마는 이미 충성스러운 인물로 묘사되어 왔지만 비관론자이기도 했다. 예수는 도마의 실패를 꾸짖으시지 않고, 대신 그를 위해 자비롭게도 자기 부활의 증거를 제시하셨다. 예수는 사랑으로 연약한 상태에 있는 그를 만나셨다. 도마의 행동은 예수가 자신의 부활을 제자들에게 상당히 강력하게 설득해야 했다는 것을 보여준다. 즉 그들은 부활을 쉽게 믿을 수 있는 사람들이 아니었다는 뜻이다. 요점은 그들이 부활을 지어냈거나 환각 속에서 본 것이 아니라는 것이다. 그들이 증거를 보고서도 이처럼 믿기를 주저했기 때문이다.

3. 도마가 있는 자리에서 제자들에게(20:26–29)

20:28 나의 주님이시요 나의 하나님이시니이다 이 말을 통해 도마는 부활에 대한 그의 굳은 믿음과 메시아요 하나님의 아들인 예수의 신성을 선언했다(딛 2:13). 이는 사람이 할 수 있는 가장 위대한 고백이다. 도마의 고백은 이 글을 쓴 요한의 목적에 부응하는 결정타다(30, 31절을 보라).

20:29 예수는 도마에게 보여주신 것 같은 손에 잡히는 증거를 더 이상 사용할 수 없는 때를 내다보셨다. 예수가 영원히 아버지께로 올라가시면 그 후에 믿는 모든 사람은 부활하신 주님을 보지 않고도 믿어야 할 것이다. 예수는 도마와 같은 특권을 누리지 못하고 믿는 사람들에게 특별한 복이 있음을 선언하셨다(벧전 1:8, 9).

4. 복음서의 목적에 대한 진술(20:30, 31)

20:30, 31 이 두 절은 요한이 이 복음서를 기록한 목표와 목적을 보여준다(서론의 배경과 무대를 보라).

21:1-25 요한복음의 맺음말 또는 부록이다. 20:30, 31은 제4복음서의 결론이지만, 그의 글 마지막에 실린 이 내용은 1:1-18의 머리말과 균형을 이룬다. 이 맺음

그리스도의 치유 사역

그리스도가 치유 사역을 하신 이유는 다양하지만, 그 모든 치유는 예수가 메시아이심을 입증하는 데 기여했다. 그리스도는 육체적 유익만을 위하여 치유의 기적을 행하신 적이 없다. 치유의 기적은 다음과 같다.

• 마태복음 8:17	이사야 53:4의 메시아 예언을 예비적으로 성취하기 위해서임
• 마태복음 9:6	그리스도께 사죄의 권세가 있음을 알리기 위해서임(또한 막 2:10; 눅 5:24을 보라)
• 마태복음 11:2-19	감옥에 있던 세례 요한을 위하여 메시아 사역의 참됨을 입증하기 위해서임 (참고. 사 35장; 또한 눅 7:18-23을 보라)
• 마태복음 12:15-21	이사야 42:1-4의 메시아 예언을 예비적으로 성취하기 위해서임
• 요한복음 9:3	그리스도 안에서 이루어지는 하나님의 일을 알리기 위해서임
• 요한복음 11:4	그리스도를 통한 하나님의 영광을 위해서임
• 요한복음 20:30, 31	예수가 그리스도임을 모든 사람이 믿도록 하기 위해서임
• 사도행전 2:22	하나님이 그리스도를 보증하기 위해서임

말은 20장에서 답이 제공되지 않은 다섯 가지 해결하지 못한 문제를 매듭짓고 있다. 첫째, 예수는 더 이상 자기 사람들의 필요를 직접 공급하시지 않을 것인가(참고. 20:17)? 이 질문에 대한 답은 1-14절에 있다. 둘째, 베드로는 어떻게 되었는가? 베드로는 예수를 세 번 부인하고 도망쳤다. 베드로는 20:6-8에 마지막으로 나타나는데, 거기서 그와 요한은 빈 무덤을 보았지만 오직 요한만 믿었다(20:8). 이 질문에 대한 답은 15-17절에 있다. 셋째, 이제 스승 없이 남겨진 제자들의 미래는 어떻게 되는 건가? 이 질문에 대한 답은 18, 19절에 있다. 넷째, 요한은 죽을 것인가? 예수는 20-23절에서 이 질문에 대답하신다. 다섯째, 예수가 행하신 다른 일들을 왜 요한은 기록하기 않았는가? 요한은 24, 25절에서 이 질문에 답한다.

5. 갈릴리에서 제자들에게(21:1-14)

21:1 **디베랴 호수** 갈릴리 호수의 다른 이름으로 오직 요한복음에만 나온다(6:1을 보라).

21:2 **시몬 베드로** 사도들의 모든 목록에서 그의 이름은 언제나 가장 먼저 등장한다. 이는 그가 그 집단에서 지도자였음을 의미한다(예를 들면 마 10:2).

21:3 **나는 물고기 잡으러 가노라** 베드로와 다른 사람들이 고기를 잡으러 갈릴리로 간 가장 합리적인 이유는 주님의 명령에 순종하여 주님을 만나러 그리로 갔다는 것이다(마 28:16). 베드로와 또 다른 사람들은 예수의 나타나심을 기다리면서 원래 그들의 생업이었던 고기 잡는 일을 했다.

21:4 이것은 주님이 제자들로 자신을 인식하지 못하도록 막으신 또 다른 경우일 수 있다(20:14, 15. 참고. 눅 24:16).

21:7 **예수께서 사랑하시는 그 제자** 요한은 즉시 그 나그네가 부활하신 주님임을 알았다. 오직 그만이 그런 초자연적 지식과 능력을 가지고 있었기 때문이다(6절). 베드로는 충동적으로 물로 뛰어들어 주님을 보기 위해 나아갔다.

21:8 **한 오십 칸** 해변에서 약 91.5미터가 된다.

21:9 **생선…떡** 주님이 군중을 위하여 음식을 창조하셨듯이(6:1-13) 이 음식도 창조하신 것으로 보인다.

21:11 **백쉰세 마리** 요한이 정확한 숫자를 기록한 것을 보면 그가 자신이 기록한 사건의 목격자이자 저자라는 사실이 더욱 확실해진다(요일 1:1-4). 여기서 생선을 공급하시는 주님의 행동은 그가 여전히 제자들의 필요를 공급하시리라는 것을 보여준다(빌 4:19; 마 6:25-33을 보라).

21:14 **세 번째로** "세 번째"는 요한복음에 기록된 예수님의 나타나심 중에서 세 번째라는 뜻이다. 즉 20:19-23이 첫 번째, 20:26-29이 두 번째다.

21:15-17 이 단락은 사랑을 가리키는 두 개의 비슷한 단어를 사용하고 있다. 해석에서 두 개의 비슷한 단어가 가까이 등장하면 그 의미의 차이가 아무리 미세하더라고 강조된다. 예수가 베드로에게 자신을 사랑하느냐고 질문하셨을 때 여기서 사랑은 전적인 헌신을 가리킨다. 베드로는 자신이 예수를 사랑한다는 것을 나타내는 단어로 대답했으나, 그 단어는 꼭 전적인 헌신을 가리키지 않았다. 이것은 베드로가 더 큰 사랑을 표현하기를 주저했기 때문이 아니라 그가 이전에 주께 불순종하고 그분을 부인한 적이 있기 때문이다. 그는 지금 그런 최고의 헌신을 선언하기가 망설여졌을 것이다. 이전에 그런 선언을 했지만 행동으로 옮기지 못했기 때문이다. 예수는 그가 주님을 최고로 사랑하는지를 반복해 질문하심으로써 흔들리지 않는 헌신의 필요성을 베드로에게 강조하셨다. 여기서 중요한 메시지는 예수가 자기를 따르는 자들에게 절대적인 헌신을 요구하신다는 것이다. 그들의 사랑은 다른 어느 것보다 예수를 가장 높은

예수가 사랑하신 자

요한복음의 세 가지 명백한 실마리는 자신을 "예수께서 사랑하신" 제자라고 부른 무명의 제자가 누군지 그 정체를 밝히는 데 도움이 된다(13:23; 19:26; 20:2; 21:7, 20).

초대 교회의 교부들은 예외 없이 요한을 이 복음서의 저자로 알고 있다. 다른 복음서 저자들도 요한을 제자들 가운데서 적극적인 참여자로 언급했으나, 제4복음에서는 요한 자신의 이름이 나타나지 않는다. 요한의 이름이 나타나지 않는다는 사실은 오히려 그가 거기에 있음을 외치는 소리와 같다.

요한의 서명과 같은 구절인 "예수께서 사랑하신"이라는 말은 그 사도의 겸손과 함께 그가 예수와 맺었던 관계의 깊이를 말해준다. 이 말은 주가 자신을 사랑하셨다는 사실에 대해 이 사도가 느끼는 경이로움을 진솔하게 표현하고 있다.

곳에 두는 사랑이어야 한다. 예수가 사랑으로 베드로에게 도전하신 것은 베드로가 사도들의 지도자가 되기를 원하셨기 때문이다(마 16:18). 그러나 베드로가 유능한 목자가 되기 위해서는 그 마음의 주된 동기가 주님을 향한 최고의 사랑을 드러내는 것이어야 한다.

6. 베드로에게(21:15-23)

21:15 **이 사람들보다 나를 더** 이는 어부인 베드로의 직업을 나타내는 그 생선(11절)을 가리킬 것이다. 그는 예수를 기다리면서 다시 그 일로 돌아갔기 때문이다(3절을 보라). (앞선 설명은 "이 사람들"을 "이것들"로 해석하고 그것을 생선을 가리키는 것으로 본 해석임—옮긴이) 예수는 베드로가 자신을 최고로 사랑하여 익숙했던 모든 것을 포기하고, 사람을 낚는 어부가 되는 일에만 전적으로 헌신하기를 원하셨다(마 4:19). 이 말은 다른 제자들을 가리킬 수도 있다. 베드로가 다른 모든 사람보다 더 헌신할 것이라고 주장했기 때문이다(마 26:33). **내 어린 양을 먹이라** "먹이라"는 말씀은 주님의 양을 돌보는 부하 목자로서 주님을 섬기는 일에 전념하라는 명령이다(벧전 5:1-4을 보라). 이 단어는 지속적으로 양을 먹이고 양육하는 것을 의미한다. 이 말씀은 예수 그리스도의 메신저로서 가장 우선적인 의무가 하나님 말씀을 가르치는 것임을 상기시킨다(딤후 4:2). 사도행전 1-12장은 이 명령에 대한 베드로의 순종을 기록한다.

21:17 **베드로가 근심하여** 예수가 베드로에게 세 번째 질문을 하셨을 때는 베드로가 사용했던 전적인 헌신에 조금 미치지 못하는 단어를 사용해 그가 완전하게 선언할 수 있다고 생각한 수준의 사랑을 만족시킬 수 있는지 질문하셨다(*15-17에 대한 설명을 보라*). 핵심을 찌르는 그 교훈이 베드로의 마음을 근심케 했다. 그래서 베드로는 자신의 마음에 대한 바른 이해를 추구하되 자신이 말한 것이나 행한 것에 의해서가 아니라 주님의 전지에 근거해 그 이해를 추구하게 되었다(참고. 2:24, 25).

21:18, 19 베드로의 순교에 대한 예언이다. 주께 헌신하라는 예수의 부르심은 베드로에게 죽기까지 헌신하는 것을 의미했다(마 10:37-39). 어떤 그리스도인도 그리스도를 따를 때 고난과 죽음을 준비해야 한다(마 16:24-26). 베드로는 자기 앞에 있는 죽음을 예상하면서 30년 동안 주님을 섬겼으나(벧후 1:12-15), 주님을 위한 그런 고난과 죽음이 하나님께 영광을 돌린다고 썼다(벧전 4:14-16). 교회의 전설에 따르면 베드로는 네로 치하에서(주후 67-68년경) 순교했는데, 그는 주님과 같은 방식으로 십자가에 달리기를 거절해 거꾸로 십자가에 달렸다고 전해진다.

21:20-22 베드로의 순교에 대한 예수의 예언은 베드로에게 요한은 어떻게 될지를 질문하게 했다("예수께서 사랑하신 제자", 13:23을 보라). 그는 요한이 미래에 대해 몹시 걱정하는 것 때문에 그 질문을 했는지도 모른다. 요한이 그와 매우 가까운 친구였기 때문이다. "너는 나를 따르라"는 예수의 대답은 베드로의 일차적인 관심이 요한에 대한 것이 아니라 주님과 주님을 위한 봉사를 향한 지속적인 헌신이어야 한다는 것을 나타낸다. 즉 그리스도에 대한 봉사가 그를 사로잡는 열정이 되어야 하고, 다른 어떤 것도 그것을 방해해서는 안 되었다.

21:22, 23 **내가 올 때까지** 예수의 가설적인 말씀은 요한이 예수의 재림 때까지 산다고 해도 그것은 베드로가 마음 쓸 일이 아니라는 것을 강조한다. 그는 충실하게 자신의 삶을 살아야 했다. 그것을 다른 누구와 비교할 필요가 없다.

요

맺음말(21:24, 25)

21:24 **이 일을 증언하고…제자** 요한 자신이 기록한 사건의 진실성에 대한 직접적인 증인이다. "우리"는 실제로 요한만을 가리키는 편집상의 한 방법으로 보는 것이 최선이다(1:14; 요일 1:1-4; 요삼 12을 보라). 만약 그게 아니라면 이 말은 그의 동료 사도들의 집단적인 증언을 포함한 것일 수도 있다.

21:25 요한은 자신의 증언이 모든 것을 포함한 게 아니라 선택적인 것이라고 설명한다. 비록 선택적이지만, 요한의 복음이 계시한 진리는 어떤 사람이라도 예수가 메시아요 하나님의 아들이라는 믿음으로 이끌기에 충분하다(14:26; 16:13).

연구를 위한 자료

D. A. Carson, *The Gospel According to John* (Grand Rapids: Eerdmans, 1991).

Homer A. Kent Jr., *Light in the Darkness* (Grand Rapids: Baker, 1974).

John MacArthur, *John* (Chicago: Moody, 2007).

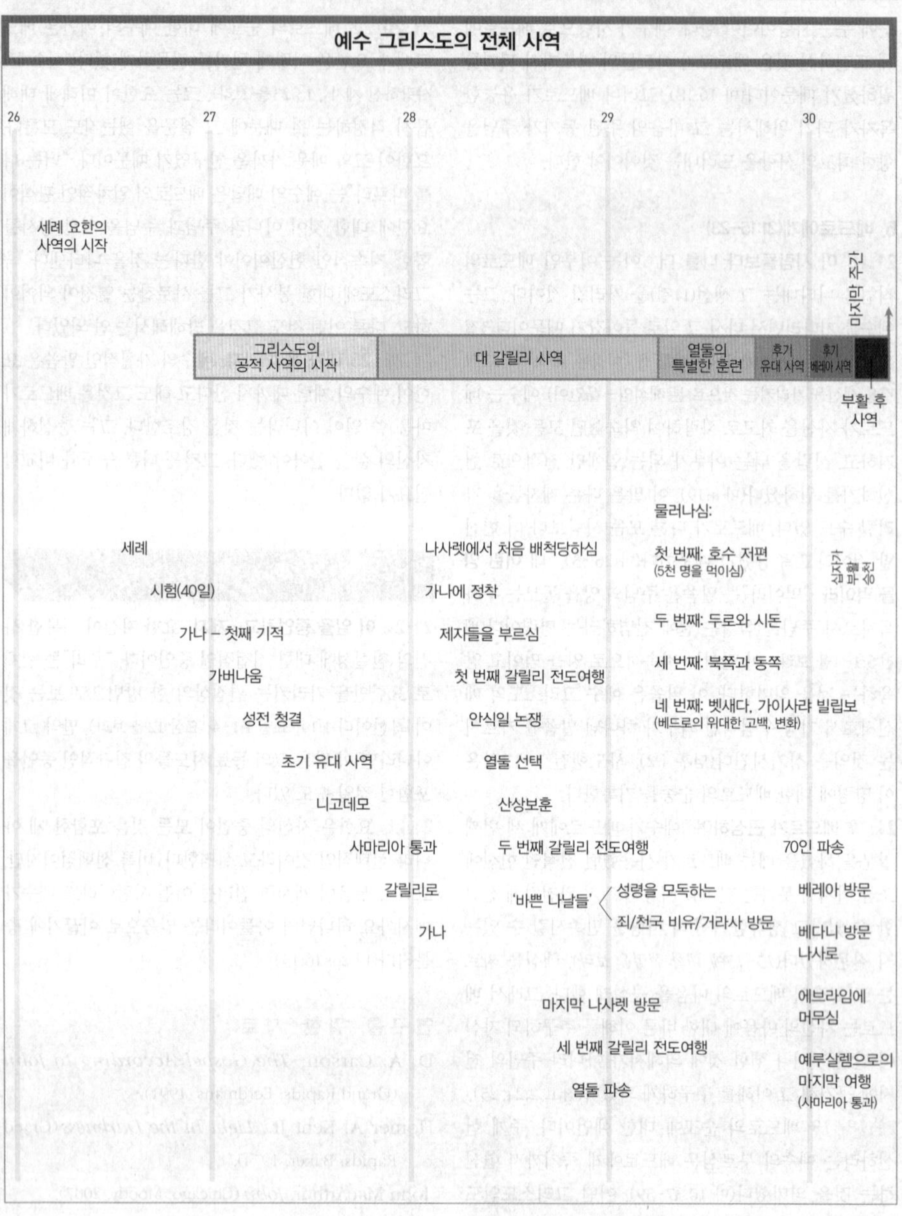
예수 그리스도의 전체 사역
26
27
28
29
30
세례 요한의
사역의 시작
마지막 주간
그리스도의
공적 사역의 시작
대 갈릴리 사역
열둘의
특별한 훈련
후기
유대 사역
후기
베레아 사역
부활 후
사역
물러나심:
세례
나사렛에서 처음 배척당하심
첫 번째: 호수 저편
(5천 명을 먹이심)
십자가
부활
승천
시험(40일)
가나에 정착
두 번째: 두로와 시돈
가나 – 첫째 기적
제자들을 부르심
세 번째: 북쪽과 동쪽
가버나움
첫 번째 갈릴리 전도여행
네 번째: 벳새다, 가이사랴 빌립보
(베드로의 위대한 고백, 변화)
성전 청결
안식일 논쟁
초기 유대 사역
열둘 선택
니고데모
산상보훈
사마리아 통과
두 번째 갈릴리 전도여행
70인 파송
갈릴리로
'바쁜 나날들'
성령을 모독하는
죄/천국 비유/거라사 방문
베레아 방문
가나
베다니 방문
나사로
마지막 나사렛 방문
에브라임에
머무심
세 번째 갈릴리 전도여행
예루살렘으로의
마지막 여행
(사마리아 통과)
열둘 파송

제 목
누가가 데오빌로에게 보낸 두 번째 책인(눅 1:3을 보라) 사도행전은 원래 제목이 없었다. 헬라어 사본들이 그것에 '행전'이라는 제목을 붙였고, 많은 사본이 거기에 '사도들의'라는 말을 덧붙인 것이다. '행전'으로 번역된 헬라어 *praxeis*는 위대한 사람들의 성취를 묘사하는 데 사용되던 단어였다. 사도행전은 초대 교회에서 두드러진 활동을 했던 사람들, 특히 베드로(1-12장)와 바울(13-28장) 같은 인물들을 크게 다루고 있다. 그러나 이 책의 더 적절한 명칭은 '사도들을 통한 성령의 행전'일 것이다. 왜냐하면 성령의 주권적이고 지휘·감독하는 활동이 사람의 어떤 활동보다 훨씬 더 중요하기 때문이다. 교회를 든든하게 세우고 그 규모와 영적 능력, 영향력 면에서 성장시킨 것은 성령의 사역이었다.

저자와 저작 연대
누가복음이 데오빌로에게 보낸 첫 번째 책이었으므로(눅 1:3), 사도행전의 저자 역시 누가라고 결론을 내리는 것이 논리적이다(비록 이 두 권의 책에서 그가 저자로 밝혀지지는 않았지만). 이레나이우스, 알렉산드리아의 클레멘스, 테르툴리아누스, 오리게네스, 에우세비오스, 히에로니무스(제롬) 등 초대 교회의 교부들이 누가의 저작을 확증하며, 무라토리안 정경(주후 170년경)도 마찬가지다. 그는 신약성경에 단 3번 언급되는(골 4:14; 딤후 4:11; 몬 24절) 비교적 무명의 인물이었으므로, 누군가가 누가의 저작처럼 꾸민 책을 썼을 가능성은 없어 보인다. 만약 위조하려고 했다면 더 유명한 사람의 이름을 도용했을 것이다.

누가는 바울의 가까운 친구이자 여행 동반자요, 주치의였다(골 4:14). 그는 신중한 설교가였고(눅 1:1-4), 정확성을 갖춘 역사가였으며, 이스라엘과 소아시아와 이탈리아 지리뿐 아니라 로마의 법과 관습에 대해서도 잘 알고 있었던 것으로 보인다. 그래서 누가는 사도행전을 쓰면서 기록된 자료들을 사용했을 뿐 아니라(15:23-29; 23:26-30) 베드로와 요한, 예루살렘 교회의 다른 핵심 인물들과 면담도 했다. 바울이 가이사랴의 감옥에서 지낸 2년 동안(24:27) 누가는 빌립과 그의 두 딸(이들은 초기 교회에 대한 중요한 자료를 제공한 것으로 보임)을 만나 이야기를 나눌 충분한 시간을 가졌다. 마지막으로 누가가 '우리'와 '우리를' 같은 일인칭 복수대명사를 자주 사용한 점(16:10-17; 20:5-21:18; 27:1-28:16)은 그가 사도행전에 기록된 많은 사건을 목격한 사람이었음을 보여준다.

어떤 사람들은 누가가 사도행전을 쓴 것이 예루살렘 파괴(주후 70년, 그는 80년 중반 타계한 것으로 보임) 이후라고 믿는다. 하지만 그때보다 훨씬 빠른 바울의 1차 로마 투옥(주후 60-62년경) 이전이었을 가능성이 더 높다. 이 연대가 사도행전의 갑작스러운 결말에 대한 가장 자연스러운 설명이다. 사도 바울이 가이사 앞에서의 재판을 기다리는 상태에서 사도행전이 마무리되기 때문이다. 만약 이런 일들이 모두 일어난 후에 그가 이 책을 기록했다면 사도행전의 절반 이상을 바울의 사역에 할애한 누가로서 당연히 그 재판의 결과, 바울의 그 이후 사역, 2차 투옥(참고. 딤후 4:11), 죽음을 기록했을 것이다. 예루살렘 교회의 지도자였던 야고보의 순교(유대인 역사가 요세푸스에 따르면 주후 62년)와 네로 치하에서의 박해(주후 64년), 예루살렘 파괴(주후 70년) 등 중요한 사건에 대해 누가가 침묵했을 리가 없다. 이런 정황으로 볼 때 누가가 그 사건들이 발생하기 전 사도행전을 기록했음을 알 수 있다.

배경과 무대
누가가 자신이 기록한 복음서의 머리말에서 분명히 밝혔듯이 그는 예수가 지상 사역 동안 성취한 "이루어진 사실"(눅 1:1)을 데오빌로에게 제공하기 위해 복음서를 기록했다. 따라서 누가는 그 중대한 일들에 대해 "차례대로 써"(눅 1:3) 보내기 위해 복음서를 기록한 것이다. 사도행전은 그 기록의 속편으로, 예수가 초대 교회를 통해 이루신 일들에 주목하고 있다. 예수의 승천에서 시작해 오순절 교회의 탄생을 거쳐 로마에서 바울의 복음 전파에 이르기까지 사도행전은 복음 전파와 교회의 성장 역사를 기록하고 있다(참고. 1:15; 2:41, 47;

4:4; 5:14; 6:7; 9:31; 12:24; 13:49; 16:5; 19:20). 또한 사도행전은 점점 강해지는 복음에 대한 저항을 기록하고 있다(참고. 2:13; 4:1-22; 5:17-42; 6:9-8:4; 12:1-5; 13:6-12, 45-50; 14:2-6, 19, 20; 16:19-24; 17:5-9; 19:23-41; 21:27-36; 23:12-21; 28:24).

'하나님을 사랑하는 자'라는 뜻의 이름을 가진 데오빌로는 누가복음과 사도행전에 그 이름이 등장하는 것 이외에는 역사 기록에 나타나지 않는 인물이다. 누가가 가르침을 베풀려고 한 신자였는지, 복음을 전하려고 한 이방인이었는지는 알 수 없다. 누가가 그를 "데오빌로 각하"(눅 1:3)라고 부르는 것을 보면 그는 높은 지위를 가진 로마의 관리였던 것으로 추측된다(참고. 24:3; 26:25).

역사적 · 신학적 주제들

최초로 기록된 교회사인 사도행전은 대위임령(마 28:19, 20)에 대한 최초의 반응을 기록한다. 사도행전은 교회가 존재하기 시작한 처음 30년간의 기록으로, 이 책이 제공하는 정보는 신약성경의 다른 어디에서도 볼 수 없는 것들이다. 일차적으로 교리적인 글은 아니지만 사도행전은 나사렛 예수가 이스라엘이 오래 기다리던 메시아임을 강조하고, 복음이 (유대인뿐 아니라) 모든 사람에게 전파되리라는 것을 보여주며, 성령의 일을 강조한다(성령이 50회 이상 언급됨). 또한 사도행전은 구약을 자주 인용한다. 예를 들면 2:17-21(욜 2:28-32); 2:25-28(시 16:8-11); 2:35(시 110:1); 4:1(시 118:22); 4:25, 26(시 2:1, 2); 7:49, 50(사 66:1, 2); 8:32, 33(사 53:7, 8); 28:26, 27(사 6:9, 10) 등이다.

사도행전에는 사건의 전환이 자주 일어난다. 예수의 사역에서 사도들의 사역으로, 옛 언약에서 새 언약으로, 하나님을 증거하는 나라인 이스라엘에서 하나님을 증거하는 백성(유대인과 이방인으로 이루어진)으로 사건이 전환되곤 한다. 히브리서가 옛 언약으로부터 새 언약으로의 전환 신학을 보여주는 것이라면 사도행전은 새 언약이 교회의 생활에서 실제적으로 이루어지는 것을 보여준다.

해석상의 과제

사도행전은 일차적으로 로마서나 히브리서 등과 같은 신학적 논문이 아니므로 해석상의 과제가 상대적으로 많지 않다. 사도행전의 해석상의 과제는 주로 그 책에 많은 사건의 전환이 있다는 점(역사적·신학적 주제를 보라), 이적과 기사의 역할에 대한 것 정도다. 이런 문제는 해당 구절에 대한 설명에서 다뤄질 것이다(예를 들면 2:1-47; 15:1-29).

사도행전 개요

머리말(1:1-8)

I. 예루살렘에 증거하라(1:9-8:3)
- A. 교회의 기다림(1:9-26)
- B. 교회의 설립(2:1-47)
- C. 교회의 성장(3:1-8:3)
  1. 사도들: 복음 전파, 치유, 박해를 견딤(3:1-5:42)
  2. 집사들: 기도, 가르침, 박해를 견딤(6:1-8:3)

II. 유대와 사마리아에 증거하라(8:4-12:25)
- A. 사마리아인에게 복음이 전파됨(8:4-25)
- B. 이방인의 회심(8:26-40)
- C. 사울의 회심(9:1-31)
- D. 유대에 복음이 전파됨(9:32-43)
- E. 이방인에게 복음이 전파됨(10:1-11:30)
- F. 헤롯의 박해(12:1-25)

III. 땅 끝까지 증거하라(13:1-28:31)
- A. 바울의 1차 전도여행(13:1-14:28)
- B. 예루살렘 공의회(15:1-35)
- C. 바울의 2차 전도여행(15:36-18:22)
- D. 바울의 3차 전도여행(18:23-21:16)
- E. 예루살렘과 가이사랴에서 바울이 겪은 시련들(21:17-26:32)
- F. 바울의 로마행(27:1-28:31)

머리말 (1:1-8)

1:1 데오빌로 이 책의 원래 수신자다. *누가복음 1:3에 대한 설명을 보라.* **먼저 쓴 글** 누가복음을 가리킨다(눅 1:1-4. 서론의 배경과 무대를 보라). 그 기록은 예수의 삶과 가르침, 죽으심, 부활, 승천을 다뤘다(눅 24:51). **무릇 예수께서 행하시며 가르치시기를 시작하심부터** 예수는 제자들에게 자신의 일을 수행하기 위해 필요한 진리를 말씀과 행동으로 가르치셨다. 십자가에서 예수는 구속의 일을 마치셨으나, 그 영광을 전파하는 일은 비로소 시작하셨다.

1:2 그가 택하신 주는 구원과 사역을 위해 사도들을 주권적으로 택하셨다(참고. 요 6:70; 15:16). **성령으로 명하시고** 예수의 지상 사역(참고. 마 4:1; 12:18; 막 1:12; 눅 3:22; 4:1, 14, 18)과 사도들의 사역의 원천과 능력이 성령이었다(참고. 눅 24:49; 요 14:16, 17; 16:7). "명령"은 사도들에게 계시된 권위 있는 신약의 진리다(참고. 요 14:26; 16:13-15). **승천하신** 그리스도가 아버지께로 승천하신 것이다(참고. 눅 24:51). 누가는 다른 곳에서 주님의 지상 사역의 끝을 묘사하는 데 이 어구, 즉 하늘로 올려짐을 3번 사용했다(9, 11, 21절. 참고. 요 6:62; 13:1, 3; 16:28; 17:13; 20:17).

1:3 그들에게 확실한 많은 증거로 친히…나타내사 참고. 요한복음 20:30; 고린도전서 15:5-8. 사도들에게 예수의 메시지를 전할 수 있다는 확신을 주시려고 예수는 잠겨 있는 문으로 들어가셨고(요 20:19), 십자가에서 얻은 상처를 보여주셨으며(눅 24:39), 제자들과 함께 먹고 마시셨다(눅 24:41-43). **사십 일** 예수가 부활과 승천 사이 사도들과 다른 사람들에게 때때로 나타나셔서(15:5-8) 부활을 확신할 수 있는 증거를 제공하신 기간이다. **하나님 나라** 참고. 8:12; 14:22; 19:8; 20:25; 28:23, 31. 여기 이 표현은 구원의 영역, 곧 신자의 마음속에서 하나님이 다스리시는 은혜의 영역을 가리킨다(*고전 6:9; 엡 5:5에 대한 설명을 보라*. 참고. 17:7; 골 1:13, 14; 계 11:15; 12:10). 이는 그리스도의 지상 사역 동안의 중심 주제였다(참고. 마 4:23; 9:35; 막 1:15; 눅 4:43; 9:2; 요 3:3-21).

1:4 사도와 함께 모이사 이것보다는 '그들과 함께 잡수시사'라고 이해하는 것이 낫다(참고. 10:41; 눅 24:42, 43). 예수가 음식을 잡수셨다는 사실은 그가 몸으로 부활하셨다는 또 다른 증거다. **아버지께서 약속하신 것을 기다리라** 예수는 하나님이 성령을 보내시리라는 것을 반복해 약속하셨다(눅 11:13; 24:49; 요 7:39; 14:16, 26; 15:26; 16:7. *요 20:22에 대한 설명을 보라*).

1:5 요한은 물로 세례를 베풀었으나 *2:38에 대한 설명을 보라.* **몇 날이 못되어** 하나님의 약속은 단 열흘 후에 성취되었다. **성령으로 세례를 받으리라** 사도들은 오순절까지 기다려야 했으나, 그 이후로 모든 신자는 구원받을 때 성령으로 세례를 받는다(*고전 12:13에 대한 설명을 보라*. 참고. 롬 8:9; 고전 6:19, 20; 딛 3:5, 6).

1:6 이스라엘 나라를 회복하심 사도들은 여전히 이 땅에 메시아 왕국이 곧 세워질 것이라고 믿었다(참고. 눅 19:11; 24:21). 또한 그들은 에스겔 36장과 요엘 2장이 예수가 약속하신 성령의 강림과 그 나라의 도래를 연결시킨 것을 알고 있었다.

1:7 이 구절은 문자적이고 지상적인 왕국에 대한 사도들의 기대감이 그리스도가 가르치시고 구약이 예언한 것을 반영하고 있음을 보여준다. 만약 그렇지 않았다면 예수는 자신의 교훈의 그런 핵심적인 측면에 관련한 그들의 생각을 수정해주셨을 것이다. **때와 시기** 이 두 단어는 재림 때 시작될 그리스도의 지상 왕국 통치 가운데 일부가 될 특성, 시대, 사건들을 가리킨다(마 25:21-34). 그러나 그 재림의 정확한 때는 계시되지 않았다(막 13:32. 참고. 신 29:29).

1:8 사도들의 복음 전파 사명이 성령께서 그들에게 능력을 주신 주된 이유다. 이 사건이 세계 역사를 극적으로 바꾸었으며, 복음 메시지는 결국 땅의 모든 곳까지 도달했다(마 28:19, 20). **권능을 받고** 사도들은 이미 구원하고 인도하고 가르치고 기적을 일으키는 성령의 능력을 경험했다. 곧 그들은 성령의 임재와 증거를 위한 새로운 차원의 능력을 경험하게 될 것이다(*2:4; 고전 6:19, 20; 엡 3:16, 20에 대한 설명을 보라*). **유대** 예루살렘이 있던 지역이다. **사마리아** 유대에 접한 바로 북쪽 지역이다(*8:5에 대한 설명을 보라*). **증인** 예수 그리스도에 대한 진리를 말하는 사람들이다(참고. 요 14:26; 벧전 3:15). 이 헬라어 단어의 뜻은 '자신의 믿음을 위해 죽는 사람'이다. 왜냐하면 이것이 보통 증언을 위해 지불해야 할 값이었기 때문이다.

예루살렘에 증거하라 (1:9-8:3)

A. 교회의 기다림(1:9-26)

1:9 올려져 가시니 *2절에 대한 설명을 보라.* 성부 하나님은 부활하신 그리스도의 몸을 이 세상에서 옮겨 성부의 우편 정당한 자리에 앉히셨다(눅 24:51. 참고. 2:33; 요 17:1-6). **구름** 사도들이 승천을 주목하고 있을 때 하나님의 영광이 거기에 있었다는 가시적인 증표다. 지금 그들 가운데 일부는 처음으로 영광을 목격한 것이 아니

었다(막 9:26). 또한 이것이 예수가 구름과 함께하시는 마지막 경우도 아니다(막 13:26; 14:62. *계 1:7에 대한 설명을 보라*).

1:10 **흰 옷 입은 두 사람** 사람의 모습으로 나타난 두 천사다(참고. 창 18:2; 수 5:13-15; 막 16:5).

1:11 **갈릴리 사람들아** 유다 이외의 모든 사람은 갈릴리 출신이었으며, 이때 유다는 이미 자살한 것으로 보인다(참고. 18절). **그대로** 미래의 어느 날 그리스도는 올라가신 모습 그대로 이 땅(감람산)에 다시 오셔서(구름과 함께) 자신의 나라를 세우실 것이다(참고. 단 7:13; 슥 14:4; 마 24:30; 26:64; 계 1:7; 14:14).

1:12 **감람원이라 하는 산** 예루살렘 동쪽 기드론 골짜기 건너편에 있는 이 언덕은 예루살렘보다 61미터 높으며, 예수가 승천하신 곳이다(눅 24:50, 51). **안식일에 가기 알맞은 길** 약 900미터(약 2,000규빗) 정도 되는 거리로, 신실한 유대인이 출애굽기 16:29의 말씀을 지키기 위해 안식일에 여행할 수 있는 최대 거리다. 이 거리는 이스라엘이 광야에서 진을 쳤을 때의 전승을 근거로 한다. 즉 진 중앙의 성막으로부터 가장 멀리 있는 장막이 2,000규빗 떨어졌다는 것이다. 그러므로 안식일에 성막에 도달하기 위해 사람이 걸어야 하는 가장 먼 거리가 2,000규빗이었다(수 3:4. 참고. 민 35:5).

1:13 **다락방** 최후의 만찬을 함께했고(막 14:15) 예수가 부활한 후 제자들에게 나타나셨던 곳일 것이다. **바돌로매** 이 제자는 나다나엘이라고도 불린다(요 1:45-49; 21:2). **알패오의 아들 야고보** *마태복음 10:2에 대한 설명을 보라*. 이는 나이가 어린 야고보로, 요한의 형제 야고보와 구별하기 위해 '작은' 야고보라고도 불린다(막 15:40). **셀롯인** *마태복음 10:4에 대한 설명을 보라*. **야고보의 아들 유다** 더 나은 번역은 '야고보의 형제'다. *마태복음 10:3에 대한 설명을 보라*. 또한 그는 다대오라는 이름으로도 알려져 있다(막 3:18).

1:14 **여자들과** 여기에 막달라 마리아, 글로바의 아내 마리아, 마리아와 마르다 자매, 살로메가 포함되었으리라는 데는 의심의 여지가 없다. 사도들의 아내 몇몇도 여기에 있었을 것이다(참고. 고전 9:5). **예수의 어머니 마리아** *누가복음 1:27, 28에 대한 설명을 보라*. 마리아의 이름은 신약성경에 더 이상 나오지 않는다. **아우들** 예수와 아버지가 다른 형제들로, 마가복음 6:3에 보면 야고보, 요셉, 유다, 시몬 등 그 이름이 기록되어 있다. 야고보는 예루살렘 교회의 지도자였으며(12:17; 15:13-22), 그의 이름으로 전해지는 서신의 저자다. 유다는 유다서를 기록했다. 이때 그들은 예수를 하나님이요 구원자요 주로 믿게 된 새 신자가 되어 있었다. 하지만 겨우 여덟 달 전만 해도 요한은 그들의 불신앙을 언급했다(요 7:5). **오로지 기도에 힘쓰더라** 예수의 이름으로 기도하는 것이 이때부터 시작되었다(참고. 요 14:13, 14).

1:15 **그 때에** 승천과 오순절 사이 열흘 동안의 어느 때로, 신자들은 기도와 교제를 나누고 있었다. **베드로** *마태복음 10:2에 대한 설명을 보라*. 사도들 가운데 인정받은 지도자가 일을 맡았다.

1:16 **형제들아** 거기에 모였던 120명의 신자를 말한다(15절). **성령이 다윗의 입을 통하여** 성경의 영감에 대한 이보다 정확한 설명은 없다. 하나님이 다윗의 입을 통해 말씀하셨다는 것은 다윗의 글을 가리키는 말이다(*벧후 1:21에 대한 설명을 보라*). **성경이 응하였으니 마땅하도다** 20절에서 베드로가 인용한 구약의 두 구절은 시편 69:25; 109:8이었다. 하나님이 예언을 주시면 그것은 이루어질 것이다(참고. 시 115:3; 사 46:10; 55:11).

1:17 **이 직무의 한 부분을 맡았던** 가룟 유다는 열둘 가운데 한 사람이었지만 진정으로 구원받은 적이 없다. 바로 이것이 그가 "멸망의 자식"이라고 불린 이유다(요 17:12). 마태복음 26:24; 요한복음 6:64, 70, 71을 보라. 참고. 2:23; 누가복음 22:22.

1:18 **이 사람이…밭을 사고** 그 밭은 유다가 예수를 넘긴 대가로 유대 지도자들에게 받은 돈으로 산 것이다. 유다는 그들에게 돈을 다시 돌려주었는데(마 27:3-10), 누가는 유다가 밭을 산 사람인 것처럼 말한다(참고. 슥 11:12, 13). **불의의 삯** 유다에게 지불된 은 삼십을 말한다. **곤두박질하여** 유다가 목을 매기로 작정한 나무(마 27:5)가 절벽을 굽어보는 곳에 있었던 것 같다. 줄이나 가지가 끊어져(혹은 매듭이 풀려) 가스가 찬 그의 몸이 그 아래 바위로 떨어져 박살이 났을 것이다.

1:19 **아겔다마…피밭** 이것은 유대 지도자들이 구입한 밭의 아람어 이름이다. 전설에 따르면 이 밭은 예루살렘 남쪽, 힌놈 골짜기가 기드론 골짜기와 만나는 곳이라고 전해진다. 그곳의 흙은 토기를 만들기에 좋아서 마태는 그곳을 '토기장이의 밭'이라고 불렀다(마 27:7, 10. *18절에 대한 설명을 보라*).

1:20 **기록하였으되** *16절에 대한 설명을 보라*. 유다의 변절과 그를 대신할 사람의 선택이 모두 하나님의 목적 안에 있었음을 신자들에게 확신시키기 위해 베드로는 가장 확실한 증거인 성경을 사용했다(참고. 시 55:12-15).

1:21 **요한의 세례** 예수가 세례 요한에게 세례받으신 것을 말한다(마 3:13-17; 막 1:9-11; 눅 3:21-23). **우리 가운데 출입하실 때** 유다 후임자의 첫 번째 조건은 예수의 지상 사역에 참여했어야 한다는 것이다.

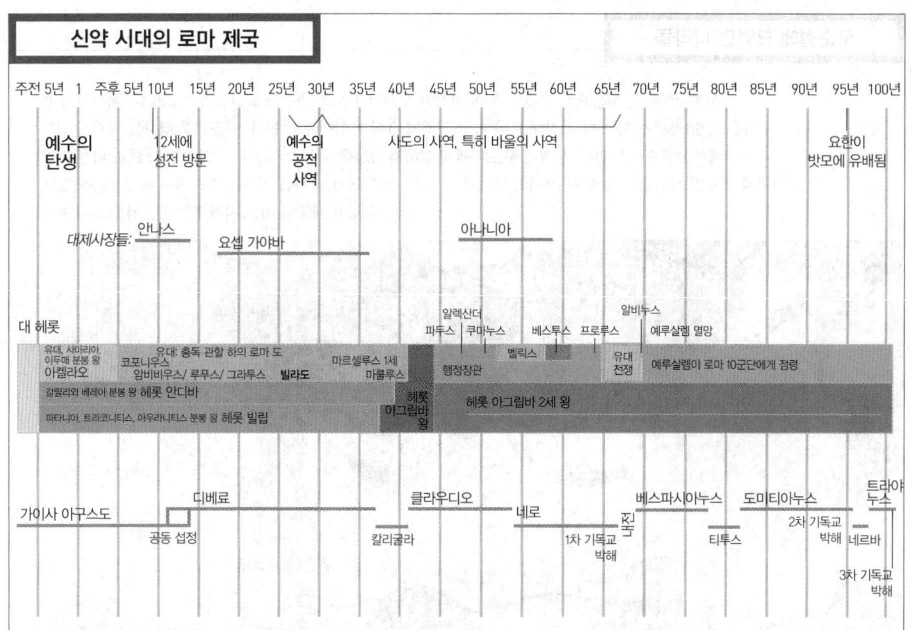

1:22 우리와 더불어 예수께서 부활하심을 증언할 사람 유다의 후계자가 되기 위한 두 번째 조건은 그가 부활하신 그리스도를 보았어야 한다는 것이다. 부활은 사도들이 전한 메시지의 핵심이었다(참고. 2:24, 32; 3:15; 5:30; 10:40; 13:30-37).

1:23 바사바…유스도 바사바는 '안식일의 아들'이라는 뜻이다. 유스도('의인')는 요셉의 라틴식 이름이었다. 로마 제국 시대 많은 유대인은 이방식의 이름도 가지고 있었다. **맛디아** 이 이름은 '하나님의 선물'이라는 뜻이다. 고대 역사가 에우세비우스는 맛디아가 누가복음 10:1의 70인 가운데 한 명이었다고 주장한다.

1:24 주님께 택하신 바 되어 유다의 후계자는 주권적으로 결정되었다(*20절에 대한 설명을 보라*).

1:25 제 곳 유다는 그리스도를 거부해 지옥을 자신의 운명으로 선택했다. 유다를 포함해 지옥에 가는 모든 사람에게 그곳에 속해 있다고 말해도 무방하다(참고. 요 6:70).

1:26 제비 뽑아 하나님의 뜻을 결정하기 위해 구약에서 흔히 사용하던 방법이다(참고. 레 16:8-10; 수 7:14; 잠 18:18. *잠 16:33에 대한 설명을 보라*). 이것은 성경에서 제비뽑기가 언급된 마지막 경우다. 성령이 오심으로써 그 방법이 필요없게 되었다.

B. 교회의 설립(2:1-47)

2:1 오순절 날 "오순절"은 '오십 번째'라는 뜻으로, 칠칠절(출 34:22, 23) 또는 맥추절(출 23:16)이라고 하며, 유월절 이후 50일째 되는 날로 5월 또는 6월에 지키도록 되어 있었다(레 23:15-22). 이 날은 온 나라가 매년 예루살렘에 모여야 하는 세 번의 절기 가운데 하나였다(*출 23:14-19에 대한 설명을 보라*). 오순절에 추수의 첫 이삭을 예물로 드렸다(레 23:20). 이 날에 성령께서 신자들이 받은 유업의 첫 열매로 임하셨다(참고. 고후 5:5; 엡 1:11, 14). 그때 교회에 모인 사람들 역시 그 이후에 올 모든 신자의 완전한 추수의 첫 열매였다. **한 곳에** 1:13에 언급된 다락방이다.

2:2 급하고 강한 바람 같은 소리 누가의 비유는 하나님이 성령을 보내시는 행동을 묘사한다. 성경에서 바람은 종종 성령을 묘사하는 말로 사용된다(참고. 겔 37:9, 10; 요 3:8).

2:3 제자들은 하나님이 주권적으로 발생하는 사건을 가시적인 현상으로 보여주지 않으면 성령 강림의 의미를 깨달을 수 없었다. **마치 불의 혀처럼** "바람 같은 소리"가 상징이었던 것처럼 이것도 실제 불길이 아니라 하나님이 성령을 각 신자에게 불처럼 보내셨다는 초자연적 표시였다. 성경에서 불은 때로 하나님의 임재를 가리킨다(참고. 출 3:2-6). 하나님이 여기서 불과 같은 모습을 사용하신 것은 예수가 세례를 받으셨을 때 비둘기 같은 형체

오순절에 모였던 나라들

칠칠절이라는 이름으로 불리던 유대 절기인 오순절은 보리 추수가 끝났음을 알려준다. 예수의 부활 이후 약 50일째가 되는 이 절기에 로마 제국 전체에 흩어져 있던 유대인이 큰 종교적 행사를 지키기 위해 예루살렘으로 모였다. 성령이 사도들에게 임하자 그들은 다른 언어들로 말하기 시작했고, 다른 여러 지역에서 모인 사람들은 그 말을 완전히 이해할 수 있었다(행 2:5-13). 다음 지도는 오순절에 예루살렘에 있던 사람들이 로마 제국의 어느 지역에서 왔는지를 보여준다.

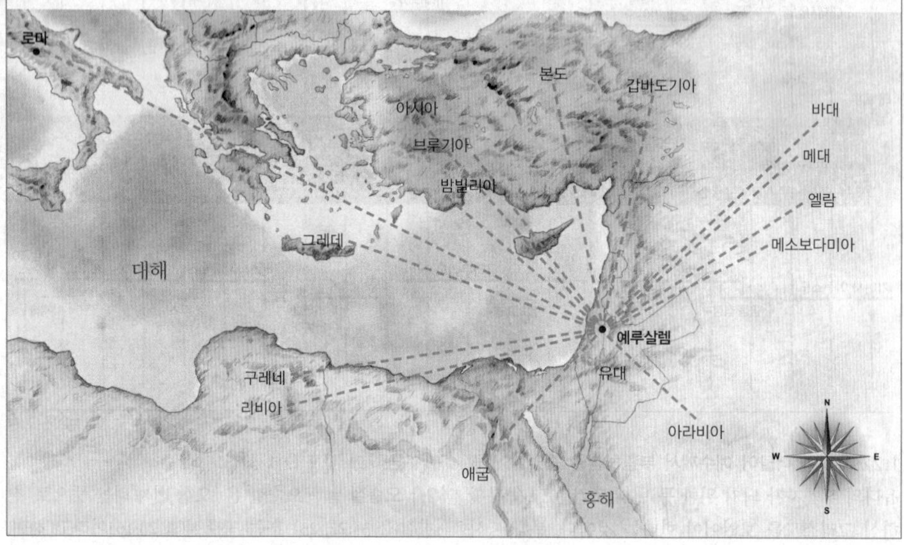

를 사용하신 것과 유사하다(마 3:11; 눅 3:16).

2:4 다 사도들과 120문도이다. 참고. 요엘 2:28-32. **성령의 충만함을 받고** 하나님이 신자를 그리스도의 몸에 연합시키기 위해 단 한 번 행하시는 성령 세례(*고전 12:13에 대한 설명을 보라*)와 달리 성령의 충만은 성령의 지배를 받는 상태로써 반복되는 일이며, 하나님은 신자가 이런 상태에 있어야 한다고 명하신다(*엡 5:18에 대한 설명을 보라*). 사도행전 2장에 보면 베드로와 다른 사람들이 다시 성령으로 충만함을 받아(예를 들면 4:8, 31; 6:5; 7:55) 담대하게 하나님 말씀을 전한다. 성령의 충만함은 하나님 말씀을 담대하게 전하도록 했을 뿐만 아니라 삶의 모든 영역에 영향을 미쳤다(참고. 엡 5:19-33). **다른 언어들로** 이것은 이상한 언어가 아니라 사람들이 알아들을 수 있는 언어였다(*6절; 고전 14:1-25에 대한 설명을 보라*). 성령께서 주시는 이런 말들은 불신하는 이스라엘에 대한 심판의 표시였다(*고전 14:21, 22에 대한 설명을 보라*). 방언은 이때부터 하나님의 백성이 모든 민족으로부터 나올 거라는 사실을 보여주었으며, 하나님의 백성이 이스라엘에서 교회로 옮겨간다는 것을 표현한 것이다. 방언으로 말하는 현상은 사도행전에서 단 두 번 일어났다(10:46; 19:6).

2:5 경건한 유대인들 예루살렘으로 순례여행을 하던 히브리인 남자들이다. 그들은 예루살렘에 가서 오순절 명절을 지키도록 되어 있었다(*1절에 대한 설명을 보라*). 이는 유대인이 준수해야 하는 종교적 절기 중 일부였다. *출애굽기 23:14-19에 대한 설명을 보라*.

2:6 이 소리 이것은 강풍이 부는 것 같은 소리를 가리키는 말로(2절), 다양한 언어로 말하는 소리를 가리키는 게 아니다. **각각 자기의 방언으로 제자들이 말하는 것** 신자들이 말할 때 군중 속의 각 순례자는 자기 나라의 언어 또는 방언을 알아들을 수 있었다.

2:7 갈릴리 사람 이스라엘 북쪽으로 갈릴리 호수 주변, 농사가 주업인 지역의 주민이다. 갈릴리의 유대인은 독특한 지역 방언을 사용했는데, 남쪽 유다 지방의 유대인은 그들을 세련되지 못하고 교육받지 못한 사람들로 간주했다. 그런 갈릴리 사람들이 다양한 언어로 말하자 유대인은 큰 충격을 받았다.

2:9-11 특정 국가와 인종 목록을 나열한 것은 방언에서 사용된 언어가 사람들이 알아들을 수 있는 언어였다는 것을 다시 입증해준다.

2:9 바대인 이들은 오늘날의 이란에 거주했다. **메대인** 다니엘 시대에 이들은 바사 사람들과 함께 제국을 다스렸으며 파르티아에 정착했다. **엘람인** 이들은 파르티아 제국의 남서부 출신이었다. **메소보다미아** 이는 '강들 사이'라는 뜻이다(티그리스강과 유브라데강). 많은 유대인이 아직 이곳에 살고 있었다. 이들은 포로로 잡혀갔다가 팔레스타인으로 돌아가지 않은 사람들이었다(참고. 대하 36:22, 23). **유대** 수리아를 포함해 한때 다윗과 솔로몬에 의해 통치되던 전체 지역이다.

2:9, 10 갑바도기아, 본도와 아시아, 브루기아와 밤빌리아 이곳은 전부 소아시아 지역으로 지금은 터키에 속해 있다.

2:10 애굽 많은 유대인이 이곳 가운데서도 알렉산드리아에 살고 있었다. 당시 애굽은 오늘날의 애굽과 대체로 비슷한 지역을 차지하고 있었다. **구레네에 가까운 리비야** 이 지역들은 애굽 서부, 북아프리카 해안을 따라 위치해 있었다. **로마** 로마 제국의 수도에는 상당히 많은 수의 유대인이 살고 있었는데, 이는 주전 2세기로 거슬러 올라간다. **유대교에 들어온 사람들** 유대교로 개종한 이방인으로, 로마의 유대인은 그런 개종자를 열심히 찾았다.

2:11 그레데인 그리스 남쪽 해변으로부터 한참 떨어진 그레데 섬 주민들이다. **아라비아인** 나바테안 아랍 사람들 사이에 살던 다메섹(다마스쿠스) 남쪽 지역의 유대인을 말한다(참고. 갈 1:17). **우리가 다 우리의 각 언어로…말함을 듣는도다** *6절에 대한 설명을 보라.* **하나님의 큰 일** 그리스도인들은 하나님이 구약에서 자기 백성을 위해 하신 일을 인용하고 있다(참고. 출 15:11; 시 40:5; 77:11; 96:3; 107:21). 그런 찬양은 축제 기간에 예루살렘에서 자주 들을 수 있었다.

2:13 새 술 사람을 취하게 만들었던 술이다.

2:14-40 성령이 오신 후 교회사 최초의 주요 설교는 베드로의 설교였으며, 그 설교는 3,000명을 회개하도록 만들어 교회를 세우기에 이르렀다(41-47절).

2:14 열한 사도와 함께 이 사도의 숫자에는 가룟 유다 대신으로 뽑힌 맛디아가 포함되었다(*1:23, 24에 대한 설명을 보라*).

2:15 제 삼 시 일출부터 계산하는 유대교의 시간 계산법에 따르면 오전 9시였다.

2:16-21 요엘의 서론에 나온 해석상의 과제를 보라. *요엘 2:28-32에 대한 설명을 보라.* 요엘의 예언이 완전히 성취되는 것은 천년왕국 때다. 그러나 베드로는 이 예언을 사용해 오순절이 맛보기임을, 곧 성령이 모든 육체에게 부어지는 일이 발생하는 천년왕국을 미리 맛보는 것임을 보여주고 있다(참고. 10:45).

2:17 말세에 이 표현은 구원사에서 있어 현시대, 곧 그리스도의 초림부터(히 1:2; 벧전 1:20; 요일 2:18) 재림까지를 가리킨다. **내 영** *1:2, 5, 8에 대한 설명을 보라.* **모든 육체** 이 말은 모든 사람이 성령을 받을 것임을 표현한 것이다(참고. 18절). 이는 천년왕국에 들어가는 모든 사람이 구속받을 것이기 때문이다(참고. 마 24:29-25:46; 계 20:4-6). **환상…꿈** 꿈(창 20:3; 단 7:1)과 환상(창 15:1; 계 9:17)은 하나님이 사용하시는 계시의 수단 중 가장 인상적인 것이었다. 바로 그림과 같은 성격을 가지기 때문이다. 이 환상과 꿈이 신자에게만 주어진 것은 아니지만[예를 들면 아비멜렉(창 20:3), 바로(창 41:1-8)], 일차적으로 선지자들과 사도들로 제한되었다(참고. 민 12:6). 구약에서는 이것이 빈번했지만 신약에서는 드물다. 사도행전에 등장하는 하나님이 주신 환상은 대부분 베드로(10; 11장) 또는 바울(9; 18장. 참고. 고후 12:1)에게 집중되어 있다. 그리고 이것들은 묵시적 이미지를 보여주기 위해 가장 빈번하게 사용되었다(참고. 에스겔과 다니엘, 스가랴, 요한계시록). 그것들은 성경 시대에도 일반적인 일로 간주되지 않았고 오늘날에도 마찬가지다. 그러나 요엘 2:28-32에 예언된 것처럼 환난 때 하나님이 환상과 꿈을 사용하실 것이다.

2:18 예언 천년왕국 때 하나님의 진리가 모든 곳에 선포될 것이다.

2:19 기사…징조 참고. 4:30; 5:12; 14:3; 15:12. "기사"는 초자연적인 일(기적)을 볼 때 사람들이 느끼는 경이감이다. "징조"는 그 기적 배후에 있는 하나님의 능력을 가리킨다. 놀라운 일들은 그것이 하나님과 그의 진리를 가리키지 않는다면 아무런 가치가 없다. 그런 일들이 성령으로 말미암아 사도들(5:12-16)과 그의 동역자들(6:8)을 통해 이루어짐으로써 그들이 하나님의 진리의 전달자라는 사실을 확증해주었다. 참고. 고린도후서 12:12; 히브리서 2:3, 4. **피…불…연기** 이 모든 현상은 그리스도의 재림과 연결된 사건들로, 지상에 천년왕국이 설 것을 말한다. 피(계 6:8; 8:7, 8; 9:15; 14:20; 16:3), 불(계 8:5, 7, 8, 10), 연기(계 9:2, 3, 17, 18; 18:9, 18).

2:20 해가…어두워지고 달이…피가 되리라 참고. 마태복음 24:29, 30. *요한계시록 6:12에 대한 설명을 보라.* **주의…날** 요엘의 서론에 나오는 해석상의 과제를 보라. *데살로니가전서 5:2에 대한 설명을 보라.* 이 주의 날은 예수 그리스도의 재림과 함께 임할 것이다(참고. 살후 2:2; 계 19:11-15).

2:21 누구든지…부르는 자는 그 심판과 진노의 시간이 올 때까지 누구든지 그리스도를 주로 믿고 돌아오는 자

는 구원받을 것이다(*롬 10:10-13에 대한 설명을 보라*).

2:22-36 이것은 베드로가 행한 설교의 몸통으로, 여기서 그는 예수 그리스도를 이스라엘의 메시아로 제시하면서 변호한다.

2:22 나사렛 예수 이는 주님의 지상 사역 동안 주님을 부르는 데 사용되던, 겸손한 의미를 가진 이름이다(마 21:11; 막 10:47; 눅 24:19; 요 18:5). **큰 권능과 기사와 표적을…그를 증언하셨느니라** 다양한 초자연적 수단과 사역을 통해 하나님은 예수를 메시아로 확증하셨다(참고. 마 11:1-6; 눅 7:20-23; 요 3:2; 5:17-20; 8:28; 빌 2:9. *1:3; 2:19에 대한 설명을 보라*).

2:23 하나님께서 정하신 뜻과 미리 아신 대로 영원 전부터(딤후 1:9; 계 13:8) 하나님은 예정된 계획의 일부로 예수님이 대속의 죽음을 맞아야 함을 미리 정하셨다(4:27, 28; 13:27-29). **법 없는 자들의 손을 빌려 못 박아 죽였으나** "이스라엘 사람들"(22절), 곧 예수의 죽음을 획책하여 로마의 손에 죽게 만든 믿지 않는 유대인에 대한 고발이다. 십자가가 하나님에 의해 예정되었다는 사실이 그것을 일으킨 사람들의 죄를 없애주지는 않는다.

2:24 있을 수 없었음이라 그분의 신성한 능력(요 11:25; 히 2:14) 그리고 하나님의 약속과 목적이 있기에(눅 24:46; 요 2:18-22; 고전 15:16-26) 죽음이 예수를 무덤에 붙잡아둘 수는 없었다.

2:25-28 다윗이…이르되 주는 다윗을 통하여 자신의 부활을 예언적으로 말씀하셨다(*시 16:10에 대한 설명을 보라*).

2:27 음부 참고. 31절. *누가복음 16:23에 대한 설명을 보라*. 구약의 무덤 또는 '스올'에 해당하는 신약의 표현이다. 때로는 지옥을 가리키기도 하지만(마 11:23), 여기서는 일반적으로 죽은 자들의 처소를 가리킨다.

2:29 그 묘가 오늘까지 우리 중에 있도다 다윗의 몸은 부활한 적이 없으므로 그가 시편 16편에서 언급된 예언의 성취가 될 수 없다는 것을 상기시키는 말이다.

2:30-32 베드로는 시편 16편이 다윗을 가리키는 것이 아니라 예수 그리스도를 가리킨다고 설명한다. 그리스도가 부활하여 다스리실 것이다(30절. 참고. 시 2:1-9; 89:3).

2:30 그는 선지자라 베드로는 시편 132:11을 인용하고 있다. 하나님의 대변자인 다윗은 하나님이 하신 그 약속을(삼하 7:11-16) 지키실 것이며, 따라서 그리스도가 오시리라는 것을 알고 있었다.

2:31 베드로는 시편 16:10을 인용하고 있다.

2:32 하나님이 살리신지라 참고. 24절; 10:40; 17:31; 고린도전서 6:14; 에베소서 1:20. 하나님이 그리스도를 살리신 것은 하나님이 십자가에서 그리스도의 일을 승인하셨다는 증거다. **우리가 다 이 일에 증인이로다** 초기의 설교자들은 부활을 설교의 주제로 삼았다(3:15, 26; 4:10; 5:30; 10:40; 13:30, 33, 34, 37; 17:31).

2:33 예수가 부활하고 승천하신 후에 성령을 보내겠다는 하나님의 약속이 성취되었고(참고. 요 7:39; 갈 3:14), 그날에 그것이 드러났다. **하나님이 오른손으로 예수를 높이시매** *7:55에 대한 설명을 보라*.

2:34 주께서 내 주에게 말씀하시기를 베드로는 하나님의 오른손으로 들림을 받아 메시아가 승천할 것을 말하는 또 다른 시편(시 110:1)을 인용하여 그것이 다윗을 통해 성취된 것이 아니라(부활이 아직 이루어지지 않았으므로, *29절에 대한 설명을 보라*) 예수 그리스도를 통해 성취되었음을(36절) 독자에게 상기시킨다. 베드로는 예수 승천의 목격자였다(1:9-11).

2:36 베드로는 확신에 찬 힘 있는 어조로 자신의 설교를 요약한다. 즉 부활과 승천에 대한 구약의 예언들은 십자가에 못 박히신 예수가 메시아이심을 보여주는 강력한 증거다. **주와 그리스도** 예수는 기름 부음을 받은 메시아일 뿐 아니라 하나님이시다(참고. 롬 1:4; 10:9; 고전 12:3; 빌 2:9, 11).

2:37 마음에 찔려 여기 사용된 헬라어 '찌르다'는 갑작스럽고 예상치 못한 공격을 가리킨다. 청중은 슬픔, 후회, 강한 영적 각성으로 인해 그들이 메시아를 죽였다는 베드로의 고발에 충격을 받았다.

2:38 회개하여 이 말은 사람들을 죄에서 돌이켜 하나님을 향하게 하는 마음과 뜻의 변화를 가리킨다(살전 1:9). 이런 변화는 하나님의 심판의 결과에 대한 두려움 이상의 것을 내포한다. 참된 회개는 죄악을 포기하고 그리스도의 인격과 사역을 완전히 받아들이는 것이다. 베드로는 청중에게 회개를 촉구했다. 만약 회개하지 않는다면 그들은 진정한 회심을 경험하지 못할 것이다(*마 3:2에 대한 설명을 보라*. 참고. 3:19; 5:31; 8:22; 11:18; 17:30; 20:21; 26:20; 마 4:17). **예수 그리스도의 이름으로** 새 신자에게는 필수적이지만 값비싼 대가를 지불해야 하는 일이다. **세례를 받고** 이 헬라어 단어는 문자적으로 물속에 '잠기다'라는 뜻이다. 베드로는 마태복음 28:19에 기록된 그리스도의 명령에 순종하면서 회개하고 구원을 받고자 그리스도께 돌아서는 사람들에게 물세례를 통해 그리스도의 죽음, 장사, 부활에 연합할 것을 촉구했다(참고. 19:5; 롬 6:3, 4; 고전 12:13; 갈 3:27. *마 3:2에 대한 설명을 보라*). 이것은 사도들이 사람들에게 세례받으라는 명령에 순종할 것을 요구한 최초의 경우다.

사도행전에서의 성령의 역할

사도행전을 공부하고 가르칠 때 주의해야 하는 한 가지는 사건에 대한 묘사와 규범을 구별해야 한다는 점이다. 이 차이점은 성경에서 역사서를 해석할 때 중요한 역할을 한다. 즉 성경이 어떤 사건을 묘사한다고 해서 그 사건이나 행동이 반복되거나 반복될 수 있다는 것을 의미하지 않는다.

성령께서는 약속된 보혜사로 오셨고(요 14:17), 그렇게 오실 때 발생한 놀라운 가시적 사건을 사도행전에서 기록하고 있으며(2:1-13), 이 일은 부분적으로 몇 번 반복되었다(8:14-19; 10:44-48; 19:1-7). 이것은 신자들이 성령 충만을 받을 때 발생한 몇 번의 특이한 경우였다. 이 각각의 사건은 최초 사건에서 발생했던 강한 바람 같은 소리와 불의 혀 같은 것은 없었지만(2:1-13), 사람들은 자기들이 알지 못하는(그러나 다른 사람들은 그 뜻을 알고 있는) 말을 했다. 이런 사건들을 근거로 오늘날 성령 충만을 받을 때 이와 동일한 방언 현상이 증거로 동반되어야 한다고 가르치면 안 된다. 사도행전 자체에서도 진정한 회심에 반드시 비상한 성령의 충만이 따라온 것은 아니다. 예를 들어 오순절 날 3,000명이 믿고 세례를 받는(2:41) 놀라운 일이 있었지만, 그들이 방언을 했다는 기록은 없다. 그렇다면 어떤 경우에 믿음의 확증으로 방언이 동반되었을까?

이 사건이 비슷한 방식으로 실제로 발생했다는 사실은 아주 다른 집단에 속한 신자들이 교회로 인도되었다는 것을 보여준다. 각각의 새로운 무리에 속한 사람들이 성령을 통해 특별한 환영을 받은 것이다. 이렇게 되어 사마리아인들(8:14-19)과 이방인들(10:44-48), 옛 언약의 신자들(19:1-7)이 교회에 들어와서 교회의 통일성이 확립되었던 것이다. 이 통일성을 보여주기 위해 믿는 유대인에게 오순절에 발생했던 것과 어느 정도 유사한 일이 일어날 필요가 있었다. 그래서 그 경우 사도들이 그 자리에 있었고, 오순절의 방언 현상을 통해 통일성이 분명히 표시되었던 것이다.

그 이전에 많은 유대인은 세례 요한의 세례를 경험했으며(*마 3:1-3에 대한 설명을 보라*), 유대교로 개종한 이방인이 세례받는 것에 익숙해져 있었다. **죄 사함을** 이 표현은 '죄 사함 때문에'로 번역하는 것이 더 낫다. 세례가 사죄와 죄로부터의 씻음을 가져다주지는 않는다. *베드로전서 3:20, 21에 대한 설명을 보라.* 실질적 사죄가 세례 의식보다 먼저다(41절). 참된 회개로 말미암아 하나님으로부터 사죄가 오며(참고. 엡 1:7), 그것 때문에 새 신자는 세례를 받는 것이다. 그럼에도 세례는 항상 있어야 하는 순종의 행위로, 그것은 구원과 동의어가 되었다. 어떤 사람이 사죄를 위해 세례를 받았다는 말은 이제 그가 구원을 받았다고 말하는 것과 같다. *에베소서 4:5에서 "세례도 하나요"에 대한 설명을 보라.* 모든 신자는 완전한 사죄를 누린다(마 26:28; 눅 24:47; 엡 1:7; 골 2:13; 요일 2:12). **성령의 선물** *1:5, 8에 대한 설명을 보라.*

2:39 약속 *1:4에 대한 설명을 보라.* **모든 먼 데 사람** 구원의 복에 참여한 이방인들이다(참고. 엡 2:11-13). **주 우리 하나님이 얼마든지 부르시는 자들** 구원은 궁극적으로 주께로부터 온다. *로마서 3:24에 대한 설명을 보라.*

2:41 그 말을 받은 사람들은 세례를 받으매 *38절에 대한 설명을 보라.* **삼천** 누가가 구체적인 숫자를 밝힌 것은 회심자와 세례자들의 기록이 보존되었음을 암시한다(*38절에 대한 설명을 보라*). 성전 언덕의 남쪽 면에 대한 고고학적 연구 결과, 여러 개의 유대교 *미크바*(*mikvahs*)가 발견되었다. 이 미크바는 큰 세례용 물통처럼 생긴 시설로, 유대교 예배자들이 성전에 들어가기 전 스스로를 깨끗하게 하는 예식을 치르던 곳이었다. 짧은 시간에 많은 세례식을 하기에 충분할 정도의 시설이 갖춰져 있었다.

2:42 사도의 가르침 신자의 영적 성장과 양식을 위한 기본적인 가르침은 하나님의 계시된 진리인 성경이었으며, 사도들은 이것을 받아서(*요 14:26; 15:26, 27; 16:13에 대한 설명을 보라*) 충실하게 가르쳤다. *베드로후서 1:19-21; 3:1, 2, 16에 대한 설명을 보라.* **교제** 문자적으로 '동반자 관계' '함께 나눔'이라는 뜻이다. 그리스도인은 예수 그리스도 그리고 다른 모든 신자와 동반자 관계를 맺었으므로(요일 1:3), 서로가 서로에게 의와 순종을 격려하는 것은 그들의 영적 의무다(참고. 롬 12:10; 13:8; 15:5; 갈 5:13; 엡 4:2, 25; 5:21; 골 3:9; 살전 4:9; 히 3:13; 10:24, 25; 벧전 4:9, 10). **떡을 떼며** 주의 만찬, 즉 성찬식을 가리키는 말로 모든 신자가 반드시 지켜야 한다(참고. 고전 11:24-29). **기도하기** 각 신자가 개인적으로 하고, 교회가 단체로 하는 기도를 말한다(1:14, 24; 4:24-31을 보라. 참고. 요 14:13, 14).

2:43 기사와 표적 *19절에 대한 설명을 보라.* 신약성경에서 기적을 행하는 능력은 사도들, 사도들과 깊은 유대를 갖고 활동한 동료들로 제한되었다(예를 들면 8:13의 빌립. 참고. 고후 12:12; 히 2:3, 4). 이것은 하나님의 능력에 대한 두려움과 공경을 불러일으켰다.

2:44 모든 물건을 서로 통용하고 4:32을 보라. 이 어구는 초대 그리스도인들이 재산을 전부 한 곳에 모아 공동으로 관리했다는 뜻이 아니라 그들이 자기의 소유를 가볍게 여겼고, 어느 순간에라도 필요가 발생하면 다른 사람을 위해 기꺼이 사용할 준비가 되어 있었다는 뜻이다.

2:45 소유를 팔아 이는 그들이 재산을 전부 공동 소유한 것이 아니라(*44절에 대한 설명을 보라*) 교회에서 필요한 사람들에게 도움을 제공하기 위해 자기들의 소유를 팔았다는 것을 보여준다(참고. 46절; 4:34-37; 고후 8:13, 14).

2:46 날마다…성전에 신자들은 매일 하나님을 찬송하고(47절), 기도 시간을 준수하고(참고. 3:1), 복음을 증거하기 위해 성전에 갔다(47절; 5:42). **집에서 떡을 떼며** 이 표현은 신자들이 매일의 필요를 서로 나눴음을 가리킨다. **기쁨과 순전한 마음** 예루살렘 교회가 기쁨에 넘친 것은 그들의 마음이 오직 예수 그리스도께 집중되어 있었기 때문이다. *고린도후서 11:3; 빌립보서 3:13, 14에 대한 설명을 보라.*

2:47 주께서…더하게 하시니라 참고. 39절; 5:14. *마태복음 16:18에 대한 설명을 보라.* 구원은 하나님의 주권에 따른 일이다.

C. 교회의 성장(3:1-8:3)

1. 사도들: 복음 전파, 치유, 박해를 견딤(3:1–5:42)

3:1 제 구 시 기도 시간 오후 3시다. 유대인에게는 하루 세 번의 기도 시간이 있었다(시 55:17). 다른 두 번은 오전 9시(제 삼 시)와 정오(제 육 시)였다.

3:2 구걸 동정심에 기대어 돈을 바라는 행위다. **미문이라는 성전 문** 성전 언덕 동쪽에 있는 장식이 있는 커다란 문으로, 여인의 뜰과 이방인의 뜰을 구분하는 역할을 했다.

3:3 성전에 들어가려 함 성전은 걸인들이 구걸하기에 가장 좋은 장소였다. 왜냐하면 매일 성전에 모이는 무리가 자기들의 선행을 하나님께 보이고자 했기 때문이다. 그들이 보이고자 했던 선행에는 성전에 헌금하는 것도 포함되었다.

3:10 미문 *2절에 대한 설명을 보라.*

3:11 솔로몬의 행각 이방인의 뜰을 둘러싸고 있는 성전의 주랑이다. 이곳은 예수가 선한 목자에 대해 가르치신(요 10:23) 장소이기도 하다. 참고. 이사야 35:6.

3:13 아브라함과 이삭과 야곱의 하나님 베드로의 말을 듣던 유대인 청중에게는 익숙했던 하나님의 호칭이다(참고. 출 3:6, 15; 왕상 18:36; 대상 29:18; 대하 30:6; 마 22:32). 하나님의 언약적 신실성을 강조하는 이 어구를 베드로가 사용한 것은 자신이 선포하는 하나님과 메시아가 선지자들의 선포와 동일하다는 것을 보여주기 위해서다. **그의 종 예수** 베드로는 예수를 하나님의 직접적인 대리자로 묘사했다. 이것은 신약성경에서 예수께 적용된 흔치 않은 호칭으로, 다른 네 곳에서만 이 호칭이 사용되었으나(26절; 4:27, 30; 마 12:18), 구약에서는 메시아를 가리키는 친숙한 호칭이었다(사 42:1-4, 19; 49:5-7. *52:13-53:12에 대한 설명을 보라.* 참고. 마 20:28; 요 6:38; 8:28; 13:1-7). **빌라도가 놓아 주기로 결의한 것** 예수를 재판한 로마 총독 본디오 빌라도는 공의를 강력하게 지지하는 국가적 전통을 따르고 있었다(참고. 16:37, 38; 22:25-29; 25:16). 그는 예수를 십자가에 못 박는 것이 불의하다는 것을 알았고, 따라서 그의 무죄함을 6번이나 선언했으며(눅 23:4, 14, 15, 22; 요 18:38; 19:4, 6) 여러 차례 예수를 놓아줄 방법을 모색했다(눅 23:13-22. *요 19:12, 13에 대한 설명을 보라*).

3:14 거룩하고…이 참고. 시편 16:10; 누가복음 4:34; 요한복음 6:69. **의로운 이** 참고. 요한일서 2:1. **살인한 사람** 바라바를 말한다(마 27:16-21; 막 15:11; 눅 23:18; 요 18:40).

3:15 생명의 주 여기서 말하는 "주"의 헬라어는 창조자, 개혁자 또는 어떤 것을 최초로 시작한 자를 가리킨다. 이 단어를 히브리서 2:10은 "창시자"로, 12:2은 "주"로 번역했다. 이 단어는 예수를 신성한 생명의 창시자로 묘사한다(참고. 시 36:9; 히 2:10; 12:2; 요일 5:11, 20). **죽였도다…하나님이…살리셨으니 우리가 이 일에 증인이라** 베드로의 확신에 찬 힘 있는 선언(참고. 고전 15:3-7)은 그리스도의 부활에 대한 분명한 언급이면서 또 다른 증거이기도 하다. 베드로의 선언은 부인할 수 없는 것이었다. 유대인은 그 주장을 반박하기 위한 어떤 증거(예수의 시신 같은)도 내놓지 못했다.

3:18 모든 선지자의 입을 통하여…미리 알게 하신 것 참고. 창세기 3:15; 시편 22편; 이사야 53장; 스가랴 12:10.

3:19-21 새롭게 되는 날…만물을 회복하실 때 여기서 "때"는 획기적인 시대, 시기, 때를 의미한다. 이것은 앞으로 임할 천년왕국 시대에 대한 두 가지 묘사다. 왜냐하면 그때를 이루기 위해 예수가 하나님으로부터 보냄

을 받는다는 언급이 앞과 뒤 괄호처럼 등장하기 때문이다. 여기서 베드로는 이 말로 그리스도의 지상 통치를 가리킨다(*1:7에 대한 설명을 보라*. 참고. 롬 11:26). 그 시대는 온갖 종류의 복과 갱신이 넘쳐날 것이다(참고. 사 11:6-10; 35:1-10; 겔 34:26; 44:3; 욜 2:26; 마 19:28; 계 19:1-10).

3:19 **회개하고 돌이켜** *2:38; 마태복음 3:2에 대한 설명을 보라*. "돌이켜"는 죄인이 하나님께로 돌아오는 것을 가리키기 위해 신약성경에서 빈번하게 사용하는 표현이다(9:35; 14:15; 26:18, 20; 눅 1:16, 17; 고후 3:16; 벧전 2:25). **너희 죄 없이 함을 받으라** 참고. 시편 51:9; 이사야 43:25; 44:22. "없이 함"은 사죄를 문서에서 잉크의 자국을 완전히 씻어내는 것과 비교한 것이다(골 2:14).

3:22 신명기 18:15에서 인용한 것이다. 유대인은 모세를 최초의 선지자요 가장 위대한 선지자로 추앙했으며, '그와 같은' 선지자가 메시아를 가리킨다고 보았다.

3:23 신명기 18:19에서 인용한 것이다. 참고. 레위기 23:29. 베드로의 청중은 메시아를 거부한 결과 언약에 명시된 복을 상실할 수 있는 위기에 놓여 있었다.

3:24 **또한 사무엘 때부터 이어 말한 모든 선지자** 구약에서 사무엘은 선지자로 불렸다(삼상 3:20). 비록 그가 그리스도에 대해 직접 예언하지는 않았지만, 다윗에게 기름을 붓고 그의 나라에 대해 말했으며(삼상 13:14; 15:28; 16:13; 28:17), 다윗이 받은 약속들이 그리스도에게서 성취될 것을 가리켜 말했다(참고. 삼하 7:10-16).

3:25 **너의 씨로 말미암아** 창세기 22:18; 26:4에서 인용한 것이다. 예수 그리스도는 아브라함 언약과 복의 궁극적 성취였으며(갈 3:16), 이는 지금도 여전히 유대인에게 유효하다.

3:26 **하나님이…세워** *2:32에 대한 설명을 보라*. **그 종** *13절에 대한 설명을 보라*.

4:1 **제사장들** 구약에서 제사장 직분은 아론과 그의 아들들로부터 시작되었다(레위기 8장). 그들은 거룩한 하나님과 죄에 빠진 인간 사이를 중재하는 인간 중보자가 되었다. 그리고 그들은 세 가지 특징을 가지고 있었다. 첫째, 그들은 하나님에 의해 선택되고 구별되어 제사장 직분을 수행하게 되었다. 둘째, 그들은 거룩한 성품을 가져야 했다. 셋째, 오직 그들만이 백성을 위하여 하나님을 가까이 하는 것이 허락되었으며, 대제사장은 대속죄일에 중개자 역할을 했다(레위기 16장). 참고. 민수기 16:5. **성전 맡은 자** 성전 경찰(레위인으로 구성되었음)의 우두머리이면서 대제사장 다음으로 높은 관리다. 로마는 성전 경찰의 책임을 유대인에게 맡겼다. **사두개인** *23:8; 마태복음 3:7에 대한 설명을 보라*.

회개하라는 메시지

'회개'는 완전한 마음의 변화를 의미하며, 이는 총체적인 삶의 변화를 초래한다. 위대한 신약성경의 설교자들은 하나같이 회개하라는 메시지를 전파했다.

1. 세례 요한	마 3:2
2. 예수	마 4:17
3. 예수	눅 24:47
4. 베드로	행 2:38
5. 베드로	행 3:19
6. 베드로	행 8:22
7. 베드로	행 11:18
8. 바울	행 17:30
9. 바울	행 20:21
10. 바울	행 26:20

4:2 **예수 안에 죽은 자의 부활이 있다고…전함** 유대교 지도자들은 사도들의 메시지 가운데 이 부분을 가장 불쾌하게 여겼다. 그들은 그리스도를 신성모독 죄로 처형했는데, 베드로와 요한이 그리스도의 부활을 선포했던 것이다.

4:3 **이미 저물었으므로** 유대교 법은 밤에 재판하는 것을 금했는데, 유대인은 베드로와 요한을 밤 시간 감옥에 감금했다. 그날 오후는 너무 늦어 산헤드린을 소집할 수 없었으므로(*15절에 대한 설명을 보라*) 사도들은 다음 날 공의회 앞에 서야 했다.

4:4 **오천** 이 숫자는 베드로의 가장 최근 메시지를 듣고 회심한 사람의 숫자가 아니라 그 당시 예루살렘 교회 전체 교인을 합한 숫자였다.

4:5 **관리들과 장로들과 서기관들** 이들은 유대교 통치 기구인 산헤드린의 구성원이었다(*15절에 대한 설명을 보라*).

4:6 **안나스와 가야바** *요한복음 18:13에 대한 설명을 보라*. 안나스가 대제사장(주후 6-15년) 자리에서 물러나 이제는 가야바가 대제사장이었지만(주후 18-36년), 그는 여전히 이 호칭을 유지하면서 큰 영향력을 행사하고 있었다. **요한과 알렉산더** 이들이 누구인지는 확실치 않다. "요한"은 안나스의 아들들 가운데 한 명으로, 주후 36년 가야바 후임으로 대제사장이 된 '요나단'의 다른 이름일 수 있다.

4:8-12 베드로는 예수 그리스도를 정죄하고 스스로 하나님의 원수가 된 사람들에게 복음을 전함으로써 산헤

드린을 피고석에 세운 것이다.

4:8 **성령이 충만하여** *2:4에 대한 설명을 보라.* 베드로가 성령을 받아 박해에 직면해서도 힘 있게 복음을 전할 수 있었다(참고. 눅 12:11, 12). **관리들과 장로들** *5절에 대한 설명을 보라.*

4:11 **버린 돌로서 집 모퉁이의 머릿돌이 되었느니라** 시편 118:22에서 인용한 것이다(*이 절에 대한 설명을 보라*). 참고. 에베소서 2:19-22; 베드로전서 2:4-8.

4:12 **다른 이름** 이는 예수 그리스도에 대한 믿음을 통해서만 구원받을 수 있다는 뜻이다. 오직 두 가지 종교의 길이 있는데, 영원한 죽음에 이르게 하는 행위 구원의 넓은 길과 영생에 이르게 하는 예수에 대한 믿음이라는 좁은 길이다(마 7:13, 14. 참고. 요 10:7, 8; 14:6). 슬프게도 산헤드린과 그 추종자들은 첫 번째 길에 서 있었다.

4:13 **학문 없는 범인** 베드로와 요한은 랍비 학교에서 교육을 받지 않았으며, 공식적인 구약 신학의 훈련도 받지 않았다.

4:15-17 두 사도가 법을 어긴 것이 없고 온 도시의 이목을 집중시키는 기적을 행했기 때문에 그들을 형벌에 처하는 것은 위험부담이 컸다. 그러나 산헤드린은 자기 회원이 메시아를 처형했다는 고발 설교를 중지시켜야 했다.

4:15 **공회** 유대 나라의 통치 기구이자 최고 법원인 산헤드린을 말한다. 여기에는 대제사장을 포함한 71명의 회원이 있었다(*5절에 대한 설명을 보라*).

4:19 **너희의 말을 듣는 것이 하나님의 말씀을 듣는 것보다 옳은가** 그리스도인은 정부 권위에 순종해야 하지만(롬 13:1-7; 벧전 2:13-17), 정부의 결정이 하나님 말씀과 충돌을 일으킬 때는 하나님께 순종해야 한다(참고. 출 1:15-17; 단 6:4-10).

4:23 **제사장들** 산헤드린 내의 작은 무리로(*15절에 대한 설명을 보라*), 이전 대제사장들과 영향력을 가진 제사장 가문의 구성원으로 이루어져 있었다(*마 2:4에 대한 설명을 보라*). **장로들** *5절에 대한 설명을 보라.*

4:24-30 베드로와 요한의 경험은 다른 제자들을 놀라게 하거나 기를 죽인 것이 아니라 도리어 기쁨을 주었다. 그들은 하나님이 모든 사건을 주권적으로 통치하신다는 것을(심지어 그들의 고난까지도) 확신하게 되었다. 나아가서 그들은 자신들이 처한 역경이 구약에 예견되었다는 사실에서 위로를 받았다(25, 26절).

4:24 **대주재** '절대적 주인'이라는 의미의 이 헬라어는 신약성경에서 하나님의 호칭으로는 간혹 사용되었다(눅 2:29; 유 4절; 계 6:10). 이 단어는 하나님의 주권에 대한 제자들의 인식을 보여준다.

4:25 **주의 종 우리 조상 다윗의 입을 통하여** *1:16에 대한 설명을 보라.* 최근 일어난 사건들 가운데서 제자들은 그들이 인용한 시편 2:1, 2이 성취되는 것을 보았다.

4:28 **하나님의 권능과 뜻** 하나님은 자신의 영원한 계획에 따라 역사를 쓰고 계신다. 예수의 십자가도 예외는 아니었다(*2:23에 대한 설명을 보라.* 참고. 롬 8:29, 30; 고전 2:7; 엡 1:5-11).

4:30 **표적과 기사** *2:19에 대한 설명을 보라.* **거룩한 종** *3:13에 대한 설명을 보라.*

4:31 **진동하더니** 오순절처럼 물리적 현상이 성령의 임재를 보여주었다(*2:2, 3에 대한 설명을 보라*). **성령이 충만하여** *8절; 2:4에 대한 설명을 보라.*

4:32-35 **모든 물건을 서로 통용하고** *2:44-46에 대한 설명을 보라.* 신자들은 자기들이 가진 모든 것이 하나님께 속했음을 알고 있었으며, 따라서 형제나 자매에게 필요가 발생하면 그 필요를 채워줄 수 있는 사람이 그렇게 해야 한다는 의무감을 느꼈다(참고. 약 2:15, 16; 요일 3:17). 사도들에게 돈을 주어 그들이 필요한 자들에게 나눠주는 방법을 썼다(35, 37절).

4:33 **부활을 증언하니** *1:22에 대한 설명을 보라.* **큰 은혜** 이 말은 '호의'를 뜻하며, 여기서는 두 가지 의미를 가진다. 첫째, 교회 외부 사람들로부터 오는 호의로, 이것은 신자들의 사랑과 하나 됨을 본 보통 사람들이 깊은 인상을 받고 베푼 것이다(참고. 2:47). 둘째, 복을 내리시는 하나님으로부터 오는 호의다.

4:36 **구브로** 지중해에서 시칠리아와 사르디니아 다음으로 세 번째로 큰 섬이며, 수리아 해변에서 서쪽으로 약 97킬로미터 떨어져 있다(*13:4에 대한 설명을 보라*). **레위족 사람…요셉이라…바나바라** 누가는 재산을 내놓은 사람들 가운데 바나바를 본보기로 소개한다. 바나바는 제사장 지파인 레위족 사람이며 구브로 섬 출신이었다. 그는 나중에 바울의 동역자가 된다(참고. 9:26, 27; 11:22-24, 30; 13-15장).

4:37 **밭이 있으매 팔아** 구약성경은 레위인이 이스라엘 내에 땅을 소유하는 것을 금지했지만(민 18:20, 24; 신 10:9), 당시에는 그 법이 더 이상 구속력이 없었던 것으로 보인다. 또한 그 땅이 구브로에 있었을 가능성도 있다.

5:1 **아나니아…삽비라** 이 두 사람은 다른 사람들의 인정을 받기 위해 자신의 영성을 그럴듯하게 꾸민 위선적인 그리스도인의 실례가 되었다(참고. 마 6:1-6, 16-18; 15:7; 23:13-36). 그들은 "믿는 무리"(4:32) 가운데 있었고 성령과의 관계가 있었으나(3절) 여전히 위선자였다.

5:2 **그 값에서 얼마를 감추매** 이것은 그 자체로는 죄가

사도행전에 나오는 단어 연구

성령(영, Spirit): 헬라어 *프뉴마(pneuma)*. 2:4; 5:9; 8:39; 10:19; 11:12; 16:7; 23:9. '숨을 쉬다' '바람이 불다'라는 뜻의 동사 *프뉴오(pneuo)*로부터 온 명사다. 어느 때는 바람을 가리키고 어느 때는 생명 그 자체를 가리키기도 한다(요 3:8; 계 13:15을 보라). 또한 이것은 천사의 생명(히 1:14), 귀신의 생명(눅 4:33), 인간의 생명(7:59)을 가리킬 수도 있다. 하지만 하나님의 영(고전 2:11을 보라)이신 성령(마 28:19), 곧 성삼위의 제삼위이시며 신자 안에 거하시는 하나님(약 4:5; 요일 4:13을 보라)을 가리킨다. 이 영은 "예수 그리스도의 영"(빌 1:19)이라고도 불린다. 사본들은 16:7에서 예수의 영이라는 호칭을 사용한다. 이 호칭은 예수와 성령의 행동의 통일성을 강조하며, 이 점이 이 책과 이 책의 짝을 이루는 누가복음에 스며들어 있다. 예수의 지상 사역 기간에 제자들은 예수의 인도를 받았지만, 그의 부활과 승천 이후에는 예수의 영의 인도를 받는다.

은혜(Grace): 헬라어 *카리스(charis)*. 4:33; 11:23; 13:43; 14:26; 15:11; 18:27; 20:32. 히브리어 *헤세드(hesed)*에 해당하는 말로 '사랑이 넘치는 친절'을 의미한다. 이 단어는 시편에서 하나님의 성품을 묘사하기 위해 자주 사용되었다. 신약에서 *카리스*는 대개 하나님의 선의 또는 혜택을 의미하지만 '기쁨을 주는 것' '값없이 주는 선물'을 가리키기도 한다. 여기서 *은혜*라는 단어가 등장하는 것은 주목할 만하다. 이는 하나님의 거저 주시는 구원의 선물을 가리키기 위해 바울이 즐겨 사용하는 단어 가운데 하나인데, 여기서 누가도 동일한 방식으로 이 단어를 사용하기 때문이다.

함께(같이, Together): 헬라어 *에피 토 아우토(epi to auto)*. 2:1, 44. '같은 것을 향하여' '같은 곳에서'라는 뜻을 가진다. 이것은 통일된 목표 또는 집단적 통일성이라는 개념을 포함한다. 초대 교회에서 이 표현은 특별한 의미, 곧 그리스도인 단체의 통일성을 표시하는 의미를 가지게 되었다. 교회의 모든 구성원은 정기적으로 함께 모였을 뿐 아니라 모든 소유를 공유했고 한 마음으로 열심히 서로를 위해, 그리스도를 위해 헌신했다.

아니었다. 하지만 그들은 받은 돈 전체를 주께 바치겠다고 공개적으로 약속했을 것이다. 그들의 표면적인 죄는 교회에 낸 액수를 속인 것이지만, 더욱 파괴적인 죄는 이기심에 근거한 영적 위선이었다.

5:3 사탄이 네 마음에 가득하여 아나니아와 삽비라는 바나바의 성령 충만한 행동(4:37)과 달리 사탄에게서 힘을 받았다.

5:3, 4 성령을 속이고 아나니아는 전체 액수를 드리겠다고 주께 약속했을 것이 분명하다. 그는 자기 안에(고전 6:19, 20), 교회 안에(엡 2:21, 22) 언제나 계시는 성령께 거짓말을 한 것이다.

5:5 다 크게 두려워하더라 11절을 보라. 그들은 교회 내에서 벌어지는 위선과 죄의 심각성을 두려워했다. 사람들은 죄의 결과가 사망일 수 있음을 배웠다(고전 11:30-32; 요일 5:16을 보라). 이 두려움이 거기에 있던 사람들을 넘어 그것을 듣는 모든 사람에게 퍼져나갔다(11절). 참고. 베드로전서 3:10; 4:17.

5:6-10 유대인은 특별히 하나님의 심판으로 죽은 사람에게는 기름을 바르지 않고, 사망한 그날 바로 매장했다(신 21:22, 23을 보라).

5:9 주의 영을 시험하려 삽비라는 하나님의 인내의 한계를 너무 많이 넘어섰다. 인간의 이런 노골적이고 주제 넘는 행동이 얼마나 어리석고 큰 죄인지를 지적해 보여주어야 한다. 그래서 거기에 하나님의 최고 징계가 내려진 것이다.

5:11 교회 이 단어는 믿는 사람들의 무리를 묘사하는 가장 흔한 단어임에도 사도행전에서는 여기서 처음 사용되었다(참고. 4:32). *2:47에 대한 설명을 보라.*

5:12 표적과 기사 *2:19에 대한 설명을 보라.* **솔로몬 행각** *3:11에 대한 설명을 보라.*

5:13 감히 그들과 상종하는 사람이 없으나 *5절에 대한 설명을 보라.* 이 불신자들은 예수를 따르는 자들에 대한 존경심이 있었으나, 교회에 연합한다는 것이 치명적인 일이 될 수 있음을 두려워했다.

5:14 믿고…남녀의 큰 무리 불신자들은 죄의 결과에 대한 두려움으로 교회에 거리를 두었지만, 복음의 증거를 듣고 기쁨으로 그것을 믿으며 교회에 연합한 많은 사람이 있었다.

5:15 그의 그림자 사람들은 베드로에게 신성한 치유의 능력이 있고 그의 그림자도 그 능력이 자기들에게 미칠

행

수 있다고 믿었다(참고. 3:1-10). 그러나 성경은 베드로의 그림자가 사람을 치유한 적이 있다고는 한 번도 말하지 않았다. 사실은 베드로를 통해 나타나는 하나님의 치유 능력은 그의 그림자에 국한되지 않고 훨씬 멀리까지 영향을 미쳤다(16절, "수많은 사람들도…다 나음을 얻으니라"). 이 치유의 큰 능력은 4:29, 30의 기도에 대한 응답이었다.

5:16 더러운 귀신 참고. 마태복음 10:1; 12:43-45; 마가복음 1:23-27; 5:1-13; 6:7; 9:25; 누가복음 4:36; 8:29; 9:42. 이들은 귀신, 타락한 천사다(계 12:3). 이들이 이런 이름으로 불리는 것은 저열한 악함 때문이다. 이들은 흔히 불신자, 특히 사악한 성격의 사람들 안에서 산다.

5:17 대제사장 *4:6에 대한 설명을 보라*. 여기서 이 호칭은 안나스(참고. 4:6)를 가리킬 수도 있고, 가야바를 가리킬 수도 있다. **사두개인** *23:8; 마태복음 3:7에 대한 설명을 보라*.

5:18 옥 공적인 감옥이다.

5:19 주의 사자 구약의 '여호와의 사자'와 혼동해서는 안 된다(출 *3:2에 대한 설명을 보라*).

5:20 이 생명의 말씀 복음이다(참고. 빌 2:16; 요일 1:1-4). 예수 그리스도는 영적으로 죽어 있는 사람들에게 풍성한 영생을 제공하기 위해 세상에 오셨다(참고. 요 1:4; 11:25; 요일 5:20).

5:28 가르침 예수 그리스도의 복음이다(*2:14-40; 4:12, 13에 대한 설명을 보라*). **이 사람의 피를 우리에게로** 산헤드린은 자신들의 지지자들이 빌라도 앞에서 예수의 죽음에 대한 책임이 자신들과 그 자녀들에게 있다고 말한 뻔뻔스러운 사건을 잊은 것처럼 보인다(마 27:25).

5:29 사람보다 하나님께 순종하는 것 *4:19에 대한 설명을 보라*.

5:30 나무에 달아 참고. 신명기 21:23; 갈라디아서 3:13.

5:30, 31 하나님이…그를 오른손으로 높이사 *1:9; 마가복음 16:19; 빌립보서 2:9-11에 대한 설명을 보라*.

5:31 이스라엘에게 회개함 유대인을 위한 구원이다. 구원은 회개를 요구한다(참고. 2:38; 3:19; 17:30; 20:21; 26:20). 회개의 특성을 알고자 한다면 *고린도후서 7:9-12에 대한 설명을 보라*. **임금** *3:15에 대한 설명을 보라*.

5:32 성령도 그러하니라 모든 신자는 복음에 순종하여 구원받는 순간 성령을 받는다(*2:4에 대한 설명을 보라*. 참고. 롬 8:9; 고전 6:19, 20).

5:34 가말리엘 랍비였던 그의 조부 힐렐처럼 가말리엘도 그 시대에 가장 주목받던 랍비로, 바리새파의 자유주의 진영을 이끌었다. 그의 가장 유명한 제자가 사도 바울이다(22:3).

5:36 드다 1세기 초에 유대에서 반란을 이끌었던 사람으로, 요세푸스가 혁명분자로 인용했던 후대의 드다와 혼동하지 말아야 한다.

5:37 호적할 때 주전 6-7세기 수리아 총독이었던 퀴리니우스가 실시한 호적이다(참고. 눅 2:2). **갈릴리의 유다가 일어나** 1세기 초 팔레스타인에서 또 다른 반란을 일으켰던 열심당의 창시자다. 광적인 국수주의 유대인 무리였던 열심 당원들은 팔레스타인에서 로마의 권력을 축출하려면 극단적인 행동이 필요하다고 믿었다. 그들은 심지어 로마에 대항해 무기를 들려고까지 했다.

5:38, 39 산헤드린 회원들은 사도들에 대한 가말리엘의 말에 주의를 기울였다. 하지만 가말리엘은 성경에 대한 자신의 지식에 근거하여 예수를 부활한 메시아로 받아들이는 일에 대해 더욱 확실한 태도를 취하고 덜 실용적인 자세를 취했어야 한다.

5:40 사도들을…채찍질하며 사도들은 불의하게 채찍질을 당했다. 그들은 구약성경이 한계로 정한 40대(참고. 신 25:3)를 넘지 않는 선에서 유대인이 정한 39대의 채찍질을 당했을 것이다.

2. 집사들: 기도, 가르침, 박해를 견딤(6:1-8:3)

6:1 더 많아졌는데 *4:4에 대한 설명을 보라*. 그 숫자는 남녀를 합해 2만 명 이상이 되었을 것이다. **헬라파 유대인…히브리파 사람** "히브리파 사람"은 팔레스타인 본토 사람이었고 "헬라파 유대인"은 디아스포라 유대인이었다. 헬라파 유대인이 헬라 문화에 젖어 있다는 이유로 팔레스타인 유대인은 그들에게 의심의 눈길을 보냈다. **과부들이 매일의 구제에 빠지므로** 헬라파 유대인은 과부들이 교회가 제공하는 음식을 제대로 받지 못한다고 생각했다(참고. 딤전 5:3-16).

6:2 접대를 일삼는 '접대'로 번역된 헬라어는 음식을 먹는 상(table)이라는 의미일 수도 있지만, 금전 문제를 처리하는 '상'을 의미할 수도 있다(참고. 마 21:12; 막 11:15; 요 2:15). 금전적 문제든 음식을 접대하는 일이든 사도들은 그 일에 참여하여 본연의 의무에 전념하지 못했을 것이다(*4절에 대한 설명을 보라*).

6:3 성령과 지혜가 충만하여 참고. 5절. *2:4에 대한 설명을 보라*. **사람 일곱** 이들이 비록 후기 교회에서 집사들(딤전 3:8-13)이 수행하는 일들 가운데 일부를 수행하기는 했지만 집사는 아니었다. 스데반과 빌립(일곱 명 가운데서 성경의 다른 곳에 이름이 언급된 유일한 두 사람)은 분명히 집사가 아니라 복음 전도자였다. 사도행전은 뒤

에 장로를 언급하기는 하지만(14:23; 20:17) 집사를 언급하지는 않는다. 그러므로 당시에는 집사가 아직 항존직으로 확립되지 않았던 것으로 보인다.
6:4 기도와 말씀 사역(참고. 2절)이 교회 지도자에게는 가장 우선적인 일이다.
6:5 교회가 선출한 일곱 사람이 전부 헬라식 이름을 가진 것으로 보아 그들은 전부 헬라파 유대인이었을 것으로 보인다. 교회는 사랑과 화합의 표시로 헬라파 과부들이 차별받은 일을 바로잡기 위해 그들을 선출했을 것이다. **스데반과…니골라를 택하여** 스데반의 사역에 대해서는 6:9-7:60을 보라. 그의 순교는 복음이 팔레스타인을 넘어서 퍼져나가는 촉매제 역할을 했다(8:1-4; 11:19). 빌립 역시 복음 전파에서 핵심적인 역할을 담당했다(참고. 8:4-24, 26-40). 다른 다섯 사람에 대해서는 확실하게 알려진 것이 없다. 초대 교회의 전설에 따르면 브로고로는 요한이 복음서를 기록할 때 서기로 섬겼고, 니골라는 안디옥에서 유대교로 개종한 인물이다.
6:6 **기도하고 그들에게 안수하니라** 이 표현은 예수가 병을 고치시는 모습을 묘사할 때 사용되었고(막 6:5; 눅 4:40; 13:13. 참고. 28:8), 때로는 붙잡혀간다는 뜻으로도 사용되었다(5:18; 막 14:46). 구약에서는 제물을 바치는 사람이 자기가 제물과 동일시된다는 표시로 제물에게 안수하기도 했다(레 8:14, 18, 22; 히 6:2). 그러나 상징적인 의미에서 이 행동은 어떤 사람과 사역에 대한 지지나 지원, 하나 됨을 상징했다. 디모데전서 4:14; 5:22; 디모데후서 1:6을 보라. 참고. 민수기 27:23.
6:7 교회의 성장과 복음의 확장을 요약할 때면 정기적으로 등장하는 누가의 표현이다(참고. 2:41, 47; 4:4; 5:14; 9:31; 12:24; 13:49; 16:5; 19:20). **허다한 제사장의 무리** 많은 제사장의 회심이 스데반을 극심하게 박해한 계기가 되었을 것이다. **이 도에 복종하니라** *로마서 1:5에 대한 설명을 보라.*
6:8 **기사와 표적** *2:19에 대한 설명을 보라.*
6:9 이 구절은 세 개의 회당을 가리키는 것으로 보인다. 자유를 얻은 사람들로 구성된 회당, 구레네인과 알렉산드리아인으로 구성된 회당, 길리기아와 아시아에서 온 사람들로 구성된 회당 그것이다. 이 세 그룹 사이에 존재하는 문화적·언어적 차이로 미뤄볼 때 그들이 전부 같은 회당에 모였으리라고 생각하기 어렵다. **자유민** 폼페이에 포로로 잡혀(주전 63년) 로마로 끌려갔던 유대인 노예들의 후손이다. 뒤에 그들은 자유민이 되어 그곳에 유대인 공동체를 세웠다. **구레네인** 북아프리카에 위치한 구레네라는 도시에서 온 사람들이다. 예수의 십자가를 대신 진 시몬이 구레네 출신이었다(눅 23:26). **알렉산드리아인** 또 다른 북아프리카의 주요 도시인 알렉산드리아는 나일강 하구 근처에 있었다. 능력 있는 설교자였던 아볼로가 알렉산드리아 출신이었다(*18:24에 대한 설명을 보라*). **길리기아와 아시아** 소아시아(오늘날 터키)에 위치한 로마의 지방이다. 바울의 고향(다소)이 길리기아에 있었으므로 그도 이 회당에 참석했을 것이다. **회당** 이곳은 신구약 중간기에 생긴 모임 장소로, 성전에 갈 수 없던 흩어진 유대인(대개 헬라파 유대인)이 공동체로 모여 예배하고 구약성경을 읽던 곳이다. *마가복음 1:21에 대한 설명을 보라.* **스데반과 더불어 논쟁할새** '변론'으로 번역되기도 하는 이 단어는 공적인 논쟁을 의미하는 말이다. 그 논쟁은 말할 것도 없이 예수의 죽음과 부활, 그분이 메시아였다는 구약의 증거에 집중되었을 것이다.
6:11 **모세와 하나님을 모독하는 말** 공개적인 논쟁에서 스데반을 제압하지 못하자 그를 반대하던 자들은 거짓과 모략을 동원했다. 예수의 경우처럼(마 26:59-61) 그들은 은밀하게 거짓 증인들을 동원해 스데반에 대한 헛소문을 퍼뜨렸다. 신성모독은 사형에 해당되므로 이 고발은 심각한 것이었다(레 24:16).
6:14 **나사렛 예수가 이 곳을 헐고** 이것은 또 다른 거짓말이다. 왜냐하면 예수의 말씀(요 2:19)은 자신의 몸을 가리켰다(요 2:21).
6:15 **천사의 얼굴** 하나님의 임재를 예견한 순결하고 조용하고 흔들림이 없는 평정을 말한다(참고. 출 34:29-35).
7:1 **대제사장** *4:6에 대한 설명을 보라.* 아마 가야바였을 것이다(*요 18:13, 14에 대한 설명을 보라*). 그는 주후 36년까지 대제사장 자리에 있었다. **이것이 사실이냐** 현대의 법정 용어로 하면 '어떻게 답변하시겠습니까'이다
7:2-53 스데반의 반응은 대제사장의 질문에 답하는 것이 아니었다. 대신 그는 구약을 근거로 기독교 신앙을 탁월하고 상세하게 변호했으며, 유대 지도자들이 예수를 배척한 잘못을 정죄하는 것으로 결론을 내렸다.
7:2 **아브라함이 하란에 있기 전 메소보다미아에 있을 때에** 창세기 12:1-4은 아브라함이 하란(우르에서 북서쪽으로 약 805킬로미터)에 정착한 후 이 부르심이 반복된 것을 가리킨다. 하나님은 아브라함이 우르에 살고 있었을 때 처음 그를 부르셨고(참고. 창 15:7; 느 9:7), 다음에 하란에서 다시 부르신 것이 분명하다(*창 11:31-12:3에 대한 설명을 보라*). **영광의 하나님** 하나님에 대한 이 호칭이 사용된 곳은 이곳과 시편 29:3뿐이다. 하나님의 영광은 하나님의 속성에 대한 총합이다(*출 33:18, 19에 대한 설명을 보라*).

행

사도행전에 나오는 주요 설교		
설교	주제	성경 구절
베드로가 오순절 때 군중에게	오순절의 의미에 대한 베드로의 설명	행 2:14-40
베드로가 성전 군중에게	유대 민족은 메시아를 십자가에 못 박은 죄를 회개해야 함	행 3:12-26
베드로가 산헤드린에	그 불쌍한 사람이 예수의 능력을 통해 치료받았다는 증언	행 4:5-12
스데반이 산헤드린에	스데반이 유대 역사를 개관하면서 메시아를 죽인 유대인의 죄를 비난함	행 7:2-53
베드로가 이방인에게	이방인도 유대인과 똑같이 구원받을 수 있음	행 10:28-47
베드로가 예루살렘 교회에	욥바에서의 경험에 대한 베드로의 증언과 이방인을 향한 사역에 대한 변호	행 11:4-18
바울이 안디옥 회당에	예수는 구약에 예언된 메시아임	행 13:16-41
베드로가 예루살렘 공의회에	은혜에 의한 구원은 모든 사람에게 차별이 없음	행 15:7-11
야고보가 예루살렘 공의회에	이방인 회심자들에게는 할례를 요구하지 말아야 함	행 15:13-21
바울이 에베소 교회 장로들에게	거짓 교사들과 박해에도 불구하고 신실해야 함	행 20:17-35
바울이 예루살렘에서 군중에게	자신의 회심과 이방인을 위한 자신의 사명에 대한 바울의 진술	행 22:1-21
바울이 산헤드린에	바울이 자신을 바리새인이요 로마 시민으로 밝히면서 자신을 변호함	행 23:1-6
바울이 아그립바 왕에게	자신의 회심과 복음을 향한 열심에 대한 바울의 진술	행 26:2-23
바울이 로마에서 유대인 지도자들에게	자신의 유대적 유산에 대한 바울의 진술	행 28:17-20

7:3 창세기 12:1을 인용한 것이다.

7:4 **갈대아 사람의 땅** 우르에 있던 아브라함의 고향이다(창 11:28, 31; 15:7; 느 9:7). **그의 아버지가 죽으매** 언뜻 보기에 창세기 11:26, 32; 12:4은 아브라함이 하란을 떠난 후 60년 만에 데라가 죽은 것처럼 보인다. 데라가 첫 아들을 낳았을 때 70세였다(창 11:26). 그리고 아브라함은 75세에 하란을 떠났고(창 12:4, 데라는 145세였을 것임), 데라는 205세까지 살았다(창 11:32). 모순처럼 보이는 이 문제에 대한 가장 좋은 해답은 아브라함이 데라의 첫 아들이 아니었는데, 그가 가장 중요한 아들이었으므로 가장 먼저 이름이 기록되었다고 보는 것이다(창 11:26). 그렇다면 데라가 아브라함을 130세에 출산한 셈이 된다.

7:5 창세기 17:8; 48:4을 인용한 것이다

7:6 **사백 년 동안** 이것은 창세기 15:13, 14에서 그대로 가져온 숫자다. 그 구절에서 하나님은 이스라엘이 애굽에서 머물렀던 정확한 햇수를(430년, 출 12:40) 반내림하여 말씀하셨다.

7:7 출애굽기 3:12을 인용한 것이다.

7:8 **할례의 언약** 할례는 아브라함 언약의 표징이었다(*창 17:11에 대한 설명을 보라*). **열두 조상** 야곱의 열두 아들로, 이스라엘 열두 지파의 조상이 되었다(창 35:22-26).

7:13 **재차** 요셉은 형제들이 곡물을 구하러 애굽에 두 번째로 왔을 때 자신의 정체를 드러냈다(창 43:1-3; 45:1-3).

7:14 **야곱과 온 친족 일흔다섯 사람** 창세기 46:26, 27; 출애굽기 1:5; 신명기 10:22은 이들의 숫자를 일흔 명이라고 한다. 하지만 70인역(스데반 같은 헬라파 유대인이 사용했을 구약의 헬라어 번역)의 창세기 46:27에는 "일흔다섯"으로 되어 있다. 이 다섯 사람은 애굽에서 태어난 요셉의 후손들이었다. *창세기 46:26, 27에 대한 설명을 보라.*

7:16 **아브라함이 세겜 하몰의 자손에게서…값 주고 산 무덤** 아브라함이 이전에 세겜에 제단을 쌓았으므로(창 12:6, 7) 그 땅을 매입했을 것임이 분명함에도 여호수아

24:32은 야곱이 그 무덤을 구입했다고 말한다. 이는 아브라함이 거기에 정착하지 않아서 그 땅이 다시 하몰의 백성에게 귀속되었기 때문이다. 그래서 야곱은 그 땅을 세겜에게서 다시 매입했던 것이다(창 33:18-20). 이것은 아브라함이 원래 매입했던(창 21:27-30) 브엘세바의 우물(창 26:28-31)을 이삭이 다시 매입한 것과 매우 유사하다. 요셉은 자신의 유언대로 세겜에 묻힌 것이 분명하다(창 50:25; 출 13:19; 수 24:32). 구약성경은 요셉의 형제들이 어디 묻혔는지 기록하지 않았지만 스데반은 그들이 세겜에 묻혔다는 사실을 가르쳐준다. **무덤에 장사되니라** 무덤에 장사된 이들은 요셉(수 24:32)과 그의 형제들로, 하지만 야곱은 언급하지 않는다. 그는 막벨라의 아브라함의 무덤에 장사되었다(창 50:13).

7:18 요셉을 알지 못하는 새 임금 *출애굽기 1:8에 대한 설명을 보라.*

7:19 그 어린 아이들을 내버려 남자 아이들만 해당된다(출 1:15-22).

7:20 모세가 났는데 하지만 하나님의 섭리로 모세는 바로의 딸에 의해 구출되었다. *출애굽기 2:5-10에 대한 설명을 보라.*

7:23 나이가 사십이 되매 모세의 생애는 40년씩 세 단계로 나뉠 수 있다. 처음 40년은 출생 이후 바로의 궁에서 지냈을 때이며, 두 번째 40년은 미디안 광야에서 생활한 때다(29, 30절). 그리고 세 번째 40년은 이스라엘이 출애굽하며 광야에서 방랑생활을 한 때다(36절).

7:27, 28 참고. 35절. 출애굽기 2:14을 인용한 것이다.

7:29 도주하여 미디안 땅에서 이는 모세가 애굽 사람을 죽인 것을 바로가 알게 되어(28절) 모세를 유대인 반란의 지도자로 간주할 것을 두려워한 까닭이다. **아들 둘** 게르솜(출 2:22)과 엘리에셀이다(출 18:4).

7:30 천사 *출애굽기 3:2에 대한 설명을 보라.* **시내 산** *출애굽기 19:3-10에 대한 설명을 보라.*

7:32 출애굽기 3:6, 15을 인용한 것이다.

7:33 출애굽기 3:5을 인용한 것이다.

7:34 출애굽기 3:7, 8을 인용한 것이다.

7:35 누가 너를…세웠느냐 출애굽기 2:14을 인용한 것이다. **그 모세를…관리와 속량하는 자로서 보내셨으니** 이렇게 되어 하나님이 보내신 구원자를 거부하는 이스라엘의 긴 역사가 시작되었다(참고. 마 21:33-46; 23:37). **천사** 주의 천사다(30절). *출애굽기 3:2에 대한 설명을 보라.*

7:36 기사와 표적 애굽의 열 가지 재앙과 광야에 지내는 동안 일어난 기적들이다[예를 들면 홍해를 가른 것(출 14:1-31), 르비딤에서 기적적으로 물을 공급받은 것(출 17:1-7), 고라와 다단, 아비람의 멸망(민 16:1-40)]. *2:19에 대한 설명을 보라.*

7:37 나와 같은 선지자 신명기 18:15을 인용한 것으로, 이것은 메시아를 가리킨다(참고. 요 1:21, 25; 6:14; 7:40).

7:38 시내 산에서 말하던 그 천사 이것은 주의 천사로(30, 35절) 많은 천사가 그를 보좌했다(참고. 신 33:3; 갈 3:19; 히 2:2). 53절*에 대한 설명을 보라.* **광야 교회** 이스라엘(참고. 출 12:3, 6, 19, 47; 16:1, 2, 9, 10; 17:1; 35:1; 레 4:13; 16:5; 민 1:2; 8:9; 13:26; 14:2; 수 18:1). **살아 있는 말씀** 주의 천사와 모든 천사를 통해 하나님이 모세에게 주신 율법이다(참고. 히 4:12; 벧전 1:23).

7:39 복종하지 아니하고자 하여 이스라엘은 모세의 지도를 거부하고 애굽의 노예 상태로 돌아가기를 바랐다(참고. 민 11:5).

7:40 우리를 인도할 신들을 우리를 위하여 만들라 참 하나님을 상징하는 것으로 사람이 만든 형상(출 32:1-5)을 가리킨다. 하지만 이것은 금지된 일이었다(출 20:4). 출애굽기 32:1, 23을 인용한 것이다.

7:41 송아지 *출애굽기 32:4에 대한 설명을 보라.*

7:42 하나님이…버려 두셨으니 아모스 5:25-27을 인용한 것이다. 백성을 죄와 우상숭배에 빠지도록 내버려 두는 천벌을 내리신다(참고. 호 4:17. *롬 1:24, 26, 28에 대한 설명을 보라*). **하늘의 군대** 해, 달, 별들을 경배하는 이스라엘의 우상숭배는 광야에서 시작되었으며, 이것은 바벨론 이후까지 지속되었다(참고. 신 4:19; 17:3; 왕하 17:16; 21:3-5; 23:4; 대하 33:3, 5; 렘 8:2; 19:13; 습 1:5).

7:43 바벨론 아모스는 다메섹이라고 썼으나(암 5:27), 스데반은 바벨론이라고 말했다. 아모스는 북왕국이 앗수르에게 잡혀가는 것을 예언하면서 다메섹 너머로 끌려갈 것도 예언했던 것이다. 나중에 남왕국 백성이 바벨론에게 포로로 잡혀갔다. 성령의 감동으로 스데반은 그 예언을 확대하여 온 나라에 대한 심판에 적용시키면서 그들의 우상숭배의 역사와 그에 따른 결과를 요약했다.

7:44-50 자신이 성전을 모독했다는 거짓된 고발에(6:13, 14) 대응하기 위해 스데반은 성전의 역사를 다시 서술해 자기가 성전을 존중한다는 것을 보여주었다.

7:44 증거의 장막 성전 이전의 양식이었다(출 25:8, 9, 40).

7:48 지극히 높으신 이 구약에서 하나님을 가리키는 일반적인 호칭이다(참고. 창 14:18-20, 22; 민 24:16; 신 32:8; 삼하 22:14; 시 7:17; 9:2; 18:13; 21:7; 73:11; 87:5; 91:1; 107:11; 사 14:14; 애 3:35, 38; 단 4:17, 24, 25, 32, 34; 7:25).

7:49, 50 이사야 66:1, 2을 인용한 것이다. 스데반의

요점은 성전보다 크신 하나님을 성전으로 제한한 유대 종교지도자들에게 신성모독의 죄가 있다는 것이다.

7:51-53 스데반이 행한 설교의 절정은 유대 종교지도자들이 그들의 조상이 구약에서 하나님을 버렸던 것과 똑같이 하나님을 버렸다는 지적이다.

7:51 목이 곧고 그들의 조상처럼 완고했다(출 32:9; 33:5). **마음과 귀에 할례를 받지 못한 사람들아** 즉 그들은 할례받지 못한 이방인처럼 하나님 앞에서 부정했다(*신 10:16; 렘 4:4; 롬 2:28, 29에 대한 설명을 보라*). **성령을 거스르는도다** 그들은 성령께서 보내신 사람들과 그들의 메시지를 거절했다. 참고. 마태복음 23:13-39의 예수의 산상보훈.

7:52 의인 *3:14에 대한 설명을 보라.*

7:53 천사가 전한 율법 신명기 33:2; 갈라디아서 3:19; 히브리서 2:2를 보라. 성경은 율법을 내릴 때 천사들의 정확한 역할을 설명하지는 않지만 그들이 거기에 있었다는 사실을 분명히 밝힌다.

7:54 이를 갈거늘 이것은 분노와 좌절감의 표시였다(참고. 시 35:16; 37:12; 마 8:11, 12; 13:41, 42, 50; 22:13; 24:51; 25:30; 눅 13:28).

7:55 성령 충만하여 *2:4에 대한 설명을 보라.* **하나님의 영광** 이사야(사 6:1-3), 에스겔(겔 1:26-28), 바울(고후 12:2-4), 요한(계 1:10)도 환상 가운데 하늘에 있는 하나님의 영광을 보았다. **하나님 우편에** 예수는 자주 이렇게 묘사되신다(2:34. 참고. 마 22:44; 26:64; 눅 22:69; 엡 1:20; 골 3:1; 히 1:3; 8:1; 10:11, 12; 12:2).

7:56 인자 *다니엘 7:13, 14에 대한 설명을 보라.*

7:58 옷을 벗어 사울이라 하는 청년의 발 앞에 두니라 성경에서 바울이 처음으로 등장했다. 그가 스데반을 죽이는 자들의 옷을 보관하는 일을 맡을 만큼 가까이 있었다는 것은 그가 이 비천한 일에 깊이 연루되었다는 것을 보여준다(*8:1에 대한 설명을 보라*).

7:59 돌로…치니 이는 신성모독에 대해 율법이 규정한 처벌이었다(레 24:16). 하지만 이 경우는 정식 처형이 아니라 군중 폭력에 해당했다.

7:60 이 죄를 그들에게 돌리지 마옵소서 예전에 예수가 그렇게 하신 것처럼(눅 23:34) 스데반도 자신을 죽이려는 사람들을 용서해주시기를 하나님께 기도했다. **자니라** 신자의 죽음을 표현하는 신약성경의 일반적인 완곡어법이다(참고. 요 11:11-14; 고전 11:30; 15:20, 51; 살전 4:14; 5:10).

8:1 마땅히 여기더라 스데반에 대한 이런 태도에서 바울이 모든 신자를 죽이고 싶도록 미워했음이 드러난다(딤전 1:13-15). **사도 외에는** 그들은 그리스도께 헌신하기 위해 예루살렘에 있던 사람들을 돌보고 복음을 전파하기 위해 그 지역에 남았다(참고. 9:26, 27). **흩어지니라** 다소의 사울이라는 이름을 가진 한 유대인이 주도하는 박해 때문에 예루살렘 교회가 흩어져 교회 최초의 선교 진출이 일어났다. 예루살렘 교회의 모든 교인이 도피한 것은 아니었다. 스데반이 속한 것으로 보이는 헬라파 유대인은 박해의 날카로운 공격을 피하지 못했다(참고. 11:19, 20).

8:2 경건한 사람들 스데반의 죽음에 공개적으로 저항한 경건한 유대인이었을 것이다.

8:3 사울이 교회를 잔멸할새 '잔멸하다'는 성경 이외의 글들에서 어떤 도시를 파괴하거나 맹수를 사용하여 사람을 난도질하는 것을 가리키는 말이었다.

유대와 사마리아에 증거하라 (8:4-12:25)

A. 사마리아인에게 복음이 전파됨(8:4-25)

8:4 두루 다니며 이 헬라어 단어는 사도행전에서 선교 활동을 가리킬 때 종종 사용된다(40절; 9:32; 13:6; 14:24; 15:3, 41; 16:6; 18:23; 19:1, 21; 20:2).

8:5 빌립 참고. 6:5. 성경에 기록된 최초의 선교사이며, 최초로 '전도자'라는 호칭으로 불린 인물이다(21:8). **사마리아 성** 북왕국 이스라엘의 고대 수도다. 북왕국은 200년에 걸쳐 우상숭배를 하고 하나님께 대적하다 마침내 앗수르에 무너졌다(주전 722년). 앗수르는 많은 주민을 다른 곳으로 이주시키고 다른 지역의 사람들을 그곳에 정착시켜 유대인과 이방인의 결혼이 성행하게 되었고, 그 결과 그 지역 사람들은 사마리아인이라고 불리게 되었다(*요 4:4, 20에 대한 설명을 보라*).

8:7 더러운 귀신들 *5:16에 대한 설명을 보라.*

8:9 마술 이것은 원래 메대-바사인들이 행하던 마술을 가리키는 말이다. 거기에는 점성술, 점, 오컬트 등 과학과 미신이 혼합된 것들이 포함되어 있었다(*신 18:9-12; 계 9:21에 대한 설명을 보라*).

8:10, 11 크다 일컫는 하나님의 능력이라 시몬은 자신이 하나님과 연합되어 있다고 주장했다. 초대 교부들은 그가 영지주의의 설립자들 가운데 한 사람이라고 주장했다. 영지주의는 하나님을 향해 올라가는 일련의 신적인 발산물들이 있다고 주장했다. 그것은 '능력들'이라고 불렸으며, 사람들은 하나님이 이 사다리의 꼭대기에 있다고 믿었다.

8:13 시몬도 믿고 그의 믿음에 대한 동기는 순전히 이기적인 것으로, 결코 참된 믿음이라고 생각할 수 없었다. 참고. 요한복음 2:23, 24. 그는 빌립이 소유한 능력

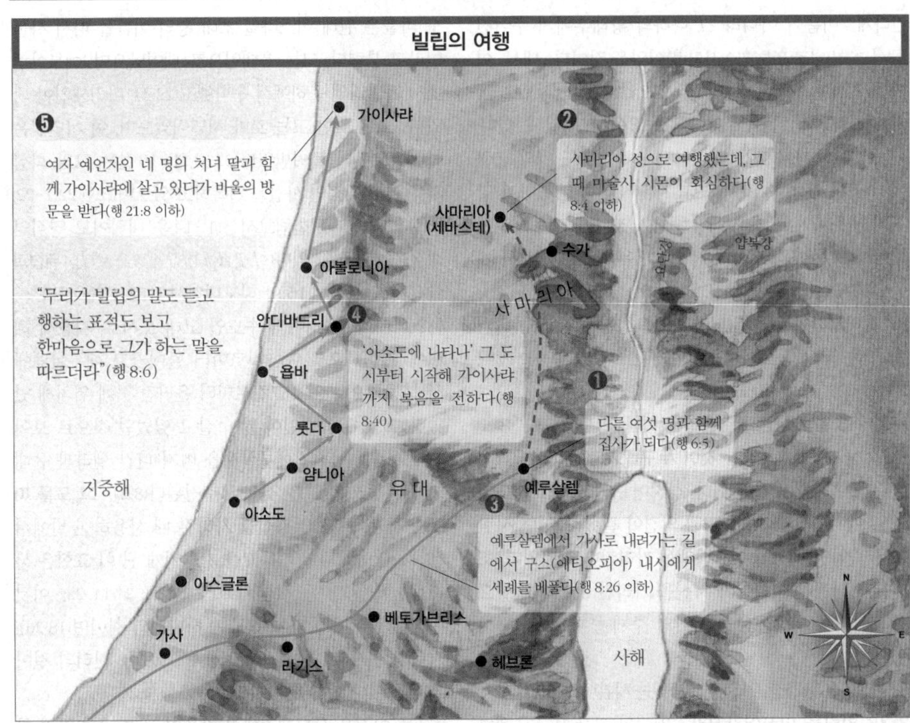

을 얻으려면 믿음이 도움이 될 것이라고 보았다. 또한 빌립을 따름으로써 예전에 자신의 말을 듣던 사람들과의 관계를 계속 이어갈 수 있었다.

8:15 성령 받기 *2:4에 대한 설명을 보라.*

8:16 아직 한 사람에게도 성령 내리신 일이 없고 이 어구는 그리스도인이 구원받은 후에 성령을 받는다는 그릇된 생각을 지지하지 않는다. 당시는 시대가 바뀌는 기간으로, 새로운 집단을 교회에 포함시키는 것의 정당성을 확보하려면 사도들의 확증이 필요했다. 유대인과 사마리아인 사이에 존재하던 적대감 때문에 교회의 하나 됨을 유지하기 위해 예루살렘 교회 지도자들 앞에서 사마리아인들이 성령을 받는 것이 반드시 필요했다. 성령받는 일이 지연된 것은 그들 역시 사도의 권위 아래 들어올 필요가 있었음을 보여준다. 이방인들이 교회에 가입할 때도 이와 동일한 전환기적 사건이 발생했다(10:44-46. 참고. 15:6-12; 19:6).

8:17 그들에게 안수하매 이것은 사도의 확증과 연대를 표시한 것이다. *6:6에 대한 설명을 보라.* **성령을 받는지라** 이 일이 실제로 발생한 것으로 볼 때 오순절에 성령받은 사람들이 여기서도 신자들이 방언을 말한 것처럼 방언을 말했으며(*2:4에 대한 설명을 보라*), 이는 이방인들이 성령을 받았을 때(10:46)와 요한의 추종자들이 성령을 받았을 때(19:6)와 마찬가지였음을 보여준다. 사마리아인과 이방인, 옛 언약 하의 신자들이 교회에 가입함으로써 교회의 통일성이 확립되었다. 더 이상 하나의 민족(이스라엘)만 하나님의 증인이 아니라 유대인을 비롯해 이방인, 혼혈족인 사마리아인, 이제 신약의 신자가 된(19:1-7) 구약의 성도들로 이루어진 교회가 다 증인이 된 것이다. 이 통일성을 입증하기 위해 오순절을 믿는 유대인에게 발생했던 것과 동일한 사건이 각각의 경우에 발생하는 것이 절대적으로 필요했다. 말하자면 사도들이 그 자리에 있어야 했고, 오순절의 방언(2:5-12)을 통해 성령이 오셨다는 증거가 나타나야 했던 것이다.

8:22-24 그는 분명 두려워하기는 했지만 회개하고 사죄를 구하기보다는 죄의 결과를 피할 길만 구했다.

B. 이방인의 회심(8:26-40)

8:26 가사 블레셋의 다섯 주요 도시 중 하나다. 원래 도시는 주전 1세기에 파괴되었고, 해변 가까이에 새로운 도시가 건설되었다.

8:27 에디오피아 당시 애굽 남쪽에 있던 큰 왕국이다.

간다게 이름이 아니라 그 나라의 황태후에게 주어진 공식 호칭(바로 또는 가이사처럼)이었을 것이다. **내시** 이 말은 거세된 사람을 가리킬 수도 있고, 일반적으로 국가 관리를 가리킬 수도 있다. 그는 양쪽 모두일 수 있다. 왜냐하면 누가가 그를 내시라고 말하면서도 왕의 궁궐에서 권위 있는 지위(재무장관 같은 직책)를 가졌다고 말했기 때문이다. 그가 거세당한 내시였다면 그는 성전에 들어가지 못했을 것이며(신 23:1), 유대교로 완전히 개종할 수도 없었을 것이다.

8:28 **이사야의 글을 읽더라** 그는 성경을 통해 하나님을 찾는 것이 중요하다는 것을 알고 있었다(눅 24:25-27; 요 5:39, 46; 롬 10:12-15).

8:32, 33 **읽는 성경 구절은 이것이니** 이사야 53:7, 8.

8:34 **선지자가 이 말한 것이 누구를 가리킴이냐** 그의 혼란은 이해할 만한 일이다. 심지어 유대교 종교지도자들도 이 어구의 의미에 대해 의견이 갈렸다. 어떤 사람들은 죽임당한 양이 이스라엘을 가리킨다고 믿었다. 또 다른 사람들은 이사야가 자신을 가리킨 것이라고 했으며, 또 다른 사람들은 이사야의 주제는 메시아였다고 했다.

8:37 이 절은 가장 오래된 권위 있는 사본에는 없다.

8:39 **빌립을 이끌어간지라** 엘리야(왕상 18:12; 왕하 2:16)와 에스겔(겔 3:12, 14; 8:3)도 기적적인 방식으로 들어올려졌다. 이것은 그 수레에 있던 사람들에게 빌립이 하나님의 대리자라는 강력한 증거가 되었다.

8:40 **아소도** 이것은 가사 북쪽 32킬로미터 지점에 위치한 블레셋의 고대 도시 아스돗의 1세기 이름이었다. **가이사랴** 빌립과 그의 가족이 살던 곳이었을 것이다(21:9. *9:30에 대한 설명을 보라*).

C. 사울의 회심(9:1-31)

9:1 **사울** 로마서 서론의 저자와 저작 연대를 보라. 사도 바울은 원래 이스라엘 초대 왕의 이름을 따서 사울이라고 불렸다. 그는 유대인으로 태어났으며, 예루살렘에서 가말리엘 문하에서 수학했고(22:3), 바리새인이 되었다(23:6). 또한 그는 로마 시민이었으며, 이 시민권은 아버지로부터 물려받았다(22:8). 1-19절은 그의 회심과 관련해 외적인 사실을 기록하고 있으며(또한 22:1-22; 26:9-20을 보라), 빌립보서 3:1-14은 내적이고 영적인 회심을 기록하고 있다(*이 구절에 대한 설명을 보라*). **위협과 살기** 고린도전서 15:9; 디모데전서 1:12, 13을 보라.

9:2 **다메섹** 수리아의 수도인 고대 도시로, 지중해 해변에서 내륙으로 96.5킬로미터 들어가고 예루살렘에서 북동쪽으로 약 257킬로미터 올라간 곳에 위치해 있었다. 그곳에 유대인이 많이 살고 있었던 것으로 보이는데, 박해를 피해 예루살렘을 빠져 나간 헬라파 유대인 신자들도 있었을 것으로 추정된다(8:2). **그 도를 따르는 사람** 예수가 자신을 가리킬 때 사용하신 말에서(요 14:6) 유래되어 기독교를 가리키게 된 이 표현은 사도행전에 몇 번 등장한다(19:9, 23; 22:4; 24:14, 22). 이것은 적절한 명칭이다. 기독교는 하나님의 길이며(18:26), 거룩한 곳으로 가는 길이고(히 10:19, 20), 진리의 길이기 때문이다(요 14:6; 벧후 2:2).

9:3-6 이것은 사도행전에서 바울이 보는 여섯 가지 환상 가운데 첫 번째다(참고. 16:9, 10; 18:9, 10; 22:17, 18; 23:11; 27:23, 24).

9:3 **하늘로부터 빛이** 예수가 영광 가운데 나타나신 것으로(참고. 22:6; 26:13), 오직 사울에게만 보였다(26:9).

9:4 **네가 어찌하여 나를 박해하느냐** 그리스도와 그를 따르는 사람들은 불가분적으로 연합되어 있다. 사울의 박해는 그리스도에 대한 직접적인 공격이었다. 참고. 마태복음 18:5, 6.

9:5 **가시채**[한글 개역개정판 성경에는 없으나 영어 성경(NKJV)에는 있음 – 옮긴이] 가축을 찌르기 위한 막대기

사도행전에 나오는 환상

바울	다메섹에서 그의 눈을 멀게 한 그리스도의 환상을 통해 기독교로 개종함	행 9:3-9
아나니아	다메섹에서 사울을 도우라는 지시를 받음	행 9:10-16
고넬료	욥바에 사람을 보내 베드로를 오도록 요청하라는 지시를 받음	행 10:3-6
베드로	부정한 동물을 먹으라는 말을 들음(이방인을 받아들이라는 메시지)	행 10:9-18, 28
바울	마게도냐 도에서 복음을 전하라는 지시를 받음	행 16:9
바울	고린도에 하나님이 계신다는 확증을 받음	행 18:9, 10
바울	로마로 가는 여행에서 하나님이 함께하실 것을 약속함	행 23:11

다(26:14).

9:10 아나니아 다메섹 교회 지도자들 가운데 한 사람이었으므로 사울이 박해하던 대상이었다(참고. 22:12).

9:11 직가라 하는 거리 다메섹의 동쪽 성문에서 서쪽으로 통하는 이 거리는 지금도 있으며, 다브 엘-무스타킴이라고 불린다. **다소** 바울의 출생지이며 로마의 길리기아 지방의 중심 도시로, 소아시아 그리고 수리아 경계와 가까운 키드누스강 둑 위에 위치해 있다. 그곳은 교역과 교육의 중심지였다. 키드누스의 항구들은 상업 활동으로 붐볐으며 그곳의 대학은 아테네, 알렉산드리아의 대학과 함께 로마에서 가장 우수한 곳 가운데 하나였다.

9:15 이방인과 임금들과 이스라엘 자손들에게 바울은 유대인에게 복음을 전하는 것으로 사역을 시작했다(13:14; 14:1; 17:1, 10; 18:4; 19:8). 그러나 그의 일차적인 부르심은 이방인들을 향한 것이었다(롬 11:13; 15:16). 또한 하나님은 그를 불러 아그립바 같은 왕에게 복음을 전하게 하셨는데(25:23-26:32), 가이사에게도 전하게 하셨을 것이다(참고. 25:10-12; 딤후 4:16, 17). **택한 나의 그릇** 문자적으로 '선택한 그릇'이라는 뜻이다. 바울의 구원과 그의 봉사 사이에는 완벽한 연속성이 존재한다. 하나님은 자신의 은혜를 만민에게 전달하기 위해 그를 택하셨다(갈 1:1. 참고. 딤전 2:7; 딤후 1:11). 바울은 이 단어를 4번 사용했다(롬 9:21, 23; 고후 4:7; 딤후 2:21).

9:17 그에게 안수하여 *6:6에 대한 설명을 보라.* **성령으로 충만하게 하신다** *2:4에 대한 설명을 보라.* 성령은 이미 바울의 생애 안에서 활동하셨다. 그의 죄를 깨닫게 하셨고(요 16:9), 그리스도가 주님이심을 확신시켰고(고전 12:3), 그를 변화시켰으며(딛 3:5), 그의 안에 영구적으로 거하셨다(고전 12:13). 그러고 나서 그는 성령으로 충만하게 되었고 섬김을 위한 능력을 받았다(참고. 2:4, 14; 4:8, 31; 6:5, 8. *또한 엡 5:18에 대한 설명을 보라*). 사울은 사도들이 함께하지 않은 상태에서 성령을 받았다. 이는 그가 유대인이었기 때문이며(유대인이 교회에 포함된다는 것은 오순절에 이미 확립되었음), 그리스도가 직접 그를 택하셨고 봉사를 위한 사명을 주셨으므로 스스로 사도가 되었기 때문이다(롬 1:1).

9:20 예수가 하나님의 아들이심 바울의 메시지는 예수 그리스도가 하나님이라는 것이었다(*히 1:4, 5에 대한 설명을 보라*).

9:23 여러 날이 지나매 이는 그가 다메섹과 남쪽으로 시나이 반도까지 포함하는 지역이었던 나바테안 아라비아에서 사역한 3년의 기간을 말한다(*갈 1:17, 18에 대한 설명을 보라*).

9:24 성문 다메섹은 성벽으로 둘러싸인 도시여서 이를 벗어나려면 성문으로 나가는 것밖에 없었다.

9:25 사울을 광주리에 담아 성벽에서 달아 내리니라 "광주리"는 목초, 짚, 나무 꾸러미를 달아 내리기에 적합한 큰 바구니였다.

9:27 바나바 *4:36에 대한 설명을 보라.*

9:29 헬라파 유대인 스데반과 논쟁했던 그 집단을 말한다(*6:1에 대한 설명을 보라*).

9:30 가이사랴 참고. 8:40. 욥바에서 북쪽으로 48킬로미터 지점에 있는 지중해 연안의 중요한 항구 도시다. 로마가 다스리던 유대 지방의 수도요 로마 총독의 주둔지였던 이 도시는 로마의 대규모 주둔 부대의 사령부가 있었다. **다소로 보내니라** 바울은 몇 년 동안 활발하게 사역을 벌이다가 사라졌다. 하지만 그는 그동안 수리아와 길리기아에 몇몇 교회를 세웠을 수도 있다(15:23; 갈 1:21).

9:31 교회가 평안하여 든든히 서 가고 바울의 회심과 정치적 변화가 교회의 안정에 도움이 되었다. 선임자보다 더욱 엄격한 로마 총독과 헤롯 아그립바의 권위가 확대되어 박해를 억제했던 것이다.

D. 유대에 복음이 전파됨(9:32-43)

9:32 룻다 구약성경의 롯이다. 욥바 남동쪽 16킬로미터 되는 지점에 위치한 이 도시는 애굽에서 수리아로, 욥바에서 예루살렘으로 통하는 길의 중심이었다.

9:33 애니아 이 사람을 묘사하기 위해 '…라 하는 사람'이라는 표현이 사용된 것은 그가 불신자였기 때문이다(참고. 36절). 당시의 의학 기술로는 그의 중풍병을 치료할 수 없었다.

9:35 사론 룻다와 욥바를 둘러싸고 있는 평원으로, 북쪽으로 가이사랴까지 연결된다.

9:36 욥바 오늘날 텔아비브 남쪽에 위치한 야파라는 이름으로 불리는 해변 마을이다. **다비다** 이 여인은 헬라어 이름인 도르가로 더 널리 알려져 있다. 이 두 이름은 모두 '가젤'이라는 뜻이다.

9:37 다락 이 시설은 1:13; 2:1의 위층 방과 비슷했다. 시신은 보통 즉시 매장했지만 욥바의 신자들은 다른 계획이 있었다.

9:38 욥바에서 가까운지라 남동쪽으로 16킬로미터 떨어진 곳에 위치해 있었다.

9:39 속옷과 겉옷 속에 입는 옷과 겉에 입는 긴 옷을 말한다.

9:43 시몬이라 하는 무두장이 참고. 10:5, 6. 베드로가 무두장이와 함께 머문 것은 문화적 장벽을 허문 행동

이었다. 무두장이는 죽은 동물의 가죽을 다루므로 유대 사회에서 천대받는 직업이었다. 그 지역의 회당에서는 시몬이 회당에 오는 것을 막았을 것이다.

E. 이방인에게 복음이 전파됨(10:1-11:30)

10:1 이달리야 부대 즉 '이탈리아 보병대'다. 600명으로 이루어진 보병대 10개가 모이면 하나의 군단이 된다. **백부장** 로마 군단에 여섯 종류의 장교가 있었는데, 그중 100명의 군사를 거느린 지휘관이었다(*마 8:5에 대한 설명을 보라*).

10:2 하나님을 경외하며 여호와 하나님을 섬기기 위해 자기들의 종교를 포기한 이방인을 가리킬 때 유대인이 주로 쓰는 용어다. 이들은 구약의 윤리를 따르기는 하지만 할례를 받고 완전히 유대교로 개종한 것은 아니었다. 고넬료는 이제 그리스도 안에 계시는 하나님을 아는 지식을 얻어 구원을 받게 될 것이다(*롬 1:20에 대한 설명을 보라*).

10:3 제 구 시쯤 되어 오후 3시다(*3:1에 대한 설명을 보라*).

10:4 기억하신 바 고넬료의 기도와 헌신, 믿음, 선행이 향기로운 제물처럼 하나님께 상달되었다.

10:7 경건한 사람 *1, 2절에 대한 설명을 보라.*

10:9 기도하려고 지붕에 올라가니 온갖 종류의 경배가 유대인 가정의 옥상에서 이루어졌다(왕하 23:12; 렘 19:13; 32:29). **제 육 시** 낮 12시다.

10:12 각종 네 발 가진 짐승 정한 동물과 부정한 동물을 말한다. 이스라엘 백성을 이웃 나라의 우상숭배로부터 분리하기 위해 하나님은 그런 동물을 먹는 문제와 관련해 특정한 제한을 두셨다(참고. 레 11:25, 26).

10:13 잡아 먹어라 새 언약이 맺어지고 교회가 부르심을 받음에 따라 하나님은 그런 음식 관련 규제를 폐하셨다(참고. 막 7:19).

10:14 속되고 깨끗하지 아니한 것 거룩하지 않거나 부정한 것을 말한다.

10:15 하나님께서 깨끗하게 하신 것 하나님은 구약의 음식 관련 규제를 단순히 폐하신 것이 아니라 깨끗한 동물로 상징된 유대인과 깨끗하지 못한 동물로 상징된 이방인이 그리스도의 희생의 죽음을 통해 교회 안에서 하나가 되게 하셨다(*엡 2:14에 대한 설명을 보라*).

10:22 거룩한 천사의 지시를 받아 참고. 3-6절.

10:23 불러 들여 자존심이 센 유대인은 이방인을 자기 집으로 불러들이지 않았다. 특히 그들이 미워하는 로마 군인이라면 더욱 그랬다. **어떤 형제들** 여섯 명의 유대인 신자(11:12)로, 45절에서 '할례받은' 사람들로 밝혀졌다.

10:26 나도 사람이라 참고. 14:11-15; 요한계시록 22:8, 9. 오직 성삼위 하나님만이 경배받아 마땅하다.

10:28 위법 문자적으로 '금기 파괴'라는 뜻이다. 베드로는 평생 유대교의 표준과 전통을 지켜왔다. 그의 말은 유대인이 더 이상 이방인을 속되다고 생각하지 말아야 한다는 새로운 기준을 그가 받아들였음을 보여준다.

10:34 하나님은 사람의 외모를 보지 아니하시고 구약(신 10:17; 대하 19:7; 욥 34:19)과 신약(롬 2:11; 3:29, 30; 약 2:1) 모두의 가르침이다. 이 진리의 실체가 베드로에게 새로운 차원의 눈을 뜨게 했다.

10:35 받으시는 줄 이 헬라어 단어는 '하나님이 기뻐하신다는 호의의 증거를 받은'이라는 뜻이다.

10:36 화평의 복음을 전하사 그리스도는 죽음이라는 희생을 통해 죗값을 치르심으로써 사람과 하나님 사이에 화평을 이루셨다(*롬 5:1-11에 대한 설명을 보라*).

10:37 요한이 그 세례를 반포한 참고. 1:22; 13:24; 18:25; 19:34. *마태복음 3:2-12에 대한 설명을 보라.*

10:38 하나님이 나사렛 예수에게…기름 붓듯 하셨으매 참고. 4:27. 예수의 지상 사역이 시작되었을 때였다(참고. 마 3:13-17; 눅 3:21, 22).

10:41 미리 택하신 증인 예수는 부활 후에 오직 신자에게만 그 모습을 보이셨다(참고. 고전 15:5-8).

10:43 그를 믿는 오직 그리스도에 대한 믿음만이 구원의 수단이다(*롬 1:16에 대한 설명을 보라*. 참고. 요 3:14-17; 6:69; 롬 10:11; 갈 3:22; 엡 2:8, 9).

10:44 성령이…내려오시니 *2:4; 8:17에 대한 설명을 보라.*

10:45 할례 참고. 11:2. 유대 그리스도인이다(*23절에 대한 설명을 보라*).

10:46 방언 *2:4; 8:17에 대한 설명을 보라.*

11:3 함께 먹었다 유대인 신자들은 유대교 풍습을 정면으로 어긴 것에 격분했다. 그들은 예수가 이방인 신자에게도 동일한 주님이 되신다는 것을 쉽사리 이해하지 못했다.

11:4-14 참고. 10:1-23, 28-33.

11:14 네 온 집 고넬료 그리고 그의 권위와 보호 아래에 있으면서 복음을 깨닫고 믿을 수 있었던 모든 사람이다(참고. 16:15, 31). 여기에 어린 아기는 포함되지 않았다.

11:15 시작할 때에 하나님은 오순절에 발생했던 것과 똑같은 현상을 일으키심으로써 이방인 구원이 실제임을 입증하셨다(*8:17에 대한 설명을 보라*).

11:16 성령으로 세례를 받으리라 *1:5에 대한 설명을*

보라.

11:18 하나님께서 이방인에게도 생명 얻는 회개를 주셨도다 유대교의 역사상 가장 충격적인 시인이었지만, 실은 이미 구약성경에서 예언한 사건이다(사 42:1, 6; 49:6. *2:38에 대한 설명을 보라*).

11:19 *8:1-3에 대한 설명을 보라*. **베니게** 유대 정북쪽의 해변 지역으로 교역 항구인 두로와 시돈이 거기에 있다. **구브로** *4:36에 대한 설명을 보라*. **안디옥** 시돈에서 북쪽으로 약 322킬로미터 되는 곳에 위치한 안디옥은 이방의 중요한 메트로폴리스로 로마 제국에서 로마와 알렉산드리아 다음으로 큰 도시였다.

11:20 구브로와 구레네 몇 사람 *6:9; 13:4에 대한 설명을 보라*. **헬라인** 참고. 6:1; 9:29. 더 나은 해석은 '그리스인들' 또는 헬라어를 말하는 비유대인이다(*6:1에 대한 설명을 보라*).

11:21 주의 손 이것은 심판(참고. 출 9:33; 신 2:15; 수 4:24; 삼상 5:6; 7:13)과 도우심(스 7:9; 8:18; 느 2:8, 18)에서 계시되는 하나님의 능력을 가리킨다. 여기서는 복주심을 가리킨다.

11:22 바나바 *4:36에 대한 설명을 보라*. 그는 구브로의 유대인으로 안디옥 교회를 세운 사람들과 비슷한 배경을 가지고 있었다.

11:25 사울을 찾으러 이것은 쉬운 일이 아니었다. 사울이 예루살렘에서 도피한 지 여러 해가 흘렀다(9:30). 그는 새롭게 기독교를 신봉하는 바람에 유산을 상실하고 가족을 떠날 수밖에 없었을 것이다(빌 3:8). **다소** *9:11에 대한 설명을 보라*.

11:26 그리스도인 '그리스도파'라는 의미의 조롱 섞인 단어다. 참고. 26:28; 베드로전서 4:16.

11:27 선지자들 신약의 설교자들이다(참고. 고전 14:32; 엡 2:20. *13:1; 21:9; 엡 4:11에 대한 설명을 보라*).

11:28 아가보 예루살렘 예언자들 가운데 한 사람으로 몇 년 뒤에는 바울의 사역에서 중요한 역할을 담당하게 된다(21:10, 11). **큰 흉년** 몇몇 고대의 저자가[타키투스(「연대기」 XI.43) 요세푸스(「유대 고대사」 XX.ii.5), 수에토니우스(「클라우디우스」 18)] 주후 45-46년 예루살렘에 큰 기근이 있었음을 기록한다. 이 기근은 팔레스타인 지역 너머까지 미쳤다. **글라우디오** 로마의 황제다(주후 41-54년).

11:30 장로들 교회를 돌보는 사람들이 처음으로 언급된다(15:4, 6, 22, 23; 16:4; 21:18). 즉 교회를 이끌어가는 책임을 진 복수의 경건한 사람들이다(*딤전 3:1-7; 딛 1:5-9에 대한 설명을 보라*). 그들은 곧 교회에서 선구적인 역할을 하기 시작했다. 교회를 세운 사도들과 선지자들의 역할이 이전되었다(참고. 엡 2:20; 4:11).

F. 헤롯의 박해 (12:1-25)

12:1 헤롯 왕 헤롯 아그립바 1세는 주후 37-44년에 재위했으며 대 헤롯의 손자였다. 그는 로마에서 엄청난 빚을 지고 팔레스타인으로 도주했다. 경솔한 언사로 디베료(티베리우스) 황제에 의해 구금되었으나 디베료가 죽자 방면되었으며, 북부 팔레스타인의 통치자가 되었다. 주후 41년 유대와 사마리아도 그의 통치 하에 들어갔다. 로마와의 불안한 관계에 대한 보완책으로 그는 그리스도인을 박해함으로써 유대인의 환심을 사려고 했다.

12:2 야고보 사도들 가운데 최초의 순교자다(*마 10:2에 대한 설명을 보라*). **칼로** 처형당한 방식으로 미루어 보건대 야고보는 사람들을 거짓된 신들에게 이끌어 따르게 했다는 죄목으로 고발당한 것으로 보인다(참고. 신 13:12-15).

12:3 때는 무교절 기간이라 유월절 바로 다음에 따라오는 한 주간의 축제다(*출 23:14-19; 마 26:17에 대한 설명을 보라*).

12:4 넷씩인 네 패에게 각각의 패는 네 명의 군인으로 이루어져 있으며, 그들은 돌아가면서 베드로를 감시했다. 두 사람은 감방 안에서 베드로와 함께 쇠줄에 묶여 있고 두 사람은 감방 문 밖에서 지켰다(6절).

12:12 마가라 하는 요한 바나바의 조카로(골 4:10), 어렸을 때부터 베드로를 알고 있던(벧전 5:13) 그는 바나바 그리고 바울과 함께 안디옥에 있었고(25절) 나중에는 구브로까지 동행했다(13:4, 5). 그는 버가에서 그들을 떠났는데(13:13), 이 일로 바울은 2차 전도여행에 그를 동행시키기를 거부했다(15:36-41). 그래서 마가는 바나바와 함께 구브로로 갔다(15:39). 그 후에는 사라졌다가 바울의 친구요 동역자로 로마에서 바울과 함께하는 모습이 포착된다(골 4:10; 몬 24절). 로마에 이차로 감금되었을 때 바울은 마가가 자기에게 유용하니 그를 보내달라고 요구한다(딤후 4:11). 마가는 그의 이름으로 일컬어지는 두 번째 복음서를 썼으며, 베드로의 도움으로 그 일을 풍성하고 의미 있는 것으로 만들었다(벧전 5:13). **마리아** 마가는 골로새서 4:10에서 바나바의 조카라고 불렸기 때문에 이 마리아는 바나바의 숙모였다.

12:15 그의 천사 유대교의 미신에 따르면 각 사람에게는 수호천사가 있으며, 그 수호천사는 그 사람의 모양으로 나타난다고 한다.

12:17 야고보 지금은 예루살렘 교회의 우두머리가 된 주님의 형제다(야고보서의 서론을 보라. *15:13에 대한 설명*

을 보라). **떠나** 15장에서 잠깐 나타났다가 베드로는 장면에서 사라지고 사도행전의 나머지는 바울과 그의 사역을 중심으로 흘러간다.

12:19 **헤롯** *1절에 대한 설명을 보라*. **죽이라** 유스티니아누스(Justinian)의 「코드」(*Code*, ix. 4:4)에 따르면 죄수의 탈출을 방조한 간수는 그 죄수가 당해야 하는 처벌을 대신 받아야 했다. **가이사랴** *9:30에 대한 설명을 보라*.

12:20 **헤롯** *1절에 대한 설명을 보라*. **두로와 시돈** 가이사랴 북쪽 페니키아 지역에 있는 두 개의 교역 항구다. 이 두 도시와 갈릴리는 상호의존적 관계에 있었는데, 두로와 시돈이 갈릴리에 더 의존했다(*막 3:8에 대한 설명을 보라*). **블라스도** 왕의 재정 담당자로 두로와 시돈의 대표자들과 헤롯 사이의 중재자 역할을 했다.

12:21 **날을 택하여** 헤롯의 후견자인 로마 황제 글라우디오를 기리는 축전이다. **왕복을 입고** 요세푸스에 따르면 그는 은으로 만든 옷을 입었다.

12:23 **영광을 하나님께로 돌리지 아니하므로** 이것이 헤롯이 하나님께 형벌을 당한 이유다(주후 44년). 하나님은 이 죄를 범한 모든 사람을 마침내 정죄하고 형벌을 집행하실 것이다(롬 1:18-23). **벌레에게 먹혀** 요세푸스에 따르면 헤롯은 죽기 전 5일 동안 끔찍한 고통을 당했다.

12:25 **부조하는 일을 마치고** 헤롯이 죽은 후 그들은 예루살렘 교회의 기근을 해결할 구조 기금을 전달했다(11:30). **마가라 하는 요한** *12절에 대한 설명을 보라*.

땅 끝까지 증거하라 (13:1-28:31)

A. 바울의 1차 전도여행(13:1-14:28)

13:1 13장은 사도행전의 전환점 역할을 한다. 처음 열두 장은 베드로에게 초점을 맞췄으나, 나머지 장들은 바울을 중심으로 한다. 베드로에게 초점을 맞췄을 때는 예루살렘과 유대에 있는 유대인 교회가 강조되었고, 바울이 중심이 되었을 때는 안디옥 교회에서 시작되어 로마 전역으로 뻗어나간 이방인 교회의 확장에 초점이 맞춰진다. **선지자들** 이들은 사도 시대에 교회에서 중요한 역할을 담당했다(*고전 12:28; 엡 2:20에 대한 설명을 보라*). 그들은 하나님 말씀을 전파했으며, 교회 초기에 지역 교회의 회중을 가르치는 책임을 담당했다. 어떤 경우에는 새로운 계시를 받기도 했는데(참고. 11:28; 21:10), 이 기능은 한동안 주어졌던 그 은사가 끝나면서 함께 종결되었다. 그들의 직책은 목사-교사와 복음 전파자로 대체되었다(*엡 4:11에 대한 설명을 보라*). **바나바** *4:36에 대한 설명을 보라*. **니게르라 하는 시므온** "니게르"는 '검다'는 뜻이다. 그는 피부가 검은 사람이거나 피부가 검은 아프리카 사람이었을 것이다. 그를 구레네 시몬(막 15:21)과 동일시할 만한 직접적인 증거는 없다. **구레네 사람 루기오** 로마서 16:21에 나오는 누기오가 아니며, 사도행전의 저자인 의사 누가도 아니다. **분봉 왕 헤롯** 헤롯 안디바, 곧 복음서의 헤롯이다(*마 14:1에 대한 설명을 보라*). **젖동생** 이 말은 '이복동생'으로 번역될 수도 있다. 마나엔은 대 헤롯의 가정에서 성장했다.

13:2 **섬겨** 이는 성경에서 제사장의 사역을 묘사하는 헬라어 단어에서 온 것이다. 교회에서 지도자로 섬기는 것은 하나님을 경배하는 행동이며, 하나님께 영적 제물을 드리는 것으로(기도, 양 떼를 돌봄, 말씀의 선포와 가르침) 간주되었다. **금식** 이것은 자주 깨어 있어서 열렬히 기도하는 것과 관련이 있으며(참고. 느 1:4; 시 35:13; 단 9:3; 마 17:21; 눅 2:37), 식욕이 없어 음식을 끊거나 영적인 문제에 집중하기 위해 의도적으로 음식을 멀리하는 것도 포함된다(*마 6:16, 17에 대한 설명을 보라*).

13:3 **두 사람에게 안수하여** *6:6에 대한 설명을 보라*.

13:4 **실루기아** 이 도시는 안디옥의 외항으로, 오론테스강 하구에서 26킬로미터 들어간 곳에 있다. **구브로** *4:36에 대한 설명을 보라*. 사울과 바나바가 그곳에서 선교 사역을 시작한 것은 그곳이 바나바의 고향이며 안디옥에서 이틀이 걸리는 여행길이었고 많은 유대인이 거주했기 때문이다.

13:5 **살라미에 이르러** 구브로에서 최고로 발달한 항구 도시이며 상업 중심지다. **회당** *6:9에 대한 설명을 보라*. 바울은 어느 도시에 가든지 유대인에게 먼저 복음을 전하는 것을 관례화했다(참조 14, 42절; 14:1; 17:1, 10, 17; 18:4, 19, 26; 19:8). 이는 유대인인 그가 회당에 들어가서 복음을 전할 수 있는 문이 항상 열려 있었기 때문이다. 또한 만약 그가 이방인에게 먼저 복음을 전한다면 유대인은 그의 말을 절대 들으려고 하지 않았을 것이다. **요한을 수행원으로** *12:12에 대한 설명을 보라*.

13:6 **바보** 구브로의 수도로, 로마 정부가 위치한 곳이었다. 또한 그곳은 아프로디테(비너스) 예배의 큰 중심지로, 온갖 종류의 부도덕이 성행하는 온상이었다. **바예수라 하는 유대인…마술사** 원래 "마술사"에는 나쁜 뜻이 없었지만, 나중에는 신비종교에 빠진 온갖 참여자들을 가리키는 말로 사용되었다. 이 마술사는 자신의 지식을 악한 용도로 사용했다(*8:9에 대한 설명을 보라*).

13:7 **총독** 지방 행정관으로 일한 로마 관리다(참고. 18:12).

신약성경에 나오는 유명한 여행

사람들	여행	관련 구절
지혜자들	갓 태어난 예수께 경배하기 위해 동방(페르시아)에서 베들레헴으로 여행함	마 2:1-12
요셉과 마리아	나사렛에서 예수가 탄생하신 베들레헴으로 여행함	눅 2:4
마리아와 요셉, 예수	헤롯의 위협을 피해 애굽으로 피신했다가 헤롯이 죽은 후 나사렛으로 돌아옴	마 2:13-23
빌립	예루살렘에서 사마리아로 가서 거기서 복음을 전함 사마리아에서 광야로 가서 구스 내시에게 복음을 전함 광야에서 가이사랴로 여행함	행 8:5 행 8:26 행 8:40
바울	초기 그리스도인을 체포하기 위해 예루살렘에서 다메섹으로 여행함	행 9장
베드로	고넬료와 이방인들에게 복음을 전하기 위해 예루살렘에서 욥바로 여행함	행 10장
바나바	이방인 회심자들과 일하기 위해 예루살렘에서 안디옥으로 여행함	행 11:19-26
바울과 바나바	안디옥에서 출발해 여러 지역을 방문한 바울의 1차 전도여행으로 여행지에 구브로, 앗달리아의 도시들, 버가, 비시디아 안디옥, 이고니온, 루스드라, 더베가 포함됨	행 13; 14장
바울과 실라	안디옥에서 출발해 여러 지역을 방문한 바울의 2차 전도여행으로 여행지에 다소, 드로아, 네압볼리, 빌립보, 암비볼리, 데살로니가, 베뢰아, 아덴, 고린도, 에베소가 포함됨	행 15-18장
바울	안디옥에서 출발해 여러 지역을 방문한 바울의 3차 전도여행으로 이 여행에서 방문한 새로운 지역은 앗소, 미둘레네, 밀레도, 고스, 바다라, 무라, 소아시아 해변 근처 에게해의 로도에 있는 섬들이 있음	행 18-21장
바울	가이사랴에서 멜리데(몰타)를 거쳐 로마로 가는 바울의 여행	행 27:1-28:16

13:8 **엘루마** 바예수의 헬라식 이름으로, 마술사라는 아람어를 음역한 말이다.

13:9 **바울이라고 하는 사울** 바울의 히브리 이름과 로마 이름이다.

13:13 **밤빌리아에 있는 버가에 이르니** 버가는 소아시아 지역에 있는 로마의 밤빌리아 지방의 첫째가는 도시였으며, 구브로에서 북쪽으로 지중해를 통과하여 322킬로미터 지점에 있다. **요한은 그들에게서 떠나** 어떤 이유로 요한 마가는 포기하고 떠났으며, 바울은 그것을 받아들이기가 어려웠다(15:38). 그가 떠난 것이 사명을 수행하는 데 방해가 되지는 않았지만, 훗날 그로 말미암아 바울과 바나바 사이에 분란이 일었다(15:36-40). 시간이 흐른 후 이 갈등은 결국 해소되었다(참고. 골 4:10; 딤후 4:11). *12:12에 대한 설명을 보라.*

13:14 **비시디아 안디옥** 최초의 이방인 교회가 세워진 수리아 안디옥과 혼동하지 말아야 한다. 이 안디옥은 소아시아의 산 속에 위치해 있다(오늘날의 터키).

13:15 **율법과 선지자의 글을 읽은 후에** 성경 읽기다. 이 순서는 회당 예배식의 세 번째 부분이다. *쉐마*(*shema*, 신 6:4)를 낭독하고, 기도한 다음에 성경을 읽고, 가르침이 베풀어지는데, 이 가르침은 대개 그 날 읽은 성경을 근거로 한다. **회당장** 회당을 전체적으로 감

독하는 사람이며(*6:9에 대한 설명을 보라*), 성경을 누가 읽을 것인지 지명하는 일도 한다.

13:16 하나님을 경외하는 사람들아 *10:2에 대한 설명을 보라.*

13:19 일곱 족속 *신명기 7:1에 대한 설명을 보라.* **약 사백오십 년간** 이 절이 권위 있는 헬라어 사본에서는 19절에 바로 따라나오며, 17-19절을 가리킨다. 애굽 포로생활이 400년, 광야 방황이 40년, 요단강을 건너고 땅을 나누는 데 10년이 걸렸다(수 14:1-5).

13:20 선지자 사무엘 이스라엘 초대 왕 사울에게 기름을 부은 마지막 사사다(사무엘상 서론을 보라. *3:24에 대한 설명을 보라*).

13:21 사울 *사무엘상 9:2에 대한 설명을 보라.*

13:22 내 마음에 맞는 사람이라 *사무엘상 13:14에 대한 설명을 보라.* 다윗이 큰 죄인으로 밝혀진 까닭에 그를 이렇게 부르는 것에 의문을 제기하는 사람이 있을 수도 있다(참고. 삼상 11:1-4; 12:9; 21:10-22:1). 하나님의 마음에 합한 사람이라도 완전할 수는 없다. 따라서 하나님의 마음에 합한 사람이라도 다윗처럼 자신의 죄를 인정하고 진정 회개할 수 있어야 한다(참고. 시 32; 38; 51편). 바울이 사무엘상 13:14과 시편 89:20을 인용한 것이다.

13:23 약속하신 대로 구약은 메시아가 다윗의 후손으로 올 것을 예언한다(참고. 삼하 7:12-16; 시 132:11; 사 11:10; 렘 23:5). 오실 메시아에 대한 구약의 예언이 예수에게서 성취된다(마 1:1, 20, 21; 롬 1:3; 딤후 2:8).

13:24 회개의 세례 참고. 1:22; 10:37.

13:26 하나님을 경외하는 사람들아 *10:2에 대한 설명을 보라.*

13:27 관리들 서기관과 바리새인, 사두개인, 제사장을 포함한 율법 전문가들이다.

13:28 빌라도 *3:13; 마태복음 27:2에 대한 설명을 보라.*

13:29, 30 나무…무덤…하나님이…살리신지라 구약은 십자가형이 없던 시기에 그리스도가 십자가에 달려 죽으실 것(신 21; 시 22)을 예언했다. 그가 '무덤'에 묻힐 것이라고도 예언되었지만(사 53:9), 십자가에 달린 사람들은 보통 시체더미에 내던져졌다. 바울의 메시지 가운데 절정은 그리스도의 부활이다. 이 부활이야말로 예수가 메시아라는 궁극적인 증명이며, 구약의 구체적인 예언 세 가지가 성취되는 것이다(*33-35절에 대한 설명을 보라*).

13:31 증인 500명 이상이다(참고. 고전 15:5-8).

13:33 시편 2:7을 인용한 것이다.

13:34 이사야 55:3을 인용한 것이다.

13:35 시편 16:10을 인용한 것이다. *2:27에 대한 설명을 보라.*

13:39 모세의 율법으로 너희가 의롭다 하심을 얻지 못하던 모세의 율법을 지키는 것만으로는 어떤 사람도

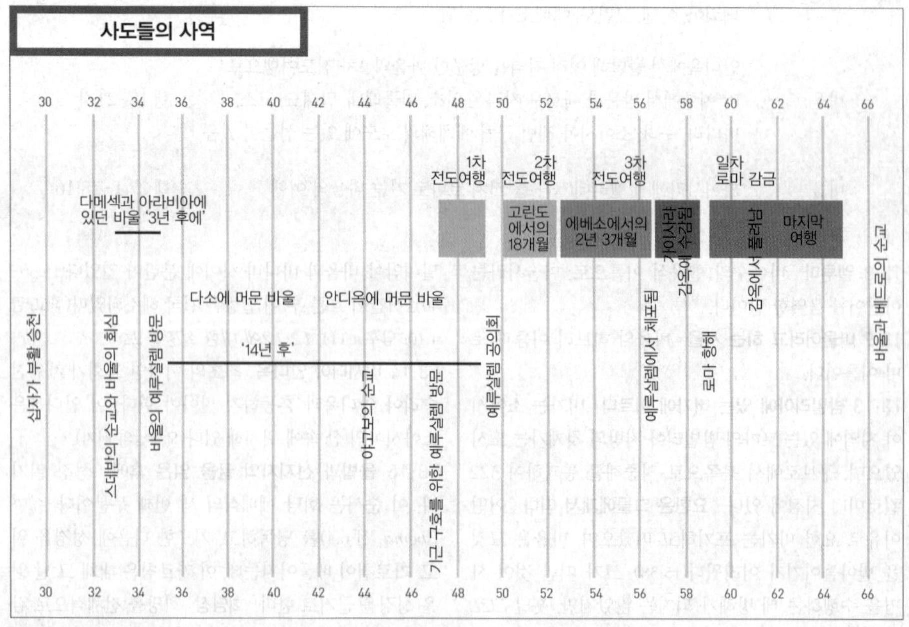

죄에서 자유롭게 될 수 없었다(참고. 롬 3:28; 고전 1:30; 갈 2:16; 3:11; 빌 3:9). 그러나 예수의 대속을 위한 죽음은 하나님 율법을 완전히 만족시키며, 모든 믿는 사람의 죄를 사할 수 있었다(갈 3:16; 골 2:13, 14). 그리스도가 사죄해주시는 것만이 사람들을 죄로부터 해방시킬 수 있다(롬 3:20, 22). **의롭다 하심** 이 표현은 '자유롭게 하심'으로 번역하는 것이 낫다.

13:41 하박국 1:5을 인용한 것이다.

13:43 **유대교에 입교한 경건한 사람들** 할례를 받고 유대교에 입교한 완전한 회심자들이다. **항상 하나님의 은혜 가운데 있으라** 참으로 구원받은 사람들은 항상 하나님의 은혜 안에 거함으로써 그들이 구원받았음을 입증한다(참고. 요 8:31; 15:1-6; 골 1:21-23; 요일 2:19). 바울과 바나바는 이와 같은 격려를 통해 복음의 진리를 머리로는 이해하지만 아직 구원의 믿음에는 도달하지 못한 사람들이 율법주의로 돌아가지 않고 그리스도를 완전히 받아들이게 되기를 바랐다.

13:46 **먼저 너희에게** 하나님은 구원의 계획을 유대인에게 먼저 시행하셨다(마 10:5, 6; 15:24; 눅 24:47; 롬 1:16). 바울 사역의 일차적 목표는 이방인이었지만 유대인도 구원받기를 원해(롬 9:1-5; 10:1) 많은 도시에서 그들에게 먼저 복음을 전했다(*5절에 대한 설명을 보라*). **우리가 이방인에게로 향하노라** 이는 유대인이 복음을 거부했기 때문이다. 게다가 하나님은 구원이 유대인만의 소유가 되도록 계획하신 적이 없다(사 42:1, 6; 49:6).

13:47 이사야 49:6을 인용한 것이다.

13:48 **영생을 주시기로 작정된 자** 구원의 주권이 하나님께 있음을 가장 분명하게 보여주는 성경의 진술 가운데 하나다. 하나님이 구원할 사람을 선택하시는 것이지 사람이 구원을 선택하는 것이 아니다(요 6:65; 엡 1:4; 골 3:12; 살후 2:13). 믿음 그 자체가 하나님의 선물이다(엡 2:8, 9).

13:51 **발의 티끌을 떨어 버리고** 이방인에 대한 유대인의 적대감은 이방인의 먼지를 이스라엘 땅으로 들이지 않겠다는 생각으로까지 확대되었다. 바울과 바나바의 행동은 그들이 안디옥의 유대인을 이교도보다 나은 존재로 간주하지 않았다는 상징적 표현이다. 이것보다 더 강력한 정죄는 있을 수 없었다.

13:52 **성령이 충만하니라** *2:4; 에베소서 5:18에 대한 설명을 보라.*

14:1 **이고니온** 비시디아 안디옥 남동쪽 129킬로미터 되는 곳에 위치한 이 도시는 부르기아인과 헬라인, 유대인, 로마 식민지 주민들의 문화가 한데 섞인 문화의 용광로였다.

14:3 **그들의 손으로 표적과 기사를 행하게 하여 주사** *2:19에 대한 설명을 보라.* 그런 신성한 능력은 바울과 바나바가 하나님을 대신해 말한다는 것을 확증해준다.

14:4 **사도** *로마서 1:1; 에베소서 4:11에 대한 설명을 보라.* 바나바는 바울이나 열두 제자와 같은 의미의 사도가 아니었다. 그는 부활하신 그리스도를 목격하지도 않았고 그리스도의 부르심을 받지도 않았기 때문이다. 여기서 '사도'는 '메신저'라고 번역하는 것이 가장 좋다(참고. 고후 8:23; 빌 2:25). 그 단어는 '보낸다'라는 뜻이다. 열두 제자와 바울은 "그리스도의 사도들"이었으나(고후 11:13; 살전 2:6) 바나바와 다른 사람들은 "교회의 사도들"이었다(고후 8:23).

14:5 **돌로 치려고** 이 일은 사도들을 반대한 유대인이 선동자였음을 증명해준다. 돌로 치는 것은 신성모독에 가해지던 유대교의 처형 가운데 하나였기 때문이다.

14:6 **루가오니아의 두 성 루스드라와 더베** 루가오니아는 로마의 갈라디아 지방의 한 지역이었다. 루스드라는 이고니온에서 약 29킬로미터 떨어진 곳으로 로이스와 유니게, 디모데의 고향이었다(16:1; 딤후 1:5). 루스드라와 관련해 누가는 회당을 언급하지 않으며, 바울이 그곳에 있는 군중을 대상으로 복음 사역을 시작한 것으로 보아 거기에는 유대인 인구가 적었던 것으로 보인다. 더베는 루스드라에서 남동쪽으로 64킬로미터 되는 곳에 있었다.

14:11-13 병을 고쳤을 때 루스드라 사람들이 보인 이상 반응은 그들 지역에 전해지던 민담 때문이었다. 전설에 따르면 제우스와 헤르메스가 변장하고 루스드라를 방문하여 사람들에게 음식과 거처를 부탁했다. 그때 빌레몬이라는 이름의 남자와 그의 아내 바우시스만이 그들에게 음식과 거처를 제공했고, 나머지 사람들은 그들을 외면했다. 그러자 신들이 홍수로 모든 사람을 죽게 했고, 빌레몬과 바우시스만 살아남았다. 그들의 초라한 오두막은 성전으로 바뀌었고, 그 두 사람은 거기서 남녀 제사장으로 섬기게 되었다. 조상의 실수를 반복하지 않으려고 루스드라 주민들은 바나바를 제우스로, 바울을 헤르메스로 믿었던 것이다.

14:11 **루가오니아 방언** 바울과 바나바는 그 사람들의 의도를 이해할 수 없었다.

14:13 **제우스 신당의 제사장** 사람들을 인도하여 그들이 신이라고 믿는 그 두 사람을 경배하도록 하는 것이 이 사람의 일이었다.

14:14 **옷을 찢고** 유대인이 신성모독을 목격했을 때 느끼는 경악과 반감을 표현하는 방법이다(*마 26:65에 대한 설명을 보라*).

14:15-17 *17:23, 24에 대한 설명을 보라.* 루스드라의 군중이 이방인인데다 구약에 대한 지식이 없다는 것을 고려한다. 바울은 그들에게 적합한 메시지를 전했다. 즉 바울은 아브라함, 이삭, 야곱의 하나님을 선포하는 대신 세상을 창조한 이에 대한 보편적이고 이성적인 지식에 호소했다(참고. 17:22-26; 요 1:9).

14:15 헛된 일 우상숭배와 모든 거짓 종교에 대한 적절한 묘사다.

14:16 모든 민족으로…방임하셨으나 그들 모두가 걷던 길이 로마서 1:18-32에 묘사되어 있다.

14:17 자기를 증언하지 아니하신 것이 아니니 하나님의 섭리와 창조의 능력은 인간의 이성에 하나님의 존재를 증명해주며(롬 1:18-20), 하나님의 도덕법을 포함하고 있는 인간의 양심도 마찬가지 일을 한다(롬 2:13-15).

14:19 그들이 돌로 바울을 쳐서 죽은 줄로 알고 어떤 사람들은 여기서 바울이 죽어 고린도후서 12장의 삼층천을 경험했다고 주장하지만, 여기서 바울은 죽은 것이 아니었다. 여기 "알고"는 '사실이 아닌 것을 그렇다고 믿는 것'을 가리킨다. 신약성경에서 이 단어가 주로 사용되는 경우들을 살펴본다면, 여기서 군중의 가정은 틀렸고 바울은 죽지 않았다고 보아야 한다. 이 입장을 지지하는 또 다른 논거는 바울이 다시 살아났다면 왜 누가가 그것을 말하지 않았겠느냐 하는 것이다. 또한 바울의 삼층천에 대한 경험과 여기서 돌로 침을 당하는 시기가 서로 맞지 않는다.

14:20 더베 *6절에 대한 설명을 보라.*

14:22 하나님의 나라 *1:3에 대한 설명을 보라.*

14:23 장로들을 택하여 *11:30에 대한 설명을 보라.*

14:24 비시디아 복음이 한 번도 전해지지 않은 험한 산지다. **밤빌리아** *13:13에 대한 설명을 보라.*

14:25 버가 *13:13에 대한 설명을 보라.*

14:26 거기서 이렇게 바울의 1차 전도여행이 끝났다. **안디옥** *11:19에 대한 설명을 보라.*

14:28 오래 약 일 년이다.

B. 예루살렘 공의회(15:1-35)

15:1-30 교회의 역사 내내 교회 지도자들은 교리 문제를 확정하기 위해 회의를 열었다. 역사가들은 교회 역사 초기에 범교회적 공의회가 7번 열렸다고 한다. 특별히 니케아 공의회(주후 325년)와 칼케돈 공의회(주후 451년)가 주목을 받았다. 그러나 가장 중요한 공의회는 최초의 공의회, 곧 예루살렘 공의회다. 여기서 교리의 많은 문제 가운데서 가장 중요한 문제, 곧 '사람이 무엇을 해야 구원을 받을 수 있는가'라는 질문에 대한 답이 확정되었기 때문이다. 사도들과 장로들은 율법주의와 종교 의식을 구원의 필수 선행조건으로 강요하려는 시도를 좌절시켰다. 그들은 구원이 오직 그리스도에 대한 믿음을 통해 은혜에 의해서만 주어진다는 것을 영원히 확정했다.

15:1 어떤 사람들 유대주의자들, 곧 스스로 율법주의의 수호자로 자처하면서 행위에 따른 구원 교리를 가르치던 거짓 교사들이다. **유대로부터** *1:8에 대한 설명을 보라.* **너희가…할례를 받지 아니하면 능히 구원을 받지 못하리라** 참고. 24절. 이것이 유대주의자들을 통해 전파된 이단이다. *갈라디아서 17:9-14에 대한 설명을 보라.*

15:2 예루살렘에 *18:22에 대한 설명을 보라.* **장로들** 예루살렘의 교회의 지도자들이다(*11:30에 대한 설명을 보라*).

15:4 바울과 바나바, 또 다른 사람들은 하나님이 그들의 수고를 통해 이루신 많은 일을 자세히 보고했다. 의심의 여지없이 그들은 이방인의 구원이 참되다는 것을 입증할 수 있는 충분한 증거를 제시했다(참고. 10:44-48; 11:17, 18).

15:7 베드로가 일어나 이 공의회에서 나온 3번의 연설 가운데서 첫 번째인 베드로의 연설은 오직 믿음을 통해 은혜로 구원을 얻는다는 성경의 교훈을 가장 강력히

베드로의 사역과 바울의 사역이 가진 유사성

베드로	바울
나면서 못 걷게 된 사람을 고침(3:1-11)	나면서부터 발을 쓰지 못하는 사람을 고침(14:8-18)
그림자로 병을 고침(5:15, 16)	손수건이나 앞치마로 병을 고침(19:11, 12)
그의 성공이 유대인의 질투를 불러일으킴(5:17)	그의 성공이 유대인의 질투를 불러일으킴(13:45)
마술사 시몬과 맞섬(8:9-24)	마술사 바예수와 맞섬(13:6-11)
다비다(도르가)를 살림(9:36-41)	유두고를 살림(20:7-12)
투옥되었다가 하나님의 능력으로 인해 기적적으로 나옴(12:3-19)	투옥되었다가 하나님의 능력으로 인해 기적적으로 나옴(16:25-34)

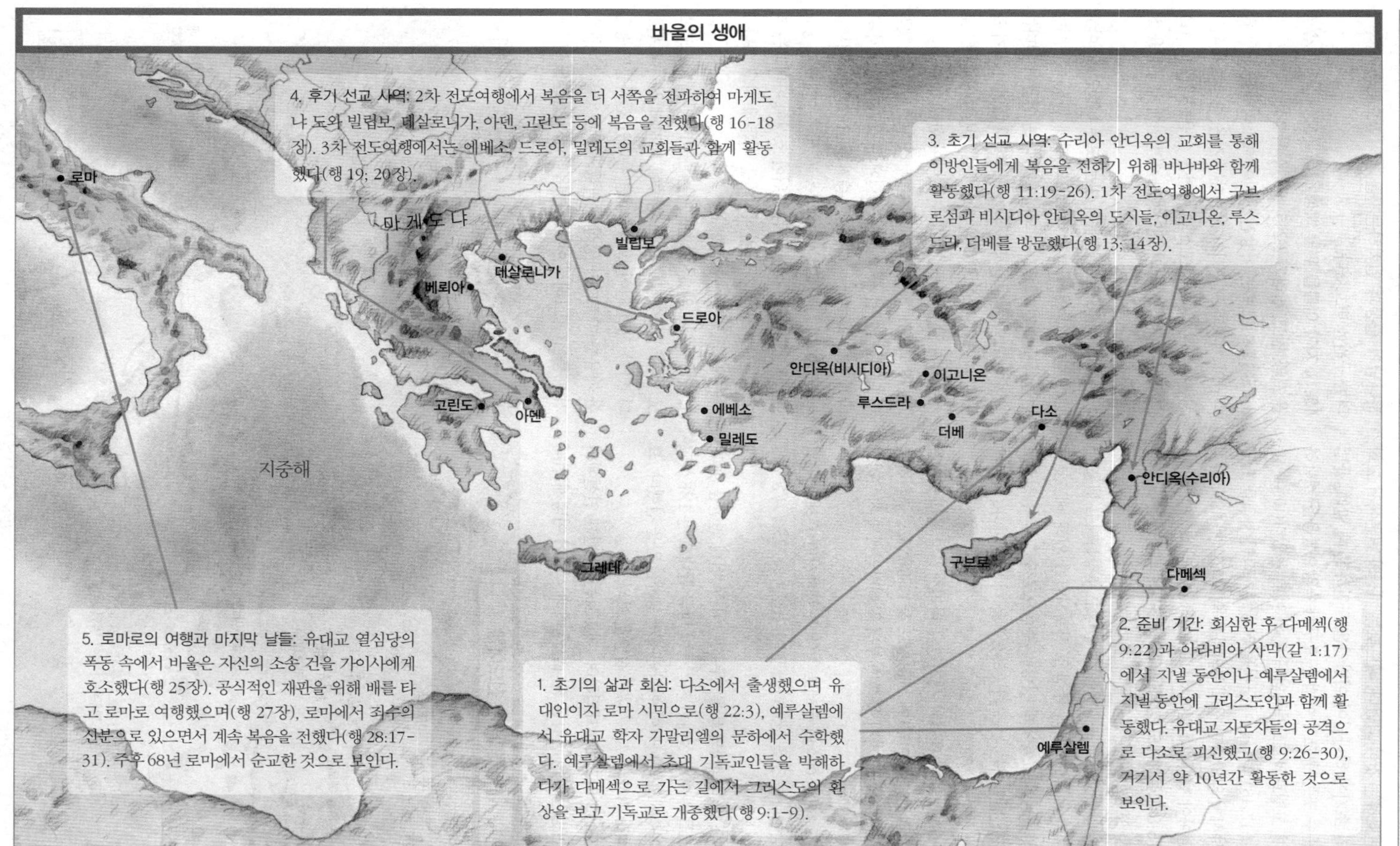
바울의 생애
4. 후기 선교 사역: 2차 전도여행에서 복음을 더 서쪽을 전파하여 마게도냐 도와 빌립보, 데살로니가, 아덴, 고린도 등에 복음을 전했다(행 16-18장). 3차 전도여행에서는 에베소, 드로아, 밀레도의 교회들과 함께 활동했다(행 19; 20장).
3. 초기 선교 사역: 수리아 안디옥의 교회를 통해 이방인들에게 복음을 전하기 위해 바나바와 함께 활동했다(행 11:19-26). 1차 전도여행에서 구브로섬과 비시디아 안디옥의 도시들, 이고니온, 루스드라, 더베를 방문했다(행 13; 14장).
로마
마게도냐
빌립보
데살로니가
베뢰아
드로아
안디옥(비시디아)
이고니온
루스드라
고린도
아덴
에베소
밀레도
더베
다소
지중해
안디옥(수리아)
그레데
구브로
다메섹
예루살렘
5. 로마로의 여행과 마지막 날들: 유대교 열심당의 폭동 속에서 바울은 자신의 소송 건을 가이사에게 호소했다(행 25장). 공식적인 재판을 위해 배를 타고 로마로 여행했으며(행 27장), 로마에서 죄수의 신분으로 있으면서 계속 복음을 전했다(행 28:17-31). 주후 68년 로마에서 순교한 것으로 보인다.
1. 초기의 삶과 회심: 다소에서 출생했으며 유대인이자 로마 시민으로(행 22:3), 예루살렘에서 유대교 학자 가말리엘의 문하에서 수학했다. 예루살렘에서 초대 기독교인들을 박해하다가 다메섹으로 가는 길에서 그리스도의 환상을 보고 기독교로 개종했다(행 9:1-9).
2. 준비 기간: 회심한 후 다메섹(행 9:22)과 아라비아 사막(갈 1:17)에서 지낼 동안이나 예루살렘에서 지낼 동안에 그리스도인과 함께 활동했다. 유대교 지도자들의 공격으로 다소로 피신했고(행 9:26-30), 거기서 약 10년간 활동한 것으로 보인다.

행

변호하는 것이 되었다. 베드로는 자신의 변론에서 교회의 초기에 하나님이 이방인을 구원하실 때 할례, 율법 준수 또는 종교적 예법을 요구하지 않으셨음을 개괄하며 고넬료와 그 가족의 구원을 예로 들었다(10:44-48; 11:17, 18). 하나님이 구원을 위해 부가적인 자격을 요구하시지 않았다면 율법주의자들 역시 그것을 요구하지 말아야 했다. **내 입에서** 10:1-48을 보라.

15:8 그들에게도 성령을 주어 유대주의자들은 고넬료를 포함한 다른 사람들이 율법주의적 요구를 만족시키지 않았으므로 구원받을 수 없다고 주장하려고 했을 것이다. 이런 잠재적 주장을 침묵시키기 위해 베드로는 하나님이 그들에게 성령을 주심으로써 그들이 정말로 구원받았다는 것을 확증하셨음을 다시 밝힌다(*2:4에 대한 설명을 보라*).

15:10 멍에 율법과 서기관과 바리새인의 율법주의를 가리키는 말이다(마 23:4. 참고. 눅 11:46). 율법주의자들은 자기들도 지지 못하는 부담을 이방인에게 지우려고 했다.

15:11 주 예수의 은혜로 믿음을 통해서만 은혜로 구원받는다는 것을 단언하는 말이다(*롬 3:24, 25에 대한 설명을 보라*).

15:12 바나바와 바울 두 사람이 두 번째 연설을 했다. 그들은 이 연설에서 자기들이 방금 끝내고 온 1차 선교 여행에서 하나님이 이방인에게 행하신 일을 전했다. **표적과 기사** *2:19에 대한 설명을 보라*.

15:13 야고보가 대답하여 야고보는 세 번째 연설에서 이방인 구원을 위한 하나님의 미래 계획이 어떻게 현재 하나님의 활동과 일치하는지를 지적함으로써 믿음에 의한 구원을 변호했다.

15:14 자기 이름을 위할 백성 *10, 11장에 대한 설명을 보라*. 참고. 말라기 2:2, 5; 요한삼서 7절.

5:15-17 야고보는 이방인 구원이 이스라엘을 위한 하나님의 계획과 모순되지 않는다는 것을 증명하기 위해 천년왕국에 대한 아모스의 예언을 인용한다(9:11, 12). 그 왕국에서 하나님의 대언자가 이방인에게 구원을 선언할 것이다(슥 8:20-23).

15:17 내 이름으로 일컬음을 받는 모든 이방인들 야고보가 한 이 말의 핵심은 아모스의 말에 등장하는 이방인들이 유대인 개종자가 되어야 한다는 언급이 없다는 것이다. 만약 천년왕국에서 이방인이 유대인이 되지 않고 구원받을 수 있다면 현 세대에도 이방인은 유대교로 개종하지 않고도 구원받을 수 있어야 한다.

15:19 괴롭게 하지 말고 '괴롭게 하다'로 번역된 헬라어 단어는 '어떤 사람이 가는 길에 무엇인가를 던져 화나게 하다'라는 뜻이다. 모든 증거를 고려한 후 예루살렘 공의회가 내린 결론은 율법을 지키고 유대교의 종교 예법을 준수하는 것이 구원을 위한 조건이 아니라는 것이었다. 유대주의자들은 이방인을 괴롭게 하고 화나게 하는 일을 그만두어야 했다.

15:20 야고보와 다른 지도자들은 이방인들이 그리스도 안에서 주어진 자유로 방종에 빠지지 않기를 원했다. 만약 그런 일이 발생한다면 유대인 신자들도 동일한 자유를 따르다가 양심에 역행하는 행동을 할 수 있기 때문이다. 그래서 야고보는 유대인의 반감을 일으키

지 않기 위해 이방인들로 하여금 모세의 율법이 금하는 네 가지의 이교적이고 우상숭배적인 일을 피하게 하자고 제안했다. **우상의 더러운 것** 이방 신들에게 제물로 드려진 후 성전 푸줏간에서 팔리는 음식이다. 우상숭배는 유대인에게 너무나 역겨운 일이었고 하나님이 금하신 일이었으므로(참고. 출 20:3; 34:17; 신 5:7), 그들은 우상과 어떤 관계도 맺지 않으려 했고, 우상에게 바쳐진 음식도 마찬가지였다(참고. 고전 8:1-13). **음행** 일반적인 성적 죄를 말하는데, 특히 이방 신들의 예배와 관련된 난잡한 성관계를 뜻한다. 이방인들은 혼인이나 이성과의 관계에서 유대인의 감정을 상하는 일을 피해야 했다. **목매어 죽인 것과 피** 음식에 대한 규제다(창 9:4; 레 3:17; 7:26; 17:12-14; 19:26; 신 12:16, 23; 15:23; 삼상 14:34; 겔 33:25).

15:22 유다 이 사람이 선지자였다는 것 외에는 아무것도 알려진 바가 없다(32절). **실라** *40절에 대한 설명을 보라*. 실바누스라는 이름으로 알려진 이 인물은 2차 전도여행에서 바울과 동행했으며(40절; 16:19, 25, 29; 17:4, 10, 14, 15; 18:5) 나중에는 베드로의 첫 번째 서신을 받아 적었다(벧전 5:12).

15:23 안디옥과 수리아와 길리기아에 있는 안디옥은 수리아와 길리기아의 수도였으며, 로마는 이 지역을 하나의 구역으로 관리했다. 길리기아의 교회들은 바울이 예루살렘에서 그곳으로 도피했을 때 세워졌을 것이다(9:30).

15:24 괴롭게…혼란하게 '괴롭게 하다'는 19절의 단어와는 다르며, '크게 화나다' '깊이 뒤흔들다' '당황스럽게 하다' '두려움을 조장하다'는 의미다. 헬라어 단어 '혼란하게'는 성경 이외의 글에서는 파산한 사람을 가리킬 때 사용되었다. 이 두 단어는 함께 사용되어 유대주의자들이 일으킨 혼란을 적절하게 묘사했다.

15:25 생명을 아끼지 아니하는 1차 전도여행에서 그들은 박해를 당했고(13:50), 바울은 거의 죽을 지경에까지 갔다(14:19, 20).

15:29 *20절에 대한 설명을 보라*.

15:34 성경의 가장 권위 있는 사본에는 이 절이 없다.

C. 바울의 2차 전도여행(15:36-18:22)

15:36 형제들이 어떠한가 바울은 복음을 전하는 일뿐 아니라 새로운 신자가 신앙 안에서 성장하도록 도와주어야 할 책임을 느꼈다(마 28:19, 20; 엡 4:12; 빌 1:8; 골 1:28; 살전 2:17). 그래서 그는 1차 전도여행 지역을 다시 방문하기 위해 2차 전도여행을 계획했다.

15:37, 38 마가라 하는 요한 *13:13에 대한 설명을 보라*.

15:39 다투어 피차 갈라서니 그들은 요한 마가의 문제로 날카롭게 대립했기 때문에 우호적으로 갈라진 것이 아니었다. 증거를 달아보면 바울 편으로 기울어진다. 특별히 그가 예수 그리스도의 사도였기 때문이다. 이 한 가지 사실만 가지고도 바나바는 바울의 권위에 복종해야 했다. 그러나 나중에 그들은 화해했다(고전 9:6). **구브로** *13:4에 대한 설명을 보라*.

15:40 실라 그는 바울의 동역자로 완벽했다. 예언자이면서 말씀을 선포하고 가르쳤기 때문이다. 또한 유대인인 그는 회당에 들어갈 수 있었으며(*6:9에 대한 설명을 보라*), 로마 시민으로서(16:37) 바울처럼 여러 혜택과 보호를 받을 수 있었다. 예루살렘 집단에서 존경받는 지도자였던 그의 위치는 이방인의 구원이 오직 은혜로, 오직 믿음을 통해서만 주어진다는 바울의 가르침에 힘을 실어줄 수 있었다(*22절에 대한 설명을 보라*).

15:41 수리아와 길리기아 바울이 방문한 곳은 그가 안디옥 교회와 관계를 맺기 이전에 세워졌을 가능성이 높은 교회였다(갈 1:21). 그곳에서도 할례 문제가 일어난 적이 있다.

16:1 더베와 루스드라 *14:6에 대한 설명을 보라*. **디모데라 하는 제자** 높은 평가를 받던 청년으로(10대 후반 또는 20대 초반), "믿음 안에서 참 자녀"였으며(딤전 1:2. 참고. 딤후 1:2), 훗날 바울의 오른팔이 되었다(고전 4:17; 살전 3:2; 빌 2:19. 디모데전서의 서론을 보라). 실상은 그가 요한 마가를 대신했다. 지역 교회 장로들의 위임을 받아(딤전 4:14; 딤후 1:6) 그는 바울과 실라의 여행에 함께 했다. **그의 아버지는 헬라인이라** 문법적으로 그의 아버지는 이미 작고한 것으로 보인다. 유대인이면서 이방인인 디모데는 두 문명에 모두 익숙했는데, 이는 선교 활동을 하는 데 꼭 필요한 자산이었다.

16:3 그를 데려다가 할례를 행하니 이는 유대인이 그를 받아들이고 바울, 실라와 함께 그가 방문할 회당에 들어갈 수 있는 완전한 자격을 갖추기 위해서였다(*6:9에 대한 설명을 보라*). 만약 디모데가 할례를 받지 않았다면 유대인은 그가 유대교 유산을 포기하고 이방인처럼 살기로 작정한 것으로 간주했을 수도 있다.

16:4 규례 예루살렘 공의회에서 결정하는 사항이다(*15:23-29에 대한 설명을 보라*).

16:6 성령이 아시아에서 바울은 소아시아(오늘날 터키)와 에베소, 서머나, 빌라델비아, 라오디게아, 골로새, 사데, 버가모, 두아디라 등에서 사역하려는 생각을 했으나 허용되지 않았다.

16:7, 8 무시아…드로아 소아시아 지방의 북서부 지역이다.

16:7 비두니아 무시아 북서부에 있는 다른 로마 지방이다. **예수의 영이 허락하지 아니하시는지라** 성령께서 북쪽으로 향하는 그들의 여행을 막으셨으므로 그들은 에게해의 항구인 드로아 이외에 갈 곳이 없었다.

16:9, 10 이것은 사도가 받은 여섯 가지 환상 가운데 두 번째다(참고. 9:3-6; 18:9, 10; 22:17, 18; 23:11; 27:23, 24).

16:9 마게도냐 이 지역은 에게해 건너 그리스 본토에 있었다. 빌립보와 데살로니가 등의 도시가 그곳에 있었다. 가장 의미심장한 것은 그곳에 간다면 복음이 아시아에서 유럽으로 건너간다는 사실이었다.

16:10 우리 삼인칭 대명사에서 일인칭 대명사로 바뀌는 것은 누가가 바울, 실라, 디모데와 함께 있었다는 의미다(서론의 저자와 저작 연대를 보라).

16:11 사모드라게 소아시아에서 그리스 본토로 가는 해로의 중간쯤 되는 곳에 있는 섬이다. 그들은 야간 항해의 위험을 피하기 위해 그곳에서 하룻밤을 보냈다. **네압볼리** 빌립보의 외항이다.

16:12 빌립보 빌립보서의 서론을 보라. 네압볼리에서 내륙으로 16킬로미터 들어간 곳에 위치한 빌립보는 마게도냐의 빌립 2세(알렉산더 대왕의 아버지) 이름을 따서 명명되었다. **식민지** 빌립보는 주전 31년 로마의 식민지가 되었으며, 따라서 자유의 권리(자치 정부를 가졌으며 지역 정부로부터 독립되어 있었음)와 면세의 권리, 땅을 완전히 소유할 권리를 가지고 있었다.

16:13 강가 유대인 공동체에 회당을 만드는 데 필요한 최소한의 숫자인 유대인 남자 가장 열 명이 없었음이 분명하다. 그런 경우에는 지붕 없는 열린 공간이면서 강이나 바다 가까운 곳에 기도처를 정해 모이곤 했다. 도시를 빠져나가는 도로가 간지테스(Gangites) 강과 만나는 곳이었을 가능성이 가장 높다. **거기 앉아서 모인 여자들** 유대인 남자의 숫자가 적었다는 또 다른 증거로, 거기 모여 기도하고 예배하고 구약성경을 낭독한 사람은 여성이었다.

16:14 두아디라 시에…루디아 고향이 로마의 루디아 도였으므로 그녀의 이름 '루디아'는 출생지와 관련이 있을 것이다. **자색 옷감 장사** 자색 나염이 매우 비싸서 자색 옷은 대개 왕족이나 부자가 입었다. 그러므로 루디아의 사업은 수익성이 높았으며, 선교팀에 숙소를 제공할 수 있었고(15절), 새로운 교회가 모일 수 있을 정도로 큰 집을 소유했다(40절). **하나님을 섬기는** 고넬료처럼 그녀도 이스라엘의 하나님을 믿기는 했지만 완전히 개종하지는 않고 있었다(참고. 10:2). **주께서 그 마음을 열어** 이것은 구원이 하나님의 주권임을 보여주는 또 다른 증거다(*13:48에 대한 설명을 보라*).

사도 바울의 경력

출신	길리기아 다소(행 22:3)
	베냐민 지파(빌 3:5)
훈련	장막 제조 기술을 배움(행 18:3)
	가말리엘 문하에서 수학함(행 22:3)
초기 종교	히브리인이며 바리새인(빌 3:5)
	그리스도인을 박해함(행 8:1-3; 빌 3:6)
구원	다메섹 도상에서 부활하신 그리스도를 만남(행 9:1-8)
	직가라는 거리에서 성령 충만을 받음(행 9:17)
소명	안디옥 교회 일꾼들이 선교 사역을 위해 바울을 파송하라는 성령의 지시를 받음(행 13:1-3)
	이방인에게 복음을 전함(갈 2:7-10)
역할	예루살렘 공의회에서 안디옥 교회를 위해 발언함(행 15:1-35)
	베드로에 반대함(갈 2:11-21)
	요한 마가의 문제로 바나바와 다툼(행 15:36-41)
업적	광범위한 지역에 걸친 세 번의 선교여행(행 13-20장)
	소아시아, 그리스, 스페인(가능성이 있음)에 많은 교회를 세움(롬 15:24, 28)
	많은 교회와 여러 사람에게 편지를 썼으며 그것이 지금 신약성경에서 사분의 일을 차지함
생애 마지막	예루살렘에서 잡힌 뒤 로마로 보내짐(행 21:27; 28:16-31)
	구전에 따르면 출옥한 후 마게도냐에서 계속 선교 활동을 하다가 다시 체포됨
	로마에 다시 투옥되어 도시 밖에서 참수를 당함

16:15 그 집 *11:14에 대한 설명을 보라*. 참고. 31절.

16:16 점치는 귀신 문자적으로 '이무기 신'이라는 뜻이다. 이 표현은 그리스 신화에서 온 것으로, 이무기는 델리 성소를 지키는 뱀이었다. 원래 이 여종은 미래를 예언한다고 믿어지는 귀신과 접촉하는 매개자였다. *신명기 18:9-12에 대한 설명을 보라*.

16:17 지극히 높은 하나님 절대적 주권을 가진 하나님이신 엘 엘리온은 이스라엘의 하나님을 가리키는 구약의 명칭이었다(창 14:18-22; 시 78:35; 단 5:18을 보라).

16:18 예수 그리스도의 이름으로 내가 네게 명하노니 귀신이 바울의 명령과 그의 사도적 권위로 말미암아 여종을 떠났다. 귀신을 쫓아내는 능력은 그리스도 사도들이 가진 특별한 능력이었다(막 3:15; 고후 12:12).

16:20 유대인인데 우리 성을 심히 요란하게 하여 그때도 반유대주의가 있었다. 이때쯤 황제 글라우디오가 유대인을 로마에서 축출했다(18:2). 이로 말미암아 그들이 바울과 실라만 체포했는지 설명이 될 것이다. 누가는 이방인이었고 디모데는 절반이 이방인이었기 때문이다.

16:21 로마 사람인 우리가 받지도 못하고 행하지도 못할 풍속을 전한다 로마 시민은 국가가 허용하지 않은 이방 종교에 참여해선 안 되었다. 하지만 그들이 혼란을 야기했다는 것은 거짓 고발이었다.

16:22 상관들 로마의 모든 식민지에는 법관으로 섬기는 사람이 두 명 있었다. 이 경우 그들은 로마의 정의를 견지하지 않았다. 그들은 고발을 받아도 조사하지 않았고 청문회를 열지 않았으며 바울과 실라에게 변호의 기회도 주지 않았다. **매로 치라** 두 사람이 어떤 유죄 판결도 받지 않았으므로 이것은 불법적인 형벌이었다. 상관들의 명령을 받는 위치에 있던 부하들(35절)이 그들을 막대기와 함께 묶은 매로 때렸다. 바울은 이런 체형을 두 번이나 더 받았다(고후 11:25).

16:24 깊은 옥에 가두고 그 발을 차꼬에 든든히 채웠더니 감옥에서 가장 경비가 잘 이루어지는 곳으로, 간수는 그들의 발에 차꼬까지 채우는 등 주의를 기울였다. 이것은 죄수의 다리를 가능한 한 넓게 벌려 고통스러운 압박을 가하기 위해 고안된 방법이었다.

16:27 옥문들이 열린 것을 보고…자결하려 하거늘 수치스럽고 고통스러운 처형 대신 택한 방법이다. 죄수의 탈출을 막지 못한 로마 병사는 자기 생명으로 부주의에 대한 값을 치러야 했다(12:19; 27:42).

16:31 주 예수를 믿으라 사람은 예수가 자신이 어떤 존재인지 말씀하신 것을(요 20:31) 그가 행하신 일을 믿어야 한다(고전 15:3, 4. *롬 1:16에 대한 설명을 보라*). **너와**

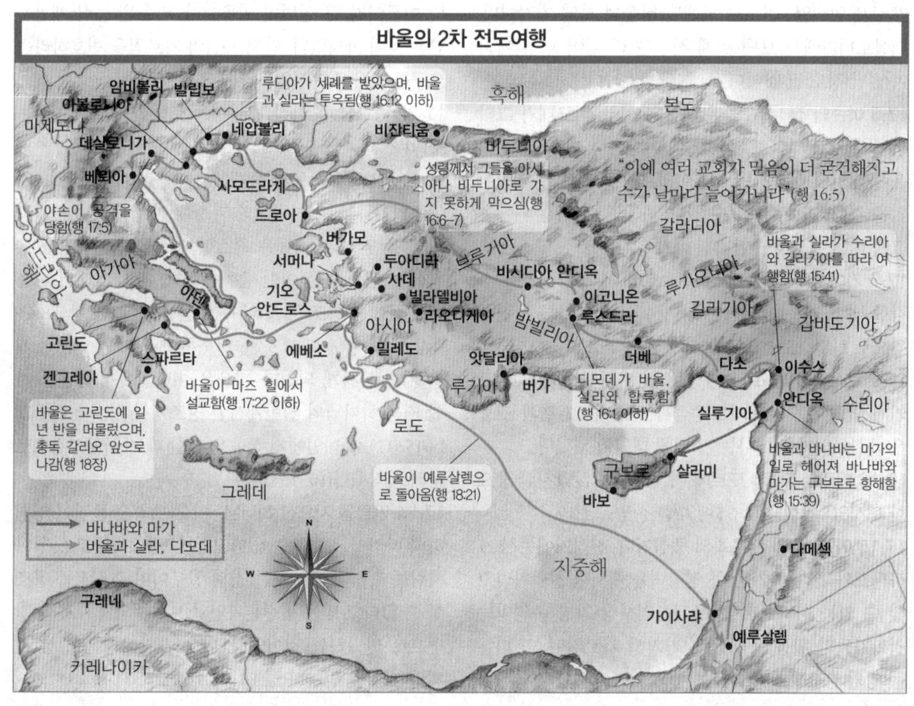

네 집 복음을 이해하고 믿을 수 있는 모든 가족과 종, 객까지 전부 복음을 듣고 믿었다(*11:14에 대한 설명을 보라*). 여기에 아이들은 포함되지 않는다. 참고. 15절.

16:37 **로마 사람** 로마 시민에게 신체적 형벌을 가하는 것은 심각한 범죄였는데, 바울과 실라는 재판도 받지 않은 상태였으므로 문제는 더욱 심각했다. 그로 인해 상관들은 직책에서 추방당할 수도 있고, 빌립보의 로마 식민지 지위가 취소될 수도 있었다(*12절에 대한 설명을 보라*).

17:1 **암비볼리와 아볼로니아…데살로니가** 이그나티아 대로를 따라 남서쪽으로 가다가 만나는 도시들이다. 암비볼리는 빌립보에서 약 48킬로미터 떨어져 있었고, 아볼로니아는 다시 48킬로미터를 더 가야 했다. 이 서술은 그들이 이 도시들에서는 밤에 잠을 자기 위해서만 머물렀을 뿐임을 말하고 있다. 아볼로니아에서 64킬로미터를 더 가면 마게도냐의 수도이며 인구가 20만 명인 데살로니가에 도착하게 된다. 그곳은 중심 항구도시이자 상업 중심지였다. **회당** *13:5에 대한 설명을 보라*. 누가는 데살로니가에서만 회당을 언급하고 있다. 이것이 바울 일행이 다른 두 도시에 머물지 않은 이유일 것이다.

17:2 **자기의 관례대로** 바울은 각 도시에 갈 때마다 유대인에게 먼저 사역을 시작했다(*13:5에 대한 설명을 보라*). **세 안식일** 최초로 공개된 바울의 사역 기간이다. 데살로니가에서 보낸 실제 시간은 더 길어 넉 달에서 여섯 달 정도 될 것이다.

17:5 **야손의 집** 폭도들은 바울과 실라, 디모데가 그의 집에 머물고 있다고 추측했다. 야손은 흩어져 사는 많은 유대인이 사용하던 이름이었으므로, 그가 유대인이었을 것이라고 추측할 수 있다. 하지만 이 사실 외에는 그에 대해 아무것도 알려진 바가 없다.

17:7 **가이사의 명을 거역하여** 로마 제국에서 가장 심각한 범죄 가운데 하나는 가이사 이외의 다른 사람을 왕으로 인정하고 충성하는 것이었다(참고. 요 19:15).

17:9 **보석금을 받고** 바울 일행이 또다시 문제를 일으키게 되면 몰수당하는 보증금을 말한다. 그 결과 그들은 데살로니가를 떠나는 것 외에 대안이 없었다.

17:10 **베뢰아** 중심 도로에 위치하지는 않았지만 중요한 도시였다. **회당** *13:5에 대한 설명을 보라*.

17:15 **아덴** 그리스 문화의 중심지다. 전성기에는 소크라테스와 플라톤, 가장 큰 영향력을 행사한 철학자라고 할 수 있는 아리스토텔레스 등 역사상 가장 존경받는 철학자들의 활동 무대였다. 거기서 가르쳤던 또 다른 두 명의 중요한 철학자로는 에피쿠로스 철학의 창시자인 에피쿠로스와 스토아 철학의 창시자인 제논이 있다. 당시 이 두 학파는 그리스 철학을 지배했다(*18절에 대한 설명을 보라*).

17:16 **우상이 가득한** 아덴은 그리스 종교의 중심지였다. 글자 그대로 세상 사람들에게 알려진 모든 신을 그곳에서 경배할 수 있었다. 바울은 아덴을 상실된 인간의 도시로, 그곳에 편만한 이교의 우상숭배 때문에 영원히 그리스도가 없는 곳으로 떨어지도록 저주받은 사람들의 도시로 보았다.

17:17 **회당** *13:5에 대한 설명을 보라*.

17:18 **에피쿠로스와 스토아 철학자들** 에피쿠로스 철학은 인간의 주된 목적은 고통을 피하는 것이라고 가르쳤으며, 에피쿠로스주의자들은 물질주의자였다. 그러므로 그들은 신의 존재를 부인하지는 않았지만 신이 인간의 일에 관여하지 않는다고 믿었으며, 사람이 죽으면 몸과 영혼이 와해된다고 믿었다. 반면 스토아 철학은 자기통제를 가르쳤다. 즉 삶의 목적은 쾌락과 고통에 무관심한 경지에 도달하는 것이었다. **말쟁이** 문자적으로 '씨를 쪼아 먹는 사람'이라는 뜻이다. 철학자들 가운데 어떤 사람들은 바울을 아마추어 철학자로 보았다. 즉 자신의 사상 없이 여러 철학 속에서 이것저것을 모아 깊이 없는 철학을 만든 사람이라는 것이다.

17:19 **아레오바고** 재판이 열리던 언덕에 붙여진 재판의 이름이자 그 언덕의 이름이다. 바울은 공식 재판을 받은 것이 아니었다. 단지 자신의 가르침을 변호하라는 요구를 받은 것뿐이었다.

17:22 **종교심** 문자적으로 '신들에 대한 경외심'이라는 뜻이다.

17:23, 24 **알지 못하는 신에게** 아덴 사람들은 초자연주의자들로, 자연법칙의 과정에 개입하는 초자연적인 힘을 믿었다. 그들은 최소한 자신들의 이해력을 초월한 만물을 만든 어떤 존재를 인정했다. 그래서 바울은 그들에게 창조주, 곧 알 수 있는 신(신 4:35; 왕상 8:43; 대상 28:9; 시 9:10; 렘 9:24; 24:7; 31:34; 요 17:3)을 소개할 기회를 잡게 되었다. 바울은 이방인에게 복음을 전할 때는 하나님의 일반계시인 창조에서 시작했고(참고. 14:15-17), 유대인에게 복음을 전할 때는 구약성경으로부터 시작했다(10-13절).

17:24 **만물을 지으신 하나님** 이 가르침은 물질이 영원하며 따라서 창조주는 없다고 믿었던 에피쿠로스 학파 사람들과 하나님은 모든 것의 일부이며 스스로를 창조할 수 없다고 믿는 범신론자인 스토아주의자 모두를 정면으로 반박하는 것이었다. 바울의 가르침은 성경 전체의 지지를 받는다(창 1:1; 시 146:5, 6; 사 40:28; 45:18;

렘 10:12; 32:17; 욘 1:9; 슥 12:1; 엡 3:9; 골 1:16; 계 4:11; 10:6).

17:26 한 혈통 모든 사람은 한 사람 아담에게서 나왔으므로 하나님이 보시기에 모든 사람은 동등하다. 이 가르침은 비그리스인은 야만인이라고 믿었던 그리스의 국가적 자존심에 큰 상처를 입혔다(*롬 1:14에 대한 설명을 보라*). **그들의 연대를 정하시며** 하나님은 국가와 제국의 흥망을 주권적으로 통제하신다(참고. 단 2:36-45; 눅 21:24). **거주의 경계를 한정하셨으니** 국가의 민족적 동질성과 지리적 위치를 정하고(신 32:8) 정복의 한계를 결정하는 것은 하나님의 일이다(참고. 사 10:12-15).

17:27 하나님을 더듬어 찾아 하나님이 사람을 위하여 자신을 세계의 창조주, 통치자, 지배자로 계시하시는 목적이다. 하나님은 자신을 사람의 양심과 물리적 세계 속에 계시하셨으므로 아무도 그분을 모른다고 핑계 댈 수가 없다(*롬 1:19, 20; 2:15에 대한 설명을 보라*).

17:28 우리가 그를 힘입어 살며 기동하며 존재하느니라 그레데의 시인이었던 에피메니데스의 글에서 인용한 구절이다.

17:29 하나님의 소생 바울의 고향인 길리기아 출신 시인인 아라투스의 글에서 인용한 표현이다. **금이나 은이나…같이 여길 것이 아니니라** 그리스 시인의 말처럼 사람이 하나님의 소생이라면 하나님을 사람이 만든 우상에 불과하다고 생각하는 것은 어리석은 일이다. 이런 논증은 우상숭배의 불합리함을 지적한다(참고. 사 44:9-20).

17:30 알지 못하던 시대에는 하나님이 간과하셨거니와 *로마서 3:25에 대한 설명을 보라.*

17:31 정하신 사람 예수 그리스도다(요 5:22-27).

17:32 죽은 자의 부활 그리스 철학은 몸의 부활을 믿지 않았다.

17:34 아레오바고 관리 아레오바고 법정의 구성원이다(*19절에 대한 설명을 보라*).

18:1 고린도 고린도전서의 서론을 보라. 이곳은 그리스의 정치와 교역의 중심지다. 고린도는 펠로폰네소스와 그리스의 나머지 지역을 연결하는 고린도 지협의 전략적 위치에 자리 잡고 있었다. 말 그대로 그리스 북부와 남부를 여행하는 사람은 모두 이 도시를 통과해야 했다. 고린도가 무역의 중심지였고 많은 여행객이 지나는 곳이었기 때문에 타락한 뜨내기 인구가 많았다. 또한 거기에는 사랑의 여신인 아프로디테의 신전이 있었다. 종교적 창녀였던 1,000명의 성전 여사제가 저녁마다 매춘 사업을 위해 도시로 들어갔다.

18:2 아굴라…브리스길라 남편과 아내로 이루어진 이 팀은 바울과 가까운 친구가 되어 그를 위해 목숨의 위협까지 무릅쓸 정도가 되었다(롬 16:3, 4). 그들이 언급되는 성경의 나머지 부분에서는 브리스길라의 이름이 먼저 등장한다(가장 권위 있는 헬라어 사본에서는 4번). 이는 그녀의 사회적 신분이 남편보다 높았거나 교회 내에서 그녀의 활약이 더 뛰어났음을 암시한다. 그들은 바울을 만났을 때 이미 그리스도인이었을 것이다. 그들은 교회가 이미 존재하고 있던 로마에서 왔다(롬 1:7, 8). **글라우디오** *11:28에 대한 설명을 보라.* **모든 유대인을 명하여 로마에서 떠나라** 주후 49년 브리스길라와 아굴라가 로마를 떠나지 않을 수 없었던 칙령이다(*16:20에 대한 설명을 보라*).

18:3 천막을 만드는 것 이는 가죽 기술자를 가리킬 수도 있다.

18:4 회당 *13:5에 대한 설명을 보라.* **헬라인** 회당에 있던 하나님을 두려워하는 이방인을 말한다(*10:2에 대한 설명을 보라*).

18:5 실라와 디모데가 마게도냐로부터 내려오매 바울의 원대로 실라와 디모데가 아덴에서 그와 합류했다(17:15). 거기서 바울은 디모데를 데살로니가로 보냈다(살전 3:1-6). 바울은 실라를 마게도냐의 어느 곳, 아마 빌립보로 보냈던 것 같다(참고. 고후 11:9; 빌 4:15). 왜냐하면 그가 그 지역에서 고린도로 돌아왔기 때문이다.

18:6 너희 피가 너희 머리로 돌아갈 것이요 바울은 그리스도를 모독하고 자신의 메시지를 거부한 잘못의 완전한 책임을 자기 대적자들한테로 돌렸다(참고. 수 2:19; 삼하 1:16; 왕상 2:37; 겔 18:13; 33:4; 마 27:25).

18:7 하나님을 경외하는 *16:14에 대한 설명을 보라.* **유스도라 하는 사람의 집** 이스라엘의 하나님에 대한 관심을 보였고, 바로 옆에 있는 회당에 다니던 이방인이다. 그의 이름은 그가 로마인이었음을 보여준다. 로마인들은 대개 이름을 세 개 가지고 있었다. 그의 이름은 가이오 티티우스 유스도였을 것이며, 이는 그가 로마서 16:23과 고린도전서 1:14에 언급된 가이오와 동일인임을 의미한다.

18:8 회당장 그리스보 이 존경받는 지도자의 회심은 유대인 공동체에 충격을 안겨주었을 것임이 분명하다(*6:9에 대한 설명을 보라*). **온 집안** *11:14에 대한 설명을 보라.*

18:9, 10 이것은 바울이 보았던 여섯 가지 환상 가운데서 세 번째다(참고. 9:3-6; 16:9, 10; 22:17, 18; 23:11; 27:23, 24).

18:10 이 성중에 내 백성이 많음이라 하나님은 고린도에 일정한 수의 사람을 선택하셨으나 그들은 아직 복음

을 듣지 못했다(참고. 13:48; 롬 10:13-15). 바울의 복음 전파는 선택된 자들을 믿음으로 이끌 것이다(딛 1:1).

18:11 **일 년 육 개월** 에베소(20:31)와 로마(28:30)를 제외하고 바울이 가장 오래 머물러 있었다.

18:12 **갈리오가 아가야 총독 되었을 때** 주후 51년 7월부터 주후 52년 6월이다. **법정** 총독 관저 앞 중심가에 설치된 돌로 만들어진 연단 같은 곳으로, 이곳에서 총독은 공개적으로 재판을 진행했다.

18:13 **율법을 어기면서** 유대교가 공인된 종교가 아니었을 때도 로마는 유대교를 용인했으며, 기독교는 유대교의 한 분파로 간주되었다. 고린도의 유대인은 바울의 가르침이 유대교의 것이 아니므로 금지되어야 한다고 주장했다. 만약 갈리오가 유대인 편을 들어주었다면 기독교는 로마 제국 전역에서 불법으로 간주되었을 것이다.

18:14-16 유대인의 계획을 꿰뚫어보았던 갈리오는 유대교 내의 분쟁으로 보이는 일에 연루되기를 거부했다. 그는 약식 재판을 통해 그 분쟁이 말에 대한 것이었으므로 아무 범죄 사실이 없는 것으로 판단해 공식적으로 무혐의 결정을 내렸다.

18:17 **소스데네를…때리되** 헬라인들이 소스데네를 적대적으로 대하는 데는 나름의 이유가 있다. 그들은 유대인에 대한 일반적인 적개심을 그에게 쏟았든지, 아니면 유대인의 지도자로서 바울을 고발하는 일에 실패한 것에 분노했을 것이다. 그가 회당장이었으므로 이 문제를 갈리오에게 가져가는 일을 담당했을 것이다. 뒤에 그는 그리스도께로 돌아섰다(고전 1:1).

18:18 **브리스길라와 아굴라** *2절에 대한 설명을 보라.* 그들이 바울과 함께할 수 있었다는 것은 고린도에 가이오, 소스데네, 스데바나, 그리스보 등 지도자가 충분히 있었다는 것을 의미한다. **바울이…서원이 있었으므로…머리를 깎았더라** 고린도에서 힘든 시간을 겪는 동안 하나님이 베푸신 은혜에 감사하는 표시로 바울은 나실인의 서원을 했다. 이것은 구별되어 하나님께 헌신하겠다는 특별한 형태의 서약이었다(참고. 민 6:2-5, 13-21). 이 서원은 대개 일정 기간만 지속되었다. 하지만 삼손(삿 13:5), 사무엘(삼상 1:11), 세례 요한(눅 1:15)은 평생 동안 나실인이었다. 바울 시대에는 어떤 사람이 예루살렘을 떠나 있는 동안 서원했다면 서원이 끝날 때는 바울처럼 머리를 깎았고, 후에 그 깎은 머리카락을 30일 이내 성전에 제시했다. **겐그레아** 고린도의 동쪽 항구다.

18:19 **에베소** 소아시아에서 가장 중요한 도시다(에베소서의 서론을 보라). **그들을 거기 머물게 하고** 브리스길라와 아굴라는 그들의 사업을 정착시키기 위해 에베소에 남았다. 짐작건대 그들은 로마로 돌아가기 전에(16:3-5) 에베소, 즉 그들의 집에서 모인 교회에서(고전 16:19) 몇 년간 살았을 것이다. **회당** *13:5에 대한 설명을 보라.*

18:22 **올라가…안디옥으로 내려가서** 비록 누가가 세세하게 말하지는 않지만, 지리에 대한 그의 묘사로 미뤄 볼 때 바울은 교회에 인사하기 위해 예루살렘으로 올라갔다. 예루살렘이 주변 지역보다 더 높은 곳에 위치해 있어 예루살렘으로 가기 위해서는 '올라'가야 했고, 거기서 다른 곳으로 갈 때는 '내려'가야 했다. 또한 바울은 서원을 지키기 위해서라도 예루살렘에 올라가야 했다. 이것이 2차 전도여행의 끝이었다.

D. 바울의 3차 전도여행(18:23-21:16)

18:23 **얼마 있다가** 주후 52년 여름부터 주후 53년 봄까지였을 것이다. **갈라디아와 브루기아 땅** *16:6에 대한 설명을 보라.* 바울이 이 지역을 다시 찾는 것으로 그의 3차 전도여행이 시작되었다.

18:24 **알렉산드리아** 애굽의 중요한 도시이며 나일강 하구 근처에 있었다. 1세기에 많은 유대인이 이곳에 살았다. 그래서 아볼로는 비록 이스라엘 밖에서 출생했지만 유대의 문화적 배경 속에서 자랄 수 있었다. **아볼로** 구약 성도이면서 세례 요한의 제자다(25절). 아굴라와 브리스길라로부터 더 많은 가르침을 받은 후에(26절) 훌륭한 기독교 설교자가 되었다. 그의 사역은 고린도인들에게 깊은 영향을 미쳤다(참고. 고전 1:12). **성경에 능통한** 오직 여기서만 사용된 이 어구는 아볼로의 해박한 구약성경 지식을 말한다. 이 지식과 그의 유창한 언변이 합쳐져 유대인과의 논쟁에서 상대방을 압도했다(28절).

18:25 **주의 도** 여기에는 기독교 신앙이 포함되지 않는다(참고. 26절). 구약성경에서 이 어구는 하나님이 자기 백성에게 지킬 것을 요구하시는 영적·도덕적 표준을 가리킨다(창 18:19; 삿 2:22; 삼상 12:23; 삼하 22:22; 왕하 21:22; 대하 17:6; 시 18:21; 25:8, 9; 138:5; 잠 10:29; 렘 5:4, 5; 겔 18:25, 29; 33:17, 20; 호 14:9). **요한의 세례** 아볼로는 구약성경을 잘 알고 있었으나 기독교 진리를 완전히 이해하지는 못했다. 요한의 세례는 이스라엘에게 메시아의 오심을 준비시키기 위한 것이었다(참고. 눅 1:16, 17. *2:38; 마 3:6에 대한 설명을 보라*). 아볼로는 그 메시지를 받았고, 심지어 나사렛 예수를 이스라엘의 메시아로 인정하기도 했으나 그리스도의 죽으심과 부활의 의미, 성령의 사역, 하나님의 새로운 백성인 교회와 같은 기독교의 기본 진리는 모르고 있었다. 그는 구속받

은 구약 신자였던 것이다(24절).

18:26 **하나님의 도를 더 정확하게** 아굴라와 브리스길라가 아볼로에게 기독교 진리의 충만함을 가르침으로써 신성한 진리에 대한 교육을 완성시켰다.

18:27 **아가야** 아볼로는 아시아 도(오늘날 터키)를 떠나 그리스 본토인 고린도로 갈 계획을 세웠다(19:1). **형제들이…편지를 써** 초대 교회에서는 이런 추천서를 써주는 일이 일반화되어 있었다(참고. 롬 16:1, 2; 고전 16:10; 고후 3:1, 2; 골 4:10). 에베소의 그리스도인들은 고린도의 형제들에게 아볼로가 이제 충분한 지식을 갖춘 그리스도인임을 알리는 편지를 썼다.

18:28 **그리스도** 이스라엘의 메시아다.

19:1 **윗지방** 소아시아 지역의 에베소 북쪽 지방으로, 누가는 이 지역에서 행한 바울의 사역을 이야기하다가 아볼로의 사역을 설명하기 위해 이야기를 끊었다(18:23). 바울이 그 지역을 통과한 것은 사람들이 일반적으로 사용하는 상업 도로가 아닌 지름길을 통해 에베소로 간 것이다. **에베소** 에베소서의 서론을 보라. **어떤 제자들** 그들은 세례 요한의 제자들로(3절), 구약의 구도자들이었다. 그들이 아직 기독교 신앙을 충분히 이해하지 못하고 있었다는 사실이 바울의 질문에 대한 그들의 대답에 나타났다(2절). 단어 *제자(disciple)*는 '학습자' 또는 '따르는 자'라는 뜻을 가진 단어로, 항상 그리스도인을 가리키는 것은 아니다(참고. 마 9:14; 11:2; 막 2:18; 눅 5:33; 7:18, 19; 11:1; 요 1:35; 6:66). 이 집단처럼 세례 요한을 따르는 사람들이 2세기까지 존재했다.

19:2 **너희가 믿을 때에 성령을 받았느냐** 이 질문은 그들의 영적 상태에 대해 바울이 불확실한 점을 느꼈음을 보여준다. 모든 그리스도인은 구원받는 순간에 성령을 받기 때문에(*롬 8:9; 고전 12:13에 대한 설명을 보라*) 그들의 대답은 자신들이 아직 완전한 그리스도인이 아니었음을 드러냈다. 그들은 아직 기독교의 세례를 받지 않았다('요한의 세례'만 받았음). 이것은 그들이 그리스도인이 아니라는 또 다른 증거였다(*2:38에 대한 설명을 보라*).

19:4 **회개의 세례…믿으라…예수** 이 제자들은 요한의 세례가 가리킨 그 인물이 나사렛 예수라는 사실을 알지 못했다. 바울은 그들에게 성령을 받는 방법뿐 아니라 예수 그리스도에 대해서도 가르쳤다.

19:5 **주 예수의 이름으로 세례를 받으니** 그들은 바울이 제시하는 복음을 믿고 주 예수 그리스도에 대한 구원의 믿음을 가지게 되었다(참고. 2:41). 모든 그리스도인이 세례를 받아야 하는 것은 사실이지만, 세례가 반드시 사람을 구원하는 것은 아니다(*2:38에 대한 설명을 보라*).

19:6 **바울이 그들에게 안수하매** 이는 그들이 교회 속으로 영접되었다는 뜻이다(*8:17에 대한 설명을 보라*). 교회가 탄생할 때(2장)나 사마리아인(8장)과 이방인(10장)이 교회로 영접될 때를 보면 그 현장에 사도들이 있었다. 그 각각의 경우 하나님이 그렇게 하신 목적은 교회의 통일성을 강조하기 위해서였다. **방언도 하고 예언도 하니** 이 현상은 그들이 교회의 일부가 되었다는 증거였다(*8:17에 대한 설명을 보라*). 그들은 성령께서 오셨다는 사실에 대해 듣지 못하고 있었기 때문에 성령이 그들 안에 거하신다는 생생한 증거가 필요했다(2절).

19:8 **회당** *13:5에 대한 설명을 보라*. **석 달 동안** 바울이 가장 오랜 기간 머문 회당이었을 것이다. 고린도의 회당이 유일하게 예외일 가능성이 있다. **하나님 나라** *1:3에 대한 설명을 보라*.

19:9 **마음이 굳어** 여기 사용된 헬라어는 언제나 하나님께 저항했음을 가리킨다(롬 9:18; 히 3:8, 13, 15; 4:7). 진리를 거절하면 마음이 강퍅하게 되어 생명을 주는 구원의 메시지는 "사망으로부터 사망에 이르는 냄새"가 된다(고후 2:16). **도** *9:2에 대한 설명을 보라*. **두란노 서원** 두란노는 그 강의실 소유자나 거기서 가르친 철학자의 이름이었을 것이다. 만약 후자라면 '우리의 독재자'라는 뜻을 가진 그의 이름은 학생들이 붙여준 별명이었을 것이다. 바울은 오후 공강 시간(오전 11시-오후 4시)에 그곳을 사용했을 것이다.

19:10 **두 해 동안** 이것은 바울이 두란노 서원에서 가르친 기간이지 에베소에서 사역한 전체 기간이 아니다(참고. 20:31). **아시아에 사는 자는…다 주의 말씀을 듣더라** 바울은 에베소를 떠난 적이 없었을 테지만, 그의 복음을 듣고 회심한 사람들(참고. 딤후 2:2)이 복음을 소아시아(오늘날 터키) 전역에 전파했다. 그 2년 동안 에베소 교회 이외에 골로새와 히에라볼리에 교회가 세워졌으며, 요한계시록 2장과 3장에 언급된 일곱 교회 가운데 몇 개도 이 시기에 세워졌을 것이다.

19:11 **놀라운 능력** 이 능력은 바울이 하나님 말씀을 전하는 사람임을 확인시켜 주었다. 당시에는 그의 메시지가 진리임을 검증할 기준으로 삼을 신약성경이 아직 완성되지 않았기 때문이다(참고. 고후 12:12; 히 2:3, 4).

19:12 **손수건이나 앞치마** 바울이 장막을 만들 때 착용하던 머리띠와 겉옷이다. 신비한 능력이 이렇게 전이될 수 있다는 믿음은 고대 세계에 광범위하게 퍼져 있었다. 베드로의 그림자가 병을 고칠 수 있다는 믿음이 그 한 가지 예다(참고. 5:15; 마 9:21).

19:13 **돌아다니며 마술하는 어떤 유대인** 마술사 시몬(8:9-25)과 바예수(13:6-12)가 이런 사기꾼의 또 다른

예일 수 있다(참고. 마 12:27). 예수와 사도들이 귀신들에게 행사했던 절대적 권위와 달리 이 축귀사들은 더 강력한 영적 존재를 불러 귀신을 쫓아내려고 했는데, 이 경우에는 주 예수가 그런 존재였다.

19:14 **유대의 한 제사장 스게와** 유대교에 이런 이름을 가진 대제사장이 있었다는 기록이 없는 것으로 미뤄볼 때 그는 사람들을 현혹시키려고 직위를 허위로 조작했을 것이다.

19:15 **예수도 알고 바울도 알거니와** 축귀사들의 힘이 미약함을 알고(예수와 바울과 달리) 귀신은 자신을 쫓아내려는 그들의 시도에 순종하지 않았다. 이 사건은 귀신을 축출할 수 있는 능력이 예수와 사도 이외의 다른 어느 누구에게도 속하지 않다는 것을 확증해준다. 심지어 귀신도 이 사실을 증언한다.

19:16 참고. 마가복음 5:1-4.

19:19 **그 책** 그 책은 비밀스러운 주술을 모은 것이었다. 그 책들을 불태운 것은 그 마술사들의 회개가 진정한 것이었음을 증명한다(*2:38에 대한 설명을 보라*). 또한 그 책들을 없애버렸으므로 그들은 쉽게 그 일을 재개할 수 없었다. **은 오만** 보통 사람이 5만 일 동안 일하고 받을 수 있는 급료다. 이렇게 엄청난 액수가 언급된 것은 에베소에서 이 마술이 얼마나 광범위하게 퍼져 있었는지를 보여주려는 의도다.

19:21 **마게도냐와 아가야** *16:9; 18:12에 대한 설명을 보라*. 그리스 본토에 위치한 이 두 지역은 에베소에서 보았을 때 예루살렘의 반대 방향에 있었다. 하지만 바울이 이렇게 멀리 돌아가는 여행길을 택한 것은 예루살렘 교회의 가난한 신자들을 위한 지원금을 모으기 위해서였다(롬 15:25-27; 고전 16:1-4; 고후 8; 9장). **작정하여** 성령이 아니라 바울 자신의 영혼이다('purposed in the Spirit'이라고 번역한 NKJV 번역과 달리). **후에 로마도 보아야 하리라** 바울은 제국의 도시를 방문한 적이 없었지만, 그곳 교회의 전략적 중요성 때문에 더 이상 방문을 미룰 수가 없었다. 그리고 바울은 로마를 전략적 지역인 스페인 사역을 위한 발판으로 사용할 계획을 가지고 있었다(롬 15:22-24). 이 간단한 선언이 사도행전의 전환점이 되었다. 이때부터 로마는 바울의 목적지가 되었다. 결국 그는 로마의 죄수가 되어 그곳에 가게 될 것이다(28:16).

19:22 **디모데와 에라스도** 디모데에 대해서는 *16:1에 대한 설명을 보라*. 에라스도에 대해서는 더 이상 알려진 것이 없다. 비록 그의 이름이 성경에 2번 더 등장하지만(롬 16:23; 딤후 4:20), 이 에라스도가 어느 사람과 동일인인지 확증할 길이 없다. 바울은 자신의 모금을 돕도록 이 두 사람을 먼저 보냈다.

19:23 **이 도** *9:2에 대한 설명을 보라*.

19:24 **데메드리오라 하는 어떤 은장색** 요한이 칭찬한 사람(요삼 12절)은 아닐 것이다. 왜냐하면 이것은 흔한 이름이었기 때문이다. **은장색** 이들은 여신 다이아나(아데미)에게 속해 있었다. 이 신상 모형들은 집에 둘 수 있는 우상이었으며, 다이아나 성전 예배에서 사용되었다. **아데미** 여신 다이아나는 '아데미'라는 이름으로도 알려졌다. 에베소에 위치한 다이아나의 큰 성전(고대 세계의 칠대 불가사의 중 하나)을 중심으로 했던 이 여신에 대한 숭배는 로마 제국 전역에 퍼져 있었다. 이 단락이 묘사하는 폭동은 에베소에서 매년 봄에 열리던 다이아나를 기리는 제전 때 발생했을 것이다. **적지 않은 벌이** 이 말은 데메드리오가 은장색 조합의 우두머리였음을 암시한다. 그래서 그는 기독교 설교자들을 공격하는 데 앞장섰을 것이다.

19:27 데메드리오는 청중의 경제적 파산에 대한 두려움, 종교적 열심, 그 도시들의 특권에 대한 우려를 교묘하게 이용했다. 그는 기독교 설교자들이 에베소의 지속적인 번영을 위협했다고 주장했다. 청중의 격렬한 반응은 그들이 이 위협을 심각하게 받아들였음을 보여준다(28절).

19:29 **가이오와 아리스다고** 이들은 마게도냐 사람으로 묘사되지만, 20:4은 가이오의 고향을 갈라디아의 도시인 더베로 소개한다. 20:4의 가이오는 다른 사람이었을 것이다.

19:31 **아시아 관리** '아시아르크'라는 직책으로 알려진 이들은 로마의 이익을 추구하는 일에 전념했다. 한 번에 한 명의 아시아 관리가 다스렸지만 그들은 이 명칭을 평생 동안 유지했다. 이렇게 세력과 영향력을 가진 사람들이 바울의 친구들 가운데 있었다는 것은 그들이 바울이나 그의 메시지를 범죄로 간주하지 않았음을 보여준다. 그러므로 폭동을 정당화할 이유가 없었다.

19:32 **모인 무리** 흥분한 무리가 극장에 모였다. 바울은 용감하게 그들한테 직접 말하려고 했으나, 아시아 관리들이(에베소의 그리스도인들과 함께, 30절) 그를 간절하게 제지했다(31절). 그들은 한편으로 사도의 안전을 걱정했고, 다른 한편으로는 그의 등장이 사태를 더 악화시킬 것을 우려했다.

19:33 **알렉산더** 이것은 흔한 이름이므로 뒤에 에베소에서 활동한 거짓 교사나(딤전 1:20) 로마에서 바울을 공격한 사람은 아닐 것이다(딤후 4:14). 그는 유대 그리스도인이거나 에베소 유대인 공동체의 대변인이었을 것이다. 어느 쪽이든지 유대인이 그를 전면에 내세

사도행전에 기록된 치유의 기적

사도행전이 기록하고 있는 약 30년 동안 겨우 16번의 치유가 기록되었다. 이 치유의 기록은 예루살렘에서 로마에 이르는 지리적 움직임을 따라간다.

하나님이 직접 치유하신 사역

1. 행 9:17, 18: 하나님의 능력으로 바울을 치유하심(참고. 행 22:12, 13)
2. 행 14:19, 20: 하나님의 능력으로 바울을 치유하심
3. 행 28:1-6: 하나님의 능력으로 바울을 보호하심

하나님이 사람을 통해 치유하신 사역

1. 행 2:43: 사도들이 이적과 기사를 행함
2. 행 3:1-10: 베드로가 태어날 때부터 못 걷게 된 거지를 치유함
3. 행 5:12-16: 사도들이 치유함
4. 행 6:8: 스데반이 치유함
5. 행 8:7: 빌립이 치유함(참고. 8:13)
6. 행 9:32-35: 베드로가 애니아를 치유함
7. 행 9:36-43: 베드로가 도르가를 살려냄
8. 행 14:3: 바울과 바나바가 이적과 기사를 행함(참고. 15:12)
9. 행 14:8-18: 바울이 발을 쓰지 못하는 사람을 고침
10. 행 19:11, 12: 바울이 에베소에서 사람들을 치유함
11. 행 20:7-12: 바울이 유두고를 살려냄
12. 행 28:7, 8: 바울이 보블리오의 부친을 치유함
13. 행 28:9: 바울이 멜리데에서 많은 사람을 치유함

운 이유는 같다. 곧 자신들을 그리스도인으로부터 구별해 유대인이 학살당하는 것을 피하려는 것이었다. **변명하려 하나** 그리스도인이든 유대인이든, 그가 대표하는 그룹을 위한 것이었을 것이다.

19:34 유대인 유대인이 알렉산더를 내세운 의도가 무엇이었든지 간에 결과는 역효과였다. 군중은 고함을 질러 그를 물러나게 했고, 종교적 광분의 무아지경 속에서 두 시간 동안 그들이 숭배하는 여신의 이름을 연호했다.

19:35 서기장 오늘날로 말하면 그는 에베소 시장이었다. 그는 시 의회와 로마 당국 사이의 연락관 역할을 했으며, 로마 당국은 폭동에 대한 책임을 그에게 묻게 될 것이었다. **제우스에게서 내려온 우상** 이것은 운석을 가리키는 말이었을 것이다. 왜냐하면 운석이 다이아나 예배 속에 융합되어 있기 때문이다.

19:38-40 서기장(35절)은 폭동을 일으킨 군중을 정확하게 꾸짖었다. 그는 그들이 정당한 법적 절차를 따라야 했고, 문제가 있으면 법정이나 총독을 찾아 로마로부터 책잡힐 일을 당하지 않도록 했어야 한다고 지적했다.

20:1 작별하고 떠나 바울은 그리스를 거쳐 예루살렘으로 가는 여행길에 올랐다(*19:21에 대한 설명을 보라*). **마게도냐** *16:9에 대한 설명을 보라.*

20:2 그 지방으로 다녀가며 마게도냐와 아가야를 말한다(*19:21에 대한 설명을 보라*).

20:3 석 달 동안 바울은 이 기간의 대부분 또는 전부를 고린도에서 보냈을 것이다. **유대인이 자기를 해하려고 공모하므로** 9:20, 23; 13:45; 14:2, 19; 17:5-9, 13; 18:6, 12, 13; 19:9; 21:27-36; 23:12-15을 보라. 바울 사역에 대한 대부분의 공격이 동족으로부터 왔다는 것은 비극이다(참고. 고후 11:26). 고린도의 유대인 공동체가 바울을 미워한 것은 그가 갈리오 앞에서 유대인에게 수치스러운 참패를 안겼고(18:12-17), 고린도의 가장 뛰어난 지도자인 그리스보(18:8)와 소스데네(18:17; 고전 1:1)가 기독교로 개종하는 놀라운 성과를 냈기 때문이다. 누가는 유대인이 공모한 상세 내용을 기록하지는 않았지만 팔레스타인 항해 도중에 바울을 죽이려는 계획이 포함되었으리라는 데는 의심의 여지가 없다. 유대인 순례자로 가득한 작은 배 안에서 바울은 손쉬운 목표물이 되었을 것이다. 그 위험으로 말미암아 바울은 배를 타고 그리스에서 수리아로 가려는 계획을 취소했다. 대신 그는 마게도냐로 올라가서 에게해를 건너 소아시아로 간 후에 거기서 다른 배를 탈 계획을 세웠다. 이렇게 여행이 지연되는 바람에 바울은 유월절에 맞춰 팔레스타인 땅에 들어가려고 서둘렀으나(16절) 제때 들어가지 못했다.

20:4 베뢰아 사람…소바더와…드로비모라 바울의 여행 동반자들이 자신이 사역하던 여러 곳에서 그에게로 왔다. 이들은 그 교회들의 공식 대표자들로, 바울이 헌금을 예루살렘으로 운반하는 길에 동행하기 위해 왔을 것이다(*19:21에 대한 설명을 보라.* 참고. 고전 16:3, 4).

20:5 드로아 *16:7, 8에 대한 설명을 보라.* **우리를** 일인칭 복수가 사용된 사실은 누가가 빌립보에서 바울 일행과 합류했음을 보여준다(6절). 이방인인 그는 바울과

사도행전의 마술사

1. 시몬, 사마리아인 마술사	행 8:9-24
2. 바예수 또는 엘루마	행 13:6-11
3. 빌립보의 점치는 여종	행 16:16-18
4. 스게와와 일곱 아들	행 19:13-16

실라가 강제로 떠나지 않을 수 없게 된 후에도 남아서 계속 사역할 수 있었다(16:20, 39, 40). 이 구절은 누가가 바울의 여행에 동행한 3번의 '우리 여정' 가운데 두 번째 부분의 시작이다(서론의 저자와 저작 연대를 보라).

20:6 무교절 즉 유월절이다(출 12:17). **빌립보에서** 바울은 누가와 함께(디도도 함께했을 가능성이 있음) 빌립보에서 에게해를 건너 드로아로 갔다. 바다를 건너는 이 항해가 역풍을 만나 닷새나 걸렸다. 그러나 바울이 전에 드로아에서 네압볼리를 지나 빌립보로 간 항해는 단지 이틀이 걸렸을 뿐이다(16:11). 드로아에서 그들은 일행이 될 다른 사람들과 합류했다.

20:7 그 주간의 첫날에 일요일이다. 그리스도가 부활하신 날이므로 교회가 모여 예배하던 날이다. 참고. 마태복음 28:1; 마가복음 16:2, 9; 누가복음 24:1; 요한복음 20:1, 19; 고린도전서 16:2. 초대 교회 교부들의 글은 신약성경 시대가 끝난 후에도 계속해서 일요일에 모였음을 확증한다. 성경은 그리스도인에게 토요일 안식일을 준수할 것을 요구하지 않는다. 첫째, 안식일은 모세 언약의 표지였으나(출 31:16, 17; 느 9:14; 겔 20:12) 그리스도인은 새 언약 하에 있기 때문이다(고후 3장; 히 8장). 둘째, 안식일을 지키라는 명령이 신약성경에는 없다. 셋째, 안식일을 지키라는 최초 명령은 모세 시대에 생긴 것이다(출 20:8). 넷째, 그래서 예루살렘 공의회(15장)는 이방인 신자들에게 안식일 준수를 명하지 않았다. 다섯째, 바울도 그리스도인에게 안식일을 범하는 것에 대해 주의를 준 적이 없다. 여섯째, 그러므로 신약성경은 안식일 준수가 요구사항이 아님을 명확하게 가르친다(*롬 14:5; 갈 4:10, 11; 골 2:16, 17에 대한 설명을 보라*). **떡을 떼려 하여** 성찬 예배와 관련된 공동의 식사다(고전 11:20-22).

20:8 윗다락 *1:13에 대한 설명을 보라*. 초대 교회는 가정에서 모였다(롬 16:5; 고전 16:19; 골 4:15; 몬 2절). 최초의 교회 건물은 3세기의 것이다. **등불** 유두고는 기름을 태우는 등잔에서 나오는 가스 때문에 잠들었을 것이다(9절).

20:9 청년 헬라어 단어로 볼 때 그는 일곱 살에서 열네 살 사이의 소년이었을 것이다. 어린 나이인지라 등잔에서 나오는 가스와 늦은 시간 때문에(7절) 졸음을 이기지 못하고 열린 창문에서 떨어져 목숨을 잃었다.

20:10 생명이 그에게 있다 이 말은 그가 죽지 않았다는 뜻이 아니라 그의 생명이 회복되었다는 뜻이다. 의사인 누가는 사람이 죽었는지의 여부를 확인할 수 있었다. 그는 여기서 유두고가 죽었다고 명백하게 밝히고 있다(9절).

20:13 앗소 드로아에서 남쪽으로 32킬로미터 내려온 곳으로, 작은 반도의 목 건너편에 위치해 있었다. **걸어서** 배는 반도를 돌아 항해해야 했기에 걸어서 온 바울도 배가 도착한 지 얼마 되지 않았을 때 앗소에 도착할 수 있었다. 바울은 드로아에서 그와 동행한 신자들을 계속 가르치기 위해 걷는 편을 택한 것 같다.

20:14 미둘레네 앗소 남쪽 레스보스 섬의 가장 큰 도시였다.

20:15 기오 레스보스 남쪽, 소아시아 해변에 가까운 섬이다. 기오는 그리스 시인 호머의 출생지다. **사모** 에베소 근처 해변에 가까운 섬으로, 유명한 수학자 피타고라스가 이곳에서 출생했다. **트로길리움** 사모와 밀레도 사이에 에게해로 돌출한 곳이다. 많은 헬라 사본이 트로길리움을 언급하지 않기 때문에 배가 실제로 이곳에 들렀는지는 불분명하다. **밀레도** 에베소에서 남쪽으로 약 48킬로미터 떨어진 곳에 위치한 소아시아의 한 도시다.

20:16 에베소를 지나 배 타고 가기로 작정하였으니 여전히 오순절(유월절 50일 이후)을 예루살렘에서 보내기 위해 노력하던 바울은 에베소 교회의 장로들(즉 목사와 감독자들)을 밀레도에서 만나기로 결정했다.

20:19 모든…눈물 바울은 그리스도를 알지 못하는 사람들(참고. 롬 9:2, 3), 힘겨워하는 미성숙한 신자들(고후 2:4), 거짓 교사들의 위협(29, 30절) 때문에 울었다. **유대인의 간계** 고린도후서 11:24, 26을 보라. 역설적이게도 에베소 장로들에게 바울과 이런 시간을 가질 수 있게 해준 것은 고린도에 있는 유대인의 간계였다(*3절에 대한 설명을 보라*).

20:20 공중 앞에서나 각 집에서나 바울은 회당에서 가르쳤고(19:8. *6:9에 대한 설명을 보라*) 두란노 서원에서도 가르쳤다(19:10). 바울은 각 개인과 가정에게 실천적인 교훈을 줌으로써 공적인 가르침을 강화했다.

20:21 회개 복음의 본질적인 요소다(*2:38에 대한 설명을 보라*. 참고. 26:20; 마 4:17; 눅 3:8; 5:32; 24:47).

20:22 성령에 매여 자신을 구속하고 자신에게 일을 맡기신 주님에 대한 바울의 깊은 의무감이 위험과 고난의 위협에도 자신을 밀어붙이게 했다(23절).

20:23 성령이…내게 증언하여 바울은 아가보의 예언(21:10, 11)을 들을 때까지는 그 세부 내용을 몰랐지만, 예루살렘으로 올라가면 핍박을 받으리라는 것은 알고 있었다(참고. 롬 15:31).

20:24 내가 달려갈 길과 주 예수께 받은 사명 참고. 디모데후서 4:7. **하나님의 은혜의 복음** 구원은 오직 하나님의 은혜에 따른 것이므로 이것은 적절한 묘사였다(엡 2:8, 9; 딛 2:11).

20:25 여러분이 다 내 얼굴을 다시 보지 못할 줄 아노라 예루살렘에서 심각한 공격을 받으리라는 것을 안 바울은 자신이 소아시아를 다시 방문하지 못할 것이라고 예상했다. 첫 번째 로마 감금에서 풀려난 후 그곳을 다시 방문했을 수도 있었지만, 당시에 바울은 이 가능성을 내다보지 못했다. **하나님의 나라** *1:3에 대한 설명을 보라.*

20:26 피에 대하여 내가 깨끗하니 참고. 에스겔 33:7-9; 야고보서 3:1.

20:27 하나님의 뜻을 다 사람을 구원하기 위한 하나님의 전체 계획과 목적의 모든 것으로 창조, 선택, 구속, 칭의, 양자 됨, 회심, 성화, 거룩한 삶, 영화에 대한 신성한 진리 등이다. 바울은 성경의 진리를 혼탁하게 만드는 사람들을 심하게 비난했다(고후 2:17; 딤후 4:3, 4. 참고. 계 22:18, 19).

20:28-30 적절한 경고로, 에베소에서 훗날 그 일이 실제로 일어나 바울의 경고가 유효했음을 증명했다(딤전 1:3-7, 19, 20; 6:20, 21; 계 2:2). 거짓 교사들이 이미 갈라디아 교회들(갈 1:6)과 고린도 교회(고후 11:4)를 병들게 하고 있었다.

20:28 여러분은…삼가라 바울은 그의 영적인 젊은 아들인 디모데가 에베소 교회의 목사로 섬길 때 그에게 이 자기반성을 반복해 요구했다(딤전 4:16; 딤후 2:20, 21). **감독자** 이것은 장로들과 목사들에게도 동일하게 적용된다(*딤전 3:1에 대한 설명을 보라*). 이 말씀은 자기들에게 맡겨진 회중을 돌보고 보호할 지도자의 책임을 강조하는 것으로, 거짓 교사들에게 경고하는 이 문맥에서 적절한 말이다. 장로의 성경적인 권위를 축소하고 문화적·민주적 과정을 선호하는 것은 신약성경의 교훈과는 거리가 멀다(참고. 살전 5:12, 13; 히 13:17). **자기 피로** *베드로전서 1:18에 대한 설명을 보라.* 바울은 성부 하나님과 주 예수 그리스도의 통일성을 굳게 믿은 나머지 그리스도의 죽음을 몸이 없으시고(요 4:24. 참조 눅 24:39) 따라서 피가 없으신 하나님이 피 흘리시는 것처럼 말한다.

20:29 사나운 이리 예수로부터 차용한(마 7:15; 10:16) 이 은유는 거짓 교사들이 교회에 끼칠 수 있는 극단적

인 위험을 강조한다.

20:30 여러분 중에서도 교회 밖에서 오는 공격보다 훨씬 더 치명적인 공격은 교회 내의 사람들(특별히 지도자들)에게서 발생하는 변절이다(딤전 1:20; 딤후 1:15; 2:17. 참고. 유 3, 4, 10-13). **어그러진 말** 이 헬라어 단어는 '왜곡된' 또는 '비틀어진'이라는 뜻이다. 거짓 교사들은 자기들의 악한 목적을 위해 하나님의 말씀을 왜곡한다(13:10; 벧후 3:16).

20:31 삼 년 두란노에서 가르친 2년을 포함해 바울이 에베소에서 사역한 전체 기간이다(19:10).

20:32 은혜의 말씀 하나님이 은혜롭게 인류를 다루어 오신 기록인 성경이다. **든든히 세우사** 성경은 모든 그리스도인의 영적 성장을 위한 자원이다(살전 2:13; 딤후 3:16, 17; 벧전 2:2). 또한 교회는 "진리의 기둥과 터"이므로(딤전 3:15), 지도자들은 그 진리를 익히 알고 있어야 한다. **기업** *베드로전서 1:4에 대한 설명을 보라.*

20:33 탐하지 거짓 교사들의 특징은 돈을 사랑하는 것인데(참고. 사 56:11; 렘 6:13; 8:10; 미 3:11; 딛 1:11; 벧후 2:3), 바울의 사역에는 그런 것이 없었다. *디모데전서 6:3, 5에 대한 설명을 보라.*

20:34 이 손으로 나와 내 동행들이 쓰는 것을 충당하여 바울은 복음에 근거하여 생계를 지원받을 권리가 있었고(고전 9:3-14) 때로 지원을 받기도 했다(고후 11:8, 9; 빌 4:10-19). 그럼에도 그는 스스로 일하여 생계를 유지했으므로 "복음을 전할 때에 값없이 전"할 수 있었다(고전 9:18).

20:35 약한 사람들을 돕고 참고. 고린도전서 4:12; 데살로니가전서 2:9; 데살로니가후서 3:8, 9. **주 예수께서 친히 말씀하신 바** 이것은 예수가 지상 사역 기간에 하신 말씀 가운데서 복음서에 기록되지 않은 그것을 직접 인용한 유일한 말씀이다(요 21:25).

20:37 바울의 목을 안고 성경에서 극단적인 감정이나 애정을 표현하는 일반적인 방식이다(참고. 창 33:4; 45:14; 46:29).

21:1 작별하고 문자적으로 '눈물로 보내다'라는 뜻이다. 이 표현은 바울이 에베소 장로들과 헤어지기가 어려웠다는 것을 다시 한 번 보여준다(20:37, 38). **고스로 가서** 고스 섬의 가장 큰 도시다. **로도** 고스의 남동쪽에 있는 섬이자 그 섬에 있는 수도의 이름이기도 하다. 이 섬의 항구에는 로도의 콜로수스(Colossus of Rhodes)라는 이름으로 널리 알려진 거대한 동상이 있는데, 고대 세계의 7대 불가사의 중 하나다. **바다라** 소아시아 최남단의 붐비는 항구도시다. 바울과 일행은 당시 소아시아의 남동쪽 모퉁이를 돌아가고 있었다. 그들이 멈췄던 도시들은 하루 뱃길이었다. 배가 야간에는 항해하지 않았기 때문이다.

21:2 베니게로 건너가는 배를 만나서 해안을 끼고 계속 여행한다면 오순절까지 예루살렘에 도착하지 못하리라는 것을 알고 바울은 지중해를 건너 두로까지 직행으로 가는 배를 타는 모험을 감수하기로 결정했다(3절). 그들이 승선한 배는 지금까지 탔던 해안 항해용 배보다 상당히 컸을 것이다. 뒤에 바울을 로마로 실어 나르다가 파선한 배에는 276명이 타고 있었는데(27:37) 이 배의 크기도 그 정도였을 것이다.

21:3 구브로 *11:19에 대한 설명을 보라.* **두로** *12:20에 대한 설명을 보라.* 참고. 여호수아 19:29; 마태복음 11:21. 바다라에서 지중해를 건너 두로로 가는 항해는 보통 닷새가 걸렸다.

21:4 제자들 두로에 있는 교회는 스데반 순교 이후 예루살렘에서 피신한 사람들이 세운 것이다(11:19). 그 박해의 주역이 다름 아닌 바울이었다. **바울더러…말라 하더라** 이것은 예루살렘에 가지 말라는 성령의 명령이 아니었다. 도리어 성령께서 두로의 신자들에게 바울이 예루살렘에 가면 고난당할 것임을 가르쳐주신 것이다. 당연히 그들은(12절에서 그의 친구들이 했던 것처럼) 바울에게 예루살렘에 가지 말 것을 설득했다. 바울이 예루살렘에서 수행해야 할 사명은 주 예수께 받은 것이었다(20:24). 그러므로 성령께서는 바울에게 그것을 포기하라고 명령하시지 않았다.

21:7 돌레마이 구약의 악고(삿 1:31)로, 두로 남쪽 40킬로미터 지점에 있다.

21:8 바울의 동료들 이 어구는 더 권위 있는 헬라어 사본에는 없다. 11절에서 분명하게 드러나듯 바울은 가이사랴까지 동료들과 함께했다. **가이사랴** *8:40에 대한 설명을 보라.* **전도자 빌립** *6:5; 8:5에 대한 설명을 보라.* 바울이 디모데에게 전도의 일을 하라고 명한 적은 있지만(딤후 4:5) 성경에서 빌립 이외에는 전도자라고 불린 사람이 없다. 한때 적이었던 빌립과 바울이 지금은 하나님의 은혜의 복음을 전파하는 동료가 되었다. **일곱** *6:3에 대한 설명을 보라.*

21:9 딸…처녀 그들이 처녀였다는 것은 특별한 사역을 위해 하나님의 부르심을 받았다는 것을 보여준다(고전 7:34). 초대 교회는 이 여성들을 교회가 출발하던 시기의 정보를 얻을 수 있는 중요한 정보원으로 간주했다(서론의 저자와 저작 연대를 보라). **예언하는 자라** 누가는 그들의 예언이 어떤 것이었는지를 밝히지 않았다. 그들은 지속적인 예언 사역을 했을 수도 있고, 단 한 번 예언했을 수도 있다. 여성들은 교회의 설교자나 교사

가 아니었으므로(고전 14:34-36; 딤전 2:11, 12), 개인에게 사역했을 것이다. 신약성경의 예언자에 대한 것은 *11:27; 고린도전서 12:28; 에베소서 4:11에 대한 설명을 보라.*

21:10 **아가보라 하는 한 선지자** *11:28에 대한 설명을 보라.* **유대로부터 내려와** 가이사랴가 유대에 있기는 했지만 로마 정부가 위치해 있던 이곳을 유대인은 외국 도시로 간주했다(*18:22에 대한 설명을 보라*).

21:11 **띠** 구약 선지자들은 때로 그들의 예언을 행동으로 보여주었다(참고. 왕상 11:29-39; 사 20:2-6; 렘 13:1-11; 겔 4; 5장). 아가보의 행동은 바울이 로마 사람들에게 체포되어 투옥될 것을 미리 보여주는 것이었다. **이방인의 손에** 비록 유대인에 의해 고발당하기는 했지만(27, 28절) 바울은 로마인들에게 체포되고 투옥되었다(31-33절).

21:12 **우리가…그 곳 사람들과 더불어** 바울의 친구들(누가 그리고 그와 함께 여행하던 다른 사람들)과 가이사랴의 그리스도인이다.

21:13 **이름을 위하여** 세례(*2:38에 대한 설명을 보라.* 참고. 8:16; 10:48; 19:5), 병 고침(3:6, 16; 4:10), 표적과 기사(4:30), 설교(4:18; 5:40; 8:12)가 모두 주 예수의 이름으로 행해졌다. 그분의 이름은 그분의 모든 것을 나타낸다.

21:14 **주의 뜻대로 이루어지이다** 하나님의 뜻이 최선이라는 확신에 찬 신뢰의 표현이다(참고. 삼상 3:18; 마 6:10; 눅 22:42; 약 4:13-15).

21:15 **예루살렘으로 올라갈새** 예루살렘은 가이사랴 남동쪽 고원에 위치해 있었기 때문에 여행자들은 언제나 그곳에 "올라간다"고 말했다(참고. 11:2; 15:2; 18:22; 막 10:32; 눅 2:22; 요 2:13; 갈 1:17, 18).

21:16 **오랜 제자** 오순절에 구원받은 사람일 수 있다. 만약 그렇다면 나손은 누가에게 역사적 정보를 제공해 준 또 다른 출처였을 수도 있다. **나손** 그의 헬라식 이름은 그가 헬라파 유대인이라는 표시일 수 있다. 만약 그렇다면 바울과 그의 이방인 일행은 나손이 그리스 문화에 익숙하기 때문에 그 집에 머물기로 결정했을 것이다. 유대인을 집에 묵게 하는 것보다는 이방인을 묵게 하는 것이 그에게 더욱 편했을 것이다.

E. 예루살렘과 가이사랴에서 바울이 겪은 시련들 (21:17-26:32)

21:17 **예루살렘에 이르니** 바울은 계획대로 오순절 절기에 맞춰 도착했을 것이다(20:16). **형제들이 우리를 기꺼이 영접하거늘** 이는 그들에게 꼭 필요했던 기부금을 가져왔기 때문이다. 또한 더욱 중요한 것은 바울과 함께한 이방인 개종자들이 하나님이 로마 세계에서 구원의 일을 하신다는 증거였으므로, 예루살렘 신자들은 그것을 기뻐했다는 사실이다. 첫 비공식적 환영은 나손의 집에서 있었을 것이다.

21:18 **야고보** 예수의 동생이자 예루살렘 교회의 지도자다(*12:17에 대한 설명을 보라*). 헤롯에 의해서 처형당한 요한의 형제 야고보가 아니다(12:2). **장로들도 다** 장로들이 언급되는 것을 보면, 복음 사역을 위해 자주 멀리 떠나 있어야 하는 사도들이 예루살렘 교회를 다스리는 일을 그들에게 맡겼음을 알 수 있다. 어떤 사람들은 산헤드린과 마찬가지로 70명의 장로가 있었을 것이라고 추측한다. 예루살렘 교회의 큰 규모를 생각하면 적어도 그 정도 숫자의 장로가 있었을 것이다. 하나님은 사도들이 떠난 다음에 장로들이 교회를 다스리도록 결정하셨다(참고. 11:30; 14:23; 20:17; 딤전 5:17; 딛 1:5; 약 5:14; 벧전 5:1, 5).

21:19 **낱낱이 말하니** 자신의 선교 사역에 대한 바울의 공식 보고는 무의미한 일반론적 이야기가 아니었다. 도리어 그는 자신의 여행에서 발생한 구체적인 사건들을 상세히 진술했다(참고. 11:4). 그리고 늘 그랬듯(참고. 14:27; 15:4, 12) 자신이 이룬 성취의 모든 공로와 영광을 하나님께 돌렸다.

21:20 **율법에 열성을 가진 자라** 어떤 유대인 신자는 모세 율법의 종교적 의식을 여전히 준수하고 있었다. 유대주의자들과 달리(*15:1에 대한 설명을 보라*) 그들은 율법을 구원의 수단으로 간주하지는 않았다.

21:21 **모세를 배반하고** 유대주의자들은 바울이 유대인 신자들에게 그들의 유산을 버리라고 가르친다는 거짓 소문을 퍼뜨렸다. 바울이 유대교의 관습을 버리지 않았다는 사실은 그가 디모데에게 할례를 받도록 했으며(16:1-3), 자신이 나실인의 서원을 했다는 사실에서 드러난다(18:18).

21:23 **서원한** 하나님에 대한 전적인 헌신을 상징하는 나실인의 서원을 말한다(*18:18; 민 6:1-21에 대한 설명을 보라*).

21:24 **결례를 행하고** 이방인의 땅에서 오랫동안 지내다가 돌아왔으므로 바울은 종교 의식상 부정한 자로 간주되었다. 그러므로 그는 네 사람의 서원을 끝내는 예식에 참석하기(그들의 후견인 자격으로) 전에 정결 예식을 행해야 했다. **그들을 위하여 비용을 내어** 그 네 사람이 머리를 깎는 성전 예식과 나실인 서원에 필요한 제물을 위한 비용이다. 다른 사람을 위해 그 비용을 지불하는 것은 자비의 행동으로 간주되었고, 또 그렇게 함으로써 바울은 자신이 유대교의 유산을 포기하지 않

왔다는 증거를 보일 수 있었다. **머리를 깎게 하라** 일반적으로 나실인 서원과 관련된 관행이다(민 6:18).

21:25 *15:19, 20에 대한 설명을 보라*. 야고보는 자신이 바울에게 하도록 요구한 것이 이방인에 대한 예루살렘 교회의 결정을 절대 변경한 것이 아님을 분명히 했다. 바울은 유대인이었으므로 그 결정이 그에게는 적용되지 않았다.

21:26 결례를 행하고 *24절에 대한 설명을 보라*.

21:27 이레 결례 과정의 기간이다(*24절에 대한 설명을 보라*). 바울은 제삼일과 제칠일에 성전에 출석해야 했다. 그 이후의 사건은 결례의 기간이 거의 끝난 제칠일에 일어났다. **아시아로부터 온 유대인** 이방인인 드로비모를 알아본 것으로 미뤄볼 때(29절) 그들은 에베소에서 와서 오순절을 보내고 있던 사람들이었을 것이다.

21:28 우리 백성과 율법과 이 곳 바울의 대적들은 그에게 세 가지 거짓 사실을 적용해 고발했다. 그들은 바울이 유대인에게 그들의 유산을 버리라고 가르쳤다고 주장했다. 유대주의자들도 같은 거짓말을 했다(*21절에 대한 설명을 보라*). 이런 상황 속에서 바울이 율법에 저항했다는 두 번째 고발은 비록 거짓말이기는 했지만 매우 위험한 것이었다. 원래 오순절은 추수의 첫 열매를 감사하는 절기였으나 이 시대에는 오순절이 모세가 시내산에서 율법을 받은 것을 기념하는 절기가 되었다. 그래서 이때가 되면 유대인은 율법에 특별히 열심을 냈다. 성전을 모독하고 더럽혔다는 세 번째 고발은 예수(막 14:57, 58)와 스데반(6:13)을 죽음에 이르게 한 고발이었다. 물론 이 세 가지 고발은 전부 거짓이었다. **헬라인을 데리고 성전에 들어가서** 아시아에서 온 유대인은 바울이 드로비모를 데리고 이방인의 뜰을 지나 이방인은 들어가지 못하게 되어 있는 곳까지 들어갔다고 비난했다. 이런 고발은 어불성설이다. 그렇게 했다면 바울은 자기 친구들의 목숨을 위험에 처하도록 한 것이다(로마인들은 그렇게 성전을 더럽히는 이방인을 유대인이 처형할 수 있도록 승인했음).

21:30 문들이 곧 닫히더라 이것은 성전 경찰들이 한 일이다. 성전 뜰에서 바울이 죽으면 성전이 더럽혀지기 때문이다(참고. 왕하 11:15). 하지만 그들은 바울을 때려 죽일 의도를 가지고 있던 군중으로부터 사도를 구하려는 아무런 노력도 기울이지 않았다.

21:31 군대 1,000명의 로마 점령군 부대를 말한다. 그들의 본부는 성전 지역을 굽어보는 절벽 위에 위치한 안토니아 성이었다. 전망이 좋은 그곳에서 로마 초병이 폭동의 조짐을 발견하면 지휘관에게 보고하도록 되어 있었다. **천부장** 예루살렘에 주둔한 로마 보병 부대를 지휘하던 군단 사령관이다(글라우디오 루시아, 23:26). 그는 예루살렘에 주둔한 최고위 로마 장교였다(총독의 관저는 가이사랴에 있었음, *8:40에 대한 설명을 보라*).

21:32 군인들과 백부장들 '백부장들'이라는 복수가 쓰인 것을 보면 루시아는 최소한 200명의 군인을 인솔했음을 알 수 있다. 이는 백부장이 100명을 지휘했기 때문이다.

21:33 두 쇠사슬로 바울에게 뭔가 잘못이 있다고 생각하고(유대인이 그에게 심하게 분노했으므로), 루시아는 그를 체포했다. 그는 바울이 누군지 안다고 생각했다(38절).

21:34 영내 성전 지경을 굽어볼 수 있는 안토니아 성안이다.

21:36 그를 없이하자 즉 '그를 죽이라'는 뜻이다(참고. 22:22; 눅 23:18; 요 19:15).

21:37 네가 헬라 말을 아느냐 죄수가 무식한 범죄자라고 생각했던 루시아는 바울이 교육받은 사람의 언어를 사용하는 것을 보고 놀랐다.

21:38 소요를 일으켜…애굽인 루시아의 질문은 그가 바울을 다른 사람으로 오해하고 있었음을 보여준다. 그 애굽인은 거짓 예언자로, 몇 년 전 로마를 축출하겠다고 말했다. 그러나 그렇게 하기 전에 당시 총독이었던 벨릭스가 이끄는 로마군이 그의 군대를 괴멸시켰다. 수백 명의 추종자가 죽임을 당하거나 체포되었지만, 그는 가까스로 탈출했다. 루시아는 바로 그가 돌아와서 군중에게 붙잡혔다고 생각했던 것이다. **자객** '시카리'라고 불린 이들은 유대 국수주의에 사로잡힌 테러리스트 단체로, 그들은 로마인들과 로마에 동조하는 것으로 보이는 유대인을 암살했다. 그들은 군중에 섞여 목표물을 칼로 찌르곤 했으므로, 루시아는 군중이 그들 지도자 중 한 사람이 그렇게 하는 것을 붙잡았다고 생각했던 것이다.

21:39 다소 *9:11에 대한 설명을 보라*. 다소는 중요한 문화도시로, 그곳의 대학은 아테네와 알렉산드리아의 대학에 견줄 만큼 훌륭했다.

22:1-22 바울의 여섯 번의 변호 가운데 첫 번째다(참고. 22:30-23:10; 24:10-21; 25:1-12; 26:1-29; 28:17-29).

22:2 히브리 말 이스라엘에서 일반적으로 사용되던 아람어다(참고. 왕하 18:26; 사 36:11). *21:37에 대한 설명을 보라*.

22:3 나는 유대인으로 아시아 유대인이 제기한 거짓 고발에 대한 대응이다(*21:21에 대한 설명을 보라*). **길리기아** *6:9에 대한 설명을 보라*. 다소는 길리기아에서 가장 큰 도시였다. **다소에서 났고** *21:39에 대한 설명을*

보라. **이 성에서 자라** 바울은 디아스포라 헬라파 유대인 사이에서 태어났지만 예루살렘에서 성장했다. **가말리엘** *5:34에 대한 설명을 보라.* 바울이 당시 가장 존경받던 랍비 아래서 공부했다는 것은 그에 대한 고발이 어불성설이라는 또 다른 증거였다. **조상들의 율법** 가말리엘의 생도였던 바울은 구약의 율법과 랍비의 전통에 대해 폭넓은 교육을 받았다. 비록 군중에게 밝히지는 않았지만 그는 바리새인이었다. 이 모든 것에 비춰 볼 때 바울이 율법을 반대했다는 것은(*21:21에 대한 설명을 보라*) 말이 안 되는 일이었다.

22:4 내가 이 도를 박해하여 *9:2에 대한 설명을 보라.* 스데반의 순교 이후 교회를 앞장서서 박해했던(참고. 갈 1:13) 바울의 유대교 유산에 대한 열정은 그의 말을 듣던 군중의 열정 이상이었다.

22:5 대제사장과 모든 장로들 산헤드린이다(*4:15; 마 26:59에 대한 설명을 보라*).

22:6-16 신약성경에 실린 바울의 회심 기록 세 번 가운데 두 번째다(참고. 9:1-19; 26:12-18).

22:6 오정쯤 되어 그 날의 시간에 대한 바울의 언급은 하늘에서 나타난 빛이 얼마나 밝았는지를 강조한다. 그것은 태양이 가장 밝을 때보다 더 밝았다.

22:7, 8 참고. 9:4, 5.

22:9 소리는 듣지 못하더라 이것은 9:7과 다르지 않다. 예수는 바울에게만 말씀하셨으므로 주님의 말씀을 오직 바울만 알아들을 수 있었다. 그의 동행자들은 소리는 들었지만 말을 들을 수는 없었다(참고. 요 12:29).

22:11 그 빛의 광채 바울의 동행자들은 빛만 보았고 오직 바울만 주 예수 그리스도를 볼 수 있었다(14절; 9:7, 17, 27; 26:16; 고전 9:1; 15:8).

22:12 아나니아 *9:10에 대한 설명을 보라.* 다메섹의 유대인 사회에서 존경받는 구성원이었던 그의 증언은 바울에게 적대적이던 청중한테 설득력 있게 들렸을 것이다.

22:14 그 의인 메시아에게 주어졌던 호칭이다(참고. 3:14; 7:52; 사 53:11).

22:15 그를 위하여…증인 바울은 다메섹 도상에서 부활하신 영광의 그리스도를 보았다는 주장을 조금도 굽히지 않았다(*11절에 대한 설명을 보라*).

22:16 너의 죄를 씻으라 문법적으로는 "주의 이름을 불러"가 "세례를 받으라" 앞에 나온다. 구원은 주의 이름을 부름으로써 오는 것이지(롬 10:9, 10, 13), 세례를 받음으로써 오는 것이 아니다(*2:38에 대한 설명을 보라*).

22:17 내가 예루살렘으로 돌아와서 다메섹에서 짧은 사역(9:20-25)을 하고 나바테안 아라비아에서 3년을 지낸 후다(갈 1:17, 18). **황홀한 중에** 바울은 초자연적인 영역으로 옮겨져서 예수 그리스도의 계시를 받았다. 이 경험은 사도들 고유의 것이었다. 오직 베드로(10:10; 11:5)와 요한(계 1:10)만 이와 유사한 계시를 받았기 때문이다. 이것이 사도행전에 기록된 바울의 여섯 환상 가운데 네 번째다(참고. 9:3-6; 16:9, 10; 18:9, 10; 23:11; 27:23, 24).

22:20 증인 *6:5; 7:54-60에 대한 설명을 보라.* **찬성하고** 8:1을 보라.

22:21-23 주가 바울을 보내 그들이 멸시하던 이방인 가운데서 사역하라고 했다는 바울의 주장은 군중이 견딜 수 있는 한계를 넘어서는 것이었다. 그들은 이방인이 유대교로 개종하지 않고 구원받을 수 있다는 가르침(그렇게 함으로 이방인들에게 하나님 앞에서 유대 민족과 동등한 권한을 줌)을 참을 수 없는 신성모독으로 여겼다.

22:23 옷을 벗어 던지고 그들은 바울을 돌로 치려고, 그의 '신성모독'에 경악하여(*14:14에 대한 설명을 보라*), 아니면 주체할 수 없는 분노 때문에, 그도 아니라면 이 세 가지 모든 이유 때문에 그렇게 했다. 민족적 자존심에 의해 그들이 격정적으로 치닫자 군중은 모두 자제력을 잃어버렸다. **티끌을 공중에 날리니** 격렬한 감정의 표시다(참고. 삼하 16:13; 욥 2:12; 계 18:19).

22:24 천부장이 바울을 영내로 데려가라 명하고 루시아는 바울을 개인적으로 심문해야 한다는 사실을 깨달았다. 그래서 그는 군인들에게 분노한 군중에게서 바울을 빼내어 안토니아 성으로 데려가라고 명했다. **채찍질하며 심문하라 한대** 잔인한 로마의 심문 방식이다. 죄수들은 로마의 *플라겔룸*(*flagellum*, 나무 손잡이에 달린 가죽 끈 끝에 금속이 달린 채찍)으로 채찍질을 당하다가 죽는 일이 많았다.

22:25 바울을 매니 이는 채찍질로 심문하기 위한 준비였다. 바울의 몸이 팽팽하게 잡아당겨지면 그의 몸에 가해지는 *플라겔룸*의 효과가 극대화되었다. **백부장** *10:1; 마태복음 8:5에 대한 설명을 보라.* 예루살렘에 파견된 1,000명의 군인을 거느릴 열 명의 백부장이 있었을 것이다. **로마 시민 된 자** 로마 시민은 그런 잔인한 심문에서 면제되었다[발레리안과 포르시안의 법(Valerian and Porcian laws)에 따라]. 바울은 로마 시민의 권리를 행사하고 있다. 바울의 이 주장에 대해서는 다시 질문이 없었다. 왜냐하면 거짓으로 로마 시민임을 주장하면 사형을 당하게 되어 있었기 때문이다.

22:26 어찌하려 하느냐 이는 로마 시민이라 백부장은 자기 상관에게 바울이 로마 시민임을 알려주면서 잘못하면 그의 군인으로서의 경력에 종지부를 찍거나 심지

어 죽임을 당할 수도 있음을 상기시켰다.

22:28 **돈을 많이 들여** 로마 시민권은 공식적으로 매매하는 것은 아니었지만, 때로는 부패한 관리들에게 뇌물을 주고 살 수도 있었다.

22:30-23:10 바울의 여섯 번의 자기변호 가운데 두 번째다(참고. 1-21절; 24:10-21; 25:1-12; 26:1-29; 28:17-29).

22:30 **제사장들과 온 공회** 그는 산헤드린의 비공식적 회의를 소집했다(*4:15, 23에 대한 설명을 보라*).

23:1 **공회** 산헤드린이다(*4:15; 마 26:59에 대한 설명을 보라*). **양심을 따라** *고린도후서 1:12에 대한 설명을 보라*. 참고. 24:16; 디모데후서 1:3.

23:2 **대제사장 아나니아** 복음서에 등장하는 아나니아가 아니다(*눅 3:2에 대한 설명을 보라*). 이 사람은 이스라엘에서 가장 잔인하고 부패한 대제사장들 가운데 한 사람이었다(*4:6에 대한 설명을 보라*). 그의 친 로마 정책은 유대 민족의 미움을 샀으며, 유대인은 로마에 대한 반란을 일으키자마자 그를 죽였다(주후 66년). **그 입을 치라 명하니** 아나니아의 잔인한 성격에 어울리는 불법적 행동이다. '치다'라고 번역된 동사는 군중이 바울을 때릴 때(21:32)와 로마 병사가 예수를 때릴 때(마 27:30) 사용된 단어다. 그것은 얼굴을 철썩 때리는 정도를 넘어서는 악랄한 폭력이었다.

23:3 **회칠한 담** 참고. 에스겔 13:10-16; 마태복음 23:27. **율법을 어기고** 대제사장이 뻔뻔스럽게 유대교법을 어기는 것을 보고 바울은 분노가 치솟았다. 예수가 이와 유사하게 율법을 위반하는 행위에 의해 맞았을 때 그분은 왜 때리는지를 조용히 질문하셨다(요 18:23). 바울의 반응은 잘못된 것이었고, 그는 곧 그것을 시인했다(5절). 아나니아가 비록 악인이었지만 여전히 하나님이 세우신 직책을 유지하고 있었으므로 그 지위가 요구하는 존경을 표했던 것이다.

23:4 **욕** 바울 곁에 섰던 사람은 대제사장에 대한 바울의 거친 꾸짖음에 경악했다. "욕"은 요한복음 9:28에서 유대교 지도자들이 예수가 눈뜨게 하신 맹인을 모욕할 때 쓰는 말이다. 베드로는 예수가 당하신 부당한 대우를 말하면서 이 단어를 사용했다(벧전 2:23).

23:5 **나는…알지 못하였노라** 어떤 사람들은 이것 역시 바울의 눈에 이상이 있었다는 또 다른 증거라고 믿는다(참고. 갈 4:15). 아니면 바울이 몹시 분노하여 자신이 누구에게 말하고 있는지를 잊어버렸을 수도 있다. 어쩌면 아나니아가 대제사장처럼 행동하지 않았기 때문에 그를 조소한 것일 수도 있다. 가장 단순한 설명은 바울의 말을 액면 그대로 받아들이는 것이다. 그는 여러 해 동안 예루살렘을 떠나 있었으므로 아나니아를 알아보지 못했을 것이다. 이것이 산헤드린의 비공식 모임이었으므로(*22:30에 대한 설명을 보라*) 대제사장은 공적 의상을 입지 않을 것이다. **기록하였으되** 출애굽기 22:28을 인용한 것이다.

23:6 아나니아의 교만한 태도와 불법적 행동을 보고 바울은 자신이 산헤드린 앞에서 공정한 재판을 받지 못할 것임을 확신하게 되었다. 따라서 그는 과감한 조치를 취하기로 결정했다. 바리새인이며, 과거 산헤드린의 회원이었던 바울은(*26:10에 대한 설명을 보라*) 산헤드린 내 두 분파 사이에 내재한 긴장감을 잘 알고 있었다. 그래서 바울은 바리새인의 지원을 얻기 위해 자신이 바리새인임을 상기시키고, 그들과 사두개인 사이의 중요한 신학적 차이점을 들어 호소했다(*7절에 대한 설명을 보라*). 그 결과 바울은 산헤드린의 두 분파 사이에 분열을 조장했다. **사두개인…바리새인** *마태복음 3:7에 대한 설명을 보라*. **공회** *4:15에 대한 설명을 보라*.

23:7 **다툼이 생겨** 사두개인과 바리새인 사이에는 사회적·정치적·종교적으로 중요한 차이점이 있었다. 부활의 문제를 거론함으로써 바울은 가장 중요한 신학적 차이점을 놓고 바리새인의 지원을 호소했다(*8절에 대한 설명을 보라*). 예수 그리스도의 부활도 기독교의 중심 주제였으므로, 이것은 사소한 신학적 문제로 산헤드린을 분열시키려는 바울의 냉소적인 책략이 아니었다.

23:8 **사두개인…바리새인** 사두개인들은 모세오경만 하나님의 영감에 따른 성경으로 받아들였다. 그들은 모세오경이 부활이 있을 것을 가르치지 않는다고 주장하면서(그릇된 주장임. 참고. 마 22:23-33) 부활을 반대했다. 하지만 바리새인들은 부활과 사후의 삶을 믿었다. 이 점에서 그들의 신념은 사두개인보다 기독교에 더 가까웠다. 성경에 바리새인의 회심에 대한 기록은 있지만(15:5; 요 3:1), 사두개인의 회심에 대한 기록이 없는 것은 의미심장하다.

23:9 **바리새인 편에서 몇 서기관이** 바리새인들은 사두개인들과의 신학적 견해가 너무 달랐기 때문에 그들이 싫어하는 기독교 분파의 지도자인 바울을 위해 기꺼이 변호했다(참고. 24:5).

23:11 **주께서 바울 곁에 서서** 사도행전에 기록된 바울의 여섯 환상 가운데 다섯 번째다(참고. 9:3-6; 16:9, 10; 18:9, 10; 22:17, 18; 27:23, 24). 이 모든 환상은 바울의 사역이 위기에 처한 순간에 왔다. **로마에서도 증언하여야** 예수는 로마를 방문하려는 그의 바람(롬 1:9-11; 15:23)이 허락되리라는 것을 말씀하심으로써 바울을 격려하셨다.

23:12 당을 지어 맹세하되 문자적으로 그들이 자신에게 '저주를 선포하다'라는 뜻이다(참고. 갈 1:8, 9). 즉 실패한다면 하나님의 심판을 받으리라는 선언이다(참고. 삼상 14:44; 삼하 3:35; 19:13; 왕상 2:23; 왕하 6:31).

23:14 대제사장들과 장로들 *4:23에 대한 설명을 보라.* 참고. 마태복음 16:21. 사두개인이었던 이들은 음모를 꾸민 사람들을 도우려는 마음이 있었을 것이다. 서기관들이 거기서 배제된 것은 의미심장하다. 대부분이 바리새인이었던 서기관들은 이미 바울을 옹호하려는 마음이 있었음을 보여준다(9절).

23:16 바울의 생질 성경에서 바울의 가족이 분명하게 언급된 유일한 경우다(다른 경우에 대해서는 롬 16:7, 11, 21을 보라). 바울이 기독교인이 되었을 때 그의 가족들은 그를 가문에서 축출한 것으로 보이는데(빌 3:8), 그가 가족이 있는 고향 다소를 떠나 예루살렘에 머물고 있는 이유는 알 수 없다. **영내에 들어가 바울에게 알린지라** 바울은 수감된 것이 아니라 보호받고 있었기 때문에 방문객을 맞을 수 있었다.

23:17 백부장 *22:25에 대한 설명을 보라.*

23:23, 24 음모를 꾸민 사람들의 계획을 무산시키고, 유대인과의 사이에 발생할 수 있는 심각한 충돌을 방지하며, 바울의 생명을 구하기 위해 루시아는 바울을 예루살렘에서 빼내어 가이사랴에 있는 그의 상급자인 총독 벨릭스에게 보내야겠다고 생각했다.

23:23 보병…기병…창병 '보병'은 로마 군대의 엘리트 군인인 군단 병이었다. '기병'은 주둔 부대의 파견병이었다. 그리고 '창병'은 군단 병보다는 덜 중무장한 창을 든 군인들이었다. 루시아는 1,000명의 주둔병 가운데 거의 절반 정도를 파견했는데, 이는 그가 바울에 대한 유대인의 음모를 얼마나 심각하게 여겼는지 보여준다. **밤** 밤 9시를 가리킨다.

23:26 총독 벨릭스 *24:3에 대한 설명을 보라.*

23:27 내가 로마 사람인 줄 들어 알고 실제로 루시아는 바울을 체포하기 전에 이 사실을 알지 못했다(22:25, 26). 루시아는 총독 앞에서 자신에게 유리한 쪽으로 말하고 있다. 그래서 그는 자기가 바울에게 채찍질을 명했다는 사실(22:24), 그를 애굽 자객으로 오해했다는 사실(21:38)은 말하지 않았다.

23:29 그들의 율법 문제 루시아가 바울이 로마법을 어겼다고 말하지 않은 것은 바울의 무죄를 선언한 것이나 마찬가지였다.

23:30 고발하는 사람들도 당신 앞에서 그에 대하여 말하라 하였나이다 바울에 대한 음모로 말미암아 예루살렘에서 계속 심문하는 것이 바울의 생명에 위협이 되었으므로 루시아는 손쉽게 그 짐을 벨릭스에게 떠넘기고 있다.

23:31 안디바드리 예루살렘에서 약 64킬로미터 떨어진 곳에 위치한 로마군 주둔지다. 예루살렘에서 가이사랴로 여행하는 사람들은 자주 그곳에 들러 쉬었다. 예루살렘을 떠난 보병 부대가 하룻밤 사이(32절) 그곳에 도착했다면 강행군을 한 것이다.

23:32 기병 주로 이방인 지역인 사마리아에서는 매복의 위험이 훨씬 적었으므로 더 이상 보병이 필요치 않았다.

23:33 가이사랴 *9:30에 대한 설명을 보라.*

23:34 어느 영지 사람이냐 벨릭스는 그가 바울의 사건을 담당할 법적 위치에 있는지를 먼저 알아보아야 했다. **길리기아 사람** 당시에 유대와 길리기아는 모두 수리아 총독 관할이었으므로 벨릭스는 그의 사건을 심문할 권리가 있었다.

23:35 헤롯 궁 가이사랴에 위치한 벨릭스의 공식 관저다.

24:1 닷새 후 유대교 지도자들이 사건을 정리하고 변호사('변사')를 선임하여 가이사랴까지 여행하기에는 매우 짧은 기간이다. 그들은 자기들이 신속하게 행동하지 않으면 벨릭스가 사건을 기각할 것을 두려워했던 것 같다. **대제사장 아나니아** *23:2에 대한 설명을 보라.* **장로들** 산헤드린의 주요 지도자들이다(*4:5에 대한 설명을 보라*).

24:2 더둘로 로마인일 가능성도 있지만, 헬라파 유대인일 가능성이 더 높다(6절).

24:3 벨릭스 주후 52-59년 유대 총독이었다. 벨릭스는 과거 노예였는데, 그의 형제(클라우디오 황제의 호의를 입음)가 그에게 총독의 지위를 하사했다. 그는 당시의 영향력 있는 로마인들로부터 높은 평가를 받지 못했으며, 총독의 직위에 있는 동안 큰 성과를 이루지 못했다. 그는 애굽인과 그들의 추종자를 물리치기는 했지만(*21:38에 대한 설명을 보라*), 그의 잔인성이 유대인을 화나게 한 결과 바울의 사건을 심리한 지 2년이 지난 후 네로 황제에 의해 그 자리에서 축출되었다(27절).

24:5-7 벨릭스에게 아첨의 말을 하지 않아도 되었던 더둘로는 바울에 대한 기소 내용을 제시했다. 그 기소 내용에는 반란(로마법 위반), 분파주의(유대법 위반), 신성모독(하나님의 법 위반)이 포함되었다.

24:5 전염병 이 진술은 사도와 기독교에 대한 산헤드린의 증오를 드러내지만 어떤 악행에 대한 구체적인 고발은 아니다. **소요하게 하는 자** 바울에 대하여 제기된 첫 번째이자(로마 법정에서) 가장 심각한 고발은 선동(반

란)이다. 로마인들은 반란을 일으킨 사람들에게는 관용을 베풀지 않았다(거기에 있던 유대인은 그로부터 몇 년 후인 주후 66년 그 교훈을 배웠음). 유대교 지도자들이 이 고발의 물증을 제시할 수 있었다면 바울은 심각한 처벌, 심지어 사형까지 당할 수도 있었다. 더둘로는 신중을 기하여 구체적인 사례는 일체 거론하지 않았다. 그렇게 했을 때 벨릭스가 바울의 사건을 그 사건이 일어난 지역의 총독에게 넘길 수 있었기 때문이다. 그들은 자기들이 영향력을 행사할 수 있는 총독 앞에서 바울이 재판받기를 원했다. **나사렛 이단의 우두머리** 바울에게 적용된 두 번째 기소는 분파주의(이단)였다. 더둘로가 기독교를 "나사렛 이단"이라고 냉소적으로 부른 것은 (참고. 6:14; 요 1:46; 7:41, 52) 바울을 로마에 위협이 되는 메시아적 파당의 지도자로 그리기 위해서다.

24:6-8상 그가 또…당신이 많은 고대 사본은 이 구절을 생략해 더둘로가 벨릭스에게 누구를 심문하라고 촉구한 것인가 하는 질문을 불러왔다. 만약 이 구절이 생략된다면 더둘로는 바울을 조사할 것을 요구하는 셈이 되었을 것이고, 그러면 사도는 단지 더둘로의 거짓된 고발을 부인하기만 하면 되었다. 이 구절이 원문에 포함되어 있었다면 더둘로는 루시아가 유대교의 법적 절차에 간섭해 그가 월권 행위를 했다고 비난하는 셈이 되었을 것이다. 그렇다면 바울은 루시아를 조사해보면 그 사건에 대한 유대교 지도자들의 거짓 해석을 확증할 수 있게 되고, 벨릭스가 루시아를 불러올 때까지 휴정하기로 결정한 것이 설명된다(22절).

24:6 성전을 더럽게 하려 하므로 바울에 대해 제기된 세 번째 고발은 하나님에 대한 신성모독의 죄였다. 유대교 지도자들은 그들의 대변인을 통해 아시아의 유대인이 하던 거짓된 고발을 반복하고 있다(21:28). 성난 군중이 야만적으로 바울을 때린 일을 얼버무리면서 그들은 자기들이 바울을 체포했다고 (거짓으로) 주장하고 있다.

24:7, 8 그 사건의 책임을 다른 곳으로 돌리기 위한 또 다른 거짓말이다. 실제로 폭력을 사용한 것은 유대인 군중이었고, 도리어 루시아는 폭동을 중단시키고 바울을 구해냈다.

24:10-21 바울의 여섯 번의 자기변호 가운데 세 번째다(참고. 22:1-21; 22:30-23:10; 25:1-12; 26:1-29; 28:17-19).

24:10 여러 해 전부터…재판장 총독일 때와 그 이전 사마리아 총독 아래서 섬길 때를 포함한 기간이다. 더둘로와 달리 바울은 벨릭스에게 아첨하지 않고 그가 유대인의 법률, 풍습, 신념을 잘 알고 있음을 상기시켰다. 그러므로 벨릭스는 정당한 판결을 내리지 않을 수 없었다.

24:11 열이틀 그중 닷새는 가이사랴에서 고소인들이 오기를 기다리면서 보냈다(1절). 나머지 칠 일 가운데 며칠은 정결 예식으로 보냈다(*21:24, 27에 대한 설명을 보라*). 바울이 한 말의 요점은 설사 그가 하고자 했다고 해도 폭동을 부추길 시간이 없었다는 것이다.

24:14 도 *9:2에 대한 설명을 보라.* **율법과 및 선지자들의 글** 이는 구약성경을 가리킨다(마 7:12을 보라). 사두개인들은 구약성경의 많은 부분을 받아들이지 않았으며(*23:8에 대한 설명을 보라*), 그들과 바리새인은 똑같이 구약성경이 예수 그리스도를 증거한다는 것을 받아들이지 않았다(참고. 눅 24:27, 44; 요 1:45; 5:39, 46). 그에 비해 바울은 구약성경 전체를 하나님의 영감된 말씀으로 보았고, 그것이 가르치는 모든 것을 믿었다.

24:15 하나님께 향한 소망 유대 민족의 큰 소망은 부활이었다(욥 19:25-27; 단 12:2). 전통적인 유대교 신학의 주류에 서 있던 사람은 회의적인 사두개인이 아니라 바울이었다.

24:16 양심에 거리낌이 없기를 *23:1에 대한 설명을 보라.*

24:17 구제할 것과 제물 예루살렘의 가난한 성도들을 위한 기금을 바울이 모아 전달한다는 것을 사도행전에 분명하게 드러낸 유일한 언급이다(*19:21에 대한 설명을 보라*). 소동을 일으킬 방법을 모색하기는커녕 바울은 인간애를 실천하는 사명을 띠고 예루살렘에 갔던 것이다.

24:18 결례 *21:24에 대한 설명을 보라.* **아시아로부터 온 어떤 유대인** *21:27에 대한 설명을 보라.*

24:21 죽은 자의 부활에 대하여 부활에 대한 믿음은 유대교 법에서든 로마 법에서든 범죄가 아니었다. 바울이 연설했을 때 터져 나온 사두개인과 바리새인 사이의 해묵은 분란에 대한 책임이 바울에게 있었던 것도 아니다.

24:22 이 도에 관한 것을 더 자세히 아는 고로 유대인인 그의 아내 드루실라를 통해서였을 것이다(24:24). **연기하여** 바울의 범죄로 추정되는 행위에 대한 증인이(아시아에서 온 유대인) 심문에 나타나지 않았다. 또한 유대교 지도자들도 그의 유죄를 입증하지 못했다. 벨릭스가 로마법에 근거해 합당하게 내릴 수 있는 유일한 판결은 무죄를 선언하는 것이었다. 하지만 그렇게 되면 유대인이 격노하여 또 다른 문제를 일으킬 수 있었다. 총독이었던 벨릭스의 일차적인 책임은 질서를 유지하는 것이었으므로, 그는 최선이 결정을 내리지 않는 것이라고 판단했다. 그래서 루시아로부터 그 이상의 정보를 얻어야 한다는 핑계로 재판을 연기한 것이다. **천부**

장 루시아가 내려오거든 루시아의 보고서에는 이미 그 논란이 유대교의 법에 대한 것이며(23:29), 바울에게는 어떤 범죄 사실도 없다는 것이 기록되어 있었다(23:29). 그에게 덧붙일 무엇이 더 있었을 것이라고 생각하기 어려운데, 벨릭스가 그를 소환했다는 증거도 없다.

24:24 **드루실라** 아그립바 1세의 가장 어린 딸이며(*12:1에 대한 설명을 보라*), 벨릭스의 세 번째 부인이다. 그녀의 아름다움에 정신이 팔린 벨릭스는 그녀를 꾀어 남편을 버리게 했다. 바울의 재판이 진행되던 때 그녀는 아직 스무 살도 되지 않았다.

24:25 **의와 절제와 장차 오는 심판** 하나님은 모든 사람에게 '의'를 요구하신다. 이는 하나님의 거룩한 성품 때문이다(마 5:48; 벧전 1:15, 16). 사람이 그 절대적인 기준에 부응하려면 '절제'가 요구된다. 절제를 발휘하여 '하나님의 의'의 기준에 부합하지 못하면(구원받지 못하면) '심판'을 받는다. **벨릭스가 두려워하여** 자기가 유혹하여 남편을 버리게 한 여인과 함께 살고 있으므로 벨릭스에게는 '의'와 '절제'가 없는 것이 분명했다. 자신이 '심판'을 받아야 한다는 경고를 들은 벨릭스는 급히 바울을 돌려보냈다. **내가 틈이 있으면** 죄 찔림의 순간이 지나갔고, 벨릭스는 어리석게도 회개의 기회를 흘려 보냈다(참고. 고후 6:2).

24:26 **바울에게서 돈을 받을까 바라는 고로** 로마 법이 뇌물을 금했음에도 그런 일은 흔하게 일어났다.

24:27 **보르기오 베스도가 벨릭스의 소임을 이어받으니** *3절에 대한 설명을 보라.* 전에 노예였던 벨릭스와 달리 베스도는 로마의 귀족이었다. 그가 총독으로 재임하던 짧은 기간에 대해서는 거의 알려진 것이 없지만(그는 직책에 부임한 지 2년 만에 죽었음), 유대 역사가 요세푸스는 그가 전임자와 후임자보다 나은 인물이었다고 말했다. **유대인의 마음을 얻고자 하여** 유대인이 벨릭스의 잔인성에 대해 로마에 항의하자 그는 당연히 유대인의 민심을 사고자 했다. 그는 결국 직위에서 해제되었다. 그는 가이사랴에서 일어난 폭동을 무자비하게 진압하여 유대인을 격노하게 했고, 항의를 받은 로마는 그를 다른 사람으로 대체했다. 네로 황제는 그를 로마로 소환했으며, 영향력 있는 그의 형제인 팔라스가 힘쓰지 않았다면 큰 형벌을 받았을 것이다.

25:1-12 바울의 여섯 번의 자기변호 중 네 번째다(참고. 22:1-21; 22:30-23:10; 24:10-21; 26:1-29; 28:17-29).

25:1 **삼 일 후에 가이사랴에서 예루살렘으로 올라가니** 새로 맡게 된 현지의 상황을 알아보기 위한 목적이었다.

25:3 **매복** 두 번째의 매복 계획이다. 그러나 이번에는 산헤드린 회원들이 연루되지 않고(참고. 23:14, 15) 음모자들만 연루되었다.

25:4 **베스도** *24:27에 대한 설명을 보라.* **가이사랴** *8:40에 대한 설명을 보라.* 유대 지방의 로마 총독 사령부였던 가이사랴는 로마 시민인 바울이 재판받기에 적절한 곳이었다.

25:6 **재판 자리** 이것은 그의 심문이 정식 로마 재판이었다는 뜻이다(10, 17절; 18:12; 마 27:19; 요 19:13을 보라).

25:9 **유대인의 마음을 얻고자 하여** 참고. 24:27.

25:10 **가이사의 재판 자리** 베스도의 타협이 유대교 지도자들에게 그들이 원하는 모든 것을 주었으므로, 그들은 바울이 예루살렘에 도착하기 전에 살해하고자 했다. 그러므로 사도는 베스도의 타협 시도를 거절하고, 로마 시민인 자신은 가이사의 재판 자리에 설 권리가 충분했음을 총독에게 상기시켜 주었다.

25:11 **내가 가이사께 상소하노라** 바울은 로마 시민으로서 권리에 맞게 로마에서 재판을 받겠다고 선언했다.

25:12 **배석자들** 베스도의 참모들이다. **네가 가이사에게…가이사에게 갈 것이라** 그 상소를 받아들인 총독은 손을 떼고 황제에게 그 사건을 넘겼다.

25:13 **아그립바 왕** 야고보를 죽이고 베드로를 투옥시킨 헤롯의 아들인 헤롯 아그립바 2세다(*12:1에 대한 설명을 보라*). 그는 신약 역사에서 확실한 역할을 담당했던 헤롯 가문의 마지막 인물이다. 그의 종조부인 헤롯 안디바가 복음서에 등장하는 헤롯이고(막 6:14-29; 눅 3:1; 13:31-33; 23:7-12), 그의 증조부인 대 헤롯은 예수가 탄생하실 때 다스리고 있었다(마 2:1-19; 눅 1:5). 유대의 지배자는 아니었지만 아그립바는 유대인의 문제에 정통했다(참고. 26:3). **버니게** 아그립바의 아내가 아니라 왕비이자 여동생이다(그들의 여자 형제인 드루실라가 전임 총독인 벨릭스와 혼인했음). 그들의 근친상간은 아그립바가 자란 로마에서 사람들의 화젯거리가 되었다. 버니게는 한동안 황제 베스파시아누스의 첩이었다가 뒤에는 그의 아들 티투스의 첩이 되었지만, 종국에는 그녀의 오빠에게 돌아갔다.

25:19 **종교** 그런 고발은 로마 법정에서 다룰 일이 아니었다(참고. 18:12-16).

25:20 **내가 이 일에 대하여 어떻게 심리할는지 몰라서** 이방 로마인이며 유대에 새로 부임한 베스도가 그리스도인과 유대인 사이의 신학적 차이를 이해했을 것이라고 기대할 수는 없다.

25:21 **황제…가이사** 아구스도(아우구스투스)는 '높임을 받는' 또는 '경배 받는 자'라는 뜻으로 통상 황제에게 붙이는 호칭이었다. 당시에 통치하던 '가이사'는 악명 높은 네로였다.

25:22 **나도…듣고자 하노라** 헬라어 동사의 시제는 그가 오랫동안 바울의 말을 듣기를 원했음을 나타낸다. 유대인 문제의 전문가인(참고. 26:3) 그는 기독교를 이끄는 대변인의 말을 직접 들을 수 있게 된 것을 기쁘게 생각하고 있었다.

25:23 **아그립바와 버니게** 누가의 기록에 따르면 이 두 사람은 떼려야 뗄 수 없는 관계였다(참고. 13절; 26:30). 그녀는 아그립바의 추한 사생활을 끊임없이 상기시키는 인물이다(*13절에 대한 설명을 보라*). **천부장들** 가이사랴에 주둔한 다섯 보병 부대의 다섯 지휘관들이다(*10:1에 대한 설명을 보라*). **시중의 높은 사람들** 그 도시의 민간인 지도자들이다.

25:25 **황제** *21절에 대한 설명을 보라.*

25:26 **확실한 사실을 아뢸 것이 없으므로** 베스도는 바울에 대한 고발의 성격을 이해할 수 없어 네로에게 보내는 공식 보고서에 무엇이라고 써야 할지 몰랐다. 지방의 총독이 죄수를 황제에게 보내면서 분명한 고발 내용이 없다면 이는 위험하지는 않지만 바보스러운 짓이었다. **특히 아그립바 왕 당신 앞에** 베스도는 유대의 일들에 대한 헤롯의 전문 지식(26:3)이 바울에 대한 고발을 이해시켜 줄 것으로 기대했다.

26:1-29 바울의 여섯 번의 자기변호 중 다섯 번째다(참고. 22:1-21; 22:30-23:10; 24:10-21; 25:1-12; 28:17-19).

26:1 **말하기를 네게 허락하노라** 바울을 고소한 사람이 그 자리에 없었으므로 헤롯은 바울에게 변론을 허락했다. **바울이 손을 들어** 말을 시작할 때 통상적으로 하는 제스처다(참고. 12:17; 13:16; 19:33).

26:3 **유대인의 모든 풍속과 문제를 아심이니이다** *25:26에 대한 설명을 보라.* 바울의 목적은 자신을 변명하는 것이 아니라 아그립바와 다른 사람들에게 복음을 전하는 것이었다(28, 29절).

26:5 **바리새인의 생활을 하였다** *마태복음 3:7에 대한 설명을 보라.* 참고. 빌립보서 3:5.

26:6 **약속하신 것을 바라는** 메시아와 그분의 나라가 임하는 것이다(참고. 1:6; 3:22-24; 13:23-33; 창 3:15; 사 7:14; 9:6; 단 7:14; 미 5:2; 딛 2:13; 벧전 1:11, 12).

26:7 **열두 지파** 신약성경에서 보통 이스라엘을 가리키는 표현이다(참고. 마 19:28; 약 1:1; 계 21:12). 북쪽의 열 지파도 포함되어 있다. 포로기 이전과 이후에 각 지파의 대표자들이 남쪽의 두 지파들과 섞였는데, 이는 히스기야(대하 30:1-11)와 요시야(대하 34:1-9)가 왕으로 다스리던 시기에 시작되었다.

26:8 바울은 유대 민족의 위대한 소망인 부활을 믿는다는 이유로 정죄를 당한다는 건 상상도 할 수 없는 일이라고 생각했다(*24:15에 대한 설명을 보라*).

26:10 **성도** 기독교 신자들이다(고전 1:2). **내가 찬성 투표를 하였고** 문자적으로 '내가 나의 자갈을 던지다'라는 뜻이다. 이것은 색칠한 자갈을 가지고 투표 결과를 기록하던 고대의 관습에서 온 말이다. 또한 이 절은 바울이 과거에 산헤드린 의원이었다는 표시일 수도 있다.

26:11 강제로 모독하는 말을 하게 하고 예수 그리스도에 대한 믿음을 버리는 것이다.

26:12-14 바울의 회심에 대한 신약의 세 번째 기록이다(*9:1-17; 22:6-23에 대한 설명을 보라*).

26:14 가시채 가축을 찌르기 위한 막대기다(26:14).

26:16 장차 내가 네게 나타날 일 18:9, 10; 22:17-21; 23:11; 고린도후서 12:1-7; 갈라디아서 1:11, 12을 보라.

26:17 이방인들…그들에게 보내어 바울이 이방인의 사도로 임명되는 것이다(롬 11:13; 딤전 2:7).

26:18 그 눈을 뜨게 하여 불신자들은 사탄에 의해 영적 진리를 보지 못하는 맹인이 되었다(고후 4:4; 6:14. 참고. 마 15:14). **어둠에서 빛으로** 불신자들은 영적 맹인 상태인 어둠 속에 있으므로 성경은 자주 구원을 빛으로 묘사한다(23절; 13:47; 마 4:16; 요 1:4, 5, 7-9; 3:19-21; 8:12; 9:5; 12:36; 고후 4:4; 6:14; 엡 5:8, 14; 골 1:12, 13; 살전 5:5; 벧전 2:9; 요일 1:7; 2:8-10). **죄 사함** 이것이 구원의 가장 중요한 결과다(*2:38에 대한 설명을 보라*. 참고. 3:19; 5:31; 10:43; 13:38; 마 1:21; 26:28; 눅 1:77; 24:47; 고전 15:3; 갈 1:4; 골 1:14; 히 8:12; 9:28; 10:12; 벧전 2:24; 3:18; 요일 2:1, 2; 3:5; 4:10; 계 1:5). **믿어 거룩하게 된** 성경은 구원이 인간 행위가 아닌 오직 믿음을 통해서만 온다는 것을 분명한 진리로 반복적으로 가르친다(13:39; 15:9; 16:31; 요 3:14-17; 6:69; 롬 3:21-28; 4:5; 5:1; 9:30; 10:9-11; 갈 2:16; 3:11, 24; 엡 2:8, 9; 빌 3:9). **기업** 하늘에서 신자들이 영원히 누릴 복이다(참고. 20:32; 엡 1:11, 14, 18; 골 1:12; 3:24; 히 9:15).

26:20 회개에 합당한 일 참된 회개는 반드시 생활방식의 변화를 가져온다(*2:38; 마 3:8; 약 2:18에 대한 설명을 보라*).

26:21 유대인들이…나를 잡아 죽이고자 하였으나 21:27-32을 보라. 이것이 유대교 지도자들의 거짓말과 상반되는 진정한 이유다(24:6).

26:22 선지자들과 모세 *24:14에 대한 설명을 보라*. 여기서 '모세'는 '율법'으로 바꿔 쓸 수도 있다. 왜냐하면 그가 다섯 권의 율법 책인 오경의 저자이기 때문이다.

26:23 그리스도가 고난을 받으실 것과…다시 살아나사 바울 선포의 중심 주제인 메시아의 고난(시 22편; 사 53장)과 부활(시 16:10. 참고. 13:30-37)을 구약성경도 분명히 가르쳤다.

26:24 네가 미쳤도다 베스도는 바울 같은 학자가 죽은 자가 다시 살아난 것을 믿는다는 사실에 놀랐다. 이것은 어떤 이지적인 로마인도 받아들이지 않을 일이다. 참을 수가 없게 된 그는 재판을 중단하고 바울의 많은 학문이 그를 미치게 했다고 소리쳤다(참고. 막 3:21; 요 8:48, 52; 10:20).

26:26 한쪽 구석에서 행한 것이 아니니이다 예수의 죽음과 그가 죽음에서 살아났다는 그리스도인의 주장이 팔레스타인에서는 상식이었다.

26:27 선지자를 믿으시나이까 바울의 교묘한 질문은 헤롯을 궁지에 빠뜨렸다. 만약 그가 선지자들을 믿는다고 인정한다면 그 역시 선지자들이 예수의 죽음과 부활에 대해 가르친 것을 인정해야 한다(이는 로마인 친구들 앞에서 그를 바보처럼 보이게 했을 것임). 하지만 그것을 부인하면 그는 유대인 신하들을 분노하게 만들 것이다.

26:28 네가 적은 말로 나를 권하여 더 나은 번역은 '네가 그렇게도 짧은 시간에 나를 설득하여 그리스도인이 되게 할 수 있다고 생각하는가'이다. 자신이 궁지에 몰렸다는 것을 알게 된 아그립바는 바울의 질문에 질문으로 대응했다.

26:30-32 심문이 끝난 다음 아그립바와 베스도는 개인적으로 만나 바울의 사건을 논의했다. 두 사람은 바울에게 죄가 없으며, 그가 가이사에게 상고하지 않았다면 석방될 수 있었다는 데 의견일치를 보았다.

F. 바울의 로마행(27:1-28:31)

27:1 우리가 대명사 '우리'라는 표현을 사용하는 것은 21:18 이후로 일행과 함께 있지 않았던 바울의 가까운 친구인 누가가 돌아왔음을 의미한다. 그는 바울이 감옥에 있는 동안 그를 돌보기 위해 가이사랴 가까이에서 살고 있었을 것이다. 이제 그는 사도의 로마행 여행에 합류했다. **아구스도대의 백부장** 이 이름의 보병대(연대)가 아그립바 2세의 재위 동안 팔레스타인에 주둔해 있었다(*25:13에 대한 설명을 보라*). 율리오는 중요한 죄수를 호송하는 파견 근무를 하고 있었을 것이다.

27:2 아드라뭇데노 소아시아(오늘날 터키)의 북서 해안 드로아 근처의 한 도시로, 백부장은 그곳에서 이탈리아로 가는 배를 찾아볼 계획이었다. **우리가 올라 항해할새** 배는 가이사랴를 떠나서 113킬로미터 떨어진 시돈을 향했다. **아리스다고도 함께 하니라** 그는 헌금을 가지고 바울과 함께 예루살렘으로 가던 중(20:4) 에베소에서 군중에게 붙잡혔다(19:29). 아리스다고는 사도의 일차 로마 투옥 기간에 바울과 함께 있었다(골 4:10).

27:3 시돈에 대니 *12:20에 대한 설명을 보라*. 그곳의 그리스도인이 바울을 섬겼다(여행에 필요한 것들을 제공했을 것임).

27:4 구브로 해안을 의지하고 항해하여 그들은 그 섬의 바람이 부는 쪽에 붙어(섬과 육지 사이를 지남) 강풍을 피하고자 했다.

27:5 길리기아와 밤빌리아 바다를 건너 *2:9, 10; 6:9에 대한 설명을 보라.* **루기아의 무라 시** 제국의 곡물 운반선을 위한 주요 항구 가운데 하나로, 그 배들은 애굽에서 이탈리아로 곡물을 실어 날랐다.

27:6 알렉산드리아 배 제국의 곡물 운반선이다.

27:7 니도 소아시아 남서쪽 끝자락 반도에 위치한 이곳 역시 제국의 곡물 운반선을 위한 항구였다. 니도에 도착한 배는 강한 맞바람 때문에 서쪽으로 더 항해할 수 없었다. 그래서 어쩔 수 없이 배를 남쪽으로 돌려 그레데 섬으로 향했다. **살모네** 그레데의 북서쪽 해안의 곶이다. **그레데 해안을 바람막이로** 소아시아 남서쪽에 위치한 이 큰 섬은 배를 때리던 강한 북서풍으로부터 피할 곳이 되어주었다.

27:8 미항…라새아 시 배는 그레데의 남동쪽 모퉁이를 간신히 돌아서 마침내 미항이라고 알려진 만의 피난처에 도착할 수 있었다.

27:9 금식하는 절기가 이미 지났으므로 *스가랴 7:3에 대한 설명을 보라.* 참고. 레위기 23:26-32. 9월 중순부터 11월 중순까지 바다 여행은 위험했다. 그래서 그 이후로 2월까지 항해가 완전히 중단되었다. 9월 말 또는 10월 초의 금식 절기(대속죄일)가 이미 지났으므로 더 이상의 여행은 위험했다.

27:10 많은 손해를 끼치리라 항해하기 적합한 계절이 지났고 이미 겪은 어려움 때문에 바울은 그들에게 미항에서 겨울을 지내자는 지혜로운 제안을 했다.

27:11 백부장 *10:1에 대한 설명을 보라.* 그 배가 제국의 곡물 운반선이었으므로(*5절에 대한 설명을 보라*), 배에서는 선장이나 선부보다 율리오가 지휘자였다. **선장** 배의 지휘자다.

27:12 겨울을 지내기에 불편하므로 전문가인 선원들은 미항이 겨울을 나기에는 적절하지 않다고 생각했다(*9절에 대한 설명을 보라*). **뵈닉스** 미항에서 약 64킬로미터 떨어진 곳으로 항구가 있으며 겨울의 폭풍을 견디기에 더 나은 곳이었다.

27:14 유라굴로 헬라어 유로스(euros, '동풍')와 라틴어 아퀼로(aquilo, '북풍')가 합쳐진 *유라퀼론(Euraquilon)*으로 읽는 것이 낫다. 이것은 지중해를 항해하는 사람들이 대단히 두려워하는 강하고 위험한 폭풍을 일컫는다.

27:16 가우다 그레데에서 남서쪽으로 37킬로미터 떨어진 섬이다. **거루를 잡아** 가우다에서 피할 곳을 찾은 선원들은 배의 구명정을 갑판으로 끌어올려 폭풍에 대비했다.

27:17 줄을 가지고 선체를 둘러 감고 '꽉 졸라매다'(frapping)라고 알려진 작업이다. 배를 감아서 윈치로 단단하게 고정한 줄은 배가 바람과 파도의 충격을 견디는 데 도움이 되었다. **스르디스** 아프리카 연안 근처의 모래톱과 여울목 해역으로, 배의 무덤으로 불리던 선원들이 매우 두려워하는 곳이다. **연장을 내리고** '바다에 닻을 내리고'가 더 나은 번역이다. 선원들은 닻과 돛을 다 내렸을 것이다. 왜냐하면 닻을 내리고 돛을 올리는 것은 자멸하는 길이기 때문이다.

27:18 짐을 바다에 풀어 버리고 불필요한 장치와 짐을 바다에 버리면 배가 가벼워져 파도를 더 쉽게 타고 넘을 수 있었다.

27:23, 24 누가가 기록한 바울의 여섯 환상 가운데 여섯 번째다(참고. 9:3-6; 16:9, 10; 18:9, 10; 22:17, 18; 23:11).

27:24 가이사 앞에 서야 하겠고 예수가 이전에 바울에게 직접 하셨던 약속(23:11)을 천사가 재확인해주었다.

27:27 열나흘째 되는 날 밤 그들이 미항을 떠나 항해를 시작한 이후다(13절). **아드리아 바다** 오늘날의 이탈리아와 크로아티아 사이의 아드리아 바다가 아니라 지중해 한가운데 있는 바다다. 오늘날의 아드리아해가 바울 시대에는 아드리아 만으로 알려져 있었다. **짐작하고** 선원들은 파도가 해변에 부딪혀 부서지는 소리를 들었을 것이다.

27:28 물을 재어 보니 그들은 긴 줄에 추를 매달고 바다의 깊이를 측정했다. **스무 길이 되고…열다섯 길이라** 각각 36.5미터와 27.5미터다. 물의 깊이가 줄어든다는 것은 배가 해안에 접근한다는 증거였다.

바울의 서신들

서신	작성 한 시기
갈라디아서	1차 전도여행 후
데살로니가전서	2차 전도여행 동안
데살로니가후서	
고린도전서	3차 전도여행 동안
고린도후서	
로마서	
에베소서	1차 로마 투옥 기간 동안
빌립보서	
골로새서	
빌레몬서	
디모데전서	4차 전도여행 동안
디도서	
디모데후서	2차 로마 투옥 기간 동안

로마를 향한 바울의 여행

27:29 고물로 닻 넷을 내리고 배를 고정시키고 뱃머리를 해변으로 향하게 하려는 시도다.

27:30 이물에서 닻을 내리는 이것은 배를 좀 더 안정시키기 위한 것이었다(참고. 29절). **거룻배** 전에 배 위로 끌어올렸던 구명정이다(16절).

27:33 주린 지가 멀미와 음식을 준비하고 보존하는 게 어려워 승객들은 미항을 떠난 이후 이 주일 동안 거의 아무것도 먹지 못했다.

27:34 너희 중 머리카락 하나도 잃을 자가 없으리라 절대적인 보호를 가리키는 유대인의 일반적인 표현이다(삼상 14:45; 삼하 14:11; 왕상 1:52; 눅 21:18).

27:37 배에 있는 우리의 수는 전부 이백칠십육 명이더라 대양을 항해하는 이 배는 바울이 가이사랴에서 루기아로 항해할 때 탔던 작은 배에 비해 상당히 컸다.

27:38 배를 가볍게 하였더니 *18절에 대한 설명을 보라.*

27:41 두 물이 합하여 흐르는 곳 해안에서 얼마 떨어지지 않은 곳에 있는 모래톱 또는 암초다.

27:42 군인들은 죄수가 헤엄쳐서 도망할까 하여 그들을 죽이는 것이 좋다 죄수가 도망치면 그들은 사형당할 수도 있었다(참고. 12:19; 16:27).

28:1 멜리데 시칠리아에서 남쪽으로 약 97킬로미터 떨어진 곳에 있는 섬으로, 길이가 27킬로미터, 폭이 14.5킬로미터다. 선원들 가운데는 그들이 파선한 그 만에(오늘날 사도 바울의 만으로 알려져 있음) 이전에 가본 사람이 아무도 없었다.

28:3 독사 맹독을 가진 뱀이다. 참고. 마가복음 16:18.

28:6 말하되 그를 신이라 하더라 14:11, 12을 보라.

28:7 가장 높은 사람 헬라어 표현을 보면 보블리오는 멜리데의 로마 총독이었다.

28:8 열병과 이질에 걸려 멜리데에서는 흔한 위열을 말한다(염소젖에서 발견되는 세균에 의해 일어남). 비위생적인 환경으로 자주 발생하는 이질은 고대 세계에 광범위하게 퍼져 있었다.

28:11 석 달 후에 이 기간에는 항해가 위험했기 때문이다(*27:9에 대한 설명을 보라*). **알렉산드리아 배** 또 다른 제국의 곡물 운반선이었을 것이다(*27:5, 6에 대한 설명을 보라*). **디오스구로** 그리스 신화에서 제우스의 아들인 카스토르와 폴룩스(쌍둥이 형제)는 선원들을 보호한다고 믿었다.

28:12 수라구사 시칠리아 섬의 중요한 도시다. 전설에 따르면 배가 그곳에 머문 사흘 동안 바울이 교회를 세웠다고 한다.

28:13 레기온 로마 본토 남쪽 끝에 있는 항구다. 그곳에서 배는 하루를 머물면서 순풍을 만나 메시나 해협(시칠리아와 로마 본토 사이의 해협)을 항해할 수 있기를 기다렸다. **보디올** 오늘날의 포추올리이며, 폼페이 근처 나폴리 만에 있다. 보디올은 로마의 주요 항구이자 로마에서 가장 중요한 항구이며, 애굽의 곡물 선단을

바울이 겪은 두 번의 로마 옥살이	
1차 투옥	**2차 투옥**
사도행전 28장: 옥중서신 기록	디모데후서
유대인으로부터 이단과 선동죄로 고발당함	로마의 박해를 받아 제국에 대한 범법자로 체포됨
지엽적이고 간헐적인 박해(주후 60-63년)	네로의 박해(주후 64-68년)
셋집에서 편안하게 지냄(행 28:30, 31)	춥고 어두운 지하 감옥에서 불편하게 지냄
많은 친구가 찾아옴	거의 혼자였음(누가만이 함께했음)
기독교를 알릴 기회가 많았음	증언의 기회가 제한되었음
방면될 것으로 낙관했음(빌 1:24-26)	처형을 예상했음(딤후 4:6)

위한 주요 항구였다(*27:5에 대한 설명을 보라*).

28:14 로마 바울의 오랜 목표였던(*19:21에 대한 설명을 보라*) 제국의 수도에 도착한 것을 누가는 각주처럼 언급한다.

28:15 압비오 광장 로마에서 아피아 도로를 따라 약 69킬로미터 남쪽에 위치한 장이 열리는 도시다. **트레이스 타베르르네** 로마에서 약 48킬로미터 남쪽에 위치한 아피아 도로의 휴게소 지역이다.

28:16 백부장이 죄수들을 간수장에게 인계했다 개역개정판 성경을 비롯해 많은 헬라어 사본에는 이 구절이 없다. 만약 이 구절이 원본에 포함되어 있었다면 이 말은 율리오가 죄수들을 자기의 상관에게 또는 치안 담당자에게 인계했다는 뜻이다. **자기를 지키는 한 군인과 함께 따로 있게** 율리오의 중재로 바울은 자기가 세를 낸 집에서 한 군인의 감시 하에 기거했던 것으로 보인다(참고. 30절).

28:17-29 사도행전에 기록된 바울의 여섯 번째이자 마지막 변론이다(참고. 22:1-21; 22:30-23:10; 24:10-21; 25:1-12; 26:1-29).

28:17 유대인 중 높은 사람들 로마에 있는 회당에서 가장 높은 지위를 가진 사람들이다(*6:9에 대한 설명을 보라*). **우리 조상의 관습** 바울은 자신이 유대인이나 그들의 전통을 침해한 잘못이 없다는 것에서부터 말을 시작했다(참고. 22:3; 24:14; 26:4, 5).

28:19 가이사에게 상소함이요 *25:11에 대한 설명을 보라.*

28:20 이스라엘의 소망 *24:15; 26:6에 대한 설명을 보라.*

28:23 하나님의 나라 *1:3에 대한 설명을 보라.* **모세의 율법과 선지자의 말…권하더라** 사도행전 전체에서 바울이 유대인을 전도한 방법은 구약성경으로 예수가 메시아임을 증명하는 것이었다(참고. 13:16-41).

28:26, 27 이사야 6:9, 10에서 인용한 것이다(*이 구절에 대한 설명을 보라*).

28:28 하나님의 이 구원이 이방인에게로 보내어진 줄 11:18; 13:46, 47; 14:27; 15:14-17; 18:6을 보라.

28:29 많은 고대 사본에는 이 절이 없다.

28:30, 31 이 책이 이렇게 갑작스럽게 끝나는 것에 대한 가장 합리적인 설명은 바울이 일차 로마 수감에서 석방되기 전에 누가가 사도행전을 썼다는 것이다(서론의 저자와 저작 연대를 보라).

28:31 모든 것을 담대하게 거침없이 그의 충실한 동료 일꾼들의 도움으로(참고. 골 4:10; 몬 24절) 바울은 로마에서 복음을 전했다(참고. 빌 1:13; 4:22).

연구를 위한 자료

F. F. Bruce, *The Book of Acts* (Grand Rapids: Eerdmans, 1980).

Everett F. Harrison, *Acts: The Expanding Church* (Chicago: Moody, 1975).

Homer A. Kent Jr. *Jerusalem to Rome* (Grand Rapids: Baker, 1972).

John MacArthur, *Acts 1-12* (Chicago: Moody, 1994).

John MacArthur, *Acts 13-28* (Chicago: Moody, 1996).

THE EPISTLES
서신서

머 리 말

신약성경의 서신서(편지)들은 27권의 신약성경 가운데서 21권을 차지한다. 그중 13권은 바울이 썼고(로마서·고린도전후서·갈라디아서·에베소서·빌립보서·골로새서·데살로니가전후서·디모데전후서·디도서·빌레몬서), 나머지 8권은 야고보(야고보서), 베드로(베드로전후서), 요한(요한일서·이서·삼서), 유다(유다서), 저자 미상(히브리서)이다. 이 서신들은 유대인(야고보서·히브리서)과 이방인(로마서·에베소서) 모두를 대상으로 40-50년 동안 보내진 것들로 야고보서를 시작으로 해서 (주후 44-49년경) 요한삼서로 끝난다(주후 90-95년경).

바울의 서신들은 로마와 고린도, 갈라디아 지역, 에베소, 빌립보, 골로새, 데살로니가 등지의 특정 교회들을 위해 기록되었다. 또한 그는 디모데, 디도, 빌레몬과도 서신을 교환했다. 이 서신들은 로마서처럼 극히 교리적인 논문에서부터 빌레몬에게 보낸 것처럼 극히 개인적인 것까지 망라한다. 그는 여행하면서(로마서·고린도전후서·갈라디아서·데살로니가전후서·디모데전서·디도서), 감옥에 있으면서(에베소서·빌립보서·골로새서·빌레몬서·디모데후서) 서신을 기록했다.

바울 서신 이외 서신들의 수신인은 특정한 개인이 아닌 사람들(요한이서), 특정한 개인(가이오, 요한삼서), 일반 청중(히브리서·야고보서·베드로전후서·요한일서·유다서) 등이다. 히브리서(제목에서 그 대상이 누구인지 인종적으로 명확하게 나타남) 외에 모든 서신은 저자의 이름으로 불린다(야고보서·베드로전후서·요한삼서·유다서).

신약성경 서신들의 중심 주제는 다음과 같다.

1. 로마서: 하나님으로부터 오는 의
2. 고린도전서: 바른 믿음에서 나오는 바른 삶
3. 고린도후서: 사역의 폭풍을 뚫고 나아가기
4. 갈라디아서: 예수 그리스도에 대한 믿음을 통해서만 의롭게 됨
5. 에베소서: 그리스도의 신부인 교회의 신비
6. 빌립보서: 그리스도 닮기를 추구함
7. 골로새서: 지극히 높으신 그리스도
8. 데살로니가전서: 건강한 교회와 돌보는 목사
9. 데살로니가후서: 강하고 생기 넘치는 교회를 유지하는 법
10. 디모데전서: 한 목사가 다른 목사에게
11. 디모데후서: 한 세대에서 다음 세대로 책무가 넘어감
12. 디도서: 젊은 목사를 위한 지혜
13. 빌레몬서: 기독교적인 용서
14. 히브리서: 그리스도의 우월하심
15. 야고보서: 행함이 없는 믿음은 죽은 것임
16. 베드로전서: 그리스도처럼 고난을 당함
17. 베드로후서: 거짓 교사들을 폭로함
18. 요한일서: 하나님의 아들을 믿게 하기 위함
18. 요한이서: 기본으로 돌아감
20. 요한삼서: 그리스도인의 환대를 칭찬함
21. 유다서: 믿음을 위해 싸움

부가적으로 요한계시록 2장과 3장에는 예수 그리스도가 일곱 교회에게 보내시는 일곱 통의 편지가 포함되어 있다. 그리스도는 두 교회(서머나 교회와 빌라델비아 교회)를 칭찬하셨고, 세 교회(에베소 교회, 버가모 교회, 두아디라 교회)에는 칭찬과 꾸중을 하셨고, 두 교회(사데 교회, 라오디게아 교회)는 꾸중하셨다. 이것이 신약성경의 마지막 편지다.

제 목

이 서신서의 제목은 원래의 수신자들에게서 가져온 것이다. 곧 로마 제국의 수도인 로마에 있는 교회 지체들에게 보낸 서신이다(1:7).

저 자 와 저 작 연 대

바울이 로마서를 기록했다는 점에 대해서는 아무도 이의를 제기하지 않는다. 이스라엘의 첫 번째 왕의 이름을 딴(바울의 히브리어 이름은 사울이고, 바울은 그의 헬라어 이름임) 바울은 베냐민 지파 출신으로(빌 3:5), 로마 시민이었다(행 16:37; 22:25). 바울은 그리스도의 탄생과 비슷한 시기에 다소에서 태어났는데(행 9:11), 이곳은 소아시아(오늘날 터키)에 위치한 로마의 길리기아 지방에 있는 중요한 성읍이었다(행 21:39). 그는 존경받는 랍비 가말리엘의 학생으로(행 22:3), 어린 시절 많은 시간을 예루살렘에서 보냈다. 또한 그의 아버지처럼 바울도 바리새인이었으며(행 23:6), 가장 엄격한 유대 종파의 회원이었다(참고. 빌 3:5).

다메섹에 있는 그리스도인을 체포하러 가던 도중(주후 33-34년경) 기적적으로 회심한 바울은 즉시 복음 메시지를 전하기 시작했다(행 9:20). 아슬아슬하게 다메섹을 빠져나와 생명을 건진 후(행 9:23-25; 고후 11:32, 33) 바울은 사해 남쪽에 있는 나바테안 아라비아에서 3년을 보냈다(갈 1:17, 18). 그 기간에 그는 직접 계시로 주님으로부터 많은 가르침을 받았다(갈 1:11, 12).

다른 어떤 사람보다도 바울은 로마 제국 전역에 복음이 전파되는 데 크게 기여했다. 세 번에 걸쳐 지중해 여러 곳을 여행하면서 바울은 자신이 한때 파괴하고자 했던 복음을 지치지 않고 전했다(행 26:9). 예루살렘 교회의 가난한 자들을 위한 헌금을 가지고 예루살렘에 갔다가 어떤 사람들에게 거짓 고소를 당했고(행 21:27-29), 분노한 군중에게 야만적인 구타를 당했으며(행 21:30, 31), 로마 당국에 체포되었다. 헤롯 아그립바뿐 아니라 두 명의 로마 총독인 벨릭스와 베스도도 그에게서 아무 죄를 찾지 못했지만, 유대인 지도자들의 압력 때문에 로마 감옥에 구금되었다. 2년 후 사도는 로마 시민의 권리를 사용해 자신의 일을 가이사에게 탄원했다. 이 주일 동안 폭풍우에 시달리다가 결국 배가 파선되는 등 힘겨운 여행 끝에(행 27, 28장) 바울은 로마에 도착했다. 잠깐 풀려나서 사역을 재개했으나 다시 체포되어 주후 65-67년 로마에서 순교했다(참고. 딤후 4:6).

신체적으로는 볼품없었지만(참고. 고후 10:10; 갈 4:14), 바울에게는 성령의 능력으로 큰 내면의 힘이 있었다(빌 4:13). 하나님의 은혜는 그의 모든 필요를 채워주기에 충분했으며(고후 12:9, 10), 그리스도는 이 고귀한 종에게 힘을 주어 그가 영적 경주를 성공적으로 마치도록 해주셨다(딤후 4:7).

뵈뵈(롬 16:1, 겐그레아는 고린도의 항구), 가이오(롬 16:23), 에라스도(롬 16:23)의 이름에서 알 수 있듯이 바울은 로마서를 고린도에서 썼다(이 인물들은 전부 고린도와 연관되어 있음). 이 편지를 쓸 때는 3차 전도여행이 끝나갈 무렵으로(주후 56년이 거의 확실함) 예루살렘 교회의 가난한 신자들을 위한 헌금을 가지고 팔레스타인으로 떠날 준비를 하고 있었다(롬 15:25). 뵈뵈는 이 편지를 로마의 신자들에게 전해야 하는 큰 책임을 맡았다(16:1, 2).

배 경 과 무 대

로마는 로마 제국의 수도이자 당시 가장 중요한 도시였다. 이 도시는 주전 753년에 건립되었으나 신약성경 시대에 와서야 성경에서 언급된다. 로마는 지중해에서 약 24킬로미터 떨어진 티베르강 둑에 위치해 있다. 인공 항구가 근처 오스티아에 만들어질 때까지 로마의 주 항구는 약 2,414킬로미터 떨어진 곳에 위치한 보디올(프테올리)이었다(*행 28:13에 대한 설명을 보라*). 바울 시대에 로마는 인구가 100만 명이 넘었는데, 그들 가운데 상당수가 노예였다. 로마는 황제의 궁전이나 키르쿠스 막시무스(Circus Maximus), 포룸(Forum) 등 장엄한 건물들을 자랑했지만, 많은 사람이 살던 빈민가 때문에 그 아름다움은 반감되었다. 전설에 따르면 바울은 네로 치하에서(주후 54-68년) 로마 외곽인 오스티아 가도에서 순교당했다.

오순절에 회심한 사람들 가운데 일부가 로마에 교회

를 세운 것으로 보인다(참고. 행 2:10). 바울은 오랫동안 로마의 교회를 방문하고 싶었지만 상황이 허락되지 않았다(1:13). 하나님의 섭리로 바울이 로마를 방문하지 못함으로써 세상은 복음 교리에 따른 영감받은 이 걸작을 소유할 수 있게 되었다.

바울이 로마서를 쓴 일차적 목적은 사도의 교훈을 받은 적이 없는 신자들에게 위대하고 은혜로운 복음의 진리를 가르치고자 했던 것이다. 또한 이 서신은 자신을 직접 대면하지 못한 교회에 자신을 소개하려는 목적도 있었다. 그들은 바울을 개인적으로 알지 못했지만 바울은 다음과 같은 몇 가지 중요한 이유로 그들을 방문하기를 바랐다. 신자들을 세우고(1:11), 복음을 전파하고(1:15), 로마의 그리스도인을 알게 됨으로써 그들이 바울에게 힘을 실어주고(1:12; 15:32), 그를 위해 더 열심히 기도하고(15:30), 그가 계획하고 있는 서바나(스페인) 사역에 도움을 받고자 한 것이다(15:28).

바울의 다른 서신들(예를 들면 고린도전후서, 갈라디아서)과 달리 로마서를 기록한 목적은 신학적 일탈을 교정하거나 불경건한 생활을 꾸짖기 위한 것이 아니었다. 로마 교회가 교리적으로 건전하기는 했지만 모든 교회가 그러하듯 로마 교회도 이 서신서에 담긴 풍부한 교리적·실천적 가르침이 필요했다.

역사적 · 신학적 주제

로마서는 일차적으로 교리 문서이기 때문에 역사적 자료를 별로 포함하고 있지 않다. 하지만 바울은 아브라함(4장), 다윗(4:6-8), 아담(5:12-21), 사라(9:9), 리브가(9:10), 야곱과 에서(9:10-13), 바로(9:17) 등 구약의 익숙한 인물들을 예화로 사용하고 있다. 또한 이스라엘 역사의 일부를 다시 설명하기도 한다(9-11장). 16장은 1세기 교회와 그 구성원들의 특성과 성격에 대한 통찰력 있는 묘사를 제공하고 있다.

로마서 전체를 포괄하는 주제는 하나님으로부터 오는 의다. 오직 은혜를 통해, 오직 그리스도에 대한 믿음을 통해 하나님이 죄책 있고 정죄받은 죄인들을 의롭게 하신다는 영광스러운 진리다. 1-11장은 이 교리의 신학적 진리를 제시하고, 12-16장은 이 교리가 신자 개개인의 삶과 교회 전체의 삶에서 어떻게 성취되는지를 상세히 설명한다. 이 책에서는 다음과 같은 몇몇 특정한 신학적 주제가 다뤄진다. 영적 지도직의 원리(1:8-15), 죄에 빠진 인류에 대한 하나님의 진노(1:18-32), 하나님의 심판의 원리(2:1-16), 죄의 보편성(3:9-20), 오직 믿음에 의한 칭의 교리의 설명과 변호(3:21-4:25), 구원의 안정성(5:1-11), 아담의 범죄 계승(5:12-21), 성화(6-8장), 주권적 은혜(9장), 이스라엘을 위한 하나님의 구원 계획(11장), 영적 은사들과 실천적인 경건(12장), 인간 정부에 대한 신자의 책임(13장), 기독교인의 자유 원리(14:1-15:12) 등이다.

해석상의 과제

신약성경에서 가장 중요한 교리를 담은 글인 로마서는 몇몇 난해한 구절을 포함하고 있다. 아담의 죄의 영속성에 대한 바울의 논의(5:12-21)는 성경 전체에서 가장 깊고 심오한 내용 가운데 하나다. 인류가 아담과 이루고 있는 연합의 성격과 죄가 어떻게 인류에 대대로 전달되는가 하는 것은 언제나 격렬한 논쟁의 주제였다. 또한 성경 연구자들은 7:7-25이 신자로서의 바울의 경험인지, 불신자로서의 바울의 경험인지, 또는 애초에 자서전으로 의도된 것이 아니라 문학적 기법인지에 대한 의견일치에 이르지 못하고 있다. 밀접하게 연결된 선택 교리(8:28-30)와 하나님의 주권(9:6-29)은 많은 신자를 혼란스럽게 만들어왔다. 또 다른 사람들은 9-11장이 하나님이 이스라엘 민족을 위한 미래 계획을 가지고 계신다고 가르치는지에 대해 의문을 제기한다. 사람들은 한편으로 기독교적 현실 참여라는 측면에서 인간 정부에 복종해야 한다는 바울의 가르침(13:1-7)을 무시하고, 다른 한편으로는 그 가르침을 이용해 독재 정부에 무조건 순종해야 한다고 주장한다.

이 모든 해석상의 과제와 그 외 문제들은 해당 구절에 대한 설명에서 다뤄질 것이다.

「아테네에서 설교하는 바울[*Saint Paul Preaching in Athens*]」 1697년. 헨리 쿡. 캔버스에 유화. 352X457.2mm. 햄프턴 코트 궁전, 런던.

로마서 개요

I. 인사와 머리말(1:2-15)
II. 주제(1:16, 17)
III. 정죄: 하나님의 의에 대한 필요성(1:18-3:20)
  A. 불의한 이방인(1:18-32)
  B. 불의한 유대인(2:1-3:8)
  C. 불의한 인류(3:9-20)
IV. 칭의: 하나님이 준비하신 의(3:21-5:21)
  A. 의의 원천(3:21-31)
  B. 의의 모범(4:1-25)
  C. 의의 복(5:1-11)
  D. 의의 전가(5:12-21)
V. 성화: 하나님의 의를 드러냄(6:1-8:39)
VI. 회복: 이스라엘이 하나님의 의를 수용함 (9:1-11:36)
VII. 적용: 하나님의 의를 따르는 행동(12:1-15:13)
VIII. 맺음말과 인사, 축도(15:14-16:27)

인사와 머리말 (1:2-15)

1:1 종 둘로스(*Doulos*), 보통 종을 가리키는 신약성경의 단어다. 비록 그리스 문화에서는 이 단어가 주로 비자발적이고 영구적인 노예의 봉사를 가리켰지만, 바울은 자기가 사랑하고 존경하는 주인을 위하여 기꺼이 봉사하는 종이라는 히브리적 의미로(출 21:5, 6; 갈 1:10; 딛 1:1. 참고. 창 26:24; 민 12:7; 삼하 7:5; 사 53:11) 써서 이 단어를 고상하게 만들었다. **바울** 서론의 저자와 저작 연대를 보라. **사도** 이 헬라어 단어는 '보냄을 받은 자'라는 뜻이다. 신약성경에서 이 단어는 일차적으로 그리스도가 선택하여 함께하신 열두 제자(막 3:13-19)와 유다를 대신하기 위해 사도들이 뽑은 맛디아(행 1:15-26)를 가리킨다. 그리스도는 그들에게 능력을 주어 이적을 행함으로써 그들의 사도직을 확증하게 하셨으며(마 10:1; 고후 12:12), 그리스도의 대리인으로 말할 권위를 주셨다. 신약성경의 모든 책은 사도를 통해 또는 사도의 도움으로 기록되었다(참고. 요 14:26). 그들의 가르침은 교회의 기초가 되었다(엡 2:20). 그리스도는 바울을 직접 선택하여 사도의 지위를 주셨으며(행 9:15; 22:14; 26:16. 참고. 갈 1:1), 그를 훈련하여 그 사역을 감당하게 하셨다(갈 1:12, 16). **하나님의 복음** 이 말은 이 서신에서 동사형과 명사형으로 약 60회 사용되었으며, 이 구절이 가진 헬라어의 의미는 '좋은 소식'이다(막 1:1을 보라). 로마는 이 단어를 황제 숭배에 도입했다. 마을에서는 황제에 대한 중요하고 좋은 소식(아들의 출생 같은)을 전할 때 이 단어로 시작했다. 그러나 바울의 좋은 소식은 황제에게서 온 것이 아니라 하나님으로부터 온 것이다. 복음은 하나님으로부터 생겨났다. 하나님이 죄를 용서하고 죄의 권세에서 건져내며 영원한 소망을 주시리라는 메시지(1:16. 참고. 고전 15:1-4)는 은혜롭게 주어지기만 하는 것이 아니라 순종해야 할 명령이기도 하다(10:16). 바울은 이 메시지에 사로잡힌 사람이었다(고전 9:23).

1:2 선지자들 구약성경을 기록한 모든 사람이다. '율법과 선지자들'은 구약성경 전체를 이룬다(행 24:14). 그러나 율법(또는 오경)은 모세를 통해 기록되었는데, 성경은 그를 가리켜 역시 선지자라고 부른다(신 18:15). **성경** 1세기에 유행하던 랍비의 글은(때로 사람들은 성경보다 이 글을 더 열심히 공부했음) 하나님의 복음을 가르치지 않았을 테지만 하나님의 영감을 받은 구약은 분명히 복음을 가르쳤다(참고. 눅 24:25, 27, 32; 요 5:39; 행 3:18; 7:52; 10:43; 13:32; 26:22, 23. *창 3:15에 대한 설명을 보라*). 선지자들은 새 언약에 대해 분명하게 말했고(렘 31:31-34; 겔 36:25-27. 참고. 히 8:6-13), 자기를 희생해가면서 그 언약을 성취하실 메시아에 대해 전했다(사 9:6, 7; 53:1-12). **미리 약속하신 것이라** 바울에 대적하던 유대인은 그가 유대교와 무관한 혁명적인 새로운 메시지를 전한다고 공격했다(행 21:28). 그러나 구약은 그리스도와 복음에 대한 예언으로 가득하다(벧전 1:10-12. 참고. 마 5:17; 히 1:1).

1:3 다윗의 혈통 구약성경은 메시아가 다윗 가문에 속하게 될 것이라고 예언했다(삼하 7:12, 13; 시 89:3, 4, 19, 24; 사 11:1-5; 렘 23:5, 6). 예수의 어머니 마리아(눅 3:23, 31)와 그의 법적 아버지인 요셉(마 1:6, 16; 눅 1:27)은 모두 다윗의 후손이었다. 요한은 그리스도가 인간의 몸으

로 오셨다는 사실을 정통 교리의 필수 시금석으로 만들었다(요일 4:2, 3). 그리스도는 완전한 인간이므로(완전한 하나님일 뿐 아니라) 사람을 대신할 수 있고(요 1:29; 고후 5:21) 사람과 공감하는 대제사장 역할도 할 수 있다(히 4:15, 16). **나셨고** 예수는 성령에 의해 동정녀의 태속에 잉태하셨고(눅 1:35. 참고. 사 7:14), 정상적인 분만을 통해 탄생하셨다. 이 말은 그가 실제 존재했던 역사적 인물이었음을 강조한다. 로마 역사가 타키투스(「연대기」, 15.44)와 유대인 역사가 요세푸스(「유대고대사」, 2.18.3), 젊은 플리니우스(「서신들」, 10.96, 97) 등 유명한 고대 문인들은 예수가 역사적으로 존재하셨음을 입증한다.

1:4 성결의 영 그리스도는 성육신을 통해 성령의 지시, 작용, 능력을 통해서만 하나님의 뜻을 행하기로 자발적으로 자신을 복종시키셨다(마 3:16; 눅 4:1; 요 3:34. *행 1:2에 대한 설명을 보라*). **죽은 자들 가운데서 부활하사** 죽음에 대한 그리스도의 승리는 그분이 하나님의 아들이라는 확실한 증명이며 가장 결정적 증거였다(*10:9에 대한 설명을 보라*. 참고. 행 13:29-33; 고전 15:14-17). **하나님의 아들** 복음서에서 거의 30회 사용된 이 호칭은 예수 그리스도가 본질적으로 하나님과 동일함을 말한다. *요한복음 1:34, 49; 11:27; 19:7에 대한 설명을 보라*(참고. 히 1:5; 삼하 7:14). 부활은 예수가 신성한 분이라는 사실, 인간의 몸으로 나타난 하나님이라는 사실에 대한 분명한 선언이었다. 그리스도는 성육신 이전에도 영원한 아들이었지만, 그분이 온 세상에 하나님의 아들로 선언되고 아버지께 복종하는 역할을 맡은 것은 성육신으로 세상에 들어오셨을 때였다(*시 2:7; 히 1:5, 6에 대한 설명을 보라*). **선포되셨으니** '구분하다'라는 뜻으로 이 헬라어 단어에서 영어의 *horizon*(지평)이 생겨났다. 지평선이 땅과 하늘을 나누는 분명한 경계선이듯, 예수 그리스도의 부활은 그분을 인간들과 분명히 구분하면서 하나님의 아들임을 보여주는 반박할 수 없는 증거가 된다(*10:9에 대한 설명을 보라*).

1:5 은혜 하나님이 범죄한 죄인에게 값없이 베풀어주시는 호의다. 여기서 복음 메시지의 가장 핵심 부분을 이 책에서 처음 거론하고 있다. 구원은 인간의 어떤 노력이나 성취와 무관하게 오직 하나님으로부터 오는 선물이다(3:24, 27; 4:1-5; 5:20, 21. *엡 2:8에 대한 설명을 보라*). **사도의 직분** 비록 *사도*라는 용어가 독특한 방식으로 열두 명을 가리키지만(*1:1에 대한 설명을 보라*), 좀 더 폭넓은 의미에서는 하나님이 구원의 메시지와 함께 파견하신 모든 사람을 가리킬 수 있다(참고. 행 14:14; 롬 16:7; 히 3:1). **믿어 순종하게 하나니** 참된 구원의 신앙은 언제나 주 예수 그리스도의 주 되심에 복종하고 순종하게 한다(16:19, 26. 참고. 10:9, 10; 마 7:13, 14, 22-27; 약 2:17-20).

1:6 부르심을 받은 *1:7에 대한 설명을 보라*. 신약성경의 서신서에서 하나님의 '부르심'은 모든 사람에게 믿을 것을 요구하는 일반적인 부르심이 아니라(참고. 마 20:16) 언제나 선택받은 죄인을 구원으로 이끄는 하나님의 유효한 부르심을 가리킨다(참고. 8:28-30).

1:7 로마 서론의 배경과 무대를 보라. **하나님의 사랑하심을 받고 성도로 부르심을 받은** 헬라어 본문은 이 부분을 3개의 구분되는 특권으로 기록한다. 첫째, 하나님은 자기 백성을 사랑하신다(5:5; 8:35; 엡 1:6; 2:4, 5; 요일 3:1). 둘째, 하나님은 그들에게 복음을 믿으라는 일반적이고 외적인 부르심만(사 45:22; 55:6; 겔 33:11; 마 11:28; 요 7:37; 계 22:17)을 적용하시는 것이 아니라 유효한 부르심, 곧 구원을 위해 선택된 모든 사람을 자신에게 이끄는 부르심(8:30; 살후 2:13, 14; 딤후 1:9. *요 6:44에 대한 설명을 보라*)을 적용하신다. 셋째, 하나님은 신자를 죄로부터 분리시켜 자신에게 이끌어 그들을 거룩하게 하신다(고전 3:16, 17; 벧전 2:5, 9). **은혜와 평강** 바울의 일반적인 인사말이다(고전 1:3; 고후 1:2; 갈 1:3; 엡 1:2; 빌 1:2; 골 1:2; 살전 1:1; 살후 1:2; 딤전 1:2; 딤후 1:2; 딛 1:4; 몬 3절).

1:8 내 하나님께 감사함은 바울은 자신이 쓴 모든 서신에서 그 서신을 받는 사람들로 말미암아 하나님께 감사했다(예를 들면 고전 1:4). 하나의 예외가 있다면 갈라디아서다. 갈라디아인들이 참 복음에서 멀어진 일 때문에 바울은 일체의 칭찬을 생략했다(갈 1:6-12). **너희 믿음** 이것은 그들의 구원이 참되다는 것을 말한다. 로마 교회의 증거는 너무나 강력해서 주후 49년 교황 글라우디오는 '크레스투스'(이것은 말할 것도 없이 그리스도를 가리킴)의 영향력 때문에 모든 유대인을 로마에서 추방했다(참고. 행 18:2). **온 세상에** 로마는 제국의 중심이며 온 세계의 중심이었으므로 로마에서 일어난 일은 빠르게 세상에 알려졌다.

1:9 내 심령으로 섬기는 신약성경에서 헬라어 '섬기다'는 언제나 종교적인 봉사를 가리키며, 때로는 '예배하다'로 번역되기도 한다. 바울은 바리새인의 피상적이고 위선적인 종교와 이방인의 우상숭배와 미신적인 쾌락주의를 보았다. 그러나 그의 영적 섬김(*12:1에 대한 설명을 보라*)은 절망적인 두려움이나 율법적인 강제성으로 말미암은 것이 아니라 참되고 진정한 것이었다(참고. 빌 3:3; 딤후 1:3; 2:22). **내 기도에** 바울은 자주 자신의 간구 내용을 기록했으며(엡 3:14-19; 빌 1:9-11; 골 1:9-11; 살후 1:11, 12) 독자에게도 자신의 기도에 힘을 보태줄 것을 촉구했다(15:30-32; 살전 5:17; 엡 6:18).

롬

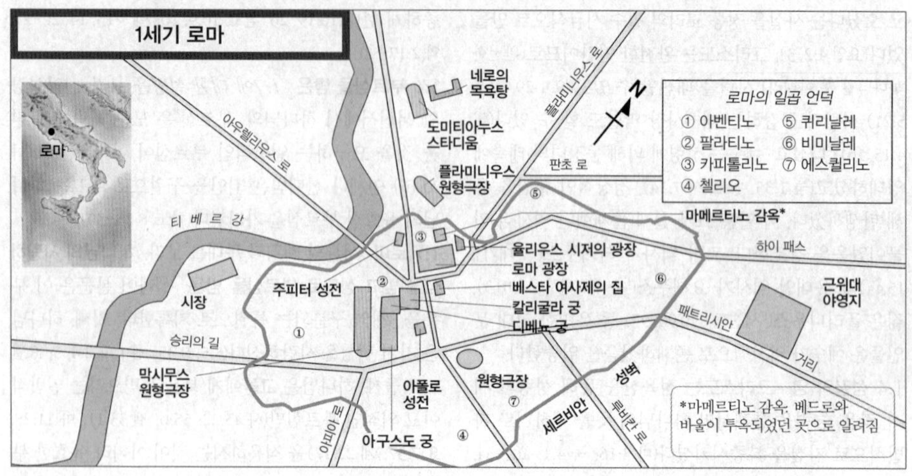

1:10 하나님의 뜻 바울의 상황을 하나님이 주권적으로 통제하신다는 것이다(참고. 마 6:10; 행 21:11-14; 약 4:13, 14).

1:11 신령한 은사 '은사'로 번역된 헬라어 단어는 *카리스마(charisma)*다. 이 단어는 '은혜의 선물', 곧 하나님의 영이 사람에게 영적인 능력을 주신 것을 의미한다. 로마서는 이 용어로 다음과 같은 것을 가리킨다. 그리스도 자신(5:15, 16), 하나님께로부터 오는 모든 복(11:29. 참고. 딤전 6:17), 몸 전체를 섬기도록 몸의 지체들에게 주어지는 특정한 영적 은사들(12:6-8. 참고. 고전 12:1-31; 벧전 4:10, 11)이다. 여기서 바울은 이 세 가지 전부를 의도했을 것이다.

1:12 피차 바울의 진정한 겸손이 드러난다(참고. 벧전 5:3, 4).

1:13 다른 이방인 중에서 이 말은 주로 비유대인으로 구성된 로마에 있는 교회를 의미한다. **열매** 성경은 세 가지 종류의 영적인 열매를 말한다. 성령의 인도를 받는 신자의 특징인 신령한 태도(갈 5:22, 23), 의로운 행동(6:22; 빌 4:16, 17; 히 13:15), 새로운 회심자들(16:5)이 그것이다. 이 문맥에서 바울은 세 번째 것을 가리킬 것이다. 이 소망은 그가 로마 감옥에 있는 동안 마침내 성취되었다(빌 4:22).

1:14 헬라인 그리스의 언어, 문화, 교육을 받아들인 다양한 국적의 사람들을 말한다. 바울 당시에는 고등교육을 받은 엘리트였다. 그리스 철학에 대한 그들의 깊은 관심 때문에 그들은 '지혜로운' 사람들로 간주되었다. 그리스 문화가 널리 퍼져 있었기 때문에 바울은 때로 이 단어로 모든 이방인을 가리키기도 했다(참고. 3:9). **야만인** 그리스 언어와 문화를 교육받지 못한 사람들을 말하는데, 이는 그리스인들이 만들어낸 단어다. 어떤 사람이 다른 언어로 말하면 그것이 그리스인들에게는 '바라-바라-바라', 즉 알아들을 수 없는 말로 들렸다. 가장 좁은 의미에서는 교육을 받지 못해 정신이 깨지 못한 군중을 가리켰지만 때로는 모든 비그리스인들, 즉 세상에서 지혜롭지 못한 사람들을 가리키는 말로 사용되기도 했다. 바울이 말하고자 한 요점은 하나님은 사람을 차별하시지 않는다는 것이다. 복음은 세상의 엘리트들과 버림받은 자 등 모든 사람에게 전파되어야 한다는 것이다(참고. 요 4:4-42; 약 2:1-9). **빚진 자** 바울은 하나님이 명하신 이방인에 대한 사역을 완수해야 할 의무를 지니고 있었다(참고. 고전 9:16-17).

1:15 복음 *1:1에 대한 설명을 보라.*

주제 (1:16, 17)

1:16, 17 이 두 절이 로마서 전체의 핵심, 곧 예수 그리스도의 복음을 압축한다. 바울은 이 서신의 나머지 부분에서 이 복음을 펼쳐 설명할 것이다.

1:16 내가…부끄러워하지 아니하노니 바울은 빌립보에서 감옥에 갇혔고(행 16:23, 24), 데살로니가에서 피신했고(행 17:10), 베뢰아에서 몰래 빠져 나왔고(행 17:14), 아덴에서 비웃음을 당했고(행 17:32), 고린도에서 어리석은 자 취급을 받았고(고전 1:18, 23), 갈라디아에서 돌에 맞았지만(행 14:19), 여전히 로마에서(당시의 정치권력과 이방 종교의 본산) 복음 전하기를 열망했다. 조소와 비난, 신체적 박해에도 그의 담대함을 꺾지 못했다. *고린도후서 4:5-18; 11:23-28; 12:9, 10에 대한 설명을 보라.* **능력** 영어 단어인 *다이나마이트*

(*dynamite*)가 이 헬라어 단어에서 나왔다. 비록 그 메시지가 어떤 사람에게는 어리석게 들릴지 모르지만(고전 1:18), 복음에는 하나님의 전능하신 능력이 함께하므로 그 효력을 발휘한다(참고. 출 15:6; 신 32:39; 욥 9:4; 시 33:8, 9; 89:13; 106:8, 9; 사 26:4; 43:13; 렘 10:12; 27:5; 마 28:18; 롬 9:21). 오직 하나님의 능력만이 사람의 악한 성품을 정복하고 새 생명을 줄 수 있다(5:6; 8:3; 요 1:12; 고전 1:18, 23-25; 2:1-4; 4:20; 벧전 1:23). **믿는** '의지함, 신뢰함, 믿음을 둠'이다. 이 단어가 구원과 관련해 사용될 때는 대개 현재형으로 사용되는데('믿고 있는') 믿음은 단순히 한때의 사건이 아니라 계속되는 상태임을 강조한다. 참된 구원의 신앙은 초자연적이고 은혜로운 하나님의 선물로, 하나님이 사람의 마음속에 일으키시는 것이며(*엡 2:8에 대한 설명을 보라*) 사람이 참된 의를 자기 것으로 할 수 있는 유일한 수단이다(참고. 3:22, 25; 4:5, 13, 20; 5:1. *4:1-25에 대한 설명을 보라*). 구원의 믿음은 세 가지 요소로 구성된다. 첫째는 지적으로, 마음이 복음과 그리스도에 대한 진리를 이해한다(10:14-17). 둘째는 정적으로, 사람은 죄에 대한 비통함과 하나님의 자비와 은혜에 대한 기쁨과 함께 복음의 진실성을 받아들인다(6:17; 15:13). 셋째는 의지적으로, 죄인은 자신의 의지를 그리스도께 복종시키고 구원의 유일한 소망인 그리스도만을 의지한다(*10:9에 대한 설명을 보라*). 참된 신앙은 언제나 진정한 순종을 일으킨다(*4:3에 대한 설명을 보라*. 참고. 요 8:31; 14:21-24). **구원** 로마서에서 5번 사용된 이 핵심 단어(동사형은 8번 등장함)의 기본적 의미는 '건져내다' '구출하다'이다. 복음의 능력은 사람을 버림받은 상태에서(마 18:11), 하나님의 진노에서(롬 5:9), 고집 센 영적 무지에서(호 4:6; 살후 1:8), 악한 자기 탐닉에서(눅 14:26), 거짓 종교의 흑암에서(골 1:13; 벧전 2:9) 건져낸다. 복음의 능력은 사람을 죄의 궁극적인 삯, 곧 하나님으로부터의 영원한 분리와 영원한 형벌로부터 사람을 구해낸다(*계 20:6에 대한 설명을 보라*). **먼저는 유대인에게요** 하나님은 이스라엘을 선택하여 자신을 증거하는 나라로 삼으시고(출 19:6) 특권을 주셨다(3:2; 9:4, 5). 그리스도는 이스라엘에 먼저 사역하셨으며(마 15:24), 이 이스라엘을 통해 구원이 세상에 임하도록 하셨다(요 4:22. 참고. 행 13:46). **헬라인** *1:14에 대한 설명을 보라*.

1:17 하나님의 의 '하나님으로부터 오는 의'가 더 나은 번역이다. 이 의는 이 책의 중심 주제로, 여러 형태로 30번 이상 등장한다. 의는 하나님의 완전한 법과 거룩한 품성에 완전히 부합하는 상태 또는 조건이다. 동일한 헬라어 어원에서 파생된 다른 용어들로 '의롭게 되다' '칭의' 또는 그와 비슷하게 번역되는 단어들이 있다. 오직 하나님만이 본질적으로 의로우시며(신 32:4; 시 11:7; 116:5; 요 17:25; 요일 2:1; 계 16:5), 사람은 하나님의 완전한 도덕적 기준에 크게 못 미친다(3:23; 마 5:48). 그러나 복음은 믿음(오직 믿음만)을 근거로 하여 하나님이 불경건한 죄인에게 의를 입혀주신다는 사실을 보여준다(*3:21-24; 4:5; 고후 5:21; 빌 3:8, 9에 대한 설명을 보라*). **믿음으로 믿음에** 이것은 "모든 믿는 자"(1:16)와 병행을 이루는 표현일 수 있다. 즉 바울이 각 신자 개인의 믿음을 거론하여 한 사람의 믿음에서 다른 사람의 믿음으로, 또 다른 사람의 믿음으로 나아가는 것을 의미할 수 있다. 아니면 바울의 요점이 하나님으로부터 오는 의는 처음부터 끝까지 오직 믿음에만 의존한다는 것일 수도 있다. **기록된 바** *하박국 2:4에 대한 설명을 보라*. **의인은 믿음으로 말미암아 살리라** 바울의 의도는 오직 믿음을 근거로 은혜에 의해서만 죄인을 의롭게 하는 것이 하나님의 방법임을 증명하고자 하는 것이다. 하나님은 아브라함을 믿음의 모범으로 확정하시고(4:22-25; 갈 3:6, 7) 그를 "믿는 모든 자의 조상"이라고 말씀하신다(4:11, 16). 다른 곳에서 바울은 이 동일한 구절을 사용해 오직 믿음에 의하지 않고는 어느 누구도 하나님 앞에 의롭다는 선언을 받은 적이 없으며(갈 3:11), 참된 신앙은 행동으로 그것을 입증하리라는 것을 논증한다(빌 2:12, 13). 이 표현은 참된 신앙이 단 한 번의 사건이 아니라 삶의 방식이라는 사실, 즉 지속되는 것임을 강조한다. 이렇게 지속되는 것을 가리켜 '성도의 견인'이라고 한다(참고. 골 1:22, 23; 히 3:12-14). 욥의 이야기에서 하나의 중심 주제는 사탄이 무엇을 하든지 구원의 신앙을 무너뜨리지 못한다는 것이다. *8:31-39에 대한 설명을 보라*.

정죄: 하나님의 의의 필요성 (1:18-3:20)

A. 불의한 이방인(1:18-32)

1:18-3:20 바울은 이 주제를 길게 설명하고 있는데(3:21-5:21), 하나님께로부터 오는 의를 소개한 후에(1:17) 인간의 악함에 대한 압도적인 증거를 제시하면서 오직 하나님만 제공하실 수 있는 이 의가 사람에게 얼마나 절실히 필요한지를 강조한다. 바울은 비종교적이고 부도덕한 이방인(1:18-32, 이방인)과 종교적이고 외적으로만 도덕적인 사람(2:1-3:8, 유대인)에 대한 하나님의 판단을 소개하고, 모든 사람이 똑같이 그분의 심판을 받아야 한다는 것으로 결론을 맺는다(3:9-20).

1:18 하나님의 진노 이는 하나님이 좋아하지 않는 사

람에게 기분 내키는 대로 쏟는 충동적인 분노의 폭발이 아니다. 그것은 죄에 대한 의로운 하나님의 확고하고 단호하신 반응이다(참고. 시 2:5, 12; 45:7; 75:8; 76:6, 7; 78:49-51; 90:7-9; 사 51:17; 렘 25:15, 16; 요 3:36; 롬 9:22; 엡 5:6; 골 3:5, 6). **불의** 이것은 불경건의 결과를 가리킨다. 생각과 말, 행동이 하나님의 성품과 율법에 부합하지 않는 것이다(*1:17에 대한 설명을 보라*). **진리를 막는** 양심(1:19; 2:14), 창조(1:20), 하나님 말씀의 증거가 반박할 수 없는 것이었음에도 사람들은 자기들의 죄를 굳게 붙잡기 위해 하나님의 진리에 저항하고 반대하는 길을 택한다(참고. 시 14:1; 요 3:19, 20). **경건하지 않음** 이것은 참 하나님에 대한 경외심, 헌신, 경배가 없는 것을 가리킨다. 곧 하나님과의 관계에 문제가 있는 상태다(참고. 유 14, 15절). **나타나나니** 더욱 정확하게 말하면 '지속적으로 나타난다'이다. 이 단어의 기본적 의미는 '덮개를 벗기다, 보이게 하다, 알리다'이다. 하나님은 자신의 진노를 두 가지 방법으로 나타내신다. 하나는 하나님의 보편적인 도덕법을 어긴 자연적 결과를 통한 간접적인 방법이고, 다른 하나는 하나님의 직접적 개입을 통한 직접적 방식이다(아담과 하와에게 내려진 선고에서부터 세계를 덮은 홍수까지, 소돔과 고모라를 멸망시킨 불과 유황으로부터 바벨론 포로까지 등 구약의 기록은 분명히 이런 종류의 개입을 보여줌). 죄에 대한 하나님의 거룩한 진노와 미움을 가장 생생하게 보여주는 계시가 드러난 것은 십자가 위에서 자기 아들에게 거룩한 심판을 쏟아부으실 때였다. 하나님의 진노에는 다양한 종류가 있다. 첫 번째는 영원한 진노, 곧 지옥으로 가는 길을 의미한다. 두 번째는 종말의 진노, 곧 주의 최후의 날을 뜻한다. 세 번째는 홍수, 소돔과 고모라의 멸망과 같은 재앙으로 나타나는 진노다. 네 번째는 원인에 따른 결과의 진노, 곧 심은 대로 거둔다는 원칙이다. 다섯 번째는 포기하는 진노, 곧 죄에 대한 방지책을 제거하여 사람이 그들의 원대로 죄에 빠지도록 하는 것이다(이 진노의 예로 시 81:11, 12; 잠 1:23-31을 보라. *호 4:17에 대한 설명을 보라*). 여기서 말하는 진노는 다섯 번째 형태, 곧 하나님이 역사를 통해 지속적으로 악인을 방임하여 그들에게 원하는 대로 죄를 범하고 그 결과를 거두도록 하시는 것이다(24-32절).

1:19 그들 속에 보임이라 하나님은 이성과 도덕법으로 사람의 본성 그 자체 속에 하나님이 존재하신다는 증거를 주권적으로 심어놓으셨다(1:20, 21, 28, 32; 2:15).

1:20 보이지 아니하는 것들 이 말은 특별히 이 절에서 언급하는 두 가지를 가리킨다. **신성** 즉 그분의 신성한 성품, 특별히 신실성(창 8:21, 22)과 자비, 은혜로움(행 14:17)이다. **그가 만드신 만물에** 창조 세계는 인격적인 하나님의 존재를 오해의 여지 없이 선명한 메시지를 전하고 있다(참고. 시 19:1-8; 94:9; 행 14:15-17; 17:23-28). **그의 영원하신 능력** 우리 주변에 보이는 모든 것을 만들었고 계속해서 그것을 유지해가는 창조주는 놀라운 능력을 가진 존재임이 분명하다. **그들이 핑계하지 못할지니라** 하나님이 피조물 안에 계시하신 그분의 존재를 외면한 사람들은 하나님이 그 책임을 지도록 하신다. 복음을 들을 기회가 전혀 없던 사람들도 하나님의 존재와 성품에 대한 분명한 증거를 받았다(그런데 그것을 억눌렀던 것이다). 만약 어떤 사람이 자기가 받은 계시에 정당하게 반응한다면, 그것이 비록 순전히 자연 계시라고 할지라도 하나님은 그 사람이 복음을 들을 수 있는 어떤 수단을 제공하실 것이다(참고. 행 8:26-39; 10:1-48; 17:27).

1:21 하나님을 알되 사람은 일반 계시를 통해 하나님의 존재, 능력, 신성한 성품을 알고 있다(19, 20절). **하나님을 영화롭게도 아니하며** 사람의 주된 목적은 하나님을 영화롭게 하는 것이며(레 10:3; 대상 16:24-29; 시 148; 롬 15:5, 6), 성경은 언제나 그것을 요구한다(시 29:1, 2; 고전 10:31; 계 4:11). 하나님을 영화롭게 한다는 것은 그분을 높이고, 그분의 속성을 인정하며, 그분의 완전하심을 찬송하는 것이다(참고. 출 34:5-7). 그것은 하나님의 영광을 인정하고 그로 말미암아 그분을 높이 칭송하는 것이다. 하나님께 영광을 돌리지 않는 것은 자기의 창조주를 가장 크게 모욕하는 것이다(행 12:22, 23). **감사하지도 아니하고** 그들은 자기들이 즐기는 모든 좋은 것이 하나님께로부터 왔다는 것을 인정하지 않으려고 한다(마 5:45; 행 14:15-17; 딤전 6:17; 약 1:17). **허망하여지며** 삶의 의미와 목적을 추구하는 사람이라도 결국 헛되고 무의미하다는 결론에 도달할 것이다. **마음이 어두워졌나니** 사람이 진리를 거부하면 영적 거짓의 어둠이 그 자리를 차지한다(참고. 요 3:19, 20).

1:22 스스로 지혜 있다 하나 어리석게 되어 사람은 하나님과 우주, 자기 자신에 대한 철학을 고안하여 그것을 믿음으로써 자신의 죄와 전적인 어리석음을 합리화한다(참고. 시 14:1; 53:1).

1:23 영광을…우상으로 바꾸었느니라 그들은 참 하나님에 대한 예배를 우상에 대한 예배로 대체했다. 역사가들은 고대 문화에는 원래 우상이 없었다고 말한다. 예를 들어 바사(헤로도토스의 「역사*The Histories*」, 1:31), 로마(아우구스티누스의 「하나님의 도성*The City of God*」, 4:31의 바로Varro), 그리스와 애굽(루시언의 「수리아 여신*The Syrian Goddess*」, 34) 등 처음 나라가 생길 때는 우상숭배가 없었다. 주후 4세기의 역사가 에우세비우스

도 가장 오래된 문명에서는 우상숭배가 없었다고 보고 했다. 성경에 가장 최초로 등장하는 우상숭배의 기록은 우르에서 아브라함의 가족이 섬겼던 우상에 대한 것이다(수 24:2). 제1계명이 이것을 금하고(출 20:3-5), 선지자들도 계속 우상을 숭배하는 사람들을 조소했다(사 44:9-17. 참고. 왕하 17:13-16). 사람들이 숭배하는 거짓 신들이 실제로 존재하는 것은 아니지만, 귀신들이 때로 그것들의 행세를 한다(고전 10:20).

1:24-32 이 단락은 하나님이 사람을 포기하셨을 때 그들의 삶이 소용돌이치면서 추락하는, 진노로 인한 포기를 보여준다(*18절에 대한 설명을 보라*). 바울은 사람이 가진 악함의 본질(24, 25절)과 그 표현(26, 27절), 범위(28-32절)를 보여준다.

1:24 하나님께서…내버려 두사 이것은 헬라어의 법적인 용어로, 죄인이 형벌을 받도록 넘겨주는 것을 가리킨다. 사람들이 계속 하나님을 저버린다면 하나님도 그들을 저버리실 것이다(참고. 삿 10:13; 대하 15:2; 24:20; 시 81:11, 12; 호 4:17; 마 15:14; 행 7:38-42; 14:16). 하나님은 이것을 두 가지 방법으로 행하신다. 첫째, 즉각적으로 그리고 간접적으로 행하신다. 죄를 억제하는 작용을 제거하여 그들이 마음대로 죄 짓는 것을 막지 않으심으로써 죄의 필연적인 결과에 도달하도록 하신다. 둘째, 직접적으로 그리고 결론적으로 행하신다. 이는 신성한 심판과 형벌의 특정한 행동을 통해 하신다. **욕되게** 무덤 속의 시체들처럼 부패해가는 물질을 가리키는 용어다. 여기서는 성적 부도덕을 말하는 것으로(고후 12:21. 참고. 갈 5:19-23; 엡 5:3; 살전 4:7), 마음에서 시작하여 몸의 수치로 옮겨간다.

1:25 거짓 것 하나님의 존재와 하나님이 사람으로부터 받으셔야 하는 복종과 영광의 권리를 부인하는 것이다(19-21절; 사 44:20; 렘 13:25. 참고. 요 8:44).

1:26 하나님께서…욕심에 내버려 두셨으니 *18, 24절에 대한 설명을 보라.* **부끄러운 욕심** 26, 27절에서 동성애로 밝혀진다. 이는 성경이 단호하게 정죄하는 죄다(창 19장; 레 18:22; 대상 6:9-11. 참고. 갈 5:19-21; 엡 5:3-5; 딤전 1:9, 10; 유 7절). **여자들** 이 헬라어 단어는 여자들(women)을 가리키는 일반적인 용어가 아니라 여성(female)을 가리키는 용어다. 바울은 '진노로 인한 포기' 하에서 발생하는 방탕의 정도를 보여주기 위해 여자들을 먼저 언급한다. 이는 대부분의 문화에서 도덕적 붕괴의 영향을 가장 나중에 받는 대상이 여자이기 때문이다.

1:27 그릇됨에 상당한 보응을 그들 자신이 받았느니라 여기서 심은 대로 거둔다는 법칙(갈 6:7, 8)이 적용되고 있다. 그래서 바울은 사람을 자멸로 이끄는 이 죄의 성격을 말하고 있다. 후천성면역결핍증(AIDS)은 이 사실의 한 가지 증거일지도 모른다.

하나님을 떠난 인간

1. 그들은 더 이상 하나님에 대한 생각에는 관심이 없고 인간에 대해서만 생각한다(시 53:1; 롬 1:25).
2. 그들은 더 이상 영적 안목을 가지지 못하고, 사탄에 의해 하나님의 영광에 대해 눈이 멀어버렸다(고후 4:4).
3. 그들은 더 이상 지혜롭지 못하고 어리석다(시 14:1; 딛 3:3).
4. 그들은 더 이상 하나님을 향하여 살아 있지 못하고 도리어 그들의 죄 속에서 죽어 있다(롬 8:5-11).
5. 그들은 더 이상 위의 일들을 생각하지 않고 땅의 일들만을 생각한다(골 3:2).
6. 그들은 더 이상 빛 속에서 행하지 못하고 어둠 속에서 행한다(요 12:35, 36, 46).
7. 그들은 더 이상 영원한 생명을 소유하지 못하고 도리어 영적인 죽음, 곧 영원히 하나님으로부터 분리되는 상태에 떨어졌다(살후 1:9).
8. 그들은 더 이상 성령의 영역 안에서 살지 못하고 육신의 영역 안에서 산다(롬 8:1-5).

1:28 하나님께서 그들을…내버려 두사 *18, 24절에 대한 설명을 보라.* **상실한** 이 단어는 '시험을 통과하지 못하는'이라는 의미의 헬라어 단어를 번역한 것이다. 이 단어는 때로 불순물이 너무 많이 섞여 있어 쓸모없고 무가치한 금속을 가리킬 때도 사용되었다. 하나님이 사람의 마음을 시험해보시고 그것이 무가치하고 아무데도 쓸모가 없음을 발견하신 것이다(참고. 렘 6:30).

1:32 알고도 무지가 아니라 뻔뻔스러운 반항이다(*2:15에 대한 설명을 보라*).

B. 불의한 유대인(2:1-3:8)

2:1-16 부도덕한 이방인의 악함을 증명한 후에(1:18-32) 바울은 종교적인 도덕주의자(유대인 또는 이방인)에 대한 고발을 이어나가면서 하나님 심판의 기초가 되는 여섯 가지 원리를 나열한다. 그 원리는 지식(1절), 진리(2, 3절), 죄책(4, 5절), 행위(6-10절), 공평(11-15절), 동기(16절)다.

2:1 판단하는 사람아…네가 핑계하지 못할 것은 유대인

(여기서 바울의 일차적인 청중, 참고. 17절)과 도덕적 이방인은 자기들이 하나님의 심판에서 면제되었다고 생각한다. 이는 자기들이 1장에서 말한 것과 같은 부도덕한 일을 탐닉하지 않았기 때문이다. 하지만 이런 생각은 비극을 불러오는 오해다. 그들은 부도덕한 이방인보다 더 많은 지식을 가지고 있으므로(3:2; 9:4) 책임도 그만큼 더 크다(참고. 히 10:26-29; 약 3:1). **네가 너를 정죄함이니** 어떤 사람이 다른 사람을 정죄하기에 충분한 지식을 가지고 있다면 그 자신을 정죄해야 한다. 왜냐하면 그는 자신의 상태를 평가할 만한 지식을 가지고 있음을 보여주어야 하기 때문이다. **같은 일을 행함이니라** 그들은 다른 사람을 정죄하면서 자신의 죄에 대해서는 변명하거나 지나쳤다. 스스로 의롭게 여기는 태도는 두 가지 치명적인 오류로 생겨난다. 첫째, 대개 외적인 행위를 강조함으로써 하나님의 도덕적 기준을 최소화시킨다. 둘째, 자신의 악의 깊이를 평가절하한다(참고. 마 5:20-22, 27, 28; 7:1-3; 15:1-3; 눅 18:21).

2:2 진리대로 의미는 '바르다'이다. 하나님이 하시는 모든 일은 본질적으로 바르다(참고. 3:4; 9:14; 시 9:4, 8; 96:13; 145:17; 사 45:19).

2:3 *1절에 대한 설명을 보라.*

2:4 인자하심 이것은 '일반 은혜', 곧 하나님이 모든 사람에게 내리시는 혜택이다(참고. 마 5:45; 행 14:15-17). **회개** 사죄와 구원을 위해 죄로부터 돌아서서 그리스도께로 오는 행동이다. *고린도후서 7:9-11에 대한 설명을 보라.* **용납하심** '뒤로 거두다'는 뜻의 이 단어는 때로 전쟁하는 양쪽이 전쟁을 중지하는 것을 가리키는 단어로 사용되었다. 하나님은 사람들이 죄를 지으면 그 순간에 멸망시키지 않고 오히려 그분의 은혜로 심판을 보류하신다(참고. 3:25). 하나님은 현세에서 죄인들이 마땅히 치러야 할 대가로부터 그들을 건지신다(*딤전 4:10에 대한 설명을 보라*). 이는 죄인에게 하나님의 구원하시는 성품을 보여주심으로써 그들이 하나님께 와서 영적이고 영원한 구원받기를 원하시기 때문이다. **길이 참으심** 이 단어는 하나님의 인자하심과 참으심이 드러나는 오랜 기간을 뜻한다(참고. 벧후 2:5). 이 세 단어는 하나님의 일반 은총을 말한다. 이는 하나님이 온 인류에게 자신의 은혜를 내보이시는 방법이다(참고. 욥 12:10; 시 119:68; 145:9). **멸시하느냐** 문자적으로 '낮춰서 생각하다'라는 뜻이다. 즉 어떤 사람 또는 어떤 물건의 가치를 평가절하하고, 심지어 무시하는 태도로 대한다는 것이다.

2:5 고집 영어 단어 sclerosis(경화증)는 이 헬라어에서 온 것이다[arteriosclerosis(동맥경화증)가 또 다른 예임]. 그러나 여기서의 위험은 신체적인 것이 아니라 영적인 경화증을 말한다(겔 36:26; 마 19:8; 막 3:5; 6:52; 8:17; 요 12:40; 히 3:8, 15; 4:7). **회개하지 아니한 마음** 회개(참고. 4절)와 예수 그리스도를 통한 하나님의 죄사함을 거부하는 것이다. **진노의 날…심판이 나타나는 그 날** 이 말은 천년의 마지막에 있을 크고 흰 보좌에서 실행될 악인들에 대한 최후 심판을 가리킨다(*계 20:11-15에 대한 설명을 보라*). **임할 진노를…쌓는도다** 하나님이 죄를 사하여 주시는 것을 거부하고 자신의 죄에 매달리는 것은 더 큰 하나님의 진노를 쌓고 더 엄혹한 심판을 불러오는 일이다(*히 10:26-30; 계 20:12에 대한 설명을 보라*).

2:6-10 *1-16에 대한 설명을 보라.* 성경은 어디서나 구원이 행위를 근거로 하지 않는다고 가르치지만(*4:1-4; 엡 2:8에 대한 설명을 보라*), 하나님의 판단은 항상 사람의 행위를 근거로 한다고 일관되게 가르친다(사 3:10, 11; 렘 17:10; 요 5:28, 29; 고전 3:8; 고후 5:10; 갈 6:7-9. 참고. 롬 14:12). 바울은 서로 구분되는 두 집단, 곧 구속받은 집단(7, 10절)과 구속받지 못한 집단(8, 9절)의 행위를 설명한다. 구속받은 집단의 행위는 그들 구원의 근거는 아니지만 구원의 증거가 된다. 그것이 완전하지 않고 죄의 경향을 가지고 있지만, 그들의 삶에는 부정할 수 없는 의의 증거가 있다(*약 2:14-20에 대한 설명을 보라*).

인간 지성의 파멸

다음에 나온 신약성경 구절은 인간의 타락한 마음을 다양하게 묘사한 것이다.

1. 롬 1:28 "상실한"
2. 고후 3:14 "완고하여"
3. 고후 4:4 "혼미하게"
4. 엡 4:17 "허망한"
5. 엡 4:18 "어두워지고"
6. 골 1:21 "원수가 되었던"
7. 골 2:4 "속이지"
8. 골 2:8 "속임수로…사로잡음"
9. 골 2:18 "헛되이"
10. 딤전 6:5 "부패하여지고"
11. 딤후 3:8 "부패한"
12. 딛 1:15 "더러운지라"

2:7 영생 불신자도 영원히 살기 때문에(살후 1:9; 계 14:9-11) 단순히 기간이 영원하다는 뜻이 아니라 질적인 것을 뜻한다(*요 17:3에 대한 설명을 보라*). 영생은 생명의 일종으로, 신자에게 주어진 영원한 하나님의 거룩한 생명이다.

2:8 당을 지어 이 단어는 원래 고용된 사람 또는 용병, 곧 자신의 행동이 다른 사람에게 어떤 영향을 끼치는지 생각지 않고 오직 돈만 위해 일하는 사람을 가리킬 수도 있다. **진노** *1:18에 대한 설명을 보라.*

2:9 먼저는 유대인에게요 복음을 듣고 응답할 수 있는 첫 번째 기회가 유대인에게 주어졌듯(1:16), 그것을 거부했을 때 하나님으로부터 심판받는 것도 그들이 첫 번째일 것이다(참고. 암 3:2). 이스라엘은 더 큰 빛과 복을 받았기 때문에 그들이 받는 형벌도 더 엄중할 것이다(9:3, 4을 보라).

2:11 외모로 사람을 취하지 문자적으로 '얼굴을 받아주다'라는 뜻이다. 이것은 지위나 부, 영향력, 겉모습 때문에 어떤 사람을 더 생각해준다는 뜻이다. 하나님의 성품은 의롭기 때문에 공평하시다(행 10:34; 갈 2:6; 엡 6:7, 8; 골 3:25; 벧전 1:17).

2:12 율법 없이 범죄한 하나님의 도덕법을 알 수 있는 기회가 없던 이방인들(출 20:1 이하)은 그들의 제한된 지식과 관련된 그들의 불순종에 따른 심판을 받을 것이다(*1:19, 20절에 대한 설명을 보라*). **율법으로 말미암아 심판을 받으리라** 하나님의 도덕법에 저촉된 유대인과 많은 이방인은 그들의 더 많은 지식 때문에 더 큰 심판을 받을 것이다(참고. 마 11:20-23; 히 6:4-6; 10:26-31).

2:13 의롭다 하심을 얻으리니 *3:24에 대한 설명을 보라*. 참고. 야고보서 2:20-26.

2:14 본성으로 율법의 일을 행할 때에는 기록된 하나님의 법을 알지 못하면서도 이방 사회의 사람들은 일반적으로 율법의 가장 기본적인 조항을 가치 있게 여기고 행하려고 노력한다. 여러 문화에 속한 사람들은 본능적으로(*15절에 대한 설명을 보라*) 공의, 정직, 동정심, 다른 사람을 향한 자비를 귀하게 여기는 것을 당연시하는 데, 이는 그들의 마음속에 기록된 하나님의 법을 반영한 것이다. **자기가 자기에게 율법이 되나니** 선을 행하고 악을 혐오하는 것은 하나님의 법에 대한 본유적인 지식을 입증한다. 그리고 이 지식이 심판의 날에 실제로 그들을 쳐서 증거할 것이다.

2:15 양심 문자적으로 '지식과 함께'라는 뜻이다. 옳고 그름에 대한 본능적인 판단으로, 이것을 어기면 죄책감이 일어난다. 하나님의 법에 대한 본유적인 의식에 덧붙여 그 법을 무시하거나 불순종하기로 결정할 때 작동하는 경고 체계가 사람에게는 있다. 바울은 신자들에게 그들 자신의 양심을 거스르거나 다른 사람이 양심을 거슬러 행동하게 되는 원인이 되지 말 것을 촉구한다(13:5; 고전 8:7, 12; 10:25, 29; 고후 5:11. 참고. 9:1; 행 23:1; 24:16). 왜냐하면 양심의 경고를 반복적으로 무시하면 양심이 마비되고 마침내 경고 장치가 작동하지 않게 되기 때문이다(딤전 4:2). 고린도후서 1:12; 4:2을 보라. **율법의 행위** '모세 율법이 지정한 것과 같은 일들'로 이해하는 것이 최선이다.

2:16 나의 복음 바울 자신의 개인적인 메시지가 아니라 신성하게 드러난 예수 그리스도의 메시지(*1:1에 대한 설명을 보라*), 곧 심판의 나쁜 소식이 아닌 '좋은 소식'이다. **그 날** *2:5에 대한 설명을 보라*. **예수 그리스도로 말미암아** *요한복음 5:23에 대한 설명을 보라*. **은밀한 것** 이 말은 일차적으로 사람의 행동 배후에 있는 동기를 가리킨다(대하 28:9; 시 139:1-3; 렘 17:10; 마 6:4, 6, 18. 참고. 눅 8:17; 히 4:12).

2:17-29 외적으로 도덕적인 사람들이(유대인과 이방인이 동일하게) 하나님의 판단에 의해 정죄당할 것임을 보여준 뒤 바울은 하나님의 언약 백성인 유대인만을 대상으로 논의를 발전시킨다. 그들이 받은 유산(17상반절), 그들의 지식(17하-24절), 그들의 예식 가운데 특히 할례(25-29절) 등 그 어떤 것도 하나님의 의로운 심판으로부터 그들을 보호하지 못한다.

2:17 유대인 이전에는 히브리인 또는 이스라엘인이라고 불리다가 1세기에는 유대인이라는 이름이 아브라함에서 이삭으로 연결된 후손을 가리키는 가장 일반적인 이름이 되었다. '유대인'은 열두 지파 중 하나인 '유다'('찬송'이라는 뜻임)에서 유래되었으며, 나중에 유다는 솔로몬 사후에 솔로몬 왕국의 남쪽 절반을 가리키게 되었다. 바벨론 포로 시대부터 그 민족 전체를 일컫는 말이 되었다. 그러나 그들의 위대한 유산(참고. 창 12:3)과 자만심, 자기만족을 낳았고(참고. 욘 4:2; 미 3:11, 12; 마 3:7-9; 요 8:31-34, 40-59) 그 결과 '찬송'이 아니라 멸망이 초래되었다.

2:19, 20 맹인…어린 아이 율법이 있었기 때문에 유대인은 자기들이 영적으로 우월한 선생이라고 확신했다. 따라서 자신들이 맹인인 이방인들의 인도자(참고. 마 23:24-28)요, 빛(참고. 사 42:6)이며 하나님의 길을 아는 현자, 어린 아이(유대교로 개종한 이방인을 가리키는 말로 보임)를 가르칠 수 있는 자들이라고 여겼다.

2:21, 23 유대인이 알고 가르치는 것과 그들의 실천을 대비시키기 위한 일련의 질문이다(참고. 시 50:16-20; 마 23:3, 4; 약 3:1).

바울의 복음	
1. 1:1	7. 10:16
2. 1:9	8. 11:28
3. 1:15	9. 15:16
4. 1:16	10. 15:19
5. 2:16	11. 15:20
6. 10:15	12. 16:15

2:22 네가 신전 물건을 도둑질하느냐 성전에 기부한 돈을 사취하는 것 또는 성전세나 헌물의 일부를 가로채는 것을 가리킨다(참고. 말 3:8-10). 하지만 더욱 개연성 있는 해석은 하나님의 명령(신 7:25)을 정면으로 위반하여 종교를 구실로 이교 성전을 약탈하고 우상들과 기구들을 개인적 이익을 위해 파는 것을 가리킨다고 보는 것이다(참고. 행 19:37).

2:24 기록된 바와 같이 이사야52:5을 인용한 것이다.

2:25 할례 *창세기 17:11에 대한 설명을 보라*. **유익하나** 순종의 행동으로, 또한 하나님과의 언약관계를 상기시킨다(*창 17:9-14에 대한 설명을 보라*). **무할례** 하나님의 법을 지속적으로 어기는 유대인은 하나님과의 구원관계에서 할례받지 못한 이방인보다 나을 것이 하나도 없다. 내적인 실체가 없다면 외적인 상징은 아무것도 아니다.

2:26 할례와 같이 여길 것이 아니냐 하나님은 믿는 이방인을 할례받고 믿는 유대인과 똑같이 호의적으로 대하실 것이다.

2:27 율법에 대한 이방인의 겸손한 순종은 크게 유리한 위치에 있으면서도 불순종의 삶을 사는 유대인에 대한 엄한 꾸짖음이 될 것이다.

2:28 표면적 이 말은 정상적으로 세례를 받은 아브라함의 육신적 후손을 가리킨다(참고. 9:6; 마 3:9).

2:29 유대인이 유대인이며 참된 하나님의 자녀, 아브라함의 참된 영적 자녀다(4:16을 보라. 참고. 갈 3:29). **할례는 마음에 할지니** 외적인 종교 의식은 죄를 떠나 하나님께 바쳐진 마음의 내적 실체가 있을 때만 가치가 있다. 참고. 신명기 10:16; 30:6. **영…조문** 구원은 율법에 맞추려는 외적 노력만으로는 안 된다. 마음속에서 하나님의 영의 역사가 있어야 한다.

3:2 하나님의 말씀 이 헬라어 단어는 *로기온*(*logion*), 곧 신약성경에 흔하게 등장하여 '말씀'으로 번역되는 *로고스*(*logos*)의 축소형이다. 이는 중요한 말씀 또는 메시지, 특히 초자연적인 말씀이다. 여기서 바울은 이 단어로 구약 전체를 가리키는데, 유대인은 구약성경을 참 하나님의 말씀 자체로 받아들였다(신 4:1, 2; 6:1, 2. 참고. 막 12:24; 눅 16:29; 요 5:39). 유대인은 구약성경을 소유해서 크게 유리한 위치에 있었다. 거기에 구원에 관한 진리(딤후 3:15)와 기본적인 형태의 복음이 포함되어 있었기 때문이다(갈 3:8). 바울이 "말씀을 전파하라"고 말했을 때(딤후 4:2), *그가* 뜻한 말씀은 구약에 기록된 "하나님의 말씀"(벧전 4:11)이었다.

3:3, 4 바울은 하나님이 아브라함의 모든 육신적 후손에게 약속을 이룰 것을 보증하시지 않았다는 자신의 말에 유대인 독자가 동의하지 않으리라는 것을 예상하고 있었다. 그들은 그런 말이 구약에서 유대인에게 하신 하나님의 모든 약속을 무효화시킨다고 논증할 것이다. 그러나 바울의 대답은 구약의 명백한 가르침과 암시적인 가르침 모두를 반영한다. 혈통의 순결성과 무관하게 어떤 유대인이라도 언약을 상속받기 이전에 회개하고 믿음을 가져야 한다(참고. 9:6, 7; 사 55:6, 7).

3:3 하나님의 미쁘심 설사 유대인 개인이 불신앙 때문에 약속을 받지 못하는 일이 있을지라도 하나님은 국가에 하신 모든 약속을 이루실 것이다.

3:4 사람은 다 거짓되되 만약 온 인류가 하나님이 자신의 약속을 지키시지 않았다고 합의하더라도 그것은 그들이 전부 거짓말쟁이고, 하나님은 참되시다는 것을 증명할 뿐이다. 참고. 디도서 1:1. **기록된 바** 이것은 시편 51:4에서 인용한 말씀이다.

3:5-8 바울은 그의 가르침이 실제로 하나님의 거룩성과 순결성 그 자체를 비난하는 거라는 반론을 예상하고 거기에 답한다(*3:3, 4에 대한 설명을 보라*).

3:5 하나님의 의를 드러나게 하면 *1:17에 대한 설명을 보라*. 다이아몬드를 더 아름답게 보이게 하려고 검정색 벨벳에 진열하는 것과 같은 이치다. **(내가 사람의 말하는 대로 말하노니)** 바울은 단지 대적들의 취약하고 비성경적인 논리, 곧 그들의 거듭나지 못한 마음의 생각을 풀어 설명하고 있을 뿐이다.

3:6 심판 성경의 주요 주제인(창 18:25; 시 50:6; 58:11; 94:2) 이 말이 여기서는 앞으로 있을 큰 심판의 날을 가리킨다(*2:5에 대한 설명을 보라*). 바울의 논점은 하나님이 죄를 용인하신다면 심판을 위한 공정하고 의로운 근거를 갖지 못하실 것이라는 말이다.

3:8 비방하여 은혜에 의한 믿음을 통해서만 구원을 얻는다는 사도의 복음 메시지가 그의 대적들에 의해 비극적으로 왜곡되었다. 그들은 사도의 복음이 죄를 허가해 줄 뿐 아니라 범죄를 노골적으로 장려한다고 주장했다(5:20; 6:1, 2).

C. 불의한 인류(3:9-20)

3:9-20 바울은 다음과 같은 요약으로 인류에 대한 고발을 결론 짓는다. 유대인과 이방인은 똑같이 하나님 앞에서 죄인이다(*1:18-3:20에 대한 설명을 보라*).

3:9 우리는 나으냐… 여기서 '우리'는 이 서신을 받는 로마의 그리스도인을 가리킬 것이다. 그리스도인이라고 해서 바울이 하나님의 정죄 하에 있음을 증명한 모든 사람보다 본질적으로 더 우월한 성품을 가지고 있는 것은 아니다. **헬라인** *1:14에 대한 설명을 보라*. **죄 아래** 완전히 죄의 노예가 되어 지배를 받는 것을 말한다.

3:10-17 바울은 모든 사람의 성품(10-12절), 대화(13, 14절), 행위(15-17절)를 고발하는 구약 인용문을 계속해서 나열한다. 인간의 죄와 반역이 보편적임을 보이기 위해 바울은 '하나도' '모두' 같은 단어를 함께 사용한다.

3:10-12 이것은 시편 14:1-3; 53:1-3을 인용한 구절이다.

3:10 기록된 바 구약 인용문을 도입하는 일반적인 구절이다(참고. 1:17; 2:24; 3:4; 마 4:4, 6, 7, 10). 헬라어 동사의 시제는 지속성과 항구성을 강조하며, 그 인용문의 신성한 권위를 함축하고 있다. **의인은 없나니 하나도 없으며** 인간은 모두가 악하다(참고. 시 14:1. *1:17에 대한 설명을 보라*).

3:11 깨닫는 자도 없고 사람은 하나님의 진리를 깨닫지도 못하고, 하나님의 의에 대한 기준을 파악하지도 못한다(시 14:2; 53:3을 보라. 참고. 고전 2:14). 슬프게도 사람의 영적 무지는 기회가 없기 때문이 아니라(1:19, 20; 2:15) 그의 타락과 반항의 증거다(엡 4:18). **찾는 자도 없고** 시편 14:2을 보라. 이 절은 세상의 거짓된 종교들은 참 하나님을 찾으려는 시도가 아니라 참 하나님으로부터 벗어나려는 시도임을 분명하게 함축한다. 사람의 자연적인 성향은 자기 자신의 이익을 추구하는 것이지만(참고. 빌 2:21), 사람의 궁극적인 소망은 하나님이 그를 찾으시는 것이다(요 6:37, 44). 하나님이 사람의 마음속에서 일하실 때만 사람은 하나님을 찾을 수 있다(시 16:8; 마 6:33).

3:12 치우쳐 시편 14:3을 보라. 이 단어의 기본적 의미는 '잘못된 방향으로 기대다'라는 것이다. 이 단어는 병사가 잘못된 방향으로 도주하는 것 또는 자기 위치를 이탈하는 것을 묘사하는 말로 사용되었다. 모든 사람은 하나님의 길을 떠나 자기 자신의 길을 추구하려는 경향이 있다(참고. 사 53:6). **선을 행하는 자는 없나니 하나도 없도다** *10절에 대한 설명을 보라*.

3:13 열린 무덤 시편 5:9을 보라. 무덤은 죽은 사람을 존중하고 부패한 시신의 모습과 악취를 감추기 위해 봉인되었다. 봉인되지 않은 무덤이 그 앞을 지나가는 사람들에게 시신의 모습을 보여주고 악취를 풍기는 것처럼 중생하지 않은 사람의 열린 목구멍(즉 거기서 나오는 누추한 말)도 그 마음의 부패를 드러낸다(참고. 잠 10:31, 32; 15:2, 28; 렘 17:9; 마 12:34, 35; 15:18; 약 3:1-12). **독사** 시편 140:3을 보라. 참고. 마태복음 3:7; 12:34.

3:14 저주 이것은 시편 10:7에서 인용한 말이다. 다른 어떤 사람에게 가장 악한 일이 발생하기를 원하면서 그 욕망을 통렬한 조롱조의 언어로 공개적으로 표현하는 것을 가리킨다. **악독** 자기의 원수에 대한 감정적인 적대감을 공개적이고 공적으로 표현하는 것이다(참고. 시 64:3, 4).

3:15-17 이것은 이사야 59:7, 8을 인용한 구절이다.

3:16 파멸과 고생 사람은 자신이 손대는 모든 것을 손상시키고 파괴하며, 그 결과 고통과 고난의 흔적을 남겨놓는다.

3:17 평강의 길 평강에 대한 내적 감각이 없어서가 아니다. 개인 간 또는 국가 간 분쟁과 갈등을 향해가는 사람의 경향 때문이다(참고. 렘 6:14).

3:18 하나님을 두려워함 시편 36:1을 보라. 사람의 진정한 영적 상태는 하나님에 대한 숭배와 순종이 없다면 절대 볼 수 없다. 하나님에 대한 성경적인 두려움은 하나님의 크심과 영광에 대한 놀라움, 하나님의 거룩한 본성에 위배되었을 때 어떤 결과가 나타날지 대한 두려움(*잠 1:7에 대한 설명을 보라*. 참고. 잠 9:10; 16:6; 행 5:1-

열네 가지 고발 항목(롬 3:10-18)

1. "의인은 없나니 하나도 없으며"(10절)
2. "깨닫는 자도 없고"(11절)
3. "하나님을 찾는 자도 없고"(11절)
4. "다 치우쳐"(12절)
5. "함께 무익하게 되고"(12절)
6. "선을 행하는 자는 없나니 하나도 없도다"(12절)
7. "그들의 목구멍은 열린 무덤이요"(13절)
8. "그 혀로는 속임을 일삼으며"(13절)
9. "그 입술에는 독사의 독이 있고"(13절)
10. "그 입에는 저주와 악독이 가득하고"(14절)
11. "그 발은 피 흘리는데 빠른지라"(15절)
12. "파멸과 고생이 그 길에 있어"(16절)
13. "평강의 길을 알지 못하였고"(17절)
14. "그들의 눈 앞에 하나님을 두려워함이 없느니라"(18절)

11; 고전 11:30)으로 구성된다.

3:19 율법 아래에 있는 자들 구속받지 않은 모든 인간 존재를 말한다. 유대인은 모세를 통해 기록된 율법을 받았고(3:2), 이방인은 그들의 마음에 율법의 행위가 기록되어 있으므로(2:15), 두 집단은 모두 하나님 앞에서 핑계를 대지 못한다. **모든 입을 막고…심판 아래에 있게 하려 함이라** 하나님이 온 인류에 내리시는 유죄 판결에 대한 변호는 있을 수 없다.

3:20 율법의 행위 하나님의 도덕법을 완전히 지키는 것은 불가능하므로, 사람은 그 무능함의 저주 아래 있게 된다(*갈 3:10, 13에 대한 설명을 보라*). **의롭다 하심** *24절에 대한 설명을 보라.* **율법으로는 죄를 깨달음이니라** 율법은 죄를 깨닫게 할 수는 있지만 구원하지는 못한다. *7:7에 대한 설명을 보라.*

칭의: 하나님이 준비하신 의 (3:21-5:21)

A. 의의 원천(3:21-31)

3:21-5:21 사람의 보편적인 악함과 사람에게 의가 필요함을 결정적으로 증명한 후에(1:18-3:20) 바울은 1:17에서 소개한 주제, 곧 하나님이 오직 믿음만을 근거로 자신에게서 나오는 의를 은혜로 제공하신다는 주제를 발전시킨다(3:21-5:21).

3:21 이제는 시간을 가리키는 말이 아니라 사도의 논증의 흐름이 바뀌는 것을 표시한다. 바울은 인간의 노력으로는 의를 얻을 수 없음을 증명한 다음 하나님이 제공하시는 의를 설명하기 시작한다. **율법 외에** 그 어떤 법에 대한 순종과 완연히 무관하게(4:15; 갈 2:16; 3:10, 11; 5:1, 2, 6; 엡 2:8, 9. 참고. 빌 3:9; 딤후 1:9; 딛 3:5). **의** *1:17에 대한 설명을 보라.* 이 의는 독특하다. 첫째, 하나님은 그 의의 원천이시다(사 45:8). 둘째, 이 의는 하나님의 법의 형벌과 요구를 모두 만족시킨다. 그리스도의 대속의 죽음은 하나님의 법을 지키지 못한 사람들에게 부과된 형값을 갚으며, 그리스도의 완전한 순종은 포괄적인 의에 대한 하나님의 요구를 만족시킨다(고후 5:21; 벧전 2:24. 참고. 히 9:28). 셋째, 하나님의 의는 영원하기 때문에(시 119:142; 사 51:8; 단 9:24), 하나님으로부터 그 의를 받는 사람은 그것을 영원히 향유한다. **율법과 선지자들에게 증거를 받은 것이라** *1:2에 대한 설명을 보라.*

3:22 믿음으로 말미암아 모든 믿는 자에게 미치는 *1:16에 대한 설명을 보라.*

3:22, 23 차별이 없느니라 모든 사람이 죄를 범하였으매 하나님의 영광에 모든 사람이 차별 없이 하나님의 표준에 도달하지 못하는 비참한 상태에 있으므로, 하나님은 유대인이든 이방인이든 간에 믿는 모든 사람에게 자신의 의를 내려주실 수 있음을 설명하는 삽입문이다.

3:23 모든 사람이 죄를 범하였으매 바울은 이 문제를 다룬 적이 있다(1:18-3:20).

3:24 속량 이 헬라어 단어는 고대의 노예 시장을 배경으로 하고 있다. 이 단어는 죄수 또는 노예를 풀어주기 위해 필요한 속전을 지불하는 것을 의미했다. 죄인을 죄의 노예 상태에서 구속하고 그가 받아야 하는 형벌의 값을 지불하기에 합당한 유일한 값은 "그리스도 예수 안에" 있으며(딤전 2:6; 벧전 1:18, 19), 하나님의 의를 만족시키기 위해 하나님께 지불되었다. **은혜로 값 없이** 칭의는 인간의 공로나 행위와는 전혀 무관하게 회개하고 믿는 죄인에게 하나님이 내리시는 은혜의 선물이다(*1:5에 대한 설명을 보라*). **의롭다 하심을 얻은** 이 동사 그리고 동일한 헬라어 어근에서 파생된 관련 단어들은(예를 들면 칭의) 로마서에서 약 30회 등장하는데 주로 2:13-5:1에 집중되어 있다. 이 법정 용어는 '의롭다'는 뜻의 헬라어 단어에서 왔으며, '의롭다고 선언하다'라는 뜻을 가진다. 이 선고에는 죄책과 형벌의 용서, 그리스도의 의가 신자의 것으로 전가되는 것이 포함되며, 이 의의 전가를 통해 사람은 하나님께 받아들여지기 위해 필요한 적극적인 의를 공급받는다. 하나님은 오직 그리스도의 의에 대한 공로를 근거로 죄인을 의롭다고 선언하신다. 그리스도의 희생적 죽음으로 말미암아 하나님은 죄인의 죄를 그리스도에게 전가시키고(사 53:4, 5; 벧전 2:24), 하나님의 법에 대한 그리스도의 완전한 순종을 그리스도인에게 전가시킨다(참고. 5:19; 고전 1:30. *고후 5:21; 빌 3:9에 대한 설명을 보라*). 죄인은 오직 믿음을 통해서만 하나님이 주신 이 은혜의 선물을 받는다(3:22, 25. *4:1-25에 대한 설명을 보라*). 하나님이 의롭다고 선언하신 사람들을 점진적으로 의롭게 만들어 가시는 성화는 칭의와는 다르지만 예외 없이 언제나 칭의 뒤에 따라온다(8:30).

3:25 하나님이…세우셨으니 이 큰 희생제사는 은밀하게 이루어지지 않았다. 하나님은 모든 사람이 보도록 공개적으로 갈보리에서 자기 아들을 제물로 삼으셨다. **믿음으로 말미암는** *1:16에 대한 설명을 보라.* **화목제물** 그리스도의 희생과 관련해 핵심적인 의미를 가지는 이 단어는 '분노를 달래다' '분노를 만족시키다'라는 뜻을 가진다. 이 경우에는 그리스도의 대속의 죽음이, 사람들이 하나님의 거룩하심을 공격하여 일으킨 진노를 만족시켰다(사 53:11; 골 2:11-14). 이 단어에 해당하는 히브리어는 시은좌(언약궤 뚜껑)를 가리킨다. 바로

이곳에 대제사장은 대속죄일에 백성의 죄를 속하기 위한 동물의 피를 뿌렸다. 이방 종교에서 분노한 신의 진노를 달래야 할 책임은 신이 아닌 예배자에게 있다. 그러나 실제로 사람은 그리스도를 떠나서는 지옥에서 영원히 사는 것 이외에 하나님의 공의를 만족시킬 수 없다. 참고. 요한일서 2:2. **길이 참으시는 중에** *2:4에 대한 설명을 보라.* **죄를 간과하심으로** 이것은 무관심을 의미하는 것도 아니고 면제를 의미하는 것도 아니다. 하나님의 공의는 모든 죄와 죄인이 형벌받을 것을 요구한다. 아담과 하와가 범죄했을 때 그들과 함께 온 인류를 멸망시켰다면 하나님은 공의로우셨을 것이다. 그러나 하나님은 그 자비와 오래 참으심으로(2:4을 보라) 일정 기간 심판을 연기하셨다(참고. 시 78:38, 39; 행 17:30, 31; 벧후 3:9).

3:26 자기의 의로우심을 나타내사 이것이 그리스도의 성육신, 무죄한 삶, 대속의 죽음으로 성취되었다. **의로우시며…자를 의롭다 하려 하심이라** 하나님의 지혜로운 계획으로 말미암아 죄인들 대신에 예수를 형벌하고, 그 결과 하나님의 공의를 손상시키지 않으면서도 죄 있는 자들을 의롭다고 하실 수 있게 되었다.

3:27 그런즉 자랑할 데가 어디냐 참고. 4:1, 2; 고린도전서 1:26-29.

3:28 의롭다 하심을 얻는 것은…믿음으로 되는 줄 *24절에 대한 설명을 보라.* 비록 성경에는 *오직*이라는 단어가 없지만, 그것이 바울의 말하고자 하는 것임이 분명하다(참고. 4:3-5. *약 2:21에 대한 설명을 보라*). **율법의 행위** *20절에 대한 설명을 보라.*

3:29 이방인의 하나님 참 하나님은 오직 한 분이시다(참고. 고전 8:5, 6).

3:31 사람이 율법을 지키는 것과는 별도로 의롭게 된다는 주장 때문에 사람들이 자신을 반율법주의자(율법에 대적하는 자)라고 비난하리라는 것을 알고 바울은 여기서 반론을 펼친다. 이것이 뒤에 6, 7장에서 더욱 상세히 다뤄질 것이다. **믿음으로 말미암아…율법을 굳게 세우느니라** 은혜에 의해 믿음으로 구원을 얻는다는 가르침은 율법을 폐하는 것이 아니라 율법의 진정한 중요성을 강조한다. 율법을 지키지 못하는 사람들에게 율법이 요구하는 죽음의 형벌을 지불함으로써 율법의 원래 목적, 즉 사람은 하나님의 의로운 요구에 순종하지 못하는 것을 보여주어 사람을 그리스도께 인도하는 초등교사의 역할을 완수하고(갈 3:24), 신자한테 율법에 순종할 수 있는 능력을 줌으로써(8:3, 4) 율법을 세운다는 것이다.

B. 의의 모범(4:1-25)

4:1 우리 조상인 아브라함 바울은 아브라함의 모델을 사용해 오직 믿음에 의한 칭의를 증명하려고 한다. 이는 유대인이 아브라함을 의인의 최고 모범으로 여기기 때문이며(요 8:39), 행위의 의를 추구하는 유대교가 유대인의 조상인 족장의 믿음에서 떠났기 때문이다. 영적인 의미에서 아브라함은 주로 이방인으로 구성된 로마에 있는 교회의 선구자이기도 했다(*1:13; 4:11, 16에 대한 설명을 보라.* 참고. 갈 3:6, 7).

4:2 행위로써 의롭다 하심을 받았으면 인간의 노력을 근거로 의롭다는 선언을 받는 것이다(*3:24에 대한 설명을 보라*). **자랑** 만약 아브라함 자신의 행위가 그의 칭의에 대한 근거가 되었다면 아브라함은 하나님 앞에서 자랑할 이유가 충분히 있었을 것이다. 그러므로 2절의 가정은 생각할 필요가 없는 것으로 판명된다(엡 2:8, 9; 고전 1:29).

4:3 창세기 15:6의 인용인데, 이 구절은 성경 전체에서 칭의에 대한 가장 분명한 진술들 가운데 하나다(*3:24에 대한 설명을 보라*). **믿으매** 아브라함은 믿음의 사람이었다(*1:16에 대한 설명을 보라.* 참고. 4:18-21; 갈 3:6, 7, 9; 히 11:8-10). 그러나 믿음은 공로를 인정받을 만한 행위가 아니다. 또한 결코 칭의의 근거도 아니다. 그것은 단지 구원받는 통로일 뿐이며 믿음 자체 역시 선물이다. *에베소서 2:8에 대한 설명을 보라.* **의** *1:17; 3:21에 대한 설명을 보라.* **여겨진 바** 참고. 5, 9, 10, 22절. 또한 이 단어는 '전가된 바'로 번역될 수도 있다(6, 8, 11, 23, 24절). 재정적·법적 의미로 사용되던 이 헬라어는 4장에서만 9번 등장하며, 어떤 사람의 소유인 것을 다른 사람의 소유로 넘긴다는 의미를 가진다. 그것은 일방적인 거래다. 아브라함은 그것을 얻기 위해 한 것이 아무것도 없다. 단지 하나님이 자신의 의를 마치 실제 아브라함의 것인 양 아브라함의 것으로 넘기신 것이다. 하나님이 이렇게 하신 것은 아브라함이 하나님을 믿었기 때문이다(*창 15:6에 대한 설명을 보라*).

4:4, 5 사도는 자신의 논증을 아브라함에서 모든 사람으로 넓혀 가면서, 어떤 사람을 의롭다고 선언하는 것은 어떤 종류의 인간 행위와도 전혀 무관하다는 것을 분명히 밝힌다. 만약 구원이 사람의 노력을 근거로 한다면 하나님은 사람을 구원해야 할 의무를 지게 될 것이다. 그러나 구원은 언제나 하나님이 전적인 주권을 가지고 믿는 사람에게(참고. 1:16) 은혜로 주시는 선물이다(3:24; 엡 2:8, 9). 행위와 대조되는 믿음은 인간의 공로를 통해 하나님의 호의를 얻으려는 모든 노력의 종말을 의미한다.

단어 연구

의롭다 함(칭의, Justification): 4:25; 5:18. '무죄방면하다' 또는 '의롭다고 선언하다'라는 의미의 헬라어 동사 *디카이우*(*dikaioō*)에서 유래된 단어로, 바울은 4:2, 5; 5:1에서 사용했다. 이것은 재판에서 유리하게 내려진 판결을 가리키는 법적 용어다. 이 단어는 법정의 모습을 배경으로 한다. 재판장인 하나님이 각 사람에 대해 율법에 충실했는지를 결정하시는 모습이다. 로마서의 첫째 부분에서 바울은 어떤 사람도 하나님의 심판을 견디지 못한다는 것을 밝힌다(3:9-20). 율법은 죄인을 의롭게 하기 위해 주어진 것이 아니라 그들의 죄를 드러내기 위해 주어졌다. 이 한탄스러운 상황을 치유하기 위해 하나님은 아들을 보내어 우리의 죄를 위하여 대신 죽게 하셨다. 우리가 예수를 믿으면 하나님은 그분의 의를 우리에게 전가하여 우리를 하나님 앞에서 의롭다고 선언하신다. 이 방법을 통해 하나님은 자신이 의로운 재판장이면서 동시에 우리를 의롭다고 선언하시는 분, 곧 우리를 의롭게 하시는 분임을 입증하신다(3:26).

4:5 경건하지 아니한 자를 의롭다 하시는 자신이 선하다는 모든 주장을 철회하고 자신들은 불경건한 자라는 것을 시인하는 사람만이 구원받을 수 있는 후보자가 된다(참고. 눅 5:32). **여기시나니** *3절에 대한 설명을 보라.*

4:6-8 바울은 자신의 말에 힘을 실어주기 위해 시편 32:1, 2을 인용한다. 이 시편은 다윗이 밧세바와 간음을 범하고 그녀의 남편을 살해한(삼하 11장) 후에 지은 참회의 시다. 그의 죄는 엄청났고 개인적인 공로가 전혀 없었음에도 다윗은 전가된 의의 복을 경험했다.

4:9-12 바울은 그의 유대인 독자가 어떤 생각을 할지 예상하고 있었다. 만약 아브라함이 오직 믿음에 의해서만 의롭게 되었다면 왜 하나님은 아브라함과 그의 후손에게 할례를 받으라고 명령하셨을까? 바울의 대답은 할례를 문제 삼는 사람만이 아니라 자기들의 의에 대한 근거로 다른 어떤 종류의 종교적 의식이나 활동에 집착하는 많은 사람들을 향한 것이다. *창세기 15:6에 대한 설명을 보라.*

4:9 할례자 이는 유대인을 가리킨다(*창 17:11-14에 대한 설명을 보라*. 참고. 행 15:19-29; 롬 2:25-29; 4:11; 갈 5:1-4; 6:12; 빌 3:2-5). **무할례자** 모든 이방인을 말한다(*2:25-29에 대한 설명을 보라*).

4:10 할례시가 아니요 무할례시니라 창세기의 연대적 순서가 바울의 주장을 증명해준다. 이스마엘이 출생했을 때 아브라함은 86세였으며(창 16:16), 할례받은 것은 99세였다. 그러나 하나님이 그를 의롭다고 선언하신 것은 이스마엘이 잉태되기 전이었다(창 15:6; 16:2-4). 아브라함이 할례를 받기 최소 14년 전이었다.

4:11, 12 믿는 모든 자의 조상 혈통적으로 아브라함은 모든 유대인의 조상이다(할례자). 영적으로 그는 믿는 유대인(12절)과 믿는 이방인(무할례자, 11절) 모두의 조상이다. 참고. 4:16; 갈라디아서 3:29.

4:11 표 이것은 사람에게 영적인 씻음이 필요하다는 사실(참고. 2:28, 29; 렘 4:3, 4; 9:24-26)과 하나님과 자기 백성 사이의 언약관계(*창 17:11에 대한 설명을 보라*)를 나타내는 것이다. **인친** 하나님이 믿음에 따라 그에게 의를 전가해주셨음을 보여주는 외적인 증명이다.

4:13-15 아브라함은 할례 예식을 통해 의롭게 되지 않았으며(9-12절), 모세 율법을 지켜서 의롭게 된 것도 아니다(13-15절).

4:13 세상의 상속자가 되리라고 하신 언약 이것은 그리스도를 가리키며, 하나님이 아브라함 그리고 그의 후손과 맺은 언약의 본질이다(*창 12:3에 대한 설명을 보라*. 참고. 창 15:5; 18:18; 22:18). 그 언약의 마지막 조항은 아브라함의 씨를 통해 온 세상이 복을 받으리라는 것이다(창 12:3). 바울은 '그 씨'가 구체적으로 그리스도를 가리키며, 바로 이것이 진정한 복음을 구성한다고 말한다(갈 3:8, 16. 참고. 요 8:56). 모든 신자는 그리스도 안에 있음으로써 언약의 상속자가 된다(갈 3:29. 참고. 고전 3:21-23). **율법으로 말미암은 것이 아니요** 즉 아브라함이 율법을 지킨 결과가 아니라는 말이다. **믿음의 의** 믿음에 의해 하나님으로부터 받은 의다(*1:17에 대한 설명을 보라*).

4:14 율법에 속한 자들 만약 율법을 완전히 지키는(불가능함) 사람만 언약을 받는다면 믿음은 아무 소용이 없을 것이다. **약속은 파기되었느니라** 불가능한 조건으로 맺어진 약속은 그 자체로 무효가 된다(*13절에 대한 설명을 보라*).

4:15 율법은 진노를 이루게 하나니 인간의 죄성을 폭로하는 것을 말한다(참고. 7:7-11; 갈 3:19, 24).

4:16 은혜에 속하기 위하여 그러나 칭의의 위대한 능력은 사람의 믿음이 아니라 하나님의 큰 은혜에 따른 것이다(*1:5에 대한 설명을 보라*). **약속** *13절에 대한 설명을 보라*. **율법에 속한 자** 믿는 유대인을 말한다. **아브라함의 믿음에 속한 자** 믿는 이방인을 말한다. **믿음에 속한** 칭의는 오직 믿음을 통해 온다(*1:16, 17; 3:24*

에 대한 설명을 보라). **우리 모든 사람의 조상이라** *11절에 대한 설명을 보라*.

4:17 기록된 바 창세기 17:5을 인용한 것이다. **죽은 자를 살리시며** 아브라함은 이것을 직접 경험했다(히 11:11, 12. 참고. 롬 4:19). **없는 것을 있는 것으로 부르시는** 이것은 칭의의 법적 성격을 가리키는 다른 표현이다. 하나님은 믿는 죄인에게 자신의 의를 전가함으로써 그들을 의롭다고 선언하실 수 있다. 이는 예수가 죄인이 아님에도 하나님이 예수를 '죄'로 삼아서, 즉 죄라고 선언하여 형벌을 내리신 것과 같다. 하나님은 의롭게 하신 자들을 또한 그의 아들의 형상을 본받게 하실 것이다(8:29, 30).

4:18-25 칭의가 행위가 아닌 믿음을 통하여 주어지며(1-8절), 율법 준수에 의해서가 아니라 은혜에 의해 주어진다는 것(9-17절)을 보여준 뒤, 이제 바울은 결론적으로 그것이 인간의 노력이 아니라 하나님 능력의 결과임을 보여준다(18-25절).

4:18 바랄 수 없는 중에 바라고 인간의 관점에서 볼 때 그것은 불가능해 보였다(참고. 19절). 참고. 창세기 17:5. **말씀대로** 창세기 15:5을 인용한 것이다.

4:19 사라의 태가 죽은 것 같음 사라는 아브라함보다 겨우 열 살 아래로(창 17:17), 이삭을 주시리라는 약속을 받았을 때 90세였다(아이를 가질 수 있는 나이를 훨씬 지났음). **믿음이 약하여지지** 의심이 하나님 말씀에 대한 확신을 부식시킬 때 이런 일이 발생한다.

4:20 약속 아들을 낳으리라는 약속이다(창 15:4; 17:16; 18:10). **하나님께 영광을 돌리며** 하나님을 믿는 것은 그분의 존재와 성품을 천명하는 행위이며, 따라서 하나님께 영광을 돌리는 것이다(참고. 히 11:6; 요일 5:10).

4:22 그러므로 '그의 참된 믿음 때문에'이다(창 15:6을 보라).

4:23 아브라함만 위한 것이 아니요 모든 성경은 보편적으로 적용되며(참고. 15:4; 딤후 3:16, 17), 아브라함의 경험도 예외가 아니다. 만약 아브라함이 믿음에 의해 의롭다 함을 받았다면 다른 모든 사람도 동일한 근거에서 의롭다 함을 받을 것이다.

하나님께 영광을 돌림(롬 4:20, 21)

하나님을 향한 신앙적 행위들은 하나님의 영광을 그분께 돌려 드린다. 하나님을 영화롭게 하는 개인적인 경배 활동에 주목하라.

1. 목적의식을 품고 살기	고전 10:31
2. 죄를 고백하기	수 7:19
3. 기대하는 마음으로 기도하기	요 14:13
4. 순결하게 살기	고전 6:18-20
5. 그리스도께 복종하기	빌 2:9-11
6. 하나님을 찬송하기	고후 4:15
7. 하나님께 순종하기	고후 9:13; 살후 1:12
8. 신앙적으로 성장하기	롬 4:20-21
9. 그리스도를 위해 고난당하기	벧전 4:15-16
10. 하나님 안에서 기뻐하기	대상 16:10
11. 하나님을 예배하기	시 86:9
12. 영적 열매 맺기	요 15:8
13. 하나님 말씀 선포하기	살후 3:1
14. 하나님의 백성 섬기기	벧전 4:10-11
15. 그리스도의 교회를 정결케 하기	엡 5:27; 살후 1:10
16. 희생적으로 베풀기	고후 9:13
17. 신자들을 하나로 만들기	요 17:22
18. 잃어버린 자의 구원을 위해 힘쓰기	시 21:5; 살전 2:12; 살후 2:14
19. 그리스도의 빛 비추기	마 5:16
20. 하나님의 복음 전파하기	고후 4:15

4:25 이사야 53:12의 70인역(구약 헬라어 번역) 번역을 풀어 설명한 것이다. 이 말씀들은 초대 기독교의 고백과 찬송에서 채택되고 인용된 말일 것이다. **내줌** 즉 십자가에 달리심을 말한다. **우리를 의롭다 하시기 위하여** 부활은 하나님이 아들의 희생제사를 받으셨으며, 스스로 의로우면서도 불경건한 자를 의롭다고 하실 수 있게 되었다는 증거다.

C. 의의 복(5:1-11)

5:1-11 바울은 하나님이 오직 믿음을 근거로만 죄인을 의롭게 하신다는 주장을 펼친 다음 비록 신자가 믿음에 의해 구원을 얻지만 선행을 통해 그것을 유지해야 한다는 관념을 반박하는 작업에 착수했다. 바울은 신자가 영원히 예수 그리스도께 묶여 있으며, 인간의 노력이 아니라 그리스도의 능력에 의해 보존된다는 것을 논증한다(참고. 사 11:5; 시 36:5; 애 3:23; 엡 1:18-20; 딤후 2:13; 히 10:23). 그리스도인이 하나님과 영원히 연결된다는 증거는 다음과 같다. 하나님과 이루는 화평(1절), 하나님의 은혜 안에 거함(2상반절), 그의 영광의 소망(2하-5상반절), 하나님의 사랑을 받음(5하-8절), 확실히 하나님의 진노에서 벗어남(9, 10절), 주 안에서 그의 기뻐함(11절)이다.

5:1 의롭다 하심을 받았으니 헬라어 구문은(또한 영어 번역은) 칭의가 계속되는 과정이 아니라 단 한 번의 법적인 선언으로 그 결과가 지속된다는 것을(*3:24에 대한 설명을 보라*) 부각시킨다. **하나님과 화평** 주관적이고 내적 고요함과 평온함의 느낌이 아니라 외적이고 객관적인 현실이다. 사람들이 하나님과 그분의 법에 악하게 대적하므로 하나님은 자신이 모든 사람과 전쟁 중에 있다고 선언하셨다(10절. 참고. 1:18; 8:7; 출 22:24; 신 32:21, 22; 시 7:11; 요 3:36; 엡 5:6). 그런데 칭의의 첫 번째 큰 결과가 죄인이 하나님과 영원히 전쟁을 끝냈다는 것이다(골 1:21, 22). 성경은 이 전쟁이 끝났다는 것을 사람이 하나님과 화목하게 되었다는 말로 표현한다(10, 11절; 고후 5:18-20).

5:2 서 있는 이것은 신자가 하나님의 은혜 안에서 누리는 항구적이고 안정된 위치를 가리킨다(참고. 10절; 8:31-34; 요 6:37; 빌 1:6; 딤후 1:12; 유 24절). **들어감을 얻었으며** 신약성경의 다른 곳에서 오직 2번 사용된(엡 2:18; 3:12) 이 표현은 언제나 신자가 예수 그리스도를 통해 하나님께 받아들여지는 것을 가리킨다. 구약 유대인이 생각조차 할 수 없던 일(참고. 출 19:9, 20, 21; 28:35)이 이제 모든 사람에게 가능하게 된 것이다(렘 32:38, 40; 히 4:16; 10:19-22. 참고. 마 27:51). **하나님의 영광을 바라고** 영어 단어 *hope*(소망)에는 불확실성이 있지만 신약성경에 사용된 단어에는 불확실성이 없다. 이 단어는 아직 실현되지 않았지만 확실한 어떤 것을 말한다. 신자의 궁극적인 목적은 하나님의 영광 자체에 참여하는 것이며(8:29, 30; 요 17:22; 고후 3:18; 빌 3:20, 21; 요일 3:1, 2), 그리스도가 직접 그 결과를 확보하셨으므로 이 소망은 실현될 것이다(딤전 1:1). 하나님의 말씀에 분명하고 확실한 약속이 없다면 신자에게는 소망의 근거가 없었을 것이다(15:4; 시 119:81, 114; 엡 2:12. 참고. 렘 14:8).

5:3 환난 올리브나무에서 올리브기름을 짜내는 틀과 같은 압축기를 가리키는 단어다. 여기서는 세상살이의 일반적인 압박이 아니라(참고. 8:35), 그리스도를 따르는 사람들이 그분과 맺은 관계 때문에 필연적으로 당하는 어려움을 나타낸다(마 5:10-12; 요 15:20; 고후 4:17; 살전 3:3; 딤후 3:12; 벧전 4:19). 그런 어려움은 영적 유익을 더 풍요롭게 한다(3, 4절). **인내** 때로 '참음'이라고 번역되기도 하는 이 단어는 큰 압박에도 굴복하지 않고 버티는 능력, 곧 견딤을 가리킨다(15:5; 골 1:22, 23; 살후 1:4; 계 14:12).

5:4 연단 더 나은 번역은 '증명된 성품'이다. 헬라어 단어는 단순히 '증명'이라는 의미를 가진다. 이 단어는 금속의 순도를 시험하는 것을 가리킨다. 여기서는 기독교

구원, 사람의 가장 큰 자산

칭의(과거 시제)	성화(현재 시제)	영화(미래 시제)
죄의 형벌로부터 구원받았다 즉시	죄의 세력으로부터 구원받았다 점진적으로	죄의 존재로부터 구원받았다 궁극적으로

"너희는 그 은혜에 의하여 믿음으로 말미암아 구원을 받았으니
이것은 너희에게서 난 것이 아니요 하나님의 선물이라"(엡 2:8)

적 성품을 증명하는 것을 나타낸다(참고. 약 1:12). 그리스도인이 환난 가운데서 자랑할 수 있는 것은 그 어려움이 만들어내는 것들이 있기 때문이다.

5:5 우리에게 주신 성령 우리를 향한 하나님 사랑을 나타내는 놀라운 증거다(8:9, 14, 16, 17; 요 7:38, 39; 고전 6:19, 20; 12:13; 엡 1:18). **하나님의 사랑이…부은 바 됨이니** 우리를 위한 하나님의 사랑(참고. 8절)이 우리 마음속에 넘치도록 쏟아부어졌다. 바울은 그리스도 안에서 우리가 가지는 안위라는 객관적 측면에서 좀 더 주관적인 측면으로 옮겨가고 있다. 우리를 먼저 사랑하신 분을 우리가 사랑함으로써 하나님은 우리 마음속에 우리가 그분께 속했다는 증거를 심어주셨다(고전 16:22. 참고. 갈 5:22; 엡 3:14-19; 요일 4:7-10).

5:6 연약할 문자적으로 '도움받을 데가 없는'이라는 뜻이다. 거듭나지 않은 죄인은 영적으로 죽어 있으며 스스로를 돕기 위한 어떤 일도 할 수 없다(요 6:44; 엡 2:1). **기약대로** 하나님이 선택하신 순간을 말한다(참고. 갈 4:4). **그리스도께서 경건하지 않은 자를 위하여 죽으셨도다** 하나님이 자기 백성을 향해 품으신 사랑은 흔들리지 않는다. 그 사랑은 우리가 얼마나 사랑스러운지를 근거로 하는 것이 아니라 하나님의 변치 않는 성품을 근거로 하기 때문이다. 우리가 가장 추할 때 하나님의 지극한 사랑이 행동으로 임한 것이다(참고. 마 5:46).

5:7 의인…선인 그런 희생은 아주 드문 일이지만, 바울의 요점은 우리가 그런 의인이나 선인이 아니라는 것이다. 그럼에도 그리스도는 우리를 위해 자신을 희생하셨다.

5:9 그의 피로 말미암아 예수의 폭력적이고 대속적인 죽음을 통해서다. 구주의 피에 대한 언급은 그분이 죽으시면서 실제로 피를 흘린 사실을 포함하지만(구약에 언급된 희생제사의 이미지를 성취하기 위한 필요성), 그 액체만을 의미하는 것은 아니다. 신약성경의 저자들은 *피*라는 단어를 사용하여 그 죽음의 폭력성을 생생하게 묘사한다(마 23:30, 35; 27:4-8, 24, 25; 요 6:53-56; 행 5:28; 20:26을 보라). 구주의 피에 대한 언급은 그분의 죽으심과 대속의 사역 전체를 가리킨다(참고. 3:25; 엡 1:7; 2:13; 골 1:14, 20; 히 9:12; 10:19; 13:12; 벧전 1:2, 19; 요일 1:7; 계 1:5). **의롭다 하심을 받았으니** *3:24에 대한 설명을 보라.* **더욱** 바울이 말하고자 하는 것은 더욱 놀랍고 훌륭한 일이다. **진노** *1:18에 대한 설명을 보라.* 그리스도는 믿는 죄인을 대신하여 하나님의 격렬한 진노를 온전히 담당하셨으며, 이제 죄인이 담당해야 할 것은 하나도 남지 않았다(8:1; 살전 1:10; 5:9을 보라).

5:10 그의 살아나심으로 말미암아 구원을 받을 것이니라 우리가 하나님의 원수였을 때 그리스도는 자신의 죽음을 통해 우리를 하나님과 화해시킬 수 있었다. 이제 우리는 하나님의 자녀가 되었으므로 구주께서 그 생명의 능력으로 우리를 지켜주실 것이다.

5:11 화목 이것은 하나님과 죄인 사이의 화해다. *고린도후서 5:18-20에 대한 설명을 보라.*

D. 의의 전가(5:12-21)

5:12-21 로마서 전체에서 가장 수수께끼 같은 단락 가운데 하나인 이 단락에서 바울은 한 사람의 죽음이 어떻게 많은 사람에게 구원을 제공할 수 있는지 설명하는 작업에 착수한다. 자신의 주장을 입증하기 위해 바울은 아담을 예로 들어 한 사람의 행동이 다른 많은 사람의 행동에 피할 수 없는 영향을 미치는 것이 가능하다는 원칙을 세운다.

5:12 한 사람으로 말미암아 아담이 죄를 범했을 때 그의 허리에서 모든 인류가 죄를 범했다(18절. 참고. 히 7:7-10). 아담의 죄가 그의 내적 성품에 변화를 가져왔고 영적 죽음과 부패를 초래했으므로, 그 악한 본성이 씨앗처럼 그의 후손에게도 전달되었다(시 51:5). **죄가 세상에 들어오고** 하나의 특정한 죄가 아니라 선천적인 죄 짓는 성향이 인간의 영역에 들어왔다. 사람들은 본성적으로 죄인이 된 것이다. 아담은 그의 첫 번째 불순종 때문에 그가 얻게 된 선천적인 죄성을 그의 모든 후손에게 물려주었다. 임신된 순간부터 이 본성이 존재하며(시 51:5), 그 결과 사람은 하나님을 기쁘시게 하는 방식으로 사는 것이 불가능하다. 죄의 아비인 사탄(요일 3:8)이 처음으로 아담과 하와를 유혹했다(창 3:1-7). **사망** 아담은 원래 죽음에 종속되지 않았지만, 그의 죄를 통해 죽음이 그와 그의 후손에게 냉혹한 현실이 되었다. 죽음은 세 가지 분명한 방식으로 드러난다. 첫째, 영적 죽음 곧 하나님으로부터의 분리다(참고. 엡 2:1, 2; 4:18). 둘째, 육체적 죽음이다(히 9:27). 셋째, 영원한 죽음(또한 두 번째 죽음이라고도 불림), 곧 영원히 하나님으로부터 분리되는 것뿐 아니라 불못에서 영원히 고통을 당하는 것이다(계 20:11-15). **모든 사람이 죄를 지었으므로** 온 인류가 아담의 허리에서 나왔고, 번식을 통해 그의 타락과 부패를 넘겨받았으므로, 모든 사람이 그 안에서 죄를 범했다고 말할 수 있다. 그러므로 인간은 죄를 범하기 때문에 죄인인 것이 아니라 죄인이기 때문에 죄를 범하는 것이다.

5:13 율법이 없었을 때에는 하나님이 아직 모세 율법을 주시지 않은, 아담부터 모세까지의 시대를 말한다. **죄를 죄로 여기지 아니하였느니라** *고린도후서 5:19에 대한*

롬

설명을 보라. 비록 모든 사람이 죄인으로 간주되기는 했지만 명백한 계명의 목록이 없었으므로 그들이 구체적으로 어떤 법을 어겼는지 정확하게 따질 수 없었다.

5:14 그러나…사망이 왕 노릇 하였나니 그러나 율법이 없었는데도 모든 사람이 죽었다. 아담부터 모세에 이르는 모든 사람이 죽음에 종속되었는데, 이는 모세 율법(아직 이 법이 없었음)을 거스르는 그들의 악행 때문이 아니라 그들이 상속받은 죄성 때문이었다. **아담의 범죄와 같은 죄를 짓지 아니한** 아담과 같은 구체적 계시를 받지 않은 사람들(창 2:16, 17) 또는 모세 율법이 없던 시대에 살았던 사람들(참고. 13절), 그럼에도 하나님의 거룩하심에 거슬러 죄를 범한 사람들 곧 "율법 없이 범죄한"(2:12) 사람들이다. **오실 자의 모형** 아담과 그리스도는 그들의 행동이 많은 사람에게 영향을 미친다는 점에서 비슷했다. 이 절은 아담의 죄가 전이되는 것에 대한 논의에서 그리스도의 의의 전가에 대한 논의로 넘어가는 다리 역할을 한다.

5:15-21 이 단락에서 바울은 정죄를 초래한 아담의 행위와 구속을 이룬 그리스도의 행위를 대비시킨다. 이 둘은 그 유효성에서(15절), 범위에서(16절), 그들의 효력에서(17절), 본질에서(18, 19절), 힘에서 다르다(20, 21절).

5:15 많은 사람이 죽었은즉 바울은 15절에서 *많은*이라는 단어를 두 가지의 구별되는 의미로 사용한다. 이는 그가 18절에서 *많은*이라는 단어를 다른 의미로 사용하는 것과 똑같다. 바울은 모든 사람은 예외 없이 죄책을 지고 있으며, 따라서 죽음에 종속된다는 것을 확정했다(*12절에 대한 설명을 보라*). 그러므로 죽는 "많은 사람"은 아담의 후손을 가리킨다. **더욱** 그리스도의 구속 행위는 정죄를 초래한 아담의 행위보다 비교할 수 없이 더 크다.

5:16 이 선물 은혜에 의한 구원이다. **심판은 한 사람으로 말미암아** *12절에 대한 설명을 보라.* **정죄** 하나님이 내리시는 유죄 판결로, 칭의의 반대말이다. **많은 범죄** 아담은 하나의 범죄, 곧 고집스러운 불순종의 행동으로 말미암아 모든 사람이 정죄받게 했다. 그러나 그리스도는 많은 범죄에 대한 정죄로부터 택하신 자들을 건지신다. **의롭다 하심** *3:24에 대한 설명을 보라.*

5:17 사망이…왕 노릇 하였은즉 아담의 죄는 모든 사람의 죽음을 초래했다. 그가 기대했고 사탄이 약속했던 것, 곧 "하나님과 같이 되어"(창 3:5)라는 말과는 정반대의 결과였다. 그리스도의 희생은 믿는 사람들에게 구원을 가져다주었다. **의의 선물** *1:17; 3:24에 대한 설명을 보라.* 또한 고린도후서 5:21; 빌립보서 3:8, 9을 보라. **생명 안에서 왕 노릇 하리로다** 아담의 행동과 달리 그리스도의 행동은 그분이 의도하셨던 바로 그것(참고. 빌 1:6), 영적인 생명(참고. 엡 2:5)을 성취했으며, 또 성취할 것이다.

5:18, 19 아담과 그리스도의 유사점을 요약하고 있다.

5:18 정죄 *16절에 대한 설명을 보라.* **한 의로운 행위** 단 한 번의 사건을 가리키는 것이 아니라 그리스도의 전체적인 순종(참고. 19절; 눅 2:49; 요 4:34; 5:30; 6:38), 곧 십자가에서 죽으심으로써 절정에 도달한 가장 위대

아담과 그리스도: 비교와 대비

아담	그리스도
하나님의 형상으로 지어짐	하나님의 형상이며 본질 그 자체
하나님처럼 되는 것을 움켜쥘 상으로 생각함	하나님처럼 되는 것을 움켜쥘 상으로 생각하시지 않음
명성을 열망함	스스로 아무것도 아닌 자처럼 되심
하나님의 종의 역할을 거부함	종(노예)의 자세를 취하심
하나님처럼 되기를 추구함	인간의 모습으로 오심
사람으로 만들어짐(흙으로 만들어 죽을 운명임)	사람의 모양으로 나타나심(롬 8:3)
자기 자신을 높였음	자기 자신을 낮추셨음
죽기까지 불순종함	죽기까지 복종하심
정죄받고 수치를 당했음	하나님이 높여 주님이라는 이름과 위치를 주심

한 순종을 가리킨다(빌 2:8).

5:19 의인이 되리라 이 표현은 성품이 실제로 변한다는 것보다는 하나님이 주시는 법적 신분을 가리킬 것이다. 왜냐하면 바울은 이 단락에서 내내 칭의와 정죄를 대비시키며, 구속의 결과 죄인이 실제로 변화하는 성화의 교리(6-8장)를 아직 도입하지 않았기 때문이다.

5:20 율법이 들어온 것은 참고. 갈라디아서 3:19. 비록 모세의 법에 문제가 있는 것은 아니지만(7:12), 그 법은 사람이 더 많은 죄를 짓게 만든다(참고. 7:8-11). 그래서 율법은 사람에게 그들 자신의 죄성과 하나님의 완전한 표준에 도달할 수 없음을 더 깊이 깨닫게 하며(7:7; 갈 3:21, 22), 사람들을 그리스도께 이끄는 초등교사의 역할을 한다(갈 3:24).

5:21 이것은 아담과 그리스도 사이의 유사점을 마지막으로 요약한 것이다.

성화: 하나님의 의를 드러냄 (6:1-8:39)

6:1-8:39 바울은 하나님이 믿는 죄인을 의롭다고 선언하시는 칭의의 교리를 설명하는 일을 마치고(3:20-5:21), 이제 의롭게 된 사람들에게 구원에 따른 실천적 결과를 보여주는 일에 착수한다. 그가 구체적으로 논하는 교리는 하나님이 신자 안에서 실제적인 의를 이루는 성화의 교리다(6:1-8:39).

6:1-10 바울은 성화에 대한 가르침을 시작하면서 하나님이 의롭다고 선언하신 모든 사람은 그들의 과거와 상관없이 자기 자신이 거룩해지는 것을 경험할 것이라고 주장한다(참고. 고전 6:9-11상; 딤전 1:12, 13).

6:1 죄에 거하겠느냐 과거 바리새인이었던 때의 경험으로 말미암아 바울은 비판자들이 제시할 주요 반론을 어느 정도 예상할 수 있었다. 그는 하나님의 값없이 베푸시는 은혜에만 근거한 칭의를 전파하는 것은 사람들에게 범죄를 장려하는 일이라는 이 비판을 암시한 적이 있다(참고. 3:5, 6, 8).

6:2 그럴 수 없느니라 문자적으로 '그런 일은 절대 있어선 안 된다'는 뜻이다. 바울의 서신에서 14번 사용된(로마서에서 10번임. 3:4, 6, 31; 6:2, 15; 7:7, 13; 9:14; 11:1, 11) 이 표현은 어떤 진술을 가장 강하게 반박하는 헬라어의 관용적 표현이며, 누군가는 그런 진술을 참되다고 생각할 수 있다는 사실에 대한 분노를 포함하고 있다. **죄에 대하여 죽은 우리가** 신자가 계속해서 매일 죄와 싸우는 것을 가리키는 말이 아니라 과거에 이미 완성된 단발적 사건을 가리킨다. 우리가 "그리스도 안에" 있고(6:11; 8:1), 그리스도가 우리를 대신하여 죽으셨기 때문에(5:6-8) 우리는 그리스도와 함께 죽은 것으로 간주된다. 이것이 6장의 기본적인 전제이며, 바울은 이 장의 나머지 부분에서 그것을 설명하고 보완한다.

6:3 그리스도 예수와 합하여 세례를 받은 이것은 물 세례를 가리키지 않는다. 실제로 바울은 *세례받는다*는 말을 은유적인 의미로 사용하고 있다. 마치 자기의 일에 빠져 있다고 말하거나, 어떤 어려움을 겪고 있을 때 불 세례를 통과하고 있다고 말하는 것과 같다. 모든 그리스도인은 그리스도에 대한 구원의 믿음을 가짐으로써 영적으로 그리스도의 존재 안에서 잠긴다. 즉 그리스도와 연합되고 하나가 되는 것이다(참고. 고전 6:17; 10:2; 갈 3:27; 벧전 3:21; 요일 1:3. *행 2:38에 대한 설명을 보라*). 물 세례가 실제, 곧 의롭게 된 사람의 변화를 보여주려는 목적을 가진 것이 확실하다. **그의 죽으심과 합하여** 잠기는 것, 즉 하나가 된다는 것은 특별히 그리스도의 죽음과 부활을 의미한다. 사도는 앞으로 이것을 설명할 것이다(6:4-7을 보라).

6:4 그와 함께 장사되었나니 우리는 믿음으로 그리스도와 연합되었으므로, 세례가 상징하듯이 그분의 죽음과 장사가 우리 죽음과 장사가 된다. **생명 가운데서** 그리스도 안에서 우리가 그리스도와 함께 죽고 장사되었다면, 그리스도의 부활에도 연합되는 것은 사실이다. 우리 삶에 새로운 특질과 특성, 새로운 삶의 원리가 생겨나고 이것이 신자의 거듭남을 말해준다(참고. 겔 36:26; 고후 5:17; 갈 6:15; 엡 4:24). 죄가 옛 생활을 가리킨다면 새 생활을 가리키는 것은 의로움이다.

6:6 우리의 옛 사람 거듭나지 않은 신자의 자아다. '옛'에 해당하는 헬라어 단어는 시간적으로 오래되었다는 것이 아니라 낡아져 소용없게 된 어떤 것을 가리킨다. 우리의 옛 자아는 그리스도와 함께 죽었고 우리가 지금 향유하는 생명은 하나님이 주신 새 생명, 곧 그리스도 자신의 생명이다(참고. 갈 2:20). 우리는 거듭나지 않은 옛 자아의 존재와 지배로부터 옮겨졌으므로, 여전히 그것의 악한 세력 하에 있는 것처럼 행동하고 생각하면 안 된다(*갈 5:24; 엡 4:20-24; 골 3:9, 10에 대한 설명을 보라*). **죄의 몸** 본질적으로 "우리의 옛 사람"과 같은 뜻이다. 바울은 육체적 연약 그리고 쾌락과 뒤엉킨 악한 경향을 가리킬 때 *몸*과 *육신*이라는 용어를 사용한다(예를 들면 8:10, 11, 13, 23). 비록 옛 자아는 죽지만 죄는 우리의 무상한 육신 또는 타락한 욕망을 가진 구속되지 못한 인간성 속에 교두보를 확보하고 있다(7:14-24). 신자에게는 옛 성품과 새 성품이라는 두 성품이 경쟁하고 있는 것이 아니다. 도리어 우리의 새 성품이 구속되지 못한 육체 속에 갇혀 있는 것이다(*12절에 대한 설명*

롬

을 보라). 그러나 *육신*은 육체적 몸과 같은 뜻이 아니다. 이 몸은 거룩함의 도구가 될 수도 있다(19절; 12:1; 고전 6:20). **죽어** 무력하여 활동할 수 없게 되었다.

6:7 죽은 그리스도와의 연합을 통하여(*3절에 대한 설명을 보라*). **죄에서 벗어나** 더 이상 죄의 지배와 통제 하에 있지 않다.

6:8 또한 그와 함께 살 줄을 이 문맥에 따르면 바울이 말하는 것은 신자들이 영원히 그리스도와 함께 살리라는 것뿐만 아니라 모든 참된 신자의 경우처럼 그리스도와 함께 죽은 모든 사람은 지금 땅에서 그리스도의 거룩함과 완전히 일치하는 삶을 살리라는 것이다.

6:9 주장 주인 노릇, 통제 또는 지배다. 참고. 11, 12절.

6:10 죄에 대하여…죽으심이요 그리스도는 두 가지 의미에서 죄에 대하여 죽으셨다. 첫째, 죄에 대한 형벌과 관련하여 죽으셨다. 그리하여 죄인에게 요구하는 법적 요구를 만족시키셨다. 둘째, 죄의 세력과 관련하여 죽으셨다. 그리스도께 속한 자들에 대한 죄의 세력을 영원히 깨뜨리셨으며, 이 죽음은 결코 반복되지 않는다(히 7:26, 27; 9:12, 28; 10:10. 참고. 벧전 3:18). 바울의 요점은 신자도 그와 동일한 방법으로 죄에 대하여 죽었다는 것이다. **하나님께 대하여 살아 계심이니** 그리스도는 하나님의 영광을 위하여 사신다.

6:11-14 바울은 독자의 논리적 결론에 대답한다. 만약 옛 자아가 죽었다면 죄와의 지속적인 투쟁은 왜 있으며, 새로운 자아가 지배할 수 있는 길이 무엇인가(또한 7:1-25을 보라)? 그의 권면은 두 가지 핵심 단어 속에 포함되어 있다. *여기라*(11하, 12절) 그리고 *드리라*(13, 14절)다.

6:11 이와 같이 이 말은 독자가 바울이 방금 설명한 것을 반드시 알아야 한다는 것을 보여준다. 이 기초가 없다면 바울이 지금 가르치고자 하는 게 의미가 없다. 성경은 언제나 사람의 실천에 대한 근거가 지식임을 가르친다(참고. 골 3:10). **죄에 대하여는 죽은** 2-7절을 보라. **그리스도 예수 안에서** 우리가 그리스도께 연합한 것을 가리키기 위해 바울이 즐겨 사용하는 표현이다(참고. 엡 1:3-14). **여길지어다** 이 단어는 단순하게 어떤 것의 수를 센다는 뜻을 가지지만, 때로는 사람이 자기 마음으로 참되다고 알고 있는 것에 대한 절대적이고 무조건적인 확신(사람의 행동과 결정에 영향을 미치는 마음속 깊은 곳의 신념)을 은유적으로 가리키기도 한다. 바울은 지금 우리가 자신을 속여 어떤 방식으로 생각하게 만드는 마음의 게임을 가리키는 것이 아니다. 도리어 하나님이 진리라고 선언하신 것을 믿음으로써 받아들일 것을 촉구하고 있다.

6:12 죽을 몸 죄가 신자에게 상처를 입힐 수 있는 유일하게 남은 곳이다. 뇌와 그 안에서 발생하는 사고의 과정은 몸의 일부이며, 따라서 우리 영혼을 악한 욕망으로 유혹한다(*6절에 대한 설명을 보라*. 참고. 8:22, 23; 고전 15:53; 벧전 2:9-11).

6:13 너희 지체 육체적 몸의 부분들, 곧 죄가 신자의 몸 안에서 활동하기 위해 사용하는 사령부다(7:18, 22-25. 참고. 12:1; 고전 9:27). **불의의 무기** 하나님의 거룩한 뜻과 법을 어기게 만드는 도구들이다. **내주지 말고** 이것은 의지의 결정을 가리킨다. 죄가 신자에게 세력을 행사하려면 먼저 그의 의지를 통과해야 한다(참고. 빌 2:12, 13).

6:14 죄가 너희를 주장하지 못하리니 죄가 우리 몸을 통제할 능력을 발휘할 수 있음이 분명하다. 그렇지 않다면 바울의 권고는 불필요한 것이다(13절). 죄가 거기서 반드시 왕 노릇해야 하는 것은 아니다. 그래서 사도는 그리스도의 소유인 사람들은 죄가 지배하도록 허용하지 않을 것이라는 확신을 표현한다. **법 아래에 있지 아니하고 은혜 아래에 있음이라** 이것은 하나님이 도덕법을 폐지하셨다는 뜻이 아니다(3:31. 참고. 마 5:17-19). 율법은 선하고 거룩하며 의롭다(7:12. 참고. 딤전 1:8). 그러나 사람이 율법을 준수할 수 없으므로 율법이 저주하는 역할을 하는 것이다. 율법은 사람에게 하나님의 도덕적 기준을 준수하도록 도울 수 없고(참고. 7:7-11), 오직 그 기준만 보여준다. 따라서 그것을 지키지 못하는 사람을 꾸짖고 정죄하는 것이다. 그러나 신자는 더 이상 율법 준수가 하나님께 받아들여지기 위한 조건이 되는[만족시키기는 불가능한 조건이며, 오직 사람의 죄성을 보여주기 위한 목적만을 가지고 있음(*3:19, 20에 대한 설명을 보라*. 참고. 갈 3:10-13)] 위치에 있는 것이 아니라 은혜 아래에 있으며, 이 사실이 그에게 율법의 의로운 요구를 진정으로 만족시킬 수 있도록 한다(7:6; 8:3, 4). 7장은 이 핵심적 표현에 대한 바울의 완전한 주석이다.

6:15-23 독자에게 과거 죄의 노예로 있던 때와 이제 새롭게 의의 노예가 된 사실을 상기시킴으로써 성화를 논하는 바울의 설명이 이 단락에서 계속된다. 바울은 독자가 새 주인인 예수 그리스도께 복종하는 삶을 살기를 원하지, 그들의 옛 생활을 규정했던 죄들, 곧 더 이상 그들에게 발언권이 없는 죄들에 얽혀들기를 원치 않는다.

6:15 우리가…죄를 지으리요 참고. 3:5, 6, 8; 6:1. **법 아래에 있지 아니하고 은혜 아래에 있으니** *14절에 대한 설명을 보라*.

6:17 전하여 준 바 교훈의 본 '본'으로 번역된 헬라어는 대장장이가 쇳물을 부어 주물을 만들기 위해 사용

하는 금형을 가리키는 단어다. 바울의 요점은 하나님이 자신의 새로운 자녀들을 신성한 진리의 금형에 부어 넣으신다는 것이다(12:2. 참고. 딛 2:1). 그리하여 새 신자들은 하나님 말씀을 알고 순종하려는 본능적이고 강한 욕구를 가진다(벧전 2:2).

6:18 해방되어 *2절에 대한 설명을 보라.* **의에게 종** 16절을 보라.

6:19 육신이 연약하므로 내가 사람의 예대로 말하노니 바울이 주인/종의 비유를 사용한 것은 그들이 인간에 불과하고 신성한 진리를 깨닫는 데 어려움이 있기 때문이다. **너희 지체** *13절에 대한 설명을 보라.* **불법** 난폭한 동물처럼 죄의 욕구는 채워질수록 더 커진다(창 4:7).

6:21 열매 또는 유익이다.

6:22 죄로부터 해방되고 *2절에 대한 설명을 보라.* **거룩함** 하나님의 종이 되는 것에 따르는 유익은 거룩함이며, 그것의 결과는 영원한 생명이다.

6:23 이 절은 필연적이고 절대적인 결과를 확정한다. 첫째, 모든 사람이 죄의 노예가 되면 그 결과는 영적인 죽음이다. 둘째, 영생은 하나님의 아들을 믿을 자격이 없는 죄인에게 하나님이 값없이 주시는 선물이다(참고. 엡 2:8, 9).

7:1-8:4 바울은 독자가(특별히 유대인 독자) 율법이 그리스도에 대한 믿음과 어떤 관계가 있는지에 대해 많은 의구심을 품으리라는 것을 알고 그 관계를 설명한다(이 단락에서 바울은 율법을 27번 언급함). 율법 아래에 있지 않고 은혜 아래에 있다는 것이 무슨 뜻인지를 상세히 설명하면서(6:14, 15) 바울은 다음 내용을 가르친다. 첫째, 율법은 더 이상 신자를 정죄하지 못한다(7:1-6). 둘째, 율법은 불신자(그리고 신자)에게 죄를 깨닫도록 한다(7:7-13). 셋째, 율법은 신자를 죄로부터 건지지 못한다(7:14-25). 넷째, 성령의 능력으로 행하는 신자들은 율법을 이룰 수 있다(8:1-4).

7:1 법 아는 문자적으로 '법을 아는 사람들'이라는 뜻이다. 비록 바울의 의도는 하나님의 기록된 율법을 포함시키는 것이지만, 어떤 특정한 법전을 가리키지는 않고 모든 법(그리스, 로마, 유대교, 성경)에 적용되는 원리를 가리킨다. **주관** 즉 사법권이다. 어떤 사람의 범죄가 아무리 심각한 것일지라도 죽은 후에는 더 이상 기소와 형벌의 대상이 되지 않는다.

7:2, 3 이 두 절은 복잡한 풍유가 아니라 단순한 비유로, 혼인 법률을 사용하여 법의 사법권에 대해 바울이 방금 말한 내용(1절)을 예증하고 있다. 이 단락은 배우자가 죽어야만 그리스도인이 재혼할 자유를 가진다고 가르치지 않는다. 이 단락은 이혼과 재혼에 대한 가르침이 전혀 아니다. 그리스도와 바울은 다른 곳에서 이 문제를 충분히 다뤘다(참고. 마 5:31, 32; 19:3-12; 고전 7:10-15).

7:3 혼인한 여인을 지배하는 법은 남편이 죽으면 더 이상 구속력을 가지지 않는다. 과부는 재혼할 수 있으며, 심지어 바울은 젊은 과부들에게 남편 후보감이 신자라면 재혼할 것을 권고한다(고전 7:39; 딤전 5:14). 합법적인 이유로 이혼한 사람들도 재혼할 수 있다(*고전 7:8, 9에 대한 설명을 보라*).

7:4 그러므로 바울이 행한 짧은 논증(1-3절)의 논리적 결론 또는 적용이 소개된다. **그리스도의 몸으로 말미암아** 그리스도가 율법이 요구하는 죽음이라는 형벌을 죄인을 대신하여 당하셨기 때문이다. **죽임을 당하였으니** 이 표현의 헬라어 구문은 두 가지 중요한 점을 강조한다. 첫째, 이 죽음은 어떤 시점에 발생했으며, 그것의 결과는 결정적으로 완료되었다. 둘째, 다른 누군가가(이 경우에는 하나님 자신) 이 죽음을 주도했다(문자적으로 '너희가 죽음을 당했다'라는 뜻임). 하나님은 자기 아들을 믿는 사람의 믿음에 대한 응답으로 신자를 율법의 정죄와 형벌에서 자유롭게 하셨다(참고. 8:1). **다른…이에게 가서** 바울의 비유에서(2, 3절) 과부가 자유롭게 재혼할 수 있는 것과 똑같이 신자는 그를 정죄하던 법과의 적대적인 관계에서 해방되었으므로 재혼할 수 있다[이 경

세 가지 죽음

성경에서 단어 죽음은 세 가지 다른 현상으로 드러난다. 첫 번째는 영적 죽음, 즉 하나님과의 분리다(엡 2:1, 2). 두 번째는 육체적 죽음이다(히 9:27). 세 번째는 영원한 죽음으로(두 번째 사망이라고도 불림), 여기에는 하나님과의 영원한 분리뿐 아니라 불못에서의 영원한 고통도 포함된다(계 20:11-15).

아담을 통해 죄가 인류에 들어왔을 때 죽음의 이 모든 측면이 함께 들어왔다. 아담은 원래 죽을 존재가 아니었다. 하지만 그의 죄를 통해 죽음이 그와 그 후손의 피할 수 없는 결과가 되었다. 6:23의 "사망"은 위의 첫 번째와 세 번째 묘사를 포함한다. 이 절은 필연적인 두 가지 절대적 결과를 확정한다. 먼저 죄의 노예가 된 모든 사람의 열매는 영적인 죽음이다. 그리고 영생은 하나님의 아들을 믿는 자격 없는 죄인에게 하나님이 값없이 주시는 선물이다(참고. 엡 2:8, 9).

롬

단어 연구

율법(법, Law): 2:12, 27; 3:27; 4:15; 7:1, 7, 23; 9:31; 13:10. 이는 법의 규칙성과 함께 작동하는 (선하든 악하든) 행동의 내적인 원리를 의미한다. 또한 이는 사람의 생활의 표준을 가리키기도 한다. 사도 바울은 그런 법을 세 가지로 말한다. 첫째는 '죄의 법'이라고 불리는 것으로(7:23), 사람의 육체를 통해 작용하여 죄를 범하게 만든다. 다른 모든 신자와 마찬가지로 바울도 '죄의 법'을 극복하기 위해 다른 법이 필요했다. 그 법은 "그리스도 예수 안에 있는 생명의 성령의 법"으로, 우리를 "죄와 사망의 법에서 해방"시킨다(8:2). 이 법을 따름으로써 신자는 실제로 하나님의 법(이 단원에서 세 번째 법)의 요구를 만족시킬 수 있다(8:4). 하나님의 법은 하나님의 의로운 성품에 합당한 사람의 행동 기준이다.

우에는 그리스도(참고. 고후 11:2; 엡 5:24-27)]. **열매** 새로운 태도(갈 5:22, 23)와 행위(요 15:1, 2; 빌 1:11. 참고. 고후 5:21; 갈 2:19, 20; 엡 2:10. *1:13에 대한 설명을 보라*)를 드러내는 변화된 삶을 말한다.

7:5 육신 성경은 이 단어를 인간의 육체적 존재를 가리키는 도덕과 관계없는 의미로 사용하기도 하고(요 1:14), 인간의 구속받지 못한 인간성[곧 신자가 영광스러운 몸(8:23)을 받을 때까지 그의 안에 남아 있는 옛 사람의 찌꺼기]을 가리키는 악한 의미로 사용하기도 한다(*6:6; 롬 8; 갈 5; 엡 2장에 대한 설명을 보라*). 여기서 "육신에 있을 때"는 타락한 인간의 영역 안에서만 움직이는 사람, 곧 구속받지 못하고 거듭나지 못한 사람(8:9)을 가리킨다. 비록 신자가 육신의 행동에서 어떤 것을 드러낼 수는 있지만 그가 다시 "육신에 있을" 수는 없다. **율법으로 말미암는** 불신자에게 제약이 가해지고 그로 말미암아 율법이 금하는 바로 그것을 하고자 하는 반항적인 본성이 깨어난다(*8절에 대한 설명을 보라*. 참고. 1:32). **죄의 정욕** "육신에 있는" 사람들의 특징인 악한 것을 생각하고 행하고자 하는 지배적인 충동을 말한다(엡 2:3). **우리 지체** *6:13에 대한 설명을 보라*. **사망을 위하여 열매** 불신자 안에서 활동하는 악한 열정은 영원한 죽음이라는 열매를 맺는다(*5:12에 대한 설명을 보라*. 참고. 갈 6:7, 8).

7:6 율법에서 벗어났으니 하나님의 법이 금하는 것을 할 수 있는 자유가 있다는 말이 아니라(6:1, 15; 8:4. 참고. 3:31) 하나님의 법이 부과하는 영적 의무와 형벌로부터 벗어났다는 뜻이다(*4절에 대한 설명을 보라*. 참고. 갈 3:13). 그리스도가 죽으셨을 때 우리도 그 안에서 죽었으므로(*6:2에 대한 설명을 보라*), 정죄하고 형벌하는 율법의 사법권이 더 이상 우리에게 미치지 못한다(1-3절). **영의 새로운 것** 성령께서 만들어내시는 새로운 마음 상태이며, 하나님의 법을 지키고자 하는 새로운 욕망과 능력을 그 특징으로 한다(*8:4에 대한 설명을 보라*). **섬길 것이요** 이는 '종'이라는 단어(*1:1에 대한 설명을 보라*)의 동사형이지만, 여기서는 의의 종이 된다는 것과 병행을 이루며(참고. 6:18, 19, 22), 이 섬김이 자발적이 아님을 강조한다. 신자는 옳은 것을 할 수 있을 뿐 아니라 옳은 것을 하고자 한다. **율법 조문의 묵은 것** 적대감과 정죄만을 초래하는 외면적이고 기록된 법조문을 말한다.

7:7 율법이 죄냐 바울은 독자가 율법 자체가 악하다는 결론(참고. 12절)에 도달하는 일이(4-6절로부터) 절대로 없기를 원했다. **내가 죄를 알지 못하였으니** 율법은 하나님의 표준을 보여주므로, 신자들이 그 표준에 자신을 비교해보면 죄가 무엇인지 분명하게 알 수 있다. 그 표준을 만족시키지 못하는 것이 죄이기 때문이다. 바울은 이 장의 나머지 부분에서 내내 '나'라는 인칭대명사를 사용한다. 즉 자신의 경험을 실례로 사용하여 구속받지 못한 인간이 어떠한지(7-12절), 참된 그리스도인이 어떠한지(13-25절)를 보여준다. **탐내지** 출애굽기 20:17; 신명기 5:21을 인용한 것이다.

7:8 기회를 타서 계명으로 말미암아 단어 *기회*는 탐험을 위한 출발점 또는 기지를 가리킨다. 죄는 율법의 특정한 요구를 작전을 위한 기지로 삼고 거기서부터 악한 활동을 시작한다. 죄인의 반항적인 성품은 하나님의 법이 금하는 것에 더욱 마음이 끌린다. 이는 금지된 것이 본질적으로 매력적이기 때문이 아니라 그것이 자기 의지를 주장할 수 있는 기회를 제공하기 때문이다. **죄가 죽은 것임이라** 생명이 없거나 존재하지 않는다는 말이 아니라(*5:12, 13에 대한 설명을 보라*) 활동하지 않는다는 뜻이다. 율법이 오면 죄가 왕성하게 활동하여 죄인을 압도한다.

7:9 율법을 깨닫지 못했을 때에는 율법에 대한 무지나 무관심이 아니라(참고. 빌 3:6), 율법에 대한 순전히 외적이고 불완전한 개념을 가진 상태를 말한다. **계명이 이르매** 회심하기 이전의 어떤 시점에서 하나님의 도덕법의 참된 요구를 그가 이해하기 시작했을 때다. **죄는 살아나고** 절망적으로 악한 죄인인 자신의 참된 상태를 깨달았다(참고. 딤전 1:15). **나는 죽었도다** 자신이 영적으로 죽어 있으며, 그의 모든 종교적 신임장과 성취가 쓰레기에 불과하다는 것을 깨달았다(빌 3:7, 8).

7:10 생명에 이르게 할 이론적으로는 율법에 완전히 순종하는 것이 영생은 물론이고 행복과 거룩을 가져다줄 수 있었다. 그러나 그리스도 이외의 어느 누구도 율법을 완전히 지키지 못했고 지킬 수도 없었다(고후 5:21. *10:5에 대한 설명을 보라*).

7:11 죄가…나를 속이고 율법을 지킴으로써 생명 얻기를 기대하게 했으나 그가 실제로 발견한 것은 사망이었다(10절). 또한 자신의 공로와 선행으로 하나님께 받아들여질 수 있다고 확신시킴으로써 그를 속인 것이다.

7:12 율법이 죄를 드러내고, 일으키고, 정죄한다는 사실은 율법이 악하다는 의미가 아니다(7절). 도리어 율법은 하나님의 거룩한 성품을 완전히 드러내며(참고. 14, 16, 22절; 시 19:7-11) 하나님을 기쁘시게 하기 위해 신자가 도달해야 하는 기준을 보여준다.

7:13 그런즉 선한 것이 내게 사망이 되었느냐 영적 죽음의 원인은 죄이지 선한 율법이 아니다. **죄가 죄로 드러나기 위하여** 죄의 참된 성격과 그 치명적인 특성을 인식시켜 죄인에게 구원의 필요성을 깨닫게 하는 것이야말로 하나님이 율법에 두신 진정한 목적이다(갈 3:19-22).

7:14-25 어떤 사람은 바울의 내적 갈등에 대한 이 연대기를 그리스도를 만나기 이전 그의 삶을 묘사하는 것으로 해석한다. 그들은 바울이 이 사람을 "죄 아래"(14절) 팔렸다고 말하고, 자신에게는 "선한 것이 거하지 않는다"(18절)고 말하며, "사망의 몸"에 갇힌 "곤고한 사람"이라고(24절) 말한다는 점을 지적한다. 이런 묘사들은 바울이 6장에서 신자를 묘사하는 방식과 일치하지 않는다(참고. 2, 6, 7, 11, 17, 18, 22절). 하지만 여기서 바울이 신자에 대해 말한다고 보는 것이 옳다. 이 사람은 하나님의 법을 순종하기를 열망하며 죄를 미워한다(15, 19, 21절). 그는 겸손하여 자기의 인간성 안에는 선한 것이 조금도 거하지 않는다는 점을 인정한다(18절). 그는 자기 안에서 죄를 보기는 하지만, 그것만이 거기에 있다고는 생각지 않는다(17, 20-22절). 그는 마음으로 예수 그리스도를 섬긴다(25절). 바울은 이런 태도들 가운데 어느 것도 구원받지 못한 자에게 적용되지 않는다는 것을 확증했다(참고. 1:18-21, 32; 3:10-20). 14-25절에서 바울이 현재 시제의 동사를 사용한 것은 그가 그리스도인인 현재의 경험을 묘사하고 있음을 강하게 드러낸다. 이런 이유들로 7장이 신자를 묘사하고 있음이 확실해 보인다. 하지만 이것이 신자라는 사실에 동의하는 사람들 사이에서도 여전히 의견일치를 보지 못한 부분이 있다. 어떤 사람들은 이를 육신적인 그리스도인이라 보고, 어떤 사람들은 모세 율법을 지켜 자기 자신의 능력으로 하나님을 기쁘시게 하려는 형편없는 시도가 좌절된 율법적 그리스도인이라고 본다. 그러나 '나'라는 인칭대명사는 사도 바울을 가리키며, 이는 곧 영적인 건강과 성숙함의 표준이다. 그러므로 14-25절에서 바울은 모든 그리스도인을 묘사하고 있음이 분명하다(이들은 하나님 율법의 의로운 요구에 비춰 자신을 정직하게 평가했을 때 자기들이 얼마나 그 기준에 미치지 못하는지를 인식하게 됨). 이는 네 개의 연속적인 탄식으로 표현된다(14-17, 18-20, 21-25절).

7:14 율법은 신령한 줄 알거니와 즉 율법은 하나님의 거룩한 성품을 반영한다. **육신** 문자적으로 '육체에 속한'이라는 뜻이다. 이것은 땅에 고착되어 있고, 죽을 수밖에 없으며, 여전히 구속받지 못한 인간성에 묶여 있다는 뜻이다. 바울은 자신이 아직 "육신에 속해" 있다고 (*7:5에 대한 설명을 보라*) 말하는 것이 아니라 자기 안에 육신이 있다고 말하는 것이다. **죄 아래에 팔렸도다** 죄는 더 이상 사람 전체를 지배하지 않지만(불신자의 경우처럼, 참고. 6:6), 신자의 지체 또는 그의 육체적 몸을 포로로 잡고 있다(23절. 참고. 18절). 죄가 그를 오염시켰고, 하나님의 뜻에 순종하고자 하는 그의 내적 욕망을 좌절시킨다.

7:15 알지 이것은 단순한 사실을 넘어서는 지식을 가리키며, 친밀한 관계라는 개념을 포함한다(참고. 갈 4:9). 의미가 확장되면 이 단어는 때로 무엇을 승인하거나 받아들이는 것을 가리키기도 한다(참고. 고전 8:3). 이것이 여기서 가지는 의미다. 즉 스스로 승인하지 않는 일을 자신이 행하는 것을 발견했다는 것이다.

7:16 내가 이로써 율법이 선한 것을 시인하노니 바울의 새로운 성품은 하나님의 표준을 변호한다[완전히 의로운 법이 그의 죄에 대한 책임을 져야 하는 것은 아님(12절)]. 그의 새 자아는 법을 존중하고 그것을 완전히 지키기를 열망한다(22절).

7:17 이제는 그것을 행하는 자가 내가 아니요 "이제는"으로 번역된 헬라어는 완전하고 영구적인 변화를 말한다. 바울 안의 새로운 자아(*6:6에 대한 설명을 보라*), 새로운 '나'는 자기의 이전 자아와 달리 자기 육신 안에 여전히 거하는 죄를 더 이상 승인하지 않고(참고. 22절; 갈 2:20) 도리어 강하게 반대한다. 많은 사람이 여기서 바울의 말을 오해하여 그가 그리스의 이원론 가운데 한 형태를(뒤에 영지주의를 낳았음, 요한일서의 서론을 보라) 받아들여 자기 죄에 대한 개인적인 책임을 포기한 것이라고 말한다. 이원론은 몸은 악하고 영혼은 선하다고 가르쳤으며, 따라서 이 가르침을 추종하는 사람들은 자기들은 죄에 대한 책임이 없다고 주장하면서 죄를 범해

도 벌을 받지 않는다고 했다. 그들의 죄는 전적으로 물질로 된 육체의 산물이요, 자기들의 영혼은 죄에 접촉하지도 않고 오염되지도 않았다는 것이다. 그러나 사도는 이미 자신의 죄에 대한 개인적인 죄책을 인정했다(14절. 참고. 요일 1:10). **내 속에 거하는 죄** 그의 죄는 구속받은 내부의 새로운 자아('나')에게서 흘러나오는 것이 아니라 구속받지 못한 "내 속에 거하는" 육신으로부터 나온다(갈 5:17).

7:18 내 속 곧 내 육신에 선한 것이 거하지 아니하는 육신은 죄가 그리스도인의 삶에서 활동하기 위해 사용하는 활동 본부다. 그것 자체가 악한 것은 아니지만(*6:6에 대한 설명을 보라*), 타락으로 말미암아 여전히 죄에 종속되어 철저하게 오염되었다. **내 육신** 신자의 현재에서 구속되지 않은 상태로 남아 있는 부분이다(*7절; 6:6, 12에 대한 설명을 보라*).

7:20 이를 행하는 자는 내가 아니요 내 속에 거하는 죄니라 *17절에 대한 설명을 보라.*

7:21 법 하나님의 법이 아니라 어길 수 없는 영적 원리를 가리킨다.

7:22 내 속사람으로는 하나님의 법을 즐거워하되 의롭다 함을 받은 신자의 새로운 내적 자아는 더 이상 죄의 편을 들지 않고 죄에 대항하여 하나님의 법에 기쁜 마음으로 동의한다(시 1:2; 119:14, 47, 77, 105, 140. 참고. 고후 4:16; 엡 3:16).

7:23 한 다른 법 21절의 영적 원리와 대응된다. 그러나 바울이 "죄의 법"이라고 밝힌 이 원리는 육신[즉 구속받지 못하여 여전히 악한 그의 인간성(*6:6에 대한 설명을 보라*)]의 지체 속에서 하나님의 법에 순종하려는 그의 열망에 대항하여 전쟁을 일으킨다. **내 마음의 법** 새로운 내적 자아와 같은 것으로(고후 5:17. *6:6에 대한 설명을 보라*), 하나님의 법에 순종하기를 열망한다(21, 22절*에 대한 설명을 보라*). 바울은 자기의 마음은 영적이고 그의 몸은 본질적으로 악하다고 말하는 것이 아니다(*17절에 대한 설명을 보라*).

7:24 곤고한 사람 좌절과 비탄 속에서 바울은 자신의 죄에 대해 통곡한다(참고. 시 38:14; 130:1-5). 신자가 자신의 죄성을 깨닫는 정도는 하나님의 거룩함과 하나님 법의 완전함을 분명하게 깨닫는 정도에 정비례한다. **사망의 몸** 신자의 구속받지 못한 인간성으로, 죽음이 몸에서 활동하는 기지가 된다(*5절; 6:6, 12에 대한 설명을 보라*). 전하는 말에 따르면 다소 근처에 살았던 한 부족은 피살자의 시체를 살인자와 함께 묶어 시체의 부패가 서서히 살인자를 감염시키게 하는 방법으로 살인자를 처형했다고 한다(어쩌면 이것은 지금 바울이 마음속에 그리는 이미지일 수도 있음). **건져 내랴** 이 단어는 '위험에서 구해내다'는 의미를 가지며, 부상당한 전우를 전쟁터에서 이끌어내는 것을 묘사하고 있다. 바울은 자신의 악한 육신으로부터 건져지기를 갈망한다(참고. 8:23).

7:25 이 절의 전반부가 바울이 방금 제기한 질문(24절)에 대한 답이다. 그는 그리스도가 다시 오실 때 결국은 그를 건지실 것을 확신한다(참고. 8:18, 23; 고전 15:52, 53, 56, 57; 고후 5:4). 후반부는 바울이 묘사한(14-24절) 갈등의 양편을 요약하고 있다. **내 자신** 바울의 구속받은 새 자아다(*6:6에 대한 설명을 보라*). **마음으로** *23절에 대한 설명을 보라.* **육신** *5절; 6:6, 12에 대한 설명을 보라.* **죄의 법** *23절에 대한 설명을 보라.*

8:1 그러므로 방금 가르친 진리의 결과 또는 논리적 귀결이다. 이 말은 보통 바로 앞서 말한 몇몇 구절의 결론을 보여준다. 그러나 여기서는 앞에 나온 1-7장에서 바울이 가르친 내용 전체의 결과를 도입하고 있다. 곧 하나님의 넘치는 은혜를 근거로 하여 오직 믿음을 통해서만 의롭다 함을 받는다는 것이다. **그리스도 예수 안에 있는 자** 즉 모든 참된 그리스도인을 말한다. 그리스도 안에 있다는 것은 그리스도와 연합했음을 의미한다(*6:2, 11에 대한 설명을 보라.* 참고. 6:1-11; 고전 12:13, 27; 15:22). **결코 정죄함이 없나니** 신약성경 가운데서 오직 로마서에서만 3번 등장하는(참고. 5:16, 18) 단어 "정죄"는 칭의와 반대되는 의미로 오직 법정에서만 사용된다. 이 단어는 유죄 판결과 그에 따른 형벌을 가리킨다. 신자가 범한 어떤 죄(과거, 현재, 미래에 걸친)도 신자를 정죄하지 못한다. 이는 그리스도가 그 형벌을 담당하시고 신자에게는 의가 전가되기 때문이다. 또한 어떤 죄도 하나님의 이 법적 결정을 번복시키지 못할 것이다(*33절에 대한 설명을 보라*).

8:2-30 1-7장에서 한 번 언급되었던(참고. 1:4) 성령이 8장에서는 거의 20번 언급된다. 성령은 우리를 죄와 죽음에서 해방시키시며(2, 3절), 하나님의 율법을 이룰 능력을 주시며(4절), 우리의 성품을 변화시키시며 우리의 구속되지 못한 육신에 대항하여 승리할 수 있는 힘을 주시며(5-13절), 우리가 하나님의 자녀로 입양되었음을 확증하시며(14-16절), 우리가 마침내 영광에 이를 것을 보증하신다(17-30절).

8:2 "이는"이란 단어는 신자에게 더 이상 정죄가 없는 이유를 소개한다. 성령께서 오직 죄와 죽음만을 가져다주던 법(7:5, 13)을 생명을 가져다주는 새롭고 단순한 법, 곧 "믿음의 법"(3:27) 또는 복음 메시지로 대체하셨다. **생명의 성령의 법** 믿음의 법인 복음과 같은 말이다. **죄와 사망의 법** 하나님의 율법이다. 비록 그것이 선하

고 거룩하고 의롭지만(7:12), 육신의 연약함 때문에(*3절; 7:7-11에 대한 설명을 보라*) 오직 죄와 죽음만을 가져다 줄 수 있다(7:5, 13).

8:3 율법이…할 수 없는 그것 죄인을 형벌로부터 건지는 것(행 13:38, 39; 갈 3:10) 또는 그들을 의롭게 만드는 것이다(갈 3:21). **육신으로 말미암아 연약하여** 거듭나지 못한 사람의 죄악된 부패 때문에 율법이 의를 이룰 수 있는 힘이 없어졌다(갈 3:21). **자기 아들** *시편 2:7; 갈라디아서 4:4; 빌립보서 2:6, 7; 히브리서 1:1-5에 대한 설명을 보라.* **죄 있는 육신의 모양으로** 성육신을 통해 그리스도는 완전히 사람이 되기는 하셨지만(*1:3에 대한 설명을 보라*), 그분이 취한 것은 죄악된 육체의 외적인 모습뿐이다. 이는 그리스도께 전혀 죄가 없기 때문이다(히 4:15). **육신에 죄를 정하사** 죄에 대한 하나님의 정죄가 무죄한 그리스도의 육신에 완전히 쏟아졌다(사 53:4-8. 참고. 빌 2:7).

8:4 육신을 따르지 않고 그 영을 따라 행하는 권고가 아니라 모든 신자에게 적용되는 사실에 대한 진술이다. "행하는"이라는 말은 삶을 규정하는 생활방식, 삶과 사고의 습관이다(참고. 눅 1:6; 엡 4:17; 요일 1:7). 모든 참된 그리스도인에게는 성령이 내주하시므로(9절), 모든 그리스도인은 성령께서 그의 삶에서 산출하시는 열매를 맺을 것이다(갈 5:22, 23). **율법의 요구** 하나님의 도덕법이 요구하는 생각과 말, 행위를 말한다. 모세 율법의 종교 의식적 측면은 배제되었고(골 2:14-17), 도덕법을 공동체에 적용하는 시민생활을 위한 기본 책임은 인간 정부로 이양되었다(13:1-7). 도덕법의 기초는 하나님의 성품이며, 그것이 십계명이라는 요약된 형태로 제시되었다. 이 율법의 가장 압축된 형태는 하나님을 사랑하고 이웃을 자기 몸처럼 사랑하라는 예수의 명령이다. 그것의 본질은 전혀 폐지되지 않고 새 언약 속에서 그 권위를 발휘한다. 그리스도가 오실 때까지 모든 불신자는 이 법의 요구 하에서 정죄를 당하며(갈 3:23-25), 모든 신자는 여전히 이 율법에서 행위의 표준을 발견한다. **이루어지게** 비록 신자는 더 이상 도덕법의 정죄와 형벌에 매이지는 않지만(7:6), 율법은 여전히 하나님의 도덕적 성품과 인간에 대한 하나님의 뜻을 보여준다. 그러나 기록된 외적인 법전이 이룰 수 없던 것을 성령께서 그 법을 우리 마음판에 기록하시고(렘 31:33, 34) 그것을 순종할 수 있는 능력을 주심으로써 이루실 수 있다.

8:5 육신을 따르는 자는 육신의 일을 모든 불신자를 말한다(*4절에 대한 설명을 보라*). **영을 따르는 자** 모든 신자를 말한다(*4절에 대한 설명을 보라*). **생각하나니** 이 헬라어 동사는 마음의 기본 방향을 가리킨다. 곧 사람의 애착, 정신 과정, 의지를 포함한 마음이다(참고. 빌 2:2, 5; 3:15, 19; 골 3:2). 바울의 요점은 불신자의 기본적인 성향이 구속받지 못한 육신의 욕망을 만족시키려 한다는 것이다(빌 3:19; 벧후 2:10).

8:6 육신의 생각 "생각"은 5절에서 사용된 동사의 명사형이다. "육신의"는 '육신에 속하다'라는 뜻이다. 이것은 단순한 영적 등식이다. 육신에 집중하는 정신 구조를 가진 사람은 영적으로 죽은 사람이다(참고. 고전 2:14; 엡 2:1). **영의 생각** 이것은 모든 그리스도인을 묘사하는 말이다. 성령의 일들에 집중하는 정신 구조를 가진 사람은 영적으로 생명이 넘치며 하나님과 화평을 누린다(*5:1에 대한 설명을 보라*. 참고. 엡 2:5).

8:7 하나님과 원수 불신자의 문제는 불순종의 행동보다 훨씬 더 깊다. 그런 불순종은 내부의 육신적 충동에 대한 외적 표현일 뿐이다. 자신을 만족시키려는 그의 기본적 성향과 경향은(외적으로는 아무리 종교적이고 도덕적으로 보일지라도) 하나님께 적대적이다. 심지어 불신자가 행하는 선행 역시 하나님의 법을 이루는 것이 아니다. 이는 그것들이 이기적인 동기로 하나님께 반항하는 마음에서 나오는 육신의 산물이기 때문이다(*5:1에 대한 설명을 보라*).

8:8 육신에 있는 *7:5에 대한 설명을 보라.*

8:9 거하시면 이것은 자기 집에 있는 상태를 이르는 말이다. 하나님의 성령은 예수 그리스도를 믿는 각 사람을 자신의 집으로 삼으신다. 참고. 고린도전서 6:19, 20; 12:13. 성령께서 임재해 계신다는 사실이 성령의 열매를 통해 입증되지 않으면(갈 5:22, 23) 그 사람은 그리스도를 구주와 주님이라고 주장할 수 있는 합법적인 근거가 없다.

8:10 몸은 죄로 말미암아 죽은 것이나 몸은 구속받지 않았고 죄로 죽어 있다(*6:6, 12; 7:5에 대한 설명을 보라*. 참고. 8:11, 23). **영은 의로 말미암아 살아 있는 것이니라** 여기서 단어 영은 성령으로 번역하기보다는 사람의 영으로 번역해야 한다. 바울의 말은 성령이 당신 안에 거하시면(9절) 사람의 영이 살아나며(참고. 엡 2:5) 참된 의를 드러낼 수 있다는 뜻이다(참고. 4절).

8:11 너희 죽을 몸 *6:12에 대한 설명을 보라*. 참고. 8:23.

8:12 육신 구속되지 못한 우리의 인간성(우리 안에 남은 영역을 통해 죄가 일으키는 악한 욕망의 복합체), 우리 몸이다(*6:6, 12; 7:5에 대한 설명을 보라*).

8:13 몸의 행실을 죽이면 독자가 죄와의 싸움에서 해야 할 일에 대한 바울의 첫 번째 가르침은 신자가 어떻

롬

게 거룩하게 되는지에 대한 다음과 같은 몇몇 거짓된 견해를 무너뜨린다. 첫째, 위기의 순간에 우리는 즉시 완전하게 된다. 둘째, 우리가 아무것도 하지 않는 동안 '하나님께서 하시도록' 해야 한다. 셋째, 전환점에 해당하는 결단이 우리를 더 높은 수준의 거룩으로 올릴 것이다. 도리어 사도는 우리가 지속적으로 점진적으로 우리 죄를 죽일 수 있는 에너지와 능력을 성령께서 공급하시며, 이 과정은 이생에서는 완전에 도달할 수 없다고 말한다. 이 말은 이 과정을 성취하기 위해 성령께서 성경의 단순한 명령에 대한 우리의 신실한 순종을 사용하신다는 뜻이다(*엡 5:18; 골 3:16에 대한 설명을 보라*. 참고. 13:14; 시 1:2; 119:11; 눅 22:40; 요 17:17; 고전 6:18; 9:25-27; 벧전 2:11).

8:14 하나님의 영으로 인도함을 받는 신자는 인생의 결정을 내리기 위해 주관적 생각, 뇌 속에 떠오른 이미지 또는 어떤 충동을 통해 인도받지 않는다. 성경 어디서도 이렇게 가르치지 않는다. 도리어 하나님의 성령께서는 자기 자녀를 때로 상황의 조합을 통해(행 16:7) 인도하시지만, 일차적으로는 다음과 같은 일을 통해 인도하신다. 첫째는 조명, 곧 우리의 악하고 유한한 마음을 이해시키기 위해 하나님이 성경을 깨닫게 하신다(눅 24:44, 45; 고전 2:14-16; 엡 1:17-19. 참고. 엡 3:16-19; 골 1:9). 둘째는 성화, 곧 하나님이 우리에게 능력을 주어 성경 말씀에 순종하게 하신다(갈 5:16, 17; 5:25). **하나님의 아들** 성령께서 이런 방식으로 인도하시는 것을 경험하게 되면 그는 하나님이 자신을 거룩한 가족의 일원으로 입양하셨음을 확신하게 된다(*8:15-17; 요일 3:2에 대한 설명을 보라*. 참 믿음을 시험할 수 있는 다른 방법을 위해서는 요한일서의 서론에서 역사적·신학적 주제를 보라).

8:15 무서워하는 종의 영 거듭나지 못한 사람들은 그들의 죄악된 삶으로 말미암아 죽음에 대한 두려움(히 2:14, 15)과 최후 심판에 대한 두려움(요일 4:18)의 종이 되어 있다. **양자의 영** 일차적으로 하나님이 우리를 입양하시는 절차를 가리키는 말이 아니라(*엡 1:5; 갈 4:5, 6에 대한 설명을 보라*) 하나님이 우리를 자신의 자녀로 삼으셨고, 따라서 우리는 두려움이나 주저함 없이 사랑하는 아버지이신 하나님께 나아갈 수 있다는 의식을 성령께서 우리 안에 일으키시는 것을 가리킨다. 거기에는 우리가 하나님의 참 자녀라는 확신이 포함된다. **아빠** 아버지를 가리키는 일상적인 아람어로 친밀감을 나타내는 단어다. 영어의 '대디' 또는 '파파'라는 말처럼 이 단어는 부드러움, 의존감, 두려움이나 불안이 없는 관계를 나타낸다(참고. 막 14:36).

8:16 우리의 영과 더불어…증언하시나니 로마 문화에서는 입양이 법적 구속력을 가지려면, 신뢰할 만한 일곱 명의 증인이 배석하여 그 입양의 합법성을 증명해야 했다. 하나님의 성령이 우리 입양의 정당성을 확증하시되 내적이고 신비스러운 어떤 소리로 하는 것이 아니라 성령께서 우리 안에서 맺으시는 열매(갈 5:22, 23)와 영적 섬김을 위해 우리에게 공급하시는 능력으로 확증하신다(행 1:8).

8:17 상속자 모든 신자는 우리의 아버지이신 하나님의 상속자가 되었다(마 25:34; 갈 3:29; 엡 1:11; 골 1:12; 3:24; 히 6:12; 9:15; 벧전 1:4). 우리가 상속할 것으로는 영원한 구원(딛 3:7), 하나님 그분(애 3:24. 참고. 시 73:25; 계 21:3), 영광(5:2), 우주에 있는 모든 것이다(히 1:2). 장자를 특별히 우대하는 유대교의 관습과 달리 로마법에서는 유산이 자녀들 사이에 동등하게 분배되었고, 상속된 재산을 법이 더욱 세심하게 보호했다. **함께 한 상속자** 하나님은 자신의 아들을 "만유의 상속자"로 세우셨다(히 1:2). 모든 입양된 자녀는 그리스도가 신성한 권리로 상속하신 모든 것을 하나님의 은혜를 통해 받을 것이다(참고. 마 25:21; 요 17:22; 고후 8:9). **우리가…고난도 함께 받아야 할 것이니라** 신자가 최후에 영광을 받으리라는 증거는 그가 주님 때문에 고난을 당한다는 사실이다. 그 고난이 조소든, 비웃음이든, 박해든 말이다(마 5:10-12; 요 15:18-21; 고후 4:17; 딤후 3:12).

8:18 장차 우리에게 나타날 영광 이것은 앞으로 있을 몸의 부활(23절)과 그 이후에 온전히 그리스도를 닮아 영원한 영광에 도달할 것을 내다보는 말씀이다. 빌립보서 3:20, 21; 골로새서 3:4; 요한일서 3:2을 보라.

8:19 피조물 이 단어는 인간을 제외한 물리적 세계 전체를 포함하는 말로, 바울은 이 용어를 사용하여 물리적 세계와 인간을 구별한다(22, 23절). 모든 피조물이 의인화되어 타락과 그 결과로부터 변화되기를 갈망하는 것으로 그려진다. **나타나는 것** 문자적으로 '개봉함' 또는 '장막을 거둠'이라는 뜻이다. 그리스도가 다시 오실 때 하나님의 자녀들은 그분의 영광에 참여할 것이다. *18절에 대한 설명을 보라*.

8:20 허무한 데 이 단어는 목적지나 목표에 도달하지 못하는 무능력을 가리킨다. 사람의 죄 때문에 하나님은 물리적인 우주를 저주하셨고(창 3:17-19), 그 결과 피조물의 어떤 부분도 하나님의 원래 목적을 온전히 이루지 못하고 있다.

8:21 해방되어 참고. 베드로후서 3:10; 요한계시록 21:4, 5.

8:23 성령의 처음 익은 열매 나무에 처음 열리는 열매가 앞으로의 추수를 기대하게 하는 것처럼 성령께서 지

금 우리 안에 맺으시는 열매(갈 5:22, 23)는 우리가 언젠가는 그리스도와 같이 되리라는 소망을 갖게 한다. **탄식하여** 우리에게 남아 있는 죄성에 대한 슬픔 때문이다(7:24. 참고. 시 38:4, 9, 10). **양자 될 것** 하나님의 선택과 함께(엡 1:5) 시작된 과정이며, 구원으로 말미암아 우리가 실제로 그분의 자녀가 되는 일이 포함되고(갈 4:5-7) 우리가 영화롭게 되는 날, 곧 우리의 상속이 완전히 이루어질 때 절정에 도달할 것이다(29, 30절을 보라). **우리 몸의 속량** 육체적인 몸만이 아니라 우리에게 남아 있는 모든 타락의 세력까지다(*6:6, 12; 7:5에 대한 설명을 보라*. 참고. 고전 15:35-44; 빌 3:20, 21; 벧후 1:3, 4; 요일 3:2).

8:24 소망 *5:2에 대한 설명을 보라*.

8:26 이와 같이 피조물(22절)과 신자들(23절)이 모두 최후의 회복을 위하여 탄식하듯 성령께서도 탄식하신다. **말할 수 없는 탄식으로** 언어로 표현될 수 없는 성삼위 내부의 신성한 대화이지만, 모든 신자의 안녕을 위한 심오한 호소를 전달한다(참고. 고전 2:11). 성령의 이 일은 신자를 위한 주 예수의 대제사장적 중보 사역과 병행된다(히 2:17, 18; 4:14-16; 7:24-26을 보라).

8:27 성령의 생각 성부께서 성령의 생각을 이해하고 동의하시므로 말이 필요 없다. *유다서 20절에 대한 설명을 보라*.

8:28 가장 권위 있는 사본에 이 절은 '하나님께서 모든 것을…이루신다'라고 되어 있다. **부르심을 입은** 참고. 30절. *1:7에 대한 설명을 보라*. 언제나 그렇듯이 신약성경에서 이 부르심은 택자를 구원으로 이끄시는 하나님의 유효한 부르심이다. **선** 하나님은 섭리의 손길로, 우리 삶에서 발생하는 모든 일(심지어 고난, 시련, 죄까지도)을 통제하여 이 세상과 영원한 나라에서 우리의 유익이 되도록 하신다(참고. 신 8:15, 16).

8:29 미리 아신 하나님이 영원 전에 누가 그리스도께 올 것인지를 미리 아셨다는 사실, 곧 하나님의 전지만을 가리키는 말이 아니다. 도리어 이 말은 하나님이 우리를 사랑하시고 우리와 친밀한 관계를 맺으시기로 미리 정하셨다는 사실, 곧 하나님의 선택을 가리킨다(참고. 행 2:23(그랜빌 샤프 규칙이라고 불리는 헬라어 문법 규칙은 '예정'과 '예지'를 동일시 함. *벧전 1:1, 2에 대한 설명을 보라*. 참고. 1:20). 이 용어는 두 절에서 동일하게 해석되어야 함]. *9:11-23의 선택에 대한 설명을 보라*. **그 아들의 형상을 본받게 하기 위하여** 하나님이 그 백성이 도달하도록 정하신 목표는 그들이 예수 그리스도처럼 되는 것이다. 이것이 "위에서 부르신 부름의 상"(빌 3:14. 참고. 엡 4:13; 빌 3:20, 21; 골 1:28; 요일 3:2)이다. **미리 정하셨으니** 문자적으로 '선발하다' '지명하다' '미리 결정하다'라는 뜻이다. 하나님은 자신이 선택한 사람들을 그 선택한 목적(곧 그의 아들의 형상을 본받는 것)에 도달하도록 정하신다(*엡 1:4, 5, 11에 대한 설명을 보라*). **맏아들** 뛰어난 이, 유일하게 정당한 상속자(참고. 시 89:27; 골 1:15-18; 계 1:5)를 말한다. 그리스도를 닮아서 "형제"가 된 사람들 사이에서 예수 그리스도는 가장 두드러지고 뛰어난 분이다.

8:30 미리 정하신 *29절에 대한 설명을 보라*. **부르시고** *1:7에 대한 설명을 보라*. **의롭다 하시고** *3:24에 대한 설명을 보라*. **영화롭게 하셨느니라** 바울은 이 일의 확실성을 강조하기 위해(참고. 18, 21절; 딤후 2:10) 미래의 사건에 과거 시제를 사용했다(마치 그 일을 이미 이룬 것처럼).

8:31-39 바울은 독자에게 여전히 남아 있을 수 있는 걱정을 불식시키기 위해 질문과 답변의 크레센도로 그리스도 안에서 신자가 누리는 안전 보장에 대한 가르침을 마무리한다. 그 결과 선택받아 믿는 모든 사람에게 구원을 완성시키는 하나님의 은혜에 대한 거의 시적인 찬송이 탄생했다. 이는 안전 보장의 찬양이다.

8:31 만일 하나님이 우리를 위하시면 헬라어 구문에 따르면 '하나님이 우리를 위하시므로'가 더 나은 번역이다.

8:32 바울이 말하고자 하는 핵심은 이것이다. 하나님이 자기 자녀한테 자신의 대적에게 한 것만큼도 하시지 않겠느냐? **모든 것** 이 말이 가리키는 것은 신자가 범하는 모든 죄(만약 '주시지'가 '사죄'로 해석된다면) 또는 하나님이 우리를 택하신 목적을 이루기 위해 필요한 모든 것이다(29, 30절. 참고. 빌 1:6) **주시지** 이 단어는 '은혜로 내리신다'는 뜻이다. 바울은 사죄를 가리키기 위해 자주 이 단어를 사용하며(고후 2:7, 10; 12:13; 골 2:13; 3:13) 여기서도 같은 의미로 사용했을 것이다.

8:33, 34 이 구절의 배경은 하나님의 재판정이다.

그리스도 안에서…그리스도인은 안전함

1. 두려움이 없음	8:28
2. 절망이 없음	8:29, 30
3. 대적이 없음	8:31
4. 채워지지 않는 결핍이 없음	8:32
5. 고발이 없음	8:33
6. 정죄가 없음	8:34
7. 분리가 없음	8:35, 36, 38, 39
8. 패배가 없음	8:37

롬

하나님 앞에서의 신자의 위치

하나님은 특별한 단어들을 사용하여 구원 과정에서 그분이 하시는 역할을 인간의 언어로 계시하신다. 바울의 설명은 인간의 역할을 최소화하다 보니 사람의 마음에 불쾌감을 안겨준다. 하지만 죄의 현실에 직면해서 자신에게 아무런 소망이 없음을 깨닫는 사람만이 하나님이 앞서서 행동하고 선택하신 사실이 얼마나 은혜로운 일인지를 깨닫는다. 우리는 결코 하나님을 놀라시게 하지 못한다. 하나님은 언제나 우리가 어떻게 할 것인지 알고 계신다. "우리가 아직 죄인 되었을 때에 그리스도께서 우리를 위하여 죽으심으로 하나님께서 우리에 대한 자기의 사랑을 확증하셨느니라"(롬 5:8).

미리 아신다(8:29)는 하나님의 전지, 곧 누가 그리스도께 올 것인지 하나님이 영원 전부터 알고 계셨음을 말하는 것이 아니다. 도리어 이 말은 하나님이 우리를 사랑하시고 우리와 친밀한 관계를 맺기로 미리 정하셨다는 사실, 곧 하나님의 선택을 가리킨다. *택하심*(9:11)은 하나님 편에서의 동일한 행동을 가리킨다(벧전 1:1-2, 20). 구원은 인간이 주도적으로 시작하는 것이 아니다. 심지어 믿음도 하나님의 선물이다(롬 1:16; 요 6:37; 엡 2:8, 9).

미리 정하셨다(8:29)는 문자적으로 '선발하다' '지명하다' '미리 결정하다'라는 뜻이다. 하나님은 자신이 선택한 사람들을 선택한 목적이 있는데, 곧 그분의 아들의 형상을 본받도록 하기 위해서다(엡 1:4, 5, 11). 자신의 소유된 사람들이 도달하도록 정하신 하나님의 목표는 그들이 예수 그리스도처럼 되는 것이다.

하나님과 맺는 우리 관계에 대한 사실과 보장은 궁극적으로 하나님의 성품과 결정에 달린 것이지 우리에게 달린 것이 아니다. 바울은 그리스도 안에서 신자가 누리는 안정에 대한 가르침을 천둥 같은 장황한 질문과 답변으로 마친다. 신자는 그것을 잊을 수가 없다. 이 문답은 "누가 우리를 그리스도의 사랑에서 끊으리요"(8:35)라는 질문에서 절정을 이룬다. 바울의 대답은 선택받아 믿은 모든 사람에게 구원을 완성시키는 하나님의 은혜에 대한 시적인 찬양이라고 말할 수 있다. 그것은 안정 보장의 찬송이다.

8:33 하나님께서 택하신 자들 *29, 30절에 대한 설명을 보라.* **의롭다 하신 이는 하나님이시니** *3:24에 대한 설명을 보라.* 하나님이 의롭다고 선언하신 사람을 고발하여 성공할 사람이 과연 있겠는가?

8:34 정죄 유죄를 선언하고 형벌을 선고하는 것이다. 신자가 절대로 유죄 판결을 받을 수 없는 네 가지 이유가 있다. 그리스도의 죽으심, 그리스도의 부활하심, 그리스도의 승귀하신 지위, 신자를 위한 그리스도의 지속적인 중보다. **간구** 참고. 이사야 53:12; 히브리서 7:25.

8:35-39 신자를 그리스도 안에 있는 하나님의 사랑에서 끊지 못하는 이 경험들과 인물의 목록은 바울에게 단순한 이론이 아니었다. 도리어 이런 것들의 공격을 견디고 승리한 사람의 개인적 증언이었다.

8:35 그리스도의 사랑 그리스도를 향한 우리 사랑이 아니라 우리를 향한 그리스도의 사랑이다(요 13:1). 특별히 여기서는 구원에서 보여주신 사랑이다(요일 4:9, 10). **환난** *5:3에 대한 설명을 보라.* 여기서 이 단어는 모든 사람에게 발생하는 역경을 가리키는 것으로 보인다. **곤고** 이 단어는 좁고 힘든 장소에 꼼짝 못하도록 갇혀 있거나 어떤 환경에 절망적으로 포위된 상태를 가리킨다. **박해** 그리스도와 맺고 있는 관계 때문에 우리가 사람들로부터 당하는 고통이다(마 5:10-12).

8:36 이 구절은 시편 44:22의 70인역(히브리어 구약성경을 헬라어로 번역한 고대의 구약성경)을 인용한 구절이다.

8:37 넉넉히 이기느니라 헬라어의 합성어로, 개인의 생명이나 건강에 어떤 위협도 없도록 완전히 정복한다는 뜻이다.

8:38 권세자들 타락한 천사 또는 마귀를 가리킨다(참고. 엡 6:12; 골 2:15; 유 6절). **능력** 일반적으로 '능력'이라는 뜻으로 사용되는 이 단어의 복수형은 기적을 가리키거나 권세의 자리에 있는 사람들을 가리키는 데 사용된다.

8:39 높음이나 깊음이나 이것은 별의 궤적의 고점과 저점을 가리키는 데 일반적으로 사용되던 천문학 관련 용어다. 삶의 길이 시작된 때부터 끝까지 발생하는 어떤 일도 우리를 그리스도의 사랑에서 끊지 못한다. 바울은 맨 위에서 맨 아래까지의 모든 공간을 말하고 싶었을 것이다. **다른 어떤 피조물이라도** 언급되지 않은 어떤 물건이나 사람이 없도록 하기 위해 이 말은 창조주를 제외한 모든 것을 망라한다. **하나님의 사랑** 참고. 5:5-11.

회복: 이스라엘이 하나님의 의를 수용함 (9:1-11:36)

9:1 양심 *2:15에 대한 설명을 보라.* **성령 안에서** 오직 성령께서 양심을 통제하실 때만 양심을 신뢰할 수 있다. 하지만 양심은 여전히 불완전하며, 양심의 경고는 언제나 하나님 말씀에 비춰 검토되어야 한다(참고. 고전 4:3-5).

9:3 저주를 받아 이 단어의 헬라어는 *아나테마*(*anathema*)로 '영원한 지옥의 멸망으로 정하다'라는 뜻이다(참고. 고전 12:3; 16:22; 갈 1:8, 9). 바울은 교환이 불가능하다는 것을 알고 있었지만(8:38, 39; 요 10:28), 이것은 동료 유대인을 위한 그의 깊은 사랑에 대한 진심 어린 표현이었다(참고. 출 32:32).

9:4 이스라엘 사람 야곱을 통해 내려온 아브라함의 후손이다. 하나님은 야곱의 이름을 이스라엘로 바꿔주셨다(창 32:28). **양자 됨** 유대인으로 태어난 모든 사람에게 구원을 제공된다는 의미가 아니라(*8:15-23에 대한 설명을 보라.* 참고. 9:6) 하나님이 주권적으로 그 민족 전체를 선택하여 하나님의 특별한 부르심, 언약, 복을 받고 하나님을 증거하는 국가로 섬길 수 있게 되었다는 뜻에서 양자가 된다는 것이다(출 4:22; 19:6; 호 11:1. 참고. 사 46:3, 4). **영광** 구약성경에서 하나님의 임재를 표시한 영광의 구름이다(*세키나shekinah*, 출 16:10; 24:16, 17; 29:42, 43; 레 9:23). 성전과 성막의 지성소에 하나님의 영광이 가장 충만하게 임했으며, 그곳은 이스라엘의 왕이신 야훼의 보좌가 있는 방이었다(출 25:22; 40:34; 왕상 8:11). **언약들** *창세기 9:16에 대한 설명을 보라.* 언약은 법적 구속력을 갖는 약속, 합의 또는 계약이다. 신약성경에서 단어 *언약들*(*covenants*)은 3번 복수로 사용되고 있다(갈 4:24; 엡 2:12). 하나님이 사람과 맺으신 언약 가운데 하나를 제외하고는 전부 영원하고 일방적이다. 즉 언약 대상인 사람의 응답이나 행동에 대한 반응을 근거로 하지 않고 하나님 그분의 성품을 근거로 무엇을 이루겠다고 약속하신 것이다. 다음은 여섯 가지 언약이다. 첫째, 노아와의 언약이다(창 9:8-17). 둘째, 아브라함과의 언약이다(창 12:1-3. *4:13에 대한 설명을 보라*). 셋째, 시내산에서 모세를 통해 주신 언약이다(출 19-31장. 참고. 신 29, 30장). 넷째, 제사장 언약이다(민 25:10-13). 다섯째, 다윗의 가장 위대한 아들을 통해 영원한 나라를 세우시리라는 언약이다(삼하 7:8-16). 여섯째, 새 언약이다(렘 31:31-34; 겔 37:26. 참고. 히 8:6-13). 이 중에서 모세 언약을 제외한 모든 언약이 영원하고 일방적이다. 이는 이스라엘의 죄가 그 언약을 무효로 만들어 그것이 새 언약으로 대체되었기 때문이다(참고. 히 8:7-13). **예배** '성전 봉사'라고 번역하는 것이 더 좋다. 이 단어는 하나님이 모세를 통해 계시하신 희생 제사와 제의의 모든 제도를 가리킨다(참고. 출 29:43-46). **약속들** 이는 이스라엘에서 나와서 영원한 생명과 영원한 나라를 이룰 메시아의 약속을 가리킨다(참고. 행 2:39; 13:32-34; 26:6; 갈 3:16, 21).

그리스도가 전쟁을 이기심

로마서 8:37 "그러나 이 모든 일에 우리를 사랑하시는 이로 말미암아 우리가 넉넉히 이기느니라"

고린도전서 15:57 "우리 주 예수 그리스도로 말미암아 우리에게 승리를 주시는 하나님께 감사하노니"

고린도후서 2:14 "항상 우리를 그리스도 안에서 이기게 하시고 우리로 말미암아 각처에서 그리스도를 아는 냄새를 나타내시는 하나님께 감사하노라"

골로새서 2:13-15 "또 범죄와 육체의 무할례로 죽었던 너희를 하나님이 그와 함께 살리시고 우리의 모든 죄를 사하시고 우리를 거스르고 불리하게 하는 법조문으로 쓴 증서를 지우시고 제하여 버리사 십자가에 못 박으시고 통치자들과 권세들을 무력화하여 드러내어 구경거리로 삼으시고 십자가로 그들을 이기셨느니라"

요한일서 2:13 "아비들아 내가 너희에게 쓰는 것은 너희가 태초부터 계신 이를 알았음이요 청년들아 내가 너희에게 쓰는 것은 너희가 악한 자를 이기었음이라"

요한일서 3:8 "죄를 짓는 자는 마귀에게 속하나니 마귀는 처음부터 범죄함이라 하나님의 아들이 나타나신 것은 마귀의 일을 멸하려 하심이라"

요한일서 4:4 "자녀들아 너희는 하나님께 속하였고 또 그들을 이기었나니 이는 너희 안에 계신 이가 세상에 있는 자보다 크심이라"

요한일서 5:4 "무릇 하나님께로부터 난 자마다 세상을 이기느니라 세상을 이기는 승리는 이것이니 우리의 믿음이니라"

요한일서 5:18 "하나님께로부터 난 자는 다 범죄하지 아니하는 줄을 우리가 아노라 하나님께로부터 나신 자가 그를 지키시매 악한 자가 그를 만지지도 못하느니라"

9:5 조상들 족장인 아브라함, 이삭, 야곱을 가리키며 이들을 통하여 메시아에 대한 약속이 성취되었다. **그리스도가…세세에 찬양을 받으실 하나님이시니라** 이 말은 축도가 아니라 그리스도의 주권과 신성을 천명하는 말이다.

9:6 하나님의 말씀 이것은 특별히 하나님이 이스라엘에게 계시하신 특권과 약속을 가리킨다(4절. 참고. 사 55:11; 렘 32:42). **이스라엘에게서 난 그들이 다 이스라엘이 아니요** 아브라함의 모든 육신적 후손이 언약의 참된 상속자가 되는 것은 아니다(*2:28, 29에 대한 설명을 보라*).

9:7 6절의 진리를 예증하기 위해 바울은 아브라함에게 주어진 민족적·국가적 약속마저도 아브라함의 모든 육신적 후손에게 주어진 것이 아니라 이삭을 통해 내려온 사람들에게만 주어졌음을 상기시킨다. 참고. 창세기 21:12. **자녀** 오직 이삭의 후손만이 아브라함의 자녀, 곧 민족적·국가적 약속의 상속자다(창 17:19-21).

9:8 육신의 자녀 하갈과 그두라의 몸을 통해 태어난 아브라함의 다른 자녀들은 아브라함에게 주어진 국가에 대한 약속을 받도록 선택되지 못했다. **하나님의 자녀** 바울이 말하고자 한 요점은 아브라함의 모든 후손이 혈통적인 하나님의 백성(즉 국가로서 이스라엘)에 속하지 않듯 이삭을 통한 아브라함의 진짜 자녀라고 할지라도 그들 전부가 하나님의 진짜 영적 백성이 되어 아브라함의 영적 자녀에게 주어진 약속을 누리지는 못한다는 것이다(4:6, 11. 참고. 11:3, 4).

9:9 창세기 18:10을 인용한 것이다.

9:11 그 자식들 쌍둥이 야곱과 에서를 말한다. **무슨 선이나 악을 행하지** 하나님이 아브라함의 육체적 가문을 유지하도록 하기 위해 에서가 아닌 야곱을 택하신 것은 야곱의 개인적 공로 유무를 근거로 하지 않았다. **하**

하나님의 말씀

바울은 데살로니가에 보낸 서신에서 성경을 "말씀"(살전 1:6), "주의 말씀"(살전 1:8; 4:15; 살후 3:1), "하나님의 말씀"(살전 2:13)으로 부른다. 신약성경의 다른 곳에서는 성경을 다음과 같이 부른다.

하나님의 은혜의 말씀	행 14:3; 20:32
약속의 말씀	롬 9:9
화목하게 하는 말씀	고후 5:19
생명의 말씀	빌 2:16
진리의 말씀	엡 1:13; 골 1:5
그리스도의 말씀	골 3:16
미쁜 말씀	딛 1:9
그의 능력의 말씀	히 1:3
의의 말씀	히 5:13

하나님의 말씀은 어떤 일을 하는가? 여기에 몇 가지 본보기가 있다.

번영을 가져다줌	시 1:3	회복시킴	시 19:7
경고함	시 19:11	보상하심	시 19:11
보호함	시 119:11	조언하심	시 119:24
힘을 줌	시 119:28	지혜롭게 하심	시 119:97-100
인도함	시 119:105	소생시킴	시 119:154
대면하게 함	렘 23:29	자유롭게 하심	요 8:31-32
거룩하게 함	요 17:17	부요하게 하심	골 3:16
교육함	딤후 3:16	책망하심	딤후 3:16
바르게 함	딤후 3:16	교훈하심	딤후 3:16
갖추게 함	딤후 3:17	판단하심	히 4:12
구원함	벧전 1:23	자양분을 공급하심	벧전 2:2

나님의 뜻이…서게 하려 하사 하나님이 야곱을 선택하신 것은 순전히 하나님 그분의 주권적 계획에 따른 것으로, 이는 구원으로의 선택이 어떻게 이루어지는지에 대한 완벽한 실례가 되고 있다. 하나님은 어떤 유대인(그리고 어떤 이방인)을 선택하시지만 모든 사람을 선택하는 것은 아니다. **행위로 말미암지 않고 오직 부르시는 이로 말미암아** 하나님이 야곱을 선택하신 것은 그들이 태어나기도 전이었다. 또한 개인적인 공로와 무관했다는 사실은 영적 생명으로의 선택이 인간의 어떤 노력과도 상관없으며, 오직 선택하시는 하나님의 주권에 근거한다는 것을 보여준다(*8:29에 대한 설명을 보라*. 참고. 고전 1:9).

9:12 창세기 25:23을 인용한 것이다.

9:13 내가 야곱은 사랑하고 에서는 미워하였다 말라기 1:2, 3에서 인용한 것이다. 여기서 중요한 것은 에서와 그의 후손에 대한 실제적인 감정적 미움이 아니다. 야곱과 에서가 죽은 지 1,500년 이상 흐른 뒤 이 선언을 쓴 말라기는 이 두 사람과 그들의 허리에서 나온 두 나라(이스라엘과 에돔)를 뒤돌아보고 있다. 하나님은 하나는 신성한 복과 보호를 위해 택하셨고, 다른 하나는 신성한 심판을 위해 내버려두셨다.

9:14 하나님께 불의가 있느냐 바울은 다시 한 번 자신의 신학에 대한 독자의 반론을 예상하고 있다. 만약 하나님이 어떤 사람들을 구원으로 선택하면서 그들의 공로나 행동을 묵과하신다면 하나님은 자기 멋대로 불공평하게 행동하시는 셈이 될 것이다(참고. 창 18:25; 시 7:9; 48:10; 71:19; 119:137, 142; 렘 9:23, 24).

9:15 출애굽기 33:19을 인용한 것이다. 하나님의 주권적 선택에 대한 그런 가르침이 하나님의 공평함과 모순된다는 반박에 대한 답변으로 바울은 구약성경에서 이 구절을 인용한다. 이 구절은 하나님은 절대적인 주권을 가지고 계시며, 그분의 다른 속성들에 위배됨 없이 구원받을 자를 선택하신다는 것을 보여준다. 누가 자비를 입을 것인지는 하나님이 정하신다.

9:16 그것 (한글 개역개정판 성경은 이 주어를 생략했음-옮긴이) 하나님이 은혜로 어떤 사람들을 영원한 생명으로 선택하시는 것을 말한다(*8:29에 대한 설명을 보라*). **원하는 자** 구원은 사람의 선택에 의해 시작되지 않는다. 심지어 믿음도 하나님의 선물이다(*1:16에 대한 설명을 보라*. 참고. 요 6:37; 엡 2:8, 9). **달음박질하는 자** 구원은 우리 인간이 노력한 공로로 얻어지는 것이 아니다(*11절에 대한 설명을 보라*).

9:17 출애굽기 9:16을 인용한 것이다. 이것은 다시(15절과 마찬가지로) 하나님이 자신의 목적을 누가 어떻게 이룰 것인지 주권적으로 결정하신다는 것을 입증하는 구약 인용이다. **너를 세웠으니** 이 말은 앞으로 불러내거나 높이 드는 것을 가리키며, 지도자들이나 나라들이 높은 위치로 오르는 것을 묘사하기 위해 자주 사용되었다(참고. 합 1:6; 슥 11:16). 바로는 자신의 지위와 행동이 목적을 이루기 위한 자신의 자유로운 선택이라고 생각했지만, 실제로는 하나님의 목적을 이루기 위해 거기에 있었던 것이다. **내 이름** 하나님 성품의 모든 것이다(참고. 출 34:5-7).

9:18 이스라엘을 바로의 손에서 해방시킨 하나님의 강력한 행동으로부터 두 가지의 진리를 추론할 수 있다. 모세와 바로는 똑같이 악한 죄인이요 심지어 살인자였으며, 하나님의 진노와 영원한 형벌을 받기에 합당했다. 그러나 모세는 자비를 입은 반면 바로는 심판을 받았는데, 이는 하나님의 주권적 의지 때문이다(참고. 11:7; 수 11:18-20; 살전 5:9; 벧후 2:12). **완악하게 하시느니라** 헬라어의 원래 의미는 어떤 물건을 딱딱하게 한다는 것이며, 때로 비유적으로 고집이 세거나 완고한 것을 가리키는 말로 사용된다. 출애굽기는 10번에 걸쳐 하나님이 바로의 마음을 강퍅하게 했다고 말하며(예를 들면 4:21; 7:3, 13), 다른 곳에서는 바로가 스스로 자기의 마음을 강퍅하게 했다고 말한다(예를 들면 8:32; 9:34). 이 말은 하나님이 바로의 마음속에 직접 불신앙이나 다른 어떤 악을 만들었다는 뜻이 아니라(참고. 약 1:13) 악을 제어하기 위해 하나님이 보통 사용하시는 영향력을 제거하여 바로의 악한 마음이 죄를 끝까지 추구하도록 방치하셨다는 뜻이다(참고. 1:24, 26, 28).

9:19 그러면 하나님이 어찌하여 허물하시느냐 앞선 내용에 대한 반론이다. 하나님이 어떤 사람의 운명을 주권적으로 결정하셨는데, 어떻게 그 사람의 죄와 불신앙을 비난할 수 있단 말인가?

9:20 이 사람아 네가 누구이기에 감히 하나님께 반문하느냐 바울의 대답하는 방식을 보면 이 대답이 이 어려운 교리에 대해 진지하게 묻는 사람들을 향한 것이 아니라 자기 자신의 죄와 불신앙을 변명하려는 사람들을 향한 것임이 분명히 드러난다.

9:20, 21 구약에서 익숙한 토기장이의 비유를(참고. 사 64:6-8; 렘 18:3-16) 사용하여 바울은 하나님이 어떤 죄인을 구원으로 선택하는 문제에 대해 사람이 이의를 제기하는 것은 작은 진흙덩이가 토기장이의 목적에 대해 이의를 제기하는 것과 마찬가지로 비합리적이며 훨씬 더 교만한 일이라고 논증한다.

9:22, 23 이 두 절의 목적이 악의 기원을 밝히거나 왜 하나님이 악을 허용하셨는지에 대해 완전한 설명을 제

공하려는 것은 아니지만 하나님이 죄와 오염을 허용하시는 세 가지 이유를 제공한다. 바로 하나님의 진노를 보이기 위해, 하나님의 능력을 알리기 위해, 하나님의 영광스러운 자비의 풍성함을 널리 드러내기 위해서다. 어떤 사람도 불공평한 대우를 받지 않는다. 어떤 사람은 그들이 마땅히 당해야 할 의로운 처분을 당하고(6:23), 어떤 사람들은 은혜로 자비를 입는다.

9:22 만일 이것은 수사적 질문의 형태로 사실에 대한 진술을 시작하는 말이다. **하고자 하사** 이 헬라어 단어는 수동적인 체념이 아니라 하나님의 의도를 말한다. **멸하기로 준비된** 그들이 스스로 하나님을 거부한 것이다. 하나님이 사람들을 악하게 만드신 것이 아니라 그들이 선택한 죄 속에 그대로 있도록 내버려두신 것이다(*18절에 대한 설명을 보라*). **진노의 그릇** 토기장이의 비유를 계속 사용하면서 바울은 하나님이 구원으로 선택하시지 않고 그들의 죄에 대해 합당한 형벌, 곧 하나님의 진노(*1:18에 대한 설명을 보라*)를 당하도록 허용하신 사람들을 말한다. **오래 참으심으로** 죄인이 죄를 처음 짓는 순간 하나님이 멸망시키셔도 아무 문제가 없다. 그러나 하나님은 그들의 죄에 마땅히 따라와야 하는 결과, 즉 영원한 형벌을 곧바로 내리시지 않고 인내를 가지고 그들의 반항을 참으신다. *2:4에 대한 설명을 보라*.

9:23 영광 이것은 특별히 하나님이 그리스도 안에서 죄인에게 베푸시는 은혜와 자비, 긍휼, 사죄로 나타나는 그분이 가진 성품의 위대함을 가리키는 말이다. **예비하신 바** 이것은 하나님의 선택을 가리킨다(*29절에 대한 설명을 보라*). **긍휼의 그릇** 하나님이 구원으로 선택하신 사람들이다.

9:25-33 바울은 구약성경을 인용해 이스라엘의 불신앙이 하나님의 구원 계획과 모순되지 않는다는 자신의 논증을 마친다. 이 논증을 통해 그는 이스라엘의 불신앙이 선지자들이 기록한 것을 정확하게 반영하며(25-29절), 하나님이 믿음을 필수적으로 요구하신다는 사실(30-33절)과 일관됨을 보여준다.

9:25, 26 바울은 호세아 1:9, 10; 2:23을 인용한다. 호세아는 이스라엘이 결국 하나님께로 회복될 것을 말했지만, 바울의 강조점은 회복이 있으려면 이스라엘이 지금 하나님으로부터 소외되어 있어야 한다는 사실이다. 그러므로 이스라엘의 불신앙은 구약성경의 계시와 일관성을 갖는다.

9:27, 28 이사야 10:22, 23을 보라. 이사야는 남왕국 유다가 불신앙 때문에 정복당해 흩어질 것을(잠깐 동안 하나님의 버림을 받아) 예언했다. 바울의 요점은 이사야가 말한 흩어짐은 이스라엘이 메시아를 거부하고 그 결과 파괴되어 흩어질 거라는 전조다.

9:29 이사야 1:9을 보라. 다시 오직 이스라엘의 남은 자만이 하나님의 진노를 피하고 살아남을 것이다. 이는 오직 하나님의 자비 때문이다. **만군의 주** 참고. 야고보서 5:4. 구약에서 사용되는 하나님의 이 호칭은 모든 것을 망라하는 하나님의 주권을 가리킨다.

9:30-32 하나님의 신성한 선택에 대한 교훈을 마무리하면서 바울은 비록 하나님이 어떤 사람들을 선택하여 자비를 입도록 하시지만, 하나님의 심판을 당하는 사람들은 그분이 그들을 그렇게 당하도록 하시기 때문이 아니라 복음을 믿지 않으려는 그들 자신의 마음 때문에 당하는 것임을 상기시킨다(참고. 살전 2:10). 죄인들은 그들 자신의 죄 때문에 정죄를 당하는 것이다. 그중 최고의 죄는 하나님과 그리스도를 거부하는 것이다(참고. 2:2-6, 9, 12; 요 8:21-24; 16:8-11).

9:30 믿음에서 난 의 믿음을 근거로 하나님으로부터 오는 의다(*1:17에 대한 설명을 보라*).

9:31 의의 법 율법을 지킴으로써 획득하는 의다(참고. 3:20. *8:3에 대한 설명을 보라*).

9:32 믿음을 의지하지 않고 *3:21-24에 대한 설명을 보라*. **행위** 율법이 명하는 모든 것을 행하는 것을 말한다(참고. 갈 2:16; 3:2, 5, 10).

9:33 이사야 8:14; 28:16을 보라. 예수가 오시기 오래 전에 구약의 선지자들은 이스라엘이 자기의 메시아를 거절할 것을 예언했다. 이것은 이스라엘의 불신앙이 성경에 완전히 일치한다는 또 다른 예증이다.

10:1 하나님께 구하는 바는 이스라엘을 위함이니 바울이 이방인의 사도로 부르심을 받았다고 해서(11:13; 행 9:15) 이스라엘의 구원을 위한(참고. 1:16; 요 4:22; 행 1:8) 그의 지속적인 간구가 약화되거나(참고. 딤전 2:1-3) 유대인을 향한 복음 전도의 노력이 줄어들지 않았다.

10:2 하나님께 열심 율법주의적으로 율법에 부응하고자 하는데, 이는 유대교의 반대자들을 강하게 대적하는 것으로 입증되었다(행 22:3; 26:4, 5; 갈 1:13, 14; 빌 3:5, 6).

10:3 하나님의 의를 모르고 율법과 구약의 나머지 부분에서(유대인은 여기서 자기들의 불의를 보았어야 했음) 계시된 하나님의 본성적인 의에 대해서도 모르고, 믿음을 근거로 하나님으로부터 오는 의도 몰랐다(*1:17에 대한 설명을 보라*). **자기 의** 하나님의 법 또는 그것보다 덜 엄격한 그들 자신의 전통 기준에 부합하려는 그들 자신의 노력에 근거한 것이다(막 7:1-13).

10:4 그리스도는…율법의 마침이 되시니라 "마침"으로 번역된 헬라어는 '성취' 또는 '종국' 두 가지를 의미할 수 있지만, 이는 그리스도가 자신의 교훈을 통하여(마

5:17, 18) 또는 그의 무죄한 삶을 통하여(고후 5:21) 율법을 완전히 성취하신 것을 가리키지 않는다. 도리어 이 절의 후반부가 보여주듯이, 바울의 말은 그리스도를 주와 구주로 믿는 믿음이 율법에 순종하려는 노력으로 자신을 구원하려는 불완전한 시도를 통해 의를 얻으려는 죄인의 무익한 추구를 끝낸다는 것이다(참고. 3:20-22; 사 64:6; 골 2:13, 14).

10:5 율법으로 말미암는 의 율법에 대한 순종을 근거로 하여 하나님 앞에 의로운 위치를 확보하는 것이다. 율법이 요구하는 일을 하는 사람들은 그것으로 살 것이다. **행하는 사람은 그 의로 살리라** 레위기 18:5을 인용한 것이다. 율법에 대한 순종을 근거로 의를 얻고자 하는 사람은 율법의 가장 세세한 부분까지 완벽하게 지켜야 한다(갈 3:10; 약 2:10. 참고. 신 27:26). 그러나 이는 도저히 불가능한 일이다.

10:6, 7 바울은 믿음에 근거한 의를 말하면서 그것을 마치 사람인 것처럼 의인화하여 그 의가 신명기 30:12, 13을 말한 것처럼 한다. 그가 한 말의 요점은 믿음의 의는 그리스도를 발견하기 위해 온 우주를 돌아다니는 불가능한 여행을 요구하지 않는다는 것이다.

10:8 말씀이 네게 가까워 신명기 30:14을 인용한 것이다. 하나님이 분명히 구원의 길을 계시하셨으므로 6, 7절의 여행은 불필요하다. 그 길은 믿음에 따른 길이다. **믿음의 말씀** 믿음의 메시지는 하나님께 이르는 길이다.

10:9 예수를 주로 시인하며 이것은 단순히 예수가 하나님이시며 우주의 주님이심을 시인하는 것이 아니다. 왜냐하면 귀신들도 그것을 시인하기 때문이다(약 2:19). 도리어 이 말은 예수가 그 사람 자신의 주인, 곧 왕이라고 믿는 깊은 개인적 확신이다. 이 말은 죄를 회개하고, 구원을 위해 예수를 의지하며, 예수를 주님으로 모시고 순종하겠다는 뜻을 포함한다. 이것은 믿음의 의지적 요소다(*1:16에 대한 설명을 보라*). **하나님께서 그를 죽은 자 가운데서 살리신 것** 그리스도의 부활은 그분의 사역이 정당했다는 최고의 증명이다(참고. 요 2:18-21). 부활에 대한 믿음은 구원을 위해 꼭 필요하다. 왜냐하면 부활은 그리스도가 자신이 주장한 그의 신분에 대한 증명이며, 성부께서 죄인을 대신하는 그분의 희생을 받으셨다는 증명이기 때문이다(4:24. 참고. 행 13:32, 33; 벧전 1:3, 4). 부활 없이는 구원도 없다(고전 15:14-17). *1:4에 대한 설명을 보라.* **네 마음에 믿으면** *1:16에 대한 설명을 보라.* **구원을 받으리라** *1:16에 대한 설명을 보라.*

10:10 시인 이 헬라어의 기본 의미는 같은 말을 하는 것 또는 어떤 사람과 의견이 일치하는 것을 뜻한다. 예수를 주라고 시인하는 사람은(9절) 예수가 구주요 주님이라고 선언하신 성부의 선언에 동의하는 것이다.

10:11 이사야 28:16; 49:23을 인용한 것이다. 이 인용은 은혜로 말미암은 오직 믿음을 통한 구원이 하나님의 구원 계획이었다는 사실뿐 아니라 어떤 사람도(이방인을 포함하여) 구원에서 배제된 적이 없음을 증명해준다(1:16; 3:21, 22; 벧후 3:9. 또한 요 3:5을 보라).

10:12 차별이 없음이라 참고. 3:22, 23; 갈라디아서 3:28, 29; 에베소서 2:11-13; 3:4-6.

10:13 바울은 나아가서 구원이 모든 민족과 족속에게 열려 있다는 사실을 강조하기 위해 요엘을 인용한다(2:32). **주의 이름을 부르는** 이 익숙한 구약의 표현은(예를 들면 시 79:5, 6; 105:1; 116:4, 5) 아무 신을 향한 필사적인 부르짖음이 아니라 하나님이 자신을 계시하신 그대로 참 하나님을 부르는 것이다. 그 계시에는 이제 예수를 주로 시인하는 것(9절)과 예수를 죽은 자 가운데서 살리신 이를 인정하는 것이 포함된다(9절).

10:14, 15 이런 수사적 표현에서 바울이 말하고자 하는 요점은 복음 메시지를 분명하게 제시하는 일이 참된 구원의 신앙에 선행되어야 한다는 것이다. 참 신앙은 언제나 내용을 가지고 있다(곧 계시된 하나님의 말씀임). 구원은 복음을 듣고 믿은 사람에게 임한다.

10:15 아름답도다 좋은 소식을 전하는 자들의 발이여 이사야 52:7을 인용한 것이다. 그 발들이 가지고 오는 것은 좋은 소식을 담은 메시지다.

10:16 복음을 순종하지 복음은 은혜를 제공하는 것만이 아니라 믿고 회개하라는 명령이기도 하다(1:4-6; 2:8; 6:17; 행 6:7; 살후 1:7, 8; 히 5:9). **전한 것을 누가 믿었나이까** 이사야 53:1을 인용한 것이다. 이사야가 설명한 소식은 그리스도의 대속의 죽음(53:5), 곧 복음의 기쁜 소식이었다.

10:17 믿음은 들음에서 나며 *14, 15절에 대한 설명을 보라.* **그리스도의 말씀** 이것은 '그리스도에 대한 메시지', 즉 복음을 뜻한다(참고. 마 28:19, 20; 행 20:21).

10:18 바울은 시편 19:4의 70인역(히브리어 구약성경을 헬라어로 번역한 성경)에서 인용한 이 구절을 가지고, 다윗도 하나님의 자기 계시가 온 땅에 미친 것을 알았음을 보여준다(참고. 1:18-20; 렘 29:13; 마 24:14; 요 1:9; 골 1:5, 6).

10:19-21 이스라엘은 자신들의 성경에 포함된 구원의 진리에 대해 무지했다. 거기에는 신명기 32:21과 이사야 65:1, 2에 약속된 것처럼 복음이 이방인에게도 미치리라는 진리가 포함되어 있었다.

10:19 백성 아닌 자 하나님이 특별히 택한 백성인 이스라엘의 일부가 아닌 이방인들이다.

롬

10:20, 21 이사야 65:1, 2을 인용한 것이다.

10:21 순종하지 아니하고 문자적으로 '일치하지 않다' 또는 '반대하는 말을 하다'라는 뜻이다. 자기 역사를 통해 그러했듯이 이스라엘은 또 한 번 하나님 말씀을 따르지 않았는데, 이번에는 복음 진리를 따르지 않았다(참고. 마 21:33-41; 눅 14:21-24).

11:1-36 이 단락에서 바울은 10:19-21로부터 논리적으로 생기는 질문에 답한다. '이스라엘이 그리스도를 거부함으로써 하나님이 이스라엘을 밀쳐내신 것이 영원할 것인가?' 여기서 문제가 되는 것은 하나님이 이스라엘에게 주신 무조건적인 약속이 신뢰할 만한가 하는 것이다(참고. 렘 33:19-26).

11:1 버리셨느냐 자신으로부터 밀쳐내는 것이다. 헬라어 본문에 나온 질문의 형태는 부정의 답변을 예상하고 있다. 이스라엘의 불순종에도 불구하고(9:1-3; 10:14-21) 하나님은 자기 백성을 버리시지 않았다(참고. 삼상 12:22; 왕상 6:13; 시 89:31-37; 94:14; 사 49:15; 54:1-10; 렘 33:19-26). **그럴 수 없느니라** 헬라어에서 가장 강력한 부정의 표현이다(*6:2에 대한 설명을 보라*).

11:2 그 미리 아신 자기 백성 *8:29에 대한 설명을 보라*. 이스라엘의 불순종은 하나님이 이스라엘과 맺으신 미리 정하신 관계를 무효화하지 않는다. **엘리야** *열왕기상 17:1에 대한 설명을 보라*.

11:3 열왕기상 19:10을 인용한 것이다.

11:4 열왕기상 19:18을 인용한 것이다. **바알** *열왕기상 16:31, 32에 대한 설명을 보라*. 참고. 민수기 22:41.

11:5 은혜로 택하심 하나님이 이 남은 자들을 택하신 것은 그들의 믿음, 선행, 영적 가치 또는 민족적 혈통을 미리 보신 결과가 아니라 오직 하나님의 은혜 때문이다(참고. 신 7:7, 8; 엡 2:8, 9; 딤후 1:9). **남은 자** 비록 이스라엘 나라는 예수를 거부했지만 수많은 유대인 개인이 예수에 대한 믿음을 가지게 되었다(참고. 행 2:41; 4:4; 6:1).

11:6 은혜로 된 것이면 행위로 말미암지 않음이니 사람의 노력과 하나님의 은혜는 구원의 길에서 서로 배타적이다(참고. 3:21-31; 4:1-11; 9:11; 갈 2:16, 21; 3:11, 12, 18; 딛 3:5).

11:7 이스라엘이 구하는 그것 그들의 뜨거운 종교적 열심에도 불구하고 바울 당시의 유대인은 하나님의 의를 얻지 못했다(9:31, 32; 10:2, 3). **택하심을 입은 자** 하나님이 은혜로 택하신 자들은 그들 자신이 하나님의 의를 구하여 찾는다(*9:30; 10:4에 대한 설명을 보라*). **우둔하여졌느니라** 하나님 심판의 행동에 의해(참고. 출 4:21; 7:3; 9:12; 10:20, 27; 11:10; 14:4, 8, 17; 신 2:30; 요 12:40), 그들의 완고한 마음에 합당한 절차를 취하신 결과다(참고. 출 8:15, 32; 9:34; 10:1; 대하 36:13; 시 95:8; 잠 28:14; 마 19:8; 막 3:5; 엡 4:18; 히 3:8, 15; 4:7).

11:8-10 여기 인용된 구약성경의 구절은 불신하는 이스라엘을 하나님이 완고하게 하신 사실을 보여주며, 따라서 바울의 가르침이 구약성경을 어기거나 구약성경과 모순을 일으키지 않는다는 것을 보여준다.

11:8 기록된 바 *3:10에 대한 설명을 보라*. 첫 줄은 이사야 29:10을 인용한 것이고, 마지막 줄은 신명기 29:4을 인용한 것이다.

11:9 시편 69:22, 23을 인용한 것이다. 사람의 밥상은 안전한 장소로 간주되었으나, 불경건한 자의 밥상은 올무다. 많은 사람은 자기들에게 저주가 되는 바로 그것에 의지한다.

11:11 넘어지기까지 실족하였느냐 바울이 한 질문의 형태(*1절에 대한 설명을 보라*)와 그의 강한 대답은 이스라엘의 눈이 멀고 마음이 완고하며 배교한 것은 반전이 불가능한 일이 아니라는 것을 확증한다. **그들이 넘어짐** 이스라엘이 예수 그리스도를 거절한 것이다. **구원이 이방인에게 이르러** 구약성경이 오랫동안 예언한 사실이다(참고. 창 12:3; 사 49:6; 마 8:11, 12; 21:43; 22:1-14; 행 13:46, 47; 28:25-28). **이스라엘로 시기나게 함이니라** 하나님은 멸시하던 이방인에게 구원을 제공하심으로써(*행 22:21-23에 대한 설명을 보라*) 이스라엘 나라를 다시 자신에게 되돌리고자 하셨다(25-27절).

11:12 세상의 풍성함 구원의 풍성한 진리다(창 12:3; 사 49:6. 참고. 고후 8:9). **그들의 실패** 유대인이 나사렛 예수를 자기들의 메시아로 인정하지 않고 하나님의 증

로마서에 나오는 시편

롬 3:4	시 51:4
롬 3:10-12	시 14:1-3. 참고. 53:1-3
롬 3:13상	시 5:9
롬 3:13하	시 140:3
롬 3:14	시 10:7
롬 3:18	시 36:1
롬 4:7, 8	시 32:1, 2
롬 8:36	시 44:22
롬 10:18	시 19:4
롬 11:9, 10	시 69:22, 23
롬 15:3	시 69:9
롬 15:9	시 18:49. 참고. 삼하 22:50
롬 15:11	시 117:1

인 국가가 되기를 거절한 결과 그 특권이 이방인 교회에 주어졌다. **그들의 충만함** 그들의 미래에 일어날 영적 갱신이다(계 7:4, 9. 참고. 슥 8:23; 12:10; 13:1; 14:9, 11, 16). 이스라엘의 '넘어짐'과 '실패'는 한시적인 것이다(25-27절).

11:13 이방인의 사도 사도행전 18:6; 22:21; 26:17, 18; 에베소서 3:8; 디모데전서 2:7을 보라.

11:14 내 골육 바울의 동료 이스라엘 사람을 가리킨다(*9:3에 대한 설명을 보라*). **시기하게 하여** *11절에 대한 설명을 보라.*

11:15 그들을 버리는 것이 세상의 화목이 되거든 그 받아들이는 것이 *12절에 대한 설명을 보라.* **죽은 자 가운데서 살아나는 것** 몸의 부활을 가리키는 말이 아니라 영적 죽음에서 영적인 생명으로 돌아오는 것을 가리키는 말이다(요 5:24). 또한 이 구절은 미래 이스라엘의 영적인 거듭남을 가리킨다(참고. 25-27절; 슥 12:10; 13:1).

11:16 처음 익은 곡식 추수의 처음 열매는 주께 드리도록 되어 있었다(출 23:19; 34:26; 레 2:12; 23:10; 민 15:19-21; 18:12, 13; 신 18:4). **떡덩이도 그러하고** 첫 열매 제물이 전체를 대표하므로 떡덩이 전체도 하나님을 위하여 거룩하게 구별되었다고 말할 수 있다(참고. 출 31:15; 레 27:14, 30, 32; 수 6:19). **뿌리** 족장인 아브라함, 이삭, 야곱이다. *4:13에 대한 설명을 보라.* **가지** 족장의 후손인 이스라엘 나라다.

11:17-24 이 단락에서 바울은 이방인이 이스라엘은 버림받고 자기들이 접붙임을 받았다고 해서 교만하여 건방지게 되는 것에 대해 엄하게 경고한다(참고. 18, 20절).

11:17 가지 얼마가 꺾이었는데 예레미야 5:10; 11:16, 17; 마태복음 21:43을 보라. 이스라엘 가지 전체가 아니라 그 가운데 일부(*16절에 대한 설명을 보라*)가 꺾인 것이다. 하나님은 언제나 믿는 자를 남겨두신다(참고. 3, 4절). **돌감람나무인 네가 그들 중에 접붙임이 되어** 감람나무는 고대 세계에서 중요한 작물이었다. 어떤 나무들은 수백 년 살기도 하지만 각각의 가지는 감람 열매를 더 이상 맺지 않게 된다. 그렇게 되면 젊은 나무의 가지를 접붙여 계속 열매를 맺게 한다. 바울이 한 말의 요점은 열매를 맺지 않는 늙은 가지(이스라엘)는 꺾이고, 돌감람나무의 가지(이방인)가 접붙임되었다는 것이다. **참감람나무** 하나님의 복 주심이 있는 곳이다. 하나님이 아브라함과 맺은 구원의 언약이다(창 12:1-3; 15:1-21; 17:1-27). **뿌리의 진액** 일단 접붙임이 되면 이방인도 아브라함의 영적 후손으로 하나님의 언약적 복이 가져다준 풍성함을 누리게 된다(*4:11, 12; 갈 3:29에 대한 설명을 보라*).

로마서에 나오는 이사야서

롬 2:24	사 52:5
롬 3:15-17	사 59:7, 8
롬 9:27, 28	사 10:22, 23
롬 9:29	사 1:9
롬 9:33	사 8:14; 28:16
롬 10:11	사 28:16
롬 10:15	사 52:7
롬 10:16	사 53:1
롬 10:20	사 65:1
롬 10:21	사 65:2
롬 11:8	사 29:10
롬 11:26, 27상	사 59:20, 21
롬 11:27하	사 27:9
롬 11:34	사 40:13
롬 14:11상	사 49:18
롬 14:11하	사 45:23
롬 15:12	사 11:10
롬 15:21	사 52:15

11:18 가지들 꺾여버린 믿지 않는 유대인이다. 이방인은 복의 근원이 아니라 하나님이 아브라함과 맺으신 구원의 언약에 접붙임을 받은 것이다(참고. 갈 3:6-9, 13, 14). **자랑하지 말라** 영적 교만은 교회에 전혀 어울리지 않을 뿐 아니라 반유대주의는 더욱 그러하다. 우리는 아브라함의 영적 후손이다(4:11, 16; 갈 3:29).

11:19 가지들 *17절에 대한 설명을 보라.* **접붙임을 받게** *17절에 대한 설명을 보라.*

11:20 믿지 아니하므로 꺾이고 가지들이 꺾이고 다른 가지들이 접붙임을 받을 때는 인종, 종족, 사회적·지적 배경, 외적 도덕성이 아니라 오직 믿음만을 근거로 접붙임을 받는다(참고. 1:16, 17; 엡 2:8, 9). **두려워하라** 고린도전서 10:12; 고린도후서 13:5을 보라. 하나님은 배교한 이스라엘을 심판하신 것과 똑같이 배교한 교회도 심판하실 것이다(참고. 계 2:15, 16; 3:16).

11:21 만약 이스라엘("원 가지")이 하나님의 언약 백성임에도 꺾였다면 하나님의 언약에 있어 외인이었던 이방인(엡 2:11, 12. *9:4에 대한 설명을 보라*)이 복음 진리에 저항하여 범죄했을 때 꺾이지 않으리라고 어찌 기대할 수 있겠는가.

11:22 인자하심과 준엄하심을 보라 하나님의 모든 속

성은 조화롭게 움직인다. 하나님의 선하심과 사랑, 공의와 진노 사이에는 갈등이 없다. 하나님의 은혜로운 구원의 제안을 받아들이는 사람은 하나님의 선하심을 경험한다(2:4). 하지만 그것을 거부하는 사람은 하나님의 준엄하심을 경험한다(2:5). **넘어지는 자들** 12-21절에 묘사된 믿지 않는 유대인이다. '넘어지다'는 '떨어져 완전히 망치다'라는 의미의 헬라어를 번역한 말이다. 하나님이 제공하시는 구원을 거부하는 사람들은 스스로 완전한 영적 파멸을 자초한 것이다. **머물러 있으면** 참된 구원의 신앙은 언제나 믿음을 지켜 나가게 한다(참고. 요 8:31; 15:5, 6; 골 1:22, 23; 히 3:12-14; 4:11; 요일 2:19). **찍히는 바 되리라** 하나님은 그분을 거부하는 자들에 대해 신속하고도 엄하게 처리하실 것이다.

11:23, 24 미래에 이스라엘은 불신앙을 회개하고 메시아를 받아들일 것이다(슥 12:10). 바울의 비유를 빌어 말하자면 그때 하나님은 (믿는) 유대인을 즐거운 마음으로 그분의 언약의 복으로 접붙이실 것이다. 왜냐하면 돌감람나무(이방인. 참고. 엡 2:11, 12)와 달리 그들이 원래 거기에 있었기 때문이다.

11:25 너희가 스스로 지혜 있다 하면서 영적 자만심과 교만에 대해 이방인에게 주는 또 다른 경고다(*17-24절에 대한 설명을 보라*). **신비** 이 단어는 이전에는 계시되지 않았다가 신약성경에 와서 계시된 진리를 가리키는 데 사용된다(*고전 2:7; 엡 3:2-6에 대한 설명을 보라*). 이 진리는 두 가지 요소로 되어 있다. 이스라엘은 부분적으로 영적인 완악함을 경험했으며, 이 완악함은 하나님이 정하신 때까지만 유지될 것이다. *16:25에 대한 설명을 보라*. **이방인의 충만한 수가 들어오기까지** "…까지"는 특정한 때를 가리킨다. "충만"은 완성을 가리킨다. "들어오기"는 구원으로 들어오는 것을 가리키는 헬라어 단어를 번역한 말이다(참고. 마 5:20; 막 9:43, 45, 47; 요 3:5; 행 14:22). 이스라엘의 영적 완고함(예수가 메시아인 것을 거부할 때에 시작된)은 선택된 이방인의 완전한 숫자가 구원으로 들어올 때까지 계속될 것이다. **더러는 우둔하게 된 것** 이스라엘 나라가 우둔하게 되는 것이 유대인 개개인 모두에게 해당되지는 않는다. 역사 전체를 통해 하나님은 언제나 믿는 남은 자를 유지하셨다(*5, 17절에 대한 설명을 보라*).

11:26, 27상 이사야 59:20, 21을 인용한 것이다.

11:26 온 이스라엘 이 교회 시대에 교회 내에 있는 믿는 남은 자 유대인이 아니라 환난의 마지막 시기에 살고 있는 모든 선택된 유대인이다(*5, 17절에 대한 설명을 보라*). 남은 자들은 이미 복음 진리를 받아들였으므로(*25절에 대한 설명을 보라*), 여기서는 그 사람들을 말하는 것이 아니다. 그들에게는 이 구절이 약속하는 구원이 필요치 않기 때문이다. **구원자가 시온에서 오사** 시편 14:7; 53:6; 이사야 46:13을 보라. 주 예수 그리스도의 천년 통치는 시온산과 관련이 있을 것이다(시 110:2). **시온** *시편 110:2; 히브리서 12:22에 대한 설명을 보라*.

11:27 내가 그들의 죄를 없이 할 때에 이사야 27:9을 인용한 것이다. 이스라엘의 구원을 위해 꼭 필요한 것이다(참고. 겔 36:25-29; 히 8:12). **언약** 새 언약이다(사 59:21; 렘 31:31-34).

11:28 복음으로…원수 된 자요 영적으로 완악하게 된 기간에 이스라엘의 한시적 상태다(*25절에 대한 설명을 보라*). **택하심으로 하면** 하나님의 영원한 선택이라는 관점에서 보면 이스라엘은 언제나 하나님의 언약 백성일 것이다(*1절에 대한 설명을 보라*). **조상들로 말미암아** (아브라함, 이삭, 야곱) 아브라함 언약을 받은 족장들이다(출 2:24; 레 26:42; 왕하 13:23).

11:29 하나님의 은사…후회하심이 없느니라 *1절에 대한 설명을 보라*. 하나님이 주권적으로 이스라엘을 선택하신 일은 각 신자의 경우와 마찬가지로 무조건적이며 불변하다. 이는 그 결정이 하나님의 변함 없는 성품에 뿌리를 두고 있으며 일방적이고 영원한 아브라함 언약으로 표현되었기 때문이다(*9:4에 대한 설명을 보라*).

11:30, 31 하나님은 믿지 않는 이방인들에게 그러하셨듯이 믿지 않는 이스라엘 사람에게도 은혜를 베푸실 것이다(참고. 롬 5:8). 유대인의 구원이든 이방인의 구원이든 구원은 하나님의 자비에서 흘러나온다(참고. 딤전 1:12-14).

11:32 하나님은 죄의 원인은 아니시지만(시 5:4; 합 1:13;

단어 연구

화목(Reconciliation): 5:11; 11:15. 기본적인 의미는 '변화' 또는 '교환'이다. 대인관계의 맥락에서 이 단어는 양쪽의 태도 변화를 암시한다. 즉 적대감에서 우정으로의 변화다. 하나님과 사람 사이의 관계에 대해 말할 때는 이 단어가 하나님과 사람 양쪽에 나타난 태도 변화를 의미한다. 사람이 자기의 악한 길에서 변화되는 것은 당연히 필요하지만, 하나님 편의 변화는 필요없다고 주장하는 사람들이 있다. 그러나 칭의 교리에는 죄인을 향한 하나님의 태도 변화가 본질적으로 포함되어 있다. 하나님은 이전에 자신의 원수였던 사람을 의롭다고 선언하신다.

약 1:13), 사람이 자신의 악한 성향을 좇는 것을 허용하신다. 이는 불순종하는 죄인들에게 은혜와 자비를 베푸심으로 영광을 받으시기 위해서다(참고. 엡 2:2; 5:6).

11:33-36 1-2절에 계시된 하나님의 계획의 장엄, 광대함, 지혜가 바울의 입에서 찬송이 터져나오게 했다. 이 송영은 이스라엘을 위한 하나님의 미래 계획(9-11장)뿐 아니라 이신칭의에 대한 바울의 전체 설명(1-11장)에 대해서도 적절하다.

11:33 **지혜** 시편 104:24; 다니엘 2:20; 에베소서 3:10; 요한계시록 7:12을 보라. **지식** 하나님의 전지를 말한다(참고. 삼상 2:3; 왕상 8:39; 시 44:21; 147:5). **판단** 하나님의 목적 또는 작정을 가리키는 말로, 사람의 이해를 초월한다(참고. 시 36:6). **길** 하나님이 자신의 목적을 이루기 위해 선택하신 방법이다(참고. 욥 5:9; 9:10; 26:14).

11:34 이사야 40:13을 인용한 것이다.

11:35 욥기 41:11을 인용한 것이다.

11:36 고린도전서 8:6; 15:28; 에베소서 1:23; 4:6; 히브리서 2:10을 보라. 하나님은 모든 존재하는 것의 근원이시요, 유지자이시며, 정당한 목적이시다.

적용: 하나님의 의를 따르는 행동 (12:1-15:13)

12:1-15:13 이 마지막 다섯 개의 장에서 바울은 1-11장의 풍부한 신학적 진리를 신자들이 현실 생활에서 어떻게 실천할 수 있는지를 상세히 설명한다. 하나님이 신자들에게 매우 많은 것을 주셨으므로 신자들은 감사의 순종으로 응답해야 한다고 권면한다.

12:1 **그러므로** 이 말은 바로 앞 11:36에 나온 송영의 마지막 후렴을 가리킨다. 모든 것이 하나님의 영광을 위하여 있으므로 우리는 그 목적을 위해 자신을 드려야 한다. **하나님의 모든 자비하심** 앞에 나온 열한 장에서 바울이 설명한 하나님의 은혜롭고 관대하고 신성한 은혜로, 하나님의 사랑(1:7. 참고. 5:5; 8:35, 39), 은혜(1:6, 7; 3:24; 5:2, 20, 21; 6:15), 의(1:17; 3:21, 22; 4:5, 6, 22-24; 5:17, 19), 믿음의 선물(1:5, 17; 3:22, 26; 4:5, 13; 5:1; 10:17; 12:3)을 포함한다. **권하노니** 이 헬라어 단어는 '도우려고 곁으로 부르다'라는 뜻의 어근에서 왔다. 예수는 이와 연관된 '돕는 자'라는 단어로 성령을 가리키셨다(요 14:16, 26; 15:26; 16:7). 이 단어군은 나중에 권면하다, 용기를 주다, 조언하다는 의미를 가진다. 바울은 조언자로 독자에게 말하고 있지만, 그의 조언은 그의 사도직에 수반되는 육중한 무게를 가진다. **너희 몸을…산 제물로 드리라** 옛 언약 하에서 하나님은 죽은 동물을 제물로 받으셨다. 그러나 그리스도의 완전한 제사로 말미암아 구약의 제사는 더 이상 효력이 없다(히 9:11, 12). 그리스도 안에 있는 사람들에게 있어 하나님이 유일하게 받으시는 예배는 자신을 주님께 완전히 드리는 것이다. 하나님의 통제 하에서 신자의 아직 구속받지 못한 몸(*6:6, 12; 7:5에 대한 설명을 보라*. 참고. 8:11, 23)은 의의 도구로 하나님께 드려져야 한다(6:12, 13. 참고. 8:11-13). **영적 예배** "영적"은 '논리'를 가리키는 헬라어에서 왔다. 오직 하나님의 자비의 열매로 신자들이 누리는 모든 영적 풍성함에 비춰보았을 때(롬 11:33, 36) 그들이 하나님께 최고의 섬김(예배)을 드려야 한다는 것이 논리적으로 따라온다. 여기서 암시되는 것은 구약 예배에서 필수적이었던 제사장적 영적 사역의 개념이다.

12:2 **이 세대** 이 말은 어느 시대든지 세상을 지배하고 있는 불신의 제도, 가치관(또는 세대의 정신)을 가리킨다. 현재 사상과 가치관의 총합이 우리가 사는 세상의 도덕적 분위기를 형성하는데, 항상 사탄의 지배를 받고 있다(참고. 고후 4:4). **본받지 말고** '본받다'는 내부의 참된 것을 반영하지 않는 외적 표현을 하는 것, 일종의 가장 또는 연기를 가리킨다. 이 단어를 사용한 것을 보면 바울의 독자가 이미 본받고 있으며, 따라서 그것을 중지해야 한다는 것을 암시한다. **마음을 새롭게 함으로** 이런 종류의 변화는 지속적인 성경 연구와 묵상을 통해 성령께서 우리의 생각을 변화시켜 주실 때만 일어난다(시 119:11. 참고. 빌 4:8; 골 1:28; 3:10, 16). 새롭게 된 마음은 하나님 말씀이 가득하여 그 말씀에 의해 통제되는 마음이다. **변화를 받아** 영어 단어 'metamorphosis'(변형)가 이 헬라어에서 나왔다. 이 단어는 외적인 모습의 변화를 의미한다. 마태는 예수의 변형을 묘사할 때 이 단어를 사용했다(마 17:2). 그리스도가 변화하셨을 때 자신의 내적이고 신성한 성품과 영광을 잠시 동안 제한적인 방식을 통해 겉으로 드러내셨듯이, 그리스도인도 그들의 내적이고 구속된 본성을 겉으로 드러내야 하는데, 한 번만이 아니라 매일 그렇게 해야 한다(참고. 고후 3:18; 엡 5:18). **선하시고 기뻐하시고 온전하신** 하나님이 승인하시는 거룩한 생활이다. 이 단어들은 구약의 제사제도와 관련된 것으로, 희생제물이 흠이 없어야 하는 것처럼(참고. 레 22:19-25) 도덕적·영적으로 흠 없는 생활을 가리킨다.

12:3 **은혜** 바울을 사도로 부르시고 그에게 영적 권위를 주시고(롬 1:1-5. 참고. 고전 3:10; 갈 2:9) 마음에 진정한 겸손을 심어주시는(딤전 1:12-14) 등 신성하고 분에 넘치는 호의를 베푸셨다. **믿음의 분량** 성령께서 각 신자에게 주시는 영적 은사(또는 초자연적 능력이나 재능)의

롬

정당한 분량이다(*벧전 4:10에 대한 설명을 보라*). 이것은 그리스도의 몸에서 그의 기능을 수행하도록 하기 위해서다(고전 12:7, 11). '믿음'은 구원의 믿음이 아니라 신실한 봉사의 태도로, 사람이 자신의 특정한 은사를 사용하는 데 요구되는 사려 깊은 믿음과 분량이다(참고. 고전 12:7, 11). 각 신자는 그리스도의 몸에서 자신의 역할을 수행하기 위해 필요한 만큼의 은사와 자원을 받는다. **지혜롭게** 건전한 판단을 하라는 말이다. 이렇게 하면 신자는 자기 자신만으로는 아무것도 아닌 것을 깨닫고(참고. 벧전 5:5), 겸손의 열매를 맺을 것이다(참고. 요삼 9절).

12:4-8 영적 은사의 일반적인 범주를 열거한(참고. 고전 12:12-14) 두 개의 신약성경 단락 중 하나다. 각 목록이 강조하고자 하는 것은 신자가 자기의 은사를 정확하게 확인하라는 것이 아니라 하나님이 각 사람에게 주신 독특한 능력을 신실하게 사용하라는 데 있다. 두 목록이 다르다는 사실을 놓고 볼 때 거기 열거된 은사들은 하나님이 기본 물감을 둔 팔레트에 비할 수 있으며, 거기서 하나님이 취한 물감들을 섞어 각 제자의 삶을 위한 독특한 색조를 만들어내시는 것이 분명하다(*6-8절; 고전 12:12-14에 대한 설명을 보라*).

12:4 한 몸에 많은 지체 사람의 몸에서 볼 수 있는 것처럼 하나님은 주권적으로 그리스도의 몸에 통일된 다양성을 내리셨다(*고전 12:14-20에 대한 설명을 보라*).

12:5 그리스도 안에서 *8:1; 에베소서 1:3-4에 대한 설명을 보라.*

12:6 주신 은혜대로 받을 만한 자격이나 공로가 없다는 것이다(*3절에 대한 설명을 보라*). 은사 그 자체를 가리키며(고전 12:4), 그것이 사용되는 구체적인 방법(고전 12:5)과 그것의 영적 결과들(고전 12:6)은 모두 인간의 공로와 전혀 무관하게 성령을 통해 주권적으로 결정된다(고전 12:11). **은사** *12:3에 대한 설명을 보라.* **예언** *고린도전서 12:10에 대한 설명을 보라.* 이 헬라어는 '발설하다'는 의미를 가지며, 미래에 대한 예언 또는 다른 어떤 신비하거나 초자연적인 측면을 꼭 포함하지는 않는다. 사도행전의 몇몇 예언자는 미래 사건을 예언했지만(11:27, 28; 21:10, 11), 다른 사람들은 미래에 대해 말한 것이 아니라 하나님의 진리를 말하는 것으로 청중을 격려하거나 힘을 주었다(15:32. 참고. 22-31절). 하지만 신약성경의 증거를 통해 보면, 신약성경이 아직 완성되지 않았고 표적 은사들이 끝나지 않았던 1세기에(*고전 13:8-10에 대한 설명을 보라*. 참고. 고후 12:12; 히 2:3, 4) 이 단어는 계시를 가리키기도 하고, 계시가 아닌 것을 가리키기도 했던 것으로 보인다. 계시를 가리키지 않는 경우 예언은 단지 하나님 말씀을 공적으로 선포하는 기능을 가리켰다(*고전 14:3, 24, 25; 벧전 4:11에 대한 설명을 보라*). **믿음의 분수대로** 문자적으로 '그 믿음', 즉 기독교 신앙에 대한 완전하게 계시된 메시지 또는 신앙의 체계다(유 3절. 참고. 딤후 4:2). 설교자는 주의해서 사도들이 전한 것과 동일한 메시지를 선포해야 한다. 또한 이 말은 복음에 대한 신자의 경험적 이해나 통찰을 가리킬 수도 있다(*3절에 대한 설명을 보라*).

12:7 섬기는 일 '집사' 또는 '여집사'와 동일한 헬라어에서 온 이 말은 섬기는 사람을 가리킨다. 돕는 은사(고전 12:28)와 유사한 이 은사는 모든 종류의 실천적인 도움을 포함하는 광범위한 의미를 가진다(참고. 행 20:35; 고전 12:28). **가르치는 일** 하나님 말씀을 분명하게 해석하고 밝히고 조직화하고 설명하는 능력이다(참고. 행 18:24, 25; 딤후 2:2). 목사에게는 이 은사가 있어야 하지만(딤전 3:2; 딛 1:9. 참고. 딤전 4:16), 자질을 갖춘 성숙한 평신도들도 이 은사를 가질 수 있다. 이 은사는 설교(예언)와 내용에서 다른 것이 아니라 그것을 공적으로 선포하는 기능에서 다르다(*6절에 대한 설명을 보라*).

12:8 위로 다른 사람을 권하여 하나님의 진리를 순종하고 따르도록 만들 수 있는 능력이다(*1절에 대한 설명을 보라*). 이 능력은 소극적으로는 죄에 관해 권고하고 고치도록 하는 데 사용될 수 있고(딤후 4:2), 적극적으로는 고투하는 신자들을 격려하고 위로하고 강하게 할 수도 있다(참고. 고후 1:3-5; 히 10:24, 25). **구제** 이는 희생적인 나눔, 자신의 자산과 자기 자신을 다른 사람의 필요를 채우기 위해 주는 것을 말한다(참고. 고후 8:3-5, 9; 11; 엡 4:28). **성실함** 단순함과 일편단심, 열린 마음을 지닌 관대함이다. 올바른 태도로 베푸는 신자는 감사를 받거나 사람들의 인정을 받기 위해서가 아니라 하나님을 영화롭게 하기 위해 그렇게 한다(참고. 마 6:2; 행 2:44, 45; 4:37-5:11; 고후 8:2-5). **다스리는** 문자적으로 '앞에 서기'다. 바울은 이 은사를 "다스리는 것"(고전 12:28)이라고 부른다. 이 단어는 '인도하다'라는 뜻으로, 배를 운전하는 사람을 가리킬 때 사용된다(행 27:11; 계 18:17). 신약성경에서는 이 말이 가정(딤전 3:4, 5, 12)과 교회(고전 12:28; 딤전 5:17. 참고. 행 27:11; 계 18:17)의 지도자를 가리키는 말로만 사용된다. 여기서 교회의 지도자들이 이 은사를 사용해야 하지만 이 은사가 그들에게만 제한되는 것은 아니다. **긍휼을 베푸는** 고난과 슬픔 가운데 있는 사람에게 적극적인 공감과 민감성을 갖고 대하며, 그들의 고통을 덜어주기 위한 의지와 자원을 가진 사람이다. 이 은사에는 자주 권면의 은사가 동반된다. **즐거움으로** 이 태도는 자비가 고통당하는 사람을 실망시키

는 동정이 되지 않고 참된 도움이 되기 위해 반드시 필요하다(참고. 잠 14:21, 31; 눅 4:18, 19).

12:9-21 이 단락은 성령 충만한 생활의 특징이 되는 포괄적이고 필수적인 목록을 보여준다(참고. 요 15:8; 엡 2:10). 바울은 이 특징들을 다음의 네 가지 범주로 나눠 보여준다. 개인의 의무(9절), 가족의 의무(10-13절), 다른 사람들에 대한 의무(14-16절), 우리를 적으로 여기는 사람들에 대한 의무(17-21절)다.

12:9 사랑 신약성경에서 최고의 미덕이다. 사랑의 대상에 대해 필요와 안녕을 중심으로 생각하며, 그것을 공급하기 위해 필요한 모든 것을 실행한다(참고. 마 22:37-39; 갈 5:22; 벧전 4:8; 요일 4:16. *고전 13장에 대한 설명을 보라*). **거짓** *마태복음 6:2에 대한 설명을 보라*. 그리스도인의 사랑은 깨끗함과 진심을 보여야 하며, 자기중심적 계산이나 꾸밈이 있어선 안 된다.

12:10 형제를 사랑하여 서로 우애하고 다른 그리스도인에게 가족애와 같은 사랑을 쏟아야 한다. 이것은 개인적인 매력이나 이끌림을 근거로 한 것이 되어선 안 된다(참고. 살전 4:9). 이것을 통해 세상은 일차적으로 그리스도의 제자를 인식한다(요 13:35. 참고. 요일 3:10, 17-19). **존경하기를 서로 먼저 하며** 동료 신자들을 더 중요하게 여김으로써 그들의 참된 가치를 인정하고 존경을 표해야 한다(빌 2:3).

12:11 기독교적인 사랑으로 할 만한 일이라면 무슨 일이든지 열정과 세심한 마음으로 할 가치가 충분하다(요 9:4; 갈 6:10; 히 6:10, 11. 참고. 전 9:10; 살후 3:13). 게으름과 무관심은 선을 막을 뿐 아니라 악을 조장한다(잠 18:9; 엡 5:15, 16). **열심을 품고** 문자적으로 '끓는 마음으로'라는 뜻이다. 이는 적절하고 생산적인 에너지를 내기에 충분한 열을 의미한다. 하지만 자제력을 잃을 정도로 많은 열을 의미하지는 않는다(참고. 행 18:25; 고전 9:26; 갈 6:9).

12:12 소망 중에 즐거워하며 그리스도의 재림과 우리의 궁극적 구속에 대해 이렇게 하라는 말이다(*5:2; 8:19에 대한 설명을 보라*. 참고. 마 25:21; 고전 15:58; 딤후 4:8). **환난** *5:3에 대한 설명을 보라*. **참으며** 견디고 나아가는 것이다(*5:3에 대한 설명을 보라*). **기도에 항상 힘쓰며** 참고. 사도행전 2:42; 데살로니가전서 5:17; 디모데전서 2:8.

12:13 쓸 것을 공급하며 공동체, 참여, 상호 나눔을 의미하는 헬라어 단어에서 왔으며, 때로 '교제' '교통'이라고도 번역된다(행 2:42, 44. 참고. 4:32; 딤전 6:17, 18). **손 대접하기** 문자적으로 '나그네에 대한 사랑을 추구하기'이다(히 13:2). 하지만 단지 친구를 맞이하는 것을 의미하는 건 아니다. 신약 시대에는 여행이 위험했고, 여관들은 도덕적으로 악하고 많지도 않았으며 값이 비쌌다. 그래서 초대 교회의 신자들은 자주 여행객, 특히 동료 신자에게 집을 제공했다(딤후 1:16-18; 요삼 5-8절. 참고. 눅 14:12-14; 벧전 4:9). 교회 지도자들은 이 미덕의 모범이 되어야 한다(딛 1:8).

12:14 너희를 박해하는 자를 축복하라 원수를 친구처럼 대하라는 말이다(눅 6:27-33. 참고. 마 5:44; 눅 23:34; 행 7:60; 벧전 2:21-23).

12:15 즐거워하고…울라 자기 자신의 상황이 어떠하든지 다른 사람의 복과 명예, 안녕을 기뻐하며(참고. 고전 12:26; 고후 2:3), 다른 사람의 고난이나 슬픔에 대해 민감하게 여기고 공감하라는 뜻이다(골 3:12; 약 5:11. 참고. 눅 19:41-44; 요 11:35).

12:16 서로 마음을 같이하며 공평해야 한다는 것이다(*2:11; 약 2:1-4, 9에 대한 설명을 보라*. 참고. 행 10:34; 딤전 5:21; 벧전 1:17). **높은 데 마음을 두지** 자기를 추구하는 자존심으로 교만해지는 것이다(참고. 빌 2:3). **스스로 지혜 있는 체 하지** 그리스도인은 동료 신자들에 대해 우쭐하거나 우월감을 가져선 안 된다(참고. 1:22).

12:17 악을 악으로 갚지 말고 "눈에는 눈, 이에는 이"라는 구약의 법은 구약에서든 신약에서든 개인을 대상으로 하는 법이 절대 아니었다. 도리어 그것은 백성들에게 선한 행실을 강제하기 위한 집단적·사회적 표준이었다(살전 5:15. *출 21:23, 24에 대한 설명을 보라*. 참고. 레 24:20; 신 19:21; 벧전 3:8, 9). **선한 일을 도모하라** 그리스도인은 본질적으로 바르고 정직한 것을 존중해야 한다. 또한 '선한 일'은 다른 사람들, 특히 불신자들과 함께 있을 때 가시적이고 명백하게 정당한 태도를 취해야 한다는 뜻이다.

12:18 할 수 있거든 비록 신자는 다른 사람들과 화평을 이루기 위해 필요한 모든 일을 해야 하지만, 항상 그렇게 되는 것은 아니다. 왜냐하면 이것은 다른 사람의 태도와 반응에 의존하는 면이 있기 때문이다.

12:19 진노하심 하나님의 진노하심이다(*1:18에 대한 설명을 보라*). **원수 갚는 것** 신명기 32:35을 인용한 것으로, 하나님의 보응을 가리킨다.

12:20 숯불을 그 머리에 쌓아 놓으리라 이것은 고대 애굽의 풍습으로, 공개적인 참회를 보이기 원하는 사람이 숯불이 든 접시를 머리 위에 두는 것을 말한다. 여기서 숯불은 그 사람의 수치와 죄책감의 불타는 고통을 나타낸다. 신자들이 원수에게 사랑의 도움을 제공하면 그들은 자기들이 미움과 적대감을 품은 사실에 대해 그런 수치심을 갖게 될 것이다(참고. 잠 25:21, 22).

서로 사랑하라

그리스도의 몸 안에서 가족으로 지내는 것은 '서로 사랑하는' 것과 함께 시작된다. 주는 제자들에게 "너희가 서로 사랑하면 이로써 모든 사람이 너희가 내 제자인 줄 알리라"고 말씀하셨다(요 13:35).

서신서들은 이 대강령을 10번 이상 언급한다(롬 12:10; 13:8; 살전 3:12; 4:9; 살후 1:3; 벧전 1:22; 요일 3:11, 23; 4:7, 11; 요이 5절).

서신서들은 이런 일반적 진술을 말하고 나서 교회 안에서의 '서로를 향한' 사역의 다양한 특징을 구체적으로 설명해 나간다. 그 내용은 상당히 많고, 비교적 자명하다.

13:1 **위에 있는** 모든 국가 권력을 가리킨다. 거기에는 유능성, 도덕성, 합리성이나 다른 어떤 제한도 둘 수 없다(살전 4:11, 12; 딤전 2:1, 2; 딛 3:1, 2). **복종하라** 이 헬라어 단어는 군인이 상관에게 절대적으로 복종하는 것을 가리키는 데 사용된다. 성경은 이 명령에 한 가지 예외를 둔다. 바로 국가 권력에게 복종하는 것이 하나님 말씀에 불순종하는 결과가 될 때다(출 1:17; 단 3:16-8; 6:7, 10. *행 4:19에 대한 설명을 보라*). **권세는 하나님으로부터 나지 않음이 없나니** 오직 하나님만 온 우주의 대권을 쥔 통치자이시므로(시 62:11; 103:19; 딤전 6:15), 지상에 다음 네 가지 권세를 지정하셨다. 모든 시민 위의 정부, 모든 신자 위의 교회, 모든 자녀 위의 부모, 모든 피고용자 위의 고용주다. **정하신 바라** 인간 정부의 권세는 하나님으로부터 오며, 하나님을 통해 규정된다. 하나님은 악하고 타락한 세상에서 선행에는 보상하고 죄는 억제하기 위해 인간 정부를 세우셨다.

13:2 **하나님의 명을 거스름이니** 모든 정부는 하나님이 세우신 것이므로 불순종은 하나님에 대한 반항이다. **심판** 하나님의 심판이 아니라 법을 어겼을 때 국가가 행하는 심판이다(*4절에 대한 설명을 보라*).

13:3 **선한 일에 대하여 두려움이 되지 않고 악한 일에 대하여 되나니** 가장 사악하고 무신론적인 정부라도 범죄를 막는 역할은 수행한다. **선을 행하라…칭찬을 받으리라** 평화롭고 법을 지키는 시민은 권세를 두려워할 필요가 없다. 정부의 법을 지키는 사람들에게 해를 가하는 정부는 거의 없다. 실제로 정부는 그런 사람을 대부분 칭찬한다.

13:4 **하나님의 사역자가 되어…선을 베푸는 자니라** 악을 제어하고 생명과 재산을 보호하기 위한 것으로, 바울이 공의의 도움을 얻기 위해 로마 시민권을 활용했을 때 그는 선을 장려하는 정부의 이 역할을 이용한 것이다(행 16:37; 22:25, 29; 25:11). **칼을 가지지** 이것은 악행을 일삼는 자에게 형벌을 가할 수 있는(특별히 사형) 정부의 권리를 상징한다(창 9:6. 참고. 마 26:52; 행 25:11). **진노하심을 따라 보응하는** 하나님의 진노가 아니라 국가 권력을 통해 가해지는 형벌이다.

13:5 **복종하지 아니할 수 없으니** *1절에 대한 설명을 보라*. **양심을 따라** 단지 국가 권력의 형벌을 피하기 위한 것이 아니라 하나님에 대한 의무감과 그분 앞에서의 깨끗한 양심 때문이다(*고후 1:12에 대한 설명을 보라*).

13:6 **조세** 이 헬라어는 특별히 개인, 특히 피정복 국가에 사는 사람이 자기들을 정복한 외국 통치자에게 바치는 특별히 내기 싫은 세금을 가리킨다. 이 세금은 대개 수입세와 재산세를 합한 것이었다. 하지만 이 문맥에서 바울은 이 단어를 온갖 세금을 가리키는 가장 광범위한 의미로 사용하고 있다. 예수는 세금을 바쳐야 한다는 것을 명백히 가르치셨는데, 이는 심지어 이방인인 로마 정부에 대해서도 마찬가지였다(마 22:17-21). 또한 자신이 직접 성전세를 내심으로써 모범을 보이셨다(마 17:24-27). **이로 말미암음이라** 하나님은 인간 정부를 세우고 거기에 복종할 것을 요구하신다(1-5절).

13:7 **모든 자에게 줄 것을 주되** '주다'는 단어는 자발적인 기부를 가리키는 말이 아니라 빚진 것을 되갚는다는 의미의 헬라어 단어를 번역한 것으로, "줄 것"이라는 말로 그 의미가 강화된다. 사도는 세금 납부가 의무라는 것을 다시 강조한다(*6절에 대한 설명을 보라*). **관세** 통행세 또는 상품에 붙이는 세금이다. **두려워할…존경할** 하나님은 모든 공공 관리에 대해 진정한 존경과 참된 존중의 태도를 취할 것을 요구하신다.

13:8 **피차 사랑** 신자는 그리스도인만 사랑하는 것이 아니라(요 13:34, 35; 고전 14:1; 빌 1:9; 골 3:14; 살전 4:9; 딤전 2:15; 히 6:10; 벧전 1:22; 4:8; 요일 2:10; 3:23; 4:7, 21), 비그리스도인도 사랑해야 한다(마 5:44; 눅 6:27, 35. 참고. 눅 6:28, 34; 롬 12:14, 20; 갈 6:10; 살전 5:15). **아무에게든지 아무 빚도 지지 말라** 돈을 빌리는 것 자체를 금하는 것은 아니다. 성경도 그것을 허용하고 규제한다(참고. 출 22:25; 레 25:35-37; 신 15:7-9; 느 5:7; 시 15:5; 37:21, 26; 겔 22:12; 마 5:42; 눅 6:34). 바울의 요점은 우리에게 재정적 의무가 발생하면 기한 내에 그것을 반드시 상환해야 한다는 것이다. *신명기 23:19, 20; 24:10-13에 대한 설명을 보라*. **율법을 다 이루었느니라** *13:10에 대한 설명을 보라*.

13:9 사랑이 율법을 이루는 것임을 보이기 위해 바울은 십계명 중에서 인간관계를 다루는 네 개의 계명을 인용해 구약의 대단히 중요한 명령과 연결시킨다. 바울은 출애굽기 20:13-15, 17을 인용한다(참고. 신 5:17-19, 21). **네 이웃을 네 자신과 같이 사랑하라 하신 그 말씀 가운데 다 들었느니라** 레위기 19:18의 인용인 이 명령은 인간관계와 관련된 하나님의 법에 대한 모든 것을 포괄한다(마 22:39). 만약 진정으로 이웃을 사랑한다면(우리가 접촉하는 모든 사람, 참고. 눅 10:25-37) 우리는 그 사람에게 가장 유익한 일을 할 것이다(13:10).

13:10 사랑은 율법의 완성이니라 만약 우리가 자신을 돌보듯 다른 사람을 돌본다면 우리는 인간관계에 대한 하나님의 어떤 법도 범하지 않을 것이다(마 7:12; 약 2:8).

13:11 시기 헬라어 단어는 시기를 연대기적으로 다루는 것이 아니라 시대로 본다(참고. 3:26; 마 16:3; 막 1:15; 눅 21:8; 행 1:7; 3:19; 계 1:3). **자다가** 영적 무관심과 무능력, 즉 하나님의 일들에 대한 무반응이다. **우리의 구원** 우리의 칭의를 말하는 것이 아니라 우리의 구속, 영광(*8:23에 대한 설명을 보라*)에 대한 최후 완성을 가리킨다. **때보다 가까웠음이라** 예수님이 다시 오실 때 우리는 영광을 입을 것인데(*8:23에 대한 설명을 보라*), 하루하루 지날 때마다 그날이 더 가까워지고 있다. 성경은 예수 그리스도의 재림을 이용해 자주 신자의 거룩한 생활을 격려한다(고후 5:10; 딛 2:11-13; 히 10:24, 25; 약 5:7, 8; 벧전 4:7-11; 벧후 3:11-14).

13:12 밤 이것은 인간의 타락과 사탄의 지배를 가리킨다(참고. 살전 5:4, 5). **낮** 이것은 그리스도가 다시 오셔서 다스리시는 것을 말한다(참고. 살전 5:2-4). **벗고** 그리스도의 임박한 재림에 비춰 바울은 신자에게 그들의 죄를 회개하고 버릴 것을 권고한다(벧후 3:14; 요일 2:28. 참고. 엡 4:22; 골 3:8-10; 히 12:1, 14; 약 1:21; 벧전 2:1; 4:1-3). **빛의 갑옷** 실천하는 의가 제공하는 보호다(참고. 엡 6:11-17).

13:13 단정히 행하고 내적 실재인 구속받은 생명을 외적인 행동으로 증명하여 하나님께 기쁨을 드리는 삶을 산다는 것이다(참고. 6:4; 8:4; 눅 1:6; 갈 5:16, 25; 엡 2:10; 4:1, 17; 5:2, 8, 15; 빌 1:27; 3:16, 17; 골 1:10; 2:6; 살전 2:12; 4:1, 12; 벧전 2:12; 요일 2:6; 요이 4, 6절). **방탕** 난잡한 파티, 성적 방탕, 요란 법석, 폭동이다(참고. 갈 5:21; 벧전 4:3). **음란하거나 호색하지** 성적 부도덕을 말한다(참고. 고전 6:18; 엡 5:3; 골 3:5; 살전 4:3; 딤후 2:22). **다투거나 시기하지** 이것은 불법과 밀접하게 관련되어 있다(참고. 고전 3:3; 고후 12:20; 갈 5:20; 빌 1:15; 딤전 6:4). 왜냐하면 시기는 자주 다툼을 일으키기 때문이다.

13:14 주 예수 그리스도로 옷 입고 이 어구는 성화, 곧 믿음으로 구원받은 사람이 그리스도의 모양과 형상을 더욱 닮아가는 지속적인 영적 과정을 요약한 말이다(참고. 고후 3:18; 갈 4:19; 빌 3:13, 14; 골 2:7; 요일 3:2, 3). 이 과정을 묘사하기 위해 바울이 사용하는 이미지는 옷을 벗고 입는 것인데, 여기서 옷은 생각과 행동을 상징한다. *에베소서 4:20-24에 대한 설명을 보라.* **정욕** 갈라디아서 5:17; 에베소서 2:3을 보라. **육신** *7:5에 대한 설명을 보라.* **도모하지 말라** 이 단어의 기본적 의미는 사전에 계획하는 것 또는 미리 생각해두는 것이다. 대부분의 악한 행동은 마음속에 내재되어 있던 잘못된 생각이나 욕망의 결과다(참고. 약 1:14, 15).

14:1-12 교회의 다양성은 서로 다른 사람을 모아 참된 통일을 이룰 수 있는 그리스도의 능력을 보여준다. 하지만 사탄은 자주 사람의 구속되지 못한 육신을 사용해 분열을 조장하고 그 연합을 위협한다. 바울이 이 구절에서 다루는 위협은 성숙하고 강한 신자(유대인과 이방인 모두)가 미성숙하고 연약한 신자와 마찰을 일으킬 때 일어날 수 있는 위협이다. 강한 유대인 신자들은 그리스도 안에서 얻은 자유를 이해했고, 모세 율법이 요구하는 종교 제의적 요구가 더 이상 구속력이 없다는 것을 깨달았다. 성숙한 이방인 신자들은 우상은 신이 아니며, 따라서 우상에게 바친 제물도 먹을 수 있다는 것을 깨달았다. 그러나 이 두 가지 경우 연약한 신자들의 양심이 어려움을 겪게 되었으며, 심지어 그들의 양심을

'서로에 대하여' 하지 말아야 할 것들

그리스도인은 그들의 생활방식에 긍정적인 행실을 더해야 할 뿐 아니라 성경이 금하는 부정적인 행실을 없애거나 피해야 한다. '서로에 대하여' 하지 말아야 할 것을 살펴보자.

• 사랑의 빚 외에는 아무에게든지 아무 빚도 지지 말라	롬 13:8
• 비판하지 말라	롬 14:13
• 부부는 서로 분방하지 말라	고전 7:5
• 물고 먹지 말라	갈 5:15
• 노엽게 하지 말라	갈 5:26
• 투기하지 말라	갈 5:26
• 거짓말을 하지 말라	골 3:9
• 미워하지 말라	딛 3:3
• 비방(원망)하지 말라	약 4:11; 5:9

거슬려 행하려는 유혹을 받았다(이렇게 행하는 것은 나쁜 일임). 성숙한 유대인과 이방인 신자가 이 어려움을 겪게 되리라는 것을 알고 바울은 주로 그들에게 말했다.

14:1 믿음이 연약한 자 이것은 이전의 종교적 제의와 종교 의식을 버리지 못하는 신자들을 가리킨다. 연약한 유대인 신자는 옛 언약의 예식과 금령을 포기하기가 어려웠다. 그들은 음식법에 집착하고 안식일을 지키며 성전에서 제사를 드리는 것을 포기할 수 없다고 느꼈다. 연약한 이방인 신자는 이교의 우상숭배와 그것의 제의에 깊이 젖어 있었다. 그들은 이방의 신에게 드려졌다가 시장에서 팔리는 고기를 포함해 자신의 과거와 조금이라도 연결된 어떤 것에 접촉하면 죄로 더러워진다는 느낌이 들었던 것이다. 이들은 이런 분야에서 양심이 매우 민감하게 작동했으며, 그런 생각으로부터 벗어날 만큼 충분히 성숙하지 못했다. 참고. 고린도전서 8:1-13. **받되** 여기 사용된 헬라어는 다른 사람을 인격적으로 기꺼이 맞아들이는 것을 가리킨다. **의견을 비판하지 말라** 더 좋은 번역은 '의견들(또는 세세한 일들)을 판단하려는 목적으로'이다. 성숙한 신자는 연약한 신자들의 행위를 지배하는 진실하지만 성숙하지 못한 생각을 판단하는 자리에 앉으면 안 된다.

14:2 어떤 사람은…믿음이 있고 이것은 강한 신자를 가리키는 표현으로, 그의 성숙한 믿음이 그에게 그리스도 안에서 자유를 누릴 수 있도록 하여 이방인의 시장에서 파는 값싼 고기를 먹을 수 있다. 이 고기가 값이 싼 이유는 예배자가 이교의 신에게 예물로 바친 고기이기 때문이다(*고전 8:1-13에 대한 설명을 보라*). **채소만** 유대인 신자와 이방인 신자가 부정하거나 우상에게 바친 제물을 먹지 않기 위해 엄격하게 제한한 먹을 수 있는 음식이다.

14:3 업신여기지…비판하지 "업신여기다"는 말은 어떤 사람을 싫어하거나 혐오의 대상인 무가치한 사람인 것처럼 무시한다는 뜻이다. "비판하다"는 말은 '정죄하다'는 말로 둘 다 강한 표현이다. 바울은 그 두 말을 비슷한 의미로 사용했다. 강한 자는 약한 자를 율법주의적이고 스스로 의롭다 한다고 무시했다. 약한 자는 강한 자를 무책임하고 타락했다고 비판한다.

14:4 그가 서 있는 것이나 넘어지는 것이 자기 주인에게 있으매 그리스도가 각 신자를 어떻게 평가하시느냐 하는 것이 최후의 관건이며, 그리스도의 판단은 종교적 전통이나 개인적 선호를 고려하지 않는다(참고. 8:33, 34; 고전 4:3-5).

14:5 이 날을 저 날보다 낫게 여기고 비록 하나님은 그것을 더 이상 요구하시지 않지만 약한 유대인 신자는 안식일을 준수하며 유대교와 연결된 특별한 날들을 지켜야 한다고 여긴다(참고. 갈 4:9, 10. *골 2:16, 17에 대한 설명을 보라*). 다른 한편으로 연약한 이방인 신자는 자기들의 이전 종교가 부도덕한 우상숭배였던 까닭에 그 종교와 관련된 특별한 날들과 결별하기를 원했다. **모든 날을 같게 여기나니** 성숙한 신자는 그런 일로 염려하지 않는다. **각각 자기 마음으로 확정할지니라** 성경에서 구체적으로 명령되었거나 금지된 것이 아닌 문제에 대해서는 자기 양심의 명령에 따라야 한다. 양심은 하나님이 주신 경고의 장치이며, 마음속에 있는 최고의 도덕 기준에 반응하므로(2:14, 15), 그것을 무시하는 것은 어리석은 일이다. 도리어 양심의 가책에 따라야 한다. 더 많은 것을 배움으로써 성장하면 그 마음은 본질적인 것이 아니면 경고를 받지 않는다.

14:6 강한 신자는 자기가 원하는 것은 무엇이나 먹고 하나님께 감사한다. 연약한 신자는 음식법에 따라 먹고, 하나님을 위해 희생한 사실로 말미암아 주께 감사한다. 어떤 경우이든 신자는 주께 감사하며 그 동기는 언제나 같다. **주를 위하여** 연약한 자이든 강한 자이든 양심의 문제에 대한 신자의 결정 동기는 주님을 기쁘시게 하는 것이어야 한다.

14:7 자기를 위하여 사는…자기를 위하여 죽는 그리스도인 생활의 초점은 결코 자신이 아니다. 우리가 하는 모든 일은 주권을 가지신 우리 주님을 기쁘시게 하는 것이어야 한다(참고. 고전 6:20; 10:31).

14:9 죽은 자와 산 자의 주 그리스도는 우리를 죄에서 해방시키셨을 뿐 아니라 우리를 자신에게 종속시키신다(6:22). 자신을 함께 있는 성도들, 아직 지상에 있는 성도들 위에 주권자로 확립하는 것이다(참고. 빌 2:11; 딤전 6:15; 계 17:14; 19:16).

14:10 네 형제 그리스도 안의 동료 신자다. **비판하느냐…업신여기느냐** *3절에 대한 설명을 보라*. **하나님의 심판대** *고린도전서 13:13-15에 대한 설명을 보라*. 각각의 신자는 자신의 일을 고할 것이며, 주는 신자가 내린 결정에 따라 판단하실 것이다(여기에는 양심에 대한 문제도 포함됨). 오직 이 판결만 유일하게 문제가 된다(*고전 4:1-5; 고후 5:9, 10에 대한 설명을 보라*).

14:11 기록되었으되 바울은 이사야 45:23; 49:18을 인용하고 있다(참고. 빌 2:10, 11).

14:13 비판 *3절에 대한 설명을 보라*. **부딪칠 것** 신자가 행하여 (설사 성경이 그것을 허용한다고 해도) 다른 사람을 죄에 빠지게 할 수 있는 모든 것이다(고전 8:9). **주의하라** '비판'이라고 번역된 헬라어(14:3, 10, 13)가 여기서는 '주의하다'로 번역되어 있다. 3, 10, 13상반절에

서는 '정죄하다'로 그 의미가 부정적이다. 반면 13하반절에서는 '결심하다' 또는 '조심스러운 결정을 내리다'로 그 의미가 긍정적이다. 바울의 언어유희의 핵심은 형제들을 비판하는 대신 자신들의 판단력을 활용해 동료 신자를 도와야 한다는 것이다.

14:14 내가 주 예수 안에서 알고 확신하노니 이 진리는 바울 자신의 생각이나 다른 사람의 가르침의 결과물이 아니라 신성한 계시였다(참고. 갈 1:12). *고린도전서 7:12에 대한 설명을 보라.* **무엇이든지 스스로 속된 것이 없으되** *사도행전 10:15에 대한 설명을 보라.* 참고. 마가복음 7:15; 디모데전서 4:3-5; 디도서 1:15. **속된** 이 헬라어는 원래 '보통'이라는 뜻을 가졌지만 뒤에 '불순한' 또는 '악한'이라는 뜻으로 쓰였다(*행 10:14에 대한 설명을 보라*). **속되게 여기는 그 사람에게는 속되니라** 만약 신자가 어떤 행동을 죄라고 생각한다면(설사 그의 평가가 잘못이라고 하더라도) 그는 그 일을 하지 말아야 한다. 만약 한다면 그는 양심을 어기고 죄책감을 느낄 것이며(참고. 고전 8:4-7. *2:15에 대한 설명을 보라*), 자유를 향하여 전진하기보다는 더 심각한 율법주의로 후퇴할 것이다(*5절에 대한 설명을 보라*).

14:15 근심하게 이 헬라어는 고통이나 걱정을 일으킨다는 뜻이다. 연약한 신자는 자기에게 죄로 보이는 일을 형제가 하는 것을 보면 상심할 것이다. 더욱 악한 것은 강한 신자가 더 연약한 형제에게 양심에 거슬리는 행동을 하도록 이끌 수도 있다는 것이다(참고. 고전 8:8-13). **사랑** *고린도전서 13장에 대한 설명을 보라.* 사랑은 강한 그리스도인에게 그의 형제의 연약함에 대해 민감하게 대처하고 공감하도록 한다(고전 8:8-13). **망하게** 이 말은 완전한 파멸을 가리킨다. 신약성경에서 이 말은 자주 영원한 멸망을 가리키는 데 사용된다(마 10:28; 눅 13:3; 요 3:16; 롬 2:12). 하지만 이 문맥에서는 한 사람의 영적 성장을 심각하게 퇴보시키는 것을 가리킨다(참고. 마 18:3, 6, 14). **그리스도께서 대신하여 죽으신 형제** 모든 그리스도인이 이 범주에 속한다(참고. 고전 8:11).

14:16 너희의 선한 것 한 사람이 정당하게 행사하는 그리스도인의 자유다(참고. 고전 10:23-32). **비방을 받지** 악하다는 말을 듣는 것이다. 강한 신자들이 그리스도 안에서 자기의 자유를 오용하여 연약한 형제에게 해를 끼치면 불신자들은 기독교가 사랑 없는 사람으로 가득하다고 결론을 내릴 것이고, 이는 하나님의 영예를 손상시키는 결과를 초래할 것이다(참고. 2:24).

14:17 하나님의 나라 하나님이 구원하신 사람들의 마음속에서 그분이 다스리시는 구원의 영역이다(*행 1:3; 고전 6:9에 대한 설명을 보라*). **먹는 것과 마시는 것** 비본질적이고 외면적인 종교 규칙의 준수다. **성령 안에…희락** 성령의 열매에 대한 다른 부분으로 환경이 어떠하든지 항상 찬양하고 감사하는 태도를 가리키며, 이것은 하나님의 주권에 대한 확고한 믿음으로부터 흘러나온다(갈 5:22; 살전 1:6). **의** 거룩하고 순종적인 삶을 말한다(참고. 엡 6:14; 빌 1:11). **평강** 성령께서 이루시는 평안함으로, 하나님과 각 신자의 관계를 나타내는 특징이 되어야 한다(갈 5:22).

14:18 사람에게도 칭찬을 받느니라 이것은 보석업자가 보석의 질과 가치를 결정하기 위해 검사하는 것처럼 세심한 조사 이후 어떤 것을 승인하는 것을 가리킨다. 그리스도인은 그들이 어떻게 살며 서로를 어떻게 대하는지 평가하려는 의심 많은 세상의 현미경 아래에 놓여 있다(참고. 요 13:35; 빌 2:15).

14:20 하나님의 사업 성부, 성자, 성령의 노력에 의해 구속되어 자기가 자기의 주인이 아닌 동료 그리스도인을 가리키는 말이다(참고. 15절; 엡 2:10). **만물이 다 깨끗하되** 신자가 재량껏 사용하도록 하나님이 신자에게 주신 자유로, 그 자체로 좋은 것이다(참고. 14, 16절). **거리낌으로 먹는 사람** 하나님이 주신 이 자유를 부주의하고 이기적으로 사용하여 연약한 형제로 범죄하게 하는 사람이다.

14:21 거리끼게 하는 일 *13절에 대한 설명을 보라.*

14:22, 23 가장 강한 그리스도인이라도 하나님이 주신 자유를 거절하고 무관심하거나(갈 5:1), 자신의 자유가 다른 사람들에게 어떤 영향을 줄지 생각하지 않고 무분별하게 자유를 누린다면(참고. 고전 10:23-32) 그리스도인의 자유라는 영역에서 피해를 자초할 수 있다.

14:22 하나님 앞에서 스스로 가지고 있으라 '하나님 앞에서 당신 자신의 확신으로 가지고 있으라'가 더 나은 번역이다. 바울은 강한 신자에게 자신의 자유를 깨닫고 향유하면서 그것을 하나님과 자신 사이에서 유지하라고 권한다. **자기가 옳다 하는 바** 강한 신자는 약한 신자에게 걸림돌이 되지 않도록 건전한 양심을 유지해야 한다.

14:23 의심하고 먹는 자는 정죄되었나니 약한 신자가 양심을 거슬려 행동하면 그는 죄를 짓는 것이다. **믿음을 따라 하지 아니하는 것은 다** 양심이 정죄하는 생각과 행동을 말한다.

15:1 믿음이 강한 우리 *14:1-13에 대한 설명을 보라.* **약한** *14:1에 대한 설명을 보라.* **담당하고** 이 단어는 '무거운 것을 들고 나르다'라는 뜻이다. 물동이를 지고 가는 것을 묘사하는 데 이 단어가 사용되었으며(막 14:13), 사람을 옮기는 것을 묘사하는 데도 사용되었고

(행 21:35), 비유적으로는 의무를 감당하는 것을 가리키는 데도 사용되었다(행 15:10). 강한 자는 단순히 약한 형제들을 참아주기만 하면 되는 것이 아니다. 강한 자들은 약한 자들을 위한 사랑과 행동을 통해 약한 어깨에 지고 있는 짐을 덜어주어야 한다(갈 6:2. 참고. 고전 9:19-22; 빌 2:2-4).

15:2 덕을 세우도록 세우고 힘을 주는 것이다. 이것은 바울이 앞에서 한 것과 본질적으로 동일한 호소다(14:19). 다만 거기서는 자기희생이라는 요소가 덧붙여졌을 뿐이다(고전 10:23, 24. 참고. 빌 2:2-5).

15:3 그리스도께서도 자기를 기쁘게 하지 아니하셨나니 그리스도의 궁극적 목적은 하나님을 기쁘시게 하며 그 분의 뜻을 이루는 것이다(요 4:34; 5:30; 6:38; 8:25, 27-29; 빌 2:6-8). **기록된 바** 시편 69:9을 인용한 것이다. **비방이 내게 미쳤나이다** 여기서 '비방'은 중상, 거짓된 고발, 모욕을 가리킨다. 사람은 하나님을 싫어하며, 그 동일한 미움을 하나님이 자신을 계시하기 위해 보내신 그리스도를 향해서도 나타냈다(참고. 요 1:10, 11, 18).

15:4 전에 기록된 바는 우리를 가르치기 위해 기록된 신성한 계시인 구약성경을 말한다. 비록 그리스도인이 새 언약 하에서 살며 옛 언약의 권위 아래에 있지 않지만 하나님의 도덕법은 바뀌지 않았으며 모든 성경은 영적으로 유익하다(고전 10:6, 10, 11; 벧후 1:20, 21). 바울이 유익하다고 말하는 성경에는 신약이 분명히 포함되지만, 일차적으로는 '거룩한 글들' 곧 구약을 가리킨다(딤후 3:15-17). **인내** *5:3에 대한 설명을 보라.* **위로** 문자적으로 '격려'다. 하나님 말씀은 신자들에게 견뎌야 할 것을 가르칠 뿐 아니라 견디는 과정에서 힘을 주기까지 한다. **소망** *5:2에 대한 설명을 보라.* 하나님 말씀의 분명하고 확실한 약속이 없다면 신자에게는 소망을 위한 근거가 없다(참고. 시 119:81, 114; 렘 14:8; 엡 2:12).

15:5 서로 뜻이 같게 하여 주사 강한 자와 약한 자들이 이런 비본질적인 문제에 대해 서로 다른 견해를 가지고 있음에도 바울은 그들에게 성경이 침묵하는 문제에 대해서는 사랑을 가지고 영적인 조화를 이룰 것을 촉구한다(*14:1-13에 대한 설명을 보라*).

15:6 한마음과 한 입으로 우리의 연합은 실제적이면서(한마음) 겉으로도 드러나야 한다(한 입). 그러나 연합의 궁극적 목적은 신자들을 즐겁게 하는 것이 아니라 하나님께 영광을 돌리는 것이다. **하나님…아버지** 이것은 그리스도의 신성을 강조하는 표현이다. 예수는 하나님의 입양된 아들이 아니다. 그분은 하나님과 본질적으로 동일한 존재와 성격을 가지고 계신다. 이것이 중요하게 연결되어 있으므로 신약성경에 그토록 자주 등장하는 것이다(고후 1:3; 11:31; 엡 1:3; 골 1:3; 벧전 1:3).

15:7 그리스도께서 우리를 받아…같이 만약 완전하고 무죄한 하나님의 아들이 죄인을 기꺼이 하나님의 가족으로 맞아들였다면, 용서받은 신자들은 양심의 문제에 대한 의견의 불일치에도 얼마나 서로를 더 따뜻하게 맞아들여야 하는가(마 10:24; 11:29; 엡 4:32-5:2). **받으라** *14:1에 대한 설명을 보라.*

15:8 할례의 추종자 예수는 유대인으로 태어나셨으며(*마 1:1에 대한 설명을 보라*), 아기였을 때는 할례를 받아 물리적으로 언약의 징표를 받으셨다(*4:11; 창 17:11-14에 대한 설명을 보라*). **조상들에게 주신 약속들** 하나님이 이삭과 야곱에게 다시 약속하신 아브라함 언약이다

'서로에 대하여' 해야 할 것들

헌신적이 됨	롬 12:10
존경하기를 서로 먼저 함	롬 12:10
마음을 같이함	롬 12:16; 15:5
덕을 세움	롬 14:19; 살전 5:11
화평함	롬 14:19
받아줌	롬 15:7
권함	롬 15:14; 살전 4:18; 5:11
문안함	롬 16:16; 고전 16:20; 고후 13:12; 벧전 5:14
돌봄	고전 12:25
섬김	갈 5:13
짐을 지어줌	갈 6:2
참아줌	엡 4:2; 골 3:13
친절함	엡 4:32
복종함	엡 5:21
존경함	빌 2:3
용서함	골 3:13
선을 따름	살전 5:15
격려함	히 10:24
죄를 고백함	약 5:16
기도함	약 5:16
대접함	벧전 4:9
겸손함	벧전 5:5
빛 가운데 사귐	요일 1:7

(*4:13에 대한 설명을 보라*).

15:9-12 하나님의 계획은 항상 유대인과 이방인을 동일하게 하나님의 나라로 들이시는 것임을 보여주고 이방인 형제들에 대한 유대인 그리스도인의 편견을 약화시키기 위해 바울은 율법, 선지서, 시편 두 곳에서(구약을 구성하는 세 부분) 인용함으로써 유대인의 성경을 가지고 하나님의 계획을 입증해 보였다.

15:9 이방인들도 그 긍휼하심으로 말미암아 하나님께 영광을 돌리게 하려 하심이라 하나님이 그 은혜와 자비를 언약 바깥에 있는 백성에게도 베푸시기 때문이다(*10:11-21; 11:11-18에 대한 설명을 보라*). **기록된 바** 사무엘하 22:50; 시편 18:49을 인용한 것이다. 시편 저자는 열방 가운데서 하나님을 찬양하는 노래를 부르는데, 이는 이방인의 구원을 암시한다.

15:10 신명기 32:43을 인용한 것이다.

15:11 시편 117:1을 인용한 것이다.

15:12 이사야 11:10을 인용한 것이다. **이새의 뿌리** 예수를 다윗의 후손으로 부를 때 이렇게 부른다. 따라서 예수는 다윗의 아버지인 이새의 후손이 된다(*계 5:5에 대한 설명을 보라*).

15:13 소망의 하나님 하나님은 영원한 소망, 생명, 구원의 근원이시며, 모든 신자의 소망 대상이다(*5:2에 대한 설명을 보라*). **성령의 능력으로** 신자의 소망은 성경을 통해 온다(참고. 15:4; 엡 1:13, 14). 이 성경은 성령을 통해 기록되었고 모든 믿는 사람의 마음에 적용된다.

맺음말과 인사, 축도 (15:14-16:27)

15:14-22 자신이 무감각하고 주제넘고 사랑이 없는 사람처럼 보여 로마에 있는 성도들과의 관계가 손상되는 것을 원치 않았던 바울은 자신이 세우지도 않았고 방문한 적도 없는 교회에 어떻게 그런 직설적인 편지를 썼는지를 설명하기 시작한다.

15:14 선함 이것은 높은 도덕성을 가리키는 말이다. 로마의 신자들은 악을 미워하고 의를 사랑했으며, 이것이 그들의 태도에서 드러났다. **지식** 깊고 내밀한 지식을 가리키는 말로, 로마의 신자들이 교리적으로 건전했음을 보여준다(골 2:2, 3). 이는 진리와 덕성이 불가분적임을 예증한다(참고. 딤전 1:19). **권하는** 격려, 경고 또는 충고를 가리킨다. 이는 설교(고전 14:3)와 개인적 상담을 포함하는 포괄적인 용어다(*12:1에 대한 설명을 보라*). 모든 신자는 하나님 말씀으로 다른 신자를 격려하고 힘을 실어줄 책임이 있으며, 이렇게 하도록 하나님이 준비시켜 주셨다(딤후 3:16).

단어 연구

소망(바람, Hope): 4:18; 5:2; 8:20, 24; 12:12; 15:4, 13. 이 말은 일반적으로 말하는 '막연한 희망'이 아니라 '확실한 기대' 또는 '확실한 예상'을 가리킨다. 이 문맥에서(15:7-13) 소망을 사용하는 것은 특이하고 아이러니하다. 왜냐하면 이 말은 메시아에 대해 전혀 또는 거의 알지 못하던 이방인이 메시아의 오심을 기다렸다는 것을 암시하기 때문이다. 하지만 우리는 일부 이방인이 유대인의 메시아의 오심을 기다렸다고 하면 고넬료(행 10장)를 떠올리면 된다. 예수가 보내심을 받은 것은 유대인의 구원만이 아니라 이방인의 구원을 위해서이기도 하다. 하나님은 우리 구원을 이루는 분이시므로, 우리는 하나님을 소망의 하나님이라고 부를 수 있는 것이다. 이는 하나님이 우리에게 소망을 주시기 때문이다(15:13).

15:15 너희로 다시 생각나게 하려고 그들이 영적으로 강하기는 하지만 이들 그리스도인은 알고 있지만 쉽게 간과하거나 심지어 잊어버릴 수 있는 진리를 상기시켜 줄 필요가 있었다(참고. 딤전 4:6; 딤후 2:8-14; 딛 3:1).

15:16 이방인을 위하여 비록 바울의 관행은 그가 방문한 모든 도시에서 먼저 유대인에게 복음을 전하는 것이었으나(*행 13:5에 대한 설명을 보라*), 그의 일차적 소명은 이방인을 위한 것이었다(11:13; 행 9:15). **일꾼** 여기서 '일꾼'은 공무원을 가리키는 일반적인 헬라어 단어였다. 그러나 신약성경에서는 이 말이 공적인 예배에서 이런저런 형태로 하나님을 섬기는 사람들을 가리킬 때 더 자주 사용된다(예를 들면 빌 2:17; 히 1:7, 14; 8:1, 2, 6). 그리고 그것은 제사장의 직무를 가리키기도 했다(눅 1:23). **제물** 제사장의 직무를 암시하는 단어로 자신을 일꾼이라고 가리킨 뒤에 바울은 그의 제사장적 사역이 많은 이방인 회심자를 하나님께 제물로 드리는 것이라고 설명한다.

15:17 바울은 사도인 자신의 업적을 자랑한 적이 없고, 오직 그리스도가 그를 통해 이루신 일만을 자랑했다(고전 1:27-29, 31; 고후 10:13-17; 12:5, 9; 갈 6:14; 딤전 1:12-16).

15:19 표적과 기사 *사도행전 2:19; 고린도후서 12:12에 대한 설명을 보라*. 하나님은 이것들을 사용하여 참된 설교와 가르침을 확증하셨다. **일루리곤** 대체로 이전 유고슬라비아와 현재의 북부 알바니아에 해당하는 지

역이다. 바울 시대에 이 지역은 달마디아(달마티아)라는 이름으로 더 널리 알려졌다(딤후 4:10). 예루살렘에서 일루리곤은 약 2,253킬로미터 떨어져 있는 지역이다.

15:20 복음 *1:1에 대한 설명을 보라.* **남의 터** 바울의 목표는 복음을 듣지 못한 사람들에게 전하는 것이었다. 이는 신약성경의 복음 전도자가 가진 일차적인 사역이다(엡 4:11). 그러나 목사-교사들에게는 그런 복음 전도자들이 놓은 기초 위에 건물을 세우는 것이 그들의 주된 사역이었다(참고. 고전 3:6).

15:21 기록된 바 이사야 52:15을 인용한 것이다. *3:10에 대한 설명을 보라.* 이 구약 인용은 일차적으로 그리스도의 재림을 가리키지만, 더 넓게는 바울 시대에 시작되어 그리스도의 재림 때까지 교회 시대를 통해 계속되는 복음 전파의 전체 과정을 가리키기도 한다.

15:22 가려 하던 것이…막혔더니 이 헬라어 동사형은 지속적인 문제를 표시하며, 외적인 어떤 것이 문제가 되었다는 뜻이다. 바울은 하나님이 섭리적으로 막으셔서 로마에 가지 못했던 것이다(참고. 행 16:7).

15:23, 24 건전한 상식으로 세밀하게 계획을 세우는 것이 하나님의 섭리에 대한 신뢰가 없다는 표시는 아니다. 그러나 계획은 언제나 주님의 통제와 변경에 종속되어야 한다. 바로 바울이 했던 것처럼 말이다(참고. 잠 16:9).

15:23 이 지방에 일할 곳이 없고 바울은 그 지역에 복음이 충분히 전파되었으므로 이제 다른 지역으로 옮길 수 있다고 믿었다. **서바나** 구약성경에서 다시스라는 이름으로 알려진 도시와 지역으로(왕상 10:22; 욘 1:3), 유럽 대륙의 서쪽 끝에 위치했다. 이곳은 상업과 문화의 주요 중심지였으며, 로마의 방대한 도로망을 통해 접근할 수 있었다. 이곳 출신으로 가장 유명한 사람이 바로 세네카다. 그는 철학자요 정치가로 네로의 개인교사였고 로마 제국의 집정관이었다. **너희에게 가기를 바라고 있었으니** *1:10-13에 대한 설명을 보라.*

15:24 너희가 그리로 보내주기를 바울은 로마의 교회가 바울의 서바나(스페인) 여행에 필요한 것들을 공급해주기를 바랐다.

15:25 섬기는 일 *사도행전 6:2에 대한 설명을 보라.*

15:26 마게도냐와 아가야 *사도행전 16:9; 데살로니가전서 1:7에 대한 설명을 보라.* 바울은 2,3차 전도여행 도중 이 지역에서 사역했다. **연보** 이 헬라어는 기본적으로 '나눈다'는 뜻을 가지며, 대개 '교제' 또는 '교통'으로 번역된다. 이 문맥에서 보면 이 단어는 예루살렘의 가난한 자를 지원하기 위한 경제적 기부를 통해 나누는 것을 말한다(고전 16:1; 고후 8:2-4; 갈 2:9, 10).

15:27 그들의 영적인 것 "것"은 유대인 사도, 선지자, 교사, 복음 전도자에 의해 이방인 신자에게 처음에 전파된 복음 진리를 가리킨다.

15:28 이 열매 예루살렘 교회를 위한 재정적 기부금을 말하며, 그들의 진정한 사랑과 감사의 열매였다. **서바나** *15:23에 대한 설명을 보라.*

15:30 성령의 사랑 이는 성경에서 오직 여기만 등장하며 바울을 향한 성령의 사랑을 가리키는 것이 아니라 성령을 향한 바울의 사랑을 가리킨다(참고. 시 143:10).

15:30, 31 하나님께 빌어…건짐을 받게 하고 유대의 많은 유대인은 복음을 거부했고 바울이 돌아오면 공격할 준비를 하고 있었다. 자기 앞에 놓인 환난을 알고(행 20:22-24) 바울은 오직 주께서 맡기신 사역을 완수하도록 로마의 그리스도인이 자신의 구출을 위해 기도해주기를 바랐다. 그들의 기도는 응답되었다. 이는 바울이 예루살렘에서 성공적으로 사람들을 만났고(행 21:17, 19, 20) 죽음에서 구출을 받았기 때문이다. 그러나 투옥을 피하지는 못했다(행 21:10, 11; 23:11).

15:31 받을 만하게 하고 바울은 예루살렘의 그리스도인이 이방인에게서 온 경제적 기부금을 감사하는 마음으로 받고, 그것을 형제 사랑과 친절로 인식하기를 원했다.

15:32 하나님의 뜻 *1:10에 대한 설명을 보라.* **너희와 함께 편히 쉬게 하라** 바울은 마침내 자신이 바라던 기쁨과 안식을 발견했다(행 28:15).

15:33 평강의 하나님 하나님은 소망의 하나님이며(*13절에 대한 설명을 보라*), 참된 평강의 원천이기도 하다(참고. 엡 2:11-14; 빌 4:7).

16:1-27 이 장은 명시적 가르침은 거의 없고 알려지지 않은 사람들의 여러 목록을 담고 있는데, 이는 다른 신자들과 동역자들을 향한 바울의 가장 광범위하고 세밀한 표현을 담고 있다. 또한 이것은 1세기 일반 그리스도인의 삶을 들여다볼 수 있는 기회를 제공하며, 초대 교회의 성격과 특성을 살펴볼 수 있게 해준다.

16:1 겐그레아 바울이 로마서를 쓴 고린도의 외항이었다. 겐그레아 교회는 고린도 교회가 개척했을 것이다. **일꾼** 이 단어에서 '집사'와 '여집사'가 나왔다(*딤전 3:10, 11에 대한 설명을 보라*). 초대 교회 시대에 여성 일꾼은 병든 신자와 가난한 자, 나그네, 감옥에 있는 신자 등을 돌보았다. 그리고 다른 여인과 아이를 가르쳤다(참고. 딛 2:3-5). 뵈뵈가 공식적 직함을 가지고 있었든 아니든, 그녀는 이 서신을 로마의 교회에 전달하는 큰 책임을 맡았다. 이런 여인들이 신실하게 봉사하고 과부가 되거나 가난하게 되면 교회가 돌봐야 했다(*딤전*

5:3-16에 대한 설명을 보라). **뵈뵈** 이 이름은 '밝고 빛나다'라는 뜻이며, 그녀의 인격과 기독교적 성품에 대한 바울의 짧은 묘사에 잘 어울린다.

16:3 브리스가와 아굴라 *사도행전 18:1-3에 대한 설명을 보라.*

16:4 내 목숨을 위하여 자기들의 목까지도 내놓았나니 고린도나 에베소에서의 일을 가리키는 것일 텐데 자세한 내용은 알려지지 않았다.

16:5 에배네도 바울의 설교를 통해 구원을 얻고 바울이 사랑으로 제자로 삼았을 것이다. **처음 맺은 열매** *1:13에 대한 설명을 보라.* 그는 소아시아(오늘날 터키)에서 처음으로 회심한 인물이었다. 가장 권위 있는 사본에서 아가야를 아시아로 바꿨다.

16:6 너희를 위하여 많이 수고한 마리아 "많이 수고한"은 기진맥진하도록 일했다는 뜻이다. 문맥을 보면 그녀는 로마 교회가 선 이래로 그 교회에서 사역했고, 다른 사람들이(브리스길라와 아굴라일 가능성이 있음) 바울에게 그 사실을 말했을 것으로 보인다. 그러나 그녀에 대해 더 이상 알려진 바가 없다.

16:7 함께 갇혔던 그들이 한동안 같은 감옥 또는 가까운 감옥에 실제로 감금되었던 것으로 보인다. **안드로니고와 유니아** "유니아"가 여성 이름일 수 있음을 감안할 때 이 두 사람은 부부일 것이다. **사도들에게 존중히 여겨지고** 그들이 바울과 함께한 사역, 바울이 회심하기 전 예루살렘에서 베드로 그리고 다른 사람들과 함께했던 사역이 사도들에게 널리 알려졌고 인정받았을 것이다.

16:8 암블리아 당시 황제 가문의 노예들이 가진 흔한 이름 중 하나다. 그는 "가이사의 집 사람들" 중의 한 사람이었을 수도 있다(빌 4:22).

16:9 스다구 '수수 알갱이'라는 뜻을 가진 흔치 않은 헬라어 이름이다. 그가 바울과 가까웠다는 건 분명하지만 자세한 내용은 나와 있지 않다.

터키에 위치한 겐그레아(Cenchrea)

16:10 아리스도불로 바울이 개인적으로 그에게 인사하지 않은 것으로 미루어보아 신자가 아니었을 가능성이 있다. 하지만 몇몇 친척이나 집안의 종들은 신자였음이 분명하다. 저명한 어느 성경 학자는 그가 헤롯 아그립바 1세의 형제요 대 헤롯의 손자였다고 말한다.

16:11 내 친척 그는 바울의 유대인 친척 중 한 사람이었을 것이다. **헤로디온** 헤롯 가문과 연결되어 있으며, 따라서 아리스도불로의 가문과도 연관이 있을 것이다. **나깃수** *16:10에 대한 설명을 보라.* 어떤 학자들은 이 사람이 황제 글라우디오의 비서였다고 말한다. 만약 그렇다면 왕궁 내의 두 가문에 그리스도인이 있었다는 뜻이다(참고. 빌 4:22).

16:12 드루배나와 드루보사 쌍둥이 자매였을 가능성이 있으며, 그들의 이름은 '섬세하다'와 '고상하다'라는 뜻이다. **버시** 출신지인 바사를 따서 지은 이름이다. 그녀의 활동에 대해 과거형으로 말하고 있는데, 이 절에 등장하는 다른 두 여인보다 나이가 더 들었을 것이다.

16:13 주 안에서 택하심을 입은 구원으로 선택되었다는 것이다. 어떤 번역은 '택하심을 입은'을 '뛰어난'으로 번역하기도 했다. 이는 그가 큰 사랑과 봉사로 말미암아 뛰어난 신자로 널리 알려져 있었다는 뜻이다. **루포** 성경의 저자들은 일반적으로 이 사람이 예수의 십자가를 대신 지고 갔으며(참고. 막 15:21) 그리스도와의 이 접촉을 통해 구원받았을 구레네 시몬의 아들들 중 한 사람이라는 데 동의한다. 마가는 로마에서 복음서를 기록했는데, 로마서가 기록되어 회람된 후의 일일 것이다. 루포라는 이름이 로마 교회에 널리 알려져 있지 않았다면 바울은 그의 이름을 여기서 언급하지 않았을 것이다. **그의 어머니는 곧 내 어머니니라** 루포가 바울의 친 형제는 아니었다. 도리어 루포의 어머니, 곧 구레네 시몬의 아내가 시기는 알 수 없지만 바울의 전도여행 도중에 그를 돌봐주었을 것이다.

16:14, 15 이 문맥에서 '형제들'은 로마에 있는 두 회중의 뛰어난 지도자들을 가리키는 것으로, 필시 남자와 여자를 모두 포함할 것이다.

16:16 거룩하게 입맞춤 친구들이 서로의 이마, 볼, 수염에 입을 맞추는 것은 구약성경에 흔히 나온다. 신약 시대에도 유대인은 이 관습을 계속 유지했다. 이것은 특히 새 신자에게 귀한 일이었다. 그들은 자기 가족들로부터 축출당하는 경우가 많았는데, 이 입맞춤으로 영적 가족관계를 표시했기 때문이다(*살전 5:26에 대한 설명을 보라*).

16:17-20 바울은 이 사랑의 문안 속에 기독교 진리를 훼손하며 기독교 진리를 위협하는 유해한 가르침과 관

롬

습에 대한 경고를 삽입시키는 것이 필요하다고 생각했다. 참된 사랑은 악을 용서할 준비는 되어 있지만 그것을 용인하거나 묵과해선 안 된다. 바울과 같이 신자들을 진정으로 사랑하는 사람은 죄와 해악에 대해 그들에게 분명히 경고했을 것이다(참고. 고전 13:6).

16:17 분쟁을…거치게 하는 교리적 거짓이나 불의한 행위를 말한다(참고. 마 24:24; 행 20:27-32; 갈 1:6-8; 엡 4:14).

16:18 배 이들은 자기 이익과 자기만족이 동기가 되어 움직이는 사람들이다. 그들은 허세를 부리고 사치스럽고 부도덕한 그들의 생활방식에서 자주 그런 모습을 보인다(참고. 빌 3:18, 19; 딤후 3:7, 8; 벧후 1:20-2:3, 10-19; 유 12, 13절). **순진한 자들** 의심이 없고 순진한 사람들이다(참고. 고후 11:13-15).

16:19 들리는지라 *1:8에 대한 설명을 보라.*

16:20 평강의 하나님 15:33; 히브리서 13:20을 보라. **속히** '곧' '신속하게' '급히'라는 뜻이다(행 12:7; 22:18. 참고. 계 22:7, 12, 20). **사탄을 너희 발 아래에서 상하게** *창세기 3:15에 대한 설명을 보라.* **우리 주 예수의 은혜** *1:7에 대한 설명을 보라.*

16:21 나의 친척 *11절에 대한 설명을 보라.* **누기오** 구레네 출신으로 바울과 바나바 파송에 참여했던 안디옥의 선지자와 교사들 가운데(행 13:1-3) 한 명이거나 누가복음과 사도행전의 저자인 '누가'의 다른 표기법일 것이다. **야손** 데살로니가의 최초 회심자들 가운데 한 사람으로, 바울과 실라가 베뢰아로 파송받기 전 잠깐 동안 바울 일행이 그의 집에서 머물렀을 것이다(*행 17:5-10에 대한 설명을 보라*). **소시바더** '소바더'(행 20:4-6)의 긴 이름이다. 그는 베뢰아 사람으로(참고. 행 17:10-12) 사도가 에베소를 떠난 후에 다른 사도들과 합류하여 드로아에서 바울을 만난 사람들 가운데 한 명이다.

16:22 더디오 바울이 불러주는 대로 이 서신을 받아 쓴 비서로 자신의 인사를 집어넣었다.

16:23 온 교회 가이오의 집에 모인 회중이다. **가이오** 고린도에서 바울을 통해 회심한 사람들 가운데 한 명이다(참고. 고전 1:14). 그의 전체 이름은 '가이우스 디도 유스도'일 것이다(행 18:7). **재무관** 고린도 시의 공무원으로, 정치적 영향력을 가진 중요한 지위였다. **에라스도** 신약 시대에 흔한 이름이었다. 이 사람은 사도행전 19:22 또는 디모데후서 4:20에 언급된 사람과 같은 사람일 것이다. **구아도** 그는 에라스도의 친형제일 수도

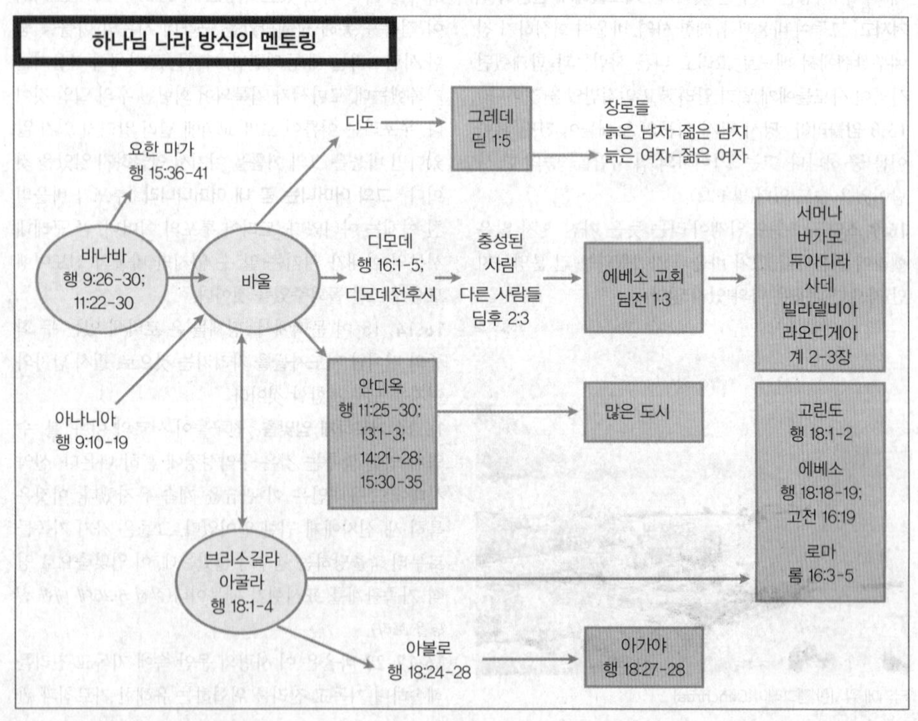

바울의 은혜로운 축도

롬 16:20하	"주 예수의 은혜가 너희에게 있을지어다"
고전 16:23	"주 예수 그리스도의 은혜가 너희와 함께 하고"
고후 13:13	"주 예수 그리스도의 은혜와 하나님의 사랑과 성령의 교통하심이 너희 무리와 함께 있을지어다"
갈 6:18	"형제들아 우리 주 예수 그리스도의 은혜가 너희 심령에 있을지어다 아멘"
엡 6:24	"우리 주 예수 그리스도를 변함없이 사랑하는 모든 자에게 은혜가 있을지어다"
빌 4:23	"주 예수 그리스도의 은혜가 너희 심령에 있을지어다"
골 4:18	"은혜가 너희에게 있을지어다"
살전 5:28	"우리 주 예수 그리스도의 은혜가 너희에게 있을지어다"
살후 3:18	"우리 주 예수 그리스도의 은혜가 너희 무리에게 있을지어다"
딤전 6:21하	"은혜가 너희와 함께 있을지어다"
딤후 4:22	"나는 주께서 네 심령에 함께 계시기를 바라노니 은혜가 너희와 함께 있을지어다"
딛 3:15하	"은혜가 너희 무리에게 있을지어다"
몬 25절	"우리 주 예수 그리스도의 은혜가 너희 심령과 함께 있을지어다"

있겠지만, 여기 열거된 그리스도 안에서의 형제일 가능성이 더 높다.

16:24 이 절은 로마서의 가장 오래된 사본에는 없다. 이는 그 뒤에 따라오는 더 길고 더 분명한 축도에 비춰 볼 때 이해되는 일이다.

16:25-27 이 서신은 예수 그리스도를 통한 일로 하나님을 찬송하는 아름다운 송영과 함께 끝나며, 그렇게 하여 로마서의 중요한 주제들을 요약한다(*11:33-36에 대한 설명을 보라*. 참고. 마 6:13; 눅 19:37, 38; 엡 3:20, 21; 히 13:20, 21; 계 5:9, 10).

16:25 나의 복음 *1:1; 2:16에 대한 설명을 보라*. 참고. 갈라디아서 1:11; 2:2. **예수 그리스도를 전파함** 복음과 같은 표현이며, 바울은 이 일에 자신의 삶을 헌신했다(*10:14, 15, 17에 대한 설명을 보라*. 참고. 고전 1:23, 24; 고후 4:5, 6).

16:26 선지자들의 글로 말미암아…알게 하신 하나님은 자신이 이스라엘을 의로 부르실 뿐 아니라 열방의 빛(복음의)으로 지명했음을 말씀하셨다(*사 42:6; 49:6; 벧전 1:10, 11에 대한 설명을 보라*. 참고. 창 12:3; 출 19:6; 사 49:22; 53:11; 60:3-5; 렘 31:31, 33). **신비** *11:25에 대한 설명을 보라*. 신약성경에서 이 말은 오늘날과 같은 의미를 가지지 않는다. 원래 이 단어는 이전에는 감춰졌다가 지금은 알려진 어떤 것을 가리킨다(고전 4:1; 엡 5:32; 6:19; 골 1:25, 26; 살후 2:7, 8; 딤전 3:9, 16). 신약에서 가장 흔한 신비는 하나님이 유대인뿐 아니라 이방인도 구원하신다는 사실이다(엡 3:3-9).

16:27 하나님께…영광이…있을지어다 복음이 궁극적으로 드러난 것은 아버지를 통해서다. 그러므로 하나님께 모든 공로와 찬양, 경배가 돌아가야 한다.

연구를 위한 자료

Charles Hodge, *Commentary on the Epistle to the Romans* (Grand Rapids: Eerdmans, reprint 1968).

John MacArthur, *Romans 1-8* (Chicago: Moody, 1991).

John MacArthur, *Romans 9-6* (Chicago: Moody, 1994).

Alva J. McClain, *Romans: The Gospel of God's Grace* (Chicago: Moody, 1973).

Leon Morris, *The Epistle to the Romans* (Grand Rapids: Eerdmans, 1988).

John Murray, *The Epistle to the Romans* (Grand Rapids: Eerdmans, 1968). 『존 머리 로마서 주석』, 존 머리 지음, 아바서원 번역팀 옮김(아바서원, 2014).

제 목

이 서신은 편지를 받는 교회가 위치한 고린도여서 그 지명에 따라 제목을 붙였다. 디모데, 디도, 빌레몬에게 보낸 개인적 서신 이외에 모든 바울의 서신은 서신을 받은 교회가 위치한 지역명에 따라 제목이 붙었다.

저자와 저작 연대

첫 번째 절에 드러나듯 이 서신은 사도 바울이 기록했으며, 그가 저자라는 사실에 대해 의문을 제기한 사람은 거의 없다. 고린도전서가 기록된 1세기 이후로 교회는 바울이 이 책의 저자라는 것을 보편적으로 받아들였다. 편지 안에서 사도는 자신이 그 서신을 썼다고 선언했다(1:1, 13; 3:4-6; 4:15; 16:21). 주후 95년 이후로 클레멘스가 이 서신의 바울 저작을 인정했는데, 당시 그는 고린도 교회에게 편지를 쓰고 있었다. 바울을 이 서신의 저자로 인정한 다른 고대의 기독교 지도자로는 이그나티우스(주후 110년경), 폴리캅(주후 135년경), 테르툴리아누스(주후 200년경) 등이 있다.

이 서신은 3차 전도여행 도중인 주후 55년 상반기에 바울이 에베소에서 기록했을 것이 거의 확실하다(16:8, 9, 19). 사도는 주후 55년 오순절(5-6월)까지(16:8) 3년 동안 에베소에 머물렀다(행 20:31). 그다음에는 고린도에서 겨울(주후 55-56년)을 보낼 계획을 세웠다(16:6; 행 20:2). 이 서신을 기록할 때도 그는 고린도 방문을 기대하고 있었다(4:19; 11:34; 16:8).

배경과 무대

고린도 시는 당시 로마의 아가야 도였던 그리스 남부에 있었으며, 아덴에서 서쪽으로 약 72.5킬로미터 떨어져 있었다. 저지대인 펠로폰네소스는 폭이 6.4킬로미터인 지협으로 나머지 그리스 땅과 연결되어 있으며, 그 지협의 동쪽에는 사로니크 만이 있었고, 서쪽에는 고린도 만이 있었다. 고린도는 지협의 거의 중간 부분에 있었으며, 높은 고원 지대에 있었다. 여러 세기 동안 그 지역의 남북을 잇는 모든 통행은 이 고대 도시를 통과하거나 그 근처를 지나가야 했다. 펠로폰네소스를 돌아가게 되면 402킬로미터의 항해를 하게 되어 위험하면서도 시간이 많이 걸렸기 때문에 대부분의 선장은 그들의 배를 바퀴가 달린 장치에 싣고 지협을 가로질러 고린도를 지나갔다. 쉽게 예상할 수 있듯이, 고린도는 그리스 무역뿐 아니라 북아프리카, 이탈리아, 소아시아를 포함한 지중해의 무역 교류를 통해 번성했다. 지협을 통과하는 운하 공사가 주후 1세기 네로의 주도로 시작되었지만 완성된 것은 19세기 말이었다.

당시 가장 유명한 두 개의 운동 대회 중 하나였던 이스트미아(Isthmian) 경기를 고린도 시에서 개최했는데(다른 하나는 올림픽 경기임), 그로 인해 관광객이 늘고 교통량도 증가했다. 심지어 이방인 문화적 기준에 비춰보더라도 고린도 시가 도덕적으로 너무나 타락했기 때문에 그 도시의 이름이 방탕과 도덕적 타락이라는 뜻을 가지게 되었으며, '고린도화하다(corinthianize)'는 심각한 도덕적 타락과 방탕을 뜻하는 단어가 되었다. 고린도전서 6:9, 10에서 바울은 그 도시에서 분명히 드러났고, 그곳의 교회에 속한 많은 신자가 이전에 행했던 몇몇 구체적인 죄악의 목록을 열거한다. 비극적인 일이지만 가장 악한 죄악들 가운데 어떤 것은 여전히 당시 교회 구성원 사이에서 행해지고 있었다. 그중 하나인 근친상간은 대부분의 이교도 이방인도 정죄하던 것이었다(5:1).

대부분의 고대 그리스 도시가 그렇듯 고린도에도 아크로폴리스(문자적으로 '높은 도시')가 있었으며, 이곳은 지상 610미터 높이로 방비와 예배 등 두 가지 목적을 위해 사용되었다. 아크로폴리스에 세워진 가장 두드러진 건축물은 사랑의 여신인 아프로디테를 위한 성전이었다. 1,000명에 달하는 여사제들, 곧 성전 창녀들이 그곳에서 살면서 일했는데 밤에는 도시로 내려와서 남자와 외국 방문객에게 매춘 사업을 했다.

고린도 교회는 바울의 2차 전도여행 때 세워졌다(행 18:1 이하). 늘 그랬듯이 그는 회당에서 사역을 시작했다. 그곳에서 그는 두 명의 유대인 신자인 브리스길라와 아굴라의 도움을 받았는데, 바울은 한동안 같은 일을 하는 그들과 함께 지냈다. 나중에 실라와 디모데가 합류했고, 바울은 회당에서 더욱 열정적으로 복음을 전하기 시작했다. 대부분의 유대인이 복음에 저항해 회당을 떠나긴 했지만 그전에 회당장 그리스보와 그의 가족, 다른 많은 고린도인이 회심했다(행 18:5-8).

일 년 반이 넘는 기간 동안 고린도에서 사역하고 나서(행 18:11) 바울은 어떤 유대인 지도자들의 고발로 로마 법정에 서게 되었다. 그 고발이 전적으로 종교적인 것에서 비롯되었기에 아가야 총독 갈리오는 그 고소를 기각했다. 그 일이 있은 직후 바울은 브리스길라와 아굴라를 대동하고 에베소로 갔다. 거기서 바울은 이스라엘로 돌아갔다(18-22절).

세속적인 문화와 완전히 단절하지 못한 고린도 교회는 심한 분열을 일으킴으로써 육신적인 성격과 미성숙함을 보여주었다. 은사가 있던 아볼로가 한동안 그 교회에서 사역했는데, 그를 추종하는 그룹은 나머지 교인들과 별로 관계를 맺지 않았다. 바울의 가르침에 충성한 또 다른 무리가 생겼고, 또 다른 무리는 베드로(게바)에 대한 충성을 선언했으며, 다른 사람들은 그리스도께만 충성하겠다고 했다(1:10-13; 3:1-9을 보라).

고린도 교회의 가장 심각한 문제는 세속성, 곧 주변 문화와 단절되지 않으려는 태도였다. 대부분의 신자가 이기적이고 부도덕했으며 이교적인 생활을 과감하게 끊어내지 못했다. 이 문제를 고치기 위해, 즉 신실한 그리스도인이 불순종하고 회개하지 않는 구성원과 교제하는 것을 그만두고 그들을 교회에서 축출할 것을 명하기 위해 편지를 쓰게 되었다(5:9-13).

이 영감된 편지를 쓰기 전에 바울은 그 교회에게 다른 편지를 써서 보냈는데(5:9을 보라), 그 서신 역시 이런 문제를 바로 잡으려는 것이었다. 그 편지의 사본이 발견되지 않았기 때문에 그것은 '분실된 서신'이라고 불린다. 고린도전서 이후 정경에 포함되지 않은 또 다른 서신이 있는데, 그것은 '엄한 편지'라고 불린다(고후 2:4).

역사적 · 신학적 주제

이 서신에서 중점을 둔 사항은 교리가 아니라 행위를 바로잡는 것이지만, 바울은 여기서 죄 그리고 의의 문제와 직접 관련된 교리에 대한 풍성한 가르침을 제공한다. 이런저런 방식으로 잘못된 생활은 항상 잘못된 신념에서 비롯된다. 예를 들어 이혼을 포함한 성적 죄악은 결혼과 가족에 대한 하나님의 명백한 계획에 필연적으로 불순종하는 것일 수밖에 없다(7:1-40). 올바른 예배는 하나님의 거룩한 성품에 대한 인식(3:17), 교회의 영적 신분(12:12-27), 주의 만찬에 순결하게 참여하는 것(11:17-34)을 통해 결정된다. 신자들이 영적 은사들을 이해하고 활용하지 않는다면 신실하고 유능한 교회는 세워질 수가 없다(12:1-14:40). 부활의 교리가 얼마나 중요한지는 아무리 강조해도 지나치지 않다. 왜냐하면 죽은 자의 부활이 없다면 그리스도도 부활하시지 않았을 것이기 때문이다. 또한 그리스도가 부활하시지 않았다면 설교는 공허하며 믿음도 마찬가지였을 것이다(15:13, 14).

이런 주제들 이외에도 바울은 신자들에 대한 하나님의 심판에 대해 간단하게 다루고 있다. 이 문제에 대한 올바른 이해는 경건한 삶을 위한 올바른 동기를 제공할 것이다(3:13-15을 보라). 우상과 거짓 신들에 대한 올바른 이해는 우상에게 바쳐진 고기를 먹는 것과 같은 일들에 대한 고린도 교인의 미성숙한 생각을 성숙하게 만드는 데 전적으로 도움을 줄 것이다(8:1-11:1). 참되고 경건한 사랑을 바로 이해하고 표현하는 것은 은사의 올바른 사용을 위해 꼭 필요하며, 심지어 하나님의 모든 일을 올바르게 이해하기 위해서도 꼭 필요하다(13:1-13).

그래서 바울은 십자가, 하나님의 지혜와 인간의 지혜, 성령의 빛을 비추시는 활동, 육신을 따르는 것, 영원한 상급, 구원이 가져다주는 변화, 거룩, 그리스도의 본성, 그리스도와의 연합, 여성에게 맡겨진 신성한 역할, 결혼과 이혼, 성령 세례, 성령의 내주와 은사, 한 몸을 이루는 교회의 하나 됨, 사랑의 신학, 부활의 교리 등을 다룬다. 이 모든 것은 경건한 행위를 위한 기본 진리를 세우는 것이다.

해석상의 과제

지금까지 해석에서 가장 논란이 되는 부분은 12-14장에서 다루는 초자연적 은사, 특히 기적적인 방언의 은사에 대한 것이다. 많은 사람은 모든 은사가 영구적이라고 믿는다. 따라서 완전한 것이 와서(10절) 예언과 지식의 은사가 끝날 때 방언을 말하는 은사도 끝날 것이라고 믿는다(13:8). 방언과 기적이 오늘날 교회에서도 일어나는 것이 타당하다고 믿는 사람들은 그런 은사들이 신약 시대에 사도들을 통해 실행되었던 것과 동일한 능력으로 오늘날에도 발휘되어야 한다고 믿는다. 한편 다른 사람들은 기적적인 은사들이 모두 끝났다고 믿는다. 이 논쟁은 12-14장에 대한 설명에서 해결될 것이다.

이혼은 많은 사람에게 있어 어려운 문제다. 7장은 그 주제를 다루지만, 이혼 문제에 대한 일관된 성경의 가르침을 얻으려면 세심한 해석이 요구된다.

모든 사람이 결국 구원받을 거라는 보편구원론을 주장하는 사람들은 15:22을 근거 구절로 사용하면서 아담의 죄 때문에 모든 사람이 영적으로 죽었듯이 그리스도의 의를 통해 모든 사람이 구원을 얻으리라고 주장한다. 그 절에 대한 설명에서 그런 보편구원론자들의 도전에 응전할 것이다.

같은 장에 있는 "죽은 자들을 위하여 세례를 받는"(29절)이라는 애매한 구절은 살아 있는 그리스도인이 대신 세례를 받아줌으로써 죽은 사람들이 구원받을 수 있다는 개념을 변호하는 데 사용되고 있다. 이 세례에 대한 설명이 40개 이상 제시되었다. 그 구절에 대한 설명이 보여주듯 그 절이 어떻게 해석되든지에 상관없이 죽은 사람이 구원의 기회를 가진다는 것이 거짓이라는 사실을 의심할 여지없이 다른 구절들이 입증해준다.

이것보다는 훨씬 덜 심각한 또 다른 문제는 6:4의 의미에 대한 것이다. 곧 그리스도인이 그리스도인을 법정에 고소하여 불신자들로부터 판결을 받는 문제다. 이 문제에 대한 해결책은 애매하지 않은 다른 구절의 가르침에 순종하는 것이다.

고린도전서 개요

I. 머리말: 성도로의 부르심과 그 유익(1:1-9)
II. 교회 내의 불화(1:10-4:21)
  A. 하나 됨의 필요성(1:10-3:23)
  B. 섬김의 필요성(4:1-21)
III. 교회 내의 부도덕성(5:1-6:20)
IV. 교회 내에서의 결혼(7:1-40)
V. 교회 내에서의 자유(8:1-11:1)
VI. 교회 예배(11:2-14:40)
  A. 남성과 여성의 역할(11:2-16)
  B. 주의 만찬(11:17-34)
  C. 영적 은사(12:1-14:40)
VII. 교회의 소망: 부활(15:1-58)
VIII. 교회에 대한 당부(16:1-24)
  A. 청지기직(16:1-4)
  B. 개인적 계획과 문안(16:5-24)

머리말: 성도로의 부르심과 그 유익 (1:1-9)

1:1 사도 문자적으로 '보냄을 받은 자'라는 뜻이다. 바울은 하나님의 임명으로 예수 그리스도의 사자가 되었다고 밝히면서 자신의 권위를 확보한다(9:1; 15:8. 참고. 행 9:3-6, 17; 22:11-15). 이것이 특별히 필요한 이유는 이 서신의 메시지 가운데 많은 부분이 행위를 고칠 것을 요구하는 내용이기 때문이다(2:1-7). *로마서 1:1; 에베소서 4:11에 대한 설명을 보라.* 하나님이 그를 보내어 말하고 쓰게 하셨으므로, 바울에게 저항하는 것은 하나님께 저항하는 것이다. **소스데네** 바울의 비서로, 그리스도 안에서 형제가 되었으며, 이전에 고린도 회당의 지도자였던 인물로 여겨진다. 한번은 바울을 고린도 법정에 데려갔다가 구타를 당한 적이 있다(행 18:12-17).

1:2 성도 교회 조직이 특별히 경건하고 존경받는 사람을 가리키는 말이 아니라 구원을 통해 거룩하게 된 사람들, 곧 그리스도 예수 안에서 죄로부터 분리된 모든 사람을 가리키는 말이다(참고. 갈 1:6; 엡 4:1, 4; 골 3:15-17; 딤전 6:12; 히 10:10, 14; 벧전 2:9, 21; 3:9; 벧후 1:3; 유 1절).

1:3 은혜와 평강이 있기를 원하노라 바울이 자신의 모든 서신에서 사용하는 인사다. "은혜"의 기본적인 의미는 호의다. "평강"은 하나님이 구원하시는 은혜의 결과다(요 14:27; 빌 4:7).

1:4 너희에게 주신 하나님의 은혜 이것은 그들의 과거, 곧 구원받은 사실을 가리킨다. 곧 하나님이 분에 넘치고 되갚을 수 없는 사랑과 자비로 아들의 일을 통해 그들의 죄를 사하신 것이다.

1:5 그 안에서 모든 일…풍족하므로 현재 신자는 주가 주신 모든 것을 가지고 있으며, 따라서 자신에게 필요한 것은 모두 가지고 있다(3:21; 엡 1:3; 골 2:10; 벧후 1:3을 보라). 여기서 특별히 말하고 있는 두 가지 복은 하나님 말씀의 진리를 보여주는 것과 관련되어 있다. **언변** 하나님을 위해 말할 때(참고. 행 4:29, 31; 엡 6:19; 딤후 2:15; 벧전 3:15), 하나님이 신자에게 말하기를 원하실 때 신자가 말할 수 있는 것은 하나님이 그럴 능력을 주셨기 때문이다. 기도로 그 능력을 간구하며(참고. 행 4:29, 31; 엡 6:19), 하나님 말씀에 대한 성실한 연구가 그 능력에 도움이 된다(딤후 2:15; 벧전 3:15). **모든 지식** 하나님은 신자가 하나님을 위해 능력 있게 말하도록 그에 필요한 모든 지식을 공급하신다(참고. 2:9; 마 11:15; 고후 4:6; 골 1:9, 10).

1:6 그리스도의 증거가 너희 중에 견고하게 되어 이것은 그들이 복음을 듣고 믿어 복음이 그들 마음속에 정

착한 구원의 순간을 가리킨다. 그 순간 4절이 성취되었다. 왜냐하면 그때 그들이 하나님의 은혜를 받았기 때문이다.

1:7 모든 은사에 부족함이 없이 헬라어에서 "은사"는 특별히 '은혜의 선물'이다. 지식과 언변의 복은 일차적으로 잃어버린 자에게 복음을 전하기 위한 것이지만, 영적 은사들(12-14장)은 교회를 세운다. 이 은사들은 영적인 성숙과 무관하게 각 신자한테 주어지기 때문에(12:11, 12) 고린도 교인이 비록 죄가 많았지만 은사들을 풍족하게 가지고 있었다. **나타나심** 바울은 앞으로 있을 은혜의 복을 내다보고 있다. 주님이 재림하실 때는 충만한 영광, 존귀, 권능이 눈부신 빛 속에서 나타날 것이며(계 4:11; 5:12; 17:14), 그때 모든 참 신자는 완전한 부활의 영광과 순결함으로 거룩하고 죄 없이 하나님과 함께 하늘에서 영원히 살 것이다. 에베소서 5:25-27; 고린도후서 11:2을 보라.

1:8 우리 주 예수 그리스도의 날 참고. 5:5; 고린도후서 1:14. 이 말은 주가 교회를 위해 오시는 것, 곧 휴거를 가리킨다(요 14:1-3; 살전 4:13-18; 계 3:10). 이것은 주의 날과 구분되어야 한다(살전 5:2, 4; 살후 2:2). 이 날은 불신자들에게 임하는 심판을 가리킨다(요엘 서론의 역사적·신학적 주제를 보라).

1:9 너희를 불러 신약성경의 서신들에서 항상 그렇듯 이 부르심은 구원에 이르게 하는 유효한 부르심이다(*롬 1:7에 대한 설명을 보라*). 구원과 천국으로 부르시는 하나님은 그 부르심을 성취하는 데 필요한 은혜를 내리시는 신실한 분이시다. **그의 아들 예수 그리스도…더불어 교제하게 하시는** *요한일서 1:3-7에 대한 설명을 보라*. **하나님은 미쁘시도다** 하나님의 주권적이고 변치 않는 약속 때문에 신자들은 이 은혜를 확신하고(과거, 현재, 미래), 구원을 유지하며, 그리스도가 나타나실 미래의 영광을 확신한다(엡 5:26, 27).

교회 내의 불화 (1:10-4:21)

A. 하나 됨의 필요성(1:10-3:23)

1:10 같은 말을 하고 바울이 여기서 강조하는 것은 보편적인 교회의 영적 통일성이 아니라 지역 교회의 교리적 통일성이다. 분명하고 완전한 성경적 근거를 가진 교리적 통일성이 모든 교회생활의 기초가 되어야 한다(참고. 요 17:11, 21-23; 행 2:46, 47). 교리에 대한 확신이 미약하고 교리가 통일되지 않아도 된다는 생각이 팽배하면 교회는 심각하게 약화되고 참된 통일성이 파괴될 것이다. 그 자리에 오직 얄팍한 감상주의와 피상적인 조화만이 자리하게 될 것이다. **같은 마음과 같은 뜻** 참고. 빌립보서 3:15, 16. 여기서 요구하는 것은 내적으로는 그들 각자의 마음이 통일되는 것이고, 외적으로는 그들 사이에서 내려진 결정이다. 즉 믿음과 신념, 표준에서 진리로 통일되고 생활에 적용되는 원리를 통해 행동이 통일되는 것이다(행 4:32; 엡 4:3). 그런 통일성의 유일한 원천은 참된 통일성의 근거가 되고 진리의 기준이 되는 하나님 말씀이다. **온전히 합하라** 여기서 기본적으로 가르치는 것은 깨어졌거나 분열된 것을 다시 합쳐 더 이상 분열이 없게 하라는 것이다. 이는 신약성경과 고전 헬라어에서 그물, 깨어진 뼈나 그릇, 찢어진 옷감, 탈골된 마디를 고치고 수선하는 말로 사용된다. 참고. 로마서 16:17; 빌립보서 1:27.

1:11-13 참고. 3:4-8.

1:11 글로에의 집 고린도 교회의 중요한 사람으로, 에베소에 있는 바울에게 편지를 썼거나 직접 방문하여 고린도 교회의 분열에 대해 이야기한 인물일 것이다. 글로에가 남자인지 여자인지는 알 수 없다.

1:12 아볼로 *16:12; 사도행전 18:24-28에 대한 설명을 보라*. **게바** 사도 베드로를 말한다.

1:13 그리스도께서 어찌 나뉘었느냐 어떤 인간 지도자도, 심지어 사도도 오직 주님께만 돌려야 하는 신실함을 돌릴 수 없다. 그렇게 지도자를 높이면 분쟁, 논란, 교회 분열을 초래하게 된다. 그리스도는 나뉘지 않으며, 따라서 그의 몸인 교회도 나뉘면 안 된다. 바울은 주 예수에 비해 자신은 무가치하다고 스스로를 낮춘다. 하나 됨에 대한 구절은 다음을 보라. 12:12, 13; 로마서 12:5; 에베소서 4:4-6.

1:14 그리스보 고린도 회장의 지도자로, 바울의 복음 전파를 통해 회심한 인물이다(행 18:8). 또한 그로 말미암아 많은 사람이 회심하게 되었다. **가이오** 로마서가 고린도에서 기록되었으므로 이 인물은 로마서 16:23에서 언급된 그 인물일 것이다.

1:16 스데바나 이 가족에 대해서는 알려진 바가 없다.

1:17 이 절은 사람이 세례를 받으면 안 된다고 가르치는 것이 아니라(참고. 행 2:38) 하나님이 바울을 고린도 교회에 보내신 것은 그를 통해 개인적으로 세례를 받는 사적인 종교 집단을 만들기 위해서가 아니라는 뜻이다. 사도행전 26:16-18을 보라. 그가 부르심을 받은 것은 복음을 전하여 사람들을 그리스도 안에서 하나 되게 하려는 것이지 자기 주변의 소그룹에게 세례를 주려는 것이 아니었다.

1:18 십자가의 도 하나님의 전체 계시를 말한다. 즉 그리스도의 성육신과 부활을 중심으로 하는 복음의 모든

고전

충만함(2:2), 모든 성경의 주제인 죄인의 구속을 위한 하나님의 전체 계획과 공급하심을 가리키는 말이다. **멸망하는…구원을 받는** 모든 사람은 구원의 과정 속에 있거나(비록 몸의 구속이 이루어질 때까지 완성되지는 않지만, 롬 8:23; 13:11을 보라) 멸망의 과정 속에 있다. 그리스도의 십자가에 대한 사람의 반응이 그가 어느 편에 속하는지를 결정한다. 그리스도를 거부하면서 멸망의 과정 속에 있는 사람에게는(참고. 엡 2:1, 2) 복음이 말도 안 되는 이야기다. 그러나 믿는 사람에게는 강력한 지혜다. **미련한 것** 이렇게 번역된 헬라어에서 'moron(멍텅구리)'이라는 단어가 유래되었다.

1:19 기록된 바 인간의 지혜가 폐해지리라는 것을 강조하기 위해 이사야 29:14을 인용한 것이다(*이 구절에 대한 설명을 보라*). 이사야는 그리스도가 자신의 나라를 세우실 마지막 때에 궁극적으로 성취될 것이며(참고. 계 17:14), 인간의 모든 지혜는 사그라질 것이라고 예언했다.

1:20 지혜 있는 자가 어디 있느냐 바울은 이사야 19:12을 풀어 쓰고 있는데, 그 구절에서 이사야는 지혜를 약속하기는 했지만 공급하지는 못하는 애굽의 현자들을 가리켜 말하고 있다. 인간의 지혜는 언제나 믿음직하지 못하고 항구적이지도 못하다(참고. 17절; 잠 14:12; 사 29:14; 렘 8:9; 롬 1:18-23). **선비** 바울이 생각하는 선비는 전쟁에서 얻은 노략물을 기록하기 위해 앗수르 사람들이 보낸 서기관일 것이다. 하나님은 그들이 기록할 것이 하나도 없게 하셨다(사 33:18). **변론가** 이 말은 구약에 없는 헬라어로, 철학을 논하는 데 있어 유능한 사람을 가리킨다.

1:21 하나님의 지혜에 있어서는 하나님은 사람의 지혜로는 그분을 알 수 없게 하셨다. 그렇게 하면 사람이 높아질 것이므로 하나님은 '세상의 지혜'가 무의미하다고 생각하는 단순한 메시지를 전하여 절망적인 죄인들을 건지도록 계획하신 것이다. 참고. 로마서 1:18-23. **믿는 자들** 인간의 측면에서 보면 구원은 오직 믿음을 요구하며 믿음을 통해서만 얻을 수 있다. 참고. 요한복음 1:12; 로마서 10:8-17.

1:22 표적 믿지 않는 유대인은 여전히 초자연적인 표적을 원한다(마 12:38-44). 그러면서도 모든 표적 중에 가장 영광스러운 하나님의 초자연적인 표적, 곧 동정녀에게서 탄생하여 십자가에 못 박히고 부활하신 메시아를 통해 구원을 제공하는 그 표적은 거부한다. 오히려 그 표적은 그들의 발에 차이는 돌이 되었다(참고. 롬 9:31-33). **지혜** 이방인은 그들이 제시하고 토론하고 논쟁할 수 있는 개념을 사용하고 인간의 이성으로 판단할 수 있는 증거를 원했다. 아덴의 철학자들처럼 그들은 진지하지 않았다. 그들은 하나님의 진리에 관심이 있었던 것이 아니라 지적으로 새로운 것을 놓고 논쟁을 벌이고자 했을 뿐이다(행 17:21).

1:23 십자가에 못 박힌 그리스도 유일하게 참된 표적이고, 유일하게 참된 지혜다. 바울은 오직 이 메시지만을 전하고자 했다(2:2). 오직 이것만이 믿는 모든 사람을 구원하는 능력을 가졌기 때문이다.

1:24 부르심을 받은 *9절에 대한 설명을 보라.* 인간의 오만함과 본성으로는 그렇게 무의미하고 부적절하게 보이는 십자가의 메시지가 "부르심을 받은" 모든 사람에게는 하나님의 가장 큰 능력과 가장 큰 지혜임을 드러낸다.

1:26-29 하나님은 인간의 지혜로 그분을 알 수 있게 허락하시지 않고, 낮은 자를 구원하기로 결정하심으로써 인간의 지혜를 경멸하신다. 하나님은 세상이 지혜롭고 힘 있고 고귀하다고 칭하는 사람을 많이 부르시지 않는다(참고. 마 11:25; 18:3, 4). 하나님의 지혜는 어리석고 약하고 평범한 사람들, 곧 엘리트에게는 아무것도 아닌 존재로 간주되지만 예수 그리스도를 구원자와 주님으로 믿는 사람에게 계시된다. 그런 비천한 자들에게 하나님과 천국의 영원한 진리를 알게 하셨기 때문에 모든 공로와 영광을 하나님은 분명히 받으셨다. 구원받은 어떤 죄인도 자신의 지혜를 통해 구원을 성취했다고 자랑하지 못한다(29절).

1:30, 31 구속받은 사람들은 자신의 지혜가 아닌 하나님의 지혜를 통해 구원받는다. 또한 하나님의 신성한 지혜를 은혜로 받으며('그가 하심에 의해서') 전가된 의(롬 4:5; 고후 5:21)와 죄로부터 벗어남(엡 2:10), 하나님의 대속함을 받는다(엡 1:14; 벧전 1:18, 19). 이는 다른 무엇보다 주께서 영광을 받으시기 위해서다(참고. 갈 6:4).

1:31 예레미야 9:24을 인용한 것이다.

2:1 말과 지혜의 아름다운 것 *1:20-22에 대한 설명을 보라.*

2:2 십자가에 못 박히신 것 비록 바울이 그 교회에서 하나님의 모든 경륜을 설명하고(행 20:27) 고린도 교인에게 하나님 말씀을 가르쳤지만(행 18:11), 불신자에 대한 그의 설교와 가르침의 초점은 십자가에서 죄인을 위해 형벌을 당하신 예수 그리스도께 맞춰져 있었다(행 20:20; 고후 4:2; 딤후 4:1, 2). 사람들이 복음을 깨닫고 믿을 때까지 더는 다른 것을 말할 수 없다. 초대 교회에서 십자가를 전파했기 때문에(1:18) 신자들은 죽은 자를 예배한다는 비난을 받았다.

2:3 약하고 두려워하고 심히 떨었노라 바울은 고린도

에 오기 전 빌립보에서 매를 맞고 투옥되었고, 데살로니가와 베뢰아에서 도주했으며, 아덴에서는 조롱을 당했으므로(행 16:22-24; 17:10, 13, 14, 32) 고린도에 이르렀을 때 바울은 신체적으로 약해져 있었을 것이다. 그러나 그렇게 연약할 때 바울은 그는 오히려 온전해졌다(4, 5절; 고후 12:9, 10). 사람의 반응을 조종하려는 어떤 연출이나 기교도 없었다. 다만 그가 두려워하고 떨었던 이유는 그의 사명이 가진 진지함 때문이었다.

2:6 온전한 바울은 히브리서 6:1; 10:4처럼 그리스도에 의해 구원받은 참 신자를 가리키기 위해 이 단어를 사용한다. **이 세상** 주가 다시 오실 때까지 인간 역사의 전 기간을 말한다. **통치자들** 권세의 자리에 있는 자들이다. *1:19, 20에 대한 설명을 보라.*

2:7 감추어졌던 것 이는 수수께끼 같은 어떤 것을 가리키는 것이 아니라 하나님이 만세 전부터 알고 계시면서 그것을 드러낼 적절한 때까지 비밀로 하신 진리를 가리킨다. *마태복음 13:11; 에베소서 3:4, 5에 대한 설명을 보라.* **우리의 영광을 위하여** 만세 전에 하나님이 정하셨다가 신약 시대 복음의 지혜 속에서 계시하신 진리로, 이것은 하나님이 죄인을 구원하시고 영화롭게 하시리라는 진리다. *에베소서 3:8-12에 대한 설명을 보라.*

2:8 만일 알았더라면 영광의 주를 십자가에 못 박은 것은 통치자들과 유대 종교 지도자들에게 지혜가 없었다는 증거다. 참고. 디모데전서 1:12, 13.

2:9 이사야 64:4을 인용한 이 말씀은 하늘의 이적을 가리키는 것으로 종종 잘못 이해되는데, 실은 신자를 위해 하나님이 준비하신 지혜를 가리킨다. 하나님의 진리는 눈이나 귀로(객관적이고 경험적인 증거) 발견할 수 없고, 마음을(주관적이고 이성적인 결론) 통해서도 발견되지 않는다.

2:10-16 하나님은 우리에게 사람의 지혜로는 알 수 없는, 이 구원하는 진리를 계시하신다. 하나님은 계시, 영감, 깨달음을 통해 그것을 알리신다. 계시(10, 11절)와 영감(12, 13절)은 성경을 기록한 사람들에게 주어졌다.

구원에서의 하나님의 역할(고전 1:30)

개인의 구원에 대한 책임은 누구에게 있는가? 하나님인가, 사람인가? 다른 말로 하면 '하나님이 주권적으로 우리를 선택하고 구원하시는가, 아니면 우리가 어떻게 하리라는 것을 아시고 그것에 따라 행동하시는가?' 또 다른 말로 하면 '누가 최초로 움직이는가?'이다.

다음은 구원과 관련된 하나님의 역할에 대한 성경의 가르침을 요약한 것이다. 각 구절을 찾아보고 신자의 구원을 위한 '최초의 원인', 즉 구원 사역을 시작하시는 하나님의 놀라운 손길을 느껴보길 바란다.

하나님이 원하심	요 1:12-13; 엡 1:5, 11
하나님이 이끄심	요 6:44
하나님이 주심	요 6:65
하나님이 부르심	살전 2:12; 살후 2:14; 딤후 1:9; 벧전 2:9
하나님이 지명하심	행 13:48; 살전 5:9
하나님이 예정하심	롬 8:29; 엡 1:5, 11
하나님이 준비하심	롬 9:23
하나님이 일으키심	고전 1:30
하나님이 선택하심	살전 1:4; 살후 2:13; 엡 1:4
하나님이 뜻을 정하심	엡 1:11
하나님이 구출하고 옮기심	골 1:13
하나님이 구원하심	딤후 1:9; 딛 3:5
하나님이 우리를 살리심	엡 2:5
하나님이 그분의 영을 부어주심	딛 3:6
하나님이 우리를 낳으심	약 1:18
하나님이 의롭게 하심	롬 8:30; 딛 3:7
하나님이 거룩하게 하심	살전 5:23
하나님이 영화롭게 하심	롬 8:3

하나님의 영광(고전 2:8)

하나님은 본질적으로 영광스러운 분이다. 다음에 나온 호칭은 하나님의 영광을 반영한 것이다.

영광의 왕	시 24:7-10
영광의 하나님	행 7:2
영광의 주	고전 2:8
영광의 아버지	엡 1:17
영광의 영	벧전 4:14
지극히 큰 영광	벧후 1:17

깨달음(14-16절)은 그 기록된 진리를 알고 이해하고자 하는 모든 신자에게 주어진다. 그 각각의 경우 그 일을 행하시는 분은 성령이시다(참고. 벧후 1:21).

2:10 하나님이…이것을…보이셨으니 성령을 통해 하나님은 구원하는 진리를 드러내어 보여주셨다(참고. 마 11:25; 13:10-13). 성령만이 이 일을 하실 수 있다. 이는 그 자신이 하나님이신 성령이 하나님이 아시는 모든 것을 아시기 때문이다. **우리에게** 6, 7절과 12, 13절의 "우리"와 마찬가지로 바울은 일차적으로 자신을 가리키는 것이며(요 14:26; 15:26에서처럼, *이 구절에 대한 설명을 보라*), 거기서 더 나아가 어떤 의미에서는 사도들과 신약성경을 쓴 사도의 동료들을 통해 기록된 말씀을 받은 신자를 가리킨다.

2:12 우리가…받았으니 "우리"는 사도들과 하나님 말씀을 기록한 다른 사람들을 가리킨다. 그 수단은 영감이었다(*딤후 3:16; 벧후 1:20, 21에 대한 설명을 보라*). 하나님은 영감을 통해 말씀을 값없이 선물로 주셨다. 신령한 생각을 생명을 주는(참고. 마 4:4) 신령한 언어로(13절) 바꾸는 것이 이 영감의 작용이었다.

2:14 육에 속한 사람 이 말은 회심하지 않은 사람, 영적 생명과 지혜가 없는 사람을 가리킨다. **영적으로 분별되기** 성령께서는 조명을 통해 성도들에게 하나님의 진리를 분별할 수 있는 능력을 주신다(시 119:18). 이 진리를 영적으로 죽은 사람은 이해할 수 없다(참고. 요 5:37-39. *요일 2:20, 21, 27에 대한 설명을 보라*). 조명의 교리는 우리가 모든 것을 안다거나(참고. 신 29:29), 우리에게 선생이 필요치 않다거나(참고. 엡 4:11, 12), 이해를 위한 고된 노력이 필요하지 않다(참고. 딤후 2:15)는 의미가 아니다.

2:15 아무에게도 판단을 받지 아니하느니라 불신자들은 당연히 그리스도인의 단점과 부족을 인식할 수 있다. 그러나 그들은 하나님의 자녀로 변화된 영적인 사람의 진정한 성격을 평가할 능력이 없다(참고. 요일 3:2).

2:16 그리스도의 마음 이사야 40:13을 인용한 것이다. 신자들에게는 말씀과 성령을 통해 주님의 마음을 아는 것이 허락되었다. 참고. 누가복음 24:45.

3:1 교회 문제는 세속적 영향력이라는 외적 성격 이상이었다. 거기에는 육신에 속한 내적인 문제가 있었다. 세상의 압력이 육신의 연약함과 합쳐졌던 것이다. **육신에 속한** 비록 고린도의 신자들은 더 이상 '육에 속한' 사람이 아니었지만 '신령한'(온전히 성령의 지배를 받는) 사람도 아니었다. 실제로 그들은 '육신적'(타락한 육신의 지배를 받는)이었다. 비록 모든 신자에게 성령이 있기는 하지만(참고. 롬 8:9), 그들은 여전히 타락한 육신과 싸우고 있었다(*롬 7:14-25; 8:23에 대한 설명을 보라*). **그리스도 안에서 어린 아이들** 그 신자들이 육에 속했다는 것은 그들이 성숙하지 못했음을 말한다. 그들은 자신들이 성장하지 못한 것에 대해 변명의 여지가 없었다. 왜냐하면 바울은 자신이 그들에게 가르친 것들에 비춰볼 때 성숙한 사람들에게 말하듯이 그들에게 말할 수 있었어야 한다고 암시했기 때문이다(2절). *히브리서 5:12-14; 베드로전서 2:1, 2에 대한 설명을 보라.*

3:2 젖 어떤 특정한 교리를 가리키는 것이 아니라 새 신자에게 제공되는 쉽게 이해될 수 있는 진리의 가르침을 가리킨다. **밥** 성경의 더 심오한 성격을 가진 교리들이다. 그 차이는 진리의 종류가 아니라 그 깊이의 정도다. 영적 미성숙은 풍부한 진리를 받을 수 없게 만든다.

3:3 시기와 분쟁 육신적인 성향은 시기를 일으킨다. 이는 이기심의 심각한 형태로, 분쟁과 뒤이어 분열을 초래한다. **사람을 따라** 성령의 뜻과 별도라는 의미다. 따라서 신령하지 않고 육신적이다. 그들은 마치 구원받지 않은 사람처럼 행동했다.

3:4 바울…아볼로 분파주의는 육신적인 성향의 결정적 산물이다. 참고. 1:11-13.

3:5-7 그런즉 아볼로는 무엇이며 바울은 무엇이냐 목회자가 수행하는 역할에 대한 겸손하지만 정확한 평가다. **주께서 각각 주신…하나님께서 자라나게…자라게 하시는…하나님** 영적으로 무지하고 죽어 있는 사람에게 믿음을 주실 수 있는 이는 오직 주님이시다. 구원은 하나님이 주시기로 결정하신 사람에게 주어지는 하나의 은혜다(*롬 9:15-19; 엡 2:8, 9에 대한 설명을 보라*).

3:8 한 가지 하나님이 구원의 생명을 주시는 도구로 사람들을 사용하시는데, 그들은 하나님에 의해 얼마나 기꺼이 사용되었는지에 따라 공평하게 평가되고 상급을 받는다. 그러나 모든 영광은 유일하게 구원하실 수

하나님의 지혜 VS 인간의 어리석음(고전 1-3장)

지혜	어리석음
고전 1:21, 24, 30	고전 1:18, 20, 23, 27
고전 2:6, 7, 13	고전 2:14
고전 3:18	고전 3:19

있는 하나님께로 돌아간다. 4절과 1:12에 기록된 것처럼 어리석은 편파적 태도는 정죄를 받는다. *마태복음 20:1-16에 대한 설명을 보라.*

3:9 우리 바울와 아볼로, 베드로 등 모든 사역자는 밭에서 일하는 일꾼으로, 그 밭에서 나오는 영적 생명은 전적으로 하나님의 은혜와 능력에 따른 것이다. **하나님의 집** 바울은 농사의 이미지에서 건축의 이미지로 옮겨간다(10-17절).

3:10 지혜로운 건축자…터 이 헬라어에서 건축이라는 단어가 유래되었으나, 이 단어는 설계자뿐 아니라 건축자라는 개념도 포함한다. 바울의 특기는 영적 기초를 계획하고 세우는 것이었다(참고. 롬 15:20). 그는 소아시아, 마게도냐, 그리스에 교회를 위한 기초를 놓는 일로 하나님의 쓰임을 받았다. 다른 사람들(예를 들면 디모데, 아볼로)은 그가 놓은 기초 위에 교회를 세웠다. 하나님이 그를 그런 일에 사용하신 것은 전적으로 은혜였다(참고. 7절; 15:20; 롬 15:18; 엡 3:7, 8; 골 1:29). **각각** 이 말은 일차적으로 복음 전도자와 목사-교사들을 가리킨다.

3:11 다른 터를 닦아 둘 자가 없으니 바울은 터를 설계한 것이 아니라 그리스도를 전파함으로 그 터를 놓았다. 참고. 베드로전서 2:6-8.

3:12 만일 누구든지…세우면 일차적으로 이 말은 복음 전도자와 목사를 가리키고(9절), 그다음 신실한 사역을 통해 교회를 세우라는 부르심을 받은 모든 신자를 가리킨다. **금이나 은이나 보석** 이 귀한 재료는 교회를 세우기 위한 헌신적인 영적 봉사를 의미한다. **나무나 풀이나 짚** 천한 재료는 영원한 가치가 없는 피상적인 활동을 의미한다. 그것은 악한 행동을 가리키지 않는다(*13절에 대한 설명을 보라*).

3:13 그 날 이 말은 그리스도의 심판 자리가 베풀어지는 때다(*고후 5:10에 대한 설명을 보라*). **불로 나타내고** 하나님의 불변하는 심판을 위한 불이다(참고. 욥 23:10; 슥 13:9; 벧전 1:17, 18; 계 3:18). 고린도후서 5:10은 나무, 풀, 짚은 심판의 불을 견디지 못하는 '무가치한' 것임을 가르친다(*이 구절에 대한 설명을 보라.* 참고. 골 2:18).

3:14 그대로 있으면 하나님의 능력으로 그분의 영광을 위해 성취된 모든 것은 남게 된다(참고. 마 25:21, 23; 고후 5:9; 빌 3:13, 14; 살전 2:19, 20; 딤후 4:7, 8; 약 1:12; 벧전 5:4; 계 22:12). **상** 참고. 요한계시록 22:12. 이것은 죄에 대한 심판이 아니다. 그리스도가 그 값을 치르셨기 때문에(롬 8:1) 어떤 신자도 죄로 말미암은 심판을 받지 않는다. 이것은 오직 영원한 상을 결정하기 위한 것이다(참고. 4:5의 "각 사람에게…칭찬이").

3:15 구원을 받되 아무리 무가치한 신자도 구원을 잃는 일은 없다.

3:16, 17 여기에 그리스도의 터 위에 세워진 건물인 교회를 방해하거나 파괴하려고 노력하는 사람들을 향한 무서운 경고가 있다. *마태복음 18:6, 7에 대한 설명을 보라.*

3:18 자신을 속이지 *1:18-25에 대한 설명을 보라.* 교회를 더럽히고 인간의 지혜로 교회를 파괴할 수 있다고 생각하는 사람들은 그 지혜를 버리고 그리스도 십자가의 어리석음을 받아들이는 것이 훨씬 유익할 것이다.

고전

3:19하, 20 욥기 5:13과 시편 94:11을 인용해 바울은 사람을 구원하지 못하는 인간의 지혜는 교회를 세우지도 못하게 하거나 그것의 성장을 막지도 못한다는 사실을 상기시키고 있다. 이는 1:18-25에서 말한 핵심을 새롭게 강조한 것이다.

3:21 사람을 자랑 참고. 4절; 1:12. 바울과 아볼로, 다른 모든 사람은 교회를 세우는 것과 관련해 아무 공로도 없다. **만물이 다 너희 것임이라** 모든 신자는 하나님이 공급하시는 가장 귀중한 선물과 영광에 동일하게 참여한다. 그러므로 사람의 자랑은 악할 뿐 아니라 가소로운 일이다.

3:22 세계 비록 우주가 지금 사탄의 손아귀에 있기는 하지만, 그것은 여전히 하나님이 만들어 그리스도인의 소유로 주신 것이다(고후 4:15; 요일 5:19). 하지만 신자들은 천년왕국에서와 영원 속에서 재창조된 영원한 지구를 무한히 더 완전하고 부요한 방법으로 소유하게 될 것이다(마 5:5; 계 21장). **생명** 영적이고 영원한 생명이다(참고. 요 14:23; 벧후 1:3, 4). **죽음** 영적이고 영원한 죽음이다(15:54-57; 빌 1:21-24). **지금 것** 신자가 이 생에서 소유하거나 경험하는 모든 것이다(참고. 롬 8:37-39). **장래 것** 천국의 모든 복이다. 참고. 베드로전서 1:3, 4. **다 너희의 것이요** 그리스도 안에서 모든 선하고 좋은 것은 신자의 복과 하나님의 영광을 위한 것이다. 참고. 에베소서 1:3; 베드로후서 1:3.

3:23 그리스도의 것…하나님의 것 신자는 그리스도에게 속하며, 따라서 모든 신자가 서로에게 속해 있음을

아는 것은 교회의 하나 됨을 위한 가장 큰 자극제가 된다(6:17; 요 9:9, 10, 21-23; 빌 2:1-4).

B. 섬김의 필요성(4:1-21)

4:1 우리를…여길지어다 바울은 모든 사람이 자신과 그의 동료 사역자들을 오직 하나님이 임명하신 겸손한 메신저로 보기를 원했다(참고. 3:9, 22). **일꾼** 바울은 문자적으로 '아래 노잡이'라는 단어, 곧 배의 맨 아래층에서 노를 젓는 가장 낮고 가장 비천하고 가장 무시받는 갤리선(주로 노를 이용해 움직이는 배–옮긴이) 노예를 가리키는 단어를 사용하여 자신의 겸손을 표현한다(9:16. 눅 1:2; 행 20:19을 보라). **하나님의 비밀** 신약성경에서 "비밀"은 이전에 감춰져 있던 신성한 계시를 가리키는 말로 사용된다. *2:7; 마태복음 13:11; 에베소서 3:4, 5에 대한 설명을 보라.* 여기서 그 단어는 신약에서 충만히 드러난 하나님의 진리라는 가장 넓은 의미로 사용되고 있다(행 20:20, 21, 27; 딤후 2:15; 3:16). 그것은 바울이 하나님의 일꾼이요 청지기로서 돌보고 나눠주어야 했던 진리의 모든 것이었다. **맡은 자** 바울은 사도로서 자신의 책임을 밝히기 위해 주인의 가산 전체, 곧 건물과 논, 재정, 양식, 다른 종들, 때로는 심지어 주인의 자녀까지 책임지는 사람을 가리키는 단어를 사용한다. 참고. 베드로전서 4:10.

4:2 충성 종 또는 청지기한테 가장 중요한 자질은 주인에게 순종적으로 충성하는 것이다(17절; 7:25. 참고. 마 24:45-51; 골 4:7).

4:3 사람에게나 판단 받는 것 이 말은 바울이 거만을 떨거나 자신이 동료 사역자들이나 다른 그리스도인, 심지어 어떤 불신자보다 위에 있다고 말하는 것이 아니다. 바울이 말하고자 하는 것은 그의 삶에 대한 인간의 판단은 심지어 그것이 자신의 판단이라 하더라도 중요하지 않다는 것이다.

4:4 자책할 아무 것도 깨닫지 못하나 바울은 자신의 인생에서 고백하지 않은 죄나 습관적인 죄를 알지 못했다. 그러나 제한된 지식으로 말미암아 그의 판단이 최종적인 것이 아님을 인정한다(*고후 1:12에 대한 설명을 보라*). **이로 말미암아 의롭다 함을 얻지 못하노라** 자신의 삶에 대한 바울의 진지한 평가가 있었다고 해서 신실치 못한 잘못에 대한 책임이 면제되는 것은 아니다. **주** 오직 주님만이 어떤 사람의 순종과 충성에 대해 궁극적인 판단을 내릴 수 있는 유일한 판단자이시다(딤후 2:15). *고린도후서 5:9, 10에 대한 설명을 보라.*

4:5 어둠에 감추인 것들…마음의 뜻 이 말은 오직 하나님만 아실 수 있는 내적 동기와 생각, 태도를 가리킨다.

고린도전서에 나오는 구약성경

1:19	사 29:14
1:31	렘 9:24
2:9	사 64:4
2:16	사 40:13
3:19	욥 5:13
3:20	시 94:11
5:13	신 17:7
6:16	창 2:24
9:9	신 25:4
10:7	출 32:6
10:26	시 24:1
14:21	사 28:11, 12
15:27	시 8:6
15:32	사 22:13
15:45	창 2:7
15:54	사 25:8
15:55	호 13:14

최후의 상은 외적인 봉사만이 아니라 내적인 경건을 근거로 할 것이므로(참고. 10:31), 오직 하나님만 각 사람에게 합당한 칭찬을 하실 수 있다. *3:12-14에 대한 설명을 보라.*

4:6 너희를 위하여 가장 위대한 사도들과 전도자들에 대한 하나님의 심판에 비춰 표현된 바울의 겸손은 그들 중 어느 누구도 높이지 말 것을 가르치는 데 유용했다(참고. 창 18:27; 32:10; 출 3:11; 삿 6:15; 마 3:14; 눅 5:8; 요 1:26, 27; 행 20:19; 고후 3:5; 엡 3:8). **이 일** 이 말은 바울이 자신과 아볼로를 포함해 주님을 섬기는 사역자들을 묘사하기 위해 사용했던 비유들, 곧 농부(3:6-9)와 건축자(3:10-15), 일꾼-청지기(1-5절)를 가리킨다. **기록된 말씀** 하나님의 신실한 종들에 대한 존경은 성경적인 한계 내에서만 이루어져야 한다(살전 5:12; 딤전 5:17; 히 13:7, 17). **교만한 마음을 가지지** 자랑과 교만이 고린도 교회의 큰 문젯거리였다(18, 19절; 5:2; 8:1; 13:4; 고후 12:20을 보라).

4:7 자랑 자랑하는 것은 속아서 그렇게 하는 것이다. 왜냐하면 사람이 소유한 모든 것은 하나님 섭리의 손에서 온 것이기 때문이다(참고. 대상 29:11-16; 욥 1:21; 약 1:17).

4:8 배 부르며…풍성하며…왕이 되었도다 엄격하게 꾸짖는 가운데서 하는 이 말은 사실 칭찬이 아니다. 이미

영적 위대함을 성취했다고 자만에 빠진 고린도 교인들을 조소하는 말이다. 그들은 라오디게아 사람들과 비슷하다(계 3:17을 보라). 참고. 빌립보서 3:12; 디모데후서 4:8; 야고보서 1:12; 베드로전서 5:4. **왕 노릇 하기** 하지만 바울은 정말로 천년왕국의 대관식 때에 그들이 주의 영광에 참여할 수 있게 되기를 진심으로 원했다.

4:9 끄트머리 여기서 사용되는 이미지는 로마의 경기장으로 끌려가서 싸우다가 죽는 죄수들이다. 죄수들이 죽기 위해 끌려 나오는 마지막 순간이며, 그 학살의 절정이다. 하나님은 주권적인 지혜로 자신의 궁극적인 영광을 위해, 현 세대 사람들 앞에 바로 그런 무가치하고 정죄 받는 광경을 비유적으로 보여주기 위해 사도들을 선택하신 것이다(참고. 마 19:28). 죽을 운명의 검투사들처럼 그들은 조소당하고, 침 뱉음을 당하고, 구타당했다. 그러나 하나님은 그들을 사용하셔서 자신의 나라를 건설하고 그들을 통해 자신의 이름을 영화롭게 하셨다.

4:10 어리석으나…지혜롭고 다시 한 번 조소가 사용된다. 이번에는 교만한 고린도 교인들의 태도를 비꼬기라도 하듯, 사도는 자신을 조롱함으로써 그들을 꾸짖는다(참고. 행 17:18).

4:11-13 사도들과 초창기의 전도자들은 사회의 최하층에 해당하는 생활을 했다. 고린도 신자들이 자기들을 왕이라고 생각하는 동안(8절) 사도는 고난받는 노예생활을 하고 있었다(참고. 고후 1:8, 9; 4:8-12; 6:4-10; 11:23-28).

4:12 친히 손으로 사도들은 고린도 교회의 일부 사람을 포함한 그리스인들이 너무 천해서 노예들이 해야 한다고 생각하는 노동을 몸소 했다. 바울은 복음 전파에 도움이 된다면 어떤 노동도 마다하지 않았다(참고. 행 18:3; 20:34; 고후 11:23-28; 살전 2:9; 살후 3:8; 딤후 3:12).

4:13 더러운 것…찌꺼기 때로 이방 종교 의식에서 가장 비천한 범죄자들이 제물로 사용되기도 했는데, 이들을 더러운 접시나 음식 쓰레기통에서 건져낸 음식 찌꺼기에 비유했다. 하나님의 보시기에는 그렇지 않았지만 세상이 보기에 바울과 동료 전도자들도 세상의 더러운 것과 만물의 찌꺼기로 여겨졌다. 겸손한 사도는 자신을 밑바닥에 있는 존재로 생각하고, 고린도 교인들은 꼭대기에 있다고 생각했으니 이들은 너무 교만하고 육신적인 신자들이었다.

4:14 사랑하는 자녀 그들이 육신적이고, 때로는 얄미울 정도로 미성숙함에도 불구하고 바울은 항상 고린도 신자들을 사랑으로 대했다(참고. 고후 12:14, 15; 갈 4:19; 빌 1:23-27; 요삼 4). **권하려** 문자적으로 '마음속에 둔다'라는 뜻이다. 무엇인가 잘못되어 교정되어야 한다는 전제 하에서 권하고 꾸짖을 마음을 가진다는 의미다(참고. 마 18:15-20; 행 20:31; 살전 2:7-12; 5:14).

4:15 일만 스승 이는 사실 '무수한 선생'이라고 말하는 셈이다. 이는 아이들을 잘 다루는 도덕적 보호자가 아주 많다는 과장된 표현이다. 하지만 오직 바울만 그들의 영적인 아버지다. 따라서 아무도 바울처럼 그들을 아끼지 않는다.

4:16 나를 본받는 자가 되라 11:1을 보라. 용감하지만 정당화될 수 있는 권면이다. 영적 지도자들은 사람들이 따라야 할 그리스도를 닮은 모범을 보여줘야 한다(참고. 딤전 4:12; 히 13:7).

4:17 디모데 디모데는 바울의 제자 훈련을 충실하게 받았다. 따라서 바울은 그가 자신을 완전하게 대신하는 데 부족함이 없다고 확신하고 그를 자기 대신 보낼 수 있었다. 참고. 디모데후서 2:2; 3:10-14. **내가…가르치는 것** 충고를 가리키는 말이 아니라 교리를 가리키는 말이다. 자신의 가르침과 모범으로 말미암아 디모데는 바울이 그에게 가르친 영원한 진리를 더욱 든든하게 만들 것이다.

4:18, 19 교만하여졌으나 그들은 다시 바울의 얼굴을 보지 않을 것이라고 생각하면서 교만해졌다. 그러나 바울은 하나님이 허락하시면 그들을 곧 다시 만날 계획을 세우고 있었다. 그때 바울은 그들의 교만한 범죄를 간과하지 않을 것이다. 이는 복음을 위한 것일 뿐 아니라 그들 자신을 위한 일이기도 하다(참고. 히 12:6). 다시 만나게 되면 그들의 진정한 영적 능력의 실체가 드러날 것이다.

4:20 말…능력 영적 성품은 인상적인 말에 의해 측정되는 것이 아니라 생명의 능력에 있다(참고. 마 7:21-23).

4:21 매 사람들이 죄를 고집하면 영적 지도자는 그것을 고치기 위한 매를 사용할 필요가 있다. 그런 교정의 유형이 5:1-13에서 사례와 함께 설명된다. 참고. 마태복음 18:15-18.

교회 내의 부도덕성 (5:1-6:20)

5:1 음행 이 죄는 너무나 사악해서 이교도조차 그것을 수치스러워할 정도였다. 바울이 과거 이 죄에 대해 편지를 썼음에도 불구하고(9절) 고린도 교인은 모든 사람이 알고 있던 이 죄를 합리화하거나 그 심각성을 축소하기에 급급했다. '부도덕'으로 번역된 헬라어 단어에서 영어의 *pornography*(포르노)라는 단어가 나왔다. **그 아버지의 아내** 그가 성적 관계를 가진 계모에게는

마치 그 사람과 친모 사이에 그런 관계가 있은 것과 같은 낙인이 찍혔다. 구약성경에서 근친상간은 사형을 당할 수 있는 죄였으며(레 18:7, 8, 29. 참고. 신 22:30) 흔치 않은 일이었고('그것의 이름을 부르는 것도') 로마법에서도 불법이었다.

5:2 교만하여져서 그런 극단적인 사악함까지 변명할 정도로 그들은 교만하고 육신적이었다. **쫓아내지** 7절에서와 같은 출교를 가리킨다(마 18:15-17; 엡 5:3, 11; 살후 3:6을 보라).

5:3 이미 판단하였노라 바울은 이미 그 죄인에 대한 판단을 내렸으므로 교회도 그렇게 해야 했다.

5:4 주 예수의 이름 그분의 거룩한 존재와 뜻에 따르는 것임을 뜻한다. **함께 모여서** 교회가 공적으로 모였을 때 그 조치가 취해져야 한다(*마 18:15-18에 대한 설명을 보라*). **능력** 권위를 가리킨다. 교회 내에서 회개하지 않는 범죄에 대한 교회의 조치는 주님의 권위와 같은 무게를 가진다.

5:5 사탄에게 내어주었으니 '내어주다'는 법적 선고를 가리키는 강한 용어다. 이것은 신앙을 고백하는 신자를 출교하는 것과 동일하다. 이것은 그 사람을 사탄의 영역, 곧 이 세상의 체계 속으로 밀어냄으로써 그 사람을 그리스도인의 복된 예배와 교제의 바깥에 두는 것이다. *디모데전서 1:20에 대한 설명을 보라.* **육신은 멸하고** 이것은 죄에 대한 징계로 질병, 심지어 죽음에까지 이를 수 있는 것을 가리킨다. *11:29-32에 대한 설명을 보라.* 참고. 사도행전 5:1-11. **영은…구원을 받게** 회개하지 않는 사람은 하나님의 심판 하에서 큰 고통을 당할지 모르지만 교회 내에서 악한 영향을 끼치지는 않을 것이며, 그가 교회에서 용인되고 받아들여질 때보다는 심판 아래서 구원받을 가능성이 더 높아질 것이다. **주 예수의 날** 이것은 주께서 자기 백성을 위한 보상을 가지고 다시 오시는 때를 말한다. *1:8에 대한 설명을 보라.*

5:6 자랑하는 것 '큰소리 치는 것'이 더 좋은 번역이다. 그들의 교만에 찬 만족감은 교회를 망치는 뻔뻔한 죄에 대해 그들이 마땅히 행해야 하는 의무를 알아차리지 못하도록 하기 때문에 악한 것이다. **누룩** *마가복음 8:15에 대한 설명을 보라.* 성경에서는 이 말이 영향력을 가리키는 말로 사용된다. 대부분의 경우에는 악한 영향력을 가리키지만, 마태복음 13:33에서는 천국의 좋은 영향력을 가리킨다(참고. 출 13:3, 7). **온 덩어리** 만약 죄가 용인될 경우 죄는 지역 교회 전체에 퍼져 교회를 부패시킬 것이다.

5:7 우리의 유월절 양 곧 그리스도 무교병이 유월절에 애굽에서 해방된 것을 상징했듯이(출 12:15-17), 교회에도 누룩이 없어야 한다. 이는 교회가 완전한 유월절 양이신 주 예수 그리스도를 통해 죄와 죽음의 지배로부터 분리되었기 때문이다. 그러므로 교회는 악한 교회 구성원을 포함한 옛 생활로부터 분리되기 위해 모든 누룩과 악한 것을 제거해야 한다.

5:8 명절을 지키되 매년 지키던 구약의 유월절과 달리 신자들은 새로운 유월절 '잔치', 곧 예수 그리스도를 지속적으로 기념한다. 유대인이 무교병을 가지고 유월절을 지켰듯이, 신자들도 누룩 없는 삶으로 유월절을 기념해야 한다.

5:9 내가…쓴 편지 고린도 교회에게 쓴 이전 편지에서 바울은 그 부도덕한 사람과 관계를 단절하라고 가르쳤다(참고. 11절; 살전 3:6-15).

5:10 이 세상의…자들 교회가 그 편지에서 말한 충고를 오해해 이 세상에서 구원받지 못한 사람들과의 관계는 단절하면서 교회 내에 있는 사람들의 죄는 계속해서 용인했던 것으로 보인다. 이것은 교제에 더욱 해가 되는 일이었다. 요한복음 17:15, 18을 보라. 하나님은 그리스도인이 세상에서 증인으로 존재하기를 원하신다(참고. 마 5:13-16; 행 1:8; 빌 2:15).

5:11 형제라 일컫는 자 바울은 이전에 보낸 편지에서 한 말의 의도를 다시 분명히 밝힌다. 바울이 하고자 했던 말은 자기들이 형제라고 하면서도 죄를 떠나지 않는 사람들과 모든 교제를 끊으라는 것이었다. **함께 먹지도 말라** 당시 함께 식사한다는 것은 받아들이고 교제한다는 표시였다. 데살로니가후서 3:6, 14을 보라.

5:12, 13 밖 바울은 자신이나 교회가 교회 밖의 불신자들에 대한 심판자가 되어야 한다고 말할 생각이 없었다. 그러나 교회 안에 있는 사람들에 대해서는 심판해야 한다(참고. 벧전 4:17). 교회 밖의 사람들을 심판하실 이는 하나님이고, 신자들은 그들에게 복음을 전해야 한다. 교회 내에서 죄를 범하는 사람은 교회가 추방해야 한다. 13절은 신명기 17:7을 인용한 것이다.

6:1 다른 이와 더불어 다툼이 있는데 일반적으로 소송을 가리키는 구절이다('법정에 가다'). **구태여** (영어에서는 '감히' – 옮긴이) 세상의 법정에서 다른 신자를 고소하는 것은 뻔뻔한 불순종이다. 그것이 다른 모든 죄와 마찬가지로 하나님이 싫어하시는 일이기 때문이다. **불의한** 이것은 그들의 도덕적 성품을 가리키는 말이 아니라 구원받지 못한 그들의 영적 상태를 가리킨다. **성도 앞에서** 신자들은 그들 사이의 모든 문제를 교회 내에서 그들 사이에서 해결해야 한다.

6:2 세상을 판단할 것 천년왕국에서 성도는 그리스도가 세상을 심판하시는 것을 보좌해야 하므로(계 2:26,

27; 3:21. 참고. 단 7:22), 현세에서 그들 사이에 발생하는 작은 문제들을 해결하기 위해 그리스도 안에서 지금 가진 진리와 성령, 은사와 자원을 활용할 만한 자격이 충분히 있다.

6:3 천사를 판단할 것 이 헬라어는 '다스림' 또는 '통치'를 뜻할 수도 있다. 주가 친히 타락한 천사들을 심판하실 것이므로(벧후 2:4; 유 6절), 이 말은 우리가 영원한 세계에서 거룩한 천사들을 다스릴 것이라는 의미일 수 있다. 천사들은 성도들을 섬기는 "섬기는 영"(히 1:14)이므로, 그들이 영광 가운데 있는 우리를 섬기리라는 말은 일리 있어 보인다.

6:4 이 구절에 대한 영어 번역이 다양하다는 사실에서 알 수 있듯 이것은 번역하기 어려운 구절이다. 그러나 기본적인 의미는 분명하다. 그리스도인들 사이에 세상적인 문제에 대한 분쟁이 발생했을 때 가장 자격이 없는 자들(불신자들)에게 찾아가서 문제를 해결하려고 하는 것은 생각해볼 필요도 없는 일이라는 것이다. 하나님 말씀을 알고 성령에게 순종하는 신자는 법적인 훈련을 받지 못했다고 해도, 하나님의 진리와 성령이 없는 가장 경험이 많은 불신자보다 신자들 사이의 문제를 해결하는 데 있어 더 유능하다.

6:5, 6 부끄럽게 동료 신자를 고소하는 그런 행동은 수치스러운 악일 뿐 아니라(5절) 순종과 의의 행동이 전혀 아니다. 동료 그리스도인을 법정으로 데려가는 그리스도인은 판결이 나기도 전에 이미 도덕적 패배와 영적 손실을 당한 것뿐 아니라 하나님의 징계를 받게 된다(참고. 히 12:3 이하).

6:7 차라리 불의를 당하는 것이 낫지 아니하며 불의를 당하는 것이 낫다는 것이다. 그 행동이 이기심에서 비롯된 수치스러운 죄요(5절) 도덕적 패배로(8절) 하나님과 그분의 지혜, 능력, 주권적 목적을 불신하고 교회와 그리스도의 복음의 증거에 해를 끼치는 것이기 때문이다. **속는 것** 그리스도인은 사회의 법정에서 법적 해결을 추구할 권리가 없다. 어려움 속에서 하나님의 주권적 목적을 신뢰하고 경제적 손실을 감수하는 것이 불순종하고 영적 어려움을 당하는 것보다 훨씬 낫다(*마 5:39; 18:21-34에 대한 설명을 보라*).

6:8 너희는 불의를 행하고 속이는구나 바울은 스스로는 불의를 행하고 속이면서 그리스도 안의 다른 형제들이 행한 일을 바로 잡겠다고 세상 법정에 고소하는 사람을 가리켜 말하고 있다.

6:9, 10 이 죄의 목록은 비록 모든 죄를 망라한 것은 아니지만 구원받지 못한 사람의 특징을 이루는 도덕적 죄의 주요 유형이다.

6:9 하나님의 나라를 유업으로 받지 못할 그 나라는 구원의 영적 영역을 가리킨다. 그곳에서 왕이신 하나님은 믿음에 의해 그분의 소유가 된 모든 사람을 다스리신다(*마 5:3, 10에 대한 설명을 보라*). 모든 신자는 그 영적인 나라 안에 있지만, 동시에 앞으로 올 세상에서 있을 완전한 유업에 참여할 때를 기다리고 있다. 불의한 자로 규정되는 사람은 구원받지 못한 이들이다(10절). *요한일서 3:9, 10에 대한 설명을 보라.* 비록 신자들도 이런 죄를 범할 수 있고 실제로 범하기도 하지만, 그들은 삶의 패턴이 그런 죄성을 가지지는 않는다. 만약 그런 죄성을 가지고 있다면 이는 그 사람이 하나님의 나라에 속하지 않았다는 증거다. 진정한 신자라면 그 죄를 미워하고 그것을 이길 방법을 찾는다(참고. 롬 7:14-25). **음행하는 자** 성적 부도덕에 탐닉하는 모든 사람, 특히 혼인하지 않은 사람들 중에서 그런 사람이 이에 해당된다. **우상 숭배하는 자** 거짓된 신을 경배하거나 거짓된 종교제도를 따르는 모든 사람이다. **간음하는 자** 혼인한 배우자 이외의 사람과 맺는 성관계에 탐닉하는 사람들이다. **탐색하는 자나 남색하는 자나** 이 용어들은 정상적인 남녀의 성적 역할과 관계를 뒤바꿔 성을 더럽히는 자들을 가리킨다. 이성의 옷을 입거나 성을 전환하는 일 등이 여기에 포함된다(참고. 창 1:27; 신 22:5). 남색하는 자가 소도마이트(Sodomites, 소돔 사람들)라고 불리는 것은 남성끼리 성관계를 하는 악이 소돔성을 지배했기 때문이다(창 18:20; 19:4, 5). 성경은 이 모든 악한 성적인 왜곡의 형태를 언제나 정죄한다(참고. 레 18:22; 20:13; 롬 1:26, 27; 딤전 1:10).

6:10 도적이나 탐욕을 부리는 자 이 두 부류의 사람은 근본적으로 동일한 탐욕의 죄를 범한다. 탐욕을 부리는 사람은 다른 사람의 소유물을 원하고, 도적은 그것을 실제로 취한다. **모욕하는 자** 말로 다른 사람을 파멸시키려고 하는 사람이다. **속여 빼앗는 자들** 자기들의 경제적 이익을 위해 다른 사람의 이익을 부당하게 취해 간접적으로 도적질을 하는 사기꾼과 횡령꾼을 말한다.

6:11 너희 중에 그리스도가 죄인을 구원하기 위해 오셨기 때문에(참고. 마 9:13; 롬 5:20) 모든 그리스도인이 여기 거론된 죄들을 전부 범하는 것은 아니지만, 모든 그리스도인은 과거에 동일한 죄인이었다. 이런 악한 생활 패턴에 젖어 있던 사람들 가운데 일부가 그 옛 죄악에 다시 떨어졌다. 만약 그들이 과거의 삶으로 완전히 돌아간다면 그들은 영원한 구원을 상속받지 못하리라는 사실을 기억해야 한다. 왜냐하면 그 사실은 그들이 구원받은 적이 없다는 표시이기 때문이다(참고. 고후 5:17). **성령 안에서** 성령은 구원의 변화를 일으키시는

고전

성령의 사역(고전 6:11)

세례의 실행자	고전 12:13
사역으로 부르심	행 13:2-4
신성한 계시의 통로	삼하 23:2; 느 9:30; 슥 7:12; 요 14:17
능력을 주심	출 31:1, 2; 삿 13:25; 행 1:8
충만케 하심	눅 4:1; 행 2:4; 엡 5:18
보장하심	고후 1:22; 5:5; 엡 1:14
지키심	딤후 1:14
도우심	요 14:16, 26; 15:26; 16:7
깨닫게 하심	고전 2:10-13
내주하심	롬 8:9-11; 고전 3:16; 6:19
중보하심	롬 8:26, 27
열매를 내심	갈 5:22, 23
영적 성품을 제공하심	갈 5:16, 18, 25
거듭나게 하심	요 3:5, 6, 8
죄를 억제하고 깨닫게 하심	창 6:3; 요 16:8-10; 행 7:51
거룩하게 하심	롬 15:16; 고전 6:11; 살후 2:13
인치심	고후 1:22; 엡 1:14; 4:30
감독자를 세우심	행 20:28
교제의 원천	고후 13:13; 빌 2:1
자유의 원천	고후 3:17, 18
능력의 원천	엡 3:16
하나 됨의 원천	엡 4:3, 4
영적 은사의 원천	고전 12:4-11
가르치심	요 14:26; 행 15:28; 요일 2:20, 27

분이다(참고. 요 3:3-5). **씻음** 이것은 영적 씻음과 거듭남을 통한 새 생명을 가리킨다(참고. 요 3:3-8; 고후 5:17; 엡 2:10; 딛 3:5). **거룩함** 이것은 새로운 행동을 가져온다. 이것이 변화된 생명이 가져온 결과다. 죄의 전적인 지배가 무너지고, 거기에 순종과 거룩의 새로운 패턴이 자리 잡는다. 비록 완전하지는 않지만 이것이 새로운 방향이다(롬 6:17, 18, 22을 보라). **의롭다 하심** 이것은 하나님 앞에서의 새로운 위치를 가리킨다. 그 안에서 그리스도인은 그리스도의 의를 옷 입는다. 그리스도의 죽음에서 신자의 죄가 그리스도께 넘어갔고 그리스도가 그것을 당하심으로써 그리스도의 의가 신자에게 전가되어 그 의의 복을 받게 되는 것이다(롬 3:26; 4:22-25; 고후 5:21; 빌 3:8, 9; 벧전 3:18).

6:12-20 하나님의 은혜에 의해 영원한 씻음과 거룩함, 의롭다 하심을 받은 신자는 자유를 얻는다(참고. 롬 8:21, 33; 갈 5:1, 13). 고린도 교인은 그 자유를 가지고 바울이 갈라디아 교인에게 하지 말라고 경고한 바로 그 일을 했다. "그 자유로 육체의 기회를 삼지 말고"(갈 5:13). 그러므로 이 단락에서 바울은 자기들의 죄가 하나님의 은혜로 덮여지므로 마음대로 죄를 범해도 된다는 고린도 그리스도인의 합리화에 대한 오류를 폭로했다.

6:12 모든 것이 내게 가하나 다 유익한 것이 아니요 이것은 고린도 교인의 표어였을 것이다. 신자가 어떤 죄를 범하든지 하나님이 사하시는 것은 사실이지만(엡 1:7), 그들이 하는 모든 일이 유익하거나 좋은 결과를 가져오는 것은 아니다. 자유와 은혜를 오용한 대가는 아주 크다. 죄는 언제나 손실을 초래한다. **얽매이지** (영어 성경에는 '능력'－옮긴이) 죄는 능력을 가지고 있다. 이 단어는 '주인 노릇을 하다'라는 뜻이며(참고. 롬 6:14), 모든 죄 가운데서 사람을 가장 심각하게 노예로 삼는 죄는 성적인 죄다. 참된 신자의 생활에서는 결코 이것이 지속적으로 이어지지 않지만, 그럼에도 기쁨과 평

안, 능력을 좀 먹는 반복되는 습관이 될 수 있다. 또한 그것은 하나님의 채찍과 교회의 징계를 초래한다(참고. 5:1 이하). *데살로니가전서 4:3-5에 대한 설명을 보라.* 성적인 죄는 지배하려고 하기 때문에 신자는 그 죄의 지배를 허용하지 말고 주님의 능력으로 그것을 제어해야 한다(*9:27에 대한 설명을 보라*). 바울은 그리스도 안에 있는 자유가 죄의 면허증을 준다는 불경건한 관념을 단연코 거부한다(참고. 롬 7:6; 8:13, 21).

6:13 음식…배 이 말은 성(sex)이란 음식을 먹는 것처럼 순전히 생리적인 현상일 뿐이라는 관념을 주창하는 대중적인 격언이었던 것으로 짐작된다. 오직 육체만 악하다고 보는 철학적 이원론이 이런 생각에 일조했을 것이다. 이런 생각에 따르면 몸을 가지고 하는 일은 막을 수 없고, 따라서 별로 중요하지 않다는 것이다. 음식과 배 사이에 순전히 생리적이고 한시적인 관계만 있는 것처럼 다른 많은 이방인 친구와 마찬가지로 고린도의 그리스도인도 이 비유를 사용하여 성적 부도덕을 정당화했을 것이다. **몸…주** 바울은 성적 부도덕을 정당화하는 편리한 비유를 거부한다. 몸과 음식은 결국은 없어질 한시적인 관계가 있을 뿐이다.

6:14 참고. 사도행전 2:32; 에베소서 1:19. 신자의 몸과 주님은 결코 사라지지 않을 영원한 관계를 맺고 있다. 그는 변화되고 다시 일으킴을 받고 영화롭게 되고 신성하게 될 신자의 몸을 가리켜 말하고 있다. 15:35-54을 보라. 참고. 빌립보서 3:20, 21.

6:15 지체 신자의 몸은 지금 여기서 주님을 위하여 있을 뿐 아니라(14절) 주님의 것, 곧 그분의 몸인 교회의 일부다(엡 1:22, 23). 그리스도인의 몸은 그분의 영이 살고 있는 신령한 성전이다(12:3; 요 7:38, 39; 20:22; 행 1:8; 롬 8:9; 고후 6:16). 그러므로 신자가 성적인 죄를 범하면, 이는 그리스도를 창녀와 관련시키는 것이다. 모든 성적인 죄는 매춘 행위다. **결코 그럴 수 없느니라** 이 말은 '결코 그런 일이 있을 수 없다'는 헬라어의 강한 부정이다.

6:16 한 몸 바울은 앞 절의 요점, 즉 남자와 여자 사이의 성적 결합을 '한 몸'이라고 규정하는 창세기 2:24의 진리를 사용하여 뒷받침한다. 어떤 사람이 창녀와 결합하면 그것은 한 몸이 되는 경험이다. 그러므로 그리스도가 영적으로 그 창녀와 결합하는 것이다.

6:17 한 영이니라 자신의 주장을 더욱 강조하기 위해 바울은 혼인 밖에서 행해지는 모든 성적 행위를 죄로 단정한다. 그런데 신자의 부당한 성적 관계는 신자와 한 몸을 이룬 그리스도를 욕되게 한다는 점에서 더욱 비난받을 일이다(요 14:18-23; 15:4, 7; 17:20-23; 롬 12:5). 이런 논증으로 보면 그런 죄는 생각할 수도 없는 일이 된다.

6:18 범하는 죄마다 몸 밖에 있거니와 어떤 의미에서 성적 죄는 다른 어떤 죄와 다르게 사람을 파괴한다. 그것이 너무 친밀하고 뒤엉켜 있어 사람의 가장 깊은 곳까지 타락시키기 때문이다. 그러나 바울의 이 말은 당시뿐 아니라 오늘날에도 광범위하게 퍼져 있는 파괴적인 성병을 가리킬 것이다. 이렇게까지 직접적으로 몸을 파괴하는 죄는 없으며, 이 죄는 19, 20절에서 지적한 사실 때문에 신자들이 피해야 하는 것이다.

6:19 너희 자신의 것이 아니라 그리스도인의 몸은 주님께 속해 있으며(13절), 그리스도의 지체이며(15절), 성령의 전이다. *로마서 12:1, 2에 대한 설명을 보라.* 신자가 범하는 모든 간통과 간음 또는 다른 모든 죄는 하나님이 거하시는 성소, 곧 지성소에서 범해지는 것이다. 구약에서 대제사장은 일 년에 단 한 번 지성소에 들어갔으며, 들어갈 때는 죽임당하지 않기 위해 철저하게 씻은 다음에야 들어갔다(레 16장).

6:20 값 그리스도의 보혈이다(*벧전 1:18에 대한 설명을 보라*). **하나님께 영광을 돌리라** 그리스도인의 최고 목표다(10:31).

7:1-11:34 고린도 교인이 바울에게 써서 보낸(7:1) 실천적 질문에 대한 바울의 답변이다. 이 편지는 스데바나와 브드나도, 아가이고(16:17)가 전달해주었던 것으로 보인다. 첫 번째 질문은 혼인에 대한 것이었다. 간음, 간통, 동성애, 일부다처, 축첩을 용인한 당시 문화의 도덕적 타락 때문에 혼인관계가 어려움에 처해 있었다.

7:1-7 모든 성적 죄와 부부 사이에서 발생하는 혼란 때문에 어떤 사람들은 혼자 사는 것이 더 좋으며, 심지어 독신생활이 더 신령하다는 생각을 가지고 있었다. 그로 말미암아 짐짓 경건한 어떤 사람들이 독신생활을 위해 이혼해야 한다고 주장했을 수도 있다. 이 단락의 표현은 혼인하지 않는 독신생활을 고상한 일이라고 말하지만, 그렇다고 혼인이 나쁘다거나 열등하다고 가르치는 것은 아니다.

교회 내에서의 결혼 (7:1-40)

7:1 여자를 가까이…함 이것은 성관계를 가리키는 유대인의 완곡어법이다(참고. 창 20:6; 룻 2:9; 잠 6:29). 바울은 성관계를 맺지 않는 것, 곧 혼인하지 않고 독신으로 사는 것이 좋다고 말한다. 그러나 이것이 유일하게 선한 일이 아니며, 심지어 혼인보다 더 좋은 일도 아니다(참고. 창 1:28; 2:18).

7:2 음행 혼인하지 않고 혼자 살 때는 음행의 위험이

크다(참고. 마 19:12). 혼인은 성적 욕구를 만족시키기 위해 하나님이 마련하신 유일한 수단이다. 하지만 혼인은 오직 그 목적만으로 축소되어서는 안 된다. 바울은 그보다 훨씬 높은 견해를 가지고 있으며, 그것을 에베소서 5:22, 23에서 상세히 밝혔다. 여기서 바울이 강조하는 것은 독신이 짓는 성적인 죄의 문제다.

7:3 대한 의무를 다하고 혼인한 신자들은 배우자의 성적 욕구를 만족시켜 주어야 한다. 혼자 사는 사람에게는 독신생활의 금욕이 정당하지만, 혼인한 사람에게는 그렇지 않다. 신자가 구원받지 못한 배우자와 살 때 이런 성적 박탈 현상이 가장 흔하게 발생할 수 있다(구원받지 못한 배우자의 문제에 대해서는 *10-17절에 대한 설명을 보라*).

7:4 주장 혼인 언약을 통해 남편과 아내는 상대의 성적 만족을 위해 상대의 몸을 주관하는 권리를 받는다.

7:5 분방 문자적으로 '상대방을 박탈하는 일을 그치라'는 뜻이다. 이런 명령이 있다는 것은 신자들 사이에서 이런 종류의 박탈 현상이 있었음을 보여준다. 이는 과거에 그들이 범한 엄청난 성적 죄악에 대한 반동으로, 또한 그런 것을 전부 버리고자 하는 생각에서 그런 일이 있었을 것이다. 남편과 아내는 한시적으로 성관계를 피할 수 있지만, 이는 그들이 금식의 일부로 중보기도를 위해 그렇게 하기로 합의했을 때뿐이다. **다시 합하라** 영적 필요에 의해 중단한 후에는 성관계가 곧 재개되어야 한다. **사탄이 너희를 시험하지 못하게 하려 함이라** 참고. 데살로니가전서 3:5. 합의한 금욕의 시기가 끝나면 성적 욕구가 더 강해지며, 따라서 악한 욕망에 취약해질 수 있다. *마태복음 4:1-11; 고린도후서 2:11*

가족을 위한 성경적 지침

본문	문제	요약
롬 9:6-11:36	인종적 태도	바울은 족장 시대 이후로 존재하던 유대인의 어떤 태도들을 검토하면서 겸손과 용납을 호소한다
롬 14:1-15:6	영적 성숙과 확신의 차이	신자들은 서로에게 은혜와 관용을 실천해야 한다
고전 5:1-13; 고후 2:1-11	가족 내에서의 성적 부도덕	바울은 신자의 가족 내에서 지속적으로 범해지는 근친상간의 문제를 다룬다
고전 6:15-20; 살전 4:1-12	성적 부도덕의 유혹	몸은 하나님의 전이며, 신자는 성적 죄악들을 피해야 한다
고전 7:1-17	혼인관계에서의 성	혼인생활에서는 성적 친밀감이 필요하다
고전 7:8-20, 25-38	독신과 혼인	바울은 혼인보다는 독신을 선호한다고 말한다
고전 7:39-40	과부의 재혼	신자와 재혼하는 것은 얼마든지 허용된다
엡 5:21-33; 골 3:18-19; 벧전 3:1-7	배우자와의 관계	바울과 베드로는 남편과 아내에게 상호간의 사랑과 격려를 독려한다
엡 6:1-4; 골 3:20-21	자녀와 부모의 관계	가정에서 자녀는 부모에게 순종해야 하고 부모는 그들을 신앙으로 양육해야 한다
딤전 3:1-13; 딛 1:5-16	성품	영적 지도자들이 평가를 받아야 할 주요 영역 중 하나가 가정생활이다
딤전 5:3-16; 약 1:27	과부	바울은 과부를 돌보는 일에 대한 지침을 제공하고, 야고보는 과부와 고아의 필요를 공급해줄 것을 권한다

에 대한 설명을 보라.

7:6 허락 더 나은 번역은 '인식' 또는 '상호 의견을 가지다' 정도가 될 것이다. 바울은 독신과 혼인 양쪽에 대해 하나님이 주신 유익을 알고 있었으며, 독신자가 받는 유혹 때문에 혼인을 명하는 것은 아니었다. 비록 혼인이 하나님의 좋은 선물이기는 하지만 영성이 혼인 여부와 직결되어 있는 것은 아니다(벧전 3:7의 "생명의 은혜"를 보라).

7:7 나와 같기를 바울은 홀몸이라서 남다른 자유를 가지고 독립적으로 그리스도를 섬길 수 있음을 인정한다(*32-34절에 대한 설명을 보라*). 그러나 그는 모든 신자가 홀몸이거나, 모든 홀몸인 사람이 계속 그 상태로 있거나, 혼인한 모든 사람이 마치 홀몸인 것처럼 독신의 금욕을 실천해야 한다고 생각하지 않는다. **하나님께 받은…은사** 홀로 사는 것이나 혼인하는 것이나 모두 하나님의 은혜의 선물이다.

7:8 결혼하지 아니한 자들과 과부들 "결혼하지 아니한 자들"은 신약성경에서 오직 고린도전서에만 등장한다(참고. 11, 32, 34절). 이 구절은 결혼하지 아니한 자와 과부가 다른 사람을 가리킴을 분명히 보여준다. 11절은 이혼한 사람을 '결혼하지 아니한 자'라고 부름으로써 "과부"(39, 40절, 즉 배우자의 죽음으로 홀몸이 된 사람), "처녀"(25, 28절, 혼인한 적이 없는 사람)와 구분한다. 그러므로 "결혼하지 아니한 자"는 과부가 된 사람을 가리키는 것이 아니라 예전에 혼인했지만 지금은 홀몸인 사람을 가리킨다. 그들은 이혼한 사람들이다. 여기서 문제는 예전에 혼인한 적이 있는 사람들이 지금 그리스도인으로 재혼할 수 있는지 또는 해야 하는지를 알고자 하는 것으로 보인다. **나와 같이** 바울은 아내와 사별했던 듯하며, 여기서 자신을 혼인하지 않은 사람들 그리고 과부들과 동일시함으로 자신이 이전에 혼인했었음을 밝히는 것일 수도 있다. 바울의 일차적 제안은 그들이 자유롭게 주님을 섬길 수 있기 때문에 홀몸으로 있는 것이 좋다는 것이다(25-27, 32-34절). *누가복음 2:36, 37의 안나에 대한 설명을 보라.*

7:9 결혼하라 이 헬라어는 명령이다. 왜냐하면 홀몸이 된 사람이 특별히 고린도 사회 같은 곳에서 성적 욕구가 채워지지 않으면 행복하게 살 수 없고 주님을 효과적으로 섬길 수 없기 때문이다.

7:10 내가 아니요 주시라 바울이 신자들에게 하는 말은 예수께서 지상 생애 동안 이미 분명히 가르치신 것이다(마 5:31, 32; 19:5-8. 참고. 창 2:24; 말 2:16). **갈라서지** 이 단어는 이혼과 같은 의미로 사용된다. 어떤 고린도 교회의 교인이 불신 배우자와 이혼하고 독신으로 살거나 신자와 다시 결혼해야 한다고 생각했던 것으로 보인다.

7:11 갈라섰으면 그대로 지내든지 만약 어떤 그리스도인 부부가 간음 이외의 이유로 이혼했다면(*마 5:31, 32; 19:8, 9에 대한 설명을 보라*), 그들의 어느 편도 다른 사람과 이혼할 자유가 없다. 그들은 화해하든지 아니면 혼인하지 말고 살아야 한다.

7:12 그 나머지 사람들에게 10, 11절의 지침에 해당되지 않는 사람들이다. **내가 말하노니** 이 말은 영감을 부인하는 말도 아니고 바울이 인간적인 의견을 전달한다는 말도 아니다. 이것은 예수가 그 상황에 대해 말씀하신 적이 없고, 하나님도 그 문제에 대해 이전에 계시하신 적이 없는 것을 바울이 가르치고 있다는 뜻이다.

7:12, 13 어떤 신자들은 불신자와 혼인하면 몸이 더럽혀진다고 느꼈음이 분명하다. 하지만 실상은 그 반대다(14절).

7:14 거룩하게 되고 이 말은 구원받는다는 말이 아니다. 만약 그렇지 않다면 그 배우자에 대해 믿지 않는다고 말하지 않았을 것이다. 여기서 거룩하게 된다는 말은 개인적이고 영적으로 그렇다는 것이 아니라 혼인관계와 가족관계에서 그렇다는 말이며, 믿는 배우자가 하나님께 속했기 때문에 믿지 않는 배우자가 현세적인 복을 받는 위치에 서게 된다는 뜻이다. 부부 중에 그리스도인이 한 명이 있으면 그에게서 넘친 은혜가 다른 배우자에게도 흘러간다. 심지어 믿지 않는 배우자를 구원으로 이끌 수도 있다. **자녀도…거룩하니라** 그리스도인은 믿지 않는 배우자로 인해 자녀들이 부정하게 될 것이 두려워 갈라설 필요는 없다. 하나님은 그 반대가 될 것이라고 약속하신다. 만약 양쪽 부모가 모두 부정하다면 그 자녀도 부정하겠지만, 한쪽이라도 믿는 부모가 있다면 그로 말미암아 자녀들이 복과 보호를 받을 수 있으며, 때로 구원 속으로 들어오기도 한다.

7:15 갈리게 하라 이혼을 가리킨다(참고. 10, 11절). 불신 배우자가 상대방의 믿음을 용인할 수 없어 이혼을 원한다면 가정의 평화를 위해 그렇게 하는 것이 최선이다(참고. 롬 12:18). 혼인의 결합은 죽음(롬 7:2), 간통(마 19:9) 또는 불신 배우자가 떠났을 경우에만 와해된다. **구애될 것이 없느니라** 위의 일들 가운데 어느 한 가지 이유로 혼인이 와해되면 그리스도인은 다른 신자와 자유롭게 혼인할 수 있다. 성경 전체를 통해 합법적인 이혼이 발생하면 재혼이 하나의 선택 사항으로 전제되어 있다. 이혼이 허용될 경우는 재혼도 마찬가지로 허용된다. 이 원칙으로부터 과부의 경우 더 이상 '속박' 없다는 점에서 '결합'이 와해되었으므로 혼인이 허용된

고전

이혼에 대한 바울의 가르침

바울은 고린도 교회가 그에게 문의한 몇 가지 질문에 답하면서 이혼에 대해 가르쳤다. 첫 번째 질문은 혼인에 대한 것이었다. 간음, 간통, 동성애, 일부다처, 축첩을 허용하는 문화의 도덕적 부패로 인해 혼인관계에 문제가 발생했기 때문이다.

사도는 신자들에게 자신의 가르침이 예수가 지상 사역 기간에 가르치신 내용(마 5:31, 32; 19:5-8)에 근거한 것임을 상기시켰다. 예수 자신은 이전에 계시된 하나님 말씀(창 2:24; 말 2:16)을 근거로 해서 가르치셨다.

바울이 말한 교훈의 출발점은 하나님이 이혼을 금하신다는 사실을 분명히 하는 것이었다. 바울은 그리스도인 부부가 간음 이외의 이유로 이미 이혼했다면(7:10, 11) 어느 쪽도 자유롭게 다른 사람과 혼인할 수 없다고 말한다. 그들은 화해하든지, 혼인하지 말고 혼자 지내야 한다.

다음으로 바울은 배우자 중 한 사람이 신자가 되었을 때 발생할 수 있는 있는 부부간의 갈등 문제에 대해 유익한 지침을 덧붙였다(7:12-16). 첫째 믿는 배우자는 혼인관계를 최대한 잘 유지하면서 상대 배우자를 그리스도께 이끌 길을 모색해야 한다. 만약 믿지 않는 배우자가 혼인을 끝내기를 원한다면 "갈리게 하라"는 것이 바울의 대답이다(7:15). 이것은 이혼을 가리킨다(7:10, 11). 믿지 않는 배우자가 상대방의 믿음을 용인할 수 없어 이혼을 원한다면 가정의 평화를 위해 그렇게 하는 것이 최선이다(롬 12:18). 그러므로 혼인의 결합은 죽음(롬 7:2), 간음(마 19:9) 또는 믿 지않는 배우자가 떠났을 경우에만 와해된다.

앞선 일들 가운데 어느 한 가지 이유로 혼인의 결합이 와해되면 그리스도인은 다른 신자와 자유롭게 혼인할 수 있다(7:15). 성경 전체에는 합법적으로 이혼이 이루어지면 재혼할 수 있다는 전제가 깔려 있다. 이혼이 허용될 때는 재혼도 마찬가지로 허용된다.

일반적으로 회심과 그리스도에 대한 순종으로 말미암아 신자는 모든 관계에서 더욱 충실하고 헌신적인 태도를 보여야 한다. 이 단락(7:1-24)이 반복해서 가르치는 것은 그리스도인은 하나님이 자신에게 주신 혼인 조건과 사회적 환경을 즐거이 받아들이고, 하나님이 자신을 다른 곳으로 이끄실 때까지 거기서 하나님을 섬기는 일에 만족하라는 것이다.

다(39, 40절; 롬 7:3).

7:16 어떤 사람들은 자신의 믿지 않는 배우자가 이혼을 원하면서 가정에 분란을 일으키지만, 그들에게 복음을 전하여 구원으로 이끌 기회가 있을지도 모른다는 생각에서 이혼을 망설일 수도 있다. 바울은 구원받지 못한 배우자가 그런 방식으로 결혼관계를 끝내고자 한다면 그들이 구원받으리라는 보장이 없으므로 그들과 이혼하여 평안을 유지하는 것이 더 낫다고 말한다.

7:17-24 고린도 교회의 새로운 신자들 사이에서는 불만이 팽배해 있었다. 여기까지 오면서 보았듯이(1-16절) 어떤 사람들은 혼인의 신분을 바꾸기를 원했고, 어떤 노예들은 자유로워지기를 원했으며, 어떤 사람들은 그리스도 안에서 얻은 자유를 이용해 자기들의 죄를 합리화하려고 했다. 이런 상황에 대한 전체적인 대답으로, 이 단락은 그리스도인은 하나님이 자신에게 허락하신 혼인 조건과 사회적 환경을 기꺼이 받아들이고 하나님이 자신을 다른 곳으로 이끄실 때까지 거기서 그분을 섬기는 일에 만족하라는 근본 원리를 분명하게 반복하여 밝힌다.

7:17 세 번 가운데 첫 번째로(20, 24절), 바울은 모든 그리스도인에게 요구되는 만족의 원리를 가르친다.

7:18 할례자…무할례자 유대주의자들은 모든 이방인 신자가 할례를 받아야 할 것을 요구하고(갈 5:1-6), 어떤 유대인 그리스도인은 유대교로부터 절연하고 무할례자가 되는 수술을 받기를 원하는 상황에서(랍비 문헌에서 다루고 있듯이) 바울은 그 어느 것도 필요하지 않다고 말함으로써 이슈를 분명히 할 필요가 있었다. 비유적으로 말하면 그리스도인이 되었을 때 유대인은 이방인처럼 보이기 위해 그의 인족적·문화적 신분을 포기할 필요가 없었다. 마찬가지로 이방인도 문화적으로 유대인처럼 될 필요가 없다(19절). 문화, 사회 질서, 외적인 의례는 영적 삶과 무관하다. 중요한 것은 믿음과 순종이다. **부르심을 받은** 서신서들에서 항상 그러하듯이 용어는 사람을 구원하는 하나님의 유효한 부르심을 가리킨다(*롬 1:7에 대한 설명을 보라*).

7:21 종으로 있을 때에 바울이 노예제도를 인정하는

것은 아니었지만, 노예 상태인 사람도 그 위치에서 그리스도를 순종하고 높일 수 있다고 가르쳤다(엡 6:5-8; 골 3:23; 딤전 6:1, 2). **염려하지 말라** 이 말이 자유를 더 나은 선택이 아니라 하나님이 주신 권리라고 잘못 생각하는 현대인에게는 이상한 명령처럼 들릴 것이다.

7:22 주께 속한 자유인 진정한 의미에서 그리스도인보다 자유로운 사람은 없다. 죄의 굴레보다 더 끔찍한 굴레는 없는데, 그리스도가 신자를 그 굴레에서 해방시키셨기 때문이다. **그리스도의 종** 사회적 차원에서는 종이 아닌 자유인이라도 영적 의미에서는 구원으로 말미암아 그리스도의 종이 되었다(롬 6:22).

7:23 값 그리스도의 피다(6:20; 벧전 1:19). **사람들의 종** 이것은 죄의 노예가 된 상태를 가리키는 말이다. 즉 사람의 방식으로, 세상의 방식으로, 육신의 방식으로 종이 되는 것이다. 여기서의 관심사는 이런 노예 상태다.

7:25-40 혼인이나 혼자 사는 것이 모두 주 앞에서 선하고 정당한 것임을 이미 확정했고(1-9절), 독신의 은사를 받은 사람의 경우(7절) 그 상태가 여러 가지 실제적인 유익이 있음을 확정한 뒤 바울은 계속해서 고린도 교인이 그에게 보낸 질문들에 답한다(*1절에 대한 설명을 보라*). 바울은 혼인의 부정적 측면과 관련해 혼인하지 않고 독신으로 살아야 할 여섯 가지 이유를 제시한다. 제도로부터 오는 압력(25-27절), 육신의 문제들(28절), 세상의 외형은 지나감이라는 사실(29-31절), 혼인에 얽매이게 되는 요소들(32-35절), 아버지의 약속(36-38절), 혼인의 영속성(39, 40절)이다.

7:25 내가…계명이 없으되 *12절에 대한 설명을 보라*. 이 확신은 명령은 아니지만 처녀 상태를 유지하라는 조언이다. 이는 전적으로 의존할 만하고 건전하며 신뢰할 만한 사람이 성령의 영감에 의해 제공하는 지혜다.

7:26 임박한 환난 분명하게 밝혀지지 않았지만 당시에 진행되던 재앙이다. 바울은 이 서신이 기록된 후 10년 이내에 시작된 로마의 박해를 예상했을 것이다. **그냥 지내는 것** 박해는 혼자 사는 사람이 더 견디기 어렵지만 혼인한 사람들, 특히 자녀가 있을 경우에는 그 고통이 배가된다.

7:27 혼자 사는 것이 유익하긴 해도 혼인한 사람은 그대로 있어야 한다. **놓이기** 이혼을 의미한다.

7:28 장가 가도 죄 짓는 것이 아니요 혼인은 적법하게 이혼한 사람(성경적 근거 위에서, *15절에 대한 설명을 보라*)과 처녀 모두에게 전적으로 합법적이고 경건한 선택이다. **육신에 고난이 있으리니** '고난'의 원래 의미는 '함께 눌리다' 또는 '압력 아래에 있다'는 뜻이다. 혼인에는 독신생활에 수반되지 않는 갈등과 요구, 어려움, 적응이 따라온다. 타락한 두 사람을 압박하기 때문에 필연적으로 '어려움'이 초래된다. 혼인의 갈등은 독신의 어려움 이상이다.

7:29 때가 단축하여진 인간의 삶은 짧다(참고. 약 4:14; 벧전 1:24). **없는 자 같이** 이 말은 혼인이 더 이상 구속력이 없거나 심각하게 다루어지지(참고. 엡 5:22-33; 골 3:18, 19) 않아도 되거나, 육체적 박탈(3-5절)이 있어도 된다는 것을 가르치는 게 아니다. 바울의 가르침은 혼인이 주님에 대한 헌신과 섬김을 약화시켜서는 안 된다는 것이다(참고. 골 3:2). 그의 말은 영원을 항상 최우선으로 하라는 뜻이다(31절을 보라).

7:30 성숙한 그리스도인은 이생의 감정에 휘둘린 나머지 동기, 소망, 목적을 잃어버리는 일이 없어야 한다.

7:31 쓰는 자들은 다 쓰지 못하는 자 같이 이것은 이 세상을 지배하는 통상적인 상업적 물질주의와 쾌락주의를 가리킨다. 신자들은 세상적 일에 빠져 하늘의 일들이 이차적인 것이 되도록 하지 말아야 한다. **외형** 이것은 생활방식, 유행, 일을 처리하는 방식을 가리킨다.

7:32, 33 염려 없기를 독신인 사람은 배우자의 세상적 필요에 대한 걱정에서 자유롭다 보니 주님의 일에만 전념하기에 더 좋다.

7:33 세상 일 이것은 지나가는 제도와 연결된 세상적인 일들이다(31절).

7:33, 34 어찌하여야 아내를 기쁘게 할까…남편을 여기에 좋은 혼인을 위해 기본적으로 기대되는 원칙이 있다. 곧 상대방의 기쁨을 구하는 것이다.

7:34 이 절의 앞부분이 어떤 사본에서는 "마음이 갈라지며 시집 가지 않은 자와 처녀는…"으로 되어 있는데, 이것이 더 나은 해석이다(한글 개역개정판 성경은 이 사본을 따르고 있음 – 옮긴이). 이것이 중요한 이유는 여기서 "시집 가지 않은 자"와 "처녀"가 분명하게 구분되며, 따라서 이 둘이 동일한 사람일 수 없기 때문이다. 처녀는 혼인한 적이 없는 독신이며, 시집 가지 않은 자는 이혼을 통해 독신이 된 사람이다. *과부*는 배우자의 죽음으로 독신이 된 사람을 가리키는 용어다(*8절에 대한 설명을 보라*).

7:35 혼인이 주님을 향한 큰 헌신을 막지 않지만 그것을 방해할 수 있는 잠재적 요소를 더 많이 가지고 있다. 독신생활에 그런 방해 요소가 더 작기는 하지만, 그렇다고 해서 독신이 반드시 더 큰 영적 미덕을 보장하는 것은 아니다. **흐트러짐** *26, 29, 33절에 대한 설명을 보라*.

7:36 자기의 약혼녀 즉 어떤 남자의 딸이다. 고린도에서 어떤 아버지들이 주님에 대한 헌신을 위해 그들의

고전

어린 딸들을 항구적인 처녀로 주께 드렸던 것으로 보인다. **혼기도 지나고** 자녀를 낳을 수 있을 정도로 성숙한 여인을 말한다. **할 필요가 있거든** 딸들이 혼인할 수 있는 연령에 도달해 혼인하겠다고 주장하면 아버지는 맹세를 깨고 혼인하도록 할 수 있다.

7:37 부득이한 일도 없고 이 말은 아버지가 자기 딸을 처녀로 지켜왔고 딸도 별다른 이의가 없다면 아버지는 딸을 주께만 헌신하도록 하겠다는 자기 생각을 그대로 견지해도 된다는 것이다(34절). 독신으로 사는 사람들의 경우처럼(28절) 이것은 옳고 그름의 문제가 아니다.

7:39 매여 있다가 하나님의 법은 혼인이 평생 동안 지속되리라고 정했다(참고. 창 2:24; 말 2:16; 롬 7:1-3). 제자들은 그 구속력이 그처럼 영구적이므로 차라리 혼인하지 않는 것이 좋지 않을까 하는 생각을 했다(*마 19:10에 대한 설명을 보라*). **주 안에서만** 이것은 오직 신자와만 자유롭게 혼인할 수 있다는 뜻이다. 이것은 혼인하거나 재혼하는 모든 신자에게 해당된다(고후 6:14-16을 보라).

7:40 나도 또한 하나님의 영을 받은 줄로 약간 빈정거리는 투로 바울은 이 건전한 충고가 성령께서 주신 것임을 천명했다.

교회 내에서의 자유 (8:1-11:1)

8:1-11:1 바울은 교회 내에서의 자유에 대한 문제를 다룬다(*롬 14장에 대한 설명을 보라*).

8:1 우상의 제물 그리스인과 로마인은 다신교적(많은 신을 숭배하는 것), 다귀신적(많은 악한 영을 믿는 것)이었다. 그들은 악한 영들이 사람들 먹는 음식에 붙어 사람을 공격하므로 먹기 전에 음식을 신에게 제물로 바침으로써만 거기 붙은 귀신들을 제거할 수 있다고 믿었다. 제물을 드리는 것은 신의 호의를 얻기 위한 것만이 아니라 고기에서 귀신의 오염을 씻어내기 위한 것이기도 했다. 그렇게 오염을 제거한 고기들이 신들에게 제물로 드려졌다. 제단에서 태워지지 않은 고기들은 사악한 이교도의 식탁에 올랐으며, 그렇게 하고 남은 고기가 시장에서 팔렸다. 회심한 이후 신자들은 우상의 시장에서 구입한 그런 음식을 먹으려고 하지 않았다. 이는 그런 음식을 먹는 것이 이방인 신자들에게 이전의 이교적인 생활과 귀신 숭배를 상기시켰기 때문이다. **우리가 다 지식이 있는 줄을 아나** 바울과 성숙한 신자들은 우상에게 드려졌다가 시장에 나와 팔리는 음식에 대해 신경쓰지 않을 만큼의 지식이 있었다. 그들은 그 신들이 존재하지 않는다는 것과 악한 영들이 음식을 오염시키는 것이 아님을 알고 있었다. *디모데전서 4:3에 대한 설명을 보라*. **사랑은 덕을 세우나니** 사랑이 동반되면 연약한 신자에게 걸림돌이 되는 방식으로 자유를 누리는 것이 아니라 다른 사람을 진리와 지혜로 세우는 방식으로 자유를 누린다(참고. 13:1-4).

8:2, 3 사랑은 하나님에 대한 지식이 있다는 증거다. 참고. 요한일서 4:19-5:1.

8:4 바울과 지식이 있는 신자들은 우상이 아무것도 아니고 우상에게 드려진 제물이라고 음식이 더럽혀진 것이 아님을 알고 있다고 밝힌다.

8:5 신이라 불리는 자 어떤 현상은 명백한 기만이고, 어떤 현상은 귀신의 작동이긴 하지만, 어느 것도 참 신은 아니다(시 115:4-7; 행 19:26).

8:6 한 하나님 곧 아버지…또한 한 주 예수 그리스도 성부 하나님과 성자 하나님의 본질적인 동등성에 대한 강력하고 분명한 선언이다(참고. 엡 4:4-6).

8:7 양심이…더러워지느니라 어떤 새 신자들은 죄의식 없이 우상에게 바쳐진 제물을 먹었다는 사실로 말미암아 심한 양심의 가책을 받았다. 그들은 여전히 우상은 실재하며 악하다고 생각하고 있었다. 더러워진 양심이란 자기가 양심에 어긋난 짓을 했다는 생각과 함께 두려움, 수치심, 죄의식을 느끼는 것을 말한다. *로마서 14:20-23에 대한 설명을 보라*.

8:8 우리를 하나님 앞에 내세우지 이 말은 우리를 하나님께 더 가까이 가게 하거나, 우리로 하나님께 인정받게 한다는 뜻이다. 음식은 영적으로 중립적이다.

8:9-11 걸려 넘어지게 하는 것 어떤 신자들이 우상에게 바쳐진 음식에 휩쓸려 옛 죄에 빠지는 일이 발생할 수 있었다.

8:11 멸망하나니 이 단어는 '죄를 범하게 되다'라는 의미의 '망치다'로 번역하는 것이 낫다. *마태복음 18:14에 대한 설명을 보라*. **그리스도께서 위하여 죽으신** 그리스도는 믿는 모든 자들을 위하여 죽으심으로써 그들의 죄에 임할 형벌을 당하시고 하나님의 진노를 완전히 만족시키셨다.

8:12 그리스도에게 죄를 짓는 것이니라 그리스도 안에 있는 형제나 자매를 걸려 넘어지게 하는 것은 그 자신이 죄를 범하는 것 이상이라는 강력한 경고다. 그것은 주님께 심각한 죄를 범한 것이다(*마 18:6-14에 대한 설명을 보라*).

8:13 *로마서 14:14, 15, 20, 21에 대한 설명을 보라*.

9:1, 2 9장에서 바울은 그리스도인이 가진 자유의 한계를 설정했다. 이 장에서는 자신의 생활에서 어떻게 이 한계를 따랐는지를 보여준다. 1-18절에서 그는 자신의 사역으로 혜택을 보는 사람들로부터 경제적 지원

을 받을 권리에 대해 논한다. 19-27절에서는 사람을 그리스도께 인도하기 위해 어떻게 모든 권리를 포기했는지 설명한다. 이 질문들은 수사적이며, 그 각각의 질문에 대한 대답은 당연히 '예'다.

9:2 사도 됨을…인친 것 고린도에 교회가 있다는 사실이 바울이 진정한 사도라는 증거다.

9:3 비판하는 이 단어는 재판에서 판결을 내리기 전에 행하는 사전 조사를 가리키는 법적 용어다. 이를 사용해 바울은 자신의 권리를 변호하기 시작한다.

9:4 먹고 마실 권리 참고. 디모데전서 5:17, 18. 바울에게는 혼인할 권리도 있었고(5절), 그가 행하는 사역의 혜택을 보는 사람들로부터 경제적 지원을 받을 권리도 있었다.

9:5 게바 베드로를 가리키며, 그는 혼인했다(참고. 막 1:29-31).

9:6 일하지 약간의 빈정거리는 투로 천막 제조업자인 바울은(행 18:3) 그와 바나바도 다른 사람들과 마찬가지로 자기들의 복음 사역으로 말미암아 충분한 경제적 지원을 받을 수 있음을 고린도 교인에게 알린다. 몇몇 교회로부터 지원받은 것 이외에는(예를 들면 빌 4:15, 16), 그들은 자기들의 비용을 스스로 부담했다. 이는 그렇게 해야만 했기 때문이 아니라 자발적으로 그렇게 한 것이다.

9:7 누가 포도를 심고 참고. 디모데후서 2:6.

9:9 율법 성경을 가리키는 말로, 신명기 25:4을 인용한 것이다.

9:10 우리를 위하여 농사에서와 마찬가지로 사람들은 자기들이 노력한 일에서 소득을 얻어야 한다.

9:11 육적인 것 경제적 지원이다. *디모데전서 5:17에 대한 설명을 보라*. 참고. 고린도후서 8:1-5.

9:12 다른 이들도…이런 권리를 가졌거든 고린도 교회가 다른 사역자들을 경제적으로 지원했던 것으로 보인다. **참는 것** 거짓 선생들은 돈을 얻으려고 했다. 바울은 자신이 그들과 같은 부류로 간주되어 그들에게 나쁜 인상을 주기 않기 위해 지원을 받지 않고 스스로 경제적 필요를 해결했다. 참고. 사도행전 20:34; 데살로니가후서 3:8.

9:13 제단과 함께 나누는 것 구약의 제사장들은 재정적인 지원뿐 아니라 곡물과 짐승의 십일조를 받았다(민 18:8-24. 참고. 창 14:18-21).

9:14 복음으로 말미암아 살리라 이것은 복음을 전파하는 활동을 통해 생활비를 버는 것을 가리킨다.

9:15 이것을 하나도 쓰지 아니하였고 바울에게 재정적 지원을 받을 권리가 있음을 보여주는 여섯 가지 이유가 1-14절에 제시된다. **이 말을 쓰는 것은 내게 이같이 하여 달라는 것이 아니라** 바울은 겉으로는 재정적 지원을 거부하면서도 내심으로는 고린도 교인들에게 그 의무를 은근히 기대한 것이 아니었다(고후 11:8, 9. 참고. 살전 2:9; 살후 3:8; 벧전 5:2). **차라리 죽을지언정** 바울은 누군가 자신이 금전적 동기에서 사역한다고 여기도록 하느니 차라리 죽는 편을 택하겠다는 각오였다. 사도행전 20:33-35; 베드로전서 5:2을 보라. **내 자랑하는 것을 헛된 데로 돌리지** *자랑하는*은 어떤 사람이 자랑스럽게 생각할 만한 것 또는 어떤 사람이 자랑하는 근거가 되는 어떤 것을 가리키는 말이며, '즐거워하다'는 개념을 함께 가진다. 그것은 교만이 아니라 진정한 기쁨을 말하는 것이다(참고. 1:31; 롬 15:17). 바울은 주님을 섬기는 특권을 진정으로 기뻐했으며, 어떤 방식으로든지 물질적 지원 문제 때문에 그 기쁨을 잃어버리지 않기를 바랐다.

9:16 자랑할 것이 없음 이 말은 바울의 자랑(참고. 15절)이 개인의 자랑이 아니라는 뜻이다. 그는 그것이 마치 자신의 복음인 것처럼 자랑하지 않았다. 또한 그것이 마치 자신의 재능인 것처럼 복음을 전파하는 방식에 대해 자랑하지도 않았다. **부득불** 바울은 개인적 자존심 때문에 복음을 전한 것이 아니라 하나님의 강요에 의해 복음을 전했다. 하나님이 그 봉사를 위해 그를 주권적으로 구별하셨으므로 그에게는 다른 선택지가 없었다(행 9:3-6, 15; 26:13-19; 갈 1:15; 골 1:25을 보라. 참고. 렘 1:5; 20:9; 눅 1:13-17). **화가 있을 것이로다** 불충실한 사역자에게는 하나님의 가장 엄한 징계가 준비되어 있다(히 13:17; 약 3:1).

9:17 자의로 아니한다 이 말은 바울이 순종하기를 꺼린다는 뜻이 아니라 그 부르심 자체에 자신의 뜻이 개입되지 않았다는 뜻이다. 그것이 하나님의 주권적인 선택과 부르심이었으므로, 그는 '상'을 받는 것이 아니라 '사명'(세심하게 수행해야 하는 귀중한 책임 또는 의무)을 받았다.

9:18 내 상 돈이 아니라 지원을 받지 않고 복음을 전하는 특권이 바울의 상이었다. 이렇게 그는 자신의 자유('권리')를 포기했던 것이다.

9:19 종 바울은 자신의 선택에 의해 지원받을 권리를 포기했고, 그 결과 자비량이라는 의무에 자신을 '묶었다'. 이렇게 하여 자신에게 가해질 수 있는 비난을 방지하여 더 많은 사람을 그리스도께로 이끌고자 했다(참고. 잠 11:30).

9:20 유대인과 같이 된 하나님 말씀과 자신의 신앙적 양심의 한계 내에서 바울은 유대인에게 복음을 전하기

위해 필요할 때는 문화적으로 또는 사회적으로 유대인처럼 되었다(참고. 롬 9:3; 10:1; 11:14). 그러나 그는 유대교의 종교 의식과 전통에 얽매이지 않았다. 모든 율법적 강제성이 제거되었지만 거기에 사랑의 강제성이 있었다(참고. 롬 9:3; 10:1; 11:14). 유대인의 풍습에 따른 실례를 보려면 *사도행전 16:3; 18:18; 21:20-26에 대한 설명을 보라.*

9:21 율법 없는 자에게는 이방인을 가리키는 말이다. 이것은 하나님의 도덕법을 어긴다는 의미가 아니라 그가 설명하듯이, 하나님을 향해 무법하게 되지 않으면서 예수 그리스도의 법 안에 거하는 것이다(참고. 약 1:25; 2:8, 12).

9:22 약한 바울은 이해력이 낮은 사람들에게 복음을 설명하기 위해 자신을 낮췄다. 바울은 고린도 교인을 대할 때 때때로 이런 태도를 취했음이 분명하다(참고. 2:1-5). **여러 사람에게 여러 모습** 하나님 말씀의 범위 내에서 바울은 유대인, 이방인, 이해력이 약한 사람들을 불쾌하게 만들지 않으려고 했다. 성경을 바꾸거나 그 진리를 타협하지 않으면서 바울은 그들을 구원으로 인도할 수 있는 방법을 찾았다.

9:24-27 자기절제가 없다면 자유는 방종이 될 수 있다. 육체는 자유의 제한에 저항하기 때문이다. 여기서 바울은 자신의 자기절제를 말하고 있다.

9:24 달음질 당대 그리스인들에게는 두 개의 큰 운동경기가 있었는데, 하나는 올림픽 경기였고 다른 하나는 이스트미아(Isthmian) 경기였다. 그런데 이스트미아 경기가 고린도에서 개최되었으므로 그곳의 신자들은 이기기 위해 달린다는 이 비유를 익히 알고 있었다.

9:25 절제 자기절제는 승리에 꼭 필요하다. **승리자의 관** 경기의 승자에게 주어지는 월계관이다. 참고. 디모데후서 4:8; 베드로전서 5:4.

9:26 향방 없는 것 같이 바울은 사람을 구원으로 이끌겠다는 그의 목표를 4번 언급했다(19, 22절). **허공을 치는 것** 바울은 여기서 권투의 비유로 옮겨간다. 이는 그가 아무런 효과 없이 팔만 움직이는 그림자 권투선수(shadow boxer)가 아님을 예증하기 위해서다(참고. 딤전 1:18).

9:27 내 몸을 쳐 문자적으로는 '내 눈 아래를 치다'라는 뜻이다. 바울은 영혼을 그리스도께로 이끄는 자신의 사명을 육체의 욕구가 방해하지 못하도록 그 욕구를 때려눕혔다는 것이다. **버림을 당할까** 운동경기에서 가져온 또 다른 은유다. 기본적으로 요구되는 훈련을 충족시키지 못한 경쟁자는 승리의 기회는 고사하고 경기에 참가조차 할 수 없다. 이 말은 사람에게서 설교나 교회를 인도하는 자격을 박탈하는 어떤 육체적 죄를 가리킬 것이다. 특별히 성적 영역에서 비난받을 일이 없어야 한다는 것이다. 이는 그 죄가 자격 박탈의 조건이 되기 때문이다(*시 101:6; 딤전 3:2; 딛 1:6에 대한 설명을 보라*).

10:1-13 고대 이스라엘이 애굽과 가나안 사이에서 40년간 유랑한 것(출 13:21; 14:16; 16:15; 17:6)은 자유의 오용과 과신의 위험성을 보여주는 생생한 예증이다. 이스라엘 사람들은 출애굽하여 새롭게 얻은 자유를 오용함으로써 우상숭배, 부도덕, 반항에 떨어져 주님의 복을 받을 수 있는 자격을 상실했다.

10:1 알지 못하기를 여기서 이야기가 바뀐다. 9:27에서 말한 바 자신을 훈육하지 못하여 자격 미달이 된 사실로부터 고대 이스라엘에서 그 일이 실제로 발생한 예증으로 넘어간다. **우리 조상들** 바울은 자신의 조상인 고대 이스라엘 사람들을 가리키고 있다. 특별히 바울은 자기절제가 없는 자유로 말미암아 광야에서 이스라엘이 겪은 일을 독자에게 상기시킨다. **구름 아래** 낮에는 구름으로 임하고 밤에는 불기둥으로 임한 하나님의 임재를 말한다(출 13:21을 보라). **바다 가운데로 지나며** 홍해다. 이 바다가 갈라져 이스라엘을 위해서는 길을 내었지만 애굽 군대가 지나갈 때는 바닷물로 범람했다(출 14:26-31을 보라).

10:2 세례를 받고 이스라엘은 바다에 담긴 것이 아니라 "모세에게 속하여" 담겼다. 이는 이스라엘이 그들의 지도자인 모세와 하나였음을 의미한다.

10:3, 4 신령한 음식을 먹으며…신령한 음료를 마셨으니 하나님의 신령한 능력을 통해 제공된 실제 양식이다. 출 16:15; 17:6을 보라.

10:4 신령한 반석 유대인의 전설에 따르면 모세가 쳤던 그 바위가 광야 방황 기간 내내 그들을 따라다니면서 물을 공급했다. 바울은 신자들에게 필요한 모든 것을 공급하는 바위가 있는데, 그리스도가 바로 그 바위라고 말한다. 바위(*페트라petra*)는 큰 바위나 둥근 돌을 가리키는 것이 아니라 거대한 절벽을 가리킨다. 그래서 이것은 자기 백성을 보호하고 필요를 공급한 성육신 이전의 메시아(그리스도)를 상징한다. 참고. 마태복음 16:18.

10:5 기뻐하지 아니하셨으므로 이것은 약한 표현이다. 이스라엘의 불순종 때문에 하나님은 애굽을 떠날 당시 19세 이상의 사람들 가운데서 단 두 명(여호수아와 갈렙)에게만 약속의 땅에 입성하는 것을 허용하셨다. 모세와 아론을 포함해 그 땅에 들어갈 자격을 상실한(민 20:8-12, 24) 사람들은 모두 광야에서 죽었다.

10:6 우리의 본보기 그들이 광야에서 죽은 것은 자기 절제에 실패했고, 그 결과 모든 욕망을 탐닉했기 때문이다(*9:27에 대한 설명을 보라*). 그들이 범했던 네 가지 중요한 죄는 우상숭배(7절), 성적 부도덕(8절), 하나님을 시험함(9절), 불평(10절)이었다.

10:7 우상 숭배하는 자 이스라엘 사람은 애굽에서 벗어나자마자 우상숭배에 빠졌는데, 출애굽기 32장이 그 이야기를 기록하고 있다(여기 인용된 것은 6절이다). 시내산에서 부도덕한 난장판을 조장한 죄악으로 약 3,000명이 죽임을 당했다(출 32:28). 출애굽기 20:3; 에스겔 14:3; 요한일서 5:21; 요한계시록 22:9을 보라. **뛰논다** 방탕한 잔치 뒤에 따라오는 기괴한 성관계를 가리키는 완곡어법이다.

10:8 이만 삼천 명 7절에서 출애굽기 32장을 인용했으므로, 이 사건도 민수기 25장에 기록된 싯딤에서 일어난 사건이 아니라 출애굽기 32장의 사건을 가리킬 가능성이 매우 높다. 레위인들의 손에 3,000명이 죽임을 당하고(출 32:28) 2만 명은 역병으로 죽었을 것이다(출 32:35).

10:9 주를 시험하다가 백성의 보호자요 공급자요 신령한 반석이신 성육신 이전의 그리스도가 이스라엘을 광야 길로 인도하셨는데, 그때 그분의 계획과 그분의 선하심에 대해 백성이 의문을 제기한 이 이야기는 민수기 21장에 기록되어 있다(*4절에 대한 설명을 보라*). **뱀** 민수기 21:6을 보라. 참고. 11:30.

10:10 멸망시키는 자 이 사건은 민수기 16:3-41에 기록되어 있다. 바로 이 천사가 애굽 사람들의 장자를 죽였고(출 12:23), 다윗의 인구조사로 인해 7만 명을 죽였고(삼하 24:15, 16), 예루살렘을 포위 공격하던 앗수르의 전 군대를 죽였다(대하 32:21).

10:11 말세 메시아의 때를 말한다. 메시아 왕국이 도래하기 이전 구속 역사의 마지막 날들이다. 히브리서 9:26; 요한일서 2:18.

10:12 참고. 잠언 16:18. 성경은 지나친 자신감을 보여주는 실례가 많다(에 3-5; 사 37:36-38; 눅 22:33, 34, 54-62; 계 3:1-3, 17을 보라).

10:13 사람이 감당할 이 말은 원래 '인간적인'이라는 뜻을 가진 헬라어를 번역한 것이다. **시험** *야고보서 1:13-15에 대한 설명을 보라*. 참고. 마태복음 6:13.

10:16 축복의 잔 유월절 식사에서 세 번째 잔에 붙여진 이름이다. 제자들과의 마지막 유월절 식사에서 예수는 세 번째 잔을 죄를 위해 흘리는 자신의 피에 대한 상징으로 사용하셨다. 그 잔이 주의 만찬을 제정하실 때 사용하신 잔이 되었다. 예수는 그 잔을 열두 명에게 돌리기 전에 구원의 복을 나타내는 표시로 구별하셨다(*눅 22:17, 20에 대한 설명을 보라*). **그리스도의 피** 그리스도의 희생의 죽음과 완전한 구속 사역을 표현하는 생생한 어구다. *로마서 5:9에 대한 설명을 보라*. 사도행전 20:28; 로마서 3:25; 에베소서 1:7; 2:13; 골로새서 1:20; 베드로전서 1:19; 요한일서 1:7; 요한계시록 1:5; 5:9을 보라. **참여함** '공통으로 가지다' '함께 참여하여 동료가 되다'라는 뜻이다. 동일한 헬라어 단어가 1:9; 고린도후서 8:4; 빌립보서 2:1; 3:10에 사용되었다. 주의 만찬을 기념하는 것은 초대 교회가 정기적으로 행하던 소중한 예식이었으며, 그것을 통해 신자들은 구주의 죽음을 기억했고, 그들이 공통으로 받은 구원과 영원한 생명(그들의 완전한 영적인 하나 됨을 드러내는)을 경축했다. **떡** 잔이 주의 피를 상징하듯 이것은 주의 몸을 상징한다. 이 둘은 사람의 구원을 위해 제물이 된 주님의 죽음을 가리킨다.

10:17 떡이 하나요 이것은 믿는 모든 사람을 위해 내어준 그리스도의 몸을 상징하는 성찬의 떡을 가리킨다. 우리 모두가 그 떡을 나누는 데 참여하므로 우리는 하나다. *6:17에 대한 설명을 보라*.

10:18 이스라엘을 보라 구약의 제사에서 제물은 그것을 먹는 모든 사람을 위한 것이었다(레 7:15-18을 보라). 이 행위를 통해 사람들은 제물과 동일시되었고, 제물을 받으시는 하나님에 대한 헌신을 천명했다. 이 원리를 통해 바울은 우상에게 드려진 제물이(7, 14절을 보라) 어떻게 그 우상과 동일시되고, 어떻게 그 우상에게 참여하는 것이 되는지를 말한다. 그런 제단에 참여하는 것은 신자에게 어울리지 않는다(21절).

10:19, 20 우상들과 그것에 드려진 물건들이 그 자체로 영적인 성격이나 힘을 가지는 것은 아니지만(참고. 8:4, 8), 그것이 귀신을 대표하는 것은 사실이다. 만약 이교도 예배자가 우상을 신으로 믿는다면 귀신들은 그들이 상상하는 그 신의 역할을 수행한다(참고. 살후 2:9-11). 우상 속에 진정한 신이 있는 것은 아니지만, 거기에 마귀적인 영적 세력은 있다(참고. 신 32:17; 시 106:37).

10:22 노여워하시게 하나님은 다른 신들과 어떤 경쟁도 허용하시지 않을 것이며, 우상숭배는 반드시 벌을 받게 된다(신 32:21; 렘 25:6, 9; 계 21:8. 참고. 11:30).

10:23-30 바울은 그리스도인의 자유를 위한 네 가지 원리를 제공한다. 자기만족보다는 덕을 세우는 것(23절), 자신보다는 다른 사람들(24절)을, 율법주의보다는 자유(25-27절)을, 정죄보다는 겸손(28-30절)을 구하는 것이다.

10:23 *6:12에 대한 설명을 보라*. **덕을 세우는** 기독교

고전

적인 교리를 통해 세우는 것이다(참고. 8:1; 14:3, 4, 26; 행 20:32; 고후 12:19; 엡 4:12; 딤후 3:16, 17).

10:24 *빌립보서 2:3에 대한 설명을 보라.*

10:25, 26 시편 24:1 인용을 통해 바울은 신자들이 우상의 제단에 참여하지 않아야 하지만(*18-20절에 대한 설명을 보라*) 그런 예식에서 사용되었던 고기를 구입하는 일은 주저하지 말아야 하며, 양심의 가책 없이 그것을 먹어야 한다고 선언한다(*딤전 4:4, 5에 대한 설명을 보라*).

10:27 무엇이든지…먹으라 불신자를 불쾌하지 않게 하기 위해서다.

10:28, 29 만약 어떤 사람이 불신자의 집에 초대를 받아 그를 불쾌하게 하지 않기를 원한다고 해도, 그것을 먹음으로써 괴로움을 당하는 연약한 동료 신자가 있다면 차라리 먹지 않아야 한다. 왜냐하면 다른 신자들을 위한 사랑이 그리스도인이 가진 가장 강력한 증거이기 때문이다(요 13:34, 35).

10:29 내 자유가 남의 양심으로 말미암아 판단을 받으리요 자기의 자유로 연약한 형제를 어려움에 빠뜨린다면 어려움에 빠진 사람이 신자들을 정죄할 수 있다.

10:30 어떤 음식으로 말미암아 다른 신자가 실족한다면 우리는 그 음식을 놓고 하나님께 진정으로 감사할 수 없다.

10:31 영광 가장 일상적인 행동뿐 아니라 그리스도인의 자유도 하나님께 영광이 되도록 사용되어야 한다. 참고. 에스겔 36:23.

10:32 모든 사람은 이 세 그룹에 속한다. 그리스도인은 다른 사람에게 걸림돌이 되지 않도록 주의해야 한다.

10:33 모든 사람을 기쁘게 하여 *9:19-22에 대한 설명을 보라.*

11:1 본받는 *4:16; 에베소서 5:1; 빌립보서 3:17; 4:9에 대한 설명을 보라.*

교회 예배 (11:2-14:40)

A. 남성과 여성의 역할(11:2-16)

11:2 전통 여기서는 엄밀한 의미로 하나님 말씀과 같은 뜻으로 사용되었다(참고. 살후 2:15). 신약성경은 때로 이 단어를 부정적인 뜻으로 사용하여 사람이 고안한 생각이나 관행, 특히 성경과 충돌하는 것들을 가리키기도 한다(참고. 마 15:2-6; 갈 1:14; 골 2:8).

11:3-15 인격적인 가치, 지성, 신령함에 관한 한 남자와 여자 사이에는 구분이 없다(참고. 갈 3:28). 하지만 하나님의 질서에서 여인이 남성의 권위에 종속된다는 것을 바울은 몇 가지 요소를 들어 단언한다. 성삼위 내에서의 패턴(3절), 남성과 여성에 대한 하나님의 설계(7절), 창조의 순서(8절), 남성과의 관계 속에서 여성의 목적(9절), 천사의 관심(10절), 타고난 신체적 특징(13-15절) 등이다.

11:3 그리스도 그리스도는 교회의 머리이시며 교회의 구주요 주님이시다(참고. 엡 1:22, 23; 4:15; 골 1:18). 또한 각 신자의 주님이시다(참고. 마 28:18; 히 2:8). 언젠가는 모든 인류가 그분의 권위를 인정할 것이다(참고. 빌 2:10, 11). **남자** 남성은 창조의 근본 질서에서 여성에 대해 권위를 가진다(참고. 8, 9절. 참고. 사 3:12; 엡 5:22-33). *디모데전서 2:11-15에 대한 설명을 보라.* **하나님** 그리스도는 본질에서 조금도 아버지에 비해 열등하지 않지만(요 10:30; 17:21-24), 성육신을 통해 겸손한 순종으로 자신을 아버지의 뜻에 복종시키셨다(3:23; 15:24-28. 참고. 요 4:34; 5:30; 6:38).

11:4 쓰고…욕되게 하는 것 문자적으로 '머리로부터 내리다'라는 뜻으로, 남자가 머리에 무엇을 쓰는 어떤 지방의 풍습을 가리키는 것으로 보인다. 유대인은 주후 4세기경, 머리에 무엇을 쓰기 시작했는데, 일부 사람은 신약성경 시대에 이미 그렇게 했을 것이다. 고린도 남성들도 그렇게 했던 것으로 보이는데, 바울은 그것이 수치스러운 일임을 가르치고 있다. 바울은 하나님의 보편적 법칙을 말하는 것이 아니라 이 신성한 원리를 반영하는 지역적 풍습을 인정하고 있다. 그 사회에서는 아무것도 쓰지 않은 남자의 머리는 머리에 무엇인가를 써야 하는 여자보다 더 높은 권위의 상징이었다. 남자가 머리에 무엇을 쓰는 것은 합당한 역할을 뒤집는 것이었다.

11:5 여자로서…기도나 예언을 하는 자 바울은 교회 예배에서 여자가 인도하거나 이야기를 해서는 안 된다는 지침을 분명히 밝힌다(참고. 14:34; 딤전 2:12). 그러나 여자들도 기도를 할 수 있으며 자녀와 다른 여자들을 가르치는(참고. 딤전 5:16; 딛 2:3, 4) 일뿐 아니라 불신자에게 진리를 선포할 수 있다. *사도행전 21:9에 대한 설명을 보라.* 언제 어디서든지 여자가 합당하게 기도하고 하나님 말씀을 선포하려면 남자와의 정당한 차이를 유지하면서 그렇게 해야 한다. **쓴 것을 벗고** 고린도의 문화에서는 사역을 하거나 예배를 드릴 때 여인이 머리에 무엇을 쓰는 것은 그녀가 남편에게 복종한다는 상징이었다. 여기서 사도가 모든 시대의 모든 교회에서 여자는 베일을 쓰거나 머리에 무엇을 써야 한다는 절대적인 법을 정한 것은 아니지만, 하나님이 정하신 남자와 여자의 역할의 상징성은 어느 문화에서든지 정당하게 존중되어야 한다는 것을 밝힌다. 우상에게 바쳐진 제물

의 경우처럼(8, 9장), 무엇을 쓰느냐 안 쓰느냐 하는 것이 어떤 영적인 힘을 가지는 것은 아니다. 하지만 하나님의 명백한 질서에 대한 반항은 옳지 않다. **머리를 욕되게 하는 것** 여기서 '머리'는 공인된 순종의 상징을 거부함으로써 수치스럽게 된 여인을 가리킬 수도 있고, 그녀의 그런 행동을 통해 수치스럽게 된 그녀의 남편을 가리킬 수도 있다.

11:6 깎거나 미는 것이…부끄러움이 되거든 당시에는 창녀나 페미니스트만 머리를 밀었다. 만약 어떤 그리스도인 여성이 그 문화에서 복종을 상징하는 머리 덮개를 거부한다면 그녀는 차라리 머리를 미는 것이 낫다. 하지만 수치스럽기는 마찬가지다.

11:7 하나님의 형상과 영광 남자와 여자가 모두 하나님의 형상으로 지음을 받기는 했지만(창 1:27), 그 역할에 의해 특별한 하나님의 영광을 지니고 있는 것은 남자다. 남자는 하나님이 지으신 창조 질서에서 하나님이 주권을 행사할 수 있는 것과 같은 주권의 영역을 받았다. *창세기 3:16, 17에 대한 설명을 보라.*

11:7, 8 여자는 남자의 영광이니라 남자가 하나님이 그에게 맡기신 권위를 가지듯 여자는 하나님이 남자를 통해 그녀에게 맡기신 권위를 가진다. 남자는 하나님으로부터 왔고 여자는 남자로부터 왔다(참고. 창 2:9-23; 딤전 2:11-13).

11:9 창세기 2:18-23을 보라.

11:10 천사들 여인들은 순종하는 자세로 머리에 권위의 표시를 함으로써 이 가장 거룩하고 순종적인 피조물에게(참고. 마 18:10; 엡 3:9, 10) 거슬리는 행동을 하지 말아야 한다. 그들은 하나님이 남자와 여자를 지으시면서 권위의 질서를 세우는 자리에 있었던 것이다(욥 38:4).

11:11, 12 남자와 여자로 이루어진 모든 신자는 주 안에서 동등하며 주님의 일에서 서로 보완한다. 그들의 역할은 그 신령함과 중요성이 다른 것이 아니라 기능과 관계가 다른 것이다(참고. 갈 3:28). *디모데전서 2:15에 대한 설명을 보라.*

11:13 마땅하냐 사도적 명령에서 잠시 벗어나 바울이 '여인이 머리에 아무것도 쓰지 않으면 안 된다는 것이 분명하지 않은가?'라고 묻는 것과 같다.

11:14, 15 본성 이 단어는 인간의 근본적인 의식, 즉 무엇이 정상적이고 옳은지에 대한 본유적 감각이라는 뜻을 가질 수 있다. 남성 호르몬인 테스토스테론은 탈모를 가속화한다. 에스트로젠은 여성의 머리를 더 길게 만들며 더 오랫동안 유지시켜 준다. 대부분의 문화에서 여성이 긴 머리를 가지는 것에는 이런 생리적인 원리가 반영되어 있다. 하나님은 여성의 친절, 부드러움, 아름다움을 보여주기 위해 머리를 가리는 것을 주셨다.

11:16 이런 관례가 없느니라 주님도, 사도도, 어떤 교회도 여인의 반항을 허용하지 않을 것이다. 여성은 고유한 머리 모양을 유지해야 하고, 풍습이 요구한다면 머리에 덮개를 써야 한다.

B. 주의 만찬(11:17-34)

11:17-34 초대 교회는 모여서 함께 식사하는 것을 즐겼으며(참고. 유 12절), 그 식사의 마지막에는 대개 주의 만찬을 기념했다. 세속적이고 육신적인 고린도 교회는 이 거룩한 식사를 탐식과 방탕한 과음으로 바꾸었다(17절. 참고. 벧후 2:13). 그 외에도 부유한 신자들은 음식과 음료를 가져다가 자기들만 먹고 다른 사람들과 나누기를 거절함으로써 가난한 형제들을 허기진 채로 떠나게 만들었다(21절).

11:17 해로움이라 도덕적 악을 가리킨다.

11:18 분쟁 교회가 분란으로 찢어졌다(1:10-17; 3:1-3을 보라).

11:19 인정함을 받은…나타나게 파당은 누가 영적 진실함과 순결함의 시험을 통과했는지를 드러냈다(참고. 살전 2:4).

11:20 주의 만찬을 먹을 수 없으니 애찬과 성찬이 너무 왜곡되어 악하고 이기적인 웃음거리가 되고 말았다. 고린도 교회에서 성찬이 그리스도께 불명예가 되었기 때문에 그것이 주께 바쳐진 것이라고 말할 수 없는 지경에 이르렀다.

11:21, 22 만약 교회에서 이기적인 탐닉에 빠지고픈 생각이 있다면 차라리 집에 있는 것이 낫다.

11:23-26 바울이 이전에 이미 '전했기' 때문에 이것이 새롭지 않았지만 그들을 정신 차리게 하는 데는 중요한 역할은 했다. 그리스도가 제자들과 나누신 최후 만찬에 대한 설명은 성경 전체에서 가장 아름다운 장면 가운데 하나이지만, 고린도전서에서는 육신적 이기심을 강하게 꾸짖기 위해 인용되었다. 대부분의 보수주의 학자가 믿듯이, 이 서신이 다른 모든 복음서보다 먼저 기록되었다면(마 26:26-30; 막 14:22-26; 눅 22:17-20; 요 13:2을 보라) 바울의 가르침은 그가 다른 사도들의 글을 읽어 얻은 것이 아니라 직접 주님으로부터 계시를 받은, 주의 만찬 제정에 대한 최초의 성경 기록이 된다(참고. 갈 1:10-12).

11:24 떼어 이 단어를 포함시키기에는 사본상의 증거가 약하다. 요한복음 19:33, 36을 보라.

11:25 내 피로 세운 새 언약 옛 언약은 사람이 바치는 동물의 피로 반복되었다. 그러나 새 언약은 그리스도

의 죽음을 통해 단 한 번으로 영원히 비준되었다(참고. 히 9:28). **나를 기념하라** 예수는 유월절 식사의 세 번째 잔을 자신을 내어주신 것을 기념하는 잔으로 바꾸셨다 *(10:16에 대한 설명을 보라)*.

11:26 성찬 예배에서 떡과 포도주에 대한 설명에서 복음이 제시된다. 떡과 포도주는 그리스도의 육체적 성육신, 희생의 죽음, 부활, 앞으로 올 나라를 가리킨다.

11:27, 29 합당하지 않게 즉 회개하지 않는 마음, 신랄한 정신 또는 다른 어떤 불경건한 태도로 무관심하게 그저 의식만을 행하는 것이다.

11:27 죄를 짓는 것이니라 자기 죄를 버리지 않고 주 앞에 나아오는 것은 그 예식을 더럽히는 행위일 뿐 아니라 신자를 위한 그리스도의 은혜로운 희생을 가볍게 여김으로써 그리스도의 몸과 피를 더럽히는 것이다. 죄를 버리지 않는 것은 죄를 위한 희생을 조소하는 것이므로, 주 앞에 모든 죄를 내어놓고(28절) 성찬에 참여해야 한다.

11:29 주의 몸을 분별하지 못하고 신자가 성찬식의 거룩함을 바르게 분별하지 못하면 그는 주님의 몸, 곧 그의 삶과 고난, 죽음을 무관심하게 다루는 것이다(참고. 행 7:52; 히 6:6; 10:29). **죄** 즉 징계다.

11:30 잠자는 죽은 것을 뜻한다. *15:18에 대한 설명을 보라*. 이 범죄가 너무 심각했기 때문에 하나님은 그 악한 범법자를 죽이셨다. 이것은 교회를 정결하게 하기 위한 극단적이지만 가장 효과적인 방법이다(참고. 눅 13:1-5; 행 5:1-11; 요일 5:16).

11:32 신자는 하나님의 작정하심과 하나님의 개입으로 지옥에 떨어지지 않도록 보호된다. 주는 자기 백성을 의로운 행동으로 이끌기 위해 징계하실 뿐만 아니라 심지어 교회 내의 어떤 사람을 죽이시기까지 한다(30절). 그들이 떨어져 나가기(참고. 유 24절) 전에 데려가시는 것이다.

11:34 모여서 죄를 짓고 징계받는 것은 아무 의미가 없는 일이다.

C. 영적 은사(12:1-14:40)

12:1-14:40 이 단락은 교회 내의 영적 은사에 초점을 맞추면서 매우 중요하면서도 논쟁거리가 되는 주제를 다룬다. 고린도의 거짓 종교 때문에 교회에서 사이비 영적 현상이 발생한 까닭에 바울은 그 문제를 다루지 않으면 안 되었다. 바울은 이 주제에 대해 교회를 가르쳤으며, 교회의 활동은 진리와 성령에 의해 규제되어야 함을 밝히고 있다.

12:1 신령한 것 NKJV 번역자들은 '은사'라는 단어를 이탤릭체로 표시함으로써 그 단어가 원어에는 없고 문맥에만 암시되어 있음을 나타냈다(참고. 4, 9, 28, 30, 31절; 14:1). 헬라어의 문자적 의미는 '성령에 관한 것'으로, 영적 성질이나 특징 또는 어떤 형태로든 영적 통제 아래에 있는 것을 가리킨다. 영적 은사는 사역을 위해 하나님이 주시는 능력으로, 성령께서 모든 신자에게 어느 정도씩 주시는 것이며, 성령의 완전한 통제를 받으면서 교회를 세우는 일을 위해서만 사용되고, 그리스도의 영광을 드러내야 한다(*롬 12:4-8에 대한 설명을 보라*). 이 신령한 것은 고린도의 이방 종교에서 발견되었던 '황홀경'(신과 나누는 초자연적이고 감각적인 경험) 또는 '열광'(신접, 꿈, 계시, 환상)과는 구별되어야 했다.

12:2 이방인 즉 비그리스도인 이교도다(살전 4:5; 벧전 2:12). **끌려 갔느니라** 믿기 힘들겠지만, 어떤 교인은 그들이 과거에 참여했던 신비 종교에서 행해지던 어떤 극적이고 괴상한 행습을 흉내 내고 있었다. 황홀경은 가장 높은 차원의 종교적 체험의 현상으로, 그 순간 일어나는 신과의 초자연적인 교감은 광적이고 최면에 빠져든 것 같은 단조로운 말의 반복과 일정한 의식에 의해 도입되었다. 거기에는 흔히 술 취함(참고. 엡 5:18)과 성적 광란이 수반되었으며, 참여자들은 의식적으로 자신을 거기에 방치한 채 괴상한 죄악 속으로 끌려 들어갔다.

12:3 저주할 자 이것은 가장 심한 정죄의 말이다. 어떤 고린도 사람들은 육에 속해 귀신들이 지배하는 황홀경에 자신을 맡겼다. 그런 상태에서 그들은 실제로 자기들이 성령으로 예언하거나 가르친다고 선언하면서, 경배해야 하는 주의 이름을 악마적으로 모독했다. 그들은 은사의 사용을 근거로 판단한 것이 아니라 경험을 근거로 판단하고 있었다. 사탄은 언제나 그리스도의 존재와 인격을 공격한다. 그리스도를 저주한 사람이 실제로는 이방인이면서 그리스도인으로 자처했을 수도 있지만, 인간 예수를 포함한 모든 물질은 악하다는 철학(즉 초기 영지주의)을 견지한 사람들일 수도 있다. 그들은 그리스도의 영이 죽음 전에 인간 예수를 떠났으며, 따라서 예수가 단순한 사람으로 저주받은 죽음으로 사망했다고

왜 성찬에 참여하는가(고전 11:27-32)

1. 그리스도께 순종하기 위해(11:23상)
2. 그리스도의 죽음을 기념하기 위해(11:23하-25)
3. 그리스도의 죽음을 그분이 오실 때까지 전하기 위해(11:26)
4. 고백되지 않은 죄가 있는지 자신의 생활을 살펴보기 위해(11:27-32)

주장했을 것이다. **예수를 주시라** 참고. 사도행전 2:36; 로마서 10:9, 10; 에베소서 1:20, 21; 빌립보서 2:9-11. 말의 정당성은 그것이 진리인지의 여부에 따라 결정된다. 말하는 사람이 예수가 주이심을 단언한다면 그것은 성령으로부터 온 진리다. 성령의 감화로 말하는지를 판단할 수 있는 기준은 사람이 예수 그리스도에 대해 무엇을 믿고 무엇을 말하는가 하는 것이다. 성령은 언제나 사람을 인도하여 그리스도의 주되심을 인정하게 한다(참고. 2:8-14; 요 15:26; 요일 5:6-8).

12:4 은사 이것은 신자와 불신자가 동일하게 소유한 자연적 재능, 솜씨 또는 능력으로 분류될 수 있는 어떤 것이 아니다. 이것은 성령께서 모든 신자에게 주권적이고 초자연적으로 내려주어(7, 11절), 그들이 서로를 영적으로 세워줌으로써 주님의 이름을 높일 수 있는 능력이다. 다양한 은사는 일반적으로 말하는 은사와 섬기는 은사라는 두 개의 유형으로 분류될 수 있다(8-10절을 보라. 참고. 롬 12:6-8; 벧전 4:10, 11). 언어적 은사(예언, 지식, 지혜, 가르침, 권위함)와 비언어적인 섬기는 은사(지도, 도움, 베풂, 자비, 믿음, 분별)는 교회 역사를 관통하여 계속 작용하는 영구적인 은사다. 이것의 목적은 교회를 세우고 하나님께 영광을 돌리는 것이다. 이곳과 로마서 12:3-8에 기록된 목록은 성령께서 기뻐하시는 대로 각 신자에게 나눠주시는 은사의 대표적 범주로 보는 것이 최선이다(11절). 신자들은 서로 비슷한 범주의 은사를 받을 수 있지만, 성령께서 각 개인에게 적절하게 맞춰 독특한 은사를 내려주실 수도 있다. 능력 행함, 병 고침, 방언, 방언 통역의 은사는 사도 시대에만 한시적으로 주어졌기에 오늘날에는 더 이상 없다. 그 은사의 목적은 사도들과 그들의 말이 진정으로 하나님으로부터 온 것임을 확증하는 것이었으며, 그 용도는 하나님의 기록된 말씀이 완성되어 말씀이 스스로를 증거하기 이전에만 필요했던 것이다. *9, 10절에 대한 설명을 보라.*

12:5, 6 직분은 여러 가지나…사역은 여러 가지나 주는 신자들에게 그들의 은사를 발휘할 수 있는 특별한 영역을 제공하시며, 사역을 완수하는 데 필요한 다양한 능력을 공급하신다(참고. 롬 12:6).

12:7 성령을 나타내심 은사의 종류와 사역의 효과가 무엇이든지 간에 모든 영적 은사는 성령께로부터 온다. 은사는 그 사역을 맡은 사람을 통해 영적인 유익을 끼쳐 교회와 세상 속에서 성령이 알려지고 이해되고 드러나게 한다.

12:8 지혜의 말씀 '말씀'은 이것이 말하는 은사임을 표시한다(*4절에 대한 설명을 보라.* 참고. 벧전 4:11). 신약성경에서 '지혜'는 주로 하나님의 말씀과 그 뜻을 이해하여 그것을 생활에 익숙하게 적용하는 능력을 가리킨다(참고. 마 11:19; 13:54; 막 6:2; 눅 7:35; 행 6:10; 약 1:5; 3:13, 17; 벧후 3:15). **지식의 말씀** 이 은사가 1세기에는 계시와 관련되었을 테지만 오늘날에는 하나님의 계시를 떠나서는 알 수 없는 말씀의 신비에 대한 통찰력을 가지고 하나님의 진리를 이해하고 말할 수 있는 능력이다(롬 16:25; 엡 3:3; 골 1:26; 2:2; 4:3. 참고. 13:2). 지식은 주로 진리의 의미를 파악하는 것이고, 지혜는 그 지식을 적용하는 실천적 확신과 행동을 강조한다.

12:9 믿음 모든 신자가 소유한 구원의 믿음 또는 견인하는 믿음과 달리 이 믿음의 은사는 어려운 상황 가운데서 하나님에 대한 강한 신뢰와 함께 지속적인 기도, 중보의 인내 속에서 발휘된다(참고. 마 17:20). **병 고치는 은사** 한시적인 표적 은사로, 이 은사를 사용한 경우는 그리스도(마 8:16, 17), 열두 제자(마 10:1), 70인(눅 10:1), 빌립(행 8:5-7) 등 사도들과 함께 활동했던 몇몇 사람에서 발견된다. 이 능력은 사도들에게 속한 은사로 분류되었다(참고. 고후 12:12). 비록 오늘날 그리스도인이 병 고치는 은사를 발휘하지는 않지만, 하나님은 지금도 자녀들이 믿음으로 하는 기도를 들으시고 응답하신다(약 5:13-16을 보라). 어떤 사람들은 병 고침이 모든 영역에서 일반적으로 일어나므로 그것을 언제나 기대해야 한다고 생각하지만 실은 그렇지 않다. 구약성경의 기록 전체를 통해 보면 신체적 병 고침은 아주 드문 경우다. 그리스도가 오시기 전에는 병 고침이 그처럼 흔했던 시기가 없다. 그리스도와 사도들의 생애 동안에만 병 고침이 말 그대로 폭발적으로 일어난 것이다. 이는 메시아의 오심을 확증하고 복음의 최초 기적들을 확증해야 할 독특한 필요 때문이었다. 예수와 그의 사도들은 팔레스타인에서 한시적으로 질병을 일소했으나, 이때는 구속사의 기념비적 시기로 그런 확증이 요구되었기 때문이다. 병 고침을 일상적인 일로 만드는 것은 구주의 오심을 일상적인 일로 만드는 것이다. 이 은사는 오직 그 시대를 위한 표적 은사에 속한다. 병 고침의 은사는 사람의 신체적 건강을 회복시키기 위한 목적으로만 사용된 적이 없다. 바울은 병이 있었지만 다른 사람에게 자신을 고쳐달라고 요구한 적이 없다. 그의 친구인 에바브로디도가 거의 죽을 지경이 되었지만(빌 2:27), 바울은 그를 고치지 않았다. 하나님이 개입하셨을 뿐이다. 디모데가 아팠을 때도 바울은 그의 병을 고친 것이 아니라 그에게 포도주를 조금씩 쓰라고 말했을 뿐이다(딤전 5:23). 바울은 "드로비모는 병들어서 밀레도에 두었노니"(딤후 4:20)라고 했다. 바울의 사역에서 병 고침은 일상적인 일이 아니라 그가 복음 전파를 위해 새로

고전

운 지역으로 들어갔을 때 발생했다. 예를 들면 복음과 그 복음 전파자의 진실성이 확증될 필요가 있었던 멜리데 섬의 경우다(행 28:8, 9을 보라). 이 병 고침은 바울 일행과 함께 복음이 루스드라에 도달했을 때 불구자를 고친(행 14:9) 이후 처음으로 언급되는 사건이다. 그 이전에 언급된 병 고침은 사도행전 9:34에 베드로가 병을 고친 일과 9:41에서 다비다를 살린 일이다. 이는 베드로가 전파하는 복음을 사람들이 믿도록 하기 위해서였다(9:42).

12:10 능력 행함 이 한시적인 표적 은사는 자연법칙을 거슬러 신성한 일을 이루는 것으로, 그것이 하나님의 능력에서 나왔다는 것 이외에는 다른 설명이 불가능하다. 이것 역시 그리스도와 사도적 복음 전파자들의 진정성을 확증하기 위해서였다. 요한복음 2:11은 예수가 가나에서 첫 번째 기적을 행하신 것이 "그의 영광을 나타내시기" 위한 것이지 그 무리를 높이기 위한 것이 아님을 지적했다(참고. 요한이 그의 복음서에서 예수의 기적을 기록한 목적, 20:30, 31). 사도행전 2:22은 예수가 기적을 행하신 것이 하나님이 자신을 통하여 일하신다는 것을 '증언'함으로써 사람들이 예수를 주님과 구주로 믿게 하기 위해서였음을 천명한다. 예수는 3년간의 사역 기간에 기적을 행하시고 사람들의 병을 고치셨을 뿐, 그 이전 30년 동안에는 전혀 그런 일이 없었다. 예수의 기적은 그 사역과 함께 시작되었다. 예수는 자연과 관련된 기적을 행하셨지만(포도주를 만듦, 음식을 창조함, 베드로와 함께 물위를 걸으심, 승천하심), 사도들 가운데 자연의 영역에 속한 그런 기적을 행했다는 기록은 없다. 사도들이 행한 기적은 무엇이었을까? 그 대답은 '능력'이라는 단어 자체에 있으며, 이것은 자주 귀신을 쫓아내는 일과 연결된다(눅 4:36; 6:18; 9:42). 바로 이것이 주가 제자들에게 주신 능력이다(눅 9:1; 10:17-19. 참고. 행 6:8; 8:7; 13:6-12). *사도행전 19:14-16에 대한 설명을 보라.* **예언함** 이 말의 의미는 단지 '말을 하다' 또는 '공개적으로 선포하다'는 의미이며, 중세에는 때로 이 단어에 앞일을 예언한다는 의미가 덧붙여졌다. 성경이 완성된 이후 예언은 새로운 계시의 수단이 아니라 기록된 말씀 속에 이미 계시된 것을 선포하는 활동으로 제한된다. 성경의 예언자들도 계시에 따르거나 기존 계시의 반복을 통해 하나님의 진리를 선포하는 사람들이었다. 이사야, 예레미야, 에스겔 등 구약의 선지자들은 하나님 말씀을 선포하는 일에 평생을 바쳤다. 그들이 선포한 내용 중 비교적 적은 분량만 직접적인 하나님의 계시로 성경에 기록되었다. 오늘날 설교자들이 성경에 기록된 하나님 말씀을 반복하고 설명하고 다시 강조했듯이 그들도 그 진리들을 계속 반복하고 강조했다. 이 은사에 대한 가장 좋은 정의가 14:3에 있다. 이 은사의 중요성은 14:1, 39에 기록되어 있다. 이 은사가 다른 은사들, 특히 방언보다 뛰어나다는 사실이 14장의 주제다. *데살로니가전서 5:20; 요한계시록 19:10에 대한 설명을 보라.* **영들 분별함** 사탄은 큰 사기꾼이며(요 8:44) 그의 귀신들은 하나님의 메시지와 비슷한 활동을 흉내 낸다. 분별의 은사가 있는 그리스도인은 거짓말하는 영을 알아내며 교묘하게 잘못된 가르침을 구별해내는 능력을 하나님께로부터 받는다(참고. 행 17:11; 요일 4:1). 바울은 사도행전 16:16-18에서 이 은사를 사용한 실례를 제공하며, 베드로도 사도행전 5:3에서 이 은사를 사용했다. 고린도 교회에서 이 은사가 발휘되지 않았을 때 진리를 크게 왜곡하는 일이 발생했다(3절; 14:29을 보라). 사도 시대 이후 성경이 완성된 까닭에 이 은사의 발휘에 변화가 발생하기는 했지만, 오늘날에도 분별하는 능

신약성경에 나오는 성령의 은사 목록

롬 12:6–8	고전 12:8–10	고전 12:28–30	엡 4:11	벧전 4:9–11
예언	지혜의 말씀	사도직	사도직	말함
섬김	지식의 말씀	예언	예언	섬김
가르침	믿음	가르침	복음 전파	
권위	병 고침	능력을 행함	목사/교사	
구제	능력을 행함	병 고침		
지도직	예언함	돕는 것		
긍휼을 베품	영들을 분별함	다스리는 것		
	방언	방언		
	방언 통역	방언 통역		

력을 가진 사람은 반드시 교회 안에 있어야 한다. 그들은 마귀의 거짓, 거짓된 가르침, 왜곡된 이단들, 육신적 요소들로부터 교회를 지키는 보호자요 감시자다. 지식, 지혜, 설교와 가르침을 위해 말씀을 부지런히 연구하는 것이 요구되듯 분별을 위해서도 그것이 요구된다. *데살로니가전서 5:20-22에 대한 설명을 보라.* **각종 방언 말함…통역함** 일반적인 외국 언어를 말하는 것과 그것을 통역하는 한시적인 이 표적의 은사는 다른 은사들(능력을 행함, 병 고침)과 마찬가지로 진리와 그것을 선포하는 사람의 진정성을 확증하기 위해 필요했다. 이 참된 은사가 사도행전 2:5-12에서 언어로 분명히 밝혀졌으며, 그 말들은 복음을 신성한 것으로 확증해주었다. 하지만 고린도 문화 속에 이 은사와 유사하지만 다른 것들이 있었기 때문에 고린도 교인들의 관심이 지나치게 높아졌고 심각하게 오용되었다. 바울은 여기서 그것을 언급하고 14장에서 이 문제를 상세하게 다루었다. *14:1-39에 대한 설명을 보라.*

12:11 같은 한 성령 은사의 다양성을 강조하면서도(4-11절), 바울은 그 은사들의 단일한 원천이 성령임을 강조했다(참고. 4, 5, 6, 8, 9절). 이 말은 이 장에서 은사의 근원이 성령임을 말하는 다섯 번째 말이다. 이 말은 은사가 추구해야 할 어떤 것이 아니라 "그의 뜻대로" 주시는 성경께서 주시면 받는 것임을 강조한다. 원하는 대로 모든 은사를 '역사'하시는, 즉 "모든 사람 가운데서 이루시는"(6절) 분은 오직 성령이시다.

12:12 몸…지체 바울은 인간의 몸을 비유로 사용해 그리스도 안에서 교회가 이루는 통일성을 보여주었다(참고. 10:17). 여기서부터 27절까지 바울은 '몸'이라는 단어를 18번 사용했다(참고. 롬 12:5; 엡 1:23; 2:16; 4:4, 12, 16; 골 1:18).

12:13 세례를 받아 그리스도의 영적인 몸인 교회는 그리스도에 의해 성령의 물에 잠긴 신자들로 구성된다. 각 신자를 성령의 물에 집어넣어 다른 신자들과 연합을 이루도록 세례를 베푸시는 분은 그리스도이시다(*마 3:11에 대한 설명을 보라*). 여기서 바울은 물세례를 말하는 것이 아니다. 세례라는 외적 표시는 신자가 그리스도의 죽음과 부활에 연합하는 것을 묘사한다(*롬 6:3, 4에 대한 설명을 보라*). 이와 유사하게 모든 신자는 성령을 통해 그리스도의 몸에 잠긴다. 바울이 말하고자 한 핵심은 신자의 하나 됨을 강조하는 것이다. 성령으로 세례받지 않은 신자는 있을 수 없으며, 성령의 세례가 하나 이상일 수도 없다. 만약 그렇지 않다면 그리스도의 몸 안에서의 통일성이라는 전체 요점이 흐려지고 만다. 신자들은 모두 성령의 세례를 받았으므로 모두가 한 몸이다. *에베소서 4:4-6에 대한 설명을 보라.* 이것은 추구해야 할 경험이 아니라 인정해야 하는 현실이다. *또한 사도행전 8:17; 10:44, 45; 11:15, 16에 대한 설명을 보라.* **한 성령을 마시게** 구원받을 때 모든 신자는 그리스도 몸의 완전한 구성원이 될 뿐 아니라 성령께서 그들 안에 자리를 잡으시게 되었다(롬 8:9. 참고. 6:19; 골 2:10; 벧후 1:3, 4). 두 번째 축복인 더 깊은 삶의 체험, 즉시 영성을 키우는 공식 같은 것은 필요치 않다(참고. 요 3:34). 그리스도가 공급하시는 구원은 완전하며, 그리스도가 요구하시는 것은 오직 이미 주어진 것에 대한 순종과 신뢰다(히 10:14).

12:14-20 사람 몸의 각 부분이 몸의 기능을 위해 왜 꼭 필요한가 하는 예화를 통해 바울은 교회를 위해 통일성이 없어서는 안 된다는 것을 보여주었다. 그러나 그 통일성 안에서도 하나님이 공급하시는 다양성 역시 필요하다. 그의 말이 추가적으로 암시하는 것은 어떤 이기적인 교인들이 그들 자신의 은사에 불만족하여 그들에게 주어지지 않은 은사들을 원했다는 것이다(11절). 그들의 그런 태도는 실질적으로 하나님의 지혜에 의문을 제기하면서 은사를 나눠주시는 하나님이 실수했다고 말하는 것이나 마찬가지였다(참고. 3절; 롬 9:20, 21). 사람들에게 뽐낼 수 있는 솜씨와 능력을 추구함으로써 그들은 육신적이고 마귀적인 거짓 은사들에 취약하게 되었다.

12:18 11절처럼 여기서 다시 바울은 교회의 덕을 세우고 주의 영광을 위해 주권적으로 그들에게 주어진 것에 만족하지 못하는 어리석고 육신적인 고린도 교인을 다루고 있다. *31절에 대한 설명을 보라.*

12:21 쓸 데가 없다 고린도 교회의 어떤 사람들은 두드러진 은사를 가지지 못한 것을 한탄했는데(*14-20절에 대한 설명을 보라*), 그런 은사를 가진 사람들은 덜 드러나는 조용한 은사를 받은 사람들을 우습게 여겼다. '눈'과 '머리'는 현저하게 눈에 뜨이며 모든 사람의 관심을 받는 공적인 은사가 있는 사람들을 가리킨다. 이들은 자기들의 중요성을 지나치게 생각한 나머지 작은 은사를 받았거나 덜 중요하다고 간주되는 은사를 받은 사람들을 무시했다. 또한 그들은 다른 사람들에게 무관심했고('나는 부족한 것이 없다') 스스로 충족하다고 생각했다.

12:22-24 확연히 드러나는 은사를 가진 사람들의 교만에 대한 바울의 대답은 비유를 다시 거론하는 것이었다. 그래서 공적으로 '드러낼 만' 하지 않은(24절) 더 연약하고 덜 사랑스러운(실제로 추한) 몸의 부분이 필연적으로 더 귀중하다는 사실을 상기시키는 것이었다. 그는

고전

사람의 내장기관을 말하고 있다.

12:25 하나님은 가시적이고 공적인 은사들을 꼭 필요한 것이 되게 하셨지만, 감춰진 은사들은 생명 유지에 더욱 필요한 것이 되도록 계획하셔서 전체적으로 통일을 이루게 하셨다. 그리스도의 몸의 활동을 위해서는 모두가 필요하고 중요하다.

12:26, 27 이것이 신자의 교제 속에서(참고. 빌 2:1-4) 서로에 대한 사랑과 관심을 회복함으로써 주님을 영화롭게 하는 통일성을 유지하라는 부르심이다. 모두가 그 안에서 기능을 발휘하는 한 몸이지만, 하나님이 그들 각자에게 행하도록 설계하신 각 개인의 특징과 본질적인 필요성은 없어지지 않는다.

12:28-30 하나님이…세우셨으니 다시 하나님의 주권을 강조하는(참고. 7, 11, 18절) 바울은 사역, 부르심, 은사라는 대표적인 범주를 반복해 말하면서 몸의 개별성과 통일성을 보여준다.

12:28 사도요…선지자요 *에베소서 4:11에 대한 설명을 보라.* 그들 목적은 다음과 같다. 첫째, 교회의 기초를 놓는 것이다(엡 2:20). 둘째, 하나님 말씀의 계시를 받아 선포하는 것이다(행 11:28; 21:10, 11; 엡 3:5). 셋째, 표적과 기사, 기적들을 통해 그 말씀을 확증하는 것이다(고후 12:12. 참고. 행 8:6, 7; 히 2:3, 4). '사도들'은 일차적으로 주가 선택하신 열두 사람에 바울과 맛디아(행 1:26)를 더한다. *로마서 1:1에 대한 설명을 보라.* 이차적으로는 교회의 메신저로 헌신한 사람들이다. 바나바(행 14:14), 실라와 디모데(살전 2:6), 그 외의 다른 사람들(롬 16:7; 고후 8:23; 빌 2:25)이다. 그리스도의 사도들로부터 교회의 교리가 나왔다(행 2:42). 교회의 사도들(고후 8:23)은 초기의 지도자들이었다. '선지자들'은 특별히 지역 교회의 은사를 받은 사람들로, 하나님의 말씀을 선포했다(행 11:21-28; 13:1). 선지자들을 통해 선포된 모든 메시지는 사도들의 말에 의해 판단되어야 했다(*14:36, 37에 대한 설명을 보라*). **교사** 이들은 목사-교사와 동일한 사람들일 수 있지만(*엡 4:11에 대한 설명을 보라*), 목사의 직위를 가지고 있었느냐의 여부와 무관하게 교회에서 가르치는 은사를 가졌던 모든 사람으로 확대되어야 할 것이다. **능력…병 고치는 은사…방언** *9, 10절에 대한 설명을 보라.* **돕는 것과 다스리는 것** 덜 드러나는 이들 은사가 강한 성령의 나타나심과 뒤섞임으로써 그것들이 필수적으로 중요하다는 사실을 보여준다(22절). "돕는 것"은 봉사를 위한 능력이다. 실제로 로마서 12:7의 사역("섬기는 일")에 대한 은사가 이것과 같은 범주다. "다스리는 것"은 리더의 역할이다. 이 단어는 "선장"(행 27:11)이라는 헬라어에서 왔으며, 교회의 사역을 유효하고 효과적으로 인도할 수 있는 사람을 가리킨다.

12:29, 30 이 각각의 수사적 질문은 '아니다'라는 대답을 예상한다. 그리스도의 몸에는 다양성이 있으며, 하나님의 주권이 그것을 그렇게 설계했다.

12:31 사모하라 문맥 속에서 이 말은 신자가 더 뚜렷하게 드러나는 은사를 사모해야 한다고 해석할 수 있다. 하지만 이 장은 악한 목적으로 드러나는 은사를 사모한 것을 다루고 있다. 이기적인 이유로 은사를 사모하는 것은 나쁜 일이다. 왜냐하면 하나님이 그분의 뜻에 따라 주권적으로 은사를 주시기 때문이다(7, 11, 18, 28절). 그러므로 이 문장은 명령법으로 번역되어서는 안 되고, 동사형이 허용하는 것처럼 직설법으로 번역되어야 한다. 즉 "너희가 드러나는 은사들을 잘못 사모하고 있다"로 번역되어야 한다. 진짜 명령은 그렇게 하는 것을 그치고 '더 좋은 길', 곧 사랑의 길을 배우라는 것인데 바울은 그것을 13장에서 설명할 것이다.

13:1-13 고린도 교회에는 영적 은사들이 있었고(1:7) 심지어 바른 교훈도 제자리에 있었으나(11:2) 사랑이 결여되어 있었다. 그 결과 분쟁이 발생하고 이기심과 교만이 드러나서 교회를 약화시켰다. 특별히 영적 은사와 관련된 분야에서 이 일이 현저하게 드러났다(*12:14-31에 대한 설명을 보라*). 이기심과 시기심 때문에 자기들에게 없는, '드러나는 은사'를 추구하는 대신에 신자들은 가장 큰 것, 곧 서로에 대한 사랑을 추구해야 한다. 많은 사람은 이 장을 바울이 쓴 글 가운데서 가장 위대한 문학작품으로 간주한다. 이 장은 그가 진지하게 다루는 영적 은사 문제(12-14장)의 중심에 있다. 왜냐하면 바울은 은사를 받는 문제를 다룬(12장) 다음, 은사의 기능을 제시하기(14장) 전에 교회 내의 모든 사역에 꼭 필요한 태도(13장)를 말하기 때문이다.

13:1 사람의 방언 참고. 12:10, 28; 14:4-33. 이 은사가 실제 언어를 사용하는 것이라는 사실이 사도행전 2:4-13을 통해 확증되며(*이 본문에 해당되는 설명을 보라*), 바울이 그것을 "사람의"(분명히 인간의 언어를 가리키는 표현)라고 부른다는 사실이 그 점을 확인해준다. 고린도 교인이 그렇게 높게 간주하고, 그렇게도 심하게 오용하고, 그렇게도 참담하게 위조한 것이 바로 이 은사였다. 하나님은 말하는 사람이 알지 못하는 언어를 말할 수 있는 능력을 주셨는데, 이는 제한적 기능을 가진 표적으로 주신 것이다(*14:1-33에 대한 설명을 보라*). **천사의 말** 사도는 일반적이고 가상적인 용어를 쓴다. 성경에는 사람이 배워 말할 수 있는 천사의 언어가 별도로 있다고 가르치는 데가 없다. **사랑** 받는 것보다 주는 데 더 마음을 기울이는, 자기를 주는 사랑이다(요

단어 연구

영적 은사들(Spiritual Gifts): 12:4, 9, 28, 30-31. '은혜' 또는 '호의'라는 뜻의 *카리스*(*charis*)와 밀접하게 연결되어 있다. *카리스마*(*charisma*)는 '은혜로 주어진 것'을 가리킨다. 바울은 *카리스마*를 *타 프뉴마티카*(*ta pneumatika*, 문자적으로 '영적인 것들'이라는 뜻임)라는 용어와 동일한 의미로 사용한다. 왜냐하면 은혜로 주어진 것이 영적 은사이기 때문이다. 주가 이 은사들을 교회 내의 각 개인에게 주시는 것은 모임에 생명력을 불어넣고 교회라는 몸 안에서 신자들을 세우시기 위해서다. 지체가 된 사람은 누구나 최소한 한 가지의 *카리스마*를 받았다. 그런 은사 가운데 가르침, 예언, 믿음을 발휘함, 병 고침, 기적을 행함, 영들을 분별함, 방언을 말함, 방언을 통역함, 그 외에 다른 은사들이 있다.

3:16. 참고. 14:1; 마 5:44, 45; 요 13:1, 34, 35; 15:9; 롬 5:10; 엡 2:4-7; 빌 2:2; 골 3:14; 히 10:24). 고대 헬라 문헌에서는 이 단어가 중요하게 평가되지 않았고 별로 사용되지 않았지만, 신약성경에는 자주 등장하는 단어다. 사랑이 없다면 언어적 은사를 받은 사람이 자신의 언어, 외국어, 심지어 (가상적으로) 천사의 언어로 말을 한다고 할지라도 그의 말은 잡음에 불과하다. 신약 시대에 이방 신인 퀴벨레(Cybele), 바카스(Bacchus), 디오니시우스(Dionysius)를 찬양하는 종교 의례에는 황홀경 속에서 사람들이 내는 소리들에 징, 심벌즈, 트럼펫 소리가 뒤섞였다. 고린도 교인이 사랑으로 말하지 않는다면 그것은 이교 예식의 잡소리보다 나을 것이 없었다.

13:2 예언하는 능력 *12:10에 대한 설명을 보라.* 14:1-5에서 바울은 이 예언의 은사를 가장 중요한 은사라고 말한다. 이는 이 은사가 하나님의 진리를 백성에게 전달하기 때문이다. 이 은사까지도 사랑으로 발휘되어야 한다(참고. 엡 4:15). **모든 비밀과 모든 지식을 알고** 이 말에는 지혜, 지식, 분별의 은사가 포함되며(*12:8, 10에 대한 설명을 보라*), 이것도 사랑으로 발휘되어야 한다(빌 1:9을 보라). **모든 믿음** *마태복음 17:20에 대한 설명을 보라.* 이것은 믿음의 은사를 가리키는데(견디면서 믿음으로 하는 기도, *12:9에 대한 설명을 보라*) 교회를 위한 이타적인 사랑이 없다면 아무 소용이 없다.

13:3 불사르게 그리스도인을 기둥에 매달아 불태워 죽이는 일이 시작된 것은 이때로부터 수년 후의 일이었지만, 그것이 끔찍한 죽음으로 이해되었던 것은 분명하다. 자원해서 자신의 모든 것을 내주거나 불에 태움을 당하는 일을 행한다 할지라도 그리스도의 몸을 위한 사랑으로 행하지 않으면 아무런 영적 유익이 없다.

13:4-7 앞의 설명에서는(1-3절) 사역에서 사랑이 빠진다면 공허함밖에 남는 것이 없다는 것에 초점을 맞췄다. 이 단락에서는 각각의 경우에 사랑이 무엇을 하는지를 보여줌으로써 사랑의 충만함이 서술된다. 사랑은 추상적인 개념이 아니라 행동이다. 적극적인 사랑은 사람들을 인내하면서 넓은 마음으로 그들에게 은혜롭게 행동하는 것이다. 소극적인 사랑은 질투하거나 자랑하거나 교만하지 않은 것이다. 왜냐하면 그런 것들은 비이기적으로, 다른 사람들에게 헌신하는 것의 반대이기 때문이다. 사랑은 결코 무례하거나 거만하지 않으며, 자신의 방식이 관철되기를 원치 않으며, 개인적으로 공격을 받을 때에 안달하거나 분노하지 않으며, 다른 사람의 죄를 기뻐하지 않으며, 심지어 원수의 죄에 대해서도 마찬가지다. 다시 적극적인 면으로 돌아와서 사랑은 모든 일에서 진리에 헌신한다. 하나님의 의롭고 은혜로운 뜻 안에 있는 '모든 일'에 대하여 사랑은 보호하고 믿고 소망하고 다른 사람의 배척을 견딘다.

13:8-10 언제까지나 떨어지지 아니하되 이것은 하나님의 특성인 사랑의 지속성과 영구성을 가리킨다. 사랑은 모든 실패를 넘어 계속된다(참고. 벧전 4:8; 요일 4:16). 바울은 고린도 교인이 그처럼 높게 여기는 영적 은사들과 사랑을 비교함으로써 사랑의 영구성에 대한 자신의 요점을 강화한다. 곧 예언, 지식, 방언을 비롯한 모든 은사가 끝날 때가 있다는 것이다. 예언과 지식이 끝나는 방식과 방언이 끝나는 방식을 구분할 수 있을 것이다. 이는 거기에 사용된 헬라어 동사형을 통해 표시된다. 예언과 지식의 경우에는 그것들이 '폐지된다'고 표현된다(이 두 은사의 경우 사용된 동사는 무엇인가가 그 두 가지 기능을 끝낼 것임을 표시함). 9, 10절은 "온전한 것"이 지식과 예언을 끝낼 것임을 보여준다. 온전한 것이 오면 그 은사들은 작동하지 않을 것이다. 이 "온전한 것"이 성경의 완성을 가리키지는 않는다. 이 두 은사는 지금도 여전히 작동하며 미래에 임할 나라에 이 두 은사가 있을 것이기 때문이다(참고. 욜 2:28; 행 2:17; 계 11:3). 성경은 우리가 "얼굴과 얼굴을 대하여" 보는 것과 같이 하나님처럼 완전한 지식을 가지는 것을 허용하지 않는다(12절). "온전한 것"은 교회의 휴거, 곧 그리스도의 재림을 가리키지도 않는다. 왜냐하면 이들 사건 뒤에 임할 나라에는 많은 설교자와 교사가 있어야 하기 때문이다(참고. 사 29:18; 32:3, 4; 욜 2:28; 계 11:3). "온전한 것"은

고전

고린도전서 12-14장의 은사

이 서신의 세 장은 교회 내 영적 은사라는 주제를 다루고 있다. 바울은 비록 이 주제가 논란거리였지만 건강한 교회를 위해서는 필수적이라는 사실을 알고 있었다. 고린도에 편만해 있던 거짓 종교들로 말미암아 교회 내에 사이비 영적 현상이 일어났고 그 문제를 정면으로 다루어야 했다. 바울은 교회를 가르쳐서 고린도의 신자들이 진리와 성령으로 자신들의 행동을 규제해야 한다고 도전했다.

이 부분에서 다루는 은사의 범주는 타고난 재능이나 솜씨, 능력이 아니다. 그런 자원은 신자와 불신자 모두 동일하게 소유한다. 여기서 말하는 은사는 성령께서 모든 신자에게 주권적으로 내리신(12:7, 11) 영적인 것이며, 이것은 영적으로 서로를 세울 수 있게 하고 그렇게 해서 주께 영광을 돌릴 수 있게 한다.

다양한 영적 은사는 대개 두 가지 형태로 분류된다. 말하는 은사와 섬기는 은사다(12:8-10; 롬 12:6-8; 벧전 4:10, 11). 말하는 은사 곧 언어적 은사(예언, 지혜, 가르침, 권위)와 섬기는 은사 곧 비언어적 은사(다스림, 도움, 구제, 자비, 믿음, 분별)는 모두 영구적인 은사로, 교회 역사 내내 그 기능을 발휘할 것이다. 은사의 목적은 교회를 세우고 하나님께 영광을 돌리는 것이다. 다양한 은사 목록은 은사의 범주를 대표하는 것으로 보는 것이 최선이다. 성령께서는 원하시는 대로 각 신자에게 그 은사 가운데 하나 또는 몇 개를 주신다(12:11). 어떤 신자들은 다른 신자들과 유사한 은사를 받을 수도 있지만, 성령께서 그 은사를 개인에게 맞추시기 때문에 각각의 은사는 개인에 따라 독특하다.

기적, 병 고침, 방언, 방언 통역이라는 특별한 범주의 은사는 사도 시대에만 주어진 한시적 표적으로, 사도 시대와 함께 사라졌다. 그 은사의 목적은 사도들의 진정성을 확증하고 그들이 전한 메시지를 참된 하나님의 말씀으로 확증하는 것이었다(고후 12:12; 히 2:3, 4). 일단 하나님의 말씀이 완성되어 스스로를 증거하게 된 후에는 그 은사가 더 이상 필요하지 않았던 것이다.

영원한 상태, 곧 우리가 영광 중에 얼굴과 얼굴을 대하여 하나님을 보고(계 22:4) 영원한 새 하늘과 새 땅에서 완전한 지식을 가질 때를 가리키는 것이 분명하다. 아이가 자라서 온전한 이해에 도달하는 것과 똑같이 신자들도 온전한 지식에 도달하면 그런 은사는 더 이상 필요치 않을 것이다.

다른 한편으로 바울은 방언의 은사가 끝나는 것에 대해서는 다른 단어를 사용한다. 즉 스스로 '끝날' 것이라고 말하는데, 그 말대로 사도 시대와 함께 이 방언의 은사는 끝났다. 이 은사는 '온전한' 것이 올 때 끝나는 것이 아니다. 왜냐하면 이 은사는 이미 끝났기 때문이다. 방언의 은사와 그것을 해석하는 은사의 독특성은 모든 표적 은사와 마찬가지로 신약성경이 완성되기 전에 복음 메시지를 확증하기 위한 목적을 가지고 있다는 점이다(히 2:3, 4). 또한 방언은 이스라엘을 심판하는 하나님으로부터 온 표적이라는 점에서 한계를 갖고 있었다(*14:21에 대한 설명을 보라*. 참고. 사 28:11, 12). '방언'은 신자를 위한 표적이 아니라 불신자를 위한 표적으로(*14:22에 대한 설명을 보라*), 특별히 믿지 않는 유대인을 위한 표적이다. 또한 성경이 일단 주어진 다음에는 더 이상 하나님으로부터 보냄을 받은 참된 메신저를 검증할 필요가 없으므로 방언은 그쳤다. 지금은 성경이 모든 참된 것과 거짓을 구분하는 기준이 되었다. 사실 '방언'은 설교와 가르침보다 훨씬 열등한 훈육 방식이었다(*14:5, 12, 27, 28에 대한 설명을 보라*). 그래서 바울은 14장에서 방언에 마음이 팔려 있는 고린도 교인에게 방언이 열등한 의사소통 수단이며(1-12절), 열등한 찬송의 수단이고(13-19절), 열등한 복음 전파의 수단임을(20-25절) 보여주려는 목적을 가지고 있다. 과거나 현재나 예언이 훨씬 우월한 수단이다(1, 3-6, 24, 29, 31, 39절). 방언이 끝났다는 것은 사도행전을 제외한 신약성경의 어디에도 그것이 나타나지 않는다는 사실을 통해 분명히 드러난다. 성경이 기록되는 동안 초대 교회에서 방언은 이미 기록이나 실천의 주제가 아닐 정도로 끝난 문제였다. 1세기 이후로 교회사 속에 방언이 나타나지 않았으며, 오직 의심스러운 무리 속에서만 일부 나타났다는 사실 역시 방언이 끝났다는 사실을 분명히 보여준다. 14장에 대한 설명에서 이 문제는 더 자세히 다루어질 것이다.

13:13 사랑 믿음과 소망의 대상은 성취될 것이며, 완전하게 참된 사랑(하나님과 같은 미덕)은 영원할 것이다(참고. 요일 4:8). 천국은 하나님과 서로를 향한 완전한 사랑의 표현일 뿐이다.

14:1 사랑을 추구하며 모든 신자를 위한 명령이다. 사

참된 사랑

고린도전서 13:4-7에 요약된 바에 따르면 사도 바울이 가르친 참되고 성경적인 사랑은 다음과 같은 특징을 가진다. 이것을 소개하고서 바울은 "사랑은 언제까지나 떨어지지 아니하되"라고 약속한다(13:8).

1. "사랑은 오래 참는다." 어떤 상황에서든 최악의 행동이라도 보복하지 않고 참는다.
2. "사랑은 온유하다." 다른 사람의 삶에서 자신이 쓸모 있게 되는 길을 적극적으로 부지런히 찾는다.
3. "사랑은 시기하지 않는다." 다른 사람에게 주어진 존경과 명예를 기뻐한다.
4. "사랑은 자랑하지 않는다." 다른 사람을 배제하고 자신에게 관심을 돌리려고 하지 않는다.
5. "사랑은 교만하지 않는다." 한 사람이 다른 사람들보다 더 중요하지 않다는 것을 안다.
6. "사랑은 무례히 행하지 않는다." 다른 사람이 불경건한 행동을 하도록 만들지 않는다.
7. "사랑은 자기의 유익을 구하지 않는다." 타인 지향적이 된다.
8. "사랑은 성내지 않는다." 자신과 다른 사람 사이의 어려운 문제를 분노로 해결하려고 하지 않는다.
9. "사랑은 악한 것을 생각하지 않는다." 다른 사람이 나에게 치러야 할 대가를 장부에 기록해 두지 않는다.
10. "사랑은 불의를 기뻐하지 않는다." 다른 사람의 불의한 행동을 기뻐하거나 그런 행위를 따라 하지 않는다.
11. "사랑은 진리와 함께 기뻐한다." 다른 사람의 생활에서 진리가 지배할 때 큰 기쁨을 얻는다.
12. "사랑은 모든 것을 참는다." 다른 사람의 허물에 대해 대중 앞에서 침묵을 지킨다.
13. "사랑은 모든 것을 믿는다." 다른 사람에 대해 흔들리지 않는 믿음과 신뢰를 표현한다.
14. "사랑은 모든 것을 바란다." 다른 사람이 현재는 불완전해도 앞으로 승리할 것을 확실히 기대한다.
15. "사랑은 모든 것을 견딘다." 관계를 파괴하려는 사탄의 모든 공격을 끝까지 견딘다.

랑의 결핍이 고린도 교회의 영적 문제에 대한 뿌리였으므로, 모든 신자가 결연한 의지와 부지런함으로 방금 서술된 경건한 사랑을 추구해야 했다. **신령한 것을 사모하되** 사랑이 이런 능력의 사용을 배제하는 것은 아니다. 바울이 분명하게 드러나는 은사를 사모하면 안 된다고 말했고(12:31), 한 은사를 다른 은사보다 높이지 말라고 말했기 때문에(12:14-25) 어떤 사람들은 교회의 화평을 위해 그런 은사들을 전부 배제하는 것이 최선이라고 생각했을 수 있다. 하지만 영적 은사들은 하나님이 주권적으로 각 신자에게 주시는 것이며, 교회를 세우기 위해 필요하다(12:1-10). 이런 배경에서 볼 때 은사들을 사모하라는 말은 자기에게 없는 남들이 부러워하는 은사를 사모하라는 말이 아니라 하나님을 섬기기 위해 모두가 신실하게 은사를 사용하는 것을 가리킨다. 하나의 회중으로 존재하는 고린도 교인은 모든 은사가 충만히 발휘되기를 원해야 한다. '너희'는 복수인데, 이는 교회의 공동체적 성격을 강조한다. **예언** 이 영적 은사는 온 교회의 덕을 세우는 방식으로 헌신하지만 방언은 그렇게 하지 못한다. 따라서 예언이 교회생활에서 바람직한 은사였다(5절).

14:2-39 어떤 성경에서는 일관되게 표현되어 있지 않지만, 단수인 *방언*과 복수인 *방언*들을 구분하는 것이 이 장을 바르게 해석하는 데 근본적으로 중요하다. 바울은 사이비 은사인 이교도의 주절거림과 구별하기 위해 단수를 사용하고, 외국어를 말하는 참된 은사를 가리키기 위해 복수를 사용하는 것으로 보인다(*2절에 대한 설명을 보라*). NKJV 번역자들이 단수 형태(2, 4, 13, 14, 19, 27절을 보라) 앞에는 일관되게 '알지 못하는'이라는 단어를 첨가한 것은 바로 이 점을 염두에 둔 결과로 보인다. 이 구별의 의미는 앞으로 필요할 때 설명할 것이다. 이교도의 경험에서 배워 황홀경 속에서 말을 하는 행위가 육신적 성격을 가지며 거짓된 은사라는 사실을 배경으로, 바울은 성령께서 주시는 말하는 은사에 대해 세 가지 기본 문제를 다룬다. 첫째, 예언보다 열등한 방언의 위치다(1-19절). 둘째, 신자를 위한 표적이 아니라 불신자를 위한 표적이라는 방언의 목적이다(20-25절). 셋째, 체계적이고 제한적이고 질서가 있어야 하는 그 은사의 사용 절차다(26-40절).

14:2 방언을 말하는 자 이것은 단수로 되어 있다(앞의 설명을 보라. 참고. 4, 13, 14, 19, 27절). 따라서 황홀경 속에서 주절거리는 이교도의 거짓된 행습을 가리킨다. 이 주절거림은 복수일 수 없기 때문에 단수가 사용된다. 비언어에는 다양한 종류가 없다. 하지만 언어는 다양하다. 따라서 바울은 참된 방언의 은사를 구별하기 위해

고전

복수를 사용한다(6, 18, 22, 23, 29절). 유일한 예외는 27, 28절이다(*이 구절에 대한 설명을 보라*). 여기서는 한 사람이 하나의 참된 방언을 말하는 것을 가리킨다. **사람에게 하지 아니하고 하나님께 하나니** '하나님'보다 더 나은 번역은 '어떤 신에게'이다. 헬라어 본문에는 정관사가 없다(행 17:23의 유사한 번역인 "알지 못하고…것"을 보라). 그들의 주절거림은 이교 신들에 대한 예배다. 성경은 신자가 정상적인 인간 언어 이외의 다른 어떤 언어로 하나님께 말하는 것을 한 번도 기록한 적이 없다. **알아 듣는 자가 없고 영으로 비밀을 말함이라** 황홀경 속에서 이교도의 주절거림을 짐짓 따라 하는 육적인 고린도 교인은 자신의 말이 사람들에게 이해되는 데는 관심이 없고 오직 극적인 자기과시를 하는 데만 관심이 있었다. 그들을 말하게 하는 영은 성령이 아니라 인간 자신의 영 또는 어떤 귀신의 영이며, 그들이 선언하는 비밀은 이교적인 신비 종교와 연결된 비밀로, 그 종교에서는 거기에 귀의한 소수의 특권층만 그것을 알고 이해할 수 있는 깊은 것으로 믿어졌다. 그런 비밀은 성경에 언급된 비밀(예를 들면 마 13:11; 엡 3:9), 즉 이전에는 감춰져 있다가 이제는 드러난 하나님의 진리에 대한 계시가 아니었다(*12:7; 엡 3:4-6에 대한 설명을 보라*).

14:3 예언하는 자 거짓 방언이 만들어내는 대혼란과 극적으로 대비되는 것이 참된 예언의 은사, 즉 진리의 설교였다(*12:10에 대한 설명을 보라*). 이것은 진리 안에서 건설적이고 순종을 장려하며 어려움 속에서 위로를 주는데, 이것이 하나님이 교회에 원하시는 것이다. 영적 은사들은 언제든지 자기를 위하지 않고 다른 사람들의 유익을 위한다.

14:4 방언 다시(2절에서처럼) 바울은 이교도의 거짓된 주절거림을 가리키기 위해 단수를 사용하며, 그것은 이기심의 발로이고 자기를 세우는 어떤 것이라고 냉소적으로(다른 냉소적 표현을 보려면 16절; 4:8-10을 참고하라) 말한다. 이렇게 불의하게 자기를 세우는 일은 교만한 마음에서 오며 더 큰 교만을 만들어낼 뿐이다. **교회의 덕을 세우나니** *12:7에 대한 설명을 보라.*

14:5 다 방언 말하기를 원하나…예언하기를 원하노라 여기서는 복수인 '방언들'이 사용되었다. 이는 바울이 참된 방언의 은사를 가리키기 때문이다(*2절에 대한 설명을 보라*). 이것이 참된 은사라 할지라도 이것이 바울의 진짜 속마음은 아니다. 왜냐하면 그 생각 자체가 불가능하며 하나님이 주권적으로 은사를 나눠주신다는 사실과 모순되기 때문이다(12:11, 30). 바울은 그들이 자기들에게 없는 은사를 그처럼 요란스럽게 추구한다면 차라리 더욱 영구적이고 교회에 유익이 되는 은사를 구해야 한다는 것을 말한 것뿐이다. 방언은 통역되었을('번역'이라는 의미의 통상적인 헬라어) 때만 교회를 위한 목표를 이룰 수 있다. 하나님이 방언의 은사를 주실 때는 통역의 은사도 함께 주신다. 이렇게 되어야 그 표적이 교회에 유익이 될 수 있다. 그런 통역이 없다면 그 은사는 절대로 사용되면 안 된다(28절). 그래야 교회가 유익을 얻을 수 있다.

14:6 내가 너희에게 나아가서…너희에게 무엇이 유익하리요 어떤 사도가 방언을 한다면 통역이 반드시 필요하다. 계시와 지식이 이해될 수 있는 말로 선포되고 가르침을 주지 못한다면 회중에게 영적 유익을 가져다줄 수 없다. 다음과 같은 이유로 이 은사를 개인적으로 사용하는 것도 금지된다. 첫째, 방언은 불신자를 향한 표적이다(22절). 둘째, 방언은 말하는 사람에게라도 무슨 의미를 가지려면 통역자가 있어야 한다(2절). 셋째, 그것은 교회에 유익을 끼쳐야 한다(6절).

사랑의 길

사랑은	사랑이 없으면	사랑이 더 크다
인내, 친절, 이기적이지 않음, 진실됨, 소망함, 참음(4-7절)	방언은 잡음이 됨(1절)	없어질 예언보다(8절)
시기하지 않음, 교만하지 않음	예언, 비밀, 지식, 믿음이 아무것도 아님(2절)	중지될 방언보다(8절)
자기중심적이 아님, 무례하지 않음, 성내지 않음(4, 5절)	선행은 유익이 되지 못함(3절)	사라질 지식보다(8절)

사랑은 성령 충만에 의해 가능하게 되는 거룩한 생활을 표현하기 위해 바울이 사용한 역동적인 단어다. 사랑은 동기와 행동을 다 포함한다. 성숙한 신자의 특징이 사랑이다.

14:7-9 여기서 바울은 교회가 이해하도록 통역되지 않는다면 참된 은사라 할지라도 쓸데없다고 한 앞에서의 자기주장을 예증하고 있다. 생명이 없는 악기라 할지라도 알아들을 수 있는 소리를 내야 한다면, 특별히 하나님의 일들을 다루는 인간의 말은 얼마나 더 알아들을 수 있는 것이어야 하겠는가? *23절에 대한 설명을 보라.*

14:10, 11 바울은 자명한 일을 거론할 뿐이다. 모든 방언의 목적은 자기를 드러내거나 심지어 혼란을 조장하려는 것이 아니라 소통하려는 것인데, 고린도 교인은 거짓된 은사를 가지고 잘못된 일을 하고 있다는 것이다. 신약성경에 나오는 최초의 방언에서 핵심은 각 사람이 사도들이 하는 말을 자기들의 언어로 들었다는 것이 분명하다(행 2:6. 참고. 8절). 이 단락은 참된 방언의 은사는 알아들을 수 없는 어떤 주절거림이 아니라 통역될 수 있는 인간의 언어였음을 반박하지 못하도록 한다(13절).

14:12 바울은 다시 모든 은사의 핵심인 덕을 세우는 문제로 돌아온다(12:7).

14:14-17 바울은 다시 거짓 방언들에 대해 냉소적으로(참고. 16절; 4:8-10) 말한다. 그래서 그는 거짓 은사를 표시하기 위해 단수인 '방언'을 *(2-39절에 대한 설명을 보라)* 사용한다. 그는 황홀경 속에서 주절거리는 말이 어리석고 의미가 없음을 예증하기 위해 가상적으로 말하고 있는 것이다. 말하는 사람이 자기가 하는 말을 이해하지 못한다면 알지 못하는 말로 하나님께 기도하거나 하나님을 찬송하는 것에 무슨 장점이 있겠는가? 그런 무의미한 말에는 아무도 "아멘"이라고 답하지 못한다.

14:16 알지 못하는 처지에 있는 자 '무지한' 또는 '배우지 못한'이라는 헬라어에서 유래했다.

14:18 내가 너희 모든 사람보다 방언을 더 말하므로 바울은 이 모든 것을 쓴다고 해서 자신이 참된 방언(복수 표현)을 정죄하는 것이 아니며, 그를 비난하는 사람들이 품을 수 있는 생각처럼 바울 자신이 가지고 있지 않은 은사를 시기하는 것이 아님을 강조했다. 이 시점에서 바울은 거짓된 방언에 대해 더 이상 가상적으로 말하지 않는다. 실제로 그는 그들 모두보다도 참된 은사를 사용한 경우가 더 많았다(비록 구체적인 사례에 대한 기록은 없지만). 그는 참된 은사를 알았고 그것을 정당하게 사용했다. 하지만 바울이 그 은사를 실제로 사용한 것에 대해 신약성경이 아무런 언급도 하지 않는 것은 흥미롭다. 또한 바울도 자신의 글에서 *어떤* 그리스도인이 그 은사를 *구체적으로* 사용한 경우에 대해 전혀 밝히지 않는다.

14:19 남을 가르치기 위하여 이것은 그가 지금까지 말해온 것을 요약하는 일반적인 원칙이다. 곧 다른 사람을 가르치는 것이 중요한 일이며, 그것을 위해서는 알아듣게 말해야 한다는 것이다.

14:20-25 이 중요한 단락은 방언 은사의 일차적인 목적을 다룬다. 바울은 모든 신자가 방언을 말해야 하는 것이 아님을 분명히 밝힌다. 왜냐하면 그것이 다른 모든 은사와 마찬가지로 하나님이 주권적으로 내려주시는 것이기 때문이다(12:11). 또한 그것은 모든 신자가 받는 성령 세례와 연결된 것도 아니다(12:13). 그것은 신령함을 나타내는 우월한 표시가 아니라 도리어 열등한 은사다(5절). 이 모든 것과 고린도 교인이 그 참된 은사를 망치는 것 때문에, 사도는 방언의 정당하고 제한된 작용을 위한 원칙을 제공한다.

14:20 악에는 어린 아이가 되라 지혜에는 장성한 사람이 되라 대부분의 고린도 사람은 바울이 여기서 권고하는 것과는 정반대 상태에 있었다. 그들은 악에는 익숙했지만 지혜에는 부족했다. 하지만 방언의 은사를 정당하게 파악하고 사용하기 위해서는 성숙한 이해력이 꼭 필요했다. 왜냐하면 이 방언이 선명하게 표현되고 사람들의 마음을 사로잡는 성격을 가져 육신적인 사람들의 마음을 끌어당겼기 때문이다. 바울은 독자에게 세속적 욕심과 교만한 마음, 각자의 감정과 경험을 접어두고 방언의 목적에 대해 조심스럽게 생각할 것을 요구하고 있었다.

14:21 기록된 바 바울은 이사야 28:11, 12을 자유로운 방식으로 인용하면서, 수세기 전에 '듣지 아니할' 믿음이 없는 이스라엘에게 쓸 하나의 표적으로 '다른 방언'의 사람들, 즉 알지 못하는 언어를 말하는 외국인을 사용할 것이라고 예언하셨음을 설명한다. 이 '다른 방언'은 그들이 방언의 은사라고 알고 있는 것을 가리키며, 그것은 오직 믿음이 없는 이스라엘에게 주어진 표적이다. 그 표적은 세 가지 의미를 가졌는데, 저주와 축복, 권위다. 저주의 의미를 강조하기 위해 바울은 앗수르를 통하여 임할 심판에 대해 유다에게 경고한 이사야의 말을 인용했다*(사 28:11, 12에 대한 설명을 보라)*. 당시 지도자들은 그의 말이 너무 단순하다고 여겨 받아들이지 않았다. 선지자는 그들이 이해하지 못하는 앗수르어를 들을 때가 올 것이라고 했는데, 이는 심판을 나타내는 말이었다. 예레미야도 바벨론 사람들이 와서 유다를 파괴하리라는 유사한 예언을 했다(참고. 렘 5:15). 오순절에 사도들이 그 모든 방언으로 말했을 때(행 2:3-12), 유대인은 첫째는 앗수르인을, 그다음으로는 바벨론 포로를 통해 예언된 심판이 역사적으로 실현되었듯이, 이제 그들이 그리스도를 거부한 결과 동일한 심판을 받으리라

는 것을 알아야 했다. 그 심판에는 주전 586년 바벨론의 세력 하에서 발생했던 것처럼 예루살렘이 파괴되는 사건(주후 70년)이 포함되어 있었다.

14:22 그러므로 방언은 믿는 자들을 위하지 아니하고 믿지 아니하는 자들을 위하는 표적이나 더 나아가서 바울은 모든 방언은 불신자를 위한 것이라고 설명한다. 다른 말로 하면, 모인 사람이 전부 신자인 교회에서는 그 은사가 불필요하다는 뜻이다. 또한 이스라엘에 대한 심판 또는 저주를 선언하는 그 표적의 목적이 이루어져 심판이 떨어진 후에는 그 표적 은사도 중단되었다. 그 표적이 가져다주는 복은 하나님이 유대인과 이방인으로 이루어진 새 나라를 세워 자기 백성을 삼으실 것이며(갈 3:28), 그렇게 하여 이스라엘 백성에게 시기를 일으켜 회개에 이르도록 하신다는 것이다(롬 11:11, 12, 25-27을 보라). 그런 까닭에 이방인이 새롭게 교회에 포함될 때 그 표적이 반복되었던 것이다(행 10:44-46). 또한 이 표적은 심판과 축복을 선포한 사람들에게 권위를 부여했으며(고후 12:12), 거기에 바울도 포함되었다(18절). **예언은…믿는 자들을 위함이니라** 이와 정반대 방식으로 예언은 신자에게만 유익을 준다. 그들은 새로운 성품과 성령의 내주에 의해 영적 진리를 이해할 능력을 가지고 있다(참고. 2:14; 요일 2:20, 27).

14:23 그러므로…다 방언으로 말하면 바울이 뒤에 더 상세히 설명하듯이(27, 28절) 방언이 불신자를 위한 것이라 할지라도, 방언의 은사가 역사 속에서 적절한 시기에 발휘되었다고 하더라도, 교회 내에서 방언이 지배적이 되어 통제되지 않으면 큰 소란이 일어나고 복음의 신뢰성이 무너지고 복음이 부끄러움을 당하는 일이 발생한다. **미쳤다** 이 헬라어는 '통제되지 않는 열광 속에 있다'는 뜻이다. 사도행전 2장에서 참된 은사가 발휘되었을 때는 거기에 광기가 없었고 모든 사람이 자기의 언어로 그것을 이해했다(11절). 고린도 교회에서는 은사의 혼돈이 있었다.

14:24, 25 그러나 다 예언을 하면 이것은 하나님 말씀을 공적으로 선포한다는 뜻이다(*12:10에 대한 설명을 보라*). "다"라는 말은 모두가 동시에 그렇게 한다는 뜻이 아니다(31절을 보라). 모든 고린도 교인의 불협화음이 전부 하나님 말씀의 선포로 바뀐다고 가정하면, 불신자에게 놀라운 효과가 있을 것이고, 복음이 칭찬받을 것이며, 사람들이 하나님을 경배하게 되리라는 것이다.

14:26-40 방언과 관련해 이 마지막 단락에서 강조되는 것은, 그들이 교회 내에서 질서 있게 방언의 은사를 사용하도록 적절히 제한하는 조직적인 방법이다. 설사 오늘날 방언의 은사가 여전히 있다는 가정 하에 말하더라도, 오늘날의 방언 운동은 이 구절이 가르치는 명백한 통제 명령을 따르지 않아서 부정당한 것으로 간주되어 신뢰성을 완전히 상실하게 된다.

14:26 너희가…각각…있으며 혼돈과 무질서가 그 회중에서 판을 쳤던 것으로 보인다(33절). 장로나 목사에 대한 언급이 전혀 없으며, 심지어 예언자들도 통제력을 발휘하지 못했다는 것은 흥미로운 일이다(29, 32, 37절). 모든 사람이 각자 원하면 '언제든지', 자기들이 원하는 것을 표현하면서 참여했다. **찬송시** 구약 시편을 읽거나 노래로 부르는 것을 말한다. **가르치는 말씀** 이것은 특별히 관심 있는 교리나 주제를 가리킬 것이다(33절). **방언** 단수이므로 이것은 거짓 방언이다. *2-39절에 대한 설명을 보라*. **계시** 참되든지 거짓되든지, 하나님으로부터 오는 것으로 가정된 말씀이다. **통역함** 이것은 방언의 메시지를 통역하는 것을 가리킨다. 이것은 혼란을 중단하라는 바울 식의 표현이었다. 덕을 세우는 것이 목적인데(참고. 3-5, 12, 17, 26, 31절) 고린도 교회의 혼돈은 그 목적을 이룰 수 없었다(참고. 롬 15:2, 3; 살전 5:11).

14:27, 28 이 구절은 은사를 발휘할 때 필요한 규정을 제공한다. '한 예배에서 두 명 또는 세 명만' '한 사람씩 돌아가

「유적지에서 설교하는 바울(*Apostle Paul Preaching on the Ruins*)」 1744년. 조반니 파올로 파니니. 캔버스에 유화. 64x84cm. 에르미타주 미술관. 상트페테르부르크.

면서 말할 것' '오직 통역자가 있을 때만'이라는 규정이다. 이런 조건이 갖춰져 있지 않으면 묵상하면서 조용히 기도해야 한다.

14:29-31 바울의 목회 서신(디모데전후서, 디도서)이 예언자들에 대해 언급하지 않으므로, 이 독특한 직책이 사도 시대가 끝나기도 전에 교회에서 기능을 상실한 것이 분명하다(참고. 행 13:1). 여기서 바울은 그들의 설교에 대한 네 가지 규정을 제공한다. 첫째, 오직 두 명 또는 세 명만 말해야 한다. 둘째, 다른 예언자들은 그들이 말하는 것을 판단해야 한다. 셋째, 한 사람이 말하고 있는 중에 하나님이 다른 사람에게 계시를 주시면 말하던 사람은 하나님의 계시를 듣는 사람에게 우선권을 주어야 한다. 넷째, 각 예언자는 돌아가면서 말해야 한다. *에베소서 2:20; 4:11에 대한 설명을 보라.*

14:32 예언자들은 다른 사람의 예언을 분별력 있게 판단할 뿐 아니라 스스로를 통제해야 했다. 하나님은 정신이 나간 것 같은 현상을 원하지 않으신다. 진리를 받고 선포하는 사람은 정돈된 마음을 가지고 있어야 한다. 하나님의 말씀을 받고 전파하는 일에 귀신 들린 것과 같은 괴상하고 광적이고 무아지경에 빠진 것 같은 거친 일들이 끼어들 수 없다.

14:33 무질서 이것이 이 장의 열쇠다. 하나님 앞에서 예배하는 교회는 하나님의 성품과 본성을 반영해야 한다. 왜냐하면 하나님은 분쟁과 혼란을 조장하는 분이 아니라 화평과 조화, 질서와 분명함을 나타내는 분이기 때문이다(참고. 롬 15:33; 살후 3:16; 히 13:20). **모든 성도가 교회에서** 이 어구는 33절의 마지막이 아니라 34절의 시작이며, 교회를 위한 보편적 원칙을 도입하는 논리적 서문이다.

14:34, 35 여자는 교회에서 잠잠하라 여자가 교회의 예배에서 말을 하지 말아야 한다는 것은 보편적인 원칙이다. 이 원칙은 어떤 지역이나 문화에 속한 교회에만 적용되는 것이 아니라 모든 교회에 적용된다. 이 절이 등장하는 단락은 예언에 관계되지만 이 장의 전체 주제, 곧 방언도 포함한다. 여자는 리더의 역할을 하는 것이 아니라 하나님 말씀이 분명히 가르치듯 복종해야 한다(*11:3-15; 창 3:16; 딤전 2:11-15에 대한 설명을 보라*). 방언을 말하고 신유의 은사와 기적을 인정하는 오늘날의 많은 교회가 여성에게 예배를 인도하고 설교하고 가르치는 일을 허용하는 것은 우연의 일치가 아니다. 여성들 가운데 재능을 가진 교사가 있을 수 있지만, 교회에서 '말해도' 좋다고 하나님이 허용하신 것은 아니다. 실제로 여성들이 그렇게 하는 것은 '부끄러운', 즉 수치스러운 일이다. 여기서는 어떤 여성이 예배가 혼란스러운 틈을 타 갑자기 공개적으로 질문했던 것으로 보인다.

14:36, 37 바울은 고린도 교인이 그들의 모든 예배에서 마음대로 하던 방종을 끝낼 이 모든 확고한 규정에 반발하리라는 것을 알았다. 예언하는 자들, 방언을 말하는 자들, 여성들이 바울의 말에 반발할 수 있었다. 그래서 바울은 그 반발을 예상하고 자신의 말을 무시하거나 자신의 말을 자기들이 미리 설정한 관념에 맞도록 해석하여 자기들을 바울의 말 위에 두려는 사람들, 곧 자기들을 성경 말씀 위에 두려는 사람들한테 냉소적으로 도전했던 것이다. 만약 어떤 사람이 참된 예언자이거나 참된 방언의 영적 은사를 받은 사람이라면, 그가 남자이든지 여자이든지 상관없이 하나님이 사도를 통해 계시하신 원칙에 복종해야 할 것이다.

14:36 하나님의 말씀이 너희로부터 난 것이냐 *데살로니가전서 2:13; 디모데후서 3:15-17; 베드로후서 1:19-21에 대한 설명을 보라.*

14:38 알지 못한 자 바울의 가르침에 대한 권위를 인정하지 않는 사람이 있다면, 그 사람을 하나님으로부터 은사를 받은 적법한 종으로 인정하지 말아야 한다는 뜻이다.

14:39 방언 말하기를 금하지 말라 합법적인 방언은 그 목적과 기간이 제한되어 있었으나, 초대 교회에서 그 은사가 활동하는 동안에는 막지 말아야 했다. 그러나 예언이 가장 바람직한 은사였다. 이는 예언이 덕을 세우고 권면하고 위로하기 때문이다(3절).

14:40 *33절에 대한 설명을 보라.*

교회의 소망: 부활 (15:1-58)

15:1-58 이 장은 성경에서 부활을 가장 광범위하게 다루는 곳이다. 복음서에 기록된 예수 그리스도의 부활과 복음서에 약속된 신자의 부활이 여기서 설명된다.

15:1-11 신자의 부활에 대해 가르치기 시작하면서 바울은 예수의 부활의 증거를 개관한다. 교회(1, 2절), 성경(3, 4절), 목격자들(5-7절), 사도 자신(8-10절), 공동의 메시지(11절)가 그것이다.

15:1, 2 전한…받은…선 이것은 새 메시지가 아니었다. 고린도의 그리스도인은 부활에 대해 들었고 그것을 믿었고 그것으로 구원받았다.

15:2 너희가…헛되이 믿지 아니하였으면 이 조건을 말함으로써 바울은 그들 중 어떤 사람들은 구원에 이르지 못하는 피상적인 믿음(마 7:13, 14, 22-27; 13:24-30, 34-43, 47-50; 25:1-30을 보라)을 가졌음을 인정하고 거기에 관심을 기울일 것을 촉구하고 있다. 어떤 사람들은 귀

고전

신을 믿듯 믿었을 뿐이다(약 2:19). 즉 그들은 복음이 진리임을 확신하기는 했지만, 하나님과 그리스도와 의에 대한 사랑이 없었다. 참 신자는 복음을 "굳게 붙잡는다"(참고. 요 8:31; 고후 13:5; 요일 2:24; 요이 9절).

15:3, 4 성경대로 구약성경은 그리스도의 고난과 부활에 대해 예언했다(눅 24:25-27; 행 2:25-31; 26:22, 23을 보라). 예수와 베드로, 바울은 시편 16:8-11; 22; 이사야 53장 등 구약의 단락을 그리스도의 일에 대한 구절로 인용하거나 언급했다.

15:5-7 부활의 실제성을 지지하기 위해 신약에 기록된 목격자들의 증언이 첨가된다. 그 목격자들은 다음과 같다. 첫째, 요한과 베드로(요 20:19, 20)가 함께 언급되었지만 그전에는 각각 언급되었을 것이다(눅 24:34). 둘째, 열둘이다(요 20:19, 20; 눅 24:36; 행 1:22). 셋째, 500명이다. 이들은 여기서만 언급되는데(*벧후 3:15, 16에 대한 설명을 보라*), 전부 그리스도의 부활을 보았다(참고. 마 28:9; 막 16:9, 12, 14; 눅 24:31-39; 요 21:1-23). 넷째, 야고보다. 이 이름으로 언급된 두 명의 사도(세베대의 아들 또는 알패오의 아들, 참고. 막 3:17, 18) 중 한 명이거나 야고보서의 저자로, 예루살렘 교회의 지도자였던(행 15:13-21) 구주의 이부형제 야고보다. 다섯째, 사도들이다(요 20:19-29). 이 각각의 경우가 세세하게 밝혀지지는 않았지만 40일 동안(행 1:3) 주는 모든 사도에게 나타나셨다.

15:8 만삭되지 못하여 난 바울은 너무 늦게 구원을 받아서 열두 사도에 들지 못했다. 그가 회심하기 전에 그리스도는 승천하셨다. 그러나 기적적인 나타나심을 통해(행 9:1-8, 참고. 18:9, 10; 23:11; 고후 12:1-7) 그리스도는 자신을 바울에게 계시하셨고, 신성한 목적을 위해 바울은 사도가 되었다. *1:1에 대한 설명을 보라*. 그는 "맨 나중" 사도였으며, 자신을 "가장 작은 자"라고 생각했다(9, 10절; 딤전 1:12-17).

15:10 모든 사도보다 더 많이 수고하였으나 사역의 햇수와 사역 범위에서 바울은 열거된 모든 사도를 넘어섰다(5-7절). 요한이 바울보다 더 오래 살기는 했지만 그의 사역은 바울만큼 광범위하지 않았다.

15:12 너희 중에서 어떤 사람들은 고린도 시의 그리스도인은 그리스도의 부활을 믿었다. 만약 그렇지 않았다면 그들은 그리스도인이 될 수 없었을 것이다(참고. 요 6:44; 11:25; 행 4:12; 고후 4:14; 살전 4:16). 그러나 어떤 사람들은 신자의 부활을 받아들이고 이해하는 데 특별히 어려움을 느꼈다. 이런 혼란의 일부는 그들이 이전

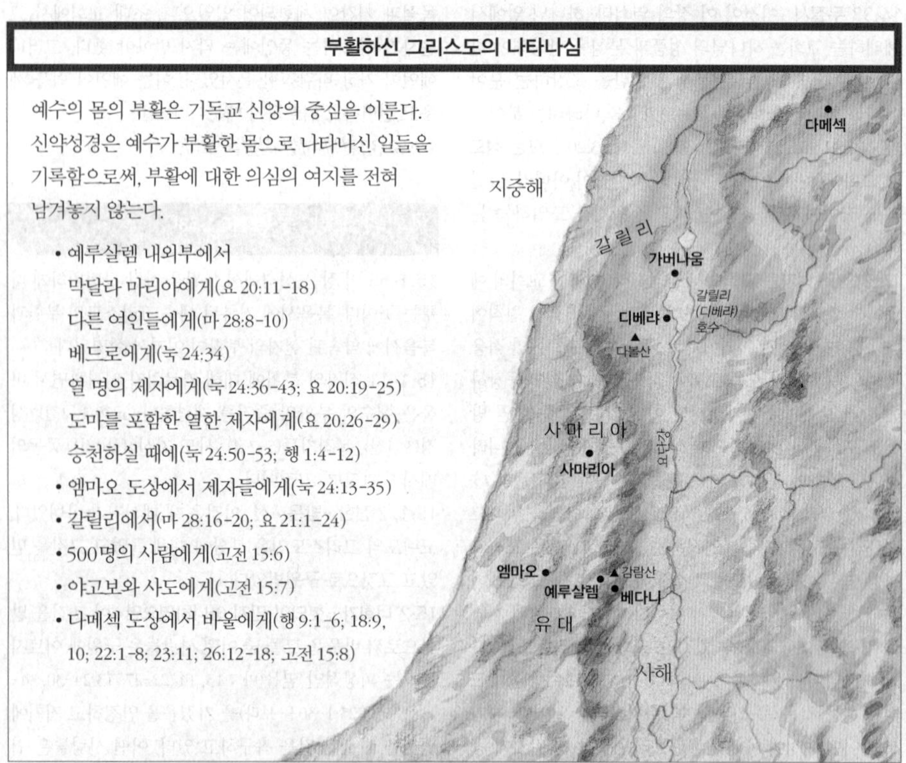

부활하신 그리스도의 나타나심

예수의 몸의 부활은 기독교 신앙의 중심을 이룬다. 신약성경은 예수가 부활한 몸으로 나타나신 일들을 기록함으로써, 부활에 대한 의심의 여지를 전혀 남겨놓지 않는다.

- 예루살렘 내외부에서
  막달라 마리아에게(요 20:11-18)
  다른 여인들에게(마 28:8-10)
  베드로에게(눅 24:34)
  열 명의 제자에게(눅 24:36-43; 요 20:19-25)
  도마를 포함한 열한 제자에게(요 20:26-29)
  승천하실 때에(눅 24:50-53; 행 1:4-12)
- 엠마오 도상에서 제자들에게(눅 24:13-35)
- 갈릴리에서(마 28:16-20; 요 21:1-24)
- 500명의 사람에게(고전 15:6)
- 야고보와 사도에게(고전 15:7)
- 다메섹 도상에서 바울에게(행 9:1-6; 18:9, 10; 22:1-8; 23:11; 26:12-18; 고전 15:8)

에 경험했던 이교도의 철학들과 종교들로 말미암은 것이었다. 많은 고대 그리스 철학의 기본 신조가 모든 물질적인 것은 본질적으로 악하다는 이원론이었으므로, 부활한 몸이라는 관념이 그들에게 역겹게 들렸던 것이다(행 17:32). 게다가 고린도 교회의 어떤 유대인은 이전에 부활에 대해 구약에서 가르쳤음에도 불구하고(욥 19:26; 시 16:8-11; 17:15; 단 12:2) 부활을 믿지 못한 사두개인의 영향을 받았을 수도 있다. 다른 한편, 신약성경에서 우리 주님이 직접 부활에 대해 광범위하게 가르치셨으며(요 5:28, 29; 6:44; 11:25; 14:19) 부활은 사도의 가르침의 주제이기도 했다(행 4:1, 2). 이렇게 분명함에도 고린도 교회는 부활에 대해 의심하고 있었다.

15:13-19 이 단락에서 바울은 부활이 없었다면 발생했을 여섯 가지 재앙을 열거하고 있다. 첫째, 그리스도를 전파하는 것이 아무 의미가 없었을 것이다(14절). 둘째, 그리스도에 대한 믿음이 무익했을 것이다(14절). 셋째, 부활의 모든 증인과 전도자가 거짓말쟁이가 되었을 것이다(15절). 넷째, 아무도 죄로부터 구속받지 못했을 것이다(17절). 다섯째, 이전의 모든 신자가 멸망당했을 것이다(18절). 여섯째, 그리스도인은 세상에서 가장 불쌍한 사람이 되었을 것이다(19절).

15:13, 16 그리스도의 부활과 신자의 부활은 함께 서거나 함께 무너진다. 만약 부활이 없다면 그리스도는 죽은 것이다. 참고. 요한계시록 1:17, 18.

15:17 너희가 여전히 죄 가운데 있을 것이요 *사도행전 5:30, 31; 로마서 4:25에 대한 설명을 보라.*

15:18 잠자는 자 죽음을 나타내기 위해 일반적으로 사용되는 완곡어법이다(참고. 6, 20절; 11:30; 마 27:52; 행 7:60; 벧후 3:4). 이는 몸은 죽고 영혼, 즉 정신은 무의식 상태에서 쉬는 이른바 영혼 수면(soul sleep)을 가리키는 말이 아니다.

15:19 더욱 불쌍한 자 이는 내세의 삶을 소망하면서 이생에서 치른 희생 때문에 그렇다는 말이다. 만약 앞으로 받을 새로운 생명이 없다면 우리는 차라리 죽기 전에 먹고 마시고 즐기는 편이 나을 것이다.

15:20 첫 열매 이것은 영생의 추수에서 첫 번째 몫을 가리킨다. 즉 그리스도의 부활이 모든 죽은 성도의 부활을 보장하고 촉진하리라는 것이다. 요한복음 14:19을 보라. **잠자는 자들** *18절에 대한 설명을 보라.*

15:21, 22 사람…사람 자신의 죄로 온 인류에게 죽음을 가져다준 아담은 사람이었다. 이와 같이 자신의 부활로 인류에게 생명을 가져다주신 그리스도도 사람이었다. *로마서 5:12-19에 대한 설명을 보라.*

15:22 모든…모든 이 두 개의 '모든'은 그것이 후손에게 적용된다는 의미에서 비슷하다. 두 번째 "모든"은 오직 신자에게만 적용되며(갈 3:26, 29; 4:7; 엡 3:6을 보라. 참고. 행 20:32; 딛 3:7), 보편구원론(믿음 없이도 모든 사람이 구원을 얻는다는 이론)을 의미하지 않는다. 셀 수도 없이 많은 다른 구절은 불신자에게 영원한 형벌이 있으리라는 것을 가르친다(예를 들면 마 5:29; 10:28; 25:41, 46; 눅 16:23; 살후 1:9; 계 20:15).

15:23 각각 자기 차례대로 부활 추수의 첫 열매인 그리스도가 가장 먼저 부활한다(20-23상반절). 그리스도의 부활 때문에 "그리스도에게 속한 자"는 그리스도가 오실 때 3단계를 거쳐 일으킴을 받고 영원한 천국으로 들어갈 것이다(참고. 마 24:36, 42, 44, 50; 25:13). 첫째, 오순절부터 휴거 때까지 믿음으로 구원에 들어온 사람들은 휴거 때 생존해 있는 성도들과 함께 공중에서 주를 만나 하늘에 오를 것이다(살전 4:16, 17). 둘째, 환난 시기에 믿음을 가지게 된 사람들은 구약 성도들과 함께 다시 살리심을 받아 천년 동안 그리스도와 함께 통치할 것이다(계 20:4. 참고. 사 26:19, 20; 단 12:2). 셋째, 천년왕국 기간에 죽은 사람들은 죽는 즉시 영원한 몸과 영혼으로 변화할 것이다. 그 이외에 다시 살리심을 받을 사람들은 불경건한 이들로, 천년 끝 하나님의 큰 흰 보좌 심판 때 다시 살아날 것이며(*계 20:11-15에 대한 설명을 보라.* 참고. 요 5:28, 29), 그 뒤에 영원한 지옥이 따라올 것이다(계 21:8).

15:24 그 후에는 마지막이니 부활의 이 세 번째 측면에서 정당한 왕이신 그리스도의 통치로 땅이 회복되는 일이 발생한다. "마지막"은 끝났다는 말일 수도 있고, 완성되고 성취되었다는 말일 수도 있다. 그리스도가 회복된 세계를 성부께 돌리고 천년을 통치한 세계 역사의 절정에서 만물은 하나님이 원래 의도하셨던 새 하늘과 새 땅의 죄 없는 영광으로 회복될 것이다(계 21, 22을 보라). **모든 통치와 모든 권세와 능력을 멸하시고** 그리스도는 하나님의 모든 원수를 영원히 정복하고 자신이 창조하고 자신의 정당한 소유인 땅을 되찾으실 것이다. 그리스도가 다스리시는 천년왕국 기간에는 여전히 반항이 존재할 것이며, 그리스도는 "철장으로 다스려야" 하실 것이다(계 19:15). 천년의 마지막에 사탄이 잠깐 동안 풀려나서 하나님에 대한 최후의 저항을 시도할 것이다(계 20:7-9). 그러나 하나님과 그리스도에 대한 그의 증오를 따른 모든 사람, 그리고 타락한 천사들과 함께 사탄은 불못 속에서 영원한 고통을 당할 것이다(계 20:10-15).

15:25 모든 원수를 그 발 아래에 이 비유는 왕이 신하들보다 높은 곳에 위치한 보좌에 앉음으로써 신하들이

고전

만약 예수의 부활이 거짓이라면(고전 15:14-19)

예수의 부활은 기독교 신앙에서 양보할 수 없는 마지노선이다. 이것은 그리스도인이 견지하는 본질적 믿음 중에서도 가장 본질적인 것이다. 사도 바울은 예수의 부활이 속임수로 판명된다면 필연적으로 초래될 처참한 결과 여섯 가지를 다음과 같이 밝혔다.

- 그리스도를 전파하는 것이 아무 의미가 없다(15:14).
- 그리스도가 여전히 죽어 있을 것이므로 그분에 대한 믿음이 무익한 것이 된다(15:14).
- 부활의 모든 증인과 전도자가 거짓말쟁이가 된다(15:15).
- 아무도 죄로부터 구속(구원)받지 못한다(15:17).
- 이전의 모든 신자는 바보로 죽은 것이다(15:18).
- 그리스도인은 세계에서 가장 불쌍한 사람이 된다(15:19).

기독교의 중심에는 승리하여 다시 오실 부활하신 그리스도가 계신다.

허리를 숙이거나 무릎을 꿇을 때 왕의 발보다 아래에 있게 되는 일반적인 관행에서 생겨났다. 대적에 대해서는, 왕이 정복한 통치자의 목에 발을 올려놓았는데, 이는 대적이 완전히 복종했음을 상징했다. 천년왕국에서 그리스도의 대적은 그리스도께 복종할 것이다.

15:26, 27 맨 나중에 멸망 받을 원수는 사망이니라 그리스도는 죽음의 권세를 쥐고 있던 사탄의 세력(히 2:14)을 십자가에서 부수셨다. 그러나 천년왕국의 끝에 가면 사탄은 죽음이라는 무기를 완전히 잃어버린다(*계 20:1-10에 대한 설명을 보라*). 그때 시편 8:6(27상반절)의 예언을 완전히 성취하신 그리스도가 그 나라를 아버지께 바치고 요한계시록 21, 22장의 영원한 영광이 시작될 것이다.

15:27 분명하도다 '분명하다'는 말을 오해하지 말아야 한다. "만물을 그의 발 아래에 두셨다"는 바울의 말은 성부 하나님이 거기에 포함된다는 말이 아니다. 그리스도께 그런 권위를 주신(마 28:18; 요 5:26, 27) 분이 실은 하나님이시며, 아들은 그 하나님을 완전히 섬긴다.

15:28 만유의 주로서 만유 안에 그리스도의 통치는 영원하므로(계 11:15) 그리스도는 계속 통치하실 것이다. 하지만 그것은 완전한 성삼위의 영광 속에서 영원히 정해진 대로, 하나님에 대한 복종 속에서(28절), 성삼위 내부의 이전과 같은 완전하고 영광스러운 위치에서 통치하시는 것이다.

15:29-34 바울은 부활이 백성에게 구원을 위한(19절), 섬김을 위한(30-32절), 성화를 위한(33, 34절) 강력한 동기를 제공할 것임을 지적한다.

15:29 이 난해한 구절은 다양한 방식으로 해석이 가능하다. 그러나 성경의 다른 구절들이 이 구절이 의미하지 *않는* 어떤 것들을 분명히 보여준다. 예를 들어 이 절은 죽은 사람이 자기를 위해 세례받는 다른 사람에 의해 구원받을 수 있다고 가르치지 않는다. 세례는 결코 사람의 구원과 상관이 없기 때문이다(엡 2:8. 참고. 롬 3:28; 4:3; 6:3, 4). 여기서 "세례를 받는 자들"이 신자들(이들은 뒤에 죽었음)의 모범적인 삶, 충실한 영향력, 증거에 이끌려 물세례를 받음으로써 자기들의 신앙을 외적으로 드러낸 살아 있는 신자들을 가리킨다고 보는 것이 일리 있는 견해다. 바울이 말하고자 한 요점은 부활이 없고 죽음 이후에 생명이 없다면 왜 사람들이 이미 죽은 사람들의 소망을 따라 그리스도께 오겠느냐는 것이다.

15:30, 31 나는 날마다 죽노라 바울은 자기희생적 사역 속에서 계속 죽음의 위험을 감수했다. 만약 죽음 이후의 삶이 없고 보상도 없으며 그의 모든 고통을 상쇄하는 영원한 즐거움이 없다면 어떻게 매일, 아니 매 시간 죽음의 위험을 감수할 수 있었겠는가? 참고. 베드로전서 1:3, 4.

15:32 에베소에서 맹수로 더불어 문자 그대로 맹수를 가리키거나 데메드리오가 선동한 성난 에베소 사람들(행 19:23-24)을 은유적으로 가리키는 말일 것이다. 어느 쪽이든지 그것은 생명을 위협하는 것이었다(참고. 고후 11:23-28). **죽을 터이니 먹고 마시자** 이사야 22:13을 직접 인용한 구절로, 믿음에서 떨어져 나가는 이스라엘 사람의 절망적 상태를 가리킨다. 참고. 히브리서 11:33, 34, 38. 거기에는 부활을 내다보고 기꺼이 죽음을 당한 사람들의 긴 이야기가 기록되어 있다(35절).

15:33, 34 악한 동무 이 말의 헬라어는 발설된 메시지를 가리킬 수도 있다. 악한 동무들은 말 또는 본보기로 사람을 타락시키는 힘을 발휘한다. 부활에 대한 소망은 사람을 성화시킨다. 이 소망은 타락으로 이끄는 것이 아니라 경건한 삶으로 이끈다. 교회 내의 어떤 사람들은 하나님을 알지 못하여 부패로 이끌지만, 하나님 앞에서 생명을 소망하는 사람들을 부패시키지는 못한다

부활에 대한 몇 가지 선택안

예수의 부활은 다음과 같이 해석된다.

1. 엄청난 거짓말(부활은 거짓이다)
2. 신화(부활은 픽션이다)
3. 역사상 최고의 사건(부활은 사실이다)

빈 무덤과 부활 후 그리스도의 나타나심을 설명하기 위해 다음과 같은 이론이 제안되었다.

이론	설명
1. 졸도설	예수는 실제로 죽은 것이 아니다
2. 영혼 회복설	예수의 몸이 돌아온 것이 아니라 그의 영혼이 돌아온 것이다
3. 환영 목격설	제자들이 환영을 본 것이다
4. 신화(전설)	부활은 교훈을 가진 신화(이야기)로, 실제 예수가 있었을 수도 있지만 꼭 필요한 것은 아니다
5. 도난설	유대인, 로마인, 제자들(마 28:11-15), 아리마대 요셉(요 19:38 이하)이 그분의 시신을 몰래 가져간 것이다
6. 무덤 착각설	제자들이 다른 무덤을 찾아가서 그것이 빈 것을 보고 예수가 부활하셨다는 잘못된 결론을 내린 것이다
7. 조작설	제자들이 자기들의 이익을 위해 부활 이야기를 꾸며낸 것이다
8. 정체 착각설	제자들이 예수와 닮은 다른 사람을 예수로 착각한 것이다
9. 실제 몸의 부활	예수가 하나님의 초자연적 능력을 통해 역사상 몸으로 죽은 자들 가운데서 처음 부활하신 것이다(고전 15:3 이하)

(요일 3:2, 3을 보라).

15:35 그들은 진리를 가지고 있었지만 수치스럽게도 그것을 믿지 않았고 따르지도 않았다(참고. 고후 13:5). 그러므로 이 질문들은 부활에 대한 진정한 관심을 나타낸 것이 아니라 부활을 부인하는 자들이 비웃은 것이었다. 그들은 영지주의의 경향을 가진 철학의 영향 하에 있었을 것이다. 그것이 가능하다고 가정하고서 그들은 그런 일이 어떻게 발생할 수 있는지를 묻는다. 참고. 사도행전 26:8.

15:36-49 35절에서 제기된 질문들에 대해 바울은 여기서 네 가지로 대답한다. 자연에서 이끌어온 예증(36-38절), 부활한 몸에 대한 묘사(39-42상반절), 세상에서의 몸과 부활한 몸의 대비(42하-44절), 예수 그리스도의 원형 부활에 대한 상기(45-49절)가 그것이다.

15:36-38 씨가 땅에 심기면 언젠가는 죽는다. 썩어서 원래 씨앗의 형태로는 존재하지 않지만 그 죽은 씨앗 안에서 생명이 나온다(요 12:24을 보라). 죽은 씨앗으로부터 나오는 식물이 새로운 몸을 입듯 죽은 사람에게 하나님이 부활의 몸을 주실 수 있다.

15:39-42상 하나님이 창조하신 세상에서 모든 종류의 존재에 적합한 다양한 몸과 형태가 있듯이 하나님은 부활 생명에 완전히 적합한 몸을 설계하실 수 있다.

15:42하-44 바울은 부활한 몸에 초점을 맞추고, 새로운 몸이 어떻게 지금의 몸과 다른지를 보여주는 네 가지의 대비를 보여준다(참고. 54절; 빌 3:20, 21). 첫째, 더 이상 질병과 죽음("썩음")이 없다. 둘째, 더 이상 죄로 인한 수치("욕된 것")가 없다. 셋째, 더 이상 유혹에 빠지는 연약함("약한 것")이 없다. 넷째, 시간과 공간 영역의 한계("육의 몸")가 없다.

15:45-49 여기서 바울은 예수 그리스도의 부활한 몸이 원형임을 보여줌으로써 질문(35절)에 대해 더 자세히 대답한다. 우선 그는 창세기 2:7을 인용하면서 "첫 사람"과 "아담"이라는 두 단어를 첨언한다. 아담은 자연적인 몸으로 창조되었는데, 이 몸은 모든 면에서 좋기는 했지만 완전한 몸은 아니었다(창 1:31). "마지막 아담"은 예수 그리스도다(롬 5:19, 21). 바울의 말은 첫째

아담을 통해 우리가 자연적인 몸을 받았지만, 마지막 아담을 통해서는 부활로 말미암아 영적인 몸을 받으리라는 것이다. 아담의 몸이 자연적인 몸의 원형이었다면 그리스도의 몸은 부활한 몸의 원형이었다. 우리가 세상에서 아담의 형상을 입었듯이, 천국에서는 거기에 적합한 그리스도의 형상을 입을 것이다(행 1:11; 빌 3:20, 21; 요일 3:1-3).

15:50 사람들은 지금과 같은 존재 방식으로 하나님의 영원한 하늘 영광 속에서 살 수 없다. *로마서 8:23에 대한 설명을 보라*. 그들은 변화되어야 한다(51절).

15:51 비밀 이것은 과거에는 감춰져 있다가 신약성경 속에서 드러난 진리를 가리키는 용어다. *2:7과 에베소서 3:4, 5에 대한 설명을 보라*. 교회의 휴거가 구약성경에서는 계시된 적이 없다. 이것은 요한복음 14:1-3에 처음 언급되었고, 데살로니가전서 4:13-18에서 구체적이고 자세히 설명되었다(*이 구절에 대한 설명을 보라*). **잠** *18절에 대한 설명을 보라*. **순식간에** 이것은 그 '순간'이 얼마나 짧을지를 보여주는 바울의 표현이다. '순식간'으로 번역된 헬라어는 눈동자의 빠른 움직임을 가리킨다. 우리 몸의 어느 부분보다 눈이 더 빨리 움직이므로, 이 표현이 휴거한 신자들의 갑작스러운 변화를 잘 예증했다고 말할 수 있다.

15:52 나팔 소리가 나매 교회 시대의 종말을 알리기 위한 것이며, 이때 지상에 있던 모든 신자는 하늘로 들려 올라갈 것이다(살전 4:16). **죽은 자들…다시 살아나고** 데살로니가전서 4:16에 따르면 죽은 자들이 먼저이고, 그 뒤를 당시 생존해 있는 성도들이 따른다(살전 4:17).

15:54-57 바울은 이사야 25:8과 호세아 13:14을 인용해 부활의 사실성에 대한 그의 기쁨을 고양시킨다. 호세아 인용은 침이 없어진 꿀벌에게 하듯이 죽음을 조소한다. 벌이 쏘는 것은 하나님의 율법이 폭로하는 죄를 의미하는데(*롬 3:23; 4:15; 6:23; 갈 3:10-13에 대한 설명을 보라*), 그리스도가 죽으심으로써, 그 쏘는 것을 정복하셨다(*롬 5:17; 고후 5:21에 대한 설명을 보라*).

15:58 부활의 소망이 주의 일을 하는 모든 노력과 희생을 가치 있는 일로 만든다. 그의 이름으로 행한 어떤 일도 영원한 영광과 보상에 비춰보면 낭비가 될 수 없다.

단어 연구

부활(Resurrection): 15:12, 13, 21, 42. 문자적인 뜻은 '죽은 자들 사이에서 다시 살아나는 것'이다. 이 어구를 15:12상반절과 다른 구절(행 17:31; 벧전 1:3을 보라)에서 사용하고 있다. 성경이 일반적인 부활을 말할 때 일반적으로 사용하는 어구는 '죽은 자의 부활'이다. 15:21에서도 동일한 단어가 사용되었다. 그 헬라어 본문을 문자적으로 해석하면 '한 사람을 통해 죄가 왔듯이, 한 사람을 통해 죽은 사람들의 부활이 온다'라고 할 수 있다. 이것은 그리스도의 부활이 영원한 생명에 이르는 신자의 부활을 포함하고 있음을 보여준다. 그리스도가 부활하실 때 많은 사람이 그분과 함께 부활한다. 왜냐하면 그들이 그리스도의 부활 안에서 그분과 연합하기 때문이다(롬 6:4-5; 엡 2:6; 골 3:1을 보라).

교회에 대한 당부 (16:1-24)

A. 청지기직(16:1-4)

16:1 연보 많은 사람이 밀집해 있어 기근에 시달리는 예루살렘의 가난한 신자들을 위한 헌물이다(3절. 행 11:28을 보라). 바울은 그전에 갈라디아, 마게도냐, 아가야 교회들로부터 기금을 모았다(롬 15:26. 참고. 눅 10:25-37; 고후 8:1-5; 9:12-15; 갈 6:10; 요일 3:17).

16:2 매주 첫날 이 말은 초대 교회가 일요일에 모였음을 보여준다(행 20:7). 요점은 헌금을 정기적으로 행해야 한다는 것이다. 마음이 동할 때, 즉 특별히 그렇게 하려는 마음이 일어났을 때, 어떤 특별한 목적을 위해 헌금하라는 지침이 있을 때만 하는 것이 아니다(참고. 눅 6:38. 참고. 고후 9:6, 7). **각 사람이 수입에 따라** 신약성경에는 주님의 일을 위해 얼마큼 또는 어떤 비율로 내라는 지침이 없다. 주께 얼마나 내느냐 하는 것은 전적으로 각 사람의 자유롭고 자발적인 결정에 따른다(눅 6:38; 고후 9:6-8을 보라). 이것을 십의 삼조를 내야 한다는 구약성경의 요구와 혼돈하지 말아야 한다(레 27:30; 민 18:21-26; 신 14:28, 29; 말 3:8-10을 보라). 이것을 전부 합치면 매년 23퍼센트가 된다. 이 기금으로 이스라엘은 정부를 운영하고, 공공 절기의 비용을 충당하고, 사회보장 제도를 운영했다. 구약의 십일조에 해당하는 오늘날의 제도는 국가의 조세제도다(롬 13:6). 구약성경에서도 하나님께 드리는 액수가 규정되지는 않았다(출 25:1, 2; 35:21; 36:6; 잠 3:9, 10; 11:24을 보라).

16:3, 4 돈을 가지고 예루살렘으로 가는 이 일은 중요했기 때문에 필요하다면 바울도 가고자 했다.

B. 개인적 계획과 문안(16:5-24)

16:5 3년간의 에베소 체류가 끝나갈 때쯤 바울은 이 편지를 써서 디모데에게 전달하도록 했을 것이다(10절). 원래 바울의 계획은 디모데를 보내고 나서 잠시 있다가(4:19) 마게도냐에 갈 때와 올 때에 고린도를 방문하는 것이었다(고후 1:15, 16). 그러다가 계획을 바꿔 에베소에 더 머물다가(8절) 마게도냐를 방문한 후, 고린도에 가서 한동안 머물기로 했다(6, 7절).

16:9 대적하는 자가 많음이라 신약성경에 등장하는 교회들 가운데 에베소 교회만큼 격렬하게 바울에 대적한 교회는 없을 것이다(바울이 에베소에서 자신의 경험을 말한 고후 1:8-10을 보라. 참고. 행 19:1-21). 그런 반대에도 복음의 문이 넓게 열렸으므로(참고. 고후 2:12, 13. 여기서도 바울에게 문이 넓게 열리기는 했지만 거기에 남아 복음을 전할 마음은 없었음) 바울은 그곳에 더 머물렀다. 고린도후서 1:8-10에 묘사된 반대의 경험이 끝나갈 무렵 바울은 고린도전서를 썼다.

16:10 디모데 바울은 디모데에게 이 편지를 들려(4:17) 에라스도와 함께 마게도냐로 보냈다(행 19:22). 그리고 자신은 그 이후 고린도로 갈 계획이었다. **두려움이 없이** 즉 고린도의 신자들에게 위협을 당하거나 낭패를 당하는 일이 없어야 한다는 것이다.

16:12 아볼로 *사도행전 18:24에 대한 설명을 보라.* 바울은 아볼로가 디모데, 에라스도와 함께 고린도로 가야 겠다고 생각했다. 그러나 아볼로는 거절했고 에베소에 더 오래 머물렀다. 바울은 그의 신념을 존중했다.

16:13, 14 바울은 마지막으로 다섯 가지를 명한다. 고린도 교인은 깨어, 굳게 서서, 성숙하고, 강건하게, 사랑해야 한다는 것이었다.

16:13 믿음 이것은 기독교 신앙, 곧 빌립보서 1:27; 디모데전서 6:21; 유다서 3절이 말하듯 건전한 가르침을 가리키는 말이다.

16:15 첫 열매 스데바나 집의 가족들은 그리스 남쪽 지방인 아가야에 있던 고린도에서 가장 먼저 회심한 사람들에 속했다. 스데바나는 바울이 직접 세례를 준(1:16) 고린도 신자들 가운데 한 명으로, 이 서신이 기록될 당시 에베소에서 바울을 찾아와 함께 있었다. 스데바나는 브드나도, 아가이고(17절)와 함께 7:1에 언급된 이전 편지를 고린도에서 가져왔을 수도 있다(*이 구절에 대한 설명을 보라*).

16:17, 18 바울은 자신을 찾아서 에베소로 온 이 세 친구를 만난 것을 기뻐했다(참고. 잠 25:25). 고린도 교인은 주님을 위한 이들의 섬김을 존중해주어야 했다(참고. 살전 5:12, 13).

16:19 아굴라와 브리스가 *사도행전 18:2에 대한 설명을 보라.* 이들은 바울의 좋은 친구가 되었다. 바울이 고린도에서 보낸 1차 사역 기간에 그들의 집에 머물렀기 때문이다(행 18:1-3). 바울은 일 년 반 내내 그들과 함께 기거했을 것이다(참고. 행 18:18, 19, 24-26). **그 집에 있는** 초대 교회는 예배와 다른 많은 활동을 위해 신자의 집을 사용했다(이것과 관련된 예는 행 2:46; 5:42; 10:23, 27-48; 20:7, 8; 28:23을 보라).

16:20 입맞춤 남자와 남자 사이, 여자와 여자 사이에서 기독교적 사랑을 표현하는 순결한 표현으로, 성적인 의미는 전혀 없다(참고. 롬 16:16; 고후 13:12; 살전 5:26; 벧전 5:14).

16:21 친필로 바울은 이 편지의 주요 부분을 구술로 받아쓰게 했지만(롬 16:22), 마지막 부분은 직접 쓰고 서명했다.

16:22 저주를 받을지어다 즉 파멸로 결정된다는 뜻이다. **주여 오시옵소서** 이 문맥에서는 바울이 교회의 영적 건강을 해치는 명목상의 거짓 그리스도인을 없게 해 달라고 주께 호소하는 말일 수도 있다. 또한 이것은 주님의 다시 오심을 간절히 기다리는 표현일 수도 있다(참고. 계 22:20). 이것을 음역한 아람어는 '마라나타'다.

고전

연구를 위한 자료

Robert Gromacki, *Called to Be Saints* (The Woodlands, Tex.: Kress, 2002).

Charles Hodge, *Commentary on the First Epistle to the Corinthians* (Grand Rapids: Eerdmans, reprint 1976).

John MacArthur, *1 Corinthians* (Chicago: Moody, 1984).

제 목

이것은 사도 바울이 고린도 시의 그리스도인에게 쓴 두 번째 서신이다(고린도전서의 서론을 보라).

저 자 와 저 작 연 대

사도 바울이 고린도후서를 썼다는 데 대해서는 이견이 없다. 이처럼 개인적이고 자서전적인 서신을 위조할 동기가 없다는 점에서 가장 비판적인 학자들도 바울을 그 저자로 인정한다.

몇 가지 사실을 통해 이 서신의 기록 시기를 확정할 수 있다. 성경 이외의 자료에 따르면 갈리오가 아가야 총독으로 일을 시작한 시기는 주후 51년일 가능성이 가장 높다(참고. 행 18:12). 그리고 고린도에서 바울이 갈리오 앞에서 재판을 받은 것(행 18:12-17)은 그가 부임한 직후였을 것이다(아마도 주후 52년). 고린도를 떠나 바울은 수리아의 가이사랴로 항해하여(행 18:18) 2차 전도여행을 마쳤다. 3차 전도여행에서 에베소로 돌아와(아마도 주후 52년) 거기서 약 2년 반 동안 사역했다(행 19:8, 10). 바울은 그 시기가 거의 끝나갈 무렵 에베소에서 고린도전서를 기록했는데(고전 16:8), 주후 55년일 가능성이 가장 높다. 바울은 그다음 해 봄까지 에베소에 머물 계획을 세웠고(참고. 고전 16:8의 오순절에 대한 언급), 고린도후서는 그가 에베소를 떠난 이후 기록되었으므로(배경과 무대를 보라), 고린도후서가 기록되었을 개연성이 가장 큰 시기는 주후 55년 말 아니면 주후 56년 초다.

배 경 과 무 대

바울이 중요한 상업도시였던 고린도(고린도전서 서론의 제목을 보라)와 관계를 맺기 시작한 것은 2차 전도여행에서였으며(행 18:1-18) 그때 그는 거기서 "일 년 육 개월"(행 18:11) 머물면서 복음을 전했다. 고린도를 떠난 후 바울은 고린도 교회에서 발생한 부도덕한 일을 전해듣고 그 죄를 다루기 위해 편지를 썼으며(소실되었음) 그것이 고린도전서 5:9에 언급되어 있다. 에베소에서 사역하는 도중 바울은 고린도 교회에서 분열이 발생했다는 또 다른 소식을 들었다(고전 1:11). 게다가 고린도 교인은 바울에게 편지를 써서(고전 7:1) 몇 가지 문제를 분명히 설명해줄 것을 요구했다. 이에 대해 바울은 고린도전서로 알려진 편지를 썼다. 에베소에 좀 더 오래 머물 계획을 가지고 있어(고전 16:8, 9) 바울은 디모데를 고린도로 보냈다(고전 4:17; 16:10, 11). 이어서 고린도 교회에 또 다른 문제가 있다는 심란한 소식이 바울에게 전해졌다(아마 디모데를 통해서였을 것임). 거기에는 자칭 사도라 칭하는 거짓 사도들이 고린도에 왔다는 소식도 있었을 것이다(11:13. *11:4에 대한 설명을 보라*).

거짓 복음을 전할 발판을 마련하기 위해 거짓 사도들은 사도의 성품을 공격하기 시작했다. 귀신의 가르침을 성공적으로 전하기 위해서는 사람들이 바울에게 등을 돌리고 자기들에게 오도록 설득해야 했던 것이다. 에베소에서 사역을 잠깐 중단하고 바울은 즉시 고린도로 갔다. 이 방문('고통의 방문'으로 알려졌음, 2:1)은 바울의 관점에서 보았을 때 성공적이지 못했다. 고린도 교회의 어떤 인물(거짓 사도들 가운데 한 사람이었을 가능성이 있음)은 사도 바울을 공개적으로 모욕하기까지 했다(2:5-8, 10; 7:12). 고린도 교인이 충성스럽게 자신을 변호하지 않은 사실에 슬픔을 느낀 바울은 그들을 더 크게 꾸짖지 않기 위해(참고. 1:23) 시간이 지나면 그들이 정신을 차리리라는 희망을 갖고 에베소로 돌아왔다.

에베소에서 바울은 '혹독한 편지'로 알려진 편지(2:4)를 써서 디도 편에 고린도로 보냈다(7:5-16). 데메드리오로 말미암아 촉발된 폭동이 일어나고 나서(행 19:23-20:1) 바울은 디도를 만나기 위해 드로아로 갔다(2:12, 13). 그러나 바울은 '혹독한 편지'에 대해 고린도 교인이 어떤 반응을 보였는지 너무 알고 싶어서 주가 드로아에 복음의 문을 열어주셨음에도 더 이상 사역을 할 수가 없었다(2:12. 참고. 7:5). 그래서 그는 디도를 찾아 마게도냐로 갔다(2:13). 디도로부터 고린도 교인 대다수가 바울을 만난 뒤 그에게 거역한 것에 대해 회개했다는 소식을 듣고 바울은 크게 안도하고 기뻐했다(7:7). 하지만 반항적인 태도가 아직 표면 아래에 잠재해 있다가 다시 터져 나올 수 있음을 눈치 챈 지혜로운 바울은 고린도 교인에게 고린도후서라고 불리는 본

서신을 썼다(빌립보에서 썼을 것임. 참고. 11:9; 빌 4:15. 또한 초기의 어떤 사본들은 이 서신을 쓴 곳을 빌립보로 밝히고 있음).

이 서신에서 사도는 고린도 교인들이 회개했음을 알고 안도와 기쁨을 표현하지만(7:8-16), 그의 주된 관심사는 자신의 사도직을 변호하고(1-7장), 그들에게 예루살렘의 가난한 사람들을 위한 모금을 재개할 것을 권면하며(8, 9장), 거짓 사도들과 대항해 싸울 것을 권하는 것이었다(10-13장). 그리고 그는 자신이 서신에서 썼던 것처럼 고린도로 향했다(12:14; 13:1, 2). 예루살렘으로 보내는 헌금에 고린도 교인이 참여했다는 것(롬 15:26)은 바울의 세 번째 방문이 성공적이었음을 뜻한다.

역사적 · 신학적 주제

고린도후서는 사도행전과 고린도전서에 기록된 것처럼 고린도 교회의 문제를 사도가 처리한 역사적 기록을 보완한다. 또한 그것은 시종 바울의 자전적 자료를 포함하고 있다.

자신의 신뢰성을 공격하는 사람들과 벌인 열띤 싸움 중에 쓰인 격렬한 개인적 서신이기는 하지만 고린도후서는 몇 가지 중요한 신학적 주제를 포함하고 있다. 이 서신은 성부 하나님을 자비로운 위로자(1:3; 7:6), 창조주(4:6), 예수를 죽음에서 살려내신 분(4:14. 참고. 13:4), 신자도 살려내실 분(1:9)으로 그리고 있다. 예수 그리스도는 고난당하신 분(1:5), 하나님의 약속을 이루시는 분(1:20), 주님으로 선포되신 분(4:5), 하나님의 영광을 드러내시는 분(4:6), 성육신을 통하여 신자를 위하여 가난하게 되신 분이다(8:9. 참고. 빌 2:5-8).

또한 이 서신은 성령을 하나님으로(3:17, 18), 신자의 구원 보증인으로(1:22; 5:5) 그린다. 사탄은 "이 세상의 신"으로(4:4. 참고. 요일 5:19), 속이는 자로(11:14), 속이는 인간과 천사의 우두머리(11:15)로 밝혀진다. 마지막 때는 신자가 영광을 입고(4:16-5:8) 사탄은 심판을 당할 것이다(5:10). 구원에 있어 하나님이 주권을 가지신다는 영광스러운 진리가 5:14-21의 주제이며, 7:9, 10은 하나님이 제공하시는 구원에 대한 사람의 책임, 곧 참된 회개를 제시한다. 고린도후서는 성경의 다른 어느 곳보다도 예수 그리스도의 대속 사역을 가장 명료하게 요약하고 있으며(5:21. 참고. 사 53장) 화해를 선포해야 하는 교회의 사명을 정의한다(5:18-20). 마지막으로 새 언약의 성격이 히브리서 이외의 서신 가운데서 가장 폭넓게 해명된다(3:6-16).

해석상의 과제

해석자가 직면하는 가장 큰 과제는 1-9장이 10-13장과 어떻게 연결되느냐 하는 것이다(*10:1-13:14에 대한 설명을 보라*). 고린도에서 바울의 대적이 누구인지에 대해 다양한 해석이 제시되었고, 이는 디도와 함께 고린도에 간 형제가 누구인가 하는 것도 마찬가지다(8:18, 22). 2:5-8에 언급된 근심하게 한 자가 고린도전서 5장의 근친상간의 죄를 범한 사람인지도 불확실하다. 바울의 환상(12:1-5)은 설명하기가 어려우며, "육체에 가시" 곧 그를 자만하지 않게 하려는 "사탄의 사자"(12:7)가 무엇인지 정확하게 집어내기도 쉽지 않다. 이것과 그 이외의 다른 해석적 어려움은 해당 구절에서 다뤄질 것이다.

「회당에서 설교하는 사도 바울(*Paul the Apostle Preaching in synagogue*)」 작자 미상.

고린도후서 개요

I. 바울의 인사(1:1-11)
II. 바울의 사역(1:12-7:16)
  A. 바울의 계획(1:12-2:4)
  B. 근심하게 한 자에 대한 형벌(2:5-11)
  C. 디도의 부재(2:12, 13)
  D. 사역의 성격(2:14-6:10)
    1. 사역의 승리(2:14-17)
    2. 사역의 칭찬(3:1-6)
    3. 사역의 근거(3:7-18)
    4. 사역의 주제(4:1-7)
    5. 사역에 따른 시련(4:8-18)
    6. 사역의 동기(5:1-10)
    7. 사역의 메시지(5:11-21)
    8. 사역의 진행(6:1-10)
  E. 고린도 교인에 대한 권면(6:11-7:16)
    1. 자신을 향해 마음을 열라는 바울의 권면(6:11-13)
    2. 불신자와 분리하라는 권면(6:14-7:1)
    3. 자신의 사랑을 확신하라는 바울의 권면(7:2-16)
III. 바울의 모금(8:1-9:15)
  A. 헌금의 유형(8:1-9)
    1. 마게도냐인(8:1-7)
    2. 예수 그리스도(8:8, 9)
  B. 헌금의 목적(8:10-15)
  C. 헌금의 절차(8:16-9:5)
  D. 헌금의 약속(9:6-15)
IV. 바울의 사도직(10:1-12:13)
  A. 사도의 권위(10:1-18)
  B. 사도의 행위(11:1-15)
  C. 사도의 고난(11:16-33)
  D. 사도의 신임장(12:1-13)
V. 바울의 방문(12:14-13:14)
  A. 사심이 없는 바울(12:14-18)
  B. 바울의 경고(12:19-13:10)
  C. 바울의 축도(13:11-14)

바울의 인사(1:1-11)

1:1 하나님의 뜻으로 말미암아 바울의 사명은 스스로 정한 것도 아니고 자신의 업적에 근거한 것도 아니다. 바울의 신임장은 하나님의 임명에 따른 것이며, 그의 서신은 그 자신의 메시지가 아니라 그리스도의 말씀이다(로마서 서론의 저자와 연대를 보라. 참고. 행 26:15-18). **사도** 이 말은 그리스도의 파송을 받은 메신저로서 바울의 공식 직함이다(*롬 1:1에 대한 설명을 보라*. 고린도전서 서론의 저자와 연대를 보라). **형제 디모데** 바울이 귀히 여기는 믿음 안에서의 아들이며, 바울의 삶과 사역에서 중요한 인물이다(디모데전서 서론의 배경과 무대를 보라. *딤전 1:2에 대한 설명을 보라*). 바울은 1차 전도여행 도중 루스드라에서 처음 디모데를 만났다(행 16:1-4). 고린도에 교회를 세울 때 디모데는 바울과 함께했다(행 18:1-5). 그러므로 이는 고린도전서에서 바울이 디모데를 언급(4:17; 16:10, 11)하기도 한 사실과 더불어 고린도 교인이 디모데를 알고 있었음을 보여준다. 바울이 여기서 디모데를 언급하는 것은 디모데가 실로 형제라는 사실을 상기시키면서 자신의 최근 방문으로 여전히 남아 있을 수 있는 부정적인 감정을 완화시키려는 시도일 것이다(*고전 16:10에 대한 설명을 보라*).

1:2 은혜와 평강 바울이 자신의 서신에서 사용하는 통상적인 인사 가운데 하나다(*롬 1:7에 대한 설명을 보라*). "은혜"는 하나님이 받을 자격이 없는 사람에게 베푸시는 호의이며, "평강"은 그 은혜의 혜택 가운데 하나다.

1:3 우리 주 예수 그리스도의 하나님 바울은 하나님의 아들 안에서 자신을 계시하신 참 하나님을 찬송한다. 이 아들은 아버지와 본질적으로 동일한 분이다(*요 1:14, 18; 17:3-5에 대한 설명을 보라*. 참고. 요 5:17; 14:9-11; 엡 1:3; 히 1:2, 3; 요이 3). 그는 기름 부음을 받은 분(그리스도)이요 주권적인(주님) 구속자(예수)다. 이 아들이 아버지와 그 높은 지위를 향유했지만 성육신으로 기꺼이 종이 되었고 그 자신을 내려놓으셨다(*빌 2:5-8에 대한 설명을 보라*). 이 위대한 축도에 전체 복음이 포함되어 있다. **자비의 아버지** 바울은 유대교의 예전 언어와 회당 기도를 빌려왔다. 그것은 죄 있는 개인을 자비, 사랑, 친절로 대해주기를 하나님께 호소하는 내용이다(*롬 12:1에 대한 설명을 보라*. 참고. 삼하 24:14; 시 103:13, 14; 미 7:18-20). **모든 위로의 하나님** 구약에 나온 하나님에 대한 묘사다(참고. 사 40:1; 51:3, 12; 66:13). 하나님은 모든 진실한 위로의 궁극적 근원이다. "위로"로 번역된 헬라어는 우리가 잘 아는 *파라클레테(paraclete)*, 곧 '함께하면서 돕는 자'라는 단어에서 왔는데, 이는 성령의 다른 이

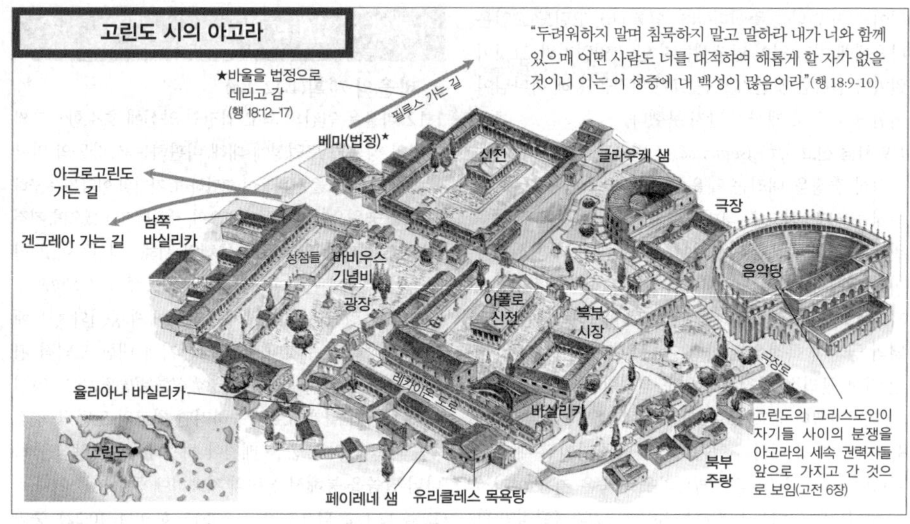

름이기도 하다(*요 14:26; 빌 2:1에 대한 설명을 보라*). "위로"는 부드러움과 대하기 편하다는 의미를 가지는데 여기서는 그런 뜻이 아니다. 바울은 자신이 고난과 수고 가운데 처했을 때 하나님이 오셔서 그를 강하게 하고 용기와 담대함을 주셨다고 말한다(참고. 4-10절).

1:4 **환난** 견디기 힘든 압력을 가리키는 말이다. 이는 바울의 삶과 사역에는 그를 약하게 만들고, 그의 사역을 제한하거나 억제하고, 심지어 그를 죽이려는 어떤 세력이 늘었기 때문이다. 그러나 바울은 자기 앞에 어떤 것이 가로막고 있어도 하나님이 자신을 보호하고 힘 주시리라는 것을 알았다(*12:9, 10; 롬 8:31-38에 대한 설명을 보라*. 참고. 빌 1:6). **우리로 하여금…능히 위로하게 하시는** 하나님으로부터 오는 위로는 그 자체가 목적이 아니다. 그 목적은 신자들로 위로자가 되게 하는 것이다. 고린도 교인을 부끄럽게 만들고 죄를 깨닫게 하신 하나님은 먼저 바울에게 힘을 주신 뒤에 바울이 힘을 주는 메시지를 가지고 그들에게 돌아오게 하신 것이다(6:1-13; 12:6-11. 참고. 눅 22:31, 32).

1:5 **그리스도의 고난이…넘친 것** 신자를 위한 하나님의 위로는 그리스도를 위한 신자의 고난의 범위까지 확대된다. 의로운 고난을 더 많이 견딜수록 그들이 받는 위로와 보상도 더 커질 것이다(참고. 벧전 4:12-14). 바울은 결코 끝나지 않을 것처럼 보이는 그 많은 고난을 직접 경험했는데(4:7-11; 6:5-10; 11:23-27. 참고. 갈 6:17; 빌 3:10; 골 1:24), 모든 참된 신자는 이런 고난이 닥치리라는 것을 각오해야 한다(참고. 마 10:18-24).

1:6 그리스도의 몸이 고난에 동참하는 것을 말하고 있으며, 그리스도의 지체는 경건한 인내와 견디는 힘으로 서로를 세워준다(고전 12:26). 모든 신자는 그리스도를 위해 고난을 받을 때 자기연민을 피하고, 경험을 통해 얻은 지혜와 위로로 서로 격려함으로써 삶을 나눠야 한다. **위로** 위안이다(*3절에 대한 설명을 보라*). **구원** 이 말은 고린도 교인이 영광스러운 최후의 완전한 구원까지 지속적으로 견뎌 나가는 것을 가리킨다(*롬 13:11에 대한 설명을 보라*). 바울이 고난을 당했으나 하나님의 은혜와 성령의 능력으로 위로받은 후 고린도 교인을 강하게 만드는 일을 기꺼이 담당함으로써 고린도 교인은 고난을 견딜 수 있는 힘을 얻게 되었다.

1:7 **고난에 참여하는 자** 고린도 교회의 사람들, 어쩌면 대다수의 사람이 바울처럼 의를 위해 고난을 당하고 있었다. 그들이 바울에게 많은 고통과 걱정을 끼쳤지만 신실하게 함께 고통에 참여하자 바울은 그들을 도와주어야 할 동료로 보았다.

1:8 **우리** 이것은 바울이 이 서신에서 내내 사용하는 논설의 복수형(editorial plural)다. 이것은 대개 바울이 자신을 가리키는 겸손한 표현이지만, 여기서는 실제 다른 사람들을 포함한 말일 수도 있다. **우리가 아시아에서 당한 환난** 이것은 에베소 내에서 또는 그 근처에서 발생한 최근의 사건을 말한다(고린도전서 기록 후에 일어난 사건임). 이 일의 세부 내용은 알 수 없다. **살 소망까지 끊어지고** 생존의 한계를 초월하는 어떤 일을 만났고, 그것이 자신의 사역을 중도에 끝낼 수 있는 위협을 느껴 심각하게 좌절했다. '소망이 끊어지다'라고 번역된 헬라어 단어는 문자적으로 '출구가 없다', 즉 벗어날

길이 전혀 없다는 뜻이다(참고. 딤후 4:6). 고린도 교인은 바울에게 어떤 일이 발생했는지 알고 있었지만, 그것이 얼마나 심각한 것인지 또는 그런 환경을 통해 하나님이 어떤 일을 하고 계신지 알지 못했다.

1:9 사형 선고 *선고(sentence)*로 번역된 헬라어 단어는 공식적 결정을 내리는 것을 뜻하는 전문용어며, 이 경우에는 사형 선고를 의미한다. 바울은 자신이 복음을 위해 죽을 것이라고 확신하여 스스로에게 사형 선고를 이미 내렸다. **자기를 의지하지 말고 오직…하나님만 의지하게 하심이라** 바울의 극단적 고난을 허락하신 하나님의 궁극적 목적을 말한다. 주님은 바울을 인간의 어떤 지적·물리적·감정적 자원도 의지할 수 없는 지점까지 데려가셨다(참고. 12:9, 10). **죽은 자를 다시 살리시는** 유대교의 회당 예식의 언어로 하나님을 가리킬 때 사용한다(*3절에 대한 설명을 보라*). 바울은 죽은 자를 살리시는 하나님의 능력을 의지하는 것만이 그의 극단적인 환경에서 구출될 수 있는 유일한 희망임을 알았다.

1:10 우리를…또 건지실 것 *디모데후서 4:16, 17; 베드로후서 2:9에 대한 설명을 보라.*

1:11 간구함으로 도우라 중보기도는 하나님의 능력과 주권적 목적을 드러내는 데 있어 필수적이다. 이 점과 관련해 바울은 그때 신실한 고린도 교인의 기도가 필요했으며, 앞으로도 필요하다는 것을 고린도 교인이 알기를 원했다(참고. 엡 6:18; 약 5:16). **은사** '자비' 또는 '복 주심'으로 번역하는 것이 좋다. 이는 이 말이 하나님의 값없이 주시는 자비 또는 기도에 대한 신성한 응답으로 바울이 죽음에서 건짐을 받는 것을 가리키기 때문이다. **감사하게 하려 함이라** 기도자의 의무는 하나님의 계획을 바꾸는 것이 아니라 그 계획으로 하나님께 영광을 돌리며 감사하는 것이다. 바울은 하나님의 주권적인 뜻이 성취되리라고 확신했지만, 동시에 신자의 기도 참여도 필요했다.

바울이 형제들에게 알려주고 싶었던 것들

1. 롬 1:13 바울이 로마를 방문하기 원하는 것
2. 롬 11:25 유대인과 이방인의 구속적 관계
3. 고전 10:1 이스라엘의 광야 경험
4. 고전 12:1 영적 은사
5. 고후 1:8 아시아에서 바울이 당한 고난
6. 고후 2:11 사탄의 계교
7. 살전 4:13 신자의 부활과 휴거

바울의 사역(1:12-7:16)

A. 바울의 계획(1:12-2:4)

1:12 바울은 인간의 최고 법정인 양심에 호소함으로써 자신의 성품과 도덕성에 대해 비판하는 사람들의 비난에 대응했다(그들은 바울이 교만하며, 자기의 이익을 추구하며, 믿을 수 없으며, 일관성이 없으며, 세련되지 못했으며, 자격 없는 설교자라고 비난했음). **육체의 지혜** 세상적이고 인간적인 통찰에 근거한 지혜다(*약 3:15에 대한 설명을 보라*). **양심** 양심의 경고 체계는 사람에게 동기와 행동에 대해 반성하고 무엇이 옳고 그른지에 대한 도덕적 평가를 내리게 한다(*롬 2:14, 15에 대한 설명을 보라*). 양심이 하나님의 설계대로 작동하려면 최고의 도덕적·영적 수준과 최선의 표준을 배워야 하는데, 이는 양심을 하나님 말씀을 통해서 성령의 지배하에 둔다는 뜻이다(참고. 롬 12:1, 2; 딤전 1:19; 딤후 2:15; 히 9:14; 10:22). 충만한 빛 가운데 있던 바울의 양심이 그 자신의 무죄를 선언했다(참고. 행 23:1; 24:16; 딤전 1:5; 3:9; 딤후 1:3). 그러나 궁극적으로는 오직 하나님만이 사람의 동기를 정확하게 판단하실 수 있다(고전 4:1-5). **자랑** 바울은 자주 이 단어를 사용하며, '자랑스러운 확신'이라고 번역할 수도 있다. 부정적인 의미로 사용될 경우 자신의 공로와 성취에 대한 근거 없는 떠벌림을 가리킨다. 그러나 바울은 하나님이 자신의 삶에서 이루신 일에 대한 적법한 확신을 가리키는 긍정적인 의미로 이 말을 사용했다(참고. 렘 9:23, 24; 롬 15:18; 고전 1:31; 15:9, 10; 딤전 1:12-17).

1:13 이 절은 바울이 거짓된 인간관계를 맺는다는 비난에 대한 전반적인 답변이다(참고. 7:2; 11:9). 고린도 교인이 지속적으로 받는 바울에 대한 소식은 항상 분명하고 직선적이고 이해할 만하고 일관되고 참되었다. 바울은 자신이 아무것도 감추는 것이 없으며 어떤 숨은 계획도 없음을 그들이 알기를 원했다(10:11). 바울은 자신이 그들에게 쓰고 말한 것을 그들이 이해하기를 원했을 뿐이다.

1:14 부분적으로 그들에 대한 바울의 가르침을 점점 더 읽고 들으면 더 많이 이해하게 될 것이다. **주 예수의 날** 예수가 다시 오실 때다(*빌 1:6; 딤후 1:12; 4:8에 대한 설명을 보라*). 바울은 주님이 오셔서 영광 가운데 서로 기뻐할 날을 간절히 기다렸다(참고. 살전 2:19, 20). **우리가 너희의 자랑이 되는** 더 분명하게 번역하면 '우리가 너희의 자랑의 이유다'가 된다(*12절에 대한 설명을 보라*).

1:15 두 번 은혜 또는 '두 번 복을 받다'라는 뜻이다. 바울의 원래 그들이 갑절의 은혜를 받도록 고린도를 두 번 방문할 계획이었다. 바울의 여행 계획은 이기적인

동기의 결과가 아니라 그가 고린도 교인과 나눈 진실한 관계와 서로에 대한 충성과 경건한 자랑의 결과였다.

1:16 다시…가서 바울은 에베소를 떠나서 마게도냐로 가는 길에 먼저 고린도에 들렀다가 마게도냐로 돌아가 사역을 마친 후에 다시 고린도로 오는 계획을 세웠다(참고. 고전 16:5-7). 그런데 어떤 이유 때문인지 바울은 계획을 바꿔서 고린도에 먼저 들릴 수 없게 되었다. 그 교회에 스며든 거짓 사도들은 그 계획의 변경을 바울이 믿을 수 없는 사람이라는 구실로 삼아 그의 신뢰성을 무너뜨리려고 했다.

1:17 이 말은 바울의 대적이 그가 부정직하다고 비난하면서 실제로 한 말을 인용한 것일 수도 있다. **이렇게 계획할 때에 어찌 경솔히 하였으리요** 이 질문에 쓴 헬라어는 부정적인 분노의 대답을 요구하는 말이다. 바울은 자신이 신뢰할 수 없게 왔다 갔다 하고 변덕이 심하고 불안정한 방식으로 일한 적이 결코 없다고 선언했다. **육체를 따라** 성령의 인도 없이 순전히 인간의 관점으로 행하는, 곧 거듭나지 못한 사람을 말한다(*갈 5:19-21에 대한 설명을 보라*). 바울은 자신의 "예"와 "아니오"는 액면 그대로의 뜻임을 단언한다.

1:18 하나님은 미쁘시니라 바울이 맹세하면서 하나님을 불러 증인으로 삼는 말일 수 있다(참고. 11:10, 31; 롬 1:9; 갈 1:20; 빌 1:8; 살전 2:5, 10). 어찌 되었든지 그는 이 말을 통해 하나님의 신실성을 가리키며, 자신의 정직한 대변인으로 하나님을 묘사한다. **예 하고 아니라 함이 없노라** 그는 "예"라고 하면서 "아니"라는 뜻을 품지 않았다. 바울에게는 표리부동함이 없다(디모데와 실라도 마찬가지임). 바울은 계획을 바꾸지 않을 수 없는 이유가 있다면 그 이유를 말했고 또 말한 것을 실천했다.

1:19 바울의 진술의 확고함과 예수의 완전한 호칭을 사용한 사실은 고린도 교회의 거짓 교사들을 통해 그리스도의 존재와 사역이 공격받고 있었음을 뜻한다. 바울이 고린도 교인과의 관계에서 신실했다는 증거는 그가 성실하게 전파한 믿을 수 있는 복음이다. **실루아노** 바울의 2차 전도여행의 동반자이자(행 16-18장) 고린도 사역의 동역자인(*행 15:22에 대한 설명을 보라*) 실라의 라틴어 이름이다. **디모데** *1절에 대한 설명을 보라.*

1:20 그리스도 안에서 예가 되니 하나님이 구약과 신약에서 약속하신 모든 평안과 기쁨, 사랑, 선함, 용서, 구원, 성화, 교제, 소망, 영화, 천국이 예수 그리스도 안에서 가능해지며 성취된다(참고. 눅 24:44). **아멘** 확언하는 히브리어 단어다(참고. 마 5:18; 요 3:3; 롬 1:25). 바울은 고린도 교인이 자신의 전파와 가르침이 진리라는 사실에 대해 집단적으로 "예"라고 대답한 사실을 상기시켰다.

1:21 우리를…굳건하게 하시고 그리스도의 은혜로운 구원의 사역은 신자를 안정시키고 나아가 그리스도 안에서 굳건한 기초 위에 그들을 세운다(참고. 롬 16:25; 고전 15:58; 벧전 5:10).

1:21, 22 그리스도…하나님…성령 성삼위의 세 위격에 대한 분명한 언급이다. 바울의 신령한 생활과 모든 참된 신자의 신령한 생활의 진정성은 그들의 삶에서 성취되는 하나님의 네 가지 사역(우리를 굳건하게 하시고, 우리에게 기름을 부으시고, 우리에게 인치시고, 우리에게 성령을 주심)에 의해 검증된다. 바울의 진정성을 공격하는 사람들은 교회의 통일성만이 아니라 하나님의 일까지 잡아 찢는 것이다.

1:21 기름을 부으신 이 단어는 봉사를 위임하는 의식에서 유래되었다. 곧 왕과 선지자, 제사장, 특별한 봉사자를 세우는 것을 상징하는 일이었다. 성령께서는 신자들을 구별하여 세워 복음 전파와 사역의 봉사를 위한 능력을 주신다(참고. 행 1:8; 요일 2:20, 27).

1:22 인치시고 이것은 문서에 밀납을 붓고 거기에 인장을 찍어 그 문서의 저작권과 소유권, 진정성, 보호를 표시하던 고대의 관행을 가리킨다. 성경은 성령께서 영적으로 신자에게 인을 치시는 일에 이 모든 의미를 부여한다(*엡 1:13에 대한 설명을 보라*. 참고. 학 2:23; 엡 4:30). **보증** 계약금 또는 착수금이다. 성령은 신자의 영원한 상속을 보증하는 계약금이다(*엡 1:13, 14에 대한 설명을 보라*. 참고. 벧후 1:4, 11).

1:23 하나님을 불러 증언하시게 하노니 *18절에 대한 설명을 보라.* **너희를 아끼려 함이라** 마침내 바울은 왜 자기가 가겠다고 했음에도 가지 않았는지 설명한다. 바울이 더 일찍 가지 않은 것은 고린도 교인이 회개하고 그들의 악한 행동을 고칠 수 있는 시간을 주기 위해서였다(고린도전서 서론의 배경과 무대를 보라. *고전 4:21에 대한 설명을 보라*). 원래 계획처럼 그들에게 다시 갔을 때 직면하게 될 그들의 거역을 피하기를 소망하면서 그는 다음 단계의 행동을 취하기 전에 디도로부터 오는 소식을 기다리고 있었다(7장을 보라).

1:24 우리가 너희 믿음을 주관하려는 것이 아니요 바울은 고린도 교인 사이에서 사역하고 활동했을 때 그들 위에 군림하려고 하지 않았다(*벧전 5:2, 3에 대한 설명을 보라*).

2:1 다시는…근심 중에 나아가지 고린도에서 이미 고통스러운 대립을 경험한 바울은(서론의 배경과 무대를 보라) 또다시 그런 경험을 하기 원치 않았다(*1:23에 대한 설명을 보라*).

고후

사탄을 이기는 수단

하나님은 참 신자가 사탄에게 패배하지 않도록 그를 준비시키셨다. 영적 싸움에서 승리할 수 있는 열한 가지 수단을 여기서 소개하고 있다.

1. 갈보리에서 구주께서 얻으신 승리(요 12:31; 히 2:14; 계 12:11).
2. 승리의 약속(요일 2:13; 5:4, 5).
3. 그리스도의 중보 사역(요 17:15).
4. 그리스도의 보호(요일 5:18).
5. 사탄의 전략에 대한 지식(고후 2:11).
6. 신자의 영적 무장(엡 6:10-17).
7. 내주하는 성령의 능력(요일 4:4).
8. 신자의 기도(마 6:13; 엡 6:18-20).
9. 사탄에게 승리하는 데 필요한 성경의 교훈(약 4:7, 8).
10. 강건케 하고 격려하는 목자(살전 3:2, 5).
11. 궁극적 승리에 대한 격려(계 20:10).

2:2 바울은 비록 이전의 대립과 순결에 대한 그의 결단 때문에 고린도 교인이 경험한 고통과 슬픔을 민감하게 느끼고 있었으나 필요하다면 그들과 또 맞서려고 했다. "근심하게 한 자"는 죄 때문에 정죄당한 사람을 가리킨다. 구체적으로는 바울의 이전 방문 때 거짓 교사들에게서 나온 비난거리를 가지고 바울과 맞선 사람이 있었던 것으로 보인다. 교회는 바울의 편에 서서 그 사람을 치리하지 않았으며, 바울은 충성심 없는 그들의 행동을 대단히 슬퍼했다. 바울에게 기쁨을 회복시킬 유일한 길은 그 사람을 따랐던 사람들의 회개였으며, 바울은 그것을 기다리고 있었다.

2:3 내가 이같이 쓴 것은 바울이 서신을 쓴 목적은 죄 가운데 있는 자들이 회개하는 것이며, 그렇게 되면 자신이 갈 때 서로에게 기쁨이 있을 것이다.

2:4 가혹한 편지(서론의 배경과 무대를 보라)와 고린도전서(고린도전서 서론의 배경과 무대를 보라)에서, 바울이 그들을 모질게 다루는 동기가 사랑이라는 것을 그들이 알게 되길 원했다.

2:5-11 이 단락은 성경 전체에서 용서를 위한 경건한 동기와 이유에 대한 최고의 본문 가운데 하나다. *에베소서 4:32; 골로새서 3:13에 대한 설명을 보라.*

B. 근심하게 한 자에 대한 형벌(2:5-11)

2:5 근심하게 한 자가 있었을지라도 이 구절의 헬라어 구문은 그 조건이 참인 것을 가정한다. 바울은 범죄의 현상과 그것의 지속적인 영향이 자신에게 미치는 것이 아니라 교회에 미친다고 인식한다. 개인적 복수심이 없음을 밝힌 후에 바울은 회개하는 범죄자에 대한 비난을 약화시킬 길을 모색하며, 교회가 그 사람과 그와 함께 한 사람들을 다룰 때 바울의 개인적 고뇌나 피해와 무관하게 객관적 태도를 취하기를 원했다.

2:6 많은 사람에게서 벌 받는 것이 이 절은 그 범죄한 사람을 치리하는 데 있어 고린도 교회가 성경적 절차를 따랐음을 가리킨다(참고. 마 18:15-20; 고전 5:4-13; 살후 3:6, 14). 여기서 *벌(punishment)*로 번역된 헬라어는 세속 문서에서는 빈번하게 발견되지만 신약성경에서는 아주 드물다. 이 단어는 개인이나 집단(도시, 국가)에게 선언되는 공식적인 법적 처벌 또는 상업적 제재를 가리킨다. **마땅하도다** 징계의 치리와 과정이 충분했다. 그런데 그 사람이 회개했으므로 이제는 자비를 보여줄 때가 된 것이다(참고. 마 18:18, 23-35; 갈 6:1, 2; 엡 4:32; 골 3:13; 히 12:11).

2:7 용서하고 지금은 그 사람을 용서하여 기쁨을 회복시켜 줄 때였다(참고. 시 51:12, 14; 사 42:2, 3). 바울은 회개하는 죄인을 위한 하나님의 은혜와 자비 그리고 용서에 있어 사람이 그 한계를 정할 수 없음을 알고 있었다. 그런 제한은 오직 기쁨과 하나 됨의 교제를 빼앗을 뿐이었다(참고. 마 18:34, 35; 막 11:25, 26).

2:10 그리스도 앞에서 바울은 생각과 행동, 말의 모든 것을 아시는 하나님 앞에서 자신의 모든 삶이 영위되었음을 알고 있었다(참고. 17절; 4:2; 딤후 4:1).

2:11 계책 마귀는 교회의 통일성을 파괴할 죄와 적대감을 일으키고자 한다. 그래서 이 목적을 이루기 위해 필요한 모든 수단을 동원한다. 율법주의, 반율법주의, 불관용에서 과도한 관용(참고. 11:13, 14; 엡 4:14; 6:11, 12; 벧전 5:8)에 이르기까지 말이다. 바울은 에베소서 6:11에서는 "계책"이라는 의미로 다른 단어를 사용했다(그러나 의미는 비슷함). 이 단어는 '속다' '알지 못하다'와 함께 사탄이 신자의 마음을 표적으로 삼는다는 것을 강하게 암시하는데, 하나님은 성경에서 사탄의 계책을 폭로하고, 그에 대응하는 진리를 제공함으로써 신자를 보호하셨다.

C. 디도의 부재(2:12, 13)

2:12 내가…드로아에 이르매 드로아는 에베소 북부, 서부 소아시아 무시아 도에 있는 항구도시였다(참고. 행 16:7). 에베소에서 발생한 폭동 때문에 바울이 드로아로 향했지만, 주된 이유는 '눈물의 서신'(4절)을 전달하

고 고린도에서 돌아오는 디도를 만나 고린도 교인이 그 편지에 어떻게 반응했는지 듣기 위해서였다(서론의 배경과 무대를 보라). **문이 내게 열렸으되** 하나님은 바울을 위해 큰 복음 전파의 기회를 주권적으로 마련해주셨고, 이로 말미암아 드로아에 교회가 설 수도 있었다(참고. 행 20:5-12). 그의 설교가 성공을 거두었으므로 바울은 그것이 하나님으로부터 온 기회였음을 확신했다(참고. 고전 16:8, 9).

2:13 디도 바울의 가장 중요한 이방인 회심자이자 가장 친밀한 사역의 동반자 중 한 사람이다(*12절; 갈 2:1에 대한 설명을 보라.* 디도서 서론의 배경과 무대를 보라). **내 심령이 편하지 못하여** 고린도 교회의 문제와 그 문제 처리 지침에 대해 교인들이 어떤 반응을 보였는지 염려되고 궁금해서 바울은 계속해서 걱정하고 있었다(참고. 7:5, 6). 이 염려가 너무 컸고 집중력을 방해해서 바울은 자신의 사역에 전념할 수가 없었다. **그들을 작별하고** 마음의 고뇌와 디도를 빨리 보려는 열망 때문에 바울은 드로아에서 자기 앞에 열린 문을 뒤로하고 떠났다. **마게도냐** 아가야 북쪽, 에게해의 북서쪽 해변에 접한 지역이다(데살로니가전서 서론의 배경과 무대를 보라. *사도행전 16:9에 대한 설명을 보라*). 바울은 디도와 마주치리라는 기대 속에서 그곳으로 향했다. 바울은 디도가 고린도에서 돌아오는 길에 그곳을 통과하리라는 것을 알고 있었다.

D. 사역의 성격(2:14-6:10)

1. 사역의 승리(2:14-17)

2:14 우리를 그리스도 안에서 이기게 하시고 바울은 *승리(triumph)*라는 이름으로 불리는 로마의 공식적인 의기양양한 의식의 이미지를 사용하고 있다. 그 의식은 승리한 장군이 로마 거리에서 승리의 행진 행사를 벌이는 것이었다. 첫째로 바울은 언제나 전능하신 하나님의 인도를 받는 것에 대해 감사한다(참고. 딤전 1:17). 둘째로 예수 그리스도 안에서 약속된 승리에 대해 감사한다(참고. 마 16:18; 롬 8:37; 계 6:2). **그리스도를 아는 냄새를 나타내시는** 또한 바울은 어디를 가든지 자신이 그리스도를 위해 효과적인 도구로 사용되는 특권에 감사한다(참고. 롬 10:14, 15). 이 이미지는 승리의 행진에서 사용된 향로에서 나오는 강하고 달콤한 향기에서 따온 것이다. 이 향기는 길에 뿌려진 꽃이 말발굽에 짓이겨지면서 내는 강한 향기와 함께 온 도시를 가득 채웠다. 이 비유는 주님으로부터 부르심을 받은 각각의 신자는 변화를 받아 온 세상에서 그의 복음을 위한 도구가 되어야 한다는 것이다. **하나님께 감사하노라** 바울은 지금까지 하던 이야기의 방향을 갑자기 바꿔 위를 바라보면서 자신의 고민을 넘어서서 하나님께 찬양과 감사를 돌린다. 사역의 어려움에서 눈을 돌려 그리스도 안에서 자신에게 주어진 특권적 위치에 집중하면서 바울은 즐거운 전망을 회복했다. 그는 2:13에서 중단했던 이야기를 7:5에서 속개한다.

2:15 하나님 앞에서 그리스도의 향기니 바울은 하나님을 기쁘시게 할 수 있는 특권에도 감사한다. 앞의 비유를 계속하면서 바울은 하나님을, 승리의 행진 후미에서 널리 퍼지는 향기를 맡으면서 그 행진이 상징하는 승리의 결과를 기뻐하는 황제로 그린다. 하나님은 그분의 종이 충실히 섬기고 복음을 위해 능력을 발휘하면 어디서든지 기뻐하신다(참고. 5:9; 마 25:21).

2:16 사망에 이르는 냄새요…생명에 이르는 냄새라 바울은 복음 전파가 만들어내는 두 가지 결과를 강조하기 위해 히브리어의 최상급 표현을 사용한다. 그 메시지가 어떤 사람에게는 영생과 최후의 영광을 가져다준다. 그러나 다른 사람에게는 영원한 죽음을 가져다주는 걸림돌이 된다(참고. 벧전 2:6-8). **누가 이 일을 감당하리요** 바울이 묘사한 것과 같은 방법과 능력으로 하나님을 섬길 수 있을 만한 자격과 능력을 갖춘 사람은 없다(참고. 3:5; 고전 15:10; 갈 2:20; 엡 1:19; 3:20; 빌 2:13; 골 1:29).

2:17 수많은 사람들처럼…하지 아니하고 또는 '대다수의 사람처럼 하지 아니하고'라는 뜻이다. 구체적으로 이 말은 고린도 교회의 거짓 교사들과 인간의 지혜로 활동하던 다른 많은 교사와 철학자를 가리킨다(참고. 고전 1:19, 20). **혼잡하게** '부패시키다'라는 의미의 헬라어 동사에서 온 단어로, 부정한 행상인들 또는 교묘한 속임수로 값싼 모조품을 진품인 것처럼 파는 사람들을 가리킨다. 교회 내의 거짓 교사들은 이교도 신앙과 유대교 전통을 뒤섞은 저질의 메시지를 교묘하고 그럴 듯한 말솜씨로 제시했다. 그들은 복음 진리를 훼손하고 사람들의 영혼을 희생하면서 개인적 이익과 특권을 추구했다. **하나님 앞에서** *10절에 대한 설명을 보라.*

2. 사역의 칭찬(3:1-6)

3:1-6 고린도 교회의 거짓 교사들은 복음 사역자로서의 바울의 능력을 지속적으로 공격했다. 이 단락은 그 공격에 대한 바울의 방어다.

3:1 바울은 거짓 교사들이 자신을 교만하다고 비난하지 못하게 노골적으로 주장하기보다는 두 가지 질문을 던짐으로써 자신에 대한 방어를 시작한다. **우리가 다시 자천하기를 시작하겠느냐** '천거하다'라고 번역된 헬라어는 '소개하다'는 뜻이다. 바울은 처음 만나는 것처럼

자신을 고린도 교인에게 다시 소개할 필요가 있느냐고 질문함으로써 자신을 한 번 더 증명한다. 이 질문 형태는 부정의 답변을 요구하는 것이다. **추천서** 또한 거짓 교사들은 바울이 합법적인 사도임을 증명할 수 있는 합당한 문서를 가지지 않았다는 사실을 들어 그를 공격했다. 1세기 교회에서는 어떤 사람을 소개하고 그의 신뢰성을 증명하기 위해 그런 편지가 자주 사용되었다(참고. 고전 16:3, 10, 11). 거짓 교사들은 그런 편지를 가지고 고린도에 왔음이 분명하다. 그들은 그 편지들을 위조했든(참고. 행 15:1, 5), 자신을 위장해 예루살렘 교회의 중요한 구성원들로부터 편지를 받았을 것이다. 바울의 요점은 자신은 그런 이차적인 증거가 필요 없다는 것이다. 왜냐하면 고린도 교인에게 거듭남을 일으킨 진리의 메시지와 바울의 진실하고 경건한 성품의 일차적인 증거가 그들이기 때문이다.

3:2 우리 마음에 썼고 고린도 신자에 대한 바울의 애정을 확증하는 표현으로, 그는 그들을 심장에 품고 있었다(참고. 12:15). **뭇 사람이 알고 읽는 바라** 고린도 교인의 변화된 삶이 바울의 가장 확실한 증거로 다른 어떤 이차적인 편지보다도 우수한 것이었다. 그들의 변화된 삶은 모든 사람이 보고 읽도록 개방된 편지처럼 바울의 신실성과 그의 메시지가 가진 진리성을 증언한다.

3:3 그리스도의 편지 거짓 교사들은 그리스도가 서명하신 추천서를 가지고 있지 않았지만 바울은 고린도 신자의 변화된 삶, 즉 그리스도가 그들을 변화시키셨다는 증거를 가지고 있었다. **먹으로 쓴 것이 아니요** 바울의 편지는 사라질 수 있는 잉크로 쓴 인간의 문서가 아니었다. 그것은 살아 있는 문서였다. **살아 계신 하나님의 영** 바울의 편지는 성령의 변화시키는 능력을 통해 그리스도의 신성하고 초자연적 능력으로 기록된 살아 있는 마음의 편지였다(참고. 고전 2:4, 5; 살전 1:5). **돌판** 십계명을 가리키는 표현이다(*출 24:12; 25:16에 대한 설명을 보라*). **육의 마음판** 하나님은 돌에 율법을 기록한 것처럼 자신이 변화시키신 사람들의 마음속에 자신의 법을 기록하셨다(참고. 렘 31:33; 32:38, 39; 겔 11:19; 36:26, 27). 거짓 교사들은 외적으로 모세 율법에 충실한 것이 구원의 기초라고 선언했지만, 고린도 교인의 변화된 삶이 구원은 하나님이 마음속에 일으키신 내적 변화임을 증명해 보여주었다.

3:4 이같은 확신 *확신*(*trust*)에 해당하는 헬라어 단어는 '이기다'라는 의미도 가진다. 바울은 자신의 사역에 대한 확신이 있었고, 그 확신은 그의 길에서 벗어나지 않고 목표를 향하여 계속 전진할 수 있는 능력의 원천이 되었다(참고. 행 4:13, 29).

3:5 무슨 일이든지…생각 난 것 같이 보통 *생각하다*(*think*)로 번역된 헬라어 단어는 '간주하다' 또는 '추론하다'는 의미를 가질 수도 있다. 바울은 자신의 능력으로 진리를 추론하고 판단하고 평가할 수 있다는 생각을 혐오했다. 자기 능력만으로 살게 된다면 그는 무용한 사람이었다. 바울은 신성한 계시와 성령의 능력에 의지했다. **만족** *2:16에 대한 설명을 보라*. **우리의 만족은 오직 하나님으로부터 나느니라** 오직 하나님만 사람으로 하나님의 일을 할 수 있기에 합당하게 만들 수 있으며, 바울은 이 진리를 깨닫고 있었다(*2:16에 대한 설명을 보라*. 참고. 9:8, 10; 살후 2:13).

3:6 새 언약 그리스도의 죽으심을 통해 죄를 사한다는 약속이다(*렘 31:31-34; 마 26:28; 히 8:7-12에 대한 설명을 보라*). **조문** 하나님과 사람을 위한 거룩하고 절대적인 사랑(마 22:34-40)이라는 가장 근본적인 요구를 놓치고, 사람의 악함을 깨우치기 위한 율법의 참된 목적(참고. 롬 2:27-29)을 왜곡시키는 피상적이고 외적인 율법 준수를 말한다. **영** 성령을 말한다. **율법 조문은 죽이는 것이요 영은 살리는 것이니라** 조문은 두 가지 방법으로 죽인다. 첫째, 조문은 살아 있으면서도 죽은 상태를 초래한다. 회심하기 전 바울은 율법을 준수함으로써 구원을 얻었다고 생각했지만 그 모든 일은 자신의 평안과 기쁨, 소망을 죽이는 것이었다. 둘째, 조문은 영적인 죽음을 초래한다. 율법을 지킬 수 없는 그의 무능력은 그에게 영원한 죽음을 선고한다(*롬 7:9-11에 대한 설명을 보라*. 참고. 롬 5:12; 갈 3:10). 오직 예수 그리스도만 성령의 활동을 통하여 믿는 사람 안에 영원한 생명을 줄 수 있다.

3. 사역의 근거(3:7–18)

3:7-18 하나님의 참 일꾼은 새 언약을 선포한다. 그래서 바울은 이 단락에서 새 언약의 영광을 드러낸다.

3:7 죽게 하는…직분 율법이 죄를 알려준다는 점에서

고린도후서에 나오는 성령

1. 하나님의 보증인 성령(1:22)
2. 성령이 사람의 마음판에 기록하심(3:3)
3. 성령의 영광스러운 사역(3:8)
4. 주의 영(3:17)
5. 주의 영(3:18)
6. 하나님의 보증인 성령(5:5)
7. 성령의 도우심으로 사역하는 바울(6:6)
8. 성령의 교통하심(13:13)

율법은 죽이는 자다(6절). 사람은 아무도 스스로의 힘으로 율법을 지킬 수 없어 정죄당하게 되므로 결국 율법은 죽음의 사역을 한다(참고. 갈 3:22. *롬 7:1-13; 8:4; 갈 3:10-13; 3:19-4:5에 대한 설명을 보라*). **영광이 있어** 하나님이 모세에게 율법을 주셨을 때 산 위에 그분의 영광이 나타났다(출 19:10-25; 20:18-26). 바울은 율법을 가볍게 여기지 않았다. 율법은 하나님의 본성, 의지, 성품을 반영하는데, 바울은 이것이 영광스럽다는 것을 인정했다(*출 33:18-34:7에 대한 설명을 보라*). **모세의 얼굴의…영광** 하나님이 그분을 드러내셨을 때 자신의 속성을 가시적인 빛으로 축소시키셨다. 이것은 하나님이 모세에게 자신을 드러내셨을 때 하신 일이었고(출 34:29), 그래서 다시 모세의 얼굴이 그 백성에게 하나님의 영광을 반사했던 것이다(참고. 마 17:1-8; 벧후 1:16-18에 나온 예수의 변화, 마 24:29, 30; 25:31에 나온 예수의 재림). **그 얼굴을 주목하지 못하였거든** 이스라엘 사람들은 오랫동안 모세의 얼굴을 응시하지 못했다. 이는 모세의 얼굴에 투영된 하나님의 영광이 그들에게 너무 밝았기 때문이다. 그것은 태양을 응시하는 것과 비슷했다(*출 34:29-35에 대한 설명을 보라*).

3:8, 9 영의 직분은…영광이 더욱 넘치리라 "영의 직분"은 바울이 새 언약을 가리킬 때 사용하는 용어다(*렘 31:31-34; 마 26:28; 고전 11:25; 히 8:8, 13; 9:15; 12:24에 대한 설명을 보라*). 바울은 죽음을 가져다주는 직분을 수행하는 율법의 수여에도 그런 영광이 동반되었다면 의를 가져다주는 새 언약 속에서 성령의 직분은 얼마나 더 영광스러운 것인가 하는 논리를 펴고 있다. 율법의 역할은 더 우월한 새 언약을 가리키는 것이었으며, 따라서 새 언약의 영광도 더 우월할 수밖에 없다.

3:9 정죄의 직분 죽음의 직분을 가리키는 다른 이름이다(*7절에 대한 설명을 보라*). **의의 직분** 새 언약이다. 여기서 강조되는 것은 그 언약이 제공하는 의다(참고. 롬 3:21, 22; 빌 3:9).

3:11 없어질 것 율법의 영광은 사라져가는 것이었다(참고. 7절). 율법은 죄인의 곤경에 대한 최후의 해결책도 결정적 선언도 아니었다. **길이 있을 것** 새 언약에는 길이 있을 것이다. 왜냐하면 그것이 하나님의 구원계획에 대한 결정이기 때문이다. 그것은 영원한 영광을 가지고 있다.

3:12 이같은 소망 새 언약의 모든 약속이 이루어지리라는 믿음을 말한다. 그것은 복음을 믿는 사람들의 죄가 완전히 사해지리라는 소망이다(참고. 롬 8:24, 25; 갈 5:5; 엡 1:18; 벧전 1:3, 13, 21). **담대히 말하노니** *담대히*(*boldness*)라고 번역된 헬라어는 '용감하게'라는 뜻이다. 바울은 확신이 있었기 때문에 새 언약을 두려움 없이 망설이거나 주저하지 않고 전파했다.

3:13 모세가 이스라엘…수건을 그 얼굴에 쓴 것 같이 이 신체적 행동은 모세가 바울과 같은 확신 또는 담대함을 가지지 못했음을 보여준다. 이는 옛 언약이 수건에 덮혀 있었고 그림자와 같았기 때문이다. 옛 언약은 유형과 그림, 상징, 신비로 이루어졌다. 모세는 옛 언약의 영광을 어느 정도의 모호함과 함께 전달했다(참고. 벧전 1:10, 11).

3:14, 15 그 수건이 벗겨지지 아니하고 있으니…수건이 그 마음을 덮었도다 여기 "수건"은 불신앙을 나타낸다. 이스라엘 사람은 불신앙 때문에 옛 언약의 영광을 파악하지 못했다. 그 결과 옛 언약의 영광이 그들에게 희미해졌다(참고. 히 3:8, 15; 4:7). 바울의 요점은 옛 언약이 모세 시대의 사람들에게 모호했던 것과 똑같이 바울 시대에도 옛 언약을 구원의 수단으로 신뢰하고 있던 사람들에게 그것이 여전히 모호하다는 것이다. 무지의 수건이 완악한 마음을 가진 사람들에게 옛 언약의 의미를 모호하게 만드는 것이다(참고. 요 5:38).

고후

3:14 그 수건은 그리스도 안에서 없어질 것이라 그리스도로 인해 구약을 이해할 수 있게 된 것이다. 그리하여 사람이 그리스도께 올 때 그 수건이 치워지고 그의 영적인 감각이 더 이상 손상된 채로 있지 않는다(사 25:6-8). 수건이 벗겨지면 신자들은 그리스도 안에서 나타난 하나님의 영광을 볼 수 있게 된다(요 1:14). 그들은 율법이 그들을 구원하기 위해 주어진 것이 아니라 그들을 구원할 자에게 인도하기 위해 주어졌음을 알게 된다.

3:17 주는 영이시니 구약성경의 야훼는 성령의 사역을 통해 새 언약 속에서 백성을 구원하시는 주님과 같은 분이시다. 동일한 하나님이 옛 언약과 새 언약에서 일하신다. **자유가 있느니라** 죄로부터의 해방, 의를 얻는 수단으로서 율법의 요구를 지키려는 무익한 시도로부터의 해방이다(참고. 요 8:32-36; 롬 3:19, 20). 신자는 더 이상 율법의 정죄와 사탄의 지배에 따른 속박 속에 있지 않다.

3:18 우리가 다 단지 모세, 선지자, 사도, 설교자만이 아니라 모든 신자다. **수건을 벗은 얼굴로** 새 언약의 신자에게는 성경에 계시된 그리스도와 그 영광을 보지 못하게 막는 어떤 것도 없다. **거울을 보는 것 같이…보매** 여기서 바울이 강조하는 것은 거울이 가진 반사하는 능력보다는 그것의 친밀성이다. 사람은 거울을 바로 눈앞에 가져다가 다른 것의 방해를 받지 않고 자신의 모습을 비춰볼 수 있다. 바울 시대의 거울은 광을 낸 금속이었으므로(*약 1:23에 대한 설명을 보라*) 선명한 모습을 보

여주지 못했다. 비록 다른 것의 방해를 받지 않고 가까이서 볼 수 있기는 했지만, 신자는 지금 하나님의 영광이 완전히 나타나는 것을 볼 수 없다. 하지만 앞으로 보게 될 날이 있을 것이다(참고. 고전 13:12). **그와 같은 형상으로** 신자는 주의 영광을 주목하면서 지속적으로 그리스도의 모습으로 변화되어 간다. 신자의 궁극적 목적은 그리스도를 닮는 것이며(참고. 롬 8:29; 빌 3:12-14; 요일 3:2), 그가 지속적으로 그리스도께 집중함에 따라 성령께서 그를 더욱 그리스도의 형상으로 변화시키실 것이다. **변화하여** 지속적이고 점진적인 변화다(*롬 12:2에 대한 설명을 보라*). **영광에서 영광에 이르니** 한 수준의 영광에서 더 높은 수준의 영광으로, 그리스도를 드러내는 한 수준에서 더 높은 수준으로 올라간다. 이 절은 점진적인 성화를 묘사한다. 신자가 그리스도에 대한 지식에서 성장할수록 그분은 그들의 삶에 더욱 분명하게 드러나신다(참고. 빌 3:12-14).

4. 사역의 주제(4:1-7)

4:1 이 직분 새 언약인 예수 그리스도의 복음이다. **낙심하지** 스스로 비겁하게 항복하는 것을 가리키는 강한 의미를 가진 헬라어 단어다. 바울은 자신을 향한 지속적인 공격에 직면했을 때 이렇게 반응하지 않았다. 새 언약을 수행하는 사명은 너무나 고귀하여 낙심할 수가 없었다(참고. 갈 6:9; 엡 3:13). 하나님이 바울을 불러 그것을 선포하게 하셨으므로 그는 자신의 소명을 포기할 수 없었다. 대신 그는 하나님이 자신에게 힘을 주시리라는 것을 믿었다(참고. 행 20:24; 고전 9:16, 17; 골 1:23, 25).

4:2 숨은 부끄러움의 일을 버리고 *버리고(renounced)*는 '돌아서다' '회개하라'는 뜻이며, '부끄러운'은 '추한' '수치스러운'이라는 뜻이다. "숨은 부끄러움의 일"은 은밀한 부도덕, 위선, 생활 속 깊은 어둠에 감춰진 죄를 가리킨다. 구원받을 때 각 신자는 그런 죄로부터 돌아서며 경건을 추구하는 일에 집중한다. 이것은 바울이 위선자이며 경건의 가면 뒤에 부패하고 수치스러운 생활이 숨어 있다는 직접적인 모략과 비난에 대한 그의 대답으로 보인다. **속임으로 행하지** 이 헬라어는 '뒷거래하다'는 뜻을 가지며, 성경 이외의 문서에서는 포도주에 물을 타는 부정직한 사업 관행을 가리키는 데 사용되었다. 거짓 교사들은 바울을 예수 그리스도와 구약성경의 가르침을 뒤틀고 왜곡시키는 사기꾼("교묘함")이라고 비난했다.

4:3 만일 우리의 복음이 가리었으면 망하는 자들에게 가리어진 것이라 거짓 교사들은 바울이 낡은 메시지를 전한다고 비난했다. 그러자 바울은 문제는 메시지나 전언자에게 있는 것이 아니라 지옥을 향해 가는 청중에게 있음을 보여주었다(참고. 고전 2:14). 설교자가 사람을 설득하여 믿게 할 수는 없다. 그것은 하나님만이 하실 수 있는 일이다.

4:4 이 세상의 신 사탄을 말한다(참고. 마 4:8; 요 12:31; 14:30; 16:11; 엡 2:2; 딤후 2:26; 요일 5:19). **이 세상** 대다수의 사람이 가진 관념이나 의견, 목표, 소망, 견해 등에 의해 표현되는 현세적인 마음 상태를 말한다. 거기에는 세상의 철학과 교육, 상업이 망라된다. *10:5에 대한 설명을 보라*. **혼미하게 하여** 사탄은 자기가 형성한 세상 제도를 통해 사람들의 눈을 어둡게 하여 하나님의 진리를 볼 수 없게 한다. 사람은 경건한 영향을 받지 못하고 그냥 방치되면 불신자의 타락에 영합하며 그들의 도덕적 어둠을 심화시키는 그 체계를 따를 것이다(참고. 마 13:19). 궁극적으로는 하나님이 그런 어둠을 허용하신다(요 12:40). **하나님의 형상** 예수 그리스도는 스스로 하나님을 정확하게 재현하신다(*골 1:15; 2:9; 히 1:3에 대한 설명을 보라*).

4:5 우리는 우리를 전파하는 것이 아니라 거짓 교사들은 바울이 자신의 이익을 위해 복음을 전한다고 비난했지만 그런 잘못을 범하는 사람은 바로 그들 자신이었다. 그에 비해 바울은 언제나 겸손했다(12:5, 9. 참고. 고전 2:3). 그는 결코 자신을 내세우지 않았으며, 항상 그리스도 예수를 주님으로 선포했다(고전 2:2).

4:6 어두운 데에 빛이 비치라 말씀하셨던 물리적 빛을 존재하라고 명령하셨던 창조주 하나님을 직접적으로 가리키는 표현이다(창 1:3). **하나님의 영광을 아는 빛** 우주에 물리적 빛을 창조하신 바로 그 하나님이 영혼 속에 초자연적인 빛을 창조하여 신자들을 흑암의 나라에서 이끌어내어 하나님의 빛의 나라로 들이신다(골 1:13). 그 빛은 "하나님의 영광을 아는 빛"으로 표현된다. 이것은 그리스도가 성육신하신 하나님임을 안다는 뜻이다. 구원을 받으려면 예수 그리스도 안에서 비치는 하나님의 영광을 깨달아야 한다. 그것이 요한복음의 주제다(*요 1:4, 5에 대한 설명을 보라*).

4:7 이 보배 *1절에 대한 설명을 보라*. **질그릇** 이 헬라어의 의미는 '구운 진흙'이다. 따라서 진흙 그릇을 가리킨다. 그것들은 값싸고, 깨어질 수 있고, 다른 것으로 대체될 수 있지만 가정에서 꼭 필요한 역할을 담당했다. 때로는 거기에 돈이나 보석, 중요한 문서 등 귀중품을 담아두기도 했다. 그러나 대부분은 쓰레기나 폐기물을 담았다. 바울이 생각하는 것은 이 두 번째 용도로, 자신을 이런 용도에 어울리는 낮고 평범하고 소모되고 대체

될 수 있는 존재로 보았다(참고. 고전 1:20-27; 딤후 2:20, 21). **심히 큰 능력은 하나님께 있고 우리에게 있지 아니함** 연약하고 소모될 수 있는 사람들을 사용하심으로써 하나님은 구원이 그분이 가진 능력의 결과이지, 메신저가 낼 수 있는 어떤 능력의 결과가 아님을 분명하게 하신다(참고. 2:16). 하나님의 위대한 능력은 질그릇을 능가하고 초월한다. 메신저의 연약함은 그가 하는 일에서 치명적인 약점이 아니라 도리어 필수적이다(참고. 12:9, 10).

5. 사역의 시련(4:8-18)

4:8, 9 여기서 바울은 대조적인 네 가지 은유를 사용하여 자신의 연약함이 그를 무능하게 만드는 것이 아니라 도리어 강하게 만든다는 것을 보여주었다(참고. 6:4-10; 12:7-10).

4:10 우리가 항상 예수의 죽음을 몸에 짊어짐은 "항상"은 바울이 경험한 고난이 끝없음을 보여준다. 그리고 그 고통은 바울과 다른 신자에 대한 공격의 결과가 아니라 주 예수에 대한 공격의 결과였다. 예수를 미워한 사람들은 예수를 대표하는 사람들을 보복 대상으로 삼았다(참고. 요 15:18-21; 갈 6:17; 골 1:24). **예수의 생명이 또한 우리 몸에 나타나게 하려 함이라** 바울의 연약함을 통해 그리스도가 드러나신다(참고. 갈 2:20). 거짓 사도들은 바울이 당하는 고난이 하나님이 그와 함께하지 않는다는 증거이자 사기꾼이라는 증거라고 말했다. 그러나 바울은 도리어 자신의 고난이 그리스도에 대한 그의 신실함의 표시며 자신이 가진 능력의 원천이라고 단언했다(12:9, 10).

4:11 죽음에 넘겨짐 이 말은 죄수를 처형자에게 넘겨주는 것을 가리킨다. 그리스도를 십자가형 집행자에게 넘겨줄 때 이 말이 사용되었다(마 27:2). 이 구절에서는 이 단어가 그리스도를 대표하는 사람들이 지속적으로 직면하는 신체적 죽음의 가능성을 가리킨다. **우리 죽을 육체** 바울의 인간성을 가리키는 또 다른 용어로 바울의 육체적 몸을 말한다(참고. 10절; 5:3).

4:12 바울은 매일 죽음에 직면했지만 그 고난이 자신이 복음을 전한 사람들의 구원을 의미한다면 기꺼이 그 값을 지불할 준비가 되어 있었다(참고. 빌 2:17; 골 1:24; 딤후 2:10).

4:13 바울은 어떤 대가를 지불하더라도 자신의 신념에 충실했다. 그는 청중에게 알맞도록 적당히 메시지를 바꾸는 실용주의자가 아니었다. 그는 자신이 전하는 메시지를 통해 하나님의 능력이 작용할 것을 확신했다. **내가 믿었으므로 말하였다** 시편 116:10의 70인역(구약성경의 헬라어 번역)을 인용한 것이다. 이 시편의 저자는 하나님께 어려움 속에서 자신을 건져주실 것을 구했다. 그는 하나님께서 자신의 기도를 듣고 계신다는 것을 믿었기 때문에 확신을 가지고 그렇게 말할 수 있었다. **믿음의 마음** 성령을 가리키는 것이 아니라 믿음의 태도를 가리킨다. 바울은 시편 저자처럼 그 메시지의 능력을 확신했다(*다음 절에 대한 설명을 보라*).

4:15 하나님께 영광을 돌리게 하려 함이라 신자가 하는 모든 일의 궁극적 목표다(*고전 10:31에 대한 설명을 보라*).

4:16 우리가 낙심하지 아니하노니 *1절에 대한 설명을 보라*. **우리의 겉사람은 낡아지나** 육체적 몸은 부패 과정에 있으며 결국 죽을 것이다. 표면적으로는 일반적인 노화 과정을 가리키는 것 같지만, 자신의 생활방식이 그 과정을 가속화시킨다는 것을 강조하고 있다. 아직 늙지는 않았지만 지치지 않는 열정과 쉼 없는 사역으로 바울의 몸은 쇠약해가고 있는데, 적으로부터 받은 구타와 공격으로 건강이 급속하게 나빠졌다(참고. 6:4-10; 11:23-27). **속사람** 각 신자의 영혼, 곧 새 창조-신자의 영원한 부분이다(참고. 엡 4:24; 골 3:10). **새로워지도다** 신자의 성장과 성숙의 과정은 지속적으로 진행된다. 물리적 몸은 갈수록 쇠퇴하지만 신자의 속사람은 그리스도의 형상을 향해 지속적으로 성장하고 성숙되어 나간다(참고. 엡 3:16-20).

4:17 우리가 잠시 받는 환난의 경한 것 *경한 것*(*light*)으로 번역된 헬라어 단어는 '무게가 없는 사소한 것'이라는 뜻이며, *환난*(*affliction*)은 강한 압력을 가리킨다. 인간의 관점에서 볼 때 바울의 증언은 그가 생애 동안 받은 견디기 어려운 고난과 박해를 장황하게 열거하는 것이지만(11:23-33), 그는 그것들을 가벼우면서 짧은 순간만 지속되는 것으로 보았다. **영원한 영광의 중한 것** *중한 것*(*weight*)으로 번역된 헬라어는 무거운 물질을 가리킨다. 바울이 앞으로 주님과 함께 경험할 미래의 영광은 이 세상에서 그가 경험한 고난보다 훨씬 더 무겁다(참고. 롬 8:17, 18; 벧전 1:6, 7). 바울은 고난이 무거울수록 그의 영원한 영광이 클 것임을 알고 있었다(참고. 벧전 4:13).

4:18 우리가 주목하는 것은…보이지 않는 것이니 인내는 육체적인 것 너머의 영적인 것, 현재의 것 너머에 자리한 미래의 것, 보이는 것 너머의 보이지 않는 것을 볼 수 있는 능력에 기초를 두고 있다. 신자들은 잠시의 것, 쇠해가는 것(곧 이 세상의 것) 너머의 것을 보아야 한다. **보이지 않는 것은 영원함이라** 하나님과 그리스도, 성령, 인간 영혼을 향한 추구가 신자를 불태워야 한다.

6. 사역의 동기(5:1-10)

5:1 땅에 있는 우리의 장막 집 바울이 육체적 몸을 가리키는 은유다(참고. 벧후 1:13, 14). 당시 이 이미지는 매우 자연스럽게 표현되었다. 많은 사람이 유랑생활을 하면서 장막에서 살았고, 장막 짓는 일을 하던 바울(행 18:3)은 장막의 특성에 대해 잘 알았기 때문이다. 또한 유대인의 장막은 그들이 애굽을 떠나 나라를 이뤘을 때 백성 사이에 거하는 하나님의 임재의 상징이었기 때문이다. 바울의 요점은 임시적인 장막처럼 사람의 지상적 존재가 연약하고 불안정하고 천하다는 것이다(참고. 벧전 2:11). **하나님께서 지으신 집** 신자가 부활해 입을 영광의 몸을 가리키는 바울의 은유다(참고. 고전 15:35-50). *집(building)*은 찢어지기 쉽고 잠정적이고 불확실한 장막의 성격에 대비되는 단단하고 안전하고 항구적인 특성을 의미한다. 이스라엘 사람들이 장막을 성전으로 바꾼 것처럼 신자들도 이 세상의 몸을 영광의 몸으로 바꿀 것을 기대해야 한다(*4:16; 롬 8:19-23; 고전 15:35-50; 빌 3:20, 21에 대한 설명을 보라*). **손으로 지은 것이 아니요** 본질적으로 영광의 몸은 이 세상에 속한 피조물이 아니다(*막 14:58; 히 9:11에 대한 설명을 보라.* 참고. 요 2:19; 골 2:11). **하늘에 있는…집** 하늘에 속한 영원한 몸이다. 바울은 그의 변화된 성품을 영원히 완전하게 표현할 새로운 몸을 원했다.

5:2 우리가…탄식하며 바울은 이 지상의 몸과 거기에 수반되어 끈질기게 따라오는 온갖 죄악과 좌절, 연약함으로부터 벗어나기를 열정적으로 원했다(*롬 7:24; 8:23에 대한 설명을 보라*). **하늘로부터 오는 우리 처소로 덧입기를** 완성된 불멸성이다(*1절에 대한 설명을 보라*).

5:3 우리가 벗은 자들로 발견되지 않으려 함이라 바울은 여기서 신자가 다음 세상에 대해 바라는 것은 몸 없이 영혼만 존재하는 것이 아니라 생생하고 영원한 부활의 몸임을 밝히고 있다. 물질을 악하게 보고 영혼을 선하게 보는 이방인과 달리 바울은 기독교의 죽음은 애매하고 영적인 무한 속으로 풀려나가는 것이 아님을 알았다. 도리어 영광스럽고 영적이며 불멸하고 완전하면서 질적으로 다르지만, 그럼에도 예수가 입으셨던 것과 같은 실제 몸을 입는 것을 의미한다(*고전 15:35-44; 빌 3:20, 21에 대한 설명을 보라.* 참고. 요일 3:2).

5:4 벗고자 함이 아니요 오히려 덧입고자 함이니 *2, 3절에 대한 설명을 보라.* 바울은 영광의 몸을 입게 되길 고대한다고 다시 말한다(참고. 빌 1:21-23). **죽을 것이 생명에 삼킨 바 되게** 바울은 이 세상에 속한 육신적인 것이 끝났을 때 그에게 주시기로 하나님이 계획하신 영생의 모든 충만한 것을 원했다.

영원한 소망(고후 5:1-10)

1. 신자의 *전망*(5:1): 하나님이 지으신 하늘에 있는 영원한 집
2. 신자의 *문제*(5:2, 3): 현재의 집이 쇠하며 정죄하에 있다는 것
3. 하나님의 *목적*(5:4): 신자에게 영원한 생명을 입혀주는 것
4. 하나님의 *약속*(5:5): 자신의 성령을 주시겠다는 것
5. 신자의 *모범*(5:6, 7): 용감하고 지식이 있으며 신실한 것
6. 신자가 *선호하는 것*(5:8): 주와 함께 본향에 있는 것
7. 신자의 *즐거움*(5:9): 하나님을 기쁘시게 하는 것
8. 하나님의 *상급*(5:10): 심판대에서 받게 되는 것

5:5 곧 이것을 더 정확하게 번역하면 '목적'이다. 바울은 신자가 하늘에서 사는 것이 하나님의 주권적인 목적에 따라 성취될 것을 강조한다(*롬 8:28-30에 대한 설명을 보라.* 참고. 요 6:37-40, 44). **보증** *1:22; 에베소서 1:13에 대한 설명을 보라.* **성령을 우리에게 주신 이는 하나님이시니라** *1:22; 로마서 5:5; 에베소서 1:13에 대한 설명을 보라.* 참고. 빌립보서 1:6.

5:6 몸으로 있을 때에는 주와 따로 있는 줄을 아노니 신자는 이 땅에 살아 있는 동안 하나님의 충만한 임재로부터 떠나 있다. 그러나 하나님의 임재로부터 완전히 단절되어 있다고 말하는 건 아니다. 기도와 성령의 내조, 말씀을 통한 교제가 있기 때문이다. 바울은 단지 하늘에 대한 향수, 곧 주님과 함께 집에 거하고자 하는 강력한 열망을 표현하고 있을 뿐이다(참고. 시 73:25; 살전 4:17; 계 21:3, 23; 22:3).

5:7 그리스도인은 자신이 보지 못한 하늘에 대한 소망을 가질 수 있다. 하늘에 대해 성경이 말하는 것을 믿고 그 믿음대로 삶으로써 그 소망을 유지한다(*히 11:1에 대한 설명을 보라.* 참고. 요 20:29).

5:8 몸을 떠나 주와 함께 있는 하늘이 땅보다 더 좋은 곳이기 때문에 바울은 그곳에서 하나님과 함께 거하기를 바랐다. 이 정서는 단지 바울의 느낌을 말하는 것으로, 6절의 열망을 반대 관점에서 본 것이다(*빌 1:21, 23에 대한 설명을 보라*).

5:9 우리는…되기를 힘쓰노라 여기서 바울은 인생의

야망을 말하고 있지만, 그것은 우리가 '야망'이라고 말할 때 표현되는 교만하고 이기적인 욕망이 아니다. "힘쓰노라"는 '영예로운 것을 사랑한다'는 뜻을 가지는 헬라어에서 온 말이다. 바울은 신자가 탁월함, 영적인 목표, 하나님 앞에서 칭찬할 만한 모든 것을 위해 힘쓰는 것이 정당하고 고상하다는 것을 보여준다(참고. 롬 15:20; 딤후 3:1). **몸으로 있든지 떠나든지** *6, 8절에 대한 설명을 보라.* 바울의 야망은 그의 존재에 대한 상태, 곧 그가 하늘에 있느냐 땅에 있느냐에 따라 변하지 않았다. 그는 어떻게 하면 주님을 위해 살 것인가에 집중했다(*롬 14:6; 빌 1:20에 대한 설명을 보라.* 참고. 고전 9:27). **주를 기쁘시게 하는 자** 이것이 바울의 최고 목표였으며(참고. 고전 4:1-5), 모든 신자도 마찬가지로 그러해야 한다(참고. 롬 12:2; 엡 5:10; 골 1:9; 살전 4:1). "기쁘시게 하는"으로 번역된 단어는 디도서 2:9에서 주인을 기쁘게 하기에 열심인 노예를 묘사할 때 쓰인다.

5:10 이 절은 하나님을 기쁘시게 하는 생활에서 신자의 가장 깊은 동기와 최고 목적을 보여준다. 모든 신자는 필연적으로, 궁극적으로 하나님 앞에 책임을 진다는 깨달음이다. **그리스도의 심판대** *심판대*는 신자에게 영원한 상급을 주실 목적으로 신자들의 삶을 평가하기 위해 주가 앉으신 곳을 은유적으로 가리킨다. 이것은 헬라어 *베마(bema)*를 번역한 단어로, 승리한 운동선수가 (예를 들면 올림픽 경기에서) 승리의 관을 받기 위해 오르던 높은 단상을 가리키는 말이었다. 또한 이 단어는 예수가 본디오 빌라도 앞에 서신 심판 자리를 가리키지만(마 27:19; 요 19:13), 여기서는 이 단어가 운동선수와 연관된 비유가 분명하다. 고린도 시에는 운동선수에게 상을 주거나 법적인 판결도 내리던 그런 단상이 있었다(행 18:12-16). 그래서 고린도 교인은 바울이 가리켜 말하는 것이 무엇인지 알고 있었다. **선악간에** 이 헬라어 단어는 도덕적 선과 도덕적 악을 가리키지 않는다. 죄의 문제는 구주의 죽으심으로 완전히 처리되었다. 도리어 여기서 바울은 영원한 가치를 가지는 활동과 무익한 활동을 비교하고 있다. 여기서 바울이 말하고자 하는 요점은 신자가 이 세상에서 건전한 어떤 것들을 즐겨서는 안 된다는 것이 아니라 그 일들 속에서 하나님께 영광을 돌려야 하며, 그들의 시간과 힘을 영원한 가치를 가지는 일에 사용해야 한다는 것이다(*고전 3:8-14에 대한 설명을 보라*). **그 몸으로 행한 것** 신자가 세상에서 사역하는 동안 취한 행동이다. 이 행동에 죄는 포함되지 않는다. 왜냐하면 그것에 대한 심판은 십자가에서 실행되었기 때문이다(엡 1:7). 바울은 신자가 생애 동안 행한 행동, 곧 영원한 상급과 하나님의 칭찬과 관련된 모든 것을 가리켜 말하고 있다. 그리스도인이 시간 속에서 몸을 입고 행한 모든 것이 하나님의 눈에는 영원한 효과를 가진다(*고전 4:3-5에 대한 설명을 보라.* 참고. 롬 12:1, 2; 계 22:12).

7. 사역의 메시지(5:11-21)

5:11 우리는…사람들을 권면하거니와 "권면"이라고 번역된 헬라어는 어떤 사람의 호의를 구한다는 뜻이다. 다른 사람이 당신에게 호의를 베풀도록 하려는 것과 같다(참고. 갈 1:10). 이 단어가 복음 전파를 의미할 수 있으나(행 18:4; 28:23), 여기서 바울은 구원에 대해 다른 사람을 설득하는 것이 아니라 자신의 도덕적 고결성에 대해 설득하고 있다. 만약 고린도 교인이 거짓 교사들에게 넘어가서 바울이 전한 신성한 교훈을 떠난다면 그들의 영원한 상급에 문제가 생길 것이다. **주의 두려우심** 이것을 더 정확하게 번역하면 '주님에 대한 경외심'이다. 이것은 두려워하는 것을 가리키는 말이 아니라 주께 영예를 돌리고 최상의 상급을 받을 수 있는 삶을 살아야겠다는 본질적 동기로 주님을 경외하는 것을 말한다(참고. 7:1; 잠 9:10; 행 9:31). **알리어졌으니** 바울의 참된 영적 상태인 진정성과 고결성은 하나님 앞에서 분명히 드러나며(*1:12에 대한 설명을 보라.* 참고. 행 23:1; 24:16), 바울은 고린도 교인도 자신의 진실을 믿어주기를 원했다.

5:12 외모로 자랑하는 고린도에 있던 바울의 적들처럼 도덕적으로 고결하지 못한 사람들은 외적인 것을 자랑했는데, 그것은 거짓 가르침에 수반되는 위선적인 모습을 가리킨다(참고. 마 5:20; 6:1; 막 7:6, 7).

5:13 우리가 만일 미쳤어도 이 헬라어 표현은 대개 미친 것 또는 정신이 나간 것을 가리키지만, 여기서 바울은 이 표현을 사용해 자신이 진리에 교조적으로 헌신하는 사람임을 말하고 있다. 바울은 자신을 미친 광신도 이외의 아무것도 아니라고 비난하는 비판자들의 말에 이런 방식으로 대답했다(참고. 요 8:48; 행 26:22-24). **정신이 온전하여도** 원래 단어의 의미는 온당하고, 정신이 맑고, 온전히 통제된다는 뜻이다. 바울은 고린도 교인 사이에서 이렇게 처신하면서 자신의 도덕성을 변호하고 진리를 전달했다.

5:14 그리스도의 사랑 십자가에서 보이신, 바울과 모든 신자를 위한 그리스도의 사랑이다(참고. 롬 5:6-8). 그리스도의 사랑의 대속적 죽음이 바울을 움직여 그리스도께 봉사하도록 했다(참고. 갈 2:20; 엡 3:19). **강권하시는도다** 이 말은 행동을 일으키는 압력을 가리킨다. 바울은 주님께 자신의 생명을 드리고자 하는 욕구의 세

고후

기를 강조하고 있다. **한 사람이 모든 사람을 대신하여 죽었은즉** 이것은 그리스도의 대속에 대한 죽음의 진리를 표현하는 말이다. '위하여'라는 전치사는 모든 사람을 '대신하여' 또는 '모든 사람의 자리에서' 죽으셨다는 뜻이다(참고. 사 53:4-12; 갈 3:13; 히 9:11-14). 이 진리가 구원 교리의 핵심에 있다. 죄에 대한 하나님의 진노는 죽음을 요구했다. 예수는 그 진노를 받으시고 죄인을 대신하여 죽으셨다. 이렇게 하여 예수는 하나님의 진노를 없애고, 완전한 희생제물이 되어 하나님의 공의를 만족시키셨다(*21절; 롬 5:6-11, 18, 19; 딤전 2:5, 6에 대한 설명을 보라*. 참고. 엡 5:2; 살전 5:10; 딛 2:14; 벧전 2:24). **모든 사람이 죽은 것이라** 그리스도 안에서 죽은 사람은 그의 대속적 죽음에 따른 모든 혜택을 받는다(*롬 3:24-26; 6:8에 대한 설명을 보라*). 이 짧은 어구로 바울은 대속의 범위와 적용 한계를 밝혔다. 이는 그 앞 절의 의미를 논리적으로 완성시키는 형태이며, 실제로는 '그리스도는 자기 안에서 죽은 모든 사람을 위하여 죽으셨다' 또는 '한 사람이 모든 사람을 위하여 죽으므로 모든 사람이 죽은 것이다'라고 말하고 있는 셈이다(*19-21절에 대한 설명을 보라*. 참고. 요 10:11-16; 행 20:28). 바울은 그리스도가 자기를 사랑하셔서 자신을 그리스도 안에서 죽은 '모든 사람'의 일부로 삼으신 사실에 크게 감격했다.

5:15 고린도 교인에게 자신의 도덕적 고결성을 변호하고 있다. 바울은 오래전에 자기중심적 삶이 끝났으며, 지금은 오직 의롭게 살려는 욕망만 가지고 있음을 고린도 교인이 알기를 원했다. 모든 참 신자에게 있어 그리스도 안에서의 그들의 죽음은 죄에 대한 죽음인 동시에 의로운 새 생명으로의 부활이기도 하다(*롬 6:3, 4, 8, 10에 대한 설명을 보라*. 참고. 갈 2:19, 20; 골 3:3).

5:16 회심 이후 바울의 가장 중요한 목표는 사람들의 영적 필요를 채워주는 것이었다(참고. 행 17:16; 롬 1:13-16; 9:1-3; 10:1). **육신을 따라** 바울은 더 이상 사람들을 외적이고 인간적이고 세상적인 기준으로 평가하지 않게 되었다(참고. 10:3). **우리가 그리스도도…이제부터는 그같이 알지 아니하노라** 그리스도인으로서 바울 역시 더 이상 오류가 있는 인간의 평가 기준을 가지고 예수 그리스도를 평가하지 않는다(참고. 행 9:1-6; 26:9-23).

5:17 그리스도 안에 두 단어로 이루어진 이 말은 비록 짧지만 신자가 받은 구속의 의미에 대한 가장 심오한 진술로, 거기에는 다음과 같은 내용이 포함된다. 첫째, 친히 자신의 몸으로 죄에 대한 하나님의 심판을 담당하신 그리스도 안에서 신자가 누리는 안전이다. 둘째, 하나님이 유일하게 기뻐하시는 일로 그리스도 안에서 신자가 하나님께 받아들여지는 것이다. 셋째, 영원한 생명으로의 부활이며 신자의 천국 상속의 유일한 보장자인 그리스도 안에서 신자가 가지는 미래에 대한 확신이다. 넷째, 영원한 말씀이신 그리스도의 신성 안에 신자가 참여하는 것이다(참고. 벧후 1:4). **새로운 피조물** 이 말은 질적으로 새로운 차원으로 탁월하게 지음을 받은 어떤 것을 표시한다. 이 말은 거듭남 또는 신생을 가리킨다(참고. 요 3:3; 엡 2:1-3; 딛 3:5; 벧전 1:23; 요일 2:29; 3:9; 5:4). 이 표현은 대속적 죽음으로 지불된 그리스도의 사죄를 포함한다(참고. 갈 6:15; 엡 4:24). **이전 것은 지나갔으니** 사람이 거듭나면 이전의 가치 체계, 우선순위, 신념, 사랑, 계획 등은 없어진다. 악과 죄는 여전히 존재하지만 신자는 그것들을 새로운 관점에서 보며(*16절에 대한 설명을 보라*), 그것들은 더 이상 신자를 지배하지 않는다. **새 것이 되었도다** 헬라어 문법에 따르면 이 새로운 상태는 지속되는 것임을 알 수 있다. 모든 것에 대한 신자의 새로운 영적 인식은 지속적인 것이며, 따라서 이제 그는 한시적인 것이 아니라 영원한 것을 위해 산다. 야고보는 이 변화는 곧 행위를 낳는 믿음이라고 밝힌다(*엡 2:10; 약 2:14-25에 대한 설명을 보라*).

5:18 모든 것이 하나님께로서 났으며 현대의 많은 번역은 '것' 앞에 '이'라는 대명사를 덧붙임으로써 *것*(*things*)을 바울이 14-17절에서 단언한 것과 연결시킨다. 어떤 사람의 회심과 그리스도 안에서 새롭게 변화된 생명과 관련된 모든 측면은 하나님이 주권적으로 이루신 일이다. 죄인들이 스스로의 힘으로 이 새로운 현실에 참석할지 결정할 수 없다(*롬 5:10에 대한 설명을 보라*. 참고. 고전 8:6; 11:12; 엡 2:1). **화목하게 하는 직분** 이 표현은 죄인이 하나님과 화해하기를 하나님이 원하신다는 뜻이다(참고. 롬 5:10; 엡 4:17-24). 하나님은 신자를 불러 화해의 복음을 다른 사람들에게 선포하라고 하신다(참고. 고전 1:17). 식탁에서 시중드는 것과 같은 봉사의 개념은 '사역'을 뜻하는 헬라어 단어에서 유래되었다. 하나님은 그리스도인이 화해를 원하는 하나님의 열망을 선포함으로써 불신자를 섬기는 특권을 받아들이기를 원하신다.

5:19 하나님께서 그리스도 안에 계시사 하나님은 그분의 뜻과 계획에 따라 유일하게 합당하고 완전한 희생제물인 자기 아들을 자신과 죄인의 화해 수단으로 사용하셨다(*18절; 행 2:23; 골 1:19, 20에 대한 설명을 보라*. 참고. 요 14:6; 행 4:12; 딤전 2:5, 6). **세상을 자기와 화목하게 하시며** 하나님은 죄인을 소외된 위치에서 용서와 하나님과의 바른 관계를 이룬 상태로 끌어들이심으로써 죄인의 신분 변화를 주도하신다. 이것이 복음의 본질이다. 단어 *세상*(*world*)은 보편구원론적 의미, 즉 모든 사

람이 구원받을 것이라든지 또는 심지어 잠재적으로 화해를 이뤘다는 의미로 해석되어선 안 된다. 도리어 "세상"은 인류의 모든 영역(참고. 딛 2:11; 3:4)을 말하며, 하나님이 모든 범주의 사람에게 화해를 제공하시는 것으로 보아야 한다. 곧 모든 종족에게 차별 없이 화해를 제공하신다는 뜻이다. 그리스도의 화해의 죽음이 지닌 가치는 무한하며 그것을 제공받는 대상에도 제한이 없다. 그러나 실제 대속이 적용되는 대상은 오직 믿는 사람들이다(참고. 요 10:11, 15; 17:9; 행 13:48; 20:28; 롬 8:32, 33; 엡 5:25). 그 나머지 인류는 영원한 지옥에서 자기 죄에 대한 값을 자신이 직접 치르게 될 것이다. **돌리지** 이 말은 '간주하다' 또는 '계산하다'로 번역될 수도 있다. 이것이 칭의 교리의 핵심이다. 칭의는 죄인이 회개하여 그리스도와 그분의 대속적 죽음을 온 마음으로 믿는 순간, 하나님이 그리스도의 의로 그를 덮기 때문에 그에게 죄를 돌리지 않고 그를 의롭다고 선언하는 것이다(*롬 3:24-4:5에 대한 설명을 보라*. 참고. 시 32:2; 롬 4:8). **화목하게 하는 말씀** *18절에 대한 설명을 보라*. 여기서 바울은 복음의 의미가 가진 다른 측면을 보여준다. 여기서 그가 사용한 *말씀(word)*에 해당하는 헬라어 단어는(참고. 행 13:26) 거짓되거나 불확실한 메시지에 반대되는 참되고 믿을 만한 메시지를 가리킨다. 거짓 메시지가 가득한 세상에서 신자들은 견고하고 믿을 만한 복음 메시지를 가지고 있다.

5:20 사신 이 용어는 때로 '장로'로 번역되는 익숙한 헬라어 단어와 관련이 있다. 이 단어는 타국에 가서 한 나라의 왕을 대표하는 역할을 하는 나이 많고 노련한 사람을 가리킨다. 이 말로 바울은 복음을 가지고 하늘의 왕을 대표하는 전령사인 자신의 역할(또한 모든 신자의 역할)을 나타냈다. 이 전령은 그들의 정당한 왕이신 하나님과 화목할 것을 온 세상에게 호소한다(참고. 롬 10:13-18). **하나님이…권면하시는 것 같이** 신자들이 복음을 전할 때 하나님은 그들을 통해 말씀하시며(문자적으로 '부르시다' 또는 '호소하다'라는 뜻임) 믿지 않는 죄인들에게 믿음을 가지고 나아와 복음을 받으라고 촉구하신다. 그것은 죄를 회개하고 예수를 믿는 것을 의미한다(참고. 행 16:31; 약 4:8).

5:21 여기서 바울은 복음의 핵심을 요약하고 있는데, 18-20절의 신비와 역설을 해명하고 어떻게 죄인이 예수 그리스도를 통해 하나님과 화해할 수 있는지를 설명한다. 여기 단 열다섯 개의 헬라어 단어로 표현한 죄의 전가와 대속의 교리를 다른 어떤 성경에서도 찾아볼 수 없다. **죄를 알지도 못하신 이** 무죄한 하나님의 아들 예수 그리스도를 말한다(*갈 4:4, 5에 대한 설명을 보라*. 참고. 눅 23:4, 14, 22, 47; 요 8:46; 히 4:15; 7:26; 벧전 1:19; 2:22-24; 3:18; 계 5:2-10). **우리를 대신하여 죄로 삼으신 것** 성부 하나님은 전가(imputation)의 원리를 사용하여 (*19절에 대한 설명을 보라*) 그리스도는 죄가 없지만 마치 죄인인 것처럼 다루셔서 그를 사람들의 죗값을 지불하기 위해 대신 죽도록 하셨다(참고. 사 53:4-6; 갈 3:10-13; 벧전 2:24). 그리스도는 십자가에서 죄인이 된 것이 아니라(어떤 사람은 이렇게 주장함) 언제나 영원히 거룩하셨다. 비록 그 자신은 어떤 죄도 범하시지 않았지만, 모든 사람이 범한 온갖 죄에 대한 죄책이 마치 그에게 있는 것 같은 처분을 받으셨다. 하나님의 진노가 그에게 완전히 쏟아졌고, 죄인들을 향한 율법의 의로운 요구가 만족되었다. **하나님의 의** 칭의와 전가를 가리키는 말이다. 신자의 것이 된 의는 하나님의 아들인 예수 그리스도의 의다(*롬 1:17; 3:21-24; 빌 3:9에 대한 설명을 보라*). 죄인이 아니라 그리스도가 죄인인 것 같은 처분을 받았듯이, 아직 의롭게 되지 않은(영광을 입을 때까지) 신자들이 마치 의로운 것 같은 처분을 받는다. 그리스도가 죄인의 죄를 담당하는 것으로 죄인이 그리스도의 의를 가질 수 있게 된 것이다. 하나님은 그리스도를 죄를 범한 신자처럼 취급하시고, 신자는 마치 무죄한 하나님의 아들인 것처럼 취급하신다.

8. 사역의 진행(6:1-10)

6:1 하나님의 은혜를 헛되이 받지 대부분의 고린도 교인은 구원은 받았지만 성화와 관련하여 율법주의적 가르침으로 어려움을 겪고 있었다(*11:3; 갈 6:1에 대한 설명을 보라*). 어떤 사람들은 진정으로 구원받은 것이 아니라 거짓 교사들이 가르친 행위의 복음에 속고 있었다(참고. 13:5; 갈 5:4). 어느 편이든지 바울이 선포한 은혜의 복음이 원하는 결과를 내지 못할 것이며, 여러 달에 걸친 고린도에서의 사역이 아무 쓸모없게 될 수 있다는 심각한 우려를 하게 되었다. 또한 두 경우 모두 사람들이 '화해의 사역'을 효과적으로 감당하지 못하게 방해했다.

6:2 바울은 이사야 49:8을 인용함으로써 자신의 요점을 강조한다. 그때가 하나님의 구원의 날이며 고린도 교인은 그 메시지를 퍼뜨리는 메신저였다. 따라서 바울은 그들이 그 진리에 충실하기를 간절히 원했다. **지금은 구원의 날이로다** 바울은 이사야의 말을 당시의 상황에 적용했다. 하나님의 경륜 속에는 그분이 죄인에게 귀를 기울이시고 회개하는 자들에게 반응을 보이시는 때가 있다. 그때가 그러했고 지금이 그러하다(참고. 잠 1:20-23; 사 55:6; 히 3:7, 8; 4:7). 하지만 그때가 끝날 시

점이 있을 것이므로(참고. 창 6:3; 잠 1:24-33; 요 9:4) 바울은 열심히 권면한다.

6:3-10 화해의 충실한 사역에 참여하는 모든 신자는 바울처럼 거절당하거나 받아들여지고, 미움을 받거나 사랑을 받고, 기쁨 혹은 어려움을 만날 것을 예상해야 한다. 이것은 예수가 제자들에게 이미 가르치신 내용이다(참고. 마 5:10-16; 눅 12:2-12).

6:3 우리가…무엇에든지 아무에게도 거리끼지 않게 하고 그리스도의 신실한 사신은 자신의 사역 가치를 떨어뜨리는 일은 전혀 하지 않고 그 사역의 고결성, 복음의 고결성, 하나님의 고결성을 지킬 수 있는 모든 것을 한다(참고. 롬 2:24; 고전 9:27; 딛 2:1-10).

6:4 하나님의 일꾼으로 자천하여 *자천하다*는 '소개하다'라는 뜻이며, 자신을 스스로 입증한다는 의미를 가진다(*3:1에 대한 설명을 보라*). 가장 설득력 있는 증거는 바울의 고난(5절)과 그가 행하는 사역(6, 7절) 중에 드러나는 인내하는 성품이다.

6:5 여기서 바울은 고린도의 신자에게 자신을 추천하하면서, 박해를 신실하게 견딘 것과 상황에 따라 극단적인 환난 속에서도 부지런히 사역을 수행한 사실을 거론한다(*4:17에 대한 설명을 보라*).

6:6 바울은 하나님이 자신에게 내리신 의의 중요한 요소들을 긍정적으로 나열함으로써 자신을 추천한다. **성령의 감화와** 바울은 성령의 능력으로 살고 행했다(*갈 5:16에 대한 설명을 보라*). 바로 이 이유 때문에 그가 말하는 인내의 삶은 모두 사실이었다.

6:7 진리의 말씀 계시된 하나님 말씀인 성경이다(참고. 골 1:5; 약 1:18). 전 사역 기간에 바울은 결코 신성한 계시의 지시와 인도의 경계를 넘어서서 활동하지 않았다. **하나님의 능력으로** 바울은 사역할 때 자신의 능력을 의지하지 않았다(*고전 1:18; 2:1-3에 대한 설명을 보라*. 참고. 롬 1:16). **의의 무기를…가지고** 바울은 사탄의 왕국을 대항하여 싸울 때 인간의 자원을 사용하지 않고 영적인 덕성을 사용했다(*10:3-5; 엡 6:10-18에 대한 설명을 보라*). **좌우에** 바울은 영적인 검 같은 공격형 무기, 구원의 투구와 믿음의 방패 같은 수비형 무기를 자유자재로 사용했다(*엡 6:16, 17에 대한 설명을 보라*).

6:8-10 참된 성격을 가진 사역의 표지는 때로 역설적이다. 여기서 바울은 그리스도를 위한 자신의 봉사에 대한 일련의 역설을 열거한다.

6:8 속이는 자 같으나 고린도 교회에 있던 바울의 적은 바울이 위선자요 거짓 사도라고 비난했다(참고. 요 7:12).

6:9 무명한 자 같으나 이것은 두 가지 사실을 가리킨다. 첫째, 바울이 그리스도인에 대한 박해를 시작하기 전에는 그들이 그를 몰랐다는 사실이다(참고. 행 8:1; 딤전 1:12, 13). 둘째, 바울의 회심 이후 지도적인 위치에 있던 유대인과 바리새인이 그를 버렸다는 사실이다. 그는 이전 세계에서는 이방인이 되었고, 기독교 공동체에서 널리 알려지고 사랑을 받았다.

6:10 많은 사람을 부요하게 하고 바울이 가지고 있으면서 나눠준 영적 부요는 청중을 영적으로 부요하게 만드는 데 많은 기여를 했다(참고. 행 3:6).

E. 고린도 교인에 대한 권면(6:11-7:16)

1. 자신을 향해 마음을 열라는 바울의 권면(6:11-13)

6:11-13 바울은 사랑의 특성을 설명함으로써 고린도 교인을 위한 자신의 참된 사랑을 증명했다. 이 단락은 그들을 향한 바울의 진실한 사랑 고백을 확증한다(참고. 2:4; 3:2; 12:15, 19).

6:11 우리의 마음이 넓어졌으니 문자적으로 '우리의 마음이 확대된다'라는 뜻이다(참고. 왕상 4:29). 고린도 교인을 향한 바울의 사랑이 참 되다는 증거는, 그들 가운데 일부 사람이 바울을 아무리 고약하게 대하더라도 그는 여전히 그들을 사랑하며 마음속에 그들을 위한 여지를 가지고 있다는 것이다(참고. 빌 1:7).

2. 불신자와 분리하라는 권면(6:14-7:1)

6:14 믿지 않는 자와 그리스도의 몸 안에 있는 그리스도인은 기독교적 증거를 훼방할 수 있는 영적 활동이나 비그리스도인과 관계를 맺어서는 안 된다(*고전 5:9-13에 대한 설명을 보라*. 참고. 고전 6:15-18; 10:7-21; 약 4:4; 요일 2:15). 고린도 교인에게 이것이 특별히 중요했던 것은 거짓 교사들과 주변 이교도의 우상숭배의 유혹 때문이었다. 그러나 이 명령은 신자가 불신자와의 모든 관계를 끊어야 한다는 뜻이 아니다. 그것은 하나님이 신자를 구원하여 이 세상에 두시는 목적을 무효로 만드는 일이 될 것이다(참고. 마 28:19, 20; 고전 9:19-23). 14하-17절에서 빛과 어둠의 종교적 연대가 있을 수 없음이 분명하게 드러난다. **멍에를 함께 메지 말라** 서로 다른 종류의 가축을 일을 함께 시키지 말라는 구약의 금령에서 취한 예증이다(*신 22:10에 대한 설명을 보라*). 이 유비를 사용해 바울은 일반적으로 영적 활동에서 동일한 성격을 가지지 않은 사람들(불신자)과 함께하지 않는 것이 좋다고 가르친다. 그런 환경 속에서는 하나님의 영광을 위한 일을 하기가 불가능하다.

6:15 벨리알 사탄을 가리키는 고대의 이름으로, 전혀 무가치한 자를 말한다(*신 13:13에 대한 설명을 보라*). 이

것은 가치 있는 분인 예수 그리스도와 예리하게 대비되며, 신자는 이 분과 교제해야 한다.

6:16 하나님의 성전과 우상이…일치 하나님의 성전(참된 기독교)과 우상(우상숭배적이고 마귀적이고 거짓된 종교)은 결코 양립할 수 없다(참고. 삼상 4-6장; 대하 21:1-15; 겔 8장). **우리는 살아 계신 하나님의 성전이라** 신자 각 사람은 그리스도의 영이 거하는(*고전 3:16, 17; 6:19, 20; 엡 2:22에 대한 설명을 보라*) 영적인 집이다(참고. 5:1). **하나님께서 이르시되** 바울은 몇몇 구약성경을 조합해 자신의 진술을 보강한다(레 26:11, 12; 렘 24:7; 31:33; 겔 37:26, 27; 호 2:2, 3).

6:17 바울은 이사야 52:11을 인용해 영적으로 분리되라는 명령을 상세히 설명한다. 불신자와 연합하는 것은 비합리적이고 신성모독적일 뿐 아니라 불순종하는 것이다. 신자가 구원을 받으면 그들은 모든 형태의 거짓 종교를 떠나고, 모든 악한 습관과 이전에 우상숭배적인 일을 단절해야 한다(*엡 5:6-12; 딤후 2:20-23에 대한 설명을 보라*. 참고. 계 18:4). **따로 있고** 이것은 그리스도처럼 되라는 명령이다(히 7:26).

6:18 거짓 가르침과 활동으로부터 분리된 결과로 신자들은 하나님의 자녀가 되는 것의 충만한 부요를 알게 될 것이다(*롬 8:14-17에 대한 설명을 보라*. 참고. 삼하 7:14; 겔 20:34).

7:1 이 약속 6:16-18에서 바울이 인용한 구약의 약속들이다. 성경은 자주 신자에게 하나님의 언약에 근거한 행동을 장려한다(참고. 롬 12:1; 벧후 1:3). **거룩함을 온전히 이루어** *온전히 이루어*(*perfecting*)에 해당하는 헬라어 단어는 '끝내다' 또는 '완성시키다'라는 의미다(참고. 8:6). *거룩*은 몸과 마음을 더럽힐 수 있는 모든 것으로부터 분리되는 것을 가리킨다. 완성된 또는 완전한 거룩은 오직 그리스도 안에서만 구현되므로 신자는 그리스도를 추구해야 한다(참고. 3:18; 레 20:26; 마 5:48; 롬 8:29; 빌 3:12-14; 요일 3:2, 3). **육과 영** 거짓 종교는 "육과 영"으로 상징되는 인간의 욕구에 영합한다. 어떤 신자들은 한동안 거짓 종교와 관련된 육체적 죄악에 굴복하지 않을 수 있지만, 거짓 교훈에 자신을 노출시킨 그리스도인은 신성한 진리의 순결함을 공격하고 하나님의 이름을 모독하는 마귀적인 이데올로기와 신성모독에 의해 오염되는 것을 피할 수 없다. *6:17에 대한 설명을 보라*. **더러운 것** 종교적으로 더럽혀지는 것 또는 우상, 우상의 제전, 성전 창녀, 희생제사, 예배 제전에 참여하는 것과 같은 거룩하지 못한 연합을 가리킨다. **자신을 깨끗하게 하자** 여기서 사용된 헬라어 동사의 형태는 이것이 각 그리스도인이 자신의 생활 속에서 수행해야 하는 일임을 표시한다.

고린도후서에 나오는 마귀와 귀신

1. 사탄 — 2:11; 11:14; 12:7
2. 이 세상의 신 — 4:4
3. 벨리알 — 6:15
4. 뱀 — 11:3
5. 광명의 천사 — 11:14
6. 사탄의 사자 — 12:7

고린도후서에 나오는 구약성경

1. 고후 4:13	시 116:10
2. 고후 6:2	사 49:8
3. 고후 6:16	레 26:12; 겔 37:27
4. 고후 6:17상	사 52:11
5. 고후 6:17하	겔 20:34
6. 고후 6:18	삼하 7:8, 14
7. 고후 8:15	출 16:18
8. 고후 9:9	시 112:9
9. 고후 10:17	렘 9:24
10. 고후 13:1	신 19:15

3. 자신의 사랑을 확신하라는 바울의 권면(7:2-16)

7:2 우리는 아무에게도 불의를 행하지 않고 *불의를 행하다*(*wronged*)라고 번역된 헬라어는 '어떤 사람을 옳지 않게 대하다' '어떤 사람에게 해를 끼치다' 또는 '어떤 사람으로 죄에 빠지게 하다'라는 뜻을 가진다. 바울은 어떤 고린도 교인에게도 해를 끼치거나 그들을 죄에 빠지게 했다는 비난을 받을 이유가 없었다(*마 18:5-14에 대한 설명을 보라*). **우리는…아무에게도 해롭게 하지 않고** *해롭게 하다*(*corrupted*)는 교리나 돈 문제에서 비롯된 부패를 가리킬 수 있지만, 여기서는 사람의 품행을 부패시키는 것을 가리킬 것이다(참고. 고전 15:33). 바울은 어떤 형태의 부도덕한 행동도 장려했다는 비난을 받을 이유가 없었다.

7:3 바울은 용서하는 마음을 가지고 있었다. 바울은 고린도 교인이 거짓 교사들을 믿고 자신을 거부한 것을 정죄만 한 것이 아니라 그들에 대한 사랑과 그들을 용서할 준비가 되어 있음을 상기시켰다.

7:4 나는…담대한 것도 많고 *담대한 것*(*boldness*)은 '확신'으로 번역될 수도 있다. 바울은 고린도 교인의 삶 속에서 하나님이 지속적으로 일하신다는 것을 확신했다

고후

(참고. 빌 1:6). 이는 고린도 교인을 향한 바울의 사랑을 보여주는 또 다른 증거다.

7:5-16 이 단락은 고린도 신자들의 회개로 말미암아 바울이 기쁨을 회복했음을 보여준다.

7:5 여기서부터 바울은 2:13에서 마게도냐를 떠났던 이야기로 다시 돌아가서 이야기를 속개한다. 드로아를 떠나 마게도냐에 도착했을 때 바울은 외적인 '환난'으로 안식할 수가 없었다. 여기서 사용된 헬라어는 말다툼과 논쟁을 가리키는 단어로, 바울이 직면했던 지속적인 박해를 가리킨다. 또한 바울은 교회와 고린도 시에 널리 퍼진 자신을 반대하는 자들에 대한 근심에 짓눌린 채 내적인 '두려움'에 휩싸여 있었다. **마게도냐** *2:13에 대한 설명을 보라.*

7:6 낙심한 자들 이 말은 영적인 겸손을 말하는 것이 아니라 수치를 당한 자들을 가리킨다. 그들은 경제적·사회적·감정적 의미에서 초라한 사람들이다(참고. 롬 12:16).

7:6, 7 디도가 옴으로 우리를 위로하셨으니…우리에게 보고함으로 *옴으로*(*coming*)에 해당하는 헬라어 단어는 디도가 실제로 바울과 함께했음을 보여준다. 그러나 디도가 단순히 도착했다는 사실 이상으로 바울에게 중요한 소식은 고린도 교인의 회개와 디도가 가져간 바울의 서신에 대한 그들의 긍정적 반응을 담은 그의 보고였으며, 그것은 축복이었다.

7:7 바울은 고린도 교인이 디도를 어떻게 위로했는지 듣고 고무되었다. 왜냐하면 디도는 도전적인 성격의 서신을 가지고 갔었기 때문이다(서론의 배경과 무대를 보라). 또한 바울은 자신을 향한 고린도 교인의 반응을 통해서도 힘을 얻었다. 그것은 세 가지로 드러났다. 첫째, 그들이 다시 바울을 만나 관계를 재개하고자 하는 '사모함'이다. 둘째, 그들은 자기들의 죄를 슬퍼했고, 그로 말미암아 그들과 바울 사이에 생긴 불화에 대한 '애통함'이다. 셋째, 그들은 바울을 사랑한 나머지 그를 해롭게 하려는 사람들, 특히 거짓 교사들에 대항해 바울을 변호하려고 한 '열심'이다.

7:8 너희를 근심하게 한 것 이것은 '내가 너희를 슬프게 하다'라고 번역될 수도 있다(*2:1에 대한 설명을 보라*). **그 편지** 고린도 교회 내의 저항에 도전한 눈물의 서신이다(*2:3에 대한 설명을 보라*. 서론의 배경과 무대를 보라).

7:8, 9 내가…후회하였으나…후회하지 아니함…내가 지금 기뻐함 그 서신이 비록 고린도 교인을 근심하게 했으나 바울은 서신을 보낸 것을 후회하지 않았다. 그들의 죄에 대한 근심이 그들에게 회개를 불러일으켜 순종으로 이끌어내리라는 것을 알았기 때문이다. 하지만 바울은 디도의 귀환을 기다리던 잠시 동안 편지를 보낸 것을 후회했다. 그 서신의 내용이 너무 격했고 그로 말미암아 고린도 교인들과 더 멀어질 수도 있다는 점을 두려워했기 때문이다. 하지만 그 편지가 바울이 원하던 결과를 내었으므로 마지막에는 기뻐했다.

7:9 너희가 근심함으로 회개함에 이른 그 서신은 고린도 신자들의 마음에 근심을 일으켰고 그것이 그들에게 자기들의 죄를 회개하도록 했다. *회개*는 죄로부터 돌아서서 하나님과의 관계를 회복하고자 하는 열망을 가리킨다(*마 3:2, 8에 대한 설명을 보라*).

7:10 하나님의 뜻대로 하는 근심은…구원에 이르게 하는 회개를 이루는 것이요 "하나님의 뜻대로 하는 근심"은 하나님의 뜻에 따를 때 겪게 되는 슬픔이며, 성령께서 일으키신다(*딤후 2:25에 대한 설명을 보라*). 참된 회개는 자신의 죄에 대한 참된 근심 없이는 일어나지 않는다. *이르게*(*leading*)는 번역자가 덧붙인 말이다. 바울의 말은 회개가 구원의 영역에 속한다는 것이다. 회개는 구원의 핵심이면서 본인이 구원받았음을 입증한다. 불신자가 구원받을 때 가장 먼저 하는 것이 회개이며, 신자가 된 후에는 하나님과의 관계가 가져다주는 기쁨과 복을 유지하기 위해 계속 죄를 회개한다(*요일 1:7-9에 대한 설명을 보라*). **세상 근심은 사망을 이루는 것이니라** 인간적인 근심은 거룩하지 않은 후회이며 구속 능력이 없다. 그것은 자신이 죄에 사로잡혀 있다는 사실과 자신의 욕망이 아직 성취되지 않았다는 현실에서 비롯된 손상된 자존심에 불과하다. 그런 종류의 근심은 죄의식이나 수치심, 자포자기, 우울, 자기연민, 절망을 일으킬 뿐이다(참고. 마 27:3).

7:11 이 절은 참된 회개가 한 사람의 태도에서 어떻게 드러날 수 있는지를 보여준다. **간절하게** '진지하게'

고린도후서에 언급된 디도

1. 디도가 늦게 도착하다(2:13)	5. 디도가 바울에게서 사명을 받다(8:6)
2. 디도가 도착하다(7:6)	6. 디도가 바울의 명령을 받다(8:16)
3. 디도가 도착하다(7:13)	7. 디도가 바울의 명령을 받다(8:23)
4. 디도가 도착하다(7:14)	8. 디도가 바울의 보냄을 받다(12:18)

'열심으로'라고 번역하는 것이 더 낫다. 이것은 참된 회개에 대한 최초 반응으로 열심히, 적극적으로 의를 추구하는 것이다. 이것은 죄에 대해 무관심하게 만들고 악과 속임에 대해 안도감을 가지게 한다. **변증하게** 이 말은 '잘못에 대한 보복'으로 번역될 수 있으며, 공의가 이루어지는 것을 보기 원하는 마음을 가리킨다. 회개하는 죄인은 더 이상 자신을 보호하려고 하지 않는다. 그는 어떤 대가를 치르더라도 죄에 대한 보복이 이루어지기를 원한다. **분하게** 때로 의로운 분개, 거룩한 분노와 연결된다. 회개는 자신의 죄에 대한 분노, 그 죄가 주님의 이름과 그분의 백성에게 수치를 끼친 사실에 대한 슬픔으로 이끈다. **두렵게** 이것은 죄로부터 가장 큰 공격을 당한 하나님을 향한 경외심이다. 회개는 죄를 징벌하고 심판하시는 하나님에 대한 건전한 두려움으로 이끈다. **사모하게** 이 말은 '열망함' 또는 '그리워함'으로 번역될 수도 있으며, 범죄 대상과의 관계를 회복하려는 욕구를 가리킨다. **열심 있게** 이 말은 어떤 사람이나 대상을 너무나 사랑한 나머지 그 사랑하는 대상에게 해를 끼친 사람이나 사물을 미워하는 것을 가리킨다(*7절에 대한 설명을 보라*). **그 일에 대하여…깨끗함** 회개의 본질은 거룩을 적극적으로 추구하는 것인데, 바로 고린도 교인이 이렇게 하고 있었다. *깨끗하다(clear)*로 번역된 헬라어는 '순결한' '거룩한'을 의미한다. 그들은 순결함을 통해 회개의 고결성을 보여주었다. **너희 자신의 깨끗함을 나타내었느니라** 죄에 수반되는 낙인을 자신의 이름에서 닦아내려는 욕구를 말한다. 회개하는 죄인은 자신의 참된 회개를 알림으로써 다른 사람들의 신뢰와 확신을 회복한다.

7:12 그 불의를 행한 자 고린도 교회 파당의 지도자다(*12:7에 대한 설명을 보라*).

7:15 두려움과 떪으로 하나님을 향한 경외심과 심판에 대한 건전한 두려움이다(*고전 2:3에 대한 설명을 보라*).

바울의 모금 (8:1-9:15)

A. 헌금의 유형(8:1-9)

1. 마게도냐인(8:1-7)

8:1-9:15 이 단락은 예루살렘 성도를 위한 모금에 대해 바울이 고린도 교인에게 가르친 내용을 다루지만, 성도가 기부하는 문제에 대한 신약성경의 가르침 가운데서 가장 풍부하고 상세한 모델을 제시한다.

8:1 하나님께서…주신 은혜 마게도냐 교회들의 관대한 기부는 하나님의 은혜가 동기로 작용한 것이었다. 바울은 단순히 고귀한 인간적 일로 그 교회들을 칭찬하는 것이 아니라 하나님이 그들을 통해 한 일을 거론하여 하나님께 공로를 돌리고 있다. **마게도냐 교회들** 마게도냐는 그리스 북부에 위치한 로마의 속주였다. 바울이 가리키는 마게도냐 지역에는 빌립보, 데살로니가, 베뢰아 교회가 있었다(참고. 행 17:11). 이곳은 기본적으로 많은 전쟁으로 피폐된 지역이었으며, 심지어 당시에도 로마 당국으로부터 경제적으로 수탈을 당하고 있었다.

8:2 그들의 넘치는 기쁨 *넘치는(abundance)*은 '과잉'이라는 뜻이다. 힘든 상황을 초월하는 주님과 그분의 나라에 대한 그들의 헌신이 있었고, 기쁨이 고난을 넘어섰던 것이다. **극심한 가난** *극심한(deep)*은 '깊이에 따라서' 또는 '지극한 깊음'이라는 뜻이다. *가난(poverty)*은 가장 극단적인 형태의 경제적 빈곤, 즉 사람을 거지로 만드는 극빈을 가리킨다. **그들의 풍성한 연보를 넘치도록** *풍성함(liberality)*으로 번역된 헬라어 단어는 '관대함'이나 '진정성'으로 번역될 수도 있다. 그것은 이중성 또는 두 마음의 반대다. 마게도냐 신자들은 하나님과 다른 사람들을 향한 한결같은 마음과 이타적인 관대함이 넘쳤다.

8:3 바울은 마게도냐인의 헌금에서 세 가지 요소를 부각시키는데, 이는 자원하는 헌금의 개념을 요약한다. 첫째, "힘대로"다. 헌금은 소유에 비례한다. 하나님은 일정한 액수나 비율을 정해주지 않고 백성들이 자기들이 가진 것을 근거로 해서 낼 것을 기대하신다(눅 6:38; 고전 16:2). 둘째, "힘에 지나도록"이다. 헌금은 희생이다. 하나님의 백성은 자기들이 가진 것에 따라 내야 한다. 하지만 그것은 희생이 따르는 정도가 되어야 한다(참고. 마 6:25-34; 막 12:41-44; 빌 4:19). 셋째, "자원하여"이다.

바울과 고린도 교인의 접촉

1. 교회를 세움. 주후 50-52년(2차 전도여행) — 행 18:1-17
2. 실종된 서신. 고전 5:9
3. 고린도전서. 주후 55년 — 3차 전도여행 도중 (행 19장) 에베소에서 기록됨(고전 16:8)
4. 고통스러운 방문 — 고후 2:1; 13:2 (기록되지 않음, 사도행전)
5. 눈물의 서신. 고후 2:3, 4, 9; 7:8-12 — 에베소에서 기록함
6. 고린도후서. 고후 8:1; 9:2-4 — 마게도냐에서 기록함, 주후 55-56년(행 20:1, 2)
7. 또 다른 방문(3차 전도여행) — 행 20:1-4; 고후 12:14, 21; 13:1

문자적으로 '자신의 행동 과정을 스스로 결정하는 사람'이다. 헌금은 자원하는 것이다. 하나님의 백성은 강제, 조작, 위협으로 헌금하면 안 된다.

자원하는 헌금은 언제나 헌금에 대한 하나님의 계획이었다(참고. 9:6; 창 4:2-4; 8:20; 출 25:1, 2; 35:4, 5, 21, 22; 36:5-7; 민 18:12; 신 16:10, 17; 대상 29:9; 잠 3:9, 10; 11:24; 눅 19:1-8). 자원하는 헌금을 십일조와 혼돈해선 안 된다. 십일조는 이스라엘의 국가적 조세제도와 관련된 것이며(*레 27:30-32에 대한 설명을 보라*) 신약성경과 오늘날 시대의 세금에 해당하는 것이다(*마 22:21; 롬 13:6, 7에 대한 설명을 보라*).

8:4 은혜와 성도 섬기는 일 *선물(gift*, 영어 성경에는 이렇게 되어 있음)은 '은혜'를 뜻한다. 마게도냐 그리스도인은 바울에게 예루살렘의 가난한 성도들을 지원하는 일에 참여하여 그들과 교통하는 특별한 은혜를 허락해달라고 간청했다. 그들은 헌금을 의무로 여긴 것이 아니라 특권으로 여겼다(참고. 9:7).

8:5 우리가 바라던 것뿐 아니라 마게도냐 교회들의 반응은 바울이 기대한 것 이상이었다. **먼저** 이 말은 시간을 가리키는 것이 아니라 우선순위를 가리킨다. 마게도냐인에게 있어 최고의 우선순위는 자신을 하나님께 제물로 드리는 것이었다(참고. 롬 12:1, 2; 벧전 2:5). 넘치는 헌금은 개인적 헌신에 따라온다.

8:6 우리가 디도를 권하여 디도는 처음에 고린도 교인한테 적어도 일 년 전에 헌금을 모으기 시작할 것을 권했다. 그가 눈물의 서신을 가지고 고린도로 돌아갔을 때(서론의 배경과 무대를 보라), 바울은 이미 디도에게 신자들에게 예루살렘의 가난한 성도들을 위한 헌금 모으는 일을 마치도록 권장했다.

8:7 이 모든 일에 풍성한 것 고린도 교인의 헌금은 바울이 이미 그들한테서 발견한 다른 그리스도인의 미덕과 조화를 이뤘다. '믿음'은 주님에 대한 거룩한 신뢰, '말'은 건전한 교리, '지식'은 교리의 적용, '간절함'은 열심과 영적인 열정, "사랑"은 지도자들에게 영감을 불어넣은 최상의 사랑을 뜻한다.

2. 예수 그리스도(8:8, 9)

8:8 명령으로 하는 말이 아니요 의무나 명령을 따라 하는 것은 결코 자원하는 헌금이 아니다(*3절에 대한 설명을 보라*).

8:9 부요하신 이로서 그리스도의 영원성과 선재(preexistence)를 가리킨다. 성삼위의 제이위이신 그리스도는 하나님의 부요하심과 같이 그도 부요하다. 그리스도는 모든 것을 소유하시며, 모든 능력과 권세, 주권, 영광, 영예, 장엄함을 가지고 계신다(참고. 사 9:6; 미 5:2; 요 1:1; 8:58; 10:30; 17:5; 골 1:15-18; 2:9; 히 1:3). **가난하게 되심** 그리스도의 성육신을 가리키는 말이다(참고. 요 1:14; 롬 1:3; 8:3; 갈 4:4; 골 1:20; 딤전 3:16; 히 2:7). 그리스도는 자신의 모든 신성한 특권을 독단적으로 사용하기를 포기하고, 하나님과 함께하던 자리를 떠나 인간의 모습을 입고 평범한 범죄자처럼 십자가에서 죽으셨다(빌 2:5-8). **너희를 부요하게 하려 하심이라** 신자들은 그리스도의 희생과 가난하게 되심으로 말미암아 영적으로 부요하게 되었다(빌 2:5-8). 신자들은 그리스도의 구원, 사죄, 기쁨, 영안, 영광, 영예, 장엄함을 통해 부요하게 된다(참고. 고전 1:4, 5; 3:22; 엡 1:3; 벧전 1:3, 4). 그들은 그리스도와 함께 상속자가 된다(롬 8:17).

B. 헌금의 목적(8:10-15)

8:10 나의 뜻을 알리노니 바울은 고린도 교인에게 일정한 액수를 제시하며 헌금하라고 명령하지 않았다. 그러나 바울은 그들에게 자신의 의견을 알렸다. 곧 넘치도록 헌금함으로 물질적 복이든, 영적 복이든, 영원한 보상이든 하나님께로부터 더 풍부하게 받게 될 것이므로, 이것이 그들에게 유익이라는 것이었다(참고. 9:6; 눅 6:38).

8:11 하던 일을 성취할지니 고린도 교인은 모금을 완료하여 그들이 시작한 일을 마칠 필요가 있었다(참고. 눅 9:62; 고전 16:2). 그들은 거짓 교사들의 영향을 받아 모금을 중단할 것으로 보였기 때문에 이렇게 상기시켜 줄 필요가 있었다. 거짓 교사들은 바울이 자기를 위해 돈을 취하는 사기꾼이라고 비난했을 것이다(참고. 2:17).

8:12 할 마음만 있으면 바울은 헌금할 때 기꺼이, 열심을 다하는 마음으로 하기를 원했다. 하나님은 헌금을 내는 액수가 아니라 마음의 태도에 지대한 관심을 가지신다(참고. 9:7; 막 12:41-44). **있는 대로** 사람이 얼마를 가지고 있든지 이것이 그들이 헌금할 수 있는 금액이다(*3절에 대한 설명을 보라*). 신약성경 어디에도 헌금의 액수를 정하거나 어떤 퍼센트를 정하지 않았다. 여기 암시된 것은 사람이 많이 가지고 있다면 많이 낼 수 있고, 적게 가지고 있으면 적게 낼 수밖에 없다는 것이다(참고. 9:6). **없는 것은 받지 아니하시리라** 신자들은 빚을 내어 헌금하거나 빈곤한 수준으로 떨어질 필요는 없다. 하나님은 결코 신자들에게 스스로 가난하게 만들라고 요구하시지 않는다. 마게도냐인은 하나님으로부터 영적인 은혜를 받은 결과 그렇게 넘치도록 낼 수 있었던 것이다.

8:14 균등 이 헬라어에서 영어의 isostasy라는 단어

가 나왔는데, 이는 '평형을 이룬 상태'를 가리킨다. 그래서 '균형' 또는 '평형 상태'라고 번역될 수도 있다. 이것이 가리키는 사상은 그리스도의 몸 안에서는 필요 이상으로 많이 가진 사람이 필요 이하로 덜 가진 사람을 도와주어야 한다는 것이다(참고. 딤전 6:17, 18). 하지만 이것은 교회 내에서 부를 재분배하기 위한 바울의 계획을 말하는 것이 아니라 기본적인 필요가 채워져야 한다는 것이다.

8:15 기록된 것 같이 출애굽기 16:18에서 인용한 것이다. 이스라엘 사람들이 광야에서 만나를 모으던 일은 자원 배분에 관한 적절한 예증이 되었다. 어떤 사람들은 다른 사람들보다 더 많이 모을 수 있었지만, 그것을 서로 나눠 아무도 결핍이 없게 되었던 것으로 보인다.

C. 헌금의 절차(8:16-9:5)

8:16 디도 *6절에 대한 설명을 보라.*

8:18 그 형제 이 남자는 널리 알려졌고, 뛰어나고, 흠잡힐 데가 없었기 때문에 굳이 이름을 밝히지 않았다. 그는 뛰어난 전도자였으며, 모금한 돈을 예루살렘으로 운반하는 일을 맡길 만한 사람이다.

8:19 주의 영광과…나타내기 위하여 바울은 돈과 관련된 어떤 문제가 발생하여 그리스도께 수치를 돌리는 일이 없도록 세심한 주의를 기울였다. 그는 근거 있는 어떤 비난도 받는 일이 없기를 원했다. **여러 교회의 택함을 받아** 돈을 다루는 일과 관련해 교회에서는 그 일에 대한 책임을 지도록 공평무사한 형제를 대표로 선택(18절)했고, 바울과 디도가 거짓 비난을 당하지 않도록 했다.

8:21 선한 일에 조심하려 더 나은 번역은 '칭찬받을 만한 일에 마음을 쓰다' 또는 '칭찬받을 만한 일을 고려하다'이다. 바울은 특별히 헌금의 규모를 고려하면서 자신의 행동에 대해 사람들이 어떻게 생각할지 크게 신경썼다.

8:22 우리의 한 형제 헌금 전달을 위해 임명된 세 번째 사람으로 역시 이름이 밝혀지지 않았다.

8:23 동료요…동역자요 디도는 바울의 '동료'이자 가까운 친구이며 고린도 교인 속에서 함께 사역한 동역자였다. 고린도 교인은 이미 디도의 뛰어난 성품을 알고 있었다. **여러 교회의 사자들이요** 디도와 함께 간 두 사람은 교회의 사명을 받고 보냄을 받았다는 의미에서 사도였다. 그러나 그들은 그리스도의 사도는 아니었다(11:13; 살전 2:6). 그들은 부활하신 그리스도를 목격하지 못했고 직접 그리스도로부터 사명을 받지 않았기 때문이다(*롬 1:1에 대한 설명을 보라*). **그리스도의 영광** 모든 칭찬 가운데서 가장 큰 칭찬은 그리스도께 영광을 돌리는 사람이라는 것이다. 그런데 이 두 사자가 그런 사람들이었다.

9:1 성도를 섬기는 일 그들이 모은 헌금은 예루살렘 신자를 위한 것이었다(*8:4에 대한 설명을 보라*).

9:2 바울은 고린도 교인이 처음에 이 기부 계획에 참여하려고 했을 때 열심과 자원하는 마음을 요구했다. 거짓 교사들을 통해 퍼진 혼란과 거짓(즉 바울이 돈만을 위해 사역하는 사기꾼이라는)이 이 문제에 대해 신자들을 혼란에 빠뜨렸다. **마게도냐인들** 그리스 북부 지방인 마게도냐 속주에 있던 교회들의 신자를 말한다(*8:1-5; 행 16:9에 대한 설명을 보라.* 데살로니가전서 서론의 배경과 무대를 보라). **아가야** 그리스 남쪽 속주로, 고린도 교회가 속한 지역이었다(고린도전서 서론의 배경과 무대를 보라).

9:5 너희가 전에 약속한 연보 처음 도움이 필요한 사실을 들었을 때 고린도 교인은 거액의 헌금을 바울에게 약속했다. **억지** 더 분명하게 번역한다면 '탐욕' '욕심'이 되는 이 단어는 다른 사람을 희생시키면서 더 많은 것을 움켜쥐고 내놓지 않는 것을 가리킨다. 이 태도는 이기심과 교만을 강조한 것이며, 이런 기부에 부정적인 결과가 따르게 된다. 이런 태도는 불신자에게는 자연스럽지만 신앙을 고백하는 신자들은 그렇게 하지 말아야 한다(참고. 시 10:3; 전 5:10; 미 2:2; 막 7:22; 롬 1:29; 고전 5:11; 6:9, 10; 엡 5:3-5; 딤전 6:10; 벧후 2:14).

D. 헌금의 약속(9:6-15)

9:6 수확량은 파종량에 비례한다는 단순하고 분명한 농업의 원리다. 바울은 이를 그리스도인의 기부에 적용했다(참고. 잠 11:24, 25; 19:17; 눅 6:38; 갈 6:7). **많이** 축도(*eulogy*, '축복')라는 단어가 이 헬라어에서 유래되었다. 최대한의 복을 산출하기 위해 하나님을 믿는 마음으로 넉넉하게 기부하는 사람은 그만큼 풍성한 복을 추수할 것이다(참고. 잠언 3:9, 10; 28:27; 말 3:10). 하나님은 사람들이 그분께 투자한 것만큼 돌려주신다. 적게 투자하면 적게 받고, 많이 투자하면 많이 받는다(참고. 눅 6:38).

9:7 그 마음에 정한 대로 '마음에 정한 대로'는 신약성경에서 여기만 등장한다. 이는 충동적이 아니라 사전에 계획되고 결정되어 자원하는 심정으로 수행하는 행동을 가리킨다. 이것이 오래된 성경적 헌금의 원칙이다(*8:3에 대한 설명을 보라.* 참고. 출 25:2). **인색함으로** 또는 '강요로'라는 뜻이다. 이것은 외적 압력이나 강제를 가리키며, 율법주의가 동반될 가능성이 높다. 신자들은

다른 사람의 요구를 근거로, 자의적인 기준이나 정해진 목표 금액에 따라 내어서는 안 된다. **억지로** 문자적으로 '비탄' '슬픔' '애석함'으로 한다는 뜻이다. 이것은 기꺼운 마음 없이 오로지 의무감에 억지로 무슨 일을 할 때 우울, 후회, 주저함 등을 갖게 되는 것을 말한다. **하나님은 즐겨 내는 자를 사랑하시느니라** 하나님은 넘치는 헌금을 즐거움으로 내는 사람들에 대해 특별한 사랑을 가지고 계신다. *즐겨*(*cheerful*)라고 번역된 헬라어에서 영어 단어 'hilarious'(웃기는)가 왔다. 이는 기부하는 기쁨으로 두근거리는 마음을 하나님이 사랑하심을 보여준다.

9:8 모든 은혜를 너희에게 넘치게 하시나니 하나님이 가지신 은혜의 양은 무한하며, 하나님은 그것을 막아놓는 것이 아니라 아낌없이 베푸신다(참고. 대상 29:14). 여기서 *은혜*(*grace*)는 영적인 은혜를 가리키는 것이 아니라 돈과 물질적 필요를 가리킨다. 신자가 관대하게, 지혜롭게 자신의 물질적 재원을 베풀면 하나님은 그것을 은혜로 채워 항상 넉넉하며 결핍되지 않게 하신다(참고. 대하 31:10). **모든 것이 넉넉하여** 그리스 철학에서는 이것이 스스로 충족함으로 말미암은 자랑스러운 만족이었으며, 이것이 참된 행복을 가져다준다고 믿었다. 바울은 이 세속적 용어를 거룩하게 만들어 참된 행복과 만족을 위해 필요한 모든 것을 공급하는 것이 사람이 아니라 하나님이라고 말한다(참고. 빌 4:19). **모든 착한 일을 넘치게** 하나님은 넉넉하고 기쁘게 베푸는 사람에게 아낌없이 주신다. 이는 그들의 이기적인 욕망, 불필요한 욕구를 만족시키라는 것이 아니라 다른 사람의 다양한 필요를 충족시켜 주라는 것이다(참고. 신 15:10, 11).

9:9 바울은 자신이 말한 베푸는 것에 대한 신성한 원칙을 뒷받침하기 위한 구약의 근거를 제시한다(시 112:9). 하나님은 의롭게 베푸는 사람에게 다시 채워주고 보상하신다. 이는 현세와 내세에 모두 적용된다.

9:10 바울은 구약의 또 다른 뒷받침으로 이사야 55:10을 사용한다. 모든 피조물의 물질적 필요를 공급하시고 모든 사람에게 자비하신 하나님은 특별히 자기 자녀에게 더욱 은혜로우시다. 하나님은 관대하게 베푸는 사람에게 다시 채워주신다는 자신의 약속을 항상 이행하신다. **너희 의의 열매** 즐거운 마음으로 내는 사람을 위해 하나님이 베푸시는 이 세상에서의 복과 영원한 복이다(참고. 호 10:12).

9:12 이 봉사의 직무 *봉사*(*administration*)는 '섬김(예배)'라고도 번역될 수 있으며, 제사장의 직무를 가리키는 이 단어에서 *liturgy*(예전)라는 단어가 나왔다. 바울은 헌금을 모으는 이 일 전체를 일차적으로 하나님을 영화롭게 하기 위해 그분께 드리는 영적인 예배 활동에 속한 것으로 보았다. **성도들의 부족한 것만 보충할** *보충하다*(*supply*)로 번역된 헬라어는 '진정으로, 충만히 보충하기'라고 번역할 수 있으며, 이중으로 강조되는 의미를 가지는 단어다. 이 말은 예루살렘 교회가 큰 결핍 가운데 있었음을 말해준다. 많은 유대인이 오순절을 지키기 위해 예루살렘에 갔다가(*행 2:1, 5-11에 대한 설명을 보라*), 베드로의 메시지를 듣고 회심했으며, 그 후에는 적절한 재정적 대책도 없이 그 도시에 남았다. 스데반 순교 후에 일어난 박해의 여파로 많은 예루살렘 거주 그리스도인이 일자리를 잃었음이 분명하다(행 8:1). 하지만 고린도 교인은 재정적 기부를 통해 그들을 도울 수 있을 만큼(*9:5에 대한 설명을 보라*) 경제적으로 부요했다(그들은 아직 마게도냐인과 같은 박해를 당하거나 정치적 · 경제적 수탈을 경험하지 않았음, 8:1-4).

9:13 이 직무로 증거를 삼아 이 헌금은 고린도 교인의 믿음에 대한 진실성을 입증할 수 있는 중요한 기회가 되었다(참고. 약 1:22; 요일 2:3, 4). 이방인이 구원받을 수 있는지에 대해 의심을 품고 있던 유대교 신자들은 고린도 교인에 대해 특별히 회의적이었다. 이는 그 교회가 많은 문제를 안고 있었기 때문이다. 고린도 교인이 구제에 동참한다면 그런 의심을 잠재우는 데 도움이 될 것이었다. **진실히 믿고 복종하는 것** 그리스도를 주와 구주로 믿는다는 고백에 대한 진정성의 증거는 언제나 하나님 말씀에 대한 순종이다(엡 2:10; 약 2:14-20. 참고. 롬 10:9, 10). 만약 고린도 교인이 바울의 모금에 합당한 반응을 보이고 참여한다면 유대인 신자들은 이방인의 회심이 참되다는 것을 알게 될 것이다.

9:14 이 절은 서로를 위한 기도가 참된 기독교적 하나됨의 핵심임을 예증한다. 고린도 교회가 모금을 통해

하나님의 방법으로 헌금하기(고후 8; 9장)

1. 헌금은 즐거운 마음과 마음에 정한 바에 따라 내야 한다(고후 8:3; 9:7).
2. 헌금은 먼저 주님께 드려지고 다음에 신실한 사람에게 맡겨져야 한다(고후 8:5).
3. 헌금은 선택 사안이 아니다(고후 8:12).
4. 십일조가 헌금의 방법으로 제시된 적이 없다.
5. 신약성경에서 헌금에 대해 가장 잘 묘사하는 단어는 '관대함'이다(고후 8:2, 3; 9:11, 13).
6. 헌금생활이 심판 자리에서 평가될 것이다(고후 5:10).

도움을 제공한 결과, 예루살렘 교회는 고린도 교회에서 하나님이 일하고 계심을 깨닫게 된다(*13절에 대한 설명을 보라*). 그리고 예루살렘 교회는 그들이 보여준 넘치는 사랑으로 말미암아 하나님께 감사하면서 그리스도 안에서 친구가 되어 고린도 교회를 위해 기도할 것이다. **하나님이 너희에게 주신 지극한 은혜** 하나님의 영이 고린도 교인 속에서 특별한 방식으로 역사하고 계셨다(*13절에 대한 설명을 보라*).

9:15 바울은 신자가 무엇을 내는 행위를 하나님이 예수 그리스도를 주신 일 곧 "말할 수 없는 그의 은사"에 비교하면서 자신의 설명을 마무리한다(참고. 롬 8:32). 하나님은 자기 아들을 무덤에 묻으셨으며, 부활하신 그리스도를 의지하는 큰 무리를 열매로 거두셨다(참고. 요 12:24). 이 사건은 신자들이 무엇이든지 기쁘게, 희생적으로, 풍부하게 심고 거둘 수 있게 만든다. 이렇게 자신의 것을 냄으로써 그들은 그리스도의 형상을 보여준다(참고. 요 12:25, 26; 엡 5:1, 2).

10:1-13:14 여기서부터 1-9장까지의 어조가 갑자기 바뀐 것 때문에 1-9장과 10-13장의 관계에 대한 다양한 설명이 나왔다. 어떤 사람들은 10-13장이 원래 '눈물의 편지'(2:4)의 일부였으며, 따라서 시간 순서상 1-9장보다 앞선다고 주장한다. 그러나 10-13장은 1-9장보다 먼저 기록되었을 수 없다. 왜냐하면 10-13장에서 디도의 방문이 과거 일로 언급되었기 때문이다(12:18. 참고. 8:6). 나아가서 '눈물의 편지'를 쓰게 만들었던 바울에 대한 공격자의 이야기(2:5-8)가 10-13장에는 전혀 언급되지 않는다. 어떤 사람들은 시간상 1-9장 다음에 10-13장이 온다는 것에 대해서는 동의하지만, 그 둘이 별도의 서신이라고 주장했다. 그들은 바울이 1-9장을 써서 고린도에 보낸 후 고린도 교회의 새로운 문제에 대한 보고를 받고 나서 그에 대한 응답으로 10-13장을 썼다고 가정한다. 이 견해의 수정된 내용에 따르면 바울이 1-9장을 쓰고서 잠깐 쉬고 있는 사이에 고린도 교회로부터 나쁜 소식이 들려왔고, 그 후 10-13장을 이어서 썼다는 것이다. 이 견해는 고린도후서의 통일성을 견지하기는 하지만, 바울은 10-13장 어디서도 고린도 교회로부터 새로운 소식을 받았다고 언급하지 않는다. 최선의 견해는 고린도후서는 통일된 하나의 서신으로 1-9장은 교회 내의 회개한 다수 사람한테 하는 말이고(참고. 2:6), 10-13장은 여전히 거짓 교사들의 영향 하에 있는 소수 사람을 향한 말로 보는 것이다. 이 견해를 지지하는 증거는 다음과 같다. 첫째, 10-13장이 별도의 서신으로 회람되었다는 역사적 증거(헬라어 사본, 교부들의 글, 초기의 번역)가 어디에도 없다. 모든 헬라어 사본에서 10-13장은 1-9장 다음에 온다. 둘째, 10-13장의 어조와 1-9장의 어조 차이가 과장되었다(참고. 11:11; 12:14 그리고 6:11; 7:2). 셋째, 바울이 약속된 방문(1:15, 16; 2:1-3)을 위해 고린도 교인을 준비시키는 과정으로 보면 10-13장은 1-9장의 논리적 결론이 된다.

바울의 사도직 (10:1-12:13)

A. 사도의 권위(10:1-18)

10:1 유순하고…너희에 대하여 담대한 바울은 자신을 향한 일부 고린도 교인의 비난의 또 다른 특징을 냉소적으로 반복한다. 슬프게도 고린도 교인들은 자신들을 향한 바울의 온유와 관용을 유약함으로 오해했고, 바울은 겁쟁이이며, 멀리 안전한 곳에서 글로 쓸 때만 담대하다고 비난했다(참고. 10절). **온유** 불공정한 대우에 대해 인내로 반응하는 겸손하고 부드러운 태도다. 온유한 사람은 독기를 품거나 분노하지 않으며, 불의한 일을 당해도 보복하려고 하지 않는다. *마태복음 5:5에 대한 설명을 보라*. **관용** 이것은 의미상 온유와 유사하다. 높은 자리에 있는 사람에게 적용될 때는 관대함을 가리킨다. 관용적인 사람은 자신에게 보복할 수 있는 권세를 가졌다고 해도 그렇게 하지 않는다(빌 4:5).

고후

10:2 바울은 담대하고 용감하게 싸울 능력이 얼마든지 있었다(참고. 갈 2:11). 그러나 고린도 교인을 아끼기 때문에(참고. 1:23) 사도는 소수의 반항적인 사람들에게 자신의 담대함을 발휘하게 만들지 말 것을 부탁했다. 이는 필요하다면 그렇게 하겠다는 경고였다.

10:3 육신으로 행하나 고린도 교회의 적들은 바울이 도덕적 의미에서 육신적으로 행한다고 부당하게 비난했다(참고. 롬 8:4). 바울은 그 비난을 비웃으면서 자신이 몸을 가지고 산다는 의미에서는 육신으로 행한 것이 맞다고 선언한 것이다. 예수 그리스도의 사도로서 능력과 권세를 소유했지만 그는 진짜 사람이었다(참고. 4:7, 16; 5:1). **육신에 따라 싸우지** 바울도 사람이었으나 사람들의 영혼을 위한 영적 싸움을 할 때는 사람의 재주, 세상적인 지혜, 교묘한 방법을 사용하지 않았다(참고. 고전 1:17-25; 2:1-4). 그런 무능한 세상적인 무기에는 영혼을 어둠의 권세에서 해방시키고 그리스도 안에서 성숙에 이르게 할 수 있는 능력이 없다. 그런 무기로는 고린도의 거짓 사도들의 복음에 대한 악마적 공격에 성공적으로 대항하지 못한다.

10:4 우리의 싸우는 신약성경에서는 그리스도인의 삶을 흔히 전쟁으로 묘사한다(참고. 6:7; 엡 6:10-18; 딤전 1:18; 딤후 2:3, 4; 4:7). **육신에 속한 것** '인간적'이라는

뜻이다. *3절에 대한 설명을 보라.* **진** 고린도 교인은 이 은유를 쉽게 이해했을 것이다. 대부분의 고대 도시처럼 고린도 시에도 전쟁 시 거류민이 대피할 수 있는 성채가 있었기 때문이다(도시의 동편 언덕 꼭대기에 위치함). 지옥의 세력이 구축한 막강한 영적인 성채는 경건한 신자들이 휘두르는 영적인 무기, 특별히 "성령의 검"(엡 6:17)으로만 무너뜨릴 수 있다. 이는 오직 하나님의 진리의 말씀만이 마귀의 거짓을 무너뜨릴 수 있기 때문이다. 이것이 진짜 영적 전쟁이다. 신약성경에서 신자는 귀신이나 사탄을 공격하는 것이 아니라(*유 9절에 대한 설명을 보라*), 진리로 오류를 공격하게 되어 있다. 그것이 전투다(참고. 요 17:17; 히 4:12).

10:5 모든 생각을 사로잡아 이 말은 인간적이고 마귀적인 지혜의 요새를 완전히 파괴하고, 그 안에 갇혀 있던 사람들을 지금까지 그들을 노예로 잡고 있던 저주받을 거짓으로부터 구해내는 것을 강조한다. **생각** 사상, 관념, 사색, 논증, 철학, 거짓 종교 등이 이데올로기적 요새가 되고, 사람들은 그 안에서 하나님과 복음에 대항해 자신들을 방어한다(참고. 고전 3:20).

10:6 바울은 믿음의 원수가 자신이 목양하던 교회를 공격하는 동안 그저 지켜보고만 있지 않았다. 고린도 교회가 온전한 순종에 도달하는 즉시 그들을 제거할 준비를 하고 있었다(에베소에서 그렇게 했듯이. 딤전 1:19, 20). 그때가 되면 회개하고 순종하는 다수와 저항하고 불순종하는 소수 사이에 분명한 경계가 그어질 것이다.

10:7 외모만 보는도다 *보는도다(look)*로 번역된 헬라어 동사는 명령형, 즉 '분명한 것을 보라' '사실을 직면하라' '증거를 고려하라' 등 명령으로 번역되는 것이 더 낫다. 그들이 바울에 대해 알고 있는 사실에 비춰볼 때(참고. 고전 9:1, 2), 어떻게 고린도 교인 가운데서 일부가 바울을 거짓 사도라고 믿으며, 거짓 교사들을 참된 사도라고 믿을 수 있단 말인가? 바울과 달리 거짓 사도들은 교회를 세운 적도 없고 그리스도의 대의를 위해 고난이나 박해를 당한 적도 없다. 바울은 다메섹 도상에서 경험한 일에 대한 진실한 증인으로 자신의 동료들, 심지어 아나니아를 부를 수도 있었다. 하지만 거짓 사도들이 부활하시고 영화롭게 되신 그리스도를 만났다는 주장을 뒷받침할 증인은 없었다. **만일 사람이 자기가 그리스도에게 속한 줄을 믿을진대** 자기들이 그리스도에게 속해 있다는 거짓 사도들의 주장은 네 가지로 정리될 수 있다. 첫째, 그들이 그리스도인이었다. 둘째, 그들이 예수의 지상 생애 동안 예수를 알았다. 셋째, 예수가 그들을 사도로 위임하셨다. 넷째, 그들이 그리스도에 대한 더 높고 은밀한 지식을 가지고 있었다. 네 가지 가운데 일부나 전부가 그들 자신에게 적용된다고 주장하는데, 그렇다면 바울에게는 이 네 가지 주장이 적용되지 않는다는 것을 의미한다. **우리도 그러한 줄을** 논증을 위해 바울은 이 시점에서 거짓 사도들의 주장을 부인하지 않았다(뒤에 11:13-15에서 부정함). 여기서 바울은 자신도 그리스도에 속했음을 주장했고, 또 주장해왔다는 것을 지적했을 뿐이다. 서로 대립되는 두 주장 가운데 결정을 내리기 위해 고린도 교인들은 사도가 이 절의 앞에서 명한 것처럼 객관적 진리를 살펴보기만 하면 되었다.

10:8 거짓 사도들과의 논쟁 때문에 바울은 자신의 권위에 대해 평소보다 더 강조하지 않을 수 없었다. 바울은 겸손한 인물로 통상적으로 자신의 권위를 크게 내세우지 않았다. 그러나 바울이 권위에 대해 얼마나 말하든지 그는 부끄러울 것이 없었다. 그는 자신이 말하는 권위를 실제로 가지고 있었기 때문에 헛된 자랑을 늘어놓는 잘못을 범할 일이 없었다. 주님은 바울에게 교회를 세우고 강건케 하는 권위를 주셨다. 고린도 교회에서 그가 그렇게 했다는 사실은 바울의 사도적 부르심이 참되다는 사실을 증명해준다. 거짓 사도들은 고린도 교회를 세우기는커녕 혼란과 분열, 소란만 초래했다. 이 사실은 그들의 권위가 주님으로부터 오지 않았음을 보여주었다. 주님은 자신의 교회를 찢는 것이 아니라 세우기를 원하시는 까닭이다(참고. 마 16:18).

10:9 편지들로 너희를 놀라게 하려는 것 거짓 사도들은 바울이 권위를 오용하는 지도자이며, 편지로 고린도 교인을 겁주려 한다고 비난했다('눈물의 편지'처럼. 서론의 배경과 무대를 보라). 그러나 바울의 목표는 고린도 교인을 놀라게 하려는 것이 아니라 그들로 회개하게 하는 것이었다(참고. 7:9, 10). 이는 바울이 그들을 사랑했기 때문이다(참고. 7:2, 3; 11:11; 12:15).

10:10 거짓 사도들은 바울의 신뢰성을 떨어뜨리기 위해 지속적으로 시도했다. 그들은 바울의 편지는 담대하고 힘이 있는 데 비해 바울 자신의 인물은 외모나 은사, 위대한 지도자의 자질이 부족하다고 주장했다. 그들이 '고통스러운' 방문(2:1. 참고. 서론의 배경과 무대) 이후 바울이 떠난 사실을 실패하여 비굴하게 도피한 것으로 묘사하면서 자기들의 주장에 힘을 싣고자 했을 것이다. 노련한 수사와 유창한 연설을 높이 사는 당대의 문화 속에서 바울의 "시원하지 않은" 언변도 그가 연약하고 능력이 없다는 증거로 사용되었을 것이다.

10:11 바울은 자신에 대한 거짓 비난을 부인하면서 자신의 고결성을 단언했다. 편지 속의 그는 그들과 함께 있던 바로 그였다.

10:12 어떤 자와 더불어 감히 짝하며 비교할 수 없노라 바울이 자신을 다른 사람과 비교하거나 자신을 드러내지 않았다는 것은 그의 겸손을 나타낸다. 그가 유일하게 마음 쓰는 것은 주가 자신에 대해 어떻게 생각하시느냐 하는 것이었다(참고. 고전 4:4). 하지만 그는 고린도 교인이 자신에게 등을 돌림으로써 진리를 떠나 거짓에게로 돌이키는 것을 막기 위해 자신의 사도직을 변호할 필요를 느꼈을 뿐이다. **자기로써 자기를 헤아리고 자기로써 자기를 비교하니** 바울은 거짓 사도들의 자랑이 얼마나 어리석은지를 지적한다. 그들은 자기들이 충족시킬 수 있는 거짓 기준을 만들고 나서 그 기준을 지키고 자기들이 우월하다고 주장했던 것이다.

10:13 분수 이상의 자랑을 하지 않고 교만하고 거만하고 자랑이 넘치는 거짓 사도들과 달리 바울은 참되고 하나님이 주신 것이 아니라면 사역과 자신에 대한 어떤 것도 말하기를 거절했다. **오직 하나님이 우리에게 나누어 주신 그 범위의 한계** 바울은 하나님이 자신에게 주신 사역의 한계 내에 머무는 것, 곧 이방인의 사도가 되는 것으로 만족했다(롬 1:5; 11:13; 딤전 2:7; 딤후 1:11). 그리하여 거짓 사도들의 주장과 달리 바울 사역의 영역에 고린도가 포함되었다. 사도는 자신의 성취를 자랑하지 않고 그리스도께서 그를 통해 이루신 일만 말함으로써 다시 한 번 그의 겸손을 보여주었다(롬 15:18; 골 1:29).

10:15 우리의 규범을…더욱 풍성하여지기를 바라노라 위기가 해소되고 고린도 교인의 믿음이 힘을 얻었을 때 바울은 그들의 도움으로 자신의 사역을 새로운 지역으로 확장시키고자 했다.

10:16 너희 지역을 넘어 바울은 로마(행 19:21)와 서바나(스페인. 롬 15:24, 28) 같은 지역을 생각하고 있었다.

10:17 바울에게 자기자랑은 생각만 해도 혐오스러울 정도였다. 그는 오직 주 안에서만 자랑했다(참고. 렘 9:23, 24; 고전 1:31. *13절에 대한 설명을 보라*).

10:18 주께서 칭찬하시는 자니라 *12절에 대한 설명을 보라*. 스스로 자랑한다는 것은 의미도 없고 바보 같은 짓이다. 유일하게 참되고 의미 있는 칭찬은 하나님으로부터 오는 것이다.

B. 사도의 행위(11:1-15)

11:1 좀 어리석은 것 자기를 칭찬하는 것의 어리석음을 지적했으므로(10:18), 바울은 그런 어리석은 일을 하려고 하지 않았을 것이 분명하다. 그러나 고린도 교인이 거짓 사도들의 주장을 받아들이자 바울은 자신의 사도적 신임장을 내보이지 않을 수 없었다(참고. 12:11). 그것이 고린도 교인에게 진실을 알게 하는 유일한 방법이었기 때문이다(*10:7에 대한 설명을 보라*). 그러나 거짓 사도들과 달리 바울의 자랑은 주 안에서 하는 것이었으며(10:17) 거짓 가르침의 위험에 처해 있는 고린도 교인의 안녕에 대한 염려가 그 동기가 되었다(참고. 2절; 12:19).

11:2 내가…너희를 위하여 열심을 내노니 바울이 "어리석은 것"을 하는 이유는(*1절에 대한 설명을 보라*) 고린도 교인을 향한 그의 깊은 염려 때문이었다. 고린도 교인에 대한 질투에 가까운 염려였는데, 이는 자신의 명성을 위한 것이 아니라 고린도 교인의 영적 순결을 위한 열심이었다(*3절에 대한 설명을 보라*). **하나님의 열심** 하나님의 대의를 위한 열정에 의해 야기된 열심이므로, 하나님이 그분의 거룩한 이름과 자기 백성의 충성을 위하여 품으시는 열심과 유사하다(참고. 출 20:5; 34:14; 신 4:24; 5:9; 6:15; 32:16, 21; 수 24:19; 시 78:58; 겔 39:25; 나 1:2). **내가 너희를…한 남편인 그리스도께 드리려고 중매함이로다** 그들의 영적인 아버지(12:14; 고전 4:15. 참고. 9:1, 2)인 바울은 고린도 교인을 딸로 그리면서 자신이 그들을 그리스도에게 정혼시켰다고 말한다(그들의 회심 때). 구약성경은 이스라엘을 여호와의 아내로 그리고(참고. 사 54:5; 렘 3:14; 호 2:19, 20), 신약성경은 교회를 그리스도의 신부로 그린다(엡 5:22-32; 계 19:7). **정결한 처녀** 고린도 교인을 그리스도와 정혼시켰으므로 바울은 그들이 혼인의 날에 이를 때까지 순결을 지키기를 원했다(참고. 계 19:7). 바울의 열심을 일으킨 것은 그들에 대한 강한 관심이었으며(*1절에 대한 설명을 보라*), 이것이 바울을 자극하여 자신의 사도적 신임장을 제시하게 했던 것이다.

11:3 바울은 고린도 교회가 직면한 위험을 하와가 사탄의 속임수에 넘어간 것에 비교했다. 바울은 고린도 교인이 하와처럼 사탄의 거짓에 속아 그 마음이 부패할 것을 두려워했다. 그렇게 되었을 때의 비극적인 결과는 그리스도에 대한 순수한 헌신을 버리고 거짓 사도들의 교묘한 오류에 빠지는 일이 될 것이다. 바울이 창세기 3장을 인용한 것은 거짓 사도들이 사탄의 일꾼이라는 사실을 암시하기 위해서다. 뒤에 바울은 이 사실을 분명히 했다(13-15절).

11:4 누가 가서 거짓 사도들은 외부로부터 고린도 교회 안으로 들어갔다. 이는 사탄이 에덴동산 안으로 들어간 것과 똑같다. 짐작컨대 그들은 고린도 교인을 예루살렘 교회의 지배 아래 두려는 팔레스타인 유대인이었을 것이다(참고. 22절; 행 6:1). 어떤 의미에서 그들은 유대주의자, 곧 고린도 교인에게 유대교의 풍습을 강요

고후

하려는 자들이었다. 하지만 고린도의 거짓 사도들은 갈라디아 교회를 병들게 한 유대주의자들(참고. 갈 5:2)과 달리 고린도 교인이 할례를 받아야 한다고 주장하지는 않았던 것으로 보인다. 또한 그들은 엄격한 율법주의를 추종하지도 않았다. 실제로 그들은 방탕한 생활을 권장했던 것 같다(참고. 12:21). 거짓 사도들이 수사와 연설에 매료되었다는 사실(참고. 10:10)은 그들이 그리스 문화와 철학에 영향을 받았음을 짐작하게 한다. 그들은 예루살렘 교회를 대표한다고 거짓으로 주장했고(참고. 행 15:24), 심지어 추천서까지 가지고 있었다(*3:1에 대한 설명을 보라*). 자기들이 가장 뛰어난 사도라고 주장하면서(5절), 바울의 사도적 주장을 비웃었다. 비록 그들의 가르침이 갈라디아 유대주의자들과 달랐을지라도 치명적으로 해로웠다는 점은 마찬가지였다. **다른 예수…다른 영…다른 복음** 그들은 바울을 개인적으로 지독하게 공격했지만, 바울이 거짓 사도들에 대해 제기한 문제는 개인적인 것이 아니라 교리적인 것이었다. 바울은 그들이 예수 그리스도의 복음을 전하는 한 자신에 대한 적대감은 참아줄 수 있었다(참고. 빌 1:15-18). 하지만 바울은 복음을 변질시키는 자들을 강력하게 정죄했다(참고. 갈 1:6-9). 거짓 사도들이 가르친 것이 정확하게 무엇인지를 알 수 없지만 그들은 "다른 예수" "다른 영"을 가르침으로써 결국 "다른 복음"을 가르쳤다. **너희가 잘 용납하는구나** 고린도 교인이 거짓 사도들의 저주받을 거짓 가르침을 받아들일 것에 대한 두려움이 바울에게 그들을 위한 열심을 일으켰다(*2, 3절에 대한 설명을 보라*).

11:5 지극히 크다는 사도들 열두 사도를 가리키는 표현일 수 있다. 만약 그렇다면 지금 바울은 거짓 사도들(예루살렘 교회의 파송을 받았다고 말하는 자들, *4절에 대한 설명을 보라*)의 주장에 대항하여 자신은 열두 사도보다 절대 열등하지 않다고 단언하고 있는 것이다(참고. 고전 15:7-9). 또는 거짓 사도들이 스스로를 높이 여기는 것에 대해 그들을 조소하는 말일 가능성이 더 높다. 이는 바울이 거짓 가르침에 대해 말하는 문맥에서(참고. 1-4절) 열두 사도를 언급했을 것 같지 않고, 그 뒤에 나오는 비교가 바울과 열두 사도 사이의 비교로 보이지도 않기 때문이다(바울은 분명 열두 사도에 대항해 자신의 말솜씨를 변호할 필요가 없었음, 참고. 행 4:13).

11:6 말에는 부족하나 바울은 헬라 문화에서 그렇게도 칭송되던 수사학적 기교를 훈련받지 않았다는 사실을 시인했다(*10:10에 대한 설명을 보라*. 참고. 행 18:24). 그는 복음 전도자이지 전문적인 연설가는 아니었다. **지식에는 그렇지 아니하니** 바울에게 연설가로서의 능력에 어떤 결점이 있었을지 몰라도 지식에서는 결코 부족한 점이 없었다. 여기서 바울이 말하는 것은 가말리엘 문하에서 받은 랍비 교육이 아니라(행 22:3), 그가 하나님으로부터 직접 받은 복음에 대한 지식이다(참고. 고전 2:6-11; 엡 3:1-5).

11:7 복음을 값없이 헬라 문화에서는 교사의 가치를 교사가 요구하는 수업료의 액수를 가지고 평가했다. 그런데 바울은 자신의 봉사에 대해 대가를 요구하지 않았기 때문에(참고. 고전 9:1-15) 거짓 교사들은 바울을 가짜라고 비난했다. 거짓 교사들은 바울이 고린도 교인의 지원을 거절한 사실을 거론해 고린도 교인이 불쾌감을 느끼도록 했으며, 그것을 바울이 그들을 사랑하지 않은 증거라고 제시했다(참고. 11절). 바울이 천막 제조업을 통해 스스로 생활비를 번 것도(행 18:1-3) 고린도 교인에게는 당황스러운 일이었다. 그런 일이 사도의 존엄성을 해치는 일이라고 생각했기 때문이다. 예리한 풍자를 동원해 바울은 자신을 비난하는 사람들에게 지원받을 권리를 포기한 것이 어떻게 죄가 될 수 있느냐고 질문했다. 실제로 그는 지원을 거부함으로써 스스로를 낮췄는데, 이는 그들을 높이기 위해서였다. 즉 그들을 죄와 우상숭배에서 이끌어내기 위한 것이었다.

11:8 다른 여러 교회에서…탈취한 것이라 *탈취하다*(robbed)는 매우 강한 표현으로, 일반 헬라어에서는 강탈하는 것을 뜻한다. 물론 바울은 다른 교회들에서 그들의 동의 없이 돈을 취하지 않았다. 바울의 요점은 그가 고린도에서 사역하는 동안 그를 지원한 교회들을 위해 그 지원에 합당한 직접적인 유익을 주지 못했다는 것이다. 바울이 고린도 교인들로부터 지원받을 수 있는 권리가 있음에도 불구하고 그것을 거부한(고전 9:15) 이유가 무엇인지는 분명하지 않다(*12절에 대한 설명을 보라*). 어쩌면 그들 중 몇몇은 바울이 예루살렘 교회를 위한 모금을 추진한 동기에 대해 의심을 품었을지도 모른다(참고. 12:16-18).

11:9 마게도냐에서 온 형제들 실라와 디모데(행 18:5)가 빌립보에서 돈을 가지고 왔으며(빌 4:15), 어쩌면 데살로니가에서도 가지고 왔을지도 모른다(참고. 살전 3:6). 마게도냐인의 넉넉한 경제적 지원은 바울에게 복음 전파에 전념하도록 해주었다.

11:10 아가야 지방 로마의 속주로 고린도가 그 지역의 수도요 중심 도시였다(*9:2에 대한 설명을 보라*). 거짓 사도들은 고린도 시 이외의 지역에서도 영향력을 행사했던 것으로 보인다. **나의 이 자랑** 대가를 받지 않고 봉사한다는 자랑이다(*7절에 대한 설명을 보라*. 참고. 고전 9:15, 18).

11:12 그대로 앞으로도 하리니 바울이 고린도 교인들로부터 재정적 지원을 거부했다는 사실은 거짓 사도들에게 당황스러운 일이었다. 그들은 자기들의 봉사에 대한 결과로 돈을 간절히 원했기 때문이다. 바울은 대가 없이 봉사를 수행하여 자신과 동일한 근거로 사역한다는 거짓 사도들의 주장을 무너뜨리려고 했다.

11:13-15 이제 더 이상 은근한 풍자로 말하거나 자신을 방어하지 않고 바울은 노골적이고 직접적으로 거짓 사도들의 정체, 곧 그들이 사탄의 일꾼임을 폭로했다. 그들이 주장하는 사도권만 거짓이 아니었다. 그들의 가르침 역시 거짓이었다(*4절에 대한 설명을 보라*). 사탄의 거짓 가르침의 전파자인 그들은 갈라디아서 1:8, 9절의 저주 하에 있었다. 바울의 강한 어조가 심하다고 생각할 수 있지만, 그것은 고린도 교인을 위해 바울이 가진 열심의 표현이었다(*2절에 대한 설명을 보라*). 바울은 연합을 위해 진리를 포기할 생각이 없었다. 참고. 디모데전서 4:12; 베드로후서 2:1-17; 유다서 8-13절.

11:13 거짓 사도 *4절에 대한 설명을 보라.*

11:14, 15 흑암의 왕자(참고. 눅 22:53; 행 26:18; 엡 6:12; 골 1:13)도 빛의 천사로 변장하므로(즉 진리의 전달자로 꾸미므로) 그의 일꾼들이 그렇게 하는 것이 놀라운 일은 아니다. 사탄은 하와를 속였고(*3절; 창 3:1-7에 대한 설명을 보라*) 불신자를 포로로 잡고 있다(4:4. 참고. 엡 2:1-3). 그의 일꾼들이 고린도 교인을 속여 포로로 잡으려 하고 있었다. 제멋대로 "의의 일꾼"인 척하는 이들의 "마지막"에는 하나님의 심판이 기다리고 있으며, 이는 모든 거짓 교사들의 운명이다(롬 3:8; 고전 3:17; 빌 3:19; 살후 2:8; 벧후 2:1, 3, 17; 유 4, 13절).

C. 사도의 고난(11:16-33)

11:16-33 재정적 지원의 문제를 논하고(7-12절) 거짓 교사들이 사탄의 일꾼임을 폭로하느라(13-15절) 곁길로 빠졌다가, 이제 고린도 교인들로 인한 바울의 "어리석은" 자랑으로 돌아왔다(1-6절. *1절에 대한 설명을 보라*).

11:16 누구든지 나를 어리석은 자로 여기지 말라 *1절에 대한 설명을 보라.* 어떤 고린도 교인이 (거짓 사도들의 지도를 받아서) 사도를 거짓 사도들보다 못한 것처럼 비교했으므로 바울은 그들의 어리석음에 대해 대답하기로 작정했다(잠 26:5). 바울의 관심사는 자신의 체면을 세우는 것이 아니었다. 그는 고린도 교인이 자신을 버리고 거짓 사도들을 선택하는 것이 참된 복음을 거부하고 거짓된 복음을 받아들이는 것임을 알고 있었다. 따라서 바울은 자신과 자신의 사역에 대한 진정성을 천명하여 예수 그리스도의 참된 복음을 지키고자 했다.

성경에 등장하는 거짓들

1. 거짓 예배	마 15:8, 9
2. 거짓 그리스도	마 24:4, 5, 24
3. 거짓 증인	고전 15:15
4. 거짓 사도	고후 11:13; 계 2:2
5. 거짓 일꾼	고후 11:14, 15
6. 거짓 복음	갈 1:6-9
7. 거짓 형제들	갈 2:3, 4; 고후 11:26
8. 거짓 기적을 행하는 자	살후 2:7-12
9. 거짓 지식	딤전 6:20
10. 사람의 거짓 명령	딛 1:13, 14
11. 거짓 교리	히 13:9
12. 거짓 믿음	약 1:26
13. 거짓 교사	벧후 2:1
14. 거짓 선지자	마 24:24; 벧후 2:1; 요일 4:1

고후

11:17, 18 바울은 자랑이 "주를 따라 하는 말"이 아님을 인정했지만(참고. 10:1), 고린도 교회의 절박한 상태로 말미암아(거짓 사도들이 "육신을 따라 자랑하니") 자신을 자랑하지 않을 수 없었다. 하지만 이는 자기 영광을 위한 것이 아니라(갈 6:14) 고린도 교회를 위협하던 거짓 가르침에 대항하기 위한 것이었다(*16절에 대한 설명을 보라*).

11:19-21 이 단락은 바울이 쓴 글 가운데서 가장 통렬한 조소를 보여준다. 이는 고린도 교회의 상황이 얼마나 심각했는지를 보여주며, 경건한 목사의 염려를 드러내고 있다(*2절에 대한 설명을 보라*). 바울은 자신이 거짓 사도들과 의견을 달리하는 것을 단순한 학문적 토론으로 간주하지 않았다. 거기에는 고린도 교인의 영혼과 복음의 순결성이 걸려 있었다.

11:19 바울은 고린도 교인은 지혜롭기 때문에 바울 같은 "어리석은" 사람을 감당하는 데 아무 문제가 없어야 한다고 냉소적으로 말한다(참고. 고전 4:10).

11:20 너희를 종으로 삼거나 이 헬라어 동사는 신약성경에서 오직 갈라디아서 2:4에만 등장한다. 그 절은 갈라디아 교인이 유대주의자의 종이 되는 것을 말하는 부분이다. 거짓 사도들은 고린도 교인들이 그리스도 안에서 누리던 그들의 자유를 탈취했다(참고. 갈 5:1). **잡아먹거나** 또는 '너희를 먹이로 삼거나'라는 뜻이다. 이것은 거짓 교사들이 재정적 지원을 요구하는 것을 가리키는 듯 보인다(이와 동일한 동사가 누가복음 20:47에 등장하

는데, 그 말씀에서 예수는 바리새인들이 과부의 가산을 삼키는 것을 질타하심). **빼앗거나** 더 좋은 번역은 '너를 이용하여 이익을 취하다'이다(12:16에서는 "내가…너희를 속임수로 취하였다"로 번역되었음). 거짓 사도들은 고린도 교인을 물고기처럼 그물로 포획하려고 시도했다(참고. 눅 5:5, 6). **스스로 높이거나** 이 말은 주제넘은 사람, 잘난 체하는 사람, 거만하게 행동하는 사람, 사람 위에 군림하려는 사람을 가리킨다(참고. 벧전 5:3). **뺨을 칠지라도** 거짓 사도들이 신체적으로 고린도 교인을 학대했을 수도 있지만, 그보다는 이 말이 은유적 표현으로 사용되어(참고. 고전 9:27) 거짓 교사들이 고린도 교인을 수치스럽게 한 것을 뜻할 가능성이 훨씬 더 높다. 빰을 치는 것은 상대방에 대한 무시와 멸시의 표시였다(참고. 왕상 22:24; 눅 22:64; 행 23:2).

11:21 약한 것 같이 자신이 '너무 약하여' 거짓 사도들이 했던 것처럼(20절) 고린도 교인을 학대하지 못했다는 말에서 바울의 조소는 극에 달했다.

11:22-33 이 편지에서 바울이 그리스도의 대의를 위해 당한 고난을 기록한 가장 긴 목록이다(참고. 4:8-12; 6:4-10).

11:22 그들이 히브리인이냐…그들이 이스라엘인이냐…그들이 아브라함의 후손이냐 이 각각의 질문에 대해 바울은 간단하고도 힘있게 "나도 그러하다"라고 답한다(참고. 빌 3:5).

11:23 그들이 그리스도의 일꾼이냐 바울은 이미 그들이 그렇지 않다고 강하게 부인했다(13절). 하지만 어떤 고린도 교인은 여전히 그들이 그렇다고 믿고 있었다. 바울은 논증을 위해 그들의 믿음을 인정하고 나서 자신의 사역은 거짓 사도들의 소위 '사역'에 비해 모든 면에서 훨씬 우월하다는 것을 입증해 나간다. **정신 없는 말을 하거니와** *1절에 대한 설명을 보라*. 바울은 다시 한 번 고린도 교인 때문에 할 수 없이 하게 된 그 자랑에 대한 혐오감을 표시했다. **수고를 넘치도록 하고…여러 번 죽을 뻔하였으니** 복음을 위해 바울이 당한 고난을 전체적으로 요약하는 말이다. 다음에 나오는 구절은 몇 가지 구체적인 예를 제공하는데, 그중 많은 것이 사도행전에서는 발견되지 않는다. 바울은 죽음의 위험에 처한 적이 자주 있었다(행 9:23, 29; 14:5, 19, 20; 17:5; 21:30-32).

11:24 사십에서 하나 감한 매 신명기 25:1-3은 합법적으로 가할 수 있는 체벌형의 최대치를 40대로 제한했다. 바울 시대에 유대인은 실수로 최대치를 넘어가지 않도록 하기 위해 그 숫자에서 하나를 줄였다. 예수는 자신을 따르는 사람들이 그런 매질을 당할 것이라고 경고하셨다(마 10:17).

11:25 태장으로 맞고 이는 휘어지는 막대기를 함께 묶어 때리는 로마인의 매질을 가리키는 말이다(참고. 행 16:22, 23). **한 번 돌로 맞고** 루스드라에서 일어난 일이다(행 14:19, 20). **세 번 파선하고** 여기에는 그가 갇힌 몸이 되어 로마로 가는 도중에 당한 파선(행 27장)은 포함되지 않는데, 이 편지를 기록할 때 그 일은 아직 일어나지 않았기 때문이다. 이때까지도 바울은 여러 번 항해를 했으므로(참고. 행 9:30; 11:25, 26; 13:4, 13; 14:25, 26; 16:11; 17:14, 15; 18:18, 21) 파선이 3회 일어났을 가능성은 얼마든지 있었다. **일 주야를 깊은 바다에서 지냈으며** 적어도 바울이 당한 한 번의 파선은 너무 심각해서 일주일 낮 일주일 밤을 꼬박 바다에 있으면서 구조를 기다렸다.

11:26, 27 위험 바울의 잦은 여행과 관련된 위험을 말한다. "물"(강)과 "강도"는 고대 세계에서 여행객들에게 심각한 위험 요소였다. 예를 들어 버가에서 비시디아 안디옥에 이르는 여행(행 13:14)을 위해 바울은 강도가 들끓는 타우루스 산맥을 통과하고, 수시로 범람하는 두 개의 강을 건너야 했다. 바울은 "동족"으로부터 위험을 당하는 일이 빈번했는데(행 9:23, 29; 13:45; 14:2, 19; 17:5; 18:6, 12-16; 20:3, 19; 21:27-32), "이방인의 위험"은 그보다는 덜 했다(행 16:16-40; 19:23-20:1).

11:26 거짓 형제 거짓 사도가 그렇듯 그리스도인처럼 보이기는 했지만 실제로는 아닌 사람들(13절)과 유대주의자들(갈 2:4)을 말한다.

그리스 남쪽 펠로폰네소스 반도에 있는 항구 도시 고린도(Corinth)

11:28, 29 때때로 당하는 신체적 고난보다 훨씬 더 힘든 것은 바울이 교회들에 대해 느꼈던 염려의 짐이었다. 믿음 안에서 "약한" 사람들(참고. 롬 14; 고전 8장) 또는 "실족하여" 범죄한 사람들은 바울에게 강한 심정적 고통을 불러일으켰다. 참고. 데살로니가전서 5:14.

11:30 내가…자랑할진대 내가 약한 것을 자랑하리라 그의 안에서 역사한 하나님의 능력을 확장하기 위해서다(참고. 4:7; 골 1:29; 딤후 2:20, 21).

11:31 자신이 말한 고난 목록이 믿기 어렵다는 것을 알고 바울은 하나님을 증인으로 불러 자신의 말이 진실이라는 것(참고. 10절; 1:23; 롬 1:9; 9:1; 갈 1:20; 살전 2:5, 10; 딤전 2:7), 그 일들이 실제로 발생했다는 것을 주장한다.

11:32, 33 바울은 자신이 자랑하는 연약함과 약점(30절)에 대한 가장 확실한 실례로 다메섹에서 수치스럽게 도피한 사실을 말한다(참고. 행 9:23-25). 사도행전 기록에 따르면 바울의 생명을 노린 사람이 적대적인 유대인이었지만, 여기서 바울은 나바테안 아랍 왕 아레타스(주전 9-주후 40년) 아래에 있던 고관을 거명한다. 유대인이 세속의 권위자를 자극하여 바울을 공격하려고 한 것임이 분명하다. 사도행전에 보면 그들은 이후에도 반복적으로 그렇게 했다(참고. 행 13:50; 14:2; 17:13).

D. 사도의 신임장(12:1-13)

12:1-7 바울은 주저하면서 자랑을 이어간다(*11:1에 대한 설명을 보라*). 이 자랑이 바울을 육신적으로 교만하게 할 수 있어 "무익"하지만 고린도 교인이 거짓 사도들의 환상과 계시의 주장에 매료되었기 때문에 바울은 다른 방도가 없었다(1절).

12:1 환상과 계시 바울이 경험한 여섯 차례의 환상이 사도행전에 기록되어 있으며(9:12; 16:9, 10; 18:9; 22:17, 18; 23:11; 27:23, 24), 그가 기록한 서신들에는 그가 받은 계시에 대한 이야기도 있다(참고. 갈 1:12; 2:2; 엡 3:3).

12:2-4 그것은 사도 바울이 고린도후서를 쓰기 14년 전에 일어났던 일이므로, 그가 말하는 환상은 사도행전에 기록된 어떤 환상과도 동일한 것일 수 없다. 이 환상은 그가 예루살렘에서 다소로 돌아가던 때(행 9:30)와 전도여행을 시작하던 때(행 13:1-3) 사이에 있었을 것이다. **셋째 하늘에 이끌려 간 자라…그가 낙원으로 이끌려 가서** 바울은 두 가지 다른 환상을 말하는 것이 아니다. "셋째 하늘"과 "낙원"은 같은 곳이다(낙원에 있는 생명나무에 대해 말하는 계 2:7과 그것이 하늘에 있다고 말하는 계 22:14을 참고하라). 첫째 하늘은 지구의 대기권이다(창 8:2; 신 11:11; 왕상 8:35). 둘째 하늘은 행성 간, 별과 별 사이의 공간이다(창 15:5; 시 8:3; 사 13:10). 셋째 하늘은 하나님이 거하시는 곳이다(왕상 8:30; 대하 30:27; 시 123:1).

12:2 그리스도 안에 있는 한 사람 자랑을 망설이는 까닭에 바울이 자신을 3인칭으로 지칭하지만, 문맥상 바울 자신에 대해 말한다는 것이 분명하다. 다른 사람의 경험에 대해 말하는 것이 바울의 사도적 신임을 향상하는 데 아무런 도움이 되지 못했을 것이다. 또한 육체의 가시가 다른 사람이 아닌 바울 자신을 찔렀다(7절).

12:2, 3 몸 안에 있었는지 몸 밖에 있었는지 바울은 천상의 환상에 너무나 압도된 나머지 그 세부적 사항까지는 몰랐다. 하지만 그의 몸이 하늘로 이끌려 올라갔는지(창 5:24의 에녹, 왕하 2:11의 엘리야처럼), 아니면 그의 영혼이 한시적으로 그의 몸으로부터 분리되었는지는 중요하지 않다.

12:4 말로 표현할 수 없는 말…사람이 가히 이르지 못할 말 그 말이 오직 바울만을 위한 말이었기 때문에 설사 바울이 그 말을 구체적으로 표현할 수 있었다고 해도 말하는 것이 금지되었다.

12:5 내가 이런 사람을 위하여 자랑하겠으나 *2절에 대한 설명을 보라.*

12:6 바울이 자신의 독특한 경험을 자랑한다고 해도(1-4절) 그는 어리석은 사람이 되지 않는다. 그 일들이 실제로 일어났기 때문이다. 하지만 그는 그것을 자랑하는 일을 그만두었다. 왜냐하면 바울은 고린도 교인이 그의 환상을 근거로 하지 않고 그 사역을 근거로 하여 자신을 판단하기 원했기 때문이다.

12:7 여러 계시 *1절에 대한 설명을 보라.* **육체에 가시 곧 사탄의 사자** 이것은 바울을 겸손하게 만들기 위해 하나님이 그에게 보내신 것이다. 욥의 경우처럼 직접적인 원인은 사탄이지만 궁극적인 원인은 하나님이었다. 바울이 사탄에게서 온 *사자*[*messenger*, 헬라어로는 *앙겔로스angelos*(천사)]라는 표현을 사용하는 것으로 볼 때 "육체의 가시"(문자적으로 '육체를 위한 말뚝'이라는 뜻임)는 신체적 질병이 아니라 귀신에 사로잡인 인격체임을 짐작할 수 있다. 신약성경에서 이 헬라어 단어가 사용된 175회 가운데서 대부분은 천사를 가리킨다. 이 천사는 사탄에게서 와서 바울을 괴롭히는 악령이 되었다. 이 귀신에 대한 최선의 설명은 이 귀신이 고린도 계략의 주모자 곧 거짓 사도들의 지도자 속에 들어가 있었다는 것이다. 이 귀신은 거짓 교사들을 통해 바울이 사랑한 교회를 찢었고, 그렇게 하여 바울을 찌르는 고통스러운 가시가 되었다. 10-13장의 문맥이 싸우는 대적들(거짓 선지자들)에 대한 이야기라는 사실이 이런 견해

고후

를 더욱 지지한다. '치다'라고 번역된 동사는 다른 사람으로부터 부당한 대우를 받는 것을 가리킨다(마 26:67; 막 14:65; 고전 4:11; 벧전 2:20). 마지막으로 구약성경은 이스라엘을 대적하는 사람들을 가시로 묘사한다(민 33:55; 수 23:13; 삿 2:3; 겔 28:24). **너무 자만하지 않게 하려 하심이라** 그 공격이 고통스럽기는 했지만 계획된 일이었다. 하나님은 사탄이 교회에 이런 심각한 분란을 일으키는 것을 허락하심으로써 하늘에 올라갔다가 온 것을 포함해 그처럼 많은 계시를 받은 바울이 교만하게 되는 것을 막고자 하셨다. 고린도에서 그의 일을 공격한 귀신 들린 거짓 사도는 교만해질 수 있는 그의 육체에 박힌 말뚝이었다.

12:8 내가 세 번 주께 간구하였더니 자신의 사역에 대한 이 고통스러운 방해물로부터 벗어나기 위해 바울은 주께("주"라는 말에 정관사가 붙은 것은 그 대상이 예수임을 표시함) 그것을 제거해주시기를 간구했다. 귀신은 주님의 권세 하에 있었다. 바울이 3번 반복해 간구한 것은 겟세마네에서 예수가 3번 반복해 간구하신 것과 병행을 이룬다(막 14:32-41). 바울과 예수의 간구는 받아들여지지 않았지만, 그 고난을 견딜 수 있는 은혜가 주어졌다.

12:9 내 은혜가 네게 족하도다 "족하도다"라고 번역된 동사가 현재 시제인 사실은 바울이 하나님의 은혜를 지속적으로 받을 수 있다는 것을 보여준다. 하나님은 바울의 요청처럼 가시를 제거하시지는 않았지만 그것을 견딜 수 있는 은혜를 계속 공급하실 것이다(참고. 고전 15:10; 빌 4:13; 골 1:29). **내 능력이 약한 데서 온전하여짐이라** 참고. 4:7-11. 인간이란 그릇이 약할수록 하나님의 은혜는 더욱 빛난다.

12:9, 10 바울은 고통 자체를 즐기지는 않았지만 자신이 받는 그 고통을 통해 드러내는 그리스도의 능력을 기뻐했다.

12:11 어리석은 자가 되었으나 *11:1, 16에 대한 설명을 보라*. 참고. 11:17, 21, 23. **너희가 억지로 시킨 것이니** *11:1에 대한 설명을 보라*. **지극히 크다는 사도들** *11:5에 대한 설명을 보라*.

12:12 사도의 표 "표적과 기사와 능력을 행한 것"을 포함하지만 그것으로 제한되지 않는다(고린도 교인이 구원받은 기적 역시 사도의 사도직에 대한 표지였음, 고전 9:2). 기적적인 능력의 목적은 사도들을 하나님의 메신저로 증명해주는 것이다(행 2:22, 43; 4:30; 5:12; 14:3; 롬 15:18, 19; 히 2:3, 4).

12:13 바울은 고린도 교인에게 짐을 지우려고 하지 않은 것 이외에는 그들에게 소홀히 한 것이 없었다(*11:7에 대한 설명을 보라*). 약간의 풍자를 섞어 바울은 그렇게 "공평하지 못한" 것에 대해 용서를 구했다.

> **낙원(고후 12:4)**
>
> 낙원(Paradise)은 바사인이 공원 또는 정원을 가리키던 단어였다. 70인역에서도 이런 의미로 쓰였다[에덴동산을 가리킬 때 이 단어가 사용되었음(창 2:8)]. 고대 유대인은 그곳이 죽은 자들의 처소였다고 믿었다.
>
> 신약성경에서는 *낙원*이 3번 사용되었는데, 모두 하나님의 임재 앞에 있는 것을 가리켰다. 그리스도는 십자가에 달려 믿었던 강도에게 낙원을 약속하셨고(눅 23:43), 셋째 하늘에 이끌려간 바울이 했던 경험도 낙원이었다(고후 12:4). 그리고 요한계시록 2:7은 죽음 이후 하나님과 함께하는 곳을 낙원이라고 말한다.
>
> 요한계시록 21, 22장은 하나님의 낙원에서의 영원한 경험을 생생하게 그린다. 이 세상에서 아무리 엄청난 희생의 값을 치르더라도 영원한 낙원에서 얻을 유익에 비하면 아무것도 아니다.
>
> 이긴 자에게는 낙원에 있는 '생명나무'로부터의 잔치가 약속된다. 첫째 아담에게는 금지되었던 것(창 3:22)이 둘째 아담(참고. 롬 5:19)인 그리스도를 통해 신자들에게 허락된다. 그 나무의 열매를 먹는 사람이 영원히 살게 된다. 그것이 새 예루살렘에서의 주된 요리(main course)가 될 것이다(계 22:2, 14).

바울의 방문 (12:14-13:14)

A. 사심이 없는 바울(12:14-18)

12:14 세 번째 첫 번째 방문은 사도행전 18장에 기록되어 있다. 두 번째 방문이 '고통스러운 방문'이었다(2:1. 서론의 배경과 무대를 보라). **폐를 끼치지 아니하리라** 다음 번에 방문할 때도 바울은 고린도 교회에서 지원받지 않는 자신의 정책을 유지하기를 원했다. **내가 구하는 것은 너희 재물이 아니요 오직 너희니라** 바울은 고린도 교인을 얻기 원했지(참고. 6:11-13; 7:2, 3) 그들의 돈을 원하지 않았다. **어린 아이…부모…부모…어린 아이** 자신의 요점을 분명히 하기 위해 바울은 부모가 자녀를 위한 경제적 책임을 지는 것이지 자녀가(그들이 아직 어릴 때, 참고. 딤전 5:4) 부모를 위해 경제적 책임을 지

단어 연구

사도(Apostle): 1:1; 11:5, 13; 12:11, 12. '보내는 사람의 권위와 함께 보냄을 받는 자'라는 단순한 의미다. 예수는 많은 제자 가운데서 열두 명을 사도로 선택하셨다. 이들은 예수의 메시지를 가지고 세상으로 나가서 교회를 세우도록 예수가 파송한 사람들이다. 바울 역시 다메섹 도상에서 만난 부활하신 그리스도의 임명을 통해 사도가 되었다(사도행전 9장을 보라). 바울의 사도직에는 많은 고난이 수반되었다. 게다가 고린도 교회의 어떤 거짓 교사들이 그의 사도직에 대해 의심을 품었다. 그래서 고린도후서에서 바울은 자신의 사도직의 진정성을 반복해 변호했다.

는 것이 아니라는 당연한 진리를 인용했다.

12:15 바울은 고린도 교인들에게 뭔가 받을 생각을 한 적이 없고 오직 줄 생각만 하고 있었다. '사용하다'로 번역된 동사는 돈을 쓰는 것을 가리키므로, 고린도에 머무는 동안 스스로 생활비를 마련하기 위해 기꺼이 일할 준비가 되어 있음을 말한 것으로 보인다(행 18:3). "내어 주리니"라는 표현은 바울이 자신의 생명을 희생할 정도로 기꺼이 자신을 내어주려고 한다는 것을 말한다.

12:16-18 바울이 개인적으로 고린도 교인들로부터 무엇을 취하지 않았다는 것이 분명함에도 그의 적들은 더욱 사악한 소문을 퍼뜨렸다. 바울이 고린도 교인을 속이기 위해 교묘한 술수를 쓰고 있다는 것이었다(참고. 4:2). 구체적으로 말하면 거짓 사도들은 바울이 예루살렘에 보낼 헌금을 모으기 위해 자기 조수들을 보냈으나 실은 그중 일부를 착복하려고 한다는 것이었다. 따라서 바울의 대적들에 따르면 바울은 속이기 잘하는 위선자요(왜냐하면 14, 15절의 말에도 불구하고 실제로는 바울이 고린도 교인들로부터 돈을 받았기 때문임) 도적이었다. 이 비난이 자기 친구들의 인격까지 모독한 것이어서 바울은 더욱 고통스러웠을 것이다. 고린도 교인이 그런 말도 안 되는 거짓말을 믿었다는 사실에 격노한 바울은 그의 동료들이 이전에 헌금과 관련해 고린도 교회를 방문했을 때(8:6, 16-22) 고린도 교인들로부터 아무것도 얻지 않았다는 사실을 지적했다. 바울이나 그의 대리인이나 아무도 고린도 교인을 결코 속이지 않았다는 것이 명백한 진실이다.

B. 바울의 경고(12:19-13:10)

12:19 고린도 교인이 스스로 재판관이 되어 바울을 판단하려는 생각을 막기 위해 사도는 즉시 사태를 바로잡는다. 오직 하나님만이 재판관이시다(참고. 5:10; 고전 4:3-5). 바울은 자기의 무죄를 변명하려는 것이 아니라 그들을 바로 세우려는 것이었다.

12:21 바울이 이전에 고린도를 방문했을 때('고통스러운 방문'으로 알려짐, 2:1. 서론의 배경과 무대를 보라) 고린도 교인은 영적으로 한심한 상태에 있었는데, 이번 방문에 그런 모습을 다시 보고 싶지 않았던 것이다. 고린도 교인들이 바울이 원하는 상태에 있지 않다면(여전히 바울이 열거한 죄를 범하고 있다면), 그들도 자신들이 원하는 바울을 만나지 못할 것이었다. 바울이 그들을 치리해야 했을 테니 말이다(참고. 13:2). 고린도 교인이 여전히 죄를 회개하지 않은 상태로 산다면 이는 바울을 수치스럽고 슬프게 만들 것이었다. 이 경고(13:2의 경고와 함께)는 그런 일이 발생하지 않게 하려는 조치였다.

13:1 세 번째 *12:14에 대한 설명을 보라.* **두세 증인** 바울이 고린도를 3번 방문한다는 말이 아니다. 왜냐하면 바울이 아무리 여러 번 방문하더라도 바울은 오직 한 명의 증인만 될 수 있기 때문이다. 이는 바울이 고린도 교인에게 고린도 교회에서 어떤 죄라도 발견하면 그것을 성경적인 방식으로 다룰 것임을 알리는 말이었다(참고. 신 19:15; 마 18:16; 요 8:17; 히 10:28).

13:2 용서하지 아니하리라 *12:21에 대한 설명을 보라.*

13:3 그리스도께서 내 안에서 말씀하시는 증거 바울이 진짜 사도였다는 증거를 구하고자 하는 사람들은 바울이 도착했을 때 그 증거를 얻게 될 것이다. 하지만 그들은 자기들이 흥정하던 것 이상을 받을 것이다. 왜냐하면 바울은 그들에게서 발견되는 모든 죄와 반항에 대해 그의 사도적 권세를 사용할 것이기 때문이다(2절. *12:21에 대한 설명을 보라*). **약하지 않고** 죄를 범하고 있던 고린도 교인들에게 바울을 통해 그리스도의 능력이 나타날 것이었다(참고. 고전 11:30-32). 그리스도께서 택하신 사도에게(1:1) 반항한다는 것은 그리스도께 반항하는 것이다.

13:4 바울은 부활하여 영화롭게 되신 그리스도의 불가항력적 능력으로(참고. 빌 3:10) 무장한 채 고린도로 갈 것이었다.

13:5, 6 헬라어 문법에 따르면 대명사 *너희 자신*(*yourselves*)과 *너희*(*you*)가 크게 강조되고 있다. 바울은 자신을 비난하는 자들에게 역공을 펼친다. 그들은 주제넘게 바울의 사도직을 평가하는 대신에 자기 신앙의 진정성을 시험할 필요가 있었다(참고. 약 2:14-26). 바울은

자신을 살피라(고후 13:5)

본인이 진정 믿음 안에 있는지 판단하기 위해 살펴야 할 삶의 영역은 다음과 같다.

1. 시편 15편의 거룩
2. 미가 6:8의 공의, 자비, 겸손
3. 마태복음 5:3-12의 팔복
4. 고린도전서 13:4-7의 사랑
5. 갈라디아서 5:22, 23의 성령의 열매
6. 빌립보서 4:8의 사고방식
7. 데살로니가전서 5:14-22의 기본적인 행실
8. 베드로후서 1:5-9의 특성들
9. 요한일서에 나오는 진리, 순종, 사랑이라는 특성
10. 요한계시록 1:3의 모범

자기 신앙은 참되고 그의 사도직은 거짓이라는 고린도 교인의 믿음이 앞뒤가 맞지 않는다는 것을 지적한다. 바울은 그들의 영적 아버지였다(고전 4:15). 만약 그의 사도직이 위조라면 그들의 믿음도 마찬가지였다. 그들의 구원이 참되다는 것은 바울의 사도직이 참되다는 증거였다.

13:5 버림 받은 문자적으로 '승인되지 않은'이라는 뜻이다. 여기서는 참된 구원의 믿음이 없음을 가리킨다.

13:7 너희는 선을 행하게 하고자 함이라 바울의 가장 깊은 소원은 그의 영적 자녀들이 경건한 삶을 사는 것이다(참고. 7:1). 설사 그들이 계속 바울에 대해 의심할지라도 말이다. 바울은 고린도 교인이 죄에서 돌이키기만 한다면 자신은 "버림받은 자"처럼 보여도 좋다고 한다(참고. 롬 9:3).

13:8, 9 "버림 받은 자" 같다는 표현(7절)이 바울에게 악행이 있음을 시인하는 것 같은 인상을 주지 않기 위해 바울은 즉시 자신은 복음의 "진리"를 거슬러 행한 적이 없다고 덧붙였다. 또한 바울은 고린도 교인이 "진리"에 따라 행하고 있다면 아무런 조치도 필요 없다는 것을 표현했을 수도 있다. 그렇다면 그는 자신의 '약함'(즉 자신의 사도적 능력을 발휘할 기회가 없음)으로 기뻐할 것이었다. 왜냐하면 그것은 고린도 교인이 영적으로 '강하다'는 의미였기 때문이다.

C. 바울의 축도(13:11-14)

13:10 이 서신을 기록한 바울의 목적을 한 문장으로 요약한 말이다.

13:11 바울의 결론적 권면은 그가 고린도 교인이 어떤 태도를 취하기를 기도했는지(9절) 보여준다. **사랑과 평강의 하나님이 너희와 함께 계시리라** 이 절의 앞부분에서 말한 권면을 계속 수행하라는 격려다. 신약성경에서 오직 여기서만 하나님은 '사랑의 하나님'이라고 불린다(참고. 요일 4:8). **거룩하게 입맞춤** 성경 시대의 인사이며(마 26:49; 눅 7:45) 오늘날의 악수와 같다. 그리스도인에게 이 인사는 형제애와 연합을 표현한 것이었다(롬 16:16; 고전 16:20; 살전 5:26; 벧전 5:14).

13:12 모든 성도 바울이 고린도후서를 써서 보내려고 하던 마게도냐의 성도들을 말한다(빌립보 교인들이었을 가능성도 있음. 서론의 배경과 무대를 보라). 고린도 교회 내의 연합을 장려하면서 바울은 고린도 교인들이 다른 교회들과의 연합을 놓치지 않길 원했다.

13:13 성삼위를 거론한 축도는 고린도 교인에게 그들이 받은 복을 상기시켰을 것이다. 주 예수 그리스도로부터 오는 은혜(참고. 8:9), 하나님으로부터 오는 사랑(11절), 성령을 통한 하나님과의 교제 그리고 서로 간의 교제(참고. 1:22; 5:5) 등의 복을 다시 기억하도록 해주었을 것이다. 예수가 성부 앞에 언급된 것은 그의 희생적 죽음이 하나님 사랑의 궁극적 표현이기 때문이다.

연구를 위한 자료

Charles Hodge, *An Exposition of the Second Epistle to the Corinthians*(Grand Rapids: Baker, reprint 1980).

Philip E. Hughes, *Commentary on the Second Epistle to the Corinthians*(Grand Rapids: Eerdmans, 1962).

Homer A. Kent Jr., *A Heart Opened Wide*(Grand Rapids: Baker, 1982).

John. MacArthur, *2 Corinthians*(Chicago: Moody, 2003).

제목

제목 갈라디아서는 그 서신의 수신자인 교회들이 위치한 소아시아(오늘날 터키) 지역으로부터 유래했다. 갈라디아서는 바울의 서신들 가운데서 갈라디아의 여러 도시에 있는 교회들 앞으로 특정하여 보낸 유일한 편지다(1:2. 참고. 3:1; 고전 16:1).

저자와 저작 연대

사도 바울이 갈라디아서를 기록했다는 주장에 대해 다른 이견이 없다. 바울은 갈라디아에서 멀지 않은 길리기아의 한 도시인 다소에서 태어났다. 바울은 예루살렘의 유명한 랍비인 가말리엘 문하에서 구약성경과 랍비 전통에 대해 철저한 교육을 받았다(행 22:3). 바리새 초정통파의 일원이었던 그는(행 23:6) 1세기 유대주의의 떠오르는 별들 가운데 한 명이었다(1:14. 참고. 빌 3:5, 6).

바울의 인생은 그리스도인을 박해하고자 예루살렘으로부터 다메섹으로 여행하던 도상에서 부활하고 영화롭게 되신 그리스도를 만나면서 급작스럽고 놀라운 전환을 겪게 되었다(*사도행전 9장에 대한 설명을 보라*). 이 극적인 만남은 바울을 그리스도인을 핍박하던 박해자에서 기독교를 전하는 가장 위대한 선교사로 바꿔놓았다. 또한 세 차례의 선교여행과 로마 여행은 기독교를 단지 소수에 불과한 팔레스타인 유대인 신자들의 모임에서 로마 제국 전역으로 퍼져나가는 신앙으로 바꿔놓았다. 갈라디아서는 바울이 영감을 받아 이방인 회중 또는 그의 동역자들 앞으로 보낸 13편의 서신들 가운데 하나다. 바울의 생애에 관한 자세한 내용은 로마서 서론의 저자와 저작 연대를 보라.

2장에서 바울이 사도행전 15장에 나오는 예루살렘 공의회 방문을 묘사하고 있는 것으로 미뤄볼 때(*2:1에 대한 설명을 보라*) 갈라디아서를 기록한 것은 그 방문 이후였음이 틀림없다. 대부분의 학자는 그 예루살렘 공의회가 주후 49년경에 열린 것으로 보고 있는데, 갈라디아서가 기록되었을 가능성이 가장 높은 시점은 그로부터 얼마 되지 않은 때다.

배경과 무대

바울이 살고 있던 시대에 *갈라디아*(*Galatia*)는 두 개의 서로 다른 의미를 지니고 있었다. 엄밀하게 인종적으로 보면 갈라디아는 갈라디아 사람들이 살던 중부 소아시아 지역이었다. 그곳에 사는 사람은 주전 3세기 골(Gaul, 오늘날 프랑스)에서 그 지역으로 이주했던 켈트족이었다. 로마는 주전 189년에 갈라디아 사람들을 정복했다. 그러나 갈라디아 인종이 살지 않는 일부 지역(예를 들면 루가오니아, 브루기아, 비시디아)을 갈라디아에 편입해 로마제국의 한 속주로 삼았던 주전 25년까지 로마는 갈라디아인에게 어느 정도의 독립성을 보장해주었다. 그러므로 정치적인 의미로 볼 때 *갈라디아*는 단지 갈라디아 인종이 사는 지역뿐 아니라 로마의 그 속주 전체를 가리킨다.

바울은 갈라디아 남쪽의 도시들인 안디옥과 이고니온, 루스드라, 더베에 교회를 세웠다(행 13:14-14:23). 이 도시들은 비록 로마의 속주인 갈라디아 내에 있었지만 인종적으로 갈라디아인이 살던 지역은 아니었다. 바울이 인구가 많지 않던 북쪽 지역에 교회를 세웠다는 기록은 찾아볼 수 없다.

*갈라디아*가 그렇게 두 가지 뜻으로 사용됨으로써 이 서신의 원래 수신자가 누구인지를 판단하는 것이 더욱 어려워졌다. 어떤 사람들은 *갈라디아*를 엄격히 인종적인 뜻으로 해석하여 바울이 이 서신을 인종적으로 골족의 후예가 살던 갈라디아 북쪽 지방에 있는 교회들에 보낸 것이라고 주장한다. 비록 사도 바울이 적어도 2번에 걸쳐 경계선을 넘어 갈라디아 인종 지역의 변방으로 들어갔던 것은 분명해 보이지만(행 16:6; 18:23), 그가 그곳에 교회를 세웠다거나 복음 사역에 종사했다는 기록은 사도행전에 나와 있지 않다.

사도행전이나 갈라디아서 어디에도 북쪽 (인종적) 갈라디아의 도시나 사람들에 관한 언급이 없으므로, 바울이 이 서신을 로마의 속주인 갈라디아의 남쪽에 소재하고 있으나 인종적으로는 갈라디아 지역 밖에 있는 교회들 앞으로 보냈다고 이해하는 것이 합리적이다. 사도행전의 기록에 따르면 바울은 교회를 비시디아 안디옥

(13:14-50)과 이고니온(13:51-14:7. 참고. 16:2), 루스드라(14:8-19. 참고. 16:2), 더베(14:20, 21. 참고. 16:1)에 세웠다. 덧붙여 바울이 서신을 보냈던 교회들은 예루살렘 공의회(2:5)가 있기 전에 세워졌음이 분명해 보이는데, 남쪽에 있는 갈라디아의 교회들은 그 공의회가 모이기 전 바울의 1차 선교여행 중에 세워졌으므로 그 같은 조건에 들어맞는다. 바울이 북쪽의 (인종적) 갈라디아를 방문한 것은 예루살렘 공의회 후에 있었던 일이다(행 16:6).

바울은 신약성경의 중심에 있는 이신칭의 교리를 손상시킨 유대주의를 내세우는 거짓 교사들에 대항하기 위해 갈라디아서를 기록했다(*롬 3:31에 대한 설명을 보라*). 거짓 교사들은 예루살렘 공의회의 명백한 결정(행 15:23-29)을 무시한 채 이방인이 그리스도인이 되려면 먼저 유대교로 개종하여 모세의 율법 전체를 지켜야 한다는 위험한 가르침을 퍼뜨렸다(1:7; 4:17, 21; 5:2-12; 6:12, 13을 보라). 갈라디아 사람들이 그 저주받을 이단의 가르침에 마음을 여는 것을 보고 충격을 받은 바울은(참고. 1:6) 이 서신을 쓰면서 이신칭의를 옹호하고, 이들 교회가 본질적인 교리를 버림으로써 겪게 될 아주 심각한 결말에 대해 경고한다. 갈라디아서는 바울이 썼던 서신들 가운데서 유일하게 수신자에 대한 칭찬을 담고 있지 않다. 이렇게 칭찬을 생략한 것은 그가 얼마나 절박한 심정으로 신자들의 변절에 대처하고 칭의에 대한 본질적 교리를 변호하고 있는지를 보여준다.

「사도 바울(*The Apostle Paul*)」 1657년. 렘브란트. 캔버스에 유화. 131.5X104.4cm. 워싱턴 국립미술관. 워싱턴.

역사적 · 신학적 주제

갈라디아서는 바울의 배경에 대해 귀중한 역사적 정보를 제공하는데(1, 2장) 여기에는 사도행전에는 언급되지 않는 나바테안 아라비아에서 보낸 3년(1:17, 18), 아라비아 체재 후 베드로를 방문하여 15일 동안 머문 일(1:18, 19), 예루살렘 공의회 방문 여행(2:1-10), 베드로를 면전에서 책망한 사건(2:11-21)이 포함되어 있다.

이미 설명한 대로 갈라디아서의 중심 주제는 (로마서의 중심 주제와 마찬가지로) 이신칭의다. 바울은 그 교리의 신학적(3, 4장)·실천적(5, 6장) 파급 효과를 모두 생각하면서 그 교리(복음의 핵심 부분)를 변호한다. 또한 바울은 그의 사도직을 옹호하고 있는데(1, 2장) 이는 고린도에서와 마찬가지로 거짓 교사들이 바울의 신빙성에 흠집을 내어 그들의 이단적인 가르침을 퍼뜨리기 위한 발판을 마련하고자 시도했기 때문이다.

갈라디아서의 중심이 된 신학적 주제는 로마서와 아주 비슷하다. 예를 들면 율법은 의롭게 하는 능력이 없음(2:16. 참고. 롬 3:20), 신자가 율법에 대하여 죽음(2:19. 참고. 롬 7:4), 신자가 그리스도와 함께 십자가에 못 박힘(2:20. 참고. 롬 6:6), 아브라함이 믿음으로 의롭다 함을 얻음(3:6. 참고. 롬 4:3), 신자들은 아브라함의 영적 자손으로(3:7. 참고. 롬 4:10, 11) 이로 말미암아 복을 받음(3:9. 참고. 롬 4:23, 24), 율법은 구원을 이루지 못하고 오히려 하나님의 진노를 일으킴(3:10. 참고. 롬 4:15), 믿음으로 사는 의인(3:11. 참고. 롬 1:17), 죄의 보편성(3:22. 참고. 롬 11:32), 신자들이 성령 세례를 받아 그리스도와 연합함(3:27. 참고. 롬 6:3), 신자들이 하나님의 영적 자녀로 입양됨(4:5-7. 참고. 롬 8:14-17), 사랑이 율법을 완성함(5:14. 참고. 롬 13:8-10), 성령을 따라 행하는 것의 중요성(5:16. 참고. 롬 8:4), 성령을 거스르는 육체의 싸움(5:17. 참고. 롬 7:23, 25), 신자들이 서로의 짐을 지는 일에 대한 중요성(6:2. 참고. 롬 15:1) 등이다.

해석상의 과제

첫째, 바울은 그가 예루살렘을 방문하고 뒤이어 베드로, 야고보, 요한과 만났던 것을 기술하고 있는데(2:1-10), 그 방문이 예루살렘 공의회 방문(행 15장)을 가리키는 것인지 아니면 기근을 위한 구제금을 예루살렘 교회에 전달하기 위한 이전의 방문(행 11:27-30)을 말하는 것인지가 풀어야 할 과제다.

둘째, 세례를 통한 거듭남(구원받기 위해 세례가 필요하다는 잘못된 교리)을 가르치는 사람들은 3:27로부터 그

갈라디아서 개요

I. 개인적: 이신칭의의 전파자(1:1-2:21)
- A. 사도적 훈계(1:1-9)
- B. 사도적 신임장(1:10-2:10)
- C. 사도적 확신(2:11-21)

II. 교리적: 이신칭의의 원리(3:1-4:31)
- A. 갈라디아 사람의 체험(3:1-5)
- B. 아브라함의 축복(3:6-9)
- C. 율법의 저주(3:10-14)
- D. 언약의 약속(3:15-18)
- E. 율법의 목적(3:19-29)
- F. 신자가 누리는 아들로서의 지위(4:1-7)
- G. 헛된 예식주의(4:8-20)
- H. 성경으로부터의 예증(4:21-31)

III. 실천적: 이신칭의로 말미암은 특권(5:1-6:18)
- A. 종교 예식으로부터의 해방(5:1-6)
- B. 율법주의자로부터의 해방(5:7-12)
- C. 성령 안에서의 자유(5:13-26)
- D. 영적 속박으로부터의 해방(6:1-10)
- E. 맺음말(6:11-18)

들의 견해를 지지하는 근거를 찾는다.

셋째, 또 다른 사람들은 3:28에서 가르치는 영적인 동등성이 권위와 복종의 전통적인 개념과 양립하지 못함을 주장하면서, 성경에서 말하는 남자와 여자의 역할에 대한 그들의 공격을 뒷받침하는 목적으로 이 서신서를 사용한다.

넷째, 구원의 영원한 보장에 대한 교리를 거부하는 사람들은 "너희는…은혜에서 떨어진 자로다"(5:4)라는 구절이 구원을 잃어버린 신자들을 묘사한다고 주장한다.

다섯째, "내 손으로 너희에게 이렇게 큰 글자로 쓴 것을 보라"(6:11)는 바울의 말이 서신 전체를 일컫는 것인지 아니면 단지 결론 부분만 가리킨 것인지에 대한 이견이 분분하다.

마지막으로, 많은 사람은 바울이 교회를 "하나님의 이스라엘"(6:16)로 밝혔다고 주장하면서 이스라엘과 교회 사이의 경계선을 없애버렸다고 일갈한다. 이런 도전적인 문제들은 해당 구절에 대한 설명에서 다루어질 것이다.

개인적: 이신칭의의 전파자(1:1-2:21)

A. 사도적 훈계(1:1-9)

1:1 사람으로 말미암은 것도 아니요…예수 그리스도로…말미암아 바울은 거짓 교사들의 공격에 맞서 그의 사도직을 변호하기 위해 그가 다른 사도들을 만나기 전에 그리스도가 먼저 그를 사도로 택하셨음을 강조한다(참고. 17, 18절; 행 9:3-9). **그를 죽은 자 가운데서 살리신** *로마서 1:4에 대한 설명을 보라.* 바울이 이 중요한 사실을 포함시킨 것은 부활 승천하신 그리스도가 그를 사도로 지명하셨으며(*행 9:1-3, 5에 대한 설명을 보라*) 따라서 그가 부활을 목격한 증인의 자격을 가진 자임을 보여주기 위해서다(참고. 행 1:22). **사도** 일반적인 용어로 쓰이는 경우에는 '임무를 부여받아 보냄을 받은 자'라는 뜻이다. 예수 그리스도의 사도들(열두 제자와 바울)은 초대교회의 초석을 놓는 일과 하나님의 완성된 계시를 전달하는 통로의 역할을 담당하기 위해 그리스도에 의해 선택되어 훈련받은 특사 또는 메신저였다(*롬 1:1에 대한 설명을 보라.* 참고. 행 1:2; 2:42; 엡 2:20). **바울** 로마서 서론의 저자와 저작 연대를 보라. *사도행전 9:1에 대한 설명을 보라.*

1:2 갈라디아 여러 교회들 바울이 1차 전도여행 때 비시디아 안디옥과 이고니온, 루스드라, 더베에 세웠던 교회들이다(행 13:14-14:23. 서론의 배경과 무대를 보라).

1:3-5 갈라디아 교회들이 복음을 저버리는 것을 깊이 염려한 바울은 관례적인 칭찬과 예의를 갖춘 표현들 대신에 친근감이 느껴지지 않는 간결한 말로 이루어진 인사말을 함으로써 이런 점을 분명하게 드러내고 있다.

1:3 은혜와 평강이 있기를 *로마서 1:1에 대한 설명을 보라.* 바울의 전형적인 인사말조차 유대주의자들의 율법적인 체계를 공격한다. 만약 그들이 주장하는 대로 구원이 행위에 따른 것이라면 그 구원은 "은혜"로부터 온 것이 아니며, 그 결과는 "평강"으로 나타날 수 없다. 어느 누구도 영원한 보장을 얻을 수 있다는 확신을 가질 만큼 충분한 행위를 쌓을 수 없기 때문이다.

1:4 하나님 곧 우리 아버지의 뜻 구원을 이루기 위한 그리스도의 희생은 하나님의 영광을 위해 계획되고 성취된 하나님의 뜻이었다. 참고. 마태복음 26:42; 요한복음 6:38-40; 사도행전 2:22, 23; 로마서 8:3, 31, 32; 에베소서 1:7, 11; 히브리서 10:4-10. **이 악한 세대** '세대'로 번역된 헬라어는 시간적 기간이 아니고 질서나 체계를 말하는 것으로, 특별히 사탄의 지배하에 있는 현 세상의 체계를 가리킨다(*롬 12:2; 요일 2:15, 16; 5:19에 대한 설명을 보라*). **우리 죄를** 어느 누구도 사람의 노력이

갈

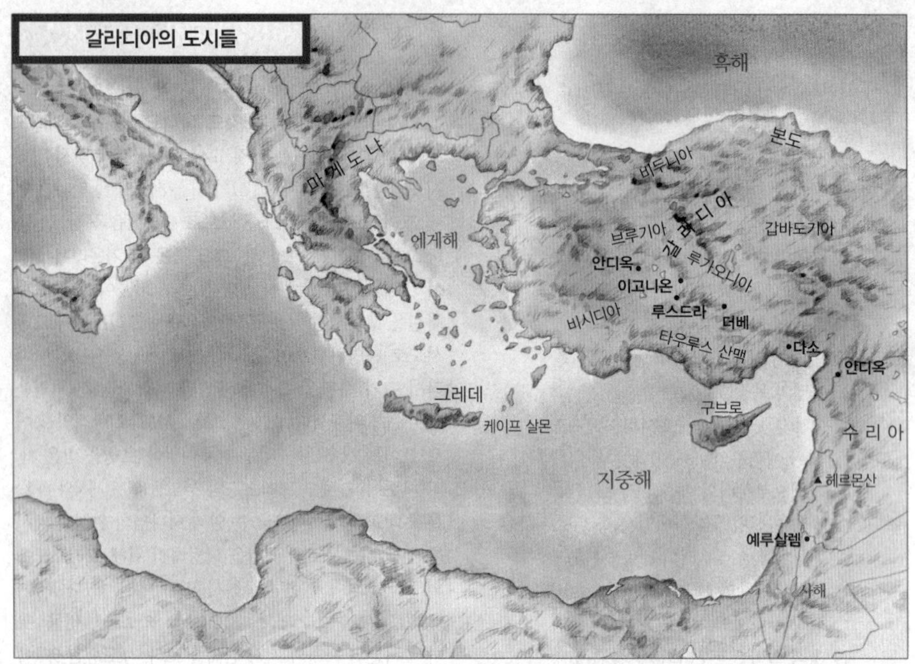

나 율법을 지키는 것으로 죄를 피할 수는 없다(롬 3:20). 죄는 용서를 받아야 되는 것이기에 그리스도가 십자가 위에서 속죄의 죽음으로 그 용서를 성취하셨다(3:13. *고후 5:19-21; 벧전 2:24에 대한 설명을 보라*).

1:6 그리스도의 은혜 그리스도의 죽으심과 부활을 통하여 구원을 주시는 하나님의 자유롭고 주권적인 자비의 행위로, 모든 인간적 행위나 공로를 전적으로 배제한다(*롬 3:24 에 대한 설명을 보라*). **너희를 부르신** 이 말은 '너희를 단번에 확정적으로 부르신'(참고. 살후 2:13, 14; 딤후 1:8, 9; 벧전 1:15)으로 번역할 수 있으며, 구원하시고자 하는 하나님의 유효한 부르심을 말한다(*롬 1:17 에 대한 설명을 보라*). **속히** 이 헬라어 단어는 '쉽게' '빨리'라는 뜻을 갖고 있는데, 때로는 이 두 가지 뜻을 모두 내포할 수 있다. 두 개의 뜻 모두가 갈라디아 사람들이 거짓 교사의 이단적인 교리에 보인 반응을 특징적으로 보여준다는 점은 의심할 필요가 없다. **떠나** '버리고'가 더 나은 번역이다. 이 헬라어 단어는 군대의 탈영을 가리키는 말로 그것에 대한 처벌은 사형이었다. 이 헬라어 동사형이 보여주듯 갈라디아 신자들은 거짓 교사들이 가르치는 율법주의를 추구하기 위해 자발적으로 은혜를 버렸다(*5:4에 대한 설명을 보라*). **다른 복음** 참고. 고린도후서 11:4. 유대주의자들을 통해 참된 복음이 왜곡된 것을 말한다. 그들은 구원을 얻기 위한 전제조건으로 옛 언약의 요구 사항과 예식, 표준 등을 지킬 것을 덧붙였다. *3:3; 4:9; 5:7; 빌립보서 3:2에 대한 설명을 보라.*

1:7 교란하여 이 헬라어 단어는 '어지럽혀서'라고 번역할 수 있는데 '동요시키다' 또는 '휘젓다'처럼 '앞뒤로 흔들어 대다'라는 뜻이다. 여기서는 갈라디아 신자들이 겪은 깊은 감정적 교란을 말한다. **그리스도의 복음** 오직 그리스도에 대한 믿음으로 말미암아 오직 은혜로 얻는 구원의 좋은 소식이다(*롬 1:1; 고전 15:1-4에 대한 설명을 보라*). **변하게 하려** 무엇인가를 그와 반대되는 것으로 바꾸는 행위다. 그리스도의 복음에 율법을 더함으로써 거짓 교사들은 실질적으로 은혜를 말살하고, 하나님이 자격 없는 죄인들에게 베푸시는 은혜의 메시지를 인간의 공로로 얻을 수 있는 호의의 메시지로 바꾸고 있었다.

1:8, 9 역사를 통틀어 하나님은 어떤 물건이나 개인 또는 인간 집단을 파멸로 넘기셨다(수 6:17, 18; 7:1, 25, 26). 신약성경은 그런 한 집단, 곧 거짓 교사들의 예를 많이 보여준다(마 24:24; 요 8:44; 딤전 1:20; 딛 1:16). 여기서 유대주의자들은 이 불명예스러운 무리에 속한 사람들로 그 정체가 밝혀진다.

1:8 우리나 혹은 하늘로부터 온 천사 바울은 그의 요지를 밝히기 위해 가정법을 사용하여 거짓된 교훈을 가

르칠 가능성이 가장 적은 자들을 예로 든다(바로 자기 자신과 거룩한 천사임). 만약 메신저가 아무리 완벽한 신임장을 갖고 있더라도 구원에 대한 교리가 하나님이 그리스도와 사도들을 통해 계시하신 진리와 조금이라도 다르면 갈라디아 사람들은 그 메신저를 용납하지 말아야 한다. **저주를 받을지어다** 익숙한 헬라어 단어인 *아나테마(anathema)*를 번역한 것으로, 어떤 사람을 영원한 멸망의 지옥에 넘기는 것을 말한다(참고. 롬 9:3; 고전 12:3; 16:22)

1:9 우리가 전에 말하였거니와 이 어구는 본 서신서의 앞에 나오는 말을 가리키는 것이 아니라 바울이 예전에 이 교회들을 방문했을 때 가르쳤던 것을 말한다. **누구든지** 바울은 8절의 가정법을 사용한 경우(사도 또는 천사가 거짓된 복음을 전하는)에서 갈라디아 사람들이 직면하게 된 현실적인 상황으로 돌아간다. 유대주의자들이 바로 그런 짓을 하고 있었으며, 그들은 자신들의 저주스러운 이단 행위로 말미암아 멸망에 처하게 되었다.

B. 사도적 신임장(1:10-2:10)

1:10-12 거짓 교사들이 바울의 영적 신임장을 훼손시키려고 하자 그는 자신의 사도직을 변호하면서 그가 사람이 아닌 하나님께서 택하신 자임을 다시 한 번 설명한다(참고. 1절).

1:10 지금까지 사람들의 기쁨을 구하였다면 바울이 동족 유대인의 입장에서 그리스도인을 박해했을 때 그 행동의 동기를 말한다. **그리스도의 종** *로마서 1:1에 대한 설명을 보라.* 바울은 기꺼이 그리스도의 노예가 되었으며, 그로 말미암아 다른 사람들로부터 수많은 고난을 당하는 희생을 감내했다(6:17). 그런 개인적 희생은 사람들을 기쁘게 하는 목표와는 정반대다.

1:11 너희에게 알게 하노니 바울이 여기서 사용하는 강한 뜻의 헬라어 동사는 중요한 내용을 강조하는 문장을 도입할 때 자주 쓰였다(고전 12:3; 고후 8:1). **복음은 사람의 뜻을 따라 된 것이 아니니라** 바울이 전파한 복음의 근원은 사람에게서 온 것이 아니다. 만약 사람에게서 온 것이라면 그 복음은 사람의 교만과 사탄의 기만이 낳은 것으로, 행위에 따른 의로움으로 편만한 다른 인간 종교와 같았을 것이다(롬 1:16).

1:12 내가 사람에게서 받은 것도 아니요 배운 것도 아니요 이것은 유대주의자들이 랍비적 전통으로부터 종교적인 교훈을 받았던 것과 대조를 이룬다. 대부분의 유대인은 성경 자체를 공부하지 않았다. 그 대신에 사람들의 성경 해석을 종교적인 권위와 지침으로 삼았다. 그들 전통의 많은 부분은 성경이 가르치는 바가 아닐 뿐 아니라 성경과 모순되기도 했다(막 7:13). **계시로 말미암은** 종전에 비밀로 감추어졌던 것의 베일을 벗기는 것을 말한다(이 경우에는 예수 그리스도임). 바울은 과거 그리스도에 대해 알고 있었지만 나중에 다메섹으로 가는 도상에서 그리스도를 직접 만나 복음의 진리를 받게 되었다(행 9:1-6).

1:13-2:21 바울은 자신의 사도직을 변호하고 그가 선포하는 복음의 정통성을 증명하기 위해 그의 생애에 일어난 중요한 사건들을 요약하여 밝힌다.

1:13 유대교 행위의 의를 내세우는 유대인의 종교적인 체계로, 그 일차적인 근거를 구약성경 본문에 두지 않고 랍비들의 해석과 전통에 둔다. 실제로 바울은 구약을 제대로 이해하게 되면 그리스도와 믿음을 통한 은혜의 복음으로 인도된다는 것이다(3:6-29). **박해하여** 이 헬라어 동사의 시제는 바울이 그리스도인을 해하고 궁극적으로는 박멸하기 위해 노력했음을 강조한다. *사도행전 8:1-3; 9:1; 디모데전서 1:12-14에 대한 설명을 보라.*

1:14 보다…지나치게 믿어 *지나치게 믿었다(advanced)*라고 번역된 헬라어 단어는 '자르면서 나가다'라는 뜻으로 마치 밀림을 뚫고 길을 만들어내는 사람과 상당히 비슷하다. 바울은 유대교 내에서 그의 길을 개척해 나가고 있었으며(참고. 빌 3:5, 6) 유대주의자들을 그 진로를 가로막는 장애물로 여겨 그들을 잘라 없애려고 애썼다. **내 조상의 전통** 구두로 전해지는 구약 율법의 가르침으로, 보통 할라카(Halakah)로 알려져 있다. 이렇게 집대성된 율법에 대한 해석들은 결국에는 율법(토라) 자체와 동일하거나 심지어는 그보다 더 큰 권위를 지니게 되었다. 그 전통의 규칙들은 너무나 복잡하고 부담스러워 빈틈없는 랍비라 할지라도 해석이나 행실 면에서 그것들에 정통할 수가 없었다. **더욱 열심이 있었으나** 바울이 그리스도인을 얼마나 뒤쫓고 박해했는지 살펴보면 그의 이런 열심이 잘 나타난다(참고. 행 8:1-3; 26:11).

1:15 내 어머니의 태로부터 나를 택정하시고 바울이 말하고자 하는 바는 그의 어머니로부터의 출생과 신체적 분리가 아니고 그가 태어날 때부터 하나님을 섬기는 자로 분리 또는 구별되었다는 점이다. 이 어구는 하나님이 바울의 개인적 공로나 노력과 무관하게 그를 선택하셨음을 가리킨다(참고. 사 49:1; 렘 1:5; 눅 1:13-17; 롬 9:10-23). **그의 은혜로 자신을 부르신** 하나님의 유효한 부르심을 말한다(*롬 1:7에 대한 설명을 보라*). 하나님은 이미 선택하셨던 사울을 다메섹 도상에서 실제로 구원하셨다.

갈

1:16 그의 아들을 이방에 전하기 위하여 복음을 유대인이 아닌 자들에게 선포하도록 바울을 부르신 것을 말한다(*행 9:15; 26:12-18에 대한 설명을 보라*. 참고. 롬 1:13-16; 11:13; 15:18). **그의 아들을…내 속에 나타내시기를** 그리스도가 다메섹 도상에서 바울*에게* 나타나셨을 뿐 아니라 바울 *속에* 계시된 것은 하나님이 그에게 생명과 빛과 그분을 믿는 믿음을 주셨기 때문이다. **혈육과 의논하지 아니하고** 바울은 그리스도로부터 받은 계시에 대한 분명한 설명이나 덧붙여 알아야 할 것을 얻기 위해 아나니아나 다메섹에 있는 다른 그리스도인에게 의지하지 않았다(행 9:19, 20).

1:17 예루살렘…아라비아…다메섹 바울은 사도들로부터 교훈을 받기 위하여 즉시 예루살렘으로 여행하는 대신 나바테안 아라비아로 갔다. 그곳은 다메섹 동쪽에서 시나이 반도까지 뻗어 있는 황무지였다. 바울은 그곳에서 주님으로부터 사역하기 위한 준비를 마치고 돌아와 다메섹 가까운 곳에서 사역에 임했다.

1:18 삼 년 바울의 회심으로부터 그의 첫 번째 예루살렘 여행까지의 대략적인 기간이다. 그 3년간 바울은 다메섹을 방문했고 아라비아에서 살면서 주님으로부터 가르침을 받았다. 이 방문은 사도행전 9:26-30에서 언급된다(*행 9:23에 대한 설명을 보라*). **방문하려고** 더 나은 번역은 '친숙해지려고'이다. **예루살렘에 올라가서** 이스라엘을 여행하는 사람들은 언제나 예루살렘에 '올라간다'고 말하는데, 그 이유는 예루살렘이 높은 고도에 위치하고 있기 때문이다(*행 18:22에 대한 설명을 보라*). **그(베드로)** *마태복음 10:2에 대한 설명을 보라*. 베드로전서 서론의 저자와 저작 연대를 보라. 베드로는 주님과 가까이 동행했던 사도로 초대 예루살렘 교회의 가장 큰 영향력을 가진 대변인이었다(행 1-12장).

1:19 주의 형제 야고보 참고. 2:9, 12. *사도행전 15:13에 대한 설명을 보라*. 야고보서 서론의 저자와 저작 연대를 보라.

1:20 이 진술은 바울이 유대인 율법주의자들로부터 파렴치하거나 착각 속에 빠진 거짓말쟁이라는 비난을 받았음을 보여준다.

1:21 수리아와 길리기아 *사도행전 15:23에 대한 설명을 보라*. 참고. 9:30. 이 지역에는 바울의 고향인 다소도 있었다. 바울은 그곳에서 수년째 말씀을 전하고 있었다. 그 지역에서 부흥이 일어나고 있다는 소식이 예루살렘에까지 전해져 그들은 바나바를 보냈다(행 11:20-26을 보라). 한편 바울은 안디옥에 있는 교회의 목회자로서 그 지역에 계속 머물렀다. 그리고 바나바와 함께 거기서 1차 전도여행을 떠났고(행 13:1-3), 그 후 안디옥으로 돌아왔다(행 14:26). 그리고 다시 예루살렘 공의회에 파송되었다(행 14:26-15:4).

1:22 유대 *사도행전 1:8에 대한 설명을 보라*.

1:23 예루살렘 공의회가 열리기 전 14년 동안(*2:1에 대*

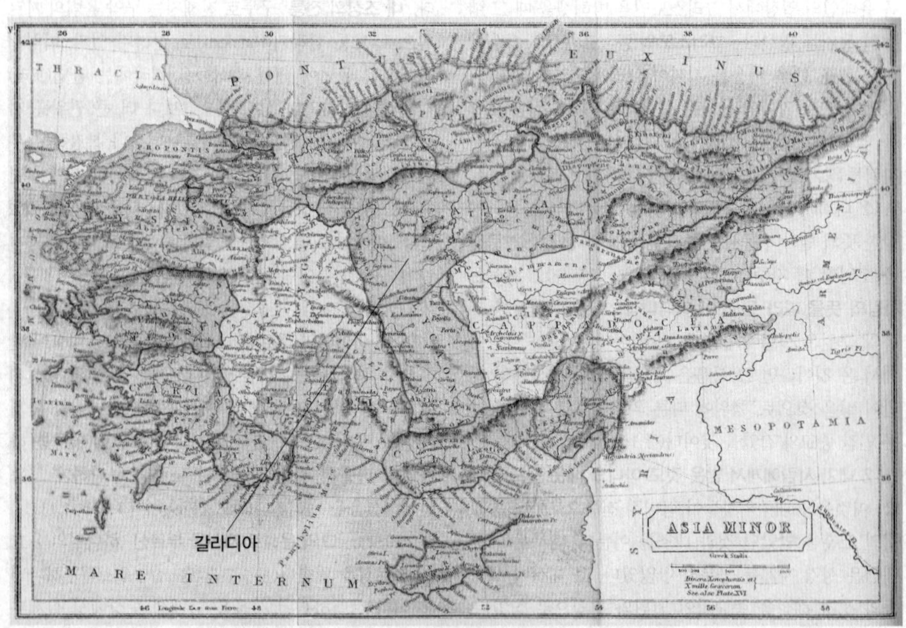

새뮤얼 버틀러가 1907년에 제작한 고대 소아시아 지도(map of Asia Minor)

한 설명을 보라) 바울이 예루살렘을 방문한 것은 단 두 차례였다(행 9:26-30; 11:30). 따라서 예루살렘에 있는 그리스도인은 단지 소문을 통해 그를 알고 있었다.

1:24 나로 말미암아 하나님께 영광을 돌리니라 바울이 전파한 복음이 다른 사도들이 유대인 신자에게 가르쳤던 것과 동일한 복음이었음을 증거한다.

2:1-10 바울은 그가 회심한 후 떠났던 가장 뜻 깊었던 예루살렘 여행을 상세히 얘기하면서 그가 선포했던 메시지가 다른 열두 사도의 메시지와 똑같음을 설득력 있게 증명하고 있다.

2:1 십사 년…다시 예루살렘에 이 기간은 바울이 처음 예루살렘을 방문했을 때부터(1:18) 여기서 언급되는 방문 때까지를 가리킨다. 이 후자의 방문은 이방인의 구원에 대한 쟁점을 해결하기 위해 소집된 예루살렘 공의회(행 15:1-22)에 참석하기 위해서였을 것이다. 언어학적으로 *다시*라는 단어는 그 다음번의 방문을 가리키지 않는다. 이는 두 시점 사이에 몇 번의 방문이 이루어졌는지 관계없이 그저 편하게 '다시 한 번'이라는 뜻을 가질 수도 있다. 그리고 실제로 바울은 그 14년 동안 예루살렘 교회의 기근을 위한 구제금을 전달하기 위해 그곳을 방문했다(행 11:27-30; 12:24, 25). 그러나 그 당시 예루살렘 방문은 사도적 권위의 문제와 무관했으므로 여기서는 그 방문을 언급하지 않는다. **바나바** *사도행전 4:36에 대한 설명을 보라*. 바나바는 예루살렘에 있는 사도들 앞에서 바울의 보증인이 되어 발언했던 최초의 지지자였으며(행 9:27) 바울의 1차 전도여행을 함께했던 동반자였다(행 13:2, 3). **디도** 바울의 영적 자녀이자 동역자다(딛 1:4, 5). 할례받지 않은 이방인이었던 디도는 바울이 행한 사역을 제대로 보여주는 증거였다. 디도서 서론의 저자와 저작 연대를 보라.

2:2 계시를 따라 하나님으로부터 온 이 계시는 성령의 음성이었다(*행 13:2-4에 대한 설명을 보라*). 그들이 바울을 예루살렘으로 보낸 것은 사도들에게 그의 이론을 수정하도록 하기 위해서였다는 유대주의자들의 말을 논박하기 위해, 바울은 그의 예루살렘 방문을 하나님이 명하셨음을 언급한다. **복음** *1:7에 대한 설명을 보라*. **유력한 자들** 예루살렘 교회를 이끄는 베드로와 야고보(주님의 남동생, 1:19), 요한(참고. 9절) 등 세 명의 주요 지도자를 말한다. 이는 권위를 가진 자들을 말할 때 자주 사용되던 표현으로 명예로운 지위를 암시한다. 바울이 그들을 비슷한 방식으로 언급한 경우가 2번 더 있었는데(6, 9절), 그것은 사도들이 유대주의자들의 교리는 승인했지만 바울의 교리는 승인하지 않았다고 주장하는 유대주의자들을 향해 풍자적으로 말한 경우다. 그들은 습관적으로 이 세 명의 지도자는 높이 치켜세우면서 바울을 깔보려고 했던 것 같다. **달음질하는 것이나…헛되지 않게** 바울은 예루살렘 지도자들이 그의 이방인 사역을 지지해주고, 율법주의에 반대하는 그들의 입장을 누그러뜨리지 않기를 소망했다. 그는 다른 사도들과의 충돌로 말미암아 사역을 위한 그의 노력이 허사가 되는 것을 원하지 않았다.

2:3 헬라인 *로마서 1:14에 대한 설명을 보라*. **억지로 할례를 받게** 유대주의자들의 행위 중심 체계의 핵심에는 할례를 규정한 모세의 명령이 있었다(*창 17:9-14; 롬 4:9-12에 대한 설명을 보라*). 그들의 가르침에 따르면 할례를 받지 않으면 구원은 불가능했다(행 15:1, 5, 24). 바울과 사도들은 그 가르침을 부인했으며, 그 문제는 예루살렘 공의회에서 일단락되었다(행 15:1-22). *5:2-12; 6:15; 로마서 4:10-12에 대한 설명을 보라*. 참고. 고린도전서 7:19. 진실한 신자였던 디도는 할례와 모세의 규범들이 구원을 위한 전제조건이나 필수요소가 아님을 보여주는 살아 있는 증거였다. 사도들이 할례를 받으라고 요구하자 이를 거절한 디도는 예루살렘 교회가 유대주의자들의 교리를 배격했음을 확인시켜 주었다(참고. 행 16:1-3의 디모데).

2:4 거짓 형제들 참된 그리스도인인 것처럼 행세했던 유대주의자들을 가리킨다. 그들의 교리는 그리스도에 대한 충성을 주장했으므로 전통적인 유대교의 반대편에 서 있었으나, 할례와 모세 율법에 대한 순종을 구원의 전제조건으로 요구했으므로 기독교에 반하는 것이었다. **자유** 그리스도인은 율법을 구원의 수단으로서 여기는 행습으로부터 자유하며, 율법의 외적 의식법을 생활방식으로 여기는 행습으로부터 자유하고, 율법에 대한 불순종에 따른 저주로부터도 자유하게 되었다. 그에 따른 저주는 그리스도가 모든 믿는 자들을 위하여 받으셨다(3:13). 하지만 이 자유는 죄를 지어도 좋다는 방종이 아니다(5:13; 롬 6:18; 벧전 2:16). **엿보고** 이 헬라어 단어는 몰래 적진에 잠입하는 첩자나 반역자의 이미지를 떠올리게 한다. 유대주의자들은 참된 복음을 방해하는 공작을 펼치기 위해 교회 한가운데로 파견된 사탄의 비밀 첩자들이었다. **종으로 삼고자** 행위로 의롭게 되려는 불가능한 체계에 절대적으로 굴복하는 노예 상태를 가리킨다.

2:5 우리가…복종하지 아니하였으니 믿음으로 말미암아 오직 은혜를 통해서만 구원받는다는 바울과 디도(3절)의 입장은 결코 흔들리지 않았다. **복음의 진리** 유대주의자들이 선전하고 다녔던 다른(1:6-8) 거짓된 복음과 상반되는 참된 복음을 말한다(*롬 1:1에 대한 설명을*

보라).

2:6 유력하다는 이들 베드로와 야고보, 요한에 대해 또 한 번 언급하고 있다(*2절에 대한 설명을 보라*). **외모로 취하지 아니하시나니** 열두 사도들의 독특한 특권으로 말미암아 그들의 사도직이 바울의 그것보다 더 큰 정통성이나 권위를 갖게 되는 것은 아니다. 그리스도는 그들 모두를 사도로 명하셨다(참고. 롬 2:11). 바울은 사도직에 있어 자신을 결코 열등하게 보지 않았다(고후 12:11, 12를 보라).

2:7 유대주의자들은 바울이 진리에서 벗어난 복음을 전하고 있다고 주장했으나 사도들은 그가 참된 복음을 선포하고 있음을 확인해주었다. 그것은 베드로가 선포한 복음과 동일했으나 단지 복음을 듣는 청중이 달랐을 뿐이다. **무할례자에게** 바울은 일차적으로 복음을 이방인에게 전했다(또한 이방인 지역에 있는 유대인에게도 전했는데 도착하면 가장 먼저 유대교 회당을 찾았음, 참고. 행 13:5). **베드로…할례자** 베드로 사역의 일차적인 대상은 유대인이었다.

2:8 베드로에게 역사하사…이가…내게 오직 하나의 복음을 가진 성령께서 베드로와 바울 모두에게 능력을 주어 사역을 감당하도록 하셨다.

2:9 기둥 야고보와 베드로, 요한이 교회를 세우고 지탱하는 일에서 맡았던 역할을 강조한다. **야고보와 게바와 요한** 여기서 야고보는 예수님의 형제(1:19)이다. 그는 예루살렘 교회에서 특별하고 중요한 역할을 맡는 인물로 떠올랐다(야고보서의 서론을 보라). 게바(베드로)와 요한(사도행전 12:2에서 순교한 사도 야고보의 형제)은 그리스도와 가장 가깝게 동행했던 동료들 가운데 두 명이었으며, 예루살렘 교회에서 중요한 역할을 하는 사도들이 되었다(행 2-12장을 보라). **내게 주신 은혜** 이들 지도자가 내릴 수 있었던 유일한 결론은 바울의 노력을 통해 복음이 강력하게 전파되고 교회가 세워진 것은 하나님의 은혜 때문이라는 점이다. **바나바** *1절; 사도행전 4:36에 대한 설명을 보라.* **친교의 악수** 근동 지방에서 이것은 엄숙한 우정의 맹세이자 동반자 관계를 나타내는 표시였다. 사도들의 이런 행동은 그들이 바울을 참된 복음을 가르치는 교사이자 사역의 동역자로 인정했음을 뜻한다. **우리는 이방인에게로…가게** 사도들이 바울에게 활발히 진행되는 이방인 사역을 계속하게 한 것은 사역을 위한 바울의 신성한 소명을 다시 확인해준 것으로 유대주의자들에게는 타격이 되었다. **할례자** *7절에 대한 설명을 보라.*

2:10 가난한 자들을 기억하도록 바울과 커져가는 이방인 기독교 공동체에 실천적인 문제를 상기시킨 것이다. 예루살렘에 있는 그리스도인의 숫자는 처음에 급속히 늘어났고(참고. 행 2:41-45; 6:1) 오순절을 맞아서 예루살렘을 방문했던 많은 사람은(행 2:1, 5) 그곳에 남아서 고향으로 돌아가지 않았다. 그 신자들은 초기에 그들이 소유한 것들을 나누어 썼지만(행 2:45; 4:32-37) 많은 사람이 빈곤 상태였다. 여러 해 동안 예루살렘 교회는 경제적으로 궁핍한 상황에 처해 있었다. *사도행전 11:28에 대한 설명을 보라.*

C. 사도적 확신(2:11-21)

2:11-13 복음의 역사에서 가장 어두웠던 날들에 대한 간단한 설명이다. 베드로는 거기에 도착한 유대주의자들이 그릇된 입장을 취한다는 것을 알면서도 그들과 교제하기 위해 이방인들과의 교제에서 물러나 외관상으로 그들의 교리를 지지하고 바울의 신성한 가르침, 특히 오직 믿음으로 말미암아 오직 은혜에 의해서만 구원받는다는 교리를 백지화시켜 버렸다. *고린도후서 6:14-18; 요한이서 10, 11에 대한 설명을 보라.*

2:11 안디옥 *사도행전 11:19에 대한 설명을 보라.* 최초의 이방인 교회가 세워진 곳이다. **책망 받을 일이 있기로** 더 나은 번역은 '정죄받을 일이 있기로'이다. 베드로는 그들이 오류를 범하고 있다는 것을 알면서도 그들에게 동조하고, 그로 말미암아 이방인 형제들에게 해를 끼치고 혼란을 야기한 죄를 범했다.

2:12 야고보에게서 온 어떤 이들이 예루살렘 공의회의 결정 내용을 알고 있던 베드로(행 15:7-29)는 안디옥에 머무는 얼마 동안 이방인들과 식사를 같이했다. 유대주의자들은 야고보의 보냄을 받고 왔다고 하면서 자기들이 사도들의 지지를 받고 있다는 허위 주장을 내세웠다. 베드로는 이미 모세의 모든 의식을 포기했으며(행 10:9-22), 야고보는 때때로 그 의식의 일부만 따랐다(행 21:18-26). **할례자들을 두려워하여** 이것이 베드로의 이반적인 행동 배후에 있는 진짜 동기였다. 유대주의자들이 이단적 교리를 내세우는 자기 의에 빠진 위선자들이었음에도 베드로는 교회 안에 있는 율법주의와 유대주의를 따르는 부류의 사람들에게서 인기를 상실할 것을 두려워했다. **떠나 물러가매** 헬라어 용어로 군대의 전략적인 후퇴를 말한다. 동사형을 보면 베드로가 서서히, 그리고 기만적으로 물러났음을 암시한 것일 수도 있다. 베드로가 유대주의자들과는 같이 먹으면서 이전에 같이 식사했던 이방인들의 식사 초대를 거절한 것은 그가 하나님이 폐하신 것으로 알고 있는 바로 그 음식에 대한 금기(행 10:15)를 지금은 인정하며, 따라서 은혜의 복음에 타격을 가하고 있었음을 의미했다.

2:13 남은 유대인 안디옥에 있는 유대인 신자들이다. **외식하므로** 이 헬라어 단어는 분위기나 일정한 인물을 묘사하기 위해 가면을 쓴 배우를 가리킨다. 영적 의미로는 어떤 사람이 자신의 참된 성격을 숨기고 실제 자신이 아닌 모습으로 행세하는 경우를 말한다(마 6:1-6). 그렇게 외식하는 자들은 은혜의 복음에 마음을 드리기는 했지만 유대인의 율법주의를 용납하는 것 같은 행세를 했다.

2:14 복음의 진리 *5절에 대한 설명을 보라.* **바르게 행하지** 문자적으로 '곧바로' 또는 '똑바로' 걷는 것이다. 이방 그리스도인들에게서 물러남으로써 베드로와 다른 유대인 신자들은 하나님의 말씀에 따라 행하지 않았다. **이방인을 따르고** 베드로는 그가 이방인으로부터 서서히 물러나기 전에는 그들과 정기적으로 교제하며 식사함으로써 유대인과 이방인 사이의 기독교적 사랑과 자유의 모범을 이상적으로 보여주었다. **억지로 이방인을 유대인답게 살게 하려느냐** 유대주의자들에게 권한을 이양한 결과, 베드로는 그들이 바른 길에 있다고 선언한 셈이 되었다.

2:15, 16 바울이 베드로를 책망한 것은 이신칭의의 교리가 얼마나 절대적으로 필요한 것인지를 보여주는, 신약성경에서 가장 역동적인 진술들 가운데 하나다(*롬 3:24에 대한 설명을 보라*). 베드로가 회개한 것이 분명한데, 이는 바울의 사도적 권위를 인정하고 베드로 자신이 진리에 복종했음을 보여준다(참고. 벧후 3:15, 16).

2:15 이방 죄인 이 표현은 법적인 의미로 사용되었다. 그 이유는 이방인은 본성적으로 죄인이고, 그들을 구원이나 의로운 삶으로 이끌 수 있는 계시된 신성한 성문 율법을 갖지 못했기 때문이다.

2:16 의롭게 되는 것 이 헬라어 단어는 피소된 사람이 죄가 없으며, 따라서 법 앞에서 결백하다고 재판장이 선언하는 법정의 상황을 묘사한다. 이 말은 시종일관 성경을 통해서 하나님이 그리스도의 신성한 의로움을 죄인에게 돌리시고 그 사람의 죄를 죄가 없으신 그리스도께 전가시켜 벌하심으로써 죄인을 하나님 앞에서 죄가 없고 온전히 의로운 자로 선언하시는 것을 가리킨다(*롬 3:24; 빌 3:8, 9에 대한 설명을 보라*). **율법의 행위** 율법을 지킨다고 해서 그것을 구원의 수단으로 받아들이는 것은 전적으로 불가능하다. 왜냐하면 죄악의 뿌리가 타락한 사람의 마음에 있지 그의 행동에 있지 않기 때문이다. 율법은 죄를 드러내는 거울의 역할만 할 뿐 죄를 해결하는 치료제는 아니다(*3:22-24; 롬 7:7-13; 딤전 1:8-11에 대한 설명을 보라*). **행위…믿음** 여기서 바울은 구원을 얻는 것은 율법을 통해서가 아니라 그리스도를 믿음으로써 말미암는다고 3번이나 선언하고 있다. 첫 번째는 일반적인 선언으로 "*사람이*(*man*) 의롭게 되는 것은"이다. 두 번째는 개인적인 선언으로 "*우리가*(*we*)…의롭다 함을 얻으려"이다. 세 번째는 "의롭다 함을 얻을 *육체가*(*flesh*) 없느니라"는 보편적인 선언이다.

2:17 우리가…죄인으로 드러나면 만약 유대주의자들의 교리가 옳다면 이방인과 같이 먹고 교제했던 바울과 베드로, 바나바, 다른 유대인 신자들은 모두 죄인의 범주에 속했을 것이다. 왜냐하면 유대주의자들에 따르면 이방인은 부정한 자이기 때문이다. **죄를 짓게 하는 자** 만약 유대주의자들이 옳다면 그리스도는 잘못하셨고 사람들에게 죄를 짓도록 가르치신 것이 된다. 왜냐하면 그분은 음식이 사람을 더럽게 하지 못한다고 가르치셨기 때문이다(막 7:9. 참고. 행 10:13-15). 또한 그리스도는 자신에게 속한 모든 사람은 자신과 하나이며, 따라서 그들도 서로 하나라고 선언하셨다(요 17:21-23). 바울이 그의 빈틈없는 논리로 베드로를 정죄한 것은 베드로가 행동을 통해 실제로 그리스도가 거짓말을 하신 것처럼 보이게 했기 때문이다. 바울은 헬라어에서 가장 강한 부정적인 단어를 써서 이런 잘못을 비판했다("결코 그럴 수 없느니라", 참고. 3:21; 롬 6:1, 2; 7:13).

2:18 내가 헐었던 것 율법을 통한 구원이라는 그릇된 체제는(*1:13에 대한 설명을 보라*) 믿음으로 말미암아 오직 은혜에 의한 구원을 설파함으로써 타파된다.

2:19 율법에 대하여 죽었나니 어떤 사람이 사형에 해당하는 유죄 판결을 받고 처형되면 법은 그에 대하여 더 이상 청구할 것이 없다. 이는 그리스도 안에서 함께 죽었고(그리스도는 그리스도인의 죄에 대한 벌을 온전히 치르셨음), 그분 안에 있는 생명으로 부활한 그리스도인에게도 동일하다. 공의는 충족되었고 이제 그는 어떤 징벌로부터도 영원히 자유롭게 되었다. *로마서 7:1-6에 대한 설명을 보라.*

2:20 그리스도와 함께 십자가에 못 박혔나니 *로마서 6:2-6에 대한 설명을 보라.* 어떤 사람이 그리스도를 신뢰하여 구원에 이르면, 그는 영적으로 그리스도의 십자가에 못 박히심과 죄와 사망을 이기신 부활에 참여하게 된다. **이제는 내가 사는 것이 아니요 오직 내 안에 그리스도께서 사시는 것이라** 신자의 옛 사람은 그리스도와 함께 십자가에 못 박혀(롬 6:3, 5) 죽었다(*엡 4:22에 대한 설명을 보라*). 새 사람을 입은 신자는 그리스도가 그 사람 안에 내주하셔서 그에게 능력을 주시고 그를 통하여 사시는 특권을 누리게 된다(*롬 8:9, 10에 대한 설명을 보라*). **나를 위하여 자기 자신을 버리신** 그리스도가 십자가에서 희생적인 죽음을 죽으심으로써 믿는 자들에

갈

단어 연구

육체(Flesh): 2:20; 4:13, 14; 5:17; 6:12, 13. 헬라 문학에서 *사르크스(sarx)*는 인간의 몸을 의미했다. 또한 이 단어는 신약에서도 그렇게 사용되었다(요 1:14; 계 17:16; 19:18, 21을 보라). 하지만 바울은 가끔 이 단어로 타락한 전인(全人), 죄악된 몸뿐 아니라 죄의 영향을 받은 영혼과 정신을 포함한 전 존재를 나타냈다. 그래서 바울은 자주 *육체*와 *성령*을 두 개의 정반대되는 힘으로 대립시켰다. 불신자는 오직 육체 안에서 살 수 있지만 신자는 육체 안에 살거나 성령 안에 살 수 있다. 바울은 신자들에게 성령 안에 거함으로써 육체의 행실을 극복할 것을 거듭 독려한다.

대한 그분의 사랑을 나타내신 것을 말한다(요 10:17, 18; 롬 5:6-8; 엡 5:25-30).

2:21 바울의 결론에 따르면 베드로는 유대주의자들과 뜻을 같이함으로써 그리스도에 반하는 입장을 취했다. 이는 실질적으로 하나님의 은혜의 필요성을 부인한 것이 되어 그리스도의 죽음으로 얻는 혜택을 폐기해버린 꼴이 되었다. **의롭게 되는 것** *로마서 1:17에 대한 설명을 보라*. **그리스도께서 헛되이 죽으셨느니라** '그리스도께서 불필요하게 죽으셨다'라는 번역이 더 낫다. 만약 어떤 사람들이 자신들의 노력으로 구원을 얻을 수 있다고 강력하게 주장한다면, 그것은 기독교의 토대를 허물고 그리스도의 죽음을 불필요한 것으로 만든 것이다.

교리적: 이신칭의의 원리 (3:1-4:31)

A. 갈라디아 사람의 체험(3:1-5)

3:1 어리석도다 이 표현은 지성의 부족이 아니라 순종의 결핍을 가리킨다(참고. 눅 24:25; 딤전 6:9; 딛 3:3). 바울은 갈라디아 사람들의 이반으로 인한 충격과 놀라움과 격분을 표현하고 있다. **십자가에 못 박히신** 예수가 십자가형에 처해진 것은 역사적으로 단 한 번 있었던 사실이지만 그 결과는 영원히 지속된다. 그리스도의 희생적 죽음은 신자들의 죗값을 영구히 치른 것이며(참고. 히 7:25), 그 어떤 인간 행위를 통해서도 보완되어야 할 필요가 없다. **밝히 보이거늘** 이 헬라어는 공공장소에 공고문을 게재하는 것을 묘사한다. 바울은 그의 설교를 통해 예수 그리스도의 참된 복음을 갈라디아 사람들 앞에서 공개적으로 드러냈다. **누가…** 유대주의자들, 즉 유대인 거짓 교사들이 갈라디아 교회들을 전염병처럼 괴롭히고 있었다(서론의 배경과 무대를 보라). **꾀더냐** 아첨과 거짓 약속에 미혹당하거나 호도되었는지 묻는 말이다. 이 말은 유대주의자들이 감정에 호소했음을 암시한다.

3:2 너희가 성령을 받은 것이 바울이 던지는 이 수사적 질문에 대한 답은 분명하다. 갈라디아 사람들은 율법 준수를 통해서가 아니라 복음을 들었을 때(참고. 롬 10:17) 구원에 이르는 믿음으로 구원되었으며, 그때 그들은 성령을 받았다(롬 8:9; 고전 12:13; 요일 3:24; 4:13). 믿음을 듣는다는 표현은 실제로는 믿음을 *가지고* 듣는다는 것을 말한다. 바울은 갈라디아 사람에게 그 자신들의 구원을 보라고 호소하면서, 율법을 지켜야 구원을 얻는다는 유대주의자들의 거짓된 가르침에 반박하라고 말한다.

3:3 너희가 이같이 어리석으냐 바울은 갈라디아 사람이 너무도 쉽게 속임수에 빠지는 것에 의아해했고 두 번째 수사적 질문을 하면서 그들의 어리석음을 다시 책망한다. **성령으로 시작하였다가…육체로** 죄악되고 연약하며(마 26:41; 롬 6:19) 타락한 인간의 성품이 성령의 구원 사역을 개선시킬 수 있다는 발상은 바울에게 터무니없는 것이었다.

3:4 이같이 많은 하나님과 그리스도와 성령으로부터 오는 구원의 모든 복을 일컫는다(참고. 엡 1:3). **괴로움을…받았느냐** 이 헬라어의 기본적인 의미는 '체험하다'로 반드시 고통이나 고초의 뜻을 함축하는 것은 아니다. 바울은 갈라디아 사람이 예수 그리스도 안에서 얻은 구원의 개인적인 체험을 묘사하기 위해 이 단어를 사용했다. **과연 헛되냐** 누가복음 8:13; 사도행전 8:13, 21; 고린도전서 15:2; 고린도후서 6:1; 13:5, 6을 보라.

3:5 듣고 믿음에서냐 *2절에 대한 설명을 보라.*

갈라디아서에 나오는 성령

- 3:2
- 3:3
- 3:5
- 3:14
- 4:6
- 4:29
- 5:5
- 5:16
- 5:17
- 5:18
- 5:22
- 5:25
- 6:8

B. 아브라함의 축복(3:6-9)

3:6 바울은 로마서에서처럼(*롬 4:3에 대한 설명을 보라*) 창세기 15:6을 인용하며 믿음으로 말미암아 은혜를 통해 구원받는 것 외에 그 어떤 다른 길도 없다는 증거로 아브라함의 예를 든다. 구약성경도 이신칭의를 가르치고 있다.

3:7 아브라함의 자손 유대인과 이방인 신자가 아브라함의 참된 영적 자녀인 것은 그들이 아브라함이 행한 믿음의 본을 따르기 때문이다(참고. 29절; 롬 4:11, 16).

3:8 성경이 미리 알고 성경을 의인화하여 말하는 것은 유대인이 흔히 쓰는 비유적 표현이었다(참고. 4:30; 요 7:38, 42; 19:37; 롬 9:17; 10:11; 11:2; 딤전 5:18). 성경은 하나님 말씀이므로 성경이 말할 때 그것은 하나님이 말씀하신다는 것을 뜻한다. **아브라함에게 복음을 전하되** 아브라함에게 주셨던 '좋은 소식'은 모든 나라를 위한 구원의 소식이었다(창 12:3; 18:18로부터 인용한 것임). 창세기 22:18; 요한복음 8:56; 사도행전 26:22, 23을 보라. 구원은 시대마다 언제나 믿음을 통해 이루어졌다.

3:9 믿음으로 말미암은 자는…아브라함과 함께 유대인이나 이방인을 가리지 않는다는 것이다. 구약성경은 아브라함의 경우와 마찬가지로 이방인들이 이신칭의의 복을 받으리라고 예측했다. 그런 복들은 그리스도로 말미암아 모든 믿는 자에게 넘치게 부어진다(참고. 요 1:16; 롬 8:32; 엡 1:3; 2:6, 7; 골 2:10; 벧전 3:9; 벧후 1:3, 4).

C. 율법의 저주(3:10-14)

3:10 율법 행위에 속한 자들 율법을 지킴으로써 노력을 통해 구원을 얻고자 하는 사람들이다. **저주 아래에** 신명기 27:26을 인용한 것으로, 율법을 완전하게 지키지 못할 때 초래되는 하나님의 심판과 정죄를 보여준다. 율법을 한번 위반하는 것으로도 하나님의 저주를 받아 마땅하다. 참고. 신명기 27, 28장. **모든 일** 야고보서 2:10을 보라. 어느 누구도 율법이 명하는 모든 것을 지킬 수는 없다. 심지어 다소 출신의 사울처럼 엄격한 바리새인일지라도 말이다(롬 7:7-12).

3:11 아무도 율법으로 말미암아 의롭게 되지 못할 것이 참고. 로마서 3:20. **의롭게 되지** 하나님 앞에서 의로운 자가 되다. *로마서 3:24에 대한 설명을 보라.* **의인은 믿음으로 살리라** *로마서 1:17에 대한 설명을 보라.* 바울이 앞서 인용했던 구약성경(10절. 참고. 신 27:26)은 의롭게 되는 것이 율법을 지킨 결과가 아님을 보여주었고, 하박국 2:4에서 인용된 이 구절은 오직 믿음으로 말미암아 의롭게 됨을 보여준다(참고. 히 10:38).

3:12 율법은 믿음에서 난 것이 아니니 바울이 구약성경 레위기 18:5로부터 인용한 내용이 증명하듯, 믿음으로 얻는 칭의와 율법을 지켜서 얻는 칭의는 상호배타적이다.

3:13 그리스도께서…율법의 저주에서 우리를 속량하셨으니 '속량하다'라고 번역된 이 헬라어는 대가를 지불하고 노예나 채무자에게 자유를 주는 것을 표현하는 데 자주 쓰였다. 그리스도의 죽음은 죄를 위한 대속의 죽음이었으므로, 하나님의 공의를 만족시켰고 하나님은 택하신 자들을 향한 진노를 전부 쏟아부으셨으며, 그렇게 함으로써 그리스도는 신자들을 죄에 매인 노예 상태와 영원한 죽음의 심판으로부터 값을 치르고 실제로 구원하신 것이다(4:5; 딛 2:14; 벧전 1:18. 참고. 롬 3:24; 고전 1:30; 엡 1:7; 골 1:14; 히 9:12). **우리를 위하여 저주를 받은 바 되사** 그리스도는 믿는 자들의 죄를 대신하여 십자가에서 하나님의 진노를 담당하심으로써 율법을 어긴 자들에게 선고된 저주를 자신에게 쏟아부으셨다(*10절에 대한 설명을 보라*). **기록된 바** 신약성경에서 구약성경을 인용할 때(50번 이상) 흔히 쓰는 표현이다(*롬 3:10에 대한 설명을 보라*). 여기서는 신명기 21:23이 인용되고 있다.

3:14 아브라함의 복 하나님이 주신 구원의 약속에 대한 믿음을 말한다. *9절에 대한 설명을 보라.* **성령의 약속** 성부 하나님으로부터 온다. 참고. 이사야 32:15; 44:3; 59:19-21; 에스겔 36:26, 27; 37:14; 39:29; 요엘 2:28, 29; 누가복음 11:13; 24:49; 요한복음 7:37-39; 14:16, 26.

D. 언약의 약속(3:15-18)

3:15-22 바울은 이신칭의의 교리를 증명하기 위해 자신이 아브라함의 예를 사용한 것에 대한 반론을 예상했다. 그 반론은 아브라함 이후 시내산에서 율법이 주어짐으로써 율법이 더 좋은 구원의 방법이 되는 변화가 일어났다는 것이다. 이에 대해 사도 바울은 아브라함 언약의 우월성(15-18절)과 율법의 열등성(19-22절)을 보여줌으로써 그와 같은 주장을 기각했다.

3:15 형제들아 친밀한 애정을 표현하는 이 용어는 갈라디아 사람에 대한 바울의 따뜻한 사랑을 드러내 보여준다. 갈라디아 사람은 바울이 그들을 엄하게 꾸짖는 것을 보고 바울의 사랑에 대하여 의구심을 가졌을 수도 있다(1, 3절). **사람의 예대로…사람의 언약이라도** 비록 사람의 언약이라도 일단 확정되면 취소하지 못하고 변경할 수 없는 것으로 간주된다. 하물며 불변하신 하나님이 만드신 언약은 얼마나 더 하겠는가(말 3:6; 약 1:17).

3:16 약속들 아브라함 언약과 연관되는 약속들이다(창 12:3, 7; 13:15, 16; 15:5, 18; 17:8; 22:16-18; 26:3, 4; 28:13, 14). 그 약속들은 아브라함과 그의 후손들에게 주어졌던 것으로, 아브라함이 죽었을 때 또는 율법이 왔을 때 무효화된 것이 아니다. **자손** 참고. 19절. 창세기 12:7에서 인용한 단어다. 이 히브리 단어의 단수형은 그에 해당하는 영어와 헬라어의 단수형들과 마찬가지로 집합적 의미로 쓰일 수 있다. 바울의 요지는 구약성경의 일부 구절(예를 들면 창 3:15; 22:18)에 나오는 단어 *자손*이 아브라함의 후손들 가운데서 가장 위대하신 분, 곧 예수 그리스도를 가리킨다는 것이다.

3:17 하나님께서 미리 정하신 *15절에 대한 설명을 보라.* 이 단어는 '추인되다'라는 뜻이다. 일단 하나님이 언약을 공식적으로 추인하시면(*창 15:9-21에 대한 설명을 보라*) 그 언약은 지속적인 권위를 갖게 되며, 어느 누구도 그 언약을 폐기할 수 없다. 아브라함 언약은 일방적이고(하나님이 약속하셨음), 영원하며(영구히 지속되는 축복을 주셨음), 취소될 수 없고(결코 그 효력이 중지되지 않을 것임), 무조건적(사람이 아닌 하나님께 달려 있다는 점에서)이지만, 언약의 완전한 성취를 위해서는 이스라엘의 구원과 예수 그리스도의 천년왕국이 도래해야 한다. **언약** 아브라함 언약이다(*16절에 대한 설명을 보라*). 성경적 언약에 대한 논의는 *창세기 9:16; 12:1-3; 로마서 9:4에 대한 설명을 보라.* **사백삼십 년** 이스라엘 백성이 애굽에 거주한 때로부터(참고. 출 12:40) 시내 산에서 율법을 받을 때까지(주전 1445년경)의 기간이다. 율법이 실제로 주어진 것은 아브라함에 대한 최초의 약속(주전 2090년경. 참고. 창 12:4; 21:5; 25:26; 47:9)으로부터 645년 후의 일이었으나 그 약속은 이삭에게(창 26:24), 그 후에는 야곱에게(주전 1928년경. 창 28:15) 반복해 주어졌다. 아브라함 언약이 마지막으로 야곱에게 재확인된 것은 그가 애굽으로 내려가기 바로 전에 있었고(모세 율법이 주어지기 430년 전), 이는 창세기 46:2-4(주전 1875년경)에 나타나 있다.

3:18 바울은 율법(행위)과 약속(은혜) 사이에 그 어떤 타협점도 존재하지 않음을 다시 강조한다. 이 두 가지 원리는 구원에 이르는 상호배타적인 방법을 제시한다(참고 롬 4:14). 정의상 "유업"은 아브라함의 경우에서 증명된 바와 같이 노력해 얻은 것이 아닌 허락받는 어떤 것을 말한다.

E. 율법의 목적(3:19-29)

3:19-22 바울은 아브라함에게 주신 약속의 우월성을 보여주고 나서(15-18절) 율법의 열등함과 율법의 목적에 대해 설명한다.

3:19 범법하므로 더하여진 것이라 바울은 설득력 있게 약속이 율법보다 우월하다고 주장했으나 그 주장이 질문을 불러일으켰다. 즉 그렇다면 율법의 목적은 무엇인가? 바울은 그 질문에 대해 율법은 사람의 전적인 죄악성, 자신을 구원할 수 있는 능력의 부재, 구원자를 절박하게 필요로 하는 상태를 드러내 보여준다고 답한다. 율법은 결코 구원을 이루는 길로 의도되지 않았다(참고. 롬 7:1-13). **천사들을 통하여** 성경은 율법을 주는 일에 천사들이 관여했다고 가르치지만(참고. 행 7:53; 히 2:2), 그들이 정확하게 무슨 역할을 맡았는지 설명하고 있지 않다. **자손** *16절에 대한 설명을 보라.*

3:20 중보자 바울의 요점은 다수의 당사자가 있을 경우에는 언약의 체결을 위한 중재인이 요구된다는 것을 말하고자 하는 것으로 보인다. 그러나 하나님은 단독으로 아브라함과 언약을 비준하셨다(*창 15:7-21에 대한 설명을 보라*).

3:21 바울은 헬라어의 가장 강한 부정형(*2:17에 대한 설명을 보라*)을 사용해 율법과 약속이 반대되는 목적을 가진다는 발상을 경멸하듯 무시해버린다. 하나님이 율법과 약속을 모두 주셨고, 하나님은 스스로에게 역행하는 방식으로 일하시지 않으므로, 율법과 약속은 조화를 이루며 일한다. 즉 율법은 사람이 죄악으로 가득하며 따라서 약속 안에서 값없이 주어지는 구원을 필요로 함을 드러낸다. 만약 율법이 의로움과 영생을 가져다줄 수 있었다면 그 어떤 자비의 약속도 주어지지 않았을 것이다.

3:22 모든 것을 죄 아래에 가두었으니 '가두다'라고 번역된 이 헬라어 동사는 '사방을 울타리로 둘러싸다'라는 뜻이다. 바울은 모든 인류가 마치 그물에 잡힌 물고기 떼처럼 죄의 올가미에 걸려든 절망적인 상태를 묘사하고 있다. 모든 사람이 죄인임은 성경이 명시적으로 가르치는 것이다(*롬 3:19에 대한 설명을 보라.* 참고. 왕상 8:46; 시 143:2; 잠 20:9; 전 7:20; 사 53:6; 롬 3:9-19, 23; 11:32).

3:23 믿음이 오기 전에 구속사의 관점으로 보나 모든 시대의 개인 구원의 영역에 있어서나(참고. 19, 24, 25절; 4:1-4), 율법이 사람을 포박하고 있는 감옥의 문을 열 수 있는 것은 오직 구원에 이르는 믿음뿐이다. **율법 아래에 매인 바 되고** 바울은 율법을 의인화하여 유죄 판결과 사형 선고를 받고 하나님 심판의 집행을 기다리는 죄인들을 지키고 있는 간수로 표현하고 있다(롬 6:23). **계시될 믿음** 이 말 속에서 바울은 역사적으로는 그리스도의 오심을 바라보고, 개인적으로는 각 신자의 구원

을 바라보고 있다. 모세 율법이든지 이방인의 마음에 새겨진 율법(롬 2:14-16)이든지, 그런 율법에 종 노릇하는 사람들을 해방시킬 수 있는 것은 그리스도에 대한 믿음뿐이다.

3:24 초등교사 이 헬라어 단어는 어린 아이를 성년이 될 때까지 돌보는 의무를 진 노예를 말한다. 이 초등교사는 아동들의 등하굣길에 동행해 보호하고, 집에서는 그들의 행위를 지켜보는 일을 맡았다. 초등교사들은 엄격한 규율주의자였기 때문에 그 교사들의 보호 아래 있던 아이들은 초등교사의 보호와 양육으로부터 자유로워질 날을 손꼽아 기다렸다. 율법은 우리에게 자신의 죄를 보여줌으로써 우리를 그리스도께로 인도하는 초등교사였다.

3:25, 26 하나님의 자녀인 신자들은 예수 그리스도에 대한 믿음을 통해 성년이 되었다. 비록 새로운 언약에서 권위를 부여받은, 하나님의 거룩하고 불변하는 의로운 표준에 순종해야 할 의무는 여전하지만(6:2; 롬 8:4; 고전 9:21) 그들은 더 이상 율법의 감독 아래에 있지 않다(롬 6:14).

3:26 하나님의 아들 하나님이 모든 사람을 지으셨으므로 일반적인 의미에서 하나님은 모든 사람의 아버지가 되시지만(행 17:24-28), 오직 예수 그리스도를 믿는 자만이 하나님의 참된 영적 자녀다. 불신자는 사탄의 자식이다(마 13:38; 요 8:38, 41, 44; 행 13:10; 요일 3:10. 참고. 엡 2:3; 요일 5:19).

3:27 그리스도와 합하기 위하여 세례를 받은 이것은 물로 하는 세례가 아니다. 물세례로는 구원받을 수 없다(*행 2:38; 22:16에 대한 설명을 보라*). 바울은 그리스도의 죽음과 부활에서 그리스도와 연합하는 영적인 기적을 통해 신자가 그리스도 안에 "잠기는 것" 또는 그리스도 "안으로 넣어지는"(참고. 2:20)을 표현하기 위해 *세례받다*(*baptized*)를 은유적으로 사용했다. *로마서 6:3, 4에 대한 설명을 보라*. 참고. 고린도전서 6:17. **그리스도로 옷 입었느니라** 신자가 그리스도와 영적으로 연합함으로써 일어나는 결과를 말한다. 바울은 우리가 구원을 통해 그리스도와 연합되었다는 사실을 강조한다. 하나님 앞에서의 위치로 볼 때 우리는 그리스도의 죽음과 부활과 의로움으로 옷 입었다(*빌 3:8-10에 대한 설명을 보라*). 그렇다면 다른 사람들 앞에서 하는 실제 행동에서도 우리는 "그리스도로 옷 입어야" 한다(롬 13:14).

3:28 다 그리스도 예수 안에서 하나이니라 그리스도와 하나 된 모든 사람은 그들끼리도 하나다. 이 구절은 하나님이 그리스도인 사이에 인종적·사회적·성적인 면에서 차이를 두셨음을 부인하지 않지만, 그런 차이들이 하나님 앞에서 영적 불평등을 시사하는 것은 아니라고 단언한다. 또한 이런 영적 평등이 교회, 사회, 가정에서 하나님이 명하신 책임, 복종의 역할과 양립할 수 없는 것도 아니다. 예수 그리스도는 아버지 하나님과 온전히 동등한 분이셨으나 성육신의 과정을 통해 복종하는 자의 역할을 담당하셨다(빌 2:5-8).

3:29 아브라함의 자손 *7절에 대한 설명을 보라*. 아브라함의 육신적 자녀라고 해서 모두가 "하나님의 이스라엘"(참고. 6:16), 즉 아브라함의 참된 영적 자녀가 되는 것은 아니다(롬 9:6-8). 반면 아브라함의 육신적 자녀가 아닌 이방인 신자들은 아브라함의 믿음의 본을 따랐기 때문에 그의 영적 자녀다(*롬 4:11, 12에 대한 설명을 보라*). **약속대로 유업을 이을 자** 모든 신자는 아브라함 언약에 수반되는 영적인 복(이신칭의)을 받는 상속자다(창 15:6. 참고. 롬 4:3-11).

갈

율법과 은혜

기능		효과	
율법의 기능	은혜의 기능	율법의 효과	은혜의 효과
행위에 근거함(3:10)	믿음에 근거함(3:11, 12)	행위는 우리를 저주 아래에 둠(3:10)	믿음에 의해 우리를 의롭게 함(3:3, 24)
우리의 후견인(3:23; 4:2)	그리스도를 중심으로(3:24)	믿음이 올 때까지 우리를 지킴(3:23)	그리스도가 우리 안에 사심(2:20)
우리의 초등교사(3:24)	우리의 자유증서(4:30, 31)	우리를 그리스도께 인도함(3:24)	우리를 아들과 상속자로 입양하심(4:7)
율법의 기능은 우리의 유죄를 선언하고, 우리를 그리스도께로 인도하며, 우리에게 순종적인 삶을 살도록 지도하는 일이다. 하지만 율법은 인간을 구원하는 데 있어 무기력하다.			

그리스도와 연합하는 세례

갈라디아서 3:27에서 바울이 사용하는 *세례받다*는 사람을 구원할 능력이 없는 물세례를 가리키는 것이 아니다. 바울은 그리스도 안에 '잠기는 것' 또는 그리스도 '안으로 넣어지는 것'을 표현하기 위해 그 단어를 은유적으로 사용했다. 여기에 나오는 더 큰 문맥은 외적인 예식을 가리키는 것이 아니라 그리스도의 죽음과 부활에 참여하여 그분과 연합하는 믿음과 영적인 기적을 가리킨다. 그 뒤에 바로 따라오는 "그리스도로 옷 입다"라는 어구는 신자가 그리스도와 영적으로 연합한 결과를 그림처럼 묘사한다. 바울은 구원을 통해 우리가 그리스도와 연합되었다는 사실을 강조하고 있다. 하나님 앞에서의 위치로 볼 때 우리는 그리스도의 죽음과 부활과 의로움으로 옷 입었다. 그렇다면 다른 사람들 앞에서 하는 실제 행동에 있어서도 우리는 "그리스도로 옷 입어야" 한다(롬 13:14).

F. 신자가 누리는 아들로서의 지위(4:1-7)

4:1-7 바울은 어린 아이가 성년이 되는(3:24-26) 비유를 사용하여 구원 이전 신자들의 삶(아이와 종)을 구원 이후의 삶(성인과 아들)과 대조시킨다. 유대인, 헬라인, 로마인에게는 모두 성인식이 있었으므로 바울의 서신을 읽는 유대인과 이방인 독자는 이런 상황을 쉽게 이해했다.

4:1 어렸을 동안 이 헬라어는 나이가 너무 어려 말을 하지 못하는 아이 또는 영적으로나 지적으로 미숙해서 성인의 특권과 책임을 감당할 준비가 되지 않은 미성년자를 말한다.

4:2 후견인과 청지기 후견인은 미성년 남자 아이를 돌보는 일을 맡았던 종이었고, 청지기는 그 아이가 성년이 될 때까지 그들의 재산을 관리하는 사람이었다. 초등교사(3:24)와 함께 그들은 아이의 양육에 전적인 책임을 지고 있었으며, 따라서 모든 실제적인 면에서 그들의 보호 아래에 있는 아이는 종과 다를 바가 없었다.

4:3 우리도 어렸을 때에…종 노릇 하였더니 우리가 예수 그리스도를 믿어 구원에 이르는 믿음을 가지게 되었던 '성년'이 되기 이전을 말한다. **세상의 초등학문** *초등학문*은 '열(줄)' 또는 '계급'이라는 뜻을 가진 헬라어에서 유래했으며, 알파벳 글자와 같이 기본적이고 기초적인 것들을 표현하고자 할 때 사용되었다. 9절에서 이 단어가 사용되는 것을 비춰보면 여기서는 인간 종교의 기본적 요소와 예식을 일컫는 것으로 보는 것이 최선이다(*골 2:8에 대한 설명을 보라*). 바울이 유대교와 이방 종교 모두를 초보적인 것으로 묘사하는 이유는 그 종교들이 단지 인간적일 뿐이고 결코 신성한 수준에 이르지 못했기 때문이다. 유대교와 이방 종교 모두 그 중심에는 사람이 만든 행위 체계가 자리하고 있다. 그 종교들은 온갖 율법과 의식으로 가득 차 있는데, 그것들을 수행하면 신이 그들을 받아주리라고 여겼던 것이다. 그런 모든 초보적인 요소는 성숙하지 못함을 보여주는 것으로, 마치 후견인의 굴레에 매인 아이들의 행동과 같다.

4:4 때가 차매 하나님의 시간표에 맞춰 하나님의 완벽한 계획에서 요구되는 종교적·문화적·정치적 조건이 정확하게 무르익었을 때 예수님은 이 세상에 오셨다. **아들을 보내사** 아버지가 아들을 후견인, 청지기, 초등교사의 굴레로부터 해방시키는 성년 의식을 치르기 위한 때를 정하듯, 하나님도 모든 믿는 자들을 율법에 매어 종 노릇하는 상태로부터 건져내실 정확한 순간에 아들을 보내셨다. 이는 예수가 거듭해서 단언하셨던 진리다(요 5:30, 36, 37; 6:39, 44, 57; 8:16, 18, 42; 12:49; 17:21, 25; 20:21). 성부 하나님이 예수를 세상으로 보내셨다는 것은 그분이 삼위일체를 이루는 성삼위의 영원한 제이위로, 그 이전에 이미 존재하셨음을 가르쳐준다. *빌립보서 2:6, 7; 히브리서 1:3-5에 대한 설명을 보라*. 참고. 로마서 8:3, 4. **여자에게서 나게 하시고** 이 표현은 단지 예수님의 동정녀 탄생뿐만 아니라 예수님의 온전한 인성을 강조한다(사 7:14; 마 1:20-25). 예수님의 희생이 속죄에 필요한 무한한 가치를 가지려면 예수님이 온전한 하나님이셔야 했다. 그러나 동시에 우리를 대신하여 죄의 징벌을 감당하기 위해 예수님은 온전한 사람이셔야 했다. 누가복음 1:32, 35; 요한복음 1:1, 14, 18을 보라. **율법 아래에** 모든 사람과 마찬가지로 예수님은 하나님의 율법에 순종해야 할 의무를 지고 계셨다. 하지만 모든 사람과 달리 예수님은 율법을 완벽하게 지키셨다(요 8:46; 고후 5:21; 히 4:15; 7:26; 벧전 2:22; 요일 3:5). 예수님은 죄가 없었으므로 죄를 위한 흠 없는 제물이 되셨고 '모든 의를 성취하셨다'. 즉 모든 일에서 하나님께 완벽히 순종하셨다. 그 완전한 의가 예수를 믿는 자들에게 전가된다.

4:5 율법 아래에 있는 자들 율법의 요구와 저주 아래에 있어(*3:10, 13에 대한 설명을 보라*) 구원자를 필요로 하는 죄인들이다(*3:23에 대한 설명을 보라*). **속량하시고** *3:13에 대한 설명을 보라*. **아들의 명분을 얻게** 아들의 명분을 얻게 하는 것(입양)은 다른 사람의 자녀를 가족으로

데려오는 행위를 말한다. 거듭나지 않은 사람은 본질상 마귀의 자녀이므로(*3:26에 대한 설명을 보라*) 그들이 하나님의 자녀가 될 수 있는 유일한 길은 영적 입양뿐이다(롬 8:15, 23; 엡 1:5).

4:6 그 아들의 영 신자들에게 그들이 하나님의 자녀로 입양되었음을 확증해주는 것은 성령이 하시는 일이다(*롬 8:15에 대한 설명을 보라*). 구원의 확신은 성령께서 은혜롭게 행하시는 일이며, 어떤 인간적인 출처로부터도 오지 않는다. **아빠(Abba)** 어린 아이들이 애정을 담아 그들의 아버지를 부를 때 쓰는 아람어식 단어다. 영어 단어 *아빠*(*Daddy*)와 동일한 뜻을 가진다(*롬 8:15에 대한 설명을 보라*).

G. 헛된 예식주의(4:8-20)

4:8-11 구원은 하나님이 값없이 주시는 선물이지만(롬 5:15, 16, 18; 6:23; 엡 2:8) 그 구원에는 무거운 책임이 따라온다(참고. 누가복음 12:48). 신자들은 거룩하신 하나님의 자녀이고 그분을 사랑하고 예배하기를 원하므로, 하나님은 그들에게 거룩한 삶을 살 것을 요구하신다(마 5:48; 벧전 1:15-18). 그것은 하나님의 성품을 영원히 반영하는 불변의 도덕적·영적 원리를 따라야 하는 의무다. 하지만 그 의무에 모세 율법 하의 이스라엘에게만 있던 의례와 예식을 지켜야 한다는 것은 포함되지 않았는데도 유대주의자들은 그것을 지켜야 한다고 잘못 주장했다.

4:8 너희가 그 때에는 하나님을 알지 못하여 구원받지 못한 모든 사람은 그리스도를 믿어 구원에 이르는 믿음을 갖기 전에는 하나님을 알지 못한다. *에베소서 4:17-19; 고린도후서 4:3-6에 대한 설명을 보라.* **본질상 하나님이 아닌** 갈라디아 사람들이 회심하기 전에 자기들이 숭배했던 그리스-로마 신전의 실재하지 않는 신들이다(참고. 롬 1:23; 고전 8:4; 10:19, 20; 12:2; 살전 1:9).

4:9 하나님이 아신 바 우리가 하나님을 알 수 있는 것은 그분이 우리를 먼저 아신 바 되었기 때문이다. 이는 우리가 하나님을 선택한 건 오직 그분이 우리를 먼저 선택하셨기 때문이며(요 6:44; 15:16), 우리가 하나님을 사랑하는 것도 오로지 그분이 우리를 먼저 사랑하셨기 때문이다(요일 4:19). **천박한 초등학문…다시…종 노릇** *3절에 대한 설명을 보라.* **돌아가서 다시** *3:1-3에 대한 설명을 보라.*

4:10 날…해 유대 종교력의 의례와 예식, 절기인 이것들을 하나님이 주시긴 했지만, 그것을 지키도록 교회에 요구하신 적은 없다. 바울은 하나님이 그것을 지키라고 요구하신 것처럼, 그것으로 하나님의 호의를 얻어낼 수 있는 것처럼 율법적으로 준수하는 것에 대해 골로새 사람에게 경고했듯(*롬 14:1-6; 골 2:16, 17에 대한 설명을 보라*) 갈라디아 사람에게도 경고한다.

4:11 수고한 것이 헛될까 바울은 갈라디아 교회들이 다시 율법주의에 빠진다면 그 교회들을 개척하고 세워나갔던 그의 노력이 허망한 일로 판명되지 않을까 두려워했다(참고. 3:4; 살전 3:5).

4:12-20 바울은 갈라디아 사람을 엄하게 책망하고 난 후에 접근 방식을 바꿔 그들에 대한 깊은 애정에 기반을 둔 호소를 한다.

4:12 내가 너희와 같이 되었은즉 너희도 나와 같이 되기를 바울은 자기의 의로움이 자기를 구원한다고 믿었던, 스스로 의롭다고 생각하는 교만한 바리새인이었다(참고. 빌 3:4-6). 그러나 그리스도께로 왔을 때 그는 스스로의 힘으로 자신을 구원하고자 하는 모든 노력을 포기하고 온전히 하나님의 은혜를 신뢰하게 되었다(빌 3:7-9). 바울은 갈라디아 사람들에게 자신의 본을 따르고 유대주의자들의 율법주의를 피할 것을 촉구했다. **너희가 내게 해롭게 하지 아니하였느니라** 바울이 처음 갈라디아에 갔을 때 유대인은 그를 핍박했지만 갈라디아 신자는 그에게 어떤 해도 끼치지 않았고 오히려 그가 복음을 전할 때 열렬히 그를 받아들였다(참고. 행 13:42-50; 14:19). 그런데 바울은 지금 왜 그를 거부하는지 묻

> ### 단어 연구
>
> **초등학문(Element):** 4:3, 9. 먼저 '초보적인 또는 가장 기본적인 원리', 그다음 '초보적인 영들'을 의미할 수 있다. 이 단어의 문자적인 뜻은 알파벳처럼 줄이나 열에 맞춰 세워둔 것들을 말한다. 가장 기본적인 원리(히 5:12) 또는 우주의 기초가 되는 요소에 대해 말할 때 이 단어가 사용되었다. 물리적인 것(벧후 3:10)과 영적인 것 모두에 사용되었다. 바울이 초보적인 원리를 생각하고 있었다면 그것은 사람들이 종교의 기본적인 초등학문에 종 노릇하는 상태를 말하는 것이고(골 2:20을 보라), 초보적인 영들을 의미했다면 어떤 신이나 귀신을 뜻하는 '초보적인 영들'에 종 노릇하고 있음을 가리킨다. *원리들*(*principles*)로 보는 것이 갈라디아서의 전체적인 문맥에는 맞지만 반면에 영들이라고 하면 4:8-10과 조화를 이룬다. 그 어떤 경우에도 바울은 그리스도가 오시기 전까지 사람들이 노예 상태에 있었음을 말하고 있다.

고 있다.

4:13 육체의 약함 어떤 사람들은 바울이 말하는 질병이 밤빌리아의 해변 저지대에서 전염되었을 가능성이 있는 말라리아라고 말한다. 바울과 바나바가 밤빌리아에 있는 도시인 버가에서 전도하지 않은 것으로 보이는데, 아마도 이 질병 때문이었을 것이다(참고. 행 13:13, 14). 바울이 버가 다음으로 방문한 갈라디아, 특별히 비시디아 안디옥(해발 고도 1,097미터)의 시원하고 건강에 좋은 날씨는 말라리아로 인한 열병을 어느 정도 누그러뜨렸을 것이다. 비록 말라리아가 심신을 약화시키는 심각한 병이기는 해도 병세가 계속되지는 않는다. 그러므로 바울은 여러 차례 열병을 겪으면서도 그 사이에 사역을 감당했을 것이다.

4:14 너희가…나를…영접하였도다 갈라디아 사람은 바울이 가진 질병에도 그를 반가이 맞았다. 그 질병은 그를 신뢰하거나 받아들이는 데 장애물이 되지 않았다. **그리스도 예수와 같이** *마태복음 18:5-10에 대한 설명을 보라.*

4:15 너희의 복 여기에서의 *복*은 '행복' '만족'으로도 번역될 수 있다. 바울은 그가 복음을 전했을 때 갈라디아 사람이 기뻐하고 만족했음을 지적하면서, 왜 그들이 그에게 등을 돌리게 되었는지 의아해한다. **너희의 눈이라도 빼어** 이 문구는 비유적인 표현(참고. 마 5:29; 18:9)이거나 바울의 신체적 질병이(*13절에 대한 설명을 보라*) 어떤 식으로든 그의 눈에 영향을 끼쳤음을 보여주는 암시일 수도 있다(참고. 6:11). 어떤 경우일지라도 이 표현은 갈라디아 사람들이 사도 바울에게 처음에 보여주었던 크나큰 사랑을 보여준다.

4:16 원수 갈라디아 사람들은 심한 혼란에 빠진 나머지 예전에는 바울에게 애정을 품었음에도 불구하고 이제 일부 사람은 그를 원수로 여기기까지 하는 상태에 이르렀다. 사도 바울은 그가 그들에게 해를 끼친 것이 없고 오히려 그들에게 진리(그 진리는 한때 그들에게 커다란 기쁨을 가져다주었음)를 말했을 뿐이라는 것을 그들에게 상기시킨다(*15절에 대한 설명을 보라*).

4:17 그들이 유대주의자들(서론의 배경과 무대를 보라)을 말한다. **열심 내는** 진지한 염려 또는 따뜻한 관심을 가졌음을 뜻한다(1:14에서 바울은 예전에 유대교에 대하여 가졌던 열심을 묘사하는 데 같은 단어를 사용했음). 유대주의자들이 갈라디아 사람에게 진정한 관심을 가진 것처럼 보이지만 그들의 진짜 동기는 갈라디아 사람을 하나님의 은혜로운 구원으로부터 떼어놓고 스스로 인정을 받으려는 것이었다.

4:18 내가 너희를 대하였을 때뿐 아니라 바울은 그가 갈라디아 사람과 함께 있었을 때 그들이 보여주었던 은혜의 참된 복음에 대한 열심을 지금도 품으라고 격려한다.

4:19 나의 자녀들아 바울은 요한이 자주 사용하는 애정 어린 이 표현(요일 2:1, 18, 28; 3:7, 18; 4:4; 5:21)을 여기서 단 한 번 사용한다. **너희 속에 그리스도의 형상을 이루기까지** 유대주의자들의 사악한 동기와는 대조적으로(*3:1에 대한 설명을 보라*) 바울은 갈라디아 사람이 그리스도를 닮아가도록 하는 일에 최선을 다했다. 그리스도를 닮아가는 것이 구원의 목표다(*롬 8:29에 대한 설명을 보라*).

4:20 의혹 이 단어는 '어찌할 바를 모르다'라는 뜻을 갖고 있다. 참고. 6절.

H. 성경으로부터의 예증(4:21-31)

4:21-31 바울은 은혜와 율법, 믿음과 행위를 계속 대조하면서 구약성경의 이야기들을 사용해 그가 가르치고 있는 것들을 유추, 대비하거나 사례로 든다.

4:21 율법 아래에 *3:10에 대한 설명을 보라.*

4:22 두 아들 사라의 애굽 여종인 하갈이 낳은 아들 이스마엘(창 16:1-16)과 사라의 아들 이삭(창 21:1-7)을 말한다.

4:23 육체를 따라 이스마엘의 출생은 아브라함과 사라가 하나님의 약속에 믿음을 갖지 못한 결과였고, 죄악된 인간적 수단을 통해 성취되었다. **약속으로 말미암았느니라** 사라가 자녀를 출산할 수 있는 나이가 한참 지났을 뿐 아니라 그때까지 한 번도 임신한 적이 없었음에도 하나님은 아브라함과 사라가 이삭을 얻는 기적을 일으키셨다.

4:24 비유 이 헬라어는 어떤 말의 문자적 의미를 뛰어넘는 의미를 전달하는 이야기를 가리킨다. 이 구절에서 바울은 구역성경에 나오는 역사적인 인물과 장소를 사용하여 영적인 진리를 설명한다. 이 이야기는 여기서 알레고리가 아니며 성경 어디에서도 알레고리가 아니다. 알레고리는 허구적인 이야기로, 은밀하고 신비하며 숨겨진 의미가 바로 그 이야기가 전달하고자 하는 진리다. 하지만 아브라함, 사라, 하갈, 이스마엘, 이삭의 이야기는 실제로 있었던 역사로 어떤 은밀하거나 숨겨진 의미를 갖고 있지 않다. 바울은 단지 율법과 은혜 사이의 대조를 뒷받침하기 위한 사례로 그 이야기를 사용하고 있을 뿐이다. **두 언약** 바울은 두 어머니, 그들의 두 아들 그리고 두 장소를 거론하면서 두 언약에 대한 설명을 계속한다. 하갈과 이스마엘과 시내산(지상의 예루살렘)은 율법의 언약을 대표하고, 사라와 이삭과 천상의

갈라디아서에 나오는 구약성경

1. 3:6	창 15:6
2. 3:8	창 12:3; 18:18
3. 3:10	신 27:26
4. 3:11	합 2:4
5. 3:12	레 18:5
6. 3:13	신 21:23
7. 3:16	창 12:7
8. 4:27	사 54:1
9. 4:30	창 21:10
10. 5:14	레 19:18

예루살렘은 약속의 언약을 대표한다. 하지만 바울이 이 두 언약을 대조시키는 것은 구약 시대 성도를 위한 구원의 길이 하나 있고 신약 시대 성도를 위한 다른 구원의 길이 또 있다는 뜻이 아니다. 그런 전제는 바울이 이미 부인한 바 있다(2:16; 3:10-14, 21, 22). 모세 언약의 유일한 목적은 그 언약의 요구와 정죄 아래에 놓여 있는 모든 사람에게 오직 은혜에 의한 구원이 얼마나 절실히 필요한가를 보여줄 뿐이다(3:24). 모세 언약은 구원의 방법을 설명하기 위한 것이 아니었다. 바울의 요지는 유대주의자들처럼 율법을 지켜 의롭다 함을 얻고자 하는 사람이 얻는 것은 종 노릇과 정죄뿐이라는 점이다(3:10, 23). 은혜를 통한 구원(아담이 죄를 범한 이래로 유일한 구원의 길)에 참여하는 자들은 율법의 속박과 정죄로부터 자유로워진다. **시내 산** 모세가 시내산에서 율법을 받았으므로(출 19장) 시내산은 옛 언약을 나타내기에 적절한 상징이다. **하갈** 사라의 종이었으므로(창 16:1) 그녀는 율법에 매어 종 노릇하는 사람들을 나타내는 데 적합한 실례다(참고. 5, 21절; 3:23). 하갈은 실제로 그녀의 아들인 이스마엘을 통해 시내산과 연결되었다. 이스마엘의 자손들이 그 지역에 정착했던 것이다.

4:25 예루살렘과 같은 율법은 시내산에서 주어졌으며 예루살렘에 있는 성전 예배에서 최고의 형태로 표현되었다. 유대인은 여전히 율법에 매인 채 종 노릇을 하고 있었다.

4:26 위에 있는 예루살렘은 자유자니 하늘이다(히 12:18, 22). 하늘의 시민권을 가진 자들은(빌 3:20) 이제 모세 율법으로부터, 행위로부터, 종 노릇으로부터, 육신의 노력으로 하나님을 기쁘시게 하려고 끊임없이 계속되는 허망한 것으로부터 자유하게 되었다. **어머니** 신자는 하늘의 예루살렘, 하늘에 있는 '어머니 도성'(mother-city)의 자녀다. 하갈의 자녀들이 처한 노예 상태와 대조적으로 그리스도를 믿는 사람에게는 자유가 주어진다(5:1; 사 61:1; 눅 4:18; 요 8:36; 롬 6:18, 22; 8:2; 고후 3:17).

4:27 바울은 이사야 54:1을 위에 있는 예루살렘에 적용하고 있다.

4:28 약속의 자녀 하나님이 아브라함에게 하셨던 약속을 이삭이 물려받은 것(창 26:1-3)과 똑같이, 신자 역시 하나님의 구속의 약속을 받은 자다(고전 3:21-23; 엡 1:3). 그들은 아브라함의 영적 상속자이기 때문이다 (*3:29에 대한 설명을 보라*).

4:29 육체를 따라 난 자 이스마엘을 가리킨다. *23절에 대한 설명을 보라.* **성령을 따라 난 자를 박해** 이삭을 가리킨다. 이삭이 젖 뗀 것을 축하하는 잔치에서 이스마엘은 이삭을 조롱했다(창 21:8, 9를 보라). **이제도 그러하도다** 이스마엘의 후손들(아랍인)은 언제나 이삭의 후손들(유대인)을 핍박했다. 마찬가지로 불신자는 언제나 신자를 박해했다(참고. 마 5:11; 10:22-25; 막 10:30; 요 15:19, 20; 16:2, 33; 17:14; 행 14:22; 딤후 3:12; 히 11:32-37; 벧전 2:20, 21; 3:14; 4:12-14).

4:30 여종과…내쫓으라 창세기 21:10을 인용한 표현으로, 율법 준수를 근거로 하여 의로워지고자 하는 자들은 하나님의 임재로부터 영원히 내쫓기게 됨을 예증한다(마 8:12; 22:12, 13; 25:30; 눅 13:28; 살후 1:9).

4:31 우리는 여종의 자녀가 아니요 *4:24, 26에 대한 설명을 보라.*

실천적: 이신칭의로 말미암은 특권 (5:1-6:18)

A. 종교 예식으로부터의 해방(5:1-6)

5:1 자유롭게 자신의 의를 성취하기 위하여 헛된 노력을 하다가(3:13, 22-26; 4:1-7) 이제 그리스도와 은혜로 허락된 구원을 받아들인 죄인은 율법이 죄인에게 선고하는 저주로부터 해방되었다(*2:4; 4:26에 대한 설명을 보라.* 참고. 롬 7:3; 8:2). **굳건하게 서서** 지금 서 있는 곳에 머물러 있으라고 바울이 주장한다. 그래야 율법과 육체로부터 자유롭게 되어 구원을 받고, 은혜로 충만한 복을 얻게 되기 때문이다. **다시는…메지 말라** 단어 멍에와 연결되어 있어 '(멍에에 의한) 부담을 지다' '(멍에에 의해) 억압당하다' '(멍에에) 종속되다'가 더 나은 번역이다. **종의 멍에** *멍에*는 가축을 통제하는 데 사용되는 기구를 말한다. 유대인은 '율법의 멍에'를 참된 종교의

본질인 좋은 것으로 언급했으나, 바울의 논리에 따르면 그런 명예를 구원의 방도로 추구하는 자들에게 율법은 노예의 멍에가 되고 말았다. *마태복음 11:28-30에 대한 설명을 보라.*

5:2 할례를 받으면 *2:3에 대한 설명을 보라.* 바울은 할례 그 자체에 대해서는 어떤 이의도 없었다(참고. 행 16:1-3; 빌 3:5). 단지 할례가 어떤 영적 유익을 가지거나 하나님이 인정하시는 공로가 되며, 구원의 전제조건이나 필요한 구성요소라는 생각에 대해서는 반대했다. 할례가 이스라엘에서 의미를 가졌던 것은 그것이 마음을 정결케 하는 육체적 상징으로(참고. 신 30:6; 렘 4:4; 9:24-26), 구원을 약속하는 하나님의 언약을 상기시키는 것으로 사용되었을 때다(창 17:9, 10). **그리스도께서 너희에게 아무 유익이 없으리라** 그리스도 대속의 희생은 율법과 의식에 의지해 구원받으려는 자에게 아무런 유익이 되지 못한다.

5:3 율법 전체를 행할 의무를 가진 자 하나님의 표준은 완전한 의로움이다. 따라서 율법의 어느 한 부분만 지키지 못해도 그것은 하나님의 표준에 미치지 못한 것이 된다(*3:10에 대한 설명을 보라*).

5:4 의롭다 함 *2:16; 로마서 3:24에 대한 설명을 보라.* **그리스도에게서 끊어지고 은혜에서 떨어진** *끊어진(estranged)*으로 번역된 헬라어 단어는 '분리되다' '절단되다'라는 뜻을 가진다. *떨어진(fallen)*으로 번역된 단어는 '무엇인가 붙잡고 있던 것을 놓치다'라는 뜻이다. 바울은 율법을 통해 의롭다 함을 얻고자 하는 그 어떤 시도도 오직 믿음으로 말미암아 은혜를 통해 주어지는 구원을 거부하게 된다는 사실을 분명히 밝힌다. 한때 은혜로 복음 진리에 접촉했던 사람들이 이제는 그리스도에게 등을 돌리고(히 6:4-6) 율법에 의한 칭의를 추구하게 되면, 그들은 그리스도로부터 분리되어 하나님의 은혜로 구원을 누릴 가능성을 모두 잃게 된다. 그들이 그리스도와 복음을 그렇게 저버렸다는 것은 그들의 믿음이 결코 진정한 것이 아니었음을 입증할 뿐이다(참고. 눅 8:13, 14; 요일 2:19).

5:5 믿음을 따라 의의 소망을 그리스도인은 그리스도가 그들에게 전해주신 의를 이미 소유하고 있으나 그들은 여전히 완성되고 완전히 이루어진 의를 기다리고 있다. 그런 의는 그들이 영광에 도달했을 때 이루어질 것이다(롬 8:18, 21).

5:6 할례나 무할례나 효력이 없으되 참고. 6:15. 설사 그것이 종교 의식이라고 해도 육신에 속한 상태에서는 그것을 행했든지 행하지 않았든지, 하나님과의 관계에 아무런 영향도 미치지 못한다. 겉으로 드러난 것이 진정한 내면의 의를 반영하지 않는다면 아무 가치도 없다(참고. 롬 2:25-29). **사랑으로써 역사하는 믿음** 구원의 믿음은 사랑을 행함으로 진정한 성격을 나타낸다. 믿음으로 사는 사람은 내면에 하나님과 그리스도를 사랑하고자 하는 동기를 가지며(참고. 마 22:37-40) 이는 경건한 예배, 진정한 순종, 이웃을 위한 자기희생적인 사랑을 통해 초자연적으로 드러난다.

B. 율법주의자로부터의 해방(5:7-12)

5:7 너희가 달음질을 잘 하더니 참고. 3:3. 바울은 갈라디아 사람의 신앙생활을 경주에 빗대어 말하는데, 이는 그가 자주 사용했던 비유다(2:2; 롬 9:16; 고전 9:24). 갈라디아 사람의 시작은 훌륭했다. 그들은 믿음으로 복음을 받아들였고, 믿는 그리스도인으로서 살기 시작했다. **진리를 순종** *베드로전서 1:22에 대한 설명을 보라.* 신자로서 참된 삶의 방식을 가리키며, 여기에는 참된 복음을 받아들이고 구원을 얻는 것(참고. 6:7; 롬 2:8; 6:17; 살후 1:8)과 그 후 하나님 말씀에 순종함으로 성화를 이루어가는 것 모두가 포함된다. 바울은 로마서 1:5; 6:16, 17; 16:26에서 구원과 성화가 순종의 문제라는 것에 대해 더 자세히 말하고 있다. 유대주의자들의 율법주의적인 영향은 구원받지 못한 자들이 은혜의 복음에 믿음으로 반응하지 못하게, 그리고 참된 신자들이 믿음으로 살지 못하도록 방해했다.

5:8 그 권면 행위에 의한 구원이다. 하나님은 율법주의를 권장하시지 않는다. 하나님이 은혜로 하시는 일이 구원을 이루기에 충분하지 못하다고 주장하는 모든 교리는 거짓이다(*1:6, 7에 대한 설명을 보라*).

5:9 누룩 누룩이 밀가루 반죽에 미치는 영향에 대해 말할 때 흔히 사용되는 분명한 표현이다(참고. 고전 5:6). 누룩은 그것이 가지는 침투력 때문에 성경에서 죄를 나타내는 데 자주 쓰인다(마 16:6, 12). *마태복음 13:33; 마가복음 8:15에 대한 설명을 보라.*

5:10 너희가…확신하노라 바울은 주가 신실하셔서 그의 소유된 백성들이 이런 노골적인 이단에 빠지지 않도록 지키시리라는 것을 확신하는 격려의 말을 하고 있다. 요한복음 6:39, 40; 10:28, 29; 로마서 8:31-39; 빌립보서 1:6, 7. 그들은 끝까지 인내할 것이며 보호받을 것이다(유 24절). **심판** 모든 거짓 교사는 준엄하고 엄청나게 무서운 영원한 정죄를 받게 될 것이다. *베드로후서 2:2, 3, 9에 대한 설명을 보라.*

5:11 지금까지 할례를 전한다면 유대주의자들은 바울이 그들의 가르침에 동조한 것처럼 거짓 주장을 한 것이 분명해 보인다. 그러나 바울이 말하고자 하는 바는, 그가 구

원을 위해 할례가 필요하다고 했다면 왜 유대주의자들이 그를 지지하지 않고 오히려 핍박하고 있는가 하는 점이다. **십자가의 걸림돌** *걸림돌(offense)*로 번역된 헬라어는 '함정' '덫'을 뜻한다. 구원을 위한 어떤 제안도 인간이 자신의 공로로 구원을 얻고자 하는 기회를 앗아가는 것이라면 반대자를 낳기 마련이다(참고. 롬 9:33).

5:12 스스로 베어 버리기를 '자신의 몸을 절단하다'가 보다 나은 번역이다. 이 헬라어 단어는 시빌(Cybele) 사교에서 사제들이 자신의 선택으로 고자가 되었던 것과 같은 거세를 의미하는 데 자주 쓰였다. 바울이 풍자적으로 말하는 바는, 유대주의자들이 하나님의 마음을 사기 위한 수단으로 할례를 그처럼 고집한다면 극단적인 종교적 헌신으로 스스로 절단해야 한다는 것이다.

C. 성령 안에서의 자유(5:13-26)

5:13 자유 *2:4에 대한 설명을 보라.* **육체의 기회** '기회'로 번역된 헬라어는 군사작전의 중심 기지를 일컫는 말로 자주 사용되었다(참고. 롬 7:8). 이 문맥에서 *육체(flesh)*는 타락한 인간의 악한 성향을 가리킨다(*롬 7:5에 대한 설명을 보라*). 그리스도인이 가진 자유는 결과에 대한 아무런 책임도 지지 않고 자유롭게 죄를 지을 수 있는 근거가 아니다. **서로 종 노릇 하라** 그리스도인의 자유는 자기성취를 위한 것이 아니라 다른 사람을 섬기기 위한 것이다. 참고. 로마서 14:1-15.

5:14 온 율법 레위기 19:18의 인용에서 알 수 있듯 구약 율법의 윤리는 신약 복음의 윤리와 동일하다(*롬 7:12; 8:4에 대한 설명을 보라.* 참고. 약 2:8-10). 그리스도인이 진정으로 이웃을 사랑한다면 그것이 이웃에 대한 모세 율법의 모든 도덕적 요구를 이루는 것이 된다(마 22:36-40. 참고. 신 6:5; 롬 13:8-10). 이것이야말로 그리스도인이 누리는 자유의 지배적 원리다(6, 13절).

5:15 서로 물고 먹으면 야생동물이 잔인하게 서로를 공격하고 죽이는 이미지다. 믿는 자들이 서로를 사랑하고 섬기지 않을 때 영적인 세계에서 일어나는 일들의 모습을 생생하게 그리고 있다.

5:16 성령을 따라 행하라 모든 신자에게는 내주하시는 성령이 임재하시며(참고. 롬 8:9; 고전 6:19, 20) 그로 인해 하나님을 기쁘게 해드리는 삶을 살 수 있는 개인적 능력을 얻는다. '행하다'라고 번역된 헬라어 동사형은 계속적인 행동이나 습관적인 생활양식을 암시한다. 또한 '전진하다'라는 뜻을 함축하고 있다. 신자가 성령의 지배에 복종하면(즉 성경의 단순한 명령에 순종으로 응답하면) 영적 생활에서 성장하게 된다(*롬 8:13; 엡 5:18; 골 3:16에 대한 설명을 보라*). **육체** 이것은 단순히 물리적인 신체를 뜻하는 것이 아니라 죄에 복종하는 정신, 의지, 감정을 모두 포함한다. 일반적으로 우리의 구속받지 못한 인성을 가리킨다. *로마서 7:5; 8:23에 대한 설명을 보라.* 참고. 13절.

5:17 서로 대적함으로 육체는 성령이 하시는 일을 대적하고 신자를 죄악 된 행실로 인도한다. 그렇지 않았다면 신자는 그런 행실을 억지로 저지르지 않았을 것이다(*롬 7:14-25에 대한 설명을 보라*).

5:18 성령의 인도하시는…율법 아래에 있지 아니하리라 이것은 서로 배타적이다. 즉 성령의 능력으로 살면서 삶에 있어 행실과 영적인 태도를 갖게 되거나(22-29절), 아니면 율법에 의해 살면서 불의한 행실과 태도를 갖게 된다(19-21절). 참고. 고린도전서 15:56.

5:19-21 이 죄들은 율법의 무력한 명령 아래 살고 있는 모든 구속받지 못한 인류의 모습을 특징적으로 보여준다. 비록 모든 사람이 다 이런 죄들을 드러내지는 않으며, 그것들을 비슷한 정도로 나타내지는 않지만 율법이 만들어내는 것은 오직 부정함뿐이다. 바울의 이 목록에 모든 죄가 빠짐없이 열거된 것은 아니지만 그 목록은 인간 삶의 세 분야, 즉 성과 종교, 인간관계를 포괄하고 있다. 다른 죄의 목록을 알기 원한다면 로마서 1:24-32; 고린도전서 6:9, 10을 보라.

5:19 분명하니 육체는 분명하고 일정한 방식으로 자신의 모습을 드러낸다. **음행** 헬라어로 *포르네이아(porneia)*이며, 이 단어에서 영어 *pornography*(음란물)가 유래했다. 이 단어는 간음, 혼전 성관계, 동성애, 수간, 근친상간, 매춘을 포함하는(단 그것에 국한되지 않으면서) 모든 부정한 성적 행동을 가리킨다. **호색** 원래 이 단어는 지나친 태도나 자제력의 부족을 가리켰다. 그런데 결국에는 지나친 성적 행실, 성적 탐닉과 연관되는 뜻을 갖게 되었다.

5:20 주술 헬라어로 *파르마케이아(pharmakeia)*인 이 단어에서 영어의 *pharmacy*(제약)가 유래했으며, 원래는 일반적인 의약품을 가리켰으나 뒤에는 비술, 마법, 마술뿐 아니라 기분과 정신에만 변화를 주는 약만을 일컫게 되었다. 많은 이교적 관습에서는 신적 존재들과의 소통을 위해 이런 약들이 필요했다. **분쟁…이단** 인간관계의 영역에서 많이 나타나는 이런 죄들은 어떤 형태로든지 분노와 연결된다. *미움*은 '분쟁'(다툼)을 낳고 *시기*(미움으로 가득한 원망)는 '격노의 폭발'(급작스럽고 억제되지 않는 식으로 표현되는 적대감)을 낳는다. 그다음에 나오는 네 가지 죄는 개인과 단체 사이에 존재하는 반감을 나타낸다.

5:21 술 취함과 방탕함 이교적인 우상숭배를 특징 짓

갈

는 난잡한 잔치를 구체적으로 언급하는 표현이다. 일반적으로 그것은 소동을 피우고, 떠들썩하며 상스러운 모든 행위를 일컫는다. **이런 일을 하는** 바울이 한 경고의 핵심이다. 이 헬라어 동사는 지속적이고 습관적인 행동을 묘사한다. 신자도 이런 죄들을 지을 수는 있지만, 회개하지 않으면서 계속 이런 죄를 짓는다면 그들은 하나님께 속한 자들이 될 수 없다(*고전 6:11; 요일 3:4-10에 대한 설명을 보라*). **하나님의 나라를 유업으로 받지 못할 것이요** *마태복음 5:3에 대한 설명을 보라*. 회개하지 않는 자들은 이제 구속함을 받은 백성이 사는 그리스도가 다스리는 신령한 왕국에 들어가는 것이 금지되며, 그리스도의 천년왕국과 그 왕국 이후에 누릴 영원한 복으로부터도 배제될 것이다. *에베소서 5:5에 대한 설명을 보라*.

5:22 성령의 열매 그리스도를 믿음으로써 하나님께 속하여 하나님의 영을 소유한 사람의 삶에 특징적으로 나타나는 경건한 태도를 말한다. 성령에 의한 열매는 아홉 가지 특징이나 태도로 이루어지며 그것은 서로 유기적으로 연결되는 것으로, 신약성경 전체를 통하여 신자에게 주시는 명령이다. **사랑** 사랑을 표현하는 헬라어 단어들 가운데 하나인 *아가페(agape)*는 최고의 사랑으로 감정적인 애정, 육체적인 끌림, 가족적 유대관계가 아닌 기꺼이 자신을 희생하는 섬김으로 인도되는 존경과 헌신과 애정을 가리킨다(요 15:13; 롬 5:8; 요일 3:16, 17). **희락** 하나님의 불변하는 약속과 영원한 영적 현실에 근거를 둔 행복을 말한다. 이 희락은 믿는 자가 자신과 주님 사이에 만사가 형통함을 알 때 경험하는 행복감이다(벧전 1:8). 희락은 일의 형편이 순조로울 때 얻어지는 결과가 아니고 심지어 그런 형편들이 가장 고통스럽고 가혹할 때도 누릴 수 있다(요 16:20-22). 희락은 하나님으로부터 오는 선물이므로 신자는 희락을 만들어내려고 할 것이 아니라 그들이 이미 소유하고 있는 복으로 말미암아 기뻐할 수 있어야 한다(롬 14:17; 빌 4:4). **화평** 신자가 그리스도와 맺은 구원관계에 대해 갖는 확신의 결과로 찾아오는 내면의 평온함이다. 이 단어의 동사형은 함께 묶는 것을 뜻하며 '모든 것을 함께 묶다'라는 표현에 나타난다. 희락과 마찬가지로 화평은 신자의 처한 상황과 무관하다(요 14:27; 롬 8:28; 빌 4:6, 7, 9). **오래 참음** 다른 사람들이 끼치는 해를 견디는 능력, 짜증스럽거나 고통스러운 상황을 기꺼이 받아들이는 인내를 가리킨다(엡 4:2; 골 3:12; 딤전 1:15, 16). **자비** 다른 사람에 대한 자상한 배려로 주가 모든 신자를 대하시듯 다른 사람을 부드럽게 대하고 싶은 갈망으로 나타난다(마 11:28, 29; 19:13, 14; 딤후 2:24). **양선** 적극적인 자비의 모습으로 나타나는 도덕적이고 영적인 훌륭함(롬 5:7)을 말한다. 신자는 양선의 본을 보이라는 명령을 받고 있다(6:10; 살후 1:11). **충성** 충성스럽고 신뢰할 만하다는 뜻이다(애 3:22; 빌 2:7-9; 살전 5:24; 계 2:10).

5:23 온유 온유는 모든 불쾌한 상황에서도 복수나 보복을 하고자 하는 마음을 전혀 품지 않고 오히려 참을성을 가지고 순종하는 겸손하고 양순한 태도를 말한다. 신약성경에서 온유는 세 가지 태도를 묘사하는 데 사용된다. 즉 하나님의 뜻에 순종하는 것(골 3:12), 가르침을 잘 받아들이는 것(약 1:21), 다른 사람들을 배려하는 것(엡 4:2)이다. **절제** 열정과 욕심을 절제하는 것을 가리킨다(고전 9:25; 벧후 1:5, 6). **법이 없느니라** 그리스도인이 성령을 좇아 행하고 성령의 열매를 나타낸다면, 그는 하나님을 기쁘시게 하는 태도와 행실을 낳는 그 어떤 외적인 율법도 필요없다(참고. 롬 8:4). 또한 그 어떤 율법도 이런 독특한 그리스도인의 성품을 금하지 못한다.

5:24 육체와 함께…십자가에 못 박았느니라 '십자가에 못 박다'라는 표현 가운데서 그리스도가 십자가에 못 박혀 죽으심을 가리키는 것이 아닌 네 가지 경우 가운데 하나다(참고. 2:20; 6:14: 롬 6:6). 바울은 여기서 육체는 처형을 당했으나 신자 안에서 영적 전투가 여전히 벌어지고 있음을 말한다(*롬 7:14-25에 대한 설명을 보라*). 바울은 이 표현을 사용하면서 육체의 죽음 그리고 신자들 위에 군림하던 육체 세력의 죽음이 실제로 성취되었던 그리스도의 십자가를 되돌아본다(롬 6:1-11). 그리스도인은 최종적으로 그들의 구속받지 못한 인성을 벗어버리기 전에 영화로워질 때까지 기다려야 한다(롬 8:23). 하지만 이 세상에서 그들은 성령 안에서 행함으로써 하나님을 기쁘게 해드릴 수 있다.

5:25 성령으로 행할지니 *16절에 대한 설명을 보라*.

D. 영적 속박으로부터의 해방(6:1-10)

6:1 드러나거든 문자적으로 '붙잡히다'라는 뜻이다. 사

기독교 신앙의 열매(벧후 1:5–8)

1. 덕(5절)
2. 지식(5, 6절)
3. 절제(6절)
4. 인내(6절)
5. 경건(6, 7절)
6. 형제 우애(7절)
7. 사랑(7절)

람이 죄를 범하는 것이 실제로 목격되거나 죄에 붙들리거나 덫에 걸려든 것을 암시할 수도 있다. **신령한 너희는** 성령으로 행하고(*5:16에 대한 설명을 보라*), 성령으로 충만하며(*엡 5:18-20; 골 3:16에 대한 설명을 보라*), 성령의 열매를 증거로 보여주는 신자다(*5:22, 23에 대한 설명을 보라*). **온유한 심령** *5:23에 대한 설명을 보라*(참고. 고후 2:7; 살후 3:15). **바로잡고** 분쟁이나 논쟁을 타결시킬 때 가끔 비유적으로 사용되는 표현으로, 문자적으로는 '고치다' '수리하다'라는 뜻을 가진다. 부러진 뼈를 이어 맞추거나 탈구된 사지를 고치는 것을 표현하는 데 쓰인다(히 12:12, 13. *롬 15:1; 살전 5:14, 15에 대한 설명을 보라*). 마태복음 18:15-20을 보면 이 '바로잡음'의 기본 과정에 대한 개략적 설명이 나와 있다(*이 구절들에 대한 설명을 보라*). **살펴보아** 또한 '어디를 향하여 보다' '관찰하다'라는 뜻이다. 이 단어의 헬라어는 계속해서 열심히 주의를 기울이는 모습을 강조한다.

6:2 **짐을 서로 지라** 추가로 져야 하는 무거운 짐을 가리키며, 여기서는 사람들이 대처하기 힘든 어려움이나 문제를 가리킨다. 짐을 지라는 표현에서 *지다*는 인내심을 가지고 무엇인가를 나른다는 의미를 가진다. **그리스도의 법** 모든 율법을 완성하는 사랑의 법을 가리킨다(*5:14; 요 13:34; 롬 13:8, 10에 대한 설명을 보라*).

6:4 **살피라** 문자적으로 '무엇을 시험해본 후에 승인하다'라는 뜻이다. 신자는 다른 사람을 영적으로 돕기 이전에 자신의 삶이 반드시 하나님과 바른 관계를 맺어야 한다(참고. 마 7:3-5). **자랑할 것이 자기에게는 있어도** 만약 신자에게 흐뭇해하거나 자랑할 것이 있다면 그는 주가 자신 안에서 행하신 것 때문에 주 안에서 자랑할 뿐이다(참고. 고후 10:12-18). 다른 신자와 비교하면서 자신이 성취한 것들을 자랑해서는 안 된다(*고전 1:30, 31에 대한 설명을 보라*).

6:5 **자기의 짐을 질 것이라** 이 표현은 2절과 모순되지 않는다. 여기에서 *짐*은 어려움이라는 뜻을 함축하고 있지 않으며, 생활의 일상적인 의무와 각 신자의 사역으로서의 소명을 가리킨다(참고. 마 11:30; 고전 3:12-15; 고후 5:10). 하나님은 신자가 그런 책임을 감당하는 데 있어 신실함을 요구하신다.

6:6 **모든 좋은 것** 이 표현은 물질적인 보상을 말하는 것일 수도 있지만, 이 문맥에서는 말씀을 가르치는 자와 가르침을 받는 자가 말씀 안에서 서로 교제하는 가운데 그 말씀으로부터 얻는 영적·도덕적으로 훌륭한 것을 가리킨다. 바울은 동일한 표현을 사용해 복음을 설명한다(롬 10:5. 참고. 히 9:11).

6:7 **사람이 무엇으로 심든지…거두리라** 이 농사의 원리는 도덕적·영적 영역에 비유적으로 사용하는 경우에도 보편적 타당성을 가진다(참고. 욥 4:8; 잠 1:31-33; 호 8:7; 10:12). 이 법칙은 하나님의 진노가 나타나는 형태 중 하나이기도 하다. *로마서 1:18에 대한 설명을 보라.*

6:8 **육체를 위하여 심는** *5:16-19; 로마서 7:18; 8:23에 대한 설명을 보라.* 여기서는 육체의 사악한 욕구에 영합하는 것을 의미한다. **썩어질 것** 썩어가는 음식처럼 퇴행한다는 뜻의 헬라어에서 유래한 표현이다. 죄는 항상 부패하기 마련이고, 그대로 방치하면 언제나 사람의 성품을 더욱 악화시킨다(참고. 롬 6:23). **성령을 위하여 심는** 성령을 따라 행한다는 뜻이다(*5:16-18; 엡 5:18에 대한 설명을 보라.* 참고. 요 8:31; 15:7; 롬 12:1, 2; 골 2:6; 3:2). **영생** 이 표현은 단지 영원히 지속되는 생명뿐 아니라 일차적으로는 사람이 경험할 수 있는 최고 삶을 묘사한다(참고. 시 51:12; 요 10:10; 엡 1:3, 18).

6:10 **기회** 이 헬라어는 때때로 일어나는 순간보다는 뚜렷하게 고정된 기간을 가리킨다. 바울이 말하고자 한 요점은 신자의 전 생애는 그리스도의 이름으로 이웃을 섬길 수 있는 유일무이한 특권이 주어진다는 것이다. **더욱 믿음의 가정들에게** 하나님에 대한 사랑을 일차적으로 시험해보려면 우리가 얼마나 동료 그리스도인을 사랑하는지 보면 된다(*요 13:34, 35; 롬 12:10-13; 요일 4:21에 대한 설명을 보라*).

고대 터키에 안티오쿠스(Antiochus)의 이름을 따서 지은 16개의 도시 중 하나인 비시디아 안디옥(Antioch of Pisidia)에 남아 있는 로마 유적.

E. 맺음말(6:11-18)

6:11-17 서신의 맺음말로, 여기서 바울은 유대주의자들의 교리(*1:7-9에 대한 설명을 보라*)와 동기에 대해 마지막으로 수사학적인 공격을 전개한다. 또한 그것은 참된 복음을 전하는 자신의 경건한 동기를 적극적으로 진술한 것이기도 하다.

6:11 손으로…쓴 것을 헬라어 동사를 번역한 이 표현은 바울이 다른 서신에서처럼 편지를 비서에게 받아쓰도록 하고 끝부분만 직접 짧게 쓴 것이 아니라 서신 전체를 친필로 기록했음을 보여준다(참고. 고전 16:21; 골 4:18; 살후 3:17). 바울이 친히 이 서신을 쓴 것은 본인이(이 글을 위조해 쓰는 어떤 다른 사람이 아니고) 이 편지의 저자임을 갈라디아 사람이 반드시 알도록 하기 위해서, 이 서신의 중요성과 심각성을 고려할 때 그 글이 바울 자신의 글이라는 것을 표시하기 위해서였다. **이렇게 큰 글자로** 이 표현은 두 가지로 해석될 수 있다. 첫째, 시력이 좋지 않아서 할 수 없이 크게 썼다(참고. 4:13, 15). 둘째, 전문 필경사들이 사용하는 보통 필기체 방식 대신에 글의 내용을 강조하기 위해 큰 활자체 글자(공고를 하는 경우 자주 쓰였음)를 사용했다. 이는 바울은 복음 내용에 관심을 쏟았으나, 유대주의자들은 오직 겉모습에만 관심을 쏟았음을 보여주는 하나의 그림이었다. 바울은 이 말을 이용해 맺음말로 넘어간다.

6:12 모양을 내려 하는 유대주의자들의 동기는 종교적인 자만심이고, 그들의 경건한 모습으로 다른 사람들에게 감명을 주려고 했다(참고. 마 6:1-7). **억지로 너희에게 할례를 받게 함은** *2:3; 5:2-6에 대한 설명을 보라*. **박해를 면하려** 유대주의자들은 올바른 교리보다 그들의 개인적인 안전에 더 많은 관심을 가졌다. 그들은 예수의 복음보다 모세 율법에 더 집착하여 다른 유대인으로부터 오는 사회적·경제적 따돌림을 피하고 로마 제국 내에서 그들이 유대인으로서 보호받던 지위를 유지하기를 원했다.

6:13 할례를 받은 그들 이 경우에는 구체적으로 유대주의자들을 가리킨다(*2:7, 8에 대한 설명을 보라*. 참고. 행 10:45; 11:2). **육체로 자랑하려 함** 유대주의자들은 새로 개종한 이방인을 율법으로 끌어들이는 일에 열심을 냈고, 그리하여 효과적으로 그들을 전향시켰다는 것을 자랑했다(참고. 마 23:15).

6:14 십자가 외에…자랑할 것 *자랑하다*(*boast*)로 번역된 이 헬라어는 교만하다는 뜻을 포함하는 영어 단어와는 달리 기본적으로 '칭찬하다'라는 뜻이다. 바울은 예수 그리스도의 희생을 자랑하고 기뻐한다(참고. 롬 8:1-3; 고전 2:2; 벧전 2:24). **세상** 악하고 사탄적인 체계 하에 있다(*요일 2:15, 16; 5:19에 대한 설명을 보라*). **나를 대하여 십자가에 못 박히고 내가 또한 세상을 대하여 그러하니라** 세상은 영적으로 신자들에 대하여 죽은 것이고, 신자들 역시 세상에 대하여 죽은 상태에 있다(*2:20; 롬 6:2-10; 요일 5:4, 5에 대한 설명을 보라*. 참고. 빌 3:20, 21).

6:15 할례나 무할례 *5:6에 대한 설명을 보라*. **새로 지으심** 새로 태어났음을 말한다(*요 3:3; 고후 5:17에 대한 설명을 보라*).

6:16 하나님의 이스라엘 그리스도를 믿는 모든 유대인 신자, 즉 육신적으로나 영적으로 모두 아브라함의 자손인 사람들이다(*3:7, 18; 롬 2:28, 29; 9:6, 7에 대한 설명을 보라*). **평강과 긍휼** 구원의 결과로 나타나는 것이다. 평강은 신자가 하나님과 맺게 되는 새로운 관계(롬 5:1; 8:6; 골 3:15)를, 긍휼은 신자의 모든 죄를 용서하고 하나님의 심판을 종결시키심을 말한다(시 25:6; 단 9:18; 마 5:7; 눅 1:50; 롬 12:1; 엡 2:4; 딛 3:5).

6:17 흔적 핍박으로 말미암아 신체적으로 입은 결과(상흔, 상처 등등)를 말하며, 이는 바울이 주님을 위해 고난받던 자들 가운데 한 명이었음을 확인해준다(참고. 행 14:19; 16:22; 고후 11:25. *고후 1:5; 4:10; 골 1:24에 대한 설명을 보라*).

6:18 심지어 바울의 마지막 축도도 은혜의 복음이 행위에 따른 의로움을 주장하는 그 어떤 인위적 체계보다 뛰어남을 암묵적으로 칭송한다.

연구를 위한 자료

F. F. Bruce, *The Epistle to the Galatians* (Grand Rapids: Eermans, 1983).

Homer A. Kent Jr., *The Freedom of God's Son* (Grand Rapids: Baker, 1976).

Martin Luther *Commentary on Galatians* (Grand Rapids: Kregel, reprint 1979).

John MacAthur, *Galatians* (Chicago: Moody, 1987).

제 목

이 서신의 수신자는 로마의 속주인 아시아(소아시아, 오늘날 터키)의 수도였던 에베소 시에 있는 교회다. 초기 사본들의 표제에는 에베소라는 이름이 빠져 있어 많은 학자는 소아시아의 교회들에서 돌려가며 읽힐 의도로 기록된 회람용 서신으로, 최초의 수신자가 에베소의 신자였을 뿐이라고 주장했다.

저자와 저작 연대

바울이 저자라는 사실을 의심할 증거는 없다. 머리말의 인사는 그가 저자라는 것을 밝히고 있다(1:1. 참고. 3:1). 주후 60-62년 로마의 감옥에서(행 28:16-31) 쓰인 이 서신은 옥중서신이라고도 불린다(빌립보서, 골로새서, 빌레몬서와 함께). 이 서신은 골로새서와 거의 동시에 쓰였을 것으로 보이며, 애초에 골로새서 그리고 빌레몬서와 함께 두기고 편에 보내졌을 것이다(엡 6:21, 22; 골 4:7, 8). 바울이 이 서신을 쓴 그 도시에 대한 설명은 빌립보서 서론의 저자와 저작 연대를 참고하라.

배경과 무대

에베소에 처음 복음을 소개한 사람은 브리스길라와 아굴라였던 것으로 보인다. 이들은 뛰어난 재능을 가진 부부로(행 18:26을 보라) 바울이 2차 전도여행에서 그들을 그곳에 남겨두었다(행 18:18, 19). 에게해 동쪽의 자이스테르강 하구에 위치한 에베소 시는 고대 세계 칠대 불가사의 중 하나인 아르테미스 또는 다이아나를 위한 장엄한 신전이 있는 곳으로 널리 알려졌다. 이 도시는 정치, 교육, 상업의 중심지로 이집트의 알렉산드리아, 소아시아 남부의 비시디아 안디옥과 견줄 만했다.

브리스길라와 아굴라의 헌신으로 태어난 교회는 후에 3차 전도여행 도중 바울을 통해 굳건하게 섰으며(사도행전 19장), 바울은 그곳에서 약 3년간 목회했다. 바울이 떠난 뒤에는 디모데가 약 일 년 반 가량 목회했다. 디모데가 목회하는 동안 교회에 영향력을 가진 사람들(후메내오와 알렉산더 등)의 거짓된 가르침에 대항하는 싸움이 있었다. 그들은 그 회중의 장로였을 것이다(딤전 1:3, 20). 에베소 교회는 그들로 인해 "신화와 족보"(딤전 1:4)로, 혼인을 금하고 어떤 음식을 피해야 한다는 금욕적이고 비성경적인 사상으로(딤전 4:3) 홍역을 치르고 있었다. 이런 거짓 교사들은 성경을 잘못 해석했으면서도 자기들의 불경건한 해석을 확신을 가지고 주장한 결과(딤전 1:7), 교회 내에 "믿음 안에 있는 하나님의 경륜을 이룸보다 도리어 변론을 내는 것"(딤전 1:4)으로 교회에 해악을 끼쳤다. 그로부터 30여 년이 지난 뒤 그리스도는 사도 요한에게 이 교회에 보낼 서신을 주시면서 그 교회가 첫사랑을 떠났음을 지적했다(계 2:1-7).

역사적 · 신학적 주제

처음 세 장이 신약성경의 교리를 강조하는 신학적인 내용이라면, 뒤의 세 장은 실천적인 내용으로 그리스도인의 행위에 초점을 맞추고 있다. 무엇보다 이 서신은 신자가 예수 그리스도 안에서 누리는 무한한 복을 상기시키는 격려와 권고의 글이다. 그 복들에 대해 감사하고 복을 받은 사실에 합당하게 살아야 한다는 권고인 것이다. 그리스도인은 예수 그리스도 안에서 큰 복을 받았으나, 일부 사람은 그 복 때문에 자기만족과 안일함 가운데 빠지는 시험을 사탄으로부터 받는다. 그래서 이 서신의 마지막 장에서 바울은 성령께서 하나님 말씀을 통해 그들에게 공급하시는 온전하고 충분한 영적 무장(6:10-17)과 그들이 깨어 쉬지 말고 기도해야 할 필요성을 상기시킨다(6:18).

이 서신의 핵심 주제는 교회의 신비(지금까지 드러나지 않은 진리라는 뜻)다. 그것은 "이는 이방인들이 복음으로 말미암아 그리스도 예수 안에서 함께 상속자가 되고 함께 지체가 되고 함께 약속에 참여하는 자가 됨이라"(3:6)는 진리로, 이는 구약 시대에는 완전히 감춰져 있었다(참고. 3:5, 9). 메시아이신 예수 그리스도를 믿는 모든 사람은 주님 앞에서 하나님의 자녀요 영원한 나라의 백성으로 동등한 자격을 가진다는 이 놀라운 진리는 현세대의 신자만 소유하고 있다. 또한 바울은 교회가 그리스도의 신부라는 비밀에 대해 말한다(5:32. 참고. 계 21:9).

주요 주제 가운데 하나는 교회가 지금 영적으로 지

상에 존재하는 그리스도의 몸이라는 사실이며, 이는 이전에 하나님의 백성에게는 드러나지 않았던 독특한 진리다. 이 은유는 교회를 기관으로 묘사하는 것이 아니라 서로 연결되어 있고 상호의존적인 부분으로 구성된 살아 있는 유기체로 묘사한다. 그리스도는 몸의 머리이고 성령은 생명의 혈액이다. 그 몸은 성령께서 각 신자에게 주권적으로 독특하게 내려주신 다양한 영적 은사를 지체들이 신실하게 사용함으로써 활동해 나간다.

또 다른 주제는 신자들에게 주신 복의 풍성함과 충만함이다. 바울은 "그(하나님)의 은혜의 풍성함"(1:7), "측량할 수 없는 그리스도의 풍성함"(3:8), "그의 영광의 풍성함"(3:16)을 말한다. 바울은 신자에게 "하나님의 모든 충만하신 것으로"(3:19) 충만하게 되고, "우리가 다 하나님의 아들을 믿는 것과 아는 일에 하나가 되어 온전한 사람을 이루어 그리스도의 장성한 분량이 충만한 데까지"(4:13) 이르고, "오직 성령으로 충만함을 받으라"(5:18)고 권한다. 그리스도 안에서 그 풍성함의 기초는 하나님의 은혜(1:2, 6, 7; 2:7), 하나님의 평강(1:2), 하나님의 뜻(1:5), 하나님의 기뻐하심과 목적(1:9), 하나님의 영광(1:12, 14), 하나님의 부르심과 유업(1:18), 하나님의 능력과 힘(1:19; 6:10), 하나님의 사랑(2:4), 하나님의 정교한 솜씨(2:10), 하나님의 성령(3:16), 그리스도가 자신을 버려 제물로 드려짐(5:2), 하나님의 전신갑주(6:11, 13)다. *풍성함*은 이 서신에서 5번, *은혜*는 12번, *영광*은 8번, *충만* 또는 *충만하다*는 7번, 핵심 단어인 *그리스도 안에서*(또는 *그 안에서*)는 13번 사용되고 있다.

「에베소에서 사도 바울의 설교(*The Sermon of Saint Paul at Ephesus*)」 1649년. 외스타슈 르 쉬외르. 캔버스에 유화. 394X328cm. 루브르 박물관. 파리.

해석상의 과제

에베소서의 전체적인 신학은 직설적이고 애매하지 않으며, 사상이나 해석 측면에서 심각한 논란을 불러일으킬 만한 것이 없다. 하지만 올바른 해석을 위해서는 주의 깊게 고려해야 하는 본문들이 있다. 예를 들면 2:8에서는 구원 또는 믿음이 선물인가 아닌가, 4:5에서는 세례의 유형이 무엇인가, 4:8에서는 그것이 시편 68:8과 어떤 관계를 갖는가 하는 것이다.

에베소서 개요

I. 인사(1:1, 2)
II. 교회를 위한 하나님의 목적(1:3-3:13)
  A. 그리스도 안에서의 예정(1:3-6)
  B. 그리스도 안에서의 구속(1:7-10)
  C. 그리스도 안에서의 유업(1:11-14)
  D. 그리스도 안에서의 자원(1:15-23)
  E. 그리스도 안에서의 새 생명(2:1-10)
  F. 그리스도 안에서의 연합(2:11-3:13)
III. 교회를 위한 하나님의 충만(3:14-21)
IV. 교회 내에서의 신실한 생활을 위한 하나님의 계획(4:1-6)
V. 하나님의 아들이 교회에게 은사를 주고 교회를 세우심(4:7-16)
VI. 교회 지체들을 위한 하나님의 모범과 원칙(4:17-32)
VII. 교회 내에서의 신실한 삶을 위한 하나님의 표준(5:1-21)
  A. 사랑 안에서 행함(5:1-7)
  B. 빛 안에서 삶(5:8-14)
  C. 지혜와 맑은 정신으로 행함(5:15-18상)
  D. 하나님의 성령으로 충만함(5:18하-21)
VIII. 교회 내에서의 권위와 복종을 위한 하나님의 표준(5:22-6:9)
  A. 남편과 아내(5:22-33)
  B. 부모와 자녀(6:1-4)
  C. 고용주와 피고용자(6:5-9)
IX. 하나님의 자녀의 영적 전쟁을 위한 하나님의 공급(6:10-17)
  A. 신자의 전쟁(6:10-13)
  B. 신자의 전신 갑주(6:14-17)
X. 교회 내에서 기도하라는 하나님의 호소(6:18-20)
XI. 축도(6:21-24)

인사 (1:1, 2)

1:1 사도 이 단어는 '메신저'(messenger)라는 의미를 가지며, 바울과 열두 사도(맛디아를 포함하여, 행 1:26)의 공식 직책이었다. 이들은 부활하신 예수님을 목격한 사람들로 설교, 가르침, 성경을 기록하는 일을 통해(동반되는 기적과 함께, 참고. 고후 12:12) 교회를 건설하는 사명을 하나님께로부터 받았다. *4:11에 대한 설명을 보라.* **성도들…신실한 자들** 이 단어들은 하나님이 죄로부터 구별하여 자신에게 이끄시고 예수 그리스도에 대한 그들의 믿음을 통해 거룩하게 만드신 사람들을 가리킨다. **1:2 하나님 우리 아버지와 주 예수 그리스도** 바울이 말을 하는 권위(1절)와 모든 신자를 향한 은혜와 평강의 축복은 다름 아닌 이 신성한 두 분으로부터 온다. 여기서 연결해주는 역할을 하는 *와(and)*는 동등함을 표시한다. 즉 주 예수 그리스도는 성부와 동등하게 신성하시다. **은혜와 평강이 너희에게 있을지어다** 바울이 모든 서신에서 사용한 초대 교회를 향한 일반적인 인사다.

교회를 위한 하나님의 목적 (1:3-3:13)

1:3-14 이 단락은 구원을 위한 하나님의 전체 계획을 과거(선택, 3-6상반절)와 현재(구속, 6하-11절), 미래(유업, 12-14절)에 걸쳐 설명한다. 또한 이 단락은 성부(3-6절)와 성자(7-12절)와 성령(13-16절)을 강조하는 것으로 볼 수도 있다.

A. 그리스도 안에서의 예정(1:3-6)

1:3 찬송하리로다 '찬송' 또는 '칭찬'이라는 뜻을 가진 영어 단어 *eulogy*의 어원이 된 헬라어를 번역한 것이다. 이것은 피조물의 최고 의무다(*롬 1:18-21에 대한 설명을 보라.* 참고. 계 5:13). **하나님…모든 신령한 복을 우리에게 주시되** 하나님은 섭리적 은혜 속에서 이미 신자에게 모든 복을 내려주셨다(롬 8:28; 골 2:10; 약 1:17; 벧후 1:3). *신령한(spiritual)*은 물질적인 것에 대비되는 영적인 것을 가리키는 게 아니라, 모든 복의 신성하며 영적인 근원이신 하나님의 일을 가리킨다. **그리스도 안에서** 하나님의 차고 넘치는 복은 믿음을 통해 오직 자녀인 신자에게만 속한다. 그리하여 하나님께 속한 것이 그들의 것이 된다. 거기에는 하나님의 의와 자원, 특권, 위치, 능력이 포함된다(참고. 롬 8:16, 17). **하늘에 속한** 문자적으로 '하늘의 영역에 속한'이라는 뜻이다. 이것은 하나님의 완전한 천상 영역을 가리키며, 모든 복은 거기로부터 온다(참고. 20절; 2:6; 3:10; 6:12).

1:4 창세 전에 세상을 창조하기 이전에 세우신 하나님의 뜻을 통해(따라서 인간의 어떤 영향력이나 인간의 공로도 거기에 영향을 미치지 못했음이 명백함) 구원받은 자들은 영원히 예수 그리스도와 연합되었다. 참고. 베드로전서 1:20; 요한계시록 13:8; 17:8. **우리를 택하사** 선택 교리는 성경 전체에 걸쳐 강조된다(참고. 신 7:6; 사 45:4; 요 6:44; 행 13:48; 롬 8:29; 9:11; 살전 1:3, 4; 살후 2:13; 딤후 2:10. *벧전 1:2에 대한 설명을 보라*). '택하다'로 번역된 헬라어 동사의 형태는 하나님이 자신의 결정에 *의하여(by)* 택하셨을 뿐 아니라 자신의 영광과 찬송이 되도록 자신을 *위하여(for)* 선택하셨음을 나타낸다(6, 12, 14절). 하나님의 선택 또는 예정은 예수를 주님과 구주로 믿어야 하는 사람의 책임과 별도로 작동하는 것이 아니다(참고. 마 3:1, 2; 4:17; 요 5:40). **사랑 안에서** 이는 5절의 첫머리에 속한다. 왜냐하면 이 구절이 하나님 선택의 신성한 동기와 그 목적을 소개하고 있기 때문이다. 참고. 2:4; 신명기 7:8. **그 앞에 거룩하고 흠이 없게 하시려고** 이 말은 하나님이 구원받을 사람을 선택하신 목적과 결과를 동시에 설명한다. 불의한 사람이 의롭다고 선언되고, 무가치한 죄인이 구원받을 가치가 있다고 선언되는 것은 그들이 오직 "그의 안에서"(그리스도) 선택되었기 때문이다. 이것은 우리에게 전가되는 그리스도의 의를 가리킨다(*고후 5:21; 빌 3:9에 대한 설명을 보라*). 비록 신자의 일상적인 삶이 하나님의 거룩한 표준에 미치지 못할지라도 신자를 하나님 앞에 거룩하고 흠 없는 위치에 세우는 완전한 의인 것이다(5:27; 골 2:10).

1:5 우리를 예정하사…자기의 아들들이 되게 하셨으니 육신의 부모는 입양한 자녀에게 사랑과 지원, 유업을 줄 수는 있지만 자신의 특성까지 주지 못한다. 그러나 하나님은 선택한 사람들, 그리스도를 신뢰하는 사람들에게 기적적으로 자신의 성품을 주실 수 있다. 하나님은 신자를 신성한 아들의 형상을 닮는 자녀로 만드시며, 그들에게 그리스도의 풍요와 복만 주시는 것이 아니라 자신의 성품까지 주신다(참고. 요 15:15; 롬 8:15).

1:6 사랑하시는 자 안에서…주시는 바 죄인이 예수 그리스도("사랑하시는 자", 참고. 마 3:17; 골 1:13)의 대속의 죽음과 전가된 의를 통해 하나님께 받아들여지게 되는 것이 신성한 은혜(받을 자격이 없는 자에게 베푸시는 사랑과 호의)다. 신자가 그리스도 안에서 받아들여지기 때문에 그들도 그리스도처럼 하나님께 사랑받는 자들이다. **그의 은혜의 영광을 찬송하게 하려는 것이라** 선택하셔서 구원을 베푸시는 궁극적 목적은 하나님의 영광을 찬송하게 하기 위해서다(참고. 12, 14절; 빌 2:13; 살후 1:11, 12).

엡

성삼위께서 이루시는 우리의 구원

성부의 일: 선택(에베소서 1:3-6)
성자의 일: 구속(에베소서 1:7-12)
성령의 일: 보호(에베소서 1:13, 14)

그리스도 안에서 나는
- 복을 받았다(3절)
- 선택되었다(4절)
- 예정되었다(5절)
- 입양되었다(5절)
- 받아들여졌다(6절)
- 구속되었다(7절)
- 용서받았다(7절)
- 빛을 받았다(8, 9절)
- 유업을 받았다(11절)
- 인치심을 받았다(13절)
- 확증을 받았다(14절)

B. 그리스도 안에서의 구속(1:7-10)

1:7, 8 그의 피로 말미암아 속량 여기서 사용된 용어는 어떤 사람을 속박 상태에서 해방시키기 위해 필요한 속전을 하나님이 지불하시는 것과 관련이 있다. 그리스도의 십자가 희생은 죄의 노예가 되어 있던 모든 택함받은 사람을 위해 값을 지불한 것이며, 불법의 노예 시장에서 그들을 구해냈다(*고후 5:18, 19에 대한 설명을 보라*). 구속을 위하여 지불된 값은 죽음이었다(참고. 레 17:11; 롬 3:24, 25; 히 9:22; 벧전 1:18, 19; 계 5:8-10). **죄 사함을 받았느니라…모든 지혜와 총명을** 구속은 무한한 하나님의 은혜와 죄의 용서를 가져온다(참고. 마 26:28; 행 13:38, 39; 엡 4:32; 골 2:13; 요일 1:9). 구속은 하나님이 내리시는 이해력을 제공해준다. 참고. 고린도전서 2:6, 7, 12, 16.

1:10 통일되게 하려 하심이라 이 세상의 역사가 끝나면 하나님은 천년왕국으로 모든 신자를 모으실 것이다. 그것은 여기서 "때가 찬 경륜"이라는 말로 표시되었는데, 그 뜻은 역사의 완성이다(계 20:1-6). 그 후에 하나님은 영원한 미래 속에서 모든 것을 자신에게로 모으실 것이며, 새 하늘과 새 땅이 창조될 것이다(계 21:1 이하). 새 우주는 그리스도 아래서 완전히 통일될 것이다(참고. 고전 15:27, 28; 빌 2:10, 11).

C. 그리스도 안에서의 유업(1:11-14)

1:11 모든 일을…일하시는 "일"이라고 번역된 헬라어에서 *energy*(에너지), *energetic*(힘이 넘치는), *energize* (힘을 공급하다) 등의 단어가 유래되었다. 세상을 만드셨을 때 그분은 계획하신 일들이 즉시 작동하기에 충분한 에너지를 제공하셨다. 세상은 단순히 준비만 갖춘 것이 아니라 실제로 기능을 발휘했다. 하나님이 "그의 뜻의 결정대로" 계획을 실행하실 때 영적인 완성을 위해 필요한 능력을 모든 신자에게 주신다(참고. 빌 1:6; 2:13). **우리가…그 안에서 기업이 되었으니** 그리스도는 신자가 받는 신성한 유업의 근원이신데, 이것은 너무나 확실하여 우리가 이미 그것을 받은 것처럼 말한다. 참고. 고린도전서 3:22, 23; 베드로후서 1:3, 4. **예정을 입어** 땅이 생기기도 전에 하나님은 모든 택함받은 사람들이 (아무리 사악하고 무익하고 죽어 마땅하다고 해도) 그리스도를 신뢰함으로써 의롭게 되도록 주권적으로 정하셨다. *4절에 대한 설명을 보라.*

1:12 그의 영광의 찬송이 되게 하려 하심이라 구속의 최고 목적은 하나님의 영광이다(참고. 6, 14절).

1:13 말씀…듣고 그 안에서 또한 믿어 구원받으려면 하나님이 계시하신 예수 그리스도의 복음을 듣고(롬 10:17) 믿어야 한다(요 1:12).

1:13, 14 성령으로 인치심을 받았으니 하나님 자신이 보내시는 성령이 신자 안에 거하심으로써 그들을 영원한 구원에 이르도록 안전하게 보호하신다. 바울이 말하는 인침은 편지, 계약서 또는 기타 문서에 찍는 공적인 표식을 가리킨다. 그리하여 그 문서는 공식적으로 거기

에 찍힌 봉인의 주인의 권위 아래 있게 되었다. 봉인은 네 가지 진리를 표시한다. 안정(참고. 단 6:17; 마 27:62-66), 진실됨(참고. 왕상 21:6-16), 소유권(참고. 렘 32:10), 권위(참고. 에 8:8-12)다. 하나님은 신자가 영광 가운데 얻을 미래의 유업에 대한 확증으로 성령을 주신다(참고. 고후 1:21).

D. 그리스도 안에서의 자원(1:15-23)

1:15 모든 성도를 향한 사랑 다른 신자를 향한 사랑은 구원과 믿음에 대한 증거이며(참고. 요 13:34, 35; 요일 4:16-18; 4:20; 5:1) 감사의 이유가 된다(16절).

1:17 우리 주 예수 그리스도의 하나님 이는 하나님의 호칭으로, 성부와 성자를 본질적으로 동일한 신성을 가지신 분으로 연결한다(참고. 3상반절; 롬 1:1-4; 고전 1:3; 빌 2:9-11; 벧전 1:3; 요이 3절). **지혜와 계시의 영** 바울은 신자가 그 소망의 위대함(롬 8:29; 요일 3:2)과 그리스도 안에서 그들이 받은 기업(3-14절)을 이해하도록 성화된 마음에게만 허락되는 경건한 지식과 통찰(8절)을 얻게 해달라고 기도했다.

1:18 너희 마음의 눈을 밝히사 영적으로 빛을 받은 마음만이 그리스도 안에서의 소망과 기업, 그리스도를 위한 순종의 삶을 온전히 이해하고 감사할 수 있다.

1:19, 20 능력의 지극히 크심 예수를 죽은 자 가운데서 살리시고 승천하실 때 하늘로 이끌어 올리셔서 하나님의 오른편에 앉게 하신 그 하나님의 위대한 능력이, 신자가 구원받을 때 모든 신자에게 주어졌으며 신자는 그 능력을 언제나 활용할 수 있다(참고. 행 1:8; 골 1:29). 그러므로 바울은 하나님의 능력이 그들에게 주어지기를 기도한 것이 아니라 그들이 그리스도 안에서 이미 소유한 능력을 깨닫고 그것을 사용하게 되기를 기도한다(참고. 3:20).

1:21 바울은 신자가 다른 천상의 존재들과 비교할 수 없는 하나님의 크심을 깨닫게 되기를 원했다. 통치, 권세, 능력, 주관 등은 유대인이 전통적으로 하나님의 천군 중에서 높은 위치에 있던 천사들을 가리키는 용어였다. 하나님은 그 모든 것 위에 계신다(참고. 계 20:10-15).

1:22 발…머리 이 절은 시편 8:6을 인용한 것으로, 하나님이 교회를 포함한(참고. 골 1:18) 모든 것 위에 그리스도를 높이 들어 올리셨음(참고. 히 2:8)을 보여준다. 그리스도는 권세를 가진 머리('근원'이 아님)이심이 분명하다. 이는 만물이 그의 발아래 있기 때문이다. *4:15; 5:23에 대한 설명을 보라.*

1:23 그의 몸 구속받은 하나님의 백성을 가리키는 은유로, 신약 시대 교회에 대해서만 사용되었다(참고. 4:12-16; 고전 12:12-27).

E. 그리스도 안에서의 새 생명(2:1-10)

2:1 허물과 죄로 죽었던 신자가 원래 처해 있던 전적인 죄성과 버림받은 상태를 상기시킨다. 신자는 거기서 구속받은 것이고 거듭나지 못한 죄인은 여전히 그 영역 또는 구역에 존재한다. 그들은 자신들이 범한 악한 행동 때문이 아니라 죄 많은 본성 때문에 죽어 있는 것이다(참고. 마 12:35; 15:18, 19).

2:2 이 세상 풍조 *요한복음 1:9에 대한 설명을 보라.* 이 말은 이 세상 질서, 곧 하나님과 그리스도를 떠난 인

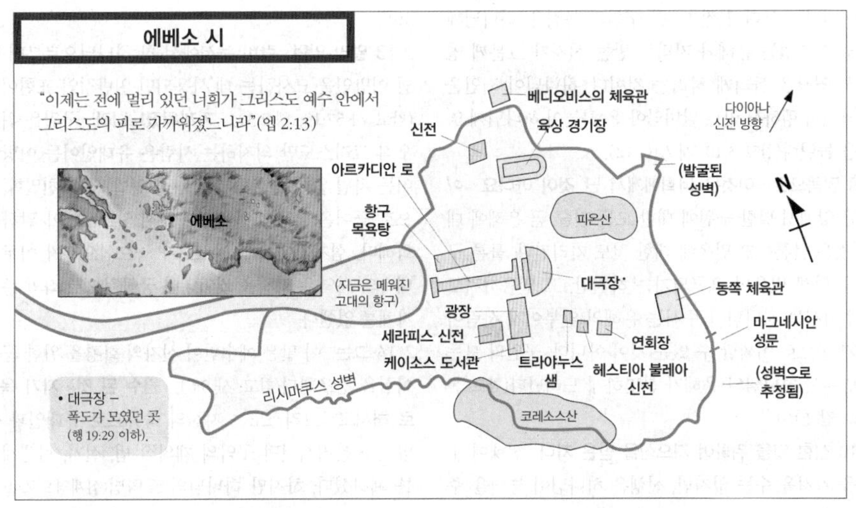

간의 가치관과 기준 등을 가리킨다. 고린도후서 10:4, 5에서 바울은 사람들을 감금해놓은 성곽과 같은 이런 이념을 무너뜨리고 그리스도께 사로잡혀 진리에 순종하게 해야 한다고 말한다(*이 구절에 대한 설명을 보라*). **공중의 권세 잡은 자** 이것은 사탄을 가리키는 명칭이다. 참고. 요한복음 12:31; 14:30; 16:11; 고린도후서 4:4.

2:4 긍휼…사랑 구원이란 죄악 때문에 영적으로 죽어 있는 사람에게 하나님의 한없는 자비와 사랑을 보여줌으로써 그분의 영광을 드러내기 위한 것이다.

2:5 죽은 우리를…살리셨고 다른 무엇보다도 영적으로 죽은 사람은 하나님을 통해 살리심을 받아야 한다. 구원은 죽은 사람에게 영적인 생명을 가져다준다. 신자를 죽음에서 건져내어 살게 하시는 그 능력(참고. 롬 6:1-7)이 또한 그리스도인의 삶의 모든 측면에 힘을 준다(참고. 롬 6:11-13).

2:6 함께 일으키사…함께 하늘에 앉히시니 *일으키사*와 *앉히시니*의 시제는 구원의 즉각적이고 직접적인 결과를 가리킨다. 신자는 그리스도의 부활을 통해 죄에 대해 죽고 의에 대해 살아났을 뿐 아니라 주님의 승귀를 기뻐하며 주님의 탁월한 영광에 참여한다. **하늘에** 이 말은 하나님이 다스리시는 초자연적인 영역을 가리킨다. 하지만 3:10과 6:12에서 이 말은 사탄이 잠시 동안 통치하는 초자연적인 영역을 가리키기도 한다. 이 영적인 영역에 신자의 복이 있고(참고. 1:3), 그들의 유업이 있는 곳이며(벧전 1:4), 신자가 애착을 가져야 하는 곳이며(골 3:3), 주님과의 교제를 즐기는 곳이다. 이 영역으로부터 모든 신성한 계시가 내려오고, 모든 찬양과 간구는 그리로 올라간다.

2:7 은혜의 지극히 풍성함 물론 구원이 신자에게는 큰 복이지만 그보다 훨씬 더 큰 구원의 목적은, 하나님께 끝없고 한없는 은혜와 자비를 받는 신자가 그분께 영원히 영광을 돌리게 하려는 것이다. 하나님이 죄인을 구하면서 행하신 일로 말미암아 온 하늘이 하나님께 영광을 돌린다(참고. 3:10; 계 7:10-12).

2:8 믿음으로…이것은 너희에게서 난 것이 아니요 *이것*은 앞에서 말한 구원에 대한 모든 진술, 곧 은혜에 대한 것은 물론이고 믿음에 대한 것도 가리킨다. 물론 구원을 위해 믿음이 요구되기는 하지만, 그 믿음까지도 구원하시는 하나님이 주시는 은혜의 일부이지 사람이 자기 힘으로 어찌할 수 있는 것이 아니다. 구원의 모든 측면에서 하나님의 은혜가 분명하게 드러난다(참고. 롬 3:20; 갈 2:16).

2:10 선한 일을 위하여 지으심을 받은 자니 선행이 구원을 가져올 수는 없지만, 선행은 하나님이 능력을 주셔서 맺어지는 구원에 뒤따르는 열매이며 구원의 증거이기도 하다(참고. 요 15:8; 빌 2:12, 13; 딤후. 3:17; 딛 2:14; 약 2:16-26). **하나님이 전에 예비하사** 신자의 구원과 마찬가지로 신자의 성화와 선행도 태초에 세상이 시작되기 전에 정해진 것이다(*롬 8:29, 30에 대한 설명을 보라*).

F. 그리스도 안에서의 연합(2:11-3:13)

2:11, 12 이방인들('무할례자들')은 두 가지 형태의 소외를 경험했다. 첫째는 수천 년간 유대인과 이방인 사이에 존재해왔던 적대감에서 비롯된 사회적 소외였다. 유대인은 이방인을 부랑자, 조롱의 대상, 치욕으로 간주했다.

둘째는 더욱 의미심장한 것으로, 영적 소외였다. 하나의 민족으로서 이방인은 다섯 가지 형태로 하나님으로부터 단절되었다. 첫째, 그들은 메시아이신 "그리스도 밖에" 있음으로써 구주와 구원자와 단절되었으며 신성한 목적이나 목적지가 없었다. 둘째, 그들은 "이스라엘 나라 밖의 사람"이었다. 하나님의 택하신 백성인 유대인은 하나님을 지고의 왕이요 주로 섬기던 민족이었으며 그 하나님의 특별한 복과 보호의 혜택을 누렸다. 셋째, 이방인은 "약속의 언약들에 대하여는 외인"이었으며, 하나님이 이스라엘 백성에게 땅과 제사장 직분, 민족, 국가, 왕국, 왕을 주시겠다고 한 언약, 하나님을 믿는 자, 영생과 천국을 주신다는 약속에 참여할 수 없었다. 넷째, 그들에게는 신성한 약속이 주어지지 않았으므로 "소망이 없었다". 다섯째, 그들은 "세상에서…하나님도 없는 자"였다. 비록 이방인에게 많은 신이 있었지만 참된 하나님을 알지 못했다. 이는 그들이 그 하나님을 원하지 않았기 때문이다(*롬 1:18-26에 대한 설명을 보라*).

2:13 멀리 있던 랍비 문서에서 참 하나님으로부터 떠난 이방인을 묘사하는 데 사용되던 일반적인 표현이다(참고. 사 57:19; 행 2:39). **가까워졌느니라** 구원을 위해 오직 그리스도만 의지하는 사람은 유대인이든 이방인이든 차별 없이 하나님과의 영적 연합, 영적 친밀함 속으로 들어온다. 이것이 고린도후서 5:18-21이 말하는 화해다. 십자가에서 그리스도가 죽으심으로써 이루신 대속의 사역은 죄책을 씻어내며 궁극적으로 죄의 존재 자체를 없앤다.

2:14 그는 이 말은 예수만이 신자의 화평을 위한 근원이심을 강조한다(참고. 사 9:6). **원수 된 것…자기 육체로 허시고** 그리스도는 자신의 죽음으로 유대인과 이방인을 분리시키던 구약의 제의적 법, 절기, 희생제사를 폐하셨다. 하지만 하나님의 도덕법(십계명으로 요약

되었고 모든 사람의 마음에 기록된, 롬 2:15)은 폐지되지 않고, 새 언약으로 편입되었다. 이는 그 법이 하나님의 거룩한 성품을 반영하기 때문이다(마 5:17-19). *마태복음 22:37-40; 로마서 13:8-10에 대한 설명을 보라.* **중간에 막힌 담** 이 말은 이방인의 뜰과 유대인만 들어갈 수 있는 구역을 나누던 성전 안의 담을 암시적으로 가리킨다. 바울은 그 담을 유대인과 이방인을 나눈 사회적·종교적·영적 분리의 상징으로 삼았다.

2:15 한 새 사람 그리스도는 자신에게 오는 어떤 사람도 밀어내시지 않으며, 그리스도의 소유인 사람들은 영적으로 서로 구분되지 않는다. *새(new)*로 번역된 헬라어는 이전에 있던 것과는 완전히 다른 어떤 것을 말하며, 종류와 성질에 있어 다른 것을 가리킨다. 영적으로 볼 때 그리스도 안에 있는 새 사람은 유대인도 아니고 이방인도 아니다. 오직 그리스도인일 따름이다(참고. 롬 10:12, 13; 갈 3:28).

2:16 이 둘을…하나님과 화목하게 하려 하심이라 유대인과 이방인이 그리스도 예수를 통해 하나님께 이끌리듯이 그들끼리도 서로에게 이끌린다. 이 일은 예수가 저주가 되사(갈 3:10-13) 하나님의 진노를 담당하여 그분의 공의가 만족되고 그분과의 화해가 실현됨으로써 성취된다(*고후 5:19-21에 대한 설명을 보라*). 화해에 대한 바울의 다른 가르침은 로마서 5:8-10; 골로새서 1:19-23을 보라.

2:17 먼 데 있는…가까운 데 있는 이방인과 유대인에게 동일하다는 뜻이다. **평안을 전하셨으니** *전하셨으니(preached)*로 번역된 헬라어는 문자적으로 '복음을 가져오거나 선언한다'라는 뜻으로, 신약성경에서 이 단어는 대부분 예수 그리스도로 말미암은 구원에 의해 죄인이 하나님과 화해할 수 있다는 좋은 소식을 전파하는 것을 가리킨다. 또한 이런 문맥 속에서 "우리의 화평이신"(14절) 그리스도가 평안을 전파하셨다.

2:18 한 성령 안에서 아버지께 나아감 어떤 죄인도 자신의 가치나 어떤 권리를 가지고 하나님께 나아갈 수 없지만, 신자는 그리스도의 희생적 죽음에 대한 믿음을 통해 하나님께 나아갈 수 있는 권리를 얻었다(참고. 3:12; 롬 5:2). 신자가 그리스도를 믿는 순간 성삼위 하나님의 영적인 자원은 그들의 것이 되며, 성령께서는 그들을 하늘에 있는 성부 하나님의 보좌 앞으로 인도하고, 거기서 신자들은 언제든지 담대히 하나님께 나아가 환영을 받는다. *로마서 8:15-17; 갈라디아서 4:6, 7; 히브리서 4:16에 대한 설명을 보라.*

2:19 성도들과 동일한 시민이요 하나님의 나라는 그분을 신뢰한 모든 시대의 사람으로 이루어진다. 거기에

엡

바울의 옥중서신

바울의 서신 가운데 네 편(에베소서, 빌립보서, 골로새서, 빌레몬서)은 옥중서신으로 분류된다. 이 각각의 서신은 저자가 감옥에 있다는 것을 분명하게 언급하고 있다(엡 3:1; 4:1; 6:20; 빌 1:7, 13, 14, 17; 골 4:3, 10, 18; 몬 1, 9, 10, 13, 23절). 사도행전과 옥중서신에 기록된 바울의 투옥에 대한 세부 내용이 비슷해서 이 서신들이 로마 감옥에서 기록되었다는 전통적 입장이 지지를 받는다. 첫째, 바울은 군병들의 감시 하에 있었다(행 28:16; 빌 1:13, 14). 둘째, 바울은 방문자를 받는 것이 허용되었다(행 28:30; 빌 4:18). 셋째, 바울은 복음을 전할 기회를 가지고 있었다(행 28:31; 엡 6:18-20; 빌 1:12-14; 골 4:2-4).

이 서신들 가운데 어떤 것은 가이사랴와 에베소에서 썼을 수도 있다는 가능성이 제기되었다. 바울이 가이사랴에 2년간 감금되어 있기는 했지만(행 24:27), 그 기간에는 방문객을 받거나 복음을 전할 수 있는 기회가 엄격하게 제한되었다(행 23:35). 이 옥중서신들은 호의적인 판결이 나오리라는 바울의 희망을 표현하고 있다(빌 1:25; 2:24; 몬 23절). 하지만 가이사랴에서 바울이 석방될 수 있는 유일한 희망은 벨릭스에게 뇌물을 주거나(행 24:26) 베스도 주재 하에 예루살렘에서 재판을 받는 것이었다(행 25:9). 그러나 옥중서신에 따르면 바울은 자신의 재판에 대한 최종 결정이 내려지기를 기대했다(빌 1:20-23; 2:17, 23). 바울은 그의 입장을 황제에게 호소할 수 있는 자격이 있었고 실제로도 호소했다. 그러나 가이사랴의 경우에는 상황이 달랐다.

에베소도 바울이 옥중서신을 쓴 후보지다. 가이사랴에서 옥중서신을 썼다고 주장했을 때 생기는 문제가 에베소를 지지하는 사람들에게도 동일하게 제기된다. 하지만 옥중서신이 에베소에서 기록되었다는 주장에 대한 가장 확실한 반박은 바울이 에베소에서 투옥되었다는 증거가 없다는 사실이다.

가이사랴와 에베소를 주장하는 이론들이 부딪힌 어려움에 비춰볼 때, 바울이 로마 시민권자로서 호소한 것으로 보아 황제 앞에서 재판받기를 기다리면서 옥중서신을 기록했다는 전통적 견해를 거부할 이유는 없다.

는 나그네, 이방인 또는 이등 시민이 없다(참고. 빌 3:20). **하나님의 권속이라** 구속받은 죄인은 하늘의 시민이 될 뿐 아니라 성부의 가족 구성원이 된다. 성부께서는 성자에게 주셨던 것과 같은 무한한 사랑을 신자들에게 베푸신다. *1:5에 대한 설명을 보라*. 참고. 히브리서 3:6.

2:20 사도들과 선지자들의 터 이 은사를 받은 사람에 대해서는 *4:11에 대한 설명을 보라*. 그들이 중요한 사람이기는 하지만, 그들 각자가 중요한 것이 아니라 그들이 가르친 신성한 계시가 중요하다. 이는 신약성경이 완성되기 전에 그들이 권위를 가지고 하나님 말씀을 교회에서 가르쳤고, 그것이 교회의 기초가 되었다(참고. 롬 15:20). **모퉁잇돌** 참고. 시편 118:22; 이사야 28:16; 마태복음 21:42; 사도행전 4:11; 베드로전서 2:6, 7. 이 돌은 기초를 형성하고 건물을 지지해준다.

2:21 주 안에서 성전 모든 새로운 신자는 그리스도의 성전의 새로운 돌이며, 이 교회는 신자로 이루어진 그리스도의 몸이다(*벧전 2:5에 대한 설명을 보라*). 그리스도가 자신의 교회를 건축하시는 일은 그분을 믿게 될 모든 사람이 믿음에 들어올 때까지 계속될 것이다(벧후 3:9).

2:22 성령 안에서 하나님이 거하실 처소 *거하실 처소*는 항구적인 집을 가리킨다. 성령 하나님이 지상의 성전인 교회, 곧 모든 구속받은 자로 이루어진 거대한 영적인 몸에 영원한 거처를 마련하신다(참고. 고전 6:19, 20; 고후 6:16).

3:1 이러므로 이 말은 바울이 방금 논한 신자의 연합에 대한 진리를 가리키면서 14절부터 시작되는 그의 기도에 대한 동기를 소개한다. **그리스도 예수의…갇힌 자** 비록 가이사랴에서 2년 그리고 로마에서 2년 동안 갇혀 있었지만, 바울은 자신을 어떤 정부나 어떤 개인의 죄수로 간주하지 않았다. 도리어 그는 자신이 그리스도의 통제하에 있으며, 삶의 모든 측면이 주님의 손 안에 있음을 믿었다. 그는 이방인에게 복음을 전하기 위해 투옥을 당한 것이었다. 고린도후서 4:8-15을 보라.

3:2-13 삽입된 이 단락에서 바울은 1절에서 시작된 생각을 잠깐 중단하고 방금 썼던 진리를 재차 강조하고 확대해 설명한다. 그는 유대인과 이방인이 그리스도 안에서 하나가 되었다고(2-7절) 가르칠 수 있는 자신의 권위를 천명해야 한다고 느꼈다. 그것은 에베소 교인 대부분이 이해하거나 받아들이기 어려웠을 것이 분명한 의미심장한 새로운 진리였기 때문이다.

3:2 내게 주신…경륜 *경륜(dispensation)*은 섬기는 직분 또는 관리, 경영이라는 의미다. 바울은 스스로 자신의 사도직 또는 사역이라는 섬기는 직분을 선택한 것이 아니었다. 바울을 이방인의 사도로 섬기도록 부르시고, 영적 은사와 기회, 지식, 권위와 함께 주권적으로 사명을 주신 분은 하나님이셨다(행 9:1-19; 딤전 1:12, 13을 보라. 참고. 롬 15:15, 16; 고전 4:1; 9:16, 17; 갈 2:9).

3:4 그리스도의 비밀 *1:10-12; 2:11, 12; 마태복음 13:11; 고린도전서 2:7; 골로새서 1:26, 27에 대한 설명을 보라*. 감춰져 있다가 신약성경에서 드러난 비밀이라고 불리는 많은 진리가 있다. 그중 하나가 유대인과 이방인이 메시아 안에서 한 몸으로 하나가 된다는 것이다. 다른 비밀은 *고린도전서 15:51; 골로새서 1:27; 디모데전서 3:16에 대한 설명을 보라*. 바울은 그리스도 안에서 유대인과 이방인이 하나님 보시기에 하나님의 나라와 가족 안에서 하나가 된다는 비밀을 기록했을 뿐 아니라 그 진리를 확대하여 설명했다. 바울은 실천적 적용 이전에 영적 지식이 있어야 함을 알고 있었다. 올바로 이해되지 않은 것은 올바로 적용될 수 없다.

3:5 다른 세대에서는 사람의 아들들에게 알리지 아니하셨으니 하나님은 아브라함을 통해 모든 사람이 복을 받으리라고 약속하셨지만(창 12:3), 그 약속의 온전한 의미는 바울이 갈라디아서 3:28을 기록할 때 분명해졌다. 이사야 49:6은 모든 족속을 위한 구원을 예언했지만, 그 약속의 성취에 대해 기록한 사람은 바울이었다(행 13:46, 47). 바울은 가장 위대한 선지자들도 이해하지 못했던 진리, 곧 오순절 이후 하나로 통일된 몸 안에서 구원받은 모든 사람으로 구성된 교회 내에서는 민족적·사회적·영적 차별이 없으리라는 진리를 드러냈다.

3:6 이방인들이…함께 상속자가 되고 2:11-22의 요약이다. *고린도전서 12:12, 13; 갈라디아서 3:29에 대한 설명을 보라*.

3:7 일꾼이 되었노라 어떤 사람도 자신을 하나님의 일꾼(문자적으로 종)으로 만들지 못한다. 하나님을 향한 참된 사역으로의 부르심, 메시지, 활동, 능력 공급은 오직 하나님만 주시는 것이기 때문이다. 사도행전 26:16; 고린도전서 15:10; 골로새서 1:23, 25, 29을 보라.

3:8 모든 성도 중에 지극히 작은 자보다 더 작은 하나님의 완전한 의의 빛 가운데서 바울은 자기평가를 하고 있다. 거짓 겸손이 아니라 매우 정직하게 그 자신이 무가치함을 알았다. 디모데전서 1:12, 13을 보라(참고. 삿 6:15, 16; 사 6:1-9). **측량할 수 없는 그리스도의 풍성함** 하나님의 모든 진리, 하나님의 모든 복 주심, 하나님 자신의 모든 것, 하나님이 가지신 모든 것을 말한다(참고. 1:3; 골 2:3; 벧후 1:3).

3:9 비밀의 경륜 *4, 5절에 대한 설명을 보라*.

3:10 하늘에 있는 1:3; 6:12과 같이 이 말은 영적 존재들이 속한 전 영역을 가리킨다. **통치자들과 권세들** 거

룩한 천사들과 거룩하지 못한 천사들이다(1:21; 6:12. *골 1:16에 대한 설명을 보라*). 하나님은 자신의 영광을 교회를 통해 모든 천사에게 나타내신다. 거룩한 천사들은 기뻐하는데(눅 15:10을 보라. 참고. 벧전 1:12), 이는 그들이 교회와 관련되어 있기 때문이다(고전 11:10; 히 1:14을 보라). 타락한 천사들은 하나님을 찬송하려는 소원이나 능력이 없지만, 그들도 교회의 구원과 유지 속에서 하나님의 영광을 본다.

3:11 영원부터…뜻대로 교회의 가장 큰 목적은 하나님의 영광을 드러내는 것이다. 거기에는 천사들 앞에 하나님의 지혜를 드러내는 일이 포함되며(10절), 그 결과로 말미암아 천사들은 더 큰 찬송으로 하나님께 영광을 드릴 것이다.

3:12 확신을 가지고 하나님께 나아감 믿음으로 그리스도께 나온 사람은 언제든지 하나님 앞에 나아갈 수 있다. 이는 자기를 믿기 때문이 아니라 그리스도를 믿기 때문이다. *히브리서 4:15, 16에 대한 설명을 보라.*

3:13 여러 환난…너희의 영광 어려움과 고통을 통해 하나님은 영광을 이루신다. *로마서 8:18에 대한 설명을 보라.*

교회를 위한 하나님의 충만 (3:14-21)

3:14 이러하므로 바울은 기도를 시작하면서 1절에서(*이에 대한 설명을 보라*) 썼던 내용을 반복한다. 2장에서 진술된 것처럼 그리스도 안에서 그들이 가지게 된 새로운 신분 때문에 신자는 영적으로 살아 있으며(5절), 하나님의 집 안에서 하나가 되었고(19절), 교회로서 그들은 하나님의 거처가 되기 위하여 사도와 선지자의 말과 활동 위에 세워진다(20-22절).

3:14, 15 하늘과 땅에 있는 각 족속에게 이름을 주신 바울은 하나님이 모든 사람에게 아버지이고 사람은 모두가 형제라고 가르치는 것이 아니다(참고. 요 8:39-42; 요일 3:10). 역사상 존재했던 모든 신자, 곧 죽은 사람(하늘에)과 살아 있는 사람(땅에)을 말한다.

3:15 무릎을 꿇고 이것은 기도할 때 취해야 할 자세라기보다는 복종, 존경, 강한 열정적 태도를 말한다(참고. 스 9:5, 6; 시 95:1-6; 단 6:10; 행 20:36).

3:16 그의 영광의 풍성함을 따라 그 풍성함에는 제한이 없으며 모든 신자가 받을 수 있다. **너희 속사람을 능력으로 강건하게 하시오며** 영적 능력이 있다는 것은 하나님 말씀과 성령께 복종하는 모든 그리스도인의 표지가 된다. 이 능력은 어떤 특별한 계급에 속한 그리스도인의 전유물이 아니라 자신의 마음과 정신을 복종시켜 하나님의 말씀을 배우고 이해하며 그것에 의지해 사는 모든 사람을 위한 것이다. 겉으로 봤을 때 육체는 나이가 들면 약해지지만(참고. 고후 4:16), 속에 있는 영적인 사람은 성령을 통해 점점 강해진다. 성령께서 순종하고 헌신하는 그리스도인에게 힘을 공급하고 생기를 주며 능력을 주실 것이기 때문이다(참고. 행 1:8; 롬 8:5-9, 13; 갈 5:16). **하시오며** 바울은 대부분 다른 사람의 영적 안녕을 바라는 기도를 했다(참고. 빌 1:4; 골 1:9-11; 살전 1:2).

3:17 믿음으로 말미암아 이것은 그리스도인이 지속적으로 그리스도를 신뢰함으로 그리스도가 그들 위에 주권을 행사하시게 되는 것을 말한다. **그리스도께서 너희 마음에 계시게 하시옵고** 그리스도는 모든 신자가 구원받는 순간 그들 안에 들어가 거하시지만(롬 8:9; 고전 12:13), 그 마음에서 죄가 씻어지고 그리스도의 영으로 충만할 때만 "편하게" 거하신다(참고. 요 14:23). **사랑 가운데서 뿌리가 박히고 터가 굳어져서** 즉 하나님과 하나님의 백성을 위해 자기를 주고, 섬기는 사랑의 강력한 기초 위에 든든히 서는 것이다(참고. 마 22:37-39; 요일 4:9-12, 19-21).

3:18 능히…알고 생활 속에 성령의 힘으로 솟아나는 참된 사랑이 없다면, 신자들은 하나님의 충만한 사랑을 깨닫지 못한다. **모든 성도와 함께** 사랑은 좋은 성격을 타고났거나 영적으로 성숙한 사람만이 아니라 모든 그리스도인에게 주어지고(롬 5:5; 살전 4:9) 또 명령된다(요 13:34, 35). **지식에 넘치는** 그리스도의 사랑에 대한 지식은 인간의 이성이나 경험으로 깨달을 수 있는 범위를 훨씬 넘어선다. 그것은 하나님의 자녀가 된 사람에게만 알려진다(참고. 빌 4:7). **그리스도의 사랑을 알고** 신자가 그리스도에 대해 품은 사랑이 아니라 신자가 그리스도 또는 어떤 사람을 진정으로 온전히 사랑할 수 있도록 그리스도가 신자의 마음에 두시는 사랑이다(롬 5:5).

3:19 너비와 길이와 높이와 깊이 이 말은 사랑의 서로 다른 네 가지 측면을 말하는 것이 아니라 사랑의 크기와 완전함을 말하는 것이다. **하나님의 모든 충만하신 것으로 너희에게 충만하게 하시기를** 영적으로 온전히 성숙해지고 하나님의 사랑에 철저히 사로잡히려면, 자기 소유는 모두 내려놓고 온전히 주님의 지배를 받아야 한다. 하나님의 충만을 사람이 이해한다는 것은 불가능하다. 이는 가장 신령하고 현명한 신자라 할지라도 하나님의 속성과 충만한 성품(능력, 장엄, 지혜, 사랑, 자비, 인내, 긍휼 등 하나님 자신의 모든 것과 하나님이 하시는 모든 것)을 완전히 파악할 수는 없기 때문이다. 그러나 하나님께 전적으로 헌신한 신자는 그들의 생애 가운데 그분

엡

의 크심을 경험할 수 있다. 여기서 하나님의 충만함을 주목하라. 4:13에 나오는 그리스도의 충만함, 5:18에 나오는 성령의 충만함을 통해서. 바울은 신자들이 경건해지도록 기도했다(마 5:48; 벧전 1:15, 16).

3:20 16-19절의 조건이 만족되면 신자 안에서, 신자를 통해 활동하시는 하나님의 능력에는 제한이 없으며 그것은 그들의 이해를 훨씬 뛰어넘는다.

3:21 영광이 대대로 영원무궁하기를 원하노라 하나님의 자녀들이 이런 정도의 신실함에 도달하면 그리스도는 교회에서 마땅히 받아야 하는 영예롭고 충만한 영광을 받으실 것이다.

교회 내에서의 신실한 생활을 위한 하나님의 계획(4:1-6)

4:1 그러므로 이 단어는 교리에서 의무로, 원리에서 실천으로, 위치에서 행동으로 옮겨감을 표시한다. 이는 바울의 전형적인 방식이다(롬 12:1; 갈 5:1; 빌 2:1; 골 3:5; 살전 4:1을 보라). **주 안에서 갇힌** 자신이 투옥된 사실을 다시 언급하면서(3:1을 보라) 바울은 에베소의 신자들에게 신실한 그리스도인 삶에는 값비싼 대가가 요구되며, 자신은 주님에 대한 순종으로 그 값을 지불해오고 있음을 부드럽게 상기시켰다. **부르심** 이 말은 이 서신에서 언제나 그러하듯 하나님이 구원으로 부르시는 주권적인 부르심이다. *로마서 1:7에 대한 설명을 보라.* 구원을 가져다주는 유효한 부르심은 다음에 언급되어 있다. 1:18; 로마서 11:29; 고린도전서 1:26; 빌립보서 3:14; 데살로니가후서 1:11; 디모데후서 1:9; 히브리서 3:1. **합당하게 행하여** *걷는다*(영어는 이렇게 되어 있음-옮긴이)는 신약성경에서 매일의 삶을 가리키는 말로 자주 사용된다. 이 단어가 본서의 마지막 세 장의 주제를 만들어낸다. *합당하게*라는 말은 그리스도 안에서 사람의 위치에 어울리는 삶을 산다는 의미다. 사도는 주가 그들에게 원하시고 능력을 주시는 그대로 되어야 한다고 촉구한다.

4:2 겸손 *겸손*은 바울 당시의 라틴어나 헬라어 어휘에서는 발견되지 않는다. 이 헬라어 단어는 그리스도인들이, 어쩌면 바울 자신이 당시의 어느 단어로 표현할 수 없던 어떤 특성을 묘사하려고 만들었을지도 모른다. 가장 기본적인 그리스도인의 미덕인 겸손(약 4:6)은 팔복의 첫째 복에서 명령된 특성이며(마 5:3) 그리스도의 고상한 은혜를 묘사한다(빌 2:7, 8). **온유** 겸손에서 비롯된 *온유*는 마음이 부드러우며 자제력 있는 상태를 가리킨다(참고. 마 5:5; 11:29; 갈 5:23; 골 3:12). **오래 참음** 이

영적으로 '행하라'는 명령

1.	엡 2:2	죄 가운데 행하던 것이 구원에 의해 없어지다.
2.	엡 2:10	선한 일을 행하라.
3.	엡 4:1	그리스도의 구원의 부르심에 합당하게 행하라.
4.	엡 4:17	더는 불신자들이 행함같이 행하지 말라.
5.	엡 5:2	사랑 가운데서 행하라.
6.	엡 5:8	빛의 자녀처럼 행하라.
7.	엡 5:15	지혜롭게 행하라.

헬라어의 문자적 의미는 오래 단련되었다는 것이며, 겸손과 온유에서 비롯된 확고한 인내를 가리킨다(참고. 살전 5:14; 약 5:10). **사랑 가운데서 서로 용납하고** 겸손과 온유, 인내는 지속적이고 무조건적으로 타인을 위해 견디는 사랑을 통해 나타난다(참고. 벧전 4:8).

4:3 성령이 하나 되게 하신 것 성령께서 주시는 모든 참 신자의 하나 됨(고전 6:17; 12:11-13; 빌 1:27; 2:2을 보라)은 평안의 매는 줄로 하나님의 거룩한 백성을 함께 묶는 영적인 줄을 만들었다. 그 줄은 사랑이다(골 3:14).

4:4-6 이 단락에서 바울은 하나 됨 또는 통일이 이루어지는 특정한 영역을 열거한다. 그것은 몸과 성령, 소망, 주, 믿음, 세례, 하나님 아버지다. 바울은 여기서 성삼위에 초점을 맞추고 있는데(4절에서 성령, 5절에서 성자, 6절에서 성부), 바울의 요점은 성삼위의 위격을 구분하려는 것이 아니라 그 세 위격에게 독특한 역할이 있음에도 그들은 신성한 성품과 계획의 모든 면에서 완전히 연합을 이룬다는 사실을 강조하려는 것이다.

4:4 몸이 하나요 그리스도의 몸인 교회는 오순절(행 1, 2장) 이래로 "한 성령"의 활동에 의해(고전 12:11-13을 보라) 모든 신자로 이루어지며 거기에는 차별이 없다. **한 소망** 이것은 각 신자에게 주어진 영원한 유업의 서약과 약속이며(1:11-14), 한 성령을 통해 각 신자에게 인쳐졌다(13절).

4:5 주도 한 분이시요 사도행전 4:12; 로마서 10:12; 갈라디아서 1:8을 보라. **믿음** 신약성경에 계시된 가르침의 체계다(참고. 유 3절). **세례** 이 말은 구원 이후에 따라오는 세례, 곧 신자가 예수 그리스도에 대한 믿음을 공개적으로 고백하는 의식을 가리킬 것이다. 모든 신자가 그리스도의 몸 안에 자리 잡는 성령 세례(고전 12:11-13)는 4절에 암시되어 있다.

4:6 하나님도 한 분이시니 이것은 성경에서 하나님에 대해 가르치는 기본적인 교리다(신 4:35; 6:4; 32:39; 사 45:14; 46:9; 고전 8:4-6을 보라).

하나님의 아들이 교회에 은사를 주고 교회를 세우심 (4:7-16)

4:7 [그러나] 우리 각 사람에게 이 말은 '그럼에도 불구하고' 또는 '다른 한편으로'라고 번역될 수 있다. 즉 방금 말한 것과 앞으로 말할 것을 대비하려는 것으로, 신자의 하나 됨이라는 주제에서("만유", 6절) 신자들의 독특성이라는 주제("각 사람")로 옮겨간다. **그리스도의 선물의 분량** 각 신자는 하나님이 주권적인 뜻과 계획에 따라 각 사람의 몫으로 주신 독특한 영적 은사를 소유하고 있다. *선물*에 해당하는 헬라어는 고린도전서 12:1처럼 성령이 근원이라는 사실에 초점이 맞춰진 것이 아니고, 로마서 12:6에서처럼 그것을 주시는 은혜에 초점이 맞춰진 것도 아니며, 선물을 거저 주신다는 사실에 초점이 맞춰져 있다. 선물에 대한 설명을 위해서는 *로마서 12:6-8; 고린도전서 12:4-10; 베드로전서 4:10에 대한 설명을 보라.* **은혜** 은혜는 복음을 한 마디로 정의하는 것이다. 하나님이 죄 많고 무가치한 인류에게 구원을 제공하신다는 좋은 소식이다. 하나님이 은혜의 하나님이신 이유는 거저 주시는 분이기 때문이다. 하나님은 우리 자신이 행한 어떤 것과 무관하고 공로나 노력, 자격과 관계없이 거저 주신다. *2:7-10에 대한 설명을 보라.*

4:8 그가 위로 올라가실 때에 바울은 그리스도가 어떻게 해서 영적 은사(7절)를 내리시는 권리를 얻었는지 보여주기 위해 하나의 설명적 유비로 시편 68:18에 대한 해석을 하나의 유비로 사용했다. 시편 68장은 다윗이 지은 승리의 찬가로, 하나님이 여부스족 도시인 예루살렘을 정복하게 하시고 승리의 찬송 속에 시온산을 오르게 하시는 것을 경축하기 위한 시다(참고. 삼하 6; 7; 대상 13장). 그런 승리 후에 왕은 노략물을 싣고 포로를 이끌고 고향으로 돌아온다. 여기서 바울은 그리스도가 지상에서의 전투를 끝내고 갈보리에서의 위대한 승리의 트로피를 들어올린 후에 하늘의 도성으로 귀향하는 모습을 그린다(*고후 2:14-16에 대한 설명을 보라*). **사로잡혔던 자들을 사로잡으시고** 그리스도는 십자가와 부활을 통하여 사탄과 죽음을 정복하는 승리를 거두시고, 한때 죄인이요 사탄의 포로였던 자들을 하나님께로 돌리셨다(참고. 골 2:15). **사람들에게 선물을 주셨다** 그리스도는 노획물을 자신의 왕국 전체에 분배하신다. 그리스도의 승천 이후 보냄을 받은 성령을 통해 능력 있는 모든 영적 은사가 내려왔다(요 7:39; 14:12; 행 2:33을 보라).

4:9 올라가셨다 예수가 땅에서 하늘로 오르신 것을 말한다(행 1:9-11). 그곳에서 성부와 영원히 통치하신다. **땅 아래 낮은 곳** 이것은 그리스도가 나중에 오르신 가장 높은 하늘과 대조된다(참고. 시 139:8, 15; 사 44:23). 이 어구는 어떤 특정한 장소를 가리키는 것이 아니라 성육신의 깊음을 가리키며, 거기에는 십자가와 부활 사이에 땅 저편에 있는 무덤, 죽음, 귀신들의 구렁텅이, "옥에 있는 영"에게로 내려가신 것을 포함한다(*골 2:14, 15; 벧전 3:18, 19에 대한 설명을 보라*). **내리셨던 것** 이것은 그리스도가 하늘에서 땅으로 내려오셔서 고난과 죽임을 당하신 성육신을 가리킨다.

4:10 만물을 충만하게 하려 하심이라 주께서 모든 예언과 하나님이 정하신 모든 구속 사역을 성취하고 하늘에 오르신 다음에는 교회를 다스리고 은사를 줄 권세를 얻으셨다. 그리하여 그리스도는 온 우주를 그의 신성한 임재, 능력, 주권, 축복으로 채우셨다(참고. 빌 2:9-11).

4:11 그가 어떤 사람은 그리스도가 성부의 뜻을 완전히 성취하셔서 이제는 그리스도 자신이 불러 교회에서 일을 맡기신 사람들에게 영적 은사(7, 8절)를 나눠주는 권위와 주권을 가지셨다. 그리스도는 은사만 주시는 것이 아니라 은사를 받을 사람들까지 구원하여 주신다. **사도** *2:20에 대한 설명을 보라.* 이것은 부활하신 그리스도를 목격한 열두 제자를 특별히 가리키는 단어이며(행 1:22), 유다의 자리를 대신한 맛디아도 포함된다. 나중에 바울은 독특하게 이방인의 사도로 구별되었으며(갈 1:15-17) 다른 사도들의 수에 포함되었다. 그 사도들은 직접 그리스도에 의해 선택되었으므로 "그리스도의 사도"라고 불린다(갈 1:1; 벧전 1:1). 바울 역시 회심할 때 다메섹 도상에서 기적적으로 예수를 만났고(행 9:1-9; 갈 1:15-17), 예수의 선택을 받았다. 그들에게는 기본적인 책무 세 가지가 주어졌다. 교회의 기초를 놓는 것(2:20), 하나님 말씀을 받고 선포하고 기록하는 것(3:5; 행 11:28; 21:10, 11), 표적과 기사, 이적을 통해 말씀을 확증하는 것(고후 12:12. 참고. 행 8:6, 7; 히 2:3, 4)이다. *사도*는 초대 교회에서는 좀 더 일반적인 말로 바나바(행 14:4), 실라(살전 2:6), 디모데(살전 2:6), 기타 사람들에게(롬 16:7; 빌 2:25) 사용되기도 했다. 그들은 열세 사람처럼 '그리스도의 사도'라 불리지 않고 "교회의 사자"(고후 8:23)라고 불린다. 그들은 자신을 항구적인 존재로 만들지 않았고, 죽은 사도 대신에 다른 사람이 사도로 선출되지도 않았다. **선지자** *2:20에 대한 설명을 보라.* 이들은 일반적 신자가 아니라 예언의 은사를 받은 초대

엡

교회에서 특별한 사명을 받은 사람들이다. 선지자의 직책은 지역 회중 내의 활동만으로 제한되었던 것으로 보인다. 그들은 사도들처럼 "보냄을 받은 자들"이 아니었으며(행 13:1을 보라), 사도와 마찬가지로 그 직책도 신약성경의 완성과 함께 끝났다. 그들은 때로 교회를 위한 하나님의 실천적이고 직접적인 계시를 말하거나(행 11:21-28) 이미 주어진 계시를 설명했다(행 13:1에 암시됨). 그들은 성경 계시를 받는 일에 쓰임받지는 않았다. 그들의 메시지의 타당성은 다른 사도들을 통해 검증되었으며(고전 14:32) 사도들의 가르침에 부합되어야 했다(37절). 이 두 직책은 복음을 전하는 자와 가르치는 목사로 대체되었다. **복음 전하는 자** 예수 그리스도 안에 있는 구원의 좋은 소식을 불신자에게 선포하는 사람이다. 이 용어가 사도행전 21:8; 디모데후서 4:5에서 쓰인 용법을 참고하라. 신약성경에서 '복음을 전하다'로 번역된 이 말과 관련된 동사는 54번, '복음'으로 번역된 관련된 명사는 76번 사용되었다. **목사와 교사** 이 문맥에서 이 어구는 교회 내의 단일한 리더십으로 이해하는 것이 최선이다. 여기서 '…와'로 번역된 단어는 '특히'라고 번역될 수도 있다(딤전 5:17을 보라). 목사의 일반적 의미는 '목자'다. 이 두 기능이 합쳐져 가르치는 목자를 가리킨다. 그는 "큰 목자" 예수의 지휘 아래에 있는 사람이다(히 13:20, 21; 벧전 2:25). 이 직책을 가진 사람은 "장로"(*딛 1:5-9에 대한 설명을 보라*) 또는 "감독"(*딤전 3:1-7에 대한 설명을 보라*)으로도 불린다. 사도행전 20:28과 베드로전서 5:1, 2은 이 세 가지 용어를 하나로 통합한다.

4:12 성도 예수 그리스도를 믿는 모든 사람이다. *1:1에 대한 설명을 보라.* **봉사의 일** 교회 지도자뿐 아니라 모든 그리스도인에게 요구되는 영적인 봉사다(참고. 고전 15:58). **온전하게 하여** 이 말은 어떤 것을 원래의 상태로 회복시키는 것 또는 적절하고 온전하게 만들어지는 것을 가리킨다. 이 문맥에서는 그리스도인을 죄에서 순종으로 이끄는 것을 가리킨다. 이 과정에서 성경이 핵심 역할을 한다(*딤후 3:16, 17에 대한 설명을 보라.* 참고. 요 15:3). **그리스도의 몸을 세우려 하심이라** 교회를 영적으로 세우고 키우고 발전시키는 것이다(참고. 행 20:32).

4:13 하나님의 아들을…아는 일 이것은 구원의 지식을 가리키는 말이 아니라 신자가 기도, 신실한 말씀 연구, 하나님의 명령에 대한 순종을 통해 가지게 되는 그리스도에 대한 깊은 지식을 가리킨다(참고. 빌 3:8-10, 12; 골 1:9, 10; 2:2. *요일 2:12-14에 대한 설명을 보라*). **믿는 것…하나가 되어** 여기서 믿음은 기독교의 교훈을 만드는 계시된 진리의 체계, 특히 복음의 충만한 내용을 가리킨다. 신자들 사이의 하나 됨과 조화는 신자들이 건전한 교리의 기초 위에 세워질 때만 가능하다. **그리스도의 장성한 분량이 충만한 데** 하나님은 모든 신자가 성자의 성격을 드러내기를 원하신다. 성자는 모든 신자의 영적 성장과 온전함의 표준이 된다. *로마서 8:29; 고린도후서 3:18; 골로새서 1:28, 29에 대한 설명을 보라.*

4:14 온갖 교훈의 풍조에 밀려 요동하지 하나님 말씀을 통하여 그리스도를 아는 지식에 굳게 뿌리내리지 못한 영적으로 미성숙한 신자는 속이기를 잘하는 교회 내에 있는 거짓 교사들이 퍼뜨리는 그럴듯한 교리적 오류와 잘못된 성경 해석을 무비판적으로 받아들이기가 쉽다. 그러므로 그들은 분별력을 갖춰야 한다(살전 5:21, 22). 3:1; 4:20을 보라. 신약성경에는 그런 위험에 대한

그리스도가 교회에 주시는 직분(엡 4:11)

사도(*Apostles*)는 부활하신 그리스도를 목격한 열두 제자를 특별히 가리키는 용어로(행 1:22), 유다의 자리를 대신한 맛디아도 포함된다. 나중에 바울은 독특하게 이방인을 위한 사도로 구별되었다(갈 1:15-17). 그들에게는 세 가지의 기본적인 책무가 주어졌다.

(1) 교회의 기초를 놓는 것(2:20)
(2) 하나님 말씀을 받고 선포하고 기록하는 것
(3:5; 행 11:28; 21:10, 11)
(3) 표적과 기사, 이적을 통해 그 말씀을
확증하는 것(고후 12:12. 참고. 행 8:6, 7; 히 2:3, 4)

선지자(*Prophets*)는 일반 신자가 아니라 예언의 은사를 받은 초대 교회에서 특별한 사명을 받은 사람들이었다. 선지자의 직책은 지역 회중 내의 활동으로만 제한되었던 것으로 보인다. 그들은 때로 교회를 위한 하나님의 실천적이고 직접적인 계시를 말하거나(행 11:21-28) 이미 주어진 계시를 설명했다(행 13:1에 암시됨).

복음 전하는 자(*Evangelists*)는 예수 그리스도 안에 있는 구원의 좋은 소식을 불신자에게 선포했다(행 21:8; 딤후 4:5).

목사와 교사(*Pastors and Teachers*)는 교회 내의 단일한 리더십으로 이해할 수 있다. 목사의 일반적 의미는 '목자'에 해당하므로, 그는 *목사*이면서 *교사*가 된다. 이 두 기능이 합쳐져 가르치는 목자가 된다.

경고가 가득하다(행 20:30, 31; 롬 16:17, 18; 갈 1:6, 7; 딤전 4:1-7; 딤후 2:15-18; 벧후 2:1-3).

4:15 사랑 안에서 참된 것을 하여 (영어 성경 NKJV에는 '사랑 안에서 참된 것을 말하여'로 되어 있음 – 옮긴이) 진리가 사랑 안에서 선포될 때 복음 전파는 가장 효과적이다. 이런 일은 건전한 교리로 철저히 무장한 영적으로 성숙한 신자만이 할 수 있다. 성숙함이 없다면 진리는 냉랭해질 수 있고 사랑은 단순한 감정에 그칠 수 있다. **그에게까지 자랄지라** 그리스도인은 주님의 뜻을 완전히 받아들이고 복종하며, 그의 다스리시는 능력에 순종하고, 모든 삶의 영역에서 그리스도를 닮아야 한다(참고. 갈 2:20; 빌 1:21). **머리** '교회는 하나의 몸이요 그리스도가 그 머리'라는 묘사에서 "머리"는 '근원'이라는 의미가 아니라 권위 있는 지도자라는 의미로 사용되었다. '근원'을 의미하려면 별다른 해부학적 묘사가 필요했을 것이다. 1:22; 5:23을 보라.

4:16 그에게서 이는 주님을 가리킨다. 성숙하고 갖춰진 신자를 만들어내는 능력은 신자들의 노력에서만 나오는 것이 아니라 그들의 머리인 주 예수 그리스도로부터 온다(참고. 골 2:19). **각 지체의 분량대로 역사하여** 경건하고 성경적인 교회 성장은 몸의 각 지체가 성령에 대한 순종과 다른 신자와의 협력 속에서 자신의 신령한 은사를 충분히 사용한 결과로 성취된다(참고. 골 2:19).

교회 지체들을 위한 하나님의 모범과 원칙 (4:17-32)

4:17-19 이 단락에서 바울은 신자들이 버려야 하는 불경건한 생활방식의 네 가지 특징을 제시한다.

4:17 이방인 모든 불경건한, 거듭나지 못한 이교도를 말한다(이 말의 의미를 설명하는 살전 4:5을 참고하라). **그 마음의 허망한 것** 첫째 불신자는 지적으로 비생산적이다. 영적 · 도덕적 문제에 관한 한 그들의 이성적 작용은 왜곡되어 있고 부적절하며, 필연적으로 경건한 이해나 도덕적 생활을 만들어내지 못한다. 그들의 삶은 공허하고 헛되며 의미가 없다(참고. 롬 1:21-28; 고전 2:14; 골 2:18). **행하지 말라** *행하다*는 것은 매일의 행동을 표현하는 말이며, 바울이 그리스도 예수 안에서 신자가 받은 높은 부르심에 대해 앞서 말한 내용을 가리킨다(1절). 그리스도인은 그리스도의 몸의 일부이고, 성령을 통해 영적 은사를 받았으며, 다른 신자들과 함께 세워지므로 불경건한 자처럼 살아서는 안 된다(요일 2:6).

4:18 하나님의 생명에서 떠나 있도다 둘째, 불신자는 영적으로 하나님으로부터 분리되어 있으므로 그분의 진리에 대해 무지하며(고전 2:14), 그 결과 영적 어둠과 도덕적 암매가 초래된다(참고. 롬 1:21-24; 딤후 3:7). 그들은 무지하며, 바위처럼 마음이 굳어진다.

4:19 감각 없는 자가 되어 셋째, 불신자는 도덕적으로 무감각하다. 죄 속에 계속 머물면서 하나님으로부터 떠나 있기 때문에 그들은 도덕적·영적 일들에 대해 더욱 무감각해진다(참고. 롬 1:32). **방탕…더러운 것** 넷째, 불신자는 타락한 행위를 일삼는다(참고. 롬 1:28). 육감적이고 방탕한 일에 지속적으로 굴복하다 보니 점점 도덕적 자제력을 잃게 된다. 특히 성적인 죄에서 그렇다. 불순함은 탐욕과 불가분적인데, 탐욕은 우상숭배의 한 형태다(5:5; 골 3:5). 어떤 사람들이 17-19절의 극단적 상태까지 나아가지 않는 것은 하나님의 일반적 은혜와 죄를 억제하는 성령의 영향력 때문이다.

4:20, 21 배우지…듣고…가르침을 받았을진대 이는 구원, 곧 새로운 출생을 가리키는 세 가지 비유적 묘사다.

4:21 진리가 예수 안에 있는 것 같이 구원에 대한 진리는 하나님, 사람, 역사, 생명, 목적, 관계, 천국, 지옥, 심판, 그 외에 정말 중요한 일에서 충만한 진리로 인도한다. 요한은 요한일서 5:20에서 이것을 요약해놓았다.

4:22 옛 사람 거짓으로 말미암아 타락한 낡고 쓸모없고 회개하지 않는 악한 경향을 말한다. 구원은 예수 그리스도와의 영적 연합이며, 이 연합은 옛 자아가 죽고 장사되며 새로운 자아가 부활하여 새 생명으로 행하는 것으로 묘사된다. 이 변혁이 로마서 6:2-8에서 바울이 말하는 주제다(*이 구절에 대한 설명을 보라*). **벗어 버리고** 낡고 더러운 옷을 벗듯이 벗어버리는 것을 말한다. 이것은 구원받을 때 일어나는 회개와 하나님에 대한 순종을 묘사하는 말이다. *골로새서 3:3-9에 대한 설명을 보라*(참고. 사 55:6, 7; 마 19:16-22; 행 2:38-40; 20:21; 살전 1:9).

4:23 너희의 심령이 새롭게 되어 구원에는 마음이 포함된다(*롬 12:2; 고후 10:5에 대한 설명을 보라*). 마음은 생각, 이해, 신념의 중심일 뿐 아니라 동기와 행동의 중심이기도 하다(참고. 골 3:1, 2, 10). 어떤 사람이 그리스도인이 되면 하나님은 그에게 그리스도를 떠나서는 결코 소유할 수 없는 완전히 새로운 영적·도덕적 능력을 주신다(참고. 고전 2:9-16).

4:24 하나님을 따라…지으심을 받은 그리스도 안에서 옛 자아는 더 이상 이전에 존재했던 것처럼 존재하지 않는다. 새로운 자아는 하나님의 형상에 따라 창조된다(참고. 갈 2:20). **의와 진리의 거룩함으로** 의는 동료 인간에 대한 그리스도인의 도덕적 책임을 말하는 것으로, 율법의 두 번째 돌판을 반영한다(출 20:12-17). 한편 거

룩은 그가 하나님과 맺는 관계를 가리키는 것으로 율법의 첫 번째 돌판을 반영한다(출 20:3-11). 신자의 육신에는 여전히 구속받지 못한 인간의 죄가 거한다(롬 7:17, 18, 23, 25; 8:23에 대한 설명을 보라). **새 사람을 입으라** 구원받을 때 새로워지는 마음은 성격의 변화만 가져오는 것이 아니라 옛 자아가 새로운 자아로 바뀌는 변혁을 가져온다(참고. 고후 5:17).

4:25 거짓을 버리고 거짓은 단순히 사실이 아닌 것을 말할 뿐 아니라 과장이나 진실이 아닌 내용을 덧붙이는 것이기도 하다. 속이기, 어리석은 약속하기, 믿음 저버리기, 거짓된 변명을 늘어놓기 등이 전부 다양한 형태의 거짓으로, 그리스도인은 이런 것에 참여하지 말아야 한다(참고. 요 8:44; 고전 6:9; 계 21:8). **그 이웃과 더불어 참된 것을 말하라** 스가랴 8:16에서 인용한 것이다. 세상에서 하나님의 일은 진실을 근거로 한다. 교회든지 각 신자 개인이든지 진실되지 못하면 주님의 용도에 맞는 도구가 되지 못한다.

4:26 분을 내어도 죄를 짓지 말며 시편 4:4을 인용한 것이다. 신약성경의 기준으로 보면 분노는 동기와 목적에 따라 좋을 수도 있고 나쁠 수도 있다. 바울은 의로운 분노, 곧 악에 대한 분노는 용인한 것으로 보인다. 이런 의로운 분노는 불의, 부도덕, 불경건, 심지어 다른 죄까지 미워한다. 이런 분노가 이기적이지 않고 하나님과 다른 사람을 향한 사랑에 근거해 있다면 그것은 허용될 뿐 아니라 권장되기도 한다. 예수는 의로운 분노를 드러내셨다(마 21:12; 막 3:5; 요 2:15을 보라). **해가 지도록** 심지어 의로운 분노라고 해도 악한 마음으로 바뀔 수 있으므로, 하루가 끝나면 분노도 버려야 한다. 분노가 오래 가면 적의가 되어 로마서 12:17-21의 지침을 어길 수 있다.

4:28 다시 도둑질 하지 말고 도둑질은 어떤 형태든지 죄이며 그리스도인의 삶에는 들어설 자리가 없다. 도리어 사람은 노동을 해서 다른 사람에게 유익을 줄 수 있는 것을 생산해야 한다(참고. 출 20:15). 도둑질의 반대는 자신과 자기 가족, 다른 사람을 위해 정직하고 칭찬받을 만한 수단으로 하나님께 영광을 돌릴 만한 것을 그들에게 공급하는 것이다(참고. 살후 3:10, 11; 딤전 5:8). **가난한 자에게 구제** 그리스도인은 아무에게도 해를 끼치지 않아야 하며, 결핍 가운데 있는 사람을 지속적으로 돕기 위해 노력해야 한다. 누가복음 14:13, 14; 사도행전 20:33-35을 보라.

4:29 더러운 말 *더러운*으로 번역된 헬라어는 상한 과일이나 부패한 고기처럼 썩거나 상한 것을 가리킨다. 더러운 말은 그리스도인의 입에서 나오지 말아야 한다. 이는 그리스도 안에 있는 새로운 삶과 전혀 어울리지 않기 때문이다(골 3:8; 약 3:6-8을 보라. 참고. 시 141:3). **덕을 세우는 데 소용되는** 그리스도인의 말은 교훈적이며 힘을 주고 격려가 되며(심지어 바로잡기 위한 말이라도) 시의적절해야 한다(참고. 잠 15:23; 24:26; 25:11). **듣는 자들에게 은혜를 끼치게 하라** 참고. 골로새서 4:6. 신자는 은혜로 구원받았고 은혜로 보호받으므로 생활과 말도 은혜로워야 한다. 우리 주님은 이에 대한 표준을 보여주셨다(눅 4:22).

4:30 하나님의 성령을 근심하게 하지 말라 자녀가 새 생명의 의로운 삶을 위해 죄 많은 옛 삶을 바꾸려 하

에베소서의 단어 연구

계획(Purpose), 결정(Counsel), 뜻(Will): 헬라어 *프로테시스*(*prothesis*. 1:9, 11; 3:11), *불레*(*boule*. 1:11), *텔레마*(*thelema*. 1:1, 5, 9, 11; 5:17; 6:6). 개념적으로 서로 연결된 세 개의 핵심 단어로 모두 1:11에 등장한다. 이 단어들 가운데 하나(*텔레마*)는 그전에 바울이 2번 사용했다(1:1, 9). 이 단어는 욕망, 심지어 간절한 욕망이라는 개념을 가지고 있는데 일차적으로 의지보다는 감정을 표시하기 때문이다. 그러므로 하나님의 뜻은 하나님의 의도라기보다는 하나님의 마음의 욕망이다.

단어 *프로테시스*는 '의도' 또는 '계획'을 가리킨다. 문자적으로 설계도같이 '미리 세운다'라는 뜻이다. 한편 이 계획은 하나님의 '경륜' 가운데서 나온다. 경륜은 헬라어 *불레*의 번역으로, 심사숙고한 결과라는 뜻이다. 그러나 계획과 경륜 배후에 있는 것은 단순한 조종이 아니라 사랑의 마음이다.

새 사람(New Man): 헬라어 *카이노스 안트로포스*(*kainos anthropos*, 2:15; 4:24). 여기서 *새롭다*는 시간적으로 최근이라는 뜻이 아니라 다른 속성이나 특성을 가졌다는 뜻이다. 그러므로 *새 사람*은 그리스도 안에서 피조된 새 인류이며, 모든 신자가 개인적으로 집단적으로 거기에 참여한다. 바울은 이미 새롭고 통일되며 집단적인 인류라는 뜻에서 그리스도 안의 새 사람을 말했으므로(2:14, 15), 이 절에 등장하는 새 사람도 집단으로 이해해야 한다(골 3:9-11을 보라). 이 문맥에서 바울은 각 신자에게 새로운 인간성을 입으라고 권한다.

지 않으면 하나님은 근심하신다. 이런 반응을 보이신다는 것은 성령께서 인격임을 표시한다는 사실에 주목해야 한다. 성령께서 인격이라는 사실은 인칭대명사(요 14:17; 16:13), 신자에 대한 인격적 보살핌(요 14:16, 26; 15:26), 지성(고전 2:11), 감정(롬 8:27), 의지(고전 12:11), 말씀하심(행 13:2), 죄를 지적하심(요 16:8-11), 중보하심(롬 8:26), 인도하심(요 16:13), 그리스도를 영화롭게 하심(요 16:14), 하나님을 섬기심(행 16:6, 7)을 통해 알 수 있다. **구원의 날까지 인치심을 받았느니라** 성령은 그리스도를 믿는 모든 사람에게 그리스도 안의 영원한 구속을 보장해주신다(*1:13, 14에 대한 설명을 보라*).

4:31, 32 이 단락은 17-30절에 언급된 신자의 삶에 일어난 변화를 요약한다. *악독*은 계속 타고 있는 적개심을 반영한다. *노함*은 분노, 순간적인 격정과 관계가 있다. *분냄*은 더욱 내적이고 깊은 적개심이다. *떠드는 것*은 통제력을 벗어난 다툼의 고함이다. *비방하는 것*은 악담이다. *악의*는 모든 악덕의 뿌리인 악을 가리키는 일반적인 헬라어 단어다.

4:32 하나님이 그리스도 안에서 너희를 용서하심과 같이 하나님으로부터 크나큰 용서를 받은 사람들은 다른 누구보다도 자신에게 범해진 상대적으로 더 작은 죄를 지은 사람을 용서해야 한다. 이 진리의 가장 생생한 예화는 마태복음 18:21-35이다.

교회 내에서의 신실한 삶을 위한 하나님의 표준 (5:1-21)

A. 사랑 안에서 행함(5:1-7)

5:1 하나님을 본받는 자가 되고 그리스도인에게 가장 큰 소명 또는 목적은 주님을 본받는 것이다(*3:16, 19에 대한 설명을 보라*). 지상에서 주님을 섬기면서 주님을 닮아가는 것이 바로 성화의 목적이다(참고. 마 5:48). 그리스도인(신자는 새로운 출생을 통해 그리스도의 형상으로 재창조되었음)의 삶은 구주와 주님이신 예수 그리스도가 모범을 보이신 대로 경건을 재생산하도록 설계되어 있다(참고. 롬 8:29; 고후 3:18; 벧전 1:14-16). 하나님의 사랑하는 신자는 점점 하늘의 아버지를 닮아가는 자녀가 되어야 한다(마 5:48; 벧전 1:15, 16).

5:2 그리스도께서 너희를 사랑하신…우리를 위하여 자신을 버리사 버려진 죄인을 위한 자기희생을 통해 주님은 신자들의 지고의 모범이 되신다(4:32; 롬 5:8-10). 그리스도는 사람의 죄에 대한 하나님의 진노를 스스로 담당하시고 자신의 생명을 버리심으로써 우리가 죄로부터 구속을 받고, 새롭고 거룩한 성품을 받으며, 영생을 상속하도록 하셨다(*고후 5:21에 대한 설명을 보라*). 그러므로 우리는 성령의 새롭게 하심과 능력으로 그리스도의 위대한 사랑을 본받는 자가 되어야 한다(성령은 우리에게 하나님의 사랑을 발휘하도록 하심). **향기로운 제물** 타락한 죄인을 위해 그리스도가 자신을 제물로 드리신 것은 하늘에 계신 아버지를 기쁘시게 하고 영화롭게 했다. 그 행동은 하나님의 주권적이고 완전하며 무조건적이고 신성한 사랑을 보여주는 가장 충만하고 완전한 방법이었다. 레위기는 하나님이 이스라엘에게 명하시는 다섯 가지 제물을 설명한다. 다음은 처음 세 가지 제물이다. 먼저 번제(레 1:1-17)인데, 그리스도의 완전성을 보여준다. 다음은 소제(레 2:1-16)로 아버지를 기쁘시게 하기 위해 자신의 생명을 내어주신 그리스도의 전적인 헌신을 보여준다. 그리고 마지막은 화목제(레 3:1-17)로 그리스도가 하나님과 사람 사이에 화평을 이룸을 보여준다. 이 세 가지가 전부 "여호와께 향기로운 냄새"였다(레 1:9, 13, 17; 2:2, 9, 12; 3:5, 16). 다른 두 가지 제물은 속죄제(레 4:1-5:13)와 속건제(레 5:14-6:7)로, 비록 그리스도를 보여주는 제사였지만, 죄를 담당한 그리스도를 보여주었으므로 하나님께 불쾌한 것이었다(참고. 마 27:46). 그러나 마지막에 구속이 완성되었을 때 이 모든 일은 하나님을 완전히 기쁘시게 했다.

5:3 음행…탐욕 하나님의 거룩하심과 사랑에 절대적으로 대립되는 이런 죄들이 존재한다(또한 5절을 보라). 이런 죄들을 통해 사탄은 자녀들 가운데서 이루어지는 하나님의 신성한 일을 파괴하려고 하며, 하나님의 자녀들을 가능한 한 그분의 형상과 뜻을 멀리 떠나게 하려고 한다. 성경의 다른 많은 부분과 마찬가지로 이 절은 다른 형태의 죄인 성적 죄와 더러움과 탐욕 사이의 밀접한 관계를 보여준다. 부도덕한 사람은 필연적으로 탐욕을 부린다. 그런 죄들은 하나님과 전혀 무관하기 때문에 세상으로부터 그런 죄가 그리스도인에게 있을지도 모른다는 의심을 받아서는 안 된다.

5:4 마땅치 아니하니 혀가 범하는 이 세 가지 부적절한 죄에는 음란하고 풍기를 문란케 하거나 어리석고 지저분한 말, 암시적이고 부도덕한 말 등이 모두 포함된다. 이는 거룩한 생활과 경건한 증거를 파괴하므로 그런 죄는 고백하고 버려야 한다. 대신 하나님에 대한 감사의 말을 해야 한다(참고. 골 3:8).

5:5 너희도 정녕 이것을 알거니와 바울은 에베소에서 목회할 때 이 진리를 여러 번 가르쳤으므로 그것이 그들의 마음속에 분명히 있어야 했다. 하나님은 결코 죄를 용인하시지 않고, 죄는 하나님의 나라에 있을 자리가 없으며, 습관적으로 부도덕하고 더러우며 탐욕스러

엡

운 생활 습관을 가진 사람은(3절을 보라) 그 나라에 있을 수 없다. 이는 그런 사람들은 구원받지 않았기 때문이다(*고전 6:9, 10; 갈 5:17-21; 요일 3:9, 10에 대한 설명을 보라*). **그리스도와 하나님의 나라** 그리스도가 구속받은 자를 통치하시는 구원의 영역을 가리키는 말이다. *사도행전 1:3에 대한 설명을 보라.*

5:6 너희를 속이지 현세에서 죄를 짓지 않은 그리스도인은 없지만, 생활에서 지속적으로 죄를 범하면서도 그것을 부끄러워하지 않고, 하나님의 거룩하고 순결한 일에 대한 갈망이 없는 자칭 그리스도인에게 구원의 확신을 심어주는 것은 위험한 속임수다. 그들은 진노를 향해 나아가고 있으므로(2:2), 신자는 그들의 어떤 악에도 참여하지 말아야 한다(7절).

B. 빛 안에서 삶(5:8-14)

5:8 어둠…빛 어둠은 회심하지 않은 사람들의 삶을 지적이고 도덕적 일들에서 진리와 미덕이 없는 것으로 묘사하는 말이다(참고. 요일 1:5-7). 어둠의 영역은 "어둠의 권세"(눅 22:53; 골 1:13)를 통해 지배되며, 이 권세는 "영원한 어둠"(마 8:12; 벧후 2:17)을 향해 가는 자들을 통치한다. 슬프게도 죄인들은 어둠을 사랑한다(요 3:19-21). 그리스도 안에 있는 구원은 바로 그 어둠에서 죄인들을 건져낸다(*요 8:12; 골 1:13; 벧전 2:9에 대한 설명을 보라.* 참고. 시 27:1).

5:9 빛의 열매 이 말은 빛 속에서 행함으로 산출되는 것(참고. 요일 1:5-7), 즉 마음의 진실성과 도덕적 탁월성(정직성 또는 고결성)을 말한다. *갈라디아서 5:22, 23에 대한 설명을 보라.*

5:10 주를 기쁘시게 할 것이 무엇인가 시험하여 보라 *시험하여 보다*는 분명하고 확실한 증거를 가지고 진정으로 하나님께 영광이 되는 것이 무엇인지를 알아보기 위해 시험하거나 증명해본다는 개념을 가지고 있다. 요점은 신자가 진리의 빛 안에서 행함에 따라 주님의 뜻에 대한 지식이 분명해지리라는 것이다. 바울이 동일한 내용을 언급한 로마서 12:1, 2을 보라. 거기서 바울은 우리가 하나님이 기뻐하시는 뜻을 알게 되는 것은 우리 자신을 산 제사로 드린 이후라고 말한다. 또한 이것은 구원의 확신을 말하기도 한다(벧전 1:5-11을 보라).

5:11 어둠의 일에 참여하지 말고 바울의 지침은 분명하고 직접적이다. 그리스도인은 의와 순결함 속에서 신실하게 살아야 하며, 사탄과 세상의 악한 길과 일에는 관여하지 말아야 한다는 것이다. 두 가지 삶의 길은 끊임없이 대립되며 서로를 배척한다. 참고. 고린도전서 5:9-11; 고린도후서 6:14-18; 데살로니가후서 3:6, 14. **도리어 책망하라** 그리스도인의 책임은 자기가 악을 버리는 것에서 그치지 않는다. 그리스도인은 어디서 발견되든지 어둠을 폭로하고 반대해야 할 책임이 있는데, 그것이 교회에서 발견될 경우에는 더욱 그렇다. *마태복음 18:15-17; 갈라디아서 6:12에 대한 설명을 보라.*

5:12 말하기도 부끄러운 것들이라 어떤 죄들은 너무나 저급하여 직접적 접촉을 완전히 차단해야 하며 토론을 하지도 말고 아예 언급도 하지 말아야 한다(예외가 있다

에베소(Ephesus) 터키 서부의 에게해 연안 이즈미르(Izmir) 주의 수도로서 고대 그리스의 식민 도시 유적이다. 당시 최대의 상업과 교통의 중심지이자 철학과 문화와 예술의 도시였다. 일찍부터 유대교 회당이 있었고, 바울의 2차 선교여행 중 회당에서 유대인들과 변론하기도 했고, 동역자 브리스길라와 아굴라를 남겨 놓기도 했다. 3차 선교여행 때는 2년 정도 체류하면서 유대인 회당과 두란노 서원에서 복음을 가르쳤다. 한편 에베소는 아데미(Artemis) 우상 숭배의 본거지였는데, 바울의 복음 전파로 인해 아데미 숭배자들이 큰 소동을 일으키기도 했다.

면 그것을 반박하고 반대하기 위한 경우임). 그것들에 대해 그저 말하는 것만으로도 도덕적으로 영적으로 타락을 초래할 수 있다. 말씀의 빛 속에서 참된 진리를 적극적으로 선포하는 것이야말로 모든 악을 폭로하는 것이다(참고. 잠 6:23; 딤후. 3:16).

5:13 드러나는 것마다 빛이니라 이 어구는 내용상 14절에 속해야 할 것이며, '모든 것을 보이게 하는 빛이다'라고 번역하는 것이 더 낫다. 순결하고 밝히는 빛인 하나님 말씀은 모든 은밀한 죄를 드러낸다.

5:14 이사야 60:1의 인용을 통해 바울은 구원받지 못한 자들을 구원으로 초대하며, 이는 그들을 어둠의 자녀에서 하나님의 거룩한 빛의 자녀로 변화시키기 위해서다(참고. 잠 4:18). 이 말은 불신자를 초대하는 초대 교회의 부활절 찬양 가운데 일부였을 것이다. 이 말은 복음의 요약이다. 참고. 이사야 55:1-3, 6, 7; 야고보서 4:6-10의 초청.

C. 지혜와 맑은 정신으로 행함(5:15-18상)

5:15 자세히 주의하여 지혜 없는 자 같이 하지 말고 오직 지혜 있는 자 같이 하여 이 말은 '크게 주의를 기울여 정확하고 엄밀하게'라는 뜻이다(참고. 시 1:1; 마 7:14). 도덕적으로 산다는 것은 지혜롭게 산다는 뜻이다. 성경적으로 볼 때 '미련하다'라고 하는 것은 지적인 한계 때문이 아니라 불신앙과 그에 따른 역겨운 행동 때문이다(시 14:1; 롬 1:22). 그들은 하나님 없이 하나님의 법에 대항하여 살고(잠 1:7, 22; 14:9), 진리를 깨닫지 못하며(고전 2:14), 자신의 참된 상태를 인식하지 못한다(롬 1:21, 22). 분명히 신자들은 미련하게 행동해선 안 된다(눅 24:25; 갈 3:1-3을 보라).

5:16 세월을 아끼라 *세월*로 번역된 헬라어는 고정된, 측정된, 할당된 시기를 의미한다. 이 단어는 사람이 신자로 사는 한 생애를 가리킨다. 우리는 이 악한 땅 위에서 사는 우리의 시간을 최대로 활용하여 하나님의 뜻을 이루고, 모든 기회를 선용하여 유용하게 예배와 섬김에 사용해야 한다. *베드로전서 1:17에 대한 설명을 보라.* 참 신자는 인생이 짧다는 것을 인식해야 한다(시 39:4, 5; 89:46, 47; 약 4:14, 17).

5:17 그러므로 어리석은 자가 되지 말고 오직 주의 뜻이 무엇인가 이해하라 하나님 말씀을 통하여 그분의 뜻을 알고 깨닫는 것이 영적 지혜다. 예를 들어 우리에게 계시된 하나님의 뜻은 사람들이 구원받아야 하며(딤전 2:3, 4), 성령으로 충만해야 하고(18절), 거룩해야 하며(살전 4:3), 순종적이 되어야 하고(벧전 2:13-15), 고난을 당해야 하며(벧전 2:20), 감사해야 한다(살전 5:18)는 것이다. 그리고 예수는 이 모든 것의 최고 모범이시다(요 4:4; 5:19, 30; 벧전 4:1, 2을 보라).

5:18상 술 취하지 말라 성경은 모든 술 취함을 일관되게 정죄하지만(*잠 23:29-35; 31:4, 5; 사 5:11, 12; 28:7, 8에 대한 설명을 보라.* 참고. 고전 5:11; 벧전 4:3), 여기서 바울은 문맥상 그 시대 이교도의 예배에서 일상적으로 행해지던 난잡한 술 파티를 특별히 언급한 것이다. 그런 연회가 무아지경 속에서 신들과 교제하게 하는 것으로 간주되었다. 바울은 그런 일을 "귀신의 잔"이라고 부른다(*고전 10:19-21에 대한 설명을 보라*).

D. 하나님의 성령으로 충만함(5:18하-21)

5:18하 오직 성령으로 충만함을 받으라 *사도행전 2:4; 4:8에 대한 설명을 보라.* 하나님과의 진정한 교통은 술 취함을 통해서가 아니라 성령을 통해 이루어진다. 여기서 바울이 말하는 것은 성령의 내주(롬 8:9) 또는 성령이 임하는 그리스도에 의한 세례(고전 12:13)가 아니다. 모든 그리스도인은 구원받을 때 성령께서 그 안에 내주하시며 성령에 의한 세례를 받기 때문이다. 도리어 바울은 지금 신자에게 지속적으로 성령의 영향력 아래서 살 것을 명령하고 있다. 이렇게 하려면 말씀이 그들을 지배해야 하고(*골 3:16에 대한 설명을 보라*), 순결한 생활을 추구해야 하며, 깨달은 모든 죄를 고백하고, 자아에 대해 죽으며, 하나님의 뜻에 복종하고, 모든 일에서 하나님의 능력을 의지해야 한다. 성령의 충만을 받는다는 것은 주 예수 그리스도의 임재를 의식하며 사는 것이며, 말씀을 통해 그리스도의 마음이 자기 생각과 행동의 모든 것을 지배하도록 하는 것이다. 성령의 충만을 받는다는 것은 성령으로 행한다는 것과 동일한 말이다(*갈 5:16-23에 대한 설명을 보라*). 그리스도는 이런 생활 방식에 있어 모범을 보이셨다(눅 4:1).

5:19-21 이 단락은 성령의 충만을 받으라는 명령에 순종했을 때 그 사람에게서 일어나는 결과를 요약하고 있다. 즉 신령한 노래를 부르며, 감사하고, 겸손하게 서로에게 복종하는 것이다. 이 서신의 나머지 부분은 이 명령에 대한 순종을 근거로 제공하는 지침이다.

5:19 시 이 용어는 일차적으로 시편에 곡을 붙인 것을 가리키지만 노래 전반을 가리키는 말로 사용되기도 했다. **찬송** 이 노래가 주 예수 그리스도께 초점을 맞춘다는 의미에서 하나님을 높이는 시편과 구별된 찬송이었을 것이다. **신령한 노래들** 그리스도 안에 있는 구원의 은혜의 진리를 표현하는 개인적 간증의 노래로 보인다. **서로 화답하며** 이것은 공동체적인 행위다(히 2:12). 참고. 시편 33:1; 40:3; 96:1, 2; 149:1; 사도행전 16:25;

엡

요한계시록 14:3. **마음으로 주께** 공적인 것만이 아니라 홀로 행하는 것을 말한다. 찬송으로 충만한 신자의 마음은 주님 자신으로 말미암았으며, 그 찬송의 대상도 주님 자신이다. 그런 음악이 하나님께 기쁨을 드린다는 사실을 성전 봉헌의 기록에서 볼 수 있다. 곧 노래로 주님을 지극히 높이자 그의 영광이 임했던 것이다(대하 5:12, 14). **노래하며** 문자적으로 '현악기를 켜다'라는 뜻으로, 노래를 포함하기는 하지만 주로 악기로 연주하는 음악을 가리킨 것으로 보인다.

5:20 범사에…감사하며 *데살로니가전서 5:18에 대한 설명을 보라.* 참고. 고린도후서 4:15; 9:12, 15; 빌립보서 4:6; 골로새서 2:7; 히브리서 13:15. 신자는 하나님의 존재에 대해 감사하고, 구주요 주님이신 그의 아들을 통하여 이루신 하나님의 일에 대해 감사한다.

5:21 피차 복종하라 바울은 여기서 주제를 바꾸며 성령에 충만한 각각의 그리스도인은 겸손하고 순종적인 그리스도인이 되어야 함을 명백히 선언함으로써 권위와 순종의 관계들에 대한 교훈(5:22-6:9)을 도입한다. 이것이 이 단원에 등장하는 모든 관계의 기초다. 어떤 신자도 다른 신자에 비해 본질적으로 우월하지 않다. 하나님 앞에서 그들 모두는 모든 면에서 동등하다(갈 3:28). **그리스도를 경외함으로** 신자가 지속적으로 하나님을 경외하는 것이 다른 신자에 대한 복종의 기초다. 참고. 잠언 9:10.

교회 내에서의 권위와 복종을 위한 하나님의 표준(5:22-6:9)

A. 남편과 아내(5:22-33)

5:22 아내들이여 자기 남편에게 복종하기를 복종이라는 기본 원칙을 확정하고 나서(21절) 바울은 그 원칙을 먼저 아내에게 적용한다. 이 명령에는 부대조건이 없다. 아내의 능력, 교육, 성경 지식, 영적 성숙 또는 남편과의 관계에 존재하는 다른 모든 자격이 이 명령에 영향을 미치지 않는다. 이 순종은 남편이 아내에게 명령해서가 아니라 아내가 기꺼이 사랑을 가지고 하는 것이다. 여기서 "자기 남편"은 아내의 순종이 하나님이 아내 위에 세우신 한 남자에게만 제한되리라는 것을 뜻하며, 동시에 남편은 아내의 친밀한 소유임을 강조하여 균형을 맞춘다(아가서 2:16; 6:3; 7:10). 아내는 자신의 것이 된 남편에게 복종한다. **주께 하듯 하라** 순종적이고 신령한 아내의 최상의 순종은 주님을 향한 순종이 된다. 그러므로 남편의 개인적 가치나 영적 상태가 어떠하든 아내는 이 명령이 주님의 뜻이므로 주님께 순종하는 의미에서 남편에게 사랑으로 복종해야 한다. 참고. 5-9절.

5:23 남편이…머리 됨이 그리스도께서…머리 됨 성령 충만한 아내는 자신을 인도하는 남편의 역할이 하나님의 정하신 것일 뿐 아니라 그리스도가 머리가 되어 교회를 사랑하시고 권위를 가지신다는 사실의 반영이라는 것을 인식해야 한다. *고린도전서 11:3에 대한 설명을 보라.* 참고. 1:22, 23; 4:15; 골로새서 1:18; 디도서

그리스도가 설계하신 가정

복종이라는 기본 원칙을 확정하고 나서(5:21), 바울은 그 원칙을 먼저 아내에게 적용한다. 이 명령에는 부대조건이 없다. 아내의 능력, 교육, 성경적 지식, 영적 성숙 또는 남편과의 관계에 존재하는 다른 모든 특성이 이 명령에 영향을 미치지 않는다. 이 순종은 남편이 아내에게 명령하는 것이 아니라 아내가 기꺼이 사랑으로 하는 것이다. "자기 남편"이라는 표현은 그녀의 순종이 하나님이 그녀 위에 세우신 한 남자에게만 제한되리라는 것을 뜻한다.

성령 충만한 아내는 자신을 인도하는 남편의 역할이 하나님의 정하신 것일 뿐 아니라 그리스도가 머리가 되어 교회를 사랑하시고 권위를 가지신다는 사실의 반영이라는 것을 인식해야 한다. 주가 교회를 죄와 죽음과 지옥의 위험에서 건지시듯 남편은 복종하는 아내를 보호하고 보존하고 사랑하여 복 있는 자리로 이끌어야 한다(디도서 1:4; 2:13; 3:6).

바울은 결혼에서 권위의 역할을 감당하는 자리에 있는 남자에 대해 훨씬 많은 것을 말한다. 이 권위는 아내에 대한 말할 수 없는 책임과 함께 남편에게 주어진다. 남편은 그리스도가 교회를 사랑하신 것과 같은 희생적 사랑으로 남편이 아내를 사랑해야 한다. 그리스도는 자신의 생명을 포함하여 자신의 모든 것을 교회를 위해 주셨는데, 이는 남편이 사랑하는 아내를 위한 희생의 기준이 된다.

하나님의 지침은 분명하므로, 결혼에서 일어나는 문제의 근원은 양방향으로 추적하여 배우자 각자가 자신의 역할과 책임을 분명하게 이해하도록 해야 한다는 것이다. 사랑하지 않는 것과 복종하지 않는 것이 모두 결혼 문제의 근원이 된다.

에베소서의 '비밀'

바울은 이 서신에서 *비밀*이라는 단어를 실제로 6번 사용한다(1:9; 3:3, 4, 9; 5:32; 6:19). 이와 대조적으로 이 단어가 고린도전서에서는 4번, 골로새서에서 5번, 디모데전서에서 2번 등장한다. 우리가 일반적으로 이 단어를 사용할 때는 일련의 단서를 통해 밝혀내야 하는 어떤 것을 의미하지만, 바울은 이 단어를 지금은 나타났지만 그 이전에는 나타나지 않았던 진리를 가리킬 때 사용한다. 단어 *비밀*은 계시된 진리가 놀라운 함의를 가지고 있어 그것을 받아들이는 사람을 계속 놀라게 하고 겸손하게 한다는 의미를 지니고 있다.

에베소서는 '비밀'의 여러 가지 측면을 소개한다. 바울은 3:4-6에서 자신이 그 단어를 어떻게 사용하는지를 설명하면서 이렇게 말했다. "이방인들이 복음으로 말미암아 그리스도 예수 안에서 함께 상속자가 되고 함께 지체가 되고 함께 약속에 참여하는 자가 됨이라." 그리스도의 측량할 수 없는 부요가 이방인 사이에 전파되자 그 한 가지 결과로 "비밀의 경륜"(3:9)을 이해하게 된 것이다. 그리고 인간의 혼인을 위한 하나님의 계획이 그리스도와 그의 신부인 교회 사이의 독특한 관계로 설명하면서 바울은 독자에게 그 주제가 정말로 큰 비밀임을 상기시킨다(5:32).

마지막으로 바울은 에베소인에게 자신이 "복음의 비밀을 담대히 알리"도록 자신을 위해 기도해줄 것을 부탁한다(6:19). 복음이 신비로운 것은 그것이 이해하기 어렵기 때문이 아니다. 복음이 신비로운 것은 그것이 예상치 못했던 것이고, 사람의 공로가 필요 없으며, 값없이 주는 것이기 때문이다. 바울은 비밀이라는 단어를 직접 사용하지 않았지만, 에베소인을 위해 비밀의 특징을 요약하여 2:8-9에 다음과 같이 기록했다. "너희는 그 은혜에 의하여 믿음으로 말미암아 구원을 받았으니 이것은 너희에게서 난 것이 아니요 하나님의 선물이라 행위에서 난 것이 아니니 이는 누구든지 자랑하지 못하게 함이라."

2:4, 5. **구주** 주가 교회를 죄와 죽음, 지옥의 위험에서 건지시듯 남편은 복종하는 아내를 보호하고 보존하고 사랑하여 복 있는 자리로 이끌어야 한다. 참고. 디도서 1:4; 2:13; 3:6.

5:25 아내 사랑하기를 남편의 권위가 확정되자(22-24절), 강조점은 아내에 대한 남편의 책임으로 옮겨간다. 그리스도가 교회를 향해 가지셨던 아낌없고 헌신적이며 희생적인 사랑으로 남편이 아내를 사랑하는 것이다. 그리스도는 자신의 생명을 포함하여 자신의 모든 것을 교회를 위해 주셨는데, 이는 남편이 사랑하는 아내를 위한 희생의 기준이 된다. 참고. 골로새서 3:19.

5:26, 27 씻어…깨끗하게 하사 거룩하게 하시고…흠이 없게 이것은 교회를 위한 그리스도의 사랑을 표현한다. 구원의 은혜는 하나님 말씀을 도구로 하여(딛 2:1-9; 3:5) 신자를 거룩하게 만들어 순결한 신부가 되게 해준다. 그리스도가 교회를 사랑하시듯 남편이 아내를 사랑하려면 순결한 사랑이 요구된다. 하나님의 사랑은 사랑받는 사람을 모든 형태의 죄와 악으로부터 완전히 씻으려고 하므로, 그리스도인 남편은 자기 아내의 삶에서 하나님을 불쾌하게 하는 어떤 것도 견딜 수 없다. 아내를 위한 남편의 가장 큰 소원은 아내가 완전히 그리스도를 닮는 것이므로 남편은 아내를 순결로 인도한다.

5:28 자기 자신과 같이 여기에 그리스도인의 결혼을 규정하는 하나 됨에 대한 가장 통찰력 있는 강력한 묘사가 있다. 그리스도인 남편은 자기 몸을 돌보는 것과 똑같은 관심으로 아내를 돌보아야 한다(29절). 심지어 그보다 더 잘해야 한다. 이는 자기희생적 사랑을 가진 남편은 아내를 먼저 생각하기 때문이다(참고. 빌 2:1-4). **자기 아내를 사랑하는 자는 자기를 사랑하는 것이라** 이런 방식으로 자기 아내를 사랑하는 남편은 아내로부터, 주님으로부터 큰 복을 받게 된다.

5:29 양육하여 보호하기를 이 말은 남편이 아내가 그리스도 안에서 성숙하도록 돕는 것과 아내에게 안락함과 안정감을 주기 위해 따뜻하고 부드러운 애정을 주어야 한다는 두 가지 책임을 나타낸다.

5:30 그 몸의 지체임이라 주가 교회를 위한 필요를 공급하시는 것은 교회가 그리스도와 매우 긴밀하고 불가분적으로 연결되어 있기 때문이다. 만약 그리스도가 교회를 돌보지 않는다면, 교회가 찬송과 순종을 통해 그리스도께 돌릴 영광을 축소시키게 될 것이다. 이와 마찬가지로 혼인에서도 남편의 생명은 아내의 생명과 밀접하게 결합되어 있어 그들은 둘이 아니라 하나다(창 2:24). 남편이 아내를 돌보는 것은 자신을 돌보는 것과 같다(29절).

5:31 창세기 2:24을 인용한 것이다(*이 구절에 대한 설명을 보라*). 바울은 하나님이 창조할 때 제정하신 혼인과

관련된 신성한 계획의 항구성과 통일성을 강조하면서 그것을 다시 한 번 덧붙여 말한다. 혼인의 결합은 밀접하며 깨질 수 없다. *합하여*라는 단어는 '풀로 붙이다' 또는 '하나로 결합시키다'는 생각을 표현한 말이며, 결합의 항구성을 강조한다(*말 2:16; 마 19:5-9에 대한 설명을 보라*).

5:32 이 비밀이 크도다 신약성경에서 *비밀*은 어떤 사실이 과거에는 감춰졌다가 신약 시대에 계시되어 성경에 기록되었음을 밝히는 말이다. 혼인은 메시아와 그분의 교회 사이에 이루어지는 결합의 장엄하고 아름다운 신비를 신성하게 반영한 것으로, 이 사실이 신약 시대 이전에는 전혀 알려지지 않았다. 3:4, 5; 마태복음 13:11; 고린도전서 2:7에 대한 설명을 보라.

5:33 너희도 각각 믿는 부부 사이에 존재하는 사랑의 친밀함과 거룩함은 그리스도와 교회 사이에 존재하는 사랑의 가시적인 표현이 되어야 한다.

B. 부모와 자녀(6:1-4)

6:1 주 안에서…순종하라 골로새서 3:20을 보라. 가정 내에서 자녀는 주님이 그들 위에 두신 대리자로서의 부모의 권위에 순순히 복종해야 한다. 이때의 순종은 주님께 순종하듯 하는 것이어야 한다. 이렇게 해야 하는 이유는 단순히 그것이 하나님의 계획이며 하나님의 요구라는 것이다("옳으니라"). 참고. 호세아 14:9.

6:2, 3 공경하라 1절은 행동을 말하는 것이고, 이 단어는 태도를 말한다. 이것은 바울이 행동 배후에 있는 동기를 다루고 있기 때문이다. 하나님이 십계명의 율법을 주셨을 때 인간관계에 적용되는 첫 번째 계명이 이것이었다(출 20:12; 신 5:16). 그리고 십계명 가운데서 가족에 관련된 명령은 이것뿐이다. 이 원칙만으로도 가족은 충만해지기 때문이다. 참고. 출애굽기 21:15, 17; 레위기 20:9; 마태복음 15:3-6. 잠언은 이 원칙을 천명하고 있다(1:8; 3:1; 4:1-4; 7:1-3; 10:1; 17:21; 19:13, 26; 28:24을 보라).

6:2 약속이 있는 첫 계명이니 부모에 대한 복종이 무엇보다도 주님을 위한 것이 되어야 하지만, 주는 이 명령에 순종하는 자들에게 은혜롭게도 특별한 복의 약속을 덧붙이셨다. *출애굽기 20:12에 대한 설명을 보라*. 바울은 여기서 인용하고 있다(참고. 신 5:16).

6:4 아비 이 단어는 전문적으로 말하면 부모 중 남자를 가리키지만, 일반적으로 부모를 가리키기도 했다. 바울은 부모를 말하고 있으므로(1-3절), 여기서도 부모를 염두에 두었을 것이다. 히브리서 11:23에서 이 단어는 모세의 부모를 가리킨다. **노엽게 하지 말고** 바울 시대에 이방 세계와 많은 유대인 가문에서도 대부분의 아버지는 엄격하고 군림하는 권위로 가족을 다스렸다. 그 시대에는 아내 그리고 자녀의 욕구와 안녕은 거의 신경쓰지 않았다. 사도는 그리스도인 아버지가 자녀에 대해 가지는 권위에서 자녀를 분노, 절망, 원망으로 내몰 수 있는 불합리한 요구와 엄격함을 허용하지 않는다는 것을 분명히 한다. **주의 교훈과 훈계** 이것은 체계적인 훈육과 지도를 말하며, 자녀가 주의 명령을 모든 생명, 경건, 복의 기초로 존중하게 만들어야 한다. 참고. 잠언 13:24; 히브리서 12:5-11.

C. 고용주와 피고용자(6:5-9)

6:5 종들아…순종하기를 *골로새서 3:22-4:1에 대한 설명을 보라*. 그리스와 로마 문화에서 노예는 법적인 권리가 없었으며 물건 취급을 당했다. 노예를 학대하는 일이 일상적으로 벌어졌으며 좋은 대우는 찾아보기 어려웠다. 성경은 노예 제도 자체를 반대하지는 않지만 학대에 대해서는 반대한다(참고. 출 21:16, 26, 27; 레 25:10; 신 23:15, 16). 바울의 권면은 모든 피고용자에게도 동일하게 적용된다. *순종적*이라는 단어는 세상의 주인이나 고용주에 대한 지속적이고 중단 없는 복종을 가리킨다. 유일한 예외는 사도행전 4:19, 20에 예증된 것처럼 하나님 말씀에 대한 명백한 불순종이 포함된 명령에 대해서다. *디모데전서 6:1, 2; 디도서 2:9, 10; 베드로전서 2:18-20에 대한 설명을 보라*. **두려워하고 떨며** 이것은 공포가 아니라 그들의 권위에 대한 존경이다. 비록 고용주가 존경받을 만하지 않다고 해도(벧전 2:18을 보라), 그리스도께 하는 것과 같은 진실한 마음으로 그를 존경해야 한다. 자기 고용주를 잘 섬기는 사람은 그리스도를 잘 섬기는 것이다. 참고. 골로새서 3:23, 24. **육체의** 즉 인간 주인이다.

6:6 눈가림 이 말은 사장이 볼 때만 일을 열심히 한다는 뜻이다. **사람을 기쁘게 하는 자** 고용주와 우리의 참된 주인이신 주님을 존중하기보다는 자기의 안녕만을 위해 일하는 것을 뜻한다.

6:7, 8 참고. 골로새서 3:23. 하나님의 인정과 보상은 우리의 일하는 태도와 행동에 합당할 것이다. 하나님의 영광을 위해 아무것도 하지 않으면 아무런 보상도 없다.

6:9 상전들아 너희도 그들에게 이와 같이 하고 그리스도인 고용주와 피고용자는 주님에 대한 충성에 근거해 서로 존중하고 존경해야 한다. **위협을 그치라** 성령이 충만한 사장은 정의와 은혜로 자기의 권위를 사용한다. 사람을 위협하지 않으며, 학대하거나 무시하지 않는다. 그는 하늘에 공평하신 주인이 계시다는 것을 인식하고

있다(참고. 행 10:34; 롬 2:11; 약 2:9).

하나님의 자녀의 영적 전쟁을 위한 하나님의 공급 (6:10-17)

A. 신자의 전쟁(6:10-13)

6:10-17 1-3장에 묘사된 참된 신자, 즉 4:1-6:9의 성령 충만한 삶을 사는 신자는 분명히 여기 묘사된 것과 같은 영적 전쟁 속에 있다. 바울은 이 전쟁에 대한 경고와 이 전쟁에서 어떻게 승리하는지에 대한 지침을 주면서 이 편지를 끝맺는다. 주는 성도에게 대적과 싸워서 물리치기에 충분한 무장을 제공하신다. 10-13절에서 사도는 신자의 대적, 신자의 싸움, 신자의 승리에 대한 진리뿐 아니라 신자에게 꼭 필요한 영적 준비에 대한 기본적 진리를 간단하게 제시한다. 14-17절에서 사도는 자녀들이 사탄의 공격에 저항하고 그것을 물리치기 위해 필요한 영적 무장에서 가장 중요한 여섯 가지를 밝힌다.

6:10 너희가 주 안에서와 그 힘의 능력으로 강건하여지고 참고. 빌립보서 4:13; 디모데후서 2:1. 궁극적으로 그리스도인에 대한 사탄의 세력은 죄와 죽음의 세력을 영원히 정복한 그리스도의 십자가와 부활을 통해 이미 파괴되었고, 큰 전쟁의 승리도 확보되었다(롬 5:18-21; 고전 15:56, 57; 히 2:14). 그러나 이 땅의 삶에서는 유혹의 싸움이 일상적으로 지속되고 있다. 그러므로 승리를 위해 주님의 능력, 성령의 힘, 성경적 진리가 필요하다(*고후 10:3-5에 대한 설명을 보라*).

6:11 마귀 성경은 그를 "기름 부음을 받고 지키는 그룹"(겔 28:14), "귀신의 왕"(눅 11:15), "이 세상의 신"(고후 4:4), "공중의 권세 잡은 자"(2:2)라고 부른다. 성경은 그가 하나님의 일에 대적하며(슥 3:1) 하나님 말씀을 왜곡하고(마 4:6), 하나님의 종을 방해하며(살전 2:18), 복음을 흐리고(고후 4:4), 의인을 함정에 빠뜨리며(딤전 3:7), 세상을 지배하고 있는 것으로(요일 5:19) 묘사한다. **간계** 이것은 *계략*으로 번역될 수 있으며 영리함, 교묘한 방법, 교활함, 속임 등의 뜻을 가지고 있다. 사탄의 계략은 그가 지배하는 이 악한 세계의 체제를 통해 퍼져나가며, 귀신의 군대를 통해 실행된다. *간계*는 모든 죄, 부도덕한 행동, 거짓된 신학, 거짓된 종교, 세속적인 유혹을 망라하는 모든 것을 포함한다. *고린도후서 2:11에 대한 설명을 보라*. **하나님의 전신 갑주를 입으라** *입다*는 지속성의 의미가 있다. 즉 그 전신 갑주가 그리스도인에게 지속적으로 평생의 무장이 되어야 함을 나타낸다. 바울은 로마 군인들이 착용했던 일반적인 무장을 비유로 사용하여 신자의 영적 방어를 묘사하고 있으며, 공격당했을 때 자신의 위치를 지키기 위해서는 그런 무장이 필요함을 천명한다.

6:12 씨름 일대일 백병전을 가리키는 단어다. 씨름은 사탄과 그의 군대가 습격할 때 벌이는 것으로 계교와 속임수를 특징으로 한다. 속이는 유혹에 대항하려면 진리와 의로움이 요구된다. 여기 네 가지 호칭은 귀신들과 그들이 활동하는 악한 초자연적 제국의 각각의 계층과 서열을 묘사하는 말이다. 사탄의 어둠 세력은 가장 파괴적인 목적 달성을 위해 고도로 조직화되어 있다. 참고. 골로새서 2:15; 베드로전서 3:22. **혈과 육을 상대하는 것이 아니요** 고린도후서 10:3-5을 보라. **하늘에 있는** 1:3; 3:10에서처럼 이 말은 영적 존재가 활동하는 전 영역을 가리킨다. **악의 영들** 이 말은 극단적인 성적 도착, 밀교, 사탄 숭배 등을 포함한 가장 혐오스러운 타락의 현상을 가리킬 수 있다. *골로새서 1:16에 대한 설명을 보라*.

6:13 그러므로 하나님의 전신 갑주를 취하라 바울은 다시 순종을 통해 하나님의 전신 갑주를 취함으로써 하나님이 주시는 충만한 영적 무기들로 무장해야 할 필요성을 강조했다(11절). 처음의 세 가지 무장[허리 띠와 호심경, 신(14, 15절)]은 전장에서 항상 착용하는 복장이었다. 마지막 세 개[방패와 투구, 검(16, 17절)]는 실제 싸움이 시작되었을 때 사용하기 위해 준비해두는 장비들이었다. **악한 날** 사람이 타락한 이후 모든 날은 악한 날이

「감옥에 갇힌 사도 바울(*St. Paul in Prison*)」 렘브란트. 1627. 패널에 유화. 슈투트가르트 미술관. 슈투트가르트.

되었다. 이 상태는 주가 다시 오셔서 자신의 의로운 나라를 땅 위에 세우실 때까지 계속될 것이다. **모든 일을 행한 후에 서기 위함이라** 흔들리거나 넘어지는 일 없이 적에 대항해 굳게 서는 것이 목적이다. *야고보서 4:17; 베드로전서 5:8, 9에 대한 설명을 보라.*

B. 신자의 전신 갑주(6:14-17)

6:14 그런즉 서서 세 번째로(11, 13절을 보라) 사도는 그리스도인을 향하여 사탄과 그의 종들에 대항해 싸우는 영적 전투에서 굳게 설 것을 요구한다. 이 전신 갑주가 하나님을 불신하게 하고, 순종을 포기하게 하며, 교리적 혼란과 거짓을 조장하고, 하나님에 대한 봉사를 방해하며, 분열을 일으키고, 하나님을 육신적으로 섬기게 하며, 위선적으로 살게 하고, 세속적이 되게 하고, 성경적 순종을 거부하게 하려는 사탄의 모든 노력에 대항할 때 우리의 방어 무기가 된다. **진리로 너희 허리 띠를 띠고** 군인은 헐거운 반코트 같은 옷을 입었다. 고대의 전투는 주로 백병전이었으므로 헐거운 반코트는 동작을 방해하여 위험을 초래할 수 있었다. 그래서 엉성하게 늘어진 옷을 고정시키기 위한 허리띠가 필요했다. 참고. 출애굽기 12:11; 누가복음 12:35; 베드로전서 1:13. 띠를 띤다는 것은 전투 태세를 갖추기 위하여 느슨한 끝부분을 잡아당겨 고정시키는 행동이었다. 영적으로 느슨한 모든 끝부분을 당기는 허리띠는 진리, 더 좋은 표현을 사용하면 '진실성'이다. 이 정신은 위선 없이 싸워서 이기겠다는 진지한 헌신(승리를 위해 자신을 극복하는 헌신)이다. 그것을 방해하는 모든 것을 챙겨넣는 것이다. 참고. 디모데후서 2:4; 히브리서 12:1. **의의 호심경** 호심경은 대개 단단하고 소매 부분이 없는 가죽이나 무거운 금속 조각으로 된 보호 장구로, 거기에 동물의 뿔이나 발굽을 새겨 넣었으며, 군인의 몸통 전체를 감싸서 심장과 내장기관을 치명적인 공격으로부터 보호하기 위한 것이다. 의로움 또는 거룩함은 하나님 자신만의 독특한 성품이므로 왜 이것이 사탄과 그의 간계로부터 그리스도인을 지켜주는 중심적 보호 장구가 되는지 이해하기는 어렵지 않다. 신자가 예수 그리스도께 순종함으로 그리스도와의 교통을 누리는 신실한 삶을 산다면, 그리스도의 의가 신자에게 실천적이고 일상적인 의로움을 드러내게 하고 이 의가 그들의 영적 호심경이 되는 것이다. 반대로 거룩함이 없다면 그들의 영혼은 큰 대적에게 취약한 상태로 남게 된다(참고. 사 59:17; 고후 7:1; 살전 5:8).

하나님의 전신 갑주(엡 6:13-17)

- 진리의 허리띠: 당대의 군인은 헐거운 반코트 같은 옷을 입었다. 고대의 전투는 주로 백병전이어서 헐거운 반코트는 동작을 방해해 위험을 초래할 수 있었다. 그래서 엉성하게 늘어진 옷을 허리띠로 고정시켰다. 영적으로 느슨한 모든 끝부분을 당기는 허리띠는 진리, 더 좋은 표현을 사용하면 '진실성'이다.
- 의의 호심경: 대부분 단단하고 소매 부분이 없는 가죽이나 무거운 금속 조각으로 된 보호 장구로, 군사의 몸통 전체를 감싸서 심장과 내장기관을 치명적인 공격으로부터 보호하기 위한 것이다. 의로움 또는 거룩함은 하나님 자신만의 독특한 성품이므로 이것은 사탄과 그의 간계로부터 그리스도인을 지켜주는 중심적 보호 장구가 된다.
- 복음의 신: 로마 군인들은 전투에서 그들의 몸이 땅에 고정되도록 못이 박힌 신발을 신었다. 평안의 복음은 그리스도를 통해 신자들이 하나님과 화해를 이뤘으며, 하나님이 그들의 편이라는 좋은 소식이다(롬 5:6-10).
- 믿음의 방패: 이 헬라어는 대개 온몸을 보호하는 큰 방패(폭 76센티미터, 높이 137센티미터)를 가리킨다. 온갖 죄의 유혹으로부터 신자를 보호하기 위해 '다른 무엇보다도' 신자가 하나님 말씀과 약속을 지속적으로 신뢰하는 것이 절대적으로 필요하다.
- 구원의 투구: 투구는 전투에서 언제나 목표물이 되는 머리를 보호한다. 바울은 지금 구원받은 사람들에게 말하고 있는 것으로, 이것은 구원에 도달하는 문제에 대한 것이 아니다. 도리어 사탄은 의심과 좌절이라는 무기를 사용해 신자가 소유한 구원의 확신을 무너뜨릴 길을 찾기 때문에 신자는 머리에 투구를 쓰듯 그리스도 안에서 자신의 신분에 대해 의식하고 있어야 한다.
- 성령의 검: 검은 군사의 유일한 무기다. 이처럼 하나님의 말씀은 신자에게 필요한 유일한 무기로, 사탄의 어떤 무기보다도 강력하다.

6:15 평안의 복음…신고 로마의 군인들은 전투에서 그들의 몸이 땅에 고정되도록 못이 박힌 신발을 신었다. 평안의 복음은 그리스도를 통해 신자들이 하나님과 화해를 이뤘으며, 하나님이 그들의 편이라는 좋은 소식이다(롬 5:6-10). 신자를 굳게 설 수 있게 하는 것은 자신이 하나님과 화해를 이뤘으며, 하나님이 나의 힘이라는 것을 알았을 때 얻는 하나님의 도우심에 대한 확신이다(롬 8:31, 37-39을 보라).

6:16 믿음의 방패 이 헬라어는 대개 온 몸을 보호하는 큰 방패(폭 76센티미터, 높이 137센티미터)를 가리킨다. 여기서 바울이 말하는 믿음은 기독교 교리의 체계(4:13에서 이런 뜻으로 사용됨)가 아니라 하나님에 대한 기본적인 신뢰다. 온갖 죄의 유혹으로부터 신자를 보호하기 위해 '다른 무엇보다도' 신자가 하나님의 말씀과 약속을 지속적으로 신뢰하는 것이 절대적으로 필요하다. 모든 죄는 사람이 사탄의 거짓과 쾌락의 약속에 넘어가 순종과 복이라는 더 좋은 패를 거절할 때 발생한다. **불 화살** 유혹은 적이 쏘는 불 화살에 비유되는데, 이 불은 기름으로 처리된 가죽 방패에 의해 소멸된다(참고. 시 18:30; 잠 30:5, 6; 요일 5:4).

6:17 구원의 투구 투구는 전투에서 언제나 목표물이 되는 머리를 보호한다. 바울은 지금 구원받은 사람에게 말하고 있는 것으로, 이것은 구원에 도달하는 문제에 대한 것이 아니다. 사탄은 의심과 좌절이라는 무기를 사용해 신자가 소유한 구원의 확신을 무너뜨릴 길을 찾는다. 이것은 바울이 "구원의 소망의 투구"(사 59:17. *살전 5:8에 대한 설명을 보라*)를 가리키고 있다는 사실로부터 분명하게 드러난다. 구원에 대한 그리스도인의 감정은 사탄이 일으킨 의심을 통해 심각하게 훼손될 수 있다. 하지만 그의 구원 자체는 영원히 보호되며 그것을 잃어버리지 않을까 걱정할 필요는 없다. 사탄은 의심으로 신자를 저주할 수 있지만, 그리스도인은 성경에 기록된 영원한 구원에 대한 하나님의 약속으로 강해질 수 있다(요 6:37-39; 10:28, 29; 롬 5:10; 8:31-39; 빌 1:6; 벧전 1:3-5을 보라). 안전 보장은 사실이다. 확신은 순종하는 신자에게 나오는 감정이다(벧전 1:3-10). **성령의 검** 검이 군사의 유일한 무기이듯 하나님의 말씀은 신자의 유일한 무기로, 사탄의 어떤 무기보다도 무한히 강력하다. 이 헬라어는 짧은 칼(길이가 15-46센티미터임)을 가리킨다. 이 칼은 사탄의 공격을 막는 수비와 적의 진을 무너뜨리는 데 도움이 되는 공격에 모두 사용된다. 이는 바로 성경의 진리다. *고린도후서 10:3-5; 히브리서 4:12에 대한 설명을 보라.*

교회 내에서 기도하라는 하나님의 호소 (6:18-20)

6:18 이 절은 신자의 기도생활에 대한 일반적인 특성을 소개한다. 첫째, "모든 기도와 간구"는 다양성에 초점을 맞춘다. 둘째, "항상"은 횟수에 초점을 맞춘다(참고. 롬 12:12; 빌 4:6; 살전 5:17). 셋째, "성령 안에서"는 사람이 하나님의 뜻에 마음을 정렬하는 복종에 초점을 맞춘다(참고. 롬 8:26, 27). 넷째, "깨어"는 방법에 초점을 맞춘다(참고. 마 26:41; 막 13:33). 다섯째, "항상 힘쓰며"는 지속성에 초점을 맞춘다(참고. 눅 11:9; 18:7, 8). 여섯째, "여러 성도"는 대상에 초점을 맞춘다(참고. 삼상 12:23).

6:19, 20 바울은 자신의 안녕이나 자신이 편지를 쓰고 있는 감옥에서의 육체적 편안함을 위해 기도하라고 요구하지 않는다. 도리어 자기가 어떤 값을 지불하든지 구원받지 못한 자들에게 지속적으로 복음을 전할 수 있는 담대함과 신실성을 위해 기도해줄 것을 요구한다. **비밀** *3:4에 대한 설명을 보라.* **사신** *고린도후서 5:18-20에 대한 설명을 보라.*

축도 (6:21-24)

6:21, 22 두기고 소아시아(오늘날 터키) 출신의 회심자로, 사도가 로마에 첫 번째로 투옥되었을 때 함께했으며, 이 서신은 로마에서 기록되었다(3:1을 보라). 그는 바울이 예루살렘 교회에 헌금을 가져갈 때 동행했으며(행 20:4-6), 몇 번의 전도여행에서 다른 지역으로 보냄을 받았다(딤후 4:12; 딛 3:12).

6:23, 24 이 아름다운 축도는 매우 개인적인 이 서신의 중심 주제를 요약하고 있으며, 독자에게 하나님과 예수 그리스도께로부터 오는 평안(15절; 1:2; 2:14, 15, 17; 4:3), 사랑(1:15; 4:2, 15, 16; 5:25, 28, 33), 믿음(16절; 1:15; 2:8; 3:12, 17; 4:5, 13)을 상기시켜 준다.

연구를 위한 자료

James Montgomery Boice, *Ephesians* (Grand Rapids: Baker, 1998).

Charles Hodge, *Ephesians* (Wheaton, Ill.: Crossway, reprint 1994).

Homer A. Kent Jr., *Ephesians: The Glory of the Church* (Chicago: Moody, 1971).

John MacArthur, *Ephesians* (Chicago: Moody, 1986).

제목

제목 빌립보서는 이 서신의 수신자인 교회가 소재한 헬라 도시의 이름에서 유래한 것이다. 빌립보는 바울이 마게도냐에서 최초로 교회를 세운 도시다.

저자와 저작 연대

초대 교회의 일치된 모든 증언에 따르면 빌립보서를 기록한 이는 사도 바울이다. 이 서신을 다른 사람이 위조해 쓰도록 했을 만한 그 어떤 동기도 찾아볼 수 없다.

빌립보서의 기록 연대에 대한 질문은 이 서신의 기록 장소와 별도로 분리해 다룰 수가 없다. 전통적인 견해에 따르면 빌립보서는 다른 옥중서신(에베소서, 골로새서, 빌레몬서)과 함께 바울이 로마에 처음 투옥되었던 기간(주후 60-62년경)에 기록되었다. "시위대"(1:13), "성도들이…가이사의 집 사람들"(4:22)이라는 언급을 통해 바울이 이 서신을 황제가 살고 있던 로마에서 썼다고 이해하는 것이 가장 자연스럽다. 이 서신서들이 로마에서 기록되었다는 근거는 바울의 투옥에 대해 사도행전에 기술된 자세한 내용과 옥중서신들에서 나오는 내용이 갖는 유사성에서도 찾을 수 있다[예를 들면 군인들이 바울을 지키고 있었음(행 28:16. 참고. 1:13, 14), 방문자들을 영접하는 것이 바울에게 허용되었음(행 28:30; 참고. 4:18), 그가 복음을 전파할 기회가 있었음(행 28:31. 참고. 1:12-14; 엡 6:18-20; 골 4:2-4)].

어떤 사람들은 바울이 가이사랴에서 2년간 옥에 갇혀 있던 동안 이 옥중서신을 썼다고 주장한다(행 24:27). 그러나 그 기간에는 바울이 방문객을 영접하고 복음을 선포할 기회가 아주 제한적이었을 것이다(참고. 행 23:35). 옥중서신을 보면 바울이 호의적인 판결을 기대하는 모습이 종종 나온다(1:25; 2:24. 참고. 몬 22절). 그렇지만 가이사랴에서 바울이 석방되기 위해 필요한 것은 벨릭스에게 뇌물을 주거나(행 24:26), 예루살렘에 올라가서 베스도 앞에서 재판을 받는 데 동의하는 것뿐이었다(행 25:9). 옥중서신을 보면 바울은 그의 사건에 대한 결정이 최종적으로 내려지리라는 예상을 하고 있었다(1:20-23; 2:17, 23). 하지만 가이사랴의 경우에는 상황이 달랐는데, 그곳에서 바울은 그의 사건을 황제에게 상소할 수 있었고 실제로도 상소했기 때문이다.

로마에 대한 대안으로 바울이 옥중서신을 에베소에서 썼다는 주장도 있다. 그러나 가이사랴에서와 마찬가지로 에베소에서도 바울이 황제에게 상소할 수 있는 권리가 있었기 때문에 그의 사건에 대한 최종적 결정은 내려질 수가 없었다. 또한 골로새서를 기록했을 당시 누가가 바울과 함께 있었지만(골 4:14), 에베소에서는 누가가 사도 바울과 동행하지 않았던 것이 분명해 보인다. 바울이 에베소에 머물었던 기간을 기록한 사도행전 19장을 보면 사도행전의 다른 곳에서처럼 "우리"라는 표현이 나오지 않는다(사도행전 서론의 저자와 저작 연대를 보라). 그렇지만 에베소를 옥중서신이 기록된 원래 장소로 보는 것에 대하여 제기되는 가장 강력한 반론은 바울이 에베소에서 투옥되었다는 증거가 없다는 점이다.

서신이 기록된 곳을 가이사랴나 에베소로 보는 두 가지 견해가 직면하는 어려움에 비춰볼 때 바울이 옥중서신(빌립보서를 포함해)을 로마에서 썼다는 전통적인 견해에 반대할 이유가 없다.

바울이 그의 사건에 대한 결정이 곧 내려지리라고 믿었던 것을 보면(2:23, 24) 빌립보서의 기록이 로마에서 감금생활(주후 61년경)을 한 2년 기간 중 마지막 때에 이르러 이루어졌음을 알 수 있다.

배경과 무대

빌립보('빌립의 도성')는 근처에 있는 여러 온천 때문에 원래 크레니데스(Krenides, '작은 분수들')로 알려졌으며, 빌립보라는 명칭은 마게도냐의 빌립 2세(알렉산더 대왕의 부친)로부터 따온 것이다. 빌립 2세는 주전 4세기 빌립보 주변에 있는 금광을 차지할 욕심으로 그 지역을 정복했다. 주전 2세기에 빌립보는 마게도냐에 있는 로마 속주의 일부로 편입되었다.

빌립보 시는 로마 속주가 된 후 2세기에 걸쳐 그 존재가 비교적 미미한 상태로 머물렀으나 로마 역사상 가장 유명한 사건들 가운데 한 사건이 일어나 그 위상을 인정받고 확장되는 계기를 맞았다. 즉 주전 42년 빌립보 전투에서 안토니우스와 옥타비아누스 군대가 브루투스와 카시우스의 군대를 물리침으로써 로마 공화국이 마감되고 로마 제국이 들어서게 되었다. 그 전투가 끝난 뒤 빌립보는 로마의 식민지가 되었고(참고. 행 16:12) 참전했던 많은 로마 군인이 그곳에 정착했다.

빌립보는 로마의 식민지라서 지방정부의 간섭을 받지 않자 자치권을 가지고 있었으며 로마법 사용, 일부 과세로부터의 면제, 로마 시민권 자격을 비롯한 이탈리아에 있는 도시들에게 주어지는 것과 동일한 권리를 누리고 있었다(행 16:21). 또한 빌립보 사람들은 로마의 식민지로 라틴어를 그들의 공용어로 사용하고, 로마의 관습을 받아들이고, 이탈리아에 있는 도시들을 모방해 도시 정부를 세움으로써 시민적 자부심이 대단했다. 사도행전과 빌립보서 모두 빌립보가 로마의 식민지로서 지위를 가지고 있었음을 언급한다.

빌립보 사람들이 자신들이 로마의 시민권자들임을 자랑스럽게 여기는 모습(참고. 행 16:21)을 보고 바울은 그리스도인을 하늘의 시민권자로 묘사한다(3:20). 빌립보 교인들은 시위대의 일부 군인(1:13), 가이사의 집 교인들을 잘 알고 있었을 수도 있다(4:22).

빌립보에 있던 교회는 바울이 유럽에서 최초로 세운 것으로 그 시점은 사도 바울의 2차 전도여행으로 거슬러 올라간다(행 16:12-40). 빌립보에는 아주 적은 숫자의 유대인이 살고 있었음이 분명하다. 회당을 구성할 정도의 남자가 없어(한 가구의 가장인 유대인 남자가 열 명이 되어야 그 요건이 충족되었음) 독실한 몇몇 여자는 도성 밖의 간기테스(Gangites) 강가에 있는 기도 처소에서 모였다(행 16:13). 바울은 그곳에서 복음을 전했는데, 그들 가운데 비싼 자색 옷감 장사를 했던 부유한 상인 루디아(행 16:14)가 있었다(행 16:14, 15). 초기에 빌립보 교회는 그녀의 넓은 집에서 모였을 가능성이 있다.

새로운 교회에 대한 사탄의 저항은 귀신이 들린 점치는 여종의 모습으로 즉각 일어났다(행 16:16, 17). 바울은 그런 악한 존재에게서 나오는 증언을 원하지 않았기 때문에 그 여종으로부터 귀신을 쫓아냈다(행 16:18). 바울의 이런 행동은 여종의 점치는 일로 이득을 얻었던 그녀의 주인들을 격분시켰다(행 16:19). 그 주인들은 바울과 실라를 그 성읍의 관리들 앞으로 끌고 갔으며(행 16:20) 이 두 전도자가 로마 관습에 위협이 된다는 주장을 펼치면서 빌립보 사람들의 시민적 자부심을 부추겼다(행 16:20, 21). 그 결과 바울과 실라는 매를 맞고 투옥되었다(행 16:22-24).

바울과 실라는 그날 밤 일어난 지진으로 매인 것이 벗어져 기적적으로 풀려날 수 있었지만 그렇게 하지 않았다. 이 일로 깜짝 놀랐던 간수는 그 자신과 가족들이 마음을 열고 복음을 받아들이게 된다(행 16:25-34). 다음 날 관리들은 그들이 두 로마 시민을 불법적으로 때리고 투옥시켰던 것을 깨닫고 전전긍긍하다가 바울과 실라에게 빌립보를 떠나도록 간청한다.

바울은 그의 3차 전도여행 기간에 빌립보를 두 차례 방문했던 것으로 보이는데, 여행 초기(참고. 고후 8:1-5)와 여행의 막바지에 다다랐을 때였을 것이다(행 20:6). 그가 마지막으로 빌립보를 방문했던 때로부터 약 4년 또는 5년이 지난 뒤 로마에서 갇히는 몸이 되었는데, 빌립보 교회는 대표단을 보내 바울을 예방하게 했다. 빌립보 사람들은 과거에도 바울을 적극적으로 후원했고(4:15, 16), 예루살렘의 어려운 사람들을 위해 넉넉하게 헌금을 했다(고후 8:1-4). 그들은 바울이 감금되었다는 소식을 듣고 또 다른 헌금을 보냈고(4:10) 그 헌금과 함께 에바브로디도를 파송하여 바울이 쓸 것을 돕도록 했다. 안타깝게도 에바브로디도는 로마로 가는 여행 도중 아니면 로마에 도착한 뒤 병들어 죽을 지경에 이르렀다(2:26, 27). 그 결과로 바울은 에바브로디도를 빌립보로 돌려보내기로 마음먹고(2:25, 26) 그의 편에 빌립보 사람들에게 보낼 이 편지를 쓰게 된다.

바울이 이 서신서를 작성한 데는 여러 가지 목적이 있다. 첫째, 그는 빌립보인의 선물에 대한 감사를 표하고 싶었다(4:10-18). 둘째, 그가 왜 에바브로디도를 빌립보 사람들에게 돌려보내기로 결정했는지 알려주고자 했는데, 그렇게 함으로써 에바브로디도가 그를 섬기는 데 뭔가 부족한 점이 있었던 것으로 오해하지 않도록 하기 위해서였다(2:25, 26). 셋째, 그는 로마에 갇힌 자기 형편에 대해 그들에게 알리기를 원했다(1:12-26). 넷째, 그는 그들이 같은 마음을 품고 하나 되기를 권면하기 위해 이 서신을 썼다(2:1, 2; 4:2). 마지막으로 그는 거짓 교사들을 조심하도록 경고하고자 이 서신을 썼다(3:1-4:1).

역사적 · 신학적 주제

빌립보서는 일차적으로 실제적인 내용을 다룬 서신이므로 바울의 영적인 일을 중요하게 다룬 부분(3:4-7)을 제외하면 역사적 자료는 거의 담겨 있지 않다(구약성경의 인용도 없음). 마찬가지로 이 서신에는 신학적 교훈을 직접적으로 다룬 내용도 거의 없지만, 하나의 중요한 예외가 있다. 즉 그리스도가 받으신 수모와 그에 대한 찬미를 묘사하고 있는 장엄한 구절(2:5-11)은 모든 성경 가운데 주 예수 그리스도에 대한 가장 심오하고 대단히 중요한 가르침들 가운데 일부를 담고 있다. 바울의 생애에서 가장 중요한 열정이자 영적 성장의 핵심은 그리스도를 닮아가는 것이었는데, 이 주제가 3:12-14에 묘사되어 있다. 바울은 감옥에 갇혀 있었지만 이 서신의 어조는 기쁨으로 충만해 있다(1:4, 18, 25, 26; 2:2, 16-18, 28; 3:1, 3; 4:1, 4, 10).

해 석 상 의 과 제

빌립보서와 관련해 당면한 주된 어려움은 그 서신이 어디서 기록되었는지를 판단하는 일이다(서론의 저자와 저작 연대를 보라). 본문에서 발견되는 중요한 해석상의 과제는 단 하나뿐이다. 즉 "십자가의 원수"의 정체를 밝히는 일(*3:18, 19에 대한 설명을 보라*)이다.

빌립보서 개요

I. 바울의 인사말(1:1-11)
II. 바울이 처한 상황(1:12-26)
III. 바울의 권면(1:27-2:18)
  A. 핍박 가운데서 굳게 서라(1:27-30)
  B. 겸손으로 하나가 되라(2:1-4)
  C. 그리스도의 본을 기억하라(2:5-11)
  D. 어두운 세상에서 빛이 되라(2:12-18)
IV. 바울의 동역자(2:19-30)
  A. 디모데(2:19-24)
  B. 에바브로디도(2:25-30)
V. 바울의 경고(3:1-4:1)
  A. 율법주의에 대해(3:1-16)
  B. 불법 행위에 대해(3:17-4:1)
VI. 바울의 훈계(4:2-9)
VII. 바울의 감사(4:10-20)
VIII. 바울의 작별인사(4:21-23)

바울의 인사말(1:1-11)

1:1, 2 1세기의 서신들은 일반적으로 기본적인 인사말 속에 그 편지의 발신자와 수신자를 밝히면서 시작한다. 빌립보서에서 한 가지 눈에 띄는 점이라면 바울이 디모데의 이름을 포함시키고 있다는 것인데 그 이유는 빌립보 시와 그 주위에서 복음을 전파하는 데 있어 디모데가 바울의 중요한 동역자였고, 바울이 전파하는 진리를 확증해주는 신뢰받는 증인이었기 때문이다.

1:1 종 이 단어는 자신의 주인과 기쁘고 충성된 관계를 맺고 있는 노예를 나타낸다(*롬 1:1에 대한 설명을 보라*. 참고. 약 1:1; 벧후 1:1; 유 1절). **바울** 로마서 서론의 저자와 저작 연대를 보라. *사도행전 9:1에 대한 설명을 보라*. 바울은 이 서신을 로마 감옥에서 기록했다(서론의 저자와 저작 연대를 보라). **디모데** 믿음 안에서 바울의 사랑하는 아들이 된 디모데(디모데전서 서론의 저자와 저작 연대를 보라. 행 16:1-3)는 이 서신의 공동 저자가 아니라 바울이 편지를 받아쓰게 했을 가능성이 있다. 대필과 관계없이 바울이 디모데의 이름을 여기에 포함시킬 만한 이유는 충분하다(*1, 2절에 대한 설명을 보라*). **그리스도 예수 안에서** 빌립보 교회 신자들이 그리스도와 연합하여 그분의 죽으심과 부활하심에 들어가게 됨을 묘사하는데(*롬 6:2-9; 갈 2:20에 대한 설명을 보라*), 이는 그들을 "성도"라고 부를 수 있는 이유가 된다. **빌립보** 서론의 배경과 무대를 보라. **성도** *고린도전서 1:2에 대한 설명을 보라*. 빌립보에 있는 교회의 신자를 가리키는데, 집회를 인도했던 사람도 포함된다. **감독들** 문자적으로 '감독관'을 말한다. *디모데전서 3:1에 대한 설명을 보라*. 이 단어는 교회 장로들의 지도자로서 책임을 강조하기 위해 사용되었으며, 장로들은 목사라고 불리기도 했다. 이 세 가지 용어는 모두 사도행전 20:28에 나오는 동일한 교회 지도자를 묘사하는 데 사용되었다(*이 구절에 대한 설명을 보라*). **집사들** 문자적으로 '섬기는 자들'이라는 뜻이다. *디모데전서 3:8에 대한 설명을 보라*.

1:2 은혜와 평강이 바울이 보통 사용하는 표준 인사말(*롬 1:7에 대한 설명을 보라*)로, 신자들에게 그들이 하나님과 누리고 있는 관계를 상기시킨다.

빌립보서에 나오는 '기쁨'

바울은 다섯 가지 다른 헬라어 단어를 사용하여 기쁨의 감정을 표현한다. 이런 감정에 대한 언급은 빌립보서 전체에 적어도 15번에 걸쳐, 각 장에 적어도 2번씩 나온다.

1. 1:14	6. 2:16	11. 3:1
2. 1:18	7. 2:17	12. 3:3
3. 1:25	8. 2:18	13. 4:1
4. 1:26	9. 2:28	14. 4:4
5. 2:2	10. 2:29	15. 4:10

1:3 나의 하나님께 감사하며 바울의 편지들을 살펴보면 보통 이런 찬사의 말이 포함되어 있다(*갈 1:3-5에 대한 설명을 보라*).

1:4 간구할 때마다…기쁨으로 항상 간구함은 *간구(prayer)*로 번역된 헬라어는 어떤 다른 사람을 위한 청원이나 그 사람을 대신한 요청을 나타내는 단어다. 동료 신자들을 위해 중보하는 일은 바울에게 큰 기쁨을 가져다주었다.

1:5 첫날부터 이 신자들은 빌립보에 교회가 세워진 초기부터 그곳에 복음을 전하는 일에 열심을 내어 바울을 도왔다(행 16:12-40). **복음을 위한 일에 참여** 영어의 fellowship으로 번역된 이 단어는 '참가' 또는 '동반자 관계'라고 번역할 수도 있다. 참고. 고린도후서 8:4.

1:6 너희 안에서 착한 일을 시작하신 이가…이루실 줄을 "시작하신"으로 번역된 헬라어 동사가 쓰인 것은 여기와 갈라디아서 3:3뿐인데, 두 가지 경우 모두 구원 자체를 가리키기 위해서였다. 하나님이 어떤 사람 안에서 구원하는 일을 시작하시면 그 일을 *끝까지* 마치고 완전히 이루신다. 그러므로 '이루실 것이다'는 그리스도인의 영원한 구원 보장을 가리킨다(*요 6:40, 44; 롬 5:10; 8:29-39; 엡 1:13, 14; 히 7:25; 12:2에 대한 설명을 보라*). **그리스도 예수의 날** 이 표현은 하나님의 최종적인 심판과 진노(참고. 사 13:9; 욜 1:15; 2:11; 살전 5:2; 벧후 3:10)를 설명하는 '주의 날'(요엘서 서론의 역사적·신학적 주제를 보라)과 혼동해선 안 된다. 또한 "그리스도 예수의 날"은 신자의 구원과 상과 영화를 바라다보는 "그리스도의 날"(10절; 2:16) 그리고 "우리 주 예수 그리스도의 날"(고전 1:8)로 불리기도 한다. 참고. 고린도전서 3:10-15; 4:5; 고린도후서 5:9, 10.

1:7 마음 사람들의 생각과 감정의 중심을 표현하기 위해 흔히 사용하는 성경적인 단어다(참고. 잠 4:23). **변명함과 확정함을** 두 단어는 법률 용어로 바울이 그의 복음 사역을 변호했던 로마에서 첫 번째 재판에 대한 것이거나, 일반적인 의미에서 그의 사역 가운데 핵심이던 신앙에 대한 지속적인 변호를 가리킨다. **나와 함께 은혜에 참여한 자** *5절에 대한 설명을 보라*. 바울이 감옥에 갇혀 있는 동안 빌립보 사람들은 사도를 후원하기 위해 금전을 보냈고 에바브로디도를 파송하여 사도를 섬기도록 했다. 그렇게 함으로써 그들은 바울의 사역에 대한 하나님의 은혜로운 복에 동참했다(참고. 2:30).

1:8 심장 영어의 affection으로 번역된 이 단어의 원래 의미는 신체의 일부분으로 격렬한 감정에 반응하는 내부의 장기를 가리킨다. 이는 한 사람의 존재가 이입되는 자애로운 사랑을 가장 강력하게 표현하는 헬라어가 되었다.

1:9 지식 이 표현은 진정한, 충만한, 높은 수준의 지식을 묘사하는 헬라어 단어에서 유래했다. 성경적인 사랑은 공허한 감상주의가 아니라 성경의 진리에 깊이 닻을 내리고 그 진리에 의해 규제를 받는다(참고. 엡 5:2, 3; 벧전 1:22). **총명** 영어의 *aesthetic(심미적인)*은 이 헬라어 단어에서 왔으며 도덕적인 지각, 통찰력, 지식의 실제적인 적용을 말한다. 사랑은 맹목적인 것이 아니라 인지적이고 사물을 면밀히 살펴보고 잘잘못을 구별한다. *데살로니가전서 5:21, 22에 대한 설명을 보라*.

1:10 지극히 선한 것을 분별하며 영어의 *approve(승인하다)*로 번역된 이 단어는 고전 헬라어에서 금속의 순도를 분석하거나 화폐의 진위 여부를 가리는 것을 뜻한다(참고. 눅 12:56; 14:19). *지극히 선한*은 '차이가 있다'는 뜻이다. 신자들에게는 진실로 중요한 것들을 분별할 수 있는 능력이 필요하며, 그런 능력을 갖춤으로써 그들은 올바른 우선순위를 정립할 수 있다. **진실하여 허물 없이** 단어 *sincere(진실하여)*는 '진정한'이라는 뜻으로, 원래는 '햇빛에 시험해보다'라는 뜻으로 쓰였을 수도 있다. 고대 사회에서 부정직한 도자기 상인들은 도자기에 생긴 균열에 왁스를 바르고 광택을 내고 칠을 해서 싸구려 상품과 값비싼 상품을 구별하기 어렵게 만들곤 했다. 이런 사기를 당하는 것을 피하기 위해 도자기를 햇빛에 비춰보고 왁스로 메운 균열이 있는지 살펴보는 것이 유일한 검사 방법이었다. 도자기 장사들은 좋은 제품을 '햇빛 검사'를 통과했다는 의미로 *sine cera*(왁스 없음)라고 표시했다. "허물 없이"는 관계의 청렴성을 가리키는 '흠 없이'로 번역될 수 있다. 그리스도인은 청렴한 삶을 살면서 다른 사람들에게 죄를 범하게 하는 일이 없도록 해야 한다(*롬 12:9; 고전 10:31, 32; 고후 1:12에 대한 설명을 보라*. 참고. 롬 14; 고전 8장). **그리스도의 날**

6절에 대한 설명을 보라.

1:11 예수 그리스도로 말미암아 요한복음 15:1-5; 에베소서 2:10을 보라. 이 표현은 구원의 변화가 우리 주님과 주님이 우리 안에서 그의 영을 통하여 계속 역사하시는 능력으로 말미암아 주어졌음을 말한다. **의의 열매** '의로움이 만들어내는 열매'가 더 나은 번역이다(*롬 1:13에 대한 설명을 보라*. 참고. 잠 11:30; 암 6:12; 약 3:17, 18). **하나님의 영광과 찬송이 되기를 원하노라** 요한복음 15:8; 에베소서 1:12-14; 3:20, 21을 보라. 하나님이 영광을 받으시는 것이 바울이 한 모든 기도의 궁극적인 종착점이다.

바울이 처한 상황 (1:12-26)

1:12 내가 당한 일 바울이 처한 어려운 상황, 즉 그가 로마로 여행한 것과 그곳에서 감금당한 것을 말한다(서론의 배경과 무대를 보라. 행 21-28장). **진전이 된 줄을** 장애와 위험, 집중적인 방해물에도 어떤 것이(흔히 군대) 전진하여 이동하는 것을 가리킨다. 바울의 감금 상태가 구원의 메시지를 전파하는 데 어떤 걸림돌도 되지 않는다는 것이 판명되었다(참고. 행 28:30, 31). 실제로는 오히려 새로운 기회가 생겼다(*4:22에 대한 설명을 보라*).

1:13 나의 매임이 그리스도 안에서…나타났으니 바울 주위에 있던 사람들은 그가 범죄자가 아니며, 오직 예수 그리스도와 복음을 전한 것 때문에 옥에 갇혔다는 사실을 알았다(참고. 엡 6:20). **모든 시위대** 영어의 *palace(궁전)*로 번역된 헬라어는 자주 *praitorion*으로 변형되어 쓰였는데, 특별한 건물(예를 들면 사령관의 본부, 황제의 궁전)을 말하거나 황제 수비대에 소속된 사람들을 말하기도 한다. 바울이 로마에 있는 민가에 갇혀 있었으므로 여기서 *시위대*는 밤낮으로 바울을 지키는 황제 수비대원을 가리키는 것으로 볼 수 있다. 참고. 사도행전 28:16. **그 밖의 모든 사람** 바울을 만나고 그로부터 복음을 들을 수 있는 기회를 가졌던 로마에 살던 다른 모든 사람을 말한다(참고. 행 28:23, 24, 30, 31).

1:14 형제 중 다수 15, 16절에서 신원이 밝혀진 자들로, 바울을 비방하던 사람들을 제외한 무리다. **더욱 담대히 전하게** 바울이 옥에 갇힌 상태에서 보여준 복음을 전하는 강력한 증인의 모습은 하나님이 핍박당하는 자녀들에게 신실하시다는 것과 하나님의 자녀들을 투옥시킨다고 해도 복음 전파를 막을 수 없음을 보여주었다. 이는 다른 사람들에게 담대함으로 옥에 갇히는 것조차 두려워하지 않도록 격려했다.

1:15 투기와 분쟁으로 바울을 비방하던 자들의 태도를 말하는 것으로 그들이 복음을 전한 것은 사실이긴 하지만 그들은 바울의 사도적인 능력과 권한, 그의 성공과 엄청난 재능을 질투했다. *분쟁*에는 언쟁, 경쟁, 갈등의 의미가 함축되어 있는데, 이는 바울을 비판하는 자들이 그의 신임을 깎아내리기 시작했을 때 일어났다. **착한 뜻으로** 여기서 *착한* 뜻은 바울의 지지자들이 바울에 대하여 개인적으로 그리고 그의 사역에 대하여 취했던 만족스럽고 흡족해하는 태도를 말한다.

1:16 이들은…사랑으로 하나 바울의 지지자들을 움직이게 한 것은 그에 대한 진정한 애정과 그의 덕성에 대한 신뢰가 그 동기였다(참고. 고전 13:1, 2). **복음을 변증하기 위하여** *7절에 대한 설명을 보라.* **세우심을 받은** 이 헬라어 단어는 군인이 부대에 배치되는 것을 말한다. 바울이 감옥에 갇힌 것은 그가 하나님의 뜻에 따라 그 처지에 놓이게 된 것이며, 그 자리가 바로 복음을 선포하는 전략적 위치가 되었다.

1:17 순수하지 못하게 *10절에 대한 설명을 보라.* 바울을 비판하던 전도자들에게는 순수한 동기가 없었다. **다툼으로** 이 표현은 오직 자신의 영달에만 관심이 있거나 어떤 대가를 치르더라도 인정사정없이 다른 사람들보다 앞서 나가고자 하는 자들을 가리킨다. 바울을 비방하던 자들은 그가 갇히게 된 기회를 이용해 그의 죄가 너무 극심하여 주님이 그를 견책하신 것이라고 고발함으로써 그들 자신의 위상을 높이려는 기회로 삼았다.

1:18 나는 기뻐하고…기뻐하리라 바울의 기쁨은 그가 처한 상황이나 그의 비판자들에 의해 좌우되지 않았다(참고. 시 4:7, 8; 롬 12:12; 고후 6:10). 바울은 복음이 권위 있게 선포될 때 기뻐했고 누가 그것에 대해 칭찬을 받는지 상관하지 않았다. 그는 자신을 헐뜯는 사람들에 대하여 원망을 품지 않고 그들의 부당한 비판들을 감내했다. 오히려 바울은 그들이 경건함을 위장해서라도 그리스도를 전파했다면 기뻐했을 것이다.

1:19 예수 그리스도의 성령 성령을 가리킨다(롬 8:9; 갈 4:6). 바울이 성령에 대하여 가진 확신은 실로 지대했다(참고. 슥 4:6; 요 14:16; 롬 8:26; 엡 3:20). **나를 구원에 이르게 할** *해방(deliverance)*은 기본적으로 구원을 가리키는 헬라어 단어에서 온 것이다. 그러나 그 단어는 '웰빙(안녕)' 또는 '탈출'로도 번역될 수 있으므로 다음과 같은 네 가지의 해석이 가능하다. 첫째, 그것은 바울의 궁극적인 구원에 대해 말하는 것이다. 둘째, 바울이 위협받고 있는 사형 집행으로부터 벗어났음을 빗대어 말하는 것이다. 셋째, 바울은 로마 황제의 판결로 마지막에 무죄가 입증될 것이다. 넷째, 결국에는 바울 자신이 감옥에서 석방되는 것에 대해 말하고 있다. 바울이 의

도한 뜻이 정확히 무엇이든지 간에 그는 자신이 일시적으로 겪는 괴로움으로부터 자유롭게 되리라는 것을 확신했다(욥 13:16. 참고. 욥 19:26; 시 22:4, 5, 8; 31:1; 33:18, 19; 34:7; 41:1).

1:20 간절한 기대 이 헬라어 단어는 어떤 사람이 목을 길게 뺀 채 앞에 무엇이 있는지 보려고 하는 것과 같은 장래에 대한 열렬한 기대를 표시한다. 바울의 마음은 그리스도의 약속에 대한 확신과 흥분으로 가득 찼다(마 10:32를 보라). **아무 일에든지 부끄러워하지 아니하고** 이사야 49:23; 로마서 9:33을 보라. 참고. 시편 25:2, 3; 40:15, 16; 119:80; 이사야 1:27-29; 45:14-17; 예레미야 12:13; 스바냐 3:11을 보라.

1:21 내게 사는 것이 그리스도니 바울에게 있어 그의 삶은 예수 그리스도로 축약되고, 그리스도가 그의 존재 이유였다. *3:12-14에 대한 설명을 보라*. **죽는 것도 유익함이라** 죽음은 그에게 세상의 짐을 벗어버리고 전적으로 하나님을 영화롭게 하는 삶에 집중하도록 할 것이다(*23, 24절에 대한 설명을 보라*. 참고. 행 21:13).

1:22 육신 참고. 24절. 여기서 이 단어는 사람의 타락한 인성을 말하는 것이 아니라(롬 7:5, 18; 8:1에서처럼) 단순히 육체적인 생명을 가리킨다(고후 10:3; 갈 2:20에서와 같이). **열매** *로마서 1:13에 대한 설명을 보라*. 바울은 그가 이 세상에 남아 있어야 할 유일한 이유가 있다면 그것은 뭇 영혼을 그리스도께로 인도하고 신자를 세워 동일한 사역을 감당케 하는 것임을 알고 있었다. *고린도후서 4:15에 대한 설명을 보라*.

1:23 끼었으니 이 헬라어가 묘사하는 것은 아주 좁은 길을 걸어가는 어느 여행자의 모습을 보여주는데 양쪽에 서 있는 암벽 때문에 그에게 허락되는 것은 앞으로 똑바로 걸어가는 길뿐이다. **세상을 떠나서 그리스도와 함께 있는** 바울은 자신이 죽게 된다면 주님과 완전하고, 의식할 수 있고, 친밀하고 아무런 거리낌이 없는 교제를 누리게 되리라는 것을 알았다(*고후 5:1, 8; 딤후 4:6-8에 대한 설명을 보라*). **훨씬 더 좋은** 문자적으로 '훨씬 더 좋은'이라는 최상급 표현이다.

1:24 너희를 위하여 더 유익하리라 바울은 교회를 세워 나가야 한다는 생각에 주님 곁으로 가고 싶은 개인적 열망을 접었다(2:3, 4를 보라).

1:25 거할 이것을 확실히 아노니 바울은 (초자연적인 계시를 통해서가 아니라) 그들의 필요에 따라 그가 지상에 더 머물도록 결정되리라는 것을 확신했다. **믿음의 진보와** 여기서 *진보*는 부대가 전진하도록 길을 헤치고 나아가는 선발대의 모습을 묘사하고 있다(*12절에 대한 설명을 보라*). 바울은 새로운 길을 개척하여 빌립보 사람들이 승리하기까지 그 길을 따라가기를 원했다. 또한 그들의 믿음이 점차 자라면서 그들의 기쁨 역시 커지게 되기를 바랐다.

1:26 그리스도 예수 안에서 너희 자랑이 나로 말미암아 풍성하게 하려 함이라 헬라어 단어의 순서를 따르면 '너희의 기쁨(자랑)이—더 풍성하게—그리스도 예수 안에서—나로 말미암아'가 된다. 바울이 말하고자 한 것은 그가 자신의 능력으로 무엇인가를 행한 것이 아니라 그리스도가 그의 안에서 역사하시기 때문에 그가 열매 맺는 삶을 살아가듯 그들의 기쁨과 확신도 넘쳐나리라는 사실이다.

바울의 권면 (1:27-2:18)

A. 핍박 가운데서 굳게 서라(1:27-30)

1:27 복음에 합당하게 신자들은 성실하고 정직한 성품을 가져야 한다. 즉 그들이 믿는 바와 가르치는 바, 전파하는 바와 일치되는 삶을 살아야 한다. 참고. 에베소서 4:1; 골로새서 1:10; 데살로니가전서 2:11, 12; 4:1; 디도서 2:10; 베드로후서 3:11, 14. **한마음으로 서서 한 뜻으로** 하나 됨에 대한 주제가 여기서부터 시작되어 2:4까지 계속된다. 바울이 신자에게 마음과 뜻에 있어 진정 하나가 될 것을 촉구하는 근거는 다음과 같다. 신앙을 지키기 위한 영적 전투에서 이기기 위해서(28-30절), 교제 가운데 다른 사람들을 사랑할 수 있기 위해서(2:1, 2), 진정한 겸손과 자기희생을 위해서(2:3, 4), 자기희생의 열매는 영원한 영광이라는 것을 증명하신 예수 그리스도의 본을 따르기 위해서다(2:5-11). **복음의 신앙** 하나님을 통해 계시되고 성경에 기록된 대로 따르는 그리스도인의 신앙을 말한다(유 3절. 참고. 롬 1:1; 갈 1:7). **협력하는 것** 문자적으로 '어떤 사람과 함께 분투하다'라는 뜻이다. 바울은 병사가 초소를 지키고 서 있는('단단하게 서다') 모습으로부터 이제는 공공의 적에 맞서서 승리를 쟁취하고자 싸우는 부대의 모습으로 그 비유를 바꾸고 있다.

1:28 멸망의 증거 신자들이 "두려워하지" 않고 기꺼이 고난을 받는다는 것은 하나님을 대적하는 자들이 멸망을 당하며 영원히 버려질 것이라는 징표다(*살후 1:4-8에 대한 설명을 보라*).

1:29 은혜를 주신 것은…고난도 받게 하려 하심이라 *3:10; 베드로전서 2:19-21에 대한 설명을 보라*. 참고. 마태복음 5:10-12; 사도행전 5:41. "주신"으로 번역된 헬라어 동사는 *은혜*의 명사형으로부터 온 것이다. 신자의 고난은 능력을 주시는 은혜의 선물이며(고후 7:9, 10;

빌

벧전 5:10) 영원한 상급이다(벧전 4:13).

1:30 같은 싸움 바울이 겪었던 것과 같은 종류의 고난을 말한다(12-14절; 행 16:22-24). **본 바요** 바울과 실라가 빌립보의 감옥에 갇혔을 때 빌립보 사람들이 목격했던 것을 말한다(행 16:19-40).

B. 겸손으로 하나가 되라(2:1-4)

2:1 그리스도 안에 무슨 권면이나 *권면(consolation)*으로 번역된 이 단어는 '격려'라는 뜻으로도 쓰인다. 우리의 사랑하는 주님께서 그 백성에게 하셨듯이 '곁에 와서 돕고 조언하고 권하다'라는 의미의 헬라어에서 유래했다(*요 14:26; 롬 12:1에 대한 설명을 보라*). **사랑의 무슨 위로나** "위로"로 번역된 헬라어 단어는 신자에게 가까이 다가오셔서 그의 귀에 부드러운 격려나 다정한 조언의 말씀을 속삭이시는 주님의 모습을 묘사한 것이다. **성령의 무슨 교제나** 여기서 *교제*는 내주하시는 성령이 공급하시는 영원한 생명을 공동으로 누리는 동반자 관계를 가리킨다(고전 3:16; 12:13; 고후 13:14; 요일 1:4-6). **긍휼이나 자비** 하나님은 그분의 깊은 애정(*1:8에 대한 설명을 보라*)과 자비를 모든 신자에게 베푸시는데(참고. 롬 12:1; 고후 1:3; 골 3:12), 그 결과가 신자들이 하나 되는 현실로 나타나야 한다.

2:2 마음을 같이하여 참고. 3:15, 16; 4:2; 베드로전서 3:8. 이 헬라어 단어는 '똑같이 생각하다'라는 의미를 갖고 있다. 이런 훈계는 임의로 주어지거나 불분명한 것이 아니고 신약성경 전체를 통해 반복적으로 제시되고 있다(참고. 롬 15:5; 고전 1:10; 고후 13:11-13). **같은 사랑** 신자는 그리스도의 몸을 이룬 다른 형제를 동등하게 사랑해야 하는데, 그 이유는 우리가 모든 형제에게 똑같이 마음이 끌리기 때문이 아니라 그리스도가 그들에게 보여주신 것과 같은 희생과 사랑의 섬김을 보여주어야 하기 때문이다(요 15:13; 롬 12:10; 요일 3:17. 참고. 요 3:16). **뜻을 합하며** 이 표현은 '정신에 있어 하나가 되며'로 번역할 수도 있는데, 바울이 특별히 만든 용어일 것이다. 이 표현은 문자적으로는 '한 영혼으로'라는 뜻을 가지며, 같은 열망과 열정과 꿈을 가지고 조화를 이루며 같이 엮여 있는 사람을 묘사하기도 한다. **한 마음을 품어** 대안으로 '하나의 목적에 몰두하여'로 번역할 수도 있다.

2:3 다툼 이 헬라어는 때때로 '분쟁'으로 번역되기도 하는데, 이유는 그 단어가 파벌주의, 경쟁, 당 짓는 것을 가리키기 때문이다(*갈 5:20에 대한 설명을 보라*). 또한 사람들에게 그들 자신의 방식대로 밀어붙이도록 부추기는 자만심을 표현하기도 한다. **허영** 이 단어는 문자적으로 '헛된 영광', 때로는 '공허한 자만심'으로 번역되기도 한다. 즉 이 단어는 이기적인 야심으로 개인의 영광을 추구하는 것을 가리킨다. **겸손한 마음** 이 표현은 바울과 신약성경 저자들이 만들어낸 것으로 보이는 헬라어를 번역한 것으로 '낮은' '허름한' '초라한' 등의 개념을 지니며 조롱의 뉘앙스를 풍긴다(참고. 고전 15:9; 딤전 1:15). **자기보다 남을 낫게 여기고** 참된 겸손의 기본적인 정의라고 할 수 있다(참고. 롬 12:10; 갈 5:13; 엡 5:21; 벧전 5:5).

C. 그리스도의 본을 기억하라(2:5-11)

2:5 그리스도는 이타적인 겸손을 궁극적으로 보여주는 본보기이시다(참고. 마 11:29; 요 13:12-17).

2:6-11 이 단락은 신약성경에서 나오는 기독론에 관한 대표적인 구절로, 그리스도의 성육신을 다루고 있다. 이는 초대 교회 시대에 찬송가로 불렸을 것이다(*골 3:16에 대한 설명을 보라*).

2:6 근본 하나님의 본체시나 바울은 예수님이 영원히 하나님이셨음을 단언한다. 영어의 *being*(존재)에 해당하는 일반적인 헬라어는 여기서 사용되지 않고 있다. 그 대신에 바울은 한 인격의 본질(그의 지속적인 상태나 조건)을 강조하는 또 다른 용어를 선택했다. 또한 바울은 영어의 *form*(형체)에 해당하는 2개의 헬라어 단어 가운데서 하나를 선택했을 수도 있지만, 어떤 것의 본질적이고 불변하는(그것 자체로의) 성격을 구체적으로 나타내는 단어를 택했다. 그리스도의 신성에 대한 기초적 교리에는 언제나 이런 중대한 성격이 함축되어 있다(참고. 요 1:1, 3, 4, 14; 8:58; 골 1:15-17; 히 1:3). **하나님과 동등됨** *동등한*으로 번역된 헬라어 단어의 정의에 따르면 어떤 사물이 크기와 양, 질, 성질, 수치에서 정확히 동일한 경우를 가리킨다. 모든 의미에서 예수님은 하나님과 동등하시며 그분의 지상 사역 기간에도 그 동등성은 끊임없이 주장되었다(참고. 요 5:18; 10:33, 38; 14:9; 20:28; 히 1:1-3). **취할 것으로 여기지 아니하시고** 여기서 헬라어 단어를 '취하다'로 번역한 것은 원래 뜻이 '강도 행위로 탈취한 물건'이기 때문이다. 결국 이 단어는 무엇인가를 움켜쥐거나, 껴안거나, 소중히 여기는 것을 의미하게 되었다. 따라서 때때로 무엇을 '붙잡다' 또는 무엇에 '매달리다'라고 번역되기도 한다. 그리스도는 그분의 신성으로 말미암아 모든 권리와 특권과 영예를 가지셨으나(그분은 그 모든 것을 누리기에 합당하시고 결코 그런 자격을 박탈당할 일이 없음), 그분이 취하신 태도는 그런 특권이나 지위에 매달리는 것이 아니라 잠시 동안 그것을 기꺼이 포기하시는 것이었다. *요한복음*

17:1-5에 대한 설명을 보라.

2:7 자기를 비워 이 헬라어로부터 파생된 것이 신학적 용어인 *kenosis(비움)*, 즉 그리스도가 그의 성육신을 통하여 자신을 비웠다는 교리다. 이 비움은 자신을 포기한 것이지만 자신에게서 신성을 비우거나 신성을 인성과 바꾼 것은 아니다(*6절에 대한 설명을 보라*). 하지만 예수님은 실제로 다음과 같은 여러 영역에서 자신의 특권을 포기하거나 내려놓으셨다. 첫째, 천상의 영광이다. 지상에 계시는 동안 하나님과 대면하는 관계의 영광과 지속적으로 그 영광을 밖으로 드러내고 개인적으로 누릴 수 있는 것을 포기하셨다(참고. 요 17:5). 둘째, 독립적인 권위다. 그리스도는 성육신 과정에서 자신을 아버지의 뜻에 완전하게 순복시키셨다(*8절에 대한 설명을 보라.* 참고. 마 26:39; 요 5:30; 히 5:8). 셋째, 신적인 대권이다. 그리스도는 자신의 신적인 속성이 자발적으로 드러나는 것을 내려놓으시고 스스로를 복종시켜 성령의 지시에 따랐다(마 24:36; 요 1:45-49). 넷째, 영원한 부요함이다. 지상에 계시는 동안 그는 가난했고 소유한 것이 거의 없으셨다(참고. 고후 8:9). 다섯째, 하나님과의 우호적인 관계다. 그리스도는 십자가 위에서 인류의 죄에 대한 하나님의 진노를 담당하셨다(참고. 27:46. *고후 5:21에 대한 설명을 보라*). **종의 형체** 바울은 여기서 다시 형체로 번역된 헬라어 단어를 쓰고 있는데, 이는 정확한 본질을 뜻한다(*6절에 대한 설명을 보라*). 예수님은 참된 종으로(*1:1에 대한 설명을 보라*) 아버지의 뜻에 순복하여 행하셨다(참고. 사 52:13, 14). **사람들과 같이** 그리스도는 인간의 육신을 입은 하나님 그 이상이 되셨으나 심지어 인간의 기본적인 필요와 연약함을 자신의 것으로 하시기까지(참고. 히 2:14, 17; 4:15) 인성의 모든 본질적인 속성을 그대로 취하셨다(눅 2:52; 갈 4:4; 골 1:22). 그분은 신인(神人)이 되신 것이다. 즉 온전한 하나님이시자 온전한 사람이 되신 것이다.

2:8 사람의 모양으로 이 표현은 7절 마지막 부분의 단순한 반복이 아니고 그 초점이 천상으로부터 지상으로 옮겨졌음을 보여준다. 그리스도의 인성은 그를 본 사람들의 관점에서 묘사된다. 바울이 암시하는 바는 그리스도가 외모적으로 사람처럼 보였으나 그에게는 많은 사람이 일상적으로 인지했던 것보다 훨씬 많은 것(그분의 신성)이 있었다는 것이다(참고. 요 6:42; 8:48). **자기를 낮추시고** 예수는 성육신의 낮은 모습으로 오신 후에도 더욱 자신을 낮춰 보통 사람들에게 주어지는 권리도 요구하지 않고 불신자들로부터 오는 핍박과 고난을 감수하셨다(참고. 사 53:7; 마 26:62-64; 막 14:60, 61; 벧전 2:23). **죽기까지 복종하셨으니** 예수는 핍박도 마다하지

단어 연구

하나님의 본체(Form of God): 2:6. 본체로 번역된 헬라어 단어 *모르페(morphē)*는 일반적으로 어느 사물이 그 자체로 존재하고 나타나는 방식을 표현하기 위해 사용되었다. 그러므로 "하나님의 본체"라는 표현은 하나님의 본질적인 성품과 성격으로 받아들이면 정확하게 이해할 수 있다. 따라서 "하나님의 본체"로 존재하셨다고 말하는 것은 그리스도가 실제로 하나님이셨으므로 그분의 인간적 성품과 별도로 그 자신이 하나님께 속한 모든 특성과 성질을 가지셨다고 말하는 것이 된다.

않으셨고 자신을 향한 하나님의 계획에 따라 범죄자로 죽어야 하는 가장 낮은 수치스러운 지점까지 내려가셨다(참고. 마 26:39; 행 2:23). **십자가** *마태복음 27:29-50에 대한 설명을 보라.* 예수가 당한 모욕이 더욱 수치스러웠던 이유는 그 죽음이 보통의 사형 수단으로 집행된 것이 아니라 십자가형으로(인간이 고안해낸 가장 잔인하고 가장 극심한 고통을 수반하며 가장 수치스러운 형벌임) 이루어졌기 때문이다. 유대인은 이 처형 방식을 혐오했다(신 21:23. *갈 3:13에 대한 설명을 보라*).

2:9 이러므로 하나님이 예수가 받으신 모욕(5-8절)과 하나님이 예수를 높이시는 것(9-11절) 사이에는 인과적이고 불가분의 관계가 있다. **그를 지극히 높여** 그리스도의 높아지심에는 4중적인 면이 있다. 사도들의 초기 설교는 그리스도의 부활과 대관식(하나님 우편에 계시는 그 지위)에 대해 확언하고 있으며, 신자를 위한 그의 중보를 시사한다(행 2:32, 33; 5:30, 31. 참고. 엡 1:20, 21; 히 4:15; 7:25, 26) 히브리서 4:14은 마지막 요소인 그리스도의 승천에 대해 언급한다. 그리스도의 높아지심은 그분의 본성이나 삼위일체 내 그분의 영원한 지위와는 관계가 없고 신인(神人)이라는 그분의 새로운 신분과 관계가 있다(요 5:22; 롬 1:4; 14:9; 고전 15:24, 25). 그리스도가 그 영화로움을 다시 돌려 받으신(요 17:5) 것에 덧붙여 신인(神人)으로의 새로운 신분을 얻었다는 것은 성육신 이전에 갖지 않으셨던 특권을 하나님이 그리스도에게 주셨음을 뜻한다. 만약 그리스도가 인간 가운데 살지 않았다면 자신을 사람들과 동일시하여 중보의 대제사장이 되지 못하셨을 것이다. 그리고 죄에 대한 대속물로서 십자가에서 죽지 않았다면 가장 비천한 자리로부터 하늘로 들려 올리심을 받지 못하셨을 것이다. **모든 이름 위에 뛰어난 이름** 그리스도의 본질적인

성품을 추가적으로 묘사하고, 그 어떤 비교 대상도 되지 않는 초월적인 자리에 앉으신 그리스도의 새로운 이름은 '주님'이다. 이 이름은 구약성경에서 주권적 통치자로 묘사되는 하나님을 신약성경에서 가리키는 말이다. 예수가 높임을 받으시기 전(사 45:21-23; 막 15:2; 눅 2:11; 요 13:13; 18:37; 20:28)과 그 후(행 2:36; 10:36; 롬 14:9-11; 고전 8:6; 15:57; 계 17:14; 19:16) 어느 때나 성경은 이 이름이 신인(神人)이신 예수의 정당한 호칭임을 확언하고 있다.

2:10 예수의 이름에 *예수*라는 이름은 그분이 탄생하셨을 때 부여받으신 것으로 그리스도의 새 이름은 아니었다. 예수가 높임을 받으신 뒤 충만한 의미에서의 이름은 *주님*이다(*11절에 대한 설명을 보라*).

2:10, 11 꿇게 하시고…시인하여 지능을 가진 모든 우주 만물은 예수 그리스도를 주로 경배하도록 부르심을 받는다(참고. 시 2편). 이 부르심의 명령 대상에는 하늘에 있는 천사(계 4:2-9), 구속받은 자들의 영(계 4:10, 11), 지상의 순종하는 신자(롬 10:9), 지상의 순종하지 않는 반역자(살후 1:7-9), 악령과 지옥에 던져진 인류(벧전 3:18-22)가 포함된다. *시인하다*로 번역된 헬라어 단어는 '인정하다' '단언하다' '동의하다'의 뜻을 가진다. 모든 사람은 마지막에 이르러서는 자원하고 복된 마음으로 또는 억지로 고통스럽게 그리스도의 주되심을 시인하게 될 것이다.

2:11 주 *9절에 대한 설명을 보라. 주*라고 함은 일차적으로 다스리는 권리를 말하며, 신약성경에서는 사람과 재산에 대한 지배나 소유를 나타낸다. 주라는 이름이 예수께 적용될 때 분명히 그것은 신성을 암시하긴 하지만 가장 중요하게 가리키는 것은 주권적인 권위다. **하나님 아버지께 영광을** 그리스도를 높이시는 목적을 말한다(참고. 마 17:5; 요 5:23; 13:31, 32; 고전 15:28).

D. 어두운 세상에서 빛이 되라(2:12-18)

2:12 복종하여 바울이 빌립보 사람들에게 가르친 신성한 명령에 대하여 그들이 보인 신실한 반응을 말한다(참고. 롬 1:5; 15:18; 고후 10:5, 6). **두렵고 떨림** 그리스도인이 성화를 추구하는 데 있어 취해야 하는 태도를 말한다. 그런 태도에는 하나님의 뜻을 거스르는 것에 대한 두려움, 하나님에 대한 의로운 경외와 존경이 수반된다(참고. 잠 1:7; 9:10; 사 66:1, 2). **너희 구원을 이루라** '이루다'라고 번역된 헬라어 동사는 '어떤 것을 성취 또는 완성시키기 위해 계속해서 일하다'라는 뜻을 가지고 있다. 그것은 신자가 성화 과정에서 순종하는 삶을 적극적으로 추구해야 할 책임을 말하는 것이지(*3:13, 14; 롬 6:19에 대한 설명을 보라*. 참고. 고전 9:24-27; 15:58; 고후 7:1; 갈 6:7-9; 엡 4:1; 골 3:1-17; 히 6:10, 11; 12:1, 2; 벧후 1:5-11) 행위에 따른 구원을 가리키는 것이 아니다(참고. 롬 3:21-24; 엡 2:8, 9).

2:13 너희 안에서 행하시는 이는 하나님이시니 신자는 책임을 가지고 구원을 이루어야 하지만(12절), 신자의 삶에 있어 실제로 선한 일과 영적인 열매를 맺게 하시는 분은 주님이시다(요 15:5; 고전 12:6). 이것이 이루어지는 것은 우리 안에 내주하시는 성령에 의해 주님이 우리를 통해 역사하시기 때문이다(행 1:8; 고전 3:16, 17; 6:19, 20. 참고. 갈 3:3). **기쁘신 뜻** 하나님은 그리스도인이 그분을 만족시키는 일을 행하기를 원하신다. 참고. 에베소서 1:5, 9; 데살로니가후서 1:11. **소원을 두고 행하게 하시나니** 하나님은 믿는 자의 열망과 행동에 활력을 불어넣으신다. *소원을 두고*로 번역된 헬라어 단어는 하나님이 단지 열망이나 변덕스러운 감정이 아닌 계획된 목적을 이루기 위해 그 의견을 검토하는 것에 초점을 두고 계심을 나타낸다. 하나님의 능력은 교회가 기꺼이 경건한 삶을 살도록 하신다(참고. 시 110:3).

2:14 원망과 시비가 없이 *원망*으로 번역된 헬라어는

> **비움(빌 2:5-11)**
>
> 예수님은 무엇보다 '자신을 무명한 자로 만드셨다'. 다른 말로 표현하면 "자기를 비우셨다"(2:7). 여기에 사용된 헬라어 단어 *케노시스(kenosis)*는 그리스도가 성육신하실 때 자신을 비우셨다는 교리를 나타내는 신학적 용어로 지금도 쓰이고 있다. 자신을 비우신 이 단계는 예수가 자신의 신성을 벗으셨음을 뜻하지 않으며, 다만 예수님은 다음과 같은 영역에서 그분의 특권을 포기하시거나 내려놓으셨음을 의미한다.
>
> - **천상의 영화로움**(요 17:5)
> - **신적인 특권** 그리스도는 성육신하면서 자신을 아버지의 뜻에 완전하게 복종시키셨음(마 26:39; 요 5:30; 히 5:8)
> - **신성한 대권** 그리스도는 그분의 신성한 속성의 자발적 과시를 내려놓고 성령의 지시에 자신을 복종시키셨음(마 24:36; 요 1:45-49)
> - **영원한 부요**(고후 8:9)
> - **하나님과의 친밀한 관계** 그리스도는 하나님이 인류의 죄에 대하여 쏟아부으신 진노를 십자가 위에서 감당하셨음(마 27:46)

실제로 그 의미와 같은 소리가 나는 단어인데, 그 발음은 낮은 어조로 중얼거리거나 투덜대는 것과 아주 비슷하다. 원망은 하나님의 섭리, 뜻, 한 사람의 인생에 대한 상황을 정서적으로 거부하는 것이다. *시비*로 번역된 단어는 보다 지적인 표현으로 여기서는 하나님을 향하여 부정적으로 던지는 '의문'이나 '비판'을 뜻한다.

2:15 너희가…하여 이 표현은 신자가 경건을 추구함에 있어 바른 태도를 가져야 하는 이유를 소개한다. *하여*는 하나의 과정을 나타내는 것으로, 신자들이 하나님의 자녀로서 아직은 온전히 소유하지 못한 목표를 향하여 성장해야 함을 말한다(참고. 엡 5:1; 딛 2:1). **흠이 없고 순전하여** *흠이 없는*은 죄나 악함 때문에 비난받을 수 없는 삶을 묘사한다. *순전한*은 '결백한'으로도 번역할 수 있으며, 마치 전혀 합금되지 않은 순도가 높은 금속처럼 순수하고 뒤섞이지 않고 죄로 말미암아 불순해지지 않은 삶을 묘사한다(참고. 마 10:16; 롬 16:19; 고후 11:3; 엡 5:27). **어그러지고 거스르는 세대** 신명기 32:5을 보라. *어그러진*이라는 단어에서 영어의 *scoliosis*(척추측만증, 척추가 옆으로 휘는 증상)가 유래했다. 이는 어떤 사물이 표준으로부터 일탈해 있음을 묘사하는데, 하나님이 정하신 길을 떠나 떠돌아다니는 모든 사람에게 적용되는 표현이다(참고. 잠 2:15; 사 53:6). 또한 *거스르는*이란 단어는 어느 한 사람이 길을 너무 멀리 벗어나 그의 일탈이 극심하게 비틀리고 왜곡되어 있음을 가리킴으로써 더 강한 의미를 전달한다(참고. 눅 9:41). 바울은 이런 상태를 죄로 가득한 이 세상의 체계에 적용시킨다. **흠 없는** 이 단어 역시 '책망할 데가 없는'으로 번역될 수 있다. 이는 헬라어 구약성경에서 하나님께 드리는 제물, 즉 점도 없고 흠도 없는 제물을 가리킬 때 여러 번 사용되었다(참고. 민 6:14; 19:2; 벧후 3:14). **빛들로 나타내며** 영적인 성격을 비유적으로 언급한 것이다. *나타내다*라는 표현을 보다 더 정확하게 번역하면 '너희가 빛을 내야 한다'로, 이를테면 해와 달과 별이 없는 캄캄한 하늘에서 빛을 발하듯 이 암흑과 같은 시대 한가운데서 신자들이 그들의 성품을 보여주어야 함을 의미한다(*마 5:16; 고후 4:6; 엡 5:8에 대한 설명을 보라*).

2:16 생명의 말씀 복음을 말하며, 그 복음을 믿을 때 영적이고 영원한 생명이 생성된다(참고. 엡 2:1). **밝혀** '드러내다'가 원래 본문에 있는 동사의 의미를 더 정확하게 나타낸다. 여기서 이 표현은 신자들이 무엇인가를 내밀거나 제시하여 다른 사람이 붙들도록 하는 것을 가리킨다. **나의 달음질이…수고도 헛되지 아니함으로** *갈라디아서 2:2에 대한 설명을 보라*. 바울은 그의 사역을 돌이켜보면서 그동안의 노력이 보람찬 것이었는지 알고 싶었다(참고. 고전 9:27; 살전 5:12; 딤후 4:7; 히 13:17; 요삼 4). **내가 자랑할 것이 있게 하려** *2절; 4:1; 데살로니가전서 2:19에 대한 설명을 보라*. **그리스도의 날** *1:6에 대한 설명을 보라*.

2:17 너희 믿음의…섬김 *섬김*은 거룩한 제사장의 봉사를 가리키는 단어에서 유래한 것으로(참고. 롬 12:1; 고전 9:13), 70인역에서도 그렇게 사용되었다. 바울은 빌립보 사람을 자기들의 삶을 하나님에 대한 희생적이고 신실한 섬김으로 바치는 제사장으로 여기고 있다(참고. 벧전 2:9). **전제** 고대의 동물 제사를 마무리하는 절차를 가리킨다. 제사를 드리는 자가 태워지는 동물 앞에 또는 그 위에 포도주를 부으면 그 포도주는 수증기로 증발하게 되는데, 그 증기는 제사를 드리는 그 신에게 제물이 올라가는 것을 상징했다(참고. 출 29:38-41; 왕하 16:13; 렘 7:18; 호 9:4). 바울은 그의 전 생애를 하나의 전제(奠祭)로 보았으며, 여기서 그의 생애가 전제로 빌립보 사람들의 희생제사 위에 부어지고 있다. **드릴지라도** '(신에게) 헌주 또는 전제로 바치다'라는 뜻을 가진 헬라어에서 유래한 표현이다. 어떤 사람들은 이것을 바울이 장래에 겪게 될 순교와 연관시키려고 하지만 동사의 시제가 현재이므로 바울이 빌립보 사람들 사이에서 감당하고 있는 그의 희생적인 사역을 가리킨다.

2:17, 18 나는 기뻐하고…이와 같이 너희도…기뻐하라 그리스도인의 희생적인 섬김에 반드시 수반되어야 하는 서로 기뻐하는 태도를 표현하고 있다(*1:4, 18, 26에 대한 설명을 보라*. 참고. 고후 7:4; 골 1:24; 살전 3:9).

바울의 동역자 (2:19-30)

A. 디모데(2:19-24)

2:19 데모데 *1:1에 대한 설명을 보라*.

2:20 뜻을 같이하여…할 자가 이밖에 내게 없음이라 *2절에 대한 설명을 보라*. 문자적으로 '한 영혼을 가진' 사람을 말하는데 때로는 '마음이 맞는 사람'으로 번역되기도 한다. 디모데는 교회를 사랑하는 생각과 감정, 정신에 있어 바울과 하나였다. 디모데가 바울이 키운 제자(protégé)가 된 데는 독특한 면이 있다(*고전 4:17에 대한 설명을 보라*. 참고. 딤전 1:2; 딤후 1:2). 바울의 곁에는 디모데와 같은 다른 사람이 없었는데, 그 이유는 불행하게도 다른 사람들은 그리스도보다 자신의 목적을 이루는 데 전념하고 있었기 때문이다. *디모데후서 1:15에 대한 설명을 보라*.

2:23, 24 결국 바울은 감옥에서 풀려났으며(참고. 행 28:30), 그러고 나서 빌립보에 있는 교회를 방문했을 수

도 있다.

2:24 주 안에서 바울은 자신이 계획하는 바가 하나님의 주권에 종속되어 있음을 알고 있었다(참고. 약 4:13-17).

B. 에바브로디도(2:25-30)

2:25-30 이 단락은 신자들 사이의 사랑과 하나 됨을 힘 있게 보여준다. 관련된 모든 사람이 서로에 대하여 이타적인 애정을 보여준다.

2:25 에바브로디도 바울은 디모데를 빌립보로 먼저 보내고 나서(23절) 자신도 후에 빌립보를 방문하기를 원했다(24절). 그는 빌립보 태생인 에바브로디도를 보내야 할 필요를 느꼈는데, 이 사람에 대해서는 이곳 이외에는 거의 알려진 바가 없다. 에바브로디도는 흔한 헬라어 이름으로 원래는 '아프로디테(그리스 신화에 나오는 사랑의 여신)의 총애를 받는 자'라는 그 지역 사람들에게 친숙한 단어에서 따온 것이다. 후에 그 이름은 '사랑스러운' 또는 '사랑하는'이라는 뜻을 갖게 되었다. 에바브로디도는 바울에게 가서 빌립보 교인들의 선물을 전했으며(4:18), 바울 곁에서 힘을 다하여 바울을 섬겼다(30절). **사자** 영어의 *apostle*(사도)의 어원과 같은 헬라어 단어에서 유래했다. 에바브로디도는 그리스도의 사도는 아니었으나(*롬 1:1에 대한 설명을 보라*) '보내심을 받은 자'라는 보다 넓은 의미에서 보면(*롬 1:5에 대한 설명을 보라*) 빌립보에 있는 교회의 사도였고, 빌립보 사람들의 사랑을 전하는 금전적 선물을 가지고 바울에게 보내졌다는 점에서 사도였다(*1:7에 대한 설명을 보라*. 참고. 고후 8:23). 바울이 에바브로디도를 다시 빌립보 교회로 보내면서 이 서신을 전하게 한 것은 그가 바울을 제대로 섬기지 못했다는 생각을 빌립보 사람들이 하지 않도록 설명할 필요가 있었기 때문이다.

2:26 심히 근심한지라 이 헬라어 표현은 심한 소란이나 외상을 입어 생긴 결과로 혼란스럽고 무거운 불안 상태를 묘사한다. 에바브로디도는 그 자신이 겪고 있는 어려움보다 빌립보 교인들이 그로 말미암아 걱정하는 것 때문에 더 많이 염려했다.

2:27 병들어 죽게 되었으나 에바브로디도는 로마에 도착했을 때 심한 병에 걸렸던 것 같다. 하지만 이제 충분히 회복되어 집으로 돌아가 교회를 위해 힘쓸 수 있게 되었고, 바울보다 교회가 에바브로디도의 섬김을 더욱 필요로 했다.

2:28 근심 '염려' 또는 '불안'이라는 뜻이다. 바울은 교회에 속한 모든 사람에 대해 큰 부담을 가지고 있었는데(참고. 고후 11:2), 여기서는 빌립보 교인들이 에바브로디도에 대해 심히 걱정하는 것 때문에 바울이 염려하고 있다(*1:8에 대한 설명을 보라*).

2:29 존귀히 에바브로디도와 같은 사람은 존귀하게 여김을 받을 만하다. *데살로니가전서 5:12, 13에 대한 설명을 보라*.

2:30 죽기에 이르러도 26, 27절에서 언급한 병에 걸린 것을 가리킨다.

바울의 경고 (3:1-4:1)

A. 율법주의에 대해(3:1-16)

3:1 끝으로 바울은 하나의 전환점에 도달했다(아직 마흔네 절이 남아 있으므로 결론 부분은 아님). 참고. 4:8. **주 안에서 기뻐하라** 참고. 4:1. 이 부분은 이 서신의 전체를 통해 바울이 제기하는 친숙한 주제로(서론의 역사적·신학적 주제를 보라), 이미 1장과 2장에서 언급된 적이 있다. 하지만 이번에는 "주 안에서"라는 표현을 덧붙임으로써 신자들의 참된 기쁨이 존재하는 이유가 그들의 삶이 처한 상황에 달려 있는 것이 아니라 모든 것을 통치하시는 주님과의 견고하고 변하지 않는 관계에 의존하고 있음을 의미한다. **같은 말** 이후의 구절에서 바울이 빌립보 신자에게 가르치고자 하는 것은 그가 종전에 그들에게 대적하는 자에 대해 교훈한 바와 같다(참고. 1:27-30). **안전하니라** 빌립보 교인들이 거짓 교사들에게 넘어가 쓰러지지 않도록 그들을 보호하는 안전장치임을 가리킨다.

3:2 개들 1세기에만 하더라도 개들은 길거리를 배회하며 먹을 것을 뒤지고 다녔으며 기본적으로는 야생동물이었다. 당시 개는 아주 더러운 동물이었으므로 유대인은 종종 이방인을 개라고 불렀다. 하지만 여기서 바울은 오히려 유대인을, 구체적으로는 유대주의자를 개라고 부르면서 그들의 사악하고 악랄하며 탐욕스러운 성격을 묘사하고자 했다. 구원을 얻기 위해서는 할례가 필요하다고 가르쳤던 이들에 대해 좀 더 알기를 원한다면 갈라디아서 서론의 배경과 무대를 보라. *사도행전 15:1; 갈라디아서 2:3에 대한 설명을 보라*. **행악하는 자들** 유대주의자들은 스스로 의를 행하는 사람이라고 자부했다. 그러나 바울은 그들의 행위가 악하다고 표현하는데, 그 이유는 사람이 자신의 노력으로 하나님의 마음을 사려고 하는 그 어떤 시도도 그것이 우리의 시선을 그리스도가 이루신 구속으로부터 떼어놓게 하는 것이라면 가장 나쁜 사악함이 되기 때문이다. **몸을 상해하는 일** 이 표현은 '잘라내다'라는 의미인데, 이것은 *할례*를 뜻하는 헬라어 단어 '오려내다'와 대조된다. 구약성경에서 금했던 바알의 선지자들(왕상 18:28)과 이

교도들이 광란의 의식을 치르며 자신들의 몸을 상하게 했던 행동(레 19:28; 21:5; 신 14:1; 사 15:2; 호 7:14)과 그런 바알 선지자들이나 이교도들과 마찬가지로 유대주의자들의 할례는 아무런 영적 상징성을 갖지 못했을 뿐 아니라 역설적이게도 신체적 상해를 가하는 동일한 행동일 뿐이었다(*갈 5:12에 대한 설명을 보라*).

3:3 하나님의 성령으로 봉사하며 바울이 참된 신자에 대해 정의할 때 가장 먼저 드는 특징이다. *봉사*로 번역된 헬라어 단어는 정중하게 드리는 영적인 예배를 뜻한다. 단어 영(Spirit)에서 소문자 's'를 쓰게 되면 그것은 속사람을 가리킨다. *요한복음 4:23, 24에 대한 설명을 보라*. **그리스도 예수로 자랑하고** *자랑하다*로 번역한 헬라어 단어는 '넘치는 기쁨으로 자랑하다'라는 뜻을 갖고 있다. 참된 그리스도인은 자신의 존재에 대한 모든 공로를 그리스도께 돌린다(참고. 롬 15:17; 고전 1:31; 고후 10:17. *1절에 대한 설명을 보라*). **육체를 신뢰하지 아니하는** 여기서 바울이 말하는 *육체*는 구속받지 못한 인성, 하나님으로부터 떨어져 분리된 인간 자신의 능력과 성취를 의미한다(*롬 7:5에 대한 설명을 보라*). 그 유대인은 자기들이 할례를 받고, 아브라함의 후손이며, 모세의 율법이 요구하는 외형적 예식과 의무를 행한다는 것에 의지했다. 그러나 그런 것들은 그들을 구원할 수 없다(*롬 3:20; 갈 5:1-12에 대한 설명을 보라*). 참된 신자는 그의 육체가 죄성으로 가득하며 구원받을 만하거나 하나님을 기쁘게 해드릴 수 있는 능력이 결여된 것으로 보았다. **우리가 곧 할례파라** 참된 하나님의 백성은 단지 그들에게 정결한 마음이 필요하다는 상징만을 가진 것이 아니고(*창 17:11에 대한 설명을 보라*) 실제로 하나님을 통해 그들의 죄가 정결하게 씻김을 받은 자들을 말한다(*롬 2:25-29에 대한 설명을 보라*).

3:4-7 구원을 얻으려면 유대교의 일정한 예식과 의식이 필요하다는 유대주의자들의 주장에 대응하기 위해 바울은 그 자신이 유대인으로서 이룬 높은 성취에 대해 설명하면서 그런 성취가 그를 대적하는 자들의 그것보다 훨씬 우월하긴 하지만 구원을 얻는 데 아무런 유익이 되지 못했음을 말한다.

3:5 팔일 만에 바울은 규정된 날짜에 할례를 받았다(창 17:12; 21:4; 레 12:3). **이스라엘** 진짜 유대인은 아브라함과 이삭과 야곱(이스라엘)의 직계 후손이다. 바울이 물려받은 유대인 혈통은 순수한 것이다. **베냐민 지파** 베냐민은 라헬의 둘째 아들이었고(창 35:18) 이스라엘의 엘리트 지파들 가운데 하나로 유다 지파와 함께 다윗 왕조 내내 충성하며 남쪽 왕국을 세웠다(왕상 12:21). **히브리인 중의 히브리인** 바울은 히브리인 부모에게 출생했고, 이교도들의 도시에 사는 동안에도 히브리 전통과 언어를 버리지 않고 지켰다(참고. 행 21:40; 26:4, 5). **바리새인** 유대교를 율법적으로 지켰던 근본주의자로 구약성경을 생활에 적용하는 그들의 열심으로 말미암아 전통과 행위를 통한 의라는 복잡한 시스템이 생기게 되었다(*마 3:7에 대한 설명을 보라*). 바울은 바리새인 혈통에 속했을 수도 있다(참고. 행 22:3; 23:6; 26:5).

3:6 열심으로는 교회를 박해하고 유대인에게 *열심*은 최고의 종교적 덕목이었다. 그 열심에는 사랑과 미움이 혼재해 있었는데, 바울은 유대교를 사랑했고 유대교에 위협이 될 수 있는 것은 무엇이든지 미워했기 때문이다(*행 8:3; 9:1에 대한 설명을 보라*). **율법의 의** 하나님의 율법이 선언하는 대로 사는 의로운 삶의 표준을 말한다. 바울은 외면적으로 이 표준을 지켰고 따라서 아무도 그가 그것을 지키지 못한다고 고발할 수 없었지만, 그의 마음이 죄로 가득하고 자기 의에 빠져 있었던 것은 분명하다. 그는 구약 신자는 아니었으나 교만한 율법주의자였고, 그의 영혼은 멸망을 향해가고 있었다.

3:7 유익하던 것을 내가…다 해로 여길뿐더러 *유익*으로 번역된 헬라어 단어는 회계 용어로 '이익'이라는 의미를 갖고 있다. *해*로 번역된 헬라어 단어 역시 회계 용어로 사업에서 발생하는 손실을 설명하는 데 사용된다. 바울은 이 용어들을 사용해 그리스도가 그를 구속하셨을 때 영적인 손익거래가 발생했음을 묘사하고자 했다. 그의 회계장부의 이익 난에 있다고 생각했던 그의 모든 유대교의 신임장은 실제로 아무런 가치가 없었고 오히려 저주스러운 것이었다(참고. 눅 18:9-14). 따라서 그리스도의 영광을 목도했을 때 바울은 그 신임장을 회계장부의 손실 난으로 옮겨놓을 수밖에 없었다(참고. 마 13:44; 45; 16:25, 26).

3:8-11 바울은 그리스도께 돌아왔을 때 그의 회계장부의 이익 난에 올리게 된 유익을 묘사하고 있다.

3:8 그리스도 예수를 아는 지식 그리스도를 '안다'는 것은 단순히 그분에 대한 지식을 갖고 있음을 말하지 않으며, 바울이 여기서 사용한 헬라어 동사는 체험적으로 또는 인격적으로 아는 것을 의미한다(참고. 요 10:27; 17:3; 고후 4:6; 요일 5:20). 그리스도를 안다는 것은 그리스도와 삶을 공유하는 것과 같은 의미다(*갈 2:20에 대한 설명을 보라*). 또한 이는 하나님이 자기 백성을 아시는 것(암 3:2)과 하나님의 백성이 그분을 사랑과 순종 가운데 아는 것을 표현하는 데 쓰이는 히브리어 단어다(렘 31:34; 호 6:3; 8:2). **배설물** 이 헬라어 단어는 쓰레기나 찌꺼기를 가리키며 심지어 '똥'이나 '거름'으로 번역될 수도 있다.

빌

3:9 그 안에서 발견되려 바울은 "그리스도 안에" 있었다(*1:1에 대한 설명을 보라*). 바울이 그리스도와 연합하는 것이 가능했던 유일한 이유는 하나님이 그리스도의 의를 그에게 전가시키셔서 그 의를 바울 자신의 의로 여기셨기 때문이다(*롬 1:17; 3:24에 대한 설명을 보라*). **내가 가진 의는 율법에서 난 것이 아니요** 이와 같이 율법에서 비롯된 의는 외면적인 도덕성을 강조하는 교만한 자기 의, 종교적인 의식과 예식, 행위를 통한 의를 말한다. 이런 의는 육체를 통해 만들어내는 것으로, 죄로부터의 구원을 이룰 수 없다(롬 3:19, 20; 갈 3:6-25). **그리스도를 믿음으로** 믿음이란 신자가 예수 그리스도에 대한 전적인 의존과 신뢰가 하나님의 나라에 들어가기 위해 요구되는 조건임을 확신하면서 그 신앙을 지속적으로 고백하는 것이다(*롬 1:16에 대한 설명을 보라*). 즉 요구되는 조건은 바로 그리스도의 의이며, 하나님은 그 의를 각 신자에게 전가시키신다(*롬 3:24에 대한 설명을 보라*).

3:10 그리스도…알고자 하여 *8절에 대한 설명을 보라*. 바울은 여기서 보다 깊이 그리스도를 아는 것과 그분과의 친밀함을 더해감을 강조한다. **부활의 권능** 그리스도의 부활은 그분의 권능이 얼마나 큰지를 생생하게 드러내는 것이다. 그리스도가 죽음의 자리에서 자신을 일으키심으로써 물리적 세계와 영적 세계 모두를 지배하는 권능을 드러내신 것이다. **그 고난에 참여함** 이 표현은 일종의 동반자의 관계를 가리킨다. 즉 그리스도가 고난 가운데 있는 그리스도인을 위로하실 수 있는 것은 그리스도가 그들과 같은 고난뿐 아니라 그보다 훨씬 더한 고난까지도 체험하셨기 때문이며(히 2:18; 4:15; 12:2-4. 참고. 고후 5:21; 벧전 2:21-24), 따라서 각 신자는 그리스도와 함께 고난을 통해 깊은 연합을 이루게 된다. **그의 죽으심을 본받아** 그리스도가 죄인들을 구속하기 위한 목적으로 죽으신 것과 같이 바울도 비록 그 의미는 더 작았으나 동일한 목적을 가지고 살았다. 그는 복음을 들고 죄인들을 찾아가는 삶을 살았고, 그 목적을 위해서라면 기꺼이 죽을 준비가 되어 있었다. 즉 그의 삶과 죽음은 비록 사람을 구속하는 것은 아니었으나 그의 주님이 품으셨던 것과 동일한 목적을 위해 바쳐졌다.

3:11 어떻게 해서든지 바울은 하나님이 어떤 방법으로 그 일을 이루실지에 대해서는 그분께 맡기고 자신의 죽음은 물론 부활의 몸으로 구원이 완성될 그 시간을 갈망하는데, 이는 바울의 겸손을 반영한다(참고. 롬 8:23). **죽은 자 가운데서 부활** 문자적으로 '시체 상태에서의 부활'이라는 뜻으로, 교회가 휴거될 때 함께 일어날 부활을 가리킨다(살전 4:13-17. 참고. 고전 15:42-44).

3:12-14 바울은 경주하는 자의 비유를 사용해 그리스도인의 영적인 성장을 묘사하고 있다. 신자는 그리스도를 닮고자 하는 목표에 아직 이르지 못했지만(참고. 20, 21절) 경주에서 달리는 자처럼 그 목표를 추구하는 일을 계속해야만 한다. 그것이 모든 신자의 목표라는 것은 로마서 8:29; 데살로니가 후서 2:13, 14; 요한일서 3:2을 보면 분명해진다(*이 구절들에 대한 설명을 보라*).

3:12 내가 이미 얻었다 함도 아니요 그리스도를 닮고자 하는 경주는 만족스럽지 않은 상태에 대한 정직한 인식으로부터 시작된다. **내가 그리스도 예수께 잡힌 바 된 그것을 잡으려고** '잡으려고'는 '어떤 사람을 자신의 소유로 만들려고'라는 뜻이다. 그리스도가 바울을 선택하신 궁극적 목적은 바울에게 영광스러운 자신의 형상을 본받게 하려는 것이었고(롬 8:29), 그것이야말로 바울이 도달하고자 추구했던 바로 그 푯대였다. **달려가노라** 이 헬라어 단어는 단거리 선수에 대해 쓰이며, 공격적이고 활기에 넘치는 몸의 움직임을 가리킨다. 바울은 그 상을 얻기 위해 모든 영적 근육을 긴장시키고 모든 힘을 쏟아 성화의 길을 추구했다(고전 9:24-27; 딤전 6:12; 히 12:1).

3:13 잡은 줄로 같은 헬라어 단어를 12절에서는 "잡으려고"로 번역했다. **오직 한 일** 바울은 성화의 전체를 "한 일"로, 그리스도를 닮기를 추구하는(*고후 11:1-3에 대한 설명을 보라*) 단순하고 분명한 목표로 축약시켰다. **뒤에 있는 것은 잊어버리고** 신자는 과거에 행했던 고결한 행위나 사역에서 이루었던 업적에 의존하거나 지나간 죄와 실패에 연연해하는 것을 거부해야 한다. 과거의 일 때문에 주의가 산만해지면 그것은 현재 경주하고 있는 모든 노력을 헛되게 만들 뿐이다.

3:14 푯대 여기서 그리고 지금 그리스도를 닮아가는 것을 말한다(*12절에 대한 설명을 보라*). **하나님이 위에서 부르신 부름** 하나님이 각 신자를 하늘로, 그분의 임재 가운데로 부르시는 순간은 이 지상에 살면서 도달할 수 없던 푯대에 이르고 상을 받는 시간이 될 것이다. **상** 하늘에서 성취되는 그리스도를 닮는 것을 말한다(참고. 20, 21; 요일 3:1, 2).

3:15 누구든지 우리 온전히 이룬 자들 영적으로 완벽하게 그리스도를 닮는 것은 신자가 위로부터의 부르심을 받을 때만 가능하므로 바울이 여기서 말하는 것은 영적 성숙이다. 바울은 그와 함께 그리스도를 닮는 것을 추구해가는 데 있어 같은 마음을 가진 성숙한 신자를 가리킬 수도 있고, 자신들이 그런 완전함에 이르렀다고 생각하는 유대주의자들에 대해 빈정거리며 "온전히 이룬"이라는 표현을 사용했을 수도 있다. **이렇게 생각할지니** '태도'가 더 나은 번역이다. 신자들은 그리스

도를 닮아갈 때 얻는 상급을 추구하는 태도를 가져야 한다. **만일 어떤 일에 너희가 달리 생각하면** 과거에 연연해하여 푯대를 향해 나아가지 못하는 사람을 가리킨다. **하나님이…나타내시리라** *나타내다*로 번역된 헬라어 단어는 '덮개를 벗기다' 또는 '베일을 벗기다'라는 의미를 갖고 있다. 바울은 영적인 완전함을 추구하지 않는 사람을 하나님의 손에 맡겼다. 그는 하나님이 매를 사용하시더라도 결국에 가서는 진리를 그들에게 나타내실 것을 알았다(히 12:5-11).

3:16 우리가 어디까지 이르렀든지…행할 것이라 *행하다*로 번역된 헬라어 단어는 '일렬로 걷다'라는 뜻을 가진다. 바울은 빌립보 신자에게 영적인 대오를 지어서 지금까지 그들을 인도했던 동일한 영적 성장의 원칙으로 계속 성화의 길을 걸으라고 명령한다(참고. 살전 3:10; 벧전 2:2).

B. 불법 행위에 대해(3:17-4:1)

3:17 나를 본받으라 문자적으로 '나를 모방하는 자가 되라'는 뜻이다. 모든 신자는 불완전하므로 그들에게는 어떻게 불완전함을 극복해야 하는지 알려주고 그리스도를 닮는 목표를 추구해가는 과정에서 본보기가 되어 줄 수 있는, 덜 불완전한 사람들이 필요하다. 바울이 바로 그 본보기였다(고전 11:1; 살전 1:6). **그와 같이 행하는 자들을 눈여겨 보라** 빌립보 교회의 신자는 디모데와 에바브로디도(2:19, 20)처럼 다른 경건한 자들이 보이는 모범에 집중하고 그런 경건한 자들이 그리스도를 섬김에 있어 어떻게 처신하는지 보아야 한다.

3:18 여러 번 너희에게 말하였거니와 분명해 보이는 것은 바울이 에베소 사람에게 했던 그대로(행 20:28-30) 빌립보 사람에게도 여러 번에 걸쳐 거짓 교사의 위험에 대해 경고했다는 점이다. **눈물을 흘리며** 바울은 에베소 교회의 장로들에게 거짓 교사의 위험에 대한 경고를 하면서 빌립보 신자들에게 보인 반응과 비슷한 반응을 보였다(행 20:31). **십자가의 원수** 바울이 이 말을 통해 전하고자 한 것은 이런 사람들이 그리스도나 그분이 십자가에서 이루신 일이나 믿음으로 말미암아 은혜로 얻는 구원에 대하여 명백하게 반대를 제기하지 않았지만, 그렇다고 해서 분명히 드러난 경건함으로 그리스도를 닮아가는 목표를 추구하지도 않았다는 점이다. 그들은 그리스도의 친구인 것처럼 행세했을 것이 분명한데, 심지어는 교회에서 지도자 위치에까지 이르렀을 것이다.

3:19 이 십자가의 원수들은 유대인(유대주의자들, 2절)이거나 이방인 자유주의자, 곧 모든 도덕률을 내다버려야 한다는 반법주의(antinomianism)의 경향을 띠면서 이원론적인 철학을 주창하는 영지주의의 선구자들이었을 수도 있다. **마침은 멸망이요** '마침'으로 번역된 헬라어 단어는 사람의 궁극적인 운명을 가리킨다. 유대주의자들에게는 구원이 그들의 행위에 달려 있었으므로 그들은 영원한 멸망을 향해가고 있었다. 이방인 자유주의자들 역시 그들의 인간적인 지혜를 신뢰하고 복음이 가지는 변화의 능력을 부인했으므로 유대주의자들과 같은 운명의 길을 가고 있었던 것이다. **그들의 신은 배요** 이 표현은 유대주의자들이 주로 그들의 종교적 행위를 통해 이룬 육신적인 성취를 가리킬 수 있다. 또한 그것은 구원에 필요하다고 유대주의자들이 믿고 있던 음식 규정을 지키는 일을 가리킬 수도 있다. 만약 이방인 자유주의자들을 향해 말하는 것이라면 그것은 그들의 감각적 욕망과 육체적 식욕을 가리킨다고 볼 수 있다. 그리고 거짓 교사들은 언제나 그러했듯이 그들의 사악함 때문에 그들의 정체가 분명히 드러나기 마련이다. *베드로후서 2:10-19; 유다서 8-13절에 대한 설명을 보라.* **그 영광은…부끄러움에 있고** 유대주의자들은 그들 자신의 노력을 자랑했으나 그들이 최상의 성취를 이루었다고 해도 그것은 더러운 걸레나 배설물보다 나을 것이 없었다(7, 8절; 사 64:6). 이방인 자유주의자들은 그들의 죄성을 오히려 자랑하고 다녔으며, 그들의 행동을 합리화하기 위해 그리스도인의 자유를 남용했다(고전 6:12). **땅의 일** 유대주의자들이 집착한 것은 예식과 축제, 제사, 그밖에 다른 종류의 육체적으로 지켜야 하는 일들이었다. 이방인 자유주의자들은 세상과 세상에 있는 모든 것을 사랑했다(참고. 약 4:4; 요일 2:15).

3:20 우리의 시민권 이 헬라어 단어는 외국 식민지를 가리킨다. 어떤 자료에 따르면 이 단어는 어느 수도를 묘사하기 위해 쓰였는데, 그 도시는 시민들의 이름을 등록부에 올려 보관했다고 한다. **하늘에** 하나님이 거하시고 그리스도가 임해 계시는 곳을 말한다. 그곳은 믿는 자들의 본향(요 14:2, 3)이요, 그들의 이름이 기록된 곳이요(눅 10:20), 그들이 받게 될 기업이 기다리고 있는 곳(벧전 1:4)이기도 하다. 그곳에 가면 다른 믿는 자들을 또다시 보게 될 것이다(히 12:23). 우리 모두는 천상의 왕이신 그분의 통치 하에 있는 왕국에 속하게 되고, 하늘의 법에 복종하며 살 것이다. 참고. 베드로전서 2:11. **기다리노니** 이 표현은 주님의 재림을 다루는 대부분의 성경 구절에서 나타나며 인내심을 가지고, 하지만 큰 기대를 가지고 기다린다는 생각을 표현하고 있다(롬 8:32; 벧후 3:11, 12).

3:21 복종하게 하실 해당 헬라어 단어는 '종속시키다'라는 뜻을 가졌는데, 물건을 등급 순서대로 배치하거나

십자가의 원수(빌 3:18, 19)

1. 그들의 마침은 멸망이다
2. 그들의 신은 그들의 배다
3. 그들의 영광은 그들의 부끄러움에 있다
4. 그들의 생각은 땅의 일에 붙잡혀 있다

어떤 것을 순차적으로 관리하는 것을 가리킨다. 그리스도는 그의 섭리에 따라 자연의 법칙을 창조하실 뿐 아니라 그 법칙을 뒤집으실 수 있는 두 가지의 능력을 모두 가지신 분이다(고전 15:23-27). **우리의 낮은 몸을…변하게 하시리라** *변화시키다*로 번역된 헬라어 단어에서 나온 것이 *조직 도해*(*schematic*)인데, 어떤 것의 내부 설계를 말한다. 그리스도 안에서 이미 죽었으나 그분과 함께 영으로 하늘에서 산 자가 된 사람들(1:23; 고후 5:8; 히 12:23)은 부활과 교회의 휴거가 이루어질 때 그들의 새로운 몸을 입게 되는데, 그때 지상에 살고 있는 사람의 몸이 변화될 것이다(*롬 8:18-23; 고전 15:51-57; 살전 4:16에 대한 설명을 보라*). **자기 영광의 몸의 형체와 같이** 새로워진 신자들의 몸은 그리스도가 부활하신 몸과 같을 것이며 천상의 삶을 살기에 맞도록 다시 설계되고 고쳐질 것이다(고전 15:42, 43; 요일 3:2).

4:1 사랑하고 사모하는 바울은 빌립보 신자에 대한 그의 깊은 애정을 드러내 보인다. *사모하는*으로 번역된 헬라어 단어는 사랑하는 사람들과 이별하는 강한 아픔을 가리킨다. **나의 기쁨이요 면류관인** 바울은 주위 사정과 상황으로부터가 아니라 빌립보에 있는 그의 동료 신자들로부터 기쁨을 얻었다(참고. 살전 2:19, 20; 3:9). *면류관*에 해당하는 헬라어 단어는 시합에서 우승한 운동선수나(고전 9:25), 큰 성공을 거둔 사람이 연회장에서 친구와 동료들이 지켜보는 가운데 보람된 삶을 살았던 것에 대한 상징으로 받는 월계관을 가리킨다. 빌립보 신자야말로 바울의 수고가 성공적인 열매를 맺었음을 보여주는 증거였다. **서라** 이 헬라어 단어는 초소를 지키는 군인을 묘사하는 데 자주 쓰였다. 여기서 이 단어는 일종의 군대에서 내리는 명령과 같은데(참고. 1:27), 그런 명령이 1-9절의 지배적인 표현을 이루고 있다.

바울의 훈계 (4:2-9)

4:2 내가…권하노니 해당하는 헬라어 단어의 뜻은 '촉구하다' 또는 '호소하다'이다. **유오디아…순두게** 이 두 여인은 교회에서 잘 알려진 교우로(3절), 바울이 빌립보에서 처음으로 복음을 전파했을 때 그 기도 모임에 참석했던 여인들 가운데 있었을 수도 있다(행 16:13). 그들이 교회 안에서 서로 대립하는 두 개의 당파를 이끌었던 것으로 보이는데, 그런 대립은 개인적인 갈등에서 비롯되었을 가능성이 높다. **같은 마음** 달리 번역하면 '조화'라고 할 수도 있다(*2:2에 대한 설명을 보라*). 영적인 안정은 서로간의 사랑과 조화, 신자 간의 평화에 달려 있다. 빌립보 교회에서 일어난 분열이 그 교회의 증언의 진실성을 파괴할 지경이었다.

4:3 멍에를 같이한 이렇게 번역된 헬라어 단어가 묘사하고자 한 것은 같은 멍에를 진 두 마리의 황소가 짐을 끌고 있는 그림이다. 동반자는 어느 특정한 일을 성취하기 위해 함께 일하는 동역자 또는 동등한 자를 뜻하는데, 여기서는 영적인 일을 성취하기 위해 일하는 동역자다. 이 사람의 이름이 여기에 나와 있지 않지만 최상의 방법은 '같이한'으로 번역된 헬라어 단어(*수주고스 Syzygos*)를 사람의 이름으로 해석하는 것이다. **글레멘드** 이 사람에 대해서는 알려진 바가 전혀 없다. **생명책** 하나님은 영원 전에 택하신 자들의 모든 이름을 이 책에 기록해두셨으며, 그 책에는 영원한 생명의 유업을 받을 자들을 밝혀놓으셨다(*계 3:5에 대한 설명을 보라*. 참고. 단 12:1; 말 3:16, 17; 눅 10:20; 계 17:8; 20:12).

4:4 주 안에서…기뻐하라 *3:1에 대한 설명을 보라*.

4:5 관용 이 단어는 다른 사람들에게 만족하고 그들에게 너그러움을 베푸는 것을 말한다. 또한 그것은 다른 사람들의 잘못과 실패에 대하여 자비와 관대함을 베푸는 것을 가리킬 수도 있다. 때로 그 단어는 온갖 부당함이나 학대에도 보복하지 않으면서 복종하는 사람한테서 찾아볼 수 있는 인내심을 말할 수도 있다. 겸손한 태도로 은혜를 베푸는 마음이라면 앞서 말한 성품을 모두 가진 것으로 봐야 할 것이다. **가까우시니라** 시간이나 공간적으로 가까워지는 것을 가리킬 수 있지만, 문맥상으로 볼 때는 공간적으로 가까운 것을 나타낸다. 주님은 모든 믿는 자를 그분의 임재 안으로 품으신다.

4:6 아무 것도 염려하지 말고 *마태복음* 6:26-33*에 대한 설명을 보라*. 조바심과 염려는 하나님의 지혜나 주권, 능력을 신뢰하지 않는다는 것을 보여줄 뿐이다. 주님으로 말미암아 기뻐하고 그분의 말씀을 묵상하는 일은 그런 초조함에 대한 훌륭한 해독제다(시 1:2). **모든 일에** 그 어떤 난관도 모두 하나님의 목적 안에 들어 있다. **기도와 간구로, 너희 구할 것을 감사함으로** 모든 참된 기도에는 하나님에 대한 깊은 감사가 따라오기 마련이다.

4:7 모든 지각에 뛰어난 이 표현은 평강의 원천이 하늘

에 있음을 가리킨다. 이것은 인간의 지성과 분석, 통찰을 초월한다(사 26:3; 요 16:33). **하나님의 평강** *9절에 대한 설명을 보라*. 하나님이 자기 자녀들에게 가장 좋은 것으로 행하실 수 있고 행하기를 기뻐하신다는 흔들리지 않는 확신을 근거로 감사의 태도를 가진 신자에게는 내면의 평안 또는 고요함이 약속되어 있다(참고. 롬 8:28). **마음…생각** 바울은 여기서 두 가지 사이에 어떤 구별을 하고 있지 않다. 그는 단지 내면적인 인격 전체를 가리키는 광범위한 진술을 하고 있을 뿐이다. 신자가 그리스도와 연합할 때 그리스도는 평강으로 그 신자의 속사람을 지키신다. **지키시리라** 군사 용어로 '감시하다'라는 의미다. 하나님의 평강은 초조함과 의심, 두려움, 괴로움으로부터 신자들을 지켜 보호할 것이다.

4:8 참되며 참된 것은 하나님 안에서(딤후 2:25), 그리스도 안에서(엡 4:20, 21), 성령 안에서(요 16:13), 하나님의 말씀 안에서(요 17:17) 발견된다. **경건하며** 해당하는 헬라어 단어는 '존경받을 만한'이라는 뜻을 가진다. 신자는 경외와 흠모를 받을 만한, 즉 불경스럽지 않고 신성한 것을 묵상해야 한다. **옳으며** 이렇게 번역된 이 단어는 옳은 것을 가리킨다. 신자들의 생각은 거룩함에 대한 하나님의 신성한 표준과 조화를 이루어야 한다. **정결하며** 도덕적으로 깨끗하고 더럽혀지지 않은 것을 말한다. **사랑 받을 만하며** 해당하는 헬라어 단어는 '기쁘게 하는' 또는 '우호적인'이라는 의미를 가진다. 그러므로 신자는 친절하고 은혜로운 것에 집중해야 한다는 뜻이다. **칭찬 받을 만하며** 큰 존경을 받거나 평판이 좋음을 말하는 것으로 친절함과 예의바름, 다른 사람을 존경함 등 세상에서 훌륭한 덕목으로 간주되는 것을 가리킨다.

4:9 내게 빌립보 사람에게는 선포된 하나님의 진리를 따르는 것뿐 아니라 그들 앞에서 바울이 보여준 진리에 순종하는 모범적인 삶을 따를 것이 요구되었다(*히 13:7에 대한 설명을 보라*). **평강의 하나님** *로마서 15:33에 대한 설명을 보라*. 참고. 고린도전서 14:33. 하나님은 평강과 화평의 하나님이시며(롬 16:20; 엡 2:14), 그리스도를 통하여 죄인들과 화목하게 하시고(고후 5:18-20) 환난 중에도 평안을 주신다(7절).

바울의 감사 (4:10-20)

4:10-19 바울은 빌립보 사람들이 감옥에 있는 자신에게 보여준 사랑과 그에게 보낸 관대한 선물에 대해 감사함을 표현하고 있으며, 그리스도인은 자신이 처한 형편이 어떠하든지에 관계없이 어떻게 자족할 수 있는지 확실한 모범을 제시해주고 있다.

4:10 이제…기회가 없었느니라 바울의 복음 사역 초기에 데살로니가에 머물렀을 때 빌립보 사람이 바울의 필요를 채우기 위해 그에게 처음 선물을 보낸(15, 16절) 이후로 10여 년의 세월이 지났다. 바울은 그들이 계속해서 자신을 돕고자 하는 열망을 가지고 있음을 알았지만, 그렇게 도울 수 있는 기회(시기)가 없었음을 하나님의 섭리 안에서 깨달았다.

4:11 어떠한 형편에든지 바울은 뒤이어 나온 구절에서 그 형편을 밝혀주고 있다. **자족** 이렇게 번역된 헬라어 단어는 '자족하다' '충족되다'라는 뜻을 가진다. 동일한 단어가 고린도후서 9:8에서는 "넉넉함"으로 번역되어 있다. 이 단어는 도움의 필요로부터 독립된 상태를 나타낸다(참고. 눅 3:14; 살전 4:12; 딤전 6:6, 8; 히 13:5).

4:12 비천…풍부 바울은 초라한 생활(음식, 의복, 일상품에 있어)도 하고, 풍요한 가운데서도 사는 방법을 터득했다. **배부름과 배고픔** '배부름'으로 번역된 헬라어 단어는 동물에게 먹이를 주거나 동물을 살찌게 하는 것을 가리키는 표현으로 사용되었다. 바울은 그에게 먹을 것이 많을 때나 부족할 때도 자족하는 방법을 알았다.

4:13 내게 능력 주시는 자 안에서 여기서 사용된 헬라어 단어는 '능력을 넣어주다'라는 뜻이다. 신자들은 그리스도 안에 있으므로(갈 2:20) 그리스도는 자신의 힘을 그들에게 불어넣어 그들이 어떤 것을 공급받을 때까지 견디게 하신다(엡 3:16-20; 고후 12:10). **내가 모든 것을 할 수 있느니라** 바울이 여기서 쓰는 헬라어 동사는 '강하다' '힘을 갖고 있다'라는 의미를 가진다(참고. 행 19:16, 20; 약 5:16). 바울은 이 물질 세계에서 마주치는 난관과 번영 모두를 포함하는 "모든 것"을 견디는 힘을 가지고 있었다.

단어 연구

덕(Virtue): 4:8. 신약성경에서는 보기 어려운 단어지만 당시 헬라어 저술에서는 도덕적으로 훌륭하다는 것을 표시하기 위해 자주 사용되었다. 베드로는 그의 첫 번째 서신에서 이 단어를 사용하여 하나님의 탁월한 성품 또는 '탁월한 면들'을 묘사한다(벧전 2:9에서는 이 단어가 "아름다운 덕"으로 번역되었음). 그런 탁월함을 많은 사람이 소유했던 것으로 알려지고 있지만 그것은 근본적으로 하나님으로부터 오는 성품이다. 오직 하나님의 능력을 받은 자만이 지상에서 도덕적 탁월함을 나타낼 수 있는 것이다(벧후 1:3).

그리스도 안에서 새로운 피조물이 된 사람의 성품

고린도전서 13:3-8	갈라디아서 5:22-23
사랑은… • 오래 참고 • 온유하며 • 시기하지 않으며 • 자랑하지 않으며 • 교만하지 않으며 • 무례히 행치 않으며 • 자기의 유익을 구하지 않으며 • 성내지 않으며 • 악한 것을 생각하지 않으며 • 불의를 기뻐하지 않으며 • 진리와 함께 기뻐하고 • 모든 것을 참으며 • 모든 것을 믿으며 • 모든 것을 바라며 • 모든 것을 견디느니라	성령의 열매는… • 사랑 • 희락 • 화평 • 오래 참음(인내) • 자비 • 양선 • 충성 • 온유 • 절제
"그런즉 믿음, 소망, 사랑, 이 세 가지는 항상 있을 것인데 그 중의 제일은 사랑이라"(13:13)	"이같은 것을 금지할 법이 없느니라…만일 우리가 성령으로 살면 또한 성령으로 행할지니"(5:23, 25)
빌립보서 4:8	**골로새서 3:12-16**
무엇이든지…생각하라 • 참되며 • 경건하며 • 옳으며 • 정결하며 • 사랑받을 만하며 • 칭찬받을 만하며 • 무슨 덕이 있든지 • 기림이 있든지	이것들을…한 것을 옷 입으라 • 긍휼 • 자비 • 겸손 • 온유 • 오래 참음(인내) • 서로 용납하라 • 피차 용서하라 • 이 모든 것 위에 사랑을 더하라 • 하나님의 평강이 너희 마음을 주장하게 하라 • 감사하는 자가 되라 • 그리스도의 말씀이 너희 속에 풍성히 거하게 하라 • 피차 가르치며 권면하라 • 너희 마음에 은혜로 노래를 부르라
"너희는 내게 배우고 받고 듣고 본 바를 행하라 그리하면 평강의 하나님이 너희와 함께 계시리라"(4:9)	"무엇을 하든지 말에나 일에나 다 주 예수의 이름으로 하고"(3:17)

4:14 바울은 방금 적었던 내용(11-13절) 때문에 빌립보 사람이 가장 최근에 그에게 보낸 선물에 대해 감사할 줄 모른다고 오해하지 않도록 여기에 해명하는 글을 덧붙인다. **참여하였으니** 누군가와 동반자 관계를 맺게 되는 것을 말한다.

4:15 복음의 시초에 바울이 처음 빌립보에서 복음을 전파했을 때다(행 16:13). **내가…떠날 때에** 바울이 빌립보를 떠났을 때, 대략 10년 전의 일이다(행 16:40). **마게도냐** 바울은 빌립보뿐 아니라 마게도냐에 있는 다른 두 도시였던 데살로니가와 베뢰아에서도 사역을 했다(행 17:1-14). **주고 받는 내 일에** 바울은 여기서 세 가지 사업상 용어를 사용한다. *내 일*로 번역된 헬라어는 '계정'으로 번역될 수도 있고 *주고 받는*으로 번역된 단어는 지출과 수입을 가리킨다. 바울은 하나님의 재원을 신실하게 관리하는 청지기로서 그가 받은 것과 쓴 것에 대해 세심하게 기록해두었다. **너희 외에 아무도** 오직 빌립보 사람만이 바울의 필요를 채우기 위해 물자를 공급했다.

4:16 데살로니가에 있을 때에도 *사도행전 17:1에 대한 설명을 보라.* 또한 데살로니가전서 서론을 보라. 바울은 2차 전도여행 중 데살로니가에 수개월 동안 머물면서 복음을 전했다.

4:17 너희에게 유익하도록 풍성한 사실 빌립보 교인은 그들 자신을 위하여 하늘에 보물을 쌓고 있었던 것이다(마 6:20). 하늘에 있는 영적 계좌에는 그들이 바울에게 보냈던 선물 때문에 영원한 하늘의 배당금이 쌓이고 있었다(잠 11:24, 25; 19:17; 눅 6:38; 고후 9:6). **열매** 해당하는 헬라어 단어는 '이익'으로 번역할 수도 있다.

4:18 에바브로디도 *2:25에 대한 설명을 보라.* **받으실 만한 향기로운 제물이요 하나님을 기쁘시게 한 것** 구약의 제사제도에 따르면 모든 제물은 향기를 내어 하나님이 받으실 만한 것이어야 했다. 즉 그 제물이 올바른 태도로 드려질 때만 하나님의 마음에 들 수 있었다(창 8:20, 21; 출 29:18; 레 1:9, 13, 17). 빌립보 사람들의 선물은 하나님의 마음을 흡족하게 하는 영적 제물이었다(참고. 롬 12:1; 벧전 2:5).

4:19 그 풍성한 대로 하나님이 빌립보 사람에게 그분의 부요함으로부터 적은 분량을 내어주시는 것이 아니라 그분의 무한한 자원에 비례하는 풍성한 분량을 주실 것이다. **너희 모든 쓸 것** 여기서 바울은 빌립보 사람의 모든 물질적 필요에 대해 언급하고 있는데, 그들이 베푼 은혜로운 선물 때문에 그들의 물질은 많이 고갈되었을 것이다(잠 3:9).

4:20 이 찬가는 하나님이 성도의 모든 필요를 공급하신다는 위대한 진리에 대하여 바울이 직접 화답하여 올리는 찬양이다. 보다 일반적인 의미에서 이 찬송은 하나님의 성품과 그분의 신실하심에 대한 반응으로 나온 찬양이다.

바울의 작별인사 (4:21-23)

4:21 성도에게 각각 *1:1에 대한 설명을 보라.* 바울은 집합적인 의미의 *모든*이라는 단어 대신에 각 개인을 가리키는 *각각*이라는 단어를 씀으로써 성도 한 명 한 명이 그의 관심 대상임을 선언하고 있다. **나와 함께 있는 형제들** 디모데와 에바브로디도가 이 형제들 속에 포함되는 것은 분명하다(2:19, 25). 로마에서 말씀을 전했던 몇몇 사람이 바울과 함께 있었을 것이고(1:14), 두기고와 아리스다고, 오네시모, 유스도라 하는 예수 역시 그곳에 있었을 가능성이 있다(골 4:7, 9-11).

4:22 가이사의 집 사람들 가이사의 직계 가족에 한정되지 않는 상당히 많은 숫자의 사람을 가리키며 여기에 황실의 신하, 왕자, 재판관, 요리사, 음식을 맛보는 자, 음악가, 관리인, 건축자, 마구간 관리자, 군인, 회계사 등이 포함되었을 것이다. 그 큰 집단에 속한 자들 가운데서 바울이 염두에 두고 있는 대상은 그가 로마에 오기 전 이곳 교회의 지체들이 전파한 복음을 통해 이미 구원받은 사람들이었다. 그리고 바울이 감금되어 있는 동안 그와 함께 사슬로 매어 있었던 군인들을 포함해 바울 자신을 통해 그리스도께 인도된 사람들이 새로이 그들의 숫자에 더해졌다(1:13).

4:23 바울의 서신서에 흔히 등장하는 결론 부분이다.

연구를 위한 자료들

Robert Gromacki, *Stand United in Joy* (The Woodlands, Tex: Kress, 2002).

Homer A. Kent Jr., *Philippians*, in Expositor's Bible Commentary (Grand Rapids: Zondervan, 1978).

John MacAthur, *Philippians* (Chicago: Moody, 2001).

빌

제 목

골로새서는 이 서신을 받은 교회가 있던 도시의 이름에서 왔다. 또한 이 서신은 근처에 있던 라오디게아의 교회에서도 읽혀질 것이었다(4:16).

저자와 저작 연대

바울의 서신들에서 늘 그렇듯 편지의 머리말에 보면 바울이 저자로 밝혀져 있다(1:1. 참고. 23절; 4:18). 이레나이우스, 알렉산드리아의 클레멘스, 테르툴리아누스, 오리게네스, 에우세비오스 같은 교회의 핵심 인물뿐 아니라 초대 교회의 증언이 이 서신의 머리말이 참된 것임을 확증해준다. 바울이 썼다는 추가 증거가 이 책과 밀접하게 병행을 이루는 빌레몬서에서 나온다. 모든 사람은 빌레몬서를 바울이 기록한 것으로 받아들이고 있다.

이 두 서신은 바울이 로마에 잡혀 있던(4:3, 10, 18; 몬 9, 10, 13, 23절) 때(주후 60-62년경) 기록되었다. 동일한 이름(예를 들면 디모데, 아리스다고, 아킵보, 마가, 에바브라, 누가, 오네시모, 데마)이 두 서신에 등장하기 때문에 이 두 서신이 같은 저자와 비슷한 시기에 기록되었음을 알 수 있다. 바울의 개인적 경력에 대한 정보는 로마서 서론의 저자와 저작 연대를 보라.

배경과 무대

골로새는 로마의 아시아 속주(오늘날 터키의 일부)에 속한 브루기아에 위치해 있었으며, 에베소에서 동쪽으로 약 161킬로미터 떨어져 있었고, 그곳은 요한계시록 1-3장에 나온 일곱 교회가 있던 곳이다. 이 도시는 리쿠스강이 미앤더강으로 흘러들어가는 곳에서 별로 멀지 않은 곳인 리쿠스 강가에 있었다. 리쿠스 계곡은 골로새에서 좁아져 폭이 3.2킬로미터 정도 되며, 2,438미터 높이의 카드무스산이 도시를 굽어보고 있다.

골로새는 바사(페르시아) 왕 아하수에로(크세르크세스, 참고. 에 1:1)가 그 지역을 통과했던 주전 5세기에 번성하던 도시였다. 검은 양모와 염료(근처의 초크 매장지에서 만들어지는)가 주요 생산품이었다. 게다가 그 도시는 남북과 동서로 달리는 중심 무역로가 만나는 곳에 위치해 있었다. 하지만 바울 당시에 주요 도로가 근처 도시인 라오디게아를 통과하도록 변경되어, 상인들이 골로새를 그냥 지나치면서 쇠퇴하게 되었다. 반면 인근 도시인 라오디게아와 히에라볼리(히에라폴리스)가 번성했다.

비록 골로새의 주민은 주로 이방인이었지만, 안티오코스 대왕(주전 223-187년) 시대 이래로 많은 유대인 정착민이 있었다. 이처럼 골로새에 다문화 주민이 있었다는 사실이 그 교회의 구성원과 교회를 괴롭힌 이단(유대교 율법주의와 이방 밀교)의 존재 속에서 드러난다.

골로새 교회는 바울이 에베소에 3년간 머물면서 사역하던 시기에 시작되었다(사도행전 19장). 골로새 교회를 세운 사람은 바울이 아니었다. 바울은 거기에 간 적이 없다(2:1). 에베소를 방문했다가 구원받은 것이 분명한 에바브라(1:5-7)가 고향으로 돌아가 골로새에서 교회를 세웠을 것으로 보인다. 골로새 교회가 세워진 지 몇 년이 지나지 않아 역사상 존재했던 어떤 특정한 역사적 체계와도 다른 위험한 이단이 일어나 교회를 위협했다. 그 이단은 나중에 영지주의로 알려진 이단의 요소들을 포함하고 있었다. 즉 하나님은 선하지만 물질은 악하며, 예수 그리스도는 하나님으로부터 내려온 일련의 방출물 가운데 하나로 하나님보다 열등하며(이 신념으로 말미암아 그들은 예수 그리스도의 참된 인성을 부인함), 깨달음과 구원을 위해 성경보다 높은 비밀스럽고 고등한 지식이 필요하다는 것이었다.

또한 골로새 이단은 유대교 율법주의의 몇몇 요소를 받아들였다. 즉 구원을 위한 할례의 필요성, 구약 율법의 예식 준수(음식법, 절기, 안식일), 엄격한 금욕주의였다. 그것은 천사 숭배와 신비한 경험을 요구했다. 에바브라는 이 이단에 대해 크게 염려한 나머지 골로새에서 바울이 죄수로 갇혀 있던 로마까지 험난한 여행을 했다(4:12, 13).

이 서신은 로마 감옥에서(행 28:16-31) 주후 60-62년에 기록되었으므로 옥중서신이라고 불린다(에베소서, 빌립보서, 빌레몬서와 함께). 이 서신은 에베소서와 비슷한 시기에 작성되어 에베소서, 빌레몬서와 함께 두기고

편에 보내졌을 것이다(엡 6:21, 22; 골 4:7, 8). 바울이 이 서신을 기록한 곳에 대한 논의는 빌립보서 서론의 저자와 저작 연대를 보라. 바울은 골로새 교인들이 직면한 이단을 경고하기 위해 이 서신을 기록해 두기고 편에 보냈고, 두기고는 도망친 노예 오네시모와 함께 가서 그를 골로새 교회 회중의 한 사람인 그의 주인 빌레몬에게 돌려보냈다(4:7-9. 빌레몬서 서론의 배경과 무대를 보라). 에바브라는 로마에 남았는데(참고. 몬 23), 아마 바울로부터 더 많은 가르침을 받기 위해서였을 것이다.

역사적 · 신학적 주제

골로새서는 핵심적인 신학 영역에 대한 몇 가지 가르침을 담고 있는데, 그중에는 그리스도의 신성(1:15-20; 2:2-10), 화해(1:20-23), 구속(1:13, 14; 2:13, 14; 3:9-11), 선택(3:12), 사죄(3:13), 교회의 성격(1:18, 24, 25; 2:19; 3:11, 15)이 있다. 또한 위에서 지적했듯 이 서신은 골로새 교회를 위협하던 이단적 가르침을 반박하고 있다(2장).

해석상의 과제

그리스도의 신성을 부인하던 이 이단은 "모든 피조물보다 먼저 나신 이"(1:15)라는 설명을 그리스도가 피조된 존재라는 증거라고 주장했다. 신자들이 "믿음에 거"하면 "거룩하고 흠 없고 책망할 것이 없는 자"가 될 것이라는(1:22, 23) 바울의 말을 근거로 어떤 사람들은 신자가 그들의 구원을 잃을 수도 있다고 가르쳤다. 어떤 사람들은 "그리스도의 남은 고난을…내 육체에 채우노라"(1:24)는 말을 근거로 연옥의 존재를 주장한 반면, 어떤 사람들은 그 말이 세례를 통한 거듭남(2:12)을 지지한다고 보았다. "라오디게아로부터 오는 편지"(4:16)가 어느 편지인지에 대해서도 많은 토론이 있었다. 이런 문제들은 본문의 주석에서 다뤄질 것이다.

골로새서 개요

I. 개인적 일(1:1-14)
- A. 바울의 인사(1:1, 2)
- B. 바울의 감사(1:3-8)
- C. 바울의 기도(1:9-14)

II. 교리적 지침(1:15-2:23)
- A. 그리스도의 신성에 대해(1:15-23)
- B. 바울의 사역에 대해(1:24-2:7)
- C. 거짓된 철학에 대해(2:8-23)

III. 실천적 권면(3:1-4:18)
- A. 그리스도인의 행위(3:1-17)
- B. 그리스도인의 가정(3:18-4:1)
- C. 그리스도인의 말(4:2-6)
- D. 그리스도인의 친구(4:7-18)

개인적 일(1:1-14)

A. 바울의 인사(1:1, 2)

1:1 바울 사도 바울에 대한 상세한 설명은 로마서 서론의 저자와 저작 연대를 보라. *사도행전 9:1에 대한 설명을 보라.* **디모데** 바울의 동역자이자 믿음 안에서 참 아들인(디모데전서 서론의 배경과 무대를 보라. *행 16:1에 대한 설명을 보라*) 그가 바울이 죄수일 때도 그와 함께 할 수 있었던 것은 바울이 개인적으로 마련한 집에 머물 수 있었기 때문이다(행 28:16-31).

1:2 골로새 로마의 속주 아시아에 속한 브루기아 지역에 있는 리쿠스 골짜기에 있던 세 도시 가운데 하나로, 에베소에서 동쪽으로 약 161킬로미터 되는 곳에 있었다(서론의 배경과 무대를 보라). **성도들** 죄로부터 분리되어 하나님께 받쳐진 사람들, 즉 골로새에 있는 신자들을 말한다(*고전 1:2에 대한 설명을 보라*). **신실한** 신약성경에서 오직 신자에게만 사용되는 단어다. 참고. 4절. **은혜와 평강** 바울이 쓴 13편의 서신 전부에 등장하는 인사다(*롬 1:7에 대한 설명을 보라*).

B. 바울의 감사(1:3-8)

1:3 하나님 곧 우리 주 예수 그리스도의 아버지 때로 이 호칭은 모든 참된 아들이 그의 아버지와 하나이듯 예수 그리스도가 본성에 있어 하나님과 하나임을 보여주기 위해 사용되었다. 이것은 그리스도의 신성을 천명하는 말이다(참고. 롬 15:6; 고후 1:3; 11:13; 엡 1:3; 3:14; 벧전

1:3).

1:4 그리스도 예수 안에 너희의 믿음 구원의 믿음에 대한 논의를 위해서는 *로마서 1:16; 10:4-17; 약 2:14-26에 대한 설명을 보라.* **모든 성도에 대한 사랑** 참고. 8절. 참된 구원의 신앙에 따르는 가시적 열매의 하나는 동료 신자들을 위한 사랑이다(요 13:34, 35; 갈 5:22; 요일 2:10; 3:14-16).

1:5 너희를 위하여 하늘에 쌓아 둔 소망 신자의 소망은 그의 믿음과 분리될 수 없다. *로마서 5:2; 베드로전서 1:3-5에 대한 설명을 보라.* **복음** *로마서 1:1에 대한 설명을 보라.* 이 헬라어 단어는 문자적으로 '좋은 소식'이라는 뜻으로, 고전 헬라어에서는 전쟁에서 승리했다는 좋은 소식을 표시하는 말로 사용되었다. 복음은 그리스도가 사탄, 죄, 죽음에 대해 승리하셨다는 좋은 소식이다.

1:6 온 천하에서도 참고. 23절의 "천하 만민". 복음은 결코 배타적인 무리의 사람만을 위한 것이 아니다. 그것은 온 세상을 위한 좋은 소식이다(마 24:14; 28:19, 20; 막 16:15; 롬 1:8, 14, 16; 살전 1:8). 복음은 모든 종족적·문화적·정치적 경계를 초월한다. **열매** 이 말은 복음 전파가 구원을 일으키는 것과 교회가 성장시킨다는 것을 가리킨다. *로마서 1:13; 빌립보서 1:22에 대한 설명을 보라.* 참고. 마태복음 13:3-8, 31, 32.

1:7 에바브라 골로새에 교회를 세웠을 것으로 보이는 인물이다(서론의 배경과 무대를 보라).

C. 바울의 기도(1:9-14)

1:9 신령한 지혜와 총명 *신령한*은 *지혜*(성경으로부터 원리를 축적하고 조직화하는 능력)와 *총명*(그 원리를 매일의 삶에 적용하는 것) 모두를 수식한다. **하나님의 뜻을 아는 것** 뜻으로 번역된 헬라어 단어는 일반적인 것으로, 그 의미를 강화하는 전치사가 붙어 있다. 이것은 내적 인상이나 감정이 아니라 하나님 말씀 속에 최종적이고 완전하게 계시된 하나님의 뜻에 대한 깊고 철저한 지식이다(3:16; 엡 5:17; 살전 4:3; 5:18; 딤전 2:4; 벧전 2:13, 15; 4:19).

1:10 합당하게 행하여 이것은 신약성경의 핵심 개념으로, 신자는 그를 구원하신 주님과 하나 된 사실에 어울리는 방식으로 살아야 한다는 요구다. *에베소서 4:1; 빌립보서 1:27에 대한 설명을 보라.* **모든 선한 일에 열매를 맺게** *로마서 1:13; 빌립보서 4:17에 대한 설명을 보라.* 영적 열매는 의로운 삶의 부산물이다. 성경은 사람을 그리스도께 이끄는 것(고전 16:15), 하나님을 찬양하는 것(히 13:15), 헌금하는 것(롬 15:26-28), 경건한 삶을 사는 것(히 12:11), 거룩한 태도를 나타내는 것(갈 5:22, 23)을 영적인 열매로 꼽는다. **하나님을 아는 것에 자라게 하시고** 영적 성장은 이 지식 없이는 일어날 수가 없다(벧전 2:2; 벧후 3:18). 영적 성장의 증거에는 하나님의 말씀을 향한 더 깊은 사랑(시 119:97), 더 완전한 순종(요일 2:3-5), 강한 교리적 기초(요일 2:12-14), 성장하는 신앙(살후 1:3. 참고. 고후 10:5), 다른 사람을 향한 더 큰 사랑이 포함된다(빌 1:9).

1:11 모든 능력으로 능하게 하시며 *에베소서 3:16-20에 대한 설명을 보라.* **모든 견딤과 오래 참음** 이는 서로 밀접하게 관련되어 있으며, 환난 가운데서 사람이 가지는 태도를 가리킨다. *견딤*이라는 말이 힘든 환경을 견뎌내는 데 초점을 맞춘다면 *오래 참음*은 힘들게 하는 사람을 견뎌내는 데 초점을 맞춘다.

1:12 우리로…합당하게 헬라어 단어는 '충분하게 하다' '능하게 하다' '권위를 주다'라는 의미다. 하나님은 구주의 완성된 일을 통해서만 우리를 합당하게 받으신다. 예수 그리스도를 통한 하나님의 은혜를 떠나서는 모든 사람이 오직 하나님의 진노를 받기에 합당할 것이다. **빛 가운데서** 성경에서 빛은 지적으로는 하나님의 진리를(시 119:130), 도덕적으로는 하나님의 순결을 나타낸다(엡 5:8-14; 요일 1:5). 그러므로 빛은 하나님의 나라와 동의어다. 참고. 요한복음 8:12; 고린도후서 4:6; 요한계시록 21:23; 22:5. **기업** 문자적으로 '돌아올 몫'이라는 뜻이다. 성도의 기업은 하나님이 거하시는 진리와 순결의 영적 영역 안에 존재한다(딤전 6:16). 신자는 하나님의 전체 상속 가운데서 각자 자기에게 돌아올 몫을 받게 될 것이다(*롬 8:17에 대한 설명을 보라*). 가나안에서 이스라엘의 몫으로 상속받은 땅을 암시한다(참고. 민 26:52-56; 33:51-54; 수 14:1, 2). *베드로전서 1:3-5에 대한 설명을 보라.*

1:13 우리를…건져내사 헬라어 단어는 '자신을 건져 올리다' '구해주다'라는 뜻을 가지며, 따라서 진리와 순결이 있는 빛의 영역과 달리 거짓과 사악함이 있는(요일 2:9, 11) 어둠의 영역인(참고. 눅 22:53) 사탄의 나라에서 하나님이 신자를 영적으로 해방시키는 것을 가리킨다. *사도행전 26:18에 대한 설명을 보라.* **그의 사랑의 아들** 참고. 마태복음 3:17; 12:18; 17:5; 마가복음 1:11; 9:7; 누가복음 3:22; 9:35; 에베소서 1:6; 베드로후서 1:17. *요한복음 17:23-26에 대한 설명을 보라.* 성부께서는 영원한 사랑의 표현으로 사랑하시는 아들에게 그 나라를 주셨다. 이 말은 성부께서 불러 의롭게 하시는 각 사람은 아버지께서 아들에게 주시는 사랑의 선물이라는 뜻이다. *요한복음 6:37, 44에 대한 설명을*

지극히 높으신 그리스도

우주적 정부에서
보이지 않는 하나님의 형상(1:15)
창조의 대행자(1:16)
만물의 유지자(1:17)
교회의 머리(1:18)

화해에서
성부를 기쁘시게 함(1:19, 20)
자신의 죽음을 통해 우리를 화해시키심(1:21, 22)
우리 영광의 소망으로 우리 안에 사심(1:27)

지혜와 지식에서
모든 보화의 원천(2:2, 3)
세상적 철학은 그리스도를 따르지 않음(2:8)

개인의 준수에서
우리는 그분 안에서 살아 있음(2:11-13)
율법주의나 의식주의가 필요 없음(2:16-23)

그리스도인의 삶에서
그는 우리의 생명이심(3:3)
우리는 부도덕을 피하고 다른 사람을 축복할 수 있음(3:5-14)

보라. **나라** 기본적인 의미로는 한 왕이 통치하는 한 무리의 백성을 말한다. 장차 올 지상의 천년왕국 이후에 오게 될 영원한 나라(벧후 1:11)는 예수 그리스도의 보호와 권위 하에서(*마 3:2에 대한 설명을 보라*) 모든 신자가 현재 그리고 영원히 하나님과 영적인 관계를 맺으면서 사는 구원의 영역을 말한다.

1:14 속량 헬라어의 의미는 '속전을 주고 구해내다'로, 노예를 노예 상태에서 해방시키는 것을 가리키는 말로 사용되었다. 여기서는 그리스도가 믿는 죄인을 죄의 노예 상태에서 해방시키는 것을 가리킨다(참고. 엡 1:7; 고전 1:30. *롬 3:24에 대한 설명을 보라*). **죄 사함** 이 헬라어는 '용서하다' '죄책의 면제를 하사하다'라는 뜻을 가진 두 단어의 합성어다. 참고. 시편 103:12; 미가 7:19; 에베소서 1:7. *고린도후서 5:19-21에 대한 설명을 보라*.

교리적 지침 (1:15-2:23)

A. 그리스도의 신성에 대해(1:15-23)

1:15-20 골로새 교회를 위협하던 이단적 가르침의 한 가지 요소가 그리스도의 신성에 대한 부인이었다. 바울은 이 저주받을 이단의 요소와 싸우면서 그리스도의 신성을 강력하게 변호한다.

1:15 보이지 아니하는 하나님의 형상 *히브리서 1:3에 대한 설명을 보라*. '형상'으로 번역된 헬라어는 *에이콘*(*eikcon*)이며, 영어의 icon(상)은 이 단어에서 유래되었다. 이 헬라어 단어의 뜻은 '복사본' '유사성'이다. 예수 그리스도는 하나님의 완전한 형상(정확하게 같음)이고, 하나님 자신의 모습이며(빌 2:6. 참고. 요 1:14; 14:9), 영원 전부터 존재해왔다. 바울은 예수를 이렇게 설명함으로써 그가 하나님의 나타나심이라는 것을 강조한다. 예수는 모든 면에서 완전한 하나님이시다(참고. 2:9; 요 8:58; 10:30-33; 히 1:8). **모든 피조물보다 먼저 나신 이**

참고. 18절. *먼저 나신 이*로 번역된 헬라어는 시간적으로 최초로 출생한 것을 가리킬 수도 있지만, 대부분의 경우 지위나 신분의 뛰어남을 가리킨다(*히 1:6에 대한 설명을 보라*. 참고. 롬 8:29). 그리스와 유대 문화에서 먼저 난 아들이라는 말은 그가 첫째로 태어났든 아니든 아버지의 유업을 잇는 지위를 얻은 아들을 가리켰다. 비록 이스라엘이 최초 민족은 아니었지만 특별한 민족이므로 이 표현이 이스라엘에게 사용되었다(참고. 출 4:22; 렘 31:9). 이 문맥에서 먼저 나신 자는 최초로 창조되었다는 말이 아니라 가장 높은 지위를 뜻하는 것이 분명하다(참고. 시 89:27; 계 1:5). 거기에는 다음과 같은 몇 가지 이유가 있다. 첫째, 그리스도는 '최초로 출생'한 동시에 '유일하게 출생했을' 수가 없다(참고. 요 1:14, 18; 3:16, 18; 요일 4:9). 둘째, "먼저 나신 이"가 어떤 부류 속의 하나를 가리킬 때는 그 부류가 복수형인데도(참고. 18절; 롬 8:29) 여기서 "피조물"은 단수형으로 되어 있다. 셋째, 바울이 여기서 그리스도를 피조물이라고 가르치고 있다면 그가 논박하려고 하는 이단에게 동의하는 결과를 낳게 된다. 넷째, 그리스도가 피조물이면서 동시에 만물의 창조자가 되는 것은(16절) 불가능하다. 따라서 그리스도의 "먼저 나신 이"라는 뜻은 그가 우월하며(18절) '만물에 대한' 상속권을 소유하신다는 말이다(참고. 히 1:2; 계 5:1-7, 13). 그는 창조 이전에 존재했으며, 그 지위에 있어 모든 것 위에 계신다. *시편 2:7; 로마서 8:29에 대한 설명을 보라*.

1:16 보이는 것들과 보이지 않는 것들…만물이 다…그를 위하여 창조되었고 참고. 로마서 11:33-36. *요한복음 1:3; 히브리서 1:2에 대한 설명을 보라*. 하나님이신 예수는 자신의 기쁨과 영광을 위하여 물질적·영적 우주를 창조하셨다. **왕권들이나 주권들이나 통치자들이나 권세들** 참고. 2:15; 로마서 8:38; 에베소서 1:21; 3:10; 6:12; 베드로전서 3:22; 유다서 6절. 이것은 그리스도

그리스도의 호칭

명칭(호칭)	의 미	성경 구절
아담, 마지막 아담	구속받은 새 인류의 첫 번째 인물	고전 15:45
알파와 오메가	만물의 처음과 끝	계 21:6
생명의 떡	꼭 필요한 유일한 양식	요 6:35
머릿돌	생명의 확실한 토대	엡 2:20
목자장	보호자, 유지자, 인도자	벧전 5:4
죽은 자 가운데서 먼저 나신 자	우리를 부활과 영생으로 인도하심	골 1:18
선한 목자	공급자와 돌보시는 자	요 10:11
양 떼의 큰 목자	믿을 수 있는 인도자이자 보호자	히 13:20
대제사장	우리의 죄를 위한 완전한 희생제물	히 3:1
하나님의 거룩하신 자	본성적으로 죄가 없음	막 1:24
임마누엘(우리와 함께 하시는 하나님)	삶의 모든 환경 속에서 우리와 함께하심	마 1:23
왕의 왕, 주의 주	모든 무릎이 그 앞에 꿇어 엎드리는 전능자	계 19:16
하나님의 어린 양	우리를 위한 희생제물로 자신을 내어주심	요 1:29
세상의 빛	어둠 속에 소망을 가져오심	요 9:5
영광의 주	살아 계신 하나님의 능력과 임재	고전 2:8
하나님과 사람 사이의 중보	우리를 구속하고 죄를 용서하여 하나님 앞으로 이끄심	딤전 2:5
아버지의 독생자	유일무이 하나님의 아들	요 1:14
선지자	하나님의 진리를 신실하게 선포하시는 분	행 3:22
구주	우리를 죄와 죽음에서 건지시는 분	눅 1:47
아브라함의 자손	하나님의 언약의 중보자	갈 3:16
인자	인간성을 입어 우리와 하나 되심	마 18:11
말씀	창조할 때 하나님과 함께하심	요 1:1

가 창조하고 다스리시는 천사들의 다양한 범주다. 그들이 거룩한 천사인지 타락한 천사인지에 대한 설명이 없다. 이는 그리스도가 그 두 부류의 천사 모두를 통치하는 분이시기 때문이다. 거짓 교사들은 그들의 이단 사상 속에 천사 숭배를 포함시키면서(*2:18에 대한 설명을 보라*) 예수도 그들 중 하나로 하나님에 의해 피조된 영에 불과하며 하나님보다 열등하다는 거짓 주장을 집어넣었다. 바울은 이 가르침에 반박하면서 천사들의 지위가 어떠하든지, 거룩하든 타락했든 그들은 피조물에 불과하며 그들의 창조자는 다름 아니라 뛰어나신 분, 구원자 주 예수 그리스도이심을 분명히 했다. 바울이 이 천사들의 지위 목록을 기록한 목적은 거짓 교사들이 내세웠을 수 있는 어떤 존재보다 그리스도가 말할 수 없이 우월하심을 보이기 위해서다.

1:17 그가 만물보다 먼저 계시고 우주가 시작되었을 때 그리스도는 이미 존재하고 계셨으므로 그분이 영원하시다는 것은 자명한 일이다(미 5:2; 요 1:1, 2; 8:58; 요일 1:1; 계 22:13). **섰느니라** 문자적으로 '함께 붙들다'라는 뜻이다. 그리스도는 생명의 존재와 지속에 필요한 능력과 균형을 지키면서 우주를 유지해 나가신다(참고. 히 1:3).

1:18 몸인 교회의 머리 참고. 2:19. 바울은 인간의 몸의 은유를 사용하여 교회를 나타내는데, 거기서 그리스도는 머리 역할을 하신다. 몸이 두뇌의 통제를 받듯 그리스도가 교회의 각 부분을 통제하시며 생명과 방향을 부여하신다. 참고. 에베소서 4:15; 5:23. 교회를 몸으로 가르치는 것은 *고린도전서 12:4-27에 대한 설명을 보라*. **근본** 이 말은 근원과 우월성을 동시에 가리킨다. 주 예수는 교회의 기원이시며(엡 1:4), 교회를 위한 희생적인 죽음과 부활을 통하여 교회의 주권자가 되어 생명을 주신다. **죽은 자들 가운데서 먼저 나신 이** *15절에 대한 설명을 보라*. 예수는 연대기적으로 가장 먼저 부활하셨고 다시는 죽지 않으신다. 죽음에서 살아났거나 앞으로 살아날 모든 사람[여기에는 모든 사람이 포함됨(요 5:28, 29)] 가운데서 그리스도가 으뜸이다(*15절; 빌 2:8-11에 대한 설명을 보라*).

1:19 모든 충만 이는 골로새 이단에 속한 사람들이 사용한 것이었다. 그들은 신성한 능력과 속성을 모두 충만이라고 부르면서 그런 능력과 속성이 다양한 방출물들 사이에 나눠져 있다고 믿었다(서론의 배경과 무대를 보라). 이 주장에 반대하면서 바울은 신성의 충만(신성의 모든 능력과 속성)이 피조물 속에 퍼져 있는 것이 아니라 그리스도 안에만 온전히 거한다고 주장한다(참고. 2:9).

1:20 그의 십자가의 피 *14절에 대한 설명을 보라*. **화평을 이루사** *로마서 5:1에 대한 설명을 보라*. 하나님이 구원하신 자들은 더 이상 하나님과 적대관계에 있지 않다. **만물…자기와 화목하게 되기를** *화목*으로 번역된 헬라어는 '바꾸다' '교환하다'라는 뜻을 가진다. 신약성경에서는 이 단어가 죄인이 하나님과 맺는 관계의 변화를 가리킨다. *로마서 5:10; 고린도후서 5:18-21에 대한 설명을 보라*. 하나님이 예수 그리스도를 통해 사람을 하나님과 바른 관계로 회복시키실 때 사람은 하나님과 화목된다. *화목하다*라는 단어의 강세형이 이 절에서 사용되므로 신자가 전적이고 완전하게 화목됨을 가리키

모든 피조물보다 먼저 나신 이(골 1:15-20)

이 단락은 그리스도의 신성에 대한 강력한 변호를 포함하고 있다. 골로새 교회를 위협했던 이단의 중심 요소는 그리스도의 신성에 대한 부정이었던 것으로 보인다. 오랜 세월 어떤 사교 집단들이 "모든 피조물보다 먼저 나신 이"(1:15)라는 표현을 사용해 그리스도의 신성을 무너뜨리려고 했다는 것은 아이러니한 사실이다. 이 주장이 가정하는 것은 예수가 창조 때 태어났다면 그는 하나님과 같다기보다는 더욱 우리와 같다는 것이다.

*먼저 나신 이*로 번역된 헬라어는 시간적으로 최초로 출생한 것을 가리킬 수도 있지만, 대부분의 경우 지위나 신분의 뛰어남을 가리킨다(히 1:6; 롬 8:9). 이 문맥에서 *먼저 나신 이*라는 말은 최초로 피조되었다는 말이 아니라 가장 높은 지위에 있는 존재라는 뜻이 분명하다(시 89:27; 계 1:5). 거기에는 다음과 같은 몇 가지 이유가 있다.

- 그리스도는 '최초로 출생'한 동시에 '유일하게 출생했을' 수가 없다(요 1:14, 18; 3:16, 18; 요일 4:9을 보라). "먼저 나신 이"가 어떤 부류 속의 하나를 가리킬 때는 그 부류가 복수형인데도(1:18; 롬 8:29), 여기서 그 부류인 "피조물"은 단수형으로 되어 있다.
- 만약 바울이 여기서 그리스도를 피조물이라고 가르치고 있다면 자기가 논박하려는 이단의 말에 동의하는 결과를 낳는다.
- 그리스도가 피조물이면서 동시에 만물의 창조자가 되는 것은(1:16) 불가능하다. 따라서 그리스도가 "먼저 나신 이"라는 뜻은 그가 우월하며(1:18) '만물에 대한' 상속권을 소유하신다는 것이다(히 1:2; 계 5:1-7, 13).

며, 나아가서 궁극적으로 피조계의 "만물"이 그렇게 될 것을 가리킨다(참고. 롬 8:21; 벧후 3:10-13; 계 21:1). 그렇다고 해서 이 본문을 모든 사람이 믿을 것이라고 가르치고 있는 것은 아니다. 도리어 모든 사람이 결국 복종하게 될 것을 가르치고 있다(참고. 빌 2:9-11).

1:21 멀리 떠나…원수가 되었던 *멀리 떠나*에 해당하는 헬라어는 '소외된' '잘려 나간' '분리된'이라는 뜻이다. 화목을 이루기 전에는 모든 사람이 하나님으로부터 완전히 소외되어 있었다(참고. 엡 2:12, 13). *원수*로 번역된 헬라어는 '미워하는'이라고 번역될 수도 있다. 불신자들은 자기들이 '악한 일들'을 사랑하기 때문에 하나님을 미워하며 하나님의 거룩한 기준을 싫어한다(참고. 요 3:19, 20; 15:18, 24, 25). 실제로는 양편이 서로에게서 소외되어 있는 셈이다. 왜냐하면 하나님도 "모든 행악자를 미워하시기" 때문이다(시 5:5).

1:21, 22 죽음으로 말미암아 화목하게 하사 십자가의 대속적 죽음으로 모든 믿는 사람의 죗값을 치른 그리스도는 이 화목을 가능하도록 만들었고 성취하셨다. *고린도후서 5:18-21에 대한 설명을 보라*. 참고. 로마서 3:25; 5:9, 10; 8:3.

1:22 화목하게 하사 *20절에 대한 설명을 보라*. **거룩하고…그 앞에** *거룩*은 신자가 하나님과의 관계에서 가지는 위치를 가리킨다. 신자는 전가된 의로 말미암아 죄로부터 분리되어 하나님의 것이 되었다. 이것이 칭의다(*롬 3:24-26; 빌 3:8, 9에 대한 설명을 보라*). 신자가 그리스도의 죽음과 부활에 연합한 결과 하나님은 그리스도인을 성자처럼 거룩한 자로 간주하신다(엡 1:4; 고후 5:21). 또한 그리스도인은 흠이 없고(결점이 없고) 책망할 것이 없다(아무도 그리스도를 고발할 수 없음, 롬 8:33. 참고. 빌 2:15). 그리스도와 만날 때 우리는 순결한 신부처럼 그 앞에 나아갈 수 있다(엡 5:25-27; 고후 11:2).

1:23 믿음에 거하고 참고. 사도행전 11:23; 14:22. 화목된 사람들은 믿음과 순종을 지켜나갈 것이다. 의롭다고 선언된 것 외에도 그들은 실제로 새로운 피조물이 되어(고후 5:17) 하나님을 사랑하고 죄를 미워하며 순종을 추구하는 새로운 성품을 받았고, 내주하는 성령으로 말미암아 힘을 공급받기 때문이다(참고. 요 8:30-32; 요일 2:19). 참된 신자는 그들이 들은 복음을 떠나는 것이 아니라 유일한 기초인(고전 3:11) 그리스도 위에 확고하게 머물 것이며, 하나님이 힘을 주시는 은혜를 통해 믿음을 지킬 것이다(빌 1:6; 2:11-13). 성도의 견인에 대한 논의는 *마태복음 24:13에 대한 설명을 보라*. **천하 만민에게 전파된** 참고. 마가복음 16:15. 복음에는 인종적 경계가 없다. 바울이 골로새서를 썼던 로마에 복음이 도달했으며, 이는 당시 알려진 세계의 중심에 도달한 것이었다.

B. 바울의 사역에 대해(1:24-2:7)

1:24 괴로움 바울이 현재 투옥되어 있는 상태를 말한다(행 28:16, 30. 에베소서 서론의 배경과 무대를 보라). **남은 고난을…채우노라** 바울은 그리스도에게 의도되었던 고난을 자신이 당하고 있었다. 그리스도가 십자가에서 죽으셨음에도 그분의 적들은 그에게 가한 상처로 만족하지 않았다. 그래서 그들은 그 미움을 복음을 전하는 자들에게로 돌렸다(참고. 요 15:18, 24; 16:1-3). 이런 의미에서 바울은 그리스도의 남은 고난을 채우고 있었던 것이다(*고후 1:5; 갈 6:17에 대한 설명을 보라*). **그의 몸된 교회를 위하여** 바울이 고난을 견디는 동기는 그리스도의 교회에 유익을 주고 교회를 세우는 것이었다. 참고. 빌립보서 1:13, 29, 30. *고린도후서 4:8-15; 6:4-10; 11:23-29; 12:9, 10에 대한 설명을 보라*.

1:25 일꾼 참고. 고린도전서 4:1, 2; 9:17. 일꾼은 주인의 집안을 돌보면서 다른 종들을 감독하고, 물자를 분배하며, 사업을 경영하고, 재정을 관리하는 노예였다. 바울은 자신의 사역을 주님으로부터 받은 청지기직으로 보았다. 교회는 하나님의 집이며(딤전 3:16), 바울은 교회를 돌보고 먹이고 인도하는 일을 맡았으며, 그 일에 대해 하나님 앞에 책임을 져야 했다(참고. 히 13:17). 모든 신자는 하나님이 그들에게 주신 능력과 자원을 관리할 책임이 있다(*벧전 4:10에 대한 설명을 보라*). **하나님의 말씀을 이루려 함이니라** 이 말은 하나님이 주신 사역을 자신이 완수하겠다는 헌신을 가리킨다. 이 사역은 하나님이 그를 보내셔서 복음을 전하도록 한 사람들에게 하나님의 모든 경륜을 가르치는 것이었다(행 20:27; 딤후 4:7).

1:26 비밀 참고. 2:2; 4:3. *마태복음 13:11; 고린도전서 2:7; 에베소서 3:4, 5에 대한 설명을 보라*. 이것은 지금까지 감춰져 있다가 신약의 성도에게 처음으로 계시된 진리를 가리킨다. 이 진리에는 성육신하신 하나님의 비밀(2:2, 3, 9), 이스라엘의 불신앙에 대한 비밀(롬 11:25), 불법의 비밀(살후 2:7), 유대인과 이방인이 교회 내에서 하나가 되는 비밀(엡 3:3-6), 교회의 휴거에 대한 비밀(고전 15:51)이 있다. 이 단락에서는 그 비밀이 27절에 구체적으로 나와 있다.

1:27 이방인…너희 안에 계신 그리스도 구약성경은 메시아가 오실 것과 이방인이 구원에 참여할 것은 예언했으나(참고. 사 42:6; 45:21, 22; 49:6; 52:10; 60:1-3; 시 22:27; 65:5; 98:2, 3), 그 메시아가 주로 이방인으로 이

루어진 구속받은 교회의 각 지체 속에서 실제로 살게 되리라는 진리는 계시되지 않았다. 유대인과 이방인으로 이루어진 신자 공동체가 지금 내주하시는 그리스도의 넘치는 풍성함을 소유한다는 것이 이제 드러난 영광스러운 비밀이다(요 14:23; 롬 8:9, 10; 갈 2:20; 엡 1:7, 17, 18; 3:8-10, 16-19). **영광의 소망** 내주하시는 그리스도의 영은 각 신자에게 미래의 영광에 대한 보장이다(롬 8:11; 엡 1:13, 14; 벧전 1:3, 4).

1:28 완전한 온전하게 되는 것 또는 성숙하게 되는 것(그리스도처럼 되는 것)을 말한다. *로마서 8:29; 빌립보서 3:12-14, 19, 20; 요한일서 2:6; 3:2에 대한 설명을 보라.* 이 영적 성숙은 2:2에서 정의된다.

1:29 나도…역사를 따라 힘을 다하여 수고하노라 여기에 그리스도인의 삶의 균형이 있다. 바울은 자기의 온 힘을 다하여 하나님을 섬기고 영광을 돌리고자 노력했다. 수고는 지치도록 일하는 것을 가리킨다. *힘을 다하다*로 번역된 헬라어에서 영어의 *agonize*(고투하다)라는 단어가 나왔으며, 이는 경기장에서 겨루기 위해 요구되는 노력을 가리킨다. 동시에 그는 효과적으로 "힘을 다하는" 또는 일하는 방법을 알았다. 곧 하나님이 일하셔서 그를 통해 영적이고 영원한 결과를 낸다는 것을 알았다(빌 2:11-13. 참고. 고전 15:10, 58).

2:1 라오디게아 로마의 아시아 속주에 속한 브루기아의 중심 도시로, 리쿠스 계곡의 히에라볼리(히에라폴리스) 바로 남쪽에 있었다(서론의 배경과 무대를 보라. *계 3:14에 대한 설명을 보라.* 참고. 4:13). **얼마나 힘쓰는지** '힘쓰다'라는 뜻을 가진 이 단어는 1:29의 단어와 같은 어근에서 온 것이다. 사도 바울은 많은 사람이 신앙적으로 성장하도록 노력했는데, 골로새인과 라오디게아인도 여기에 속해 있었다.

2:2 확실한 이해의 모든 풍성함 복음의 충만한 이해, 그와 함께하는 내적인 격려와 사랑의 교제는 성숙한 신자의 표시이며, 그런 표시로 말미암아 성숙한 신자는 구원의 확신을 즐거워한다(*벧후 1:5-8에 대한 설명을 보라*). **하나님의…그리스도** 참고. 4:3. "하나님"과 "그리스도" 사이의 어구를 빼도(난외주를 보라. 원래의 본문에는 그 어구가 없었을 것임) 아무것도 바뀌지 않는다. 메시아 그리스도가 성육신하신 하나님이라는 사실을 가리켜 바울이 여기서 비밀이라고 말하고 있는데, 이것이 이 절의 핵심이다(참고. 딤전 3:16). **비밀** *1:26에 대한 설명을 보라.*

2:3 모든 보화 참고. 9, 10절; 1:19. 골로새 교인을 위협하던 거짓 교사들은 오직 영적 엘리트만 얻을 수 있는 비밀스러운 지혜와 초월적 지식을 자신들이 가졌다고 주장했다. 그렇지만 그와는 정반대로 구원, 성화, 영화를 위해 필요한 진리의 모든 충만함이 예수 그리스도 안에 있으며, 그리스도 자신이 바로 하나님이시다. 이것이 바울의 선언이었다. 참고. 요한복음 1:14; 로마서 11:33-36; 고린도전서 1:24, 30; 2:6-8; 에베소서 1:8, 9; 3:8, 9.

2:4 아무도…너희를 속이지 못하게 하려 함이니 바울은 골로새 교인이 그리스도의 존재를 공격하는 거짓 교사들의 그럴듯한 말솜씨에 속는 일이 없기를 바랐다. 이런 이유로 바울은 1장과 2장에 걸쳐 그리스도의 신성을 강조하고, 그리스도는 얼마든지 신자들을 구원하여 영적 성숙에 이르게 할 수 있음을 강조했다.

2:5 육신으로는 떠나 있으나 심령으로는 너희와 함께 있어 바울은 죄수의 몸이었기 때문에 골로새인과 함께할 수 없었다. 그러나 그렇다고 해서 그들을 위한 그의 사랑과 관심이 약해졌다는 의미는 아니다(참고. 고전 5:3, 4; 살전 2:17). 그들의 "질서 있게 행함"과 "믿음이 굳건한 것"(이 두 용어는 전쟁을 위해 모집된 군인들이 견고하게 전후 위치를 지키는 모습을 묘사하는 군사 용어임)이 사도의 마음에 큰 기쁨을 가져다주었다.

2:6 그 안에서 행하되 *행하다*는 말은 신약성경에서 신자의 매일을 가리키는 익숙한 단어다(1:10; 4:5; 롬 6:4; 8:1, 4; 13:13; 고전 7:17; 고후 5:7; 10:3; 12:18; 갈 5:16, 25; 6:16; 엡 2:10; 4:1, 17; 5:2, 8, 15; 빌 3:16-18; 살전 2:12; 4:1, 12; 살후 3:11; 요일 1:6, 7; 2:6; 요이 6; 요삼 3, 4). 그리스도 안에서 행하는 것은 그리스도가 보이신 모범에 따라 사는 것이다.

2:7 믿음 여기서 이 말은 객관적인 의미를 가지며, 기독교 교리의 진리를 가리킨다. 영적 성숙은 사도들이 가르치고 기록한 성경 진리의 근거 위에서 위로 전개해 올라가는 것이다. 참고. 3:16. 이것은 건전한 교리에 뿌리를 내리고, 건설하고, 굳게 자리 잡는 것이다(참고. 딤전 4:6; 딤후 3:16, 17; 딛 2:1).

C. 거짓된 철학에 대해(2:8-23)

2:8 철학과 헛된 속임수 단어 *철학*(문자적으로 '지혜에 대한 사랑'이라는 뜻임)은 신약성경에서 오직 여기에만 등장한다. 이 단어는 단순한 학문 분야 이상의 의미를 가지는데 하나님, 세상, 삶의 의미에 대한 모든 이론을 가리킨다. 골로새인 가운데 이단을 받아들인 사람은 그 이단을 이용하여 자신들이 도달했다고 선언한 이른바 더 높은 지식을 설명했다. 하지만 바울은 거짓 교사들의 철학을 "헛된 속임수", 즉 무가치한 거짓과 동일시한다. 참고. 디모데전서 6:20. *고린도후서 10:5에 대한*

골

설명을 보라. **너희를 사로잡을까** 단어 '사로잡다'는 강도질을 가리킨다. 사람들에게 거짓을 믿게 하는 데 성공한 거짓 교사들은 그들한테서 진리, 구원, 복을 강탈하는 것이다. **세상의 초등학문** *20절; 갈라디아서 4:3에 대한 설명을 보라.* 거짓 교사들의 신념은 진보된 심오한 지식이 아니라 타락하고 마귀적인 인간의 체계가 고안해낸 다른 모든 사변, 이데올로기, 철학, 심리학과 같은 단순하고 미성숙한 생각이다.

2:9 신성의 모든 충만 그리스도는 신성한 본성과 속성을 모두 소유하신다(*1:19; 요 1:14-16에 대한 설명을 보라*). **육체로** 그리스의 철학적 사고에서는 물질은 악하고 영은 선했다. 따라서 하나님이 인간의 몸을 입는다는 것은 생각할 수 없는 일이었다. 바울은 그리스도의 성육신에 대한 실제성을 강조함으로써 거짓 가르침에 반박한다. 예수는 완전한 하나님일 뿐 아니라 완전한 사람이시다. *빌립보서 2:5-11에 대한 설명을 보라.*

2:10 그 안에서 충만하여졌으니 *3, 4절에 대한 설명을 보라.* 참고. 요한복음 1:16; 에베소서 1:3. 신자들은 그리스도 안에서 두 가지 면에서 모두 온전하다. 그리스도의 완전한 의를 전가받아 그 위치에 있어 온전하고(*1:22에 대한 설명을 보라*) 영적 성장을 위해 받을 수 있는 하늘의 자원이 완전히 충분하다는 면에서 온전하다(*벧후 1:3, 4에 대한 설명을 보라*). **모든 통치자와 권세의 머리** 예수 그리스도는 골로새의 잘못된 생각을 하는 사람들이 주장하듯 하나님으로부터 방출된 열등한 존재가 아니라(서론의 배경과 무대를 보라) 우주와 그 안에 있는 모든 영적 존재를 창조하고 통치하시는 분이다.

2:11, 12 손으로 하지 아니한 할례 *창세기 17:11에 대한 설명을 보라.* 할례는 사람이 마음의 씻음을 받아야 할 필요가 있다는 것을 상징했는데(참고. 신 10:16; 30:6; 렘 4:4; 9:26; 행 7:51; 롬 2:29), 하나님에 대한 믿음으로 말미암아 얻는 죄 씻음을 외적으로 보여주는 표시였다(롬 4:11; 빌 3:3). 구원받을 때 신자들은 육신의 죄의 몸을 벗어버림으로써 영적인 할례를 받는다(참고. 롬 6:6; 고후 5:17; 빌 3:3; 딛 3:5). 이것이 신생이고, 회심을 통한 재창조다. 이미 이루어진 내적 변화를 외적으로 확증하는 것이 지금 신자가 받는 물세례다(행 2:38).

2:13 범죄…죽었던 너희 *에베소서 2:1, 5에 대한 설명을 보라.* 불신자는 죄의 영역, 세상(엡 2:12), 육신(롬 8:8), 마귀(요일 5:19)에게 매어 있으므로 영적인 자극에 아무 반응도 할 수 없고, 영적인 생명이 전혀 없다. 바울은 고린도전서 2:14; 에베소서 4:17-19; 디도서 3:3에서 이 구원받지 못한 상태를 더 자세히 설명한다. **하나님이 그와 함께 살리시고** *에베소서 2:1, 5에 대한 설명을 보라.* 오직 예수 그리스도와의 연합을 통해서만(10-12절) 자신들의 죄 속에서 절망에 허덕이던 사람들이 영원한 생명을 얻는다. 하나님이 주도권을 쥐고 생명을 주는 능력을 발휘하여 신자를 살려내어 자기 아들과 연합시키신다. 영적으로 죽어 있는 사람에게는 자신을 살릴 수 있는 능력이 없다(참고. 롬 4:17; 고후 1:9). **우리의 모든 죄를 사하시고** 참고. 1:14. 허물 있는 죄인이 예수 그리스도를 신뢰할 때 하나님이 그를 값없이(롬 3:24) 완전하게(롬 5:20; 엡 1:7) 용서하신다는 것이 성경에서 가장 중요한 진리다(참고. 시 32:1; 130:3, 4; 사 1:18; 55:7; 미 7:18; 마 26:28; 행 10:43; 13:38, 39; 딛 3:4-7; 히 8:12).

2:14 법조문으로 쓴 증서 "쓴 증서"라고 번역된 헬라어 단어는 손으로 쓴 차용증을 가리키며, 채무자가 자기의 채무를 인정하는 문서였다. 모든 사람은(롬 3:23) 하나님의 법을 어김으로써 발생한 부채를 지불하지 않은 채 하나님께 빚으로 지고 있으며(갈 3:10; 약 2:10. 참고. 마 18:23-27), 따라서 사형 선고를 받은 상태에 있다(롬 6:23). 바울은 하나님이 신자의 죄를 사하시는 것을 양피지에서 잉크를 지워버리는 것으로 생생하게 비교한다. 그리스도의 십자가로 상징되는 희생의 죽음을 통해 하나님은 우리의 부채증서를 완전히 지우시고 우리를 완전히 용서하셨다. **십자가에 못 박으시고** 이것은 또 다른 사죄의 은유다. 십자가에 달린 죄수의 범죄 목록은 그 죄수와 함께 십자가에 못 박혀 그가 어떤 죄로 형벌을 받는지 알려주었다(예수의 경우 마 27:37에 기록되어 있음). 신자의 죄는 그리스도의 몫으로 넘어갔고, 그리스도가 십자가에 못 박힘으로써 그들 모두를 위해 형벌의 값을 지불할 때 범죄에 대한 완전한 형벌을 요구하는 하나님의 의로운 진노가 만족되었다.

2:15 통치자들과 권세들 *1:16에 대한 설명을 보라.* 그리스도의 몸이 죽어 있는 동안 그분의 살아 있고 신성한 영혼은 실제로 귀신들의 거처로 내려가서 죄, 사탄, 죽음, 지옥에 대한 그리스도의 승리를 선언했다. *베드로전서 3:18, 19에 대한 설명을 보라.* **무력화하여** 십자가가 이루는 일의 또 다른 요소로 바울은 십자가가 사탄과 그의 악을 따르는 무리인 타락한 천사들의 궁극적인 파멸을 결정했다고 말한다(참고. 창 3:15; 요 12:31; 16:11; 히 2:14). **구경거리로 삼으시고…그들을 이기셨느니라** 이는 승리한 장수가 패배한 적들을 이끌고 로마의 거리를 행진하는 모습이다. 그리스도는 십자가에서 사탄에게 승리를 거두셨다. 하나님의 구속 계획을 좌절시키려는 사탄들의 노력이 이 십자가에서 궁극적으로 무산되었다. 이 승리의 또 다른 이미지를 위해서는 *고린도후서 2:14-16에 대한 설명을 보라.*

2:16, 17 바울은 골로새인에게 그리스도 안에서 얻은 그들의 자유를 사람이 만든 무익한 율법주의적 규칙과 바꾸지 말라고 경고한다(참고. 갈 5:1). 율법주의는 구원하는 일에서나 죄를 억제하는 일에서 무능력하다.

2:16 먹고 마시는 것 거짓 교사들은 어떤 형태의 음식 규정을 부과하려고 했는데, 아마 모세 율법을 근거로 했을 것이다(참고. 레 11장). 골로새인은 새 언약 하에 있었으므로(다른 모든 그리스도인과 마찬가지로) 구약의 음식 규정을 지킬 의무가 없었다(참고. 막 7:14-19; 행 10:9-15; 롬 14:17; 고전 8:8; 딤전 4:1-5; 히 9:9, 10). **절기** 유대력에 따른 연중 종교 축제일을 말한다(예를 들면 유월절, 오순절, 장막절. 참고. 레 23장). **초하루** 매달 첫째 날에 드리던 월례 제사를 말한다(민 10:10; 28:11-14; 시 81:3). **안식일** 일곱째 날에 지키던 예식으로 하나님이 창조할 때 쉬셨음을 보여준다. 신약성경은 그리스도인이 그것을 지킬 것을 요구받지 않았음을 분명히 가르친다(*행 20:7; 롬 14:5, 6에 대한 설명을 보라*).

2:17 일의 그림자 구약 율법의 종교 제의적 측면(음식 규정, 절기, 제사)은 그리스도를 가리키는 그림자였을 뿐이다. 그리스도가 오신 후에는 실체가 왔으므로 그림자는 아무런 가치가 없다. 참고. 히브리서 8:5; 10:1.

2:18 꾸며낸 겸손 거짓 교사들이 이것을 그토록 좋아한 것을 보면 그들의 겸손은 실제로 교만이었고, 하나님은 그것을 싫어하신다(잠 6:16, 17). **천사 숭배** 여러 세기 동안 골로새를 오염시켰고, 골로새 너머 멀리까지 영향을 미쳤던 이단의 시작으로, 성경이 분명히 금하는 관행이다(마 4:10; 계 19:10; 22:8, 9). **너희를 정죄하지** 바울은 거짓 선지자들이 골로새인을 비합리적인 신비주의로 유혹하여 세상에서의 복이나 영원한 보상(참고. 요이 8절)에 대해 그들을 속이도록 허용하지 말라고 경고한다. **그 본 것에** 실질적으로 모든 사교와 거짓 종교가 그렇듯 골로새의 거짓 교사들도 자신들이 보았다고 주장하는 환상과 계시를 그들의 가르침에 대한 근거로 삼았다. 그들의 주장은 거짓이었는데, 예수 그리스도가 인류에게 주어진 하나님의 최종적이고 완전한(*3, 4절에 대한 설명을 보라*) 계시이기 때문이다(히 1:1, 2). **육신의 생각** *로마서 8:6에 대한 설명을 보라*. 이 말은 거듭나지 못한 사람을 묘사하며, 에베소서 4:17-19에서 더 설명되어 있다.

2:19 참고. 1:18. *에베소서 4:15, 16에 대한 설명을 보라*. 머리와 연합해 있지 않으면 몸(교회)의 성장은 없다(참고. 요 15:4, 5; 벧후 1:3).

2:20 초등학문 *8절에 대한 설명을 보라*. 이것은 "사람의 명령과 가르침"과 동일하다(22절). **그리스도와 함께 죽었거든** 그리스도의 죽음과 부활 속에서 신자가 그리스도와 연합하는 것을 가리킨다(*롬 6:1-11에 대한 설명을 보라*). 이로 말미암아 신자는 모든 세상적 어리석음을 뒤로하고 새로운 생명으로 변화된다.

2:21-23 이 단락은 금욕주의의 무용성을 지적한다. 그것은 엄격한 자기경시(23절), 자기부인(21절), 심지어 자기학대를 통해 거룩을 이루려는 시도다. 금욕주의가 "한때 쓰이고는 없어지는" 한시적인 것에 집중하기 때문에 죄를 억제하거나 사람을 하나님께 인도하는 일에 있어서는 무능력하다. 사람이 자기 몸을 적절하게 돌보고 단련하는 것이 한시적 가치가 있기는 하지만(딤전 4:8) 거기에 영원한 가치는 없으며, 극단적인 금욕주의는 육체의 소욕을 만족스럽게 할 뿐이다. 금욕주의자들은 너무 자주 자기들이 생각하는 거룩을 대중 앞에 드러낼 궁리를 한다(마 6:16, 18).

실천적 권면 (3:1-4:18)

A. 그리스도인의 행위(3:1-17)

3:1 살리심을 받았으면 이 단어의 실제 의미는 '함께 부활하다'이다. 신자는 그리스도께 연합되었으므로 회심의 순간에 영적으로 그리스도의 죽음과 부활 속으로 들어가며(*롬 6:3, 4; 갈 2:20에 대한 설명을 보라*), 그리스도 안에서 살아왔고 지금 살고 있으므로 영적 진리와 영적 실재, 영적인 복, 하나님의 뜻을 이해한다. 저 영광스러운 축도는(참고. 엡 1:3) 하늘 나라의 특권과 부요이며, 그 모든 것이 신자의 것이다. 바울은 그것들을 가리켜 "위의 것"이라고 불렀다. 이것이 무엇인지 이해하려면 *2:3에 대한 설명을 보라*. **받았으면** '받았으므로'라고 번역하는 것이 더 낫다. **하나님 우편에 앉아 계시느니라** 영광과 장엄의 위치로(참고. 시 110:1; 눅 22:69; 행 2:33; 5:31; 7:56; 엡 1:20; 히 1:3; 8:1; 벧전 3:22), 그리스도가 승귀하신 하나님의 아들로 기쁨을 누리는 자리다(*빌 2:9에 대한 설명을 보라*). 이 승귀로 말미암아 그리스도는 그 백성의 복의 근원이 되신다(요 14:13, 14. 참고. 고후 1:20).

3:2 생각하고 또한 '내적인 경향을 가지다'로 번역될 수 있다. 나침반이 북쪽을 가리키듯 전체적인 신자의 성향은 하늘의 것들을 향해야 한다. 하늘의 생각은 성경을 통해서 하늘의 실재를 이해했을 때 온다(참고. 롬 8:5; 12:2; 빌 1:23; 4:8; 요일 2:15-17. *마 6:33에 대한 설명을 보라*).

3:3 너희가 죽었고 *로마서 6:1-11; 고린도후서 5:17; 갈라디아서 6:14에 대한 설명을 보라*. 이 동사의 시제

골

는 과거에 죽음이 발생했음을 표시한다. 이 경우에는 예수 그리스도의 죽음에서 발생한 것인데, 그 죽음에서 신자가 그리스도와 연합하고, 죄로 말미암은 그들의 젖값이 지불되며, 그리스도와 함께 새 생명으로 부활한다. **그리스도와 함께 하나님 안에 감추어졌음이라** 이 풍부한 표현은 세 가지 의미를 포함하고 있다. 첫째, 신자들은 성부와 성자와 함께 공동의 영적 생명을 가진다(고전 6:17; 벧후 1:4). 둘째, 세상은 신자의 새로운 생명의 충만한 의미를 이해할 수 없다(고전 2:14; 요일 3:2). 셋째, 신자들은 영원한 안정이 확보되었으며, 모든 영적 대적으로부터 보호받고 하나님의 모든 복을 누린다(요 10:28; 롬 8:31-39; 히 7:25; 벧전 1:4).

3:4 그리스도께서 나타나실 그 때에 그분이 재림하실 때를 말한다(참고. 계 19:11-13, 15, 16).

3:5 죽이라 *로마서 8:13에 대한 설명을 보라*. 참고. 스가랴 4:6; 에베소서 5:18; 6:17; 요한일서 2:14. 이것은 우리 육신에 남아 있는 죄를 죽이기 위한 의식적인 노력을 가리킨다. **음란** 또한 '부도덕'으로도 번역되는 이 말은 모든 형태의 성적 죄를 가리킨다(*갈 5:19에 대한 설명을 보라*. 참고. 살전 4:3). **부정** 또한 '불결'로도 번역되는 이 말은 성적 죄를 넘어서서 악한 생각과 의도까지 포함한다(*갈 5:19에 대한 설명을 보라*. 참고. 마 5:28; 막 7:21, 22; 살전 4:7). **사욕과 악한 정욕** 성적 죄를 가리키는 비슷한 단어들이다. *사욕*은 이 악의 육체적인 면, *악한 정욕*은 정신적인 면을 가리킨다(*롬 1:26; 살전 4:3에 대한 설명을 보라*. 참고. 약 1:15). **탐심** 또한 '탐욕'으로도 번역되는 이 말은 문자적으로 '더 많이 가지려는 것'이라는 뜻이다. 이것은 특별히 금지된 것을 더 많이 가지려는 다함이 없는 욕망이다(참고. 출 20:17; 신 5:21; 약 4:2). **우상 숭배니라** 바울이 여기 열거한 탐심이나 성적인 죄에 빠질 때 사람들은 하나님이 원하시는 것이 아닌 그들 자신의 욕구를 따른다. 이것이 본질적으로 자신을 경배하는 것이 되므로 우상숭배다(민 25:1-3; 엡 5:3-5).

「논쟁하는 두 노인(*Two old men disputing*)」 1628년. 렘브란트. 나무 패널에 유화. 72.4X59.7cm. 빅토리아 국립미술관. 멜버른.

3:6 하나님의 진노 죄에 대한 하나님의 지속적이고 변함없는 반응이다(*요 3:36; 롬 1:18; 계 11:18에 대한 설명을 보라*).

3:7 너희도 전에 그 가운데 살 때에는 그들의 회심 이전을 말한다(참고. 엡 2:1-5; 딛 3:3, 4).

3:8 벗어 버리라 옷을 벗는 것을 가리키는 헬라어 단어다(참고. 행 7:58; 롬 13:12-14; 벧전 2:1). 하루를 마치면서 더러운 옷을 벗어버리듯 신자는 이전의 악한 생활에 물든 더러운 겉옷을 벗어버려야 한다. **분함** 깊고 은근히 타오르는 독한 마음, 분노한 사람의 고착된 마음에 자리 잡은 태도를 말한다(참고. 엡 4:31; 약 1:19, 20). **노여움** 하나님의 확정된 의로운 진노(*롬 1:18에 대한 설명을 보라*)와 달리 이 노여움은 대체로 '분노'로부터 분출하는 갑작스러운 악한 촉발이다(*갈 5:20에 대한 설명을 보라*. 참고. 눅 4:28; 행 19:28; 엡 4:31). **악의** 일반적인 도덕적 악을 가리키는 헬라어 단어에서 온 말이다. 여기서는 악한 말을 통해 받는 상처를 가리키는 듯하다(참고. 벧전 2:1). **비방** 이 단어가 하나님을 가리킬 경우의 통상적인 번역이다(영어 성경에서는 이것을 '신성모독'으로 번역했음 – 옮긴이). 그러나 여기서는 그것이 사람을 가리키므로 '비방'이라고 번역하는 것이 낫다. 그러나 사람을 비방하는 것도 결국 하나님에 대한 신성모독이다(약 3:9. 참고. 마 5:22; 약 3:10).

3:9, 10 벗어 버리고…입었으니 *8절; 에베소서 4:24, 25에 대한 설명을 보라*. 이 말들은 8절에 나온 명령의 기초다. 옛 사람이 그리스도 안에서 죽었고 새 사람이 그리스도 안에서 살고 있으므로, 이것이 새로운 창조, 곧 거듭남이다(고후 5:17). 신자는 남아 있는 악한 행실을 벗어버려야 하고, 그들이 부르심을 받은 목적인 그리스도의 형상을 향하여 지속적으로 새롭게 되어야 한다.

3:9 옛 사람 아담으로부터 유래된 거듭나지 못한 자아다(*롬 5:12-14; 6:6에 대한 설명을 보라*. 참고. 엡 4:22).

3:10 새 사람 옛 사람을 대체한 새로운, 거듭난 자아다. 이것이 그리스도 안에서 신자의 존재의 본질이다(참고. 엡 4:17; 5:1, 8, 15). 신자들이 여전히 죄를 범하

는 이유는 그들의 구속받지 못한 육신 때문이다(*롬 6:6, 12; 7:5에 대한 설명을 보라*). **자기를 창조하신 이의 형상을** 신자가 자기들을 창조하신 그리스도를 점점 닮아가는 것이 하나님의 계획이다(참고. 롬 8:29; 고전 15:49; 요일 3:2). *빌립보서 3:12-14, 19, 20에 대한 설명을 보라.* **지식** *1:9에 대한 설명을 보라.* 심오하고 철저한 지식으로 이것 없이는 영적 성장이나 갱신이 있을 수 없다(딤후 3:16, 17; 벧전 2:2). **새롭게 하심** *고린도후서 4:16에 대한 설명을 보라.* 참고. 로마서 12:2; 고린도후서 3:18. 이 헬라어 단어는 앞의 현실과 대비되는 의미를 포함한다. 이것은 이전에 있어 본 적이 없는 새로운 질적 생명을 묘사한다(참고. 롬 12:2; 엡 4:22). 태어난 아기가 완전하기는 하지만 아직 미성숙한 상태이듯, 새 사람도 완전하기는 하지만 성장의 가능성을 가지고 있다.

3:11 각각의 신자가 이전의 악한 습관을 벗어버려야 하듯 그리스도의 몸은 그 몸의 하나 됨을 깨닫고, 사람들을 분리시킨 옛 장벽을 파괴해야 한다(참고. 갈 3:28; 엡 2:15). **헬라인** 이방인, 즉 비유대인을 말한다(*롬 1:14에 대한 설명을 보라*). **유대인** 이삭을 통해 내려온 아브라함의 후손을 가리킨다(*롬 2:17에 대한 설명을 보라*). **야만인** *로마서 1:14에 대한 설명을 보라.* **스구디아인** 주전 11세기에 비옥한 초생달 지역을 침략한 고대의 호전적인 민족이다. 강한 야만성을 드러내어 이른바 야만인이라고 불리는 사람들 가운데서도 특히 미움과 두려움의 대상이었다. **종이나 자유인** 노예와 자유민 사이에는 언제나 사회적 장벽이 있어왔다. 아리스토텔레스는 노예를 가리켜 '살아 있는 도구'라고 불렀다. 그러나 그리스도에 대한 믿음은 그런 구분을 없애버렸다(고전 12:13; 갈 3:28. 참고. 몬 6절). **그리스도는 만유시요 만유 안에 계시니라** 예수 그리스도는 모든 신자의 구주로, 그들에게 모든 것을 공평하게 채워주시는 주님이시다.

3:12 그러므로 하나님이 예수 그리스도로 말미암아 신자를 위해 하신 일에 비춰 바울은 그에 대한 반응으로 하나님이 신자에게 요구하시는 행실과 태도를 설명한다(12-17절). **하나님이 택하사** 이 말은 하나님의 선택받은 사람이 참된 그리스도인임을 묘사한다. 어떤 사람도 자신의 선택만으로 회심하는 일이 없는데, 신자는 오직 하나님의 유효하고 값이 없으며 누구의 영향도 받지 않고 베푸시는 주권적인 은혜에 대한 반응으로만 회심한다(*요 15:16; 롬 8:29; 9:14-23; 엡 1:4; 살후 2:13, 14; 딤후 1:8, 9; 벧전 1:1, 2에 대한 설명을 보라.* 참고. 행 13:46-48; 롬 11:4, 5). **사랑 받는** 선택받았다는 것은 신자들이 하나님의 다 알 수 없는 특별한 사랑의 대상임을 뜻한다(참고. 요 13:1; 엡 1:4, 5). **긍휼** 이 말은 '동정하는 마음'이라고 번역할 수도 있다. 인간 몸의 내장을 사용해 감정의 자리를 비유적으로 가리키는 것은 히브리적 표현이다(참고. 마 9:36; 눅 6:36; 약 5:11). **자비** 이 말은 다른 사람을 향한 선의를 가리키는데, 이는 전인(全人)에 퍼져서 모든 거친 측면을 부드럽게 만든다(참고. 마 11:29, 30; 눅 10:25-37). **겸손** *로마서 12:3, 10; 빌립보서 2:3에 대한 설명을 보라.* 참고. 마태복음 18:4; 요한복음 13:14-16; 야고보서 4:6, 10. 겸손은 인간관계에 독을 뿌리는 자기애의 완전한 해독제다. **온유** *마태복음 5:5; 갈라디아서 5:23에 대한 설명을 보라.* 때로 '부드러움'으로 번역되는 이 말은 다른 사람에게 상처를 주기보다는 자기가 당하려는 마음이다. **오래 참음** *1:11에 대한 설명을 보라.* 참고. 로마서 2:4. 이 말은 '인내'로도 번역된다. 성급한 분노나 노여움, 보복의 반대 의미다. 따라서 예수 그리스도의 성품을 요약적으로 보여준다(딤전 1:16; 참고. 벧후 3:15). 이것은 앞으로 해결되리라는 소망을 품고 불의와 어려움을 견뎌나가는 것을 가리킨다. **옷 입고** *9, 10절에 대한 설명을 보라.*

3:13 주께서 너희를 용서하신 것 같이 *마태복음 18:23-34; 에베소서 4:32에 대한 설명을 보라.* 신자의 모범인 그리스도가 우리의 모든 죄를 완전히 용서하셨으므로(1:14; 2:13, 14) 신자도 기꺼이 다른 사람을 용서해야 한다.

3:14 온전하게 매는 띠 더 나은 번역은 '연합의 완전한 결속'이다(*엡 4:3; 빌 1:27; 2:2에 대한 설명을 보라*). 신자들의 마음에 부어진 초자연적인 사랑이 교회의 근본적인 결속력이다. 참고. 로마서 5:5; 데살로니가전서 4:9.

3:15 그리스도의 평강 여기 헬라어 *평강*은 구원으로 부르시는 하나님의 부르심과 그 결과로 따라오는 하나님과의 평화(*롬 5:1에 대한 설명을 보라*), 그 영원한 평화 때문에 신자가 가지는 안식 또는 안정적 태도(빌 4:7) 모두를 가리킨다.

3:16 그리스도의 말씀 이것은 성경, 곧 성령의 영감으로 기록된 성경, 계시의 말씀으로써 그리스도가 세상에 가지고 오셨다. **너희 속에 풍성히 거하여** *에베소서 5:18에 대한 설명을 보라. 거하다*는 '안에서 살다' '집으로 삼다'라는 뜻이며, *풍성히*는 '풍부하게' '넘치도록 부요하게'라고 번역하는 것이 더 좋다. 성경은 신자들의 삶의 다양한 측면에 스며들어 그 생각과 말, 행동을 지배해야 한다(참고. 시 119:11; 마 13:9; 빌 2:16; 딤후 2:15). 이 개념은 에베소서 5:18에 나온 성령 충만을 받는 것과 병행을 이룬다. 그 둘의 결과가 동일하기 때문이다. 에베소서 5:18에서는 모든 효과를 위한 능력과 동기가 성령 충만인데, 여기서는 말씀이 풍성히 거하는

찬송과 노래

인물	묘사	성경 구절
예수님과 제자들	예수가 잡히시던 날 저녁 유월절을 지킬 때 다락방에서 부른 노래	마 26:30
마리아	자기가 처녀로 메시아를 낳으리라는 것을 알고 부른 마리아의 노래	눅 1:46-55
사가랴	메시아의 전령으로 섬길 세례 요한의 할례 때 아버지 사가랴가 부른 기쁨의 노래	눅 1:68-79
바울과 실라	빌립보의 감옥에서 한밤에 하나님을 찬양한 노래	행 16:25
모든 신자	하나님께서 모든 신자가 부르기를 원하시는 감사와 기쁨의 신령한 노래	엡 5:19 골 3:16
14만 4,000명의 신자들	천상에서 구속받은 자들이 부르는 새 노래로, 하나님의 영광을 위해 부르는 노래	계 14:1-3

것이 그 능력과 동기다. 이 두 가지가 실은 하나다. 성령은 그리스도의 말씀에 의해 지배받는 삶에 충만하시다. 이 사실은 성령 충만이 광적이거나 감정적인 경험이 아니라 하나님의 말씀의 진리에 대한 순종을 통해 지속적으로 지배되는 삶이라는 점을 강조한다. **시와 찬송과 신령한 노래** *에베소서 5:19에 대한 설명을 보라.*

3:17 다 주 예수의 이름으로 하고 이것은 예수 그리스도의 신분과 그가 원하시는 것과 일관되게 행하라는 의미다(*고전 10:31에 대한 설명을 보라*).

B. 그리스도인의 가정(3:18-4:1)

3:18-4:1 바울은 새 사람이 다른 사람들과 맺는 관계를 논의한다. 또한 이 단락은 에베소서 5:19-6:9의 병행 단락으로 에베소서보다 짧다(*이 구절에 대한 설명을 보라*).

3:18 복종하라 *에베소서 5:22, 23에 대한 설명을 보라.* 헬라어 단어의 의미는 '스스로를 복종시키다'로, 즐거운 마음으로 자신을 다른 사람이나 다른 어떤 것의 아래에 놓는 것을 의미한다(참고. 눅 2:51; 10:17, 20; 롬 8:7; 13:1, 5; 고전 15:27, 28; 엡 1:22).

3:19 사랑 *에베소서 5:25-29에 대한 설명을 보라.* 이것은 이타적으로 베푸는 최고 수준의 사랑을 말한다(참고. 창 24:67; 엡 5:22-28; 벧전 3:7). **괴롭게 하지** 이 헬라어 동사의 형태는 '괴롭게 하기를 그치라' 또는 '괴롭게 하는 습관을 버리라'로 번역되는 것이 더 좋다. 남편은 아내를 거칠게 대하거나 분노에 휩싸여 화를 내거나 해서는 안 된다.

3:20 모든 일에 *에베소서 6:1-3에 대한 설명을 보라.* 자녀가 부모에게 순종하는 데 있어 유일한 제한은 부모가 하나님 말씀에 위배되는 것을 요구할 때다. 예를 들면 어떤 자녀는 부모의 뜻을 거스리고 그리스도께 나오게 될 것이다(참고. 눅 12:51-53; 14:26).

3:21 노엽게 *에베소서 6:4에 대한 설명을 보라.* '분노하게 하지 말라'는 말로 번역될 수 있는데, 화를 돋우거나 짜증나게 하지 말라는 뜻이다.

3:22-4:1 *에베소서 6:5-9에 대한 설명을 보라.* 빌레몬서 서론의 역사적·신학적 주제를 보라. 바울은 노예와 주인의 의무에 대해 말한다. 오늘날에는 고용주와 피고용자의 의무에 해당한다. 성경은 노예제도를 옹호하지는 않지만 고대 사회의 한 요소로 인식하면서 노예와 주인이 서로를 정당하게 대하면 더욱 유익한 제도가 될 수 있다고 본다. 여기서 바울은 그리스도의 모범에 따라 노예제도를 영적 교훈의 계기로 삼는다. 즉 신자를 예수 그리스도의 노예와 종으로 비유하면서 지상의 주인을 섬기는 것을 주님을 섬기는 한 가지 방법으로 본다.

3:22 종들 노예다(*롬 1:1에 대한 설명을 보라*). **육신의** 인간의 성향이다(참고. 고후 10:2, 3). **눈가림** *에베소서 6:6에 대한 설명을 보라.* '외적인 봉사'가 더 나은 번역이다. 이 말은 주님이 항상 신자들을 보고 계심을 인식하지 못하며, 그들의 일이 주님과 관계가 없다고(23, 24절) 생각하여 주인이 볼 때만 일하는 것을 가리킨다. 참고. 디모데전서 6:1, 2; 디도서 2:9, 10; 베드로전서 2:18-21.

3:24, 25 기업의 상 *에베소서 6:7, 8에 대한 설명을 보라.* 주는 신자에게 지상의 사장이나 주인이 공평하게 보상하지 않는다고 하더라도(25절) 그의 노력에 대한

골로새서의 단어 연구

예수 그리스도(Jesus Christ): 헬라어로 *예수스 크리스토스*(*Iēsous Cheistos*). 1:1-4, 28; 2:6. 많은 사람은 *예수 그리스도*가 예수의 이름과 성을 가리킨다고 믿는다. 하지만 *예수*는 사람의 이름으로 '주께서 구원하신다'는 뜻이다(마 1:21을 보라). *그리스도*는 독특한 지위를 말한다. 예수는 '기름 부음 받은 자'이시다. 그분은 인류를 섬기는 완전한 왕이자 선지자, 대제사장이시다. *예수 그리스도*라는 호칭은 자신을 약속된 메시아로 드러내신 후에 많이 사용했다. 바울은 골로새서를 시작하면서 예수 그리스도라는 이름을 사용함으로써 그분의 탁월함을 드러냈다.

먼저 나신 이(First Born): 헬라어로 *프로토토코스*(*prōtotokos*). 1:15, 18. 문자적으로 '시간상 가장 먼저' 또는 '위치상 가장 위'라는 뜻이다. 이 문맥에서 *프로토토코스*는 '월등한' '가장 높은 자리'로 번역되어야 한다. 그러므로 예수 그리스도는 모든 피조물을 다스리는 "으뜸으로 나신 이"시다(출 4:22; 신 21:16, 17; 시편 89:23을 보라). 이 호칭은 모든 피조물 가운데 최고인 아들의 인성을 드러내 보여준다. 하지만 이 호칭은 그리스도 자신이 하나님에 의해 피조되었다는 암시가 결코 아니다. 그다음에 나온 절을 보면 그리스도를 만물의 창조주로 분명하게 선언한다. 그러므로 그리스도는 피조된 존재가 될 수 없다. 도리어 그는 하나님의 영원한 아들이며 성삼위의 제이위다.

완전한(Perfect): 헬라어로 *텔레이오스*(*teleios*). 1:28; 4:12. 문자적으로 '끝' '한계' 또는 '충만'이라는 뜻이다. 바울은 그리스도 안에서의 신자의 충만 또는 완성을 말하기 위해 *텔레이오스*라는 단어를 사용한다(골 1:28; 4:12). 그리스도인은 고난을 통하여 신앙이 성숙해지며, '완전'과 경건을 향해 나아간다(약 1:4). 그리스도인은 다른 사람에게 하나님의 사랑을 표현할 때 더욱 온전해진다(3:14; 요일 4:12). 마치 바울이 그리스도인의 생활에서 완전이라는 목표를 향해 계속 전진했듯이(빌 3:12-14), 우리 역시 그리스도 안에서 완전해지는 것을 목표로 삼아야 한다. 사람에게 있어 완전이라는 목표는 "완전한 것"이 올 때(고전 13:10)에 성취될 것이다.

정당하고 영원한 보상이 있을 것임을 확신시키신다(참고. 계 20:12, 13). 하나님은 순종과 불순종에 대해 공평하게 처분하신다(참고. 행 10:34; 갈 6:7). 그리스도인은 자기들의 신앙을 내세워 상관이나 고용주에 대한 불순종을 정당화해서는 안 된다(참고. 몬 18절).

4:1 상전 *에베소서 6:9에 대한 설명을 보라.*

C. 그리스도인의 말(4:2-6)

4:2 계속하고 이 헬라어 단어는 '담대하게 견지하라' 또는 '꼭 쥐고 떠나게 하지 말라'는 뜻이다(행 1:14; 롬 12:12; 엡 6:18; 살전 5:17. 참고. 눅 11:5-10; 18:1-8). **깨어 있으라** 가장 일반적인 의미에서는 기도하는 동안 깨어 있으라는 뜻이다. 그러나 바울이 염두에 두고 있는 것은 모호한 상태에 있지 않고 구체적으로 기도할 제목에

골

골로새서와 에베소서 비교

골로새서	에베소서
예수 그리스도: *우주*의 주님	예수 그리스도: *교회*의 주님
*그리스도*를 우주의 머리와 교회의 머리로서 강조함	*교회*를 그리스도의 몸으로서 강조하고 그리스도를 교회의 머리로도 주장함
좀더 개인적이며 지역 교회 중심적임 거짓 교리의 오류에 대해 직접적으로 말함 (이단의 위협이 더 큰 상황)	덜 개인적인 *회람용* 서신으로 보임 거짓 가르침의 오류를 간접적으로 다룸 (이단은 아직 중대한 문제가 아님)
일반적인 주제들은 간단하게 다루어짐	일반적인 주제들이 광범위하게 다루어짐

대해 늘 깨어 있는 상태다. 참고. 마태복음 26:41; 마가복음 14:38; 누가복음 21:36.

4:3 문 기회를 말한다(고전 16:8, 9; 고후 2:12). **그리스도의 비밀** *1:26, 27; 2:2, 3에 대한 설명을 보라.*

4:5 외인 이는 불신자를 가리키는 말이다. *에베소서 5:15, 16에 대한 설명을 보라.* 신자는 기독교 신앙의 신뢰성을 확보하고 복음 전파의 모든 기회를 선용할 수 있는 삶을 살아야 하는 부름을 받았다.

4:6 은혜 가운데서 신령하고 건전하며 적절하고 친절하며 민감하고 목적이 분명하며 보완적이고 부드러우며 진실하고 사랑하며 사려 깊은 것을 말한다(*엡 4:29-31에 대한 설명을 보라*). **소금으로 맛을 냄** 소금이 맛을 낼 뿐 아니라 부패를 막는 역할을 하는 것처럼 그리스도인의 말은 다른 사람에 대한 복이 될 뿐 아니라 부패한 세상에서 사회를 정화하는 영향력을 발휘해야 한다.

D. 그리스도인의 친구(4:7-18)

4:7 두기고 이 이름은 '뜻밖이다' 또는 '행운이다'라는 뜻을 가진다. 그는 이방인 개종자들 가운데 한 사람으로, 바울이 이방인 교회의 대표로 예루살렘에 동행한 인물이다(행 20:4). 그는 신뢰할 수 있는 바울의 동료이자 유능한 지도자였다. 이는 그가 경우에 따라 디도와 디모데를 대신한 것을 봐도 알 수 있다(딤후 4:12; 딛 3:12). 골로새 교회와 에베소 교회(엡 6:21), 빌레몬(9절)에게 보내는 바울의 편지를 전달한 사람도 그였다.

4:9 오네시모 도망친 노예였으며, 그가 주인에게 돌아간 것은 바울이 빌레몬서를 쓴 계기가 되었다(빌레몬서 서론의 배경과 무대를 보라).

4:10 아리스다고 데살로니가 출신(행 20:4; 27:2) 유대인으로 헬라식 이름이다(참고. 11절). 그는 바울의 동역자 가운데 한 사람으로, 에베소에서 폭도들에게 붙잡혔고(행 19:29) 바울의 예루살렘 여행과 로마 항해에 동행했다(행 27:2). **마가** *사도행전 13:5, 13에 대한 설명을 보라.* 마가복음 서론의 저자와 저작 연대를 보라. 한동안 바울과 사이가 틀어져 있던 마가가 여기서 다시 바울의 핵심적 조력자로 등장한다(참고. 딤후 4:11).

4:11 유스도라 하는 예수 바울의 메시지를 믿은(행 28:24) 로마 유대인 가운데 한 사람이었을 것이다. **하나님의 나라** *1:13에 대한 설명을 보라.*

4:12 에바브라 서론의 배경과 무대를 보라. **완전하고 확신 있게** 그가 골로새의 신자를 위해 가지고 있던 목표는 바울의 그것과 동일했다(참고. 1:28-2:2).

4:13 라오디게아 *2:1에 대한 설명을 보라.* **히에라볼리** 브루기아에 있는 도시로, 골로새에서 서쪽으로 32킬로미터, 라오디게아에서 북쪽으로 9.6킬로미터 되는 곳에 있었다(서론의 배경과 무대를 보라).

4:14 누가 바울의 주치의이자 긴밀한 친구로, 바울의 전도여행에 동행했으며 누가복음과 사도행전을 기록했다(누가복음과 사도행전 서론의 저자와 저작 연대를 보라). **데마** 세상에 이끌려 바울과 그의 사역을 떠나게 될 때까지 주님의 일에 대한 상당한 헌신을 보여주었던 사람이다(딤후 4:9, 10; 몬 24절).

4:15 눔바와 그 여자의 집에 있는 교회 (영어 성경 NKJV에는 '그의 집에 있는 교회'라고 되어 있음 – 옮긴이) 다른 사본들은 그 이름을 여성으로(*눔바Nympha*) 표기하여 교회가 그녀의 집에서(아마 라오디게아에 있었을 것임) 모였음을 표시한다.

4:16 이 편지를 너희에게서 읽은 후에 이 편지는 골로새와 라오디게아에서 공개적으로 읽히게 할 의도로 작성되었다. **라오디게아로부터 오는 편지** 바울의 또 다른 서신을 가리키는 말로, 대개 에베소서로 본다. 에베소서의 가장 오래된 사본에는 '에베소에'라는 말이 없는데, 이는 그 서신이 그 지역의 몇몇 교회를 위한 회람용 서신이었음을 보여준다. 두기고가 에베소서를 라오디게아에 가장 먼저 가지고 갔을 것이다.

4:17 아킵보 빌레몬의 아들이었을 것으로 보인다(몬 2절). 그에게 사역을 완수하라는 바울의 메시지는 디모데를 향한 권면과 비슷하다(딤후 4:5).

4:18 친필로 바울은 대부분 자신의 서신을 서기(기록하는 사람)에게 불러주어 쓰도록 했으나, 서신의 끝머리에 들어가는 인사말은 직접 썼다(참고. 고전 16:21; 갈 6:11; 살후 3:17; 몬 19절). **내가 매인 것을 생각하라** *빌립보서 1:16에 대한 설명을 보라.* 에베소서 서론의 배경과 무대를 보라. 참고. 히브리서 13:3.

연 구 를 위 한 자 료

Everett F. Harrison, *Colossians: Christ All-Sufficient* (Chicago: Moody, 1971).

Homer A. Kent Jr., *Treasures of Wisdom* (Grand Rapids: Baker, 1978).

John MacArthur, *Colossians and Philemon* (Chicago: Moody, 1992).

1THESSALONIANS
데살로니가전서

제목

데살로니가전서는 헬라어 신약성경 목록에 '데살로니가 사람들에게'라는 제목으로 들어가 있다. 이 서신은 사도 바울이 데살로니가 시에 있는 교회에게 보낸 첫 번째 정경 서신이다(참고. 1:1).

저자와 저작 연대

사도 바울은 두 번에 걸쳐 자신을 이 서신의 저자로 밝혔다(1:1; 2:18). 또한 실루아노(실라)와 디모데(3:2, 6)가 바울의 인사에 포함되었는데(1:1), 이들은 이 교회가 설립된(행 17:1-9) 2차 전도여행에서 바울과 함께한 동역자였다. 비록 바울만 이 서신의 영감받은 저자이지만, 대부분의 1인칭 복수대명사(우리, 우리를, 우리의)는 이 세 명 전부를 가리킨다. 하지만 디모데가 데살로니가를 방문하기 위해 돌아간 다음에는 이 대명사가 바울과 실루아노만 가리킨다(3:1, 2, 6). 이처럼 바울은 통상적으로 편집자에 대해 복수를 사용한다. 이는 이 서신들이 동료의 완전한 지원과 함께 보내지기 때문이다.

바울이 이 서신의 저자라는 사실은 최근 급진적인 비평가들이 그것에 의문을 제기하기 전에는 의심의 여지가 없었다. 바울의 저작권을 부정하려는 시도는 바울 저작을 지지하는 여러 가지 증거에 비춰 실패로 돌아갔다. 그 증거는 다음과 같다. 첫째, 바울이 저자라는 직접적인 주장들이다(1:1; 2:18). 둘째, 사도행전 16-18장에 기록된 여행과 이 서신이 완전히 합치한다는 사실이다. 셋째, 바울에 대한 다수의 상세한 내용들이다. 넷째, 주후 140년 마르키온 정경을 시작으로 한 많은 초기의 역사적 증거들이다.

바울이 고린도에서 써서 데살로니가에 보낸 두 편의 서신 가운데 첫 번째 서신은 주후 51년경에 기록되었다. 이 연대는 델피의 아폴로 신전(고린도 근처)의 비문을 통해 고고학적으로 확증되었다. 그 비문은 갈리오가 아가야 총독으로 재임한 시기를 주후 51-52년으로 밝히고 있다(행 18:12-17). 바울이 갈라디아에 서신을 보낸 때가 주후 49-50년경이므로, 이 서신은 바울이 쓴 두 번째 정경 서신이다.

배경과 무대

데살로니가(오늘날의 살로니카)는 에게해 북부 테르마만의 고대 테르마 지역 근처에 있다. 이 도시는 마게도냐의 수도가 되었으며(주전 168년경) 로마 제국 하에서 시민 자치로 운영되는 '자유로운 도시'의 지위를 누렸다(행 17:6). 데살로니가는 동서로 뻗은 주요 도로인 에그나티아 가도에 위치했기 때문에 마게도냐의 정치, 상업 활동의 중심축이었으며, '마게도냐 전체의 어머니'로 알려지게 되었다. 바울 시대에 이 도시의 인구는 20만 명에 달했다.

바울은 원래 2차 전도여행(주후 50년, 행 16:1-18:22)에서 빌립보를 시작으로 암비볼리와 아볼로니아를 거쳐 데살로니가까지 161킬로미터를 여행했다. 어떤 도시에 도착했을 때는 늘 그랬던 것처럼 바울은 그 지역 유대인에게 복음을 가르칠 수 있는 회당을 알아보았다(행 17:1, 2). 그렇게 한 다음에는 나사렛 예수가 진정으로 약속된 메시아이심을 증명하기 위해 구약을 출발점으로 하여 그리스도의 죽음과 부활을 이야기했다(행 17:2, 3). 몇몇 유대인이 믿었으며, 얼마 지난 후에는 유대교로 개종한 헬라인과 그 사회의 부유한 여인들도 회심했다(행 17:4). 새로 믿은 신자들 가운데는 야손(행 17:5), 가이오(행 19:29), 아리스다고(행 20:4), 세군도(행 20:4)가 있었다.

그들의 사역이 성공을 거두자 유대인은 바울 일행에게 그 도시를 떠나게 했으므로(행 17:5-9), 그들은 남쪽으로 내려가 베뢰아에서 전도했다(행 17:10). 거기서도 바울은 데살로니가에서와 비슷한 경험을 했다. 곧 사람들의 회심이 있은 뒤 적대적인 사람들이 나타나자 신자들이 바울을 떠나보낸 것이다. 바울은 실루아노와 디모데를 베뢰아에 남겨두고 아덴으로 향했다(행 17:11-14). 그들은 아덴에서 다시 바울에 합류했다(행 17:15, 16을 3:1과 함께 보라). 여기서 디모데는 뒤에 다시 데살로니가로 보내졌다(3:2). 짐작건대 뒤에 실라는 아덴에서 빌립보로 갔고 바울 혼자 고린도로 여행했던 것으로 보인다(행 18:1). 바울이 데살로니가전서를 기록한 것은 디모데와 실라가 고린도에서 바울과 다시 회동한 후에(행

18:5) 디모데가 전한 그 교회에 대한 좋은 소식을 들은 이후였다.

바울에게는 이 서신을 써야 할 여러 가지 이유가 있었는데, 이는 자신이 함께하지 못하고 떠나온 양 떼를 위한 지극한 관심에서 나온 것이었다. 바울이 이 서신을 기록한 분명한 목적은 다음과 같다. 교회를 격려하는 것(1:2-10), 거짓 혐의에 답하는 것(2:1-12), 박해받는 양 떼를 위로하는 것(2:13-16), 그들의 믿음에 대한 기쁨을 표현하는 것(2:17-3:13), 도덕적 순결성의 중요성을 상기시키는 것(4:1-8), 빈둥거리는 생활방식을 정죄하는 것(4:9-12), 예언적 사건들에 대한 잘못된 이해를 고쳐주는 것(4:13-5:11), 양 떼 속의 긴장을 완화시키는 것(5:12-15), 그리스도인의 생활의 기초를 양 떼에 권면하는 것(5:16-22) 등이다.

역사적 · 신학적 주제

데살로니가전후서는 '종말론적 서신'이라고 불리기도 한다. 하지만 이 서신들이 보다 광범위하게 교회에 초점을 맞춘다는 사실에 비춰볼 때 그것을 교회 서신으로 분류하는 것이 더 좋다. 데살로니가전서에는 다음과 같은 중심 주제 다섯 가지가 포함되어 있다. 사도행전과 데살로니가전서 사이의 역사적 연관성에 대한 변증적 주제, 건강하게 성장하는 교회의 모습을 묘사하는 교회론적 주제, 목양의 태도와 활동의 모범을 보여주는 목회적 주제, 교회의 소망인 미래 사건에 초점을 맞추는 종말론적 주제, 복음 선포와 교회 개척에 강조점을 두는 선교적 주제 등이다.

「책상에 앉은 사도 바울(*St Paul at His Writing-Desk*)」 1629-1630년. 렘브란트. 나무에 유화. 47X39cm. 게르마니아 국립박물관. 뉘른베르크.

해석상의 과제

이 서신을 이해하는 데 수반되는 난제는 종말론적 성격을 지닌 부분과 관련이 있다. 임박한 진노(1:10; 5:9), 그리스도의 재림(2:19; 3:13; 4:15; 5:23), 교회의 휴거(4:13-18), 주의 날의 의미와 시기(5:1-11) 등이다.

데살로니가전서 개요

I. 바울의 인사(1:1)

II. 바울의 개인적 생각(1:2-3:13)
- A. 교회로 인한 감사(1:2-10)
- B. 교회를 위한 조언(2:1-16)
- C. 교회를 위한 배려(2:17-3:13)

III. 바울의 실천적 교훈(4:1-5:22)
- A. 도덕적 순결에 대해(4:1-8)
- B. 잘 규제된 생활에 대해(4:9-12)
- C. 죽음과 휴거에 대해(4:13-18)
- D. 거룩한 생활과 주의 날에 대해(5:1-11)
- E. 교회 내의 관계에 대해(5:12-15)
- F. 그리스도인 생활의 기초에 대해(5:16-22)

IV. 바울의 축도(5:23, 24)

V. 바울의 마지막 말(5:25-28)

바울의 인사(1:1)

1:1 바울 다소 사람 사울(행 9:11)의 전기적 세부 내용은 사도행전 9:1-30; 11:19-28:31에 있다. *로마서 1:1에 대한 설명을 보라.* 자전적 자료에 대해서는 고린도후서 11:16-12:10; 갈라디아서 1:11-2:21; 빌립보서 3:4-6; 디모데전서 1:12-17을 보라. **실루아노** 2차 전도여행에서 바울의 동료였으며(행 15-18장), 뒤에 베드로의 대필자가 되었고(벧전 5:12), 실라라고도 불린다. **디모데** 바울의 가장 주목받는 제자로(빌 2:17-23) 2차, 3차 전도여행에 함께했고, 바울의 일차 로마 감옥 수감 때 바울 가까이에 있었다(빌 1:1; 골 1:1; 몬 1절). 나중에 그는 에베소에서 봉사했으며(딤전 1:3) 한동안 감옥에 있었다(히 13:23). 디모데가 에베소에서 사역하고 있을 때 바울이 디모데에게 보낸 첫 번째 서신에서 바울은 교회 내의 생활에 대해 그에게 지침을 주었다(참고. 딤전 3:15). 두 번째 서신에서 바울은 죽음을 앞두고 자신의 사역을 넘겨주면서(딤후 4:1-8) 디모데에게 강해져야 할 것(딤후 2:1)과 신실하게 복음을 전파할 것을 권면했다. **하나님 아버지와 주 예수 그리스도** 바울의 복음을 듣고 처음 회심한 사람들이 유대인이었으므로, 바울은 이 '교회'가 유대교 회중이 아니라 주 하나님이며 메시아인 하나님의 아들(행 17:2, 3) 예수의 이름으로 모인 교회임을 오해의 여지없이 분명하게 밝혔다. 하나님과 주 예수가 동등하다는 사실에 대한 이 강조는 바울이 쓴 모든 서신의 머리말 일부를 이룬다(참고. 요일 2:23).

바울의 개인적 생각(1:2-3:13)

A. 교회로 인한 감사(1:2-10)

1:2 우리가…기도할 때 바울과 그의 동료들은 모든 양떼를 위해 자주 기도했으며, 그 기도 중 세 번의 기도가 이 서신에 기록되어 있다(1:2, 3; 3:11-13; 5:23, 24).

1:3 믿음의 역사 믿음, 사랑, 소망의 세 조합은 바울이 즐겨 사용하는 표현이다(5:8; 고전 13:13; 골 1:4, 5). 여기서 바울은 이 세 가지 영적 태도의 결과로 사역 의무를 완수하는 것을 말한다(참고. 9, 10절).

1:4 하나님의…너희를 택하심 교회는 보통 '선택받은 자'로 불린다(참고. 롬 8:33; 골 3:12; 딤후 2:10; 딛 1:1). 구원의 시작은 하나님의 뜻이지 사람의 뜻이 아니다(참고. 요 1:13; 행 13:46-48; 롬 9:15, 16; 고전 1:30; 골 1:13; 살후 2:13; 벧전 1:1, 2. *엡 1:4, 5에 대한 설명을 보라*). 데살로니가인이 말씀을 받아(6절) 우상에게서 하나님께로 돌아섰다고(9절) 말하면서 바울이 분명히 밝히듯 사람의 뜻은 하나님의 재촉에 사람이 반응하는 방식으로 구원에 참여하는 것이다. 이 두 가지 반응이 믿음과 회개로 묘사되며, 하나님은 성경 전체를 통해 죄인에게 그 두 가지를 하라고 부르신다(예를 들면 행 20:21).

1:5 우리 복음 바울은 자신의 메시지를 "우리 복음"이라고 불렀다. 이는 그와 모든 죄인이 믿어야 하는 것이며, 특별히 바울이 전파해야 하는 것이기 때문이다. 바울은 그것이 자신으로부터 나온 것이 아니라 하나님으로부터 나온 것임을 알았다. 그래서 그는 그것을 "하나님의 복음"이라고도 불렀다(2:2, 9; 롬 1:1). 사죄를 가능하게 한 사람은 주 예수이므로, 바울은 복음을 "그리스도의 복음"이라고도 불렀다(3:2). **말로만** 복음은 말로 전해져야 하지만(참고. 롬 10:13-17), 말로만이 아니라 성령 안에서 능력(참고. 고전 2:4, 5)과 확신으로(참고. 사 55:11) 전파되어야 한다. **어떤 사람이 된 것** 복음 메시지의 질이 전도자의 삶의 특성에 의해 확증되었다. 바울의 모범적 삶은 모든 사람이 읽을 수 있는 책과 같았고, 구속의 메시지를 죄인이 믿을 만하다고 느끼게 만드는 데 필수적인 하나님의 능력과 은혜의 신빙성을 입증해주었다(*고후 1:12에 대한 설명을 보라*).

1:6 성령의 기쁨 참고. 로마서 14:17. 고난 가운데서 기쁨은 그들의 구원이 진짜임을 증거했다. 또한 거기에는 성령의 내주가 포함되었다(고전 3:16; 6:19). **본받은 자** 데살로니가인은 그리스도를 본받는 세 번째 세대의 사람이 되었다. 그리스도가 첫 번째 세대, 바울이 두 번째 세대, 데살로니가인이 세 번째 세대다(고전 4:16; 11:1).

1:7 마게도냐와 아가야 그리스를 구성한 두 개의 로마 속주다. 마게도냐는 북부, 아가야는 남부였다. **본** 이 헬라어 단어는 밀랍에 찍은 인장 또는 주조된 동전에 찍힌 상을 묘사하는 데 사용되었다. 바울은 데살로니가인이 신자의 모델이 되어 다른 사람에게 그 표시를 남긴 사실을 칭찬했다.

1:8 퍼졌으므로 울려 퍼진다는 뜻이다. 데살로니가인은 어디를 가든지 그곳에서 주님의 말씀으로 주어진 복음을 전파했다. 그 결과 데살로니가와 그 주변 지역에, 국내적으로는 마게도냐와 아가야에, 국제적으로는 그 너머 지역에까지 복음이 전파되었다. **우리는 아무 말도 할 것이 없노라** 이 교회가 세 번의 안식일 설교(참고. 행 17:2, 그 기간은 15일에 불과함)의 결과 이런 증거를 전개해 나간 것으로 보일 수도 있지만, 바울이 그 도시의 다른 곳으로 가기 전 회당에서 세 번의 안식일에 설교했다고 이해하는 것이 더 낫다. 바울은 거의 몇 주간이 아니라 몇 달을 그곳에서 사역했다고 봐야 다음에 나온 사실이 설명된다. 첫째, 그 기간에 그는 빌립보로부터

살전

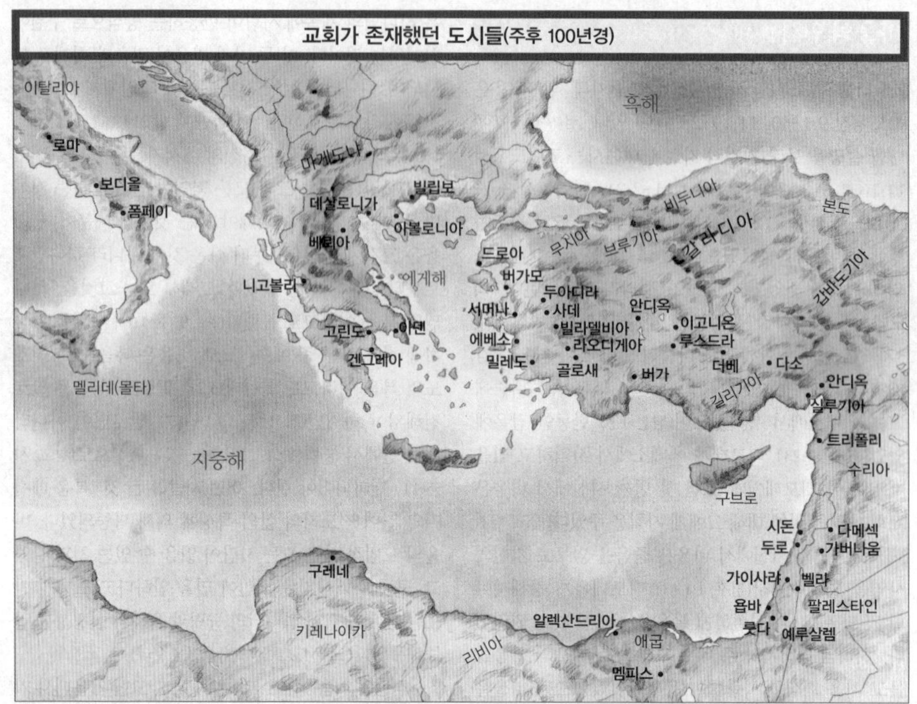

두 번 지원을 받았다(빌 4:16). 둘째, 그가 밤낮 일한 시간이다(2:9; 살후 3:8). 셋째, 이 서신을 통해 증명된 그의 목회적 돌봄에 대한 깊이다(2:7, 8, 11).

1:9 돌아와서 이 단어는 성경이 다른 곳에서 회개라고 부른 것을 가리킨다(마 3:1, 2; 4:17; 행 2:38; 3:19; 5:31; 20:21). 구원에는 한 사람이 죄로부터 돌이키고, 거짓 신들을 믿는 데서 그리스도를 믿는 데로 돌이키는 일이 포함된다. *고린도후서 7:8-11에 대한 설명을 보라.* **살아 계시고 참되신 하나님을 섬기는지** 그리스도께 돌이킨 사람들은 죽은 우상에 대한 경배를 포기하고 살아 계신 하나님을 즐거이 섬기는 종이 된다.

1:10 기다리는지 이것은 데살로니가에 보낸 서신에서 반복해 나타나는 주제다(3:13; 4:15-17; 5:8, 23; 살후 3:6-13. 참고. 행 1:11; 딤후 4:8; 딛 2:11-13). 이 표현은 구원이 임박했음을 표시한다. 그것은 바울의 생애 동안 일어날 수 있다고 느꼈던 어떤 것이었다. **장래의 노하심에서 우리를 건지시는** 이것은 현재의 고난에서 피하는 것을 의미할 수도 있고(롬 7:24; 골 1:13), 고난을 면제받는 것을 의미할 수도 있다(요. 12:27; 고후 1:10). 이 진노는 지상에 임할 하나님의 한시적 진노를 가리킬 수도 있고(계 6:16, 17; 19:15), 하나님의 영원한 진노를 가리킬 수도 있다(요 3:36; 롬 5:9, 10). 데살로니가전서 5:9도 동일한 생각을 전개한다(*이 구절에 대한 설명을 보라*). 죄로부터 구원하는 그리스도의 일이 두 구절에서 강조된 것으로 미뤄볼 때 여기서 말하는 건짐은 구원으로 말미암아 하나님의 영원한 진노에서 건짐을 받는 것을 가리킨다고 이해하는 것이 적절하다.

B. 교회를 위한 조언(2:1-16)

2:1 헛되지 않은 줄 데살로니가에서 바울의 사역이 풍성한 열매를 맺음으로써 사람들이 구원을 얻고 생기가 넘치며 교회가 개척될 뿐 아니라 바울이 떠난 이후에도 교회가 성장하고 번성했다(참고. 1:5-8).

2:2 빌립보에서…능욕을 당하였으나 바울과 실라는 데살로니가에 오기 전 빌립보에서 심한 폭행을 당했다(참고. 행 16:19-24, 37). 그들은 매를 맞고(행 16:22, 23) 감금당하면서(행 16:24) 신체적 고난을 당했다. 사람들은 거짓 고발을 통해 교만한 태도로 그들을 학대했으며(행 16:20, 21) 그들이 로마 시민임에도 불법적으로 형벌을 가했다(행 16:37). **많은 싸움** 빌립보에서 당한 것과 유사하게 바울 일행은 데살로니가에서도 폭동을 일으킨다는 거짓 고발을 당했고(행 17:7) 신체적 위협을 당했

다(행 17:5, 6).

2:3 간사함이나 부정…속임수 바울은 자신의 사역이 진실한 것임을 천명하기 위해 다른 세 가지 단어를 사용했다. 그 각각의 단어는 거짓 선생들의 특징과 대립되는 것을 표현한다. 우선 그는 '자신의 메시지'가 참되며 그릇된 거짓이 아님을 단언했다. 그의 '생활방식'은 순결했고, 성적으로 문란하지 않았다. 그의 '사역의 방법'은 참된 것이었고 결코 속임수가 없었다(*고후 4:2에 대한 설명을 보라*).

2:4 하나님께 옳게 여기심을 입어 어떤 거짓 교사들이 바울의 사역을 헐뜯기 위해 교회로 들어왔을 수도 있다. 그로 말미암아 바울이 1-12절에서 하나님이 자신을 임명하시고 승인하신 사실, 자신의 고결성, 그들에 대한 헌신을 강조했을 수도 있다. 참고. 사도행전 9:15; 16:9, 10. **말함은 사람을 기쁘게 하려 함** 바울은 자신의 사역 동기의 순수성을 단언하기 위해 세 가지를 부인한다. 첫째, 그는 사적인 이익을 위해 사람들의 마음을 사려고 부드럽게 말하는 설교자가 아니라고 말한다. 둘째, 그는 다른 사람의 비용으로 사역하여 부자가 되려는 동기에서 가난한 척하며 밤낮 일한 것이 아니라고 말한다(참고. 9절). 셋째, 그는 자신의 영광을 위해 사도라는 영예로운 직분을 이용한 것이 아니라 오직 하나님의 영광을 위해 사용했다고 말한다(참고. 고전 10:31).

2:7, 8 그리스도의 사도 이 복수명사는 바울을 포함한 열두 사도를 가리킨다. 이는 바울이 자신의 독특한 권위를 강조하기 위한 것이다. 실루아노와 디모데는 '교회의 사도(메신저)'였다(참고. 롬 16:7; 빌 2:25). *에베소서 4:11에 대한 설명을 보라.* **유순한 자가 되어 유모** 바울은 모세가 자신을 이스라엘을 돌보는 어머니로 그린 사실을 생각했을 것이다(참고. 민 11:12). 바울은 고린도 교인(참고. 고후 12:14, 15)과 갈라디아 교인(참고. 갈 4:19)에 대해서도 이와 동일한 부드러운 모습을 말했다. 데살로니가인을 향한 바울의 애정은 어머니가 자기 자녀를 위해서는 생명이라도 기꺼이 희생하려는 마음과 같았다. 또한 이것은 중생하여 하나님의 가족에 들어올 사람들을 위하여 그리스도가 기꺼이 자기 생명을 내어주시는 것과 같다(참고. 마 20:28)

2:9 밤낮으로 일하면서 바울은 이것을 데살로니가후서 3:7-9에서 설명했다. 바울은 데살로니가인한테 금전적 요구를 하지 않고 자기가 일해 번 것과 빌립보인이 보낸 것으로(빌 4:16) 생활하면서 항상 돈을 구하던 거짓 교사들(참고. 벧전 5:2)과 달리 자신의 동기에 대한 의혹이 생각나지 않도록 했다. **하나님의 복음** 참고. 로마서 1:1. 바울이 전파한 하나님으로부터 온 좋은 소식에

바울의 사역의 프로필

데살로니가전후서에 드러난 바울 사역의 프로필은 효과적인 목회 사역의 본질적 요소를 개략적으로 보여준다. 교회 안에서의 그의 생활은 목자가 어떤 사람이 되고 무슨 일을 하나님의 뜻에 따라 해야 할지를 예증한다. 다음의 몇 가지 책임은 바울이 데살로니가인 속에서 어떻게 사역했는지를 보여준다.

1. 기도하기	살전 1:2, 3; 3:9-13; 살후 2:16, 17
2. 전도하기	살전 1:4, 5, 9, 10
3. 준비시키기	살전 1:6-8
4. 변호하기	살전 2:1-6
5. 사랑하기	살전 2:7, 8
6. 수고하기	살전 2:9
7. 모범 보이기	살전 2:10
8. 지도하기	살전 2:11, 12
9. 양식 공급하기	살전 2:13
10. 고난당하기	살전 2:14-20
11. 살피기	살전 3:1-8
12. 경고하기	살전 4:1-8
13. 가르치기	살전 4:9-5:11
14. 권면하기	살전 5:12-24
15. 용기 주기	살후 1:3-12
16. 바로잡기	살후 2:1-12
17. 꾸짖기	살후 3:6, 14
18. 구조하기	살후 3:15

는 다음과 같은 진리가 포함되었다. 성경의 권위와 진리성(13절), 그리스도의 신성(롬 10:9), 인류의 죄악성(롬 3:23), 그리스도의 죽음과 부활(고전 15:4, 5), 사람의 믿음을 통한 하나님의 은혜에 의한 구원(엡 2:8, 9)이다. 바울의 복음에 대한 요약은 고린도전서 15:1-5이다.

2:10 너희가 증인이요 구약 율법 하에서는 진실을 확증하기 위해 두세 명의 증인이 필요했다(민 35:30; 신 17:6; 19:15; 고후 13:1). 여기서 바울은 자신이 사역에서 거룩하게 행동했다는 것을 확증하기 위한 증인으로 데살로니가인과 하나님을 부른다. 참고. 고린도후서 1:12.

2:11 권면하고 위로하고 경계하노니 바울은 자신이 데살로니가인에게는 아버지와 같다는 것을 설명하기 위해(이는 그들이 믿음 안에서 그의 자녀이기 때문임) 이 세 단어를 사용했다. 이 세 단어는 사랑하는 아버지의 인격

살전

적 접촉을 강조한다(참고. 고전 4:14, 15).

2:12 자기 나라와 영광 이것은 하늘의 영광에서 절정에 이르는 영원한 구원의 영역을 말한다(참고. 골 1:13, 14).

2:13 하나님의 말씀 바울이 하나님으로부터 받은 메시지는 구약성경과 동등한 것이다(막 7:13). 그것은 사도들이 가르친 메시지였다(행 4:31; 6:2). 베드로도 그것을 이방인에게 전파했다(행 11:1). 또한 그것은 바울이 1차 전도여행(행 13:5, 7, 44, 48, 49), 2차 전도여행(행 16:32; 17:13; 18:11), 3차 전도여행에서(행 19:10) 가르친 것이었다. 참고. 골로새서 1:25. **역사하느니라** 하나님 말씀에는 다음과 같은 일이 포함된다. 구원하기(롬 10:17; 벧전 1:23), 가르치기와 훈련하기(딤후 3:16, 17), 인도하기(시 119:105), 충고하기(시 119:24), 살리기(시 119:154), 회복하기(시 19:7), 경고하기와 보상하기(시 19:11), 양식 공급하기(벧전 2:2), 판단하기(히 4:12), 성화시키기(요 17:17), 해방시키기(요 8:31, 32), 부요하게 하기(골 3:16), 보호하기(시 119:11), 강하게 하기(시 119:28), 지혜롭게 하기(시 119:97-100), 마음에 기쁨 주기(시 19:8), 번영하게 하기(수 1:8, 9) 등이다. 이 모든 것이 시편 19:7-9에 요약되어 있다(*이 구절에 대한 설명을 보라*).

2:14 본받은 자 데살로니가인은 바울과 주님을 본받는 자일 뿐 아니라(참고. 1:6), 유대에 있는 교회와 함께 그리스도를 위해 박해를 받았다는 점에서(참고. 행 4:1-4; 5:26; 8:1) 유대에 있는 교회를 본받는 자가 되기도 했다. 그들은 그리스도의 고난의 잔을 마셨고(마 26:39), 구약 선지자들의 길을 따라갔다(마 21:33-46; 눅 13:34).

2:15 주 예수…죽이고 비록 로마인이 처형을 집행하기는 했지만 메시아의 죽음에 대한 책임이 유대인에게 있다는 데는 의심의 여지가 없다. 유대인이 선지자들을 죽인(참고. 마 22:37; 막 5:1-8; 행 7:51, 52) 것과 똑같이 메시아를 고소하고 그분의 죽음을 요구한 것은 유대인이었다(참고. 눅 23:1-24, 34-38).

2:15, 16 모든 사람에게 대적이 되어 모든 사람이 구원을 얻는 것이 하나님의 뜻인 것과 똑같이(딤전 2:4; 벧후 3:9), 아무도 그리스도 안에 있는 구원을 발견하지 못하게 하는 것이 유대인의 뜻이었다(16절). 바울도 한때는 복음 전파를 막으려는 이 신성모독적 행위를 받아들였다(참고. 딤전 1:12-17).

2:16 노하심이…그들에게 임하였느니라 "자기 죄를 항상 채우매", 즉 진노의 잔을 가득 채우는 유대인에 대한(참고. 마 23:32; 롬 2:5) 하나님의 진노(참고. 1:10; 5:9)는 다음과 같이 이해될 수 있다. 첫째, 역사적으로는 바벨론 포로다(겔 8-11장). 둘째, 예언적으로는 70년의 예루살렘 멸망이다. 셋째, 종말론적으로는 그리스도 재림 때의 심판이다(계 19장). 넷째, 구원론적으로는 불신자에 대해 하나님이 약속하신 영원한 진노가 너무나 확실하여 사도 요한의 경우처럼 그것이 이미 이루어진 것처럼 말할 수 있다(참고. 요 3:18, 36). 이 본문은 네 번째의 경우에 해당한다.

C. 교회를 위한 배려(2:17-3:13)

2:17 너희를 떠난 것은 바울은 자신의 영적 자녀들을 어쩔 수 없이 떠나야 했다(참고. 행 17:5-9). 그의 어머니 같고(7절) 아버지 같은 본능(11절)은 심각한 타격을 입었다. 문자 그대로 데살로니가인은 바울이 떠남으로써 고아가 되었다.

2:18 사탄이 우리를 막았도다 '적대자'라는 의미의 사탄은 그리스도가 세우겠다고 약속하신 교회(참고. 마 16:18)를 허물기 위해 계속해서 노력하고 있었다. 사탄은 예루살렘 교회(행 5:1-10), 서머나 교회(계 2:9, 10), 버가모 교회(계 2:13), 두아디라 교회(계 2:24), 빌라델비아 교회(계 3:9), 에베소 교회(딤전 3:6, 7), 고린도 교회(고후 2:1-11)에 있다고들 말했다. 사탄은 어떤 군대가 적군의 전진을 방해하려 한다는 의미에서 바울을 좌절시켰다. 야손이 한 약속이 바울이 데살로니가에 돌아오지 않으리라는 것이었다면, 이 말이 야손의 약속을 가리킬 수도 있다(행 17:9).

2:19 자랑의 면류관 성경은 영생을 운동경기에서 승리한 사람에게 주는 면류관에 빗대어 말한다. 그것은 다음과 같은 내용을 가지고 있다. 첫째, 부패에 대한 구원의 승리를 축하하는 쇠하지 않는 면류관이다(고전 9:25). 둘째, 불의에 대한 구원의 승리를 축하하는 의의 면류관이다(딤후 4:8). 셋째, 더러움에 대한 구원의 승리를 축하하는 바래지 않는 영광의 면류관이다(벧전 5:4). 넷째, 죽음에 대한 구원의 승리를 축하하는 생명의 면류관이다(약 1:12, 계 2:10). 그리고 다섯째는 이 본문에서 사탄에 대한, 신자들을 향한 인류의 박해에 대한 구원의 승리를 축하하는 자랑의 면류관이다. **그가 강림하실 때** "강림" 또는 *파루시아*(*parousia*)의 원래 의미는 '임하다'이다. 이 말은 다음과 같이 이해될 수 있다. 실제로 임해 있음(빌 2:2), 도착의 순간(고전 16:17), 기다리는 도래(고후 7:6)이다. 그리스도와 미래에 대해서는 다음과 같은 것을 가리킬 수 있다. 그리스도가 휴거 때 오심(4:15), 천년 통치 앞에 오시는 재림(마 24:37; 계 19:11-20:6)이다. 바울은 데살로니가전서에서 그리스도의 오심을 4번 직접적으로 언급했고(또한 3:13; 4:15; 5:23를 보라), 1번은 간접적으로 언급했다(1:10). 문맥으로 볼 때 바울이 여기서 말하는 그리스도의 오심은 교

회의 휴거 때 오시는 것일 가능성이 높다.

3:1 참다 못하여 영적 부모인 바울과 데살로니가에 있는 그의 자녀들이 서로 갈라짐으로 인한 고뇌는 견딜 수 없을 정도로 고통스러웠다(참고. 5절). **우리만 아덴에** 바울과 실라는 디모데를 보내고 나서 뒤에 남았다(2절). 이는 디모데가 바울을 대신해 교회를 방문한 마지막 예가 아니다(참고. 고전 4:17; 16:10; 빌 2:19-24; 딤전 1:3).

3:2 너희를 굳건하게 하고 너희 믿음에 대하여 위로함 이것은 바울이 일반적으로 하던 목회적 관심과 실천이었다(참고. 행 14:22; 15:32; 18:23). 바울의 관심은 건강, 부, 자존감, 생활의 안락함이 아니라 영적인 생활의 질이었다. 바울의 마음속에서는 그들의 믿음이 최고로 중요했다. 이는 1-10절에 등장하는 5번의 언급이 그 증거다(또한 5, 6, 7, 10절을 보라). 믿음이라는 말에는 교리 체계의 기초가 포함되며(참고. 유 3절) 그 진리를 실천하여 하나님께 믿음으로 응답하는 것이 포함된다(참고. 히 11:6).

3:3 세움 받은 하나님은 아나니아를 통해 바울을 사역으로 부르실 때 미래에 고난당할 것을 약속하셨다(행 9:16). 바울은 데살로니가인에게 하나님의 이런 임명을 상기시켰다. 이는 데살로니가인이 다음과 같이 생각하지 않도록 하기 위해서였다. 첫째, 바울의 고난을 보니 하나님의 계획이 이루어지지 않고 있다. 둘째, 바울의 고난은 하나님이 그를 기뻐하시지 않는다는 증거다. 이런 식으로 생각하면 바울에 대한 교회의 신뢰가 흔들릴 것이며, 사탄의 속이려는 목적이 성취될 것이었다(5절). 참고. 고린도후서 4:8-15; 6:1-10; 11:23-27; 12:7-10.

3:4 받을 환난 바울은 데살로니가 신자에게 그가 데살로니가에서 고난당하기 전에 이미 고난받았던 것처럼 앞으로도 자기가 고난받을 것임을 미리 생각하라고 말했다(2:14-16; 행 13, 14장). 데살로니가에 있는 동안(행 17:1-9)과 그 이후(행 17:10-18:11)에도 바울은 환난을 당했다.

3:5 시험하는 자 사탄은 이미 방해자로 규정되었고(2:18) 이제는 실패하게 하려는 목적으로 시련을 주거나 시험한다는 의미에서 시험하는 자로 규정된다(참고. 마 4:3; 고전 7:5; 약 1:12-18). 바울은 사탄의 계교에 대해 무지하다거나(고후 2:11; 11:23) 사탄의 간교에 취약하지 않았으며(엡 6:11), 따라서 사탄이 취할 것으로 예상되는 계교에 역공을 가하며 자신의 노력이 물거품이 되지 않도록 했다(참고. 2:1).

3:6 너희 믿음과 사랑 디모데는 돌아와서 데살로니가인의 하나님을 향한 신뢰, 서로에 대해 가진 것과 바울의 사역에 대해 가진 반응을 보고했다. 이 소식은 하나님의 일을 방해하려는 사탄의 계획이 성공하지 못했다는 사실을 바울에게 확신시켜 주었고, 그의 근심은 해소되었다(7절).

3:8 굳게 선즉 여기서 묘사하고 있는 모습은 적의 공격에도 후퇴하기를 거부하는 군대의 모습이다. 이것은 바울이 종종 사람들에게 주는 지침이다(고전 16:13; 갈 5:1; 엡 6:11, 13, 14; 빌 1:27; 4:1; 살후 2:15).

3:9 기쁨 요한과 마찬가지로(요삼 4절) 바울도 그의 자녀들이 믿음에서 자라며 진리로 행한다는 사실을 알게 될 때 가장 큰 사역의 기쁨을 느꼈다. 이 사실은 그에게 감사와 기쁨으로 하나님을 예배하게 했다.

3:10 간구함 기도의 횟수에 대해 말하면 바울은 밤낮없이 일하듯 기도했다(2:9). 열렬함으로 말하면 바울은 넘치도록 기도했다(참고. 엡 3:20). **부족한 것** 바울은 교회를 비판하고 있는 것이 아니라 그들이 잠재력을 충분히 발휘하지 못하고 있음을 인정하면서 그것을 위해 기도하고 수고했다(10절). 이 부족한 것을 다루는 것이 4장과 5장의 주제다.

3:11 우리 길을 너희에게로 갈 수 있게 바울은 사탄이 자신의 데살로니가행을 방해하고 있음을 알았다(2:18). 비록 디모데가 그 교회를 방문해 좋은 소식을 가지고 돌아오기는 했지만, 바울은 여전히 자신의 영적 자녀들을 다시 보아야 할 긴급한 필요성을 느끼고 있었다. 바울은 시편(시 37:1-5)과 잠언(잠 3:5, 6)의 성경적 조언을 따라 어려운 상황을 하나님께 맡겼다.

살전

3:12 피차간…사랑 신약성경에서 30회 이상의 긍정적이거나 부정적인 "피차간"이라는 말이 등장하는데, 이 표현과 함께 사용되는 말들 가운데 다른 어느 말보다도 가장 빈번하게 사용되는 말이 사랑이다(참고. 4:9; 롬 12:10; 13:8; 살후 1:3; 벧전 1:22; 요일 3:11, 23; 4:7, 11; 요이 5절). 사랑은 다른 모든 "피차간"을 포함하는 포괄적인 용어다. 이 단어가 초점을 맞추고 있는 대상은 교회 내의 신자다. **모든 사람에 대한** 하나님이 사람을 사랑하셔서 인간의 죄를 위해 자기 아들을 보내 죽게 하신 사실에 비춰서(요 3:16) 자기들이 사랑스럽지 않았을 때 사랑받은 신자들은(롬 5:8) 불신자들을 사랑해야 한다(*마 5:43, 44에 대한 설명을 보라*). 모든 사람에 대해 신자가 어떻게 해야 한다는 신약성경의 명령에는 다음과 같은 것이 있다. 화평을 좇을 것(롬 12:18), 선을 행할 것(갈 6:10), 인내할 것(빌 4:5), 기도할 것(딤전 2:1), 온유함을 나타낼 것(딛 3:2), 공경할 것(벧전 2:17)이다.

3:13 그의 모든 성도 바로 이 용어가 신약성경의 다른 곳에서는 천사에게는 사용되지 않고(*유 14절에 대한 설*

명을 보라) 보통 신자에게 사용되므로 여기서 말하는 주의 오심을 자신의 모든 교회를 휴거시켜서(*4:13-18에 대한 설명을 보라*) 하늘에서 그들로 주님의 임재를 즐거워하게 하기 위한 것으로 이해하는 것이 최선이다(*요 14:1-3에 대한 설명을 보라*). **거룩함에 흠이 없게** 바울은 거룩하지 못하다고 비난받을 일이 없기를 기도했다. 참고. 고린도전서 1:8; 고린도후서 11:2; 에베소서 5:25-27; 베드로전서 5:16, 17; 유다서 24절.

바울의 실천적 교훈(4:1-5:22)

A. 도덕적 순결에 대해(4:1-8)

4:1 주 예수 안에서 자신의 말에 무게를 더하기 위해 바울은 여기서 그가 그리스도의 권위를 가지고 이 글을 썼다는 사실에 호소했다(2, 15절을 보라. 5:27; 살후 3:6, 12). **하나님을 기쁘시게** (참고. 2:4, 15; 고후 5:9; 엡 5:10, 17; 골 1:10; 히 11:6; 13:15, 16; 요일 3:22). 이것은 하나님의 말씀에 순종함으로써 이루어진다(참고. 3절).

4:3 하나님의 뜻 하나님의 모든 말씀은 긍정이든 부정이든 그분의 뜻을 포함하고 있다. 구체적으로 말하면 하나님의 뜻에는 구원(딤전 2:4), 자기희생(롬 12:1, 2), 성령 충만(엡 5:18), 복종(벧전 2:13-15), 고난당함(벧전 3:17), 만족(5:18), 확고함(히 10:36), 특별히 성화(즉 죄에서 분리되어 거룩함에 속해 있는 상태)가 포함된다. 이 문맥에서 하나님의 뜻은 특별히 성적 부정을 멀리하는 것, 4-8절의 지침에 따라 부도덕을 멀리하는 것을 의미한다.

4:4 자기의 아내 대할 줄을 알고 여기 "아내"로 번역된 말(영어 성경 NKJV에서는 vessel, 즉 그릇으로 번역함—옮긴이)에 대해서는 두 가지 해석이 있다. 그 단어는 한 사람의 아내를 가리킬 수도 있고(참고. 룻 4:10, 70인역; 벧전 3:7), 한 사람이 소유하고 있는 몸을 가리킬 수도 있다(고후 4:7; 딤후 2:21). 여기서는 후자일 가능성이 높다. 첫째, 베드로전서 3:7에서 그릇은 오직 비교하는 의미로("연약한 그릇")만 사용되어 여성성이 아니라 일반적인 인간성이라는 의미의 그릇을 가리킨다. 둘째, 혼인했다는 것이 반드시 성적 순결을 보장하지는 않는다. 셋째, 독신이 더 나은 상태라고 말하는 고린도전서 7장의 가르침과 모순될 것이다(참고. 7:8, 9). 넷째, '아내를 얻는다'는 의미로 이해된다면 바울은 여인이 어떻게 순결을 유지하느냐는 무시하고 오직 남자에게만 말하는 결과가 될 것이다. 그러므로 '자신의 몸을 소유하고'라고 보는 것이 더 나은 해석이다. 참고. 고린도전서 9:27의 설명.

데살로니가전서의 단어 연구

성화(Sanctification): 헬라어 *하기아스모스*(hagiasmos). 4:3-4. 문자적으로 '구별하다'라는 뜻이다. 하나님이 거룩한 것을 별도로 구분하는 과정을 가리킨다. 하지만 성화는 원칙적으로만 완전하다. 그것은 육신의 몸을 입은 인간으로서는 아직 성취되지 않았다. 비록 우리가 여전히 타락한 세상에 있기는 하지만 하나님과의 관계에서는 이미 완전히 거룩해진 것과 같은 위치에 있다(히 10:10). 그리스도의 단 한 번의 희생이 우리를 성화시키며(우리를 거룩하게 하며), 그 성화는 영구적인 결과를 낳아서 우리 안에서 계속 작용하여 우리를 거룩하게 만들어간다(히 10:14).

영(Spirit), 혼(Soul), 몸(Body): 헬라어 프뉴마(*pneuma*). 4:8; 5:19, 23. 문자적으로 '영'이다. 헬라어 *프쉬케*(*psychē*). 5:23. 문자적으로 '생명'이다. 헬라어 *쏘마*(*sōma*). 5:23. 문자적으로 '몸'이다. 데살로니가전서 5:23은 신약성경에서 사람의 존재를 세 부분으로 묘사하는 유일한 곳이다. 하지만 이 구절에서 셋 모두가 한 사람 전체를 구성한다. 영은 사람에게 하나님의 영을 접촉하여 중생할 수 있게 한다(요 3:6; 롬 8:16). '혼'으로 번역되는 *프쉬케*(*psuche*)는 사람의 인격성 또는 본질을 가리킨다. 마지막으로 신약성경의 저자들은 *몸*을 사람의 영 또는 혼과 구분되는 신체적 실체로 본다. 이 절이 보여주듯 하나님은 안에서 바깥으로 변화를 일으키심으로 우리의 전 존재를 영생을 위하여 성화시키신다.

강림(오심, Coming): 헬라어 *파루시아*(*parousia*). 2:19; 3:13; 4:15; 5:23. 문자적으로 '임재'라는 뜻으로, 보통 왕 같은 중요한 사람의 방문을 묘사하는 말로 사용된다. 그래서 이 단어는 유일하고 독특한 "오심"을 가리킨다. 이 용어는 신약성경에서 그리스도의 재림을 지칭하는 말로 사용된다. 이 영광스러운 오심은 그리스도를 만물의 왕으로 드러낼 것이다.

4:5 이방인 여기서는 비그리스도인을 가리키는 영적인 의미로 사용되었으며, "하나님을 모르는"이라는 설명 진술이 그것을 보여준다. *에베소서 4:17, 18에 대한 설명을 보라.*

4:6 형제를 해하지 1-8절까지 계속되는 문맥에 따르면 이 표현이 부적절한 성적 행동의 온갖 파괴적인 사회적 함의와 영적 함의를 가리킨다고 보아야 한다. *마태복음 18:6-10에 대한 설명을 보라*. **신원하여** 이 말은 그런 모든 죄에 대하여 궁극적으로 의를 이루실 분이 하나님이시라는 뜻이다(참고. 골 3:4-7; 히 13:4).

4:7 우리를 부르심 서신들에서 하나님의 "부르심"을 말할 때는 언제나 하나님의 유효한 구원의 부르심을 말할 뿐 일반적인 호소를 말하는 경우가 없다. 그것은 칭의로 연결된다(참고. 롬 8:30).

4:8 너희에게 그의 성령을 주신 하나님의 성령은 구원을 위해 주 예수 그리스도를 믿는 모든 사람에게 거저 주시는 선물이다. 참고. 사도행전 2:38; 로마서 8:9; 고린도전서 3:16; 12:13; 고린도후서 6:16.

B. 잘 규제된 생활에 대해(4:9-12)

4:9, 10 하나님의 가르치심을 받아 서로 사랑함이라 하나님의 말씀을 통해(시 119:97-102), 하나님의 사랑을 통해 그들은 서로를 사랑하는 신자였다(참고. 롬 5:5; 요일 2:7-11; 3:14; 4:7, 8, 12).

4:11 조용히 자기 일을 하고 이것은 사회적 문제를 일으키거나(*딤전 2:2에 대한 설명을 보라*) 사람들 사이에 분란을 일으키는 것이 아니라 어려움 속에서도 그 영혼이 평안히 쉬는 사람을 가리킨다(참고. 벧전 3:4). 뒤에 바울은 데살로니가 교인들 가운데 '자기 일에 집중하지' 않는 사람들의 문제를 다뤘다(참고. 살후 3:6-15). **너희 손으로 일하기** 그리스 문화는 육체 노동을 무시했지만 바울은 그것을 귀하게 여겼다(*엡 4:28에 대한 설명을 보라*).

4:12 외인 여기서는 비그리스도인을 가리킨다(참고. 고전 5:2; 골 4:5; 딤전 3:7).

C. 죽음과 휴거에 대해(4:13-18)

4:13-18 비록 데살로니가에서 행한 바울의 사역 기간은 짧았지만, 사람들은 구주의 재림이 실제로 있을 것으로 믿고 소망했음이 분명하다(참고. 1:3, 9, 10; 2:19; 5:1, 2; 살후 2:1, 5). 그들은 그 오심을 기다리면서 살았고 열렬히 그리스도를 기다렸다. 13절(참고. 살후 2:1-3)은 그들이 재림에 참여하는 일에 영향을 미칠지도 모르는 어떤 일이 발생한 것에 대해 불안해하기까지 했음을 보여준다. 그들은 그리스도의 다시 오심이 구속사의 절정이 되는 사건임을 알았고, 그것을 놓치고 싶지 않았다. 그리하여 주요 질문은 '그리스도가 오시기 전에 죽은 그리스도인들은 어떻게 되는가? 그들은 재림에 참여하지 못하는가?' 하는 것이었다. 분명히 그들은 그리스도의 재림이 임박했다는 견해를 가지고 있었고, 바울은 그것이 그들의 생애 동안 발생할 수도 있다는 인상을 남겼다. 그들은 박해를 받고 있었기 때문에 혼동에 빠졌고, 주님의 재림으로 그들이 그 박해로부터 건짐을 받을 것이라고 생각했기 때문이다(참고. 3:3, 4).

4:13 자는 자들 잠을 잔다는 것은 신약성경에서 죽음을 가리키는 익숙한 완곡어법이다. 죽은 자들의 모습을 잠 든 것으로 묘사한 것이다(*고전 11:30에 대한 설명을 보라*). 그것은 죽은 몸을 묘사하는 것이지 영혼을 묘사하는 것이 아니다(참고. 고후 5:1-9; 빌 1:23). 예수가 죽음에서 살려내신 야이로의 딸에 대해서도 잔다는 표현이 사용되었고(마 9:24), 돌로 쳐서 죽임을 당한 스데반에 대해서도 이 표현이 사용되었다(행 7:60. 참고. 요 11:11; 고전 7:39; 15:6, 18, 51; 벧후 3:4). 잠든 자들이 16절에서 "그리스도 안에서 죽은 자"들로 밝혀진다. 사람들은 무지 때문에 죽은 자들이 주의 재림에 참여하지 못할 것이라는 결론에 도달했고, 그런 영광스러운 사건에 그들이 참여하지 못한다는 사실을 비통해했다. 그래서 사랑하는 자들의 죽음이 그들의 영혼에 큰 번민을 초래했다. 그러나 그리스도인에게는 형제가 죽었을 때 마치 그 사람에게 큰 손실이 발생한 것처럼 슬퍼할 이유가 전혀 없다.

4:14 하나님이 그와 함께 데리고 오시리라 예수가 죽었다가 살아나셨듯이, 예수를 믿고 죽은 자 역시 다시 살아나서 주와 함께 하늘로 올라갈 것이다(*요 14:1-3; 고전 15:51-58에 대한 설명을 보라*). 이 본문은 교회의 휴거를 묘사한다. 이것은 예수가 다시 오셔서 구속받은 자들을 모아 하늘로 다시 데리고 가시는 일이다. 그 일이 있기 전에 죽은 자들은("자는 자들"이라고 불린 사람들) 전부 모아져 주와 함께 하늘로 올라갈 것이다.

4:15 주의 말씀 이 표현은 복음서에 나오는 주님의 어떤 말씀을 가리키는가? 사실 그와 정확하게 일치되거나 심지어 비슷한 말도 없다. 복음서에 등장하는 휴거에 대한 유일하고 명확한 언급은 요한복음 14:1-3이다. 어떤 사람들은 예수가 땅에 계실 때 이 말씀을 하셨고, 이것의 실질적인 내용이 나중에 마태복음 24:30, 31과 요한복음 6:39, 40; 11:25, 26 등에 기록되었다고 주장한다. 데살로니가전서의 이 단락과 복음서 설명 사이의 유사한 내용으로 나팔(마 24:31), 부활(요 1:26), 선택하신 자를 모으는 것(마 24:31) 등을 들 수 있다. 하지만 데살로니가전서의 이 단락과 정경의 그리스도 말씀 사이에는 다른 점이 훨씬 많다. 마태복음 24:30, 31과 15-17절 사이의 차이점은 다음과 같다. 첫째, 마태복음에서는 인자가 구름을 타고 오지만(막 13:26; 눅 21:27을

보라), 데살로니가전서에서는 신자들이 구름 속으로 올라간다. 둘째, 마태복음에서는 천사들이 모으지만, 데살로니가전서에서는 그리스도가 직접 모으신다. 셋째, 마태복음에는 부활에 대한 말이 전혀 없지만, 데살로니가전서에서는 부활이 중심 주제다. 넷째, 마태복음에서는 하늘로 오르는 순서에 대해서 아무 말도 하지 않지만, 데살로니가전서에서는 이것이 중심 교훈이다. 다른 한편으로 예수가 말씀을 하셨지만 복음서에는 기록되지 않은 진술을 바울이 가리키는가(행 20:35)? 그렇지 않다. 이렇게 결론지어야 하는 이유는 바울이 휴거를 지금까지 감춰져 있던 비밀, 즉 '신비'로 가르쳤음을 천명하기 때문이다(고전 15:51). 짐작건대 데살로니가 사람들은 주의 심판의 날에 대해 충분히 배웠지만(참고. 5:1, 2), 그 이전의 사건 곧 교회의 휴거에 대해서는 충분히 배우지 않았던 것 같다. 바울이 그것을 하나님이 자신에게 주신 계시로 드러내어 설명할 때까지 그것은 비밀이었으며, 요한복음 14:1-3에 기록된 예수의 말씀이 유일하게 이전에 했던 언급이다. 이것은 지금까지 드러나지 않았던 신비의 새로운 계시다. **우리 살아 남아 있는 자** 이것은 휴거 때 살아 있는 그리스도인, 곧 주가 자기 백성을 위하여 오실 때 지상에 살아서 그것을 보는 그리스도인을 가리킨다. 바울은 하나님의 때를 몰랐기 때문에 그는 그 일이 자기 생애에 있을 수도 있다고 말했던 것이다. 초기의 모든 그리스도인과 마찬가지로 바울도 그 사건이 가까웠다고 믿었다(참고. 롬 13:11; 고전 6:14; 10:11; 16:22; 빌 3:20, 21; 딤전 6:14; 딛 2:13). 휴거 때 살아 있는 사람들은 먼저 살아날 죽은 사람들의 뒤를 따를 것이다(16절).

4:16 주께서…친히…강림하시리니 이것은 요한복음 14:1-3에서 말한 약속(참고. 행 1:11)의 성취다. 그때까지 예수는 하늘에 머물러 계실 것이다(참고. 1:10; 히 1:1-3). **천사장** 천사의 조직 또는 계급에 대해서는 아주 조금밖에 알려진 바가 없다(참고. 골 1:17). 미가엘만이 천사장의 이름으로 소개되었지만(유 9절), 천사장의 계급에 하나 이상의 천사가 있는 것으로 보인다(단 10:13). 여기에 나오는 천사장은 미가엘일 것이다. 왜냐하면 다니엘 12:1-3에서 미가엘이 이스라엘의 부활과 동일시되고 있기 때문이다. 그 순간에(참고. 고전 15:51, "순식간에") 죽은 자들이 먼저 살아날 것이다. 그들은 휴거를 놓치는 게 아니라 먼저 참여할 것이다. **하나님의 나팔 소리** 참고. 고린도전서 15:52. 이 나팔 소리는 요한계시록 8-11장에 언급된 심판의 나팔 소리가 아니라 출애굽기 19:16-19에 묘사된 나팔 소리로, 백성을 불러 진에서 나와 하나님을 만나러 오라고 부르던 나팔 소리이다. 그것은 구속의 나팔 소리일 것이다(참고. 습 1:16; 슥 9:14).

4:17 끌어 올려 죽은 자들이 나오면서 이미 주님과 함께 있던 그들의 영(고후 5:8; 빌 1:23)이 이제 부활의 새 몸을 입을 것이고(*고전 15:35-50에 대한 설명을 보라*), 그때 살아 있는 그리스도인이 휴거, 곧 문자 그대로 들려 올라갈 것이다(참고. 요 10:28; 행 8:39). 요 14:1-3과 고린도전서 15:51, 52과 함께 이 단락은 교회의 휴거에 대한 성경적 근거가 된다. 휴거의 시기는 이 단락만으로는 확정할 수 없다. 하지만 요한계시록 3:10과 요한복음 14:3 같은 본문을 살펴보고, 이를 7년간의 환난이 끝날 때 그리스도가 심판하러 오신다고 말하는 본문들을(마 13:34-50; 24:29-44; 계 19:11-21) 비교해보면 심판이 언급되지 않는 휴거의 특성과 심판을 강조하는 다른 본문들 사이에 분명한 차이가 있음을 주목해야 한다. 그러므로 휴거가 그리스도가 심판으로 오시는 때와 다른 때에 일어난다고 이해하는 것이 최선이다. 이런 이유로 휴거를 환난기 이전이라고(계 6-19장의 심판에서 드러나는 하나님의 진노 이전) 말하게 되었던 것이다. 이 사건은 완전한 변화(참고. 고전 15:51, 52; 빌 3:20, 21)와 영원한 주 예수 그리스도와의 연합을 포함한다.

마게도냐의 주요 무역항이자 미항이었던 데살로니가(Thessalonica)의 현재 모습.

4:18 서로 위로하라 이 단락의 주된 목적은 예언의 구조를 가르치는 것

이 아니라 사랑하는 자들을 떠나보낸 그리스도인을 위로하기 위한 것이다. 여기서 말하는 위로는 다음 사실을 근거로 한다. 첫째, 죽은 자들이 부활할 것이며 주가 자기 백성을 위하여 오시는 일에 참여할 것이다. 둘째, 그리스도가 오시면 그때 살아 있는 사람들은 사랑하는 사람들과 영원히 재결합할 것이다. 셋째, 그들은 모두 주님과 영원히 함께할 것이다(17절).

D. 거룩한 생활과 주의 날에 대해(5:1-11)

5:1 때와 시기 이 두 단어는 각각 시간의 측정과 시간의 특성을 표시하는 단어다(참고. 단 2:21; 행 1:7). 그들 중 많은 사람이 자기들의 생애 동안 주님이 오실 것으로 예상하면서 주님이 오시기 전 죽은 사람들에 대해 혼란과 슬픔을 느끼고 있었다(*4:13-18에 대한 설명을 보라*). 그들은 그 날이 지연되는 것을 염려했다. 짐작건대 데살로니가인들은 하나님이 임박한 심판에 대해 신자들이 알기를 원하시는 모든 것을 알고 있었으며, 그들이 휴거에 대해 알지 못하던 것은 바울이 알려주었다(4:13-18). 따라서 여기서 바울은 예언된 시기의 문제에 대해 알아보느라 곁길로 빠지기보다는 세상에 임할 심판에 비춰 경건하게 살 것을 권면했다. 그들은 하나님의 최후 심판이 언제인지 알 수 없었으나 그때가 예상치 못할 때 온다는 것은 알고 있었다(2절).

5:2 주의 날 주의 날이라는 표현이 논쟁의 여지없이 분명한 의미로 사용된 것이 구약에 19번, 신약에 4번 있다(참고. 행 2:20; 살후 2:2; 벧후 3:10). 구약 선지자들은 주의 날이라는 말을 임박한 역사적 심판을 가리키는 표현으로(사 13:6-22; 겔 30:2-19; 욜 1:15; 암 5:18-20; 습 1:14-18을 보라) 또는 먼 미래에 있을 종말의 하나님의 심판을 가리키는 표현으로(욜 2:30-32; 3:14; 슥 14:1; 말 4:1, 5을 보라) 사용했다. 그 날이 6번은 "멸망의 날"로, 4번은 "보수의 날"로 지칭된다. 신약성경은 그 날을 "진노"의 날, "방문"의 날, "전능하신 이의 큰 날"(계 16:14)이라고 말한다. 이것은 세상의 넘치는 죄악에 대한 하나님의 두려운 심판이다(참고. 욜 2:30, 31; 살후 1:7-10). 하나님의 진노가 떨어지는 미래 주의 날은 두 부분으로 이루어진다. 7년 환난기의 마지막(참고. 계 19:11-21) 그리고 천년왕국의 마지막이다. 이 두 부분 사이에 실제로는 1,000년의 간격이 있다. 베드로는 1,000년의 마지막을 최후 주의 날과 연결시켜 말한다(참고. 벧후 3:10; 계 20:7-15). 여기서 바울은 환난기를 마무리하는 주의 날에 대한 그 측면을 말하고 있다. **밤에 도둑** 이 표현은 교회의 휴거에 대해서는 결코 사용되지 않는다. 이 표현은 교회의 휴거(*4:15에 대한 설명을 보라*)와 구별되는 7년 환난의 마지막 주의 날에 그리스도가 심판으로 오시는 것에 사용되며, 천년왕국을 마무리하는 심판(벧후 3:10)에 사용된다. 도적이 예상치 못할 때 아무 경고도 없이 오듯 주의 날도 그 두 기간의 마지막에 올 것이다.

5:3 평안하다, 안전하다 구약의 거짓 선지자들이 하나님의 심판이 임박했음에도(렘 6:14; 8:11; 14:13, 14; 애 2:14; 겔 13:10, 16; 미 3:5) 거짓으로 밝은 미래를 예언했듯이, 미래에도 그들은 주의 날 파멸 직전에 같은 거짓을 말할 것이다. **해산의 고통** 주는 감람산 강화에서도 이 예화를 사용하셨다(*마 24:8에 대한 설명을 보라*). 이것은 주의 날에 대한 필연성, 급작스러움, 피할 수 없는 성격, 고통을 그린다.

5:4 형제들아 너희는 바울은 3인칭 복수에서(영어 성경 NKJV의 경우 3절에 3번) 갑자기 2인칭 복수로 바꾼다. 주의 날 심판 이전에 교회는 휴거될 것이기 때문에 신자는 지상에서 발생하는 그 날의 두려움과 파멸을 경험하지 않을 것이다(3절). **어둠에 있지 아니하매** 신자는 주의 날에 참여하지 않는다. 왜냐하면 그들은 어둠의 영역에서 건짐을 받아 빛의 나라로 옮겨졌기 때문이다(골 1:13). 예수는 자신을 믿으면 사람의 영적 어둠이 제거될 것이라고 가르치셨다(요 8:12; 12:46). 신자와 버림받은 자들 사이의 대비가 강조되며, 바울은 7절까지 이 대비를 끌고 간다. 신자는 하나님의 진노를 경험하지 않을 것이다. 왜냐하면 그들은 본성이 다르기 때문이다. 불신자는 어둠 속에 있으며(참고. 2절, "밤에"), 그들의 죄와 불신 때문에 정신적·도덕적·영적 흑암에 사로잡혀 있다(참고. 요 1:5; 3:19; 8:12; 고후 4:6; 엡 4:17, 18; 5:8, 11). 이 모든 사람은 "어둠의 권세"(눅 22:53)로 불리는 사탄의 자녀다(참고. 요 8:44). 주의 날이 그들을 갑작스럽게 "사로잡아" 치명적인 결과로 이끌 것이다.

5:5 빛의 아들 이것은 신자를 하나님의 아들로 규정하는 히브리적 표현이다. 그들은 빛이요 그 안에 어둠이 조금도 없는(요일 1:5-7) 하늘에 계신 아버지의 자녀다. 참고. 누가복음 16:8; 요한복음 8:12; 12:36. 신자는 주의 날에 지상에 있을 그 사람들과는 전혀 다른 삶의 영역 속에서 살고 있다.

5:6 우리는…같이 자지 말고 신자는 어둠의 영역에서 건짐을 받았기 때문에 그들은 죄와 무지의 밤에서 나와 하나님의 빛 속으로 이끌림을 받았다. 그리스도인은 빛 속에 있으므로 영적 무관심과 안락의 잠에 빠지지 말고 그들을 둘러싼 영적 문제에 대해 깨어 있어야 한다. 그들은 자고 있다가 주의 날에 코마 상태에서 깨어날 어둠의 사람들처럼 살지 말아야 한다(7절). 그리고 진리의 통제 하에 깨어 있어 균형 잡힌 경건한 삶을 살

살전

아야 한다.

5:8 호심경 바울은 그리스도인의 삶을 군사적 용어를 사용하여 정신을 차리고(깨어 있고) 적절한 무장을 갖추고 있는 삶으로 그렸다. 호심경은 몸의 중요한 내장 기관을 보호하는 장비다. 믿음은 시험에 대항하는 필수적인 보호 수단이다. 왜냐하면 믿음은 하나님의 언약과 계획, 진리를 신뢰하기 때문이다. 믿음은 시험의 화살로부터 우리를 지켜주는 하나님 말씀에 대한 요동치 않는 확신이다. 불신앙은 하나님의 말씀을 부정적으로 보는 태도이며 모든 죄의 특징이다. 신자가 죄를 범하는 것은 사탄의 거짓말을 믿을 때다. 하나님에 대한 사랑은 필수인데, 이는 하나님을 향한 완전한 사랑이 완전한 순종을 낳기 때문이다. 다른 곳에서는 용사의 호심경이 의를 나타내는 것으로 사용되었다(사 59:17; 엡 6:14). 믿음이 다른 곳에서는 군사의 방패로 표시되었다(엡 6:16). 투구는 언제나 미래적 측면을 가지는 구원과 연결된다(참고. 사 59:17; 엡 6:17). 우리의 미래 구원은 보장되었으며, 어떤 것도 그것을 빼앗아가지 못한다(롬 13:11). 바울은 여기서 다시 믿음, 사랑, 소망을 조합했다(참고. 1:3). *에베소서 6:10-17에 대한 설명을 보라.*

5:9 노하심 이것은 1:10에서(*이 구절에 대한 설명을 보라*) 언급한 것과 같은 진노다. 이 문맥에서(특별히 대비를 주목하라) 이 노하심은 환난기의 잠정적인 진노가 아니라 하나님의 영원한 진노를 가리킨다는 것이 명백하다(참고. 롬 5:9).

5:10 깨어 있든지 자든지 이 비유는 4:13-15까지 거슬러 올라가서 물리적으로 살아 있거나 죽은 것을 가리키는데, 어느 쪽이든 간에 미래에는 우리 죄를 위하여 죽으신 구주와 영원히 함께할 거라는 약속을(참고. 4:17; 요 14:1-3) 수반한다. 참고. 로마서 4:9; 갈라디아서 1:4; 고린도후서 5:15, 21.

E. 교회 내의 관계에 대해(5:12-15)

5:12 알고 이 말은 단순히 얼굴을 안다는 말이 아니라 사람들이 말 그대로 자기들의 목사를 충분히 잘 알아서 그들과 친밀한 감정을 나누며, 그들 사역의 가치 때문에 그들을 존중하라는 말이다. 목사의 일은 다음과 같은 세 가지 요소로 요약된다. 첫째는 수고로, 기진하도록 일하는 것이다. 둘째는 다스림으로, 말 그대로 양 떼를 의의 길로 인도하기 위해 그들 앞에 서는 것이다. 셋째는 권함으로, 하나님 말씀의 진리로 가르치는 것이다. 참고. 히브리서 13:7, 17.

5:13 귀히 여기며 목사들을 잘 아는 것에 더하여(*12절에 대한 설명을 보라*), 회중은 그들의 목사들이 옳다고 생각하며 애정 어린 시선으로 대해야 한다. 이는 그들의 매력이나 개성 때문이 아니라 그들이 주의 특별한 종이 되어 큰 목자를 위한 일을 하고 있다는 사실 때문이다(참고. 벧전 5:2-4). 또한 회중은 목사들의 지도에 복종함으로써 교회 내에서 '화목'하도록 해야 한다.

5:14 너희를 권면하노니 바울은 목사들이 사람을 어떻게 섬겨야 하며, 사람은 목사들에게 어떤 태도를 취해야 하는지를 언급했다(12, 13절). 이 단락에서는 교회 안의 교제에서 사람이 어떻게 서로 가르쳐야 하는지를 보여준다. "게으른 자들" 곧 선을 벗어난 사람은 경고와 가르침을 받아서 선 안으로 들어와야 한다. "마음이 약한 자들" 곧 두려움과 회의 가운데 있는 사람은 격려를 받아 용기를 회복해야 한다. "힘이 없는 자들" 곧 영적·도덕적으로 힘이 없는 사람은 굳건하게 지지를 받아야 한다. 인내와 용서, 선행이 모든 사람 사이에 가득해야 한다.

F. 그리스도인 생활의 기초에 대해(5:16-22)

5:16-22 바울은 그리스도인의 미덕을 요약하고 있다. 이 단락은 건전한 영적 생활의 기본 원리를 간략하고 분절된(staccato) 문제로 제시한다. 비록 이것이 간략하기는 하지만 성공적인 그리스도인 생활을 위해서는 우선적으로 힘써야 할 것임을 신자에게 가르친다.

5:16 기뻐하라 기쁨은 언제나 적절한 태도다. 참고. 빌립보서 2:17, 18; 3:1; 4:4.

5:17 기도하라 이 말은 똑같은 말을 반복하거나 쉬지 않고 지속적으로 기도하라는 말이 아니라(참고. 마 6:7, 8) 지치지 말고(참고. 눅 11:1-13; 18:1-8) 정기적으로(참고. 엡 6:18; 빌 4:6; 골 4:2, 12) 기도하라는 말이다.

5:18 감사하라 감사하지 않는 것은 불신자의 특성이다(참고. 롬 1:21; 딤후 3:1-5). "이것이…하나님의 뜻이니라"는 말은 16, 17절을 포함한다.

5:19 소멸하지 하나님의 성령의 불에 죄의 물을 끼얹지 말아야 한다. 또한 신자는 성령을 근심하게 하지 말고(엡 4:30), 도리어 성령의 지배를 받으며(엡 5:18), 성령으로 행하라(갈 5:16)는 지침을 받는다.

5:20 예언 이 단어는 말로 주어진 하나님의 계시를 가리킬 수도 있지만(참고. 행 11:27, 28; 딤전 1:18; 4:14), 대부분의 경우에는 기록된 성경 말씀을 가리킨다(참고. 마 13:14; 벧후 1:19-21; 계 1:3; 22:7, 10, 18, 19). 이 "예언"은 인정받는 하나님의 대언자들을 통해 그분이 주신 권위 있는 메시지로, 그것의 신성한 기원 때문에 가볍게 취급되어서는 안 된다. 하나님 말씀이 선포되거나 읽힐 때는 매우 심각하게 받아야 한다.

하나님의 뜻

그리스도인은 하나님의 뜻을 매일매일 실천해야 한다. 그 이상도, 그 이하도, 그 이외도 아니다. 참된 신자를 위한 하나님의 특정한 뜻으로, 성경에 나오는 열 가지 구체적 진술은 다음과 같다.

1. 구원	딤전 2:4; 벧후 3:9
2. 희생	롬 12:1, 2
3. 성령의 통제	엡 5:17-21
4. 성화	살전 4:3, 4
5. 복종	벧전 2:13-15
6. 만족	살전 5:18
7. 추구	요일 5:14, 15
8. 섬김	시 103:21
9. 고난	벧전 3:17; 4:19
10. 목양	벧전 5:2

5:21, 22 범사에 헤아려 조심스러운 심사와 분별을 하라는 이 요구는 20절의 명령에 대한 반응이다. 사람은 하나님 말씀의 선포를 절대로 가볍게 여기지 말고, 선포된 말씀을 조심스럽게 살펴야 한다(참고. 행 17:10, 11). "좋은" 것으로 밝혀진다면 전심으로 받아야 한다. "악"한 것 또는 비성경적인 것은 금지되어야 한다.

바울의 축도 (5:23, 24)

5:23 하나님이…너희를…거룩하게 하시고 4:1부터 시작하여 특별히 16-22절에서 모든 권면을 마치면서 바울이 말하는 마지막 축도는 그 모든 권면에 순종하고 이룰 수 있는 자원이 무엇인지를 보여준다. 그 모든 길에서 거룩하게 되는 것은 사람의 능력 안에 있지 않다(참고. 슥 4:6; 고전 2:4, 5; 엡 3:20, 21; 골 1:29). 오직 하나님(하나님을 "평강의 하나님"으로 부르는 것에 대해서는 롬 15:33; 16:20; 빌 4:9; 히 13:20을 참고하라) '자신'만이 우리를 죄로부터 분리하여 '온전한' 거룩함으로 이끄실 수 있다. **온 영과 혼과 몸** 이 포괄적인 언급은 온이라는 말을 더욱 강조한다. 영과 혼이라는 말을 사용했다고 해서 바울이 인간의 비물질적인 부분이 두 개의 본질로 나뉠 수 있다고 말한 것은 아니다(참고. 히 4:12). 이 두 단어는 성경 전체에서 서로 교차적으로 사용되었다(참고. 히 6:19; 10:39; 벧전 2:11; 벧후 2:8). 이 두 실체는 분리될 수 없다. 도리어 그 둘은 다른 본문이 강조하기 위해 여러 단어를 사용한 것과 같은 용법으로 사용되고 있다(참고. 신 6:5; 마 22:37; 막 12:30; 눅 10:27). 또한 바울은 인간에 대한 삼분설의 신봉자가 아니라(참고. 롬 8:10; 고전 2:11; 5:3-5; 7:34; 고후 7:1; 갈 6:18; 골 2:5; 딤후 4:22) 이분설(물질적 부분과 비물질적 부분)의 신봉자였다. **강림하실 때** 그리스도의 *파루시아*(parousia)에 대한 이 네 번째 언급은 앞에 2:19; 3:13; 4:15의 경우처럼 교회의 휴거를 가리킨다.

5:24 너희를 부르시는 신약성경에서 하나님의 부르심이라는 표현이 언제나 그렇듯 이 말도 하나님이 택하신 자들을 구원으로 부르시는 유효한 부르심을 가리킨다(참고. 2:12; 4:7; 롬 1:6, 7; 8:28; 고전 1:9; 엡 4:1, 4; 딤후 1:9; 벧전 2:9; 5:10; 벧후 1:10). 또한 부르시는 하나님은 부르신 사람을 영광으로 이끄실 것이며, 아무도 잃어버린 바 되지 않을 것이다(참고. 요 6:37-44; 10:28, 29; 롬 8:28-39; 빌 1:6; 유 24절).

바울의 마지막 말 (5:25-28)

5:26 거룩하게 입맞춤 이 사랑의 몸짓에 대한 명령이 신약성경에 5번 등장하는데(롬 16:16; 고전 16:20; 고후 13:11; 벧전 5:14), 이는 포옹과 입맞춤으로 환영을 표시하던 1세기 문화를 가리킨다. 당시의 그리스도인 역시 신자는 하나님의 가족으로서 형제요 자매라는 인식 속에서 정당하게 그 일을 행해야 했다.

5:27 공적으로 성경을 읽는 일은 영적 책임을 수행하는 기초였다(참고. 갈 4:16; 살후 3:14).

5:28 참고. 로마서 16:20, 24; 데살로니가후서 3:18.

연구를 위한 자료

John MacArthur, *1 and 2 Thessalonians* (Chicago: Moody, 2002).

Richard Mayhue, *First and Second Thessalonians* (Scotland, U.K.: Christian Focus, 1999).

Robert L. Thomas, *1 and 2 Thessalonians*, in Expositor's Bible Commentary (Grand Rapids: Zondervan, 1978).

제목

데살로니가후서는 헬라어 신약성경 목록에 '데살로니가인에게'라는 제목으로 실려 있다. 이것은 데살로니가시에 있는 신자의 공동체에 사도 바울이 두 번째로 보낸 정경 서신이다(참고. 1:1).

저자와 저작 연대

데살로니가전서에서와 마찬가지로 바울은 이 서신에서 두 차례에 걸쳐 자신을 저자라고 밝혔다(1:1; 3:17). 그 교회를 세울 때 함께 수고한 바울의 동역자 실루아노(실라)와 디모데가 이 편지를 쓸 때 바울과 함께 있었다. 이 편지 내용의 증거와 어휘, 문체, 교리적 내용 등이 바울이 유일한 저자였을 가능성을 강력하게 지지한다. 이 서신을 작성한 시기는 첫 번째 서신을 쓰고 몇 달이 지난 때로 바울은 여전히 실라, 디모데와 함께 고린도에 머물고 있던(1:1; 행 18:5) 주후 51년 말이나 52년 초였음이 확실하다(데살로니가전서 서론의 저자와 저작 연대를 보라).

배경과 무대

데살로니가의 역사를 알고자 한다면 데살로니가전서 서론의 배경과 무대를 보라. 어떤 사람들은 바울이 이 서신을 에베소에서 썼다고 말하지만(행 18:18-21), 고린도에 머물던 18개월의 기간은 데살로니가전후서를 집필하기에 충분한 시간이었다(행 18:11).

바울은 서신 교환이나 사람을 통해 데살로니가에서 일이 어떻게 진행되는지 알고 있었던 것으로 보인다. 아마 첫 번째 서신을 가지고 갔던 사람이 바울에게 돌아와 그 교회의 최근 소식을 전해주었을 것이다. 그 교회가 성숙하여 믿음이 자라고 있지만(1:3), 압력과 박해 역시 증가하고 있다는 소식이었을 것이다. 주님에 대한 거짓된 교훈의 씨가 심어졌고, 사람들의 태도는 무질서한 상태였다. 그래서 바울은 자신이 사랑하는 양 떼에게 글을 썼는데, 그들은 다음과 같은 상태에 있었다. 첫째, 박해로 낙담하고 있었으며 견디고 나가라는 격려가 필요한 상태였다. 둘째, 주의 다시 오심에 대해 그들을 혼란에 빠트린 거짓 교사들에게 속고 있던 상태였다. 셋째, 특별히 일하기를 거부함으로써 하나님의 명령에 불순종하는 상태였다. 이런 상태에 있던 그들에게 바울은 이 세 가지 문제에 대해 다음과 같은 일을 했다. 박해받는 신자들에게 위로를 주었고(1:3-12), 거짓된 교훈을 받아 겁에 질려 있던 신자에게는 바른 것을 가르쳐주었으며(2:1-15), 순종하지 않고 무질서한 신자에게는 도전하는 자세를 취했다(3:6-15).

역사적 · 신학적 주제

주의 날의 도래에 대해 거짓 교사들이 일으킨 심각한 오해가 주된 문제였으므로 1장과 2장에 예언적 자료가 많이 포함되어 있기는 하지만(바울은 그 날이 아직 도래하지 않았으며 일정한 다른 사건들이 발생하기까지 그 날은 오지 않을 것임을 보여줌), 여전히 이 서신을 '목회 서신'이라고 부르는 것이 최선이다. 건전한 종말론과 진리에 대한 순종을 통해 효과적인 증언을 하는 건강한 교회를 유지하는 방법이 중심 주제다.

종말론이 지배적인 신학적 주제다. 불신자의 개인적 종말에 대한 가장 분명한 진술의 하나가 1:9에 나온다. 3:6-15의 초점이 교회 권징인데, 이 주제에 대한 성경의 가르침을 온전하게 이해하려면 마태복음 18:15-20; 고린도전서 5:1-13; 갈라디아서 6:1-5, 디모데전서 5:19, 20도 함께 살펴봐야 한다.

해석상의 과제

영원한 보상과 응보가 1:5-12에서 너무 일반적인 용어로 다루어졌기 때문에 정확한 시기에 대한 구체적 사항은 확실히 알기가 어렵다. 주의 날(2:2), 막는 것들(2:6, 7), 불법의 사람(2:3, 4, 8-10) 같은 문제는 해석이 쉽지 않은 예언적 자료다.

데살로니가후서 개요

바울의 인사 (1:1, 2)

1:1, 2 *데살로니가전서 1:1에 대한 설명을 보라.*

고난받는 자를 위한 바울의 위로 (1:3-12)

A. 격려를 통한 위로(1:3, 4)

1:3 감사할지니 이것이 당연함은 하나님이 성도들의 생활에서 큰일을 이루셨을 때 기도로 하나님께 감사하는 것은 영적 의무다. 순종적인 데살로니가인들이 그런 경우였다. 그들은 첫 번째 서신을 받은 이후 믿음과 사랑이 성장했음을 보여주었다. 그것은 바울의 기도에 대한 직접적인 응답이었다(참고. 살전 1:3; 3:12).

1:4 인내와 믿음 그들의 믿음과 사랑의 성장(3절)이 가장 분명하게 드러난 것은 그들이 그리스도의 원수에게서 오는 적대와 고난을 인내하며 신실하게 견디는 모습이었다. 데살로니가인의 삶이 이를 분명하게 말해주므로(살전 1:8) 더 이상 설명할 필요가 없지만, 그들의 견인으로 말미암아 주님 앞에서 가진 기쁨 때문에 바울이 말을 하지 않을 수 없었다.

B. 권면을 통한 위로(1:5-12)

1:5 고난을 받느니라 고난에 대한 바른 태도가 반드시 필요하며, 여기서 요구되는 태도는 하나님 나라를 위하는 마음이다. 데살로니가 신자들은 자기중심적이지 않고, 하나님 나라에 집중하고 있었다. 그들의 관심의 초점은 개인의 안락, 성취, 행복이 아니라 하나님의 영광과 그분의 목적 성취였다. 그들은 자기들이 받는 박해의 불의함에 대해 불평하지 않았다. 도리어 그들은 억울한 고난을 묵묵히 견디고 있었다(4절). 이런 태도는 고난을 통하여 정화하고 순결하게 하고 완성시켜 가는 하나님의 지혜로운 과정이 그의 사랑하시는 사람들 사이에서 작용하여 그들을 완전케 하여(참고. 약 1:2-4; 벧전 5:10) 하나님 나라에 합당한 자로 만들어가고 있다는 '분명한 증거'였다(참고. 2:12). 신자는 사탄적인 세상에서 그리스도인으로 살면서 그리스도인다운 성품을 계발하기 위해서는 고난을 예상하고 있어야 한다(참고. 살전 3:3). 고난은 하나님이 그들을 버리셨다는 증거가 아니라 하나님이 그들과 함께하시면서 그들을 완전케 만들어 가신다는 증거로 이해해야 한다(참고. 마 5:10; 롬 8:18; 고후 12:10). 이렇게 해서 데살로니가인은 주 예수 그리스도에 대한 믿음으로만 얻는 그들의 구원이 참되다는 것을 보여주었다. 이는 그들이 그리스도처럼 하나님과 그의 나라를 위해 기꺼이 고난당하고 있었기 때문이다. 그들은 그리스도와 그의 나라를 싫어하는 인간의 진노의 대상이 되어 불의하게 고난을 당했다(행 5:41; 빌 3:10; 골 1:24). "하나님의 나라"는 여기서 구원이라는 영적 의미로 사용되고 있다(*마 3:2에 대한 설명을 보라*).

1:6 갚으시고 하나님의 의로운 심판은 신자를 완성시켜 가는 일을 하는 것과 똑같이(5절), 악인에게 그대로 되갚는 일도 한다(참고. 8절). 영적인 박해의 문제에서 변호와 응보는 사람이 아닌 하나님의 몫이다(참고. 신 32:35; 잠 25:21, 22; 롬 12:19-21; 살전 5:15; 계 19:2). 그러므로 언제 어떻게 갚으시는지는 하나님이 정하신다.

1:7 우리와 함께 안식으로 바울은 그리스도의 대의를 위해 함께 고난받은 자였다. 바울도 데살로니가인과 마찬가지로, 그리스도가 불경건한 자들을 심판하기 위해 오실 때 임할 그 나라를 위해 그들이 받은 고난에 대한 최후의 안식과 보상을 기대하고 있었다. 주 예수는 안식과 응보라는 이중의 목적을 위해 오실 것을 약속하셨다(참고. 마 13:40-43; 24:39-41; 25:31-33; 눅 21:27, 28, 34-36; 요 5:24-29). **주 예수께서…나타나실 때에** 이 표현은 의심의 여지없이 심판자로서 오실 때 그리스도를 가리킨다. 이렇게 나타나시는 첫 번째 경우는 7년 환난기의 마지막 때다(참고. 마 13:24-30, 36-43; 24:29-51; 25:31-46; 계 19:11-15). 그리스도가 맨 마지막에 전 우주적 심판자로 나타나시는 것은 천년왕국 이후에 있을

살후

큰 흰 보좌 심판 때다(계 20:11-15). 그리스도가 심판을 위하여 오실 때는 언제나 천사들이 함께한다(참고. 마 13:41, 49; 24:30, 31; 25:31; 계 14:14, 15). **불꽃 가운데에** 불은 심판의 상징이다(참고. 출 3:2; 19:16-20; 신 5:4; 시 104:4; 사 66:15, 16; 마 3:11, 12; 계 19:12).

1:8 하나님을 모르는 참고. 데살로니가전서 4:5. 이 말은 예수 그리스도를 통한 하나님과의 인격적 관계가 없는 사람을 가리킨다(참고. 요 17:3; 갈 4:8; 엡 2:12; 4:17, 18; 딛 1:16). 그들에게 형벌을 내리는 것은 그들이 그리스도인을 박해했기 때문이 아니라 믿으라는 하나님의 명령에 순종하지 않았고(참고. 행 17:30, 31; 롬 1:5; 10:16; 15:18; 16:19), 그들의 죄에서 구원받기 위해서 주님의 이름을 부르라는 명령에 순종하지 않았기 때문이다(롬 10:9-13; 고전 16:22; 히 10:26-31). 구원은 결코 행위로 받을 수 없고, 주 예수 그리스도만을 믿음으로써 받는다(엡 2:8-10). **형벌을 내리시리니** 문자적으로 '완전한 형벌을 내리다'라는 뜻이다(참고. 신 32:35; 사 59:17; 66:15; 겔 25:14; 롬 12:19).

1:9 영원한 멸망 *마태복음 25:46에 대한 설명을 보라.* 바울이 성경의 다른 부분에서 '지옥'이라고 말한 곳의 기간과 정도를 설명한 것이다. 첫째, 그것은 영원하다. 따라서 그것은 되돌릴 수 없는 경험이다. 둘째, 멸망은 파멸이지 존재의 사멸이 아니며 첫 번째 의식의 상태보다 훨씬 악한 새로운 의식의 상태다(참고. 계 20:14, 15). 이것은 하나님의 임재와 영광이 없는 것으로 그려졌다(참고. 마 8:12; 22:13; 25:30; 눅 16:24-26).

1:10 그가 강림하사 주의 날이 도래하면 불신자들에게 응보와 파멸이 임할 것이다. 그리스도의 큰 영광이 나타나면 그 결과로 신자에게는 안식과 안도, 그리스도의 영광에 참여하는 특권이 주어질 것이다(참고. 빌 3:21; 요일 3:2). 이것이 바울이 말한 신자에게 "나타날 영광"이다(롬 8:18, 19). 그때 모든 신자가 그리스도를 찬양하고 경배할 것이며, 바울의 복음 증거를 믿은 데살로니가인도 그들 중에 있을 것이다.

1:11 우리도…기도함 이 서신에서 바울의 모범적인 기도생활이 4번에 걸쳐 드러난다(참고. 12절; 2:16, 17; 3:1-5, 16). 여기서 바울은 5절에서 기도했던 것처럼 그들이 그리스도인이라는 사실에 일관성 있게 행동하며(참고. 살전 2:19; 엡 4:1; 골 1:10), 그들의 "구원으로의 부르심"에 합당하게 살고(참고. 롬 8:30; 11:29; 갈 4:13-15; 고전 1:26; 골 1:3-5; 살전 2:12), 그 생활이 선행과 강력한 믿음의 일들을 드러내기를 기도했다.

1:12 하려 함이라 11절에 합당한 삶은 하나님이 우리 안에서 영광을 받으시게 할 것이며, 이는 모든 뜻의 빛이다(참고. 2:14; 고전 10:31; 벧전 4:11).

데살로니가후서의 단어 연구

멸망(Destruction): 헬라어로 *올레트로스(olethros)*. 1:9. 이 단어는 사람의 존재가 사멸되는 것을 가리키는 말이 아니라 모든 선하고 가치 있는 것의 상실을 가리킨다. 고린도전서에서 바울은 죄의 즉각적인 결과를 말할 때 이 단어를 사용한다(고전 5:5). 하지만 데살로니가전서 1:9에서는 이 동일한 단어를 죄의 영원한 결과를 묘사하는 데 사용한다(또한 딤전 6:9을 보라). 죄에 대한 형벌은 존재의 사멸이 아니라 그리스도의 사랑으로부터의 분리다. 영원한 생명이 신자에게 속한 것과 똑같이 무한한 고통이 그리스도께 반항한 모든 사람을 기다리고 있다.

무법한 자(The Lawless One): 헬라어로 *호 아노모스(ho anomos)*. 2:8. 문자적으로 '법이 없다'는 뜻이며, 반항심으로 가득 찬 사람을 가리킨다. 또한 이 악한 인물은 "적그리스도"(요일 4:2, 3) 또는 "짐승"(계 13:1)이라고도 불린다. 그는 의의 화신인 그리스도께 직접적으로 반항한다. 그러나 결국에는 우주의 주권을 쥔 통치자에게 정복당할 것이다.

예언적 오류를 고쳐준 바울 (2:1-17)

A. 예언된 위기(2:1, 2)

2:1 주 예수 그리스도의 강림하심 이것은 데살로니가후서에서 그리스도의 강림에 대한 다섯 번째 언급이다(참고. 살전 2:19; 3:13; 4:15; 5:23. *살전 2:19에 대한 설명을 보라*). 여기서 말하는 강림이 무엇인지가 그다음 어구인 "우리가 그 앞에 모임"이라는 말에서 드러난다. 즉 모든 신자가 모여 주 예수를 만난다는 것인데, 이는 데살로니가전서 4:13-18과 요한복음 14:1-3에 묘사된 교회의 휴거를 가리키는 것이 분명하다. 신약성경에서 이 어구가 사용된 유일하게 다른 곳인 히브리서 10:25을 참고하라. 이것이 데살로니가인이 기대하고 있던 사건이었다(참고. 살전 1:10; 3:13; 5:9).

2:2 주의 날 주의 날이 이미 임했다는 생각은 바울이 휴거에 대해 이전에 가르친 내용과 상충되었다. 데살로니가인을 불안하게 했던 이 오류가 바울이 3-12절에서 교정하려는 것이다. 그 단락에서 바울은 그 날은 아

직 오지 않았고, 어떤 사실들, 특히 "불법의 사람"(3절)이 나타날 때까지는 올 수 없다는 것을 보여주었다. **쉽게…흔들리거나** 이 단어는 지진을 가리키는 말이거나(행 16:26), 배가 정박지에서 미끄러져 나가 폭풍 속으로 들어가는 것을 가리키는 말로 사용되었다. *두려워하다*는 말과 함께 이 '흔들리다'는 교회를 사로잡고 있던 불안과 경고의 상태를 묘사한다. 그들은 주의 날 전에 발생할 일, 곧 그들이 주 앞에 모이는 휴거를 예상하면서 큰 정신적 압박을 받고 있었다. 그들은 박해와 하나님의 진노 속에 남겨지지 않고 영광과 하늘의 안식으로 들림받을 것을 기대했다. 바울은 그들이 주의 날을 피할 것이라고 가르쳤음이 분명하지만(살전 5:2-5. 참고. 계 3:10), 그들은 자기들이 박해를 겪고 있다는 사실을 근거로 자기들이 주의 날 속에 있을지도 모른다고 생각하면서 혼란에 빠졌다. 이 오류는 그들이 실제로 주의 날 속에 있다고 주장하는 어떤 메시지를 받고 더욱 강해졌다. 바울은 이런 일들의 근원이 "영"과 "말" "편지"였다는 사실에 주목했다. "영"은 요일 4:1-3에서처럼 자기들이 계시를 받았다고 주장하는 거짓 선지자를 가리키는 것이 거의 확실하다. "말"은 설교나 연설을 가리킬 것이고, "편지"는 기록된 보도를 가리킨다. 그것들이 사도 바울에게서 온 것이라는("우리에게서 받았다 하는") 주장으로 말미암아 이 거짓 정보의 부정적 효과는 더욱 강력해졌다. 데살로니가인에게 그들이 주의 날 안에 있다고 말한 사람이 누구였든지 그는 그 소식이 주의 날에 대해 듣고 전파하고 쓴 바울에게서 온 것이라고 주장했다. 이렇게 되어 그들의 거짓이 사도적 승인을 받은 것처럼 되었다. 그 결과는 충격과 두려움, 경고였다. 그들은 주의 날 이전에 휴거가 있으리라고 기대한 것이 분명하다. 만약 그들이 휴거를 주의 날 이후에 있을 것으로 기대했다면, 그리스도의 강림이 가까웠으므로 기뻐했을 것이다. 그 오류를 교정하는 이 서신이 사도의 것임을 증명하는 일이 중요했으며, 편지의 말미에 그가 자신의 손글씨로 편지를 마무리한 이유다(3:17. 참고. 갈 6:11).

B. 사도적 교정(2:3-12)

2:3, 4 미혹되지 주의 날은 사람들이 이전에 고백하던 입장과 충성, 헌신을 의도적으로 포기하는 일이 발생하기 전에는 올 수 없다(이 용어는 군사적·정치적·종교적 반란을 가리키는 데 사용되었음). 어떤 사람들은 (의심스러운 언어학적 증거를 근거로) 이것이 휴거라는 의미의 '떠남'을 가리킨다고 말했다. 하지만 문맥은 종교적 탈선을 가리키며, 4절에서 이것이 더 정확히 설명된다. 이 말은 지금도 있고 앞으로도 항상 있을 일반적인 배교가 아니라 어떤 특정한 사건을 가리킨다. 도리어 바울이 생각하고 있는 것은 특정한 그 배교다. 이것은 구체적으로 확인할 수 있는 유일무이한 사건, 모든 배교의 절정을 이루는 사건, 최후로 발생할 거대한 사건이다. 이 사건을 확인하는 열쇠는 바울이 "죄를 짓는 자"라고 부른 중심 인물을 확인하는 것이다. 어떤 본문에는 "불법의 사람"이라고 되어 있으나 죄가 불법과 마찬가지이므로(요일 3:4) 의미상 실질적 차이는 없다. 이 자는 "장차 올 한 왕"(단 9:26), "작은 뿔"(단 7:8)이라고 불리며, 요한은 그를 "짐승"(계 13:2-10, 18)이라 부르고, 대부분의 사람은 적그리스도로 알고 있다. 문맥과 사용된 언어로 미뤄볼 때 그것이 미래에 등장할 진짜 사람임이 분명하며, 그는 성경에서 그에 대해 예언된 일들을 실제로 할 것이다. 또한 그는 "멸망의 자식"이라고 불리는데, 이는 가룟 유다에게 사용된 표현이다(요 17:12). "미혹되는 일"은 환난기의 중간에 발생하는 멸망의 가증한 것이며, 다니엘 9:27; 11:31; 마태복음 24:15에서(*이 구절에 대한 설명을 보라*) 말하고 있는 것이다. 비록 사탄이 그 사람의 배후에 있는 세력이며(9절), 그 사람의 동기가 마귀의 그것과 동일하기는 하지만(참고. 사 14:13, 14) 이 사람은 사탄이 아니다. 바울이 말하고 있는 것은 최후의 배교 행동으로, 이때 마지막 적그리스도가 등장하고 주의 날의 시작으로 인도되는 사건을 향한 과정에 돌입한다. 짐작컨대 이 적그리스도는 종교를 지지하는 것처럼 보이며, 따라서 그의 배교 때까지는 하나님과 그리스도가 그의 적으로 보이지 않을 것이다. 그러다가 그는 하나님을 예배하는 곳인 성전으로 옮겨가서 스스로를 하나님을 대적하는 위치로 올릴 것이며, 자신을 하나님이라고 선언하고 세상의 경배를 요구할 것이다. 자기신성화의 이런 마귀적인 행동 속에서 그는 하나님을 무시하는 큰 배교를 저지를 것이다. 환난기의 처음 3년 반 동안 그는 이스라엘과의 관계를 유지하다가 그 관계를 중단한다(참고. 단 9:27). 마지막 3년 반 동안 그의 통치 하에서 대환난이 있으며(참고. 단 7:25; 11:36-39; 마 24:15-21; 계 13:1-8), 마침내 주의 날에서 절정에 이르게 된다.

살후

2:5 내가…너희에게 말한 것 여기서는 미완료 시제가 사용되었는데, 이는 과거의 반복되는 행동을 가리킨다. 바울이 하나님의 미래 계획에 대한 상세한 내용을 데살로니가인에게 여러 차례 가르쳤을 것이다. 여기서 바울은 그들에게 주의 날에 대한 거짓 교사들의 잘못된 가르침을 상기시켰다. 예전에 바울은 그들에게 적그리스도가 주의 날 이전에 나타난다는 것을 말했다. 그런데

적그리스도가 아직 나타나지 않았으므로 그들은 주의 날 안에 있을 수 없었던 것이다.

2:6 막는 것 데살로니가인은 적그리스도가 오는 것을 무엇이 막고 있는지 이미 배워 알고 있었지만 이 서신에서 바울은 그것을 구체적으로 말하지 않았다. 그 결과 6절과 7절의 막는 힘이 무엇인지에 대한 많은 주장이 쏟아졌는데 다음과 같은 것이 제안되었다. 인간 정부, 복음 전파, 사탄의 결박, 하나님의 섭리, 유대 나라, 교회, 성령, 미가엘 등이다. 3, 4, 8-10절의 적그리스도가 완전한 배교와 악의 모습으로 나타나지 않도록 막는 것이 무엇이든지 그것은 인간, 심지어는 천사의 능력 이상의 어떤 것이어야 한다. 사탄이 최후의 배교를 일으켜 사탄에 사로잡힌 거짓 그리스도를 드러내는 것을 막는 능력은 신성한 초자연적 능력일 수밖에 없다. 사탄을 막아 죄의 사람, 멸망의 아들이 오지 못하게 하는 것은 하나님의 능력이 작용한 것임이 분명하다. 하나님이 억제시켜 그들이 오는 것을 허락하실 때까지 그들은 오지 못할 것이다. 이렇게 억제하는 것은 그리스도의 경우에서처럼(참고. 갈 4:4) 적그리스도가 하나님이 지정하신 때 이전에 나타나지 못하게 하려는 것이다. 이는 하나님이 사탄을 지배하시기 때문이다.

2:7 불법의 비밀 이것은 사회에 이미 편만해 있는 불법의 정신이지만(참고. 요일 3:4; 5:17), 미래에 한 인물 속에서 아주 충만하게 드러날 때와 같이 아직은 드러나지 않았다는 의미에서 비밀이다. 그는 아주 노골적으로 하나님께 대적하면서 하나님이 예수 그리스도의 것으로 준비해두신 지상의 하나님 자리를 취하는 신성모독을 저지를 것이다. 그런 사람의 정신이 이미 활동하고 있지만(참고. 요일 2:18; 4:3), 그 정신의 화신인 그 사람은 아직 오지 않았다. 이 비밀의 더 많은 내용을 알려면 *마태복음 13:11; 고린도전서 2:7; 에베소서 3:4, 5에 대한 설명을 보라*. **그 중에서 옮겨질** 이것은 공간적으로 옮겨지는 것을 가리키는 게 아니라(그러므로 이것은 교회의 휴거일 수 없음) '곁으로 비켜서는' 것이다. '길에서 벗어나는' 것이지 사라지는 게 아니다(참고. 골 2:14. 이 구절은 하나님께 가는 길을 막는 죄가 옮겨지는 것을 말함). *3, 4절에 대한 설명을 보라*. 이 억제력이 환난기의 중간에 적그리스도가 나타날 때까지 작동할 것이며, 적그리스도는 3년 반 동안 통치할 것이다(단 7:25; 계 13:5).

2:8 그 때에…나타나리니 환난기의 중간에 하나님이 신성한 억제력을 제거하시는 미리 정하신 때가 되면 지금까지 불법의 정신을 조장해오던 사탄은(7절) 예수가 하나님의 뜻을 행하셨듯이 자기의 뜻을 행할 사람 안에 거하면서 하나님처럼 되려는 자기 욕망을 마침내 성취시키게 될 것이다. 또한 이것은 악의 절정과 주의 날에 심판을 위한 하나님의 계획에 부합한다. **주…폐하시리라** 하나님의 손에 죽임을 당하고(참고. 단 7:26; 계 17:11), 이 사람과 그의 동역자인 거짓 선지자는 산 채로 유황이 타는 불못에 던져질 것이며, 거기서 그들은 영원히 하나님으로부터 분리될 것이다(계 19:20; 20:10). **강림하여** 여기서 말하는 강림은 교회의 휴거가 아니라 주가 심판을 위해 오셔서 사탄의 세력을 정복하고 자신의 천년왕국을 세우실 때의 강림이다(계 19:11-21).

2:9, 10 악한 자 그는 능한 일을 행하므로 자신이 초자연적 능력을 받고 있음을 보여줄 것이다. 그의 모든 작전은 속이는 것으로 세상을 유혹하여 그를 경배하고 저주받게 하려는 것이다. 앞으로 올 악한 자의 행적은 요한계시록 13:1-18에 더 상세히 묘사되어 있다(*이 구절에 대한 설명을 보라*).

2:10 멸망하는 자들 악한 자의 영향력은 구원받지 못한 자들로 제한될 것이며, 그들은 그의 거짓말을 믿을 것이다(참고. 마 24:24; 요 8:41-44). 그들은 그 거짓으로 말미암아 멸망할 것이다. 이는 사탄이 그들을 이 구원의 복음 진리를 보지 못하는 장님으로 만들었기 때문이다. 참고. 요한복음 3:19, 20; 고린도후서 4:4.

2:11 미혹의 역사 복음 진리보다 죄와 거짓을 더 사랑하는 사람은 모든 죄인과 마찬가지로 엄한 하나님의 보응을 받게 될 것이다. 하나님이 그들의 운명을 확정 짓기 위해 내리시는 심판은 미혹시키는 힘이며, 그들은 이 힘을 통해 계속 거짓을 믿게 될 것이다. 그들은 악을 선으로, 거짓을 진리로 받아들일 것이다. 이렇게 하나님은 사탄과 적그리스도를 심판을 위한 도구로 사용하신다(참고. 왕상 22:19-23).

2:12 심판 고집스럽게 거부하는 사람들을 부정과 악한 정욕에 넘겨주심으로 항상 심판하셨듯이(롬 1:24-28), 마지막 날에도 하나님은 사탄과 그의 거짓 그리스도를 따르기를 고집하는 사람들의 운명을 확정하실 것이다. 모든 시대에서 그러하듯 습관적으로 진리를 거절하는 사람들은 그들의 죄에 대한 결과를 스스로 감당하는 방식으로 심판을 받는다.

C. 목회적 위로(2:13-17)

2:13, 14 거룩하게 하심…구원 적그리스도의 성격에 특징적 요소가 있었듯이(10-12절), 구원받는 자들에게도 특성이 있다. 이 두 절에서 바울은 구원의 특징을 큰 필치로 그리면서 신자들은 '주님의 사랑을 받고' 영원 전부터 구원을 위하여 선택되었으며(참고. 계 13:8; 17:8), 성령을 통해 죄로부터 분리되고, 영원한 영광 곧

그리스도와 적그리스도 비교(살후 2:9)

적그리스도는 그리스도를 모방함으로써 세상이 자신을 메시아로 믿도록 속일 것이다. 이것은 땅 위에서 다스리는 그리스도의 정당한 왕국을 찬탈하려는 강력한 시도이지만 결국 실패하고 말 것이다. 여기에 다음과 같은 몇 가지 중요한 병행점이 있다.

	그리스도	적그리스도
1. 계시	살후 1:7	살후 2:3, 6, 8
2. 강림	살후 2:1, 8	살후 2:9
3. 메시지	살후 2:10(진리)	살후 2:11(거짓)
4. 신성	요 1:1(진짜)	살후 2:4(주장)
5. 입증하는 표적	행 2:22	살후 2:9
6. 능력을 입음	행 2:22(하나님)	살후 2:9(사탄)
7. 죽음	막 15:37	계 13:3, 12, 14
8. 부활	막 16:6	계 13:3, 12, 14

"우리 주 예수 그리스도의 영광"에 참여하도록 부르심을 받았다는 것에 주목한다. 이 부분에서 바울이 말하고자 하는 요점은 데살로니가인이 휴거에 참여하지 못하여 자기들이 주의 날의 심판에 떨어졌다고 생각하면서 마음을 못 잡고 불안해할(2절) 필요가 없음을 상기시켜 주는 것이다. 그들은 심판이 아니라 영광을 받게 되어 있으며, 그 날에 속아서 심판받는 자들 안에 포함되지 않을 것이다.

2:15 굳건하게 서서…지키라 이 직접적인 권면은 바울이 방금 쓴 위대한 진리에 대해 적절한 반응을 보이라는 요구다. 마음을 못 잡고 휘청거리는 대신에 힘과 굳건한 자세를 취해야 한다. 거짓 가르침 대신 진리에 대한 신실함이 있어야 한다.

2:16, 17 원하노라 이것은 바울이 서신들에서 한 많은 축도 가운데 하나다. 그 축도에서 바울은 하나님의 사랑과 은혜에 근거해 그분의 능력을 구하며, 그것이 격려와 능력의 참된 근원이 되기를 기원한다(참고. 3:5, 16).

교회를 위한 바울의 염려 (3:1-15)

A. 기도에 대해(3:1-5)

3:1 우리를 위하여 기도하기 바울은 종종 교회들에게 자신의 사역을 위한 기도를 부탁하곤 했다(참고. 롬 15:30-32; 엡 6:18, 19; 골 4:2, 3; 살전 5:25; 몬 22절). 특별히 그는 하나님 말씀이 이미 그런 것처럼 계속 급속하게 퍼져나가고(참고. 행 6:7; 12:24; 13:44-49), 사람들이 마땅히 그것을 존중하고 받아들이도록 하기 위해 기도해줄 것을 요청했다.

3:2 부당하고 악한 사람들 이들은 고린도에 있는 바울의 대적이다. 이 편지를 쓸 때 바울은 고린도에서 사역하고 있었으며(참고. 행 18:9-17), 대적들은 바울과 복음을 대적하는 데 있어 사악하고 공격적이고 불의했다.

3:3 주는 미쁘사 참고. 예레미야애가 3:23. 하나님은 창조에 대해(시 119:90), 약속에 대해(신 7:9; 고후 1:18; 히 10:23), 구원에 대해(살전 5:24), 시험에 대해(고전 10:13), 고난에 대해(벧전 4:19) 미쁘시며, 여기서는 그들에게 힘을 주어 사탄으로부터 보호하심에 있어 미쁘시다(참고. 요 17:15; 엡 6:16; 살전 3:5).

3:5 바울의 또 다른 축도로(참고. 16절; 2:16, 17), 그의 서신에 종종 등장한다.

B. 무질서한 생활에 대해(3:6-15)

3:6 명하노니 바울의 지침은 단순한 제안이 아니었다. 그것은 사도가 전달하고 강요했던 재판관의 법정 명령과 같은 무게와 권위를 지녔다(참고. 4, 6, 10, 12절). 여기서 그는 순종하는 그리스도인이 습관적으로 순종하지 않는 불신자와의 교제를 끊을 것을 요구했다. 이것은 14절에서 좀 더 설명된다. **전통** 전통에는 거짓된 전통(막 7:2-13; 골 2:8)과 참된 전통이 있었다(참고. 2:15). 바울의 전통은 그가 제공한 영감받은 교훈들이었다.

3:7 본받아야 바울은 데살로니가의 신자에게 그를 본받을 것을 요구했다(참고. 9절; 살전 1:6). 이는 그가 그리스도의 모범을 본받았기 때문이다(참고. 고전 4:16; 11:1; 엡 5:1).

3:8-10 일하기 이 문제는 자기의 생활을 위해 부지런

히 일하라는 것과 관련이 있다. 비록 바울은 사도로 지원받을 수 있는 "권리"가 있었지만, 모범을 보이기 위해 자기의 생활비를 스스로 벌기로 작정했다(참고. 고전 9:3-14; 갈 6:4; 딤전 5:17, 18).

3:11, 12 우리가 들은즉 바울이 그들에게 일하라고 가르쳤고 그것에 대해 썼음에도(살전 4:11), 어떤 사람들은 여전히 일하려고 하지 않는다는(참고. 딤전 5:13) 소식이 들려왔다. 바울은 그 문제를 해결하여 그들이 정상적으로 일하는 생활을 시작하게 하려고 이 명령을 내렸다.

3:13 낙심하지 말라 열심히 일하는 신자가 게으른 자를 지원하기에 지쳐 자선을 포기하고 가난한 자 돕는 일을 중지하려고 했다. 바울은 그들에게 정말로 가난한 자는 여전히 도움이 필요하며, 데살로니가인은 그들에 대해 무관심해서는 안 된다는 것을 상기시켰다.

3:14 사귀지 말고 이것은 사회적 교제라는 의미에서 '섞이는 것'을 가리킨다. 뻔뻔하게 불순종하는 그리스도인은 징계를 받아(6절) 수치를 느끼도록 하고, 하나님 말씀에 순종하기를 거부한다면 회개하도록 해야 한다. 회개하지 않고 죄를 반복하는 사람을 어떻게 다룰 것인지 좀 더 상세한 설명은 마태복음 18:15-17; 고린도전서 5:9-13; 갈라디아서 6:1을 보라.

「혈루증 여인의 치료[*The healing of a bleeding woman*]」 4세기경. 프레스코화. 62X54cm. 마르켈리누스와 베드로의 카타콤에서 발견된 초기 기독교 미술.

3:15 원수…형제 이런 교회 권징의 목적은 최종적으로 그를 버리는 것이 아니다. 회개하지 않고 반복되는 죄는 엄하게 다스려야 하지만, 그 문제를 다루는 사람은 이렇게 징계받는 사람이 주 안에서 형제라는 사실을 지속적으로 명심해야 하며, 그의 죄에 대한 모든 경고가 형제를 사랑하는 태도로 행해져야 한다. 교회 권징의 방식에 대한 지침은 *마태복음 18:15-20에 대한 설명을 보라.*

바울의 축도 (3:16-18)

3:16 평강의 주 바울은 데살로니가인의 주변 사방에서 벌어지고 있는 격렬한 영적 싸움에 비춰볼 때 하나님의 이 특성을 명상하는 것이 매우 의미 있는 일이라는 사실을 알았다(참고. 1:2; 살전 1:1; 5:23). 참고. 5절; 2:16, 17; 데살로니가전서 3:11-13; 5:23에 기록된 이 교회를 향한 바울의 다른 축도.

3:17 표시 바울은 때로 서기를 통해 편지를 썼다(참고. 롬 16:22). 이 편지에서도 그렇게 했을 것이 거의 분명한데, 그때는 바울은 자신임을 드러내는 서명을 덧붙여(참고. 고전 16:21; 골 4:18) 그의 독자가 이 편지를 실제로 바울이 썼음을 확신하도록 했다(*2:2에 대한 설명을 보라*).

3:18 참고. 데살로니가전서 5:28.

연구를 위한 자료

John MacArthur, *1 and 2 Thessalonians* (Chicago: Moody, 2002).

Richard Mayhue, *First and Second Thessalonians* (Scotland, U.K.: Christian Focus, 1999).

Robert L. Thomas, *1 and 2 Thessalonians*, in Expositor's Bible Commentary (Grand Rapids: Zondervan, 1978).

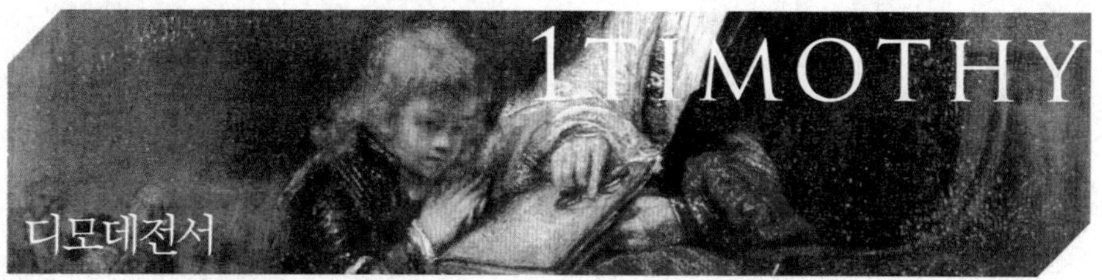

제 목

이것은 바울이 사랑하는 영적인 아들에게 쓴 영감받은 두 편의 서신 중 첫 번째 서신이다. 디모데는 '하나님을 높이는 자'라는 뜻의 이름을 어머니(유니게)와 외할머니(로이스)로부터 받았다. 이들은 신앙심이 깊은 유대인으로 주 예수 그리스도를 믿는 신자가 되었고(딤후 1:5), 어렸을 때부터 디모데에게 구약성경을 가르쳤다(딤후 3:15). 그의 아버지는 헬라인이었으며(행 16:1) 디모데가 바울을 만나기 전에 이미 세상을 떠났을 것이다.

디모데는 로마 속주인 갈라디아(오늘날 터키)의 한 도시인 루스드라 출신이었다(행 16:1-3). 바울이 디모데를 그리스도께 인도했는데(1:2, 18; 고전 4:17; 딤후 1:2), 그것은 그의 첫 번째 전도여행 도중 루스드라에서 사역할 때였음이 분명하다(행 14:6-23). 2차 전도여행 중에 루스드라를 다시 방문했을 때 바울은 디모데를 택하여 자신과 함께하게 했다(행 16:1-3). 디모데는 아직 어리긴 했지만(10대 후반 또는 20대 초반이었을 것으로 추측되는데, 약 15년 뒤 바울이 그를 가리켜 청년이라고 말했기 때문임, 4:12), 경건한 청년으로 널리 알려져 있었다(행 16:2). 디모데는 바울의 남은 생애 동안 그의 제자이자 친구, 동역자가 되었으며 베뢰아(행 17:14), 아덴(행 17:15), 고린도(행 18:5; 고후 1:19)에서 사도와 함께 사역했고, 예루살렘 여행에도 동행했다(행 20:4).

디모데는 바울의 일차 로마 옥살이에 바울과 함께 있었고 석방된 후에 빌립보로 갔다(빌 2:19-23). 바울은 그의 서신에서 자주 디모데를 언급했다(롬 16:21; 고후 1:1; 빌 1:1; 골 1:1; 살전 1:1; 살후 1:1; 몬 1절). 바울은 때때로 디모데를 자기 대신 교회에 보내기도 했으며(고전 4:17; 16:10; 빌 2:19; 살전 3:2), 디모데전서에서는 디모데가 또 다른 사명을 받아 에베소 교회의 목사로 봉사했음을 보여준다(1:3). 히브리서 13:23에 따르면 디모데는 어디선가 투옥되었다가 풀려나기도 했다.

저자와 저작 연대

많은 근대주의 비평가는 성경의 명백한 진술을 공격하기를 즐기면서 확실하지 않은 이유를 들어 바울이 목회서신(디모데전후서, 디도서)을 썼다는 것을 부인한다. 서신 자체의 증언(1:1; 딤후 1:1; 딛 1:1)과 초대 교회의 증언을 무시하고(로마서와 고린도전서를 제외한 다른 서신들에 대해서도 목회서신만큼 강하게) 이 비평가들은 헌신적인 바울의 추종자가 2세기에 목회서신을 썼다는 주장을 견지한다.

그런 주장을 증명하기 위해 그들은 증거라고 생각되는 다섯 가지 논증을 제시한다. 첫째, 목회서신의 역사적 언급들은 사도행전에 나타난 바울의 연대와 조화가 되지 않는다. 둘째, 목회서신에서 설명된 거짓 가르침은 2세기에 완전히 모습을 드러낸 영지주의다. 셋째, 목회서신에 나타나는 교회의 구조는 2세기의 것이며, 바울 시대의 것이라고 볼 수 없을 정도로 발달되어 있다. 넷째, 목회서신에는 바울 신학의 큰 주제가 나타나지 않는다. 다섯째, 목회서신의 헬라어 어휘들 가운데는 바울의 다른 서신들, 나아가서 신약성경의 다른 곳에는 나타나지 않는 것이 많다.

믿음이 없는 자들의 그런 근거 없는 공격에 응답하여 그들의 공격을 명예롭게 만들어줄 필요는 없지만, 때로는 그런 대답이 우리에게 빛을 비춰주기도 한다. 그러므로 비평가의 논증에 다음과 같이 답하겠다.

(1) 역사적인 불일치가 있다는 주장은 바울이 사도행전에 언급된 로마 옥살이에서 석방되지 않았을 때만 타당성을 가진다. 그러나 바울은 석방되었다. 이는 사도행전이 바울의 처형을 기록하지 않고 바울 자신도 석방될 것을 예상했기 때문이다(빌 1:19, 25, 26; 2:24; 몬 22절). 목회서신의 역사적 사건들이 사도행전의 역사 순서와 맞지 않는 것은 그 일들이 바울의 일차 로마 옥살이로 끝나는 사도행전 기록 이후에 발생했기 때문이다.

(2) 목회서신의 이단과 2세기 영지주의(골로새서 서론의 배경과 무대를 보라) 사이에 유사점도 있지만 중요한 차이점도 있다. 2세기 영지주의와 달리 목회서신의 거짓 교사들은 여전히 교회 내에 있었으며(참고. 1:3-7), 그들의 가르침은 유대교의 율법주의를 근거로 하고 있었다(1:7; 딛 1:10, 14; 3:9).

(3) 목회서신에 언급된 교회 조직의 구조는 실제로

바울이 세운 구조와 일치한다(행 14:23; 빌 1:1).

(4) 목회서신은 실제로 바울 신학의 중심 주제들을 언급한다. 거기에는 성경의 영감(딤후 3:15-17)과 선택(딤후 1:9; 딛 1:1, 2), 구원(딛 3:5-7), 그리스도의 신성(딛 2:13), 그리스도의 중보 사역(2:5), 대신 속죄의 교리(2:6) 등이 포함된다.

(5) 목회서신에서 다룬 주제는 바울이 다른 서신에서 사용한 어휘와 다른 어휘를 필요로 했다. 오늘날의 목사도 개인적 편지에서는 분명 조직신학에서 사용하는 어휘와 다른 어휘를 사용할 것이다.

'경건한 날조자'가 목회서신을 썼다는 생각은 또 다른 난점에 부딪힌다. 첫째, 초대 교회는 이런 관행을 용인하지 않았으며, 만약 실제로 그런 일이 일어났다면 그것을 하나의 계략으로 폭로했을 것이다(참고. 살후 2:1, 2; 3:17). 둘째, 동일한 자료를 포함하고 있으며 교리적으로 탈선도 하지 않은 편지를 왜 세 통이나 위조하겠는가? 셋째, 가짜라면 사도행전과 조화를 이룰 바울의 여행 계획을 왜 만들어내지 않았는가? 넷째, 이것이 가짜라면 헌신적인 바울의 추종자가 1:13, 15 같은 말씀을 자기 스승이 했다고 했겠는가? 다섯째, 이 글을 쓴 사람이 위조자라면 왜 그는 속이는 자에 대한 경고를 포함시켰겠는가(딤후 3:13; 딛 1:10)?

증거에 비춰보면 바울이 일차 로마 옥살이에서 석방된 직후(주후 62-64년경) 디모데전서와 디도서를 썼고, 죽기 직전 이차 로마 옥살이 때 감옥에서(주후 66-67년경) 디모데후서를 쓴 것이 분명해 보인다.

「디모데와 할머니(*Timothy and his Grandmother*)」, 1648년. 렘브란트. 패널에 유화. 40.5X31.7cm. 스코틀랜드 미술관. 애든버러.

배경과 무대

일차 로마 옥살이에서(참고. 행 28:30) 석방되고 나서 바울은 자신이 섬기던 몇몇 도시의 교회를 방문했는데, 거기에는 에베소도 포함되어 있었다. 에베소 교회에서 발생한 문제, 이를테면 거짓 가르침(1:3-7; 4:1-3; 6:3-5), 예배에 있어 무질서(2:1-15), 자질을 갖춘 지도자들의 필요성(3:1-14), 물질주의(6:6-19) 등의 문제를 다루도록 디모데를 교회에 남겨두고 바울은 마게도냐로 갔고, 거기서 바울은 디모데가 교회에서 사명을 수행해 나가는 데 도움을 주기 위해 이 편지를 썼다(참고. 3:14, 15).

역사적 · 신학적 주제

디모데전서는 실천적인 서신으로, 여기에는 바울이 디모데에게 보낸 목회적 지침이 포함되어 있다(참고. 3:14, 15). 디모데는 바울의 신학을 익히 알고 있었으므로 사도는 그에게 장황한 교리적 지침을 제공할 필요가 없었다. 하지만 이 서신은 많은 중요한 신학적 진리를 드러내 보여준다. 그것은 율법의 바른 용도(1:5-11), 구원(1:14-16; 2:4-6), 하나님의 속성(1:17), 타락(2:13, 14), 그리스도라는 인물(3:16; 6:15, 16), 선택(6:12), 그리스도의 재림(6:14, 15) 등의 진리다.

해석상의 과제

거짓 교사들(1:3)과 그들의 가르침에 포함된 족보(1:4)가 무엇인지에 대한 의견차이가 있다. "사탄에게 내준 것"(1:20)이라는 말의 의미도 논쟁거리가 되고 있다. 이 서신에는 구속의 범위에 대한 논쟁을 일으키는 핵심 구절이 있다(2:4-6; 4:10). 여자의 역할에 대한 바울의 가르침(2:9-15)은 많은 토론을 불러일으키고 있다. 특히 여자들이 교회에서 지도자의 역할을 감당할 수 없다는 가르침이 그렇다(2:11, 12).

여자가 어떻게 출산을 통해 구원받을 수 있는지도(2:15) 많은 사람을 혼란스럽게 만든다. 장로가 "한 아내의 남편"이 되어야 한다는 말은 이혼했거나 혼인하지 않은 남자를 장로직에서 배제하는 것인지, 바울이 집사의 아내를 여집사라고 부르는지도 분명치 않다(3:11). 그리스도인도 구원을 잃어버릴 수 있다고 믿는 사람들은 4:1을 근거로 제시한다. 5:3-16에 나온 과부의 정체에 대해서도 의문을 제기한다. 그들은 교회의 도움을 필요로 하는 가난한 여인들인가, 아니면 교회에서 봉사하는 나이든 여인들의 조직인가? 잘 다스리는 장로에게 돌아가야 하는 '갑절의 영예'(5:17, 18)가 존경을 가리키는가, 아니면 금전을 가리키는가? 이 질문들은 해당 구절의 설명에서 다뤄질 것이다.

디모데전서 개요

인사 (1:1, 2)

1:1 우리 구주 하나님 목회서신에만 등장하는 호칭으로(디모데전후서와 디도서) 구약성경에 뿌리를 두고 있다(시 18:46; 25:5; 27:9; 미 7:7; 합 3:18). 하나님은 본성상 구원하는 하나님이시며 우리 구원의 근원이시다. 이 구원은 영원 전부터 하나님이 계획하신 것이다(*4:10에 대한 설명을 보라*. 참고. 살후 2:13). **우리의 소망이신 그리스도 예수** 그리스도인은 미래를 위한 소망을 가지고 있다. 이는 그리스도가 과거에 십자가에서 그들을 위한 구원을 확보하셨고(롬 5:1, 2), 지금 성령으로 그들을 거룩하게 하고 계시며(갈 5:16-25), 미래에 그들을 영광으로 이끌 것이기 때문이다(골 1:27; 요일 3:2, 3). **그리스도 예수의 사도** *고린도후서 12:11, 12에 대한 설명을 보라*. 참고. 사도행전 1:2; 2:42; 로마서 1:1; 에베소서 2:20; 4:11.

1:2 믿음 안에서 참 아들 된 오직 디모데(딤후 1:2; 2:1)와 디도(1:4)만 바울의 총애가 담긴 이 호칭을 받았다. *아들*에 해당하는 헬라어 단어는 '자녀'로 번역하는 것이 더 낫다. 이 말은 디모데에게 영적인 아버지가 되는 바울의 역할을 강조하고 있다. *참*은 디모데의 믿음이 참되다는 것을 뜻한다(참고. 딤후 1:5). 디모데는 바울이 가장 사랑한 제자이면서 피보호자였다(고전 4:17; 빌 2:19-22). **디모데** 서론의 제목을 보라. **은혜와 긍휼과 평강** 이것은 바울의 모든 서신에 등장하는 익숙한 인사이지만(*롬 1:7에 대한 설명을 보라*), 여기서는 *긍휼*이라는 단어가 덧붙여졌다(참고. 딤후 1:2). 긍휼은 죄의 결과에 따라오는 비참으로부터 신자를 해방시켜 준다.

거짓 교리에 대한 지침들 (1:3-20)

A. 에베소의 거짓 교리(1:3-11)

1:3-11 에베소 교회에서 거짓 가르침이 퍼지는 것을 막으라는 당부를 머리말에 하면서 바울은 거짓 교사들과 그 교리들의 특징을 말한다.

1:3 내가 마게도냐로 갈 때에 너를 권하여 에베소에 머물라 한 것 바울이 에베소를 떠나기 전에 후메내오와 알렉산더의 제명에 대한 대립이 시작됐을 것이며(20절), 그는 디모데에게 자신이 시작한 일을 맡겼다. **권하여** 이 말은 군대의 명령을 가리킨다. 부하가 상사의 명령에 복종할 것을 요구하는 말이다(참고. 딤후 4:1). **어떤 사람들** 거짓 교사의 숫자는 적었지만 영향력은 광범위했다. 이들이 에베소 교회와 그 주변 지역 교회들의 장로였음을 알려주는 몇 가지 단서가 있다. 첫째, 그들은 교사였던 것으로 보이는데(7절) 교사는 장로에게 맡겨진 역할이었다(3:2; 5:17). 둘째, 바울 자신이 후메내오와 알렉산더를 출교하도록 명령할 수밖에 없었는데, 이는 그들이 최고의 목회적 지위를 차지하고 있었음을 암시한다. 셋째, 바울은 장로의 자질을 상세히 설명했다(3:1-7). 이는 지금 그 역할을 맡고 있는 사람들이 무자격자여서 다른 사람으로 대체되어야 했음을 암시한다. 넷째, 바울은 범죄한 장로들이 공적 징계를 받아야 함을 강조했다(5:19-22). **다른 교훈을 가르치지 말며** 헬라어 두 단어가 합쳐진 합성어로 '다른 종류'라는 단어와 '가르치다'라는 뜻의 두 단어가 합쳐진 것이다. 거짓 교사들은 사도적 교리와 다른 교리를 가르치고 있었다(참고. 6:3, 4; 행 2:42; 갈 1:6, 7). 이것은 구원의 복음과 관련된 문제였다. 그들은 "복되신 하나님의 영광의 복음"(11절)이 아닌 다른 복음(*갈 1:6-9에 대한 설명을 보라*)

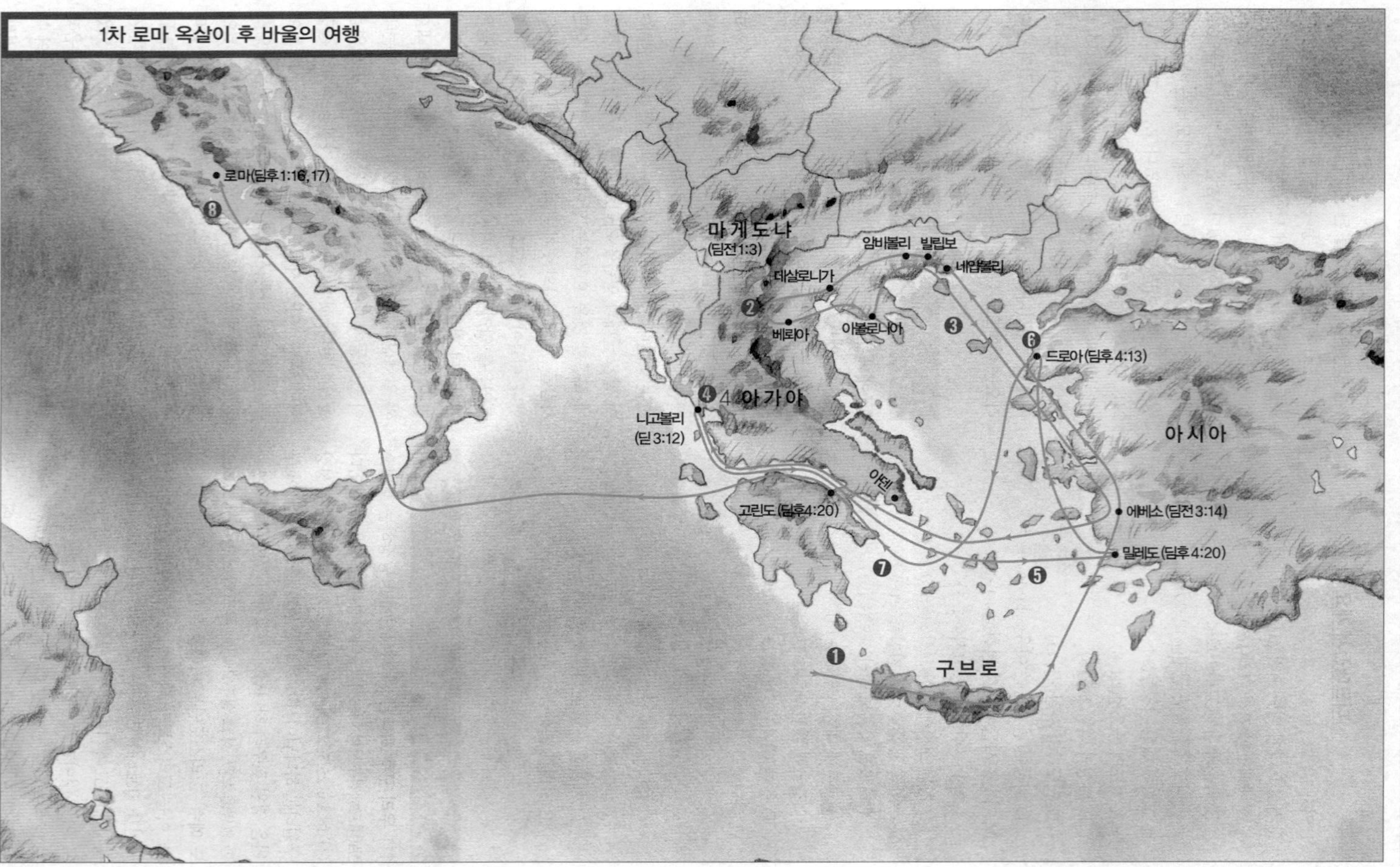
1차 로마 옥살이 후 바울의 여행
로마(딤후1:16,17)
마게도냐
(딤전1:3)
암비볼리
빌립보
네압볼리
데살로니가
베뢰아
아볼로니아
드로아(딤후4:13)
아가야
니고볼리
(딛 3:12)
아시아
아덴
고린도(딤후4:20)
에베소(딤전3:14)
밀레도(딤후4:20)
구브로
1
2
3
4
5
6
7
8

을 가르치고 있었던 것으로 보인다.

1:4 신화와 끝없는 족보 유대교의 요소들을 조합해 만든 신화와 황당한 이야기들로(7절. 참고. 딛 1:14), 구약성경의 족보를 우화적이고 소설적으로 다루었을 것이다. 실제로 그것들은 "귀신의 가르침"(4:1)이었으나, 하나님의 진리인 것처럼 제시되었다(참고. 4:7).

1:5 교훈 *3절에 대한 설명을 보라.* 거기서는 *권하다*의 동사형이 사용되었다(8절에서처럼). 3절과 4절에 나온 권함의 목적은 5절에서 설명된 영적 덕성의 함양이다. 디모데는 이 권고를 교회에 전해야 했다. 진리를 설교하고 오류에 대해 경고하는 목적은 사람들을 그리스도 안에 있는 참 구원으로 부르기 위함이며, 이 구원은 깨끗한 마음(딤후 2:22; 벧전 1:22)과 정결한 양심(히 9:22; 10:14), 온전한 믿음(히 10:22)에서 나오는 하나님에 대한 사랑을 일으킨다. **선한 양심** 참고. 19절; 3:9; 4:2. *고린도후서 1:12에 대한 설명을 보라. 선한*으로 번역된 헬라어 단어는 온전한 것, 즐거움과 만족을 일으키는 것을 가리킨다. 하나님은 사람을 만드시고 양심을 주셔서 이것이 스스로를 판단하는 작용을 하도록 하셨다. 하나님이 사람의 마음속에 율법을 기록하셨으므로(*롬 2:15에 대한 설명을 보라*), 사람은 옳고 그름의 기본적인 기준을 알고 있다. 그 기준을 범하면 양심이 죄책을 일으키며, 이것이 두려움, 죄의식, 수치심, 회의를 일으키는 안전장치의 역할을 해서 영혼의 평안을 위협한다는 경고음을 보낸다(참고. 요 8:9; 고전 8:7, 10, 12; 딛 1:15; 히 10:22). 다른 한편으로 신자가 하나님의 뜻을 행하면 그는 선한 양심의 확증과 확신, 평화, 기쁨을 누린다(참고. 행 23:1; 24:16; 딤후 1:3; 히 13:18; 벧전 3:16, 21). **사랑** 이것은 선택과 의지의 사랑이며, 자기부인과 다른 사람을 위한 자기희생을 특징으로 하며, 참 그리스도인이라는 표시다(요 13:35; 롬 13:10; 요일 4:7, 8. *고전 13:1-7에 대한 설명을 보라*). 이와 대조적으로 거짓 교리는 오직 갈등과 그에 따른 분란만 낳는다(4절; 6:3-5).

1:6 헛된 말 참고. 디도서 1:10. 아무 목표도 없고 따라서 논리적 귀결도 없는 말을 가리킨다. 그것은 본질적으로 의미가 없어 영적인 것도 이루지 못하고 신자의 덕을 세우지도 못할 것이다. 이 말은 '열매 없는 토론'이라고 번역될 수 있다. 거짓 교리는 인간의 망상과 귀신의 속임수라는 치명적인 결과로 이끌 뿐이다(참고. 6:3-5).

1:7 선생이 되려 하나 거짓 교사들은 유대교의 랍비들이 누리는 것과 같은 종류의 특권을 원했다. 그러나 그들은 진정으로 율법을 배워 사람들에게 가르치는 데는 관심이 없었다(참고. 6:4; 마 23:5-7). 도리어 그들은 에베소의 신자들에게 행위에 따른 구원을 주장하는 율법주의적 이단 사상을 강요했다.

1:7, 8 율법 여기서 말하는 것은 일반적인 법이 아니라 모세 율법이다. 이들은 유대교 교사가 되려는 자들로, 구원의 조건으로 할례와 모세의 종교 예식에 대한 준수를 교회에 부과하려고 했다. 그들은 이런 식으로 초대 교회를 괴롭혔다(*갈 3-5장; 빌 3:1-8에 대한 설명을 보라*).

1:8 율법은…선한 것 여기서 *선한*으로 번역된 헬라어는 '유용한'으로 번역될 수 있다. 율법은 하나님의 뜻과 의로운 기준을 반영하여(시 19:7; 롬 7:12) 죄인들에게 그들의 죄를 보여주어(롬 3:19) 구주가 필요함을 알려주려는 목적을 성취한다는 점에서 선하거나 유용하다. 율법은 사람에게 그들이 하나님의 명령을 불순종한 죄가 있음을 인정하지 않을 수 없게 하고, 그로 말미암아 모든 사람을 정죄하고 지옥의 형벌을 선언한다(*롬 3:19, 20에 대한 설명을 보라*).

1:9 옳은 사람을 위하여 세운 것이 아니요 스스로 의롭다고 생각하는 사람은 결코 구원받지 못할 것이다(눅 5:32). 이는 그들이 율법의 참된 목적을 모르기 때문이다. 스스로 성취한 자기 의라는(그들 마음속에서) 공로의 체계를 가진 거짓 교사들은 율법의 용도를 완전히 오해하고 있음을 적나라하게 보여주었다. 율법은 자기 의를 위한 수단이 아니라 자기정죄, 죄, 찔림, 회개, 하나님께 자비를 구하기 위한 수단이었다(15절). *눅 18:9-14; 로마서 5:20; 갈라디아서 3:10-13, 19에 대한 설명을 보라.* **불법한 자…망령된 자** 세 개의 짝으로 표현된 처음 이 여섯 가지 죄의 특징은 십계명의 전반부, 곧 사람이 하나님과 맺는 관계에서의 죄를 보여준다. *불법한*이라는 말은 어떤 법이나 표준도 지키지 않는 태도를 취하는 사람, 그로 말미암아 순종적이지 않고 반항적이 되는 사람을 묘사한다. 경건하지 않은 사람은 거룩한 어떤 것에 대해서도 존중심이 없는 사람이며, 이는 그들이 하나님의 법을 무시하므로 죄인이 된다는 것을 의미한다. 거룩하지 못한 사람은 옳은 것에 무관심하며, 그 결과 그들은 망령된 사람 곧 거룩한 것을 짓밟는 사람이 된다(참고. 히 10:29).

1:9, 10 아버지를 죽이는 자…거짓맹세하는 자 이 죄악들은 십계명의 두 번째 부분, 곧 사람들과의 관계를 다루는 계명을 어기는 죄들이다. 이 특정한 죄들이 거짓 교사들의 특징이었음은 의심의 여지가 없다. 이는 이것들이 거짓된 교리와 연결된 특징적 행위이기 때문이다(10절). "아버지를 죽이는 자"와 "어머니를 죽이는 자"는 다섯 번째 계명(출 20:12. 참고. 21:15-17)을 범하는 것이다. 이 다섯 번째 계명은 부모를 공경하지 않는 것에서

딤전

부터 살인에 이르는 모든 것을 금한다. '살인하는 자'(즉 살인자)는 여섯 번째 계명을 범하는 것이다(출 20:13). "음행하는 자"와 "남색하는 자"(또는 '동성애자')는 혼인 이외의 성관계를 금하는 일곱 번째 계명(출 20:14)을 어기는 것이다. 바울 시대에 아이를 훔치는 것이 흔한 일이었으므로, 바울은 도적질을 금하는 여섯 번째 계명과 관련해서는(출 20:15) '어린이 유괴'를 언급한다. 마지막으로 "거짓말하는 자"와 "거짓맹세하는 자"는 아홉 번째 계명을 어기는 자들이다(출 20:16).

1:10 바른 교훈 목회서신에서 익히 강조되는 내용이다(참고. 딤후 4:3; 딛 1:9; 2:1). *바른*은 건강하고 건전한 것을 가리킨다. 그것은 영적 생명과 성장을 가져다주는 교훈이다. 이 말에는 거짓된 교훈이 영적 질병과 쇠약함을 가져다준다는 뜻이 암시되어 있다.

1:11 맡기신 이 헬라어 단어는 귀중한 어떤 것을 다른 사람에게 맡기는 것을 가리키며 '맡겨진'이라고 번역할 수 있다. 하나님은 친히 계시하신 진리를 전하고 지키는 일을 바울에게 맡기셨다. 참고. 2:7; 6:20, 21; 로마서 15:15, 16; 고린도전서 4:1, 2; 9:17; 고린도후서 5:18-20; 갈라디아서 2:7; 골로새서 1:25; 데살로니가전서 2:4. **영광의 복음** 복음은 하나님의 영광 곧 하나님의 존재 또는 속성의 완전성을 나타낸다. 거기에는 하나님의 거룩하심(죄를 미워하심), 공의(하나님의 법을 위반했을 때 형벌을 요구하심), 은혜(죄의 용서)가 포함된다. 바로 이 속성들이 모든 효과적인 복음 전파의 열쇠다.

B. 바울의 참된 교리(1:12-17)

1:12-17 이 단락에서 바울이 말하는 자신의 구원에 대한 증언은 율법에 대한 그의 바른 이해와 거짓 교사들의 그릇된 관념을 대비시키며, 참된 복음의 영광과 거짓 교리의 공허함을 대비시킨다.

1:12 나를 충성되이 여겨 바울과 모든 신자를 위한 하나님의 주권적인 목적은 각 개인의 신앙을 통해 이루어져 간다. 바울이 율법을 통해 자기 의를 세우는 행위에서(빌 3:4-7을 보라) 그리스도에 대한 믿음으로 돌아설 때까지 그는 하나님께 사용될 수 없었다. 그는 쓸모없는 거짓 교사들과 동일한 상태에 있었다(6, 7절).

1:13 비방자요 박해자요 폭행자 이 절은 바울이 하나님의 법에 비춰보았을 때 자신이 실제로 누구인지를 깨달은 경험을 보여준다(*롬 7:7-12에 대한 설명을 보라*). *비방자*는 하나님을 비난하고 헐뜯는 사람이다. 바울은 그리스도에 대한 노골적인 공격을 통해 십계명의 처음 절반을 범했다(참고. 행 9:4, 5; 22:7, 8; 26:9, 14, 15). *박해자*와 *폭행자*로서 바울은 신자들에 대한 공격을 통해 십계명의 나머지 절반을 범했다. *폭행자*로 번역된 헬라어 단어는 '폭력적인 공격자'로도 번역될 수 있으며, 이는 바울이 그리스도인에게 행한 폭력을 가리킨다. 참고. 20절에 대한 설명. **내가 믿지 아니할 때에 알지 못하고 행하였음이라** 바울은 유대인 배교자도 아니었고, 예수의 가르침을 분명히 이해하고도 여전히 그분을 배척한 바리새인도 아니었다. 그는 스스로 구원을 얻기 위해 노력한 열성적이고 엄격한 유대인이었으며, 그로 말미암아 버림과 저주를 받은 사람이었다(*빌 3:4-7에 대한 설명을 보라*). 그가 무지에 호소하는 것은 자신의 무죄함을 주장하거나 자신의 유죄를 부인하려는 변명이 아니다. 그가 말하려는 것은 단지 자신은 그리스도의 복음 진리를 이해하지 못했고, 정직하게 자기의 종교를 지키려고 노력했다는 점이다. 바울이 그리스도를 대면한 후에 기꺼이 회개한 것은(참고. 롬 7:9; 빌 3:8, 9) 바울이 자신의 행동의 결과를 정말로 이해하지 못했다는 증거다. 바울은 자기가 하나님을 섬긴다고 생각했던 것이다(행 26:9).

1:14 은혜 죄를 용서하시는 하나님의 사랑이다. 이 사랑으로 하나님은 아무 공로가 없는 사람에게 구원을 주신다(*롬 3:24; 갈 1:6에 대한 설명을 보라*). **믿음과 사랑** 신약성경에서 구원과 자주 연결되는 태도다(참고. 엡 1:15; 3:17; 골 1:4, 23). 이것들은 그리스도 안에서 주어지는 하나님의 은혜의 선물이다.

1:15 미쁘다…이 말이여 목회서신에 독특하게 등장하는 구절이다(참고. 3:1; 4:9; 딤후 2:11; 딛 3:8). 핵심적인 교리의 요약을 선언하는 진술이다. "모든 사람이 받을 만한"이라는 표현은 이 진술에 무게를 더한다. 짐작건대 이 말은 핵심적 복음 진리의 요약적 표현으로 교회에 널리 알려진 말씀이었을 것이다. **죄인을 구원하시려고** 이 믿을 만한 말씀은 마태복음 9:13; 누가복음 19:10에 기록된 예수의 말씀을 기초로 하고 있다. **죄인 중에 내가 괴수니라** 문자적으로 '가장 높은 급이다'라는 뜻이다. 하나님을 모독하고 그분의 교회를 핍박한 사람보다 더 큰 죄인은 없을 것이다(*엡 3:8에 대한 설명을 보라*). 그런데 자신에 대한 바울의 태도는 극적으로 바뀐다(참고. 빌 3:7-9. *롬 7:7-12에 대한 설명을 보라*).

1:16 오래 참으심 사람들에 대하여 참는 것을 가리킨다(참고. 롬 2:4). **본** 모델 또는 모범이다. 어떤 죄인이라도, 아무리 큰 죄를 범했다고 해도 하나님이 구원하실 수 있다는 산 증거가 바울이다. 바울의 회심 기록은 많은 사람의 구원을 위한 도구로 사용되었다. 바울의 간증은 신약성경의 다른 데서 6번 반복되었다(행 9, 22,

26; 갈 1; 2장; 빌 3:1-14). **하려 하심이라** 바울이 구원받은 것은 가장 비참한 죄인들에 대한 하나님의 모든 은혜롭고 자비로운 인내를 보여주기 위해서였다.

1:17 바울을 구원하심으로 말미암아 모든 찬송은 하나님이 받으신다. 이것은 바울이 기록한 많은 송영 가운데 하나다(참고. 롬 11:33-36).

C. 디모데를 향한 권면(1:18-20)

1:18 **디모데** 서론의 제목을 보라. **전에 너를 지도한 예언** *이전*으로 번역된 헬라어의 문자적 의미는 '길을 인도하는'이다. 이 말은 디모데가 영적 은사를 받는 일과 관련해 일련의 예언이 그에게 주어졌음을 암시한다(*4:14에 대한 설명을 보라*). 이 예언들이 구체적이고 초자연적으로 디모데를 하나님께 봉사하도록 불렀다. **선한 싸움을 싸우며** 바울은 디모데에게 그리스도와 복음의 대적에 대항하여 싸우라고 촉구했다. 참고. 고린도후서 10:3-5; 디모데후서 2:3, 4; 4:7.

1:19 **믿음…믿음** 앞의 믿음은 주관적 믿음으로 진리를 계속 믿는다는 의미다. 두 번째 믿음은 객관적 믿음으로 기독교 복음의 내용을 가리킨다. **착한 양심** *5절에 대한 설명을 보라.* **파선** 착한 양심은 신자의 길을 조종하여 죄와 오류의 바위와 암초를 피할 수 있는 키의 역할을 한다. 거짓 교사들은 그들의 양심과 진리를 무시하며, 그 결과로 기독교 신앙(복음의 참된 가르침)이 파선(엄중한 영적 파국을 의미함)을 당한다. 이것은 참된 신자가 구원을 잃는다는 것을 의미하지는 않는다(*롬 8:31-39에 대한 설명을 보라*). 그러나 배교한 자에게 임하는 비극적인 상실을 말하는 것으로 보인다. 그들은 교회 안에 있었고, 복음을 들었지만 3-7절에 설명된 거짓 교리가 좋아서 복음을 배격했다. 배교는 과거에 알던 복음에 등을 돌리는 것이다. *히브리서 2:3, 4; 3:12-19; 6:1-8; 10:26-31에 대한 설명을 보라.*

1:20 **후메내오와 알렉산더** 후메내오는 또 다른 거짓 교사인 빌레도와 관련하여 디모데후서 2:17에 언급된다. 알렉산더는 디모데후서 4:14, 15에 언급된 믿음의 대적으로 보인다. 이 두 사람에 대해서는 그 밖에는 알려진 것이 없다(*3절에 대한 설명을 보라*). **내가 사탄에게 내준 것** 바울은 이 두 사람을 교회에서 추방하는 것으로 그들의 악한 영향력을 끝냈고, 그들을 하나님의 백성의 보호막에서 제외시켰다. 그들은 더 이상 하나님의 복을 받는 환경 속에 있지 않고, 대신 사탄의 통제 하에 있었다. 어떤 경우에는 하나님이 긍정적인 목적을 위해 신자를 사탄에게 넘겨주실 때가 있다. 이는 그들의 구원의 믿음이 참됨을 드러내고 그들을 겸손하게 만들어 하나님을 의지하게 하며, 다른 사람에게 힘을 주거나 하나님께 찬송을 올리게 하려는 목적에서다(참고. 욥 1:1-22; 마 4:1-11; 눅 22:31-33; 고후 12:1-10; 계 7:9-15). 또한 어떤 사람들을 심판하기 위해 사탄에게 넘겨주시기도 한다. 사울 왕(삼상 16:12-16; 28:4-20), 유다(요 13:27), 고린도 교회의 범죄한 사람들(*고전 5:1-5에 대한 설명을 보라*)이 그런 경우다. **신성을 모독하지 못하게 하려 함이라** *13절에 대한 설명을 보라.* 바울이 율법과 복음을 진정으로 이해했을 때 신성모독을 하지 않는 법을 배웠다. 그 사람들한테도 이것이 필요했다. 이 영감받은 본문은 하나님이 바울에게 하셨듯이 그들에게도 교훈을 주시고 은혜를 보여줄 것을 내다보는 듯하다. 그러나 이런 복음적인 일은 교회의 순결을 희생하면서 진행될 수는 없다.

교회에 대한 지침들(2:1-3:16)

A. 기도의 중요성(2:1-8)

디모데의 전기

디모데(Timothy)는 '하나님을 공경함'이라는 뜻이다. 그는 바울의 으뜸 제자가 되었고(빌 2:19-22; 딤후 2:2; 4:1-8), 더베와 이고니온의 형제들에게 "칭찬"을 들었다(행 16:1-3). 바울이 다른 곳에서 디모데를 가리켜 "믿음 안에서 참 아들"(딤전 1:2; 딤후 1:2)이라고 부른 것으로 볼 때 그가 경건한 어머니와 외조모의 손에서 양육되기는 했지만(행 16:1; 딤후 1:5; 3:14, 15), 바울의 1차 전도여행(행 13-14장) 때 바울의 전도를 듣고 믿었을 수도 있다. 디모데의 아버지는 믿지 않는 헬라인이었다(행 16:1).

디모데는 처음부터(행 16:1, 2) 끝까지(딤후 4:21) 바울에게 충성스러웠다. 바울은 2차 전도여행 때 디모데를 데살로니가로 보냈고(살전 3:2), 3차 전도여행 때는 고린도로 보냈으며(행 19:22; 고전 4:17; 16:10), 일차 로마 옥살이 동안에는 빌립보로 보냈고(빌 2:19), 마지막 여행에서는 에베소로 보냈다(딤전 1:3). 그의 이름은 데살로니가서신들의 인사에 등장할 뿐 아니라 고린도후서와 빌립보서, 골로새서, 빌레몬서, 심지어 로마서 16:21의 인사에도 등장한다. 그리고 디모데는 투옥되었다가 석방되기도 했는데(히 13:23), 이는 바울 사후였을 것으로 보인다.

2:1-8 에베소 교회가 잃어버린 자들을 위한 기도를 중지했음이 분명하다. 바울이 디모데에게 그 기도를 우선적으로 할 것을 촉구했기 때문이다. 에베소에 있던 유대교의 거짓 교사들은 구원은 오직 유대인과 이방인 개종자만을 위한다는 왜곡된 복음과 가르침을 통하여 복음 전파를 위한 기도를 제한했음이 분명하다. 종교적 배타주의(구원은 오로지 엘리트만을 위한 것임)는 잃어버린 자들을 위한 기도의 필요성을 배제한다.

2:1 모든 사람 이것은 선택받은 사람만이 아니라 잃어버린 자까지 포함한 모든 사람이다. 하나님의 선택은 비밀이다. 선택받은 자들이 반응을 보일 때까지 신자는 그들이 누구인지 알지 못한다. 하나님의 복음 전파의 범위는 선택받은 사람의 범위보다 넓다(마 22:14; 요 17:21, 23. *4절에 대한 설명을 보라*). **간구** 이 헬라어 단어는 '부족하다' '박탈당하다' '없다'라는 의미의 어근에서 왔다. 그러므로 이 기도는 결핍 때문에 드리는 것이다. 잃어버린 자들은 구원이 꼭 필요하므로 신자는 항상 하나님께서 그들의 필요를 채워주시기를 기도해야 한다. **도고(중보)** 이 단어는 '누구에게 빠지다' 또는 '친밀하게 말하기 위해 가까이 가다'라는 뜻이다. 이 단어에서 파생된 동사는 신자를 위한 그리스도와 성령의 중보를 가리키는 데 사용된다(롬 8:26; 히 7:25). 바울이 에베소의 그리스도인에게 바라는 것은 그들이 잃어버린 자를 불쌍히 여기는 심정을 가지고, 그들의 고통과 비극의 깊이를 이해하며, 그들의 구원을 간구하기 위해 하나님께 가까이 나아가는 것이다. *디도서 3:3, 4에 대한 설명을 보라.*

2:2 임금들과 높은 지위에 있는 모든 사람 권력과 영향력을 가진 많은 정치지도자들이 하나님께 적대적이기 때문에 그들은 자주 미움과 적대감의 표적이 된다. 그러나 바울은 신자에게 이 지도자들이 죄를 회개하고 복음을 받아들이기를 기도하라고 촉구한다. 이는 잔인하고 악한 신성 모독자요 신앙에 대한 박해자인 로마 황제 네로의 구원을 위해서도 기도하라는 뜻이다. **경건과 단정함** *경건*은 이 서신의 핵심 단어다(3:16; 4:7, 8; 6:3, 5, 6, 11. 참고. 딤후 3:5; 딛 1:1). 이는 거짓 가르침을 통해 부정적 영향을 받은 생활이 거룩한 생활로 돌아올 필요가 있음을 보여준다. 경건은 모든 일에서 하나님 앞에 올바른 태도와 행위를 가지는 것을 가리키고, *단정함*은 '도덕적 성실성'이라고 번역될 수 있으며, 이는 사람들 앞에서 도덕적 위엄과 거룩한 처신을 가리킨다. **고요하고 평안한 생활** *고요하고*는 외적인 요란함이 없는 상태를 가리킨다. *평안한*은 내적 요란함이 없는 상태를 가리킨다. 교회는 진리에 대한 헌신에서는 타협이 없지만, 국가적 생활에 혼란을 일으키거나 방해를 해서는 안 된다. 교회가 모든 사람에 대해 사랑과 선을 보이고, 통치자를 포함한 잃어버린 자들을 위해 기도하면 교회는 어느 정도의 종교적 자유를 누릴 것이다. 박해는 사회적 불순종의 결과가 아니라 오직 의로운 생활을 추구한 결과여야 한다(*딛 3:1-4; 벧전 2:13-23에 대한 설명을 보라*).

2:3 우리 구주 하나님 *1:1에 대한 설명을 보라.*

2:4 모든 사람이 구원을 받으며…원하시느니라 *원하시느니라*로 번역된 헬라어는 보통 하나님이 작정한 뜻(그의 영원한 목적)을 가리키는 말이 아니라 하나님이 원하시는 뜻을 가리키는 단어다. 하나님의 원하시는 것과 하나님의 영원한 구원의 목적(하나님의 원하심을 초월해야 함)은 구별된다. 하나님은 사람들이 죄 짓는 것을 원하시지 않는다(시 5:4; 45:7). 그래서 하나님은 죄의 결과인 지옥의 영원한 악을 싫어하신다. 하나님은 사람들이 영원한 후회와 하나님에 대한 미움을 품은 악한 상태 속에 영원히 머물러 있기를 원하시지 않는다. 그럼에도 하나님은 자신의 영광을 위하고, 그 영광을 진노 속에서 드러내시려고, 그분의 뜻의 궁극적인 성취를 위해 멸하기로 준비된 "진노의 그릇"을 오래 참으시기로 결정하셨다(롬 9:22). 하나님은 영원한 목적 속에서 세상에서 오직 선택받은 자만을 택하시고(요 17:6) 나머지 사람은 그들의 죄와 불신, 그리스도에 대한 배척의 결과를 스스로 감당하도록 남겨두셨다(참고. 롬 1:18-32). 궁극적으로 하나님의 선택은 그분의 주권적이고 영원한 목적으로 말미암아 결정되는 것이지 그분의 소원으로 말미암아 결정되는 것이 아니다. *베드로후서 3:9에 대한 설명을 보라.* **진리를 아는 데** '구원받는다'는 의미다. *디모데후서 3:7에 대한 설명을 보라.*

2:5 하나님은 한 분이시요 다른 구원의 길은 없다(행 4:12). 따라서 잃어버린 자들이 참 하나님을 아는 길로 돌아오도록 기도하는 것이 필요하다(참고. 신 4:35, 39; 6:4; 사 43:10; 44:6; 45:5, 6, 21, 22; 46:9; 고전 8:4, 6). **중보자** 이것은 두 편 사이에 개입하여 분쟁을 해결하거나 언약을 체결하는 인물을 가리킨다. 예수 그리스도는 하나님과 죄인들 사이에 화평을 회복할 수 있는 유일한 중보자이시다(히 8:6; 9:15; 12:24). **사람이신 그리스도 예수** 헬라어에서는 *사람* 앞에 정관사가 없으므로 '그 자신이 한 사람인 그리스도 예수'라고 번역하는 것이 더 낫다. 오직 완전한 신인(God-Man)만이 하나님과 사람이 함께하는 존재가 될 수 있다. 참고. 욥기 9:32, 33.

2:6 모든 사람을 위하여 이 말은 두 가지 의미로 이해되어야 한다. 한시적으로 모든 사람에게 보편적으

로 적용되는 구속의 유익이 있고(*4:10에 대한 설명을 보라*), 그리스도의 죽음은 모든 사람의 죄를 덮기에 충분하다는 것으로 이해되어야 한다. 하지만 그 죽음의 대속적 측면은 오직 선택된 자에게만 적용된다(*위의 구절과 고후 5:14-21에 대한 설명을 보라*). 그러므로 그리스도의 죽음은 충분성에 있어서는 무한하지만, 적용에 있어서는 유한하다. 그리스도가 이루신 속죄는 나눌 수 없고, 다함이 없고, 모든 죄를 처리하기에 충분하므로 하나님이 속죄를 모든 사람에게 제공할 수 있음이 분명하다. 하지만 그분의 영원한 목적에 따라 오직 선택된 사람만 응답하고 구원받을 것이다(참고. 요 17:12). **대속물** 이 말은 신자를 위한 그리스도의 대속적 죽음의 결과를 묘사한다. 그리스도는 자발적으로 이 일을 하셨고(요 10:17, 18), 이 말은 마태복음 20:28의 "많은 사람의 대속물"이라는 그리스도 자신의 말씀을 상기시킨다. *모든*은 *많은*이라는 말로 규정된다. 모든 사람이 대속되는 것이 아니라(비록 그분의 죽음은 모든 사람을 대속하기에 충분할지라도) 성령의 사역을 통해 믿는 많은 사람, 실질적인 대속의 대상이 되는 사람에게만 이것이 적용된다. *베드로후서 3:9에 대한 설명을 보라*. 그리스도는 속전만을 지불하신 것이 아니라 신자를 대신해 하나님의 의로운 진노를 당하셨다. 그리스도가 대신 신자의 죽음을 죽으셨고 신자의 죄를 지셨다(참고. 고후 5:21; 벧전 2:24). **기약이 이르러** 하나님의 구속 계획에서 적절한 시간을 말한다(*갈 4:4에 대한 설명을 보라*).

2:7 이를 위하여 바울이 하나님으로부터 받은 사명은 3-6절에 기술된 진리를 기초로 한 것이었다. **전파하는 자** 이 헬라어 단어는 '포고하다' '선포하다' '공개적으로 말하다'라는 의미의 동사에서 온 것이다. 바울은 그리스도의 복음을 선포하는 공적인 포고자였다. **사도** *1:1에 대한 설명을 보라*. **참말이요 거짓말이 아니니** 자신의 사도적 권위와 고결성을 힘주어 선포한 것은 그가 이방인의 스승이었음을 강조하기 위해서다. **이방인의 스승** 이 말은 바울이 사도로 임명된 것이 복음의 범위가 보편적임을 입증하는 것이다. 바울이 이런 구분을 강조한 것은 그가 다루고 있는 문제가 이방인의 구원을 위해 기도하려는 에베소인의 관심을 무의미하게 만드는 어떤 형태의 유대교 배타주의였음을 짐작하게 한다.

2:8 각처 공적인 교회 모임을 가리키는 바울의 표현이다(참고. 고전 1:2; 고후 2:14; 살전 1:8). **남자** 여자의 반대인 *남자*를 가리키는 헬라어 단어다. 교회가 다 함께 예배를 드리기 원해 모일 때 하나님은 남자가 지도자가 되기를 기대하신다. 잃어버린 자를 위해 기도할 때도 남자가 기도를 인도해야 한다. **분노와 다툼이 없이** *분노*와 의로움은 상호배타적이다(약 1:20. 참고. 눅 9:52-56). *의심*(영어 성경 NKJV에는 의심으로 되어 있음 – 옮긴이)보다 더 나은 번역은 '다툼'이며, 기도에 집중하지 못하는 것을 가리킨다. '능력 있고 열렬한' 기도여야 역사하는 힘이 크다(약 5:16). 이 둘은 사람의 내적인 태도를 가리킨다. **거룩한 손을 들어** 바울은 기도에 필요한 특별한 자세를 강조하는 것이 아니라 역사하는 힘이 큰 기도를 위한 조건을 말하고 있는 것이다(참고. 시 66:18). 하지만 이 자세는 구약성경에서 묘사되어 있고(왕상 8:22; 시 28:2; 63:4; 134:2), 다른 많은 곳에서도 묘사되어 있다. *거룩한*이라고 번역된 헬라어 단어는 '오염되지 않은' '죄로 더럽혀지지 않은'이라는 뜻을 가진다. 손은 생활을 상징한다. 그래서 "거룩한 손"은 거룩한 생활을 가리킨다. 효과적인 기도의 기초는 의로운 삶이다(약 5:16).

2:9-15 교회 내의 여자들은 불순하고 자기중심적인 삶을 살았으며(참고. 5:6, 11-15; 딤후 3:6), 그런 습관을 예배에까지 가지고 들어와서 정신을 어수선하게 만들었다. 교회생활에서는 예배가 중심이기 때문에 바울은 디모데에게 그 문제와 직면해 그것을 해결할 것을 요구한다.

> ### 단어 연구
>
> **대속물(Ransom):** 2:6. 문자적으로 '속전'이라는 뜻이다. 이 단어는 '대신하다'를 의미하는 *안티*(*anti*)와 노예나 죄수를 위한 속전을 의미하는 *루트론*(*lutron*)의 합성어다. *안티루트론*(*antilutron*)은 노예를 위해 지불된 속전이다. 노예의 주인은 이 돈을 받고 자기 노예를 풀어준다. 갈라디아서 3:13은 그리스도가 어떻게 율법의 저주 하에 있는 죄인들을 위해 속전을 지불하셨는지를 보여준다. 십자가에서의 그리스도의 희생은 우리를 죄의 속박에서 구속했다.

B. 여성의 역할(2:9-15)

2:9 단정하게…단장하고 *단정하다*라고 번역된 헬라어 단어는 '배열하다' '질서 있게 놓다' '준비하다'라는 뜻을 가진다. 여자는 예배를 위해 자신을 적절하게 준비해야 한다. 이는 단정함과 정숙한 마음을 나타내기에 적절한 옷을 입는 것을 포함한다. **소박함과 정절** *소박함*으로 번역된 헬라어 단어는 겸손과 정숙함을 가리킨다. 여기 겸손의 저변에는 부끄러움의 개념이 있다. 또한 그것은 하나님께 욕이 되는 모든 것을 거부하는 것

을 가리키거나, 죄에 대한 비통함을 가리킬 수 있다. *정절*은 기본적으로 성적 격정에 대한 자기절제를 가리킨다. 경건한 여자들은 죄를 미워하고 격정을 제어하여 다른 사람을 죄로 이끌지 말아야 한다. *베드로전서 3:3, 4에 대한 설명을 보라.* **땋은 머리와 금이나 진주나 값진 옷** 교회 내에서 주의를 산만하게 하거나 불화를 일으키는 특정한 관습을 말한다. 1세기 여성들은 때로 머리("땋은 머리")에 금, 진주, 다른 보석 장식을 달아 그들의 재산이나 아름다움으로 주의를 끌곤 했다. 값비싼 옷을 입는 여자들도 마찬가지였다. 그렇게 해서 그들은 사람들의 관심을 주님이 아닌 자신들에게 쏟게 했고, 가난한 여자한테는 시기심을 품게 했다. 바울이 말하고자 하는 것은 어떤 여성이 자기 재산을 자랑하는 데 마음이 팔려 사람들의 주의를 빼앗아 주님을 향한 예배를 방해하는 행위를 금하는 것이었다.

2:10 스스로 경건을 추구하기로 공적으로 서약한 여자들은 그들의 태도, 복장, 외모뿐 아니라 의로운 행위로 옷 입음으로써 그 선언을 뒷받침해야 한다.

2:11 여자는…배우라 여자들은 교회가 모일 때 공적인 교사가 되어서는 안 되지만, 학습 과정에서 배제되어도 안 된다. "배우라"로 번역된 헬라어 동사의 형태는 명령형이다. 바울은 여자들이 교회에서 배워야 할 것을 명령하고 있다. 이것은 새로운 생각이다. 왜냐하면 1세기 유대교와 헬라 문화가 모두 여자를 그렇게 우대하지 않았기 때문이다. 에베소의 어떤 여성들이 그동안 당했던 문화적 평가절하에 과하게 반응해 교회 안에서나마 지도자의 역할을 확보하려고 노력했던 것 같다. **일체 순종함으로 조용히** *조용히*(침묵)와 *순종함*(아래에 줄을 서는 것)은 교회 집회에서 배우는 자로서 여성의 역할을 특징짓는 말이다. 바울은 12절에서 이 말의 뜻을 설명한다. 여자들은 가르치지 않음으로써 침묵을 지키고, 목사나 장로의 권위를 취하려고 하지 않음으로써 복종을 보여야 한다.

2:12 가르치는 것 바울은 이 헬라어 단어의 동사형을 사용했는데, 이는 상태 또는 조건을 가리키는 말로 '선생이 되려고'로 번역하는 것이 더 낫다. 이것은 교회에서 중요한 공적 기능이었다(*행 13:1; 고전 12:28; 엡 4:11에 대한 설명을 보라*). 이처럼 바울은 여자들이 목사와 설교자의 직책과 기능을 담당하는 것을 금하고 있다. 바울은 이와 다른 조건과 환경에서는 여자들이 가르치는 것을 금하지 않았다(참고. 행 18:26; 딛 2:3, 4). **주관하는 것** 바울은 교회 집회에서 여성들이 남자 위에 어떤 형태의 권위도 행사하는 것을 금한다. 이는 다스리는 사람은 장로들이었기 때문이다(5:17). 그들은 전부 남자여야 한다(이것은 3:2, 5의 요구에 비춰 명백함). **허락하지 아니하노니** *허락하다*라고 번역된 헬라어 단어는 어떤 사람이 하기 원하는 것을 하도록 하는 것을 가리킨다. 바울은 에베소의 몇몇 여성이 공적인 설교자가 되고자 했던 문제를 다루고 있었을 것이다. **조용할지니라** *11절에 대한 설명을 보라.*

2:13, 14 여성의 복종은 타락 이후 하나님의 완전한 계획이 문화적, 남성우월주의적인 타락으로 말미암아 생긴 결과가 아니었다. 도리어 하나님은 원래 창조에서 여성의 역할을 그렇게 정하신 것이다(13절). 하나님은 여자가 남자에게 적합한 조력자가 되도록 여자를 지으셨다(*창 2:18에 대한 설명을 보라.* 참고. 고전 11:8, 9). 타락은 실제로 하나님의 신성한 창조의 계획을 확증해준다(*창 3:1-7에 대한 설명을 보라*). 본성적으로 하와는 궁극적 책임을 감당하는 위치에 적합하지 않았다. 아담의 보호를 떠나 그의 머리의 위치를 빼앗은 결과 하와는 연약하게 되어 타락했다. 그리하여 그녀가 남편의 보호와 인도 하에 있는 것이 얼마나 중요했는지를 보여주었다(*5:11, 12; 딤후 3:6, 7에 대한 설명을 보라*). 그런데 아담은 자기의 지도적인 역할을 어기고 하와의 죄를 따라간 결과 인류를 죄악 속으로 빠뜨렸다. 이 모든 것은 하나님이 남자와 여자를 위해 계획하신 역할을 어긴 사실과 연결되어 있다. 궁극적으로 타락의 책임은 여전히 아담에게 있다. 이는 그가 속임을 당한 것과 별도로 하나님께 불순종하기로 결정했기 때문이다(롬 5:12-21; 고전 15:21, 22).

2:15 여자 바울은 여기서 하와를 염두에 두지 않은 것이 분명하다. 왜냐하면 "구원을 얻으리라"로 번역된 동사가 미래형이기 때문이다. 바울은 하와 이후의 여성들을 생각하고 있다. **여자들이 만일 정숙함으로써 믿음과 사랑과 거룩함에 거하면** 교회 내의 믿는 여성들에게 명령으로 주어지는 정숙한 외모, 거룩한 태도와 행위(9-12절)는 모든 형태의 열등한 신분으로부터 건짐을 받는다는 약속과 경건한 자녀를 키우는 즐거움에서 동기부여를 받는다. **해산함으로** 어머니는 자녀들과 독특한 유대감과 친밀감을 가지며, 아버지보다 훨씬 더 많은 시간을 자녀들과 함께하므로, 그들은 자녀들의 삶에 큰 영향을 끼치며, 따라서 경건한 자녀를 키우는 일에서 독특한 책임과 기회를 가진다. 여자가 인류를 죄로 인도했을지라도 여자는 많은 사람을 죄에서 건져내어 경건으로 인도하는 특권을 가진다. 바울은 일반적인 견지에서 말하고 있는데, 하나님은 모든 여성이 혼인하기를 바라시는 것이 아니며(고전 7:25-40), 모두가 자녀를 낳기를 바라시는 것도 아니다. **구원을 얻으리라** 이

는 이 문맥에서 '보존될 것이다'로 번역되는 것이 더 낫다. 또한 이 헬라어 단어는 '구조하다' '안전하고 해를 입지 않게 보존하다' '치료하다' '무엇으로부터 건지다'라는 뜻을 지닐 수도 있다. 이 단어는 신약성경에서 몇 번에 걸쳐 영적인 구원을 가리킨다(참고. 마 8:25; 9:21, 22; 24:22; 27:40, 42, 49; 딤후 4:18). 바울은 여자들이 출산을 통해 영원한 구원을 얻을 수 있다거나, 그들이 자녀를 가짐으로써 구원을 유지할 수 있다는 생각을 옹호하고 있지 않다. 이 두 가지 생각은 오직 은혜로 믿음을 통해(롬 3:19, 20) 구원을 얻어 영원히 유지된다는(롬 8:31-39) 신약성경의 가르침과 분명하게 모순되기 때문이다. 바울이 가르치는 것은, 여자가 인류를 죄에 빠뜨리는 일에 최초의 도구로 사용되었다는 낙인이 찍혔을지라도 자녀 출산을 통해 경건한 자식 세대를 키워냄으로써 그 낙인으로부터 벗어날 수도 있다는 것이다(참고. 5:10).

C. 지도자의 자질(3:1-13)

3:1-13 바울이 이 서신을 쓴 목적은 디모데에게 교회에 대한 지침을 주기 위한 것이었다(14, 15절). 어느 교회든지 가장 중요한 것은 그 교회의 지도자가 가르칠 수 있는 자질을 갖추고 있으며 나머지 사람에게 모범을 보이는 것이다. 이 단락은 목사와 집사에게 필요한 그 자질을 기술한다(*또한 딛 1:5-9에 대한 설명을 보라*).

3:1 미쁘다 이 말이여 *1:15에 대한 설명을 보라*. **감독** 이 단어는 '감독자'라는 뜻을 가지며, 교회를 인도하는 책임을 진 사람을 표시한다(참고. 5:17; 살전 5:12; 히 13:7). 신약성경에서는 *감독, 장로, 감독자, 목사*라는 단어가 동일한 사람들을 가리키기 때문에 서로 바꿔 사용할 수 있다(행 20:17, 28; 딛 1:5-9; 벧전 5:1, 2). 감독(목사, 감독자, 장로)의 책임은 인도하고(5:17), 설교하고 가르치며(5:17), 영적으로 약한 자들을 돕고(살전 5:12-14), 교회를 돌보며(벧전 5:1, 2), 다른 지도자들을 세우는 것이다(4:14). **얻으려 함…사모하는 것** 서로 다른 두 헬라어 단어가 사용되었다. 첫 번째 단어의 의미는 '얻으려고 손을 뻗치다'이다. 이것은 내적 동기가 아니라 외적 행동을 묘사하는 단어다. 두 번째 단어는 '강한 열정'을 의미하며, 내적 욕구를 가리킨다. 함께 생각해보면 이 두 단어는 사역의 직책을 받는 사람이 어떤 유형의 사람이어야 하는지를 적절하게 묘사한다. 즉 강력한 내적 동기에 이끌려 외적으로 그것을 추구하는 사람이다.

3:2 책망할 것이 없으며 문자적으로 범법의 의미에서 '책임질 것이 없다'라는 뜻이다. 그에 대해 악행을 저질렀다고 고발할 것이 없다는 것이다. 다른 사람들이 따를 모범이 되어야 하는 사람에게 공공연하고 극악한 죄가 그 삶을 훼손하는 일이 있어서는 안 된다(참고. 10절; 4:16; 5:7; 시 101:6; 빌 3:17; 살후 3:9; 히 13:7; 벧전 5:3). 이것은 장로들에게 요구되는 큰 원칙이다. 나머지 자질은 책망할 것이 없다는 말의 의미를 상세하게 설명하는 것이다. 디도서 1:6, 7은 다른 단어를 사용하여 동일한 의미를 표현한다. **한 아내의 남편** 문자적인 헬라어로 '한 여자의 남자'다. 이것은 혼인이나 이혼에 대해서는 아무것도 말하지 않는다(이와 관련된 것은 *4절에 대한 설명을 보라*). 문제가 되는 것은 장로의 혼인 상태가 아니라 그의 도덕적·성적 순결함이다. 이 원칙이 나머지 목록을 이끈다. 왜냐하면 장로들이 가장 쉽게 떨어지는 곳이 이 영역이기 때문이다. 이 자질에 대한 다양한 해석이 제안되었다. 어떤 사람들은 이것을 일부다처를 금하는 것으로 본다. 하지만 이것은 불필요한 명령이다. 왜냐하면 일부다처가 로마 사회에서는 흔하지 않았고, 성경(창 2:24)과 예수의 가르침(마 19:5, 6; 막 10:6-9), 바울(엡 5:31)이 그것을 명확하게 금했기 때문이다. 일부다처를 하는 사람은 교회지도자는 고사하고 교회의 회원도 될 수 없었다. 또 어떤 사람들은 이 요구를 아내와 사별한 후에 재혼한 사람들이 그 직책을 취하는 것을 금하는 것으로 본다. 그러나 앞서 지적했듯이 문제는 혼인 상태가 아니라 성적 순결성이다. 게다가 성경은 과부에게 재혼할 것을 권한다(5:14; 고전 7:39). 어떤 사람들은 이 구절이 이혼한 사람들이 교회에서 지도자직을 맡는 것을 금한다고 믿는다. 이 주장도 이 어구가 혼인 상태를 문제 삼는 게 아님을 무시한 것이다. 게다가 성경은 이혼 후에 절대로 혼인해서는 안 된다고 가르치지도 않는다(*마 5:31, 32; 19:9; 고전 7:15에 대한 설명을 보라*). 마지막으로 어떤 사람들은 이 요구가 독신 남자를 교회 지도자직에서 배제해야 한다고 주장한다. 그러나 이것이 바울의 의도였다면 그는 자기 자신을 무자격자로 만드는 결과가 되었을 것이다(고전 7:8). '한 여자의 남자'는 오직 자기 아내에게만 마음을 주고, 순결한 헌신과 애정, 생각과 행동에서 성적인 순결을 유지한다. 이것을 어기면 흠이 없어야 하는 자리를 포기하며, 더 이상 "책망할 것이 없는" 자가 아니다(딛 1:6, 7). 참고. 잠언 6:32, 33. **절제하며** 헬라어 단어는 문자적으로 '포도주가 없는'이지만, 여기서는 은유적으로 사용되어 '살피고 있는' '깨어 있는' '머리가 맑은' 등의 의미를 가진다. 장로는 명석하게 생각할 수 있어야 한다. **신중하며** 신중한 사람은 훈련이 되어 있으며, 자기 일의 우선순위를 어떻게 정할지 알고, 영적인 문제들을 심각하게 여긴다. **단정하며** 이 헬라어 단어는 '질서가 있

다'는 뜻이다. 장로들은 혼란스러운 삶을 살아서는 안 된다. 만약 그들이 자신의 생활에서 질서를 세우지 못한다면 어떻게 교회의 질서를 바로 세울 수 있겠는가? **나그네를 대접하며** 이 단어는 '나그네들에 대한 사랑'이라는 뜻의 헬라어 합성어다(*롬 12:13; 히 13:2에 대한 설명을 보라*. 참고. 벧전 4:9). 모든 영적인 미덕이 그러하듯 장로들은 모범이 되어야 한다. 그들의 생활과 가정은 개방되어 모든 사람이 그의 영적 성품을 볼 수 있어야 한다. **가르치기를 잘하며** 이 단어는 이곳과 디모데후서 2:24에서만 사용된다. 이것은 장로의 은사, 영적 재능과 관련된 유일한 자질이며 집사로부터 장로를 구분하는 유일한 자질이다. 하나님 말씀을 설교하고 가르치는 일은 감독, 목사, 장로의 일차적 의무다(4:6, 11, 13; 5:17; 딤후 2:15, 24; 딛 2:1).

3:3 술을 즐기지 아니하며 이것은 단순히 술 취하지 말라는 것 이상의 의미를 지니고 있다(*엡 5:18에 대한 설명을 보라*). 장로는 술주정꾼이라는 말을 들어서는 안 된다. 그의 판단이 알코올에 의해 흐려져선 안 되고(참고. 잠 31:4, 5; 고전 6:12), 생활방식은 세상과는 철저히 달라야 하며, 다른 사람을 죄가 아닌 거룩함으로 이끌어야 한다(롬 14:21). *5:23에 대한 설명을 보라*. **구타하지 아니하며** 문자적으로 '주먹을 날리는 자가 아닌'이다. 장로는 어려운 상황에 대해 조용하고 부드럽게 반응해야 하며(딤후 2:24, 25), 어떤 경우에도 물리적 폭력을 사용해서는 안 된다. **관용하며** 사려 깊고 온화하며 우아하고 잘못을 널리 용서하며 원한을 품지 않는 사람이다. **다투지 아니하며** 평화롭고 싸우려 하지 않는 것이다. 불화나 부조화를 자극하지 않는 사람이어야 한다. **돈을 사랑하지 아니하며** 장로들은 돈에 대한 사랑이 아니라 하나님과 그 백성에 대한 사랑이 동인이 되어 움직여야 한다(참고. 벧전 5:2). 돈을 위해 사역하는 지도자는 그의 마음이 하나님의 일이 아닌 세상에 사로잡혀 있음을 드러낸다(마 6:24; 요일 2:15). 탐욕은 거짓 교사들의 특징이지(딛 1:11; 벧후 2:1-3, 14; 유 11), 바울 사역의 특징이 아니다(행 20:33; 고전 9:1-16; 고후 11:9; 살전 2:5). 이 원칙은 디도서 1:7; 베드로전서 5:2에도 포함되어 있다.

3:4 자기 집을 잘 다스려 장로의 가정생활도 그의 개인적 생활과 마찬가지로 모범이 되어야 한다. 그는 "자기 집"(자기 아내와 자녀뿐 아니라 자기 집과 관련된 모든 것)을 "잘"(본질적으로 선하게, 우수하게) "다스리는"(주재하는, 권위를 가지는) 사람이어야 한다. 이혼 문제가 이 원리와 연관이 있다. 이혼한 남자는 자기 집을 잘 다스리지 못했다는 증거를 보여주고, 이혼은 그의 영적 지도력이

단어 연구

감독(Bishop): 3:1-2. 문자적으로 '감독하는 사람'이라는 뜻이다. 신약성경에서 장로들은 회중을 감독하는 일을 수행했다(행 20:17, 28). 장로들은 교회의 내부적인 일을 유지하는 책임을 지고 있었다. 이 임무를 완수하기 위해 교회에서 몇몇 장로가 책임 있는 위치를 맡았다(행 14:23; 딛 1:5-7을 보라). 신약 시대 이후에는 *장로*가 *감독*이라는 말로 대체되었으며, 한 감독이 한 회중을 감독하는 게 관행이었다.

연약함을 보여준다. 성경적으로 허용된 이혼이었다면, 그것이 먼 과거의 일이어야 하고 이후에 오랜 기간 든든한 리더십을 행사하고 경건한 자녀를 양육했다는 증거가 있어야 한다(4절; 딛 1:6). **복종** 하나의 권위 아래에 있는 군사들을 가리키는 군사 용어다. 장로의 자녀들은 신자여야 하고(*딛 1:6*의 "믿는"*에 대한 설명을 보라*), 행실이 좋고 매사에 평화로워야 한다.

3:5 하나님의 교회를 돌보리요 장로는 먼저 자기 집을 개방함으로써 다른 사람을 구원과 성화로 인도할 능력이 있음을 증명해야 한다. 거기서 그는 하나님이 자신한테 영적으로 미덕의 모범을 보이며, 다른 사람을 섬기고, 갈등을 해소하며, 연합을 이루고, 사랑을 유지하는 은사를 주셨음을 입증해 보여야 한다. 만약 그가 가정에서 그런 본질적인 일을 제대로 수행하지 못한다면 어떻게 사람들이 그가 교회에서 그 일을 할 수 있으리라고 믿겠는가?

3:6 새로 입교한 자도 말지니 교만하여져서 새로 입교한 사람에게 지도자의 역할을 주면 그를 교만으로 이끄는 결과를 낳게 된다. 그러므로 장로는 회중 가운데서 영적으로 성숙한 사람 가운데서 나와야 한다(*5:22에 대한 설명을 보라*). **마귀를 정죄하는 그 정죄에 빠질까 함이요** 사탄의 심판은 자기 위치에 대한 교만함에서 비롯된 것이었다. 그로 말미암아 그는 존귀와 권위에서 떨어졌다(사 14:12-14; 겔 28:11-19. 참고. 잠 16:18). 이와 동일한 패망과 심판은 영적 리더십의 자리에 앉은 새로 입교한 연약한 신자에게 쉽게 일어난다.

3:7 외인에게서도 선한 증거 교회 내의 지도자는 불신자의 사회에서도 비난받을 일이 없다는 평가를 받아야 한다. 비록 불신 사회의 사람들이 그의 도덕적·신학적 입장에 동의하지 않더라도 그래야 한다. 그를 존경하지 않는 사람들에게 어떻게 영적 영향을 끼칠 수 있겠는

가? 참고. 마태복음 5:48; 빌립보서 2:15.

3:8 집사들 이는 '섬기다'라는 의미의 단어 군에서 생겼다. 원래 식탁에서 봉사하는(*행 6:1-4에 대한 설명을 보라*) 것과 같은 천한 임무를 가리키는 *집사*라는 말이 교회 내에서는 모든 봉사의 일을 가리키게 되었다. 집사들은 장로의 지도 아래 섬기며, 장로들을 도와서 교회 생활의 어떤 특정한 문제들을 처리해 나가는 일을 한다. 성경은 집사에게 아무런 공적 또는 특정한 책임을 지우지 않는다. 그들은 장로들이 할당해준 일이나 영적 사역에 필요한 일들을 수행한다. **정중하고** 마음과 성품이 신중하며, 중요한 일들에 대해 어리석거나 경솔하지 않음을 말한다. **일구이언을 하지 아니하고** 집사들은 이 사람에게 이 말을 하고 저 사람에게 저 말을 하지 말아야 한다. 그들의 말은 위선적이지 않고 정직하고 일관되어야 한다. **술에 인박히지 아니하고** 술에 사로잡히지 말아야 한다(*3절에 대한 설명을 보라*). **더러운 이를 탐하지 아니하고** 장로와 마찬가지로(*3절에 대한 설명을 보라*), 집사들 역시 그들의 직책을 이용해 돈을 벌려고 해선 안 된다. 이런 자질은 집사들이 돈을 관리하면서 그것을 가난한 사람들에게 나눠주는 일을 하던 초대 교회에서 특별히 중요했다.

3:9 깨끗한 양심 *1:5에 대한 설명을 보라.* **비밀** *마태복음 13:11; 고린도전서 2:7; 에베소서 3:4, 5에 대한 설명을 보라.* 바울의 글에서 빈번하게 등장하는(참고. 롬 11:25; 16:25; 엡 1:9; 3:9; 6:19; 골 2:2) 단어 *비밀*은 이전에 감춰져 있다가 이제는 드러난 진리를 가리킨다. 거기에는 그리스도의 성육신(16절), 그리스도가 신자 안에 내주하심(골 1:26, 27), 유대인과 이방인이 교회 안에서 하나 됨(엡 3:4-6), 복음(골 4:3), 불법(살후 2:7), 교회의 휴거(고전 15:51, 52) 같은 진리가 포함된다.

3:10 먼저 시험하여 보고 이 단어가 현재 시제인 것은 집사의 성품과 봉사를 교회가 지속적으로 평가해야 한다는 뜻이다. **책망할 것이 없으면** *2절에 대한 설명을 보라.*

3:11 여자들도 '아내들'로 번역된 헬라어 단어는 '여자들'로 번역될 수도 있다(저자가 사용하는 영어 성경은 '그들의 아내들'로 번역했음 – 옮긴이). 여기서 집사의 아내를 가리킬 수도 있지만, 집사로 봉사하는 여자를 가리킬 수도 있다. 문장 앞머리에 *이와 같이*라는 표현을 사용한 것을 보면(참고. 8절) 장로와 집사 이외에 제3의 집단을 가리킬 수도 있다. 또한 바울이 장로의 아내에 대해 아무것도 요구하지 않는 것을 보면 이것을 집사의 아내가 갖춰야 할 자질이라고 가정할 이유가 없다. **정숙하고** *8절에 대한 설명을 보라.* **모함하지 아니하며** *모함하는 자*라는 말은 *디아볼라*[*diabolos*, 사탄을 가리키는 말임(마 4:5, 8, 11; 13:39; 눅 4:3, 5, 6, 13; 8:12; 벧전 5:8; 요일 3:8; 계 2:10; 12:9, 12; 20:2, 10)]의 복수형이다. 봉사하는 여자들은 헛소문을 퍼뜨려선 안 된다. **절제하며** *2절에 대한 설명을 보라.* **모든 일에 충성된 자** 교회 내에서 봉사하는 여자들은 남자 봉사자들(*2절에 대한 설명을 보라*)과 마찬가지로 그들의 생활과 사역 등 모든 측면에서 완전히 신뢰할 수 있어야 한다.

3:12 한 아내의 남편 *2절에 대한 설명을 보라.* **자기 집을 잘 다스리는** *4절에 대한 설명을 보라.*

D. 바울이 편지를 쓴 이유(3:14-16)

3:14-16 이 절들은 처음 세 장의 긍정적인 지침에서 뒤에 나오는 세 장의 부정적인 지침으로 넘어가는 전환점이다. 이 부분은 교회의 사명(15절)과 메시지(16절)의 핵심을 보여준다.

3:14, 15 내가 속히 네게 가기를 바라나 헬라어 문장이 암시하듯 바울이 한 말의 의미는 '비록 내가 조만간 네게 가기를 원하지만, 이것을 쓴다'이다. 마게도냐에서 일이 지체되어(서론의 배경과 무대를 보라) 바울은 디모데에게 이 편지를 보냈다.

3:15 너로 하여금 하나님의 집에서 어떻게 행하여야 할지를 이 절의 후반부가 이 서신의 주제다. 곧 교회 내의 일들을 정당하게 처리하는 것이다. **하나님의 집** 더 나은 번역은 '가족'이다. 신자는 하나님 가족의 일원(갈 6:10; 엡 2:19; 히 3:6; 벧전 4:17)이므로 그에 걸맞게 행동해야 한다. 이것은 어떤 건물을 가리키는 말이 아니라 참 교회를 이루는 사람들을 가리키는 말이다. **살아 계신 하나님의 교회** 교회는 하나님의 것이다(행 20:28; 엡 1:14; 딛 2:14; 벧전 2:9). "살아 계신 하나님"이라는 호칭은 구약성경의 풍부한 유산이다(신 5:26; 수 3:10; 삼상 17:26, 36; 왕하 19:4, 16; 시 42:2; 84:2; 사 37:4, 17; 렘 10:10; 23:26; 단 6:20, 26; 호 1:10). **진리** 성경에 기록되었고 16절에 요약된 기독교 신앙의 내용이다. **기둥과 터** 바울은 다이아나(아데미)의 장엄한 성전을 가리켰을지도 모른다. 그 성전은 127개의 금을 입힌 대리석 기둥이 떠받치고 있었다. "터"로 번역된 헬라어 단어는 신약성경에서 오직 여기에만 등장하며 건물의 기초를 가리킨다. 교회는 하나님의 계시된 진리의 말씀을 높이 들어야 한다.

3:16 이 구절은 그것의 통일성, 리듬, 병행적 구조가 가리키듯 초대 교회 찬송의 일부를 포함하고 있다. 이 절의 6개 연은 복음 진리의 요약판이다. **경건의 비밀** *비밀*은 구약성경에 감춰 있다가 신약성경에서 드러난

딤전

장로의 자질 점검표

1. 성품(3:2-3)
2. 행실(3:4-7)
3. 능력[3:2(참고. 디도서 1:5, 7, 9)]
4. 신념[3:2(참고. 디도서 1:9)]
5. 헌신(3:10)

진리를 가리키기 위해 바울이 사용한 용어다(*9절에 대한 설명을 보라*). 여기서 경건은 그리스도 안에 있는 구원과 의의 진리를 가리키며, 이 진리는 신자 안에 거룩을 공급하는데, 이것은 그리스도 안에 있는 참되고 완전한 의가 드러나는 것이다. **육신으로** 이 말은 여기서 죄 있고 타락한 인간성을 가리키는 말이 아니라(참고. 롬 7:18, 25; 8:8; 갈 5:16, 17) 단순한 인간됨을 가리킨다(참고. 요 1:14; 롬 1:3; 8:3; 9:5; 벧전 3:18; 요일 4:2, 3; 요이 7절). **나타난 바 되시고** 더 나은 사본은 '하나님' 대신에 '그'라고 되어 있다. 어느 경우이든지 보이지 않는 하나님을 인류에게 보여주신 그리스도를 가리키는 것이 확실하다(요 1:1-4; 14:9; 골 1:15; 히 1:3; 벧후 1:16-18). **영으로 의롭다 하심을 받으시고** *의롭다 하심을 받으시고*라는 말은 '의롭다'라는 뜻이다. 따라서 *영*은 소문자 's'로 써야 한다. 즉 그리스도의 무죄한 영적 의를 선언하는 말이다(요 8:46; 고후 5:21; 히 4:15; 5:9; 7:26; 벧전 2:21, 22; 요일 2:1). 그렇지 않다면 이 말은 성령께서 그리스도의 정당함을 입증해주신 것을 가리킬 수도 있다(롬 1:4). **천사들에게 보이시고** 타락한 천사들(*골 2:15; 벧전 3:18-20에 대한 설명을 보라*)과 선택된 천사들(마 28:2; 눅 24:4-7; 행 1:10, 11; 히 1:6-9) 모두를 가리킨다. **만국에서 전파되시고** 즉 모든 나라를 말한다. 마태복음 24:14; 26:13; 28:19, 20; 마가복음 13:10; 사도행전 1:8을 보라. **영광 가운데서 올려지셨느니라** 사도행전 1:9, 10; 빌립보서 2:8-11; 히브리서 1:3을 보라. 그리스도의 승천과 승귀는 성부께서 그분을 기뻐하시고 그분의 일을 완전히 받으셨음을 보여준다.

거짓 교사들에 대한 지침들 (4:1-16)

A. 거짓 교사에 대한 묘사(4:1-5)

4:1-5 바울은 에베소에 거짓 교사들이 있다는 사실에 주목했다(1:3-7, 18-20). 바울은 2장과 3장에서 긍정적인 지침을 가지고 그들의 틀린 가르침에 대한 대책을 제공했다. 지금 이 단락에서 바울은 거짓 교사들을 직접 다루되 그들의 기원과 가르침의 내용에 집중하고 있다.

4:1 성령이 밝히 말씀하시기를 바울은 여러 해 전 에베소 장로들에게 했던 경고(행 20:29, 30)를 디모데에게 다시 하고 있다. 성령께서는 성경을 통해 배교의 위험을 반복하여 경고하셨다(참고. 마 24:4-12; 행 20:29, 30; 살후 2:3-12; 히 3:12; 5:11-6:8; 10:26-31; 벧후 3:3; 요일 2:18; 유 18절). **후일에** 그리스도의 초림부터 재림까지의 기간이다(행 2:16, 17; 히 1:1, 2; 9:26; 벧전 1:20; 요일 2:18). 그 기간 내내 배교가 존재할 것이며 그리스도의 재림 직전 절정에 도달할 것이다(참고. 마 24:12). **믿음에서 떠나** 거짓 교사들의 먹이가 된 사람들은 기독교 신앙을 버릴 것이다. *떠나*로 번역된 헬라어 단어에서 영어의 *apostatize*(배교하다)가 나왔으며, 이 말은 원래의 위치에서 떠나는 사람을 가리킨다. 이들은 복음을 진정으로 믿는 사람과 함께 있던 자칭 그리스도인이나 명목상의 그리스도인이지만 거짓과 속임을 믿고 신앙을 떠남으로써 그들이 거듭나지 않은 사람임을 드러낸다. *요한일서 2:19; 유다서 24절에 대한 설명을 보라*. **미혹하는 영** 직접적으로 또는 거짓 교사들을 통해 역사하는 악한 귀신들로, 스스로 진리를 떠났으며 다른 사람들도 진리를 떠나도록 한다. 사탄과 그에게 속한 귀신들의 전체 전략을 가장 잘 규정하는 단어는 *속임*이다(참고. 요 8:44; 요일 4:1-6). **귀신의 가르침** 이것은 귀신에 대한 가르침이 아니라 귀신들에게서 나오는 거짓된 가르침이다. 그런 교훈을 배우는 것은 귀신의 영역에서 오는 거짓을 듣는 일이다(엡 6:12; 약 3:15; 요이 7-11). 귀신들의 영향력은 환난기에 이르면 최고조에 달할 것이다(살후 2:9; 계 9:2-11; 16:14; 20:2, 3, 8, 10). 사탄과 귀신들은 하나님 말씀을 뒤틀고 뒤집는 속임수를 계속 행할 것이다.

4:2 양심 *1:5에 대한 설명을 보라*. **화인을 맞아서** 감각을 마비시키는 것을 가리키는 의학 용어다. 거짓 교사들이 위선적인 거짓을 가르칠 수 있는 것은 그들의 양심이 마비되었기 때문이다(참고. 엡 4:19). 이는 마치 귀신의 거짓 불에 의해 감각을 느끼는 모든 신경이 파괴되어 상흔으로 남은 것과 같다. **외식함으로 거짓말하는** 문자적으로 '위선적으로 거짓말하는 자들'이라는 뜻이다. 이들은 귀신의 가르침을 퍼뜨리는 인간 거짓 교사들이다(참고. 요일 4:1).

4:3 혼인을 금하고 어떤 음식물은 먹지 말라 에베소에서 돌아다니던 거짓 가르침 중 하나의 실례다. 이런 거짓은 전형적으로 일말의 진리를 포함하고 있다. 왜냐하면 성경에 혼자 사는 것(고전 7:25-35)과 금식(마 6:16,

17; 9:14, 15)을 칭찬하는 곳이 있기 때문이다. 그런데 그런 인간 행위를 구원의 선행 조건으로 만드는 것이 거짓된 가르침이다. 이것이 거짓 종교를 구별할 수 있는 표시다. 이 금욕적 가르침은 에세네파로 알려진 유대교 종파와 당시의 헬라 사상(물질은 악하고 영은 좋다고 보는) 양쪽으로부터 받은 영향의 결과일 것이다. 바울은 골로새서 2:21-23에서(*이 구절에 대한 설명을 보라*) 이 금욕주의에 대해 말하고 있다. 독신생활이나 어떤 형태의 음식이 사람을 구원하거나 성화시키는 일은 없다.

4:4 하나님께서 지으신 모든 것이 선하매 거짓 교사들의 금욕주의는 하나님이 혼인과 음식을 창조하셨으므로(창 1:28-31; 2:18-24; 9:3) 본질적으로 선하며(창 1:31) 신자들이 감사함으로 즐길 수 있다고 가르친 성경과 직접 충돌한다. 음식과 혼인이 생명과 자손의 번식을 위해 필수적인 것임은 명백하다.

4:5 거룩하여짐이라 이 말은 거룩한 용도를 위해 하나님의 것으로 구별되거나 바쳐진다는 뜻이다. 그렇게 하는 수단은 감사 기도와 하나님 말씀이 한시적인 모세의 음식 규정을 폐지했음을 아는 지식이다(막 7:19; 행 10:9-15; 롬 14:1-12; 골 2:16, 17). 내적인 부패와 악한 동기가 모든 좋은 것을 부패시키는 불신자와 대비된다(딛 1:15).

B. 참된 교사에 대한 묘사(4:6-16)

4:6 믿음의 말씀…좋은 교훈으로 양육을 받으리라 성경의 진리로 계속 양육을 받는 것이 모든 그리스도인의 영적 건강에 필수적이지만(딤후 3:16, 17), 특히 디모데 같은 영적 지도자에게는 더욱 그렇다. 말씀을 읽고 연구하고 묵상하고 그 내용을 완전히 익혀야 목사는 자기에게 맡겨진 사명을 완수할 수 있다(딤후 2:15). 디모데는 어렸을 때부터 그 일을 했으며(딤후 3:15), 바울은 디모데에게 그 일을 계속할 것을 촉구했다(참고. 16절; 딤후 3:14). *믿음의 말씀*은 계시된 하나님의 진리인 성경을 가리키는 일반적인 표현이다. 좋은 *교훈*은 성경이 가르치는 신학을 가리킨다.

4:7 망령되고 허탄한 신화를 버리고 하나님의 말씀(*6절에 대한 설명을 보라*)에 집중하는 것 이외에도 신자는 모든 거짓된 가르침을 피해야 한다. 바울은 그런 오류를 *망령된*(세속적인, 거룩한 것에 반대되는 것) *신화*(헬라어의 *뮈토스*muthos로, 신화라는 의미의 영어 단어 myths가 여기서 나왔음)로 *늙은 아낙네들*(통상 교육을 받지 못하고 철학적으로 세련되지 못한 일에만 쓸모 있는 어떤 것을 가리키는 조소 섞인 표현)에게나 적합하다는(한글 개역개정판의 '허탄한'이라는 단어가 영어 성경에는 '늙은 아낙네들'로 되어 있음-옮긴이) 말로 질타하고 있다. *디모데후서 2:14-18에 대한 설명을 보라*. **경건에 이르도록…연단하라** *경건*(하나님에 대한 바른 태도와 반응, *2:2에 대한 설명을 보라*)은 모든 효과적인 사역을 위한 선행 조건이다. *연단하라*는 운동선수들이 행하는 끈질기고 자기희생적인 훈련을 가리키는 운동 용어다. 영적 자기훈련은 경건한 생활에 이르는 길이다(참고. 고전 9:24-27).

4:8 약간의 유익이 있으나 육체의 연습은 그 범위와 기한이 제한적이다. 그것은 지상에 사는 동안 물리적 신체에만 영향을 미친다. **범사에 유익하니** '시간 안에서와 영원에서'를 말한다.

4:9 미쁘다 이 말이여 *1:15에 대한 설명을 보라*.

4:10 소망을…둠이니 즉 *소망하니*이다. 신자는 소망으로 구원을 얻고 영생의 소망이라는 빛 속에서 살고 섬긴다(딛 1:2; 3:7. *롬 5:2에 대한 설명을 보라*). 기진할 때까지 일하고 버림받고 박해를 기꺼이 받아들이는 것은 신자들이 하나님의 일, 즉 구원의 일을 하고 있음을 알기 때문이다. 그 일을 위해서는 모든 것을 희생할 만한 가치가 있다(빌 1:12-18, 27-30; 2:17; 골 1:24, 25; 딤후 1:6-12; 2:3, 4, 9, 10; 4:5-8). **모든 사람 특히 믿는 자들의 구주시라** 바울은 영적인 의미에서, 그리고 영원한 의미에서 모든 사람이 구원을 받으리라는 보편 구원을 가르치지 않는다는 것이 확실하다. 왜냐하면 성경의 다른 부분에서 하나님이 모든 사람을 구원하지 않음을 분명하게 가르치기 때문이다. 대부분의 사람이 하나님을 거부하고 지옥에서 영원을 보낼 것이다(마 25:41, 46; 계 20:11-15). 하지만 "특히"라고 번역된 헬라어 단어는 모든 사람, 하나님을 믿고 하나님의 구원을 누리는 모든

목회서신에 나오는 '진리'

1. 디모데전서 2:4
2. 디모데전서 2:7
3. 디모데전서 3:15
4. 디모데전서 4:3
5. 디모데전서 6:5
6. 디모데후서 2:15
7. 디모데후서 2:18
8. 디모데후서 2:25
9. 디모데후서 3:7
10. 디모데후서 3:8
11. 디모데후서 4:4
12. 디도서 1:1
13. 디도서 1:14

사람과 어떤 점에서는 유사한 방식으로 하나님의 구원을 누린다는 것을 의미하는 게 분명하다. 이 표현에 대한 해석은 간단하다. 곧 하나님은 한시적인 의미에서는 모든 사람의 구주시지만, 믿는 자에게는 영원한 의미에서 구주이시다. 바울의 요점은 이것이다. 하나님은 친히 신자들의 대속물이시므로 은혜로 신자들을 죄의 정죄와 형벌로부터 건지시지만(고후 5:21), 하나님의 선하심으로 말미암아 이 세상에서 어떤 유익을 누리는 것은 모든 사람에게 해당된다. 그 유익에 다음과 같은 것이 있다. 첫째, 일반 은총이다. 모든 인류에게 보편적으로 베풀어지는 하나님의 선하심을 가리키는 용어(시 145:9)로 죄를 억제하심(롬 2:15), 심판(롬 2:3-6), 정부를 통해 사회질서를 유지하심(롬 13:1-5), 사람에게 아름다움과 선을 인식하게 하심(시 50:2), 한시적 축복을 사람들에게 부어주심(마 5:45; 행 14:15-17; 17:25) 이 여기에 포함된다. 둘째, 긍휼이다. 하나님이 받을 자격이 없는 거듭나지 않은 사람들에게 보이시는 마음 아파하시는 자비의 사랑이다(출 34:6, 7; 시 86:5; 단 9:9; 마 23:37; 눅 19:41-44. 참고. 사 16:11-13; 렘 48:35-37). 셋째, 회개하라는 권고다. 하나님은 악인의 죽음을 기뻐하시지 않는 자비로운 창조주의 마음을 보여주시면서 계속 죄인들에게 경고하심이다(겔 18:30-32; 33:11). 넷째, 복음으로의 초대다. 그리스도 안에 있는 구원은 모든 사람에게 차별 없이 제안됨이다(마 11:28, 29; 22:2-14; 요 6:35-40; 계 22:17. 참고. 요 5:39, 40). 하나님은 본성적으로 구원하는 하나님이다. 다시 말하면 하나님은 죄인의 죽는 것을 기뻐하시지 않는다. 하나님의 구원하시는 성품은 절대로 믿지 않을 사람들을 대하시는 데서도 드러난다. 하지만 위에서 말한 네 가지의 한시적인 방법으로만 그렇다. *2:6에 대한 설명을 보라.*

4:12 누구든지 네 연소함을 업신여기지 못하게 하고 헬라 문화는 나이와 경험에 큰 가치를 부여했다. 당시 디모데는 아직 30대로 그 문화의 기준으로 보면 젊은이였기 때문에 경건한 모범을 통해 존경을 얻어야 했다. 그는 십대 청소년 시절부터 바울과 함께하면서 성숙을 도모하는 풍부한 경험을 했으므로, 그가 마흔 살이 안 되었다고 해서 깔본다는 것은 변명할 수 없는 잘못이었다. **정절에 있어서…본이 되어** 바울은 디모데가 교회 앞에 모범이 되어야 하는 다섯 가지 영역을 나열한다. *말*(연설, 참고. 마 12:34-37; 엡 4:25, 29, 31), *행실*(의로운 삶, 참고. 딛 2:10; 벧전 1:15; 2:12; 3:16), *사랑*(다른 사람들을 위한 자기희생적 봉사, 참고. 요 15:13), *믿음*(신념이 아니라 신실성 또는 헌신, 참고. 고전 4:2), *정절*(특별히 성적 순결, 참고. 3:2)이다. **이런 영역에서** 디모데의 모범적 삶은 그의 나이가 어리다는 불리함을 상쇄시켜 줄 것이다.

4:13 내가 이를 때까지 *3:14에 대한 설명을 보라.* **읽는 것과 권하는 것과 가르치는 것에 전념하라** 이런 일들이 디모데의 지속적인 실천, 곧 그의 생활방식이 되어야 했다. *읽는 것*은 교회 예배에서 여러 사람 앞에 성경을 읽는 관습을 가리키며, 그 이후에는 방금 읽은 구절에 대한 해명이 뒤따랐다(참고. 느 8:1-8; 눅 4:16-27). *권하는 것*은 말씀을 듣는 사람들에게 그 들은 내용을 매일의 생활에 적용할 것에 도전함을 말한다. 거기에는 꾸짖음, 경고, 격려, 위로가 포함될 수 있다. *가르치는 것*은 하나님 말씀을 체계적으로 가르치는 것을 가리킨다(참고. 3:2; 딛 1:9).

4:14 은사 구원받을 때 디모데와 모든 신자에게 주어지는 은사로, 사역에 사용되도록 하나님이 계획하시고 성령께서 힘주시는 영적 능력이다(*롬 12:4-8; 고전 12:4-12; 벧전 4:10, 11*). 디모데의 은사(참고. 딤후 1:6)는 지도자직으로 설교(딤후 4:2), 가르침(6, 11, 13; 6:2)에 특별한 강조점이 주어졌다. **장로의 회에서 안수 받을 때** *5:22에 대한 설명을 보라.* 디모데의 사역으로의 부르심을 공적으로 확증한 이 의식은 예언과 동시에 있었을 것으로 보인다(참고. 딤후 1:6). 이처럼 그의 사역으로의 부르심은 주관적으로(그의 영적 은사를 통해), 객관적으로(그에 대해 주어진 예언을 통해), 집단적으로(사도들과 장로들로 대표되는 교회의 확정을 통해) 확증되었다. **예언을 통하여** 디모데의 은사는 하나님으로부터 온 계시(*1:18에 대한 설명을 보라*)와 사도적 확증(딤후 1:6)을 통해 확인되었으며, 사도 바울의 2차 전도여행에 참여할 때 그런 일이 있었을 것으로 보인다(행 16:1-3).

4:15 성숙함 이 단어는 군대가 전진하는 것을 가리키는 군사 용어로 사용되었고, 일반적으로는 학문, 이해력, 지식의 진보를 가리킬 때 사용되었다. 바울은 그리스도를 닮아가는 그의 진보를 모든 사람에게 드러낼 것을 권했다.

4:16 네 자신과 가르침 경건한 지도자가 우선적으로 생각해야 할 것이 그의 개인적 거룩과 공적인 가르침이라는 말로 요약되고 있다. 6-16절에서 언급한 바울의 모든 권면은 이 두 카테고리 중 어느 하나에 해당된다. **네 자신…구원하리라** 진리를 믿는 일에서 일관되게 밀고 나가면 참된 거듭남이 따라온다(*마 24:13에 대한 설명을 보라.* 참고. 요 8:31; 롬 2:7; 빌 2:12, 13; 골 1:23). **네게 듣는 자** 자신의 경건한 삶과 충실한 말씀 선포에 유의함으로써 계속 디모데는 그의 말을 듣는 사람들에게 복음을 전해 그들을 구원하기 위하여 하나님이 사용하시는 인간 도구 역할을 하게 될 것이다. 비록 구원은 하나

제자로서의 삶

디모데전서 4:12-16에 보면 예수 그리스도의 제자로 살고자 하는 젊은이에게 필요한 지침이 나온다. 거기서 사도 바울은 디모데가 교회 앞에 모범이 되어야 하는 다섯 가지 영역을 열거했다(12절).

1. 말에서—마태복음 12:34-37; 에베소서 4:25, 29, 31도 보라.
2. 행실 또는 의로운 삶에서—디도서 2:10; 베드로전서 1:15; 2:12; 3:16도 보라.
3. 사랑 또는 다른 사람을 위한 자기희생적 봉사에서—요한복음 15:13도 보라.
4. 믿음 또는 신실함이나 헌신에서—고린도전서 4:2도 보라.
5. 순결, 특히 성적 순결에서—4:2도 보라.

다음 절들은 제자의 삶을 건설하기 위한 몇 가지 다른 벽돌을 제공한다.

1. 디모데는 공적으로 성경을 읽고 연구하고 적용하는 일에 참여해야 한다(13절).
2. 디모데는 다른 사람들이 공적으로 확증한 자신의 영적 은사를 부지런히 활용해야 한다(14절).
3. 디모데는 그리스도와 동행하는 길에서 자신의 성숙함을 나타내야 한다(15절).
4. 디모데는 "그 자신과 가르침을 살펴"야 한다(16절).

님의 일이지만 그 일을 하는 데 인간을 도구로 사용하여 이루시는 것이 하나님의 기뻐하시는 뜻이다.

목회적 책임에 대한 지침들 (5:1-6:2)

A. 범죄한 지체에 대한 책임(5:1, 2)

5:1 늙은이 이 문맥에서 이 헬라어는 장로의 직분을 가리키는 말이 아니라 보통 나이든 남자를 가리킨다. 젊은 디모데는 범죄한 늙은이들을 꾸짖을지라도 존경심을 보여야 했다. 이는 구약성경의 원리에서 분명히 추론할 수 있는 것이다(참고. 레 19:32; 욥 32:4, 6; 잠 4:1-4; 16:31; 20:29). **꾸짖지** 어떤 번역 성경들은 단어 *꾸짖다*에 '심하게'라는 말을 덧붙여 여기 사용된 헬라어 단어의 의미를 강하게 드러낸다. 죄를 범한 노인에 대해서는 심한 말로 하지 말고 존경심을 보여야 한다(참고. 딤후 2:24, 25). **권하되** 성령의 호칭(*파라클레토스 parakletos*, 참고. 요 14:16, 26; 15:26; 16:7)과 관련된 이 헬라어는 어떤 사람의 곁에서 돕는 것을 가리킨다. 이 말의 가장 좋은 번역은 '힘을 주다'이다. 우리는 성경이나(롬 15:4) 성령이 하시는 것과 똑같은 방법으로 동료 신자에게 힘을 주어야 한다(참고. 갈 6:1, 2).

B. 과부에 대한 책임(5:3-16)

5:3-16 이 단락은 남편의 보살핌을 받지 못하게 된 여성을 돌보아야 한다는(참고. 출 22:22-24; 신 27:19; 사 1:17) 성경의 명령을 재확인해준다. 과부를 위한 하나님의 지속적인 긍휼은 이 명령을 통해 강조된다(참고. 시 68:5; 146:9; 막 12:41-44; 눅 7:11-17).

5:3 참 과부 모든 과부가 외롭고 생활을 위한 경제적 능력이 없는 것은 아니다. 교회의 재정적 지원은 매일의 필요를 채울 능력이 없는 과부로 한정된다. **존대** '존경하거나 돌보는 것' '지원하는 것' '점잖게 대하는 것'이라는 뜻이다. 이 단어가 비록 온갖 종류의 필요를 공급함을 포함하지만, 바울이 여기서 생각하는 것은 이런 넓은 뜻만이 아니라 일차적으로 경제적 지원이다(참고. 출 20:12; 마 15:1-6; 27:9).

5:4 과부에게 자녀나 손자들이 있거든 과부들에 대한 일차적인 책임은 교회에 있지 않고 그들의 가족에게 있다. **부모에게 보답하기** 자녀들과 손자들은 그들을 세상에 오게 하고 키우고 사랑한 사람에게 빚을 지고 있다. 이 빚을 갚는 것은 경건한 순종의 표시다(참고. 출 20:12).

5:5 외로운 자 *3절에 대한 설명을 보라.* 이 헬라어 단어의 형태는 홀로 되어 영구적으로 아무런 생활 대책이 없게 된 상태를 표시한다. 그녀는 "참 과부"다. 그녀를 지원할 가족이 없기 때문이다. **하나님께 소망을 두어** 하나님께 소망을 두는 지속적인 상태 또는 확고한 태도다(참고. 왕상 17:8-16; 렘 49:11). 그녀에게는 다른 아무것도 없기 때문에 오직 하나님께만 소망을 두고 간청한다.

5:6 살았으나 죽었느니라 세속적이고 부도덕하며 불경건한 삶을 사는 과부는 육체적으로는 살아 있을지 모르지만, 그녀의 생활방식은 그녀가 거듭나지 않았고 영적으로 죽어 있다는 것을 증명한다(참고. 엡 2:1).

5:7 책망 받을 것이 없게 *3:2; 빌립보서 2:15에 대한 설명을 보라. 흠이 없다*는 '책망거리가 없어서' 어떤 사

딤전

람도 그의 행동을 비난할 수 없다는 뜻이다.

5:8 만약…하면 (한글 개역개정판 성경에는 이 말이 없음-옮긴이) 이 말은 '때문에'라고 번역하는 것이 더 낫다. 바울은 4절의 긍정적 원칙을 부정적으로 다시 말하면서 조건이 참임을 의미하는 헬라어 구문을 사용하고 있다. 이는 에베소에서 그 원칙을 어기는 경우가 많았음을 암시한다. 이 명령에 순종하지 않는 신자는 다음과 같은 죄가 있다. 첫째, 긍휼히 여기는 기독교적 사랑의 원칙(참고. 요 13:35; 롬 5:5; 살전 4:9)을 거부한 죄다. 둘째, "불신자보다 더 악하게" 되는 죄다. 대부분의 이방인도 자연스럽게 이 의무를 수행한다. 그러므로 하나님의 명령과 그것을 이룰 수 있는 능력을 가진 신자가 하지 않는다면 이교도보다 더 나쁜 것이다. 참고. 고린도전서 5:1, 2.

5:9 명부에 올릴 '명단에 포함되다'라는 뜻이다. 이것은 특별히 교회의 지원 대상이 되는 과부들의 명단이 아니라(교회에서 다른 생활 대책이 없는 모든 과부가 지원 대상임, 3절) 특별히 인정된 교회 사역을 담당할 수 있는 사람의 명단이다(참고. 딛 2:3-5). **육십이 덜 되지** 신약성경 시대의 문화에서는 60세가 은퇴의 나이로 간주되었다. 그 나이가 되면 나이든 여자들은 자녀 양육을 마친 까닭에 그들의 삶을 하나님과 교회를 위한 봉사에 집중할 수 있는 시간적 여유, 성숙함, 성품을 갖추게 된다. 또한 그들은 재혼할 가능성도 별로 없으므로 봉사에 전념할 수 있다. **한 남편의 아내** 문자적으로 '한 남자의 여자'라는 뜻이다(참고. 3:2, 12). 이 말은 두 번 이상 혼인한 여자를 배제하는 말이 아니라(참고. 14절; 고전 7:39) 자기 남편에게만 헌신하여 신실했던 아내, 곧 혼인생활에서 생각과 행동의 순결함을 입증한 아내를 가리킨다.

5:10 자녀를 양육하며 이 말씀은 경건한 과부를 주를 따르도록 자녀들을 양육하고 키운 그리스도인 어머니로 본다(*2:15에 대한 설명을 보라*). **성도들의 발을 씻으며** 종의 천한 의무를 가리킨다. 이것은 겸손한 종의 마음을 가진 과부를 직접 또는 은유적으로 가리키는 표현이다(*요 13:5-17에 대한 설명을 보라*). **모든 선한 일** 참고. 사도행전 9:36-39의 도르가.

5:11 정욕으로 '육신적 욕구의 충동을 느껴서'라고 번역하는 것이 더 낫다. 이 말은 성적 격정을 포함하여 혼인관계에 수반되는 모든 것을 포함한다. 바울은 젊은 과부들은 독신으로 살면서(*12절에 대한 설명을 보라*) 오직 하나님을 섬기는 일에만 전념하겠다는(참고. 민 30:9) 서약을 어길 가능성이 있다고 보았다. 그는 그런 감정이 과부의 개인생활과 교회 사역에 미칠 수 있는 부정적 영향을 알고 있었다. 그녀들은 그들을 진리로부터 떠나게 하는(15절) 거짓 교사들의 먹잇감이 될 수 있다(딤후 3:6, 7).

5:12 처음 믿음을 저버렸으므로 고전 헬라어에서는 *믿음*은 '서약'을 의미할 수도 있다. 이렇게 이해하면 이 말은 과부 명부에 포함될 때 젊은 과부들은 약속할 것을 요구받게 되는데, 이 특정한 약속을 가리킨다. 그들은 나머지 생애를 교회와 주님을 위한 봉사로 보내겠다고 약속했던 것 같다. 사별의 곤고한 기간에는 선한 의도로 약속하겠지만 그들은 다시 혼인하기를 원할 것이 확실하며(11절을 보라), 그렇게 되면 원래 약속을 취소할 것이다.

5:13 쓸데없는 말 그런 사람은 말도 안 되는 소리, 쓸데없는 말, 근거 없는 고발을 하거나 심지어 악한 말로 다른 사람을 비난한다. 이런 게으름과 쓸데없는 말 때문에 그들은 거짓 교사들의 좋은 먹잇감이 된다(1:6). **일을 만들며** 문자적으로 '이리저리 돌아다니는 사람'이라는 뜻이다. 그런 사람들은 자기들과 무관한 일에 참견하면서 돌아다니는데, 자기 일이나 살펴야 한다.

5:14 아이를 낳고 젊은 과부들은 여전히 자녀를 낳을 수 있다. 비록 그들이 첫 번째 남편과 사별하기는 했지만 재혼하여 자녀를 낳을 수 있는 특권과 복의 가능성이 남아 있었다(*2:15에 대한 설명을 보라*. 참고. 시 127:3, 5). **집을 다스리고** 이 헬라어 단어는 아이를 키우는 것만이 아니라 집안 관리의 모든 측면을 가리킨다. 가정은 혼인한 여인이 그녀를 위해 가진 하나님의 계획을 이루는 영역이다. *디도서 2:4, 5에 대한 설명을 보라*.

5:15 어떤 젊은 과부들은 그리스도를 섬기겠다는 약속을 포기했다(*11, 12절에 대한 설명을 보라*). 거짓 교사들을 따라 거짓 가르침을 퍼뜨리든지, 불신자와 혼인하여 교회에 수치를 안겨줌으로써 그렇게 했을 것이다. **사탄** 마귀, 곧 신자의 대적이다(*욥 1:6-12; 2:1-7; 사 14:12-15; 겔 28:12-15; 계 12:9에 대한 설명을 보라*).

5:16 여자 바울은 4-8절의 메시지를 다시 말하면서 사정이 허락한다면 그리스도인 여성들이 과부를 지원하는 이 일에 포함될 수 있음을 덧붙인다.

C. 장로에 대한 책임(5:17-25)

5:17-25 에베소 교회가 당하는 많은 문제의 원인은 무자격 목사들에게 있었다. 그래서 바울은 디모데에게 적절한 목회적 돌봄을 회복하는 방법을 설명한다. 바울은 장로들을 존중하는 것, 보호하는 것, 꾸짖는 것, 선택하는 것에 대한 교회의 의무를 말하고 있다.

5:17 잘 다스리는 장로들은 교회를 다스리는 자들이

다. 참고. 데살로니가전서 5:12, 13; 히브리서 13:7, 17. **장로들** 이들은 감독(3:1) 또는 감독하는 자로 목사라고도 불린다(엡 4:11). *3:1-7; 디도서 1:5-9에 대한 설명을 보라.* **배나 존경할 자** 더 큰 헌신, 뛰어남, 노력으로 봉사하는 장로들은 회중으로부터 더 큰 인정을 받아야 한다. 이는 그런 사람이 다른 사람보다 정확하게 두 배의 보수를 받아야 한다는 뜻이 아니라 그들이 그런 존경을 더욱 풍성하게 받아야 한다는 뜻이다. **말씀과 가르침** 더 나은 번역은 '설교와 가르침'이다(*4:13에 대한 설명을 보라*). 첫 번째 표현은 권면과 충고를 포함한 선포를 강조하며 진정으로 주님께 응답할 것을 요구한다. 두 번째 표현은 이단에 대응하기 위한 필수적인 방어책이며 교훈을 더 강조한다. **수고하는** 문자적으로 '기진할 때까지 일하다'라는 뜻이다. 헬라어 단어는 그 일 배후의 노력이 그 일 이상이라는 뜻이다. **더욱** 이 말은 '주로' '특별히'라는 뜻이다. 어떤 장로들은 다른 사람보다 더 열심히 일하며 사역에서 더욱 뛰어나다는 것을 암시한다.

5:18 성경에 일렀으되 성경 인용을 위한 전형적인 관용 표현으로, 여기서는 구약(신 25:4)과 신약(눅 10:7) 모두를 가리킨다. 또한 이것은 한 신약성경 저자(바울)가 누가의 글을 "성경"이라고 칭함으로써 다른 저자의 글이 영감에 따른 것임을 확증한다는 의미에서 중요하다(참고. 벧후 3:15, 16). 이는 초대 교회가 신약성경에 큰 가치를 두었음을 보여준다.

5:19 두세 증인 장로에 대한 심각한 고발에 대해서는 조사를 해야 하며, 마태복음 18:15-20(*이 구절에 대한 설명을 보라*)에 확립된 것과 동일한 절차를 따라야 한다. 이 요구는 장로들에게 죄가 있음에도 피할 수 있는 길을 주는 것이 아니라 교회 내의 다른 모든 사람의 죄를 확정하는 절차와 동일한 절차를 밟을 것을 요구함으로써 경솔하거나 악한 고발자로부터 보호하려는 것이다.

5:20 범죄한 자들 어떤 종류의 죄를 지어 두세 증인의 고발을 받은 후에도 계속 범죄한 장로를 가리킨다. 이 죄는 섬김의 조건을 위반한 것이다(3:2-7). **모든 사람 앞에서** 다른 장로들과 회중을 말한다. 마태복음 18:17에 확정된 절차의 세 번째 단계는 교회에 말해 교회가 그 사람을 대면하여 회개를 요구하는 것이다.

5:21 하나님…그리스도 예수…명하노니 참고. 6:13. *디모데후서 4:1에 대한 설명을 보라.* **택하심을 받은 천사들** 사탄과 그의 귀신들에 대비되는 '선택된 천사들' '타락하지 않은 천사들'을 말한다. 이 말은 하나님의 영원한 나라의 일부가 되게 하기 위해 하나님이 주권적으로 택하신 존재들 가운데는 그분이 영원한 영광으로 선택하신 천사들이 포함된다는 것을 보여준다. 그리스도인 역시 "택하신 자"로 불린다(롬 8:33; 11:7; 골 3:12; 딤후

사탄의 이름

1. 참소하던 자	하나님 앞에서 신자에게 대적함	계 12:10
2. 대적	하나님께 대적함	벧전 5:8
3. 바알세불	파리의 제왕	마 12:24
4. 벨리알	무가치함	고후 6:15
5. 마귀	헐뜯는 자	마 4:1
6. 용	파괴하는 자	계 12:3, 7, 9
7. 원수	반대자	마 13:28
8. 악한 자	본질적으로 악함	요 17:15
9. 이 세상의 신	세상의 생각에 영향을 끼침	고후 4:4
10. 거짓말쟁이	진리를 왜곡함	요 8:44
11. 살인자	사람들을 영원한 죽음으로 끌어들임	요 8:44
12. 공중의 권세 잡은 자	불신자들을 통제함	엡 2:2
13. 우는 사자	파괴하는 자	벧전 5:8
14. 귀신의 왕	타락한 천사들의 지도자	막 3:22
15. 이 세상 임금	세상의 체계를 다스림	요 12:31
16. 사탄	적대자	딤전 5:15
17. 옛 뱀	동산에서 속이던 자	계 12:9; 20:2
18. 시험하는 자	사람들을 유혹하여 범죄하도록 함	살전 3:5

2:10; 딛 1:1; 벧전 1:2; 요이 1, 13절). **편견이 없이…아무 일도 불공평하게 하지 말며** 장로들에 대한 모든 징계는 성경의 기준에 따라 어떤 편견이나 개인적 편애 없이 공평하게 이루어져야 한다.

5:22 경솔히 안수하지 말고 어떤 사람이 장로(목사, 감독자)로 공적 사역을 담당하기에 적당하며 그 직책으로 받아들여진다는 것을 확정하는 의식이다. 이 의식은 구약에서 동물과의 일체를 표시하기 위해 안수하던 관행에서 왔다(출 29:10, 15, 19; 레 4:15. 참고. 민 8:10; 27:18-23; 신 34:9; 마 19:15; 행 8:17, 18; 9:17; 히 6:2). *경솔하게*는 그 사람의 자질을 알아보기 위한 철저한 검증과 준비의 기간을(3:1-7처럼) 거치지 않고 의식을 진행하는 것을 가리킨다. **다른 사람의 죄에 간섭하지 말며** 이것은 성급하게 안수한 죄를 가리킨다. 그런 죄를 범한 사람들은 자질 없는 장로를 일하도록 해서 사람들을 잘못된 길로 가도록 만든 책임이 있다. **네 자신을 지켜 정결하게 하라** 어떤 번역본은 *정결한*을 '죄가 없는'이라고 번역한다. 바울은 디모데가 자격 없는 장로를 인정해주는 일에 가담하지 않음으로써 다른 사람의 죄에 의해 더럽혀지지 않기를 원했다. 교회는 자격 있는 영적 지도자가 절대적으로 필요하지만, 그 선정은 신중하게 진행되어야 한다.

5:23 이제부터는 물만 마시지 말고 고대 세계에서는 때때로 오염된 물로 질병이 전염되었다. 그러므로 바울은 디모데에게 포도주를 마시지 않겠다고 결심했다고 해도 그것 때문에 병에 걸릴 위험을 감수하지 말 것을 권한다. 디모데는 스스로 위험한 지경에 빠지지 않으려고 포도주를 피했던 것으로 보인다(*3:3에 대한 설명을 보라*). **병을 위하여는 포도주를 조금씩 쓰라** 바울은 디모데가 포도주 쓰기를 원했다. 이는 포도주가 발효식품이기 때문에 불결한 물의 해로운 영향 때문에 생긴 건강상의 문제에 도움이 되는 살균제 역할을 했기 때문이다. 하지만 바울은 이 조언으로 디모데가 지도자에게 요구되는 높은 행위의 기본을 낮추라고 말한 것은 아니다(참고. 민 6:1-4; 잠 31:4, 5).

5:24 죄는 밝히 드러나 어떤 사람들의 죄는 모든 사람이 볼 수 있게 드러나므로 그 사람이 장로로 자격이 없다는 것을 보여준다. **심판에 나아가고** 자격 없는 사람의 알려진 죄는 그 사람의 죄와 부적격성을 모든 사람 앞에 드러낸다. 심판은 어떤 사람들이 장로로 봉사하기에 적합한지를 결정하기 위한 교회의 절차를 가리킨다. **그 뒤를 따르나니** 다른 장로 후보자들의 죄악도 때가 되면 드러난다. 이는 평가 과정에서도 드러날 것이다.

5:25 선행에서도 마찬가지다. 어떤 선행은 명백히 드러나고, 다른 선행은 뒤에 드러난다. 시간과 진실은 함께 간다. 3:1-7의 조건을 통해 장로를 선택하는 것에 대한 이 교훈의 전체적인 강조점은 인내를 가지고 공정하며 불편부당하고 순결해야 한다는 것이다(21-25절). 이렇게 접근하면 바른 결정에 도달할 것이다.

D. 종에 대한 책임(6:1, 2)

6:1, 2 에베소의 신자들은 노예제도가 유지되는 세상에서 성경적인 노동 윤리를 유지하기 위해 고투하고 있었을지도 모른다. 그래서 바울은 여기서 그 주제에 대한 지침을 내렸을 것이다. 본질적으로 1세기의 노예들은 미국 식민지 시대의 노예들과 비슷했다. 많은 경우 노예들은 일용직 근로자보다 사정이 나았다. 이는 그들의 양식, 의복, 거처 등 많은 것이 제공되었기 때문이다. 노예제도는 로마 세계의 경제 구조로 자리 잡았고, 주인과 노예의 관계는 20세기의 고용주와 피고용자의 관계와 매우 유사했다. 노예에 대한 더 많은 설명을 빌레몬서 서론의 배경과 무대를 보라.

6:1 멍에 아래에 있는 다른 사람의 권위 아래 복종하는 봉사를 가리키는 관용적 표현으로, 반드시 혹사시키는 관계를 가리키는 것은 아니다(참고. 마 11:28-30). **종들** 이것은 '노예들'로 번역될 수 있다. 그들은 다른 사람에게 복종하는 이들을 말한다. 이 말은 부정적인 의미를 가지고 있지 않다. 주가 아버지를 섬긴다고(빌 2:7) 말할 때, 신자들이 하나님(벧전 2:16)과 주님(롬 1:1; 갈 1:10; 딤후 2:24; 약 1:1), 비그리스도인(고전 9:19), 다른 신자(갈 5:13)를 섬긴다고 말할 때와 같이 심지어 긍정적인 뜻도 가진다. **상전들** *상전*으로 번역된 헬라어 단어에서 영어의 *despot*(폭군)이 나오기는 했지만 부정적인 의미를 갖지는 않는다. 도리어 이 말은 절대적이고 무제한의 권위를 가진 사람을 가리킨다. **범사에 마땅히 공경할 자** 자신의 고용주를 위해 부지런히 일한다면 이런 태도는 신실한 섬김이 된다. *에베소서 6:5-9; 골로새서 3:22-25에 대한 설명을 보라*. **하나님의…교훈** 하나님의 계시는 복음으로 요약된다. 신자가 다른 사람의 권위 아래에 있을 때 어떻게 행동하느냐 하는 것은 사람들이 그리스도인이 선포하는 구원의 메시지를 어떻게 보는지에 영향을 미친다(*딛 2:5-14에 대한 설명을 보라*). 복종과 존경이라는 적절한 태도를 보이며, 최선을 다해 일을 수행하는 것은 복음 메시지를 믿게 만드는 데 도움이 된다(마 5:48).

6:2 믿는 상전 그리스도인 주인과의 관계에서 그리스도 안에서의 평등함을 구실로 내세워 일할 때 역할과 관련된 권위를 무시하려는 경향이 있었을 것이다. 하지

만 도리어 그리스도인을 위한 일을 할 때는 형제를 위한 사랑으로 말미암아 더욱 충성스럽고 근면한 봉사를 해야 한다. **권하라** 문자적으로 '자기 편으로 부른다'라는 뜻이다. 여기서 특별히 강조되는 것은 일터에서 올바른 처신을 위한 원칙을 따르라는 강한 촉구와 지도, 주장이다.

하나님의 사람에 대한 지침들 (6:3-21)

A. 거짓 가르침의 위험성(6:3-5)

6:3 바울은 거짓 교사들의 세 가지 특징을 밝히고 있다. 첫째, 그들은 "다른 교훈"을 한다. 즉 성경에 나타난 하나님의 계시와 어긋나는 교리나 가르침이다(*갈 1:6-9에 대한 설명을 보라*). 둘째, 그들은 "바른 말…따르지 아니"한다. 그들은 건전하고 건강한 가르침, 특히 성경에 포함된 가르침에 동의하지 않는다(벧후 3:16). 셋째, 그들은 "경건에 관한 교훈을 따르지 아니"한다. 성경에 근거하지 않은 가르침은 언제나 거룩하지 못한 생활을 낳는다. 거짓 교사들은 경건 대신에 죄가 그들의 표시가 될 것이다(*벧후 2:10-22에 대한 설명을 보라*. 참고. 유 4, 8-16절).

6:4 변론과 언쟁 *변론*은 무익한 사변을 가리킨다. *언쟁*은 문자적으로 '말싸움'이라는 뜻이다. 교만하고 무지한 거짓 교사들은 하나님의 진리를 이해하지 못하기 때문에(고후 2:14) 단어에 집착하면서 성경의 신빙성과 권위를 공격한다. 여기 언급된 온갖 종류의 분쟁은 거짓 교사들의 육신적이며 타락하고 허망한 마음에서는 유익한 것이 나오지 않는다는 것을 뜻한다(5절).

6:5 진리를 잃어 버려 거짓 교사들은 배교 상태에 있다. 즉 한때 진리를 알고 받아들인 것처럼 보일지라도, 결국 거기에 등을 돌리고 공개적으로 거부한 것이다. *잃어 버려*에 해당하는 헬라어 단어는 '훔치다' '강탈하다' '빼앗다'라는 뜻이며, 여기서 사용된 단어 형태는 누군가 또는 무엇인가가 진리와의 접촉으로부터 강제로 분리된 것을 말한다(이것은 그들이 구원받은 적이 있었다는 의미가 아님, *1:19에 대한 설명을 보라*. 참고. 딤후 2:18; 3:7, 8; 히 6:4-6; 벧후 2:1, 4-9). **이익의 방도** 위선적이고 속이는(4:2) 거짓 교사들이 행하는 노력의 배후에는 대부분 돈을 벌려는 동기가 숨어 있다(참고. 행 8:18-23; 벧후 2:15).

B. 돈을 사랑하는 것의 위험성(6:6-10)

6:6 자족 이 헬라어 단어는 '자족하다'라는 뜻이며, 스토아 철학자들은 이 단어를 사용하여 외적 환경에 의해 동요되지 않고 안정을 유지하는 사람을 가리켰다. 그리스도인은 만족하고 충분하다고 느껴야 하며, 하나님이 이미 주신 것 이상을 추구하지 말아야 한다. 하나님은 참된 만족의 근원이시다(고후 3:5; 9:8; 빌 4:11-13, 19).

6:8 먹을 것과 입을 것이 있은즉 족한 줄로 알 것이니라 그리스도인은 생활의 기본적인 필수품만 갖고도 만족할 줄 알아야 한다. 바울은 하나님이 은혜로 주신 것이라면 재산을 소유하는 것을 정죄하지 않았다(17절). 하지만 불만족에서 비롯된 돈에 대한 탐닉적 욕망은 정죄했다. *마태복음 6:33에 대한 설명을 보라.*

6:9 부하려 하는 자들은 시험…떨어지나니 *하려 한다*는 말은 이성적으로 만들어진 소원을 가리키며, 탐욕의 죄를 가리키는 게 분명하다. *떨어지나니*라는 헬라어 동사의 형태는 그런 욕망을 가진 사람은 지속적으로 시험에 떨어지고 있음을 표시한다. 탐욕적인 사람은 충동적이다. 그들은 더 많이 얻고자 하는 불타는 욕망이라는 죄의 덫에 걸려 있다. **파멸과 멸망** 그런 탐욕은 파멸과 지옥의 비참한 결말을 당하게 할 수 있다. 이 단어들은 악인에 대한 영원한 형벌을 가리킨다.

6:10 돈을 사랑함 문자적으로 '은에 대한 애착'이라는 뜻이다. 이 문맥에서는 이 죄가 특별히 거짓 교사들에게 적용되지만 그 원리는 보편적으로 참이다. 돈 자체는 하나님의 선물이므로 악하지 않다(신 8:18). 바울은 단지 돈에 대한 사랑을 정죄할 뿐이다(참고. 마 6:24). 이 돈에 대한 사랑이 거짓 교사들의 특징이다(*벧전 5:2; 벧후 2:1-3, 15에 대한 설명을 보라*). **믿음에서 떠나** 기독교 진리의 체계에서 떠났다는 뜻이다. 이 배교자들에게는 돈이 하나님을 대신했다. 이들은 하나님을 추구하는 데서 떠나 돈을 추구했다.

C. 하나님의 사람의 합당한 성품과 동기(6:11-16)

6:11 너 하나님의 사람아 참고. 디모데후서 3:17. 이것은 신약성경에서 오직 디모데에게만 사용된다. 전문적 용어인 이 말은 구약성경에서 약 70회 등장하는데, 오직 공적으로 하나님을 대신하여 말하는 사람을 가리킬 때만 사용되었다(*신 33:1에 대한 설명을 보라*). 이 말은 1:2; 2:1과 함께 이 서신이 일차적으로 디모데에게 보내졌으며 박해와 어려움, 특히 바울의 죽음이 임박한 상황에서(디모데후서 서론의 배경과 무대를 보라) 충실하고 강해질 것을 권면하고 있다. 하나님의 아들을 알 수 있는 것은 그가 무엇을 피하는지(11절), 그가 무엇을 좇는지(11절), 그가 무엇을 위해 싸우는지(12절), 그가 무엇에 충실한지(13, 14절) 보기 때문이다. 이 모든 노력에서 성공할 수 있는 열쇠는 성경을 통해 그의 안에 형

딤전

성된 온전함이다(딤후 3:16, 17). **이것들** 돈을 사랑하는 것과 거기에 따라오는 모든 것(6-10절), 거짓 교사들의 교만한 집착을 말한다(3-5절). **의와 경건** *의*는 하나님과 사람 모두와의 관계에서 옳은 것을 의미하며, 외적인 행위를 강조한다. *경건*(*2:2에 대한 설명을 보라*)은 사람이 하나님을 경외하는 것을 가리키며, '하나님을 닮음'이라고 번역할 수도 있다.

6:12 믿음의 선한 싸움을 싸우라 *싸우라*로 번역된 헬라어 단어에서 영어 *agonize*(고투하다)가 나왔다. 이 단어는 승리를 위해 필요한 집중, 훈련, 극단적인 노력을 묘사하는 군사 용어와 운동 용어로 사용되었다. "믿음의 선한 싸움"은 하나님의 모든 사람이 필연적으로 참여하는 사탄이 이끄는 어둠의 왕국과의 영적 싸움이다. *고린도후서 10:3-5; 디모데후서 4:2에 대한 설명을 보라.* **영생을 취하라** 바울은 여기서 디모데에게 영생과 연결된 일들의 현실을 '붙잡으라'고 권고함으로써 그가 하늘의 영원한 관점을 가지고 살면서 사역하도록 했다(참고. 빌 3:20; 골 3:2). **이를 위하여 네가 부르심을 받았고** 이 말은 디모데를 구원으로 부르시는 하나님의 유효하고 주권적인 부르심을 가리킨다(*롬 1:7에 대한 설명을 보라*). **선한 증언** 주 예수 그리스도에 대한 디모데의 공적인 고백은 그가 세례받을 때에 있었고, 그가 사역을 위임받았을 때 다시 있었다(4:14; 딤후 1:6).

6:13 하나님…그리스도…명하노니 참고. 5:21. *디모데후서 4:1에 대한 설명을 보라.* **본디오 빌라도를 향하여 선한 증언을 하신** 그런 증언의 대가로 목숨을 요구할 것을 아시면서도 예수는 자신이 참으로 왕이며 메시아임을 증언하셨다(요 18:33-37). 예수는 위험을 피하는 일이 거의 없으셨다(참고. 요 7:1). 예수는 죽은 자를 살리시는 하나님께 용감하고 신실하게 자신을 맡기셨다(참고. 골 2:12).

6:14 나타나실 주가 심판하시고 자신의 나라를 세우기(마 24:27, 29, 30; 25:31) 위해 영광 가운데 땅으로 오시는 때다(참고. 딤후 4:1, 8; 딛 2:13). 그리스도의 재림이 임박했기 때문에 그것이 충분한 동기가 되어 하나님의 사람은 자신이 죽든지 또는 주가 오실 때까지 부르심에 충실할 수 있어야 한다(참고. 행 1:8-11; 고전 4:5; 계 22:12). **이 명령** 바울이 디모데에게 선포하라고 당부한 계시된 하나님의 말씀이다(딤후 4:2). 또한 바울은 디모데에게 그것을 지킬 것을 반복해 권했다(20절; 1:18, 19; 4:6, 16; 딤후 1:13, 14; 2:15-18).

6:15 기약이 이르면 오직 하나님만이 아시는 그 시간, 곧 하나님이 영원 전에 정하신 그리스도 재림의 시간이다(막 13:32; 행 1:7). **주권자** 이 단어는 기본적으로 '능력'을 의미하는 헬라어 단어군에서 왔지만, 여기서는 '주권자'로 번역하는 것이 가장 적절하다. 하나님은 절대적인 주권자이시며, 모든 곳에서 모든 것을 전능하게 통치하신다. **만왕의 왕이시며 만주의 주시요** 그리스도께 사용된 이 호칭(계 17:14; 19:16)이 여기서는 성부 하나님께 사용되고 있다. 바울은 황제를 숭배하는 종교에

고대 에베소(Ephesos)의 유적

대적하기 위해 하나님께 이 호칭을 사용했을 것이며, 오직 하나님만 주권적이며 경배받기에 합당하다는 것을 말하고자 했을 것이다.

6:16 어떤 사람도 보지 못하였고 또 볼 수 없는 이시니 영으로 계신 하나님은 눈에 보이시지 않으며(참고. 1:17; 욥 23:8, 9; 요 1:18; 5:37; 골 1:15), 따라서 죄인이 그의 완전한 영광을 결코 본 적이 없으며 영원히 볼 수도 없다는 의미에서 접근할 수 없는 분이다(참고. 출 33:20; 사 6:1-5).

D. 재물을 올바로 다루는 법(6:17-19)

6:17-19 바울은 디모데에게 물질적으로 부유한 사람들 그리고 생존에 필요한 음식과 옷, 거처 이상의 것을 가진 사람들에게 무엇을 가르쳐야 할지를 조언한다. 바울은 그런 사람들을 정죄하지 않으며, 그들에게 부를 버리라고 명하지도 않는다. 바울은 그들에게 하나님이 주신 자원의 선한 청지기가 되라고 요구한다(참고. 신 8:18; 삼상 2:7; 대상 29:12).

> **단어 연구**
>
> **헛된 말(Idle Babblings):** 6:20. 문자적으로 '공허한 말'이라는 뜻이다. 바울은 영적 의미가 전혀 없는 것을 가리키기 위해 이 말을 사용한다. 다른 말로 하면 인간의 성취는 하나님의 뜻으로 말미암은 것이 아니라면 아무것도 아니라는 의미다. 바울 시대에 유대주의자들은 교묘하게 들리는 철학을 가지고 신자들을 유혹하려고 했다. 바울은 그들의 허황된 말을 *헛된 말*이라고 불렀다(6:20; 엡 5:6; 골 2:8; 딤후 2:16을 보라). 반면에 바울과 사도들의 가르침은 헛되지 않았다. 그 가르침은 하나님의 변치 않는 뜻에서 온 것이므로 영원히 지속될 것이다(마 5:18; 고전 15:12-15).

6:17 마음을 높이지 이 단어는 '자신에 대한 높은 견해를 가지는 것'이라는 뜻을 가진다. 많은 것을 가진 사람들은 항상 다른 사람을 내려다보면서 우월감을 가지고 행동하려는 유혹을 받는다. 부와 교만은 종종 함께 따라온다. 사람은 부유할수록 교만해질 수 있는 시험을 더 받는다(잠 18:23; 28:11; 약 2:1-4). **정함이 없는 재물에…우리에게 모든 것을 후히 주사** 많이 가진 사람들은 자기의 부를 의지하려는 경향이 있다(참고. 잠 23:4, 5). 그러나 하나님은 세상적인 어떤 투자가 줄 수 있는 것보다 훨씬 큰 안정을 주신다(전 5:18-20; 마 6:19-21).

6:18 나누어 주기를 좋아하며 헬라어 단어의 뜻은 '관대한', '풍성한'이다. 돈을 가진 신자들은 이기심을 없애고 다른 사람들의 필요를 채우기 위해 관대하게 그 돈을 사용해야 한다(*행 4:32-37; 고후 8:1-4에 대한 설명을 보라*).

6:19 좋은 터를 쌓아 *쌓다*는 '보물을 축적하다'로 번역될 수 있고, *터*는 자금을 가리킬 수 있다. 여기서 말하는 것은 부자는 세상에 투자해 이익을 되돌려받는 일에 마음을 쓰지 말아야 한다는 것이다. 영원한 투자를 하는 사람들은 하늘에서 이익을 받는 것으로 만족할 것이다. *누가복음 16:1-13에 대한 설명을 보라.* **참된 생명을 취하는** *12절에 대한 설명을 보라.*

E. 진리를 올바로 다루는 법(6:20, 21)

6:20, 21 교회의 중심적 책임은 성경의 진리를 지키고 선포하는 것이므로 바울은 여기서 디모데에게 하나님 말씀을 어떻게 지키고 보호하는지에 대해 가르친다.

6:20 거짓된 지식 거짓된 가르침, 곧 실제로는 거짓이면서 진리라고 주장하는 모든 것을 가리킨다. 거짓 교사들의 전형적인 주장은 자기들이 우월한 지식을 가지고 있다는 것이다(영지주의에서처럼). 그들은 초월적인 비밀을 안다고 주장하지만 실제로는 그 이해에 있어 무지하고 아기 같다(*골 2:8에 대한 설명을 보라*). **네게 부탁한 것** 이 말은 하나의 헬라어 단어를 번역한 것인데, '예금'이라는 뜻을 가진다. 바울이 지켜야 하는 예금은 진리, 곧 하나님이 그의 보호 하에 맡기신 신성한 계시였다. 모든 그리스도인은 (특별히 그가 사역에 종사한다면) 하나님의 계시를 지키는 성스러운 임무를 받은 것이다(참고. 고전 4:1; 살전 2:3, 4).

6:21 은혜가 너희와 함께 있을지어다 바울의 마지막 인사말을 하는 대상은 "너희"로 복수다. 따라서 이 인사는 디모데를 넘어 에베소의 전 회중을 향한 것이다. 모든 신자는 진리를 보존하고 그것을 다음 세대에게 전해 주기 위해 하나님의 은혜를 필요로 한다.

딤전

연구를 위한 자료

Homer A. Kent Jr., *The Pastoral Epistles* (Salem, Wisc.: Sheffield, 1993).

George W. Knight III., *Commentary on the Pastoral Epistles* (Grand Rapids: Eerdmans, 1992).

John MacArthur, *1 Timothy* (Chicago: Moody, 1995).

제 목

이 서신은 사도 바울이 영적인 아들 디모데에게 보낸, 영감을 받아 쓴 두 번째 서신이다(1:2; 2:1). 디모데의 전기적 정보는 디모데전서 서론의 제목을 보라. 이 서신의 제목은 바울이 개인에게 보낸 다른 편지들처럼(디모데전서와 디도서, 빌레몬서) 수신자의 이름을 따랐다(1:2).

저자와 저작 연대

목회서신을 둘러싼 바울 저작권에 대한 문제는 디모데전서 서론의 저자와 저작 연대에서 다뤘다. 바울은 영감을 받아 쓴 마지막 서신인 디모데후서를 순교 직전에 썼다(주후 67년경).

배경과 무대

바울은 일차 로마 구금에서 풀려나와 짧은 시간 사역하는 동안 디모데전서와 디도서를 썼다. 하지만 디모데후서에 보면 바울은 다시 로마 감옥에 감금된다(1:16; 2:9). 네로의 그리스도인 박해로 다시 체포되었던 것으로 보인다. 일차 구금 때에 보여주었던 석방에 대한 확신에 찬 기대(빌 1:19, 25, 26; 2:24; 몬 22절)와 달리 이번에는 그런 희망이 보이지 않는다(4:6-8). 네로가 그리스도인을 박해하기(주후 64년) 이전인 일차 로마 구금 때는(주전 60-62년경) 가택 연금 상태였으므로 사람들과 접촉하면서 사역을 이어갈 수 있었다(행 28:16-31). 하지만 5, 6년이 지난 이번에는(주전 66-67년경) 차가운 감방에(4:13) 묶여 있었는데(2:9), 석방을 기대하기가 어려웠다(4:6).

자신도 박해받을지 모른다는 두려움 때문에 대부분의 사람이 그를 버렸고(참고. 1:15; 4:9-12, 16) 처형이 임박한 순간 바울은 디모데에게 편지를 쓰면서 마지막 방문을 위해 급히 로마로 오라고 재촉했다(4:9, 21). 디모데가 바울 처형 전에 로마에 갔는지는 알려져 있지 않다. 전승에 따르면 바울은 이차 로마 구금에서 풀려나지 못하고 그가 예상했던 대로 순교를 당했다(4:6).

이 서신에서 바울은 마지막이 가까웠다는 것을 인식하고 사역의 겉옷(사도직을 나타내는 겉옷이 아님)을 디모데에게 넘겨주면서(참고. 2:2) 그의 의무를 계속 성실하게 수행하며(1:6), 건전한 교리를 붙들고(1:13, 14), 오류를 피하며(2:15-18), 복음을 위해 박해받고(2:3, 4; 3:10-12), 성경을 신뢰하며 지치지 말고 성경을 전파하라고(3:15-4:5) 권했다.

역사적 · 신학적 주제

디모데가 정신적으로 약해질지 모른다고 바울이 염려할 만한 이유가 있었던 것으로 보인다. 이것은 바울에게 심각한 근심거리였을 것이다. 왜냐하면 디모데는 바울의 일을 계속 수행해야 했기 때문이다(참고. 2:2). 신약성경의 다른 곳에 바울이 그처럼 근심한 이유가 무엇인지 나타난 데가 없지만, 바울이 쓴 서신 안에 그 증거가 있다. 이런 근심이 드러난 예를 들면 그의 은사를 "불일듯 하게 하라"(1:6), 두려움을 능력과 사랑과 절제하는 마음으로 바꾸라(1:7), 바울 자신과 주님을 부끄러워하지 말고 복음을 위해 기꺼이 고난을 받으라(1:8), 진리를 굳게 지키라(1:13, 14)는 권면이다.

세상의 박해와 교회의 압력으로 연약해질 수 있는 디모데의 잠재적 문제를 요약하면서 바울은 이렇게 요구한다. 첫째, 전반적으로 "강하라"(2:1)는 이 권면은 서신의 전반부의 핵심이다. 둘째, "말씀을 전파하라"(4:2)는 권면은 마지막 부분의 주요 조언이다. 디모데를 향한 이 마지막 말에는 칭찬은 별로 없고 훈계가 많은데, 거기에는 25개의 명령이 있다.

디모데가 바울의 신학을 익히 알고 있었으므로 더 이상 교리를 가르치지 않았다. 하지만 바울은 몇 가지 중요한 교리를 간접적으로 언급한다. 거기에는 하나님의 주권적 은혜에 따른 구원(1:9, 10; 2:10), 그리스도의 인격(2:8; 4:1, 8), 견인(2:11-13) 등의 교리가 있다. 이에 덧붙여 바울은 성경의 영감에 대한 신약성경의 중요한 텍스트를 썼다(3:16, 17).

해석상의 과제

신학적 문제와 관련된 중요한 난제가 이 서신에 없다. 그리고 서신에 등장하는 몇몇 개인의 이름에 대해서는 자료가 별로 없다. 예를 들면 부겔로와 허모게네(1:15), 오네시보로(1:16. 참고. 4:19), 후메내오와 빌레도(2:17, 18), 얀네와 얌브레(3:8), 알렉산더(4:14) 같은 인물들이다.

디모데후서 개요

I. 인사와 감사(1:1-5)
II. 하나님의 사람의 견인(1:6-18)
  A. 권면(1:6-11)
  B. 실례(1:12-18)
III. 하나님의 사람의 유형(2:1-26)
  A. 바울(2:1, 2)
  B. 군인(2:3, 4)
  C. 운동선수(2:5)
  D. 농부(2:6, 7)
  E. 예수(2:8-13)
  F. 일꾼(2:14-19)
  G. 그릇(2:20-23)
  H. 종(2:24-26)
IV. 하나님의 사람의 위험(3:1-17)
  A. 배교에 직면함(3:1-9)
  B. 배교를 이김(3:10-17)
V. 하나님의 사람의 전파(4:1-5)
  A. 전파하라는 당부(4:1, 2)
  B. 전파의 필요성(4:3-5)
VI. 맺음말(4:6-18)
  A. 바울의 승리(4:6-8)
  B. 바울의 필요(4:9-18)
VII. 바울의 작별인사(4:19-22)

인사와 감사 (1:1-5)

1:1, 2 바울은 디모데에게 그들 사이의 친밀한 영적 관계에도 불구하고 사도가 하나님으로부터 받은 영적인 권위를 가지고 그에게 편지를 쓴다는 사실을 상기시켰다. 이 말씀은 디모데뿐 아니라 다른 모든 사람도 이 서신의 영감된 명령을 따라야 한다는 것을 보여준다.

1:1 하나님의 뜻으로 말미암아…그리스도 예수의 사도된 *디모데전서 1:1에 대한 설명을 보라.* 바울의 부르심은 하나님의 주권적인 계획과 목적에 따른 것이었다(참고. 고전 1:1; 고후 1:1; 엡 1:1; 골 1:1). **그리스도 예수 안에 있는 생명의 약속** 영적으로 죽은 사람이라도 복음 메시지를 믿음으로 받아들이면 그리스도께 연합되어 그분 안에서 영원한 생명을 발견하리라는 것이 복음의 약속이다(요 3:16; 10:10; 14:6; 골 3:4).

1:2 사랑하는 아들 디모데 *디모데전서 1:2에 대한 설명을 보라.* **우리 주께로부터 은혜** *디모데전서 1:2에 대한 설명을 보라.* 바울이 지금까지 한 일반적인 인사 이상인데, 이 인사말은 디모데의 삶에서 하나님의 최선이 이루어지기를 바라는 진심을 표현하고 있다.

1:3 내가…간구하는 가운데…하나님께 감사하고 *빌립보서 1:3, 4에 대한 설명을 보라.* **청결한 양심** *디모데전서 1:5에 대한 설명을 보라.*

1:4 네 눈물을 생각하여 바울은 예전에 그들이 이별할 때 이 일이 있었음을 기억해냈을 것이다. 그 이별은 디모데전서를 쓴 후 바울이 드로아에서 체포되어(*4:13에 대한 설명을 보라*) 로마에 이차로 감금되기 전 에베소에서 있었을 것이다. 그로부터 몇 년 전에 바울은 에베소에서 장로들과 비슷한 이별을 했다(행 20:36-38). **너 보기를 원함은** 디모데를 향한 애정과 죽음을 앞두고 있어 시간이 얼마 남지 않았다는 긴박감 때문에 바울은 그를 다시 보고자 하는 강한 소원을 품고 있었다(참고. 4:9, 13, 21).

1:5 로이스…유니게 그들의 이름을 언급하는 것으로 보아 바울이 그들을 개인적으로 알았음을 알 수 있다. 이는 바울이 (바나바와 함께) 1차 전도여행 때(참고. 행 13:13-14:21) 그들을 그리스도에 대한 믿음으로 인도했기 때문일 것이다. 이 여성들은 구약의 참된 유대인 신자였으며, 성경으로 그들 자신과 디모데를 충분히 준비시키고(3:15) 바울한테서 복음을 처음 들었을 때 즉시 예수를 받아들였다.

하나님의 사람의 견인 (1:6-18)

A. 권면(1:6-11)

1:6 나의 안수함 *디모데전서 4:14; 5:22에 대한 설명을 보라.* 참고. 6:12. 디모데가 회심할 때 이 일이 있었을 것이다. 이때 디모데는 영적인 은사를 받았을 것이다. 또한 이것은 비상한 영적 은사를 가리킬 수도 있으며, 그것은 디모데의 회심 이후 어느 때에 주어졌거나 새롭게 되었을 것이다. **하나님의 은사를 다시 불일듯 하게** 이것은 바울이 현재 디모데의 신실한 정도에 만족하지 않는다는 것을 시사한다. *불일 듯하다*는 말은 '불을 계속 살려둔다'라는 뜻이며, *은사*는 신자의 영적 은사를 가리킨다(*롬 12:4-8; 고전 12:7-11에 대한 설명을 보라.* 디모데의 영적 은사에 대해서는 *4:2-6; 딤전 4:14에 대한 설명을 보라*). 바울은 디모데에게 설교, 가르침, 복음 전파를 위해 하나님이 주신 은사를 맡은 청지기로서 그가 그것을 사용하지 않는 것은 있을 수 없는 일이라고 상기시킨다(참고. 4:2-5).

1:7 두려워하는 마음 '소심함'이라고도 번역될 수 있는 이 헬라어 단어는 연약하고 이기적인 성격 때문에 생기는 비겁하고 수치스러운 두려움을 가리킨다. 로마의 네로 통치 아래서 점점 거세지던 박해의 위협, 디모데의 리더십을 싫어하던 사람들로 말미암아 일어난 에베소 교회 내의 적개심, 교묘한 속임수와 함께 온 거짓 교사들의 공격이 디모데를 압박했을 것이다. 그러나 그가 두려워했다면 그것은 하나님에게서 온 것이 아니었다. **능력** 하나님은 적극적으로 모든 시련과 위기를 견딜 때 필요한 모든 영적 자원을 신자들에게 주신다(참고. 마 10:19, 20). 유효하고 생산적인 영적 에너지인 하나님의 능력은 모든 신자의 것이다(엡 1:18-20; 3:20. 참고. 슥 4:6). **사랑** *디모데전서 1:5에 대한 설명을 보라.* 이런 종류의 사랑은 자신의 안녕보다 먼저 하나님을 기쁘시게 하는 것과 다른 사람의 안녕을 추구하는 것을 중심으로 한다(참고. 롬 14:8; 갈 5:22, 25; 엡 3:19; 벧전 1:22; 요일 4:18). **절제하는 마음** 이것은 훈련되고, 제어되며, 적절한 우선순위가 정해져 있는 마음을 가리킨다. 이것은 무질서와 혼란을 야기하는 두려움과 비겁함의 반대다. 우리의 영원한 하나님의 주권적 특성과 완전한 목적에 집중하면 신자들은 모든 상황에서 경건한 지혜와 확신으로 생활을 통제할 수 있다(참고. 롬 12:3; 딤전 3:2; 딛 1:8; 2:2).

1:8 우리 주를 증언함 예수 그리스도에 대한 복음 메시지다. 바울은 디모데가 박해를 당하지 않을까 하는 두려움에 그리스도의 이름 부르기를 "부끄러워하지 말기"를 원했다(참고. 12, 16절). **갇힌 자 된 나를** 서론의 저자와 저작 연대를 보라. *에베소서 3:1; 빌립보서 1:12-14에 대한 설명을 보라.* 복음을 전한다는 이유로, 죄수가 된 바울과 연결되어 있다는 이유만으로 디모데의 생명과 자유 역시 위기에 처할 수 있었다(참고. 히 13:23).

1:9 거룩하신 소명으로 신약성경의 서신들에서 늘 그렇듯, 이 부르심은 죄인에게 복음을 믿고 구원을 받으라는 일반적인 초대(마 20:16처럼)가 아니라 선택받은 자를 구원으로 이끄시는 하나님의 유효한 부르심이다(*롬 1:7에 대한 설명을 보라*). 이 부르심은 전가되고(칭의) 심어져(성화) 마침내 완성되는(영화) 거룩함을 이룬다. **행위대로 하심이 아니요…은혜대로 하심이라** 이 진리는 복음의 기본이다. 구원은 행위와는 별도로 은혜에 의해 믿음을 통해 받는 것이다(*롬 3:20-25; 갈 3:10, 11; 엡 2:8, 10; 빌 3:8, 9에 대한 설명을 보라*). 또한 하나님은 은혜의 근거 위에서 신자 안에 계시면서 그를 유지시켜 가신다(참고. 빌 1:6; 유 24, 25절). **오직 자기의 뜻…대로** 하나님의 주권적인 선택의 계획이다(*2:10; 요 6:37-40, 44; 행 13:48; 롬 8:29; 9:6-23; 엡 1:4; 3:11; 살후 2:13, 14; 딛 1:1, 2; 벧전 1:2에 대한 설명을 보라*). **영원 전부터** 동일한 헬라어 구문이 디도서 1:2에 나타난다. 하나님이 택하신 자들의 운명은 영원 전에 결정되어 인쳐졌다(요 17:24. 참고. 엡 1:4, 5; 빌 1:29; 벧전 1:2). **그리스도 예수 안에서** 그리스도의 희생이 하나님의 구원 계획을 가능하게 했다. 이는 그리스도가 하나님의 백성이 지은 죄를 위한 대속물이 되셨기 때문이다(*고후 5:21에 대한 설명을 보라*).

1:10 나타나심 이 헬라어에 해당되는 영어 단어가 *Epiphany*(현현)인데 그리스도의 재림을 가리키는 말로 자주 사용된다(4:18; 딤전 6:14; 딛 2:13). 그러나 여기서는 그리스도의 초림을 가리킨다. **사망을 폐하시고…썩지 아니할 것을 드러내신지라** *폐하시고*는 '작동하지 않게 만들다'라는 뜻이다. 육신의 죽음이 여전히 있지만 그것은 더 이상 그리스도인에게 위협도 아니고 원수도 아니다(고전 15:54, 55; 히 2:14). 하나님이 불멸과 영원한 생명의 진리를 나타내신 것은 성육신과 복음 이후였다. 이것은 구약의 신자들에게는 부분적으로만 이해된 사실이다(참고. 욥 19:26).

1:11 선포자와…교사 *디모데전서 2:7에 대한 설명을 보라.*

B. 실례(1:12-18)

1:12 내가 또 이 고난을 받되 참고. 8절. *고린도후서 4:8-18; 6:4-10; 11:23-28; 갈라디아서 6:17; 빌립*

보서 3:10에 대한 설명을 보라. **부끄러워하지 아니함은** *8절; 로마서 1:16; 베드로전서 4:16에 대한 설명을 보라.* 바울은 적대적인 환경에서 복음을 전하다가 박해나 죽임을 당할 것에 대한 두려움이 없었다. 이는 하나님이 그의 미래의 영광과 복을 확정해두셨음을 확신했기 때문이다. **내가 믿는 자를 내가 알고** *알고*는 바울의 내밀한 구원의 지식을 가리킨다. 그 지식의 대상은 하나님 자신이다. '내가 믿는'으로 번역된 헬라어 단어의 형태는 과거에 시작되어 지속적인 결과를 낳고 있는 어떤 것을 가리킨다(*롬 1:16에 대한 설명을 보라*). 이 지식은 "진리의 지식"(3:7; 딤전 2:4)과 같다. **내가 의탁한 것** 시간 속에서와 영원 속에서 바울의 생명은 주님께 의탁되었다. 바울은 흔들리지 않는 신념과 용기를 가지고 살았다. 이는 하나님의 능력과 신실성에 대해 계시된 진리, 그 자신이 경험한 주님과의 깨어질 수 없는 관계 때문이었다(롬 8:31-39). **그 날** 참고. 18절; 4:8. *빌립보서 1:6에 대한 설명을 보라.* 또한 이것은 "그리스도의 날"이라고도 불린다(*빌 1:10에 대한 설명을 보라*). 그 날에 신자들은 심판 자리 앞에 설 것이고 상급을 받을 것이다(*고전 3:13; 고후 5:10; 벧전 1:5에 대한 설명을 보라*). **그가 능히 지키실 줄** *유다서 24, 25절에 대한 설명을 보라.*

1:13 그리스도 예수 안에 있는 믿음과 사랑 *믿음*은 하나님의 말씀이 참되다는 확신이고, *사랑*은 그 진리를 가르치는 일에서 발휘되는 친절과 긍휼이다(참고. 엡 4:15). **내게** 바울이 이 신성한 계시의 원천이었다(참고. 2:2; 3:10, 14; 빌 4:9. *엡 3:1-5에 대한 설명을 보라*). **바른 말** 참고. 디모데전서 4:6; 6:3. 성경과 성경이 가르치는 교리다(*3:15-17에 대한 설명을 보라*).

1:14 네게 부탁한 아름다운 것 성경에 계시된 구원의 기쁜 소식이라는 보화다(*딤전 6:20에 대한 설명을 보라*).

1:15 아시아 오늘날 터키의 일부인 로마의 속주로, 소아시아 전역을 가리키지 않는다. **부겔로와 허모게네** 이 두 사람에 대해 더 이상 알려진 게 없다. 이들은 지도자로서의 가능성을 보여주었고, 바울과 가까웠으며, 아시아의 교회들에게 널리 알려져 있었지만 박해의 압력에 바울을 버렸던 것으로 보인다.

1:16 오네시보로 바울의 신실한 동역자 가운데 한 사람으로 바울을 버리지 않고 감옥에서도 그와 교제했고, 정기적으로 감옥으로 바울을 찾아가기를 부끄러워하거나 두려워하지 않았으며, 바울의 필요를 공급해주었다. 바울이 디모데에게 그의 집에 안부를 전하라고 말한 것을 보아(4:19) 그 가족이 에베소 근처에 살았음이 분명하다.

1:17 로마에 있을 때에 로마에 대한 설명은 로마서 서론의 배경과 무대를 보라. 오네시보로는 사업상 여행을 하고 있었을 것이며, 본문이 암시하는 바에 따르면 그는 바울을 찾기 위해 시간과 노력을 들였고 심지어 위험까지 감수했던 것으로 보인다.

1:18 그 날 *12절에 대한 설명을 보라.* **에베소** 에베소서 서론의 배경과 무대를 보라. 오네시보로의 신실함은 이곳 에베소에서 여러 해 전에 시작되었다. 그때 바울은 3차 전도여행 도중이었다.

하나님의 사람의 유형 (2:1-26)

A. 바울(2:1, 2)

2:1 내 아들아 바울은 1차 전도여행 때 디모데를 그리스도께 인도했다(참고. 고전 4:17; 딤전 1:2, 18). **강하고** 이는 이 서신 전반부 훈계의 주안점이다. 바울은 디모데에게 연약함으로 흘러가지 말고 그의 사역에 대한 헌신을 새롭게 할 것을 요구하고 있다(서론의 역사적·신학적 주제를 보라).

2:2 많은 증인 앞에서 여기에는 실라와 바나바, 누가, 교회 내의 많은 사람이 포함되었는데, 그들은 바울의

바울의 두 번에 걸친 로마 옥살이

첫 번째 옥살이	두 번째 옥살이
사도행전 28장—옥중서신을 씀	디모데후서를 씀
유대인에게 이단과 폭동죄로 고발당함	로마의 박해를 받고, 황제에 대한 범죄 혐의로 체포됨
지역적이고 산발적인 박해(주후 60-63년)	네로의 박해(주후 64-68년)
셋집에서 지내는 큰 불편함 없는 생활(행 28:30, 31)	춥고 어두운 지하 감옥에서 불편하게 생활함
많은 친구가 그를 방문함	거의 혼자였음(누가만이 그와 함께함)
복음 전파의 기회가 많았음	증언의 기회가 제한되었음
석방되어 자유를 되찾으리라고 낙관함(빌 1:24-26)	처형을 예상함(딤후 4:6)

디모데의 사역

디모데가 해야 할 일	그 이유
복음을 위해 고난을 받아야 함(1:8; 2:3)	그런 고난에 참음으로써 다른 사람들이 구원받을 것이므로(2:10)
바른 말을 본받아 지켜야 함(1:13; 2:15)	거짓된 가르침이 퍼지면서 사람을 불경건으로 이끌어가고 있으므로(2:16, 17)
청년의 정욕을 피해야 함(2:22)	깨끗하게 씻음을 받아 주님께 쓰임받도록 구별되어야 하므로(2:21)
싸움을 피해야 함(2:23-25)	그는 온유하게 다른 사람을 진리로 인도해야 하므로(2:24-26)
전투적으로 복음을 전파해야 함(4:2)	큰 배교가 다가오고 있으므로(4:3, 4)

가르침에 대한 신성한 증거를 확증할 수 있는 사람들이었다. 이 사실을 디모데에게 상기시키고 있다는 것은 에베소에서 많은 사람이 신앙을 버렸다는 것을 말해준다(참고. 1:15). **내게 들은 바를** *1:13에 대한 설명을 보라*. 참고. 3:14. 바울과 함께 교제한 여러 해 동안(디모데전서 서론의 저자와 저작 연대를 보라) 디모데는 하나님이 사도를 통해 계시하신 신성한 진리를 들었다. **충성된 사람들에게 부탁하라 그들이 또 다른 사람들을 가르칠 수 있으리라** 디모데는 바울에게 배운 신성한 계시를 취하여 다른 신실한 사람들에게 가르쳐야 했다. 곧 영적 성품과 은사가 입증된 사람들로, 그들은 다시 그 진리를 다음 세대에게 전달할 수 있을 것이다. 바울에게서 디모데로, 다시 신실한 사람들에게로, 또다시 다른 사람들에게 전해지면 네 세대의 경건한 지도자들이 있게 된다. 초대 교회에서 시작된 이 영적 재생산은 주가 오시는 날까지 계속되어야 한다.

B. 군인(2:3, 4)

2:3 좋은 병사 그리스도인의 삶을(악한 세계 체제, 신자의 악한 인간 본성, 사탄에 대한) 전쟁으로 말하는 은유는 신약성경에서 익숙한 것이다(참고. 고후 10:3-5; 엡 6:10-20; 살전 4:8; 딤전 1:18; 4:7; 6:12). 여기서 바울은 적대적인 세상과 박해에 대한 싸움을 다루고 있다(참고. 9절; 1:8; 3:11, 12; 4:7).

2:4 얽매이는 자 군 복무를 위해 부름 받은 병사가 일반 시민생활로부터 단절되듯 예수 그리스도의 좋은 병사도 세상의 일이 그의 마음을 빼앗아가는 일이 없도록 해야 한다(참고. 약 4:4; 요일 2:15-17).

C. 운동선수(2:5)

2:5 경기하는 자 이 헬라어 단어(*아쓸레오athleo*)는 운동 경기에서 승리하기 위해 요구되는 노력과 결심을 나타낸다(참고. 고전 9:24). 이것은 올림픽 경기와 이스미안 경기(고린도에서 개최되었음) 등을 잘 알고 있는 사람들에게 영적인 노력과 지치지 않고 승리를 향해 진력하는 모습을 가르치기에 유용한 표현이다. **법대로…승리자의 관** 선수가 규칙에 따라 경기하지 않는다면 선수의 모든 노력과 훈련은 쓸모없게 될 것이다. 이것은 영적 승리를 추구하는 가운데서 하나님 말씀에 순종하라는 요구다.

D. 농부(2:6, 7)

2:6 수고하는 농부 *수고하다*는 '기진하도록 일하다'는 의미의 헬라어 동사에서 왔다. 고대에 농부들은 온갖 다양한 조건 속에서 허리가 부러지도록 오랜 시간 일했다. 그렇게 하면서 그들은 자신들의 신체적 고단함이 풍년을 가져올 것을 기대했다. 바울은 디모데에게 게으르거나 무기력하게 되지 말고 추수를 기대하면서 힘써 일할 것을(참고. 골 1:28, 29) 촉구한다. 참고. 고린도전서 3:5-8.

2:7 생각해 보라 이 헬라어 단어는 정확한 파악과 충분한 이해, 세심한 생각을 가리킨다. 이 동사형은 바울이 쓴 이 글을 깊이 생각하라는 강한 권고이지 단순한 충고가 아니다.

E. 예수(2:8-13)

2:8 다윗의 씨 *로마서 1:3; 요한계시록 22:16에 대한*

설명을 보라. 다윗의 후손인 예수는 그의 보좌의 정당한 후계자다(눅 1:32, 33). 여기서는 주님의 인성이 강조되고 있다. **죽은 자 가운데서 다시 살아나신** 그리스도의 부활은 기독교 신앙의 중심 진리다(고전 15:3, 4, 17, 19). 하나님은 부활을 통해 예수 그리스도의 완전한 구속을 확증하셨다(*롬 1:4에 대한 설명을 보라*). **예수 그리스도를 기억하라** 충성스러운 교사(2절), 병사(3, 4절), 운동선수(5절), 농부(6절)의 최고 모범은 그리스도다. 디모데는 가르침, 고난받음, 상급을 추구함, 영적 추수를 위해 진리의 씨를 심는 일에서 그리스도의 모범을 따라야 했다.

2:9 내가…고난을 받았으나 하나님의 말씀은 매이지 아니하니라 바울은 복음을 위한 자신의 옥살이와 하나님 말씀의 매이지 않는 능력을 대비시킨다.

2:10 택함 받은 자들을 위하여 창세 전에 구원으로 예정되었지만(*1:9에 대한 설명을 보라*) 아직 예수 그리스도에 대한 믿음으로 나오지 않은 사람들이다(*행 18:10; 딛 1:1에 대한 설명을 보라*). **그리스도 예수 안에 있는 구원** 다른 사람에게는 구원이 없다(행 4:12. 참고. 롬 8:29; 엡 1:4, 5). 복음이 선포되어야 한다(마 28:19; 행 1:8). 이는 선택받은 사람들이 그리스도에 대한 믿음을 떠나서는 구원받지 못하기 때문이다(롬 10:14). **영원한 영광** 구원의 궁극적 결말이다(*롬 5:2; 8:17에 대한 설명을 보라*).

2:11 미쁘다 이 말이여 11-13절의 말씀을 가리킨다. *디모데전서 1:15에 대한 설명을 보라*. **주와 함께 죽었으면 또한 함께 살 것이요** 이것은 그리스도의 죽음과 부활에 신자가 영적으로 참여하는 것을 가리킨다(롬 6:4-8). 거기에는 그리스도를 위해 순교당하는 것이 포함될 수도 있다. 이 문맥은 그것을 가리키는 것으로 보인다.

2:12 참으면 견디는 신자들은 그들의 믿음이 참됨을 증명하게 될 것이다(*마 24:13에 대한 설명을 보라*. 참고. 마 10:22; 요 8:31; 롬 2:7; 골 1:23). **함께 왕 노릇 할 것이요** 그리스도의 미래의 영원한 나라에서 있을 일을 말한다(계 1:6; 5:10; 20:4, 6). **우리가 주를 부인하면 주도 우리를 부인하실 것이라** 이것은 베드로 같은 참 신자가 잠깐 동안 부인하는 것(마 26:69-75)을 가리키는 게 아니라 배교하는 자들처럼 결정적이고 항구적으로 부인하는 것을 말한다(*딤전 1:19에 대한 설명을 보라*). 그렇게 그리스도를 부인하는 사람은 자기들이 한 번도 진정으로 그리스도께 속한 적이 없었음을 입증하는 것이며(요일 2:19), 미래에 그리스도가 그들을 부인하는 두려운 현실에 직면하게 될 것이다(마 10:33).

2:13 미쁨이 없을지라도 이것은 약한 믿음 또는 갈등하는 믿음을 가리키는 말이 아니라 구원에 이르는 신앙이 없음을 가리킨다. 불신자는 최종적으로 그리스도를 부인할 것이다. 이는 그들의 믿음이 참되지 않기 때문이다(참고. 약 2:14-26). **주는 항상 미쁘시니 자기를 부인하실 수 없으시리라** 예수님은 자신을 믿는 사람들을 구원하시는 일에도 신실하시며(요 3:16), 자신을 믿지 않는 사람들을 심판하는 일에도 신실하시다(요 3:18). 이와 다른 방식으로 행하는 것은 그리스도의 거룩하고 변치 않는 성품에 어울리지 않는 일이 된다. 참고. 히브리서 10:23.

F. 일꾼(2:14-19)

2:14 말다툼 거짓 교사들, 즉 인간의 이성을 가지고 하나님 말씀을 무너뜨리려는 거짓말쟁이들과 말다툼하는 것은 어리석고(잠 14:7) 무익한(마 7:6) 일일 뿐 아니라 위험하기도 하다(16, 17절. 참고. 23절). 이것은 무익한 논쟁을 피하라는 경고 가운데 첫 번째다. *16, 23절; 디모데전서 4:6, 7; 6:3-5; 베드로후서 2:1-3에 대한 설명을 보라*. **망하게 함이라** 이 헬라어 단어는 '뒤엎다' '타도하다'라는 뜻이다. 신약성경에서 이 단어는 딱 한 번 다른 곳에서 사용되었는데(벧후 2:6), 거기서 이 말은 소돔과 고모라의 멸망을 묘사하는 말로 쓰였다. 이것은 진리를 거짓으로 바꾸는 일이므로, 거짓 교사들은 그들의 말에 주의를 기울이는 사람들에게 영적 대참사를 가져다준다. 그것은 영원한 멸망일 수도 있다.

2:15 진리의 말씀 일반적으로 성경 전체를 가리키며(요 17:17), 구체적으로는 복음 메시지를 가리킨다(엡 1:13; 골 1:5). **옳게 분별하며** 문자적으로 '바르게 자르다'라는 뜻으로 목공 일, 석공 일, 바울의 직업이었던 천막 짓는 일에 요구되는 정확성을 가리킨다. 성경 해석에 있어 정확성과 엄밀함은 다른 어떤 일보다 더한 정확성이 요구된다. 왜냐하면 해석은 하나님 말씀을 다루는 일이기 때문이다. 그에 미치지 못하는 모든 것은 수치스러운 일이다. **힘쓰라** 이 단어는 목표에 도달하기 위해 열정적으로 밀고 나가는 것을 가리킨다. 말씀을 전파하고 가르치는 모든 사람처럼 디모데도 하나님 말씀을 청중에게 완전하고 정확하고 분명하게 넣어주도록 최대한의 노력을 기울여야 한다. 이것은 거짓 가르침의 파괴적 효과를 차단하는 데 필수적이다(14, 16, 17절).

2:16 망령되고 헛된 말을 버리라 *14절; 디모데전서 6:20에 대한 설명을 보라*. 참고. 디도서 3:9. 그런 파괴적인 이단은 오직 '더욱 거룩하지 않은' 결과를 초래할 뿐이다. 이단은 구원하거나 성화시킬 수 없다. 이것이 바울의 무익한 논쟁을 피하라는 경고 가운데 두 번째

다. 참고. 14, 23절.

2:17 악성 종양 이 단어는 치명적인 힘으로 급속하게 퍼지는 질병을 가리킨다. 이 은유는 거짓 가르침의 위험성을 강조한다. 그것은 사람의 생명을 공격하고 소진시킨다. **후메내오** *디모데전서 1:20에 대한 설명을 보라*. **빌레도** 후메내오의 협력자로 알렉산더를 대체한 인물이다(딤전 1:20).

2:18 부활이 이미 지나갔다 고린도 교회에 어려움을 가져다주었던(고전 15:12) 거짓 교사들처럼 후메내오와 빌레도도 신자의 몸의 구속이 실제로 발생하리라는 것을 부인했다. 그들은 그리스도의 죽음과 부활에 영적으로 연합하는 게(롬 6:4, 5, 8) 신자가 경험할 수 있는 유일한 부활이며, 그 일은 이미 발생했다고 가르쳤던 것으로 보인다. 그런 이단적 가르침은 물질은 악하고 영혼은 선하다는 당시 헬라 철학의 견해를 반영한 것이다. **믿음을 무너뜨리느니라** 이것은 참된 믿음을 가지지 않은 사람들의 믿음을 말한다(참고. 마 24:24). 참된 구원의 신앙은 결정적으로 완전히 전복될 수 없다(*12절에 대한 설명을 보라*). 거짓되고 구원에 이르지 못하는 믿음은 흔하다(참고. 4:10). *마태복음 7:21-28; 13:19-22; 요한복음 2:23, 24; 6:64-66; 8:31; 요한일서 2:19에 대한 설명을 보라*.

2:19 하나님의 견고한 터 이는 교회를 가리키는 것으로 보인다(참고. 딤전 3:15). 교회는 지옥의 세력이 정복할 수 없으며(마 16:18) 그리스도께 속한 자들로 이루어져 있다. **인침** 소유권과 진정성의 상징이다. 바울은 하나님으로부터 진정성의 인을 받은 사람들의 두 가지 특징이라고 말한다. **주께서 자기 백성을 아신다** 이것은 신명기 16:5을 가리키는 것으로 보인다. "아신다"라는 것은 단순한 인식이 아니라 남편이 아내를 알 듯 친밀한 관계 속에서 안다는 의미다(*요 10:27, 28; 갈 4:9에 대한 설명을 보라*). 하나님은 시간이 시작되기도 전에 선택하신 자기 사람들을 아신다. *1:9에 대한 설명을 보라*. **…자마다 불의에서 떠날지어다** 이 말은 민 16:26에서 인용한 것으로 보이며 하나님의 소유가 된 사람들의 두 번째 표시를 반영한다. 그것은 거룩을 추구하는 것이다(참고. 고전 6:19, 20; 벧전 1:15, 16).

G. 그릇(2:20-23)

2:20 그릇 이 헬라어 단어는 일반적인 의미를 가지고 있으며, 가정에서 쓰는 다양한 연장, 그릇, 가구를 가리킨다. 이 "큰 집" 비유에서 바울은 두 종류의 도구 또는 접시를 대비시킨다. **귀하게 쓰는 것** 부유한 가정에서는 금이나 은으로 만든 접시를 가족과 손님에게 음식을 대접하는 것과 같은 귀한 목적을 위해 사용했다. **천하게 쓰는 것** 나무나 진흙으로 만든 그릇들은 귀한 목적을 위해 사용되지 않고, 대신 가정의 쓰레기나 더러운 것들을 처리하는 데 사용되었다. *고린도후서 4:7에 대한 설명을 보라*.

2:21 누구든지 고귀한 목적을 위해 주님께 쓰임받기를 바라는 사람 모두를 말한다. 보통의 나무통이나 진흙 옹기라도 정화를 통해 거룩하게 되면 유용하다. **이런 것** 천하게 쓰는 그릇을 말한다(20절). 오류를 가르치면서 죄악 가운데서 사는 사람과 교제하면 더럽힘을 당한다(잠 1:10-19; 13:20; 고전 5:6, 11; 15:33; 딛 1:16). 그들이 교회의 지도자일 때는 더욱 그렇다. 이 말씀은 자기가 하나님을 섬긴다고 선언하면서도 가장 천한 일을 위한 더러운 용도에 어울리는 일만 하는 사람들로부터 분리해야 한다는 분명한 부르심이다. **자기를 깨끗하게** *19절에 대한 설명을 보라*. 이렇게 번역된 헬라어 단어는 '철저하게 씻다' '완전히 정화하다'라는 뜻이다. 집안의 쓰레기통이 고귀한 목적을 위해 사용되려면 이전 더러운 것의 흔적을 모두 철저하게 문지르고 닦고 정화해야 한다.

2:22 청년의 정욕 이것은 부정한 성적 욕구를 포함하고 교만, 부와 권력에 대한 욕망, 질투, 자기주장, 논쟁을 일삼는 정신까지 포함한다.

2:23 변론…다툼 거짓 교사들과의 무익한 변론을 피하라는 바울의 세 번째 경고다(*14, 16절에 대한 설명을 보라*).

H. 종(2:24-26)

2:24 가르치기를 잘하며 이것은 '가르치는 솜씨가 좋다'라는 의미를 가진 헬라어 단어다. *디모데전서 3:2에 대한 설명을 보라*.

2:25 거역하는 자 일차적으로는 불신자이지만(마귀에게 사로잡힌, 26절), 거짓 교사들의 "어리석고 무식한 변론"(23절)에 속은 신자들도 포함될 수 있다. 또한 거짓 교사들 자신도 포함될 수 있다. **하나님이 그들에게 회개함을 주사** 참고. 사도행전 11:18. 고린도후서 7:9, 10을 보라. 모든 참된 회개는 하나님의 주권적인 은혜를 통해서만 일어나며(엡 2:7), 그런 은혜가 없이 변화되려는 인간의 모든 노력은 헛되다(참고. 렘 13:23). **진리를 알게** *3:7에 대한 설명을 보라*. 하나님이 은혜로 구원의 믿음을 주실 때는 죄로부터의 회개를 함께 주신다. 믿음이나 회개 모두 인간을 통해서는 일어날 수 없다.

2:26 마귀의 올무 속임은 마귀의 덫이다. 마귀는 집요하고, 교묘하며, 영리하고, 은밀하게 거짓을 퍼뜨린다.

창세기 3:4-6; 요한복음 8:44; 고린도후서 11:13-15; 요한계시록 12:9에 대한 설명을 보라.

하나님의 사람의 위험 (3:1-17)

A. 배교에 직면함(3:1-9)

3:1 말세 이 표현은 현 세대, 곧 주 예수의 초림 이후 시간이다. *디모데전서 4:1에 대한 설명을 보라.* **고통하는 때** *고통하는*이라는 단어는 귀신 들린 두 사람의 사나운 성격을 묘사할 때 사용된다(마 8:28). *때*는 시계나 달력의 시간이 아니라 시기를 가리킨다. 그리스도의 재림이 가까울수록 그런 사납고 위험한 사람, 그 빈도와 가혹함이 점점 증가할 것이다(13절). 교회 시대는 종말이 가까울수록 점점 더 강해지는 위험한 움직임이 가득할 것이다. 참고. 마태복음 7:15; 24:11, 12, 24; 베드로후서 2:1, 2.

3:2-4 위험한 시기에 나타난 지도자들의 특징을 열거한 이 목록은 마가복음 7:21, 22절에서 주가 열거하신 불신자에 대한 묘사와 유사하다.

3:5 경건의 모양은 있으나 경건의 능력은 부인하니 *모양*은 외적 형태나 모습이다. 믿지 않는 서기관과 바리새인처럼 거짓 교사들도 단순히 드러난 모습에만 관심을 쏟는다(참고. 마 23:25; 딛 1:16). 그들이 취하는 기독교와 미덕의 외적인 모습이 이들을 더욱 위험한 존재로 만든다.

3:6 어리석은 여자 미덕과 진리의 지식에서 연약하며, 감정적·정신적 죄의식에 눌린 이 여자들은 교묘한 거짓 교사들의 손쉬운 먹잇감이다. *디모데전서 2:13, 14; 5:11, 12에 대한 설명을 보라.*

3:7 진리의 지식 디모데전서 2:4은 이 동일한 표현을 구원받았다는 의미로 사용했다. 여기서 바울은 이 여자들(6절)과 한 거짓 교사나 이교로부터 다른 거짓 교사나 이교로 건너다니면서 예수 그리스도에 대한 하나님의 구원의 지식으로 절대로 오지 않는 남자들을 동일시했다. 예수 그리스도가 오신 이후 현 시대는 구원하는 것은 고사하고 저주를 초래하는 위험한 거짓 가르침으로 가득하다(참고. 14, 16, 17절; 딤전 4:1).

3:8 얀네와 얌브레 이의 이름들은 비록 구약성경에는 언급되지 않지만 그들은 모세에게 대적했던 두 명의 애굽 마술사였던 것으로 보인다(출 7:11, 22; 8:7, 18, 19; 9:11). 유대교의 전통에 따르면 그들은 유대교 개종자로 위장하고 들어와서 금송아지 숭배를 선동했고 나머지 우상 숭배자들과 함께 죽임을 당했다(출 32장). 바울이 그들을 예로 선택한 것은 에베소의 거짓 교사들이 사람들을 속이는 이적과 기사를 행했다는 표시다. **진리** *7절에 대한 설명을 보라.* **버림 받은** 이 동일한 단어가 로마서 1:28에서는 "상실한"으로 번역되었다(*이 구절에 대한 설명을 보라*). 이 단어는 시험해본 결과(금속의 경우처럼) 쓸모없는 것으로 판단되었다는 의미로 '무익하다'는 뜻을 가진 헬라어에서 왔다.

3:9 어리석음이 드러날 조만간 이 거짓 교사들은 얀네와 얌브레의 경우처럼 버림받은 바보라는 사실이 명백하게 드러날 것이다.

B. 배교를 이김(3:10-17)

3:11 박해 문자적 의미가 '도망치게 하다'라는 의미의 헬라어 동사에서 왔다. 바울은 다메섹(행 9:23-25), 비시디아 안디옥(행 13:50), 이고니온(행 14:6), 데살로니가(행 17:10), 베뢰아(행 17:14)에서 도망하지 않을 수 없었다. **안디옥과 이고니온과 루스드라** 루스드라 출신인(행 16:1) 디모데는 바울이 그 세 도시에서 당한 박해를 생생하게 기억했다. **주께서…나를 건지셨느니라** 참고. 4:17, 18; 시편 34:4, 6, 19; 37:40; 91:2-6, 14; 이사야 41:10; 43:2; 다니엘 3:17; 사도행전 26:16, 17; 고린도후서 1:10. 주님이 바울을 반복해서 구해주신 사실은 에베소에서 복음에 대적하는 자들을 통해 일어난 박해를 직면한 디모데에게 힘이 되었을 것이다.

3:12 무릇 그리스도 예수 안에서 경건하게 살고자 하는 자는 박해를 받으리라 신실한 신자들은 그리스도를 거부하는 세상의 손에 의해 박해와 고난을 받을 각오를 해야 한다(참고. 요 15:18-21; 행 14:22).

3:13 거짓 교사들의 모든 위험한 운동(참고. 1-9절)은 그리스도가 오실 때까지 점점 더 성공을 거둘 것이다. 참고. 데살로니가후서 2:11.

3:14 네가 누구에게서 배운 것 *1:13에 대한 설명을 보라.* 디모데에게 굳게 설 것을 격려하기 위해 바울은 그의 경건한 유산을 상기시킨다. 관계대명사가 복수인 사실은 디모데가 바울뿐 아니라 다른 사람들에게서도 혜택을 받았음을 암시한다(1:5).

3:15 어려서부터 문자적으로 '유아기부터'라는 뜻이다. 디모데에게 특별히 도움이 되었던 두 사람은 그의 어머니와 외할머니였다(*1:5에 대한 설명을 보라*). 그들은 디모데가 어렸을 때부터 구약성경의 진리를 충실하게 가르쳤으므로 바울이 복음을 전했을 때 이미 받을 준비가 되어 있었다. **성경을 알았나니** 문자적으로 '거룩한 글'이라는 뜻이다. 이것은 헬라어를 사용하는 유대인이 일반적으로 구약을 가리키는 말이다. **그리스도 예수 안에 있는 믿음** 관련된 모든 세부 내용을 알지는 못

했지만(참고. 벧전 1:10-12) 아브라함(요 8:56)과 모세(히 11:26) 등 구약의 성도들은 메시아의 오심(사 7:14; 9:6)과 그분이 이루시는 대속죄를 내다보았다(사 53:5, 6). 디모데도 그렇게 했기 때문에 복음을 들었을 때 응답했다. **구원에 이르는 지혜** 구약성경은 그리스도에 대해 증언하는 것이며(요 5:37-39), 하나님의 언약에 대한 믿음이 필요함을 보여준다(창 15:6. 참고. 롬 4:1-3). 그래서 구약성경은 사람들로 그들의 죄와 그리스도 안에 있는 칭의가 필요하다는 사실을 인식하도록 이끌 수 있었다(갈 3:24). 구원은 성령께서 말씀을 사용하여 일으키신다. *로마서 10:14-17; 에베소서 5:26, 27; 베드로전서 1:23-25에 대한 설명을 보라.*

3:16 모든 성경 문법적으로 유사한 헬라어 구문들(롬 7:12; 고후 10:10; 딤전 1:15; 2:3; 4:4)이 "모든 성경은 영감으로 주어진 것으로…"가 정확한 번역임을 설득력 있게 말해주고 있다. 구약성경과 신약성경이 모두 포함된다(*벧후 3:15, 16에 대한 설명을 보라.* 이 구절은 신약의 글들을 성경으로 인정함). **하나님의 감동으로 된 것으로** 문자적으로 '하나님이 뿜어내신 숨결로' 또는 '하나님의 숨결로'라는 뜻이다. 때로는 하나님이 정확한 말을 성경의 저자들에게 말씀하기도 하셨지만(예를 들면 렘 1:9), 더 많은 경우 하나님은 그들의 생각과 어휘, 경험을 사용하셔서 오류가 전혀 있을 수도 없고 실제로 오류가 없는 하나님 그분의 말씀을 주셨다(*살전 2:13; 히 1:1; 벧후 1:20, 21에 대한 설명을 보라*). 영감이 성경 원본에만 적용되고 성경의 저자들에게 적용되지 않는다는 점에 주목할 필요가 있다. 영감받은 저자는 없다. 오직 영감받은 성경이 있을 따름이다. 하나님이 이처럼 성경과 동일시되어 있는 까닭에 성경이 말할 때는 하나님이 말씀하시는 것이다(참고. 롬 9:17; 갈 3:8). 성경은 "하나님의 말씀"이라고 불리며(롬 3:2; 벧전 4:11) 결코 수정될 수 없다(요 10:35; 마 5:17, 18; 눅 16:17; 계 22:18, 19). **교훈** 구약성경과 신약성경 모두 신성한 가르침 또는 교리적 내용이다(참고. 2:15; 행 20:18, 20, 21, 27; 고전 2:14-16; 골 3:16; 요일 2:20, 24, 27). 성경은 생명과 경건을 위한 포괄적이고 완전하며 신성한 진리의 체계를 제공한다. 참고. 시편 119:97-105. **책망** 잘못된 행위 또는 잘못된 신념에 대한 꾸짖음이다. 성경은 죄를 폭로한다(히 4:12, 13). 그렇게 해서 고백과 회개를 통해 그것을 처리할 수 있다. **바르게 함** 어떤 것을 올바른 상태로 회복시키는 것을 말한다. 이 말씀은 신약성경에서 오직 여기서만 등장하지만, 성경 밖의 헬라어에서는 떨어진 대상을 바른 곳으로 회복시키는 것 또는 걸려 넘어진 사람을 다시 일어서도록 돕는 것을 가리키는 말로 사용되었다. 성경은 잘못된 행위를 꾸짖을 뿐 아니라 경건한 삶으로 돌아가는 길을 보여준다. 참고. 시편 119:9-11; 요한복음 15:1, 2. **의로 교육하기** 성경은 잘못된 행위를 꾸짖고 바르게 하는 것뿐 아니라 경건한 행위를 위한 적극적인 교훈("교육"은 원래 아이들을 훈련시키는 것을 가리켰음)도 제공한다(행 20:32; 딤전 4:6; 벧전 2:1, 2).

3:17 하나님의 사람 신성한 진리를 공식적으로 전파하는 사람을 가리키는 전문용어다. *디모데전서 6:11에 대한 설명을 보라.* **온전하게** 부름 받은 모든 일을 할 수 있게(참고. 골 2:10). **능력을 갖추게** 경건한 사역과 의로운 생활에 필요한 모든 요구사항을 충족시킬 수 있게. 하나님의 말씀은 하나님의 사람의 생활에서만 이 일을 이루는 것이 아니라 그 사람을 따르는 모든 사람에게도 이루어주신다(엡 4:11-13).

하나님의 사람의 전파 (4:1-5)

A. 전파하라는 당부(4:1, 2)

4:1 하나님 앞과…그리스도 예수 앞에서 헬라어 구문은 '하나님 앞, 그리스도 예수 앞에서'라는 번역도 가능하다. 이것이 가장 적합한 번역일 것이다. 여기서 그리스도가 심판자로 소개되기 때문이다(참고. 요 5:22). 하나님의 말씀 사역을 하는 모든 사람은 그리스도의 전능하신 심사를 받고 있다(*고후 2:17; 히 13:17에 대한 설명을 보라*). **살아 있는 자와 죽은 자** 그리스도는 마침내 모든 사람을 세 가지 환경에서 심판하실 것이다. 첫째, 휴거 이후 신자들을 심판대에서 심판하실 것이다(고전 3:12-15; 고후 5:10). 둘째, 민족을 양과 염소로 나누는 심판을 하실 것이다. 여기서 신자와 불신자로 나뉜다(마 25:31-33, 천년왕국에 들어가기 위해). 셋째, 불신자만을 대상으로 하는 흰 보좌 대심판이다(계 20:11-15). 여기서 사도는 이 모든 요소를 포함하는 일반적인 의미의 심판을 가리킨다. **심판하실 그리스도** 문법적 구조는 임박성을 암시한다. 즉 그리스도가 심판을 시작하려고 하신다는 것이다. 바울은 모든 신자, 특별히 하나님 말씀의 종들이 심판자이신 그리스도 앞에서 독특한 책임을 진다는 점을 강조하고 있다. 그리스도에 대한 봉사는 그분이 지켜보시는 앞에서, 그리스도가 언젠가는 재판장으로 모든 신자의 일들을 평가하시리라는 지식과 함께 이루어진다(*고전 3:12-15; 4:1-5; 고후 5:10에 대한 설명을 보라*). 그것은 정죄를 위한 심판이 아니라 평가다. 구원에 관한 한 신자는 이미 의롭다고 판단이 내려져 그렇게 선언되었다. 그들은 더 이상 죄의 정죄 아래 있지 않다(롬 8:1-4). **그가 나타나실 것** '나타나심'

디모데후서에 나오는 단어 연구

나타나심(Appearing): 헬라어 *에피파네이아*(*epiphaneia*), 1:10; 4:1, 8. 문자적으로 '빛나다'라는 뜻이며, 그리스 문학에서 신이 나타남을 뜻하는 말로 사용되었다. 영어의 *epiphany*(현현)가 가장 가까운 뜻을 가진 단어다. 신약성경의 저자들은 이 말로 예수의 초림, 곧 그분이 사람으로 이 세상에 오신 때를 가리켰다(1:10을 보라). 또한 그들은 이 단어로 예수의 재림, 특히 그분이 온 세상에 나타나는 것을 가리키기도 한다(마 24:27을 보라).

책들(Books), 가죽 종이(Parchments): 책은 헬라어로 *비블리온*(*biblion*). 4:13. 가죽 종이(양피지)는 헬라어로 *멤브라나*(*membrana*). 4:13. 단어 *비블리온*은 신약성경에 자주 나오지만 *멤브라나*는 오직 여기서만 나온다. 이 단어는 글쓰기에 사용되는 동물 가죽을 의미하는 라틴어에서 유래되었다. 여기에 등장하는 이 두 단어는 세 가지 다른 방식으로 해석되고 있다. 첫째, 두루마리는 구약성경 사본으로, 가죽 종이는 신약성경 책들로 해석된다. 둘째 *책*들은 구약과 신약의 책들로, *가죽 종이*는 개요가 실린 텅 빈 필기구 또는 공책이다. 셋째, 이 두 단어가 같은 것을 가리킨다. *책 곧 가죽 종이 공책*이다. 만약 세 번째 해석이 정확하다면 바울은 그가 체포될 때 두고 온 개요를 되찾기를 간절히 원했다는 뜻이 된다.

하나님의 감동(Inspiration of God): 헬라어로 *테오프뉴스토스*(*theopneustos*). 3:16. *테오스*(*theos*, 하나님)와 *프네오*(*pneo*, 숨을 쉬다)에서 온 '하나님의 숨결이 들어간'이라는 뜻이다. 비록 이 헬라어로 표현된 생각을 영어로 완전히 번역하기가 어렵지만, 우리는 바울이 모든 성경에 하나님의 숨결이 들어갔다고 말하고자 했다는 것을 확인할 수 있다. 이 정의는 성경의 기원이 하나님임을 천명한다. 그러므로 하나님은 성경의 글들을 기록한 저자들을 감동시키셨을 뿐 아니라 믿음의 마음으로 그것을 읽는 사람도 감동시키신다.

으로 번역된 헬라어 단어는 '빛나다'는 뜻이며, 고대 그리스 사람들은 이방 신이 사람에게 나타나는 경우에 이 말을 사용했다. 여기서 바울은 일반적으로 그리스도의 재림을 가리키고 있다. 그때 그리스도가 "살아 있는 자와 죽은 자"를 심판하실 것이며(*이 구절에 대한 설명을 보라*), 천년왕국과 영원한 나라를 세울 것이다(*딤전 6:14에 대한 설명을 보라*). **엄히 명하노니** '명령하다'가 더 나은 번역이다. 이 헬라어 단어는 '힘 있는 명령 또는 지시를 내리다'는 의미다(참고. 2:14; 딤전 1:18; 5:21).

4:2 말씀 하나님의 모든 말씀, 성경에 포함된 하나님의 완전한 계시다(참고. 3:15, 16; 행 20:27). **때를 얻든지 못 얻든지** 신실한 설교자는 인기가 있고 편리할 때든지 그렇지 않을 때든지 말씀을 선포해야 한다. 즉 그렇게 하기에 적당한 때든지 그렇지 않을 때든지 말씀을 선포해야 한다는 것이다. 유행하는 문화와 전통, 평판, 공동체(또는 교회)의 수용 또는 존경 등이 하나님 말씀을 선포하겠다는 참 설교자의 결심에 영향을 주어선 안 된다. **항상 힘쓰라** 이 헬라어 단어는 폭넓은 뜻을 지니고 있다. 거기에는 갑작스러움(눅 2:9; 행 12:7) 또는 강력함(눅 20:1; 행 4:1; 6:12; 23:27) 등의 의미가 포함된다. 여기서는 그 동사형이 긴급성, 준비성, 신속성 등 보완적 개념을 시사한다. 이 단어는 전쟁에 나갈 준비를 갖춘 병사 또는 갑작스러운 공격에 대비해 항상 깨어 있는 보초를 가리키는 단어로 사용되었는데, 이런 태도는 신실한 설교자에게 없어서는 안 되는 것이었다(렘 20:9; 행 21:11-13; 엡 5:15, 16; 벧전 3:15). **가르침으로…권하라** 설교의 적극적 측면이다(*교훈*과 *가르침*에 대해서는 3:16을 참고하라). **경책하며 경계하며** 말씀 선포의 소극적 측면이다(*경책*과 *경계*, 참고. 3:16). *경책*으로 번역된 헬라어 단어는 조심스러운 성경적 논증으로 어떤 사람의 행동에 따른 오류를 이해하도록 만들어 행동이나 거짓된 교리를 바로잡는 것이다. *경계*로 번역된 헬라어 단어는 죄를 일깨우고 회개로 인도하여 사람의 동기를 바로잡는 것에 더 무게를 둔다.

B. 전파의 필요성(4:3-5)

4:3 바른 교훈 *1:13; 디모데전서 4:6; 디도서 2:1에 대한 설명을 보라*. **받지** 이 말은 역경 아래서 버티는 것을 가리키며 '용인하다'로 번역될 수 있다. 여기서 바울은 디모데에게 경고한다. 이 시대의 위험한 때는 많은 사람이 도전적인 하나님 말씀의 선포를 용인하지 않을 것이라고 한다(1:13, 14; 딤전 1:9, 10; 6:3-5). **귀가 가려워서 자기의 사욕을** 교회 내에서 신앙을 고백하는 그리스도인과 명목상의 신자가 자기들의 욕망을 좇아가

목회서신에 나오는 '하나님의 말씀'과 '바른 교훈'(건전한 교리)

하나님의 말씀	바른 교훈
1. 딤전 4:5	1. 딤전 1:10
2. 딤전 4:6	2. 딤전 4:6
3. 딤전 5:17	3. 딤전 4:13
4. 딤후 1:13	4. 딤전 4:16
5. 딤후 2:9	5. 딤전 5:17
6. 딤후 2:15	6. 딤전 6:1
7. 딤후 4:2	7. 딤전 6:3
8. 딛 1:3	8. 딤후 3:10
9. 딛 1:9	9. 딤후 3:16
10. 딛 2:5	10. 딤후 4:3
	11. 딛 1:9
	12. 딛 2:1
	13. 딛 2:7
	14. 딛 2:10

면서 사죄 없는 하나님의 복, 회개 없는 구원을 제공하는 설교자들 주변에 모일 것이다. 그들에게는 기분 좋은 감정과 그들 자신에 대한 좋은 느낌을 주는 가르침으로 즐거움을 얻고자 하는 가려움증이 있을 것이다. 그들의 목표는 "자기의 사욕을 따라" 설교자를 두는 것이다. 그런 환경에서는 하나님이 말씀을 가지고 무엇을 설교할지 명령하시는 것이 아니라 무엇을 설교할지 사람이 명령할 것이다.

4:4 허탄한 이야기 이 말은 바른 교훈과 대립되는 다양한 형태의 거짓된 이데올로기, 관점, 철학을 가리킨다(*고후 10:3-5; 딤전 1:4; 4:7에 대한 설명을 보라*. 참고. 딛 1:14; 벧후 1:16).

4:5 전도자 신약성경의 다른 곳에서 단 2번 사용된(*행 21:8; 엡 4:11에 대한 설명을 보라*) 이 단어는 언제나 비그리스도인에게 복음을 전파하는 것을 목적으로 하는 특별한 사역의 직책을 가리킨다. 에베소서 4:11을 근거로 하여 모든 교회에 목사-교사와 복음 전도자가 있어야 한다고 생각한다. 그러나 이와 관련된 동사 '복음을 전하다'와 명사 '복음'은 신약성경 전체에 걸쳐 복음 전도자에게만 사용된 것이 아니다. 복음을 전파하는 것은 모든 그리스도인, 특히 설교자와 교사에게 적용되는 부르심이다. 바울은 여기서 디모데를 복음 전도자의 직분으로 부르고 있는 것이 아니라 그 전도자의 "직무를 다하라"고 요구하는 것이다.

맺음말 (4:6-18)

A. 바울의 승리(4:6-8)

4:6-8 생애의 마지막이 다가오고 있음에도 바울에게는 과거를 돌아볼 때 후회하거나 한탄할 만한 일이 없었다. 이 단락에서 바울은 자신의 삶을 세 가지 관점으로 살피고 있다. 그가 맞을 준비를 하고 있는 삶의 마지막이라는 현실의 현재(6절), 충실했던 과거(7절), 하늘에서의 보상을 기대하는 미래(8절)다.

4:6 전제 구약성경의 희생제사제도로, 이것은 이스라엘 백성을 위해 제정된 번제와 소제 뒤에 따라오는 마지막 제사다(민 15:1-16). 바울은 다가오는 죽음을 이미 하나님께 드리는 제사로 충만했던 인생 여정에서 하나님께 드릴 마지막 제물로 보았다(*빌 2:17에 대한 설명을 보라*). **벌써** 그의 죽음이 임박했다는 의미다. **나의 떠날** 바울의 죽음을 말한다. 이 헬라어 단어는 원래 배를 묶어둔 끈이나 천막의 끈 등 어떤 것을 풀어 느슨하게 하는 것을 가리킨다. 그래서 그것은 '떠나다'라는 이차적 의미를 가지게 되었다.

4:7 세 헬라어 단어 '싸웠다' '마쳤다' '지켰다'의 형태는 어떤 행동이 완료되어 지속적인 효과를 내는 것을 가리킨다. 바울은 주가 주시는 힘을 통하여 하나님이 그에게 하라고 명하신 모든 일을 성취할 수 있었다. 그는 군사였고(2:3, 4; 고후 10:3; 딤전 6:12; 몬 2절), 운동선수였으며(고전 9:24-27; 엡 6:12), 보호자였다(1:13, 14; 딤전 6:20, 21). **믿음** 계시된 하나님 말씀의 진리와 표준을 말한다.

4:8 의의 면류관 '면류관'으로 번역된 헬라어 단어의 원래 의미는 '둘러싸기'이며, 여기서 발전되어 고관이나 승리한 장군, 운동선수의 머리에 씌워주는 월계관 또는 화환을 가리키는 말로 쓰이게 되었다. 언어학적으로 볼 때 '의의'라는 말은 의가 면류관의 근원이라는 말도 되고, 면류관의 성격이 의라는 말도 된다. "생명의 면류관"(약 1:12), "기쁨의 면류관"(살전 2:19), "썩지 아니할 면류관"(고전 9:25), "영광의 면류관"(벧전 5:4)에서는 생명과 기쁨, 썩지 않는 것, 영광이 그 면류관의 성격을 묘사하듯 이 문맥에서도 그 면류관이 영원한 의를 상징하는 것으로 보인다. 신자는 구원받을 때 그리스도의 전가된 의(칭의)를 받는다(롬 4:6, 11). 성령께서는 신자가 평생 죄와 싸우는 동안 신자 안에 실천적인 의(성화)를 이루신다(롬 6:13, 19; 8:4; 엡 5:9; 벧전 2:24). 그러나 그 싸움이 끝나고 하늘에 들어갈 때 비로소 그리스도인은 자기 안에 완전한 그리스도의 의(영화)를 받을 것이다(*갈 5:5에 대한 설명을 보라*). **의로우신 재판장** *1절에 대한 설명을 보라*. **그 날** *1:12에 대한 설명을 보라*. **주의 나타나심** *1절; 디모데전서 6:14*

에 대한 설명을 보라.

4:9-22 이 마지막 단락에서 바울은 자신을 도왔거나 해를 끼친 어떤 남자와 여자들의 영적 상태, 활동, 행방에 대한 최근 소식을 전해준다.

B. 바울의 필요(4:9-18)

4:9 너는 어서 속히 내게로 오라 바울은 사랑하는 동역자를 간절히 보기 원했지만, 바울의 날이 얼마 남지 않았으므로 디모데는 서둘러야 했다(6절).

4:10 데마 이 사람은 누가, 에바브라와 함께 바울의 가장 가까운 친지 중 한 사람이었다(*골 4:14에 대한 설명을 보라*). **이 세상을 사랑하여** *요한일서 2:15-17에 대한 설명을 보라.* **버리고** 이 헬라어 단어는 '완전히 포기하다'라는 뜻이며, 어떤 사람을 비참한 상황에 남겨두고 떠난다는 의미를 가진다. 데마는 그리스도에 대한 참된 헌신을 위해 지불해야 할 값을 결코 계산한 적이 없는 변덕스러운 제자였다. 우리 주님은 그와 같은 사람을 마태복음 13:20, 21에서 묘사하셨다. 참고. 요한복음 8:31; 요한일서 2:1. **데살로니가** 데마는 이 도시를 안식처로 여긴 듯하다(데살로니가전서 서론의 배경과 무대를 보라). **그레스게** 데마와 달리 그레스게는 신실하고 의지할 만했던 것으로 보인다. 왜냐하면 바울이 그를 자신이 세 차례에 걸친 전도여행에서 매번 사역한 로마 속주였던 중앙 소아시아의 갈라디아로 보냈기 때문이다. **디도** 디모데 다음으로 바울과 가까웠던 친구요 동역자다(딛 1:5. 디도서 서론의 제목을 보라). **달마디아** 일루리곤이라는 이름으로 알려졌으며(롬 15:19), 마게도냐에서 조금 북쪽으로 올라간 아드리아해 연안의 로마 속주다.

4:11 누가 누가복음과 사도행전의 저자이며 바울에게 헌신적이었던 친구요 주치의로, 로마에서 사역의 짐을 홀로 질 수 없었다(누가복음과 사도행전 서론의 저자와 저작 연대를 보라). **네가 올 때에 마가를 데리고 오라** 마가는 디모데가 에베소를 떠나 로마로 가는 길목 어디쯤에 살고 있었던 것으로 보인다. 마가복음의 저자로(때로 요한이라고도 불렸음) 바나바의 생질이요(골 4:10) 헌신적인 동역자였던(몬 24절) 마가는 과거에 수치스럽게도 바울과 바나바를 떠난 적이 있었으나(*행 13:13; 15:36-39에 대한 설명을 보라*), 이때는 귀한 종이 되어 있었다(마가복음 서론의 저자와 저작 연대를 보라).

4:12 두기고 바울은 그를 더 일찍 에베소로 보냈거나, 그가 이전에 바울의 편지를 에베소(엡 6:21)와 골로새(골 4:7)의 교회들, 아마 디도에게(딛 3:12. *골 4:7에 대한 설명을 보라*) 전달했듯 이 디모데후서를 그의 손에 들려 디모데에게 보냈을 것이다. **에베소** 에베소서 서론의 배경과 무대를 보라. *요한계시록 2:1에 대한 설명을 보라.*

4:13 드로아 소아시아에 있는 브루기아의 외항이다.

「디모데를 에베소 교회의 지도자로 임명하는 사도 바울(*St. Paul Ordains Timothy as Bishop of Ephesus*)」 1891년. 루드비히 글뢰츨. 프레스코화. 81X65mm. 성 루페르트와 베르길리우스 성당. 잘츠부르크.

가보 여기만 등장하는 바울의 친지로 그 이름은 '열매'라는 뜻이다. **겉옷** 크고 무거운 양모 외투로, 바울이 곧 겪게 될 추운 날씨에 필요한 외투와 담요로 쓸 수 있는 옷이다(21절). **책은 특별히 가죽 종이에 쓴 것** *책들*은 파피루스 두루마리를 가리키며, 구약성경일 수도 있다. *가죽 종이*는 동물 가죽을 처리하여 만든 양피지로 가격이 아주 비쌌다. 이것은 바울이 썼던 편지들의 사본일 수도 있고, 그가 다른 서신을 쓰기 위한 빈 종이일 수도 있다. 바울이 이것들을 가지고 있지 않았다는 사실은 그가 드로아에서 체포될 때 그것들을 챙길 여유가 없었다는 것을 말해준다.

4:14 구리 세공업자 알렉산더 이 사람은 바울이 후메내오와 함께 사탄에게 넘겨준 사람(딤전 1:20)과 같은 사람이 아닐 것이다. 바울은 그를 별도로 "구리 세공업자"라고 불렀기 때문이다. 하지만 이 알렉산더는 우상 제조업자였을 것이다(참고. 행 19:24). **내게 해를 많이 입혔으매** 알렉산더는 바울의 가르침에 반대하고 자신의 거짓된 가르침을 퍼뜨린 듯하다. 이 사람 때문에 바울이 체포되었고, 심지어 그는 바울에게 불리한 증언을 했을 것이다. 참고. 사도행전 19:23 이하. **주께서…그에게 갚으시리니** 바울은 응보를 하나님의 손에 맡겼다(신 32:35; 롬 12:19).

4:16 처음 변명 *변명*으로 번역된 이 헬라어 단어에서 영어의 *apology*(변명)와 *apologetics*(변증학)가 나왔다. 이 말은 법정에서의 변론을 가리킨다. 로마 법률 체계에서 피고발자는 두 번에 걸쳐 심문을 당한다. *처음 변증*(*prima actio*)은 오늘날의 죄상 진위 여부를 묻는 것과 유사하며, 고소를 확정하고 재판이 필요한지를 결정한다. *둘째 변증*(*secunda actio*)은 피고가 유죄인지 무죄인지를 결정한다. 바울이 말하는 처음 변명은 *prima actio*를 가리킨다. **그들에게 허물을 돌리지 않기를 원하노라** 스데반처럼(행 7:60), 주님처럼(눅 23:34) 말이다.

4:17 주께서 내 곁에 서서 주는 자기 자녀를 결코 '버리거나 떠나지' 않는다는 약속을 지키신다(신 31:6, 8; 수 1:5; 히 13:5). **나로 말미암아 선포된 말씀이 온전히 전파되어** 그가 과거에 했듯(행 26:2-29) 바울은 로마 법정 앞에서 복음을 선포할 수 있었다. **모든 이방인이 듣게** 국제적인 도시의 이방인 청중에게 복음을 선포함으로써 바울은 모든 이방인에게 복음을 전했다고 말할 수 있다. 이는 그의 사명의 완수였다(행 9:15, 16; 26:15-18). **사자의 입** 참고. 다니엘 6:26, 27. 치명적 위험을 가리키는 일반적인 비유로(시 22:21; 35:17), 바울에게는 흔한 일이었다(참고. 행 14:19; 고후 4:8-12; 6:4-10; 11:23-27). 베드로는 베드로전서 5:8에서 사탄을 사자로 그렸다.

4:18 나를 모든 악한 일에서 건져내시고 주가 힘을 주시고 그의 곁에 서 계시는 현재의 일을 근거로 해서(17절) 바울은 주님이 미래에 하실 일을 소망했다. 바울은 하나님이 그를 공격하는 모든 유혹과 궤계로부터 건지실 것을 알았다(고후 1:8-10). **그의 천국에 들어가도록 구원하시리니** 바울은 자신의 구원의 완성이 처음 믿을 때보다 더 가까이 왔음을 알았다(참고. 롬 13:11; 고후 5:8; 빌 1:21).

바울의 작별인사 (4:19-22)

4:19 브리스가와 아굴라 이들이 로마에서 피신한 후 바울은 고린도에서 이들을 처음 만났다(*행 18:2에 대한 설명을 보라*). 이들은 한동안 에베소에서 사역하다가(행 18:18, 19) 로마로 돌아갔다가(롬 16:3) 다시 에베소로 돌아왔다. **오네시보로의 집** *1:16에 대한 설명을 보라.*

4:20 에라스도 고린도 시의 재무관으로 바울을 통해 로마 교회에 인사를 전한 사람이었을 것이다(*롬 16:23에 대한 설명을 보라*). **고린도** 그리스의 주요 도시다(*행 18:1에 대한 설명을 보라.* 고린도전서 서론의 제목을 보라). **드로비모** 아시아의 에베소 출신으로 그리스에서 드로아까지 바울과 동행했다(*행 20:4에 대한 설명을 보라*). **밀레도** 에베소 남쪽 약 48킬로미터 지점에 있으며, 루기아 속주의 외항이었다.

4:21 겨울 전에 앞으로 올 추운 계절과 로마의 감방을 생각해 바울은 몸을 따뜻하게 해줄 외투가 필요했다. 또한 겨울에는 낮이 짧아서 책과 가죽 종이를 사용할 시간이 줄었을 것이다. **으불로와 부데와 리노와 글라우디아** 처음 세 이름은 라틴어 이름으로, 이들이 이탈리아 출신으로 로마에 있는 교회의 회원임을 말해준다. 글라우디아는 신자요 가까운 친구였으나 그에 대해서는 알려진 바가 없다.

4:22 은혜가 너희와 함께 있을지어다 이것은 바울이 이전에 디모데에게 보낸 편지에서 사용된 것과 같은 축도다(*딤전 6:21에 대한 설명을 보라*). *너희*가 복수로 되어 있는데, 이는 이 인사가 에베소 회중 전체에게 한 것임을 뜻한다.

연구를 위한 자료

Homer A. Kent Jr., *The Pastoral Epistles* (Salem, Wisc.: Sheffield, 1993).

George W. Knight III., *Commentary on the Pastoral Epistles* (Grand Rapids: Eerdmans, 1992).

John MacArthur, *2 Timothy* (Chicago: Moody, 1995).

제목

이 서신의 제목은 수신자 디도의 이름을 따라 붙여졌다. 디도의 이름은 신약성경에 13번 언급된다(1:4; 갈 2:1, 3; 딤후 4:10. 고린도후서에 등장하는 9번에 대한 것은 배경과 무대를 보라). 헬라어 신약성경의 제목은 문자적으로 '디도에게'이다. 디모데전후서와 함께 바울의 영적인 아들들에게 보내진 이 서신들은 목회서신으로 분류된다.

저자와 저작 연대

사도 바울이 저자(1:1)라는 사실은 논란의 여지가 없다(디모데전서 서론을 보라). 디도서는 주후 62-64년경 바울의 일차 로마 옥살이와 이차 로마 옥살이 사이에 마게도냐의 교회들에서 사역하던 도중 고린도 아니면 니고볼리에서 쓰여졌다(참고. 3:12). 이 편지는 세나와 아볼로 편에 전달되었을 것이다(3:13).

배경과 무대

비록 누가가 사도행전에서 디도의 이름을 언급하지는 않았지만, 이방인(갈 2:3) 디도는 사도의 1차 전도여행 이전 또는 도중에 만나 그를 통해 그리스도에 대한 믿음으로 인도되었을 것이다(1:4). 나중에 디도는 한동안 바울과 그레데 섬에서 사역했으며, 사역을 계속하기 위해 거기에 남았다(1:5). 아데마나 두기고(3:12)가 그곳의 사역을 지도하기 위해 도착하고 난 뒤 디도는 아가야 속주에 있는 니고볼리로 와서 바울과 합류해 겨울을 함께 지내기로 했다(3:12).

디도가 바울의 3차 전도여행 도중 고린도 교회에서 함께했기 때문에 그의 이름이 고린도후서에 9번 언급되며(2:13; 7:6, 13, 14; 8:6, 16, 23; 12:18), 거기서 바울은 그를 "내 형제"(2:13), "나의 동료요 너희를 위한 나의 동역자"(8:23)라고 부른다. 이 젊은 장로는 교회 내의 거짓 교사들인 유대주의자에게 널리 알려져 있었다. 그들은 다른 주장들과 함께 모든 그리스도인, 이방인까지도 모세 율법을 준수해야 한다고 주장했다. 디도는 수년 전에 바울, 바나바와 함께 그 이단 논쟁의 주제가 되었던 예루살렘 공의회에 참석한 적이 있다(행 15장; 갈 2:1-5).

지중해에서 가장 큰 섬들 가운데 하나인 그레데는 길이가 257킬로미터이고 가장 넓은 곳의 폭이 56킬로미터이며, 에게해 남쪽에 위치하고 바울이 로마 여행 도중 잠깐 들른 적이 있다(행 27:7-9, 12, 13, 21). 바울은 사역을 위하여 그곳으로 다시 돌아왔으며, 마게도냐로 떠나면서 디모데를 에베소에 남겨두었던 것처럼(딤전 1:3), 디도를 그곳에 남겨두어 계속 사역하도록 했다. 바울은 디도가 보낸 편지 또는 그곳으로부터 온 보고를 받고 디도에게 편지를 썼을 것이 거의 확실하다.

역사적 · 신학적 주제

로마와 갈라디아에 보낸 편지 등 바울의 다른 편지들과 달리 디도서는 교리를 설명하거나 변호하는 데 초점이 맞춰져 있지 않다. 바울은 디도의 신학적 이해와 신념에 대해 완전한 신뢰를 가지고 있었다. 그가 디도에게 그런 어려운 사역을 맡긴 것이 그 증거다. 거짓 교사들과 유대주의자에 대한 경고를 제외하면 이 서신에는 신학적으로 바로 잡을 문제를 언급하는 대목은 없다. 이는 그곳 교회의 다수가 새로운 신자였음에도 그들의 신학적 토대에 대해 바울이 신뢰하고 있었음을 분명하게 암시한다. 이 서신이 천명하는 교리에는 다음과 같은 것이 있다. 첫째, 하나님이 신자들을 주권적으로 선택하심이다(1:1, 2). 둘째, 하나님의 구원의 은혜다(2:11; 3:5). 셋째, 그리스도의 신성과 재림이다(2:13). 넷째, 그리스도의 대속이다(2:14). 다섯째, 성령에 의한 신자의 중생과 새롭게 됨이다(3:5).

하나님과 그리스도가 자주 구주로 지칭되며(1:3, 4; 2:10, 13; 3:4, 6), 2:11-24에서 구원의 계획을 강조한 것을 보면 이 서신의 주안점이 효과적인 복음 전도를 위해 그레데 교회를 준비시키는 것임을 보여준다. 이 준비를 위해서는 경건한 지도자들이 필요했다. 그들은 자기들에게 맡겨진 신자를 위한 목양 활동을 할 뿐 아니라(1:5-9) 그리스도인을 이방인 이웃 사람에게 복음을 전할 수 있도록 준비시켜야 했다. 그런데 그들의 전도

대상은 유명한 원주민이 거짓말쟁이요 악한 짐승이요 게으른 탐식가로 묘사했던 이웃이었다(1:12).

그런 사람들이 복음에 귀를 기울이게 하려면, 신자들이 무엇보다도 거짓 교사들의 방탕한 생활(1:10-16)과 뚜렷하게 대비되는 삶, 곧 의롭고 사랑이 많고 이타적이고 경건한 생활을 해야 한다(2:2-14), 이는 거짓 교사들의 방탕한 생활과 뚜렷하게 대비된다. 정치 권력자와 불신자에 대해 그들이 어떻게 처신하느냐 하는 것 역시 그들의 증언에 포함되는 중요한 요소였다(3:1-8).

해 석 상 의 과 제

디도서는 단도직입적인 방식으로 내용을 표현하기 때문에 있는 그대로 이해하면 된다. 다음은 해석상의 과제다. 첫째, 1:6의 자녀는 단지 '충실한' 자녀인가 아니면 '믿는' 자녀인가? 둘째, 2:13의 '복스러운 소망'은 무엇인가?

디도서 개요

I. 인사(1:1-4)
II. 효과적인 복음 전도를 위한 필수 요소(1:5-3:11)
 A. 지도자들 사이에서(1:5-16)
  1. 장로 임명(1:5-9)
  2. 거짓 교사들을 꾸짖음(1:10-16)
 B. 교회 내에서(2:1-15)
  1. 거룩한 생활(2:1-10)
  2. 건전한 교리(2:11-15)
 C. 세상 속에서(3:1-11)
  1. 거룩한 생활(3:1-4)
  2. 건전한 교리(3:5-11)
III. 맺음말(3:12-14)
IV. 축도(3:15)

인사 (1:1-4)

1:1-3 이 부분은 예수 그리스도의 사도로서 바울의 사역의 성격을 강조한다. 그는 다음 내용을 선포했다. 첫째는 구원인데, 복음으로 선택된 자들을 구원하려는 하나님의 계획이다. 둘째는 성화인데, 구원받은 자들을 그분의 말씀으로 세우려는 하나님의 목적이다. 셋째는 영화인데, 신자를 영원한 영광에 이르게 하려는 하나님의 목적이다.

1:1 종 바울은 자신을 신약 시대의 가장 천한 종으로 그린다(*2:9; 고전 4:1, 2에 대한 설명을 보라*). 이것은 모든 신자를 "값으로 사신"(고전 6:20. 참고. 벧전 1:18, 19) 주님을 온전히 그리고 기꺼이 섬기고 싶은 바울의 마음을 보여준다. 이곳은 바울이 자신을 "하나님의 종"이라고 지칭하는 유일한 경우다(참고. 롬 1:1; 갈 1:10; 빌 1:1). 그는 자신을 구약에 등장하는 하나님의 사람들과 나란히 놓고 있다(참고. 계 15:3). **사도** 참고. 로마서 1:1; 고린도전서 1:1; 고린도후서 1:1; 에베소서 1:1. 이 단어의 기본적 의미는 메신저 또는 문자적인 의미는 '보냄을 받은 자'이며, 자기를 보낸 주권자의 권위를 받아 일했던 왕의 사신을 가리키는 데 때때로 사용되기도 했지만 "사도"로서 바울의 높은 지위 역시 "하나님의 종"이 된 그의 신분의 연장이었으며, 거기에는 큰 권위와 책임, 희생이 함께 따라왔다. **바울** 서론의 제목, 저자와 저작 연대, 배경과 무대를 보라. **하나님이 택하신 자** *에베소서 1:4, 5에 대한 설명을 보라.* "창세 전에"(엡 1:4) 하나님의 은혜로 구원받기로 선택되었으나, 성령의 자극과 능력을 받아 개인적 신앙을 발휘해야 할 사람들이다. 항상 하나님이 먼저 신자를 선택하시고, 그 후 그들이 하나님을 선택하게 된다(참고. 요 15:16; 행 13:46-48; 롬 9:15-21; 살후 2:13; 딤후 1:8, 9; 2:10; 벧전 1:1, 2). **진리** 바울은 복음의 진리, 곧 예수 그리스도의 죽음과 부활에 대한 구원의 메시지를 생각하고 있다(딤전 2:3, 4; 딤후 2:25). 경건함이나 성화로 인도하는 것은 이 구원의 진리다(2:11, 12을 보라).

1:2 소망 이것은 하나님이 모든 신자에게 약속하고 보증하신 것으로 견딤과 인내를 공급한다(참고. 요 6:37-40; 롬 8:18-23; 고전 15:51-58; 엡 1:13, 14; 빌 3:8-11, 20, 21; 살전 4:13-18; 요일 3:2, 3). *베드로전서 1:3-9에 대한 설명을 보라.* **거짓이 없으신** 참고. 사무엘상 15:29; 히브리서 6:18. 하나님 그분이 진리이고 진리의 근원이시므로, 하나님이 진실하지 않은 것을 말하는 것은 불가능하다(요 14:6, 17; 15:26. 참고. 민 23:19; 시 146:6). **영원 전부터** 죄 많은 인류를 위한 하나님의 구원 계획은 사

람이 창조되기도 전에 결정되고 작정되었다. 이는 성자 하나님께 약속된 것이었다(*요 6:37-44; 엡 1:4, 5; 딤후 1:9에 대한 설명을 보라*).

1:3 **자기의 말씀을 전도로** 하나님 말씀은 모든 신실한 설교와 가르침의 유일한 출처다. 참고. 고린도전서 1:18-21; 9:16, 17; 갈라디아서 1:15, 16; 골로새서 1:25. **우리 구주 하나님** 참고. 2:10; 3:4. 구원의 계획은 영원 전 하나님으로부터 나온 것이다.

1:4 **같은 믿음** 이 말은 구원에 이르는 신앙 또는 기독교 신앙의 내용을 가리킨다. 예를 들면 "성도에게 단번에 주신 믿음의 도"(유 3절)다. **참 아들** 디모데 같은 영적 아들(딤전 1:2), 그리스도를 믿는 참된 신자다. **우리 구주** 1절 이후 그리스도는 언급될 때마다 구주로 불린다(참고. 2:13; 3:6).

효과적인 복음 전도를 위한 필수 요소 (1:5-3:11)

A. 지도자들 사이에서(1:5-16)

1. 장로 임명(1:5-9)

1:5-9 모든 신자에 대한 하나님의 기준은 높다. 교회 지도자들에 대한 하나님의 요구사항은 그 기준을 세우고 모범을 보이는 것이다. 그런 지도자들은 타고난 능력, 지성 또는 교육을 근거로 자격을 갖추는 것이 아니라 도덕적·영적 성품, 성령께서 주권적으로 그에게 갖춰주신 가르치는 능력을 근거로 자격을 갖춘다.

1:5 **그레데** 서론의 배경과 무대를 보라. **정리하고** 디도는 그레데 교회의 잘못된 교리와 행습을 고치는 일을 맡았다. 이것은 바울이 완료할 수 없었던 과업이다. 이 사역은 다른 곳에서는 언급되지 않는다. **내가 명한 대로** 이전에 사도가 내린 지침을 상기시키는 말이다. **장로들** 참고. 디모데전서 3:1-7의 유사한 자격 규정. 교회의 성숙한 영적 지도자들은 감독(7절. 참고. 딤전 3:2)이나 감독자들(벧전 2:25을 보라. 여기서는 동일한 단어가 그리스도께 적용됨), 목사들(문자적으로 '목자들'임, 엡 4:11을 보라)이라고 불렸는데 이들은 각 도시의 회중을 돌보았다. 또한 행 20:17, 28; 베드로전서 5:1, 2을 보라. 지도자를 세우는 이 사역은 바울의 일관된 특징이었다(참고. 행 14:23).

1:6 **책망할 것이 없고** 이 단어는 죄가 없는 완전성을 말하는 것이 아니라 비난과 공적 추문이 없는 개인적 삶을 가리킨다. 이것은 영적 지도자에 대한 일반적이고 일차적인 요구로, 다음 절에서 반복되고(7절) 설명된다(참고. 딤전 3:2, 10). **한 아내의 남편이며** 문자적으로 '한 여자의 남자', 즉 내적·외적으로 일관되게 자기 아내에게 충실한 남편을 말한다(참고. 딤전 3:2). 이와는 다르게 자격을 갖춘 독신 남자라고 해서 반드시 자격이 없는 것이 아니다. 이것은 이혼에 대해 말하는 것이 아니라 성적 영역에서 내적으로 외적으로 순결한 것을 말한다. 잠언 6:32, 33을 보라. 이 요건으로 인해 바울은 자신의 몸을 통제하기로 작정했던 것이다(고전 9:27). **비난을 받거나 불순종하는 일** *비난을 받는 일*이라는 말은 방탕하다는 뜻을 가지며, 여기서는 장성한 자녀를 가리킨다. 불순종한다는 말은 복음에 반항한다는 개념을 가지고 있다. 여기서 장로가 자기 가족을 구원과 성화로 이끌 수 있는 능력을 보이는 것(딤전 3:4, 5을 보라)이 교회를 지도하는 데 필요한 필수적 요구조건이었다. **믿는 자녀** *믿는*이라는 단어는 신약성경에서 항상 신자에게 사용되지 불신자에게는 절대 사용되지 않는데, 이 말은 그리스도에 대한 구원의 신앙을 가지고 있으며 그 신앙이 행실로 드러나는 자녀를 가리킨다. 디모데전서 3:4은 자녀에게 순종할 것을 요구하는데, 그 요구는 가정에 있는 어린 자녀를 대상으로 한다. 하지만 이 본문은 나이가 더 많은 자녀들을 가리킨다.

1:7 **감독** 이는 위계질서상의 호칭이 아니라 '감독하는 사람'이라는 뜻이다. 참고. 사도행전 20:28; 히브리서 13:17; 베드로전서 5:2. **청지기** 이는 자기 주인의 집안에 속한 사람들의 안녕을 위해 그 주인의 재산을 관리해주는 사람을 가리킨다. 이 문맥에서는 영적인 진리를 맡아 관리하고, 하나님을 위해 살며, 하나님께 전적인 책임을 지는 사람이다. 교회는 하나님의 소유이며(행 20:28; 딤전 3:15; 벧전 5:2-4), 장로와 감독들은 교회를 인도하는 방법에 대해 하나님 앞에 책임을 진다(히 13:17). **술** 마음을 둔하게 하거나 자제력을 약화시키는 모든 형태의 알코올을 마시는 것에 적용된다(참고. 잠 23:29-35; 31:4-7). 이를 적용하면 마음을 혼란스럽게 할 수 있는 마약과 같은 모든 물질의 섭취가 금지된다. **탐하지** 심지어 초대 교회에서도 어떤 사람들은 돈을 벌기 위해 목사가 되었다(11절; 벧전 5:2을 보라. 참고. 벧후 2:1-3).

1:8 **나그네를 대접하며** 이 단어의 의미는 '나그네를 사랑하는 사람'이다. **신중하며** 우선순위가 올바르고 분별력이 있고 진지한 사람을 말한다.

1:9 **미쁜 말씀** 건전한 성경적인 교리를 가르칠 뿐 아니라 깊은 확신으로 고수해야 한다. 참고. 디모데전서 4:6; 5:17; 디모데후서 2:15; 3:16, 17; 4:2-4. **권면하고…책망하게** 경건을 권장하고, 죄와 오류(반대하는 사람)에 대항하며, 성경을 신실하게 가르치고 변호하는

딛

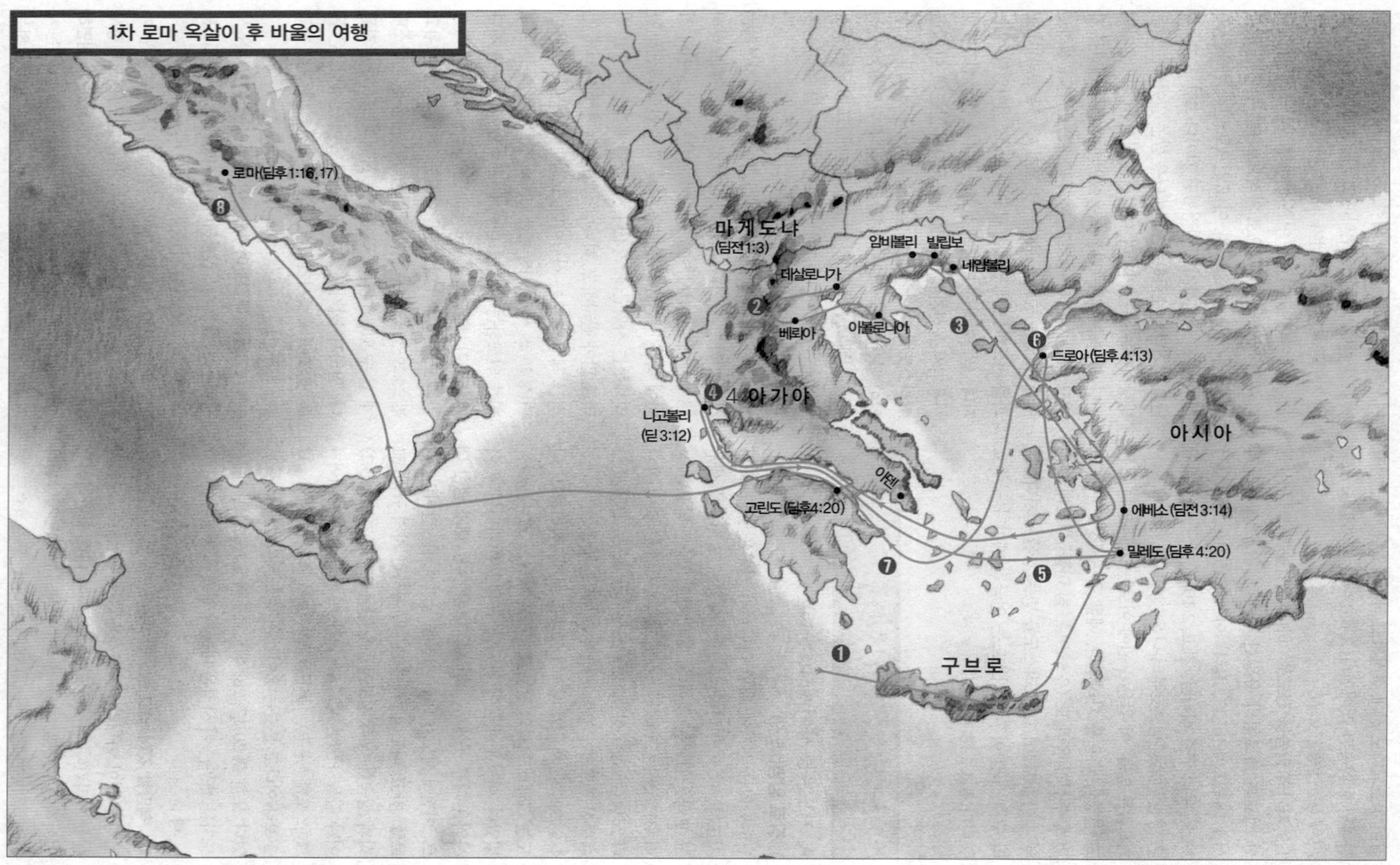
1차 로마 옥살이 후 바울의 여행
로마(딤후 1:16,17)
마게도냐
(딤전 1:3)
데살로니가
베뢰아
아가야
니고볼리
(딛 3:12)
고린도 (딤후 4:20)
아덴
암비볼리
빌립보
네압볼리
아볼로니아
드로아(딤후 4:13)
에베소(딤전 3:14)
밀레도 (딤후 4:20)
아시아
구브로

것이다. *10-16절; 3:10, 11; 사도행전 20:29, 30에 대한 설명을 보라.*

2. 거짓 교사들을 꾸짖음(1:10–16)

1:10-16 교회 내의 거짓 교사들은 에베소에서 디모데가 상대해야 했던 사람들과 상당히 비슷하다(딤전 1:3-7을 보라. 참고. 롬 16:17, 18; 벧후 2:1-3).

1:10 불순종하고 이런 사람이 너무 많아 디도의 일이 더욱 힘들어져서 경건한 장로들을 추가로 임명하는 일(5절)이 더욱 중요해졌다. 어떤 거짓 교사들은 바울이 그레데에서 사역하는 동안 바울의 사도적 권위에도 대항했을 것이다. **속이는** 참고. 예레미야 14:14; 23:2, 21, 32. **할례파** 참고. 사도행전 10:45; 11:2. 이들은 구원을 위해서는 신체적 할례를 받아야 한다고 요구하면서(*창 17:9-14에 대한 설명을 보라*) 모세 율법의 종교 의식을 고수한 유대인이다. *사도행전 15:1-12; 갈라디아서 3:1-12; 에베소서 2:11, 12; 골로새서 2:11, 12에 대한 설명을 보라.*

1:11 더러운 이득 거짓 교사들은 항상 돈을 원한다(딤전 6:5; 벧전 5:2). **가정들을 온통** 참고. 디모데후서 3:6.

1:12 어떤 선지자 주전 6세기에 큰 존경을 받던 그리스 시인이자 그레데 태생인 에피메니데스가 자기 민족을 헬라 문화의 찌꺼기라고 묘사했다. 다른 곳에서도 바울은 이방인의 말들을 인용했다(참고. 행 17:28; 고전 15:33). 이 인용은 거짓 교사들의 특성을 가리키는 말로 사용되었다.

1:13 믿음을 온전하게 교인들을 가르치는 모든 사람에게는 참되고 순결한 교리가 요구되었다. 거기에 미치지 못하는 모든 사람은 꾸짖음을 받아야 했다.

1:14 허탄한 이야기와…사람들의 명령 바울은 대부분의 거짓 교사들이 유대인이라는 사실을 다시 강조한다(10절의 "할례파"). 그들은 이사야와 예수가 질타하신 것과 동일한 종류의 외형주의, 비성경적인 법과 전통을 가르쳤다(사 29:13; 마 15:1-9; 막 7:5-13).

1:15, 16 거짓 교사들은 내면('마음과 양심')과 외부('행위'와 '불순종')가 모두 부패했다. 참고. 마태복음 7:15, 16.

1:15 더럽고 그 사람들이 행한 야비한 행동은(10-12절) 그들의 내적인 부패를 반영했다. 마태복음 15:15-20을 보라. **마음과 양심** 만약 마음이 더러우면 양심이 제대로 작동하지 못한다. 그래서 양심이 그 사람에게 경고를 줄 수 없다. 양심이 하나님 말씀의 진리로 충분히 젖어 있으면 양심은 하나님이 설계하신 경고 장치로 작동한다. *고린도후서 1:12; 4:2; 디모데전서 1:19, 20에 대한 설명을 보라.*

1:16 시인하나…부인하니 교회 내의 어떤 거짓 교사들은 전혀 신자가 아니었다. 결국에는 불신자의 고상한 듯한 "행위"들이 그들의 정체를 누설할 것이다. **버리는** 그들은 하나님을 기쁘시게 하는 일을 할 수가 없다. *고린도전서 9:27에 대한 설명을 보라.* 참고. 디모데후서 3:8.

B. 교회 내에서(2:1-15)

1. 거룩한 생활(2:1–10)

2:1-10 늙은 남자(2절), 늙은 여자(3절), 젊은 여자(4, 5절), 젊은 남자(6-8절), 종들(9, 10절)을 위한 건전한 교리는 교회 내 모든 사람의 의무에 해당한다.

2:1 바른 건전하다는 뜻이다. 바울은 목회서신에서 이 단어를 9번 사용하는데(디도서에서 5번), 항상 건전한 진리가 영적인 건강을 가져다준다는 뜻이다. 2-10절에서 바울이 말하는 '것들'은 성경의 진리에 합당하며 그것을 근거로 한 진리, 태도, 행동과 관련이 있다. 하나님을 기쁘시게 할 뿐 아니라 불신자에게 효과적으로 증언하기 위해 하나님의 백성은 영적 건강을 도모하는 진리를 알아야 한다.

2:2 늙은 남자 60세가 넘었을 때 바울은 자신에게 이 용어를 사용하고 있다(몬 9절). 이 말은 노년에 접어든 사람들을 가리키며, 1:5의 "장로"로 번역된 말과는 다른 말이다. **경건하며** 이 단어는 하나님에 대한 경외심으로만 제한되는 것이 아니라(이것은 전제되어 있음) 존경할 만하고 위엄 있는 것을 가리킨다. 그들은 생각이 건전하고 영적으로 건강해야 한다.

2:3 늙은 여자 아이를 양육할 책임이 없는 여성들로 대개 60세 정도다(참고. 딤전 5:3-10). **거룩하며** *2절에 대한 설명을 보라.* 참고. 디모데전서 2:9-11, 15. **모함하지 말며** 신약성경에서 최악의 비방자인 사탄을 가리키는 말로 34번 사용된 용어다. **선한 것** 하나님을 기쁘시게 하는 일들(참고. 1:16), 특히 4, 5절의 교훈을 말한다.

2:4 젊은 여자들을 교훈하되 늙은 여자들은 그들 자신의 경건의 모범으로(3절) 교회 내 젊은 여자들을 가르칠 수 있는 권리와 신빙성을 갖게 된다. 늙은 여인들은 자기들이 가르치는 미덕의 모범이 되어야 한다는 뜻이다(4, 5절). **남편…사랑하며** 여기에 언급된 다른 미덕들과 마찬가지로 이 미덕도 무조건적이다. 이것은 남편이 사랑받을 만하다는 것을 근거로 하는 것이 아니라 하나님의 뜻에 근거한다. 헬라어 *필레오(phileo)*는 애정을 강조한다. *에베소서 5:22-23에 대한 설명을 보라.*

2:5 신중하며 이는 순결하다는 뜻이다. 참고. 디모데전서 2:9-11, 15; 베드로전서 3:3-6. **집안 일을 하며** 참

딛

디도서에 나오는 바울의 청중

1. 늙은 남자(2:2)
2. 늙은 여자(2:3)
3. 젊은 여자들(2:4, 5)
4. 젊은 남자들(2:6-8)
5. 종들(2:9-10)
6. 회중(3:1, 2)

고. 디모데전서 5:14. 남편과 자녀들을 위해 경건한 집안을 훌륭하게 유지하는 것은 그리스도인 여자의 필수적인 책임이다. **복종하게** 급진적인 페미니즘은 고대 바벨론과 앗수르의 신화뿐 아니라 그리스 영지주의에서도 나타났다. 영지주의는 신약성경 시대 로마 제국 전역에서 번성했으며, 초대 교회에 지속적인 위협이 되었다. 오늘날의 페미니즘은 새로운 것도 아니고 진보적인 것도 아니다. 그것은 해묵은 것이며 점점 퇴보하고 있다. *에베소서 5:22에 대한 설명을 보라.* **비방을 받지 않게** 이것이 경건한 행실의 목적이다(성경에 대한 어떤 비난도 방지하는 것임). 하나님이 우리를 죄에서 건지신다는 것을 어떤 사람이 믿기 위해서는 거룩한 삶을 사는 사람을 봐야 한다. 그리스도인이 하나님의 그 말씀을 믿는다고 주장하면서도 그것에 순종하지 않으면 말씀은 수치를 당하게 된다. 자신을 그리스도인이라고 주장하는 사람의 악행 때문에 많은 사람이 하나님과 그분의 진리를 조롱한다. 참고. 마태복음 5:16; 베드로전서 2:9.

2:6 젊은 남자 열두 살 이상의 남성을 가리킨다.

2:6, 7 신중하도록 이 말은 분별력이 있다는 뜻이다(2절을 보라).

2:7 범사에 이 말은 6절 끝에 가는 것이 맞다. 젊은 남자를 수식하며 이 훈계의 포괄성을 강조한다. **본** 디도는 다른 사람들에게 권하는 도덕적·영적 자질의 모범을 보여야 하는 특별한 의무를 지고 있었다. 참고. 고린도전서 4:16; 11:1; 빌립보서 3:17; 데살로니가후서 3:8, 9; 디모데전서 4:12; 히브리서 13:7. **교훈** 이 세 단어(*부패하지 아니함, 단정함, 책망할 것이 없음*)는 교훈을 줄 때의 바람직한 모습을 묘사한다.

2:8 책망할 것이 없는 이것은 비난받을 일이 없다는 뜻이다. **바른 말** 이것은 매일의 대화를 가리킨다. 참고. 에베소서 4:31; 골로새서 3:16, 17; 4:6. **악하다 할 것이 없게** 5절에서와 같이 경건한 삶의 목적은 기독교와 복음에 반대하는 사람들을 침묵하도록 만들고(*벧전 2:11, 12*), 그리스도의 능력을 믿을 수 있게 만드는 것이다.

2:9 종들 이는 모든 피고용자에게 해당되지만 직접적으로는 노예들, 곧 로마 제국과 많은 고대 세계에서 주인의 소유가 되었던 남자와 여자, 아이 등에게 해당된다. 그들 대부분은 시민권이 없었으며, 때로는 가축 이상의 존엄을 인정받거나 보살핌을 받지 못했다. 신약성경은 어디서도 노예제도를 인정하거나 비난하지 않지만, 죄의 굴레로부터의 해방이 어떤 사람의 굴레로부터 해방되는 것보다 무한히 중요하다는 사실을 가르친다(롬 6:22을 보라). **순종하여 기쁘게 하고** 바울은 가장 굴욕적인 상황에 있다고 해도 신자는 주인이 신자든 불신자든, 공평하든 공평하지 않든, 친절하든 잔인하든 그에게 "순종하며" 그들을 기쁘게 하기 위해 노력해야 한다고 분명히 가르친다. 그렇다면 신자들은 자기들이 자발적으로 일하는 고용주들을 얼마나 더 존경하고 순종해야 하겠는가! 남편에 대한 아내의 순종의 경우처럼(5절) 유일한 예외는 신자가 하나님 말씀에 불순종하라는 요구를 받을 때다. 참고. 에베소서 6:5-9; 골로새서 3:22-4:1; 디모데전서 6:1, 2.

2:10 훔치지 말고 횡령을 가리킨다. **모든 참된 신실성** 이 말은 충성심을 가리킨다. **교훈을 빛나게** 다시(참고. 5절) 바울은 덕스러운 삶의 최고 목적이 하나님이 죄인들을 구원하신다는 가르침을 매력적으로 만드는 것이라고 말한다.

2. 건전한 교리(2:11-15)

2:11-13 이것이 이 서신의 핵심으로, 장로들을 불러내고(1:5) 자기 백성에게 의로운 삶을 살 것을 명하시는(1-10절) 최고 목적이 하나님의 구원 계획과 목적을 성취하기 위한 증거를 제공하려는 것임을 강조한다. 바울은 하나님의 구원 계획을 세 가지 실체로 축약했다. 형벌로부터의 구원(11절), 능력(12절), 죄의 실존(13절)이다.

2:11 모든 사람 이것은 보편 구원을 가르치는 말이 아니다. 3:14에서 *인류*가 "사람들"로 번역되었는데, 이는 인류 전체를 하나의 범주로 가리키는 말이지 각 사람 모두를 가리키는 말이 아니다. *고린도후서 5:19; 베드로후서 3:9에 대한 설명을 보라.* 예수 그리스도는 믿는 모든 사람의 죄를 덮기에 충분한 희생제물이 되셨다(요 3:16-18; 딤전 2:5, 6; 4:10; 요일 2:2). 바울은 디도에게 보낸 이 서신의 머리말에서 구원이 "하나님이 택하신 자들의 믿음"을 통해서만 유효하게 된다는 것을 밝혔다(1:1). *3:2에 대한 설명을 보라.* 모든 인류 가운데서 오직 믿는 사람만이 구원받을 것이다(요 1:12; 3:16; 5:24, 38, 40; 6:40; 10:9; 롬 10:9-17). **하나님의 은혜** 단순히

하나님의 은혜가 가진 속성을 가리키는 것이 아니라 타락한 인류에게 주신 하나님의 최고 선물, 성육신한 은혜인 예수 그리스도다. 참고. 요한복음 1:14.

2:12 버리고…살고 구원은 변화되는 것이며(고후 5:17; 엡 2:8-10), 이 변화(신생)는 새로운 삶을 낳고 죄의 세력이 맥을 못 추게 한다(*롬 6:4-14; 빌 3:8, 9; 골 3:9, 10에 대한 설명을 보라*).

2:13 복스러운 소망 부활을 포함한 그리스도의 재림(참고. 롬 8:22, 23; 고전 15:51-58; 빌 3:20, 21; 살전 4:13-18; 요일 3:2, 3)과 성도가 영광 가운데 그리스도와 함께 통치하는 것(딤후 2:10)을 가리키는 일반적인 표현이다. **하나님 구주** 예수의 신성을 분명하게 가리키는 말이다. 참고. 베드로후서 1:1. **영광이 나타나심** 참고. 디모데후서 1:10. 문자적으로 '영광의 나타남'이라는 뜻이다. 이것이 죄로부터 완전히 구원받는 순간이 될 것이다.

2:14 속량하시고…깨끗하게 하사 이 표현은(참고. 12절) 구원의 이중적 효과(거듭남과 성화)를 요약한다. *속량하다*는 포로로 잡혀 있는 사람을 속전을 지불하고 풀어 주는 것이다. 그 값은 하나님의 공의를 만족시키기 위한 그리스도의 피다. *사도행전 20:28; 갈라디아서 1:4; 2:20; 베드로전서 1:18에 대한 설명을 보라*. 참고. 마가복음 10:45. **열심히 하는** 참고. 3:8. 선한 일은 구원의 수단이 아니라 산물이다. 참고. 에베소서 2:10. **자기 백성** 하나님의 작정으로 인해 특별하고, 스스로 받아들인 구원의 은혜에 의해 확증된 사람들이다(*1:1-4에 대한 설명을 보라*). 참고. 고린도전서 6:19, 20; 베드로전서 2:9.

2:15 말하고 권면하며…책망하여 이 세 가지 동사는 선포와 적용, 말씀으로 바로잡는 일의 필요성을 가리킨다. **권위** 영적 영역에서 사람에게 명할 수 있는 권위는 오직 하나님으로부터만 온다. 참고. 마태복음 7:28, 29. **누구에게서든지 업신여김을 받지 말라** 3:9-11을 보라. 진리에 대한 반항은 처리되어야 한다. 참고. 마태복음 18:15-20; 고린도전서 5:9-13; 데살로니가후서 3:14, 15.

C. 세상 속에서(3:1-11)

1. 거룩한 생활(3:1-4)

3:1-11 마지막 대목에서 바울은 디도에게 그가 돌보고 있는 사람들에게 다음 사항에 대한 그들의 태도를 상기시켜 주라고 권한다. 첫째, 구원받지 못한 통치자들(1절)과 일반 사람이다(2절). 둘째, 죄에 빠져 있던 그들의 이전 상태다(3절). 셋째, 예수 그리스도를 통한 은혜로운 구원에 대해서다(4-7절). 넷째, 구원받지 못한 세상에 대한 그들의 의로운 증언에 대해서다(8절). 다섯째, 교회 내의 거짓 교사들과 분열을 일으키는 교인들에 대한 그들의 책임이다(9-11절). 이 모든 일이 효과적인 복음 전도를 위해 필수적이다.

3:1 복종하며 성경의 권위에 복종하는 사람은 당연히 인간의 권세에도 순종해야 한다. 이는 그리스도인의 증언의 일부이기 때문이다(*롬 13:1-7; 벧전 2:12-17에 대한 설명을 보라*).

3:2 모든 사람 그리스도인은 모든 사람과의 관계에서 그들의 경건한 덕성의 본을 보여야 한다. 이 권고는 특히 불신자를 대할 때 적용된다. 여기서 사용된 이 표현이 모든 사람 개개인을 가리키기보다는 인류 전체를(특별히 우리와 만나게 되는 사람)을 가리키며, 이것은 2:11과 같은 의미를 가진다.

3:3 우리도…자였으나 이 말은 모든 신자가 제각기 여기에 나열된 각각의 죄를 전부 범했다는 말이 아니라 구원받기 이전 각자의 삶이 주로 그런 죄로 채색되었다는 뜻이다. 과거를 생각하면서 신자는 구원받지 못한 자들, 대단히 부도덕하고 불경건한 사람들을 대할 때조차 겸손해야 한다. 만약 하나님이 택하신 사람들에게 베푸시는 은혜가 없었다면 그들 역시 사악했을 것이다. *베드로전서 3:15에 대한 설명을 보라*. 참고. 디모데후서 2:25. 다른 죄의 목록을 위해서는 로마서 1:18-32; 고린도전서 6:9, 10; 갈라디아서 5:19-21; 에베소서 4:17-19을 보라.

3:4 자비…나타날 2:11에서와 같이 바울은 예수 그리스도에 대해 말하고 있다. 예수 그리스도는 자비와 사랑이 육신을 입고 사람의 모양으로 나타나신 분이다. 참고. 에베소서 2:4-6.

2. 건전한 교리(3:5-11)

3:5 행위로 말미암지 아니하고 구원은 언제나 행위로 말미암은 것이 아니다(엡 2:8, 9을 보라. 참고. 롬 3:19-28). **그의 긍휼하심을 따라** 참고. 에베소서 2:4; 디모데전서 1:13; 베드로전서 1:3; 2:10. **중생의 씻음** *에스겔 36:25-31; 에베소서 5:26, 27; 야고보서 1:18; 베드로전서 1:23에 대한 설명을 보라*. 구원은 죄로부터의 신성한 씻음, 성령이 창조하고 능력을 주고 보호하는 새로운 삶, 즉 하나님의 자녀와 상속자다운 삶을 선사한다(7절). 이것이 새로운 출생이다(참고. 요 3:5; 요일 2:29; 3:9; 4:7; 5:1). **성령의 새롭게 하심** 참고. 로마서 8:2. 성령께서는 '중생의 사역'을 수행하시는 분이다.

3:6 풍성히 신자가 구원받을 때 그리스도의 영이 그들에게 측량할 수 없는 복을 주신다(참고. 행 2:38, 39; 고전

딛

12:7, 11, 13; 엡 3:20; 5:18).

3:7 의롭다 하심을 얻어 구원의 핵심적 진리는 오직 믿음에 의한 칭의다. 죄인이 회개하고 예수 그리스도를 믿을 때 그 죄인의 죗값을 그리스도의 대속적 죽음이 갚아준 결과로, 하나님은 그를 의롭다 선언해주시고, 그리스도의 의를 그에게 입혀주시며, 그에게 영생을 주신다. *로마서 3:21-5:21; 갈라디아서 3:6-22; 빌립보서 3:8, 9에 대한 설명을 보라.* **상속자** 예수 그리스도를 믿음으로 말미암아 하나님의 양자가 된 신자는 "하나님의 상속자요 그리스도와 함께 한 상속자"가 된다(롬 8:17. 참고. 벧전 1:3, 4).

3:8 이 말이 미쁘도다 이것은 초대 교회의 일반적인 표현으로 목회서신에서 5번 사용되었다(참고. 딤전 1:15; 3:1; 4:9; 딤후 2:11). **사람들에게 유익하니라** 즉 복음 전도를 위해서 그렇다는 말이다. 여기서도 사람들은 일반인들로(참고. 2절; 2:11) 복음 증거에 반응을 보이는 사람들을 가리킨다.

3:9 어리석은 변론 바울은 다시 그레데의 거짓 교사들과 무의미한 토론에 말려드는 것에 대해 경고한다(1:10, 14, 15을 보라). 특히 그리스도인도 "모세 율법"을 따라야 한다고 주장하는 유대주의자들에 대해 경고한다. 그들의 견해는 오직 은혜에 의해 믿음을 통하여 의롭게 된다는 교리를 공격하며, 그것은 선하고 유익하고 거룩한 생활과 상반되는 "무익한 것이요 헛된 것"이다. 진리를 선포하고 오류와 쓸 데 없이 논쟁하지 않는 것이 성경적 복음 전도 방법이다.

3:10 멀리하라 교회 내에서 순종하지 않고, 자기 뜻을 고집하며, 분열을 일으키는 사람은 추방되어야 한다. 그리스도가 보이신 교회 권징을 위한 기본적인 모범(*마 18:15-17에 대한 설명을 보라*. 참고. 롬 16:17, 18; 살후 3:14, 15)에 따라 두 차례 경고가 주어져야 한다.

3:11 스스로 정죄한 당쟁을 일삼는 신자는 그 자신의 불경건한 행실로 스스로 심판을 자초한다.

맺음말 (3:12-14)

3:12 아데마 바울이 그를 신뢰했다는 것 이외에는 이 사람에 대해 알려진 바가 없다. **두기고** 이 "사랑 받는 형제요 신실한 일꾼"(골 4:7)은 고린도에서 소아시아까지 바울과 동행했고(행 20:4), 사도의 편지를 골로새의 교회에 전달했으며(골 4:7), 에베소서에도 그가 편지를 전달했을 가능성이 있다(엡 6:21을 보라). **니고볼리** 이는 '승리의 도시'라는 뜻을 가지고 있으며, 그곳 또는 그 근처에서 벌어진 전쟁에서 결정적 승리가 성취되었기 때문에 이런 이름이 붙은 아홉 개의 도시들 가운데 하나였을 것이다. 이 니고볼리는 남부 그리스 아가야 서해안에 있었을 것으로 짐작되며, "겨울을 지내기"에 좋은 곳이었다.

3:13 세나 이 신자에 대해서는 알려진 바가 없으며 성경의 법이나 로마법 전문가였을 것으로 보인다. **아볼로** 원래 알렉산드리아 출신으로 뛰어난 성경 교사였으며, 세례 요한의 가르침만 알다가 그리스도께 회심한 인물이다(행 18:24-28). 그의 추종자들 가운데 일부가 고린도 교회 내에서 한 분파를 형성했던 것으로 보인다(고전 1:11, 12; 3:4).

3:14 좋은 일 다시 유효한 증거를 위한 발판으로 선행이 강조된다(참고. 8; 1:13-16; 2:5, 8, 10, 12, 14).

> **디도서의 중심 주제**
>
> 디도서 전체에서 다음 세 가지의 중심 주제가 반복된다.
>
> 1. 행위(1:16; 2:7, 14; 3:1, 5, 8, 14)
> 2. 믿음과 교리의 건전성
> (1:4, 9, 13; 2:1, 2, 7, 8, 10; 3:15)
> 3. 구원(1:3, 4; 2:10, 13; 3:4, 6)

축도 (3:15)

3:15 나와 함께 있는 자가 다 참고. 고린도전서 16:20; 고린도후서 13:12; 빌립보서 4:22. 참고. 또한 바울과 함께 있던 사람들의 이름이 언급된 로마서 16:21-23; 골로새서 4:10-14.

연구를 위한 자료

Homer A. Kent Jr., *The Pastoral Epistles* (Salem, Wisc.: Sheffield, 1993).

George W. Knight III., *Commentary on the Pastoral Epistles* (Grand Rapids: Eerdmans, 1992).

John MacArthur, *Titus* (Chicago: Moody, 1996).

제목

이 서신의 수신자인 빌레몬은 골로새 교회의 중요한 교인이었으며(1, 2절. 참고. 골 4:9) 교회가 그의 집에서 모였다(2절). 이 서신은 그와 그의 가족, 그 교회 앞으로 보낸 것이다.

저자와 저작 연대

이 서신은 바울을 저자라고 주장하고 있다(1, 9, 19절). 교회 역사에서 이 주장을 문제 삼은 경우는 거의 없다. 특별히 빌레몬서의 내용을 보면 위조자가 이 서신을 날조할 이유가 없기 때문이다. 이 서신은 에베소서, 빌립보서, 골로새서와 함께 옥중서신으로 불린다. 이 서신과 같은 시기에 쓰인 바울의 골로새서(주후 60-62년경, 참고. 1, 16절)와 밀접한 관계가 있는 이 서신은 아주 일찍부터 초대 교부들(히에로니무스, 크리소스토모스, 몹수에스티아의 데오도르)로부터 의심의 여지 없이 바울의 서신으로 인정되었다. 최초의 신약 정경인 무라토리안(주후 170년경)에 빌레몬서가 포함되어 있다. 바울의 생애에 대한 정보는 로마서 서론의 저자와 저작 연대를 보라. 빌레몬서의 기록 연대와 장소에 대해서는 에베소서와 빌립보서 서론의 저자와 저작 연대를 보라.

배경과 무대

빌레몬은 이 서신이 기록되기 몇 년 전에 바울의 사역을 통해 구원받았다. 아마 에베소에서였을 것이다(19절). 큰 집을 소유할 정도로 부유했던(참고. 2절) 빌레몬은 최소 한 명의 노예가 있었는데, 그의 이름은 오네시모였다(문자적으로 '유용하다'라는 뜻으로 노예의 이름으로 흔히 사용되었음). 오네시모가 빌레몬의 돈을 훔쳐(18절) 달아났을 때는 신자가 아니었다. 도망친 수많은 노예들처럼 오네시모도 로마로 가서 노예인지 자유민인지 알 수 없는 사람이 넘쳐나는 제국의 수도에서 은닉할 길을 모색했다. 성경에 기록되지 않은 상황을 통해 오네시모는 로마에서 바울을 만나 그리스도인이 되었다.

사도는 이 도망자 노예를 짧은 시간 안에 사랑하게 되었고(12, 16절) 오네시모를 로마에 붙잡아두고 싶었다(13절). 옥살이 중인 바울에게 그가 귀중한 봉사를 해주고 있었기 때문이다(11절). 그러나 빌레몬에게서 돈을 훔쳐 달아났기 때문에 오네시모는 로마법을 어겼고 주인의 재산을 축냈다. 바울은 이 문제가 해결되어야 한다는 것을 알았으므로, 오네시모를 골로새로 보내기로 결심했다. 오네시모가 홀로 여행하는 것이 너무 위험했으므로(노예 체포자들 때문에), 바울은 골로새로 가는 두기고와 함께 그를 돌려보냈다(골 4:7-9). 바울은 오네시모 편에 이 아름다운 개인적 서신을 빌레몬에게 보내면서 그를 용서하고 그리스도 안에 있는 형제로 맞아들여 봉사하게 할 것을 권했다(15-17절).

역사적 · 신학적 주제

빌레몬서는 초대 교회가 노예제도에 어떻게 대처했는지에 대한 귀중한 역사적 통찰을 제공한다. 노예제도는 로마 제국에 편만해 있었으며(어떤 평가에 따르면 노예가 전체 인구 가운데 삼분의 일 또는 그 이상을 차지했음) 삶의 일부로 당연하게 받아들여졌다. 바울 시대에 노예의 노동은 자유민의 노동을 능가했다. 노예는 의사, 음악가, 교사, 예술가, 사서, 회계사가 될 수 있었다. 요컨대 대부분의 직종이 노예에 의해 채워질 수 있었고 또 채워졌다. 노예는 법적으로 사람으로 간주되지 않고 주인의 도구로 여겨졌다. 그래서 그들은 사고팔고, 상속되고, 교환되고, 주인의 빚으로 인해 압류될 수 있었다. 노예의 주인은 노예를 처벌할 수 있는 말 그대로 무제한의 권력을 가졌으며, 어떤 경우에는 아주 작은 위반 행위에 대해서도 가혹한 형벌이 가해지기도 했다. 하지만 신약성경 시대에는 노예제도에 변화가 일기 시작했다. 생활에 만족하는 노예가 생산적이라는 것을 깨달은 주인들이 노예를 좀 더 관대하게 다루었던 것이다. 주인은 노예에게 자기 일을 가르쳐주었고, 어떤 주인들은 노예와 가까운 친구가 되기도 했다.

법적으로 노예를 사람으로 인정하지는 않았지만, 주후 20년 로마의 원로원은 범죄로 고발된 노예에게 재판받을 권리를 인정해주었다. 또한 노예가 자유를 회복하는(또는 살 수 있는) 경우도 흔해졌다. 어떤 노예들은 주인에게 매우 호의적이고 좋은 대우를 받았고, 때론 자유민보다 형편이 나았다. 충분한 보살핌과 양식이 확보되어 있었기 때문이다. 많은 자유민은 가난 속에서 허덕였다.

신약성경은 어디서도 노예제도를 직접 공격하지 않는다. 만약 성경에서 노예제도를 직접 공격했다면 그로 말미암은 노예의 반란이 잔인하게 진압되었을 것이고, 복음 메시지가 사회개혁과 혼동되어 절망적인 상황이 초래되었을 것이다. 대신 기독교는 노예와 주인의 마음을 변화시킴으로써 노예제도의 악을 근본적으로 붕괴시켜 나갔다. 주인과 노예의 영적 동등성을 강조해(16절; 갈 3:28; 엡 6:9; 골 4:1; 딤전 6:1, 2) 성경은 노예제도의 잘못된 점을 제거해 나갔던 것이다. 이 서신을 지배하는 신학적 주제는 용서로, 신약성경 전체에서 두드러지게 나타난다(참고. 마 6:12-15; 18:21-35; 엡 4:32; 골 3:13). 여기서 바울의 교훈은 용서라는 단어를 한 번도 사용되지 않으면서도 용서의 성경적 정의를 제공한다.

해석상의 과제

바울이 친구인 빌레몬에게 보낸 이 개인적 서신에는 해석상의 과제가 없다.

빌레몬서 개요

I. 인사(1-3절)
II. 용서하는 자의 성품(4-7절)
III. 용서하는 자의 행동(8-18절)
IV. 용서하는 자의 동기(19-25절)

「바울이 오네시모를 통해 보낸 서신을 읽는 빌레몬」 작자 미상.

인사 (1-3절)

1, 2 1세기 편지쓰기의 형식에 따라 인사에는 편지를 쓴 사람과 받는 사람의 이름이 기록되어 있다. 이것은 매우 사적인 서신이며, 빌레몬은 바울에게 하나님의 영감으로 쓰인 편지를 받은 세 명의 개인 가운데 한 명이었다(디모데와 디도가 다른 두 명임).

1 그리스도 예수를 위하여 갇힌 자 이 서신을 쓸 때 바울은 로마에 감금되어 있었다(에베소서와 빌립보서 서론의 저자와 저작 연대를 보라). 바울은 그리스도의 주권적인 뜻을 위해, 뜻에 의해 감금되어 있었다(참고. 엡 3:1; 4:1; 6:19, 20; 빌 1:13; 골 4:3). 편지를 시작하면서 자신의 사도적 권위가 아닌 감옥에 갇힌 사실을 이야기하면서 바울은 이 편지를 부드럽게 친구를 향한 특별한 호소로 채워 나갔다. 자신의 가혹한 시련을 상기시킴으로써 그가 말하고자 하는 비교적 가벼운 부탁을 빌레몬이 받아들이도록 하려는 의도였다. **디모데** 디모데전서 서론의 배경과 무대를 보라. *사도행전 16:1-3; 빌립보서 1:1; 디모데전서 1:2에 대한 설명을 보라*. 디모데는 이 서신의 공동 저자는 아니었지만 에베소에서 빌레몬을 만났을 것이며, 사도가 이 서신을 쓸 때 함께 있었을 것이다. 바울은 이곳과 다른 서신에서도 디모데를 언급했다(예를 들면 고후 1:1; 빌 1:1; 골 1:1; 살전 1:1; 살후 1:1). 이는 바울이 디모데가 지도자로, 사도는 아니지만 바울의 명백한 후계자로 알려지기를 원했기 때문이다. **빌레몬** 골로새 교회의 부유한 회원으로 교회가 그의 집에서 모였다(서론의 배경과 무대를 보라). 예배당 건물은 3세기에 처음 등장한다.

2 압비아…아킵보 빌레몬의 아내와 아들이다. **네 집에 있는** 1세기 교회는 집에서 모였으며, 바울은 이 개인적 서신이 빌레몬의 집에서 모이는 교회에서 읽히기를 원했다. 이렇게 편지가 교회에서 읽히면 빌레몬은 이 서신의 내용에 책임을 져야 했고, 교회 역시 용서의 문제에 대해 교훈을 얻을 수 있었다.

3 은혜…너희에게 있을지어다 바울이 쓴 13편의 서신 전부에 등장하는 일반적인 인사다. 이 인사는 구원의 수단(은혜)과 그것의 결과(평강)를 부각시키면서 그것을 성부와 성자에게 연결시켜 아들의 신성을 천명한다.

용서하는 자의 성품 (4-7절)

5 헬라어 본문에서 이 절은 이른바 교차대구의 구조라고 불리는 방식으로 배열되어 있다. "사랑"은 마지막 부분의 "모든 성도에 대한 사랑"에 연결된다. 의지, 선

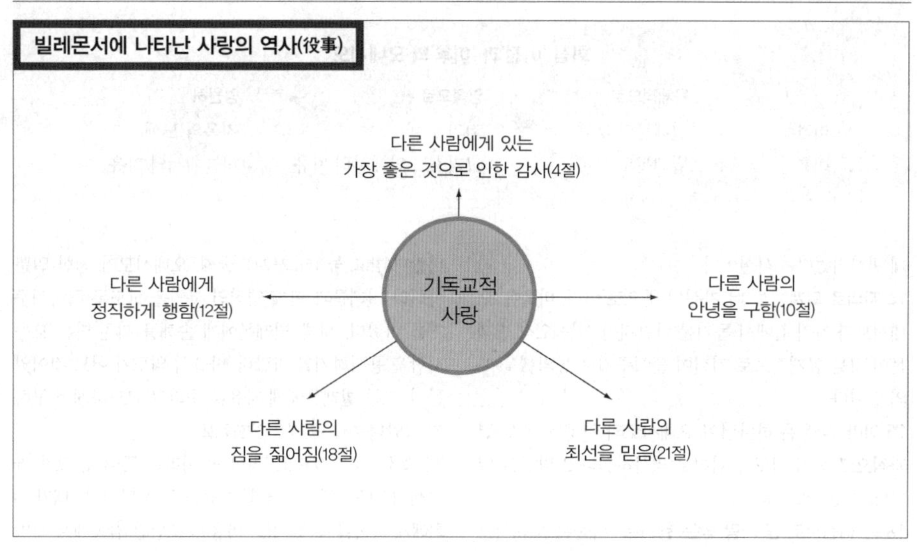

택, 자기부인, 겸손의 이 사랑은(갈 5:22) '주 예수를 향한' 빌레몬의 믿음에 대한 선언이다(참고. 롬 5:5; 갈 5:6; 요일 3:14).

6 **교제** 대개 '교제'로 번역되는 이 헬라어 단어는 단지 함께 있어 즐거운 것을 넘어선 어떤 것을 의미한다. 삶의 모든 것을 서로 나누는 것을 가리킨다. 이는 그리스도 안에서 동일한 생명을 가지고 있다는 사실과 상호간의 공동체성, 곧 "믿음" 안에서 '서로에게 속한다'는 사실 때문에 신자가 서로 나누는 것이다. **알게 하고** 깊고 풍성하고 충만하고 경험적인 진리의 지식을 말한다(*골 1:9; 3:10에 대한 설명을 보라*). **역사하느니라** 문자적으로 '강력한'이라는 뜻이다. 바울은 빌레몬의 행동이 용서의 중요성에 대해 교회에 강력한 메시지를 주기를 원했다.

7 **마음** 이 헬라어 단어는 인간의 감정이 머무는 곳을 가리킨다(*골 3:12에 대한 설명을 보라*. 여기서는 동일한 헬라어 단어가 "자비"로 번역되었음). **평안함을 얻었으니** 이는 군사가 행군하다가 휴식을 취하는 것을 가리키는 군사 용어에서 온 것이다.

용서하는 자의 행동 (8-18절)

8 **담대하게…명할 수도 있으나** 그의 사도적 권위로(*롬 1:1; 살전 2:6에 대한 설명을 보라*) 바울은 빌레몬에게 오네시모를 받아들이라고 명할 수도 있었다.

9 **간구하노라** 이 상황에서 바울은 권위에 의지하지 않았다. 도리어 자신과 빌레몬의 사랑의 끈에 의지해 긍정적인 답변을 이끌어내고자 했다(7절. 참고. 고후 10:1). **나이가 많은** 단순히 시간상의 나이(이 서신을 쓸 때 바울은 약 60세였음)만이 아니라 모든 박해, 질병, 투옥, 힘든 여행, 교회를 위한 끊임없는 염려로 말미암아(*고후 11:23-30에 대한 설명을 보라*) 실제 나이보다 더 늙어 보였고 자신도 그렇게 느꼈다. **갇힌 자 되어** *1절에 대한 설명을 보라*.

10 **갇힌 중에서 낳은** 로마에서 연금 상태에 있는 동안 바울은 그를 그리스도에 대한 믿음으로 이끌었다. **아들 오네시모** 서론의 배경과 무대를 보라. 바울에게 있어 그는 믿음 안에서의 아들이었다(*딤전 1:2에 대한 설명을 보라*).

11 **무익하였으나…유익하므로** '쓸모 없었으나…쓸모 있으므로'라고 번역하는 것이 낫다. 이 언어유희는 오네시모(*Onesimus*)라는 이름의 어원에 해당하는 헬라어 단어와 같은 의미를 전달하고 있다. 여기서 바울이 말하고자 한 것은 오네시모가 하나님의 은혜로 철저하

빌레몬서에 나타난 바울의 영적 동기

1. 겸손에 따른 동기(1상)
2. 동일시에 따른 동기(1하-3절)
3. 감사에 따른 동기(4-7절)
4. 호소에 따른 동기(8-17절)
5. 헌신을 통한 동기(18-19절)
6. 기대에 따른 동기(20-21절)
7. 책임에 따른 동기(22-25절)

회심 '이전'과 '이후'의 오네시모

	육체적으로	영적으로	영원히
이전	빌레몬의 노예	죄의 노예	지옥의 노예
이후	빌레몬의 노예	그리스도 안에서의 자유	하늘에서의 자유

게 변화되었다는 사실이다.

14 자의로 되게 즉 '너 자신의 뜻으로'이다. 바울은 오네시모가 자기 곁에서 돕기를 바랐지만 이는 오직 빌레몬이 그를 공개적으로 기꺼이 풀어주기로 동의했을 때의 일이다.

15 아마 바울은 하나님이 오네시모의 악행(도망)을 결과적으로 선이 되도록 섭리로 역사하셨다고 말하고 있다(참고. 창 50:20; 롬 8:28).

16 종 이상으로 곧 사랑 받는 형제로 바울은 오네시모의 해방을 요구하는 것이 아니라(참고. 고전 7:20-22), 빌레몬이 그를 그리스도 안에서 동료 신자로 받아들이기를 원했다(참고. 엡 6:9; 골 4:1; 딤전 6:2). 기독교는 노예제도 철폐를 언급한 적은 없지만, 그 안에서 공정하고 인자한 관계를 맺도록 도모했다. **육신과** 그들이 함께 일하는 육신생활에서(*빌 1:22에 대한 설명을 보라*). **주 안에서** 주인과 노예는 함께 예배하고 사역하면서 영적인 하나 됨을 누려야 했다.

17-19 바울은 빌레몬과 오네시모가 화해하기 위해 지불해야 할 것이 있다면, 죄인을 하나님께 화해시키는 예수님의 모범에 따라 무엇이든 지불할 준비가 되어 있음을 밝혔다.

용서하는 자의 동기 (19-25절)

19 친필로 *갈라디아서 6:11; 골로새서 4:18에 대한 설명을 보라*. 참고. 데살로니가후서 3:17. **네 자신이** 빌레몬은 바울이 그에게 갚겠다고 제안한 물질적 부채보다 훨씬 큰 어떤 것을 빚지고 있었다. 바울이 그를 구원의 믿음으로 인도한 것이다. 빌레몬은 그것을 갚을 수가 없다.

20 나로…기쁨을 얻게 하고 *빌립보서 2:2에 대한 설명을 보라*. 오네시모를 용서함으로써 빌레몬은 골로새의 교회 내에 하나 됨을 유지하며 갇혀 있는 바울 사도에게 기쁨을 줄 수 있다(참고. 7절).

21 내가 말한 것보다 더 바울이 빌레몬에게 요구하는 용서 이상의 것은 다음과 같다. 첫째, 오네시모를 마지못해 받아들이는 것이 아니라 큰 기쁨으로 환영하기를 바랐다(참고. 눅 15:22-24). 둘째, 오네시모가 천한 일뿐 아니라 빌레몬과 함께 영적인 사역을 하도록 허락해주기를 바랐다. 셋째, 빌레몬에게 손해를 끼친 다른 모든 사람을 용서하기를 바랐다. 바울의 의도가 어느 것이었든지, 그는 빌레몬에게 자유를 주라고 교묘하게 촉구하지 않았다(*16절에 대한 설명을 보라*).

22 숙소 문자적으로 '거할 곳'이라는 뜻이다. 그가 골로새에 방문했을 때 거할 수 있는 곳을 말한다. **내가 너희에게 나아갈 수 있기를** 바울은 조만간 감옥에서 석방되어(참고. 빌 2:23, 24), 다시 골로새로 가서 빌레몬과 다른 사람들과 함께할 수 있기를 기대했다.

23 에바브라 *골로새서 4:12에 대한 설명을 보라*.

24 마가, 아리스다고 *골로새서 4:10에 대한 설명을 보라*. 한때 단절되었다가 다시 회복된 바울과 마가 사이의 이야기(행 15:38-40; 딤후 4:11)는 골로새의 신자들에게 널리 알려졌을 것이다(골 4:10). 마가의 이름을 여기서 언급한 것은 바울 자신이 용서의 문제를 처리해왔으며, 바울이 친구에게 주는 지침은 그 자신이 이미 요한 마가와의 관계에서 실천한 것임을 빌레몬에게 상기시켜 주었을 것이다. **데마, 누가** *골로새서 4:14에 대한 설명을 보라*.

연구를 위한 자료

Robert Gromacki, *Stand Perfect in Wisdom* (The Woodlands, Tex.: Kress, 2002).

Homer A. Kent Jr., *Treasures of Wisdom* (Winona Lake, Ind.: BMH, 1978).

John MacArthur, *Colossians and Philemon* (Chicago: Moody, 1992).

제 목

주후 100년이 막 지났을 때 신약성경의 여러 책이 수집되어 공식적으로 한 권의 책으로 묶이면서 편의상 각 책에 이름을 붙이게 되었다. 이 서신에는 전통 헬라식 이름인 '히브리인들에게'라는 이름이 붙었는데, 주후 2세기까지 이 이름이 사용되었다. 그러나 이 서신 자체는 수신자가 히브리인(유대인)인지 이방인인지 밝히지 않았다. 이 서신이 히브리의 역사와 종교에 대해 많이 언급하고 특별히 이방적이거나 이교적인 행습을 말하지 않기 때문에 이 서신에 붙여졌던 히브리서라는 전통적인 명칭이 유지되고 있다.

저자와 저작 연대

히브리서의 저자는 알려져 있지 않다. 여러 학자가 제안한 저자로는 바울, 바나바, 실라, 아볼로, 누가, 빌립, 브리스길라, 로마의 클레멘스 등이 있다. 하지만 이 서신의 어휘, 문체, 문학적 특징들은 어느 한 주장을 분명하게 지지하지 않는다. 그리스도의 메시지를 들은 사람들이 다른 사람들에게 확증했는데, 저자 자신이 이들 가운데 한 사람이라고 밝힌 것은 의미심장하다(2:3). 이렇게 되면 바울은 저자 후보군에서 배제된다. 왜냐하면 바울이 그 확증을 사람에게서 받지 않고 하나님으로부터 직접 받았다고 주장했기 때문이다(갈 1:12).

저자가 누구였든지, 그는 구약을 인용할 때 히브리어 본문이 아닌 구약의 헬라어 번역본에서(70인역) 인용하고 있다. 초대 교회 때도 저자에 대한 많은 주장이 제기되었는데, 현재까지 그 답을 찾지 못하고 있다. 그러므로 이 서신은 저자 미상으로 간주하는 것이 최선으로 보인다. 물론 궁극적으로는 성령이 저자다(벧후 1:21).

5:1-4; 7:21, 23, 27, 28; 8:3-5, 13; 9:6-9, 13, 25; 10:1, 3, 4, 8, 11; 13:10, 11에서 현재 시제가 사용되고 있다는 사실은 이 서신이 기록되고 있을 당시 레위기적 제사장직과 희생제사제도가 여전히 존속되고 있었음을 암시한다. 예루살렘이 티투스 베스파시아누스(Titus Vespasian) 장군(뒤에 황제가 됨)의 손에 파괴당한 때가 주후 70년이므로, 이 서신은 그 이전에 기록되었어야 한다. 게다가 디모데가 막 출옥했으며(13:23) 박해가 점점 극렬해지고 있었다는 사실도(10:32-39; 12:4; 13:3) 주목해야 한다. 이런 세부 내용으로 볼 때 이 서신은 주후 67-69년에 기록된 것으로 보인다.

배경과 무대

레위 지파의 제사장직과 제사제도가 강조된다는 사실, 게다가 이방인에 대한 언급이 없다는 사실은 이 서신의 수신자가 히브리인 공동체였다는 결론에 힘을 실어준다. 이들은 주로 그리스도께로 회심한 히브리인이기는 했지만, 그들 가운데는 구원의 메시지에 이끌렸음에도 아직 그리스도에 대한 믿음에 완전히 헌신하지 않은 사람이 있었다(해석상의 과제를 보라). 서신 내용으로 볼 때 한 가지는 분명하다. 이 히브리인 공동체가 점점 거세진 박해에 직면하고 있었다는 사실이다(10:32-39; 12:4).

이런 박해에 직면하자, 히브리인들은 그리스도와의 관계를 끊고 싶은 유혹을 받고 있었다. 어쩌면 그리스도를 하나님의 아들 자리에서 천사의 자리로 강등시킬 것을 고려하고 있었을지도 모른다. 그런 전례가 사해 근처에 살던 메시아적 유대인인 쿰란 공동체에 이미 있었다. 그들은 사회에서 떨어져 나가 별도의 종교적 사회를 구성하고, 개혁주의 유대교라는 이름으로 천사 숭배를 포함시켰다. 거기서 더 나아가 쿰란 공동체는 천사 미가엘이 앞으로 임할 메시아보다 더 높은 지위에 있다고 주장하기까지 했다. 이런 종류의 비정상적 교리 때문에 1장에서 그리스도가 천사보다 우월함을 강조했을 수도 있다.

이 서신의 수신자들이 살던 지역으로는 팔레스타인, 애굽, 로마, 소아시아, 그리스 등 다양하다. 이 서신을 처음 받은 공동체가 주변 지역과 교회의 히브리 배경을 가진 사람들에게 이 편지를 회람시켰을 것이다. 그 신자들은 그리스도를 직접 보지 못했을 것이다. 그들에게 복음을 전한 사람들은 그리스도의 말씀을 직접 들었고, "표적들과 기사들과 여러 가지 능력"으로 그들의 사역의 진정성을 입증했던 자들이었다(2:3, 4). 그렇다면 수신자는 유대와 갈릴리 이외 지역의 교회에 속해 있었거나, 그 지역의 교회에 속해 있기는 했지만 그리스도를 직접 목격한 사람의 다음 세대에 속한 사람일 수도 있다. 그 회중은 새로운 사람 또는 배우지 못한 사람은 아니었지만("때가 오래되었으므로 너희가 마땅히 선생이 되었을 터인데") 여전히 "단단한 음식은 못 먹고 젖이나 먹어야 할 자"(5:12)로 남아 있었다.

"이달리아에서 온 자들"(13:24)은 애매한 표현이다. 왜냐하면 이 말은 로마를 떠나 다른 곳에서 사는 사람을 가리킬 수도 있고, 여전히 로마에 살고 있어 그 나라의 토착 주민으로 거론된 사람일 수도 있기 때문이다. 그리스와 소아시아도 수신 지역으로 거론되어야 하는 이유는 그 지역에 교회가 일찍 설립된 것으로 보이며, 70인역을 꾸준히 사용했기 때문이다.

이 서신을 받은 히브리 사람들의 세대는 예루살렘 성전에서 여전히 레위기적 제사제도를 시행하고 있던 사람이었다. 포로기에 살던 유대인은 성전을 회당으로 대체하기는 했지만 성전 예배에 대해 여전히 애착을 가지고 있었다. 어떤 사람들은 정기적으로 예루살렘의 성전으로 순례 여행을 떠날 만한 조건을 갖춰놓고 있었다. 이 서신의 저자는 유대교에 대한 기독교의 우월성, 성전에서 지켜지던 반복적이고 불완전한 레위기적 제사제도에 대한 그리스도의 영단번의 제사의 우월성을 강조하고 있다.

역사적 · 신학적 주제

히브리서가 레위기의 제사장직을 기초로 기록되었으므로 히브리서의 올바른 해석을 위해서는 레위기에 대한 이해가 필수적이다. 이스라엘의 죄악은 하나님과 언약 백성인 이스라엘의 교제를 지속적으로 방해했다. 그래서 하나님은 은혜로운 손길로 죄인의 내적 회개와 하나님의 신성한 사죄를 상징하는 제사제도를 주권적으로 제정하셨다.

그러나 사람들과 제사장들이 계속 범죄했기 때문에 희생제사의 필요성이 없어지지 않았다. 단번에 영원히 실제적으로 죄를 제거할 완전한 제사장과 완전한 제사가 전 인류에게 필요했다. 하나님이 그리스도 안에서 그 완전한 제사장과 제사를 제공했다는 것이 히브리서의 중심 메시지다.

히브리서는 모세를 통해 주어진 옛 언약의 불완전하고 미비한 준비와 하나님의 독생자요 메시아인 완전한 대제사장을 통해 주어진 새 언약의 무한히 더 나은 준비 사이의 대비를 다루고 있다. '더 나은' 준비에 속하는 것으로는 더 나은 소망과 언약, 약속, 희생제사, 실체, 나라, 부활이 있다. 새 언약에 속하는 사람들은 완전히 새로운 하늘의 환경 속에서 살고, 하늘의 구주를 경배하며, 하늘의 부르심을 받고, 하늘의 은사를 맛보며, 하늘 나라의 시민이고, 하늘의 예루살렘을 기다리며, 하늘에 그들의 이름이 기록되어 있다.

히브리서의 주요 신학적 주제 가운데 하나는 모든 신자가 새 언약 하에서 하나님께 직접 받아들여지므로 그분의 보좌에 담대히 나아갈 수 있다는 것이다(4:16; 10:22). 하나님의 임재 자체가 바로 사람의 소망이며, 구주를 따라서 그 임재 앞으로 인도된다(6:19, 20; 10:19, 20). 성전제도의 상징적인 가르침은 율법 언약 하에서 신자는 하나님의 임재 앞으로 직접 나아가지 못한다는 것이며(9:8), 따라서 지성소는 그들에게 닫혀 있었다. 히브리서는 다음과 같이 간단하게 요약될 수 있다. 예수 그리스도를 죄를 위한 하나님의 완전한 희생제물로 믿는 사람들은 완전한 대제사장을 가지며, 그의 사역을 통해 모든 것이 새로워지고 율법 언약 하에 있던 것보다 더 나은 위치에 있다.

그러나 이 서신은 단순한 교리적 논문이 아니다. 이 서신은 일상생활에 실천적으로 적용될 수 있다(13장을 보라).

「서신서를 쓰는 사도 바울(*Saint Paul Writing His Epistles*)」 1618-1620년. 발랭탱 드 블로냐로 추정. 캔버스에 유화. 99.38X52.38mm. 휴스턴 미술관. 휴스턴.

심지어 저자는 이 서신을 "권면의 말"이라고 지칭한다(13:22. 참고. 행 13:15). 독자들에게 행동하도록 재촉하는 권면이 본문 전체에서 발견된다.

이 서신의 또 다른 중요한 측면은 선택된 구약 본문에 대한 명확한 설명이다. 저자는 하나님 말씀에 익숙한 주석가임이 분명하다. 그의 모범은 설교자와 교사들에게 좋은 지침이 된다.

해석상의 과제

이 서신을 올바로 해석하려면 이 글이 서로 다른 세 집단의 유대인을 대상으로 하고 있음을 알아야 한다. 신자인 유대인과 신자는 아니지만 머리로 복음을 확신하는 유대인, 그리스도의 복음과 인격에 끌리기는 하지만 아직 그리스도에 대한 최종적 확신에 도달하지 못한 유대인이다. 이 집단들을 제대로 인식하지 못하면 성경의 나머지 부분과 조화되지 못하는 해석으로 귀결된다.

수신자의 첫 번째 집단은 동료 유대인에게(10:32-34) 배척과 박해를 당하기는 하지만 아직 순교를 당하지 않은 히브리 그리스도인이다(12:4). 이 서신은 그들의 메시아요 대제사장인 그리스도에 대한 믿음과 용기를 불어넣기 위해 쓰였다. 그들은 유대교의 상징이면서도 영적으로는 무력한 의식과 전통을 견지하려는 유혹을 받는 성숙하지 못한 신자 집단이다.

수신자의 두 번째 집단은 복음의 기본 진리에 대해서는 확신하지만 예수 그리스도를 자신의 구주와 주님으로 확실히 믿지 못하고 있는 유대인 불신자다. 그들은 머리로는 받아들였지만 영적으로는 헌신하지 않았다. 2:1-3; 6:4-6; 10:26-29; 12:15-17은 이런 사람들에게 말하고 있다.

세 번째 집단은 복음을 어느 정도 듣기는 했지만 복음 진리에 대해 확신을 갖지 못하는 유대인 불신자다(특히 11, 14, 15, 27, 28절을 보라).

지금까지 히브리서의 가장 심각한 해석상의 과제는 6:4-6이다. "한 번 빛을 받고"라는 구절이 자주 그리스도인을 가리키는 것으로 이해되며, 거기에 등장하는 경고는 그들이 "타락"하여 "하나님의 아들을 다시 십자가에 못 박은" 결과 구원을 잃어버릴 위험성이 있음을 표현하는 것으로 종종 해석된다. 그러나 그들이 구원받은 사람이라는 언급은 없으며, 그들에 대한 묘사에 오직 신자에게만 적용되는 어떤 용어도 사용되지 않았다(예를 들면 '거룩한' '거듭난' '의로운' '성도' 같은 용어).

이 문제는 여기서 다루어지는 사람들의 영적 상태를 정확하게 이해하지 못한 결과로 발생한 것이다. 이 경우 이들은 하나님의 구속의 진리에 노출되었고, 어쩌면 신앙을 고백했을 수도 있지만 참된 신앙을 발휘하지 않은 불신자다. 10:26에서도 문제가 되는 사람들은 배교한 그리스도인이지 자기들의 죄 때문에 구원을 잃을지도 모른다고 흔히들 잘못 생각하는 참된 신자는 아니다.

히브리서 개요

I. 예수 그리스도의 지위상의 우월성(1:1-4:13)
- A. 더 위대한 이름(1:1-3)
- B. 천사보다 나음(1:4-2:18)
  1. 더 위대한 메신저(1:4-14)
  2. 더 위대한 메시지(2:1-18)
- C. 모세보다 나음(3:1-19)
- D. 더 나은 안식(4:1-13)

II. 예수 그리스도의 제사장직의 우월성(4:14-7:28)
- A. 대제사장으로서의 그리스도(4:14-5:10)
- B. 그리스도께 완전히 헌신할 것을 권면함(5:11-6:20)
- C. 멜기세덱의 제사장직과 같은 그리스도의 제사장직(7:1-28)

III. 예수 그리스도의 제사장 사역의 우월성(8:1-10:18)
- A. 더 좋은 언약을 통해(8:1-13)
- B. 더 나은 성소에서(9:1-12)
- C. 더 좋은 제물에 의해(9:13-10:18)

IV. 신자의 특권의 우월성(10:19-12:29)
- A. 구원에 이르는 신앙(10:19-25)
- B. 거짓 신앙(10:26-39)
- C. 참된 신앙(11:1-3)
- D. 신앙의 영웅들(11:4-40)
- E. 견인하는 신앙(12:1-29)

V. 기독교적 행위의 우월성(13:1-21)
- A. 다른 사람들과의 관계에서(13:1-3)
- B. 우리 자신과의 관계에서(13:4-9)
- C. 하나님과의 관계에서(13:10-21)

VI. 후기(13:22-25)

예수 그리스도의 지위상의 우월성
(1:1-4:13)

A. 더 위대한 이름(1:1-3)

1:1 여러 부분 약 1,800년 이상 동안[주전 2200년경(?)의 욥기부터 주전 400년경의 느헤미야까지] 기록된 구약성경은 서로 다른 시대와 지역, 문화, 상황을 반영하는 39권의 책으로 되어 있다. **여러 모양** 여기에는 시와 산문으로 기록된 환상, 상징, 비유 등이 포함된다. 비록 문학적 양식과 문체는 다양하지만 언제나 하나님이 자기 백성이 알기를 원하시는 것에 대한 계시였다. 점진적으로 발전하는 구약 계시는 하나님의 구속 프로그램(벧전 1:10-12)과 자기 백성을 위한 하나님의 뜻을 설명한다(롬 15:4; 딤후 3:16, 17).

1:2 이 모든 날 마지막… 유대인은 "마지막 날들"을 메시아(그리스도)가 올 때를 의미한다고 이해했다(참고. 민 24:14; 렘 33:14-16; 미 5:1, 2; 슥 9:9, 16). 메시아 예언의 성취는 메시아 도래와 함께 시작된다. 그분이 도래한 때부터 "마지막 날"이 시작된 셈이다(참고. 고전 10:11; 약 5:3; 벧전 1:20; 4:7; 요일 2:18). 과거에는 하나님이 선지자들을 통해 계시를 주셨으나 메시아의 도래와 함께 시작된 마지막 날에는 아들을 통해 구속의 메시지를 말씀하신다. **상속자** 존재하는 모든 것은 마침내 하나님의 아들인 메시아의 통치 하에 들어갈 것이다(참고. 시 2:8, 9; 89:27; 롬 11:36; 골 1:16). 이 상속물은 아버지께서 "맏아들"인(*6절에 대한 설명을 보라*) 아들에게 주시는 권위의 완성판이다(참고. 단 7:13, 14; 마 28:18). **세계** 이 단어는 '세대'로 번역될 수도 있다. 이 단어는 시간, 공간, 에너지, 물질 등 온 우주와 그 안의 것들을 작동시키는 모든 것을 가리킨다(참고. 요 1:3).

1:3 광채 이 단어는 신약성경에서 여기서만 등장한다. 이 단어는 '빛을 발산하다' 또는 '빛나다'는 개념을 표현한다(참고. 요 8:12; 고후 4:4, 6). '반사'의 의미는 여기에 적절치 않다. 아들은 단순히 아버지의 영광을 반사만 하는 것이 아니다. 그는 하나님이며 자신의 본질적인 영광을 내비친다. **그 본체의 형상이시라** "형상이시라"는 단어는 신약성경에서 여기서만 등장한다. 성경 이외의 문헌에서 이 단어는 나무에 새기는 것, 금속에 한 에칭, 동물 매복지의 표시, 진흙에 남은 자국, 동전에 새겨진 형상을 가리키는 데 사용되었다. *본체*는 본성, 존재, 본질을 뜻하는 단어다. 아들은 완전한 자국, 곧 하나님의 본성과 본질을 시간과 공간 속에서 정확하게 재현했다(참고. 요 14:9; 골 1:15; 2:9). **붙드시며** 우주와 그 안에 있는 모든 것은 아들의 능력 있는 말씀에 의해 지속적으로 유지된다(골 1:17). 또한 이 단어는 운동과 전진이라는 개념을 전달하기도 한다. 아들은 만물을 관리하여 만물이 하나님의 주권적인 뜻의 절정에 도달하도록 한다. 그리고 말씀으로 만물을 존재케 한 이가 자신이 만든 것을 유지하며 자신의 뜻의 목적에 도달하도록 한다. **죄를 정결하게 하는 일을 하시고** 십자가 위에서 자신을 대속의 희생제물로 바치는 것을 말한다(참고. 딛 2:14; 계 1:5). **우편에 앉으셨느니라** 우편은 능력, 권위, 명예의 자리다(참고. 13절; 롬 8:34; 벧전 3:22). 또한 그것은 복종의 위치이기도 한데, 이는 아들이 아버지의 권위 아래에 있음을 암시한다(참고. 고전 15:27, 28). 그리스도가 앉은 자리는 주권적인 주님으로 통치하는 하나님의 보좌 우편(8:1; 10:12; 12:2)이다. 이것은 패배한 순교자가 아니라 승리한 구주의 모습이다. 이 어구의 일차적인 뜻은 그리스도의 등극이지만, 그 보좌에 앉는다는 것은 그분의 대속의 일이 완성되었음을 의미한다.

그리스도의 우월성

예수는 선지자보다 크다(1:1-3) 근거: 일곱 가지 특징	예수는 천사보다 크다(1:4-14) 근거: 일곱 번의 성경 인용
만유의 상속자(2절)	시 2:7(5절)
창조자(2절)	삼하 7:14(3절)
하나님 존재의 현현(3절)	신 32:43 또는 시 97:7(6절)
하나님을 완전히 나타냄(3절)	신 104:4(7절)
만물의 유지자(3절)	시 45:6, 7(8, 9절)
구주(3절)	시 102:25-27(10-12절)
높이 올라가신 주(3절)	시 110:1(13절)

B. 천사보다 나음(1:4-2:18)

1. 더 위대한 메신저(1:4-14)

1:4 **천사** 하나님을 섬기며 하나님의 명령을 이행하기 위해 피조된 영적 존재다. 유대인은 천사를 아주 높은 존재로 간주하여 하나님 다음으로 높다고 생각했다. 쿰란 공동체를 세웠던 유대교의 종파는 천사장 미가엘의 권위가 메시아의 권위에 필적하거나 더 우월하다고 가르쳤다. 히브리서 저자는 그런 모든 개념을 명확하게 부정한다. 하나님의 아들이 천사들보다 우월하다! **뛰어남은** 본질상 아들은 영원히 존재하지만, 잠시 동안 천사보다 못하게 되었으며(2:9) 그 후에는 구속 사역의 성취 때문에 무한히 더 높은 위치로 들림을 받았다(*빌 2:9-11에 대한 설명을 보라*). **더욱 아름다운 이름** 이것은 주님의 이름이다(*빌 2:9-11에 대한 설명을 보라*). 어떤 천사도 전적인 주권을 가진 주님이 아니다(6, 13, 14절).

1:5 시편 2:7과 사무엘하 7:14을 인용하여 저자는 아들이 아버지와 맺고 있는 유일무이한 관계를 보여준다. 어떤 천사도 그런 관계를 맺은 적이 없다. **아들** 이것은 그리스도의 명칭으로, 영원 전에 확정된 구속 계획을 성취하기 위해 성삼위의 제이위가 자발적으로 제일위에게 복종하기로 한 것을 표현한다(*딤후 1:9에 대한 설명을 보라*). 참고. 2, 8절; 3:6; 4:14; 5:5, 8; 6:6; 7:3, 28; 10:29; 11:17. 그 외에도 신약성경의 다른 많은 언급이 있다. 그리스도가 지닌 아들의 지위는 구약성경에서도 표현되었다(참고. 시 2:12; 잠 30:4). **오늘** 단어 오늘은 하나님의 아들이 역사의 어떤 시점에 출생했음을 표현한다. 그분은 언제나 하나님이었으나 성육신을 통해 시간과 공간 속에서 자신의 역할을 완수했으며, 부활을 통해 그 사실이 확증되었다(롬 1:4).

1:6 **맏아들** *로마서 8:29; 골로새서 1:15에 대한 설명을 보라*. 여기서 이 단어는 시간 순서상으로 처음이라는 뜻이 아니라 지위 또는 권리의 우월함을 가리킨다. 그리스도는 지상에 가장 먼저 출생하신 분이 아니라 최고의 주권적 지위를 가지신 분이다. "맏아들"로서 그는 하나님을 섬기는 일을 위하여 구별되었으며, 가장 뛰어난 분이므로 만물을 상속받는다(참고. 2절; 창 43:33; 출 13:2; 22:29; 신 21:17; 시 89:27). **다시** 이 부사는 "들어오게 하실 때"와 연결시켜 그리스도의 재림을 가리키는 것으로 해석할 수도 있고, "말씀하시며"와 연결시켜 다른 구약 인용을 가리키는 것으로 ("그가 맏아들을 이끌어 세상에 들어오게 하실 때에, 다시 말씀하시기를") 해석할 수도 있다. NKJV 성경은 전자의 의미로 해석한다(한글 개역개정판성경도 이와 동일함 – 옮긴이). **모든 천사들은** 신명기 32:43을 70인역으로부터 인용한 것이다(참고. 시 97:7). 천사들이 메시아께 경배하라는 명령을 받았으므로 메시아가 천사들보다 우월함이 분명하다. 이 첫 번째 장에 인용된 7개의 구약 구절 가운데서 5개가 문맥상 다윗 언약과 연결되는데, 그것들은 아들됨, 왕됨, 왕국의 개념을 강조한다. 비록 신명기 32:43은 다윗 언약을 배경으로 하지 않지만, 그것은 시편 89:6의 교훈과 가까우며(다윗 언약의 시편), 이 시편은 천상의 존재들이 하나님의 주권을 인정해야 한다고 선언한다. 신명기 서론 부분에 "맏아들"에 대한 내용이 언급되어 있다. 덧붙여 시편 89:27에서도 "장자"가 언급된다.

1:7 **천사들에 관하여는** 저자는 시편 104:4을 인용하여 천사들이 하나님의 아들을 섬긴다는 성경적 증거를 계속 나열해 나간다. 이 구절은 1장에 등장하는 구약 인용문 가운데서 다윗 언약과 아무 관계가 없는 유일한 인용이다. 이 인용은 천사의 일차적인 성격과 목적을 규정할 뿐이다.

1:8, 9 **주께서…하였고** 시편 45:6, 7을 인용하여 저자는 피조물에 대한 아들의 주권과 신성을 논증해 나간다(참고. 3절). 이 구절은 더욱 의미심장하다. 왜냐하면 아들의 신성에 대한 선언이 아버지가 직접 하신 말씀으로 제시되기 때문이다(참고. 사 9:6; 렘 23:5, 6; 요 5:18; 딛 2:13; 요일 5:20). 히브리서 저자가 메시아의 세 가지 직책을 마음에 두고 있음이 분명하다. 곧 선지자, 제사장, 왕이다. 이 세 직책에 임명되기 위해서는 기름 부음을 받아야 했다(9절). *메시아*라는 (그리스도) 호칭은 "기름 부음 받은 자"라는 뜻을 가진다(참고. 사 61:1-3; 눅 4:16-21).

1:9 **동류들** 신약성경에서 이 단어는 히브리서(3:1, 14; 6:4; 12:8)와 누가복음 5:7에만 등장한다. 여기서 이 단어는 천사들 또는 직책을 위해 기름 부음을 받은 사람들, 곧 구약의 선지자와 제사장, 왕을 가리킬 수 있다. 여기서 말하는 "즐거움의 기름"이 이사야 61:3의 "기쁨의 기름"과 같다면, 이 말은 시온에서 슬퍼했지만 앞으로 찬송의 옷을 입고 "의의 나무"라고 불릴 사람들을 말한다. 그렇다면 이것은 천사를 가리키는 것이 아니라 사람을 가리킨다. 그런 사람들이 아무리 고귀하다고 해도 그리스도가 그들보다 우월하다는 뜻이다.

1:10-12 시편 102:25-27을 인용한 것이다. 우주를 창조한 아들(요 1:1-3)이 언젠가는 자신이 창조한 천지를 파괴할 것이지만(*벧후 3:10-12에 대한 설명을 보라*), 그 자신은 변치 않을 것이다. 불가변성은 하나님의 본질의 또 다른 특성이다. 여기서 다시 구약성경은 아들의 신성을 증언한다.

1:13, 14 저자는 시편 110:1을 인용하여 아들의 주 되

심을 강조한다. 그리스도의 목적은 다스리는 일인 반면(참고. 3절; 마 22:44; 행 2:35), 천사의 목적은 구원받은 자들을 섬기는 일이다(*고전 6:3에 대한 설명을 보라*). 이것은 아들이요 주님이신 메시아가 천사보다 우월하다는 주장을 강화하기 위해 구약을 일곱 번째 마지막으로 인용한다.

1:13 네 원수로 네 발등상이 되게 하기까지 시편 110:1로부터의 인용이 신약성경에 등장하는 곳은 10:13; 마태복음 22:44; 마가복음 12:36; 누가복음 20:43; 사도행전 2:35이며, 만물에 대한 그리스도의 주권을 표현한다(참고. 빌 2:10).

1:14 *마태복음 18:10에 대한 설명을 보라*.

2. 더 위대한 메시지(2:1-18)

2:1-4 하나님의 아들이 천사보다 우월하다는 사실의 중요성을 납득시키기 위해 저자는 독자의 반응을 촉구한다. "우리"에는 모든 히브리 사람이 포함된다. 어떤 사람들은 메시아가 천사보다 우월하다는 교리에 대해 지적으로는 동의했지만 메시아를 하나님과 주님으로 믿고 헌신하지는 않았다. 메시아는 천사들의 경배를 받을 만큼 그들의 경배도 받을 만하다.

2:1 유념함으로…흘러 떠내려가지 않도록 함 이 두 어구가 가리키는 것은 모두 항해와 관련되어 있다. 앞의 어구는 배를 선착장에 묶어서 정박시키는 것을 가리킨다. 둘째 어구는 때로 배가 항구를 지나쳐 떠내려가도록 허용하는 것을 가리킨다. 그러므로 이 경고는 자신을 복음 진리에 굳게 붙들어 매어 유일한 구원의 항구를 지나치지 않도록 주의하라는 것이다. 이와 같은 기독교 신앙의 가장 중요한 사안들에 많은 관심을 가져야 한다. 무관심에 빠지기 쉬운 경향을 가진 독자는 그들의 삶이 파선할 수 있는 위험에 처해 있다(참고. 6:19. *딤전 1:19에 대한 설명을 보라*).

2:2 천사들 천사들은 시내산에서 하나님의 법을 백성에게 전하는 도구가 되었다(참고. 신 33:1, 2; 시 68:17; 행 7:38, 53; 갈 3:19). **범죄함과 순종하지 아니한** 범죄함은 선을 넘었다는 뜻으로 금령을 어기는 죄다. 후자는 사람이 하나님의 명령에 대해 귀를 막는다는 것을 뜻하며, 따라서 의무 불이행의 죄를 범한다는 것이다. 이 두 가지는 모두 고의적이고 심각한 문제로, 의로운 심판을 받게 된다.

2:3 어찌…피하리요 옛 율법 언약에 대한 불순종이 그렇게 신속한 심판을 초래했다면 천사보다 더 우월한 아들에 의해 전달된 구원의 새 복음 언약에 대한 불순종은 그 심판이 얼마나 더 엄격하겠는가(참고. 마 10:14, 15; 11:20 24)? 새 언약의 메신저와 메시지는 옛 언약의 메신저와 메시지보다 더 크다. 특권이 클수록 불순종이나 무관심에 대한 형벌도 더 크다(10:29. 참고. 눅 12:47). **들은 자들이** 이 구절은 복음 전파의 연속성을 보여준다. 만약 이전 세대의 증인들이 메시지를 전달해주지 않았다면 히브리서 기록 당시의 사람들은 그것을 듣지 못했을 것이다(참고. 딤전 2:5-7).

2:4 표적들…기사들…여러 가지 능력…성령이 나누어 주신 것 예수와 제자들을 통해 발휘된 초자연적 능력은 하나님의 아들 예수 그리스도의 복음에 대한 하나님의 확증이었다(참고. 요 10:38; 행 2:22; 롬 15:19; 고전 14:22. *고후 12:12에 대한 설명을 보라*). 이렇게 메시지를 확증하는 것이 그런 기적적인 일들의 목적이었다. **성령** 이 서신에 처음 등장하는 성령에 대한 언급은 기적의 은사를 사용하여 구원의 메시지를 확증하는 성령의 사역을 가리키는 것이다. 이 서신의 다른 곳에서 등장하는 성령에 대한 언급은 성경의 계시(3:7; 10:15), 가르침(9:8), 구원 이전의 활동[6:4(죄를 깨닫게 하는 일), 10:29(일반 은혜)], 그리스도의 사역(9:14)에서 성령이 하시는 일과 관련되어 있다.

2:5 세상 이 단어는 사람이 사는 땅을 가리킨다. 여기서는 위대한 천년왕국을 가리킨다(참고. 슥 14:9; 계 20:1-5). 천사들이 메시아의 나라를 다스리지는 않을 것이다.

2:6-8 시편 8:4-6을 인용한 것이다(참고. 고전 15:27, 28; 엡 1:22).

2:6 어디에서 이 표현은 저자가 그 뒤에 기록한 인용문의 출처를 모른다는 표시가 아니다. 인용의 출처보다 중요한 것은 그것이 하나님의 말씀이라는 사실이다. 히브리서의 저자가 밝혀지지 않았다는 사실 역시 의미 있는 일이다. 어쩌면 저자는 성령이 모든 성경의 참된 저자라는 사실을 독자가 알기를 원했을지도 모른다(참고. 딤후 3:16; 벧후 1:21). **사람…인자** 이 두 단어는 모두 그리스도가 아닌 인류를 가리킨다. 이 단락은 하나님이 왜 사람에게 마음을 쓰시는지 묻는다. 그 다음 구절이 보여주듯이(9, 10절) 그리스도의 성육신은 인간을 향한 하나님의 관심을 보여주는 가장 큰 증거다. 그리스도는 천사의 모양으로 보내지지 않았다. 그는 사람의 모양으로 보내졌다.

2:7 천사 천사들은 창조주로부터 초자연적인 능력을 부여받았다. 그들은 항상 하나님의 보좌 앞에 나아가며(참고. 욥 1:6; 2:1; 계 5:11) 죽지 않는다.

2:8 복종 천사들이 사람보다 우월함에도 하나님은 처음에 땅을 다스리는 일을 사람에게 맡기셨다(창 1:26-

28). 그러나 타락으로 말미암아(창 3장) 하나님이 지정해주신 임무를 수행할 수 없게 되었다.

2:9 영광과 존귀 "죽기까지 복종하셨으니…이러므로 하나님이 그를 지극히 높여"(빌 2:8, 9). 그리스도는 구속의 일을 통해 인류의 최고의 대표자에게 요구되는 모든 것을 성취하셨다. 성육신, 대속적 희생, 죄와 죽음에 대한 승리를 통해(참고. 롬 6:23; 요일 4:10) 그리스도는 사람의 원래의 목적을 성취하셨다. 두 번째 아담(고전 15:47)인 그리스도는 잠깐 동안 천사보다 못하게 되었다. 하지만 이제 영광과 영예를 가지고 계시므로 만물이(천사를 포함해) 그분께 복종한다. **모든 사람을 위하여 죽음을 맛보려 하심이라** 즉 모든 믿는 사람이다. 그리스도의 죽음이 유효하게 적용되는 대상은 믿음으로 회개하면서 하나님께 나아오는 사람, 구원의 은혜와 죄의 용서를 구하는 사람뿐이다. *고린도후서 5:21; 디모데전서 2:6; 4:10; 디도서 2:11에 대한 설명을 보라.*

2:10 창시자 이 단어는 12:2과 사도행전 5:31에서도 사용된다. 이 단어는 '개척자' '지도자' '착수자'로 번역될 수도 있다. 그리스도는 구원과 관련하여 근원(참고. 5:9에서 "근원"이라고 했음), 시작한 자, 지도자가 되신다. 그는 우리의 선구자로서 하늘로 이르는 길을 인도했다(6:20). **온전하게** 그리스도는 그 신성에 있어서는 이미 완전하다. 하지만 인성에 있어서는 고난을 포함한 순종을 통해 완전해졌다. 이는 그가 신자를 이해하는 대제사장이요 신자의 모범이 되며(참고. 5:8, 9; 7:25-28; 빌 2:8; 벧전 2:21), 신자에게 전가될(고후 5:21; 빌 3:8, 19) 완전한 의를 확립하기 위해서다(마 3:15). **합당하도다** 예수 그리스도의 낮아지심을 통해 하나님이 하신 일은 그분의 주권적인 의로움과 거룩함에 완전히 일치한다. 그리스도의 낮아지심과 고난이 없다면 구속이 있을 수 없다. 구속이 없다면 영화롭게 되는 일이 있을 수 없다(참고. 롬 8:18, 29, 30).

2:11 거룩하게 하시는 거룩하게 한다는 것은 사람을 죄로부터 씻고 하나님의 거룩함에 합당하게 하여 봉사할 수 있는 자리에 두는 것이다(참고. 10:10).

2:12 내 형제들 시편 22:22을 인용한 것이다. 예수는 아버지의 말씀에 복종하여 그 뜻을 행하는 사람들이 그의 형제요 모친이라고 가르치셨다(마 12:50; 눅 8:21). 예수는 부활 이전에는 제자들을 "형제"라는 명칭으로 한 번도 부르지 않았다(마 28:10; 요 20:17). 예수가 그들의 구원을 위한 값을 치를 때까지는 그들이 진정으로 그분의 영적 형제와 자매가 되지 못한다. 이 용어의 사용은 완전한 구원을 제공하기 위해 예수가 인간과 완전히 하나가 된 것을 보여준다(빌 2:7-9).

2:13 이사야 8:17, 18의 인용은(참고. 삼하 22:3) 9-11절에서 말한 요점을 강조한다. 곧 그리스도가 인성을 취하심으로써 인간과 완전히 하나가 되셨다는 사실이다. 그리스도는 지상 생애 동안 하나님께 의지함으로써 자신의 인성을 보여주셨다.

2:14 속하였으매…함께 지니심은 속*하였으매*에 해당

경고 구절

히브리서는 교리적 논문의 가치를 지닐뿐더러 매일의 삶에 적용할 수 있는 실천적 내용을 담고 있다. 심지어 저자 자신이 이 서신을 "권면의 말"이라고 부른다(13:22). 저자가 독자의 마음을 움직여 행동을 취하게 하려는 권면이 본문 전체에서 발견된다. 그 권면은 6개 경고의 형태를 취한다.

1. "우리가 들은 것"으로부터 떠내려가는 것에 대한 경고(2:1-4)
2. 하나님의 "음성"을 불신하는 것에 대한 경고(3:7-14)
3. "그리스도의 도의 초보"로부터 퇴보하는 것에 대한 경고(5:11-6:20)
4. "진리를 아는 지식"을 무시하는 것에 대한 경고(10:26-39)
5. "하나님의 은혜"를 평가절하하는 것에 대한 경고(12:15-17)
6. "말씀하신 이"로부터 떠나는 것에 대한 경고(12:25-29)

예를 들어 저자가 떠내려가는 것을 경고할 때는(2:1) 몇몇 생생한 항해 용어를 사용한다. "더욱 유념함으로"라는 어구는 배를 선창에 든든하게 매는 것을 가리킨다. 두 번째 어구인 "떠내려가다"는 배가 항구를 지나가도록 허용하는 것을 가리키는 표현으로 사용된다. 이 경고는 자신을 복음 진리에 굳게 잡아매어 유일한 구원의 항구를 지나치지 말라는 것이다. 그들이 번갈아가면서 무관심의 경향을 보인다는 사실은 그 삶이 파선되었음을 가리킨다.

히

하는 헬라어는 교제, 교통, 협력을 가리키는 단어다. *함께 지니심*은 자신과 같은 종류가 아닌 어떤 것을 취한다는 뜻이다. 하나님의 아들은 본질적으로는 "혈과 육"이 아니지만 사람에게 구속을 제공하기 위해 그 본성을 취하신 것이다. **죽음을…죽음의 세력** 이것이 성육신의 궁극적 목적이다. 예수는 죽기 위하여 이 땅에 오셨고, 죽은 뒤 부활을 통해 죽음을 정복하셨다(요 14:19). 죽음을 정복함으로써 그리스도는 구원받은 모든 사람에 대한 사탄의 힘을 무력화시켰다. 사탄이 죽음의 권세를 사용하는 것도 하나님의 뜻 아래서 이루어지는 것이다(참고. 욥 2:6).

2:15 죽기를 무서워하므로 신자에게는 '승리가 죽음을 삼켜버렸다'(고전 15:54). 그러므로 죽음에 대한 두려움과 그 영적 속박은 그리스도의 사역을 통해 이미 종결되었다.

2:16 아브라함의 자손 그리스도는 언약의 후손이다(*갈 3:16에 대한 설명을 보라*). 독자가 히브리인이었기 때문에 그들은 이 묘사가 자신들에게 해당된다고 생각했을 것이 분명하다. 메시아가 구약 예언을 성취하려고 아브라함의 계보에서 출생했다(마 1:1). 성육신의 주된 목적 가운데 하나는 이스라엘의 구원이었다(마 1:21). 그런데 약속의 후손과 관련된 아브라함 언약의 성취에는 다른 목적이 있다. 모든 민족 가운데서 히브리인이 가장 먼저 성육신의 의미와 중요성을 인식했어야 한다. **붙들어 주려 하심이라** [영어 성경(NKJV)은 '도움을 주다'로 번역되었음 – 옮긴이] 이 말의 문자적 뜻은 '붙들어주다'이다. 여기서 '도움을 주다'는 말의 의미는 어떤 사람을 안전한 곳으로 잡아끌거나 밀쳐 내어 구조한다는 것이다. 그러나 유대교에는 메시아가 천사를 돕기 위해 세상에 들어온다는 사상은 없다. 이 번역(NKJV)을 사용했을 때 생기는 대비는 앞서 천사에 대한 그리스도의 우월성에 대해 말한 모든 것과 비교해볼 때 약하다. 이 문맥은 성육신을 통해 그리스도가 사람과 하나 된 사실을 제시한다. 그가 인성을 취한 것이다(9-14, 17절). 저자가 도움을 준다는 개념을 표현하려고 할 때는 18절에서(또한 4:16에서) 다른 헬라어 단어를 선택했다. 그러므로 여기서 '*~의 본성을* 취하다'라고 번역하는 것이 더 낫다.

2:17 죄를 속량 이 단어는 '마음을 달래다' '만족시키다'라는 뜻이다. *로마서 3:25에 대한 설명을 보라*. 그리스도의 속량 사역은 그의 대제사장 사역과 관련된다. 그리스도는 인성을 취하심으로써 인류에 대한 자비를 입증하셨고, 죄에 대한 하나님의 요구를 만족시켜서 그분의 백성을 위해 완전한 죄사함을 확보하심으로써 하나님께 대한 신실함을 증명하셨다. 참고. 요한일서 2:2; 4:10.

2:18 시험을 받아 그리스도가 진정으로 인성을 가지셨다는 사실은 그가 시험을 받았다는 사실로 입증된다. 시험을 당함으로써 예수는 인간 형제들을 완전히 이해하고 동정할 수 있게 되었던 것이다(참고. 4:15). 예수는 가장 강력한 유혹을 당하셨다. 우리는 유혹의 힘을 충분히 느끼기도 전에 자주 그 앞에 굴복하지만 예수는 가장 큰 유혹에 직면해서도 그것을 물리치셨다(참고. 눅 4:1-13). **시험 받는 자들을 능히 도우실 수 있느니라** *4:15, 16; 고린도전서 10:13에 대한 설명을 보라*.

C. 모세보다 나음(3:1-19)

3:1-6 이 단락은 예수가 사람들이 높이 존경하던 모세보다 우월함을 말한다. "사람이 자기의 친구와 이야기함 같이 여호와께서는 모세와 대면하여 말씀하시며"(출 33:11) 그에게 율법을 주셨다(느 9:13, 14). 계명들과 율법의 종교 의식은 유대인에게 가장 중요한 것이며, 그들에게 모세와 율법은 동의어였다. 구약과 신약은 모두 하나님의 명령을 "모세의 율법"이라고 지칭한다(수 8:31; 왕상 2:3; 눅 2:22; 행 13:39). 그러나 비록 모세가 위대한 인물이기는 했지만 예수는 무한히 더 위대했다.

3:1 부르심 신약성경의 서신들에서 항상 그러하듯 이 말은 그리스도 안에 있는 구원으로의 유효한 부르심을 가리킨다(참고. 롬 8:30; 고전 7:21). **거룩한 형제들** 이는 이곳과 데살로니가전서 5:27에만 등장한다. 어떤 데살로니가전서 사본에는 '거룩한'이라는 말이 없다. 저자는 '하늘의 부르심을 받은' 신자들에게 말하고 있다(참고. 빌. 3:14). 다른 곳에서는 그들이 '하늘의 도성'을 사모하는 것으로(11:16), "하늘의 예루살렘"에 이르는 것으로(12:22) 묘사된다. 그들은 하나님을 위해 구별되었고, 하늘의 영역에(땅의 시민인 것보다는 하늘의 시민) 속한다는 의미에서 '거룩하다'. **우리가 믿는 도리** 그리스도는 우리의 신앙 고백, 곧 신조와 공적인 증언의 중심이다. 이는 4:14과 10:23에서 다시 사용된다(참고. 고후 9:13; 딤전 6:12). 히브리서에서 이 용어가 사용되는 3번 모두에서 긴박감이 느껴진다. 만약 독자가 그리스도의 인격과 사역의 우월성을 이해할 수 있다면 그들은 자기들이 고백했던 그리스도를 포기하거나 그리스도가 그들을 위해 하신 일을 거부하지 않을 것이 확실하다. **사도이시며 대제사장이신** 사도는 '보냄을 받은' 사람으로, 보낸 사람의 권리와 능력, 권위를 가진다. 예수는 아버지의 보내심을 받아 세상에 오셨다(참고. 요 3:17, 34; 5:36-38; 8:42). 그리스도의 대제사장직이라는 주제는 2:17, 18에서 시작되어 여기서 다시 언급되

고 4:14-10:18에서 다시 매우 상세하게 다루어질 것이다. 동시에 저자는 그리스도가 유대인이 존경하던 모세에 비해(1-6절), 여호수아에 비해(4:8), 모든 국가적 영웅과 구약 설교자들에 비해 우월하다고 묘사한다. 예수도 자신이 아버지의 보내심을 받았다는 사실을 말한 문맥에서 모세에 대한 자신의 우월함을 직접 말씀하셨다(요 5:36-38, 45-47. 참고. 눅 16:29-31). 모세는 하나님으로부터 이스라엘 백성을 역사적 애굽과 그 속박으로부터 건지는 일을 담당하기 위해 파송되었다(출 3:10). 예수는 하나님의 백성을 영적인 애굽과 그 속박으로부터 건지는 일을 담당하기 위해 파송되었다(2:15). **깊이 생각하라** 저자는 독자에게 예수 그리스도의 우월성에 전적으로 집중하여 부지런히 살필 것을 요구한다.

3:2 집 이 단어는 건물이나 거처보다는 민족이라는 한 가족을 지칭한다(참고. 6절; 딤전 3:15). 어떤 집안의 청지기였던 사람들은 무엇보다도 충성스러워야 했다(고전 4:2). 모세(민 12:7)와 그리스도(2:17)는 모두 하나님의 백성을 돌보라는 각자에게 맡겨진 임무를 충실히 완수했다.

3:3, 4 집 지은 자(집마다 지은 이) 모세는 하나님의 믿음의 집 가운데 일부에 불과했으나 예수는 그 집의 건설자였다(참고. 삼하 7:13; 슥 6:12, 13; 엡 2:19-22; 벧전 2:4, 5). 따라서 모세보다 위대하고 하나님과 동등하다.

3:5, 6 종…아들 여기서 종에 해당하는 말은 노예가 아니라 명예롭고 자유로운 지위를 함축하고 있다(참고. 출 14:31; 수 1:2). 하지만 가장 지위가 높은 종인 모세라 할지라도 결코 아들의 지위를 차지할 수는 없다. 그것은 오직 그리스도의 몫이다(참고. 요 8:35).

3:5 장래에 말할 것 모세는 무엇보다도 그리스도 안에서 이루어질 것을 충실히 증언했다(참고. 11:24-27. *요 5:46에 대한 설명을 보라*).

3:6 소망 6:18, 19에서 소망에 대한 저자의 추가적인 설명을 보라. 이 소망은 그리스도 자신에게 있으며, 그분의 구속이 우리의 구원을 성취한다(롬 5:1, 2. *벧전 1:3에 대한 설명을 보라*). **굳게 잡고 있으면** 참고. 14절. 이것은 구원을 얻는 방법이나 유지하는 방법을 말하는 것이 아니다(참고. 고전 15:2). 도리어 이것은 변치 않고 견디는 것이 참 신앙의 증거라는 뜻이다. 자신의 구원에 기여하기 위해 레위기의 의식으로 돌아가는 사람은 그가 하나님의 집의 진정한 일원인 적이 없었음을 증명하는 것이지만(*요일 2:19에 대한 설명을 보라*), 그리스도 안에 거하는 사람은 그가 하나님의 집에 속했다는 사실을 입증한다(참고. 마 10:22; 눅 8:15; 요 8:31; 15:4-6). 하나님의 약속이 이처럼 굳게 붙잡는 일을 성취할 것이다(살전 5:24; 유 24, 25). *마태복음 24:13에 대한 설명을 보라.* **우리는 그의 집이라** *2절; 에베소서 2:22; 디모데전서 3:15; 베드로전서 2:5; 4:17에 대한 설명을 보라.*

3:7-11 저자는 시편 95:7-11을 그것의 궁극적인 저자인 성령의 말씀으로 인용한다(참고. 4:7; 9:8; 10:15). 이 단락은 이스라엘 백성이 애굽에서 나온 후 광야를 방황한 것을 묘사한다. 하나님의 기적적인 일과 그들을 향한 은혜롭고 섭리적인 신실성에도 불구하고 이 백성은 여전히 믿음으로 하나님께 자신을 헌신하지 못했다(참고. 출 17; 민 14:22, 23; 시 78:40-53). 히브리서의 저자는 구약성경 구절을 세 가지 요점으로 설명한다. 첫째, 불신앙을 경계하라(12-19절). 둘째, 떨어질까 조심하라(4:1-10). 셋째, 들어가기를 힘쓰라(4:11-13). 이 해석의 주제는 긴급성과 (믿음을 포함한) 순종, 견인, 안식이다.

3:7 오늘 이 말은 하나님의 말씀이 마음속에 신선하게 유지되고 있는 현재 순간을 가리킨다. 그러므로 하나님의 음성에 즉시 귀기울여야 한다는 긴급성이 암시되어 있다. 이 긴급성은 시편 95:7을 인용하는 가운데 "오늘"이라는 말을 3번 더 반복함으로써 강조되며(13, 15절; 4:7) 이것이 저자가 해설하는 주제다(참고. 고후 6:2).

3:11 내 안식 하나님이 약속하신 지상의 안식은 가나안 땅에서의 삶이며, 이 땅은 이스라엘 백성이 유업으로 받을 것이었다(신 12:9, 10; 수 21:44; 왕상 8:56). 그러나 하나님에 대한 반항 때문에 그 세대의 이스라엘 백성 전체가 언약의 땅에서 안식에 들어가지 못하게 되었다(참고. 신 28:65; 애 1:3). 이 모습이 주 안에서 개인이 누리는 안식에 적용되는데, 구약에서 이미 이런 적용이 이루어졌다(참고. 시 116:7; 사 28:12). 구원받을 때 모든 신자는 참된 안식, 곧 영적 약속의 영역 속으로 들어가며, 따라서 하나님을 기쁘시게 할 만한 의를 개인의 노력을 통해 이루려는 노동을 다시는 하지 않게 된다. 하나님은 애굽에서 건짐을 받은 그 세대를 위해 이 두 가지 안식을 모두 주고자 하신 것이다.

3:12 형제들아 이 충고는 약속의 땅을 보지 못하고 광야에서 죽어간 세대의 사람들과 유사한 특성을 가지고 있는 사람들을 향한 것이다. 그들은 "거룩한 형제들"(1절) 무리에 섞여 있던 믿지 않는 유대인들이었다. 너무 늦기 전에 믿고 구원을 받으라는 충고가 그들을 향하고 있다. 서론에 나온 해석상의 과제를 보라. **악한 마음** 모든 사람은 이런 마음을 가지고 태어난다(렘 17:9). 이 히브리 사람들의 경우, 그 악이 복음을 믿지 않으면서 하나님과 반대되는 길로 나아가는 행위 속에서 드러났다.

3:13 매일 피차 권면하여 이 권고는 개인의 책임과 집단의 책임을 동시에 상기시키려는 의도를 가지고 있다. 힘겨운 날들이 그들 앞에 놓여 있고, 효과가 없는 레위기의 제도로 돌아가려는 유혹이 있는 한 그들은 그리스도와 완전히 동일시되도록 서로를 격려해야 한다. **유혹으로** 죄는 온갖 가능한 술수를 사용하여 속일 기회를 노리고 있다(참고. 롬 7:11; 살후 2:10; 약 1:14-16). 히브리인들은 자기들이 예수 그리스도를 거부하는 것이 옛 제도에 대한 충성이라는 논리를 펴면서 자신들을 속였다. 레위기의 제도를 고수하겠다는 그들의 태도는 사실 예수 그리스도를 통해 "새로운 살 길"(10:20)을 열어주시는 "살아 계신 하나님"(12절)의 말씀을(4:12) 거절하는 것이었다. 불신앙의 길을 선택하면 언제나 죽음에 이르게 된다(17절; 10:26-29. 참고. 2:14, 15; 유 5절). **완고하게 되지** 예수에 대한 복음을 지속적으로 거부하면 마음이 점점 완고해져 마침내 복음을 노골적으로 적대시하는 결과에 도달할 수 있다. 참고. 6:4-6; 10:26-29; 사도행전 19:9.

3:14 이 권면은 6절의 권면과 유사하다. 이 권면은 끝까지 견디라는 주제를 반복하고 있다.

3:15-19 여기서 시편 95:7, 8이 다시 인용된다(참고. 7절). 첫 번째 인용 다음에는 "오늘" 곧 미루지 말아야 하는 긴급성을 강조해 가르치는 해설이 뒤따랐다. 이 두 번째 인용 다음에는 *반항*이라는 단어를(15, 16절) 강조하고, 불순종의 반대인 순종이라는 주제를 가르치는 해설이 뒤따른다. 반항을 명확히 하기 위해 네 가지 용어가 사용되었다. *반항했다*(16절), *범죄했다*(17절), *순종하지 아니했다*(18절), *믿지 아니했다*(19절)이다. 시편 95:7-11에 대한 저자의 해설 가운데 이 세 번째 것(*7-11절에 대한 설명을 보라*)은 광야에서 죽은 이스라엘 사람들은 그들 자신의 불신앙에 의해 희생되었다는 당연한 결론으로 요약되었다(19절).

D. 더 나은 안식(4:1-13)

4:1-10 시편 95:7-11에 대한 저자 해설의 첫 번째 부분은 불신앙과 그것의 암울한 결과에 대한 설명(3:12-19)이지만 해설의 두 번째 부분은 불순종한 자들이 상실한 "안식"이 무엇인지에 대한 규정이다. 해설의 첫 번째 부분은 주로 시편 95:7, 8을 다루고, 두 번째 부분은 주로 시편 95:11을 다룬다.

4:1 약속 히브리서에서 이 중요한 단어가 여기서 처음 등장한다. 이 약속의 내용은 "안식에 들어갈" 것이다. **그의 안식** *3:11에 대한 설명을 보라*. 이것은 하나님이 주시는 안식이다. 그래서 그것은 "나의 안식" "그의 안식"(시 95:11)이라고 불린다. 신자에게 있어 하나님의 안식에는 하나님이 주시는 평안, 구원의 확신, 하나님의 능력에 대한 신뢰, 앞으로 하늘에 있는 본향에 들어간다는 확신이 포함된다(참고. 마 11:29). **이르지 못할** 이 전체 절은 다음과 같이 번역될 수 있다. '너무 늦게 와서 하나님의 안식에 들어갈 수 없다고 당신이 생각하는 일이 없도록'(참고. 12:15). 경건한 두려움으로 모든 사람은 자신의 영적인 상태를 살펴야 하며(참고. 고전 10:12; 고후 13:5), 다른 사람들도 헌신하도록 적극적으로 권면해야 한다(참고. 유 23절).

4:2 믿음 하나님의 메시지에 대한 단순한 지식만으로는 불충분하다. 그 지식이 구원에 이르는 믿음에 의해 자기 것이 되어야 한다. 이 서신의 뒷부분에서 믿음이라는 이 주제가 훨씬 길게 다루어질 것이다(10:19-12:29). 저자가 비교하는 사항은 애굽을 떠났던 유대인과 마찬가지로(3:16-19), 저자의 세대 역시 복음의 선포를 통해 하나님의 메시지를 받았다는 것이다. 즉 그들은 복음화되었던 것이다.

4:3 우리들은…들어가는도다 하나님의 메시지에 대한 믿음을 실행하는 사람들은 영적인 안식에 들어갈 것이다. 이것이 시편 95:11로부터 자연스럽게 추론되고 있다. 그 어구는 그 반대의 사태, 곧 불신자는 하나님이 제공하시는 안식에 들어가지 못할 것을 말하기 때문이다. **세상을 창조할 때부터 그 일이 이루어졌느니라** 하나님이 주시는 영적 안식은 불완전하거나 완성되지 않은 어

히브리서에 나오는 "더 나은"

예수는,

천사보다 더 낫다	1, 2장
모세보다 더 낫다	3장
여호수아보다 더 낫다	4:1-13
아론보다 더 낫다	4:14-7:28

그리스도의 십자가가 제공하는 것은,

더 나은 소망	7:19
더 나은 언약	7:22
더 나은 약속	8:6
더 나은 제물	9:23
더 나은 소유	10:34
더 나은 나라	11:16
더 좋은 부활	11:35
더 좋은 준비	11:40

떤 것이 아니다. 그것은 하나님이 영원 전에 성취하신 일을 근거로 하고 있다. 이는 하나님이 창조를 마치시고 안식을 취하신 것과 같다(4절).

4:4, 5 3절을 설명하기 위해 저자는 창조의 일곱째 날을 실례로 제시하면서 창세기 2:2을 인용한다. 그렇게 하고 시편 95:11의 마지막 부분을 다시 인용한다.

4:6, 7 하나님의 안식에 들어갈 수 있는 기회는 여전히 열려 있다(참고. 1절의 "약속이 남아 있을지라도"). 아직 늦은 것이 아니다. 하나님은 모세 시대에 자기 백성에게 안식을 제안하셨고, 다윗 시대에도 계속해서 제안하셨다. 여전히 하나님은 인내하시면서 자기 백성을 향하여 안식에 들어오라고 하신다(참고. 롬 10:21). 시편 95:7, 8을 다시 한 번 인용해(3:7, 15을 보라) 저자는 즉각적이고 긍정적인 응답을 촉구한다. 긴급성과 순종이라는 두 가지 주제가 독자를 향한 분명한 초청 속에서 결합된다.

4:8-10 하나님의 진정한 안식은 여호수아나 모세를 통해 오는 것이 아니라 그들보다 더 위대한 예수 그리스도를 통해 온다. 여호수아는 약속된 안식의 땅으로 이스라엘 백성을 이끌었다(*3:11에 대한 설명을 보라*. 수 21:43-45). 하지만 그것은 단순히 지상의 안식으로, 하늘 안식의 그림자에 불과한 것이었다. 시편 95장에서 다윗 시대에(이스라엘이 그 땅에 들어간 지 오랜 세월이 흐른 후에) 하나님이 여전히 자신의 안식에 들어오라고 제안하신 사실은 거기서 제안된 안식이 여호수아가 얻은 것보다 더 우월한 영적 안식임을 말해준다. 이스라엘 백성이 가나안에서 얻은 안식은 적의 공격과 일상적인 일들로 가득 차 있다. 하늘의 안식의 특징은 하늘의 언약으로 충만하며(엡 1:3), 그 안식을 얻기 위한 어떤 노역도 필요 없다는 것이다.

4:9 안식 여기서 사용된 *안식*은 '안식일의 안식'을 가리키는 헬라어와 다른 단어로 신약성경에서 여기서만 사용된다. 저자는 4절에서 언급된 "제칠일"로 독자의 주의를 이끌면서 10절에서의 설명을 준비하려는("하나님이 자기의 일을 쉬심과 같이 그도 자기의 일을 쉬느니라") 의도로 이 단어를 선택한 것이다.

4:11-13 시편 95:7-11 해설의 결론 부분에 해당하는 세 번째 부분은 하나님 말씀을 들은 사람들이 지게 되는 책임을 강조한다. 성경은 모세와 함께 광야에 있던 사람들, 여호수아와 함께 가나안에 들어갔던 사람들, 다윗의 시대에 동일한 기회를 얻었던 사람들을 실례로 기록해놓고 있다. 바로 이 말씀을 믿고 순종해야 하며, 이 말씀에 불순종하는 사람들은 심판을 받을 것이다(참고. 고전 10:5-13).

4:12 좌우에 날선…검 하나님의 말씀은 그것을 믿는 사람에게 위로와 양분이 되지만, 자신을 예수 그리스도에게 헌신하지 않는 사람에게는 심판과 형벌의 도구가 된다. 히브리인 가운데 일부는 그리스도께 속한 것 같은 흉내만 내고 있었다. 적어도 지적으로는 일부 설득되기도 했지만 내적으로는 그리스도께 헌신되지 않았다. 하나님 말씀은 그들의 피상적인 믿음과 심지어 그들의 거짓된 의도를 노출시킬 것이다(참고. 삼상 16:7; 벧전 4:5). **혼과 영…찔러 쪼개기까지 하며** 이 단어들은 서로 분리된 두 가지 실체를 묘사하는 것이 아니라("생각과 뜻"이라는 표현이 그런 것처럼) 온전성을 강조하기 위해 '마음과 뜻'이라고 말하는 것과 유사하다(참고. 눅 10:27; 행 4:32. *살전 5:23에 대한 설명을 보라*). 다른 곳에서는 이 두 단어가 사람의 비물질적인 자아, 그의 영원한 속사람을 가리키는 말로 서로 교차해 사용되기도 한다.

4:13 우리의 결산을 받으실 이의 눈 앞에 만물이 벌거벗은 것 같이 드러나느니라 *벌거벗은*은 신약성경에서 여기만 등장한다. 이 단어는 원래 제물을 죽이기 위해 또는 참수를 위해 목을 내놓는 것을 의미했다. 앞 절에서 사용된 검은 이 단어를 상기시켜 사용하게 했을 것이다. 각 사람은 하나님 말씀을 통해서 뿐만 아니라(참고. 요 12:48) 하나님 그분께 직접 심판을 받는다. 우리는 살아 있고 기록된 말씀 앞에 책임을 지며(참고. 요 6:63, 68; 행 7:38), 그 말씀의 저자인 살아 계신 하나님 앞에서도 책임을 지는 것이다.

예수 그리스도의 제사장직의 우월성 (4:14-7:28)

A. 대제사장으로서의 그리스도(4:14-5:10)

4:14-7:28 다음으로 저자는 시편 110:4을 해설하는데, 이 구절은 5:6에서 인용된다. 그리스도는 사도로서 모세와 여호수아보다 우월할 뿐 아니라 대제사장으로서 아론보다도 우월하다(4:14-5:10. 참고. 3:1). 이 시편을 설명하면서 저자는 독자의 영적 상태에 대해 권면한다(5:11-6:20). 이 권면을 마치면서 저자는 다시 그리스도의 제사장직이라는 주제로 돌아온다(7:1-28).

4:14 승천하신 옛 언약에 속한 대제사장이 속죄 제사를 드리기 위해 세 구역을(바깥 뜰과 성소, 지성소) 통과해 지나갔듯이 예수도 완전한 마지막 제사를 드리신 후 세 하늘(대기권 하늘, 별이 있는 하늘, 하나님의 거처, 참고. 고후 12:2-4)을 통과하여 올라가셨다. 일 년에 한 번 대속죄일에 대제사장은 민족의 죄를 속하기 위해 지성소에 들어가곤 했다(레위기 16장). 그 장막은 천국에 있

는 실제 장막의 제한된 모형에 불과했다(참고. 8:1-5). 예수가 속죄를 마치고 하늘에 있는 지성소에 들어가셨을 때 땅에 있는 모형은 폐기되고 하늘에 있는 실제 성소로 대체되었다. 지상적인 것으로부터 해방되었기 때문에 기독교 신앙은 천상적인 특징을 가지게 되었다(3:1; 엡 1:3; 2:6; 빌 3:20; 골 1:5; 벧전 1:4). **하나님의 아들 예수** 인성의 명칭(예수)과 신성의 명칭(하나님의 아들)을 모두 사용한 사실이 중요하다. 이 두 명칭이 병기되는 또 다른 드문 경우가 요한일서 1:7인데, 거기서는 죄를 위한 예수의 희생이 강조된다(참고. 살전 1:10; 요일 4:15; 5:5). **믿는 도리를 굳게 잡을지어다** *3:1, 6; 10:23에 대한 설명을 보라.*

4:15 똑같이 시험을 받으신 *2:17, 18에 대한 설명을 보라.* 저자는 2:18에서 했던 진술에 예수가 무죄하셨다는 것을 덧붙인다. 예수는 시험받을 수는 있었지만(마 4:1-11), 죄를 범할 수는 없었다(*7:26에 대한 설명을 보라*).

4:16 때를 따라 돕는 은혜 *2:16, 18에 대한 설명을 보라.* **은혜의 보좌 앞에 담대히 나아갈 것이니라** 고대의 통치자들을 가까이 할 수 있는 사람은 고위 대신뿐이었다(참고. 에 4:11). 이와 대조적으로 성령께서는 모든 사람에게 용기를 내어 하나님의 보좌 앞으로 나아와 예수 그리스도를 통해 자비와 은혜를 받으라고 부르신다(참고. 7:25; 10:22; 마 27:51. 서론의 역사적·신학적 주제를 보라). 언약궤는 하나님이 그룹 사이에 보좌를 베풀고 좌정하신 지상의 장소로 이해되었다(참고. 왕하 19:15; 렘 3:16, 17). 동방의 왕좌에는 발등상이 포함되어 있었는데, 이것은 언약궤의 또 다른 은유였다(참고. 시 132:7). 그리스도가 죄를 대속하신 곳이 이 하나님의 보좌였으며, 삶의 모든 문제에 대한 하나님의 은혜가 신자에게 베풀어지는 곳 역시 이 보좌다(참고. 고후 4:15; 9:8; 12:9; 엡 1:7; 2:7). '당신에게 은혜가'는 하나님의 공급하심을 축하하는 신자 사이의 표준적인 인사말이 되었다(롬 1:7; 16:20, 24; 고전 1:3; 16:23; 고후 1:2; 13:14; 갈 1:3; 6:18; 엡 1:2; 6:24; 빌 1:2; 4:18; 골 1:2; 4:18; 살전 1:1; 5:28; 살후 1:2; 3:18; 딤전 1:2; 6:21; 딤후 1:2; 4:22; 딛 1:4; 3:15; 몬 3, 25절).

5:1-4 초자연적인 능력을 가진 천사는 대제사장으로 섬길 수 없었다. 인성의 연약을 짊어진 사람만이 대제사장으로 섬길 수 있었다(2절; 7:28). 레위기 제도에서 대제사장의 직위는 오직 임명에 의해서만 취할 수 있었다. 어떤 사람도 스스로를 대제사장에 임명하는 것은 불법이었다. 이 구절에서 현재 시제가 사용되는 것을 볼 때, 이 서신이 쓰일 당시 레위기 제도가 여전히 실행되고 있었음을 짐작할 수 있다(서론의 저자와 저작 연대를 보라).

5:1 예물과 속죄하는 제사 첫 번째 용어는 구약에서 감사나 헌신의 예물로 드리던 곡식을 가리킬 것이다. 그렇게 되면 두 번째 용어는 죄를 속하기 위한 피의 제물을 가리키게 된다(레위기 1-5장을 보라). 그러나 *예물*은 8:4에서 다양한 제물 전부를 가리킬 때도 사용되고 있다(참고. 8:3). 신약성경에서 이 단어가 등장하는 3번의 경우(참고. 8:3; 9:9)에 사용된 헬라어 구문은 통상 *과*(*and*)라는 말로 표현되는 것보다 더 긴밀한 두 단어 사이의 관계를 표현한다. 이 사실은 이 두 단어를 구별할 수 없으며, *속죄하는*이라는 말이 두 단어 모두와 관련된 것으로 이해해야 함을 보여준다.

5:2 용납할 수 있는 이 단어는 신약성경에서 오직 여기에만 등장한다. 이 단어는 영적으로 무지하고 길을 잃은 사람들을 대할 때 절제된 부드러운 태도를 견지한다는 개념을 가지고 있다. 참지 못하고, 혐오하며, 분노하는 것은 제사장 사역에서 있을 수 없는 일이다. 이런 절제와 부드러움은 사람이 자신의 인간적 연약함을 깨달을 때 구비된다. 제사장은 자신의 죄를 위한 제물을 바칠 때마다 자신의 죄성을 떠올렸을 것이다(3절).

5:4 하나님의 부르심을 받은 대제사장은 하나님의 선택과 부르심을 받아 사역을 담당했다(참고. 출 28장; 민 16:1-40; 삼상 16:1-3).

5:5, 6 시편 2:7과 110:4을 인용하여 저자는 그리스도의 아들의 신분(*1:5에 대한 설명을 보라*)과 그분의 제사장직이 모두 하나님의 지정에 따른 것임을 보여준다(참고. 요 8:54). 이 말은 두 직함이 종속적 직함이라는 뜻이다. 이것은 본질 또는 본성과 관련해 종속된다는 뜻이 아니라(참고. 요 10:30; 14:9, 11) 구속 계획의 성취와 관련해 종속된다는 뜻이다. 어느 직책도 그리스도의 영원한 신성이나 성삼위의 동등성을 축소시키지 못한다. 이

성경 해설의 사례

1:1-2:4	시편; 사무엘하 7장; 신명기 32장 해설
2:5-18	시편 8:4-6 해설
3:1-4:13	시편 95:7-11 해설
4:14-7:28	시편 110:4 해설
8:1-10:18	예레미야 31:31-34 해설
10:32-12:3	하박국 2:3, 4 해설
12:4-13	잠언 3:11, 12 해설
12:18-29	출애굽기 19, 20장 해설

두 가지 직책은 시작된 때가 있다. 시편 2장이 아들을 왕과 메시아로 인정한다는 것을 주목해야 한다. 그리스도는 왕인 제사장이다.

5:6 시편 110:4의 인용이며, 이 전체 단원이 이 구절의 해명이다(*4:14-7:28에 대한 설명을 보라*). **멜기세덱** 아브라함 시대에 살렘의 왕이면서 지극히 높으신 하나님의 제사장이었던 이 인물도 왕인 제사장이었다(창 14:18-20). 멜기세덱의 반차를 좇는 제사장은 7장에서 자세히 다뤄진다.

5:7, 8 대제사장에 지명되기 위한 첫 번째 요구조건을 확정한(1, 4, 5, 6절) 저자는 이제 인간적인 동정심을 품어야 한다는 요구 조건에 집중한다(2, 3절).

5:7 그는 뒤의 문맥은 이 말이 5절의 주어인 그리스도를 가리키고 있음을 분명하게 보여준다. 겟세마네에서 예수는 고민하고 통곡하셨으나 자신의 죽음을 초래할 고난의 잔을 받아들임으로써 아버지의 뜻에 자신을 맡겼다(마 26:38-46; 눅 22:44, 45). 죄에 대한 심판을 감당할 것을 내다보면서 예수는 최고도의 고통과 슬픔을 느끼셨다(참고. 사 52:14; 53:3-5, 10). 비록 예수가 형벌을 조용히 담당하고 그것을 면하려 하시지는 않았지만(사 53:7), 완전히 거룩하고 순종적인 자신에게 쏟아진 하나님의 진노의 격렬함에 대해 번민하면서 통곡하셨다(마 27:4. 참고. 고후 5:21). 예수는 죽음에 남아 있지 않고 건짐받기를, 즉 부활을 간구하셨다(참고. 시 16:9, 10).

5:8 순종함을 배워서 어떤 불순종을 정복하거나 고치기 위해 그리스도께 고난이 필요한 건 아니었다. 그분의 신성으로 인해(하나님의 아들로서) 그리스도는 순종에 대해 완전히 알고 계셨다. 성육신하신 주님으로서 자신을 낮춰 배우셨다(참고. 눅 2:52). 그분이 사람임을 확증하시고 고난을 최고도로 경험하기 위해 유혹을 받으셨듯이 순종도 배우셨다(*2:10에 대한 설명을 보라*. 참고. 눅 2:52; 빌 2:8). 그리스도의 순종이 필요했던 것은 모든 의를 이루고(마 3:15) 그 결과로 죄인의 자리를 대신하는 완전한 희생물이 되었음을 입증하기 위해서였다(벧전 3:18). 그리스도는 완전히 의로운 분이었으며, 그분의 의가 죄인에게 전가되어 믿는 자를 의롭게 하시는 것이다(참고. 롬. 3:24-26).

5:9 온전하게 되셨은즉…영원한 구원의 근원이 되시고 *2:10에 대한 설명을 보라*. 예수 그리스도의 완전한 의와 죄를 위한 완전한 희생 때문에 그리스도는 구원의 근원이 되셨다. **자기에게 순종하는** 구원은 그리스도에 대한 순종, 곧 회개하고 믿으라는 복음 명령에 대한 최초의 순종에서부터(참고. 행 5:32; 롬 1:5; 살후 1:8; 벧전 1:2, 22; 4:17) 말씀에 순종하는 생활 패턴으로 발전되면서 드러난다(참고. 롬 6:16).

5:10 두 번째 시편 110:4을 인용한 것이며(참고. 6절), 저자는 제사장직으로의 부르심을 다시 언급한다(4절).

B. 그리스도께 완전히 헌신할 것을 권면함 (5:11-6:20)

5:11 멜기세덱에 관하여는 또 다른 가능한 번역은 '그것에 관해서는'(그리스도의 대제사장직과 멜기세덱의 관계라는 의미로)이다. 논리로 보거나 문체로 보면 11절부터 5:11-6:12의 전체 단락이 시작되는 것으로 보인다. *되다*라는 동일한 헬라어 단어가 이 단락의 처음과 끝에 등장하여 수미상관을 이룬다. "둔하다"(11절), "게으르다"(6:12)가 그것이다. **둔하므로** 히브리인의 영적 둔감성과 복음의 가르침에 대한 굼뜬 반응 때문에 이 시점에서 더 이상 진도가 나갈 수 없었다. 이것은 복음 진리를 자기 것으로 만들지 못하면 영적 진보가 정체되고 진전된 가르침을 이해하거나 흡수하지 못하게 된다는 경고다(참고. 요 16:12). 창조 속에 계시된 하나님의 진리(자연 계시 또는 일반 계시)를 받은 이방인들 사이에서도 이런 상황이 발생했다(롬 1:18-20). 그 진리를 거부한 결과 마음이 굳어지는 과정이 시작되었다(롬 1:21-32). 히브리인은 동일한 일반 계시를 받았을 뿐 아니라 구약성경(롬 9:4), 메시아 그분(롬 9:5), 사도들의 교훈(2:3, 4)이라는 특별 계시까지 받았다. 히브리인은 그들이 받은 그 계시에 순종하여 영원한 구원을 받을 때까지(8절) 메시아의 멜기세덱 제사장직에 대한 부가적인 가르침은 그들에게 아무 유익도 주지 못할 것이다.

5:12 선생 모든 신자는 선생이 되어야 한다(골 3:16; 벧전 3:15. 참고. 신 6:7; 딤후 3:15). 만약 이 히브리인들이 정말로 그리스도의 복음을 순종했다면 그 메시지를 다른 사람들에게 전달했을 것이다. 유대인들은 율법을 배웠고 자기들이 율법을 가르친다는 사실을 자랑했으나, 그 진리를 진정으로 이해하지 못했고 그것을 자기의 것으로 삼지도 않았다(*롬 2:17-23에 대한 설명을 보라*). **말씀** 이것은 구약성경에 포함되어 있으며, 복음의 기초가 되었고, 그것을 지키는 일이 히브리인에게 맡겨졌다(롬 3:1, 2). 히브리인에게 율법의 기초가 가르쳐진 것은 그들을 메시아에 대한 믿음으로 이끌기 위해서였다(갈 3:23, 24). 또한 그들은 신약의 복음도 들었다(2:2-4; 벧전 4:11).

5:12, 13 젖 순종 없는 지식은 사람을 성장시키지 못한다. 실제로 구원에 이르는 믿음을 거부함으로써 메시아에 대한 히브리인의 이해는 퇴보하고 있었다. 그들은 오랫동안 충분히 복음을 들어왔으므로 이제는 그것을

히

히브리서에 나오는 시편

1. 히 1:5상 — 시 2:7	9. 히 3:15 — 시 95:7, 8
2. 히 1:7 — 시 104:4	10. 히 4:3, 5 — 시 95:11
3. 히 1:8, 9 — 시 45:6, 7	11. 히 4:7 — 시 95:7, 8
4. 히 1:10-12 — 시 102:25-27	12. 히 5:5 — 시 2:7
5. 히 1:13 — 시 110:1	13. 히 5:6 — 시 110:4
6. 히 2:6-8 — 시 8:4-6	14. 히 7:17, 21 — 시 110:4
7. 히 2:12 — 시 22:22	15. 히 10:5-7 — 시 40:6-8
8. 히 3:7-11 — 시 95:7-11	16. 히 13:6 — 시 118:6

다른 사람들에게 가르칠 수 있어야 하지만, 실제로는 아직 어린 아이였으며, 다른 사람에게 복음을 가르치는 것은 고사하고 자신들이 하나님의 진리를 이해하는 데 있어서도 너무 유치하고 미숙했다.

5:13 의의 말씀 이것은 우리가 믿음에 의해 소유하게 된 그리스도의 의에 대한 메시지다(롬 3:21, 22; 고전 1:30; 고후 5:21; 빌 3:9; 딛 3:5). 이 말은 행위가 아닌 믿음에 따른 구원의 복음이라는 말과 같은 의미다.

5:14 장성한 이와 동일한 헬라어 어근을 가진 단어가 6:2에서는 "완전"으로 번역되었고, 다른 곳에서는 "온전"으로 번역되었다(7:11, 19, 28; 9:9; 10:1, 14; 11:40; 12:23). 이 본문을 포함한 히브리서에서 이 단어는 구원과 동일한 의미로 사용되고 있다. 그런 의미에서 이 단어는 사람이 그리스도를 믿는 신자가 된 것을 온전한 상태라고 말한 것이다. 하지만 바울은 이 말을 주로 성숙한 신앙을 가진 신자를 가리킬 때 쓴다(참고. 골 4:12). 예수는 믿지 않는 유대인에게 믿음으로 그리스도를 따랐을 때만 도달할 수 있는 온전한 구원으로 들어오라고 초대하셨다(마 19:21). 바울은 믿음으로 그리스도에게 온 사람은 하나님의 지혜를 받을 수 있을 만큼 성숙했다고 썼다(고전 2:6). 바울은 그리스도 안에서 의를 발견한 신자를 '성숙하다'는 말로 묘사했다(빌 3:2-20). 이들은 육체에 의지하는 사람들과 대조를 이룬다. 또한 바울은 사도들이 각 사람을 "그리스도 안에서 완전한 자로 세우기" 위하여 경고하고 가르쳤다고 선언했다(골 1:28). **사용하므로** 주 예수의 제사장 직분에 대한 더 깊고 더 "단단한" 진리는 그리스도를 구주로 알고 있는 사람들에게만 가르쳐질 수 있다. 이 단어는 운동선수가 훈련을 받고 경기에 임하는 것을 은유적으로 가리킨다(참고. 딤전 4:7, 8). 영적으로 온전해지기 위해 그리스도께 온 사람은 말씀을 통해 훈련을 받아 진리와 오류를 구별하고, 거룩한 행실과 거룩하지 못한 행실을 구분해야 한다(참고. 딤후 3:16, 17).

6:1 그리스도 도의 초보 5:12의 "하나님의 말씀"이 구약을 가리키듯 이 어구도 마찬가지로 구약을 가리킨다. 저자는 이 말을 가지고 메시아를 위한 길을 예비한 구약의 기초적인 가르침, 곧 그리스도에 대한 교훈의 시작을 가리키고 있다. 이 구약의 도에는 1, 2절에 열거된 여섯 가지 특징이 포함된다. **버리고** 여기서 '버리다'는 기본적인 도리를 무시한다거나 포기한다는 뜻이 아니다. 그 기본적인 도리는 출발점이지 거기서 정체하라는 것이 아니다. 그것은 그리스도 안에서 구원의 길로 접어드는 입구다. **죽은 행실을 회개함** 이 구약적 형태의 회개는 죽음을 초래하는 악행에서 돌이켜(참고. 겔 18:4; 롬 6:23) 하나님께로 돌아오는 것이다. 유대인의 회개는 피상적이었다. 즉 회개의 증거로 율법의 조문만을 지킨 것이다. 속사람은 여전히 죽어 있었다(마 23:25-28; 롬 2:28, 29). 그런 회개는 구원을 가져다줄 수가 없다(6절; 12:17. 참고. 행 11:18; 고후 7:10). 그러나 새 언약 하에서 "하나님을 대한 회개"는 "우리 주 예수 그리스도께 대한 믿음"과 함께한다(행 20:21). 그리스도의 대속의 희생이 "죽은 행실"에서 구해낸다(9:14. 참고. 요 14:6). **하나님께 대한 신앙** 하나님의 아들 예수 그리스도에 대한 믿음이 없이 아버지에 대한 믿음만은 용납될 수 없다(행 4:12; 참고. 약 2:14-20).

6:2 세례들 9:10과 같이 "씻는 것"으로 옮기는 것이 더 나은 번역이다. 이 헬라어 단어는 기독교의 세례를 가리키는 말로 사용된 적이 없다. 이 단어가 복수로 되어 있는 것도 단일한 개념의 기독교 세례와 어울리지 않는다. 구약의 레위기 제도에서는 종교적으로 씻어야 한다는 규칙이 많았는데, 이것은 마음을 씻는 것을 외적으로 표현한 것이었다(참고. 출 30:18-21; 레 16:4, 24, 26, 28; 막 7:4, 8). 새 언약은 내적인 씻음을 요구했는데(딛 3:5), 이 씻음은 영혼의 거듭남을 의미한다. **안수** 옛

언약 하에서는 제물을 가져온 사람이 그것에 안수했다. 이는 그 사람이 제물과 하나 됨으로 제물이 그 사람의 죄를 대신 담당한다는 것을 상징한다(레 1:4; 3:8, 13; 16:21). 또한 이 말은 제사장의 엄숙한 축복을 가리킬 수도 있다(참고. 마 19:13). **부활과 영원한 심판** 바리새인들은 죽은 자의 부활을 믿었지만(행 23:8) 영적으로는 여전히 죽어 있었다(마 23:27). 또한 그들은 하나님의 심판이 있다는 것을 믿었으면서도 실은 그 심판을 향해가고 있었다. 1절과 2절에 열거된 모든 교리가 바리새인과 연결되어 있었으며, 그들 역시 때로 예수께 끌렸다는 것은 의미심장한 일이다(눅 7:36-50; 13:31; 14:1; 요 3:1). 바울은 회심 전에 바리새인이었다(빌 3:5). 바리새인은 믿음이 아닌 율법의 행위를 통해 의를 추구했던 사람들이다(롬 9:30-32; 10:1-3). 이 서신의 수신자인 히브리인 가운데 일부는 바리새인이었을 것이다. **완전한 데로 나아갈지니라** 메시아 예수를 믿음으로써 얻는 구원이다. *5:14에 대한 설명을 보라.* 여기 동사는 수동태로 되어 있어 그 의미는 '우리가 구원으로 데려감을 받는다'라는 뜻이다. 이것은 선생이 학생을 데려가는 것이 아니라 하나님이 선생과 학생 모두를 데리고 앞으로 나아가시는 것이다. 저자는 유대인 독자에게 구약의 기본적 가르침에서 더 이상 나아가지 않으면서 기초로 주어진 가르침을 반복하는("다시 닦는") 것은 아무 소용없다고 경고한다.

6:3 우리가 이것을 하리라 이 말을 통해 저자는 구약의 교훈으로부터 더욱 앞으로 나아가서 예수 그리스도 안에 있는 새 언약을 받아들이게 된 것을 간증하면서 동시에 자신을 독자와 동일시하고 있는 것으로 보인다. 구원은 언제나 하나님의 힘주심을 필요로 한다(참고. 요 6:44).

6:4-6 서론에 나온 해석상의 과제를 보라. 유대인에게 있었던 다섯 가지 특권도 그들을 구원하기에 충분치 않았다.

6:4 빛을 받고 그들은 성경적 진리에 대한 가르침을 받았고, 그것을 머리로 이해했다. 그러나 복음을 이해하는 것과 거듭나는 것은 같지 않다(참고. 10:26, 32). 요한복음 1:9에 따르면 빛을 받는다는 것이 구원받는다는 것과 같지 않은 것이 분명하다. 참고. 10:29. **하늘의 은사를 맛보고** 신약성경에서 맛본다는 것은 어떤 것을 의식적으로 경험한다는 의미의 비유적 표현이다(참고. 2:9). 그 경험은 한시적일 수도 있고 지속적일 수도 있다. 그리스도가 죽음을 "맛보려 하신" 것은(2:9) 명백하게 한시적이었을 뿐 지속적이거나 영구적이지 않았다. 모든 사람이 하나님의 선하심을 맛보지만, 그렇다고 해서 그들이 모두 구원받는다는 뜻은 아니다(참고. 마 5:45; 행 17:25). 주님의 지상 사역 기간에 많은 유대인은 주님이 하늘로부터 가지고 오신 복을 경험했다. 병 고침을 받고, 귀신의 손아귀에서 벗어나고, 주님이 기적적으로 베푸신 음식을 먹은 것(요 6장) 등이 그런 경험이었다. 그 은사가 그리스도를 가리키든(참고. 요 6:51; 고후 9:15) 성령을 가리키든(참고. 행 2:38; 벧전 1:12) 각각의 은사 중 어느 한쪽을 경험한다는 것이 곧 구원을 받는다는 것은 아니었다(참고. 요 16:8; 행 7:51). **성령에 참여한 바** *2:4에 대한 설명을 보라.* 참여한다는 개념이 3:1; 3:14; 12:8에서는 신자가 서로 맺는 관계를 가리켰지만, 각각의 의미는 문맥을 통해 결정되어야 한다. 4-6절의 이 문맥은 우선 이들이 참 신자일 가능성을 배제한 것으로 보인다. 이 말이 앞에서 말한 것처럼 성령의 능력을 입은 예수의 기적 사역에 참여한 것을 가리키거나(*마 12:18-32에 대한 설명을 보라.* 참고. 눅 4:14, 18) 성령의 죄를 깨닫게 하는 사역에 참여한 것(요 16:8)을 가리킬 수 있다. 사람은 구원을 경험하지 못한 채 이런 사역에 저항할 수 있다(참고. 행 7:51)

6:5 맛보고도 *4절에 대한 설명을 보라.* 2:1-4에서(*이 구절에 대한 설명을 보라*) 묘사된 내용이 여기서 말하는 것과 놀라운 병행을 이룬다. 마술사 시몬처럼(행 8:9-24) 이 히브리 사람들도 그 많은 것을 보고 들었음에도 거듭나지 않았다(참고. 마 13:3-9; 요 6:60-66). 모세와 아론을 통해 행해지는 기적을 보았고 시내산에서 하나님의 음성을 들었으면서도 광야에서 죽어간 사람들의 죄를 반복했다.

6:6 타락한 이 헬라어는 신약성경에서 오직 여기서만 등장한다. 70인역에서는 이 단어가 심각한 불신실함과 배교를 뜻하는 단어를 번역한 것으로 사용되었다(참고. 겔 14:13; 18:24; 20:27). 이는 3:12의 배교에 해당하는 단어다. 이 불신실함의 심각성이 이 절에서 그리스도를 배척한 행위를 확실하게 묘사하는 어구로 드러난다. 그들은 그리스도를 다시 십자가에 못 박고 그리스도를 욕되게 했다(또한 10:29의 강한 표현을 보라). 4절의 "불가능하다"는 "다시 새롭게 하여 회개하게"와 연결된다. 그런 방식으로 그리스도께 죄를 범한 사람에게는 회복이나 사죄의 소망이 없다(참고. 2:2, 3; 10:26, 27; 12:25). 그 이유는 그들이 충분한 지식을 가지고 의식적인 경험을 했으면서도 그리스도를 버렸기 때문이다(5, 6절에서 묘사된 것처럼). 충만한 계시를 가지고 있으면서도 그들은 그리스도에 대한 진리와 대립되는 결론에 도달하여 그 진리를 버렸으므로 구원의 소망이 없는 것이다. 또한 자기들이 버린 것 이상의 지식을 얻을 수 없는 것이

다. 그들은 그리스도는 십자가에 달려야 한다는 결론에 도달했고, 그리스도의 대적 편에 섰다. 그러나 이 절들이 한 번 받은 구원을 다시 잃어버린다고 가르칠 가능성은 없다. 많은 성경 구절이 구원은 영원하다는 것을 분명히 가르치고 있다(참고. 요 10:27 29; 롬 8:35, 38, 39; 빌 1:6; 벧전 1:4, 5). 이 구절이 신자가 구원을 잃을 수 있다는 의미라고 주장하려는 사람은 이 구절이 사람이 그것을 다시 얻는 것도 불가능하다고 말하는 것으로 봐야 할 것이다. 서론에 나온 해석상의 과제를 보라.

6:7, 8 이것은 복음 메시지를 듣고 믿음으로 응답하는 사람은 복을 받지만 그것을 듣고 거절하는 사람은 저주를 받는다는 예증이다(참고. 마 13:18-23).

6:8 버림을 당하고 로마서 1:28(*내버려 두사*), 고린도후서 13:5(*버림 받은*), 디모데후서 3:8(*버림 받은*)에서 이 단어가 사용된 용례를 보라.

6:9 사랑하는 자들아 이 말은 청중이 바뀐다는 것과 메시지가 경고에서 격려로 바뀌고 있다는 것을 보여준다. 이 말이 신자를 향한 것이라는 사실은 "더 좋은 것"이 그들에게 속해 있다는 확신으로 말미암아 알 수 있다(바로 앞 절에서 경고받은 사람들과 비교되듯이). "구원에 속한 것"은 그들이 구원받았음을 입증해주는 행위다(10절. 참고. 엡 2:10; 약 2:18, 26). 이 진술 자체가 5:11-6:5에 묘사된 것들이 구원을 수반하지 않으며, 도리어 불신앙과 배교의 표시라는 것을 암시한다. **우리가 이같이 말하나** 앞 절에서 심판에 대해 말하는 것이 필요하기는 했지만, 저자는 신자인 "사랑하는 자들"의 구원을 확신한다는 것을 천명한다.

6:10 행위와…사랑으로 이미 성도를 섬긴 것 데살로니가전서 1:3, 4을 보라. **그의 이름을 위하여** 이 서신서에서 이름은 히브리적 용법으로 권위, 성격, 하나님의 아들(1:4) 또는 성부 하나님의 속성을 의미한다(2:12; 13:15. 참고. 요 14:13, 14). **성도** 모든 참 그리스도인은 성도, 곧 '거룩한 자들'이다(참고. 13:24; 행 9:13; 롬 1:7. *고전 1:2에 대한 설명을 보라*).

6:11 너희 저자는 다시 신자에게 말하고 있다. 그러나 여기서는 이 특정한 집단을 회복 불능의 위험에 처해 있는 4-6절의 배교자로부터 거리를 두려는 것처럼 보인다. **부지런함** 이 단어는 열심 또는 서두름이라는 뜻을 가질 수 있다. 이것은 믿지 않는 유대인에게 즉시 그리스도께 돌아오라는 호소다. 만약 아직까지 헌신하지 않은 이 유대인들이 성도의 능동적인 믿음(9, 10, 12절)의 모범을 따른다면 그들은 "끝까지 소망의 풍성함에 이르게" 하는 구원을 얻을 것이다(참고. 10:22; 골 2:2). 구원은 연기할 수 없는 일이다.

6:12 게으르지 *5:11에 대한 설명을 보라*. 거기서는 동일한 헬라어가 '둔하다'로 번역되었다. **약속들을 기업으로 받는** 구원의 기업과 언약은 이 서신의 주제다(참고. 13, 15, 17절; 1:14; 4:1, 3; 9:15; 10:36; 11:7, 8, 9, 11, 13, 17, 33, 39). **본받는** 이 개념이 13:7에서 반복되며 11장에 등장하는 많은 믿음의 실례에 내포되어 있다.

6:13-20 히브리 신자들이 직면했던 박해와 시련을 통과하기 위해서는 인내와 버티는 힘이 필요했다. 이 버티는 믿음이 있어야 하나님의 약속을 유업으로 받을 수 있었는데, 이것이 고난받는 동안에는 너무나 먼 일처럼 여겨졌다. 상황이 어떠하든지 그들은 하나님이 신실하신 분이라는 사실을 기억하고(참고. 10절) 그들의 소망은 든든하다는 것도 기억해야 했다(참고. 11절).

6:13 아브라함 히브리인에게 레위기의 예배제도를 의지하지 말고 믿음을 의지할 것을 장려하기 위해 저자는 아브라함의 예를 인용했다. 이는 그들이 본받아야 할(12절) 믿음의 위대한 모델이었기 때문이다(참고. 롬 4장). **자기를 가리켜 맹세하여** 창세기 22:15-19에 기록되어 있듯이 하나님은 아브라함 언약의 성취를 일방적으로 약속하셨다.

6:14 창세기 22:17을 인용한 이 구절은 하나님의 약속의 본질을 요약하고 있다. 하나님이 그것을 말씀하셨다면 그것은 반드시 성취된다. 여기서 인용된 창세기 구절의 문맥이 하나님이 아브라함에게 하신 약속의 성취였던 바로 그 이삭을 제물로 바치는 대목이라는 사실은 의미심장하다. 그 약속의 궁극적 성취가 이삭과 그의 후손을 통해 이루어질 것이다.

6:15 오래 참아 아브라함은 12절에 언급된 인내의 모범이었다. 아브라함은 이삭의 출생으로 약속이 성취되기 시작했을 때 이 약속을 받았으나(*14절에 대한 설명을 보라*), 모든 약속이 성취되는 것을 보지는 못했다(11:13).

6:16-18 하나님의 말씀은 다른 누군가를 통해 확증되어야 할 필요가 없다. 하나님 그분이 신실하시므로 그 말씀은 신뢰할 수 있다. 사람들은 자기보다 큰 자(특별히 하나님)를 증인으로 삼아 자기들의 약속을 확증한다. 그런데 자신보다 큰 자가 없으므로 하나님은 스스로를 증인으로 삼아 맹세하신다. 이렇게 함으로써 하나님은 사람 사이의 약속을 믿을 수 없기 때문에 신실한 확증을 원하는 사람들에게 기꺼이 자신을 맞추신 것이다.

6:18 두 가지 변하지 못할 사실 이 두 가지는 하나님의 약속과 맹세다. *변하지 못할*이라는 헬라어 단어는 법적 유언을 가리키는 말로, 그것은 유언한 사람 이외에는 바꾸지 못하는 유언을 가리킨다. **소망** *3:6에 대*

한 설명을 보라. 소망은 히브리서의 주제 가운데 하나다. 또한 그것은 구약을 공부하여 얻을 수 있는 것이다(롬 15:4). 하나님의 구원 약속의 성취에 대한 소망은 "영혼의 닻"이며(19절), 어려움과 혼란에 빠졌을 때 신자를 굳게 붙들어준다. **피난처를 찾은** 70인역에 사용된 헬라어 단어는 실수로 살인한 사람이 보복자를 피할 수 있는 도피성을 가리킨다(민 35:9-34; 신 19:1-13; 수 20:1-9. 참고. 행 14:5, 6).

6:19, 20 우리 소망은 그리스도에게서 구현되며, 그리스도는 우리를 위하여 하늘의 지성소와 하나님의 임재 앞으로 들어가셨다(*4:14에 대한 설명을 보라*). 이렇게 논리를 발전시켜 나감으로써 저자는 5:10에서 중단했던 멜기세덱의 제사장직이라는 주제로 돌아왔다

C. 멜기세덱의 제사장직과 같은 그리스도의 제사장직(7:1-28)

7:1-28 멜기세덱을 언급하는 두 군데의 구약성경(창 14:18-20; 시 110:4)을 인용하여 7장은 어떤 면에서 그리스도의 모형이었던 이 특이한 대제사장에 비해 그리스도의 제사장직이 우월함을 설명한다(*5:6에 대한 설명을 보라*). 7장에서 그리스도의 제사장직과 레위기의 대제사장이 상세하게 비교되기 때문에 7장은 히브리서의 핵심 부분이다.

7:1, 2 창세기 14:18-20(*이 부분에 대한 설명을 보라*)에 등장하는 멜기세덱에 대한 요약된 설명이다.

7:3 레위기의 제사장직은 세습되었지만 멜기세덱의 제사장직은 세습되지 않았다. 멜기세덱의 부모가 누구인지, 그가 어디 출신인지에 대해서는 알려진 바가 없다. 이는 그것이 그의 제사장직과 아무 상관이 없기 때문이다. 어떤 사람의 해석과 달리 멜기세덱에게는 아버지와 어머니가 있었다. 고대 수리아 페시타(Peshitta) 역은 헬라어 구절이 의도하는 바를 정확하게 알 수 있도록 번역했다. "그의 아버지와 어머니는 족보에 기록되지 않았다." 멜기세덱의 출생과 죽음에 대해서도 아무 기록이 없다. 이것은 아론의 죽음에 대해 상세하게 기록된 것(민 20:22-29)과 뚜렷하게 대조를 이룬다. **닮아서** 문자적으로 '비슷하게 되어서'라는 뜻이다. 신약성경의 다른 곳에는 이 단어가 사용된 데가 없다. 여기서 의도하는 바는 구약에 멜기세덱의 역사가 기록된 방식이 그리스도와 유사하다는 것이지 멜기세덱 자신이 그리스도와 유사하다는 게 아니다. 어떤 사람의 주장처럼 멜기세덱은 성육신하기 이전의 그리스도가 아니며, 멜기세덱의 제사장직이 보편적이고(1절), 왕적이며(1, 2절. 참고. 슥 6:13), 의롭고(2절. 참고. 시 72:2; 렘 23:5; 고전 1:30), 평화로우며(2절. 참고. 시 72:7; 사 9:6; 롬 5:1), 끝이 없다(3절. 참고. 24, 25절)는 점에서 유사하다는 것이다.

7:4-28 이 단락은 멜기세덱의 제사장직이 레위기의 제사장직보다 우월하다는 것을 설명한다. 우월성에 대한 주요 논증은 십일조를 받았다는 것(2-10절), 축복했다는 것(1, 6, 7절), 레위기의 제사장직을 대체한다는 것(11-19절), 멜기세덱 제사장직이 영구적이라는 것이다(3, 8, 16, 17, 20-28절).

7:4 고대 세계에서 사람들이 신이나 신의 대표자에게 십일조를 바치는 것은 일반적인 일이었다. 히브리 신앙의 조상인 아브라함은 멜기세덱에게 십일조를 바쳤다. 이것은 멜기세덱이 아브라함보다 높다는 증명이다. 작은 자가 큰 자에게 십일조를 바치기 마련이다(7절).

7:5 모세 법이 확정된 뒤 주어진 권위에 의해 레위 지파 제사장들은 동료 이스라엘 사람에게서 십일조를 받았다(*민 18:21-24에 대한 설명을 보라*). 이스라엘 사람이 그 법에 복종한 것은 제사장을 높이기 위해서가 아니라 하나님의 법을 높이기 위해서였다.

7:6, 7 멜기세덱은 아브라함으로부터 십일조만 받은 것이 아니라 그를 축복하기까지 했다. 이것은 멜기세덱의 우월성에 대한 증명이다.

7:8 여기는…저기는 이 부사들은 당시까지("여기는") 그 제도가 유지되던 레위기의 법과 창세기 14장에 기록된 그 이전의 역사적 사건("저기는")을 가리킨다. 레위기의 제사장직은 제사장이 죽을 때마다 바뀌다가 마침내 사라져버렸지만, 멜기세덱의 제사장직에 대한 기록이 그의 죽음을 기록하지 않으므로 그의 제사장직은 영구적이다(참고. 3절).

7:9, 10 아브라함이 후손의 머리라는 사실을 근거로 한 논증에서 저자는 레위가 멜기세덱에게 십일조를 바쳤다고 말할 수 있다고 주장한다. 이것은 아담이 범죄했을 때 우리 모두가 범죄했다는 것을 증명하기 위해 바울이 사용한 것과 같은 종류의 논증이다(*롬 5:12-14에 대한 설명을 보라*).

7:11-28 이 단락에서는 논증을 한 단계 더 확장시킨다. 멜기세덱의 제사장직이 레위기의 제사장직보다 우월하고(1-10절), 그리스도의 제사장직은 레위기의 제사장직이 아니라 멜기세덱의 제사장직을 따르므로 그리스도의 제사장직 역시 레위기의 제사장직보다 우월하다.

7:11 온전함 *5:14에 대한 설명을 보라*. 히브리서에서 이 단어는 하나님과의 완전한 화해와 하나님(구원)께 방해받지 않고 나아갈 수 있게 되는 것을 가리킨다. 레위기의 제도와 제사장직은 사람을 죄로부터 구원하지 못한다. *10:1-4에 대한 설명을 보라*.

7:12-14 그리스도는 그리스도인의 대제사장이며, 레위 지파가 아니라(참고. 마 2:1, 6; 계 5:5) 유다 지파이므로 그분의 제사장직은 레위기적 제사장직의 권위에 대한 근거인 율법을 넘어서는 것이 분명하다(참고. 11절). 이것이 모세 율법이 폐지되었다는 증거다. 레위기의 제도는 새 언약 하에서 새 희생을 드리는 새 제사장으로 대체되었다. 그리스도는 율법을 성취하심으로써 율법을 폐지하셨으며(참고. 마 5:17) 율법이 결코 성취하지 못했던 완전함을 제공하신다(참고. 마 5:20).

7:13, 15 다른…별다른 이 두 가지 경우 이 단어는 '종류가 다른 것'(*헤테로스heteros*)을 가리키며, 레위기의 제사장직과 대비를 강조한다.

7:16 육신에 속한 한 계명의 법 율법은 일정 기간 이스라엘의 존재만을 다룰 뿐이다. 대속죄일에 얻을 수 있던 사죄마저도 한시적이었다. 율법 하에서 제사장으로 섬긴 사람들은 죽을 수밖에 없었으며 세습을 통해 제사장직을 물려받았다. 레위기의 제도는 육신적 존재와 한시적인 예식주의의 지배를 받았다. **불멸의 생명의 능력** 그리스도는 성삼위의 영원한 제이위이므로 그분의 제사장직은 끝날 수가 없다. 그리스도는 율법을 통해 제사장직을 받은 것이 아니라 신성으로 말미암아 받으신 것이다.

7:17 다시 시편 110:4을 인용한 것이다(*5:6, 10에 대한 설명을 보라*).

7:18 폐하고 *12-14절에 대한 설명을 보라*. 사람을 구원하거나 내적인 변화를 일으키지 못한다는 의미에서 율법은 연약했다(참고. 롬 8:3; 갈 4:9).

7:19 율법은 아무 것도 온전하게 못할지라 *11절에 대한 설명을 보라*. 율법은 아무도 구원하지 못했다(참고. 롬 3:19, 20). 도리어 율법은 모든 사람을 저주했다(참고. 갈 3:10-13). **더 좋은 소망** *3:6; 6:18에 대한 설명을 보라*. **하나님께 가까이 가느니라** 서론의 역사적·신학적 주제를 보라. *4:16에 대한 설명을 보라*. 이것이 이 단락의 핵심 구절이다. 하나님께 가까이 간다는 것이 사람을 하나님의 임재에 가까이 하지 못하도록 막는 레위기의 제도와 비교되는 기독교의 본질이다. 신자이자 제사장인 우리 모두는 하나님께 가까이 가야 한다. 이것이 신약 시대의 제사장직의 특징이다(참고. 출 19:22. *마 27:51에 대한 설명을 보라*).

7:20, 21 맹세 하나님의 약속은 맹세로 인을 쳤으며 바뀔 수가 없다(참고. 6:17). 그리스도의 멜기세덱 제사장직은 시편 110:4에서 하나님의 맹세로 확증되었다. 이 문제에 대한 하나님의 마음은 바뀌지 않을 것이다("뉘우치지", 21절).

7:22 더 좋은 언약 새 언약이다(8:8, 13; 9:15). *예레미야 31:31-34; 마태복음 26:28에 대한 설명을 보라*. 이 서신에서 최초로 언약이 언급되면서 동시에 이 책의 핵심 주제 가운데 하나가 함께 등장한다("더 좋은", 참고. 19절. 서론의 역사적·신학적 주제를 보라). 이 언약을 8장에서 더 상세하게 다룰 것이다. **보증** 신약성경에서 이 단어가 사용된 유일한 곳이며 '보증인'으로 번역될 수도 있다. 예수 자신이 구원의 새 언약의 성취를 보증하신다.

7:23, 24 *3, 8, 16절에 대한 설명을 보라*.

7:23 많은 아론부터 시작해 주후 70년에 성전이 파괴될 때까지 대제사장으로 섬긴 사람이 여든네 명이라는 주장이 있다. 그보다 하위 제사장의 숫자는 훨씬 더 많았다.

7:25 하나님께 나아가는 자들 *4:16에 대한 설명을 보라* (참고. 요 6:37). **온전히** 이와 실질적으로 동일한 개념이 *온전함*(11절), *온전하게 하다*는 말로 표현되었다(19절). 이 헬라어 단어는 이곳과 누가복음 13:11에서만(그 여인의 몸은 완전히 펼 수 없었음) 사용되었다. **간구** 이 단어는 '다른 사람을 위해 중재하다'는 뜻이다. 이 단어는 어떤 사람을 위해 왕에게 간청을 올리는 것을 가리키는 말로 사용되었다. *로마서 8:34에 대한 설명을 보라*. 요한복음 17장에 나온 그리스도의 대제사장적 중보기도를 참고하라. 랍비들이 천사에게 중보의 능력을 돌렸으므로 사람들은 천사를 중보자로 간주했을 것이다. 저자는 오직 그리스도만이 중보자임을 분명히 한다(참고. 딤전 2:5).

7:26-28 그리스도의 신성하고 거룩한 성품은 그의 제사장직이 우월하다는 사실의 또 다른 증거다.

7:26 그리스도는 하나님과의 관계에서 "거룩"하다(어떤 오염도 없이 경건함, 마 3:17; 17:5; 막 1:24; 눅 4:24; 행 2:27; 13:35). 그리스도는 사람과의 관계에서 "무해"하다(악이나 악의가 없음, 요 8:46). 그리스도는 자신과의 관계에서 "더러움이 없"으며(오염에서 자유로움, 벧전 1:19) "죄인에게서 떠나 계신다"(모든 악한 행동의 근원인 악의 성품이 그에게는 없음, 참고. 4:15의 "죄는 없으시니라"). *고린도후서 5:21에 대한 설명을 보라*. **하늘보다 높이 되신** *3:1; 4:14에 대한 설명을 보라*.

7:27 날마다 레위기의 대제사장이 범죄하면 그는 자신을 위해 희생제물을 드려야 했다(레 4:3). 백성이 범죄하면 대제사장은 그들을 위해서도 희생제물을 드려야 했다(레 4:13). 이 일을 매일 해야 했다. 그리고 매년 대속죄일에는 자기 자신과 백성을 위한 희생제물을 드려야 했다(레 16:6, 11, 15). 그러나 그리스도는 죄가 없었으므로 자신을 위해 희생제물을 드릴 필요가 없었다.

또한 단 한 번의 희생제물(그 자신에 의한)이 필요할 뿐이었다. 오직 한 번, 모든 사람을 위해, 모든 때를 위해 말이다. **단번에** 이것이 히브리서의 핵심적인 강조점이다. 구약 시대 제사장의 희생제사와 달리 그리스도의 희생제사는 결코 반복될 필요가 없었다. 참고. 9:12, 26, 28; 10:2, 10; 베드로전서 3:18.

7:28 맹세의 말씀 하나님이 그리스도를 대제사장으로 확증하셨다. *20, 21절; 6:16-18에 대한 설명을 보라.* **영원히 온전하게 되신** *2:10에 대한 설명을 보라.*

예수 그리스도의 제사장 사역의 우월성 (8:1-10:18)

A. 더 좋은 언약을 통해(8:1-13)

8:1-10:18 이 전체 단락은 예레미야 31:31-34에 약속된 새 언약과 그것에 대비되는 율법의 옛 언약에 대한 설명이다.

8:1-5 하늘의 성소에서 예수가 행하시는 제사장 직분에 대한 간단한 서술이다. 이 제사장 직분은 더 나은 성소에서 수행되므로 아론의 제사장 직분보다 더 우월하다(1-5절. 참고. 9:1-12).

8:1 요점 여기서 저자의 중심 메시지가 소개된다. 우월한 대제사장인 예수 그리스도가 "우리에게 있다"는 것

> **사람은 한 번 죽는다**
>
> 첫째, 이 구절(히 9:27)은 환생의 개념을 들먹이고 싶은 유혹에 대한 직접적인 대답이다. 둘째, 이것은 매우 희귀하고 극히 부분적인 예외를 제외한 모든 인류에게 적용되는 일반적인 규칙을 말한다. 나사로는 살아났다가 다시 죽어야 했다(요 14:43-44을 보라). 나사로처럼 우리 주님이 베푸신 기적을 통해 살아난 사람은 영광스러운 몸과 무궁한 생명으로 부활한 것이 아니었다. 그들은 단지 죽었다가 다시 살아난 경험을 했을 뿐이다. 또 다른 예외는 죽음을 아예 경험하지 않고 "구름 속으로 끌어 올려 공중에서 주를 영접"(살전 4:17)하는 사람들이다. 에녹(창 5:24)과 엘리야(왕하 2:11)도 이 마지막 그룹에 속했다.
>
> 모든 인간 존재에게 적용되는 일반적인 규칙의 또 하나는 모두가 심판을 받는다는 사실이다. 여기서 말하는 심판은 신자(고후 5:10)와 불신자(계 20:11-15) 모두가 받아야 하는 심판을 가리킨다.

이 사실이며(현재 소유하고 있음), 그분은 구약에서 미리 예견된 모든 것의 성취다. **앉으셨으니** *1:3, 13에 대한 설명을 보라.*

8:2 성소 참고. 9:3. 하나님이 거하시는 가장 거룩한 장소다(참고. 출 15:17; 25:8; 26:23, 24; 대상 22:17). **참 장막** 이것은 "주께서 세우신 것이요 사람이 세운 것이 아니니라"는 말로 정의되며 9:11, 24에서도(참고. 5절) 유사한 정의가 나타난다. 그것은 하늘에 하나님이 거하시는 곳을 가리킨다. **섬기는 이** 이것은 1:7에서 천사를 가리키면서 사용된 단어와 같은 단어다. 예레미야 33:21에서는 제사장들을 가리키는 데 이 단어가 사용되었다.

8:3 예물과 제사 드림 *5:1에 대한 설명을 보라.*

8:4 제사장이 되지 아니하셨을 것이니 예수는 레위 지파가 아니었으므로 레위 제사장이 될 자격이 없었다. *7:12-14에 대한 설명을 보라.* 여기 사용된 시제가 현재 시제인데, 이 글이 쓰였던 당시에 레위기의 제도가 아직 존속하고 있었음을 가리키며, 이는 이 글이 주후 70년의 성전 파괴 이전에 기록되었음을 보여준다(*5:1-4에 대한 설명을 보라*).

8:5 이것은 출애굽기 25:40을 인용한 것이다. **모형과 그림자** 이 말은 하늘에 실제 건물이 있었고 그것을 본떠서 지상에 성막을 지었다는 뜻이 아니라 하늘의 실재가 지상의 성전 모델 속에 상징적으로 구현되었다는 뜻이다.

8:6 더 좋은 약속…더 좋은 언약 *7:19, 22; 요 1:17, 18에 대한 설명을 보라.* 이 언약이 8, 13절; 9:15에서 새 언약과 동일시된다. **중보자** 참고. 9:15. 이 단어는 중개인 또는 조정자라는 의미로, 이 경우에는 사람과 하나님 사이에 서 있는 존재다. *디모데전서 2:5에 대한 설명을 보라*(참고. 갈 3:19, 20).

8:7 7:11의 동일한 논증을 참고하라. 온전하지 못하고 완전하지 못한 옛 언약은 잠정적으로 사용될 의도로 주어졌던 것이다.

8:8-12 예레미야 31:31-34을 인용한 것이다(*이 구절에 대한 설명을 보라*).

8:9 내가 그들을 돌보지 아니하였노라 예레미야 31:32을 보면 "내가 그들의 남편이 되었어도"라고 되어 있다. 히브리서 저자는 70인역에서 인용하고 있는데, 여기서는 근본적인 의미의 차이가 없는 다른 독법을 따르고 있다.

8:10 생각…마음 그 성격상 율법의 언약은 일차적으로 외면적이었지만, 새 언약은 내면적이다(참고. 겔 36:26, 27).

8:12 70인역은 예레미야 31:34의 마지막 문장을 약간

멜기세덱

멜기세덱은 구약성경에 잠깐 등장하지만, 아브라함의 생애와 관련하여 그가 차지했던 특별한 역할 때문에 중요한 인물이 된다. 그는 시편 110:4에서 다시 언급되는데, 바로 이 구절을 히 4:14-7:28에서 다룬다. 아브라함 시대의 살렘 왕이며 지극히 높으신 하나님의 제사장이었던 멜기세덱은 왕-제사장의 역할을 위한 역사적 전례가 되며(창 14:18-20), 예수 그리스도는 그 역할을 완전하게 이루신다.

구약에 나오는 멜기세덱에 대한 두 차례의 언급을 사용하여 히브리서 저자는(7:1-28) 그리스도의 모형이 되는 멜기세덱의 독특한 역할과 그가 레위 대제사장보다 우월하다는 사실을 개괄함으로써 그리스도의 제사장 직분의 우월성을 설명한다. 레위 제사장 직분은 세습되었지만 멜기세덱의 제사장 직분은 그렇지 않았다. 아브라함의 명예로 말미암아 멜기세덱의 정당한 역할이 확립되었다. 다음과 같은 몇 가지 중요한 방식으로 멜기세덱의 제사장 직분은 레위 제사장 직분보다 우월하다.

1. 십일조를 받음(7:2-10), 레위 지파의 조상인 아브라함은 전리품의 십일조를 멜기세덱에게 나눠주었다.
2. 축복을 함(7:1, 6, 7), 아브라함이 멜기세덱으로부터 축복을 받았다.
3. 레위 제사장 직분의 지속적인 대체(7:11-19), 직분이 아버지한테서 아들로 계승되었다.
4. 멜기세덱 제사장 직분의 영구성(7:3, 8, 16, 17, 20-28), 그의 제사장 직분에 대한 기록에 그의 죽음이 기록되지 않았다.

확장시킨 것이다.

8:13 없어져 가는 히브리서가 기록된 후 얼마 지나지 않아서 예루살렘 성전은 파괴되었고 레위기의 예배는 끝났다(*5:1-4에 대한 설명을 보라*. 서론의 저자와 저작 연대를 보라).

B. 더 나은 성소에서(9:1-12)

9:1-10 이 단락에서 저자는 성막을 간단하게 묘사한다. 구약성경에서는 성막과 성막 봉사를 설명하는 데 약 오십 장이 할애되었다(참고. 출 25-40장). 이 단락은 "예법"이라는 말로 시작되고(1절), 역시 "예법"이라는 말로 끝나는 하나의 문단을 구성한다.

9:2 첫 장막…성소 이것은 성막의 첫째 방인 성소다(출 26:33). 성소에 있는 물품들에 대해서는 출애굽기 25:23-40; 40:22-25; 레위기 24:5-9을 보라.

9:3 지성소 이곳은 언약궤와 시은좌가 있던 곳으로 속죄의 장소다(출 26:33, 34).

9:4 금 향로 이 단어는 향을 피우는 금향로로 이해하는 것이 최선이다. *출애굽기 30:1-10에 대한 설명을 보라*(참고. 출 40:5, 26, 27). 원래는 이것이 지성소 밖에 있었지만(출 30:6), 히브리서 저자의 관심이 대속죄일 예배식의 역할에 집중되어 있으므로 금향로를 지성소 안에 있는 것처럼 그리고 있다. 그 날 대제사장이 제단에서 향을 취해다가 지성소 안으로 가지고 들어갔다(레 16:12, 13). 금향로도 휘장과 마찬가지로 지성소의 경계를 표시했다. 대제사장은 일 년에 단 한 번 금향로의 자리를 넘어 지성소로 들어갔다. **언약궤** *출애굽기 25:11-18; 26:31-34에 대한 설명을 보라*. **만나를 담은 금 항아리** *출애굽기 16:32-36에 대한 설명을 보라*. **아론의 싹난 지팡이** *민수기 17:2-10에 대한 설명을 보라*. **언약의 돌판들** *출애굽기 25:16에 대한 설명을 보라*(참고. 왕상 8:9).

9:5 속죄소…영광의 그룹 *출애굽기 25:17, 18에 대한 설명을 보라*. **이제 낱낱이 말할 수 없노라** 저자는 이런 자세한 내용으로 자신의 요점을 흐리고 싶은 마음이 없다(참고. 8:1).

9:7 이것은 대속죄일이다. *4:14; 7:27; 레위기 16:16, 20-22, 30에 대한 설명을 보라*. **피 없이** *22절에 대한 설명을 보라*. 이것은 희생의 피에 대한 많은 언급 가운데 첫 번째 언급이다. 이는 특히 9:1-10:18에서 중심적인 역할을 하는데, 여기서는 구약 제물의 죽음과 그리스도의 죽음을 일치시키고 있다(참고. 12-14절). 그러나 피 흘리는 것 자체는 충분한 제사가 못 된다는 것에 주목하라. 그리스도는 피를 흘릴 뿐 아니라 죽으셔야 했다. 히브리서 10:10은 그리스도가 자신의 몸을 희생제물로 드렸음을 말한다. 그분의 죽음이 없다면 그 피는 구원의 가치를 가지지 못한다. *14, 18, 22절; 10:10에 대한 설명을 보라*.

9:8 레위기 제도는 하나님의 백성이 하나님 앞으로 직접 나아갈 수 있는 길을 제공하지 않는다. 그렇게 하기

단어 연구

언약(Covenant): 8:6, 8-10; 9:4; 10:16, 29; 12:24. 문자적인 뜻은 '합의' '유언' '약속'(testament)이다. 9:15-20에서 저자는 새 언약이(8:7) 어떻게 해서 시내산에서 맺은 처음 언약을 완성했는지 설명한다. 저자는 이 단락 내내 '유언'과 비교되는 *디아떼케(diathēkē)*라는 단어를 사용한다. 유언의 내용이 유언한 사람이 죽었을 때 효력을 발휘하는 것처럼 그리스도의 죽음과 함께 첫 언약의 굴레에서 우리를 해방시켜 주는 새 언약이 효력을 발휘하기 시작했다.

위해서는 다른 방법을 사용해야 했다(12절). 이것이 성령이 성막에 대해 가르치신 가장 중요한 교훈이다. 성막은 예수 그리스도의 죽음 없이는 사람이 도저히 하나님께 나아갈 수 없음을 가르친다. 서론의 역사적·신학적 주제를 보라. 10:20에 나오는 이 교훈과 짝을 이루는 교훈을 보라. **성령** *2:4에 대한 설명을 보라.* 지성소에 대해 주어진 이 영감받은 교훈을 가지고 성령께서는 종교 의식적 제도에는 하나님께 나아가는 길이 없음을 나타내셨다. 오직 그리스도만이 그 길을 열 수 있다(참고. 요 14:6).

9:9 현재까지의 여기서 '까지'로 번역된 헬라어 표현은 의미가 명확하지 않아서 서로 다른 두 가지 뜻과 해석이 가능하다. 첫째는 '동안', 즉 구약 시대다. 둘째는 '까지', 곧 현재의 기독교 시대를 '가리키는' 기능을 한다. NKJV의 'in which'라는 번역은 앞의 해석을 취한 것이다. 두 번째 해석인 'according to which'는 (또 다른 헬라어 독법으로부터 나온) 시간을 가리키지 않고 "비유"를 가리킨다. '그것은 과거로부터 현재를 가리키는 실물 교훈이다.' 10절의 설명 때문에 이 두 번째 해석을 취하는 것이 나아 보인다. "현재"는 '개혁의 때'다. **비유** 여기 사용된 헬라어 단어는 *파라볼레(parabole)*이며, 영어의 *parable*(비유)이 이 단어에서 유래되었다. 레위기 제도는 하나의 비유, 곧 그리스도 안에서 무엇이 올 것인지 실물을 통해 가르쳐주는 교훈이었다. **예물과 제사** *5:1에 대한 설명을 보라.* **양심상 온전하게** 다시 이 용어는 구원을 가리킨다. *5:14; 7:11; 10:1에 대한 설명을 보라*(참고. 7:25). 구약의 제사는 제물을 드리는 자의 죄의식을 제거하거나 그들의 죄를 완전히 용서하지 못했다(참고. 10:1-4). 그것은 앞으로 올 다른 어떤 것, 곧 그리스도를 가리키는 '비유'일 뿐이다. 양심은 하나님이 주신 경고 장치로, 죄에 반응하고 정죄와 죄책을 일으키며(*롬 2:14, 15에 대한 설명을 보라*) 양심은 그리스도의 일 이외의 것으로는 안정을 찾지 못한다(참고. 14절; 10:22). 구원받을 때 비로소 양심은 광적인 정죄의 일을 그치고 잠잠해지지만 그렇다고 해서 완전히 기능하지 않는 건 아니다. 도리어 양심은 자기의 일을 계속함으로 신자에게 죄에 대해 경고한다. 신자들은 깨끗한 양심을 구해야 한다(*고후 1:12에 대한 설명을 보라*).

9:10 먹고 마시는 것 *레위기 11:1-47; 신명기 14:3-21에 대한 설명을 보라*(참고. 골 2:16). **씻는 것** *6:2에 대한 설명을 보라.* **육체의 예법** 레위기의 법령은 속사람의 변화 없이 가시적인 행동만을 규제했다(참고. 10:4). **개혁** 헬라어 단어의 의미는 '선에서 벗어난 것을 되돌리다'이다. 그리스도 안에서 모든 것이 바르게 된다. 개혁은 새 언약과 그것의 적용이다. *9절에 대한 설명을 보라.*

9:11 장래 좋은 일 이 말이 가리키는 것은 "영원한 구속"으로 보인다(12절). 10:1의 "좋은 일"은 9:28의 "구원"을 가리킨다(참고. 롬 10:15). 대부분의 신약성경 헬라어 판들은 '이루어진'(that have come)이라고 읽는 독법을 받아들인다. 이 문맥에서는 어느 쪽으로 읽든지 새 언약의 일들을 가리킨다. 그것은 관점의 문제일 뿐이다. 구속의 실제가 "장래" 것이 되는 레위기 제도의 관점에서 보느냐, 그리스도가 자신의 일을 이루셨으므로 구속의 실제가 '이루어진' 기독교 시대의 관점에서 보느냐의 문제다. **이 창조에 속하지 아니한** 이 구절은 "손으로 짓지 아니한"에 대한 설명이다. 그것은 오직 하나님이 지으신 것이다. 그리스도가 섬기시는 성소는 하늘 그 자체다(참고. 24절; 8:2).

9:12 염소와 송아지 대속죄일에는 각각 한 마리씩만 제물로 바쳐졌다(참고. 레 16:5-10). 여기서 복수가 사용된 것은 매년 대속죄일마다 제물이 드려진 사실 때문이다. **자기의 피로** '자신의 피를 가지고'가 더 나은 번역이다. 13:12에서 동일한 어구가 사용된다. 그리스도가 자신의 육신적인 피를 가지고 하늘의 성소에 들어가셨다고 암시하는 표현은 전혀 없다. 제물을 드리는 자 또한 제물이었다. **영원한 속죄** 여기서 *속죄*로 사용된 헬라어 단어는 누가복음 1:68; 2:38에서는 "속량"으로 사용된다. 이 단어는 원래 속전을 받고 노예를 풀어주는 것을 가리키는 데 사용되었다. **단번에** *7:27에 대한 설명을 보라.*

C. 더 좋은 제물에 의해(9:13-10:18)

9:13-22 그리스도의 죽음은 옛 언약의 성취와 새 언약의 확립을 위해 필요했다.

히

9:13 암송아지의 재 *민수기 19장에 대한 설명을 보라.* 전승에 따르면 이스라엘 역사상 오직 여섯 마리의 암송아지만 죽임을 당해 그 재가 사용되었다고 한다. 암송아지 한 마리의 재로 수백 년을 사용할 수 있었을 것이다. 왜냐하면 한 번에 아주 작은 분량의 재만 필요했기 때문이다. **부정한** 이 헬라어 단어는 직역하면 '일반적인' '세속의'라는 뜻이다. 종교 의식상 부정하다는 말이 아니라 하나님을 위한 것으로 구별되지 않았다는 것이다. 이 단어는 사람을 더럽히는 무엇인가에 대한 예수의 강화에서(참고. 마 15:11, 18, 20; 막 7:15, 18, 20, 23), 바울이 이방인을 성전으로 데리고 들어옴으로 성전을 더럽혔다는 유대인의 불평에서(행 21:28), 베드로가 초대를 받아 먹은 고기를 가리키는 데(행 10:15; 11:9) 사용되었다. 모세의 규정에 따르면 암송아지의 재는 "진 밖에" 보관되어야 했으며, 사람의 죄를 상징적으로 씻는 의식에서 사용되었다(민 19:9. 참고. 13:11-13).

9:14 하물며 그리스도의 희생이 씻는 힘은 동물의 재가 씻는 능력보다 더 우월하다. **영원하신 성령** *2:4에 대한 설명을 보라*(참고. 사 42:1; 61:1; 눅 4:1, 14). 어떤 해석자들은 헬라어에 정관사가 없다는 것은 이 말이 그리스도 자신의 "영원하신 성령"(끝없는 생명이라는 의미에서, 참고. 7:16)을 가리킨다고 주장한다. 그러나 2:4과 6:4에서 성령을 가리키는 말에도 정관사가 없다. *영원한*이라는 수식어는 성령을 "영원한 속죄"에 연결시키는 역할을 하며(12절), 그리스도가 희생의 죽음으로 성취하신 "영원한 기업"과도 연결시킨다(15절). **흠 없는** 70인역에서 이 용어는 받아들여질 수 있는 제물을 묘사하는 단어로 사용되었는데, 붉은 암송아지도 거기에 포함된다(민 19:3. 참고. 출 29:1; 레 1:3). 이와 유사한 지칭이 베드로전서 1:19에도 있다. **자기를…드린** *7절; 요한복음 10:17, 18에 대한 설명을 보라.* 레위기 제도에서 동물들은 자기들의 죽음을 알지 못한 채 강제로 끌려왔다. 그리스도는 자기 희생의 필요성과 결과에 대한 완전한 이해를 가지고 자발적으로 오셨다. 그분의 희생은 그분의 피만이 아니었다. 그의 인성 전체였다(참고. 10:10). **그리스도의 피** 이것은 단순히 액체를 가리키는 말이 아니라 죽음으로 이룬 그리스도의 모든 대속에 대한 희생의 일을 가리킨다. 피는 죽음 대신으로 사용된 말이다(참고. 마 23:30, 35; 27:6, 8, 24, 25; 요 6:54-56; 행 18:6; 20:26). *마태복음 26:28; 로마서 3:25; 5:9; 골로새서 1:14에 대한 설명을 보라.* **양심** *9절에 대한 설명을 보라.* **죽은 행실** *6:1에 대한 설명을 보라.* 그 행실이 죽은 것이다. 왜냐하면 중생하지 않은 사람은 "죄와 허물로 죽었던"(엡 2:1) 자들이고, 그들의 행실은 무가치하고 비생산적이며(갈 2:16; 5:19-21), 결국 죽음으로 끝나기 때문이다(롬 6:23). **살아 계신 하나님을 섬기게** 구원은 그 자체가 최종 목적이 아니다. 신자는 죄로부터 해방되어 하나님을 섬기게 되었으므로 섬기기 위해 구원받은 것이다(참고. 롬 6:16-18; 살전 1:9). '죽은 행실과 살아 계신 하나님'의 대비가 기초를 이룬다(참고. 3:12; 10:31; 12:22). 참고. 야고보서 2:14-26.

9:15 중보자 *8:6에 대한 설명을 보라.* **첫 언약** *창세*

피흘림

히브리서 저자는 9:7부터 희생의 피가 지닌 의미를 살피기 시작한다. 이 단어는 특별히 9:1-10:18의 중심 역할을 한다. 이 단락에서는 구약 시대 제물의 죽음이 그리스도의 죽음과 동일시된다(9:12-14). 하지만 이 피흘림 자체로는 제사로서 충분치 않다는 것에 주목하라. 그리스도는 피를 흘리셨을 뿐 아니라 죽으셔야 했다. 히 10:10은 그리스도가 자신의 몸을 희생제물로 내어주셨음을 말한다. 그분의 죽으심이 없다면 그분의 피는 구원의 가치를 가지지 못한다.

그러므로 "그리스도의 피"(9:14)라는 표현은 단순히 액체만을 가리키는 것이 아니라 죽음을 통한 그리스도의 대속의 희생을 가리킨다. 피는 죽음을 가리키는 말로 사용된다(그 예로 다음을 보라. 마 23:30, 35; 27:6, 8, 24, 25; 요 6:54-56; 행 18:6; 20:26). 구약에서 피를 제물로 바치는 제사의 의미를 살펴봄으로써 저자는 온 세상이 그리스도의 죽음의 필요성을 이해하도록 준비시켰던 반복적인 교훈을 가리키고 있다.

"피 흘림이 없은즉 사함이 없느니라"(9:22)는 단호한 구절은 죄가 누군가가 갚아야 하는 부채를 만든다는 교훈을 강조해 말한다. "피가 죄를 속하느니라"(레 17:11). 이 구절은 "이것은 죄 사함을 얻게 하려고 많은 사람을 위하여 흘리는 바 나의 피 곧 언약의 피니라"(마 26:28)는 그리스도의 말씀을 상기시킨다. 이 구절들에서 사함이란 죄를 용서하는 것을 의미한다. 즉 죄인을 용서하고 부채를 갚아주는 것이다. 그리스도의 죽음(피)이 사죄를 제공한다.

기 9:16에 대한 설명을 보라. 역사적으로 볼 때 실제로 맺어진 최초 언약은 노아와 맺은 언약이었다(창 6:18; 9:9). 그다음은 아브라함과 맺은 언약이었다(창 15:18). 그러나 문맥상 이 서신에서 다루고 있는 더 오래 된 언약은 모세 언약, 곧 율법 언약이라고 불리는 언약이다(출 19:1-20:21). 그러므로 이 절에서 *첫*은 레위기 제도에 연결되어 있던 이전의 옛 언약을 가리킨다. **속량** 여기서 사용된 합성어는 12절에서 사용된 용어보다 더 자주 발견된다(참고. 11:35; 눅 21:28; 롬 3:24). 예수의 죽음은 옛 언약 하에서 하나님을 믿은 모든 사람을 소급하여 구속했다(참고. 롬 3:24-26). 이것은 대속죄일의 상징에 따른 것이다. 매년 대제사장은 백성이 그 전 해에 범한 죄를 속하곤(즉 덮곤) 했다(레 16:16, 21, 30). **죽으사** 성경에서 언약을 맺을 때 어떤 경우에는 희생제물이 요구되었다. 하나님이 아브라함과 언약을 맺으실 때 서로 다른 다섯 종류의 동물이 그 의식에서 제물로 드려졌다(창 15:9, 10). 모세 언약은 동물 제물로 확정되었다(출 24:5-8). **부르심을 입은** 문자적으로 '부름을 받은 사람'이라는 뜻으로, 예수 그리스도의 희생을 근거로 (그들 대부분이 죽은 이후 먼 훗날의 일) 하나님을 통해 구원으로 부름을 받은 옛 언약 하의 사람을 가리키는 말이다. 신약성경 서신에서 항상 그러하듯이 이 말은 구원과 관련된 유효한 부르심을 가리키는데(참고. 3:1), 이 문맥에서는 구약 신자들이 해당된다. **영원한 기업의 약속** 즉 완전한 구원을 가리키는 표현이다(*3:11; 4:1, 9; 6:12; 벧전 1:3-5에 대한 설명을 보라*).

9:16, 17 마지막 유언은 그리스도의 죽음의 필요성을 예증한다. 여기서 유언으로 번역된 헬라어는 '언약'으로 번역되는 헬라어와 같은 단어이지만, 이 문맥에서는 이 단어가 더욱 특별한 의미로 사용되고 있다. 유언의 효력과 혜택은 유언한 사람이 죽을 때까지는 단순히 하나의 약속이다. 죽음이 그 약속을 현실로 이루어지게 한다.

9:18-20 시내산 언약을 세울 때에 피가 흘려진 것(출 24:1-8) 역시 그리스도의 죽음의 필요성을 예증한다(*15절에 대한 설명을 보라*).

9:18 피 15, 16절의 죽음이 여기서 *피*로 대체되고 있다(*7, 14절에 대한 설명을 보라*). 그리스도의 희생적 죽음의 난폭한 측면을 강조하기 위해 이 단어가 사용되고 있다.

9:19 물과 붉은 양털과 우슬초 이 물품들은 애굽에서 유월절에 피를 뿌릴 때 사용되었고(출 12:22), 나병 환자를 정결케 하는 의식에서 사용되었으며(레 14:4), 암송아지를 불사르는 의식에서 사용되었다(민 19:6). 여기서는 그 이상의 것을 생각하고 있다. 비록 거기서는 언급되지 않았지만, 이런 요소들은 출애굽기 24:1-8에 묘사된 언약식에서 피를 뿌리는 의식의 일부였다. 첨가된 세부 사항은 저자에게 직접 계시된 것이었거나 저자와 독자가 알고 있던 다른 기록이나 전승에 보존되어 오던 것이었다. **그 두루마리와 온 백성** *출애굽기 24:8에 대한 설명을 보라*. 아론과 그의 아들들이 제사장으로 성별될 때가 구약성경에서 사람에게 피가 뿌려진 또 다른 유일한 경우였다(출 29:21; 레 8:30. 참고. 벧전 1:2). 피가 뿌려진 책에 대한 세부 내용이 출애굽기 기록에는 나타나지 않는다.

9:20 이는…언약의 피라 참고. 출애굽기 24:8과 마태복음 26:28. 이 동일한 공식이 모세 언약 체결과 새 언약 체결의 의식에서 사용되었다.

9:21 이와 같이 성막과 그 기구의 봉헌에서도 모세 언약 체결에서 행해진 것과 유사한 피를 뿌리는 의식이 행해졌다(참고. 출 29:10-15, 21, 36, 37).

9:22 거의 모든 몇 가지 예외가 있었다. 또한 물과 향, 불이 정결을 위해 사용되었다(참고. 출 19:10; 레 15:5; 민 16:46, 47; 31:21-24). 제물을 위해 작은 동물도 가져오지 못할 만큼 가난한 사람들을 위해서는 그 대신 고운 가루를 가져오는 것이 허용되었다(레 5:11). **피흘림…사함** "이 피를 너희에게 주어 제단에 뿌려 너희의 생명을 위하여 속죄하게 하였나니"(레 17:11). 이는 그리스도 자신의 말씀을 생각나게 한다(마 26:28). '피를 흘리다'는 죽음을 가리킨다(*7, 14, 18절에 대한 설명을 보라*). *사함*(죄 용서라는 의미)은 헬라어 성경에서 이 단락(18-22절)의 끝에 강조하는 위치에서 등장하며, 다음 단락으로(23-28절) 넘어가는 연결고리 역할을 한다.

9:23-28 그리스도의 대제사장 사역은 하늘에 있는 완

단어 연구

속량(Redemption): 9:15. 문자적으로 '구속'이라는 뜻이다. 신약성경 저자들이 이 단어 그리고 이것과 관련된 용어인 *루트로시스*(*lutrosis*)를 사용할 때의 의미는 구속이다. *구속*(redemption)은 속전을 지불하고 다시 사오거나 풀어주거나 자유를 주는 행동을 나타낸다. 사람의 죄에 대한 속전은 죽음이다. 그런데 그리스도는 자신의 희생으로 속전을 지불하여(벧전 1:18-19) 우리를 죄의 속박으로부터 해방시켜 주시고, 하나님의 가족으로 돌아올 수 있게 하셨다(갈 3:13, 4:5).

아론의 제사장직과 그리스도의 제사장직 비교

1. 죄가 있는 제사장직(히 9:7)	1. 죄가 없는 제사장직(히 9:14)
2. 동물을 드림(히 9:12, 13)	2. 자신을 드림(히 9:12, 26)
3. 지속적인 제사(히 9:25; 10:1, 11)	3. 단번으로 끝나는 제사(히 9:26, 28)
4. 한시적인 효과(히 9:7; 10:11)	4. 영원한 결과(히 9:12)
5. 대속의 일이 계속되므로 서 있음(히 10:11)	5. 구속의 일이 완료되었으므로 하나님의 우편에 앉으심(히 10:12)
6. 지성소의 장막이 대제사장 이외의 모든 사람에게 닫혀 있음(히 9:7)	6. 지성소의 장막이 믿는 모든 사람에게 열림(히 10:19, 20)
7. 지속적으로 죄를 생각나도록 하기 위해 반복되는 제사가 필요함(히 10:3)	7. 한 번의 제사로 신자를 죄에서 구속하심(히 9:15)

전한 성막에서 수행되어야 한다. 죄를 위한 참 희생을 드리는 참 대제사장은 참 장막에서 봉사한다. 그는 레위기 제도의 그림자와 같은 모형의 완전한 성취자이시다.

9:23 모형 *8:5에 대한 설명을 보라.* 지상의 성막과 거기서 사용되는 기구들은 하늘의 참된 성막을 상징하는 복제품이며(8:2), 백성의 범죄를 통해 부정하게 되었다(레 16:16). **하늘에 있는 그것들** 앞의 문맥에 나타나듯이 모세 언약을 맺을 때 희생제물로 시작하는 것이 필요했다(18-21절). 이 개념이 여기서 하늘의 성소에 적용된다. 하늘의 성소가 그리스도의 희생을 통해 새 언약의 중앙 성소로 봉헌 또는 개관되었다. 더 좋은 언약은 더 좋은 제물을 요구했다. **더 좋은 제물** 그리스도의 더 우월한 제사가 9:13-10:18의 주제다. 레위기 제도의 많은 제사제도가 모든 것을 포괄하는 하나의 완전한 제사인 그리스도의 제사로 대체되었던 것이다(참고. 10:12). *7:22에 대한 설명을 보라.*

9:24 그림자 이 단어는 23절과 8:5에서 사용된 것과 같은 단어가 아니다. 이것을 직역하면 '대형'(antitype)이다. 이 단어는 신약성경에서 단 2번 사용된다. 대형은 유형을 미리 보여주든지(여기서처럼), 유형을 시간이 흐른 후에 예로 보여주는 것이다(벧전 3:21에서처럼). 이 두 경우 모두에서 대형은 진짜가 아니라 진짜의 복사품일 뿐이다. 성막에 있던 지상의 "성소"는 하늘에 있는 하나님의 거처의 유형일 뿐이다. **들어가사** 대속죄일에 대제사장은 하나님께서 나타나시는 지성소에 들어갔다(레 16:2). 그러나 대제사장은 향 연기로 하나님의 임재로부터 가려졌다(레 16:12, 13). 또한 "나타나셨느니라"(26절)와 "나타나시리라"(28절)를 주목하라. 이 두 가지는 헬라어에서 다른 단어다. 그리스도가 지금 하늘에(24절) 나타나심을 가리키는 데 사용된 단어는 자신의 사명을 완수했음을 아버지께 보고하기 위한 공식적인 알현을 가리킨다. 자신을 드러냄 또는 나타나심이라는 개념은 죄를 위하여 단번에 죽으시려고 몸을 입고 나타나심을 가리킨다(26절). 재림 때 그리스도께서 나타나심을 가리키는(28절) 단어는 그 나타나심이 눈에 보인다는 사실을 강조한다(참고. 2:8; 12:14). 그리스도의 구원을 위한 사역의 세 가지 시제가 모두 망라된다. 첫째, 죄의 형벌로부터 우리를 건지기 위한 첫 번째 임하심이다. 둘째, 우리를 죄의 권세에서 건지기 위해 하늘에서 지금 하고 계신 중보 사역이다. 셋째, 우리를 죄의 현실로부터 건지기 위한 재림이다. **우리를 위하여** 그리스도는 우리의 대표자이며 우리의 영적 유익의 공급자이시다(참고. 2:9; 6:20; 7:25; 요 14:12-14; 엡 1:3).

9:26 세상을 창조한 때부터 이것은 창조를 가리키는 말이다(*4:3에 대한 설명을 보라*). **세상 끝** 모든 시대와 세대가 다 함께 메시아의 오심에서 절정에 도달한다. 종말의 시대가 시작된다(*1:2에 대한 설명을 보라*. 참고. 갈 4:4).

9:27 한번 죽는 것 이것은 모든 인간에게 적용되는 일반적인 규칙이다. 매우 드문 예외가 있기는 했다(예를 들면 나사로는 두 번 죽었음, 참고. 요 11:43, 44). 우리 주님이 행하신 기적을 통해 죽음에서 살리심을 받은 나사로 같은 사람들은 영광의 몸, 끝나지 않는 생명을 받은 것이 아니었다. 그들은 죽었다가 다시 살아난 경험을 했을 뿐이다. 또 다른 예외는 한 번도 죽음을 경험하지 않고 "구름 속으로 끌어 올려 공중에서 주를 영접하게"[살전 4:17. 참고. 에녹(창 5:24), 엘리야(왕하 2:11)] 되는 사람들이다. **심판** 모든 사람, 곧 신자(*고후 5:10에 대한 설명을 보라*)와 불신자(*계 20:11-15에 대한 설명을 보라*) 모두가 포함되는 심판을 가리키는 일반적인 용어다.

9:28 많은 사람의 죄를 담당하시려고 *이사야 53:12에 대한 설명을 보라*(참고. 고후 5:21; 벧전 2:24). **죄와 상관없이** *2:17, 18; 4:15에 대한 설명을 보라*. 이 표현은 처음 오셨을 때 자신을 희생제물로 드림으로써 죄를 없이하는 일을 완전히 성취하신 사실을 보여준다. 다시 오실 때는 그런 부담이 없을 것이다. **바라는** *빌립보서 3:20에 대한 설명을 보라*. **두 번째** 대속죄일에 백성은 대제사장이 지성소에서 다시 나오기를 간절히 기다렸다. 그가 나타나면 백성은 그들을 위한 제물을 하나님이 받으셨다는 것을 알았다. 이와 마찬가지로 그리스도가 재림 때 나타나시면 이는 아버지께서 신자들을 위한 아들의 희생제사를 완전히 만족스럽게 받으셨다는 확증이 될 것이다. **그때** 구원의 절정에 이를 것이다(참고. 벧전 1:3-5).

10:1-18 그리스도의 제사는 레위기 제도의 모든 희생제물보다 더 좋은, 단번에 모든 것을 완성하는 제사다.

10:1 좋은 일 *9:11에 대한 설명을 보라*. **그림자** *8:5에 대한 설명을 보라*. "그림자"로 번역된 헬라어 단어는 선명하고 분명한 것에 대비되는, 희미한 반영물을 가리키는 말이다. 반면 그 뒤에 있는 "참 형상"은 정확하고 분명한 복제물을 가리킨다(참고. 골 2:17). **온전하게** 히브리서에서 이 단어는 반복적으로 구원을 가리키는 데 사용된다. *5:14; 7:11; 9:9에 대한 설명을 보라*. 율법 하에 살면서도 하나님께 나아가고자 하는 사람들이 있었지만 레위기 제도는 결코 하나님의 거룩한 면전에 나갈 수 있는 길을 제공하지 못했다(참고. 시 15:1; 16:11; 24:3, 4).

10:2 죄를 깨닫는 일 이것은 22절과 9:9; 13:18에서 "양심"으로 번역된 단어다. *9:9에 대한 설명을 보라*. 그 제사제도를 통해 죄가 정말로 정복되었다면 구약 신자들의 양심에서 정죄 의식이 씻어졌을 것이다(참고. 22절). 옛 언약 하에서는 양심의 자유가 없었다.

10:3 기억하게 하는 것 구약의 제사제도는 죄를 없이하지 못할 뿐 아니라 그것을 반복해야 했다는 것은 그것의 부족을 지속적으로 상기시키는 역할을 했다. 새 언약의 약속은 죄가 제거되었고, 심지어 하나님도 그들의 죄를 "다시 기억하지" 않으시리라는 것이다(8:12. 렘 31:34을 인용한 것임).

10:4 하지 못함이라 레위기 제도는 하나님이 백성의 죄를 제거하거나 용서하기 위한 의도로 만드신 것이 아니었다. 그 제도의 목적은 사람들로 하여금 기대하는 마음으로(참고. 벧전 1:10) 메시아의 오심을 위해 준비하게 하는 것이었다(갈 3:24). 그 제도는 잠깐 동안 죄를 덮기 위해 동물의 죽음이 필요하다는 사실을 통해 그들의 악한 상태의 심각성을 보여주었다. 죄가 덮어져야 한다는 것을 보여줌으로 하나님의 거룩함과 의로움의 실재를 보여주었다. 마지막으로 그 제도는 하나님이 그 백성과 교제할 수 있기 위해서는 완전하고 완성된 사죄가 필요함을 보여주었다.

10:5-7 시편 40:6-8을 인용한 것이다.

10:5, 6 하나님이…원하지 아니하시고 하나님은 진실한 마음으로 드리지 않는 예물을 기뻐하시지 않는다(참고. 삼상 15:22; 시 51:17; 사 1:11; 렘 6:20; 호 6:6; 암 5:21-25). 순종 없이 종교 의식으로만 드리는 제사는 하나님에 대한 조소이며 드리지 않는 것보다 더 나쁘다(참고. 사 1:11-18).

10:5 나를 위하여 한 몸을 예비하셨도다 시편 40:6에는 "내 귀를 통하여 내게 들려 주시기를"이라고 되어 있다. 이것은 시편의 의미를 크게 바꾼 것이 아니다. 저자는 히브리어의 관용적 표현을 번역한 70인역에서 인용하고 있는데, 이 번역이 헬라어를 사용하는 독자에게 히브리어의 의미를 정확하게 전달하기 때문이다. 헬라어 번역자들은 히브리어 어구를 부분으로 전체를 나타내는 비유적 표현으로 간주했다. 곧 귀를 파내는 것이 인간 몸을 빚어내는 총체적인 일의 일부였던 것이다. 또한 귀가 하나님의 말씀과 뜻을 받아들이는 기관으로서 순종의 상징이었으므로 강조하기 위해 귀가 선택되었다(참고. 삼상 15:22). 그리스도는 자신을 최후의 제물로 드리기 위해 몸을 필요로 하셨다(2:14).

10:7 하나님의 뜻을 행하러 참고. 마태복음 26:39, 42.

10:8, 9 저자는 다시 시편 40:6-8을 인용하는데 압축된 형태로 인용한다.

10:9 첫째 것…둘째 것 순종적으로 하나님의 뜻을 행한 그리스도의 새로운 단번의 제사를 위해 이전의 반복되던 제사제도가 사라져야 했다(참고. 5:8; 빌 2:8).

10:10 거룩함을 얻었노라 *거룩하게 되다*는 '거룩하게 만든다'라는 뜻이다. 곧 하나님을 위해 죄로부터 분리된다는 뜻이다(참고. 살전 4:3). 그리스도가 하나님의 뜻을 이루심으로써 신자에게 지속적이고 영구적으로 거룩할 수 있는 조건을 마련해주셨다(엡 4:24; 살전 3:13). 이것은 신자의 위치가 거룩해진 것으로, 매일 하나님의 뜻에 따라 삶으로 이루는 점진적인 거룩과 대조된다(*롬 6:19; 12:1, 2; 고후 7:1에 대한 설명을 보라*). **몸** 피라는 단어가 늘 그러하듯 이 말은 그리스도의 대속의 죽음을 가리킨다(9:7, 12, 14, 18, 22). 이런 진술에서 그리스도의 몸을 언급하는 것이 신약성경에서는 특이한 일이지만, 이 말은 시편 40:6의 인용에서 논리적으로 추론된 것이다.

10:11, 12 옛 언약과 새 언약이 대비된다. 많은 제사

히

장 대 한 명의 제사장, 계속 서 있는 옛 제사장들 대 앉아 있는 새 제사장, 반복되는 제물 대 단번에 드려지는 제물, 죄를 덮기만 하는 효과 없는 제물 대 죄를 완전히 제거하는 효과적인 제물.

10:11 서서 *1:3에 대한 설명을 보라.* 역대하 6:10, 12에서 솔로몬은 왕으로서는 보좌에 앉아 있었지만, 제사장의 역할을 할 때는 서 있었다(참고. 신 17:12; 18:7).

10:13 발등상 *1:13에 대한 설명을 보라.* 이것은 또 다시 시편 110:1을 가리키는 구절이다. 그리스도가 다시 오시고 모든 피조물이 그의 주 되심을 인정하여 그 앞에 엎드릴 때 이 예언이 성취될 것이다(빌 2:10).

10:14 온전하게 하셨느니라 *1절에 대한 설명을 보라.* 이것은 그리스도의 의로 말미암아 하나님 앞에 온전한 지위를 갖는 것을 의미한다(*롬 1:16; 빌 3:8, 9에 대한 설명을 보라*). **거룩하게 된** *10절에 대한 설명을 보라.*

10:15-17 저자는 8:8-12에서 이미 인용했던 예레미야 31:31-34을 다시 인용함으로써 시편 40:6-8에 대한 자신의 해석을 확증한다.

신자의 특권의 우월성 (10:19-12:29)

A. 구원에 이르는 신앙(10:19-25)

10:19-25 저자는 여기서 두 번째로(참고. 8:1-6이 첫 번째), 그리스도의 제사장 사역의 우월성을 위한 논증을 요약한다.

10:19 형제들아 *3:12에 대한 설명을 보라.* 앞의 경우에서와 마찬가지로 저자는 유대교의 형제들에게 레위기 제도를 뒤로하고 그리스도 안에서 주어진 새 언약의 유익을 취하라고 권한다. **담력** 또는 '확신'이다. 이것이 이 서신의 강조점이다(*4:16에 대한 설명을 보라*). 그리스도의 대제사장 사역과 완결된 제사 때문에 히브리인은 담대하게 하나님 앞으로 나아갈 수 있다.

10:20 새로운 헬라어에서 이 단어는 원래 '새롭게 죽임을 당한'이라는 뜻이지만, 이 서신이 기록될 때는 '최근의'라는 뜻으로 이해되었다. 언약이 새롭기 때문에 그 길도 새롭다. 그것은 레위기 제도가 제공한 길이 아니다. **살 길** 그것이 영생에 이르는 길이기는 하지만 그리스도의 무죄한 삶을 통해 열릴 수 있는 길이 아니었다. 그것은 그리스도의 죽음을 요구했다. *2:17, 18; 4:16에 대한 설명을 보라.* 저자가 히브리인들에게 취하라고 권하는 이 길은 그들을 사랑하여 그들을 위하여 자기를 내어주신 하나님 아들의 영원한 생명의 길이다(참고. 요 14:6; 갈 2:20). 기독교 신앙은 예루살렘의 유대인(행 9:2) 뿐 아니라 이방인에게도(행 19:23) "그 길"로 알려졌다. 이 서신을 받는 사람들은 저자가 자신들을 그리스도인이 되라고, 즉 믿음 때문에 박해받는 사람들에게 합류하라고 권한다는 것을 분명히 알고 있었다. 그들 가운데 진실한 신자들은 당시 이미 박해를 받고 있었으며, 그 길에 헌신하지 않은 사람들이 그 동일한 박해의 목표물이 되라는 요구를 받고 있었던 것이다. **휘장…육체** 예수의 육체가 십자가에서 찢어졌을 때 하나님의 임재로부터 백성을 상징적으로 분리하던 휘장도 찢어졌다(마 27:51). 대속죄일에 대제사장이 지성소로 들어가면 백성들은 밖에서 그가 나오기를 기다렸다. 그런데 그리스도가 하늘의 성소로 들어가셨을 때는 다시 나오시지 않았다. 대신 그리스도는 휘장을 찢어 지성소를 노출시킴으로써 우리가 그분을 따라 그리로 들어갈 수 있도록 하셨다. 여기서 *육체*는 *몸*(10절)과 *피*(9:7, 12, 14, 18, 22)라는 말처럼 주 예수의 희생의 죽음을 가리킨다.

10:21 하나님의 집 *3:6에 대한 설명을 보라.*

10:22 마음에 뿌림을 받아 *9:9, 14; 10:1-4; 베드로전서 1:2에 대한 설명을 보라.* **맑은 물** 이 절의 이미지는 옛 언약의 제사 의식에서 가져온 것이다. 그 의식에서 씻음의 상징으로 피가 뿌려지고, 제사장들은 자신들과 거룩한 집기들을 깨끗한 물이 든 대야에서 늘 씻었다. "맑은 물로 씻음 받았으니"는 기독교의 세례를 가리키는 것이 아니라 성령께서 하나님의 말씀을 사용하여 사람의 생명을 정결하게 하는 것을 가리킨다(참고. 엡 5:25, 26; 딛 3:5). 이것은 순전히 새 언약의 그림이다(렘 31:33; 겔 36:25, 26). **참 마음** 참으로 번역된 헬라어 단어는 '진정한' '참된' '숨은 동기가 없는' 등의 의미를 가진다(참고. 렘 24:7; 마 15:8). 이 히브리인들에게는 바로 이 한 가지, 곧 그리스도에 대한 참된 헌신이 결여되

모세 언약과 새 언약의 비교

모세 언약	새 언약
1. 첫째 — 8:7; 9:1, 15, 18; 10:9	1. 둘째 — 8:7; 10:9
2. 낡아지게 하신 것 — 8:13	2. 새 것 — 8:8, 13; 9:15; 12:24
3. 없어져 가는 것— 8:13	3. 더 좋은 것 — 7:22; 8:6

어 있었다. **온전한 믿음** *6:11에 대한 설명을 보라.* 이 어구가 의도하는 것은 하나님의 언약에 대한 전적인 확신이다. 그런 신념은 마음속 깊은 확신 곧 안정감을 가져다줄 것이며, 그로 말미암아 그들은 앞으로 올 시련을 견딜 수 있게 될 것이다. 이것은 믿음, 소망(23절), 사랑(24절) 세 가지 덕 가운데서 첫 번째 덕이다. **나아가자** *7:19에 대한 설명을 보라.* 지금까지 쓴 내용에 기반한 이 말은 회중 가운데 그리스도께 나오지 않은 사람들에 대한 초청의 핵심이었다. 이와 동일한 초청이 신약성경 가운데서 최초로 기록된 책에서 발견된다(약 4:8). 거기서 야고보는 사람이 하나님을 가까이 하면 뒤따라오는 일을 보여준다. 곧 하나님께서 사람을 가까이 하신다는 것이다. 아삽은 하나님을 가까이 하는 것이 좋은 일이라고 가르쳤다(시 73:28). 이스라엘이 하나님의 복으로 완전히 회복되는 것은 그들이 하나님을 가까이 하는지의 여부에 달려 있었다(렘 30:18-22). 다른 말로 하면 그 초청은 "이 모든 날 마지막"(1:2) 그들에게 주어진 종말론적 초청이다. 이 절은 하나님의 존전에 나아가기 위한 필요조건을 설명한다(참고. 시 15편). 바로 진심과 안정, 구원, 성화다.

10:23 믿는 도리의 소망 구원의 주장이다. *3:1에 대한 설명을 보라.* **움직이지 말며** 다시 옛 언약으로 이끌려는 어떤 경향도 따라가지 말아야 한다는 뜻이다. 다른 고대 문헌에서는 이 동일한 헬라어 단어가 고문을 견디는 것을 가리킨다. 박해가 올 것이지만(딤후 3:12) 하나님은 신실하시다. 시험이 넘치겠지만 하나님은 신실하게 피할 길을 제공하실 것이다(참고. 고전 10:13). 하나님의 약속을 믿을 수 있다(고전 10:13; 살전 5:24; 유 24, 25). 이 확신을 가지고 신자는 견딜 수 있다. **굳게 잡고** 굳게 잡는 것, 즉 성도의 견인은 인간이 담당할 몫이다. 그것은 구원을 유지하기 위해 행해지는 어떤 것이 아니라 구원의 증거다. *3:6에 대한 설명을 보라.*

10:24 돌아보아 이 단어는 3:1에서 예수에 대해 사용되었다. 이 초대에 대해 각 사람이 개별적으로 응답해야 하지만 그 응답은 공동체적 측면도 있다. 그들은 히브리 공동체의 구성원으로, 그리스도에게 향하던 처음의 이끌림이 점점 약화되고 있었다. 그들은 박해를 피하기 위해 유대교의 레위기 제도로 돌아갈 것을 고려하고 있었다.(참고. 요 12:42, 43). 완전한 헌신을 위해 서로 격려하는 것이 꼭 필요했다. **사랑과 선행** 박해 속에서 서로 격려하는 실례가 고린도 교회에서 있었다(참고. 고후 8:1-7). **격려하며** 영어의 *paroxysm*(발작)이라는 단어가 여기서 사용된 헬라어에서 유래했다. 이 문맥에서의 의미는 사람에게 어떤 것을 하도록 자극하거나 고무시킨다는 뜻이다.

10:25 모이기를 폐하는…하지 말고 모여서 함께 예배드리는 것은 영적 생활의 필수적인 부분이다. 여기서는 종말론적 배경에서의 배교에 대한 경고다(참고. 살후 2:1). 여기서 가리키는 것은 가까이 오고 있는 '날'이다(그리스도의 재림, 참고. 롬 13:12; 고전 3:13; 살전 5:4). **권하여** '권하다'는 격려, 위로, 경고 또는 힘을 주는 것과 같은 형태를 취할 수 있다. 그리스도의 재림이 가까워짐에 따라 활동을 늘릴 것을 요구하는 이 권면에는 종말론적인 긴박감이 있다(참고. 3:13; 참고. 살전 4:18).

B. 거짓 신앙(10:26-39)

10:26-39 *6:1-8에 대한 설명을 보라.* 이 경고의 단락은 배교, 의도적으로 떨어져 나감 또는 변절의 죄를 다룬다. 배교하는 사람은 그리스도를 향해 나아와서 그의 복음을 듣고 이해하여 구원의 믿음 직전까지 갔다가 저항하고 떠나가는 것이다. 배교에 대한 이 경고는 성경의 모든 경고 가운데 가장 엄중한 것이다. 19-25절의 부드러운 초청을 듣고 모든 히브리인이 응답하지는 않을 것이다. 어떤 사람들은 이미 응답할 수 없는 지경에 빠져 있었다.

10:26 우리 저자가 수사학적으로 말한 것이다. 39절에서 그는 자신과 참 신자를 이 범주에서 배제한다. **지식** 이 헬라어 단어는 일반적인 영적 지식이 아니라 특정한 지식을 가리킨다(참고. 6:4. 참고. 딤전 2:4). 비록 그 지식에는 결핍이 있거나 부족하지 않았지만, 그 지식의 적용에서는 분명 결함이 있었다. 가룟 유다는 지식에는 부족이 없었지만 믿음에 결핍이 있어 최악의 배교자가 된 제자의 실례다. **짐짓 죄를 범한즉** 헬라어 단어는 상습적이고 고의적인 의도라는 뜻을 가지고 있다. 그 죄는 그리스도를 고의적으로 거부하는 것이다. 이것은 한 번의 행동이 아니다. 모세 법에 따르면 그런 고의적이고 사전에 계획된 죄는 이스라엘 회중에서 축출되어야 했으며(참고. 민 15:30, 31), 예배에서도 축출되어야 했다(참고. 출 21:14). 그런 죄를 범한 개인은 도피성에서도 추방되어야 했다(참고. 신 19:11-13). **다시…없고** *6:6에 대한 설명을 보라.* 배교자는 그의 죄를 깨끗하게 하고 그를 하나님 앞으로 데려갈 수 있는 유일한 제사를 거절했으므로 구원의 기회가 없다. 죄를 깨끗케 할 제물로부터 등을 돌림으로써 그는 더 이상 구원받을 수 있는 대안이 없다. 이것은 마태복음 12:31에 해당된다(*이 구절에 대한 설명을 보라*).

10:27 무서운 마음으로…기다리는 것 심판이 반드시 있으므로 그것이 두려움을 일으킨다. **심판…맹렬한 불**

히

이 묘사는 이사야 26:11, 스바냐 1:18과 비슷하다(참고. 살후 1:7-9). 궁극적으로 그런 심판은 불못 속에 영원히 떨어지는 심판이다(참고. 마 13:38-42, 49, 50). **대적하는 자** 하나님에 대한, 하나님의 구원 계획에 대한 실질적인 저항이다(*빌 3:18, 19에 대한 설명을 보라*).

10:28 참고. 신명기 17:2-7.

10:29 짓밟고 고대 근동에서 어떤 사람을 무시한다는 제스처 가운데 하나가 그에 대하여 또는 그를 향하여 '발을 드는' 것이었다(참고. 시 41:9). 어떤 사람이나 어떤 것을 위에서 밟는다는 제스처는 무시와 조소를 보여주는 더 극단적인 행위였다(참고. 왕하 9:33; 사 14:19; 미 7:10; 슥 10:5). 이런 행위는 그리스도를 구주와 주님으로 전혀 받아들이지 않겠다는 표시다. **거룩하게 한** 그리스도가 하나님을 위하여 구별되었다는 의미에서 이 말은 그리스도를 가리킨다(참고. 요 17:19). 이 말이 배교를 가리킬 수는 없다. 왜냐하면 오직 참된 신자만이 거룩하게 되기 때문이다. 서론에 나온 해석상의 과제를 보라. **언약의 피** *9:14, 15에 대한 설명을 보라.* 그리스도의 죽음은 새 언약을 확정했다. **부정한** 그리스도의 피를 부정하거나 더러운 것으로 여긴다는 말이며(*9:13에 대한 설명을 보라*), 그리스도가 죄인이요 흠 있는 제물이라고 말하는 것이다. 그런 생각은 참람한 신성모독이다. **은혜의 성령을 욕되게 하는** *6:4과 9:14에 대한 설명을 보라.* 동일한 호칭이 스가랴 12:10에서 사용되었다. 그리스도를 거절하는 것은 그리스도를 통해 일하시며(마 12:31, 32) 그리스도를 증거하시는(요 15:26; 16:8-11) 성령을 모욕하는 것이다. **받을 형벌은 얼마나 더 무겁겠느냐** 지옥의 형벌에도 차등이 있을 것이다. 마태복음 11:22, 24에 이것이 암시되어 있다(*해당 구절에 대한 설명을 보라*).

10:30 신명기 32:35, 36을 인용한 것이다(참고. 시 135:4; 롬 12:19).

10:31 살아 계신 하나님 *3:12에 대한 설명을 보라.*

10:32-39 이 문단은 지금까지의 무거운 경고와 균형을 잡기 위한 격려의 말씀이다(19-31절). 저자는 히브리인의 이전 경험이 그들에게 자극제가 되어야 하고, 상급이 가까워졌으므로 그들은 힘을 얻어야 하며, 하나님을 불쾌하게 만들지 않을까 하는 두려움 때문에 그들이 유대교로 돌아가지 않도록 해야 한다고 지적한다.

10:32 빛을 받은 *6:4에 대한 설명을 보라*(참고. 26절의 "진리를 아는 지식"). **큰 싸움** 이 단어는 신약성경에서 여기에만 나온다. 이것은 고된 시합에 나간 선수가 고투하는 모습을 그린다(참고. 딤후 2:5). 빛을 받은 후에 그들은 고난을 당했고(33절), 범죄했고, 떨어져 나가기 시작했다(*마 13:20에 대한 설명을 보라*). **생각하라** 단순히 기억만 하라는 것이 아니라 조심스럽게 회상하면서 마음속으로 재구성하라는 뜻이다(참고. 행 5:41; 고후 7:15).

10:33 구경거리 배우들이 모든 사람이 볼 수 있는 무대에 서 있는 극장을 암시하고 있다. 이 구절의 문맥은 많은 사람 앞에서 수치와 비웃음을 받는다는 뜻을 담고 있다(참고. 고전 4:9). **사귀는 자** 회심하지 않은 이 히브리인은 자기들이 교제하던 신자가 박해를 받았을 때 자기들도 박해받을 지경에까지 갔다. 이렇게 되어 그들이 재산을 압류당하거나 고난을 실제로 받았을 수도 있지만, 여전히 천국에 대한 관심이 있었기 때문에 자기들의 입장을 바꾸지 않았다(34절). 신약성경에는 믿음 때문에 박해당하는 사람들을 돕기 위해 체포와 고난의 위협 앞에 기꺼이 나선 사람들의 실례가 있다. 놀랍게도 바리새인이 그렇게 한 경우가 있었다. 헤롯이 예수의 생명을 노린다고 예수께 경고한 바리새인이 그들이다(눅 13:31). 박해받는 자를 도운 참 신자들 가운데는 오네시보로가 있었다(딤후 1:16-18).

10:34 갇힌 자 (영어 성경 NKJV에는 '갇혀 있는 나'로 되어 있음—옮긴이) 이 말은 이 서신의 저자가 사도 바울임을 보여주는 표시 가운데 하나로 간주된다(참고. 엡 3:1; 딤후 1:8). 하지만 다른 많은 그리스도인도 투옥되었다. **기쁘게 당한 것은** 참고. 사도행전 5:41; 16:24, 25; 로마서 5:3; 야고보서 1:2. **더 낫고 영구한 소유** *9:15에 대한 설명을 보라*(참고. 마 6:19, 20; 벧전 1:4).

10:35 버리지 당시의 박해 때문에 그들은 드러내놓고 자신을 그리스도, 그리스도인과 하나님을 밝히기를 꺼리면서 배교의 유혹을 받고 있었다(참고. 23절; 신 32:15, 18). **상** 그들은 지금까지의 어느 때보다도 영원한 상급에 가까이 있었다. 등을 돌릴 때가 아니다.

10:36 하나님의 뜻을 행한 아버지의 뜻 속에서 살아감으로써 그리스도를 신뢰하는 것이다. *마태복음 7:21-28; 야고보서 1:22-25에 대한 설명을 보라.* 참고. 요한복음 6:29. **약속하신 것** *4:1; 6:12; 9:15에 대한 설명을 보라.* 만약 그들이 새 언약을 견지하고 그리스도만을 신뢰한다면 그들은 자신들을 위해 약속하신 구원을 얻을 것이다.

10:37, 38 하박국 2:3, 4을 개괄적으로 가리키는 말이(참고. 롬 1:17; 갈 3:11) 이사야 26:20에서 취한 어구에 뒤이어 인용되고 있다. 이것은 구원의 노래의 일부인 이사야 구절(27절)이 두 번째로 등장하는 곳이다. 이사야 26장(또는 더 큰 문맥인 사 24-27장)의 구절이 저자의 마음을 지배하고 있었을 것이다. 여기 등장하는 하박국

인용은 상당히 변형되어 있어 구약의 다른 개념과 문맥을 참고한 해석적 부연 설명이라고 보아야 할 것이다. 하박국 2:4, 5은 믿음으로 살지 않는 삶의 교만함을 묘사한다. 그것은 스스로 풍족하다고 생각하면서 끈질긴 인내와 하나님에 대한 신뢰의 필요성을 인식하지 못하는 사람의 교만이다. 교만한 유대인은 믿음을 행사하지 않으면 버림을 받을 것이다. 그는 열방과 함께 심판받을 것이다.

10:38 의인은 믿음으로 말미암아 살리라 *로마서 1:17에 대한 설명을 보라*. 배교의 반대는 믿음이다. 이 구절은 다음 장의 미리보기다. 믿음은 하나님께 기쁨을 드리는 것이다. 복음에 대한 지식과 믿음으로부터 뒤로 물러나는 사람은 배교자로 드러날 것이다.

10:39 뒤로 물러가 멸망할 자 저자는 믿는 신자들("우리")은 멸망에 떨어질 '저들' 속에 들지 않으리라는 확신을 표현한다. 배교자들은 그리스도로부터 물러나 멀어질 것이지만, 신자들은 믿음에 가까이 가서 '불에서' 건짐을 받을 것이다(참고. 유 23절). *멸망*은 보통 신약성경에서 영원한 형벌 또는 불신자에 대한 심판을 가리키는 말로 사용된다(참고. 마 7:13; 롬 9:22; 빌 1:28; 3:19; 딤전 6:9). 유다와 죄악의 사람은 "멸망의 아들"이라고 불린다(이것은 '멸망하게 되어 있는'이라는 의미의 셈족식 표현임, 요 17:22; 살후 2:3). **영혼을 구원함** 이 문맥에서 "구원"은 종말의 파멸에서 보존되는 것을 의미한다. 이사야 26:20, 21(19절)의 문맥에서 종말에서 보존되는 것에는 죽은 자의 부활이 포함된다. 저자는 아브라함의 예에서 믿음과 부활을 연결시킨다(11:19).

11:1-40 11장은 구약 성도의 감동적인 기록이며, '성도의 명예의 전당' '구약 성도들의 우등생 명부' '믿음의 영웅들' 같은 이름으로 불린다. 그들은 모두 믿음으로 사는 삶의 가치를 입증해주고 있다. 그들은 "구름 같이 둘러싼 허다한 증인"(12:1)을 이루며, 그들은 히브리인에게 그리스도 안에 있는 하나님의 진리에 대한 믿음을 가져야 한다는 강력한 증거가 된다.

C. 참된 신앙(11:1-3)

11:1 이 절은 (시편에서 자주 사용된) 히브리 시의 형식으로 쓰였다. 두 개의 병행구와 거의 동일한 어구들이 사용되어 동일한 것을 진술한다. 참고. 베드로전서 1:7(하나님은 도가니에서 우리의 믿음을 시험하심). **실상** 이 단어는 1:3에서 "본체의 형상"으로, 3:14에서 "확신한 것"으로 번역된 단어와 같다. 여기서 묘사되는 믿음은 가능한 가장 확고한 신념, 곧 미래의 것에 대해 지금 품고 있는 하나님이 주신 확신이다. **보이지 않는 것들의 증거** 참 신앙은 경험적 증거를 근거로 하는 것이 아니라 하나님이 주신 확신이며, 하나님의 선물이다(엡 2:8).

11:2 선진들 '옛 사람들'이라는 뜻이다 이 문맥에서 이 말은 옛 언약 하의 모든 남녀 성도를 가리킨다. 그중에서 선택된 소수의 사람들이 4-40절에 등장한다. **증거를 얻었으니라** 문자적으로 '증거를 얻다' '그들에 관한 증거가 주어지다'라는 뜻이다(참고. 4, 39절). 그 성도들이 믿음으로 살았고 하나님이 그들을 인정하셨다는 것을 하나님이 그들을 위해 증거하신다.

11:3 믿음으로 3-31절에 등장하는 각각의 믿음의 모범은 이 특정한 구절과 함께 소개된다. 참된 구원의 믿음은 하나님에 대한 순종으로 발휘된다(*약 2:14-25에 대한 설명을 보라*). **세계** 물리적 세계 그 자체와 그것의 움직임, 작동이다. **하나님의 말씀** 하나님의 신성한 발설이다(그 예로 창 1:3, 6, 9, 11, 14을 보라). **지어진** 이 동사(13:21에서도 사용됨)에 내포된 개념은 어떤 것이 목적을 성취할 준비가 되도록 구비시키는 것이다. 이것은 이 책의 저자, 현재와 과거의 모든 참 신자를 가리킨다. **말미암아 된 것이 아니니라** 하나님은 눈에 보이지 않는 어떤 것으로 우주를 창조하셨다. 여기서 눈에 보이지 않는 어떤 것은 하나님 그분의 에너지 또는 능력일 가능성이 있다. 창조에 대한 더 자세한 내용을 보려면 *창세기 1:1-31에 대한 설명을 보라*.

D. 신앙의 영웅들(11:4-40)

11:4-40 창조에 대한 이 부분에서 아담과 하와는 언급되지 않는다. 왜냐하면 그들은 하나님을 보았고, 하나님과 교제했으며, 하나님과 이야기했기 때문이다. 보이지 않는 하나님에 대한 믿음을 발휘한 것은 그들의 자녀들부터다.

11:4 아벨 창세기 4:1-15을 보라. **더 나은** 아벨의 제사가 더 나은 제사인 정확한 이유가 히브리서 저자를 통해 구체적으로 계시되지는 않았지만 12:24에 암시되어 있기는 하다(*이 구절에 대한 설명을 보라*). 여기서 저자의 관심사는 아벨의 믿음이다. 두 형제는 모두 하나님의 요구를 알았다. 아벨은 거기에 순종했지만 가인은 순종하지 않았다. 아벨은 믿음으로 행했지만 가인은 불신앙으로 행했다(*창 4:4, 5에 대한 설명을 보라*). **의로운 자라 하시는 증거를 얻었으니** 이렇게 된 원인은 아벨의 제물이 아니라 아벨의 믿음이다. 그 믿음을 통해 그는 사람이 의롭다 함을 얻기 위해 하나님께 나아올 때는 믿음으로 나가야 한다는 것을 그 이후의 모든 세대에게 증언한다. **의로운 자** 제물에 대한 하나님의 요구

에 순종하는 행위로 입증된 그의 믿음 때문에 하나님은 아벨을 의롭다고 간주하셨다(참고. 롬 4:4-8). 그리스도 자신도 아벨의 의에 대해 말씀하셨다(마 23:35). 가인의 제물은 참된 믿음을 증거한 것이 아니라 불순종의 태도로 의례적인 행동만 취하고 있었음을 증거했다. 믿음 없이는 어떤 사람도 전가된 의를 받을 수 없다(참고. 창 15:6). **그 예물에 대하여 증언하심이라** 아벨의 제물은 그의 믿음을 증명했지만 가인의 제물은 그것을 바로 보여주지 못했다.

11:5 이것은 창세기 5:24을 인용한 것이다. **에녹** *창세기 5:24에 대한 설명을 보라.* 70인역은 '에녹이 하나님과 동행했다'는 히브리어의 관용적 표현을 "그는…하나님을 기쁘시게 하다"는 말로 번역했다. 히브리서 저자는 그 양쪽을 섞었다. 에녹은 죽음을 경험하지 않고 기적적으로 하늘로 옮겨갔다(참고. 살전 4:17).

11:6 기쁘시게 하지 못하나니 에녹에게는 믿음이 있었기 때문에 하나님을 기쁘시게 했다. 그런 믿음 없이는 어떤 사람도 '하나님과 동행'하거나 '하나님을 기쁘시게' 할 수 없다(참고. 10:38). **그가 계신 것** 여기서 강조되는 것은 "그" 곧 참 하나님이다. 참된 믿음은 어떤 신성한 존재가 존재함을 그저 믿는 것이 아니라 성경의 하나님이 존재하는 *유일하게* 참되고 진정한 하나님임을 믿는 것이다. 하나님이 계심을 믿지 않는 것은 하나님을 거짓말쟁이로 만드는 것이다(참고. 요일 5:10). **상주시는 이** 사람은 참 하나님이 계심을 믿어야 할 뿐 아니라 사람의 믿음에 대해서는 사죄와 의로 보상하시는 분임을 믿어야 한다. 그렇게 하실 것을 하나님이 약속하셨기 때문이다(참고. 10:35; 창 15:1; 신 4:29; 대상 28:9; 시 58:11; 사 40:10).

11:7 노아 창세기 5:28-9:29; 에스겔 14:14을 보라. **아직 보이지 않는 일** *1, 6절에 대한 설명을 보라.* 노아 당시의 세상에서는 대홍수와 같은 것이 없었으나(심지어 비도 없었음, *창 7:11에 대한 설명을 보라*), 노아는 120년에 걸쳐(창 6:3) 거대한 방주를 지으라는 하나님의 명령을 성취했다(창 6:13, 22). **경외함으로** 노아는 하나님의 메시지를 큰 공경심과 황공한 마음으로 받았다(참고. 5:7). 그의 믿음이 순종으로 표현되었던 것이다(참고. 창 6:22; 7:5). **정죄하고** 노아는 자기 시대의 사람들에게 하나님의 임박한 심판에 대해 경고했으며(참고. 벧전 3:20) "의를 전파하는 자"라고 불렸다(벧후 2:5). **의의 상속자** *6:12; 9:15에 대한 설명을 보라.* 정의를 전파했던(벧후 2:5) 그 역시 의의 상속자가 된 것이다. 그는 자신이 전파한 메시지를 믿었다. 예전의 에녹처럼(*5절에 대한 설명을 보라*) 노아는 믿음과 순종으로 하나님과 동행했다(창 6:9).

11:8-19 아브라함 창세기 11:27-25:11을 보라.

11:8 유업으로 받을 땅 아브라함의 본향인 갈대아의 우르에서(창 11:31) 멀리 떨어진 가나안 땅을 말한다. 아브라함은 믿음으로 떠났다.

11:9 약속 아브라함, 이삭, 야곱은 하나님이 그들에게 약속하신 땅에 영원히 자리 잡고 살 수는 없었다(10절). 아브라함은 처음에 믿음으로 그곳에 갔고, 그들은 모두 거기서 믿음으로 살았다. 그들은 그 땅을 얻으리라는 약속을 믿었지만 그 약속은 그들이 떠난 후 여러 세대가 지난 다음에야 성취될 것이었다(창 12:7).

11:10 성 아브라함의 궁극적이고 영원한 약속의 땅은 하늘이었다. 그는 자신이 결국 그것을 상속하리라는 것을 믿음으로 알았다. 이 성이 16절; 12:22; 13:14에 다시 언급된다.

11:11, 12 사라 창세기 11:27-23:2; 베드로전서 3:5, 6을 보라.

11:11 나이가 많아 단산하였으나 나이가 90이 된(창 17:17) 사라는 아이를 낳을 수 있는 나이를 훨씬 지났으며, 결코 임신을 할 수 없었다. 하지만 하나님은 약속에 대한 그녀의 믿음 때문에 사라가 아이를 낳을 수 있도록 하셨다(창 21:1-3).

11:12 죽은 자와 같은 99세였던 아브라함은 하나님의 간섭 없이는 자녀를 낳을 수 없는 나이였다(창 17:1, 15-17; 21:1-5). **별…모래** 아브라함의 허리에서 나올 자녀가 많음을 강조하기 위한 과장법이다. 창세기 15:4, 5; 22:17을 보라.

11:13 이 사람들은 다 이 말은 족장들(아브라함과 이삭, 야곱)만을 가리킨다. 이 해석은 이 약속이 아브라함에게서 시작되어(참고. 행 7:17; 롬 4:13; 갈 3:14-18) 이삭에게 전달되었고(창 26:2-5, 24), 다음으로 야곱에게(창 28:10-15) 전달되었다는 사실의 지지를 받는다. 게다가 이들에게만 15절의 묘사가 적용된다. 에녹은 죽지 않았다. *6:15에 대한 설명을 보라.* 이 믿음의 사람들은 자기들이 약속받은 것이 언제 상속될지 알지 못했다. 그들은 그 땅에서 살기는 했지만 그 땅을 소유하지는 못했다.

11:13-16 외국인과 나그네 창세기 23:4을 보라. 그들의 믿음은 견디는 힘이 있었으며, 하나님이 더 나은 것을 준비하고 계신다는 것을 믿었기 때문에 큰 어려움을 견뎌냈다. 그들에게는 우르로 돌아가려는 마음이 없었으며, 도리어 하늘을 염원했다(욥 19:25, 26; 시 27:4).

11:16 그들의 하나님 하나님은 자신을 "아브라함의 하나님, 이삭의 하나님, 야곱의 하나님"이라고 가르치셨다(출 3:6. 참고. 창 28:13; 마 22:32). 이것은 의미 깊은

언약의 공식이다. 이 공식을 통해 한 백성이 하나님과 하나 되었고, 하나님은 그들과 하나가 되셨다(참고. 레 26:12). **한 성** *12:22에 대한 설명을 보라.*

11:17-19 창세기 22:1-18을 보라. 아브라함은 믿음으로 말미암아 기적적으로 얻은 약속의 아들 이삭을 기꺼이 하나님께 돌려 드리기로 결정함으로써 자신의 믿음을 증명했다. 자연적 수단을 통해 이삭 대신에 다른 아들을 얻으려면 더 큰 기적이 필요했을 것이다. 그는 하나님이 이삭을 다시 살리실 것이라고 믿었다. 참고. 로마서 4:16-21.

11:17, 18 외아들 이삭은 아브라함에게 유일한 아들이 아니었다. 하갈을 통해 얻은 이스마엘이 있었다(창 16:1-16). 이 단어는 독특한 어떤 사람, 오직 한 종류밖에 없는 사람을 가리킨다(참고. 요 1:14). 이삭은 하나님의 약속에 따라 출생한 유일한 아들이며, 그 약속의 유일한 상속자였다. 창세기 21:12의 인용이 이 점을 증명해준다.

11:19 죽은 자 가운데서 이삭에 대한 하나님의 약속이 무조건적이라고 믿은 아브라함은 이삭을 죽은 자 가운데서 살려내는 일이 요구된다고 할지라도 하나님은 그 약속을 성취하실 것이라는 결론에 도달했다(참고. 창 22:5). **비유컨대** 이 단어는 9:9의 비유와 동일하며, 여기서 영어의 *parable*(비유)이라는 단어가 나왔다. 비록 이삭이 죽임을 당하지 않았지만, 어떤 의미에서 아브라함은 이삭을 죽음으로부터 돌려받은 것이다.

11:20 이삭 창세기 27:1-28:5을 보라.

11:21 야곱 창세기 47:28-49:33을 보라. **각 아들** 요셉의 아들인 므낫세와 에브라임이 모두 야곱으로부터 축복을 받았다. 결과적으로 다른 형제들에게서는 한 지파만 나왔지만 요셉에게서는 두 지파가 나왔다(창 47:31; 48:1, 5, 16을 보라). **지팡이 머리** 창세기 47:31에 따르면 야곱은 그의 '침상'에 기대었다. 히브리어에서 침상과 지팡이 두 단어는 똑같은 자음으로 구성되어 있다. 히브리어 구약성경의 사본들은 모음이 없는 상태로 복사되었다. 주후 6세기와 9세기 사이 후대 히브리어 사본들은 그 단어를 '침상'으로 번역했다. 주전 3세기의 70인역은 그것을 '지팡이'로 번역했는데, 이것이 더 가능성이 있어 보인다. 하지만 양쪽 모두 사실일 수도 있다.

11:22 요셉 창세기 37:1-50:26을 보라. 요셉은 성인의 시기 전체를 애굽에서 보냈으며, 아브라함에게 언약이 주어진 후 4대째 되는 인물이었지만, 살아서는 가나안으로 돌아오지 못했다. 그러나 죽음에 임박해서도 그는 여전히 하나님이 그 약속을 이루실 것을 믿었으며, 자신의 뼈를 가나안에 가져다가 묻겠다는 약속을 형제들에게 받음으로써 자신의 확신을 보여주었다(창 50:24, 25. 참고. 출 13:19; 수 24:32).

11:23-29 모세 출애굽기 1-15장; 사도행전 7:17-36을 보라.

11:23 아름다운 아이 '호의를 입은'이라는 뜻으로, 여기서는 하나님의 호의를 입었음을 말한다(행 7:20. 참고. 출 2:2). 여기서 묘사된 믿음은 사실 모세의 부모가 발휘한 믿음이다. 비록 모세의 부모가 자기 자녀를 위한 하나님의 계획을 얼마나 이해했는지 불분명하지만 말이다.

11:24 모세는 바로의 딸의 양아들이라는 자신의 위치를 이용했다면 애굽에서 얻을 수 있었을 명성을 거부했

히브리서에 나오는 믿음의 영웅들

아벨: 아담과 하와의 아들로 자기 형보다 하나님이 받으실 만한 제사를 드렸다(11:4; 12:24).

에녹: 하나님과 친밀한 교제 속에서 살았으며, 죽지 않고 그대로 하늘로 들림을 받았다(11:5).

노아: 하나님께 순종하여 방주를 만들었다(11:7).

아브라함: 하나님의 인도를 따라간 결과 유대 민족의 조상이 되었다(2:16; 6:13-11:19).

사라: 노년에 하나님이 자기에게 자녀를 주실 것을 믿었다(11:11).

이삭: 아브라함과 사라의 아들로 하나님의 뜻에 따라 자기 아들인 야곱과 에서에게 축복했다(11:9-20).

야곱: 이삭의 아들로 죽기 전에 요셉의 아들들에게 축복하고 그들을 입양했다(11:9, 20-21).

요셉: 하나님이 이스라엘 민족을 애굽의 종살이에서 건지실 것을 믿었다(11:22).

모세: 용감하게 하나님을 섬겼고 이스라엘 백성을 애굽에서 인도하여 내었다(3:2-16; 7:14-12:25).

라합: 이스라엘의 정보원을 자기 집에 숨겨줌으로써 하나님께 순종했다(11:31).

구약의 믿음의 사람들: 하나님을 위해 큰일을 이루었고 큰 박해를 당했다(11:32-40).

다(참고. 출. 2:10).

11:25 하나님의 백성과 함께 만약 모세가 이스라엘과 관련해 하나님이 그에게 주신 책임지기를 거절했다면 그는 죄를 지었을 것이다. 그는 "하나님께서 자기의 손을 통하여 구원해 주시는 것"(행 7:25)을 분명하고 확실하게 믿고 있었다. 모세는 애굽의 즐거움을 거절했다.

11:26 그리스도를 위하여 받는 수모 모세는 고난받는 메시아의 백성과 하나가 되었다는 의미에서 그리스도를 위하여 수모를 당했다(25절). 게다가 모세는 자신이 지도자와 선지자의 역할을 수행했기 때문에 메시아와 하나가 되었다(참고. 12:2; 신 18:15; 시 69:9; 89:51). 모세는 메시아의 고난과 영광을 알았다(참고. 요 5:46; 행 26:22, 23; 벧전 1:10-12). 하나님에 대한 참된 믿음 때문에 구속의 복음을 위하여 고난당하는 모든 사람은 그리스도를 위하여 고난당하는 것이다(참고. 13:12, 13; 벧전 4:14).

11:27 애굽을 떠나 애굽인 노예 감독관을 죽이고 생명을 보전하기 위해 도피했을 때 모세는 애굽을 처음으로 떠난 것이었다(출 2:14, 15). 그때는 바로의 진노가 두려워 떠났다. 두 번째 떠날 때 모세는 애굽과 애굽으로 상징되는 모든 것에 등을 돌렸다. 이때 떠난 것은 바로에 대한 두려움 때문이 아니었으며, 이 서신이 여기서 생각하는 것은 이 두 번째 경우다. **보는 것 같이 하여** 모세의 믿음은 하나님이 마치 곁에 서서 그에게 보이는 것처럼 하나님의 명령에 반응했다는 것이다. 이것이 하나님에 대한 모세의 충성의 근거였으며, 모든 신자의 충성을 위한 모범이 되어야 한다(참고. 고후 4:16-18).

11:28 유월절 출애굽기 12장을 보라.

11:29 홍해 출애굽기 14, 15장을 보라. 이스라엘 백성이 처음 홍해에 도착했을 때는 죽을까 두려워했다(출 14:11, 21). 그러나 모세가 하나님의 보호를 선언하자(출 14:13, 14), 그들은 믿음으로 바다를 향해 전진했다.

11:30 여리고 여호수아 6장을 보라. 백성은 여리고를 무너뜨리기 위해 아무런 군사적 행동도 하지 않았다. 그들은 단지 믿음으로 하나님의 지시를 따랐을 뿐이다. 참고. 고린도후서 10:4.

11:31 라합 여호수아 2:1-24; 6:22-25; 마태복음 1:5; 야고보서 2:25을 보라.

11:32 여기 열거된 모든 사람은 권력이나 권세의 지위에 있었지만, 아무도 그들 개인의 신분이나 능력 때문에 칭찬받지 않았다. 대신 각자가 하나님에 대한 믿음으로 이룬 일이 인정받았다. 그들은 연대기 순서로 나열된 것이 아니라 두 사람씩 짝을 이뤄 열거되며, 두 사람 중에서는 중요한 사람이 먼저 소개된다(참고. 삼상 12:11). 사사기 6-9장(기드온)과 4, 5장(바락), 13-16장(삼손), 11, 12장(입다). **다윗** 다윗은 이 절에서 유일하게 언급된 왕이다. 다른 모든 사람은 사사 또는 선지자다. 다윗은 선지자로 간주될 수도 있다(4:7; 삼하 23:1-3; 막 12:36을 보라). 참고. 사무엘상 13:14; 16:1, 12; 사도행전 13:22. **사무엘과 선지자들** 사무엘은 마지막 사사요 첫 번째 선지자였다(참고. 삼상 7:15; 행 3:24; 13:20). 그는 다윗을 왕으로 기름 부었고(삼상 16:13) 중보기도의 사람으로 알려졌다(삼상 12:19, 23; 렘 15:1).

11:33-38 이 절에서 묘사된 많은 성취와 고난은 일반적으로 신실한 성도에게도 해당된다. 어떤 사람은 큰 성공을 경험한 반면 다른 사람은 큰 고난을 당했다. 중요한 것은 그들 모두가 용감하고도 타협 없이, 세상에서의 결과에 구애받지 않고 하나님을 따랐다는 사실이다. 그들은 하나님과 하나님의 언약을 신뢰했다(참고. 6:12; 딤후 3:12).

11:33 나라들을 이기기도 하며 여호수아와 사사들, 다윗을 포함한 다른 사람들을 말한다. **의를 행하기도 하며** 다윗과 솔로몬, 아사, 여호사밧, 요아스, 히스기야, 요시야 등 의로운 왕들이다. **약속을 받기도 하며** 아브라함과 다윗, 솔로몬을 말한다. **사자들의 입을 막기도 하며** 삼손(삿 14:5, 6)과 다윗(삼상 17:34, 35), 다니엘(단 6:22)이다.

11:34 불의 세력을 멸하기도 하며 사드락과 메삭, 아벳느고(단 3:19-30)다. **칼날을 피하기도 하며** 다윗(삼상 18:4, 11; 19:9, 10)과 엘리야(왕상 19:1-3, 10), 엘리사(왕하 6:15-19)를 말한다. **연약** 에훗(삿 3:12-30)과 야엘(삿 4:17-24), 기드온(삿 6:15, 16; 7:1-25), 삼손(삿 16:21-30), 히스기야(사 38:1-6)다. 참고. 고린도전서 1:27; 고린도후서 12:10.

11:35 여자들은 자기의 죽은 자들을 부활로 받아들이기도 하며 사렙다 과부(왕상 17:22)와 수넴 여인(왕하 4:34)을 말한다. **더 좋은 부활** *9:27에 대한 설명을 보라*. 분명히 죽을 수밖에 없는 처지 또는 거의 죽은 것과 같은 처지에서 건짐을 받는 것이 죽음에서 돌아오는 것과 비슷하기는 하지만, 그것이 곧 약속된 부활은 아니다. 특별히 이것은 죽었다가 살아난 사람들에게서 그러하다. 그들이 죽음에서 살아난 것은 소생이지 참되고 영광스러운 최후의 부활이 아니다(단 12:2. 참고. 마 5:10; 약 1:12). **고문을 받되** 이 단어는 그들이 어떤 종류의 고문대에 묶인 채 죽을 때까지 매질을 당했음을 표시한다(엘르아살, 순교한 일곱 아들을 가진 어머니에 대한 마카비우스2서 6, 7장을 참조하라).

11:36 어떤 이들 요셉(창 39:20), 미가야(왕상 22:27), 엘리사(왕하 2:23), 하나니(대하 16:10), 예레미야(렘 20:1-6;

37:15), 기타 다른 사람들(대하 36:16)이다.

11:37 돌로 치는 것 선지자 스가랴(여호야다의 아들)가 이런 식으로 죽임을 당했다(*대하 24:20-22; 마 23:35에 대한 설명을 보라*). **톱으로 켜는 것** 전승에 따르면 므낫세가 이사야를 이렇게 죽였다. **칼로 죽임을 당하고** 선지자 우리야가 이렇게 죽임을 당했다(렘 26:23. 참고. 왕상 19:10). 그러나 이 표현은 하나님의 백성에 대한 대량학살을 가리킬 수도 있다. 구약과 신약 사이의 400년 마카비 시대에 이런 일이 몇 번 발생했다(중간기 서론을 보라). **유리하여** 많은 하나님의 백성이 가난과 박해로 인해 고생했다(참고. 시 107:4-9).

11:38 열왕기상 18:4, 13; 19:9을 보라.

11:39, 40 더 좋은 것 그들은 언약에 포함된 영원한 약속이 결국에는 성취될 것을 믿었다(13절). 서론의 역사적·신학적 주제를 보라.

11:40 우리가 아니면 구약 성도의 믿음이 약속된 구원을 내다보는 것이었다면, 그리스도 이후 사람의 믿음은 그 약속의 성취를 뒤돌아보는 것이다. 이 두 무리의 사람들은 모두 참된 믿음을 가지고 있으며, 십자가에서 이루신 그리스도의 대속의 일로 말미암아 구원받는다(참고. 엡 2:8, 9).

E. 견인하는 신앙(12:1-29)

12:1 이러므로 이것은 10:19에서 시작된 단락을 끝내고 결론으로(참고. 살전 4:8) 넘어가는 것을 표시하는 매우 중요한 말이다. **증인들** 11장에 열거된 이미 세상을 떠난 사람들은 믿음으로 사는 삶의 가치와 복스러움을 증언한다. "경주를 하는" 동기는 그들을 "주목하는" 하늘의 성도들로부터 칭찬받을 가능성이 아니다. 도리어 경주자는 그 성도들이 생애 동안 보여준 경건한 모범에서 영감을 받는다. 군중은 관람자가 아니라 그들의 믿음의 삶이 다른 사람을 격려하여 그들처럼 살게 하는 사람이다(참고. 11:2, 4, 5, 33, 39). **모든 무거운 것** 다음에 등장하는 "죄"와 달리 이 말은 히브리인을 짓누르는 무거운 짐을 가리키는 말로, 숨 막히는 율법주의가 포함된 레위기의 제도다. 운동선수는 경주에 들어가기 전에 불필요한 모든 옷을 벗는다. 레위기의 제도가 강조하는 외적인 것은 거추장스러울 뿐 아니라 '얽매이는' 것이기도 하다. **죄** 이 문맥에서 이 말은 첫 번째로 불신앙이라는 특정한 죄[레위기 제사에서 돌아서서 완전한 제물인 예수 그리스도에게 오기를 거부하는(참고. 요 16:8-11)]에 초점을 맞추며, 불신자들이 버리지 않는 다른 죄악도 거기에 포함된다. **인내** 인내는 속도를 늦추거나 포기하게 하려는 유혹에 개의치 않고 계속 전진하겠다는 꾸준한 결심이다(참고. 고전 9:24, 25). **경주** 운동경기의 은유는 믿음이 충만한 삶을 고되고 호된 노력으로 묘사한다. 영어 단어의 *agony*(사투)는 여기서 사용된 헬라어 단어에서 유래되었다. *마태복음 7:14에 대한 설명을 보라.*

12:2 주 *2:10에 대한 설명을 보라*. 이 단어는 원조 또는 확실한 모범이라는 뜻이다. **온전하게 하시는 이** *5:14에 대한 설명을 보라*. 이 용어는 문자적으로 '완성자'라는 뜻이며, 완성에 이르기까지 밀고 나간다는 개념을 가지고 있다(참고. 요 19:30). **바라보자** 그들은 믿음과 구원의 대상으로 예수께 눈을 고정시켜야 했다(참고. 11:26, 27; 행 7:55, 56; 빌 3:8). **기쁨** 예수는 아버지의 뜻을 이루고, 아버지께서 기뻐하시는 일을 이룸으로써 얻는 기쁨을 위하여 인내하셨다(참고. 1:9; 시 16:9-11; 눅 10:21-24). **우편** *1:3에 대한 설명을 보라.*

12:3 피곤하여 낙심하지 신자가 받는 압력과 수고, 박해(참고. 갈 6:9)는 그리스도의 것에 비교될 수 없다. **이를 생각하라** 예수는 하나님께 순종하여 기꺼이 고난을 당하신 뛰어난 모범이시다. 그분은 적대감에 직면하셨고(눅 2:34에서 사용된 것과 동일한 단어) 심지어 잔인한 십자가까지 견디셨다. 예수를 따르는 모든 사람도 동일한 반대에 직면한다(행 28:22; 갈 6:17; 골 1:24; 딤후 3:12).

12:4 피흘리기 히브리서 수신인 가운데는 죽음과 순교에 이르기까지 극단적인 수고나 박해를 경험한 사람이 없었다. 스데반(행 7:60)과 야고보(행 12:1), 다른 사람들이(참고. 행 9:1; 22:4; 26:10) 예루살렘에서 순교했지만 예루살렘은 이 서신의 수신인 지역에서 제외되어야 할 것으로 보인다(서론의 저자와 저작 연대를 보라).

12:5, 6 여기서 저자는 잠언 3:11, 12을 상기시켜 설명한다. 그리스도인 삶에서 발생하는 시련과 고난은 하나님으로부터 온다. 하나님은 그런 경험들을 가지고 신자를 교육하고 훈련하는 데 사용하신다. 그런 일들이 발생한다는 것은 하나님이 자기 자녀를 사랑하신다는 증거다(참고. 고후 12:7-10).

12:6 채찍질 이 표현은 채찍으로 때리는 것을 가리키며, 유대인 사이에 흔히 볼 수 있던 가혹하고 고통스러운 형태의 매질이었다(참고. 마 10:17; 23:34).

12:7, 8 아들 모든 사람은 불완전하여 징계와 훈련이 필요하므로, 하나님의 모든 참된 자녀는 이런저런 시기에 이런저런 방법으로 징계를 당한다.

12:8 사생자 이 단어는 신약성경에서 여기서만 사용되지만 그리스 문헌에서는 노예나 첩에게서 태어난 자식을 가리키는 말로 사용되었다. 이 말에는 아브라함의 첩인 하갈과 불법을 저지른 아들 이스마엘이 암시되었을 수도 있다(창세기 16장).

하나님 우편에 앉은 그리스도

1. 마 22:44	11. 롬 8:34
2. 마 26:64	12. 엡 1:20
3. 막 12:36	13. 골 3:1
4. 막 14:62	14. 히 1:3
5. 막 16:19	15. 히 1:13
6. 눅 20:42	16. 히 8:1
7. 눅 22:69	17. 히 10:12
8. 행 2:33, 34	18. 히 12:2
9. 행 5:31	19. 벧전 3:22
10. 행 7:55, 56	

12:9 영의 아버지 '우리 영의 아버지'라고 번역하는 것이 최선이다. 이 말은 "우리 육신의 아버지"와 대조를 이룬다. **복종** 하나님의 뜻과 율법에 순종하는 것은 곧 하나님을 공경하는 것이다. 또한 즐거운 마음으로 주님의 징계를 받는 사람은 더 부요하고 풍부한 생명을 얻을 것이다(참고. 시 119:165).

12:10 우리의 유익 불완전한 육신의 아버지들은 불완전하게 징계한다. 그러나 하나님은 완전하시므로 그의 징계도 완전하며 항상 자기 자녀의 영적인 유익을 위한 것이다.

12:11 의와…열매 이것은 야고보서 3:18의 구절과 동일하다. **연단 받은** 이 동일한 단어가 5:14에서 사용되었으며 거기서는 "연단을 받아"라고 번역되었다(*이 구절에 대한 설명을 보라*. 참고. 딤전 4:7).

12:12-17 이 단락은 신자를 향하여 이전 단락에서 확정한 신성한 진리 위에서 행동할 것을 권한다. 알기만 하고 순종하지 않는 진리는 유익이 아니라 심판이 된다(참고. 13:22).

12:12, 13 저자는 1-3절에서 시작된 운동 경기의 은유로 돌아와서(참고. 잠언 4:25-27) 이사야 35:3에서 가져온 표현을 사용해 징계받은 개인의 상태를 팔은 늘어지고 무릎이 떨리는 지친 달리기 선수로 묘사한다. 신자는 자기 삶에서 시련을 경험할 때 환경에 제압당해서는 안 된다. 도리어 견디어 나가다가 숨을 돌리고 다시 힘을 내어 달리기를 계속해야 한다.

12:14 거룩함을 따르라 이 서신에서 거룩은 다음과 같이 설명된다. 첫째는 완전한 믿음과 깨끗한 양심으로 하나님께 가까이 나아가는 것이다(10:14, 22). 둘째는 그리스도를 구주요 죄를 위한 희생제물이 되어 죄인을 하나님과의 교제 속으로 이끌어 들이시는 분으로 알고 진정으로 받아들이는 것이다. 신자의 삶이 평안과 거룩을 포함해 하나님이 원하시는 특성을 드러내지 않는다면 불신자들은 그리스도께 이끌리지 않을 것이다(참고. 요 13:35; 딤전 4:3; 5:23; 벧전 1:16).

12:15 하나님의 은혜에 이르지 못하는 *4:1; 6:6; 10:26에 대한 설명을 보라.* 이 말은 너무 늦게 와서 탈락한다는 뜻이다. 이것은 그 회중 가운데 지적으로 확신하여 복음을 알고 그리스도께 끌리기는 하지만 여전히 배교의 경계에 서 있는 유대인이 있었다는 또 다른 언급이다. **없도록 하고** 신자는 자신의 삶을 살펴 평안과 거룩의 증거를 보여주어야 하고, 자기들 중에 구원이 필요한 사람을 찾아 도와야 한다. **쓴 뿌리** 이것은 교회 내에 있으면서 나쁜 영향을 끼치는 배교자들의 태도다. 참고. 신명기 29:18.

12:16, 17 창세기 25:29-34과 27:1-39을 보라. 에서는 하나님의 축복을 원하기는 했지만 하나님을 원하지는 않았다. 그는 자기가 한 일을 후회하기는 했지만 회개하지 않았다. 에서는 분명한 의지를 가지고 하나님께 죄를 짓고, 진리에 접촉해 왔으면서도 더욱 완고해진 상태였기 때문에 두 번째 기회를 얻지 못한 사람의 한 실례다(참고. 6:6; 10:26). 또한 에서는 '세속적인' 사람의 실례였다.

12:16 음행하는 자 이 문맥에서 이 말은 성적 부도덕을 전체적으로 가리킨다. 배교는 자주 부도덕과 밀접하게 연결되어 있다(참고. 벧후 2:10, 14, 18; 유 8, 16, 18).

12:18-29 저자는 이스라엘이 시내산에서 하나님을 만난 사건을 근거로 성경을 해명해 나간다(출 19, 20장; 신 4:1-4을 보라).

12:18 출애굽기 19:12, 13; 신명기 4:11; 5:22을 보라.

12:19 나팔 소리 출애굽기 19:16, 19; 신명기 4:12을 보라.

12:20 출애굽기 19:12, 13을 인용한 것이다(참고. 20:19; 신 5:23, 24).

12:21 신명기 9:19을 인용한 것이다.

12:22 시온 산 하나님이 위협적이고 두려운 모세 율법을 주신 시내산과는 반대로 여기의 시온산은 예루살렘에 있는 지상의 산이 아니라 사람을 초청하고 은혜를 베푸는 하나님의 하늘 거처다. 율법의 완전한 준수라는 시내산의 조건을 만족시켜 하나님을 기쁘시게 할 수 있는 사람은 아무도 없다(갈 3:10-2). 하지만 시온산은 예수 그리스도를 통해 하나님께 나아오는 모든 사람에게 열려 있다(참고. 시 132:13, 14; 사 46:13; 슥 2:10; 갈 4:21-31). **시온 산과 살아 계신 하나님의 도성인 하늘의 예루살렘** 이 말은 하늘과 동의어다. 하늘에 있는 예루살렘인

하나님의 거처에 대한 묘사는 *요한계시록 21:1-22:5에 대한 설명을 보라.* **천만** 이 헬라어 단어는 자주 '10,000'으로 번역된다. 요한계시록 5:11, 12을 보라.

12:23 모임 (한글 개정개역판 성경에는 단어가 없음 – 옮긴이) 이 단어의 의미는 '공적 절기를 위한 모임'을 말한다. 이것은 교회와 다른 특별한 무리를 묘사하는 것 같지 않고, 도리어 절기를 위해 하나님의 보좌 주위에 모인 무수한 천사의 활동을 묘사한다. **장자들의 모임** 장자는 예수 그리스도다(*1:6에 대한 설명을 보라*). 교회는 그리스도와 함께 상속자가 된 신자들로 이루어져 있으며, 그리스도는 많은 형제 가운데서 탁월한 분이다(롬 8:17, 29). **온전하게 된 의인** *5:14에 대한 설명을 보라*(참고. 11:40). 이들은 신약 시대의 신자인 '장자들의 모임'이 아니라 구약 시대의 성도다.

12:24 중보자 *7:22에 대한 설명을 보라*(참고. 8:6-10; 9:15). **아벨의 피보다** 아벨의 희생제물의 피는 잠정적인 보호를 제공했을 뿐이지만, 그리스도의 피의 제물은 영원한 사죄를 선언한다(참고. 골 1:20). **나은 것** *6:9; 9:23에 대한 설명을 보라.* 아벨의 제물은 믿음과 순종으로 드려졌기 때문에 하나님을 기쁘시게 하기는 했지만(참고. 11:4) 속죄의 능력은 없었다. 오직 예수의 피만이 죄를 씻기에 충분하다(참고. 요일 1:7). 그리스도의 희생은 속죄(9:12), 사죄(9:26), 완전한 구원(10:10, 14)을 가져다준다.

12:25 거역하지 *19절에 대한 설명을 보라.* 거기서 이 동일한 단어가 시내산에서의 이스라엘의 행동을 묘사한다. **하물며** 배교의 결과는 실로 끔찍하다. 그로 말미암아 경험할 심판과 예상되는 두려움은 시내산의 그것을 훨씬 뛰어넘는다.

12:26 학개 2:6을 인용한 것이다.

12:26, 27 땅을 진동하였거니와 시내산에서 하나님이 땅을 진동시키셨다. 하나님은 시온산에서는 하늘, 곧 온 우주를 진동시키실 것이다(참고. 사 13:13; 34:4; 65:17, 22; 벧후 3:10-13; 계 6:12-4; 20:11; 21:1).

12:27 물질적인 모든 것("진동할 것들")이 파괴될 것이다. 오직 영원한 것("진동하지 아니하는 것")만이 존속할 것이다.

12:28 우리가…은혜를 받자 *4:16에 대한 설명을 보라.* **나라** 하나님은 "새 하늘과 새 땅…거룩한 성 새 예루살렘"(계 21:1, 2)을 만드실 것이며, 이것은 영원하며 흔들리지 않을 것이다. **경건함과 두려움으로** *11:7에 대한 설명을 보라*(참고. 5:7). 두 번째 단어는 하나님의 임재 앞에 서기 때문에 느끼는 두려움과 관련이 있다.

12:29 소멸하는 불 신명기 4:24을 보라. 시내산에서 주어진 하나님의 법이 많은 엄한 형벌을 정하고 있지만, 하나님의 아들 예수 그리스도를 통해 주시는 은혜를 거부하는 자에게는 훨씬 심한 형벌이 준비되어 있다(참고. 눅 3:16, 17). 이 절은 10:29-31과 관련이 있다.

> **단어 연구**
>
> **중보자(Mediator):** 8:6; 9:15; 12:24. 문자적으로 '사이에 서다' 또는 '중간적인'이라는 뜻이다. 바울은 모세를 시내산 언약의 중보자로 묘사한다. 모세는 하나님과 이스라엘 사이에서 의사소통의 통로 역할을 했다. 그는 이스라엘에게 언약의 의무를 가르쳐주었고 이스라엘을 위해 하나님께 호소했다(갈 3:19-20을 보라). 예수는 동일한 위치에서 활동하신 새 언약의 중보자이시다. 예수는 십자가 위에서 자신을 희생제물로 드림으로써 이 언약을 활성화하셨다. 그는 지금 성부의 우편에 앉아 우리를 위해 중보하신다(7:25).

기독교적 행위의 우월성 (13:1-21)

A. 다른 사람들과의 관계에서(13:1-3)

13:1 이 서신의 앞 장에서는 그리스도인 생활에 필수적인 실천적 윤리 몇 가지에 초점을 맞췄다. 그 윤리는 세상에 참된 복음을 전할 때 도움을 주고, 다른 사람에게 그리스도를 믿도록 장려하며, 하나님께 영광을 돌린다. 그중 첫 번째는 동료 신자들에 대한 사랑이다(참고. 요 13:35). 그 사랑이 일차적으로는 그리스도인을 향한 것이겠지만, 저자가 동료 히브리인을 고려할 때는 사도 바울과 비슷한 감정을 가졌을 것임이 분명하다(롬 9:3, 4을 보라).

13:2 손님 대접하기 신자가 계발할 필요가 있는 두 번째 미덕은 이방인에게까지 사랑을 확대하는 것이다(참고. 롬 12:13; 딤전 3:2). 고대 세계에서 손님 대접하기에는 손님을 하룻밤 또는 더 길게 맞아들여 묵게 하는 것이 포함되었다. 박해를 겪고 있을 때는 손님을 대접하기가 어렵다. 히브리인은 손님이 첩자인지 추격당하는 동료 신자인지 구별할 수 없었을 것이다. **천사들** 이것은 손님을 대접하는 궁극적인 동기로 제시된 것이 아니라 친절한 행위가 얼마나 멀리까지 퍼져나갈지 아무도 모른다는 것을 드러내기 위해서다(참고. 마 25:40, 45). 아브라함과 사라(창 18:1-3), 롯(창 19:1, 2), 기드온(삿 6:11-24), 마노아(삿 13:6-20)에게 발생한 일이 바로 그

것이었다.

13:3 너희도 신자들은 그들도 신체적("너희도 몸을") 고통과 고난을 당하기 때문에 다른 사람의 고통에 공감할 수 있어야 한다.

B. 우리 자신과의 관계에서(13:4-9)

13:4 귀히 여기고 하나님은 창조 때 자신이 제정하신 혼인을 귀히 여기셨다(창 2:24). 그러나 초대 교회의 어떤 사람들은 독신을 혼인보다 더 거룩하게 여겼는데, 바울은 디모데전서 4:3에서 그런 생각을 엄하게 꾸짖는다(*고전 7:1-5에 대한 설명을 보라*). 혼인 내에서의 성적 행위는 순결하지만, 혼인 밖에서의 성적 행위는 하나님의 심판을 초래한다. **하나님이 심판하시리라** 하나님은 성적 부도덕에 심각한 결과가 따르도록 하신다(*엡 5:3-6에 대한 설명을 보라*).

13:5 사랑하지 물질적인 부에 대한 탐욕은 "일만 악의 뿌리가 되나니 이것을 탐내는 자들은 미혹을 받"는다(딤전 6:10. 참고. 딤전 3:3). **내가 결코** 창세기 28:15; 신명기 31:6, 8; 여호수아 1:5; 역대상 28:20을 인용한 것이다. 신자는 이 약속 때문에 모든 상황에서 만족할 수 있다. 그리스도가 신자를 버리는 일이 불가능함을 강조하기 위해 이 진술에서 5번의 부정어가 사용되었다. 이것은 마치 '내가 너희를 떠나는 일은 어떤 일이 있어도 결코 절대로 없다'라고 말하는 것과 같다.

「사도 바울(*Saint Paul*)」 1619년. 디에고 벨라스케스. 캔버스에 유화. 99.5X80cm. 카탈루냐 미술관. 바르셀로나.

13:6 담대히 이 단어는 용감함을 뜻하는 일반적인 단어가 아니라 확신과 용기를 가진다는 개념을 가지고 있다. 마태복음 9:2; 고린도후서 5:6, 8에서 이 단어가 사용된 것을 참고하라. 시편 118:6을 인용한 것이다.

13:7 11장에 기록된 신실한 자들의 명부 이외에도 히브리서 저자는 히브리 신자들에게 교회 내에 있는 그들의 신실한 지도자들을 상기시킨다. 그렇게 함으로 저자는 목사들의 의무를 개략적으로 소개한다. 첫째, 다스림이다. 둘째, 하나님의 말씀을 말하는 것이다. 셋째, 사람들에게 따라야 할 믿음의 모범을 세워주는 것이다. 참고. 사도행전 20:28; 디모데전서 3:1-7; 디도서 1:5-9.

13:9 여러 가지 다른 교훈 여기에는 하나님의 말씀에 어긋나는 모든 가르침이 포함된다. 신약성경에는 거짓 가르침과 거짓 선생들에 대한 무수한 경고의 말씀이 있다(참고. 행 20:29, 30; 롬 16:17; 고후 10:4, 5; 갈 1:6-9; 엡 4:14; 딤후 3:16). **은혜로써 굳게 함** 그리스도 안에서 하나님의 은혜를 경험하는 사람들은 그 심정과 마음이 꿋꿋한 상태를 유지한다. **음식** 모세 율법은 음식을 포함한 모든 것에 대한 규례를 가지고 있다(레 11장). 그러나 그리스도인에게는 이 법이 효력을 잃었다(행 10:9-16. 참고. 고전 8:8; 롬 14:17; 딤전 4:1-5).

C. 하나님과의 관계에서(13:10-21)

13:10-13 *11:26; 12:2에 대한 설명을 보라.* 저자는 그리스도가 유대인에게 버림받은 사실을 유비로 삼아서 신자들이 그리스도와 하나임을 보여준다. 대속죄일에 제물로 드려진 동물의 몸은 사람들이 먹지 않고 "진영 밖"에서 불살랐다(레 4:21; 16:27). 최후의 대속 제물인 예수도 유사하게 예루살렘 문 밖에서 십자가에 달리셨다(요 19:17). 비유적으로, 신자도 세상의 진영 밖에서 그리스도께 합류해야 한다. 더 이상 세상의 불경한 체제와 관행의 일부가 아닌 까닭이다(참고. 딤후 2:4). 이를 확대하면 이것 역시 레위기 제도로부터 떠나는 것을 묘사한다. 아직 헌신하지 않은 히브리인은 그 체계를 떠나는 과감한 발걸음을 내디뎌서 옛 언약의 이스라엘 진영 바깥으로 나가야 한다.

13:10 제단 제단, 제사 드리는 사람, 제물은 모두 밀접하게 연결되어 있다. 제단 위에서 제사를 드리는 사람은 제물과 하나가 된다. 어떤 제물의 경우에는 제물을 드리는 사람이 자기가 드린 제물의 일부를 먹음으로써 스스로를 제단과 제물과 하나로 만든다. 사도 바울은 우상에게 드려진 제물을 먹는 문제(고전 9:13)와 성찬에 참여하는 문제(고전 10:18)로 고린도 교인에게 지침을

줄 때 이 관계를 가리켰다. 여기서 제단은 그리스도의 제사에 상당하는 것이다. 특별히 대속죄일과 비교해볼 때 그렇다.

13:15 찬송의 제사 히브리서 전체에서 보이듯이 제사는 옛 언약 하에서 극히 중요했다. 새 언약 하에서 하나님은 동물이나 곡물의 제물보다는 자기 백성의 찬송과 감사를 원하신다. 신약의 신자는 모두가 제사장이므로(벧전 2:5, 9), 그들은 하나님께 찬송과 감사를 드려야 한다(참고. 롬 12:1). 또한 "찬송의 제사"는 레위기 7:12; 시편 54:6에도 언급된다. "입술의 열매"에 대해서는 이사야 57:19; 호세아 14:2을 보라.

13:16 선을 행함과 서로 나누어 주기 하나님의 백성의 입술에서 나오는 찬송의 제사는 거기에 사랑의 행동이 동반될 때만 하나님을 기쁘시게 한다(참고. 사 58:6, 7; 약 1:27; 요일 3:18).

13:17 너희를 인도하는 *7절에 대한 설명을 보라.* 교회의 목사(장로)들은 그들이 설교하고 가르치고 성경을 적용할 때 바로 그리스도의 권위를 행사하는 것이다(*행 20:28; 살전 5:12, 13에 대한 설명을 보라*). 그들은 그리스도를 대신하여 교회를 섬기고, 얼마나 신실했는지를 그리스도께 보고해야 한다. *고린도전서 4:1-5; 베드로전서 5:1-4에 대한 설명을 보라.* 여기에는 세속의 통치자들과 영적 통치자들이 모두 포함될 수 있다. 하나님을 인정하지 않는 자들이라도 하나님에 의해 임명되고 사용될 수 있다(참고. 롬 13:1, 4). **즐거움으로** 교회는 지도자들이 만족과 즐거움으로 그들의 일을 하도록 도울 책임이 있다. *데살로니가전서 5:12, 13에 대한 설명을 보라.*

13:19 돌아가기 저자는 과거에 이 히브리인들과 함께 있었으며 이제 다시 그들과 함께하면서 교제를 나누기 원한다.

13:20, 21 이 축도는 성경에서 가장 아름다운 축도다

> **장로들에 대한 신자의 의무**
>
> **13:7** "하나님의 말씀을 너희에게 일러 주고 너희를 인도하던 자들을 생각하며 그들의 행실의 결말을 주의하여 보고 그들의 믿음을 본받으라"
>
> **13:17** "너희를 인도하는 자들에게 순종하고 복종하라 그들은 너희 영혼을 위하여 경성하기를 자신들이 청산할 자인 것 같이 하느니라 그들로 하여금 즐거움으로 이것을 하게 하고 근심으로 하게 하지 말라 그렇지 않으면 너희에게 유익이 없느니라"

(참고. 민 6:24-26; 고후 13:14; 유 24, 25). 이 축도는 서로를 위한 축복과 기도가 어떻게 은혜로울 수 있는지를 보여주는 모범이다.

13:20 양들의 큰 목자 이사야 63:11을 보라. 메시아를 목자에 비유해 말하는 것은 성경에 자주 등장한다(참고. 시 23편; 사 40:11; 겔 34:23; 요 10:11; 벧전 2:25; 5:4). **영원한 언약의 피로** 이 말은 히브리서의 문맥에서 잠정적이며 폐지된 모세 언약(*8:6-13; 9:15에 대한 설명을 보라*)에 대비하여 영원한(미래적 의미) 새 언약을 가리키는 것이 분명하다. **평강의 하나님** 바울은 그가 쓴 서신에서 이 호칭을 6번 사용한다(참고. 살전 5:23).

13:21 너희를 온전하게 하사 이 헬라어는 히브리서 전체에서 구원이 완전함을 표시하기 위해 사용한 완전이라는 단어가 아니라(*5:14에 대한 설명을 보라*) 10:5에서 "예비하셨도다"로, 11:3에서는 "지어진"으로 번역된 단어다. 이것은 신자가 세워져 가는 것을 가리킨다. 이 동사는 조절하고 형성하고 고치고 회복하고 준비시켜 갖춰 나간다는 개념을 가지고 있다(*11:3에 대한 설명을 보라.* 참고. 고전 1:10; 고후 13:11; 딤후 3:17).

후기 (13:22-25)

13:22 권면의 말 참고. 3:13. 이것은 저자가 자신의 서신을 가리키는 말이다(서론의 역사적·신학적 주제를 보라). **용납하라** 저자는 독자에게 "바른 교훈을 받지 아니"하려(딤후 4:3) 하는 사람들과 달리 열린 마음과 따뜻한 심정으로 이 메시지를 받으라고 권한다.

13:23 놓인 것 디모데가 감옥에 들어간 세부 내용에 대해서는 알려진 바가 없다(참고. 딤후 4:11, 21).

13:24 이달리야에서 온 자들 이 글의 수신인이 로마에 있었음을 말한 것일 수도 있고, 저자와 함께 있는 로마 그리스도인이 안부를 전한다는 뜻일 수도 있다(서론의 저자와 저작 연대를 보라). 이와 유사한 표현이 등장하는 다른 곳에서도 역시 의미가 모호하다. 왜냐하면 어떤 곳에서는 그 장소에 있는 사람들을 가리키고(행 10:23; 17:13) 다른 곳에서는 그들의 고향을 떠난 사람들을 가리키기 때문이다(행 21:27).

연구를 위한 자료

F. F. Bruce, *The Epistle to the Hebrews* (Grand Rapids: Eerdmans, 1964).

Homer A. Kent Jr., *The Epistle to the Hebrews* (Grand Rapids: Baker, 1972).

John MacArthur, *Hebrews* (Chicago: Moody, 1983).

야고보서

제목

야고보서는 히브리서 이외의 모든 공동 서신과 마찬가지로 편지를 쓴 사람의 이름이 책 제목이 되었다(1절).

저자와 저작 연대

신약성경에 야고보라는 이름을 가진 네 사람 가운데 오직 두 사람만 이 서신의 저자 후보에 오를 수 있다. 알패오의 아들 작은 야고보(마 10:3; 행 1:13)와 유다(가룟 유다가 아님)의 아버지 야고보(눅 6:16; 행 1:13)를 저자로 진지하게 고려한 사람은 아무도 없다. 어떤 사람은 세베대의 아들이며 요한의 형제인 야고보라고 주장하기도 했으나(마 4:21), 그는 이 글을 쓰기에는 너무 일찍 순교를 당했다(행 12:2). 그렇다면 남은 것은 그리스도의 아버지가 다른 동생이자(막 6:3) 유다의 형제인(마 13:55) 야고보다. 유다 역시 그의 이름으로 칭하는 서신을 기록했다(유 1절).

야고보는 처음에 예수를 메시아로 인정하지 않았지만(요 7:5) 뒤에는 믿었다(고전 15:7). 그는 예루살렘 교회의 핵심적인 지도자가 되었으며(참고. 행 12:17; 15:13; 21:18; 갈 2:12) 베드로, 요한과 함께 교회의 "기둥" 가운데 한 사람으로 불렸다(갈 2:9). 또한 의에 대한 그의 헌신 때문에 의인 야고보라고도 불렸으며, 1세기 유대 역사가 요세푸스에 따르면 주후 62년경에 순교했다. 사도행전 15장에 기록된 야고보의 어휘와 야고보서의 어휘를 비교해보면 그가 이 서신의 저자라는 사실이 더 확실해진다.

야고보는 부활하신 그리스도를 직접 목격한 사람의 권위를 가지고 썼으며(고전 15:7), 그는 사도들의 동료로 인정되었고(갈 1:19), 예루살렘 교회의 지도자였다.

야고보가 사도행전 12장에 기록된 혼란(주후 약 44년경)의 결과 흩어진(1:1) 신자에게 이 서신을 썼을 가능성이 가장 높다. 사도행전 15장에 기록된(주후 49년경) 예루살렘 공의회에 대한 언급이 이 서신에는 없다. 만약 그 공의회가 이 서신 작성 이전에 있었다면 이 서신에 그에 대한 언급이 있었을 것이다. 그러므로 야고보서는 주전 44-49년에 기록되었다고 볼 근거가 있으며, 그렇다면 이 서신은 신약성경 정경 가운데서 가장 먼저 쓰인 글이 된다.

「사도 야고보[*St. James the Less*]」 1610-1614년. 엘 그레코. 캔버스에 유화. 80X100cm. 엘 그레코 미술관, 톨레도.

배경과 무대

이 책의 수신자들은 흩어진(1:1) 유대인 신자다. 그들은 스데반의 순교(행 7장, 주후 31-34년경)의 결과로 흩어졌을 가능성도 있지만, 그보다는 헤롯 아그립바 1세의 박해(행 12장, 주후 44년경)로 흩어졌을 가능성이 더 높다. 저자는 15번에 걸쳐 청중을 "형제들"이라고 부르는데(1:2, 16, 19; 2:1, 5, 14; 3:1, 10, 12; 4:11; 5:7, 9, 10, 12, 19), 이것은 1세기 유대인 사이의 일반적인 호칭이었다. 그러므로 야고보서가 내용 면에서 유대적이라는 것은 놀라운 일이 아니다. 예를 들어 "회당"(2:2)으로 번역된 헬라어는 *시나고그*(*synagogue*)를 가리키는 단어다. 나아가서 야고보서에는 40개 이상의 구약성경 간접 인용이 있다(마 5-7장의 산상보훈의 인용보다 20개가 더 많다).

역사적 · 신학적 주제

야고보서의 지혜로운 생활에 대한 직접적이고 신랄한 말들은 잠언을 생각나게 한다. 야고보서는 실천의 강조, 곧 신학적 지식에 대한 강조가 아니라 경건한 행실에 대한 강조를 담고 있다. 야고보는 독자가 하나님의 말씀에 대한 타협 없는 순종의 태도를 가지기를 열망한다. 여기에는 자연을 가리키는 말이 최소한 30번 등장하는데[예를 들면 "바다 물결"(1:6), "파충류"(3:7), "하늘이 비를 주고"(5:18)], 이는 많은 시간을 바깥에서 보낸 사람에게 어울리는 일이다. 그는 참 믿음을 증명하는 영적 열매를 강조함으로써 이신칭의에 대한 바울의 강조를 보완해준다.

해석상의 과제

적어도 두 본문이 해석자에게 어려움을 준다. 2:14-26에서 믿음과 행위 사이의 관계가 무엇인가? 행위를 강조하는 야고보는 바울이 믿음에 초점을 맞추는 것과 상충되는가? 5:13-18에서 병 나음의 약속이 영적 영역의 일인가 아니면 신체적 영역의 일인가? 이런 어려운 과제들은 본문의 설명에서 다뤄질 것이다.

야고보서 개요

구조의 복잡성 때문에 내용의 배열을 파악하기 위해 책의 개요를 정리하는 방법이 몇 가지 있다. 그중 한 가지 방법은 한 사람의 믿음의 진정성을 평가할 수 있는 여러 시험을 중심으로 정리하는 것이다.

머리말(1:1)
I. 고난 가운데서 견디는 시험(1:2-12)
II. 유혹받을 때 비난하는 시험(1:13-18)
III. 말씀에 대한 반응의 시험(1:19-27)
IV. 치우치지 않는 사랑의 시험(2:1-13)
V. 의로운 행위의 시험(2:14-26)
VI. 혀의 시험(3:1-12)
VII. 겸손한 지혜의 시험(3:13-18)
VIII. 세상적 탐닉의 시험(4:1-12)
IX. 의지하는 것의 시험(4:13-17)
X. 꾸준한 인내의 시험(5:1-11)
XI. 진실성의 시험(5:12)
XII. 기도하는 생활의 시험(5:13-18)
XIII. 참된 믿음의 시험(5:19, 20)

머리말(1:1)

1:1 종 *로마서 1:1에 대한 설명을 보라.* **야고보** 주 예수의 아버지가 다른 형제다(서론의 저자와 저작 연대를 보라. 참고. 갈 1:19; 2:9). **열두 지파** 신약성경에서 유대인을 가리키는 통상적인 호칭이다(참고. 마 19:28; 행 26:7; 계 7:4). 솔로몬 치세 이후 나라가 분열되었을 때 열 지파는 북쪽 왕국을 이루어 이스라엘이라고 불렸다. 그리고 베냐민과 유다 지파는 남쪽 왕국을 이루어 유다라고 불렸다. 북왕국이 앗수르에게 패망하여 사로잡혀 가자(주전 722년) 북쪽 열 지파 중에 남은 사람 일부가 유다로 내려와 예루살렘에서 예배함으로(대하 29, 30, 34장), 열두 지파 전부가 유다에 존속되었다. 남왕국이 바벨론에 멸망해 포로로 잡혀가서(주전 586년) 지파의 동질성이 확실하게 확정될 수 없었지만, 선지자들은 하나님이 온 나라를 회복하시고 각 사람이 어느 지파에 속했는지를 다시 한 번 정리할 수 있는 날을 주실 것을 바라보았다(참고. 사 11:12, 13; 렘 3:18; 50:4; 겔 37장; 계 7:5-8). **흩어져 있는** 이렇게 번역된 헬라어는 디아스포라다. 이는 문자적으로 '파종을 통하여'라는 뜻으로(참고. 요 7:35), 팔레스타인 땅 밖에서 사는 유대인을 가리키는 용어가 되었다(참고. 벧전 1:1). 앗수르 사람들(왕하 17; 대상 5장)과 바벨론 사람들(왕하 24, 25; 대하 36장)한테 본국에서 추방당한 것뿐 아니라 주전 63년경 로마가 유대를 정복했을 때도 많은 유대인이 노예로 잡혀갔다. 게다가 그리스도의 탄생 이후 몇 세기 동안 수천 명의 유대인이 팔레스타인을 벗어나 지중해 전역에 정착했다(*행 2:5-11에 대한 설명을 보라*). 그러나 야고보의 일차적인 청중은 박해 때문에 흩어진 사람들이다(서론의 배경과 무대를 보라).

고난 가운데서 견디는 시험(1:2-12)

1:2 형제들 흩어진 사람들 가운데 믿는 유대인이다(참고. 벧전 1:1, 2. *행 8:1에 대한 설명을 보라*). **시험** 이 헬라어 단어는 어려운 일 또는 어떤 사람의 삶에서 평안, 편안, 기쁨, 행복의 패턴을 깨뜨리는 어떤 것을 의미한다. 이 단어의 동사형은 사람의 성격이나 어떤 물건의 성질을 알아보기 위하여 '어떤 사람이나 어떤 물건을 시험하다'라는 뜻을 가진다. 하나님은 어떤 사람의 믿음의 힘과 질을 검증하고(또한 강화시키고) 그 믿음이 참되다는 것을 입증하기 위해 그런 시험을 하신다(2-12절). 모든 고난은 믿음을 강화시키기 위한 시험이 된다. 만약 신자가 잘못된 대응을 해서 시험에서 실패한다면 그 시

험은 유혹, 즉 악으로의 유인이 된다(*13-15절에 대한 설명을 보라*). **온전히 기쁘게 여기라** 여기라고 번역된 헬라어 단어는 '간주하라' '평가하라'로 번역될 수도 있다. 고난당했을 때 사람의 자연스러운 반응은 기뻐하는 것이 아니다. 그러므로 신자는 그것을 기쁘게 직면하기 위해 의식적인 결단을 내려야 한다(*빌 3:1에 대한 설명을 보라*).

1:3 시련 이 단어는 '증거' '증명'이라는 뜻을 가진다(서론의 개요를 보라). **인내** '견디기' '견인'이 더 좋은 번역이다. 그리스도인은 시련을 통해 하나님이 정하신 때에 시련을 제거하실 때까지 시련의 압력을 견디며, 심지어 그것의 유익을 귀하게 여기는 법을 배운다. *고린도후서 12:7-10에 대한 설명을 보라.*

1:4 온전히 이 말은 죄가 없는 완전함을 가리키는 것이 아니라(참고. 3:2), 영적 성숙을 가리킨다(참고. 요일 2:14). 믿음의 시험은 신자를 그리스도와의 더 깊은 교통과 더 큰 신뢰로 몰고 간다. 이런 자질은 거꾸로 견고하고 경건하며 의로운 성품을 이룬다(*벧전 5:10에 대한 설명을 보라*. 참고. 갈 4:19). **조금도 부족함이 없게** 이 말은 직역하면 '모든 부분이 온전하게'라는 의미의 헬라어 합성어다.

1:5 지혜 야고보서의 유대인 청중은 이 말을 하나님의 영광을 위한 삶에 필요한 지식과 실천적 기능이라고 인식했다. 그것은 철학적 사변의 지혜가 아니라 하나님 말씀에 계시된 순결하고 절대적인 하나님의 뜻에 담겨 있고(참고. 3:13, 17) 삶으로 실천되는 지혜였다. 오직 그런 지혜만이 신자로 하여금 삶의 시련 속에서 기뻐하고 순종적이 되게 할 수 있다. **하나님께 구하라** 이 명령은 신자의 기도생활의 필수적인 부분이다(참고. 욥 28:12-23; 잠 3:5-7; 살전 5:17). 하나님은 시련이 신자 자신들의 연약을 깨닫게 하여 그들로 더욱 하나님을 의지하도록 만들려고 하신다. 하나님의 모든 부요와 마찬가지로(엡 1:7; 2:7; 3:8; 빌 4:19), 하나님의 넘치는 지혜(롬 11:33)는 그것을 구하는 모든 사람이 사용 가능하다. *잠언 2:1-8에 대한 설명을 보라.*

1:6 믿음으로 구하고 기도는 전능하신 하나님에 대한 확신에 찬 신뢰와 함께 드려져야 한다(*히 11:1에 대한 설명을 보라*). **조금도 의심하지 말라** 이것은 사람의 생각이 자기 안에서 나뉘는 것을 가리킨다. 이는 단지 정신적인 우유부단함 때문만이 아니라 내적인 도덕적 갈등이나 하나님에 대한 불신 때문에 생기는 것이다(*8절에 대한 설명을 보라*). **바다 물결** 이런 지혜를 공급하는 하나님의 능력이나 의도를 의심하는 사람은 끝없는 조수의 움직임처럼 출렁이고 안정감이 없으며 결코 차분하게 될 수 없다(참고. 수 24:15; 왕상 18:21; 계 3:16).

1:8 두 마음을 품어 사람의 마음, 즉 영혼이 하나님과 세상 사이에서 나뉘어 있음을 의미하는 헬라어 표현을 문자적으로 번역한 말이다(*4:4에 대한 설명을 보라*). 이 사람은 위선자로, 때로 하나님을 믿기는 하지만 시련이 닥쳤을 때 하나님을 신뢰하지 못하여 결국 아무것도 얻지 못하는 사람이다. 4:8에 이 표현이 사용된 것에서 나타나듯이 이것은 불신자를 가리키는 것이 분명하다. **정함이 없는 자로다** *6절에 대한 설명을 보라.*

1:9, 10 낮은 형제…부한 자 시련은 모든 신자로 세상적인 일에 사로잡혀 있지 않도록 하여 똑같이 하나님을 의지하게 하며 그들 모두를 같은 수준으로 끌어올린다. 가난한 그리스도인과 부유한 그리스도인 모두 하나님은 용모로 판단하는 분이 아니라는 사실, 그들 모두가 그리스도와 하나가 되는 특권을 가졌다는 사실로 즐거워할 수 있다.

1:9 높음 이 단어는 특권이나 소유를 자랑하는 것을 가리킨다. 그것은 합법적인 자부심으로 인한 기쁨이다. 비록 이 세상에서는 아무것도 가지고 있지 못하지만, 가난한 신자는 은혜로 하나님 앞에서 가지게 된 높은 영적 위치와 그 위치가 가져다줄 소망으로 말미암아 즐거워할 수 있다(참고. 롬 8:17, 18; 벧전 1:4).

1:10 자기의 낮아짐 이 말은 부유한 신자가 시련에 의해서 낮아지는 것을 가리킨다. 그런 경험은 부유한 신자한테 참된 행복과 만족은 세상적 부에 따른 것이 아니라 하나님의 은혜의 참된 부요에 따른다는 것을 기뻐하고 또 인식하게 한다.

1:11 풀…꽃 이것은 팔레스타인의 꽃들과 꽃이 피는 풀들의 모습으로, 그것들은 2월에 다채롭게 피었다가 5월에는 마른다. 이것은 이사야 40:6-8을 암시하는 것이 분명하다. 그 구절은 모든 것을 말리는 열풍이 지나가면서 모든 식물을 태우고 죽이는 것을 말한다. 자연에서 가지고 온 이 그림은 하나님이 일으키시는 죽음과 심판이 부유한 사람의 물질에 대한 의존을 얼마나 신속하게 끝내버리는지를 예증한다(*10절에 대한 설명을 보라*. 참고. 잠 27:24).

1:12 시험 이것은 '시련'으로 번역하는 것이 더 낫다(*2절에 대한 설명을 보라*). **참는** 문자적으로 '시험을 통과하다'라는 뜻이다(*2절에 대한 설명을 보라*. "시험"). 신자는 고난을 성공적으로 통과하여 승리함으로, 그의 믿음이 욥의 믿음과 같다는 것을 증명하게 된다. **복이 있나니** *마태복음 5:4, 10에 대한 설명을 보라.* 성공적으로 시련을 견딘 신자들은 진정으로 행복하다(참고. 5:11). **견디어 낸** *3절에 대한 설명을 보라.* 또한 이 문맥에서 이

것은 시련을 수동적으로 고통스럽게 견뎌낸 것을 묘사하며, 승리의 결말에 초점을 맞춘다. 그런 사람은 하나님에 대한 구원의 믿음을 결코 철회하지 않는다. 그래서 이 개념은 영원한 안전과 신자의 견인 교리와 밀접하게 연결된다(*마 24:13에 대한 설명을 보라*. 참고. 요 14:15, 23; 요일 2:5, 6, 15, 19; 4:19; 벧전 1:6-8). **생명의 면류관** 이 말의 최선의 번역은 '생명인 면류관'이다. 면류관은 고대 그리스의 운동경기에서 승리자의 머리에 씌워준 월계관이었다. 여기서 이 말은 신자의 궁극적 보상인 영생이다. 이것은 하나님이 그에게 약속하신 것이며, 죽음 또는 그리스도가 오실 때 충만하게 주어질 것이다(*딤후 4:8; 계 2:10에 대한 설명을 보라*. 참고. 벧전 5:4).

유혹받을 때 비난하는 시험 (1:13-18)

1:13 "시련"(2-12절)으로 번역된 것과 동일한 헬라어 단어가 여기서는 "시험"으로 번역된다. 야고보가 말하려는 핵심은 이것이다. 신자의 삶에서 발생하는 모든 어려운 상황은 그가 하나님께 계속 순종하면서 그분의 돌보심을 확신한다면 그를 강하게 하지만, 신자가 하나님을 의심하고 그분의 말씀을 순종하지 않는 쪽으로 선택하면 그를 악으로 유혹하는 것이 될 수도 있다. **하나님은…시험을 받지도 아니하시고** 하나님은 그 성품이 거룩하시므로 시험하실 가능성이 없고 또 시험을 당하시지도 않는다(합 1:13; 참고. 레 19:2; 사 6:3; 벧전 1:16). **친히 아무도 시험하지 아니하시느니라** 하나님은 시련이 일어나도록 뜻을 가지시며, 그로 말미암아 유혹이 일어나는 것을 허용하시지만, 신자가 견딜 수 있는 것 이상을 허용하지 않으실 것과 피할 곳이 없게 하지 않으실 것을 약속하셨다(고전 10:13). 하나님이 제공하시는 피할 곳을 취할 것인가, 아니면 거기에 굴복할 것인가는 사람이 선택한다(*14절에 대한 설명을 보라*. 참고. 삼하 24:1; 대상 21:1).

1:14 자기 욕심 이 말은 갈망, 곧 육신을 충족시킬 어떤 것을 즐기거나 얻으려는 인간 영혼의 강한 욕망을 가리킨다. 사람의 타락한 성품은 죄가 그 본성을 만족시키는 것이면 무엇이든 강하게 원하는 속성을 가지고 있다(*롬 7:8-25에 대한 설명을 보라*). "자기"라는 말은 그 갈망이 개인의 것임을 표시한다. 그것은 유전된 성향과 환경, 성장, 개인의 취향에 따라 각 사람마다 다르다. 헬라어 문법은 이 "욕심"이 사람의 범죄의 직접적인 동인 또는 원인임을 표시한다. 참고. 마태복음 15:18-20. **끌려** 이 헬라어 단어는 함정에 빠지게 하는 거친 시험을 가리키는 말로 사용되었다. 동물들이 매력적인 미끼에 끌려 죽음에 이르는 것과 똑같이 유혹은 사람에게 좋은 어떤 것을 약속하지만 실제로는 해로운 것이다. **미혹됨이니** '잡다' '미끼로 잡다'라는 뜻의 낚시 용어다(참고. 벧후 2:14, 18). 이것은 "끌려"와 유사한 표현이다.

1:15 죄는 단순히 무의식적인 행동이 아니라 한 과정의 결말이다. "잉태한즉"과 "낳느니라"는 말로 번역된 헬라어 단어들은 신체적 임신과 출산에 비유하는 말이다. 이와 같이 야고보는 유혹을 의인화하여 유혹이 비슷한 순서에 따라 그 모든 치명적 결과와 함께 죄를 생산함을 보여준다. 비록 죄가 신자로 하여금 영적인 죽음으로 귀결되게 하지는 않을지라도 그것이 신체적 죽음을 가져다줄 수는 있다(고전 11:30; 요일 5:16).

1:16 속지 말라 이 헬라어 표현은 오류를 범하는 것, 잘못된 길로 나가는 것, 방황하는 것을 가리킨다. 그리스도인은 자기들의 죄에 대해 하나님을 탓하지 말고 자신을 탓해야 한다.

1:17 좋은 은사와 온전한 선물이 다 위로부터…내려오나니 *은사*로 번역되는 다른 두 헬라어 단어는 하나님의 은혜로우심의 완전성과 포괄성을 강조한다. 완전성은 주는 행위를 가리키고, 포괄성은 그것을 받는 대상을 가리킨다. 하나님의 선물과 관련된 모든 것은 적절하고 완전하며 유익하다. **빛들의 아버지** 창조주 하나님을 표시하는 고대 유대교의 표현으로 "빛들"은 태양, 달, 별을 가리킨다(참고. 창 1:14-19). **변함도 없으시고 회전하는 그림자도 없으시니라** 사람의 관점에서 보았을 때 천체의 움직임과 회전에는 서로 다른 국면이 있으며 낮과 밤의 변화, 다양한 밝기와 그림자가 있다. 하지만 하나님은 그런 패턴을 따르시지 않는다. 하나님은 불변하시다(참고. 말 3:6; 요일 1:5).

1:18 첫 열매 이것은 원래 처음 추수한 가장 좋은 곡식을 가리키는 구약의 표현으로, 하나님은 그것을 예물로 기대하신다(참고. 출 23:19; 레 23:9-14; 신 26:1-19). 그 처음 익은 곡식을 하나님께 드리는 것은 하나님이 장차 완전한 추수에 대한 약속을 이루실 것임을 믿는 믿음의

야고보의 어휘

야고보서		사도행전 15장
1:1	"문안하노라"	15:23
1:16, 19; 2:5	"사랑하는"	15:25
1:21; 5:20	"너희 영혼"	15:24, 26
1:27	"돌보고"	15:14
2:10	"지키다가"	15:24
5:19, 20	"돌아서게"	15:19

행동이다(잠 3:9, 10). 이와 동일한 방식으로 그리스도인은 앞으로 임할 하나님의 새 창조의 첫 번째 증거이며(참고. 벧후 3:10-13) 그들은 현재 새 생명 안에서 미래의 영광을 미리 맛본다(*롬 8:19-23에 대한 설명을 보라*). **자기의 뜻을 따라** 이 말로 번역된 헬라어가 말하고자 하는 요점은 중생은 단순한 희망사항이 아니라 하나님의 뜻의 능동적인 표현이며, 하나님은 언제나 자신의 뜻을 이룰 능력을 가지고 있다는 것이다. 헬라어 문장에서는 이 구절이 가장 앞에 나온다. 이는 야고보가 하나님의 주권적인 뜻이 새 생명의 원천임을 강조하려 했다는 것이다. **진리의 말씀** 참고. 요한복음 17:17. 성경 즉 하나님의 말씀이다. 하나님이 말씀의 능력을 통하여 죄인을 거듭나게 하신다(참고. 고후 6:7; 골 1:5; 살전 2:13; 딛 3:5; 벧전 1:23-25). **우리를 낳으셨느니라** 하나님의 손길로 이루어진 거듭남 또는 신생이다(*요 3:3-8; 벧전 1:23에 대한 설명을 보라*. 참고. 겔 36:25-27; 요 1:12, 13; 엡 2:5, 6; 5:26).

말씀에 대한 반응의 시험 (1:19-27)

1:19 듣기는 속히 하고 말하기는 더디 하며 신자는 성경에 적극적으로 응답해야 하며, 하나님의 말씀과 뜻을 더 알 수 있는 모든 기회를 열렬하게 추구해야 한다(참고. 시 119:11; 딤후 2:15). 그러나 동시에 그들은 너무 빨리 설교자나 교사가 되지 않도록 조심해야 한다(*3:1, 2에 대한 설명을 보라*. 참고. 겔 3:17; 33:6, 7; 딤전 3:6; 5:22).

1:20 성내는 것 이 말로 번역된 헬라어 단어는 깊은 내적인 분노와 거부를 가리키며, 이 문맥에서는 하나님의 말씀에 대한 것이다(*4:1-3에 대한 설명을 보라*. 참고. 갈 4:16).

1:21 더러운 것…악 앞의 용어는 더러운 옷뿐 아니라 도덕적인 악을 가리키는 말로도 사용되었다. 어느 때는 귀지를 가리키는 말로 사용되기도 했다. 곧 신자의 신령한 청력을 막는 죄를 가리킨다. 악은 악한 욕망 또는 의도를 가리킨다. **내버리고** 문자적으로 한 사람이 더러운 옷을 벗듯이 '벗어버리다'라는 뜻이다(*롬 13:12-14; 엡 4:22; 골 3:8; 히 12:1; 벧전 2:1, 2에 대한 설명을 보라*). 이 헬라어 동사의 시제는 하나님의 말씀을 받기 전에 죄를 벗어버리는 것의 중요성을 강조한다. **심어진 말씀** *18절에 대한 설명을 보라*.

1:22 행하는 자 야고보가 신자들을 단순히 *행하려 하는 자*라고 부르지 않고 "행하는 자"라고 부른 사실은 그들의 전 인격이 그런 특징을 지녀야 함을 강조한다. *마태복음 7:21-28에 대한 설명을 보라*. **속이는** 문자적으로 '곁에서 또는 나란히 추론하는'이라는 뜻이다("정신이 나갔다"는 말처럼). 이 단어는 수학에서 잘못된 계산을 가리키는 말로 사용되었다. 오직 말씀을 듣는 것으로만 만족하는 자칭 그리스도인은 영적으로 심각하게 잘못된 계산을 하고 있는 것이다.

1:23 보는 슬쩍 보는 것이 아니라 조심스럽고 세심하게 주목한다는 뜻의 헬라어 단어다. **거울** 1세기의 거울은 유리가 아니라 동이나 은 같은 금속으로 만들었으며 부자는 금으로 만들었다. 금속을 납작하게 쳐서 빛을 잘 반사하도록 광을 냈으며, 거기에 반사되는 상이 쓸 만은 했지만 완전하지는 않았다(참고. 고전 13:12).

1:24 그 모습이 어떠했는지를 곧 잊어버리거니와 자칭 그리스도인이 말씀을 들은 뒤 즉각적으로 행동하지 않으면 거울이 그들에게 보여준 필요한 변화와 개선을 망각할 것이다.

1:25 자유롭게 하는 죄로부터의 참된 해방이다. 성령께서 성경의 원리를 신자의 마음에 적용하심에 따라 신자들은 죄의 속박에서 해방되고 하나님께 순종할 수 있게 된다(요 8:34-36). **온전한 율법** 구약성경과 신약성경에서, 하나님이 계시하신 무오하고 충족하며 포괄적인 말씀은 "율법"으로 불린다(참고. 시 19:7). 하나님의 은혜가 있다는 사실이 신자가 순종해야 하는 도덕법과 규칙이 없다는 의미는 아니다. 신자는 성령의 힘을 얻어서 그것들을 지킬 수 있다(*롬 8:4에 대한 설명을 보라*).

1:26 경건하다 이 말은 종교 의식상의 공적인 예배를 가리킨다(참고. 행 26:5). 야고보는 내적인 경건을 가리키는 말이 아닌 이 용어를 선택해 진정성이 따르지 않는 외적인 장식, 예식, 습관처럼 된 일, 외형을 강조한다. **혀를 재갈 물리지** *재갈 물리다*는 말은 '통제하다'는 뜻이며, 다른 번역에 있는 것처럼 '고삐를 바짝 죄다'라는 뜻이다. 마음의 순결은 잘 절제된 적절한 말을 통해 드러난다(*마 12:36에 대한 설명을 보라*).

1:27 정결하고 더러움이 없는 경건 야고보는 가장 순결한 종류의 신앙을 정의하기 위해 뜻이 비슷한 형용사 두 가지를 선택한다. 이 믿음은 남을 불쌍히 여기는 사랑에 의해 측정된다(참고. 요 13:35). **고아와 과부** 부모가 없거나 남편이 없는 사람들은 교회 안에서도 특별히 빈곤한 사람이었다(*딤전 5:3에 대한 설명을 보라*. 참고. 출 22:22; 신 14:28, 29; 시 68:5; 렘 7:6, 7; 22:16; 행 6:1-6). 그들은 대개 어떤 방법으로도 되갚을 수 없으므로 그들을 돌보는 것이 참되고 희생적이며 기독교적인 사랑을 분명하게 입증한다. **세속** 악한 세상의 체제다(*4:4; 요일 2:15에 대한 설명을 보라*).

치우치지 않는 사랑의 시험 (2:1-13)

2:1 영광의 주 그리스도는 하나님의 영광을 드러내는 분이다(참고. 요 1:14; 고후 4:4-6; 히 1:1-3). 육신을 입으셨을 때 그리스도는 오직 공평무사함만 보이셨다(참고. 마 22:16). 예를 들어 그분의 족보에 포함된 보통 사람들(*마 1:1-16에 대한 설명을 보라*), 비천한 고을인 나사렛을 택하여 30년을 지내심, 갈릴리와 사마리아에서(이 두 고을은 이스라엘 지도자들에게 멸시받는 지역이었음) 기꺼이 사역하심을 보라. **믿음** 이 말은 믿는 행동을 가리키는 것이 아니라 기독교 신앙 전체를 가리키며(참고. 유 3), 그 중심은 예수 그리스도다. **차별하여** 원래 이 단어는 어떤 사람의 낯을 세워주거나 어떤 사람을 끌어올리는 것을 가리켰다. 하지만 나중에는 어떤 사람을 외모, 종족, 부, 지위, 사회적 신분 등 순전히 피상적이고 외적인 근거만을 가지고 높이는 것을 가리키게 되었다(레 19:15; 욥 34:19. 참고. 신 10:17; 15:7-10; 대하 19:7; 잠 24:23; 28:21; 마 22:8-10; 행 10:34, 35; 롬 2:11; 엡 6:9; 골 3:25; 4:1; 벧전 1:17).

2:2 회당 문자적으로 '함께 모임' '집회'라는 뜻이다. 야고보가 교회 역사의 초기(서론의 저자와 저작 연대를 보라) 유대인 신자에게(1:1) 편지를 썼기 때문에 그는 회당이라는 일반적인 단어와 *교회*(5:14)를 가리키는 통상적인 헬라어 단어 두 가지 모두를 사용해 한 시대가 다른 시대로 넘어가는 이 시기에 교회라는 집단의 모임을 묘사했다. **금 가락지** 유대인은 일반적으로 가락지를 끼었지만(참고. 눅 15:22), 금 가락지를 끼는 일은 거의 없었다. 그러나 고대 세계에서는 자기를 과시하려고 모든 손가락에 가락지를 끼었고, 가운뎃손가락에 낀 가락지는 자기의 경제적 상태를 과시하는 것이었다는 기록이 있다(어떤 고대 자료에 따르면 심지어 반지를 대여해주는 사업도 있었음). **아름다운 옷** 이 단어는 밝고 빛나는 옷을 가리키며, 헤롯의 군사들이 예수께 입히고 모욕한 우아한 옷을 가리킬 때(눅 23:11), 천사의 옷을 가리킬 때(행 10:30) 사용되었다. 또한 이 단어는 밝고 화려한 색깔이나 찬란하고 빛나며 번쩍이는 장식을 가리킬 수도 있다. 야고보는 이 불신자가 현란한 옷을 입은 것을 정죄하는 것이 아니라 교회가 그에게 아부하는 태도를 보인 것을 비판한다. **가난한 사람** 초대 교회에 부유한 사람도 있었지만(마 27:57-60; 요 19:38, 39; 행 4:36, 37; 8:27; 10:1, 2; 16:14; 17:4; 딤전 6:17-19), 대부분의 사람은 평범하고 가난했다(참고. 5절; 행 2:45; 4:35-37; 6:1-6; 고전 1:26; 고후 8:2, 14). 성경 전체에서 가난한 사람은 하나님의 특별한 관심 대상이다(1:27; 레 25:25, 35-37, 39; 시 41:1; 68:10; 72:4, 12; 113:7; 잠 17:5; 21:13; 28:27; 29:7; 31:9, 20; 사 3:14, 15; 10:1, 2; 25:4; 갈 2:10).

2:3 좋은 자리에 앉으소서 더 편안하고 존귀한 자리다. 1세기의 회당과 회합 장소에는 때로 외벽 둘레에 장의자가 놓이고, 앞에 두 개의 장의자가 놓였다. 대부분의 회중은 바닥에 다리를 꼬고 앉거나 섰다. 좋은 의자의 숫자는 제한되었다. 바리새인이 항상 원한 의자가 그것이었다(막 12:38, 39).

2:4 서로 차별하며 *1절에 대한 설명을 보라*. 여기서 말하는 죄의 본질적 성격은 부유한 사람의 사치스러운 옷과 가락지, 그에게 주어진 좋은 의자가 아니었다. **악한 생각으로 판단하는** '악한 의도로 판단하다'가 더 나은 번역이다. 야고보는 자신의 독자가 부유하고 유력한 사람은 대접하면서 가난하고 평범한 사람은 막는 악한 세상의 방식으로 행동할까 두려웠다.

2:5 하나님이…택하사…하지 아니하셨느냐 *로마서 8:29에 대한 설명을 보라*. 참고. 고린도전서 1:26-29. **나라** *마태복음 3:2에 대한 설명을 보라*. 여기서 야고보는 나라라는 말로 그리스도가 다스리시는 구원의 영역이라는 현재적 의미뿐 아니라 미래의 천년왕국과 영원한 영광까지 포함해 말하고 있다.

2:6 억압하며 문자적으로 '압제하다'라는 뜻이다. **법정으로 끌고 가지** 민사 법정을 가리키는 말이다.

2:7 그 아름다운 이름을 비방하지 이것은 종교 법정을 가리킬 것이다. 그리스도에 대적하는 부유한 유대인이 가난한 그리스도인에게 행패를 부렸다. 참고. 요한복음 16:2-4.

2:8 네 이웃 사랑하기를 네 몸과 같이 하라 이 최고의 법은(레 19:18에서 인용한 것임) 하나님을 사랑하라는 명령(신 6:4, 5)과 결합하여 모든 율법과 선지자의 요약이 된다(마 22:36-40; 롬 13:8-10). 야고보는 사람이 품은 자신에 대한 일종의 감정적 애정을 옹호하고 있는 것이 아니다. 자기애는 분명 죄다(딤후 3:2). 도리어 이 명령은 이웃의 신체적 건강과 영적 안녕을 위해 필요를 공급해주려는 노력(이 모든 것은 그 사람의 능력이 미치는 범위 내에서, 눅 10:30-37)이 사람이 자기 자신에 대해 자연스럽게 가지는 관심의 정도와 같아야 한다는 것이다(참고. 빌 2:3, 4). **최고의 법** '이 법이 최고다' 또는 '구속력이 있다'라는 뜻이다.

2:9 만일 '왜냐하면'이 더 나은 번역이다. 이 조건문의 헬라어 구문은 이런 관행이 실제로 야고보의 독자 사이에서 발생하고 있었음을 보여준다. **사람을 차별하여 대하면** *1절에 대한 설명을 보라*. 이 헬라어 동사의 형태는 그들의 행위가 때때로 발생하는 실수가 아니라 지속

약

적인 관행이었음을 보여준다. **율법이 너희를…정죄하리라** 특별히 신명기 1:17과 16:19의 명령에 말미암은 것이다. **범법자** 이 말은 하나님의 법을 범한 사람을 가리킨다. 사람을 차별하는 사람은 하나님의 법을 어긴 사람이 된다.

2:10 온 율법을 지키다가 그 하나를 *갈라디아서 3:10-13에 대한 설명을 보라.* 하나님의 율법은 서로 관련이 없는 일련의 명령이 아니라 하나님과 이웃에 대한 완전한 사랑을 요구하는 근본적인 통일체다(마 22:36-40). 비록 모든 죄가 입히는 상처와 심각성이 다 동일하지는 않지만, 모든 죄는 이 통일체를 부수고 사람을 범죄자로 만든다. 이는 마치 망치로 창문의 어느 한 곳만을 쳐도 창문 전체를 부수고 파괴하는 것과 유사하다. **모두 범한 자가 되나니** 각각의 명령을 전부 범했다는 의미가 아니라 통일체로서의 율법을 어겼다는 의미에서 그렇다는 것이다. 하나의 범죄라도 율법의 가장 근본적인 명령(하나님을 완전히 사랑하고 이웃을 자기 몸처럼 사랑하라는 것임)을 지킬 수 없게 만든다.

2:11 출애굽기 20:13, 14과 신명기 5:17, 18을 인용한 것이다.

최고의 법이란 무엇인가(2:8)

'왕의 법'(영어 성경 NKJV에서는 이런 표현을 사용했음 – 옮긴이)이라는 어구는 "최고의 법"이라고 번역하는 것이 더 낫다. '이 법이 최고다' 또는 '구속력이 있다'는 뜻이다. 야고보는 예수가 최고의 법 전체라고 가르치신 것의 후반부를 인용한다. "이웃을 네 몸과 같이 사랑하라"는 말은 야고보가 레위기 19:18과 마가복음 12:31로부터 인용한 말씀으로, 하나님을 사랑하라는 명령(신 6:4-5)과 결합하여 모든 율법과 선지자를 요약한다(마 22:36-40; 롬 13:8-10).

야고보는 이미 대강령의 전반부를 넌지시 인용했다(2:5). 여기서는 이 단락의 주제, 곧 인간 사이의 관계에 초점을 맞춘다. 야고보는 사람이 품은 자신에 대한 일종의 감정적 애정을 옹호하고 있는 것이 아니다. 자기애는 분명 죄다(딤후 3:2). 도리어 이 명령은 이웃의 신체적 건강과 영적 안녕을 위해 필요를 공급해주려는 노력이 사람이 자기 자신에 대해 자연스럽게 가지는 관심의 정도와 같아야 한다는 것이다(빌 2:3-4). 동시에 우리는 그렇게 행하라는 최고의 법 아래 있음을 절대로 잊지 말아야 한다.

2:12 자유의 율법 *1:25에 대한 설명을 보라.* **심판 받을** 참고. 로마서 2:6-16.

2:13 긍휼한 사람에게 아무런 긍휼이나 동정을 느끼지 못하는 사람은 그 사람 자신이 하나님의 큰 자비에 응답한 적이 없음을 입증하는 것이며, 이런 구속받지 못한 사람은 영원한 지옥 속에서 엄격하고 감해지지 않는 형벌을 받을 것이다(참고. 마 5:7). **긍휼은 심판을 이기고** 자비를 특징으로 하는 삶을 사는 사람은 심판의 날을 위한 준비가 되어 있으며, 엄격한 공의가 그에게 제기한 모든 고발을 피할 것이다. 다른 사람에게 자비를 행함으로써 그는 하나님의 자비를 입었다는 참된 증거를 보이기 때문이다.

의로운 행위의 시험 (2:14-26)

2:14-26 야고보는 독자가 자기의 믿음이 산 믿음인지 죽은 믿음인지 평가해볼 수 있는 일련의 시험을 계속해 나간다(서론의 배경과 무대를 보라). 이 단락은 모종의 시험을 마무리하는 종합적인 하나의 시험을 제공한다. 행위의 시험, 곧 하나님의 말씀에 대한 순종과 거룩한 성품을 드러내는 의로운 행위의 시험이다(참고. 1:22-25). 야고보의 요점은 사람이 행위에 의해 구원받는다는 것이 아니라(그는 이미 구원이 하나님의 은혜로운 선물임을 강하고 분명하게 천명했음, 1:17, 18. 참고. 엡 2:8, 9), 겉으로 보기에는 믿음이 있지만 죽어 있어 구원하지 못하는 믿음이 있다는 것이다(14, 17, 20, 24, 26절. 참고. 마 3:7, 8; 5:16; 7:21; 13:18-23; 요 8:30, 31; 15:6). 당시 유대인 신자들은(참고. 1:1) 유대교의 행위에 의한 의를 버리기는 했지만, 의로운 행위와 하나님의 뜻에 대한 순종이 구원을 이루지 못하므로 그것들이 아무 필요가 없다는 그릇된 관념을 품고 있었을 수 있다. 만일 그렇다면 그들은 믿음을 그리스도에 대한 사실을 머리로만 인정하는 것으로 축소시켰던 것이다.

2:14 만일 사람이…하고 이 중요한 어구가 전체 단락을 어떻게 해석할지를 결정한다. 야고보는 이 사람이 실제로 믿음을 가지고 있다고 말하는 것이 아니라 그가 믿음이 있다고 주장한다고 말한다. **믿음** 이것은 복음 진리를 받아들이는 다양한 수준을 광범위하게 말하는 것으로 이해하는 것이 최선이다. **행함** 이 말은 하나님의 계시된 말씀에 부합하는 모든 의로운 행위를 가리키지만, 이 문맥에서는 특별히 긍휼의 행위를 가리킨다(15절). **없으면** 여기서도 이 동사의 형태는 자기에게 믿음이 있다고 습관적으로 주장하지만, 항상 외적인 증거가 결여된 사람을 가리킨다. **그 믿음이 능히 자기**

를 구원하겠느냐 '그런 종류의 믿음이 구원하겠는가'가 더 나은 번역이다. 야고보는 믿음의 중요성을 반박하는 것이 아니다. 그가 반대하는 것은 능동적인 순종에 대한 결단 없이 머리로만 믿어 구원에 이를 수 있다는 생각이다(참고. 마 7:16-18). 이 질문의 문법 형태는 부정적 답을 요구한다. *로마서 2:6-10에 대한 설명을 보라.*

2:15, 16 야고보는 행함이 없는 믿음을 긍휼의 행동이 없는 긍휼의 말에 비교함으로써 자신의 요점을 설명한다(참고. 마 25:31-46).

2:17 믿음은 그 자체가 죽은 것이라 행동이 없이 불쌍히 여긴다는 말만을 하는 것이 거짓에 불과하듯 행위가 없는 믿음은 공허한 고백이지 구원에 이르는 참된 믿음이 아니다.

2:18 어떤 사람 해석자들은 첫째 "어떤 사람"이 야고보가 자신을 가리키는 겸손한 말인지 또는 야고보가 자신의 가르침에 반대하는 논적을 향해 하는 말인지에 대해 의견을 달리한다. 둘째, 뒤따르는 단락이 어느 만큼 야고보 자신에게 반대하는 논적들에게 적용되어야 하는지에 대해 의견을 달리한다. 이 문제와 무관하게 야고보의 주안점은 동일하다. 참된 믿음의 유일하게 가능한 증거는 행위다(참고. 벧후 1:3-11).

2:19 네가 하나님은 한 분이신 줄을 믿느냐 야고보서의 유대인 독자가 가장 잘 알고 있는 인용문이다. 구약성경의 가장 기초적인 가르침인 *쉐마*(Shema, 신 6:4, 5)다. **귀신들도 믿고** 심지어 타락한 천사들도 하나님이 한 분이신 것을 인정하고 그 사실로 인해 두려움을 느낀다. 귀신들은 그 교리에 있어 본질적으로 정통이다(참고. 마 8:29, 30; 막 5:7; 눅 4:41; 행 19:15). 그러나 정통적인 교리 그 자체는 구원에 이르는 믿음의 증거가 아니다. 그들은 하나님, 그리스도, 성령에 대한 진리를 알았지만 그 진리와 성삼위 하나님을 싫어한다.

2:20 허탄한 문자적으로 '공허한' '흠이 있는'이라는 뜻이다. 대적자가 주장하는 신념은 거짓이요 그의 믿음은 가짜다. **행함이 없는 믿음이 헛것인 줄** 문자적으로 '행함이 없는 그 믿음'이라는 뜻이다. 야고보는 구원의 두 가지 방법(믿음 대 행위)을 대비시키고 있는 것이 아니다. 그는 두 종류의 믿음을 대비시키고 있다. 구원하는 산 믿음과 구원하지 못하는 죽은 믿음이다(참고. 요일 3:7-10).

2:21-26 야고보는 산 믿음의 세 가지 예화를 인용한다. 바로 아브라함(21-24절), 라합(25절), 인간의 몸과 영혼(26절)이다.

2:21 행함으로 의롭다 하심을 받은 것 이 말은 아브라함이 하나님 앞에서 오직 은혜로 믿음을 통해 의롭다 하심을 받았다는 바울의 분명한 가르침(롬 3:20; 4:1-25; 갈 3:6, 11)과 충돌하지 않는다. 아브라함이 자신의 선행 때문에 하나님 앞에서 의롭게 된 것이라고 야고보가 말할 수 없는 몇 가지 이유가 있다. 첫째, 야고보는 이미 구원이 은혜의 선물임을 강조했다(1:17, 18). 둘째, 이 논쟁적인 단락의 중간에(23절) 야고보는 창세기 15:6을 인용했는데, 이 구절은 하나님이 오직 아브라함의 믿음만을 근거로 해서 그를 의롭다고 인정했음을 강력하게 선언한다(*롬 1:17; 3:24; 4:1-25에 대한 설명을 보라*). 셋째, 아브라함을 의롭게 한 행위로 야고보가 거론한 행위는 이삭을 바친 것이었는데(창 22:9, 12), 이것은 아브라함이 믿음을 발휘하여 하나님 앞에 의롭다고 선언된 다음 여러 해가 지난 후의 사건이다(창 12:1-7; 15:6). 그렇다면 아브라함이 이삭을 바친 행위는 그의 믿음이 참되다는 것과 그가 정말로 하나님 앞에서 의롭다는 인정을 받은 사실을 입증할 뿐이다. 여기서 야고보는 어떤 사람이 자기에게 믿음이 있다고 말할 때 그것이 다른 사람 앞에서 인정받는 것이 중요하다고 강조하고 있는 것이다. 야고보의 가르침은 바울의 글을 완벽하게 보완해준다. 구원은 오직 믿음에 의해서만 결정되며(엡 2:8, 9) 하나님의 뜻에 대한 신실한 순종에 의해서만 입증된다(엡 2:10).

2:22 온전하게 되었느니라 이 말은 어떤 것을 *끝까지* 가지고 가는 것 또는 완성시키는 것을 가리킨다. 과실수가 열매를 맺을 때까지는 그 목적에 도달하지 못한 것처럼 믿음은 의로운 생활로 입증될 때까지는 목표에 도달한 것이 아니다.

2:23 성경에 이른 바 창세기 15:6을 인용한 것이다. *로마서 4:1-5에 대한 설명을 보라.* **하나님의 벗** 아브라함은 그의 순종 때문에 역대하 20:7과 이사야 41:8에서 이렇게 불렸다(요 15:14, 15).

2:24 행함으로 의롭다 하심을 받고 믿음으로만은 아니니라 *21절에 대한 설명을 보라.*

2:25 기생 라합 구약성경은 그녀의 믿음의 내용을 기록하며, 이것이 그녀를 하나님 앞에서 의롭게 만든 근거였다(*수 2:11에 대한 설명을 보라*). 개인적인 큰 위험을 감수하고 하나님의 메신저들을 보호했을 때 그녀는 구원받을 신앙이 있음을 입증했다(수 2:4, 15; 6:17. 참고. 히 11:31). 하지만 야고보는 그녀의 직업이나 그녀의 거짓말을 칭찬하려는 의도는 없었다. **행함으로 의롭다 하심을 받은 것** *21절에 대한 설명을 보라.*

혀의 시험 (3:1-12)

3:1-12 이 단락에서 야고보는 유대교에서 흔히 사용하는 문학적 기법인 특정한 몸의 한 부분을 비난하는 방식을 사용하고 있다(참고. 롬 3:15; 벧후 2:14). 그는 혀를 의인화하여 인간의 타락과 비참한 상태의 대표자로 삼았다. 이런 방식으로 야고보는 입이 사람의 죄성과 악한 마음 상태가 집약된 곳이자 생생한 표시라는 성경적 진리를 반영했다(참고. 사 6:5; 마 15:11, 16-19; 막 7:20-23; 롬 3:13, 14).

3:1 선생 이 단어는 공적인 교육과 설교의 기능을 담당하는 사람을 가리킨다. (참고. 눅 4:16-27; 요 3:10; 행 13:14, 15; 고전 12:28; 엡 4:11). **더 큰 심판** "심판"으로 번역된 이 단어는 신약성경에서 대개 부정적인 판결을 표시하는데, 여기서는 미래의 심판을 가리킨다. 첫째, 재림 때 있을 믿지 않는 거짓 교사들에 대한 심판이다(유 14, 15절). 둘째, 그리스도 앞에서 보상받을 신자를 위한 심판이다(고전 4:3-5). 이 말은 참된 교사들을 낙심시키려는 것이 아니라 교사가 되려는 사람들이 그 역할을 심각하게 생각해야 한다는 것이다(참고. 겔 3:17, 18; 33:7-9; 행 20:26, 27; 히 13:17).

3:2 성경에는 혀가 일으킬 수 있는 온갖 악이 소개되어 있다(참고. 시 5:9; 34:13; 39:1; 52:4; 잠 6:17; 17:20; 26:28; 28:23; 사 59:3; 롬 3:13). 혀는 악하고 잘못되고 부적절한 것을 말할 수 있는 엄청난 힘을 가지고 있다. 인간의 말은 인간의 타락성을 생생하게 드러낸다(*1-12절에 대한 설명을 보라*). **실수** 이 말은 하나님의 사람에게 죄를 범하는 것을 가리킨다. 헬라어 동사의 형태는 모든 사람이 계속해서 올바른 것을 행하지 못한다는 점을 강조한다. **온전한 사람** *온전한*은 참된 완전성을 가리킬 수도 있다. 이 경우 야고보는 어떤 사람이 자기의 혀를 완벽하게 제어할 수 있다면 그는 완전한 사람일 것이라고 말하는 셈이 된다. 그러나 자기의 혀로 범죄하는 잘못을 면제받은 사람은 당연히 없다. 도리어 *완전한*이라는 말은 영적으로 성숙하여 자기의 혀를 제어할 능력이 있는 사람을 가리킨다고 봐야 한다.

3:3-5 야고보는 혀가 작긴 하지만 어떻게 온 몸을 제어하고 삶의 모든 것에 영향을 끼치는지를 보여주는 몇 가지 비유를 든다.

3:6 혀는 곧 불이요 혀의 악한 말은 불처럼 급격하게 파멸을 확산시킬 수 있으며, 거기에 동반되는 연기처럼 주변으로 퍼져 모든 것을 망칠 수 있다. **더럽히고** 이 말은 '오염시키다' '전염시키다'라는 뜻이다(참고. 막 7:20; 유 23절). **삶의 수레바퀴** 더 나은 번역은 '삶의 순환'이다. 이 말은 혀의 악이 그 개인을 넘어 그 영향력 아래 있는 모든 것에 영향력을 행사할 수 있음을 부각시킨다. **지옥** *마태복음 25:46에 대한 설명을 보라*. 헬라어 *게헨나*(*gebenna*, 또는 힌놈의 골짜기)를 번역한 말이다. 그리스도 시대에 예루살렘 남서쪽 벽을 따라 있던 이 골짜기는 도시의 쓰레기를 버리는 곳으로 항상 불이 타고 있는 곳으로 알려졌다. 예수는 그 지역을 형벌과 고통의 영원한 장소의 상징으로 사용하셨다(참고.

야고보서에 나오는 자연

1:6	"바람에 밀려 요동하는"
1:6	"바다 물결"
1:10	"풀의 꽃"
1:11	"해…뜨거운 바람"
1:11	"꽃이 떨어져"
1:17	"빛들의 아버지께로부터"
1:17	"회전하는 그림자"
1:18	"첫 열매"
3:3	"말들의 입에 재갈"
3:4	"광풍에 밀려가는 것들"
3:5	"얼마나 작은 불이 얼마나 많은 나무를 태우는가"
3:7	"짐승과 새며 벌레와 바다의 생물"
3:8	"죽이는 독"
3:11	"단 물과 쓴 물"
3:12	"어찌 무화과나무가 감람 열매를, 포도나무가 무화과를 맺겠느냐"
3:18	"화평으로 심어 의의 열매를 거두느니라"
4:14	"너희 생명…안개니라"
5:2	"너희 옷은 좀먹었으며"
5:3	"금과 은은 녹이 슬었으니"
5:4	"너희 밭에서 추수한 품꾼"
5:4	"추수한 자의 우는 소리"
5:5	"살륙의 날에 너희 마음을 살찌게 하였도다"
5:7	"농부가 땅에서 나는 귀한 열매를 바라고"
5:7	"길이 참아 이른 비와 늦은 비를 기다리나니"
5:17	"비가 오지 않기를 간절히 기도한즉"
5:17	"땅에 비가 오지 아니하고"
5:18	"하늘이 비를 주고"
5:18	"땅이 열매를 맺었느니라"

막 9:43, 45). 야고보에게 지옥은 단지 그 장소만이 아니라 언젠가 그 장소를 상속할 사탄의 무리를 상기시킨다. 그들은 혀를 악의 도구로 사용한다.

3:8 혀는 능히 길들일 사람이 없나니 오직 하나님만이 그 능력으로 혀를 길들일 수 있다(참고. 행 2:1-11).

3:9 찬송…저주 유대인이 '그는 복되시도다'라는 말에 하나님의 이름을 첨가하는 것은 관용적인 어법이었다(참고. 시 68:19, 35). 하지만 혀는 하나님의 형상으로 지음 받은 사람에게 해악이 임하도록 기원하기도 한다. 이것은 혀가 하는 활동의 위선적인 비일관성을 지적한다. **하나님의 형상대로 지음을 받은** 사람은 하나님의 형상으로 지음을 받았다(*창 1:26에 대한 설명을 보라*).

3:11, 12 자연으로부터 가지고 온 세 가지 예화는 저주하는 말의 악함을 보여준다. 참된 신자는 건전하지 않은 말을 자주 사용함으로써 자신의 신앙고백에 모순되는 행동을 하지 않아야 한다.

겸손한 지혜의 시험 (3:13-18)

3:13-18 13절에서 야고보는 교사와 혀에 대한 논의로부터 지혜가 사람의 삶에 미치는 영향이라는 주제로 옮겨간다. 그는 구약성경의 지혜문학(욥기부터 아가서까지)이 참되다는 것, 곧 지혜가 사람의 영역과 하나님의 영역 등 두 영역으로 나뉜다는 것을 지지한다.

3:13 지혜와 총명 *지혜롭다*는 흔한 헬라어 단어로 사변적인 지식과 철학을 가리키는 말이었지만, 히브리인은 그 말에 지식을 실제 생활에 능숙하게 적용시키는 것이라는 훨씬 풍부한 의미를 덧붙였다. *총명*으로 번역된 헬라어는 신약성경에서 여기만 등장하며, 자신의 전문 지식을 실제 상황에 솜씨 있게 적용시킬 수 있는 전문가라는 뜻이다. 야고보는 삶의 기술에서 누가 정말로 솜씨 있는지를 묻고 있다. **지혜** 오직 하나님으로부터만 오는 종류의 지혜다(*1:5에 대한 설명을 보라*. 참고. 욥 9:4; 28; 시 104:24; 111:10; 잠 1:7; 2:1-7; 3:19, 20; 9:10; 렘 10:7, 12; 단 1:17; 2:20-23; 롬 11:33; 고전 1:30; 엡 3:10; 골 2:3). **온유함** '부드러움'이라고도 번역되는 이 단어는 교만과 자기과시의 반대말이다(*마 5:5에 대한 설명을 보라*. 참고. 1:21; 민 12:3; 갈 5:23). 그리스인은 그것을 권력의 통제로 묘사했다.

3:14 독한 시기 "독한"으로 번역된 헬라어 단어는 마실 수 없는 물을 가리키는 데 사용되었다. "시기"라는 말과 결합되면 이 말은 다른 사람을 향한 거칠고 증오 섞인 태도를 가리킨다. **다툼** 이 단어는 적대감과 분파주의를 일으키는 이기적인 야심을 가리킨다. 헬라어 단어는 이기적인 동기로 정치에 뛰어들어 어떤 대가를 치르더라도(즉 다른 사람을 짓밟는 한이 있더라도) 자기의 목표를 이루려는 사람을 가리켰다.

3:15 위로부터 *13절에 대한 설명을 보라*. 개인적 야망에 사로잡힌 자기중심적 지혜는 하나님으로부터 온 것이 아니다. **땅 위의 것이요 정욕의 것이요 귀신의 것이니** 다음은 인간의 지혜에 대한 묘사다. 첫째, 땅으로 제한된다. 둘째, 인간적 성격과 취약함, 거룩하지 못한 마음, 구속받지 못한 정신이 그 특징이다. 셋째, 사탄의 세력에 의해 생겨난다(참고. 고전 2:14; 고후 11:14, 15).

3:16 혼란 이것은 인간 지혜의 불안정성과 혼란으로 야기된 무질서를 가리킨다(*1:6, 8에 대한 설명을 보라*. 참고. 8절). **모든 악한 일** 문자적으로 '모든 무가치한(또는 저열한) 일'이라는 뜻이다. 이 말은 그 자체로 악한 것을 가리키기보다는 아무 쓸모없는 일을 가리킨다.

3:17 위로부터 난 지혜 *13절에 대한 설명을 보라*. **성결하고** 이것은 영적 고결성과 도덕적 진실성을 가리킨다. 모든 참된 그리스도인은 이런 종류의 마음의 동기를 가지고 있다(참고. 시 24:3, 4; 51:7; 마 5:8; 롬 7:22, 23; 히 12:14). **화평하고** 이 말은 '평화를 사랑하는' '평화를 증진시키는'이라는 뜻이다(참고. 마 5:9). **관용하고** 이 단어는 번역이 어렵지만, 가장 가까운 의미로는 합리적인 성품이라고 할 수 있다. 이런 사람은 온갖 종류의 부당한 대우와 어려움에 대해 친절하고, 용감하며, 인내와 겸손함을 가지고 미움이나 복수심이 전혀 없이 대처한다(참고. 마 5:10, 11). **양순하며** 원래는 가르침을 받을 준비가 되어 있고, 협력적이며, 쉽게 설득되는 사람을 가리킬 때 쓰인다. 또한 군사훈련이나 법적 기준에 기꺼이 복종하는 사람을 가리킨다(참고. 마 5:3-5). **긍휼…가득하고** 고통과 고생에 시달리는 사람에게 관심을 보이는 은사, 지체 없이 용서하는 능력이다(참고. 마 5:7; 롬 12:8). **편견…없나니** 이 헬라어 단어는 신약성경에서 여기만 등장하며, 결심과 신념에서 일관되고 흔들림이 없으며 불공평한 차별을 하지 않는 사람을 가리킨다(*2:1-13에 대한 설명을 보라*).

3:18 화평하게 하는 자들 *17절에 대한 설명을 보라*. 영적으로 평화로운 분위기에서 의로움이 만개한다. **의의 열매** 구원이 초래하는 선행이다(참고. 17절; 마 5:6. *2:14-20; 갈 5:22, 23; 빌 1:11에 대한 설명을 보라*).

세상적 탐닉의 시험 (4:1-12)

4:1 너희 중에 싸움이…다툼 이것은 어떤 사람 안에서 일어나는 갈등이 아니라 교회 내의 사람들 사이에서 일

약

어난 다툼이다. *싸움*은 일반적인 갈등을 말하는 것이고, *다툼*은 싸움이 구체적으로 드러나는 현상이다. 교회 내의 불화는 하나님께서 계획하신 것이 아니라(요 13:34, 35; 17:21; 고후 12:20; 빌 1:27) 교회 내에 가라지(거짓 신자)와 알곡들(참으로 구속받은 사람)이 뒤섞여 있기 때문에 생기는 것이다. **너희 지체** 교회의 지체가 아니라 몸의 지체를 가리키는 말이다(*롬 6:13에 대한 설명을 보라*). 야고보도 바울과 마찬가지로 악하고 타락한 인간 본성을 가리키기 위해 지체라는 단어를 사용했다(참고. 롬 6:19; 7:5, 23). 불신자(여기서 이들을 생각하고 있음)는 제어할 수 없는 악한 욕망에 대항하여 싸우지만 실패한다. **정욕** 이렇게 번역된 헬라어 단어[여기서 영어 단어 *hedonism*(쾌락주의)이 유래되었음]는 신약성경에서 항상 부정적 의미를 가진다. 불신자의 특징인 세속적 쾌락을 향한 강렬한 욕구(1:14; 엡 2:3; 딤후 3:4; 유 18절)는 교회에서 발생하는 외적인 갈등의 내적 근원이다. 참고. 1:14, 15.

4:2 살인하며 좌절된 욕망의 궁극적인 결과다. 야고보는 여기서 실제 살인과 살인으로 귀결되는 모든 마음의 죄(미움과 분노, 원한)를 생각하고 있다. 이 그림은 제어할 수 없는 악한 욕망의 힘에 완전히 지배된 나머지 그 욕망을 이루기 위해 죽을 때까지 싸우는 불신자의 모습이다. **구하지 아니하기** 삶의 참된 기쁨, 평안, 행복, 의미, 소망, 충만함은 오직 하나님으로부터만 온다. 하지만 불신자는 하나님이 정한 조건에 따라 그것을 구하지 않는다. 그들은 하나님께 복종하기를 거부하거나 자기

야고보서와 산상보훈

야고보서	산상보훈	주제
1:2	마 5:10-12(눅 6:22, 23)	고난 중에 기뻐함
1:4	마 5:48	하나님께서 우리 안에서 원하시고 이루심: 온전함
1:5	마 7:7	하나님께 지혜를 구함
1:17	마 7:11	하나님이 좋은 선물을 주심
1:19, 20	마 5:22	성내지 말라는 명령
1:22, 23	마 7:24-27	듣기만 하는 자와 행하는 자의 대비(예증)
1:26, 27	마 7:21-23	무가치한 믿음을 가진 종교인
2:5	마 5:3	천국의 상속자인 가난한 자
2:10	마 5:19	지켜야 할 온 율법
2:11	마 5:21, 22	살인을 금하는 명령
2:13	마 5:7; 6:14, 15	자비로운 자에 대한 축복: 무자비한 자에 대한 정죄
2:14-26	마 7:21-23	죽은, 무가치한(속이는) 믿음
3:12	마 7:16(눅 6:44, 45)	나무의 열매는 그 종류에 따름
3:18	마 5:9	화평케 하는 자의 복
4:2, 3	마 7:7, 8	하나님께 구하는 것의 중요성
4:4	마 6:24	세상과 벗이 됨 = 하나님과 원수가 됨
4:8	마 5:8	심령이 가난한 자에 대한 축복과 그렇게 되라는 요구
4:9	마 5:4	애통해하는 자에 대한 축복과 그렇게 되라는 요구
4:11, 12	마 7:1-5	다른 사람을 잘못 판단하지 말라는 명령
4:13, 14	마 6:34	미래에 대한 지나친 걱정
5:1	(눅 6:24, 25)	부한 자들에 대한 화를 선포
5:2	마 6:19, 20	지상의 부를 망치는 좀과 동록
5:6	(눅 6:37)	의인에 대한 정죄를 막음
5:9	마 5:22; 7:1	판단하지 말라—심판주가 문 밖에서 기다리심
5:10	마 5:12	억울하게 고난당한 본보기인 선지자들
5:12	마 5:33-37	성급하고 불필요한 맹세를 하지 말라

들이 그분께 의존하고 있음을 인정하지 않는다.

4:3 잘못 이 말은 개인의 만족과 이기적인 욕망이 유발한 악한 방식의 행동을 가리킨다. 불신자는 하나님의 명예와 영광이 아니라 자신의 쾌락을 위해 모든 것을 구한다.

4:4 간음한 여인들아 영적 불신실함을 말하는 은유적 표현이다(참고. 마 12:39; 16:4; 막 8:38). 이런 표현은 야고보서의 유대인 독자에게 특별히 익숙했을 것이다. 구약성경이 자주 불신실한 이스라엘을 창녀로 그렸기 때문이다(참고. 대하 21:11, 13; 렘 2:20; 3:1, 6, 8, 9; 겔 16:26-29; 호 1:2; 4:15; 9:1). 여기서 야고보 사도는 외적으로는 교회에 연결되어 있지만 악한 세계 체제를 향한 깊은 애착을 품고 있는 자칭 그리스도인을 염두에 두고 있다. **세상** *1:27에 대한 설명을 보라.* **벗된 것** 신약성경에서 오직 여기에만 등장하는 이 헬라어 단어는 강력한 감정적 애착이라는 의미의 사랑을 가리킨다. 세상의 것을 향한 깊고 친밀한 갈망을 가진 사람은 그들이 구속받지 못한 사람이라는 증거를 보이곤 한다(요일 2:15-17). **하나님과 원수** 세상과 벗이 되면 반드시 초래되는 필연적인 결과다. 불신자들이 하나님의 원수라는 명백한 진리는 성경 전체에서 가르치고 있다(참고. 신 32:41-43; 시 21:8; 68:21; 72:9; 110:1, 2; 사 42:13; 나 1:2, 8; 눅 19:27; 롬 5:10; 8:5-7; 고전 15:25).

4:5 성령이 시기하기까지 사모한다 이 난해한 구절에 대한 최선의 해석은 '영'이라는 말을 성령이 아닌 사람의 영으로 보고, "시기하기까지 사모하다"를 '시기하는 탐욕'이라고 부정적으로 보는 것이다. 야고보가 말하고자 하는 요점은 불신자의 영(속 사람)이 악으로 기운다는 것이다(참고. 창 6:5; 8:21; 잠 21:10; 전 9:3; 렘 17:9; 막 7:21-23). 성경의 진리와 다르게 생각하는 사람은 타락한 인간 본성에 대한 성경의 진단을 무시한다. 또한 세속적인 욕망 속에서 사는 사람들은 그들의 믿음이 참된 것이 아니라는 증거를 나타내 보인다(참고. 롬 8:5-11; 고전 2:14). **하신 말씀** 구약성경을 인용할 때 신약성경에서 일반적으로 사용하는 도입 방법이다(요 19:37; 롬 4:3; 9:17; 10:11; 11:2; 갈 4:30; 딤전 5:18). 하지만 이 인용문은 구약성경에서 그 인용 본문이 그대로 발견되지 않는다. 그것은 일반적인 구약의 가르침을 종합한 내용이다.

4:6 더욱 큰 은혜 사람의 영적 어둠에 대한 유일한 소망의 빛은 하나님의 주권적 은혜다. 오직 이것만이 사람을 악한 것들을 욕망하는 성향에서 건질 수 있다. 하나님이 "더욱 큰 은혜"를 주신다는 것은 하나님의 은혜가 죄, 육신, 세상, 사탄의 세력보다 더 크다는 것을 보여준다(참고. 롬 5:20). 구약성경 인용문(잠 3:34에서 인용한 것임, 참고. 벧전 5:5)은 누가 하나님의 은혜를 받는지 보여준다. 곧 하나님의 교만한 적이 아니라 겸손한 자가 하나님의 은혜를 얻는다. *겸손하다*는 단어는 특별한 계급의 그리스도인을 말하는 것이 아니라 모든 신자를 포함한다(참고. 사 57:15; 66:2; 마 18:3, 4).

4:7-10 연속되는 열 가지 명령을 통해(헬라어 본문에서 10개의 명령형 동사), 야고보는 어떻게 구원의 은혜를 받을 수 있는지를 보여준다. 이 단락은 하나님께서 은혜로 구원을 제공하실 때 사람이 어떻게 응답해야 하는지를 보여주고, 겸손하다는 말의 진정한 뜻이 무엇인지 설명한다.

4:7 복종할지어다 문자적으로 '아래에 줄 서다'라는 뜻이다. 이 단어는 사령관의 권위 하에 있는 군사들을 가리키는 말로 사용되었다. 신약성경에서 이 단어는 예수가 육신의 부모의 권위에 복종하신 것(눅 2:51), 인간 정부에 복종하신 것(롬 13:1), 교회가 그리스도에게 복종하는 것(엡 5:24), 종이 그들의 주인에게 복종하는 것(딛 2:9; 벧전 2:18)을 가리키는 데 사용되었다. 야고보는 이 말을 가지고 우주의 주권적 통치자인 하나님의 권위에 기꺼이 의식적으로 복종하는 것을 가리켰다. 참으로 겸손한 사람은 하나님께 충성하고 하나님의 명령에 순종하며 하나님의 인도를 따를 것이다(참고. 마 10:38). **마귀를 대적하라 그리하면 너희를 피하리라** 첫째 명령의 다른 면이다. '대적하라'는 문자적으로 '반대편을 취하라'는 뜻이다. 모든 사람은 그리스도를 주인으로 모시든지 사탄을 주인으로 모신다(요 8:44; 엡 2:2; 요일 3:8; 5:19). 중간 지대는 결코 없다. 사탄에 대한 충성을 버리고 하나님에 대한 충성으로 돌아선 사람은 사탄이 그들을 "피하는" 것을 발견할 것이다. 사탄은 이미 패배한 적이다.

4:8 가까이하라 하나님과 친밀한 사랑의 관계를 추구하라(참고. 빌 3:10). 하나님을 가까이 한다는 개념은 원래 레위기 제도 하의 제사장들과 관련되어 있었으나(출 19:22; 레 10:3; 겔 44:13), 나중에는 누구든지 하나님께 다가가는 것을 가리키게 되었다(시 73:28; 사 29:13; 히 4:16; 7:19; 10:22). 구원은 하나님께 복종하면서 마귀를 대적하는 것 이상을 포함한다. 구속된 마음은 하나님과의 교통을 갈망한다(시 27:8; 42:1, 2; 63:1, 2; 84:2; 143:6; 마 22:37). **손을 깨끗이 하라** 구약의 제사장들은 하나님께 나아가기 전에 예식에 따라 그들의 손을 씻어야 했으며(출 30:19-21), 죄인(불신자에게만 적용되는 용어임. *5:20에 대한 설명을 보라*)이 하나님께 가까이 가려면 자기들의 죄를 인정하고 고백해야 한다. **두 마음을 품은** *1:8에 대한 설명을 보라.* **마음을 성결하게 하라** 손을

야고보서 4:7-10의 열 가지 명령

이 단락은 사람이 구원의 은혜를 받을 수 있도록 준비시켜 주는 열 가지 연속된 명령을 포함하고 있다. 이들 명령은 하나님이 은혜로 제공하시는 구원에 대해 사람이 보여야 하는 반응과 겸손하게 된다는 것의 의미를 보여준다. 각 명령은 어떤 행동을 취해야 하는지를 보여주기 위해 명령형의 헬라어를 사용한다.

1. **하나님께 복종할지어다(7절)** 야고보는 이 말을 가지고 우주의 주권적 통치자인 하나님의 권위에 기꺼이 의식적으로 복종할 것을 가르쳤다.
2. **마귀를 대적하라(7절)** 사탄에 대한 충성을 버리고 하나님에 대한 충성으로 돌아선 사람들은 사탄이 그들을 '피하는' 것을 발견할 것이다. 사탄은 이미 패배한 적이다.
3. **하나님을 가까이하라(8절)** 하나님과의 친밀한 사랑의 관계를 추구하라(참고. 빌 3:10).
4. **손을 깨끗이 하라(8절)** 죄인이라는 말이 첨가되었으며, 불신자가 자기들의 죄를 인정하고 고백해야 함을 말한다(5:20).
5. **마음을 성결하게 하라(8절)** 손을 씻는다는 것은 외적인 행동을 상징한다. 이 어구는 내적인 생각과 동기, 마음의 욕구를 가리킨다(시 24:3, 4).
6. **슬퍼하라(9절)** 이것은 괴롭힘을 당하고 불쌍하고 비참하다는 뜻이다. 이것은 죄로 말미암아 파괴된 사람들의 상태다(마 5:4).
7. **애통하라(9절)** 이것은 죄로 말미암아 깨어진 내적인 상태다(시 51:17; 마 5:4).
8. **울지어다(9절)** 이것은 죄에 대한 내적인 슬픔이 겉으로 드러나는 것이다(막 14:72).
9. **웃음을 애통으로, 즐거움을 근심으로 바꾸라(9절)** 여기서 웃음이나 즐거움은 부인의 표시다. 하나님과 생명, 죽음, 죄, 심판, 거룩에 대한 생각이 전혀 없는 사람의 경박한 웃음이다.
10. **낮추라(10절)** 이 마지막 명령은 앞에 나온 아홉 가지 명령의 요약이다. 겸손하다는 '자신을 낮추다'라는 단어에서 왔다. 장엄하고 무한히 거룩한 하나님의 존전에 있다는 의식이다(사 6:5).

씻는다는 것은 외적인 행동을 상징한다. 이 어구는 내적인 생각, 동기, 마음의 욕구를 가리킨다(시 24:3, 4; 렘 4:4; 겔 18:31; 36:25, 26; 딤전 1:5; 딤후 2:22; 벧전 1:22).

4:9 슬퍼하며 이것은 괴롭힘을 당하고 불쌍하고 비참하다는 뜻이다. 이것은 죄로 말미암아 정말로 깨어진 사람들의 상태다. **애통하며** *마태복음 5:4에 대한 설명을 보라.* 하나님은 죄로 말미암아 깨어지고 통회하는 마음을 외면하시지 않는다(시 51:17; 고후 7:10). 애통은 그렇게 깨어진 사람의 내적 반응이다. **울지어다** 죄에 대한 내적인 슬픔이 겉으로 드러나는 것이다(참고. 막 14:72). **웃음** 신약성경에서 여기에만 사용된 이 단어는 어리석게도 세속적인 쾌락에 탐닉하는 사람의 경박한 웃음을 가리킨다. 이것은 하나님, 생명, 죽음, 죄, 심판 또는 거룩에 대한 생각이 전혀 없는 사람의 모습이다. 야고보는 그런 사람들에게 그들의 죄로 말미암아 통곡하라고 요구한다(참고. 눅 18:13, 14).

4:10 시편 75:6; 마태복음 23:12을 보라. 이 마지막 명령은 앞선 아홉 가지 명령의 요약으로(*7-10절에 대한 설명을 보라*), 진정 겸손한 사람을 보여준다. *겸손하다*는 '자신을 낮추다'라는 뜻을 가진 단어에서 왔다. 장엄하고 무한히 거룩한 하나님의 존전에 있다는 의식이다(참고. 사 6:5).

4:11 비방하지 이 말은 악평하거나 중상한다는 뜻이다. 야고보는 그런 죄를 짓는 사람과 맞서는 것을 금하지 않았으며, 이것은 성경의 다른 곳에서도 명령하고 있다(마 18:15-17; 행 20:31; 고전 4:14; 골 1:28; 딛 1:13; 2:15; 3:10). 도리어 야고보는 다른 사람에 대한 부주의하고, 경멸적이며, 비판적이고, 헐뜯는 비난을 정죄한다(참고. 출 23:1; 시 50:20; 101:5; 140:11; 잠 10:18; 11:9; 16:28; 17:9; 26:20; 롬 1:29; 고후 12:20; 엡 4:31; 딤전 3:11; 딤후 3:3; 딛 2:3; 3:2). **형제를 비방…율법을 비방** 다른 신자에 대해 악담하는 사람들은 자신을 재판관의 위치에 두고 다른 사람을 정죄하는 것이다(참고. 2:4). 그렇게 함으로써 그들은 그렇게 헐뜯는 정죄를 명백하게 금하는 하나님의 율법을 손상시키고 무시했다. **율법을 판단** 율법에 순종하기를 거부함으로써 중상자들은 자신을 율법의 판단자로 율법 위에 둔다.

4:12 입법자…한 분 율법을 내리신 이는 하나님이다

(참고. 사 33:22). 오직 하나님만이 회개하는 자들의 형벌을 면제해서 구원하고, 회개를 거부하는 자들을 멸망시킬 권위를 가지신다.

의지하는 것의 시험 (4:13-17)

4:13 야고보는 지혜로운 사업 계획을 정죄하는 것이 아니라 하나님을 배제하고 그런 계획을 세우는 것을 정죄한다. 이런 사람들은 실천적인 무신론자로 묘사되곤 한다. 그들은 하나님이 존재하지 않는 것처럼 살면서 계획을 세운다. 이런 태도는 하나님께 순복하는 참된 구원의 믿음과 모순된다(*7절에 대한 설명을 보라*).

4:14 일을 너희가 알지 못하는도다 잠언 27:1을 보라. 야고보는 13절에서 정죄한 실천적인 무신론자의 교만한 어리석음을 폭로한다. 즉 그들은 미래가 어떻게 될지를 알지 못한다는 것이다(참고. 눅 12:16-21). 오직 하나님만이 미래를 아신다(참고. 사 46:9, 10). **안개** 이 말은 한 줌의 연기 또는 찬 공기 속에 한순간 나타나는 입김을 가리킨다. 이것은 삶의 무상함을 강조한다(참고. 1:10; 욥 7:6, 7; 9:25, 26; 14:1, 2; 시 39:5, 11; 62:9; 89:47; 90:5, 6, 10).

4:15 주의 뜻이면 진정한 그리스도인은 자신의 계획을 그리스도의 주 되심 아래에 놓는다(*7절에 대한 설명을 보라.* 참고. 잠 19:21; 행 18:21; 21:14; 롬 1:10; 15:32; 고전 4:19; 16:7).

4:16 자랑을 하니 자기들의 사업이 성공하리라는 교만한 떠벌림이다(*13절에 대한 설명을 보라*).

4:17 죄 이 말은 그들이 해서는 안 될 일을 했다는 것을 암시한다. 부작위의 죄(해야 할 일을 안 하는 죄)는 작위의 죄(하지 말아야 할 일을 하는 죄)로 이어진다.

꾸준한 인내의 시험 (5:1-11)

5:1 부한 자 자기들의 생존에 필요한 것 이상을 가진 자다. 야고보는 그들이 부자인 것을 정죄하는 것이 아니라 그들이 그 자원을 오용하는 것을 정죄한다. 디모데서의 회중 가운데 있던 믿는 부자와 달리(딤전 6:17-19), 이들은 기독교 신앙을 고백하고 교회와 연결되어 있었지만 돈을 신으로 섬기는 악한 부자들이다. 하나님의 선하심과 관대하심을 악용한 이들은 오직 하나님의 형벌 이외에 기대할 것이 없다(5절).

5:2, 3 썩었고…좀먹었으며…녹이 슬었으니 야고보는 식량, 값비싼 옷, 돈을 쌓아두는 것의 어리석음을 지적한다. 그 모든 것은 썩거나, 도적맞고, 불에 타거나 기타 다른 방법으로 없어지기 때문이다.

5:3 말세에 그리스도의 초림과 재림 사이의 시기다(*딤전 4:1에 대한 설명을 보라*). 야고보는 부자들이 마치 예수님이 다시 오시지 않을 것처럼 사는 것을 꾸짖는다.

5:4 주지 아니한 삯 부자들은 일용 노동자를 압제하고 착취하여 그들의 부의 일부를 쌓았다. 이것은 구약에서 엄격하게 금하는 일이었다(참고. 레 19:13; 신 24:14, 15). **만군의 주** 야고보는 착취당한 노동자들의 부르짖음을 듣는 이가 만군의 주(구약에서 빈번하게 사용되는 하나님의 호칭임), 하늘 군대(천사들)의 사령관이라고 경고한다. 성경은 불신자를 심판하는 일에 천사들이 동원될 것을 가르친다(마 13:39-41, 49; 16:27; 25:31; 살후 1:7, 8).

5:5 사치하고 방종하여 노동자들을 착취하여 부를 축적한 다음에 이 부자들은 사치스러운 생활방식에 탐닉했다. *방종*은 방탕한 쾌락을 의미한다. 사람이 쾌락의 추구에 빠지면 *사치*는 사람으로 악덕에 빠지도록 한다. 왜냐하면 자기부인이 없는 생활은 곧 모든 영역에서 통제불능이 되기 때문이다. **살륙의 날** 도살될 준비가 된 살진 가축처럼 야고보가 정죄하는 부자들은 극단적으로 탐닉에 빠진 자들이다. 과도하게 탐닉에 빠진 부자를 살진 가축에 비유하는 이것은 하나님의 심판을 생생하게 묘사하는 은유다.

5:6 정죄하고 죽였으나 이 말은 부자의 악한 발걸음의 다음 단계를 묘사한다. 축적은 부정으로 연결되고, 이것은 다시 자기에게 탐닉하는 생활로 인도된다. 마지막에는 이 과도한 부자들의 탐닉이 그들 자신의 생활방식을 유지하기 위해 무슨 짓이든 행하는 지점까지 데리고 간다. *정죄하고*는 '형을 언도하다'라는 의미를 가진 말에서 왔다. 그 의미는 부자가 법정을 이용하여 사법적인 살인을 저질렀다는 것이다(참고. 2:6).

5:7 강림 그리스도의 재림이다(*마 24:3에 대한 설명을 보라*). 그리스도 재림 때 그들에게 주어질 영광을 바라보며 신자는 불의한 대우를 인내로 견뎌야 한다(롬 8:18). **참으라** 이 말은 고난이나 환경을 견디는 것(1:3처럼)이 아니라 사람에 대해 인내하는 것을 강조한다(참고. 살전 5:14). 구체적으로 말하자면 야고보는 압제하는 부자에 대한 인내를 생각하고 있다. **이른 비와 늦은 비** 이스라엘 땅에서 이른 비는 10월과 11월에 내려 파종하기 좋게 땅을 부드럽게 만든다. 늦은 비는 봄 추수 직전인 3월과 4월에 내린다. 마치 농부가 곡식이 익는 데 필요한 이른 비와 늦은 비를 인내로 기다리듯이 그리스도인도 주님의 재림을 인내로 기다려야 한다(참고. 갈 6:9; 딤후 4:8; 딛 2:13).

5:8 마음을 굳건하게 하라 단호하고 굳은 용기와 결심

약

을 요구하는 말이다. 야고보는 압제의 무게에 눌려 무너지려는 사람에게 재림의 소망으로 마음을 굳게 할 것을 권면한다. **가까우니라** 그리스도의 재림이 급박하다는 것은 신약성경에서 빈번하게 등장하는 주제다(참고. 롬 13:12; 히 10:25; 벧전 4:7; 요일 2:18).

5:9 형제들아 서로 원망하지 말라…심판주가 문 밖에 서 계시니라 야고보는 그리스도를 법정의 문을 막 열고 들어서서 재판을 시작하려는 재판관으로 그렸다. 야고보는 박해의 압박이 불평을 야기할 수 있음을 알고 독자에게 그들의 충만한 보상을 잃지 않도록(요이 8절) 죄에 맞서 싸우라고(빌 2:14) 주의를 준다.

5:11 욥의 인내 욥은 고난을 인내로 견디고 믿음을 견지한 것으로 말미암아 하나님께 복을 받은 인물의 고전적 모범이다. 야고보는 독자에게 하나님이 욥의 고난에 대해 뜻을 가지고 계셨듯이 그들의 고난을 대해서도 뜻을 가지고 계심을 다시 한 번 확신시켰다. 참고. 욥기 42장. **자비하시고 긍휼히 여기시는** 주님의 성품을 기억하는 것은 고난 가운데 큰 위로가 된다. 성경은 반복해서 하나님의 긍휼과 자비를 천명한다(출 34:6; 민 14:18; 대상 21:13; 대하 30:9; 시 25:6; 78:38; 86:5, 15; 103:8, 13; 116:5; 136:1; 145:8; 애 3:22; 욜 2:13; 욘 4:2; 미 7:18; 눅 6:36).

진실성의 시험 (5:12)

5:12 무엇보다도 또는 '특별히'다. 이 서신에서 반복해 말했듯이 야고보는 사람의 말이 그의 영적인 상태를 가장 잘 드러내 보여준다는 것을 강조했다(참고. 1:26; 2:12; 3:2-11; 4:11). **맹세하지 말지니…아무 다른 것으로도 맹세하지 말고** 예수가 이전에 말씀하셨듯이(마 5:33-36; 23:16-22), 야고보는 주님의 이름(오직 이것만이 구속력이 있는 것으로 간주되었음) 이외의 온갖 것으로 맹세하는, 거짓되고 교활하고 속이는 당시 유대인의 관행을 정죄했다. **그렇다고 생각하는 것은 그렇다 하고** 다시 예수님의 말씀을 반영하면서(마 5:37), 야고보는 직선적이고 정직하며 분명한 말을 요구했다. 다른 방식으로 말하는 것은 하나님의 심판을 초래한다.

기도하는 생활의 시험 (5:13-18)

5:13 고난 당하는 악한 대우나 박해에 따른 고난에 대한 대비책은 기도를 통해 하나님의 위로를 구하는 것이다(참고. 시 27:13, 14; 55:22; 욘 2:7; 빌 4:6; 벧전 5:7). **그는 찬송할지니라** 기뻐하는 마음의 자연스러운 반응은 하나님을 찬송하는 것이다.

야고보서에 나오는 구약 시대의 이름들

1. 열두 지파	1:1
2. 아브라함	2:23
3. 라합	2:25
4. 만군의 주	5:4
5. 선지자(구약)	5:10
6. 욥	5:11
7. 엘리야	5:17

5:14, 15 병든 야고보는 병든 자, 곧 고난으로 연약해진 자에게 힘과 지원과 기도를 위해 교회 장로들을 부를 것을 권한다.

5:14 기름을 바르며 문자적으로 '기름으로 문지르면서'라는 뜻이다. 기름을 바르는 종교 의식을 가리킬 수도 있고(*레 14:18; 막 6:13에 대한 설명을 보라*), 박해로 신체적인 상처를 입고 약해진 신자를 위한 치료를 생각하고 있을 수도 있다. 여기서 기름 바르는 것은 장로가 신자를 격려하고 위로하며 힘을 주는 것을 은유적으로 표현한 것으로 이해하는 것이 더 낫다.

5:15 믿음의 기도 장로들이 그들을 위해 올리는 기도다. **병든 자를 구원하리니** 그들이 약해진 것이 이미 고백한 죄 때문이 아니라 그들의 병약함 때문이므로 그들의 고통에서 건짐을 받을 것이다. **죄를 범하였을지라도 사하심을 받으리라** 이것은 장로들에 의해 사해진다는 말이 아니다. 오직 하나님만이 죄를 사하실 수 있기 때문이다(사 43:25; 단 9:9; 막 2:7). 고난당하는 자들에게 장로를 부르라고 요청하는 것은 이미 그들이 슬퍼하고 회개하는 마음을 가지고 있으며, 감독들과 보내는 시간의 일부는 그들의 죄를 하나님께 고백하는 일에 쓰일 것임을 암시한다.

5:16 너희 죄를 서로 고백하며 서로에 대한 정직함, 개방성, 필요를 나누는 일은 신자로 하여금 영적인 투쟁에서 서로를 지지할 수 있게 해줄 것이다. **역사하는 힘이 큼이니라** 경건한 사람의 힘 있고 열정적인 기도는 많은 것을 이루는 능력이 있다. 참고. 민수기 11:2.

5:17, 18 엘리야는…기도한즉…다시 기도하니 엘리야는 구약에서 기도의 능력을 보여주는 가장 두드러진 인물이다. 그의 기도들은(구약의 이야기에서는 그 내용이 언급되지 않음) 삼 년 반 동안의 기근을 시작하고 끝마쳤다(참고. 눅 4:25).

단어 연구

기름 바름(Anointing): 헬라어 *알레이포(aleiphó)*. 5:14. 문자적으로 '칠하다'라는 뜻이다. 헬라어 *크리오(chriō)*. 5:14. 문자적으로 '기름 붓다'라는 뜻이다. *알레이포*는 보통 치료를 위해 기름을 바르는 것을 가리킨다. 비슷한 헬라어 단어인 *크리오*는 종교 의식에서 기름을 붓는 것을 표현한다. 성경 시대에 기름은 보통 치료의 목적으로 사용되었다(눅 10:30-37). 하지만 기름은 성령을 상징하기도 했다(삼상 16:1-13).

좋은 은사(Good Gift)와 온전한 선물(Perfect Gift): 헬라어로 *도시스 아가테(dosis agathē)*. 1:17. 문자적으로 '주는 행위'와 '좋은'이라는 뜻이다. 헬라어 *도레마 텔리온(dōrēmas telion)*. 1:17. 문자적으로 '실제 선물'과 '완전한'이라는 뜻이다. 헬라어 본문은 하나님으로부터 오는 선물을 묘사하기 위해 두 개의 단어를 사용한다. 앞의 표현인 '좋은 선물'이 하나님으로부터 받는 것의 가치를 드러낸다면 '온전한 선물'은 하나님이 주시는 선물이 흠 없음을 표현한다. 하나님이 주시는 것은 언제나 좋으며, 그의 선물은 항상 자녀들에게 안성맞춤이다.

참된 믿음의 시험 (5:19, 20)

5:19 너희 중에 이 말은 교회 내 세 번째 범주의 사람들을 거론한다(참고. 13, 14절). 자칭 신자이지만 진리에서 벗어난 사람들이다. **진리를 떠난** 그들이 한때 고백했던 신앙을 버리는 것이다(참고. 히 5:12-6:9; 10:29; 요일 2:19). 그런 사람들은 심각한 위험 가운데 있으며(20절), 교회는 그들을 다시 참된 믿음으로 불러들여야 한다.
5:20 죄인 참고. 4:8. 거듭나지 못한 사람을 가리키는 단어다(참고. 잠 11:31; 13:6, 22; 마 9:13; 눅 7:37, 39; 15:7, 10; 18:13; 롬 5:8; 딤전 1:9, 15; 벧전 4:18). 야고보가 여기서 생각하는 사람은 죄를 범한 참 신자가 아니라 죽은 믿음을 가진(참고. 2:14-26) 사람이다. **미혹된 길** 교리적으로 빗나간 사람들(19절)은 그릇된 생활방식을 드러낼 것이다. 곧 성경적 원리에 따라 살지 않는다. **영혼을 사망에서 구원할** 진리를 떠나 방황하는 사람은 자신의 영혼을 위험 가운데 내던진다. 여기서 생각하는 "사망"은 신체적 사망이 아니라 영원한 사망, 곧 하나님으로부터 영원히 분리되어 지옥에서 영원한 형벌을 당하는 것이다(참고. 사 66:24; 단 12:2; 마 13:40, 42, 50; 25:41, 46; 막 9:43-49; 살후 1:8, 9; 롬 6:23; 계 20:11-15; 21:8). 그것이 얼마나 심각한 문제인지 안다면 그리스도인은 그런 사람을 적극적으로 찾아나설 것이다. **허다한 죄를 덮을** 시편 5:10을 보라. 오직 한 가지 죄만으로도 사람을 영원한 지옥에 떨어뜨리기에 충분하므로, 야고보가 사용하는 *허다한*이라는 말은 잃어버려진, 거듭나지 못한 죄인들의 절망적인 상황을 강조한다. 복음의 좋은 소식은 하나님의 용서하는 은혜가(어떤 죄보다도 큰 은혜임. 롬 5:20) 죄에서 돌아서서 주 예수 그리스도를 믿는 사람에게 열려 있다는 것이다(엡 2:8, 9).

연구를 위한 자료들

D. Edmond Hiebert, *The Epistle of James* (Chicago: Moody, 1979).
Homer A. Kent Jr., *Faith That Works* (Grand Rapids: Baker, 1986).
John MacArthur, *James* (Chicago: Moody, 1998).
Douglas J. Moo, *The Letter of James* (Grand Rapids: Eerdmans, 2000).

약

제 목

이 서신의 제목은 항상 (야고보서, 요한 서신, 유다서 등 대부분의 공동 서신처럼) 저자인 베드로의 이름으로 알려졌고, 이것이 영감받은 첫 번째 편지라는 표기가 첨부되었다.

저자와 저작 연대

서신의 머리말은 저자가 베드로라고 선언한다. 그는 그리스도의 사도들 가운데 지도자였던 베드로가 분명하다. 복음서 저자들은 사도들의 목록에서 그의 이름을 가장 앞에 두는 것으로 이 사실을 강조한다(마 10장; 막 3장; 눅 6장; 행 1장). 또한 네 편의 복음서는 그리스도 다음으로 다른 어떤 사람보다 더 그에 대해 많은 정보를 제공한다. 원래 베드로는 시몬(헬라어) 또는 시므온(히브리어)으로 불렸으며(참고. 막 1:16; 요 1:40, 41), 요한이라는 이름으로도 알려진(요 1:42) 요나의 아들이며(마 16:17), 벳새다에 살다가 후에 가버나움에서 살게 된 어부 가문의 일원이었다. 베드로의 형제인 안드레가 그를 그리스도께 인도했다(요 1:40-42). 그는 혼인했고 그의 아내는 사역에 동행했던 것으로 보인다(막 1:29-31; 고전 9:5).

베드로는 그리스도의 지상 사역에 함께하라는 부르심을 받았고(막 1:16, 17), 나중에 사도직에 임명되었다(마 10:2; 막 3:14-16). 그리스도가 그의 이름을 베드로(헬라어), 즉 게바(아람어)로 바꿔주셨으며 두 이름 모두 '돌' 또는 '바위'라는 뜻이다(요 1:42). 사복음서 모두에서 주님은 베드로를 따로 지명하여 특별한 교훈을 주셨다(예를 들면 마 10장; 16:13-21; 17:1-9; 24:1-7; 26:31-33; 요 6:6; 21:3-7, 15-17). 그는 열두 사도의 대변인으로, 자기의 생각과 질문뿐 아니라 사도들의 생각과 질문을 분명하게 대변했다. 그의 승리와 연약한 모습을 담은 연대기가 복음서들과 사도행전 1-12장에 기록되어 있다.

부활과 승천 이후 베드로는 유다의 자리를 채울 사람을 선택할 계획을 세웠다(행 1:15). 오순절 성령 강림 이후에는(행 2:1-4) 능력을 받아 복음 전파를 인도하게 되었다(행 2:12). 또한 그는 교회 역사 초기에 굉장한 기적을 행했으며(행 3-9장), 사마리아인(행 8장)과 이방인(행 10장)에게 복음의 문을 열었다. 전승에 따르면 베드로는 자기 아내가 십자가에 달리는 것을 보아야 했지만 그의 아내는 "주님을 기억하시오"라는 말로 격려했다고 한다. 자신이 십자가에 달릴 때가 되자 그는 주님과 같은 방식으로 자신은 십자가에 달릴 자격이 없으니 거꾸로 달리겠다고 청했으며(주후 67-68년경) 그의 뜻대로 행해졌다고 전해진다.

초대 교회에는 그의 명망 때문에 베드로가 썼다고 주장하는 거짓 문서가 많이 등장했다. 하지만 베드로전서를 베드로가 기록한 것은 확실하다. 그 서신의 자료가 사도행전에서 확인된 그의 메시지와 일치하기 때문이다. 예를 들면 이 서신은 그리스도가 건축자들의 버린 돌이라 말하고(2:7, 8; 행 4:10, 11), 그리스도는 사람의 외모를 보시지 않는다고 말한다(1:17; 행 10:34). 베드로는 독자에게 "겸손으로 허리를 동이라"고 가르치는데(5:5), 이는 제자들의 발을 씻기실 때 주님이 수건을 허리에 두르신 것을 반영한다(요 13:3-5). 이 서신에는 그리스도의 말씀과 유사한 베드로의 다른 진술들이 있다(4:14; 5:7, 8).

게다가 저자는 자신이 그리스도의 고난의 목격자라고 주장한다(5:1. 참고. 3:18; 4:1). 이 내적인 증거 이외에도 초대 그리스도인이 예외 없이 이 서신을 베드로의 저술로 인정했다는 것은 주목할 만하다. 베드로의 저작권에 대해 제기되는 유일하게 유의미한 의심은 이 서신에 사용된 고전적 문체에서 비롯된다. 어떤 사람들은 "무식한" 어부인(행 4:13) 베드로가 이처럼 세련된 헬라어로 글을 쓸 수 없었을 것이라고 주장했다. 특별히 베드로후서에서 사용된 덜 고전적인 문체의 헬라어와 비교해보면 그렇다는 것이다. 하지만 이 주장에 대해 좋은 대답이 없는 것도 아니다. 첫째 베드로가 '무식하다'는 것은 그가 문맹이라는 말이 아니라 그가 공식적인 랍비의 성경 교육을 받지 않았다는 말일 따름이다. 게다가 베드로가 주로 사용한 언어가 아람어였으나 팔레스타인에서 헬라어는 제2언어로 널리 사용되고 있었다. 몇 명의 신약성경 저자들은 비록 고등 교육을 받지 않았을지라도 구약 70인역의 헬라어는 읽을 수 있었음이 분명하다(야고보가 행 15:14-18에서 70인역을 사용하는 것을 보라).

헬라어를 구사할 수 있는 능력이 있었다는 증거 이외에 베드로는 또한 이 편지를 "실루아노(실라로도 알려졌음)로 말미암아" 썼다고 설명했다(5:12). 실루아노는 이 편지를 의도된 독자에게 전달하는 역할을 했던 것으로 보인다. 하지만 이 말은 그 이상의 의미를 포함하고 있다. 즉 실루아노가 그의 비서, 즉 *아마누엔시스*(*amanuensis*, 구술을 받아 적는 비서)로 봉사했음을 베드로가 직접 말한 것이다. 고대 로마 세계에서 구술은 일반적인 일이었으며[참고. 바울과 더디오(롬 16:22)], 비서는 때로 구문과 문법에서 도움을 주기도 했다. 그러므로 베드로가 성령의 통제 하에서 실루아노에게 편지를 구술했고, 역시 선지자였던 실루아노(행 15:32)가 좀 더 고전적인 헬라어 문장을 사용하는 데 일정 부분 도움을 주었을 수도 있다.

베드로전서는 로마가 불탄 주후 64년 7월 전후에 기록되었을 가능성이 가장 높으므로 기록 연대는 주후 64-65년경이다.

배경과 무대

로마가 불타자 로마인들은 네로가 도시에 불을 질렀다고 믿었으며, 이는 건축에 열정적이었던 그의 욕망 때문이었을 것이라고 짐작했다. 더 많은 건물을 건축하기 위해 기존의 것을 파괴해야 했다고 여긴 것이다.

로마인들은 완전히 공황상태에 빠졌다. 어떤 의미에서 그들의 문화가 도시와 함께 붕괴된 것이다. 그들의 삶을 지배하던 모든 종교적 요소가 파괴되었다. 그들의 위대한 신전과 사당, 심지어 가정에서 소유하고 있던 우상까지 불타버렸다. 이것은 그들에게 대단한 종교적 함의를 가진다. 그들의 신은 그 화재를 어쩌지 못했을 뿐 아니라 그들의 신이 화재에 희생되었다고 믿지 않을 수 없었기 때문이다. 사람들은 삶의 터전을 잃었을 뿐 아니라 많은 사람이 사망했다. 로마 시민들의 적개심이 불타오르자 네로는 그들의 적의를 다른 방향으로 돌려야 한다는 것을 깨달았다.

황제가 고른 희생양은 그리스도인이었다. 그들은 유대인과 연결되어 있고 로마 문화에 적대적으로 보였기 때문에 미움의 대상이었다. 네로는 그리스도인이 불을 붙였다는 소문을 신속하게 퍼뜨렸다. 그 결과 그리스도인들에 대한 극심한 박해가 시작되어 삽시간에 로마 전역으로 퍼져나갔다. 이 소문은 타우루스 산맥 북쪽의 본도, 갈라디아, 갑바도기아, 아시아, 비두니아 등에도 퍼졌고(1:1) 베드로가 "나그네"라고 부른 그리스도인들에게도 영향을 미쳤다. 이들 대부분은 이방인이었을 것이며(1:14, 18; 2:9, 10; 4:3), 바울과 그 동료들을 통해 그리스도께 인도되어 바울의 가르침을 받은 사람들이다. 고난에 처한 이들에게 영적으로 힘을 줄 필요성을 느낀 사도 베드로는 성령의 영감으로 이 서신을 기록했다.

베드로는 이 서신을 쓸 때 자신이 "바벨론"에 있다고 썼다(5:13). 이 '바벨론'의 후보로는 세 지역이 거론된다.

첫째, 이집트 북쪽의 로마 변경 거류지가 '바벨론'이라는 이름으로 불렸다. 그러나 그곳은 잘 알려지지 않은 곳이었으며, 베드로가 그곳에 갔을 특별한 이유가 없다.

둘째, 메소보다미아에 있는 고대의 바벨론일 가능성이 있다. 그러나 베드로와 마가, 실루아노 모두가 이 작고 먼 지역에 동시에 있었을 것 같지는 않다.

셋째, '바벨론'은 로마의 다른 이름이거나 로마의 암호명일 수 있다. 박해 당시에는 그리스도인의 신분을 밝혀 위험에 빠지는 일이 없도록 각별히 주의를 기울였을 것이다. 어떤 전승에 따르면 베드로가 야고보와 바울을 따라 로마에 왔고 이 서신을 쓴 지 2년이 지난 뒤 로마에서 순교했다고 한다. 그렇다면 그는 삶의 마지막이 가까워 이 편지를 쓸 때 제국의 수도에 머물고 있었을 수도 있다. 그는 이 서신이 발각되어 교회가 박해받기를 원치 않았으며, 따라서 *바벨론*이라는 암호로 자신이 있는 곳을 감췄을 수도 있다. 게다가 로마의 우상숭배를 생각하면 이 이름이 잘 들어맞는다(참고. 계 17; 18장).

역사적 · 신학적 주제

이 서신의 수신자인 신자들이 극심해지는 박해에 시달리고 있었으므로(1:6; 2:12, 19-21; 3:9, 13-18; 4:1, 12-16, 19), 이 서신의 목적은 적대적인 환경 가운데서 어떻게 승리의 삶을 살 수 있는지를 가르치는 것이었다. 첫째, 소망을 잃지 말 것. 둘째, 억울해하지 말 것. 셋째, 주님을 신뢰할 것. 넷째, 주님의 재림을 대망할 것. 베드로는 독자에게 박해받는 상태에서도 순종적이고 승리하는 삶을 살아 그리스도인이 실제로 적대적인 세상을 복음화시킬 수 있음을 각인시키고자 했다(참고. 1:14; 2:1, 12, 15; 3:1-6, 13-17; 4:2; 5:8, 9).

신자들은 항상 사탄과 귀신들에게서 에너지를 공급받는 세계 체제에 노출되어 있다. 그들은 교회의 신뢰성과 고결성을 무너뜨리려고 노력한다. 이 귀신들이 일하는 한 가지 방법은 하나님의 말씀과 일관되지 않게 사는 그리스도인을 찾아내어 불신자 앞에 교회가 얼마

벧전

나 엉터리인지 드러내는 것이다. 하지만 그리스도인은 적에 대항하여 거룩한 삶의 능력으로 비판자를 침묵시켜야 한다.

이 서신에서 베드로는 두 가지 범주의 진리를 이야기하면서 북받쳐 오르는 감정을 드러냈다. 첫째 범주의 진리는 긍정적이며 그리스도인에게 내려진 복의 긴 목록을 포함한다. 그리스도인의 신분과 그리스도를 안다는 것이 무슨 뜻인지를 논할 때 베드로는 특권과 복을 계속해서 나열한다. 이 특권 목록 속에는 고난의 목록이 엮여 있다. 그리스도인이 가장 큰 특권을 받았지만 세상은 그들을 부당하게 대우하리라는 것을 알아야 한다. 그들의 시민권은 하늘에 있으며, 지금 그들은 사탄에게 에너지를 얻는 적대적인 세상에서 나그네인 것이다. 따라서 그리스도인의 삶은 고난의 길을 통한 승리와 영광으로의 부르심이라고 요약할 수 있다.

그러므로 베드로가 이 서신에서 대답하고자 하는 근본적인 질문은 이것이다. 그리스도인은 적대적인 태도에 어떻게 대응해야 하는가? 그 대답은 실천적인 진리를 부각시키고, 적대적인 상황에서 승리자처럼 행동하신 그리스도의 모범에 집중하는 것이다.

또한 베드로전서는 다음과 같은 중요한 실천적인 질문에도 답한다. 그리스도인에게 그들을 하나님께 중보해줄 제사제도가 필요한가(2:5-9)? 세속 정부와 시민 불복종에 대한 그리스도인의 태도는 어떠해야 하는가(2:13-17)? 그리스도인 피고용자는 적대적인 고용주에게 어떤 태도를 취해야 하는가(2:18)? 믿는 아내는 구원받지 못한 남편을 어떻게 그리스도께로 인도해야 하는가(3:1, 2)? 여성 그리스도인의 행실은 어떠해야 하는가(3:3, 4)?

해석상의 과제

베드로전서 3:18-22은 신약성경 가운데 번역하고 해석하기 가장 어려운 본문 가운데 하나다. 예를 들어 3:18의 "영"이 성령을 가리키는가, 그리스도의 영을 가리키는가? 그리스도가 홍수 전 노아를 통해 전파하셨는가, 부활 후에 친히 전파하셨는가(3:19)? 이 전파 대상인 청중이 노아 당시의 사람이었는가, 음부에 있는 귀신인가(3:19)? 3:20, 21은 세례를 통한 중생(구원)을 가르치는가, 오직 그리스도에 대한 믿음에 의한 구원을 가르치는가? 본문에 이 질문들에 대한 대답이 제시되어 있다.

베드로전서 개요

인사(1:1, 2)

I. 우리의 큰 구원을 기억하라(1:3-2:10)
- A. 우리가 받을 유업의 확실성(1:3-12)
  - 1. 하나님의 능력으로 보존됨(1:3-5)
  - 2. 박해의 고난으로 증명됨(1:6-9)
  - 3. 하나님의 선지자들을 통해 예언됨(1:10-12)
- B. 우리가 받을 유업의 결과(1:13-2:10)
  - 1. 소망의 견인(1:13-16)
  - 2. 놀라움의 연속(1:17-21)
  - 3. 사랑의 능력(1:22-2:3)
  - 4. 그리스도를 찬송함(2:4-10)

II. 사람 앞에서 보일 우리의 본보기를 기억하라(2:11-4:6)
- A. 불신자 앞에서 칭찬받는 생활(2:11-3:7)
  - 1. 정부에 대한 복종(2:11-17)
  - 2. 주인에 대한 복종(2:18-25)
  - 3. 가정 내에서의 복종(3:1-7)
- B. 신자 앞에서 칭찬받는 생활(3:8-12)
- C. 고난 가운데 칭찬받는 생활(3:13-4:6)
  - 1. 의를 위한 고난의 원리(3:13-17)
  - 2. 의를 위한 고난의 전형(3:18-22)
  - 3. 의를 위한 고난의 목적(4:1-6)

III. 우리 주님이 다시 오실 것을 기억하라(4:7-5:11)
- A. 그리스도인의 생활의 책임(4:7-11)
- B. 그리스도인의 고난에 대한 보상(4:12-19)
- C. 그리스도인 지도자에게 요구되는 것(5:1-4)
- D. 그리스도인의 승리의 실현(5:5-11)

맺음말(5:12-14)

인사 (1:1, 2)

1:1 예수 그리스도의 사도 베드로는 그리스도로부터 직접 부르심을 받아(마 10:1-4) 사명을 받았고(요 20:19-23) 그리스도의 부활 후에는 그리스도와 함께 사역했던 특별한 집단의 한 사람이었다. *5:1에 대한 설명을 보라.* 교회는 그들의 가르침의 기초 위에 세워졌다(*행 2:42; 엡 2:20에 대한 설명을 보라*). **베드로** 서론의 저자와 저작 연대를 보라. **본도…비두니아** 베드로의 서신은 당시 로마 제국의 일부로 오늘날의 터키에 위치했던 교회들에게 보내졌다. **흩어진** 헬라어 정관사와 함께 *흩어짐*은 때로 이스라엘을 떠나 전 세계에 퍼져 사는 유대인을 가리키는 전문적인 용어로 사용된다(요 7:35; 약 1:1). 여기서는 정관사와 함께 사용되지만 그런 전문적인 뜻이 아니라 유대인이든 아니든 땅에서는 이방인이요 영적인 나그네인 사람들(참고. 17절; 2:11), 곧 교회를 가리킨다. **나그네** 이들은 자기 땅이 아닌 곳으로 쫓겨난 나그네(잠정적인 거주자 또는 외국인)다. 모든 신자와 마찬가지로 그들은 영원한 도성의 주민이었다(빌 3:20; 히 13:13, 14).

1:2 미리 아심 20절에서는 같은 헬라어 단어가 "미리 알린 바 되신"이라고 번역되었다. 이 두 절에서 이 단어는 어떤 일이 발생할지 안다는 것을 가리키지 않는다. 도리어 그 단어가 하나님의 지식 속에서 예정된 관계를 의미하는 것이 분명하다. 하나님은 사전에 구원의 관계가 존재하도록 작정하심으로써 그 관계를 실현시키신다. 그리스도가 창세 전에 죄를 위한 희생제물이 되도록 "미리 알린 바 되신" 것과 똑같은 방식으로 그리스도인도 구원을 위하여 미리 아심이 되었다(참고. 행 2:23). *미리 아심*은 하나님이 이전에 관찰하셨다는 뜻이 아니라 이전에 계획하셨다는 뜻이다(참고. 출 33:17; 렘 1:5; 암 3:2; 마 7:23). 이처럼 하나님은 각 그리스도인의 구원을 미리 생각하시고, 미리 정하셨다. 즉 예정하셨다(*롬 8:29; 엡 1:4에 대한 설명을 보라*). **성령이 거룩하게 하심** "거룩하게 하다"는 것은 '봉헌하다' '구별하다'라는 뜻이다. 선택의 목적은 구원이다. 이 구원은 성령의 거룩하게 하는 일을 통해 선택된 자에게 임한다. 이렇게 해서 성령은 하나님이 택하신 사람을 죄와 불신으로부터 구별하여 믿음과 의로 인도하여 거룩하게 한다(참고. 살전 1:4; 살후 2:13). 이처럼 성화는 칭의(하나님이 은혜로 그리스도의 의를 그에게 전가하시기 직전에 죄인에게 선언됨, 참고. 빌 3:9)와 함께 시작되어 신자가 그리스도를 얼굴과 얼굴을 대면하여 보는 영화에 이르기까지 정화의 과정으로 계속된다. **순종함…위하여** 신자는 예수 그리스도께 순종하기 위해 죄로부터 분리되어 하나님께 속한다. 참된 구원은 그리스도에 대한 순종을 낳는다(참고. 엡 2:10; 살전 1:4-10). **예수 그리스도의 피 뿌림** 이 어구는 이스라엘 백성이 하나님의 말씀에 순종하기로 약속했을 때 그들의 언약에 인을 치는 상징으로 모세가 희생제물의 피를 백성에게 뿌린 사실을 근거로 한다(*출 24:4-8에 대한 설명을 보라*). 이와 마찬가지로 새 언약 아래서는 십자가에서의 그리스도의 피 흘리심에 대한 믿음은 죄를 위한 완전한 속죄를 제공하겠다는 하나님의 언약을 활성화할 뿐 아니라 신자를 주님과 그의 말씀에 순종하겠다는 약속에 의해 그를 언약관계로 이끌어준다. **택하심을 받은 자들** 이 말은 '불러냄을 받은 사람들'이라는 뜻의 헬라어 단어에서 왔다. 이 단어는 '골라내다' '선택하다'라는 뜻을 가진다. 구약성경에서는 이 단어가 이스라엘에게 사용되어(신 7:6), 하나님이 주권적으로 이스라엘 민족을 세상의 모든 민족 가운데서 뽑아내어 하나님을 믿고 그분께 속하게 하셨음을 표시했다(참고. 신 14:2; 시 105:43; 135:4). 여기서 이 말은 구원을 위해 하나님이 택하신 그리스도인을 가리키는 용어로 사용된다(참고. 롬 8:33; 골 3:12; 딤후 2:10). 또한 이 단어는 환난기에 그리스도를 영접하는 사람(마 24:22, 24), 타락하지 않은 거룩한 천사들을 가리키는(딤전 5:21) 말로도 사용되었다. 자신들이 하나님을 통해 선택되었음을 상기하는 것은 박해받는 그리스도인에게 큰 위로가 되어주었다(*엡 1:3-14에 대한 설명을 보라*).

우리의 큰 구원을 기억하라 (1:3-2:10)

A. 우리가 받을 유업의 확실성(1:3-12)

1. 하나님의 능력으로 보존됨(1:3-5)

1:3 우리 주 예수 그리스도의 아버지 하나님 구약에서 하나님은 창조주와 구속자로 알려졌지만 아버지라고 불린 경우는 아주 드물다. 하지만 그리스도는 복음서에서 언제나 하나님을 자신의 아버지로 부르셨다(요 5:17에서처럼). 다만 십자가에서 하나님과 분리되었을 때는 예외였다(마 27:46). 이를 통해 그리스도는 아버지와 동일한 본성, 존재, 본질임을 주장하셨다(참고. 마 11:27; 요 10:29-39; 14:6-11; 고후 1:3; 엡 1:3, 17; 요이 3). 또한 "우리" 주님이라고 부름으로써 베드로는 아들을 통해 천지의 창조주이신 하나님과 그리스도인이 맺는 친밀한 관계를 인격화시켰다(참고. 고전 6:17). 이것은 고난받는 그리스도인이 기억해야 하는 중요한 진리다. **많으신 긍휼** 하나님이 인류를 위해 영광스러운 구원을 베푸신 이유는 그분이 자비하시기 때문이다. 죄인들은 비

벧전

참하고 절망적이며 처참한 상태에 있기 때문에 죄인에게는 하나님의 자비가 필요하다(참고. 엡 2:4; 딛 3:5. 또한 출 34:6; 시 108:4; 사 27:4; 애 3:22; 미 7:18를 보라). **우리를 거듭나게 하사** 하나님은 새로운 출생(신생)을 그의 구원 계획의 일부로 주셨다. 죄인이 그리스도께 와서 의지하면 그는 하나님의 가족으로 새롭게 태어나며 새로운 본성을 받는다(*23절; 요 1:13; 3:1-21에 대한 설명을 보라*). **산 소망** 산 소망은 영원한 생명이다. *소망*은 확신에 찬 낙관주의를 의미하며, 이것은 다음과 같은 것으로 성취된다. 하나님으로부터 옴(시 43:5), 은혜의 선물임(살후 2:16), 성경에 의해 규정됨(롬 15:4), 합리적인 실체임(3:15), 예수 그리스도의 부활을 통해 확보됨(요 11:25, 26; 14:19; 고전 15:17), 성령을 통해 신자에게 확증됨(롬 15:13), 사탄의 공격으로부터 그리스도인을 지켜줌(살전 5:8), 고난을 통해 확증됨(롬 5:3, 4), 기쁨을 일으킴(시 146:5), 그리스도의 재림(딛 2:13)으로 성취됨.

1:4 **썩지 않고** 그 유업은 사라지지도 않고 부패하지도 않는다. 이 단어는 성경 헬라어가 아닌 일반 헬라어에서 적의 공격에도 박탈당하지 않는 어떤 것을 가리키는 말이었다(참고. 마 6:19-21). **더럽지 않고** 이 단어는 악으로 오염되거나 얼룩지지 않았다는 뜻이다. 더럽지 않은 그리스도인의 유업은 모든 것이 썩고 더러운 지상의 유업과 뚜렷한 대조를 이룬다. **쇠하지 아니하는** *쇠하다*는 자주 마르고 시들어 가는 꽃을 가리키는 데 사용되었다. 땅의 유업은 결국 쇠하여 가지만 그리스도인의 영원한 유업은 부패하게 만드는 요소가 없다. **유업** 베드로는 그리스도인에게 어떻게 해야 그들이 당하는 어려움 너머로 그들의 영원한 유업을 볼 수 있는지 보여주었다. 생명과 의, 기쁨, 평안, 온전함, 하나님의 임재, 그리스도의 영광스러운 동행, 상급 등 하나님이 계획하신 모든 것이 그리스도인이 받을 하늘의 유업이다(5절. 참고. 마 25:34; 행 26:18; 엡 1:11; 골 1:12; 히 9:15. 또한 시 16:5; 23; 26; 72; 애 3:24). 에베소서 1:14에 따르면 내주하는 성령은 신자 안에 거하시면서 그 유업을 보증하신다.

1:5 **믿음으로 말미암아** 하나님의 선택과 성령께서 주시는 확신에 대한 신자의 응답은 믿음이지만, 이 믿음도 하나님이 공급하시는 힘에 따른 것이다(*엡 2:8에 대한 설명을 보라*). 게다가 하나님에 대한 그리스도인의 지속적인 믿음은 하나님의 지키시는 능력의 증거다. 구원을 받을 때 하나님은 믿음을 일으키시며 계속해서 그것을 유지하신다. 구원의 신앙은 영구적이라서 결코 없어지지 않는다. *마태복음 24:13; 히브리서 3:14에 대한 설명을 보라*. **하나님의 능력으로 보호하심을 받았느니라** 지고의 능력과 전지, 전능, 주권이 유업을 보호할 뿐 아니라(4절) 신자를 안전하게 보호한다. 어떤 사람도 그리스도인의 보화를 훔치지 못하며, 어떤 사람도 그것을 받을 그리스도인의 자격을 박탈하지 못한다. *로마서 8:31-39에 대한 설명을 보라*.

2. 박해의 고난으로 증명됨(1:6-9)

1:6 **여러 가지 시험** 베드로는 이 절에서 어려움에 대한 몇 가지 중요한 원리를 가르친다. 첫째, 어려움은 지속되지 않는다("잠깐"). 둘째, 어려움에는 어떤 목적이 있다("않을 수 없으나"). 셋째, 어려움은 괴로움을 초래한다("근심하게"). 넷째, 어려움은 다양한 형태로 온다("여러 가지 시험"). 다섯째, 어려움이 그리스도인의 기쁨을 감소시켜서는 안 된다("크게 기뻐하는도다"). **크게 기뻐하는도다** 이것은 크게 기뻐하며 환희가 넘친다는 뜻이다. 이 기쁨은 가변적이고 한시적인 환경을 근거로 한 것이 아니라 하나님과의 변하지 않고 영원한 관계에서 오는 것이다. 베드로는 이 기쁨을 영원한 유업에 대한 확신에 연결시키며(4, 5절. 참고. 요 16:16-33), 입증된 믿음에 의거한 확신에 연결시킨다(7절).

1:7 **너희 믿음의 확실함** 하나님이 어려움을 허락하시는 목적은 그 사람의 믿음의 실상을 시험하기 위해서다. 그러나 그런 시험이나 "불"의 유익은 직접적으로 그리스도인을 위한 것이지 하나님을 위한 것이 아니다. 신자가 여전히 주님을 의지하며 시련을 통과하게 되면 자신의 믿음이 참되다는 것을 확신하게 된다(참고. 창 22:1-12; 욥 1:20-22). **예수 그리스도께서 나타나실 때** 그리스도의 나타나심이나 드러나심은 그리스도의 재림을 가리킨다. 특히 구속받은 자기 백성을 불러 상을 주러 오실 때(참고. 13절. 4:13; 고전 1:7), 즉 휴거(살전 4:13-18)에 초점이 맞춰진다.

1:8 **보지 못하였으나** 이것은 그리스도의 나타나심을 보지 못했다는 뜻이다(7절). 참고. 고린도후서 5:7. 그때가 되면 신자가 견딘 불 같은 시험이 하나님께 영원히 '찬송과 존귀와 영광'을 돌리게 하여 하나님께 유익이 될 것이다.

1:9 **구원을 받음이라** *받음이라*는 문자적으로 '지금 너희 자신을 위해 받고 있다'라는 뜻이다. 어떤 의미에서 그리스도인은 지금 그들의 믿음에 따른 결과, 곧 죄의 세력으로부터의 지속적인 구원을 소유하고 있다. 또 다른 의미에서 우리는 우리 몸이 구속될 때 영원한 영광의 완전한 구원을 받을 것을 기다리고 있다(롬 8:23).

3. 하나님의 선지자들을 통해 예언됨(1:10-12)

1:10 **이 구원** 이 단락에서 베드로는 영원한 구원을 가

능하게 한 구약의 선지자들(10, 11절), 성령(11, 12절), 신약의 사도들(12절), 천사들(12절) 등의 존재를 바라보면서 구원의 위대함에 주목하고 있다. **임할 은혜** 하나님은 본성적으로 은혜로우시며 과거에 조건적인 옛 언약 하에서도 그러하셨다(참고. 출 33:19; 욘 4:2). 그런데 선지자들은 그들이 도저히 알 수 없는 대단히 큰 은혜가 드러날 것을 예언했다(사 45:20-25; 52:14, 15; 55:1-7; 61:1-3. 참고. 롬 9:24-33; 10:11, 13, 20; 15:9-21). **연구하고 부지런히 살펴서** 구약의 선지자들은 약속된 구원에 대해 더 알고자 그들 자신의 글을 연구했다. 비록 그들이 믿었고 그 믿음을 통해 죄로부터 개인적으로 구원을 받았다고 해도(하나님이 그리스도 안에서 제공하신 희생제사를 통해) 예수 그리스도의 삶과 죽음에 무엇이 수반되었는지 완전히 이해할 수는 없었다(참고. 민 24:17; 히 11:13, 39, 40).

1:11 자기 속에 계신 그리스도의 영 예수 그리스도는 성령을 통해 구약성경 저자들 안에 거하시면서 장차 절정에 이를 위대한 구원에 대해 쓰도록 하셨다(벧후 1:19-21). **누구를 또는 어떠한 때를** 구약의 선지자들은 '누가 그 인물일 것인가?' '언제 그가 오실 것인가?'를 알기 위해 연구했던 질문이다.

1:12 이 섬긴 바가…너희를 위한 것임이 구원이 임하리라는 것을 기록한 선지자들(10, 11절)은 앞으로 오실 분이 미래의 구원자임을 알았고, 따라서 십자가의 이쪽 편에 있는 사람들을 위하여 쓰고 있었다. **복음을 전하는 자들** 신약의 사도들과 설교자들은 구약의 선지자들을 통해 기록된 예언이 이루어졌다는 것을 선포할 수 있는 특권을 가졌다(참고. 고후 6:1, 2).

B. 우리가 받을 유업의 결과(1:13-2:10)

1. 소망의 견인(1:13-16)

1:13 너희 마음의 허리를 동이고 급하게 움직여야 할 때 겉옷을 모아서 묶는 고대의 풍습이다. 여기서는 사람의 사고 과정에 은유적으로 적용되고 있다. 세상의 방해를 물리치고 하나님이 주실 미래의 은혜에 집중해 느슨한 생각의 끄트머리를 단속하라는 의미다(참고. 엡 6:14; 골 3:2). **근신하여** 영적 근신에는 꾸준함, 자기 절제, 명석함, 도덕적 단호함 등의 개념이 포함된다. 근신하는 그리스도인은 우선순위를 바로 정하며, 세상의 다양한 유혹에 흔들리지 않는다. **너희에게 가져다 주실 은혜** 장차 그리스도인들을 영화롭게 하고 그들에게 영원한 생명을 주실 그리스도의 미래 사역이 우리가 구원받을 때 시작된 은혜의 최후 절정이 될 것이다(참고. 엡 2:7). **온전히 바랄지어다** 그들의 큰 구원에 비춰 특히 고난당하는 그리스도인들은 미래를 위해 거침없이 살면서 그리스도의 재림 때 성취될 그들의 구원의 절정을 바라보아야 한다(7절을 보라). 참고. 골로새서 3:2-4.

1:15 너희도…거룩한 자가 되라 거룩은 본질적으로 그리스도인의 새로운 본성과 행실을 가리키며, 이는 구원 이전 그의 생활방식과 대비된다. 거룩한 생활방식을 실천해야 하는 이유는 그리스도인이 거룩한 하나님과 연결되어 있으므로 그분과 그분의 말씀을 존경하고 경외해야 한다는 것이다. 그러므로 우리는 하나님을 닮아가면서 그분께 영광을 돌린다(16, 17절; 마 5:48; 엡 5:1을 보라. 참고. 레 11:44, 45; 18:30; 19:2; 20:7; 21:6-8).

2. 놀라움의 연속(1:17-21)

1:17 너희가 아버지라 부른즉 이것을 다른 말로 하면 '너희가 그리스도인이라면…'이 된다. 하나님을 알고 그분이 자녀의 모든 일을 공평하게 판단하신다는 것을 아는 신자는 하나님과 자신의 삶에 대한 그분의 평가를 존중하며, 하늘에 계신 아버지를 높이기를 간절히 원할 것이다.

1:18 대속함을 받은 *디모데전서 2:6에 대한 설명을 보라.* 즉 값을 주고 어떤 사람을 굴레에서 건져내는 것, 속전을 지불하고 자유를 주는 것이다. *대속함*은 전쟁 포로를 건져내기 위해 지불해야 하는 돈을 가리키는 전문용어였다. 여기서는 죄의 굴레와 율법의 저주(즉 영원한 죽음, 참고. 갈 3:13) 아래 있던 사람에게 자유를 회복시켜 주기 위해 사용된 값을 가리킨다. 거룩한 하나님께 지불된 값은 아들이 흘리신 피다(참고. 출 12:1-13; 15:13; 시 78:35; 행 20:28; 롬 3:24; 갈 4:4, 5; 엡 1:7; 골 1:14; 딛 2:14; 히 9:11-17).

1:20 미리 알린 바 되신 아담과 하와가 범죄하기도 전인 영원 전에 하나님은 예수 그리스도를 통한 대속을 계획하셨다(참고. 행 2:23; 4:27, 28; 딤후 1:9). *2절에 대한 설명을 보라.* **말세** '마지막 때'는 메시아의 시대, 곧 그의 초림부터 재림까지다(참고. 행 2:17; 딤전 4:1; 요일 2:18).

1:21 영광을 주신 승천을 통해 하나님은 그리스도가 천지가 시작되기 전부터 가지고 계시던 영광을 돌려주셨다(참고. 눅 24:51-53; 요 17:4, 5; 행 1:9-11; 빌 2:9-11; 히 1:1-3; 2:9).

3. 사랑의 능력(1:22-2:3)

1:22 뜨겁게 서로 사랑하라 베드로가 여기서 말하는 사랑은 최선의 사랑, 곧 명령에 즉시 응답할 수 있는 그런 사랑이다. *뜨겁게*는 한계까지 밀고 나간다는 뜻이다

베드로전서에 나오는 구약성경

벧전 1:16	레 19:2
벧전 1:24, 25	사 40:6-8
벧전 2:6	사 28:16
벧전 2:7	시 118:22
벧전 2:8	사 8:14
벧전 2:9상	사 43:20
벧전 2:9중	출 19:6
벧전 2:9하	사 43:21
벧전 2:22	사 53:9
벧전 3:10-12	시 34:12-16
벧전 4:18	잠 11:31
벧전 5:5	잠 3:34

(참고. 10:27 이하; 눅 22:44; 행 12:5). 그 영혼이 "깨끗한", 즉 구원받은 사람만이 이런 사랑을 할 수 있는 능력을 가진다. 이런 사랑은 다른 사람의 필요를 공급하는 데서 드러난다(참고. 2:17; 3:8; 4:8; 요 13:34; 롬 12:10; 빌 2:1-8; 히 13:1; 요일 3:11).

1:23 썩어질 씨로 된 것이 아니요 성령께서 심어주신 영적인 생명은 영원히 지속된다. **하나님의 말씀으로** 성령께서는 말씀을 사용하여 생명을 낳는다. 이는 우리를 구원하는 복음의 진리다. *로마서 10:17에 대한 설명을 보라.*

1:24, 25 베드로는 이사야 40:6-8(*이 구절에 대한 설명을 보라*)을 인용해 중생을 일으키는 말씀의 능력에 대한 자신의 요점을 강조한다.

2:1 버리고 죄를 버리지 않으면 그리스도인의 새 생명이 성장할 수 없다. 죄를 씻으면 말씀은 신자들을 자라게 한다(2절). **악독** 이에 해당하는 헬라어 단어는 신약성경에서 11번 사용되며, 사람의 안에서 나오는 악을 가리킨다(참고. 16절; 롬 1:29; 엡 4:31; 딛 3:3).

2:2 순전하고 신령한 젖을 사모하라 영적 성장의 표시는 아기가 젖을 원하는 것과 같은 강렬함을 가지고 언제나 하나님 말씀을 갈망하고 즐거워한다는 사실이다(참고. 욥 23:12; 시 1:1, 2; 19:7-11; 119:16, 24, 35, 47, 48, 72, 92, 97, 103, 111, 113, 127, 159, 167, 174; 렘 15:16). 그리스도인은 다음과 같은 방법으로 하나님 말씀의 진리에 대한 욕구를 개발할 수 있다. 첫째, 자기 생명의 근원을 기억한다(1:25. 참고. 사 55:10, 11; 요 15:3; 히 4:12). 둘째, 생활에서 죄를 제거한다(1절). 셋째, 하나님의 진리가 필요함을 인정한다(2절의 "갓난 아기들 같이". 참고. 마 4:4). 넷째, 영적 성장을 추구한다(2절의 "그로 말미암아…자라게 하려 함이라"). 다섯째, 자신이 받은 복을 살펴본다(3절의 "주의 인자하심").

2:3 맛보았으면 구원받을 때 모든 신자는 주님이 자신을 의지하는 자들에게 얼마나 은혜로우신지를 경험한다. 이 경험으로 신자는 하나님의 말씀을 사모하고 그 은혜를 더욱 찾지 않을 수 없게 된다.

4. 그리스도를 찬송함(2:4–10)

2:4 버린 바가 되었으나…택하심을 입은 7절을 보라. 거짓 종교지도자들은 예수의 메시아 자격을 조사했으며, 그들은 예수를 모욕적으로 배척했다(6-8절. 참고. 마 12:22-24; 요 1:10, 11). 그러나 예수 그리스도는 하나님의 택함을 받은 귀한 아들이심이 죽음에서의 부활을 통해 최종적으로 입증되었다(참고. 시 2:10, 11; 마 3:17; 행 2:23, 24, 32; 4:11, 12; 5:30, 31; 10:39-41). **산 돌** 구약성경에서 가져온 은유로 역설적인 이 말은(6-8절을 보라) "머릿돌"이자 "부딪치는 돌"인 그리스도가 죽은 자 가운데서 살아 나셨으며, 구원받은 인류와 생명의 관계를 가진다는 것을 강조한다(5절. 참고. 고전 15:45; 요일 5:11, 12). **예수께 나아가** *나아가다*는 함께할 생각을 품고 온다는 것을 의미한다. 여기서 이 말은 그리스도와 함께 친밀한 교제 속에 머문다는 뜻이다(참고. 요 15:5-15).

2:5 너희도 산 돌 같이 그리스도인은 그리스도와 친밀하게 동일시되고 연합되어 있으므로 그리스도 안에 있는 바로 그 생명이 그리스도인 안에도 있다(참고. 갈 2:20; 골 3:3, 4; 벧후 2:4). **신령한 집으로 세워지고** 은유적인 표현으로 하나님은 신자를 제자리에 위치시키시고 각 사람을 그리스도의 생명에 연결시킴으로써, 각 사람을 하나로 연결시키심으로써 신령한 집을 건축하신다(참고. 엡 2:19; 히 3:6). **신령한 제사를 드릴** 신령한 제사는 그리스도로 말미암아 성령의 지시와 하나님 말씀의 인도 하에서 하나님을 높이는 일을 의미한다. 거기에는 다음과 같은 일이 포함된다. 첫째, 우리의 몸을 하나님께 드린다(롬 12:1, 2). 둘째, 하나님을 찬송한다(히 13:15). 셋째, 선을 행한다(히 13:16). 넷째, 자신의 자원을 나눈다(히 13:16). 다섯째, 사람들을 그리스도께 인도한다(롬 15:16). 여섯째, 다른 사람들의 유익을 위해 자신의 욕구를 희생한다(엡 5:2). 일곱째, 기도한다(계 8:3). **거룩한 제사장** 구약의 제사장들과 신약의 신자 겸 제사장들은 몇 가지 특징을 공유한다. 첫째, 제사장직은 선택된 특권이다(출 28:1; 요 15:16). 둘째, 제사장들은 죄에서 씻음을 받는다(레 8:6-36; 딛 2:14). 셋째, 제사장들은 사역을 위한 옷을 입는다(5:5; 출 28:42; 레

8:7 이하; 시 132:9, 16). 넷째, 제사장들은 사역을 위해 기름 부음을 받는다(레 8:12, 30; 요일 2:20, 27). 다섯째, 제사장들은 사역을 위해 준비된다(레 8:33; 9:4, 23; 갈 1:16; 딤전 3:6). 여섯째, 제사장들은 순종을 위하여 임명된다(4절; 레 10:1 이하). 일곱째, 제사장들은 하나님의 말씀을 존중해야 한다(2절; 말 2:7). 여덟째, 제사장들은 하나님과 동행해야 한다(말 2:6; 갈 5:16, 25). 아홉째, 제사장들은 죄인들에게 충격을 주어야 한다(말 2:6; 갈 6:1). 열째, 제사장들은 하나님의 메신저들이다(말 2:7; 마 28:19, 20). 하지만 제사장의 가장 중요한 특권은 하나님 앞에 나아갈 수 있다는 것이다.

2:6-8 베드로는 "돌"의 은유와 관련된 세 구약 구절을 인용해 그리스도의 위치가 새로운 신령한 집의 머릿돌로 하나님에 의해 미리 정해졌음을 보여준다. 또한 그 동일한 돌이 부딪치는 돌이 되어 믿지 않는 자들을 심판으로 이끌 것이다(참고. 마 21:42, 44).

2:6 시온 이사야 28:16을 인용한 것이다. 비유적으로 시온, 즉 예루살렘은 새 언약의 영역에 있으며, 시내산은 옛 언약의 영역에 있다.

2:6, 7 모퉁잇돌 *에베소서 2:20에 대한 설명을 보라.* 참고. 시편 118:22.

2:7 믿지 아니하는 불신한다는 뜻이다(8절).

2:8 부딪치는 돌과 걸려 넘어지게 하는 바위 이사야 8:14을 인용한 것이다. 그리스도가 믿는 사람에게는 구원의 수단이지만, 복음을 거절하는 사람에게는 심판의 수단이다(둘 중 하나임). 그리스도는 길에 놓여 행인을 넘어지게 하는 돌이다. **말씀을 순종하지 아니하므로** 불신앙이 곧 그들의 불순종이다. 이는 회개하고 믿으라는 복음의 부르심이 하나님으로부터 오는 명령이기 때문이다. **그들을 이렇게 정하신 것이라** 이들은 하나님에 의해 불순종과 불신앙으로 정해진 것이 아니다. 도리어 그들의 불순종과 불신앙 때문에 그들 자신의 멸망으로 정해진 것이다. 불신앙에 대한 심판은 믿음을 통한 구원처럼 하나님이 신성하게 정하신 것이다. *로마서 9:22; 고린도후서 2:15, 16에 대한 설명을 보라.*

2:9 택하신 족속 베드로는 구약의 개념을 사용해 신약 신자들의 특권을 강조한다(참고. 신 7:6-8). 하나님이 진노를 받도록 결정한 불순종하는 자들(8절)과 정반대로, 그리스도인은 하나님에 의해 구원을 받도록 선택된다(참고. 1:2). **왕 같은 제사장들** 왕 같은 제사장이라는 개념은 출애굽기 19:6에서 왔다. 이스라엘은 그들의 배교와 악한 지도자들이 메시아를 처형했기 때문에 이 특권을 한시적으로 박탈당했다. 현재는 교회가 왕이며 제사장이신 예수 그리스도와 연합된 왕 같은 제사장이다. 왕 같은 제사장이란 왕에게 속하여 왕을 섬기는 제사장일 뿐만 아니라 통치 행위를 하는 제사장이기도 하다. 이것은 그리스도의 미래 왕국에서 궁극적으로 성취될 것이다(고전 6:1-4; 계 5:10; 20:6). **거룩한 나라** 이것은 다시 출애굽기 19:6을 암시한다(참고. 레 19:2; 20:26; 신 7:6; 사 62:12). 비극적이게도 이스라엘은 불신앙으로 말미암아 하나님의 특별한 백성이 되는 이 큰 특권을 잠정적으로 박탈당했다. 이스라엘이 미래에 메시아를 받아들일 때까지 하나님은 그 나라를 교회로 대체하셨다. 이스라엘의 구원은 *로마서 11:1, 2, 25-29에 대한 설명을 보라.* **그의 소유가 된 백성** 이 말은 출애굽기 19:5; 이사야 43:21; 말라기 3:17에서 발견되는 말들을 종합한 것이다. 참고. 디도서 2:14. **어두운 데…빛에** 참고. 사도행전 26:18; 에베소서 5:8; 골로새서 1:13. **아름다운 덕을 선포하게** 신약성경의 다른 곳에서는 발견되지 않는 *선포하다*라는 이 단어는 '알도록 말하다' '달리 알 길이 없는 어떤 것을 알려주다'라는 뜻이다. *아름다운 덕*은 우수성, 미덕, 월등한 자질이다.

2:10 하나님의 백성 이 절의 개념은 호세아 1:6-10; 2:23에서 왔다. 참고. 로마서 9:23-26. 로마서에서도 나온 이 구절이 명백하게 가리키는 것은 유대인과 이방인으로 이루어진 백성을 부른다는 점이다. **이제는 긍휼을 얻은** 피조물 전체에 대한 일반 은총으로 한시적인 자비와 긍휼을 베푸신다(시 145:9; 애 3:22). 바울이 하나님을 "모든 사람 특히 믿는 자들의 구주"라고 말했을 때 뜻한 것이 바로 이것이다(*딤전 4:10에 대한 설명을 보라*). 그러나 하나님은 택하신 교회에 대해서는 그들의 죄를 용서하고 심판을 제거하심으로써 영원한 자비를 베푸신다(참고. 롬 9:15; 딛 3:5). 구약성경에서 선지자 호세아

구약성경의 제사장들과
신약성경의 신자 겸 제사장들(벧전 2:5)

- 모두 선택받은 특권에 의해
- 모두 죄에서 씻음 받음
- 모두 사역을 위해 옷을 입음
- 모두 사역을 위해 기름 부음을 받음
- 모두 사역을 위해 준비됨
- 모두 순종을 위해 안수받음
- 모두 하나님의 말씀을 존중해야 함
- 모두 하나님과 동행해야 함
- 모두 죄인들에게 영향을 미쳐야 함
- 모두 하나님의 메신저가 되어야 함

는 비록 이스라엘이 오랫동안 하나님의 복 바깥에 머물지만 결국에는 하나님의 자비 아래로 돌아올 것을 약속했다. 하나님이 구약의 이스라엘을 다루시는 방식은 새 언약 하에서 신자를 다루시는 방식에 대한 하나의 모범이 된다. 즉 신자도 전에는 하나님의 언약 바깥에 있었으나 그리스도에 대한 믿음을 통해 하나님의 자비 아래로 이끌림을 받았다(참고. 엡 2:4-13).

사람 앞에서 보일 우리의 본보기를 기억하라 (2:11-4:6)

A. 불신자 앞에서 칭찬받는 생활(2:11-3:7)

1. 정부에 대한 복종(2:11-17)

2:11 거류민과 나그네 이 단락에서 베드로는 독자에게 적대적인 세상에서 의로운 삶을 살 것을 요구했다. 그리스도인은 세속 사회 속에서 거류민이다. 이는 그들의 시민권이 하늘에 있기 때문이다. 그리스도인은 세 가지 관점에서 자신의 의무를 볼 수 있다. 나그네(11, 12절), 시민(13-17절), 종(18-20절)이다. 21-25절에서 베드로는 어떻게 그리스도가 적대적인 환경의 한가운데서 완전한 삶을 영위함으로써 모범을 보이셨는지를 묘사한다. **영혼을 거슬러 싸우는** *싸우*는 즉 군사 작전을 수행하는 것을 말한다. 육체의 정욕이 마치 그리스도인의 기쁨, 평안, 유용성을 지속적으로 찾아 파괴하려는 반군 또는 게릴라인 것처럼 의인화되고 있다(참고. 4:2, 3). **육체의 정욕을 제어하라** 문자적으로 '육체의 정욕으로부터 자신을 멀리하라'는 뜻이다. 하나님을 위하여 세상에 영향을 끼치려면 그리스도인은 타락한 본성의 욕망을 피함으로써 내적이고 개인적인 생활에서 질서가 잡혀야 한다(참고. 갈 5:19-21. 여기서 "육체의 정욕"은 성적 유혹 이상의 것을 포함함).

2:12 행실을 선하게 가져 *선하다*로 번역된 헬라어 단어는 가장 순결한, 가장 높은, 가장 거룩한 종류의 선함이라는 풍부한 의미를 가진다. 이 단어는 '사랑스러운' '매력 있는' '우아한' '고귀한' '우수한' 등의 의미를 가진다. 그리스도인은 내적이고 개인적인 측면에서 잘 훈련을 받아서, 비그리스도인 사이에서 내적인 역량을 드러내는 방식으로 외적인 삶을 살아야 한다. **악행한** 초기의 그리스도인은 정부에 반항한다는 거짓 고발을 당했다. 다음은 그들이 당한 거짓 고발이다. 테러(로마에 불을 질렀음, 서론의 배경과 환경을 보라), 무신론자(우상숭배나 황제 숭배를 하지 않음), 인육을 먹음(주의 만찬에 대한 소문), 부도덕성(서로에 대한 사랑 때문임), 상업과 사회 진보에 해를 끼침, 노예를 부추겨 반란을 일으키게 하는 것. 참고. 사도행전 16:18-21; 19:19, 24-27. **오시는 날** 구약성경에서 흔한 표현으로(사 10:3; 렘 27:22) 하나님의 '오심'을 경고한다. 하나님이 그 백성에게 또는 민족에게 가까이 오시는 것은 심판을 하거나 복을 주기 위해서다. 신약성경에서 '오심'은 구속을 말한다(눅 1:68; 7:16; 19:44). 베드로가 말하는 것은 이것이다. 하나님의 은혜가 불신자의 마음에 임하면 불신자는 자신이 목격한 신자의 증거를 기억하기 때문에 구원에 이르는 믿음으로 반응하고 하나님께 영광을 돌린다는 것이다. 믿지 않는 사람은 최후의 심판에서 하나님의 진노하심을 경험하게 될 것이다.

2:13 주를 위하여 비록 그리스도인의 참된 시민권은 하늘에 있지만(빌 3:20), 그는 여전히 이 세상에서는 순종적인 시민으로 살아야 한다. 그렇게 해야 하나님이 높임과 영광을 받으실 것이다. 그리스도인의 반항적인 처신은 그리스도께 욕을 돌릴 것이다. *로마서 13:1-5; 디도서 3:1, 2에 대한 설명을 보라.* **순종하되** *순종하다*는 군사 용어로 '사령관 이하 병사가 대오를 맞추다' '복종하는 태도를 취하다'라는 뜻이다. 세상에 살면서 시민법과 행정 당국 하에 있는 하나님의 백성은 적대적이고 무신론적인 사회일지라도 겸손하고 순종적인 태도로 살아야 한다(참고. 21-23절; 잠 24:21; 렘 29:4-14; 마 22:21; 롬 13:1 이하, 딤전 2:1; 히 10:32-34).

2:14 총독 그리스도인은 지상의 모든 시민제도와 사회질서에 순종하는 삶을 살아야 한다. 거기에는 국가 정부(13절, "왕"), 주 정부, 경찰, 법관이 포함된다. 오직 정부가 성경에 명백하게 진술된 법을 거스르는 행동을 요구할 때만 신자는 복종하기를 거부할 수 있다(참고. 행 4:18-20; 5:28, 29; 딛 1:6; 3:1, 2).

2:15 어리석은 사람들의…말을 막으시는 것이라 권위에 복종하는 목적은 이것이다. 즉 정죄당하는 것을 피하고 칭찬을 받음으로써 신자를 비난할 이유를 찾으면서 믿음에 집요하게 대항하는 사람들의 반론을 막기 위해서다.

2:16 자유로 악을 가리는 데 신자는 그리스도 안에서 자유를 누려야 하지만, 실제로는 악한 일을 자유라는 베일이나 가면으로 가리는 일이 없어야 한다. 그리스도인의 자유는 결코 자기탐닉이나 방종을 위한 변명이 되어서는 안 된다. 참고. 고린도전서 7:22; 8:9-13; 데살로니가후서 3:7-9. *로마서 14:1-15:3에 대한 설명을 보라.*

2:17 공경 이 개념은 높게 여긴다는 것이다. 이 말은 단순히 복종해야 할 의무만이 아니라 내적인 존경을 가리킨다. **형제** 교회를 가리킨다. 참고. 1:22; 3:8; 4:8; 5:14.

2. 주인에 대한 복종(2:18-25)

2:18 사환들아…주인들에게 순종하되 기독교는 사회 구조에서 위에 있는 사람이 아무리 부당하고 거칠어도 그에게 반역할 권리를 주지 않는다(*고전 7:21-23; 엡 6:5; 골 3:22에 대한 설명을 보라*. 또한 출 21:26, 27; 레 25:39-43; 신 23:15, 16을 보라).

2:19, 20 하나님 앞에 아름다우니라 피고용자가 부당한 대우를 받았을 때 분노, 적대감, 불만, 교만, 반항으로 반응하지 않고 하나님의 주권적인 돌보심을 믿고 인내한다면 그는 하나님의 호의를 입는다(참고. 마 5:11).

2:21 이를 위하여 참는 인내를 위하여(20절). **너희가 부르심을 받았으니** 신약성경 서신에서 항상 그렇듯 이 *부르심*은 구원으로의 유효한 부르심이다(9절; 5:10; 롬 8:30). 베드로가 말하고자 하는 요점은 구원으로 부르심을 받은 사람은 적어도 때때로 불공평한 대우를 견뎌야 한다는 것이다. 그런 고난 가운데서 신자가 보여주는 칭찬할 만한 처신은 지상의 그리스도인을 굳게 하고 온전하게 하는 결과를 가져오며(5:10. 참고. 약 1:2-4), 하나님께 영광을 돌릴 수 있는 영원한 능력을 증가시킨다(참고. 마 20:21-23; 고후 4:17, 18; 딤후 2:12). **너희에게 본을 끼쳐** *본*은 원래 '아래에 쓴다'라는 뜻이다. 이는 글이 쓰인 종이를 다른 종이의 아래에 두어 그 글의 흔적을 찾는 것이다. 그래서 패턴이 된다. 그리스도는 그리스도인이 고난 가운데 완전한 순종으로 따라가야 하는 패턴이다. 그리스도의 죽음은 일차적으로 죄를 위한 대속으로 유효하지만(고후 5:21), 그것은 부당한 고난 속에서 인내하는 모범이 되기도 했다.

2:22 이것은 이사야 53:9을 인용한 것이다. 선지자가 말했듯이 그리스도는 죄가 전혀 없으셨으므로 불의한 고난 가운데서 견디는 인내의 완전한 모범이 되신다. 참고. 1:19.

2:23 욕을 당하시되 *욕을 당하다*라는 말은 어떤 사람을 매도하는 악한 언어를 계속 사용하는 것이다. 비록 그리스도는 말로 조롱을 당했지만 결코 악한 말이나 위협으로 보응하시지 않았다(3:9. 참고. 마 26:57-65; 27:12-14; 눅 23:7-11). **부탁하시며** '부탁하다'는 '다른 사람에게 자기를 지켜달라고 넘기는 것'이었다. 그리스도는 빌라도에게 "넘겨졌다"(요 19:11). 빌라도는 유대인에게 "그를 넘겨주었다"(요 19:16). 그리스도는 아버지의 주권과 의에 대한 완전한 확신 때문에 조용히 자신을 하나님께 "부탁하셨다"(참고. 사 53:7).

2:24 우리 죄를 담당하셨으니 그리스도는 단지 그리스도인의 패턴이 되기 위하여 고난당하신 것이 아니라 (21-23절) 훨씬 중요하게는 그리스도인을 대신해 고난당하셨다. 죄를 담당한다는 것은 죄로 인해 형벌을 당하는 것이었다(참고. 민 14:33; 겔 18:20). 그리스도는 신자를 위해 형벌을 당하고 속전을 지불해 거룩한 하나님을 만족시키셨다(3:18. *고후 5:21; 갈 3:13에 대한 설명을 보라*). 이 위대한 '대신 속죄'의 교리가 복음의 핵심이다. 온 세상을 위한 실질적인 대속은 믿는 자, 즉 선택된 자에게만 유효하다(참고. 레 16:17; 23:27-30; 요 3:16; 고후 5:19; 딤전 2:6; 4:10; 딛 2:11; 히 2:9; 요일 2:2; 4:9, 10). **우리로 죄에 대하여 죽고** 이것은 그리스도 안에 있는 기적에 의해 실현된다. 그리스도가 인간을 대신해 죽으셨을 때 우리가 그의 안에 있음으로써 죄의 속전(죽음)을 지불했다는 의미에서 우리는 죄에 대해 죽은 셈이다. *로마서 6:1-11에 대한 설명을 보라*. **의에 대하여 살게 하려 하심이라** 우리가 의롭다고 선언되고 그리스도의 죽음을 통해 우리의 벌금이 지불되었을 뿐 아니라 우리는 새 생명으로 살아나 성령의 능력으로 산다(*롬 6:12-22에 대한 설명을 보라*). **그가 채찍에 맞음으로 너희는 나음을 얻었나니** 이사야 53:5(*이 구절에 대한 설명을 보라*)을 인용한 것이다. 십자가상 그리스도의 상처를 통해 신자들은 죄의 치명적인 질병에서 영적으로 치료된다. 육체의 완전한 치료는 더 이상 육체의 고난, 질병, 죽음이 없는 영화로운 상태에서만 이루어진다(계 21:4). *대속에서의 치료는 이사야 53:4-6; 마태복음 8:17에 대한 설명을 보라.*

2:25 목자와 감독 그리스도는 그리스도인의 표준(21-23절)과 대속물(24절)일 뿐 아니라 그리스도인의 목자이기도 하시다(5:4. 참고. 사 53:6; 요 10:11). 구약성경에서 주님이 목자라는 호칭은 자주 메시아를 가리킨다(겔 34:23, 24; 37:24. 참고. 요 10:1-18). 그 이외에도 박해와 비난을 당하던 그리스도인을 위로하려는 베드로에게 목자와 감독이라는 호칭은 그리스도를 가리키는 가장 적절한 묘사였다(12절). 이 두 용어는 영적인 지도자에게도 사용된다. *목자*는 목사를 가리키는 말이고, *감독*

그리스도인의 자화상

1. 나그네	1:1
2. 산 돌	2:5
3. 택하신 족속	2:9
4. 왕 같은 제사장	2:9
5. 거룩한 나라	2:9
6. 소유가 된 백성	2:9
7. 종	2:16

은 주교를 가리키는 말이다(참고. 엡 4:11; 딛 1:7), 이 두 단어는 교회를 지도하는 동일한 일을 하는 사람을 가리킨다(참고. 행 20:28). **돌아왔느니라** 이 말은 '향하여 돈다'는 뜻으로, 사람이 구원받을 때 가지는 회개하는 믿음을 가리킨다.

3. 가정 내에서의 복종(3:1-7)

3:1 이와 같이 2장에서 베드로는 적대적인 세상에서 그리스도인으로서 성공적으로 살려면 시민 사회(2:13-17)와 일터(2:18-25)에서 올바른 관계를 맺어야 한다는 것을 가르쳤다. 이 장을 시작하면서 베드로는 두 가지를 덧붙인다. 가정(1-7절)과 지역 교회(8, 9절)이다. **자기 남편** 여자가 어떤 면에서도 남자보다 열등하지 않은 것은 순종하는 그리스도인이 이방 통치자나 비그리스도인 사장보다 열등하지 않은 것과 같다(참고. 갈 3:28). 그러나 아내는 남편인 머리에 복종하는 역할을 맡았다(*고전 11:1-9; 엡 5:22; 골 3:18; 딛 2:4, 5에 대한 설명을 보라*). **순종하라** 베드로는 그리스도인이 주님을 위한 증인이 되려면 국가 질서뿐 아니라 하나님이 설계하신 사회 질서에도 순종해야 한다고 주장한다. **말씀을 순종하지 않는 자** 이 서신에서 순종은 신자, 불순종은 불신자를 가리키는 말로 사용되었으므로(*1:2; 2:8에 대한 설명을 보라*) 이 말은 비그리스도인 남편을 가리킨다. 여자가 남자보다 낮은 지위라고 여겨졌던 문화에서 신자와 불신자의 결혼으로 생기는 갈등과 곤혹스러운 상황은 실로 심각한 것이었다. 이것은 오늘날 사회에서도 마찬가지다. 베드로는 그리스도인 아내에게 남편을 떠나거나(참고. 고전 7:13-16), 남편에게 설교하거나("말로 말미암지 않고"), 권리를 주장하라고("순종하라") 촉구하지 않았다. **아내의 행실로 말미암아 구원을 받게 하려 함이니** 그리스도인 아내가 구원받지 못한 남편에게 사랑을 품고 은혜롭게 순종하는 것은 아내가 가진 가장 강력한 복음 전파의 수단이다. 순종에 더해지는 것은 정결한 행실, 온유함, 남편을 향한 존경심이다(2-6절).

3:2 두려워하며 정결한 행실 하나님에 대한 두려움과 더불어 생활의 순결함을 구원받지 못한 남편이 항상 보도록 해야 한다.

3:3 외모로 베드로는 여기서 모든 외적 치장을 정죄하는 것이 아니다. 그가 정죄하는 것은 사람의 성품에 대한 고려 없이 외모에만 과도하게 집착하는 것이다(4절. 참고. 딤전 2:9, 10). 그러나 모든 여성 그리스도인은 특별히 정결하고 경건한 그리스도다운 성품을 계발하는 일에 집중해야 한다.

3:4 온유하고 안정한 심령 여기에 외적인 몸과 달리 결코 썩지 않는 아름다움이 있다. *온유한*은 실제로 '온유하고 겸손한' 것이고, *안정한*은 남편과의 생활 전반에서 그녀의 행동과 반응을 가리킨다. 그것은 그녀의 남편뿐 아니라 하나님께도 귀하다.

3:5 거룩한 부녀 구약의 어떤 성도들(특별히 사라, 6절)은 내적인 아름다움, 성품, 정결함, 남편에 대한 복종의 좋은 모델이다(*잠 31:10-31에 대한 설명을 보라*).

3:6 아무 두려운 일에도 놀라지 아니하면 구원받지 않은 남편에게 복종하기로 작정한 그리스도인 아내에게는 그런 순종이 어떤 결과를 낳을지에 대한 잠재적 두려움이 있다. 그러나 아내에 대한 베드로의 지침은 겁을 먹거나 두려워하지 말아야 한다는 것이다. 도리어

단어 연구

말씀(Word): 헬라어 *로고스(logos)*. 1:23; 2:8; 3:1. 문자적으로 '말' '관념'이라는 뜻이다. 헬라어로 *레마(rhēma)*. 1:25. "하나님의 말씀"(1:23)은 주 예수 그리스도에 대한 복음 메시지다. 성령께서는 말씀을 사용해 생명을 주신다. 사람을 구원하고 거듭남을 일으키는 것은 복음의 진리다. 베드로는 이사야 40:6-8을 사용하는데, 이 말은 신약성경 문맥에서 "하나님의 말씀"을 말한다.

본(Example): 헬라어 *휘포그라모스(hupogrammos)*. 2:21. 문자적으로 '트레이싱 판'이라는 뜻이다. 성경 시대에 이 용어는 헬라어 알파벳이 새겨진 판을 가리켰다. 학생들은 이 판 위의 알파벳의 자국을 따라 쓰는 연습을 했다. 신자들이 예수의 삶을 자기들의 모범으로 삼을 때 고난으로 가득 찬 그리스도의 삶은 트레이싱 판이 된다. 예수 삶의 자취를 따르는 그리스도인은 박해에 직면했을 때 경건과 지혜를 배운다.

사랑(Love): 헬라어 *아가페(agape)*. 4:8. 이 헬라어 단어가 고대에 가장 많이 등장하는 곳이 신약성경이다. *아가페*는 나그네에게 친절을 베풀고, 거처를 마련해주며, 도움을 베푸는 행동을 하는 사람의 사랑을 묘사한다. 신약성경에서 아가페는 특별한 의미를 가지게 되었다. 그 단어는 순전히 감정적인 종류의 사랑에 반대되는 행동하는 사랑을 가리켰다. 아가페 사랑은 당연히 하나님이 드러내신 자기희생의 사랑을 말한다.

이교도 가운데서 생활하는 법	
그리스도인이 받는 권면	이유
좋은 시민이 될 것(2:13, 14)	어리석은 자의 입을 막기 위해(2:15)
순종하는 종이 될 것(2:18)	그리스도가 우리의 본보기이시므로(2:21)
순종하는 아내가 될 것(3:1)	믿지 않는 남편 중에 아내의 선행으로 구원받을 사람이 있을 것이므로(3:1, 2)
사려 깊은 남편이 될 것(3:7)	기도가 응답되도록(3:7)
사랑하는 형제 자매가 될 것(3:8)	그들이 복을 상속할 것이므로(3:9)

원리적으로도 그녀는 남편에게 복종하도록 되어 있다. 이 순종에는 강요에 의해 죄를 범하는 것, 하나님 말씀에 불순종하는 것, 신체적 해를 당하는 것은 제외된다(참고. 행 4:18-20; 5:28, 29; 딛 1:6).

3:7 **남편들아 이와 같이** 순종은 그리스도인 남편의 의무이기도 하다(참고. 엡 5:21). 비록 아내를 지도자로 삼고 복종하는 것은 아니지만 믿는 남편은 자기 아내의 필요와 두려움, 감정에 민감해야 할 사랑의 의무를 다해야 한다. 다른 말로 하면 그리스도인 남편은 아내가 그리스도인이든 아니든 자신의 필요를 그녀의 필요 다음에 놓아야 한다. 베드로는 특별히 사려 깊음과 기사도, 동료애를 중시한다. **더 연약한 그릇** 여자라고 해서 영적으로 열등한 것이 아니라 그리스도 안에서 동등하지만(갈 3:28을 보라) 신체적으로 더 약하므로 남편의 보호와 공급, 힘을 필요로 한다. **생명의 은혜를 함께 이어 받을 자** 여기서 "생명의 은혜"는 구원이 아니라 혼인(세상의 생명이 제공할 수 있는 최선의 관계)이다. 남편은 아내가 그리스도인이든 아니든 동료애와 교제를 발전시켜 나가야 한다(참고. 전 9:9). **기도가 막히지 아니하게 하려 함이라** 이것은 특별히 아내의 구원을 위한 남편의 기도다(*1절에 대한 설명을 보라*). 남편이 아내의 필요와 교제를 존중하지 않는다면 그런 기도가 방해받을 것이다.

B. 신자 앞에서 칭찬받는 생활(3:8-12)

3:8 **다 마음을 같이 하여** '같은 것을 생각하다' '같은 마음이 되다'라는 뜻을 가진 두 헬라어 단어로 이루어진 말이다. 마음속의 내적 통일을 유지하라는 뜻이다. 모든 그리스도인은 분열과 부조화가 아닌 평안과 하나 됨의 모범과 전파자가 되어야 한다(요 13:35; 17; 롬 12:16; 15:5; 고전 1:10; 빌 2:1, 2). **형제를 사랑하며** 베드로전서에 반복해 등장하는 주제다(1:22; 2:17; 4:8; 5:14을 보라).

3:9 **도리어 복을 빌라** *복을 빌다*는 '좋은 말을 하다' '축도하다'라는 뜻이다. 그리스도인이 자신을 욕하는 사람에게 빌어주어야 할 복에는 다음과 같은 것이 있다. 첫째, 그를 섬길 길을 모색한다. 둘째, 그의 구원이나 영적 진보를 위해 기도한다. 셋째, 그로 인한 감사를 표현한다. 넷째, 그에 대해 좋게 말한다. 다섯째, 그가 잘 되기를 바란다(2:23. 참고. 레 19:18; 잠 20:22; 눅 6:38). **이를 위하여 너희가 부르심을 받았으니** 하나님으로부터 심판 대신에 과분한 복을 받은 사람은 자기에게 악행을 저지른 사람을 값없이 용서할 때 받을 복을 추구해야 한다(참고. 21절; 마 18:21-35).

3:10 **생명을 사랑하고 좋은 날 보기** 베드로는 9절에서 시편 34:12-16을 적절하게 인용해 성경으로 자신의 권면을 확증했다. 신자는 삶을 풍요롭게 누릴 수 있는 유산을 받았다(요 10:10). 이 단락에서 베드로는 적대적인 환경일지라도 넘치는 기쁨과 충만한 생명을 경험할 수 있는 방법에 대한 직접적인 조언을 주었다. 충만한 생활을 위한 조건에는 다음과 같은 것이 있다. 첫째, 모든 사람을 위한 겸손하고 사랑하는 태도를 가진다(8절). 둘째, 악한 말을 하는 사람에 대해 되갚으려는 태도를 취하지 않는다(9절). 셋째, 순결하고 정직한 말을 한다(10절). 넷째, 악을 떠나 화평을 추구한다(11절). 다섯째, 올바른 동기, 즉 전지하신 주님을 기쁘게 하는 의를 행한다(12절. 참고. 마 5:38-48; 롬 12:14, 17; 고전 4:12; 5:11; 살전 5:15).

C. 고난 가운데 칭찬받는 생활(3:13-4:6)

1. 의를 위한 고난의 원리(3:13-17)

3:13 **누가 너희를 해하리요** 열심히 선을 행하는 사람을 해롭게 하는 일은 별로 없다. 심지어 적대적인 세상일지라도 사회에 유익한 사람, 친절하고 따뜻한 사람을 해치려고 하지 않지만(참고. 4:12), 간혹 그런 일이 발생하기도 한다(14절).

3:14 **복 있는** 이것은 '특권을 받은' '높임을 받은'이라는 뜻이다(참고. 마 5:10). **두려워하지 말며** 이 표현은

이사야 8:12, 13에서 가져왔다.

3:15 너희 마음에 그리스도를 주로 삼아 거룩하게 하고 그리스도가 예배받고자 하는 성소는 성도의 마음속이다. 주 예수와 교제하는 삶을 살면서 그를 사랑하고 순종하라. 그러면 두려움이 사라진다. **너희 속에 있는 소망** 영원한 영광에 대한 소망과 함께하는 구원이다. **대답할 것을 항상 준비하되** 여기 '대답하다'로 번역된 헬라어 단어에서 영어의 *apologetics*(변증학)가 생겨났다. 베드로는 이 단어를 비공식적인 의미로 사용하고 있다(참고. 빌 1:16, 17). 신자는 자신이 무엇을 믿고 있는지, 왜 자신이 그리스도인인지를 알아야 하며, 그렇게 되어야 자신의 신념을 겸손하고 사려 깊고 합리적이고 성경적으로 설명할 수 있다고 주장한다.

3:16 선한 양심 양심은 사람의 마음속에 죄의식이나 수치심, 회의, 두려움, 걱정, 절망을 일으킴으로써 죄를 알려주어 사람을 고발한다(참고. 롬 2:14, 15). 고백되지 않은 지속적인 죄가 없이 주님의 명령 아래서 사는 삶에서 "거리낌이 없는" 양심이 나올 것이다(행 24:16. *고후 1:12; 4:2에 대한 설명을 보라*). 이것은 거짓 고발자에게 그들의 양심의 "부끄러움"을 느끼게 할 것이다(참고. 2:12, 15).

2. 의를 위한 고난의 전형(3:18-22)

3:18 그리스도께서도…죽으사 베드로는 심지어 그리스도도 하나님의 뜻이었기 때문에(18절) 억울한 일을 당하셨다는 것을 다시 한 번 상기시킴으로써 고난 가운데 있는 독자를 격려하고자 했다. 하지만 그리스도는 최후에 하나님의 오른편까지 높아지는 승리를 거두셨지만, 그리스도의 고난을 뒤에서 획책한 모든 권세는 영원히 그리스도께 복종하게 되었다(22절). 하나님은 고난당하는 베드로서의 모든 독자를 승리하게 하셨다. **단번에 죄를 위하여** 옛 언약 하에서 유대인은 희생제물을 드리고 또 드렸고, 다음 해에도 특별히 유월절에 그 일을 반복했다. 그러나 죄로 인해 그리스도가 드린 한 번의 제사는 영원한 효력을 가지기 때문에 모든 사람에게 충분했고 다시 반복할 필요가 없다(*히 7:27; 9:26-28에 대한 설명을 보라*). **의인으로서 불의한 자를 대신하셨으니** 이것은 예수의 무죄함(참고. 히 7:26)과 그의 대속적 속죄에 대한 또 다른 진술이다. 개인적으로 전혀 죄를 범하지 않았고 죄의 본성도 없는 분이 죄인의 자리를 대신했다(참고. 2:24; 고후 5:21). 그렇게 함으로써 그리스도는 율법이 요구하는 죄에 대한 의로운 형벌의 요구를 만족시키셨고, 회개하면서 믿는 모든 사람에게 하나님께 나아갈 수 있는 길을 열어주셨다(참고. 요 14:6; 행 4:12). **우리를 하나님 앞으로 인도하려** 이 생에서는 영적으로, 다음 생에서는 전체적으로(참고. 막 15:38). **육체로는 죽임을 당하시고** 지상에서의 예수의 생명을 끝낸 난폭한 신체적 처형이다(참고. 히 5:7). **영으로는 살리심을 받으셨으니** 이것은 성령을 가리키는 말이 아니라 그리스도의 진정한 내적인 생명, 그리스도 자신의 영을 가리킨다. 사흘 동안 죽어 있던 그의 육신(인간성)과 달리 그의 영(신성)은 살아 있었다. 문자적으로 "영으로"이다(참고. 눅 23:46).

3:19 옥에 있는 영들 이 말은 타락한 천사들(귀신들)을 가리킨다. 그들은 가증스러운 사악함으로 인해 영원히 결박되어 있다. 이렇게 결박되지 않은 귀신들은 그 판결에 저항한다(참고. 눅 8:31). 그러나 마지막에는 영원한 불못에 떨어질 것이다(마 25:41; 계 20:10). **선포하시니라** 그리스도의 죽음과 승천 사이에 살아 있던 그리스도의 영은 무저갱에 갇혀 있던 악한 영들에게 내려가 자신의 죽음에도 불구하고 그들을 이기고 승리했음을 선포하셨다(*골 2:14, 15에 대한 설명을 보라*).

3:20 노아의 날…복종하지 아니하던 베드로는 계속해서 무저갱에 살고 있는 결박된 귀신들이 노아 시대 이후로 거기에 있었다는 것과 그들은 자신들의 사악함으로 하나님이 허용하신 한계를 넘었기 때문에 거기로 보내졌다는 것을 설명한다. 노아 시대의 귀신들은 온 땅을 돌아다니면서 폭동을 일으켰고, 그들의 사악함과 더러움, 성적인 죄를 포함해 하나님께 대적하는 활동으로 온 땅을 가득 채웠기 때문에 노아가 방주를 건설하던 120년 동안의 설교에도 노아의 가족 여덟 사람 이외의 어떤 사람도 하나님을 믿어야 한다는 말에 설득당하지 않았다(*벧후 2:4, 5; 유 6, 7에 대한 설명을 보라*. 참고. 창 6:1-8). 그래서 하나님은 이 귀신들을 결박하여 마지막 판결이 내려질 때까지 영구적으로 무저갱에 묶어놓으셨다. **물로 말미암아 구원을 얻은** 그들은 물 때문이 아니라 물에도 불구하고 구조를 받았다. 여기서 물은 하나님의 구원의 도구가 아니라 심판의 도구였다(*행 2:38에 대한 설명을 보라*).

3:21 예수 그리스도께서 부활하심으로 말미암아…세례 베드로는 여기서 물세례를 가리키는 것이 아니라 그리스도와 연합하게 하는 비유적 잠김을 하나님의 심판을 받지 않게 해주는 방주라고 말하고 있다. 믿는 자의 죄를 위한 그리스도의 대속의 죽음을 하나님이 받으셨음을 그리스도의 부활이 입증해준다(행 2:30, 31; 롬 1:4). 물의 심판이 방주 위에 떨어졌듯 심판이 그리스도께 떨어졌다. 그리스도 안에 있는 신자는 안전한 방주 안에 있는 것처럼 심판의 물을 피하고 영원한 영광으로 항해할 것이다(참고. 롬 6:1-4). **이제 너희를 구원하는 표** 신

약성경에서 표는 영적인 실재를 이 세상의 방식으로 표현한 것이다. 그것은 어떤 영적 진리의 상징이나 그림, 패턴이다. 베드로는 여덟 사람이 방주 속에서 모든 심판을 통과했지만 전혀 해를 입지 않았다는 사실은, 구원의 방주인 그리스도 안에 있는 그리스도인이 경험하는 구원과 유사하다고 가르친다. **육체의 더러운 것을 제하여 버림이 아니요** 자신의 말을 오해하지 않도록 베드로는 분명히 물세례를 말하고 있는 것이 아니라고 말한다. 노아의 홍수에서 물속으로 들어간 사람은 멸망당했지만 노아의 가족은 물 밖에 있었다. 방주 안에 있음으로써 세상에 대한 하나님의 심판으로부터 구원받는 것은 그리스도 안에 있음으로 영원한 저주에서 건짐받는다는 것을 미리 보여준다. **하나님을 향한 선한 양심의 간구니라** 죄와 죄의식으로 고통당하는 사람을 구원하는 것은 외적인 종교 의식이 아니라 그리스도의 죽음과 부활에 대한 믿음으로, 안전한 방주인 예수 안에 들어가기로 하나님께 동의하는 것이다(참고. 롬 10:9, 10; 히 9:14; 10:22).

3:22 하나님 우편 십자가의 일을 성취하시고 죽음에서 일으키심을 받은 후 예수는 뛰어나고, 높고, 장엄하고, 권위와 능력이 있는 곳으로 승귀하셨다(참고. 롬 8:34; 엡 1:20, 21; 빌 2:9-11; 히 1:3-9; 6:20; 8:1; 12:2). 베드로서의 독자에게 주어진 요점은 주 예수의 모범에서 볼 수 있듯 고난은 가장 큰 승리의 과정이 될 수 있다는 것이다.

3. 의를 위한 고난의 목적(4:1-6)

4:1 육체의 고난을 받으셨으니 그리스도의 십자가 죽음을 가리킨다(*3:18에 대한 설명을 보라*). **같은 마음** 그리스도인은 그리스도가 고난 중에 하신 것과 같은 생각으로 무장(전투를 묘사하는 용어)해야 한다. 즉 신자들은 심지어 죽음의 고난 가운데서도 승리할 수 있다는 생각을 가져야 한다. 한편으로 그리스도인은 죽음의 가능성을 삶의 일부로 자발적으로 받아들여야 한다(참고. 마 10:38, 39; 고후 4:8-11). 베드로는 순교에 직면했을 때 이를 직접 실행에 옮길 기회를 가지게 될 것이다(요 21:18, 19을 보라). **죄를 그쳤음이니** 이 동사의 완료 시제는 죄로부터 영원히 벗어난 상태를 강조한다. 부당하게 고난당하는 신자에게 발생할 수 있는 최악의 사태는 죽음이지만, 그것 역시 발생할 수 있는 최선의 일이다. 이는 죽음이 모든 죄의 완전하고 최종적인 끝을 의미하기 때문이다. 만약 그리스도인이 죄로부터 건짐을 받겠다는 목표를 가지고 있고, 그 목표가 죽음을 통해 성취

베드로전서 3:18-22의 요약

이 단락은 신약성경에서 해석하기가 가장 어려운 부분 가운데 하나다. 구약의 암시와 신약의 적용 사이의 구분선이 모호하다. 이 단락을 해석하는 동안 고난 가운데 있는 독자를 격려하려는 것이 베드로의 목적임을 잊지 말아야 한다. 사도는 그들에게 그리스도도 부당하게 고난을 당하셨는데, 그 모든 것이 하나님의 뜻이었으며(17, 18절) 그분의 뜻한 바를 이루는 과정이었음을 독자에게 반복해 상기시켰다.

그러므로 예수가 "육체로는 죽임을 당하셨을"(18절; 히 5:7) 때 난폭한 신체적 처형이 지상에서의 생명을 끝냈지만, 그럼에도 그리스도는 "영으로 살리심을 받았다"(18절). 이것은 성령을 가리키는 말이 아니라 그리스도의 진정한 내적 생명, 그리스도 자신의 영을 가리킨다. 사흘 동안 죽어 있던 그의 육신(인간성)과 달리 그의 영(신성)은 살아 있었다. 문자적으로 "영으로"(참고. 눅 23:46)라는 뜻이다.

그리스도를 죽게 한 하나님의 목적 가운데 일부는 죽음과 부활 사이에서 일어난 그리스도의 활동과 관계가 있다. 살아 있는 그리스도의 영은 무저갱에 결박되어 있는 귀신들에게 가서 죽음에도 불구하고 거둔 승리를 선포했다. 계속해서 베드로는 무저갱에 살고 있는 결박된 귀신들이 노아 시대 이후로 거기에 있었음을 설명한다. 하나님이 허용하신 한계를 넘어선 사악함 때문에 그들은 거기로 보내졌다. 노아는 방주를 건설하던 120년 동안 본보기를 보이고 메시지를 전파했지만 그 시대를 휩쓴 악의 밀물을 막지 못했다(창 6:1-8). 그래서 하나님은 그들 귀신을 결박하여 마지막 판결이 내려질 때까지 영구적으로 무저갱에 묶어놓으셨다.

베드로의 비유는 방주가 노아의 가족을 구했듯 확실하게 우리를 구하는 예수 그리스도의 사역을 부각시킨다. 베드로는 여기서 물세례를 가리키는 것이 아니라 그리스도와 연합하게 하는 비유적 잠김을 하나님의 심판으로부터 우리를 안전하게 지켜주는 방주라고 말한다. 믿는 자의 죄를 위한 그리스도의 대속의 죽음을 하나님이 받으신다는 것을 그리스도의 부활이 입증해준다(행 2:30, 31; 롬 1:4). 물의 심판이 방주 위에 떨어졌듯이 하나님의 심판이 그리스도에게 떨어졌다. 그러나 그리스도 안에 있는 신자는 안전한 방주 안에 있는 것처럼 심판의 물을 피해 영원한 영광으로 항해할 것이다(롬 6:1-4).

될 수 있다면 죽음의 위협과 경험은 귀중한 것이 된다(참고. 롬 7:5, 18; 고전 1:21; 15:42, 49). 게다가 원수가 그리스도인을 대항해 사용할 수 있는 가장 큰 무기인 죽음의 위협이 쓸모없게 된다.

4:2 그 후로는 다시 사람의 정욕을 따르지 않고 삶의 목적지가 죽음과 함께 오는 죄로부터의 해방이라면 그리스도인은 남은 생애를 불경건한 육체의 욕망을 추구하지 않고 하나님의 거룩한 뜻을 추구하면서 살아가야 한다.

4:3 방탕과…무법한 우상 숭배 *방탕*은 고삐 풀린 억제되지 않는 죄, 곧 육체적 쾌락에 과도하게 탐닉하는 것을 가리킨다. *향락*은 방탕한 유흥을 뜻한다. 성경 이외의 문헌에서 이 헬라어 단어는 술에 취해 거칠게 행동하는 한 무리의 사람들이 비틀거리며 거리를 활보해 난장판으로 만드는 것을 가리켰다. 이처럼 불경건한 자들의 쾌락은 하나님의 관점에서 한심스러운 악행으로 묘사되었다. 비록 베드로의 독자가 구원받기 전에는 그런 죄에 빠져 있었을지라도, 이제 다시는 그런 일을 해서는 안 된다. 신자 안에 있는 죄는 그에게 기쁨을 주는 쾌락이 아니라 그에게 고통을 주는 짐이다.

4:4 그런 극한 방탕 *극한 방탕*은 사람이 오직 악한 것만 생각하는 상태를 가리킨다. 그 그림은 거대한 군중이 미친 듯이 거칠게 달려가는 것, 곧 죄를 향해 치달아 가는 대혼전의 모습이다. **그들이 이상히 여겨** 그리스도인이 불경건한 쾌락에 관심을 보이지 않자 이전의 친구들은 놀라고 불쾌해하고 분노한다.

4:5 산 자와 죽은 자를 심판하기로 흰 보좌 심판에서는 당시 살아 있거나 이미 죽은 구원받지 못한 모든 사람이 재판장이신 주 예수 그리스도 앞에 나올 것이다(계 20:11-15. 참고. 롬 3:19; 살후 1:6-10). **사실대로 고하리라** 이 동사의 뜻은 '상환하다'이다. '방탕 가운데 행한' 사람들(3절), 신자를 비방한 사람들(4절)은 하나님 앞에 부채를 쌓고 있으며, 영원히 그것을 상환해야 할 것이다(참고. 마 12:36; 롬 14:11, 12; 히 4:13).

4:6 죽은 자들에게도 복음 전파는 풍성한 삶(3:10)과 죄의 종료(1절), 선한 양심(3:21)을 제공할 뿐 아니라 최후의 심판도 피하게 한다. 베드로는 살아 있을 때 그리스도의 복음을 듣고 받아들인 사람뿐 아니라 베드로가 이 편지를 쓰고 있을 때 이미 죽은 사람까지도 생각하고 있다. 그들 가운데 일부는 믿음 때문에 순교했을 것이다. 비록 그들은 몸으로 죽었지만 영으로는 승리하여 살아 있었다(참고. 히 12:23). 이 세상에 있는 동안('육신에 있을 때') 그들에 대한 모든 심판이 완료되었으므로 그들은 하나님 앞에서 영원히 살 것이다.

우리 주님이 다시 오실 것을 기억하라
(4:7-5:11)

A. 그리스도인의 생활의 책임(4:7-11)

4:7 만물의 마지막 "마지막"으로 번역된 헬라어 단어는 신약성경에서 어떤 것이 그냥 중단된다는 뜻, 즉 연대기적인 끝을 가리키는 용어로는 사용되지 않는다. 대신 절정이나 목표에 도달하는 것, 이뤄진 결과, 실현을 의미한다. 죽음을 통한 승리의 고난을 강조하고 나서 베드로는 만물의 목적인 그리스도의 재림을 통한 승리의 고난을 강조하기 시작한다(참고. 1:3; 2:12). 그는 신자에게 그리스도의 재림에 비춰 순종 가운데 소망을 가지고 살 것을 말한다. **가까이 왔으니** 이것은 절정을 향한 과정의 끝이 가까웠다는, 즉 '임박'의 개념이다. 베드로는 이 서신을 읽는 독자에게 예수 그리스도의 재림이 어느 순간이든 임할 수 있음을 상기시킨다(참고. 롬 13:12; 살전 1:10; 약 5:7, 8; 계 22:20). **정신을 차리고 근신하여** "정신을 차리고"는 감정이나 격정에 휩쓸리지 말고, 삶에 대해 합당하고 영원한 조망을 유지하라는 뜻이다. 그리스도의 재림이 임박했다는 가르침을 듣고 아무것도 안 하고 재림만 열정적으로 기다리는 일은 없어야 한다. 도리어 그 가르침의 결과로 신자는 근신하여 거룩을 추구해야 하며 정신을 차리고 나그네 정신을 일으켜야 한다(2:11). 나그네 정신은 그리스도인에게 그는 하늘의 시민이며 이 땅에서는 나그네로 살고 있음을 상기시킨다. 이 정신은 신자가 그리스도의 심판 자리에서 하나님에 대한 그의 봉사와 시험을 이긴 것으로 말미암아 받을 상급임을 상기시켜 준다. 그것은 교회의 휴거를 위해 그리스도가 오신 다음에 뒤따를 것이다(고전 3:10-15; 4:1-5; 고후 5:9, 10을 보라). **근신하여 기도하라** 감정과 격정에 의해 자제력을 잃고 피해를 보았거나 세상적 정욕과 일로 인해 균형을 상실하여 넘어진 마음은 기도로 하나님과 나누는 거룩한 교통의 충만함을 맛볼 수 없다(참고. 3:7). 재림을 향해 고정된 마음은 깨끗하며(요일 3:3) 주님과의 충만한 교제를 누린다.

4:8 뜨겁게 서로 사랑할지니 *뜨겁게*는 '뻗다' '힘주어 늘리다'라는 뜻이다. 이 말은 단단한 근육으로 한계까지 밀고 나가면서 최고 속력을 내는 달리기 선수를 가리킬 때 사용된다(참고. 1:22). 이런 종류의 사랑은 불친절하고 무례한 대우를 받거나 심지어 적대적인 대우를 받더라도 자신의 욕망보다 다른 사람의 유익을 앞세울 것을 그리스도인에게 요구한다(참고. 고전 13:4-7; 빌 2:1-4). **사랑은 허다한 죄를 덮느니라** 잠언 10:12을 인용한 것이다. 죄를 덮는 것은 하나님으로부터 그리스도

인에게 오는 것이든, 그리스도인이 그리스도인에게 행하는 것이든 참된 영적 사랑의 특성이다(참고. 롬 5:8). 이 가르침은 범죄하고 회개하지 않는 교인에 대한 권징을 배제하지 않는다(참고. 마 18:15-18; 고전 5). 이 말은 가능하다면 그리스도인은 본인에게 범한 타인의 죄를 잊어버리고 자신에 대한 모욕과 불친절을 항상 용서할 준비가 되어 있어야 한다는 뜻이다.

4:9 **서로 대접하기** 이 헬라어 단어의 뜻은 '나그네에 대한 사랑'이다. 사랑은 단순한 감정이 아니라 극히 실천적이다. 베드로 시대에 사랑은 자기의 집을 개방하여 다른 가난한 그리스도인, 특히 순회 설교자들을 보살피는 일을 포함한다. 또한 거기에는 교회 봉사를 위해 가정을 개방하는 것도 포함된다. 성경은 그리스도인이 나그네를 접대해야 함을 가르친다(출 22:21; 신 14:28, 29; 히 13:1, 2).

4:10 **은사를 받은** 영적 은사는 은혜로 주어지며, 모든 신자에게 주어지는 초자연적으로 설계된 능력이다. 성령께서 이것을 사용하여 그리스도의 몸을 세우신다. 헬라어 단어(*카리스마*)는 이 은사가 거저 주어지는 것을 강조한다. 영적인 은사는 노력을 대가로 얻을 수도 없고, 추구하여 얻거나 가공할 수 없다. 오로지 하나님의 은혜를 통해 "받을" 수 있다(참고. 고전 12:4, 7, 11, 18). 영적 은사의 범주가 로마서 12:3-8, 고린도전서 12:4-10에 열거되어 있다(*이 구절에 대한 설명을 보라*). 각 신자는 한 가지 특정한 은사를 갖고 있다. 그것이 때로는 여러 범주의 은사들이 결합된 경우일 수도 있다. **여러 가지 은혜** 이 말은 이런 은사에 대한 하나님의 거대한 설계를 강조한다. **선한 청지기** 청지기는 다른 사람의 재산에 대한 책임을 진다. 그리스도인의 은사는 자신의 것이 아니라 하나님께서 교회와 자신의 영광을 관리하기 위해 그에게 은사들을 주신 것이다. **서로 봉사하라** 영적 은사는 그것을 가진 사람이 높아지려는 목적으로 사용되는 것이 아니라 교회 내의 다른 사람을 향한 사랑의 관심을 위해 사용된다(참고. 고전 12:7; 13).

4:11 **말하려면…봉사하려면** 베드로의 말은 말하는 은사와 섬기는 은사라는 두 범주의 은사가 있다는 뜻이다. 이 구분은 로마서 12장과 고린도전서 12장의 목록에서 분명하게 드러난다. 은사들에 대한 논의는 *고린도전서 12-14장에 대한 설명을 보라*. **하나님의 말씀** 다른 곳에서 성경을 가리킬 때도 사용된 이 말은 하나님의 입에서 직접 나온 말씀이라는 뜻이다(참고. 롬 3:2; 행 7:38). **하나님이 영광을 받으시게** 이것이 모든 것의 목적이다. 참고. 로마서 11:33-36; 에베소서 3:21; 디모데후서 4:18; 베드로후서 3:18; 요한계시록 1:6.

B. 그리스도인의 고난에 대한 보상(4:12-19)

4:12 **불 시험** 베드로는 이 서신을 로마 화재 직전이나 직후에 썼을 것이다(서론의 배경과 무대를 보라). 이것은 이후 200여 년에 걸친 끔찍한 기독교 박해의 시작이었다. 베드로는 박해 가운데 승리를 얻으려면 네 가지 태도가 필요하다고 했다. 첫째, 박해를 예상해야 한다(12절). 둘째, 그것을 기뻐해야 한다(13, 14절). 셋째, 그것의 원인을 생각해야 한다(15-18절). 넷째, 하나님께 그것을 의탁해야 한다(19절). **이상한 일 당하는 것** *발생하다*는 '우연히 발생하다'는 뜻이다. 그리스도인은 자신이 받는 박해가 우연히 발생한 어떤 일이라고 생각하지 말아야 한다. 하나님은 신자의 시험, 정화, 깨끗케 함을 위해 그것을 허락하고 계획하셨다.

4:13 **고난에 참여하는 것으로** 믿음으로 인해 박해당하는 그리스도인은 옳은 일을 하다가 당하는 예수의 고난에 동참하는 것이다(참고. 마 5:10-12; 갈 6:17; 빌 1:29; 3:10; 골 1:24). **그의 영광을 나타내실 때** 즉 그리스도가 재림하는 때다(참고. 마 24:30; 25:31; 눅 17:30). 지금 그리스도는 하늘에서 영광 가운데 계시지만 그의 영광은 아직 땅에서 충만하게 드러나지 않았다. **즐거워하고 기뻐하게 하려** 즐거움으로 크게 기뻐하고 온전히 즐겁게 하려고(참고. 약 1:2). 이생에서 의를 위해 핍박을 받은 그리스도인은 그가 장차 받을 보상으로 인해 넘치는 기쁨을 누릴 것이다(*마 20:20-23에 대한 설명을 보라*). 미래 기쁨에 대한 그런 인식을 갖게 되면 그들은 지금 "즐거워"(13절)할 수 있다(참고. 눅 6:22. *롬 8:17에 대한 설명을 보라*).

4:14 **그리스도의 이름으로 치욕을 당하면** 그리스도를 대변한다는 이유로, 그리스도의 이름을 공개적으로 선포한다는 이유로 모욕을 당하고 불공평한 대우를 받게 된다(참고. 행 4:12; 5:41; 9:15, 16; 15:26). **복 있는 자로다** 이것은 일반적이고 특징 없는 행복이 아니라 그리스도를 위하여 승리한 자처럼 고난당한다는 것이 하나님께 받아들여졌음을 보여준다는 의미에서 특별한 유익이다. **영광의 영** 영광을 가지고 계신 영, 즉 영광스러운 영이다. 구약에서 하나님의 영광은 그분의 임재를 상징한 빛, 곧 셰키나의 빛으로 상징되었다(출 33:15-34:9을 보라). **너희 위에 계심이라** 신자가 고난당할 때 하나님께서 그에게 특별히 임재하여 육체적 차원을 초월하는 힘과 인내를 갖도록 한다(참고. 행 6:8-7:60; 고후 12:7-10).

4:15 **남의 일을 간섭하는 자** 다른 사람의 일에 끼어드는 사람을 말한다. 베드로는 사람이 박해받는 유형들을 말하고 있다. 거기에는 혁명적이거나 파괴적인 행동에 가담하거나, 정부의 기능과 흐름을 방해하는 일이 포함된다. 또한 일터에서 쓸데없이 간섭하여 문제를 일으키

는 사람을 가리키기도 한다. 일반적으로 비기독교적 문화 속에 사는 그리스도인은 문화를 전복시키거나 파괴하기보다는 자신의 일을 충실하게 하고, 예수 그리스도를 높이며, 미덕을 발휘하는 삶을 살아야 한다(2:13-16. 참고. 살전 4:11; 살후 3:11. *딤전 2:1-3에 대한 설명을 보라*).

4:16 그리스도인 교회의 초창기에 *그리스도인*은 그리스도를 따르는 사람들에게 붙여진 조롱하는 어투의 이름이었다(참고. 행 11:26; 26:28). 그 뒤로는 그리스도를 따르는 사람들이 이 이름을 사랑하여 채택하게 되었다.

4:17 하나님의 집에서 심판 정죄가 아니라 하나님의 사랑스러운 손으로 교회를 정화시켜 단련하고 깨끗케 하는 것이다. 불못 속에서 불신자의 영원한 고통을 견디는 것보다 주가 교회를 정화하고 강하게 하실 때 고난을 견디는 것이 하나님 나라의 사역에는 더욱 중요하고 훨씬 좋은 일이다. 또한 하나님이 사랑하시는 교회를 그토록 강력하고 고통스럽게 정화하신다면 불경건한 자들에 대한 분노는 어떠하겠는가?

4:18 베드로는 잠언 11:31을 70인역에서 인용해 의롭다 하심을 받은 죄인이 오직 큰 어려움, 고난, 고통, 상실을 통해서만 구원받는다는 것을 다시 한 번 강조한다. 그렇다면 불경건한 자의 끝은 어떻겠는가? 참고. 데살로니가후서 1:4-10.

4:19 그 영혼을…의탁할지어다 *의탁하다*는 '안전하게 저금하다'라는 뜻이다. **미쁘신 창조주** 베드로는 단어 *창조주*를 사용하여 독자가 그들의 삶을 하나님께 의탁하는 것이 실은 하나님이 창조하신 것을 그분께 돌려드리는 것뿐임을 상기시킨다. 창조주이신 하나님은 자신의 사랑하는 피조물인 사람의 필요를 가장 잘 아신다(2:23. 참고. 딤후 1:12).

C. 그리스도인 지도자에게 요구되는 것(5:1-4)

5:1 장로들에게 권하노니 교회의 고난과 박해의 시기에는 고귀한 지도자가 요구된다. 장로는 목자와 같은 지도자이며(즉 목사, 2절) 감독자다(즉 주교, 2절. *행 20:28에 대한 설명을 보라*). *장로*는 그들의 영적 성숙성을 강조한다. 이 단어가 사용된 다른 대부분의 경우처럼(베드로가 이곳에서 자신을 가리키는 경우와 요한이서 1절, 요한삼서 1절에서 요한이 자신을 가리키는 경우를 예외로 하고) 베드로도 여기서 복수형을 사용한다. 이는 양 떼를 감독하고 먹이는 경건한 지도자가 복수로 있는 것이 통상적인 일이었음을 표시한다. **함께 장로 된 자요…증인이요…영광에 참여할 자니라** 베드로는 장로들을 향한 이 권면에 많은 동기를 부여한다. 첫째, 베드로는 자신을 동료 장로라고 부름으로써 그들과 동일시한다. 이렇게 해서 베드로는 영적 지도자들에게 적절한 권면을 제공할 수 있었다. 둘째, 권위에 따른 동기부여가 있다. 자신이 그리스도 고난의 목격자임을 밝힘으로써 베드로는 자신의 사도직을 천명했다(참고. 눅 24:48; 행 1:21, 22). 셋째, 기대에 따른 동기부여가 있었다. 기독교 지도자들이 미래에 그리스도로부터 직접 자신들의 섬김에 대한 보상을 받으리라는 것은 섬김의 자극제가 된다. 이 기대의 근거는 그리스도의 변형을 목격한 경험이었다(참고. 마 17:1-8; 벧후 1:16). 그 극적인 사건에서 베드로는 주님의 영광에 참여했던 것이다.

5:2 하나님의 양 무리 동기부여(1절) 다음에는 권면이 온다(2-4절). 양을 치는 일차적 목표가 먹이는 것, 곧 가르치는 것이므로 모든 장로는 가르치는 능력이 있어야 한다(참고. 요 21:15-17. *딤전 3:2; 딛 1:9에 대한 설명을 보라*). 양 떼를 먹이는 일에 포함된 또 다른 일은 양 떼를 지키는 것이다(참고. 행 20:28-30). 이 두 가지 의무 이행에서 양 떼가 목사에게 속한 것이 아니라 하나님께 속했음을 기억해야 한다. 하나님은 자신의 양 떼 가운데 얼마를 교회의 목사에게 맡겨 지도하고 돌보며 먹이도록 하신다(3절). **억지로 하지 말고…자원함으로 하며** 이 말은 베드로가 장로들에게 첫 번째 위험, 곧 나태함을 경고하는 말일 것이다. 하나님이 부르신 사실은(참고. 고전 9:16) 그 일의 긴급성과 함께(롬 1:15) 게으름과 무관심을 막아내야 한다. 참고. 고린도후서 9:7. **더러운 이득을 위하여 하지 말고** 거짓 교사들은 언제나 두 번째 위험, 곧 돈에 대한 동기를 가지고 있으며 자기의 힘과 지위를 이용해 사람들의 재산을 갈취한다(*벧후 2:1-3에 대한 설명을 보라*). 성경은 교회가 목자에게 충분히 사례해야 한다는 것을 분명히 한다(고전 9:7-14; 딤전 5:17, 18). 그러나 돈에 대한 과도한 욕심이 목사가 행하는 섬김의 동기가 되어선 안 된다(참고. 딤전 3:3; 6:9-11; 딤후 2:4; 딛 1:7; 벧후 2:3. 또한 렘 6:13; 8:10; 미 3:11; 말 1:10을 보라).

5:3 주장하는 자세를 하지 말고 이것은 목사의 세 번째 중요한 유혹이다. 게으름(2절), 더러운 이득(2절), 그리고 선동이다. 이 문맥에서 *자세*는 어떤 사람이나 어떤 상황을 지배하여 끌고 나간다는 뜻이다. 이 말은 조작과 위협을 이용하는 리더십을 암시한다. *마태복음 20:25-28에 대한 설명을 보라*. 참된 영적 지도자는 본을 보이며 지도한다(딤전 4:12을 보라).

5:4 목자장이 나타나실 때 목자장은 예수 그리스도이시다(참고. 사 40:11; 슥 13:7; 요 10:2, 11, 12, 16; 히 13:20, 21). 그리스도는 재림하실 때 심판의 보좌에서 목자들을 평가하실 것이다(참고. 고전 3:9-15; 4:5; 고후 5:9, 10). **시들지 아니하는** 이런 말로 번역된 헬라어 단어는 아마

하나님의 관점에서 본 고난

인간이 당하는 고난	하나님의 관점
• 여러 가지 시험(1:6)	• 기뻐하라. 그것은 잠깐이다(1:6)
• 불의한 권세(2:18)	• 선을 행함으로 악한 자의 입을 막으라 • 그리스도의 본을 따르라(2:21)
• 옳은 일을 하여 고난을 당함(3:14).	• 너의 믿음을 증거할 준비를 하라(3:15)
• 육체의 욕심에 저항할 결심 때문에 고난을 당함(4:1)	• 악한 욕심에 대한 추구를 포기하라(4:2)
• 종교적 박해(4:12-14)	• 그리스도의 고난에 참여하는 자가 되라(4:13, 14).
• 영적 성숙을 위한 하나님의 단련하는 불의 일부인 고난(4:19)	• 너의 삶을 미쁘신 창조주께 의탁하라(4:19).
• 마귀의 공격에 따른 고난(5:8)	• 믿음을 굳건하게 하여 사탄을 대적하라(5:9).

란스라는 풀 이름이다. **영광의 관** 문자적으로 '영원한 영광의 관'이다. 신약성경 세계에서 관은 승리를 성취했다는 표시로 주어졌다(참고. 고전 9:24, 25). 신자들은 영광, 생명(약 1:12), 의(딤후 4:8), 기쁨(살전 2:19)의 관을 약속받았는데, 이는 전부 쇠하지 않는다(고전 9:25). 모든 관은 영원한 생명의 어떤 특징을 묘사한다. *데살로니가전서 2:9에 대한 설명을 보라.*

D. 그리스도인의 승리의 실현(5:5-11)

5:5 장로들 장로들은 교회의 영적 지도자인 목사다(참고. 1절. 딤전 3:1-7; 딛 1:5-9에 대한 설명). 교회 구성원, 특히 청년은 영적 지도자를 높이고 존중하며 존경해야 한다. 순종은 영적 성숙의 근본적인 태도다(참고. 고전 16:15; 살전 5:12-14; 딛 3:1, 2; 히 13:7, 17). 장로에게 순종하지 않으면 사역하는 데 어려울 뿐 아니라 잠언 3:34의 인용문이 말하듯이(*약 4:6에 대한 설명을 보라*) 하나님의 은혜를 잃게 된다. **순종하고** 2:18-3:9을 보라. **겸손으로 허리를 동이라** '동이라'는 원래 매듭이나 테로 묶는다는 뜻이다. 이 용어는 옷을 단정히 하기 위해 노예가 옷 위에 앞치마를 입는 것을 가리켰다. *겸손*은 문자적으로 '낮은 마음', 곧 자기는 봉사를 받을 만하지 않다는 생각을 드러낸 것이다. 그러나 고대에 겸손은 미덕으로 간주되지 않았다(참고. 요 13:3-17; 빌 2:3, 4. 잠 6:16-17; 8:13; 사 57:15을 보라). 오늘날 일부 지역에서는 겸손을 미덕으로 간주하지 않는다.

5:6 하나님의 능하신 손 아래에서 이는 사람들의 경험을 통해 일하시는 하나님의 능력에 대한 상징으로 항상 하나님의 주권적인 목적을 성취한다(참고. 출 3:19, 20; 욥 30:20, 21; 겔 20:33, 37; 미 6:8). 베드로가 보낸 서신의 독자는 하나님의 주권적인 손에 대항하며 싸워서는 안 된다. 그 손이 그들에게 시험을 허락하신다고 해도 말이다. 순종과 겸손이 없다는 증거 가운데 하나는 신자를 낮추시는 하나님의 손길을 견디지 못하는 것이다(*고후 12:7-10에 대한 설명을 보라*). **때가 되면 너희를 높이시리라** 참고. 누가복음 14:11. 하나님은 순종하는 자세로 고난을 받는 지혜로운 신자를 정하신 때에 높이실 것이다. *욥기 42장에 대한 설명을 보라.*

5:7 너희 염려를 다 주께 맡기라 이 구절은 부분적으로는 시편 55:22의 인용이며 부분적으로는 해석이다. *맡기다*는 '어떤 것을 어떤 것에게 던지다'라는 뜻이다. 담요를 나귀에게 던지는 경우와 같다(눅 19:35). 그리스도인은 주님이 자신의 삶을 가지고 하시는 일이 무엇인지 알고 그들의 모든 불만족과 낙심, 절망, 고난을 주님께 맡겨야 한다(참고. 삼상 1:10-18). 순종(5절), 겸손(5, 6절)과 함께 신뢰는 승리하는 그리스도인의 생활을 위해 필요한 세 번째 태도다.

5:8 근신하라 *1:13과 4:7에 대한 설명을 보라.* **깨어라** 신자는 하나님의 주권적 돌보심을 굳게 믿는다는 것을 부주의하게 살아도 좋다는 뜻으로 받아들여선 안 된다. 그리스도인을 향하여 오는 외부의 악한 세력이 있으므로 그리스도인은 항상 깨어 있어야 한다. **너희 대적** 이 헬라어는 소송에서 자신의 소송 상대를 가리킨다. **마귀가 우는 사자** *마귀*에 해당하는 헬라어 단어는 '비방자'라는 뜻을 가진다. 그러므로 그는 신자를 악평하는 비방자다. 마귀와 그의 군대는 언제나 활동하면서 시험, 박해, 낙담으로 신자를 제압할 기회를 호시탐탐 노리고 있다(참고. 시 22:13; 104:21; 겔 22:25). 사탄은 불화를 심어 사람에게는 하나님을 고발하고 하나님께는 사람을

고발하고 사람끼리 서로 고발하도록 한다. 그는 그리스도인을 그리스도와의 교제, 기독교 사역에서 끌어내기 위해 자신이 할 수 있는 것이라면 무엇이든 한다(참고. 욥 1; 눅 22:3; 요 13:27; 고후 4:3, 4; 계 12). 또한 그는 하나님의 보좌 앞에서 지속적으로 신자를 고발하고 하나님을 설득해 그들을 포기하게 만들려고 한다(욥 1:6-12; 계 12:10).

5:9 믿음을 굳건하게 하여 그를 대적하라 참고. 야고보서 4:7. *대적하다*는 '대항하여 일어서다'라는 뜻이다. 마귀를 대적하는 방법은 특별한 주문을 외우거나 그와 귀신들을 대항하여 어떤 말을 하는 것이 아니라 기독교 신앙 안에 굳게 거하는 것이다. 이는 하나님 말씀의 진리를 따라 사는 생활을 계속하라는 의미다(*고후 10:3-5에 대한 설명을 보라*). 신자가 건전한 교리를 알고 하나님의 진리에 순종하는 것이 사탄에게 맞서는 태도다(참고. 엡 6:17). **동일한 고난** 모든 형제, 곧 기독교 공동체는 신자를 삼키려는 노력을 절대 중단하지 않는 울부짖는 사자가 일으키는 유사한 시련을 항상 겪고 있는 중이다(참고. 고전 10:13).

5:10 너희를 부르사 신약성경 서신에서 언제나 그렇듯이 여기서도 유효한 구원의 부르심을 뜻한다. *1:5; 2:9, 21; 3:9에 대한 설명을 보라.* **잠깐 고난을 당한 너희를** 그리스도인은 미래에 성취될 하나님의 뜻은 현재 어느 정도의 고난을 요구한다는 것을 알고 생활해야 한다. 대적에게 개인적으로 공격당하는 신자는 주님에 의해 개인적으로 온전케 되고 있다는 것을 그다음 단계의 삶

「참회하는 베드로[*The Penitent Saint Peter*]」 1590-1595년. 엘 그레코. 캔버스에 유화. 소우마야 박물관. 멕시코시티.

사도행전에 기록된 베드로의 연설

1. 행 2:14-40	오순절에
2. 행 3:12-26	솔로몬의 발코니에서
3. 행 4:8-12, 19, 20	산헤드린에게
4. 행 5:29-32	산헤드린에게
5. 행 10:9-16, 34-43	고넬료와 함께 있을 때
6. 행 11:2-17	사도들과 함께 있을 때
7. 행 15:7-11	예루살렘 공의회에서

이 입증해준다(참고. 1:6. 또한 고후 1:3-7). **온전하게 하시며 굳건하게 하시며 강하게 하시며 터를 견고하게 하시리라** 이 네 단어는 힘과 단호함을 의미한다. 하나님은 그리스도인이 당하는 몸부림을 통해 강한 성품을 형성하신다. 5-14절에서 베드로는 신자가 그리스도 안에서 성장하여 성숙하고 유용한 존재가 되기 위해 필요한 태도를 밝히고 있다. 거기에는 순종(5절)과 겸손(5, 6절), 신뢰(7절), 근신(8절), 깨어 방비함(8, 9절), 소망(10절), 예배(11절), 신실함(12절), 사랑(13, 14절)이 있다.

맺음말 (5:12-14)

5:12 실루아노 이 사람은 바울과 함께 여행했고 그의 서신에 자주 등장하는 실라다. 그는 선지자였고(행 15:32) 로마 시민이었다(행 16:37). 그는 베드로의 말을 받아 적은 뒤 그 서신을 수신인에게 전달한 것으로 보인다(참고. 서론의 저자와 저작 연대).

5:13 바벨론에 있는 교회 이것은 로마에 있는 교회를 가리킨다(참고. 계 17, 18; 서론의 배경과 무대). **내 아들 마가** 요한 마가라고도 불린 마가는 베드로의 영적 아들이었다. 전승에 따르면 마가가 마가복음을 쓸 때 베드로가 그를 도왔다고 한다(참고. 행 12:12). 이 사람은 한때 바울을 실망시켰지만(행 13:13; 15:38, 39; 골 4:10), 나중에 사역을 위한 유익한 도구가 되었다(딤후 4:11).

연구를 위한 자료

Wayne Grudem, *1 Peter* (Grand Rapids: Eerdmans, 1995). 『베드로전서』, 웨인 그루뎀 지음, 왕인섭 옮김(기독교문서선교회, 2014).

D. Edmond Hiebert, *1 Peter* (Chicago: Moody, 1992).

John MacArthur, *1 Peter* (Chicago: Moody, 2004).

제 목

베드로가 이 서신을 썼다는 1:1의 선언이 이 서신의 제목이 되었다. 베드로의 첫 번째 서신과 구별하기 위해 이 서신에는 *페트루 B*, 즉 베드로후서라는 헬라어 제목이 붙었다.

저자와 저작 연대

베드로후서의 저자는 사도 베드로다(베드로전서 서론을 보라). 1:1에서 베드로는 그것을 선언한다. 3:1에서는 자신이 쓴 첫 번째 서신을 언급하고 있다. 1:14에서는 자신의 죽음에 대한 주님의 예언(요 21:18, 19)을 언급한다. 1:16-18에서는 자신이 주님의 변화(마 17:1-4)를 목격했다고 주장한다. 하지만 비평가들은 신약성경의 다른 어떤 책보다 베드로후서를 놓고 그 저작권과 이 책이 정경에 포함되는 것이 정당한지 여부에 대해 많은 논쟁을 벌였다. 교부들은 이 책을 서서히 정경으로 받아들였다. 3세기 초기의 인물인 오리게네스 때까지 교부들 가운데 그들의 저서에서 베드로후서를 거명한 사람은 아무도 없다. 고대 교회사가인 에우세비오스는 논쟁 중인 책의 목록에 베드로후서를 포함시켰는데, 그 목록에는 야고보서와 유다서, 요한이서, 요한삼서도 들어 있었다. 심지어 대표적인 종교개혁자들까지 이 책을 정경으로 받아들이기를 주저했다.

두 서신 사이의 헬라어 문체가 다르다는 지적에 대해서는 쉽게 대답할 수 있다. 베드로는 베드로전서에서 자신이 대필 비서인 실루아노를 통해 글을 썼음을 밝혔다(참고. 벧전 5:12). 베드로후서에서 베드로는 다른 대필 비서를 구했거나 자신이 직접 글을 쓴 것으로 보인다. 두 서신 사이에 나타난 어휘 차이는 다루는 주제가 달랐기 때문이라고 설명할 수 있다. 베드로전서는 고난받는 그리스도인을 돕기 위해 쓰였고, 베드로후서는 거짓 교사들을 폭로하기 위해 쓰였다. 한편 두 책 사이에는 괄목할 만한 어휘의 유사성도 있다. "은혜와 평강이 너희에게 더욱 많을지어다"라는 인사는 두 책 모두에서 본질적으로 동일하다. 몇 가지 예를 들면 저자는 "귀한" "덕성" "벗어버리다" "목격자" 등을 두 서신 모두에서 사용하고 있다.

베드로후서에서 사용되는 몇몇 특이한 단어가 사도행전에 나오는 베드로의 연설에서 발견된다. 그런 단어로는 "맡았던"(행 1:17), "경건"(1:3, 6, 7; 3:11; 행 3:12), "불의의 값(삯)"(2:13, 15; 행 1:18)이 있다. 또한 두 서신은 동일한 구약 사건을 언급한다(2:5; 벧전 3:18-20). 어떤 학자들은 베드로전서와 후서 사이에 발견되는 어휘의 유사성은 디모데전서와 디도서 사이에서 발견되는 어휘의 유사성과 비슷하다고 지적한다. 이 두 책의 바울 저작권은 거의 보편적으로 인정되고 있다.

다루는 주제의 상이함이 강조점의 차이를 설명해준다. 예를 들면 왜 한 서신에서는 재림이 임박했다고 말하더니 다른 서신에서는 재림이 늦춰졌다고 말하는가 하는 것이다. 특별히 고난당하는 그리스도인을 위해 쓴 베드로전서는 그들을 격려하려는 목적으로 그리스도의 임박함에 초점을 맞춘다. 조소하는 사람들을 다루는 베드로후서는 그 임박한 그리스도의 재림이 아직 일어나지 않은 이유를 강조한다. 비평가들이 말하는 다른 차이점, 이를테면 한 서신에는 그리스도의 부활이 포함되어 있고 다른 서신에는 그리스도의 변화가 포함된 것이 모순이라는 주장은 억지스럽게 느껴진다.

게다가 어떤 거짓 교사가 거짓 교사들을 공격하기 위해 서신을 위조했으리라는 것은 비합리적으로 보인다. 베드로후서에는 특별하거나 낯설거나 거짓된 가르침이 등장하지 않는다. 그러므로 만약 베드로후서가 위조되었다면 그것은 아무런 이유도 없이 바보가 쓴 위조 문서가 될 것이다. 그러므로 그런 주장은 믿기 어렵다. 저자의 문제에 대한 결론은 저자가 이 서신의 도입부에 자신을 베드로라고 소개했다면 써 있는 그대로 받아들이면 된다는 것이다.

네로는 주후 68년에 죽었고, 전승에 따르면 베드로는 네로의 박해를 받아 죽었다. 그렇다면 이 서신은 베드로가 죽기 직전에 쓰였을 것이다(1:14, 주후 67-68년경).

배경과 무대

첫 번째 편지를 써서 보낸 이후 베드로는 소아시아의 교회들에 스며든 거짓 교사들이 점점 걱정스러워졌다. 이미 문제를 일으키기는 했지만, 베드로는 거짓 교사들의 이단적 가르침과 부도덕한 생활방식이 앞으로 더 큰 문제를 일으킬 것이라고 생각했다. 그래서 베드로는 거의 마지막 유언처럼(1:13-15), 그리스도 안에 있는 신자에게 그들이 직면하고 있는 교리적 위험성에 대해 경고하는 글을 썼다.

베드로는 베드로전서에서처럼(벧전 5:13) 이 서신을 쓸 때도 자신이 어디에 있다는 것을 분명히 밝히지 않았다. 그러나 대체적인 의견은 임박한 죽음을 앞두고 있던 로마의 감옥에서 이 서신을 썼다는 것이다. 신뢰할 만한 전승에 따르면 이 서신을 쓴 직후 베드로는 십자가에 거꾸로 매달린 채 순교했다(*요 21:18, 19에 대한 설명을 보라*).

베드로는 이 서신을 받는 사람의 상황에 대해 아무것도 언급하지 않았다. 그러나 3:1에 따르면 베드로는 베드로전서를 써서 보냈던 그들에게 또다시 편지(베드로후서)를 쓰고 있었다. 첫 번째 서신에서 베드로는 그가 "본도, 갈라디아, 갑바도기아, 아시아와 비두니아에 흩어진 나그네"(벧전 1:1)에게 편지를 쓴다고 밝혔다. 이 지역들은 오늘날 터키인 소아시아에 위치해 있었다. 베드로에게 이 서신을 받는 그리스도인은 대부분 이방인이었다(*1:1에 대한 설명을 보라*).

역사적 · 신학적 주제

베드로후서는 교회로 스며든 거짓 교사들을 폭로하고 사기를 꺾어 물리치려는 목적으로 쓰였다. 베드로는 그리스도인에게 이 거짓 교사들과 그들의 교묘한 거짓에 대항하여 스스로를 지킬 수 있는 방법을 가르쳐주려고 했다. 이 책은 성경에서 거짓 교사들을 가장 생생하고 날카롭게 폭로하고 있는데, 이와 견줄 만한 책은 유다서뿐이다.

거짓 교사들에 대한 묘사는 다소 일반적이다. 베드로는 어떤 특정한 거짓 종교나 사교, 교리 체계를 구체적으로 밝히지 않는다. 거짓 교사들의 특징을 일반적으로 묘사하면서 베드로는 독자에게 그들이 파괴적인 이단 사설을 가르친다고 알려준다. 그들은 그리스도를 부인하고 성경을 비틀고 참 신앙을 논란거리로 삼는다. 그들은 그리스도의 재림을 비웃는다. 이에 대해 베드로는 그들의 가르침을 폭로하는 것만큼 그들의 부도덕한 성품을 보여주려고 노력했다. 그래서 그들의 교리보다 그들의 생활을 더 상세하게 설명한다. 사악함은 건전한 교리의 산물이 아니라 "멸망하게 할 이단"(2:1)의 산물이다.

이 서신의 다른 주제들은 거짓 교사들에 대한 베드로의 논박 속에서 발견된다. 베드로는 그의 독자가 그리스도인다운 성품을 계속 키워나가기를 원했다(1:5-11). 이런 가운데 그는 신자가 어떻게 자신의 구원에 대해 확신할 수 있는지 훌륭하게 설명한다. 또한 베드로는 사도들이 쓴 글의 신성한 성격을 그의 독자가 확신하기를 원했다(1:12-21). 서신의 끝 부분에 가서 그는 그리스도의 재림이 지체되는 이유를 설명한다(3:1-13).

「베드로의 참회[*St. Peter Penitent*]」 헤리트 반 혼토르스트, 캔버스에 유화, 110.2X97.4cm. 개인 소장.

반복해 나타나는 또 다른 주제는 지식의 중요성이다. 이 짧은 글 속에 단어 *지식*이 몇 가지 형태로 16번 등장한다. 거짓 가르침에 대해 베드로가 제시하는 주요 해법이 참된 교리에 대한 지식이라고 말한 것은 지나치지 않다. 베드로후서의 또 다른 특징으로는 성경의 신성한 기원에 대한 명확한 진술(1:20, 21), 세상이 미래에 불로 멸망하리라는 것(3:8-13), 바울의 서신이 영감받은 성경이라는 인정(3:15, 16) 등이 있다.

해석상의 과제

이 서신에서 가장 중요한 도전거리는 1:19-21을 해석하는 것이다. 그 단락이 성경의 성격과 진정성에 대한 큰 함의를 가지기 때문이다. 디모데후서 3:15-17과 함께 이 단락은 성경의 영감에 대한 건전한 견해를 위해 매우 중요하다. 주님이 거짓 교사들을 '사셨다'는 베드로의 진술(2:1)은 대속의 성격과 관련해 해석상의 신학적 과제를 제기한다. 범죄한 천사들의 정체(2:4) 역시 해석상의 과제다. 구원받은 자가 다시 구원을 잃어버릴 수 있다고 믿는 많은 사람이 자기들의 논증을 위해 2:18-22을 사용한다. 거짓 교사들을 향한 이 단락은 1:4의 신자들을 향한 진술과 충돌을 일으키지 않도록 명확히 해석되어야 한다. 게다가 하나님께서 멸망하기를 원치 않으시는 자는 누구인가(3:9)? 이 모든 문제가 본문에서 다뤄질 것이다.

베드로후서 개요

인사(1:1, 2)

I. 너희의 구원을 알라(1:3-11)
- A. 하나님의 능력으로 유지됨(1:3, 4)
- B. 기독교적인 은혜로 확증됨(1:5-7)
- C. 풍부한 보상으로 명예를 얻음(1:8-11)

II. 너희의 성경을 알라(1:12-21)
- A. 사도의 증언으로 확증됨(1:12-18)
- B. 성령에 의해 영감됨(1:19-21)

III. 너희의 대적을 알라(2:1-22)
- A. 침투의 은밀함(2:1-3)
- B. 불법으로 저주받음(2:4-10)
- C. 불결함으로 역겨움(2:11-17)
- D. 파괴적인 영향력(2:18-22)

IV. 너희의 예언을 알라(3:1-18)
- A. 주의 날에 대한 확신함(3:1-10)
- B. 하나님의 백성의 성화(3:11-18)

인사(1:1, 2)

1:1 종이며 사도 베드로는 겸손과 품위를 갖춰 자신을 밝힌다. 그는 다른 그리스도인과 같은 터, 곧 그리스도께 순종하는 종이라는 터 위에 있었다. 사도로서 그는 독특하고 신성한 부르심을 받아 그리스도 부활의 증인이라는 사명을 받았다(*롬 1:1에 대한 설명을 보라*). **시몬 베드로** 서론을 보라. **우리 하나님과 구주 예수 그리스도** 헬라어 구문에서 이 어구 전체에 정관사가 하나다. 그러므로 이 어구는 한 사람을 가리킨다. 따라서 베드로는 예수 그리스도를 구원자요 하나님으로 밝히고 있다(참고. 사 43:3, 11; 45:15, 21; 60:16; 롬 9:5; 골 2:9; 딛 2:13; 히 1:8). **의를 힘입어** 베드로가 말하고자 한 요점은 하나님의 의가 신자에게 전가되었기 때문에 그들이 동일한 구원의 선물에 참여한다는 것이다. 어떤 사람의 죄가 다른 사람의 죄보다 더 흉악하다는 것 외에는 그 의는 사람을 차별하지 않는다. 그러므로 하나님이 믿음을 주심으로써 그들이 믿음을 가질 뿐 아니라 하나님이 의를 전가해주시므로 그들이 구원받는다(*롬 3:26; 4:5; 고후 5:21; 빌 3:8, 9에 대한 설명을 보라*). **동일하게 보배로운** 여기 언급된 헬라어 단어는 일반적으로 계급이나 지위, 명예, 위치, 가격, 가치에서 동등하다는 것을 가리키는 데 사용되었다. 이 단어는 고대 세계에서 어떤 도시에서 동등한 시민권을 부여받은 거류자와 외국인을 가리킬 때 사용되었다. 여기서 베드로는 그리스도인이 모두 동일하게 보배롭고 값으로 칠 수 없는 구원을 받았음을 강조했다. 영적·민족적인 면과 성별에 따른 일류 그리스도인과 이류 그리스도인은 없다(참고. 갈 3:28). 베드로가 서신을 주로 이방인에게 쓰고 있었기에 그들이 유대인과 같은 믿음을 받았음을 강조했을 수도 있다(참고. 행 10:44-48; 11:17, 18). **믿음** 베드로는 주관적인 믿음, 즉 그리스도인이 자기의 구원을 위해 믿을 수 있는 능력을 말한 것이다. 신앙은 믿을 수 있는 능력이다(엡 2:8, 9). 신앙과 믿음이 구원의 인간적인 측면을 말하고 있기는 하지만, 하나님이 그 믿음을 주셔야 한다. 성령께서 죽은 영혼을 일깨워 하나님의 말씀을 듣고 거기에 응답하도록 하실 때 하나님이 믿음을 일으키신다(참고. 행 11:21; 엡 2:8; 빌 1:2). **받은** 제비뽑기를 통해 무엇을 얻는다는 뜻으로 드물게 사용되는 단어다(참고. 행 1:17). 이 단어는 때로 '받다'라고도 번역되는데 '하나님의 뜻에 따라 얻는다'라는 뜻도 있다. 여기서 베드로는 구원이 개인적인 노력이나 기술, 가치에 따라 얻어지는 것이 아니라 순전히 하나님의 은혜를 통해 얻어짐을 강조한다. **자들에게** 이 서신의 수신인은

베드로가 보낸 첫 번째 서신의 수신인과 동일하다(참고. 3:1; 벧전 1:1. 베드로전서와 후서의 서론을 보라).

1:2 앎 이 단어는 '지식'을 강조한 것으로, 더 크고 더 상세하며 친밀한 지식을 의미한다. 그리스도인의 보배로운 믿음은 하나님에 대한 진리를 앎에 기초하여 그 위에 세워진다(참고. 3절). 기독교는 신비 종교가 아니라 사람들이 이해하고 믿을 수 있는, 하나님으로부터 나온 객관적이고 역사적이며 합리적으로 계시된 진리 위에 세워진 종교다. 주님에 대한 지식이 깊어지고 넓어질수록 "은혜와 평강"도 배가된다.

너희의 구원을 알라 (1:3-11)

A. 하나님의 능력으로 유지됨(1:3, 4)

1:3 그의 신기한 능력 여기서 그는 예수 그리스도를 가리킨다. 신자의 만족과 인내는 그리스도의 능력에서 온다(참고. 마 24:30; 막 5:30; 눅 4:14; 5:17; 롬 1:4; 고후 12:9). **생명…속한 모든 것** 참된 그리스도인은 그의 구원이 영원히 안전하며 영생을 유지하는 데 필요한 모든 것을 그리스도의 생명을 통해 받으므로 끝까지 인내하고 성장할 수 있다. **경건** 경건하다는 것은 하나님을 두려워하고 충성스럽게 순종하며 사는 것이다. 베드로가 하려는 말은 참된 신자는 경건하게 되기 위해 더 많은 어떤 것을 요구하지 말아야 한다는 것이다(마치 그의 성장과 힘과 인내를 유지하기에 필요한 어떤 것이 빠진 것처럼). 이는 경건한 생활을 드러내고 유지하며 완성시키기 위한 모든 영적 자원을 신자가 이미 가지고 있기 때문이다. **영광과 덕으로써 우리를 부르신** 신약성경의 서신서에 언급될 때 언제나 그렇듯 이 부르심은 구원으로의 유효한 부르심이다(참고. 벧전 1:15; 2:21; 5:10. *롬 8:30에 대한 설명을 보라*). 이 구원으로의 부르심은 그리스도가 주님이요 구원자임을 증거하는 그분의 위엄과 도덕적 탁월성을 죄인이 깨닫는 것에 근거를 두고 있다. 이 말은 복음을 전할 때 신인(God-Man)이신 그리스도의 존재와 사역을 분명하게 제시하여 그것이 사람을 구원으로 이끌게 해야 한다는 뜻을 포함한다(참고. 고전 2:1, 2). 십자가와 부활이 그리스도의 영광과 덕성을 가장 분명하게 계시한다. **이를 앎** *지식*(앎)은 베드로후서의 핵심 단어다(2, 5, 6, 8절; 2:20; 3:18). 성경 전체를 통해 이 단어는 깊이 아는 것을 의미하며(암 3:2), 심지어 성관계를 가리키는 데도 사용된다(창 4:1) 여기서 강조되는 그리스도에 대한 지식은 추상적 지식 또는 그리스도에 대한 사실을 피상적으로 아는 것이 아니라 죄를 회개함과 그리스도에 대한 개인적 믿음을 근거로 그리스도와 참되고 인격적인 삶을 나누는 것이다(참고. 마 7:21).

1:4 보배롭고 지극히 큰 약속 즉 풍성하고 영원한 생명의 약속이다. **썩어질 것을 피하여** *썩어짐*은 부패하거나 분해되는 어떤 것이라는 개념을 가진다. *피하다*는 위험으로부터 성공적으로 벗어나는 것을 묘사한다. 구원받을 때 신자는 본인의 타락하고 악한 성품을 통해 세상의 부패가 그를 사로잡고 있는 세력에서 벗어난다. **신성한 성품에 참여하는 자** 이 표현은 "다시 태어나다" "위로부터 나다"(참고. 요 3:3; 약 1:18; 벧전 1:23) "그리스도 안에 있다"(참고. 롬 8:1), "삼위일체가 인간의 본향"(요 14:17-23)이라는 개념과 다르지 않다. 보배로운 구원의 약속은 현 세대에서 하나님의 자녀가 되게 하며(요 1:12; 롬 8:9; 갈 2:20; 골 1:27), 그리하여 하나님의 영원한 생명에 대한 약속을 통해 우리를 그분의 성품에 참여하도록 한다. 그리스도인은 작은 신이 되는 것이 아니라 "새로운 피조물"(고후 5:17)이 되며 그들 안에 성령께서 살고 계신다(고전 6:19, 20). 게다가 신자는 예수 그리스도와 같은 영광의 몸을 입을 때 더 큰 방식으로 하나님의 성품에 참여하게 될 것이다(빌 3:20, 21; 요일 3:1-3).

B. 기독교적인 은혜로 확증됨(1:5-7)

1:5 그러므로 3절과 4절에 기록된 하나님이 주신 모든 복 때문에 신자는 무관심해지거나 자기만족에 빠질 수 없다. 풍성한 하나님의 은혜는 전적인 헌신을 요구한다. **더욱 힘써** 즉 최선의 노력을 기울이는 것을 말한다. 그리스도인의 삶은 하나님의 영광을 위해 아무 노력도 기울이지 않는 삶이 아니다. 비록 하나님이 신자에게 자신의 신성한 능력을 부어주시지만, 그리스도인 자신은 그분이 하신 일과 함께 모든 절제된 노력을 기울일 것을 요구받는다(참고. 빌 2:12, 13; 골 1:28, 29). **덕** 도덕적 우수성을 열거한 베드로의 목록에서 가장 먼저 등장하는 이 덕은 고전 그리스에서 영웅적 행동을 하도록 신이 내린 능력을 의미한다. 또한 그것은 어떤 사람을 뛰어나게 만드는 삶의 특질을 의미하기도 했다. 이 말은 결코 은둔자의 덕이나 마음가짐의 덕을 의미하지 않고, 생활 가운데 드러나는 덕을 의미했다. 여기서 베드로는 도덕적 에너지, 즉 뛰어난 행동을 하게 하는 능력에 대해 쓰고 있다. **지식** 이것은 이해, 정확한 통찰, 제대로 알고 적용시킨 진리를 의미한다. 이 덕은 하나님 말씀 속의 진리를 부지런히 연구하고 추구하는 일을 포함한다.

1:5-7 믿음에…더하라 *더하라*는 아낌없이 풍부하게 주라는 것이다. 그리스 문화에서 이 단어는 합창단에

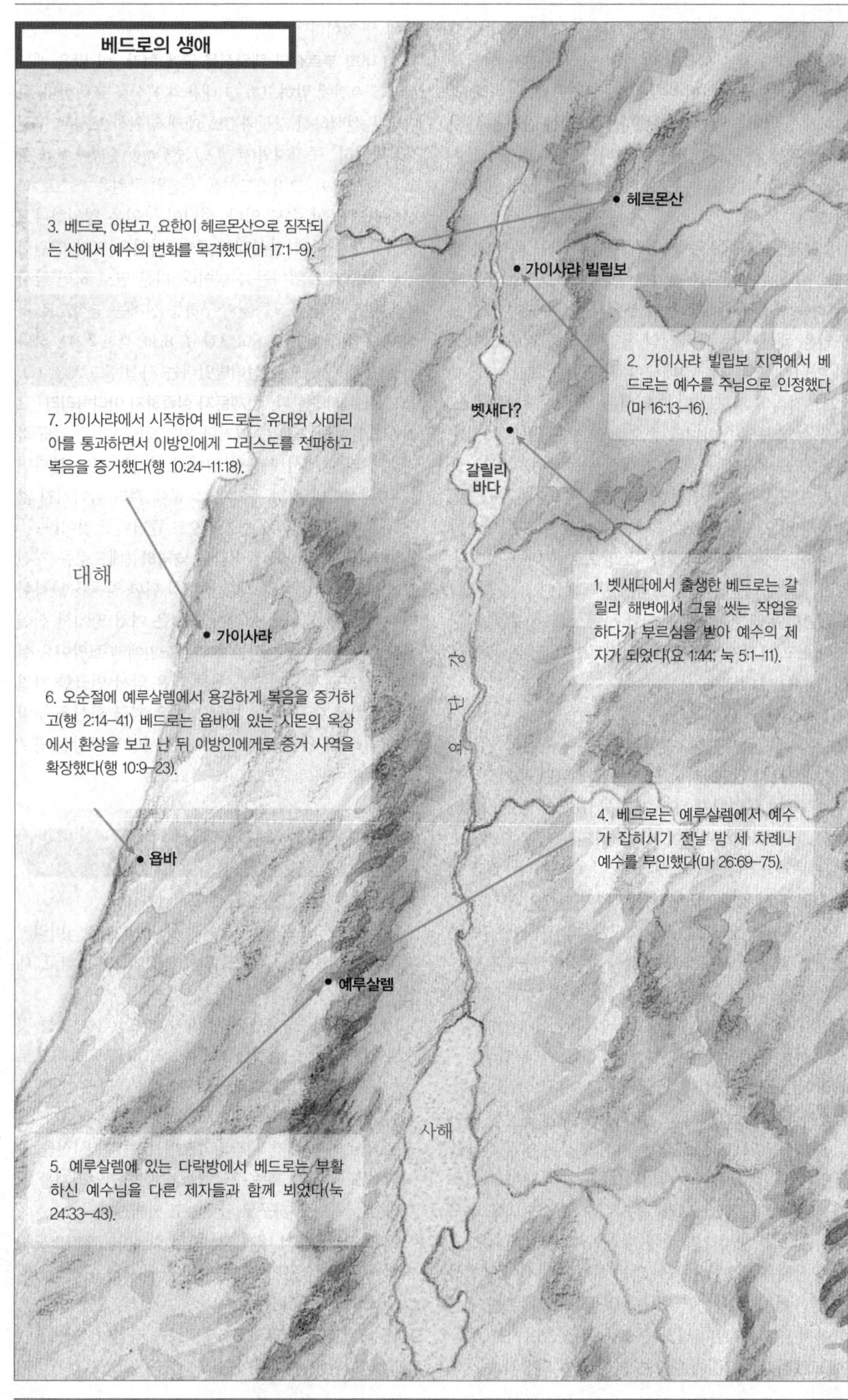
베드로의 생애
헤르몬산
3. 베드로, 야보고, 요한이 헤르몬산으로 짐작되는 산에서 예수의 변화를 목격했다(마 17:1–9).
가이사랴 빌립보
2. 가이사랴 빌립보 지역에서 베드로는 예수를 주님으로 인정했다(마 16:13–16).
벳새다?
7. 가이사랴에서 시작하여 베드로는 유대와 사마리아를 통과하면서 이방인에게 그리스도를 전파하고 복음을 증거했다(행 10:24–11:18).
갈릴리 바다
대해
1. 벳새다에서 출생한 베드로는 갈릴리 해변에서 그물 씻는 작업을 하다가 부르심을 받아 예수의 제자가 되었다(요 1:44; 눅 5:1–11).
가이사랴
요단강
6. 오순절에 예루살렘에서 용감하게 복음을 증거하고(행 2:14–41) 베드로는 욥바에 있는 시몬의 옥상에서 환상을 보고 난 뒤 이방인에게로 증거 사역을 확장했다(행 10:9–23).
4. 베드로는 예루살렘에서 예수가 잡히시기 전날 밤 세 차례나 예수를 부인했다(마 26:69–75).
욥바
예루살렘
사해
5. 예루살렘에 있는 다락방에서 베드로는 부활하신 예수님을 다른 제자들과 함께 뵈었다(눅 24:33–43).

게 필요한 모든 것을 공급할 책임을 진 합창단의 단장을 가리키는 말로 사용되었다. 이 단어는 결코 인색하게 공급하는 것을 의미하지 않고, 고귀한 일을 위해 넉넉하게 공급하는 것을 의미했다. 하나님은 경건을 위해 필요한 믿음과 모든 은혜를 주셨다(3, 4절). 거기에다 우리는 개인적 의로움과 부지런히 집중하는 노력을 더해야 한다.

1:6 절제 문자적으로 '자신을 붙들다'라는 뜻이다. 베드로 시대에 자제력은 자기를 억제하고 스스로 훈련해야 하는 운동선수에게 주로 쓰였다. 이와 같이 그리스도인은 육신과 정욕, 육신의 욕망에 의해 지배되는 것이 아니라 그것들을 지배해야 한다(참고. 고전 9:27; 갈 5:23). 지식의 지도를 받는 덕성은 욕망을 제어하여 그것을 삶의 주인이 아니라 종으로 삼는다. **인내** 이것은 옳은 일을 하면서 유혹이나 시련에 굴복하지 않고 끝까지 밀고 나가는 것을 뜻한다. 견인은 죽기 전에는 굴복하지 않으며 영적으로 견디는 힘이다. 이것은 단순히 회피하는 것이 아니라 힘찬 소망으로 견디는 덕이다. **경건** *3절에 대한 설명을 보라.*

1:7 형제 우애 즉 형제에 대한 사랑, 서로를 위한 희생이다(참고. 요일 4:20). **사랑** 고린도전서 13장; 베드로전서 4:8을 보라.

C. 풍부한 보상으로 명예를 얻음(1:8-11)

1:8 게으르지 않고 사람은 게으르게 되면 무기력하고 무능력하며 무익하게 된다(참고. 딛 1:12; 약 2:20-22). 자신의 생활에서 이 미덕이 늘어난다면(5-7절), 그리스도인은 무익하거나 무능하게 되지 않을 것이다. **열매 없는 자가 되지 않게** 즉 생산성이 없다는 뜻이다(참고. 마 13:22; 엡 5:11; 살후 3:14; 유 12). 신자의 생활에서 이런 특성이 없으면(5-7절) 그는 악행을 저지르는 자 또는 피상적인 신자와 구별되지 않을 것이다. 그러나 그리스도인의 생활에서 이런 자질이 증가하면 신자 안에 "신성한 성품"이 드러날 것이다(*4절에 대한 설명을 보라*).

1:9 이런 것 5-7절에 언급된 자질이다(10절을 보라). **맹인이라 멀리 보지 못하고** 그러므로 위에 언급된 덕이 없는 명목상의 그리스도인은 자신의 참된 영적 상태를 분별할 수 없으며, 따라서 자신의 구원에 대한 확신을 가질 수 없다. **잊었느니라** 부지런히 영적인 덕을 추구하지 않으면 영적 건망증에 빠질 수밖에 없다. 자신의 영적 상태를 분별할 능력이 없는 사람은 자신이 고백하는 믿음에 대해 아무런 확신이 없을 것이다. 그는 구원받아서 3절과 4절이 말하는 모든 복을 소유하고 있을지 모르지만, 5-7절에 나오는 덕이 없이 의심과 두려움 속에 살 것이다.

1:10 너희 부르심과 택하심을 굳게 하라 이 말은 베드로가 5-9절에 말하고자 한 내용의 핵심을 표현한다. 하나님은 선택하신 자들과 그들에게 영원히 보장된 구원을 "확실히" 주시지만(*벧전 1:1-5에 대한 설명을 보라.* 참고. 롬 8:31-39), 그리스도인은 자신의 구원을 스스로 확신하지는 못할 수도 있다. 성령이 구원은 영원하다고 밝히셨기 때문에 안심해도 좋다. 확신은 그가 영원한 구원을 가지고 있다는 신념이다. 다른 말로 하면 앞서 언급된 영적인 자질들을 추구하는 신자는 영적으로 자신이 부름을 받았고(참고. 3절; 롬 8:30; 벧전 2:21), 하나님을 통해 구원으로 선택받았다는 사실(참고. 벧전 1:2)을 스스로 확증한다. **언제든지 실족하지 아니하리라** 그리스도인이 베드로가 열거한 자질들(5-7절)을 추구하며 자신의 삶에서 유용한 열매가 열리는 것을 본다면(8절) 의심이나 절망, 두려움, 의문에 걸려 넘어지지 않고 자신이 구원받았다는 확신으로 즐거워할 것이다.

1:11 영원한 나라에 들어감을 넉넉히 베드로는 지친 그리스도인의 마음에 기쁨을 주기 위한 말들을 반복한다. 천국에 넉넉히 들어간다는 것은 여기 땅에서 신실하고 열매 있는 삶을 사는 그리스도인에게 소망이요 실재다. 베드로가 말하고자 하는 것은 앞서 언급한 자질들(5-7절)을 추구하는 그리스도인은 지금 확신을 누릴 뿐 아니라 미래에 충만하고 부요한 생명의 보상을 받으리라는 것이다(참고. 고전 4:5; 계 22:12).

너희의 성경을 알라(1:12-21)

A. 사도의 증언으로 확증됨(1:12-18)

1:12, 13 그러므로 신자들은 너무나 쉽게 잊어버리기 때문에 진리는 반복적으로 말할 필요가 있다. 참고. 데살로니가후서 2:5; 유다서 5절.

1:13, 14 장막 죽음을 사람이 자기의 장막을 벗는 것으로 말하는 것은 적절한 묘사다(참고. 고후 5:1). 베드로는 이 서신을 쓸 때(로마 감옥에 있었을 것임) 70대였을 것이고, 머지않아 죽음을 당할 것이라고 예상했다. 그리고 네로의 박해가 시작되었으며, 그는 이 서신을 쓴 직후 순교당했다. 그는 주님처럼 십자가에 달리기를 거부하고 십자가에 거꾸로 달렸다고 전해진다.

1:14 그리스도께서 내게 지시하신 것 같이 그리스도는 거의 40년 전 베드로가 어떻게 죽을지를 예언하셨다(*요 21:18, 19에 대한 설명을 보라*).

1:15 내가 떠난 후에라도 베드로는 자신이 죽은 후에라도 하나님의 백성들이 진리를 영구적으로 상기하기

를 원했다. 그래서 그는 이 영감받은 서신을 쓴 것이다.
1:16 우리 주 예수 그리스도의 능력과 강림하심 이 구절 전체에 정관사가 하나뿐이므로 그 의미는 '능력 있는 오심' 또는 '능력으로 오심'이다. 베드로에게 맞섰던 거짓 교사들은 베드로가 말하고 썼던(벧전 1:3-7, 13; 4:13) 그리스도의 재림에 대한 가르침(3:3, 4)을 거짓이라고 헐뜯었다. **알게 한 것** 이 말은 새로운 계시, 곧 이전에는 감춰져 있다가 이제 드러난 계시를 전달하는 것을 가리키는 다소 전문적인 단어다. **교묘히 만든 이야기** *이야기*는 신들과 기적에 대한 신화적 이야기를 가리키는 말이었다(참고. 딤전 1:4; 4:7; 딤후 4:4; 딛 1:14). 베드로는 거짓 교사들과 그들의 추종자들이 이 서신의 신뢰도를 떨어뜨리려 하고, 베드로 자신이 거짓 교사들처럼 부와 권력과 특권을 얻기 위해 사람들에게 거짓 이야기를 퍼뜨린다는 모함을 이미 받고 있었다. 그래서 그는 다음 절에서 자신이 영감받은 저자로서 하나님의 진리를 기록하고 있다는 것을 밝히는 증거를 제시한다. **그의 크신 위엄을 친히 본 자라** 이 절의 시작인 "우리"는 사도들을 가리킨다. 모든 사도는 그리스도의 위엄, 특히 그리스도의 기적, 몸의 부활, 승천의 목격자였다. 하지만 베드로는 다음 절에서 묘사할 특별한 한 가지 사건을 가리키고 있다. 그 사건에서 드러난 그리스도의 나라의 위엄은 궁극적으로 재림 때 드러날 그리스도의 장엄에 대한 시연으로 의도된 것이었다(참고. 마 16:28. *마 17:1-6에 대한 설명을 보라*). 예수의 변화는 마지막 계시, 곧 그리스도가 나타나실(계 1:1) 때 드러날 영광의 섬광이었다. 예수가 지상 사역 동안 병을 고치며 가르치고 사람들을 자기 나라로 모으신 일은 그리스도가 재림하실 때 지상에 세우실 나라의 성격을 미리 보여준 것이다.
1:17 지극히 큰 영광 하나님이 제자들에게 말씀하시던 변화산에 있었던 영광의 구름을 가리킨다(마 17:5). **내 사랑하는 아들이요** 이 말은 '이 인물은 본질적으로 나와 하나다'라는 뜻이다. 이렇게 성부는 그리스도의 신성을 천명하신다(참고. 마 17:5; 눅 9:27-36).
1:18 우리가 그와 함께…있을 때에 베드로는 그리스도의 위엄과 재림을 부인하는 거짓 교사들의 말을 믿을 이유가 없음을 암시한다. 이는 그들이 베드로와 야고보와 요한처럼 변화산에서 그리스도의 나라와 영광의 시연을 보지 못했기 때문이라는 것이다.

B. 성령에 의해 영감됨(1:19-21)

1:19 확실한 이는 변화산에서 그리스도의 장엄함을 지켜본 목격자들의 증언이 성경을 확증한다는 뜻일 수도 있다. 하지만 헬라어 어순은 그것을 말하는 것이 아님을 주목할 필요가 있다. 이 문장은 '우리는 더욱 확실한 예언의 말씀을 가지고 있다'라는 것이다. 이 문장의 원래 배열은 베드로가 성경을 경험 위에 두고 있는 것이라는 해석을 지지한다. 예언의 말씀(성경)은 어떤 사람의 경험보다도 더 완전하고 더 영구적이며 더 큰 권위를 가진다. 더 분명하게 말하면, 하나님의 말씀은 사도 자신의 직접적인 경험보다 그리스도의 존재와 대속, 재림에 관한 교훈을 더욱 신뢰하도록 확증한다는 것이다. **예언** *예언*은 구약의 대선지서와 소선지서만을 가리키는 것이 아니라 구약성경 전체를 가리킨다. 물론 구약성경 전부가 참된 의미에서 '선지자들'을 통해 기록되었다. 이는 그들이 하나님의 말씀을 말했는데, 이것이 선지자의 임무였다. 또한 그들은 어떤 의미에서 메시아의 오심을 내다보았다(참고. 눅 24:27). **어두운 데를 비추는 등불** 이 타락한 세상의 짙은 어둠은 사람들로 빛이 비칠 때까지 진리를 볼 수 없게 막는다. 빛은 계시의 등잔, 곧 하나님의 말씀이다(참고. 시

단어 연구

지식(Knowledge): 헬라어로 *그노시스*(*gnōsis*). 1:5-6; 3:18. 문자적으로 '지식'이라는 뜻이다. 이 헬라어는 성장하고 진보하는 지식을 가리킨다. 그리스도인으로서 우리는 예수 그리스도에 대한 개인적 지식에서 성장해야 한다. 하나님의 말씀에 굳게 서 있으면 거짓 가르침으로부터 가장 큰 보호를 받을 수 있다. 베드로의 서신은 신자들에게 주님이신 예수 그리스도에 대한 더 충만하고 더 철저한 지식에 도달할 것을 권한다(1:8; 2:20; 3:18).

샛별(Morning Star): 헬라어로 *포스포로스*(*phōsphoros*). 1:19. 문자적으로 '빛을 지는 자' 또는 '빛을 가져오는 자'라는 뜻이다. 베드로후서에서 그리스도는 "샛별"로, 요한계시록 22:16에서 "광명한 새벽 별"로 불리며, 누가복음 1:78에서는 "돋는 해"로 불린다. 오늘날 그리스도인은 그들의 마음 속에 그리스도의 빛을 가지고 있다. 예수가 이 땅에 다시 오실 때는 모든 신자를 완전한 날 속으로 이끄실 것이다. 그리스도는 눈에 보이게 오시며 모든 사람에게 빛을 가져오실 것이다. 재림의 날 경건한 자의 영혼은 그리스도의 빛이 그들을 가득 채우게 되어 '빛나는 변화'를 경험할 것이다.

119:105; 요 17:17). **날이 새어 샛별이…떠오르기까지** 동시에 발생하는 것을 보여주는 이 이미지들은 *파루시아*(*parousia*), 곧 예수 그리스도의 나타나심을 말한다(참고. 눅 1:78; 계 2:28; 22:16). **샛별이 너희 마음에 떠오르기까지** 재림은 우주를 외적으로 변화시키는 충격일 뿐 아니라(3:7-13) 예수가 오실 때 생존해 있는 신자를 변화시키는 충격으로, 그들에게 남아 있던 어떤 사소한 의심도 영원히 제거할 것이다. 성경의 완전하지만 제한된 계시는 재림 때 예수 그리스도의 완전하고 충만한 계시로 대체될 것이다(참고. 요 14:7-11; 21:25). 그때 성경이 성취될 것이다. 또한 그리스도와 같이 된 신자는(요일 3:1, 2) 완전한 지식을 가질 것이며, 모든 예언은 폐지될 것이다(*고전 13:8-10에 대한 설명을 보라*). **주의하는 것이 옳으니라** 베드로는 신자에게 그들이 거짓 교사들에게 노출될 것이며, 성경에 더욱 주의를 기울여야 한다고 경고했다.

1:20 먼저 알 것은 하나님의 진리를 우선적으로 인식하라는 요구, 곧 성경의 기원을 사람으로 여기지 말라는 요구다. **성경의 모든 예언** 즉 모든 성경을 말한다. 이는 일차적으로 구약성경 전체를 가리키고, 암시적으로 신약성경 전체를 가리킨다(*3:15, 16에 대한 설명을 보라*). **사사로이 풀 것** *풀다*로 번역된 이 헬라어는 '느슨하게 푼다'는 뜻이다. 이는 어떤 성경도 사람이 개인적으로 진리의 '매듭을 푼' '느슨하게 만든' 결과가 아니라고 말하는 것과 같다. 베드로가 말하고자 하는 요점은 성경을 어떻게 해석하느냐 하는 것보다 성경이 어디서 나왔느냐, 성경의 근원이 무엇이었느냐 하는 것이다. 거짓 선지자들은 자기들의 생각을 풀어놓았다. 그러나 하나님의 계시는 그 어느 부분도 인간에게서 나온 것으로 매듭이 풀리거나 느슨하게 된 것이 아니며, 선지자 스스로 터득한 지식도 아니었다(21절을 보라).

1:21 사람의 뜻으로 성경의 기원이 인간이 아니듯 그것은 인간의 의지의 결과도 아니다. 이 구절이 강조하는 바는 성경의 어느 부분도 언제라도, 사람이 원해 생산된 것이 아니라는 것이다. 성경은 인간 노력의 산물이 아니다. 실제로 선지자들도 때로 자기들도 완전히 이해하지 못하는 것을 썼다(벧전 1:10, 11). 그럼에도 그들은 하나님이 그들에게 계시하신 것을 충실히 기록했다. **성령의 감동하심을 받은** 문법적으로 이 말뜻은 그들이 하나님의 영에 의해 계속해서 데려감을 받았다는 것이다(참고. 눅 1:70; 행 27:15, 17). 이 하나님의 영이 성경의 신성한 저자, 기원자, 생산자다. 구약성경에서만 인간 저자들이 자기들이 쓴 글을 하나님의 말씀이라고 지칭한 데가 3,800회 이상 등장한다(예를 들면 렘 1:4. 참고. 3:2; 롬 3:2; 고전 2:10). 성경을 기록하는 과정에서 인간 저자들은 수동적이 아니라 능동적이었다. 하지만 성령 하나님이 그들을 사용하여 저자들의 개성, 사고의 과정, 어휘를 가지고 하나님이 기록하기를 원하시는 정확한 말씀을 아무 오류 없이 작성하고 기록하도록 했다. 그러므로 성경의 원본은 영감, 즉 하나님의 숨결이 불어넣어져 있으며(참고. 딤후 3:16), 오류가 없다(요 10:34, 35; 17:17; 딛 1:2). 베드로는 무오한 원본 텍스트를 만들어낸 영감의 과정을 밝혀주었다(참고. 잠 30:5; 고전 14:36; 살전 2:13).

너희의 대적을 알라 (2:1-22)

A. 침투의 은밀함(2:1-3)

2:1 백성 가운데 *백성*은 신약성경에서 이스라엘을 가리키는 말로 사용된다(참고. 행 26:17, 23). 하지만 베드로가 말하고자 한 요점은 사탄이 거짓 교사들의 속임수를 신자 공동체에 침투시키는 일에 열심이라는 것이다(참고. 요 8:44). 하와 이래로 사탄은 늘 속이는 일을 해왔다(*고후 11:3, 4에 대한 설명을 보라*). **거짓 선지자들** 베드로는 이 장에서 거짓 교사들을 자세히 묘사하여 그리스도인이 항상 그들의 특징과 방법을 알아차릴 수 있도록 했다. 그리스도를 거부하는 자들의 가장 큰 죄와 사탄의 가장 저주받을 활동은 진리를 그릇되게 제시하여 결과적으로 속이는 것이다. 어떤 사람이 영혼을 구원하기 위해 하나님을 위하여 말한다고 하지만 실제로는 영혼을 멸망시키려는 사탄을 위해 말하는 것만큼 사악한 일은 없다(참고. 신 13:1-18; 18:20; 렘 23; 겔 13; 마 7:15; 23:1-36; 24:4, 5; 롬 16:17; 고후 11:13, 14; 갈 3:1, 2; 딤후 4:3, 4). **멸망하게 할 이단을 가만히 끌어들여** 거짓 교사들은 자기들을 기독교 목사나 교사, 복음전도자로 선전한다(참고. 유 4절). *이단*은 분열과 분파를 초래하는, 스스로 고안한 거짓 종교라는 뜻이다(참고. 고전 11:19; 갈 5:20). *멸망하게 할*이라는 헬라어는 기본적으로 저주를 받는다는 뜻이다. 이 단어는 이 서신에서 6번 사용되었고, 항상 최후의 저주를 뜻한다(1-3절; 3:7, 16). 이런 이유로 교회가 비성경적인 가르침이나 사상에 대해 사랑과 하나 됨을 구실로 삼아 관용의 미덕을 베푸는 것은 대단히 비극적인 일이다(살후 3:14; 딤전 4:1-5; 딛 3:9-11을 보라). **자기들을 사신** 베드로가 여기서 사용하는 용어는 신학적이라기보다는 비유적이며, 집안의 인간 주인을 말한다. 주인은 노예를 사며, 노예는 그들의 주권자인 주인에게 충성해야 한다. (구약의 병행 구절로는 신명기 32:5, 6을 보라. 여기서는 비록 이스라엘이 하나

님을 거부했지만 하나님이 그들을 사셨다고 말한다.) 교리적으로 말하면 이 비유는 거짓 선지자들이 하나님께 복종해야 함에도 그것을 거부한 것을 뜻한다고 볼 수 있다. 이외에도 그들은 자기들을 그리스도인이라고 선언했을 것이며, 따라서 주가 그들을 실제로 개인적으로 사셨다. 베드로는 약간 냉소적으로 그들의 임박한 멸망에 대해 기록함으로 그들의 선언을 비웃는다. 이렇듯 이 구절은 그리스도를 자기 편이라고 주장하지만 자기 삶에 대한 그리스도의 주 되심을 부인하는 거짓 교사들의 사악한 성품을 묘사한다. **주를 부인하고** 이 어구는 거짓 교사들의 범죄와 죄책의 깊이를 보여준다. 주로 번역된 이 헬라어는 신약성경에 10번 등장하며, 인간과 하나님의 권위를 무론하고 최고의 권위를 가진 이를 의미한다. 여기서 베드로는 거짓 선지자들이 예수 그리스도의 주권적인 주 되심을 부인한다고 경고한다. 그 이단사설이 그리스도의 동정녀 탄생, 신성, 몸의 부활, 재림에 대한 부인을 포함하겠지만, 거짓 선지자들의 근본적 오류는 그들의 삶을 그리스도의 통치에 복종시키지 않으려고 한다는 것이다. 모든 거짓 믿음은 그릇된 기록을 가지고 있다. **임박한 멸망** 이 말은 신체적 죽음, 그리스도 재림 때의 심판을 가리킨다(잠 29:1; 살후 1:7-10).

2:2 여럿이 그들의 호색하는 것을 따르리니 많은 사람이 그리스도인이라고 고백한다. 하지만 그들의 삶에 대한 그리스도의 주 되심을 부인하며, 그리스도와 그분의 말씀에 순종하는 종으로 살기를 거부하고, 대신 육체의 정욕, 세상, 마귀를 따를 것이다. 그런 명목상의 그리스도인은 심판 때 위선자에 대한 주님의 저주 대상에 포함될 것이다(마 7:21-23. 참고. 유 4, 7절). 신자라고 선언하면서 그리스도의 주 되심을 부인하는 것은 다른 사람들을 전염시키고 복음의 신빙성을 무너뜨릴 수 있다. **진리의 도가 비방을 받을 것이요** 자기들이 주장하는 주님을 따르지 않는 명목상의 그리스도인으로 말미암아 세상이 예수 그리스도의 복음을 조롱하고 비웃을 것이다. 그리하여 그들은 위선적인 사람으로 정체가 드러날 것이다.

2:3 탐심으로써 즉 절제되지 않은 탐욕을 말한다. 베드로는 거짓 교사들의 기본 동기가 진리에 대한 사랑이 아니라 돈에 대한 사랑임을 주목하고 있다(14절을 보라). 그들은 거짓을 통해 사람들을 착취했다. **그들의 심판은…지체하지 아니하며** 하나님이 거짓 교사들을 저주하신다는 원칙은 영원 전부터 확정되었고, 구약성경 전체를 통해 반복되었으며, 그 원칙이 흐지부지되거나 무효화되지 않았다는 의미에서 "지체하지 않는다"고 표현된다. 그것은 지금도 유효하며 반드시 성취될 것이다(유 4절을 보라). **그들의 멸망은 잠들지 아니하느니라** 베드로는 멸망을 의인화하여 정신을 바짝 차리고 있어 언제라도 행동할 준비가 되어 있는 처형자라고 말한다. 본성적으로 하나님은 진리의 하나님이시므로 모든 거짓말과 속이는 자들을 심판하실 것이다(참고. 잠 6:19; 19:5, 9; 사 9:15; 28:15, 22; 렘 9:3, 5; 14:14; 23:25, 26; 계 21:8, 27).

B. 불법으로 저주받음(2:4-10)

2:4 범죄한 천사들 유다서 6절에 따르면 이들 천사는 "자기 지위를 지키지 아니하고", 즉 그들은 음란하게 여인들과 동거한 남자들 안에 들어갔다. 이것이 창세기 6장에서 홍수 전에(5절; 창 6:1-3) 자기 자리를 벗어나 여인들을 탐한 소돔과 고모라 멸망 이전의(6절; 창 19장) 타락한 천사들(하나님의 아들들)을 가리키는 것으로 보인다. *창세기 6:1, 2; 유다서 6절을 보라*. **지옥에 던져** 베드로는 그리스 신화에서 지옥을 가리키는 말 *타르타루스(tartarus)*를 사용한다. 그리스인은 타르타루스를 하데스보다 낮은 곳으로, 가장 사악한 인간과 신, 귀신을 위해 마련된 곳이라고 가르쳤다. 유대인도 후에는 타락한 천사들이 보내지는 곳을 묘사하기 위해 이 단어를 사용했다. 이곳은 유대인에게 가장 낮은 지옥, 가장 깊은 구렁텅이, 고문과 영원한 고통을 상징하는 가장 두려운 곳이 되었다. 예수는 그 몸이 무덤에 계신 동안 죽음과 부활 사이의 시간에 영으로 그곳에 가셔서 귀신들에 대한 승리를 선포하셨다(*골 2:14; 벧전 3:18, 19에 대한 설명을 보라*). **어두운 구덩이에 두어** 귀신들도 거기에 가는 것을 두려워하여 예수가 지상에 계신 동안 자기들을 그곳에 보내지 마시기를 간구했다(참고. 마 8:29; 눅 8:31). 모든 귀신이 결박당한 것은 아니다(참고. 계 12:7-9). 어떤 귀신들은 한시적으로 결박당했다(*계 9:1-12에 대한 설명을 보라*). 이들은 창세기 6장의 자신들이 지은 죄 때문에 영구적으로 어둠 속에 결박되어 있다. **심판 때까지 지키게 하셨으며** 영구적으로 결박당한 이 귀신들은 최후의 판결을 기다리는 감금당한 죄수와 같다. *타르타루스*는 감금당해 있던 악한 천사들이 최후의 심판 후에 마지막에 불못에 던져진다는 의미에서 한시적인 곳이다(계 20:10).

2:5 옛 세상을 용서하지 아니하시고 하나님이 미래에 거짓 교사들을 심판하실 것에 대한 선례로, 이 두 번째 예화는 범세계적 홍수를 통한 고대 세계에 대한 심판이다(참고. 창 6-8장). 그 심판으로 인류는 여덟 명으로 줄었다(참고. 벧전 3:20). **의를 전파하는** 창세기 6:9; 7:1을 보라. 노아는 백성에게 홍수 심판을 피하라고 촉구했으

므로, 그는 삶으로 의에 대해 말한 것이다.

2:6 소돔과 고모라 성 악인에 대한 하나님의 미래 심판의 세 번째 선례는 소돔과 고모라, 그 주변 도시들의 완전한 멸망이다(참고. 창 13; 18:16-33; 19:1-38; 신 29:23). 이 심판은 그 지역의 모든 사람을 불태워 멸망시켰다. *유다서 7절에 대한 설명을 보라.* **본을 삼으셨으며** 모범이나 패턴을 말한다. 하나님은 모든 미래 세대에게 악은 심판을 초래한다는 놓칠 수 없는 메시지를 보내셨다.

2:7, 8 의로운 롯을 건지셨으니 구원받은 모든 사람처럼 그도 참 하나님에 대한 믿음에 의해 의로워졌다. 아브라함의 경우처럼 그에게도 은혜에 의해 믿음을 통해 의가 전가되었다(창 15:6; 롬 4:3, 11, 22, 23). 롯에게는 영적인 연약함이 있었는데(창 19:6), 예를 들면 부도덕함(창 19:8)과 술 취함(창 19:33-35)이었다. 그의 마음은 소돔에 있었다(창 19:16). 그럼에도 그는 그 문화의 죄를 싫어했고 하나님의 천사들이 해를 입지 않도록 보호할 길을 찾았다. 그는 소돔을 돌아보지 말라는 주님의 명령에 순종했다(창 19장). 살아 있는 모든 사람에게 하나님이 대규모 심판을 내리신 이 두 가지 예화에서(한번은 온 땅, 다른 한번은 사해 남쪽 평원의 전 지역) 베드로는 하나님의 백성은 건짐을 받았음을 지적했다(5절. 참고. 9절). "상함이라"로 번역된 헬라어는 롯이 소돔과 고모라 내부와 주변에 사는 사람들의 부도덕하고 포학한 행동으로 말미암아 깊이 고민했고 고문당했다는 것("고뇌했다"는 말의 의미)을 암시한다. 오늘날의 사회에서 신자들이 편만한 죄를 보고도 더 이상 충격을 받지 않고 일반적인 일이라고 생각하게 된 것은 비극이다.

2:9 주께서 경건한 자는 시험에서 건지실 *시험*에 해당하는 헬라어는 '멸망시킬 의도를 가진 공격'이라는 뜻을 가질 수 있으며(참고. 막 8:11; 눅 4:12; 22:28; 행 20:29; 계 3:10), 엄한 하나님의 심판을 가리킨다. 하나님 계획의 전형은 악인에게 그분의 심판이 떨어지기에 앞서 경건한 자를 먼저 건지시는 것이다. **불의한 자는…두어** 악인은 그들을 영원한 감옥에 보낼 판결이 선고되기까지 감금된 죄수와 같다(참고. 4절). 악인에 대한 최후 심판은 큰 흰 보좌 심판이라고 불린다(계 20:11-15). 여기서 모든 시대의 불경건한 자들이 다시 살아나 심판을 받고 불못에 던져질 것이다.

2:10 육체를 따라…행하며 참고. 유다서 6절. 노아와 롯 시대의 악인처럼 베드로 시대의 거짓 교사들은 부패한 육체의 욕망에 사로잡힌 노예들이었다. **주관하는 이를 멸시하는** *주관하는 이*로 번역된 헬라어는 *주*(1:2)라고 번역된 헬라어와 같은 단어에서 왔다. 거짓 교사들은 외적으로는 그리스도와 하나였지만 그리스도의 주 되심 아래서 살려고 하지 않았다. 거짓 교사들이 가진 두 가지 중요 특징이 이 절에서 강조된다. 바로 욕망과 교만이다. **당돌하고 자긍하며** *당돌하다*는 '뻔뻔하다' '안하무인이다' '반항적이다'라는 뜻이다. *자긍하다*는 고집이 세고 자기 하고 싶은 대로 하는 것을 말한다. **영광 있는 자들을 비방하거니와** 참고. 유다서 8절. 비방한다는 것은 조소하고 모욕하는 것이다. *영광 있는 자*들은 천사들, 아마 악한 천사들을 가리킬 것이다. 악한 천사들도 초자연적 세계에서 어떤 수준을 갖고 있는데, 이는 인류를 뛰어넘는 존엄성과 초월적 속성을 말한다(엡 6:12). 시간을 초월해 있는 존재에게는 어느 정도의 영광이 있다. 그러므로 사탄과 그의 천사들에 대해서도 경솔하게 대해서는 안 된다. 이 교사들이 자기들의 악한 욕망을 변명하기 위해 창세기 6장의 "자기 지위를 지키지 아니한"(유 6절) 천사들을 지적했을 수도 있다. 거짓 교사들이 타락한 천사들에 대해서 모독한 것은, 좋은 권위이든 나쁜 권위이든 권위에 대한 그들의 교만과 무감각함을 보여준다.

C. 불결함으로 역겨움(2:11-17)

2:11 더 큰 힘과 능력을 가진 천사들 인간보다 더 큰 능력을 가진 거룩한 천사를 가리킨다. **거슬러 비방하는 고발을 하지 아니하느니라** 높은 권세에 도전하는 거짓 교사들과 달리 거룩한 천사들은 그들의 주님을 너무나 경외한 나머지 어떤 권위에 대해서도 모욕하는 말을 하지 않으려고 한다. 심지어 천사장 미가엘도 사탄의 큰 존재와 능력을 인정하고 그에게 나쁘게 말하려 하지 않고(*유 8, 9절에 대한 설명을 보라*), 도리어 주님께 그 일을 의탁했다(*슥 3:2에 대한 설명을 보라*). 어떤 신자도 초자연적인 귀신들, 특히 사탄에 대해 조롱하거나 명령하는 어리석은 만용을 부리지 말아야 한다.

2:12 이성 없는 짐승 같아서 참고. 유다서 10절. 거짓 교사들은 귀신이나 거룩한 천사의 능력과 임재에 대해 아무 감각도 없었으며, 마치 짐승처럼 반항적이고 무례하고 교만하여 초자연적 영역에 대해 함부로 말했다. 그들은 자기들이 알지도 못하는 사람과 문제에 대해 무분별하게 저주했다. **멸망 가운데서 멸망을 당하며** 거짓 교사들은 "잡혀 죽기 위하여 난" 짐승들처럼 살았기 때문에 짐승처럼 죽임을 당할 것이다. 거짓 교사들은 자신들의 본능을 초월할 수 없으며, 따라서 그들은 자신들의 어리석은 욕망으로 멸망당할 것이다.

2:13 불의의 값 부도덕과 교만은 아무 이익도 가져다주지 않을 것이다. 그것은 오로지 빼앗고 멸망시킬 것

이다. **낮에 즐기고 노는 것** 어둠으로 감출 수도 없는 대낮에 죄를 짓는 것은 로마 사회에서 수준이 낮은 악을 말한다(참고. 살전 5:7). 그러나 이 거짓 교사들은 욕망과 반항심에 휘둘린 나머지 밤을 기다릴 여유가 없었다. 그들은 통제 불능의 욕망에 휘둘렸다. **점과 흠이라** 참고. 유다서 10절. 즉 더러운 점과 반점이다. 그들은 그리스도의 성품과 정반대다(벧전 1:19). 교회는 그들의 주님과 같아야 한다(엡 5:27). **너희와 함께 연회할 때에…즐기고 놀며** 교회의 애찬과 그리스도인의 교제 시간에도 거짓 교사들은 진리의 교사인 체하고 교만하고 부도덕하게 행동했다. 종교적인 언어로 자신들의 부패를 감추려고 애썼지만 거짓 교사들은 교회 모임에서 더러운 흠이었다(참고. 요이 9-11; 유 12절).

2:14 음심이 가득한 눈 거짓 교사들은 도덕적 자제력을 완전히 상실한 나머지 모든 여인을 잠재적 간음 대상으로만 보았다(참고. 마 5:28). 그들은 통제할 수 없는 욕망의 힘에 끌려다녔으며 결코 그들은 죄를 짓는 일에서 만족하지 못했다. **굳세지 못한 영혼들을 유혹하며** 이 은유는 낚시질에서 온 것으로 18절에도 등장한다. 유혹한다는 것은 미끼로 물고기를 낚는 것이다. 거짓 교사들은 말씀에 강한 자들을 잡지 못하고, 약하고 불안정하며 믿음이 어린 자들을 먹잇감으로 삼는다(3:16을 보라. 참고. 엡 4:14; 요일 2:13). **탐욕에 연단된 마음** *연단되다*는 운동선수의 훈련을 가리키는 말로 자주 사용된다. 거짓 교사들은 그들의 욕망이 원하는 금지된 일들을 하기 위해 마음을 훈련하고 준비를 갖췄다. 즉 그들은 자기성취의 기술을 익혔다. **저주의 자식** 이 말은 죄의 저주가 그들 삶의 지배적인 것이 되었다는 히브리적 표현으로, 그들은 자신들의 뻔뻔한 악으로 말미암아 지옥의 저주를 받았다. 참고. 갈라디아서 3:10, 13; 에베소서 2:1-3; 베드로전서 1:14.

2:15 바른 길을 떠나 *바른 길*은 하나님께 대한 순종을 뜻하는 구약의 은유다(참고. 행 13:10). **발람** 참고. 유다서 11절. 발람은 거짓 선지자의 예화와 실례로 사용되었다. 그는 자기에게 돈을 주는 사람이라면 누구에게나 봉사하는 구약의 타락한 선지자였다. 그는 하나님을 향한 신실함과 순종 대신에 부와 인기를 더 좋아했다(민 22-24장). 말하는 나귀를 통해 하나님은 그가 이스라엘을 저주하지 못하게 막으셨다(16절. 참고. 민 22:21-35).

2:17 물 없는 샘 이 절에서 베드로는 두 가지 시적인 비유를 사용하는데("샘"과 "안개"), 이는 중동에서 일상생활에 꼭 필요한 것이었다. 물이 마른 샘은 덥고 건조한 땅에서 사람들에게 큰 실망을 안겨주곤 한다. 이와 마찬가지로 거짓 교사들은 목마른 영혼의 갈증을 해소할 영적인 물이 있는 것처럼 말하지만, 실제로는 아무것도 줄 수 없다. **광풍에 밀려 가는 안개** 안개가 몰려오는 것은 비를 약속하는 것처럼 보이지만, 때로는 태풍이 그것을 쓸어가고 메마르고 뜨거운 땅만을 남겨둔다. 거짓 교사들은 영적 원기 회복을 약속하는 것처럼 보이지만 알맹이가 전혀 없는 쇼에 불과하다(참고. 유 12절). **캄캄한 어둠** 즉 지옥이다(참고. 마 8:12; 유 13절).

D. 파괴적인 영향력(2:18-22)

2:18 허탄한 자랑의 말을 토하며 참고. 유다서 16절. 즉 거창한 자기 자랑을 말한다. 거짓 교사들은 학문적이거나 심오한 영적 통찰이 있는 것처럼 보이는 그럴 듯한 말들, 심지어 하나님으로부터 직접 계시를 받았다는 말을 통해 약한 자들을 속인다. 그들은 성경의 명백한 역사적 가르침에도 모순되며, 그들은 부실한 훈련과 신성한 지혜의 부족으로 심지어 그런 것들을 제대로 설명할 능력도 없다(참고. 고전 2:14). 실제로 그들의 말은 학문적인 것, 영적인 것, 신성한 것이 전혀 아니다. **겨우 피한 자들을** 더 나은 번역은 '간신히 피한' 또는 '피하려고 노력하는'이다. 이것은 구원받은 사람에 대한 묘사가 아니라 높은 수준의 죄의식과 불안 때문에 취약한 상황에 처한 사람들에 대한 묘사다. 혼인이 깨어진 사람들, 외롭고 죄의 결과로 지쳐 종교 또는 하나님의 도움을 받아 새롭게 출발하려는 사람들이다. 거짓 교사들은 이런 종류의 사람을 이용한다. **음란으로써…유혹하는도다** 그런 온갖 공허한 말에도 불구하고 거짓 교사들은 비열한 수준에서 사람들에게 호소하여 그런 사람들을 그들의 철학으로 유인한다. 진리의 매력이 아니라 거짓의 유혹이 그들의 계략이다. 그들은 육체적 욕망과 음란을 추구하고 그것을 유지할 수 있는 종류의 종교를

거짓 선지자의 특징

1. 파괴적인 이단사설을 가르침(2:1)
2. 주를 부인함(2:1)
3. 신성모독을 저지름(2:2)
4. 성경을 왜곡함(2:2, 3)
5. 탐욕스러움(2:3, 14)
6. 고집스러움(2:10)
7. 부도덕함(2:10, 14)
8. 사악함(2:12, 14)
9. 참 신앙을 논란거리로 삼음(2:15)
10. 그리스도의 재림을 조롱함(3:4)

사람들에게 제안한다. 베드로는 특히 거짓 교사들이 음란한 방법으로 여인들을 유혹하려 한다고 암시하고 있는 듯하다.

2:19 자유를 준다 하여도 거짓 교사들은 삶의 고투에서 '벗어나려고 노력하는' 사람들에게 그들이 찾는 바로 그 자유를 약속한다. **멸망의 종들** 거짓 교사들은 사람이 벗어나기 위해 노력하는 바로 그 부패의 종이므로 그들이 약속한 진정한 자유를 줄 수가 없다. **이긴 자의 종이 됨이라** 자유의 이름으로 자신을 거짓 교사들의 손에 맡기는 사람은 거짓 교사들이 죄수이므로 그 역시 죄수가 된다. 거짓 교사들을 따르는 사람을 기다리고 있는 것은 자유가 아닌 부패의 굴레다.

2:20 세상의 더러움을 피한 *더러움*은 악취가 나거나 독성이 있는 증기라는 개념을 가지고 있다. 도덕적으로 이 세상은 치명적인 영향을 내뿜고 있다. 베드로는 이 거짓 교사들과 그들의 추종자가 한때는 세상 체제의 도덕적 부패에서 벗어나 종교, 심지어 예수 그리스도를 찾았음을 주목한다(주님의 조건이 아닌 그들 자신의 조건으로, *1절에 대한 설명을 보라*). 그러나 이 거짓 교사들은 결코 참되게 그리스도께 돌아선 적이 없다. 그들은 참된 복음을 듣고 그쪽으로 움직이기는 했지만 그 다음에는 그 복음이 말하는 그리스도를 거부했다. 그것이 히브리서 10:26, 27에 등장하는 사람들과 같은 배교다. 그들의 마지막은 처음보다 훨씬 악하다(배교의 실례는 눅 11:24-26; 12:47, 48; 고전 10:1-12; 히 3:12-18; 6:6; 10:26, 38 이하; 요일 2:19; 유 4-6절을 보라).

2:21 거룩한 명령을 저버리는 것 문자적으로 '등을 돌리는 것'이라는 뜻이다. 이 절은 거짓 교사들의 타락과 탈퇴를 묘사한다. 그들은 기독교적인 경험을 고백했고(의의 길, 참고. 마 21:32), 심지어 성경의 참된 가르침을 받기도 했다. 그러나 그리스도를 거부하는 편을 선택했음을 그들 자신의 삶으로 보여주었다(참고. 히 10:26-31). 베드로가 묘사하듯 그런 거짓 교사들은 기독교 밖에서 만들어지지 않는다. 그들은 언제나 교회 내에서 성장하되 절반은 교회 내에 있고 절반은 교회 밖에 있다. 그러나 결국 그들은 진리를 거부하고 자기들의 만족을 위하여 다른 사람을 유혹하려고 노력한다.

2:22 개가 그 토하였던 것 배교를 가리키는 생생한 두 개의 비유다. 첫 번째는 잠언 26:11에서 왔고, 두 번째는 베드로 자신의 것이다.

너희의 예언을 알라 (3:1-18)

A. 주의 날에 대한 확신(3:1-10)

3:1 사랑하는 자들아 이 태도는 이 서신의 독자를 향한 베드로의 목회적 관심을 반영한다(참고. 벧전 5:1-4). **이 둘째 편지** 즉 베드로전서 다음에 쓴 편지를 말한다(서론을 보라). **너희의 진실한 마음** 베드로가 독자를 진정한 그리스도인으로 믿었음을 보여주는 칭찬이다. *진실한*은 세상, 육신, 마귀의 유혹하는 힘으로 오염되거나 혼잡하게 되지 않았음을 의미한다. 참 신자들은 부패하고 배교한 거짓 교사들과 얼마나 다른가(2:10-22). 베드로는 독자에게 그들이 이미 알고 있는 진리를 각인시킴으로써 그들의 거룩하게 된 이성과 영적 분별력으로 거짓 교리를 전파하는 자들을 알아내고 반박할 수 있게 되기를 바란다.

3:2 거룩한 선지자들 구약 선지자들을 가리킨다. 그들은 거룩하지 못한 거짓 선지자들과 달리 거룩하다. 하나님 말씀이 성경 속의 그 선지자들을 통해 기록되었다(*1:19-21에 대한 설명을 보라*). 특별히 그 선지자들은 임박한 심판을 경고했으며(예를 들면 시 50:1-4; 사 13:10-13; 24:19-23; 미 1:4; 말 4:1, 2), 심지어 주님의 오심에 대한 것도 경고했다(슥 14:1-9). **주 되신…사도들** 그리스도의 사도들은(*롬 1:1; 엡 4:11에 대한 설명을 보라*) 신약성경의 260개의 장을 약 300개의 재림에 대한 예언으로 채웠다. 그리스도가 오셔서 자기 백성을 모으심, 종말의 재림에 관한 경고, 그의 나라를 세우시는 사실에 대한 지식, 하나님이 영원한 의를 가져오심에 대한 교훈과 관련된 신약성경의 계시가 그리스도의 재림과 악인의 심판에 대한 반박할 수 없는 증거가 된다. **너희의…명하신 것** 베드로는 자신과 다른 사도들이 심판에 대해 기록한 경고를 가리키고 있다(유 17절).

3:3 먼저 이것을 알지니 *먼저*는 목록에서 가장 먼저 나온다는 뜻이 아니라 가장 중요한 문제라는 뜻이다. 서신 가운데 이 부분에서 베드로가 우선적으로 말하고자 하는 것은 거짓 교사들이 어떻게 이 심판을 부인하고 신자의 소망을 훔쳐갈 것인지에 대한 경고다. **말세에** 이는 메시아의 오심부터 재림까지의 전 기간을 가리킨다(참고. 행 2:17; 갈 4:4; 딤후 3:1; 히 1:2; 약 5:3; 벧전 1:20; 요일 2:18, 19; 유 18절). 이 시기의 특징은 기독교 신앙, 특히 그리스도의 재림의 소망에 대한 파괴 활동이 진행된다는 것이다. **조롱하는 자들이 와서** 거짓 교사들은 그리스도의 재림이나 성경의 어떤 가르침에 대해 조롱을 섞어 논박한다(참고. 사 5:19; 유 18절). **자기의 정욕을 따라 행하며** *행하다*는 행동방식, 생활방식을 말하는

베드로후서에 나오는 '지식'(앎)

1. 1:2	9. 1:20
2. 1:3	10. 2:9
3. 1:5	11. 2:20
4. 1:6	12. 2:21
5. 1:8	13. 2:21
6. 1:12	14. 3:3
7. 1:14	15. 3:17
8. 1:16	16. 3:18

것이다. 베드로는 성적 욕망을 특징으로 하는(참고. 2:2, 10, 13, 14, 18) 거짓 교사들의 생활방식을 언급함으로써 그리스도인을 향한 경고의 핵심을 밝힌다. 진리를 모르고 하나님도 모르는 거짓 교사들은 그들의 욕망을 제어할 아무것도 가지고 있지 못하다. 특별히 그들은 그리스도의 재림을 비웃는다. 이는 그들이 하나님의 보응을 직면하지 않은 채 자기들의 불순한 성적 욕망을 추구하기를 원하기 때문이다. 그들은 자기들의 행위와 어울리는 종말론을 원한다(참고. 요일 2:28, 29; 3:2, 3).

3:4 주께서 강림하신다는 약속이 어디 있느냐 초대 교회는 예수가 곧 돌아오실 것으로 믿었다(참고. 고전 15:51; 살전 1:10; 2:19; 4:15-18; 5:1, 2). 이 조롱꾼들은 그리스도가 곧 오신다는 것에 반대하면서 성경적 논증을 사용한 것이 아니라 감정적 논증을 채택했다. 그들의 논증은 조소와 실망을 이용했다. **조상들** 구약의 족장인 아브라함과 이삭, 야곱을 가리킨다(참고. 롬 9:5; 히 1:1). **만물이 처음 창조될 때와 같이 그냥 있다** 이 논증은 그리스도의 재림을 공격하는 균일설이다. 이는 모든 자연현상이 지구의 시작 이래로 균일하게 작동하고 있다는 이론을 근거로 하고 있다. 또한 거짓 교사들은 하나님은 땅에서 일어나는 일에 관여하지 않는다는 의미로 넌지시 이렇게 말했다. "역사의 끝에 대변혁, 심판의 일은 없을 것이다. 왜냐하면 우주는 그렇게 움직이지 않기 때문이다. 과거에도 그런 심판이 없었는데 왜 미래에 심판이 있다고 예상해야 하는가? 도리어 우주 안에 있는 모든 것은 안정적이고 고정되어 있으며 결코 변하지 않는 진화의 패턴과 원리에 의해 지배받는다. 과거에 대격변 같은 것은 일어나지 않았으므로 미래에도 대격변 같은 것은 일어나지 않을 것이다. 신이 이 세상에 침입하는 일은 없을 것이며, 인류에 대한 초자연적인 심판은 없을 것이다."

3:5 하늘이 옛적부터…하나님의 말씀으로 된 것 창조는 하나님이 공허 속에 개입하셔서 우주를 존재하게 한 일이다. 이것은 균일한 과정을 통해서가 아니라 순간적이고 폭발적인 엿새 동안의 창조를 통해서다. 모든 것은 일관되고 변함없는 진화의 과정을 따라 지속되는 것이 아니다. 24시간을 하루로 하는 엿새 동안에 온 우주가 성숙하고 온전한 모습으로 창조되었다(*창 1; 2장*). **땅이 물에서 나와 물로 성립된 것** 지구는 두 개의 물 덩어리 사이의 영역에서 형성되었다. 창조 주간의 앞부분에서 하나님은 위의 물을 모아 온 지구를 둘러싼 차양을 만들었고, 아래쪽 물은 지하의 저수지와 강, 호수 바다로 만들었다. *창세기 1:2-10에 대한 설명을 보라.* **일부러 잊으려 함이로다** 거짓 교사들은 심판의 교리를 피하려는 시도로 이전에 있었던 두 가지 신성한 대격변, 곧 창조와 홍수를 고의적으로 무시한다.

3:6 이로 말미암아 즉 물을 말한 것이다. 위의 물과 아래의 물을 창조함으로 하나님은 그의 피조물 속에 파괴적인 도구를 장치하셨다. **그 때에 세상** 홍수 이전의 세계 질서를 가리킨다. 이 세상은 위의 차양과 지하의 저수지, 강, 호수, 바다 그리고 중간의 하늘이라는 물리적 구조로 되어 있다. 홍수 이전의 세상은 태양광선의 파괴적인 적외선으로부터 보호되었고 비와 폭풍, 바람이 없는 온화한 기후와 함께 인간의 장수(창 5장)와 지구의 큰 생산 능력(온실처럼)을 특징으로 하고 있었다. **물이 넘침으로 멸망하였으되** 두 번째의 신성한 대격변은 균일설을 반박하는 대홍수로, 온 땅을 물에 잠기게 하고 세상의 질서를 바꾸었다. 창세기 7:11 이하를 보면 홍수는 두 방향에서 왔다. 하나는 지구가 갈라지면서 가스, 먼지, 물, 공기가 터져 나오면서 물의 근원이 터진 것이었다. 다음은 위로 치솟는 물이 위의 차양을 깨뜨림으로써 위의 물이 땅으로 쏟아져 내린 것이었다. 그 홍수는 너무나 큰 격변이어서 여덟 명의 사람과 모든 동물의 대표를 제외하고 땅에 거하던 모든 것이 멸망당했다(*창 7:11-24에 대한 설명을 보라*). 이 두 사건으로 세상은 확실히 균일한 과정에 있지 않음이 분명해졌다.

3:7 이제…두신 것이니라 홍수 이래로 인류는 두 번째 세계 질서 속에서 살고 있다. 두 세계 질서 사이의 명백한 차이는 홍수 이전의 인간에게 900세가 흔한 나이였던 데 반해 지금 사람들은 약 70년을 산다는 것이다. 그리고 베드로는 세 번째 요점을 말한다. 머지않아 오게 될 다른 대격변 이후 만들어질 세 번째 형태의 하늘과 땅이 있다는 것이다. **그 동일한 말씀으로…보호하신** 현재의 세계 체제는 미래의 심판이 예정되어 있다. 그 심판은 창조와 홍수가 왔던 것과 똑같이 하나님의 말씀으로 임할 것이다. 현재의 질서가 파괴된 후 하나님은 말씀으로 새 세상을 존재케 하실 것이다. **불사르기 위**

그리스도 재림의 약속(벧후 3:4)

구약성경	신약성경
1. 겔 21:27	1. 마 24:27, 30
2. 단 7:13, 14	2. 눅 17:30
3. 슥 2:10	3. 요 14:3
4. 슥 14:5	4. 행 1:11
5. 말 3:1	5. 살전 4:16

하여 보호하신 하나님은 다시 세상을 물로 멸망시키지 않으리라는 상징으로 하늘에 무지개를 두셨다(창 9:13). 미래에 하나님은 하늘과 땅을 불로 멸망시키실 것이다(참고. 사 66:15; 단 7:9, 10; 미 1:4; 말 4:1; 마 3:11, 12; 살후 1:7, 8). 현재의 우주에서 하늘은 별, 소행성으로 가득하다. 지구의 중심은 불에 끓는 액체와 같은 불못으로 채워져 있으며, 그것의 온도는 약 12,400도다. 인류는 겨우 두께가 16킬로미터 정도인 껍질로 땅의 불타는 중심으로부터 분리되어 있다. 그보다 훨씬 큰 일은 온 피조물이 원자적 구조 때문에 잠재적 불 폭탄이라는 사실이다. 사람이 원자로부터 파괴적인 폭탄을 만들어 죽음의 불을 붙여 태우는 것처럼 하나님도 원자 에너지의 폭발로 온 우주를 붕괴시키실 수 있다(*10-12절에 대한 설명을 보라*). **경건하지 아니한 사람들의 심판과 멸망의 날까지** 땅은 불경건한 사람들의 심판과 멸망의 날을 기다리고 있다. 하나님이 말씀으로 불에 의한 심판이 임하게 될 때에 경건한 자들은 땅에 없을 것이다(참고. 살전 1:10; 5:9).

3:8 하루가 천 년 같고 하나님은 사람과 다른 방식으로 시간을 이해하신다. 인간의 관점으로 볼 때 그리스도의 오심은 아직 긴 시간이 남은 것처럼 보인다(참고. 시 90:4). 하지만 하나님의 관점에서는 그리 길지 않을 것이다. 이런 일반적인 언급 이외에도 이것이 환난의 끝에 오는(계 6:17), 주의 날의 첫 번째 단계와 마지막 단계 사이에 실제로 1,000년의 간격이 있다는 구체적인 표시일 수 있다. 마지막 단계인 천년왕국의 끝에서 주는 새 하늘과 새 땅을 창조하실 것이다(*10, 13절; 계 20:1-21:1에 대한 설명을 보라*).

3:9 더딘 것이 아니라 즉 지체하거나 늦는 것이 아니다(참고. 갈 4:4; 딛 2:13; 히 6:18; 10:23, 37; 계 19:11). **너희를 대하여 오래 참으사** *우리*는 구원받은 하나님의 백성이다. 하나님은 그 백성이 구원받기를 기다리신다. 하나님은 심판으로 개입하실 때까지 엄청난 인내의 능력을 발휘하신다(참고. 15절; 욜 2:13; 눅 15:20; 롬 9:22; 벧전 3:15). 하나님은 반항, 살인, 지속적으로 율법을 범하는 일과 함께 자신의 이름에 대한 끝없는 모독을 견뎌오셨으며, 자기 백성을 불러 구속하시는 동안 인내해 오셨다. 최후의 심판이 지연되는 것은 무능력이나 태만이 아니라 인내다. **아무도 멸망하지 아니하고** *아무도*는 주가 선택하셔서 구속받은 자의 수를 채우기 위해 부르실 사람, 즉 *우리*를 가리킨다. 전체 단락은 하나님이 악인을 멸망시키는 일에 관한 것이므로, 하나님의 인내는 그들 모두를 건지기 위해서가 아니다. 그렇게 하시는 것은 자기 백성을 전부 받아들이기 위해서다. 하나님은 모든 사람이 구원받을 때까지 기다리실 수가 없다. 여기서 강조한 것은 하나님이 세상과 불경건한 자들을 멸망시키리라는 것이기 때문이다. 멸망당하고 지옥으로 가는 사람은 그들이 지옥을 위하여 창조되었고 그리로 가도록 예정되었기 때문에 가는 것이 아니라 그들이 타락하여 오직 지옥에만 갈 만하고 유일한 치료자인 예수 그리스도를 거부했기 때문에 가는 것이다. 저주로 가는 길은 회개하지 않는 마음의 길이다. 그것은 예수 그리스도의 존재와 그리스도가 마련하신 것을 거부하고 죄에 집착하는 사람의 길이다(참고. 사 55:1; 렘 13:17; 겔 18:32; 마 11:28; 23:37; 눅 13:3; 요 3:16; 8:21, 24; 딤전 2:3, 4; 계 22:17). **다 회개하기에 이르기를** *다*(참고. *우리, 아무도에 대한 설명을 보라*)는 그리스도께 나아와서 하나님 백성의 충만한 수를 채울 하나님의 모든 백성을 가리키는 것이 분명하다. 그리스도의 오심과 그에 따라 오는 심판이 지연되는 이유는 그리스도가 약속을 늦게 지키시거나 더 많은 악인 심판하기를 원하시거나 악을 처리할 능력이 없기 때문이 아니다. 그리스도가 오심을 지연하시는 것은 참을성이 많으며 자기 백성이 회개할 시간을 주시고자 하기 때문이다.

3:10 주의 날 요엘 서론의 역사적·신학적 주제를 보라. *데살로니가전서 5:2에 대한 설명을 보라.* "주의 날"은 하나님이 심판을 위해 인간 역사에 특별히 개입하시는 것을 가리키는 전문용어다. 그 날은 궁극적으로 미래 심판의 날을 가리키며, 그 날에 하나님은 땅 위의 악인들을 심판하시고 이 세계의 현행 체제를 종식시키실 것이다. 구약 선지자들은 주가 말씀하신 최후의 날을 비할 데 없는 어둠과 저주의 날로 보았으며, 그 날에 주가 결정적으로 행동하여 자신의 이름을 변호하고 대적을 멸망시키며 자신의 영광을 드러내고 자신의 나라를 세우며 세상을 멸망시킬 것이다(참고. 사 2:10-21; 13:6-22; 욜 1, 2장; 암 5장; 옵 15절; 슥 14장; 말 4장; 살후 1:7; 2:2). 그 일은 지상에서 환난이 일어날 때 임할 것이며(계 6:17), 다시 1,000년 후에 새 하늘과 새 땅을 창조하기 전 천년왕국의 끝에 임할 것이다(13절; 계 20:1-21:1).

도둑 같이 주의 날은 갑자기 임하며, 예상치 못하게, 준비되지 않은 사람에게는 재앙이 되는 방식으로 임할 것이다(*살전 5:2에 대한 설명을 보라*). **하늘이 큰 소리로 떠나가고** 하늘은 물리적 우주를 가리킨다. *큰 소리*는 어떤 물건이 불에 탈 때 나는 소리나 탁탁거리는 소리를 가리킨다. 하나님은 우리가 아는 모든 물질을 붕괴시키는 핵반응으로 우주를 태우실 것이다(7, 11, 12, 13절). **물질이 뜨거운 불에 풀어지고** *물질*은 물체를 끝까지 나누면 마침내 도달하는 원자 구성물로, 피조된 모든 물질은 원자의 합성물이다. 베드로의 말은 원자, 중성자, 전자가 모두 붕괴된다는 것이다(11절). **땅과 그 중에 있는 모든 일** 현재 형태의 물리적이고 자연적인 지구가 온 우주와 함께 불에 탈 것이다. 참고. 이사야 24:19, 20; 34:4.

B. 하나님의 백성의 성화(3:11-18)

3:11 **너희가 어떠한 사람이 되어야 마땅하냐** 이것은 질문이라기보다는 탄식이다. 이 말은 '너희가 놀랄 정도로 굉장히 훌륭해야 한다'라는 뜻이다. 이 말은 앞으로 올 심판과 영원의 실제성에 비춰볼 때 그리스도인이 하나님의 표준에 맞춰 살아야 한다는 단도직입적인 도전이다(참고. 고전 4:15; 고후 5:9). **거룩한 행실과 경건함** *거룩한 행실*은 그리스도인이 죄로부터 분리된 삶을 살아야 한다는 것을 가리킨다. *경건함*은 그리스도인의 태도에 스며들어야 하는(마음을 지배하는) 경외의 정신을 가리킨다.

3:12 **하나님의 날** "하나님의 날"은 "주의 날"과 다르다. "하나님의 날"은 영원한 상태를 이르며, 그 상태를 준비하기 위해 하늘과 땅이 불에 타고 새로운 창조가 이루어진다. 그 날이 그런 이름을 가지게 된 것은 바울이 고린도전서 15:28에서 생각하는 것, 곧 하나님이 모든 것의 모든 것이 되시는 새 창조의 영원한 영광 때문일 것이다. 하나님의 날이 오면 사람의 "날"은 끝날 것이다. 사람과 사탄으로 말미암아 우주의 부패 과정이 마침내 영원히 끝나고 심판이 있을 것이다. **바라보고 간절히 사모하라** 거룩한 행실과 경건함의 동기 중 하나는 기대다. "간절히 사모하다"는 어떤 일이 일어나기를 '열렬히 원한다'는 뜻이다. 그리스도인은 미래에 하나님의 날을 두려워하는 것이 아니라 열렬히 소망한다(참고. 고전 1:7; 16:22; 요일 2:28; 3:3). **하늘이…풀어지고** *7, 10, 11절에 대한 설명을 보라*. 의가 거하는 새 하늘은(13절) 주가 먼저 죄의 저주를 받은 옛 우주를 파괴할 것을 요구한다(참고. 롬 8:19-22).

3:13 **의가 있는** 우주가 질적으로 새로운 것은 의가 정착하여 영원히 거기에 거하기 때문이다(참고. 사 60:19-22; 계 21:1-7). **새 하늘과 새 땅** 새 우주에 대한 약속은 구약성경에 뿌리를 두고 있다(예를 들면 시 102:25; 사 65:17; 66:22). *새*는 단지 연대기적으로 새롭다는 것이 아니라 질적으로 새롭다는 것, 즉 이전과 다르다는 의미다.

3:14 **점도 없고 흠도 없이** 그리스도인은 흠 없는 성품과 비난받을 일이 없는 평판을 가져야 한다. 이런 특성은 거짓 교사들과는 판이하게 대비되지만(참고. 2:13), 그리스도와는 비슷하다(벧전 1:18). **평강 가운데서** 그리스도가 오시면 각 그리스도인은 주의 날이나 그리스도의 심판에 대해 아무 걱정이나 두려움 없이 그리스도의 평강을 즐기는 자신을 발견하게 될 것이다(참고. 빌 4:6, 7). 이 평강을 가진다는 것은 그리스도인이 구원의 확신을 강하게 느끼고 있으며, 그리스도께 순종하는 삶을 살고 있다는 의미다(참고. 요일 4:17).

3:15 **우리 주의 오래 참으심이 구원이 될 줄로** 주께서 심판을 연기하시는 이유가 주님의 인내 때문이라는 사

주의 날

구약성경에 명시적으로 나타난 '주의 날'(19번)

1. 옵 15절	6. 욜 3:14	11. 사 13:6	16. 겔 13:5
2. 욜 1:15	7. 암 5:18	12. 사 13:9	17. 겔 30:3
3. 욜 2:1	8. 암 5:18	13. 습 1:7	18. 슥 14:1
4. 욜 2:11	9. 암 5:20	14. 습 1:14	19. 말 4:5
5. 욜 2:31	10. 사 2:12	15. 습 1:14	

신약성경에 명시적으로 나타난 '주의 날'(4번)

1. 행 2:20	2. 살전 5:2	3. 살후 2:2	4. 벧후 3:10

실을 9절에서 이미 설명한 데 더해 여기서 베드로는 하나님의 인내의 시간에 그리스도인들은 영혼의 구원을 위한 일을 찾아야 한다는 것을 덧붙인다.

3:15하, 16 알기 어려운 것 바울이 모든 편지를 쓰고(베드로가 이 서신을 쓸 때쯤) 세상을 떠난 이래로 베드로후서의 독자는 이미 바울로부터 미래 사건에 대한 서신을 받은 상태일 것이다. 바울의 설명 가운데 어떤 것들은 해석하기 어려웠다(불가능한 것이 아니라). 그럼에도 베드로는 자신의 가르침을 뒷받침하기 위해 바울을 인용한다.

3:16 무식한 자들과 굳세지 못한 자들이…억지로 풀다가 베드로 시대(오늘날과 마찬가지로)에 장래에 대한 사도의 가르침을 어리석고 해롭다면서 왜곡하는 일이 확산되었다(참고. 3, 4절; 살후 2:1-5; 3:6-12). **다른 성경** 이것은 바울의 글이 성경임을 확증하는 가장 명쾌한 성경의 진술 가운데 하나다. 베드로의 증언은 바울이 성경을 썼고 거짓 교사들이 그것을 왜곡했다는 것이다. 신약의 사도들은 자기들이 구약의 선지자들이 확신했던 것처럼 하나님의 말씀을 전하고 쓴다는 의식(살전 2:13)을 가지고 있었다. 베드로는 신약성경 저자들이 하나님의 진리를 전달한다고 생각했으며, 그것이 성경을 완결한다는 것을 깨달았다(벧전 1:10-12). **스스로 멸망에 이르느니라** 바울의 글을 왜곡하면 영원한 저주를 가져온다는 사실이 그의 글이 하나님에 의해 영감되었다는 증거다.

3:17 이것을 미리 알았은즉 이제 그리스도인은 거짓 교사들이 나타나서 성경을 비틀고 왜곡하리라는 것을 알고 있으므로 더욱 주의를 기울여야 한다. **떨어질까 삼가라** 신자가 거짓 교사의 말을 심각하게 들으면 잘못 인도될 위험을 자초하는 것이다(참고. 딤후 2:14-18; 딛 1:10-16).

3:18 은혜와…지식에서 자라 가라 베드로는 이 서신을 시작할 때 주었던 가르침(1:2-11)과 동일한 가르침을 요약하는 말로 끝마친다. 신앙적인 성숙과 주 예수 그리스도에 대한 깊은 앎을 추구하면 교리적으로 안정을 이루고 방황으로 빠지는 것을 방지할 것이다. **영광이…그에게 있을지어다** 그리스도의 영광을 위한 그런 부르심은 베드로가 그리스도를 성부 하나님과 동일하게 높은 신성으로 간주했음을 보여준다(참고. 1:1; 요 5:23).

연구를 위한 자료

D. Edmond Hiebert, *Second Peter and Jude* (Greenville, S.C.: Unusual, 1989).

John MacArthur, *Second Peter and Jude* (Chicago: Moody, 2005).

「파피루스 보드머 VIII(Papyrus Bodmer VIII)」의 두 페이지. 이 파피루스 사본은 오늘날 가장 오래된 베드로후서 텍스트다.

제목

요한일서는 사도 요한의 이름으로 쓰인 세 편의 서신 가운데 첫 번째이자 가장 긴 서신이다. 어떤 특정한 교회나 지역 또는 개인이 수신인으로 지정되어 있지 않았기 때문에 '공동 서신'으로 분류된다. 요한일서는 당시 서신의 일반적인 특징을 보이지 않지만(예를 들면 머리말, 인사, 마지막 안부 등이 없음) 친밀한 어조와 내용은 *서신*임을 말해준다.

저자와 저작 연대

이 서신은 저자를 밝히고 있지 않다. 그러나 가장 초기의 증언은 강하고 일관되게 이것을 제자요 사도인 요한의 글이라고 밝힌다(참고. 눅 6:13, 14). 저자를 밝히지 않은 것으로 보아 초대 교회가 이 서신을 사도 요한의 저술로 보았음을 확실히 알 수 있다. 요한처럼 사도로서 널리 알려지고 뚜렷한 위치에 있는 사람만이 자신이 누구인지 분명히 밝히지 않고도 독자의 완전한 순종을 기대하며, 그런 권위를 갖고 글을 쓸 수 있었을 것이기 때문이다(예를 들면 4:6). 그는 독자에게 잘 알려져 있어 자신의 이름을 굳이 언급할 필요가 없었다.

요한과 그의 형인 야고보는(행 12:2) "세베대의 아들"로 잘 알려져 있었으며(마 10:2-4), 예수는 그들에게 "우레의 아들"이라는 이름을 주셨다(막 3:17). 요한은 예수와 가장 친밀한 세 명의 제자 가운데 한 명이었으며(베드로와 야고보와 함께. 참고. 마 17:1; 26:37), 예수의 지상 사역을 목격하고 함께 참여한 사람이었다(1:1-4). 세 편의 서신 이외에 요한은 제4복음서를 썼다. 거기서 그는 자신을 예수가 "사랑하신 자"로, 최후의 만찬에서 예수의 품에 기대어 있던 자로 밝힌다(요 13:23; 19:26; 20:2; 21:7, 20). 또한 그는 요한계시록을 썼다(계 1:1).

요한일서에는 연대를 추적할 수 있는 분명한 역사적 사건이 등장하지 않기 때문에 정확한 시기를 정하기가 어렵다. 요한이 1세기 후반에 이 서신을 작성한 것은 거의 확실하다. 교회의 전승에 따르면 노쇠한 요한은 이 시기에 소아시아의 에베소에서 사역하며 활발한 저술 활동을 하고 있었던 것으로 보인다. 서신의 어조가 이런 증거를 지지하고 있다. 본문에서 저자는 자신이 독자보다 나이가 아주 많다는 인상을 주기 때문이다[예를 들면 "나의 자녀들아"(2:1, 18, 28)]. 요한의 서신과 복음서는 어휘와 표현법에서 유사성을 보인다(역사적·신학적 주제를 보라). 이런 유사성 때문에 많은 사람은 서신서의 연대를 요한이 복음서를 쓴 직후로 잡는다. 복음서의 연대를 1세기 후반으로 잡는 사람이 많은 것으로 보아 서신서들도 그와 비슷한 연대에 쓰였을 것이다.

나아가 요한이 대항하여 싸운 이단이 영지주의의 초기 형태를 반영하고 있음이 거의 확실하다(배경과 무대를 보라). 요한이 활발하게 글을 쓰고 있던 때가 1세기 후반(주후 70-100년)이므로 그 이단은 당시 초기 단계에 접어들고 있었다. 주후 95년 시작된 도미티아누스 황제 치하의 박해에 대한 언급이 없으므로, 요한일서는 그 박해가 시작되기 전에 기록되었을 것이다. 이런 요소들을 종합해볼 때 요한일서의 기록 연대는 주후 90-95년경으로 보는 것이 합리적이다. 이 서신은 에베소에서 요한이 사도적 리더십을 행사하던 소아시아의 교회들에게 보내졌을 것이다.

배경과 무대

이 글을 쓸 때 요한은 노년임에도 여전히 교회들에서 활발하게 사역하고 있었다. 요한은 예수의 지상 생애, 죽음, 부활, 승천을 내내 지켜본 친근한 목격자이면서 생존해 있던 유일한 사도였다. 교부들(예를 들면 순교자 유스티누스, 이레나이우스, 알렉산드리아의 클레멘스, 에우세비우스)은 그 이후에도 요한이 소아시아의 에베소에 살면서 광범위한 복음 전파 활동을 했고, 많은 교회를 돌보았으며, 광범위한 저술 활동(예를 들면 서신서들과 요한복음, 요한계시록)을 벌였다는 것을 밝힌다. 요한과 직접 접촉했던 한 교부(파피아스)는 그를 "항상 살아 있는 목소리"라고 묘사했다. 마지막 남은 사도였던 요한의 증언은 교회들 사이에서 큰 권위를 가졌다. 많은 사람은 열정적으로 주 예수와 직접적인 접촉의 경험을 가졌던 그의 말을 듣기를 원했다.

에베소(참고. 행 19:10)는 소아시아의 지리적 중심부에 있었다. 여러 해 전에 이미 바울을 통해 예언되었듯이(행 20:28-31), 거짓 교사들이 교회 내의 지도부에서 일어났으며, 당시의 철학적 사조의 분위기에 젖은 그들은 거짓된 교리를 가지고 사도의 가르침을 근본적으로 왜곡하면서 잘못된 교리로 교회를 감염시키기 시작했다. 이 거짓 교사들은 뒤에 영지주의로(헬라어의 *지식*이라는 단어에서 왔음) 알려진 새로운 사상을 옹호했다. 바울이 율법으로부터의 해방을 위해 싸운 후에, 영지주의는 처음 300년 동안 초대 교회를 위협했던 가장 위험한 이단이었다. 요한이 믿음과 교회의 기초를 파괴할 위험이 있던 이 해로운 이단의 시작에 대항해 싸웠음이 거의 확실하다(해석상의 과제를 보라).

플라톤 같은 철학자들의 영향을 받은 영지주의는 물질은 본질적으로 악하고 영혼은 선하다는 이원론을 옹호했다. 이런 전제의 결과로 이 거짓 교사들은 비록 그리스도께 모종의 신성을 부여하기는 했지만 그리스도를 악으로부터 보호하기 위해 그리스도의 참된 인성을 부인했다. 또한 그들은 고양된 지식, 곧 깊은 경지에 들어간 사람에게만 알려진 지식을 자기들이 가졌다고 주장했다. 거기에 가입한 사람만이 심지어 성경보다도 높은 신비한 지식을 가질 수 있다고 했다.

하나님의 계시로 인간의 사상을 판단한 것이 아니라 인간 사상으로 하나님의 계시를 판단했다(2:15-17). 이 이단은 두 가지 형태의 기본적인 특징이 있다. 첫째, 어떤 사람은 예수의 육체적 몸이 실재가 아니라 육체적으로 보였을 뿐이라고 했다[이를 '나타나다'라는 의미의 헬라어에서 온 도세티즘(Docetism, 가현론)이라고 함]. 요한은 자신이 예수의 목격자라고 하면서 독자에게 예수의 육체적 실존을 천명했다["들었다" "보았다" "만졌다" "예수 그리스도는 육체로 오셨다"(1:1-4; 4:2, 3)].

「사도 요한(*Saint John the Evangelist*)」 1625-1628년. 프란스 할스. 캔버스에 유화. 70X55cm. 게티 미술관. 로스엔젤레스.

초기 전승(이레나이우스)에 따르면 요한이 공격했던 것으로 보이는 이 이단의 또 다른 형태는 케린투스라는 사람이 지도했다. 그는 예수가 세례받을 때 그리스도의 영이 인간 예수 위에 내렸으나 십자가 직전에 떠났다고 주장했다. 요한은 사역을 시작할 때 세례받은 바로 그 예수가 십자가에 달린 인물이라고 썼다(5:6).

이런 이단적 견해들은 예수의 참된 인성을 파괴하고 예수의 속죄 사역까지 파괴한다. 하나님이 받으실 만한 대속 제물이 되려면(참고. 히 2:14-17) 예수는 참 하나님이요 실제로 십자가에서 고난당하고 죽은 참 사람(육체적으로 실존하는)이어야 하기 때문이다. 예수에 대한 성경적 견해는 그의 완전한 신성뿐 아니라 그의 완전한 인성을 단언한다.

물질은 악하고 오직 영혼만 선하다는 영지주의의 사상은 몸을 가혹하게 다뤄야 한다는 일종의 금욕주의로(예를 들면 골 2:21-23) 인도하거나, 몸으로 범한 죄는 사람의 영혼과 무관하거나 아무 영향을 미치지 않는다는 괴변으로 이끌었다. 그 결과 특별히 요한의 반대파인 어떤 사람은 육체적인 몸을 가지고 범한 죄는 아무 문제가 되지 않으며, 부도덕한 행위를 탐닉해도 되고, 심지어 존재하는 죄를 부인하고(1:8-10) 하나님의 법을 무시해도 된다(3:4)는 결론에 도달했다. 요한은 하나님의 법에 순종해야 하는 것이 필요함을 강조했다. 하나님에 대한 참된 사랑은 하나님의 계명에 대한 순종이라고 규정했기 때문이다(5:3).

동료 신자들에 대한 사랑의 결핍이 거짓 교사들의 특징이다. 특히 그들은 자기들의 새로운 생각의 길을 거부하는 사람을 적대적으로 대하기 때문이다(3:10-18). 그들은 자기들에게 미혹된 추종자들을 사도의 가르침에 충실한 사람들의 공동체로부터 분리시켰는데, 요한은 그런 외적인 분리는 거짓 교사들을 따르는 사람들에게 진정한 구원이 없음을 보여준다고 대답했다(2:19). 거짓 교사들에 미혹된 사람들이 떠나자 사도의 교리에 충실한 다른 신자들이 흔들렸던 것이다.

이런 위기에 직면하여 늙은 사도는 충실하게 남은 사람의 확신을 굳게 하고 교회를 위한 이 심각한 위협에 대항해 싸우라고 권하는 편지를 썼다. 이단은 극히 위험했는데, 거짓 가르침에 압도될 위험에 처한 교회에게 시대가 그렇듯 위기에 처해 있으므로 요한은 부드럽게 사랑을 표하면서도 의심의 여지가 없는 사도적 권위를 가지고 거짓 교리의 전염병이 퍼지는 것을 막기 위해 그의 영향력이 미치는 교회들에게 이 편지를 보냈다.

역사적 · 신학적 주제

이 서신을 둘러싼 상황에 비춰보면 요한일서의 전체적인 주제는 '믿음의 기본을 상기함' '기독교의 기본 진리로 돌아가기'다. 사도는 의견이나 추측이 아닌 확실한 것을 다룬다. 그는 기독교의 절대적 특성을 간단한 용어로 표현한다. 분명하고 오해의 여지가 없어 그 진리들의 근본 성격에 대해 아무런 의심도 남기지 않는 용어였다. 따뜻함이 묻어난 대화체이며, 무엇보다도 아버지가 자녀들과 부드럽고 친근한 대화를 나누듯 하는 사랑이 넘치는 어조를 가진다.

요한일서는 자기에게 맡겨진 사람들에 대한 큰 관심을 가진 목회자의 마음으로 쓰인 목회적 서신이다. 목자인 요한은 그의 양 떼에게 기초적이지만 꼭 필요한 원리들을 전달해주면서 믿음의 기초를 다시 한 번 확신시켜 준다. 요한은 그들이 거짓 가르침과 어떤 사람이 신앙을 떠나는 것을 보며 당황하기보다는 자신이 가진 신앙의 확실성에 대해 즐거워하기를 원했다(1:4).

이 책의 관점은 목회적이기만 한 것이 아니라 논쟁적이기도 하다. 또한 이 책은 긍정적일 뿐 아니라 부정적이기도 하다. 요한은 건전한 교리를 사용하여 믿음을 떠난 사람을 반박하며, 신성한 진리를 뒤엎는 사람들에게는 전혀 관용을 내비치지 않는다. 그는 진리를 떠난 사람을 "거짓 선지자"(4:1), "미혹하는 자들"(2:26; 3:7), "적그리스도"(2:18)라는 이름으로 부른다. 그는 건전한 교리를 떠나는 그런 모든 일의 궁극적 근원이 마귀적이라고 밝힌다(4:1-7).

반복해 등장하는 행복(1:4), 거룩(2:1), 확신(5:13) 등 세 가지 작은 주제는 기독교의 기본에 충실해야 한다는 전체적인 주제를 강조한다. 기초에 충실함으로써 독자는 그들의 생활에서 이 세 가지를 지속적으로 경험할 것이다. 또 다른 세 가지 요소는 요한일서에서 참된 신령함의 핵심적 순환을 보여준다. 첫째로 예수에 대한 정당한 믿음이, 둘째로 그의 계명에 대한 순종을 낳는다. 순종은 셋째로 하나님과 동료 신자들에 대한 사랑을 낳는다(예를 들면 3:23, 24). 이 세 가지(건전한 믿음과 순종, 사랑)가 함께 작동하면 행복과 거룩, 확신을 가져다준다. 이것이 참된 그리스도인의 증거이며, 믿음의 리트머스 시험지가 된다.

해석상의 과제

신학자들은 요한일서에 나오는 거짓 교사들의 믿음이 정확하게 무엇인지를 놓고 논쟁을 벌였다. 이는 요한이 그들의 신념 체계를 직접 밝히지 않고 주로 신앙의 기본을 재진술하면서 이단들과 싸우기 때문이다. 위에서 지적했듯이 이단의 핵심적 특성은 성육신의 부정(즉 그리스도가 육체로 오지 않으셨다는 논리)이었던 것으로 보인다. 이것은 영지주의의 시작 또는 초기 형태인 것이 거의 분명하다.

또한 해석자는 요한의 경직된 신학 때문에 어려움을 겪는다. 요한은 그리스도인의 삶의 기본 원리를 상대적인 용어가 아닌 절대적인 용어로 제시한다. 예외를 제시하고 신자가 신성한 기준을 지키지 못하는 문제를 자주 다룬 바울과 달리 요한은 '만일 내가 실패하면'이란 문제를 다루지 않는다. 오직 2:1, 2에서만 요한은 절대적인 요구로부터 약간 물러선다. 이 책의 나머지 부분에서는 진리를 회색의 뉘앙스가 아니라 흑백으로, 때로는 "빛" 대 "어둠"(1:5, 7; 2:8-11), 진리 대 거짓(2:21, 22; 4:1), 하나님의 자녀 대 마귀의 자녀(3:10)라는 철저한 대조로 제시한다.

자신을 그리스도인이라고 주장하는 사람은 참된 그리스도인의 특성을 반드시 드러내야 한다. 그것은 건전한 교리와 순종, 사랑이다. 진정으로 거듭난 사람에게는 새로운 본성이 주어졌으며, 이것은 자연적으로 증거를 나타낸다. 이 새로운 본성이 드러나지 않는 사람에게는 새로운 본성이 없으므로 그들은 진정으로 거듭난 적이 없다. 요한이 다루는 문제는 (바울이 쓴 글의 많은 부분과는 달리) 하나님과 이 세상에서 매일의 교제를 유지하는 것에 집중하는 것이 아니라 우리 삶에 기본적인 테스트를 적용하여 구원이 정말로 이루어졌는지를 확인하는 데 집중한다. 그런 절대적 구분은 요한복음의 특징이기도 하다.

요한은 진정한 기독교에 관한 기본 진리를 강조하기 위해 독특한 방식으로 비슷한 주제를 반복적으로 언급하여 해석자에게 어려움을 안겨준다. 어떤 사람은 요한의 이런 반복적 진술을, 밖으로 움직이면서 점점 커지고, 그때마다 동일한 진리를 더 넓은 영역으로 확대시켜 더 많은 영역을 포섭하는 나선에 비교했다. 또 어떤 사람은 그 나선이 안쪽으로 움직인다고 보았는데, 생각이 확대되어 나가면서 동일한 주제로 점점 깊이 파고든다고 보았다. 사람이 나선 운동의 패턴을 어떻게 보든지 요한은 기본 진리를 반복함으로써 그것의 중요성을 강조하고 독자에게 그것을 이해하고 기억하도록 이끌었다.

요일

요한일서 개요

I. 참된 교제의 기초 시험 — 나선 I(1:1-2:17)
- A. 교리의 기초 시험(1:1-2:2)
  - 1. 그리스도에 대한 성경적 견해(1:1-4)
  - 2. 죄에 대한 성경적 견해(1:5-2:2)
- B. 도덕의 기초 시험(2:3-17)
  - 1. 순종에 대한 성경적 견해(2:3-6)
  - 2. 사랑에 대한 성경적 견해(2:7-17)

II. 참된 교제의 기초 시험 — 나선 II(2:18-3:24)
- A. 교리 시험 2부(2:18-27)
  - 1. 적그리스도가 기독교 교제를 떠남(2:18-21)
  - 2. 적그리스도가 기독교 신앙을 부인함(2:22-25)
  - 3. 적그리스도가 기독교 신자를 속임(2:26, 27)
- B. 도덕 시험 2부(2:28-3:24)
  - 1. 주의 다시 오심에 대한 순결한 소망(2:28-3:3)
  - 2. 그리스도인은 죄와 양립할 수 없음(3:4-24)

III. 참된 교제의 기초 시험 — 나선 III(4:1-21)
- A. 교리 시험 3부(4:1-6)
  - 1. 거짓 교리의 마귀적 근원(4:1-3)
  - 2. 건전한 교리의 필요성(4:4-6)
- B. 도덕 시험 3부(4:7-21)
  - 1. 하나님의 사랑의 성품(4:7-10)
  - 2. 하나님이 사랑을 요구하심(4:11-21)

IV. 참된 교제의 기초 시험 — 나선 IV(5:1-21)
- A. 그리스도 안에서 이기는 삶(5:1-5)
- B. 그리스도를 위한 하나님의 증언(5:6-12)
- C. 그리스도로 말미암은 그리스도인의 확신(5:13-20)
  - 1. 영원한 생명의 확신(5:13)
  - 2. 기도 응답의 확신(5:14-17)
  - 3. 죄와 사탄에 대한 승리의 확신(5:18)
  - 4. 하나님께 속함의 확신(5:19)
  - 5. 그리스도가 참 하나님이심에 대한 확신(5:20)
- D. 그리스도를 위해 깨어 있음(5:21)

참된 교제의 기초 시험 - 나선 I (1:1-2:17)

A. 교리의 기초 시험(1:1-2:2)

1. 그리스도에 대한 성경적 견해(1:1–4)

1:1-4 죽음과 부활을 포함한 예수 그리스도의 사역의 목격자이고 주님의 가장 친밀한 동료 세 명(요한과 베드로, 야고보) 가운데 한 명으로, 요한은 예수 그리스도가 실제로 "육체로"(참고. 4:2, 3) 오신 인간임을 단언한다. 이렇게 예수가 역사적으로 존재한 사람이라는 점과 복음의 확실성을 적극적으로 천명하는 일에 집중한 요한은 거짓된 가르침의 심각성을 부각시켰다. 거짓 교사들은 자신들이 그리스도를 믿는다고 주장했지만, 그리스도의 참된 본성(즉 그리스도의 인성)을 부인한다는 사실은 그들에게 진정한 구원이 없다는 것을 보여주었다(2:22, 23). 그리스도에 대한 합당한 견해를 천명하느냐 하는 것이 참된 교제의 첫 번째 시험이 된다(3절. 시험 2는 1:5-2:2을 보라).

1:1 태초부터 요한복음에서 영원 전을 의미하는 유사한 어구를 사용하지만(요 1:1, "태초에"), 여기 1-4절의 문맥에서 이 어구는 독자가 예수에 대해 처음 들었던 복음 전파의 시초를 가리킨다(참고. 2:7, 24). 또한 복음 메시지의 안정성을 강조하기도 하는데, 그것의 내용은 바뀌지 않고 처음 그대로이며 당시 세계적 유행이나 철학적 사고의 영향에도 변하지 않는다는 뜻이다. **생명의 말씀** 이 말은 예수 그리스도뿐 아니라 그분의 복음 선포도 가리킨다. **관하여는** 이 어구는 사도의 증언에 포함된 그리스도의 존재와 말씀, 활동을 중심으로 한 복음 선포를 가리킨다. **우리가 들은 바요 눈으로 본 바요 자세히 보고 우리의 손으로 만진 바라** 여기 사용된 단어들은 예수의 존재에 대한 생생한 회상을 가리키며, 요한은 노년에도 여전히 그 기억을 품고 있었다. 60년이 지난 후에도 그 기억은 요한에게 마치 방금 벌어진 사건처럼 그의 마음에 영구적으로 새겨져 있었다. 요한은 예수가 신체적 몸을 가진 존재였음을 단언하는 용어를 쓴다. 영은 그 음성을 들을 수도("들은 바요"), 오랫동안 주목할 수도("본 바요"), 만질 수도("만진 바라") 없기 때문이다. 요한은 예수의 지상 사역 기간뿐 아니라 부활 후에도 그런 경험을 했다.

1:2 이 생명이…아버지와 함께 계시다가 우리에게 나타내신 바 된 이 구절을 가지고 요한은 그리스도가 성육신 이전의 영광 속에서 영원하신 분임을 강조한다(참고. 5:12; 요 1:4; 5:26, 40; 11:25; 14:6).

1:2, 3 나타내신 바 된지라…보았고…증언하여…전하노니 요한은 2절과 3절에서 이런 용어를 반복하여(참고. 1절) 예수의 생애에 대한 증인으로서 자신이 직접 경험한 것의 권위를 극적으로 다시 강조한다. 이런 반복은 그의 독자에게, 자신들이 본 적도 없고 알지도 못했던 그리스도에 대해 교만하게 그리고 그릇되게 자랑했던 거짓 교사들을 요한의 증언이 반박하고 있음을 상기시켜 준다.

1:3 우리와 사귐 사귐은 사회적 관계를 의미하는 말이 아니라 요한의 독자가 영원한 생명을 소유하는 데 있어(참고. 빌 1:5; 벧전 5:1; 벧후 1:4) 요한과 함께 참여하는 자(또는 협력자)가 되어야 한다는 것이다. 요한은 예수가 실제 몸을 가지신 분임을 천명할 뿐 아니라(1, 2절) 독자를 구원으로 인도하기 위해 이 글을 쓰고 있다. 참된 그리스도인은 '사귐 밖에' 있을 수 없음이 분명하다. 이는 이 절이 사귐을 구원과 동일시하기 때문이다.

1:4 우리의 기쁨이 충만하게 하려 함이라 이 서신의 중심 목적은 독자 안에 기쁨을 일으키는 것이다. 복음이 사실임이 선포되면(1, 2절) 영생 안에서의 사귐이 생기고(3절), 다시 영원한 생명 안에서의 사귐은 기쁨을 낳는다(4절).

2. 죄에 대한 성경적 견해(1:5–2:2)

1:5-2:2 죄의 존재 또는 중요성을 부인했던 거짓 교사들에 맞서기 위해 요한은 죄가 실재한다는 사실을 단언한다. 죄가 실재한다는 단언이 참된 교제의 두 번째 시금석이 된다(참고. 시험 1은 1-4절, 시험 3은 2:3-6). 죄의 실재를 부인하는 사람은 참된 구원을 받지 못했음을 드러낸다. 6, 8, 10절의 "우리"는 참된 그리스도인을 가리킨다기보다 사귐이 있다고 주장하면서 죄를 부인하는 모든 사람을 일반적으로 가리킨다. 7, 9절과 2:1, 2의 "우리"는 분명 참된 그리스도인을 가리킨다.

1:5 우리가 그에게서 듣고 요한과 다른 사도들이 전한 메시지는 사람에게서 온 것이 아니라 하나님에게서 왔다(참고. 갈 1:12). **하나님은 빛이시라** 성경에서 빛과 어둠은 매우 익숙한 상징이다. 지식과 관련해 말하면 *빛*은 성경적 진리를 가리키고, *어둠*은 오류나 거짓을 가리킨다(참고. 시 119:105; 잠 6:23; 요 1:4; 8:12). 도덕적으로 말하면 *빛*은 거룩 또는 순결을 가리키고, *어둠*은 죄 또는 악행을 가리킨다(롬 13:11-14; 살전 5:4-7). 이단들은 자기들이 진정한 빛을 받았고 참된 빛 속에서 행한다고 주장했지만, 요한은 그것을 부정했다. 그들이 죄의 실재를 인정하지 않았기 때문이다. 그 기본적인 사실에 대하여 그들은 빛을 받지 못했다. **어둠이 조금도 없으시다** 이 어구를 가지고 요한은 하나님이 절대적으로 완전하시며 하나님의 성품에는 그분의 진리와 거룩

요일

함에 역행하는 그 어떤 것도 없음을 강력하게 천명한다(참고. 약 1:17).

1:6 거짓 교사들은 자기들이 빛을 받았다는 주장하고, 그리스도와 사귐을 가지고 있다고 말하지만 그들이 어둠 속에서 행하는 사실이 그런 주장을 반박하며, 결과적으로 그들에게 참된 구원이 없음을 보여주었다. 6하반절의 *거짓말*은 6상반절의 사귐이 있다는 주장을 가리킨다. **행하지 아니함** 이 말은 진리의 실천에 대해 그들이 늘 실패하고 있음을 지적한다.

1:7 참된 그리스도인은 습관적으로 빛(진리와 거룩) 속에서 행하지 결코 어둠(거짓과 죄) 속에서 행하지 않는다. *3:9에 대한 설명을 보라*. 또한 그들의 행위는 죄를 씻는 결과를 초래한다. 이는 주가 지속적으로 자기 백성의 죄를 씻으시기 때문이다. 빛 안에서 행하는 자들은 하나님의 성품에 참여하므로 그들의 습관적 삶에서 하나님의 거룩하심이 드러나며(요삼 11절), 이는 그들이 하나님과 참된 사귐을 가지고 있음을 가리킨다(약 1:27). 참된 그리스도인은 어둠 속에서 행하지 않고 빛 속에서 행하며(고후 6:14; 엡 5:8; 골 1:12, 13), 지속적으로 죄로부터 씻음을 받는다(참고. 9절).

단어 연구

죄(Sin): 헬라어로 *하마르티아(hamartia)*. 1:7, 8; 3:4, 5, 8, 9; 5:16, 17. 문자적으로 '표적을 맞추지 못하다'라는 뜻이다. 요한은 사람이 회복될 수 있는 죄와 회복될 수 없는 종류의 죄에 대해 말한다. 오늘날의 독자와 달리 당시 요한의 독자는 그 두 종류의 죄의 차이를 알고 있었음이 분명하다. 이 서신의 전반적 가르침은 기독교 공동체를 부인하고(2:18-19) 이단적인 "적그리스도"의 가르침을 따르는 사람들은 회복이 불가능하다고 말한다. 그들의 반항과 예수의 참된 정체에 대한 부인(4:1-3)은 회개가 불가능한 죄를 낳는다. 결국 그들의 죄는 영적 죽음을 초래한다.

대언자(Advocate): 헬라어 *파라클레토스(paraklētos)*. 2:1. 문자적으로 '우리 편을 들도록 부름받은 자'라는 뜻이다. 이 헬라어는 위로자, 안위자, 변호사를 가리킨다. 요한복음 14:26과 15:26에서 성령은 신자의 조력자(대언자)로 불린다. 성령은 우리 안에서 우리를 위로하고 도우시며, 하늘에서 성부 앞에서 우리의 입장을 변호하신다(롬 8:26, 27, 34).

1:8 거짓 교사들은 어둠(즉 죄, 6절) 속에서 행할 뿐 아니라 자기들의 삶에 죄의 성향이 있다는 것 자체를 완전히 부인하는 정도까지 나아간다. 만약 어떤 사람이 자신이 죄인임을 인정하지 않으면 구원받지 못한다(자신의 죄를 인정하기를 거부한 청년에 대한 기록은 마 19:16-22을 보라). 거짓 교사들은 그리스도와의 사귐에 대해 거짓된 주장을 하면서 죄를 무시할 뿐 아니라(6절) 죄가 없다는 거짓된 주장도 서슴지 않고 한다(전 7:20; 롬 3:23).

1:9 지속적으로 죄를 고백하는 것은 참된 구원의 표시다. 거짓 교사들은 자기들의 죄를 인정하려고 하지 않지만, 참된 그리스도인은 그것을 시인하고 버린다(시 32:3-5; 잠 28:13). 여기서 '죄의 고백'은 죄에 대해 하나님이 하시는 말씀과 같은 말을 한다는 뜻이다. 죄에 대한 하나님의 관점을 인정하는 것이다. 7절이 하나님의 관점을 말하는 것이라면 9절은 그리스도인의 관점을 말한다. 죄를 고백한다는 것은 참된 그리스도인의 특징이며, 하나님은 죄를 고백하는 사람을 지속적으로 깨끗하게 하신다(참고. 7절). 요한은 여기서 모든 죄를 하나씩 고백한다는 데 초점을 맞추는 것이 아니라 자신은 씻음과 용서를 필요로 하는 죄인임을 확실하게 인식하고 인정하는 것이라고 생각한다(엡 4:32; 골 2:13).

1:10 하나님을 거짓말하는 이로 만드는 것 하나님이 모든 사람이 죄인이라고 말씀하셨으므로(참고. 시 14:3; 51:5; 사 53:6; 렘 17:5, 6; 롬 3:10-19, 23; 6:23), 그 사실을 부인하는 것은 하나님을 악평하여 그 이름을 중상하는 신성모독이다.

2:1 너희로 죄를 범하지 않게 하려 함이라 비록 그리스도인이 지속적으로 죄를 인정하고 고백해야 하지만(1:9), 죄에 대해 무능력하기만 한 것은 아니다. 고백의 의무를 이행한다고 해서 죄에 대한 면허를 받는 것은 아니다. 죄는 성령의 능력을 통해 정복되어야 하고 또 그렇게 될 수 있다(롬 6:12-14; 8:12, 13; 고전 15:34; 딛 2:11, 12; 벧전 1:13-16을 보라). **대언자** 요한복음 16:7은 이 단어를 "보혜사"(문자적으로 '함께하도록 부름 받은 이'라는 뜻임)로 번역한다. 오늘날의 개념으로 말하면 변호사가 될 것이다. 비록 사탄은 하나님 앞에서 죄를 들어 신자를 밤낮 고발하지만(계 12:10), 그리스도의 대제사장 사역은 죄인을 동정할 뿐 아니라 사죄까지 한다(히 4:14-16).

2:2 화목제물 참고. 4:10. 이 단어는 '화를 달램' '만족시킴'이라는 뜻을 가진다. 예수가 십자가에서 드린 희생제사는 죄에 대한 형벌을 요구하는 하나님의 거룩한 요구를 만족시켰다(참고. 롬 1:18; 고후 5:21; 엡 2:3). 하나

님의 진노를 달래고 만족시켰던 것이다. 진노를 달래는 것에 대한 분명한 사례는 *히브리서 2:17; 9:15에 대한 설명을 보라*. **온 세상의 죄를 위하심이라** 이는 각각의 모든 죄를 가리키는 말이 아니라 전체적인 인류를 가리킨다. 그리스도가 실제로 지불하신 것은 회개하고 믿는 사람의 형벌에 대한 값뿐이다. 몇몇 성경 구절은 그리스도가 세상을 위해 죽으셨음을 말한다(요 1:29; 3:16; 6:51; 딤전 2:6; 히 2:9). 세상의 많은 사람이 자기의 죗값을 지불하기 위해 영원한 지옥의 형벌을 받아야 하는 것을 보면 그리스도가 그들의 죗값까지 지불하신 것은 아니다(참고. 마 7:13-14). 그리스도가 온 세상을 위해 죽으심을 말하는 구절은 인류 전체를 가리키는 것으로 이해되어야 한다(딛 2:11에서와 같이). *세상*은 하나님이 화해를 원하시고 속죄를 제공하신 그 영역, 그 존재를 가리킨다. 하나님은 죄인들에 대한 진노를 한동안 완화시켜 그들로 살면서 이 세상의 삶을 즐기도록 하셨다(*딤전 4:10에 대한 설명을 보라*). 그런 의미에서 그리스도는 온 세상을 위해 한시적인 화해를 제공하셨다. 그러나 그리스도가 실제로 하나님의 진노를 영원히 완전하게 만족시킨 것은 오직 선택받은 믿는 자만을 위해서다. 그리스도는 거룩한 하나님이시므로, 그리스도의 죽음 자체는 무제한적이고 무한한 가치를 지닌다. 이처럼 그리스도의 희생제사는 하나님이 믿음으로 이끄신 모든 사람의 모든 죗값을 갚기에 충분하다. 그러나 실질적인 만족과 대속은 오직 믿는 사람만을 위해 이루어졌다(참고. 요 10:11, 15; 17:9, 20; 행 20:28; 롬 8:32, 37; 엡 5:25). 죄의 용서는 온 세상에 제안되었지만 믿는 사람만이 그것을 받는다(참고. 4:9, 14; 요 5:24). 그 이외에는 하나님과 화해를 이룰 방법이 없다.

B. 도덕의 기초 시험(2:3-17)

1. 순종에 대한 성경적 견해(2:3–6)

2:3-6 하나님의 명령에 대한 순종은 참된 교제의 세 번째 시금석이 된다. 요한일서는 구원을 입증하는 시험의 두 가지 외적인 범주를 제시한다. 그것은 교리의 범주와 도덕의 범주다. 교리에 대한 시험은 그리스도와 죄에 대한 올바른 견해를 고백하느냐 하는 것이고(1:1-4과 1:5-2:2을 보라), 도덕에 대한 시험은 순종(3-6절)과 사랑(또한 7-17절을 보라)으로 이뤄져 있다. 주관적인 구원의 확신은 성령의 내적인 증거로부터 오지만(5:10; 롬 8:14-16; 고후 1:12), 순종에 대한 시험은 사람이 정말로 구원받았다는 객관적인 확신으로 이루어져 있다. 순종

그리스도인은 왜 상습적으로 죄를 짓지 않는가

이 단락은 "죄를 짓는 자마다"(3:4)라는 말로 시작한다. *범하다*라고 번역된 헬라어 동사는 상습적인 행동이라는 개념을 가지고 있다. 참된 그리스도인이라 할지라도 죄의 본성을 가지고 있으며(1:8) 죄스럽게 행동하지만, 자기의 죄를 고백하여(1:9; 2:1) 사죄를 받으면 죄가 그들 삶의 지속적인 패턴이 되는 것을 막을 수 있다(요 8:31, 34-36; 롬 6:11; 요이 9절). 하나님은 점점 더 죄를 인식할 수 있게 해주는데, 여기서 왜 참된 그리스도인이 상습적으로 죄를 범할 수 없는지 네 가지 이유를 발견할 수 있다.

1. 참된 그리스도인은 죄가 그들이 사랑하는 하나님의 법과 양립될 수 없으므로 죄를 상습적으로 범할 수 없다(3:4; 시 119:34, 77, 97; 롬 7:12, 22). 한편 상습적인 죄는 궁극적인 반항심을[법이 없는 것처럼, 어떤 법이 존재한다는 것을 무시하는 것(약 4:17)], 요약하면 불법을 드러낸다.
2. 참된 그리스도인은 그리스도의 사역이 죄와 양립할 수 없으므로 죄를 상습적으로 범할 수 없다(3:5). 그리스도는 신자를 성화시키기(거룩하게 하기) 위해 죽으셨다(고후 5:21; 엡 5:25-27). 상습적인 죄는 그리스도의 사역이 신자의 삶에서 죄의 지배력을 깨뜨린 사실과 모순된다(롬 6:1-15).
3. 참된 그리스도인은 그리스도가 죄인의 대장인 사탄의 일을 멸하러 오셨기 때문에 상습적으로 죄를 범할 수 없다(3:8). 마귀는 여전히 활동하고 있지만 그는 패배했고 우리는 그리스도 안에서 그의 폭군적 지배를 피할 수 있다. 사탄의 모든 활동이 우주에서 사라지고 그를 영원히 지옥으로 보낼 날이 올 것이다(계 20:10).
4. 참된 그리스도인은 신자 안에 새로운 본성을 심어주신 성령의 사역이 죄와 양립할 수 없으므로 상습적으로 죄를 범할 수 없다(3:9; 요 3:5-8). 이 새로운 본성은 죄를 막고, 성령의 열매는 습관적인 의의 성품을 드러낸다(갈 5:22-24).

은 구원의 외적이고 가시적인 증명이다(*약 2:14-25; 벧후 2:5-11에 대한 설명을 보라*). 거짓 교사들이 하나님의 명령에 순종하지 못하는 것은 그들이 구원받지 못했다는 것을 객관적으로 입증해준다(눅 6:46). 진정으로 빛을 받고 하나님을 아는 사람은 그분의 말씀에 순종한다.

2:3, 4 지키면…아는 이 단어들의 반복은 참으로 거듭난 사람은 순종의 습관을 보인다는 것을 강조한다. 순종은 구원의 확신을 가져다준다(참고. 엡 2:2; 벧전 1:14). 이 두 단어는 요한이 좋아하는 단어임에 분명하다. 그는 이 서신에서 *안다*를 40번, *지키다*를 10번 정도 사용했기 때문이다.

2:6 산다 이 단어는 요한이 구원을 가리킬 때 즐겨 쓴다(*요 15:4-10에 대한 설명을 보라*). **그가 행하시는 대로** 예수의 순종적인 삶은 그리스도인의 패턴이다. 자신을 그리스도인이라고 주장하는 사람은 그리스도처럼 살아야 한다(참고. 요 6:38) 그들에게 성령의 임재와 능력이 있기 때문이다.

2. 사랑에 대한 성경적 견해(2:7-17)

2:7-17 세상에 대한 사랑과 대비되는 형제 사랑이 참된 교제의 네 번째 시금석이 된다. 도덕에 대한 시험의 초점은 사랑의 명령에 대한 순종이다. 이는 사랑이 율법의 완성이며(마 22:34-40; 롬 13:8-10; 약 2:8) 그리스도의 새 계명이기 때문이다(요 13:34; 15:12, 17). 참으로 빛을 받는다는 것은 사랑함을 뜻한다. 하나님의 빛은 사랑의 빛이므로 빛 가운데 행하는 사람은 사랑 가운데 행하는 것이다.

2:7 새 시간적으로 *새롭다*는 뜻이 아니라 성질이나 종류, 형태에서 신선한 어떤 것을 가리킨다. 낡은 것을 다른 것으로 대체하는 어떤 것이다. **새 계명…옛 계명** 요한은 여기서 중요한 언어유희를 사용하고 있다. 비록 여기서는 그 계명이 무엇인지 밝히지 않았지만 요한이서 5, 6절에서 그것을 밝히고 있다. 그것은 사랑하는 것이다. 이 두 계명은 모두 사랑하라는 계명이다. 사랑의 계명이 *새* 계명이었던 이유는 예수가 신선하고 새로운 방법으로 사랑의 화신이 되었고, 그 사랑이 신자의 마음에 부어지며(롬 5:5), 성령께서 사랑의 힘을 주시기 때문이다(갈 5:22; 살전 4:9). 예수가 교회에 대해 사랑의 기준을 더 높이셨고, 제자들에게 자신의 사랑을 모방하라고 명하셨다("내가 너희를 사랑한 것 같이", 참고. 3:16; 요 13:34). 또한 그 명령은 *옛* 것이었다. 이는 구약성경이 사랑을 명령했고(레 19:18; 신 6:5) 요한서신의 독자가 복음을 처음 들었을 때 예수의 사랑하라는 명령을 들었기 때문이다. **처음부터** 이 말은 시간의 처음을 말하는 것이 아니라 24절; 3:11; 요한이서 6절이 표시하듯 그들의 그리스도인 생활의 시작을 가리킨다. 이것은 그들이 구원받던 날부터 받았던 윤리적 명령의 일부였으며, 요한이 처음 소개한 어떤 것이 아니었다. 그러나 이단들은 그렇다고 말한 듯하다.

2:9 미워하는 원어가 가지고 있는 개념은 습관적으로 미워하는 사람 또는 미워하는 것이 체질화된 사람이다. **지금까지 어둠에** 그리스도인이라고 고백하면서도 습관적으로 남을 미워하는 사람은 그 행동을 통해 그들이 거듭난 적이 없음을 보여준다. 거짓 교사들은 자기들이 빛을 받았고 하나님에 대한 초월적인 지식과 구원을 가지고 있다고 주장하지만 그들의 행동, 특히 사랑의 결핍은 그런 모든 주장이 거짓임을 증명한다(또한 11절을 보라).

2:12-14 하나님이 보시기에는 오직 두 가족만이 존재한다. 곧 하나님의 자녀와 사탄의 자녀다(요 8:39-44을 보라). 요한은 이 단락에서 독자에게 그리스도인은 죄를 용서받았고 하나님을 자신들의 하늘 아버지로 알게 되었음을 상기시킨다. 구원의 결과 그들은 하나님의 가족의 일원이 되었으므로 사탄의 가족을 사랑하거나 사탄이 지배하는 세상에 충성해서는 안 된다(15절을 보라). 12절의 *자녀들아*는 14절의 *아이들아*(이 말은 어린 자녀를 가리킴)와 달리 일반적으로 모든 연령대의 후손을 가리키는 말이다(*13, 14절에 대한 설명을 보라*). **내가…쓰는 것은…내가 쓴 것은** 요한은 이 절에서 그들이 확실히 하나님의 자녀에 속한다는 사실을 강조하기 위해 메시지를 반복한다. "내가 쓰는"은 요한의 관점에서 하는 말이고, "내가 쓴"은 그들이 이 편지를 받을 때 독자의 관점을 예상한 말이다.

2:13, 14 아비들아…청년들아…아이들아 매우 분명한 이 어구는 하나님의 가정에서 영적 성장의 세 단계를 밝힌다. *아비*들은 가장 성숙하고 영원한 하나님에 대한 깊은 지식을 가지고 있다. 영적 성장의 최고봉은 하나님을 온전히 아는 것이다(참고. 빌 3:10). *청년*은 말씀 안에서 그리고 삶을 통해 하나님을 아는 성숙한 지식에까지 도달하지는 않았지만 건전한 교리를 알고 있다. 그들 안에 하나님의 말씀이 있기 때문에 그들은 죄와 오류에 대항하는 힘이 강하다. 그래서 그들은 하나님의 자녀를 황폐하게 만드는 마귀의 궤계를 이긴다(참고. 엡 4:14). 사탄의 노력이 거짓과 속임수를 통한 것이므로 그들이 사탄을 이긴 것이다. *아이*들은 하나님에 대한 기본적 인식만 있으며, 성장해야 하는 사람들이다. 이 모든 사람이 하나님의 가족 안에 있으며, 서로 다른 수준에서 그리스도의 성품을 드러낸다.

2:15 세상이나…사랑하지 말라 비록 요한이 사랑의 중요성과 하나님이 사랑이심을 반복해 강조하지만(4:7, 8), 동시에 하나님이 싫어하시는 일부 사람의 유형에 대해 가르친다. 곧 세상에 대한 사랑이다(요 15:18-20). 이 본문에서 요한은 네 번째 시험(즉 사랑의 시험)의 특정한 형태를 표현하고 있다. 긍정적인 면에서 그리스도인은 하나님과 동료 그리스도인을 사랑하고, 부정적인 면에서 그들은 세상에 대한 사랑이 없다. 이것은 참으로 거듭난 것으로 간주되는 사람이 보여주는 특징이 되어야 한다. 여기서 *사랑*은 애착과 헌신을 의미한다. 세상이 아닌 하나님이 그리스도인의 생활에서 으뜸을 차지해야 한다(마 10:37-39; 빌 3:20). **세상** 이 말은 육체적이고 물질적인 세상을 가리키는 것이 아니라 사탄에게 지배당한 비가시적인 악한 영적 체제이며(*고후 10:3-5에 대한 설명을 보라*), 하나님과 그분의 말씀과 그분의 백성에 대항하는 모든 것이다(참고. 5:19; 요 12:31; 고전 1:21; 고후 4:4; 약 4:4; 벧후 1:4). **아버지의 사랑이 그 안에 있지 아니하니** 사람은 오직 두 부류로 나눌 수 있다. 하나님에 대한 사랑과 순종으로 표시되는 참된 그리스도인이든지, 하나님께 저항하는, 곧 마귀에 의해 지배되는 세계 체제를 사랑하여 거기에 붙잡혀 있는 비그리스도인이다(엡 2:1-3; 골 1:13; 약 4:4). 거듭났다고 주장하는 사람에게 이 두 가지 중 하나를 선택하는 것 이외의 중간 지대는 존재하지 않는다. 거짓 교사들에게는 거듭났음을 보여주는 그런 특징적인 사랑이 없었으며, 도리어 세상의 철학과 지혜에 헌신함으로써 세상에 대한 그들의 사랑과 그들의 구원받지 못한 상태를 드러낸다(참고. 마 6:24; 눅 16:13; 딤전 6:20; 벧후 2:12-22).

요한 시대의 파괴적인 가르침

바울과 베드로, 요한은 후에 영지주의로 알려진 거짓 가르침의 초기 형태와 맞서야 했다. 영지주의(*지식*에 해당하는 헬라어 단어에서 생겼음)는 영지주의자들이 고상한 지식, 곧 깊은 경지에 이른 사람들에게만 알려진 고차원적인 지식을 가졌다고 주장한다. 이 신비로운 지식에 들어간 사람들은 성경보다 더 높은 수준의 권위를 갖게 되었다고 주장했다. 그 결과 신성한 계시로 인간의 생각을 판단하는 것이 아니라 인간의 사상으로 성경의 계시를 판단하는 혼돈스러운 상황이 발생했다(요일 2:15-17).

이 이단은 철학적으로 플라톤주의의 왜곡된 형태에 의존했다. 이 이단은 물질은 본질적으로 악하고 영은 선한다는 이원론을 옹호했다. 이 이단의 명백한 오류들 가운데 하나는 그리스도께 모종의 신성을 부여하면서도 그리스도의 참된 인성을 부인하는 것인데, 이렇게 해서 그리스도를 악으로부터 보호한다는 명목을 내세웠다(그들은 그리스도가 정말로 육체로 왔다면 실제로 악했을 것이라고 결론을 내림). 예수가 참된 인간이셨음을 부인하는 이런 견해는 결과적으로 그리스도의 대속도 부인하게 만든다.

하나님이 받으실 만한 대속 제물이 되려면(참고. 히 2:4-17) 예수는 참 하나님일 뿐 아니라 실제로 십자가에서 고난당하고 죽음을 맞는 참 사람(신체적인 존재)이어야 한다. 예수에 대한 참된 성경적 견해는 그분의 완전한 신성뿐 아니라 완전한 인성도 단언한다.

요한 시대에도 영지주의 이단은 두 가지 기본적인 형태를 지녔다. 바로 도세티즘(가현론)과 케린투스가 주장한 오류다. 도세티즘('나타나다'라는 헬라어 단어에서 왔음)은 예수의 육체적 몸이 실재가 아니라 육체적으로 보인 것뿐이라고 주장했다. 이에 요한은 예수가 실제로 몸을 입으셨음을 반복적으로 강력하게 단언한다. 요한은 자신이 예수를 직접 본 목격자임을 다시 상기시켰다("들었고" "보았고" "만졌고" "예수 그리스도는 육체로 오셨다", 요일 1:1-4; 4:2, 3).

초기 영지주의의 또 다른 형태는, 이레나이우스가 추적한 바에 따르면, 케린투스에게서 시작된다. 케린투스는 예수가 세례 요한에게 세례받을 때 그리스도의 영이 인간 예수 위에 내렸으나 십자가 직전에 떠났다고 주장했다. 그러나 요한은 사역을 시작할 때 세례받은 바로 그 예수가 십자가에 달린 사람과 동일한 인물이라고 했다(요일 5:6).

요한은 초기 영지주의의 믿음을 직접 밝히지는 않지만, 그의 논증은 자신의 목표에 대한 분명한 실마리를 제공한다. 나아가서 요한의 지혜는 급격하게 변화하는 이단을 직접 공격하기보다는 신앙의 기초를 적절한 때 적극적으로 다시 진술함으로써 변치 않는 진리를 공급하고 이후 세대의 그리스도인을 위하여 대답을 주는 방식을 취한다.

2:16 세상에 있는 모든 것 참고. 야고보서 4:4. 세상의 철학과 이데올로기, 그것이 대단히 매력적이라고 해도 그것은 속임수다. 서서히 드러나는 그것의 진짜 성격은 악하고 해로우며 파괴적이고 마귀적이다. 이 이론의 치명적인 오류는 하나님을 아는 지식에 대항하여 높아진 것이며, 사람의 영혼을 포로로 만들었다(고후 10:3-5). **육신** 이는 죄를 추구하는 인간의 성향을 가리킨다. 곧 죄의 지배를 받고 하나님을 대적하는 반항적인 자아다(롬 7:15-25; 8:2-8; 갈 5:19-21). 사탄은 악한 세계 체계를 사용해 육신을 부추긴다. **정욕** 요한은 여기서 이 단어를 악한 일들을 향한 강력한 욕구로 부정적 의미에서 사용한다. **안목** 사탄은 그릇된 욕망을 부추기기 위한 전략적 통로로 눈을 사용한다(수 7:20, 21; 삼하 11:2; 마 5:27-29). 사탄이 하와를 유혹했을 때와 같이 겉보기에는 아름다운 어떤 것이 결국 영적 죽음에 이르게 만드는 것이다(창 3:6, "보암직도 하고"). **이생의 자랑** 이 말은 자신의 환경에 대한 교만을 의미한다. 이 교만이 우쭐하거나 과장하는 태도를 낳고, 자신이 가진 것을 다른 사람들 앞에 펼쳐보이는 일을 하게 만든다(약 4:16). **아버지께로부터 온 것이 아니요** 세상은 하나님께 저항하고 반대하며 사탄에 의해 지배되기 때문에 그리스도인의 원수다(5:19; 엡 2:2; 고후 4:4; 10:3-5). 이 세 가지(육신의 정욕, 안목의 정욕, 이생의 정욕)를 허용하면 이 열린 곳으로 죄가 들어오게 되고 그 결론은 비극이다. 그리스도인은 세상을 그 자체뿐 아니라 그것이 하는 일도 거부해야 한다.

2:17 이 세상도…지나가되 이 세상은 한시적인 성격을 가지므로 그리스도인은 사탄적인 세계 체제를 사랑해선 안 된다. 세상은 지속적인 붕괴 과정에 있으며 멸망을 향해 나아가고 있다(롬 8:18-22). **하나님의 뜻을 행하는 자는 영원히 거하느니라** 한시적인 세상과 달리 하나님의 뜻은 영구적이고 변하지 않는다. 하나님의 뜻을 따르는 사람은 그분의 백성으로 그분의 나라에 영원히 거하게 된다. 하나님이 자기 자녀들에게는 영원한 생명을 주시지만 현 세상은 멸망하도록 정해져 있다(참고. 고전 7:31; 고후 4:18).

참된 교제의 기초 시험 - 나선 II (2:18-3:24)

A. 교리 시험 2부(2:18-27)

1. 적그리스도가 기독교 교제를 떠남(2:18-21)

2:18 적그리스도 여기서 *적그리스도*라는 단어가 처음 등장한다. 이는 요한 서신에만 등장한다(4:3; 요이 7절). 여기서 이 말은 고유명사이며, 사탄의 힘을 받아 세상의 마지막 통치자로 올 사람을 가리킨다. 사탄은 참 그리스도를 적그리스도로 대체하려 하고 그분께 대적하려고 할 것이다(단 8:9-11; 11:31-38; 12:11; 마 24:15; 살후 2:1-12. *계 13:1-5; 19:20에 대한 설명을 보라*). **많은 적그리스도가 일어났으니** 직전에 나온 적그리스도는 성경에 예언된 한 특정한 인물을 가리켰지만, 여기서는 복수가 사용되었으며 많은 개인을 가리킨다. 요한은 복수를 사용하여 거짓된 교리로 진리를 왜곡하고 그리스도에 대적함으로써 요한의 회중에게 혼란을 일으키고 있던 거짓 교사들의 정체를 밝히고 그들의 성격을 규정했다(마 24:24; 막 13:22; 행 20:28-30). 그러므로 이 단어는 하나님께 적대적이고 대항하는 사람 안에서 드러나는 악의 원리를 가리킨다(참고. 고후 10:4, 5). 요한은 거짓 교사들, 곧 양의 옷을 입고 저주받을 거짓을 퍼뜨리는 이리들을 폭로하기 위해 이 글을 쓰고 있다(참고. 엡 5:11). **마지막 때** 이 말은 '후일' '말세' '마지막 때' '마지막 날', 곧 그리스도의 초림부터 재림 사이의 시간을 가리킨다(딤전 4:1; 약 5:3; 벧전 4:7; 벧후 3:3; 유 18절).

2:19 그들이 우리에게서 나갔으나 우리에게 속하지 아니하였나니 적그리스도, 곧 거짓 교사들과 속이는 자들(22-26절)의 첫 번째 특징은 그들이 믿는 자들로부터 떠난다는 것이다(두 번째 특징은 22, 23절을 보고, 세 번째 특징은 26절을 보라). 그들은 교회 내에서 들고일어나며, 참된 교제로부터 떠나고 사람을 거기서 이끌어내고자 한다. 또한 이 절은 성도의 견인 교리를 강조한다. 진정으로 거듭난 사람은 믿음과 교제와 진리 안에서 견딘다(고전 11:19; 딤후 2:12). 진정한 기독교의 궁극적 시험은 인내하면서 견디는 것이다(막 13:13; 히 3:14). 진리와 교회를 떠나는 사람들은 가면을 벗는 것이다.

2:20, 21 두 가지 특징은 참된 그리스도인을 적그리스도로부터 구별한다. 첫째, 성령께서("기름 부름," 27절) 그들을 오류로부터 지키신다(참고. 행 10:38; 고후 1:21). 거룩하신 그리스도(눅 4:34; 행 3:14)가 성령을 주셔서 빛을 비추는 보호자가 되어 속임수로부터 그들을 지키신다. 둘째, 성령께서 신자를 인도하여 "모든 것"을 알게 하신다(요 14:26; 16:13). 참된 그리스도인 안에는 거짓말 탐지기가 장착되어 있으며 진리 안에서 인내한다. 배교하며 이단에 머무는 사람은 그들이 거듭난 적이 없다는 사실을 드러낸다(참고. 19절).

2. 적그리스도가 기독교 신앙을 부인함(2:22-25)

2:22, 23 아버지와 아들을 부인하는 적그리스도의 두 번째 특징은 신앙(즉 건전한 교리)을 부인한다는 것이다. 성경에 제시된 그리스도의 참된 본성을 부인하는 사람

은 누구든지 적그리스도다(참고. 4:3; 살후 2:11). 그리스도를 부인하는 사람은 자기 아들을 증거하신 하나님 자신을 부인하는 것이다(5:9; 요 5:32-38; 8:18).

2:24, 25 처음부터 들은 것 변할 수 없는 복음은 그대로 지켜져야 하고, 거짓 교사들을 따르면 안 된다(참고. 딤후 3:1, 7, 13; 4:3). 기독교 진리는 확정되었고 바뀔 수 없다(유 3절). 진리에 늘 신실한 태도를 취한다면 우리는 계속 하나님과 그리스도와의 친밀한 교제를 경험할 것이며, 인내로 영원한 생명의 충만에 도달할 것이다(참고. 5:11, 12).

3. 적그리스도가 기독교 신자를 속임(2:26, 27)

2:26 적그리스도의 세 번째 특징은 그들이 믿는 자들을 속이기 위해 노력한다는 것이다(또한 참고. 딤전 4:1).

2:27 기름 부음 *20, 21절에 대한 설명을 보라*. 요한은 교회 내에 재능을 가진 교사들의 중요성을 부인하지는 않지만(고전 12:28; 엡 4:11), 그런 교사든 그런 신자든 진리에 대해 사람의 지혜나 사람의 의견을 의지하지 말아야 함을 지적한다. 하나님의 성령께서 참된 신자를 보호하고 진리로 인도하실 것이다(20, 21절을 보라). 하나님이 참되시며(참고. 대하 15:3; 렘 10:10; 요 17:3; 살전 1:9) 그리스도가 진리라면(참고. 요 14:6) 성령도 그렇다(참고. 5:6; 요 15:26; 16:13). **주 안에 거하라** 그런 속이는 자들에게 대응하는 참된 신자의 임무는 "진리 안에서 행하는 것", 곧 신실함과 건전한 교리를 견지해 나가는 것이다(20-21절; 요이 4절; 요삼 4절을 보라).

B. 도덕 시험 2부(2:28-3:24)

1. 주의 다시 오심에 대한 순결한 소망(2:28-3:3)

2:28-3:3 이 단락은 모든 그리스도인의 '순결한 소망' 곧 그리스도의 다시 오심을 다룬다. 요한은 이 순결한 소망을 사용하여 참된 그리스도인의 도덕 시험(사랑과 순종)을 되풀이하고 상술한다. 그리스도의 다시 오심에 대한 소망은 도덕적 행동을 거룩하게 하는 효력이 있다. 그리스도의 재림과 상급에 대한 기대 속에서(참고. 고전 3:10-17; 4:1-5; 고후 5:9, 10; 계 22:12) 참된 그리스도인은 거룩한 생활의 길을 걷는다. 그런 행실을 보이지 않는 사람은 구원받지 못한 자임을 드러낸다. 이 다섯 절에서 요한은 신자의 소망의 다섯 가지 특징을 보여준다.

2:28 그의 안에 거하라 요한은 거하는 것을 반복하며 강조하고 있다(27절). 2:28-3:3에서 신자가 품은 소망의 첫 번째 특징으로 '거함'을 소개한다. 거함에 대해 말할 때마다 요한은 구원의 믿음을 견지해 나가는 것을 가리키며, 이것은 참된 신자의 증거다(요 15:1-6). 그리스도의 재림에 대한 소망은 모든 참된 신자로 하여금 계속해서 그리스도 안에 머물게 한다. 이는 그들이 자신들을 위해 예비된 영광스러운 미래를 대망하기 때문이다. 바울은 이것을 "주의 나타나심을 사모함"이라고 불렀으며(딤후 4:8), 그렇게 하는 사람은 하늘에서 영원한 의의 면류관을 받을 것이라고 말했다.

거한다는 것은 그리스도 안에 항구적으로 머무는 것을 의미하며, 신자의 소망을 보장한다. 진정으로 거하는 사람은 늘 믿음을 견지하며 성도들과의 교제를 계속한다(19절). 하지만 27절("너희가 거할 것이다")과 대비되게 그는 신자에게 거하라고 명령한다(명령법). 이 명령은 거하는 것이 수동적인 것이 아님을 가리킨다. 모든 참된 신자는 지속적이고 적극적인 거함을 추구해야 한다(빌 2:12). 구원이 영원한 것은 주님 편에서 우리를 붙드시기 때문이며(참고. 요 6:37-44), 우리 편에서 우리가 신앙과 순종을 견지해 나가기 때문이다(참고. 요 8:31, 32). 구원은 하나님이 주권적으로 이루시는 일이지만, 하나님이 구원받는 자의 개인적 신앙과 별개로 그렇게 하시지 않는다. 성화의 경우에도 하나님이 우리로 아들의 형상을 본받게 하시지만 우리의 순종과 별도로 그렇게 하시지 않는다. 신약성경은 하나님의 일과 신자의 일에 대한 진술로 가득 차 있다. 바울은 골로새서 1:29에서 그것에 대해 언급했다. **주께서 나타내신 바 되면** 이 말은 특별히 휴거와 교회가 모이는 것(참고. 요 14:1-6; 고전 15:51-54; 살전 4:13-18), 그 뒤에 따라올 그리스도의 심판의 자리를 가리킨다(참고. 고전 4:5; 고후 5:9, 10). **담대함…그 앞에서 부끄럽지 않게 하려 함이라** *담대함*은 '솔직함' ' 말의 자유로움'이라는 뜻이다. 구원받은 자는 그리스도가 오실 때에 담대할 것이다. 이는 그들이 그리스도 안에 거함으로 말미암아 거룩하고 흠이 없을 것이기 때문이다(엡 5:27; 골 1:22; 살전 3:13; 5:23). 이와 대조적으로 마태복음 13장의 좋은 땅을 제외한 밭들처럼 한동안 신자처럼 보이지만(13:20-22을 보라. 참고. 요 8:31) 믿지 않는 사람, 끝까지 거하지 않는 사람, 결과적으로 그리스도가 나타나실 때 수치만을 당할 사람도 많이 있을 것이다.

2:29 의를 행하는 자마다 그에게서 난 줄 이것은 2:28-3:3에 있는 신자의 소망이 지닌 두 번째 특징이다. 그리스도의 재림에 대한 소망은 믿음을 유지시켜 줄 뿐 아니라(28절), 의로운 행동을 하는 습관을 만들어준다. *나다*는 요한복음 3:7에서 예수가 니고데모에게 그가 거듭나야 한다고 말씀하셨을 때 사용한 것과 같은 단어다. 하나님의 자녀로서 진정으로 거듭난 사람은 하늘

에 계신 아버지의 의로운 성품에 참여한다(벧전 1:3, 13-16). 그 결과 그들은 하나님의 의의 특징을 드러낼 것이다. 요한은 의로운 삶이 거듭났다는 증거라고 단언하기 위하여 외적 효과(의로운 행위)로부터 내적 원인(진정으로 거듭남)을 찾는다(약 2:20, 26; 벧후 3:11).

3:1 아버지께서 어떠한 사랑을 우리에게 베푸사 이 놀라움의 탄성이 2:28-3:3에 있는 신자의 소망이 지닌 세 번째 특징을 불러온다. 신자의 소망은 하나님의 사랑이 그의 구원을 시작했다는 사실을 통해 강화된다(엡 1:3-6). 그리스도가 다시 오시면 아버지께서 측량할 수 없는 사랑으로 자녀들을 하나로 만드실 것이다. 요한은 신자들을 자기 자녀로 삼으신 하나님의 사랑에 완전히 압도당하고 만다(롬 8:17). **그러므로 세상이 우리를 알지 못함은** 이 세상의 진정한 외계인은 외계에서 온 존재가 아니라 그리스도인이다. 중생하여 하늘에서 온 새로운 본성을 받은 그리스도인은 그들의 구주와 하늘 아버지와 비슷한 성품과 생활방식을 보여준다. 이것은 구원받지 못한 사람에게는 전혀 낯선(다른 세상에 속한) 일이다(고전 2:15, 16; 벧전 4:3, 4). 성경이 그리스도인을 "거류인" "나그네"로 묘사하는 건 전혀 놀라운 사실이 아니다(히 11:13; 벧전 1:1; 2:11). 주 예수는 땅에서 나시지 않았으며, 거듭난 사람도 마찬가지다. 진정으로 변화된 생활은 아직 드러나지 않았다(롬 8:18-24*에 대한 설명을 보라*).

3:2 우리가 지금은 하나님의 자녀라 구원에 이르는 참된 신앙을 발휘하는 모든 사람은 믿는 순간에 하나님의 자녀가 된다(요 1:12; 롬 8:16; 벧후 1:4). 하지만 그 사람 안에 참된 천상적이요 신성한 생명은(참고. 엡 4:24; 골 3:10) 예수가 나타나실 때에야 드러날 것이다(*롬 8:19에 대한 설명을 보라*). 그때까지 성령께서 우리 안에서 그리스도의 형상을 이루어가신다(*고후 3:18에 대한 설명을 보라*). **우리가 그와 같을 줄** 이 말은 2:28-3:3에서 신자의 소망이 지닌 네 번째 특징을 소개한다. 그리스도가 다시 오시면 모든 신자를 자신의 형상, 곧 자신의 성품을 닮게 하실 것이다. 이 절의 앞부분("우리가 지금은 하나님의 자녀라")과 뒷부분("우리가 그와 같을 줄") 사이에 긴장이 존재한다. 이 긴장은 그리스도가 다시 오시면 신자가 궁극적으로 그리스도의 형상을 닮게 되리라는 굳은 소망으로 해결된다(*롬 8:29; 고전 15:42-49; 빌 3:21에 대한 설명을 보라*). 이것의 영광스러운 성격은 필설로 묘사할 수 없지만 영광스럽게 된 인간은 성육한 하나님과 비슷하게 되지만 하나님이 되지는 않을 것이다.

3:3 그의 깨끗하심과 같이 자기를 깨끗하게 하느니라 이것이 2:28-3:3의 핵심 구절이며 이 단락에서 신자의 소망이 지닌 다섯 번째 특징을 소개한다. 그리스도가 다시 오심을 기정사실로 믿는 생활은 그리스도인의 행실에 변화를 초래한다. 그리스도인은 언젠가 그리스도와 같이 될 것이므로, 그리스도인의 마음에 지금 그분을 닮고자 하는 열망이 솟아나야 한다. 이것이 빌립보서 3:12-14(*이 구절에 대한 설명을 보라*)에서 표현된 바울의 열망이었다. 이것은 죄를 깨끗이 씻을 것을 요구하며, 이런 열망으로 우리는 자신의 역할을 한다(*고후 7:1; 딤전 5:22; 벧전 1:22에 대한 설명을 보라*).

신자의 소망(요일 2:28-3:3)

1. 소망은 그리스도 안에 거한다(2:28)
2. 소망은 의를 습관으로 만든다(2:29)
3. 소망은 하나님의 사랑을 극대화한다(3:1)
4. 소망은 그리스도의 다시 오심을 기대한다(3:2)
5. 소망은 그리스도와 같아지기를 열망한다(3:3)

2. 그리스도인은 죄와 양립할 수 없음(3:4-24)

3:4-24 이 단락의 목적은 신앙의 기초를 허물고 있는 거짓 교사들과 싸우는 것이다. 이 절들은 요한이 이미 제시한(2:3-6, 7-11을 보라) 도덕 시험을 더 확대하고 되풀이하며 강조한다. 4-10절은 참된 신자가 의를 실천해야 한다고 가르치며, 11-24절은 참된 신자가 동료 신자에게 사랑을 실천해야 한다고 말한다. 요한은 그리스도인이 참과 거짓, 진정한 것과 인위적인 것, 참된 신자와 거짓 신자를 구별하는 법을 알아야 한다는 점을 매우 중요하게 생각한다. 요한은 자신을 그리스도인이라고 말하는 사람의 주장의 타당성을 판단하는 데 도움을 주는 시험을 이곳과 이 서신 전체에 걸쳐 제시한다.

3:4-10 이 단락은 그리스도인이 죄와 양립할 수 없다는 점을 다룬다. 요한이 대적해 싸우는 거짓 교사들은 영지주의 같은 개념을(서론의 배경과 무대를 보라) 가지고 있기 때문에 죄의 심각성과 순종의 필요성을 약화시킨다. 그들은 자신들의 이원론적 철학 때문에 물질을 본질적으로 악한 것으로 보았고, 그 결과 물질적인 영역에서 범해진 죄악을 중요하지 않은 것으로 보았다. 이 단락에서 요한은 참된 그리스도인이 상습적으로 죄를 범할 수 없는 네 가지 이유를 말하고 있다(요 8:31, 34-36; 롬 6:11; 요이 9절).

3:4 죄를 짓는 헬라어 동사 *짓는다*는 죄를 상습적으로 범한다는 개념을 품고 있다. 참된 그리스도인이라도 죄의 성향을 가지고 있으며(1:8), 실제로 죄를 지으면 죄

를 고백할 필요가 있지만(1:9; 2:1), 이는 지속적인 삶의 패턴이 아니다. 진정으로 거듭난 신자는 새로운 본성으로 말미암아 상습적인 범죄를 막는 내부적 장치 또는 간수가 있다("하나님께로부터 난 자", 9절; 롬 6:12). **죄는 불법이라** 그리스도인이 죄를 상습적으로 지을 수 없는 첫 번째 이유는 죄가 그들이 사랑하는 하나님의 법과 양립할 수 없기 때문이다(시 119:34, 77, 97; 롬 7:12, 22). *불법*은 단순히 하나님의 법을 범한다는 것 이상의 의미를 담고 있다. 그것은 반항의 궁극적 의미, 곧 법이 없는 것처럼 또는 법이 존재한다는 사실을 무시하는 삶이라는 뜻을 가지고 있다(약 4:17).

3:5 그가 우리 죄를 없애려고 나타나신 것 그리스도인이 상습적으로 죄를 지을 수 없는 두 번째 이유는 죄가 그리스도의 사역과 양립될 수 없기 때문이다. 그리스도는 신자를 성화시키기 위해(즉 거룩하게 만들기 위해) 죽으셨다(고후 5:21; 엡 5:25-27). 죄를 짓는 것은 신자의 삶에서 죄의 지배력을 파괴한 그리스도의 사역과 상충된다(롬 6:1-15).

3:6 범죄하지 아니하나니 4절의 "죄를 짓는"이라는 어구처럼 여기서 전하고자 하는 의미는 상습적으로 끊임없이 죄를 범하는 것이다. **범죄하는 자마다 그를 보지도 못하였고 그를 알지도 못하였느니라** 스스로 그리스도인이라고 하는 사람이 상습적인 죄를 억제하지 못한다면 요한의 선언은 절대적이다. 그것은 그에게 구원이 일어난 적이 없다는 것이다.

3:7 아무도 너희를 미혹하지 못하게 하라 *미혹하다*라는 말은 '헤매게 만들다'라는 뜻이다. 거짓 교사들은 신앙의 기초를 전복시키고자 시도하고 있었으므로, 어떤 그리스도인이 속아서 그들이 옹호하는 것을 받아들이는 일이 발생할 수 있었다. 이런 속임수가 발생하는 것을 막기 위해 요한은 기독교의 기초적인 내용, 예를 들면 순종의 필요성, 사랑의 필요성, 그리스도에 대한 올바른 이해의 필요성을 반복해 강조했다(서론의 역사적·신학적 주제를 보라). **의를 행하는** 참된 신자에게 습관이 된 의로운 생활방식은 상습적으로 죄를 짓는 거짓 교사들과 뚜렷하게 대비된다(참고. 4, 6절). 그리스도가 죄인을 변화시키기 위해 십자가에서 죽으셨기 때문에 거듭난 사람은 죄의 습관을 의로운 삶의 습관으로 대체했다(롬 6:13, 14). **그의 의로우심과 같이** 진정으로 거듭난 사람들은 아들의 신성한 성품을 반영한다. 그들은 아들이신 그리스도처럼 행동하므로, 그들 안에 있는 아들의 생명의 능력을 드러낸다(갈 2:20).

3:8 죄를 짓는 자는 이는 '상습적으로 죄를 짓는'이라는 뜻이다(*4, 6절에 대한 설명을 보라*). **마귀에게 속하나니** 이 어구는 거짓 교사들의 행동의 근원을 보여준다. *마귀*는 '고발자' 또는 '비방자'라는 뜻이다. 사탄("대적")은 하나님과 그 계획에 대항할 뿐 아니라 하나님과 그 법에 대한 죄와 반항을 일으키고 선동하는 자다(4절. *엡 6:10-17에 대한 설명을 보라*). 그러므로 모든 구원받지 못한 사람은 사탄의 악마적 영향력 아래에 있다. 그들의 죄 많은 생활방식이 사탄에게서 왔음을 보여준다(*엡 2:1에 대한 설명을 보라*). 요한은 행동을 기준으로 하나님의 자녀와 사탄의 자녀를 대비시킨다. 진정으로 거듭난 사람은 의의 습관을 반영하지만, 사탄의 자녀는 죄의 습관을 반영한다. **처음부터** 사탄은 처음에 완전하게 창조되었다가 후에 하나님께 반역한 존재다(사 14:12-14; 겔 28:12-17). 요한은 그가 하나님께 반역한 순간에 그의 반역적인 삶이 시작되었다고 말하고 있다. 죄가 그를 완전히 특징짓기 때문에 죄로 특징지어지는 모든 사람은 사탄에게서 유래했음이 틀림없다(참고. 요 8:44). **나타나신 것은…멸하려 하심이라** 그리스도인이 상습적으로 죄를 범할 수 없는 세 번째 이유는 그리스도가 오신 것이 죄인의 대장인 사탄의 일을 멸하기 위해서이기 때문이다. 마귀는 여전히 활동하고 있지만 이미 패배했으므로, 그리스도 안에서 참된 신자는 그의 폭압에서 벗어난다. 우주에서 벌이는 사탄의 모든 활동이 끝나고 그가 영원히 지옥으로 보내질 날이 올 것이다(계 20:10). **마귀의 일** 이 말은 마귀의 다음과 같은 다양한 활동을 요약한 것이다. 곧 죄와 반항, 유혹, 세상을 지배함, 성도에 대한 박해와 고발, 거짓 교사들을 선동함, 죽음의 권세를 행사함(예를 들면 눅 8:12; 요 8:44; 행 5:3; 고전 7:5; 고후 4:4; 엡 6:11, 12; 살전 2:18; 히 2:14; 계 12:10).

3:9 그리스도인이 상습적으로 죄를 범할 수 없는 네 번째 이유는 신자에게 새로운 본성을 주신 성령의 사역이(요 3:5-8) 죄와 양립할 수 없기 때문이다. **하나님께로부터 난 자** 요한은 여기서 신생에 대해 썼다(요 3:7). 하나님은 그리스도인이 되려는 사람을 새로운 본성을 가진 새로운 피조물로 만드신다(고후 5:17). 신자는 하나님의 가족으로 태어났기 때문에 그분의 특징을 지닌다. 이 새로운 본성은 성령께서 일으키시는 습관적인 의를 특징으로 한다(갈 5:22-24). 요한은 이 어구를 강조하기 위해 두 번 반복한다. **하나님의 씨** 신생의 순간에 씨를 받는 일이 일어나는데, 이 씨는 구원받는 신생 때에 신자에게 심어지는 하나님의 생명의 원리를 가리킨다. 요한은 심어진 씨라는 이미지를 사용하여 거듭남에 관여한 신성한 요소를 그리고 있다. *베드로전서 1:23-25에 대한 설명을 보라*. **거함이요** 이 말은 되돌릴 수 없는 신생의 개념을 전달한다. 왜냐하면 진정으로 거듭난 사

람은 영원히 새로운 피조물로 변화하기 때문이다(고후 5:17; 갈 6:15; 엡 2:10). **그도 범죄하지 못하는 것은** 이 어구는 다시 한 번 상습적인 죄가 불가능하다는 사실을 표현한다(4, 6절을 보라).

3:10 이 절은 4-10절의 해석의 열쇠다. 세상에는 오직 두 종류의 자녀만 존재한다. 하나님의 자녀와 사탄의 자녀다. 어떤 사람도 이 두 가족에 동시에 속할 수는 없다. 사람은 하나님의 가족에 속하여 하나님의 의로운 성품을 드러내든지, 아니면 사탄의 가족에 속하여 사탄의 악한 본성을 드러낸다. **형제를 사랑하지 아니하는 자** 이는 독자를 도덕 시험의 둘째 측면, 즉 사랑의 시험으로 인도한다(2:7-11처럼). 요한은 11-24절에서 이 생각을 발전시킨다. 거짓 교사들은 그리스도의 본성에 대한 그릇된 견해를 품고 있을 뿐 아니라 하나님의 명령에 대한 불순종을 드러내지만, 그들은 역시 자기들의 이단적 가르침을 거부하는 참된 신자들에 대해 명백한 사랑의 결핍을 드러낸다.

3:11-24 요한은 참된 신자의 사랑이 가득한 생활을 상세히 설명한다. 참으로 거듭난 사람에게 사랑은 불가결한 특징이다. 하나님이 심어주신 새로운 본성, 즉 "씨"(9절)는 거룩을 드러낼 뿐 아니라 사랑을 습관적인 특징으로 드러낸다(요 13:35; 롬 5:5; 살전 4:9). 사랑을 실천하는 사람은 신생의 증거를 드러내는 것이다. 사랑을 실천하지 않는다면 그는 중생한 적이 없는 사람이다.

3:11 우리는 서로 사랑할지니 이 어구는 새로운 성품을 소유한 사람이 드러내는 사랑의 습관을 부각시킨다. 사랑은 그리스도인이라고 주장하는 사람에게 선택적인 의무가 아니라 사람이 진정으로 거듭났다는 적극적인 증거다(요 15:12; 벧전 1:22, 23). **처음부터** 복음 전파가 시작된 이래 사랑은 기독교의 중심 주제였다(*1:1; 2:7에 대한 설명을 보라*). 요한은 그들이 "처음부터" 들은 것을 다시 강조해(1:1; 2:7, 24) 거짓 교사들이 사도들을 통해 하나님이 선포하신 것을 방해하고 있음을 강조한다.

3:12-24 이 서신 전체에서 보듯 요한은 자주 동일한 진리를 반복하며 독자가 그것을 새롭고 신선한 방식으로 들을 수 있도록 확대해 나간다. 요한은 매번 동일한 진리를 '새로운' 꾸러미로 제시하며, 그 꾸러미는 그 진리의 특정한 측면을 확대하거나 그 주제를 약간 다른 각도에서 접근한다. 12-17절은 마귀의 자녀들이 보여주는 특징인 사랑의 결핍에 대해 말하며, 18-24절은 하나님의 자녀들이 보여주는 사랑의 특징에 대해 말한다(*10절에 대한 설명을 보라*).

3:12 가인 성경은 가인을 하나님께 제사까지 드리는, 외적으로 하나님을 예배하는 인물로 묘사한다(창 4:3-5). 하지만 가인의 살인 행위는 그가 내적으로 마귀의 자녀였음을 드러낸 것이다(참고. 요 8:44). **그는 악한 자에게 속하여 그 아우를 죽였으니** 12-17절에서 요한은 사랑의 결핍을 드러내는 마귀의 자녀들이 보이는 세 가지 행동 가운데 첫 번째 행동, 곧 증오의 궁극적 표현인 살인을 보여준다. **자기의 행위는 악하고** 가인이 악했기 때문에 그의 예물은 받아들여지지 않았다(참고. 창 4:5). 그리스도를 처형한 종교지도자들의 경우처럼 질투와 미움이 그 살인 배후에 있었다.

3:13 세상이 너희를 미워하여도 역사는 세상이 성도를 박해한 이야기로 가득하다(히 11:36-40). 미워하는 사탄이 그들의 아비이므로 신자는 그런 일로 놀랄 필요가 없다(10절).

3:14 우리는 형제를 사랑함으로 사망에서 옮겨 생명으로 들어간 줄 그리스도인이 된다는 것은 죽음에서 생명으로 부활하는 것이며, 미움에서 사랑으로 돌아서는 것이다(참고. 갈 5:6, 22). 사랑의 결핍은 그 자신이 영적으로 죽어 있음을 가리킨다. 사랑은 어떤 사람이 신생을 경험했는지, 여전히 영적 죽음의 어둠 속에 있는지를 확인할 수 있는 시험이다(2:9, 11). **사망에 머물러 있느니라** 늘 남을 미워하는 사람은 신생을 경험한 적이 없다.

3:15 그 형제를 미워하는 자마다 살인하는 자니 요한은 마귀의 자녀들이 보이는 세 가지 특징 가운데 두 번째 특징을 사랑의 결핍이라는 관점에서 보여준다. 하나님이 보시기에 미움은 영적인 살인과 같다. 즉 마음가짐은 곧 행위에 해당한다. 아벨에 대한 가인의 살인에서 드러나듯 미움은 살인으로 이끄는 씨앗이다(*마 5:20-22에 대한 설명을 보라*. 참고. 갈 5:19-21; 계 22:15).

3:16 그가 우리를 위하여 목숨을 버리셨으니 이 표현은 요한만이 사용하며(요 10:11, 15, 17, 18; 13:37, 38; 15:13) 스스로 무엇을 버리는 것을 가리킨다. 기독교적 사랑은 자기희생이며 주는 것이다. 그리스도가 신자를 위하여 자기 생명을 버리신 것은 기독교적 사랑의 참된 성격을 요약한 것이다(요 15:12, 13; 빌 2:5-8; 벧전 2:19-23). **우리가 이로써 사랑을 알고** 이 어구와 함께 요한은 참된 기독교를 보여주는 사랑의 기준을 소개한다. 이것이 모든 사랑의 표현을 측량하는 자가 된다(18절을 보라). 요한은 사탄의 자녀들이 보이는 세 번째 특징을 그들의 사랑 결핍이라고 제시한다. 다른 사람의 필요에 대한 무관심이 사탄의 자녀라는 표시다(또한 12, 15절을 보라). **우리도 형제들을 위하여 목숨을 버리는 것이 마땅하니라** 하나님은 우리를 사랑하신 그분의 사랑을 기준으

사랑이 주는 유익(요일 3:17-24)

1. 구원의 확신(3:17-21)
2. 응답받는 기도(3:22)
3. 성령의 함께하심과 힘 주심(3:23, 24)

로 서로 사랑하라고 요청하신다(16상반절을 보라).

3:17 누가 이 세상의 재물을 가지고…마음을 닫으면 사랑은 최고의 희생(16절)에서만 드러나는 것이 아니라 작은 일에서도 드러난다. 참된 기독교적 사랑은 다른 그리스도인의(즉 "형제의") 결핍을 희생적으로 채워주는 것으로 표현된다. 다른 사람을 돕고자 하는 마음이 그리스도인의 실천적 사랑이다(딤전 6:17-19; 히 13:16; 약 2:14-17). 이런 사랑이 없는 곳에 하나님의 사랑이 있는지 의심하지 않을 수 없다. 만약 그렇다면 그 사람이 주님의 자녀인지 의심스럽다(14절).

3:18 말과 혀로만…행함과 진실함으로 사랑한다고 선언하는 것만으로는 충분치 않다. 사랑은 감정이 아니라 행동이다.

3:19 이로써 우리가…알고 사랑을 실천하는 생활방식은 구원의 증거다(16절을 보라). **우리 마음을 주 앞에서 굳세게 하리니** 요한은 참된 그리스도인에게 사랑이 가져다주는 세 가지 유익을 말하고 있다. 첫째 유익은 구원의 확신이다. 행동하는 사랑은 기독교 신앙을 판단하는 시험이기 때문이다(참고. 4:7; 요 13:34, 35).

3:20 이는 우리 마음이 혹 우리를 책망할 일이 있어도 하나님은…크시고 하나님은 진정으로 자신의 소유가 누구인지 아시며(딤후 2:19) 그들에게 구원을 확신시켜 주고자 하신다. 비록 그리스도인은 구원에 대해 불안해하고 의심을 품기도 하지만, 하나님은 그들을 정죄하시지 않는다(롬 8:1). 사랑을 삶의 패턴으로 발휘하는 것은 신자가 하나님 앞에서 정죄받지 않았다는 증거다.

3:21 하나님 앞에서 담대함 사랑은 자기에 대한 정죄를 사라지게 한다. 그리스도인의 삶에서 사랑이 실제 행동으로 드러나고 있다면, 그는 자신이 하나님과 관계를 맺고 있다는 확신을 가지게 된다.

3:22 사랑의 두 번째 유익은 응답받는 기도다(19절을 보라). 사랑은 율법에 대한 순종이 핵심이므로(참고. 마 22:37-40; 롬 13:8-10) 한 사람의 생활에 그것이 있다는 것은 그가 하나님께 복종하고 있다는 증거이며, 그에 대해 하나님은 기도의 응답으로 복을 주신다.

3:23, 24 참고. 4:13. 이 두 절은 다시 이 서신의 세 가지 특징(믿음과 사랑, 순종)을 반복한다. 이 세 가지는 참된 구원의 핵심적 증거다. 사랑의 세 번째 유익은 성령께서 와서 거하면서 힘을 주신다는 것이다.

참된 교제의 기초 시험 - 나선 III (4:1-21)

A. 교리 시험 3부(4:1-6)

1. 거짓 교리의 마귀적 근원(4:1-3)

4:1-6 요한은 사랑의 중요성에서 하나님의 진리에 대한 믿음의 중요성으로 옮겨간다. 그는 다시 한 번 교리에 대한 시험에 초점을 맞추며 건전한 교리에 순종해야 할 필요성을 강조한다(마 24:11; 벧후 2:2, 3; 유 3절). 성경은 거짓된 교리에 대하여 엄격하게 경고한다. 하와를 유혹한 이래로 언제나 사탄은 하나님의 말씀을 왜곡하고 부인할 길을 찾았다(창 3:1-5). 그는 모든 거짓 교사들과 거짓 교리 배후의 근원인 마귀다(고후 11:13, 14). 이 단락에서 요한은 진리와 오류를 구별하고 거짓 교사와 참 교사를 구분할 수 있는 두 가지 교리의 시험을 제공한다.

4:1 영을 다 믿지 말고 3:24에서 성령을 언급하고 나서 요한은 다른 영들(마귀적 영들)이 존재한다는 사실을 가르쳐야 했다. 이 영들이 거짓 선지자들과 거짓 교사들을 양산하여 거짓 교리를 퍼뜨린다(*딤전 4:1, 2에 대한 설명을 보라*). 누군가 신앙에 대한 새로운 가르침을 주장하면 그것을 열린 마음으로 대하는 사람들과 달리 그리스도인은 그런 가르침에 대해서 건전한 의심을 품어야 한다. 그리스도인은 베뢰아 사람들과 같아야 한다. 그들은 말씀의 연구자가 되어 진리와 오류를 분별하기 위해 성경을 살펴보았다(행 17:11, 12). **영들이…많은 거짓 선지자** "영들"과 "거짓 선지자"를 나란히 놓음으로써 요한은 독자에게 거짓 교리와 오류를 퍼뜨리는 인간 교사들 뒤에 사탄의 영감을 받은 귀신이 있음을 상기시킨다(*살전 5:20-22에 대한 설명을 보라*. 참고. 행 20:28-30). 마귀의 영적 영향력이 거짓 선지자들과 교사들을 통해 표현되는 것이다(마 7:15; 막 13:22). **분별하라** *분별하라*는 금속의 순도와 가치를 결정하기 위해 금속을 분석하는 야금가들이 쓰던 단어다. 그리스도인은 어떤 가르침을 승인할지 여부를 결정하기 위해 그 가르침을 성경의 가르침과 꼼꼼히 비교하면서 시험해보아야 한다(*살전 5:20-22에 대한 설명을 보라*).

4:2 이로써 너희가 하나님의 영을 알지니 요한은 메시지를 퍼뜨리는 존재가 악한 귀신인지 성령인지 결정할 수 있는 측량 자를 제공한다. **예수 그리스도께서 육체로 오신 것** 이것은 참 설교자의 첫 번째 시험대다. 그들은 예수가 인간의 육체로 성육신하신 하나님임을 인정하

요일

고 선포한다. 헬라어 구문은 그들이 그리스도가 이 땅에 오신 것을 고백한다는 뜻이 아니라 육신으로 이 땅에 오신 것, 즉 그분의 몸이 실제 육신이었음을 고백한다는 뜻이다. 진정으로 성령께 속한 교사로 간주되려면 예수가 완전한 사람이며 완전한 하나님임을 동시에 주장해야 한다. 성령께서는 아들의 참된 본성을 증언하시지만, 마귀와 그의 세력들은 그 참된 본성을 왜곡하고 부인하려고 한다. 요한은 하나님의 말씀에 표현된 건전한 교리가 절대적이고 믿을 만한 유일한 기준으로서 절대적인 중요성을 가진다는 사실을 강조한다(참고. 사 8:20).

4:3 적그리스도의 영 아들의 참된 본성을 부인한 이 거짓 교사들은(서론의 배경과 무대를 보라) 2:18, 19(요이 7절)에서 적그리스도 가운데 속한 것으로 밝혀진다. 거짓 그리스도로서 다스리는 마지막 세계 통치자를(*계 13:1-8에 대한 설명을 보라*) 만들기 위해 일할 이 동일한 마귀의 속임수는 예수 그리스도의 참된 본성을 왜곡하며 복음을 전복시킬 기회를 적극적으로 모색한다. 마지막 적그리스도는 새로운 어떤 것이 아니라 처음부터 진리를 왜곡하고 사탄의 거짓을 퍼뜨렸던 모든 적그리스도의 영이 마지막으로 구현된 존재일 것이다. 이것은 불법의 사람(적그리스도)이 아직 나타나지 않았지만 불법의 비밀은 이미 활동하고 있다고 말하는 데살로니가후서 2:3-8과 유사하다.

2. 건전한 교리의 필요성(4:4-6)

4:4 너희 안에 계신 이가…보다 크심이라 신자는 거짓 가르침에 대해 의식하고 깨어 있어야 하지만 두려워할 필요는 없다. 내주하는 성령과 함께 중생을 경험한 사람은 거짓 가르침을 막는 장치가 그 안에 있기 때문이다(참고. 2:20, 27). 성령께서 참된 그리스도인을 건전한 교리로 인도하심으로써 구원이 실제로 발생했음을 증거하신다(참고. 롬 8:17). 참된 신자는 두려워할 것이 없다. 사탄의 군대가 그들을 주님의 손에서 빼앗지 못하기 때문이다. 2:18-27에서처럼 여기서도 우리가 오류로부터 보호를 받고 오류에 대해 승리할 수 있는 것은 건전한 교리와 마음을 조명하는 성령이 그것을 보장하기 때문이다.

적그리스도의 다른 이름(요일 2:18; 4:3)

1. 작은 뿔	단 7:8
2. 왕	단 8:23
3. 장차 올 왕	단 9:26
4. 불법의 사람	살후 2:3
5. 멸망의 아들	살후 2:3
6. 짐승	계 13:4

4:5, 6 그들은…세상에 속한 말을 하매…하나님을 아는 자는 우리의 말을 듣고 요한은 참된 교사를 분별할 수 있는 두 번째 시험을 보여준다. 그들은 사도의 교리에 따라 하나님의 말씀을 전한다.

4:6 진리의 영과 미혹의 영을 이로써 아느니라 구약성경과 신약성경은 모든 가르침을 시험하는 데 필요한 유일한 기준이다. 이와 대조적으로 마귀의 영감을 받은 교사들은 하나님 말씀의 가르침을 거부하거나 거기에 어떤 요소를 덧붙인다(고후 4:2; 계 22:18, 19).

B. 도덕 시험 3부(4:7-21)

1. 하나님의 사랑의 성품(4:7-10)

4:7-21 동일한 주제를 반복하면서 매번 그 의미를 넓히고 확대하고 발전시키는 그의 패턴에 따라 요한은 다시 한 번 도덕적 시험인 사랑으로 돌아온다. 이 부분은 한 단위의 긴 단락으로, 완전한 사랑이 무엇이며 그것이 어떻게 사람에게 가능한지를 설명한다. 이 서신에서 사랑에 대한 요한의 세 번째이자 마지막 언급인(또한 2:7-11; 3:10-14을 보라) 이 단락에서 그는 그리스도인이 왜 사랑하는지 다섯 가지 이유를 제시한다.

4:7, 8 사랑은 하나님께 속한 것이니…하나님은 사랑이심이라 요한은 그리스도인이 사랑을 실천하는 다섯 가지 이유 중 첫 번째 이유를 소개한다. 우선은 하나님이 사랑의 본질이기 때문이다. 영지주의자들은 하나님이 비물질적인 영이요 빛이라고 믿기는 했지만, 하나님의 가장 깊은 곳에서 나오는 것이 사랑임을 밝히지 못했다. 하나님은 영(요 4:24), 빛(1:5), 소멸하는 불(히 12:29)이시며 또한 사랑이다. 하나님의 존재와 행위의 모든 것에 사랑이 내재되어 있다. 심지어 하나님의 심판과 진노도 하나님의 사랑과 완벽한 조화를 이룬다.

4:7 우리가 서로 사랑하자 이 구절이 이 전체 단락의 열쇠다(21절을 보라). 원어는 사랑이 습관적 행위임을 확실히 하고 있다. 요한은 진정으로 거듭난 사람은 사랑의 습성을 특징으로 나타낸다고 썼다(참고. 2:10, 11; 3:14). **사랑하는 자마다 하나님으로부터 나서** 거듭난 사람은 하나님의 성품을 받는다(참고. 벧후 1:4). 그리고 하나님의 가장 중요한 성품은 사랑이기 때문에(8절을 보라), 하나님의 자녀 역시 그 사랑을 반영할 것이다.

4:8 사랑하지 아니하는 자는 하나님을 알지 못하나니 어떤 사람이 자신을 그리스도인이라고 선언할 수 있다. 하지만 하늘 아버지와 같은 사랑을 드러내는 사람만이

하나님의 성품을 소유하고 있으며 진정으로 거듭난 것이다.

4:9 요한은 독자에게 그리스도인이 사랑을 실천하는 다섯 가지 이유 중 두 번째 이유를 소개한다. 우리를 위해 자기 아들을 보내신 하나님의 희생적인 사랑이라는 최고 모범을 따라야 하기 때문이다. 십자가에서 아들을 심판하신 것은 하나님의 사랑에 대한 지고의 실례다. 하나님이 죄인 대신으로 자기의 사랑하는 아들에게 자신의 진노를 쏟으셨기 때문이다(요 3:14-16; 롬 5:8; 고후 5:21; 엡 5:1, 2. *딛 3:4에 대한 설명을 보라*). **독생자** 신약성경에 나오는 이 단어의 절반 이상을 요한이 사용했다(예를 들면 요 1:14, 18; 3:16, 18). 요한은 언제나 이 단어를 그리스도께 사용하여 그가 아버지와 맺고 계신 유일한 관계, 그리스도의 선재, 피조물과 구별되는 그리스도를 표현한다. 이 단어는 그리스도의 독특성, 곧 이 단어에 해당되는 유일한 분이 그리스도뿐임을 강조한다. 믿는 자들이 영원한 생명을 얻도록 하기 위해(참고. 요 3:14, 15; 12:24) 아버지가 주신 선물 중 가장 큰 선물(요 17:3; 고후 8:9)이 바로 그리스도다.

4:10 우리 죄를 속하기 위하여 화목제물로 이 단어의 의미는 *2:2에 대한 설명을 보라*. 히브리서 9:5은 이 단어의 한 형태를 "속죄소"로 번역한다. 그리스도는 말 그대로 지성소에서 대속죄일(레 16:15)에 대제사장이 희생제물의 피를 뿌리던 그 속죄소와 같은 우리의 속죄소가 되셨다. 자신의 피가 다른 사람을 위해 흘려져 죄에 대한 하나님의 거룩한 의와 진노를 만족시켰을 때 그리스도가 그 일을 하셨다.

2. 하나님이 사랑을 요구하심(4:11-21)

4:11 하나님이 자기 아들을 보내신 것은 그리스도인에게 구원의 특권을 주실 뿐 아니라 이 희생적 사랑의 패턴을 따라야 하는 의무도 함께 주신다. 그리스도인의 사랑은 하나님의 사랑처럼 자기를 희생하는 사랑이어야 한다.

4:12 요한은 그리스도인이 사랑을 실천하는 다섯 가지 이유 중 세 번째 이유를 소개한다. 사랑이 그리스도인의 증언의 핵심이기 때문이다. 어떤 사람도 하나님이 사랑하는 모습을 볼 수 없다. 이는 하나님의 사랑은 눈에 보이지 않으며, 예수는 더 이상 이 세상에서 하나님의 사랑을 드러내어 보여주시지 않기 때문이다. 이 시대에 하나님의 사랑을 보여주는 유일한 실체는 교회다. 이 증거가 결정적으로 중요하다(요 13:35; 고후 5:18-20). 7-12절에서 요한의 논증은 이렇게 요약될 수 있다. 사랑은 하나님으로부터 나왔고, 아들을 통해 드러났으며, 그분의 백성을 통해 보여진다.

4:13-16 요한은 독자에게 그리스도인이 사랑을 실천하는 다섯 가지 이유 중 네 번째 이유를 소개한다. 그것은 사랑이 그리스도인의 보증이기 때문이다(*3:16-23에 대한 설명을 보라*).

4:15 누구든지…시인하면 *2절에 대한 설명을 보라*. 이 말은 교리에 대한 시험을 가리킨다(참고. 1-6절; 1:1-4; 2:23).

4:17-20 요한은 그리스도인이 사랑을 실천하는 다섯 가지 이유 중 다섯 번째 이유를 소개한다. 사랑은 심판을 받을 때 그리스도인의 담대함이기 때문이다(*3:16-23에 대한 설명을 보라*).

4:17 사랑이 우리에게 온전히 이루어진 것 요한은 죄가 없는 완전한 상태를 말하는 것이 아니라 심판 앞에 섰을 때 담대함으로 나타나는 성숙한 사랑을 말한다. 담대함은 사랑이 성숙하다는 표시다. **주께서 그러하심과 같이 우리도…그러하니라** 예수가 하나님의 아들로 땅에 계셨을 때 하나님은 그 아들 안에서 기뻐하셨다. 우리도 하나님의 자녀들이며(3:11) 하나님의 은혜로운 선하심의 대상이다. 예수가 하나님을 아버지라고 부르셨다면 우리도 그렇게 불러도 된다. 우리가 그 사랑하시는 자 안에서(엡 1:6) 받아들여지기 때문이다. 18절에서 동일한 진리가 부정적인 방식으로 진술된다. 또한 사랑은 담대함을 주고 두려움을 없앤다. 우리는 하나님을 사랑하고 높인다. 그러나 사랑의 마음으로 하나님께 나아오면서 동시에 두려움으로 그분으로부터 피하여 숨지는 않는다(참고. 롬 8:14, 15; 딤후 1:7). 고문과 형벌은 두려움을 수반하는데, 이것은 죄를 용서받은 하나님의 자녀들이 결코 경험하지 않을 일이다.

4:21 이 절은 4장을 요약한다. 사람은 동료 신자를 먼저 사랑하지 않으면 하나님을 사랑할 수 없다. 하나님을 사랑한다는 선언에 다른 그리스도인을 위한 비이기적인 사랑이 수반되지 않으면 그것은 헛소리다.

참된 교제의 기초 시험 - 나선 IV (5:1-21)

A. 그리스도 안에서 이기는 삶(5:1-5)

5:1-5 요한은 이기는 삶이라는 주제를 도입한다. 성경은 그리스도인이 어떤 사람인지를 묘사하기 위해 다양한 단어를 사용하지만(예를 들면 신자들, 친구들, 형제들, 양 떼, 성도들, 군사들, 증인들 등) 요한은 이 장에서 한 가지 단어에 집중한다. 곧 이기는 자다(이 용어의 의미는 *4절에 대한 설명을 보라*). 신약성경에 나오는 이 단어는 대부분 요한이 사용한 것이다(또한 참고. 계 2:7, 11, 17; 2:26;

신자가 사랑을 실천하는 이유

요한은 거짓 교사들의 자기중심적이고 파괴적인 철학과 그들의 행위와는 정반대로 그리스도인이 사랑을 실천하는 강력한 이유를 펼쳐 보인다. 요한일서 4:7-21에서 사도는 다섯 가지 이유를 제시한다.

1. 그리스도인이 습관적으로 사랑을 실천하는 이유는 그들 안에 거하시는 하나님이 사랑의 본질이기 때문이다. 영지주의자들은 하나님이 비물질적인 영이요 빛이라고 믿기는 했지만, 하나님의 가장 깊은 곳에서 나오는 것이 사랑임을 밝히지 못했다. 하나님은 영(요 4:24)과 빛(1:5), 소멸하는 불(히 12:29)이시며 또한 사랑이다(4:7, 8). 하나님의 존재와 행위의 모든 것에 사랑이 내재되어 있다. 심지어 하나님의 심판과 진노도 그분의 사랑과 완벽한 조화를 이룬다.
2. 그리스도인이 습관적으로 사랑을 실천하는 이유는 우리를 위해 자기 아들을 보내신 하나님의 희생적인 사랑이라는 최고의 모범을(4:9) 따라야 하기 때문이다.
3. 그리스도인이 습관적으로 사랑을 실천하는 이유는 사랑이 그리스도인의 증언의 핵심이기 때문이다(4:12). 어떤 사람도 하나님이 사랑하는 모습을 볼 수 없다. 이는 하나님의 사랑은 눈에 보이지 않으며, 예수는 더 이상 이 세상에서 하나님의 사랑을 드러내 보여주지 않기 때문이다. 이 시대에 하나님의 사랑을 보여주는 유일한 실체는 교회다. 이 증거가 결정적으로 중요하다(요 13:35; 고후 5:18-20).
4. 그리스도인이 습관적으로 사랑을 실천하는 이유는 사랑이 그리스도인의 보증이기 때문이다(4:13-16; 3:21). 사랑은 자기에 대한 정죄를 사라지게 한다. 그리스도인이 자기 삶에서 사랑이 실제 행동으로 드러나고 있음을 인식하면 그는 자신이 하나님과 관계를 맺고 있다는 확신을 가지게 된다.
5. 그리스도인이 습관적으로 사랑을 실천하는 이유는 사랑은 심판날에 그리스도인의 담대함이기 때문이다(4:17-20; 3:16-23). 담대함은 사랑이 성숙하다는 표시다. 이것은 그리스도인의 생활에서 죄가 없는 완전한 상태를 말하는 것이 아니라 심판대 앞에 섰을 때 담대함으로 나타나는 성숙한 사랑을 말한다. 그리스도인은 심판을 피하기 위해 사랑하는 것이 아니라 심판을 피했기 때문에 사랑한다.

3:5, 12, 21). 신자가 승리자임을 강조하기 위해 이 용어의 몇 가지 다른 형태가 이 절들에 등장한다.

5:1 예수께서 그리스도이심 신자의 믿음의 대상은 예수이시다. 예수를 하나님이 특별히 사람을 죄에서 건지는 구원자로 보내신 약속된 메시아, 즉 기름 부음 받은 자로 믿는 것이다. 예수 그리스도를 유일한 구원자로 의지하는 사람은 거듭났으며, 그 결과 이기는 자가 된다(5절). **믿는 자마다** 이기는 사람의 첫째 특징은 구원에 이르는 믿음이다. *믿는다*는 지속되는 믿음이라는 개념을 전달함으로써 참된 신자의 표시는 그들이 평생 동안 계속 믿음 안에 있으리라는 것을 확실히 한다. 구원의 믿음은 단순히 지적으로 수긍하는 것이 아니라 영구적으로 예수 그리스도께 자신을 완전히 드리는 것이다. **하나님께로부터 난 자니** 이것은 신생을 가리키는 말로, 예수가 요한복음 3:7에서 사용하신 것과 동일한 말이다. 헬라어 동사의 시제는 신생의 결과는 지속적인 믿음임을 가리키므로 이 믿음은 신생의 증거다. 하나님의 아들들은 그들이 거듭났다는 사실을 하나님의 아들이신 구주를 계속 믿는 것으로 드러낼 것이다. 신생은 우리를 하나님과 그리스도를 영구적으로 믿는 믿음 안으로 끌어들인다. **낳으신 이를 사랑하는 자마다 그에게서 난 자를 사랑하느니라** 사랑은 이기는 자의 두 번째 특징이다. 이기는 자는 하나님을 믿을 뿐 아니라 하나님과 동료 신자를 사랑한다. 여기서는 앞서 말한 도덕의 시험을 생각하고 있다.

5:2, 3 그의 계명들을 지키는 것이라 요한은 이 두 절에서 이 어구를 2번 반복한다. 순종은 이기는 자의 세 번째 특징이다. 이 다섯 절에서 요한은 믿음과 사랑, 순종을 서로 분리시킬 수 없는 방식으로 엮어놓는다. 이 세 가지는 역동적인 관계로 상호 의존한다. 즉 사랑의 진정한 증거가 순종이듯, 믿음의 진정한 증거는 사랑이다. *지키다*는 항시적인 순종의 개념을 전달한다(참고. 요 8:31, 32; 14:15, 21; 15:10).

5:3 그의 계명들은 무거운 것이 아니로다 예를 들어 유대교 지도자들이 지키던, 사람이 만든 무거운 종교적 전통과 달리(마 23:4) 예수의 멍에는 쉽고 그 짐은 가볍다(마 11:30).

5:4 이기느니라 요한은 이 이기는 자들이 누구인지를 분명히 밝히고 있다. 이기는 자들은 예수를 하나님의 아들로 믿고, 예수가 하나님의 아들이라는 말이 의미하

는 바가 무엇이든 믿는 모든 사람이다. 이기는 자들은 믿는 자, 곧 믿는 모든 자다(참고. 2:13). *이기는 자*는 헬라어의 '정복하다' '승리를 거두다' '우월한 위치에 있다' '정복하는 능력'이라는 의미를 가진 단어에서 왔다. 이 단어는 진정으로 우월하여 압도적인 승리를 거두는 것을 의미한다. 이 승리는 눈으로 볼 수 있게 드러낼 수가 있다. 이것은 대적을 패퇴시켜 그 승리를 모든 사람이 볼 수 있다. 예수도 자신을 묘사하는 데 이 단어를 사용하셨다(요 16:33). 신자가 그리스도와 연합했기 때문에 그들도 그리스도의 승리에 참여한다(롬 8:37; 고후 2:14). *이기다*의 원어는 신자가 세상에 대해 지속적으로 승리를 거둔다는 의미를 전달한다.

5:4, 5 세상 속임수와 사악으로 가득 찬 사탄의 세계 체제다. *2:15에 대한 설명을 보라*. 신자는 그리스도와 그가 공급하시는 구원을 통해 사람의 영혼을 사로잡아 지옥으로 끌고 가는 사탄의 마귀적이고 인간적인 악한 체제를 누르고 이기는 자다(5절). 요한은 세상을 이긴다는 말을 3번 반복해 그 의미를 강조한다. **우리의 믿음…믿는 자** 예수 그리스도에 대한 믿음과 자신의 삶을 그리스도께 드림으로써 사람은 이기는 자가 된다. 요한은 강조를 위해 이 진리를 반복한다.

B. 그리스도를 위한 하나님의 증언(5:6-12)

5:6-12 *증언*이 이 단락의 주제다. 이 단락은 예수 그리스도의 신성이라는 위대한 진리에 대해 하나님과 성령께서 세상에게 증언 또는 증거하시는 것을 다룬다. 바로 앞 단락(5:1-5)은 예수를 주와 구주로 믿는 사람을 이기는 사람으로 묘사했다. 여기서는 요한이 예수가 그리스도이심을 확증하기 위한 하나님 자신의 증언을 제시한다(요 5:31-37; 8:13-18). 요한은 외적인 증언(6-9절)과 내적인 증언(10-12절) 두 가지를 말한다.

5:6 물과 피 물과 피는 외적인 증언, 즉 예수 그리스도가 누구이신가에 대한 객관적 증언이다. 이것은 예수의 세례(물)와 죽음(피)을 가리킨다. 요한은 "그리스도-영"이 십자가 직전에 인간 예수를 떠났다고 주장하는 거짓 교사들의 이원론에 대항하여 싸우고 있다(서론의 배경과 무대를 보라). 요한은 하나님이 예수의 세례와 죽음을 통해 예수의 신성에 대한 증거를 주셨음을 보여준다. **증언하는** *증언하다*는 동사와 증언이라는 명사 모두 동일한 헬라어 단어에서 왔으며, 이 단락에서 총 9번 쓰였다. 그 기본적 의미는 '어떤 것에 대한 경험적이고 직접적인 지식을 가진 어떤 사람'이다. **성령은 진리니라** 요한은 더 이상 사도의 증언을(1:1-4; 4:14) 강조하지 않고, 성령을 통해 오는 하나님의 증언을 말한다. 하나님의 영은 거짓말을 할 수 없으므로 그의 증언은 확실하다.

5:7 증언하는 이가 셋이니 구약 율법은 어떤 특정한 문제의 진실성을 확정하기 위해 "두 사람이나 세 사람의 증언"을 요구했다(신 17:6; 19:15. 참고. 요 8:17, 18; 딤전 5:19). 영어 성경 NKJV에는 증거하는 이 셋을 성부, 말씀, 성령으로 명시한다. "For there are three that bear record in heaven, the Father, the Word, and the Holy Spirit; and these three are one" 그러나 이 표현은 주후 10세기경 이전의 어떤 헬라어 사본에도 등장하지 않는다. 오직 8개의 후기 헬라어 사본에만 이 표현이 있으며, 그것은 후기 라틴어 성경 개정판에서 가져온 번역으로 보인다. 나아가서 그 8개의 사본 가운데 4개는 이 구절을 확신할 수 없는 본문으로 취급하여 사본에 후기에 삽입되었다는 표시로 여백에 썼다. 헬라와 라틴 교부, 심지어 삼위일체 논쟁에 참여했던 사람들 가운데도 이 어구를 인용한 사람은 없다. 라틴어 번역 이외의 고대 번역본 중 이것을 기록한 성경은 없다(초기 형태의 옛 라틴 번역, 곧 불가타 성경이 아님). 내적인 증거 역시 이 구절이 원래 서신에 있었다는 의견에 반대한다. 이 어구가 저자의 생각을 흐트러뜨리기 때문이다. 이 단어들은 시간이 한참 흐른 뒤에 본문에 첨가된 것이 거의 확실하다. 비록 성경에서 많은 구절이 삼위일체를 강하게 암시하고 있지만, 이 어구만큼 삼위일체의 명백한 실재를 뚜렷하게 말하는 데가 없다. 고린도후서 13:13을 보라.

5:8 성령과 물과 피 예수가 세례를 받으실 때 성부와 성령께서 아들을 증언하셨다(마 3:16, 17을 보라). 예수 그리스도의 죽음 역시 그분이 누구인지를 증언했다(마 27:54; 히 9:14). 성령께서는 예수의 생애 내내 그분의 정체를 증언하셨다(막 1:12; 눅 1:35; 행 10:38).

5:10 자기 안에 증거가 있고 요한은 신자의 마음속에서 아들을 증언하는 내적이고 주관적인 증거에 대해 말한다(롬 8:15, 16; 갈 4:6). **하나님을 거짓말하는 자로 만드나니** 어떤 사람이 아들에 대한 하나님의 증언을 거부한다면 그 거부는 궁극적인 형태의 신성모독이다. 그것은 하나님을 거짓말쟁이라고 부르는 것에 해당하기 때문이다(딛 1:2; 히 6:18).

5:11, 12 이 증언은 신자에게 있는 주관적인 증언을 요약한다. 곧 우리가 그리스도 안에서 소유하고 있는 바로 그 생명이 그리스도가 항상 공급하시는 은혜와 능력으로 표현되는 것이다. 이것은 우리 삶에서 그리스도를 아는 바로 그 경험이다. 생명은 오직 그 안에만 있다. 그러므로 그리스도 없이 생명을 가진다는 것은 불가능하다.

C. 그리스도로 말미암은 그리스도인의 확신 (5:13-20)

1. 영원한 생명의 확신(5:13)

5:13-21 요한은 그리스도인의 다섯 가지 확신에 관한 설명으로 이 서신을 마친다. 그것은 이 서신 전체의 힘 있는 결론이다. 이 단락에서 요한은 *안다*라는 단어를 7번 사용해 그 확신을 강조한다.

5:13 이것 이 말은 요한이 이 서신에서 지금까지 쓴 모든 것을 가리킨다. **너희로 하여금 너희에게 영생이 있음을 알게 하려 함이라** 영원한 생명에 대한 확신이 그리스도인의 첫 번째 확신이다. 요한이 복음서를 쓸 때는 불신자를 신앙으로 이끌기 위한 것이었지만(요 20:31), 이 서신을 쓴 것은 신자에게 그들이 영원한 생명을 가졌다는 확신을 주기 위해서였다. 거짓 형제들이 떠난 것이 요한의 회중을 흔들어놓았다(2:19). 요한은 떠나지 않고 남아 있는 자들에게 그들이 신앙의 기본(그리스도, 순종, 사랑에 대한 정당한 견해)에 충실하므로 그들의 구원이 확실하다는 것을 확신시켜 주었다. **영생** 이것은 일차적으로 시간적인 기간을 가리키는 말이 아니라 사람을 가리키는 말이다(20절; 요 17:3). 영원한 생명은 예수 그리스도와 관계를 맺고 그분의 본성을 소유하는 것이다(11, 12절이 말하는 것처럼).

2. 기도 응답의 확신(5:14-17)

5:14-17 응답받는 기도는 그리스도인의 두 번째 확신이다.

5:14 담대함 이 단어의 의미는 *3:21에 대한 설명을 보라*. 그리스도인은 자기들이 은혜의 보좌에 나아갈 때 하나님이 기도에 응답하신다는 것을 절대적인 확신과 함께 알 수 있다(히 4:16). **그의 뜻대로** 이 어구는 응답받는 기도를 위한 전략적 열쇠다. 하나님의 뜻대로 하는 기도는 우리가 원하는 것을 구하거나 하나님이 우리를 위해 해주셨으면 좋겠다고 생각되는 것을 고집하는 것이 아니라 하나님이 원하실 것을 기도하는 것이다(요 14:13, 14). 요한은 이미 응답받는 기도 역시 하나님의 명령에 대한 순종과 죄의 회피에 달려 있다는 것을 밝혔다(3:21; 시 66:18; 요 15:7; 벧전 3:7). 참된 신자는 하나님의 말씀(즉 하나님의 뜻)을 알고 그분을 기쁘게 해 드릴 수 있는 일을 실천하므로, 자기 뜻을 고집하지 않고 하나님이 원하시는 것을 가장 우선적으로 구한다(마 27:39-42). **들으심이라** *듣는다*는 하나님이 항상 자기 자녀들의 기도를 들으신다는 것을 의미하지만(시 34:15-17), 그들이 제시하는 방식대로 항상 행하시는 것은 아니다.

참된 그리스도인의 다섯 가지 확신

1. 그리스도 안에 있는 영원한 생명을 확신함	5:13
2. 하나님의 뜻 안에서의 기도의 응답을 확신함	5:14-17
3. 죄에 대한 승리를 확신함	5:18
4. 하나님께 속함을 확신함	5:19
5. 그리스도가 유일한 참 하나님이심을 확신함	5:20

5:16, 17 요한은 "사망에 이르는 죄"라는 특정한 문제를 예로 들어 하나님의 뜻대로 기도한다는 것이 무엇인지를 설명한다. 그런 죄는 사전에 계획되었고 고백되지 않은 죄로, 주가 신자의 생명을 끊게 하는 죄다. 그것은 동성애나 거짓말 등 어떤 한 가지 특정한 죄가 아니라 하나님의 인내의 한계를 마지막으로 넘는 죄다. 회개하지 않고 죄를 버리지 않으면 마지막 심판으로 육체적 죽음까지 초래할 수 있다(행 5:1-11; 고전 5:5; 11:30). 그런 고의적이고 고압적인 죄를 범한 사람을 위한 중보기도는 소용이 없을 것이다. 즉 그런 경우 하나님이 교회의 순결성을 유지하기 위해 육체적 죽음을 징계로 내리는 것은 필연적인 것이다(*고전 5:5-7에 대한 설명을 보라*). "사망에 이르는 죄"에 대비되는 "사망에 이르지 아니하는 죄"가 있다는 것은 저자가 육체적 죽음에 이르게 하는 죄와 그렇지 않은 죄를 구분한다는 의미다. 이것은 치명적인 죄와 치명적이지 않은 죄를 밝히려는 말이 아니라 하나님이 모든 죄를 사망에 이르는 것으로 판단하시지 않는다는 말이다.

3. 죄와 사탄에 대한 승리의 확신(5:18)

5:18 죄와 사탄에 대한 승리가 그리스도인의 세 번째 확신이다(3:9; 롬 6:15-22). **하나님께로부터 나신 자** 이 말은 아버지의 독생자인 그리스도를 가리킨다(참고. 요 1:14, 18). **그를 지키시매** 하나님이 신자를 보호하신다는 뜻이다. **악한 자** 이것은 사탄을 가리키는 말이다. **그를 만지지도 못하느니라** 요한은 이 말을 이곳과 요한복음 20:17에서만 사용한다. 이 말은 해치기 위해 '붙잡다' '꽉 쥐다'라는 뜻을 가진다. 신자는 하나님께 속해 있기 때문에 욥의 실례처럼(욥 2:5; 롬 16:20) 사탄은 하나님의 주권 안에서 활동하며, 따라서 하나님이 허락하시는 한계를 넘지 못한다. 사탄이 신자를 박해하고 유혹하며 시험하고 고발할 수는 있지만, 하나님은 사탄의 영향력이나 세력에 분명한 한계를 정해주시며, 자기 자

녀를 보호하신다(2:13; 요 10:28; 17:12-15).

4. 하나님께 속함의 확신(5:19)

5:19 우리는 하나님께 속하고 그리스도인이 하나님께 속해 있다는 것이 그리스도인의 네 번째 확신이다. 요한에 따르면 이 세상에는 오직 두 종류의 사람만이 존재한다. 하나님의 자녀와 사탄의 자녀다(*3:10에 대한 설명을 보라*). 사람은 하나님께 속하든지, 사탄의 영역인 악한 세계 체계에 속한다. 온 세상은 사탄에게 속해 있으므로 그리스도인은 세상의 오염을 피해야 한다.

5. 그리스도가 참 하나님이심에 대한 확신(5:20)

5:20 참된 이 말은 거짓된 것에 반대되는 '참된 것'이라는 의미다(참고. 21절). **하나님이시요 영생이시라** 예수 그리스도가 참 하나님이라는 것이 그리스도인의 다섯 번째 확실성이다. 이 절은 요한의 전체 서신의 절정이다. 모든 것 가운데서 가장 위대한 확실성인 성육신이 그 나머지 일들의 확실성을 보장한다. 이것이 교리적 기초이고 거기서 사랑과 순종이 나온다.

D. 그리스도를 위해 깨어 있음(5:21)

5:21 너희 자신을 지켜 우상에게서 멀리하라 요한은 20절에서 *우상*을 "참 하나님"과 대비시킨다. 요한이 여기서 가리키는 것은 그들과 이전에 연결되어 있던 형제됨에서 떠나간 거짓 교사들이다(2:19). 그들의 거짓 신념과 실천이 우상이고, 이 우상에 대하여 신자 스스로 자신을 지키라는 명령을 받는다. 거짓 교사들이 기독교적 가르침의 기초(믿음, 사랑, 순종)를 왜곡하는 데서 나타나듯이 그들은 세상의 철학을 하나님의 계시보다 우위에 둔다. 마지막으로 요한은 다시 한 번 신앙의 기초를 고수하라고 강조한다.

연구를 위한 자료들

D. Edmond Hiebert, *The Epistles of John* (Greenville, S.C.: Bob Jones University, 1991).

Colin G. Kruse, *The Letters of John* (Grand Rapids: Eerdmans, 2000).

John MacArthur, *1, 2, and 3 John* (Chicago: Moody, 2007).

「사도 요한[*Saint John the Evangelist*]」 1635-1640년. 베르나르도 카발리노. 나무에 유화. 46X31.5cm. 카탈루냐 미술관. 바르셀로나.

제목

이 서신의 제목은 '요한이서'다. 이것은 사도 요한의 이름으로 되어 있는 세 편의 서신 가운데 두 번째 것이다. 요한이서와 요한삼서는 신약성경 가운데서 당시 그리스 로마 세계의 전통적인 편지 형태에 가장 가깝다. 그 이유는 이 서신이 개인이 개인에게 보낸 것이기 때문이다. 요한이서와 요한삼서는 신약성경에서 가장 짧은 서신서로 헬라어 단어로 300자가 안 된다. 각 서신은 파피루스 한 면에 들어갈 수 있는 분량이다(참고. 요삼 13).

저자와 저작 연대

저자는 사도 요한이다. 그는 요한이서 1절에서 자신을 "장로"라고 말한다. 이 말은 사도의 나이가 많았다는 것, 그의 권위와 그가 예수의 사역에 참여했던 당시, 기독교의 기초가 놓이는 시기에 지녔던 신분을 보여준다. 이 서신의 정확한 연대는 확정할 수 없다. 요한이서의 어조, 주제, 상황은 요한일서와 밀접하게 연결되어 있으므로[5절(참고. 요일 2:7; 3:11), 6절(참고. 요일 5:3)], 7절(참고. 요일 2:18-26), 9절(참고. 요일 2:23), 12절(참고. 요일 1:4)], 이런 점으로 미뤄볼 때 요한이 이 서신을 자기 생애의 후기 에베소에서 사역하던 시기에 요한일서와 동시에 또는 직후인 주후 90-95년경에 썼을 것으로 보인다.

배경과 무대

요한이서는 요한일서와 동일한 문제를 다룬다(요한일서 서론의 배경과 무대를 보라). 거짓 교사들이 영지주의 사상의 초기 형태로 교회를 위협하고 있었다(7절. 참고. 요일 2:18, 19, 22, 23; 4:1-3). 전략적 차이점이라면 요한일서는 그 편지의 수신자인 어떤 특정 개인이나 교회가 없는 반면 요한이서는 특정한 지역 집단 또는 가정 교회를 염두에 두고 있다는 점이다(1절).

요한이서의 초점은 거짓 교사들이 요한의 회중 사이에 순회 사역을 하면서 회심자를 만들고, 그리스도인의 손님 접대를 이용하여 자기네 사업을 발전시키려 하고 있다는 것이다(10, 11절. 참고. 롬 12:13; 히 13:2; 벧전 4:9). 이 인사에서 거론된 개인이(1절) 부주의하게 또는 자기도 모르게 이 거짓 선지자들을 접대했거나, 거짓 교사들이 그녀의 친절을 악용할 것을 요한이 두려워했을 수도 있다(10, 11절). 사도는 그런 속이는 자들을 접대하는 것과 관련해 독자에게 경고한다(10, 11절). 그의 권면이 겉으로 보기에는 가혹하거나 사랑이 없는 것처럼 보일 수도 있지만 극도로 위험한 그들의 가르침을 생각한다면 그런 조치가 타당해 보인다. 특별히 그것이 믿음의 기초 자체를 파괴할 위험을 가지고 있기 때문에 그렇다(9절).

역사적 · 신학적 주제

요한이서의 전체 주제는 '믿음의 기본을 회상하라' '기독교의 기초로 돌아가라'는 요한일서의 주제와 동일하다(4-6절). 요한에게 있어 기독교의 기초는 진리의 고수(4절)와 사랑(5절), 순종(6절)으로 요약된다.

그러나 사도는 요한이서에서 이와 관련된 주제를 하나 더 전한다. 곧 손님 접대를 위한 성경적 지침이다. 그리스도인은 신앙의 기본을 고수해야 하지만, 신자에게 명령된 은혜로운 손님 접대에는(롬 12:13) 분별력이 있어야 한다. 손님 접대는 공동의 사랑 또는 진리를 위한 것이 되어야 하며, 그리스도인은 진리의 경계 내에서 사랑을 나눠야 한다. 신자는 자칭 신자라고 하는 모든 사람을 보편적으로 받아들일 필요는 없다. 사랑에는 분별력이 수반되어야 한다.

손님 접대와 친절은 신앙의 기본을 고수하는 사람에 한해 이뤄져야 한다. 그렇지 않으면 그리스도인은 신앙의 기본적 진리를 파괴하려는 사람을 실제적으로 돕는 결과를 초래할 수 있다. 건전한 교리를 기준으로 교제의 여부를 결정해야 하고, 자칭 그리스도인과 진정한 그리스도인을 구분할 줄 알아야 한다(10, 11절. 참고. 롬 16:17; 갈 1:8, 9; 살후 3:6, 14; 딛 3:10).

해석상의 과제

요한이서는 사람들이 자주 부르짖는 에큐메니즘과 신자 사이의 기독교적 하나 됨에 정반대로 역행한다. 기독교에서 사랑과 진리는 떼려야 뗄 수 없는 관계다. 진리가 언제나 사랑의 실천을 지도해야 한다(참고. 엡 4:15). 사랑은 진리의 시험을 통과해야 한다. 이 책의 중심 주제는 진리가 사랑의 경계를 정하고, 그렇게 함으로써 결국 하나 됨의 경계를 정한다는 것이다. 그러므로 사랑으로 하나 되기 전에 먼저 진리가 있어야 한다. 진리가 사랑을 일으키기 때문이다(벧전 1:22). 어떤 사람이 진리를 다른 것과 타협하면 참된 기독교적 사랑과 하나 됨은 파괴된다. 진리가 하나 됨의 기초가 되지 않는 곳에는 얄팍한 감상주의만 존재한다.

"택하심을 받은 부녀와 그의 자녀들"(1절)이라는 표현은 특정 여인과 그 자녀들을 가리키는 일반적이고 단순한 의미로 이해되어야 한다. 그 말이 문자적인 의미가 아닌, 교회와 그 교인들로 해석되어선 안 된다. 이와 유사하게 "택하심을 받은 네 자매의 자녀들"(13절)도 은유적으로 해석되어 자매 교회와 그 교인으로 이해되기보다는, 1절에서 언급된 그 개인의 조카딸이나 조카로 이해되어야 한다. 이 절들에서 요한은 자신이 사역을 통해 알게 된 개인적인 지인들에게 인사를 전하고 있다.

요한이서 개요

I. 기독교적 환대의 기초(1-3절)
II. 기독교적 환대의 행동(4-6절)
III. 기독교적 환대의 경계(7-11절)
IV. 기독교적 환대의 복(12, 13절)

기독교적 환대의 기초 (1-3절)

1 **장로** 요한은 이 호칭을 사용하여 노년에 도달한 자신의 나이, 소아시아의 회중에 대한 그의 영적 권위, 예수의 생애와 그 모든 가르침의 직접적 목격자인 자신의 증언의 힘을 강조한다(4-6절). **택하심을 받은 부녀와 그의 자녀들** 어떤 사람은 이 어구가 은유적으로 어떤 특정한 지역 교회를 가리키고, "그의 자녀들"은 그 회중의 교인들을 가리킨다고 생각한다. 하지만 문맥 속에서 더 자연스러운 이해는 이 어구가 요한이 잘 알고 있던 어떤 여인과 그 자녀들(즉 낳은 자식들)을 가리킨다고 보는 것이다. **진리를 아는 모든 자** 기독교적 환대의 근거는 진리다(1-3절). 요한은 처음 이 네 절에서 *진리*라는 말을 5번 반복함으로써 진리의 필요성을 강조한다. 이 진리는 요한이서(예를 들면 4-6절)에서 표현된 진리만이 아니라 요한일서에서 요한이 다룬 신앙의 기초 또는 기본(그리스도에 대한 건전한 신앙과 순종, 사랑)을 가리킨다. 진리는 하나 됨의 필요조건이며, 따라서 환대의 근거다.

2 **우리 안에 거하여 영원히 우리와 함께 할 진리** 이것은 우리가 인지하는 하나님 말씀의 진리다(참고. 골 3:16).

3 **은혜와 긍휼과 평강이…진리와 사랑** 요한이 은혜와 긍휼을 말하고 다음으로 평강을 말하는 순서는 처음에 하나님으로부터 시작되어 마지막으로 사람의 만족에 도달하는 순서를 가리킨다. 이 삼중적 복의 경계는 진리와 사랑의 영역 내에 있다.

기독교적 환대의 행동 (4-6절)

4 **자녀들 중에 우리가 아버지께 받은 계명대로 진리를 행하는 자** 환대의 행동은 진리에 대한 순종을 수반한다(5, 6절을 보라). 여기서 *행하는*은 믿음 안에서 지속적으로 행하는 것, 곧 진리에 대한 순종을 한 사람의 생활 습관으로 만드는 것이다.

5 **서로 사랑하자 이는 새 계명** 요한은 진리에 대한 명령을 사랑에 대한 명령에 연결시킨다(참고. 요일 2:7-11; 4:7-12). *사랑*이란 단어는 습관적으로 사랑을 실천하는 것을 가리킨다. 진리 안에서 행하는 것과 사랑 안에서 행하는 것 모두 환대의 행동이다.

6 **사랑은 이것이니 우리가 그 계명을 따라 행하는 것이요** 요한은 사랑을 정서나 감정으로 정의하지 않고 하나님의 명령에 대한 순종으로 정의한다(*요일 5:2, 3에 대한 설명을 보라*). 하나님의 명령(요일 2:3-11)에 포함된 진리, 즉 신앙의 기본 진리에 순종하는 사람은 사랑을 행하는 사람으로 밝혀지고 있다. 참고. 요한복음 14:15, 21; 15:10.

기독교적 환대의 경계 (7-11절)

7 미혹하는 자가…많이 나왔나니 참고. 마가복음 13:22, 23; 디모데전서 4:1-4; 베드로후서 2:1 이하; 요한일서 4:1. 요한은 7-11절에서 기독교적인 환대의 경계를 정한다. 이것이 이 서신에서 요한이 가진 생각의 중심이며 처음의 두 가지 요점을 확장한다. 사탄이 빛의 천사처럼 오므로(고후 11:13-15), 진리를 확실하게 알아 오류에 빠지지 않도록 대비해야 한다. **예수 그리스도께서 육체로 오심을 부인하는 자** 원어는 그리스도의 온전한 신성과 인성을 부인한다는 개념을 전달한다. 성경적 기독론은 예수 그리스도의 본성이 완전한 하나님이면서 완전한 사람임을 견지하며, 이는 구속의 목적이 성취되는 것과 깊이 관련되어 있다. 거짓 종교와 이단, 사교 집단이 드러낸 가장 심각한 오류의 본질은 예수 그리스도의 참된 본성을 부인하는 것이다.

8 우리가 일한 것을 잃지 말고 환대에 따른 상급이 일반적으로 모든 그리스도인에게 약속되어 있지만(예를 들면 마 10:41; 25:40; 막 9:41), 여기서 말하는 것은 그가 행한 모든 선행에 대한 충만한 보상이다(고전 3:10-17; 고후 5:9, 10를 보라). 진리를 고수하는지의 여부를 근거로 타인과 교제할 것인지를 판단하지 않는다면 모든 신자는 보상을 상실하는 일을 당할 수도 있다(골 2:18, 19; 3:24, 25). 이것은 강력한 경고다. 성령 안에서 순결하고 열렬하며 유효하게 그리스도를 바라봄으로써 사람이 얻는 모든 영원한 보상은 거짓 교사에 대한 지원이나 부추김으로 감소될 수 있다.

9 그리스도의 교훈 안에 거하지 아니하는 자는 다 하나님을 모시지 못하되 신앙의 근본적이고 건전한 교리(그리스도의 인물과 활동, 사랑, 순종에 대한 정당한 견해)에 충실하지 못하다는 것은 그 사람이 거듭난 적이 없다는 증거다(요일 2:23; 3:6-10; 4:20, 21; 5:1-3). *거하다*는 지속적으로 고수한다는 의미이며, 이런 기본 진리는 변화하거나 최근의 경향이나 철학적 유행을 따르지 않는다는 뜻이다.

10 그를 집에 들이지도 말고 인사도 하지 말라 요한의 금령은 사소한 문제에서 의견을 달리하는 사람을 집에 들이지 말라는 것이 아니다. 이 거짓 교사들은 기독교의 기초적이고 근본적인 진리를 파괴하기 위한 활동을 하는 사람들이다. 그런 이단자들과의 완전한 단절은 참된 신자가 취해야 하는 정당한 행동이다. 그들에게 유익을 주거나 도움을 주는(심지어 인사를 하는) 어떤 행동도 허용되어선 안 된다. 신자는 진리를 전하는 사람만을 도와야 한다(5-8절).

11 그 악한 일에 참여하는 자임이라 그런 지도자들을 접대하는 것은 그들의 이단이 퍼지는 것을 돕는 결과를 가져오며, 필연적으로 적그리스도의 가르침을 재가하는 듯한 인상을 주게 된다(참고. 요일 2:22). 하나님과 그의 말씀에 대한 최고의 충성만이 모든 참 신자의 행동의 특징이 되어야 한다.

기독교적 환대의 복 (12, 13절)

12 종이와 먹 *종이*는 파피루스를 말한다. 파피루스 한 장에 요한이서 서신 전체를 기록할 수 있었다. *먹*은 '검다'는 뜻이며, 글을 쓰는 데 사용되던 물과 석탄, 점성 수지의 혼합물을 가리킨다. **대면하여** 이는 문자적으로 '입으로 입에게'라는 뜻이다. 참고. 민수기 12:8. 거기서 하나님은 모세에게 "입으로 입에게"라고 말씀하셨다. **너희 기쁨을 충만하게 하려 함이라** 환대의 복은 충만한 기쁨이다(12, 13절). 요한은 이 동일한 구절을 요한일서 1:4에서도 사용했다. 신자가 교제를 위한 성경적 기준을 준수하면 그들 사이에 참된 기쁨이 따라온다. 이는 말씀의 진리가 견지되기 때문이다.

13 택하심을 받은 네 자매의 자녀 요한이 1절에 언급한 그 여인("택하심을 받은 부녀")의 조카 딸 또는 조카들을 가리키고 있다.

연구를 위한 자료들

D. Edmond Hiebert, *The Epistles of John* (Greenville, S.C.: Bob Jones University, 1991).

Colin G. Kruse, *The Letters of John* (Grand Rapids: Eerdmans, 2000).

John MacArthur, *1, 2, and 3 John* (Chicago: Moody, 2007).

제목

이 서신의 제목은 '요한삼서'다. 이것은 요한의 이름으로 불린 세 편의 서신 가운데 세 번째 것이다. 요한이서와 요한삼서는 신약성경 가운데 당시 그리스-로마의 전통적인 편지 형태에 가장 가까웠다. 이는 이 서신이 개인이 개인에게 보낸 것이었기 때문이다. 요한이서와 요한삼서는 신약성경에서 가장 짧은 서신서로 헬라어 단어로 300자가 안 된다. 각 서신은 파피루스 한 면에 들어갈 수 있을 정도다(참고. 13절).

저자와 저작 연대

저자는 사도 요한이다. 1절에서 그는 자신을 "장로"라고 말한다. 이 말은 사도의 나이가 많았다는 것과 그의 권위, 그가 예수의 사역에 참여해 기독교의 기초가 놓이는 시기에 가졌던 존재감을 보여준다(참고. 요이 1). 이 서신의 정확한 연대는 확정할 수 없다. 요한삼서의 어조나 주제, 상황은 요한이서와 밀접하게 연결되어 있다[1절(참고. 요이 1절), 4절(참고. 요이 4절), 13절(참고. 요이 12절), 14절(참고. 요이 12절)]. 이런 점으로 미뤄볼 때 요한이 이 서신을 그의 생애 후기인 에베소에서 사역하던 시기에 요한일서, 이서와 동시에 또는 직후인 주후 90-95년경 썼을 것으로 보인다.

배경과 무대

요한삼서는 요한의 세 편의 서신 가운데서 가장 개인적인 내용을 담고 있다. 요한일서는 소아시아에 퍼져 있는 회중에게 쓴 공동 서신으로 보이고, 요한이서는 특정 여인과 그 가족들에게 보낸 것이지만(요이 1절), 요한삼서에서 사도는 "사랑하는 가이오"라고 써서 수신자를 분명히 밝히고 있다(1절). 이런 까닭에 이 서신은 신약성경에서 한 개인에게 보낸 편지를 내용으로 하는 드문 경우 가운데 하나가 되었다(참고. 빌레몬서). *가이오*는 1세기에 매우 흔한 이름이었지만(예를 들면 행 19:29; 20:4; 롬 16:23; 고전 1:14), 요한의 인사 이외에는 이 인물에 대해 알려진 바가 없다. 그는 요한의 영적 감독을 받던 교회들 가운데 한 곳의 교인으로 짐작될 뿐이다.

요한이서와 마찬가지로 요한삼서도 환대의 문제에 초점을 맞췄지만 그 관점이 다르다. 요한이서는 거짓 교사들을 접대하는 것을 경고하지만(요이 7-11절), 요한삼서는 충실한 말씀의 종들을 접대하지 않은 것을 정죄한다(9, 10절). 사도가 알고 인정한 순회 전도자들이(5-8절) 어떤 회중에게 갔는데, 모임을 주관한 디오드레베가 영접하기를(예를 들면 숙소와 물품을 공급하는 것) 거부했다는 보고가 들어왔다(10절). 거기서 더 나아가 디오드레베는 악의에 찬 비난과 함께 사도 요한을 중상모략했고, 그에게 도전하는 사람은 누구든지 모임에서 축출했다(10절).

이와 대조적으로 사도의 사랑하는 친구이자 진리를 충실하게 고수하는 가이오(1-4절)는 순회 전도자들을 영접하는 면에서 정당한 기준을 적용했다. 요한은 가이오가 보여준 환대(6-8절)는 복음을 합당하게 드러낸 것이라며 칭찬하고, 디오드레베의 고압적인 행동(10절)을 정죄하기 위해 이 서신을 썼다. 사도는 자신이 직접 가서 그 상황을 바로잡을 것을 약속하면서 형제들 사이에 좋은 증거로 칭찬받는 데메드리오라는 사람에게 이 편지를 들려 보냈다(10-12절).

역사적·신학적 주제

요한삼서의 주제는 정당한 기독교적 환대를 칭찬하고, 그런 기준을 따르지 못하는 행동을 정죄하는 것이다.

해석상의 과제

어떤 사람들은 디오드레베가 이단적 교사이거나 요한이서가 정죄한 거짓 교사들을 좋아했다고 생각한다. 하지만 이 서신은 그런 결론을 뒷받침할 만한 분명한 증거를 제공하지 않는다. 특히 요한이 디오드레베의 이단적 견해를 언급할 것으로 예상했기 때문에 그렇다. 이 서신은 그의 문제가 교만과 불순종에서 비롯되었음을 보여준다. 이는 이단자뿐 아니라 정통 그리스도인에게도 있는 문제다.

요한삼서 개요

I. 기독교적 환대에 대한 칭찬(1-8절)
II. 기독교적 환대를 베풀지 않은 것에 대한 정죄(9-11절)
III. 기독교적 환대에 대한 맺음말(12-14절)

기독교적 환대에 대한 칭찬 (1-8절)

1 장로 요한은 요한이서 1절과 마찬가지로 동일한 단어로 자신을 가리킨다. 이 단어는 그의 높은 연령, 예수 사역의 목격자인 사도로서 그가 지닌 위치, 교회 내에서 공식적인 권위를 가진 위치에 있음을 가리킬 것이다. **사랑하는** *사랑하는*은 신약성경에서 그리스도인을 향해서만 사용된다(골 3:12; 몬 1, 2; 벧후 3:14; 요일 4:1). **가이오** 그의 이름이 이 인사에 등장한다는 것을 제외하고 그에 대해 알려진 것은 없다. 이는 로마인 부모가 여러 아들 가운데 한 명을 위해 붙여주던 열여덟 개의 이름 중 하나다. 따라서 어떤 특정한 인물을 지목하기가 어렵다. 가이오의 접대를 받았던 요한과 동료 신자, 심지어 나그네까지도 그의 그리스도인다운 삶과 행실을 크게 칭찬했다(1-6절). 요한은 이 서신에서 그를 네 차례에 걸쳐 "사랑하는 자"라고 부름으로써 그에 대해 감사의 마음을 전했다(1, 2, 5, 11절). 그는 요한의 영향력이 미치던 소아시아 어느 지역에 위치한 교회의 교인이었을 것이다. 사도는 가까운 장래에 그를 방문할 계획을 가지고 있었다(13절). **내가 참으로 사랑하는** 그리스도인은 진리에 대한 공통의 지식을 가졌으므로 공통의 사랑의 근원 역시 가지고 있다(요이 1절). 어떤 이들은 이 어구를 '참으로' 또는 '정말로'란 뜻이라고(막 12:32; 요 1:47) 해석한다. 하지만 진리가 그토록 중요한 의미를 가지는 이 서신들의 다른 곳에서 요한이 이 표현을 사용한 것을 보면, 그가 믿음의 근본적인 진리와 일관된 사랑을 여기서 염두에 두었다고 짐작할 수 있다(참고. 4절; 요일 2:21; 3:19).

2 내가 간구하노라 가이오를 위한 요한의 기도는 중요하다. 가이오의 영적 상태가 너무나 뛰어나서 요한은 그의 신체적 건강이 그의 영적 강건함과 함께하길 기도했다. 고대 서신에서 사람의 건강을 묻는 것은 일반적인 관습이었으나, 요한은 이 관습을 독특한 방법으로 사용해 가이오의 탁월한 영적 상태를 부각시킨다.

3 형제들이 와서…증언하되 이 절은 그리스도인이 가이오가 믿음의 기초에 모범적으로 순종하는 것을 지속적으로 칭찬했음을 보여준다. 그의 영적 평판은 널리 알려져 있었다. **네가 진리 안에서 행한다 하니** 가이오는 요한이 전했던 것을 실천하는 데 모범적이었다(요이 4절). 그에 대한 요한의 칭찬은 신약성경에서 사람을 가장 크게 칭찬하는 사례 가운데 하나다. 그 칭찬이 그가 진리를 안다는 사실뿐 아니라 그것을 충실하게 실천하고 있음을 보여주기 때문이다. 가이오의 행동은 디오드레베의 부정적인 평판과 완벽하게 대조를 이룬다(10절).

4 내 자녀들 원어에서는 *내*라는 말이 강조되어 있다. 요한은 그의 영적 자녀가 믿음 안에서 올바로 처신하는 것을 기뻐했다. 진리(믿음) 안에서 걷는(행하는) 사람은 언행이 일치한다. 이는 사람이 말로 고백하는 것과 실제 삶 사이에 분열이 없다는 것이다. 요한은 그들에게 아버지와 같은 강한 애정을 품고 있었다(참고. 고전 4:14-16; 살전 2:11; 3:1-10). **더 기쁜 일이 없도다** 가이오를 향한 요한의 애정은 특별히 가이오의 개인적 행실에서 비롯되었다(눅 6:46).

5 네가…행하는 것은 신실한 일이니 가이오의 믿음은 언제나 진실한 선행을 낳았다(약 2:14-17). **형제 곧 나그네 된 자들에게** 가이오의 환대는 아는 사람뿐만 아니라 알지 못하는 사람에게도 베풀어졌다. 이는 특별히 순회 전도자들을 가이오가 도운 일을 말한다.

6 그들이 교회 앞에서 너의 사랑을 증언하였느니라 가이오의 환대와 친절(순종과 함께, 3절)에 대한 평판은 그 지역의 교회들에 널리 알려져 있었다. **하나님께 합당하게** 참고. 골로새서 1:10; 데살로니가전서 2:12. 이 어구는 하나님이 사람을 대하시듯 사람을 대했다는 뜻을 가지고 있으며(마 10:40을 보라), 환대가 행해지는 방식

의 열쇠가 된다(마 25:40-45). **좋으리로다** 요한이 가이오의 환대를 계속해서 칭찬한 것은, 특별히 그 선행에 역행하여 고압적인 자세를 보인 디오드레베의 행동 때문이었다(10절).

7, 8 요한은 "하나님께 합당하게" 환대하는 일을 계속해야 할 근거를 제공한다. 첫째, 순수한 동기를 가진 사람에게 환대를 베풀어야 한다. 이 순회 전도자들은 "주의 이름을 위하여" 나아갔기 때문이다(7절. 참고. 롬 1:5). 그들은 자신이 아닌 하나님의 영광을 위해 사역하고 있었음이 분명하다. 둘째, 돈을 위해 사역에 종사하지 않는 사람은 맞아들여 접대해야 한다. 이 전도자들이 "이방인에게 아무 것도 받지 아니"하므로(7절), 교회가 그들을 지원하는 유일한 지원군이다. 그들에게는 탐욕이 없다(고후 2:17; 딤전 5:17, 18). 셋째, 그들을 접대하는 사람은 그 접대를 받는 사람의 사역에 참여하는 것이다(8절). 8절이 참 교사들을 맞아들여 접대해야 하는 이유로 제시한 것은 요한이서 10절이 거짓 교사들에 대한 접대를 막는 이유와 같다. 즉 어떤 사람을 접대하는 사람은 그 접대받는 사람의 행위에(그것이 좋든 나쁘든) 참여한다는 것이다.

기독교적 환대를 베풀지 않은 것에 대한 정죄 (9-11절)

9 내가…교회에 썼으나 요한은 이전에도 그 교회에 편지를 썼던 것으로 보인다. 나그네를 접대하는 문제를 다룬 그 편지는 소실되었다. 디오드레베가 요한의 권위를 부인했으므로 그 편지를 교회에 읽어주지 않았을 것이다(참고. 9, 10절). **으뜸되기를 좋아하는 디오드레베** 이 서신의 두 번째 부분에서 요한은 말씀의 신실한 목사들을 환대해야 한다는 규칙을 어긴 사실을 정죄한다. *으뜸되기*는 '첫째가 되기를 갈망하다'는 뜻을 가지고 있다. 이 단어는 이기적이고 자기중심적이며 자기를 추구하는 사람을 가리킨다. 이는 자기 향상을 위한 선동, 곧 아무도 섬기지 않고 오직 자기만을 섬긴다는 것을 암시한다. 디오드레베의 행동은 교회에서 섬기는 지도자에 대한 예수와 신약성경의 가르침에 정반대되는 것이었다(참고. 마 20:20-28; 빌 2:5-11; 딤전 3:3; 벧전 5:3). **우리를 맞아들이지 아니하니** 디오드레베는 하나님의 종들에게 베풀어야 하는 친절과 접대의 정반대 모델이 되었다. 심지어 그는 지역 교회에 대한 요한의 사도적 권위를 부인했고, 그 결과 그 권위를 통해 오는 하나님의 계시를 부인했다. 그는 교회 내에서 요한을 통한 그리스도의 통치를 축출하려고 했다. 디오드레베의 성품은 기꺼이 환대한 가이오의 부드럽고 사랑 많은 성품과 정반대였다.

10 내가 가면 그 행한 일을 잊지 아니하리라 요한은 사도적 권위로 디오드레베의 행위에 책임을 지도록 하겠다는 뜻이다. 사도는 그가 교회에서 그리스도의 자리를 찬탈하는 것을 묵과하지 않았다.

10절은 디오드레베가 네 가지 일에서 잘못이 있었음을 말한다. 첫째, "우리를 비방하고"다. *비방하다*는 '떠벌리다'는 뜻으로 무익하고 공허한 재잘거림을 말한다(즉 말도 안 되는 소리를 하는). 요한에 대한 이런 비난은 정당화될 수 없었다. 둘째, "악한 말로"다. 디오드레베는 거짓으로 고발했고 그 내용이 악하기까지 했다. 셋째, "형제들을 맞아들이지도 아니하고"다. 그는 요한을 중상모략했을 뿐 아니라 다른 신자들까지 무시했다. 넷째, "맞아들이고자 하는 자를 금하여 교회에서 내쫓는도다". 원어의 뜻에 따르면 디오드레베는 자신의 권위에 저항하는 사람들을 출교시키기까지 했다. **형제들을 맞아들이지도 아니하고** 요한의 권위를 수용하는 것은(9절) 여행하는 전도자들을 맞아들이는 것과 마찬가지로 디오드레베가 갈망하는 권위에 직접적인 위협이 되었던 것이다.

11 악한 것을 본받지 말고 선한 것을 본받으라 이 절은 12절의 데메드리오를 칭찬하기 위한 서문의 시작이다. 가이오는 자신의 행동을 위한 올바른 역할 모델로 데메드리오를 따라야 했다. **선을 행하는 자는 하나님께 속하고 악을 행하는 자는 하나님을 뵈옵지 못하였느니라** 요한의 이 진술은 디오드레베의 행동이 그가 그리스도인이 아님을 증명했다는 뜻이다. 이는 도덕 시험(*요일 5:2, 3에 대한 설명을 보라*)의 실제적인 적용이다.

기독교적 환대에 대한 맺음말 (12-14절)

12 데메드리오 가이오와 마찬가지로 데메드리오도 로마에서 흔한 이름이었다(행 19:24, 38). 이 서신 이외에는 그의 이름에 대해 알려진 바가 없다. 그가 이 서신을 전달했을 것으로 보이며, 이는 가이오에게 그를 칭찬하는 계기가 되었을 것이다. **뭇 사람에게도…증거를 받았으매** 가이오와 마찬가지로 데메드리오도 그 지역에서 널리 알려진 인물이었다. **진리에게서도** 데메드리오는 무엇보다 하나님 말씀의 진리를 그의 삶 속에서 실천해 훌륭한 역할 모델이 되었던 것으로 보인다.

13, 14 먹과 붓…대면하여 *요한이서 12절에 대한 설명을 보라.*

연구를 위한 자료

D. Edmond Hiebert, *The Epistles of John* (Greenville, S.C.: Bob Jones University, 1991).

Colin G. Kruse, *The Letters of John* (Grand Rapids: Eerdmans, 2000).

John MacArthur, *1, 2, and 3 John* (Chicago: Moody, 2007).

「사도 요한(*Saint John the Evangelist*)」 1624-1629년. 도메니코 잠피에리. 캔버스에 유화. 259X199.4cm. 런던 국립미술관, 런던.

제 목

히브리어로는 '유다', 헬라어로는 '유다스'라고 번역되는 유다서는 저자의 이름으로 불린다(1절). 그는 아버지가 다른 그리스도의 네 형제 가운데 한 명이었다(마 13:55; 막 6:3). 신약성경에서 네 번째로 짧은 서신인(빌레몬서와 요한이서, 요한삼서가 더 짧음) 유다서는 여덟 편의 공동 서신 중 마지막 서신이다. 유다서는 구약성경을 직접 인용하지는 않지만 분명히 암시하는 곳이 적어도 아홉 곳이나 된다. 그 배경으로 보면 이 '서신 형태의 설교'는 '배교자행전'이라고 불릴 수 있다.

저자와 저작 연대

팔레스타인에서 유다는 흔한 이름이었지만(신약성경에 이 이름으로 적어도 여덟 명이 등장함), 유다서의 저자는 일반적으로 아버지가 다른 그리스도의 형제인 유다로 인정되어 왔다. 그는 야고보의 아들인 사도 유다와 구별되어야 한다(눅 6:16; 행 1:13). 몇 가지의 추론은 다음과 같은 결론으로 이끈다. 첫째, 유다가 예루살렘 공의회의 지도자였고 예수와 아버지가 다른 "야고보의 형제"라고(1절. 참고. 갈 1:19) 주장한다는 사실이다(행 15장). 둘째, 유다의 상황이 야고보와 유사하다는 점이다(참고. 약 1:1). 셋째, 유다가 자신을 사도로 밝히지 않고(1절) 그 자신과 사도들을 구별한다는 점이다(17절).

유다가 다루는 교리적·도덕적 배교(4-18절)가 베드로후서의 그것(2:1-3:4)과 병행을 이루며, 다음과 같은 몇 가지 이유로 베드로의 글이 유다의 글보다 이른 시기에 쓰인 것으로 보인다. 첫째, 베드로후서는 거짓 교사들이 올 것을 예상하고 있지만(벧후 2:1, 2; 3:3) 유다서는 그들이 도래한 것을 다룬다(4, 11, 12, 17, 18절). 둘째, 유다는 베드로후서 3:3을 직접 인용하면서 그것이 사도로부터 온 것임을 인정한다(17, 18절). 유다가 주후 70년 예루살렘 멸망을 언급하지 않아서 유다서가 베드로후서(주후 68-70년경) 다음에 쓰인 것이 거의 분명하지만, 예루살렘 멸망 이전에 기록된 것도 거의 확실하다.

「알렉산드리아 사본(Codex Alexandrinus)」의 유다서에서 맨 끝장(Colophon). 주후 400-440년경 제작되었다.

유다가 다른 형제들과 그들의 아내들과 함께 선교여행을 다니긴 했지만(고전 9:5), 이 서신은 예루살렘에서 쓴 것이 확실하다. 이 서신의 수신자들이 정확하게 누구인지는 알 수 없지만, 유다의 예화에 비춰볼 때 유대인으로 보인다. 그는 최근에 거짓 교사들 때문에 고통당하고 있는 지역에 이 편지를 썼을 것이다.

유다는 처음에 예수가 메시아이심을 인정하지 않았지만(요 7:1-9), 아버지가 다른 예수 형제들과 마찬가지로 그리스도의 부활 후에 회심했다(행 1:14). 그가 예수와 맺고 있는 관계와 부활하신 그리스도의 목격자로서 얻게 된 지식, 이 서신의 내용 때문에 유다서는 영감받은 것으로 간주되어 무라토리안 정경에 포함되었다(주후 170년). 이 서신의 정경성에 대한 초기의 의문점들도 이 서신이 베드로후서 다음에 기록되었다는 결론을 지지하는 것으로 보인다. 만일 베드로가 유다서를 인용했다면, 베드로가 유다서를 사도적 권위가 있는 것으로 인정한 결과가 되므로, 유다서의 정경성에 대한 아무런 의문이 없었을 것이다. 로마의 클레멘스(주후 96년경)와 알렉산드리아의 클레멘스(주후 200년경)도 유다서의 진정성을 암시했다. 유다서가 짧고, 유다가 영감받지 않은 글들을 인용한 까닭에 유다서의 정경성에 대한 그릇된 의문이 제기되었던 것이다.

배경과 무대

유다가 살던 시기는 기독교가 로마로부터 가혹한 정치적 공격을 당하고 있을 때였다. 또한 엄청난 교리적 오류를 일으키기에 충분한 씨를 심었던 영지주의자와 유사한 배교자들, 윤리적 방임주의자들이 공격적인 영적 침투를 일삼았다. 이들은 사도 요한이 25년 후 그의 서신에서 싸워야 했던 만개한 영지주의의 전조였을 수도 있다. 그 세기의 마지막까지 살았던 요한 이외의 다른 모든 사도는 이미 순교했고 기독교는 열악한 상황에 처해 있었을 것으로 보인다. 그래서 유다는 교회에게 극렬한 영적 전투의 한가운데서 진리를 위해 싸울 것을 요청했다.

역사적 · 신학적 주제

유다서는 참된 성경적 신앙으로부터 떠났다는 의미의 '배교자'에 대항하는 일에 집중한 유일한 신약성경의 책이다(3, 17절). 배교자는 데살로니가후서 2:10; 히브리서 10:29; 베드로후서 2:1-22; 요한일서 2:18-23 등 다른 곳에서도 묘사된다. 유다는 배교자를 정죄하면서 신자에게 신앙을 위하여 싸울 것을 촉구하려고 이 서신을 썼다. 그는 교회에게 분별력과 성경적 진리에 대한 끈질긴 변호를 요구했다. 그는 그리스도(마 7:15 이하; 16:6-12; 24:11 이하; 계 2; 3장)와 바울(행 20:29, 30; 딤전 4:1; 딤후 3:1-5; 4:3, 4), 베드로(벧후 2:1, 2; 3:3, 4), 요한(요일 4:1-6; 요이 6-11절)의 모범을 따랐다.

유다서는 구약에서 인용한 예화로 가득한데, 그중에는 다음과 같은 것이 있다. 출애굽(5절), 사탄의 반역(6절), 소돔과 고모라(7절), 모세의 죽음(9절), 가인(11절), 발람(11절), 고라(11절), 에녹(14, 15절), 아담(14절)이다. 또한 유다는 배교자들의 특징과 터무니없는 행동을 생생하게 묘사했으며(4, 8, 10, 16, 18, 19절), 배교자들의 가르침이 헛된 것임을 예증하기 위해 자연을 예화로 들었다(12, 13절). 유다는 배교자들의 거짓 가르침의 구체적 내용을 언급하지는 않았지만, 그들의 타락한 개인적 삶과 열매 없는 사역이 오류를 진리인 것처럼 가르치려는 그들의 시도를 드러내기에 충분했다. 성품에 대한 이런 강조는 거짓 교사들에 대한 항시적인 주제, 곧 그들의 개인적 부패를 반복해서 지적한다. 그들의 가르침은 영리하고 은밀하며 교묘하고 매혹적이며 다양한 형태로 전해지는데, 그들을 인식할 수 있는 일반적인 방법은 그들의 거짓된 영적 표면 뒤에 자리한 사악한 삶을 들여다보는 것이다(벧후 2:10, 12, 18, 19).

해석상의 과제

여기서는 교리적인 문제가 다뤄지지 않으므로 이 서신의 도전거리는 본문의 의미를 파악하는 일반적인 과정인 해석과 관련이 있다. 유다는 자신의 요점을 지지하기 위해 에녹1서(14절)와 모세의 승천(9절) 등 외경, 위경(즉 서신이 주장하는 저자와 실제 저자가 다른 글) 자료를 인용한다. 그렇다면 그것이 과연 받아들여질 수 있었을까? 유다는 성령의 영감으로 글을 썼으며(딤후 3:16; 벧후 1:20, 21) 그 주장이 정확하고 참된 자료만을 포함했기 때문에 바울과 다르지 않았다(참고. 행 17:28; 고전 15:33; 딛 1:12).

유다서 개요

I. 유다의 소원(1, 2절)
II. 배교자에 대한 선전포고(3, 4절)
III. 배교자에게 임할 저주(5-7절)
IV. 배교자에 대한 질타(8-16절)
V. 배교자에 대한 항변(17-23절)
VI. 유다의 송영(24, 25절)

유다의 소원 (1, 2절)

1 **종** 십자가 사건과 부활 이전에 유다는 예수가 메시아이심을 부인했지만(마 13:55; 막 6:3; 요 7:5), 후일 그리스도의 주 되심에 복종한 뒤에는 겸손하게 자신을 그리스도의 종이라고 인정했다. **야고보의 형제** 야고보는 예루살렘 교회의 잘 알려진 지도자였으며(행 12:17; 15:13; 21:18; 갈 2:9) 그의 이름으로 지칭되는 서신의 저자였다. **유다** 서론의 저자와 저작 연대를 보라. **부르심을 받은** 서신에서 항상 그러하듯 이것은 구원으로의 일반적인 초청이 아니라 구원으로 부르시는 하나님의 거절할 수 없는 유효한 부르심을 가리킨다(참고. 롬 1:7; 고전 1:23, 24; 살전 5:24; 살후 2:13, 14). 이 부르심에 따른 결과는 다음과 같다. 그리스도와의 교제(고전 1:9), 평강(고전 7:15), 자유(갈 5:13), 합당한 생활(엡 4:1), 소망(엡 4:4), 거룩(벧전 1:15), 복(벧전 3:9), 영원한 영광(벧전 5:10)이다. 참고. 4절의 "우리 하나님의 은혜". **사랑을 얻고** 참고. 요한복음 13:1; 14:23; 16:27; 17:20, 23; 로마서 5:8; 요한일서 3:1. 이 구절들은 그리스도 안에서 하나님이 신자에게 베푸시는 무조건적이고 끝이 없는 사랑의 개념을 진전시킨다. 신자가 "거룩하게 된 것", 즉 회심의 변화를 통해 죄에서 분리되어 하나님께 속하게 된 것은 이 사랑 때문임이 확실하다. **하나님 아버지** 구원 계획과 그것의 성취는 하나님으로 말미암은 것이다. 이 하나님은 모든 존재하는 것의 창조와 기원이라는 의미에서 아버지일 뿐 아니라 "우리 구주 하나님"이기도 하다(25절. 참고. 딤전 2:4; 딛 1:3; 2:10; 3:4). *디모데전서 4:10에 대한 설명을 보라.* **지키심을 받은** *24절에 대한 설명을 보라.* 하나님은 구원을 시작하실 뿐 아니라 그리스도를 통해 구원을 완성시키신다. 그래서 신자가 영원한 생명을 얻도록 안전하게 지켜주신다(참고. 요 6:37-44; 10:28-30; 17:11, 15; 롬 8:31-39; 딤후 4:18; 히 7:25; 9:24; 벧전 1:3-5).

2 **긍휼과 평강과 사랑** "긍휼과 평강"은 유대교의 일반적인 인사였다. 이 인사에 기독교적인 특징을 드러내게 하려고 "사랑"을 덧붙였다. 신약성경 가운데 오직 여기서만 이 세 가지가 이처럼 밀접하게 다 함께 묶여 있다. 율법과 행위가 힘을 얻는 곳에는 실패와 죽음이 있다. 은혜가 힘을 얻는 곳에는 긍휼(엡 2:4; 히 4:16)과 평강(롬 5:1), 사랑(롬 5:5)이 넘친다.

배교자에 대한 선전포고 (3, 4절)

3 **사랑하는 자들아** 참고. 17, 20절. **성도에게 단번에 주신** 하나님의 계시는 성경의 완성과 함께 단번에 하나의 단위로 주어졌으며, 삭제나 첨가 작업으로 편집되어선 안 된다(참고. 신 4:2; 12:32; 잠 30:6; 계 22:18, 19). 성경은 완전하고 충분하게 완성되었다. 그러므로 모든 시대를 위해 확고하게 정해졌다. 영감받은 말씀의 체계에 아무것도 덧붙이지 말아야 한다(*딤후 3:16, 17; 벧후 1:19-21에 대한 설명을 보라*). 이는 더 이상 필요한 것이 없기 때문이다. 신자의 책임은 어떻게 성경을 연구하고(딤후 2:15), 말씀을 전파하며(딤후 4:2), 그것을 유지하기 위해 싸우느냐 하는 것이다. **성도** 신자는 죄에서 분리되어 하나님께 속하게 되었으므로 거룩한 신분을 가진다. *고린도전서 1:2에 대한 설명을 보라.* **믿음의 도** 이것은 성경에 포함된, 계시된 구원의 진리에 대한 전체 내용이다(참고. 갈 1:23; 엡 4:5, 13; 빌 1:27; 딤전 4:1). 참고. 20절. 여기에 건전한 교리를 알고(엡 4:14; 골 3:16; 벧전 2:2; 요일 2:12-14), 진리와 오류를 구분하는 분별력을 가지며(살전 5:20-22), 오류에 맞서서 공격할 준비를 갖추라는 부르심이 있다(*고후 10:3-5; 빌 1:7, 27; 딤전 1:18; 6:12; 딤후 1:13; 4:7, 8; 딛 1:13에 대한 설명을 보라*). **힘써 싸우라** 유다의 수신인의 구원은 위험한 상태에 있지 않았지만, 거짓 복음을 가르치고 그대로 행하는 거짓 교사들이 참된 복음을 들어야 하는 사람들을 오도하고 있었다. 유다는 그리스도인에게 이 긴급한 명령을 내려 거룩한 보물을 지키는 성스러운 임무를 받은 군사처럼(참고. 딤전 6:12; 딤후 4:7) 모든 형태의 오류에 대하여 전쟁을 시작하고 진리를 위한 싸움을 행하라고 한 것이다. **할 필요를 느꼈노니** 참고. 고린도전서 9:16. 이 절은 유다가 모든 신자가 누리는 공통의 복인 구원에 대한 서신을 쓰고자 했음을 보여준다. 신자 사이의 하나 됨과 교제를 강조하고, 하나님은 사람을 차별하지 않으신다는 것을 상기시키기 위해서일 것이다. 그러나 그 대신 유다는 배교한 교사들이 왔기 때문에 진리를 위한 싸움을 벌이라는 요구를 하지 않을 수 없게 되었다.

4 **가만히 들어온 사람 몇** 이들은 몰래 침투한 사람들로 참 교사를 가장한 거짓 교사들이며, 외면적으로는 진짜처럼 보이지만 내면의 의도는 하나님의 백성을 오도하는 것이었다(참고. 마 7:15; 행 20:29; 갈 2:4, 5; 딤전 4:1-3; 벧후 2:1, 20; 요일 2:18-23). 이 배교자들은 사탄의 사기꾼들로 순회 전도자로 가장했을 것이 거의 확실하다(참고. 고후 11:13-15; 벧후 2:1-3; 요이 7-11절). 그들은 이런 은밀함 때문에 위험했다. 그들의 세 가지 특징은 다

음과 같다. 첫째, 그들은 경건하지 않았다. 둘째, 그들은 은혜를 왜곡했다. 셋째, 그들은 그리스도를 부인했다. **옛적부터…미리 기록된** 배교와 배교자는 일반적으로 수세기 전에 기록되어 정죄되었다. 그 예가 5-7절이며, 또한 14-16절에서 에녹이 말한 것과 같다. 참고. 이사야 8:19-21; 47:9-15; 호세아 9:9; 스바냐 3:1-8. 그들의 멸망은 후에 올 모든 사람에 대한 경고로 성경에 미리 기록되었다. 예수는 마태복음 7:15-20에서 그들에 대해 경고하셨다(참고. 행 20:29). 가장 최근의 경고는 베드로후서 2:3, 17; 3:7이었다. **이 판결** 이 말은 다른 사람들이 "옛적부터" 말한 심판을 가리킨다. 유다가 지금 배교자들을 폭로함으로써 그들은 이전에 기록된 것과 똑같은 하나님의 심판의 길에 놓이게 된다. **경건하지 아니하여** 문자적으로 '불경건한' '예배가 없는'이라는 뜻이다. 거짓 교사들이 하나님을 경외하지 않는다는 사실은 그들이 하나님의 교회에 침투하여 교회를 부패하도록 만들고 사람들로부터 이익을 얻으려 한다는 사실을 통해 증명된다. 참고. 15, 16, 18, 19절. **방탕한 것** 문자적으로 '억제되지 않은 악덕' '기괴한 부도덕'이라는 뜻이다. 하나님의 은혜를 받았다고 주장하면서도 통제되지 않고 노골적인 부도덕에 탐닉하는 사람들의 파렴치한 생활방식을 묘사한다(참고. 롬 6:15). **주재…주 예수 그리스도를 부인하는** 주님을 가리키는 두 단어가 나온다. 배교자들은 그들의 사악한 행위로 말미암아 그리스도가 주권적인 주님(*데스포테스despotes*)인 것을 부인했고, 어떤 방식으로든 그리스도를 높으신 주님으로(*퀴리오스kurios*) 인정하는 것을 멸시했다. 권위 있는 신약성경 사본은 본문에 "하나님"이라는 단어가 없으며, 주 예수 그리스도를 분명하게 강조하고, 배교자들이 그리스도를 부인한다는 것을 부각시켰다. *베드로후서 2:1에 대한 설명을 보라.* 참고. 마태복음 10:33; 디모데후서 2:12; 디도서 1:16; 요한일서 2:22, 23. 배교자들과 거짓 교사들, 거짓 종교들은 언제나 주 예수 그리스도에 대하여 성경이 참이라고 선언하는 것을 곡해한다.

배교자에게 임할 저주 (5-7절)

5-7 유다는 구약성경에서 널리 알려진 세 가지 배교 행위를 제공하여 4절에 선언된 대로 그들에게 임할 저주를 상기시켰다(5절).

5 구원하여 내시고…멸하셨으며 참고. 히브리서 3:16-19. 하나님은 이스라엘 백성을 기적적으로 애굽의 속박에서 구해내셨으나(출 12:51; 신 4:34), 그들은 약속의 땅으로 끌어들이신 하나님을 불신하고 의심하며 배척하는 반응으로 일관했고(민 13:25-14:4), 심지어 하나님을 높이는 대신 그분에 대해 불평할 뿐 아니라 자기들이 만든 우상을 경배하기까지 했다(출 16:7-12; 고전 10:10, 11). 그 배교한 세대는 38년간 광야를 방황하다가 죽었다(민 14:22-30, 35).

6 지키지 아니하고…천사들 타락한 천사들의 이 배교는 창세기 6:1-3에 여인들과 동거한 남자들을 사로잡은 모습으로 묘사된다. *베드로후서 2:4에 대한 설명을 보라.* 7절에서 소돔과 고모라로 넘어간 것은 동성애 죄악과 이 천사들이 창세기 6장에서 한 일 사이에 유사성이 있음을 지적한다. **큰 날의 심판** 이 말은 모든 귀신과 사탄(마 25:41; 계 20:10), 모든 불경건한 자(계 20:15)가 그들을 위해 예비된 "불못"에 감금되는 최후의 심판을 가리킨다.

7 소돔과 고모라 *베드로후서 2:6-10에 대한 설명을 보라.* 사해의 남동쪽 모서리에 위치한 이 성읍들의 멸망은 아브라함과 롯 시대에 하나님이 심판으로 임하신 실례로, 성경에 20번 이상 사용되고 있다(참고. 창 18:22-19:29). 이 멸망은 그들의 배교 때문이다. 이 일은 홍수 후 약 450년이 지난 때의 일로, 노아의 아들인 셈(창 11:10, 11)이 아직 살아 있을 때였다. 이 일은 노아가 죽은 지 겨우 100년 후에 일어난 일이었으므로(창 9:28),

배교자의 프로필

1. 경건하지 아니한 자(4절)
2. 도덕적으로 타락한 자(4절)
3. 그리스도를 부인하는 자(4절)
4. 육체를 더럽히는 자(8절)
5. 반항적인 자(8절)
6. 거룩한 천사들에게 욕하는 자(8절)
7. 꿈꾸는 자(10절)
8. 무지한 자(10절)
9. 부패한 자(10절)
10. 원망하는 자(16절)
11. 불만을 토하는 자(16절)
12. 이익을 추구하는 자(16절)
13. 자랑하는 말을 하는 자(16절)
14. 아첨하는 자(16절)
15. 조롱하는 자(18절)
16. 분열을 일으키는 자(19절)
17. 육신에 속한 자(19절)
18. 성령이 없는 자(19절)

사람들은 노아가 선포한 의와 심판의 메시지를 알았지만 그것을 거절했던 것이다. **그들과 같은 행동** 이것은 6절을 가리킨다. **음란하며 다른 육체를 따라 가다가** 이 말은 그 주민들의 정상적인 성적 욕구(창 19:8)와 동성애적 욕구(창 19:4, 5)를 모두 가리킨다. 참고. 레위기 18:22; 20:13; 로마서 1:27; 고린도전서 6:9; 디모데전서 1:10. 이 절들은 동성애에 대한 절대적인 심판을 가르친다. **영원한 불** 소돔과 고모라는 땅에 하나님의 불의 심판이 내리는 것을 예증하며(참고. 계 16:8, 9; 20:9), 이것은 영원한 지옥에서 결코 꺼지지 않을 불을 시연한 것에 불과하다(참고. 마 3:12; 18:8; 25:41; 막 9:43, 44, 46, 48; 눅 3:17; 계 19:20; 20:14, 15; 21:8).

배교자에 대한 질타 (8-16절)

8 **꿈꾸는 이 사람들** *베드로후서 2:10-12에 대한 설명을 보라.* 이 말은 환상과 감각의 혼란을 일으키는 혼란한 정신 상태나 비정상적인 상상을 가리킨다. 이 사람들의 마음은 하나님의 말씀에 무감각하므로, 미혹당하고 기만당한 사람은 진실과 진리에 눈과 귀가 멀어 사악한 도착적 행동에 미친 듯이 빠져든다. 이들은 그것이 하나님으로부터 온 꿈(환상)이라고 거짓되게 주장했을 것이다. *이 사람*들은 배교자들을 가리키는 말로 4번 나오며(10, 14, 16, 19절), 다음과 같은 세 가지 방식으로 특징지어진다. **육체를 더럽히며** 소돔과 고모라의 거민들과 유사하게(7절), 배교자들은 도덕적 억제력이 거의 없으며, 부도덕한 생활방식을 특징으로 한다(4절). 참고. 디도서 1:15; 히브리서 12:15; 베드로후서 2:10-19; 3:3. **권위를 업신여기며** 범죄한 천사들처럼(6절) 그리스도인을 위장한 이 사람들은 사회적·영적 모든 권위를 거부하며, 따라서 성경을 배격하고 그리스도를 부인한다(4절). **영광을 비방하는도다** 참고. 10절. 이 "영광"이 천사들을 가리킨다는 것을 9절의 예화가 지지해준다.

9 **천사장 미가엘** 하나님의 으뜸 천사로 특별히 이스라엘을 살피며(단 10:13, 21; 12:1) 거룩한 천사들을 이끈다(계 12:7). 성경의 다른 곳에서는 모세의 시체를 두고 벌어진 이 힘겨루기의 기록이 없다. 미가엘은 다니엘 10:13(*이 구절에 대한 설명을 보라*)에 기록된 것과 다른 경우에 그렇게 했듯이, 하나님의 명령을 수행하기 위해 사탄과 싸워야 했다. **모세의 시체** 모세는 약속된 땅에 들어가지 못하고 모압에 있는 느보산에서 죽었으며 사람이 알지 못하는 곳에 은밀히 매장되었다(신 34:5, 6). 이 싸움이 일어난 것은 사탄이 성경에 설명되지 않은 어떤 악마적 목적을 위해 모세의 시체를 사용하는 것을 방지하기 위해 미가엘이 모세를 매장할 때였을 것이다. 어쩌면 사탄이 모세의 시체를 이스라엘의 경배의 상징, 곧 우상으로 이용하려고 했을지도 모른다. 하지만 하나님은 미가엘을 보내어 모세의 시체가 확실히 매장되도록 하셨다. 이것은 모세의 승천이라는 위경 이야기에 나온다(서론에 나온 해석상의 과제를 보라). **마귀** 사탄의 다른 이름으로 '고발자' '비방자'라는 뜻이다(참고. 계 12:9, 10). **비방하는 판결** *베드로후서 2:11에 대한 설명을 보라.* 사탄과 같은 능력이 있는 천사를 직접 저주하는 대신에 미가엘은 스가랴 3:2에 나온 주의 천사의 모범을 따라 궁극적이고 주권적인 하나님의 능력에 그것을 맡겼다. 이것은 그리스도인이 사탄과 귀신들을 어떻게 대해야 하는지를 보여주는 최고의 예화다. 신자는 그들에게 직접 말하기보다는 주가 그들을 막는 능력으로 개입하실 것을 구해야 한다.

10 **무엇이든지** *베드로후서 2:12에 대한 설명을 보라.* 배교자들은 지적으로 교만하고, 사탄에 의해 눈이 멀었으며(고후 4:4), 영적 문제는 거듭나지 못한 그들의 이해력을 뛰어넘는 일이라는(고전 2:14) 점에서 그들은 영적으로 무지했다. **비방하는도다** 문자적으로 '모독하다'라는 뜻이다. 참고. 8절. 배교한 교사들은 자기들에게 능력과 권세가 있다는 생각에 뻔뻔하고 과감하며 자아도취에 빠져 자기들이 알지도 못하는 것에 대해 욕을 퍼붓는다. **멸망하느니라** 이것은 영적·도덕적 자기파멸을 말한다.

11 **화 있을진저** 배교자들에게 최종적인 영적 심판을 선언하면서 유다는 사도들의 모범(참고. 사 5:8-23)과 그리스도의 모범(참고. 마 23:13, 15, 16, 23, 25, 27, 29)을 따르고 있다. 모든 심판 가운데서 가장 엄한 심판(히 10:26)이 배교자들에게 내릴 것이다. 그들 역시 가인과 발람, 고라와 같은 길을 따라갔기 때문이다. **가인의 길** 가인은 제물에 대해서 하나님이 계시하신 뜻에 공개적으로 저항했다(*창 4:1-15에 대한 설명을 보라.* 참고. 히 11:4; 요일 3:12). **발람의 어그러진 길** 참고. 민수기 22-25장. *베드로후서 2:15에 대한 설명을 보라.* 경제적 이득을 위해 발람은 모압 왕 발락에게 이스라엘을 우상숭배와 부도덕과 타협하도록 유혹하여 하나님의 심판이 그 백성 위에 떨어지도록 할 계획을 세웠다(참고. 민 31:16; 계 2:14). **고라의 패역** *민수기 16:1-32에 대한 설명을 보라.* 고라와 250명의 이스라엘 지도자들은 자신의 뜻을 하나님과 그 백성에게 관철시키기 위해 하나님이 지명하신 모세와 아론의 지도직을 배척했다. 배교자들이 고라와 같은 하나님의 심판을 당할 것이라는 데 의심의 여지가 없다.

12, 13 *베드로후서 2:13-17에 대한 설명을 보라.*

12 애찬에 암초요 *베드로후서 2:13에 대한 설명을 보라. 암초*는 '감춰진 바위' '암초' '얼룩'으로 해석될 수 있다. 이 배교자들은 교회의 옷에 묻은 더러운 얼룩, 오물이다. 또는 하나님이 교회에게 원하시는 부드러운 항해를 자기들의 존재를 통해 잠재적 파선 상태로 바꾸려고 한다는 뜻이다. *애찬*은 초대 교회가 함께 모여 떡과 포도주를 나눈 뒤 함께 음식을 나누는 일이었다(참고. 고전 11:20-30). **물 없는 구름** *베드로후서 2:17에 대한 설명을 보라.* 배교자들은 영적인 생명을 약속하고, 비의 소망을 주지만 실제로는 메마름과 죽음 이외의 아무것도 가져다주지 않는 물 없는 구름과 같다(참고. 잠 25:14). 그들은 사람들을 지옥으로 인도하고 거짓 복음을 전파한다. **열매 없는 가을 나무** 배교자들은 자기들이 영적 잔치를 벌인다고 주장하지만 실제로는 가뭄만을 가져다준다(참고. 눅 13:6-9). 이중으로 죽은 나무는 결코 열매를 내지 못하며, 그들이 무슨 말을 하든 뿌리가 뽑혔으므로 열매가 없을 것이다. 참고. 마태복음 7:17-20.

13 거친 물결 배교자들은 능력 있는 사역을 약속하지만 거친 황폐함을 일으키는 자들이요 무가치한 수치의 일꾼임이 금방 폭로될 것이다(참고. 사 57:20). **유리하는 별들** 이것은 통제할 수 없는 순간에 찬란한 빛을 내고 사라져 아무것도 남기지 않는 유성을 가리키는 말일 것이다. 배교자들은 영구적인 영적 지도를 약속하지만 짧고 정처 없으며 쓸모없는 순간의 빛을 낼 뿐이다.

14 에녹 창세기 5:1-24; 역대상 1:1-3의 족보에 따르면 에녹은 아담의 계보에서 7대 손이었다. 에녹이 "하나님과 동행"했기 때문에 죽음을 보지 않고 바로 하늘로 들림을 받았다(참고. 창 5:24; 히 11:5). **이 사람들에 대하여도 예언하여 이르되** *4절에 대한 설명을 보라.* 이 정보의 근원은 유다에게 영감을 주신 성령이시다. 이 일이 성경 이외의 위경서인 에녹에 기록되었다는 사실이 그것의 정확성에 영향을 주지 않는다. 서론에 나온 해석상의 과제를 보라. **보라 주께서…거룩한 자** 에녹은 홍수 전에 그리스도의 심판의 재림에 대해 예언했다(참고. 살전 3:13). *거룩한 자*는 천사를 가리킬 수도 있고 신자를 가리킬 수도 있다. 천사들(마 24:31; 25:31; 막 8:38; 살후 1:7)과 신자들(골 3:4; 살전 3:13; 계 19:14)이 그리스도와 함께할 것이므로 이 말은 양자를 모두 가리킬 수 있다(참고. 슥 14:5). 그러나 15절에 언급한 심판의 초점이 천사를 선호하는 것으로 보인다. 이는 천사들이 심판의 장면에 자주 보이기 때문이다. 주가 지상 왕국에서 다스리시는 동안에는 신자가 심판하는 역할을 수행하고(*고전 6:2에 대한 설명을 보라*) 그리스도가 심판을 위해 다시 오실 때(계 19:14)에는 천사들이 하나님의 심판을 실행할 것이다(마 13:39-41, 49, 50; 24:29-31; 25:31; 살후 1:7-10을 보라).

15 심판하사 이 판결은 영원한 지옥이 될 것이다(계 20:11-15을 보라). 참고. 마태복음 5:22; 7:19; 8:12; 10:28; 13:40-42; 25:41, 46. **경건하지 않은** *4절에 대한 설명을 보라.* 배교자를 묘사하는 이 어구는(참고. 4, 18절) 그들의 핵심적 불법, 곧 하나님을 두려워함이 없다는 점을 밝힌다. 베드로후서 2:5, 6; 3:7에서 베드로가 이 어구를 사용하는 것을 보라. 바로 그런 것들을 위해 그리스도가 죽으신 것이다(롬 5:6).

16 원망하는 자 *5절에 대한 설명을 보라.* 신약성경 중에서도 여기서만 나오는 이 단어는 70인역에서 이스라엘이 하나님께 불평하는 것을 묘사하는 단어로 사용되고 있다(출 16:7-9; 민 14:27, 29; 고전 10:10). **불만을 토하는 자** 문자적으로 '잘못을 지적하다'라는 뜻이다. 그들은 이스라엘과 소돔, 타락한 천사들, 가인, 고라, 발람과 마찬가지로 하나님의 뜻과 길에 대한 불만을 토로했다(참고. 5-7, 11절). **그 정욕대로 행하는 자** *베드로후서 2:10, 18; 3:3에 대한 설명을 보라.* 이것은 보통 회심하지 않은 사람을 가리키는 데 사용된다(18절; 딤후 4:3). 배교자들은 특별히 자기만족을 위한 욕망에 휘둘린다. **그 입으로 자랑하는 말** *베드로후서 2:18에 대한 설명을 보라.* 그들은 자랑스럽고 교만하게, 심지어 장엄하게 말하지만 영적 가치가 전혀 없는 공허하고 생명 없는 말일 뿐이다. 그들의 메시지는 겉으로는 매력적이지만 하나님의 진리가 지닌 강력한 내용이 없다. **아첨하느니라** 그들은 자기들의 이익을 위해 청중에게 유익한 하나님의 진리를 선포하지 않고, 사람들이 듣기 좋은 소리만 해준다(참고. 딤후 4:3, 4). 참고. 시편 5:9; 12:2, 3; 잠언 26:28; 29:5; 로마서 3:13; 16:18.

배교자에 대한 항변 (17-23절)

17, 18 *베드로후서 3:1-3에 대한 설명을 보라.*

17 사도들이…한 말 사도들은 앞으로 올 세대에 배교자에 대해 경고함으로써 그들이 그런 사태를 갑자기 당하지 않도록 준비시켰다(참고. 행 20:28-31; 딤전 4:1, 2; 딤후 3:1-5; 4:1-3; 벧후 2:1-3:4; 요일 2:18; 요이 7-11절). 하나님의 말씀에는 경고하여 보호하려는 계획이 들어 있다(행 20:31; 고전 4:14). 18절이 가리키듯 지속적으로 반복되는 경고가 있었다.

18 마지막 때 원래의 뜻은 현 시대 또는 역사의 끝이

다(참고. 딤후 3:1). 이 단어는 메시아의 초림부터 재림까지의 기간을 가리킨다(*딤후 3:1; 벧후 3:3; 요일 2:18에 대한 설명을 보라*). 이런 특징이 그리스도가 다시 오실 때까지 널리 퍼질 것이다. **경건하지 않은 정욕대로 행하며** *16절에 대한 설명을 보라*. **조롱하는 자들** *베드로후서 3:3에 대한 설명을 보라*. 이들은 하나님의 미래 계획을 조소하는 자들로, 진리를 아는 체하지만 심판이 언제든 온다는 것을 부인한다.

19 분열을 일으키는 그들은 교회를 연합시키기보다는 분열시킨다(참고. 엡 4:4-6; 빌 2:2). **육에 속한 자** 배교한 교사들은 자신들의 영적 지식이 가장 높다고 광고하지만, 실제로 그들은 가장 저급한 수준의 삶에 이끌린다. 그들은 "육에 속해" 있지 "신령하지" 않다. 참고. 야고보서 3:15. **성령이 없는** 성령을 가지고 있지 않다는 것은 영적인 생명을 전혀 가지고 있지 못하다는 뜻이다(*롬 8:9; 고전 6:19, 20에 대한 설명을 보라*). 다른 말로 하면 불신자라는 뜻이다.

20 세우며 참된 신자들은 예수 그리스도 안에서 확실한 기초(고전 3:11)와 머릿돌(엡 2:20)을 가지고 있다. 기독교 신앙의 진리들(참고. 3절)이 사도들과 선지자들의 가르침 속에서 제공되어(엡 2:20) 그리스도인은 하나님의 말씀으로 스스로를 세워나갈 수 있다(행 20:32). **성령으로 기도하며** *에베소서 6:18에 대한 설명을 보라*. 이것은 어떤 광신적인 형태의 기도를 요구하는 것이 아니라 예수 그리스도의 이름으로 기도할 때 누구나 그러하듯 성령의 뜻과 능력 안에서 항상 기도하라는 것이다(참고. 롬 8:26, 27).

21 지키며 참고. 사도행전 13:43. 이 명령은 하나님이 그 뜻을 이루어가시지만(참고. 빌 2:13) 신자도 구원에 합당하게 사는 것으로(참고. 빌 2:12) 순종하고 신실해야 할 책임이 있음을 확실히 한다. 이것은 불순종하여 하나님의 징계를 초래하지 말고(참고. 고전 11:27-31; 히 12:5-11) 하나님의 사랑이 자녀들에게 부어지는 곳에 머무는 것을 의미한다. 이것은 하나님이 그리스도 안에서 신자를 주권적으로 보존하신다는 사실에 맞춰서 성도들이 견뎌 나가는 것을 가르친다(참고. 1절). 이것은 다음을 통해 성취된다. 첫째, 하나님의 말씀으로 자신을 세워감으로써 성취된다(20절). 둘째, 성령 안에서 기도함으로써 성취된다(20절). 셋째, 영원한 생명의 완성을 내다봄으로써 성취된다(21절). 성도의 견인과 관련된 논의는 마태복음 24:13*에 대한 설명을 보라*. **기다리라** 그리스도가 재림 때 최종적인 부활의 형태로 주실 영생을 열심히 고대하는 것이다(참고. 딛 2:13; 요일 3:1-3). 이는 그리스도의 의를 전가받은(참고. 2절) 사람에 대한 하나님의 자비가 최고로 드러나는 것이다. 바울은 이것을 "주의 나타나심을 사모함"(딤후 4:8)이라고 말하며, 요한은 그런 한결같은 기대감을 품은 사람은 자기를 깨끗케 한다고 썼다(요일 3:3).

22, 23 어떤 자 여러 텍스트가 존재하기 때문에 이 의미가 다음과 같이 두세 개의 다른 집단으로 귀결될 수 있다. 첫째, 동정을 받을 만한 진정한 회의자들이다(22절). 둘째, 불신앙 속에 더 깊이 빠져 있어 급히 불에서 건져내야 할 사람들이다(23절). 셋째, 불쌍히 여김을 받아야 하지만 훨씬 두려운 마음으로 다뤄져야 하는 배교의 제자들이다(23절, 권위 있는 사본에는 포함됨). 이렇게 해야 그들에게 복음을 전하려는 자들이 영적으로 더럽혀지지 않는다. 사본상의 증거와 유다가 세 벌을 한 세트로 글을 쓰는 패턴에 비춰볼 때, 이 세 그룹을 염두에 두고 있을 가능성이 높다.

22 긍휼 배교한 교사들의 희생자들은 긍휼과 인내의 대상이 되어야 한다. 그들은 아직 그리스도와 영원한 생명에 대한 확고한 결론에 도달하지 못했으며, 따라서 진리 앞에서 흔들리는 회의자의 상태로 있기 때문이다.

23 어떤 자를…구원하라 배교자들이 가르친 오류에 빠진 사람들이 교묘한 거짓을 받아들인 결과로 지옥불에 들어가기 전에 당장 주목받을 필요가 있다(참고. 7절). **두려움으로** 이 세 번째 집단은(*22, 23절에 대한 설명을 보라*) 비록 배교자의 가르침에 완전히 오염되었지만 역시 자비가 필요하다. 이들에게는 더욱 두려워하는 마음으로 복음을 전해야 하는데, 이는 복음을 전하는 자가 오염되지 않도록 하기 위해서다. 더럽혀진 옷은 배교자들의 방탕한 생활을 그리며, 이런 생활은 좋은 의도를

유다서와 베드로후서의 병행 구절

유다서	베드로후서
3절	1:5
4절	2:1
6절	2:4
7절	2:6-10
8절	2:10
9절	2:11
10절	2:12
11절	2:15
12, 13절	2:13-17
16절	2:18
17, 18절	3:1-3

가진 복음 전도자들도 오염시킬 수 있다.

유다의 송영 (24, 25절)

24, 25 유다의 사랑스러운 축도(송영)는 신약성경에서 가장 장엄한 것들 가운데 하나다(참고. 롬 11:33-36; 16:25-27; 고후 13:14; 히 13:20, 21). 이 단락은 유다가 시작할 때 발전시키고자 했던 구원의 주제(참고. 3절)로 돌아가서 그리스도가 현재 배교가 성행한 상황에서 그들을 보호하실 것을 깨닫도록 용기를 북돋운다.

24 너희를 보호하사 거침이 없게 하시고 1절; 베드로전서 1:3-5에 대한 설명을 보라. 그리스도의 능력은 성실한 신자가 배교의 유혹에 빠지지 않도록 지켜 주실 것이다(참고. 욥 42:2; 시 37:23, 24; 121:3; 렘 32:17; 마 19:26; 눅 1:37; 요 6:39, 40, 44; 10:27-30; 엡 3:20). **흠이 없이…서게 하실** 참고. 고린도후서 11:2; 에베소서 5:27. 그리스도인은 믿음에 의한 칭의를 통해 전가된 그리스도의 의를 소유하고 있으며, 하늘에서 영원한 생명을 누릴 자격이 있는 자로 만들어졌다(*롬 8:31-39에 대한 설명을 보라*). **기쁨으로** 이 표현은 일차적으로 구주의 기쁨을 가리키지만(참고. 히 12:2) 신자의 기쁨도 포함한다(참고. 벧전 1:8). 기쁨은 천국의 주요 특징이다(마 25:23을 보라). **하실 이** 이 표현은 하나님의 전능하심을 말한다. 참고. 창세기 18:14; 신명기 7:21; 사무엘상 14:6; 마태복음 19:26.

25 우리 구주 하나님 하나님은 본성적으로 구원하시는 하나님이다. 그분은 인간과 귀신이 고안해낸 까다롭고 무관심한 신이 아니다(*딤전 2:2; 4:10; 딤후 1:10; 딛 1:3; 2:10; 3:4; 벧후 1:1에 대한 설명을 보라*). **홀로 하나이신** 하나님의 지혜는 오직 그리스도를 통해서만 구현되며(참고. 고전 1:24, 30; 골 2:3), 인간이나 배교자 같은 집단을 통해서는 구현되지 않는다. **영광…권력** 땅에 있는 유다와 하늘에 있는 천사들과 성도들(계 4:10, 11; 5:12-14)이 이런 것들을 우리 하나님과 주 예수 그리스도께 돌린다.

연구를 위한 자료

D. Edmond Hiebert, *Second Peter and Jude* (Greenville, S.C.: Bob Jones University Press, 1989).

George L. Lawlor, *The Epistle of Jude* (Nutley, N.J.: Presbyterian and Reformed, 1972).

John MacArthur, *Second Peter and Jude* (Chicago: Moody, 2005).

「그리스도의 생애와 고난 이야기(*Stories of life and passion of Christ*)」 1513년. 가우덴초 페르라리. 프레스코화. 산타마리아 델라 그라치에 성당. 밀라노.

머 리 말

"예수 그리스도의 계시"는 그리스도로부터 오는 그리스도에 관한 계시다(1:1). 이는 구약이 암시만 하는 것을 요한계시록이 설명한다는 점에서 그 세부 내용이 무척 독특하다. 요한계시록이 초점을 맞추는 시기는 주로 미래다(1:19). 요한계시록은 세 부분으로 쉽게 구분될 수 있다. 그리스도의 영광(1장), 그리스도의 교회(2, 3장), 그리스도의 미래 계획(4-22장)이 그것이다. 어떤 의미로 보더라도 요한계시록은 성경의 대단원이며, 성경 계시의 *머릿돌*이며, 선지자와 사도들의 걸작이라고 말할 수 있다.

요한계시록은 지금까지 기록된 책들 가운데 가장 위대한 책이다. 다음과 같은 특징이 그것을 입증한다.

그리스도의 미래 계획이 연속적인 세 단계로 펼쳐진다. 첫째, 7년간 지속될 환난의 시기가 있을 것이다. 이것은 다니엘의 일곱 이레(단 9:26, 27), 요한계시록 6-18장에 언급된 야곱의 환난(렘 30:7)에 해당한다. 둘째, 이 환난의 기간은 요한계시록 19:1-20:6에 기록된 대로 그리스도가 재림하여 지상에 천년왕국을 세우시면서 끝난다. 셋째, 사탄과 역사 속에 존재했던 모든 불신자에 대한 최후 심판과 함께 시간에서 영원으로, 천년왕국에서 미래로 넘어가면서 요한계시록 20:7-22:21에 기록된 새 하늘과 새 땅이 시작된다.

매우 진정한 의미에서 성경은 시작했던 곳에서 끝난다. 창세기 3장에서 중도에 끊어졌던 것이 요한계시록 19-22장에서 새롭게 완성된다.

- 소망: 하늘에 대한 우리의 이해를 크게 확장시킨다(4, 5장).
- 기독교 변증: 재림과 구약이 예언한 왕국을 증명해 준다(6-20장).
- 하나님의 성품: 하나님의 주권과 능력, 거룩하심, 의에 초점을 맞춘다(1-22장).
- 그리스도: 그리스도의 아름다우심을 고양시킨다(1장).
- 보상: 그리스도인의 순종에 대한 복을 약속한다(1:3; 22:7).
- 복음 전도: 믿기를 거부하는 사람들에 대한 궁극적인 심판을 상기시킨다(6-20장).
- 교회 성장: 교회를 위해 그리스도가 세우신 기준을 보여준다(2, 3장).
- 예배: 하늘에서 완전한 예배가 어떻게 드려지는지를 계시한다(4, 5장).
- 그리스도인의 삶: 죄에 대한 하나님의 궁극적인 승리를 말하며, 이 세상에서 사는 동안 거룩한 삶을 살아야 한다는 하나님의 요구를 강조한다(19, 20장).
- 사탄을 폭로함: 마귀의 속임수와 최후의 패망에 대해 상세하게 경고한다(12, 20장).

1. 창세기는 사람의 시작을 훌륭한 낙원으로 묘사한다(창 1, 2장). 요한계시록은 영원한 미래의 놀라운 낙원을 그린다(계 21; 22).
2. 창세기는 최초로 사탄을 계시한다(창 3:1-5). 요한계시록은 사탄의 최후 멸망을 묘사한다(계 20:10).
3. 창세기는 사탄이 처음에 하나님의 말씀을 무너뜨리려고 시도한 것을 보여준다(3:1-5). 요한계시록은 그런 목적이 저주를 받았으며(계 22:18, 19) 새 예루살렘에서는 존재할 자리가 없음을 선언한다(계 22:15).
4. 창세기는 하나님께 사람이 최초로 불순종한 것을 기록한다(창 3:6, 7). 요한계시록은 완전한 순종이 있을 미래를 바라본다(계 21, 22장).
5. 창세기는 저주를 도입한다(3:15-19). 요한계시록은 저주가 거둬질 때를 바라본다(계 22:3).
6. 창세기는 사탄의 머리가 부숴질 것을 경고한다(창 3:15). 요한계시록은 그 일이 성취되었음을 증명한다(계 19:20-20:3).
7. 창세기는 사람이 어떻게 생명나무의 실과를 먹는 특권을 상실했는지 말한다(창 3:22-24). 요한계시록은 사람이 미래에 다시 한 번 생명나무의 열매를 먹을 것이라고 약속한다(계 22:2).
8. 창세기는 죄의 비극을 기록한다(창 3, 4장). 요한계시록

은 더 이상 슬픔이 없을 때를 바라본다(계 21:4).
9. 창세기는 최초의 살인, 일부다처, 반항을 기록한다(창 4장). 요한계시록은 모든 주민이 완전한 의를 지키며 살 곳을 가리킨다(계 21; 22장).
10. 창세기는 최초의 죽음을 보도한다(창 4:8). 요한계시록은 미래에는 죽는 일이 없을 것이라고 말한다(계 21:4).

성경에서 그리스도의 마지막 약속은 요한계시록 22:20상반절에서 나온다. "내가 진실로 속히 오리라." 이 약속에 대해 사도 요한과 그 이후의 모든 그리스도인은 "아멘 주 예수여 오시옵소서"라고 응답한다(계 22:20하).

「마지막 심판 모자이크(*The Last Judgment mosaic*)」, 14세기. 성 비투스 대성당. 프라하.

제 목

성경의 다른 책과 달리 요한계시록은 그 자체에 제목을 가지고 있다. 바로 "예수 그리스도의 계시"(1:1)다. 요한계시록(헬라어로는 *아포칼륍시스apokalupsis*)은 '덮개를 벗기다' '장막을 열다' '열다'라는 뜻이다. 신약성경에서 이 단어는 영적 진리를 드러내는 것(롬 16:25; 갈 1:12; 엡 1:17; 3:3), 하나님의 아들을 드러내 보여주는 것(롬 8:19), 그리스도의 성육신(눅 2:32), 재림 때 그리스도의 영광스러운 출현(살후 1:7; 벧전 1:7)을 묘사한다. 이 모든 용례에서 계시는 한때 감춰져 있다가 보이게 된 어떤 것 또는 어떤 사람을 가리킨다. 이 책이 계시하거나 드러내 보여주는 것은 영광 가운데 계신 예수 그리스도다. 성경의 나머지 부분이 암시만 했던 그리스도와 그의 최후 승리에 대한 진리가 예수 그리스도에 대한 계시를 통해 가시적으로 드러난다(역사적·신학적 주제를 보라). 성부 하나님이 이 계시를 예수 그리스도에게 주셨으며, 그것이 천사를 통해 요한에게 전달된다(1:1).

저 자 와 저 작 연 대

저자는 네 차례에 걸쳐 자신을 요한으로 밝힌다(1:1, 4, 9; 22:8). 초기 전승은 하나같이 이 요한을 제4복음서와 세 편의 서신을 기록한 요한과 동일시했다. 사도 요한이 저자임을 증언한 2세기의 인물들 가운데는 순교자 유스티누스, 이레나이우스, 알렉산드리아의 클레멘스, 테르툴리아누스가 있다. 이 책의 최초 독자 가운데 많은 사람이 순교자 유스티누스와 이레나이우스가 살아 있을 때 현존했다. 이 두 사람은 사도 요한의 저작권을 지지했다.

요한계시록과 요한의 다른 글들 사이에는 차이점이 있지만, 그 차이는 사소한 것으로, 한 사람이 모두 썼다는 것을 부정하는 근거가 되지 못한다. 실제로 요한계시록과 요한의 다른 글들 사이에는 놀라운 병행 요소가 있다. 오직 요한복음과 요한계시록만이 예수 그리스도를 말씀이라고 지칭한다(19:13; 요 1:1). 요한계시록(1:7)과 요한복음(19:37)은 스가랴 12:10을 70인역과 다르게 번역하는데, 둘 사이는 일치한다. 오직 요한계시록과 요한복음만 예수를 어린 양으로 묘사하고(5:6, 8; 요 1:29), 예수를 증인이라고 지칭한다(참고. 1:5; 요 5:31, 32).

요한계시록은 1세기의 마지막 십 년(주후 94-96년경), 도미티아누스 황제의 통치(주후 81-96년)가 거의 끝나갈 때 기록되었다. 어떤 사람은 저작 시기를 네로의 치세(주후 54-68년)로 잡지만, 그들의 주장은 설득력이 없으며 초대 교회의 견해와도 상충된다. 이레나이우스는 2세기에 쓴 그의 글에서 요한계시록이 도미티아누스 황제의 치세가 끝나갈 때 쓰였다고 선언했다. 알렉산드리아의 클레멘스, 오리게네스, 빅토리누스(가장 먼저 요한계시록의 주석을 쓴 사람 가운데 한 명), 에우세비오스, 히에로니무스 같은 후대의 저자들도 도미티아누스 시대로 잡는다.

일곱 교회의 영적 퇴보(2, 3장)도 후기 저작을 지지한다. 바울이 소아시아에서 사역하던 60년대 중반에는 그 교회들이 힘 있고 영적으로 건강했다. 바울이 그곳에서 사역하던 때와 네로 치세 마지막 사이는 그런 극적인 퇴보가 일어나기에는 너무 짧은 기간이다. 더 긴 기간으로 잡으면 니골라 당이라고 알려진 이단(2:6, 15)의 발흥을 잘 설명할 수 있다. 이 이단은 바울의 서신에 언급되지 않으며, 이 교회들 가운데 하나인 교회(에베소 교회)에서도 전혀 언급되지 않는다. 마지막으로 요한계시록의 연대를 네로가 치세하던 때로 잡으면 소아시아에서의 요한의 사역 기간이 너무 짧아서 관원들이 그를 귀양 보내야겠다고 결정을 내릴 만한 이유를 찾을 수 없다.

배 경 과 무 대

요한계시록은 요한의 이름과 함께 시작한다. 그는 생존해 있던 마지막 사도로서 노인이었으며, 밧모라는 작고 황량한 섬에 갇힌 상태였다. 그 섬은 에베소 남서쪽 에게해에 있었다. 그의 신실한 복음 전파 때문에 로마 당국자들이 그를 그 섬으로 추방한 것이다(1:9). 밧모에 있는 동안 요한은 세계의 미래 역사를 보여주는 일련의 환상을 받았다.

체포될 때 요한은 에베소와 주변 도시들의 교회에서 목회하고 있었다. 회중을 든든히 세울 길을 찾고자 했으나 더는 직접 그들을 섬길 수 없었으므로, 하나님의 명령에 따라(1:11) 그들에게 요한계시록을 썼다(1:4). 당시 교회들은 박해에 따른 위기감을 느끼기 시작했다. 최소 한 사람(아마 목사였을 것임)이 이미 순교했고(2:13), 요한 자신은 고립되어 지내야 했다. 이제 박해의 폭풍이 사도가 그토록 사랑하는 일곱 교회에 큰 파괴력으로 몰아칠 것이다(2:10). 요한계시록은 그 교회들에게 희망의 메시지를 전하고자 한다. 하나님은 인간 역사에서 발생하는 모든 사건을 주권적으로 통제하시며, 때로 악이 지배하고 악인이 모든 능력을 쥔 것처럼 보이지만, 그들의 궁극적 멸망은 확정되어 있다. 그리스도가 영광 가운데 오셔서 심판하고 통치하실 것이다.

역사적 · 신학적 주제

요한계시록은 일차적으로 예언서이므로 1-3장을 제외하고는 역사적 자료가 별로 없다. 이 편지의 수신자인 일곱 교회는 소아시아(현대의 터키)에 위치해 있었다. 그 교회들이 특별히 거론된 것은 요한이 그곳에서 사역했기 때문일 것이다.

요한계시록은 우선적으로 예수 그리스도에 관한 계시다(1:1). 이 책은 예수 그리스도를 부활하시고 영광스럽게 되어 그 교회들 속에서 사역하시는 하나님의 아들로(1:10 이하), "충성된 증인으로 죽은 자들 가운데에서 먼저 나시고 땅의 임금들의 머리가 되신" 분으로(1:5), "알파와 오메가"요 처음과 끝으로(1:8), "이제도 있고 전에도 있었고 장차 올 자요 전능한 자"로(1:8), "처음이요 마지막"으로(1:17), "인자"로(1:13), "전에 죽었었으나" "이제 세세토록 살아 있는" 자로(1:18), "하나님의 아들"로(2:18), "거룩하고 진실"한 자로(3:7), "아멘이시요 충성되고 참된 증인이시요 하나님의 창조의 근본이신 이"로(3:14), "유대 지파의 사자"로(5:5), 땅에 대한 권리증서를 개봉할 수 있는 권위를 가진 하늘의 어린 양으로(6:1 이하), "보좌 가운데에 계신 어린 양"으로(7:17), 영원히 다스리실 메시아로(11:15), 자기 대적을 정복하기 위하여 영광스러운 위엄과 함께 장엄한 영광 가운데 다시 오실 만왕의 왕이요, 만주의 주로(19:11 이하), "하나님의 말씀"으로(19:13), "다윗의 뿌리요 자손이니 곧 광명한 새벽 별"로(22:16) 묘사한다.

많은 풍부한 신학적 주제가 요한계시록에 표현되어 있다. 교회는 죄에 대한 경고와 거룩을 추구하라는 권고를 받는다. 하늘에서 행해지는 예배에 대한 요한의 생생한 묘사는 신자에게 지침과 권면을 제공한다. 성경의 다른 책들에서는 천사의 사역이 그토록 분명하게 드러나는 경우가 거의 없다. 요한계시록의 일차적인 신학적 기여는 종말론, 곧 마지막 일들에 대한 교리다. 요한계시록에서 우리는 인간 역사의 최후의 전투, 적그리스도의 활동과 최종적 패배, 천년에 걸친 그리스도의 지상 왕국, 하늘의 영광과 영원한 상태, 악인과 의인의 최후 상태 등을 배우게 된다.

마지막으로, 하나님이 섭리로 사람의 나라들을 다스리시며 사람과 귀신의 저항이 어떠하든지 그분이 주권적인 목적을 이루시리라는 것을 선포한 책은 오직 이 책과 다니엘서뿐이다.

해석상의 과제

신약성경에서 요한계시록보다 더 해석하기 어려운 책은 없다. 이 책의 생생한 이미지와 충격적인 상징주의로 말미암아 해석을 위한 네 가지 접근이 시도되었다.

과거주의적(preterist) 접근은 요한계시록을 로마 제국에서 1세기에 발생한 사건을 묘사한 것으로 해석한다(저자와 저작 연대를 보라). 이 견해는 이 책이 스스로 예언서임을 반복해 주장한 사실과 상충된다(1:3; 22:7, 10, 18, 19). 요한계시록의 모든 사건이 이미 성취되었다고 보는 것은 불가능하다. 예를 들어 그리스도의 재림은 1세기에 발생하지 않은 것이 명백하다.

역사주의적(historicist) 접근은 요한계시록을 사도 시대로부터 현재에 이르는 교회 역사의 파노라마로 본다. 상징적 표현 가운데서 야만족의 로마 침공, 로마 가톨릭 교회의 발흥(여러 교황과 함께), 이슬람의 등장, 프랑스 혁명 등의 사건을 볼 수 있다. 이 해석 방법을 취하면 요한계시록의 원래 수신인에게 아무런 의미도 부여할 수 없게 되고 만다. 이 접근은 여기서 다루는 사건 전개에 대해 이 책 자체가 정한 시간의 한계를 무시한다(참고. 11:2; 12:6, 14; 13:5). 역사주의는 요한계시록에 포함된 실제 역사가 무엇인지를 해석하는 데 있어 서로 다른(자주 충돌하는) 해석을 내놓았다.

관념주의적(idealist) 접근은 요한계시록을 선한 세력과 악한 세력 사이의 우주적 갈등에 대한 초시간적 묘사라고 해석한다. 이 견해에 따르면 그 책은 역사적 암시도, 미래적 예언도 포함하고 있지 않다. 또한 이 견해는 요한계시록의 예언적 성격을 무시하며, 그 주장의 논리를 끝까지 밀고 나가면 이 책이 실제 역사와는 어떤 관계도 없다는 결론에 도달하게 된다. 그렇게 되면 요한계시록은 영적 진리를 가르치기 위해 이야기를 모아놓은 글밖에 되지 않는다.

미래주의적(futurist) 접근은 6-22장의 사건들은 아직 성취되지 않았으며, 이 장들은 아직 세계 무대에 등장하지 않은 실제 사람과 사건들을 문자적으로, 상징적으로 묘사한다고 주장한다. 이 접근은 예수 그리스도의 재림(6-19장), 천년왕국과 최후의 심판(20장), 영원한 상황(21, 22장)을 중심으로 한 사건들을 묘사한다. 오직 이 입장만이 요한계시록이 예언이라는 주장을 정당하게 다루며, 1-3장과 성경의 나머지 부분과 같은 동일한 문법적 · 역사적 방법으로 이 책을 해석하는 것이다.

요한계시록 개요

Ⅰ. 네가 본 것(1:1-20)
- A. 머리말(1:1-8)
- B. 영광을 입으신 그리스도의 환상(1:9-18)
- C. 사도에게 기록하는 일이 맡겨짐(1:19, 20)

Ⅱ. 현재 일어나는 일(2:1-3:22)
- A. 에베소 교회에 보내는 편지(2:1-7)
- B. 서머나 교회에 보내는 편지(2:8-11)
- C. 버가모 교회에 보내는 편지(2:12-17)
- D. 두아디라 교회에 보내는 편지(2:18-29)
- E. 사데 교회에 보내는 편지(3:1-6)
- F. 빌라델비아 교회에 보내는 편지(3:7-13)
- G. 라오디게아 교회에 보내는 편지(3:14-22)

Ⅲ. 장차 일어날 일(4:1-22:21)
- A. 하늘에서의 예배(4:1-5:14)
- B. 대환난(6:1-18:24)
- C. 왕의 귀환(19:1-21)
- D. 천년왕국(20:1-10)
- E. 흰 보좌 대심판(20:11-15)
- F. 영원한 상태(21:1-22:21)

네가 본 것(1:1-20)

A. 머리말(1:1-8)

1:1 계시 이 헬라어 단어에서 영어 *apocalypse*(계시, 묵시)가 유래했으며, 그 의미는 '드러내다' '계시하다'이다. 이것이 어떤 사람을 가리킬 때는 그 사람이 분명하게 드러났다는 의미다(서론의 제목을 보라. 참고. 눅 2:30-32; 롬 8:19; 고전 1:7; 벧전 1:7). **예수 그리스도** 복음서는 겸손하게 오신 그리스도의 초림을 드러내고, 요한계시록은 승천하신 그리스도를 계시한다. 불꽃같은 영광 속에 계신 것으로(7-20절), 그의 교회 위에 주님으로(2, 3장), 재림하여 땅을 찬탈자인 사탄에게서 되찾고 자신의 나라를 세우시는 것으로(4-20장), 영원한 상태의 빛이 되시는 분으로(21, 22장) 계시한다. 신약성경의 저자들은 이 일이 드러나기를 열렬히 기다리고 있다(고전 1:7; 살후 1:7; 벧전 1:7). **하나님이 그에게 주사** 그리스도의 완전한 복종과 대속에 대한 보상으로 성부께서는 그에게 미래에 받을 영광에(참고. 빌 2:5-11) 대한 위대한 기록을 제공하셨다. 독자는 성부께서 아들에게 주시는 이 책의 선물을 엿듣고 있는 것이다. **속히** 이 단어의 일차적인 의미(문자적으로 '곧'이라는 뜻임, 참고. 2:5, 16; 3:11; 11:14; 22:12; 딤후 4:9)로, 그리스도의 재림이 가까웠음을 강조하고 있다.

1:3 복이 있나니 책이 읽히고 설명되는 것을 듣고 그것에 순종으로 응답하는 사람에게 임하는 복을 선언하는 성경 중 유일한 책이다. 이 복의 선언은 이 책에 등장하는 일곱 가지 복 선언 가운데서 첫 번째이다(3절; 14:13; 16:15; 19:9; 20:6; 22:7, 14). **때가 가까움이라** *때*는 시대, 시기, 계절을 가리키는 말이다. 하나님의 구속사에서 다음에 도래할 큰 시대가 임박했다. 그런데 그리스도의 오심이 다음 사건이기는 하지만 그때가 지연되어 사람들은 그분이 오시는지 묻기 시작할 것이다(참고. 마 24:36-39; 벧후 3:3, 4).

1:4 아시아에 있는 일곱 교회 오늘날 터키 지역에 해당하는 소아시아는 7개의 행정 구역으로 이루어져 있었다. 그 지역들에는 정보 확산의 거점 역할을 하는 7개의 핵심 도시가 있었다. 요한이 이 글을 써서 보낸 교회들이 그 도시들에 있었다. **이제도 계시고 전에도 계셨고 장차 오실 이** 하나님의 영원한 임재는 시간의 제약을 받지 않는다. 그는 언제나 계셨으며 미래에도 오실 것이다. **일곱 영** 이 말은 두 가지 의미를 가질 수 있다. 첫째, 성령의 일곱 가지 사역에 대한 이사야의 예언이다(사 11:2). 둘째, 더욱 개연성이 있는 것으로, 스가랴서에 등장하는 일곱 등잔(미노라)이 있는 촛대다. 이것 역

계

시 성령을 묘사한다(*4:5; 5:6; 슥 4:1-10에 대한 설명을 보라*). 어느 편으로 보든지 일곱은 완전을 나타내는 숫자이므로 요한은 이 말로 성령의 충만함을 표현하고 있다.

1:5 **먼저 나시고** 죽음에서 살아났거나 앞으로 살아날 모든 사람 가운데서 예수는 월등한 이, 유일하게 정당한 상속자다(참고. 3:14; 시 89:27; 골 1:15).

1:6 **나라와 제사장** 믿는 모든 사람은 하나님이 다스리시는 영역 내에서 살고 있고, 이곳은 예수 그리스도를 믿음으로써 들어가는 나라다. 신자는 제사장으로서 하나님이 계신 곳에 들어갈 수 있는 권리가 있다.

1:7 **구름을 타고 오시리라** 이것은 다니엘의 약속을 반복하는 것으로, 인자는 하늘 구름과 함께 오실 것이다(단 7:13). 이것은 보통 구름이 아니라 영광의 구름이다. 구약에서 하나님은 자주 셰키나 또는 영광의 구름이라고 불리는 역동적이고 불타는 빛 속에 자신을 나타내셨으므로(출 33:20) 거기에 장막이 드리워져야 했다. 그러나 그리스도가 다시 오실 때는 그 영광이 완전하며 눈에 보일 것이다. 참고. 마태복음 24:29, 30; 25:31. *6:12-17에 대한 설명을 보라*. **그를 찌른 자들** 이 말은 십자가에 못 박는 일에 동원되었던 네 명의 로마 군인을 가리키는 것이 아니라 실제로 그리스도의 죽음에 책임이 있는 유대인을 가리킨다(행 2:22, 23; 3:14, 15). 스가랴는 그를 찌른 자들을 "다윗의 집"과 "예루살렘 주민"이라고 밝히면서 그들이 메시아에게 한 일 때문에 참된 회개의 눈물을 흘릴 것이라고 예언했다(슥 12:10). **모든 족속이…애곡하리니** 땅의 나머지 사람들의 애곡은 참된 회개가 수반된 것은 아니다(참고. 9:21). 죄책과 형벌에 대한 두려움 때문에 우는 것이다(6:16. 참고. 창 3:8-10).

1:8 **알파와 오메가** 이것은 헬라어 알파벳의 첫 글자와 마지막 글자다. 알파벳은 지식을 저장하고 전달하는 기발한 방법이다. 영어 알파벳의 스물여섯 글자는 거의 무한한 조합으로 모든 지식을 보관하고 전달할 수 있다. 그리스도는 지고의 주권적인 알파벳이다. 그분의 지식을 벗어난 것이 없으므로 그분의 재림을 방해할 수 있는 어떤 미지의 요소도 있을 수 없다(참고. 골 2:3). **전능한 자** 요한계시록에는 "전능한 하나님(전능하신 이)"이라는 표현이 8번 나온다. 이는 요한계시록이 기록하는 모든 대격변적 사건에서 하나님의 능력이 절대적임을 강조한다(또한 4:8; 11:17; 15:3; 16:7, 14; 19:15; 21:22을 보라). 하나님은 모든 사람과 물건, 사건에 대해 주권적인 통치력을 행사하신다. 우주에서 단 하나의 분자도 그분의 통치 밖에 있는 것이 없다.

B. 영광을 입으신 그리스도의 환상(1:9-18)

1:9-18 이 그리스도의 환상은 그 장엄함이 이 책의 마지막 부분에 나오는 만왕의 왕, 만주의 주로 다시 오시는 환상(19:11-16)에 비견될 만하다.

1:9 **환난과 나라와 참음** 요한과 그의 독자는 네 가지 공통점이 있다. 첫째, 믿음으로 말미암아 박해를 받는다. 둘째, 그리스도를 주와 왕으로 섬기는 구속받은 공동체의 지체다. 셋째, 지상에 확립될 천년 통치의 영광을 간절히 기대한다. 넷째, 어려운 시기를 참고 견뎌나간다. **밧모라 하는 섬** 소아시아(오늘날 터키) 해변에서 떨어진 에게해에 위치해 있다. 요한 시대에 50여 개의 섬으로 이루어진 군도의 일부였던 밧모 섬은 황량한 바위투성이에 초승달 모양의 섬으로, 길이가 약 16킬로미터이고 가장 넓은 곳의 폭이 약 9.7킬로미터다. 그곳은 로마가 범죄자를 수용했던 식민지였다. 초대 기독교 지도자였던 에우세비오스에 따르면 네르바 황제(주후 96-98년)가 요한을 밧모에서 풀어주었다.

1:10 **주의 날** 이 어구는 초대 그리스도인의 많은 글에 등장하며, 일요일 곧 주께서 부활하신 날을 가리킨다. 어떤 사람은 이 어구가 주의 날(Day of the Lord, *살전 5:2에 대한 설명을 보라*)을 가리킨다고 주장하지만, 문맥적으로 그 해석과 일치하지 않으며 주의 문법적 형태가 형용사이므로 '주일'(Lord's Day)이 맞다. **성령에 감동되어** 이것은 꿈이 아니었다. 요한은 깨어 있는 상태에서(잠든 상태가 아니라) 초자연적으로 물질 세계를 벗어나 정상적인 감각을 초월하는 경험 속으로 들어갔다. 성령께서 그의 감각을 통해 하나님으로부터 오는 계시를 인식할 수 있게 하셨다(참고. 행 10:11). **큰 음성** 요한계시록 전체에 나오는 큰 소리 또는 음성은 하나님이 계시하려는 내용의 엄숙함을 표현한 것이다.

1:11 **두루마리** 이 헬라어는 애굽의 나일강에서 풍부하

ㄱ·ㄴ·ㄷ

단어 연구

알파와 오메가(The Alpha and the Omega): 1:8; 21:6; 22:13. 알파와 오메가는 헬라어 알파벳의 첫 글자와 마지막 글자다. 이는 성부 하나님과 성자 하나님을 묘사할 때 사용되었다. 하나님은 그리스도 안에서 처음과 마지막이 될 뿐 아니라 알파와 오메가 사이의 모든 것이 되신다. 이 단어는 하나님의 충만하심, 포괄성, 모든 것을 품으신다는 것을 표현한다. 하나님은 모든 것의 근원이시며 모든 것을 그 지정된 목적지에 도달하도록 하실 것이다.

그리스도의 모습(계 1:14-16)	
상징	**실재**
1. 머리와 털의 희기가 흰 양털 같고 눈 같으며(14절)	그리스도의 거룩하심
2. 눈은 불꽃 같고(14절)	그리스도가 모든 것을 아심
3. 발은 풀무불에 단련한 빛난 주석 같고(15절)	그리스도가 교회 내의 죄를 징계하심
4. 음성은 많은 물 소리와 같으며(15절)	그리스도의 권위
5. 오른손에 일곱 별이 있고 (16절)	그리스도가 교회 지도자들을 통제하심
6. 그의 입에서 좌우에 날선 검이 나오고(16절)	그리스도가 교회의 적을 심판하심
7. 그 얼굴은 해가 힘있게 비치는 것 같더라(16절)	그리스도의 영광

게 자라는 갈대인 파피루스로 만든 양피지 같은 두루마리를 가리킨다.

1:12 촛대 이것은 작은 기름 등잔이 붙어 있는, 가지고 다닐 수 있는 금 촛대였다. 각각의 촛대는 생명의 빛이 뿜어져 나오는 교회(20절)를 상징했다. 성경 전체를 통해 일곱이라는 수는 완전함을 의미하며, 일곱 촛대는 모든 교회를 대표한다.

1:13 인자 복음서에 따르면 그리스도가 지상 사역 동안 자신을 가리키기 위해 가장 자주 사용하신 호칭이었다(복음서에서 약 80번). 다니엘 7:13에 나온 천상의 환상에서 유래된 이 호칭은 신성에 대한 주장을 내포하고 있다. **끌리는 옷** 헬라어 구약성경인 70인역에서 이 단어는 대제사장의 겉옷을 가리키는 말로 가장 많이 나온다. 가슴을 두른 금띠는 제사장으로 섬기시는 그리스도의 모습을 완성시킨다(참고. 레 16:1-4; 히 2:17).

1:14 흰 양털 같고 *흰*은 그저 하얀색을 가리키는 것이 아니라 강하게 불타오르는 흰 빛을 가리킨다(참고. 단 7:9). 영광의 구름(즉 셰키나)처럼 그리스도의 영광스러운 모습을 나타낸다. **눈은 불꽃 같고** 두 줄기의 레이저처럼 승천하신 주님의 두 눈은 뚫을 듯 교회의 깊은 곳까지 들여다보신다(2:18; 19:12; 히 4:13).

1:15 발은…빛난 주석 번제단은 놋으로 싸였으며, 사용되는 기구들도 같은 재질로 만들어졌다(참고. 출 38:1-7). 달궈진 주석은 분명한 하나님의 심판을 가리킨다. 심판의 발을 가진 예수 그리스도가 교회들을 다니면서 죄를 징계하는 권위를 행사하신다. **음성은 많은 물 소리** 그의 음성은 더 이상 영롱하고 분명한 나팔(10절) 소리가 아니다. 도리어 요한은 그 소리를 파도가 섬의 바위에 부딪히는 소리에 비유한다(참고. 겔 43:2). 그것은 권위의 목소리였다.

1:16 일곱 별 이들은 일곱 교회를 대표하는 메신저들이다(*20절에 대한 설명을 보라*). 그리스도는 그 별들을 손에 잡고 계신다. 이 말은 그리스도가 교회와 그 지도자들을 통제하신다는 뜻이다. **좌우에 날선 검** 양쪽에 날이 있는 크고 넓은 칼이다. 이것은 그리스도를 공격하고 그 교회를 무너뜨리는 자들에 대한 심판을 상징한다(참고. 2:16; 19:15).

1:17 그의 발 앞에 엎드러져 주의 두려운 영광을 본 사람들의 공통적인 반응이다(창 17:3; 민 16:22; 사 6:1-8; 겔 1:28; 행 9:4). **처음이요 마지막이니** 예수 그리스도는 구약에서 야훼에게 사용되던 이 이름(22:13; 사 41:4; 44:6; 48:12)을 자신에게 적용하심으로써 그 자신이 하나님임을 분명히 주장하셨다. 우상들은 왔다가 소멸될 것이다. 그리스도는 그것들 이전에 계셨고, 그것들이 사라진 이후에도 계실 것이다.

1:18 사망과 음부의 열쇠 *누가복음 16:23에 대한 설명을 보라*. 사망과 음부는 본질적으로 비슷하지만 죽음은 음부의 상태로, 구약의 스올 곧 죽은 자의 처소에 해당된다(*20:13에 대한 설명을 보라*). 그리스도가 누가 언제 살고 죽을지를 결정하신다.

C. 사도에게 기록하는 일이 맡겨짐(1:19, 20)

1:19 이 절은 이 책 전체의 간단한 개요가 된다. "네가 본 것"은 요한이 방금 본 환상을 가리킨다(1장). "지금 있는 일"은 교회들에 보내는 서신을 가리킨다(2, 3장). "장차 될 일"은 미래 역사의 계시를 가리킨다(4-22장).

1:20 사자 이 단어는 문자적으로 '메신저'라는 뜻이다. 이 말이 천사를 의미할 수도 있지만(이 책 전체를 통해 그러함) 여기서는 아니다. 천사는 결코 교회 내에서 지도자가 될 수 없기 때문이다. 십중팔구 이 메신저들은 각 교회를 대표하는 일곱 명의 핵심적인 장로들이다(*16절에 대한 설명을 보라*).

현재 일어나는 일 (2:1-3:22)

A. 에베소 교회에 보내는 편지(2:1-7)

2:1-3:22 이 일곱 교회는 소아시아에 실제로 있었던 역사적인 교회들이기는 하지만, 동시에 교회 시대에 늘 존재하던 교회의 전형적인 모습을 대표하기도 한다. 그리스도가 이 교회들을 향해 하신 말씀은 모든 시대에 적용된다.

2:1 에베소 에베소는 바다에서 4.8킬로미터 들어간 내륙에 있었지만, 자이스테르강의 넓은 하구로 진입할 수 있어 소아시아에서 가장 큰 항구가 되었다. 네 개의 큰 무역로가 이곳을 통과했기에 에베소는 아시아의 출입문으로 알려졌다. 에베소는 아르테미스(헬라), 즉 다이아나(로마) 숭배의 중심지였으며 그 신전은 고대 세계의 칠대 불가사의 중 하나였다. 바울은 이 도시에서 3년간 사역했으며(행 20:31), 훗날 예루살렘으로 가는 길에 그 교회의 장로들을 만났다(행 20장). 디모데와 두기고, 사도 요한이 모두 이 교회에서 사역했다. 요한은 에베소에서 사역하던 도중 도미티아누스에 의해 체포되어 남동쪽으로 80킬로미터 떨어진 밧모 섬으로 보내졌다. **사자** 교회에서 온 장로 또는 목자다(*1:20에 대한 설명을 보라*). **일곱 별** *1:16에 대한 설명을 보라*. **일곱 금 촛대** *1:12에 대한 설명을 보라*.

2:2 자칭 사도라 하되 에베소 교회는 영적 분별력이 뛰어났다. 이 교회는 스스로 영적 지도력이 있다고 주장하는 사람들을 그들의 교리와 행위로 판단하는 방법을 알고 있었다(참고. 살전 5:20, 21).

2:3 게으르지 아니한 것 이 교회는 설립된 지 40년이 넘도록 말씀과 주님에 대한 충성을 지켰다. 어려움과 박해의 힘든 기간을 지나면서도 이 교회의 교인들은 항상 그리스도의 이름과 영예를 위해 바른 동기로 움직였다.

2:4 너의 처음 사랑을 버렸느니라 그리스도인이 된다는 것은 주 예수 그리스도를 사랑한다는 것이다(요 14:21, 23; 고전 16:22). 그러나 그리스도를 향한 에베소인의 열정과 열심은 차가운, 기계적인 정통 교리가 되고 말았다. 그들의 교리적·도덕적 순결성, 진리를 향한 사그라들지 않는 열심, 훈련된 섬김은 그들이 버린 그리스도를 향한 사랑을 대신할 수 없었다.

2:5 네 촛대를 그 자리에서 옮기리라 하나님의 심판으로 에베소 교회는 종국을 맞이할 것이다. 참고. 3:3.

2:6 니골라 당의 행위 버가모에서도 문제가 되었던(12-15절) 이 이단의 교리는 발람의 교리와 유사했다(14, 15절). 니골라는 '백성을 정복하는 사람'이라는 뜻이다. 이레나이우스는 사도행전 6장에서 집사로 임명된 니골라는 거짓 신자였고 훗날 배교했다고 썼다. 그러나 그가 받은 신임 때문에 그는 나중에 교회를 정도에서 벗어나게 만들 수 있었다. 또한 발람처럼 그는 백성을 부도덕과 악으로 이끌었다. 니골라를 추종하는 니골라당은 부도덕한 일에 연루되었고 육감적인 유혹으로 교회를 공격했다. 알렉산드리아의 클레멘스는 이렇게 썼다. "그들은 염소처럼 쾌락에 자신들을 내맡겨 방종한 삶으로 빠져들었다." 그들의 교훈은 은혜를 왜곡하고 자유를 방종으로 대체했다.

2:7 이기는 그에게는 요한이 내린 정의에 따르면 이기는 자가 된다는 것은 그리스도인이 되는 것이다(*요일 5:4에 대한 설명을 보라*. 참고. 11, 17, 26; 3:5, 12, 21절). **생명나무** 진정한 신자는 하늘의 약속을 즐거워한다(*22:2; 창 2:9에 대한 설명을 보라*).

B. 서머나 교회에 보내는 편지(2:8-11)

2:8 서머나 서머나는 '몰약'이라는 의미를 가진 도시다. 몰약은 향료를 만드는 데 사용되며, 향이 좋아서 죽은 시체에 바르는 기름으로 사용되던 물질이었다. 아시아의 왕관이라고 불리던 이 고대 도시는(오늘날 터키의 이즈미르) 소아시아에서 가장 아름다운 도시였으며, 과학과 의학의 중심지였다. 로마의 전쟁에서 항상 승자의 편에 섰던 서머나는 로마에 대한 강한 충성을 보여주었으며, 그 결과 황제 숭배의 종교가 깊이 뿌리 박혀 있었다. 요한이 죽은 지 50년이 지난 후 서머나 교회의 목사였던 폴리캅은 시저에게 경배하기를 거절한 죄로 86세의 나이에 산 채로 불태워졌다. 그 도시의 거대한 유대인 공동체 역시 초대 교회에 적대적이었다. **사자** *1절에 대한 설명을 보라*. **처음이며 마지막이요** *1:17에 대한 설명을 보라*.

2:9 자칭 유대인이라 하는 자들 비록 그들은 육체적으로는 유대인이었지만 참된 유대인이 아닌 영적 이교도들이었다(참고. 롬 2:28). 그들은 기독교 신앙을 쓸어버리기 위해 다른 이교도들과 손을 잡고 그리스도인들을 죽였다. **사탄의 회당** 메시아를 거부한 유대교는 황제 숭배에 못지않은 사탄의 도구가 되었다.

2:10 마귀 이 하나님의 대적의 헬라 이름은 '고발자'라는 뜻을 가진다. 사탄에 관한 논의를 위해서는 *에베소서 6:10-17에 대한 설명을 보라*. **십 일 동안 환난** 그들의 투옥 기간은 짧았을 것이다. **생명의 관** 이것은 생명이란 관 내지는 생명이란 보상을 의미한다(이것은 머리에 쓰는 실제 관은 아님). *관*은 여기서 왕의 머리에 쓰는 것이 아니라 승리한 운동선수에게 주어지는 월계관을

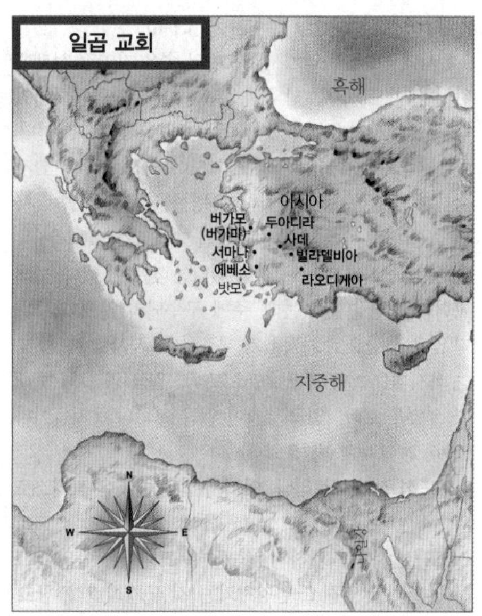

가리킨다. *데살로니가전서 2:19; 디모데후서 4:8에 대한 설명을 보라.*

2:11 **이기는 자** 모든 그리스도인이 이렇게 될 것이다(*7절에 대한 설명을 보라*). **둘째 사망** 첫 번째 죽음은 육체적인 죽음이고, 두 번째 죽음은 영적이요 영원한 죽음이다(참고. 20:14).

C. 버가모 교회에 보내는 편지(2:12-17)

2:12 **버가모** 버가모는 문자적으로 '성채'라는 뜻이며, 이 단어에서 영어의 *parchment*(양피지)가 유래되었다(이것은 동물의 껍질로 만든 오늘날의 종이처럼 쓸 수 있는 물질로, 그 지역에서 처음 만들어졌음이 분명함). 버가모(오늘날의 버가마)는 에게해 해안에서 약 32킬로미터 내륙으로 들어온 곳에 위치한 넓고 비옥한 평지의 305미터 높이의 언덕에 건설되었다. 버가모는 250년 이상 로마의 속주인 소아시아의 수도 역할을 했다. 버가모는 이교도들의 이방 신인 아테나, 아스클레피오스, 디오니시오스(또는 바카스로 술의 신임), 제우스 등을 예배하는 중요한 종교 중심지였다. 또한 아시아에서 가이사 신전을 건축한 최초의 도시였으며(주전 29년) 가이사 숭배 종교의 중심지가 되었다. **사자** *1:20에 대한 설명을 보라.* **좌우에 날선 검** *1:16에 대한 설명을 보라.*

2:13 **거기는 사탄의 권좌가 있는 데라** 사탄의 사령부이자 거짓 종교를 대표하는 이방의 기지였다. 버가모에 있는 성채에는 제우스에게 바치는 왕좌 비슷하게 생긴 거대한 제단이 있었다. 게다가 치료의 신인 아스클레피오스는 버가모와 가장 밀접하게 관련된 신이었다. 뱀처럼 생긴 그 형상은 오늘날에도 여전히 의학적 상징으로 사용되고 있다. 이 성전과 연관된 의학파는 의학과 미신을 뒤섞었다. 예배자를 성전 바닥에 눕힌 후 뱀이 그의 몸 위를 기어 다니면 치료의 능력이 주입된다는 치료법도 있었다. **충성된 증인** 전설에 따르면 안디바는 놋쇠로 만든 황소 안에서 불에 타 죽었다. *Martyr*(순교자)는 '증인'이라는 의미의 헬라어 단어를 음역한 것이지만 그리스도에게 충성스러운 너무나 많은 증인들이 죽임을 당했기 때문에 현재는 충성된 순교자라는 뜻을 가지게 되었다. **안디바** 아마 그 교회의 목사였을 것이다.

2:14 **발람의 교훈** 발람은 모압 왕 발락이 제공한 돈을 벌기 위해서 자신의 예언의 은사를 팔아 이스라엘을 저주하려고 했지만 실패했다. 그래서 그는 모압 여인에게 이스라엘 남자들을 유혹하여 혼인하게 하려는 계략을 꾸몄으며 그 결과, 이스라엘이 간음과 우상숭배 잔치에 참여하여 하나님을 모독하게 되었다(발람의 이야기는 민 22-25장을 보라). **우상의 제물** 사도행전 15:19-29.

2:15 **이와 같이 네게도** 니골라당의 가르침은 발람의 계략과 동일한 길로 이끌었다. **니골라 당의 교훈** *6절에 대한 설명을 보라.*

2:16 **내 입의 검** *1:16에 대한 설명을 보라.*

2:17 **이기는** *7절에 대한 설명을 보라.* **감추었던 만나** 하나님은 이스라엘이 만나를 받았듯이(출 16장) 참 신자에게 세상이 볼 수도 없는 영적 양식인 예수 그리스도(참고. 요 6:51)를 줄 것이라고 약속하신다. **흰 돌** 운동선수가 경기에서 이기면 흰 돌을 상으로 주곤 했는데, 이 돌은 훗날 개최되는 승리자의 축하 행사에 참석할 수 있는 입장권이 되었다. 이것은 이긴 자가 하늘에서 영원한 승리를 축하하는 행사에 참여할 입장권을 얻는 순간을 그리는 것 같다. **새 이름** 그리스도가 사랑하시는 자들에게 주시는 개인적인 메시지로, 그들이 영원한 영광에 들어가도록 하는 입장권과 같다. 그것은 너무나 개인적이어서 오직 그것을 받은 사람만이 알아볼 수 있다.

D. 두아디라 교회에 보내는 편지(2:18-29)

2:18 **두아디라** 버가모와 사데의 중간에 위치한 이 도시는 거의 300년 동안(주전 190년경) 로마의 통치 하에 있었다. 이 도시는 64킬로미터를 달려서 버가모에 이르는 긴 계곡에 위치해 있어 자연적인 방어막이 없었고, 그 결과 파괴와 재건을 반복하는 역사를 가지고 있었다. 원래 알렉산더 대왕의 군인들이 살던 이 도시는 버가모를 지키기 위한 군사적 전초기지 역할을 했다. 루디아는 이

도시 출신의 사업가로 바울의 사역을 통해 회심했다(행 16:14, 15). **사자** *1:20에 대한 설명을 보라.* **그 눈이 불꽃 같고** *1:14에 대한 설명을 보라.* **그 발이 빛난 주석과 같은** 참고. 19:15. *1:15에 대한 설명을 보라.*

2:20 이세벨 구약에서 이세벨이 유대인에게 영향력을 행사해 우상숭배와 부도덕한 행동에 빠지게 했던 것과 비슷한 방법으로 교회에 영향력을 행사한 여인의 가명일 것이다(참고. 왕상 21:25, 26). **행음하게 하고 우상의 제물을 먹게 하는도다** 참고. 사도행전 15:19-29. *14절에 대한 설명을 보라.*

2:22 침상 문자적으로 '침대'라는 뜻이다. 하나님은 이 여인에게 회개할 수 있는 시간을 주신 후 침대에서 심판하실 것이다. 그녀가 사치스러운 침대에서 부도덕한 짓을 행했고, 안락의자에 비스듬히 기대어 거짓 신들에게 바쳐진 제물을 먹었으므로, 하나님은 지옥에서 그녀에게 침대를 주어 거기에 영원히 누워 있게 하실 것이다.

2:23 그의 자녀 요한이 이 글을 쓰고 있을 때 교회는 설립된 지 40년이 되었으며, 그녀의 가르침은 두 번째 세대를 만들었고 동일한 방탕을 옹호하고 있었다. **사람의 뜻과 마음을 살피는 자** 하나님은 각 사람의 마음을 완전하고 세세하게 다 아신다. 어떤 악도 하나님께 감춰질 수 없다(시 7:9; 잠 24:12; 렘 11:20; 17:10; 20:12). **너희 각 사람의 행위대로** 인간의 행위는 항상 미래에 받을 심판의 근거가 된다(20:12, 13; 마 16:27; 롬 2:6). 행위가 구원하는 것은 아니지만(엡 2:8, 9) 구원의 증거이기는 하다(약 2:14-26).

2:24 사탄의 깊은 것 이 믿기 어려운 방탕과 방종은 초기 영지주의 가르침의 열매였다. 그것은 사람이 영혼에 아무런 해를 입지 않고도 몸으로 자유롭게 사탄의 영역에 참여하여 탐구할 수 있으며, 악에 참여할 수 있다고 가르쳤다(요한일서 서론의 배경과 무대를 보라).

2:26 이기는 *7절에 대한 설명을 보라.*

2:27 철장을 가지고 그들을 다스려 문자적으로 '철장으로 그들을 지도하여'라는 뜻이다. 천년왕국 동안 그리스도는 자신의 뜻을 시행하시고, 철장을 세워 자신의 양 떼를 해하려는 모든 자로부터 양 떼를 보호하실 것이다(참고. 시 2:9).

2:28 새벽 별 요한은 뒤에 그리스도를 "광명한 새벽 별"이라고 말한다(22:16). 비록 새벽 별이 이미 우리 마음에 떠올랐지만(벧후 1:19) 앞으로 언젠가 우리는 그리스도의 충만한 모습을 보게 될 것이다.

E. 사데 교회에 보내는 편지(3:1-6)

3:1 사데 계곡 바닥에서 457미터 솟은 자연적 성채에 위치한 이 도시(오늘날의 사르트)는 거의 난공불락이었다. 주전 1200년경 이 도시는 루디아 왕국의 수도였다. 이 도시의 주요 산업은 양모를 모아 염색한 후에 그것으로 옷을 만드는 것이었다. 유명한 작가인 이솝이 사데 출신이며, 사데 교회의 교인인 멜리토가 요한계시록의 어떤 구절에 대한 주석을 썼다는 전설이 있다. 사데 교회는 생명을 잃었는데, 주께 구속되지 않고 거듭나지 않은 사람으로 가득했기 때문이다. **사자** 메신저 또는 목사다(*1:20에 대한 설명을 보라*). **일곱 영** *1:4에 대한 설명을 보라.* **일곱 별** 이 일곱 교회의 목자들이다(*1:16, 20에 대한 설명을 보라*).

3:3 도적 같이 이르리니 여기서 말하는 것은 그리스도의 재림이 아니라(참고. 16:15; 살전 5:2; 벧후 3:10), 그리스도가 갑자기 회개하지 않는 죽은 교회에 찾아와서 그들에게 해를 입히고 멸망시키는 것을 가리킨다. 참고. 2:5.

3:4 그 옷을 더럽히지 아니한 자 *더럽히다*는 '흐리게 하다' '오염시키다' '때를 묻히다'라는 뜻이며, 옷은 성품을 가리킨다. 당시 그곳에는 성품이 경건한 사람은 거의 없었다(참고. 유 23). **흰 옷** 모든 구속받은 사람의 흰 옷(참고. 6:11; 7:9, 13; 19:8, 14)은 거룩과 순결을 말한다. 그런 흰 옷은 그리스도(마 17:2; 막 9:3), 거룩한 천사들(마 28:3; 막 16:5), 영광스럽게 된 교회를 위해 준비되어 있다(19:8, 14). 고대에는 흰 옷을 대개 축제나 기념식 때 즐겨 입었다.

3:5 이기는 모든 참 그리스도인이다(*2:7에 대한 설명을 보라*). **생명책** 하나님이 구원하기로 선택하셨고, 따라서 영생을 소유하게 된 사람의 이름을 기록해놓은 하나님의 일지다(13:8; 17:8; 20:12, 15; 21:27; 22:19. 참고. 단 12:1; 눅 10:20). 시청 직원은 때로 별로 달갑지 않은 사람을 그 명부에서 지우기도 하지만, 하나님은 어떤 일이 있어도 그 이름을 지우시지 않는다(*빌 4:3에 대한 설명을 보라*)

F. 빌라델비아 교회에 보내는 편지(3:7-13)

3:7 빌라델비아 사데에서 동남쪽으로 48킬로미터 떨어진 언덕에 위치한 이 도시(오늘날 알라쉐히르)는 주전 190년경 버가모의 왕 아탈루스 2세가 건설했다. 자기 형제에 대한 그의 특별한 헌신으로 그 도시는 '형제 사랑'이라는 이름을 얻게 되었다. 그 도시는 1세기의 우편 통로인 제국우편도로(the Imperial Post Road) 상에 위치한 중요한 중간 기착지로, 상업도시였다. 성경

의 다른 곳에서는 이 교회가 언급되지 않는데, 아마 바울의 장기간에 걸친 에베소 사역의 열매였을 것이다(참고. 행 19:10). **사자** *1:20에 대한 설명을 보라.* **거룩하고 진실하사** 이 책에 흔히 나오는 묘사다(4:8; 6:10; 15:3; 16:7; 19:2, 11). 그리스도는 성부의 거룩하고 무죄하고 순결한 본성을 공유하신다(시 16:10; 사 6:3; 40:25; 43:15; 합 3:3; 막 1:11, 24; 요 6:69; 행 3:14). 즉 그리스도는 완전히 순결하시며 죄로부터 분리되어 계신다. *진실하다*는 진리를 말하는 사람을 가리킬 수도 있고, 거짓된 이에 반대되는 참되고 진실된 사람을 가리킬 수도 있다. **다윗의 열쇠** 그리스도는 천국에 들어가는 것을 통제하는 주권적 권한을 가지신다(사 22:22. 참고. 마 16:19; 요 14:6). 1:18에서는 그리스도가 죽음과 지옥의 열쇠를 가지신 것으로(여기서는 구원과 복의 열쇠임) 묘사된다.

3:8 열린 문 이것은 천국으로 들어가는 문일 수도 있고(7절을 보라), 섬김의 기회를 가리킬 수도 있다(참고. 고전 16:9; 고후 2:12; 골 4:3).

3:9 사탄의 회당 *2:9에 대한 설명을 보라.* **자칭 유대인이라 하나** *2:9에 대한 설명을 보라.*

3:10 너를 지켜 시험의 때를 면하게 하리니 그리스도의 묘사는 (미래의 사건으로, 잠시 동안 전 세계가 심각한 시험을 받으리라는 것) 그리스도의 지상 왕국이 끝나기 이전 7년에 걸친 대환난의 때다. 이때 봉인과 나팔 소리, 대접으로 표현된 하나님의 진노가 땅에 떨어질 것이다. 이 시기가 6-19장에 걸쳐 상세히 묘사된다. 후반기는 "대환난"으로 불리며(7:14; 마 24:21) 11:2, 3; 12:6, 14; 13:5에 표현된다. 동사 '지키다' 다음에 '부터' '밖으로'라는 뜻을 가진 전치사가 따라온다. '…으로부터 지키다'라는 뜻의 이 어구는 환난 전에 일어날 교회의 휴거를 지지한다(*요 14:1-3; 고전 15:51, 52; 살전 4:13-17에 대한 설명을 보라*). 이것은 다니엘의 일흔 이레(*단 9:24-27에 대한 설명을 보라*), "야곱의 환난의 때"(*렘 30:7에 대한 설명을 보라*)와 같다.

3:11 내가 속히 오리니 이것은 3절; 2:5, 16의 잠정적 심판에 대한 위협도 아니고 19장의 최후 심판도 아니다. 이것은 그리스도가 다시 오셔서 그 환난의 때에 교회를 건지실 것이기에 희망의 사건이다(*살후 2:1에 대한 설명을 보라*).

3:12 이기는 자는 모든 그리스도인이다(*2:7에 대한 설명을 보라*). **기둥** 신자는 하나님이 계신 곳에서 흔들리지 않고 영원하며 안정된 위치를 향유할 것이다. **성전** *7:15에 대한 설명을 보라.* **하나님의 이름…기록하리라** 성경 시대에 한 사람의 이름은 그의 성품을 말해준다. 그리스도가 자신의 이름을 우리 위에 기록한다는 것은 그리스도의 성품을 우리에게 각인시키며, 우리가 그분께 속한 자임을 확인하는 것이었다. **새 예루살렘** 하늘의 수도다(*21:1-27에 대한 설명을 보라*). 이기는 자는 영원한 시민권을 향유할 것이다. **나의 새 이름** 그리스도를 보는 순간 우리가 그리스도를 무엇이라 불렀고 그 이름을 어떻게 이해했든지 간에 우리는 눈에 보이는 그 실체 앞에서 창백해질 것이다. 그리고 그리스도는 우리에게 새롭고 영원한 이름을 주실 것이며, 우리는 그로 말미암아 그를 알게 될 것이다.

G. 라오디게아 교회에 보내는 편지(3:14-22)

3:14 라오디게아 교회 브루기아의 동남쪽 지역인 리쿠스강 계곡에 위치한 라오디게아는 그 지역에서 가장 부유하고 중요한 상업 중심지가 되었다. 그 도시는 주로 융과 양모, 약품(눈에 바르는 연고가 유명했음) 등 세 가지 산업이 발달한 것으로 알려졌다. 물이 부족했기 때문에 라오디게아는 지하 수로를 개발해야 했다. 이 세 가지 산업과 수로를 통한 물의 공급이 이 서신에서 중요한 역할을 한다. 바울이 에베소에서 사역하는 동안 에바브라를 통해 이 교회가 시작되었다(참고. 골 1:7. 바울은 라오디게아를 직접 방문한 적이 없음). **사자** 이 서신을 전하기로 되어 있던 목자-메신저다(*1:20에 대한 설명을 보라*). **아멘이시요** 확실성과 진실성을 가리키는 성경의 일반적인 표현이다(참고. 사 65:16, "진리의 하나님"). 고린도후서 1:20에 따르면 하나님의 모든 약속이 그리스도 안에서 성취되었다. 즉 하나님의 모든 언약과 무조건적인 언약이 예수 그리스도의 존재와 행위에서 보증되고 확인된다. **충성되고 참된 증인이시오** 그는 하나님의 진리에 대한 완전히 신실하고 정확한 증인이시다(요 14:6). **창조의 근본** 이 말은 골로새와 마찬가지로 라오디게아에도 있던 이단의 말, 곧 그리스도가 피조물이었다는 주장을 수정하는 말이다(참고. 골 1:15-20). 도리어 그리스도는 창조의 "시작"(문자적으로 '시작한 자' '근원자' '착수자'라는 뜻)이며(참고. 요 1:3; 3:14) "피조물보다 먼저 나신 이"다. 즉 태어난 모든 사람 가운데서 가장 우월하고 지극히 높은 분이다(골 1:15). 인간으로서는 시작의 순간이 있었지만 하나님으로서는 그 자신이 시작이었다. 슬프게도 그리스도의 존재를 인정하지 않은 이 이단은 라오디게아에 거듭나지 않은 교회를 만들었다.

3:16 미지근하여 즉 열의가 없다는 뜻이다. 근처의 히에라볼리는 온천으로 유명했고, 골로새는 산에서 내려오는 차갑고 신선한 냇물로 유명했다. 그러나 라오디게아에는 지하 수로를 통해 수 킬로미터를 흐르는 더럽고

미지근한 물이 있을 뿐이었다. 그 물이 낯선 방문자들은 그 물을 마시자마자 즉시 뱉어냈다. 라오디게아 교회는 차가워서 공개적으로 그리스도를 거부하지도 않았고, 뜨거워서 영적으로 충만하지도 않았다. 대신 그 교회의 교인은 그리스도를 안다고 고백하지만 진정으로 그리스도께 속하지 않은 미지근한 위선자였다(참고. 마 7:21 이하). **내 입에서 너를 토하여 내치리라** 라오디게아의 더럽고 미지근한 물처럼 스스로를 기만하는 이 위선자들은 그리스도를 구역질나게 했다.

3:18 금…흰 옷…안약 *14절에 대한 설명을 보라*. 그리스도는 그들의 세 가지 중요한 산업에 대비되는 영적인 교훈을 주셨다. 각각의 품목은 참된 구원을 가리키는 것이었다.

3:19 무릇 내가 사랑하는 자를…징계하노니 18절과 20절은 그리스도가 여기서 불신자에게 말씀하고 계심을 나타낸다. 하나님이 회심하지 않은 자들도 사랑하시는 것은 사실이다(참고. 요 3:16). 또한 *징계*(문자적으로 '꾸짖음'이라는 뜻)는 때로 하나님이 회개하지 않은 사람을 심판하고 벌하시는 것을 가리키기도 한다(마 18:17; 고전 14:24; 딤후 2:25).

3:20 내가 문밖에 서서 두드리노니 그리스도가 사람의 마음 문을 두드리신다는 일반적인 해석을 취하기보다는 문맥상 그리스도의 이름으로 칭해지기는 하지만 단 한 명의 참 신자도 없는 이 교회에 그리스도가 들어가고자 하시는 것이라고 해석해야 한다. 이 신랄한 편지가 그리스도의 노크였다. 단 한 명의 교인이 자신의 영적 파산을 인식하고 구원의 믿음으로 반응한다면 그리스도는 그 교회에 들어가실 것이다.

3:21 이기는 모든 참된 그리스도인이다(*2:7에 대한 설명을 보라*). **내 보좌에 함께 앉게 하여주기를** 이 비유적

요한계시록의 일곱 교회

칭찬	비판	교훈	약속
		에베소(2:1–7)	
악을 버리고 참으며 견딤	그리스도를 향한 사랑이 더 이상 뜨겁지 않음	처음에 행했던 일을 하라	생명나무
		서머나(2:8–11)	
은혜롭게 고난을 견딤	없음	죽도록 충성하라	생명의 관
		버가모(2:12–17)	
그리스도에 대한 믿음을 지킴	부도덕, 우상숭배, 이단을 용인함	회개하라	감추었던 만나와 새 이름을 기록한 돌
		두아디라(2:18–29)	
사랑과 섬김, 믿음, 인내가 처음보다 커짐	우상의 종교와 부도덕을 용인함	심판이 임하고 있으니 믿음을 굳게 지키라	만국을 다스리는 권세를 주며 새벽 별을 받음
		사데(3:1–6)	
일부 사람이 믿음을 지킴	죽은 교회	회개하라 남은 것을 강하게 하라	신실한 자가 칭찬을 받고 흰 옷을 입게 될 것임
		빌라델비아(3:7–13)	
믿음을 지킴	없음	믿음을 지키라	하나님이 계신 곳에 자리를 얻을 것임 새로운 이름, 새 예루살렘
		라오디게아(3:14–22)	
없음	무관심	열심을 내고 회개하라	그리스도의 보좌에 참여함

표현은 신자가 그리스도와 함께 다스릴 때 그리스도가 누리시는 특권과 권위도 함께 누린다는 뜻이다(1:6; 마 19:28; 눅 22:29, 30).

장차 일어날 일 (4:1-22:21)

A. 하늘에서의 예배(4:1-5:14)

4:1 이리로 올라오라 이것은 교회의 휴거를 은밀히 가리키는 말이 아니라 요한에게 잠깐 동안 '성령 안에서'(*1:10에 대한 설명을 보라*) 하늘로 올라와 미래 사건들에 대한 계시를 받으라는 명령이다. **이 후에 마땅히 일어날 일** 1:19에서 주어진 개요에 따르면 이것은 이 책의 세 번째이자 마지막 부분으로, 교회 시대에 따라올 사건들에 대한 묘사다.

4:2 내가 곧 성령에 감동하였더니 *1:10에 대한 설명을 보라.* **보좌** 하나의 가구라기보다는 주권적 통치와 권위의 상징이다(7:15; 11:19; 16:17, 18. 참고. 사 6:1). 이것은 4장의 초점으로 13번이나 등장하는데, 그중 11번은 하나님의 보좌를 가리킨다.

4:3 벽옥 요한은 뒤에 이 보석이 "수정 같이 맑더라"(21:11)고 설명하는데, 이는 아마 금강석을 가리키는 것 같다. 이 보석은 모든 색을 굴절시켜 찬란한 빛을 낸다. **홍보석** 타오르듯이 밝은 루비 보석으로, 그 보석이 발견된 근처의 도시 이름을 따서 명명되었다. **녹보석** 차가운 에메랄드-녹색 색조가 하나님의 보좌를 두른 형형색색 무지개를 압도한다(참고. 겔 1:28). 노아 시대 이후로 무지개는 하나님이 자신의 말씀, 자신의 약속, 노아에게 하신 언약을 충실하게 지키신다는 상징이 되었다(창 9:12-17).

4:4 이십사 장로들 그들이 그리스도와 함께 다스리는 모습, 그들의 흰 옷(19:7, 8), 생명의 관(2:10) 등 이 모든 것은 이 24명의 장로가 구속받은 자들을 대표한다는 것을 가리킨다(9-11절; 5:5-14; 7:11-17; 11:16-18; 14:3; 19:4). 문제는 구속받은 사람이 누구냐 하는 것이다. 이들이 이스라엘은 아니다. 이스라엘 민족은 아직 구원받고 영광을 얻어 왕관을 받지 않았기 때문이다. 이 시점에서 이스라엘의 구원은 아직 미래의 일이다. 그들의 부활과 영광은 7년 환난 기간의 마지막에 발생할 것이다(참고. 단 12:1-3). 환난 기간의 성도는 아직 구원받지 못했다(7:9, 10). 이 시점에서 온전케 되고 영광을 받은 무리는 단 한 그룹, 곧 교회밖에 없다. 여기서 장로들은 교회를 대변하며, 그 교회가 구속의 노래를 부른다(5:8 10). 왕관을 가지고 그들을 위해 예비된 곳, 곧 그들이 예수와 함께 간 곳에서(참고. 요한 14:1-4) 살고 있는 사람들은 이긴 자들이다.

4:5 번개와…우렛소리 이것은 자연의 분노가 아니라 엄청난 힘을 갖고 계신 하나님이 죄 있는 세상에 내리실 의로운 분노의 불 폭풍이다(8:5; 11:19; 16:18). **하나님의 일곱 영** 성령이다(*1:4에 대한 설명을 보라*).

4:6 유리 바다 하늘에는 바다가 없지만(21:1), 하나님의 보좌 바닥에는 수정으로 포장된 바닥이 빛나는 바다처럼 거대하게 뻗어 있다(참고. 출 24:10; 겔 1:22). **네 생물** 문자적으로 '네 개의 살아 있는 것들 또는 존재들'이라는 뜻이다. 이것은 스랍들로(단수는 스랍), 구약에서 하나님의 임재, 능력, 거룩과 관련해 자주 언급되던 천사들이다. 비록 요한의 묘사가 에스겔의 묘사와 동일하지는 않지만, 묘사하기 힘든 동일한 영적 존재를 가리키는 것이 분명하다(시 80:1; 99:1. *겔 1:4-25; 10:15에 대한 설명을 보라*). **눈이 가득하더라** 이 천사들은 비록 전지(이것은 오직 하나님께만 적용되는 속성임)하지는 않지만 포괄적인 지식과 인식 능력을 가지고 있다. 그 천사들의 눈을 피할 수 있는 것은 없다(참고. 8절).

4:7 첫째 생물은 사자 같고 상징적 언어임이 분명한 이 표현에서 요한은 이 네 가지 생물을 하나님이 지상에

요한계시록에 대한 네 가지 견해

해석적 접근	기본 주장
과거주의적 접근	계시록의 모든 사건은 로마 제국 시대에 성취되었음
역사주의적 접근	계시록은 사도 시대부터 역사의 마지막에 이르는 교회 역사의 파노라마임
관념주의적 접근	계시록은 실제 사건을 보여주는 것이 아니라 선과 악 사이의 영적 전쟁을 상징적으로 그린 것임
미래주의적 접근	4장부터 이 시대의 마지막에 일어날 미래 사건을 묘사함

만드신 네 가지 피조물에 비유한다. 에스겔은 이 스랍이 네 가지 속성을 가지고 있다고 말한다. 사자 같다는 것은 강함과 힘을 상징한다. **둘째 생물은 송아지 같고** 송아지의 이미지는 이 존재가 겸손하게 하나님을 섬긴다는 것을 보여준다. **셋째 생물은 얼굴이 사람 같고** 그들의 얼굴이 사람 같다는 것은 그들이 이성적 존재임을 보여준다. **넷째 생물은 날아가는 독수리 같은데** 그룹들은 독수리 날개의 날렵함으로 하나님에 대한 봉사를 완수한다.

4:8 눈들이 가득하더라 *6절에 대한 설명을 보라.* **거룩하다 거룩하다 거룩하다** 하나님의 거룩하심이 자주 이 삼중의 표현으로 높임을 받는다. 이는 거룩함이 하나님의 모든 것(하나님의 가장 현저한 속성)을 요약하기 때문이다(*사 6:3에 대한 설명을 보라*). **전에도 계셨고 이제도 계시고 장차 오실 이시라** *1:4에 대한 설명을 보라.*

4:10 자기의 관을…드리며 오직 하나님만이 자기들이 받은 상급의 근원임을 인식하고 자기들의 모든 영예를 왕의 발 앞에 던진다(*2:10에 대한 설명을 보라*).

4:11 주께서 만물을 지으신지라 자기의 피조물을 구속하는 일에 착수하신 분은 창조주 하나님이시다.

5:1 두루마리 *1:11에 대한 설명을 보라.* **안팎으로 썼고** 이것은 고대의 다양한 계약서의 전형적 양식이다. 거기에는 권리증, 혼인 계약서, 임대 및 차용 계약서, 유언장 등이 있다. 책 안에는 계약의 모든 세부 내용이 기록되어 있고, 밖 또는 뒷면에는 문서 내용을 요약한 것이 기록되어 있었다. 이 경우에 그 책은 권리증, 곧 땅에 대한 권리증임이 거의 분명하다(참고. 렘 32:7 이하) **일곱 인으로 봉하였더라** 로마인은 그들의 유언장에 어떤 내용이 무단으로 첨삭되는 것을 막기 위해 7번이나 봉인했다(각 책의 모서리에, 히브리의 권리증에는 최소한 세 명의 증인과 세 개의 서로 다른 인봉이 요구되었음). 중요한 거래일수록 더 많은 증인과 인봉이 필요했다.

5:2 힘있는 천사 이 천사의 정체는 불분명하지만, 천사 가브리엘을 가리킬 것이다. 이 천사의 이름은 '하나님의 힘'이라는 뜻을 가진다(단 8:16).

5:3 하늘 위에나 땅 위에나 땅 아래에 이것은 온 우주를 가리키기 위해 성경에서 흔히 사용되는 표현이다. 이것은 세 영역을 명확하게 구분하려는 표현이 아니다.

5:5 유대 지파의 사자 다윗 메시아를 가리키기 위해 가장 일찍부터 사용된 호칭의 하나인(*창 49:8-12에 대한 설명을 보라*) 이 표현은 메시아의 용맹함과 힘을 가리킨다. 이것이 그분의 초림에서 언뜻 드러나기는 했지만 여기서 말하는 이 순간까지는 충분히 드러나지 않는다. **다윗의 뿌리** 메시아의 또 다른 호칭이 분명한(*사 11:1-10에 대한 설명을 보라*) 이 말은 그가 다윗의 후손으로서, 파괴적인 힘으로 땅의 악한 자들을 점령하여 자신의 권위에 복종시킬 것을 내다보고 있다.

5:6 어린 양 사자의 소리를 듣던 요한은 고개를 돌려 어린 양을 본다(문자적으로 '어린 애완용으로 키우는 양'이라는 뜻임). 하나님은 유대인에게 유월절 양을 나흘 동안 집안에 들여 그것들이 애완용 양이 된 후에 난폭한 죽임을 당하도록 하셨다(출 12:3, 6). 이것이 진정한 유월절 양, 하나님의 아들이다(참고. 사 53:7; 렘 11:19; 요 1:29). **죽임을 당한 것 같더라** 도살자에게 입은 상처가 분명하게 보이지만 살아 있었다. **일곱 뿔** 성경에서 뿔은 항상 능력을 상징한다. 동물의 왕국에서 뿔은 힘을 발휘하여 싸움에서 상처를 입히는 데 사용되기 때문이다. 일곱 뿔은 완전함 또는 온전한 힘을 상징한다. 힘 없는 다른 어린 양들과 달리 이 어린 양은 충만하고도 주권적인 힘을 가지고 있다. **일곱 눈…일곱 영** 참고. 4:5. *1:4에 대한 설명을 보라.*

5:8 거문고 이 고대의 현악기는 하나님의 백성이 부르는 노래에 수반되었을 뿐 아니라(대상 25:6; 시 33:2) 예언에도 수반되었다(참고. 삼상 10:5). 구속받은 교회를 대표하는 24명의 장로는 찬송하기 위해, 또한 모든 선지자가 말한 것이 성취되는 것을 상징하기 위해 하프를 연주했다. **향이 가득한 금 대접** 금으로 만들어졌고 입이 넓은 이 대접은 장막과 성전에서 흔한 그릇이었다. 향은 구약 종교 의식에서 일반적인 것이었다. 제사장들은 하루에 두 번 성전의 안쪽 장막 앞에 서서 향을 피워 그 냄새가 지성소 안으로 들어가 하나님의 코로 들어가도록 했다. 이것은 백성의 기도가 하나님께 올라가는 것을 상징했다. **성도의 기도들** 구체적으로, 이 기도는 구속받은 자들이 궁극적인 최후의 구속과 관련하여 기도한 모든 것을 말한다.

5:9 새 노래 참고. 15:3. 구약성경은 하나님의 구속, 곧 건지심을 경험한 사람들의 마음에서 흘러나오는 새 노래에 대한 언급으로 가득하다(참고. 14:3; 시 33:3; 96:1; 144:9). 이 새 노래는 하나님이 시작하시려는 영광스러운 최후의 구속을 고대하는 노래다. **사람들을 피로 사서 하나님께 드리시고** 죄인을 위한 그리스도의 대속적 죽음은 그리스도가 두루마리를 취하기에 합당하게 만들었다(참고. 고전 6:20; 7:23; 고후 5:21; 갈 3:3; 벧전 1:18, 19; 벧후 2:1).

5:10 나라와 제사장 *1:6에 대한 설명을 보라.* **땅에서 왕 노릇 하리로다** *20:2에 대한 설명을 보라.*

5:11 만만이요 천천이라 문자적으로 '무수한'이라는 뜻이다. 이 숫자는 셀 수 없이 많음을 뜻한다. 이 헬라

어 표현은 '무수하다'라고 번역될 수도 있다(눅 12:1; 히 12:22).

5:12 능력과…찬송 이 송영은 하나님과 어린 양의 고유한 일곱 가지 속성을 기록한 것으로, 마땅히 우리의 찬송을 요구한다.

5:13 하늘 위에와 땅 위에와 땅 아래와 *3절에 대한 설명을 보라.*

5:14 네 생물 *4:6에 대한 설명을 보라.* **장로들** *4:4에 대한 설명을 보라.*

천상의 찬송

계 4:8 "네 생물은 각각 여섯 날개를 가졌고 그 안과 주위에는 눈들이 가득하더라 그들이 밤낮 쉬지 않고 이르기를 거룩하다 거룩하다 거룩하다 주 하나님 곧 전능하신 이여 전에도 계셨고 이제도 계시고 장차 오실 이시라 하고"

계 4:11 "우리 주 하나님이여 영광과 존귀와 권능을 받으시는 것이 합당하오니 주께서 만물을 지으신지라 만물이 주의 뜻대로 있었고 또 지으심을 받았나이다 하더라"

계 5:9, 10 "새 노래를 불러 이르되 두루마리를 가지시고 그 인봉을 떼기에 합당하시도다 일찍이 죽임을 당하사 각 족속과 방언과 백성과 나라 가운데에서 사람들을 피로 사서 하나님께 드리시고 그들로 우리 하나님 앞에서 나라와 제사장들을 삼으셨으니 그들이 땅에서 왕 노릇 하리로다 하더라"

계 5:12 "큰 음성으로 이르되 죽임을 당하신 어린 양은 능력과 부와 지혜와 힘과 존귀와 영광과 찬송을 받으시기에 합당하도다 하더라"

계 5:13 "내가 또 들으니 하늘 위에와 땅 위에와 땅 아래와 바다 위에와 또 그 가운데 모든 피조물이 이르되 보좌에 앉으신 이와 어린 양에게 찬송과 존귀와 영광과 권능을 세세토록 돌릴지어다 하니"

계 7:12 "이르되 아멘 찬송과 영광과 지혜와 감사와 존귀와 권능과 힘이 우리 하나님께 세세토록 있을지어다 아멘 하더라"

계 11:17, 18 "이르되 감사하옵나니 옛적에도 계셨고 지금도 계신 주 하나님 곧 전능하신 이여 친히 큰 권능을 잡으시고 왕 노릇 하시도다 이방들이 분노하매 주의 진노가 내려 죽은 자를 심판하시며 종 선지자들과 성도들과 또 작은 자든지 큰 자든지 주의 이름을 경외하는 자들에게 상 주시며 또 땅을 망하게 하는 자들을 멸망시키실 때로소이다 하더라"

계 15:3, 4 "하나님의 종 모세의 노래, 어린 양의 노래를 불러 이르되 주 하나님 곧 전능하신 이시여 하시는 일이 크고 놀라우시도다 2)만국의 왕이시여 주의 길이 의롭고 참되시도다 주여 누가 주의 이름을 두려워하지 아니하며 영화롭게 하지 아니하오리이까 오직 주만 거룩하시니이다 주의 의로우신 일이 나타났으매 만국이 와서 주께 경배하리이다 하더라"

계 16:5 "내가 들으니 물을 차지한 천사가 이르되 전에도 계셨고 지금도 계신 거룩하신 이여 이렇게 심판하시니 의로우시도다"

계 19:1 "이 일 후에 내가 들으니 하늘에 허다한 무리의 큰 음성 같은 것이 있어 이르되 할렐루야 구원과 영광과 능력이 우리 하나님께 있도다"

계 19:3 "두 번째로 할렐루야 하니 그 연기가 세세토록 올라가더라"

계 19:5 "보좌에서 음성이 나서 이르시되 하나님의 종들 곧 그를 경외하는 너희들아 작은 자나 큰 자나 다 우리 하나님께 찬송하라 하더라"

계 19:6 " 또 내가 들으니 허다한 무리의 음성과도 같고 많은 물 소리와도 같고 큰 우렛소리와도 같은 소리로 이르되 할렐루야 주 우리 하나님 곧 전능하신 이가 통치하시도다"

B. 대환난(6:1-18:24)

6:1-18:24 이 긴 단락은 환난의 때(*3:10에 대한 설명을 보라*)에 있을 심판들과 사건들을 상세히 보여준다. 이것은 첫째 봉인을 뗄 때부터 시작하여(1, 2절) 일곱 째 봉인, 나팔, 심판의 대접이 등장할 때까지 계속된다.

6:1 인 5장에서 오직 그리스도만이 그 작은 책(우주에 대한 권리증서)을 열기에 합당하신 분으로 드러났다. 그리스도가 일곱 인을 떼심에 따라 각 책은 환난기(*5:1; 마 24:3-9에 대한 설명을 보라*)에 땅에 떨어질 하나님의 심판에 대한 새로운 사실을 드러낸다. 이 봉인 심판은 마지막까지 있을 모든 심판을 포함한다. 일곱 째 봉인에는 일곱 나팔이 포함되며, 일곱 나팔은 일곱 대접의 재앙을 포함한다.

6:2 흰 말 이 동물은 세계에서 유례가 없는 평화의 시기를 나타낸다. 이는 거짓 평화로, 곧 끝날 것이다(*4절에 대한 설명을 보라*). 이 평화는 일련의 거짓 메시아들을 통해 시작될 것이며, 적그리스도에게서 절정에 도달한다(마 24:3-5). **그 탄 자가** 네 마리의 말과 거기에 탄 자들은 특정한 개인을 가리키는 것이 아니라 힘을 표시한다. 하지만 어떤 해석자들은 말을 탄 사람을 적그리스도로 본다. 비록 그가 주도적 인물이기는 하지만, 요한의 요지는 온 세계가 이 거짓 평화를 추구하는 데 혈안이 되어 그를 따르리라는 것이다. **활** 활은 전쟁의 상징이지만, 거기에 화살이 없다는 것은 그 승리가 피 없이 얻어졌다는 것을 뜻한다. 전쟁이 아니라 언약과 합의를 통해 얻어진 평화라는 것이다(참고. 단 9:24-27). **면류관** 이 단어는 승리한 운동선수에게 하사한 월계관을 가리킨다. 그것이 '그에게 주어졌다'. 세상 사람들이 아무런 대가 없이 왕으로 선출한 적그리스도는 무혈 쿠데타로 온 땅을 정복할 것이다.

6:4 다른 붉은 말 피처럼 붉은 말의 모습은 전쟁의 대참사를 말한다(참고. 마 24:7). 하나님이 이 말과 그것을 탄 자에게 범세계적인 전쟁을 일으킬 능력을 주실 것이다. 비록 이 심판이 끔찍하기는 하지만 '산통', 곧 하나님의 진노가 시작되는 고통에 불과할 것이다(마 24:8; 막 13:7, 8; 눅 21:9). **서로 죽이게 하고** 난폭한 살인이 일상사가 될 것이다. **칼** 길고 넓은 칼이 아니라 암살자들이 자주 사용하고 군인이 전쟁터에 가지고 가는 쉽게 사용할 수 있는 단도다. 이것은 암살과 폭동, 반란, 학살, 대량 살상을 묘사한다(참고. 단 8:24).

6:5 검은 말 검은 색은 기근을 뜻한다(참고. 애 5:8-10). 범세계적 전쟁은 식량 공급을 불가능하게 만들어 범지구적 기근을 일으킬 것이다. **저울** 무게를 재는 일반적인 도구(막대의 양쪽에 균형이 맞게 매달린 두 개의 작은 접시)인 저울은 음식이 부족해서 배급제가 시행되고 사람들은 식량을 구하기 위해 줄을 서게 될 것을 가리킨다.

6:6 밀 한 되 한 사람이 하루 동안에 필요한 식량의 대략적인 양이다. **데나리온** 일반적으로 하루에 해당하는 급료다. 하루 동안의 일은 한 사람의 식량을 구할 정도만 될 것이다. **보리 석 되** 대개 동물의 사료로 사용되던 보리는 밀보다 영양가가 낮고 가격도 저렴했다. 하루의 품삯은 소가족의 하루 치 식량을 제공할 정도밖에 되지 못한다. **감람유와 포도주** 이 말의 요지는 이 두 음식은 기근의 영향을 받지 않을 것이라는 뜻이지만 더욱 직선적인 의미는 가장 기본적인 식량(기름은 빵을 만드는 데 사용되었고, 포도주는 요리와 물을 정화시키는 데 사용되었음)이 신중하게 보존해야 하는 사치품이 되었다는 뜻이다.

6:8 청황색 말 영어의 *chlorophyll*(엽록소)이 이 헬라어에서 생겼으며, 부패한 시체의 창백함 또는 창백한 녹색을 묘사한다. 하나님은 이 말을 탄 자에게 세계 인구의 25퍼센트를 죽일 수 있는 권세를 주신다. **음부** *누가복음 16:23에 대한 설명을 보라.* 죽은 자가 가는 곳을 가리키며, 일반적으로 죽음에게 어울리는 동반자로 사용된다(20:13. *1:18에 대한 설명을 보라*).

6:9 다섯째 인 이 인은 하나님의 응보를 구하는 성도들의 기도의 힘을 가리킨다. 이 사건들은 큰 환난이라고 불리는 7년 기간의 중간과 그 이후 사건들의 시작이

환난이란 무엇인가

환난은 교회가 휴거와 함께 땅을 떠난 후에 즉시 뒤따라오는 7년 동안의 기간을 가리킨다(요 14:1-3; 살전 4:13-18). 이때 하나님의 의로운 심판이 믿지 않는 세계 위에 쏟아질 것이다(렘 30:7; 단 9:27; 12:1; 살후 2:7-12; 계 16장). 이 심판의 절정에서 그리스도가 영광 중에 땅으로 다시 오실 것이다(마 24:27-31; 25:31-46; 살후 2:7-12).

요한계시록 6:1에서 19:21에 이르는 긴 단락은 첫째 봉인의 개봉과 함께 시작하여 일곱째 봉인과 나팔과 대접 재앙을 거쳐 불경건한 자들을 멸망시키는 그리스도의 재림까지(19:11-21) 하나님의 심판과 환난기의 사건들을 상세히 기록하고 있다. 이 시기의 시간 흐름이 요한계시록에 나열되어 있다(11:2-3; 12:6, 14; 13:5). 7년 기간의 후반부는 요한계시록 7:14에서 특별히 "큰 환난"이라고 불린다.

될 것이다(2:22; 7:14. *단 9:27; 마 24:15; 살후 2:3, 4에 대한 설명을 보라*). 후반기(3.5년, 11:2; 12:6; 13:5)는 주의 날을 가리킨다. 이때 하나님이 지상에 심판과 진노를 내리시는데 그 파고가 점점 높아질 것이다(*살전 5:2에 대한 설명을 보라*). **죽임을 당한 영혼들** 믿음 때문에 죽임을 당한 그리스도인이다(참고. 7:9, 13-15; 17:6; 마 24:9-14. 또한 막 13:9-13; 눅 21:12-19을 보라). **제단 아래** 하나님께 올라가는 기도를 묘사한 향을 피우는 향단을 가리킨다(5:8. 참고. 출 40:5).

6:11 흰 두루마기 *3:4에 대한 설명을 보라*. **아직 잠시 동안 쉬되** 하나님은 보응을 원하는 그들의 기도에 응답하실 것이지만, 그 시기는 하나님이 정하신다. **그 수가 차기까지 하라** 하나님은 반역자들이 처단될 때까지 몇 명의 의인이 죽임을 당해야 할지 그 수를 정해 놓으셨다.

6:12 여섯째 인 이 인에서 묘사되는 세력은 압도적인 공포의 세력이다(참고. 눅 21:26). 앞선 다섯째 인은 하나님이 자신의 뜻을 이루기 위해 인간의 활동에 개입하신 결과이지만, 지금부터는 하나님이 직접 일하신다(참고. 마 24:29; 눅 21:25). 이전 다섯째 인은 여섯째 인과 함께 시작될 분노에 찬 주의 날에 대한 전조가 될 것이다(17절). 이 인에서 묘사된 사건들은 나팔 심판을 포함하는 일곱째 인(8; 9장; 11:15 이하)과 대접 심판(16장)으로 연결될 것이다. **큰 지진** 이 사건 전에 많은 지진이 있을 테지만(마 24:7), 이 지진은 단순한 지진 이상의 일이 될 것이다. 지구의 모든 단층이 동시에 어긋나기 시작하면서 거대한 지각 변동과 범지구적 지진이 일어날 것이다. **달은 온통 피 같이 되며** 지진과 함께 무수한 화산 폭발이 있을 것이다. 엄청난 양의 화산재와 파편이 지구의 대기 속으로 올라가 해를 어둡게 하고 달은 핏빛을 띠게 될 것이다(참고. 슥 14:6, 7).

6:13 하늘의 별들이…떨어지는 것 *별*들은 하늘에 있는 크고 작은 어떤 것을 가리키는데, 우리가 사용하는 일반적인 용례로만 제한되지 않는다. 가장 적절한 설명은 거대한 소행성 또는 유성의 소나기다. **설익은 열매** 잎의 보호를 받지 못하고 자라는 겨울 무화과로, 바람에 쉽게 떨어진다.

6:14 하늘은 두루마리가 말리는 것 같이 떠나가고 지구의 대기가 어떤 극적인 영향을 받아 우리가 알고 있는 하늘이 사라질 것이다(참고. 사 34:4). **각 산과 섬이 제자리에서 옮겨지매** 범지구적 지진으로 생긴 압력에 의해 지각의 큰 조각이 미끄러지고 흔들려서 온 대륙이 재편될 것이다.

6:16 어린 양의 진노 세상 사람들이 최초로 그들에게 닥친 고난의 근원을 알게 될 것이다(*5:6에 대한 설명을 보라*). 믿을 수 없는 일이지만, 이런 일이 벌어지기 전에 그들은 아무 일도 없다는 듯이 살고 있을 것이다(마 24:37-39).

6:17 큰 날 여섯째 인과 함께 선지자들이 "주의 날"이라고 부르는 날이 시작될 것이다. 요엘서 서론의 역사적·신학적 주제를 보라. *데살로니가전서 5:2에 대한 설명을 보라*.

7:1-17 7장은 여섯 째 인(6:12-17)과 일곱째 인(8:1) 사이의 삽입부로, 6장 마지막에 제기된 질문에 대한 답변이다. 신성한 분노 속에서 서로 구별되는 두 무리가 살아남을 것이다. 이 땅의 유대인 복음 전도자들 14만 4,000명(1-8절)과 그들을 통해 회심한 하늘에 있는 자들(9-17절)이다.

7:1 땅 네 모퉁이 나침반의 네 개의 사분면을 말한다. 즉 천사들이 땅 위에 있는 네 군데의 핵심 위치에 자리 잡을 것이다. **바람** 이것은 비유적 표현으로 동서남북에서 불어오는 모든 바람을 가리킨다. 짧은 기간 동안 천사들이 땅의 대기에 필수적인 엔진을 끌 것이다.

7:2 살아 계신 하나님의 인 *인*은 대개 어떤 문양이 새겨진 반지를 가리킨다. 문서 위에 초를 녹여 붓고 이 반지로 찍어 반지의 문양을 남기는 데 사용되었다. 거기에 남은 문양은 그 문서의 진정성과 소유권을 증명했고, 그 내용을 보호하는 역할을 했다(참고. 9:4; 겔 9:3, 4). 이 본문에서 거기에 새겨진 것은 하나님의 이름이다(14:1).

일곱 인

1. 첫째 인 (계 6:1, 2)	적그리스도의 통치
2. 둘째 인 (계 6:3, 4)	지상에서 벌어지는 인간의 충돌
3. 셋째 인 (계 6:5, 6)	지상의 기근
4. 넷째 인 (계 6:7, 8)	지상의 죽음
5. 다섯째 인 (계 6:9-11)	지상의 박해
6. 여섯째 인 (계 6:12-17)	초대형 자연재해
7. 일곱째 인 (계 8:1-5)	일곱 나팔과 대접(*6:1에 대한 설명을 보라*)

7:4 이스라엘 자손의 각 지파 주권적 선택을 통해 하나님은 열두 지파에서 각각 1만 2,000명씩을 택하여, 그들이 사명을 수행하는 동안 보호해줄 것을 약속하신다. **십사만 사천** 환난기 동안 많은 유대인과 이방인의 구원을 위한 도구가 되는 구속받은 유대인 선교사 무리를 가리킨다(9-17절). 그들이 새롭게 구속받은 이스라엘의 첫 열매가 될 것이다(4절; 슥 12:10). 마침내 이스라엘은 구약에서 자기들이 되기를 거부했던 그 민족, 곧 열방에 증인이 되는 민족이 될 것이다(*롬 11:25-27에 대한 설명을 보라*).

7:9 각 나라와 족속과 백성과 방언 지상의 모든 백성의 무리다. **큰 무리** 환난 시기가 심판의 때이기는 하지만 동시에 유례없는 구속의 때이기도 할 것이다(참고. 14절; 6:9-11; 20:4; 사 11:10; 마 24:14). **흰 옷** *3:4에 대한 설명을 보라.* **종려 가지** 고대에는 이것이 장막절을 포함한 절기들과 연관되어 있었다(레 23:40; 느 8:17; 요한 12:13).

7:10 구원하심이…우리 하나님…에게 있도다 구원은 그들의 예배의 주제이며, 그들은 구원이 오직 하나님에게서만 온다는 것을 인정한다.

7:11 장로들 *4:4. 4:6에 대한 설명을 보라.*

7:12 찬성과…권능 *5:12에 대한 설명을 보라.*

7:13 흰 옷 *3:4에 대한 설명을 보라.*

7:14 큰 환난 *3:10; 6:1, 9, 12에 대한 설명을 보라.* 이들은 아직 구원받지 않았기 때문에 휴거한 교회와 함께 올라가지 못했다. 7년 동안 그들은 구원받고 순교하여 하늘에 들어갈 것이다. 이 시기가 비록 유례없는 심판의 때이기는 하지만 동시에 유례없는 구원의 은혜의 때이기도 할 것이다(참고. 마 24:12-14). **어린 양의 피** 이것은 그리스도의 속죄의 죽음을 가리킨다(참고. 1:5; 5:9; 롬 3:24, 25; 5:9). **그 옷을 씻어** 참고. 19:8. 여기서 말하는 것은 구원이다(딛 2:11-14).

7:15 그의 성전 이것은 하늘에 있는 하나님의 보좌를 가리킨다(*11:19에 대한 설명을 보라*). 천년 동안 지상에 성전이 있을 것이다. 부분적으로 구속되었지만 여전히 타락한 우주 속에서 하나님이 거하시는 특별히 거룩한 장소다(겔 40-48장을 보라). 새 하늘과 새 땅이 이루는 최종적이고 영원한 상태에는 성전이 없을 것이다. 모든 것을 채우시는 하나님 그분이 그 세상의 성전이 되실 것이다(21:22). **그들 위에 장막을 치시리니** 하나님의 임재가 그들의 피난처의 장막이 되어 타락한 세상의 모든 두려움과 그들이 환난기에 땅에서 경험할 형언할 수 없는 끔찍한 일들로부터 그들을 보호할 것이다.

7:17 목자 어린 양은 항상 아름다운 이미지들이 결합된 목자이셨다(시 23편; 요 10:14 이하; 히 13:20).

8:1 일곱째 인 이 인은 지진뿐 아니라 일곱째 나팔 심판(8:1-9:21; 11:15 이하)과 일곱 대접의 심판(16:1-21)을 포함하며, 이 대접 심판은 일곱째 나팔 소리와 함께 쏟아져서 그리스도의 재림 직전 급속하게 연속적으로 임한다(*6:1에 대한 설명을 보라*). **하늘이…고요하더니** 하나님이 쏟아붓고자 하시는 심판의 어두운 현실에 대한 예상과 두려움에서 비롯된 고요함이다.

8:2 일곱 나팔 요한계시록에서 나팔은 주로 심판이 임박했음을 알린다. 나팔은 인보다는 훨씬 강도가 크지만 최후의 대접 심판만큼 파괴적이지는 않다(참고. 16:1-21). 나팔 심판은 후반기에 발생하지만, 각 나팔 심판의 시기는 명확하지 않으며, 예외적으로 다섯째 나팔 심판의 효과는 마지막 다섯 달 동안 지속될 것이다(9:10). 처음 네 나팔은 하나님이 지구 환경을 파괴하실 것을 선언하며(6-12절), 나머지 세 나팔은 마귀가 세상 사람들을 유린할 것을 포함한다(9:1-21; 11:15 이하).

8:3 금 향로 줄이나 사슬에 매달린 금으로 만든 접시로, 향단에 불을 피우기 위해 놋 제단에서 불붙은 석탄을 담아 향단으로 옮기는 데 사용되었다. 이 향단에서 피어오르는 향은 백성의 기도를 상징한다(5:8; 출 27:3. 참고. 눅 1:8, 9). 이 일은 아침 제사와 저녁 제사를 위해 하루에 두 번 행해졌다.

8:5 우레와…번개 *4:5에 대한 설명을 보라.* **지진** 여섯째 인에서(*6:12에 대한 설명을 보라*) 묘사된 것과 같은 수준이거나 더 강렬한 지진임이 분명하다.

8:7 피 섞인 우박과 불이 나와서 이것은 5절의 지진으로 말미암아 일어난 화산 폭발을 묘사하는 것으로 보인다. 그런 폭발이 일어나 하늘로 치솟은 증기와 물은 쉽게 우박으로 응고되어 불타는 용암과 함께 땅에 떨어진다(참고. 출 9:13-25). 먼지와 가스가 쏟아지는 물을 오염시킨 나머지 피처럼 붉게 보인다. **수목의 삼분의 일도 타 버리고** 용암 태풍이 강력한 불을 일으켜 땅에 있는 숲 가운데 삼분의 일을 황폐화시킬 것이다.

8:8 큰 산과 같은 것이 거대한 유성이나 소행성이 지구 대기에 진입할 때 불이 붙은 가스로 둘러싸인 것을 가리킬 것이다. 그에 따른 충격으로 거대한 파도가 만들어져 지상에 존재하는 선박 가운데 삼분의 일이 파괴될 것이다. **바다의…피가 되고** 이 말은 물에 독성을 퍼뜨리는 수십 억 개의 죽은 미생물로 말미암아 생기는, 붉은 파도(이 경우에는 유성의 충돌의 결과로 생긴)라는 이름으로 알려진 사건을 가리킬 것이다. 또한 실제 피를 가리킬 수도 있는데, 만약 그렇다면 이것은 종말의 심판을 가리키는 것이 분명하다.

8:10 큰 별이…떨어져 또 다른 천체 가운데 하나다. 그것이 불의 흔적을 만드는 것으로 보아 혜성으로 짐작된다(*8절; 6:13에 대한 설명을 보라*). 이것은 지구에 접근하면서 산산조각 나서 온 땅에 흩어질 것이다.

8:11 쑥 독성이 있는 쓴 물질로 식물의 뿌리에서 추출되며, 현기증을 일으켜 결국 죽음에 이르게 한다(신 29:18; 잠 5:4; 렘 9:15; 애 3:15).

8:12 해 삼분의 일…타격을 받아 하나님이 초자연적인 방식으로 천체의 힘 가운데 삼분의 일을 줄이실 것이다. 태양열이 줄어들면 온도가 급격하게 낮아져 식물과 생물학적 순환과 기후에 급격한 변화가 일어날 것이다(눅 21:25. 참고. 출 10:21-23). 그러나 이것은 한시적이다(참고. 16:8, 9).

8:13 화, 화, 화가 있으리니 남은 나팔을 하나씩 불 때마다 이렇게 된다. 처음 네 나팔도 상상할 수 없는 것이지만, 뒤에 따라올 세 나팔은 그 무엇과도 비교할 수 없을 것이다(9:1-21; 11:15 이하).

9:1 하늘에서 땅에 떨어진 별 하나 이미 떨어진 다른 별들(6:13; 8:8)과 달리 이 별은 천상의 존재일 것이다(참고. 2절). 어쩌면 사탄 자신일 것이다(4절; 12:7. *사 14:12-14; 겔 28:12-15; 눅 10:18에 대한 설명을 보라*). **무저갱** 문자적으로 '끝없는 구덩이'라는 뜻이다. 요한계시록에 7번 언급된 이곳은 항상 귀신의 무리가 고통당하는 감옥, 가장 끔찍한 고통이 있는 격리의 장소를 가리킨다(1, 2, 11절; 11:7; 17:8; 20:1, 3. *벧후 2:4; 유 6, 7절에 대한 설명을 보라*).

9:3 황충 메뚜기 같은 곤충으로, 엄청나게 무리 지어 옮겨다니기 때문에 태양을 가릴 수도 있고 모든 식물을 먹어치우기도 한다. 1950년대 중동에서 메뚜기 떼가 넓은 지역에서 자라는 모든 식물을 먹어치운 적이 있다. 하지만 여기서 말하는 이 메뚜기 떼는 일반적인 메뚜기가 아니라 귀신들이[메뚜기처럼 파멸로 뒤덮는(*욜 2:2, 4에 대한 설명을 보라*)] 눈에 보이는 형태로 드러난 것이며, 특별히 준비된 것이다. *같은*이라는 표현이 요한의 묘사에서 9번 나온다. 그는 자기가 본 것을 독자가 이해하도록 묘사하는 데 어려움을 느꼈던 것으로 보인다. **전갈** 거미류의 절지동물 중 하나로 따뜻하고 건조한 지역에 살며, 위로 치켜세운 꼬리에 독침이 나와 있다. 전갈에 물린 사람은 고통스러워하면서 데굴데굴 구르고, 입에 거품을 물며, 고통으로 말미암아 이를 간다. 메뚜기 형태의 귀신들은 전갈과 같은 신체적(또는 영적) 고통을 가할 수 있다(5절).

9:4 하나님의 인침을 받지 아니한 사람들 7장에 언급된 두 무리(14만 4,000명의 유대인 복음 전도자와 그들의 회심자들) 이외에 땅에 사는 모든 사람을 말한다(*7:4에 대한 설명을 보라*).

일곱 나팔

1. 첫째 나팔 (계 8:7)	황폐하게 하는 불
2. 둘째 나팔 (계 8:8, 9)	바다가 오염됨
3. 셋째 나팔 (계 8:10, 11)	민물이 오염됨
4. 넷째 나팔 (계 8:12, 13)	하늘에 혼란이 발생함
5. 다섯째 나팔 (계 9:1-12)	마귀의 침략
6. 여섯째 나팔 (계 9:13-21)	귀신들이 전쟁을 일으킴
7. 일곱째 나팔 (계 11:15-19)	일곱 대접(*6:1에 대한 설명을 보라*)

9:5 다섯 달 동안 메뚜기의 평균 한살이는 5개월이며 대개 5월부터 9월까지다.

9:6 죽기를 구하여도 죽지 못하고 고통당하는 사람들이 고통에서 벗어날 길을 찾지 못할 것이다. 자살로 그들의 고생을 마감하려는 시도도 성공하지 못할 것이다.

9:7 사람의 얼굴 이 악령의 피조물들이 이성적이고 이지적인 존재임을 가리키는 말로 보인다.

9:8 여자의 머리털 예레미야 51:27에서 언급한 머리털 같은 털을 가진 메뚜기를 말한다. **사자의 이빨** 그들은 난폭하고 강력할 뿐 아니라 치명적이다(참고. 렘 51:27).

9:9 철 호심경 철 호심경은 인체의 내장기관을 지키고 전사의 생명을 유지하기 위해 설계되었다. 철 호심경으로 무장한 이 피조물은 강인함을 지녔다.

9:10 다섯 달 *5절에 대한 설명을 보라.*

9:11 아바돈…아볼루온 비록 메뚜기들에게는 왕이 없지만(잠 30:27), 이 귀신 같은 피조물들에게는 왕이 있다. 그 왕의 이름은 히브리어와 헬라어에서 모두 '파괴자'라는 뜻이다. 거룩한 천사들 사이에서와 마찬가지로 귀신들 사이에서도 위계질서가 있다. 짐작컨대 '무저갱의 사자'는 사탄이 가장 신뢰하는 지도자들 가운데 하나이거나 사탄 자신일 가능성도 있다.

9:12 첫째 화 마지막 세 나팔 중 첫 번째 것이다(*8:13에 대한 설명을 보라*).

9:13 금 제단 네 뿔 하나님이 설계하신 금향단에는 네

귀퉁이에 네 개의 돌출부, 곧 뿔이 있다(출 30:2. *6:9에 대한 설명을 보라*). 이곳은 보통 자비를 베푸는 자리다. 하나님이 백성의 기도에 응답하실 때 그 단이 응징의 외침으로 다시 울릴 것이다.

9:14 유브라데 에덴동산을 통과하여 흐르던 네 강들 중 하나다(*16:12에 대한 설명을 보라*. 참고. 창 2:14). 바벨부터 시작해 이 지역은 세계의 많은 이방 종교의 발상지가 되었다. **네 천사** 성경에 거룩한 천사가 결박된 경우는 없다. 이들은 하나님이 결박하셨던 사탄 세력의 타락한 천사들이지만, 하나님이 그들의 말 탄 자들을 통해 자신의 심판을 행하기 위해 결박을 풀어주실 것이다(15-19절). 하나님의 통치는 이렇듯 사탄의 세력에까지 미친다. 그들은 하나님의 명령에 따라 결박되거나 풀린다.

9:15 년 월 일 시 하나님은 미리 예정된 계획에 따라 일하신다(참고. 마 24:36; 행 1:7).

9:16 마병대 어떤 사람은 이 부대를 동방의 왕들을 동반한 군대(16:12)로 보는데, 그 결과 그들을 아시아에서 오는 인간 군대로 간주한다. 그러나 이 사건은 여섯째 나팔이 아니라 일곱째 나팔과 연결되어 발생한다. 이 표현은 세상 사람들과 전쟁을 일으켜 인류 가운데 삼분의 일을 죽이는 사탄의 세력을 가리키는 것으로 이해하면 된다(15절).

9:17 호심경 *9절에 대한 설명을 보라*. **유황** 유황은 황을 함유한 황색의 바위로, 요한계시록에서는 자주 불과 연기를 동반한다(14:10; 19:20; 20:10). 사해 주변에서 흔한 물질로, 불을 붙이면 퇴적된 황이 녹으면서 불길이 일고 질식시키는 가스를 내뿜는다.

9:19 꼬리는 뱀 같고 또 꼬리에 머리가 있어 마귀가 자신의 파괴적인 능력을 양 방향으로 발휘할 수 있음을 표현한 것이다.

9:20, 21 하나님은 그들이 행한 반항의 대표적인 다섯 가지 반항의 죄를 열거하신다.

9:20 여러 귀신 우상숭배에 대한 바울의 언급을 상기시킨다(*고전 10:19, 20에 대한 설명을 보라*). 귀신들은 사람이 좋아하는 돌과 숲의 우상을 인격화한 것이다.

9:21 복술 이 헬라어에서 영어 단어 *pharmacy*(조제술)가 유래되었다. 고대에는 마약을 사용해 감각을 마비시켜 강령, 미술, 주문, 영매를 통한 광란 등 종교적 경험에 적합한 상태로 만들었다(21:8; 22:15). *에베소서 5:18에 대한 설명을 보라*. **회개하지 아니하더라** 참고. 16:9, 11, 21.

10:1-11:14 이 부분은 여섯째 나팔과 일곱째 나팔(11:15) 사이의 내용이다. 인과 대접 역시 여섯째 심판과 일곱째 심판 사이에 짧은 막간이 있다(7:1-17; 16:15). 하나님의 의도는 광포 속에 있는 자기 백성에게 용기와 위로를 주며, 하나님이 여전히 통치하시고 자기 백성을 기억하고 계시며 그들이 궁극적으로 승리하리라는 사실을 상기시켜주는 것이다.

10:1 힘 센 다른 천사 많은 주석가는 이 존재를 예수 그리스도로 본다. 그러나 "다른"으로 번역된 헬라어는 동일한 종류에 속한 하나, 곧 피조물이라는 뜻이다. 이 인물은 나팔 부는 임무를 맡은 "일곱 천사"(8:2) 중 하나가 아니라 하늘에서 가장 높은 지위에 있는 자이며 장엄과 위대함, 능력으로 충만하다(참고. 5:2; 8:3; 18:1). **무지개** *4:3에 대한 설명을 보라*. 하나님은 심판 가운데 서라도 항상 노아 언약을 기억하고 자기 백성을 보호할 것임을 요한에게 상기시키기 위해 이 표현을 포함시키셨을 것이다. **그 발은 불기둥 같으며** 이 천사의 발과 다리는 주의 날을 실행할 확고한 의지를 나타낸다.

10:2 작은 두루마리 일곱 봉인이 붙은 책은 땅에 대한 권리증서로(*5:1에 대한 설명을 보라*), 완전히 개봉되어 모든 최후 심판이 가시적으로 나타날 것이다. **오른 발은 바다를 밟고 왼 발은 땅을 밟고** 비록 사탄이 한동안 바다와 땅을 찬탈하겠지만, 이 상징적 행동은 모든 피조물이 주님께 속했으며 주가 주권적 권위로 그것을 통치하심을 보여준다.

10:3 일곱 우레 *4:5에 대한 설명을 보라*. 참고. 6:1; 8:5.

10:4 요한은 하나님의 때가 될 때까지 일곱 우레의 메시지를 감춰야 한다는 말을 들었다(참고. 22:10; 단 8:26, 27; 12:9).

10:5 하늘을 향하여 오른손을 들고 이 헬라어 동사는 약속이나 엄숙한 맹세를 할 때 손을 든다는 전문적 의미로 자주 등장한다(참고. 단 12:7. *마 5:33, 34에 대한 설명을 보라*). 하늘을 향해 손을 드는 것은 그곳이 하나님이 거하시는 곳이기 때문이다. 천사가 맹세를 하고 있는 것이다.

10:6 지체하지 아니하리니 이것이 주의 날의 마지막 재앙의 시작이다(11:15). 이는 제자들이 기대하던 때가 왔다는 것을 뜻한다(마 24:3; 행 1:6). 성도들의 기도가 응답될 것이다(6:9-11; 마 6:10).

10:7 비밀 '닫다' '덮다'라는 의미를 가진 헬라어다. 신약성경에서 "비밀"은 하나님이 감추셨지만 그리스도와 그의 사도들을 통해 드러난 진리를 가리킨다(*엡 3:4, 5에 대한 설명을 보라*. 참고. 롬 16:25). 여기서 비밀은 하나님이 죄인을 멸망시키시고 지상에 하나님의 의로운 나라를 세우시는 최후에 나타날 절정의 비밀이다. **전하신**

복음과 같이 아직 완전히 드러나지는 않았지만 이 비밀은 하나님의 선지자들에게 선포되었다(참고. 암 3:7).

10:9 갖다 먹어 버리라 이 말은 하나님의 말씀을 취하는 것을 그림같이 보여준다. 여기에서 요한의 신체적 반응은 하나님의 심판에 대한 신자의 합당한 반응이 무엇인지를 보여준다(참고. 겔 3:1). 하나님의 영광과 그리스도의 승리에 대한 달콤한 기대와 동시에, 아들을 거부한 자들에게 쏟아지는 하나님의 진노를 목격하는 쓴 경험이다. **네 배에는 쓰나** 죄인들에게 준비된 인과 나팔, 대접 심판을 진정으로 소화시키자 요한은 구역질이 났다. **네 입에는 꿀 같이 달리라** 그럼에도 하나님의 최후 승리와 의로움의 입증은 신자에게 달콤한 것이다.

10:11 백성과 나라와 방언과 임금 *7:9에 대한 설명을 보라.* **다시 예언하여야 하리라** 요한은 일곱째 나팔과 일곱 대접의 쓰디쓴 심판에 대해 사람들에게 경고하라는 부르심을 받았다.

11:1 갈대 속이 비고 대나무 같은 등류식물로 요단강에서 자란다. 가볍고 단단하기 때문에 측량 막대기로 널리 사용되었다(참고. 겔 40:3, 5). 성전을 측량한다는 것은 하나님이 그것의 소유자임을 상징한다(참고. 21:15; 슥 2:1-5). **하나님의 성전** 이것은 성전 건물 전체가 아니라 지성소와 성소를 가리키는 말이다(참고. 2절). 환난의 때에 재건된 성전이 존재할 것이다(단 9:27; 12:11; 마 24:15; 살후 2:4). **제단** 예배자에 대한 언급이 있는 사실로 미뤄볼 때 이것은 성소 안에 있는 향단이 아니라 성전 뜰에 있는 놋 제단을 가리킨다. 왜냐하면 성소 안에는 오직 제사장들만 들어가도록 허용되었기 때문이다(참고. 눅 1:8-10).

11:2 성전 바깥 마당 이방인의 뜰을 가리키는 말로, 낮은 담이 쳐져 헤롯 성전 안에 있는 내부 뜰과 분리되었다. 이방인은 안쪽 뜰에 들어가지 못했다. 이 법을 어기면 사형에 처할 수 있었다. 요한이 바깥마당을 측량하지 말라는 지시를 받은 것은 하나님이 언약 백성을 압제한 불신 이방인을 버리셨음을 상징한다. **거룩한 성을…짓밟으리라** 앗수르, 바벨론, 메대-바사, 그리스, 로마가 모두 고대에 예루살렘을 압제했다(참고. 왕하 25:8-10; 시 79:1; 사 63:18; 애 1:10). 이 절은 미래에 적그리스도의 세력으로 말미암아 예루살렘이 처참하게 파괴되고 압제당할 것을 가리킨다. **마흔두 달** 이 삼 년 반의 기간은 환난기의 절반 기간에 해당되며, 적그리스도의 가시적인 악행이 일어나는 기간과 일치한다(3절; 12:6; 13:5). 이 동일한 시기에 유대인은 광야에서 하나님의 보호를 받게 될 것이다(12:6, 14).

11:3 두 증인 환난 시기의 후반부에 심판과 구원의 메시지를 전파하도록 하나님으로부터 특별한 능력과 권위를 받은 개인을 말한다. 구약성경은 증언을 확증하기 위해 두 명 또는 그 이상의 증인을 요구하며(참고. 신 17:6; 19:15; 마 18:16; 요 8:17; 히 10:28), 두 명의 선지자가 이스라엘에 대한 하나님의 증언, 곧 하나님으로부터 심판이 오며 하나님이 회개하고 믿는 모든 사람에게 은혜로 구원을 주신다는 메시지가 절정에 이를 것을 상징한다. **굵은 베옷** 염소 또는 낙타의 털로 만든 거칠고 조악한 옷이다. 이 천으로 만든 옷을 입는다는 것은 회개, 겸손, 애통의 표현이었다(참고. 창 37:34; 삼하 3:31; 왕하 6:30; 19:1; 에 4:1; 사 22:12; 렘 6:26; 마 11:21). 증인들은 세상의 저주받은 상태와 세상에 대한 하나님의 심판, 적그리스도가 성전과 거룩한 도성을 모독하는 것을 보고 애통해할 것이다. **천이백육십 일** 42개월 또는 3년 반이다(참고. 12:6; 13:5. *2절에 대한 설명을 보라*).

11:4 이 이미지는 스가랴 3장과 4장에서 온 것이다(*이 부분에 대한 설명을 보라*). 스가랴의 환상은 곧 성취될 것(여호수아와 스룹바벨을 통한 성전 재건)과 오랜 후에 성취될 것(천년 기간에 이스라엘이 마침내 회복될 것을 가리키는 두 증인의 사역) 두 가지 모두를 포함한다. **두 감람나무와 두 촛대** 감람유는 보통 등잔에 사용되었다. 감람유와 촛대는 영적 부흥의 빛을 상징한다. 바벨론 포로기 이후 여호수아와 스룹바벨의 설교가 부흥을 일으켰듯이 이 두 증인의 설교도 부흥을 촉발시킬 것이다.

11:5, 6 이 두 증인의 정체를 확증할 수는 없지만, 몇 가지 사실을 감안해볼 때 모세와 엘리야일 가능성이 높다. 첫째, 그들은 모세처럼 땅에 재앙을 내리며, 엘리야처럼 땅에 비가 오지 않게 할 능력이 있다. 둘째, 유대교 전통은 모세(참고. 신 18:15-18)와 엘리야(참고. 말 4:5, 6)가 미래에 다시 올 것을 기대했다(참고. 요 1:21). 셋째, 모세와 엘리야는 그리스도의 다시 오심에 대한 시연으로 변화산에서 그리스도가 변화하는 순간 그 자리에 있었다. 넷째, 모세와 엘리야는 모두 회개를 촉구하기 위해 초자연적 수단을 사용했다. 다섯째, 엘리야는 산채로 하늘로 올라갔고, 하나님이 사람들이 알 수 없는 곳에 모세를 매장하셔서 그의 시체가 발견되지 않았다. 여섯째, 두 증인이 초래한 가뭄의 기간(3년 반, 참고. 3절)이 엘리야가 초래한 가뭄의 기간과 같다(약 5:17).

11:5 불이 나와서…삼켜 버릴 것이요 이것은 실제 불을 가리킬 것이다. 이 두 사람은 사역하는 동안 초자연적 능력의 보호를 받아 무적이 될 것이다. 거짓 선지자는 이 표적을 모방할 것이다(13:3).

11:6 권능을 가지고 하늘을 닫아 기적은 때로 하나님의 메신저가 진짜임을 입증해주었다. 여기서는 3년 반

동안의 기근이 일어나면(그들 이전에 엘리야가 했듯이) 전 세계적으로 환난의 고통을 겪는 사람에게 측량할 수 없는 고문이 시작될 것이다. 또한 두 증인에 대한 그들의 증오가 거세질 것이다. **물을 피로 변하게 하고** 둘째와 셋째 나팔의 영향으로 이미 황폐화된 지구상에 남은 물마저 마실 수 없게 될 것이며, 이는 기근으로 말미암아 발생한 고통을 가중시킬 것이다.

11:7 짐승 요한계시록에서 이 인물에 대한 첫 번째 언급이다. 그는 적그리스도에 다름 아니다(13장을 보라). 그가 무저갱에서 벗어날 수 있다는 사실은 그가 사탄의 능력을 가졌음을 표시한다. **그들을 죽일 터인즉** 두 증인의 사역이 완료되면 하나님은 두 증인에 대한 초자연적 보호를 중지하실 것이다. 그러면 짐승은 과거에 많은 자들이 목숨을 바쳐 이루려고 했던 그 일을 이루게 될 것이다.

11:8 그들의 시체가 큰 성 길에 있으리니 자기의 원수를 매장시키지 않는 것은 그들을 수치스럽게 하며 조소하는 한 가지 방법이다(참고. 행 14:19). 구약성경은 이런 일을 명백하게 금한다(신 21:22, 23). **큰 성** 예루살렘을 소돔과 애굽과 동일시하는 것은 예루살렘의 악함을 강조하는 말이다. 그 성의 유대인 인구가 두 증인 사역의 주된 목표였던 것으로 보이며, 이것이 13절의 회심으로 연결된다.

11:9 사흘 반 죽임당한 선지자들의 시체가 부패하기 시작함에 따라 온 세상이 적그리스도를 보고(시각적 미디어의 가장 최근 형태를 통해 본다는 뜻이 분명함) 그에게 영광을 돌릴 것이다.

11:10 즐거워하고 기뻐하여 서로 예물을 보내리라 땅에 사는 자들(불신자를 가리키기 위해 요한계시록에서 11번 사용된 표현임)은 그들을 괴롭게 하던 자들의 죽음을 크게 기뻐하면서 두 증인의 죽음을 축제일인 양 기념할 것이다.

11:11 하나님께로부터 생기가 그들 속에 들어가매 하지만 이 잔치는 오래 가지 못할 것이다. 이는 하나님이 두 증인을 부활시킴으로써 그들이 하나님의 신실한 증인이었음을 입증해주시기 때문이다.

11:12 구름을 타고 하늘로 올라가니 어떤 사람은 부활한 후에는 그들의 메시지가 더욱 강력해질 텐데 왜 하나님은 그들에게 더 복음을 전하도록 하지 않으시는지 의아하게 생각할 수 있다. 그러나 이 의문은 이와는 정반대로 말하는 그리스도의 명확한 말씀을 무시하는 것이다(눅 16:31). **그들의 원수들도 구경하더라** 두 증인을 미워하고 창피를 주던 사람들이 그들의 정당성이 입증되는 것에 주목할 것이다.

11:13 지진 하나님은 선지자들의 승천에 맞춰 큰 지진을 일으키신다. 이때 있을 파멸과 죽음은 주로 적그리스도의 힘이 되는 지도자들에게 발생할 것이다. **그 남은 자** 이 말은 여전히 살아 있는 유대인을 가리키며, 그들은 아직 그리스도에 대한 믿음 쪽으로 오지 않을 것이다. **영광을 하늘의 하나님께 돌리더라** 이것은 유대인의 진정한 구원에 대한 경험으로(참고. 눅 17:18, 19), 하나님을 모독하며 영광을 돌리기를 거절하는 자들과 대비된다(16:9). 이것은 스가랴의 예언(12:10; 13:1)과 바울의 예언(롬 11:25-27)에 있는 핵심을 완전히 성취한다.

11:14 둘째 화 여섯째 나팔(*9:12에 대한 설명을 보라*). 여섯째 나팔과 일곱째 나팔 사이의 막간이 끝난다(*10:1에 대한 설명을 보라*). 이스라엘의 회개는 천년왕국과 함께 곧 일어날 것이다(행 3:19-21; 롬 11:25, 26). 그러나 그보다 먼저 마지막 극적인 심판이 임할 것이다.

11:15 일곱째 천사가 나팔을 불매 일곱째 나팔에는 일곱 대접과 16장에 묘사된 마지막 심판, 천년왕국으로 연결되는 모든 사건(20장), 예수 그리스도의 대관식(19장)이 포함된다. **우리 주와 그의 그리스도의 나라** 세계가 정치문화적으로 많이 분열되어 있음에도 성경은 그것을 사탄을 한 통치자로 삼는 하나의 나라로 본다(요 12:31; 14:30; 16:11; 고후 4:4). 이 세상의 인간 통치자들은 사탄의 지도에 따라 전체적으로 그리스도께 적대적이다(시 2:2; 행 4:26). 이 세상 왕국의 오랜 반항은 주 예수 그리스도가 승리의 귀환을 하여 대적들을 이기고 자신의 메시아 왕국을 세우실 때 끝날 것이다(사 2:2, 3; 단 2:44; 7:13, 14, 18, 22, 27; 눅 1:31-33). 이 나라 역시 아버지 하나님께 속한다(*고전 15:24에 대한 설명을 보라*).

11:16 이십사 장로 *4:4에 대한 설명을 보라*.

11:17 옛적에도 계셨고 지금도 계신 마지막 어구인 "장차 오실 이"(1:4, 8; 4:8에서 사용됨)라는 말이 가장 믿을 만한 헬라어 사본에는 없다. 나라의 도래가 더 이상 미래가 아니라 즉시 발생하는 일이 될 것이다.

11:18 이방들이 분노하매 이방들은 이제 두려움에 떠는 것이 아니라(참고. 6:15-17) 오히려 분노에 가득 차 대적할 것이다. 그들의 적대감은 그리스도에 대항하여 싸우려는 어리석은 시도로 곧 드러날 것이다. 이것은 인간이 하나님께 대적하는 결정적인 모습으로, 망할 수밖에 없는 헛된 노력이다(16:14; 19:17-21). **주의 진노** 전능한 하나님이 연약하고 무력한 이방 나라들의 분노에 대응하신다(참고. 시 2:1-9). 24명의 장로가 하나님의 미래의 진노에 대해 말할 때 그것이 이미 발생하고 있는 것처럼 말하는데(20:11-15), 이는 그것의 확실성을

상징한다. 하나님이 반항하는 사람들에게 진노를 쏟을 날이 온다는 것은 성경의 중요한 주제다(참고. 사 24:17-23; 26:20, 21; 30:27-33; 겔 38:16 이하; 살후 1:5-10). **죽은 자를 심판하시며** 하나님의 진노가 마지막으로 쏟아질 때는 죽은 자에 대한 심판도 일어난다(참고. 마 25:31-46; 요 5:25-29). 심판에는 두 가지 부분이 있다. 첫째, 하나님은 구약 성도들(단 12:1-3. 참고. 22:12; 고전 3:8; 4:5)과 휴거된 교회(고전 15:51, 52; 살전 4:13-18), 환난기의 성도들(20:4)에게 보상하신다. 둘째, 하나님은 불신자를 정죄하여 불못에 영원히 집어던지신다(20:15).

11:19 하늘에 있는 하나님의 성전 3:12; 7:15; 14:15, 17; 15:5-8; 16:1, 17을 보라. 하나님이 초월적인 영광 속에 거하시는 하늘의 지성소(*출 26:31-36에 대한 설명을 보라*)는 이미 하나님의 보좌로 밝혀졌다(4, 5장). 참고. 히브리서 9:24. 요한은 그 보좌(4:5)와 단(6:9; 8:3-5), 여기서는 지성소를 보았다. **하나님의 언약궤** 구약의 성막과 성전에 있던 이 가구(*출 25:11-18에 대한 설명을 보라*)는 하나님의 임재, 속죄, 백성과의 언약을 상징했다. 이 지상의 언약궤는 하늘에 있는 언약궤의 그림에 불과했다(히 9:23; 10:20을 보라). 바로 그곳에서 하나님이 자비와 죄를 위한 속죄를 베푸셨다. 죗값이 치러졌을 때 지상의 지성소가 열렸듯이(마 27:51; 히 10:19, 20), 하늘의 지성소가 열려 심판의 한가운데서 하나님의 새 언약과 구속의 목적을 말한다. **번개와 음성들과 우레와 지진과 큰 우박** 4:5과 8:5에서 미래의 일로 예상된 일들이 두려운 현실이 될 것이다. 이 일들은 일곱째 대접의 일부로(16:17-21) 발생할 것이며, 일곱째 나팔의 절정이다. 응보가 하늘로부터 오는 것이므로 심판 역시 하나님의 지성소로부터 나온다(14:15, 17; 15:5-8; 16:1, 7, 17). *6:1에 대한 설명을 보라.*

12:1 이적 다른 어떤 것을 가리키는 상징이다. 이것은 요한계시록 후반부의 일곱 이적 가운데 첫 번째 이적이다. 참고. 3절; 13:13, 14; 15:1; 16:14; 19:20. **해를 옷 입은…그 발 아래에는 달이 있고…열두 별** 참고. 창세기 37:9-11. 해를 옷 입는다는 것은 이스라엘의 영광과 존귀, 높이 들린 신분을 말하는 것이다. 그들은 구원을 얻고 나라를 받을 언약 백성이다. 발아래 달을 밟고 있는 모습은 이스라엘이 하나님과 맺은 언약관계를 묘사한다. 초하루(new moon)가 예배와 연결되어 있었기 때문이다(대상 23:31; 대하 2:4; 8:13; 스 3:5; 시 81:3). 열두 별은 이스라엘의 열두 지파를 나타낸다. **한 여자** 이것은 실제 여자를 가리키는 말이 아니라 구약에서 하나님의 아내로 그려진(사 54:5, 6; 렘 3:6-8; 31:32; 겔 16:32; 호 2:16) 이스라엘을 상징적으로 표현한 것이다. 요한계시록에는 상징적인 다른 세 여자가 등장한다. 먼저 이교 신앙을 나타내는 이세벨이다(2:20). 다음은 배교한 교회를 나타내는 "자주 빛과 붉은 빛 옷을 입은" 여자다(17:3-6). 마지막으로 참 교회를 나타내는 어린 양의 신부다(19:7). 문맥으로 보아 이 여자는 교회를 나타내지 않는다는 것이 분명하다.

12:2 아파서 애를 쓰며 부르짖더라 때로 출산하는 어머니로 그려지는 이스라엘(참고. 사 26:17, 18; 54:1; 66:7-12; 호 13:13; 미 4:10; 5:2, 3; 마 24:8)은 메시아가 와서 사탄과 죄와 죽음을 파괴하고 나라를 시작하실 때를 기다리면서 긴 세월 애를 썼다.

12:3 큰 붉은 용 여자의 치명적인 원수는 사탄으로, 이 책에서 사탄은 약 13번 용으로 나타난다(참고. 9절; 20:2). 붉은 빛은 피 흘림을 가리킨다(참고. 요 8:44). **머리가 일곱…뿔이 열…일곱 왕관** 사탄이 과거에 존재했던 세상의 일곱 왕국과 미래의 열 왕국을 다스림을 묘사하는 상징적 언어다(참고. 단 7:7, 20, 24). *13:1; 17:9, 10에 대한 설명을 보라.* 사탄은 일곱째 나팔을 불 때까지 세상을 소유하고 지배할 것이다(11:15). 그는 이스라엘에 끈질기게 고통을 가했으며(단 8:24), 여자가 사탄을 파멸시킬 아이를 낳기 전에 여자를 죽이려고 한다(*에 3:6-15에 대한 설명을 보라*).

12:4 하늘의 별 삼분의 일 애초에 사탄이 반역한(참고. 사 14:12 이하; 겔 28:11 이하) 결과 천사 가운데 삼분의 일이 그의 반란에 동참하여 악령이 되었다. **그 아이를 삼키고자 하더니** 그리스도의 동정녀 잉태를 막을 수 없게 되자 사탄은 헤롯에게 남자 아이를 죽이라는 명령을 내리도록 해서 그 아이를 죽이려고 했다(마 2:13-18. 참고. 눅 4:28, 29).

12:5 철장 이것은 예수가 온 세상의 나라를 다스리는 왕으로 등극하시는 것을 묘사한다(참고. 11:15; 19:15; 시 2:6-9). **그 아이** 성육신하셨을 때 예수 그리스도는 유대인의 후손이었다(마 1:1; 딤후 2:8). 이스라엘과 메시아의 가계를 파괴하려는 사탄의 노력에도 불구하고 선지자들의 예언대로(참고. 사 7:14; 9:6; 미 5:2) 예수가 탄생하셨다. **하나님 앞과 그 보좌 앞으로 올려가더라** 그리스도의 승천을 말하고 있다(행 1:9; 2:33; 히 1:1-3; 12:2).

12:6 광야 하나님은 이스라엘을 광야에 숨겨 사탄으로부터 보호하실 것이다. 이곳은 팔레스타인 동쪽인 모압, 암몬, 에돔 지역일 것이다. 흥미롭게도 그 지역들은 거룩한 땅에 대한 적그리스도의 공격으로부터 해를 입지 않을 것이다(참고. 단 11:41). **천이백육십 일 동안** 환난기의 중간에 적그리스도가 이스라엘과의 언약을 파기하고 성전 예배를 중지시키고, 멸망의 가증한 것을

세우며(단 9:27; 마 24:15) 예루살렘을 황폐화시킬 것이다(11:2). 동시에 많은 유대인이 생명을 건지기 위하여 도피한다(마 24:16 이하). 하나님은 환난 기간인 1,260일(42개월, 3년 반) 동안 그들을 보호하여 존속시키실 것이다. *3:10; 6:1, 9에 대한 설명을 보라*.

12:7 하늘에 전쟁이 있으니 환난기의 지상에서 혼란스러운 사건들이 발생할 때 그에 상응하는 일이 하늘에서도 벌어진다. 사탄의 타락 이후로 전쟁 상태는 계속되었다(참고. 4절. 참고. 단 10:13; 유 9절). 무엇인가가 그 전쟁을 더욱 격렬하게 만들 것이다. 어쩌면 휴거된 성도들이 공중 권세 잡은 자(참고. 엡 2:2)의 구역을 통과하기 때문일 수도 있다.

12:9 큰 용이…땅으로 내쫓기니 사탄과 악령들은 처음 하나님을 반역했을 때 하늘에서 쫓겨났지만 여전히 거기에 들어갈 수는 있다(참고. 욥 1:6; 2:1). 그러다가 더 이상 하늘에 들어갈 수 없게 되고 영원히 하늘이 그들에게 닫힐 것이다. **마귀라고도 하고 사탄이라고도 하며** 참고. 20:2. *마귀*는 '비방하는 자' '거짓으로 고소하는 자'라는 뜻의 헬라어 동사에서 왔다. 그는 악의에 찬 거짓말쟁이다(요 8:44; 요일 3:8). 신자에 대한 그의 고발(10절)은 우리의 변호자 그리스도 때문에 성공하지 못한다(요일 2:1). '대적' '원수'라는 뜻의 사탄은 특별히 욥기와 복음서에 등장한다. **온 천하를 꾀는** 인간 역사 내내 그러했듯이 환난기에도 사탄은 사람들을 속일 것이다(참고. 13:14; 20:3; 요 8:44). 천년의 마지막에 무저갱에서 잠시 동안 풀려난 사탄은 속이는 일을 재개할 것이다(20:8, 10).

12:10 참소하던 자 *9절에 대한 설명을 보라*. 사탄은 더 이상 하나님의 보좌 앞에서 신자를 참소하지 못할 것이다. 이는 그가 더 이상 하늘에 접근하지 못하기 때문이다.

12:11 어린 양의 피 그리스도의 희생의 죽음으로 죄를 용서를 받은 사람에게는 어떤 고발도 효력을 발휘하지 못한다(롬 8:33-39을 보라).

12:12 자기의 때가 얼마 남지 않은 줄을 알므로 자기의 때가 얼마 남지 않은 것을 안 사탄은 하나님과 인류에 대적하는 노력을 강화시키고 특별히 이스라엘을 표적으로 삼을 것이다(13, 17절).

12:14 큰 독수리의 두 날개 실제 새의 날개가 아니라 하나님이 섭리로 이스라엘을 보호하심을 비유적으로 표현한 말이다(참고. 출 19:4). 날개는 때로 보호를 의미한다(참고. 신 32:9-12; 시 91:4; 사 40:31). 독수리(아마 콘도르처럼 생긴 큰 독수리일 것임)는 팔레스타인에서 가장 큰 새로 알려져 있다. **한 때와 두 때와 반 때** 3년 반, 즉 환난기의 후반이다(참고. 6절; 11:2, 3; 13:5).

12:16 땅이…그 입을 벌려 큰 군대가 홍수처럼 이스라엘을 쳐들어와서(15절. 참고. 렘 46:8; 47:2) 그 시기에 발생하는 많은 지진 가운데 어느 하나에 함몰될 것이다(6:12; 8:5; 11:13, 19; 16:18; 마 24:7).

12:17 여자의 남은 자손 사탄은 좌절로 인한 분노를 유대인과 이방인은 물론이고 자기 눈에 띄는, 어린 양을 따르는 모든 사람에게 쏟아낼 것이다. **하나님의 계명을…예수의 증거** 하나님과 그리스도께서 계시한 성경에 포함된 진리다. 하나님의 말씀에 순종하는 것은 언제나 참 신자의 표지다. 참고. 요한복음 8:32.

13:1 내가 보니 대부분의 사본에는 '그가 서 있다'로 되어 있어 다시 용, 즉 사탄을 가리킨다(참고. 12:9, 17). 사탄이 세상의 자기 나라들 가운데(바다의 모래로 표시됨) 자리를 잡는다. **바다에서…나오는데** 바다는 귀신들이 출몰하는 심연 또는 웅덩이를 상징한다(참고. 11:7; 17:8; 20:1; 눅 8:31). 여기서 그리는 것은 사탄이 심연에 있던 강력한 귀신을 호출하는 모습이며, 그 귀신은 짐승(적그리스도)과 그의 제국을 활성화시키고 통제한다. **한 짐승** 문자적으로 '한 괴물'이라는 뜻이며(참고. 11:7), 난폭하고 살상을 일삼는 동물을 묘사한다. 이 문맥에서 이 말은 한 사람(적그리스도)과 그의 체제(세상)를 가리킨다. 최후의 사탄의 세계 제국은 그것을 지도하는 귀신 들린 자와 따로 떼놓을 수가 없다. 적그리스도에 대한 논의는 *데살로니가후서 2:3-11에 대한 설명을 보라*. 또한 그는 다니엘 7:8, 21-26; 8:23-25; 9:24-27; 11:36-45에 묘사되어 있다. **뿔이 열이요 머리가 일곱이라** 이 묘사는 12:3의 사탄에 대한 묘사와 유사하다. 머리는 연속적으로 제패하는 세계의 제국, 애굽과 앗수르, 바벨론, 메대-바사, 그리스, 로마, 마지막으로 적그리스도의 나라를 가리킬 것이다(*17:9, 10에 대한 설명을 보라*). 마지막 제국은 뿔들로 상징되는 모든 왕국으로 구성되어 있다(*17:12에 대한 설명을 보라*). 열이라는 숫

단어 연구

마귀(Devil)/사탄(Satan): *디아볼로스*(*diabolos*)는 다른 사람을 고소하는 자를 가리킨다(2:10; 12:9, 12; 20:2, 10). 그래서 그에게 '우리 형제들을 참소하던 자'라는 이름이 붙은 것이다(12:10을 보라). 사탄이라는 이름은 다른 사람을 대적하기 위해 누워서 기다리는 자를 가리킨다(20:2, 7). 이 타락한 영에게 붙여진 이런 이름과 또 다른 이름들은 그의 악한 성품과 거짓된 행위의 다른 특징들을 가리킨다.

자는 짐승(적그리스도)이 세상을 다스릴 때 그를 지원하는 인간의 군사적·정치적 세력 전체를 상징한다. 뿔은 동물의 왕국에서 그러하듯이 언제나 힘을 상징한다. 즉 공격적인(공격하는) 능력과 수비적인(방어하는) 능력을 뜻한다. 다니엘은 적그리스도가 이 열 왕으로부터 나타날 것임을 보여준다(단 7:16-24). 요한은 다니엘 2:41, 42에 나오는 수의 이미지를 채택한다. 다니엘서의 그 구절은 신상의 진흙과 철 다리에 붙은 열 개의 발가락을 언급한다. 사도는 짐승을 마지막 세계의 정부로 본다. 이 정부는 그리스도와 하나님께 대항하는 연합 조직으로, 부흥된 로마 제국이 이끌며, 다양한 세계 권력의 힘을 갖지만 약점이 섞여 있어 결국에는 무너진다(참고. 단 2:32-45; 7:7, 8, 19-25. *12:3에 대한 설명을 보라*). 왕관은 이 연합 왕국의 법적 지배력을 보여준다. **신성 모독 하는 이름** 역사 속에서 왕이 자신을 신으로 칭한 것은 모두 참 하나님을 모독한 것이다. 짐승의 최후의 연합에 동참한 통치자들은 짐승과 하나가 되어 왕관을 쓰고 지배력과 힘을 행사함으로써 하나님을 모독한다.

13:2 표범 고대 그리스를 가리키는 비유적인 표현으로, 그리스인의 정복 전쟁, 특히 알렉산더 대왕이 이끄는 전쟁에서 군대가 진격할 때의 신속함과 기동성을 암시한다(참고. 단 7:6). 표범과 그 뒤에 등장하는 동물 상징들은 팔레스타인의 토착 동물로, 요한의 독자에게 익숙한 것이었다. **곰** 고대 메대-바사 제국을 가리키는 비유적인 표현이다. 이 은유는 그 나라의 맹렬한 힘과 든든한 안정성을 묘사한다(참고. 단 7:5). **사자** 고대 바벨론 제국을 가리키는 은유다. 바벨론 사람들이 영역을 넓힐 때 보여준 사납고 모든 것을 먹어치우는 힘을 가리킨다(참고. 단 7:4). **용이 자기의 능력…그에게 주었더라** *1절; 12:9에 대한 설명을 보라.*

13:3 그 죽게 되었던 상처가 나으매 이 진술은 파괴되었다가 재건된 왕국들 가운데 하나를 가리킬 수 있다(예를 들면 로마 제국). 그러나 더욱 개연성 있는 것은 속임수 전략의 하나로 거짓으로 죽었다가 적그리스도로 말미암아 부활한 것을 가리킬 수도 있다. 참고. 12, 14절; 17:8, 11; 데살로니가후서 2:9. **온 땅이 놀랍게 여겨** 적그리스도가 죽음 가운데서 일어나 나타날 때 온 세상 사람이 놀라고 그에게 마음을 빼앗길 것이다. 그의 카리스마와 명민함, 매혹적이면서 미혹시키는 능력으로 세상이 아무 의심 없이 그를 따를 것이다(14절; 살후 2:8-12).

13:5 마흔두 달 마지막 3년 반(1,260일)으로 "야곱의 환난의 때"(렘 30:7)와 다니엘의 일흔 이레(단 9:24-27)이며, 큰 환난으로 알려진 때다(*11:2; 12:6에 대한 설명을 보라*. 참고. 단 7:25). 이 후반기는 멸망의 가증한 것으로 시작된다(*마 24:15에 대한 설명을 보라*). **받으니라** 주권을 쥐신 하나님이 적그리스도가 말하고 활동하도록 허락된 기한을 정해주실 것이다. 하나님은 사탄이 참람한 말을 하고, 그의 분노가 3년 반 동안 땅에서 최고조에 이르도록 허락하실 것이다(5절; 11:2, 3; 12:6, 13, 14).

13:6 그의 이름 이것은 하나님을 가리키며 하나님의 모든 속성을 요약하는 말이다(참고. 출 3:13, 14). **그의 장막** 이것은 하늘을 상징한다(참고. 히 9:23, 24). **하늘에 사는 자들** 천사와 영광을 입은 성도다. 이들은 하나님의 보좌 앞에서 밤낮 하나님을 섬긴다.

13:7 성도들과 싸워 적그리스도는 하나님의 자녀를 학살하도록 허락받을 것이다(참고. 6:9-11; 11:7; 12:17; 17:6; 단 7:23-25; 8:25; 9:27; 11:38; 12:10; 마 24:16-22). *17:6에 대한 설명을 보라.*

13:8 죽임을 당한 어린 양 하나님이 택하신 자들에게 구원을 주기 위해 죽으신 주 예수가 영원한 계획을 성취하고 계셨다. **생명책** *3:5에 대한 설명을 보라.* **창세 이후로** 창세 전에 결정된 하나님의 영원한 선택의 목적에 따르면 그리스도의 죽음이 택함받은 자의 구속을 영원히 인 친다(참고. 행 2:23; 4:27, 28). 적그리스도는 택함받은 자의 구원을 결코 취소하지 못한다. 선택받은 자의 영원한 명단은 결코 고칠 수 없으며, 구원받은 사람들은 적그리스도의 때에 결코 그에게 경배하지 않을 것이다.

13:9 참고. 2:7, 11, 17, 29; 3:6, 13, 22. 이 절은 교회들에게 보내는 일곱 편지에 있는 "성령이 교회들에게 하시는 말씀"이라는 어구를 생략했다. 이는 그들이 이미 휴거되었기 때문일 것이다.

13:10 적그리스도의 박해를 받는 신자에게 견인과 인내를 가지고 그 박해를 견디라고 요청하는 것이다. 하나님은 일부 신자를 감옥에 들어가고 처형을 당하도록 선택하셨는데, 그들은 그 일에 저항하지 말고(참고. 마 26:51-54; 고후 10:4), 하나님이 그것을 당하게 하시는 것으로 알고 인내로 견뎌 나가야 한다(참고. 벧전 2:19-24).

13:11 다른 짐승 이것은 마지막 거짓 선지자로(16:13; 19:20; 20:10에서 그렇게 불림), 적그리스도의 세력을 신장시키고 세상을 설득하여 하나님께 경배하듯 적그리스도에게 경배하도록 한다. 이 동료 짐승이 사탄의 종교를 가장 설득력 있게 옹호하는 중심 인물이 될 것이다(참고. 16:13; 19:20; 20:10). 적그리스도는 주로 정치적·군사적 지도자이지만, 거짓 선지자는 종교지도자일 것이다. 정치와 종교가 연합하여 적그리스도를 경배하

는 범세계적인 종교가 될 것이다(17:1-9, 15-17을 보라). **땅에서** 땅 아래에 있는 또 다른 심연을 가리키는 것 같다. 거짓 선지자는 아래의 힘 있는 귀신의 보냄을 받고 그 귀신의 조종을 받을 것이다. 1절의 불길하고 신비한 바다 이미지와 대비되는 땅의 이미지는 거짓 선지자가 적그리스도보다 더 교묘하고 매력적임을 암시한다. **어린 양 같이 두 뿔이 있고** 이것은 거짓 선지자가 열 뿔을 가진 적그리스도보다 상대적으로 약하다는 것을 뜻한다. 어린 양은 머리에 두 개의 작은 혹이 있을 뿐으로, 열 개의 뿔을 가진 짐승보다 훨씬 열등하다. **어린 양 같이** 어린 양의 이미지는 거짓 선지자가 참된 양처럼 가장한 거짓 그리스도를 의미할 수도 있다. 적그리스도와 달리 거짓 선지자는 동물을 죽이면서 왕처럼 오지 않고, 부드럽고 매력적인 모습으로 올 것이다. **용처럼 말을 하더라** 거짓 선지자는 사탄의 대변인일 것이며, 따라서 그의 메시지는 용 곧 모든 거짓 종교의 근원인 사탄과 같을 것이다(참고. 고후 11:14).

13:12 먼저 나온 짐승의 모든 권세를 그 앞에서 행하고 거짓 선지자는 적그리스도와 동일한 사탄의 능력을 행사한다. 이는 그가 동일한 근원으로부터 힘을 얻기 때문이다. 그 역시 기적을 행하는 자와 연설자로 세계적인 영향력과 명성을 얻을 것이다. **경배하게 하니** "그가 하게 하다"는 표현이 거짓 선지자와 관련하여 8번 사용된다. 그는 자기의 영향력을 행사하여 적그리스도가 주도하는 거짓 세계 종교를 만들고 사람들을 유혹하여 그 체제를 받아들이게 한다. **죽게 되었던 상처가 나은 자니라** *3절; 17:8에 대한 설명을 보라*. 이것은 조심스럽게 조작된 거짓 부활을 가리키는 말로 보인다. 세상의 충성을 이끌어내기 위한 거짓 살인이다.

13:13 큰 이적 바로 이 표현이 예수의 기적을 가리키는 말로 사용되었다(요 2:11, 23; 6:2). 이는 거짓 선지자가 그리스도의 기적을 모방한 표적을 행한다는 것을 뜻한다. 과거에 초자연적 일들을 일으킨 사탄은(예를 들면 출 7:11; 딤후 3:8) 적그리스도가 예수 그리스도를 포함한 하나님의 참된 증인들(11장)보다 능력이 뛰어나다는 것을 세상이 믿도록 하기 위해 거짓 기적의 전략을 사용해야 한다. **불이 하늘로부터 땅에 내려오게 하고** 이 문맥은 거짓 선지자가 사람들에게 자기의 능력을 믿게 하기 위해 지속적으로 화려한 거짓 표적을 행하며, 두 명의 증인을 모방할 것임을 보여준다(11:5).

13:14 우상을 만들라 이 말은 환난기의 중간으로 접어들 때 멸망의 가증한 것이 서 있는 동안 적그리스도가 세울 보좌와 관련된 적그리스도의 복제를 가리킨다. 이것은 적그리스도가 이전의 거짓된 세계 종교를 일소하고 사람들로 오직 자신만을 하나님으로 섬기게 하려고 할 때 예루살렘 성전에서 일어날 것이다(참고. 단 9:27; 11:31; 12:11; 마 24:15; 살후 2:4). 거짓 선지자와 적그리스도는 다시 그리스도를 교묘하게 모방함으로써 세상을 속일 것이다. 그러나 그리스도는 후에 다시 돌아와 예루살렘에 있는 참된 보좌에서 다스리실 것이다.

13:15 말하게 그 거짓 선지자는 적그리스도의 형상이 마치 살아 있는 것처럼 꾸며 그 형상이 말하는 것처럼 보이게 할 것이다. 이는 일반적인 우상과 정반대되는 모습이다(참고. 시 135:15, 16; 합 2:19). **죽이게 하더라** 이 부드러움은 거짓이다. 그는 살인자이기 때문이다(7:9-17). 어떤 이방인은 생명을 부지하여 그 나라에서 살 것이며(마 25:31-40), 유대인은 보호받을 것이다(12:17).

13:16 표 로마 제국에서 이것은 일반적인 상징 또는 낙인으로, 노예와 군인의 몸에 찍혀 있었다. 고대의 어떤 신비 종교들은 그런 문신을 즐겨 했다. 그것은 어떤 예배 형식과 더불어 그 종교의 구성원임을 표시하기도 했다. 적그리스도도 비슷한 요구를 할 것이다. 곧 손이나 이마에 보이도록 그런 표식을 하라고 할 것이다.

13:17 매매 적그리스도의 표식을 가져야 음식과 생필품 구입을 포함한 매일의 상행위를 할 수 있을 것이다. 그런 표식이 없으면 개인은 생활의 필수품을 얻지 못할 것이다. **이름의 수** 짐승(적그리스도)은 숫자 체계 속에 내재된 이름을 가질 것이다. 본문에서는 이 이름과 그 숫자 체계, 그것의 의미가 무엇인지 분명하게 알 수 없다.

13:18 그의 수는 육백육십육이니라 이것은 어떤 사람의 본질을 가리키는 숫자다. 여섯이라는 숫자는 하나님의 완전한 숫자인 일곱에서 하나가 부족하므로 인간의 부족함을 나타낸다. 세상이 지금까지 본 사람들 가운데서 가장 강력한 사람인 적그리스도도 여전히 사람일 것이다(곧 숫자로는 여섯임). 인간과 귀신의 최고 능력자라고 해도 하나님과 달리 완전하지 못한 여섯이다. 이 숫자가 3번 반복된 것은 그가 사람임을 강조하기 위해서다. 적그리스도가 마침내 나타날 때 이 기본적인 숫자로 그를 알아낼 수 있는 어떤 방법이 있거나, 그의 이름에 666에 해당하는 수가 포함될 것이다(히브리어, 헬라어, 라틴어를 포함한 많은 언어가 글자로 숫자를 표시함). 이 본문이 666의 의미에 대해 거의 말하지 않기 때문에, 성경이 말하는 것 이상으로 추측하는 것은 지혜롭지 못하다.

14:1 어린 양 *5:6에 대한 설명을 보라*. **시온 산** 예루살렘 도성으로 메시아가 돌아와서 거기에 굳게 설 것이

다(참고. 시 2; 48:1, 2; 사 24:23). **십사만 사천** *7:4에 대한 설명을 보라.* **이름** 짐승의 표식에 대한 대응물이다. 이것은 14만 4,000이 하나님께 속한 것임을 보여주는 도장이다(*13:6에 대한 설명을 보라*).

14:2 거문고 *5:8에 대한 설명을 보라.*

14:3 네 생물과 장로들 *4:4, 6에 대한 설명을 보라.* **새 노래** 모든 구속 받은 성도가 하나의 거대한 합창단을 구성하여 부르는 구속의 노래다. 그들은 그리스도의 재림 이전에 하나님이 이루신 전반적인 구속 사역을 기뻐한다(참고. 시 33:1-3; 40:3; 96:1; 144:9, 10; 149; 눅 15:10. *5:9에 대한 설명을 보라*).

14:4 여자와 더불어 더럽히지 아니하고 큰 어려움 가운데서도 신자를 놀랍도록 순결하게 보존하는 하나님의 능력에 대한 예증이다. 이 어구는 14만 4,000명의 유대인 복음 전도자들이 적그리스도의 사악한 체계에 저항했을 뿐 아니라 모든 부적절한 성 행위의 유혹에도 저항했을 것임을 보여준다. 참고. 고린도후서 11:2. **어린 양…따라가는** 이것은 예수 그리스도와 한 편이 된다는 뜻이다. 승리한 14만 4,000명은 어떤 대가를 치르더라도 흔들리지 않고 그리스도께 충성한다(참고. 마 16:24; 막 10:21; 눅 9:23; 요 10:27; 12:26; 14:15). **처음 익은 열매** 구약성경에 나온 처음 익은 열매의 제물처럼, 이 사람들은 하나님을 위한 특별한 섬김을 위해 구별될 것이다(참고. 신 26:1-11). 어떤 사람은 이 처음 익은 열매를 구속된 이스라엘 최초의 큰 무리로 본다(*11:13에 대한 설명을 보라*). 훨씬 이전에 구원받아서 그 뒤에 따라올 더 많은 회심자를 대표하는(참고. 롬 16:5; 고전 16:15) 구속된 이스라엘의 처음 익은 열매다(롬 11:1-5, 11-15, 25-27).

14:5 거짓말이 없고 14만 4,000명은 하나님의 진리를 정확하고 꼼꼼하게, 과장을 하거나 대충 말하는 것 없이 전한다(참고. 습 3:13). **흠이 없는** 죄가 없다는 말이 아니라 거룩하다는 말이다(엡 1:4; 5:27; 골 1:22을 보라).

14:6 공중에 여기 사용된 헬라어("공중")는 태양이 정점에 도달한 정오의 하늘을 가리킨다. 이곳은 가장 높고 가장 밝은 곳으로, 모든 사람이 보고 들을 수 있는 곳이다. **영원한 복음** 천사는 영원한 생명과 하나님의 나라에 들어감에 관한 좋은 소식을 전하고 있다(참고. 마 24:14; 고전 15:1-10). 천사는 지상의 사람들을 향하여 짐승에 대한 충성을 거두고 어린 양에게 충성할 것을 촉구하고 있다. 이 소식은 신약성경에서 하나님의 복음, 은혜의 복음, 그리스도의 복음, 평안의 복음, 영광스러운 복음, 그 나라의 복음이라고 불린다. 그것은 하나님이 회개하고 믿는 모든 사람의 죄를 사하심으로써 구원하시며 그의 나라를 그들에게 열어주신다는 좋은 소식이다. 하나님이 은혜로 모든 사람을 구원으로 부르신다는 천사의 이 전파를 온 세상이 들을 것이다.

14:7 하나님을 두려워하며 사탄이나 적그리스도가 아니라 하나님을 두려워해야 한다. 이것은 성경의 주제로, 하나님께 존귀와 영광과 경배와 경외를 돌리라는 요구다(참고. 잠 23:17; 벧전 2:17). *로마서 1:18-21에 대한 설명을 보라.* **그의 심판의 시간이 이르렀음이니** 하나님의 진노가 퍼부어지기 전에 회개하고 믿을 수 있는 마지막 순간이 도래한다. 이 책에서 *심판*이 처음 등장하는 곳으로, 진노와 같은 의미를 가진 단어다(6:17; 12:12을 보라). **하늘과 땅과…만드신 이** 창조는 복음 전

666은 무엇을 의미하는가

숫자는 성경에서 두 가지 면에서 중요하다. 첫째, 숫자는 하나님의 엄밀하심을 나타낸다. 둘째, 숫자는 어떤 반복되는 개념을 표시한다. 숫자 666은 오직 요한계시록 13:18에서만 언급된다. 그 숫자 자체의 의미가 설명되어 있지 않으므로 그 의미에 대한 추측은 신중해야 하고 한계를 지니기 마련이다.

숫자 '여섯'은 하나님의 완전한 숫자인 일곱에서 하나가 부족하므로 인간의 부족함을 나타낸다. 세상이 지금까지 본 사람들 가운데서 가장 강력한 사람인 적그리스도도 여전히 사람일 것이다(곧 숫자 여섯이다). 인간과 귀신의 최고 능력을 가졌다고 해도 하나님과 달리 완전하지 못한 여섯이다. 이 숫자가 3번 반복된 것은 그가 사람임을 강조하기 위해서다. 그는 확실히 불완전한 사람이라는 것이 강조된다. 그래서 이 숫자는 한 사람의 본질적인 숫자다.

적그리스도가 마침내 나타났을 때 사람을 나타내는 이 기본적인 숫자로 그를 알아낼 수 있는 방법이 있거나, 그의 이름에 666에 해당하는 수가 포함될 것이다. 히브리어, 헬라어, 라틴어를 포함한 많은 언어는 알파벳의 어떤 글자를 가지고 숫자를 표시한다. 본문은 이런 기본적인 추론 이상으로 666의 의미를 드러내지는 않는다. 그러므로 하나님의 말씀이 우리에게 제공하는 것 이상으로 추측하는 것은 지혜롭지 못하다. 하지만 그는 과거의 어떤 인물이 아니라 앞으로 올 인물임이 분명하다.

파자들이 모든 사람에게 하나님을 믿고 경배해야 함을 호소할 때 최고의 근거가 된다(참고. 4:11; 10:6; 요 1:9; 행 14:15-17; 17:23-28).

14:8 무너졌도다…바벨론이여 첫 번째 천사의 메시지에 대한 반응이 없으므로 두 번째 천사가 심판을 선언하게 되었다. 바벨론은 범세계적인 적그리스도의 정치적·경제적·종교적 왕국을 가리킨다(이 무너짐의 세부적 내용을 보려면 16:17-19을 참고하라). 원래 바벨론이라는 도시는 우상의 탄생지이며, 반항과 거짓 종교의 기념비인 바벨탑을 세운 곳이다. 하나님이 사람의 언어를 혼잡하게 하고 그들을 온 세상에 흩으시면서 그런 우상숭배가 퍼져나갔다(참고. 창 11:1-9). **그의 음행으로 말미암아 진노의 포도주** 이 말은 바벨론이 세상을 바벨론의 쾌락에 취하게 하며, 하나님을 향해 반항과 증오, 우상숭배에 빠지게 하는 것을 그린다. 음행은 적그리스도의 거짓 체계를 받아들이는 영적 간음으로, 그런 악을 위해 거짓 체계가 임하는 것이다.

14:9 짐승과…경배하고 *13:14, 15에 대한 설명을 보라.* 참고. 13:8.

14:10 그 진노의 잔 적그리스도와 그의 나라에 충성하는 모든 사람에게 하나님의 축적된 진노가 쏟아부어질 것이며, 그 진노는 조금도 완화되지 않은 진노와 보복의 성격을 지닐 것이다(참고. 시 75:8; 사 51:17; 렘 25:15, 16). 하나님의 진노는 그분이 싫어하시는 사람을 향해 변덕스럽게 발휘되는 충동적인 화풀이가 아니다. 그것은 의로운 하나님이 죄에 대해 가지는 확고하고 지속적이면서도 무자비하며 은혜와 동정이 없는 반응이다. **불과 유황** 이 두 가지 요소는 성경에서 자주 하나님 심판의 고통과 연관이 있다(창 19:24, 25; 사 34:8-10). 여기서는 불못인 지옥을 가리킨다(참고. 19:20; 20:10; 21:8). 유황은 불타는 황이다(*9:17에 대한 설명을 보라*).

14:11 고난의 연기가 세세토록 올라가리로다 영원한 지옥을 가리키는 표현이다(참고. 마 3:12; 13:41, 42; 25:41; 막 9:48). 고난은 견딜 수 없는 고통을 지속적으로 가하는 것이며(참고. 눅 16:23, 24), 여기서는 사탄의 지도자에게 충성을 바친 모든 사람의 몫으로 주어진다.

14:12 이것은 견인 교리를 지지하는 훌륭한 성경적 근거다. 이 교리는 그리스도를 진정으로 믿는 신자에게 그들이 결코 믿음을 잃지 않을 것임을 확신시켜 준다. 중생한 자들은 마지막까지 어떤 어려움이 닥쳐오더라도 진리에 대한 순종을 끊임없이 지켜나갈 것이다(*롬 8:31-39; 빌 1:6에 대한 설명을 보라.* 참고. 렘 32:40; 마 24:13; 요 6:35-40; 10:27-30; 요일 5:4, 11-13, 20).

14:13 복이 있도다 *1:3에 대한 설명을 보라.*

14:14 인자 *1:13에 대한 설명을 보라.* 구름을 타고 오시는 주님의 이미지는 다니엘 7:13, 14에서 온 것으로 주님의 장엄한 위엄을 강조한다(참고. 1:7; 마 24:30; 26:64; 행 1:9-11). **금 면류관** 승리자의 관으로, 전쟁이나 운동 경기에서 이긴 자에게 씌워주는 월계관이다. 그리스도가 바로 이 관을 쓰신다. 이 경우에는 금으로 만든 관을 쓰시고 모든 대적을 무찌르기 위하여 승리의 정복자로 하늘에서 나오신다. **낫** 예리한 날을 가진 곡선의 철로 된 추수 도구로, 고대의 농부들이 곡식을 벨 때 주로 사용했다. 낫은 신속하게 이루어지는 파괴적인 심판을 나타낸다.

14:15 땅의 곡식이 다 익어 거둘 때 알곡(이 경우 세상의 불경건한 자들)을 모아서 심판할 준비가 되었다.

14:17 성전 *11:19에 대한 설명을 보라.* 이 말은 예루살렘에 있는 환난기의 성전이 아니라 하늘에 있는 하나님의 거처를 가리킨다(참고. 11:1).

14:18 불을 다스리는 다른 천사 이 천사는 제단 위의 불과 관계가 있는데, 이 제단은 성도의 기도를 상징한다(6:9-11; 8:3-5). 이 불은 예루살렘 성전의 놋 제단 위에서 항상 타는 불을 가리킨다. 제사장이 하루에 두 번 그 불에 향을 태우며, 백성의 기도에 대한 상징으로 성소에서 향을 피웠다(*5:8; 6:9; 8:3에 대한 설명을 보라*). 하늘의 제단에서 온 이 천사는 모든 성도가 심판과 그 나라의 임함을 위해 드리는 기도가 응답될 것을 확증해준다. 그는 심판의 시작을 알린다. **낫** *14절에 대한 설명을 보라.*

14:19 포도주 틀 이 생생한 이미지는 끔찍한 살육이나 피의 숙청을 상징한다(참고. 사 63:2, 3; 애 1:15; 욜 3:13). 여기서 이 말은 여전히 살아서 에스드랄론(이즈르엘) 평원에서 벌어지는 마지막 전투인 아마겟돈 전투에서 패망에 직면해 있는 하나님의 모든 원수를 살육하는 것을 가리킨다. 이 피의 이미지는 발로 짓이긴 포도의 신선한 즙이 철벅거리면서 포도주 틀의 위에서 아래로 홈을 따라 흘러 내려가는 모습에서 온 것이다.

14:20 성 밖에서 하나님은 마치 주변의 대학살로부터 성을 보호하기 원하시는 것처럼 이 대살육이 예루살렘 밖에서 발생하도록 하실 것이다. 스가랴 14:1-5은 예루살렘이 공격을 당하기는 하지만 마지막에 파괴되지는 않을 것임을 분명히 한다. 그 도성은 그 나라의 영광을 위해 보존될 것이며, 이 땅에 남은 믿는 자들은 주가 그들과 그 도성을 열국으로부터 지켜주심으로써 구원을 받을 것이다. 주가 심판을 마치고 자기 나라를 세우실 때 그들은 새로 건축된 골짜기를 통해 탈출할 것이다. **말 굴레에까지** 그 살육의 심한 정도가 아마

겟돈 전쟁에서 죽은 사람의 피가 거기에 동원된 말들의 굴레의 높이까지(약 1.2미터) 철벅거린다는 이미지를 통해 표현된다. 이와 마찬가지로 설득력 있는 또 다른 해석에 따르면 그 전투가 이스라엘의 중심 골짜기 근처에서 벌어진다면, 엄청난 양에 달하는 피가 흘러서 어떤 곳에서는 쉽게 1.2미터 깊이로 흐르기도 한다. 이 사건은 19:11-21에 보면 분명하게 묘사되고 있다. 에스겔 39:8-16은 그것을 씻는 것을 묘사한다. **천육백 스다디온** 약 296킬로미터로, 팔레스타인 북부 아마겟돈에서 남쪽의 에돔까지의 대략적인 거리다. 이 큰 전투가 그 전 지역과 심지어 그 지역의 경계를 약간 넘어서는 지역에서까지 벌어질 것이다.

일곱 가지의 복

1. "이 예언의 말씀을 읽는 자와 듣는 자와 그 가운데에 기록한 것을 지키는 자는 복이 있나니 때가 가까움이라"(계 1:3)
2. "또 내가 들으니 하늘에서 음성이 나서 이르되 기록하라 지금 이후로 주 안에서 죽는 자들은 복이 있도다 하시매 성령이 이르시되 그러하다 그들이 수고를 그치고 쉬리니 이는 그들의 행한 일이 따름이라 하시더라"(계 14:13)
3. "보라 내가 도둑 같이 오리니 누구든지 깨어 자기 옷을 지켜 벌거벗고 다니지 아니하며 자기의 부끄러움을 보이지 아니하는 자는 복이 있도다"(계 16:15)
4. "천사가 내게 말하기를 기록하라 어린 양의 혼인 잔치에 청함을 받은 자들은 복이 있도다 하고 또 내게 말하되 이것은 하나님의 참되신 말씀이라 하기로"(계 19:9)
5. "이 첫째 부활에 참여하는 자들은 복이 있고 거룩하도다 둘째 사망이 그들을 다스리는 권세가 없고 도리어 그들이 하나님과 그리스도의 제사장이 되어 천 년 동안 그리스도와 더불어 왕 노릇 하리라"(계 20:6)
6. "보라 내가 속히 오리니 이 두루마리의 예언의 말씀을 지키는 자는 복이 있으리라 하더라"(계 22:7)
7. "자기 두루마기를 빠는 자들은 복이 있으니 이는 그들이 생명나무에 나아가며 문들을 통하여 성에 들어갈 권세를 받으려 함이로다"(계 22:14)

15:1-8 15장에서 7년 환난기의 마지막에 임하는 하나님의 최후 심판인 일곱 대접의 재앙이 시작된다. 대접의 심판은 스타카토처럼 급속하게 사격하는 것과 같은 방식으로 임하며, 심판이 진행되면서 격렬함과 세기가 점점 강화된다. 대접은 일곱 나팔을 부는 것에서 나오는 마지막 재앙이며, 일곱째 인을 마무리하는 것이다 (*6:1에 대한 설명을 보라*).

15:1 하나님의 진노 *11:18; 14:10; 16:19; 19:15에 대한 설명을 보라*. 참고. 로마서 1:18-21.

15:2 유리 바다 하나님의 천상 보좌는 투명한 유리 지대 또는 유리로 포장한 바닥 위에 놓여 있다(*4:6에 대한 설명을 보라*). **짐승…이기고** 이스라엘을 포함한 각 민족의 모든 성도가 예수 그리스도에 대한 믿음으로 적그리스도와 그의 체계에 대해 승리를 거둔다. **그의 이름의 수** *13:17에 대한 설명을 보라*. **거문고** *5:8에 대한 설명을 보라*.

15:3 모세의 노래 이스라엘 백성이 홍해를 통과하고 애굽의 군대로부터 벗어난 직후에 불렀던 노래다(출 15:1-21. 참고. 신 32:1-43). 이는 적그리스도와 그의 체계에 승리를 거둔 구속된 사람들이 자기들의 노래로 삼을 승리와 구원의 노래였다. **어린 양의 노래** 5:8-14을 보라. 이 두 노래는 두 가지 위대한 구원 사건을 축하한다. 첫째, 하나님이 모세를 통해 이스라엘을 애굽에서 건지신 일이다. 둘째, 하나님이 그리스도를 통해 죄인들을 죄에서 건지신 일이다. **전능하신 이시여** 하나님은 전능하시다(참고. 암 4:13). **하시는 일이 크고 놀라우시도다** 어린 양의 노래에 포함된 이 말은, 하나님이 섭리로 우주를 유지해 나가시는 창조의 강력한 일을 찬송한다(참고. 시 139:14). **만국의 왕이시여** 하나님은 각 나라의 구속받은 자들 위에서 그들의 주권을 가지신다(참고. 렘 10:7).

15:4 하나님의 거룩하고 완전한 성품 때문에 그분은 반드시 심판하실 수밖에 없다(참고. 시 19:9; 나 1:3, 6). 하나님의 의로운 심판이 완결되면 하나님은 그리스도의 천년왕국을 지상에 세우시고, 모든 민족으로부터 선택된 자들이 와서 그분을 경배할 것이다(참고. 시 66:4; 사 66:23; 빌 2:9-11).

15:5 하늘에 증거 장막의 성전 이 말은 하나님이 거하시는 지성소 안에 있는 언약궤의 위치를 가리킨다 (*11:19에 대한 설명을 보라*. 참고. 민 10:11).

15:6 일곱 재앙 16장에 묘사된 하나님으로부터 임하는 가장 엄혹한 마지막 심판이다(*1절에 대한 설명을 보라*). **세마포 옷…금 띠** 이 섬유는 거룩과 순결을 대표한다(19:14). 세마포는 허리띠 또는 띠를 가리키며, 어

께에서 가슴까지 내려오는 것으로, 일곱 천사가 옷 위에 입은 것이다. 금 띠는 부요와 왕권, 쇠하지 않는 영광을 나타낸다.

15:7 네 생물 *4:6-8에 대한 설명을 보라.* **하나님의 진노** *11:18; 14:10에 대한 설명을 보라.* **금 대접 일곱** 이것은 납작한 접시로 포도주(암 6:6)와 피의 제물(출 27:3) 같은 성전 예배의 다양한 기능(왕상 7:50; 왕하 12:13; 25:15)과 연관된 익숙한 기구다. 이 접시의 납작하고 얕은 모양은 하나님의 심판이 서서히 부어지는 것이 아니라 일순간에 쏟아져 내려 구원의 잔을 마시기를 거부한 사람을 수장시킨다는 것을 뜻한다.

15:8 연기가 가득 차매 참고. 출애굽기 19:16-18; 40:34-35; 열왕기상 8:10, 11; 이사야 6:4.

16:2 첫째…대접…악하고 독한 종기 70인역은 애굽인을 쳤던 종기(출 9:9-11)와 욥을 쳤던 종기(욥 2:7)를 가리킬 때 사용한 것과 동일한 단어를 사용한다. 신약성경에서는 이 단어가 거지 나사로의 몸을 뒤덮었던 벌어진 종기를 가리킨다(눅 16:21). 온 세상 사람들이 치료가 불가능한, 상처가 벌어져서 고름이 흘러나오는 종기로 고생할 것이다. **짐승의 표** 적그리스도를 경배하는 사람만이 그것을 당할 것이다(*13:16에 대한 설명을 보라.* 참고. 14:9-11).

16:3 둘째…대접…바다 가운데 모든 생물이 죽더라 이것은 두 번째 나팔(8:8, 9)과 애굽에 내린 첫 번째 재앙(출 7:20-25)을 떠올리게 한다. 하지만 이 재앙은 그것보다 훨씬 더 광범위하다. 세계 대양들의 물이 시체의 피처럼 걸쭉하고 어두운 색을 띠고 응고될 것이다. 어마어마한 바다 생물의 죽음과 부패가 이 심판의 고통에 추가될 것이다.

16:4 셋째…대접…강과 물 근원 오랜 기근으로 말미암아(11:6) 이미 부족한 신선한 물은 대양과 같은 운명에 처할 것이다(참고. 출 7:19 이하). 적그리스도 숭배자들은 목마름의 고통에 종기를 씻을 신선한 물을 얻지 못하는 고통이 더해질 것이다.

16:5 전에도 계셨고 지금도 계신 이 표현은 하나님의 영원하심을 표현한다(참고. 1:4, 8; 4:8; 11:17). 6절은 그들이 신자와 복음 전파자들을 죽였기 때문에 영원한 하나님이 의롭게 심판하시리라고 말한다(6:9-11; 7:9-17; 11:18; 17:6; 18:20). 이 대학살은 역사에 유례가 없는 일일 것이며(마 24:21), 하나님의 보복 역시 마찬가지일 것이다(참고. 롬 12:19-21).

16:6 그들에게 피를 마시게 하신 것 신선한 물이 걸쭉하고 피 같은 액체로 변했으나 그들이 유일하게 마실 수 있는 것은 이것뿐이다(참고. 4절). **합당하니이다** 하나님의 심판이 너무 가혹하다는 모든 비난에 대해 천사가 그렇지 않다고 말한다. 당시 살고 있던 말할 수 없이 사악한 세대는 성도(6:9; 17:6)와 선지자(11:7-10)의 피를 포함하여 그 이전의 어떤 시대보다 더 많은 피를 흘렸다. 하나님의 심판은 공정하고 합당하다(참고. 출 21:25-27; 레 24:19, 20; 히 10:26-31).

16:7 제단 의인화된 제단이 천사의 말을 반복하여 모든 심판에서 하나님은 의로우시다는 사실을 뒷받침한다(19:1, 2. 참고. 창 18:25; 시 51:4; 롬 3:4).

16:8 넷째…대접…불로…태우니 일반적으로는 빛과 온기, 에너지를 공급하던 태양이 치명적인 살인 도구가 될 것이다. 마실 만한 신선한 물이 없는 상태에서 세상 사람들은 극한 열기에 직면할 것이다. 찌는 듯한 더위는 북극의 빙하를 녹일 것이며, 어떤 사람들의 추산에 따르면 그 결과로 세계의 해수면이 61미터 상승하여 세계의 많은 주요 도시가 물에 잠기고 또 다른 대규모 인명 손실이 발생할 것이다(참고. 암 9:5, 6). 그로 말미암은 해양 수송의 차질로 점점 줄어드는 식량과 식수 자원의 배분이 어려워질 것이다.

16:9 회개하지 아니하고 믿기 힘든 일이지만, 죄인들은 여전히 회개하기를 거부하고(참고. 11, 21절), 도리어 하나님을 모독한다. 그들은 하나님을 자기들의 고난의 원인으로 알고 있다.

16:10 짐승의 왕좌 이것은 적그리스도의 실제 왕좌 또는 그의 수도를 가리키지만, 그의 모든 통치 영역으로 확장된다. 흑암이 어디서 시작되었든지 간에 그것은 결국 적그리스도의 전체 왕국을 덮는다. **어두워지며** 범세계적인 어둠이 다른 곳에서는 하나님의 심판과 연결된다(참고. 사 60:2; 욜 2:2; 막 13:24, 25). **자기 혀를 깨물고** 그들의 종기, 기근, 격렬한 열기로 말미암은 고통을 완화시키려는 헛된 시도를 말한다.

16:11 종기 첫째 대접의 지속되는 효과가 그들이 비방하는 주된 이유다. **하늘의 하나님을 비방하고** 그들이 적그리스도에게 계속 충성하며, 처음 다섯 대접을 통해 초래된 누적되는 비극적 사건으로 말미암아 하나님께 분노하고 있다는 표시다. 구약에서 빈번하게 등장하는 하나님의 호칭인 "하늘의 하나님"은 신약성경에서 여기와 11:13에만 등장한다.

16:12 유브라데 성경에서 "큰 강"이라고 5번 불린(참고. 9:14; 창 15:18; 신 1:7; 수 1:4) 이 강은 아라랏산 기슭의 근원으로부터 바사만까지 2,897킬로미터를 흘러간다(*9:14에 대한 설명을 보라*). 이 강은 하나님이 이스라엘에 언약하신 땅의 동쪽 경계를 이룬다(창 15:18; 신 1:7; 11:24; 수 1:4). 이 강은 오랜 가뭄과 강한 열 때문에

일곱 대접

1. 첫째 대접 (계 16:2)	치료 불가능한 피부 종기
2. 둘째 대접 (계 16:3)	모든 해양생물의 두 번에 걸친 죽음
3. 셋째 대접 (계 16:4-7)	신선한 물이 피로 변함
4. 넷째 대접 (계 16:8, 9)	뜨거운 열기로 사람들이 타들어감
5. 다섯째 대접 (계 16:10, 11)	전 세계적인 어둠
6. 여섯째 대접 (계 16:12-16)	아마겟돈의 전조
7. 일곱째 대접 (계 16:17-21)	주의 날

수량이 줄었는데, 하나님은 초자연적으로 그 강을 마르게 해서 동방 연합군을 위한 길을 내주실 것이다(사 11:15). **동방에서 오는 왕들** 하나님은 이 왕들과 그들의 군대를 아마겟돈 전투에서 패하게 하시려고 섭리로 그들을 모으신다(14절). 그들이 오는 이유는 적그리스도에게 저항하기 위해서인데, 세계의 고통을 완화하려는 그의 노력이 실패한 결과 그의 인기는 상처를 입을 것이 분명하다. 또는 이것이 이스라엘을 멸망시키려는 격렬한 반유대주의의 마지막 행동일 수도 있다. 이는 어쩌면 이스라엘의 하나님이 보낸 재앙에 대한 보복일 것이다. 태양이 아라랏산의 만년설을 녹여 유브라데강이 둑과 다리에 넘쳐 유브라데 골짜기를 범람한 결과 그 땅은 늪지가 될 것이다. 하나님은 기적적으로 그 땅을 마르게 하셔야 동방의 군대가 아마겟돈에 도달할 수 있다.

16:13 개구리 같은 이 비유는 그들의 비열함을 더욱 강조한다(참고. 레 10:11, 41). 구약성경의 음식법에 따르면 개구리는 부정한 동물이다(레 11:10, 11, 41). 바사 신화는 개구리를 재앙을 가져오는 피조물이라고 여긴다. 이와 같이 귀신들은 미끈거리고, 냉혈이며, 역겨운 존재로 묘사된다. **세 더러운 영** 신약성경에서 일반적으로 귀신들을 가리키는 말이다(참고. 마 12:43; 막 1:23; 눅 8:29). 이들은 특별히 비열하고 강력하며 속이기를 잘한다(14절). **용…짐승…거짓 선지자** 사탄(용, *12:3에 대한 설명을 보라*), 적그리스도(짐승, *11:7에 대한 설명을 보라*), 적그리스도의 동료(거짓 선지자, *13:11에 대한 설명을 보라*)가 이 재앙을 토해낸다.

16:14 이적 이것은 왕들을 속여(참고. 19:20; 왕상 22:20-23; 막 13:22) 이스라엘을 침략하게 만들려는 초자연적인 기적(참고. 13:12-15)이다. 그 충격이 너무 커서 더러운 영들은 왕들을 유혹하여 그들의 종기와 강렬한 열기, 기근과 어둠에도 불구하고 여행을 하도록 만들 것이다. **온 천하 왕들** 이제는 동쪽의 연합군뿐만 아니라 최후의 결정적인 전투를 위해 온 세상이 이스라엘에 모이기 시작할 것이다(시 2:2, 3; 욜 3:2-4; 슥 14:1-3). **하나님 곧 전능하신 이의 큰 날에 있을 전쟁** 아마겟돈 전투다(16절). 이것은 하나님과 그리스도에 대항하는 큰 전쟁이다(*살후 1:7-10에 대한 설명을 보라*. 참고. 욜 2:11; 3:2, 4). 이 전쟁은 그리스도가 다시 오시면서 끝날 것이다(19:17-20).

16:15 깨어 자기 옷을 지켜 우리 주님은 주님의 오심을 항상 준비해야 한다고 강조하신다(참고. 요일 2:28). 이 이미지는 전쟁을 준비하고 있는 군사와 도적이 올 것을 경계하는 집 주인을 그린다(또한 3:3; 살전 5:2, 4; 벧후 3:10을 보라). **복이 있도다** *1:3에 대한 설명을 보라*.

16:16 아마겟돈 예루살렘 북쪽 97킬로미터 되는 곳에 있는 므깃도산의 히브리어 이름이다. 이 전투는 근처의 평원, 곧 바락이 가나안 족속에게 승리를 거둔 곳이며(삿 4장) 기드온이 미디안 사람들에게 승리를 거둔 곳이다(삿 7장). 나폴레옹은 그곳을 자기가 본 곳 가운데 가장 큰 전쟁터라고 불렀다. 그러나 아마겟돈 전쟁은 므깃도 평원으로만 제한되지 않을 것이다. 그 전쟁은 이스라엘 전역을 포함할 것이다(*14:20에 대한 설명을 보라*).

16:17 일곱째…대접…되었다 이 대접으로 하나님의 진노가 끝날 것이다(천년의 마지막에 있을 반항에 대한 최후의 심판은 제외하고, 20:7-10) 그리고 곧바로 그리스도의 재림이 있을 것이다. 세계 역사상 가장 큰 재앙이 이 대접과 함께 시작될 것이다. 하늘의 성전에서 들리는 음성은 하나님의 음성이 확실하다. "되었다"는 가장 적합한 번역으로, "그것은 이루어졌고 그대로 계속될 것이다"(참고. 요 19:30). 하나님은 파멸적인 지진(역사상 가장 강력한)과 함께 자신의 진노에 마침표를 찍으실 것이다(참고. 19-21절).

16:19 큰 성 참고. 11:13; 21:10. *스가랴 14:1-8에 대한 설명을 보라*. 예루살렘은 세 부분으로 나뉘지만(슥 14:4), 심판의 결과가 아닌(참고. 11:13) 개선을 위한 것이다. 물이 추가로 공급되고(슥 14:8), 지형이 변하면서(슥 14:4, 5) 그 도시를 천년왕국의 중심 도시로 준비시킬 것이다. 예루살렘은 심판에서 제외된 유일한 도시로(참고. 대상 23:25; 시 125:1, 2; 미 4:7) 더 아름다워질 것이다(시 48:2). 이는 예루살렘의 회개 때문이다(11:13을 보

라). **만국의 성들** 세상의 나머지 성들에 대한 하나님의 목적은 예루살렘과 아주 다르다. 그것들은 파괴될 것이다. **바벨론** 이사야 13:6-13에 예언된 대로 적그리스도 제국의 수도에는 하나님의 진노가 특별하게 쏟아질 것이다. 17장과 18장에 이 파괴의 내용이 상세하게 설명되어 있다.

16:20 각 섬도 없어지고 산악도 간 데 없더라 이 강력한 지진은 온 땅의 지형을 급격하게 바꿔 천년왕국의 도래를 준비할 것이다. 참고. 6:12-14; 이사야 40:4, 5; 예레미야 4:23-27.

16:21 한 달란트 한 사람이 나를 수 있는 가장 무거운 무게다(약 34킬로그램). 이 우박의 엄청난 무게는 일찍이 보지 못한 대기의 격변을 나타낸다. 그런 거대한 무게의 얼음덩어리는 상상할 수 없는 황폐와 죽음을 초래할 것이다.

17:1 일곱 천사 이들 천사에 대한 언급은 17장과 18장을 대접 심판(16장)에 연결시키며 이것이 그리스도의 재림으로 연결된다(*16:17에 대한 설명을 보라*). 17장과 18장은 그 대접 재앙 심판의 한 가지 측면, 곧 바벨론에 대한 심판에 초점을 맞춘다. 이미 묘사된 심판들이 최후의 세계 체제를 겨냥하고 있음이 드러난다. **많은 물 위에 앉은** 이 모습은 음녀의 주권적인 능력을 강조한다. 이 모습은 통치자가 보좌에 앉아서 물을 통치하는 모습으로, 이 물은 세상의 나라들을 상징한다(15절을 보라). **큰 음녀** *14:8에 대한 설명을 보라*. 매춘은 자주 우상숭배 또는 종교적 배교를 상징한다(참고. 렘 3:6-9; 겔 16:30 이하; 20:30; 호 4:15; 5:3; 6:10; 9:1). 니느웨(나 3:1, 4), 두로(사 23:17), 심지어 예루살렘까지도(사 1:21) 매음의 도시로 묘사된다.

17:2 임금들도…음행하였고 음녀는 세계의 정치지도자들과 연합할 것이다. 여기서 음행은 성적 죄악이 아니라 우상숭배를 가리킨다(*14:8에 대한 설명을 보라*). 모든 세계 통치자들은 사탄의 거짓 그리스도의 제국에 흡수될 것이다. **그 음행의 포도주** 음녀의 영향력은 세계의 통치자를 넘어서 나머지 인류에까지 퍼져나갈 것이다(참고. 15절; 13:8, 14). 이 이미지는 실제 포도주와 성적 죄악을 묘사하는 것이 아니라 세상 사람들이 거짓 종교제도에 취해 죄악 속으로 휩쓸려 들어가는 것을 묘사한다.

17:3 성령으로 참고. 1:10; 4:2; 21:10. 성령이 요한을 광야(버림받고, 외롭고 황량한 황무지) 속으로 데려가는데, 그 이유는 그 환상을 더 잘 이해시키기 위해서일 것이다. **여자** 1절의 음녀, 곧 바벨론이다. **붉은 빛 짐승** 적그리스도(참고. 13:1, 4; 14:9; 16:10)이며, 한동안 거짓 종교

> ㄱㄴㄷ **단어 연구**
>
> **전능하신 이(전능자, Almighty):** 1:8; 4:8; 11:17; 15:3; 16:7, 14; 19:15; 21:22. 문자적으로 '모든 것에 대한 권세를 쥔 자'라는 뜻이다. 다른 말로 하면 모든 것을 완전히 통제하는 존재다. 하나님은 하늘과 땅의 권세자를 다스리시며, 모든 대적을 정복하실 수 있다. *전능자*라는 호칭은 요한계시록에서 자주 등장한다. 이는 이 책이 모든 우주와 전 역사에 대한 하나님의 두려운 통치를 드러내기 때문이다.

체제를 지원하고 활용하여 세계를 통일시킬 것이다. 그 다음에는 정치 권력을 잡을 것이다(참고. 16절). 붉은 색은 사치, 화려함, 왕족을 의미하는 색이다. **하나님을 모독하는 이름들이 가득하고** 그가 자신을 신이라고 하기 때문이다(참고. 13:1; 단 7:25; 11:36; 살후 2:4). **일곱 머리와 열 뿔이 있으며** 이것은 적그리스도의 정치적 연합의 범위를 보여준다(*9-12절; 13:1에 대한 설명을 보라*).

17:4 자주 빛과 붉은 빛 왕족, 귀족, 부를 나타내는 색깔이다. 이 여인은 성공적인 사업을 통해 극히 부유해진 음녀로 그려진다. **꾸미고** 음녀는 자주 먹잇감을 유혹하기 위해 좋은 옷과 보석으로 치장한다(참고. 잠 7:10). 종교적 음녀인 바벨론도 다르지 않다. 나라들을 유혹하여 자기 손아귀에 넣기 위해 자신을 치장한다. **금 잔** 음녀의 막대한 부에 대한 또 다른 증거다(참고. 렘 51:7). 그러나 순금이 음녀의 부도덕에 따른 더러움으로 오염된다. 음녀가 먹잇감을 먼저 술에 취하게 하는 것처럼 음녀의 체제도 나라들을 속여 함께 영적 간음을 범하게 만든다.

17:5 이마 로마의 창녀들은 일반적으로 자기 이름이 새겨진 머리띠를 둘렀는데(참고. 렘 3:3), 이렇게 하여 자신의 비참함을 모든 사람에게 보여주었다. 음녀의 이마에는 세계 최후의 거짓 종교 체제를 묘사하는 세 가지 명칭이 기록되어 있다. **비밀** 신약성경에서 비밀은 과거에 감춰졌으나 신약에 들어와서 드러난 진리를 말한다. *마태복음 13:11; 에베소서 3:4, 5에 대한 설명을 보라*. 영적 바벨론의 참된 정체는 아직 드러나지 않는다. 그것이 세상에 어떻게 드러나리라는 상세한 내용은 아직 알려지지 않는다. **큰 바벨론** 이 바벨론은 역사적·지정학적 도시인 바벨론과는 구별된다(이 도시는 요한 시대에 여전히 존재했음). 요한의 환상에 나오는 세부 내용이 적용될 수 있는 역사적 도시는 없다(*14:8에 대한*

설명을 보라). **음녀들…어미** 모든 거짓 종교는 궁극적으로 바벨 또는 바벨론에서 생겨난다(참고. 창 11장. *14:8에 대한 설명을 보라*).

17:6 성도들의 피와 예수의 증인들의 피 어떤 사람은 전자를 구약의 성도, 후자를 신약의 성도로 본다. 하지만 이것은 환난기의 순교자를 그리기 때문에 그리 중요하지 않은 구분이다. 요한이 말하고자 하는 것은 음녀가 살인자라는 사실이다. 거짓 종교가 오랜 세월 많은 신자를 죽였으며, 최후의 거짓 체제는 그 이전의 어느 것보다도 훨씬 더 치명적일 것이다.

17:7 비밀 바벨론이 거짓된 종교 체제라는 것을 말하는 것이 아니다. 그것은 이미 알려졌기 때문이다. 도리어 짐승이 음녀를 온전히 지원하며 그 둘이 함께 온 땅 위에 광범위한 영향력을 행사하리라는 것이 그 비밀이다.

17:8 짐승 이 말은 한 왕, 한 왕국을 가리킨다. **있었다가 지금은 없으나…올라와** 적그리스도의 거짓 부활을 가리키는 말이다(13:3, 4, 12-14. *13:3에 대한 설명을 보라*). **무저갱으로부터** 거짓 '부활' 후에 적그리스도는 무저갱에서 올라온 큰 귀신에게 붙잡히게 될 것이다(*13:1, 3에 대한 설명을 보라*). **멸망** 영원한 파멸이다(참고. 11절; 마 7:13; 요 17:12; 빌 1:28; 3:19; 살후 2:3; 히 10:39; 벧후 2:3; 3:7, 16). 이것은 적그리스도의 파멸 장소인 불못이다(19:20). **창세 이후로** *13:8에 대한 설명을 보라*. 참고. 디모데후서 1:9; 디도서 1:2("영원 전부터"). 창조 이전에 하나님이 세우신 계획을 가리키기 위해 빈번하게 등장하는 표현이다(마 13:35; 25:34; 눅 11:50; 요 17:24; 엡 1:4; 히 4:3; 9:26; 벧전 1:20). **생명책** 영원 전에 하나님이 기록하신 선택받은 자들의 명단이다(*3:5에 대한 설명을 보라*). 오직 선택받은 자들만이 적그리스도의 기만에 걸려들지 않을 것이다(마 24:24).

17:9 일곱 산 이 헬라어는 언덕을 가리키는 말로도 사용된다(마 5:1; 15:29; 요 6:15; 8:1). 많은 주석가는 이 표현을 일곱 언덕 위에 위치한 로마를 가리킨다고 해석한다. 최후에 등장할 범세계적인 거짓 종교 체제가 로마를 포함하는 것은 사실이지만 그것이 로마로 제한되는 것은 아니다. 특별히 이 일곱 산은 문맥에서 10절의 일곱 왕국과 일곱 명의 왕을 상징하는 것으로 보인다.

17:10 일곱 왕 일곱 개의 거대한 세계 제국의 대표자들이다(애굽, 앗수르, 바벨론, 메대-바사, 그리스, 로마, 적그리스도의 제국). 참고. 다니엘 2:37-45에 등장하는 다니엘의 신상이다. **다섯은 망하였고 하나는 있고 다른 하나는** 요한이 이 글을 쓰고 있을 때 애굽, 앗수르, 바벨론, 메대-바사, 그리스 제국은 이미 사라졌고, 로마는 아직 존재하고 있었으며, 적그리스도의 제국은 아직 나타나지 않았다. 그 제국이 임하면 심판의 날이 가까워질 것이며(12:12; 13:5) 적그리스도는 멸망으로 귀결될 것이다(11절. *8절에 대한 설명을 보라*).

17:11 전에 있었다가 지금 없어진…여덟 적그리스도의 왕국이 일곱 째와 여덟 째 왕국이라고 되어 있다. 이는 적그리스도가 무너졌다가 다시 부활하는 것으로 되어 있기 때문이다. 그는 전에 일곱 째 왕이었다가 "부활"한 후에는 여덟 째 왕이 된다. 이때 그는 음녀의 종교적 제국을 무너뜨리고 자신만 경배할 것을 요구한다(16절).

17:12 열 왕 *12:3; 13:1에 대한 설명을 보라*(참고. 단 2:41, 42). 이 왕들은 적그리스도 아래서 다스리는 자들로, 그 왕국은 열 개의 구역으로 분할될 것으로 보인다. **아직 나라를 얻지 못하였으나** 그러므로 이 왕들은 어떤 역사적 인물들과 동일시될 수 없다. **한동안** 짧은 3년 반의 기간을 상징한다(참고. 11:2, 3; 12:6, 12, 14; 13:5; 18:10, 17, 19).

17:14 싸우려니와 아마겟돈 전투를 가리킨다(16:14-16). 거기서 어린 양이 그 왕들을 완전히 괴멸시킬 것이다(19:17-21). **만주의 주시요 만왕의 왕** 하나님을 가리키는 호칭으로(19:16; 딤전 6:15. 참고. 신 10:17; 시 136:3), 하나님이 권세를 위임하신 다른 모든 통치자 위에 행사하시는 그분의 주권을 강조하는 표현이다.

17:15 *1절에 대한 설명을 보라*.

17:16 음녀를 미워하여 적그리스도는 거짓 종교 체제를 사용하여 세계의 제국들을 통합하고 지배권을 확보한 다음(열 명의 하위 통치자들과 함께) 그 체제에 대항하여 그 세력을 노략하고 파괴할 것이다. 이후에 모든 권세와 경배를 독점할 것이다. 그것은 하나님의 뜻이다(17절). 참고. 창세기 50:20.

17:18 큰 성 이것은 적그리스도의 제국의 중심인 바벨론 도성을 가리키는 또 다른 말이다. 참고. 18:10, 18, 21.

18:1 그의 영광으로 땅이 환하여지더라 다섯째 대접의 재앙(16:10)은 땅을 어둠 속에 빠뜨릴 것이다. 그 어둠을 배경으로 또 다른 천사가 갑자기 눈부시게 등장(17:1, 7, 15의 경우와 다른)하여 온 세계의 이목이 그의 존재와 바벨론에 대한 그가 전하는 심판의 메시지에 집중될 것이다(참고. 14:8).

18:2 무너졌도다 큰 성 바벨론이여 참고. 14:8. *이사야 21:9에 대한 설명을 보라*. 이 말은 이사야의 이 구절에서 왔다. 헬라어 본문은 이 사건을 이미 발생한 것처럼 보고 있다(*14:8에 대한 설명을 보라*). 그러나 여기서 가리

키는 것은 일곱째 대접이며, 이 대접은 이 시점에서는 아직 도래하지 않았다(16:17-21). 일곱째 대접의 재앙이 임하면 황폐와 파괴로 말미암아 그곳이 귀신들의 처소가 될 것이다.

18:3 그 음행의…포도주 종교적 바벨론(17장)은 나라들을 유혹하여 영적 어둠과 거짓 신들과의 음행에 빠지게 한다(17:2, 4). 상업적 바벨론(18장)은 믿지 않는 세상을 유혹하여 물질주의적 무감각에 빠지게 하고 세상 사람들은 바벨론과의 관계 때문에 욕정에 취할 것이다. **왕들…상인들** 정치적 통치자들과 기업의 지도자들이 모두 이 범세계적 상업 체계 속에 휩쓸려 들어갈 것이다(14:8; 17:2).

18:4 내 백성아, 거기서 나와 하나님은 자기 백성에게 이 악한 체제와의 인연을 끊고 나오라고 명하실 것이다. 이것은 하나님이 선택하신 사람들에게 세계 체제를 거부하고 구주에 대한 믿음으로 오라고 부르시는 것일 수 있다. 어느 편이든지 이 메시지는 세계 체제가 파괴되기 전에 빠져나오라는 것이다(참고. 고후 6:17; 요일 2:15). 그래야 악하고 교만하게 자기 탐닉 속에서 살고 있는 사회에 대한 하나님의 심판을 피할 수 있다. 바벨론을 떠나라는 이사야와 예레미야의 메시지를 보라(사 48:20; 렘 50:8; 51:6-9, 45).

18:5 기억하신지라 16:19을 보라. 하나님은 그분의 백성의 악을 기억하시지 않고(렘 31:34), 그들을 보호해야 한다는 것을 기억하신다(말 3:16-4:2). 회개하지 않는 바벨론에는 그런 사죄 없이 오직 심판만 있을 따름이다.

18:6, 7 갚아 주고 천사는 바벨론의 행위에 따라 진노의 잔으로 갚아주실 것을 하나님께 요구한다(*17:4에 대한 설명을 보라*). 이것은 구약성경의 응보의 법으로(출 21:24) 하나님이 심판의 때에 이 법을 실행하실 것이다(롬 12:17-21).

18:6 갑절 이것은 '가득한' '넘치는'이라는 뜻이다. 형벌은 그 범죄에 따라 적절한 것이 될 것이다(참고. 렘 16:18). **잔** 그렇게도 많은 사람이 마신 악행의 잔(14:8; 17:2, 4, 6)은 진노의 잔을 불러올 것이다(14:10; 16:19).

18:7 과부가 아니라 교만하고 공허한, 자기만족에 대한 자랑으로, 역사적 바벨론도 이렇게 자랑했다(사 47:8). 참고. 고린도전서 10:12.

18:8 하루 동안에 10, 17, 19절을 보라. 바벨론에 대한 특별한 심판은 짧은 시간에 일어난다. 다니엘 5:30은 옛 바벨론이 하루 만에 망했음을 기록한다. **그 재앙들** 이 재앙들은 16:1 이하의 재앙을 포함할 수도 있지만, "사망과 애통함과 흉년"이라고 묘사된 그 도시의 특별한 파괴임이 분명하다.

18:9-20 이 단락은 바벨론의 일부였던 사람들이 바벨론의 죄가 아니라 바벨론의 멸망을 슬퍼하는 것을 기록한다.

18:9 왕들 세계의 정치지도자들이 비탄에 빠질 것이다. 이는 이 도성을 잃어버리는 것이 적그리스도의 제국의 패망을 뜻하며, 곧 그들의 세력도 무너질 것이기 때문이다. 참고. 3절; 17:2. **위하여 울고 가슴을 치며** 운다는 말은 '공개적으로 흐느끼다'라는 뜻이다. 가슴을 친다는 말은 그리스도의 다시 오심으로 말미암은 믿지 않는 세계의 고통을 표현하는 헬라어와 동일한 단어를 번역한 것이다(1:7).

18:10 한 시간 참고. 8, 17, 19절.

18:12, 13 그들의 일용품 가운데 절반 이상이 에스겔 27:12-22의 목록에 등장한다.

18:12 자주 옷감 이것은 갑각류에서 추출한 자주색 물감으로, 힘들게 염색한 옷감을 가리킨다. 루디아(행 16:14)는 그런 값비싼 옷감 판매상이었다. 로마 황제의 특별한 표지 가운데 하나가 그런 자주 빛 옷이었다. **향목** 북아프리카 산 감귤나무 목재로, 그 색깔 때문에 매우 귀한 대접을 받았다. 이는 그 나무가 값비싼 가구 제조에 사용되었기 때문이다. **대리석** 아프리카, 애굽(이집트), 그리스에서 수입된 대리석은 로마의 건물을 짓는 데 널리 사용되었다.

18:13 향유 아주 비싼 향수였다(참고. 마 26:7, 12; 요 12:3). **유향** 아라비아에서 수입되어 향과 향수를 만드는 데 사용되었던 향내 나는 수지 또는 송진이다(아 3:6; 마 2:11). **종들과 사람의 영혼들** 세계의 모든 문명국가에서 금지되었던 노예 매매가 적그리스도의 타락한 상업 체제에서 다시 등장할 것이다.

18:17 바다에서 일하는 자들 선장들은 바벨론을 잃어버림으로써 수익성 좋은 운송 사업이 사라지게 되면 이를 슬퍼할 것이다.

18:19 티끌을 자기 머리에 뿌리고 고대에 비탄함을 표현하는 방법이다(참고. 수 7:6; 삼상 4:12; 삼하 1:2; 15:32; 욥 2:12; 애 2:10; 겔 27:30). **한 시간** 단지 60분을 말하는 것이 아니라 신속한 심판이 일어나는 짧은 시간을 가리킨다(*8절에 대한 설명을 보라*).

18:20 하나님이 너희를 위하여 그에게 심판을 행하셨음이라 천사는 환난기의 성도에게 기뻐하라고 권면할 것이다(6:9-11). 영원한 멸망으로 정해진 자들의 죽음 때문이 아니라 하나님의 의와 정의가 이길 것이기 때문이다.

18:21 큰 맷돌 맷돌은 알곡을 갈기 위해 사용되는 크고 무거운 돌이다. 이 은유는 바벨론이 무너질 때의 격

렬함을 묘사한다. 참고. 예레미야 51:61-64. *마태복음 18:6에 대한 설명을 보라.*

18:22, 23 모든 인과 나팔, 대접의 재앙 이후에는 바벨론이 정상을 유지하는 것 같아 보여도 멸망이 시작된 것이다. 생활의 리듬이 완전히 깨어지고 끝이 가까울 것이다. 더 이상 음악도, 산업도, 음식 공급("맷돌")도, 빛을 위한 전력도, 혼인도 없을 것이다. 이는 하나님이 속이는 자와 속는 자를 전부 멸하실 것이기 때문이다.

18:24 선지자들과 성도들과…피 바벨론으로 구현되었던 종교적·상업적·정치적 체제가 하나님의 백성에게 말할 수 없는 만행을 저지를 것이다(참고. 6:10; 11:7; 13:7, 15; 17:6; 19:2). 하나님은 자기 백성에 대한 이 학살에 보응하실 것이다(19:2).

C. 왕의 귀환(19:1-21)

19:1-6 할렐루야 히브리어의 음역인 이 단어는 신약성경에 4번 나오는데 모두 이 장에서 나온다(1, 3, 4, 6절). '주님을 찬양하라'는 의미의 이 외침은 구약성경에 자주 등장한다(참고. 시 104:35; 105:45; 106:1; 111:1; 112:1; 113:1; 117:1; 135:1; 146:1). 그들이 찬양해야 할 다섯 가지 이유가 드러난다. 첫째, 하나님은 자기 백성을 원수에게서 건지신다(1절). 둘째, 하나님은 공의로 임하신다(2절). 셋째, 하나님은 사람의 대적함을 영원히 제압하신다(3절). 넷째, 하나님은 주권자이시다(6절). 다섯째, 하나님은 자기 백성과 교통하신다(7절).

19:1 이 일 후에 이것은 시간을 가늠하는 열쇠다. 대환난의 마지막 때에 바벨론이 붕괴된 직후이자 그 왕국이 세워지기 직전이다(20장). 이 부분은 환난과 천년왕국의 연결 고리다. **허다한 무리** 성도가 뒤에 합류하는 것으로 보아 천사를 가리키는 말일 것이다(5절 이하. 참고. 5:11, 12; 7:11, 12). 임박한 주 예수 그리스도의 재림으로 인해 이 찬송이 터져나온다.

19:2 심판 성도는 심판의 날을 간절히 기다린다(참고. 6:10; 16:7; 사 9:7; 렘 23:5). 경건한 사람은 의를 사랑하고 죄를 미워한다. 의는 하나님을 높이고 죄는 하나님을 비웃기 때문이다. 신자는 의의 세계를 사모하며, 심판의 날은 올 것이다(15절; 2:27; 12:5).

19:3 연기가…올라가더라 이것은 불 때문이다(참고. 17:16, 18; 18:8, 9, 18; 14:8-11).

19:4 이십사 장로 교회의 대표자들로 이해하는 것이 가장 좋다(*4:4에 대한 설명을 보라*). **네 생물** 천사 같은 존재의 특별한 무리다(*4:6에 대한 설명을 보라*). 이들은 7:11의 무리와 같은 무리로 구성되어 있으며, 자주 예배와 연관이 있다(4:8, 11; 5:9-12, 14; 11:16-18).

19:5 작은 자나 큰 자나 모든 차이와 계급을 초월할 것이다.

19:6 전능하신 이 즉 '전능자'다. 요한계시록에서 하나님의 호칭으로 8번 사용되었다(참고. 15절; 1:8; 4:8; 11:17; 15:3; 16:7, 14; 21:22). 많은 무리의 큰 찬양이 거대한 파도 소리처럼 들린다.

19:7 어린 양의 혼인 히브리인의 혼인은 세 단계로 이루어졌다. 첫째, 정혼이다(부부가 어린 아이일 때 이루어지기도 함). 둘째, 서로를 내보이는 잔치다(예식 이전에 대개 7일 동안 계속됨). 셋째, 예식이다(서로에게 서약함). 교회는 영원 전에 주권적인 선택을 통해 그리스도께 정혼되었으며(엡 1:4; 히 13:20) 휴거 때 그리스도께 선보이는 잔치를 열게 될 것이다(요 14:1-3; 살전 4:13-18). 마지막 만찬으로 예식이 끝날 것이다. 이 상징적 만찬은 천년왕국이 설 때 있을 것이며, 천년 동안 계속될 것이다(참고. 21:2). 신부라는 단어는 자주 교회를 가리킨다. 여기서도 교회를 가리키지만(고후 11:2; 엡 5:22-24) 궁극적으로는 모든 시대의 구속받은 모든 사람을 가리키는데, 이런 사실이 요한계시록의 나머지 부분에서 분명해질 것이다.

19:8 성도들의 옳은 행실 구원 시 신자에게 전가되는 그리스도의 의가 아니라 그 의가 신자의 생활에서 만들어내는 실천적 결과, 곧 내적인 미덕이 외적으로 드러나는 것이다.

19:9 청함을 받은 자들 이들은 신부(교회)가 아니라 손님이다. 신부는 초대받는 것이 아니라 초대한다. 손님은 오순절 전에 구원받은 사람들, 곧 교회의 탄생(행 2:1 이하) 이전에 믿음을 통해 은혜로 구원받은 모든 신실한 신자다. 비록 그들이 신부는 아니지만 그들도 천년왕국에서 영화롭게 되어 그리스도와 함께 다스린다. 손님과 신부의 이 차이는 실제 차이가 아니라 이미지의 차이다. 이들 손님에는 환난기의 성도와 그 나라에서 지상에 살아 있는 신자가 포함된다. 교회는 순결하고 신실한 신부다. 이스라엘이 과거 그랬던 것과 같은 음녀가 결코 아니다(호세아 2장을 보라). 그래서 교회는 하늘에서의 선보이는 잔치에서 신부로 있다가, 마지막 만찬(천년) 잔치를 위해 땅으로 내려온다. 이 사건 후에 새로운 순서가 시작되어 혼인 잔치는 절정에 도달한다(*21:1, 2에 대한 설명을 보라*). **복이 있도다** *1:3에 대한 설명을 보라.* **하나님의 참되신 말씀이라** 이것은 17:1 이래로 진술된 모든 것을 가리킨다. 그 모든 것이 참되다. 혼인 잔치는 심판 후에 벌어질 것이다.

19:10 그 발 앞에 엎드려 그 환상의 장엄함에 압도되어 요한은 천사 앞에 엎드려 경배하려고 했다(참고.

1:17; 22:8). **삼가 그리하지 말고** 참고. 22:8, 9. 성경은 천사 숭배를 금한다(골 2:18, 19). **예수의 증언은 예언의 영이라** 구약성경의 예언과 신약성경의 설교에서 중심 주제는 주 예수 그리스도의 복음이다.

19:11 하늘이 열린 것 하늘에 오르셔서(행 1:9-11) 성부의 우편에 앉으신 분(히 8:1; 10:12; 벧전 3:22)이 찬탈자로부터 땅을 되찾고 자신의 나라를 세우기 위해 다시 오실 것이다(5:1-10). 이 사건의 성격은 재림이 어떻게 휴거와 다른지를 보여준다. 휴거에서 그리스도는 공중에서 자기 백성을 만나신다. 재림 때 그리스도는 그들과 함께 땅으로 내려오신다. 휴거 때는 심판이 없다. 하지만 다시 오실 때는 모든 것이 심판이다. 이 사건에 앞서 암흑이 있었고(해가 어두워지고, 달이 빛을 잃고, 별들이 떨어지고, 연기가 남) 그다음에는 예수가 오실 때 번개와 눈부신 영광이 드러났다. 이런 세부적 내용이 휴거 구절에는 없다(요 14:1-3; 살전 4:13-18). **백마** 로마의 개선 행진에서 승리한 장군은 전장에서 타던 백마를 타고 카피톨리나 언덕에 있는 주피터 신전을 향하여 비아 사크라(성스러운 길)를 따라 올라갔다. 예수의 초림은 나귀 새끼를 타고 오는 겸손한 모습이었다(슥 9:9). 요한의 환상 속에서 예수는 전쟁터의 말을 탄 정복자의 모습이며, 악한 자를 괴멸시키고, 적그리스도를 정복하며, 사탄을 이기고, 땅의 통치권을 취한다(참고. 고후 2:14). **충신과 진실** 예수는 그의 말대로 땅으로 다시 오실 것이다(마 24:27-31. *3:14에 대한 설명을 보라*). **그가 공의로 심판하며** 20:11-15를 보라. 참고. 마태복음 25:31 이하; 요한복음 5:25-30; 사도행전 17:31. **싸우더라** 여기와 2:16에만 등장하는 이 충격적인 진술은 죄인에 대한 하나님의 거룩한 진노를 생생하게 보여준다(참고. 시 7:11). 악하고 반항적인 인간에 대한 하나님의 인내가 극에 달할 것이다.

19:12 그 눈은 불꽃 같고 그의 꿰뚫는 듯한 시야를 피할 수 있는 것은 없으므로, 그의 심판은 언제나 의롭고 정확하다(*1:14에 대한 설명을 보라*). **이름 쓴 것 하나가 있으니 자기밖에 아는 자가 없고** 요한은 그 이름을 볼 수는 있었으나 해독할 수는 없었다(참고. 고후 12:4). 심지어 영화롭게 된 성도도 파악할 수 없는, 깊이를 알 수 없는 신비함이 성삼위 하나님께 있다.

19:13 피 뿌린 옷 이것은 아마겟돈 전투에서 생긴 것이 아니다. 이 전투는 15절에 가서야 시작된다. 그리스도의 피 뿌린 옷은 그리스도가 이미 죄와 사탄, 죽음에 대항하여 싸운 큰 전투와 그 전투에서 묻은 적의 피를 상징한다. **말씀** 오직 요한만 주님께 이 호칭을 사용한다(서론의 저자와 저작 연대를 보라). 하나님의 말씀인 예수는 보이지 않는 하나님의 형상이며(골 1:15), 하나님 인격의 분명한 모습이며(히 1:3), 최후의 완전한 하나님의 계시다(히 1:1, 2).

19:14 하늘에 있는 군대들 교회(8절), 환난기의 성도(7:13), 구약의 신자(유 14절. 참고. 단 12:1, 2), 천사(마 25:31)도 이 군대에 포함된다. 그들이 다시 오는 것은 전쟁에서 예수를 돕기 위해서가 아니라(그들은 무장하지 않았음) 예수가 적들에게 이기신 다음에 함께 다스리기 위해서다(20:4; 고전 6:2; 딤후 2:12). 참고. 시편 149:5-9.

19:15 예리한 검 적들을 죽일 수 있는 그리스도의 능력을 상징한다(1:16. 참고. 사 11:4; 히 4:12, 13). 그 검이 예수의 입에서 나온다는 것은 그분이 말씀의 능력으로 그 전투를 이기신다는 것을 나타낸다. 성도들이 다스리고 통치하기 위해 그리스도와 다시 오지만 그들이 형 집행자는 아니다. 형을 집행하는 것은 그리스도와 천사들의 일이다(마 13:37-50). **철장** 왕국에서 그리스도의 통치는 신속하고 의로운 심판을 특징으로 할 것이다. 신자는 그의 권세에 동참할 것이다(2:26; 고전 6:2. *2:27; 12:5; 시 2:9에 대한 설명을 보라*). **포도주 틀** 심판의 생생한 상징이다(*14:19에 대한 설명을 보라*). 참고. 이사야 63:3; 요엘 3:13.

19:16 다리에 예수의 겉옷과 다리에, 모든 인간 통치자에 대한 완전한 주권을 강조하는 호칭이 새겨진 깃발이 있을 것이다(*17:14에 대한 설명을 보라*).

19:17-21 이 단락은 인간의 역사에서 유례를 찾을 수 없는 대학살을 묘사한다. 주의 날의 정점에 있는 아마겟돈 전투를 말한다(*살전 5:2에 대한 설명을 보라*). 그것은 전투라기보다는 처형이다. 남은 반란군이 주 예수께 죽임을 당하기 때문이다(21절. *14:19, 20에 대한 설명을 보라*. 참고. 시 2:1-9; 사 66:15, 16; 겔 39:1 이하; 욜 3:12 이하; 마 24; 25; 살후 1:7-9). 이 주의 날을 이사야(66:15, 16)와 요엘(3:12-21), 에스겔(39:1-4, 17-20), 바울(살후 1:6 이하; 2:8) 그리고 우리 주님이 보셨다(마 25:31-46).

19:17, 18 하나님의 큰 잔치 참고. 에스겔 39:17. 또한 "전능하신 이의 큰 날에 있을 전쟁"(16:14)이라고 불린 이 일은 죽임당한 자들의 시체를 먹을 새들을 천사가 소집하면서 시작될 것이다(참고. 마 24:27, 28). 하나님은 전투가 시작되기도 전에 승리를 선언하실 것이다. 구약성경은 자주 인간의 시체를 먹는 새들을 모욕적으로 그린다(신 28:26; 시 79:2; 사 18:6; 렘 7:33; 16:4; 19:7; 34:20; 겔 29:5).

19:19 땅의 임금 17:12-17을 보라. **그들의 군대들** 16:13, 14을 보라. **그의 군대** 스가랴는 주의 이 군대를 "모든 거룩한 자들"이라고 설명한다(14:5).

19:20 짐승이 잡히고…거짓 선지자도 함께 잡혔으니 한순간 세상의 군대에 지도자들이 사라질 것이다. 짐승은 적그리스도다(*13:1-8에 대한 설명을 보라*). 거짓 선지자는 그의 종교적 동지다(*13:11-17에 대한 설명을 보라*). **산 채로…던져지고** 짐승과 거짓 선지자의 시체들은 변형될 것이며, 바로 불못 속으로 사라질 것이다(단 7:11). 그 무서운 장소에 떨어질 거듭나지 못한 무수한 사람(20:15)과 타락한 천사들(참고. 마 25:41)이 첫 번째 제물이다. 이 둘이 천년(20:10) 후에도 여전히 거기에 나타난다는 사실은 멸절설이라는 거짓된 가르침을 반박하는 증거가 된다(참고. 14:11; 사 66:24; 마 25:41; 막 9:48; 눅 3:17; 살후 1:9). **유황불 붙는** *9:17에 대한 설명을 보라*. 이 둘은 하나님의 심판과 자주 연결된다(14:10; 20:10; 21:8; 창 19:24; 시 11:6; 사 30:33; 겔 38:22; 눅 17:29). **불 붙는 못** 최후의 지옥으로, 천사든 인간이든 모든 회개하지 않는 반역자에게 내려지는 영원한 형벌의 장소다(참고. 20:10, 15). 신약성경은 영원한 형벌에 대해 자주 언급한다(참고. 14:10, 11; 마 13:40-42; 25:41; 막 9:43-48; 눅 3:17; 12:47, 48).

19:21 검 15절을 보라. 참고. 스가랴 14:1-3. **새가 그**

그리스도의 영광

"우리가 무슨 일이든지 우리에게서 난 것 같이 스스로 만족할 것이 아니니
우리의 만족은 오직 하나님으로부터 나느니라"(고후 3:5)

성경의 위대한 교리 가운데 하나는 삶과 경건의 모든 문제에 대해 예수 그리스도가 완전한 해답이 되신다는 것이다(벧후 1:3, 4). 그는 창조(골 1:16, 17)와 구원(히 10:10-12), 성화(엡 5:26, 27), 영화(롬 8:30)를 이루는 데 있어 완전하시다. 또한 너무나 순결하셔서 흠, 티, 죄의 흔적, 더러움, 거짓, 속임, 부패, 오류, 불완전함이 전혀 없다(벧전 1:18-20).

예수 그리스도는 너무나 완전해서 그 이외에 다른 신이 없다(사 45:5). 또한 유일한 독생자이시다(요 1:14, 18). 지혜와 지식의 모든 보화가 그 안에 있다(골 2:3). 신성의 충만이 그 안에 육체로 거하신다(골 2:9). 그는 만물의 상속자이시다(히 1:2). 만물을 창조하셨고 만물이 그에 의해, 그를 통해, 그를 위해 지은 바 되었다(골 1:16). 그 능력의 말씀으로 만물을 붙드신다(골 1:17; 히 1:3). 그는 모든 피조물보다 먼저 나신 분이다(골 1:15). 그는 하나님의 정확한 모습이다(히 1:3).

예수 그리스도는 하나님과 사람 사이의 유일한 중보자이시다. 그는 세상을 환하게 비추는 태양이시다. 치료하는 의사이시다. 방어하는 불벽이시다. 위로하는 친구이시다. 부요하게 하는 진주이시다. 지켜주는 방주이시다. 가장 무거운 압박도 견디는 바위이시다. 그는 지극히 높으신 분의 보좌 오른편에 좌정하신다(히 1:3; 8:1). 그는 천사(히 1:4-14)와 모세, 아론과 여호수아보다 나으시며 멜기세덱과 모든 선지자보다 나으시다. 사탄보다 크시고(눅 4:1-2), 죽음보다 강하시다(고전 15:55).

예수 그리스도에게는 처음과 끝이 없다(계 1:17, 18). 그는 흠 없는 하나님의 어린 양이시다. 그는 우리의 화평이시다(엡 2:14). 그는 우리의 소망이시다(딤전 1:1). 그는 우리의 생명이시다(골 3:4). 그는 살아 있고 참된 길이시다(요 14:6). 그는 이스라엘의 힘이시다(삼상 15:29). 그는 다윗의 뿌리요 후손이며, 빛나는 새벽 별이시다(계 22:16). 그는 신실하고 참 되시다(계 19:11). 그는 우리 믿음의 주요 온전케 하는 분이시다(히 12:1, 2). 그는 우리 구원의 주님이시다(히 2:10). 그는 승리자이시다. 그는 택하신 자이시다(사 42:1). 그는 우리 믿음의 사도요 대제사장이시다(히 3:1). 그는 의로운 종이시다(사 53:11).

예수 그리스도는 천군의 주이시며 구속자이시다. 이스라엘의 거룩한 자요 온 땅의 하나님이시다(사 54:5). 그는 고통을 많이 겪으셨다(사 53:3). 그는 빛이시다. 그는 인자이시다(마 20:28). 그는 포도나무이시다. 그는 생명의 떡이시다. 그는 문이시다. 그는 주이시다(빌 2:10-13). 그는 선지자요 제사장이며 왕이시다(히 1:1-3). 그는 안식일의 쉼이시다(히 4:9). 그는 우리의 의(義)이시다(렘 23:6). 그는 기묘자요 전능하신 하나님이요 영존한 아버지시요 평강의 왕이시다(사 9:6). 그는 목자장이시다(벧전 5:4). 그는 만군의 주 하나님이시다. 그는 열국의 주이시다. 그는 유다의 사자이시다. 살아 있는 말씀이시다. 구원의 바위이시다. 영원한 영이시다. 그는 옛적부터 계시는 창조주요 위로자이시다. 메시아이시다. 그는 위대한 'I AM'이다(요 8:58)!

들의 살로 배불리더라 세상의 나머지 모든 죄인은 처형될 것이고, 새들이 그들의 시체를 배불리 먹을 것이다.

20:1-22:21 19장은 아마겟돈 전투와 그리스도의 재림으로 끝나는데, 이 사건들은 환난의 마지막 때에 일어난다. 20장의 사건들(사탄을 결박함, 그리스도의 천년에 걸친 지상 통치, 사탄의 최후 저항, 흰 보좌 대심판)은 연대기적으로 환난의 종결과 21장과 22장에 묘사된 새 하늘과 새 땅의 창조 사이에 잘 들어맞는다.

D. 천년왕국(20:1-10)

20:1 무저갱 불못으로 떨어지는 최종 판결이 나기를 기다리는 동안 귀신들이 갇혀 있는 곳이다(*9:1; 벧후 2:4에 대한 설명을 보라*).

20:2 용 사탄을 용에 비유하여 사탄의 사나움과 잔인함을 강조한다(*12:3에 대한 설명을 보라*). **잡으니** 여기에는 사탄뿐 아니라 귀신도 포함된다. 그들을 감금시킴으로써 그 왕국 시기에 세상은 극적으로 바뀔 것이다. 인간의 생각과 삶의 모든 영역에 대한 그들의 파괴적인 영향력이 제거될 것이기 때문이다. **옛 뱀** 사탄이 에덴동산에 처음 나타난 것을 가리킨다(창 3:1 이하). 거기서 뱀은 하와를 속였다(참고. 고후 11:3; 딤전 2:14). **마귀요 사탄이라** *12:9에 대한 설명을 보라*. **천 년 동안** 이것은 천년왕국의 통치 시기에 대한 6번의 언급 가운데 첫 번째 언급이다(참고. 3, 4, 5, 6, 7절). 이 기간과 성격에 대해 해석을 달리하는 세 가지 입장이 있다. 첫째, 전천년주의는 이것을 문자적인 천년 기간으로 보며, 그 기간에 예수 그리스도가 구약의 무수한 예언(예를 들면 삼하 7:12-16; 시 2; 사 11:6-12; 24:23; 호 3:4, 5; 욜 3:9-21; 암 9:8-15; 미 4:1-8; 습 3:14-20; 슥 14:1-11; 마 24:29-31, 36-44)을 성취하며 지상에서 다스리신다. 예언적 구절과 비예언적 구절을 동일한 일반적 해석 원리로 풀이하면 가장 자연스럽게 전천년주의로 귀결된다. 이 입장을 지지하는 또 다른 강력한 논거는 성경의 많은 예언이 이미 문자적으로 이루어졌으며, 따라서 미래에 대한 예언도 문자적으로 이루어지리라는 것이다. 둘째, 후천년주의는 천년이라는 기간을 의와 영적 번영의 황금기를 가리키는 상징적 표현으로 본다. 이 기간은 현 교회 역사 기간에 복음 전파를 통해 초래되며, 그리스도의 재림으로 완성될 것이다. 이 견해에 따르면 그리스도의 지상 통치는 일차적으로 교회 안에서 신자의 마음에서 발생하는 영적 통치를 가리킨다. 셋째, 무천년주의는 천년을 긴 시간의 상징으로만 본다. 이 입장에서는 구약성경에 있는 천년에 대한 예언이 지금 교회에서 영적으로 이루어졌다고(땅에서든 하늘에서든) 보거나 영원한 상태로 본다. 언어의 일반적 의미를 결정하기 위해 동일한 문자적·역사적·문법적인 해석 원리를 사용하면 우리는 그리스도가 다시 오셔서 천년 동안 지상에 있는 실제 왕국에서 다스리신다는 결론에 도달할 수밖에 없다. '천년'을 상징이라고 결론지을 수 있는 어떤 것도 본문 속에 없다. 성경에 '년'이라는 표현이 사용될 때 그것이 문자적 의미가 아닌 상징으로 사용된 적이 없다(*벧후 3:8에 대한 설명을 보라*).

20:3 무저갱 요한계시록에 이 표현이 등장하는 7번의 경우 모두 그것은 타락한 천사들과 악한 영들이 감금되어 불못, 곧 그들을 위해 예비된 영원한 지옥에 떨어질 날을 기다리는 곳을 가리킨다(마 25:41). **잠깐 놓이리라** 사탄은 잠깐 놓여날 것이며, 그로 말미암아 하나님은 새 하늘과 새 땅을 세우시기 전에 죄를 완전히 끝내실 것이다. 환난을 통과해 그 나라로 들어가는 모든 사람은 신자일 것이다. 하지만 그들이 전부 신자이고 거기에 주 예수 그리스도가 친히 계시면서 다스리심에도 그들의 많은 후손은 그리스도를 믿기를 거부할 것이다. 사탄은 그 불신자들을 모아 하나님에 대한 최후의 허망한 반란을 시도할 것이다. 그 반란은 신속하고도 단호하게 진압될 것이며, 그 후에는 흰 보좌 대심판과 영원한 국가의 설립이 있을 것이다.

20:4 목 베임을 당한 자들의 영혼들 이들은 환난기에 순교한 자들이다(참고. 6:9; 18:24; 19:2). "목 베임을 당한"으로 번역된 헬라어는 반드시 특정한 방법의 처형을 가리키기보다는 처형을 가리키는 일반적인 용어로 쓰였다. **그의 표** *13:16에 대한 설명을 보라*. 환난기의 순교자들은 짐승의 표를 받기를 거부한 것 때문에 처형당할 것이다. **왕 노릇 하니** 환난을 통과한 신자가 구약과 신약 시대의 구속받은 자와 함께 천년왕국 동안 그리스도와 함께 다스릴 것이다(고전 6:2; 딤후 2:12).

20:5 그 나머지 죽은 자들 모든 시대에 불신자들의 몸은 흰 보좌 대심판(12, 13절) 때까지 부활하지 않을 것이다. **첫째 부활** 성경은 두 종류의 부활을 가르친다. "생명의 부활"과 "심판의 부활"이 그것이다(요 5:29. 참고. 단 12:2; 행 24:15). 첫 번째 종류의 부활은 "의인들의 부활"(눅 14:14), "그가 강림하실 때에 그리스도에게 속한 자"의 부활(고전 15:23), "더 좋은 부활"(히 11:35)로 묘사된다. 여기에는 교회 시대(살전 4:13-18), 구약(단 12:2)과 환난기(4절)에 구속받은 자들이 포함된다. 그들은 환난기를 통과한 신자와 함께 부활한 몸으로 그 나라에 들어갈 것이다. 두 번째 종류의 부활은 중생하지 못한 자들의 부활일 것이며 그들은 지옥의 고통에 적합한 최

후의 몸을 입을 것이다.

20:6 복이 있고 주 안에서 죽은 자들(14:13)은 그의 나라에 들어가는 복을 받는다(*1:3에 대한 설명을 보라*). **둘째 사망** 첫째 죽음은 오직 육체적이다. 둘째 죽음은 영적인 것이며 최종적이고 영원한 지옥인 불못으로 떨어지는 것이다(14절). 그곳은 우리가 알고 있는 피조 세계 바깥, 시간과 공간 바깥에 있을 것이며, 지금 거기에는 아무도 없다(*19:20에 대한 설명을 보라*). **천 년 동안** *2절에 대한 설명을 보라.*

20:7 사탄이 그 옥에서 놓여 그는 놓인 후 처음 그 나라에 들어갔던 신자들에게서 태어난 불신자의 세계를 결집시키는 지도자가 된다. 그는 풀려나서 그리스도를 거부하는 죄인들의 성격을 드러낸다. 그 죄인들은 마지막으로 영원한 심판을 받을 것이다.

20:8 곡과 마곡 천년의 마지막에 일어날 반란군과 그 지도자들에게 붙여진 이름이다. 그것들은 고대에 주께 대적한 이들의 이름이다. 마곡은 노아의 손자이며(창 10:2) 북해와 카스피해의 북쪽에 위치한 왕국을 세운 자다. 곡은 전체적으로 마곡이라고 알려진 반란군 지도자를 가리키는 것으로 보인다. 8절과 9절에 묘사된 전투는 에스겔 38장과 39장의 전투와 비슷하다. 이 전투가 천년의 마지막에 일어나는 것으로 보는 것이 최선이다. 그 차이는 *에스겔 38, 39장에 대한 설명을 보라.*

20:9 사랑하시는 성 예루살렘을 가리키며(참고. 시 78:68; 87:2), 그리스도의 천년 통치 때의 수도다(렘 3:17). 성도는 그리스도가 다스리시는 그 도시 주변에 살 것이다(참고. 사 24:23; 렘 3:17; 슥 14:9-11). **불** 성경에서 악인에 대한 심판과 연관이 있다(창 19:24; 왕하 1:10, 12, 14; 눅 9:54; 17:29).

20:10 미혹하는 사탄의 귀신들이 세계의 군대를 유혹하여 아마겟돈 전투에 참여하게 하는 것과 똑같이, 사탄은 그들을 휘몰아 그리스도와 그의 백성을 향해 자멸과도 같은 무모한 공격을 감행하게 할 것이다(16:13, 14). **불과 유황 못** *19:20에 대한 설명을 보라.* **밤낮 괴로움을 받으리라** *14:11에 대한 설명을 보라.* 줄어들지 않는 지속적인 고통이 사탄과 타락한 천사들, 구속받지 못한 사람들의 최후 상태가 될 것이다.

E. 흰 보좌 대심판(20:11-15)

20:11-15 이 단락은 모든 시대의 불신자에 대한 최후의 심판을 묘사한다(마 10:15; 11:22, 24; 12:36, 41, 42; 눅 10:14; 요 12:48; 행 17:31; 24:25; 롬 2:5, 16; 히 9:27; 벧후 2:9; 3:7; 유 6절). 우리 주는 이 사건을 "심판의 부활"(요 5:29)이라고 지칭하셨다. 이 심판은 현 우주의 끝(11절)과 새 하늘과 새 땅의 창조 사이의 설명하기 어려운 공간 속에서 일어난다(21:1).

20:11 크고 흰 보좌 요한계시록에서는 거의 50번에 걸쳐 보좌를 언급한다. 이것은 높고 순결하며 거룩한 심판의 보좌다. 하나님은 주 예수 그리스도 안에서 재판장으로서 그 보좌에 좌정하신다(참고. 4:2, 3, 9; 5:1, 7, 13; 6:16; 7:10, 15). 21:5, 6; 요한복음 5:22-29; 사도행전 17:31을 보라. **땅과 하늘이…피하여 간 데 없더라** 요한은 오염된 우주가 사라지는 것을 보았다. 베드로는 베드로후서 3:10-13에서 이 순간을 묘사했다(*이 구절에 대한 설명을 보라*). 우주는 "창조가 역전"되어 무(無)의 상태가 된다(참고. 마 24:35).

20:12 앞에 서 있는데 법적으로 죄가 있고 유죄 판결을 받은 죄수들이 신성한 의의 재판정 앞에 서 있다. 파괴된 우주에 살아남아 있는 죄인은 없다. 모든 죄인은 죽임을 당했고 모든 신자는 영화롭게 되었기 때문이다. **책들** 이 책들에는 악한 사람의 모든 생각과 말, 행위가 기록되어 있다. 그 모든 것이 신성한 전지(omniscience)에 의해 기록된다(*단 7:9, 10에 대한 설명을 보라.* 이 본문은 이 구절에서 왔음). 이 책들이 영원한 정죄를 위한 증거를 제공할 것이다. 참고. 18:6, 7. **생명책** 이 책은 모든 구속받은 사람들의 이름을 담고 있다(단 12:1. *3:5에 대한 설명을 보라*). **자기 행위를…심판을 받으니** 그들의 생각(눅 8:17; 롬 2:16)과 말(마 12:37), 행위(마 16:27)가 하나님의 완전하고 거룩한 기준과 비교될 것이며(마 5:48; 벧전 1:15, 16) 거기에 부적합하다는 것이 드러날 것이다(롬 3:23). 이것은 지옥의 형벌에도 정도의 차이가 있음을 암시한다(참고. 마 10:14, 15; 11:22; 막 12:38-40; 눅 12:47, 48; 히 10:29).

20:13 사망과 음부 *1:18에 대한 설명을 보라.* 이 두 단어는 모두 죽음의 상태를 가리킨다. 이미 죽은 모든 불의한 자가 흰 보좌 대심판 자리에 나올 것이다. 아무도 피하지 못할 것이다. 죽은 불의한 자들의 몸을 지키고 있던 모든 장소에서 그들이 나와서 지옥에 들어가기에 적당한 새 몸을 입을 것이다.

20:14 둘째 사망 *6절에 대한 설명을 보라.*

20:15 불못 *19:20에 대한 설명을 보라.*

F. 영원한 상태(21:1-22:21)

21:1 이 장이 시작될 때 모든 시대에 있던 죄악된 존재, 곧 귀신들과 사람들, 사탄, 짐승, 거짓 선지자가 전부 영원한 불못에 있을 것이다. 온 우주가 파괴되었고, 하나님은 새 우주를 창조하여 구속받은 자들의 영원한 거처가 되게 하신다. **새 하늘과 새 땅** 우리가 알고 있는 온

우주가 파괴되고(벧후 3:10-13) 영원히 지속되는 새 창조 세계로 대체될 것이다. 이것은 구약 예언의 성취이며(시 102:25, 26; 사 65:17; 66:22), 신약 예언의 성취이기도 하다(눅 21:33; 히 1:10-12). *20:11-15에 대한 설명을 보라*. **바다도 다시 있지 않더라** 현재 지표면의 사분의 삼이 물이다. 그러나 새로운 환경은 더 이상 물을 기반으로 하는 것이 아니라 전혀 새로운 기후 조건을 갖출 것이다. *22:1, 2에 대한 설명을 보라*.

21:2-22:5 요한계시록 연대기의 이 시점까지 오면 구약 성도와 환난 성도, 천년왕국 기간에 회심한 모든 사람이 최종적으로 구속된 신부와 하나 되어 새 예루살렘에 살고 있을 것이다. 요한은 만물이 그리스도 안에서 절정에 이르고 새 예루살렘이 내려와서 영원한 상태가 되는 것을 묘사한다(참고. 19:7; 20:6; 고전 15:28; 히 12:22-24).

21:2 새 예루살렘 참고. 3:12; 히브리서 11:10; 12:22-24; 13:14. 이것은 하늘의 수도이며 완전히 거룩한 곳이다. 그것이 눈에 보이게 "하늘에서 내려오는" 사실은, 그것이 이미 거기에 존재하고 있었다는 것을 나타낸다. 그러나 그것은 높은 곳에 있다가 새 하늘과 새 땅으로 내려온다. 이곳이 성도가 살 도성이다(참고. 요 14:1-3). **신부** 교회를 나타내는 신약성경의 중요한 은유다(참고. 마 25:1-13; 엡 5:25-27). 여기서 요한의 이미지는 유대교 혼인의 세 번째 부분인 예식을 확대한 것이다. 새 예루살렘에서 신자(신부)가 구속사의 마지막 예식 속에서 그리스도(신랑)를 만나기 위해 온다(*19:7에 대한 설명을 보라*). 모든 성도가 있는 도시 전체가 신부로 불린다. 이는 모든 성도가 최후에는 신부와 신부가 받는 축복의 이미지에 포함되기 때문이다. 하나님은 사랑하는 아들을 위해 신부를 집으로 데려오셨다. 모든 성도는 아버지의 집에서 그리스도와 함께 산다(이것은 교회가 시작되기 전에 했던 약속임, 요 14:2).

21:3 하나님의 장막 장막으로 번역된 단어는 '거하는 곳'이라는 뜻이다. 이것은 하나님의 집, 곧 그분이 사시는 곳이다(참고. 레 26:11, 12; 신 12:5).

21:4 모든 눈물을 그 눈에서 닦아 주시니 천국에는 눈물이 없을 것이므로 거기에는 슬픔과 실망, 부족함, 나쁜 것이 없을 것이다(참고. 사 53:4, 5; 고전 15:54-57).

21:5 신실하고 참되니 참고. 3:14; 19:11. 하나님은 언제나 진리를 말씀하신다(요 17:17).

21:6 알파와 오메가 *1:8에 대한 설명을 보라*. **생명수** 참고. 7:17; 22:1, 17. 예수가 말씀하신 영원히 샘솟는 영적인 물이다(요 4:13, 14; 7:37, 38. 참고. 사 55:1, 2). **목마른 자** 천국은 죄로 인해 자기들의 영혼이 바짝 마른

> **단어 연구**
>
> **음부(Hades):** 1:18; 6:8; 20:13-14. 문자적으로 '보이지 않는 자들의 처소'라는 뜻이다. 히브리 단어 '스올'을 번역한 이 헬라어는 죽은 자들의 보이지 않는 세계를 가리킨다. 모든 사람은 죽으면 음부로 간다. 이는 죽음이 그들을 보이는 세계에서 보이지 않는 세계로 데려간다는 의미다. 그러므로 음부와 죽음은 교차 사용이 가능하다. 유감스럽게도 많은 사람이 음부를 영원한 형벌의 장소인 지옥과 연관을 짓는다. 그러나 지옥을 가리키는 헬라어는 '게헨나'(gehenna, 막 9:43-45을 보라)이다. 비록 모든 사람이 언젠가는 음부로 가지만, 예수 그리스도의 구원을 믿는 사람은 누구든지 지옥을 피하고 천국을 상속할 수 있다.

사실을 알고, 구원과 영생의 만족을 진정으로 찾은 사람들의 것이다(참고. 시 42:1, 2; 사 55:1, 2; 요 7:37, 38).

21:7 이기는 자 참고. 요한일서 5:4, 5. 예수 그리스도에 대한 구원의 믿음을 발휘하는 모든 사람이다(*2:7에 대한 설명을 보라*). **상속으로 받으리라** 모든 신자가 영적으로 상속받을 것은(벧전 1:4. 참고. 마 25:23) 새 창조의 충만함이다. 참고. 로마서 8:16, 17.

21:8 새 하늘과 새 땅에서 추방되어 불못으로 떨어질 사람들에 대한 엄숙하고 심각한 경고다. 신약성경은 추방될 사람들의 불신앙뿐 아니라 그 성품과 생활방식의 특징을 자주 열거하여 그런 사람이 누구인지를 신자가 알 수 있도록 한다(고전 6:9, 10; 갈 5:19. 참고. 요 8:31). **점술가들** *9:21에 대한 설명을 보라*. **불과 유황으로 타는 못** *19:20에 대한 설명을 보라*. **유황** *9:17에 대한 설명을 보라*. **둘째 사망** *20:6에 대한 설명을 보라*.

21:9 일곱 대접 *15:7에 대한 설명을 보라*. **마지막 일곱 재앙** *15:1-8에 대한 설명을 보라*.

21:9, 10 어린 양의 아내 새 예루살렘은 그곳에 사는 사람들, 곧 구속받은 자들의 성품을 가진다(*2절; 19:7-9에 대한 설명을 보라*).

21:10 성령으로 *1:10에 대한 설명을 보라*.

21:11 벽옥 벽옥(재스퍼)은 헬라어를 번역한 것이 아니라 음역한 것이다. 이 단어는 오늘날의 불투명한 벽옥을 가리키는 말이 아니라 완전히 깨끗한 금강석, 곧 하나님의 찬란한 영광의 빛을 내는 완벽한 보석으로, 하나님 영광의 빛이 거기서 나와 새 하늘과 새 땅 전체에 흐른다(참고. 4:3).

21:12-14 성곽 이 도성의 치수와 그 벽의 길이는 16절을 보라.

21:15 성곽을 측량하려고 이 행동은 하늘의 수도가 하나님께 속해 있으며, 하나님이 자신의 것을 측량하신다는 것을 말한다(참고. 11:1; 겔 40:3). **금 갈대 자** *에스겔 40:3에 대한 설명을 보라.* 갈대는 길이가 약 3미터였으며, 길이를 측정하는 기준이었다.

21:16 만 이천 스다디온 이것은 한 면이 거의 2,253킬로미터짜리 정육면체로, 면적이 5억 1,799만 9,553제곱미터가 되어 영광을 입은 모든 성도가 살기에 충분한 공간을 제공할 것이다. **길이와 너비와 높이** 이 도시는 완전한 정육면체와 대칭을 이루는데, 지상에서 이에 대응하는 것이 장막과 성전의 성소다(참고. 왕상 6:20).

21:17 백사십사 규빗 이것은 약 66미터다. 아마 벽의 넓이일 것이다.

21:18 벽옥 *11절에 대한 설명을 보라.* 이것이 두꺼운 성곽의 재료인데 다이아몬드로 되어 있다. **정금인데 맑은 유리 같더라** 땅에서 나는 금과 달리 이 금은 투명하여 하나님의 압도적인 영광의 빛이 온 도시로 퍼져 빛날 것이다.

21:19, 20 이 보석들의 어떤 이름은 오랜 세월을 내려오면서 바뀌었기 때문에 각각의 보석을 확실하게 밝히기가 쉽지 않다. 열두 보석 중 여덟 개는 대제사장의 흉배에 달린 것이며(출 28; 39장), 다른 네 개도 아마 흉배와 관련되었을 것이다. 이 보석들은 찬란하고 묘사할 수 없는 아름다운 빛의 장관을 그리며, 그 색깔은 하나님의 영광의 빛을 내비춘다. 뒤따르는 내용이 그 보석들을 밝혀줄 수 있다.

21:19 옥수 이 이름은 현재의 터키에 자리했던 고대 도시의 이름인 칼케돈에서 유래한 것이다. 이 보석은 하늘색 마노석이며, 반투명의 유색 띠가 있다.

21:20 홍마노 붉은 색과 흰색의 층이 나란히 있는 옥수의 한 종류다(*19절에 대한 설명을 보라*). **홍보석** 석영에 속한 물질에서 생산되는 일반적인 보석으로 그 색깔은 붉은 오렌지에서 붉은 황색, 피 같은 붉은 색까지 다양하다(4:3). **황옥** 투명한 황금색 또는 황색 보석이다. **녹옥** 몇 가지의 보석을 포함한 광물로 녹색의 에메랄드에서 황금색의 녹주석, 가벼운 푸른색의 남옥에까지 이른다. **담황옥** 고대에 담황옥은 황색 또는 녹황색을 띤 더 부드러운 돌이었다. **비취옥** 오늘날 이 보석은 밝은 녹황색을 띠는 석영의 일종이다. 헬라어 이름을 보면 옅은 황금색, 녹색 보석으로 보인다. **청옥** 오늘날이 돌은 투명한 지르콘으로, 대개 붉은 색 또는 적황색을 띤다. 요한이 본 보석의 색깔은 푸른 색 또는 빛나는 보랏빛이었다. **자수정** 선명한 석영 수정으로, 색깔은 약한 자주색에서 강렬한 자주색까지 다양하다.

21:21 한 개의 진주 그 도성에 있는 각각의 문은 높이가 거의 2,253킬로미터에 이르는 한 개의 진주로 되어 있다. 이 땅의 진주는 진주조개의 살이 입은 상처 속에서 형성되는데, 이 거대하고 초자연적인 진주는 성도에게 그리스도의 고난과 그것의 영원한 유익을 상기시켜 준다.

21:22 성전을 보지 못하였으니 몇몇 구절은 하늘에 성전이 있음을 천명한다(3:12; 7:15; 11:19; 15:5). 여기서 영원 속에는 성전이 없음을 분명히 한다. 어떻게 이런 일이 있을 수 있는가? 성전은 건물이 아니다. 주 하나님 자신이 성전이다. 요한계시록 7:15의 "보좌에 앉으신 이가 그들 위에 장막을 치시리니"라는 구절이 이것을 암시한다. 23절은 하나님과 어린 양 이외의 별다른 성전이 없다는 생각을 이어간다. 온 하늘에 빛을 비추는 하나님의 영광이 그곳을 성전으로 규정한다. 하나님이 성전이 되어 만물이 그 안에 존재할 것이므로 영원한 상태에서는 성전이 있을 필요가 없다. 하나님의 임재가 말 그대로 새 하늘과 새 땅 전체를 채운다(참고. 3절). 하늘에 간다는 것은 주님의 무한한 임재 안으로 들어가는 일이 될 것이다(참고. 요 14:3; 살전 4:17).

21:24 만국 문자적으로 '민족들'이라는 뜻이다. 모든 나라와 종족으로부터 모인 구속받은 백성이 하늘의 빛 속에 거할 것이다. 영원한 도성에서는 더 이상 분열이나 장벽, 배제가 없을 것이다. 이는 거기에 종족이나 정치가 없기 때문이다. 온갖 종류의 사람이 영원 속에서 한 하나님의 백성으로 합쳐질 것이며, 그들은 그 도시를 자유롭게 다닐 것이다.

21:27 어린 양의 생명책 *3:5에 대한 설명을 보라.*

22:1 생명수의 강 이 강은 물의 순환이 없기 때문에 지상의 어떤 강과도 다르다. 생명수는 하나님의 보좌에서

ㄱㄴㄷ

단어 연구

새 예루살렘(거룩한 예루살렘, New Jerusalem): 3:12; 21:2, 10. 하늘에서 내려오는 새 예루살렘은 이전 이스라엘의 수도였던 땅의 예루살렘과 확실히 구별된다. 이 도성이 아브라함이 바라보았던 도성, 곧 하나님이 계획하시고 지으실 터가 있는 성이었다(히 11:10). 이 성이 지금도 하늘에 있는 성이다. 바울이 이곳을 가리켜 위에 있는 예루살렘이라고 부르기 때문이다(갈 4:26).

하늘의 주민에게 지속적으로 흘러가는 생명을 상징한다(*21:6에 대한 설명을 보라*).

22:2 **생명나무** 영원한 생명과 지속적인 복을 상징한다(*창 2:9에 대한 설명을 보라*). 이 나무는 매달 하나씩 열두 가지 과실을 맺는다. 이는 하늘의 풍부한 다양성의 상징이다. 영어 단어 therapeutic(치료의)이 여기 '치료하다'로 번역된 헬라어에서 유래되었다. 잎사귀들은 하늘에서의 삶을 풍성하고 만족스럽게 만든다.

22:3 **다시 저주가 없으며** 아담과 하와가 불순종한 결과로 초래된 인간과 땅에 대한 저주가(창 3:16-19) 완전히 끝날 것이다. 하나님은 다시는 죄를 심판하실 일이 없을 것이다. 새 하늘과 새 땅에는 죄가 존재하지 않을 것이기 때문이다. 하나님의 종들이 하나님을 섬길 것이다. *7:15에 대한 설명을 보라*.

22:4 **그의 얼굴을 볼 터이요** 영화롭게 되지 못한 사람은 하나님의 얼굴을 보고 살 수가 없다(출 33:20-23). 그러나 하늘의 주민은 이제 거룩하기 때문에 하나님의 얼굴을 보고도 아무런 해를 입지 않을 것이다(참고. 요 1:18; 딤전 6:16; 요일 3:20). **그의 이름** 그들은 하나님의 개인적 소유다(*3:12에 대한 설명을 보라*).

22:5 **그들이…왕 노릇 하리로다** 하늘의 시민은 단순한 종 이상이다(*3:21에 대한 설명을 보라*).

22:6 **그의 종들** 이 편지를 받은 소아시아 일곱 교회의 교인들(1:11)과 이것을 읽었거나 앞으로 읽을 모든 사람을 가리킨다. **반드시 속히 되어질 일** 이것은 요한이 지금까지 말한 계시 전체를 포함한다(*1:1에 대한 설명을 보라*).

22:7 **내가 속히 오리니** 예수의 재림이 가까워오고 있다(*3:11에 대한 설명을 보라*). **복이 있으리라** *1:3에 대한 설명을 보라*.

22:8 **보고 들은** 요한은 1장 이후 처음으로 말을 재개하면서 자신이 목격하고 증언한(모든 신뢰할 만한 증언의 근거) 계시의 진실성을 단언한다. **경배하려고 엎드렸더니** *19:10에 대한 설명을 보라*.

22:10 **말씀을 인봉하지 말라** 참고. 10:11. 이전의 예언들은 봉인되었다(단 8:26; 12:4-10). 이 예언들은 선포되어 순종과 경배를 이끌어낼 수 있어야 한다. **때가 가까우니라** 이 말은 마지막 때가 임박했다는 긴급성을 가리킨다.

22:11 하나님의 경고를 거부하는 자들의 영원한 운명은 지옥행이 될 것이다. 거기서 그들은 악하고 더러운 그들의 본성을 영원히 이어갈 것이다. 반면에 이 경고에 바르게 응답하는 자들의 운명은 영원한 영광 속에 거하는 것이 될 것이며, 하늘에서 완전한 의와 거룩을 실현할 것이다.

22:12 **내가 속히 오리니** *3:11에 대한 설명을 보라*. 다시 급박함이 쟁점이다(참고. 막 13:33-37). **그가 행한 대로** 하나님의 시험의 불을 통과한 행위만이 영원한 가치를 가지며 보상을 받을 만하다(고전 3:10-15; 4:1-5; 고후 5:10).

22:13 **알파와 오메가요** *1:8에 대한 설명을 보라*.

22:14 **자기 두루마기를 빠는 자들은 복이 있으니** *1:3에 대한 설명을 보라*. 이 말은 죄를 용서받은 자들(하나님의 어린 양의 피로 씻음을 받은 자들)을 상징한다(히 9:14; 벧전 1:18, 19. *7:14에 대한 설명을 보라*). **생명나무** *2절; 창세기 2:9에 대한 설명을 보라*.

「왕관 쓴 여자: 요한의 환상(*The Crowned Virgin: A Vision of John*)」 1866년. 귀스타브 도레. 판화. 『성경(*The Holy Bible: Old and New Testaments*)』 삽화.

엄중한 경고

신 4:2 "내가 너희에게 명령하는 말을 너희는 가감하지 말고 내가 너희에게 내리는 너희 하나님 여호와의 명령을 지키라"

신 12:32 "내가 너희에게 명령하는 이 모든 말을 너희는 지켜 행하고 그것에 가감하지 말지니라"

잠 30:6 "너는 그의 말씀에 더하지 말라 그가 너를 책망하시겠고 너는 거짓말하는 자가 될까 두려우니라"

계 22:18, 19 "내가 이 두루마리의 예언의 말씀을 듣는 모든 사람에게 증언하노니 만일 누구든지 이것들 외에 더하면 하나님이 이 두루마리에 기록된 재앙들을 그에게 더하실 것이요 만일 누구든지 이 두루마리의 예언의 말씀에서 제하여 버리면 하나님이 이 두루마리에 기록된 생명나무와 및 거룩한 성에 참여함을 제하여 버리시리라"

22:15 개들 신약성경에서 저급한 피조물로 간주된 이 용어가 사람에게 적용될 때는 도덕적으로 저급한 사람을 가리킨다. 신실하지 못한 지도자들(사 56:10)과 동성애 매춘부들(신 23:18)이 이런 말로 불린 사람에 속한다. **점술가들** *9:21에 대한 설명을 보라.*

22:16 교회들 이 책의 원래 수신자였던 소아시아의 일곱 교회를 가리킨다(1:11). **내 사자** 1:1을 보라. **다윗의 뿌리요 자손** 그리스도는 다윗의 생명과 가문의 근원(뿌리)이며, 이는 그의 신성을 확립한다. 또한 그리스도는 다윗의 후손(자손)이며, 이는 그의 인성을 확립한다. 이 어구는 그리스도가 신인(God-Man)이라는 강력한 증거다(참고. 딤후 2:8). **광명한 새벽 별** 이것은 날이 밝아온다는 것을 알리는 가장 밝은 별이다. 예수가 오실 때 그는 인간의 악을 무너뜨리고 하나님의 영광의 날이 밝았음을 알리는 가장 밝은 별이 되실 것이다(*2:28에 대한 설명을 보라*).

22:17 오라 이것은 그리스도가 오시리라는 약속에 대한 성령과 교회의 응답이다. 이것은 목마른 영혼의 갈증을 해소하기를 갈구하는 모든 사람을 향한 한량없는 은혜와 구원의 제공이다. 참고. 이사야 55:1, 2. **생명수** *1절에 대한 설명을 보라.*

22:18, 19 예수는 예언의 권위와 결말에 대한 확대된 증언을 제공하신다. 예수가 요한에게 이것을 기록하는 사명을 주셨지만, 저자는 예수 자신이셨다. 이것이 경고를 담은 최초의 글은 아니다(참고. 신 4:2; 12:32; 잠 30:6; 렘 26:2). 성경 본문을 바꾸지 말라는 이 경고들은 신약 정경의 종결을 의미한다. 그것을 거짓으로 만들거나 약화시키거나 바꾸거나 잘못 해석하여 진리를 훼손하는 모든 사람은 이 단락에 묘사된 심판을 자초할 것이다.

22:20 내가 진실로 속히 오리라 *3:11에 대한 설명을 보라.* 미래에 예견된 이런 것들을 보면서 지금 신자들은 무엇을 해야 하는지, 베드로가 그 윤곽을 보여주었다(벧후 3:11-18을 보라).

연구를 위한 자료

John MacArthur, *Revelation 1-11* (Chicago: Moody, 1999).

John MacArthur, *Revelation 12-22* (Chicago: Moody, 2000).

Robert L. Thomas, *Revelation 1-7* (Chicago: Moody, 1992).

Robert L. Thomas, *Revelation 8-22* (Chicago: Moody, 1995).

「마지막 심판(*The Last Judgement*)」 1534-1541년. 미켈란젤로. 프레스코화. 13.7X12.2m. 시스티나 성당. 바티칸시티.

저자 소개

존 맥아더(John MacArthur)

5대째 목회자 집안에서 태어나 밥존스 신학교와 퍼시픽 대학교, 탈봇 신대원에서 신학석사와 박사학위를 취득했다. 탈봇 신대원 교수로 재직 중이던 1969년에 그레이스 커뮤니티 교회에 담임목사로 부임하여 현재까지 한 교회만을 섬기고 있다. 부임 당시 주 40시간의 설교 준비 시간을 보장해줄 것을 부임 조건으로 내걸어 화제가 되었다. 현재까지 150여 권의 도서를 집필했으며 그중 여러 권이 100만 부 이상 팔려 기독교계 최고의 베스트셀러 작가로 인정받고 있다. 특히 1997년에 그의 목회 인생에서 얻은 지혜와 세계적 수준의 성경 연구 지식이 총망라된 The MacArthur Study Bible이 출간되었으며, 2005년에 단권 『맥아더 성경 주석』이 출간되었고, 2014년에는 신약 성경 책별 주석인 The MacArthur New Testament Commentary Series(전 33권)를 출간하여 성경 연구자들의 표준 참고도서로 자리 잡았다. 한 언론 인터뷰에서 "교회가 잃은 것은 단 하나, 성경이다"라고 밝힌 그는 교회 부임 43년 만에 신약 성경 전체 강해를 마쳤으며, 지금도 성경을 조직적이고 체계적으로 가르치는 일에 전념하고 있다.

역자 소개

황영철

총신대 신학과를 졸업하고, 기독교학문연구회, 기독교실천운동 간사를 역임했다. 영국 서리 대학교(University of Surrey)에서 에베소서 연구로 박사 학위를 취득했으며 현재 성의교회 목사로 섬기고 있다. 지은 책으로는 『이 비밀이 크도다』, 『겸손』(이상 IVP)이 있으며 옮긴 책으로는 『그리스도의 십자가』, 『IVP 성경주석』(이상 공역, IVP), 『메시아 예수』(IVP), 『참된 목회』(익투스), 『제자도 신학』(국제제자훈련원), 『기독교와 자유주의』(복 있는 사람) 등이 있다.

전의우

연세대학교 철학과와 총신대학교 신학대학원을 졸업한 후 1993년부터 지금까지 기독교 서적 번역에 전념하고 있다. 옮긴 책으로 『욥기』(성서유니온), 『바보들의 나라』(포이에마), 『알리스터 맥그래스의 기독교 변증』(국제제자훈련원), 『한 권으로 읽는 기독교』(생명의말씀사), 『한 권으로 배우는 신학교』(규장), 『하나님이 복음이다』(IVP) 등 160여 권이 있다.

김진선

한국외국어대학교에서 영어교육을 전공하고 철학을 부전공했다. 현재 기독교 서적 전문 번역가로 활동하고 있으며, 옮긴 책으로 『불의한 시대 순결한 정의』(성서유니온), 『Main Idea로 푸는 예레미야·예레미야애가』, 『Main Idea로 푸는 출애굽기·레위기·민수기』(이상 디모데), 『마틴 로이드 존스 일생의 편지』(살림), 『왜 성경인가』(성서유니온) 등 다수가 있다.

송동민

연세대학교 인문학부와 국제신학대학원(M. Div.)을 졸업한 후 백석대학교 대학원에서 기독교철학(M. A.)을, 미국 칼빈 신학교에서 조직신학(Th. M.)을 전공했다. 현재 기독교 서적 전문 번역가로 활동하고 있으며, 옮긴 책으로는 『개혁 신학 용어 사전』(도서출판 100), 『아들을 경배함』(이레서원), 『BST 출애굽기 강해』(IVP) 등 다수가 있다.

맥아더 성경 주석 (컬러판)

초판 1쇄 발행 2015년 10월 12일
초판 4쇄 발행 2016년 6월 20일
개정 1쇄 발행 2019년 12월 6일
개정 2쇄 발행 2023년 10월 27일

지은이 존 맥아더
옮긴이 황영철 · 전의우 · 김진선 · 송동민
펴낸이 정선숙

펴낸곳 협동조합 아바서원
등 록 제 274251-0007344
주 소 경기도 고양시 덕양구 삼원로 51 원흥줌하이필드 606호
전 화 02-388-7944 **팩 스** 02-389-7944
이메일 abbabooks@hanmail.net

ISBN 979-11-90376-03-7 (03230)